Liebers
Formularbuch des Fachanwalts Arbeitsrecht

Formularbuch des Fachanwalts Arbeitsrecht

Herausgegeben von

Dr. Hans-Joachim Liebers, LL.M.
Rechtsanwalt und Fachanwalt für Arbeitsrecht, Frankfurt/Main

Redaktion

Dr. Katharina Gebhardt
Rechtsanwältin, Frankfurt/Main

4. Auflage

Luchterhand Verlag 2016

Zitiervorschlag: Liebers/*Thies* FB ArbR A Rdn. 3

Bibliografische Information der Deutschen Nationalbibliothek

Die Deutsche Nationalbibliothek verzeichnet diese Publikation in der Deutschen Nationalbibliografie; detaillierte bibliografische Daten sind im Internet über http://dnb.d-nb.de abrufbar.

ISBN 978-3-472-08685-7

www.wolterskluwer.de
www.luchterhand-fachverlag.de

Alle Rechte vorbehalten.
© 2016 Wolters Kluwer Deutschland GmbH, Luxemburger Straße 449, 50939 Köln.
Luchterhand – eine Marke von Wolters Kluwer Deutschland GmbH.

Das Werk einschließlich aller seiner Teile ist urheberrechtlich geschützt. Jede Verwertung außerhalb der engen Grenzen des Urheberrechtsgesetzes ist ohne Zustimmung des Verlages unzulässig und strafbar. Das gilt insbesondere für Vervielfältigungen, Übersetzungen, Mikroverfilmungen und die Einspeicherung und Verarbeitung in elektronischen Systemen.

Verlag und Autor übernehmen keine Haftung für inhaltliche oder drucktechnische Fehler.

Umschlagkonzeption: Martina Busch, Grafikdesign, Homburg Kirrberg
Satz: WMTP Wendt-Media Text-Processing GmbH, Birkenau
Druck und Weiterverarbeitung: Williams Lea & Tag GmbH, München

Gedruckt auf säurefreiem, alterungsbeständigem und chlorfreiem Papier.

Vorwort zur 4. Auflage

Was gibt es Neues im Arbeitsrecht? Gesetzgeber und Judikatur waren wieder äußerst produktiv. Stichworte in der Legislatur sind Mindestlohn, Geschlechterquote, Tarifeinheit, psychologische Gefährdungsbeurteilung, Leiharbeit und Werkvertrag und nochmals, allerdings längst nicht abschließend, der Datenschutz im Konflikt mit der inneren Sicherheit auch im Arbeitsrecht. Die Rechtsprechung des Europäischen Gerichtshofs, des Bundesarbeitsgerichts und der Instanzen hat sich u.a. befasst mit dem Informationsdurchgriff und dem Berechnungsdurchgriff auf den Gesellschafter, der Untersagung von vorzeitigen Umsetzungsmaßnahmen bei Betriebsänderungen (was ist vorzeitig, was ist unumkehrbar?), der Untersagung von Streikmaßnahmen, dem Geschäftsführer als Arbeitnehmer im Arbeitsgerichtsprozess, der Nichtigkeit des Safe Harbour Prinzips und den vielfachen Verschärfungen und Relativierungen des »berühmt-berüchtigten« (»in-famous«) Arbeitnehmerunterrichtungsschreibens.

Neu gegliedert und erweitert wurden die Kapitel »Compliance« und »Datenschutz« sowie »Wahl der Arbeitnehmervertreter in den Aufsichtsrat« (Gender Quota). Besonders froh sind Verlag und Herausgeber über das völlig neue Kapitel zum Kirchenarbeitsrecht mit Mustern zum Streikverbotsantrag, zur Mitarbeitervertretung und zum kirchlichen Verfahrensrecht.

Herausgeber und Autoren sind weiterhin dankbar für Anregungen und Hinweise sowie kritische Anmerkungen. »Jedes Schriftstück ist unendlich verbesserbar«.

Frankfurt am Main, im August 2016

Der Herausgeber

Vorwort zur 3. Auflage

Das Recht auf Vergessen! Datenschutz ist national und international das Gebot der Stunde. Der EuGH folgt dem BVerfG im Blick auf die informationelle Selbstbestimmung. EU und Deutschland stehen vor einer Herausforderung. In der laufenden Legislatur sollen die Europäische Datenschutzrichtlinie und das Bundesdatenschutzgesetz grundlegend reformiert werden. Gravierende Streitfragen sind dabei auch im Arbeitsrecht zu klären. Für die Übergangszeit wurde neben den bereits vorhandenen und aktualisierten Mustern zu den datenschutzrechtlich relevanten Betriebsvereinbarungen wie »Betriebliche Kommunikation« (O. II. 6.) und »Videoüberwachung« (O. II. 7.) sowie »Compliance Datenscreening« (S. II. 1.) neuerdings ein Muster zur »Auftragsdatenverarbeitung« (T. I.) mit den wesentlichen arbeitsrechtlichen Anmerkungen sowie ein Muster zu dem Konzept »Bring your own device« (T. II.) mit den aktuellen Kritiken in einem neuen Kapitel T »Datenschutz für Arbeitnehmer« aufgenommen.

Im Kapitel G »Mitarbeiterbezogene Sonderformen des Arbeitsverhältnisses« wurde der neue Abschnitt »I. Elternzeit« mit zahlreichen Mustern integriert.

Die 3. Auflage berücksichtigt die aktuelle Rechtsprechung bis Juni 2014. Hier ist insbesondere die umfangreiche neue Rechtsprechung zu den Leiharbeitnehmern in Bezug auf die Stichworte »vorübergehende Überlassung« und »equal payment« sowie ihre Berücksichtigung oder Nichtberücksichtigung bei der Ermittlung von Schwellenwerten zu nennen. Ebenso Beachtung findet die neue Rechtsprechung zur Zulässigkeit von Verfallsklauseln bei Jahresboni und anderen variablen Vergütungselementen sowie zur Darlegungs- und Beweislast bei Zielvereinbarungen für variable Vergütungsbestandteile.

Herausgeber und Autoren hoffen weiterhin auf hohe Akzeptanz und Lesefreude. Für Anregungen und Hinweise sowie Kritik sind wir weiter dankbar.

Frankfurt am Main, im Juli 2014

Der Herausgeber

Vorwort zur 2. Auflage

Das Formularbuch des Fachanwalts Arbeitsrecht war nach eineinhalb Jahren vergriffen. Autoren und Herausgeber freuen sich darüber, dass bereits zwei Jahre nach Erscheinen der ersten Auflage die Arbeit an der zweiten Auflage fertig gestellt werden konnte.

Für diese Auflage wurde der Autorenkreis erweitert und das Formularbuch um zwei wichtige und aktuelle Kapitel ergänzt. Im Kapitel »Mitarbeiterbezogene Sonderformen des Arbeitsverhältnisses« wurden Formulare zur Altersteilzeit, Pflegezeit und Familienpflegezeit aufgenommen. Das neue Kapitel »Compliance« enthält Muster zur Prävention und Aufklärung von sowie zur Reaktion des Arbeitgebers auf Compliance-Verstöße.

Das Kapitel »Der Übergang des Arbeitsverhältnisses« wurde um Formulare zur Betriebspacht und Betriebsführung erweitert. Im Kapitel »Arbeitsgerichtsverfahren« finden sich neue Muster zur Korrespondenz mit der Rechtsschutzversicherung und zu Rechtsbehelfen und Rechtsmitteln im Einstweiligen Rechtsschutz. Des Weiteren wurden im Individualarbeitsrecht neue Formulare zum Prozessarbeitsverhältnis, zur betrieblichen Übung sowie zur Gesamtzusage aufgenommen. Das Kollektivarbeitsrecht wurde im Bereich der Betriebsvereinbarungen um Formulierungen zum Arbeits- und Gesundheitsschutz sowie zu Freiwilligen Sozialleistungen ergänzt.

Im Kapitel »Fremdpersonaleinsatz« fanden die aktuellen Änderungen und Entscheidungen zum AÜG Berücksichtigung, das Kapitel »Mediationsverfahren« berücksichtigt bereits das neue, am 26. Juli 2012 in Kraft getretene Mediationsgesetz. Es wurden aktuelle Rechtsprechung und Gesetzesänderungen bis Juli 2012 berücksichtigt.

Autoren, Verlag und Herausgeber sind sich sicher, dass auch die vorliegende Auflage den Nutzern – insbesondere in Verbindung mit den zur Triologie gehörenden Werken Handbuch des Fachanwalts Arbeitsrecht und Fachanwaltskommentar Arbeitsrecht – die tägliche Arbeit im Bereich des Arbeitsrechts erleichtern wird. Kritik und Anregungen sind weiterhin herzlich willkommen.

Frankfurt am Main, im August 2012

Der Herausgeber

Vorwort zur 1. Auflage

Vieles ist passiert im Arbeitsrecht der letzten Jahre. Insbesondere die Rechtsprechung des Bundesarbeitsgerichts (BAG) zur AGB-Kontrolle hat unter dem Stichwort »Transparenzgebot« gravierende Auswirkungen auf die Beurteilung von Arbeitsverträgen gehabt, besonders bei Vereinbarungen zur variablen Vergütung (Boni) und bei der Auslegung der vertraglichen Bezugnahme auf Tarifverträge. Verträge sind klar und verständlich zu formulieren, sagt das BAG. Eine Selbstverständlichkeit, sollte man meinen. Aber gerade diese Selbstverständlichkeit führte zur Korrektur langjähriger Rechtsprechungsgrundsätze. Freiwilligkeitsvorbehalte, Stichtagsklauseln und Gleichstellungsabreden werden nach neuen Maßstäben beurteilt. Auf der anderen Seite führte die Finanzkrise von 2008 und in der Folge die Wirtschaftskrise von 2009 zur politischen Forderung nach strikterer Leistungs-, Erfolgs- und Nachhaltigkeitskontrolle bei der Vergütung von Führungskräften. Das hat insbesondere im VorstAG seinen Niederschlag gefunden und ist besonders bei der Vertragsgestaltung von Dienstverträgen angemessen zu berücksichtigen. Anlass genug, um mit einem Formularbuch für den Arbeitsrechtler praxistaugliche und rechtssichere Gestaltungsvorschläge anzubieten.

Das Formularbuch des Fachanwalts Arbeitsrecht wendet sich an den Spezialisten, der als Rechtsanwalt oder als Justiziar in der Personal- oder Rechtsabteilung kautelarjuristisch und forensisch tätig ist. Die Autoren sind im Arbeitsrecht erfahrene Rechtsanwälte von deutschen und internationalen Wirtschaftskanzleien mit arbeitsrechtlichem Schwerpunkt sowie von bekannten Arbeitsrechtsboutiquen.

Neben der diskriminierungsfreien Anbahnung und der transparenten Gestaltung des Arbeitsverhältnisses unter Berücksichtigung von Mitarbeiterbeteiligungsprogrammen und Auslandsbezügen wurde der Aktualisierung der betrieblichen Altersversorgung sowie der Beendigung des Arbeitsverhältnisses besondere Beachtung geschenkt. Im Tarifrecht hat insbesondere die Rechtsprechung zum Tarifsozialplan, zu den Bezugnahmeklauseln und zur Tarifpluralität neue Maßstäbe gesetzt. Im Betriebsverfassungsrecht sind unter anderem neue Entwicklungen zum Beispiel zur Altersdiskriminierung in Sozialplänen sowie Fragen der Ethik und Arbeitnehmerdatensicherheit zu berücksichtigen. Die Figuren des Gemeinschaftsbetriebs und sonstiger abweichender Betriebsstrukturen werden von den Betriebsparteien aktiv genutzt. Erweiterte Unterrichtungspflichten gegenüber dem Wirtschaftsausschuss wurden durch das Risikobegrenzungsgesetz eingeführt. In der Praxis der Unternehmensmitbestimmung kommen auch die Arbeitgeber verstärkt auf die Berater zu mit Fragen zur Planung und Gestaltung der Wahlen der Arbeitnehmervertreter in den Aufsichtsrat. Sowohl auf Arbeitgeberseite wie auf Arbeitnehmerseite ist erkannt, dass eine professionelle Unterstützung der Wahlvorstände im beiderseitigen Interesse ist. Das Umwandlungsrecht wird verstärkt in der Umstrukturierungspraxis der Konzerne genutzt und steht inzwischen gleichberechtigt neben der Übertragung in Einzelrechtsnachfolge (Asset Deal) und der Anteilsübertragung (Share Deal). Schließlich hat sich neben dem Einigungsstellenverfahren und dem Arbeitsgerichtsverfahren inzwischen auch das Mediationsverfahren als Mittel der Konfliktlösung etabliert.

Das Formularbuch des Fachanwalts Arbeitsrecht ergänzt die bereits vorliegenden Verlagswerke Handbuch des Fachanwalts Arbeitsrecht und Fachanwaltskommentar Arbeitsrecht zu einer Trilogie, die dem Anwender eine umfassende Beratung und Gestaltung arbeitsrechtlicher Themen ermöglichen soll. Autoren und Herausgeber hoffen, der Leserschaft ein praxisnahes, aktuelles und eingängiges Werk für die tägliche, gestaltende Arbeit im weiten Feld des Arbeitsrechts an die Hand zu geben. Kritik und Anregungen sind herzlich willkommen.

Frankfurt am Main, im August 2010

Der Herausgeber

Die Bearbeiter

Dr. Christian Bitsch
Rechtsanwalt, Frankfurt/Main

Hendrik Bockenheimer
Rechtsanwalt, Frankfurt/Main

Dr. Annett Böhm
Rechtsanwältin und Fachanwältin für Arbeitsrecht, Bad Schwartau/Lübeck

Jan Dröll, LL.M. (Bielefeld)
Rechtsanwalt und Fachanwalt für Arbeitsrecht, Hamburg

Dr. Katharina Gebhardt
Rechtsanwältin, Frankfurt/Main

Dr. Barbara Geck
Rechtsanwältin und Fachanwältin für Arbeitsrecht, Frankfurt/Main

Dr. Oliver Hahn
Rechtsanwalt und Fachanwalt für Arbeitsrecht, Reutlingen

Daniela Hangarter, LL.M. (Christchurch)
Rechtsanwältin und Fachanwältin für Arbeitsrecht, Frankfurt/Main

Dr. Christian Häußer, LL.M. (Christchurch)
Rechtsanwalt und Fachanwalt für Arbeitsrecht, Frankfurt/Main

Katharina Heinz
Rechtsanwältin, Heidelberg

Dr. Christian Hoefs
Rechtsanwalt, Frankfurt/Main

Lutz Hoheisel
Rechtsanwalt, Frankfurt/Main

Dr. Jens Jensen
Rechtsanwalt, Fachanwalt für Arbeitsrecht und Dipl.-Finanzwirt (FH), Frankfurt/Main

Susanne Julis
Rechtsanwältin, Frankfurt/Main

Dr. Vera Jungkind
Rechtsanwältin, Düsseldorf

Margret Kisters-Kölkes
Rechtsanwältin und Steuerberaterin, Mülheim/Ruhr

Dr. Stefan Koop
Rechtsanwalt und Fachanwalt für Arbeitsrecht, Hamburg

Prof. Dr. Mark Lembke, LL.M. (Cornell)
Rechtsanwalt und Fachanwalt für Arbeitsrecht, Attorney-at-Law (New York), Frankfurt/Main

Dr. Hans-Joachim Liebers, LL.M. (California)
Rechtsanwalt und Fachanwalt für Arbeitsrecht, Frankfurt/Main

Dr. Pascal M. Ludwig
Rechtsanwalt, Frankfurt/Main

Die Bearbeiter

Dr. Andreas Mauroschat
Rechtsanwalt, Frankfurt/Main

Dr. Katja Mückenberger
Fachanwältin für Arbeitsrecht, Einigungsstellenvorsitzende und Mediatorin, Frankfurt/Main

Dr. Jens-Wilhelm Oberwinter, LL.M. (Wellington)
Rechtsanwalt und Fachanwalt für Arbeitsrecht, Frankfurt/Main

Dr. Arnim Powietzka
Rechtsanwalt und Fachanwalt für Arbeitsrecht, Heidelberg

Dr. Kerstin Reiserer
Rechtsanwältin und Fachanwältin für Arbeitsrecht, Heidelberg

Dr. Henning Reitz
Rechtsanwalt, Frankfurt/Main

Thomas Richter
Rechtsanwalt, Frankfurt/Main

Jochen Rothmann
Rechtsanwalt, Frankfurt/Main

Dr. Georg Seyfarth, LL.M. (Duke)
Rechtsanwalt, Düsseldorf

Dr. Christoph T. Thies
Rechtsanwalt und Fachanwalt für Arbeitsrecht, Hamburg

Dr. Christian von Tiling
Rechtsanwalt und Fachanwalt für Arbeitsrecht, Hamburg

Im Einzelnen haben bearbeitet

A. Die Anbahnung des Arbeitsverhältnisses	Dr. Christoph T. Thies
B. Standardarbeitsverhältnisse	Dr. Kerstin Reiserer Katharina Heinz
C. Vertragliche und nachvertragliche Nebenpflichten	Lutz Hoheisel Susanne Julis
D. Mitarbeiterbeteiligungsprogramme	Dr. Andreas Mauroschat
E. Zeitbezogene Sonderformen des Arbeitsverhältnisses	Dr. Annett Böhm
F. Tätigkeitsbezogene Sonderformen des Arbeitsverhältnisses	Dr. Oliver Hahn
G. Mitarbeiterbezogene Sonderformen des Arbeitsverhältnisses	Dr. Christian Bitsch
H. Arbeitsverhältnis mit Auslandsbezug	Gabriele Mastmann Hendrik Bockenheimer
I. Fremdpersonaleinsatz	Prof. Dr. Mark Lembke, LL.M. (Cornell) Jochen Rothmann
J. Das laufende Arbeitsverhältnis	Dr. Jens Jensen
K. Die Beendigung des Arbeitsverhältnisses	Daniela Hangarter, LL.M. (Christchurch) Prof. Dr. Mark Lembke, LL.M. (Cornell) Dr. Pascal M. Ludwig Dr. Jens-Wilhelm Oberwinter, LL.M. (Wellington)
L. Betriebliche Altersversorgung	Margret Kisters-Kölkes
M. Organverträge	Dr. Georg Seyfarth
N. Freie Mitarbeiter und Handelsvertreter	Dr. Arnim Powietzka
O. Betriebsverfassungsrecht	Jan Dröll, LL.M. (Bielefeld) Dr. Christian Hoefs Dr. Arnim Powietzka
P. Abweichende Betriebsratsstruktur	Dr. Christian Hoefs
Q. Personalvertretungsrecht	Dr. Christoph T. Thies
R. Kirchliches Arbeitsrecht	Dr. Christian von Tiling
S. Tarifvertragsrecht	Dr. Stefan Koop
T. Compliance	Thomas Richter Dr. Christian Häußer
U. Datenschutz für Arbeitnehmer	Dr. Vera Jungkind

Im Einzelnen haben bearbeitet

V. Der Übergang des Arbeitsverhältnisses   Dr. Katharina Gebhardt
Dr. Hans-Joachim Liebers, LL.M. (California)

W. Wahl der Arbeitnehmervertreter in den Aufsichtsrat   Dr. Katharina Gebhardt

X. Arbeitsgerichtsverfahren   Dr. Barbara Geck
Dr. Stefan Koop
Dr. Henning Reitz

Y. Verfahren vor anderen Gerichten   Dr. Barbara Geck

Z. Mediationsverfahren   Dr. Katja Mückenberger

Inhaltsübersicht

Teil 1 Individualarbeitsrecht 1

A.	Die Anbahnung des Arbeitsverhältnisses	3
B.	Standardarbeitsverhältnisse	57
C.	Vertragliche und nachvertragliche Nebenpflichten	149
D.	Mitarbeiterbeteiligungsprogramme	198
E.	Zeitbezogene Sonderformen des Arbeitsverhältnisses	236
F.	Tätigkeitsbezogene Sonderformen des Arbeitsverhältnisses	287
G.	Mitarbeiterbezogene Sonderformen des Arbeitsverhältnisses	332
H.	Arbeitsverhältnis mit Auslandsbezug	375
I.	Fremdpersonaleinsatz	407
J.	Das laufende Arbeitsverhältnis	467
K.	Die Beendigung des Arbeitsverhältnisses	503
L.	Betriebliche Altersversorgung	630

Teil 2 Dienstverträge 703

M.	Organverträge	705
N.	Freie Mitarbeiter und Handelsvertreter	786

Teil 3 Kollektives Arbeitsrecht 805

O.	Betriebsverfassungsrecht	807
P.	Abweichende Betriebsratsstruktur	1051
Q.	Personalvertretungsrecht	1088
R.	Kirchliches Arbeitsrecht	1151
S.	Tarifvertragsrecht	1197
T.	Compliance	1290
U.	Datenschutz für Arbeitnehmer	1320

Teil 4 Unternehmensbezogene Fallgestaltungen 1351

V.	Der Übergang des Arbeitsverhältnisses	1353
W.	Wahl der Arbeitnehmervertreter in den Aufsichtsrat	1535

Teil 5 Gerichtsverfahren/Mediationsverfahren 1679

X.	Arbeitsgerichtsverfahren	1681
Y.	Verfahren vor anderen Gerichten	1888
Z.	Mediationsverfahren	1949

Inhaltsverzeichnis

Die mit arabischen Ziffern angegebenen Titel sind die Bezeichnungen der Formulare

Vorwort zur 4. Auflage	V
Vorwort zur 3. Auflage	VI
Vorwort zur 2. Auflage	VII
Vorwort zur 1. Auflage	VIII
Die Bearbeiter	IX
Im Einzelnen haben bearbeitet	XI
Inhaltsübersicht	XIII
Literaturverzeichnis	XXIX
Abkürzungsverzeichnis	XLI

Teil 1 Individualarbeitsrecht ... 1

A. Die Anbahnung des Arbeitsverhältnisses ... 3
    Einführung ... 4
  I. Vorbereitende Maßnahmen ... 5
      1. Stellenbeschreibung ... 5
      2. Anforderungsprofil ... 10
  II. Ausschreibung ... 14
      1. Betriebsinterne Ausschreibung ... 14
      2. Externe Ausschreibung ... 18
  III. Bewerbungsverfahren ... 22
      1. Einladung zum Bewerbungsgespräch mit Kostenübernahme ... 22
      2. Einladung zum Bewerbungsgespräch ohne Kostenübernahme ... 24
      3. Protokoll des Bewerbungsgesprächs ... 24
      4. Absage an Bewerber ... 29
      5. Absage an schwerbehinderten Bewerber ... 31
  IV. Personalfragebogen ... 34
      1. Fragebogen im Bewerbungsverfahren ... 34
      2. Fragebogen nach der Einstellung ... 44
  V. Einwilligungen ... 47
      1. Einwilligung in Datenspeicherung und Verzicht auf Rücksendung oder Vernichtung der Bewerbungsunterlagen ... 48
      2. Einwilligung in betriebs- oder vertrauensärztliche Untersuchung ... 51
      3. Einwilligung in psychologische Untersuchung ... 53
      4. Einwilligung in die Teilnahme an einem Persönlichkeitstest ... 55

B. Standardarbeitsverhältnisse ... 57
  I. Standardarbeitsverträge ... 58
      1. Standardarbeitsvertrag eines angestellten Arbeitnehmers (keine Tarifbindung) ... 58
      2. Standardarbeitsvertrag in englischer Fassung ... 77
      3. Standardarbeitsvertrag eines angestellten Arbeitnehmers (mit Tarifbezug) ... 82
      4. Arbeitsvertrag in Briefform ... 88
      5. Arbeitsvertrag über eine geringfügige Beschäftigung ... 91
      6. Arbeitsvertrag für Führungspositionen ... 97
      7. Erklärung des Mitarbeiters zur Speicherung und Verwendung seiner Daten ... 107
  II. Vergütungsbestandteile: Monetäre Vergütung ... 109
      1. Grundvergütung ... 109
      2. Variable Vergütung ... 118
        2.1 Rahmenvereinbarung über eine Zielvereinbarung ... 118
        2.2 Konkrete Zielfestlegung ... 126
        2.3 Tantiemenvereinbarung ... 128

Inhaltsverzeichnis

III.	Vergütungsbestandteile: Sachbezüge	130
	1. Dienstwagenvertrag und Dienstwagenklausel	130
	2. Vereinbarung über die dienstliche Nutzung des privaten Kfz des Mitarbeiters	137
	3. Dienstwohnung	139
	4. Umzugskosten	143
IV.	Vergütungsbestandteile: Urlaub	145
	1. Urlaubsregelungen	145
	2. Sonderurlaub	147

C. Vertragliche und nachvertragliche Nebenpflichten ... 149

I.	Vertragliche Nebenpflichten	150
	1. Zusatzvereinbarung zur Wahrung von Betriebs- und Geschäftsgeheimnissen sowie sonstigen vertraulichen Angelegenheiten	150
	2. Anzeige einer Nebentätigkeit	155
	3. Ablehnung/Untersagung einer Nebentätigkeit	157
	4. Verpflichtung auf das Datengeheimnis (§ 5 BDSG)	158
	5. Zusatzvereinbarung über die dienstliche Nutzung von Internet und E-Mail	162
	6. Zusatzvereinbarung über Arbeitnehmererfindungen und sonstige Arbeitsergebnisse	167
	7. Zusatzvereinbarung über Tätigkeit im Home Office (ausschließliche Telearbeit)	172
II.	Nachvertragliche Nebenpflichten	179
	1. Nachvertragliches Wettbewerbsverbot	179
	2. Aufforderung zur Mitteilung anderweitigen Erwerbs	186
	3. Verzicht des Arbeitgebers auf ein nachvertragliches Wettbewerbsverbot	188
	4. Lösungserklärung des Arbeitgebers von einem nachvertraglichen Wettbewerbsverbot bei außerordentlicher Kündigung	190
	5. Lösungserklärung des Arbeitnehmers von einem nachvertraglichen Wettbewerbsverbot	191
	6. Angebot des Arbeitgebers auf Zahlung einer auf 100 % erhöhten Karenzentschädigung	192
	7. Ablehnungsandrohung des Arbeitnehmers bezüglich der Einhaltung des nachvertraglichen Wettbewerbsverbots im Falle der Nicht-Zahlung der Karenzentschädigung	193
	8. Rücktritt des Arbeitgebers bei Verstoß des Arbeitnehmers gegen das nachvertragliche Wettbewerbsverbot	194
	9. Aufforderung an den Mitarbeiter zur Rückgabe von Gegenständen/Unterlagen nach Beendigung des Arbeitsverhältnisses	196

D. Mitarbeiterbeteiligungsprogramme ... 198

I.	Kapitalbeteiligung	198
	1. Aktienoptionsprogramm	198
II.	Erfolgsbeteiligung	211
	1. Langfristiger Bonusplan (Performance Shares)	211
	2. Kurzfristiger Bonusplan (Short Term Incentive)	218
	3. Bonusbank-Plan	226

E. Zeitbezogene Sonderformen des Arbeitsverhältnisses ... 236

I.	Befristung	237
	1. Rahmenvereinbarung für befristete Arbeitsverhältnisse	237
	2. Befristeter Arbeitsvertrag mit Sachgrund	241
	3. Befristeter Arbeitsvertrag ohne Sachgrund	243
	4. Befristeter Arbeitsvertrag mit Zweckbefristung	246
	5. Mitteilung des Ablaufes des vereinbarten Befristungszeitraumes nach § 15 Abs. 1 TzBfG	248
	6. Mitteilung der Zweckerreichung nach § 15 Abs. 2 TzBfG	249
	7. Doppelt befristeter Arbeitsvertrag	250
	8. Prozessarbeitsverhältnis	252
II.	Teilzeit	256
	1. Arbeitsvertrag für geringfügig Beschäftigte in einem Privathaushalt	256
	2. Teilzeitarbeitsvertrag	258
	3. Antrag auf Reduzierung der Arbeitszeit	261
	4. Vorläufige Mitteilung nach § 8 Abs. 5 TzBfG bei verspäteter Antragstellung	263
	5. Ablehnung des Antrags auf Arbeitszeitreduzierung	264
	6. Stattgeben des Antrags auf Arbeitszeitreduzierung	266

	7. Antrag auf Verlängerung der Arbeitszeit nach § 9 TzBfG	268
	8. Ablehnung des Antrags auf Verlängerung der Arbeitszeit	270
	9. Änderungsvertrag	271
III.	Probearbeitsverhältnis	273
	1. Befristung zur Erprobung nach § 14 Abs. 1 TzBfG	273
	2. Mitteilung des Bestehens der Probezeit	275
	3. Verlängerung der Probezeit durch Aufhebungsvertrag	276
IV.	Sonstige zeitbezogene Sonderformen	278
	1. Arbeit auf Abruf nach § 12 TzBfG	278
	2. Wiedereingliederungsvertrag nach längerer Krankheit	281
	3. Sabbatical-Vereinbarung	283
F.	**Tätigkeitsbezogene Sonderformen des Arbeitsverhältnisses**	**287**
I.	Ausbildungsbezogene Arbeitsverhältnisse	288
	1. Berufsausbildungsvertrag mit einem Auszubildenden	288
	2. Kündigungsschreiben gemäß § 22 BBiG	295
	3. Anrufung des Schlichtungsausschusses gemäß § 111 Abs. 2 ArbGG nach Ausspruch der Kündigung und vor Erhebung der Kündigungsschutzklage	297
	4. Praktikantenvertrag (allgemein)	298
	5. Werkstudentenvertrag	302
	6. Volontariatsvertrag	306
	7. Fortbildungsvertrag (mit Rückzahlungsklausel)	310
II.	Sonstige tätigkeitsbezogene Sonderformen	314
	1. Job-Sharing-Vertrag (Vertrag über Arbeitsplatzteilung)	314
	2. Gruppenarbeitsvertrag	318
	3. Arbeitsvertrag mit einem Heimarbeiter	321
	4. Außendienstmitarbeitervertrag	325
G.	**Mitarbeiterbezogene Sonderformen des Arbeitsverhältnisses**	**332**
	Einführung	333
I.	Elternzeit	334
	1. Mitteilung der Schwangerschaft nach § 5 MuSchG	334
	2. Informationsschreiben des Arbeitgebers an die schwangere Mitarbeiterin	335
	3. Antrag auf Elternzeit	336
	4. Antwortschreiben des Arbeitgebers	338
	5. Antrag auf Teilzeit während der Elternzeit	339
	6. Änderungsvertrag zur Herabsetzung der Arbeitszeit	341
	7. Ablehnung des Antrags auf Teilzeit während der Elternzeit	343
II.	Altersteilzeit	344
	1. Altersteilzeitvertrag mit Teilzeitmodell	345
	2. Altersteilzeitvertrag mit Blockmodell	349
III.	Pflegezeit	355
	1. Antrag auf vollständige Freistellung von der Arbeitspflicht nach § 3 PflegeZG	357
	2. Antrag auf teilweise Freistellung von der Arbeitspflicht nach § 3 PflegeZG	361
	3. Antrag auf Verlängerung der Pflegezeit nach § 4 PflegeZG	362
	4. Vereinbarung über die teilweise Freistellung gemäß § 3 Abs. 4 PflegeZG	363
IV.	Familienpflegezeit	365
	1. Inanspruchnahme von Familienpflegezeit	367
	2. Vereinbarung über die Familienpflegezeit	369
	3. Verlängerung der Familienpflegezeit	372
	4. Bescheinigung des Arbeitgebers	373
	5. Beendigung der Familienpflegezeit	373
H.	**Arbeitsverhältnis mit Auslandsbezug**	**375**
I.	Einvertragsmodell – Entsendevertrag	375
	1. Entsendevertrag	375
	2. Entsendevertrag in englischer Fassung	389

II.	Zweivertragsmodell – Versetzungsvertrag		394
	1. Versetzungsvertrag (deutsche Fassung)		394
	2. Versetzungsvertrag in englischer Fassung		402

I. Fremdpersonaleinsatz 407
- I. Arbeitnehmerüberlassung 407
  1. Vertrag zwischen Entleiher und Verleiher 407
  2. Konzerninterne Arbeitnehmerüberlassung 440
  3. Leiharbeitsvertrag 445
- II. Dienstvertrag 458
  1. Dienstvertrag 458
  2. Zusatzvereinbarung zum Dienstvertrag 463

J. Das laufende Arbeitsverhältnis 467
- Einführung 468
- I. Störungen 468
  1. Abmahnung 468
  2. Verwarnung 475
- II. Krankheit des Arbeitnehmers 476
  1. Anzeige einer Erkrankung durch den Arbeitnehmer 476
  2. Vorzeitige Anforderung einer Arbeitsunfähigkeitsbescheinigung 477
  3. Arbeitsunfähigkeitsbescheinigung gemäß § 5 Abs. 1 EFZG 479
  4. Auskunftsverlangen Fortsetzungszusammenhang 479
- III. Änderungen im Arbeitsverhältnis 481
  1. Versetzung 481
  2. Zustimmung des Betriebsrats zur Versetzung 487
  3. Versetzung durch Änderungskündigung 488
  4. Änderungsvertrag 491
  5. Betriebliche Übung 494
  6. Gesamtzusage 497
- IV. Urlaub 499
  1. Urlaubsantrag 499
  2. Urlaubsbewilligung 500
  3. Urlaubsanordnung 501

K. Die Beendigung des Arbeitsverhältnisses 503
- I. Kündigung durch den Arbeitnehmer 504
  1. Ordentliche Kündigung 504
  2. Außerordentliche Kündigung 510
- II. Beendigungskündigung durch den Arbeitgeber 512
  1. Anhörung des Betriebsrats 512
  2. Ordentliche Kündigung 512
  3. Außerordentliche, hilfsweise ordentliche Kündigung (durch den Arbeitgeber) 522
  4. Kündigung gemäß § 1a KSchG 525
  5. Vollmacht zum Ausspruch von Kündigungen 528
  6. Zurückweisung der Kündigung wegen fehlender Vollmacht 529
  7. Zustellung des Kündigungsschreibens durch Boten 532
  8. Zustellung des Kündigungsschreibens durch Gerichtsvollzieher 532
- III. Änderungskündigung 534
  1. Änderungskündigung 534
  2. Annahme des Änderungsangebots unter Vorbehalt 542
- IV. Einvernehmliche Beendigung des Arbeitsverhältnisses 543
  1. Aufhebungsvertrag/Abwicklungsvertrag 543
  2. Anfechtung des Aufhebungsvertrags/Abwicklungsvertrags 561
- V. Sonderkündigungsschutz mit behördlichem Zustimmungserfordernis 564
  1. Zustimmungsantrag SGB IX 564
  2. Zustimmungsantrag MuSchG, BEEG, PflegeZG, FPfZG 572
- VI. Massenentlassung 584
  1. Anzeige Massenentlassung 584

VII.	Anfechtung des Arbeitsvertrags		601
	1. Anfechtung des Arbeitsvertrags		601
VIII.	Zeugnisse/Abwicklung des Arbeitsverhältnisses		606
	1. Einfaches Zeugnis		606
	2. Qualifiziertes Zeugnis		611
	3. Zwischenzeugnis		616
	4. Aufforderung zur Rückgabe von Gegenständen nach Beendigung des Arbeitsverhältnisses		618
	5. Ausgleichsquittung		619
	6. Bundesagentur für Arbeit Arbeitsbescheinigung		621

L. Betriebliche Altersversorgung 630

I.	Zusageerteilung		631
	1. Beitragsorientierte Leistungszusage		631
	1.1 Kapitalzusage		631
	1.2 Rentenzusage		648
	1.3 Betriebsvereinbarung		648
	2. Leistungszusage als Rentenzusage – Einzelzusage, z.B. für leitende Angestellte		649
	2.1 Einzelzusage, z.B. für leitende Angestellte		650
	2.2 Organpersonen		658
	3. Beitragszusage mit Mindestleistung (Direktversicherung)		659
	4. Verpfändungsvereinbarung für eine Rückdeckungsversicherung		663
	5. Entgeltumwandlung		669
II.	Ausscheiden aus dem Arbeitsverhältnis		674
	1. Unverfallbarkeitsmitteilung		674
	2. Unverfallbarkeitsmitteilung mit Besitzstandsregelung		676
	3. Unverfallbarkeitsmitteilung bei einer beitragsorientierten Leistungszusage		678
	4. Unverfallbarkeitsmitteilung bei einer Direktversicherung mit versicherungsförmiger Lösung		679
	5. Abfindungsschreiben an unverfallbar ausgeschiedene Arbeitnehmer		681
	6. Abfindung bei Rentnern		683
	7. Mitnahmeanspruch		684
	8. Übernahme der Zusage		686
III.	Betriebsübergang		688
	1. Information zum Anspruch auf Entgeltumwandlung		689
	2. Zusicherung der Vollständigkeit		692
IV.	Wechsel des Durchführungsweges		698
	1. Bei Versorgungsempfängern		699
	2. Partieller Wechsel des Durchführungsweges bei Versorgungsanwärtern		700

Teil 2 Dienstverträge 703

M. Organverträge 705

I.	Geschäftsführer		706
	1. Geschäftsführer-Anstellungsvertrag		706
	2. Geschäftsführer-Dienstvertrag (Englische Fassung)		712
	3. Vereinbarung Wettbewerbsverbot		715
	4. Gesellschafterbeschluss: Bestellung		718
	5. Anmeldung Handelsregister		720
	6. Geschäftsordnung für die Geschäftsführung		722
	7. *Gesellschafterbeschluss: Abberufung*		728
	8. Kündigung Geschäftsführer-Anstellungsvertrag		730
	9. Aufhebungsvereinbarung		733
	10. Gesellschafterbeschluss: Entlastung		736
II.	Vorstandsmitglied		737
	1. Vorstands-Dienstvertrag		737
	2. Pensionsvereinbarung		754
	3. Aufsichtsratsbeschluss Bestellung		758

Inhaltsverzeichnis

		4.	Anmeldung Handelsregister Bestellung/Ausscheiden	761
		5.	Aufsichtsratsbeschluss Abberufung	763
		6.	Amtsniederlegung	765
		7.	Aufhebungsvereinbarung	766
		8.	Kündigung Dienstvertrag aus wichtigem Grund	771
		9.	Geschäftsordnung für den Vorstand nach DCGK	774
		10.	Vergleichsvereinbarung Haftungsansprüche	781
N.	Freie Mitarbeiter und Handelsvertreter			786
	I.	Freie Mitarbeit und Beraterverträge		786
		1.	Vertrag über freie Mitarbeit	786
		2.	Beratervertrag	791
	II.	Handelsvertreter		794
		1.	Handelsvertretervertrag	794
		2.	Vorauszahlung auf Ausgleichsanspruch	801
		3.	Vermittler-/Maklervertrag	802

Teil 3 Kollektives Arbeitsrecht 805

O.	Betriebsverfassungsrecht			807
	I.	Betriebsratswahl		809
		1.	Einladung zur Betriebsversammlung	809
		2.	Antrag auf Bestellung des Wahlvorstands	813
		3.	Antrag auf Ersetzung des Wahlvorstands	816
		4.	Wahlausschreiben zur Betriebsratswahl	818
		5.	Feststellungsantrag gemäß § 18 Abs. 2 BetrVG	823
		6.	Anfechtung der Betriebsratswahl	827
		7.	Antrag auf einstweilige Verfügung gegen Durchführung der Betriebsratswahl	833
	II.	Soziale Angelegenheiten (Betriebsvereinbarungen)		838
		1.	Arbeitsordnung	838
		2.	Flexible Arbeitszeit	860
		3.	Telearbeit	872
		4.	Konjunkturelle Kurzarbeit	884
		5.	Sabbatical	895
		6.	Nutzung von betrieblichen Kommunikationseinrichtungen	906
		7.	Videoüberwachung	921
		8.	Arbeits- und Gesundheitsschutz	930
		9.	Bonussystem	946
		10.	Freiwillige Sozialleistungen	960
	III.	Personelle Maßnahmen		970
		1.	Auswahlrichtlinie	970
		2.	Antrag auf Zustimmung zur Einstellung und Eingruppierung (mit Unterrichtung über vorläufige Maßnahme)	974
		3.	Verweigerung der Zustimmung zu personeller Maßnahme	978
		4.	Anhörung zu ordentlicher Kündigung, § 102 BetrVG	979
		5.	Geltendmachung eines vorläufigen Weiterbeschäftigungsanspruchs gemäß § 102 Abs. 5 BetrVG	983
		6.	Antrag auf Zustimmung zu außerordentlicher Kündigung eines Betriebsratsmitglieds, § 103 BetrVG	984
	IV.	Wirtschaftliche Angelegenheiten		987
		1.	Information des Wirtschaftsausschusses	987
		2.	Geheimhaltungsverpflichtung	991
		3.	Interessenausgleich	994
		4.	Sozialplan	1002
		5.	Transferleistungsvertrag mit Transfergesellschaft	1017
		6.	Dreiseitiger Vertrag zur Überleitung eines Arbeitnehmers in eine Transfergesellschaft	1026
		7.	Betriebsvereinbarung »Turboprämie«	1032

V.	Einigungsstellenverfahren	1036
	1. Antrag auf Errichtung einer Einigungsstelle	1036
	2. Antrag auf Errichtung einer Einigungsstelle	1040
	3. Betriebsvereinbarung über die Errichtung einer ständigen Einigungsstelle	1040
	4. Einigungsstellenspruch	1047
	5. Anfechtung eines Einigungsstellenspruchs	1049
P.	**Abweichende Betriebsratsstruktur**	**1051**
	Einführung	1051
I.	Abweichende Vereinbarungen gem. § 3 BetrVG	1051
	1. Tarifvertrag zur Bildung eines unternehmenseinheitlichen Betriebsrates	1052
	2. Tarifvertrag zur Errichtung von Spartenbetriebsräten	1059
	3. Tarifvertrag über andere Arbeitnehmervertretungsstrukturen	1063
	4. Tarifvertrag zur Bildung einer Arbeitsgemeinschaft	1070
	5. Tarifvertrag zur Bildung einer zusätzlichen betriebsverfassungsrechtlichen Vertretung	1074
II.	Gemeinschaftsbetrieb	1078
	1. Führungsvereinbarung	1078
	2. Kündigung einer Führungsvereinbarung	1084
	3. Negative Führungsvereinbarung	1085
Q.	**Personalvertretungsrecht**	**1088**
	Einführung	1088
I.	Personelle Angelegenheiten	1089
	1. Antrag auf Zustimmung zur Befristung eines Arbeitsvertrages	1089
	2. Antrag auf Zustimmung zu einer korrigierenden, rückwirkenden Höhergruppierung	1093
	3. Antrag auf Zustimmung zur Übertragung einer höher zu bewertenden Tätigkeit	1096
	4. Antrag auf Zustimmung zu einer Versetzung	1100
	5. Antrag auf Zustimmung zu einer Abordnung	1103
	6. Antrag auf Zustimmung zur nachträglichen Untersagung einer Nebentätigkeit	1106
	7. Beteiligung des Personalrats bei verhaltensbedingten Kündigungen	1109
	8. Beteiligung des Personalrats bei krankheitsbedingten Kündigungen	1115
II.	Dienstvereinbarungen	1122
	1. Integrationsvereinbarung	1123
	2. Betriebliches Eingliederungsmanagement (BEM)	1133
	3. Beschwerdeverfahren nach § 13 Abs. 1 AGG	1143
R.	**Kirchliches Arbeitsrecht**	**1151**
	Einführung	1151
I.	Mitarbeitervertretungsrecht	1153
	1. Antrag auf Zustimmung zu einer personellen Einzelmaßnahme (ohne Kündigung)	1154
	2. Mitteilung einer vorläufigen Regelung	1160
II.	Beteiligung der Mitarbeitervertretung bei Kündigungen	1163
III.	Arbeitskampfrecht	1178
IV.	Schriftsätze in kirchengerichtlichen Verfahren	1185
	1. Gerichtliche Verfahren nach evangelischem Recht	1186
	2. Gerichtliche Verfahren nach katholischem Recht	1192
S.	**Tarifvertragsrecht**	**1197**
	Einführung	1198
I.	Allgemeine Tarifverträge	1199
	1. Entgelttarifvertrag	1199
	2. Manteltarifvertrag	1208
II.	Besondere Tarifverträge und andere Abreden	1220
	1. Firmentarifvertrag	1220
	2. Anerkennungstarifvertrag	1233
	3. Tarifvertrag zur Beschäftigungssicherung	1236
	4. Tarifvertrag über eine gemeinsame Einrichtung	1241
	5. Tarifvertrag über ein Schlichtungsverfahren	1245
	6. Tarifvertrag über die Einrichtung einer tariflichen Schlichtungsstelle	1249

Inhaltsverzeichnis

		7.	Tarifsozialplan	1255
		8.	Kollektivvereinbarung mit nicht tariffähiger Arbeitnehmervereinigung	1264
	III.	Einzelne Klauseln		1267
		1.	Besetzungsregelung	1268
		2.	Besitzstandsklausel	1269
		3.	Differenzierungs- und Spannensicherungsklausel	1271
		4.	Variabilisierung von Entgeltbestandteilen	1273
		5.	Einführung von Kurzarbeit	1274
		6.	Öffnungsklausel	1276
		7.	Verlängerung der Arbeitszeit	1278
		8.	Veränderung der Kündigungsfristen	1280
		9.	Urlaubsanspruch	1282
		10.	Entgeltfortzahlung	1286
		11.	Befristete Arbeitsverhältnisse	1288

T. Compliance ... 1290

		Einführung		1290
	I.	Prävention		1291
		1.	Arbeitsrechtliche Compliance-Checkliste	1292
		2.	Geschäftsordnung für das Compliance Committee	1298
		3.	Betriebsvereinbarung zur Einführung eines Compliance-Programms	1302
	II.	Aufklärung von Compliance-Verstößen		1304
		1.	Amnestieangebot	1305
		2.	Amnestievereinbarung	1308
	III.	Reaktion		1312
		1.	Erinnerung	1313
		2.	Ermahnung/Abmahnung	1314
		3.	Außerordentliche Kündigung	1316
		4.	Übergabeprotokoll für außerordentliche Kündigung	1318
		5.	Weisung an Mitarbeiter	1319

U. Datenschutz für Arbeitnehmer ... 1320

	I.	Auftragsdatenverarbeitung	1320
	II.	»Bring Your Own Device«	1332
	III.	Allgemeine Einwilligung in die Datenverarbeitung	1338
	IV.	Einwilligung in das Screening von Datenträgern im Rahmen einer internen Untersuchung	1343

Teil 4 Unternehmensbezogene Fallgestaltungen ... 1351

V. Der Übergang des Arbeitsverhältnisses ... 1353

		Einführung		1356
	I.	Einzelrechtsnachfolge (Asset-Deal)		1356
		1.	Unternehmenskaufvertrag	1357
		2.	Unterrichtung Wirtschaftsausschuss gemäß § 106 BetrVG	1366
		3.	Unterrichtung Betriebsrat gemäß § 111 BetrVG	1371
		4.	Unterrichtung der Arbeitnehmer gemäß § 613a Abs. 5 BGB	1375
		5.	Widerspruch gemäß § 613a Abs. 6 BGB	1401
		6.	Verzicht auf Widerspruch	1404
	II.	Gesamtrechtsnachfolge Umwandlung (Verschmelzung)		1406
		1.	Verschmelzungsvertrag	1406
		2.	Zuleitung an den Betriebsrat gemäß § 5 Abs. 3 UmwG	1414
		3.	Unterrichtung Wirtschaftsausschuss gemäß § 106 BetrVG	1417
		4.	Unterrichtung Betriebsrat gemäß § 111 BetrVG	1420
		5.	Unterrichtung Arbeitnehmer gemäß § 613a Abs. 5 BGB i.V.m. § 324 UmwG	1423
	III.	Gesamtrechtsnachfolge Umwandlung (Spaltung)		1431
		1.	Aufspaltungs- und Übernahmevertrag (Spaltungsplan) nach §§ 126, 136 UmwG	1432
		2.	Abspaltungs- und Übernahmevertrag nach § 126 UmwG	1438

	3.	Ausgliederungs- und Übernahmevertrag nach § 126 UmwG	1440
	4.	Zuleitung an den Betriebsrat gemäß § 126 Abs. 3 UmwG	1442
	5.	Unterrichtung des Wirtschaftsausschusses gemäß § 106 BetrVG	1444
	6.	Unterrichtung Betriebsrat (Betrieb X) gemäß § 111 BetrVG	1448
	7.	Unterrichtung Arbeitnehmer gemäß § 613a Abs. 5 BGB i.V.m. § 324 UmwG	1451
	8.	Widerspruch gemäß § 613a Abs. 6 BGB	1459
	9.	Verzicht auf Widerspruch	1461
IV.	Formwechsel		1462
	1.	Umwandlungsbeschluss	1462
	2.	Zuleitung an den Betriebsrat gemäß § 194 Abs. 2 UmwG	1466
	3.	Unterrichtung Wirtschaftsausschuss gemäß § 106 BetrVG	1467
V.	Unternehmensübernahme (Share Deal)		1469
	1.	Anteilskaufvertrag	1470
	2.	Unterrichtung Wirtschaftsausschuss gemäß § 106 Abs. 3 Nr. 9a; 10 BetrVG	1474
VI.	Übernahme börsennotierter Aktiengesellschaften (Take-over)		1478
	1.	Öffentliches Übernahmeangebot (Angebotsunterlage) gemäß § 14 Abs. 3 WpÜG	1478
	2.	Stellungnahme Vorstand Zielgesellschaft § 27 WpÜG	1481
VII.	Anwachsung (Accretion)		1482
	1.	Anwachsung einer KG auf eine Komplementär GmbH	1483
	2.	Unterrichtung Wirtschaftsausschuss § 106 BetrVG	1486
	3.	Unterrichtung Arbeitnehmer gemäß § 613a Abs. 5 BGB	1490
VIII.	Betriebspacht		1496
	1.	Betriebspachtvertrag (Business Lease Agreement)	1497
	2.	Unterrichtung Wirtschaftsausschuss § 106 BetrVG	1503
	3.	Unterrichtung Arbeitnehmer gemäß § 613a Abs. 5 BGB	1507
	4.	Widerspruch gemäß § 613a Abs. 6 BGB	1512
	5.	Verzicht auf Widerspruch	1513
IX.	Betriebsführung		1515
	1.	Betriebsführungsvertrag (Business Management Agreement)	1516
	2.	Unterrichtung Wirtschaftsausschuss § 106 BetrVG	1521
	3.	Unterrichtung Arbeitnehmer gemäß § 613a Abs. 5 BGB	1526
	4.	Widerspruch gemäß § 613a Abs. 6 BGB	1531
	5.	Verzicht auf Widerspruch	1533
W.	**Wahl der Arbeitnehmervertreter in den Aufsichtsrat**		**1535**
	Einführung		1540
I.	Statusverfahren gemäß §§ 97 ff. AktG		1542
	1.	Bekanntmachung gemäß § 97 AktG	1543
	2.	Antrag auf gerichtliche Entscheidung über die Zusammensetzung des Aufsichtsrates gemäß § 98 f. AktG	1547
	3.	Beschwerde gegen die Entscheidung des Gerichts gem. § 99 Abs. 3 AktG (Beschwerdeschrift)	1551
II.	Einleitung der Wahl		1553
	1.	Bekanntmachung des Unternehmens	1553
	2.	Übersendung der Bekanntmachung an Arbeitnehmervertretungen und Gewerkschaften	1557
III.	Bildung der Wahlvorstände und Erstellung der Wählerlisten		1558
	1.	Bildung der Wahlvorstände	1558
	2.	Beschluss zur Beauftragung eines Betriebswahlvorstandes mit der Wahrnehmung der Aufgaben eines anderen Betriebswahlvorstandes	1561
	3.	Beauftragung eines Betriebswahlvorstandes mit der Wahrnehmung der Aufgaben eines anderen Betriebswahlvorstandes	1562
	4.	Wählerliste zur Einsicht/Arbeitsliste	1563
	5.	Bekanntmachung über die Bildung der Wahlvorstände und die Auslegung der Wählerliste	1568
IV.	Abstimmungsverfahren über Art der Wahl		1571
	1.	Bekanntmachung betreffend die Abstimmung über die Art der Wahl	1571
	2.	Abstimmungsausschreiben (Art der Wahl)	1573
	3.	Stimmzettel für die Abstimmung (Art der Wahl)	1576
	4.	Briefwahlunterlagen (Art der Wahl)	1576

Inhaltsverzeichnis

	5. Niederschrift des Abstimmungsergebnisses in den Betrieben (Art der Wahl)	1578
	6. Niederschrift des Abstimmungsergebnisses im Unternehmen (Art der Wahl)	1579
	7. Bekanntmachung des Abstimmungsergebnisses (Art der Wahl)	1580
V.	Wahlvorschläge der Arbeitnehmer gemäß § 3 Abs. 1 Ziff. 1 MitbestG/§ 3 Abs. 1 DrittelbG und der Gewerkschaften	1582
	1. Bekanntmachung über die Einreichung von Wahlvorschlägen	1583
	2. Bekanntmachung über die Nachfrist für die Einreichung von Wahlvorschlägen	1587
	3. Bekanntmachung über das Nichtstattfinden des Wahlganges der Arbeitnehmer/der Gewerkschaftsvertreter	1590
	4. Wahlvorschlag für Vertreter der Arbeitnehmer gemäß § 3 Abs. 1 Ziff. 1 MitbestG/§ 3 Abs. 1 DrittelbG	1592
	5. Bekanntmachung der Wahlvorschläge	1595
VI.	Abstimmungsverfahren für den Wahlvorschlag der leitenden Angestellten	1598
	1. Bekanntmachung über das Abstimmungsverfahren für den Wahlvorschlag der leitenden Angestellten	1599
	2. Bekanntmachung über die Nachfrist für die Einreichung von Abstimmungsvorschlägen der leitenden Angestellten	1604
	3. Bekanntmachung über das Nichtstattfinden des Wahlgangs der leitenden Angestellten	1606
	4. Abstimmungsvorschlag der leitenden Angestellten	1608
	5. Bekanntmachung der Abstimmungsvorschläge der leitenden Angestellten	1610
	6. Briefwahlunterlagen für das Abstimmungsverfahren für den Wahlvorschlag der leitenden Angestellten	1612
	7. Niederschrift über die Abstimmung für den Wahlvorschlag der leitenden Angestellten	1615
	8. Bekanntmachung des Abstimmungsergebnisses für den Wahlvorschlag der leitenden Angestellten (Bekanntmachung des Wahlvorschlags der leitenden Angestellten)	1616
VII.	Durchführung der Wahl – Unmittelbare Wahl	1618
	1. Wahlausschreiben für Wahlen nach dem MitbestG	1619
	2. Wahlausschreiben für Wahlen nach dem DrittelbG	1623
	3. Stimmzettel für die Wahl – Persönlichkeitswahl	1628
	4. Stimmzettel für die Wahl – Listenwahl	1630
	5. Briefwahlunterlagen	1632
	6. Niederschrift des Betriebswahlvorstandes als Teilergebnis	1634
	7. Bekanntmachung des Betriebswahlergebnisses als Teilergebnis	1637
	8. Niederschrift des Gesamtwahlergebnisses	1639
	9. Bekanntmachung des Gesamtwahlergebnisses	1643
	10. Benachrichtigung der gewählten Arbeitnehmervertreter von ihrer Wahl	1646
	11. Bekanntmachung des Wahlergebnisses im Bundesanzeiger und in den Betrieben durch das Unternehmen	1647
VIII.	Durchführung der Wahl – Wahl durch Delegierte	1648
	1. Mitteilung über Stattfinden einer Delegiertenwahl	1649
	2. Bekanntmachung des Nichtstattfindens einer Wahl von Delegierten	1652
	3. Wahlausschreiben für die Wahl der Delegierten	1653
	4. Bekanntmachung über die Nachfrist für die Einreichung von Wahlvorschlägen (Wahl der Delegierten)	1656
	5. Bekanntmachung über das Nichtstattfinden der Wahl von Delegierten in einem Wahlgang eines Betriebes	1658
	6. Wahlvorschlag (Delegierte)	1659
	7. Bekanntmachung der Wahlvorschläge (Wahl der Delegierten)	1661
	8. Stimmzettel für die Wahl der Delegierten	1663
	9. Briefwahlunterlagen (Wahl der Delegierten)	1665
	10. Niederschrift Wahlergebnis Wahl der Delegierten	1666
	11. Bekanntmachung Wahlergebnis Wahl der Delegierten	1669
	12. Benachrichtigung der gewählten Delegierten von ihrer Wahl	1672
	13. Delegiertenliste (unternehmensweit)	1673
	14. Mitteilung an die Delegierten – Einladung zur Delegiertenversammlung	1674
	15. *Stimmzettel für die Delegiertenversammlung*	1677
	16. Niederschrift Wahlergebnis	1677
	17. Bekanntmachung Wahlergebnis	1678

	18. Benachrichtigung der gewählten Aufsichtsratsmitglieder von ihrer Wahl	1678
	19. Bekanntmachung des Wahlergebnisses im Bundesanzeiger	1678

Teil 5 Gerichtsverfahren/Mediationsverfahren 1679

X.	**Arbeitsgerichtsverfahren**	**1681**
	Einführung	1687
I.	Mandatierung	1688
	1. Allgemeine Mandatsbedingungen	1688
	2. Vergütungsvereinbarung mit Zeithonorar	1692
	3. Vereinbarung eines Erfolgshonorars	1697
	4. Haftungsbegrenzung	1701
II.	Korrespondenz mit der Rechtsschutzversicherung	1706
	1. Deckungsanfrage	1706
	2. Abrechnung außergerichtliche Tätigkeit	1710
	3. Abrechnung gerichtliche Tätigkeit	1714
III.	Prozessuales	1717
	1. Allgemeine Prozessvollmacht	1717
	2. Terminsvollmacht gemäß § 141 Abs. 3 Satz 2 ZPO	1718
	3. Bestellungsschriftsatz mit Terminsverlegungsantrag	1720
	4. Antrag auf Prozesskostenhilfe und Beiordnung eines Rechtsanwalts	1723
	5. Anzeige einer Mandatsniederlegung	1728
	6. Fristverlängerungsantrag	1729
	7. Einspruch gegen ein Versäumnisurteil	1732
	8. Antrag auf Wiedereinsetzung in den vorigen Stand bei Versäumung der Einspruchsfrist gegen einen Vollstreckungsbescheid	1734
	9. Antrag auf Aussetzung des Verfahrens	1737
	10. Antrag auf Gegenstandswertfestsetzung	1739
	11. Einfache fristgebundene Beschwerde gegen Gegenstandswertfestsetzung	1741
	12. Antrag auf Verweisung an einen anderen Rechtsweg (Rüge der Rechtswegzuständigkeit)	1742
	13. Sofortige Beschwerde gegen Vorabentscheidung über Rechtsweg	1743
	14. Antrag auf Protokollberichtigung	1745
	15. Tatbestandsberichtigungsantrag	1746
IV.	Urteilsverfahren 1. Instanz	1748
	1. Die Kündigungsschutzklage (ordentliche Kündigung)	1748
	2. Die Kündigungsschutzklage (außerordentliche und ggf. hilfsweise ordentliche Kündigung)	1756
	3. Erwiderung auf die Kündigungsschutzklage – Betriebsbedingte Kündigung	1759
	4. Erwiderung auf die Kündigungsschutzklage – Personenbedingte Kündigung	1762
	5. Erwiderung auf die Kündigungsschutzklage – Verhaltensbedingte Kündigung	1765
	6. Änderungsschutzklage	1767
	7. Klage gegen die Wirksamkeit einer Befristung oder Bedingung des Arbeitsverhältnisses	1770
	8. Stufenklage	1773
	9. Klage auf Zustimmung zur Reduzierung der Arbeitszeit	1775
	10. Klage auf Feststellung einer Arbeitszeitreduzierung	1777
	11. Klageerwiderung Arbeitszeitreduzierung	1779
	12. Klage eines Teilzeitbeschäftigten auf Gleichbehandlung	1781
	13. Eingruppierungsklage	1782
	14. Klage auf Zeugniserteilung	1784
	15. Klage auf Zeugnisberichtigung	1786
	16. Klage auf Zahlung einer Entschädigung wegen Diskriminierung	1788
V.	Urteilsverfahren 2. Instanz (Berufung)	1791
	1. Einlegung der Berufung	1791
	2. Begründung der Berufung	1793
	3. Beantwortung der Berufung	1796
	4. Anschlussberufung	1798
VI.	Urteilsverfahren 3. Instanz (Revision)	1800
	1. Einlegung der Revision	1800

	2.	Begründung der Revision	1802
	3.	Beantwortung der Revision	1805
	4.	Anschlussrevision	1806
	5.	Sprungrevision	1807
	6.	Nichtzulassungsbeschwerde – Einlegung	1809
	7.	Nichtzulassungsbeschwerde – Grundsatzbeschwerde	1810
	8.	Nichtzulassungsbeschwerde – Divergenzbeschwerde	1812
	9.	Nichtzulassungsbeschwerde – Verfahrensbeschwerde	1814
VII.	Beschlussverfahren 1. Instanz		1816
	1.	Unterlassungsanträge aus § 23 Abs. 3 BetrVG	1816
	2.	Zustimmungsersetzungsanträge nach § 99 BetrVG	1819
	3.	Beschlussverfahren nach § 100 ArbGG (Einsetzung Einigungsstelle)	1823
	4.	Beschlussverfahren zur Feststellung der Unwirksamkeit eines Einigungsstellenspruchs	1825
	5.	Beschlussverfahren zur Kostenerstattungspflicht des Arbeitgebers gegenüber Betriebsräten (insbesondere Schulungsveranstaltungen nach § 37 Abs. 6 und Abs. 7 BetrVG)	1827
	6.	Zustimmungsersetzungsverfahren nach § 103 BetrVG	1831
	7.	Antrag auf Entfernung eines betriebsstörenden Arbeitnehmers gemäß § 104 BetrVG	1834
VIII.	Beschlussverfahren 2. Instanz (Beschwerde)		1837
	1.	Einlegung der Beschwerde	1837
	2.	Begründung der Beschwerde	1839
	3.	Beantwortung der Beschwerde	1841
	4.	Beschwerde gegen eine Entscheidung nach § 100 ArbGG	1842
	5.	Anschlussbeschwerde	1844
IX.	Beschlussverfahren 3. Instanz (Rechtsbeschwerde)		1845
	1.	Einlegung der Rechtsbeschwerde	1845
	2.	Begründung der Rechtsbeschwerde	1847
	3.	Beantwortung der Rechtsbeschwerde	1849
	4.	Anschlussrechtsbeschwerde	1850
	5.	Nichtzulassungsbeschwerde nach § 92a ArbGG	1852
	6.	Sprungrechtsbeschwerde	1853
X.	Einstweiliger Rechtsschutz – Antrags- und Schutzschriften		1853
	1.	Antrag des Arbeitnehmers auf vertragsgemäße Beschäftigung	1854
	2.	Antrag des Arbeitnehmers auf Weiterbeschäftigung gemäß § 102 Abs. 5 Satz 1 BetrVG	1859
	3.	Antrag auf Entbindung der Verpflichtung zur Weiterbeschäftigung nach § 102 Abs. 5 Satz 2 BetrVG	1862
	4.	Schutzschrift des Arbeitgebers gegen Beschäftigungsverfügung	1866
	5.	Antrag des Arbeitnehmers auf Zahlung von Arbeitsentgelt	1868
	6.	Antrag des Arbeitnehmers auf Verringerung der Arbeitszeit gemäß § 8 TzBfG	1871
	7.	Antrag des Arbeitgebers auf Wettbewerbsunterlassung gemäß § 60 HGB	1874
	8.	Antrag des Betriebsrats auf Unterlassung einer Betriebsänderung gemäß § 111 BetrVG	1877
	9.	Schutzschrift gegen Unterlassungsverfügung wegen Betriebsänderung	1880
XI.	Einstweiliger Rechtsschutz – Rechtsbehelfe und Rechtsmittel		1883
	1.	Sofortige Beschwerde	1883
	2.	Widerspruch	1885
	3.	Berufung	1887

Y.	**Verfahren vor anderen Gerichten**		**1888**
	Einführung		1889
I.	Verfahren vor der ordentlichen Gerichtsbarkeit – erstinstanzliches Verfahren vor dem Landgericht		1890
	1.	Klage auf Feststellung der Unwirksamkeit einer Kündigung eines Geschäftsführerdienstvertrages	1891
	2.	Klage auf Feststellung der Unwirksamkeit der Kündigung eines Vorstandsanstellungsvertrages	1898
	3.	Vertretungs- und Verteidigungsanzeige mit Verweisung an die Kammer für Handelssachen	1902
	4.	*Materielle Klageerwiderung* (materielle Begründung der Kündigung)	1905
	5.	Klage im Urkundenprozess	1911
	6.	Klageerwiderung im Urkundenverfahren	1914

	7.	Ausführung der Rechte im Nachverfahren	1917
	8.	Abstehen vom Urkundenprozess	1919
	9.	Schadenersatzklage gegen einen Geschäftsführer	1920
	10.	Materielle Klageerwiderung (Verteidigung gegen Schadenersatzklage)	1923
II.	Verfahren vor der ordentlichen Gerichtsbarkeit – Berufung		1925
	1.	Berufungsschrift	1925
	2.	Berufungsbegründung	1930
	3.	Anschlussberufung	1935
	4.	Berufungserwiderung	1937
III.	Verfahren vor den Verwaltungsgerichten		1939
	1.	Anfechtung eines Bescheides wegen Zustimmung zur Kündigung eines Schwerbehinderten	1940
	2.	Verpflichtungsklage auf Zulässigerklärung der Kündigung einer schwangeren Arbeitnehmerin	1942
	3.	Antrag des Personalrats auf Feststellung der Mitbestimmungswidrigkeit des Einsatzes von Leiharbeitnehmern	1944

Z.	**Mediationsverfahren**		1949
I.	Formen der Einleitung eines Mediationsverfahrens		1949
	1.	Unverbindliche Mediationsklausel	1949
	2.	Verbindliche Mediationsklausel	1953
	3.	Informationsschreiben als Anlage zum Arbeitsvertrag	1957
	4.	Betriebsvereinbarung Mediation	1960
	5.	Aufforderungsschreiben	1967
II.	Durchführung des Mediationsverfahrens		1970
	1.	Mediationsvereinbarung (ausführlich)	1970
	2.	Mediationsvereinbarung (kurz)	1977
	3.	Mediatorenvertrag	1981

Stichwortverzeichnis ... 1985

Literaturverzeichnis

Adomeit	Gesellschaftsrechtliche Elemente im Arbeitsverhältnis, 1986
Ahrend/Förster/Rößler	Steuerrecht der betrieblichen Altersversorgung, Stand: Dezember 2015
Andres/Leithaus	Insolvenzordnung, Kommentar, 3. Aufl. 2014
Andresen/Förster/Rößler/Rühmann	siehe jetzt: Schlewing/Henssler/Schipp/Schnitker (Hrsg.)
Annuß/Lembke/Hangarter	Arbeitsrechtliche Umstrukturierung in der Insolvenz, 3. Aufl. 2016
Annuß/Thüsing	Teilzeit und Befristungsgesetz, Kommentar, 3. Aufl. 2012 (zit.: Annuß/Thüsing/*Bearbeiter*)
AnwK-ArbR/Bearbeiter	siehe Hümmerich/Boecken/Düwell
APS/Bearbeiter	siehe Ascheid/Preis/Schmidt
AR/Bearbeiter	siehe Dornbusch/Fischermeier/Löwisch
ArbRBGB/Bearbeiter	siehe Schliemann
Ascheid	Beweislastfragen im Kündigungsschutzprozeß, 1989 (zit.: *Ascheid* Beweislastfragen)
ders.	Kündigungsschutzrecht, 1993 (zit.: *Ascheid*)
ders.	Urteils- und Beschlußverfahren im Arbeitsrecht, 2. Aufl. 1998 (zit.: *Ascheid* Urteilsverfahren)
Ascheid/Preis/Schmidt	Kündigungsrecht, Großkommentar, 4. Aufl. 2012 (zit.: APS/*Bearbeiter*)
Asshoff/Bachner/Kunz	Europäisches Arbeitsrecht im Betrieb: Ein praktischer Ratgeber, 1996
Auernhammer	BDSG, 4. Aufl. 2014
Bader/Bram/Dörner/Kriebel	Kommentar zum Kündigungsschutzgesetz und zu den §§ 620–628 BGB, Loseblattausgabe (zit.: BBDK/*Bearbeiter*)
Bader/Creutzfeldt/Friedrich	Kommentar zum Arbeitsgerichtsgesetz, 5. Aufl. 2008 (zit.: BCF/*Bearbeiter* ArbGG)
Bader/Dörner/Mikosch/Schleusener/Schütz/Vossen	Gemeinschaftskommentar zum Arbeitsgerichtsgesetz, Loseblattausgabe (zit.: GK-ArbGG/*Bearbeiter*)
Bamberger/Roth	Kommentar zum BGB, 3 Bände, 3. Aufl. 2012
Bauer/Baeck/Schuster	Scheinselbständigkeit – Kriterien und Auswege, 2000
Bauer/Diller	Wettbewerbsverbote, 7. Aufl. 2015
Bauer/Krieger	Allgemeines Gleichbehandlungsgesetz, 4. Aufl. 2015 (zit.: BK)
Bauer/Krieger Arnold	Arbeitsrechtliche Aufhebungsverträge, 9. Aufl. 2014
Bauer/Lingemann/Diller/Haußmann	Anwalts-Formularbuch Arbeitsrecht, 5. Aufl. 2014
Baumbach/Hopt	Handelsgesetzbuch, Kommentar, 36. Aufl. 2014
Baumbach/Hueck	GmbH-Gesetz, Kommentar, 20. Aufl. 2013
Baumbach/Lauterbach/Albers/Hartmann	Zivilprozessordnung, 74. Aufl. 2016 (zit.: BLAH/*Bearbeiter*)
Bauwens	Aktienkursorientierte Vergütung im arbeitsrechtlichen Regelungssystem, 2001
BBDK/Bearbeiter	siehe Bader/Bram/Dörner/Kriebel
Beck	Gewissenskonflikt und Arbeitsverhältnis, 1995
Becker/Wulfgramm	Kommentar zum Arbeitnehmerüberlassungsgesetz, 3. Aufl. 1985
Beck'scher Online-Kommentar	(zit.: Beck OK [Gesetz]/*Bearbeiter*)
Beck'sches Prozessformularbuch	13. Aufl. 2016

Literaturverzeichnis

Beck'sches Rechtsanwalts-handbuch	10. Aufl. 2011
Berscheid/Kunz/Brand/ Nebeling	(Hrsg.) Fachanwaltshandbuch Arbeitsrecht, 5. Aufl. 201
BK	siehe Bauer/Krieger
Bicker	Gläubigerschutz in der grenzüberschreitenden Konzerngesellschaft, 2007
Bieback/Dieterich/Hanau/ Kocher/Schäfer	Tarifgestützte Mindestlöhne, 2007
Bischof/Jungbauer/Bräuer/ Curkovic/Klipstein/Klüsener/ Uher	RVG, Kommentar, 7. Aufl. 2016
BLAH/Bearbeiter	siehe Baumbach/Lauterbach/Albers/Hartmann
Blanke	Kommentar zum Europäischen Betriebsräte-Gesetz: Europäische Mitbestimmung – SE, 2. Aufl. 2006
Blomeyer/Rolfs/Otto	Betriebsrentengesetz, Gesetz zur Verbesserung der betrieblichen Altersversorgung, Kommentar, 6. Aufl. 2015
Boemke	Gewerbeordnung, Kommentar zu §§ 105–110 GewO, 2003 (zit.: Boemke/*Bearbeiter* GewO)
ders.	Handbuch zum Arbeitnehmer-Entsendegesetz, 2008
Boemke/Lembke	Arbeitnehmerüberlassungsgesetz, Kommentar, 3. Aufl. 2013
Boewer	Teilzeit- und Befristungsgesetz, Kommentar für die Praxis, 2002
Bonanni	Der gemeinsame Betrieb mehrerer Unternehmen, 2003
Bopf	Der Annahmeverzug im Arbeitsverhältnis, 2004
Borgwardt/Fischer/Janert	Sprecherausschußgesetz für leitende Angestellte, 2. Aufl. 1990
Brackmann	Handbuch der Sozialversicherung, Loseblattausgabe
Brand/Lembke	(Hrsg.) Der CGZP-Beschluss des Bundesarbeitsgerichts – arbeits- und sozialrechtliche Folgen 2012
Brox/Rüthers	Arbeitskampfrecht, 2. Aufl. 1982
Brox/Rüthers/Henssler	Arbeitsrecht, 18. Aufl. 2010
Buchner/Becker	Mutterschutzgesetz, Bundeselterngeld- und Elternzeitgesetz, 8. Aufl. 2008
Budde	Mediation und Arbeitsrecht, 2003
Buschmann/Dieball/Stevens-Bartol	Das Recht der Teilzeitarbeit, 2. Aufl. 2001 (zit.: TZA/*Bearbeiter*)
Calliess/Ruffert	(Hrsg.) EUV/AEUV, 4. Aufl. 2011
Creutzfeld/Hanau/Thüsing/ Wißmann	(Hrsg.) Festschrift für Klaus Bepler, 2012
Däubler	Das Arbeitsrecht, Band 1, 15. Aufl. 1998, Band 2, 11. Aufl. 1998
ders.	Gläserne Belegschaften? – Das Handbuch zum Arbeitnehmerdatenschutz, 6. Aufl. 2015
ders.	(Hrsg.) Tarifvertragsgesetz, mit Arbeitnehmer-Entsendegesetz, 3. Aufl. 2012
Däubler/Bertzbach	Allgemeines Gleichbehandlungsgesetz, 3. Aufl. 2013 (zit.: Däubler/Bertzbach/*Verfasser*)
Däubler/Bieback	(Hrsg.) Arbeitskampfrecht, 3. Aufl. 2011
Däubler/Bonin/Deinert	AGB-Kontrolle im Arbeitsrecht, 4. Aufl. 2014
Däubler/Kittner/Klebe/Wedde	Kommentar zum BetrVG, 15. Aufl. 2016 (zit.: DKKW/*Bearbeiter*)
Dauner-Lieb/Konzen/Schmidt	(Hrsg.) Das neue Schuldrecht in der Praxis, 2003
Deich, Svenja	Die rechtliche Beurteilung von Zielvereinbarungen im Arbeitsverhältnis, 2004

dies.	Arbeitsvertragliche Gestaltung von Zielvereinbarungen, 2005
DIHK	Rechtsratgeber Berufsbildung, 26. Aufl. 2015
Diller	Gesellschafter und Gesellschaftsorgane als Arbeitnehmer, 1994
DKKW/Bearbeiter	siehe Däubler/Kittner/Klebe/Wedde
DLW/Bearbeiter	siehe Dörner/Luczak/Wildschütz/Baeck/Hoß
Doetsch/Lenz	Versorgungszusagen an Gesellschafter-, Geschäftsführer und -Vorstände, 2014
Dornbusch/Fischermeier/ Löwisch	(Hrsg.) AR, Kommentar zum gesamten Arbeitsrecht, 7. Aufl. 2016 (zit.: AR/*Bearbeiter*)
Dornbusch/Wolff	KSchG, Kommentar zum Kündigungsschutzgesetz und zu den wesentlichen Nebengesetzen, 2. Aufl. 2007
Dorndorf/Weller/Hauck/ Höland/Kriebel/Neef	Heidelberger Kommentar zum Kündigungsschutzgesetz, 4. Aufl. 2001 (zit.: HK/*Bearbeiter*)
Dörner	Der befristete Arbeitsvertrag, 2. Aufl. 2011 (zit.: Dörner Befr. Arbeitsvertrag)
Dörner/Luczak/Wildschütz/ Baeck/Hoß	Handbuch des Fachanwalts Arbeitsrecht, 13. Aufl. 2016 (zit.: DLW/*Bearbeiter*)
Dreyer	Race Relations Act 1976 und Rassendiskriminierung in Großbritannien, Diss. Halle, 1998
Duve/Eichenmüller/Hacke	Mediation in der Wirtschaft, 2. Aufl. 2011
Düwell/Lipke	(Hrsg.) Arbeitsgerichtsgesetz, 3. Aufl. 2012 (zit.: ArbGG/*Bearbeiter*)
Ehmann/Helfrich	EG-Datenschutzrichtlinie, Kurzkommentar, 1999
Eicher/Schlegel	(Hrsg.) SGB III Arbeitsförderung, Kommentar mit Nebenrecht, Loseblattsammlung (zit.: Eicher/Schlegel/*Bearbeiter*)
Eicher	(Hrsg.) SGB II Grundsicherung für Arbeitsuchende, Kommentar, 3. Aufl. 2013 (zit.: Eicher/*Bearbeiter*)
Eickmann/Flessner/Irschlinger/ Kirchhof/Kreft/Landfermann/ Marotzke	Heidelberger Kommentar zur Insolvenzordnung, 7. Aufl. 2014 (zit.: HK-InsO/*Bearbeiter*)
Eidenmüller	Vertrags- und Verfahrensrecht der Wirtschaftsmediation, 2001
Emmerich/Habersack	Aktien- und GmbH-Konzernrecht, Kommentar, 8. Aufl. 2016 (zit.: *Emmerich/Habersack* Konzernrecht)
ErfK/Bearbeiter	siehe Müller-Glöge/Preis/Schmidt
Erman	Handkommentar zum Bürgerlichen Gesetzbuch, 14. Aufl. 2014 (zit.: Erman/*Bearbeiter*)
Etzel/Bader/Fischermeier/Friedrich/Gallner/Griebeling/Klose/ Kreft/Link/Lipke/Rachor/Rinck/ Rost/Spilger/Treber/Vogt/ Weigand	KR, Gemeinschaftskommentar zum Kündigungsschutzgesetz und zu sonstigen kündigungsschutzrechtlichen Vorschriften, 11. Aufl. 2016 (zit.: KR/*Bearbeiter*)
Fehn	Schwarzarbeitsbekämpfungsgesetz, 2005 (zit.: HK-SchwarzArbG/*Bearbeiter*)
Fiebig/Gallner/Mestwerdt/ Nägele	(Hrsg.) Handkommentar Kündigungsschutzgesetz, 5. Aufl. 2015 (zit.: HaKo/*Bearbeiter*)
Fitting/Engels/Schmidt/ Trebinger/Linsenmaier	Kommentar zum BetrVG, 28. Aufl. 2016 (zit.: *Fitting*)
FK-InsO/Bearbeiter	siehe Wimmer
Förster/Cisch/Karst	Betriebsrentengesetz, Kommentar, 14. Aufl. 2014
Franzen	Privatrechtsangleichung durch die Europäische Gemeinschaft, 1999
FS Canaris	siehe Heldrich/Prölss/Koller

Literaturverzeichnis

FS Kemper	siehe Kisters-Kölkes
FS Wiedemann	siehe Wank/Hirte/Frey
FS Wißmann	siehe Kohte/Dörner/Anzinger
Gagel	(Hrsg.) Kommentar zum Arbeitsförderungsrecht, Loseblattausgabe (zit.: Gagel/*Bearbeiter*)
Galperin/Löwisch	Betriebsverfassungsgesetz, 6. Aufl. 1982 mit Nachtrag 1985
Gamillscheg	Kollektives Arbeitsrecht, Band 1, 1997
ders.	Die Grundrechte im Arbeitsrecht, 1989
Gaul	Das Arbeitsrecht der Betriebs- und Unternehmensspaltung, 2002
Germelmann/Matthes/Prütting	Arbeitsgerichtsgesetz, Kommentar, 8. Aufl. 2013 (zit.: GMP/*Bearbeiter*)
GK-ArbGG/Bearbeiter	siehe Bader/Dörner/Mikosch/Schleusener/Schütz/Vossen
GK-BetrVG/Bearbeiter	siehe Wiese/Kreutz/Oetker/Raab/Weber/Franzen/Gutzeit/Jacobs
GK-BUrlG/Bearbeiter	siehe Stahlhacke/Bachmann/Bleistein/Berscheid
GK-MitbestG/Bearbeiter	Gemeinschaftskommentar zum Mitbestimmungsgesetz, Loseblattausgabe, 1992
GK-SGB III/Bearbeiter	Gemeinschaftskommentar zum Arbeitsförderungsrecht, Loseblattausgabe
GK-SGB IX/Bearbeiter	siehe Großmann/Schimanski/Dopatka/Spiolek/Steinbrück
Göksu	Rassendiskriminierung beim Vertragsabschluss als Persönlichkeitsverletzung, Diss. Freiburg/CH, 2003
Gola/Schomerus	Bundesdatenschutzgesetz, Kommentar, 12. Aufl. 2015
Gotthardt	Arbeitsrecht nach der Schuldrechtsreform, 2. Aufl. 2003
Grobys/Panzer	StichwortKommentar Arbeitsrecht, 2. Aufl. 2014
Gröninger/Thomas	Kommentar zum Mutterschutzgesetz, Loseblattausgabe
Großkommentar AktG/Bearbeiter	Band 4, 4. Aufl. 2006
Großmann/Schimanski/Spiolek	Gemeinschaftskommentar zum Sozialgesetzbuch IX, Loseblattausgabe (zit.: GK-SGB IX/*Bearbeiter*)
Grunsky/Waas/Benecke/Greiner	Arbeitsgerichtsgesetz, Kommentar, 8. Aufl. 2014
Gutzeit	Das arbeitsrechtliche System der Lohnfortzahlung, 2000
Hachenburg	Großkommentar zum GmbHG, Band 2, 8. Aufl. 1997 (zit.: Hachenburg/*Bearbeiter*)
Hacke	Der ADR-Vertrag: Vertragsrecht und vertragliche Gestaltung der Mediation und anderer alternativer Konfliktlösungsverfahren, 2001
Haft	Verhandlung und Mediation, 2. Aufl. 2000
Haft/Schlieffen	Handbuch Mediation, 3. Aufl. 2016
Hailbronner/Geis	Kommentar zum Hochschulrahmengesetz, Loseblattausgabe
HaKo/Bearbeiter	siehe Fiebig/Gallner/Mestwerdt/Nägele
Hamann	Arbeitszeit flexibel gestalten, 2005
Hammer	Berufsbildung und Betriebsverfassung, 1990
Hanau/Adomeit	Arbeitsrecht, 14. Aufl. 2006
Hanau/Arteaga/Rieble/Veit	Entgeltumwandlung, 3. Aufl. 2014
Hanau/Steinmeyer/Wank	Handbuch des europäischen Arbeits- und Sozialrechts, 2002
Happ	Konzern- und Umwandlungsrecht, 2012 (zit.: Happ/*Bearbeiter*)
Hartmer/Detmer	Hochschulrecht, 2. Aufl. 2010 (zit.: Hartmer/Dehmer/*Bearbeiter*)
Hauck/Helml/Biebl	Arbeitsgerichtsgesetz, 4. Aufl. 2011
Hauck/Noftz	(Hrsg.) Kommentare zum SGB III, IV, VII, IX, jeweils Loseblattausgaben
Hauschka/Moosmayer/Lösler	Corporate Compliance, 3. Aufl. 2016
Heckelmann	Erhaltungsarbeiten im Arbeitskampf, 1984

Heldrich/Prölss/Koller	(Hrsg.) Festschrift für Claus-Wilhelm Canaris zum 70. Geburtstag, 2 Bände, 2007
Hennige	Das Verfahrensrecht der Einigungsstelle, 1995
Henssler	Der Arbeitsvertrag im Konzern, 1983
Henssler/Koch	Mediation in der Anwaltspraxis, 2004
Henssler/Willemsen/Kalb	(Hrsg.) Arbeitsrecht Kommentar, 7. Aufl. 2016 (zit.: HWK/*Bearbeiter*)
Herkert	Kommentar zum Berufsbildungsgesetz, Loseblattausgabe
Herrmann/Heuer/Raupach	Einkommensteuer- und Körperschaftsteuergesetz, Loseblattausgabe (zit.: Herrmann/Heuer/Raupach/*Bearbeiter*)
Hess/Worzalla/Glock/Nicolai/ Rose/Huke	Betriebsverfassungsgesetz, Kommentar, 9. Aufl. 2013 (zit.: HSWGN/*Bearbeiter*)
Hesse	Grundzüge des Verfassungsrechts der Bundesrepublik Deutschland, 20. Aufl. 1995
HK/Bearbeiter	siehe Dorndorf/Weller/Hauck/Höland/Kriebel/Neef
HK-InsO/Bearbeiter	siehe Eickmann/Flessner/Irschlinger/Kirchhof ua.
Höfer/Reinhard/Reich	Betriebsrentenrecht (BetrAVG), Band I Arbeitsrecht, 18. Aufl. 2015 (zit.: *Höfer*)
Höfer/Veit/Verhuven	Betriebsrentenrecht (BetrAVG), Band II Steuerrecht/Sozialabgaben, HGB/IFRS, 15. Aufl. 2016
Hoffmann-Becking/Gebele	(Hrsg.) Beck'sches Formularbuch Bürgerliches, Handels- und Wirtschaftsrecht, 12. Aufl. 2016
Hoffmann/Lehmann/ Weinmann	Mitbestimmungsgesetz, 1978
von Hoyningen-Huene/Linck	Kündigungsschutzgesetz, 15. Aufl. 2013
Hromadka/Maschmann	Arbeitsrecht Band 1, 6. Aufl. 2015
dies.	Arbeitsrecht Band 2, 6. Aufl. 2014
Hromadka/Maschmann/ Wallner	Tarifwechsel, 1996
Hromadka/Sieg	SprAuG, Sprecherausschussgesetz, Kommentar, 3. Aufl. 2014
HWGNRH/Bearbeiter	siehe Hess/Worzalla/Glock/Nicolai/Rose/Huke
Huber/Faust	Schuldrechtsmodernisierung, 2002
Hubmann/Hübner	(Hrsg.) Festschrift für Schnorr von Carolsfeld, 1972
Hueck	Grundsatz der gleichmäßigen Behandlung, 1958
Hueck/Nipperdey	I Lehrbuch des Arbeitsrechts – Band I, 7. Aufl. 1963
dies.	II/1, II/2 Lehrbuch des Arbeitsrechts – Band II, Halbband 1 und 2, 7. Aufl. 1967/1970
Hüffer	Kommentar zum Aktiengesetz, 11. Aufl. 2014
Hümmerich/Lücke/Mauer	Arbeitsrecht – Vertragsgestaltung, Prozessführung, 8. Aufl. 2014 (zit.: *Hümmerich* Arbeitsrecht)
Hümmerich/Boeken/Düwell	AnwaltKommentar Arbeitsrecht, 2. Aufl. 2010 (zit.: AnwK-ArbR/*Bearbeiter*)
Hümmerich/Reufels	Gestaltung von Arbeitsverträgen, 3. Aufl. 2015 (zit.: *Hümmerich* Arbeitsverträge)
Hunold	Arbeitsrecht im Außendienst – Bewährte Problemlösungen für die Praxis, 2. Aufl. 2006
HzA/Bearbeiter	siehe Leinemann
Ignor/Rixen	Handbuch Arbeitsstrafrecht, 2. Aufl. 2008
Jacobs	Tarifeinheit und Tarifkonkurrenz, 1998
Jacobs/Krause/Oetker/Schubert	Tarifvertragsrecht, 2. Aufl. 2013

Literaturverzeichnis

Jaeger/Röder/Heckelmann	(Hrsg.) Praxishandbuch Betriebsverfassungsrecht, 2003 (zit.: JRH/*Bearbeiter*)
Jauernig	Kommentar zum BGB, 16. Aufl. 2015
JRH/Bearbeiter	siehe Jaeger/Röder/Heckelmann
Kaiser	Erziehungs- und Elternurlaub in Verbundsystemen kleiner und mittlerer Unternehmen, 1993
Kaiser/Dunkl/Hold/Kleinsorge	Entgeltfortzahlungsgesetz, 5. Aufl. 2000
Kallmann	Urlaub im Arbeitsrecht, 1991
Kallmeyer	Umwandlungsgesetz, Kommentar, 5. Aufl. 2013 (zit.: Kallmeyer/*Bearbeiter*)
Kasseler Handbuch/Bearbeiter	siehe Leinemann
Kasseler Kommentar Sozialversicherungsrecht	Loseblattausgabe
KDZ/Bearbeiter	siehe Kittner/Däubler/Zwanziger
Keil/Prost	Pensions- und Unterstützungskassenzusagen an Gesellschafter-Geschäftsführer von Kapitalgesellschaften, 3. Aufl. 2013
Kempen/Zachert	(Hrsg.) Tarifvertragsgesetz, 5. Aufl. 2014
Kemper/Kisters-Kölkes	Arbeitsrechtliche Grundzüge der betrieblichen Altersversorgung, 8. Aufl. 2015
Kemper/Kisters-Kölkes/Berenz/Huber	BetrAVG, Kommentar zum Gesetz zur Verbesserung der betrieblichen Altersversorgung, 6. Aufl. 2014
Kingreen	Die verfassungsrechtliche Stellung der Ehe im Spannungsfeld zwischen Freiheits- und Gleichheitsrechten, 1995
Kirchhof/Söhn/Mellinghoff	Einkommensteuergesetz, Loseblattausgabe (zit.: Kirchhof/Söhn/*Bearbeiter*)
Kissel	Arbeitskampfrecht, 2002
Kissel/Mayer	Gerichtsverfassungsgesetz, Kommentar, 8. Aufl. 2015
Kisters-Kölkes	(Hrsg.) Festschrift für Kurt Kemper zum 65. Geburtstag, 2005
Kittner/Däubler/Zwanziger	Kündigungsschutzrecht – Kommentar für die Praxis, 9. Aufl. 2014 (zit.: KDZ/*Bearbeiter*)
Kittner/Zwanziger/Deinert	(Hrsg.) Arbeitsrecht – Handbuch für die Praxis, 8. Aufl. 2015
Klebe/Ratayczak/Heilmann/Spoo	Betriebsverfassungsgesetz, Basiskommentar, 19. Aufl. 2016
Klebeck	Gleichstellung der Leiharbeitnehmer als Verfassungsverstoß, 2004
Knigge/Ketelsen/Marschall/Wittrock	Kommentar zum Arbeitsförderungsgesetz, Loseblattausgabe
Knittel	SGB IX – Rehabilitation und Teilhabe behinderter Menschen, Kommentar, Loseblattausgabe
Knopp/Kraegeloh	Berufsbildungsgesetz, 5. Aufl. 2005
Köbler/Heinze/Hromadka	Europas universale rechtsordnungspolitische Aufgabe, Festschrift für Alfred Söllner, 2000
Kohte/Dörner/Anzinger	Festschrift für Hellmut Wißmann, Arbeitsrecht im Sozialen Dialog, 2005
Kölner Kommentar Aktiengesetz	Band 2, 3. Aufl. 2011/12 (zit.: Kölner Kommentar/*Bearbeiter*)
Kolvenbach/Sartoris	Bilanzielle Auslagerung von Pensionsverpflichtungen, 2. Aufl. 2009
Kopp/Ramsauer	Verwaltungsverfahrensgesetz, 16. Aufl. 2015
Korinth	Einstweiliger Rechtsschutz im Arbeitsgerichtsverfahren, 3. Aufl. 2015
KPK/Bearbeiter	siehe Sowka

Literaturverzeichnis

KR/Bearbeiter	siehe Etzel/Bader/Fischermeier/Friedrich/Gallner/Griebeling/Klose/Kreft/Link/Lipke/Rachor/Rinck/Rost/Spilger/Treber/Vogt/Weigand
Wiese/Kreutz/Oetker/Raab/ Weber/Franzen/Gutzeit/Jacobs	Gemeinschaftskommentar zum Betriebsverfassungsgesetz Band 1 (§§ 1–73b) und Band 2 (§§ 74–132), 10. Aufl. 2014 (zit.: GK-BetrVG/*Bearbeiter*)
Kramer	Kündigungsvereinbarungen im Arbeitsvertrag, 1994
Krause	Rechtskrafterstreckung im kollektiven Arbeitsrecht, 1996
Kreikebohm/Spellbrink/ Waltermann	Kommentar zum Sozialrecht, 4. Aufl. 2015 (zit.:KSW/*Bearbeiter*)
Kübler/Prütting/Bork	(Hrsg.) Kommentar zur Insolvenzordnung, Loseblattausgabe
Küstner/Thume	Handbuch des gesamten Außendienstrechts, Band 2 – Der Ausgleichsanspruch des Handelsvertreters, 9. Aufl. 2014
dies.	Handbuch des gesamten Außendienstrechts Band 3 Vertriebsrecht, 4. Aufl. 2014
Küttner	(Hrsg.) Personalbuch 23. Aufl. 2016 (zit.: Küttner/*Bearbeiter*)
Lakies	Jugendarbeitsschutzgesetz, Basiskommentar, 7. Aufl. 2014
Lakies/Nehls	Berufsbildungsgesetz: Basiskommentar zum BBiG, 3. Aufl. 2013
Lambrich	Tarif- und Betriebsautonomie, 1999
Landmann/Rohmer	Gewerbeordnung, Loseblattausgabe
Langohr-Plato	Betriebliche Altersversorgung, 6. Aufl. 2013
Laux/Schlachter	Teilzeit- und Befristungsgesetz, Kommentar, 2. Aufl. 2011 (zit.: Laux/Schlachter/*Bearbeiter*)
Leinemann	(Hrsg.) Handbuch zum Arbeitsrecht, Loseblattausgabe
ders.	(Hrsg.) Kasseler Handbuch zum Arbeitsrecht (Bde 1–2), 2. Aufl. 2000 (zit.: KassArbR/*Bearbeiter*)
Leinemann/Linck	Urlaubsrecht, Kommentar, 2. Aufl. 2001
Leinemann/Taubert	Berufsbildungsgesetz, Kommentar, 2. Aufl. 2008
Lelley	Compliance im Arbeitsrecht, 2010
Lembke	Arbeitsvertrag für Führungskräfte, 5. Aufl. 2012
ders.	Mediation im Arbeitsrecht, 2001
Lieb	Arbeitsrecht, 9. Aufl. 2006
Listl/Pirson	(Hrsg.), Handbuch des Staatskirchenrechts, 2 Bände, 2. Aufl. 1994/1995
Littmann/Bitz/Pust	Das Einkommensteuergesetz, Loseblattausgabe (zit.: Littmann/Bitz/Pust/*Bearbeiter*)
Löwisch	Arbeitskampf- und Schlichtungsrecht, 1997
ders.	Sprecherausschußgesetz, Kommentar, 2. Aufl. 1994 (zit.: *Löwisch* SprAuG)
Löwisch/Caspers/Klumpp	Arbeitsrecht, 10. Aufl. 2014
Löwisch/Kaiser	Betriebsverfassungsgesetz, 6. Aufl. 2010
Löwisch/Neumann	Allgemeiner Teil des BGB, 7. Aufl. 2004 (zit.: *Löwisch/Neumann* AT BGB)
Löwisch/Rieble	Tarifvertragsgesetz, 3. Aufl. 2012 (zit.: *Löwisch/Rieble* TVG)
Löwisch/Spinner/Wertheimer	Kommentar zum Kündigungsschutzgesetz, 10. Aufl. 2013 (zit.: *Löwisch/Spinner* KSchG)
Lutter	Umwandlungsgesetz, Kommentar, 5. Aufl. 2014
Lutter/Hommelhoff	GmbH-Gesetz, Kommentar, 18. Aufl. 2012 (zit.: *Lutter/Hommelhoff*/*Bearbeiter*)
Lutter/Krieger/Verse	Rechte und Pflichten des Aufsichtsrats, 6. Aufl. 2014 (zit.: *Lutter/Krieger* AR)
Mähler/Mähler	siehe Beck'sches Rechtsanwaltshandbuch

Literaturverzeichnis

von Mangoldt/Klein/Starck	Das Bonner Grundgesetz – Band 1 (Art. 1–5), 6. Aufl. 2010
Marsch-Barner/Schäfer	Handbuch börsennotierte AG, 3. Aufl. 2014 (zit.: Marsch-Barner/Schäfer/*Bearbeiter* Handbuch börsennotierte AG)
Maschmann	Arbeitsverträge und Verträge mit Selbständigen, 2001
ders.	(Hrsg.) Rigidität und Flexibilität im Arbeitsrecht – Mannheimer Arbeitsrechtstag 2011, 2012
Maunz/Dürig	Grundgesetz, Loseblattausgabe (zit.: Maunz/Dürig/*Bearbeiter*)
Maus	Tarifvertragsgesetz, 1956
Meier/Recktenwald	Betriebswirtschaft der betrieblichen Altersversorgung, 2006
Meinel/Heyn/Herms	Teilzeit- und Befristungsgesetz, Kommentar, 5. Aufl. 2015 (zit.: MHH/*Bearbeiter*)
Meilicke/Meilicke	Kommentar zum Mitbestimmungsgesetz, 2. Aufl. 1976
Meisel/Sowka	Mutterschutz und Erziehungsurlaub, Kommentar, 5. Aufl. 1999
Melsbach	Deutsches Arbeitsrecht, 1923
Michalski	GmbH-Gesetz, Band 1, 2. Aufl. 2010 (zit.: Michalski/*Bearbeiter*)
Minnameier	Gewerberechtliche Entgeltvorschriften im modernen Arbeitsrecht, 2001
Monjau	Das Zeugnis im Arbeitsrecht, 2. Aufl. 1969
Moosmayer	Compliance, 3. Aufl. 2015
Müller, Christopher	Kommentar zum Europäischen Betriebsräte-Gesetz (EBRG), 1997
Müller-Glöge/Preis/Schmidt	Erfurter Kommentar zum Arbeitsrecht, 16. Aufl. 2016 (zit.: ErfK/*Bearbeiter*)
von Münch/Kunig	(Hrsg.) Kommentar zum Grundgesetz, 6. Aufl. 2012
MünchArbR/*Bearbeiter*	siehe Münchener Handbuch zum Arbeitsrecht
Münchener Anwaltshandbuch Arbeitsrecht	3. Aufl. 2012 (zit.: Moll/*Bearbeiter* MAH Arbeitsrecht)
Münchener Handbuch des Gesellschaftsrechts	Band 4: Aktiengesellschaft, 4. Aufl. 2015 (zit.: MünchGesR IV/*Bearbeiter*)
Münchener Handbuch zum Arbeitsrecht	2 Bände, 3. Aufl. 2009 (zit.: MünchArbR/*Bearbeiter*)
Münchener Kommentar zum Aktiengesetz	Band 1, 4. Aufl. 2016 (zit.: MüKo-AktG/*Bearbeiter*)
Münchener Kommentar zum Aktiengesetz	Band 2, 4. Aufl. 2014 (zit.: MüKo-AktG/*Bearbeiter*)
Münchener Kommentar zum Aktiengesetz	Band 4, 4. Aufl. 2016
Münchener Kommentar zum Bürgerlichen Gesetzbuch	6. Aufl. 2012 ff. (zit.: MüKo-BGB/*Bearbeiter*)
Münchener Kommentar zum Handelsgesetzbuch	Band 3, 3. Auflage 2012 (zit.: MüKo-HGB/*Bearbeiter*)
Münchener Kommentar zur Insolvenzordnung	Band 2 (§§ 103–269), 3. Aufl. 2013 (zit.: MüKo-InsO/*Bearbeiter*)
Münchener Kommentar zur Zivilprozessordnung	3 Bände, 4. Aufl. 2012 (zit.: MüKo-ZPO/*Bearbeiter*)
Musielak	Kommentar zur Zivilprozessordnung, 13. Aufl. 2016 (zit.: Musielak/*Bearbeiter*)
Namendorf	Der arbeitsrechtliche Status von GmbH-Geschäftsführern, 2003
Nerlich/Römermann	(Hrsg.) Kommentar zur Insolvenzordnung, Loseblattausgabe
Neumann/Biebl	Arbeitszeitgesetz, 16. Aufl. 2012
Neumann/Fenski/Kühn	Bundesurlaubsgesetz, 11. Aufl. 2016

Neumann/Pahlen/ Majerski-Pahlen	Sozialgesetzbuch IX, Kommentar, 12. Aufl. 2010
Neuvians	Die arbeitnehmerähnliche Person, 2002
Niesel	Arbeitsförderung SGB III, Kommentar, 6. Aufl. 2012 (zit.: Niesel/*Bearbeiter*)
Nikisch	Lehrbuch zum Arbeitsrecht Bd I, 3. Aufl. 1961
ders.	Lehrbuch zum Arbeitsrecht Bd III, 2. Aufl. 1966
Nothoff	Das ruhende Arbeitsverhältnis als Schutz des Arbeitsplatzes wehrpflichtiger Arbeitnehmer, Diss., Münster, 1972
Obermüller/Hess	Insolvenzordnung, 4. Aufl. 2003
Oetker	Das Dauerschuldverhältnis und seine Beendigung, 1994
ders.	Die Durchführung von Not- und Erhaltungsarbeiten bei Arbeitskämpfen, 1984
Oetker/Preis	Europäisches Arbeits- und Sozialrecht, Loseblattausgabe
Oetker/Preis/Rieble	(Hrsg.) 50 Jahre Bundesarbeitsgericht, 2004
Otten	Heimarbeitsrecht – Kommentar zum HAG, zu heimarbeitsrelevanten Normen und Erläuterungen zur Teleheimarbeit, 2008
Otto	Arbeitskampf- und Schlichtungsrecht, 2006
Palandt	Kommentar zum Bürgerlichen Gesetzbuch, 75. Aufl. 2016 (zit.: Palandt/*Bearbeiter*)
Pauly/Osnabrügge	Handbuch Kündigungsrecht, 4. Aufl. 2014 (zit.: Pauly/Osnabrügge/*Bearbeiter*)
Preis	Grundfragen der Vertragsgestaltung im Arbeitsrecht, 1993
ders.	Prinzipien des Kündigungsschutzrechts bei Arbeitsverhältnissen, 1987 (zit.: *Preis* Prinzipien)
ders.	Der Arbeitsvertrag, 5. Aufl. 2015 (zit.: *Preis* Arbeitsvertrag)
Rademacher	Der Europäische Betriebsrat. Die Richtlinie 94/45/EG des Rates vom 22.09.1994 und ihre Umsetzung ins nationale Recht, 1996
Raiser/Veil/Jacobs	Mitbestimmungsgesetz und Drittelbeteiligungsgesetz, Kommentar, 6. Aufl. 2015 (zit.: Raiser/Veil/Jacobs/*Bearbeiter*)
Reich	Hochschulrahmengesetz, Kommentar, 11. Aufl. 2012
Reichel/Schmandt	Betriebliche Altersversorgung bei Unternehmenskauf und Umstrukturierung, 2006
Reichelt	Die arbeitsrechtliche Stellung der Rot-Kreuz-Schwestern, 2000
Reichold	Arbeitsrecht, 5. Aufl. 2016
Reineke	Das Recht der Arbeitnehmerüberlassung in Spanien und Deutschland und sein Verhältnis zu der geplanten europäischen Regelung, 2004
Reiserer/Freckmann	Freie Mitarbeit und Mini-Jobs nach der Hartz-Reform, 2003
Reiserer/Freckmann/Träumer	Scheinselbständigkeit, geringfügige Beschäftigung, 2002
Reiserer/Heß-Emmerich/Peters	Der GmbH-Geschäftsführer, 3. Aufl. 2008
Reuter	Die Stellung des Arbeitsrechts in der Privatrechtsordnung, 1989
RGKU/Bearbeiter	siehe Rolfs/Giesen/Kreikebohm/Udsching
RGRK/Bearbeiter	Kommentar zum Bürgerlichen Gesetzbuch, hrsg von Reichsgerichtsräten und Bundesrichtern, 12. Aufl. 1978 ff.
Richardi	Betriebsverfassungsgesetz mit Wahlordnung, Kommentar, 15. Aufl. 2016
ders.	Arbeitsrecht in der Kirche, 7. Aufl. 2015
Richardi/Reichold	(Hrsg.) Altersgrenzen und Alterssicherung im Arbeitsrecht, Gedenkschrift für Wolfgang Blomeyer, 2003
Rieble	Arbeitsmarkt und Wettbewerb, 1996

Literaturverzeichnis

ders.	Die Kontrolle des Ermessens der betriebsverfassungsrechtlichen Einigungsstelle, 1989
ders.	Festschrift für Manfred Löwisch, 2007
Risse	Wirtschaftsmediation, 2003
Rolfs	Studienkommentar Arbeitsrecht, 4. Aufl. 2014 (zit.: StudKomm ArbR)
ders.	Teilzeit- und Befristungsgesetz, Kommentar, 2002
Rolfs/Giesen/Kreikebohm/ Udsching	Arbeitsrecht, Schwerpunktkommentar, 2008
Rosenberg/Schwab/Gottwald	Zivilprozessrecht, 17. Aufl. 2010
Roßnagel	Handbuch Datenschutzrecht, 2003
Sachs	(Hrsg.) Grundgesetz, Kommentar, 7. Aufl. 2014
Säcker/Oetker	Grundlagen und Grenzen der Tarifautonomie, 1992
Sahmer/Busemann	Arbeitsplatzschutzgesetz, Kommentar mit Erläuterungen zu ergänzenden wehr- und zivildienstrechtlichen Vorschriften, Loseblattausgabe
Sandmann/Marschall	Arbeitnehmerüberlassungsgesetz, Kommentar, Loseblattausgabe
Schaub	Arbeitsrechts-Handbuch, 16. Aufl. 2015 (zit.: Schaub/*Bearbeiter*)
ders.	Arbeitsrecht von A-Z, 20. Aufl. 2016
ders.	Arbeitsrechtliches Formular- und Verfahrenshandbuch, 11. Aufl. 2015 (zit.: *Schaub* Formb)
ders.	Arbeitsgerichtsverfahren, 7. Aufl. 2003 (zit.: *Schaub* ArbGV)
Schiefer/Worzalla	Das arbeitsrechtliche Beschäftigungsförderungsgesetz und seine Auswirkungen für die betriebliche Praxis, 1996
dies.	Agenda 2010, Gesetz zu Reformen am Arbeitsmarkt, 2004
Schiek/Dieball/Horstkötter/ Seidel/Viethen/Wankel	Frauengleichstellungsgesetz des Bundes und der Länder, 2. Aufl. 2002
Schlachter	(Hrsg.) Casebook Europäisches Arbeitsrecht, 2005
dies.	(Hrsg.) Tarifautonomie für ein neues Jahrhundert, Festschrift für Günter Schaub, 1998
Schlegelberger/Geßler/ Hefermehl/Schröder	Kommentar zum HGB, 5. Aufl. 1973 (zit.: Schlegelberger/*Bearbeiter*)
Schleßmann	Das Arbeitszeugnis, 21. Aufl. 2015
Schlewing/Henssler/Schipp/ Schnitker (Hrsg.)	(Hrsg.) Arbeitsrecht der betrieblichen Altersversorgung und Zeitwertkonten, Stand Oktober 2015
Schliemann	(Hrsg.) Das Arbeitsrecht im BGB, 2. Aufl. 2002 (zit.: ArbRBGB/*Bearbeiter*)
Schmid/Trenk-Hinterberger	Grundzüge des Arbeitsrechts, 3. Aufl. 2003
Schmidt	(Hrsg.) Einkommensteuergesetz, 35. Aufl. 2016 (zit.: Schmidt/*Bearbeiter*)
Schmidt/Koberski/Tiemann/ Wascher	Heimarbeitsgesetz Kommentar, 4. Aufl. 1998
Schmidt-Bleibtreu/Hofmann/ Henneke	Kommentar zum Grundgesetz, 13. Aufl. 2014
Schmitt	Entgeltfortzahlungsgesetz und Aufwendungsausgleichsgesetz, 7. Aufl. 2012
Schneider	Handbuch Zeitarbeit, Loseblattausgabe
Schneider, Gero	Richterliche Kontrolle von Betriebsvereinbarungen und Flexibilisierung von Arbeitsbedingungen, 2010
Scholz	Kommentar zum GmbH-Gesetz, Kommentar, 11. Aufl. 2012/2015
Schönke/Schröder	Strafgesetzbuch StGB, Kommentar, 29. Aufl. 2014
Schüren	Job-Sharing, 1983

Literaturverzeichnis

Schüren/Hamann	Arbeitnehmerüberlassungsgesetz, Kommentar, 4. Aufl. 2009 (zit.: Schüren/*Bearbeiter*)
Schwab/Weth	(Hrsg.) Arbeitsgerichtsgesetz, 4. Aufl. 2015
Schwarze/Becker/Hatje	(Hrsg.) EU-Kommentar, 3. Aufl. 2012
Seiter	Streikrecht und Aussperrungsrecht, 1975
Semler/v. Schenck	Arbeitshandbuch für Aufsichtsratsmitglieder, 4. Aufl. 2013 (zit.: Semler/v. Schenck/*Bearbeiter* Arbeitshandbuch AR)
Sievers	TzBfG, Kommentar zum Teilzeit- und Befristungsgesetz, 5. Aufl. 2015
Simitis/Bizer	Bundesdatenschutzgesetz, Kommentar, 8. Aufl. 2014 (zit.: Simitis/*Bearbeiter*)
Soergel	Bürgerliches Gesetzbuch mit Einführungsgesetz und Nebengesetzen, 13. Aufl. 1999 ff. (zit.: Soergel/*Bearbeiter*)
Sowka	(Hrsg.) Kündigungsschutzgesetz, Kölner Praxiskommentar, 3. Aufl. 2004 (zit.: KPK/*Bearbeiter*)
Spindler/Stilz	Kommentar zum Aktiengesetz, Band 1, 3. Aufl. 2015 (zit.: Spindler/Stilz AktG)
Stahlhacke/Bachmann/ Bleistein/Berscheid	Gemeinschaftskommentar zum Bundesurlaubsgesetz, 5. Aufl. 1992 (GK-BUrlG/*Bearbeiter*)
Stahlhacke/Preis/Vossen	Kündigung und Kündigungsschutz im Arbeitsverhältnis, 11. Aufl. 2015
Staudinger	Kommentar zum Bürgerlichen Gesetzbuch, §§ 823–825, 14. Aufl. 2010
ders.	Kommentar zum Bürgerlichen Gesetzbuch, Buch 2, Neubearbeitung 2004 ff. (zit.: Staudinger/*Bearbeiter*)
Stege/Weinspach/Schiefer	Betriebsverfassungsgesetz, 9. Aufl. 2002
Stein/Jonas	Kommentar zur Zivilprozeßordnung, 21. Aufl. 1993 ff., 22. Aufl. 2002 ff.
Straßmair	Der besondere Gleichheitssatz des Art. 3 Abs. 3 S. 2 GG, 2002
Streinz	(Hrsg.) EUV/AEUV, 2. Aufl. 2012
Taeger/Gabel	Kommentar zum BDSG, 2. Aufl. 2013
Tamm	Die Entwicklung der Betriebsrisikolehre und ihre Rückführung auf das Gesetz, 2001
Tettinger/Wank	GewO, 8. Aufl. 2011
Thiel/Fuhrmann/Jüngst	MAVO – Rahmenordnung für eine Mitarbeitervertretung, 7. Aufl. 2014
Thomas/Putzo	Kommentar zur Zivilprozessordnung, 37. Aufl. 2016
Thume/Rieme/Schürr	Handbuch des gesamten Außendiensrechts, Band 1 – Das Recht des Handelsvertreters, 5. Aufl. 2016
Thüsing	Arbeitnehmerüberlassungsgesetz, Kommentar, 3. Aufl. 2012 (zit.: Thüsing/*Bearbeiter*)
ders.	Arbeitsrechtlicher Diskriminierungsschutz, 2. Aufl. 2013 (zit.: *Thüsing* Diskriminierungsschutz)
ders.	Beschäftigtendatenschutz und Compliance, 2. Aufl. 2014
Thüsing/Laux/Lembke	Kündigungsschutzgesetz, 3. Aufl. 2014
Treber	EFZG, Kommentar zum Entgeltfortzahlungsgesetz, 2. Aufl. 2007
Tschöpe	Arbeitsrecht, Handbuch, 9. Aufl. 2015 (zit.: Tschöpe/*Bearbeiter*)
TZA/Bearbeiter	siehe Buschmann/Dieball/Stevens-Bartol
Uhlenbruck	(Hrsg.) Kommentar zur Insolvenzordnung, 14. Aufl. 2015
Ulber/Ulber	Arbeitnehmerüberlassungsgesetz, Kommentar, 2. Aufl. 2014
Ulmer/Habersack/Henssler	Mitbestimmungsrecht, 3. Aufl. 2013 (zit.: UHH/*Bearbeiter*)
Umnuß	Corporate Compliance Checklisten, 2. Aufl. 2012
Urban-Crell/Germakowski/ Bissels/Hurst	AÜG, Kommentar zum Arbeitnehmerüberlassungsgesetz, 2. Aufl. 2013

Literaturverzeichnis

Urban-Crell/Schulz	Arbeitnehmerüberlassung und Arbeitsvermittlung, 2003
Wagner	Prozessverträge, 1998
Waltermann	Arbeitsrecht, 17. Aufl. 2014
ders.	Sozialrecht, 11. Aufl. 2015
Wank	Arbeitnehmer und Selbständige, 1988
ders.	Empirische Befunde zur »Scheinselbständigkeit« – Juristischer Teil, 1997 (zit.: *Wank* Empirische Befunde)
Wank/Hirte/Frey	Festschrift für Herbert Wiedemann zum 70. Geburtstag, 2002
Weber	BBiG Berufsbildungsgesetz und Berufsbildungsförderungsgesetz, Loseblattausgabe
Weber/Ehrich/Burmester	Handbuch der arbeitsrechtlichen Aufhebungsverträge, 5. Aufl. 2009
Wedde	Telearbeit, 2002
Wedde/Gerntke/Kunz/Platow	Entgeltfortzahlungsgesetz, 4. Aufl. 2015
Weiss/Gagel	Handbuch des Arbeits- und Sozialrechts, Loseblattausgabe (zit.: HAS/*Bearbeiter*)
Wendeling-Schröder/Stein	Allgemeines Gleichbehandlungsgesetz, 2008 (zit.: Wendeling/Schröder/Stein/*Verfasser*)
Widmann/Mayer	(Hrsg.) Umwandlungsrecht, Kommentar, Loseblattausgabe
Wieczorek/Schütze	Zivilprozessordnung und Nebengesetze, 3. Aufl. 2012 (zit.: Wieczorek/Schütze/*Bearbeiter*)
Wiedemann	(Hrsg.) Tarifvertragsgesetz, 7. Aufl. 2007
Wiesehügel/Sahl	Die Sozialkassen der Bauwirtschaft und die Entsendung innerhalb der Europäischen Union, 1998
Willemsen/Hohenstatt/ Schnitker/Schweibert/Seibt	Umstrukturierung und Übertragung von Unternehmen, 4. Aufl. 2011 (zit.: Willemsen/*Bearbeiter* Unternehmensumstrukturierung)
Wimmer	(Hrsg.) Frankfurter Kommentar zur Insolvenzordnung, 8. Aufl. 2015 (zit.: FK-InsO/*Bearbeiter*)
Wimmer, Kathrin	Die Befristung einzelner Arbeitsbedingungen nach der Schuldrechtsreform, 2008
Windbichler	Arbeitsrecht im Konzern, 1989
Wlotzke/Wißmann/Koberski/ Kleinsorge	Kommentar zum Mitbestimmungsrecht, 4. Aufl. 2011 (zit.: WWKK/*Bearbeiter*)
Wohlgemuth	Berufsbildungsgesetz, Kommentar, 2011
Wolf/Neuner	Allgemeiner Teil des Bürgerlichen Rechts, 10. Aufl. 2012
Wronka/Gola/Pötters	Handbuch zum Arbeitnehmerdatenschutz: Rechtsfragen und Handlungshilfen für die betriebliche Praxis, 7. Aufl. 2016
Zmarzlik/Zipperer/Viethen	Mutterschutzgesetz, Mutterschaftsleistungen, 9. Aufl. 2005
Zöller	Kommentar zur Zivilprozessordnung, 31. Aufl. 2016
Zöllner/Loritz/Hergenröder	Arbeitsrecht, 7. Aufl. 2015 (zit.: ZLH/*Bearbeiter*)
Zöllner/Noack	Kölner Kommentar zum Aktiengesetz siehe dort
Zwanziger	Das Arbeitsrecht der Insolvenzordnung, 5. Aufl. 2015
Zwanziger/Altmann/ Schneppendahl	Kündigungsschutzgesetz, Basiskommentar mit Nebengesetzen, 4. Aufl. 2015

Abkürzungsverzeichnis

(Abgekürzte Literatur – außer Zeitschriften – siehe Literaturverzeichnis).

AA	Agentur für Arbeit
a.A.	anderer Ansicht
AAG	Aufwendungsausgleichsgesetz
ABA	Arbeitsgemeinschaft für betriebliche Altersversorgung; Arbeit, Beruf und Arbeitslosenhilfe (Zeitschrift)
AbgG	Abgeordnetengesetz
AbK	Abkommen
abl.	ablehnend
ABl.	Amtsblatt
ABlEG	Amtsblatt der Europäischen Gemeinschaften
Abk.	Abkommen
ABM	Arbeitsbeschaffungsmaßnahme
Abs.	Absatz
Abschn.	Abschnitt
Abt.	Abteilung
abw.	abweichend
AcP	Archiv für die civilistische Praxis (Zeitschrift)
aE	am Ende
Änd.	Änderung
ÄndG	Änderungsgesetz
ÄArbVtrG	Gesetz über befristete Arbeitsverträge mit Ärzten in der Weiterbildung
AEntG	Arbeitnehmer-Entsendegesetz
AErlV	Arbeitserlaubnisverordnung
AEVO	Ausbilder-Eignungsverordnung
AEUV	Vertrag über die Arbeitsweise der Europäischen Union (AEU-Vertrag)
a.F.	alte Fassung
AFG	Arbeitsförderungsgesetz
AFKG	Arbeitsförderungs-Konsolidierungsgesetz
AfP	Archiv für Presserecht (Zeitschrift)
AFRG	Arbeitsförderungs-Reformgesetz
AG	Arbeitgeber; Amtsgericht; Aktiengesellschaft; Die Aktiengesellschaft (Zeitschrift)
AGB	Allgemeine Geschäftsbedingungen
AGB-DDR	Arbeitsgesetzbuch der DDR
AGBG	Gesetz zur Regelung des Rechts der Allgemeinen Geschäftsbedingungen
AGG	Allgemeines Gleichbehandlungsgesetz
AiB	Arbeitsrecht im Betrieb (Zeitschrift)
AK	Alternativkommentar
AktG	Aktiengesetz
Alg.	Arbeitslosengeld
Alg. II	Arbeitslosengeld II
allg.	allgemein(e)
Alt.	Alternative
a.M.	anderer Meinung
AMBl	Amtsblatt des Bayerischen Staatsministeriums für Arbeit und Sozialordnung
amtl.	amtlich
AmtlBegr	Amtliche Begründung
AmtlMitt	Amtliche Mitteilungen
AN	Arbeitnehmer
ANBA	Amtliche Nachrichten der Bundesagentur für Arbeit
AnfG	Anfechtungsgesetz
Ang.	Angestellte/-r
AngKSchG	Gesetz über die Fristen für die Kdg. von Angestellten

Abkürzungsverzeichnis

Anh.	Anhang
Anl.	Anlage
Anm.	Anmerkung
AnwBl.	Anwaltsblatt (Zeitschrift)
AO	Abgabenordnung
AöR	Archiv des öffentlichen Rechts (Zeitschrift)
AP	Arbeitsrechtliche Praxis (Entscheidungssammlung)
APR	Allgemeines Persönlichkeitsrecht
AR	Aufsichtsrat
ArbG	Arbeitsgericht
ArbGBeschlG	Arbeitsgerichtsbeschleunigungsgesetz
ArbGG	Arbeitsgerichtsgesetz
AR-Blattei	Arbeitsrecht-Blattei (Loseblattausgabe)
ArbnErfG	Gesetz über Arbeitnehmererfindungen
ArbPlSchG	Arbeitsplatzschutzgesetz
ArbR	Arbeitsrecht
ArbRB	Der Arbeits-Rechts-Berater (Zeitschrift)
ArbRBerG	Arbeitsrechtsbereinigungsgesetz
ArbSchG	Arbeitsschutzgesetz
ArbSichG	Arbeitssicherstellungsgesetz
ArbStättR	Arbeitsstättenrichtlinie
ArbStättV	Arbeitsstättenverordnung
ArbuR, AuR	Arbeit und Recht (Zeitschrift)
ArbuSozPol	Arbeit und Sozialpolitik (Zeitschrift)
ArbuSozR	Arbeits- und Sozialrecht (Zeitschrift)
ArbZG	Arbeitszeitgesetz
arg.	argumentum
ARGE, Arge	Arbeitsgemeinschaft
ARS	Arbeitsrechtssammlung, Entscheidungen des Reichsarbeitsgerichts, der Landesarbeitsgerichte und Arbeitsgerichte
ARSt	Arbeitsrecht in Stichworten (Entscheidungssammlung)
Art.	Artikel
ASiG	Arbeitssicherheitsgesetz
ATG, ATZG	Altersteilzeitgesetz
ATO	Allgemeine Tarifordnung für Arbeitnehmer des öffentlichen Dienstes
ATZG	Altersteilzeitgesetz
AuA	Arbeit und Arbeitsrecht (Zeitschrift)
AuB	Arbeit und Beruf (Zeitschrift)
AufenthG	Aufenthaltsgesetz
Aufl.	Auflage
AÜG	Arbeitnehmerüberlassungsgesetz
AuR, ArbuR	Arbeit und Recht (Zeitschrift)
AusbPlFöG	Ausbildungsplatzförderungsgesetz
ausf.	ausführlich
AusfVO	Ausführungsverordnung
AuslG	Ausländergesetz
AVAVG	Gesetz über Arbeitsvermittlung und Arbeitslosenversicherung
AVE	Allgemeinverbindlicherklärung
AVG	Angestelltenversicherungsgesetz
AVmG	Altersvermögensgesetz
AVR	Arbeitsvertragsrichtlinien
AWD	Außenwirtschaftsdienst des Betriebs-Beraters (Zeitschrift)
AWG	Außenwirtschaftsgesetz
Az.	Aktenzeichen
AZO	Arbeitszeitordnung
BA	Bundesagentur für Arbeit
BaFin	Bundesanstalt für Finanzdienstleistungen

Abkürzungsverzeichnis

BAföG	Bundesausbildungsförderungsgesetz
BAG	Bundesarbeitsgericht
BAGE	Amtliche Sammlung der Entscheidungen des Bundesarbeitsgerichts
BAnz.	Bundesanzeiger
BArbBl	Bundesarbeitsblatt
BAT	Bundes-Angestelltentarifvertrag
BAV	Betriebliche Altersversorgung
BayBS	Bereinigte Sammlung des bayerischen Landesrechts
BayObLG	Bayerisches Oberstes Landesgericht
BayVBl	Bayerisches Verwaltungsblatt (Zeitschrift)
BayVGH	Bayerischer Verwaltungsgerichtshof
BB	Betriebs-Berater (Zeitschrift)
BBergG	Bundesberggesetz
BBesG	Bundesbesoldungsgesetz
BBG	Bundesbeamtengesetz/Beitragsbemessungsgrenze
BBiG	Berufsbildungsgesetz
Bd.	Band
BDA	Bundesvereinigung Deutscher Arbeitgeberverbände
BDI	Bundesverband der Deutschen Industrie
BDO	Bundesdisziplinarordnung
BDSG	Bundesdatenschutzgesetz
bearb.	bearbeitet
Bearb.	Bearbeiter(in)
BeamtVG	Beamtenversorgungsgesetz
BEEG	Bundeselterngeld- und Elternzeitgesetz
Begr.	Begründung
BehindR	Behindertenrecht (Zeitschrift)
Bek.	Bekanntmachung
Bekl., bekl.	Beklagte(r), beklagte(r)
Bem.	Bemerkung
Ber.	Bericht
ber.	berichtigt
BerBiFG	Berufsbildungsförderungsgesetz
BerHG	Beratungshilfegesetz
BErzGG	Bundeserziehungsgeldgesetz
bes.	besonders, besonderen
BeschSchutzG	Beschäftigtenschutzgesetz
BeschFG	Beschäftigungsförderungsgesetz
Beschl.	Beschluss
betr.	betrifft
BetrAV	Betriebliche Altersversorgung (auch Zeitschrift)
BetrAVG	Gesetz zur Verbesserung der betrieblichen Altersversorgung
BetrSichV	Verordnung über Sicherheit und Gesundheitsschutz bei der Bereitstellung von Arbeitsmitteln und deren Benutzung bei der Arbeit, über Sicherheit beim Betrieb überwachungsbedürftiger Anlagen und über die Organisation des betrieblichen Arbeitsschutzes
BetrVG	Betriebsverfassungsgesetz
BeurkG	Beurkundungsgesetz
BewG	Bewertungsgesetz
BezG	Bezirksgericht
BfA	Bundesversicherungsanstalt für Angestellte (jetzt: Deutsche Rentenversicherung Bund)
BFH	Bundesfinanzhof
BFHE	Amtliche Sammlung der Entscheidungen des Bundesfinanzhofs
BG	Die Berufsgenossenschaft (Zeitschrift)
BGB	Bürgerliches Gesetzbuch
BGBl.	Bundesgesetzblatt
BGH	Bundesgerichtshof

Abkürzungsverzeichnis

BGHZ	Amtliche Sammlung der Entscheidungen des Bundesgerichtshofs in Zivilsachen
BGleiG	Bundesgleichstellungsgesetz
BGremBG	Bundesgremienbesetzungsgesetz
BGSG	Bundesgrenzschutzgesetz
BHO	Bundeshaushaltsordnung
BIBB	Bundesinstitut für Berufsbildung
BilMoG	Gesetz zur Modernisierung des Bilanzrechts
BImSchG	Bundesimmissionsschutzgesetz
BinnSchG	Gesetz betreffend die privatrechtlichen Verhältnisse der Binnenschifffahrt
BKGG	Bundeskindergeldgesetz
BKK	Die Betriebskrankenkasse (Zeitschrift)
Bl.	Blatt
BlStSozArbR	Blätter für Steuerrecht, Sozialversicherung und Arbeitsrecht (Zeitschrift)
BMAS	Bundesminister(ium) für Arbeit und Soziales
BMI	Bundesminister(ium) des Innern
BMF	Bundesminister(ium) der Finanzen
BMJ	Bundesminister(ium) der Justiz
BMTG	Bundesmanteltarifvertrag für Arbeiter der Gemeinden
BMTV	Bundesmanteltarifvertrag
BMTV-Ä	Bundesmanteltarifvertrag – Ärzte
b + p	Betrieb und Personal (Zeitschrift)
BPersVG	Bundespersonalvertretungsgesetz
BR	Betriebsrat; Der Betriebsrat (Zeitschrift); Bundesrat
BRAGO	Bundesgebührenordnung für Rechtsanwälte (jetzt: RVG)
BRAK-Mitt	»BRAK-Mitteilungen« (früher: Mitteilungen der Bundesrechtsanwaltskammer)
BRD	Bundesrepublik Deutschland
BR-Drs.	Bundesrats-Drucksache
BReg	Bundesregierung
Breithaupt	Breithaupt (Hrsg), Sozialgerichtliche Urteilssammlung (Entscheidungssammlung)
BR-Prot.	Bundesratsprotokolle
BRRG	Beamtenrechtsrahmengesetz
BRT	Bundesrahmentarif
BRTV	Bundesrahmentarifvertrag
BSeuchG	Bundesseuchengesetz
BSG	Bundessozialgericht
BSGE	Amtliche Sammlung der Entscheidungen des Bundessozialgerichts
BSHG	Bundessozialhilfegesetz
Bsp.	Beispiel
bspw.	beispielsweise
BStBl.	Bundessteuerblatt
BT	Bundestag
BT-Drs.	Bundestags-Drucksache
BT-Prot.	Bundestagsprotokolle
BUrlG	Bundesurlaubsgesetz
BuW	Betrieb und Wirtschaft (Zeitschrift)
BV	Betriebsvereinbarung
BVerfG	Bundesverfassungsgericht
BVerfGE	Amtliche Sammlung der Entscheidungen des Bundesverfassungsgerichts
BVerfGG	Bundesverfassungsgerichtsgesetz
BVerwG	Bundesverwaltungsgericht
BVerwGE	Amtliche Sammlung der Entscheidungen des Bundesverwaltungsgerichts
BVFG	Gesetz über die Angelegenheiten der Vertriebenen und Flüchtlinge (Bundesvertriebenengesetz)
BVG	Bundesversorgungsgesetz; Besonderes Verhandlungsgremium
BVR	Bernische Verwaltungsrechtsprechung (Schweizer Zeitschrift)
BW	Baden-Württemberg

bzgl.	bezüglich
BZRG	Bundeszentralregistergesetz
bzw.	beziehungsweise
CCZ	Corporate Compliance Zeitschrift, Zeitschrift für Haftungsvermeidung im Unternehmen
CGB	Christlicher Gewerkschaftsbund Deutschland
ChemG	Chemikaliengesetz
CR	Computer und Recht (Zeitschrift)
DA	Durchführungsanordnung; Dienstanweisung
DAG	Deutsche Angestelltengewerkschaft
DAngVers	Die Angestelltenversicherung (Zeitschrift)
DAR, DArbR	Deutsches Arbeitsrecht (Zeitschrift)
DArbRdGgw	Das Arbeitsrecht der Gegenwart
DAV	Deutscher Anwaltsverein
DB	Der Betrieb (Zeitschrift)
DDR	Deutsche Demokratische Republik
ders.	derselbe
DEVO	Datenerfassungs-Verordnung
DGB	Deutscher Gewerkschaftsbund
dgl.	dergleichen, desgleichen
d.h.	das heißt
dies.	dieselbe(n)
Diss.	Dissertation
DJ	Deutsche Justiz (Zeitschrift)
DJT	Deutscher Juristentag
DJZ	Deutsche Juristenzeitung (1896–1936)
DNotZ	Deutsche Notar-Zeitschrift
DOK	Die Ortskrankenkasse (Zeitschrift)
Dok.	Dokument
DöD	Der öffentliche Dienst (Zeitschrift)
DöV	Die Öffentliche Verwaltung (Zeitschrift)
DRdA	Das Recht der Arbeit (Österreichische Zeitschrift)
DRiG	Deutsches Richtergesetz
DRiZ	Deutsche Richterzeitung
DRV	Deutsche Rentenversicherung
DStR	Deutsches Steuerrecht (Zeitschrift)
Drs.	Drucksache
DSG	Datenschutzgesetz
dt.	deutsch
DtZ	Deutsch-Deutsche Rechtszeitschrift
DuD	Datenschutz und Datensicherung (Zeitschrift)
DÜVO	Datenübermittlungs-Verordnung
DVBl	Deutsches Verwaltungsblatt (Zeitschrift)
DVO	Durchführungsverordnung
DZWir	Deutsche Zeitschrift für Wirtschaftsrecht
EBR	Europäischer Betriebsrat
EBRG	Europäisches Betriebsräte-Gesetz
EEK	Entscheidungssammlung zur Entgeltfortzahlung im Krankheitsfalle
EFG	Entscheidung der Finanzgerichte (Zeitschrift)
EFTA	European Free Trade Association
EFZ	Entgeltfortzahlung
EFZG	Entgeltfortzahlungsgesetz
EG	Europäische Gemeinschaft
EGBGB	Einführungsgesetz zum Bürgerlichen Gesetzbuch
EGInsO	Einführungsgesetz zur Insolvenzordnung

Abkürzungsverzeichnis

EGMR	Europäischer Gerichtshof für Menschenrechte
EGV	Vertrag zur Gründung der Europäischen Gemeinschaft
EheG	Ehegesetz
EhfG	Entwicklungshelfer-Gesetz
EignÜG, EÜG	Eignungsübungsgesetz
Einf.	Einführung
Einl.	Einleitung
einschl.	einschließlich
EKD	Evangelische Kirche Deutschlands
EKMR	Europäische Kommission für Menschenrechte
EMRK	Konvention zum Schutze der Menschenrechte und Grundfreiheiten
engl.	englisch
ENeuOG	Eisenbahnneuordnungsgesetz
entg.	entgegen
Entsch.	Entscheidung
entspr.	entsprechend
Entw.	Entwurf
EPA	Europäisches Patentamt
EPÜ	Europäisches Patentübereinkommen
Erg.	Ergebnis
erg.	ergänzend
ErgBd.	Ergänzungsband
Erl.	Erläuterung
Ersk.	Die Ersatzkasse (Zeitschrift)
ESC	Europäische Sozialcharta
ES	Entscheidungssammlung
ESt	Einigungsstelle, Einkommensteuer
EStDV	Einkommensteuer-Durchführungsverordnung
EStG	Einkommensteuergesetz
EStR	Einkommensteuer-Richtlinien
etc.	et cetera
EU	Europäische Union
EuAbgG	Europaabgeordnetengesetz
EÜG, EignÜG	Eignungsübungsgesetz
EuGH	Gerichtshof der Europäischen Gemeinschaften
EuGHE	Entscheidungen des Gerichtshofs der Europäischen Gemeinschaften
EuGRZ	Europäische Grundrechte (Zeitschrift)
EuGVÜ	Übereinkommen über die gerichtliche Zuständigkeit und die Vollstreckung gerichtlicher Entscheidungen in Zivil- und Handelssachen
EuR	Europarecht (Zeitschrift)
EuroAS	Informationsdienst zum Europäischen Arbeits- und Sozialrecht (Zeitschrift)
EuZA	Europäische Zeitschrift für Arbeitsrecht
EuZW	Europäische Zeitschrift für Wirtschaftsrecht
ev.	evangelisch
eV	eingetragener Verein
evtl.	eventuell
EWG	Europäische Wirtschaftsgemeinschaft
EWGV	Vertrag zur Gründung der Europäischen Wirtschaftsgemeinschaft
EWG-VO	Europäische Wirtschaftsgemeinschaft-Verordnung
EWiR	Entscheidungen zum Wirtschaftsrecht (Zeitschrift)
EWR	Europäischer Wirtschaftsraum
EWS	Europäisches Währungssystem
EzA	Entscheidungsammlung zum Arbeitsrecht (Loseblattausgabe)
EzA-SD	EzA Schnelldienst (Zeitschrift)
EzAÜG	Entscheidungssammlung zum Arbeitnehmerüberlassungsgesetz (Loseblattausgabe)
EzBAT	Entscheidungssammlung zum Bundesangestelltentarifvertrag (Loseblattausgabe)

f., ff.	folgende(r), fortfolgende
FA	Fachanwalt Arbeitsrecht (Zeitschrift)
FamG	Familiengericht
FamRZ	Zeitschrift für das gesamte Familienrecht
FAZ	Frankfurter Allgemeine Zeitung
FernUSG	Fernunterrichtsschutzgesetz
FFG	Frauenfördergesetz
FG	Finanzgericht
FGG	Gesetz über die freiwillige Gerichtsbarkeit
FGO	Finanzgerichtsordnung
Fn.	Fußnote
frz.	französisch
FS	Festschrift für
G	Gesetz
GaststG	Gaststättengesetz
GBl.	Gesetzblatt
GbR	Gesellschaft bürgerlichen Rechts
GBR	Gesamtbetriebsrat
GdB	Grad der Behinderung
GefStoffV	Gefahrstoffverordnung
gem.	gemäß
GenG	Genossenschaftsgesetz
GenDG	Gendiagnostikgesetz
GenTG	Gentechnikgesetz
GerSiG	Gerätesicherheitsgesetz
GesO	Gesamtvollstreckungsordnung
GewArch	Gewerbearchiv (Zeitschrift)
GewJB	Gewerkschaftsjahrbuch
GewMH	Gewerkschaftliche Monatshefte
GewO	Gewerbeordnung
GF	Geschäftsführer
GG	Grundgesetz
ggf.	gegebenenfalls
ggü.	gegenüber
GJAV	Gesamt-Jugend und Auszubildendenvertretung
GK	Gemeinschaftskommentar
GKG	Gerichtskostengesetz
GleiBG	Gleichberechtigungsgesetz
GmbH	Gesellschaft mit beschränkter Haftung
GmbHG	Gesetz betreffend die Gesellschaft mit beschränkter Haftung
GmbHR	GmbH-Rundschau (Zeitschrift)
GmBl.	Gemeinsames Ministerialblatt
GmS-OGB	Gemeinsamer Senat der obersten Gerichtshöfe des Bundes
GO	Gemeindeordnung
GPR	Zeitschrift für Gemeinschaftsprivatrecht
GPSG	Gesetz über technische Arbeitsmittel und Verbraucherprodukte (Geräte- und Produktsicherheitsgesetz)
grdl.	grundlegend
grds.	grundsätzlich
Grds.	Grundsatz, Grundsätze
GRUR	Gewerblicher Rechtsschutz und Urheberrecht (Zeitschrift)
GS	Großer Senat; Gedächtnisschrift
GSG	Gesundheitsstrukturgesetz
GSprAu	Gesamtsprecherausschuss
GUG	Gesamtvollstreckungsunterbrechungsgesetz
GVBl	Gesetz- und Verordnungsblatt
GVG	Gerichtsverfassungsgesetz

Abkürzungsverzeichnis

GVNW	Gesetzes- und Verordnungsblatt Nordrhein-Westfalen
GWB	Gesetz gegen Wettbewerbsbeschränkungen (Kartellgesetz)
HAG	Heimarbeitsgesetz
HandwO	Handwerksordnung
HebG	Hebammengesetz
Hess	Hessen, Hessischer
HGB	Handelsgesetzbuch
HH	Hamburg
HHG	Häftlingshilfegesetz
hins.	hinsichtlich
h.L.	herrschende Lehre
h.M.	herrschende Meinung
HmbPersVG	Hamburgisches Personalvertretungsgesetz
HReg.	Handelsregister
HRG	Hochschulrahmengesetz
HRR	Höchstrichterliche Rechtsprechung (Zeitschrift)
Hrsg.	Herausgeber
Hs.	Halbsatz
Hwb AR	Handwörterbuch zum Arbeitsrecht (Loseblattausgabe)
HwO	Handwerksordnung
i.A.	im Allgemeinen
IAA	Internationales Arbeitsamt
IAO	Internationale Arbeitsorganisation
IAR	Internationales Arbeitsrecht
idF	in der Fassung
idR	in der Regel
i.E.	im Einzelnen
i.e.S.	im engeren Sinne
IFRS	International Financial Reporting Standards
IfSG	Infektionsschutzgesetz
IG	Industriegewerkschaft
IHK	Industrie- und Handelskammer
i.H.v.	in Höhe von
ILO	International Labour Organisation
insb.	insbesondere
InsO	Insolvenzordnung
int.	international
IPR	Internationales Privatrecht
IPrax	Praxis des Internationalen Privatrechts (Zeitschrift)
i.R.	im Rahmen
i.R.v.	im Rahmen von
i.S.	im Sinne
i.S.d.	im Sinne des/der
i.S.v.	im Sinne von
iÜ	im Übrigen
i.V.m.	in Verbindung mit
i.W.	im Wesentlichen
IWB	Internationale Wirtschaftsbriefe (Zeitschrift)
i.w.S.	im weiteren Sinne
IZPR	Internationales Zivilprozessrecht
JA	Juristische Arbeitsblätter (Zeitschrift)
JArbSchG	Jugendarbeitsschutzgesetz
JAV	Jugend- und Auszubildendenvertretung
Jb.	Jahrbuch
Jg.	Jahrgang

JGG	Jugendgerichtsgesetz
JR	Juristische Rundschau (Zeitschrift)
JSchG	Jugendschutzgesetz
Jura	Juristische Ausbildung (Zeitschrift)
JurA	Juristische Analysen (Zeitschrift)
JurBüro	Das juristische Büro (Zeitschrift)
JuS	Juristische Schulung (Zeitschrift)
JW	Juristische Wochenschrift (Zeitschrift)
JZ	Juristenzeitung (Zeitschrift)
Kap.	Kapitel
KAPOVAZ	kapazitätsorientierte variable Arbeitszeit
KBR	Konzernbetriebsrat
Kdg.	Kündigung
KG	Kammergericht, Kommanditgesellschaft
KGaA	Kommanditgesellschaft auf Aktien
KHG	Krankenhausgesetz
KirchE	Entscheidungen in Kirchensachen
KJ	Kritische Justiz (Zeitschrift)
KJAV	Konzern-Jugend- und Auszubildendenvertretung
Kl	Kläger(in)
KO	Konkursordnung
KOM	Kommissionsdokumente
Komm.	Kommentar
KostG	Kostengesetz
KRG	Kontrollratsgesetz
krit.	kritisch
KrPflG	Krankenpflegegesetz
KrV	Die Krankenversicherung (Zeitschrift)
KSchG	Kündigungsschutzgesetz
KSprAu	Konzernsprecherausschuss
KStG	Körperschaftsteuergesetz
KSzW	Kölner Schrift zum Wirtschaftsrecht
KTS	Zeitschrift für Insolvenzrecht (Konkurs-Treuhand-Sanierung)
KUG	Kurzarbeitergeld
KündFG	Kündigungsfristengesetz
KVRS	Die Krankenversicherung in Rechtsprechung und Schrifttum (Zeitschrift)
k.w.	künftig wegfallend
LAA	Landesarbeitsamt
LadSchlG	Ladenschlussgesetz
LAG	Landesarbeitsgericht
LAGE	Entscheidungssammlung der Landesarbeitsgerichte
LDSG	Landesdatenschutzgesetz
Lfg.	Lieferung
LFZG	Lohnfortzahlungsgesetz
LG	Landgericht
Lit.	Literatur
lit.	litera, Buchstabe(n)
LPersVG	Landespersonalvertretungsgesetz
LReg	Landesregierung
LS	Leitsatz
LSchlG	Ladenschlussgesetz
LSG	Landessozialgericht
LStDV	Lohnsteuer-Durchführungsverordnung
LStR	Lohnsteuer-Richtlinien
lt.	laut
ltd.	leitend

Abkürzungsverzeichnis

LuftVG	Luftverkehrsgesetz
LVA	Landesversicherungsanstalt (jetzt: Deutsche Rentenversicherung)
LVerf	Landesverfassung
m.A.	meiner Ansicht
Mat.	Materialien
MAVO	Mitarbeitervertretungsordnung
max.	maximal
MBl	Ministerialblatt
MDR	Monatsschrift für Deutsches Recht (Zeitschrift)
MedR	Medizinrecht (Zeitschrift)
m.E.	meines Erachtens
MfS	Ministerium für Staatssicherheit der DDR
MgVG	Gesetz über die Mitbestimmung der Arbeitnehmer bei einer grenz-überschreitenden Verschmelzung
MiArbG	Gesetz über die Festsetzung von Mindestarbeitsbedingungen
mind.	mindestens
Mio.	Million
Mitbest	Die Mitbestimmung (Zeitschrift)
MitbestErgG	Mitbestimmungsergänzungsgesetz
MitbestG	Mitbestimmungsgesetz
Mitt.	Mitteilungen
m.H.	mit Hinweisen
m.N.	mit Nachweisen
Montan-MitbestG	Gesetz über die Mitbestimmung der Arbeitnehmer in den Aufsichtsräten und Vorständen der Unternehmen des Bergbaus und der Eisen und Stahl erzeugenden Industrie
Mot.	Motive
Mrd.	Milliarde
MRK	Menschenrechtskonvention
MTB	Manteltarifvertrag für Arbeiter des Bundes
MTL	Manteltarifvertrag für Arbeiter der Länder
MTV	Manteltarifvertrag
MuSchG	Mutterschutzgesetz
MV	Mecklenburg-Vorpommern
m.v.N.	mit vielen Nachweisen
m.w.N.	mit weiteren Nachweisen
m.z.N.	mit zahlreichen Nachweisen
Nachw.	Nachweise
NachwG	Nachweisgesetz
NATO	North Atlantic Treaty Organization, Atlantikpakt-Organisation
Nds.	Niedersachsen
n.F.	neue Fassung
n.i.Slg.	noch nicht in amtlicher Sammlung veröffentlicht
NJ	Neue Justiz (Zeitschrift)
NJOZ	Neue Juristische Online Zeitschrift
NJW	Neue Juristische Wochenschrift (Zeitschrift)
NJW-CoR	NJW-Computerreport (Zeitschrift)
NJW-RR	NJW-Rechtsprechungs-Report Zivilrecht (Zeitschrift)
Nr.	Nummer
n. rkr.	nicht rechtskräftig
NRW	Nordrhein-Westfalen
NStZ	Neue Zeitschrift für Strafrecht
NTS	NATO-Truppenstatut
n.v.	nicht veröffentlicht
NVwZ	Neue Zeitschrift für Verwaltungsrecht
NZA	Neue Zeitschrift für Arbeits- und Sozialrecht

NZA-RR	NZA-Rechtsprechungs-Report Arbeitsrecht (Zeitschrift)
NZM	Neue Zeitschrift für Miet- und Wohnungsrecht
NZS	Neue Zeitschrift für Sozialrecht
NZV	Neue Zeitschrift für Verkehrsrecht
o.a.	oben angegeben
o.Ä.	oder Ähnliche(s)
OECD	Organisation for Economic Cooperation and Development
öAT	Zeitschrift für das öffentliche Arbeits- und Tarifrecht
öffentl.	öffentlich
o.g.	oben genannte(r)
OGH	Oberster Gerichtshof
oHG	offene Handelsgesellschaft
OLG	Oberlandesgericht
OVG	Oberverwaltungsgericht
OWiG	Gesetz über Ordnungswidrigkeiten
PatG	Patentgesetz
PersF	Personalführung (Zeitschrift)
PersR	Personalrat, Der Personalrat (Zeitschrift)
PersV	Die Personalvertretung (Zeitschrift)
PersVG	Personalvertretungsgesetz (des Landes)
PflR	Zeitschrift für Rechtsfragen der stationären und ambulanten Pflege
PflVG	Pflichtversicherungsgesetz
pFV	positive Forderungsverletzung
PKH	Prozesskostenhilfe
PostG	Postgesetz
PostO	Postordnung
PrAR	Praktisches Arbeitsrecht (Entscheidungssammlung)
Prot.	Protokoll
PSA	Personal-Service-Agentur
PSVaG	Pensionssicherungsverein auf Gegenseitigkeit
RabelsZ	Zeitschrift für ausländisches und internationales Privatrecht, begründet von E. Rabel
RABl	Reichsarbeitsblatt
RAG	Reichsarbeitsgericht
RAGE	Amtliche Sammlung der Entscheidungen des Reichsarbeitsgerichts
RAM	Reichsarbeitsministerium
RBerNG	Gesetz zur Neuregelung des Rechtsberatungsrechts
rd.	rund
RdA	Recht der Arbeit (Zeitschrift)
RdErl	Runderlass
Rdn.	Randnumnmer(n) (interner Verweis)
Rdschr.	Rundschreiben
RDV	Recht der Datenverarbeitung (Zeitschrift)
RefE	Referentenentwurf
RegBl	Regierungsblatt
RegE	Regierungsentwurf
RegelungG	Regelungsgesetz
RG	Reichsgericht
RGBl	Reichsgesetzblatt
RGZ	Amtliche Sammlung der Entscheidungen des Reichsgerichts in Zivilsachen
Rh-Pf	Rheinland-Pfalz
RiA	Recht im Amt (Zeitschrift)
RiW	Recht der Internationalen Wirtschaft (Zeitschrift)
rkr.	rechtskräftig
RL	Richtlinie(n)

Abkürzungsverzeichnis

Rn.	Randnummer(n) (externer Verweis)
Rpfleger	Der Rechtspfleger (Zeitschrift)
RPflG	Rechtspflegergesetz
RRa	ReiseRecht aktuell (Zeitschrift)
RRG	Rentenreformgesetz
Rs.	Rechtssache
Rspr.	Rechtsprechung
RTV	Rahmentarifvertrag
RuW	Recht und Wirtschaft (Zeitschrift)
RVG	Rechtsanwaltsvergütungsgesetz
RVO	Reichsversicherungsordnung
RWS	Recht und Wirtschaft der Schule (Zeitschrift)
RzK	Rechtsprechung zum Kündigungsrecht (Entscheidungssammlung)
s.	siehe
S.	Seite; Satz
s.a.	siehe auch
Sa.-Anh.	Sachsen-Anhalt
Saarl.	Saarland
Sachs.	Sachsen
SachbezV	Sachbezugs-Verordnung
SAE	Sammlung arbeitsrechtlicher Entscheidungen (Zeitschrift)
sächs.	sächsisch
Schl.-Holst.	Schleswig-Holstein
SchuldRModG	Schuldrechtsmodernisierungsgesetz
SchwArbG	Gesetz zur Bekämpfung der Schwarzarbeit
SchwBeschG	Schwerbeschädigtengesetz
SchwbG	Schwerbehindertengesetz
SE	Societas Europaea
SeemG	Seemannsgesetz
SG	Sozialgericht
SGb	Die Sozialgerichtsbarkeit (Zeitschrift)
SGB	Sozialgesetzbuch
SGB I	SGB – I. Buch: Allgemeiner Teil
SGB II	SGB – II. Buch: Grundsicherung für Arbeitsuchende
SGB III	SGB – III. Buch: Arbeitsförderung
SGB IV	SGB – IV. Buch: Gemeinsame Vorschriften für die Sozialversicherung
SGB V	SGB – V. Buch: Gesetzliche Krankenversicherung
SGB VI	SGB – VI. Buch: Gesetzliche Rentenversicherung
SGB VII	SGB – VII. Buch: Gesetzliche Unfallversicherung
SGB VIII	SGB – VIII. Buch: Kinder- und Jugendhilfe
SGB IX	SGB – IX. Buch: Rehabilitation und Teilhabe behinderter Menschen
SGB X	SGB – X. Buch: Verwaltungsverfahren
SGB XI	SGB – XI. Buch: Soziale Pflegeversicherung
SGG	Sozialgerichtsgesetz
SigG	Signaturgesetz
SigV	Signaturverordnung
Slg.	Sammlung von Entscheidungen, Gesetzen etc.
s.o.	siehe oben
sog.	so genannt(-e, -er, -es)
SoldG	Soldatengesetz
SozFort	Sozialer Fortschritt (Zeitschrift)
SozPlKonkG	Gesetz über den Sozialplan im Konkurs
SozR	Sozialrecht; Sozialrecht (Entscheidungssammlung)
SozSich	Soziale Sicherheit (Zeitschrift)
SozV	Sozialversicherung
SozVers	Die Sozialversicherung (Zeitschrift)
Sp.	Spalte

SprAu	Sprecherausschuss
SprAuG	Sprecherausschussgesetz
SpTrUG	Gesetz über die Spaltung der von der Treuhandanstalt verwalteten Unternehmen
SR	Sonderregelung (zum BAT)
st.	ständig
Stasi	Staatssicherheit, siehe MfS
st. Rspr.	ständige Rechtsprechung
StGB	Strafgesetzbuch
str.	streitig
StUG	Stasi-Unterlagen-Gesetz
StVG	Straßenverkehrsgesetz
StVO	Straßenverkehrsordnung
StVollzG	Strafvollzugsgesetz
StVZO	Straßenverkehrszulassungsordnung
s.u.	siehe unten
SVG	Soldatenversorgungsgesetz
teilw.	teilweise
Thür	Thüringen
TMG	Telemediengesetz
TO	Tarifordnung
TOA	Tarifordnung für Angestellte
TSG	Transsexuellengesetz
TV	Tarifvertrag
TVAl	Tarifvertrag für Angehörige alliierter Dienststellen
TVG	Tarifvertragsgesetz
TV-L	Tarifvertrag für den öffentlichen Dienst der Länder
TzBfG	Teilzeit- und Befristungsgesetz
u.	und
u.a.	und andere, unter anderem
u.Ä.	und Ähnliches
Übk	Übereinkommen
UFiTA	Archiv für Urheber-, Film-, Funk- und Theaterrecht (Zeitschrift)
ULA	Union der leitenden Angestellten
umstr.	umstritten
UmwG	Umwandlungsgesetz
unstr.	unstreitig
Unterabs.	Unterabsatz
unveröff.	unveröffentlicht
UrhG	Urhebergesetz
Urt.	Urteil
USG	Gesetz über die Sicherung des Unterhalts der zum Wehrdienst einberufenen Wehrpflichtigen und ihrer Angehörigen (Unterhaltssicherungsgesetz)
USK	Urteilssammlung für die gesetzliche Krankenversicherung
USprAu	Unternehmenssprecherausschuss
UStG	Umsatzsteuergesetz
u.s.w.	und so weiter
u.U.	unter Umständen
UVV	Unfallverhütungsvorschriften
UWG	Gesetz gegen den unlauteren Wettbewerb
v.	von; vom
V.	Verordnung
VA	Verwaltungsakt
VAA	Veröffentlichungen der Arbeitsgemeinschaft Arbeitsrecht im Deutschen Anwaltsverein

Abkürzungsverzeichnis

VAG	Versicherungsaufsichtsgesetz
v.A.w.	von Amts wegen
VBL	Versorgungsanstalt des Bundes und der Länder
VBlBW	Verwaltungsblätter für Baden-Württemberg (Zeitschrift)
VEB	Volkseigener Betrieb
Vereinb	Vereinbarung
Verf.	Verfassung
VerglO	Vergleichsordnung
VergGr	Vergütungsgruppe
Verh.	Verhandlungen
VermBG	Gesetz zur Förderung der Vermögensbildung der Arbeitnehmer
VermG	Gesetz zur Regelung offener Vermögensfragen
Veröff.	Veröffentlichungen
VersG	Versammlungsgesetz
VersR	Versicherungsrecht (Zeitschrift)
VG	Verwaltungsgericht
VGH	Verwaltungsgerichtshof
vgl.	vergleiche
VglO	Vergleichsordnung
v.H.	vom Hundert
VO	Verordnung
VOBl	Verordnungsblatt
Voraufl.	Vorauflage
Vor.	Vorbemerkung
Vorb.	Vorbemerkung
VorstAG	Gesetz zur Angemessenheit der Vorstandsvergütung
VRG	Vorruhestandsgesetz
VSSR	Vierteljahresschrift für Sozialrecht (Zeitschrift)
VVaG	Versicherungsverein auf Gegenseitigkeit
VVG	Versicherungsvertragsgesetz
VwGO	Verwaltungsgerichtsordnung
VwKostG	Verwaltungskostengesetz
VwVfG	Verwaltungsverfahrensgesetz
VwVG	Verwaltungsvollstreckungsgesetz
VwZG	Verwaltungszustellungsgesetz
WA	Westdeutsche Arbeitsrechtsprechung (Zeitschrift)
WahlO, WO	Wahlordnung
WiA	Wirtschaftsausschuss
WIB	Wirtschaftsberatung (Zeitschrift)
WiPrO	Wirtschaftsprüferordnung
WM	Wertpapier-Mitteilungen (Zeitschrift)
WPflG	Wehrpflichtgesetz
WRV	Weimarer Reichsverfassung
WuW	Wirtschaft und Wettbewerb (Zeitschrift)
WSI-Mitt	Mitteilungen des Wirtschafts- und Sozialwissenschaftliches Instituts des DGB (Zeitschrift)
ZA-NTS	Zusatzabkommen zu dem Abkommen zwischen den Parteien des Nordatlantikvertrages über die Rechtsstellung ihrer Truppen hinsichtlich der in der BRD stationierten ausländischen Truppen
ZAP	Zeitschrift für die Anwaltspraxis
ZAS	Zeitschrift für Arbeitsrecht und Sozialrecht, Österreich
z.B.	zum Beispiel
ZBR	Zeitschrift für Beamtenrecht
ZDG	Zivildienstgesetz
ZESAR	Zeitschrift für europäisches Sozial- und Arbeitsrecht
ZfA	Zeitschrift für Arbeitsrecht

ZfS	Zentralblatt für Sozialversicherung, Sozialhilfe und Versorgung (Zeitschrift)
ZfSH	Zeitschrift für Sozialhilfe
ZGR	Zeitschrift für Unternehmens- und Gesellschaftsrecht
ZHR	Zeitschrift für das gesamte Handels- und Wirtschaftsrecht
ZIAS	Zeitschrift für ausländisches und internationales Arbeits- und Sozialrecht
Ziff.	Ziffer
ZIP	Zeitschrift für Wirtschaftsrecht
ZIS	Zeitschrift für internationale Strafrechtsdogmatik
zit.	zitiert
ZMR	Zeitschrift für Miet- und Raumrecht
ZPO	Zivilprozessordnung
ZRP	Zeitschrift für Rechtspolitik
ZSchG	Zivilschutzgesetz
ZSR	Zeitschrift für Sozialreform, Schweiz
z.T.	zum Teil
ZTR	Zeitschrift für Tarifrecht
ZUM	Zeitschrift für Urheber- und Medienrecht
zust.	zustimmend; zuständig
zutr.	zutreffend
ZVG	Zwangsversteigerungsgesetz
ZVK	Zusatzversorgungskasse des Baugewerbes, der Kommunen und der Kirchen
z.V.v.	zur Veröffentlichung vorgesehen
ZWH	Zeitschrift für Wirtschaftsstrafrecht und Haftung im Unternehmen
zzt.	zurzeit
ZZP	Zeitschrift für Zivilprozess

Teil 1 Individualarbeitsrecht

A. Die Anbahnung des Arbeitsverhältnisses

Inhaltsübersicht
Rdn.

Einführung	1
I. Vorbereitende Maßnahmen	5
1. Stellenbeschreibung	6
Vorbemerkung	6
Muster: Stellenbeschreibung	7
Erläuterungen	8
2. Anforderungsprofil	26
Vorbemerkung	26
Muster: Anforderungsprofil	29
Erläuterungen	30
II. Ausschreibung	45
1. Betriebsinterne Ausschreibung	48
Vorbemerkung	48
Muster: Betriebsinterne Ausschreibung	51
Erläuterungen	52
2. Externe Ausschreibung	68
Vorbemerkung	68
Muster: Externe Ausschreibung	69
Erläuterungen	70
III. Bewerbungsverfahren	83
1. Einladung zum Bewerbungsgespräch mit Kostenübernahme	85
Vorbemerkung	85
Muster: Einladung zum Bewerbungsgespräch mit Kostenübernahme	86
Erläuterungen	87
2. Einladung zum Bewerbungsgespräch ohne Kostenübernahme	92
Vorbemerkung	92
Muster: Einladung zum Bewerbungsgespräche ohne Kostenübernahme	93
Erläuterungen	94
3. Protokoll des Bewerbungsgesprächs	96
Vorbemerkung	96
Muster: Protokoll des Bewerbungsgesprächs	99
Erläuterungen	100
4. Absage an Bewerber	119
Vorbemerkung	119
Muster: Absage an Bewerber	120
Erläuterungen	121
5. Absage an schwerbehinderten Bewerber	127
Vorbemerkung	127
Muster: Absage an schwerbehinderten Bewerber	128
Erläuterungen	129
IV. Personalfragebogen	138
1. Fragebogen im Bewerbungsverfahren	139
Vorbemerkung	139
Muster: Fragebogen im Bewerbungsverfahren	142
Erläuterungen	143
2. Fragebogen nach der Einstellung	179
Vorbemerkung	179
Muster: Fragebogen nach der Einstellung	180
Erläuterungen	181
V. Einwilligungen	191
1. Einwilligung in Datenspeicherung und Verzicht auf Rücksendung oder Vernichtung der Bewerbungsunterlagen	193
Vorbemerkung	193
Muster: Einwilligung in Datenspeicherung	194

A. Die Anbahnung des Arbeitsverhältnisses

		Rdn.
	Erläuterungen	195
2.	Einwilligung in betriebs- oder vertrauensärztliche Untersuchung	206
	Vorbemerkung	206
	Muster: Einwilligung in betriebs- oder vertrauensärztliche Untersuchung	207
	Erläuterungen	208
3.	Einwilligung in psychologische Untersuchung	218
	Vorbemerkung	218
	Muster: Einwilligung in psychologische Untersuchung	219
	Erläuterungen	220
4.	Einwilligung in die Teilnahme an einem Persönlichkeitstest	227
	Vorbemerkung	227
	Muster: Einwilligung in die Teilnahme an einem Persönlichkeitstest	228
	Erläuterungen	229

Einführung

1   Zahlreiche Konflikte, die im Laufe des Arbeitsverhältnisses ausbrechen, haben ihre Wurzeln noch vor dem rechtlichen Beginn des Arbeitsverhältnisses oder hätten zumindest durch entsprechend vorausschauendes Verhalten in dieser Anbahnungsphase vermieden oder entschieden werden können. So lassen sich Streitigkeiten über Art und Charakter der geschuldeten Tätigkeit, auch im Rahmen von Eingruppierungsstreitigkeiten, durch präzise Stellenbeschreibungen reduzieren, ein gut vorbereitetes und sorgfältig durchgeführtes Bewerbungsverfahren senkt die Wahrscheinlichkeit von Probezeitkündigungen oder Auseinandersetzungen über Leistungen und Fähigkeiten des Mitarbeiters, ein sinnvoll gestalteter Personalfragebogen kann vor Informationslücken und im Konfliktfall vor zusätzlichen Auseinandersetzungen über das Bestehen von Informations- und Aufklärungspflichten schützen. Aber auch das Anbahnungsverhältnis selbst birgt – nicht erst, aber besonders seit Inkrafttreten des AGG – rechtliche Risiken, die es zu berücksichtigen gilt.

2   Die bekannten Fälle einer Anfechtung der auf den Abschluss des Arbeitsvertrages gerichteten Willenserklärungen (vgl. beispielhaft BAG, Urt. v. 16.12.2004 – 2 AZR 148/04, ZTR 2005, 379; BAG, Urt. v. 25.10.2001 – 2 AZR 559/00, EzA Nr. 191 zu § 626 n.F. BGB; BAG, Urt. v. 06.07.2000 – 2 AZR 543/99, NJW 2001, 701 zur Anfechtung wegen falscher Beantwortung der Frage nach einer Stasi-Tätigkeit; BAG, Urt. v. 06.02.2003 – 2 AZR 621/01, NZA 2003, 848 zur Anfechtung wegen falscher Beantwortung der Frage nach einer Schwangerschaft; BAG, Urt. v. 18.10.2000 – 2 AZR 380/99, NZA 2001, 315 zur Anfechtung wegen falscher Beantwortung der Frage nach einer Schwerbehinderung; BAG, Urt. v. 06.09.2012 – 2 AZR 270/11, ZTR 2013, 270) haben ihren Ausgangspunkt in der Anbahnungsphase des Arbeitsverhältnisses, nämlich zumeist im Bewerbungsgespräch oder im Ausfüllen eines Bewerberfragebogens. Hier gilt es, Fehler zu vermeiden und Risiken gegeneinander abzuwägen; beides setzt eine entsprechend bewusste und professionelle Vorbereitung voraus.

3   Nicht zu vernachlässigen sind auch die Möglichkeiten, bereits bei Anbahnung des Arbeitsverhältnisses die Voraussetzungen dafür zu schaffen, dass im Falle einer späteren Trennung ein Kündigungsrechtsstreit erfolgreich geführt werden kann. Im Rahmen der Rechtfertigung einer betriebsbedingten Kündigung müssen sowohl der Wegfall des Beschäftigungsbedarfs für den betreffenden Mitarbeiter – etwa aufgrund von Aufgabenverlagerungen oder der vollständigen Aufgabe bestimmter Tätigkeiten –, als auch die Durchführung einer Sozialauswahl unter vergleichbaren Mitarbeitern dargelegt werden. Insbesondere für diese beiden Aspekte ist erforderlich, dass die zu einer bestimmten Stelle und zu möglicherweise vergleichbaren Stellen gehörenden Aufgaben, Verantwortlichkeiten und Zuständigkeiten feststehen und belegbar sind. Ferner sollte die Einordnung des betreffenden Mitarbeiters in die Betriebshierarchie unzweifelhaft sein. Ebenso sollten Kenntnisse und Fähigkeiten des Arbeitnehmers und aller eventuell vergleichbaren Arbeitnehmer bekannt und all diese Informationen und Daten beweissicher fixiert sein. Durch präzise, aussage-

kräftige und aktuelle Stellenbeschreibungen, entsprechende Anforderungsprofile, klare Ausschreibungstexte und vollständige Personalfragebögen kann hier bereits bei der Anbahnung des Arbeitsverhältnisses – und eben nicht nur der Anbahnung des später möglicherweise gekündigten, sondern auch potentiell vergleichbarer Arbeitsverhältnisse – geleistet werden, was später kaum nachzuholen ist.

Die sorgfältige Anbahnung des Arbeitsverhältnisses ist daher unter verschiedenen Gesichtspunkten ein wichtiger Aspekt verantwortungsvoller Personalarbeit. 4

I. Vorbereitende Maßnahmen

Bereits im Vorfeld eines Arbeitsverhältnisses, sogar noch vor Beginn eines Ausschreibungs- und Bewerbungsverfahrens, können vorbereitende, gestaltende Maßnahmen getroffen werden, die späteren Konflikten vorbeugen. Die Anbahnung des Arbeitsverhältnisses beginnt nicht erst mit der Ausschreibung einer Stelle und der Suche nach dem richtigen Bewerber. Vielmehr empfiehlt es sich, »die Stelle« zunächst abstrakt zu erfassen und unabhängig von der Person des ehemaligen, derzeitigen oder zukünftigen Stelleninhabers zu gestalten. Mittel hierfür sind die Stellenbeschreibung und das Anforderungsprofil. 5

1. Stellenbeschreibung

Vorbemerkung

Eine Stellenbeschreibung legt unabhängig von der Person eines möglicherweise bereits vorhandenen Stelleninhabers die seitens des Arbeitgebers vorgesehene Funktion einer bestimmten Stelle innerhalb des betrieblichen Ablaufs fest. Sie definiert den Aufgabenbereich und die sich daraus ergebenden Aufgaben, beinhaltet die Kompetenzen des Stelleninhabers, seine Einordnung in Über- und Unterordnungsverhältnisse und beschreibt, welche Tätigkeiten im Einzelnen zu verrichten sind (BAG, Beschl. v. 23.02.1988 – 1 ABR 63/81, AP Nr. 3 zu § 95 BetrVG 1972). Trotz des mit der Erstellung und ständigen Aktualisierung verbundenen Arbeitsaufwandes ist die Verwendung abstrakter Stellenbeschreibungen empfehlenswert. Im Idealfall werden sie erstellt, ohne dass der Arbeitgeber dabei einen bestimmten Arbeitnehmer mit seinen individuellen Kenntnissen und Fähigkeiten vor Augen hat. Die Personalsuche, die Erstellung des Arbeitsvertrages, die Bestimmung der Aufgaben und Befugnisse des Stelleninhabers, die Erteilung eines Zwischen- oder Endzeugnisses, die Bewertung von Leistungen, aber auch die Feststellung der tatsächlichen Vergleichbarkeit im Falle betriebsbedingter Kündigungen im Rahmen der Sozialauswahl werden durch abstrakte Stellenbeschreibungen vereinfacht. 6

▶ **Muster – Stellenbeschreibung**

1. Allgemeine Angaben [1] 7
Position/Stellenbezeichnung: [2] _____
Bereich/Abteilung: _____
Hierarchieebene: [3] _____
Gehalts-/Tarif-/Vergütungs-/Entgeltgruppe: [4] _____
Stellenumfang: _____
Disziplinarvorgesetzter: [5] _____
Fachvorgesetzter: _____

A. Die Anbahnung des Arbeitsverhältnisses

Vertretung für: [6] _____

Vertretung durch: _____

2. Führungsspanne und Budget [7]

Unterstellte Mitarbeiter gesamt: _____

Disziplinarischer Vorgesetzter von: _____

Fachlicher Vorgesetzter von: _____

Budgetverantwortung: _____

Besondere Berechtigungen/Vollmachten: [8] _____

3. Ziel, Aufgaben, Verantwortlichkeiten und Tätigkeiten

Ziel der Stelle: [9] _____

Aufgaben: [10] _____

Verantwortlichkeiten: _____

Beschreibung der Tätigkeiten: [11] _____

4. Datum und Unterschriften

_____[Ort]_____, den _____[Datum]_____ [12]

_____
(Unterschrift Arbeitgeber)

Zur Kenntnis genommen:

_____
(Unterschrift Arbeitnehmer) [13]

Erläuterungen

Schrifttum

Richter/Gamisch Stellenbeschreibung für den öffentlichen und kirchlichen Dienst, 3. Aufl. 2009; *dies.* Die neue Entgeltordnung erfolgreich vorbereiten, 1. Aufl. 2010; *dies.* Die Stellenbeschreibung als personalwirtschaftliches Führungsinstrument, DÖD 2012, 1.

[8] 1. Der Arbeitgeber ist grundsätzlich **nicht verpflichtet**, Stellenbeschreibungen anzufertigen. Allerdings ist jedenfalls eine konkrete Beschreibung der auf einer Stelle tatsächlich auszuübenden Tätigkeiten im Bereich der tariflichen Beschäftigung schon deshalb sinnvoll, weil sich die **Eingruppierung** des Stelleninhabers nach den tatsächlich ausgeübten Tätigkeiten richtet. Im Rahmen einer Eingruppierungsfeststellungsklage kommt daher der Stellenbeschreibung regelmäßig besondere Bedeutung zu (vgl. BAG, Urt. v. 21.03.2012 – 4 AZR 278/10, JurionRS 2012, 18752). Beispielsweise die Arbeitsvertragsrichtlinien für Einrichtungen der Diakonie, dort § 12 Abs. 1 AVR.Diakonie, enthalten einen ausdrücklichen Hinweis auf die Aufgaben- oder Stellenbeschreibungen. Mit Übergabe der Stellenbeschreibung an den Stelleninhaber kann der Arbeitgeber außerdem seine Pflicht zu einer kurzen Charakterisierung oder Beschreibung der vom Arbeitnehmer zu leistenden Tätigkeiten i.S.v. § 2 Abs. 1 S. 2 Nr. 5 **NachweisG** erfüllen (BAG, Urt. v. 08.06.2005 – 4 AZR 406/04, NZA 2006, 53).

[9] Die Stellenbeschreibung kann vom Arbeitgeber frei gestaltet und formuliert werden. Sie ist Teil der Organisation des betrieblichen Arbeitsablaufes, indem sie festlegt, auf welchen Stellen welche Arbeiten zu verrichten sind. Sie ist außerdem Teil der Personalplanung, indem die Gesamtheit der Stellenbeschreibungen ausweist, wie viel Personal benötigt wird. Über diese Planung ist der

Betriebsrat nach § 92 BetrVG zu unterrichten. Ein **Mitbestimmungsrecht** bei der Erstellung von Stellenbeschreibungen steht dem Betriebsrat jedoch **nicht zu** (BAG, Beschl. v. 31.01.1984 – 1 ABR 63/81, AP Nr. 3 zu § 95 BetrVG 1972).

2. Die Stellenbezeichnung sollte unternehmens-, jedenfalls betriebseinheitlich verwendet werden und nur bei grundlegenden Veränderungen der jeweiligen Tätigkeit angepasst werden. Die Bezeichnung sollte bei Neueinstellung in den **Arbeitsvertrag** des (späteren) Stelleninhabers übernommen werden und der Bezeichnung entsprechen, die der jeweilige Stelleninhaber intern und extern verwendet, mit der er also Schreiben oder E-Mails versieht, die auf seiner Visitenkarte steht und unter der die Stelle auch im **Unternehmensorganigramm** geführt wird. Nur so kann verdeutlicht und sichergestellt werden, dass die formulierte Stellenbeschreibung die betreffende Stelle kennzeichnet und der jeweilige Mitarbeiter hiervon erfasst ist. In der Praxis werden Stellenbezeichnungen im Laufe der Zeit häufig so verändert, dass kein Zusammenhang mehr zwischen dem Stelleninhaber, dessen Arbeitsvertrag und einer für die Stelle einmal erstellten Stellenbeschreibung erkennbar ist. Dies führt insbesondere in Fällen betriebsbedingter Kündigungen auf Arbeitgeberseite zu Problemen bei der Darlegung, dass die Stelle des Mitarbeiters weggefallen ist, weil die in der Stellenbeschreibung aufgezeigten Aufgaben entfallen sind. Aber auch im Rahmen von Kompetenzstreitigkeiten oder Auseinandersetzungen über die zutreffende tarifliche Eingruppierung führt ein häufiger Wechsel der Stellenbezeichnungen zu Komplikationen.

3. Die Hierarchieebene beschreibt die Verortung der Stelle im Über- und Unterordnungssystem des Arbeitgebers abstrakt. Auch ihr kommt insbesondere im Fall betriebsbedingter Kündigungen Bedeutung zu, da eine Sozialauswahl grundsätzlich nur zwischen Mitarbeitern der selben Hierarchieebene erfolgt (sog. horizontale Vergleichbarkeit, vgl. hierzu BAG, Urt. v. 04.02.1993 – 2 AZR 463/92; DLW/*Dörner* Kapitel 4 Rn. 2797; Pauly/Osnabrügge/*Ruge* § 3 Rn. 145). Auch hier sollte ein unternehmenseinheitliches System verwendet werden. Die Bezeichnung kann etwa anhand einer Ebenenzählung, ausgehend von der obersten Hierarchieebene, erfolgen. Die Leitungsebene unmittelbar unterhalb der Geschäftsführung wäre mit GF-1, die Ebene darunter mit GF-2 usw. zu bezeichnen.

4. Die jeweilige Gehalts-/Tarif-/Vergütungs- oder Entgeltgruppe kann in der Stellenbeschreibung angegeben werden. Ihre Nennung ist allerdings **deklaratorischer Natur**, da sich die Zuordnung eines Arbeitnehmers zu einer bestimmten Tarifgruppe nicht nach dem Willen des Arbeitgebers oder der Arbeitsvertragsparteien, sondern nach den Vorgaben des Tarifvertrages richtet (vgl. BAG, Urt. v. 23.04.1980 – 4 AZR 378/78, AP Nr. 2 zu § 1 TVG Tarifverträge Brauereien; LAG Rheinland-Pfalz, Urt. v. 10.03.1989 – 6 Sa 997/88, NZA 1989, 899). Der Stellenbeschreibung kommt insofern auch tarifrechtliche Bedeutung zu, als dass sie eine Zuordnung der Stelle zu einer bestimmten Vergütungsgruppe erleichtern kann, wenn sie sich hinsichtlich der Aufgaben- und Tätigkeitsbeschreibung an den Tätigkeitsmerkmalen des Tarifvertrages orientiert. Andersherum kann die Nennung der Vergütungsgruppe in der Stellenbeschreibung in Zweifelsfällen zur Auslegung der Aufgaben- und Tätigkeitsbeschreibung herangezogen werden.

5. Disziplinar- und Fachvorgesetzter sollten abstrakt, also wiederum mit ihren jeweiligen Stellenbezeichnungen benannt werden. Klarstellend kann der derzeitige Stelleninhaber namentlich – etwa als Klammerzusatz »(derzeit Herr Müller)« – aufgeführt werden. Insbesondere im Fall einer Versetzung oder Beförderung der namentlich genannten Person muss dann aber eine entsprechende Korrektur der Stellenbeschreibung erfolgen.

6. An der Frage der betriebsinternen Vertretungsregelungen entbrennt nicht selten Streit. Sinnvoll ist daher eine klare Vertretungsregelung, welche abstrakt zu bezeichnende Stelle im Falle der Verhinderung die Vertretung der beschriebenen Stelle übernimmt und für die Vertretung welcher abstrakt bezeichneten Stellen der Inhaber der beschriebenen Stelle zuständig und verantwortlich ist. Auch diese Frage kann für die Vergütung des betreffenden Arbeitnehmers von Bedeutung sein. Gehört die Vertretung eines Vorgesetzten während dessen Abwesenheit (z.B. aufgrund von Urlaub, Arbeitsunfähigkeit, aus dienstlichen oder aus anderen Gründen) zu der vertraglich regel-

A. Die Anbahnung des Arbeitsverhältnisses

mäßig geschuldeten Tätigkeit, so kann der Arbeitnehmer für die vorübergehende Übernahme dieser Aufgaben keine zusätzliche oder höhere Vergütung beanspruchen (vgl. BAG, Urt. v. 16.04.2015 – 6 AZR 242/14, NZA 2015, 960).

15   7. Führungsspanne und Budget sind Aspekte, die eine Stelle maßgeblich charakterisieren können. Für den (zukünftigen) Stelleninhaber kommt es unter Umständen besonders hierauf an, da insbesondere diese Werte Rückschlüsse auf das Maß der Selbständigkeit, Verantwortung und Kompetenz erlauben, welches mit der Stelle verbunden ist. Auch im späteren Verlauf des Arbeitsverhältnisses können durch die klare Benennung in der Stellenbeschreibung Streitigkeiten vermieden werden.

16   8. Besondere Berechtigungen oder Vollmachten, die mit der Stelle verknüpfte sind, sollten in der Stellenbeschreibung enthalten sein. Dies betrifft insbesondere **Prokura** oder **Handlungsvollmachten**, aber auch andere rechtsgeschäftliche Vollmachten für den jeweiligen Tätigkeitsbereich, **Einstellungs-, Abmahnungs- und Kündigungsbefugnisse** etc. Insbesondere die Berechtigung zur selbständigen Einstellung und/oder Entlassung von Arbeitnehmern spielt dabei auch für die Frage eine Rolle, ob der Stelleninhaber **leitender Angestellter** i.S.v. § 14 Abs. 2 KSchG, § 5 Abs. 3 BetrVG ist. Allein die Befugnis zur selbständigen Einstellung und/oder Entlassung führt hier zwar noch nicht zum Status eines leitenden Angestellten (vgl. ausführlich DLW/*Dörner* Kapitel 1 Rn. 168 ff.). Ohne diese Befugnis kann aber eine Stellung als leitender Angestellter jedenfalls im kündigungsschutzrechtlichen Sinne nicht angenommen werden. Ob die Stellenbeschreibung den ausdrücklichen Hinweis enthält, der Stelleninhaber sei leitender Angestellter, ist für die Statusfrage regelmäßig unbedeutend, aber auch unschädlich.

An dieser Stelle kann auch die Übertragung von Unternehmerpflichten, etwa nach §§ 9 Abs. 2 Nr. 2 OWiG, 13 ArbSchG, 15 Abs. 1 SGB VII hinsichtlich des Arbeitsschutzes und der Verhütung von Arbeitsunfällen, Berufskrankheiten und arbeitsbedingten Gesundheitsgefahren aufgenommen werden.

Da für Vollmachten, auch für die grundsätzliche Bevollmächtigung zur Einstellung und Kündigung von Arbeitnehmern, nach § 167 BGB kein Schriftformerfordernis besteht, kann die Aufnahme einer Vollmacht in die Stellenbeschreibung zum Nachweis einer Vollmacht ausreichen. Die Stellenbeschreibung kann allerdings nicht die nach § 174 BGB vorzulegende Vollmachtsurkunde oder die Bekanntgabe der Kündigungsbefugnis des Stelleninhabers im Unternehmen ersetzen.

17   Auch, wenn diese Vollmachten nicht von Beginn an, sondern erst nach einer gewissen Bewährungszeit erteilt werden sollen, kann dies in die Stellenbeschreibung aufgenommen werden.

18   9. Als Ziel der Stelle kann kurz dargestellt werden, wofür und mit welcher Intention die betreffende Stelle geschaffen worden ist. Die Formulierung des Stellenziels ist nicht nur für den (zukünftigen) Stelleninhaber von Interesse, sondern kann auch für den Arbeitgeber in regelmäßigen Abständen hilfreich sein, um die Stelle auf den Prüfstand zu stellen, die Erreichung der festgelegten Stellenziele zu überprüfen und eine Aktualisierung dieser Ziele vorzunehmen, sofern erforderlich.

19   10. Aufgaben und Verantwortlichkeiten sollten – soweit möglich – getrennt formuliert werden. Durch die ausdrückliche Formulierung der Bereiche, für welche der Stelleninhaber nicht nur zuständig, sondern verantwortlich sein soll, werden dessen Pflichten einer Wertung unterzogen. Auch, wenn die Vereinbarung von Kündigungsgründen im Arbeitsvertrag nicht möglich ist (vgl. LAG Nürnberg, Urt. v. 26.04.2001 – 8 Sa 770/00, BB 2001, 1906; DLW/*Dörner* Kapitel 4, Rn. 1156 ff.) kann durch eine entsprechende Formulierung der Verantwortlichkeiten doch deutlich gemacht werden, dass eine Verletzung der dort aufgeführten Pflichten über eine einfache Pflichtverletzung hinausgeht und in den Kern- und Vertrauensbereich des Arbeitsverhältnisses hineinwirkt. Einer klaren Bezeichnung der Bereiche, für welche der Arbeitgeber dem Arbeitnehmer die Verantwortung überträgt, kann so ähnlich wie die Konkretisierung von Kündigungsgründen eine vorbeugende Warnfunktion erfüllen und gegebenenfalls die Schwerpunkte der im Rahmen

eines Kündigungsrechtsstreits vorzunehmenden Interessenabwägung verlagern (vgl. DLW/*Dörner* Kapitel 4 Rn. 1158 ff.).

11. Hier erfolgt die Beschreibung der konkret zu erbringenden Tätigkeiten. Anspruchsvolles Ziel ist dabei, möglichst **umfassend, detailliert** und **präzise** alle wesentlichen Aufgaben und Tätigkeiten zu erfassen, und diese gleichzeitig so **abstrakt** zu formulieren, dass nicht jede kleinste Veränderung im Arbeitsablauf eine Neufassung der Stellenbeschreibung erfordert. Sofern möglich, sollten die Tätigkeiten oder Aufgabenkomplexe auch hinsichtlich des Anteils beschrieben werden, den sie von der Gesamttätigkeit ausmachen sollen (z.B. 30 % Planung, Vorbereitung und Nachbereitung von Veranstaltungen, 40 % Betreuung und Durchführung der Veranstaltungen vor Ort, 20 % allgemeine Abrechnung, 10 % Betreuung der Auszubildenden). Dies kann wiederum Bedeutung für die Vergütung des Arbeitnehmers haben, wenn sich diese nach einem Tarifvertrag richtet und die Bewertung der Stelle davon abhängt, welche Tätigkeiten überwiegend ausgeübt werden.

Die zu leistenden Tätigkeiten sind im Einzelnen aufzuführen und zu beschreiben. Sofern bestimmte Tätigkeiten zu festen **Terminen** zu erledigen sind (z.B. Zuarbeit für den Jahresabschluss bis zum Ende des Geschäftsjahres), sollte dies ebenso festgehalten werden wie die **Art und Weise**, die **Reihenfolge**, der **Ort** oder **weitere Umstände der Tätigkeitsverrichtung**, soweit es darauf ankommt.

12. Die Stellenbeschreibung ist nur dann von Wert, wenn sie auf aktuellem Stand gehalten wird. Veränderungen, die sich in den tatsächlichen Abläufen, Zuständigkeiten und Tätigkeiten ergeben, sollten daher regelmäßig geprüft und zeitnah eingepflegt werden. Der Arbeitsaufwand, der hierdurch entsteht, wird häufig durch die Erleichterungen, die insbesondere bei der Erstellung von Stellenausschreibungen, Beurteilungsbögen, Zeugnissen und Mitarbeitergesprächsprotokollen eintreten, ausgeglichen.

13. Die Stellenbeschreibung sollte vom Arbeitgeber unterzeichnet werden. Ob und wie auch der Arbeitnehmer und (zukünftige) Stelleninhaber die Stellenbeschreibung gegenzeichnet, hängt davon ab, ob diese als Bestandteil des Arbeitsvertrages geschlossen oder neben diesem bestehen soll. Eine Einbeziehung in den Arbeitsvertrag ist denkbar durch ausdrückliche Bezugnahme auf die Stellenbeschreibung im Arbeitsvertrag und beiderseitige Unterzeichnung der Stellenbeschreibung, aber auch durch dynamische Verweisung auf die »Stellenbeschreibung in ihrer jeweils geltenden Fassung«. Letztere Gestaltung begegnet dabei allerdings Bedenken hinsichtlich ihrer Vereinbarkeit mit den Vorschriften der §§ 305 ff. BGB (AGB-Kontrolle), da so ohne weitere Zustimmung des Stelleninhabers eine Veränderung der geschuldeten Tätigkeit bis hin zu einem unzulässigen einseitigen Eingriff in den Kernbereich der Hauptleistungspflichten erfolgen kann. Die dynamische Verweisung auf eine Stellenbeschreibung stellt letztlich ein einseitiges Änderungsrecht des Arbeitgebers hinsichtlich der geschuldeten Arbeitsleistung dar und dürfte nach § 308 Nr. 4 BGB unwirksam sein, wenn nicht für die Änderung ein triftiger Grund vorliegt und dieser bereits im Arbeitsvertrag beschrieben ist (vgl. BAG, Urt. v. 11.02.2009 – 10 AZR 222/08, NZA 2009, 428). Eine solche dynamische Verweisung ist daher nicht zu empfehlen.

Auch von einer statischen Einbeziehung der Stellenbeschreibung in den Arbeitsvertrag wird zu Recht abgeraten, da auf diesem Wege die Stellenbeschreibung starr fixiert würde und Änderungen nur noch im Wege der einvernehmlichen Regelung möglich wären (*Richter/Gamisch* S. 28 f.). Wird die Stellenbeschreibung Bestandteil des Arbeitsvertrages, so beschränkt sie das Direktionsrecht des Arbeitgebers und legt insbesondere den Inhalt, möglicherweise auch den Ort der geschuldeten Arbeitsleistung fest (vgl. LAG Rheinland-Pfalz, Urt. v. 21.10.2013 – 5 Sa 252/13, JurionRS 2013, 52182).

Empfehlenswert ist daher, die Stellenbeschreibung neben dem Arbeitsvertrag zu führen, und in den Arbeitsvertrag eine weit gefasste Beschreibung der Aufgaben und Tätigkeiten des Arbeitnehmers aufzunehmen, ohne ausdrücklich auf die konkretere und ausführlichere Stellenbeschreibung zu verweisen. Dem Arbeitgeber bleibt so sein **arbeitsrechtliches Direktionsrecht** nach § 106 GewO in dem weiten arbeitsvertraglichen Rahmen erhalten, dessen Ausübung er durch **Verfassen**

A. Die Anbahnung des Arbeitsverhältnisses

und Ändern der Stellenbeschreibung dokumentieren kann. Hierzu sollte der Stelleninhaber zwar die jeweils aktuelle Version der Stellenbeschreibung erhalten. Er sollte sie aber lediglich zu Beweiszwecken als »zur Kenntnis genommen«, nicht aber im Sinne einer vertraglichen Vereinbarung als »einverstanden« gegenzeichnen.

2. Anforderungsprofil

Vorbemerkung

26   Im Unterschied zu einer Stellenbeschreibung dient ein Anforderungsprofil dazu, für bestimmte Arbeitsplätze auszuweisen, welche Anforderungen fachlicher, persönlicher und sonstiger Art ein potentieller Stelleninhaber aufweisen muss, um die dem Arbeitsplatz durch die Stellenbeschreibung zugewiesenen Aufgaben erfüllen zu können (BAG, Beschl. v. 31.05.1983 – 1 ABR 6/80, AP Nr. 2 zu § 95 BetrVG 1972). Teilweise wird das Anforderungsprofil als Bestandteil der Stellenbeschreibung verstanden (so z.B. Küttner/*Reinecke* Stellenbeschreibung Rn. 2). Tatsächlich können Stellenbeschreibung und Anforderungsprofil als einheitliches Dokument erstellt werden. Sie können aber auch getrennt verfasst werden, etwa, wenn ein Anforderungsprofil für eine ganze Gruppe von Stellen einheitlich erstellt werden soll, die Stellen sich hinsichtlich ihrer Aufgabenstellung im Einzelnen aber zu unterscheiden.

27   Im **öffentlichen Dienst** ist das Anfertigen eines Anforderungsprofils jedenfalls im Vorfeld einer Auswahlentscheidung nach Art. 33 Abs. 2 GG zwingend (vgl. BAG, Urt. v. 13.10.2011 – 8 AZR 608/10, ZTR 2012, 352). Mit der Bestimmung eines Anforderungsprofils für die zu vergebende Stelle legt der Dienstherr die Kriterien für die Auswahl der Bewerber fest, wodurch ein wesentlicher Teil der Auswahlentscheidung vorweg genommen wird. Der öffentliche Arbeitgeber hat im Anforderungsprofil daher die formalen Voraussetzungen, fachlichen Kenntnisse und Fähigkeiten sowie außerfachlichen Kompetenzen zu beschreiben, die ein Bewerber für eine erfolgreiche Bewältigung der künftigen Tätigkeit benötigt und die dementsprechend der leistungsbezogenen Auswahl nach Art. 33 Abs. 2 GG zugrunde zu legen sind (BAG, Urt. v. 24.01.2013 – 8 AZR 188/12, BWGZ 2013, 524). Dem Arbeitgeber sind bei der grundsätzlich freien Gestaltung des Anforderungsprofils daher auch Grenzen gesetzt (vgl. BAG, Urt. v. 10.02.2015 – 9 AZR 554/13, NZA-RR 2015, 441). Macht ein Bewerber um eine ausgeschriebene Stelle geltend, nach dem Grundsatz der Bestenauslese aus Art. 33 Abs. 2 GG habe er statt des ausgewählten Bewerbers eingestellt werden müssen, so kann das Fehlen eines Anforderungsprofils und einer ordnungsgemäßen Dokumentation der Auswahlentscheidung zu einer Darlegungs- und Beweislastumkehr zu Lasten des öffentlichen Dienstgebers führen (LAG Frankfurt/Main, Urt. v. 23.04.2010 – 19/3 Sa 47/09).

28   Das Anforderungsprofil einer Stelle ist so individuell wie die Stelle selbst und nicht nur durch die Aufgaben und Funktionen, sondern etwa auch durch den Anspruch des Arbeitgebers hinsichtlich der Qualität der geleisteten Arbeit und der künftigen Entwicklung der Stelle und des Stelleninhabers beeinflusst. Das vorliegende Muster kann daher nur Anregungen für die Gestaltung von Anforderungsprofilen bieten. Insbesondere unter der Überschrift »Persönliche Anforderungen« sind nur einige der in der Praxis häufig geforderten Fähigkeiten aufgeführt. Letztlich sollte das Anforderungsprofil hier alle für die konkrete Stelle mit ihren individuellen Besonderheiten erforderlichen Eigenschaften nennen.

▶ **Muster – Anforderungsprofil**

29   **1. Allgemeine Angaben** [1]

Position/Stellenbezeichnung: _____

Bereich/Abteilung: _____

Hierarchieebene: _____

Anforderungsprofil **A.I.2.**

2. **Ausbildung und fachliche Kompetenzen** [2]

Ausbildung zum: _____ /Studium der _____

Abschluss: _____

Zusatzqualifikation: [3] _____

Berufserfahrung: [4] _____

Produktkenntnisse/Spezifische Tätigkeitserfahrung: _____

Sprach-/Fremdsprachenkenntnisse: [5] _____

EDV-Kenntnisse: _____

3. **Persönliche Anforderungen** [6]

Koordinations- und Organisationsfähigkeit: _____

Entscheidungsfähigkeit: _____

Führungs-/Leitungserfahrung: _____

Pädagogische Fähigkeiten: _____

Verhandlungsgeschick: _____

Überzeugungs-/Durchsetzungsfähigkeit: _____

Konfliktfähigkeit: _____

Teamfähigkeit: _____

Kundenorientierung: _____

Fähigkeit/Bereitschaft zur Verschwiegenheit: _____

Bereitschaft zur Reisetätigkeit: _____

Führerschein Klasse: _____

4. **Datum und Unterschriften**

__[Ort]__ , den __[Datum]__ [7]

_____
(Unterschrift Arbeitgeber)

Erläuterungen

Schrifttum

Hinrichs/Stütze Die Sprache im Arbeitsverhältnis nach fünf Jahren AGG: Eine Bestandsaufnahme, NZA-RR 2011, 113; *Hunold* Rechtsprechung des BAG zur betriebsbedingten Kündigung auf Grund unternehmerischer Organisationsentscheidung, NZA 2013, 57; *Laber/Gerdom* Die Bedeutung des Anforderungsprofils bei der Stellenbesetzung im öffentlichen Dienst, öAT 2010, 51; *Löwisch* Anmerkung zu BAG, Beschl. v. 31.03.1983 – 1 ABR 6/80, AP Nr. 3 zu § 95 BetrVG 1972; *Salomon-Hengst* Fallstricke bei der Stellenbesetzung, öAT 2015, 184; *Vogt/Oltmanns* Neues zur Kündigung wegen geänderter Anforderungsprofile, NZA 2012, 599.

1. Werden Anforderungsprofil und Stellenbeschreibung in getrennten Dokumenten verfasst, ist darauf zu achten, dass die allgemeinen Angaben, insbesondere hinsichtlich Position, Stellenbezeichnung und Hierarchieebene, übereinstimmen. 30

Bei der Formulierung und Gestaltung des Anforderungsprofils ist der Arbeitgeber grundsätzlich frei (BAG, Urt. v. 07.04.2011 – 8 AZR 679/09, NZA-RR 2011, 494). Die Gestaltung des Anforderungsprofils für einen Arbeitsplatz unterliegt der lediglich auf offenbare Unsachlichkeit zu überprüfenden Unternehmerdisposition des Arbeitgebers. Dessen Entscheidung, bestimmte Tä- 31

A. Die Anbahnung des Arbeitsverhältnisses

tigkeiten nur von Arbeitnehmern mit bestimmten Qualifikationen ausführen zu lassen, ist jedenfalls soweit nicht zu beanstanden, wie die Qualifikationsmerkmale einen nachvollziehbaren Bezug zur Organisation der auszuführenden Arbeiten haben (BAG, Urt. v. 10.11.1994 – 2 AZR 242/94, AP Nr. 65 zu § 1 KSchG 1969 Betriebsbedingte Kündigung; BAG, Urt. v. 24.06.2004 – 2 AZR 326/03, NZA 2004, 1268). Allerdings darf der Arbeitgeber in einer Bewerbungssituation die Vergleichbarkeit von Bewerbern nicht willkürlich dadurch gestalten, dass er Anforderungen stellt, die nach der im Arbeitsleben herrschenden Verkehrsanschauung durch die Erfordernisse der wahrzunehmenden Aufgaben unter keinem nachvollziehbaren Gesichtspunkt gedeckt sind (BAG, Urt. v. 21.02.2013 – 8 AZR 180/12, NZA 2013, 840; BAG, Urt. v. 07.04.2011 – 8 AZR 679/09, NZA-RR 2011, 494).

Engere Voraussetzungen gelten für die Arbeitgeber des öffentlichen Dienstes. Da hier das Prinzip der Bestenauslese gilt, sind der Gestaltungsfreiheit des Arbeitgebers bei der Erstellung des Anforderungsprofils Grenzen gesetzt. Die Festlegung des Anforderungsprofils muss im Hinblick auf die Anforderungen der zu besetzenden Stelle sachlich nachvollziehbar sein, d.h. es dürfen keine sachfremden Erwägungen zugrunde liegen. Insoweit unterliegt das Anforderungsprofil auch trotz eines dem Arbeitgeber des öffentlichen Dienstes von Verfassungs wegen gewährten Beurteilungsspielraums einer gerichtlichen Kontrolle (BAG, Urt. v. 10.02.2015 – 9 AZR 554/13, NZA-RR 2015, 441).

Die Erstellung von Anforderungsprofilen unterliegt nicht der Mitbestimmung des Betriebsrats (BAG, Beschl. v. 31.05.1983 – 1 ABR 6/80, AP Nr. 2 zu § 95 BetrVG 1972 mit kritischer Anmerkung von *Löwisch*). Über die Einführung von Anforderungsprofilen, deren Bedeutung und Verwertung ist der Betriebsrat aber nach § 92 Abs. 1 BetrVG zu unterrichten (BAG, Beschl. v. 31.05.1983 – 1 ABR 6/80, AP Nr. 2 zu § 95 BetrVG 1972).

32 **2.** Ausbildung und fachliche Kompetenzen sollten nicht nur festgehalten werden, um klarzustellen, welche Qualifikationen vom jeweiligen Stelleninhaber verlangt werden, sondern auch, weil die jeweilige Qualifikation etwa im Fall einer betriebsbedingten Kündigung im Rahmen einer Sozialauswahl von Bedeutung sein kann. Die soziale Auswahl nach § 1 Abs. 3 S. 1 KSchG erstreckt sich nur auf Arbeitnehmer, die miteinander verglichen werden können. Ein wichtiger Aspekt der Vergleichbarkeit ist, ob der Arbeitnehmer aufgrund seiner bisherigen Aufgaben im Betrieb und angesichts seiner beruflichen Qualifikation dazu in der Lage ist, die Arbeit eines anderen Arbeitnehmers zu verrichten, ob er also aufgrund seiner tatsächlichen Kenntnisse und Fähigkeiten die Funktion eines anderen Arbeitnehmers ausüben kann (BAG, Urt. v. 17.09.1998 – 2 AZR 725/97, AP Nr. 36 zu § 1 KSchG Soziale Auswahl; Pauly/Osnabrügge/*Ruge* § 3 Rn. 137). Setzt eine Stelle dem Stellenprofil nach eine bestimmte, formale Qualifikation, also etwa eine bestimmte Ausbildung, den Abschluss eines bestimmten Studienganges oder eine bestimmte Zusatzqualifikation voraus, so kann ein Arbeitnehmer ohne diese Qualifikation die Stelle nicht ausfüllen. Er ist mit einem entsprechend qualifizierten Stelleninhaber im Rahmen einer Sozialauswahl nicht vergleichbar (vgl. LAG Schleswig-Holstein, Urt. v. 09.09.2009 – 3 Sa 153/09).

33 Per Anforderungsprofil als erforderlich ausgewiesene Zusatzqualifikationen können daneben im Rahmen der **Leistungsträgerregelung** des § 1 Abs. 3 S. 2 KSchG dem Arbeitgeber hilfreich sein. Zu beachten ist allerdings, dass diese nur dann eine Herausnahme des Arbeitnehmers aus der Sozialauswahl rechtfertigen können, wenn die Weiterbeschäftigung im berechtigten betrieblichen Interesse des Arbeitgebers liegt, also dieses Interesse die soziale Schutzbedürftigkeit Anderer überwiegt.

34 Das Anforderungsprofil kann grundsätzlich jederzeit durch den Arbeitgeber geändert werden. Dabei ist allerdings zu beachten, dass eine betriebsbedingte Kündigung nicht ohne weiteres allein durch die Änderung eines Anforderungsprofils gerechtfertigt werden kann. Beruft sich der Arbeitgeber zur Rechtfertigung einer betriebsbedingten Kündigung auf eine **Neubestimmung des Anforderungsprofils**, so muss er darlegen, dass für die Änderung ein betrieblicher Anlass besteht (BAG, Urt. v. 10.07.2008 – 2 AZR 1011/06, NJW 2009, 1766; BAG, Urt. v. 24.05.2012 – 2 AZR

124/11, NZA 2012, 1223). Ändert der Arbeitgeber durch eine unternehmerische Entscheidung das Anforderungsprofil für Arbeitsplätze, die bereits besetzt sind, hat er hinsichtlich einer zusätzlich geforderten Qualifikation für die nunmehr auszuführenden Tätigkeiten darzulegen, dass es sich nicht nur um »wünschenswerte Voraussetzungen«, sondern zumindest um nachvollziehbare, arbeitsplatzbezogene Kriterien für eine Stellenprofilierung handelt (BAG, Urt. v. 10.07.2008 – 2 AZR 1011/06, NJW 2009, 1766; BAG, Urt. v. 24.05.2012 – 2 AZR 124/11, NZA 2012, 1223).

3. Als Zusatzqualifikation könnten z.B. erwartet werden: Masterstudium, Promotion, Meisterprüfung, Ausbildereignungsprüfung etc.

4. Auch die **Berufserfahrung** kann ein nachvollziehbares, arbeitsplatzbezogenes Kriterium für eine Stellenprofilierung sein. Dem Arbeitgeber ist es grundsätzlich nicht verwehrt, eine entsprechende Anforderung wie etwa eine »mehrjährige Berufserfahrung im Bereich Vertrieb« an die zu besetzende Stelle und den Stellenbewerber zu formulieren. Eine mehrjährige Berufserfahrung in einem bestimmten Bereich kann ein sachliches Anforderungskriterium für eine zu besetzende Stelle darstellen. Eine entsprechende Stellenanforderung ist insoweit nicht zu beanstanden und kann gerichtlich nicht weiter überprüft werden, wenn sie sich an sachlichen Voraussetzungen für die auszuübende Tätigkeit orientiert (BAG, Urt. v. 24.06.2004 – 2 AZR 326/03, NZA 2004, 1268).

Zu beachten ist aber die mit der Formulierung entsprechender Anforderungen möglicherweise verbundene Selbstbindung des Arbeitgebers (vgl. hierzu unten Anm. 6 – A Rdn. 42).

5. Die Kenntnis einer oder mehrerer **Fremdsprachen** kann unproblematisch in das Anforderungsprofil aufgenommen werden, sofern hierfür ein Anlass besteht (vgl. ausführlich *Hinrichs/Stütze* NZA-RR 2011, 113). Dabei können auch Abstufungen hinsichtlich der Kenntnisse erfolgen. Üblich sind hier Formulierungen wie »verhandlungssichere Englischkenntnisse sowie Grundkenntnisse mindestens einer weiteren Fremdsprache«, »sicheres Beherrschen der spanischen Sprache in Wort und Schrift« oder »hervorragende, nach Möglichkeit im Ausland erworbene Französischkenntnisse«.

Auch ein bestimmtes Maß an deutscher Sprachkenntnis kann in das Anforderungsprofil aufgenommen werden, sofern dies sachlich gerechtfertigt ist (BAG, Urt. v. 28.01.2010 – 2 AZR 764/08, NZA 2010, 625). So kann die Beherrschung der deutschen Schriftsprache Voraussetzung für eine bestimmte Stelle sein, wenn zu den dortigen Tätigkeiten etwa die Befolgung schriftlicher Anweisungen und die schriftliche Dokumentation gehört. Eine mittelbare Diskriminierung i.S.d. § 3 AGG ist hierin nicht zu sehen (vgl. BAG, Urt. v. 22.06.2011 – 8 AZR 48/10, NZA 2011, 1226).

Nicht zulässig ist allerdings die Begrenzung des Kreises potentieller Stelleninhaber auf »**Muttersprachler**«, gleich ob der deutschen oder einer anderen Sprache. Auch das Erfordernis von »**akzentfreien Sprachkenntnissen**« ist in aller Regel unzulässig (*Thüsing* Diskriminierungsschutz Rn. 271). Hierin kann eine **Benachteiligung** wegen der ethnischen Herkunft nach §§ 7, 1 AGG liegen, die gegenüber einem abgelehnten Bewerber zu Ansprüchen auf Entschädigung und Schadensersatz nach § 15 AGG führen kann (vgl. ArbG Berlin, Urt. v. 11.02.2009 – 55 Ca 16952/08, NZA-RR 2010, 16). Die Absage an einen Bewerber mit der Begründung, er sei kein »Muttersprachler«, kann eine **Indiztatsache** i.S.v. § 22 AGG für eine Diskriminierung des Bewerbers darstellen (vgl. ArbG Berlin, Urt. v. 11.02.2009 – 55 Ca 16952/08, NZA-RR 2010, 16), was zur Folge hat, dass der Arbeitgeber das Fehlen einer Benachteiligung beweisen muss.

6. Unter der Überschrift »Persönliche Anforderungen« können alle weiteren persönlichen Fähigkeiten und Eigenschaften aufgeführt werden, welche nach der Vorstellung des Arbeitgebers vom jeweiligen Stelleninhaber erwartet werden sollen.

Es ist darauf zu achten, die Anforderungen derart zu formulieren, dass ein späterer Stelleninhaber sie auch tatsächlich in dem erwarteten Umfang vorweisen kann. Denn der Arbeitgeber **bindet** sich mit entsprechenden Anforderungen bei der Stellenbesetzung auch **selbst** (vgl. BAG, Urt. v. 21.07.2009 – 9 AZR 431/08, NZA 2009, 1087). Dies gilt jedenfalls im Bereich des öffentlichen Dienstes, wo der Arbeitgeber zur Erstellung eines Anforderungsprofils verpflichtet ist (*Laber/Ger-*

dom, öAT 2010, 51, 53), dürfte aber zumindest faktisch auch für private Arbeitgeber gelten, wenn Anforderungsprofile sinnvoll genutzt werden sollen. Besetzt der Arbeitgeber eine Stelle, deren Anforderungsprofil eine bestimmte Anforderung als zwingend vorsieht, mit einem Bewerber, der diese Anforderungen nicht erfüllt, so verhält er sich widersprüchlich und kann sich wegen Verstoßes gegen den Grundsatz von Treu und Glauben, § 242 BGB, gegenüber einem abgelehnten Bewerber nicht auf das Anforderungsprofil berufen. Die Selbstbindung kann sich auch auswirken, wenn ein Arbeitnehmer auf einer anderen Stelle betriebsbedingt gekündigt worden ist und die Möglichkeit einer Weiterbeschäftigung auf einer freien Stelle mit der Begründung verneint wird, der Gekündigte verfüge nicht über die dem Anforderungsprofil nach erforderlichen Fähigkeiten. Diese Argumentation ist dem Arbeitgeber verwehrt, wenn er sich selbst nicht an sein Anforderungsprofil hält (vgl. BAG, Urt. v. 24.06.2004 – 2 AZR 326/03, NZA 2004, 1268).

43 Bei der Formulierung auch der persönlichen Anforderungen ist schließlich darauf zu achten, dass sie **diskriminierungsfrei** erfolgt. Doppeldeutige Formulierungen sind zu vermeiden. Jede direkte oder indirekte Unterscheidung oder Wertung nach den in § 1 AGG aufgeführten Merkmalen ist zu unterlassen. Das Anforderungsprofil sollte stets kritisch daraufhin überprüft werden, ob die aufgelisteten Anforderungen für die betreffende Stelle wirklich erforderlich sind.

44 7. Wie die Stellenbeschreibung auch sollte das Anforderungsprofil regelmäßig **aktualisiert** und zu Beweiszwecken datiert und vom Arbeitgeber unterzeichnet werden. Nur so ist es dann, wenn es – wie häufig in der Praxis der Personalverwaltung – kurzfristig benötigt wird, von Wert.

II. Ausschreibung

45 Die Ausschreibung von erstmals oder wieder zu besetzenden Stellen – gleich ob (nur) innerbetrieblich, unternehmens- oder konzernweit oder auch öffentlich – stellt eines der zentralen personalpolitischen Instrumente des Arbeitgebers dar. Durch geschickte Ausschreibungen können Arbeitnehmer angeworben, vorhandene Mitarbeiter weiterentwickelt und nicht für die Stelle geeignete Personen von einer Bewerbung abgehalten werden. Die Stellenausschreibung ist der erste und entscheidende Schritt einer Einflussnahme auf die personelle Zusammensetzung der Belegschaft.

46 Zugleich birgt die Stellenausschreibung spätestens seit Inkrafttreten des AGG aber auch das Risiko, bei unsorgfältiger Erstellung von abgelehnten Bewerbern auf Schadensersatz oder Entschädigungszahlungen nach § 15 Abs. 1 und 2 AGG in Anspruch genommen zu werden. Ausschreibungen müssen daher in jedem Fall diskriminierungsfrei gestaltet werden. Auf die Ausführungen zur benachteiligungsfreien Gestaltung des Anforderungsprofils (s.o. A Rdn. 40, 43) kann verwiesen werden.

47 Werden Stellenbeschreibungen und Anforderungsprofile sorgsam erstellt und auf aktuellem Stand gehalten, kann die Stellenausschreibung ohne größeren Arbeitsaufwand aus diesen Dokumenten entwickelt werden.

1. Betriebsinterne Ausschreibung

Vorbemerkung

48 Nach § 93 BetrVG müssen Arbeitsplätze, die besetzt werden sollen, vor ihrer Besetzung zunächst innerhalb des Betriebes ausgeschrieben werden, wenn der Betriebsrat dies verlangt. Dabei bezieht sich das Verlangen des Betriebsrats nicht auf die Besetzung konkreter einzelner Stellen. § 93 BetrVG meint vielmehr den Fall, dass der Betriebsrat allgemein verlangt, alle zu besetzenden (frei werdenden oder neu geschaffenen) Stellen intern auszuschreiben (*Fitting* § 93 BetrVG Rn. 5). Im öffentlichen Dienst wird teilweise eine generelle Rechtspflicht zur internen Stellenausschreibung dort abgeleitet, wo ein Mitbestimmungsrecht bei Verzicht auf eine Ausschreibung vorgesehen ist

(z.B. § 75 Abs. 3 Nr. 14 BPersVG). Vereinzelt ist eine Mitwirkung bei der Stellenausschreibung auch ausdrücklich vorgesehen (z.B. § 73 Nr. 2 LPVG NW). Grundsätzlich kann der Betriebs- oder Personalrat aber weder Inhalt noch Form oder Art und Weise der Ausschreibung oder das Medium, über welches die Ausschreibung veröffentlicht wird (Schwarzes Brett, Intranet, E-Mail, Umlauf), vorgeben (LAG Berlin-Brandenburg, Beschl. v. 23.03.2010 – 7 TaBV 2511/09, JurionRS 2010, 28375; AR-*Rieble* § 93 BetrVG Rn. 4). Denkbar, aber nicht uneingeschränkt zu empfehlen ist der Abschluss einer freiwilligen Betriebsvereinbarung über Art, Inhalt, Form und Frist betriebsinterner Ausschreibungen.

Der Arbeitgeber ist bei der Gestaltung der Stellenausschreibung frei (BAG, Beschl. v. 23.02.1988 – 1 ABR 82/86, NZA 1988, 551; BAG, Beschl. v. 27.10.1992 – 1 ABR 4/92, BAGE 71, 259; AR-*Rieble* § 93 BetrVG Rn. 4; a.A. *Fitting* § 93 BetrVG Rn. 6). Es gilt lediglich die Einschränkung, dass der Arbeitgeber in einer Bewerbungssituation die Vergleichbarkeit von Bewerbern nicht willkürlich dadurch gestalten darf, dass er Anforderungen stellt, die nach der im Arbeitsleben herrschenden Verkehrsanschauung durch die Erfordernisse der wahrzunehmenden Aufgaben unter keinem nachvollziehbaren Gesichtspunkt gedeckt sind (BAG, Urt. v. 21.02.2013 – 8 AZR 180/12, NZA 2013, 840; BAG, Urt. v. 07.04.2011 – 8 AZR 679/09, NZA-RR 2011, 494). 49

Die betriebsinterne Ausschreibung unterscheidet sich von der externen Ausschreibung im Wesentliche dadurch, dass – je nach Größe des Betriebs und Vielfalt der Tätigkeitsbereiche – keine nähere Beschreibung des Arbeitgebers und der Aufgaben und Funktion der betreffenden Betriebsabteilung erforderlich ist, dass betriebsbekannte Abkürzungen benutzt und die Kenntnis von betriebsinternen Abläufen vorausgesetzt werden können. 50

▶ **Muster – Betriebsinterne Ausschreibung**

Die Abteilung [Bezeichnung der Abteilung] sucht zum [Datum] eine/n [Stellenbezeichnung] [1] in Vollzeit. [2] 51

In dieser Funktion sind Sie verantwortlich für die Planung, Entwicklung und Umsetzung von _____-Projekten. Als Fachvorgesetzter/Fachvorgesetzte von derzeit fünf Mitarbeitern leiten Sie die Projektentwicklung _____ selbständig. Sie berichten direkt an [Vorgesetzter]. Die Stelle ist der Ebene GF-4 zugeordnet und wird nach Entgeltgruppe E 12 [3] des _____-Tarifvertrages vergütet.

Aufgaben und Tätigkeiten: [4]

– Planung und Entwicklung nationaler _____-Projekte mit den Mitarbeitern des Bereichs _____
– Begleitung und Umsetzung der entwickelten Projekte in Abstimmung mit der Abteilung _____
– Dokumentation der Projektabläufe
– Teilnahme an den regelmäßigen _____-Sitzungen
– Bereichsübergreifende Zusammenarbeit mit _____
– Aufbau eines internationalen Projektentwicklungsnetzwerks auf Konzernebene

Erforderliche Qualifikationen und Fähigkeiten: [5]

– Abgeschlossenes Hochschulstudium der _____
– Mindestens fünf Jahre Erfahrung in der Projektentwicklung, davon mindestens zwei Jahre im Bereich [6] _____
– Sicherer Umgang mit _____-Software, insbesondere _____
– Gute Englischkenntnisse [7]

A. Die Anbahnung des Arbeitsverhältnisses

- Ausgeprägtes konzeptionelles, projektorientiertes Denkvermögen
- Projektbezogene Kreativität und Ideenreichtum
- Leistungsbereitschaft, Eigeninitiative und Teamfähigkeit
- Führungsqualität, Überzeugungskraft und Begeisterungsfähigkeit
- Bereitschaft zur Reisetätigkeit

Ansprechpartner:
Herr/Frau ____ [Name]

Bewerbungsfrist: 8
____ [Datum]

Erläuterungen

Schrifttum

Bayreuther Drittbezogene und hypothetische Diskriminierungen, NZA 2008, 986; *Hümmerich/Mauer* Internet-Stellen als Einwand gegen die soziale Rechtfertigung betriebsbedingter Kündigungen, NZA 2004, 1135; *Kliemt* Der neue Teilzeitanspruch – Die gesetzliche Neuregelung der Teilzeitarbeit ab dem 01.01.2001, NZA 2001, 63; *Mohr* Altersdiskriminierung durch Stellenausschreibung für »Young Professionals«?, NZA 2014, 459; *Ohlendorf/Schreier* AGG-konformes Einstellungsverfahren – Handlungsanleitung und Praxistipps, BB 2008, 2458; *Rolfs/Wessel* Aktuelle Rechtsprechung und Praxisfragen zur Benachteiligung wegen des Geschlechts, NJW 2009, 3329; *Schrader* Gestaltungsmöglichkeiten des Arbeitgebers nach Inkrafttreten des AGG, DB 2006, 2571; *Wisskirchen* Der Umgang mit dem Allgemeinen Gleichbehandlungsgesetz – Ein »Kochrezept« für Arbeitgeber, DB 2006, 1491.

52 **1.** Die Stellenbezeichnung ist grundsätzlich **geschlechtsneutral** zu halten. § 7 Abs. 1 i.V.m. § 1 AGG verbietet die Benachteiligung von Beschäftigten unter anderem wegen des Geschlechts. Nach § 6 Abs. 1 S. 2 AGG gelten als Beschäftigte in diesem Sinne auch Bewerberinnen und Bewerber. § 11 AGG verbietet ausdrücklich die Ausschreibung eines Arbeitsplatzes unter Verstoß gegen § 7 AGG.

53 Allerdings lässt das AGG in § 8 eine unterschiedliche Behandlung auch wegen des Geschlechts zu, wenn das Geschlecht des Stelleninhabers wegen der Art der auszuübenden Tätigkeit oder der Bedingungen ihrer Ausübung eine wesentliche und entscheidende berufliche Anforderung darstellt, sofern der Zweck rechtmäßig und die Anforderung angemessen ist. Danach kann beispielsweise die Stelle einer Erzieherin in einem Mädcheninternat ausnahmsweise geschlechtsspezifisch ausgeschrieben werden, wenn die dort wahrzunehmenden Aufgaben zumindest teilweise zwingend von einer Frau geleistet werden müssen (BAG, Urt. v. 28.05.2009 – 8 AZR 536/08, NZA 2009, 1016). Eine (vermeintliche) Kundenpräferenz genügt dagegen nicht (vgl. ErfK/*Schlachter* § 8 AGG Rn. 3; *Bayreuther* NZA 2008, 986, 988 f.).

54 Praktisch bedeutet dies, dass die Stellenbezeichnung entweder sowohl in männlicher als auch in weiblicher Form genannt werden muss (»Verkäuferin/Verkäufer«, weniger schön: »VerkäuferIn«), oder eine geschlechtsneutrale Bezeichnung zu verwenden ist (»Verkaufskraft«). In der Praxis wird letzteres zur Klarstellung häufig mit der Ergänzung »(m/w)« versehen, insbesondere, wenn die scheinbare Geschlechtsneutralität aus der (pseudo-)englischen Stellenbezeichnung folgt (»Personal Assistant«, »Key Account Manager«, »HR Assistant« etc.). Die Ausschreibung einer Stelle als »Hotelfachfrau (Hotelfachmann, -frau)« genügt den Anforderungen des AGG (LAG Hamm, Urt. v. 24.04.2008 – 11 Sa 95/08, JurionRS 2008, 18598).

55 Zu beachten ist dabei, dass nicht nur die Stellenbezeichnung in der Überschrift der Stellenausschreibung *geschlechtsneutral* sein muss, sondern sich auch im weiteren Text der Ausschreibung keine geschlechtsspezifische Formulierung finden sollte. Insbesondere bei internen Ausschreibun-

gen für Stellen in bisher reinen Männer- oder Frauenteams finden sich immer wieder entsprechende Formulierungen (»Gesucht wird eine Kollegin, die ...«; »Nach Ihrer Ausbildung zum KFZ-Mechatroniker haben Sie ...«. Vergleiche ausführlich zu diskriminierungsfreien Ausschreibungen AR-*Kappenhagen* § 8 AGG Rn. 1 ff.; § 11 AGG Rn. 3; DLW/*Dörner* Kapitel 2 Rn. 223 ff.; 272 ff.

2. Eignet sich die Stelle auch als Teilzeitarbeitsplatz, so muss sie nach § 7 Abs. 1 TzBfG auch als solcher ausgeschrieben werden. Die Ausschreibung muss also einen Hinweis darauf enthalten, dass die Stelle auch mit Teilzeitkräften besetzt werden kann (AR-*Schüren* § 7 TzBfG Rn. 2 ff.). Dass der Arbeitgeber selbst als unternehmerische Entscheidung darüber befinden kann, ob die Stelle teilzeitgeeignet ist oder nicht (ErfK/*Preis* § 7 TzBfG Rn. 2 m.w.N.; *Kliemt* NZA 2001, 63, 68), ist umstritten (vgl. AR-*Schüren* § 7 TzBfG Rn. 3). 56

Ein Verstoß gegen § 7 Abs. 1 TzBfG begründet keine Schadensersatzansprüche (AR-*Schüren* § 7 TzBfG Rn. 5), und nach herrschender, aber umstrittener Ansicht auch kein Zustimmungsverweigerungsrecht des Betriebsrats (AR-*Schüren* § 7 TzBfG Rn. 5; ErfK/*Preis* § 7 TzBfG Rn. 4, jeweils m.w.N.). 57

3. Die vorgesehene tarifliche Eingruppierung in der Ausschreibung zu nennen ist üblich, aber fragwürdig. Zwar hat der Bewerber ein Interesse daran, die vorgesehene Vergütung zu kennen, bevor er sich bewirbt. Je nach anwendbarem Tarifvertrag kann die tarifliche Eingruppierung aber zumindest auch von persönlichen Merkmalen – beispielsweise einer bestimmten Qualifikation (Hochschulstudium, Meisterbrief, abgeschlossener Fachweiterbildung o.ä.) – abhängen, die nicht zwingend Teil der Stellenausschreibung sein müssen. Von der Angabe der späteren Tarifgruppe ist daher eher abzuraten. 58

Überdies kommt auch der Nennung einer Tarifgruppe unter Umständen diskriminierende Wirkung zu. Das Bundesarbeitsgericht hat in einer internen Stellenausschreibung eine mittelbare Altersdiskriminierung gesehen, weil der Arbeitgeber eine Stelle als »Verkaufs-/Kassierkraft« unter Angabe der Tarifgruppe »A/1. Berufsjahr« ausgeschrieben hatte (BAG, Beschl. v. 18.08.2009 – 1 ABR 47/08, NZA 2010, 222). Zwar stützt das Bundesarbeitsgericht seine diesbezügliche Entscheidung vor allem auf die Anforderung »1. Berufsjahr«. Sofern eine bestimmte Tarifgruppe – dies betrifft vor allem die so genannten »Einstiegsgruppen« – aber ganz typischerweise von Berufsanfängern oder aus anderen Gründen von Mitarbeitern einer bestimmten Altersschicht belegt wird, ist Vorsicht angeraten. 59

4. Die Stellenausschreibung soll eine aussagekräftige Zusammenfassung der Aufgaben- und Tätigkeitsschwerpunkte enthalten. Hält der Arbeitgeber Stellenbeschreibungen vor, so ist darauf zu achten, dass sich Stellenbeschreibung und -ausschreibung inhaltlich decken. 60

Hierbei muss das richtige Maß zwischen präziser, ausführlicher Beschreibung der zu leistenden Tätigkeiten einerseits und dem Interesse weckenden, auf Schwerpunkte beschränkten Stil der Ausschreibung andererseits gefunden werden. 61

5. Die Anforderungen an Qualifikation und Fähigkeiten des zukünftigen Stelleninhabers müssen frei von unmittelbaren und mittelbaren **Diskriminierungen** formuliert werden. Auf das Erfordernis der geschlechtsneutralen Ausschreibung ist bereits hingewiesen worden (s.o. A Rdn. 52 ff.). 62

Allgemein wird angeregt, Stellenausschreibungen so zu formulieren, dass sie sich ausschließlich auf die Tätigkeit selbst beziehen und nur Anforderungen auflisten, die für die ausgeschriebene Stelle wirklich erforderlich sind (*Wisskirchen* DB 2006, 1491, 1493). 63

Neben der Vermeidung geschlechtsspezifischer Formulierungen ist in der Praxis der Personalarbeit insbesondere bei Formulierungen Vorsicht geboten, die das **Alter** oder die **Rasse** und **Herkunft** unmittelbar oder mittelbar in Bezug nehmen. Dabei kann eine Diskriminierung nicht nur direkt (»Maurer bis 40 Jahre«) sondern auch indirekt etwa durch Formulierungen wie »... suchen wir zur Verstärkung für ein junges und dynamisches Team ...« (LAG Hamburg, Urt. v. 23.06.2010 – 64

5 Sa 14/10, NZA-RR 2010, 629) oder durch die Suche nach »Hochschulabsolventen/Young Professionells« (BAG, Urt. v. 24.01.2013 – 8 AZR 429/11, NZA 2013, 498; vgl. auch BAG, Urt. v. 19.08.2010 – 8 AZR 530/09, NZA 2010, 1412) erfolgen. Die Anforderung besonderer Belastbarkeit stellt für sich genommen noch keine Benachteiligung wegen einer Behinderung dar (LAG Nürnberg, Urt. v. 19.02.2008 – 6 Sa 675/07, NZA 2009, 148).

65　**6.** Das Erfordernis einer bestimmten **Berufserfahrung** kann eine mittelbare Altersdiskriminierung darstellen, die aber regelmäßig nach § 10 S. 3 Nr. 2 AGG gerechtfertigt ist, sofern für die Stelle einschlägige Erfahrung verlangt wird, dieses Erfordernis sich also an sachlichen Voraussetzungen für die auszuübende Tätigkeit orientiert (*Thüsing* Diskriminierungsschutz Rn. 271, 430; vgl. auch BAG, Urt. v. 24.06.2004 – 2 AZR 326/03, NZA 2004, 1268).

66　**7.** Zu Zulässigkeit und Grenzen des Erfordernisses von Fremdsprachenkenntnissen s.o. A Rdn. 38 f.

67　**8.** Die **Bewerbungsfrist** sollte in der Stellenausschreibung angegeben werden. Eine bestimmte Mindestfrist für die interne Stellenausschreibung besteht nicht. Vielmehr obliegt es dem Arbeitgeber, den Zeitraum der Bekanntmachung der Ausschreibung zu bestimmen und eine etwaige Bewerbungsfrist festzulegen (BAG, Beschl. v. 06.10.2010 – 7 ABR 18/09, NZA 2011, 360). Aus Sinn und Zweck der internen Ausschreibung folgt nur, dass sie so zu erfolgen hat, dass alle in Betracht kommenden Arbeitnehmer die Möglichkeit haben, von der Ausschreibung Kenntnis zu nehmen und nach einer gewissen Überlegungszeit eine Bewerbung einzureichen (BAG, Beschl. v. 06.10.2010 – 7 ABR 18/09, NZA 2011, 360). Ein Zeitraum von zwei Wochen ist dabei im Regelfall ausreichend. Der Betriebsrat kann daher einer Einstellung selbst dann nicht unter Bezugnahme auf § 99 Abs. 2 Nr. 5 BetrVG die Zustimmung verweigern, wenn der Arbeitgeber eine unbefristet ausgeschriebene Stelle nach zwei Wochen besetzt (BAG, Beschl. v. 06.10.2010 – 7 ABR 18/09, NZA 2011, 360).

Auch der Arbeitgeber sollte diese Frist ernst nehmen und die Ausschreibung nach dieser Frist beenden. Wenn die Stellenausschreibung auch online veröffentlich worden ist, sollte darauf geachtet werden, sie nach Ablauf der Frist, jedenfalls aber nach erfolgter Besetzung der Stelle aus dem Netz zu entfernen. Hiermit kann zum einen vermieden werden, dass im Rahmen einer betriebsbedingten Kündigung ein Mitarbeiter sich auf diese noch öffentlich ausgeschriebene, obwohl schon nicht mehr freie Stelle beruft und eine entsprechende Weiterbeschäftigungsmöglichkeit geltend macht (vgl. hierzu ausführlich *Hümmerich/Mauer* NZA 2004, 1135). Zum anderen kann durch die zeitliche Begrenzung der Ausschreibung auch die Zahl der Bewerber und damit auch die Gefahr missbräuchlicher Bewerbungen (»AGG-Hopping«) reduziert werden (vgl. z.B. BAG, Urt. v. 19.08.2010 – 8 AZR 370/09, NZA 2011, 200).

2. Externe Ausschreibung

Vorbemerkung

68　Der Arbeitgeber ist nicht daran gehindert, bereits parallel zu der innerbetrieblichen Ausschreibung nach § 93 BetrVG auch außerhalb des Betriebes nach geeigneten Bewerbern zu suchen (DLW/*Wildschütz* Kapitel 13 Rn. 1996). Die externe Stellenausschreibung kann vom Betriebsrat nicht verhindert werden. Allerdings muss der Arbeitgeber zwingend darauf achten, dass die externe Stellenausschreibung inhaltlich mit der innerbetrieblichen Ausschreibung **übereinstimmt**. Denn der Arbeitgeber genügt der Verpflichtung zu einer vom Betriebsrat geforderten innerbetrieblichen Stellenausschreibung nicht, wenn er eine bestimmte Stelle im Betrieb zwar ausschreibt, in einer öffentlichen Stellenanzeige dann aber andere Anforderungen für diese gleiche Stelle nennt. Der Betriebsrat kann in diesem Fall die Zustimmung zur Einstellung eines Bewerbers verweigern, der sich auf diese Stellenanzeige mit den anderen Anforderungen hin beworben hat (BAG, Beschl. v. 23.02.1988 – 1 ABR 82/86, NZA 1988, 551).

Externe Ausschreibung **A.II.2.**

▶ **Muster – Externe Ausschreibung**

[Name und Logo des Unternehmens]

Wir suchen zum ___[Datum]___ [1] einen Controller (m/w) [2] für den Bereich ___[Bezeichnung]___ .

Die ___[Name]___ entwickelt und produziert mit ___[Anzahl]___ Mitarbeitern an ___[Anzahl]___ Standorten ___[Gegenstand]___ ___[Kurze Unternehmensbeschreibung]___ .

In der Abteilung »Finanzen« ist im Bereich Controlling zum ___[Datum]___ die Stelle eines Controllers (m/w) zu besetzen.

In einem Team mit derzeit fünf weiteren Controlling-Mitarbeitern sind Sie verantwortlich für Budgetkontrolle und Reporting im Bereich ___[Bezeichnung]___ , für die Überarbeitung und Weiterentwicklung der Kosten- und Rechnungssysteme, das Chancen- und Risikomanagement und allgemeine Controlling-Aufgaben. [3] Die Stelle ist auch für eine Teilzeittätigkeit geeignet. [4]

Neben einem betriebswirtschaftlichen Studium mit Schwerpunkt Controlling/Rechnungswesen und einem Abschluss als Dipl.-Betriebswirt/-in oder Dipl.-Kaufmann/Dipl.-Kauffrau erwarten wir mindestens zwei Jahre Berufserfahrung [5] im Unternehmenscontrolling, sehr gute analytische und kommunikative Fähigkeiten, eine ziel- und ergebnisorientierte Arbeitsweise sowie die Fähigkeit, sich in ein vorhandenes Team einzufügen, ohne an Überzeugungskraft und Durchsetzungsvermögen zu verlieren. Kenntnisse im Umgang mit der Software ___[Bezeichnung]___ sind wünschenswert.

Wir bieten eine attraktive Tätigkeit mit leistungsgerechter Vergütung in einem vielseitigen, aber auch anspruchsvollen Umfeld. Für weitere Auskünfte steht Ihnen Herr/Frau ___[Name des Ansprechpartners]___ unter Tel ___[Nummer]___ gern zur Verfügung.

Wenn wir Ihr Interesse geweckt haben, senden Sie Ihre Bewerbung [6] bitte bis zum [7] ___[Datum]___ an

[Name des Unternehmens]

Herrn/Frau [Name des Ansprechpartners]

[Adresse]

Erläuterungen

Schrifttum

Diller Einstellungsdiskriminierung durch Dritte – Im Irrgarten von Entschädigung, Auskunft, einstweiliger Verfügung, Ausschlussfrist und Rechtsweg, NZA 2007, 649; *Hümmerich/Mauer* Internet-Stellen als Einwand gegen die soziale Rechtfertigung betriebsbedingter Kündigungen, NZA 2004, 1135; *Moderegger* Diskriminierung bei Einstellung, ArbRB 2010, 181; *Mohr* Altersdiskriminierung durch Stellenausschreibung für »Young Professionals«?, NZA 2014, 459; *v. Roetteken* Unionsrechtliche Aspekte des Schadensersatzes und der Entschädigung bei Diskriminierungen, NZA-RR 2013, 337; *Rolfs/Wessel* Aktuelle Rechtsprechung und Praxisfragen zur Benachteiligung wegen des Geschlechts, NJW 2009, 3329; *Schrader* Gestaltungsmöglichkeiten des Arbeitgebers nach Inkrafttreten des AGG, DB 2006, 2571; *Stümper* Aktuelle Fragen der Altersdiskriminierung, öAT 2015, 72; *Schwab* Diskriminierende Stellenanzeigen durch Personalvermittler, NZA 2007, 178; *Wichert/Zange* AGG: Suche nach Berufsanfängern in Stellenanzeigen, DB 2007, 970.

1. Der **Besetzungszeitpunkt** sollte in die Ausschreibung übernommen werden. Zum einen wird dem potentiellen Bewerber hierdurch ermöglicht, für sich zu prüfen, ob er überhaupt in der Lage ist, die Stelle rechtzeitig anzutreten. Die Anzahl an Bewerbungen von Interessenten, die beispielsweise aufgrund längerer Kündigungsfristen bei ihrem jetzigen Arbeitgeber erst zu einem späteren – für den Arbeitgeber zu späten – Zeitpunkt die neue Tätigkeit aufnehmen könnten, kann so reduziert werden.

Will der Arbeitgeber vermeiden, Bewerber abzuschrecken, die möglicherweise für die Stelle geeignet, aber zum gewünschten Besetzungszeitpunkt noch nicht verfügbar sind, kann er offener formulieren:

Thies

A. Die Anbahnung des Arbeitsverhältnisses

Alternative:

[Wir suchen idealerweise zum ____[Datum]____ *einen Controller (m/w) für den Bereich* _[Bezeichnung]_ *.]*

72 Gleichzeitig kann die Dokumentation des geplanten Besetzungszeitpunkts auch Bedeutung haben, wenn kurz zuvor betriebsbedingte Kündigungen ausgesprochen wurden. Für die Frage der Möglichkeit einer Weiterbeschäftigung kommt es nach der Rechtsprechung des Bundesarbeitsgerichts auch darauf an, ob zum Zeitpunkt des Zugangs der Kündigung bereits feststand, dass ein anderer Arbeitsplatz nach Ablauf der Kündigungsfrist frei werden würde und es dem Arbeitgeber zuzumuten war, den Zeitraum bis dahin zu überbrücken (BAG, Urt. v. 15.12.1995 – 2 AZR 320/94, NZA 1995, 413). Die Dokumentation eines Besetzungszeitpunkts kann daher, insbesondere in Fällen, in denen die Stelle tatsächlich nicht zum ursprünglich angesteuerten Zeitpunkt besetzt wurde, von Bedeutung sein.

73 **2.** Die Stellenausschreibung ist nach §§ 11, 7 AGG **benachteiligungsfrei** zu gestalten. Es gilt nicht nur das zu der internen Stellenausschreibung Gesagte, s.o. A Rdn. 62 ff. Zu beachten ist außerdem, dass besonderer Wert auf die konkrete Beschreibung der erforderlichen Ausbildung und Berufserfahrung, insgesamt auf die erforderliche Qualifikation zu legen ist. Die mangelnde Qualifikation für eine Tätigkeit auf der betreffenden Stelle steht der Annahme einer »vergleichbaren Situation« i.S.d. § 3 Abs. 1 S. 1 AGG entgegen, denn vergleichbar ist die Auswahlsituation nur für Arbeitnehmer, die gleichermaßen die objektive Eignung für die zu besetzende Stelle aufweisen (BAG, Urt. v. 14.11.2013 – 8 AZR 997/12, JurionRS 2013, 54527; BAG, Urt. v. 16.02.2012 – 8 AZR 697/10, NZA 2012, 667; BAG, Urt. v. 07.04.2011 – 8 AZR 679/09, ArbR 2011, 405). Dies gilt jedenfalls so lange, wie das vom Arbeitgeber aufgestellte Anforderungsprofil keine Anforderungen an die Bewerber stellt, die nach der im Arbeitsleben herrschenden Verkehrsanschauung durch die Erfordernisse der wahrzunehmenden Aufgaben unter keinem nachvollziehbaren Gesichtspunkt gedeckt sind. Die objektive Geeignetheit eines Bewerbers ist anhand der Stellenausschreibung bzw. des Anforderungsprofils zu beurteilen (BAG, Urt. v. 14.11.2013 – 8 AZR 997/12, JurionRS 2013, 54527; BAG, Urt. v. 16.02.2012 – 8 AZR 697/10, NZA 2012, 667; BAG, Urt. v. 07.04.2011 – 8 AZR 679/09, ArbR 2011, 405). Erfüllen mehrere Bewerber dagegen die formalen Qualifikationsanforderungen an die Stelle, und wird ein Bewerber im Laufe des Bewerbungsverfahrens benachteiligt, so kann der Arbeitgeber die durch Indizien begründete Vermutung einer Ungleichbehandlung wegen eines der Merkmale nach § 1 AGG nicht allein damit ausräumen, die Auswahlentscheidung sei letztlich ausschließlich anhand der Qualifikation der Bewerber gefallen (BAG, Urt. v. 21.07.2009 – 9 AZR 431/08, NZA 2009, 1087).

74 Besondere Sorgfalt ist hinsichtlich des Benachteiligungsmerkmals der **Behinderung** geboten. § 81 Abs. 1 SGB IX begründet eine Reihe von Pflichten, die der Arbeitgeber bei der Stellenbesetzung mit Blick auf die Berücksichtigung schwerbehinderter Menschen einzuhalten hat. Insbesondere hat der Arbeitgeber zu prüfen, ob Stellen mit schwerbehinderten, bei der Arbeitsagentur als arbeitsuchend gemeldeten Menschen besetzt werden können und sich hierzu frühzeitig an die Arbeitsagentur zu wenden. Ob diese Pflichten nach § 81 Abs. 1 S. 1 und 2 SGB IX nur bei einer externen Stellenausschreibung, oder auch bei einer ausschließlich internen Ausschreibung bestehen, ist höchstrichterlich noch nicht entschieden (gegen eine Pflicht bei nur interner Ausschreibung LAG Köln, Beschl. v. 08.02.1010 – 5 TaBV 73/09, JurionRS 2010, 20727). **Öffentliche Arbeitgeber** sind darüber hinaus nach § 82 S. 2 SGB IX verpflichtet, schwerbehinderte Bewerber zu einem Vorstellungsgespräch einzuladen. Verstöße gegen diese Pflichten können eine Benachteiligung i.S.v. § 81 Abs. 2 SGB IX, § 7 AGG indizieren (vgl. BAG, Urt. v. 22.10.2015 – 8 AZR 384/14, JurionRS 2015, 37923; BAG, Urt. v. 24.01.2013 – 8 AZR 188/12, BWGZ 2013, 524; BAG, Urt. v. 21.07.2009 – 9 AZR 431/08, NZA 2009, 1087; BAG, Urt. v. 15.02.2005 – 9 AZR 635/03, NZA 2005, 870).

75 Bedient sich der Arbeitgeber zur Stellenausschreibung eines Dritten, etwa einer **Personalagentur, der Agentur für Arbeit** oder eines Headhunters, und verletzt dieser die Pflicht zur neutralen Stel-

lenausschreibung, so ist diese Pflichtverletzung dem Arbeitgeber zuzurechnen (BAG, Urt. v. 05.02.2004 – 8 AZR 112/03, NZA 2004, 540; *Wisskirchen* DB 2006, 1491, 1493 f.). Der Bewerber kann keine Ansprüche gegen den Personalvermittler geltend machen (BAG, Urt. v. 23.01.2014 – 8 AZR 118/13, JurionRS 2014, 10731). Die von einem privaten Internetportal aus einer benachteiligungsfrei durch die Bundesagentur für Arbeit erstellten Stellenanzeige abgeleitete, verkürzte und dadurch nicht mehr geschlechtsneutrale Anzeige ist dem Arbeitgeber dagegen nicht mehr zuzurechnen, sofern dieser die Verkürzung nicht veranlasst oder wissentlich geduldet hat (LAG Hamm, Urt. v. 24.04.2008 – 11 Sa 95/08, JurionRS 2008, 18598).

3. S.o. A Rdn. 60. Insbesondere ist darauf zu achten, dass sich die externe Stellenausschreibung mit einer möglicherweise vorgehaltenen Stellenbeschreibung und dem dazugehörigen Stellenprofil ebenso wie mit der internen Ausschreibung deckt. **76**

4. S.o. A Rdn. 56. **77**

5. S.o. A Rdn. 36, 65. **78**

Auch die Ausschreibung einer Stelle ausdrücklich und ausschließlich für »**Berufsanfänger**« kann eine mittelbare Altersdiskriminierung darstellen (vgl. *Thüsing* Diskriminierungsschutz Rn. 682; ausführlich *Wichert/Zange* DB 2007, 970). Zu unterscheiden dürfte hier sein, ob der Arbeitgeber einen Berufsanfänger sucht, um einen jungen Arbeitnehmer zu finden, oder einen Arbeitnehmer gleich welchen Alters, den er einlernen will. Geht es dem Arbeitgeber lediglich um die Vermeidung zu hoher Gehaltsvorstellungen des Bewerbers, reicht es möglicherweise aus, den Bewerber um Angabe seiner Gehaltsvorstellungen zu bitten. **79**

6. Auf eine Beschreibung weiterer gewünschter Bewerbungsunterlagen sollte verzichtet werden, um keinen Ansatzpunkt für den Vorwurf diskriminierender Personalauswahl zu bieten. Insbesondere die ausdrückliche Bitte um die Übersendung eines **Lichtbildes** sollte unterbleiben, lassen sich von einem Lichtbild doch unter Umständen Rückschlüsse über Alter, Geschlecht, Herkunft, möglicherweise auch Behinderung oder Religionszugehörigkeit ziehen. Da zu den »üblichen Bewerbungsunterlagen« im allgemeinen Verständnis wohl auch ein Lichtbild gehört, sollte auch der Hinweis auf die »üblichen Bewerbungsunterlagen« unterbleiben (*Schrader* DB 2006, 2571). **80**

7. Insbesondere bei einer (auch) externen Stellenausschreibung sollte der Arbeitgeber eine Bewerbungsfrist setzen und diese selbst in beide Richtungen ernst nehmen. Eine Stellenbesetzung sollte erst nach Ablauf der Frist erfolgen. Denn besetzt der Arbeitgeber die Stelle vor Ablauf der selbst gesetzten Bewerbungsfrist, und bewirbt sich nach Besetzung der Stelle, aber noch innerhalb der Frist etwa ein schwerbehinderter Interessent, so kann dieser einen Entschädigungsanspruch nach § 15 Abs. 2 AGG geltend machen, wenn er Indizien für eine Benachteiligung beweisen kann. Denn der Arbeitgeber, der Bewerbungen von schwerbehinderten Beschäftigten durch eine vorzeitige Stellenbesetzung vereitelt, kann dem schwerbehinderten Stellenbewerber nicht entgegenhalten, das Auswahlverfahren sei bereits vor Eingang der Bewerbung beendet worden (BAG, Urt. v. 17.08.2010 – 9 AZR 839/08, NZA 2011, 153). Indiz für eine Benachteiligung wegen der Schwerbehinderung ist aber bereits jede Missachtung der umfangreichen Pflichten insbesondere aus § 81 Abs. 1 SGB IX, die unter anderem vor jeder Stellenausschreibung die Prüfung verlangen, ob die Stelle mit einem schwerbehinderten Menschen besetzt werden kann, und hierbei eine Beteiligung der Agentur für Arbeit, der Schwerbehindertenvertretung und des Betriebs- oder Personalrats verlangen. Da Verstöße gegen diese Pflichten in der betrieblichen Praxis häufig vorkommen, besteht hier ein erhebliches Risiko. Kein Entschädigungsanspruch soll bestehen, wenn die Stellenausschreibung nicht befristet war und die Bewerbung des späteren Anspruchstellers erst nach bereits erfolgter Besetzung der Stelle einging (BAG v. 19.08.2010 – 8 AZR 370/09, NZA 2011, 200). Entsprechendes dürfte gelten, wenn der Arbeitgeber die befristet ausgeschriebene Stelle nach Ablauf der Bewerbungsfrist besetzt. **81**

Nach Ablauf der Bewerbungsfrist sollte der Arbeitgeber die Ausschreibung insbesondere aus dem Internet oder anderen Medien entfernen (s.o. A Rdn. 67). **82**

A. Die Anbahnung des Arbeitsverhältnisses

III. Bewerbungsverfahren

83 Das Bewerbungsverfahren im engeren Sinne beginnt für den Arbeitgeber mit dem Eingang der ersten Bewerbung. Je nach Art und Umfang der Ausschreibung, Anzahl der Bewerbungen und Bedeutung und Funktion der Stelle kann sich das anschließende Auswahlverfahren auf kurze Bewerbungsgespräche beschränken, sich aber auch auf ein mehrstufiges Assessment-Center, einen mehrtägigen Bewerber-Workshop oder ein umfangreiches Testverfahren ausdehnen. Dabei werden inzwischen zumindest bei der Besetzung von Führungspositionen zunehmend auch moderne eignungsdiagnostische Testverfahren eingesetzt, deren Verwendung eine Reihe rechtlicher Fragen aufwerfen.

84 In jedem Falle wird der Arbeitgeber – möglicherweise nach einer ersten Vorauswahl auf Grundlage der Bewerbungsunterlagen – einige Bewerber zu einem persönlichen Gespräch einladen. Nach Abschluss des Auswahlverfahrens müssen die Bewerber über den Ausgang informiert werden.

1. Einladung zum Bewerbungsgespräch mit Kostenübernahme

Vorbemerkung

85 Bei der Einladung zu einem Bewerbungsgespräch sind vor allem praktische Aspekte zu berücksichtigen. Die wesentliche rechtliche Fragestellung kreist um die Erstattungspflicht von Reisekosten.

▶ **Muster – Einladung zum Bewerbungsgespräch mit Kostenübernahme**

86

[Briefkopf des Arbeitgebers]

[Datum]

Sehr geehrte/r Frau/Herr ___[Name]___,

vielen Dank für Ihre Bewerbung vom ___[Datum]___ und das unserem Haus damit entgegengebrachte Interesse.

Wir möchten Sie gerne persönlich kennenlernen und würden uns freuen, Sie zu einem Bewerbungsgespräch am ___[Datum]___ um ___[Uhrzeit]___ Uhr in den Räumen unserer Personalabteilung im ___[Stockwerk/Gebäude]___ [1] begrüßen zu dürfen. Das Gespräch mit Ihnen werden voraussichtlich unser Personalleiter, Herr ___[Name]___, sowie der Leiter der Abteilung ___[Bezeichnung]___, Herr ___[Name]___, führen. [2]

Sollten Sie an dem vorgeschlagenen Termin verhindert sein, setzen Sie sich bitte zur Vereinbarung eines anderen Termins mit Frau ___[Name]___ aus unserer Personalabteilung in Verbindung.

Die Ihnen entstehenden Reisekosten erstatten wir [3] mit ___[Betrag]___ Cent pro Kilometer oder entsprechend den Kosten einer Bahnfahrt 2. Klasse von ___[Wohnort]___ nach ___[Unternehmenssitz]___ und zurück. [4]

Mit freundlichen Grüßen

_____
(Unterschrift)

Erläuterungen

Schrifttum
Langer Erstattung von Vorstellungskosten – Was muss gezahlt werden?, AuA 2006, 524; *Müller* Der Anspruch des Bewerbers auf Erstattung seiner Vorstellungskosten, ZTR 1990, 237; *Sieber/Wagner* Keine Zahlungspflicht des Arbeitgebers bei Vorstellungsgesprächen, NZA 2003, 1312.

Einladung zum Bewerbungsgespräch mit Kostenübernahme A.III.1.

1. Neben dem Zeitpunkt und der Adresse, an welcher das Bewerbungsgespräch stattfinden soll, helfen dem Bewerber präzise Angaben darüber, wo er sich melden soll. Zusätzliche Unsicherheit und Irritationen beim Bewerber können so vermieden werden. Bestehen Besonderheiten, etwa besondere Zugangskontrollen auf dem Unternehmensgelände, sollte der Bewerber auch hierüber informiert werden (»Bitte bringen Sie zum Zweck der Zugangskontrolle Ihren gültigen Personalausweis mit.«).

2. Der Arbeitgeber ist nicht verpflichtet, den Bewerber vorab über seinen Gesprächspartner oder den Bereich, in dem dieser tätig ist, zu informieren. Sofern dieser bei Versand der Einladung feststeht, muss der Arbeitgeber entscheiden, ob er dem Bewerber durch diese Information eine bessere Vorbereitung auch auf seinen konkreten Gesprächspartner ermöglichen will. Auch aus Arbeitgebersicht kann dies aber sinnvoll sein, etwa um festzustellen, wie gut sich der Bewerber auf das Bewerbungsgespräch und seinen angekündigten Gesprächspartner vorbereitet hat. Ein nachvollziehbares Geheimhaltungsinteresse des Arbeitgebers besteht regelmäßig nicht.

3. Fordert der Arbeitgeber den Bewerber auf, sich persönlich vorzustellen, ist er auch ohne besondere Vereinbarung und unabhängig davon, ob ein Arbeitsverhältnis später zustande kommt, verpflichtet, die hiermit verbundenen, verkehrsüblichen und erforderlichen Auslagen, insbesondere also Fahrtkosten und gegebenenfalls Übernachtungskosten, zu erstatten (BAG, Urt. v. 14.02.1977 – 5 AZR 171/76, DB 1977, 1193; BAG, Urt. v. 29.06.1988 – 5 AZR 433/87, NZA 1989, 468; LAG Nürnberg, Urt. v. 25.07.1995 – 2 Sa 73/94, LAGE Nr. 12 zu § 670 BGB; a.A. *Sieber/Wagner* NZA 2003, 1312; s. detailliert auch zum Umfang der Erstattungspflicht DLW/*Dörner* Kapitel 2 Rn. 442 ff.; AR-*Kamanabrou* § 611 BGB Rn. 58 f.). Dies gilt auch dann, wenn der Arbeitgeber den Bewerber nicht ausdrücklich zur Vorstellung aufgefordert hat, der Bewerber sich aber mit Wissen und Wollen des Arbeitgebers vorstellt (LAG Nürnberg, Urt. v. 25.07.1995 – 2 Sa 73/94, LAGE Nr. 12 zu § 670 BGB). Dieser Erstattungsanspruch wird aus dem Auftragsrecht, §§ 662 bis 676 BGB, hergeleitet (BAG, Urt. v. 14.02.1977 – 5 AZR 171/76, DB 1977, 1193; BAG, Urt. v. 29.06.1988 – 5 AZR 433/87, NZA 1989, 468). Zeitaufwand oder Verdienstausfall sind nicht erstattungsfähig.

Der Erstattungsanspruch kann ausgeschlossen oder begrenzt werden, indem der Arbeitgeber den Bewerber im Vorfeld ausdrücklich darauf hinweist, dass die Kosten nicht oder nur in bestimmtem Umfang übernommen werden (AR-*Kamanabrou* § 611 BGB Rn. 58). Um Auseinandersetzungen über die Erforderlichkeit der Kosten einerseits von vornherein zu vermeiden und dem Bewerber andererseits die ihm womöglich unangenehme Frage nach der Übernahme von Vorstellungskosten zu ersparen, sollte im Einladungsschreiben eine klare Regelung hierzu erfolgen. Nicht unüblich ist die Übernahme der Kosten für eine Bahnfahrt 2. Klasse, insbesondere bei potentiellen Führungskräften auch 1. Klasse, oder der Kosten für einen Flug Economy Class. Die Reisestrecke: Wohnort – Unternehmenssitz sollte sowohl bei PKW- als auch bei Bahnreisen ausdrücklich benannt werden, um Diskussionen über abweichende Heimreiseziele zu vermeiden.

4. Alternativ können die zu erstattenden Kosten auch auf einen bestimmten absoluten Betrag begrenzt werden:

Alternative:

[Die Ihnen tatsächlich entstehenden Reisekosten erstatten wir gegen Nachweis bis zu einem Betrag in Höhe von € _____[Betrag]_____ . Bitte haben Sie Verständnis dafür, dass wir eine darüber hinausgehende Erstattung nicht vornehmen können.]

A. Die Anbahnung des Arbeitsverhältnisses

2. Einladung zum Bewerbungsgespräch ohne Kostenübernahme

Vorbemerkung

92 Alternativ kann eine Einladung, beispielsweise nach telefonischer Vereinbarung eines Gesprächstermins, auch in Form einer Terminsbestätigung verfasst werden. Die Kostenübernahme für die Anreise des Bewerbers kann vollständig ausgeschlossen werden.

▶ **Muster – Einladung zum Bewerbungsgespräche ohne Kostenübernahme**

93

[Briefkopf des Arbeitgebers]

[Datum]

Sehr geehrte/r Frau/Herr ____[Name]____ ,

vielen Dank für Ihre Bewerbung vom ____[Datum]____ .

Gerne bestätigen wir Ihnen auf diesem Wege den bereits telefonisch vereinbarten Termin zu einem Vorstellungsgespräch am ____[Datum]____ um ____[Uhrzeit]____ Uhr in den Räumen unserer Personalabteilung im ____[Stockwerk/Gebäude]____ . [1] Bitte melden Sie sich am Empfang an, Herr/Frau ____[Name]____ wird Sie dort gern erwarten. Sollte sich an diesem Termin von Ihrer Seite noch etwas ändern, bitten wir um eine entsprechende Benachrichtigung.

Bitte haben Sie Verständnis dafür, dass wir die Ihnen durch die Vorstellung entstehenden Kosten nicht übernehmen können. [2]

Mit freundlichen Grüßen,

_____
(Unterschrift)

Erläuterungen

Schrifttum
Müller Der Anspruch des Bewerbers auf Erstattung seiner Vorstellungskosten, ZTR 1990, 237; *Sieber/Wagner* Keine Zahlungspflicht des Arbeitgebers bei Vorstellungsgesprächen, NZA 2003, 1312.

94 **1.** S.o. A Rdn. 87.

95 **2.** Der grundsätzlich bestehende Erstattungsanspruch (s.o. A Rdn. 89) kann vollständig ausgeschlossen werden, indem der Arbeitgeber den Bewerber im Vorfeld ausdrücklich darauf hinweist, dass die Kosten nicht übernommen werden (AR-*Kamanabrou* § 611 BGB Rn. 58). Es sollten hierbei die in der jeweiligen Branche üblichen Gepflogenheiten berücksichtigt werden, um Wettbewerbsnachteile bei der Mitarbeitersuche zu vermeiden, und geprüft werden, ob die Nichtübernahme der Aufwendungen zur Unternehmensphilosophie passt. Darüber hinaus kann eine Erstattung auch im Einzelfall davon abhängig gemacht werden, woher der jeweilige Bewerber anreist.

3. Protokoll des Bewerbungsgesprächs

Vorbemerkung

96 Soll das Bewerbungsgespräch seinen Zweck erfüllen, einen persönlichen Eindruck der verschiedenen Bewerber zu ermöglichen und einen direkten Vergleich zu eröffnen, bedarf es einer sorgfältigen Vorbereitung der darin zu thematisierenden Punkte. Das Gespräch sollte gut strukturiert sein, die aus Arbeitgebersicht bedeutenden Themenbereiche und die sich möglicherweise aus den Bewerbungsunterlagen ergebenden Fragen einbeziehen. Um anschließend und möglicherweise noch

Tage oder Wochen nach einem Gespräch einen Vergleich mehrerer Bewerber zu ermöglichen, aber auch um das Gespräch an sich später noch einmal nachvollziehen zu können, empfiehlt sich eine standardisierte Protokollierung des Gesprächsverlaufs. Auch für die Unterrichtung des Betriebsrats nach § 99 Abs. 1 BetrVG kann ein entsprechendes Protokoll hilfreich sein. Verwendet der Arbeitgeber dieses Dokument bei seiner Auswahlentscheidung, muss er es dem Betriebsrat als Teil der Bewerbungsunterlagen i.S.d. § 99 Abs. 1 S. 1 BetrVG vorlegen (BAG, Beschl. v. 14.04.2015 – 1 ABR 58/13, NZA 2015, 1081).

Dies ist darüber hinaus auch aus Beweissicherungsgründen dringend anzuraten. Mit Inkrafttreten des AGG ist die Gefahr für Arbeitgeber, von einem abgelehnten Bewerber auf Schadensersatz und Entschädigungszahlung wegen Verstoßes gegen eines der dort geregelten Diskriminierungsverbote in Anspruch genommen zu werden, gewachsen. Darüber hinaus spielt der Inhalt eines Bewerbungsgesprächs auch gelegentlich bei Streitigkeiten um die Anfechtung des Arbeitsvertrages eine Rolle, wenn umstritten ist, ob der Arbeitgeber möglicherweise unzulässige Fragen gestellt und wie der Arbeitnehmer darauf geantwortet hat. Es empfiehlt sich daher, neben der Beteiligung mindestens eines zweiten Vertreters auf Arbeitgeberseite, die Anfertigung eines Protokolls über Verlauf und Inhalt des Bewerbungsgesprächs. Dieses kann auch bereits eine erste Bewertung des Bewerbers enthalten. 97

Im **öffentlichen Dienst** ist die Dokumentation der Auswahlentscheidung, welche die Dokumentation des Bewerbungsgespräches umfassen sollte, zwingend. Macht ein Bewerber um eine ausgeschriebene Stelle geltend, nach dem Grundsatz der Bestenauslese aus Art. 33 Abs. 2 GG habe er statt des ausgewählten Bewerbers eingestellt werden müssen, so kann das Fehlen einer ordnungsgemäßen Dokumentation der Auswahlentscheidung ebenso wie das Fehlen eines Anforderungsprofils für die zu besetzende Stelle zu einer Darlegungs- und Beweislastumkehr zu Lasten des öffentlichen Dienstgebers führen (LAG Frankfurt/Main, Urt. v. 23.04.2010 – 19/3 Sa 47/09, NZA 2010, 11). 98

▶ **Muster – Protokoll des Bewerbungsgesprächs**

1. Allgemeine Angaben: [1]   99

Bewerber/-in: ___[Name]___

Interne oder externe Bewerbung?: _____

Datum des Bewerbungsgesprächs: _____

Gesprächsteilnehmer Arbeitgeber: _____

2. Zu besetzende Stelle: [2] _____

3. Kurzzusammenfassung Anforderungsprofil: [3]

Fachlich: _____

Persönlich: _____

4. Qualifikationsprofil Bewerber/-in nach Bewerbungsunterlagen und Gespräch: [4]

Fachlich: _____

Persönlich: _____

5. Gesprächsverlauf: [5] _____

6. Absprachen: [6] _____

7. Vorläufige Bewertung: [7]

Fachlich: _____

Persönlich: _____

A. Die Anbahnung des Arbeitsverhältnisses

Gesamteindruck: _____
8. Unterschriften: 8
9. Vernichten: 9 ___[Datum]___

Erläuterungen

Schrifttum

Adomeit/Mohr Benachteiligung von Bewerbern (Beschäftigten) nach dem AGG als Anspruchsgrundlage für Entschädigung und Schadensersatz, NZA 2007, 179; *Bauer/Krieger* Das neue Antidiskriminierungsgesetz – Rechtliche und taktische Konsequenzen im arbeitsrechtlichen Mandat, AnwBl. 2006, 800; *Ehrich* Fragerecht des Arbeitgebers bei Einstellungen und Folgen der Falschbeantwortung, DB 2000, 421; *Haase/Heermann/Rottwinkel* Der neue Beschäftigtendatenschutz im Bewerbungs- und Einstellungsverfahren, DuD 2011, 83; *Hümmerich* Aufklärungspflichten des Arbeitgebers im Anbahnungsverhältnis bei ungesicherter Beschäftigung des Arbeitnehmers, NZA 2002, 1305; *Kalenbach* Bewerberauswahl im öffentlichen Dienst, öAT 2013, 7; *Köhler* Keine Mitbestimmung bei der Durchführung von Assessmentcentern, GWR 2013, 132; *Koop* Auskunftsansprüche während des Einstellungsverfahrens, öAT 2012, 199; *Moos/Bandehzadeh/Bodenstedt* Datenschutzrechtliche Zulässigkeit der Aufbewahrung von Bewerberdaten unter Berücksichtigung des AGG, DB 2007, 1194; *Schrader* Gestaltungsmöglichkeiten des Arbeitgebers nach Inkrafttreten des AGG, DB 2006, 2571; *Warga* Datenerhebung bei Bewerbern und Beschäftigten, PersR 2010, 97; *Wisskirchen/Bissels* Das Fragerecht des Arbeitgebers bei Einstellung unter Berücksichtigung des AGG, NZA 2007, 169.

100 **1.** Zu Beweis- und Dokumentationszwecken sollten die allgemeinen Angaben, also die an dem Gespräch teilnehmenden Personen, das Datum und die Art der Bewerbung – intern oder extern – festgehalten werden. Die Unterscheidung nach interner oder externer Bewerbung kann neben verwaltungsbezogenen Aspekten – die Bewerbung kann zur Personalakte genommen werden, ein gesonderter Bewerbungsvorgang ist nicht anzulegen, Korrespondenz kann über interne Wege laufen, etc. – Bedeutung erlangen, wenn interne Bewerber bevorzugt zu berücksichtigen sind, beispielsweise nach § 9 TzBfG oder § 11 Abs. 3 TVöD bzw. vergleichbaren tariflichen Regelungen oder aufgrund einer entsprechenden Betriebsvereinbarung.

101 **2.** Das Protokoll sollte auch die Stelle, auf welche die Bewerbung zielt, ausdrücklich bezeichnen. Zum einen kann so bei einer gleichzeitigen oder späteren Bewerbung auf eine andere Stelle zwischen beiden Bewerbungen unterschieden werden. Zum anderen kann so aber bereits auch schon in dieser Phase der Anbahnung eine Verknüpfung mit bestehenden Stellenbeschreibungen und Anforderungsprofilen erfolgen. Selbst wenn dies nicht ausdrücklich geschieht kann später beispielsweise eine Ablehnung des Bewerbers mangels erforderlicher Qualifikation besser begründet werden, wenn sich belegen lässt, dass die Bewerbung auf eine konkrete Stelle bezogen war, deren im Anforderungsprofil festgehaltene Voraussetzungen der Bewerber nicht erfüllte. Hierzu ist es erforderlich, dass die Stellenbezeichnung mit derjenigen aus der Stellenausschreibung, der Stellenbeschreibung und dem Anforderungsprofil übereinstimmt. Auf Wortlautübereinstimmung sollte geachtet werden.

102 **3.** Aus Praktikabilitätsgründen empfiehlt es sich, eine Kurzzusammenfassung des Anforderungsprofils für die betreffende Stelle in das Protokoll aufzunehmen. So können die wesentlichen Eckpunkte sofort mit den Eigenschaften des Bewerbers abgeglichen werden und es lässt sich mit einem Blick feststellen, ob die zentralen Anforderungen an den Stelleninhaber in der Person des Bewerbers vorliegen.

103 Auch hier muss darauf geachtet werden, dass die Kurzzusammenfassung inhaltlich nicht von dem Anforderungsprofil der Stelle abweicht, insbesondere also keine darüber hinausgehenden Anforderungen formuliert werden. Ist der Arbeitgeber zwischenzeitlich zu der Erkenntnis gelangt, dass er weitere Anforderungen an einen potentiellen Stelleninhaber stellen möchte, sollte das Anforderungsprofil selbst angepasst werden.

104 **4.** Die sich bereits aus den Bewerbungsunterlagen und aus dem geführten Gespräch ergebenden fachlichen und persönlichen Qualifikationen des Bewerbers können dem zusammenfassenden

Anforderungsprofil gegenübergestellt werden. Dies ermöglicht auch später noch auf einen Blick die Feststellung, ob der Bewerber alle erforderlichen Qualifikationen besitzt und gegebenenfalls weitere, nicht zwingend vorausgesetzte Fähigkeiten mitbringt.

Außerdem wird so die Grundlage dafür gelegt, im Falle einer späteren **Entschädigungsklage** nach § 15 AGG darlegen und beweisen zu können, dass eine Bewerbung aufgrund mangelnder Qualifikation des Bewerbers oder jedenfalls wegen überlegener Qualifikationen eines Mitbewerbers erfolglos war. Die mangelnde Qualifikation für eine Stelle stand der Annahme einer »vergleichbaren Situation« i.S.d. § 3 Abs. 1 S. 1 AGG nach der bisherigen Rechtsprechung des Bundesarbeitsgerichts mit der Begründung entgegen, vergleichbar sei die Auswahlsituation nur für Arbeitnehmer, die gleichermaßen die objektive Eignung für die zu besetzende Stelle aufwiesen (BAG, Urt. v. 23.01.2014 – 8 AZR 118/13, NZA 2014, 6; BAG, Urt. v. 14.11.2013 – 8 AZR 997/12, NZA 2014, 489; BAG, Urt. v. 16.02.2012 – 8 AZR 697/10, NZA 2012, 667; BAG, Urt. v. 07.04.2011 – 8 AZR 679/09, ArbR 2011, 405). Nach dieser Rechtsprechung konnte die überlegene Qualifikation eines anderen Bewerbers die Vermutung einer diskriminierenden Ablehnungsentscheidung jedenfalls dann erschüttern, wenn nicht bereits das Recht der Bewerber auf ein diskriminierungsfreies Bewerbungsverfahren verletzt worden ist (vgl. BAG, Urt. v. 21.07.2009 – 9 AZR 431/08, NZA 2009, 1087). An dieser bisherigen Rechtsprechung hat das Bundesarbeitsgericht nun allerdings ausdrücklich Zweifel geäußert und angedeutet, hieran nicht festhalten zu wollen (BAG, Urt. v. 22.10.2015 – 8 AZR 384/14, JurionRS 2015, 37923). Es ist damit zu rechnen, dass sich der Arbeitgeber zukünftig nicht mehr darauf zurückziehen kann, dass aufgrund der überlegenen Qualifikation des eingestellten Bewerbers bereits keine »vergleichbare Situation« i.S.d. § 3 Abs. 1 S. 1 AGG bestanden habe. Unbenommen bleibt es ihm aber, die durch Indizien begründete Vermutung einer Diskriminierung zu widerlegen, indem er beweist, dass der anspruchstellende, abgelehnte Bewerber aus sachlichen Gründen, etwa aufgrund seiner geringeren Qualifikation, nicht ausgewählt worden ist. Auch hierzu wird ihm die beschriebene Dokumentation im Rahmen des Protokolls helfen.

5. Im Zentrum des Gesprächsprotokolls steht die stichpunktartige Zusammenfassung von Inhalt und Verlauf des Gesprächs. Dabei sollten zumindest die von Arbeitgeberseite gestellten Fragen und die hierauf gegebenen Antworten mit einem Stichwort festgehalten werden. Denkbar ist je nach Stelle und Branche auch, bestimmte Fragen oder den gesamten geplanten Verlauf des Gesprächs zu standardisieren und im Protokollformular festzuhalten.

Bei der Protokollierung ist entsprechend Sinn und Zweck darauf zu achten, dass sich eine spätere Personalentscheidung – die Ablehnung der Bewerbung oder die Einstellung der Bewerberin/des Bewerbers – auf der Grundlage der Protokollierung treffen und mit dem Inhalt des Bewerbungsgesprächs gegebenenfalls begründen lässt. Dies gilt umso mehr, als die Auswahlentscheidung unter Umständen auch im Rahmen der **Beteiligung des Betriebsrats** nach § 99 Abs. 1 BetrVG dargelegt werden muss. Denn ergeben sich die für die Auswahlentscheidung des Arbeitgebers maßgeblichen Umstände nicht allein aus den Bewerbungsunterlagen, sondern jedenfalls auch aus den von ihm mit den Bewerbern geführten Gesprächen, muss der Arbeitgeber den Betriebsrat über den für ihn maßgeblichen Inhalt dieser Gespräche unterrichten (BAG, Beschl. v. 28.06.2005 – 1 ABR 26/04, NZA 2006, 111). Darüber hinaus hat der Arbeitgeber dem Betriebsrat solche Schriftstücke, die er im Bewerbungsverfahren anfertigt, vorzulegen, sofern er sie bei seiner Auswahlentscheidung berücksichtigt (BAG, Beschl. v. 14.04.2015 – 1 ABR 58/13, NZA 2015, 1081). Allerdings hat der Betriebsrat kein gesetzliches Recht, an Bewerbungsgesprächen teilzunehmen.

Fragen des Arbeitgebers, die Antworten und weitere Erklärungen des Arbeitnehmers sind – außer als Grundlage für die Einstellungs- oder Ablehnungsentscheidung – rechtlich vor allem aus zweierlei Gesichtspunkten von Bedeutung und sollten deshalb dokumentiert werden.

Zum einen kann der Arbeitgeber die auf Abschluss des Arbeitsvertrages gerichtete Willenserklärung grundsätzlich wegen arglistiger Täuschung nach § 123 BGB **anfechten**, wenn der Bewerber im Bewerbungsgespräch unwahr auf Fragen des Arbeitgebers antwortet oder Umstände, die er von sich aus hätte offenbaren müssen, nicht offenlegt. Dies gilt hinsichtlich der Falschbeantwortung von Fragen allerdings nicht, wenn die gestellte Frage unzulässig war. In diesem Fall fehlt es an der Rechtswidrigkeit der Täuschung. Dem Bewerber steht nach der Rechtsprechung des Bundesarbeitsgerichts (BAG, Urt. v. 19.05.1983 – 2 AZR 171/81, DB 1984, 298; BAG, Urt. v. 07.06.1984 – 2 AZR 270/83, NJW 1985, 645) ein »**Recht zur Lüge**« zu, er kann also entscheiden, ob er auf eine unzulässige Frage wahrheitsgemäß, unwahr oder gar nicht antwortet. Dieses Recht zur Lüge besteht auch nach Inkrafttreten des AGG fort (*Wisskirchen/Bissels* NZA 2007, 169, 170). Ob eine Frage zulässig ist, entscheidet sich danach, ob der Arbeitgeber ein berechtigtes, billigenswertes und schutzwürdiges Interesse an ihrer Beantwortung hat (BAG, Urt. v. 11.11.1993 – 2 AZR 467/93, NZA 1994, 407). Es bedarf einer Abwägung der betrieblichen Interessen des Arbeitgebers mit den Persönlichkeitsrechten des Bewerbers (BAG, Urt. v. 13.06.2002 – 2 AZR 234/01, NZA 2003, 265). Ergebnis einer solchen Abwägung kann auch sein, dass der Bewerber, je nach Branche, Stelle und Tätigkeit, ungefragt bestimmte Umstände offenbaren muss. Eine solche Offenbarungspflicht ist jedoch an die Voraussetzung gebunden, dass die betreffenden Umstände entweder dem Bewerber die Erfüllung seiner vorgesehenen arbeitsvertraglichen Leistungspflicht von vornherein unmöglich machen oder doch für die Eignung für den in Betracht kommenden Arbeitsplatz von ausschlaggebender Bedeutung sind (BAG, Urt. v. 06.09.2012 – 2 AZR 270/11, NJW 2013, 1115).

110 Zum anderen können bestimmte Fragen ein Indiz dafür sein, welche Umstände bei der Einstellungsentscheidung berücksichtigt worden sind. Fragen, die direkt oder mittelbar an ein in § 1 AGG aufgeführtes Kriterium anknüpfen, können im Fall einer späteren Ablehnung des Bewerbers aufgrund der Beweislastregel des § 22 AGG dazu führen, dass der Arbeitgeber seinerseits beweisen muss, dass die Entscheidung **diskriminierungsfrei** zustande gekommen ist. Eine solche mittelbare Anknüpfung kann im Einzelfall schnell gegeben sein. So können die in einem Bewerbungsgespräch gestellten Fragen nach näher bezeichneten gesundheitlichen Beeinträchtigungen je nach den Einzelfallumständen auf die Nachfrage, ob eine Behinderung vorliege, schließen lassen bzw. darauf, dass der Fragesteller eine solche Behinderung mutmaßt (BAG, Urt. v. 17.12.2009 – 8 AZR 670/08, NZA 2010, 383). Auch hinsichtlich solcher Fragen, die ein Merkmal nach § 1 AGG betreffen, wird ein Recht des Bewerbers zur Falschbeantwortung vertreten (ErfK/*Schlachter* § 7 AGG Rn. 1; Küttner/*Kreitner* Auskunftspflichten Arbeitnehmer Rn. 30; *Wisskirchen/Bissels* NZA 2007, 169, 170 f.). Dem ist zuzustimmen, sofern die Anknüpfung der Personalentscheidung an eines der Kriterien aus § 1 AGG nicht ausnahmsweise nach § 8 ff. AGG gerechtfertigt ist. Der Arbeitgeber hat dann kein berechtigtes, billigenswertes und schützenswertes Interesse an einer zutreffenden Beantwortung der Frage. Andererseits müssen insbesondere Fragen, die an ein solches Merkmal anknüpfen, weil dieses wegen der Art der auszuübenden Tätigkeit oder der Bedingungen ihrer Ausübung eine wesentliche und entscheidende berufliche Anforderung darstellt, möglich bleiben und wahrheitsgetreu beantwortet werden.

111 Einzelne, praxisrelevante **Fragerechte** des Arbeitgebers und Offenbarungspflichten des Bewerbers werden unten im Rahmen der Erläuterung der Personalfragebögen (s. A Rdn. 142 ff.) dargestellt. (Im Übrigen vgl. DLW/*Dörner* Kapitel 2 Rn. 299 ff., auch zur Offenbarungspflicht des Bewerbers; Küttner/*Kreitner* Auskunftspflicht Arbeitnehmer Rn. 1 ff.). Für die Beschäftigten in der unmittelbaren und mittelbaren Bundesverwaltung sowie den Gerichten des Bundes sind durch § 7 Abs. 2 BGleiG bestimmte Fragen im Rahmen eines Bewerbungsgesprächs verboten. Dies betrifft Fragen nach dem Familienstand, einer bestehenden oder geplanten Schwangerschaft sowie der Sicherstellung der Betreuung von Kindern, behinderten oder pflegebedürftigen Angehörigen neben der Berufstätigkeit.

112 **6.** Die im Laufe des Bewerbungsgesprächs mit dem Bewerber getroffenen Absprachen sollten protokolliert werden. Hierbei wird es vor allem um **Bedenkzeiten** für den Bewerber und den Arbeitgeber und einen Termin zur **Rückmeldung**, möglicherweise aber auch um die Vereinbarung eines weiteren *Gesprächstermins*, eines möglichen Einstellungszeitpunkts oder eines Termins zur Probearbeit oder zur Eignungsuntersuchung gehen. Darüber hinaus könnten Zusagen über ein späteres Gehalt, eine bestimmte Probezeit oder andere, besondere Vereinbarungen festgehalten

werden. Durch eine entsprechende Dokumentation kann schließlich auch das Risiko minimiert werden, dass ein Bewerber später den Standpunkt einnimmt, mit ihm sei bereits am Ende des Bewerbungsgesprächs ein mündlich vereinbarter Arbeitsvertrag geschlossen worden oder er habe jedenfalls eine definitive Zusage erhalten.

7. Teil des Gesprächsprotokolls kann auch eine erste **Bewertung** durch die Teilnehmer auf Arbeitgeberseite sein. Hier sind sehr detaillierte Vorgaben bereits im Formular möglich (vgl. z.B. *Hümmerich* Arbeitsrecht § 3 Rn. 57), eignen sich aber nicht für jede Stelle, Branche und Ebene der Unternehmenshierarchie. 113

Jedenfalls bieten sich hier entsprechend der Gliederung im Anforderungsprofil die Aufteilung nach fachlicher und persönlicher Eignung sowie eine Stellungnahme zum Gesamteindruck an. Auch hierbei ist zu beachten, dass **keine sachfremden**, insbesondere **keine diskriminierenden Argumente** festgehalten werden (vgl. LAG Hamm, Urt. v. 06.06.2013 – 11 Sa 335/13, NZA-RR 2013, 570 zu handschriftlichen Notizen auf den Bewerbungsunterlagen der Bewerberin). 114

Sinnvoll kann nach Abschluss des Bewerbungsverfahrens auch die Anfertigung einer **Kreuztabelle** sein, in der die Bewerber hinsichtlich der unterschiedlichen Anforderungskriterien nebeneinandergestellt und verglichen werden. Die Erfüllung der verschiedenen Anforderungskriterien kann jeweils mit einem Punktwert bewertet, die einzelnen Kriterien gewichtet und so ein Gesamtpunktwert ermittelt werden, anhand dessen die letztlich zu treffende Auswahlentscheidung nachvollziehbar festgemacht werden kann. 115

Wendet der Arbeitgeber feststehende Richtlinien für die personelle Auswahl bei Einstellungen an, so ist das **Mitbestimmungsrecht des Betriebsrats** nach § 95 BetrVG zu beachten. 116

8. Zu Beweis- und Dokumentationszwecken sollte das Protokoll von den Teilnehmern auf Arbeitgeberseite unterzeichnet werden. Einer Unterschrift durch den Bewerber/die Bewerberin bedarf es nicht. 117

9. Aus Praktikabilitätsgründen lohnt sich ein Vernichtungsvermerk insbesondere um sicherzustellen, dass das Protokoll nicht vor diesem Zeitpunkt vernichtet wird. Aus § 15 Abs. 4 AGG und § 61b Abs. 1 ArbGG lassen sich Anhaltspunkte für eine geeignete **Mindestaufbewahrungsfrist** von zwei bis sechs Monaten entnehmen. Vgl. zur europarechtlichen Problematik des § 15 Abs. 4 AGG ErfK/*Schlachter* § 15 AGG Rn. 1. Zur **datenschutzrechtlichen Zulässigkeit** der Aufbewahrung s. *Moos/Bandehzadeh/Bodenstedt* DB 2007, 1194. Die bereits seit längerem angekündigte Reform des Beschäftigtendatenschutzes, in welcher teilweise ausdrückliche Regelungen zur Datenlöschung nach Durchführung eines Bewerbungsverfahrens angedacht waren, ist nicht umgesetzt worden. Neuerungen werden sich aber aus der europäischen Datenschutz-Grundverordnung ergeben, die am 27.04.2016 verabschiedet wurde und ab dem 25.05.2018 gilt. 118

4. Absage an Bewerber

Vorbemerkung

Absageschreiben an abgelehnte Bewerber/-innen sollten vor dem Hintergrund der möglichen Entschädigungsklagen aus § 15 AGG, die beweisrechtlich dem Arbeitgeber dann, wenn er Indizien für eine diskriminierende Auswahlentscheidung gesetzt hat, wegen § 22 AGG erhebliche Schwierigkeiten bereiten können, grundsätzlich keine Hinweise auf eine mögliche Benachteiligung enthalten. Sie sollten daher keinerlei Aussage hinsichtlich der Gründe für die ablehnende Entscheidung des Arbeitgebers enthalten, neutral und möglichst knapp formuliert werden und sich auf die Absage als solche beschränken (vgl. *Wisskirchen* DB 2006, 1491, 1494; *Böhm* DB 2008, 2193). 119

Das folgende Muster ist gleichermaßen für Absagen mit und ohne vorherige Durchführung eines Bewerbungsgesprächs geeignet.

A. Die Anbahnung des Arbeitsverhältnisses

▶ **Muster – Absage an Bewerber**

120

[Briefkopf des Arbeitgebers]

[Datum]

Sehr geehrte/r Frau/Herr ___[Name]___,

vielen Dank für Ihre Bewerbung vom ___[Datum]___ und das unserem Haus damit entgegengebrachte Interesse.

Leider müssen wir Ihnen mitteilen, dass Ihre Bewerbung keinen Erfolg hatte. [1] Ihre Bewerbungsunterlagen reichen wir Ihnen beiliegend zu unserer Entlastung zurück. [2]

Für Ihren weiteren beruflichen Lebensweg wünschen wir Ihnen viel Erfolg. [3]

Mit freundlichen Grüßen,

_____
(Unterschrift)

Erläuterungen

Schrifttum

Adomeit/Mohr Benachteiligung von Bewerbern (Beschäftigten) nach dem AGG als Anspruchsgrundlage für Entschädigung und Schadensersatz, NZA 2007, 179; *Böhm* Schweigen ist Gold – bei der Ablehnung von Bewerbungen, DB 2008, 2193; *Greßlin* Umgang mit Bewerberdaten – was geht und was geht nicht?, BB 2015, 117; *Gola* Informationsrecht abgelehnter Bewerber, NZA 2013, 360; *Haase/Heermann/Rottwinkel* Der neue Beschäftigtendatenschutz im Bewerbungs- und Einstellungsverfahren, DuD 2011, 83; *Koop* Auskunftsansprüche während des Einstellungsverfahrens, öAT 2012, 199; *Moos/Bandezadeh/Bodenstedt* Datenschutzrechtliche Zulässigkeit der Aufbewahrung von Bewerberdaten unter Berücksichtigung des AGG, DB 2007, 1194; *Wisskirchen* Der Umgang mit dem Allgemeinen Gleichbehandlungsgesetz – Ein »Kochrezept« für Arbeitgeber, DB 2006, 1491.

121 **1.** Die Mitteilung der Erfolglosigkeit der Bewerbung sollte die einzige Aussage zur personellen Entscheidung des Arbeitgebers sein (vgl. *Böhm* DB 2008, 2193). Jede weitere Aussage, sei es zur Person des stattdessen eingestellten Bewerbers, sei es zu den Gründen der Ablehnung, ist zunächst nicht erforderlich und birgt in sich die Gefahr, Ansatzpunkt für die Behauptung einer unzulässigen Benachteiligung zu werden.

122 Unterlegene Bewerber haben **keinen Auskunftsanspruch** gegen den Arbeitgeber über die etwaige Einstellung eines anderen Bewerbers und die hierfür maßgeblichen Kriterien, weder aus dem deutschen Arbeitsrecht (BAG, Beschl. v. 20.05.2010 – 8 AZR 287/08, NZA 2010, 1006) noch dem Unionsrecht (EuGH, Urt. v. 19.04.2012 – C-415/10 (»Meister«), NZA 2012, 493; EuGH, Urt. v. 21.07.2011 – C-104/10 (»Kelly«), ArbR 2011, 560). Eine generelle Auskunftsverweigerung des Arbeitgebers **auf entsprechende ausdrückliche Nachfrage** des unterlegenen Bewerbers kann allerdings im Einzelfall bei Hinzutreten weiterer Umstände das Vorliegen einer Diskriminierung indizieren (EuGH, Urt. v. 19.04.2012 – C-415/10 (»Meister«), NZA 2012, 493). Sofern also der unterlegene Bewerber im Nachgang zum Absageschreiben ausdrücklich Auskunft über die Person des eingestellten Bewerbers und die Auswahlgründe begehrt, ist stets für den jeweiligen Einzelfall zu prüfen, ob und wenn ja, welche Gründe dem Bewerber mitgeteilt werden sollten. Sowohl zu Beweiszwecken als auch zur Vermeidung unbedachter Äußerungen empfiehlt sich in jedem Fall die **schriftliche Mitteilung**.

123 **2.** Grundsätzlich sind **Bewerbungsunterlagen** und alle Bewerberdaten nur zum Zweck des Bewerbungsverfahrens überlassen oder erhoben. Dieser Zweck entfällt mit der endgültigen Auswahlentscheidung, so dass nach früher herrschender Ansicht mit der Entscheidung auch die Vernichtung oder Rückgabe der überlassenen Unterlagen und erhobenen Daten zu erfolgen hatte (vgl. BAG, Urt. v. 06.06.1984 – 5 AZR 286/81, NZA 1984, 321 zum Anspruch auf Vernichtung eines

30 *Thies*

ausgefüllten Personalfragebogens; *Gola/Schomerus* § 28 BDSG Rn. 31; *Moos/Bandehzadeh/Bodenstedt* DB 2007, 1194, 1195).

Ob aufgrund der nun durch §§ 15, 22 AGG faktisch geschaffenen Dokumentationspflicht des Arbeitgebers eine Aufbewahrung insbesondere der Bewerbungsunterlagen für einen längeren Zeitraum zulässig oder sogar angezeigt ist, wird unterschiedlich beurteilt. Der zeitweise diskutierte Löschungsanspruch bei Absage (§ 32b Abs. 3 BDSG-E, Stand 2011) sah zwar keine Karenzzeit vor, ist hierfür aber zu Recht kritisiert worden und nicht in Kraft getreten. Die Speicherung der personenbezogenen Daten und die Anlage einer eigenen Dokumentation des Arbeitgebers dürften zumindest für die Dauer der Ausschlussfrist nach § 15 Abs. 4 AGG zulässig sein (*Gola/Schomerus* § 35 BDSG Rn. 13b; ErfK/*Wank* § 32 BDSG Rn. 16; *Moos/Bandehzadeh/Bodenstedt* DB 2007, 1194, 1195 ff.). Das Bayerische Landesamt für Datenschutzaufsicht vertritt in seinem Tätigkeitsbericht 2011/2012 (unter 13.1) die Auffassung, dass eine Speicherung unter Einbeziehung eines zeitlichen »Sicherheitszuschlags« für die Dauer von sechs Monaten noch vertretbar ist. Sofern der Arbeitgeber eine entsprechende eigene Dokumentation, insbesondere in Form von Stellenbe- und -ausschreibungen, Anforderungsprofilen, Fragebögen, Gesprächsprotokollen und eigenen Notizen angefertigt hat, kann eine Rücksendung der Bewerbungsunterlagen erfolgen.

124

In keinem Fall sollten sich aus den vom Arbeitgeber bearbeiteten Bewerbungsunterlagen (z.B. aus Markierungen oder Kommentierungen) Rückschlüsse auf den Grund für die ablehnende Entscheidung ableiten lassen (vgl. den sog. »Ossi-Fall«, ArbG Stuttgart, Urt. v. 15.04.2010 – 17 Ca 8907/09, NZA-RR 2010, 344; LAG Hamm, Urt. v. 06.06.2013 – 11 Sa 335/13, NZA-RR 2013, 570).

125

3. Auch die sogenannte »**Wunschformel**« sollte knapp gehalten werden und Wünsche bezüglich des privaten Bereichs ausklammern.

126

5. Absage an schwerbehinderten Bewerber

Vorbemerkung

Für das Bewerbungsverfahren eines schwerbehinderten Interessenten gelten besondere Regelungen, insbesondere aus §§ 80 ff. SGB IX und dem AGG, die dem Schutz schwerbehinderter Menschen und ihrer Integration in das Erwerbsleben dienen sollen. Weitere Besonderheiten gelten für Arbeitgeber des öffentlichen Dienstes. Diese Besonderheiten schlagen sich auch in dem Absageschreiben an einen Bewerber nieder.

127

▶ **Muster – Absage an schwerbehinderten Bewerber**

[Briefkopf des Arbeitgebers]

128

[Datum]

Sehr geehrte/r Frau/Herr _____[Name]_____,

vielen Dank für Ihre Bewerbung vom _____[Datum]_____ und das unserem Haus damit entgegengebrachte Interesse.

Leider müssen wir Ihnen mitteilen, dass Ihre Bewerbung keinen Erfolg hatte.

Unsere Entscheidung basiert auf folgenden Gründen: [1]

Wie in unserer Stellenausschreibung vom _____[Datum]_____ beschrieben erfordert die Stelle, auf welche Sie sich beworben haben, neben einem betriebswirtschaftlichen Studium mit Schwerpunkt Controlling/Rechnungswesen und einem Abschluss als Dipl.-Betriebswirt/in oder Dipl.-Kaufmann/Dipl.-Kauffrau auch eine mindestens zweijährige Berufserfahrung im Unternehmenscontrolling. [2] Über diese Erfahrung verfügen Sie Ihren Bewerbungsunterlagen und auch Ihrer eigenen Aussage nach leider nicht. Wir haben uns im Auswahlverfahren daher für einen anderen

A. Die Anbahnung des Arbeitsverhältnisses

Bewerber entschieden, der bereits mehrjährige Berufserfahrung im Unternehmenscontrolling vorweisen kann. [3]

Mit der Schwerbehindertenvertretung und dem Betriebsrat in unserem Hause ist diese Entscheidung erörtert worden. Dabei sind die genannten Gründe dargelegt worden. [4]

Für Ihren weiteren beruflichen Lebensweg wünschen wir Ihnen viel Erfolg.

Mit freundlichen Grüßen,

_____
(Unterschrift)

Erläuterungen

Schrifttum

Diller AGG-Hopping durch Schwerbehinderte, NZA 2007, 1321; *Joussen* Anmerkung zu BAG, Urt. v. 16.09.2008 – 9 AZR 791/07, AP Nr. 15 zu § 81 SGB IX; *Schrader/Klagges* Arbeitsrecht und schwerbehinderte Menschen NZA-RR 2009, 169.

129 **1.** § 81 Abs. 1 SGB IX fixiert eine Reihe besonderer Rechte und Pflichten, die der Arbeitgeber im Rahmen eines Bewerbungsverfahrens zu berücksichtigen hat, wenn er weiß oder wissen müsste (dazu BAG, Urt. v. 16.09.2008 – 9 AZR 791/07, AP Nr. 15 zu § 81 SGB IX), dass der Bewerber schwerbehindert oder gleichgestellt ist (vgl. ausführlicher DLW/*Dörner* Kapitel 2 Rn. 181 ff.; *Diller* NZA 2007, 1321, 1322 f.). Kenntnis von der Schwerbehinderung eines Bewerbers erhält der Arbeitgeber regelmäßig nur durch eine entsprechende Mitteilung durch den Arbeitnehmer. Will ein Bewerber für sich den besonderen Schutz nach dem SGB IX in Anspruch nehmen, muss er die Eigenschaft, schwerbehindert zu sein, grundsätzlich im Bewerbungsanschreiben mitteilen. Die bloße Übermittlung einer Kopie des Schwerbehindertenausweises als Teil eines umfangreichen Anlagenkonvoluts zu der eigentlichen Bewerbung stellt keine ordnungsgemäße Mitteilung der Schwerbehinderteneigenschaft dar (BAG, Urt. v. 18.09.2014 – 8 AZR 759/13, NZA 2014, 6). In der Folge fehlt es an einem Kausalzusammenhang zwischen der Schwerbehinderung und dem Verhalten des Arbeitgebers, so dass eine Entschädigung nicht beansprucht werden kann (BAG, Urt. v. 18.09.2014 – 8 AZR 759/13, NZA 2014, 6). Nach Ansicht des Bundesarbeitsgerichts muss die Schwerbehinderung durch den Bewerber regelmäßig im Bewerbungsanschreiben oder im Lebenslauf deutlich erkennbar mitgeteilt werden. Die gegenseitigen Rücksichtnahmepflichten verbieten es jedenfalls, ein Bewerbermerkmal mit so weitreichender Bedeutung nur beiläufig und unauffällig einzustreuen (BAG, Urt. v. 18.09.2014 – 8 AZR 759/13, NZA 2014, 6). Auch auf Erklärungen bei früheren Bewerbungen kann sich der Bewerber nicht zurückziehen. Vielmehr muss die Eigenschaft als Schwerbehinderter in jeder Bewerbung neu mitgeteilt werden (BAG, Urt. v. 18.09.2014 – 8 AZR 759/13, NZA 2014, 6).

Ein Verstoß gegen die Pflichten aus § 81 f. SGB IX kann ein Indiz für eine Diskriminierung i.S.v. § 81 Abs. 2 SGB IX und § 7 AGG darstellen (vgl. BAG, Urt. v. 22.10.2015 – 8 AZR 384/14, JurionRS 2015, 37923; BAG, Urt. v. 24.01.2013 – 8 AZR 188/12, BWGZ 2013, 524; BAG, Urt. v. 21.07.2009 – 9 AZR 431/08, NZA 2009, 1087; BAG, Urt. v. 15.02.2005 – 9 AZR 635/03, NZA 2005, 870).

130 Zu den besonderen Pflichten des **öffentlichen Arbeitgebers** nach § 82 SGB IX, insbesondere zur Durchführung eines Bewerbungsgesprächs mit einem schwerbehinderten Bewerber, vgl. DLW/*Dörner* Kapitel 2 Rn. 192 ff. Auch der Verstoß gegen diese Pflichten kann ein Indiz für eine Benachteiligung wegen der Behinderung darstellen und eine Entschädigung nach § 15 Abs. 2 AGG begründen (BAG, Urt. v. 22.10.2015 – 8 AZR 384/14, JurionRS 2015, 37923; BAG, Urt. v. 24.01.2013 – 8 AZR 188/12, BWGZ 2013, 524; BAG, Urt. v. 21.07.2009 – 9 AZR 431/08, NZA 2009, 1087; LAG Frankfurt/Main, Urt. v. 28.08.2009 – 19/3 Sa 1742/08, JurionRS 2009, 31512). Auf das offensichtliche Fehlen der fachlichen Eignung des Bewerbers, § 82 S. 3 SGB IX, kann sich der nach § 22 AGG beweisbelastete Arbeitgeber nur berufen, wenn er das Anforderungsprofil und auch die Auswahlentscheidung schriftlich so dokumentiert hat, dass letztere anhand der Kriterien des Art. 33 Abs. 2 GG überprüft werden kann (BAG, Urt. v. 13.10.2011 – 8 AZR 608/10, ZTR 2012, 352; LAG Frankfurt/Main, Urt. v. 28.08.2009 – 19/3 Sa 1742/08, JurionRS 2009, 31512).

Eine dieser Pflichten ist nach § 81 Abs. 1 S. 9 SGB IX, alle Beteiligten, also auch den Bewerber, über die getroffene Entscheidung unter Darlegung der Gründe unverzüglich zu unterrichten. Diese Unterrichtungspflicht soll insbesondere dem abgelehnten Bewerber ermöglichen, die Ablehnungsgründe prüfen zu lassen. Die Verletzung dieser Pflicht kann grundsätzlich eine Indizwirkung für eine Diskriminierung wegen der Schwerbehinderung entfalten (BAG, Urt. v. 21.02.2013 – 8 AZR 180/12, NZA 2013, 840). Die Unterrichtung ist an keine Form gebunden und kann auch mündlich erfolgen. Außerdem ist der Arbeitgeber zur Widerlegung einer vermuteten Benachteiligung frei, auch weitere Tatsachen vorzubringen, die nicht Gegenstand der Unterrichtung waren (BAG, Urt. v. 18.11.2008 – 9 AZR 643/07, NZA 2009, 728). Gleichwohl empfiehlt es sich aus Beweiszwecken, zur Vermeidung unüberlegter Aussagen im Rahmen einer mündlichen Erläuterung der Entscheidung und, um dem Bewerber die Entscheidungsgründe nachvollziehbar darzustellen, die Gründe in das Ablehnungsschreiben mit aufzunehmen. 131

Die Unterrichtungspflicht nach § 81 Abs. 1 S. 9 SGB IX betrifft allerdings nur solche Arbeitgeber, die ihre **Beschäftigungsquote** nach § 71 SGB IX **nicht erfüllen** (BAG, Urt. v. 21.02.2013 – 8 AZR 180/12, NZA 2013, 840). 132

2. Zur Zulässigkeit des Erfordernisses einer bestimmten Berufserfahrung vgl. oben A Rdn. 36, 65. 133

3. Die **Begründung** der Ablehnungsentscheidung muss frei von unzulässigen Benachteiligungen i.S.v. § 81 Abs. 2 SGB IX und § 7 AGG sein. Idealerweise wird daher mit den in der Stellenausschreibung veröffentlichten Anforderungen an die Stelle argumentiert. Keinesfalls sollte auf mangelnde körperliche Leistungsfähigkeit oder die Unmöglichkeit, einen schwerbehinderten Menschen auf dem betreffenden Arbeitsplatz zu beschäftigen, argumentiert werden. Selbst, wenn eine Benachteiligung nach § 8 AGG gerechtfertigt sein sollte, wäre einer Entschädigungsklage mit solchen Begründungen der Weg bereitet. 134

Entspricht der Bewerber nicht dem Anforderungsprofil und wird er deshalb im Auswahlverfahren nicht berücksichtigt, so liegt keine Diskriminierung wegen der Schwerbehinderung vor (BAG, Urt. v. 07.04.2011 – 8 AZR 679/09, ArbR 2011, 405; DLW/*Dörner* Kapitel 2 Rn. 196). Die mangelnde Qualifikation für eine Tätigkeit auf der betreffenden Stelle steht der Annahme einer »vergleichbaren Situation« i.S.d. § 3 Abs. 1 S. 1 AGG zwar nach der jüngeren Rechtsprechung des Bundesarbeitsgerichts wohl nicht mehr entgegen (vgl. (BAG, Urt. v. 22.10.2015 – 8 AZR 384/14, JurionRS 2015, 37923; s. hierzu oben A Rdn. 105). § 82 S. 3 SGB IX bestimmt aber ausdrücklich, dass etwa ein schwerbehinderter Bewerber, dem die erforderliche Qualifikation offensichtlich fehlt, nicht zu einem Bewerbungsgespräch eingeladen werden muss. Auch wird der Arbeitgeber bei einem objektiv ungeeigneten Bewerber in der Lage sein, die Vermutung einer Diskriminierung zu entkräften. Die objektive Geeignetheit eines Bewerbers ist anhand der Stellenausschreibung bzw. des Anforderungsprofils zu beurteilen (BAG, Urt. v. 21.02.2013 – 8 AZR 180/12, NZA 2013, 840; BAG, Urt. v. 07.04.2011 – 8 AZR 679/09, ArbR 2011, 405; LAG Rheinland-Pfalz, Urt. v. 11.01.2008 – 6 Sa 522/07, NZA-RR 2008, 343). Einer Begründung anhand des Anforderungsprofils ist daher in jedem Falle der Vorzug zu geben. 135

4. Die **Erörterungspflicht** mit der Schwerbehindertenvertretung und der Arbeitnehmervertretung ergibt sich aus § 81 Abs. 1 S. 6 und 7 SGB IX, wenn die Beschäftigungsquote nach § 71 SGB IX nicht erfüllt wird und Schwerbehindertenvertretung und/oder Arbeitnehmervertretung mit der beabsichtigten Entscheidung des Arbeitgebers nicht einverstanden sind. Da auch der Verstoß gegen die Erörterungspflicht immer wieder Anknüpfungspunkt für Entschädigungsklagen abgelehnter Bewerber ist (vgl. *Diller* NZA 2007, 1321, 1321 f.), bietet es sich an, in dem Ablehnungsschreiben darauf hinzuweisen, dass diese Verfahrensvorschrift eingehalten ist. 136

137 Ist eine Erörterung nach § 81 Abs. 1 S. 6 und 7 SGB IX erforderlich, so ist auch der schwerbehinderte Bewerber nach § 81 Abs. 1 S. 8 SGB IX im Rahmen der Erörterungen anzuhören, bevor der Arbeitgeber seine Entscheidung trifft.

IV. Personalfragebogen

138 Personalfragebögen ermöglichen die systematisierte, schematisierte und standardisierte Abfrage der Daten und Fakten, die aus Sicht des Arbeitgebers für die Einstellungsentscheidung und/oder die Beschäftigung des Arbeitnehmers erforderlich oder zumindest förderlich sind. Dabei ist zu unterscheiden zwischen dem Bewerberfragebogen, der als Bestandteil des Bewerbungsverfahrens ausgefüllt werden soll, und dem Einstellungsfragebogen, der erst, nachdem die Einstellungsentscheidung gefallen, der neue Mitarbeiter ausgewählt und ein Arbeitsvertrag zumindest angeboten worden ist, ausgefüllt wird. Jedenfalls seit Inkrafttreten des AGG und der dadurch verstärkten Rechtskontrolle der Arbeitgeberfragen vor allem im Bewerbungsverfahren empfiehlt es sich, diese Fragebögen getrennt zu führen und solche Fragen, die für die Durchführung des Arbeitsverhältnisses von Bedeutung sind, für die Einstellungsentscheidung aber keine Rolle spielen dürfen (z.B. Familienstand, Alter, Konfession etc.), erst zu stellen, nachdem die Einstellungsentscheidung gefallen ist.

1. Fragebogen im Bewerbungsverfahren

Vorbemerkung

139 Im Bewerbungsverfahren steht der Personalfragebogen in dem bereits oben (s. A Rdn. 109) angedeuteten Spannungsverhältnis zwischen Informationsinteresse des Arbeitgebers und Persönlichkeitsrechtsschutz des Bewerbers. Rechtliche Bedeutung kommt auch ihm insbesondere hinsichtlich der Frage einer Anfechtung der auf den Abschluss des Arbeitsvertrages gerichteten Willenserklärung einerseits (vgl. z.B. BAG, Urt. v. 07.06.1984 – 2 AZR 270/83, NZA 1985, 57) und hinsichtlich möglicher Schadensersatz- und Entschädigungsansprüche nach AGG andererseits zu. Da die Rechtsprechung dem Bewerber hinsichtlich unzulässiger Fragen ein »Recht zur Lüge« einräumt (BAG, Urt. v. 19.05.1983 – 2 AZR 171/81, DB 1984, 298; BAG, Urt. v. 07.06.1984 – 2 AZR 270/83, NJW 1985, 645), kann der Arbeitgeber sich nur dann auf die Antworten in einem ausgefüllten Bewerberfragebogen verlassen, wenn er diesen auf die zulässigen Fragen beschränkt.

140 Ob ein »Recht zur Lüge« auch hinsichtlich solcher Fragen besteht, die zwar auf eines der Merkmale des § 1 AGG zielen, nicht aber zugleich eine Verletzung des allgemeinen Persönlichkeitsrechtes mit sich bringen, war umstritten (vgl. *Bauer/Göpfert/Krieger* § 2 AGG Rn. 23a). Denkbar ist auch, hier kein »Recht zur Lüge« anzunehmen, vom Arbeitnehmer also eine wahrheitsgemäße Antwort zu verlangen. Zwischenzeitlich hat sich aber die Auffassung durchgesetzt, dass an einer auf unzulässige Differenzierungsmerkmale i.S.d. § 1 AGG gerichteten Frage grundsätzlich kein berechtigtes Interesse bestehen kann (ErfK/*Preis* § 611 BGB, Rn. 272 ff.). Ob mit einer solchen Frage lediglich ein Indiz für eine Benachteiligung gesetzt wird, oder die Frage selbst bereits eine Ungleichbehandlung darstellt, kann dahinstehen. In jedem Fall muss davon abgeraten werden, solche Fragen in den Fragebogen aufzunehmen oder sie im Bewerbungsgespräch zu stellen.

141 Nach § 94 BetrVG bedürfen Einführung und Änderung von Personalfragebögen im Betrieb der **Mitbestimmung** des Betriebsrats (vgl. *Fitting* § 94 BetrVG Rn. 6 ff.; *Schmidt/Stracke* AiB 1999, 191). Für den Arbeitgeber hat der Abschluss einer Betriebsvereinbarung über die Verwendung des Fragebogens den Vorteil der **Haftungsprivilegierung** nach § 15 Abs. 3 AGG auf vorsätzliches und grob fahrlässiges Fehlverhalten (ausführlich Däubler/Bertzbach/*Deinert* § 15 AGG Rn. 86 ff.).

▶ Muster – Fragebogen im Bewerbungsverfahren

Bewerberfragebogen
für die Besetzung der Stelle ___[Stellenbezeichnung]___ [1]

Sehr geehrter Bewerber/sehr geehrte Bewerberin,

dieser Bewerberfragebogen soll der Zusammenfassung und Ergänzung der Daten dienen, die Sie uns bereits mit Ihrer Bewerbung zur Verfügung gestellt haben. Diese Informationen bilden die Grundlage für eine Entscheidung über die Vergabe des betreffenden Arbeitsplatzes.

Bitte füllen Sie den Fragebogen vollständig und wahrheitsgemäß aus.

1. Angaben zur Person [2]

Name: _____

Vorname: _____

Anschrift: _____

Telefon: _____

Fax: _____

E-Mail: _____

Ein ausländerrechtlicher Aufenthaltstitel: [3]

☐ ist nicht erforderlich

☐ liegt vor: ausgestellt von ___[Behörde]___ am ___[Datum]___ gültig bis ___[Datum]___

Eine Arbeitsgenehmigung:

☐ ist nicht erforderlich

☐ liegt vor: ausgestellt von ___[Behörde]___ am ___[Datum]___ gültig bis ___[Datum]___

Erfüllen Sie die wesentlichen erforderlichen körperlichen und gesundheitlichen Voraussetzungen, um die auf dem betreffenden Arbeitsplatz anfallenden Tätigkeiten – gegebenenfalls unter Verwendung von Hilfsmitteln oder nach entsprechender Gestaltung des Arbeitsplatzes – ohne wesentliche Beeinträchtigung des Betriebsablaufs auszuüben? [4] _____

Sind Sie bereit, sich auf Kosten des Unternehmens einer ärztlichen Einstellungsuntersuchung zu unterziehen, wenn diese sich darauf beschränkt, die Erfüllung der für die betreffende Stelle wesentlichen erforderlichen körperlichen und gesundheitlichen Voraussetzungen zu prüfen? [5]
_____

Ist Ihr Ehegatte/Lebenspartner oder ein in direkter Linie Verwandter (Eltern/Großeltern oder Kinder/Enkelkinder) für ein Unternehmen tätig, welches in Konkurrenz zu unserem Unternehmen steht? [6] _____ Wenn ja: für welches Unternehmen? _____

Welche Gehaltsvorstellungen haben Sie (Jahresbruttogehalt in €) ? _____

Sind Sie bereit, gegebenenfalls auch an anderen Orten außerhalb von ___[Ort, der als vertraglicher Arbeitsort vorgesehen ist]___ eingesetzt zu werden? [7] _____

Sind Sie bereit, Ihre Arbeitszeit gegebenenfalls auch im Schichtdienst zu erbringen? [8]
_____

2. Qualifikation

2.1 Schulische, berufliche und fachliche Qualifikation [9]

Schulabschluss: _____

Abschlussnote: _____

A. Die Anbahnung des Arbeitsverhältnisses

Name und Art der Schule: _____

Berufsausbildung: _____

Abschlussprüfung am: _____

Abschlussnote: _____

Name der Schule/des Ausbildungsbetriebes: _____

(Fach-)Hochschulstudium: _____

Studienabschluss: _____

Abschlussprüfung am: _____

Abschlussnote: _____

Name der (Fach-)Hochschule: _____

Zusatzqualifikationen/Weiterbildungen/Fachlehrgänge etc.: _____

2.2 Beruflicher Werdegang [10]

Von __[Datum]__ bis __[Datum]__ als __[Stellenbezeichnung]__ bei __[Name und Anschrift des Arbeitgebers]__

Von __[Datum]__ bis __[Datum]__ als __[Stellenbezeichnung]__ bei __[Name und Anschrift des Arbeitgebers]__

Von __[Datum]__ bis __[Datum]__ als __[Stellenbezeichnung]__ bei __[Name und Anschrift des Arbeitgebers]__

Besteht Ihr derzeitiges Arbeitsverhältnis ungekündigt und unaufgelöst fort? [11] _____

Wenn ja: wann könnten Sie frühestens eine Tätigkeit für unser Unternehmen aufnehmen? _____

Wenn nein: Art und Termin der Beendigung: __[Kündigung durch Arbeitgeber/Kündigung durch Arbeitnehmer/Aufhebungsvertrag]__ zum __[Datum]__

Bei Kündigung durch Arbeitgeber: erfolgte die Kündigung aus verhaltensbedingten Gründen? [12] _____

Unterliegen Sie einem Wettbewerbsverbot, welches auch eine Tätigkeit für unser Unternehmen betreffen könnte? _____ Wenn ja: Art und Umfang: [13] _____

Waren Sie bereits zu einem früheren Zeitpunkt in unserem Unternehmen, also bei __[korrekte vollständige Bezeichnung des Arbeitgebers, ggf. einschließlich früherer Namen oder Firmen]__ beschäftigt? _____ Wenn ja: wann? [14] _____

2.3 Nebentätigkeiten [15]

Üben Sie eine entgeltliche (Neben-)Tätigkeit aus, welche auch im Falle einer Einstellung in unserem Unternehmen fortgeführt werden soll? _____

Wenn ja: Bei welchem Arbeitgeber? _____

Art, Umfang und Lage der Arbeitszeiten: _____

2.4 Praktika/Volontariate/Referendariat/Auslandsaufenthalte etc.

Von __[Datum]__ bis __[Datum]__ als __[Stellenbezeichnung]__ bei __[Name und Anschrift]__

Von __[Datum]__ bis __[Datum]__ als __[Stellenbezeichnung]__ bei __[Name und Anschrift]__

2.5 Sonstige Qualifikationen [16]

2.5.1 Sprachkenntnisse: [17]

Verhandlungssicher: _____

Fließend in Wort und Schrift: _____

Gut: _____

Grundkenntnisse: _____

2.5.2 Computerkenntnisse:

Hardware: _____

Software: _____

Programmiersprache: _____

2.5.3 Führerschein

Klasse: _____

seit: ____[Datum]____

[optional: [18]

3. Vorstrafen/Ermittlungsverfahren

Sind Sie wegen ___[Art der Delikte]___ vorbestraft (nur Vorstrafen, die in das polizeiliche Führungszeugnis aufzunehmen und noch nicht getilgt sind)? [19] _____

Wird gegen Sie ein staatsanwaltschaftliches Ermittlungsverfahren durchgeführt oder ist ein Strafverfahren anhängig wegen ___[Art der Delikte]___ ? [20]

5. Vermögensverhältnisse [21]

Haben Sie Ihren künftigen Arbeitslohn (ganz oder teilweise) abgetreten oder liegen Lohnpfändungen gegen Sie vor? _____

Haben Sie eine eidesstattliche Versicherung nach § 899 ff. BGB abgelegt? _____

6. Mitgliedschaften

Gehören Sie einer Religionsgemeinschaft an? _____ Wenn ja: welcher? [22] _____

Sind Sie Mitglied einer politischen Partei? _____ Wenn ja: welcher? [23] _____

Sind Sie Mitglied einer Gewerkschaft? _____ Wenn ja: welcher? [24] _____

Waren Sie offiziell oder inoffiziell nach 1970 für das Ministerium für Staatssicherheit der DDR tätig? _____ Wenn ja: Wann und in welcher Funktion? [25] _____

Sind Sie Mitglied einer Scientology-Organisation oder einer dieser Organisation nahestehenden Vereinigung oder wenden Sie die Lehren des L. Ron Hubbard an? [26] _____]

Dieser Fragebogen wird zum Bestandteil eines eventuell zustande kommenden Arbeitsvertrages. Ich versichere, dass alle vorstehenden Angaben richtig und vollständig sind. Mir ist bekannt, dass das Unternehmen zur Anfechtung eines gegebenenfalls abgeschlossenen Arbeitsvertrages wegen arglistiger Täuschung nach §§ 123 Abs. 1, 142 Abs. 1 BGB oder zur ordentlichen, möglicherweise auch außerordentlichen fristlosen Kündigung nach § 626 Abs. 1 BGB berechtigt sein kann, wenn nach Abschluss des Arbeitsvertrages bekannt wird, dass ich bewusst unwahre oder unvollständige Angaben gemacht habe. [27]

___[Ort]___ , den ___[Datum]___

_____

(Unterschrift des Bewerbers)

A. Die Anbahnung des Arbeitsverhältnisses

Erläuterungen

Schrifttum

Bayreuther Einstellungsuntersuchungen, Fragerecht und geplantes Beschäftigtendatenschutzgesetz, NZA 2010, 679; *Dabrowski/Wendel* Anmerkung zu BAG, Urt. v. 18.09.2014 – 8 AZR 759/13, AP Nr. 20 zu § 15 AGG; *Husemann* Die Information über die Schwerbehinderung im Arbeitsverhältnis, RdA 2014, 16; *Husemann/Betzinger* Anonyme Bewerbung: Bitte probieren, ZRP 2011, 15; *Joussen* Schwerbehinderung, Fragerecht und positive Diskriminierung nach dem AGG, NZA 2007, 174; *Koop* Auskunftsansprüche während des Einstellungsverfahren, öAT 2012, 199; *Ohlendorf/Schreier* AGG-konformes Einstellungsverfahren – Handlungsanleitung und Praxistipps, BB 2008, 2458; *Richardi* Arbeitsrechtliche Probleme bei Einstellung und Entlassung Aids-infizierter Arbeitnehmer, NZA 1988, 73; *Riesenhuber* Kein Fragerecht des Arbeitgebers, NZA 2012, 771; *Schmidt/Stracke* Mitbestimmung bei Fragebögen, AiB 1999, 191; *Schrader* Gestaltungsmöglichkeiten des Arbeitgebers nach Inkrafttreten des AGG, DB 2006, 2571; *Stuber/Hesse* Pro & Contra: Anonymisierte Bewerbung, Personal 2010, 18; *Warga* Datenerhebung bei Bewerbern und Beschäftigten, PersR 2010, 97; *Wisskirchen* Der Umgang mit dem Allgemeinen Gleichbehandlungsgesetz – Ein »Kochrezept« für Arbeitgeber, DB 2006, 1491; *Wisskirchen/Bissels* Das Fragerecht des Arbeitgebers bei Einstellung unter Berücksichtigung des AGG, NZA 2007, 169.

143 **1.** Die Stellenbezeichnung sollte wortlautgleich mit derjenigen aus der Stellenausschreibung, der Stellenbeschreibung und dem Anforderungsprofil sein. Sofern Stellenbeschreibung und Anforderungsprofil nicht existieren, sollte am Anfang des Fragebogens eine kurze Darstellung der wesentlichen Tätigkeiten und Anforderungen erfolgen, um das Informationsinteresse des Arbeitgebers und den Sachbezug der einzelnen Fragen nachvollziehbar zu machen (vgl. auch *Schrader* DB 2006, 2571, 2573).

144 **2.** Allgemeine Angaben zur Person des Bewerbers sind, abgesehen davon, dass sie regelmäßig bereits mit der Bewerbung übersandt und preisgegeben worden sind, weitgehend unproblematisch. Soweit früher auch nach dem **Geburtsdatum** oder dem **Alter** gefragt wurde, dürfte diese Frage im Bewerbungsverfahren jetzt allerdings nach § 7 AGG unzulässig sein, sofern die konkrete Stelle nicht ausnahmsweise, z.B. aufgrund einer gesetzlichen Bestimmung (wie z.B. die Einstellung bestimmter Feuerwehrleute; vgl. zur Zulässigkeit solcher Altersgrenzen EuGH, Urt. v. 12.01.2010 – C-229/08, ZTR 2010, 165), ein bestimmtes Höchst- oder Mindestalter voraussetzt (Däubler/Bertzbach/*Däubler* § 7 Rn. 37).

145 Gleiches dürfte für die Frage nach dem **Familienstand** gelten. Da hier zwischen »verheiratet« und »Lebenspartnerschaft« unterschieden wird, lässt die Beantwortung dieser Frage Rückschlüsse auf die sexuelle Identität zu. Dagegen ist ein berechtigtes, billigenswertes und schutzwürdiges Interesse des Arbeitgebers an der Beantwortung dieser Frage noch im Bewerbungsverfahren nicht ersichtlich. Anders dürfte dies hinsichtlich des **Geburtsnamens** zu beurteilen sein. Da dieser aufgrund der Gleichbehandlung von Eheleuten und eingetragenen Lebenspartnern im Namensrecht keine Rückschlüsse auf die sexuelle Identität (und aufgrund der Gleichbehandlung von Ehemann und Ehefrau auch nicht auf das Geschlecht) zulässt, der Arbeitgeber aber andererseits ein Interesse an der Kenntnis des Geburtsnamens hat, z.B., um die Authentizität von Zeugnissen, Zertifikaten, Empfehlungen, Diplomen und anderer Urkunden des Bewerbers beurteilen oder Veröffentlichungen zuordnen zu können, dürfte diese Frage zulässig sein.

146 **3.** Eine Ungleichbehandlung wegen der Rasse oder Herkunft ist nach § 7 AGG unzulässig. Die Frage nach der Herkunft, nach dem Geburtsort oder der Staatsangehörigkeit sind daher zunächst unzulässig. Allerdings hat der Arbeitgeber schon während des Bewerbungsverfahrens ein berechtigtes und nachvollziehbares Interesse an der Sicherheit, dass ein eingestellter Ausländer über den erforderlichen **Aufenthaltstitel** und eine **Arbeitserlaubnis** verfügt. Zwar ist der Bewerber verpflichtet, auf die fehlende Genehmigung von sich aus hinzuweisen, da er ohne diese einem gesetzlichen Beschäftigungsverbot nach § 4 Abs. 3 AufenthG bzw. § 284 Abs. 1 SGB III unterliegt (vgl. LAG Nürnberg, Urt. v. 21.09.1994 – 3 Sa 1176/93, NZA 1995, 228). Gleichwohl sollte sich der Arbeitgeber nicht allein auf die Einhaltung dieser Offenbarungspflicht verlassen. Für zulässig erachtet wird es, anstatt nach einer konkreten Staatsangehörigkeit nach der gesetzlich relevanten Ka-

tegorie zu fragen, also danach, ob der Bewerber Staatsangehöriger eines EU-Mitgliedstaates oder eines EWR-Staates ist, wobei die Sonderregeln für die neuen Beitrittsländer (vgl. § 284 Abs. 1 SGB III) sowie die geltenden Vereinbarungen mit der Schweiz zu berücksichtigen wären (*Wisskirchen/Bissels* NZA 2007, 169, 171). Aufgrund der sich auch aufgrund von Übergangsvorschriften ständig verändernden Rechtslage und vor dem Hintergrund, dass es grundsätzlich Aufgabe des Arbeitnehmers ist, sich um die aufenthaltsrechtlichen Rahmenbedingungen und die erforderlichen Genehmigungen zu kümmern (vgl. BAG, Urt. v. 26.06.1996 – 5 AZR 872/94, NZA 1996, 1087; zur Beschäftigung ausländischer Arbeitnehmer DLW/*Dörner* Kapitel 2 Rn. 67 ff.) und diesem eigentlich ohnehin eine Offenbarungspflicht obliegt, wenn seiner Beschäftigung rechtliche Hindernisse entgegenstehen, dürfte es aber auch ausreichen, im Fragebogen erklären zu lassen, dass Aufenthaltstitel und Arbeitsgenehmigung nicht erforderlich sind oder vorliegen. Anhaltspunkte für eine Ungleichbehandlung wegen der Herkunft sind so ausgeschlossen.

4. Der Arbeitgeber hat ein berechtigtes Interesse an der Auskunft darüber, ob der Bewerber die körperlichen Voraussetzungen für die zu besetzende Stelle aufweist. Zugleich hat der Bewerber ein Interesse am Schutz seiner Privat- und Intimsphäre, in die auch körperliche Leiden und Erkrankungen einzubeziehen sind. Darüber hinaus verbieten § 81 Abs. 2 SGB IX und §§ 7, 1 AGG jede Benachteiligung wegen einer Behinderung. Der dem AGG zugrundeliegende europarechtliche Begriff der Behinderung geht dabei – abgesehen davon, dass das AGG schon dem Wortlaut nach durch die Ausweitung auf alle Menschen mit Behinderungen, nicht lediglich die Schwerbehinderten, weiter reicht als § 81 Abs. 2 SGB IX – über den deutschen Behinderungsbegriff hinaus und weist Unschärfen in der Abgrenzung zum Begriff der Krankheit auf. Im Sinne der Gleichbehandlungsrichtlinie 2000/78/EG können auch **Krankheiten** eine Behinderung darstellen, wenn sie eine physische, geistige oder psychische Einschränkung mit sich bringen, diese Einschränkung von langer Dauer ist und eine volle und wirksame Teilhabe am Berufsleben hindern kann (EuGH, Urt. v. 18.12.2014 – C-354/13, NZA 2015, 33; EuGH, Urt. v. 11.04.2013 – C-335/11 und C-337/11, NZA 2013, 553; vgl. auch zur Abgrenzung von Krankheit und Behinderung EuGH, Urt. v. 11.07.2006 – C-13/05, NZA 2006, 839). Entsprechend hat eine symptomlose **HIV-Infektion** nach Ansicht des BAG eine Behinderung i.S.d. § 1 AGG zur Folge (BAG, Urt. v. 19.12.2013 – 6 AZR 190/12, NZA 2014, 372). Dies soll jedenfalls so lange gelten, wie »das gegenwärtig auf eine solche Infektion zurückzuführende soziale Vermeidungsverhalten sowie die darauf beruhenden Stigmatisierungen andauern.« Sowohl die ausdrückliche Frage nach einer **Behinderung** als auch die Frage nach einer **Erkrankung, einer HIV-Infektion** oder allgemeiner nach dem **Gesundheitszustand** sind daher problematisch und wohl grundsätzlich unzulässig (Däubler/Bertzbach/*Däubler* § 7 Rn. 35 f.; *Wisskirchen/Bissels* NZA 2007, 269, 172). Während das BAG früher davon ausging, dass die Frage nach einer Schwerbehinderung zulässig sei, hat es dies nach Inkrafttreten des AGG zunächst offen gelassen (BAG, Urt. v. 07.07.2011 – 2 AZR 396/10, NZA 2012, 43) und zuletzt entschieden, dass die Frage im bestehenden Arbeitsverhältnis jedenfalls nach Ablauf der sechsmonatigen Wartezeit nach § 90 Abs. 1 Nr. 1 SGB IX zulässig sei (BAG, Urt. v. 16.02.2012 – 6 AZR 553/10, NZA 2012, 555). Es ist daher zu raten, Fragen nach Behinderung, Erkrankung oder Gesundheitszustand im Bewerbungsverfahren nicht mehr abstrakt zu stellen.

Eine Frage des Arbeitgebers muss sich stattdessen auf die konkret auszuübende Tätigkeit beziehen und darf nur darauf zielen, die körperliche Eignung des Bewerbers für diese Tätigkeit, also seine Einsatzmöglichkeit sicherzustellen. Diese Frage ist allerdings zulässig (LAG Hamm, Urt. v. 19.10.2006 – 15 Sa 740/06; vgl. auch BAG, Urt. v. 19.12.2013 – 6 AZR 190/12, NZA 2014, 372; DLW/*Dörner* Kapitel 2 Rn. 345; Däubler/Bertzbach/*Däubler* § 7 Rn. 35).

Etwas anderes gilt dann, wenn der Arbeitgeber eine »**positive Diskriminierung**« gemäß § 5 AGG beabsichtigt (ausführlich *Joussen* NZA 2007, 174, 177 f.)

Zu weiteren Fragerechten im Zusammenhang mit dem Gesundheitszustand und der Behinderung vgl. DLW/*Dörner* Kapitel 2 Rn. 343 ff.; *Wisskirchen/Bissels* NZA 2007, 269 ff.

151 5. Ist für eine Tätigkeit eine Einstellungsuntersuchung gesetzlich vorausgesetzt (z.B. § 43 IfSG, § 12 SeeArbG, §§ 32 ff. JArbSchG), darf der Arbeitgeber die Bereitschaft zu einer solchen Untersuchung zur Einstellungsvoraussetzung machen. Die Bereitschaft zur freiwilligen Einstellungsuntersuchung darf zur Voraussetzung für die Einstellung gemacht werden, wenn die konkrete Untersuchung zulässig wäre. Dies ist nach den gleichen Maßstäben wie die Frage nach der körperlichen Eignung zu beurteilen (ErfK/*Preis* § 611 BGB Rn. 292 ff.). Die Untersuchung muss im berechtigten Interesse des Arbeitgebers liegen und sich auf die gegenwärtige Eignung des Bewerbers für den betreffenden Arbeitsplatz beschränken. Folglich variiert der Umfang der zulässigen Untersuchungen je nach Stelle.

152 Die Ablehnung eines Bewerbers aufgrund des Untersuchungsergebnisses ist entsprechend – jedenfalls wenn Grund hierfür ein Behinderung im europarechtlichen Sinne ist – nur dann zulässig, wenn der Bewerber wesentliche und entscheidende berufliche Anforderungen nicht erfüllt (vgl. § 8 Abs. 1 AGG).

153 6. Die Frage nach der Konkurrenztätigkeit eines nahen Angehörigen kann je nach konkreter Stelle gerechtfertigt sein und muss daher in jedem Einzelfall geprüft werden. Sofern die Stelle mit der Kenntnis sensibler Betriebs- oder Geschäftsgeheimnisse verbunden ist und zu befürchten ist, dass der private Austausch innerhalb der Familie – selbst ohne böse Absicht der Betroffenen – zu einem Sicherheitsrisiko wird, überwiegt das Interesse des Arbeitgebers an der Beantwortung der Frage.

154 7. Ein schützenswertes Interesse des Arbeitgebers an der Beantwortung der Frage nach der örtlichen Flexibilität des Bewerbers ist gegeben, wenn die zu besetzende Stelle diese Flexibilität erfordert oder erfordern kann und sie entsprechend Eingang in den Arbeitsvertrag finden soll (DLW/*Dörner* Kapitel 2 Rn. 332; ErfK/*Preis* § 611 BGB Rn. 275; *Wisskirchen/Bissel* NZA 2007, 269, 271, jeweils auch zur Frage der mittelbaren Geschlechterdiskriminierung).

155 8. Gleiches gilt für die Frage nach der Bereitschaft zum Schichtdienst. Soll der Bewerber möglicherweise im Schichtdienst eingesetzt und der Vertrag entsprechend gestaltet werden, ist die Frage zulässig und stellt keine mittelbare Diskriminierung wegen des Geschlechts dar (DLW/*Dörner* Kapitel 2 Rn. 332; ErfK/*Preis* § 611 BGB Rn. 275; *Wisskirchen/Bissel* NZA 2007, 269, 271).

156 9. Fragen nach der beruflichen Qualifikation sind zulässig (*Wisskirchen/Bissels* NZA 2007, 269, 271). Dabei muss sich die Frage mangels Diskriminierungsbezug nicht auf die konkreten, für die zu besetzende Stelle erforderlichen Qualifikationen beschränken. Der Arbeitgeber hat u.U. ein Interesse daran, auch bereits bei der Bewerbung beurteilen zu können, ob er den Bewerber möglicherweise auch auf anderen Arbeitsplätzen einsetzen kann. Die in vielen Arbeitsverträgen enthaltene allgemeine Versetzungsklausel nimmt ausdrücklich Bezug auf die Fähigkeiten des betreffenden Mitarbeiters, so dass die Qualifikation auch hinsichtlich solcher Tätigkeiten von erheblichem Interesse sein kann, die nicht mit dem jetzt zu besetzenden Arbeitsplatz verbunden sind.

157 Die Gefahr, dass sich aus den Angaben zur Qualifikation mittelbar ein Ansatz für eine Diskriminierung, z.B. wegen der Herkunft aus dem Ausbildungsort, ergibt, wird durch die Abfrage der sich zumeist ohnehin aus den Bewerbungsunterlagen ergebenden Daten nicht signifikant erhöht.

158 10. Dies gilt auch für die Frage nach dem beruflichen Werdegang. Auch an ihr hat der Arbeitgeber zur Bewertung des Bewerbers ein berechtigtes Interesse (LAG Hamm, Urt. v. 08.02.1995 – 18 Sa 2136/93, LAGE Nr. 21 zu § 123 BGB; DLW/*Dörner* Kapitel 2 Rn. 315).

159 11. Der Arbeitgeber hat auch ein berechtigtes Interesse daran, zu erfahren, ob sich der Bewerber aus einem intakten, fortbestehenden Arbeitsverhältnis bewirbt, oder ob die Beendigung bereits veranlasst ist (MünchArbR/*Buchner* § 30 Rn. 322). Hieraus ergeben sich zum einen jedenfalls potentiell Folgen für die Verfügbarkeit des Arbeitnehmers, die für den Arbeitgeber von Bedeutung ist. Es ist daher auch die Frage nach dieser **Verfügbarkeit**, also nach dem frühestmöglichen Termin zur Aufnahme der Tätigkeit, zulässig (*Wisskirchen/Bissels* NZA 2007, 169, 171). Um zu vermeiden, dass ein Indiz dafür geschaffen wird, dass die Ablehnungsentscheidung an eine Behin-

derung anknüpfte, empfiehlt sich, nicht ausdrücklich nach dem Grund einer Arbeitgeberkündigung zu fragen. Das Informationsinteresse des Arbeitgebers dürfte ausreichend durch die Frage nach der Beendigungsart (Arbeitgeberkündigung, Arbeitnehmerkündigung, Aufhebungsvertrag) sowie durch die ausdrückliche Frage nach einer verhaltensbedingten Kündigung befriedigt werden.

12. Die Frage nach einer verhaltensbedingten Kündigung dürfte nach wie vor zulässig sein. **160** Vom Bewerber kann verlangt werden, dass er die Gründe für eine verhaltensbedingte Kündigung offenlegt (MünchArbR/*Buchner* § 30 Rn. 322), so dass auch die Frage nach der Kündigung an sich erlaubt sein muss. Der Arbeitgeber hat ein nachvollziehbares Interesse daran, ob der Bewerber in einem früheren Arbeitsverhältnis wegen so massiver Vertragspflichtverletzungen aufgefallen ist, dass die Kündigung für erforderlich gehalten wurde.

13. Die Frage nach einem bestehenden Wettbewerbsverbot ist zulässig, jedenfalls, soweit das **161** Wettbewerbsverbot Auswirkungen auf die angestrebte Tätigkeit haben könnte (DLW/*Dörner* Kapitel 2 Rn. 328; ErfK/*Preis* § 611 BGB Rn. 280; MünchArbR/*Buchner* § 30 Rn. 317; *Wisskirchen/Bissels* NZA 2007, 169, 174).

14. Kommt der Abschluss eines sachgrundlos befristeten Arbeitsverhältnisses in Betracht, ist auf- **162** grund des **Vorbeschäftigungsverbots** aus § 14 Abs. 2 S. 2 TzBfG die Frage nach einer vorherigen Beschäftigung für den Arbeitgeber zulässig (DLW/*Dörner* Kapitel 2 Rn. 407; *Wisskirchen/Bissels* NZA 2007, 169, 171). Der Gesetzgeber verweist ausdrücklich auf den Bestand dieses Fragerechts (BT-Drucks. 14/4374, S. 19). Vor dem Hintergrund der vom BAG vorgenommenen »verfassungsorientierten Auslegung« des Vorbeschäftigungsverbots, nach der entgegen des ausdrücklichen Gesetzeswortlauts ein früheres Arbeitsverhältnis mit demselben Arbeitgeber einer Befristung dann nicht entgegensteht, wenn dieses mehr als **drei Jahre** zurückliegt (BAG, Urt. v. 06.04.2011 – 7 AZR 716/09, NZA 2011, 905), könnte die Frage nach einer Vorbeschäftigung in diesem Zeitraum genügen. Die Rechtsprechung des Bundesarbeitsgerichts ist allerdings erheblich kritisiert worden. Das LAG Baden-Württemberg etwa hat geurteilt, das Vorbeschäftigungsverbot des § 14 Abs. 2 S. 2 TzBfG sei weder auslegungsfähig noch auslegungsbedürftig und bestehe wortlautgemäß unbegrenzt (LAG Baden-Württemberg, Urt. v. 26.09.2013 – 6 Sa 28/13, ZIP 2013, 2481). Das Arbeitsgericht Braunschweig teilt zwar die verfassungsrechtlichen Bedenken des Bundesarbeitsgerichts an einem unbegrenzten Vorbeschäftigungsverbot, hält die gesetzliche Regelung aber ebenfalls für nicht auslegungsfähig und hat sie daher im Rahmen der abstrakten Normenkontrolle nach Art. 100 Abs. 1 GG dem Bundesverfassungsgericht vorgelegt (ArbG Braunschweig, Beschl. v. 03.04.2014 – 5 Ca 463/13; Aktenzeichen beim BVerfG: 1 BvL 7/14). Bis zu einer Entscheidung hierüber dürfte es aus Arbeitgebersicht vorsorglich richtiger sein, sich nicht auf die zeitliche Begrenzung des Vorbeschäftigungsverbots zu verlassen und ohne zeitliche Einschränkung nach Vorbeschäftigungen bei dem selben Arbeitgeber zu fragen.

Da für die Frage der Vorbeschäftigung auf den rechtlichen Arbeitgeberbegriff abzustellen ist, kommt es auf eine Vorbeschäftigung bei der Rechtsvorgängerin einer juristischen Person oder bei einem anderen Konzernunternehmen nicht an (vgl. BAG, Urt. v. 10.11.2004 – 7 AZR 101/04, NZA 2005, 514; ErfK/*Müller-Glöge* § 14 TzBfG Rn. 93). Sinnvoll ist aber die ausdrückliche Benennung des Arbeitgebers in dieser Frage einschließlich früherer Namen oder Firmen der gleichen juristischen Person. Verneint der Bewerber die Frage wahrheitswidrig, kann der Abschluss des Arbeitsvertrages nach § 123 BGB angefochten werden (vgl. BT-Drucks. 14/4374, S. 19; kritisch DLW/*Dörner* Kapitel 2 Rn. 408).

15. Die Frage nach Nebentätigkeiten ist zulässig (ErfK/*Preis* § 611 BGB Rn. 280; MünchArbR/ **163** *Buchner* § 30 Rn. 318 f.; *Wisskirchen/Bissels* NZA 2007, 169, 172). Der Arbeitgeber hat zum einen ein Interesse daran, von beabsichtigter **Konkurrenztätigkeit** des Bewerbers i.S.v. § 60 HGB rechtzeitig Kenntnis zu erlangen und dann zu entscheiden, ob er sie dulden, untersagen oder auf den Bewerber verzichten möchte.

Ebenso hat er aber auch unabhängig von Konkurrenzfragen ein berechtigtes Interesse an der **164** Kenntnis von Nebentätigkeiten, um einschätzen zu können, ob sich diese jetzt oder später möglicherweise auf die Verfügbarkeit des Bewerbers auswirken. Darüber hinaus folgt das Interesse des Arbeitgebers auch aus §§ 3 ff. ArbZG.

165 **16.** Nach sonstigen, nicht unmittelbar unter den Begriff der beruflichen Qualifikation zu fassenden, aber gleichwohl berufsbezogenen Kenntnissen und Fähigkeiten darf auch dann gefragt werden, wenn sie für den jetzt in Aussicht genommenen Arbeitsplatz nicht, noch nicht oder nicht unmittelbar erforderlich sind. Der Arbeitgeber hat ein Interesse daran, zu wissen, ob und wie er einen Bewerber unter Umständen auch mit anderen Tätigkeiten betrauen könnte, ob der Bewerber künftigen, zu erwartenden Anforderungssteigerungen bereits gewachsen ist und ganz allgemein, welche Kenntnisse und Fähigkeiten in seinem Unternehmen vorhanden sind.

166 **17.** Die Frage nach Sprachkenntnissen sollte entsprechend offen formuliert werden, um eine Benachteiligung wegen der Herkunft nicht zu indizieren. Es sollte daher ausdrücklich nicht nach Fremdsprachen-, sondern allgemein nach Sprachkenntnissen gefragt werden. Denn auch die Kenntnis der Landessprache darf grundsätzlich nur nach dem Maßstab der Erforderlichkeit zur Einstellungsvoraussetzung gemacht werden (MünchArbR/*Buchner* § 30 Rn. 172), wobei dies regelmäßig auf allen Arbeitsplätzen der Fall sein dürfte, die eine ungehinderte Kommunikation mit deutschsprachigen Kollegen und Kunden erfordern. Sofern die Kenntnis einer bestimmten oder mehrerer Sprachen für die Tätigkeit erforderlich oder förderlich ist, ist die Frage zulässig (ErfK/ *Preis* § 611 BGB Rn. 273). Da Angaben zu Sprachkenntnissen aber zumindest ein Stück weit Rückschlüsse auf die Herkunft zulassen können, ist zu erwägen, auf die Frage zu verzichten, wenn die Sprachkenntnisse für die angestrebte Beschäftigung ohne Belang sind (*Ohlendorf/Schreier* BB 2008, 2458, 2461). Von den deutschen Sprachkenntnissen wird sich der Arbeitgeber regelmäßig bereits aufgrund der Bewerbungsunterlagen und spätestens im Laufe des Bewerbungsgespräches ein Bild machen können.

167 Nicht zulässig ist in jedem Fall die Begrenzung des Kreises potentieller Stelleninhaber auf »**Muttersprachler**«, gleich ob der deutschen oder einer anderen Sprache. Hierin liegt eine Diskriminierung wegen der Herkunft nach §§ 7, 1 AGG, die gegenüber einem abgelehnten Bewerber zu Ansprüchen auf Entschädigung und Schadensersatz nach § 15 AGG führen kann (vgl. ArbG Berlin, Urt. v. 11.02.2009 – 55 Ca 16952/08, NZA-RR 2010, 16). Die Absage an einen Bewerber mit der Begründung, er sei kein »Muttersprachler«, kann dabei bereits eine Indiztatsache i.S.v. § 22 AGG für eine Diskriminierung des Bewerbers sein (vgl. ArbG Berlin, Urt. v. 11.02.2009 – 55 Ca 16952/08, NZA-RR 2010, 16).

168 **18.** Bestimmte Fragen sind nicht grundsätzlich zulässig, dürfen aber bei der Einstellung in bestimmten Unternehmen oder für bestimmte Tätigkeiten gestellt werden. Die folgenden Fragen dürfen daher **nur nach einer Prüfung im Einzelfall** in einen Bewerberfragebogen aufgenommen werden.

169 **19.** Die Frage nach **Vorstrafen** wird für zulässig erachtet, wenn und soweit die Art des zu besetzenden Arbeitsplatzes oder die auszuübende Tätigkeit dies rechtfertigen (BAG, Urt. v. 06.09.2012 – 2 AZR 270/11, NJW 2013, 1115; BAG, Urt. v. 20.05.1999 – 2 AZR 320/98, NZA 1999, 975; BAG, Urt. v. 05.12.1957 – 1 AZR 594/56, MDR 1960, 353; DLW/*Dörner* Kapitel 2 Rn. 375 ff.). Je nach zu besetzendem Arbeitsplatz sind daher die Delikte bzw. **Deliktsgruppen**, nach denen gefragt wird, zu variieren und ausdrücklich zu benennen (z.B. Vermögensdelikte bei Bewerbung um eine Stelle als Kassen- oder Buchhaltungskraft, Verkehrsdelikte bei Bewerbung um eine Stelle als Berufskraftfahrer, Körperverletzungsdelikte bei Bewerbung um eine Stelle im Wach- und Sicherheitsgewerbe etc.). Vorstrafen, die nach § 51 BZRG nicht oder nicht mehr in ein **polizeiliches Führungszeugnis** aufzunehmen sind, dürfen verschwiegen werden. Eine entsprechende Klarstellung im Fragebogen empfiehlt sich, um dem Bewerber den Konflikt zwischen dem Anspruch auf vollständige und wahrheitsgemäße Beantwortung der Fragen und dem Recht zum Verschweigen der Vorstrafe zu ersparen.

170 **20.** Je nach den Umständen, insbesondere also der Art des zu besetzenden Arbeitsplatzes oder der auszuübenden Tätigkeit, kann auch die Frage nach laufenden **Ermittlungsverfahren** oder an-

hängigen Strafverfahren zulässig sein. Allerdings ist auch die Frage nach laufenden Ermittlungsverfahren nur zulässig, wenn sie sich auf solche Delikte beschränkt, die für die Eignung des Bewerbers für die in Aussicht genommene Tätigkeit bedeutend sind (BAG, Urt. v. 06.09.2012 – 2 AZR 270/11, NJW 2013, 1115). Der Bewerber muss solche einschlägigen Vorstrafen und Ermittlungsverfahren grundsätzlich aber sogar ungefragt offenlegen (BAG, Urt. v. 06.09.2012 – 2 AZR 270/11, NJW 2013, 1115). Demgegenüber darf der Stellenbewerber grundsätzlich nicht nach **eingestellten Ermittlungsverfahren** gefragt werden (BAG, Urt. v. 15.11.2012 – 6 AZR 339/11, NZA 2013, 429; BAG, Urt. v. 20.05.1999 – 2 AZR 320/98, NZA 1999, 975; DLW/ *Dörner* Kapitel 2 Rn. 375). Eine anstehende mehrmonatige Freiheitsstrafe muss der Bewerber von sich aus ungefragt offenbaren (LAG Frankfurt/Main, Urt. v. 07.08.1986 – 12 Sa 361/86, LAGE Nr. 8 zu § 123 BGB). Etwas anderes kann nur gelten, wenn berechtigte Hoffnung auf die Bewilligung der Strafverbüßung im offenen Vollzug besteht (DLW/*Dörner* Kapitel 2 Rn. 385).

21. Die Frage nach den Vermögensverhältnissen, insbesondere nach Lohn- und Gehaltspfändungen und der Abgabe der eidesstattlichen Versicherung, kann dann als zulässig erachtet werden, wenn der Arbeitgeber wegen der vorgesehenen Tätigkeit ein berechtigtes Interesse an geordneten Vermögensverhältnissen des Arbeitnehmers geltend machen kann. Dies ist der Fall, wenn es sich bei der zu besetzenden Stelle um eine **besondere Vertrauensstellung** handelt, auf welcher der Arbeitnehmer mit Vermögenswerten des Arbeitgebers umgehen wird (DLW/*Dörner* Kapitel 2 Rn. 339 ff.; vgl. auch BAG, Urt. v. 04.11.1981 – 7 AZR 264/79, NJW 1982, 1062).

22. Das AGG verbietet grundsätzlich eine Ungleichbehandlung wegen der Religion oder Weltanschauung, setzt in § 9 AGG aber auch eine Ausnahme hiervon für die Beschäftigung durch Religionsgemeinschaften und die ihnen zugeordneten Einrichtungen, also allgemein für **religiös bestimmte Tendenzunternehmen**, wenn eine bestimmte Religion oder Weltanschauung unter Beachtung des Selbstverständnisses der Religionsgemeinschaft im Hinblick auf ihr Selbstbestimmungsrecht oder nach der Art der Tätigkeit eine gerechtfertigte berufliche Anforderung darstellt. Für Tätigkeiten im Tendenzbereich kann der entsprechende Arbeitgeber daher eine bestimmte Religionszugehörigkeit voraussetzen und entsprechend auch danach fragen (DLW/*Dörner* Kapitel 2 Rn. 396 f.; ErfK/*Preis* § 611 BGB Rn. 274; *Wisskirchen/Bissels* NZA 2007, 169, 173).

23. Ähnliches gilt für die Parteimitgliedschaft. Diese ist zwar nicht unmittelbar durch § 1 AGG geschützt und dürfte wohl nur ausnahmsweise ein Ausdruck einer bestimmten Weltanschauung in diesem Sinne sein. Die parteipolitische Betätigung ist aber grundrechtlich geschützt, so dass die Frage nach der Mitgliedschaft in einer Partei grundsätzlich unzulässig ist (LAG Chemnitz, Urt. v. 06.07.1993 – 5 Sa 141/92, LAGE Nr. 4 zu § 611 BGB Persönlichkeitsrecht), und **nur ausnahmsweise von Tendenzunternehmen** gestellt werden darf, wenn dies für die Tendenztätigkeit erforderlich ist.

24. Auch die gewerkschaftliche Betätigung ist durch Art. 9 Abs. 3 GG verfassungsrechtlich geschützt, so dass die Gewerkschaftszugehörigkeit grundsätzlich kein Einstellungskriterium (positiv wie negativ) sein darf (BAG, Beschl. v. 28.03.2000 – 1 ABR 16/99, NZA 2000, 1294). Auch hier gelten aber Ausnahmen für **Tendenzunternehmen**, so dass etwa eine Gewerkschaft oder möglicherweise auch ein gewerkschaftsnaher Verlag für Tendenztätigkeiten auf eine Mitgliedschaft bestehen kann.

25. Bei der Frage nach einer früheren Tätigkeit für das Ministerium für Staatssicherheit der DDR ist zu unterscheiden, ob die Bewerbung auf eine Stelle im öffentlichen Dienst oder in der Privatwirtschaft zielt. Für den **öffentlichen Dienst** ist anerkannt, dass die Frage zulässig ist, sofern sie Vorgänge aus der Zeit nach 1970 betrifft (BVerfG, Urt. v. 08.07.1997 – 1 BvR 2111/94, NJW 1997, 2307; BAG, Urt. v. 26.08.1993 – 8 AZR 561/92, NZA 1994, 25). In der **Privatwirtschaft** kann die Frage dann zulässig sein, wenn auf der zu besetzenden Stelle Aufgaben anfallen, die der öffentlichen Verwaltung zuzurechnen sind oder jedenfalls mit öffentlich-rechtlichen Aufgaben eng verbunden sind, wie beispielsweise eine Tätigkeit für die Flugsicherung (BAG, Urt. v. 25.10.2001 – 2 AZR 559/00, NJOZ 2002, 1333). Außerdem kann die Frage bei der Einstellung von Tendenzträgern in Tendenzunternehmen zulässig sein (vgl. BAG, Urt. v. 13.06.2002 – 2 AZR 234/01, NZA 2003, 265 zur Kündigung einer Redakteurin) oder bei Einstellungen in besonders sicherheitsrelevanten Bereichen (*Wisskirchen/Bissels* NZA 2007, 169, 173 f.). Andernfalls ist die Frage in der Privatwirtschaft unzulässig (vgl. DLW/*Dörner* Kapitel 2 Rn. 400 ff.).

176 **26.** Ob die Frage nach der Mitgliedschaft in einer Scientology-Organisation zulässig ist oder nicht, hängt maßgeblich davon ab, ob diese Organisation als Religions- oder Weltanschauungsgemeinschaft betrachtet wird oder nicht. Das BAG verweigert Scientology bisher diese Anerkennung (BAG, Beschl. v. 22.03.1995 – 5 AZB 21/94, NZA 1995, 823). Allerdings hat das BVerwG, freilich ohne die Frage, ob Scientology eine Religionsgemeinschaft ist, abschließend zu beantworten, einem Mitglied der Scientology-Organisation den Schutz des Art. 4 Abs. 1 GG zugesprochen (BVerwG, Urt. v. 15.12.2005 – 7 C 20/04, NJW 2006, 1303). Es muss daher als offen betrachtet werden, ob sich die Mitglieder dieser Organisation auch auf §§ 7, 1 AGG berufen könnten. Bis zu einer abschließenden Klärung empfiehlt sich, diese Frage nur vor der Entscheidung über die Besetzung von besonderen Vertrauensstellungen (vgl. DLW/*Dörner* Kapitel 2 Rn. 399) und in Tendenzunternehmen bei der Auswahl von Tendenzträgern zu stellen, wo § 9 AGG eine Ungleichbehandlung rechtfertigen würde.

177 **27.** Ein Hinweis auf die möglichen **Rechtsfolgen** einer Falschbeantwortung der Fragen bietet sich an. Antwortet der Bewerber unwahr auf eine zulässige Frage, kommt zunächst die **Anfechtung** wegen arglistiger Täuschung nach §§ 123 Abs. 1, 142 BGB in Betracht, die nach § 124 Abs. 1, 2 BGB innerhalb einer Frist von einem Jahr nach Entdeckung der Täuschung erklärt werden muss. Eine vorherige Verwirkung des Anfechtungsrechts kommt in Betracht, wenn die Interessen des Getäuschten im Zeitpunkt der Anfechtung durch die arglistige Täuschung nicht mehr beeinträchtigt sind, wenn also der Anfechtungsgrund mit der Zeit soviel an Bedeutung verloren hat, dass er eine Auflösung des Arbeitsverhältnisses nicht mehr rechtfertigen kann (BAG, Urt. v. 06.07.2000 – 2 AZR 543/99, NZA 2001, 317). Neben der Arglistanfechtung kommt unter Umständen auch eine Anfechtung wegen des Irrtums über eine verkehrswesentliche Eigenschaft nach § 119 Abs. 2 BGB in Betracht (*Wisskirchen/Bissels* NZA 2007, 169, 169 f.), sofern der Arbeitgeber einem solchen Irrtum unterlag (vgl. AR-*Löwisch* § 119 BGB Rn. 1 ff.).

178 Alternativ oder zusätzlich zu der Anfechtung kann dem Arbeitgeber ein Recht zur **Kündigung** des Arbeitsverhältnisses zustehen (vgl. BAG, Urt. v. 21.02.1991 – 2 AZR 449/90, NZA 1991, 719). In der Kündigung des Arbeitsverhältnisses ist keine die Anfechtung ausschließende Bestätigung i.S.d. § 144 BGB zu sehen (BAG, Urt. v. 16.12.2004 – 2 AZR 148/04, ZTR 2005, 379). Allerdings stellt die Fragebogenlüge an sich keinen Kündigungsgrund dar. Sie wird durch die Anfechtungsmöglichkeiten ausreichend sanktioniert. Die Kündigung muss daher nach den bekannten Regeln selbständig begründet werden, sofern sie einer sozialen Rechtfertigung bedarf (vgl. MünchArbR/*Buchner* § 30 Rn. 369). Als Kündigungsgrund kommt aber beispielsweise die mangelnde Eignung für die Tätigkeit in Betracht (vgl. BAG, Urt. v. 25.10.2001 – 2 AZR 559/00, NJOZ 2002, 1333; BAG, Urt. v. 26.08.1993 – 8 AZR 561/92, NZA 1994, 25), die eine personenbedingte, unter Umständen auch außerordentliche fristlose Kündigung rechtfertigen kann (vgl. BAG, Urt. v. 25.10.2001 – 2 AZR 559/00, NJOZ 2002, 1333).

2. Fragebogen nach der Einstellung

Vorbemerkung

179 Nach erfolgter Einstellung sind die Grenzen des Fragerechts für den Arbeitgeber deutlich weiter als im Bewerbungsverfahren. Zum einen droht keine diskriminierende Ablehnung eines Bewerbers mehr, zum anderen ändert sich die Interessenlage insoweit, als der Arbeitgeber für die Durchführung des Arbeitsverhältnisses – etwa für die korrekte Abrechnung oder die richtige Gestaltung des Arbeitsplatzes – ein berechtigtes Interesse an Informationen hat, die für die Einstellungsentscheidung keine Rolle spielen durften. Allerdings besteht auch hier kein unbegrenztes Fragerecht,

Fragebogen nach der Einstellung **A.IV.2.**

können die Fragen doch auch als Indiz für eine Benachteiligung im bestehenden Arbeitsverhältnis dienen oder die Persönlichkeitsrechte des Arbeitnehmers verletzen.

Auch über den Fragebogen nach Einstellung empfiehlt sich der Abschluss einer Betriebsvereinbarung (s.o. A Rdn. 141).

▶ **Muster – Fragebogen nach der Einstellung**

Personalfragebogen für die Personalverwaltung und Lohnbuchhaltung   180

Sehr geehrter Mitarbeiter/sehr geehrte Mitarbeiterin,

dieser Personalfragebogen dient der Vervollständigung der Informationen, die Sie uns bereits mit Ihrer Bewerbung und in Ihrem Bewerberfragebogen gegeben haben. Die Informationen dienen ausschließlich der Sicherstellung einer reibungslosen und korrekten Durchführung des Arbeitsverhältnisses und der ordnungsgemäßen Gehaltsabrechnung.

Bitte füllen Sie den Fragebogen vollständig und wahrheitsgemäß aus. Bitte informieren Sie uns umgehend, sollten sich die in dem Bewerberfragebogen oder diesem Personalfragebogen abgefragten Umstände im Laufe des Arbeitsverhältnisses ändern.

1. Angaben zur Person

Name: _____

Vorname: _____

Anschrift: _____

Telefon: _____

Fax: _____

E-Mail: _____

Geburtsdatum: [1] _____

Familienstand: [2] _____

Unterhaltsberechtigte Kinder: [3] _____

Bankverbindung: _____, BIC: _____, Name und Sitz der Bank: _____

2. Steuern und Sozialabgaben

Steuerklasse: _____

Kinderfreibeträge: _____

Kirchensteuerpflicht: [4] _____

Sozialversicherungsnummer: [5] _____

Krankenkasse: _____ Mitgliedsnummer: _____

3.

Sind Sie anerkannt schwerbehindert, einem Schwerbehinderten gleichgestellt oder haben Sie einen entsprechenden Antrag gestellt? [6] _____ Wenn ja: Grad der Behinderung: _____

Leiden Sie an einer Erkrankung, von der das Unternehmen im Hinblick auf die ihm obliegenden Fürsorge- und Schutzpflichten Kenntnis haben sollte (z.B. Allergien, Asthma, Hämophilie, schwerwiegende, chronische Herz-Kreislauferkrankungen, neurologische Erkrankungen, HIV-Infektion etc.)? _____ Wenn ja: an welcher?: [7] _____

A. Die Anbahnung des Arbeitsverhältnisses

Sind Sie Mitglied einer Gewerkschaft? Wenn ja: welcher? [8] _____

Dieser Fragebogen wird zum Bestandteil des Arbeitsvertrages. Ich versichere, dass alle vorstehenden Angaben richtig und vollständig sind. Änderungen, die sich im Laufe des Arbeitsverhältnisses ergeben, werde ich der Personalverwaltung unaufgefordert mitteilen. Dies gilt auch hinsichtlich der Angaben in dem von mir ausgefüllten Bewerberfragebogen. [9]

_____[Ort]_____ , den _____[Datum]_____

_____
(Unterschrift des Bewerbers)

Erläuterungen

Schrifttum
Vgl. oben A Rdn. 142.

181 **1.** Anders als im Bewerbungsverfahren hat der Arbeitgeber nach Einstellung ein berechtigtes Interesse an der Kenntnis des Alters und des konkreten Geburtstages des Arbeitnehmers, z.B. für die Berechnung des Renteneintrittsdatums oder hinsichtlich einer betrieblichen Altersversorgung, aber auch für die Bewertung des Arbeitnehmers im Rahmen einer Sozialauswahl oder allgemein für die Beurteilung der Altersstruktur in Betrieb, die im Fall eines Stellenabbaus für die Sozialauswahl nach § 1 Abs. 3 S. 2 KSchG von Bedeutung sein kann (vgl. BAG, Urt. v. 12.03.2009 – 2 AZR 418/07, NZA 2009, 1023). Teilweise knüpfen auch tarifliche Regelungen an das Alter des Arbeitnehmers an, etwa hinsichtlich eines besonderen Kündigungsschutzes oder des Urlaubsanspruchs.

182 **2.** Ähnliches gilt für den Familienstand, der im Rahmen einer Sozialauswahl oder bei der Prüfung des billigen Ermessens bei Ausübung des Weisungsrechts des Arbeitgebers nach § 106 GewO, häufig aber auch bei der Gehaltsabrechnung eine Rolle spielen kann. Hieraus kann sich zwar ein Rückschluss auf die sexuelle Identität des Arbeitnehmers ergeben. Die Gefahr, dass sich – gerade vor dem Hintergrund des berechtigten Interesses des Arbeitgebers – hieraus das Indiz einer Benachteiligung ableiten lässt, ist aber gering zu bewerten.

183 **3.** Auch die Zahl unterhaltsberechtigter Kinder kann für Direktionsrecht und Sozialauswahl von Bedeutung sein, unter Umständen auch für die Vergütung oder Abrechnung, und darf daher trotzdem sie Rückschlüsse auf die sexuelle Identität zulässt gestellt werden.

184 **4.** Die Frage nach der Kirchensteuerpflicht ist, obwohl sie Rückschlüsse auf das in § 1 AGG aufgeführte Merkmal der Religion ermöglicht, zulässig, da für die Gehaltsabrechnung und Abführung der Steuer erforderlich. Allerdings wird diese Information in aller Regel bereits über die »elektronische Lohnsteuerkarte« an den Arbeitgeber übermittelt.

185 **5.** Der Arbeitgeber benötigt die Sozialversicherungsnummer für die Anmeldung des Arbeitnehmers bei den Sozialversicherungsträgern. Sie darf daher nach Einstellung abgefragt werden. Im Bewerbungsverfahren sollte hierauf noch verzichtet werden, da sich aus der Sozialversicherungsnummer auch das Geburtsdatum des Betreffenden ablesen lässt.

186 **6.** Die im Bewerbungsverfahren unzulässige Frage nach der Schwerbehinderteneigenschaft oder einer Gleichstellung nach § 2 Abs. 3 SGB IX ist nach Einstellung – jedenfalls nach Ablauf von sechs Monaten und damit dem Erwerb des besonderen Schutzes nach § 85 ff. SGB IX – zulässig, da sich hieraus für Arbeitnehmer und Arbeitgeber Konsequenzen ergeben (BAG, Urt. v. 16.02.2012 – 6 AZR 553/10, NZA 2012, 555). Dem Arbeitnehmer steht ein zusätzlicher Urlaubsanspruch nach § 125 SGB IX zu, er kann sich von Mehrarbeit freistellen lassen, § 124 SGB IX, und ist aufgrund seines Sonderkündigungsschutzes nach § 85 SGB IX nicht in eine Sozialauswahl einzubeziehen (KR/*Griebeling/Rachor* § 1 KSchG Rn. 664; MünchArbR/*Berkowsky* § 113 Rn. 85 ff.). Darüber hinaus hat der schwerbehinderte Arbeitnehmer Anspruch auf eine behinderungsgerechte Beschäf-

tigung. Der Arbeitgeber benötigt die Angabe jedenfalls für die Beurteilung einer Erfüllung seiner Beschäftigungspflicht nach § 71 SGB IX und die Berechnung des Ausgleichsabgabe nach § 77 SGB IX, aber auch für die Bewertung, ob eine Schwerbehindertenvertretung nach § 94 f. SGB IX in welcher Größe zu wählen ist.

Auch, wenn das Bundesarbeitsgericht in seiner Entscheidung vom 16.02.2012 das Fragerecht ausdrücklich erst ab Ablauf der sechsmonatigen Wartezeit des § 90 Abs. 1 Nr. 1 SGB IX zuerkannt hat, scheint es vor dem Hintergrund der weiteren aufgezählten, nicht an die sechsmonatige Frist gebundenen Rechte und Pflichten aus der Schwerbehinderung angezeigt, das Fragerecht auch vor Ablauf dieser Frist anzuerkennen. 187

7. Die Frage nach besonderen, für den Arbeitnehmer unter Umständen gefährlichen Krankheiten rechtfertigt sich vor dem Hintergrund der **Fürsorgepflicht** des Arbeitgebers nach § 618 Abs. 1 BGB. Da auch die Frage nach einer Behinderung nach der Einstellung zulässig ist (s.o. A Rdn. 186), begegnet diese Fragen keinen diskriminierungsrechtlichen Bedenken. Erst durch diese Frage kann sich der Arbeitgeber in die Lage versetzten, einen dem § 618 Abs. 1 BGB genügenden Arbeitsplatz einzurichten. 188

8. Die Frage nach einer Gewerkschaftsmitgliedschaft ist auch nach der Einstellung **nicht grundsätzlich zulässig**. Gerade die Mitgliedschaft in einer Gewerkschaft kann auch im bestehenden Arbeitsverhältnis Ursache einer Benachteiligung werden, so dass auch hier ein besonderes Interesse des Arbeitnehmers daran besteht, selbst zu entscheiden, wie und in welchem Kreis er seine Mitgliedschaft offenlegt. Dem steht ein berechtigtes Interesse des Arbeitgebers höchstens dann entgegen, wenn der Arbeitgeber tarifgebunden ist, die arbeitsvertraglichen Vereinbarungen mit dem Arbeitnehmer aber nicht auf die geltenden Tarifverträge Bezug nehmen. Dies dürfte in den seltensten Konstellationen der Fall sein. Darüber hinaus ist auch zu bedenken, dass der Arbeitnehmer, der für sich tarifliche Rechte wegen beiderseitiger Tarifbindung geltend machen will, mit entsprechenden Forderungen auf den Arbeitgeber zukommen und in dem Zusammenhang seine Mitgliedschaft offen legen wird. Die Offenlegung der Gewerkschaftsmitgliedschaft liegt entsprechend eher im Interesse des Arbeitnehmers als des Arbeitgebers. 189

9. Fragen, die im Bewerberfragebogen wegen möglicher Unzulässigkeit sicherheitshalber nicht gestellt wurden, können unter Umständen auch in den Einstellungsfragebogen aufgenommen werden. Verwendet der Arbeitgeber überhaupt keinen Bewerberfragebogen, können die dort zulässigen Fragen problemlos auch in dem vorstehenden Einstellungsfragebogen ergänzt werden, sofern an ihrer Beantwortung nach der Einstellung überhaupt noch Interesse besteht. 190

V. Einwilligungen

Die Speicherung von Bewerberdaten ist nur begrenzt, die Durchführung von ärztlichen oder psychologischen Einstellungsuntersuchungen oder von Eignungstests gar nicht ohne Einwilligung des Betroffenen zulässig. Es kann daher aus Arbeitgebersicht sinnvoll sein, sich diese Einwilligung bereits in einem frühen Stadium des Bewerbungsverfahrens erteilen zu lassen, um datenschutzrechtliche Verstöße sicher zu vermeiden bzw. schon frühzeitig zu wissen, ob sich der Bewerber einer Untersuchung oder eines Tests, die für den Arbeitgeber unverzichtbar sind, ohnehin verweigern wird. 191

Ausdrückliche Neuregelungen in diesem Bereich hatten sich im Zuge der mehrfach angekündigten Neufassung des Beschäftigtendatenschutzes abgezeichnet. Nachdem diese Gesetzesreform nun aber von der Großen Koalition im Hinblick auf die Verhandlungen zur Europäischen Datenschutz-Grundverordnung zurückgestellt worden ist, sind Neuerungen hier erst nach deren Inkrafttreten zu erwarten. 192

A. Die Anbahnung des Arbeitsverhältnisses

1. Einwilligung in Datenspeicherung und Verzicht auf Rücksendung oder Vernichtung der Bewerbungsunterlagen

Vorbemerkung

193 Die personenbezogenen Daten von Arbeitnehmern und Bewerbern können nicht unbegrenzt erhoben, verarbeitet und genutzt werden. Das Persönlichkeitsrecht der Betroffenen wird insbesondere durch die Regeln der Datenschutzgesetze, hier vor allem des BDSG, geschützt (vgl. allgemein zum Datenschutz im Arbeitsverhältnis DLW/*Deutsch* Kapitel 3 Rn. 3032 ff.). Dieses formuliert in §§ 27 ff. BDSG allgemeine Rechtsgrundlagen für die Datenverarbeitung und stellt in § 32 BDSG Regeln für die Datenerhebung, -verarbeitung und -nutzung für Zwecke des Beschäftigungsverhältnisses auf. Über diese Regeln hinaus ist die Erhebung, Verarbeitung und Nutzung personenbezogener Daten nach § 4 Abs. 1 BDSG aber auch zulässig, soweit der Betroffene eingewilligt hat.

Es kann sich daher anbieten, den Bewerber in einem frühen Stadium des Bewerbungsverfahrens eine entsprechende Einwilligungserklärung abgeben zu lassen.

▶ **Muster – Einwilligung in Datenspeicherung** [1]

194 Name, Vorname: _____

Ich stimme der Erhebung, Verarbeitung und Nutzung meiner personenbezogenen Daten, insbesondere der in meinen Bewerbungsunterlagen, den ausgefüllten Bewerber- und Personalfragebögen enthaltenen und den im Rahmen des Bewerbungsverfahrens, zum Beispiel im Verlauf des Bewerbungsgesprächs erfassten Daten durch das Unternehmen zu. [2] Ich willige ausdrücklich auch in die Erhebung, Verarbeitung und Nutzung von Angaben über meine rassische und ethnische Herkunft, meine politischen Meinungen, religiösen, weltanschaulichen oder philosophischen Überzeugungen, meine Gewerkschaftszugehörigkeit, Gesundheit und Behinderung, über mein Geschlecht, Sexualleben oder meine sexuelle Identität sowie über mein Alter ein. [3]

Diese Daten dürfen zur Durchführung des Bewerbungsverfahrens und zur Beurteilung meiner Eignung für die betreffende Stelle sowie zu statistischen Zwecken verwendet werden. [4]

Darüber hinaus stimme ich einer dauerhaften Speicherung dieser Daten durch das Unternehmen zu und verzichte auch für den Fall, dass meine Bewerbung erfolglos ist, vorläufig auf die Löschung. Ich verzichte in diesem Fall auch auf die Rücksendung oder Vernichtung meiner Bewerbungsunterlagen einschließlich des ausgefüllten Bewerberfragebogens. [5] Ich kann die Vernichtung oder Rücksendung der Unterlagen und die Löschung der Daten nach Abschluss des Bewerbungsverfahrens jederzeit nachträglich verlangen.

_____[Ort]_____, den _____[Datum]_____

_____
(Unterschrift des Bewerbers) [6]

Erläuterungen

Schrifttum

Däubler Das neue Bundesdatenschutzgesetz und seine Auswirkungen im Arbeitsrecht, NZA 2001, 874; *Deutsch/Diller* Die geplante Neuregelung des Arbeitnehmerdatenschutzes in § 32 BDSG, DB 2009, 1462; *Erfurth* Der »neue« Arbeitnehmerdatenschutz im BDSG, NJOZ 2009, 2914; *Gola/Wronka* Handbuch zum Arbeitnehmerdatenschutz, 5. Aufl. 2010; *Gola/Klug* Die Entwicklung des Datenschutzrechts in den Jahren 2009/2010, NJW 2010, 2483; *Haase/Heermann/Rottwinkel* Der neue Beschäftigtendatenschutz im Bewerbungs- und Einstellungsverfahren, DuD 2011, 83; *Riesenhuber* Kein Fragerecht des Arbeitgebers, NZA 2012, 771; *Thüsing* Datenschutz im Arbeitsverhältnis – Kritische Gedanken zum neuen § 32 BDSG, NZA 2009, 865; *Wellhöner/Byers* Datenschutz im Betrieb – Alltägliche Herausforderung für den Arbeitgeber?!, BB 2009,

2310; *Wuermeling* Beschäftigtendatenschutz auf der europäischen Achterbahn, NZA 2012, 368; *Wybitul* Neue Spielregeln bei Betriebsvereinbarungen und Datenschutz, NZA 2014, 225.

1. Nach § 32 Abs. 1 S. 1 BDSG dürfen personenbezogene Daten eines Beschäftigten für Zwecke des Beschäftigungsverhältnisses erhoben, verarbeitet oder genutzt werden, wenn dies für die Entscheidung über die Begründung eines Beschäftigungsverhältnisses oder nach Begründung des Beschäftigungsverhältnisses für dessen Durchführung oder Beendigung erforderlich ist. Auch ohne die Einwilligung des Bewerbers ist demnach die Erhebung, Verarbeitung und Nutzung solcher Daten zulässig, die über die Eignung des Bewerbers Auskunft geben, wobei hier nicht zu eng nur auf den angestrebten Arbeitsplatz abzustellen sein dürfte, sondern auch auf weitere, nicht auf die konkret angestrebte Tätigkeit bezogene Umstände (*Gola/Wronka* Rn. 421). Voraussetzung für jede Datenverarbeitung ist dabei aber stets die Einhaltung des **Verhältnismäßigkeitsgrundsatzes**. Die Datenverwendung muss zunächst einem legitimen Zweck dienen, darf also nicht beispielsweise aus reiner Neugierde des Arbeitgebers erfolgen. Außerdem muss die Datenverarbeitung erforderlich sein, d.h. der verfolgte Zweck darf nicht mit geringerer Datenverwendung ebenso gut zu erreichen sein. Schließlich sind die jeweiligen Interessen von Arbeitgeber und Bewerber gegeneinander abzuwägen. Hier müssen dann alle Umstände des Einzelfalls berücksichtigt werden.

195

Gleichwohl kann es sinnvoll sein, sich das Einverständnis des Bewerbers in die Speicherung seiner personenbezogenen Daten geben zu lassen, da gerade bei umfangreicheren Bewerbungsverfahren mit umfassenden Fragebögen, langen Bewerbungsgesprächen, eventuell auch Eignungstests oder Assessment-Centern nicht zu garantieren ist, dass jedes gespeicherte Datum unter die Erlaubnisnorm des § 32 Abs. 1 BDSG subsumiert werden kann (kritisch *Gola/Wronka* Rn. 254, die dafür plädieren, die Einwilligung nur »im Notfall« einzuholen, um dem Betroffenen nicht zu suggerieren, die Datenverarbeitung liege tatsächlich voll und ganz im Rahmen seines informationellen Selbstbestimmungsrechts; kritisch auch MünchArbR/*Buchner* § 41 Rn. 296, der die Einwilligung mangels Anwendungsbereichs für überflüssig hält).

196

2. § 4a Abs. 1 S. 2 BDSG verlangt ein hohes Maß an **Konkretheit** der Einwilligung. Hierzu gehört zunächst, dass der Bewerber weiß, welche Daten über ihn überhaupt gespeichert werden (*Gola/Wronka* Rn. 265). Diese sollten daher so präzise wie möglich benannt werden, z.B. durch Bezugnahme auf die konkret erhobenen Fragebögen, Gespräche und Unterlagen (*Gola/Schomerus* § 4a BDSG Rn. 11).

197

Zu beachten ist, dass die datenschutzrechtliche Einwilligung des Betroffenen **keine Erweiterung des Fragerechts des Arbeitgebers** bedeutet (*Gola/Wronka* Rn. 262 ff.). Dieses richtet sich insbesondere nach den von der Rechtsprechung aufgestellten Grundsätzen zum Arbeitgeberfragerecht und nach den Regelungen des AGG (vgl. Erläuterungen zu III. 3. und IV.). Teilweise wird inzwischen vertreten, das allgemeine Persönlichkeitsrecht, auf welchem die dezidierte Rechtsprechung zum Fragerecht des Arbeitgebers beruht, sei durch § 32 Abs. 1 BDSG als speziellerer Rechtsgrundlage verdrängt worden (*Riesenhuber* NZA 2012, 771). In jedem Fall kann der Arbeitgeber sein Fragerecht aber nicht dadurch erweitern, dass er sich zuvor die Einwilligung des Betroffenen in die Erhebung der Informationen geben lässt. Die äußerste Grenze der Zulässigkeit wird durch die arbeitsrechtlichen Befugnisse des Arbeitgebers gezogen. Werden diese überschritten, ist die damit verbundene Datenverarbeitung selbst automatisch unzulässig (AR-*Scholz* § 32 BDSG Rn. 9).

198

3. Nach §§ 4a Abs. 3, 3 Abs. 9 BDSG bedarf die Erhebung, Verarbeitung oder Nutzung von Angaben über die rassische und ethnische Herkunft, die politischen Meinungen, religiösen, weltanschaulichen oder philosophischen Überzeugungen, über die Gewerkschaftszugehörigkeit, Gesundheit und Behinderung, über das Geschlecht, Sexualleben oder die sexuelle Identität sowie das Alter (**besondere Arten personenbezogener Daten**) einer Einwilligung, die sich ausdrücklich auch auf diese Daten bezieht. Die Erhebung dieser Daten insbesondere im Bewerbungsverfahren ist spätestens seit Inkrafttreten des AGG **hoch problematisch** (vgl. Erläuterungen unter III. 3. – A Rdn. 100 ff. und IV. – A Rdn. 121 ff.). Wie dargestellt führt die datenschutzrechtliche Einwil-

199

A. Die Anbahnung des Arbeitsverhältnisses

ligung auch nicht zu einer Zulässigkeit der Frage nach diesen Daten i.S.d. Arbeitgeberfragerechts und des AGG. Mit Aufnahme dieser Daten in die Einwilligungserklärung läuft der Arbeitgeber Gefahr, ein Indiz dafür zu setzen, dass er diese Daten bei der Einstellungsentscheidung berücksichtigen will. Andererseits können auch Fragen nach den besonderen personenbezogenen Daten sowohl nach AGG wie auch allgemein bei Berücksichtigung der Grundsätze zum Arbeitgeberfragerecht zulässig und gerechtfertigt sein. Ist dies der Fall, sollte sich eine datenschutzrechtliche Einwilligung auch auf diese Daten erstrecken. Im Übrigen werden die Daten durch die Einwilligungserklärung noch nicht erhoben. Es erscheint daher vertretbar, diese Daten in die Einwilligungserklärung mit aufzunehmen.

200 **4.** Die von § 4a Abs. 1 S. 2 BDSG verlangte Konkretheit der Einwilligung umfasst auch ausdrücklich den Zweck der Datenverarbeitung. Dieser muss so präzise wie möglich formuliert werden (*Gola/Schomerus* § 4a BDSG Rn. 26 f.). Die vorgeschlagene Formulierung ist zweistufig verfasst und geht mit der Einwilligung in die Speicherung auch nach Abschluss des Bewerbungsverfahrens relativ weit. Die Beschränkung auf den ersten Satz wäre eine eher eng gefasste Alternative und würde die Einwilligung auf das Bewerbungsverfahren um die konkrete Stelle eingrenzen.

201 **5.** Grundsätzlich erstreckt sich die Zulässigkeit der Speicherung von Bewerberdaten nach § 32 BDSG nur auf das Bewerbungsverfahren. Ist die Einstellungsentscheidung gefallen, dürfen die Daten nicht mehr verwendet werden und müssen gelöscht, Unterlagen müssen vernichtet oder dem Bewerber zurückgesandt werden (DLW/*Deutsch* Kapitel 3 Rn. 3077 f.), wobei eine Speicherung jedenfalls für die Dauer der zweimonatigen Ausschlussfrist nach § 15 Abs. 4 AGG zulässig sein dürfte (*Wellhöner/Byers* BB 2009, 2310, 2315). Das Bayerische Landesamt für Datenschutzaufsicht vertritt in seinem Tätigkeitsbericht 2011/2012 (unter 13.1) die Auffassung, dass eine Speicherung unter Einbeziehung eines zeitlichen »Sicherheitszuschlags« sogar für die Dauer von sechs Monaten noch vertretbar ist. Für die Zeit nach der Einstellungsentscheidung bis zu dem Zeitpunkt, zu dem Sicherheit darüber besteht, dass keine Rechtsstreitigkeiten, z.B. nach § 15 AGG zu erwarten sind, wird allerdings eine Pflicht zur Sperrung der Daten vertreten (ErfK/*Wank* § 32 BDSG Rn. 15).

202 Mit der vorgeschlagenen Einwilligung entlastet der Bewerber den Arbeitgeber von der Rücksendepflicht und von der Verpflichtung, nach jedem Bewerbungsdurchlauf sofort zu entscheiden, welche Unterlagen im Hinblick auf eine mögliche Auseinandersetzung nach § 15 AGG gesperrt, welche vernichtet und welche zurückgesandt werden sollen. Zugleich bleibt dem Arbeitgeber so die Möglichkeit, im Falle einer weiteren freien Stelle im Unternehmen auf die Bewerbung zurückzugreifen und u.U. mit dem früheren Bewerber in Kontakt zu treten, sollte dieser das Anforderungsprofil erfüllen.

203 **6.** Die Einwilligung muss nach § 4a Abs. 1 S. 3 BDSG **schriftlich** erklärt werden. §§ 125 ff. BGB sind anwendbar. Soll die Einwilligung zusammen mit anderen Erklärungen erteilt werden, wird sie also beispielsweise als Teil des Arbeitsvertrages oder eines Bewerberfragebogens gestaltet, ist sie **besonders hervorzuheben**, § 4a Abs. 1 S. 4 BDSG. Dies kann insbesondere durch Fettdruck, Umrahmungen oder farbliche Markierungen erfolgen. Rechtssicherer ist aber die isolierte Gestaltung als eigenes Dokument.

204 Die Einwilligung muss **vor der Datenerhebung**, -verarbeitung oder -nutzung vorliegen, sofern sie erforderlich ist. Die Einwilligungserklärung sollte daher in einem möglichst frühen Stadium des Bewerbungsverfahrens abgegeben werden.

205 Nach § 4a Abs. 1 S. 1 BDSG muss die Einwilligung schließlich auf der **freien Entscheidung** des Betroffenen beruhen. Dies ist grundsätzlich der Fall, wenn der Betroffene seine Zustimmung ohne Sanktionen oder Nachteile befürchten zu müssen auch versagen oder später zurücknehmen kann. Ob diese Voraussetzungen in der Bewerbungssituation wirklich gegeben sind, darf kritisch hinterfragt werden (vgl. *Gola/Wronka* Rn. 258 ff.; 271 ff.; *Gola/Schomerus* § 4a BDSG Rn. 20 ff.; vgl. auch *Däubler* NZA 2001, 874, 877). Richtig dürfte aber sein, dem mündigen Bewerber die Freiheit seiner Willensentscheidungen nicht abzusprechen, nur weil er Nachteile im Bewerbungsver-

fahren fürchtet. Allerdings darf der Bewerber selbstverständlich nicht zusätzlich unter Druck gesetzt oder beeinflusst werden.

2. Einwilligung in betriebs- oder vertrauensärztliche Untersuchung

Vorbemerkung

Je nach Art der zu besetzenden Stelle und der darauf zu leistenden Tätigkeit kann der Arbeitgeber ein besonderes Interesse daran haben, die körperliche Geeignetheit eines Bewerbers ärztlich feststellen zu lassen, bevor er seine Einstellungsentscheidung trifft. Diesem Interesse des Arbeitgebers steht das Interesse des Arbeitnehmers an körperlicher Unversehrtheit und Schutz seines Persönlichkeitsrechtes gegenüber.

▶ **Muster – Einwilligung in betriebs- oder vertrauensärztliche Untersuchung**

Name, Vorname: _____

Hiermit erkläre ich mein Einverständnis [1] zu einer betriebs- oder vertrauensärztlichen [2] Untersuchung auf Kosten des Arbeitgebers. [3]

Diese Einwilligung ist beschränkt auf solche Untersuchungen, die zur Prüfung der wesentlichen und entscheidenden gesundheitlichen Voraussetzungen [4] für die Ausübung der Tätigkeit als _[angestrebte Tätigkeit]_ notwendig sind. [5] Ich entbinde den untersuchenden Arzt von der ärztlichen Schweigepflicht insoweit, als die Mitteilung der Untersuchungsergebnisse zur Beurteilung meiner Eignung für die vorgenannte Tätigkeit erforderlich ist. [6]

_____[Ort]_____, den _____[Datum]_____

_____
(Unterschrift des Bewerbers)

Erläuterungen

Schrifttum
Diller/Powietzka Drogenscreenings und Arbeitsrecht, NZA 2001, 1227; _Fischinger_ Die arbeitsrechtlichen Regelungen des Gendiagnostikgesetzes, NZA 2010, 65; _Haase/Heermann/Rottwinkel_ Der neue Beschäftigtendatenschutz im Bewerbungs- und Einstellungsverfahren, DuD 2011, 83; _Keller_ Die ärztliche Untersuchung des Arbeitnehmers im Rahmen des Arbeitsverhältnisses, NZA 1988, 561; _Menzel_ Genomanalyse im Arbeitsverhältnis und Datenschutz, NJW 1989, 2041; _Stück/Wein_ Die ärztliche Untersuchung des Arbeitnehmers – Voraussetzungen, Inhalt und Rechtsfolgen, NZA-RR 2005, 505; _Zeller_ Die Einstellungsuntersuchung, BB 1987, 2439.

1. Die Einstellungsuntersuchung kann – im Bewerbungsverfahren selbstverständlich – nur freiwillig mit **Einwilligung** des Bewerbers erfolgen. Ein zwischenzeitlicher Entwurf für die Neuregelung des Beschäftigtendatenschutzes sah eine ausdrückliche Regelung zur datenschutzrechtlichen Zulässigkeit ärztlicher Untersuchungen im Vorfeld einer Einstellung vor, soweit die Erfüllung bestimmter gesundheitlicher Voraussetzungen wegen der Art der auszuübenden Tätigkeit oder der Bedingungen ihrer Ausübung eine wesentliche und entscheidende berufliche Anforderung zum Zeitpunkt der Arbeitsaufnahme darstellt. Eine Einwilligung des Beschäftigten in die Untersuchung und die Weitergabe der Untersuchungsergebnisse war nach diesem Entwurf Voraussetzung für die Zulässigkeit. Ob dieser Entwurf eines Tages wieder aufgegriffen wird, ist nicht absehbar. Eine Verpflichtung, sich untersuchen zu lassen, besteht auch nach aktueller Rechtslage grundsätzlich nicht (DLW/_Deutsch_ Kapitel 3 Rn. 3066 ff.; ErfK/_Preis_ § 611 BGB Rn. 294; zur Verpflichtung im bestehenden Arbeitsverhältnis vgl. _Stück/Wein_ NZA-RR 2005, 505, 507 ff.).

Auch dort, wo die ärztliche Untersuchung gesetzlich vorgeschrieben ist (z.B. § 43 IfSG, § 12 SeeArbG, §§ 32 ff. JArbSchG; vgl. weitere Darstellung bei *Stück/Wein* NZA-RR 2005, 505, 505 ff.), bleibt die Einstellungsuntersuchung freiwillig. Der Bewerber, der eine gesetzlich vorgeschriebene Untersuchung verweigert, wird sich aber nicht gegen seine Ablehnung zur Wehr setzen können.

209 **2.** Üblich ist die Untersuchung durch den nach § 2 ASiG berufenen Betriebsarzt oder, sofern dieser nicht vorhanden ist, den Vertrauensarzt. Es kann aber auch jeder andere approbierte Arzt beauftragt werden (vgl. ErfK/*Preis* § 611 BGB Rn. 296).

210 **3.** Da die Untersuchung in erster Linie den Interessen des Arbeitgebers dient, hat er grundsätzlich auch die **Kosten** für die Untersuchung zu tragen.

211 **4.** Die Durchführung ärztlicher Einstellungsuntersuchungen ist mit der Einführung des **AGG** insofern problematischer geworden, als dass diese zu einer Aufdeckung von Diskriminierungsmerkmalen i.S.d. § 1 AGG – insbesondere von Behinderungen – noch im Laufe des Bewerbungsverfahrens führen können. Dies gilt umso mehr, seit EuGH und BAG den Behindertenbegriff unter bestimmten Umständen auch auf chronische Erkrankungen erweitert haben (vgl. EuGH, Urt. v. 18.12.2014 – C-354/13, NZA 2015, 33; EuGH, Urt. v. 11.04.2013 – C-335/11 und C-337/11, NZA 2013, 553; BAG, Urt. v. 19.12.2013 – 6 AZR 190/12, NZA 2014, 372). Wie bei der Formulierung von Fragen im Bewerbungsgespräch oder im Personalfragebogen (s.o. Anmerkungen zu III. 3. – A Rdn. 100 ff. und IV. – A Rdn. 121 ff.) sollte der Arbeitgeber daher insgesamt während des laufenden Bewerbungsverfahrens weitestmöglich auf die Sammlung solcher Informationen verzichten, um sich davor zu schützen, Indizien für eine unzulässige Benachteiligung zu setzen. Aufgrund des wohl sehr weit zu fassenden und nicht scharf vom Krankheitsbegriff abgrenzbaren europarechtlichen Behinderungsbegriffs (vgl. EuGH, Urt. v. 18.12.2014 – C-354/13, NZA 2015, 33; EuGH, Urt. v. 11.04.2013 – C-335/11 und C-337/11, NZA 2013, 553; EuGH, Urt. v. 11.07.2006 – C-13/05, NZA 2006, 839) muss bei der Feststellung jeder erheblichen Erkrankung mit einem Bezug zum europarechtlichen Behinderungsbegriff gerechnet werden.

212 Soll die Untersuchung gleichwohl noch vor der Einstellung durchgeführt werden, sollte sie auf die Aspekte begrenzt werden, deren Berücksichtigung nach § 8 Abs. 1 AGG in jedem Fall gerechtfertigt ist. Die formulierte Einwilligungserklärung ist daher an den Wortlaut des § 8 Abs. 1 AGG angelehnt.

213 Alternativ ist auch möglich, das Bewerbungsverfahren ungeachtet der gesundheitlichen Eignung der Bewerber durchzuführen und den danach ausgewählten Bewerber unter der **auflösenden Bedingung** nach § 158 Abs. 2 BGB einzustellen, dass die an den Maßstäben des § 8 Abs. 1 AGG orientierte Einstellungsuntersuchung nicht den Nachweis einer gesundheitlichen Eignung für die beabsichtigte Tätigkeit ergibt (LAG Frankfurt/Main, Urt. v. 08.12.1994 – 12 Sa 1103/94, DB 1995, 1617; str.!). Auch die **aufschiebend bedingte Einstellung** wird für zulässig erachtet (LAG Hamm, Urt. v. 12.09.2006 – 9 Sa 2313/05, PflR 2007, 81) und dürfte im Hinblick auf §§ 21, 14 Abs. 1 TzBfG vorzugswürdig sein.

214 **5.** Der Eingriff in die körperliche Unversehrtheit und das allgemeine Persönlichkeitsrecht des Bewerbers ist auch bei Vorliegen einer Einwilligung nur gerechtfertigt, soweit die Untersuchung im **berechtigten Interesse** des Arbeitgebers liegt (BAG, Urt. v. 23.02.1967 – 2 AZR 124/66, DB 1967, 1182). Die zum Fragerecht des Arbeitgebers aufgestellten Grundsätze sind entsprechend anzuwenden. Die Untersuchung ist daher nach Art und Umfang auf die Beurteilung der gegenwärtigen Eignung des Bewerbers für den zu besetzenden Arbeitsplatz zu beschränken (BAG, Urt. v. 23.02.1967 – 2 AZR 124/66, DB 1967, 1182). Dem ist genügt, wenn die Untersuchung zeigen soll, ob eine Erkrankung oder gesundheitliche Beeinträchtigung des Bewerbers vorliegt, welche seine Eignung für die angestrebte Tätigkeit auf Dauer oder in periodisch wiederkehrenden *Abständen* erheblich beeinträchtigt oder gar aufhebt (BAG, Urt. v. 07.06.1984 – 2 AZR 270/83, NZA 1985, 57; ErfK/*Preis* § 611 BGB Rn. 293). Die betreffende Tätigkeit sollte daher im Rahmen der Einwilligung bezeichnet werden.

Unzulässig ist auch nach diesen Grundsätzen die **Genomanalyse**, also eine Untersuchung der 215
Strukturen und Funktionen der Gene des Bewerbers (MünchArbR/*Buchner* § 30 Rn. 407). Hiervon wurde bereits früher ausgegangen (ausführlich *Menzel* NJW 1989, 2041; vgl. zum Diskussionsstand ErfK/*Preis* § 611 BGB Rn. 302). Seit dem 01.02.2010 ist das Verbot der Verwendung genetischer Untersuchungen vor Begründung des Beschäftigungsverhältnisses in § 19 GenDG ausdrücklich geregelt (ausführlich *Fischinger* NZA 2010, 65). Es besteht unabhängig von einer Einwilligung des Bewerbers (*Fischinger* NZA 2010, 65, 68).

Drogenscreenings und Alkoholtests können zulässig sein, wenn im Einzelfall, also abhängig von 216
der konkret auszuübenden Tätigkeit, eine Drogen- oder Alkoholabhängigkeit Risikolagen begründet, die über das bloße Risiko der Nicht- oder Schlechtleistung des Arbeitnehmers hinausgehen und zu Gefahren für Leib und Leben des Arbeitnehmers oder Dritter führen (*Diller/Powietzka* NZA 2001, 1227, 1228). Beispielhaft werden hierfür die Tätigkeiten als Chirurg, Pilot, Kraftfahrer, Waffenträger, Gerüstbauer, Rennfahrer oder Testpilot genannt (*Diller/Powietzka* NZA 2001, 1227, 1228).

6. Auch der Betriebsarzt unterliegt der ärztlichen **Schweigepflicht** (§ 203 Abs. 1 StGB; § 8 217
Abs. 1 S. 3 ASiG) und ist hieran grundsätzlich auch gegenüber dem Arbeitgeber, auf dessen Veranlassung die Untersuchung durchgeführt wird, gebunden. Er darf die Untersuchungsergebnisse daher nur mit Einwilligung des Bewerbers an den Arbeitgeber weitergeben, wobei eine grundsätzliche Einwilligung vermutet werden kann, wenn der Bewerber die Einstellungsuntersuchung, die ja ausschließlich der Eignungsprüfung für die Tätigkeit beim Arbeitgeber dient, vornehmen lässt (*Zeller* BB 1987, 2439, 2442). Gleichwohl empfiehlt es sich, eine ausdrückliche Schweigepflichtsentbindung in die Einwilligungserklärung aufzunehmen. Das Auskunftsrecht erstreckt sich allerdings nur auf das allgemein gehaltene Gesamtergebnis, soweit es für den in Aussicht genommenen Arbeitsplatz hinsichtlich der Eignung des Bewerbers von Bedeutung ist. Die einzelnen Befunde der Teiluntersuchungen dürfen nicht mitgeteilt werden (ErfK/*Preis* § 611 BGB Rn. 296; *Keller* NZA 1988, 561, 563). Hierfür bedürfte es einer ausdrücklichen, auf das konkrete Untersuchungsergebnis bezogenen Schweigepflichtsentbindung, für die es regelmäßig keinen Anlass gibt. Die Beurteilung, ob der gesundheitliche Zustand des Bewerbers den Anforderungen des Arbeitsplatzes genügt, obliegt allein dem Arzt, der entsprechend auch nur dieses Urteil an den Arbeitgeber mitzuteilen hat (ErfK/*Preis* § 611 BGB Rn. 293).

3. Einwilligung in psychologische Untersuchung

Vorbemerkung

Neben medizinischen Untersuchungen legen immer mehr Unternehmen Wert auf eine psychologische Begutachtung ihrer Bewerber. Auch hier stehen sich – vielleicht mehr noch als im Falle der ärztlichen Einstellungsuntersuchung – das Interesse des Arbeitgebers an einer Begutachtung der psychischen Verfassung des Bewerbers und dessen Recht auf Schutz seines Persönlichkeitsrechts entgegen. Die für die ärztliche Einstellungsuntersuchung dargestellten Grundsätze gelten entsprechend. 218

▶ **Muster – Einwilligung in psychologische Untersuchung**

Name, Vorname: _____ 219

Hiermit erkläre ich mein Einverständnis [1] zu einer psychologischen Eignungsuntersuchung [2] auf Kosten des Arbeitgebers. [3]

Diese Einwilligung ist beschränkt auf solche Untersuchungen, die zur Prüfung der wesentlichen und entscheidenden gesundheitlichen, psychischen Voraussetzungen [4] für die Ausübung der Tätigkeit als _[angestrebte Tätigkeit]_ notwendig sind. [5] Ich entbinde den untersuchenden Psychologen

A. Die Anbahnung des Arbeitsverhältnisses

von seiner Schweigepflicht insoweit, als die Mitteilung der Untersuchungsergebnisse zur Beurteilung meiner Eignung für die vorgenannte Tätigkeit erforderlich ist. [6]

_____[Ort]_____ , den _____[Datum]_____

_____
(Unterschrift des Bewerbers)

Erläuterungen

Schrifttum

Franzen Rechtliche Rahmenbedingungen psychologischer Eignungstests, NZA 2013, 1; *Grunewald* Der Einsatz von Personalauswahlverfahren und -methoden im Betrieb – ein faktisch rechtsfreier Raum? NZA 1996, 15; *Kaehler* Individualrechtliche Zulässigkeit des Einsatzes psychologischer Testverfahren zu Zwecken der betrieblichen Bewerberauswahl, DB 2006, 277; *Köhler* Keine Mitbestimmung bei der Durchführung von Assessementcentern, GWR 2013, 132; *Scholz* Schweigepflicht der Berufspsychologen und Mitbestimmung des Betriebsrates bei psychologischen Einstellungsuntersuchungen, NJW 1981, 1987; *Schönfeld/Gennen* Mitbestimmung bei Assessment-Centern – Beteiligungsrechte des Betriebsrats und des Sprecherausschusses, NZA 1989, 543.

220 **1.** Auch die Durchführung der psychologischen Untersuchung ist im Bewerbungsverfahren freiwillig und Bedarf der Einwilligung des Bewerbers. Der Bewerber muss über die Funktionsweise und den Zweck des Tests **aufgeklärt** werden (LAG Sachsen, Urt. v. 20.08.2004 – 2 Sa 872/03; ErfK/*Preis* § 611 BGB Rn. 309; *Kaehler*, DB 2006, 277, 278), wobei diese Aufklärung nicht zwingend vor der Einwilligung erfolgen muss, sondern aus Praktikabilitätsgründen unmittelbar vor der Untersuchung durch den Psychologen oder, sofern der Test die Unvoreingenommenheit des Bewerbers voraussetzt, auch im Auswertungsgespräch erfolgen kann. Sollte der Bewerber in diesem Zeitpunkt nicht mehr mit dem Test einverstanden sein, kann er die Weitergabe der Testergebnisse an den Arbeitgeber durch ausdrücklichen Widerruf der Schweigepflichtsentbindung verbieten. Andere Erkenntnisquellen müssen dem Arbeitgeber verschlossen sein (LAG Sachsen, Urt. v. 20.08.2004 – 2 Sa 872/03, JurionRS 2004, 26526; *Grunewald* NZA 1996, 15).

221 **2.** Psychologische Eignungstests dürfen nur von **diplomierten Psychologen** durchgeführt werden (LAG Sachsen, Urt. v. 20.08.2004 – 2 Sa 872/03, JurionRS 2004, 26526; ErfK/*Preis* § 611 BGB Rn. 309).

222 **3.** S.o. A Rdn. 210.

223 **4.** S.o. A Rdn. 211 ff. Auch psychologische Einstellungsuntersuchungen können zur Aufdeckung insbesondere geistiger Behinderungen führen. Darüber hinaus ist noch nicht absehbar, ob nicht auch manche psychische Erkrankung unter den europarechtlichen Behinderungsbegriff subsumiert werden wird. Auch die Einwilligung in diese Untersuchung sollte sich daher auf die Aspekte begrenzen, deren Berücksichtigung nach § 8 Abs. 1 AGG in jedem Fall gerechtfertigt ist. Die formulierte Einwilligungserklärung ist daher an den Wortlaut des § 8 Abs. 1 AGG angelehnt.

224 **5.** S.o. A Rdn. 214. Auch die psychologische Einstellungsuntersuchung darf sich nur auf solche Aspekte erstrecken, die für die Beurteilung der gegenwärtigen Eignung des Bewerbers für die in Aussicht genommene Tätigkeit von Belang sind und deren Feststellung daher im **berechtigten Interesse** des Arbeitgebers ist. Untersuchungen, die der Erfassung der Gesamtpersönlichkeit oder der Aufstellung eines allgemeinen Persönlichkeitsprofils dienen, sind regelmäßig unzulässig. Auch allgemeine **Intelligenztests** ohne Bezug zu der konkret angestrebten Tätigkeit sind unzulässig (ErfK/*Preis* § 611 BGB Rn. 309).

225 Auch **Assessment-Center** können eine Form der psychologischen Untersuchung darstellen oder jedenfalls Ansätze einer psychologischen Bewertung enthalten. Ist dies der Fall, so gelten die dargestellten Grundsätze auch für die Teilnahme an solchen Assessment-Centern. Vgl. hierzu, insbes.

hinsichtlich der Mitbestimmungsrechte des Betriebsrats ErfK/*Preis* § 611 BGB Rn. 308; *Schönfeld/Gennen* NZA 1989, 543.

6. Der Diplompsychologe unterliegt wie der Arzt der Schweigepflicht (vgl. § 203 Abs. 1 Nr. 2 StGB; ausführlich *Scholz* NJW 1981, 1987). Es gelten die oben A Rdn. 217 dargestellten Grundsätze.

4. Einwilligung in die Teilnahme an einem Persönlichkeitstest

Vorbemerkung

In jüngerer Vergangenheit bewerben zahlreiche Anbieter die verschiedensten Arten von Eignungs- und Persönlichkeitstests, die im Rahmen des Bewerbungs- oder Auswahlverfahrens dazu helfen sollen, nicht nur einen gut qualifizierten, den Anforderungen der zu besetzenden Stelle gewachsenen Bewerber, sondern die richtige Persönlichkeit für die Stelle auszumachen. Dabei ist die Ausgestaltung dieser Tests vielfältig, von Interviews, Rollenspielen und schriftlichen Tests bis hin zu rein visuellen Testverfahren reichen die Angebote. Dabei nehmen einzelne Testverfahren für sich in Anspruch, Aufschluss über Eigenschaften und Fähigkeiten der getesteten Person zu geben, die selbst der Untersuchte so im Bewussten nie bei sich erkannt hätte. Es wird durch diese Testverfahren also teilweise tief in das Unbewusste der Testperson eingedrungen.

Die Zulässigkeit des jeweiligen Testverfahrens in arbeits- und datenschutzrechtlicher Hinsicht muss in jedem Einzelfall untersucht werden. Datenschutzrechtlich lässt sich aber auch hier jedenfalls durch das vorherige Einholen einer schriftlichen Einwilligung etwas Sicherheit gewinnen.

Zu beachten ist, dass die Entscheidung des Arbeitgebers, welchen Test bzw. welches Testverfahren er in seinen Bewerbungsverfahren verwenden will und die Frage, welche Merkmale und Eigenschaften des Bewerbers dort ermittelt werden sollen, nach § 94 Abs. 1 BetrVG **mitbestimmungspflichtig** ist (*Franzen* NZA 2013, 1 ff.).

▶ **Muster – Einwilligung in die Teilnahme an einem Persönlichkeitstest**

Name, Vorname: _____

Hiermit erkläre ich mein Einverständnis [1] zu der Teilnahme an dem Testverfahren _[Name des Verfahrens]_ im Rahmen des Bewerbungsverfahrens für die Stelle _[Stellenbezeichnung]_. Ich stimme der Erhebung, Verarbeitung und Nutzung meiner personenbezogenen Daten durch das Unternehmen im Rahmen des Testverfahrens zum Zwecke der Durchführung des Bewerbungsverfahrens zu. Ich willige ausdrücklich auch in die Erhebung, Verarbeitung und Nutzung von Angaben über meine rassische und ethnische Herkunft, meine politischen Meinungen, religiösen, weltanschaulichen oder philosophischen Überzeugungen, meine Gewerkschaftszugehörigkeit, Gesundheit und Behinderung, über mein Geschlecht, Sexualleben oder meine sexuelle Identität sowie über mein Alter ein, sollten diese Merkmale im Rahmen des Testes bekannt werden.

_____[Ort]_____ , den _____[Datum]_____

_____
(Unterschrift des Bewerbers)

Erläuterungen

Schrifttum
Bausewein Arbeitgeber-Persönlichkeitstests – datenschutzrechtlich zulässig?, ArbRAktuell 2014, 556; *Franzen* Rechtliche Rahmenbedingungen psychologischer Eignungstests, NZA 2013, 1.

A. Die Anbahnung des Arbeitsverhältnisses

229 **1.** Die Teilnahme an einem entsprechenden Testverfahrens ist stets freiwillig. Aufgrund der angedeuteten, tiefgehenden Untersuchungen selbst des unbewussten Teils der Persönlichkeit bedarf es in jedem Fall einer ausdrücklichen Einwilligung des Betroffenen.

Grundsätzlich muss der Arbeitgeber auch hier zusätzlich zu der Zustimmung des Arbeitnehmers ein berechtigtes, billigenswertes und schutzwürdiges Interesse an der Durchführung im Hinblick auf den konkret zu besetzenden Arbeitsplatz haben (BAG, Urt. v. 16.09.1982 – 2 AZR 228/80, AP Nr. 24 zu § 123 BGB).

230 Die Zustimmung des Arbeitnehmers kann nur wirksam ergehen, wenn der Bewerber aufgeklärt wurde, dass ein entsprechender Test bevorsteht und er über die **Art, die Beurteilungskriterien sowie den Umfang** der vorgesehenen Untersuchung in den Grundzügen **aufgeklärt** wurde, so dass er die Bedeutung und Tragweite des Testes absehen kann (vgl. BAG, Urt. v. 16.09.1982 – 2 AZR 228/80, AP Nr. 24 zu § 123 BGB). Die Zustimmung kann allerdings sowohl mündlich wie schriftlich als auch konkludent durch die Teilnahme an dem Verfahren erteilt werden.

231 Auch das Ergebnis eines Testverfahrens muss sich ungeachtet der Einwilligung des Bewerbers darauf beschränken, die Eignung für eine Tätigkeit auf der in Aussicht stehenden Position zu bewerten. Je herausgehobener die zu besetzende Stelle ist, desto umfassender darf das Testergebnis ausfallen. Wie bei ärztlichen und psychologischen Untersuchungen sind die Grundsätze zum Fragerecht des Arbeitgebers heranzuziehen (s.o. A Rdn. 214).

232 Auch diese Grundsätze sollten in dem Entwurf zur Neuregelung des Beschäftigtendatenschutzes aufgegriffen werden. Das entsprechende Gesetz lässt derzeit noch auf sich warten. Wenn es im Zuge der Umsetzung der Datenschutz-Grundverordnung zu neuen Regelungen kommt, bietet es sich an, auch solche Verfahren hier mit zu regeln.

B. Standardarbeitsverhältnisse

Inhaltsübersicht

	Rdn.
I. Standardarbeitsverträge	1
1. Standardarbeitsvertrag eines angestellten Arbeitnehmers (keine Tarifbindung)	1
Vorbemerkung	1
Muster: Standardarbeitsvertrag eines angestellten Arbeitnehmers (keine Tarifbindung)	4
Erläuterungen	5
2. Standardarbeitsvertrag in englischer Fassung	62
Vorbemerkung	62
Muster: Standardarbeitsvertrag englische Fassung	63
3. Standardarbeitsvertrag eines angestellten Arbeitnehmers (mit Tarifbezug)	64
Vorbemerkung	64
Muster: Standardarbeitsvertrag eines angestellten Arbeitnehmers (mit Tarifbezug)	68
Erläuterungen	69
4. Arbeitsvertrag in Briefform	96
Vorbemerkung	96
Muster: Arbeitsvertrag in Briefform	97
Erläuterungen	98
5. Arbeitsvertrag über eine geringfügige Beschäftigung	105
Vorbemerkung	105
Muster: Arbeitsvertrag über eine geringfügige Beschäftigung	108
Erläuterungen	109
6. Arbeitsvertrag für Führungspositionen	130
Vorbemerkung	130
Muster: Arbeitsvertrag für Führungspositionen	134
Erläuterungen	135
7. Erklärung des Mitarbeiters zur Speicherung und Verwendung seiner Daten	167
Vorbemerkung	167
Muster: Erklärung des Mitarbeiters zur Speicherung und Verwendung seiner Daten	168
Erläuterungen	169
II. Vergütungsbestandteile: Monetäre Vergütung	172
1. Grundvergütung	172
Vorbemerkung	172
Muster: Grundvergütung	175
Erläuterungen	176
2. Variable Vergütung	195
2.1 Rahmenvereinbarung über eine Zielvereinbarung	195
Vorbemerkung	195
Muster: Rahmenvereinbarung über eine Zielvereinbarung	199
Erläuterungen	200
2.2 Konkrete Zielfestlegung	215
Vorbemerkung	215
Muster: Variable Vergütung – Konkrete Zielfestlegung	218
Erläuterungen	219
2.3 Tantiemenvereinbarung	226
Vorbemerkung	226
Muster: Variable Vergütung – Tantiemenvereinbarung	227
Erläuterungen	228
III. Vergütungsbestandteile: Sachbezüge	234
1. Dienstwagenvertrag und Dienstwagenklausel	234
Vorbemerkung	234
Muster: Dienstwagenvertrag und Dienstwagenklausel	236
Erläuterungen	237
2. Vereinbarung über die dienstliche Nutzung des privaten Kfz des Mitarbeiters	258
Vorbemerkung	258

B. Standardarbeitsverhältnisse

		Rdn.
	Muster: Vereinbarung über die dienstliche Nutzung des privaten Kfz des Mitarbeiters	260
	Erläuterungen	261
3.	Dienstwohnung	266
	Vorbemerkung	266
	Muster: Dienstwohnung	268
	Erläuterungen	269
4.	Umzugskosten	276
	Vorbemerkung	276
	Muster: Umzugskosten	279
	Erläuterungen	280
IV.	**Vergütungsbestandteile: Urlaub**	**283**
1.	Urlaubsregelungen	283
	Vorbemerkung	283
	Muster: Urlaubsregelungen	286
	Erläuterungen	287
2.	Sonderurlaub	293
	Vorbemerkung	293
	Muster: Sonderurlaub	295
	Erläuterungen	296

I. Standardarbeitsverträge

1. Standardarbeitsvertrag eines angestellten Arbeitnehmers (keine Tarifbindung)

Vorbemerkung

1   Der Arbeitsvertrag begründet das Arbeitsverhältnis und regelt die gegenseitigen Rechte und Pflichten von Arbeitgeber und Arbeitnehmer. Der Arbeitsvertrag ist ein schuldrechtlicher Vertrag, wobei die Gestaltungsfreiheit durch viele arbeitsrechtliche Schutzbestimmungen eingeschränkt ist. Dies wird abweichend vom Grundsatz der Privatautonomie mit der strukturellen Unterlegenheit des Arbeitnehmers begründet (vgl. zur Aufgabe der Vertragsgestaltung im Arbeitsrecht: *Preis* Arbeitsvertrag I A Rn. 2 ff.).

2   Eine weitere Einschränkung der Gestaltungsfreiheit von Arbeitsverträgen findet durch die AGB-Kontrolle statt. Mit der Schuldrechtsreform und der Implementierung des AGB-Gesetzes in das BGB wurde auch die Bereichsausnahme für Arbeitsverträge aufgegeben. Seit der Schuldrechtsreform zum 01.01.2002 findet daher die AGB-Kontrolle auch auf Arbeitsverträge Anwendung, wobei die »im Arbeitsrecht geltenden Besonderheiten angemessen zu berücksichtigen« sind, § 310 Abs. 4 Satz 2 BGB (vgl. zum Arbeitsrecht nach der Schuldrechtsreform: *Hromadka* NJW 2002, 2523; *Thüsing* BB 2002, 2666; *Lingemann* NZA 2002, 181). Hierbei ist insbesondere zu beachten, dass das BAG den Arbeitnehmer als Verbraucher ansieht, der Arbeitsvertrag folglich ein Verbrauchervertrag ist und somit der strengere Kontrollmaßstab des § 310 Abs. 3 BGB zur Anwendung kommt (BAG, Urt. v. 25.05.2005 – 5 AZR 572/04, NZA 2005, 1111).

3   Die Einführung der AGB-Kontrolle für Arbeitsverträge hat zu erheblicher Rechtsunsicherheit geführt. Noch immer ist in vielen Bereichen nicht geklärt, welche in der Vergangenheit durchaus üblichen Klauseln noch zulässig sind. Zwar sind einige Fragen durch das BAG bereits höchstrichterlich geklärt worden, jedoch unterliegt das Arbeitsrecht wie kaum ein anderes Rechtsgebiet einer starken Dynamik. Ein heute angefertigtes Vertragsmuster ist daher sicher nicht »für die Ewigkeit gemacht«. Ungeachtet dessen versucht das folgende Muster die Brücke zu schlagen zwischen einer rechtssicheren Gestaltung, auch vor dem Hintergrund sich häufig und stetig ändernder Rechtsprechungsgrundsätze, und dem Bedürfnis nach einer möglichst flexiblen Handhabung des Arbeitsvertrags. Dennoch sollten einmal eingeführte Arbeitsvertragsmuster regelmäßig auf ihre Vereinbarkeit mit der jeweils aktuellen Rechtsprechung überprüft werden.

▶ **Muster – Standardarbeitsvertrag eines angestellten Arbeitnehmers (keine Tarifbindung)** [1]

[Briefkopf des Unternehmens] [4]

Zwischen

der __[Name und Anschrift des Unternehmens]__

(im Folgenden: »Unternehmen«)

und

Herrn/Frau __[Name und Anschrift des Mitarbeiters]__

(im Folgenden: »Mitarbeiter«)

wird folgender Arbeitsvertrag geschlossen:

§ 1
Beginn des Arbeitsverhältnisses, Vertragsstrafe bei Nicht-Antritt

(1) Das Arbeitsverhältnis beginnt am __[Eintrittsdatum]__. Die Einstellung erfolgt unter dem Vorbehalt, dass sich der Mitarbeiter als gesundheitlich geeignet für das Arbeitsverhältnis erweist, was durch eine Einstellungsuntersuchung [2] festzustellen ist.

(2) Eine ordentliche Kündigung des Arbeitsverhältnisses ist vor Beginn des Arbeitsverhältnisses ausgeschlossen. Für den Fall, dass der Mitarbeiter das Arbeitsverhältnis rechtswidrig und schuldhaft nicht oder nicht rechtzeitig aufnimmt oder das Arbeitsverhältnis vertragswidrig beendet, verpflichtet er sich, eine VERTRAGSSTRAFE in Höhe der Hälfte eines monatlichen Bruttogehalts zu bezahlen. Hiervon bleibt das Recht des Unternehmens, einen weiteren Schaden geltend zu machen, unberührt. [3]

§ 2
Tätigkeit und Aufgabengebiet, Arbeitsort

(1) Der Mitarbeiter wird als __[genaue Bezeichnung der Tätigkeit/Position]__ beschäftigt. [4] Dabei wird er in der __[genaue Bezeichnung der Dienststelle und der Abteilung]__ eingesetzt. Hier ist der Mitarbeiter zur Leistung aller Arbeiten verpflichtet, die verkehrsüblich von einem Mitarbeiter in diesem Bereich ausgeübt werden.

[optional:

Einzelheiten können in einer regelmäßig anzupassenden Stellenbeschreibung festgelegt werden. Der Arbeitnehmer hat die Pflicht, sich über die Stellenbeschreibungen sowie sonstige Dienstanweisungen selbständig zu informieren und diese umzusetzen.] [5]

(2) Das Unternehmen behält sich vor, dem Mitarbeiter unter Beachtung seiner berechtigten Interessen andere zumutbare gleichwertige Aufgaben zu übertragen, die der Vorbildung und den Fähigkeiten des Mitarbeiters entsprechen. Der Mitarbeiter hat auf Verlangen des Unternehmens seine Arbeit auch an einem anderen Ort zu erbringen. Das Recht des Unternehmens, dem Mitarbeiter andere Aufgaben zu übertragen bzw. den Arbeitsort zu ändern, bleibt auch dann bestehen, wenn der Mitarbeiter über einen längeren Zeitraum eine bestimmte Tätigkeit ausübt oder über einen längeren Zeitraum an einem bestimmten Arbeitsort tätig ist. [6]

(3) Der Mitarbeiter verpflichtet sich, sämtliche ihm übertragenen Aufgaben sorgfältig und gewissenhaft zu erfüllen, die Interessen des Unternehmens zu wahren und seine ganze Arbeitskraft dem Unternehmen zu widmen.

§ 3
Probezeit

(1) Die ersten sechs Monate des Arbeitsverhältnisses gelten als Probezeit. [7] Innerhalb der Probezeit kann das Arbeitsverhältnis von beiden Parteien mit einer Frist von zwei Wochen gekündigt werden.

B. Standardarbeitsverhältnisse

(2) Das Recht zur fristlosen Kündigung aus wichtigem Grund (§ 626 BGB) bleibt unberührt.

§ 4
Dauer des Arbeitsverhältnisses

(1) Der Arbeitsvertrag wird auf unbestimmte Zeit geschlossen und ist ordentlich kündbar. [8]

(2) Das Arbeitsverhältnis endet, ohne dass es einer Kündigung bedarf, spätestens mit Ablauf des Monats, ab dem der Mitarbeiter Regelaltersrente oder eine gleichwertige Altersversorgung beanspruchen kann. [9] Der Arbeitsvertrag endet auch mit Ablauf des Monats, in dem ein Bescheid zugestellt wird, in dem der zuständige Sozialversicherungsträger bei dem Mitarbeiter eine volle oder teilweise Erwerbsminderung feststellt, bei späterem Beginn des entsprechenden Rentenbezugs jedoch erst mit Ablauf des dem Rentenbeginn vorhergehenden Tages, frühestens jedoch zwei Wochen nach Zugang einer schriftlichen Unterrichtung des Mitarbeiters durch das Unternehmen über den Eintritt der auflösenden Bedingung. Der Mitarbeiter hat das Unternehmen von der Zustellung des Rentenbescheids unverzüglich zu informieren. Liegt im Zeitpunkt der Beendigung des Arbeitsverhältnisses eine Zustimmung des Integrationsamtes nach Maßgabe von § 92 SGB IX noch nicht vor, endet das Arbeitsverhältnis mit Ablauf des Tages der Zustellung des Zustimmungsbescheids des Integrationsamts. Wird dem Mitarbeiter nur eine Rente auf Zeit gewährt, so ruht der Arbeitsvertrag für den Bewilligungszeitraum dieser Rente, längstens jedoch bis zu einem Beendigungszeitpunkt nach Satz 1, 2 oder 4.

(3) Im Fall teilweiser Erwerbsminderung endet bzw. ruht das Arbeitsverhältnis nicht, wenn der Mitarbeiter nach seinem vom Rentenversicherungsträger festgestellten Leistungsvermögen auf seinem bisherigen oder einem anderen geeigneten freien Arbeitsplatz weiter beschäftigt werden könnte, soweit nicht dringende betriebliche Gründe dem entgegenstehen und der Mitarbeiter seine Weiterbeschäftigung spätestens bis zum Zugang des Rentenbescheids schriftlich beim Unternehmen beantragt. [10]

(4) Verzögert der Mitarbeiter schuldhaft den Rentenantrag, so tritt an die Stelle des Rentenbescheids das Gutachten eines Amtsarztes. Das Arbeitsverhältnis endet in diesem Fall mit dem Ablauf des Monats, in dem dem Mitarbeiter das Gutachten bekannt gegeben worden ist.

(5) Das Recht zur fristlosen Kündigung aus wichtigem Grund (§ 626 BGB) bleibt unberührt.

§ 5
Arbeitszeit, Überstunden, Kurzarbeit

(1) Die regelmäßige Arbeitszeit beträgt ____[Anzahl]____ Stunden wöchentlich. Die tägliche Arbeitszeit richtet sich nach den betrieblichen Erfordernissen und kann vom Unternehmen festgelegt werden. [11]

[optional:]

(1) Die Arbeitszeit beginnt täglich [montags bis freitags] um ____[Uhrzeit]____ Uhr und endet um ____[Uhrzeit]____ Uhr, wobei folgende Pausenzeiten gelten: ____[Zeiten]____.]

(2) Der Mitarbeiter erklärt sich damit einverstanden, dass bei der Einführung von Kurzarbeit seine Arbeitszeit vorübergehend verkürzt und für die Dauer der Arbeitszeitverkürzung die Vergütung entsprechend reduziert wird. Bei der Einführung von Kurzarbeit beachtet der Arbeitgeber eine Ankündigungsfrist von zwei Wochen. [12]

(3) Der Mitarbeiter verpflichtet sich, bei Bedarf in gesetzlich zulässigem Umfang Mehr- und Überstunden zu leisten. [13]

§ 6
Vergütung [14]

Der Mitarbeiter erhält eine Vergütung in Höhe von ____[Betrag]____ € brutto pro Monat. Die Vergütung *ist jeweils am letzten Tag* eines Monats fällig und wird dem Mitarbeiter unbar auf ein dem Unternehmen bekannt zu gebendes Girokonto überwiesen.

§ 7
Urlaub [15]

Der Urlaubsanspruch des Mitarbeiters richtet sich nach den Vorschriften des Bundesurlaubsgesetzes.

§ 8
Arbeitsverhinderung, Mitteilungspflichten [16]

Der Mitarbeiter ist verpflichtet, jede Arbeitsverhinderung und ihre voraussichtliche Dauer unverzüglich gegenüber dem Unternehmen mitzuteilen. Der Mitarbeiter hat dabei auf besonders dringlich zu erledigende Arbeiten hinzuweisen. [17]

§ 9
Verschwiegenheitspflicht, Umgang mit Arbeitsmitteln, Rückgabe von Arbeitsmitteln [18]

(1) Der Mitarbeiter ist verpflichtet, während des Arbeitsverhältnisses und nach seiner Beendigung über alle geschäftlichen und betrieblichen Angelegenheiten des Unternehmens sowohl gegenüber Außenstehenden als auch gegenüber anderen Mitarbeitern, die nicht mit dem betreffenden Sachgebiet unmittelbar befasst sind, Stillschweigen zu wahren, sofern diese nicht allgemein bekannt sind. [19] Erhaltene Anweisungen zur Geheimhaltung bestimmter Umstände hat der Mitarbeiter einzuhalten. Im Zweifelsfall ist die Weisung der Geschäftsleitung zur Vertraulichkeit bestimmter Tatsachen einzuholen. Jegliche Weitergabe von Unterlagen, gleich ob auszugsweise oder vollständig, ob im Original, in Abschrift oder Kopie, ist dem Mitarbeiter untersagt. Diese Verschwiegenheitsverpflichtung bezieht sich auch auf Angelegenheiten von Kunden des Unternehmens.

(2) Der Mitarbeiter hat die Bestimmungen des Bundesdatenschutzgesetzes sowie die internen Datenschutzbestimmungen des Unternehmens in ihrer jeweils gültigen Fassung einzuhalten. [20]

(3) Unterlagen, die der Mitarbeiter im Rahmen seiner Tätigkeit erhält oder erarbeitet, sind, werden und bleiben alleiniges Eigentum des Unternehmens. Sie dürfen nur für Zwecke dieses Arbeitsverhältnisses verwendet werden. Dem Mitarbeiter ist es auch untersagt, etwaige Kopien oder Sicherungskopien betrieblicher Informationen auf eigenen Datenträgern vorzunehmen.

(4) Nach der Beendigung des Arbeitsverhältnisses, nach einer Freistellung nach § 11 oder nach Aufforderung hat der Mitarbeiter dem Unternehmen diese Unterlagen sowie sämtliche sonstige das Unternehmen betreffende Unterlagen (beispielsweise Notizen, Protokolle, Berichte, sonstige Korrespondenz, Angebote oder Aufträge), sämtliche Datenträger und Daten sowie alle dem Mitarbeiter dienstlich überlassenen Gegenstände unverzüglich zurückzugeben. Zurückbehaltungsrechte an den vorgenannten Unterlagen oder Gegenständen sind ausgeschlossen. Die Rückgabe hat am Dienstort des Mitarbeiters zu erfolgen.

(5) Sämtliche dem Mitarbeiter von dem Unternehmen überlassenen oder zur Verfügung gestellten Unterlagen und Materialien sind sorgsam zu behandeln. Etwaige Beschädigungen sind dem Unternehmen unverzüglich mitzuteilen. Die Unterlagen oder Gegenstände sind – sofern nicht ausdrücklich etwas anderes vereinbart wird – ausschließlich zu dienstlichen Zwecken zu benutzen.

(6) Die Nutzung von Internet und Telefon sowie aller sonstigen Telekommunikationsmittel ist ausschließlich für den dienstlichen Gebrauch bestimmt. [21]

§ 10
Nebentätigkeit/Wettbewerbsverbot [22]

(1) Die Aufnahme einer Nebentätigkeit, auch die tätige Beteiligung an anderen Unternehmen, die Mitgliedschaft in Organen anderer Gesellschaften sowie ehrenamtliche Tätigkeiten durch den Mitarbeiter bedürfen der vorherigen schriftlichen Einwilligung des Unternehmens. Gleiches gilt für die Fortsetzung entsprechender Nebentätigkeiten, die der Mitarbeiter bereits vor dem Beginn des Arbeitsverhältnisses ausgeübt hat. Einer vorherigen schriftlichen Einwilligung bedarf auch eine direkte oder indirekte Beteiligung an Unternehmen, wenn der Mitarbeiter

durch seine Stellung oder Tätigkeit Einfluss auf die Geschäftsbeziehungen des Unternehmens zu diesem Unternehmen haben kann.

(2) Ohne vorherige schriftliche Einwilligung des Unternehmens darf der Mitarbeiter in den Geschäftsgebieten des Unternehmens keine Geschäfte auf eigene oder fremde Rechnung vornehmen.

(3) Das Unternehmen wird seine Zustimmung hierzu nur verweigern, wenn die Interessen des Unternehmens beeinträchtigt sind.

§ 11
Beendigung des Arbeitsverhältnisses, Kündigungsfristen, Freistellung, Anrechnung anderweitigen Verdienstes

(1) Das Arbeitsverhältnis wird auf unbestimmte Zeit geschlossen und ist ordentlich kündbar. Für die Kündigung gelten die gesetzlichen Kündigungsfristen. Eine Verlängerung der Kündigungsfrist zugunsten des Mitarbeiters führt auch zu einer Verlängerung der Kündigungsfrist zugunsten des Unternehmens. [23]

(2) Das Recht zur fristlosen Kündigung aus wichtigem Grund gemäß § 626 BGB bleibt unberührt.

(3) Jede Kündigung bedarf der Schriftform. [24]

(4) Nach dem Ausspruch einer Kündigung, gleich durch welchen Vertragspartner, ist das Unternehmen berechtigt, den Mitarbeiter während der Dauer der Kündigungsfrist unter Fortzahlung seiner Bezüge und unter Anrechnung auf Urlaubsansprüche und Freizeitguthaben freizustellen, wenn ein sachlicher Grund, insbesondere ein grober Vertragsverstoß, der die Vertragsgrundlage beeinträchtigt, gegeben ist. [25] Auf seine Vergütung muss sich der Mitarbeiter jedoch den Wert desjenigen anrechnen lassen, was er anderweitig erwirbt oder zu erwerben böswillig unterlässt. Entsprechendes gilt bei einer einvernehmlichen Beendigung des Arbeitsverhältnisses. [26]

§ 12
Gehaltspfändung/-verpfändung/-abtretung

Eine Abtretung oder Verpfändung der Vergütungsansprüche durch den Mitarbeiter bedarf einer vorherigen schriftlichen Einwilligung des Unternehmens. Das Unternehmen wird seine Einwilligung nur aus sachlichen Gründen versagen. [27]

§ 13
Antidiskriminierung

Das Unternehmen weist den Mitarbeiter hiermit ausdrücklich darauf hin, dass jede Diskriminierung von Mitarbeitern und Dritten wegen ihrer Rasse oder ethnischen Herkunft, ihres Geschlechts, ihrer Religion oder Weltanschauung, einer Behinderung, ihres Alters oder der sexuellen Identität, jede Belästigung oder sexuelle Belästigung im Zusammenhang mit diesen Merkmalen verboten ist und von dem Unternehmen nicht geduldet wird. Ein Verstoß des Mitarbeiters gegen das Diskriminierungsverbot stellt zugleich eine Verletzung der arbeitsvertraglichen Pflichten des Mitarbeiters dar. [28]

§ 14
Annahme von Geschenken und anderen Vorteilen, [COC]

Der Mitarbeiter darf Geschenke oder andere Vorteile, die ihm von Dritten zugewandt werden und die über ein sozial adäquates Maß (beispielsweise geringwertige Werbegeschenke) hinausgehen, nicht annehmen. Hat der Mitarbeiter Zweifel, ob es sich noch um ein Geschenk im üblichen sozialadäquaten Rahmen handelt, so hat er die Angelegenheit der Geschäftsleitung anzuzeigen und ggf. eine Entscheidung hierüber einzuholen.

[Im Übrigen gelten die Vorschriften des Code of Conduct/der unternehmensinternen Verhaltensrichtlinien.] [29]

§ 15
Dienstreisen, Spesen

Das Unternehmen erstattet dem Mitarbeiter notwendige und angemessene Auslagen sowie Reisekosten, sofern diese betrieblich veranlasst und durch das Unternehmen angeordnet waren, nach den jeweils anwendbaren steuerlichen Regelungen. [30]

§ 16
Ausschlussfrist für die Geltendmachung von Ansprüchen [31]

(1) Ansprüche aus diesem Arbeitsverhältnis verfallen, wenn sie nicht innerhalb einer Ausschlussfrist von drei Monaten vom Mitarbeiter oder vom Unternehmen schriftlich geltend gemacht werden. Die Versäumung dieser Ausschlussfrist führt zum Verlust des Anspruchs.

(2) Die Ausschlussfrist beginnt, wenn der Anspruch entstanden ist und der Anspruchssteller von den anspruchsbegründenden Umständen Kenntnis erlangt hat oder ohne grobe Fahrlässigkeit erlangen müsste.

(3) Diese Ausschlussfrist gilt nicht bei Ansprüchen wegen der Verletzung des Lebens, des Körpers oder der Gesundheit sowie bei vorsätzlichen Pflichtverletzungen und Ansprüchen des Arbeitnehmers auf den Mindestlohn nach dem Mindestlohngesetz.

[optional:
(4) Lehnt der jeweilige Anspruchsgegner den Anspruch ab oder äußert er sich nicht innerhalb von zwei Wochen nach der schriftlichen Geltendmachung, sind die Ansprüche innerhalb von drei Monaten nach der schriftlichen Ablehnung oder nach Ablauf der Äußerungsfrist gerichtlich geltend zu machen. Werden die Ansprüche nach Ablehnung oder Nichtäußerung nicht gerichtlich geltend gemacht, führt dies zu einem Anspruchsverlust.]

§ 17
Schriftformerfordernis, Ausschluss betrieblicher Übung

(1) Der vorliegende Vertrag enthält zum Zeitpunkt des Vertragsabschlusses die vollständige und alleinige Einigung zwischen den Parteien. Es wurden keine Nebenabreden getroffen. Änderungen und Ergänzungen dieses Vertrages sowie sämtliche Nebenabreden bedürfen zu ihrer Wirksamkeit der Schriftform. Die elektronische Form ist ausgeschlossen. Dies gilt auch für die Aufhebung, Änderung oder die Ergänzung dieses Schriftformerfordernisses. Individualvereinbarungen zwischen den Parteien haben Vorrang (§ 305b BGB). [32]

(2) Auch eine wiederholte Gewährung von Leistungen und Vergünstigungen sowie die wiederholte Handhabung von Abläufen innerhalb des Arbeitsverhältnisses begründen keinen Anspruch auf entsprechende Gewährung in der Zukunft. [33]

§ 18
Stillschweigende Annahme von Vertragsänderungen [34]

Bietet das Unternehmen dem Mitarbeiter schriftlich die Änderung von Bestimmungen oder Inhalten dieses Arbeitsverhältnisses an und arbeitet der Mitarbeiter in Kenntnis dieses Angebots vorbehaltlos weiter, so liegt in dieser tatsächlichen Weiterarbeit abweichend vom Schriftformerfordernis die stillschweigende Annahme des Angebots durch den Mitarbeiter sofern er nicht innerhalb eines Monats nach Kenntnis des Änderungsangebots schriftlich widerspricht. Dies gilt nur, wenn das Unternehmen den Mitarbeiter bei Beginn der Frist auf diese Rechtsfolge hingewiesen hat.

§ 19
Schlussbestimmungen, Salvatorische Klausel, Öffnung für Betriebsvereinbarungen

(1) Sollten einzelne oder mehrere Bestimmungen dieses Vertrages unwirksam sein oder werden, so wird hierdurch die Wirksamkeit des Vertrages im Übrigen nicht berührt. Die Parteien sind sich darüber einig, dass unwirksame Bestimmungen durch solche Regelungen zu ersetzen sind, die dem Sinn und Zweck und dem wirtschaftlich Gewollten der unwirksamen Regelung am nächsten kommt. Entsprechendes gilt für den Fall einer Regelungslücke. [35]

B. Standardarbeitsverhältnisse

(2) Die Parteien sind sich darüber einig, dass keine Tarifbindung besteht.

(3) Einzelne Rechte und Pflichten aus diesem Arbeitsverhältnis können jedoch nach Abschluss dieses Arbeitsvertrags durch eine Betriebsvereinbarung geändert werden. Vom Zeitpunkt der Änderung an gelten sodann ausschließlich die jeweiligen Regelungen der Betriebsvereinbarung. Dies gilt auch dann, wenn die Regelungen in der Betriebsvereinbarung für den Mitarbeiter ungünstiger sind. [36]

[Ort, Datum]

(Unterschrift eines vertretungsberechtigten Organs des Unternehmens) [37]

[Ort, Datum]

(Unterschrift des Mitarbeiters)

Hiermit bestätigt der Mitarbeiter, dass er ein Exemplar des vorstehenden Arbeitsvertrages von dem Unternehmen erhalten hat.

[Ort, Datum]

(Unterschrift des Mitarbeiters)

Erläuterungen

Schrifttum

Bayreuther Rechtsfragen des Mindestlohns in der betrieblichen und anwaltlichen Praxis – ein Update, NZA 2015, 385; *Diller/Powietzka* Drogenscreenings und Arbeitsrecht, BB 2002, 146; *Gaul/Ludwig* Uneingeschränkte AGB-Kontrolle bei dynamischer Bezugnahme im Arbeitsvertrag bei arbeitgeberseitigen Regelungswerken, BB 2010, 55; *Haas/Fuhlrott* Ein Plädoyer für mehr Flexibilität bei Vertragsstrafen, NZA-RR 2010, 1; *Hohenstatt/Schramm* Neue Gestaltungsmöglichkeiten zur Flexibilisierung der Arbeitszeit, NZA 2007, 238; *Hollighaus* Die Darlegungslast im Überstundenprozess, öAT 2013, 92; *Hromadka* Schuldrechtsmodernisierung und Vertragskontrolle im Arbeitsrecht, NJW 2002, 2523; *Hromadka/Schmitt-Rolfes* Die AGB-Rechtsprechung des BAG zu Tätigkeit, Entgelt und Arbeitszeit, NJW 2007, 1777; *Hunold* AGB-Kontrolle einer Versetzungsklausel, NZA 2007, 19; *Hunold* Arbeitsort und Direktionsrecht bei Fehlen einer arbeitsvertraglichen Regelung, DB 2013, 636; *Lingemann* Allgemeine Geschäftsbedingungen und Arbeitsvertrag, NZA 2002, 181; *Lingemann/Gotham* Doppelte Schriftformklausel – Gar nicht einfach, NJW 2009, 268; *Oberwetter* Arbeitnehmerrechte bei Lidl, Aldi & Co, NZA 2008, 609; *Salamon/Hoppe/Rogge* Überstunden im Fokus der jüngeren Rechtsprechung, BB 2013, 1720; *Schrader/Straube* Die Anhebung der Regelaltersrente, NJW 2008, 1025; *Schramm/Kuhnke* Neue Grundsätze des BAG zur Überstundenvergütung, NZA 2012, 127; *Stoffels* Grundfragen der Inhaltskontrolle von Arbeitsverträgen, ZfA 2009, 861; *Thüsing* Inhaltskontrolle von Formulararbeitsverträgen nach neuem Recht, BB 2002, 2666; *Ulrici* Doppelte Schriftformklausel – AGB-Kontrolle, Anmerkung AP Nr. 35 zu § 307 BGB; *Wellhöner/Byers* Datenschutz im Betrieb – Alltägliche Herausforderung für den Arbeitgeber?!, BB 2009, 2310; *Wellhöner/Höveler* EuGH erklärt deutsche Kündigungsfristen für unanwendbar, Kommentar zu EuGH (Große Kammer), Urt. v. 19.01.2010 – C-555/07 – Kücükdeveci/Swedex GmbH & Co. KG, BB 2010, 510; *Winzer* BAG: Örtliche Versetzung, ArbRAktuell 2012, 584; *Wybitul* Das neue Bundesdatenschutzgesetz: Verschärfte Regeln für Compliance und interne Ermittlungen, BB 2009, 1582.

5 **1.** Das vorliegende Arbeitsvertragsmuster stellt einen Standardarbeitsvertrag eines Arbeitnehmers dar. Das Muster geht von der Prämisse aus, dass das Arbeitsverhältnis keiner Tarifbindung unterliegt. Auch eine Bezugnahme auf tarifvertragliche Regelungen ist nicht vorgesehen.

6 Die Verwendung von Musterarbeitsverträgen stellt eine erhebliche Erleichterung in der Handhabung und Abwicklung von Arbeitsverhältnissen dar. Zugleich birgt die Verwendung eines Formulars stets das Risiko, dass rechtlich relevante Einzelfälle nicht in ausreichendem Maße berück-

sichtigt werden. Der Verwender sollte daher immer auch den konkreten Einzelfall im Auge behalten, um ggf. auf rechtliche Besonderheiten eingehen zu können.

Zu beachten ist, dass der Betriebsrat wegen seiner Überwachungsfunktion gem. § 80 Abs. 1 Ziff. 1 BetrVG eine Prüfung der im Unternehmen verwendeten Formulararbeitsverträge vornehmen kann. Er kann eine Überprüfung der Einhaltung des Nachweisgesetzes sowie des Rechts der Allgemeinen Geschäftsbedingungen vornehmen (BAG, Beschl. v. 19.10.1999 – 1 ABR 75/98, NZA 2000, 837; BAG, Beschl. v. 16.11.2005 – 7 ABR 12/05, BB 2006, 1004).

2. Zur Einstellungsuntersuchung vgl. A Rdn. 206 ff. Durch den am 25.08.2010 vom Bundeskabinett beschlossen Entwurf des Bundesinnenministeriums zur Änderung des Bundesdatenschutzgesetzes zur Stärkung des Beschäftigtendatenschutzes war zu erwarten, dass die Möglichkeit von Einstellungsuntersuchungen zukünftig stärker eingeschränkt werden könne. Es wurde auch bereits ein Änderungsvorschlag der Regierungskoalition vorgelegt (zum Gesetzesentwurf der Bundesregierung vom 15.12.2010, vgl. BT-Drs 17/4230), auf eine Abstimmung des Gesetzesentwurfs im Bundestag wurde aber verzichtet. Auch im Koalitionsvertrag vom Dezember 2013 der CDU/CSU und SPD wurde angekündigt, dass eine nationale Regelung zum Beschäftigtendatenschutz geplant ist, sofern nicht in angemessener Zeit mit dem Abschluss einer Europäischen Datenschutzgrundverordnung zu rechnen ist (vgl. Koalitionsvertrag zwischen CDU, CSU und SPD – Deutschlands Zukunft gestalten – S. 50). Die Europäische Union hat sich nach längeren Verhandlungen am 15.12.2015 auf eine endgültige Version der Datenschutz-Grundverordnung geeinigt. Art. 82 DS-GVO erlaubt einzelstaatliche Regelungen im Beschäftigtendatenschutz. Hinsichtlich des Beschäftigtendatenschutzes am Arbeitsplatz wird es somit zunächst aller Voraussicht nach bei der derzeit geltenden Regelung in § 32 Abs. 1 BDSG bleiben. Wie sich die Änderung des Datenschutzrechts auf europäischer Ebene auf das deutsche Datenschutzrecht aber generell auswirkt, lässt sich zur Zeit allerdings noch nicht abschließend abschätzen und bleibt weiterhin zu beobachten.

3. Um einen etwaigen Überraschungseffekt auszuschließen, sollte die Vertragsstrafenabrede sowohl in die Überschrift des Paragrafen aufgenommen als auch drucktechnisch hervorgehoben werden. Andernfalls droht bereits eine Nichteinbeziehung der Vertragsstrafenabrede nach § 305c Abs. 1 BGB. Nach Ansicht des BAG ist eine Vertragsstrafenabrede grundsätzlich auch in Formulararbeitsverträgen zulässig. Hintergrund dessen ist die **angemessene Berücksichtigung** der im Arbeitsrecht geltenden Besonderheiten, § 310 Abs. 4 Satz 2 BGB. Jedoch muss eine **Vertragsstrafenabrede** der AGB-Kontrolle standhalten. Eine unangemessene Benachteiligung entgegen den Geboten von Treu und Glauben, § 307 Abs. 1 Satz 1 BGB, liegt nach Ansicht des BAG vor, wenn die vorgesehene Vertragsstrafe für die vertragswidrige Lösung des Mitarbeiters **drei Bruttomonatsgehälter** beträgt. Hierin liege die Schöpfung neuer und vom berechtigten Sachinteresse des Arbeitgebers losgelöster Geldforderungen (vgl. BAG, Urt. v. 18.12.2008 – 8 AZR 81/08, NZA-RR 2009, 519, 524).

Nach der Vorstellung des BAG ist die Höhe der Vergütung grundsätzlich der geeignete Maßstab für die Bestimmung der Höhe der Vertragsstrafe, jedoch unter Berücksichtigung der für den Arbeitnehmer maßgeblichen **Kündigungsfrist** (vgl. BAG, Urt. v. 25.09.2008 – 8 AZR 717/07, NZA 2009, 370). Demnach ist davon auszugehen, dass die Vertragsstrafe in Höhe eines Monatsgehalts bei einer vertragswidrigen Beendigung des Arbeitsverhältnisses ohne Einhaltung der Kündigungsfrist grds. ein zulässiger Maßstab ist. Im Falle des Nichtantritts der Arbeit durch den Arbeitnehmer ist eine Vertragsstrafe von einem Bruttomonatslohn nicht unangemessen, auch wenn das Arbeitsverhältnis zur Probe auf sechs Monate befristet ist und während der Probezeit mit einer Frist von einem Monat gekündigt werden kann (BAG, Urt. v. 19.08.2010 – 8 AZR 645/09, NZA-RR 2011, 280). Problematisch ist die Vereinbarung eines kompletten Monatsgehaltes im Fall einer vertragswidrigen vorfristigen Lossagung vom Arbeitsverhältnis während der Probezeit. Denn innerhalb der vereinbarten Probezeit besteht die Möglichkeit, das Arbeitsverhältnis innerhalb einer Frist von zwei Wochen zu kündigen. In diesem Falle wäre ein volles Monatsgehalt als

Vertragsstrafe unangemessen hoch (BAG, Urt. v. 23.09.2010 – 8 AZR 897/08, NZA 2011, 89, 91). Das Formular sieht demzufolge nur eine Vertragsstrafe in Höhe eines halben Monatsgehalts vor.

11 Zu beachten ist in diesem Zusammenhang auch, dass **eine Herabsetzung der Vertragsstrafe** nach Maßgabe von § 343 Abs. 1 BGB nicht (mehr) möglich ist. Dies würde einen Verstoß gegen das Prinzip des Verbots der geltungserhaltenden Reduktion im Recht der AGB bedeuten (vgl. BAG, Urt. v. 25.09.2008 – 8 AZR 717/07, NZA 2009, 370, 377, 378). Auch eine ergänzende Vertragsauslegung ist nicht geboten. Würde in derartigen Fällen immer eine ergänzende Vertragsauslegung eingreifen, läge das Risiko der Vorformulierung unwirksamer Klauseln entgegen dem Zweck der gesetzlichen Regelung nicht mehr beim Verwender (BAG, Urt. v. 23.09.2010 – 8 AZR 897/08, NZA 2011, 89, 92, 93). Ist die Vertragsstrafe unangemessen hoch, würde dies somit zur Unwirksamkeit der Vertragsstrafenregelung insgesamt führen.

12 **4.** Das **Aufgabengebiet** des Mitarbeiters sollte im Einzelfall festgelegt und umschrieben werden. § 2 Abs. 1 Ziff. 5 Nachweisgesetz (NachwG) verlangt insoweit eine »kurze Charakterisierung oder Beschreibung der vom Arbeitnehmer zu leistenden Tätigkeit«.

13 **5.** Möglich ist auch die in § 2 Abs. 1 Satz 4 und 5 des Mustervertrags vorgeschlagene Variante über die Verwendung einer **Stellenbeschreibung** (vgl. A Rdn. 6). Die Problematik einer solchen Stellenbeschreibung ist ihre Ausführlichkeit und Detailliertheit. Dies kann trotz etwaiger Vorbehalte des Unternehmens im Arbeitsvertrag zu einer faktischen Bindung des Arbeitgebers führen, der Arbeitgeber kann sich also durch Verwendung einer ausführlichen Stellenbeschreibung insoweit selbst einschränken, als er dann keine weiteren, in der Stellenbeschreibung nicht genannten Tätigkeiten mehr im Rahmen seines Direktionsrechts zuweisen kann.

14 **6.** Diese **Versetzungsklausel** dient der Erweiterung des **Weisungsrechts** des Arbeitgebers (vgl. § 106 GewO). Eine solche Klausel ermöglicht die Zuweisung auch anderer Tätigkeiten an den Mitarbeiter. Das BAG hält Versetzungsklauseln grundsätzlich für zulässig (vgl. BAG, Urt. v. 19.01.2011 – 10 AZR 738/09, NZA 2011, 631). Jedoch darf sich der Arbeitgeber hierbei nicht allein von seinen Interessen leiten lassen. Entspricht der Versetzungsvorbehalt materiell dem Inhalt der gesetzlichen Regelung des § 106 GewO oder weicht zugunsten des Arbeitnehmers davon ab, unterliegt diese Klausel keiner Angemessenheitskontrolle i.S.v. § 307 Abs. 1 Satz 1 BGB, sondern allein einer Transparenzkontrolle nach § 307 Abs. 1 Satz 2 BGB. Behält sich der Arbeitgeber mit dem Versetzungsvorbehalt über § 106 GewO hinaus ein Recht zur Vertragsänderung vor, so unterliegt die Regelung der Angemessenheitskontrolle nach § 307 Abs. 1 Satz 1 BGB (BAG, Urt. v. 25.08.2010 – 10 AZR 275/09, NZA 2010, 1355, 1358). Um einer Inhaltskontrolle nach § 307 Abs. 1 Satz 1 BGB standhalten zu können, darf der Vertragspartner nicht entgegen Treu und Glauben unangemessen benachteiligt werden. Der Verwender darf nicht durch einseitige Vertragsgestaltung missbräuchlich eigene Interessen durchsetzen, ohne Belange des Vertragspartners hinreichend zu berücksichtigen und ihm einen angemessenen Ausgleich zu gewähren (BAG, Urt. v. 25.08.2010 – 10 AZR 275/09, NZA 2010, 1355, 1358). Eine unangemessene Benachteiligung nach § 307 Abs. 2 Nr. 1 BGB wird anzunehmen sein, wenn sich der Arbeitgeber vorbehält, ohne den Ausspruch einer Änderungskündigung einseitig die vertraglich vereinbarte Tätigkeit unter Einbeziehung geringwertiger Tätigkeiten zulasten des Arbeitnehmers ändern zu können (BAG, Urt. v. 25.08.2010 – 10 AZR 275/09, NZA 2010, 1355, 1358; *Hunold* NZA 2007, 19, 21). Konkrete Versetzungsgründe müssen dagegen nicht genannt werden. Dies stellt keinen Verstoß gegen das Transparenzgebot dar. Hintergrund ist, dass § 106 Satz 1 GewO bereits deutlich macht, dass in Arbeitsverträgen auch eine nur rahmenmäßig umschriebene Leistungspflicht festgelegt werden kann. Hier handelt es sich um eine **Besonderheit des Arbeitsrechts**, die nach § 310 Abs. 4 Satz 2 BGB angemessen zu berücksichtigen ist (BAG, Urt. v. 25.08.2010 – 10 AZR 275/09, NZA 2010, 1355, 1358).

15 Bei Fehlen einer arbeitsvertraglichen Regelung bezüglich des Arbeitsortes und Direktionsrechts des Arbeitgebers äußerte der 6. Senat des BAG (BAG, Urt. v. 18.10.2012 – 6 AZR 86/11, Juri-

onRS 2012, 26284) kürzlich Zweifel, ob die bisherige Rechtsprechung zum gesetzlichen Weisungsrecht nach § 106 GewO aufrechterhalten werden kann, hat es mangels Entscheidungserheblichkeit aber offengelassen (vgl. *Hunold*, DB 2013, 636; *Winzer*, ArbRAktuell 2012, 584). Es ist daher ratsam, bei entsprechendem Bedarf einen Versetzungsvorbehalt bezüglich des Arbeitsortes in den Arbeitsvertrag ausdrücklich mitaufzunehmen.

Die Vorteile des Arbeitgebers aus einer solchen Versetzungsklausel liegen auf der Hand: Er erreicht eine höhere Flexibilität beim Einsatz des Mitarbeiters. Allerdings muss der Arbeitgeber unabhängig von der vertraglichen Versetzungsbefugnis den Betriebsrat nach Maßgabe der §§ 95 ff. BetrVG beteiligen. Der Nachteil einer ggf. weiten Versetzungsklausel besteht darin, dass sich im Fall der **betriebsbedingten Kündigung** der Kreis der in die Sozialauswahl einzubeziehenden Mitarbeiter erweitert. (BAG, Urt. v. 11.04.2006 – 9 AZR 557/05, NZA 2006, 1149, 1152 m.w.N.; AR/*Kolbe* § 106 GewO Rn. 23). Angesichts dieses »Preises« der Versetzungsklausel sollte stets im konkreten Einzelfall überprüft werden, ob eine Versetzungsklausel notwendig und sinnvoll ist. 16

7. Unabhängig von der Vereinbarung einer Probezeit gilt während der ersten sechs Monate des Beschäftigungsverhältnisses kein Kündigungsschutz, § 1 Abs. 1 KSchG. Die Vereinbarung einer Probezeit dient daher nur dem Zweck, für die Dauer der Probezeit bis maximal sechs Monate die kurze Kündigungsfrist des § 622 Abs. 3 BGB von zwei Wochen zu vereinbaren. Die Vereinbarung einer Probezeit über die Sechs-Monats-Frist des § 1 Abs. 1 KSchG hinaus ist dagegen nicht möglich. Zulässig ist allerdings der Abschluss eines Aufhebungsvertrages zur Beendigung der Probezeit, um auf diesem Weg die Probezeit faktisch zu verlängern. Das BAG erachtet auch eine Wiedereinstellungszusage für den Fall der Bewährung nicht als schädlich (BAG, Urt. v. 07.03.2002, DB 2002, 1997). Möglich ist neben der hier vorgeschlagenen Variante auch die **Probezeitbefristung** nach § 14 Abs. 1 Ziff. 5 TzBfG. Beachte hierzu **E Rdn. 135 ff.** (vgl. auch AR/*Schüren* § 14 TzBfG Rn. 36 ff.). 17

8. Das vorliegende Muster geht von einem für **unbestimmte Zeit** geschlossenen Arbeitsverhältnis als Ausgangsfall aus. Die Möglichkeit der ordentlichen Kündbarkeit wurde aus deklaratorischen Gründen aufgenommen. Zur Möglichkeit der **Befristung** eines Arbeitsverhältnisses vgl. E Rdn. 1 ff. 18

9. Ohne eine ausdrückliche Regelung im Arbeitsvertrag endet das Arbeitsverhältnis nicht »automatisch« mit Erreichen des 65. Lebensjahres bzw. des Rentenalters. Deshalb sieht der Vertrag eine Regelung vor, wonach der Bezug einer Regelaltersrente zu einer **automatischen Beendigung** des Arbeitsverhältnisses führt. Das Muster verzichtet auf die Angabe einer zahlenmäßig benannten Altersgrenze, so dass auch Arbeitnehmer erfasst sind, die bereits unter die erhöhte Regelaltersgrenze fallen. Der Bezug einer Regelaltersrente stellt eine **auflösende Bedingung** dar. Dies ist im Ergebnis einer Befristung gleichzusetzen mit der Folge, dass nach § 15 Abs. 2 TzBfG eine schriftliche Unterrichtung durch den Arbeitgeber vorzunehmen ist (vgl. § 21, § 15 Abs. 2 TzBfG; derzeit liegt die gesetzliche Altersrente nach § 35 Satz 2 SGB VI bei 67 Jahren; vgl. zur Anhebung der Regelaltersgrenze sowie zur Übergangsregelung und stufenweisen Anpassung: *Schrader/Straube* NJW 2008, 1025). Eine Befristung auf einen Zeitpunkt, der vor Erreichen der Regelaltersrente liegt, ist dagegen nur im Einzelfall aus besonderen Gründen zulässig, etwa die Befristung zum 60. Lebensjahr bei Chefärzten aus Haftungsgründen. Eine entsprechende Befristung bei Piloten aus Gründen der Flugsicherheit (vgl. ständige Rechtsprechung des BAG, zuletzt Urt. v. 21.07.2004 – 7 AZR 589/03) wurde vom EuGH unter Hinweis auf die Richtlinie 2000/78, welche in deutsches Recht durch das AGG umgesetzt wurde, für europarechtswidrig erklärt (EuGH, Urt. v. 13.09.2011 – C-447/09, NZA 2011, 1039, 1042; siehe zur Beschränkung der Lizenz älterer Piloten auch die Pressemitteilung des BAG Nr. 4/16 mit Vorlagefragen an den EuGH). Auch das BAG hat kürzlich die tarifliche Altersgrenze von 60 Jahren für Mitglieder des Kabinenpersonals mangels eines sachlichen Grundes als unwirksam erachtet (BAG, Urt. v. 23.06.2010 – 7 AZR 1021/08, abrufbar über juris). Diese Ansicht bekräftige das BAG bei einer Altersgrenze von 60 Jahren für Verkehrspiloten und erklärte die tarifliche Altersgrenze wegen Verstoß gegen das Verbot der Altersdiskriminierung für unwirksam (BAG, Urt. v. 15.02.2012 – 7 AZR 946/07, JurionRS 2012, 14523; 19

BAG, Urt. v. 15.02.2012 – 7 AZR 904/08, JurionRS 2012, 15773; BAG, Urt. v. 18.01.2012 – 7 AZR 112/08, JurionRS 2012, 12735; BAG, Urt. v. 14.03.2012 – 7 AZR 480/08, JurionRS 2012, 39792; BAG Urt. v. 18.01.2012 – 7 AZR 211/09, JurionRS 2012, 13042).

20 **10.** Das Muster sieht als weiteren Beendigungstatbestand den Bezug einer **Erwerbsminderungsrente** vor. Der Begriff der **Berufsunfähigkeit** ist zu vermeiden, da dieser nicht mehr existiert. Das Gesetz kennt in § 43 SGB VI nur noch zwei Stufen der sog. **Erwerbsminderung**. Die teilweise Erwerbsminderung und die volle Erwerbsminderung (vgl. Kreikebohm/*von Koch* § 43 SGB VI Rn. 1 ff.; APS/*Backhaus* § 14 TzBfG Rn. 162). Die Tatbestände der Erwerbsminderung wurden im Muster als zusätzliche auflösende Bedingung aufgenommen.

21 Die Befristungsregelung für den Fall der dauernden vollständigen Erwerbsunfähigkeit ist regelmäßig sachlich begründet (BAG, Urt. v. 24.06.1987, AP Nr. 5 zu § 59 BAT). Problematischer gestalten sich dagegen Fälle einer teilweisen Erwerbsminderung. Diese dürfen nach Ansicht des BAG nur im Ausnahmefall als auflösende Bedingung herangezogen werden. Der Arbeitgeber ist hier regelmäßig gehalten, zu prüfen, ob der Arbeitnehmer in der Lage ist, die arbeitsvertraglich geschuldete Leistung auf seinem bisherigen oder einem anderen zumutbaren freien Arbeitsplatz zu erbringen (BAG, Urt. v. 21.01.2009 – 7 AZR 843/07; BAG, Urt. v. 31.07.2002 – 7 AZR 118/01, EzA § 620 BGB Bedingung Nr. 17; BAG, Urt. v. 06.12.2000 – 7 AZR 302/99, EzA § 620 BAG Bedingung Nr. 16, jeweils zu tarifvertraglichen Regelungen). Die Bewilligung einer nur **befristeten Erwerbsminderungsrente** kann nicht zu einer Beendigung des Arbeitsverhältnisses, sondern nur zu einem vorübergehenden **Ruhen des Arbeitsverhältnisses** führen.

Schließlich ist zu beachten, dass gem. § 21 i.V.m. § 15 Abs. 2 TzBfG eine auflösende Bedingung frühestens zwei Wochen nach einem entsprechenden schriftlichen Unterrichtungsschreiben des Arbeitgebers über den Eintritt der Bedingung zu der Beendigung des Arbeitsverhältnisses führen kann. Dies gilt auch in den Fällen der Beendigung wegen Erwerbsminderung, obwohl der Beendigungsgrund in diesem Falle aus der Sphäre des Arbeitnehmers herrührt. Auch in diesem Fall muss der Arbeitgeber den Arbeitnehmer schriftlich über den Bedingungseintritt, sprich die Erwerbsminderung, informieren. Erst zwei Wochen später kann das Arbeitsverhältnis wirksam beendet werden. Diese Besonderheit sollte bereits im Arbeitsvertrag erwähnt werden.

Nach neuerer Rechtsprechung des BAG gilt die Klagefrist der §§ 21, 17 Satz 1 TzBfG nicht nur für die Überprüfung der Wirksamkeit der Bedingung, sondern auch für die Klärung des tatsächlichen Eintritts der Bedingung. Eine Klage des Arbeitnehmers muss daher innerhalb von drei Wochen nach dem vereinbarten Ende beim Arbeitsgericht erhoben werden (BAG, Urt. v. 06.04.2011 – 7 AZR 704/09, NJW 2011, 2748; bestätigt durch BAG, Urt. v. 10.10.2012 – 7 AZR 602/11).

22 **11.** Die Arbeitszeit muss vereinbart werden. Hierbei sind die Vorgaben des Arbeitszeitgesetzes in Bezug auf Arbeitszeit und Pausenregelungen sowie sonstige Arbeitsschutzvorschriften zu berücksichtigen (z.B. Jugendarbeitsschutzgesetz, JArbSchG). Eine genaue Regelung der **Lage** der Arbeitszeit im Arbeitsvertrag ist aus Sicht des Arbeitgebers lediglich im Einzelfall sinnvoll, wenn betriebliche Notwendigkeiten vorliegen. Denn die Festlegung der Lage der Arbeitszeit gehört zum Kernbereich des Direktionsrechtes des Arbeitgebers, welches er sich mit einer vertraglichen Regelung beschränken würde. Im Einzelfall kann es sich anbieten, eine gesonderte Vereinbarung über die Arbeitszeit des Arbeitnehmers zu treffen; zum Beispiel Abrufarbeit oder Teilzeitarbeit, vgl. hierzu im Einzelnen E Rdn. 148 ff. und E Rdn. 69 ff.

23 **12.** Unabhängig davon, ob die Voraussetzungen der §§ 95 ff. SGB III vorliegen und die zuständige Agentur für Arbeit Kurzarbeitergeld bewilligt hat, ist der Arbeitgeber zur einseitigen Einführung von Kurzarbeit nicht berechtigt. Die einseitige Anordnung von Kurzarbeit stellt einen Eingriff in die, im Synallagma stehenden, arbeitsvertraglichen Hauptleistungspflichten dar und bedarf damit wegen einer Abweichung von § 611 BGB sowie § 2 KSchG einer Rechtsgrundlage. Besteht ein Betriebsrat, kann Rechtsgrundlage für die Einführung von Kurzarbeit eine Betriebsvereinbarung sein, die gem. § 77 Abs. 4 Satz 1 BetrVG unmittelbar und zwingend für alle Arbeitnehmer gilt. Denkbar sind auch entsprechende Regelungen in Tarifverträgen (vgl. hierzu

O Rdn. 333 sowie S Rdn. 235 ff.). Fehlt es an einer kollektiven Regelung, kann die Kurzarbeit nicht durch das Direktionsrecht eingeführt werden, so dass eine arbeitsvertragliche Regelung erforderlich ist (BAG, Urt. v. 16.12.2008 – 9 AZR 164/08, NZA 2009, 689). Fehlt eine entsprechende Vereinbarung im Arbeitsvertrag, so verbliebe dem Arbeitgeber nur die Änderungskündigung, wobei die jeweils geltenden Kündigungsfristen einzuhalten wären.

Das LAG Berlin-Brandenburg hat eine Kurzarbeitsklausel ohne Ankündigungsfrist für unwirksam erklärt (LAG Berlin-Brandenburg, Urt. v. 07.10.2010 – 2 Sa 1230/10; NZA-RR 2011, 65, 66). Das BAG hat zu dem Erfordernis einer Ankündigungsfrist bisher nicht Stellung bezogen. Um eine Unwirksamkeit der Klausel auszuschließen, sollte eine Ankündigungsfrist aufgenommen werden; nach Abs. 2 beträgt diese zwei Wochen. 24

13. Die Verpflichtung zur Leistung von **Überstunden** besteht grundsätzlich nur bei entsprechender arbeitsvertraglicher Regelung. Dabei sind Überstunden grundsätzlich zu vergüten. Der vertragliche Ausschluss jeder zusätzlichen Vergütung von Mehrarbeit ist wegen Intransparenz nach § 307 Abs. 1 Satz 2 BGB unwirksam. Der Arbeitsvertrag lässt aus Sicht eines verständigen Arbeitnehmers nicht erkennen, welche Arbeitsleistung der Arbeitnehmer für das regelmäßige Bruttoentgelt schuldet (BAG, Urt. v. 22.02.2012 – 5 AZR 765/10, NZA 2012, 861). Auch die früher häufig verwendete pauschale Überstundenabgeltung ohne gesonderte Vergütung verstößt gegen das Transparenzgebot und ist nicht klar und verständlich i.S.d. § 307 Abs. 1 Satz 2 BGB; die Klausel ist nach § 306 Abs. 1 BGB unwirksam (BAG, Urt. v. 01.09.2010 – 5 AZR 517/09, NZA 2011, 575). Eine die pauschale Vergütung von Mehrarbeit und Überstunden regelnde Klausel ist nur dann klar und verständlich, wenn sich aus dem Arbeitsvertrag selbst ergibt, welche Arbeitsleistungen von ihr erfasst werden sollen, vgl. insoweit B Rdn. 175 ff. (vgl. BAG, Urt. v. 16.05.2012 – 5 AZR 331/11, NZA 2012, 908; BAG, Urt. v. 17.08.2011 – 5 AZR 406/10; NZA 2011, 1335, 1336; vgl. ErfK/*Preis* § 310 BGB Rn. 91 f. m.w.N.; *Hromadka/Schmitt-Rolfes* NJW 2007, 1777, 1780). 25

Ungeklärt ist, ob für **Abgeltungsklauseln** eine **Höchstgrenze** für deren Wirksamkeit besteht. Zwar unterliegen die Abgeltungsklauseln nach Ansicht des BAG nicht der Inhaltskontrolle gem. § 307 Abs. 3 Satz 1 BGB (BAG, Urt. 16.05.2012 – 5 AZR 331/11, NZA 2012, 908, 910), ob dies jedoch auch für eine Klausel gilt, welche eine Anordnungsbefugnis und Abgeltungsregelung kombiniert, hat das BAG in dieser Entscheidung ausdrücklich offen gelassen. Eine Klausel wonach »die ersten 20 Stunden des Monats« mit abgegolten sein sollen hat das BAG in seiner Entscheidung als wirksam erachtet. Ob und wenn ja welche Höchstgrenze für Abgeltungsklauseln gelten könnten, kann der Rechtsprechung des BAG aber nicht entnommen werden. In der Literatur wird die pauschale Abgeltung von Überstunden in Höhe von maximal 25 % der Normalarbeitszeit – in Anlehnung an die Rechtsprechungsgrundsätze zur Arbeit auf Abruf (vgl. *Hohenstatt/ Schramm* NZA 2007, 238; *Salomon/Hoppe/Rogge* BB 2013, 1720) bzw. maximal 10 % der Normalarbeitszeit (vgl. *Schramm/Kühnke* NZA 2012, 127; ErfK/*Preis* § 310 BGB Rn. 92) als zulässig erachtet. Zu einer solchen transparenten Abgeltungsklausel vgl. gesondertes Muster unter B Rdn. 175 und Anmerkung 3, B Rdn. 178; Besonderheiten gelten für sog. Besserverdiener, vgl. B Rdn. 142. 26

Zum 01.01.2015 wurde in Deutschland erstmals ein bundesweiter branchenübergreifender gesetzlicher **Mindestlohn** mit dem Mindestlohngesetz (MiLoG) eingeführt. Gemäß § 1 MiLoG hat jede Arbeitnehmerin und jeder Arbeitnehmer Anspruch auf Zahlung eines Arbeitsentgelts mindestens in Höhe des Mindestlohns durch den Arbeitgeber, welcher ab dem 01.01.2015 8,50 €, ab dem 01.01.2017 8,84 € brutto je Zeitstunde beträgt (vgl. hierzu B Rdn. 172 ff.). Bei der Verwendung solcher transparenter Überstundenabgeltungsklauseln müssen die Vorgaben des Mindestlohngesetzes nunmehr ausreichende Berücksichtigung finden. Überstundenabgeltungsklauseln sind gem. § 3 Satz 1 MiLoG unwirksam, wenn sie dazu führen, dass bei Anordnung von Überstunden im maßgeblichen Referenzzeitraum (meist auf einen Monatszeitraum bezogen) die Höhe des Mindestlohns im Durchschnitt nicht erreicht wird (vgl. *Bayreuther* NZA 2015, 385; *Lembke* NZA 2015, 70; siehe hierzu ausführlich B Rdn. 178). 26.1

B. Standardarbeitsverhältnisse

26.2 Neben der Pflicht zur Zahlung eines Mindestlohns beinhaltet das MiLoG auch Nachweis- und Dokumentationspflichten. Gemäß § 17 MiLoG ist ein Arbeitgeber, der Arbeitnehmerinnen und Arbeitnehmer nach § 8 Abs. 1 SGB IV oder den in § 2a des Schwarzarbeitsbekämpfungsgesetzes genannten Wirtschaftsbereichen oder Wirtschaftszweigen beschäftigt, verpflichtet, Beginn, Ende und Dauer der täglichen Arbeitszeit dieser Arbeitnehmerinnen und Arbeitnehmer spätestens bis zum Ablauf des siebten auf den Tag der Arbeitsleistung folgenden Kalendertages aufzuzeichnen und diese Aufzeichnungen mindestens zwei Jahre beginnend ab dem für die Aufzeichnung maßgeblichen Zeitpunkt aufzubewahren. Vgl. hierzu auch B Rdn. 114.3.

27 Bei Unwirksamkeit einer Überstundenpauschalierungsabrede findet § 612 Abs. 1 BGB Anwendung. Nach Ansicht des BAG gibt es keinen allgemeinen Rechtsgrundsatz, wonach jede Mehrarbeitszeit oder jede dienstliche Anwesenheit über die vereinbarte Arbeitszeit hinaus zu vergüten ist. Vielmehr ist nach § 612 Abs. 1 BGB eine objektive Vergütungserwartung erforderlich. Diese bestimmt sich unter Berücksichtigung der Verkehrssitte, der Art, des Umfangs und der Dauer der Dienstleistung sowie der Stellung der Beteiligten zueinander und ist regelmäßig gegeben, wenn der Arbeitgeber kein herausgehobenes Entgelt bezieht. Bei einem monatlichen Bruttoentgelt von 1800 Euro sei, nach Ansicht des BAG, die Leistung von Überstunden nur gegen eine zusätzliche Vergütung zu erwarten (BAG, Urt. v. 22.02.2012 – 5 AZR 765/10, NZA 2012, 861; vgl. zu einzelnen Fallgruppen *Salamon/Hoppe/Rogge* BB 2013, 1720, 1722 f.; vgl. hierzu auch B Rdn. 142, 178 ff.). Darlegungs- und beweispflichtig für das Bestehen einer Vergütungserwartung ist nach allgemeinen Grundsätzen derjenige, der eine Vergütung begehrt (BAG, Urt. v. 21.09.2011 – 5 AZR 629/10, JurionRS 2011, 31240). Unter Hinweis auf den Grundsatz »Ohne Arbeit kein Lohn« hat der Arbeitnehmer nach der jüngsten Rechtsprechung des BAG darzulegen und – im Bestreitensfall – zu beweisen, dass er Arbeit in einem die Normalarbeitszeit überschreitenden zeitlichen Umfang verrichtet hat (vgl. BAG, Urt. v. 16.05.2012 – 5 AZR 347/11, NJW 2012, 2680, 2682; BAG, Urt. v. 18.04.2012 – 5 AZR 248/11, NZA 2012, 998; vgl. hierzu näher *Hollighaus* öAT 2013, 92).

28 **14.** Das Muster sieht hier zunächst nur die Vereinbarung einer monatlichen Grundvergütung vor. Für weitere Vergütungsabreden bzw. Vergütungsbestandteile vgl. die gesonderten Muster unter B Rdn. 172 ff. Zu den Anforderungen des Mindestlohngesetzes siehe ausführlich unter B Rdn. 177 ff.

29 **15.** Das Muster geht hier von dem gesetzlichen Urlaubsanspruch des BUrlG aus. Für detaillierte Urlaubsregelungen, insbesondere im Hinblick auf vertraglichen Mehrurlaub vgl. die gesonderten Muster unter B Rdn. 283 ff.

30 **16.** Vgl. hierzu auch J Rdn. 42 ff.

31 **17.** In der hier vorliegenden Klausel sind allgemeine Regelungen enthalten, die im Wesentlichen die ohnehin bestehenden gesetzlichen Pflichten des Arbeitnehmers wiedergeben und ihm vor Augen führen sollen, wie er sich zu verhalten hat. Vgl. zur Arbeitsunfähigkeitsbescheinigung, die der Arbeitgeber schon früher verlangen kann, § 5 Abs. 1 Satz 1 EFZG sowie die Ausführungen und Muster unter J Rdn. 46 ff.

32 **18.** Vgl. auch die Ausführungen unter C Rdn. 1 ff. (Betriebsgeheimnis), C Rdn. 203 (Rückgabe) sowie C Rdn. 22 ff. und C Rdn. 29 ff. oder K Rdn. 156 ff.

33 **19.** Die Verschwiegenheitspflicht des Arbeitnehmers ergibt sich bereits als Ausprägung seiner arbeitsvertraglichen Nebenpflicht (vgl. AR/*Kamanabrou* § 611 BGB Rn. 369, 372). Darüber hinaus existieren gesetzlich normierte Verschwiegenheitspflichten, vgl. etwa § 17 UWG. Da die gesetzlich normierten Verschwiegenheitspflichten mitunter nur eine strafrechtliche Relevanz entfalten, bietet sich die Klarstellung an, dass bei Verletzung der Verschwiegenheitspflicht zugleich eine arbeitsvertragliche Pflicht verletzt wird. Die Regelungen zur Verschwiegenheit sollten je nach den Besonderheiten des Unternehmens gewisse Klarstellungen und Konkretisierungen erfahren (vgl. zum Begriff des Betriebsgeheimnisses: BAG, Urt. v. 16.03.1982 – 3 AZR 83/79, AP BGB § 611

Betriebsgeheimnis Nr. 1). Hinsichtlich einer solchen Verschwiegenheitsklausel besteht regelmäßig kein Mitbestimmungsrecht des Betriebsrates (BAG, Beschl. v. 10.03.2009 – 1 ABR 87/07, NZA 2010, 180).

Zu beachten ist ferner, dass in der Praxis häufig eine Verschwiegenheitsverpflichtung mit dem **Verbot einer Konkurrenztätigkeit** verwechselt wird. Aus einer Verschwiegenheitsverpflichtung allein (auch aus einer nachvertraglichen) ergibt sich für den Arbeitnehmer noch nicht das Verbot, sich nach der Beendigung des Arbeitsverhältnisses in Wettbewerb zum bisherigen Arbeitgeber zu begeben. Hierfür bedarf es der Vereinbarung eines gesonderten Wettbewerbsverbotes. Wenn kein (zu bezahlendes) Wettbewerbsverbot vereinbart ist, kann der Arbeitnehmer ohne Weiteres zum bisherigen Arbeitgeber in Wettbewerb treten und dabei auch sein im Arbeitsverhältnis erworbenes Erfahrungswissen einschließlich der Betriebs- und Geschäftsgeheimnisse einsetzen. Ein Unterlassungsanspruch des Arbeitgebers hiergegen ergibt sich weder aus einer nachvertraglichen Verschwiegenheitspflicht noch aus einer nachvertraglichen Treuepflicht (vgl. BAG, Urt. v. 19.05.1998 – 9 AZR 394/97, NZA 1999, 200; vgl. auch AR/*Kamanabrou* § 611 BGB Rn. 378). Vgl. zum Wettbewerbsverbot das Muster unter C Rdn. 119 ff.

20. Vgl. zum Datenschutz § 5 BDSG; vgl. auch C Rdn. 35 ff.

21. Die Formulierung im Mustervertrag § 9 Abs. 6 hat eine Klarstellung aufgenommen, dass **Telekommunikationsmittel** ausschließlich für **dienstliche Zwecke** bestimmt sind. Nach Ansicht des LAG Rheinland-Pfalz rechtfertigt eine Missachtung dieses Verbots nicht automatisch eine Kündigung. Der Arbeitgeber muss auch die Feststellung einer erheblichen Beeinträchtigung der arbeitsvertraglich geschuldeten Leistung darlegen (LAG Rheinland-Pfalz, Urt. v. 26.02.2010 – 6 Sa 682/09, NZA-RR 2010, 297, 299; vgl. BAG Urt. v. 19.04.2012 – 2 AZR 186/11). Bei einer Gestattung durch den Arbeitgeber, Telekommunikationsmittel auch für private Zwecke nutzen zu können, tritt der Arbeitgeber nach allgemeinem Verständnis als **Telekommunikationsanbieter** i.S.d. Telekommunikationsgesetzes (TKG) auf, was weitreichende Konsequenzen in datenschutz- und geheimnisschutzrechtlicher Hinsicht hat (vgl. hierzu *Schmidt* BB 2009, 1295; *Wellhöner/Byers* BB 2009, 2310; *Wybitul* BB 2009, 1582; *Oberwetter* NZA 2008, 609). Hier deutet sich ein Richtungswechsel durch die Entscheidung des LArbG Berlin-Brandenburg an, wonach der Arbeitgeber nicht als Telekommunikationsanbieter anzusehen sei (LAG Berlin-Brandenburg, Urt. v. 16.02.2011 – 4 Sa 2132/10, NZA-RR 2011, 342).

22. Vgl. hierzu auch C Rdn. 22 ff., C Rdn. 29 ff. sowie C Rdn. 119 ff.

Einschränkungen von **Nebentätigkeiten** sind vor dem Hintergrund der grundgesetzlich garantierten Berufsfreiheit (Art. 12 GG) problematisch. Der hier vorgeschlagene Lösungsweg in der Form eines **Verbots mit Erlaubnisvorbehalt** stellt eine vom BAG anerkannte Alternative dar (vgl. BAG, Urt. v. 26.06.2001 – 9 AZR 343/00, NZA 2002, 98; BAG, Urt. v. 11.12.2001 – 9 AZR 464/00, NZA 2002, 965). Nach Ansicht des BAG hat der Arbeitnehmer nur dann einen Rechtsanspruch auf Genehmigung einer Nebentätigkeit, wenn eine Beeinträchtigung von Interessen des Arbeitgebers nicht zu erwarten ist. Ausreichend für die Versagung der Genehmigung ist, dass bei verständiger Würdigung unter Berücksichtigung der erfahrungsgemäß zu erwartenden Entwicklung eine Beeinträchtigung betrieblicher Interessen wahrscheinlich ist (vgl. BAG, Urt. v. 26.06.2001 – 9 AZR 343/00, NZA 2002, 98; BAG, Urt. v. 11.12.2001 – 9 AZR 464/00, NZA 2002, 965).

Problematisch dürfte jedoch die Kombination von Erlaubnisvorbehalt und Vertragsstrafe sein, weil dies faktisch zu einem umfassenden Nebentätigkeitsverbot führen würde (vgl. LAG Rheinland-Pfalz, Urt. v. 29.04.2005 – 8 Sa 69/05, JurionRS 2005, 18278).

23. Hinsichtlich der **gesetzlichen Kündigungsfristen** ist die Entscheidung des EuGH vom 19.01.2010 (Rs. C – 555/07 *Kücükdeveci/Swedex GmbH & Co. KG*, BB 2010, 507 m.A. *Wellhöner/Höveler*) zu beachten. In seiner Entscheidung hat der EuGH § 622 Abs. 2 Satz 2 BGB für europarechtswidrig erklärt. Nach § 622 Abs. 2 Satz 2 BGB sind Beschäftigungszeiten vor dem 25. Lebensjahr eines Arbeitnehmers bei der Berechnung der Kündigungsfrist nicht mit zu berücksichtigen. Laut EuGH verstoße diese Bestimmung gegen den europarechtlichen Grundsatz des **Verbotes der Altersdiskriminierung.** Der EuGH hat zudem ausdrücklich entschieden, dass nationale Gerichte diese Norm unangewendet lassen müssen. In der betrieblichen Praxis sind demnach zukünftig bei der Berechnung der Kündigungsfrist auch sämtliche Beschäftigungszeiten vor dem 25. Lebensjahr zu berücksichtigen (vgl. BAG, Urt. v. 29.09.2011 – 2 AZR 177/10, NZA 2012, 754; zur Staffelung der Kündigungsfristen nach Beschäftigungsdauer siehe BAG, Urt. v. 18.09.2014 – 6 AZR 636/13, NZA 2014, 1400).

39 Abs. 1 Satz 3 stellt sicher, dass die Verlängerung der Kündigungsfrist mit zunehmender Betriebszugehörigkeit nicht nur für die Kündigung durch den Arbeitgeber, sondern auch für die Kündigung durch den Mitarbeiter einzuhalten ist. Bei Verzicht auf diese Regelung könnte der Mitarbeiter auch nach einer Beschäftigungsdauer von mehr als 20 Jahren sein Arbeitsverhältnis noch unter Einhaltung der Mindestkündigungsfrist von vier Wochen zum Monatsende oder zur Monatsmitte kündigen.

40 **24.** Die Aussagen zur fristlosen Kündigung nach § 626 BGB sowie zur Schriftform nach § 623 BGB entsprechen den gesetzlichen Regelungen. Sie haben nur Klarstellungsfunktion.

41 **25.** Das Formular sieht die Möglichkeit einer **Freistellung** des Arbeitnehmers im Fall eines Ausspruchs der Kündigung vor. Ob eine solche **Freistellungsklausel** noch generell wirksam in Arbeitsverträgen vereinbart werden kann, ist umstritten. Nach einer Ansicht (vgl. ArbG Frankfurt a.M., Urt. v. 19.11.2003 – 2 Ga 251/03, NZA-RR 2004, 409) soll eine solche Regelung in Musterarbeitsverträgen regelmäßig unwirksam sein. Nach Ansicht des Arbeitsgerichts Frankfurt erschöpfe sich das Arbeitsverhältnis nicht ausschließlich in der Zahlung der vertragsgemäßen Vergütung von dem Arbeitgeber an den Arbeitnehmer. Vielmehr sei die Ausübung seines Berufs für die Erhaltung der beruflichen Fähigkeiten des Arbeitnehmers und für die Gewährleistung seiner Persönlichkeit regelmäßig von hoher Bedeutung. Somit bestehe nach dem Grundsatz von Treu und Glauben für die Dauer des Arbeitsverhältnisses auch ein Anspruch auf tatsächliche Beschäftigung durch den Arbeitgeber. Die Zulässigkeit von Freistellungsvereinbarungen wird nicht grundsätzlich in Frage gestellt. Jedoch könne eine solche Klausel in AGB nicht mehr vereinbart werden, da hiermit eine erhebliche Abweichung vom wesentlichen Grundgedanken der gesetzlichen Regelung i.S.v. § 307 Abs. 1 Satz 1, Abs. 2 Nr. 1 BGB getroffen werde (vgl. ArbG Frankfurt a.M., Urt. v. 19.11.2003 – 2 Ga 251/03; so auch ArbG München, Urt. v. 10.12.2008 – 39 Ga 245/08).

42 Nach der Gegenauffassung (vgl. etwa ArbG Stralsund, Verfügungsurteil vom 11.08.2004 – 3 Ga 7/04, NZA-RR 2005, 23; LAG Köln, Urt. v. 20.02.2006 – 14 (10) Sa 1394/05, NZA-RR 2006, 342) sind Freistellungsklauseln in AGB dagegen weiterhin zulässig. Solange eine höchstrichterliche Entscheidung zu dieser Problematik aussteht, besteht ein Restrisiko, dass die Freistellungsklausel im Streitfall vor dem Arbeitsgericht für unwirksam erklärt wird und der Mitarbeiter seine **Weiterbeschäftigung** – ggf. auch im Wege einer einstweiligen Verfügung – durchsetzen könnte. Dem Risiko wird hier zum einen insoweit entgegengewirkt, als die Freistellungsmöglichkeit nur für den Fall nach Ausspruch einer Kündigung für die Dauer der Kündigungsfrist bzw. beim Abschluss eines Aufhebungsvertrages zulässig sein soll; das ArbG München erachtet jedoch auch eine solche Klausel als unzulässig (vgl. ArbG München, Urt. v. 10.12.2008 – 39 Ga 245/08). Zum anderen sollen das Vorliegen sachlicher Gründe eine einseitige Freistellung rechtfertigen (vgl. *Preis* Arbeitsvertrag II F 10, Rn. 21). Diese sachlichen Gründe werden vom BAG auch im Rahmen der einseitigen Freistellung eines ungekündigten Arbeitsverhältnisses verlangt (BAG, Beschl. v. 27.02.1985 – GS 1/84, AP Nr. 14 zu § 611 BGB).

43 **26.** Das Formular sieht ausdrücklich die **Anrechnung anderweitigen Erwerbs** während der Dauer der Freistellung vor. Grundsätzlich hat der Arbeitnehmer gegen den Arbeitgeber einen Anspruch auf Zahlung der Vergütung aus dem Arbeitsvertrag i.V.m. § 611 BGB. Hierfür muss er seine Gegenleistung nicht zwingend auch erbringen, § 615 Satz 1 BGB. Nach § 615 Satz 2 BGB muss der Arbeitnehmer sich jedoch den Wert desjenigen anrechnen lassen, was er infolge des Unterbleibens seiner Arbeitsleistung erspart oder durch anderweitige Verwendung seiner Dienste er-

wirbt oder böswillig zu erwerben unterlässt. Streitig ist jedoch, wann diese Rechtsfolge tatsächlich eintreten soll. Das BAG legt Freistellungsvereinbarungen mitunter als **gegenseitigen Erlassvertrag** aus (vgl. BAG, Urt. v. 19.03.2002 – 9 AZR 16/01, NJOZ 2003, 1319). In diesem Falle würde die Rechtsfolge des § 615 Satz 2 BGB ausgeschlossen. Es ist somit ratsam, eine ausdrückliche Regelung vorzunehmen, dass es im Falle der Freistellung auch tatsächlich zur Rechtsfolge des § 615 Satz 2 BGB kommen soll (vgl. zur Auslegung von Freistellungsvereinbarungen auch: LAG Rheinland-Pfalz, Urt. v. 23.04.2009 – 11 Sa 751/08, JurionRS 2009, 17151; BAG, Urt. v. 06.09.2006 – 5 AZR 703/05, NZA 2007, 36).

27. Da umstritten ist, ob die Vereinbarung eines **generellen Abtretungsverbotes** von Vergütungsansprüchen in Standardarbeitsverträgen wirksam vereinbart werden kann, sieht § 12 – ebenso wie bei der Nebentätigkeit – ein Verbot mit Erlaubnisvorbehalt vor.

Eine **pauschalierte Kostenübernahme** des Arbeitnehmers in Fällen der Abtretung, Pfändung oder Verpfändung von Vergütungsansprüchen wurde dagegen nicht mit aufgenommen. Mit Urteil vom 18.07.2006 – 1 AZR 578/05, EzA § 75 BetrVG 2001 Nr. 4 hat das BAG – wenn auch für den Fall einer Vereinbarung einer pauschalierten Kostenübernahme in einer Betriebsvereinbarung – entschieden, dass die mit der Bearbeitung von Lohn- oder Gehaltspfändungen verbundenen Kosten des Arbeitgebers diesem zur Last fallen. Wegen des Fehlens anderslautender Bestimmungen geht das Gesetz nach Ansicht des BAG davon aus, dass die dem Drittschuldner durch den Einbezug in die Titelvollstreckung entstehenden Kosten von diesem selbst zu tragen sind. Die Vereinbarung einer Kostenübernahme durch den Arbeitnehmer greife in dessen Handlungsfreiheit ein und diene allein der Bevorzugung der Kosteninteressen des Arbeitgebers. Dessen Interessen seien indes nicht höher zu bewerten als die des Arbeitnehmers, so dass sie einen Eingriff in die Handlungsfreiheit des Arbeitnehmers nicht rechtfertigen könnten. Diese Grundsätze dürften auch auf eine individualvertragliche Vereinbarung zu übertragen sein, so dass von einer entsprechenden Regelung abgesehen wurde.

28. § 13 des Mustervertrages enthält einen Hinweis auf das **Diskriminierungsverbot**, das im August 2006 durch das **Allgemeine Gleichbehandlungsgesetz (AGG)** manifestiert wurde. Nach § 12 Abs. 1 AGG ist der Arbeitgeber verpflichtet, die erforderlichen Maßnahmen einschließlich vorbeugender Maßnahmen zum Schutz vor Diskriminierungen zu treffen. Insbesondere sollen die Beschäftigten entsprechend geschult werden, § 12 Abs. 2 Satz 2 AGG. Arbeitgeber, die diese vorbeugenden Maßnahmen unterlassen, begeben sich in das Risiko, bei Diskriminierungshandlungen in ihrem Unternehmen für das Fehlverhalten der Arbeitnehmer zur Verantwortung gezogen zu werden.

29. Präventionsmaßnahmen wie die in § 14 vorgesehenen werden seit den »Skandalen« der jüngeren deutschen Unternehmensgeschichte immer größer geschrieben. Zahlreiche Unternehmen haben bereits eigene **Compliance-Abteilungen** und gestalten entsprechende Verhaltensanforderungen an ihre Mitarbeiter in Form von Ethik- oder Compliance-Richtlinien. Dies kann gemeinsam mit dem Betriebsrat oder als individualvertragliche Vereinbarung geschehen.

Voll wirksame Vorbeugung im Hinblick auf Wirtschaftskriminalität wird durch eine Klausel wie in § 14 freilich noch nicht erreicht. Allerdings kann sie, vor allem in kleineren und mittelständischen Unternehmen ohne eigene Compliance-Abteilung, eine Signalwirkung an den Arbeitnehmer entfalten. In größeren Unternehmen, die über eine eigene Compliance-Abteilung oder ein eigenes Compliance-Management verfügen, kann ggf. auf eine Compliance-Richtlinie/COC verwiesen werden.

30. § 15 enthält in Bezug auf **Dienstreisen** und **Spesen** die klarstellende Aussage, dass notwendige Ausgaben mit betrieblichem Bezug erstattet werden. Der Arbeitgeber ist an sich bereits gem. § 670 BGB dazu verpflichtet, dem Arbeitnehmer die Kosten seiner Dienstreise zu erstatten (vgl. hierzu Küttner/*Thomas* Dienstreise Rn. 9 sowie Küttner/*Griese* Aufwendungsersatz Rn. 2 ff.). Entfaltet ein Arbeitnehmer keinerlei oder kaum Reisetätigkeiten, so kann auf eine solche Regelung verzichtet werden.

B. Standardarbeitsverhältnisse

50 **31.** Die hier vorliegende **Ausschlussklausel** sieht eine dreimonatige Ausschlussfrist vor, innerhalb der Ansprüche aus dem Arbeitsverhältnis schriftlich geltend gemacht werden müssen (Wichtige Änderung ab dem 01.10.2016 hinsichtlich des Schriftformerfordernisses – näheres dazu siehe B Rdn. 53). Eine solche Ausschlussfrist verhindert die grundsätzlich geltende Verjährungsfrist von drei Jahren gem. § 195 BGB. Ausschlussfristen in Formulararbeitsverträgen sind grundsätzlich zulässig (BAG, Urt. v. 25.05.2005 – 5 AZR 572/04, NZA 2005, 1111; BAG, Urt. v. 28.09.2005 – 5 AZR 52/5, NZA 2006, 149). Derartige Verkürzungen der sich an sich aus dem Verjährungsrecht ergebenden Grundsätze werden als Besonderheiten des Arbeitsrechts i.S.v. § 310 Abs. 4 Satz 2 BGB anerkannt. Das BAG hat jedoch auch darauf hingewiesen, dass die Ausschlussfrist nicht zu kurz sein darf. Vier Wochen oder zwei Monate genügen nicht (vgl. BAG, Urt. v. 28.11.2007 – 5 AZR 992/06, NZA 2008, 293 sowie BAG, Urt. v. 25.05.2005 – 5 AZR 572/04, NZA 2005, 1111; BAG, Urt. v. 28.09.2005 – 5 AZR 52/5, NZA 2006, 149). Eine **Mindestfrist von drei Monaten** wird von der Rechtsprechung für zulässig erachtet (BAG, Urt. v. 12.03.2008 – 10 AZR 152/07, NZA 2008, 699).

51 Wichtig ist, dass Ansprüche wegen vorsätzlicher Pflichtverletzung von der kurzen Ausschlussfrist ausgenommen werden, vgl. § 202 Abs. 1 BGB (vgl. auch BAG, Urt. v. 25.05.2005 – 5 AZR 572/04, NZA 2005, 1111). In Bezug auf die Ansprüche des gesetzlichen Mindestlohns regelt jedoch § 3 Satz 1 MiLoG, dass diese Ansprüche weder ausgeschlossen noch in ihrer Geltendmachung beschränkt werden dürfen. Bisweilen in der Literatur stark umstritten ist der Umstand, ob aus diesem Grund in den arbeitsvertraglichen Ausschlussfristen zwingend die Ansprüche auf Zahlung des Mindestlohns auszunehmen sind, damit die Klausel den Anforderungen einer AGB-Kontrolle standhält. Der Gesetzgeber habe durch die in § 3 Satz 1 MiLoG enthaltende Einschränkung (»insoweit«) zum Ausdruck gebracht, dass es gerade nicht dem Ziel der in § 3 MiLoG enthaltenden Regelung entspräche, dass die Ausschlussklausel insgesamt unwirksam werde (vgl. *Bayreuther* NZA 2015, 385). Bis diese Streitfrage durch die Gerichte abschließend geklärt ist, ist zu empfehlen, in neuen Arbeitsverträgen eine differenzierende Ausschlussfrist aufzunehmen und neben den Ansprüchen wegen vorsätzlicher Pflichtverletzung auch Ansprüche auf den gesetzlichen Mindestlohn von der kurzen Ausschlussfrist auszunehmen.

52 Hinsichtlich des Fristbeginns schlägt das Muster vor, dass die Ausschlussfrist nicht bereits mit der Fälligkeit des Anspruchs, sondern erst mit der Kenntnis des Anspruchsstellers von den maßgeblichen Umständen zu laufen beginnt. Ausschlussfristen in Formulararbeitsverträgen, die von der Kenntnis des Anspruchs losgelöst sind, dürften einer gerichtlichen Überprüfung nicht mehr standhalten.

53 Für die Geltendmachung von Ansprüchen ist nach § 16 Abs. 1 des Mustervertrages noch die Schriftlichkeit vorgesehen. Wurde »**schriftliche Geltendmachung**« verlangt, hatte bisher nach § 127 Abs. 2 BGB »im Zweifel auch die telekommunikative Übermittlung«, also auch die Geltendmachung per E-Mail ausgereicht (BAG, Urt. v. 16.12.2009 – 5 AZR 888/08, NZA 2010, 401). Wollte ein Arbeitgeber die Geltendmachung per E-Mail nicht ausreichen lassen, so musste er dies ausdrücklich klarstellen und ausschließen. In diesem Zusammenhang ist aber zu beachten, dass durch das Gesetz zur Verbesserung der zivilrechtlichen Durchsetzung von verbraucherschützenden Vorschriften des Datenschutzrechts, das am 24.02.2016 in Kraft getreten ist, § 309 Nr. 13 BGB einer Änderung unterzogen wurde. § 309 Nr. 13 BGB erklärte bislang AGB-Klauseln für unwirksam, durch die Anzeigen oder Erklärungen, die gegenüber dem Verwender oder einem Dritten abzugeben waren, an eine strengere Form als die Schriftform oder an besondere Zugangserfordernisse gebunden waren. Nunmehr darf keine strengere Form als die **Textform** im Sinne von § 126b BGB vereinbart werden (§ 309 Nr. 13 BGB n.F., ab dem 01.10.2016). Die Textform umfasst insbesondere auch Telefax, E-Mail oder SMS. Vor diesem Hintergrund wird empfohlen, die Ausschlussklauseln in Arbeitsverträgen zukünftig entsprechend anzupassen. Dabei ist allerdings zu beachten, dass die neue Regelung lediglich Arbeitsverträge betrifft, die nach dem 30.09.2016 abgeschlossen werden. Auf Altverträge soll die Neuregelung keine Auswirkung haben. Nach der gleichzeitig in Kraft tretenden Übergangsregelung in Artikel 229 § 37 EGBGB gilt die

Änderung des § 309 Nr. 13 BGB nur für »Schuldverhältnisse, die nach dem 30.09.2016« entstehen. Zuvor vereinbarte Schriftformerfordernisse in Ausschlussklauseln bleiben daher wirksam.

Bisher noch unklar ist die Rechtsfolge bei der Verwendung von Ausschlussklauseln, die auch nach dem 30.09.2016 die Schriftform vorsehen. Ob diese Klauseln sodann als unwirksam angesehen werden oder ob die bisherige Rechtslage, welche auch bereits bisher die Textform als ausreichend angesehen hat, weiter herangezogen werden kann, bleibt abzuwarten. Eine Anpassung für Neuverträge ist aber in jedem Fall zu empfehlen. Ob es allerdings aus Sicht des Arbeitgebers sinnvoll ist, allein den Begriff »schriftlich« mit dem Begriff der »Textform« auszutauschen, erscheint fraglich. Da dem Grunde nach eine SMS der Textform genügt, würde dies den Arbeitgeber vor eine große Hürde stellen, da diesem sicher daran gelegen ist, dass die Arbeitnehmer ihre Ansprüche in einer einheitlichen Form gegenüber dem Arbeitgeber geltend machen und nicht z.B. im Wege einer SMS an den Geschäftsführer. In dieser Hinsicht bleibt somit abzuwarten, wie die Ausschlussklauseln in Zukunft gestaltet bzw. durch die Gerichte bewertet werden und ob es dem Arbeitgeber in Zukunft möglich ist, in den neuen Ausschlussklauseln eine bestimmte Art der Textform vorzuschreiben.

Als zulässige Alternative wurde mit § 16 Abs. 4 des Mustervertrages eine weitere Frist zur gerichtlichen Geltendmachung aufgenommen. Damit handelt es sich um eine sog. **zweistufige Ausschlussklausel**. Hier ist zu beachten, dass nach Ansicht des BAG die Erhebung der Kündigungsschutzklage ausreicht, um ein Erlöschen der Ansprüche im Klagewege zu verhindern (BAG, Urt. v. 19.03.2008 – 5 AZR 429/07, NZA 2008, 757). Auch hier wird vom BAG eine dreimonatige Frist für zulässig erachtet (vgl. BAG, Urt. v. 16.01.2008 – 7 AZR 603/06, NZA 2008, 701; BAG, Urt. v. 25.05.2005 – 5 AZR 572/04, NZA 2005, 1111). Auch an dieser Stelle wäre für zukünftige Vertragsgestaltungen ab dem 01.10.2016 eine entsprechende Anpassung vorzunehmen (vgl. B Rdn. 53).

32. In § 17 Abs. 1 des Mustervertrages wurde eine sog. **doppelte Schriftformklausel** aufgenommen. Das BAG hat mit Urteil vom 20.05.2008 (9 AZR 382/07, AP Nr. 35 zu § 307 BGB) klargestellt, dass sich der Vorrang von **Individualabreden** nach § 305b BGB auch gegenüber einer doppelten Schriftformklausel durchsetzt. Die früher übliche allgemeine doppelte Schriftformklausel, nach der Vertragsabsprachen nur bei schriftlicher Niederlegung wirksam sein sollten, bedarf deshalb heute einer Einschränkung dahingehend, dass einzelvertragliche, individuelle Abreden zur Änderung oder zur Ergänzung des Arbeitsvertrages auch formlos wirksam sein können. Eine doppelte Schriftformklausel, die § 305b BGB nicht berücksichtigt, täusche über die wahre Rechtslage und ist unwirksam.

Mit der Vereinbarung einer doppelten Schriftformklausel ist sichergestellt, dass Streitigkeiten über etwaige mündliche Zusatz- oder Änderungsgespräche vermieden werden. Im Übrigen ist die doppelte Schriftformklausel jedenfalls aus Sicht des Arbeitgebers auch insoweit zu empfehlen, als damit das Entstehen einer betrieblichen Übung verhindert werden kann (so ausdrücklich BAG, Urt. v. 20.05.2008 – 9 AZR 382/07, AP Nr. 35 zu § 307 BGB).

33. Um dem Entstehen einer **betrieblichen Übung** zusätzlich vorzubeugen, sieht § 17 Abs. 2 des Mustervertrages eine klarstellende Formulierung dahingehend vor, dass auch die wiederholte Gewährung von Leistungen und Vergünstigungen keinen Anspruch auf eine entsprechende Gewährung in der Zukunft begründen. Die Vermeidung der betrieblichen Übung ist vor allem vor dem Hintergrund der jüngeren BAG-Rechtsprechung (BAG, Urt. v. 18.03.2009 – 10 AZR 281/08, NZA 2009, 601; BAG, Urt. v. 25.11.2009 – 10 AZR 779/08, NZA 2010, 283) von besonderer Bedeutung. Das BAG hat seine bisherige Rechtsprechung zur **gegenläufigen betrieblichen Übung** aufgegeben. Bis dahin konnte auch nach Ansicht des BAG ein einmal durch betriebliche Übung entstandener Anspruch durch eine dreimalige widerspruchslose Hinnahme einer Nichtgewährung der Leistung, also durch die Entwicklung einer gegenläufigen betrieblichen Übung, beseitigt werden. Nunmehr hat das BAG klargestellt, dass nach den Grundsätzen betrieblicher Übung entstandene Ansprüche eines Arbeitnehmers keine Ansprüche minderer Rechts-

B. Standardarbeitsverhältnisse

beständigkeit seien, sondern vielmehr ebenso wie arbeitsvertraglich begründete Ansprüche zu behandeln seien. Die Arbeitgeber können daher die durch betriebliche Übung begründeten Ansprüche auch nicht unter erleichterten Voraussetzungen zu Fall bringen. Zur ergänzenden Vereinbarung eines allgemeinen Freiwilligkeitsvorbehalts vgl. B Rdn. 186 ff.

58 **34.** Im Vertragsmuster wurde in § 18 zusätzlich eine Regelung zur stillschweigenden Änderung von Vertragsinhalten nach einem entsprechenden Änderungsangebot durch das Unternehmen aufgenommen. (Die Klausel wird empfohlen und formuliert von *Hromadka/Schmitt-Rolfes* in Der unbefristete Arbeitsvertrag, 2006). Eine solche Klausel, die das Schweigen des Arbeitnehmers auf ein Angebot des Arbeitgebers als Zustimmung wertet, ist bislang unüblich und war bisher auch noch nicht ausdrücklich Gegenstand der Rechtsprechung. Dennoch zeigt § 308 Nr. 5 BGB, dass der Gesetzgeber eine solche Vertragsgestaltung nicht von vornherein für ausgeschlossen hält. Diese Auffassung und damit die Zulässigkeit der oben beschriebenen Klausel wird durch die jüngste Entscheidung des 10. Senats des BAG vom 18.03.2009 (10 AZR 281/08, NZA 2009, 601) zur gegenläufigen betrieblichen Übung beim Weihnachtsgeld unterstützt. Mit dieser Entscheidung gibt der 10. Senat seine bisherige Rechtsprechung auf, wonach ein Arbeitgeber einen nach den Grundsätzen der betrieblichen Übung entstandenen Anspruch des Arbeitnehmers auf eine Gratifikation durch eine geänderte betriebliche Übung wieder beenden kann. Die Aufgabe der bisherigen Rechtsprechung begründet das BAG u.a. damit, dass zu den wesentlichen Prinzipien des Privatrechts der Grundsatz gehört, wonach Schweigen in der Regel keine Willenserklärung ist, die durch Allgemeine Geschäftsbedingungen abgeändert werden kann. Dadurch argumentiert das BAG ausdrücklich damit, dass § 308 Nr. 5 BGB den Vertragsparteien zwar nicht verbietet, zu vereinbaren, dass das Schweigen einer Partei zu einem Antrag der anderen Partei als Annahmeerklärung anzusehen ist. Nach § 308 Nr. 5 BGB muss aber die an das Schweigen geknüpfte Fiktionswirkung von den Vertragsparteien ausdrücklich vereinbart worden sein. Auch muss der Klauselverwender – sprich der Arbeitgeber – sich darüber hinaus verpflichtet haben, seinen Vertragspartner bei Beginn der Frist auf die Bedeutung seines Schweigens besonders hinzuweisen. Schließlich, so das BAG, muss dieser Hinweis auch tatsächlich und in einer Form erfolgen, die unter normalen Umständen Kenntnisnahme verbirgt (vgl. hierzu *Reiserer*, Atmendes Entgelt, Atmende Arbeitszeit, NZA-Beil. 2010, 39). Auch *Preis* lehnt eine unangemessene Benachteiligung i.S.d. § 307 Abs. 2 Nr. 1 BGB durch eine solche Klausel ab; verweist jedoch darauf, dass gleichwohl eine Durchbrechung des Grundsatzes des »fehlenden Erklärungswertes bei Schweigen im Rechtsverkehr« vorliegt (*Preis* Arbeitsvertrag II V 25 Rn. 11).

59 **35.** Die Aufnahme einer **salvatorischen Klausel** wie in § 19 Abs. 1 des Vertragsmusters ist nicht mehr unumstritten, da im Recht der Arbeitsvertragsgestaltung heute das Verbot der geltungserhaltenden Reduktion (§ 306b BGB) besteht. Außerdem ist es auch rechtspolitisch nicht gewünscht, wenn sich Arbeitgeber unter Inkaufnahme eines relativ geringen Risikos an völlig überzogene Klauseln herantasten (vgl. BAG, Urt. v. 25.05.2005 – 5 AZR 572/04, NZA 2005, 1111, 1114). Ungeachtet dessen sollte eine solche Klausel auch weiterhin aufgenommen werden. Hiermit wird zum einen im Hinblick auf eine ggf. erforderlich werdende Auslegung des Vertrages klargestellt, dass die Parteien dem Vertrag und seiner wirtschaftlichen Bedeutung eine gewisse Gültigkeit zusprechen. Zum anderen kann sich durch eine solche Klausel mitunter die Bereitschaft erhöhen, im Streitfall tatsächlich eine inhaltlich vergleichbare Regelung zu finden.

60 **36.** Die Vorschrift in § 19 Abs. 3 des Vertragsmusters weicht vom sog. **Günstigkeitsprinzip** ab. Danach wäre an sich eine spätere Abweichung in einer Betriebsvereinbarung dann nicht möglich, wenn diese zu Lasten des Arbeitnehmers gehen würde. Durch eine wie in § 19 Abs. 3 formulierte Klausel findet eine Öffnung für Betriebsvereinbarungen auch für Änderungen zum Nachteil der Arbeitnehmer statt. (Vgl. BAG, Urt. v. 12.08.1982 – 6 AZR 1117/79, AP BetrVG 1972, § 77 Nr. 4; auch BAG, Urt. v. 16.11.2011 – 10 AZR 60/11; vgl. auch: *Preis* Arbeitsvertrag II O 10 Rn. 3 ff. m.w.N.).

61 **37.** So sorgfältig die Unternehmen bei der Gestaltung ihrer Arbeitsverträge in der Regel sind, so nachlässig sind sie in der Praxis gelegentlich im Hinblick auf die Unterzeichnung. Wichtig ist,

dass der Arbeitsvertrag stets durch die richtige Person unterzeichnet wird. Der Arbeitgeber muss beim Vertragsabschluss ordnungsgemäß vertreten sein.

2. Standardarbeitsvertrag in englischer Fassung

Vorbemerkung

Das folgende Muster enthält eine Übersetzung des Standardarbeitsvertrags (B Rdn. 4 ff.) ins Englische. Bezüglich der Erläuterungen kann auf die Ausführungen unter B Rdn. 5 ff. Bezug genommen werden.

▶ **Muster – Standardarbeitsvertrag englische Fassung**

[Company letterhead]

Between
[Name and address of the company]

(Hereinafter: »Company«)

and

Mr./Mrs. [Name and address of the employee]

(Hereinafter: »Employee«)

the following is agreed:

§ 1
Commencement of Employment, Penalty Clause in Case of Non-performance

(1) The employment relationship shall commence on _____[date]_____ provided that the employee is suited for the employment after passing a health examination.

(2) The notice of termination of the employment contract before the commencement of the employment is excluded. In case that the employee does not begin the employment legally and culpably or not in time or in case of a premature termination the employee shall pay a contractual penalty in the amount of the half of one month's gross salary. The company is authorized to assert further damages as well.

§ 2
Scope of Duties and Place of Work

(1) The employee is employed as [explanation of the job]. The company will assign the employee to work in [description of department or division of the company]. The employee's responsibilities include all kinds of work that employees usually perform in this area.

[optional:

Details of the employee's responsibilities and duties can be defined in a job description that can be continuously adjusted. The employee shall inform himself about the job descriptions as well as about further job instructions on his own initiative and act according to them.]

(2) The company reserves the right to assign to the employee other reasonable tasks corresponding to his education and abilities. In this case, the company will consider the conflicting interests of both parties. The company also reserves the right to transfer the employee temporarily to another place of work. This right also continues to exist if the employee performs a particular job for a longer period of time or performs his job for a longer period of time at a particular place of work.

(3) The employee commits himself to fulfill the duties according to this employment contract with care and diligence, to protect the interests of the company and to address his entire working capacity for the benefit of the company.

§ 3
Probationary Period

(1) The first six months of the employment relationship are considered as a probationary period. During this time the employment relationship can be terminated by each party with a notice period of two weeks.

(2) The right of dismissal without notice period (§ 626 BGB) shall remain unaffected.

§ 4
Period of Employment Contract

(1) This employment contract is entered into for an indefinite period of time and can be terminated by proper notice of termination.

(2) Without a termination notice the employment contract shall cease not later than the end of the month, in which the employee can claim the statutory retirement pension or an equivalent retirement benefit. The employment contract shall cease as well with the end of the month, in which the responsible social security carrier determines a full or a partly reduction in the employee's earning capacity (»Volle oder teilweise Erwerbsminderung«), in case of a later beginning of the corresponding receipt of pension benefits not until the end of the day preceding the beginning of the pension benefits, but at the earliest two weeks after the receipt of the written information to the employee by the company according to the occurrence of the resolutory condition. The employee shall give the company a notice on the receipt of the notice of pension granted immediately. If in the moment of termination of the employment relationship a consent of the Integrationsamt according to § 92 SGB IX was not yet granted, the employment relationship shall cease at the end of the day of notification of the consent in case that the granted pension is only a temporary one, the employment relationship shall be suspended for the period he receives the temporary pension, but not longer than until a date mentioned in sent. 1, 2 or 4.

(3) In case of a partly reduction in earning capacity (»Volle oder teilweise Erwerbsminderung«) of the employee, the employment relationship shall not cease respectively be suspended, if the employee is able to work on his present position or another suitable vacant position according to his responsible social security carrier determined capacity of performance, as far as urgent internal reasons are not opposing to this and the employee has applied for his further employment in written form not later than he received the notice of pension granted.

(4) If the employee delays his application to receive pension culpably, the notice of pension granted shall be replaced by an official medical opinion. In this case the employment relationship terminates at the end of the month in which the employee took notice of the official medical opinion.

(5) The right of dismissal without notice period (§ 626 BGB) shall remain unaffected.

§ 5
Working Time, Overtime, Short-time Work

(1) The regular working time shall be _____[number]_____ hours per week. The daily working hours depend on the requirements of the operation of the company and can be determined by the company.

[optional:

(1) The daily [Monday till Friday] working time starts at _____[time]_____ o'clock and ends at _____[time]_____ o'clock. In this time the following recreation periods shall be effective: _____[time]_____ .]

(2) The employee agrees that in case of the implementation of short-time work his working hours will be reduced temporarily and that for the period of reduced working hours his remuneration will be reduced accordingly.

(3) The employee undertakes to work overtime in a legally allowed volume if this is required for operational reasons.

§ 6
Remuneration

The employee shall receive a gross remuneration of ____[amount]____ € per month. The remuneration is payable at the end of the month and will be a non-cash payment, which will be transferred by the company to the account which the employee announces to the company.

§ 7
Vacation

The employee shall be granted vacation in accordance with the Bundesurlaubsgesetz (BUrlG).

§ 8
Incapacity, Duty of Notification

The employee shall notify the company of each incapacity and its estimated duration. The employee shall advise the company of urgent work.

§ 9
Secrecy Agreement, Handling of Working Material, Return of Working Materials

(1) The employee shall, during the employment relationship and after its termination, keep confidential information pertaining to all business and operational matters not generally known. This duty exists with regard to external parties as well as other employees, who are not directly involved in the subject. The employee has to follow the instructions of secrecy of the company in accordance to particular circumstances. In case of any doubt, the employee shall obtain a direction of the management board with regard to the secrecy of particular information. Each transfer of complete or extracts of documents, whether as original document or copy, is forbidden. This duty of secrecy is also valid for information and particular circumstances with regard to clients of the company.

(2) The employee shall comply with the regulations of the Bundesdatenschutzgesetz (BDSG) as well as with the internal data protection regulations in their relevant version.

(3) Documents which the employee receives or develops during his employment relationship to the company, are, become or remain the exclusive property of the company. Their use is only allowed for purposes of the employment relationship. It is forbidden to make copies or any data records of operational information.

(4) After the termination of the employment relationship, after a release from the work duties according to § 11 or on demand the employee has to give these documents, as well as any further documents and data concerning the company (e.g. notes, records, reports, other correspondence, offers or orders), all data carriers and data as well as all equipment given to the employee for purposes of the employment relationship back to the company. The employee shall not have a right of retention on the items mentioned above. The employee has to give all the documents and further equipment back on his place of employment.

(5) The employee has to handle all the documents, data and equipment given to him by the company with care. He shall inform the company immediately about any damage. The use of documents and further equipment is only permitted for purposes of the employment relationship, as far as not agreed otherwise between the parties.

(6) The employee has to use internet, phone as well as any further items of telecommunication solely for purposes of the employment relationship.

B. Standardarbeitsverhältnisse

§ 10
Secondary Employment/Non-competition Clause

(1) A secondary employment, as well as a participation or shareholding in other companies and the membership in bodies of other companies, as well as complementary activities require the prior written consent of the company. This also applies the continuation of such secondary employment which the employee has already performed at the beginning of the employment relationship. The direct or indirect participation or shareholding in enterprises also requires a prior written consent of the company, in the case that the employee is able to influence business relations of the company to these enterprises by the means of his position or job.

(2) Without a prior written consent of the company the employee is not allowed to carry out any transactions in the company's line of business on his own behalf or on behalf of others.

(3) The company shall refuse the consent only if the company's interests are affected.

§ 11
Termination of Employment, Notice Period, Exemption from Work, Consideration of Secondary Remuneration

(1) The employment is entered into for an indefinite period of time and can be terminated by proper notice of termination. The statutory notice periods are valid. An extension of the statutory notice period in favor of the employee shall be valid in favor for the company as well.

(2) The right of dismissal without notice period (§ 626 BGB) shall remain unaffected.

(3) Each termination must be in written form.

(4) After giving a notice of termination, regardless by which party, the company shall be entitled to release the employee from his work duties under continued payment of the remuneration and under consideration of remaining vacation claims for the duration of notice period. The company is entitled to take a secondary employment remuneration in consideration of the continued payment of the contractual remuneration. The same applies in the case of a mutually agreed termination of the employment relationship.

§ 12
Garnishment of Wages/-pledging/-assignment

The assignment or pledging of entitlements to employment remunerations requires the written consent of the company. The company may refuse the consent for reasonable grounds only.

§ 13
Non-Discrimination

Hereby the company expressly points out that each kind of discrimination of employees or third parties because of race, ethnical origin, sex, religion or philosophy of life, disability, age or sexual identity, each kind of harassment or a sexual harassment referring to these characteristics is prohibited and not tolerated. Any discriminating activity is also considered as a breach of the contractual duties of the employee.

§ 14
Presents and other Advantages, [COC]

The employee shall not be allowed to accept presents or other advantages allocated to him by a third party, and which are not common practice (e.g. business presents of low value). In case of any doubt if the present is a kind of common practice, the employee has to give a notice to the management board and if necessary obtain a decision of the management board.

[In addition, the regulations of the Code of Conduct are valid.]

§ 15
Travel Costs/Expenses

The company will reimburse the employee any necessary and reasonable expenses and travel costs, as far as they were authorized by the company, in accordance with the current tax regulations.

§ 16
Preclusive Periods

(1) All claims arising from this employment relationship shall be asserted within three months by the employee or by the company in writing. Claims not asserted within this period shall expire.

(2) The preclusion period begins when the claim arises and the claimant takes notice from the relevant circumstances or had to get notice without gross negligence.

(3) This preclusion period shall not be valid in case of claims because of physical injury of life, body or health as well as in case of intended breaches of duty and in case of entitlements of the employee to the minimum wage according to the minimum wage legislation.

[optional:

(4) Should the other party to the contract reject the claim or not respond within two weeks of the written assertion of the claim, the claim must be asserted in court by the opposing party within a period of three months after the written rejection or the expiration of the time limit. If claims are not asserted in court, they expire as well.]

§ 17
Written Form, Preclusion of Operational Practice (»Betriebliche Übung«)

(1) This employment contract represents the entire agreement existing between the parties. Changes and/or amendments of this contract must be made in writing. Electronic form is excluded. Oral agreements on the setting aside of the written form shall be null and void. Particular individual agreements between the parties have priority (§ 305b BGB).

(2) Even so the company grants benefits, advantages or operational sequences repeatedly, this means no claim on such benefits, advantages or operational sequences in the future.

§ 18
Tacitly Consent to Changes of Contract

If the company offers the change of this employment contract in written form to the employee and the employee continues performing his work without any reservation although he is aware of the offer, his continued performing implies his acceptance of the changed contract, unless he rejects the offer within one month after he took cognizance of the offer to change the contract. This will only be valid, if the company referred to this legal consequence in the beginning of the period.

§ 19
Final Provisions, Severability Clause, Opening Clause for Collective Agreements

(1) Should a provision of this employment contract be or become invalid, the validity of the remaining provisions of the contract shall not be affected. The parties agree that the invalid provision shall be replaced by a valid one that approximates closest to the whole purpose of the contract and the economic aims the parties desired. This will be valid in case of a gap of the contract as well.

(2) The parties are in agreement that a collective labor agreement (»Tarifvertrag«) is not applicable.

(3) The rights and duties under this employment contract can be modified during the period of the contract by a company agreement (»Betriebsvereinbarung«). From the time when the company agreement is valid the provisions of this company agreement will solely be applic-

B. Standardarbeitsverhältnisse

able. This is also valid in case that the provisions of the company agreement are of disadvantage for the employee.

[Location, date]

(signature of an authorized representative of the company)

[Location, date]

(signature of employee)

The employee confirms that he has received a copy of this employment contract.

[Location, date]

(signature of employee)

3. Standardarbeitsvertrag eines angestellten Arbeitnehmers (mit Tarifbezug)

Vorbemerkung

64 Im Hinblick auf Arbeitsverträge mit Tarifgeltung ist zunächst eine Abgrenzung zwischen der Tarif**bindung** und dem Tarif**bezug** vorzunehmen. Eine Tarifbindung im eigentlichen Sinne liegt vor, wenn sowohl der Arbeitgeber als auch der Mitarbeiter an den Tarifvertrag gebunden sind (§ 3 Tarifvertragsgesetz, TVG). Die ist nur dann zu bejahen, wenn der Mitarbeiter Mitglied der tarifschließenden Gewerkschaft ist **und** der Arbeitgeber entweder Mitglied in dem tarifschließenden Arbeitgeberverband ist oder Vertragspartner eines Haustarifvertrages.

65 Wenn keine Tarifbindung nach Maßgabe des TVG vorliegt, können die Tarifnormen gleichwohl auf das Arbeitsverhältnis Anwendung finden. Dies wird durch eine **vertragliche Einbeziehung** der tariflichen Regelungen, den sog. Tarifbezug, möglich. Die vertragliche Einbeziehung wird in der Regel von solchen Arbeitgebern vorgenommen, die selbst Mitglied im Arbeitgeberverband und daher tarifgebunden sind. Damit soll sichergestellt werden, dass die Tarifnormen nicht nur für die Arbeitnehmer gelten, die gewerkschaftlich organisiert sind, sondern für die gesamte Belegschaft. Der Arbeitgeber will mit der vertraglichen Einbeziehung der tariflichen Regelungen einheitliche Bedingungen für alle Arbeitnehmer schaffen. Vor dem Hintergrund der Vertragsfreiheit ist es den Arbeitsvertragsparteien auch möglich, nur einzelne Teile eines Tarifvertrages in Bezug zu nehmen (vgl. zum Überblick: Küttner/*Griese* Tarifvertrag Rn. 1 ff., Rn. 14 ff.).

66 Im Rahmen der arbeitsvertraglichen Inbezugnahme von tariflichen Normen in vorformulierten Arbeitsverträgen ist die AGB-Kontrolle zu beachten. Die Ausnahme des § 310 Abs. 4 Satz 1 BGB gilt insoweit nicht (vgl. BAG, Urt. v. 09.05.2007 – 4 AZR 319/06, EzA § 305c BGB 2002 Nr. 12).

67 Darüber hinaus ist bei der Vertragsgestaltung von Arbeitsverträgen mit Tarifinbezugnahme die BAG-Rechtsprechung der Vergangenheit zu beachten, mit der das BAG eine Änderung seiner Rechtsprechung zur sog. »**Gleichstellungsabrede**« vollzogen hat (vgl. BAG, Urt. v. 14.12.2005 – 4 AZR 536/04, NJW 2006, 2571 – Ankündigung der Rechtsprechungsänderung mit ausführlicher Begründung; BAG, Urt. v. 18.04.2007 – 4 AZR 652/05, NJW 2008, 102; vgl. dazu sogleich noch die Anmerkung 2).

▶ **Muster – Standardarbeitsvertrag eines angestellten Arbeitnehmers (mit Tarifbezug)** [1]

[Briefkopf des Unternehmens]

Zwischen

der [Name und Anschrift des Unternehmens]

(im Folgenden: »Unternehmen«)

und

Herrn/Frau [Name und Anschrift des Mitarbeiters]

(im Folgenden: »Mitarbeiter«)

wird folgender Arbeitsvertrag geschlossen:

§ 1
Dynamische Verweisung unter der Bedingung der Tarifgebundenheit des Arbeitgebers [2]

(1) Mitarbeiter und Unternehmen sind sich darüber einig, dass für das Arbeitsverhältnis folgende Tarifverträge Anwendung finden sollen:

[Spezifizierung der Tarifverträge, denen der Arbeitgeber unterliegt].

Soweit im Folgenden auf Tarifverträge Bezug genommen wird, sind sich die Parteien darüber einig, dass es sich hierbei um eine dynamische Verweisungsklausel handelt. Diese dynamische Verweisungsklausel soll indes nicht unbedingt wirken, sondern steht nach dem ausdrücklichen Willen beider Vertragsparteien unter der auflösenden Bedingung der Tarifgebundenheit des Arbeitgebers.

(2) Im Falle des Eintritts der auflösenden Bedingung, also der Beendigung der Tarifgebundenheit des Arbeitgebers bzw. im Falle einer Tarifbindung nach einem Verbandsaustritt nur nach Maßgabe von § 3 Abs. 3 TVG, werden die unter Abs. 1 genannten Tarifverträge in ihrer zu diesem Zeitpunkt gültigen Fassung statisch weiter gelten, soweit sie nicht durch andere Vereinbarungen ersetzt werden.

(3) Dies soll nach dem übereinstimmenden Willen der Parteien auch im Falle eines Betriebsübergangs gelten, wenn der Erwerber nicht tarifgebunden ist. Auch in diesem Fall gelten die in Abs. 1 genannten Tarifverträge zunächst in ihrer zuletzt gültigen Fassung statisch fort. Ist der Betriebserwerber seinerseits tarifgebunden, so unterliegt das übergegangene Arbeitsverhältnis den für den neuen Arbeitgeber geltenden Tarifverträgen.

§ 2
Beginn des Arbeitsverhältnisses, Vertragsstrafe bei Nichtantritt [3]

§ 3
Tätigkeit und Aufgabengebiet, Arbeitsort [4]

§ 4
Probezeit [5]

§ 5
Dauer des Arbeitsverhältnisses [6]

§ 6
Arbeitszeit, Überstunden, Kurzarbeit [7]

(1) Die regelmäßige Arbeitszeit richtet sich nach den §§ [Paragrafen] des Tarifvertrags [Spezifizierung] in seiner jeweils gültigen Fassung und beträgt damit zurzeit [Anzahl] Stunden wöchentlich. Die tägliche Arbeitszeit richtet sich nach den betrieblichen Erfordernissen und kann vom Unternehmen festgelegt werden.

(2) Der Mitarbeiter ist damit einverstanden, dass bei der Einführung von Kurzarbeit seine Arbeitszeit vorübergehend verkürzt und für die Dauer der Arbeitszeitverkürzung die Vergütung ent-

sprechend reduziert wird. Bei der Einführung von Kurzarbeit beachtet der Arbeitgeber eine Ankündigungsfrist von zwei Wochen.

(3) Der Mitarbeiter verpflichtet sich, bei Bedarf in gesetzlich zulässigem Umfang Mehr- und Überstunden zu leisten.

§ 7
Vergütung

(1) Der Mitarbeiter erhält eine Vergütung entsprechend des Tarifvertrages [Spezifizierung des Tarifvertrags], Tarifgruppe [Spezifizierung]. Sein monatliches Gehalt beträgt danach somit zurzeit ___[Betrag]___ € monatlich.

(2) Sämtliche Sonderzulagen sowie Sonderzuwendungen richten sich nach dem Tarifvertrag _[Spezifizierung]_.

(3) Die Vergütung von Mehr- und Überarbeit sowie die Zahlung von Zuschlägen für etwaige Mehr- und Überarbeit erfolgt nach den Vorschriften von § ___[Paragraf]___ des Tarifvertrags _[Spezifizierung]_. Ein Anspruch auf Freizeitausgleich oder Überstundenvergütung besteht nur, wenn die Mehr- und Überarbeit ausdrücklich durch das Unternehmen angeordnet oder genehmigt worden ist.

(4) Der Mitarbeiter erhält den Arbeitgeberanteil zu den vermögenswirksamen Leistungen nach den Vorgaben des Tarifvertrags [Spezifizierung] in Höhe von derzeit ___[Betrag]___ € monatlich. Voraussetzung hierfür ist, dass der Mitarbeiter zum Fälligkeitszeitpunkt einen Bausparvertrag oder ein anderes geeignetes Produkt nachgewiesen hat, auf das die vermögenswirksamen Leistungen eingezahlt werden können. Voraussetzung des Anspruchs ist außerdem, dass zum Zeitpunkt der Fälligkeit ein ungekündigtes Arbeitsverhältnis zwischen dem Unternehmen und dem Mitarbeiter besteht. [8]

(5) Die Parteien sind sich darüber einig, dass etwaig zusätzlich gewährte Sonderzahlungen jeglicher Art, die dem Mitarbeiter in diesem Vertrag nicht versprochen werden und ihm auch nicht auf Grund der Bezugnahme auf den Tarifvertrag zustehen, eine freiwillige Leistung des Unternehmens darstellen. Auch die wiederholte vorbehaltlose Zahlung begründet keinen Rechtsanspruch auf die Leistungsgewährung für die Zukunft. [9]

(6) Sofern sich der Tariflohn des Mitarbeiters aufgrund von Tariflohnerhöhungen erhöht, ist das Unternehmen berechtigt, etwaige übertarifliche Leistungen auf die Tariflohnerhöhung anzurechnen. Dies kann auch rückwirkend erfolgen, soweit der Tariflohn rückwirkend erhöht wird. [10]

(7) Der Mitarbeiter ist verpflichtet, zu viel erhaltenes Entgelt zurückzuzahlen. Auf die Vorschriften über den Wegfall der Bereicherung kann sich der Mitarbeiter nicht berufen, es sei denn, das Unternehmen hat vorsätzlich oder grob fahrlässig eine fehlerhafte Auszahlung verursacht. In diesem Fall ist das Unternehmen auf Ansprüche nach den Vorschriften über die Herausgabe einer ungerechtfertigten Bereicherung beschränkt. Auch wenn für die Rückzahlung eine Ratenzahlung vereinbart wird, ist bei Beendigung des Arbeitsverhältnisses der gesamte Restbetrag fällig. [11]

§ 8
Urlaub

Der Urlaubsanspruch des Mitarbeiters richtet sich nach § ___[Paragraf]___ des Tarifvertrags [Spezifizierung] in seiner jeweils gültigen Fassung. Der Mitarbeiter hat demnach zurzeit einen jährlichen Urlaubsanspruch von ___[Anzahl]___ Tagen, bezogen auf eine 5-Tage-Woche. Im Übrigen gelten die Vorschriften des BUrlG in seiner jeweils gültigen Fassung. [12]

§ 9
Arbeitsverhinderung, Mitteilungspflichten

(1) Der Mitarbeiter ist verpflichtet, jede Arbeitsverhinderung und ihre voraussichtliche Dauer unverzüglich gegenüber dem Unternehmen mitzuteilen. Der Mitarbeiter hat dabei auf besonders dringlich zu erledigende Arbeiten hinzuweisen.

(2) Neben einer etwaigen Entgeltfortzahlung im Krankheitsfall nach den gesetzlichen Vorschriften leistet das Unternehmen dem Mitarbeiter einen Krankengeldzuschuss gemäß § ___[Paragraf]___ des Tarifvertrages ___[Spezifizierung]___ in seiner jeweils gültigen Fassung.

§ 10
Verschwiegenheitspflicht, Umgang mit Arbeitsmitteln, Rückgabe von Arbeitsmitteln [13]

§ 11
Nebentätigkeit/Wettbewerbsverbot [14]

§ 12
Beendigung des Arbeitsverhältnisses, Kündigungsfristen, Freistellung, Anrechnung anderweitigen Verdienstes

(1) Das Arbeitsverhältnis wird auf unbestimmte Zeit geschlossen und ist ordentlich kündbar. Für die Kündigung gelten die Vorschriften der §§ ___[Paragrafen]___ des Tarifvertrags ___[Spezifizierung]___ in seiner jeweils gültigen Fassung.

(2)–(4) [15]

§ 13
Gehaltspfändung/-verpfändung/-abtretung [16]

§ 14
Antidiskriminierung [17]

§ 15
Annahme von Geschenken und anderen Vorteilen, [COC] [18]

§ 16
Dienstreisen, Spesen

Das Unternehmen erstattet dem Mitarbeiter notwendige und angemessene Auslagen sowie Reisekosten, sofern diese betrieblich veranlasst sind und durch das Unternehmen angeordnet waren, nach den Vorschriften des Tarifvertrags ___[Spezifizierung]___ in seiner jeweils gültigen Fassung sowie nach den jeweils anwendbaren steuerlichen Regelungen. [19]

§ 17
Ausschlussfrist für die Geltendmachung von Ansprüchen

Für die Geltendmachung von Ansprüchen gegenüber dem Unternehmen sowie für die gerichtliche Geltendmachung von Ansprüchen des Mitarbeiters gilt die Ausschlussklausel des § ___[Paragraf]___ des Tarifvertrags ___[Spezifizierung]___. [20]

§ 18
Schriftformerfordernis, Ausschluss betrieblicher Übung [21]

§ 19
Stillschweigende Annahme von Vertragsänderungen [22]

§ 20
Tarifverträge, Öffnung für Betriebsvereinbarungen, Schlussbestimmungen, salvatorische Klausel

(1) Die für das Arbeitsverhältnis zwischen den Parteien geltenden Tarifverträge nach § 1 dieses Arbeitsvertrags können vom Mitarbeiter im Personalbüro zu den betriebsüblichen Arbeitszeiten jederzeit eingesehen werden.

(2) Einzelne Rechte und Pflichten aus diesem Arbeitsvertrag können sich nach dem Abschluss dieses Arbeitsvertrags durch eine Betriebsvereinbarung ändern. Vom Zeitpunkt der Änderung an gelten sodann ausschließlich die jeweiligen Regelungen der Betriebsvereinbarung. Dies gilt auch dann, wenn die Regelungen in der Betriebsvereinbarung für den Mitarbeiter ungünstiger sind. [23]

(3) Sollten einzelne oder mehrere Bestimmungen dieses Vertrages unwirksam sein oder werden, so wird hierdurch die Wirksamkeit des Vertrages im Übrigen nicht berührt. Die Parteien sind

sich darüber einig, dass unwirksame Bestimmungen durch solche Regelungen zu ersetzen sind, die dem Sinn und Zweck und dem wirtschaftlich Gewollten der unwirksamen Regelung am nächsten kommt. Entsprechendes gilt für den Fall einer Regelungslücke. [24]

[Ort, Datum]

(Unterschrift eines vertretungsberechtigten Organs des Unternehmens)

[Ort, Datum]

(Unterschrift des Mitarbeiters)

Hiermit bestätigt der Mitarbeiter, dass er ein Exemplar des vorgenannten Arbeitsvertrages von dem Unternehmen erhalten hat.

[Ort, Datum]

(Unterschrift des Mitarbeiters)

Erläuterungen

Schrifttum

Clemenz Arbeitsvertragliche Bezugnahme auf Tarifverträge – ein Paradigmenwechsel mit offenen Fragen, NZA 2007, 769; *Jordan/Bissels* Gilt »der jeweils anwendbare Tarifvertrag in der jeweils gültigen Fassung« noch, NZA 2010, 71; *Löwisch* EzA § 3 TVG Bezugnahme auf Tarifvertrag Nr. 32 (Anmerkung zu BAG, Urt. v. 14.12.2005 – 4 AZR 536/04); *Schaub* Die individualvertragliche Bezugnahme auf Tarifvertragsrecht, PersV 2010, 95; *Willemsen, Eva Maria* Die arbeitsvertragliche Bezugnahme auf den Tarifvertrag bei Tarifwechsel, 2009.

69 1. Das nachfolgende Muster basiert auf dem Muster des Standardarbeitsvertrags eines angestellten Arbeitnehmers unter B Rdn. 4 und nimmt eine arbeitsvertragliche Inbezugnahme tariflicher Regelungen vor. Es ist jeweils im Einzelfall zu überprüfen, ob eine Verweisung auf einen Tarifvertrag der jeweiligen Interessenlage von Unternehmen und Mitarbeiter gerecht wird. Jedenfalls sollte der Verwender des Musters die im Falle einer Verweisungsklausel geltenden tariflichen Regelungen sorgfältig überprüfen.

70 2. Bei der hier vorgesehenen **Bezugnahmeklausel** handelt es sich um eine sog. **große dynamische Verweisungsklausel**. Eine wie hier vorgeschlagene ausführliche Regelung ist angesichts der Rechtsprechung des BAG zu dynamischen Verweisungsklauseln in Form der **Gleichstellungsabrede** erforderlich geworden.

71 Bis zur Entscheidung des BAG vom 14.12.2005 (4 AZR 536/04, NJW 2006, 2571) entsprach es ständiger Rechtsprechung des BAG, dass die Bezugnahme in einem von einem tarifgebundenen Arbeitgeber vorformulierten Arbeitsvertrag auf die für das Arbeitsverhältnis einschlägigen Tarifverträge in der jeweils gültigen Fassung regelmäßig als sog. Gleichstellungsabrede auszulegen war. Das BAG begründete diese Rechtsprechung damit, dass mit einer solchen Vertragsklausel in aller Regel nur die fehlende Tarifgebundenheit des Arbeitnehmers ersetzt werden sollte, der nicht gewerkschaftlich organisiert ist, damit er ebenso wie seine tarifgebundenen Kollegen behandelt wird. Mit Urteil vom 14.12.2005 hat das BAG erstmals angekündigt, von dieser Auslegungsregel zukünftig Abstand zu nehmen und dies damit begründet, dass nach der Schuldrechtsreform geschlossene Verträge nach den Regeln des Rechts der Allgemeinen Geschäftsbedingungen neu interpretiert werden müssen.

72 Mit Urteil vom 18.04.2007 (4 AZR 652/05, NJW 2008, 102) hat das BAG die angekündigte Rechtsprechungsänderung vollzogen. Danach soll nun eine einzelvertraglich vereinbarte dyna-

mische Bezugnahme auf einen bestimmten Tarifvertrag als eine **konstitutive Verweisungsklausel** ausgelegt werden, die auch durch einen **Verbandsaustritt** des Arbeitgebers oder einen sonstigen Wegfall seiner Tarifgebundenheit nicht berührt wird (»unbedingte zeitdynamische Verweisung«). Dies soll jedenfalls dann gelten, wenn die Tarifgebundenheit des Arbeitgebers nicht ausdrücklich und in einer für den Arbeitnehmer erkennbaren Weise zur **auflösenden Bedingung** der Vereinbarung über die Inbezugnahme des Tarifvertrags gemacht worden ist (vgl. BAG, Urt. v. 18.04.2007 – 4 AZR 652/05, NJW 2008, 104; BAG, Urt. v. 22.04.2009 – 4 ABR 14/08, BB 2010, 963; vgl. jetzt auch BAG, Urt. v. 23.09.2009 – 4 AZR 331/08, NZA 2010, 513; BAG, Urt. v. 20.06.2012 – 4 AZR 658/10, AP TVG § 1 Bezugnahme auf Tarifvertrag Nr. 114; auch BAG, Urt. v. 26.08.2015 – 4 AZR 719/13, NZA 2016, 177).

Die vorgeschlagene Klausel in § 1 des Arbeitsvertrags berücksichtigt diese von der Rechtsprechung aufgestellten Grundsätze, indem sie eine ausdrückliche und transparente Regelung aufstellt und die Tarifgebundenheit des Arbeitgebers als Voraussetzung und Bedingung der Bezugnahmeklausel statuiert. **73**

In der Praxis kommt es nicht selten vor, dass sog. Altverträge einer Änderung unterworfen werden und der Änderungsvertrag dann die allgemeine Klausel enthält, dass im Übrigen die Vereinbarungen aus dem Anstellungsvertrag unberührt bleiben. Nach einem neuen Urteil des BAG kommt es bei einer Arbeitsvertragsänderung nach dem 31.12.2001 für die Beurteilung, ob eine vor dem 01.01.2002 vereinbarte Bezugnahmeklausel noch als Gleichstellungsabrede auszulegen ist, darauf an, ob die Klausel durch die Änderungsvereinbarung zum Gegenstand der rechtsgeschäftlichen Willensbildung der Vertragsparteien gemacht worden ist (BAG, Urt. v. 13.05.2015 – 4 AZR 244/14). Wenn im Neuvertrag auf die Regelungen des Altvertrages verwiesen wird, kann es vorkommen, dass dieselbe Regelung im Altvertrag als Gleichstellungsabrede und im Neuvertrag als dynamische Bezugnahmeklausel auszulegen ist (vgl. auch BAG, Urt. v. 08.07.2015 – 4 AZR 51/14). **73.1**

3. Vgl. B Rdn. 4. § 1 nebst Anmerkungen 2 und 3 (B Rdn. 8 ff.). **74**

4. Vgl. B Rdn. 4 § 2 nebst Anmerkungen 4 bis 6 (B Rdn. 12 ff.). **75**

5. Vgl. B Rdn. 4 § 3 nebst Anmerkung 7 (B Rdn. 17). **76**

6. Vgl. B Rdn. 4 § 4 nebst Anmerkungen 8 bis 10 (B Rdn. 18 ff.). **77**

7. Die Arbeitszeit ist ein typischer Regelungsgegenstand eines Tarifvertrages. Folglich wird ein tarifgebundener Arbeitgeber bezüglich dieses Vertragsgegenstands eine Verweisung vornehmen, um eine Gleichstellung von nicht tarifgebundenen und tarifgebundenen Mitarbeitern zu erreichen. Aus der Vertragsformulierung wird überdies nochmals ersichtlich, dass sich die Verweisungsklausel im Arbeitsvertrag dynamisch, zunächst auf die derzeit gültigen tarifvertraglichen Arbeitszeitvorgaben richtet. Zu einer transparenten Abgeltungsklausel hinsichtlich Überstundenvergütung siehe gesondertes Muster B Rdn. 142. **78**

8. Vgl. hierzu auch B Rdn. 180. **79**

9. Vgl. auch B Rdn. 175 ff. nebst Anmerkung 7 (B Rdn. 183 f.). **80**

10. Behält sich das Unternehmen einen entsprechenden **Verrechnungsvorbehalt** nicht vor, so kann eine Anrechnung im Falle etwaiger **Tariflohnerhöhungen** nicht vorgenommen werden. Eine Anrechnung von Tariflohnerhöhungen auf Zulagen in vorformulierten Verträgen hält der Inhaltskontrolle stand. Eine solche Klausel, die eine Zulage nur unter dem Vorbehalt der Anrechnung gewährt, ohne dass die Anrechnungsgründe näher bestimmt sind, ist nach Ansicht des BAG weder intransparent i.S.d. § 307 Abs. 1 Satz 2 BGB noch liegt darin ein einseitiger Änderungsvorbehalt, der nach § 308 Nr. 4 BGB zur Unwirksamkeit einer solchen Klausel führen würde (s. BAG, Urt. v. 18.05.2011 – 10 AZR 206/10; BAG, Urt. v 19.04.2012 – 6 AZR 691/10; vgl. BAG, Urt. v. 01.03.2006 – 5 AZR 363/05, NZA 2006, 746; vgl. auch BAG, Urt. v. 27.08.2008 – 5 AZR 820/07, NZA 2009, 49). **81**

82 11. Vgl. B Rdn. 175 Abs. 7 nebst Anmerkung 8 (B Rdn. 192).

83 12. Häufig enthalten Tarifverträge über den gesetzlichen Mindesturlaubsanspruch hinausgehende Ansprüche auf Erholungsurlaub. Die Höhe des Urlaubsanspruchs ist folglich ein typischer Regelungsgegenstand einer arbeitsvertraglichen Inbezugnahme eines Tarifvertrages. Sofern der Tarifvertrag keine speziellen Erfüllungs- oder Übertragungsregelungen enthält, kann der Arbeitgeber hier entsprechende Regelungen treffen. Vgl. insoweit das Muster unter B Rdn. 286 nebst Anmerkungen (B Rdn. 287 ff.).

84 13. Vgl. insoweit B Rdn. 4 § 9 nebst der Anmerkungen 18 bis 21 (B Rdn. 32–37).

85 14. Vgl. B Rdn. 4 § 10 nebst Anmerkung 22 (B Rdn. 37).

86 15. Vgl. B Rdn. 4 § 11 Abs. 2 bis 4 sowie die dortigen Anmerkungen 24 bis 26 (B Rdn. 40–43).

87 16. Vgl. B Rdn. 4 § 12 nebst Anmerkung 27 (B Rdn. 44 f.).

88 17. Vgl. B Rdn. 4 § 13 sowie Anmerkung 28 (B Rdn. 46).

89 18. Vgl. B Rdn. 4 § 14 sowie Anmerkung 29 (B Rdn. 47 f.).

90 19. Vgl. zu der Auslagenerstattung auch B Rdn. 4 § 15 sowie Anmerkung 30 (B Rdn. 49).

91 20. Ausschlussfristen sind ein typischer Gegenstand tarifvertraglicher Regelungen, so dass in einem Arbeitsvertrag mit tarifvertraglicher Inbezugnahme regelmäßig auf die tarifvertraglichen Ausschlussfristen verwiesen werden kann. Im Übrigen kann § 16 des Standardarbeitsvertrags eines angestellten Arbeitnehmers ohne Tarifbindung (B Rdn. 4) herangezogen werden. Vgl. dort die Anmerkung 31 (B Rdn. 50–55). In seiner Entscheidung vom 19.09.2012 (5 AZR 924/11, NZA 2013, 156) hat das BAG klargestellt, dass es für die Wahrung der tariflichen Ausschlussfrist auf zweiter Stufe nun grundsätzlich nicht mehr der Erhebung einer bezifferten Zahlungs- oder Feststellungsklage bedarf. Vielmehr sind aufgrund verfassungskonformer Auslegung der tariflichen Ausschlussfrist die vom Ausgang einer Bestandsschutzklage(Kündigungs- oder Befristungsklage) abhängigen Ansprüche bereits mit Erhebung der Bestandsschutzklage gerichtlich geltend gemacht (vgl. hierzu auch vorangehend BVerfG, Beschl. v. 01.12.2010, NZA 2011, 354).

92 21. Vgl. insoweit B Rdn. 4 § 17 nebst Anmerkungen 32 und 33 (B Rdn. 55–57).

93 22. Vgl. B Rdn. 4 § 18 nebst Anmerkung 34 (B Rdn. 58).

94 23. Vgl. insoweit B Rdn. 4 § 19 Abs. 3 sowie Anmerkung 36 (B Rdn. 60).

95 24. Vgl. insoweit B Rdn. 4 § 19 Abs. 1 sowie Anmerkung 35 (B Rdn. 59).

4. Arbeitsvertrag in Briefform

Vorbemerkung

96 Der Arbeitsvertrag in Briefform wird auch als Engagement Letter oder Letter of Engagement bezeichnet. Er ist in der Regel etwas knapper gehalten als ein konventioneller Arbeitsvertrag. Hintergrund ist, dass häufig bereits im Bewerbungsverfahren und in den Bewerbungsgesprächen einzelne Bedingungen des Beschäftigungsverhältnisses besprochen worden sind, die nunmehr nur noch schriftlich fixiert werden. Die Wahl des Arbeitsvertrags in Briefform birgt dadurch ein gesteigertes Risiko für den Arbeitgeber, da nicht sämtliche Detailfragen in einem solchen Brief angesprochen werden können. Demgegenüber wird der Arbeitsvertrag in Briefform als wesentlich persönlicher empfunden.

Es ist daher vor dem Abschluss eines Arbeitsvertrages jeweils im konkreten Fall zu prüfen, ob ein konventioneller Arbeitsvertrag oder der etwas verkürzte Arbeitsvertrag in Briefform die bessere Alternative ist.

▶ **Muster – Arbeitsvertrag in Briefform**

[Briefkopf des Unternehmens]

An

Herrn/Frau [Name und Anschrift des Arbeitnehmers]

[Datum]

Arbeitsvertrag

Sehr geehrte/r Frau/Herr _____[Name]_____,

im Nachgang zu unserem freundlichen Gespräch am ___[Datum]___ darf ich Sie nochmals herzlich in unserem Unternehmen begrüßen. Gerne bestätige ich Ihnen hiermit, dass Sie ab dem ___[Datum]___ bei dem Unternehmen beschäftigt sein werden. Für Ihr Arbeitsverhältnis werden sodann die folgenden Konditionen gelten: [1]

1. Sie werden ab dem ___[Datum]___ als ___[Bezeichnung der Tätigkeit/Position]___ bei dem Unternehmen beschäftigt. Dabei werden Sie Ihre ganze Arbeitskraft dem Unternehmen widmen und die Interessen des Unternehmens wahren: [2]

2. Ihr regelmäßiger Arbeitsort wird ___[Ort]___ sein. Allerdings behält sich das Unternehmen vor, Ihnen vorübergehend auch eine Arbeit an einem anderen Ort zuzuweisen.

3. Für Ihre Tätigkeit erhalten Sie eine Vergütung in Höhe von ___[Betrag]___ € brutto pro Monat, die jeweils am letzten Tag des Monats vom Unternehmen bargeldlos auf das von Ihnen noch zu benennende Konto überwiesen werden wird. Zusätzlich erhalten Sie einen Zielerreichungsbonus [3] nach Maßgabe der gesonderten Zielvereinbarung.

4. Sofern Ihnen darüber hinaus eventuell zusätzliche Sonderzahlungen gleich welcher Art gewährt werden, die Ihnen in diesem Schreiben nicht versprochen werden, so stellen diese Zahlungen stets freiwillige Zahlungen des Unternehmens dar. Auf solche Leistungen haben Sie keinen Rechtsanspruch, auch dann nicht, wenn sie eventuell wiederholt erfolgen. [4]

5. Die ersten sechs Monate werden Sie zur Probe eingestellt. Das heißt, innerhalb dieser Zeit kann das Arbeitsverhältnis sowohl von Ihnen als auch durch das Unternehmen mit einer Frist von zwei Wochen gekündigt werden.

   Im Übrigen wird das Arbeitsverhältnis auf unbestimmte Zeit geschlossen.

6. Für die Kündigung gelten die gesetzlichen Fristen. Dabei wirkt einer Verlängerung der gesetzlichen Kündigungsfristen zu Ihren Gunsten zugleich auch zu Gunsten des Unternehmens. Wir weisen darauf hin, dass jede Kündigung der Schriftform bedarf. Kommt es zu einer Kündigung des Arbeitsvertrages, ob durch Sie oder durch das Unternehmen, so sind wir berechtigt, Sie während der Dauer der Kündigungsfrist unter Fortzahlung Ihrer Bezüge und unter Anrechnung auf Urlaubsansprüche und Freizeitguthaben freizustellen. Sie müssen sich jedoch auf die von uns zu zahlende Vergütung dasjenige anrechnen lassen, was Sie anderweitig erwerben oder zu erwerben böswillig unterlassen.

7. Ihre wöchentliche Arbeitszeit beträgt ___[Anzahl]___ Stunden. Dabei richtet sich die tägliche Arbeitszeit nach den betrieblichen Erfordernissen.

8. Sie haben Anspruch auf Urlaub nach den gesetzlichen Bestimmungen. [5]

9. Auf Ihr Arbeitsverhältnis findet kein Tarifvertrag und keine Betriebsvereinbarung Anwendung. Jedoch können sich Rechte und Pflichten aus Ihrem Arbeitsverhältnis nach Abschluss dieses Arbeitsvertrages durch eine Betriebsvereinbarung ändern. Vom Zeitpunkt der Änderung an gelten dann ausschließlich die jeweiligen Regelungen dieser Betriebsvereinbarung. Dies be-

trifft auch solche Regelungen in der Betriebsvereinbarung, die für Sie ungünstiger als die bisherige arbeitsvertragliche Regelung sind. [6]

Sie erhalten dieses Schreiben in zweifacher Ausfertigung. Ich darf Sie bitten, uns ein unterschriebenes Exemplar dieses Vertrages bis zum ___[Datum]___ zurückzusenden, wenn Sie mit den Bedingungen Ihrer Anstellung einverstanden sind. Wir weisen Sie darauf hin, dass wir uns an dieses Angebot nur bis zu diesem Datum gebunden halten. [7]

Für Rückfragen steht Ihnen gerne [Ansprechpartner] zur Verfügung.

Wir freuen uns auf eine erfolgreiche und angenehme Zusammenarbeit in unserem Unternehmen.

Mit freundlichen Grüßen

_____

(Unterschrift des Unternehmens)

Erläuterungen

98 1. Ein **Arbeitsvertrag in Briefform** würde sehr unübersichtlich werden, wenn sämtliche Detailregelungen aufgenommen würden, die im Standardarbeitsvertrag festgehalten sind. Es ist daher jeweils im konkreten Einzelfall zu prüfen und abzuwägen, ob das Unternehmen die Variante des Arbeitsvertrags in Briefform wählen will und welche Klauseln Eingang in den Arbeitsvertrag in Briefform finden sollen bzw. auf welche Klauseln verzichtet werden kann. Der hier vorgeschlagene Arbeitsvertrag in Briefform enthält nur eine Auswahl an Arbeitsbedingungen. Bei der Verwendung des Musters ist jeweils gesondert festzustellen, ob gegebenenfalls andere Klauseln eine höhere Wichtigkeit für das betreffende Arbeitsverhältnis haben. Auch beim Arbeitsvertrag in Briefform hat der Arbeitgeber allerdings die schriftliche Niederlegung der wesentlichen Vertragsbedingungen gem. § 2 Abs. 1 NachwG zu beachten.

99 2. Bei der Tätigkeitsbezeichnung des Mitarbeiters ist darauf zu achten, dass das Aufgabengebiet entsprechend der Vorgaben des § 2 Abs. 1 Ziff. 5 NachwG kurz charakterisiert wird. Von einer Versetzungsklausel wird im Arbeitsvertrag in Briefform regelmäßig abgesehen. Damit bleibt es beim Direktionsrecht des Arbeitgebers nach § 106 GewO. Vgl. zu den rechtlichen Konsequenzen einer Versetzungsklausel Anmerkungen 4 ff. (B Rdn. 12–17).

100 3. Der Musterarbeitsvertrag in Briefform sieht nur die Regelung eines monatlichen Grundgehalts vor. Darüber hinaus wird ein Zielbonus nach Maßgabe einer gesonderten Zielvereinbarung in Aussicht gestellt. Zu weiteren Vergütungsbestandteilen vgl. B Rdn. 172 ff., vgl. zur Zielvereinbarung B Rdn. 195 ff.

101 4. Zur Zulässigkeit eines allgemeinen Freiwilligkeitsvorbehalts vgl. B Rdn. 186 ff.

102 5. Der Arbeitsvertrag in Briefform bezieht sich zunächst nur auf die gesetzlichen Bestimmungen zum Urlaubsanspruch eines Arbeitnehmers. Weitergehende Regelungen zum Urlaub, insbesondere die Regelung vertraglichen Mehrurlaubs, sind den Mustern B Rdn. 283 ff. zu entnehmen.

103 6. Vgl. hierzu unter Anmerkung 36 (B Rdn. 60).

104 7. Unabhängig von der erforderlichen Dokumentation nach dem Nachweisgesetz bietet es sich nicht zuletzt zu Beweiszwecken an, den Arbeitsvertrag in Briefform dem Mitarbeiter in **zweifacher Ausfertigung** zu übersenden mit der Bitte, ein unterschriebenes Vertragsexemplar an das Unternehmen zurück zu senden. Dabei sollte auch eine **Frist zur Annahme** des mit dem Arbeitsvertrag in Briefform unterbreiteten Angebots auf Abschluss eines Arbeitsvertrages aufgenommen werden. Insbesondere in dem Fall, dass es mehrere Bewerber für die zu besetzende Stelle gibt, dürfte dem Arbeitgeber an einer zeitnahen Entscheidung des Mitarbeiters gelegen sein. Auch aus Gründen der Rechtsklarheit ist ein entsprechendes **Annahmedatum** ratsam, da andernfalls fraglich ist, bis zu welchem Zeitpunkt der Arbeitgeber an sein Schreiben gebunden ist.

5. Arbeitsvertrag über eine geringfügige Beschäftigung

Vorbemerkung

Für den Begriff »**geringfügige Beschäftigung**« hält das Arbeitsrecht keine arbeitsrechtlich geprägte Definition bereit. Der Begriff entstammt dem Sozialversicherungsrecht. Nach § 8 Abs. 1 Ziff. 1 SGB IV liegt eine geringfügige Beschäftigung vor, »wenn das Arbeitsentgelt aus dieser Beschäftigung regelmäßig im Monat 450 Euro nicht übersteigt«. Gemäß § 8 Abs. 1 Ziff. 2 SGB IV liegt eine geringfügige Beschäftigung auch vor, »wenn die Beschäftigung innerhalb eines Kalenderjahres auf längstens zwei Monate oder 50 Arbeitstage nach ihrer Eigenart begrenzt zu sein pflegt oder im Voraus vertraglich begrenzt ist, es sei denn, dass die Beschäftigung berufsmäßig ausgeübt wird und ihr Entgelt 450 Euro im Monat übersteigt.« Das Sozialversicherungsrecht kennt damit zwei Arten der geringfügigen Beschäftigung: die **geringfügig entlohnte** Beschäftigung und die **kurzfristige** Beschäftigung. Mit dem Tarifautonomiestärkungsgesetz vom 16.08.2014 (BT-Drs. 18/1558) und der Einführung eines allgemeinen gesetzlichen Mindestlohns (s. dazu ausführlich B Rdn. 172 ff.) ist auch eine befristete Ausweitung der kurzfristigen Beschäftigung eingeführt worden. Gemäß § 115 SGB IV wurde für die Zeit vom 01.01.2015 bis 31.12.2018 der maximale Zeitrahmen von zwei auf drei Monate bzw. von 50 auf 70 Tage im Kalenderjahr verlängert (BGBl. I 2014 S. 1348 ff.). Liegt eine geringfügige Beschäftigung i.S.v. § 8 SGB IV vor, so besteht für den Arbeitnehmer Versicherungsfreiheit in der gesetzlichen Kranken-, Pflege-, und Arbeitslosenversicherung (§§ 5 Abs. 2 SGB VI, 27 Abs. 2 SGB III; vgl. dazu sowie zur Ausnahmeregelung des § 249b SGB V (Pauschalbetrag) Küttner/*Schlegel* Geringfügige Beschäftigung Rn. 27 ff., 52 ff.). Hinsichtlich der Versicherungsfreiheit von der gesetzlichen Rentenversicherung ist zwischen der geringfügig entlohnten und der kurzfristigen Beschäftigung zu unterscheiden (vgl. hierzu näher B Rdn. 129).

105

In arbeitsrechtlicher Hinsicht gilt für geringfügige Beschäftigungen die Kernaussage, dass für sie grundsätzlich das Arbeitsrecht in vollem Umfang anzuwenden ist. Das ergibt sich bereits aus dem Diskriminierungsverbot und Gleichstellungsgebot des § 4 Abs. 1 TzBfG. Geringfügig Beschäftigte haben die gleichen Rechte und Pflichten wie vollumfänglich beschäftigte Mitarbeiter. Insofern ist das Fehlen einer arbeitsvertraglich geprägten Definition der geringfügigen Beschäftigung nur konsequent. Allerdings wird der Gehalt dieser Kernaussage in der Praxis nach wie vor häufig verkannt. Vielfach gehen Unternehmer, ebenso wie die geringfügig Beschäftigten selbst, davon aus, dass sie irgendwie aus dem Arbeitsrecht herausfallen würden, jedenfalls aber nicht den gleichwertigen Schutz wie andere Arbeitnehmer genießen (vgl. dazu: *Reiserer/Freckmann* Freie Mitarbeit und Mini-Jobs nach der Hartz-Reform, 2003, Rn. 349 ff.; Küttner/*Griese* Geringfügige Beschäftigung Rn. 1 ff.).

106

Der geringfügig Beschäftigte steht also in einem vollwertigen Arbeitsverhältnis. Der folgende Mustervertrag basiert demnach auf dem Standardarbeitsvertrag eines Arbeitnehmers, berücksichtigt dabei jedoch die Besonderheiten der geringfügigen Beschäftigung.

107

▶ **Muster – Arbeitsvertrag über eine geringfügige Beschäftigung** [1]

108

[Briefkopf des Unternehmens]

Zwischen

der ___[Name und Anschrift des Unternehmens]___

(im Folgenden: »Unternehmen«)

und

Herrn/Frau ___[Name und Anschrift des Mitarbeiters]___

(im Folgenden: »Mitarbeiter«)

wird folgender Arbeitsvertrag über eine geringfügige Beschäftigung geschlossen:

B. Standardarbeitsverhältnisse

§ 1
Beginn des Arbeitsverhältnisses, Vertragsstrafe bei Nicht-Antritt [2]

§ 2
Tätigkeit und Aufgabengebiet, Arbeitsort

[...]

(3) Der Mitarbeiter verpflichtet sich, sämtliche ihm übertragenen Aufgaben sorgfältig und gewissenhaft zu erfüllen und die Interessen des Unternehmens zu wahren. [3]

§ 3
Probezeit

§ 4
Dauer des Arbeitsverhältnisses [4]

§ 5
Arbeitszeit, Überstunden, Kurzarbeit

Die regelmäßige Arbeitszeit beträgt ____[Anzahl]____ Stunden wöchentlich. Der Mitarbeiter erbringt diese Arbeitsleistung an ____[Anzahl]____ Tagen wöchentlich. Die Tage, an denen die Arbeit zu erbringen ist, sowie die genaue Lage der Arbeitszeit legen der Mitarbeiter und das Unternehmen in Abstimmung miteinander fest. [5]

§ 6
Vergütung [6]

(1) Die Parteien sind sich darüber einig, dass es sich bei dem Arbeitsverhältnis um eine geringfügig entlohnte Beschäftigung i.S.v. § 8 SGB IV handelt und die hierzu jeweils geltenden gesetzlichen Grenzen zu beachten sind.

(2) Der Mitarbeiter erhält für seine Tätigkeit eine monatliche Vergütung in Höhe von ____[Betrag, nicht mehr als 450 €]____ € brutto.

[Optional, sofern Anspruch auf Sonderzahlung besteht:

(3) In der monatlichen Bruttovergütung ist bereits ein Anteil von 1/12 als monatliche anteilige Sonderzahlung enthalten. Damit sind ggf. bestehende Ansprüche auf Jahressonderzahlungen oder sonstige Gratifikationen abgegolten.

(4) Dem Mitarbeiter ist bekannt, dass mehrere geringfügig entlohnte Beschäftigungen im vollen Umfang der Sozialversicherung unterliegen, wenn das zusammengerechnete monatliche Arbeitsentgelt die monatliche Entgeltgrenze überschreitet.

(5) Die Vergütung ist jeweils am letzten Tag eines Monats fällig und erfolgt unbar auf das dem Unternehmen zu benennende Konto des Mitarbeiters. Der Mitarbeiter ist verpflichtet, zu viel erhaltenes Entgelt zurückzuzahlen. Auf die Vorschriften über den Wegfall der Bereicherung kann sich der Arbeitnehmer nicht berufen, es sei denn, der Arbeitgeber hat vorsätzlich oder grob fahrlässig eine fehlerhafte Auszahlung verursacht. In diesem Fall ist der Arbeitgeber auf Ansprüche nach den Vorschriften über die Herausgabe einer ungerechtfertigten Bereicherung beschränkt. Auch wenn für die Rückzahlung eine Ratenzahlung vereinbart wird, ist bei Beendigung des Arbeitsverhältnisses der gesamte Restbetrag fällig.

§ 7
Urlaub [7]

§ 8
Arbeitsverhinderung, Mitteilungspflichten

§ 9
Verschwiegenheitspflicht, Umgang mit Arbeitsmitteln, Rückgabe von Arbeitsmitteln [8]

§ 10
Nebentätigkeit [9]

(1) Der Mitarbeiter versichert, bei Beginn seiner Tätigkeit für das Unternehmen in keinem weiteren Beschäftigungsverhältnis zu stehen. Er verpflichtet sich, jede Änderung seiner steuerlichen bzw. sozialversicherungsrechtlichen Verhältnisse, insbesondere die Aufnahme weiterer Beschäftigungen, unverzüglich dem Unternehmen schriftlich mitzuteilen.

(2) Ohne vorherige schriftliche Einwilligung des Unternehmens darf der Mitarbeiter in den Geschäftsgebieten des Unternehmens keine Geschäfte auf eigene oder fremde Rechnung vornehmen.

(3) Das Unternehmen wird seine Zustimmung hierzu nur verweigern, wenn die Interessen des Unternehmens beeinträchtigt sind.

§ 11
Beendigung des Arbeitsverhältnisses, Kündigungsfristen, Freistellung, Anrechnung anderweitigen Verdienstes [10]

§ 12
Gehaltspfändung/-verpfändung/-abtretung [11]

§ 13
Antidiskriminierung [12]

§ 14
Annahme von Geschenken und anderen Vorteilen, [COC] [13]

§ 15
Dienstreisen, Spesen [14]

§ 16
Ausschlussfrist für die Geltendmachung von Ansprüchen [15]

§ 17
Schriftformerfordernis, Ausschluss betrieblicher Übung [16]

§ 18
Stillschweigende Annahme von Vertragsänderungen [17]

§ 19
Schlussbestimmungen, Salvatorische Klausel, Öffnung für Betriebsvereinbarungen [18]

[Ort, Datum]

_____
(Unterschrift eines vertretungsberechtigten Organs des Unternehmens)

[Ort, Datum]

_____
(Unterschrift des Mitarbeiters)

Hiermit bestätigt der Mitarbeiter, dass er ein Exemplar des vorgenannten Arbeitsvertrages von dem Unternehmen erhalten hat.

[Ort, Datum]

_____
(Unterschrift des Mitarbeiters)

B. Standardarbeitsverhältnisse

[Briefkopf des Unternehmens]

Belehrung des Unternehmens zur Befreiung von der Rentenversicherung [19]

Herrn/Frau [Name und Anschrift des Mitarbeiters] (im Folgenden »Mitarbeiter«) übt bei der [Name und Anschrift des Unternehmens] (im Folgenden »Unternehmen«) eine abhängige Beschäftigung aus, die i.S.v. § 8 Abs. 1 Nr. 1 SGB IV geringfügig ist.

Der Mitarbeiter hat die Möglichkeit, sich jederzeit durch schriftliche Erklärung gegenüber dem Unternehmen von seiner Versicherungspflicht in der gesetzlichen Rentenversicherung befreien zu lassen. Die Befreiung kann nur für die Zukunft und im Falle der Ausübung mehrerer geringfügiger Beschäftigungen nur einheitlich für alle Beschäftigungen erklärt werden.

Die Befreiung hat für den Mitarbeiter zur Folge, dass sein Eigenanteil an der Rentenversicherung entfällt, vom Unternehmen an ihn ausbezahlt wird und er nicht alle Ansprüche auf Leistungen der gesetzlichen Rentenversicherung erwirbt. Über die persönlichen Konsequenzen der Befreiung kann sich der Mitarbeiter bei der Deutschen Rentenversicherung beraten lassen.

[Ort, Datum]

(Unterschrift eines vertretungsberechtigten Organs des Unternehmens)

Niederschrift über diese Belehrung erhalten am:

[Ort, Datum]

(Unterschrift des Mitarbeiters)

Erläuterungen

Schrifttum

Fieberg Urlaubsanspruch bei Übergang in Teilzeit – Neues aus Luxemburg, NZA 2010, 925; *Lakies* Auswirkungen des Mindestlohngesetzes auf geringfügig Beschäftigte, ArbRAktuell 2014, 527; *Schubert* Der Erholungsurlaub zwischen Arbeitsschutz und Entgelt, NZA 2013, 1105; *Reiserer/Vorholt* Geringfügige Beschäftigung: ein Fall für den Staatsanwalt?, BB 2001, 1843.

109 **1.** Das vorliegende Muster beruht auf dem Standardarbeitsvertrag eines angestellten Arbeitnehmers (keine Tarifbindung) (vgl. das Muster unter B Rdn. 4) und berücksichtigt die Besonderheiten einer geringfügigen Beschäftigung. Soweit die einzelnen §§ und Absätze des Musterarbeitsvertrages hier nicht explizit wiedergegeben sind, können sie auch für den Vertrag über die geringfügige Beschäftigung übernommen werden. Im hier vorliegenden Muster werden die vom Standardarbeitsvertrag abweichenden Regelungen dargestellt.

110 Zu beachten ist, dass der Betriebsrat auch im Falle der Einstellung eines geringfügig Beschäftigten nach § 99 BetrVG zu beteiligen ist. Daneben besteht nach § 7 Abs. 3 TzBfG eine Informationspflicht gegenüber dem Betriebsrat.

111 **2.** Vgl. B Rdn. 4, § 1 nebst Anmerkungen (B Rdn. 8–11).

112 **3.** Anders als in § 2 Abs 3 des Standardarbeitsvertrags (B Rdn. 4) wird der Arbeitnehmer nicht dazu verpflichtet, seine ganze Arbeitskraft dem Unternehmen zu widmen. Der geringfügig Beschäftigte stellt dem Arbeitgeber naturgemäß gerade nicht seine ganze Arbeitskraft zur Verfügung, sondern nur einen Teil seiner Arbeitskraft. Häufig werden geringfügig Beschäftigte mehrere Tätigkeiten nebeneinander ausführen, wozu sie grundsätzlich auch berechtigt sind. Vgl. zu Nebentätigkeiten auch noch unter § 10.

113 **4.** Vgl. B Rdn. 4, §§ 3–4 nebst Anmerkungen (B Rdn. 17–22).

5. Um in den Anwendungsbereich der **geringfügigen Beschäftigung** zu gelangen, war bisher nur ein regelmäßiges monatliches Entgelt von bis zu 450 € erforderlich, ohne dass es auf die Zahl der **Wochenstunden** ankam, in denen dieser Betrag erwirtschaftet wurde. Diesem Grundsatz kann seit der Einführung des gesetzlichen Mindestlohns ab dem 01.01.2015 nicht mehr gefolgt werden (s. dazu ausführlich B Rdn. 177).

114

Gemäß § 22 Abs. 1 S. 1 MiLoG findet das Gesetz grundsätzlich auf alle Arbeitnehmerinnen und Arbeitnehmer Anwendung. Das MiLoG schließt somit geringfügige Beschäftigungsverhältnisse gem. § 8 Abs. 1 SGB IV ein, sodass seit dem 01.01.2015 **Mindestlohn** in Höhe von 8,50 € brutto pro Zeitstunde zu zahlen ist.

114.1

Unter Beachtung des Mindeststundenlohns von 8,50 € brutto unter Vereinbarung einer Vergütung von 450,00 € pro Monat schuldet der Arbeitnehmer dem Arbeitgeber lediglich 52,9 Arbeitsstunden pro Monat (450,00 € /8,50 € pro Stunde = 52,9 Stunden). Infolge dessen ist dem Unternehmen dringend anzuraten, die (ggf. bestehende bislang vereinbarte) Arbeitszeit dahingehend anzupassen, dass die 450,00 €-Grenze auch bei der Zahlung des Mindestlohns sichergestellt wird, um insbesondere den Status des geringfügigen Beschäftigungsverhältnisses beizubehalten (vgl. dazu *Lakies* ArbRAktuell 2014, 527). In diesem Zusammenhang ist zu beachten, dass der gesetzliche Mindestlohn ab dem 01.01.2017 8,84 € beträgt, was dazu führt, dass der Arbeitnehmer dem Arbeitgeber lediglich 50,9 Arbeitsstunden pro Monat schuldet (450,00 €/8,84 € pro Stunde = 50,9 Stunden).

114.2

Auf eine Regelung zur Leistung von Überstunden wurde verzichtet. Hier könnten insofern Probleme auftauchen, als durch eine evtl. Überstundenvergütung die monatliche Vergütung von höchstens 450 € brutto monatlich überschritten wird, was den Anwendungsbereich der geringfügigen Beschäftigung ebenfalls ausschließen würde.

Neben der Pflicht zur Zahlung eines Mindestlohns beinhaltet das MiLoG auch Nachweis- und Dokumentationspflichten. Gemäß § 17 MiLoG ist ein Arbeitgeber, der Arbeitnehmerinnen und Arbeitnehmer nach § 8 Abs. 1 SGB IV oder den in § 2a des Schwarzarbeitsbekämpfungsgesetzes genannten Wirtschaftsbereichen oder Wirtschaftszweigen beschäftigt, verpflichtet, Beginn, Ende und Dauer der täglichen Arbeitszeit dieser Arbeitnehmerinnen und Arbeitnehmer spätestens bis zum Ablauf des siebten auf den Tag der Arbeitsleistung folgenden Kalendertages aufzuzeichnen und diese Aufzeichnungen mindestens zwei Jahre beginnend ab dem für die Aufzeichnung maßgeblichen Zeitpunkt aufzubewahren. Nach der Mindestlohndokumentationspflichtenverordnung (MiLoDokV) entfällt die Dokumentationspflicht für Arbeitnehmer, deren verstetigtes regelmäßiges Monatsentgelt 2.958 € brutto überschreitet. Zudem kann die Dokumentationspflicht bereits dann entfallen, wenn das verstetigte regelmäßige Monatsentgelt mehr als 2.000 € brutto beträgt und dieses Monatsentgelt jeweils für die letzten tatsächlich abgerechneten zwölf Monate nachweislich gezahlt wurde. Im Übrigen regelt § 1 Abs. 2 MiLoDokV, dass die Aufzeichnungspflichten bei der Beschäftigung von engen Familienangehörigen (Ehegatten, eingetragene Lebenspartner, Kinder und Eltern des Arbeitgebers) nicht mehr anzuwenden sind.

114.3

6. Die in der Praxis wohl größte Herausforderung ist die »**Einhaltung**« der **450 €-Grenze**. Nur wenn das regelmäßige monatliche Entgelt sich unterhalb dieses Betrages bewegt, kommt die versicherungsfreie geringfügige Beschäftigung in Betracht. So könnten sich durch Überstunden Gehaltsschwankungen ergeben, die zur Nichtanwendbarkeit der Vorschriften über die geringfügige Beschäftigung führen. Gleiches gilt für Gratifikationen. Denn geringfügig Beschäftigte sind ebenso wie Vollzeitbeschäftigte zu behandeln. Wird letzteren eine Zusatzvergütung eingeräumt, muss diese anteilig auch den geringfügig Beschäftigten gewährt werden (BAG, Urt. v. 01.11.1995 – 5 AZR 84/94, NZA 1996, 813; *Reiserer/Freckmann* Freie Mitarbeit und Mini-Jobs nach der Hartz-Reform Rn. 422 ff.; Küttner/*Griese* Geringfügige Beschäftigung Rn. 11). In das regelmäßige Arbeitsentgelt i.S.d. § 8 Abs. 1 SGB IV sind neben den laufenden Zahlungen auch einmalige Zahlungen einzubeziehen (*Reiserer/Freckmann* Freie Mitarbeit und Mini-Jobs nach der Hartz-Reform Rn. 474, 478; Küttner/*Schlegel* Geringfügige Beschäftigung Rn. 44 ff.; KSW/*Bertold* § 8 SGB IV

115

Rn. 5). Dabei sind Sonder- und Einmalzahlungen anteilig für die einzelnen Monate des Jahres zu berücksichtigen. Soll demnach eine Regelung wie im Mustervertrag getroffen werden, wonach mit der monatlichen Vergütung eventuelle Gratifikationen abgegolten sein sollen, müsste zunächst geprüft werden, welchen Umfang das dem geringfügig Beschäftigten zustehende anteilige Urlaubs- und/oder Weihnachtsgeld ausmachen würde, und ob dieses gemeinsam mit der regelmäßigen Vergütung der Arbeitsleistung weniger als 450 € im Monat beträgt. Die pauschale Behauptung, mit der Monatsvergütung seien auch Gratifikationen abgegolten, ohne dies rechnerisch nachgeprüft zu haben, ist gefährlich. Eine Diskriminierung des geringfügig beschäftigten Mitarbeiters ist in jedem Fall zu vermeiden.

116 **7.** Hinsichtlich des Urlaubs kann auf die Regelungen in der Mustervereinbarung unter B Rdn. 4 verwiesen werden. Zu berücksichtigen ist jedoch, dass der geringfügig beschäftigte Mitarbeiter lediglich einen seiner Arbeitszeit entsprechenden anteiligen Urlaubsanspruch hat (vgl. zum Urlaubsanspruch eines Arbeitnehmers beim Übergang von Vollzeit in Teilzeit: EuGH, Beschl. v. 13.06.2013 – C – 415/12 – »Brandes«, NZA 2013, 775; siehe hierzu auch BAG, Urt. v. 10.02.2015 – 9 AZR 53/14; EuGH, Urt. v. 22.04.2010 – C-486/08 *Zentralbetriebsrat der Landeskrankenhäuser Tirols/Land Tirol*, NZA 2010, 557 sowie *Fieberg* NZA 2010, 925; zum Urlaubsanspruch bei Erhöhung der Arbeitszeit siehe jüngst EuGH, Urt. v. 11.11.2015 – C-219/14 »Greenfield/The Care Bureau Ltd«).

117 **8.** Vgl. B Rdn. 4, §§ 8 und 9 nebst Anmerkungen (B Rdn. 33–39).

118 **9.** Abweichend von der Regelung zu **Nebentätigkeit** und **Wettbewerbsverbot** im Standardarbeitsvertrag (B Rdn. 4 und 37) ist hier bezüglich der Nebentätigkeit kein Verbot mit Erlaubnisvorbehalt vereinbart worden. Auch hier gilt, dass ein umfassendes Nebentätigkeitsverbot ohnehin gegen die grundgesetzlich garantierte Berufsfreiheit verstößt (vgl. Preis/*Rolfs* Arbeitsvertrag II B 20 Rn. 35 ff. m.w.N.; BAG, Urt. v. 24.03.2010 – 10 AZR 66/09, AP Nr. 141 zu Art. 12 GG; BAG, Urt. v. 18.11.1988 – 8 AZR 12/86, AP BGB § 611 Doppelarbeitsverhältnisse Nr. 3). Ein Verbot mit Erlaubnisvorbehalt könnte unter den gleichen Prämissen wie im Standardarbeitsvertrag vereinbart werden, wenn eine Beeinträchtigung der Interessen des Arbeitgebers droht. Im hier vorliegenden Mustervertrag wurde davon abgesehen, da es sich bei geringfügiger Beschäftigung in der Praxis häufig um Aushilfstätigkeiten handelt und insoweit eine Beeinträchtigung der Interessen des Arbeitgebers häufig nicht zu erwarten ist. Bei begründeten Anlässen und Verdachtsmomenten für eine Beeinträchtigung kommt allerdings auch hier ein Verbot mit Erlaubnisvorbehalt in Betracht.

119 Mit der hier gewählten Klausel wird vor allem bezweckt, den Arbeitgeber vor eventuellen Nachforderungen von Sozialversicherungsbeiträgen zu schützen, wenn der Arbeitnehmer wegen weiterer geringfügiger Beschäftigungen nicht mehr der **Versicherungsfreiheit** unterfällt. Diesem Interesse des Arbeitgebers dient die **Anzeigeverpflichtung**. Zwar besteht diese Verpflichtung nach Ansicht des BAG (BAG, Urt. v. 18.11.1988 – 8 AZR 12/86, AP BGB § 611 Doppelarbeitsverhältnisse Nr. 3) auch ohne entsprechende arbeitsvertragliche Regelung. Ungeachtet dessen sollte die Klausel aufgenommen werden, nicht zuletzt, um dem Arbeitnehmer seine Verpflichtung aufzuzeigen.

120 **10.** Vgl. B Rdn. 4, § 11 nebst Anmerkungen 23 bis 26 (B Rdn. 38–43).

121 **11.** Vgl. B Rdn. 4, § 12 nebst Anmerkung 27 (B Rdn. 44).

122 **12.** Vgl. B Rdn. 4, § 13 nebst Anmerkung 28 (B Rdn. 46).

123 **13.** Vgl. B Rdn. 4, § 14 nebst Anmerkung 29 (B Rdn. 47 f.).

124 **14.** Vgl. B Rdn. 4, § 15 nebst Anmerkung 30 (B Rdn. 49).

125 **15.** Vgl. B Rdn. 4, § 16 nebst Anmerkung 31 (B Rdn. 50–54).

126 **16.** Vgl. B Rdn. 4, § 17 nebst Anmerkungen 32 und 33 (B Rdn. 55–57).

17. Vgl. B Rdn. 4, § 18 nebst Anmerkung 34 (B Rdn. 58). 127

18. Vgl. B Rdn. 4, § 19 nebst Anmerkungen 35 und 36 (B Rdn. 59 und 60). 128

19. Aufgrund des Gesetzes zu Änderungen im Bereich der geringfügigen Beschäftigung vom 05.12.2012 (vgl. BT-Drucks. 17/10773, 9) gilt seit dem 01.01.2013 eine **Versicherungspflicht** für geringfügig entlohnte Beschäftigte in der gesetzlichen Rentenversicherung, von welcher sich der Arbeitnehmer nach § 6 Abs. 1b SGB VI auf Antrag befreien kann (vgl. hierzu KKS/*Gürtner*, § 6 SGB VI, Rn. 21 ff.; Kreikebohm/*Schmidt* § 6 SGB VI, Rn. 94 ff.). **Voraussetzung für eine Befreiung** ist nur die Ausübung einer geringfügig entlohnten Beschäftigung nach § 8 Abs. 1 Nr. 1 SGB IV bzw. des § 8a SGB IV. Der schriftliche Befreiungsantrag ist dem Arbeitgeber zu übergeben. Die kurzfristig geringfügigen Beschäftigungen nach § 8 Abs. 1 Nr. 2 SGB IV bleiben auch nach der Gesetzesänderung versicherungsfrei nach § 5 Abs. 2 Nr. 1 SGB VI. Eine Pflicht des Unternehmens den Arbeitnehmer über die Möglichkeiten einer Befreiung in der Rentenversicherung zu belehren ergibt sich aus dem Gesetz nicht. Gleichwohl ist ein Muster hinsichtlich einer solchen Belehrung des Unternehmens zur Befreiung von der Rentenversicherung aufgenommen worden. 129

6. Arbeitsvertrag für Führungspositionen

Vorbemerkung

Führungspositionen sind Management-Positionen. Hier sind Mitarbeiter tätig, die in der Unternehmensorganisation auf höherer Hierarchieebene angesiedelt sind und Leitungs- bzw. Führungsaufgaben wahrnehmen. Die Ebene eines Organmitglieds (etwa des Geschäftsführers) ist jedoch noch nicht erreicht (vgl. dazu Muster M Rdn. 7). Im Vergleich zu den übrigen Mitarbeitern im Unternehmen haben Führungskräfte ein Mehr an Kompetenzen, tragen jedoch auch gesteigerte Verantwortung und nicht zuletzt höhere Risiken. 130

Hieraus ergeben sich die bei der Vertragsgestaltung zu beachtenden Aspekte. Die Sonderregelungen erschöpfen sich nicht in einer höheren Vergütung. Es gilt, den Führungspositionen eine ihrer Verantwortung entsprechende Handlungsfreiheit einzuräumen. 131

Unabhängig hiervon ist die Frage, ob es sich bei der jeweiligen Führungsposition zugleich um **leitende Angestellte** i.S.v. § 5 Abs. 3 BetrVG handelt. Auch leitende Angestellte weisen eine strukturell stärkere Nähe zum Unternehmen auf als dies bei Mitarbeitern für gewöhnlich der Fall ist. Daher gilt das BetrVG ganz überwiegend für sie nicht. Für die Arbeitsvertragsgestaltung spielen diese Erwägungen jedoch kaum eine Rolle. In Unternehmen, in denen das BetrVG Anwendung findet, kann sich eine klarstellende Regelung anbieten, dass es sich bei der Führungskraft zugleich um einen leitenden Angestellten handelt, um evtl. spätere Auseinandersetzungen zu vermeiden. 132

Eine Rolle für die Vertragsgestaltung spielt indes die Bedeutung der jeweiligen Führungskraft für das Unternehmen. Führungspositionen erfordern häufig ausgeprägte Kompetenzen in fachlicher und persönlicher Hinsicht. Zudem benötigen Führungskräfte zur Wahrnehmung ihrer Aufgaben umfangreiche Kenntnisse der jeweiligen Branche und Fachgebiete, über die innere Struktur, Abläufe und sonstige Rahmenbedingungen des Unternehmens. Hat das Unternehmen eine Person für die Führungsposition gefunden, hat es demzufolge regelmäßig ein Interesse daran, dass diese – unter der Prämisse der erfolgreichen Zusammenarbeit – eine Weile im Unternehmen verbleibt. Vor dem Hintergrund der bei Ausübung einer Führungsposition notwendigerweise zu erlangenden Kenntnisse und Informationen über das Unternehmen sind zudem in verstärkter Form die Geheimhaltungsinteressen des Unternehmens zu berücksichtigen. 133

B. Standardarbeitsverhältnisse

▶ **Muster – Arbeitsvertrag für Führungspositionen** [1]

134   [Briefkopf des Unternehmens]

Zwischen

der [Name und Anschrift des Unternehmens]

(im Folgenden: »Unternehmen«)

und

Herrn/Frau [Name und Anschrift des Mitarbeiters]

(im Folgenden: »Mitarbeiter«)

wird folgender Arbeitsvertrag geschlossen:

§ 1
Beginn des Arbeitsverhältnisses, Vertragsstrafe bei Nicht-Antritt

(1) Das Unternehmen überträgt dem Mitarbeiter mit Wirkung zum [Eintrittsdatum] die Position des [Bezeichnung der Leitungsposition] .

(2) Eine ordentliche Kündigung des Arbeitsverhältnisses ist vor Beginn des Arbeitsverhältnisses ausgeschlossen. Für den Fall, dass der Mitarbeiter das Arbeitsverhältnis rechtswidrig und schuldhaft nicht oder nicht rechtzeitig aufnimmt oder das Arbeitsverhältnis vertragswidrig beendet, verpflichtet er sich, eine VERTRAGSSTRAFE in Höhe von zwei monatlichen Bruttogehältern zu bezahlen. Hiervon bleibt das Recht des Unternehmens, einen weiteren Schaden geltend zu machen, unberührt. [2]

§ 2
Tätigkeit und Aufgabengebiet, Arbeitsort

(1) In seiner Position als [Bezeichnung der Leitungsposition] obliegt dem Mitarbeiter die Leitung der Abteilung [Bezeichnung des Bereiches, in dem der Mitarbeiter die Führungsposition innehat] . Dabei hat er insbesondere [Beschreibung des Aufgabengebietes] .

(2) Der Mitarbeiter hat in seiner Position direkt an den Geschäftsführer des Unternehmens *[oder: andere Hierarchieebene]* zu berichten.

[optional:

(2) Die Über- und Unterordnungsverhältnisse des Unternehmens und die sich daraus ergebenden Berichtswege ergeben sich aus dem diesem Vertrag als Anlage beigefügten Organigramm. Das Unternehmen behält sich vor, diese Organisationsstruktur jederzeit zu ändern. [3]

(3) Der Arbeitsort ist [Ort] . Jedoch erfordert die Tätigkeit des Mitarbeiters die Vornahme von Dienstreisen und ggf. auch Auslandsaufenthalte. Der Mitarbeiter ist bereit, die bei Bedarf erforderlichen Reisen vorzunehmen. Das Unternehmen behält sich vor, den Mitarbeiter unter Beachtung seiner berechtigten Interessen an einen anderen Ort zu versetzen oder ihm andere, seinen Fähigkeiten und Qualifikationen entsprechende gleichwertige Aufgaben zu übertragen. Das Recht des Unternehmens, dem Mitarbeiter andere Aufgaben zu übertragen bzw. den Arbeitsort zu ändern, bleibt auch dann bestehen, wenn der Mitarbeiter über einen längeren Zeitraum eine bestimmte Tätigkeit ausübt oder über einen längeren Zeitraum an einem bestimmten Arbeitsort tätig ist. [4]

(4) Der Mitarbeiter verpflichtet sich, die Interessen des Unternehmens zu wahren und zu fördern und ihm seine ganze Arbeitskraft zu widmen.

§ 3
Probezeit [5]

(1) Die ersten sechs Monate des Arbeitsverhältnisses gelten als Probezeit. Innerhalb der Probezeit kann das Arbeitsverhältnis von beiden Parteien mit einer Frist von zwei Monaten gekündigt werden.

(2) Das Recht zur fristlosen Kündigung aus wichtigem Grund (§ 626 BGB) bleibt unberührt.

§ 4
Dauer des Arbeitsverhältnisses [6]

(1) Der Arbeitsvertrag wird auf unbestimmte Zeit geschlossen und ist ordentlich kündbar.

(2) Das Arbeitsverhältnis endet, ohne dass es einer Kündigung bedarf, spätestens mit Ablauf des Monats, ab dem der Mitarbeiter Regelaltersrente oder eine gleichwertige Altersversorgung beanspruchen kann. Der Arbeitsvertrag endet auch mit Ablauf des Monats, in dem ein Bescheid zugestellt wird, in dem der zuständige Sozialversicherungsträger bei dem Mitarbeiter eine volle oder teilweise Erwerbsminderung feststellt, bei späterem Beginn des entsprechenden Rentenbezugs jedoch erst mit Ablauf des dem Rentenbeginn vorhergehenden Tages, frühestens jedoch zwei Wochen nach Zugang einer schriftlichen Unterrichtung des Mitarbeiters durch das Unternehmen über den Eintritt der auflösenden Bedingung. Der Mitarbeiter hat das Unternehmen von der Zustellung des Rentenbescheids unverzüglich zu informieren. Liegt im Zeitpunkt der Beendigung des Arbeitsverhältnisses eine Zustimmung des Integrationsamtes nach Maßgabe von § 92 SGB IX noch nicht vor, endet das Arbeitsverhältnis mit Ablauf des Tages der Zustellung des Zustimmungsbescheids des Integrationsamts. Wird dem Mitarbeiter nur eine Rente auf Zeit gewährt, so ruht der Arbeitsvertrag für den Bewilligungszeitraum dieser Rente, längstens jedoch bis zu einem Beendigungszeitpunkt nach Satz 1, 2 oder 4.

(3) Im Fall teilweiser Erwerbsminderung endet bzw. ruht das Arbeitsverhältnis nicht, wenn der Mitarbeiter nach seinem vom Rentenversicherungsträger festgestellten Leistungsvermögen auf seinem bisherigen oder einem anderen geeigneten freien Arbeitsplatz weiter beschäftigt werden könnte, soweit nicht dringende betriebliche Gründe dem entgegen stehen und der Mitarbeiter seine Weiterbeschäftigung spätestens bis zum Zugang des Rentenbescheids schriftlich beim Unternehmen beantragt.

(4) Verzögert der Mitarbeiter schuldhaft den Rentenantrag, so tritt an die Stelle des Rentenbescheids das Gutachten eines Amtsarztes. Das Arbeitsverhältnis endet in diesem Fall mit dem Ablauf des Monats, in dem dem Mitarbeiter das Gutachten bekannt gegeben worden ist.

(5) Das Recht zur fristlosen Kündigung aus wichtigem Grund (§ 626 BGB) bleibt unberührt.

§ 5
Arbeitszeit

(1) Der Mitarbeiter wird seine ganze Arbeitskraft im Interesse des Unternehmens einsetzen. Die Arbeitszeit richtet sich nach den tatsächlichen Anforderungen der Tätigkeit sowie dem Verantwortungsprofil der Position. Das Unternehmen verzichtet auf Arbeitszeitkontrollen.

(2) In Ansehung seiner verantwortlichen Position erklärt sich der Mitarbeiter damit einverstanden, bei Bedarf in gesetzlich zulässigem Umfang Mehr- und Überstunden sowie Nacht-, Wochenend- und Feiertagsarbeit zu leisten. [7]

§ 6
Vergütung [8]

(1) Der Mitarbeiter erhält eine Vergütung in Höhe von ____[Betrag]____ € brutto pro Monat. Die Vergütung ist jeweils am letzten Tag eines Monats fällig und wird dem Mitarbeiter unbar auf ein dem Unternehmen bekannt zu gebendes Girokonto überwiesen.

[optional:

(2) Mit der vereinbarten Bruttovergütung gem. § 6 Abs. 1 dieses Vertrages sind Über- und Mehrarbeit abgegolten.]

(3) Der Mitarbeiter bekommt von der Gesellschaft einen Dienstwagen entsprechend der gesondert abzuschließenden Dienstwagenvereinbarung überlassen. [9]

§ 7
Urlaub [10]

Der Urlaubsanspruch des Mitarbeiters richtet sich nach den Vorschriften des Bundesurlaubsgesetzes.

§ 8
Sonstige Leistungen, Versicherungen, Versorgungszusage

(1) Nach Ablauf der Probezeit nach § 3 wird das Unternehmen zu Gunsten des Mitarbeiters eine Gruppenunfallversicherung mit folgenden Deckungssummen abschließen:

[Deckungssummen]

Die Unfallversicherung deckt sowohl Unfälle im beruflichen als auch im privaten Bereich ab. Die Unfallversicherung ist an das Beschäftigungsverhältnis zum Unternehmen geknüpft und endet daher mit Beendigung des Anstellungsvertrags. Als Beendigung im Sinne dieser Vertragsregelung gilt es auch, wenn – beispielsweise nach Ausspruch einer Kündigung – Streit über den Bestand des Vertragsverhältnisses besteht. In diesem Falle endet die Unfallversicherung gleichwohl zum an sich vorgesehenen Beendigungszeitpunkt. [11]

(2) Das Unternehmen trägt die Beiträge für die Unfallversicherung sowie etwaige Steuern. [12]

(3) Das Unternehmen behält sich vor, Maßnahmen zur Unfallprävention durchzuführen oder durchführen zu lassen. Der Mitarbeiter ist zur Teilnahme daran verpflichtet.

(4) Die Gesellschaft erteilt dem Arbeitnehmer eine Versorgungszusage, über die die Parteien bis zum ___[Datum]___ eine gesonderte Vereinbarung treffen werden. [13]

§ 9
Vorteile aus Bonusprogrammen [14]

(1) Nutzt der Mitarbeiter seine Geschäftsreisen (Bahnreisen, Flüge, Hotelaufenthalte, Mietwagen, etc.), um damit in Bonusprogrammen Meilen, Punkte, usw. zu sammeln, so hat er das Unternehmen über die Bonusprogramme (zum Beispiel »Miles & More«, »Bahnbonus«, usw.), an denen er dabei teilnimmt, zu informieren.

[optional:

(1) Für Geschäftsreisen, die der Mitarbeiter für das Unternehmen tätigt, wird ihm eine Bonusprogramm-Karte (»Miles and More«, »Bahnbonus«, oder ähnliches) zur Verfügung gestellt. Mit Hilfe dieser Karte kann er an den entsprechenden Bonusprogrammen teilnehmen und Punkte oder Meilen sammeln. Der Mitarbeiter ist verpflichtet, die Bonuspunkte oder -meilen für sämtliche dienstlich veranlassten Reisen auf seiner dienstlichen Bonuskarte anzusammeln und auch für dienstliche Zwecke einzusetzen.]

(2) Der Mitarbeiter ist verpflichtet, das Unternehmen bis zum 10. eines jeden Monats über den jeweils aktuellen Stand seines Punkte- bzw. Meilenkontos zu informieren.

(3) Der Mitarbeiter darf Meilen oder Bonuspunkte, die ihm durch seine Dienstreisen gutgeschrieben worden, ausschließlich für Dienstreisen verwenden. Eine anderweitige (private) Verwendung bedarf der ausdrücklichen vorherigen Einwilligung des Unternehmens.

§ 10
Arbeitsverhinderung, Mitteilungspflichten

Der Mitarbeiter ist verpflichtet, jede Arbeitsverhinderung und ihre voraussichtliche Dauer unverzüglich gegenüber dem Unternehmen mitzuteilen. Der Mitarbeiter hat dabei auf besonders dringlich zu erledigende Arbeiten hinzuweisen.

§ 11
Verschwiegenheitspflicht, Umgang mit Arbeitsmitteln, Rückgabe von Arbeitsmitteln [15]

(1) Der Mitarbeiter ist verpflichtet, während des Arbeitsverhältnisses und nach seiner Beendigung über alle geschäftlichen und betrieblichen Angelegenheiten des Unternehmens sowohl gegenüber Außenstehenden als auch gegenüber anderen Mitarbeitern, die nicht mit dem betreffenden Sachgebiet unmittelbar befasst sind, Stillschweigen zu wahren, sofern diese nicht allgemein bekannt sind. Erhaltene Anweisungen zur Geheimhaltung bestimmter Umstände hat der Mitarbeiter einzuhalten. Im Zweifelsfall ist die Weisung der Geschäftsleitung zur Vertraulichkeit bestimmter Tatsachen einzuholen. Jegliche Weitergabe von Unterlagen, gleich ob auszugsweise oder vollständig, ob im Original, in Abschrift oder Kopie, ist dem Mitarbeiter untersagt. Diese Verschwiegenheitsverpflichtung bezieht sich auch auf Angelegenheiten von Kunden des Unternehmens.

(2) Der Mitarbeiter hat die Bestimmungen des Bundesdatenschutzgesetzes sowie die internen Datenschutzbestimmungen des Unternehmens in ihrer jeweils gültigen Fassung einzuhalten.

(3) Unterlagen, die der Mitarbeiter im Rahmen seiner Tätigkeit erhält oder erarbeitet, sind, werden und bleiben alleiniges Eigentum des Unternehmens. Sie dürfen nur für Zwecke dieses Arbeitsverhältnisses verwendet werden. Dem Mitarbeiter ist es auch untersagt, etwaige Kopien oder Sicherungskopien betrieblicher Informationen auf eigenen Datenträgern vorzunehmen.

(4) Nach der Beendigung des Arbeitsverhältnisses, nach einer Freistellung nach § 14 oder nach Aufforderung hat der Mitarbeiter dem Unternehmen diese Unterlagen sowie sämtliche sonstige das Unternehmen betreffende Unterlagen (beispielsweise Notizen, Protokolle, Berichte, sonstige Korrespondenz, Angebote oder Aufträge), sämtliche Datenträger und Daten sowie alle dem Mitarbeiter dienstlich überlassenen Gegenstände unverzüglich zurückzugeben. Zurückbehaltungsrechte an den vorgenannten Unterlagen oder Gegenständen sind ausgeschlossen. Die Rückgabe hat am Dienstort des Mitarbeiters zu erfolgen.

(5) Sämtliche dem Mitarbeiter von dem Unternehmen überlassenen oder zur Verfügung gestellten Unterlagen und Materialien sind sorgsam zu behandeln. Etwaige Beschädigungen sind dem Unternehmen unverzüglich mitzuteilen. Die Unterlagen oder Gegenstände sind – sofern nicht ausdrücklich etwas anderes vereinbart wird – ausschließlich zu dienstlichen Zwecken zu benutzen.

(6) Die Nutzung von Internet und Telefon sowie aller sonstigen Telekommunikationsmittel ist ausschließlich für den dienstlichen Gebrauch bestimmt.

§ 12
Schutzrechte [16]

(1) Alle in Erfüllung des Vertrages entstehenden Rechte und sonstigen Arbeitsergebnisse, insbesondere _[individuell anzupassen, z.B. Rechte an Datenbanken, Quellcodes, Software, Applikationen, Systemlösungen, Beiträgen, Aufsätzen]_ stehen im alleinigen Eigentum des Unternehmens. Der Mitarbeiter überträgt hiermit sämtliche der ihm etwa jeweils zustehenden derzeitigen und künftigen Rechte bezüglich der in Erfüllung des Vertrages erzielten Arbeitsergebnisse auf das dies annehmende Unternehmen. Soweit eine Übertragung rechtlich nicht oder nicht gänzlich möglich ist (z.B. bei Urheberrechten), räumt der Mitarbeiter dem Unternehmen hiermit das ausschließliche, übertragbare, unterlizenzierbare, unwiderrufliche, zeitlich, räumlich und inhaltlich unbeschränkte Recht zur Nutzung der Arbeitsergebnisse ein. Das eingeräumte Nutzungsrecht beinhaltet insbesondere auch das Recht zur Bearbeitung und Umgestaltung, zur Veröffentlichung, Vervielfältigung, Verbreitung, Weiterübertragung, usw. Der Mitarbeiter verzichtet auf seine Benennung als Urheber. Das Unternehmen ist zur Nutzung und Verwertung der übertragenen Rechte nicht verpflichtet. Eine Nutzung der Arbeitsergebnisse durch den

B. Standardarbeitsverhältnisse

Mitarbeiter zu anderen Zwecken als zur Erfüllung dieses Vertrages bedarf der ausdrücklichen, schriftlichen und vorherigen Zustimmung des Unternehmens.

(2) Die vorgenannten Rechte an den Arbeitsergebnissen, bzw. der Einräumung der Nutzungsrechte sind durch die Vergütung gemäß § 6 dieses Vertrages abgegolten. Eine gesonderte Vergütung erhält der Mitarbeiter für die Übertragung der Rechte an das Unternehmen nach dieser Regelung nicht. Die Übertragung und der Verzicht auf die Rechte sind mit der Vergütung nach § 6 vollumfänglich abgegolten. Falls dies keine angemessene Beteiligung an der tatsächlichen Nutzung der Urheberrechte darstellen sollte, wird das Unternehmen auf Verlangen des Mitarbeiters die Differenz zum angemessenen Betrag an den Mitarbeiter zahlen.

(3) Die Vorschriften des Gesetzes über Arbeitnehmererfindungen bleiben unberührt. Für Arbeitnehmererfindungen finden die Vorschriften des ArbNErfG Anwendung. Der Mitarbeiter ist verpflichtet, Diensterfindungen dem Unternehmen unverzüglich, spätestens jedoch innerhalb von 10 Arbeitstagen in Textform (§ 126b BGB) zu melden. Dabei hat er kenntlich zu machen, dass es sich um die Meldung einer Erfindung handelt. Nach erfolgter Inanspruchnahme einer Diensterfindung unterstützt der Mitarbeiter das Unternehmen auf Anforderung bei der Anmeldung von entsprechenden Patenten und/oder Gebrauchsmustern.

§ 13
Nebentätigkeit/Wettbewerbsverbot [17]

(1) Die Aufnahme einer Nebentätigkeit, auch die tätige Beteiligung an anderen Unternehmen, die Mitgliedschaft in Organen anderer Gesellschaften sowie ehrenamtliche Tätigkeiten durch den Mitarbeiter bedürfen der vorherigen schriftlichen Einwilligung des Unternehmens. Gleiches gilt für die Fortsetzung entsprechender Nebentätigkeiten, die der Mitarbeiter bereits vor dem Beginn des Arbeitsverhältnisses ausgeübt hat. Einer vorherigen schriftlichen Einwilligung bedarf auch eine direkte oder indirekte Beteiligung an Unternehmen, wenn der Mitarbeiter durch seine Stellung oder Tätigkeit Einfluss auf die Geschäftsbeziehungen des Unternehmens zu diesem Unternehmen haben kann.

(2) Das Unternehmen wird seine Zustimmung hierzu nur verweigern, wenn die Interessen des Unternehmens beeinträchtigt sind.

(3) Das Unternehmen begrüßt es, wenn der Mitarbeiter Vorträge oder Präsentationen hält oder Fachbeiträge veröffentlicht. Im Interesse eines ungestörten Betriebsablaufes sowie der Öffentlichkeitswahrnehmung des Unternehmens gelten jedoch auch hierfür die Abs. 1 und 2 dieser Vorschrift. [18]

(4) Die Parteien sind sich darüber einig, dass der Mitarbeiter ohne vorherige schriftliche Einwilligung des Unternehmens in den Geschäftsgebieten des Unternehmens keine Geschäfte auf eigene oder fremde Rechnung vornehmen darf. Im Übrigen treffen die Parteien eine gesonderte Wettbewerbsvereinbarung. [19]

§ 14
Beendigung des Arbeitsverhältnisses, Kündigungsfristen, Freistellung, Anrechnung anderweitigen Verdienstes [20]

(1) Das Arbeitsverhältnis wird auf unbestimmte Zeit geschlossen und ist ordentlich kündbar. Für die Kündigung gilt eine Frist von sechs Monaten zum Ende eines Kalendervierteljahres. Eine Verlängerung der gesetzlichen Kündigungsfrist zugunsten des Mitarbeiters führt auch zu einer Verlängerung der Kündigungsfrist zugunsten des Unternehmens.

(2) Das Recht zur fristlosen Kündigung aus wichtigem Grund gemäß § 626 BGB bleibt unberührt.

(3) Jede Kündigung bedarf der Schriftform.

(4) Nach dem Ausspruch einer Kündigung, gleich durch welchen Vertragspartner, ist das Unternehmen berechtigt, den Mitarbeiter während der Dauer der Kündigungsfrist unter Fortzahlung seiner Bezüge und unter Anrechnung auf Urlaubsansprüche und Freizeitguthaben freizustellen, wenn ein sachlicher Grund, insbesondere ein grober Vertragsverstoß, der die Vertragsgrundlage beeinträchtigt, gegeben ist. Auf seine Vergütung muss sich der Mitarbeiter jedoch den Wert desjenigen anrechnen lassen, was er anderweitig erwirbt oder zu erwerben

böswillig unterlässt. Entsprechendes gilt bei einer einvernehmlichen Beendigung des Arbeitsverhältnisses.

§ 15
Gehaltspfändung/-verpfändung/-abtretung [21]

Eine Abtretung oder Verpfändung der Vergütungsansprüche durch den Mitarbeiter bedarf einer vorherigen schriftlichen Einwilligung des Unternehmens. Das Unternehmen wird seine Einwilligung nur aus sachlichen Gründen versagen.

§ 16
Antidiskriminierung [22]

Das Unternehmen weist den Mitarbeiter hiermit ausdrücklich darauf hin, dass jede Diskriminierung von Mitarbeitern und Dritten wegen ihrer Rasse oder ethnischen Herkunft, ihres Geschlechts, ihrer Religion oder Weltanschauung, einer Behinderung, ihres Alters oder der sexuellen Identität, jede Belästigung oder sexuelle Belästigung im Zusammenhang mit diesen Merkmalen verboten ist und von dem Unternehmen nicht geduldet wird. Ein Verstoß des Mitarbeiters gegen das Diskriminierungsverbot stellt zugleich eine Verletzung der arbeitsvertraglichen Pflichten des Mitarbeiters dar.

§ 17
Annahme von Geschenken und anderen Vorteilen, [COC] [23]

Der Mitarbeiter darf Geschenke oder andere Vorteile, die ihm von Dritten zugewandt werden und die über ein sozial adäquates Maß (beispielsweise geringwertige Werbegeschenke) hinausgehen, nicht annehmen. Hat der Mitarbeiter Zweifel, ob es sich noch um ein Geschenk im üblichen sozialadäquaten Rahmen handelt, so hat er die Angelegenheit der Geschäftsleitung anzuzeigen und ggf. eine Entscheidung hierüber einzuholen.

[Im Übrigen gelten die Vorschriften des Code of Conduct/der unternehmensinternen Verhaltensrichtlinien.]

§ 18
Dienstreisen, Spesen [24]

Das Unternehmen erstattet dem Mitarbeiter notwendige und angemessene Auslagen sowie Reisekosten, sofern diese betrieblich veranlasst und durch das Unternehmen angeordnet waren, nach den jeweils anwendbaren steuerlichen Regelungen.

§ 19
Ausschlussfrist für die Geltendmachung von Ansprüchen [25]

(1) Ansprüche aus diesem Arbeitsverhältnis verfallen, wenn sie nicht innerhalb einer Ausschlussfrist von drei Monaten vom Mitarbeiter oder vom Unternehmen schriftlich geltend gemacht werden. Die Versäumung dieser Ausschlussfrist führt zum Verlust des Anspruchs.

(2) Die Ausschlussfrist beginnt, wenn der Anspruch entstanden ist und der Anspruchssteller von den anspruchsbegründenden Umständen Kenntnis erlangt hat oder ohne grobe Fahrlässigkeit erlangen müsste.

(3) Diese Ausschlussfrist gilt nicht bei Ansprüchen wegen der Verletzung des Lebens, des Körpers oder der Gesundheit sowie bei vorsätzlichen Pflichtverletzungen und Ansprüchen des Arbeitnehmers auf den Mindestlohn nach dem Mindestlohngesetz.

[optional:

(4) Lehnt der jeweilige Anspruchsgegner den Anspruch ab oder äußert er sich nicht innerhalb von zwei Wochen nach der schriftlichen Geltendmachung, sind die Ansprüche innerhalb von drei Monaten nach der schriftlichen Ablehnung oder nach Ablauf der Äußerungsfrist gerichtlich geltend zu machen. Werden die Ansprüche nach Ablehnung oder Nichtäußerung nicht schriftlich geltend gemacht, führt dies zu einem Anspruchsverlust.]

§ 20
Schriftformerfordernis, Ausschluss betrieblicher Übung [26]

(1) Der vorliegende Vertrag enthält zum Zeitpunkt des Vertragsabschlusses die vollständige und alleinige Einigung zwischen den Parteien. Es wurden keine Nebenabreden getroffen. Änderungen und Ergänzungen dieses Vertrages sowie sämtliche Nebenabreden bedürfen zu ihrer Wirksamkeit der Schriftform. Die elektronische Form ist ausgeschlossen. Dies gilt auch für die Aufhebung, Änderung oder die Ergänzung dieses Schriftformerfordernisses. Individualvereinbarungen zwischen den Parteien haben Vorrang (§ 305b BGB).

(2) Auch eine wiederholte Gewährung von Leistungen und Vergünstigungen sowie die wiederholte Handhabung von Abläufen innerhalb des Arbeitsverhältnisses begründen keinen Anspruch auf entsprechende Gewährung in der Zukunft.

§ 21
Stillschweigende Annahme von Vertragsänderungen [27]

Bietet das Unternehmen dem Mitarbeiter schriftlich die Änderung von Bestimmungen oder Inhalten dieses Arbeitsverhältnisses an und arbeitet der Mitarbeiter in Kenntnis dieses Angebots vorbehaltslos weiter, so liegt in dieser tatsächlichen Weiterarbeit abweichend vom Schriftformerfordernis die stillschweigende Annahme des Angebots durch den Mitarbeiter sofern er nicht innerhalb eines Monats nach Kenntnis des Änderungsangebots schriftlich widerspricht. Dies gilt nur, wenn das Unternehmen den Mitarbeiter zu Beginn der Frist auf diese Rechtsfolge hingewiesen hat.

§ 22
Schlussbestimmungen, Salvatorische Klausel, Öffnung für Betriebsvereinbarungen, Rechtlicher Status [28]

(1) Sollten einzelne oder mehrere Bestimmungen dieses Vertrages unwirksam sein oder werden, so wird hierdurch die Wirksamkeit des Vertrages im Übrigen nicht berührt. Die Parteien sind sich darüber einig, dass unwirksame Bestimmungen durch solche Regelungen zu ersetzen sind, die dem Sinn und Zweck und dem wirtschaftlich Gewollten der unwirksamen Regelung am nächsten kommt. Entsprechendes gilt für den Fall einer Regelungslücke.

(2) Die Parteien sind sich darüber einig, dass der Mitarbeiter als sog. Außertariflicher Angestellter sowie als leitender Angestellter i.S.v. § 5 Abs. 3 BetrVG zu qualifizieren ist.

(3) Einzelne Rechte und Pflichten aus diesem Arbeitsverhältnis können jedoch nach Abschluss dieses Arbeitsvertrags durch eine Betriebsvereinbarung geändert werden. Vom Zeitpunkt der Änderung an gelten sodann ausschließlich die jeweiligen Regelungen der Betriebsvereinbarung. Dies gilt auch dann, wenn die Regelungen in der Betriebsvereinbarung für den Mitarbeiter ungünstiger sind.

[Ort, Datum]

_____

(Unterschrift eines vertretungsberechtigten Organs des Unternehmens)

[Ort, Datum]

_____

(Unterschrift des Mitarbeiters)

Hiermit bestätigt der Mitarbeiter, dass er ein Exemplar des vorstehenden Arbeitsvertrages von dem Unternehmen erhalten hat.

[Ort, Datum]

_____

(Unterschrift des Mitarbeiters)

Erläuterungen

Schrifttum

Bauer/Heimann Flexibel, motivierend und »all-inclusive« – Rechtssichere Vergütung von Führungskräften, NZA-Beilage 2014, 114; *Bayreuther* Neue Spielregeln im Arbeitnehmererfinderrecht, NZA 2009, 1123; *Lembke/Oberwinter* Anstellungsverträge für Führungskräfte, AuA 2007, 136; *Powietzka/Hager* Statusänderung leitender Angestellter bei Freistellung, DB 2006, 102 ff.

1. Das vorliegende Arbeitsvertragsmuster ist ein Vorschlag für einen Vertrag mit einer Führungskraft. Dabei basiert das Muster auf dem Standardvertrag eines angestellten Arbeitnehmers (vgl. dazu Muster B Rdn. 4). Es werden jedoch die Besonderheiten aus dem Arbeitsverhältnis mit Führungskräften berücksichtigt. 135

2. Vgl. Anm. 3 (B Rdn. 9 ff.). Dabei korrespondiert die höhere Vertragsstrafe mit der längeren Kündigungsfrist während der Probezeit, § 3 Abs. 1 des Mustervertrages. 136

3. Führungskräfte haben oft direkt an den Geschäftsführer zu berichten. Je nach der Struktur des Unternehmens kann es hierbei sinnvoll sein, festzuhalten, an wen der Mitarbeiter zu berichten hat (z.B. Finanzvorstand). 137

4. In § 2 Abs. 3 des Mustervertrages wird ausdrücklich die gesteigerte Bereitschaft zu Auslandsaufenthalten bzw. zu Dienstreisen aufgenommen. Dies ist Ausdruck der von Führungskräften erwarteten Bereitschaft zu größtmöglicher Flexibilität, vor allem im Hinblick auf Dienstreisen und entspricht der größeren Verantwortung und dem Aufgabenbereich der Führungskraft. 138

5. Das Muster sieht eine sechsmonatige Probezeit für die Führungskraft vor. Innerhalb dieser soll das Arbeitsverhältnis mit einer Frist von zwei Monaten gekündigt werden können. Grundsätzlich wird bei Arbeitsverträgen mit Führungskräften nicht immer eine Probezeit vereinbart. Hintergrund ist, dass sich das Unternehmen noch stärker als bei anderen Arbeitnehmern bereits vor der Einstellung ein sehr genaues Bild vom Mitarbeiter in der Führungsposition macht und bereits ein gegenseitiges Vertrauen besteht. Jedenfalls aber ist das Arbeitsverhältnis mit Führungskräften häufig von deutlich längeren Kündigungsfristen geprägt, was in aller Regel auch im Interesse beider Parteien liegt. Dies wird bereits bei der Probezeitkündigungsfrist deutlich. 139

6. Vgl. die Anmerkungen 8 bis 10 zum Standardarbeitsvertrag (B Rdn. 18–21). 140

7. Die Tätigkeit von Führungskräften ist im besonderen Maße aufgabenbezogen. Der herausgehobenen Position im Unternehmen und dem gesteigerten Maß an Verantwortung entspricht häufig auch ein Mehr an Arbeit. Oftmals erfordern die vom Arbeitnehmer in der Führungsposition zu erfüllenden Aufgaben auch einen erheblichen Teil an dessen Freizeit. Für **leitende Angestellte** gelten nach § 18 Abs. 1 Nr. 1 ArbZG die beschränkenden Vorschriften des **ArbZG** nicht. D.h. das Unternehmen muss grundsätzlich zwischen leitenden Angestellten in Führungspositionen und sonstigen Mitarbeitern in Führungspositionen unterscheiden. Bei Letzteren müssen grundsätzlich die Höchstarbeitszeiten des ArbZG eingehalten werden. 141

8. Hinsichtlich der Vergütung der durch die Führungskräfte regelmäßig zu leistenden Mehrarbeit gilt, dass diese grundsätzlich mit der – regelmäßig höheren – Vergütung mit abgegolten ist (BAG, Urt. v. 17.08.2011 – 5 AZR 406/10; BAG, Urt. v. 22.02.2012 – 5 AZR 765/10). Die von der Rechtsprechung angenommene grundsätzliche Vergütungserwartung fehlt, wenn arbeitszeitbezogene und arbeitszeitunabhängig vergütete Arbeitsleistungen zeitlich verschränkt sind oder wenn Dienste höherer Art geschuldet sind oder insgesamt eine deutlich herausgehobene Vergütung gezahlt wird. Das BAG konkretisiert in einer sich anschließenden Entscheidung diese Grundsätze und nimmt eine deutlich herausgehobene Vergütung an, wenn das Entgelt die Beitragsbemessungsgrenze in der gesetzlichen Rentenversicherung überschreitet. Wer mit seinem aus abhängiger Beschäftigung erzielten Entgelt die Beitragsbemessungsgrenze der gesetzlichen Rentenversicherung überschreitet, gehört zu den sog. Besserverdienern, die aus Sicht der beteiligten Kreise nach der Erfüllung ihrer Arbeitsaufgaben und nicht eines Stundensolls beurteilt werden (BAG, Urt. v. 142

22.02.2012 – 5 AZR 765/10). Eine pauschale Abgeltung von Überstunden z.B. in Arbeitsverträgen mit Führungskräften und entsprechendem Gehalt bleibt damit weiterhin zulässig (s.a. B Rdn. 179). Ggf. kann insoweit eine klarstellende Regelung aufgenommen werden, vgl. Klauselvorschlag optional unter B Rdn. 134 (vgl. BAG, Urt. v. 17.11.1966 – 5 AZR 225/66, NJW 1967, 413).

143 Hinsichtlich weiterer Vergütungsbestandteile vgl. Anmerkung 14 (B Rdn. 28) sowie Muster B Rdn. 175.

144 **9.** Vgl. zur Dienstwagenvereinbarung B Rdn. 236.

145 **10.** Vgl. Anmerkung 15 (B Rdn. 29) sowie Muster B Rdn. 283 ff.

146 **11.** Der Abschluss einer **Unfallversicherung** ist ein häufiger Bestandteil in Arbeitsverträgen mit Führungskräften (vgl. Küttner/*Poeche* Unfallversicherung Rn. 2 f.). Hier wird die Form der **Gruppenunfallversicherung** vorgeschlagen. Die Besonderheit dabei ist, dass der Versicherungsnehmer und damit Inhaber aller Ansprüche gegen die Versicherung der Arbeitgeber ist. Im Innenverhältnis steht die Versicherungsleistung dann dem Arbeitnehmer als geschützter Person zu (vgl. Küttner/*Poeche* Unfallversicherung Rn. 3). Der Bestand der Gruppenunfallversicherung ist an das Arbeitsverhältnis geknüpft. Die Parteien können jedoch auch vereinbaren, dass die Versicherung nach dem Ausscheiden des Mitarbeiters weitergeführt wird (vgl. dazu Küttner/*Poeche* Unfallversicherung Rn. 5).

147 **12.** Hinsichtlich der einkommensteuerlichen Behandlung von **freiwilligen Unfallversicherungen** gelten seit dem 28.10.2009 neue Regelungen. Vgl. insoweit Bundesministerium der Finanzen, Verwaltungsanweisung vom 28.10.2009 – IV C 5 – S 2332/09/10004 (BStBl I 2009, S. 1275), abgedruckt in DStR 2009, 2373; *Macher* NZA 2010, 150.

148 **13.** Ebenso wie die Absicherung für Unfälle wird in Arbeitsverträgen für Führungskräfte regelmäßig auch die Absicherung für die Altersrente vorgesehen. Ob dies geschieht steht im Ermessen des Unternehmens. Für eine **Versorgungszusage** wird regelmäßig eine gesonderte Vereinbarung getroffen. Vgl. hierzu das Muster L Rdn. 2.

149 **14.** Da Arbeitnehmer in Führungspositionen naturgemäß häufig Dienstreisen unternehmen, bietet sich die Möglichkeit, bei zahlreichen **Bonuspunkte- oder Meilenprogrammen** zu profitieren. Ob dienstlich erworbene Bonuspunkte oder Meilen privat genutzt werden dürfen, war lange Zeit umstritten. Das Bundesarbeitsgericht hat mit Urteil vom 11.04.2006 (9 AZR 500/05, NJW 2006, 3803) entschieden: solange keine entsprechende private Nutzung der angesammelten Punkte oder Meilen vertraglich vorgesehen ist, kann der Arbeitgeber die dienstliche Inanspruchnahme der entsprechenden Gutschriften vom Arbeitnehmer verlangen. Allerdings kann auch eine betriebliche Übung für das Gegenteil, also für die erlaubte **Privatnutzung**, entstehen. Deshalb sollte im Arbeitsvertrag mit der Führungskraft unbedingt geregelt werden, wie Bonuspunkte oder -meilen zu verwenden sind (vgl. zu strafrechtlichen Risiken von Bonusprogrammen im geschäftlichen Bereich: *Weitnauer* NJW 2010, 2560).

150 **15.** Vgl. Anmerkung 18 bis 21 (B Rdn. 32–36).

151 **16.** Die Vorschrift in § 12 des Musterarbeitsvertrages für Führungspositionen regelt den Umgang mit **Schutzrechten**. Gemäß Abs. 1 werden alle Arbeitsergebnisse des Mitarbeiters dem Arbeitgeber zugeordnet. Aufgrund des zwingenden Vergütungsanspruchs des Arbeitnehmers ist dies verfassungsrechtlich unbedenklich (BVerfG, Beschl. v. 24.04.1998 – 1 BvR 587/88; NJW 1998, 3704, 3705).

152 In der jüngeren Rechtsprechung wurden Regelungen, durch welche der Mitarbeiter dem Unternehmen gegen Zahlung einer Pauschalvergütung Nutzungsrechte und auch das Recht zur Weiterübertragung einräumt, kritisch beurteilt (LG Hamburg, Urt. v. 04.05.2010 – 312 O 703/09, ZUM 2010, 818). Eine derartige Klausel widerspreche dem gesetzlichen Leitbild, wonach der Urheber ausnahmslos an jeder Nutzung seines Werkes zu beteiligen sei. Regelungen, welche im Rah-

men einer Pauschalzahlung auch das Recht zur Weiterübertragbarkeit einschließen, dürften jedoch weiterhin zulässig sein, sofern die Regelung in transparenter und nachvollziehbarer Weise erfolgt. Dazu muss klar und bestimmt geregelt sein, welche Nutzungsrechte der Weiterübertragbarkeit unterliegen. Zudem muss die vereinbarte Pauschalvergütung auch unter Ansehung der Weiterübertragbarkeit eine angemessene Beteiligung am voraussichtlichen Gesamtbetrag, der mit der Nutzung erzielt wird, darstellen (*Schippan* ZUM 2010, 782). Ansonsten droht ein Verstoß gegen § 32 Abs. 2 UrhG. Auch der BGH hat klargestellt, dass eine Pauschalvergütung von Nutzungsrechten nicht per se unangemessen benachteiligend ist (vgl. BGH, Urt. v. 31.05.2012 – I ZR 73/10, ZUM 2912, 693), es für die Wirksamkeit solcher Klauseln aber klarer und verständlicher Regelungen bedarf.

Nach Abs. 3 bleiben die Vorschriften des ArbnErfG unberührt, da diese teilweise Sonderregelungen enthalten (vgl. zu den Änderungen im Arbeitnehmererfindungsrecht seit dem 01.10.2009: *Bayreuther* NZA 2009, 1123). Abweichungen von dem ArbnErfG sind unzulässig. Nach § 9 ArbnErfG hat der Mitarbeiter bei einer Diensterfindung einen Anspruch auf eine angemessene Vergütung. 153

Vgl. auch das Muster unter C Rdn. 75. 154

17. Vgl. dazu auch B Rdn. 4 Anmerkung 22 (B Rdn. 37). 155

18. Im Zusammenhang mit Vorträgen und Präsentationen bietet es sich ggf. an, zu regeln, wie mit entsprechenden Honoraren verfahren werden soll. Beispielsweise könnte eine Regelung dergestalt aufgenommen werden, dass die Vergütung für einen Vortrag dem Arbeitgeber zusteht, wenn der Arbeitnehmer den Vortrag in seiner Funktion als Mitarbeiter des Unternehmens während seiner Arbeitszeit gehalten hat. 156

19. Vgl. hierzu unter C Rdn. 119 ff. 157

20. Vgl. Anmerkung 23 bis 26 (B Rdn. 38–43). 158

21. Vgl. Anmerkung 27 (B Rdn. 44 f.). 159

22. Vgl. Anmerkung 28 (B Rdn. 46). 160

23. Vgl. Anmerkung 29 (B Rdn. 47 f.). 161

24. Vgl. Anmerkung 30 (B Rdn. 49). 162

25. Vgl. Anmerkung 31 (B Rdn. 50 f.). 163

26. Vgl. Anmerkung 32, 33 (B Rdn. 55–57). 164

27. Vgl. Anmerkung 34 (B Rdn. 58). 165

28. Vgl. Anmerkung 35 und 36 (B Rdn. 59 f.). 166

7. Erklärung des Mitarbeiters zur Speicherung und Verwendung seiner Daten

Vorbemerkung

Angesichts zahlreicher so genannter »Bespitzelungs«- und »Datenskandale« in jüngerer Zeit hat die Bedeutung des Datenschutzes auch im Bereich des Arbeitsvertragsrechts zugenommen. Dabei begegnet das Unternehmen keiner einfachen rechtlichen Ausgangssituation. Ein reines Arbeitnehmerdatenschutzgesetz steht zwar immer wieder in der Diskussion, wurde indes noch nicht realisiert (vgl. zuletzt Entschließung des Bundesrats zum Beschäftigtendatenschutz auf Antrag des Landes Baden-Württemberg, 05.07.2013, BR-Drs. 552/13). Somit ist bis auf weiteres auch für den Arbeitnehmerdatenschutz das Bundesdatenschutzgesetz (BDSG) zu beachten. Das Bundesdatenschutzgesetz will den einzelnen davor schützen, dass er durch den Umgang mit seinen personen- 167

B. Standardarbeitsverhältnisse

bezogenen Daten in seinem Persönlichkeitsrecht beeinträchtigt wird. Der Rat der Europäischen Union hat am 15.06.2015 den Entwurf einer Datenschutz-Grundverordnung (DS-GVO) angenommen, der die seit 1995 geltende Datenschutzrichtlinie 1995/46 EG ersetzen soll. Am 15.12.2015 gelangten das Europäische Parlament und der Europäische Rat nach den abschließenden Trilog-Verhandlungen, an denen auch die Europäische Kommission teilnahm, zu einer Einigung in Bezug auf die Reform des EU-Datenschutzrechts. Diese neue Datenschutz-Grundverordnung soll für die gesamte Europäische Union hinsichtlich der Datennutzung, -verarbeitung und -speicherung einen einheitlichen Datenschutzstandard gewährleisten und die bisher geltende Datenschutzrichtlinie 1995/46/EG ersetzen. Die Datenschutz-Grundverordnung soll 2018 in Kraft treten (vgl. B Rdn. 8).

▶ **Muster – Erklärung des Mitarbeiters zur Speicherung und Verwendung seiner Daten**

168 [Briefkopf des Unternehmens]

Erklärung des Mitarbeiters zur Speicherung und Verwendung seiner Daten [1]

Herr/Frau [Name und Anschrift des Mitarbeiters]

(»Mitarbeiter«)

stimmt hiermit der Speicherung, Verarbeitung und Übermittlung seiner personenbezogenen Daten zu, soweit dies für Zwecke des Beschäftigungsverhältnisses erfolgt. Diese Zustimmung umfasst auch die Weitergabe personenbezogener Daten an mit dem Arbeitgeber verbundene Unternehmen, auch im Ausland, und die Speicherung sowie die Verarbeitung der personenbezogenen Daten bei diesen Unternehmen.

Gesetzliche Verpflichtungen des Arbeitgebers zur Verarbeitung oder Übermittlung personenbezogener Daten bleiben hiervon unberührt.

[Ort, Datum]

(Unterschrift des Mitarbeiters)

Erläuterungen

Schrifttum
Albrecht juris-PR-ITR20/2009, Anm. 2; *Fischer/Trittin* Datenschutz und Mitbestimmung – Konzernweite Personaldatenverarbeitung und die Zuständigkeit der Arbeitnehmervertretung, NZA 2009, 343; *Gola/Klug* Die Entwicklung des Datenschutzrechts in den Jahren 2009/2010, NJW 2010, 2483; *Herfs-Röttgen* Rechtsfragen rund um die Personalakte, NZA 2013, 478; *Oberwetter* Arbeitnehmerrechte bei Lidl, Aldi & Co, NZA 2008, 609; *Schröder* Social Networking aus Sicht des neuen Beschäftigtendatenschutzes, BB 2010, 2107; *Thüsing* Datenschutz im Arbeitsverhältnis – Kritische Gedanken zum neuen § 32 BDSG, NZA 2009, 865; *Thüsing* Verbesserungsbedarf beim Beschäftigtendatenschutz, NZA 2011, 16; *Wellhöner/Byers* Datenschutz im Betrieb – Alltägliche Herausforderung für den Arbeitgeber?!, BB 2009, 2310; *Wybitul* Das neue Bundesdatenschutzgesetz: Verschärfte Regeln für Compliance und interne Ermittlungen, BB 2009, 1582; *Wybitul* Zur Neuregelung des Beschäftigtendatenschutzes, BB 2010, 2235; *Wybitul/Fladung* EU-Datenschutz-Grundverordnung – Überblick und arbeitsrechtliche Betrachtung des Entwurfs, BB 2012, 509; *Wybitul/Sörup/Pötters* Betriebsvereinbarungen und § 32 BDSG: Wie geht das nach der DS-GVO weiter?, ZD 2015, 559.

169 **1.** Nach § 4 BDSG ist die Erhebung, Verarbeitung und Nutzung personenbezogener Daten nur zulässig, soweit das BDSG oder eine andere Rechtsvorschrift dies erlaubt. Die Anforderungen an diese Erklärung regelt § 4a BDSG. Danach muss die Einwilligung schriftlich erteilt werden. Wird die Einwilligung zusammen mit anderen Erklärungen erteilt, so muss sie gesondert hervorgehoben werden. Diesen Anforderungen genügt das vorstehende Muster. Die Erklärung ist – wenn sie

gemeinsam mit dem abzuschließenden Arbeitsvertrag unterschrieben wird – deutlich hervorzuheben und vom übrigen Vertragswerk abzusetzen.

Zum 01.09.2009 wurde eine neue Vorschrift in das BDSG aufgenommen. Nach dem neuen § 32 BDSG sollen personenbezogene Daten eines Beschäftigten für Zwecke des Beschäftigungsverhältnisses erhoben, verarbeitet oder genutzt werden können, wenn dies für die Entscheidung über die Begründung eines Beschäftigungsverhältnisses oder für dessen Durchführung oder Beendigung erforderlich ist. Auch zur Aufdeckung von Straftaten soll die Datenerhebung und -verarbeitung unter gewissen Voraussetzungen möglich sein. Darin liegt an sich eine Erlaubnis zur Erhebung und Verarbeitung personenbezogener Daten durch das BDSG, sodass an sich keine Einwilligung des Arbeitnehmers mehr erforderlich ist, soweit die Datenerhebung, -verarbeitung und -nutzung sich im Rahmen von § 32 BDSG bewegt. Jedoch wird die Neuregelung des § 32 insgesamt kritisch beurteilt. Sie enthalte viele wage Rechtsbegriffe und schaffe im Ergebnis mehr Rechtsunsicherheit, als sie Rechtssicherheit bringe. Die wesentlichen Fragen zum Arbeitnehmerdatenschutz gelten weiterhin als ungeklärt (vgl. etwa: *Thüsing* NZA 2009, 865; *Wybitul* BB 2009, 1582; *Wellhöner/Byers* BB 2009, 2310; *Albrecht* juris-PR-ITR20/2009, Anm. 2). **170**

Aus diesem Grund sollte auch weiterhin an der expliziten Einwilligung durch den Arbeitnehmer festgehalten werden. Zudem wird dem Arbeitnehmer auf diesem Weg vor Augen geführt, dass eine Verwendung von personenbezogenen Daten stattfindet, was zu einer gesteigerten Transparenz führt. Auch hier ist zu beachten, dass § 32 BDSG durch den Gesetzesentwurf der Bundesregierung vom 15.12.2010 (BT-Drs. 17/4230) vor einem erneuten Umbruch stand (kritisch etwa: *Thüsing* NZA 2011, 16). Der Gesetzesentwurf wurde jedoch von der Regierungskoalition von der Tagesordnung genommen und das Gesetzesvorhaben vorläufig gestoppt. Die Europäische Union hat sich nach längeren Verhandlungen am 15.12.2015 auf eine endgültige Version der Datenschutz-Grundverordnung geeinigt. Art. 82 DS-GVO erlaubt u.a. einzelstaatliche Regelungen im Beschäftigtendatenschutz. Hinsichtlich des Beschäftigtendatenschutzes am Arbeitsplatz wird es somit zunächst bei der derzeit geltenden Regelung in § 32 Abs. 1 BDSG bleiben. Wie sich die Änderung des Datenschutzrechts auf europäischer Ebene auf das deutsche Datenschutzrecht zukünftig auswirkt, lässt sich zur Zeit allerdings noch nicht abschätzen und bleibt abzuwarten (s. dazu auch B Rdn. 8, Anmerkung 2). **171**

II. Vergütungsbestandteile: Monetäre Vergütung

1. Grundvergütung

Vorbemerkung

Die Zahlung der Vergütung ist die Hauptleistungspflicht des Arbeitgebers. Die Vergütung stellt die Gegenleistung für die vom Mitarbeiter erbrachten Arbeitsleistungen dar. Zum 01.01.2015 wurde in Deutschland erstmals ein bundesweiter branchenübergreifender **gesetzlicher Mindestlohn** mit dem Mindestlohngesetz (MiLoG) eingeführt. Gemäß § 1 MiLoG hat jede Arbeitnehmerin und jeder Arbeitnehmer Anspruch auf Zahlung eines Arbeitsentgelts mindestens in Höhe des Mindestlohns durch den Arbeitgeber, welcher ab dem 01.01.2015 8,50 € brutto je Zeitstunde beträgt und auf Vorschlag einer ständigen Kommission der Tarifpartner (Mindestlohnkommission) durch Rechtsverordnung der Bundesregierung geändert werden kann. Die erste Erhöhung des gesetzlichen Mindestlohns erfolgt zum 01.01.2017. Ab diesem Zeitpunkt beträgt der Mindestlohn 8,84 € brutto je Zeitstunde. Das MiLoG ist zentraler Bestandteil des sog. Gesetzes zur Stärkung der Tarifautonomie, welches am 16.08.2014 in Kraft getreten ist (BT-Drs. 18/1558; Beschlussempfehlung des Ausschusses für Arbeit und Soziales, BT-Drs. 18/2010). Allerdings galt auch schon vor der Einführung des gesetzlichen Mindestlohns durch das Arbeitnehmerentsendegesetz (AEntG) für gewisse Branchen ein branchenspezifischer Mindestlohn, der gem. § 1 Abs. 3 MiLoG auch weiterhin anzuwenden ist und gegenüber den Vorschriften des MiLoG Vorrang genießt. In **172** denjenigen Branchen, die im Arbeitnehmerentsendegesetz aufgenommen sind, müssen Arbeitgeber den Arbeitnehmern einen gewissen Mindestlohn zahlen, unabhängig davon, ob der Arbeitgeber seinen Sitz im In- oder Ausland hat. Es handelt sich dabei u.a. um die Branchen Bauhaupt- und Baunebengewerbe, Gebäudereinigung, Briefdienstleistungen, Sicherheitsgewerbe oder die Pflegebranche (vgl. zu den Branchen des Arbeitnehmerentsendegesetzes sowie zu den »Mindestlöhnen« i.S.d. Arbeitnehmerentsendegesetzes die Übersicht des Bundesministeriums für Arbeit und Soziales unter www.bmas.de). Daneben kann sich eine »Mindestvergütung« ggf. aus allgemeinverbindlichen Tarifverträgen ergeben.

173 Der Mindestlohn ergänzt die bereits bestehenden tariflichen Mindestentgelte nach dem Arbeitnehmerentsendegesetz bzw. dem Arbeitnehmerüberlassungsgesetz und bildet gem. § 1 Abs. 3 MiLoG eine Untergrenze die nicht unterschritten werden darf. Ungeachtet etwaiger (branchenspezifischer) Mindestlöhne kann der Arbeitgeber gleichwohl auch bisher nicht beliebig über die Höhe des Lohns disponieren. Es spricht vieles dafür, dass die Grundsätze des BAG zur Sittenwidrigkeit von Arbeitsentgelten uneingeschränkt anwendbar bleiben, um so auf erheblichen Störungen des Äquivalenzverhältnisses im Synallagma der Pflichten der Arbeitsvertragsparteien zu reagieren (vgl. *Däubler* NJW 2014, 1924).

174 Seit einigen Jahren ist verstärkt der Ruf nach möglichst flexiblen Arbeitsbedingungen, insbesondere in Bezug auf das Arbeitsentgelt, zu vernehmen, nicht zuletzt deshalb, um beispielsweise in Krisenzeiten schnell reagieren zu können. Das hier vorliegende Muster enthält Vorschläge einer Kombination aus einer stabilen Grundvergütung sowie flexiblen Vergütungsbestandteilen.

▶ Muster – Grundvergütung [1]

175 Vergütung

(1) Der Mitarbeiter erhält eine Vergütung in Höhe von _____[Betrag]_____ € brutto pro Monat. Die Vergütung ist jeweils am letzten Tag eines Monats fällig und wird dem Mitarbeiter unbar auf ein dem Unternehmen bekanntzugebendes Girokonto überwiesen. [2]

(2) Mehr- und Überarbeit von bis zu vier Stunden wöchentlich ist mit der Vergütung abgegolten. Darüber hinaus geleistete Überstunden werden nach Wahl des Unternehmens entweder durch bezahlte Freizeit oder durch finanzielle Vergütung nach dem allgemeinen Vergütungssatz abgegolten. Ansprüche auf Freizeitausgleich oder Überstundenvergütung bestehen nur, wenn die Mehr- und Überarbeit ausdrücklich durch das Unternehmen angeordnet oder genehmigt worden ist. [3]

(3) Der Mitarbeiter erhält den Arbeitgeberanteil zu den vermögenswirksamen Leistungen in Höhe von _____[Betrag]_____ € monatlich. Voraussetzung dafür ist, dass der Mitarbeiter zum Fälligkeitszeitpunkt einen Bausparvertrag oder ein anderes geeignetes Produkt nachgewiesen hat, auf das die vermögenswirksamen Leistungen eingezahlt werden können. Voraussetzung des Anspruchs ist außerdem, dass zum Zeitpunkt der Fälligkeit ein ungekündigtes Arbeitsverhältnis zwischen dem Unternehmen und dem Mitarbeiter besteht. [4]

(4) Nach Ablauf der ersten sechs Monate seiner Tätigkeit erhält der Arbeitnehmer eine jährliche Sonderzuwendung in Höhe eines Monatsgehalts. Hat der Mitarbeiter im Jahr seiner Einstellung oder seines Ausscheidens nur zeitweise gearbeitet, so hat er für jeden vollen Monat seiner Tätigkeit vom Ablauf der ersten sechs Monate der Tätigkeit an einen Anspruch auf ein Zwölftel der Sonderzuwendung. Einen nur anteiligen Anspruch für jeden vollen Monat seiner Tätigkeit hat der Mitarbeiter auch in dem Fall, wenn sein Arbeitsverhältnis kraft Gesetzes oder auf Grund vertraglicher Vereinbarung ganz oder teilweise ruht. [5]

(5) Die Zahlung der Sonderzuwendung erfolgt unter dem Vorbehalt des Widerrufs. Die Ausübung des Widerrufs kann erfolgen, wenn insbesondere einer der folgenden wirtschaftlichen Gründe *vorliegt*:

- erhöhte Gewinnziele des Arbeitgebers
- Ausgleich wirtschaftlicher Verluste
- Kostensenkungsmaßnahmen
- Wegfall des Interesses, bestimmte Arbeitnehmergruppen durch die Sonderzuwendung an das Unternehmen zu binden [6]

[Optional:

(1) Der Arbeitnehmer erhält ferner in jedem Kalenderjahr eine Sonderzuwendung in Höhe eines Monatsgehalts. Die Auszahlung der Sonderzuwendung erfolgt anteilig, jeweils am Monatsende. Der Arbeitnehmer hat jeden Monat einen Anspruch auf 1/12 der jährlichen Sonderzuwendung.

(2) Die Zahlung hat ausschließlich Entgeltcharakter und erfolgt unwiderruflich. [6a]*]*

(6) Die Parteien sind sich darüber einig, dass etwaig zusätzlich gewährte Sonderzahlungen jeglicher Art, die dem Mitarbeiter in diesem Vertrag nicht versprochen werden und kein laufendes Arbeitsentgelt darstellen, eine freiwillige Leistung des Unternehmens darstellen. Auch die wiederholte vorbehaltlose Zahlung begründet keinen Rechtsanspruch auf die Leistungsgewährung für die Zukunft. [7]

(7) Der Mitarbeiter ist verpflichtet, zu viel erhaltenes Entgelt zurückzuzahlen. Auf die Vorschriften über den Wegfall der Bereicherung kann sich der Mitarbeiter nicht berufen, es sei denn, das Unternehmen hat vorsätzlich oder grob fahrlässig eine fehlerhafte Auszahlung verursacht. In diesem Fall ist das Unternehmen auf Ansprüche nach den Vorschriften über die Herausgabe einer ungerechtfertigten Bereicherung beschränkt. Auch wenn für die Rückzahlung eine Ratenzahlung vereinbart wird, ist bei Beendigung des Arbeitsverhältnisses der gesamte Restbetrag fällig. [8]

(8) Über Art und Höhe der Vergütung hat der Mitarbeiter Stillschweigen zu bewahren. [9]

Erläuterungen

Schrifttum

Däubler Der gesetzliche Mindestlohn – doch eine unendliche Geschichte?, NJW 2014, 1924; *Deinert* Freiwilligkeitsvorbehalt bei Sonderzahlungen, Anmerkung, AP Nr. 274 zu § 611 BGB Gratifikationen; *Leder* Der Freiwilligkeitsvorbehalt sprengt den Kernbereich, Anmerkung zu BAG, Urt. v. 18.03.2009 – 10 AZR 289/08, BB 2009, 1366; *Lembke* Die Gestaltung von Vergütungsvereinbarungen, NJW 2010, 257; *ders.* Die Gestaltung von Vergütungsvereinbarungen, NJW 2010, 321; *ders.* Mindestlohngesetz – erste Rechtsprechung und praktische Erfahrungen, NZA 2016, 1; *Maschmann* (Hrsg.) Mitarbeitervergütung auf dem Prüfstand – Mannheimer Arbeitsrechtstag 2007, 2007; *Mestwerdt* Feinjustierung oder Neuausrichtung? – Aktuelle Rechtsprechung des Bundesarbeitsgerichts zur vertraglichen Ausgestaltung von Sonderzahlungen, ArbRAktuell 2012, 547; *Preis/Sagan* Der Freiwilligkeitsvorbehalt im Fadenkreuz der Rechtsgeschäftslehre, NZA 2012, 697; *Reinecke* Zur AGB-Kontrolle von Arbeitsentgeltvereinbarungen, BB 2008, 554; *Reinfelder* Leistungsgerechtes Entgelt – Gestaltung und Umgestaltung, NZA-Beilage 2014, 10; *Reiserer* Atmendes Entgelt, atmende Arbeitszeit, NZA-Beil. 2010, 39; *Reiserer* Flexible Vergütungsmodelle – AGB-Kontrolle, Gestaltungsvarianten, NZA 2007, 1249; *Reiserer/Powietzka* Änderungskündigung zur Entgeltsenkung, BB 2006, 1109; *Reiserer/Fallenstein* Mitarbeiterbindung und leistungsabhängige Bonussysteme: Ein Widerspruch oder zulässige Praxis?, DStR 2011, 1572.

1. Das vorliegende Muster bietet Vorschläge für die Regelung der arbeitsvertraglichen Vergütung an. Die unter B.I. (B Rdn. 4, 63, 97, 108, 134) vorgestellten Standardarbeitsvertragsmuster können jeweils unter § 6 oder Punkt 3 beim Arbeitsvertrag in Briefform (B Rdn. 97) »Vergütung« um die gewünschten Vergütungsregelungen ergänzt werden.

2. Das Vertragsmuster sieht hier eine **Grundvergütung** in Form der Zeitvergütung vor. Vorgesehen ist demnach eine monatlich zu zahlende Vergütung. Dabei wird die vom Mitarbeiter für einen bestimmten Zeitraum erbrachte Arbeitsleistung vergütet. Gemäß § 614 BGB ist der Arbeitnehmer im Arbeitsverhältnis grundsätzlich **vorleistungspflichtig**. Die Vergütung ist damit jeweils am Ende eines Monats fällig. Dies wird im Muster klarstellend aufgenommen. Die unbare Vergütung entspricht der im Arbeitsleben gängigen Vergütungsform. Gemäß § 1 Abs. 1 Satz 1 MiLoG beträgt die Höhe des Mindestlohns – vorbehaltlich einer ggf. späteren Anpassung durch die Mindestlohnkommission – 8,50 € brutto »je Zeitstunde« (Erhöhung ab dem 01.01.2017 auf 8,84 € brutto je Zeitstunde). Bereits kurz nach Einführung des Mindestlohngesetzes stellte sich die Frage, auf welchen Referenzzeitraum abzustellen ist. Die entscheidende Frage in diesem Zusammenhang ist, ob tatsächlich pro Zeitstunde eine Vergütung in Höhe von 8,50 € zu zahlen oder ob auch auf einen längeren Zeitraum (z.B. auf den üblichen Monatszeitraum) abgestellt werden kann und es somit ausreichend ist, dass in diesem Zeitraum eine Vergütung von im Durchschnitt 8,50 € erreicht wird. Nach der derzeit herrschenden Meinung ist auf den Zeitraum abzustellen, der zwischen den nach § 2 Abs. 1 MiLoG für den Mindestlohn maßgeblichen Fälligkeitsterminen liegt. Ist wie im vorliegenden Vertragsmuster vorgesehen, dass das regelmäßige Arbeitsentgelt jeweils am Ende eines Kalendermonats gezahlt wird, ist eine Monatsbetrachtung vorzunehmen (vgl. *Lemke* NZA 2016, 1; *Lemke* NZA 2015, 70; *Bayreuther* NZA 2015, 385). Bei dem derzeitigen gesetzlichen Mindestlohn von 8,50 € brutto pro Stunde und einer Arbeitszeit von 40 Stunden pro Woche liegt das Monatsgehalt bei 1.473,00 € (Mindestlohnrechner; siehe unter www.der-mindestlohn-wirkt.de).

177.1 Der Mindestlohn ist auch in Zeiten der Entgeltfortzahlung an Feiertagen und bei krankheitsbedingter Arbeitsunfähigkeit zu zahlen. Das BAG hat diese Frage für die Zahlung des Mindestlohns für pädagogisches Personal entschieden (BAG, Urt. v. 13.05.2015 – 10 AZR 191/14). Dieses Urteil betrifft das MiLoG zwar nicht unmittelbar, dürfte aber auch auf das MiLoG übertragbar sein. Die Entgeltfortzahlung an Feiertagen und bei Arbeitsunfähigkeit richtet sich nach §§ 2 Abs. 1, 3, 4 Abs. 1 EFZG und ist daran zu messen, was der Arbeitnehmer ohne den Arbeitsausfall erhalten hätte (Entgeltausfallprinzip). Die Höhe des Urlaubsentgelts richte sich nach dem Referenzprinzip nach § 11 BUrlG und der durchschnittlichen Vergütung der letzten dreizehn Wochen. Diese Regelungen finden nach Ansicht des BAG auch dann Anwendung, wenn sich die Vergütungshöhe nach einer Mindestlohnregelung richte.

178 **3.** Hinsichtlich der Vergütung von **Überstunden** sieht das Muster vor, dass bis zu vier Stunden wöchentlich mit der Grundvergütung abgegolten sind. Darüber hinausgehende Überstunden werden nach Wahl des Unternehmens finanziell oder durch Freizeit ausgeglichen. Eine pauschale Abgeltung von sämtlichen Überstunden wäre dagegen unwirksam (vgl. BAG, Urt. v. 01.09.2010 – 5 AZR 517/09; DB 2011, 61–62). Dies könnte bei einer besonders hohen Anzahl an Überstunden zu einer erheblichen Störung des Gegenseitigkeitsverhältnisses zwischen der Leistung des Arbeitnehmers und der Leistung des Arbeitgebers führen, was eine unangemessene Benachteiligung i.S.v. § 307 Abs. 1 BGB zur Folge hätte (vgl. DLW/*Dörner* Kapitel 3 Rn. 94 m.w.N.). Wie hoch die Anzahl der mit dem Grundgehalt abgegoltenen Überstunden sein darf, hängt vom Einzelfall ab. Eine Störung des Gegenseitigkeitsverhältnisses ist zu vermeiden. Vgl. hierzu auch Anm. 13, B Rdn. 28 f. Bei der Verwendung solcher transparenter Überstundenabgeltungsklauseln müssen allerdings die Vorgaben des Mindestlohngesetzes ausreichende Berücksichtigung finden. Überstundenabgeltungsklauseln sind gem. § 3 S. 1 MiLoG unwirksam, wenn sie dazu führen, dass bei Anordnung von Überstunden im maßgeblichen Referenzzeitraum (meist auf einen Monatszeitraum bezogen) die Höhe des Mindestlohns im Durchschnitt nicht erreicht wird (vgl. *Bayreuther* NZA 2015, 385; *Lembke* NZA 2015, 70). Sollte demnach unter Berücksichtigung der Überstunden der Mindestlohnanspruch des Arbeitnehmers im Monatsdurchschnitt nicht erreicht werden, wäre eine solche grundsätzlich mögliche Überstundenabgeltungsklausel nicht mehr wirksam (vgl. auch B Rdn. 26.1).

179 Bei Unwirksamkeit einer Überstundenpauschalierungsabrede findet § 612 Abs. 1 BGB Anwendung. Nach Ansicht des BAG gibt es keinen allgemeinen Rechtsgrundsatz, wonach jede Mehrarbeitszeit oder jede dienstliche Anwesenheit über die vereinbarte Arbeitszeit hinaus zu vergüten ist. Vielmehr ist nach § 612 Abs. 1 BGB eine objektive Vergütungserwartung erforderlich. Diese bestimmt sich unter Berücksichtigung der Verkehrssitte, der Art, des Umfangs und der Dauer der

Dienstleistung sowie der Stellung der Beteiligten zueinander. Darlegungs- und beweispflichtig für das Bestehen einer Vergütungserwartung ist nach allgemeinen Grundsätzen derjenige, der eine Vergütung begehrt (BAG, Urt. v. 17.08.2011 – 5 AZR 406/10; BAG, Urt. v. 21.09.2011 – 5 AZR 629/10). Vgl. hierzu näher Anm. 13, B Rdn. 30. Die von der Rechtsprechung geforderte Vergütungserwartung wird aber fehlen, wenn arbeitszeitbezogene und arbeitszeitunabhängig vergütete Arbeitsleistungen zeitlich verschränkt sind oder wenn Dienste höherer Art geschuldet sind oder insgesamt eine deutlich herausgehobene Vergütung gezahlt wird. Das BAG konkretisiert in einer sich anschließenden Entscheidung diese Grundsätze und nimmt eine deutlich herausgehobene Vergütung an, wenn das Entgelt die Beitragsbemessungsgrenze in der gesetzlichen Rentenversicherung überschreitet. Wer mit seinem aus abhängiger Beschäftigung erzielten Entgelt die Beitragsbemessungsgrenze der gesetzlichen Rentenversicherung überschreitet, gehört zu den Besserverdienern, die aus Sicht der beteiligten Kreise nach der Erfüllung ihrer Arbeitsaufgaben und nicht eines Stundensolls beurteilt werden (BAG, Urt. v. 22.02.2012 – 5 AZR 765/10). Eine pauschale Abgeltung von Überstunden z.B. in Arbeitsverträgen mit Führungskräften und entsprechendem Gehalt bleibt damit weiterhin zulässig (B Rdn. 142).

4. Vermögenswirksame Leistungen sind Geldleistungen, die der Arbeitgeber für den Arbeitnehmer oder für dessen Angehörige in einer der in § 2 Abs. 1 Vermögensbildungsgesetz (VermBG) vorgesehenen Anlageform anlegt. Als Anlageformen für vermögenswirksame Leistungen kommt etwa ein Sparvertrag über Wertpapiere oder andere Vermögensbeteiligungen, ein Bausparvertrag oder ein Kapitalversicherungsvertrag in Betracht. Hintergrund von vermögenswirksamen Leistungen ist die staatliche Förderung in Bezug auf die im Vermögensbildungsgesetz genannten Anlageformen. Die arbeitsvertragliche Vereinbarung von vermögenswirksamen Leistungen unterliegt keiner besonderen Voraussetzung. Allerdings gilt auch für die vermögenswirksamen Leistungen, als Bestandteil des Arbeitslohns, dass diese entsprechend der Anforderungen des Nachweisgesetzes schriftlich niederzulegen sind (vgl. Landmann/Rohmer/*Neumann* GewO, § 5 NachwG, Rn. 12). Gewährt der Arbeitgeber vermögenswirksame Leistungen, so ist er dazu verpflichtet, die entsprechenden Beiträge auch abzuführen. Anderenfalls drohen ihm Schadensersatzansprüche des Arbeitnehmers.

180

5. Das Vertragsmuster sieht neben der Grundvergütung in Abs. 4 die Zahlung einer zusätzlichen Sonderzuwendung vor. Anders als noch in der Vorauflage ist die Sonderzuwendung nicht mehr mit einer sog. Bindungsklausel versehen, die regelt, dass die Sonderzuwendung nur ausgezahlt wird, wenn der Mitarbeiter zum Fälligkeitszeitpunkt in einem ungekündigten Arbeitsverhältnis zum Unternehmen steht. Solche Bindungsklauseln oder auch Stichtagsklauseln galten bisher jedenfalls dann als zulässig, wenn die Sonderzahlung nicht vom ungekündigten Bestand des Arbeitsverhältnisses zu einem Zeitpunkt **außerhalb** des Jahres abhängig gemacht wird und führten dazu, dass die Sonderzuwendung nicht nur als zusätzliche Vergütung für geleistete Arbeit gewährt wurde, sondern auch die Betriebstreue des Mitarbeiters honorierte (so zuletzt noch BAG, Urt. v. 18.01.2012 – 10 AZR 667/10, NZA 2012, 620). Aus diesem Grund wurde von den Bindungsklauseln der Fall ausgenommen, dass der Mitarbeiter aufgrund einer Kündigung ausscheidet, deren Gründe von ihm nicht zu vertreten waren, also insbesondere die betriebsbedingte Kündigung (vgl. *Reiserer/Fallenstein* DStR 2011, 1572).

181

Der 10. Senat hat den Stichtagsklauseln (BAG, Urt. v. 13.11.2013 – 10 AZR 848/12, JurionRS 2013, 53991) einen Riegel vorgeschoben. Nach dieser neuen Entscheidung können Sonderzahlungen, die jedenfalls auch für bereits erbrachte Arbeitsleistungen und nicht nur für zukünftige Betriebstreue gewährt werden, in allgemeinen Geschäftsbedingungen regelmäßig nicht mehr vom Bestand des Arbeitsverhältnisses abhängig gemacht werden, weder außerhalb des Jahres noch zum 31. Dezember des Jahres, in welchem die Arbeitsleistung erbracht wurde. Das BAG führt dabei ausdrücklich aus, dass diese Überlegungen auch dann gelten, wenn der Stichtag innerhalb des Bezugsjahres liegt und die Sonderzahlung – auch – Arbeitsleistung abgelten soll, die in dem Zeitraum vor dem Stichtag erbracht wurde. Eine Ausnahme soll allenfalls dann möglich sein, wenn die Arbeitsleistung wie etwa in einem Saisonbetrieb gerade in einem bestimmten Zeitraum vor

182

dem Stichtag besonderen Wert hat. Stichtagsklauseln in Arbeitsverträgen werden damit in Zukunft generell keinen Bestand mehr haben. Dies gilt jedenfalls dann, wenn mit der Sonderzahlung auch die Arbeitsleistung des Arbeitnehmers vergütet werden soll. Möchte der Arbeitgeber andere Zwecke als die Vergütung der Arbeitsleistung honorieren, muss sich dies deutlich aus der zugrunde liegenden Vereinbarung ergeben.

183 6. Die Vereinbarung eines sog. **Widerrufsvorbehalts** im Vertrag ist zulässig. Anders als der Freiwilligkeitsvorbehalt (vgl. hierzu Anm. 7, B Rdn. 186 f.) kann der Arbeitnehmer bei einer unter Widerrufsvorbehalt stehenden Leistung diese beanspruchen, solange kein Widerruf erklärt wird. Nach der neuen Rechtsprechung des BAG (beginnend im Urt. v. 12.01.2005 – 5 AZR 364/04, NZA 2005, 465) ist ein Widerrufsvorbehalt allerdings nur wirksam, wenn die Gründe für einen Widerruf so konkret wie möglich bereits in der Zusage der Leistung beschrieben werden. Dabei muss zum einen »die Richtung« angegeben werden, aus der ein Widerruf möglich sein soll (vgl. BAG, Urt. v. 20.04.2011 – 5 AZR 191/10, NJW 2011, 2153). Neuerdings hat das BAG die Anforderungen an eine transparente Gestaltung des Widerrufsvorbehaltes verschärft und hierbei festgelegt, dass die Formulierung »wirtschaftliche Gründe« allein nicht ausreicht, sondern die Gründe konkretisiert werden und nachvollziehbar sein müssen (BAG 13.04.2010 – 9 AZR 113/09, NZA-RR 2010, 457 ff.; *Schneider* StBW 2010, 375). Der Arbeitgeber darf keine Formulierung wählen, die zur Folge hat, dass er selbst bestimmen kann, was als »wirtschaftlicher Grund« angesehen wird (*Gaul/Kaul* BB 2011, 181, 183). In der jüngsten Entscheidung vom 13.04.2010 hat das BAG erstmals Ausführungen zu möglichen Konkretisierungen der wirtschaftlichen Gründe für die Entziehung eines Dienstwagens gemacht. Es hat verstärktes Gewinnstreben, den Ausgleich wirtschaftlicher Verluste, Kostensenkungsmaßnahmen oder den Wegfall des Interesses, bestimmte Arbeitnehmer durch die Überlassung eines Dienstwagens an das Unternehmen zu binden, als mögliche Widerrufsgründe genannt (BAG, Urt. v. 13.04.2010 – 9 AZR 113/09, NZA-RR 2010, 457, 460). Bemerkenswert ist, dass ein verstärktes Gewinnstreben nach dem BAG auch ein sachlicher Grund für einen Widerruf sein kann. Der Arbeitnehmer soll lediglich vor willkürlichen Entscheidungen geschützt werden. Ein Widerruf kann daher auch dann erklärt werden, wenn das wirtschaftliche Ergebnis positiv ist, weil dem Arbeitgeber auch dieses Ergebnis nicht genügt. Der Arbeitnehmer muss aus der Konkretisierung der Gründe lediglich erkennen können, dass auch in wirtschaftlich erfolgreichen Zeiten ein Wegfall der Zulage möglich ist (*Gaul/Kaul* BB 2011, 181, 183). Die Widerrufsgründe müssen daher in den Arbeitsvertrag bzw. in die vertragliche Zusage unmittelbar aufgenommen werden, wobei mehrere Gründe aufgenommen werden können.

184 Ob die Schwere des Grundes nach Auffassung des BAG maßgeblich sein soll, lässt sich nach den bisherigen Entscheidungen noch nicht klar beantworten. Dennoch ist zu erwarten, dass die Ausübungskontrolle nach § 315 I BGB letztlich doch davon abhängt, wie intensiv und schwerwiegend der Widerrufsgrund ist (*Reiserer* NZA-Beilage 2010, 39 ff.). Denn neben der Klauselkontrolle, die sich auf die arbeitsvertragliche Regelung des Widerrufvorbehaltes an sich bezieht, ist auch regelmäßig eine Ausübungskontrolle vorzunehmen. Bei dieser wird überprüft, ob die Ausübung des Widerrufsvorbehaltes im Einzelfall billigem Ermessen (§ 315 BGB) entspricht.

185 Wenn sich der Widerrufsvorbehalt auf echte leistungsabhängige Vergütungsbestandteile beziehen soll, gilt nach der neueren Rechtsprechung des BAG der Grundsatz, dass Gehaltsbestandteile nur unter einem Widerrufsvorbehalt gewährt werden können, wenn der widerrufliche Anteil am Gesamtverdienst unter 25 % liegt und der Tariflohn – soweit ein Tarifvertrag auf das Arbeitsverhältnis Anwendung findet – nicht unterschritten wird. Der widerrufliche Anteil erhöht sich auf 30 % des Gesamtverdienstes, sofern Ersatz von Aufwendungen betroffen ist. Die Einhaltung einer Frist für die Ausübung des Widerrufsrechtes ist nach Auffassung des BAG nicht notwendig (Urt. v. 11.10.2006 – 5 AZR 721/05, NZA 2007, 87).

185.1 **6a.** Erhält ein Arbeitnehmer neben dem Grundgehalt zusätzliche Vergütungsbestandteile wie z.B. Urlaubs- und Weihnachtsgeld, Zulagen und Zuschläge, so stellt sich die Frage, inwieweit diese Leistungen auf den Mindestlohn angerechnet werden können, so dass zumindest im Durchschnitt der gesetzliche Mindestlohn erreicht werden kann, obwohl das Grundgehalt unter 8,50 €

pro Stunde liegt. In diesem Zusammenhang verweist die Gesetzesbegründung (BT-Drs. 18/1558, S. 85) auf die Rechtsprechung des Europäischen Gerichtshofs zur Arbeitnehmer-Entsenderichtlinie 96/71/EG. Bei dem Mindestlohn handele es sich um einen »Mindestentgeltsatz«, so dass die Vorgaben des EuGH an dieser Stelle herangezogen werden können. Der EuGH entschied in seinen Urteilen vom 14.04.2005 und 07.11.2013 zur Einbeziehung von Vergütungsbestandteilen in den Mindestlohn, dass Lohnbestandteile, die das Verhältnis der Leistung des Arbeitnehmers und der Gegenleistung des Arbeitgebers nicht verändern, auf die Mindestlohnvorgabe angerechnet werden können (funktionale Gleichwertigkeit der zu vergleichenden Leistungen, EuGH 14.04.2005 – C 341/02, NZA 2005, 573; 07.11.2013 – C 522/12, NZA 2013, 1359; vgl. auch BAG 18.04.2012 – 4 AZR 139/10, NZA 2013, 392). Will der Arbeitgeber nur die eigentliche vertragsgemäße Arbeitsleistung honorieren, kann grundsätzlich eine Anrechnung stattfinden. Soll dagegen ein darüber hinausgehender oder anderer Zweck verfolgt werden, findet grundsätzlich keine Anrechnung statt. Durch die Rechtsprechung des EuGH sei deshalb auch geklärt, dass Leistungen wie Weihnachtsgeld oder ein zusätzliches Urlaubsgeld grundsätzlich nicht auf den Mindestlohn angerechnet werden können (so auch ArbG Berlin, Urt. v. 04.03.2015 – 54 Ca 14420/14; für zusätzliches Urlaubsentgelt auch ArbG Bautzen, Urt. v. 25.06.2015 – 1 Ca 1094/15). Diese Sonderzahlungen des Arbeitgebers können nur dann als Bestandteil des Mindestlohns gewertet werden, wenn der Arbeitnehmer den anteiligen Betrag jeweils zu dem für den Mindestlohn maßgeblichen Fälligkeitsdatum tatsächlich und unwiderruflich ausbezahlt erhält. Somit können Einmal- und Sonderzahlungen nur dann auf den Mindestlohnanspruch angerechnet werden, wenn die Zahlung nicht unter einem Widerrufsvorbehalt steht und an keine weiteren Voraussetzungen wie z.B. die Betriebstreue des Arbeitnehmers geknüpft wird (bestätigt durch ArbG Herne, Urt. v. 07.07.2015 – 3 Ca 684/15; s.a. LAG Berlin-Brandenburg, Urt. v. 02.10.2015 – 9 Sa 570/15 und LAG Berlin-Brandenburg, Urt. v. 12.01.2016 – 19 Sa 1851/15 (Revision wurde zugelassen); zur Anrechnung eines Leistungsbonus auf den gesetzlichen Mindestlohn s. ArbG Düsseldorf, Urt. v. 20.04.2015 – 5 Ca 1675/15). An diese Ausführungen ist auch der alternative Formulierungsvorschlag im obigen Muster angelehnt.

7. Die Zulässigkeit eines sog. Freiwilligkeitsvorbehalts im Zusammenhang mit Sondergratifikationen war lange Jahre anerkannt. Für einen solchen Freiwilligkeitsvorbehalt entsteht nach der bisherigen Vorstellung der Anspruch auf die Sonderleistung für ein bestimmtes Jahr nur, wenn der Arbeitgeber auch für dieses Jahr eine vorbehaltlose Zusage gibt oder wenn die tatsächliche Zahlung der Leistung erfolgt. Erst mit der Verlautbarung seine Entscheidung gegenüber den Arbeitnehmern kann damit der Anspruch auf den betreffenden Zeitraum entstehen. Nach bisheriger Vorstellung bedurfte der Freiwilligkeitsvorbehalt zwar keiner besonderen Form, konnte also auch mündlich erfolgen. Regelmäßig wurden in die Arbeitsverträge aber pauschale Freiwilligkeitsvorbehalte aufgenommen. Bei einem Freiwilligkeitsvorbehalt behält sich der Arbeitgeber also von Anfang an die Entscheidung vor, ob und unter welchen Voraussetzungen er einen Entgeltbestandteil gewähren will. Bei der Formulierung genügt die bloße Angabe »freiwillig« nicht, es bedarf der konkreten Regelung, dass die Leistung »ohne Anerkennung einer Rechtspflicht« erfolgt (BAG, Urt. v. 17.04.2013 – 10 AZR 281/12, NZA 2013, 787; BAG, Urt. v. 20.02.2013 – 10 AZR 1777/12, NZA 2013, 1015). 186

Ein Freiwilligkeitsvorbehalt ist nicht möglich für Ansprüche, die bereits anderweitig rechtlich geschuldet sind, zum Beispiel durch eine entsprechende individualvertragliche Zusage im Arbeitsvertrag, durch Tarifvertrag, durch Betriebsvereinbarung oder durch Gesamtzusage (BAG, Urt. v. 25.11.2009 – 10 AZR 779/08, NZA 2010, 283). Neu ist, dass der Freiwilligkeitsvorbehalt auch bei Leistungen des Arbeitgebers greifen kann, die im Synallagma zur Tätigkeit des Arbeitnehmers stehen. Selbst wenn der Arbeitgeber diese Leistung als Tantieme bezeichnet und wenn die Sonderzahlung eine beträchtliche Höhe erreicht, kann ein Freiwilligkeitsvorbehalt vereinbart werden (BAG, Urt. v. 18.03.2009 – 10 AZR 289/08, NZA 2009, 535). Nur laufendes (regelmäßig monatliches) Arbeitsentgelt darf der Freiwilligkeitsvorbehalt nicht umfassen (BAG, Urt. v. 25.04.2007 – 5 AZR 627/06, NZA 2007, 853; BAG, Urt. v. 30.07.2008 – 10 AZR 606/07, NZA 2008, 1173; BAG, Urt. v. 14.09.2011 – 10 AZR 426/10, NZA 2012, 81). In dem der Entscheidung zugrunde- 187 liegenden Sachverhalt bezog der Kläger ein Jahresgrundgehalt von € 55.000,00 brutto und begehrte darüber hinaus die jährliche Sonderzuwendung von € 35.000,00. Mit dieser Entscheidung hat der 10. Senat den Anwendungsbereich des Freiwilligkeitsvorbehaltes erheblich ausgedehnt und ihn für alle Vergütungsbestandteile erlaubt, die über die im Arbeitsvertrag als Zahlungsanspruch geregelte monatliche Vergütung hinausgehen.

188 Ob sich die Differenzierung zwischen »laufendem Arbeitsentgelt« und jährlichen Sonderzuwendungen in der Rechtsprechung durchsetzt, bleibt abzuwarten. Wann der Auszahlungstermin für eine Bonuszahlung festgelegt ist, kann dann ausschlaggebend dafür sein, ob sie dem Freiwilligkeitsvorbehalt unterliegt. Und eine Tantieme, die Vorschusszahlungen vorsieht, kann bereits dadurch zum laufenden Arbeitsentgelt und damit dem Anwendungsbereich des Freiwilligkeitsvorbehaltes entzogen werden. Die weitere Entwicklung hierzu ist zu beobachten.

189 Ein sog. allgemeiner Freiwilligkeitsvorbehalt, der alle zukünftigen Leistungen unabhängig von ihrer Art und ihrem Entstehungsgrund erfasst, ist nach der Vorstellung des BAG heute nicht mehr wirksam, da er den Arbeitnehmer unangemessen i.S.v. § 307 Abs. 1 Satz 1, Abs. 2 BGB benachteiligt (BAG, Urt. v. 13.11.2013 – 10 AZR 848/12, JurionRS 2013, 53991; BAG, Urt. v. 14.09.2011 – 10 AZR 526/10, NZA 2012, 81). Offen bleibt bisher die Frage, ob ein konkreter Freiwilligkeitsvorbehalt, der im Zusammenhang mit einer besonderen Sonderzahlung im Arbeitsvertrag aufgenommen wird, den AGB-Kriterien gerecht wird. Das BAG hat bisher nicht entschieden, ob jede Form eines Freiwilligkeitsvorbehalts im Arbeitsvertrag unangemessen benachteiligend ist. Es werden deshalb auch in der arbeitsrechtlichen Literatur nach wie vor arbeitsrechtliche Klauseln empfohlen, die dem Arbeitgeber eine Flexibilisierung für die Zukunft ermöglichen sollen (vgl. etwa *Schmitt-Rolfes* AuA 2012, 199 ff.). Folgt man allerdings *Mestwerdt*, Richter am BAG im 10. Senat, »dürfen auch konkrete, auf eine bestimmte Gratifikation bezogene Vorbehalte regelmäßig unangemessen benachteiligend sein, da sie darauf gerichtet sind, künftiges Erklärungsverhalten des Arbeitgebers im Zusammenhang mit der Erbringung dieser Sonderzahlung zu determinieren« (*Mestwerdt* ArbRAktuell 2012, 547, 548).

190 Problematisch sind in jedem Fall Klauseln, bei denen der Widerrufsvorbehalt mit dem Freiwilligkeitsvorbehalt verbunden wird. Bei einer solchen wird für den Vertragspartner nicht hinreichend klar, bei welchen Sonderzahlungen der Rechtsbindungswille des Arbeitgebers für die Zukunft ausgeschlossen sein soll (vgl. BAG, Urt. v. 08.12.2010 – 10 AZR 671/0, NZA 2011, 628; BAG, Urt. v. 14.09.2011 – 10 AZR 426/10, NZA 2012, 81). Im Zweifel wird gem. § 305c Abs. 2 BGB zu Lasten des Arbeitgebers nur von einem Widerrufsvorbehalt auszugehen sein.

191 Unzulässig ist nach der neuen Rechtsprechung des BAG auch ein Freiwilligkeitsvorbehalt, der sich auf Sonderzuwendungen bezieht, die im Arbeitsvertrag bereits bezüglich der Höhe und Zahlungsmodalität präzise formuliert sind (vgl. BAG, Urt. v. 20.02.2013 – 10 AZR 177/12, NZA 2013, 1015; BAG, Urt. v. 30.07.2008 – 10 AZR 606/07, NJW 2008, 3592). Die Zulassung eines solchen Freiwilligkeitsvorbehaltes wäre, so das BAG, widersprüchlich und daher im Lichte des § 307 Abs. 1 Satz 2 BGB unwirksam. Aufgrund dieser engen Rechtsprechung sind Freiwilligkeitsvorbehalte nur noch in sehr engen Grenzen wirksam, insbesondere können sie wirksam mit Einmalzahlungen, die bisher keine vertragliche Grundlage haben, verbunden werden (ErfK/*Preis* § 310 BGB Rn. 72). Das Muster enthält deshalb für die in Abs. 4 vorgesehene und vertraglich zugesagte Sonderzuwendung keinen Freiwilligkeitsvorbehalt, sondern nur den in Abs. 5 aufgenommenen Widerrufsvorbehalt.

191.1 Ein Anspruch des Arbeitnehmers auf eine Sonderzahlung kann auch aufgrund einer betrieblichen Übung begründet werden. In diesem Zusammenhang hat das BAG seine bisherige Rechtsprechung sogar noch verstärkt. Bislang hat das BAG (BAG, Urt. v. 28.02.1996 – 10 AZR 516/95, NZA 1996, 758) eine betriebliche Übung und somit den Anspruch des Arbeitnehmers auf eine Sonderzahlung abgelehnt, wenn der Arbeitgeber diese jährlich in unterschiedlicher Höhe erbracht hat, da es bei der Leistung einer Zuwendung in jährlich individueller Höhe bereits an einer regelmäßigen gleichförmigen Wiederholung bestimmter Zahlungsweisen fehle. Nach der jüngsten Entscheidung des BAG

(Urt. v. 13.05.2015 – 10 AZR 266/14, NZA 2015, 992) darf der Arbeitnehmer gem. § 145 BGB auf ein verbindliches Angebot auf Leistung einer jährlichen Sonderzuwendung schließen, deren Höhe der Arbeitgeber einseitig nach billigem Ermessen festgesetzt hat, wenn der Arbeitgeber über einen Zeitraum von drei Jahren hinweg vorbehaltlos jeweils zum Jahresende eine als »Sonderzahlung« bezeichnete Leistung in unterschiedlicher Höhe an den Arbeitnehmer erbracht hat. Es ist somit dringend zu raten, dass der Arbeitgeber bei der Gewährung einer Sonderzahlung bei jeder Auszahlung unabhängig von der Höhe der Zahlung ausdrücklich auf deren Freiwilligkeit hinweist, um das Entstehen einer betrieblichen Übung zu verhindern.

8. Da der Arbeitgeber im Arbeitsverhältnis typischerweise die Auszahlung und Abrechnung von Vergütungen, Entgeltfortzahlung usw. vornimmt, kann es mitunter auch zu irrtümlichen **Fehl- oder Überzahlungen** kommen. Bei einer irrtümlichen Leistung an den Arbeitnehmer kommt eine Rückerstattung nach den bereicherungsrechtlichen Grundsätzen (§ 812 Abs. 1 Satz 1 Alternative 1 BGB) in Betracht. Die Rückzahlungsverpflichtung muss im Hinblick auf die Wertung des § 309 Nr. 7 BGB auf die Fälle begrenzt werden, in denen der Arbeitgeber die fehlerhafte Auszahlung weder vorsätzlich noch grob fahrlässig verursacht hat. Eine unangemessene Benachteiligung des Arbeitnehmers ist abzulehnen. In einem Dauerschuldverhältnis ist es nicht völlig ungewöhnlich, dass einmal ein Fehler bei der Lohnberechnung auftritt (vgl. Preis/*Wagner* Arbeitsvertrag II A 80 Rn. 19). 192

9. Nach Ansicht des Landesarbeitsgerichts Mecklenburg-Vorpommern (Urt. v. 21.10.2009 – 2 Sa 237/09, ArbRB 2010, 174) soll eine Klausel, nach der ein Arbeitnehmer verpflichtet ist, über seine Arbeitsvergütung auch gegenüber Arbeitskollegen Verschwiegenheit zu bewahren, unwirksam sein. Im zugrunde liegenden Fall beinhaltete der Arbeitsvertrag des Arbeitnehmers eine Verschwiegenheitspflicht hinsichtlich der Höhe der Bezüge, die »im Interesse des Betriebsfriedens« auch gegenüber anderen Firmenangehörigen gelten sollte. Diese Klausel hielt das LAG Mecklenburg-Vorpommern für unwirksam. Sie stelle eine unangemessene Benachteiligung des Arbeitnehmers entgegen den Geboten von Treu und Glauben i.S.v. § 307 BGB dar. Zur Argumentation führte das LAG aus, der Arbeitgeber sei im Rahmen seiner Lohngestaltung zur Gleichbehandlung der Mitarbeiter verpflichtet. Da das Gespräch mit Arbeitskollegen für den Arbeitnehmer die einzige Möglichkeit darstelle, festzustellen, ob der Arbeitgeber dem Gleichbehandlungsgrundsatz nachkommt oder ob der Arbeitnehmer ggf. weitere Lohnansprüche hat, könne ein solches Gespräch nicht wirksam verboten werden. Denn dann hätte der Arbeitnehmer kein erfolgversprechendes Mittel, Ansprüche wegen der Verletzung des Gleichbehandlungsgrundsatzes im Rahmen der Lohngestaltung gerichtlich geltend zu machen. Im Übrigen würde ein derartiges Verbot auch gegen die Koalitionsfreiheit gem. Art. 9 Abs. 3 GG verstoßen. 193

Die hier verwendete Klausel in Abs. 8 bezieht das Stillschweigen gegenüber anderen Mitarbeitern nicht ausdrücklich mit ein. Die Auslegung der Klausel kann allerdings zu einem entsprechenden Verbot führen. Ungeachtet dessen kann nach der hier vertretenen Auffassung an dieser Klausel weiterhin festgehalten werden. Die Argumentation des LAG Mecklenburg-Vorpommern überzeugt nicht. Im Rahmen eines Gespräches mit den anderen Kollegen ist der Mitarbeiter zur Feststellung eines Verstoßes des Arbeitgebers gegen den Gleichbehandlungsgrundsatz nicht zwingend gehalten, seine eigene Vergütung preiszugeben. Eine solche Feststellung kann er auch allein dann treffen, wenn seine Kollegen über ihre Vergütungshöhe Informationen preisgeben. Dass damit die anderen Kollegen möglicherweise gegen ihre Verpflichtung verstoßen, ist für die Frage der Wirksamkeit der Klausel gegenüber dem Arbeitnehmer selbst nicht beachtlich. Die AGB-Kontrolle kann unseres Erachtens nicht soweit führen, dass auch Dritte in den Schutz mit einbezogen werden. Gleichwohl sollte die Entwicklung der Rechtsprechung diesbezüglich beobachtet werden und ggf. eine Anpassung der Klausel an die Rechtsprechung vorgenommen werden. 194

B. Standardarbeitsverhältnisse

2. Variable Vergütung

2.1 Rahmenvereinbarung über eine Zielvereinbarung

Vorbemerkung

195 In den vergangenen Jahren haben bei der arbeitsvertraglichen Gestaltung vor allem Zielvereinbarungen an Bedeutung gewonnen. Zielvereinbarungen stellen Absprachen zwischen Arbeitgeber und Arbeitnehmer über betriebliche Ziele dar und werden meist als Instrument der Mitarbeiterführung eingesetzt. Zugleich dienen sie ähnlich wie die Instrumente des Freiwilligkeits- oder Widerrufvorbehalts aber auch der Flexibilisierung. Hier wird dem Arbeitgeber mit Hilfe einer Zielvereinbarung die Möglichkeit eingeräumt, den Mitarbeiter einen Teil der Unternehmenschancen und Risiken mit tragen zu lassen.

196 Als Gegenstand einer Zielvereinbarung gibt es so viele Anknüpfungspunkte wie es Aufgaben für Mitarbeiter gibt. So können beispielsweise der zu erreichende gewünschte Marktanteil, die Anzahl an Reklamationen, die erfolgreiche Einführung eines neuen Produktes oder die Kundenzufriedenheit Anknüpfungspunkt sein. Im Rahmen von Zielvereinbarungen wird dabei häufig zwischen sog. »harten« Zielen und »weichen« Zielen unterschieden. Als »hartes« Ziel sind etwa in Fakten messbare Ergebnisse, wie Umsatz und/oder Gewinn zu verstehen. Zu den »weichen« Ergebnissen zählen beispielsweise Kundenzufriedenheit, Teamgeist oder Personalführungskompetenz.

Die **Zielvereinbarung** ist von der **Zielvorgabe** zu unterscheiden. Je nachdem, wie die variable Vergütung begründet wird, kann eine einseitig durch den Arbeitgeber getroffene Zielvorgabe oder eine gemeinsame Abrede über die Ziele zwischen Arbeitnehmer und Arbeitgeber gewählt werden. Dabei ist bei der einseitigen Zielvorgabe durch den Arbeitgeber zu beachten, dass es sich hierbei um eine einseitige Leistungsbestimmung handelt, die der Billigkeitskontrolle gem. § 315 Abs. 3 BGB, § 106 GewO unterfällt (vgl. *Reiserer* NJW 2008, 609; *Reiserer* NZA-Beilage 2010, 39, 41 jeweils m.w.N.).

197 Anders als bei einer einseitigen Zielvorgabe ist bei einer Zielvereinbarung der Grundsatz der freien Entgeltvereinbarung anzuwenden. Jedoch muss die Zielvereinbarung dem Transparenzgebot nach § 307 Abs. 3 Satz 2, § 307 Abs. 1 Satz 2 BGB entsprechen (vgl. BAG, Urt. v. 12.12.2007 – 10 AZR 97/07, NZA 2008, 409, 411)

198 Als variablen Vergütungsbestandteil erhält der Arbeitnehmer im Falle der Zielerreichung den sog. **Zielvereinbarungsbonus**.

▶ Muster – Rahmenvereinbarung über eine Zielvereinbarung

199 [Briefkopf des Unternehmens]

Zwischen

[Name und Anschrift des Unternehmens]

(im Folgenden: »Unternehmen«)

und

Herrn/Frau [Name und Anschrift des Mitarbeiters]

(im Folgenden: »Mitarbeiter«)

wird folgende Rahmenvereinbarung über Zielvereinbarungen [1] getroffen:

§ 1
Gegenstand

Das Unternehmen und der Mitarbeiter vereinbaren, dass im Rahmen des zwischen ihnen bestehenden Arbeitsverhältnisses eine Zielvereinbarung getroffen wird. Diese Rahmenvereinbarung soll das Verfahren der Zielvereinbarung, ebenso wie die Ermittlung der Prämienhöhe, die Fälligkeit der Prämie sowie weitere Eckpunkte regeln.

§ 2
Zielvereinbarungsverfahren [2]

(1) Unternehmen und Mitarbeiter treffen ihre konkrete Zielvereinbarung im Rahmen des Zielvereinbarungsgesprächs innerhalb höchstens eines Monats nach der Fertigstellung der Jahresplanung für das kommende Geschäftsjahr.

(2) Für das Zielvereinbarungsgespräch, in dem die konkreten Ziele für das folgende Geschäftsjahr besprochen und vereinbart werden, kann der Mitarbeiter ein Mitglied des Betriebsrats hinzuziehen.

(3) Zur Vorbereitung auf das Zielvereinbarungsgespräch erhält der Mitarbeiter mindestens zwei Wochen vor dem Gesprächstermin nähere Informationen zu den Zielen des Unternehmens für das bevorstehende Geschäftsjahr. Der Mitarbeiter kann im Rahmen des Zielvereinbarungsgesprächs auch eigene Ziele vorschlagen.

(4) In der Zielvereinbarung können sowohl qualitative als auch quantitative Ziele vereinbart werden. Die Ziele sind in der konkreten jährlichen Zielfestlegung möglichst genau zu beschreiben.

(5) Das Ergebnis des Zielvereinbarungsgesprächs, also die Einigung über die konkreten Ziele, wird schriftlich niedergelegt und sowohl vom Mitarbeiter als auch seitens des Unternehmens unterschrieben. Beide Vertragsparteien erhalten eine Ausfertigung der Einigung.

(6) Sollten sich im Verlauf des Geschäftsjahres wesentliche Aspekte, die zur Geschäftsgrundlage der konkreten jährlichen Zielvereinbarung geworden sind, verändern, findet entweder auf Initiative des Mitarbeiters oder auf Initiative des Unternehmens ein weiteres Zielvereinbarungsgespräch statt. In diesem Rahmen werden die bisherigen Ziele überprüft und ggf. an die veränderten Rahmenbedingungen angepasst.

(7) Kann im jährlichen Zielvereinbarungsgespräch keine Einigung erzielt werden bzw. verhindert der Mitarbeiter das Stattfinden des Gesprächs oder eine Einigung über konkrete Ziele schuldhaft, so können konkrete Ziele einseitig durch das Unternehmen festgelegt werden. Dabei hat das Unternehmen billiges Ermessen walten zu lassen und die Interessen sowohl des Mitarbeiters als auch des Unternehmens zu berücksichtigen. Die einseitige Festlegung der Jahresziele ist vom Unternehmen festzuhalten und in schriftlicher Form an den Mitarbeiter zu übermitteln. Sollte der Mitarbeiter mit den so vorgegebenen Zielen bzw. deren Gewichtung nicht einverstanden sein, so hat er innerhalb eines Monats ab Kenntnis der Zielvorgaben schriftlich zu widersprechen. Unterbleibt ein entsprechender Widerspruch, so gelten die vorgegebenen Ziele für beide Parteien verbindlich. Kommt es zu einem Widerspruch des Mitarbeiters, beruft das Unternehmen innerhalb von drei Wochen nach Zugang des Widerspruchs einen Schlichter, der zunächst versucht, eine Einigung zwischen den Parteien herbeizuführen. Gelingt innerhalb von vier Wochen nach dem Vermittlungsversuch des Schlichters keine Einigung zwischen Unternehmen und Mitarbeiter, so hat der Schlichter die Ziele nach billigem Ermessen und unter Berücksichtigung der beiderseitigen Interessen festzulegen.

(8) Diese Bestimmung ist sodann für beide Parteien bindend.

(9) Kommt es zu einem Widerspruch des Mitarbeiters gegen die vorgegebenen Ziele, so können sich die Parteien anstelle der Hinzuziehung eines Schlichters auch darauf einigen, für das konkrete Geschäftsjahr von einer Zielfestlegung abzusehen. Machen die Parteien von dieser Option Gebrauch, verliert der Mitarbeiter seinen Bonusanspruch für das betreffende Jahr. [3]

B. Standardarbeitsverhältnisse

[optional:

(9) Kommt es durch den Widerspruch des Mitarbeiters nicht zu einer Einigung über konkrete Ziele für das laufende Geschäftsjahr, so sind sich die Parteien darüber einig, dass die zuletzt getroffene Zielvereinbarung aus dem Vorjahr auch in der zukünftigen Zielperiode gelten soll, bis eine neue Zielvereinbarung abgeschlossen worden ist (Nachwirkung). [4]*]*

§ 3
Feststellung der Zielerreichung

Nach dem Ende der Zielvereinbarungsperiode führen die Parteien ein Zielerreichungsgespräch, in dem einvernehmlich der Grad der Zielerreichung durch den Mitarbeiter festgestellt wird. Anhand der festgestellten Zielerreichung errechnet das Unternehmen die Höhe der variablen Vergütung. Das Zielerreichungsgespräch kann mit dem Zielvereinbarungsgespräch für die folgende Zielvereinbarungsperiode verbunden werden.

§ 4
Ermittlung der Prämienhöhe, Ausgleichskonto [5]

(1) Bei einer Zielerreichung von 100 % beträgt die auszuzahlende Prämie 100 % der Zielprämie. Die Prämie verändert sich im gleichen prozentualen Verhältnis, wie die festgestellte Zielerreichung vom eigentlichen vereinbarten Ziel nach oben oder nach unten abweicht.

(2) Bei einer Zielerreichung unter 75 % besteht kein Anspruch auf den Zielerreichungsbonus.

(3) Der auszuzahlende Bonus beträgt maximal ____ [Prozentsatz] ____ % der Zielprämie.

(4) Bei quantitativen Zielen ist der Grad der Zielerreichung anhand der vorliegenden Fakten und Messungen (z.B. Quartalszahlen) festzustellen. Wurden qualitative Ziele vereinbart, hat die Feststellung der Zielerreichung nach pflichtgemäßem Ermessen durch ____ [verantwortliche Person; z.B. Geschäftsführer oder direkter Vorgesetzter] ____ zu erfolgen.

(5) Der Mitarbeiter erhält während der Zielvereinbarungsperiode gemeinsam mit seinem monatlichen Grundgehalt monatliche Vorschusszahlungen zur variablen Vergütung. Der monatliche Vorschuss beträgt ____ [Betrag] ____ €. Nach dem Abschluss der Zielvereinbarungsperiode wird die ermittelte variable Vergütung mit den bereits geleisteten Vorschusszahlungen verrechnet. Ein sich hierbei ergebendes Guthaben zugunsten des Mitarbeiters wird an diesen mit der nächsten Gehaltszahlung ausbezahlt. Ein Guthaben zugunsten des Unternehmens hat der Mitarbeiter auszugleichen. Dabei ist das Unternehmen berechtigt, das Guthaben im Rahmen der Pfändungsgrenzen vom Gehalt des Mitarbeiters einzubehalten.

(6) Übersteigt in einem Monat die variable Vergütung den festgelegten Minimalbetrag für die monatliche Vergütung, so wird der überschießende Anteil dem Ausgleichskonto des Mitarbeiters als positiver Betrag gutgeschrieben. Unterschreitet in einem Monat die variable Vergütung den festgelegten Maximalbetrag, wird der fehlende Teil dem Ausgleichskonto entnommen, sofern dort Überschüsse verwaltet werden. Enthält das Ausgleichskonto keine Überschüsse, so wird der fehlende Betrag auf dem Ausgleichskonto als negativer Betrag festgeschrieben. Das Ausgleichskonto des Mitarbeiters wird jeweils alle drei Monate *[optional: einmal jährlich]* ausgeglichen. Im Falle eines Guthabens des Mitarbeiters auf dem Ausgleichskonto wird dieses abgerechnet. Im Falle einer Unterschreitung verfällt das negative Guthaben des Mitarbeiters.

(7) Scheidet ein Arbeitnehmer aus, so ist das Ausgleichskonto zum Beendigungstermin vorzeitig abzurechnen.

(8) Abs. 3 gilt entsprechend mit der Maßgabe, dass ein eventuelles Guthaben des Mitarbeiters auf dem Ausgleichskonto insoweit ausgezahlt werden kann, als der Wert nicht überschritten werden darf, der sich aus der Division der jährlichen Maximalprämie mit der Anzahl der abzurechnenden Monate ergibt.

(9) Der Mitarbeiter kann vom Unternehmen Informationen über alle für den Vergütungsanspruch, seine Fälligkeit und seine Berechnung wesentlichen Umstände verlangen.

§ 5
Fälligkeit, Vorschüsse

Die Prämie ist innerhalb von ___[Anzahl]___ Monaten nach Abschluss des Geschäftsjahres auf Basis der Zielvereinbarung abzurechnen und über die Gehaltsabrechnung auszuzahlen. Der Arbeitgeber kann wählen, ob der Arbeitnehmer selbst oder ein zur Verschwiegenheit Verpflichteter Wirtschaftsprüfer die entsprechenden Unterlagen einsehen soll. [5a]

§ 6
Fehlzeiten [6]

(1) Im Falle von krankheitsbedingten Fehlzeiten, die den Zeitraum der Entgeltfortzahlung nach den gesetzlichen Vorgaben des Entgeltfortzahlungsgesetzes überschreiten, ist die Zielvereinbarungsprämie anteilig zu kürzen. Gleiches gilt für Zeiten, in denen das Arbeitsverhältnis aufgrund gesetzlicher oder vertraglicher Regelung ruht.

(2) Beginnt oder endet das Arbeitsverhältnis während einer laufenden Zielvereinbarungsperiode, wird der Zielvereinbarungsbonus anteilig entsprechend der oben genannten Regelungen gewährt. [7]

§ 7
Probezeit [8]

Endet das Arbeitsverhältnis während der vereinbarten Probezeit, wird kein Zielvereinbarungsbonus gewährt.

§ 8
Widerrufsvorbehalt [9]

(1) Die Zahlung der variablen Vergütung auf Basis der Zielvereinbarung erfolgt unter dem Vorbehalt des Widerrufs. Das Unternehmen kann von seinem Widerrufsrecht Gebrauch machen, wenn ein dringendes betriebliches Erfordernis dies verlangt. Ein solches ist insbesondere dann anzunehmen, wenn das Unternehmen einen Auftragsrückgang von mindestens ___[Prozentsatz]___ % verzeichnet.

(2) Das Unternehmen hat bei der Ausübung des Widerrufsrechts eine Frist von mindestens einem Monat zu wahren. Das Unternehmen stellt außerdem sicher, dass die verbleibende Gesamtvergütung des Mitarbeiters auch nach der Ausübung des Widerrufs um nicht mehr als 25 % reduziert wird.

§ 9
Ausschlussfrist

(1) Die Ansprüche aus der Zielvereinbarung erlöschen bei bestehendem Arbeitsverhältnis, wenn sie nicht innerhalb von drei Monaten nach der Fälligkeit schriftlich geltend gemacht worden sind. Nach der Beendigung des Arbeitsverhältnisses erlöschen die Zahlungsansprüche, wenn sie nicht innerhalb von drei Monaten nach dem Zugang der Endabrechnung schriftlich geltend gemacht werden.

(2) Lehnt das Unternehmen den Anspruch ab oder erklärt es sich nicht innerhalb von sechs Wochen nach dem Geltendmachen des Anspruchs, so verfällt dieser, wenn der Anspruch nicht innerhalb von vier Monaten nach der Ablehnung oder dem Fristablauf gerichtlich geltend gemacht wird.

[Ort, Datum]

_____
(Unterschrift eines vertretungsberechtigten Organs des Unternehmens)

[Ort, Datum]

_____
(Unterschrift des Mitarbeiters)

B. Standardarbeitsverhältnisse

Hiermit bestätigt der Mitarbeiter, dass er ein Exemplar der vorstehenden Vereinbarung vom Unternehmen erhalten hat.

[Ort, Datum]

_____
(Unterschrift des Mitarbeiters)

Erläuterungen

Schrifttum

Annuß Arbeitsrechtliche Aspekte von Zielvereinbarungen in der Praxis, NZA 2007, 290; *Bauer/Diller/Göpfert* Zielvereinbarungen auf dem arbeitsrechtlichen Prüfstand, BB 2002, 882; *Bordet/Raif* Arbeitsvertragliche Gestaltung von Zielvereinbarungen, ArbRAktuell 2011, 607; *Gaul/Rauf* Bonusanspruch trotz unterlassener Zielvereinbarung – oder: Von den Risiken arbeitgeberseitiger Untätigkeit, DB 2008, 869; *Gehlhaar* Rechtsfolgen unterbliebener Zielvereinbarungen und Zielvorgaben – eine Übersicht, NZA-RR 2007, 113; *Hümmerich* Zielvereinbarungen in der Praxis, NJW 2006, 2294; *Laber/Reinartz* Flexibilität und Zielvereinbarung, ArbRB 2008, 125; *Lembke* Die Gestaltung von Vergütungsvereinbarungen, NJW 2010, 321, 325 ff.; *Reinfelder* Leistungsgerechtes Entgelt – Gestaltung und Umgestaltung, NZA-Beilage 2014, 10; *Reiserer* Atmendes Entgelt, atmende Arbeitszeit, NZA-Beil. 2010, 39; *Reiserer* Flexible Vergütungsmodelle – AGB-Kontrolle, Gestaltungsvarianten, NZA 2007, 1249; *Reiserer* Zielvereinbarung – ein Instrument der Mitarbeiterführung, NJW 2008, 609; *Riesenhuber/von Steinau-Steinrück* Zielvereinbarungen, NZA 2005, 785; *Simon/Greßlin* Schweigen ist nicht immer Gold, Kommentar zu BAG, Urt. v. 12.12.2007 – 10 AZR 97/07, BB 2008, 617; *Simon/Hidalgo/Koschker* Flexibilisierung von Bonusregelungen – eine unlösbare Aufgabe? NZA 2012, 1071; *Treichel* Die Zielvereinbarung als variabler Vergütungsbestandteil im Arbeitsrecht: Ein Ausblick, NJOZ 2012, 1097.

200 **1.** Rechtsgrundlage für Zielvereinbarungen ist im Regelfall der Arbeitsvertrag selbst bzw. eine – wie hier vorgesehene – Zusatzvereinbarung in Form der **Rahmenvereinbarung** über eine Zielvereinbarung. Möglich sind darüber hinaus Zielvereinbarungen in kollektivrechtlichen Regelungen. Die Zielvereinbarung kommt in den vorgenannten Fällen durch eine Einigung zwischen dem Unternehmen und dem Mitarbeiter bzw. dem Betriebsrat zustande. Wird demnach die Vereinbarung über einen Zielbonus als Vertrag gestaltet und nicht als **Zielvorgabe** unterliegt die Vereinbarung als Entgeltregelung grundsätzlich nicht der allgemeinen Billigkeits- und Inhaltskontrolle, sondern nur dem Transparenzgebot nach § 307 Abs. 3 Satz 2 in Verbindung mit § 307 Abs. 1 Satz 2 BGB (vgl. *Reiserer* NJW 2008, 609; *Lembke* NJW 2010, 321, 325; BAG, Urt. v. 12.12.2007 – 10 AZR 97/07, NZA 2008 409, 411).

201 Das Zielvereinbarungskonzept soll üblicherweise langfristig in das Arbeitsverhältnis implementiert werden. Folglich können nicht bereits zu Beginn des Arbeitsverhältnisses sämtliche Ziele gemeinsam festgelegt werden. Eine Zielvereinbarung, die für einen längeren Zeitraum, möglicherweise sogar über Jahre hinweg, Gültigkeit beanspruchen kann, ist bereits aufgrund der sich ändernden äußeren wirtschaftlichen Entwicklungen kaum denkbar. Es bietet sich daher – wie hier vorgeschlagen – an, zunächst mit Hilfe der Rahmenvereinbarung für die Zielvereinbarung das »Ob« der zielabhängigen Vergütung sowie die Rahmenbedingungen zu vereinbaren. Hier können einzelne Aspekte, wie etwa Berechnungsarten, Fälligkeitsregelungen, Schlichtungsregelungen oder sonstige verfahrensgestaltende Hinweise aufgenommen werden. Mit einer so gestalteten Vorgehensweise wird es dem Arbeitgeber auch ermöglicht, flexibel zu reagieren und die Zielvereinbarungen auch den jeweiligen unternehmerischen Zielen mit anzupassen (vgl. *Reiserer* NJW 2008, 609; *Preis/Greiner* Arbeitsvertrag II Z 5 Rn. 4).

202 **2.** In der Zielvereinbarungs-Rahmenvereinbarung wird das **Verfahren zur gemeinsamen Festlegung der Ziele** näher beschrieben. Hierher gehört beispielsweise die Frage wer auf Seiten des Unternehmens für die **Zielvereinbarungsgespräche** verantwortlich ist oder ob und inwieweit der Arbeitnehmer seinerseits Vorschlagsrechte bzgl. der Ziele hat. Die Vorgehensweise und die einzelnen Etappen bei der Zielvereinbarung sollten jeweils sorgfältig geregelt und sodann auch sorgfältig eingehalten werden. Dies erlangt vor allem vor dem Hintergrund der jüngeren Rechtsprechung des BAG Bedeutung. Denn danach droht dem Arbeitgeber, der die im Rahmenvertrag angekündigte Zielvereinbarung nicht auch tatsächlich forciert, eine **Schadensersatzverpflichtung** wegen der entgangenen Bonuszahlung (vgl. BAG, Urt. v. 12.12.2007 – 10 AZR 97/07, NZA 2008, 409, 411; BAG, Urt. v. 10.12.2008 – 10 AZR 889/07, NZA 2009, 256; vgl. auch BAG, Urt. v. 05.07.2011 – 1 AZR 94/10). Nach der Vorstellung des BAG umfasst der zu ersetzende Schaden dabei nach § 252 BGB den entgangenen Gewinn, das heißt die Bonuszahlung, die nach dem gewöhnlichen Lauf der Dinge oder nach den besonderen Umständen, insbesondere nach den getroffenen Anstalten und Vorkehrungen, mit Wahrscheinlichkeit erwartet werden konnte. Dabei kommt dem Arbeitnehmer die Beweiserleichterung nach § 287 ZPO zugute.

Im Einzelfall kann der Schadensersatzanspruch wegen Mitverschuldens des Arbeitnehmers nach § 254 BGB reduziert werden. Das kann etwa dann relevant sein, wenn der Arbeitnehmer zu einem Zielvereinbarungsgespräch überhaupt nicht bereit ist. Umgekehrt darf der Arbeitgeber die Zielvereinbarung jedoch auch nicht davon abhängig machen, dass der Mitarbeiter irgendwelchen Änderungen seines Arbeitsvertrages zustimmt (vgl. BAG, Urt. v. 10.12.2008 – 10 AZR 889/07, NZA 2009, 256, 258; BAG, Urt. v. 12.05.2010 – 10 AZR 390/09, NZA 2010, 1009, 1011; *Treichel* NJOZ 2012, 1097, 1099 f.). 203

3. Vor dem Hintergrund des drohenden Schadensersatzanspruches und des in der Praxis tatsächlich nicht selten vorkommenden **Unterbleibens einer Zielvereinbarung** empfiehlt es sich, bereits in der Rahmenvereinbarung ausdrückliche Regelungen für den Fall einer unterbliebenen Zielvereinbarung zu treffen. Hier ist daher vorgesehen, dass zunächst eine einseitige Zielvorgabe durch den Arbeitgeber getroffen wird, welcher der Mitarbeiter sodann widersprechen kann. 204

Grundsätzlich geht das BAG davon aus, dass es gerade nicht dem Parteiwillen entspricht, die Ziele einseitig durch eine Partei allein vorgeben zu lassen, wenn doch zugleich im Zuge der Rahmenvereinbarung bestimmt worden ist, gemeinsam eine Zielvereinbarung treffen zu wollen (vergleiche insoweit BAG, Urt. v. 12.12.2007 – 10 AZR 97/07, NZA 2008, 409, 412). Im Ausnahmefall konzediert das BAG allerdings, dass auf eine Zielfestlegung auch verzichtet werden kann. Dies wird etwa dann bejaht, wenn die Arbeitsvertragsparteien eine Rahmenvereinbarung über Zielvereinbarungen stillschweigend aufheben und damit bewusst von der Festlegung von Zielen absehen. In Ansehung einer solchen Argumentation ist im vorliegenden Muster eine Alternativbestimmung aufgenommen, wonach bei fehlender Einigung der Bonusanspruch für das betreffende Jahr entfällt. 205

4. Alternativ bietet es sich an, eine **Nachwirkung** von »alten« Zielvereinbarungen zu vereinbaren. So argumentierte das BAG im Urteil vom 10.12.2008 (BAG, Urt. v. 10.12.2008 – 10 AZR 889/07, NZA 2009, 258), es könne auch vereinbart werden, dass eine getroffene Zielvereinbarung nach Ablauf der Zielperiode nachwirkt, bis sie durch eine andere Abmachung ersetzt wird. Dieser Wille der Arbeitsvertragsparteien muss allerdings erkennbar sein und ist dann zu beachten. Auch die Vereinbarung einer solchen Nachwirkung entbindet die Parteien nicht von ihrer Verhandlungspflicht (BAG, Urt. v. 12.05.2010 – 10 AZR 390/09, EzA-SD 2010, Nr. 17, 5, BB 2010, 2108). 206

5. Hinsichtlich der Höhe der **Zielvereinbarungsprämie** ist im Muster die Orientierung der Zielprämie am Grad der Zielerreichung vorgesehen. Entsprechend soll die Zielvereinbarungsprämie bei einer **Über- bzw. Untererfüllung der Ziele** nach oben bzw. unten angepasst werden. Dabei sollte eine Deckelung der Provisionshöhe durch die Aufnahme eines maximal auszuzahlenden Betrags aufgenommen werden, um die für die Gesellschaft zu erwartenden Zielvereinbarungsboni kalkulierbar zu halten. Gleichzeitig ist ein **Mindestziel** (hier 75 % Zielerreichung) vorgesehen. Mit dieser Regelung soll nicht zuletzt die Anreizfunktion der Zielvereinbarungen unterstrichen werden. 207

Alternativ bzw. in Ergänzung zu der Vereinbarung des vorgenannten Maximalbetrages kann, wie im Mustervertrag vorgesehen, ein **Ausgleichskonto** in Betracht gezogen werden. Das bietet sich vor allem dann an, wenn die variable Vergütung monatlich berechnet und ausgezahlt werden soll. 208

Sinn und Zweck des Ausgleichskontos ist es dann, Schwankungen zu vermeiden bzw. abzufangen. Schwankungen »nach oben« in besonders erfolgreichen Zeitabschnitten, die den festgelegten Maximalbetrag im jeweiligen Monat übersteigen, können dort angespart werden, um in eventuell umsatzschwächeren Monaten zur Auszahlung zu gelangen. Diese Konstruktion bietet sich insbesondere in Branchen an, in denen im Jahresverlauf häufig starke Schwankungen auftreten. Durch eine derartige Gestaltung bleibt die Motivation der Mitarbeiter auch nach dem Erreichen ihrer sog. Maximalprovision konstant. Zugleich sind die Gesamtkosten für den Arbeitgeber jedoch kalkulierbar. Bei einer solchen Gestaltung muss jedoch stets die Auszahlung eines tariflichen oder gesetzlichen Mindestlohns sichergestellt sein. Es ist ferner ein Ausgleichszeitraum festzulegen.

208.1 **5a.** Zu beachten ist ferner, dass sich in Anlehnung an die Regularien des Handelsvertreterrechts beim Arbeitsvertrag mit Zielvereinbarung Informationspflichten des Arbeitgebers ergeben können, die idealerweise bereits in der Rahmenvereinbarung konkretisiert werden. Denn der Arbeitnehmer hat im Regelfall ein Informationsbedürfnis, wenn die Zielerreichung für ihn nicht mit eigenen Mitteln feststellbar ist. Dies gilt vor allem für Umsatzziele, Ergebnisziele oder Ähnliches. Um das dem Informationsinteresse des Arbeitnehmers entgegenstehende Geheimhaltungsinteresse des Arbeitgebers sicherzustellen, kann es ratsam sein, einen sog. Wirtschaftsprüfervorbehalt in die Rahmenvereinbarung aufzunehmen. Ein solcher Vorbehalt sieht vor, dass der Arbeitnehmer die benötigten Daten nur durch einen beruflich zur Verschwiegenheit verpflichteten Dritten einsehen und prüfen lassen kann.

209 **6.** Die Muster-Rahmenvereinbarung zu Zielvereinbarungen sieht eine **anteilige Kürzung** der Zielerreichungsprämie für den Zeitraum krankheitsbedingter Fehlzeiten vor, in dem eine Entgeltfortzahlung nach dem Entgeltfortzahlungsgesetz nicht mehr stattfindet. Bei krankheitsbedingten Fehlzeiten ist grundsätzlich zwischen den Fehlzeiten zu differenzieren, für die Entgeltfortzahlung nach dem Entgeltfortzahlungsgesetz zu leisten ist und solchen, in denen der Arbeitgeber nicht zur Entgeltfortzahlung verpflichtet ist (vgl. auch *Bordet/Raif* ArbRAktuell 2011, 607, 609 m.w.N.). Da die variable Vergütung als Vergütungsbestandteil reinen Entgeltcharakters angesehen wird, ist die Kürzung für solche Zeiten, in denen keine Entgeltzahlung zu leisten ist, unproblematisch. Eine Kürzung für die Dauer der Entgeltfortzahlung im Krankheitsfall ist dagegen nicht möglich (so auch Preis/*Greiner* Arbeitsvertrag II Z 5 Rn. 27 ff., Preis/*Preis* Arbeitsvertrag II S 40 Rn. 5 ff., 64 ff.). Eine Kürzungsmöglichkeit gem. § 4a EFZG besteht nicht, da es sich bei der Zielvereinbarung üblicherweise um eine arbeitsleistungsbezogene Sonderzahlung handelt. Die zeitanteilige Kürzung ist auch für Zeiten des Ruhens des Arbeitsverhältnisses (beispielsweise während der Elternzeit oder des Wehrdienstes) vorgesehen.

210 Problematisch ist eine zeitanteilige Kürzung im Falle der Freistellung nach dem Ausspruch einer Kündigung des Arbeitsverhältnisses. Die Problematik ergibt sich vor allem aus dem aus § 615 Satz 1 BGB resultierenden Annahmeverzugslohnanspruch des Mitarbeiters. Wird dieser formularmäßig abbedungen, so ist eine Angemessenheitsprüfung nach § 307 BGB vorzunehmen. Eine unangemessene Benachteiligung wäre etwa anzunehmen, wenn der Arbeitgeber den Mitarbeiter einseitig und unberechtigt freistellt und ihn damit durch die Kürzung des Zielerreichungsbonus um seinen Annahmeverzugslohn bringen würde. Eine zulässige Kürzungsklausel könnte daher allenfalls unter Differenzierung zwischen berechtigter und unberechtigter Freistellung durch den Arbeitgeber vorgenommen werden. Zudem müsste es eine anteilige Kürzung sein. Die Kürzung müsste dem Verhältnis der Freistellungszeit zu der Zeit, auf die sich der Zielerreichungsbonus bezieht, entsprechen.

211 **7.** Der Zielerreichungsbonus wird im Falle des unterjährigen Ein- oder Austritts aus dem Unternehmen zeitanteilig gekürzt. Ein vollständiger Ausschluss des Zielerreichungsbonus für den Fall eines unterjährigen Austritts wäre als unangemessene Beschränkung des Kündigungsrechts nichtig (vgl. *Reiserer* NJW 2008, 609, 612 m.w.N.).

Bonuszahlungen, die auch eine Gegenleistung für im Kalenderjahr laufend erbrachte Arbeit darstellen (Bonuszahlungen mit Mischcharakter), dürfen in allgemeinen Geschäftsbedingungen regelmäßig nicht mehr vom Bestand des Arbeitsverhältnisses am 31. Dezember des betreffenden Jahres abhängig gemacht werden. Entsprechende Kürzungsvereinbarungen sind unwirksam (BAG 13.11.2013 – 10 AZR 848/12, DB 2014, 486).

8. Der Ausschluss eines Mitarbeiters von den Zielerreichungszahlungen, dessen Arbeitsverhältnis bereits in der **Probezeit** endet, ist zulässig (vgl. *Preis/Greiner* Arbeitsvertrag II Z 5 Rn. 29). Gegebenenfalls kann die Klausel noch um eine Regelung ergänzt werden, nach der der Anspruch auf die Zielvereinbarungsprämie nach dem Ablauf der Probezeit dann auch die bereits erbrachte Arbeitsleistung während der Probezeit mit einbezieht.

Ein Freiwilligkeitsvorbehalt soll die Entstehung eines Anspruches verhindern, indem ein Rechtsanspruch und eine betriebliche Übung ausgeschlossen werden. Der Arbeitgeber behält sich so die Entscheidung vor, ob und unter welchen Bedingungen künftig eine Leistung gewährt wird. Das BAG hat in seiner jüngsten Entscheidung vom 19.03.2014 (– 10 AZR 622/13, NZA 2014, 595) die Streitfrage geklärt, ob eine Zielvereinbarung unter einen Freiwilligkeitsvorbehalt gestellt werden kann. Der 10. Senat kommt zum Ergebnis, dass Freiwilligkeitsvorbehalte im Zusammenhang mit dem Abschluss einer vergütungsorientierten Zielvereinbarung den Arbeitnehmer unangemessen i.S.v. § 307 Abs. 1 S. 1 i.V.m. § 307 Abs. 2 Nr. 1 und Nr. 2 BGB benachteiligen. Mit Abschluss einer vergütungsbezogenen Zielvereinbarung setze der Arbeitgeber Leistungsanreize für den Arbeitnehmer und bestimme damit, wie aus seiner Sicht die Arbeitsleistung in einer bestimmten zeitlichen Periode durch den Arbeitnehmer optimal erbracht werden soll. Die in Aussicht gestellte erfolgsabhängige Vergütung steht damit im Gegenleistungsverhältnis und ist Teil der Gegenleistung für die erbrachte Arbeitsleistung des Arbeitnehmers.

9. Die Musterrahmenvereinbarung sieht somit den **Vorbehalt des Widerrufs** vor und berücksichtigt dabei die BAG-Rechtsprechung zur Zulässigkeit von Widerrufsvorbehalten. So sind die sachlichen Gründe für den Widerruf angegeben und die zulässige Grenze von 25 % des Gesamtverdienstes ist gewahrt. Zu bedenken ist, dass für die Zulässigkeit des Widerrufs der Tariflohn – soweit ein Tarifvertrag auf das Arbeitsverhältnis Anwendung findet – durch Ausübung des Widerrufs nicht unterschritten werden darf. Allerdings werden zunehmend noch engere Grenzen für den Widerrufsvorbehalt im Hinblick auf eine Zielvereinbarung aufgezeigt. So verlangen etwa *Preis/Greiner* (Arbeitsvertrag II Z 5 Rn. 18 ff.), dass der Widerrufsgrund nicht nur sachliche Gründe beinhaltet, sondern die Qualität eines **dringenden betrieblichen Erfordernisses** erlangt. Ein Widerruf sei demnach nur dann zulässig, wenn ohne die Reduzierung der Vergütung in absehbarer Zeit eine wirtschaftliche Existenzgefährdung des Betriebs eintritt. Der Arbeitgeber sei in diesem Falle verpflichtet, vor der tatsächlichen Änderung ein schlüssiges Sanierungskonzept vorzulegen. Rechtfertige der Arbeitgeber den Widerruf demnach mit dem Argument, im Unternehmen sei ein Auftrags- oder Umsatzrückgang zu verzeichnen, so sei der Widerrufsgrund nur dann als ausreichend zu erachten, wenn dadurch der Arbeitsanfall derart zurückgehe, dass das Bedürfnis zur Weiterbeschäftigung entfalle.

Nach der hier vertretenen Auffassung gehen diese Anforderungen an einen Widerrufsvorbehalt in der Rahmenvereinbarung zu weit. Der Argumentation von *Preis/Greiner* ist zuzugeben, dass ein entsprechender Widerruf mitunter »gravierende finanzielle Auswirkungen« haben kann. Dem wird jedoch insoweit entgegen gewirkt als – entsprechend der BAG-Vorgaben zur Wirksamkeit eines Widerrufsvorbehalts – eine solche Vereinbarung nur bis zu 25 % der Gesamtvergütung betreffen darf. Da auch der Zielerreichungsbonus ein Vergütungsbestandteil ist, ist kein Grund ersichtlich, hier andere Maßstäbe an den Widerrufsvorbehalt anzulegen.

B. Standardarbeitsverhältnisse

2.2 Konkrete Zielfestlegung

Vorbemerkung

215 Auf der Basis der Rahmenvereinbarung über eine Zielvereinbarung (B Rdn. 199) müssen die Arbeitsvertragsparteien sodann individuell und konkret diejenigen Ziele festlegen, von deren Erreichung die jährliche Bonuszahlung abhängt.

216 In dieser konkreten Zielbestimmung, welche die Arbeitsvertragsparteien in aller Regel jährlich neu treffen, werden die Ziele und der maßgebliche Zeitraum für die Zielerreichung festgelegt. Hinsichtlich der Gestaltung der Inhalte der Ziele sind die Arbeitsvertragsparteien frei. Meist wird hier eine Mischung aus persönlichen Zielen und Unternehmenszielen aufgenommen. In jedem Fall sollten die Ziele so konkret wie möglich formuliert werden, um zu Lasten des Arbeitgebers gehende Unklarheiten von Anfang an zu vermeiden.

217 Da die Bestimmung der konkreten Ziele maßgeblich davon abhängt, in welcher Branche das Unternehmen und in welcher Unternehmensposition der jeweilige Mitarbeiter tätig ist, kann hier kein abstraktes und generell geltendes Muster vorgeschlagen werden. Es soll vielmehr ein Beispiel vorgeschlagen werden, um zu demonstrieren wie vielfältig und individuell die jeweilige konkrete Zielfestlegung sein kann.

▶ **Muster – Variable Vergütung – Konkrete Zielfestlegung** [1]

218 [Briefkopf des Unternehmens]

Zwischen

der ___[Name und Anschrift des Unternehmens]___

(im Folgenden: »Unternehmen«)

und

Herrn/Frau ___[Name und Anschrift des Mitarbeiters]___

(im Folgenden: »Mitarbeiter«)

wird für das Jahr ___[Jahreszahl]___ folgende konkrete Zielfestlegung getroffen:

§ 1
Unternehmerische Ziele [2]

Der Mitarbeiter soll im Jahr ___[Jahreszahl]___ einen Netto-Umsatz von ___[Betrag]___ € in der Filiale in ___[Ort]___ erreichen. Hierfür wird ein Festbonus in Höhe von ___[Betrag]___ € vereinbart. Für einen darüber hinausgehenden Umsatz erhält der Mitarbeiter 1 % des Netto-Filialumsatzes.

[optional:

Als unternehmerisches Ziel wird das Erreichen eines Gewinns vor Zinsaufwand und Steuern (EBIT) für das Geschäftsjahr ___[Jahreszahl]___ in Höhe von 800.000,00 € festgelegt. Die Feststellung des Erreichens des Gewinns erfolgt nach Maßgabe der Handelsbilanz. Wird ein EBIT von 800.000,00 € erreicht, so entspricht dies einem Zielerreichungsgrad von 100 %. Abweichungen von diesem Gewinn nach oben bzw. nach unten erhöhen bzw. verringern den Zielerreichungsgrad prozentual. Die Auszahlung der Zielprämie erfolgt nach Maßgabe des § 4 der Rahmenvereinbarung über eine Zielvereinbarung. [3]*]*

§ 2
Persönliche Ziele

Der Mitarbeiter hat die Aufgabe, die Filiale in ___[Ort]___ zu übernehmen. Hierfür soll der Mitarbeiter drei qualifizierte Verkäufer/innen einstellen und einarbeiten. Soweit die drei Verkäufer/innen bereits am 31.12. ___[Jahreszahl des Vorjahres]___ die sechsmonatige Probezeit absolviert haben und weniger als drei schriftliche oder mündliche Kundenbeschwerden je Verkäufer/in vorliegen, wird diesbezüglich ein Festbonus von ___[Betrag]___ € gezahlt.

§ 3
Zusätzliche Ziele [4]

Die Kosten- und Qualitätsziele des Unternehmens sind einzuhalten. Hierfür wird ein zusätzlicher Festbonus in Höhe von ___[Betrag]___ € vereinbart.

[Ort, Datum]
_____

(Unterschrift eines vertretungsberechtigten Organs des Unternehmens)

[Ort, Datum]
_____

(Unterschrift des Mitarbeiters)

Hiermit bestätigt der Mitarbeiter, dass er ein Exemplar der vorgenannten Vereinbarung vom Unternehmen erhalten hat.

[Ort, Datum]
_____

(Unterschrift des Mitarbeiters)

Erläuterungen

Schrifttum
Annuß Arbeitsrechtliche Aspekte von Zielvereinbarungen in der Praxis, NZA 2007, 290; *Bauer/Diller/Göpfert* Zielvereinbarungen auf dem arbeitsrechtlichen Prüfstand, BB 2002, 882; *Bordet/Raif* Arbeitsvertragliche Gestaltung von Zielvereinbarungen, ArbRAktuell 2011, 607; *Gaul/Rauf* Bonusanspruch trotz unterlassener Zielvereinbarung – oder: Von den Risiken arbeitgeberseitiger Untätigkeit, DB 2008, 869; *Gehlhaar* Rechtsfolgen unterbliebener Zielvereinbarungen und Zielvorgaben – eine Übersicht, NZA-RR 2007, 113; *Hümmerich* Zielvereinbarungen in der Praxis, NJW 2006, 2294; *Laber/Reinartz* Flexibilität und Zielvereinbarung, ArbRB 2008, 125; *Lembke* Die Gestaltung von Vergütungsvereinbarungen, NJW 2010, 321, 325 ff.; *Preis/Stoffels* Arbeitsvertrag II Z 5; *Reiserer* Atmendes Entgelt, atmende Arbeitszeit, NZA-Beil. 2010, 39; *Reiserer* Flexible Vergütungsmodelle – AGB-Kontrolle, Gestaltungsvarianten, NZA 2007, 1249; *Reiserer* Zielvereinbarung – ein Instrument der Mitarbeiterführung, NJW 2008, 609; *Riesenhuber/von Steinau-Steinrück* Zielvereinbarungen, NZA 2005, 785; *Simon/Greßlin* Schweigen ist nicht immer Gold, Kommentar zu BAG, Urt. v. 12.12.2007 – 10 AZR 97/07, BB 2008, 617; *Simon/Hidalgo/Koschker* Flexibilisierung von Bonusregelungen – eine unlösbare Aufgabe? NZA 2012, 1071; *Treichel* Die Zielvereinbarung als variabler Vergütungsbestandteil im Arbeitsrecht: Ein Ausblick, NJOZ 2012, 1097.

1. Hier soll als Beispiel für die Vielfältigkeit individueller **konkreter Zielvereinbarungen** das Beispiel der Zielfestlegung einer Filialleiterin/eines Filialleiters im Einzelhandel mit der Variante eines Festbonus für bestimmte Leistungen herangezogen werden. Dieses Muster dient lediglich als Paradigma und kann zur Orientierung für konkrete, auf spezifische Branchen und Positionen im jeweiligen Unternehmen bezogene gemeinsame Zielfestlegungen herangezogen werden. 219

2. Es ist stets zu beachten, dass die in einer Rahmenvereinbarung (vgl. B Rdn. 199) vereinbarte und somit angekündigte konkrete jährliche Zielbestimmung auch tatsächlich getroffen wird. Idealerweise regeln die Arbeitsvertragsparteien, wie im Muster B Rdn. 199 vorgesehen, bereits in der Zielvereinbarungs-Rahmenvereinbarung die Konsequenzen einer **unterbliebenen Zielvereinbarung** so spezifiziert wie möglich, um eventuellen Streitigkeiten vorzubeugen. 220

Überdies ist auf die Grundsatzentscheidung des BAG vom 12.12.2007 (10 AZR 97/07, NZA 2008, 409; so auch BAG, 12.05.2010 – 10 AZR 390/09, NZA 2010, 1009) hinzuweisen, vgl. bereits B Rdn. 199 Anmerkungen 2 und 3 (B Rdn. 202–205). Nach dieser Grundsatzentscheidung 221

B. Standardarbeitsverhältnisse

hat der Arbeitnehmer gegen den Arbeitgeber einen Anspruch auf Schadensersatz, wenn entgegen einer arbeitsvertraglichen Abrede keine Verhandlungen über eine Zielvereinbarung geführt werden und deshalb für eine Zielperiode keine konkrete Zielvereinbarung getroffen wird und wenn der Arbeitgeber das Nichtzustandekommen der Zielvereinbarung zu vertreten hat.

222 Der zu ersetzende Schaden umfasst nach dem BAG hier gem. § 252 BGB den entgangenen Gewinn und damit auch eine Bonuszahlung, die nach dem gewöhnlichen Lauf der Dinge oder nach den besonderen Umständen mit Wahrscheinlichkeit erwartet werden konnte. Dabei ist insbesondere auf die Beweiserleichterung hinzuweisen, die das BAG dem Mitarbeiter hier zur Seite stellt. Bei der Schadensermittlung ist demnach grundsätzlich davon auszugehen, dass der Arbeitnehmer die vereinbarten Ziele erreicht hätte, wenn nicht besondere Umstände diese Annahme ausschließen. Solche besonderen Umstände wiederum hat der Arbeitgeber darzutun und ggf. zu beweisen (vgl. hierzu *Simon/Greßlin* BB 2008, 619).

223 **3.** Vgl. insoweit die Regelungen in § 4 der Rahmenvereinbarung über eine Zielvereinbarung im Muster B Rdn. 199.

224 **4.** Bei sämtlichen konkreten Zielen sollte vor dem Hintergrund der Motivationsfunktion von Zielvereinbarungen darauf geachtet werden, dass die Ziele für den Mitarbeiter auch tatsächlich erreichbar sind.

225 Möglich sind überdies auch sonstige Ziele, wie etwa der erfolgreiche Abschluss einer Fortbildung oder ähnliches. Die jeweiligen Ziele stehen stets in engem Zusammenhang mit dem Unternehmensgegenstand des Unternehmens.

2.3 Tantiemenvereinbarung

Vorbemerkung

226 Als variabler Vergütungsbestandteil kommt zudem eine Tantiemezahlung in Betracht. Die **Tantieme** stellt eine Gewinnbeteiligung des Mitarbeiters dar. Dabei orientiert sich die Höhe der Tantieme regelmäßig am aus der Handelsbilanz ersichtlichen Jahresüberschuss. Je nachdem, wie dort der Gewinn ausfällt, erhält der Arbeitnehmer eine zusätzliche Vergütung in Form der Tantieme. Tantiemenvereinbarungen werden häufig mit Führungskräften und leitenden Angestellten getroffen. In der Praxis kommen sie außerdem häufig bei Vorstands- und Aufsichtsratsmitgliedern von Kapitalgesellschaften vor.

▶ Muster – Variable Vergütung – Tantiemenvereinbarung [1]

227 [Briefkopf des Unternehmens]

Zwischen

der [Name und Anschrift des Unternehmens]

(im Folgenden: »Unternehmen«)

und

Herrn/Frau [Name und Anschrift des Mitarbeiters]

(im Folgenden: »Mitarbeiter«)

wird folgende Vereinbarung über eine Tantiemezahlung getroffen:

Zusätzlich zur Grundvergütung nach Maßgabe von § [Paragraf] des Arbeitsvertrages vom [Datum] erhält der Mitarbeiter eine Jahrestantieme in Höhe von [Prozentsatz] % des Gewinns ausweislich der Handelsbilanz (Jahresüberschuss vor Steuern) vor dem Abzug der Tantiemen für die leitenden Angestellten und Geschäftsführer. [2]

Die Tantieme wird fällig wenn der Jahresabschluss festgestellt wurde und ist mit der darauffolgenden monatlichen Gehaltszahlung auszuzahlen. [3]

Endet das Vertragsverhältnis unterjährig, so wird die Tantieme zeitanteilig für die jeweils vollen Monate der Unternehmenszugehörigkeit gezahlt. [4]

[Ort, Datum]

(Unterschrift eines vertretungsberechtigten Organs des Unternehmens)

[Ort, Datum]

(Unterschrift des Mitarbeiters)

Hiermit bestätigt der Mitarbeiter, dass er ein Exemplar der vorstehenden Vereinbarung vom Unternehmen erhalten hat.

[Ort, Datum]

(Unterschrift des Mitarbeiters)

Erläuterungen

Schrifttum
Zu Tantiemen von Geschäftsführern vgl; *Reiserer* Der GmbH-Geschäftsführervertrag 15. Aufl. 2008.

1. Die Tantiemenvereinbarung kann, wie hier vorgeschlagen, als gesonderte Vereinbarung neben dem Arbeitsvertrag abgeschlossen werden oder auch in den Arbeitsvertrag in die Regelungen zur Vergütung des Mitarbeiters (vgl. § 6 bei B Rdn. 4, B Rdn. 172 ff.) integriert werden.   **228**

2. Eine **Tantieme** wird häufig bei leitenden Angestellten/Führungskräften oder auch Geschäftsführern einer GmbH als **variabler Vergütungsbestandteil** verwendet. Dabei wird die Tantieme meist am Jahresgewinn, der sich aus dem **Jahresüberschuss** vor Steuern gem. den Ergebnissen in der **Handelsbilanz** ergibt, bemessen. Möglich ist es auch, Verluste aus den Vorjahren gewinnmindernd zu berücksichtigen und somit bei der Berechnung der Tantieme nicht mit einzustellen. Hierzu ist jedoch eine ausdrückliche Regelung erforderlich, andernfalls wird keine entsprechende Gewinnminderung vorgenommen (vgl. hierzu Anwaltsformularbuch Arbeitsrecht/*Lingemann* Teil 1 Kapitel 12 M 12.10; ErfK/*Preis* § 611 BGB Rn. 499).   **229**

Durch die Orientierung der Tantieme am Jahresgewinn des Unternehmens wird den Mitarbeitern ein Anreiz gegeben, zu einem guten wirtschaftlichen Ergebnis des Unternehmens beizutragen, auch wenn die einzelnen Geschäfte nicht unmittelbar zu einer Gewinnbeteiligung des Mitarbeiters (wie beispielsweise bei der Provision) führen.   **230**

Es ist überdies auch möglich, eine **Mindesttantieme** als garantierte Prämie zu vereinbaren, die auch dann gezahlt werden muss, wenn kein Gewinn erwirtschaftet wurde (vgl. ErfK/*Preis* § 611 BGB Rn. 497).   **231**

3. Die Tantieme wird fällig, sobald die Bilanz festgestellt ist bzw. bei ordnungsgemäßem Geschäftsgang hätte festgestellt werden können (ErfK/*Preis* § 611 BGB Rn. 502).   **232**

4. Eine Tantieme ist ein Vergütungsbestandteil, der im echten Synallagma-Verhältnis steht, und keine Sonderzahlung. Daher ist der Gewinnanteil entsprechend der tatsächlichen Beschäftigungszeit des Mitarbeiters im Falle seines unterjährigen Ausscheidens zu mindern (vgl. BAG, Urt. v. 08.09.1898 – 9 AZR 223/97, NZA 1999, 420). Ein vollständiger Ausschluss des Mitarbeiters für den Fall des unterjährigen Ausscheidens ist dagegen nicht zulässig (vgl. ErfK/*Preis* § 611 BGB Rn. 503).   **233**

B. Standardarbeitsverhältnisse

III. Vergütungsbestandteile: Sachbezüge

1. Dienstwagenvertrag und Dienstwagenklausel

Vorbemerkung

234 Je nach dem Tätigkeitsbereich des Mitarbeiters kann das Unternehmen ein Interesse daran haben, dem Mitarbeiter zur Erfüllung seiner arbeitsvertraglichen Aufgaben einen Dienstwagen zur Verfügung zu stellen. Dies wird insbesondere dann der Fall sein, wenn die Tätigkeit des Mitarbeiters mit häufigen Reisetätigkeiten verbunden ist. Häufig gestattet der Arbeitgeber dem Mitarbeiter zugleich, sein dienstliches Fahrzeug auch für private Zwecke zu nutzen. Wird eine solche Zusage erteilt, stellt die Überlassung des Dienstwagens zur privaten Nutzung an den Arbeitnehmer Arbeitslohn in Form des Sachbezugs dar (vgl. DLW/*Dörner* Kapitel 3 Rn. 1247; Preis/*Greiner* Arbeitsvertrag II D 20 Rn. 1; Küttner/*Thomas* Dienstwagen Rn. 17, BAG, Urt. v. 14.12.2010 – 9 AZR 631/09, NJW 2011, 1469). Die Konsequenz dieses Entgeltcharakters ist zunächst die Steuerpflichtigkeit dieses Vorteils. Hierbei ist zu differenzieren, ob über die Nutzung des Dienstwagens ein Fahrtenbuch geführt wird oder nicht (vgl. zur steuerlichen Behandlung ausführlich: DLW/*Dörner* Kapitel 3 Rn. 1247 ff.; zum aktuellen Erlass des BMF vgl. *Urban* GmbHR 2010, R 33).

235 Aus dem Entgeltcharakter der Überlassung eines Dienstwagens auch zur privaten Nutzung folgt ferner, dass der Arbeitgeber diese Nutzungsmöglichkeit nicht ohne Weiteres einseitig entziehen kann. Das ist vielmehr, wie bei sonstigen Vergütungsbestandteilen, an bestimmte Voraussetzungen geknüpft.

▶ **Muster – Dienstwagenvertrag und Dienstwagenklausel** [1]

236 [Briefkopf des Unternehmens]

Zwischen

der ___[Name und Anschrift des Unternehmens]___

(im Folgenden: »Unternehmen«)

und

Herrn/Frau ___[Name und Anschrift des Mitarbeiters]___

(im Folgenden: »Mitarbeiter«)

wird folgende Dienstwagenvereinbarung geschlossen:

§ 1
Überlassung eines Dienstwagens

(1) Das Unternehmen wird dem Mitarbeiter ab dem ___[Datum]___ folgenden Dienstwagen überlassen:

[Spezifizierung des Dienstwagens durch Modell, Fahrgestellnummer, Kennzeichen]

[optional:

(1) Das Unternehmen wird dem Mitarbeiter einen Dienstwagen folgender Kategorie zur Verfügung stellen:

[Spezifizierung durch Kategorie, Marke, Typ, ggf. preisliche Obergrenze in €] [2]

(2) Am Datum der Übergabe wird über den überlassenen Dienstwagen ein gesondertes Überlassungsprotokoll angefertigt, welches Bestandteil dieser Dienstwagenvereinbarung wird (vgl. im Übrigen § 3). [3]

(3) Der Mitarbeiter verpflichtet sich, den ihm überlassenen Dienstwagen sorgsam zu behandeln. Er trägt darüber hinaus die Verantwortung dafür, dass sich das Fahrzeug stets in einem betriebsbereiten und verkehrssicheren Zustand befindet. Dies beinhaltet insbesondere die selbstständige und eigenverantwortliche Durchführung der erforderlichen Wartungs- und Inspektionsmaßnahmen. Der Mitarbeiter hat die Inauftraggabe der entsprechenden Maßnahmen gegenüber dem Unternehmen anzuzeigen. [4]

(4) Die Kosten für die erforderlichen Wartungs-, Inspektions- oder Reparaturarbeiten trägt das Unternehmen. Die Durchführung von Reparaturarbeiten bedarf jedoch – mit Ausnahme von Notreparaturen, welche die Verkehrstauglichkeit erhalten sollen – der Zustimmung des Unternehmens.

[optional:

(5) Handelt es sich bei dem Dienstwagen um ein Leasingfahrzeug, ist der Mitarbeiter verpflichtet, dafür Sorge zu tragen, dass die Leasingbedingungen aus dem Leasingvertrag [Spezifizierung des Leasingvertrags] zwischen dem Unternehmen und der leasinggebenden Firma [Name der leasinggebenden Firma] eingehalten werden. [5]]

§ 2
Gestattung der privaten Nutzung

(1) Der Dienstwagen wird dem Mitarbeiter für die dienstliche Nutzung zur Verfügung gestellt. Daneben wird ihm die Nutzung zu privaten Zwecken gestattet.

(2) Der Mitarbeiter wird darauf hingewiesen, dass die Nutzung zu privaten Zwecken eine Form des Arbeitslohns ist und daher wie übriges Einkommen zu versteuern ist. [6]

(3) Mit Ausnahme des Ehegatten bzw. des Lebenspartners i.S.d. Lebenspartnerschaftsgesetzes oder des Lebensgefährten des Mitarbeiters dürfen Dritte den überlassenen Dienstwagen nicht nutzen. Der Mitarbeiter sowie berechtigte Drittnutzer dürfen das Fahrzeug nur benutzen, wenn sie im Besitz einer gültigen Fahrerlaubnis sind. Das Fahrzeug darf im Zustand der Fahruntüchtigkeit nicht benutzt werden. Im Übrigen hat der Mitarbeiter die straßenverkehrsrechtlichen Regeln in Bezug auf das Halten und Führen des Dienstwagens einzuhalten. [7]

[optional:

(4) Sofern der Mitarbeiter den Dienstwagen für Urlaubsreisen nutzt, hat er das Unternehmen hierüber in Kenntnis zu setzen. Im Fall der Nutzung des Dienstwagens für Urlaubsfahrten hat der Mitarbeiter die hierfür anfallenden Kosten, insbesondere für Treibstoff, selbst zu tragen.]

[optional:

(5) Die erlaubte Privatnutzung ist auf [Anzahl der Kilometer] Kilometer pro Kalenderjahr beschränkt. Der Mitarbeiter hat zum Nachweis dessen ordnungsgemäß ein Fahrtenbuch zu führen.]

§ 3
Beschädigungen oder Verlust, Versicherung [8]

(1) Bei der Übergabe des Dienstwagens an den Mitarbeiter werden ihm die erforderlichen Fahrzeugpapiere und Zubehörstücke ausgehändigt. Die an den Mitarbeiter ausgehändigten Unterlagen und Zubehörstücke werden in dem am Tag der Übergabe anzufertigenden und sowohl vom Mitarbeiter als auch seitens des Unternehmens unterzeichneten gesonderten Übergabeprotokoll nach § 1 Absatz 2 aufgeführt, welches Bestandteil dieses Vertrages wird.

(2) In dem Übergabeprotokoll werden zugleich eventuell bestehende Mängel oder Beschädigungen am Dienstwagen aufgenommen.

(3) Kommt es im Rahmen dienstlicher Benutzung des Fahrzeugs zu einer Beschädigung am Wagen oder zum Verlust des Fahrzeugs, so haftet der Mitarbeiter hierfür nur in voller Höhe, wenn er vorsätzlich oder grob fahrlässig gehandelt hat. Im Falle mittlerer Fahrlässigkeit haftet der Mitarbeiter je nach den Umständen des konkreten Falls.

B. Standardarbeitsverhältnisse

(4) Kommt es im Zuge der privaten Nutzung des Fahrzeugs zu Beschädigungen oder zum Verlust des Fahrzeugs, haftet der Mitarbeiter in vollem Umfang, unabhängig vom Verschuldensgrad.

(5) Das Unternehmen verpflichtet sich, für das dem Mitarbeiter überlassene Fahrzeug eine Vollkaskoversicherung abzuschließen. Die Versicherungsbeiträge hierfür trägt das Unternehmen. Das Unternehmen wird eine Versicherung mit einer Selbstbeteiligung in Höhe von ___[Betrag]___ € wählen. Im Falle einer Beschädigung des Fahrzeugs im Zuge der privaten Benutzung durch den Mitarbeiter entfällt die nach Absatz 4 genannte Haftung des Mitarbeiters, soweit ein Versicherer für den Schaden aufkommt und kein Rückgriff beim Unternehmen genommen wird. In diesen Fällen hat der Mitarbeiter nur für den Verlust des Schadensfreiheitsrabatts und für die Selbstbeteiligung bei der Vollkaskoversicherung einzustehen. [9]

(6) Der Mitarbeiter ist dazu verpflichtet, jegliche Mängel oder Schäden am Dienstwagen dem Unternehmen unverzüglich anzuzeigen.

§ 4
Rückgabe des Fahrzeugs, Widerruf der gestatteten Nutzung
zu privaten Zwecken, [Befristung] [10]

(1) Im Falle der Beendigung des Arbeitsverhältnisses ist der Mitarbeiter dazu verpflichtet, das Fahrzeug unverzüglich am Unternehmenssitz an das Unternehmen zurückzugeben. Von der Rückgabeverpflichtung sind stets auch die im Übergabeprotokoll aufgeführten Fahrzeugpapiere, Zubehörteile sowie sonstige Unterlagen und Gegenstände umfasst.

(2) Das Unternehmen behält sich vor, sowohl die dienstliche Nutzung als auch die eingeräumte Möglichkeit der Nutzung zu privaten Zwecken jederzeit mit einer Frist von zwei Wochen zu widerrufen. Ein Widerruf kommt jedoch nur aus folgenden Gründen in Betracht:

– Wenn dem Mitarbeiter die Fahrerlaubnis für die Dauer von mindestens drei Monaten entzogen wird,

– Wenn der Mitarbeiter aufgrund eines geänderten arbeitsvertraglichen Aufgabenbereiches für die Erfüllung seiner Tätigkeiten kein Dienstfahrzeug mehr benötigt.

– Wenn der Mitarbeiter gegen die Regelungen dieser Dienstwagenvereinbarung grob verstoßen hat,

– Wenn der Mitarbeiter den Dienstwagen nicht sorgsam behandelt, beispielsweise dann, wenn er die erforderlichen Inspektionen o.ä. nicht ordnungsgemäß durchführen lässt,

– Wenn seitens des Unternehmens aus wirtschaftlichen Gründen eine Veranlassung dafür besteht, die Dienstwagennutzung zu widerrufen, ein solcher Grund ist insbesondere anzunehmen, wenn ___[z.B., wenn der auf den Mitarbeiter entfallende Jahresumsatz unter ... € fällt o.Ä.]___ .

– Wenn der Mitarbeiter berechtigt von seiner Verpflichtung zur Arbeitsleistung freigestellt wird. [11]

Die Ausübung des Widerrufs setzt ferner voraus, dass das Gesamtgehalt des Mitarbeiters durch den Entzug der Nutzungsmöglichkeit des Dienstwagens um nicht mehr als 25 % reduziert wird. [12]

(3) Ist der Mitarbeiter aufgrund von Krankheit über den Zeitraum der Entgeltfortzahlung nach dem Entgeltfortzahlungsgesetz hinaus an der Erbringung seiner Arbeitsleistung gehindert, so entfällt das Nutzungsrecht am Dienstwagen sowohl in dienstlicher als auch in privater Hinsicht. Der Dienstwagen ist in diesem Fall unverzüglich an das Unternehmen zurückzugeben.

(4) Gleiches gilt, wenn das Arbeitsverhältnis kraft Gesetzes oder aufgrund vertraglicher Vereinbarung ruht, insbesondere in den Fällen der Elternzeit, sofern der Mitarbeiter keine Teilzeitbeschäftigung ausübt, oder im Falle einer unbezahlten einvernehmlichen Freistellung.

[optional:

(5) Die Zurverfügungstellung des Dienstwagens für dienstliche und private Zwecke wird befristet gewährt. Der Dienstwagen wird dem Mitarbeiter solange zur Verfügung gestellt, solange ein betrieblicher Bedarf hierfür besteht, insbesondere solange ___[z.B. der Mitarbeiter im Außendienst___

tätig ist] . Insbesondere nach dem Ausspruch einer Kündigung oder nach einer Versetzung muss das Fahrzeug unverzüglich zurückgegeben werden. [13]

§ 5
Straftaten und Ordnungswidrigkeiten

Begeht der Mitarbeiter bei der privaten oder dienstlichen Nutzung des Fahrzeugs Ordnungswidrigkeiten oder Straftaten, so trifft ihn hierfür die alleinige Verantwortung.

§ 6
Schlussbestimmungen

(1) Die vorliegende Vereinbarung enthält zum Zeitpunkt des Vertragsabschlusses die alleinige Vereinbarung der Parteien über die Dienstwagennutzung. Nebenabreden existieren nicht. Änderungen und Ergänzungen dieses Vertrages sowie sämtliche Nebenabreden bedürfen zu ihrer Wirksamkeit der Schriftform. Die elektronische Form ist ausgeschlossen. Dies gilt auch für die Aufhebung, Änderung oder Ergänzung dieses Schriftformerfordernisses. Individualvereinbarungen zwischen den Parteien haben Vorrang (§ 305b BGB).

(2) Auch eine wiederholte Gewährung von Leistungen und Vergünstigungen sowie die wiederholte Handhabung von Abläufen im Rahmen der Dienstwagenüberlassung begründen keinen Anspruch auf eine entsprechende Gewährung oder Handhabung in der Zukunft.

(3) Sollten einzelne oder mehrere Bestimmungen dieses Vertrags unwirksam sein oder werden, so wird hierdurch die Wirksamkeit des Vertrages im Übrigen nicht berührt. Die Parteien sind sich darüber einig, dass unwirksame Bestimmungen durch eine solche Regelung ersetzt werden soll, die dem Sinn und Zweck und dem wirtschaftlich Gewollten der unwirksamen Regelung am nächsten kommt.

(4) Entsprechendes gilt für den Fall einer Regelungslücke.

(5) Einzelne Rechte und Pflichten aus dieser Dienstwagenvereinbarung können nach Abschluss dieser Dienstwagenvereinbarung durch eine Betriebsvereinbarung geregelt und verändert werden. Vom Zeitpunkt der Änderung an gelten sodann ausschließlich die jeweiligen Regelungen der Betriebsvereinbarung. Dies soll auch dann gelten, wenn die Regelungen in der Betriebsvereinbarung für den Mitarbeiter ungünstig sind.

[Ort, Datum]
_____

(Unterschrift eines vertretungsberechtigten Organs des Unternehmens)

[Ort, Datum]
_____

(Unterschrift des Mitarbeiters)

Hiermit bestätigt der Mitarbeiter, dass er ein Exemplar des vorstehenden Dienstwagenvertrages vom Unternehmen erhalten hat.

[Ort, Datum]
_____

(Unterschrift des Mitarbeiters)

Erläuterungen

Schrifttum

Hey Kein Dienstwagenentzug wegen des Kleingedruckten im Arbeitsvertrag, Financial Times Deutschland vom 11.05.2010, Seite 20; *Höser* Die Dienstwagennutzung bei Arbeitsunfähigkeit, BB 2012, 573; *Keilich* Dienstwagen, AuA 2009, 264; *Schneider* Widerrufsvorbehalt bei der Privatnutzung von Dienstfahrzeugen, Besprechung von BAG, Urt. v. 13.04.2010 – 9 AZR 113/09, StBW 2010, 759; *Urban* Besteuerung von

B. Standardarbeitsverhältnisse

Dienstwagen bleibt unklar, GmbHR 2010, R 33; *Willemsen/Jansen* Die Befristung von Entgeltbestandteilen als Alternative zu Widerrufs- oder Freiwilligkeitsvorbehalten, RdA 2010, 1.

237 **1.** Bei der Überlassung eines Dienstwagens kann die entsprechende Regelung sowohl im Arbeitsvertrag selbst als eine dort aufzunehmende »**Dienstwagenklausel**« als auch in einem separaten Vertrag (**Dienstwagenvereinbarung**) getroffen werden. Das hier vorliegende Muster schlägt eine gesonderte Dienstwagenvereinbarung vor, die zusätzlich zum jeweiligen Arbeitsvertrag geschlossen werden soll.

238 **2.** In § 1 Abs. 1 schlägt das Muster zwei Varianten dafür vor, welcher **Dienstwagen** überlassen wird. Im Fall, dass ein konkreter Dienstwagen, der überlassen werden soll, bereits existiert, bietet sich die erste Alternative an. Die zweite Alternative kommt in Betracht, wenn der Dienstwagen noch zu erwerben ist. Wird dem Mitarbeiter selbst die Auswahl des Fahrzeugs überlassen, sollte das Unternehmen hier zur Kostenkontrolle eine Kfz-Klasse/Kategorie bzw. eine **Preishöchstgrenze** aufnehmen.

239 **3.** Der Mustervertrag schlägt die zusätzliche Erfassung eines sog. **Übergabeprotokolls** vor, was in erster Linie Dokumentationszwecken dient. Wie § 3 später ausführlich ausführt, können im Übergabeprotokoll weitere überlassene Gegenstände bzw. bereits bei Übergabe vorhandene Mängel aufgenommen werden, was für beide Parteien eine später ggf. erforderlich werdende Beweisführung erleichtert. Das Übergabeprotokoll verfolgt ferner den Zweck, den Dienstwagenvertrag selbst nicht mit einer Vielzahl von Details zu überfrachten.

240 **4.** Die pflegliche Behandlung des Fahrzeugs sollte bereits aus Appellgründen aufgenommen werden. Hinsichtlich der Kostenverteilung für Wartungs- und Inspektionsmaßnahmen oder für Versicherung ist eine freie Vereinbarung der Parteien möglich.

241 **5.** Häufig wählen Unternehmen für die Dienstwagenüberlassung **Leasingfahrzeuge**. Für die Dienstwagenüberlassung ist das Verhältnis zwischen dem Arbeitgeber und dem Leasinggeber im Grunde nicht relevant. Da der Mitarbeiter jedoch der (zumindest überwiegende) Nutzer des Fahrzeugs ist, kann ihm auferlegt werden, dass er die Einhaltung der Leasingbedingungen sicherstellt (vgl. insoweit Preis/*Greiner* Arbeitsvertrag II D 20 Rn. 4). Der Arbeitgeber hat indes zu beachten, dass er nicht sämtliche Risiken aus dem **Leasingvertrag** auf den Mitarbeiter übertragen kann. Insbesondere ist eine Formularregelung unwirksam, die dem Mitarbeiter eine Verpflichtung auferlegt, bei Ende des Arbeitsvertrags den Leasingvertrag bei seinem neuen Arbeitgeber einzubringen, einen Mitarbeiter zu finden, der firmenwagenberechtigt ist und das Fahrzeug übernehmen möchte oder den Leasingvertrag auf eigene Kosten aufzulösen (vgl. dazu LAG Köln, Urt. v. 19.06.2009 – 4 Sa 901/08, AuA 2009, 611; auch LAG Düsseldorf, Urt. v. 08.07.2011 – 10 Sa 108/11, BeckRS 2011, 76731).

242 **6.** Da es sich bei der Überlassung eines Dienstwagens auch zur privaten Nutzung um einen **Entgeltbestandteil** handelt, die private Dienstwagennutzung also Arbeitslohn in Form eines Sachbezuges darstellt, muss der Arbeitnehmer diesen geldwerten Vorteil als Arbeitseinkommen versteuern (vgl. dazu bereits die Einführung; vgl. Preis/*Greiner* Arbeitsvertrag II D 20 Rn. 28 ff.; DLW/*Dörner* Kapitel 3 Rn. 1247 ff.). Die Regelung in § 2 Abs. 2 der Dienstwagenvereinbarung wurde aus deklaratorischen Gründen aufgenommen.

243 **7.** Hinsichtlich des Nutzungsumfangs, insbesondere bezüglich der Frage, ob auch andere Personen aus der Sphäre des Mitarbeiters das Fahrzeug benutzen dürfen, ist eine freie Vereinbarung der Parteien möglich. Das Muster sieht vor, dass nur der Ehegatte bzw. der Lebenspartner oder Lebensgefährte das Fahrzeug mit benutzen darf. Weitere Einschränkungen oder Erweiterungen sind möglich.

244 **8.** Bei Schäden bzw. dem Verlust des Fahrzeuges ist zwischen der **dienstlichen** und der **privaten Nutzung** zu unterscheiden. Im Fall einer Beschädigung oder eines Verlustes des Fahrzeuges im Rahmen der dienstlichen Nutzung des Fahrzeuges sind die Grundsätze der **beschränkten Arbeit-**

nehmerhaftung bei **betrieblich veranlassten Tätigkeiten** heranzuziehen. Danach trifft den Mitarbeiter nur für Vorsatz und grobe Fahrlässigkeit die volle Haftung. Bei leichter Fahrlässigkeit trifft ihn keinerlei Haftung, im Falle von mittlerer Fahrlässigkeit kommt die anteilsmäßige Haftung in Betracht. Hinsichtlich der Beschränkung der Arbeitnehmerhaftung bei allen Arbeiten, die durch den Betrieb veranlasst sind, wird nach dem BAG hier eine entsprechende Anwendung von § 254 BGB angenommen (vgl. dazu BAG Großer Senat, Beschl. v. 27.09.1994 – GS 1/89 (A), NZA 1994, 1083, ergangen auf Vorlagebeschluss des 8. Senats des BAG, Beschl. v. 12.10.1989 – 8 AZR 741/87, NZA 1990, 95). Im Zusammenhang mit der beschränkten Arbeitnehmerhaftung ist außerdem zu beachten, dass nach Ansicht des BAG auch die Gestattung der Privatnutzung ausdrücklich nicht zu einer Verschärfung der Haftung des Mitarbeiters führt (vgl. BAG, Urt. v. 05.02.2004 – 8 AZR 91/03, NZA 2004, 649). Bei der privaten Nutzung des Dienstfahrzeuges kommt eine beschränkte Haftung des Mitarbeiters dagegen nicht in Betracht. Er haftet uneingeschränkt. Das oben genannte Haftungsprivileg kommt überdies nicht bei der unbefugten Nutzung durch Dritte in Betracht.

9. Klauselvorschlag in Anlehnung an: Beck'sche Online-Formulare Vertrag/*Schimmelpfennig/ Falkner*, 2.1.20.1, § 9; Preis/*Greiner* II D 20 Rn. 23 f.). 245

10. Aus dem **Entgeltcharakter** der erlaubten **Privatnutzung des Dienstfahrzeugs** folgt zugleich, dass dieser Entgeltbestandteil nicht ohne Weiteres **einseitig** wieder entzogen werden kann. 246

Die Herausgabe bzw. Rückgabe des Fahrzeugs im Falle der Beendigung des Arbeitsverhältnisses ist unproblematisch, da das Fahrzeug sich regelmäßig im Eigentum des Arbeitgebers befindet. Hinsichtlich einer **vorzeitigen Herausgabe** des Dienstwagens ist dagegen die aktuelle Rechtsprechung des BAG zu beachten: Bislang durfte der **Widerruf** der Dienstwagengestattung nach Ansicht des BAG schlichtweg nicht aus jedem beliebigen Anlass erfolgen, da dies zu weitgehend erschien. Vielmehr war ein **Sachgrund** erforderlich, da ansonsten eine unangemessene Benachteiligung des Arbeitnehmers i.S.v. § 308 Nr. 4 BGB anzunehmen war (BAG, Urt. v. 19.12.2006 – 9 AZR 294/06, NZA 2007, 809).

Demzufolge hatten Unternehmen in ihren Verträgen bislang die Angabe von »**wirtschaftlichen Gründen**« als Widerrufsgrund in ihre Dienstwagenvereinbarungen aufgenommen. Das genügt nun offenbar nicht mehr. Nach dem Urteil des BAG vom 13.04.2010 muss der Arbeitnehmer wissen, was auf ihn zukommt. Dabei kann es gerade nicht dem Arbeitgeber überlassen werden, zu entscheiden, was »wirtschaftliche Gründe« sind (vgl. BAG, Urt. v. 13.04.2010 – 9 AZR 113/09; EzA-SD 2010, Nr. 17, 6–8, BB 2010, 2107; *Höser* BB 2012, 574, 575; *Hey* Financial Times Deutschland vom 11.05.2010, Seite 20; Besprechung von *Schneider* StBW 2010, 759). 247

Die Gründe für den Widerruf einer Dienstwagennutzung müssen zukünftig noch nachvollziehbarer gestaltet werden. Dem Arbeitnehmer muss es allein anhand objektiver Kriterien möglich sein, zu beurteilen, ob ein Widerrufsgrund vorliegt. Das macht die **Aufzählung** der einzelnen **Widerrufsgründe** unerlässlich (vgl. *Hey* Financial Times Deutschland vom 11.05.2010, Seite 20). 248

Angesichts dieser aktuellen Rechtsprechungsentwicklung sieht das Muster in § 4 Abs. 2 eine Widerrufsklausel vor, die den Anforderungen der Rechtsprechung gerecht werden dürfte. So sind einzelne sachliche Widerrufsgründe ausdrücklich aufgezählt, deren Vorliegen der Mitarbeiter allein anhand von objektiven Umständen beurteilen kann. 249

Darüber hinaus sieht § 4 weitere Tatbestände vor, in denen die Herausgabe des Dienstwagens verlangt werden kann. Hierbei handelt es sich um solche Tatbestände, in denen auch sonst **keine Vergütung** an den Mitarbeiter gezahlt wird, wie etwa Fälle der Inanspruchnahme von **Elternzeit** oder die Inanspruchnahme von **unbezahltem Urlaub**. Für den Fall der privaten Dienstwagennutzung in der Freistellungsphase der Altersteilzeit, s. LAG Rheinland-Pfalz, Urt. v. 12.03.2015 – 5 Sa 565/14. Auch im Falle der Arbeitsunfähigkeit endet das Recht zur Privatnutzung mit Ende des Entgeltfortzahlungszeitraums (BAG, Urt. v. 21.03.2012 – 5 AZR 651/10). Jedoch ist zu beachten, dass für Zeiten des Mutterschutzes oder für Zeiten des Urlaubs nach dem BUrlG weiterhin 250

B. Standardarbeitsverhältnisse

ein Anspruch des Mitarbeiters auf seine regelmäßige Vergütung, also auch auf den Vergütungsbestandteil Privatnutzung Dienstwagen besteht (vgl. dazu Preis/*Greiner* Arbeitsvertrag II D 20 Rn. 10 f., BAG, Urt. v. 11.10.2000 – 5 AZR 240/99, BB 2001, 364).

251 **11.** Die **einseitige Entziehung** des Dienstwagens im Falle der einseitigen **Freistellung** des Mitarbeiters nach dem Ausspruch einer Kündigung ist nach Ansicht des BAG dann möglich, wenn der Mitarbeiter **berechtigterweise** von der Arbeitsleistung freigestellt worden ist (vgl. BAG, Urt. v. 19.12.2006 – 9 AZR 294/06, NZA 2007, 809). Daher sollte dieses Tatbestandsmerkmal in die Klausel aufgenommen werden. Die einseitige Entziehung des Dienstwagens ist auch dann möglich, sofern dem Arbeitnehmer der Dienstwagen auch für die private Nutzung zur Verfügung gestellt wurde. Im Hinblick auf § 315 BGB empfiehlt sich hier aber die Einräumung einer Auslauffrist (vgl. BAG, Urt. v. 21.03.2012 – 5 AZR 651/10, NJW 2012, 1756).

252 **12.** Seit der Geltung der AGB-Kontrolle für die Pflicht zur Rückgabe des Dienstwagens muss die Widerrufsklausel auch den Wert der Nutzung des Dienstwagens im Verhältnis zur Gesamtvergütung des Arbeitnehmers berücksichtigen (BAG, Urt. v. 13.04.2010 – 9 AZR 113/09, NZA-RR 2010, 457; BAG, Urt. v. 19.12.2006 – 9 AZR 294/06, DB 2007, 1253). Wenn die Widerrufsklausel fehlt oder unvollständig ist, wird der Dienstwagen widerrechtlich entzogen bzw. vorenthalten. Der Mitarbeiter hätte in diesem Fall einen Anspruch auf Herausgabe des Fahrzeuges, der ggf. im Wege der einstweiligen Verfügung geltend gemacht werden kann oder jedenfalls Anspruch auf Schadensersatz.

253 Zu § 4 Abs. 3: Die Überlassung eines Firmenwagens auch zur privaten Nutzung stellt einen geldwerten Vorteil und Sachbezug dar. Sie ist regelmäßig zusätzliche Gegenleistung für die geschuldete Arbeitsleistung. Damit ist sie nur so lange geschuldet, wie der Arbeitgeber überhaupt Arbeitsentgelt leisten muss. Damit umfasst der Nutzungsanspruch im Krankheitsfall zwar noch den Zeitraum der Entgeltfortzahlung, endet jedoch auch mit dessen Ablauf (BAG, Urt. v. 14.12.2010 – 9 AZR 631/09, NZA 2011, 569, 570).

254 **13.** Das Vertragsmuster sieht in § 4 Abs. 5 eine Gestaltungsvariante der **Befristung** der Dienstwagenüberlassung vor.

255 Grundsätzlich ist die Befristung einzelner Vertragsbestandteile/Vertragsbedingungen möglich. Dabei unterliegt die Befristung einzelner Vertragsbedingungen nicht der **Befristungskontrolle** nach § 14 Abs. 1 TzBfG, sondern der **Inhaltskontrolle** nach Maßgabe des § 307 Abs. 1 BGB (vgl. zu alldem BAG, Urt. v. 18.06.2008 – 7 AZR 245/07, AP Nr. 52 zu § 14 TzBfG; bestätigt durch BAG, Urt. v. 07.10.2015 – 7 AZR 945/13). Jedoch können nach Ansicht des BAG bei der Inhaltskontrolle solche Umstände berücksichtigt werden, die eine Befristung des Arbeitsvertrags insgesamt rechtfertigen können. Liegt ein Sachgrund nach § 14 Abs. 1 TzBfG vor, der die Befristung des Arbeitsvertrages insgesamt rechtfertigen könnte, überwiegt regelmäßig das Interesse des Arbeitgebers an der Befristung. Das ergebe sich aus den im Teilzeit- und Befristungsgesetz zum Ausdruck kommenden gesetzlichen Wertungsmaßstäben (BAG, Urt. v. 02.09.2009 – 7 AZR 233/08, EzA § 307 BGB 2002 Nr. 46, DB 2009, 2439).

256 Im Falle der Befristung der Überlassung eines Dienstwagens erscheint es denkbar, die Überlassung des Dienstwagens an diejenige Tätigkeit zu knüpfen, für die der Dienstwagen benötigt wird, auch dann, wenn die Nutzung auch zu privaten Zwecken erfolgt. So dürfte es beispielsweise im Falle eines vornehmlich im Außendienst tätigen Mitarbeiters einen sachlichen Grund darstellen, wenn die Überlassung eines Dienstfahrzeugs an ihn auch an diese außendienstliche Tätigkeit geknüpft wird und der zunächst überlassene Dienstwagen im Falle der Beendigung der Außendiensttätigkeit zurückgefordert wird.

257 Zu beachten ist jedoch, dass die Rechtswirksamkeit einer entsprechenden Regelung immer im konkreten Einzelfall zu prüfen ist, insbesondere auf die Frage, ob der Mitarbeiter durch die Befristung unangemessen benachteiligt wird.

2. Vereinbarung über die dienstliche Nutzung des privaten Kfz des Mitarbeiters

Vorbemerkung

Mitunter wird das Unternehmen von der Überlassung eines Dienstwagens (vgl. Muster B Rdn. 236) an den Mitarbeiter absehen, etwa dann, wenn seitens des Unternehmens kein Interesse daran besteht, eine Vielzahl an Kraftfahrzeugen zu kaufen oder zu leasen oder wenn der Mitarbeiter nur gelegentliche Dienstreisen unternimmt. Dann steht dem Unternehmen die Möglichkeit zur Seite, den Mitarbeitern für die **dienstliche Nutzung** ihres privaten Kraftfahrzeugs eine **Entschädigung** zu zahlen. 258

Im Folgenden soll eine entsprechende Vereinbarung vorgeschlagen werden. 259

▶ **Muster – Vereinbarung über die dienstliche Nutzung des privaten Kfz des Mitarbeiters**

[Briefkopf des Unternehmens] 260

Zwischen

der [Name und Anschrift des Unternehmens]

(im Folgenden: »Unternehmen«)

und

Herrn/Frau [Name und Anschrift des Mitarbeiters]

(im Folgenden: »Mitarbeiter«)

wird folgende Vereinbarung über die dienstliche Nutzung des privaten Kraftfahrzeugs des Mitarbeiters geschlossen:

§ 1
Nutzung des privaten Kraftfahrzeugs

Der Mitarbeiter verpflichtet sich, sein privates Kraftfahrzeug mit dem amtlichen Kennzeichen [Kennzeichen] auch für dienstlich veranlasste Fahrten zu benutzen. Dienstlich veranlasste Fahrten sind nur solche, mit denen der Mitarbeiter ausdrücklich durch das Unternehmen betraut worden ist. Im Zweifel hat der Mitarbeiter die ausdrückliche Erklärung hierüber von der Geschäftsführung einzuholen.

§ 2
Aufwendungsersatz [1]

(1) Der Mitarbeiter hat über dienstlich veranlasste Fahrten ein Fahrtenbuch zu führen. Bei seinen Eintragungen hat er insbesondere Datum und Anlass der Fahrt, Ziel und Dauer der Fahrt sowie den jeweiligen Kilometerstand zu Beginn und zum Ende der dienstlich veranlassten Fahrt einzutragen.

(2) Spätestens bis zum 5. eines jeden Monats hat der Mitarbeiter seine Fahrtkostenaufstellung für den zurückliegenden Monat beim Unternehmen einzureichen. Dabei hat er – ebenso wie im Fahrtenbuch – sämtliche dienstlich veranlassten Reisen des Vormonats sorgfältig zu dokumentieren.

(3) Das Unternehmen ersetzt dem Mitarbeiter für jeden dienstlich gefahrenen Kilometer einen Betrag in Höhe von 0,30 €. Die Parteien sind sich darüber einig, dass mit diesem Nutzungsersatz sämtliche Ansprüche des Mitarbeiters aus der dienstlichen Nutzung des Fahrzeugs vollständig abgegolten sind. Dies gilt insbesondere für laufende Betriebskosten, Steuern und Versicherungen sowie Kosten der Instandhaltung und Wartung sowie etwaige Wertminderungen. Hiervon bleiben Schäden unberührt, die auf einer vorsätzlichen und fahrlässigen Pflichtverletzung des Unternehmens oder eines gesetzlichen Vertreters oder Erfüllungsgehil-

fen des Unternehmens beruhen, die zu einer Verletzung des Lebens, des Körpers oder der Gesundheit des Mitarbeiters geführt haben. [2]

§ 3
Instandhaltung und Versicherung

Die Erhaltung der Fahrbereitschaft des Fahrzeugs sowie sämtliche straßenverkehrs- und straßenordnungsrechtliche Verpflichtungen obliegen allein dem Mitarbeiter.

§ 4
Schlussbestimmungen [3]

(1) Die vorliegende Vereinbarung enthält zum Zeitpunkt des Vertragsabschlusses die vollständige und alleinige Einigung der Parteien über die dienstliche Nutzung des privaten Kfz des Mitarbeiters. Nebenabreden existieren nicht. Änderungen und Ergänzungen dieses Vertrages sowie sämtliche Nebenabreden bedürfen zu ihrer Wirksamkeit der Schriftform. Die elektronische Form ist ausgeschlossen. Dies gilt auch für die Aufhebung, Änderung oder die Ergänzung dieses Schriftformerfordernisses. Individualvereinbarungen zwischen den Parteien haben Vorrang (§ 305b BGB).

(2) Auch eine wiederholte Gewährung von Leistungen und Vergünstigungen sowie die wiederholte Handhabung von Abläufen im Zusammenhang mit der dienstlichen Nutzung des privaten Fahrzeugs des Mitarbeiters begründen keinen Anspruch auf eine entsprechende Gewährung in der Zukunft.

(3) Sollten einzelne oder mehrere Bestimmungen dieser Vereinbarung unwirksam sein oder werden, so wird hierdurch die Wirksamkeit der Vereinbarung im Übrigen nicht berührt. Die Parteien sind sich darüber einig, dass unwirksame Bestimmungen durch solche Regelungen zu ersetzen sind, die dem Sinn und Zweck und dem wirtschaftlich Gewollten der unwirksamen Regelung am nächsten kommt. Entsprechendes gilt für den Fall einer Regelungslücke.

[Ort, Datum]

_____

(Unterschrift eines vertretungsberechtigten Organs des Unternehmens)

[Ort, Datum]

_____

(Unterschrift des Mitarbeiters)

Hiermit bestätigt der Mitarbeiter, dass er ein Exemplar der vorstehenden Vereinbarung vom Unternehmen erhalten hat.

[Ort, Datum]

_____

(Unterschrift des Mitarbeiters)

Erläuterungen

Schrifttum
Henkel Erstattung von Reisekosten AuA 2009, 273.

261 **1.** Die Erstattung der Kosten einer **Dienstreise** schuldet das Unternehmen dem Mitarbeiter bereits aus § 670 BGB (analog). Für den Aufwendungsersatz bezüglich der Fahrtkostenerstattung bedeutet dies, dass der Arbeitnehmer, wenn keine anderweitige Absprache getroffen ist, grundsätzlich die konkret entstandenen Aufwendungen ersetzt verlangen kann. Dies bezieht sich mithin auf die tatsächlich aufgewandten Treibstoffkosten (vgl. Küttner/*Griese* Aufwendungsersatz Rn. 3). Die steuerlich anerkannte Entfernungspauschale kann – ohne eine entsprechende Vereinbarung – nicht ohne Weiteres als gewollt angesehen werden. Diese steuerliche Kilometerpauschale veranschlagt für jede Dienstreise mit einem Kraftfahrzeug unabhängig vom Fahrzeugtyp oder der jährlichen Fahrleistung zurzeit eine Pauschale von 0,30 € pro Kilometer. Damit sind alle Gesamtkosten wie Betriebsmittel (Benzin, Öl), Kfz-Steuer, Haftpflicht- und Kaskoversicherung, Wartungs- und Reparaturkosten oder auch Zinsen für Anschaffungsdarlehen abgegolten (vgl. insoweit Küttner/*Griese* Pauschalbeträge Rn. 6). Das vorliegende Muster nimmt ausdrücklich auf die auch steuerlich geltende Entfernungspauschale von 0,30 € je Kilometer Bezug.

2. Mit der **Kilometerpauschale** werden grundsätzlich alle Gesamtkosten für das Kfz abgedeckt. Zu beachten ist jedoch, dass nach der ständigen Rechtsprechung des BAG das Unternehmen auch **Unfallschäden** zu ersetzen hat, wenn das Fahrzeug mit Billigung des Arbeitgebers in dessen Betätigungsbereich eingesetzt wurde, wenn also ohne den Einsatz des Mitarbeiterfahrzeuges der Arbeitgeber ein eigenes Fahrzeug hätte einsetzen müssen und der Arbeitgeber dann das Unfallrisiko auch zu tragen gehabt hätte (zuletzt BAG, Urt. v. 22.06.2011 – 8 AZR 102/10, NZA 2012, 91, 99; BAG, Urt. v. 28.10.2010 – 8 AZR 647/09, NZA 2011, 406, 408; BAG, Urt. v. 07.09.1995 – 8 AZR 515/94, NZA 1996, 32, 33). Dabei umfasst die Ersatzpflicht nach Ansicht des BAG regelmäßig auch den Nutzungsausfallschaden. Zu berücksichtigen sind jedoch auch hier die Grundsätze der beschränkten Arbeitnehmerhaftung. Bei grob fahrlässiger Verursachung durch den Arbeitnehmer ist die Ersatzverpflichtung des Arbeitgebers ausgeschlossen. Den Arbeitnehmer trifft hierbei die Darlegungs- und Beweislast für die Umstände, die eine grob fahrlässige Schadensverursachung ausschließen (BAG, Urt. v. 22.06.2011 – 8 AZR 102/10, NZA 2012, 91, 99, BAG, Urt. v. 28.10.2010 – 8 AZR 647/09, NZA 2011, 406, 409). 262

Es ist grundsätzlich anerkannt, dass ein Ersatzanspruch nicht besteht, soweit eine vom Arbeitgeber gewährte Auslagenpauschale das Schadensrisiko mit abdeckt. Dies dürfte dann anzunehmen sein, wenn die gewährte Auslagenpauschale die maximal steuerfrei zulässigen Sätze erreicht (vgl. Küttner/*Griese* Aufwendungsersatz Rn. 12 f.). Jedenfalls aber soll dies gelten, wenn der Arbeitgeber neben einer Kilometerpauschale eine weitere Pauschale in Höhe der Kosten für eine Vollkaskoversicherung zahlt (LAG Baden-Württemberg, Urt. v. 17.09.1991 – 7 Sa 44/91, BB 1992, 568). Diese Kilometerpauschale soll im Zweifel auch den Rückstufungsschaden in der Haftpflichtversicherung mit umfassen. Jedoch gilt auch hier, dass ein Nutzungsausfall, der durch die Beschädigung eines Kfz entsteht, zusätzlich zu ersetzen ist (vgl. Küttner/*Griese* Aufwendungsersatz Rn. 14). 263

Unabhängig davon wird sich das Unternehmen nicht von Schäden freizeichnen können, die auf einer vorsätzlichen oder fahrlässigen Pflichtverletzung beruhen, was zu einer Verletzung des Lebens, des Körpers oder der Gesundheit des Mitarbeiters geführt hat. 264

3. Ggf. könnte auch noch eine Ausschlussklausel aufgenommen werden, die eine Ausschlussfrist für die Geltendmachung der Aufwendungsersatzansprüche für die dienstliche Nutzung des Privat-Kfz vorsieht. Möglich ist zudem der Verweis auf die arbeitsvertragliche Ausschlussklausel (vgl. insoweit B Rdn. 50–54 (§ 16 nebst Anmerkungen 31). 265

3. Dienstwohnung

Vorbemerkung

Bei der Überlassung von **Wohnraum** an den Mitarbeiter ist zwischen der **Werkmiet**wohnung und der **Werkdienst**wohnung zu differenzieren. Eine Werkmietwohnung i.S.v. § 576 BGB ist Wohnraum, der »mit Rücksicht auf ein bestehendes Dienstverhältnis **vermietet**« wird. Es werden hier demnach zwei voneinander getrennte und unabhängige Verträge geschlossen, zum einen der Arbeitsvertrag, zum anderen ein Mietvertrag über eine Werkmietwohnung. Demgegenüber wird bei einer Werkdienstwohnung i.S.d. § 576b BGB dem Mitarbeiter Wohnraum **im Rahmen eines Dienstverhältnisses überlassen**. Die Wohnraumnutzung ist somit Bestandteil des Arbeitsverhältnisses und Teil des Arbeitsentgelts des Mitarbeiters. Nur Letzteres, die Werkdienstwoh- 266 nung, ist ein echter Vergütungsbestandteil (vgl. zur Abgrenzung Küttner/*Griese* Dienstwohnung Rn. 1 ff.).

267 Bei der Werkmietwohnung gelten hinsichtlich der mietvertraglichen Verpflichtungen die allgemeinen mietrechtlichen Regelungen. Da es sich bei der Werkdienstwohnung dagegen um einen Teil des dem Arbeitnehmer zustehenden Entgelts in Form der Nutzungsmöglichkeit der Wohnung handelt, richtet sich das Rechtsverhältnis grundsätzlich auch nach den arbeitsvertraglichen Vereinbarungen und nicht nach den mietrechtlichen Vorschriften.

▶ **Muster – Dienstwohnung**

268 [Briefkopf des Unternehmens]

Zwischen

der [Name und Anschrift des Unternehmens]

(im Folgenden: »Unternehmen«)

und

Herrn/Frau [Name und Anschrift des Mitarbeiters]

(im Folgenden: »Mitarbeiter«)

wird folgende Vereinbarung über die Überlassung von Wohnraum geschlossen:

§ 1
Werkdienstwohnung

(1) Im Rahmen des mit Arbeitsvertrag vom [Datum] begründeten Dienstverhältnisses wird dem Mitarbeiter folgender Wohnraum: [Spezifizierung durch Anschrift, Lage, Größe, etc.] zur privaten Nutzung überlassen.

(2) Der Mitarbeiter ist berechtigt, die Wohnung gemeinsam mit seiner Familie (Ehepartner/Lebenspartner, Kinder) zu bewohnen.

(3) Tritt während der Überlassung des Wohnraums an den Mitarbeiter eine Veränderung in der Anzahl oder Zusammensetzung der Bewohner ein, hat der Mitarbeiter dies unverzüglich gegenüber dem Unternehmen anzuzeigen.

§ 2
Unentgeltliche Überlassung, Tragung der Betriebskosten [1]

(1) Das Unternehmen überlässt dem Mitarbeiter die Wohnung unentgeltlich. Die Vertragsparteien sind sich darüber einig, dass die unentgeltliche Zurverfügungstellung der Wohnung ein Bestandteil des regelmäßigen Arbeitsentgelts des Mitarbeiters ist. Der Entgeltwert der Wohnungsüberlassung beträgt derzeit [Betrag] € monatlich.

(2) Die anfallenden Betriebskosten gemäß der aus der Anlage zu diesem Vertrag ersichtlichen Aufstellung hat der Mitarbeiter zu tragen. Hierfür leistet er eine monatliche Betriebskostenvorauszahlung in Höhe von [Betrag] €. Es findet eine jährliche Abrechnung der Betriebskosten statt.

§ 3
Ende der Überlassung der Dienstwohnung [2]

(1) Die Überlassung des Wohnraums an den Mitarbeiter ist an das Bestehen des Dienstverhältnisses geknüpft. Das Nutzungsrecht des Mitarbeiters endet mit der rechtswirksamen Beendigung des Arbeitsverhältnisses.

(2) § 576b BGB bleibt hiervon unberührt.

(3) Im Falle der Beendigung der Wohnraumüberlassung hat der Mitarbeiter die Dienstwohnung unverzüglich an das Unternehmen herauszugeben. Hierzu hat er insbesondere unverzüglich sämtliche Schlüssel, auch etwaig angefertigte Zweitschlüssel, am Dienstsitz des Unternehmens an Herrn/Frau [Ansprechpartner] zu übergeben.

(4) Eine stillschweigende Verlängerung des Mietverhältnisses i.S.v. § 554 BGB kommt ausdrücklich nicht in Betracht.

§ 4
Behandlung der Wohnung, Kaution

(1) Der Mitarbeiter hat eine Kaution nach Maßgabe der gesetzlichen Vorschriften (§ 551 BGB) zu leisten. Die Höhe der Kaution beträgt ____[Betrag]____ €. Der Mitarbeiter ist berechtigt, die Kaution in drei gleichen monatlichen Teilzahlungen zu erbringen, wobei die erste Teilzahlung bei Beginn der Überlassung des Wohnraums fällig wird.

(2) Der Mitarbeiter ist verpflichtet, die Wohnung und etwaig darin befindliche Einrichtungsgegenstände pfleglich zu behandeln. Etwaig während der Wohnraumüberlassung erforderlich werdende Schönheitsreparaturen hat der Mitarbeiter, ggf. nach Rücksprache mit dem Unternehmen, selbst vorzunehmen oder durch das Unternehmen vornehmen zu lassen. Zu den Schönheitsreparaturen gehören beispielsweise das Tapezieren, Anstreichen der Wände und Decken oder das Pflegen und Reinigen der Fußböden. Üblicherweise werden Schönheitsreparaturen in den Mieträumen in folgenden Zeiträumen erforderlich: in Küchen, Bädern und Duschen alle drei Jahre, in Wohn- und Schlafräumen, Fluren, Dielen und Toiletten alle fünf Jahre, in anderen Nebenräumen alle sieben Jahre. [3]

(3) Auftretende Mängel an der Wohnung hat der Mitarbeiter unverzüglich gegenüber dem Unternehmen anzuzeigen.

§ 5
Schlussbestimmungen

(1) Soweit die Parteien spezifische Regelungen zur Benutzung des Wohnraums nicht getroffen haben, sollen die entsprechenden gesetzlichen Vorschriften zur Anwendung kommen.

(2) Im Übrigen enthält die vorliegende Vereinbarung zum Zeitpunkt des Vertragsabschlusses die vollständige und alleinige Einigung zwischen den Parteien. Es wurden keine Nebenabreden getroffen. Änderungen und Ergänzungen dieses Vertrages sowie sämtliche Nebenabreden bedürfen zu ihrer Wirksamkeit der Schriftform. Die elektronische Form ist ausgeschlossen. Dies gilt auch für eine Aufhebung, Änderung oder Ergänzung dieses Schriftformerfordernisses. Individualvereinbarungen zwischen den Parteien genießen Vorrang (§ 305b BGB).

(3) Sollten einzelne oder mehrere Bestimmungen dieser Vereinbarung unwirksam sein oder werden, so wird hierdurch die Wirksamkeit des Vertrages im Übrigen nicht berührt. Die Parteien sind sich darüber einig, dass unwirksame Bestimmungen durch solche Regelungen zu ersetzen sind, die dem Sinn und Zweck und dem wirtschaftlich Gewollten der unwirksamen Regelung am nächsten kommt.

[Ort, Datum]

(Unterschrift eines vertretungsberechtigten Organs des Unternehmens)

[Ort, Datum]

(Unterschrift des Mitarbeiters)

Hiermit bestätigt der Mitarbeiter, dass er ein Exemplar der vorstehenden Vereinbarung vom Unternehmen erhalten hat.

B. Standardarbeitsverhältnisse

[Ort, Datum]

_____

(Unterschrift des Mitarbeiters)

Erläuterungen

Schrifttum

Beyer Anmerkungen zum vhw-Klauselvorschlag Schönheitsreparaturen 2008, NZM 2008, 465; *Boemke* Werkdienstwohnung – Rechtsnatur – Minderung, Anmerkung, AP Nr. 10 zu § 310 BGB; *Julius* Rechtsweg für Streitigkeiten aus der Überlassung von Werkdienstwohnungen, WuM 2000, 340; Gestaltungsvorschläge für fomularvertragliche Dekorationsklauseln des Bundesverbandes für Wohneigentum und Stadtentwicklung e.V. (vhw) 2008, NZM 2008, 474.

269 **1.** Die Überlassung einer **Dienstwohnung** stellt einen Teil des Arbeitsentgelts des Mitarbeiters dar. Zu beachten ist, dass dieser Entgeltbestandteil dem Mitarbeiter im Falle der Arbeitsunfähigkeit auch über den Zeitraum der Entgeltfortzahlung nach dem Entgeltfortzahlungsgesetz hinaus zusteht (vgl. Küttner/*Griese* Dienstwohnung Rn. 7).

270 Da die Dienstwohnung als arbeitsvertragliches Entgelt zu versteuern ist, sollte ihr **Entgeltwert** vertraglich festgehalten werden. Mieterhöhungen und damit auch eine Erhöhung des Entgeltwerts stellen zugleich eine Veränderung der Vergütung dar. Hierfür müssen stets die Instrumente des Arbeitsvertragsrechts (z.B. eine Änderungskündigung) herangezogen werden (vgl. Küttner/*Griese* Dienstwohnung Rn. 7).

271 **2.** § 3 hält zunächst fest, dass die Überlassung des Wohnraums an das Bestehen des Arbeitsverhältnisses geknüpft wird. Die Klausel ist deklaratorisch, da – anders als im Falle der Werkmietwohnung – Arbeitsvertrag und Überlassung der Wohnung eine Einheit bilden.

272 Überdies wird der Hinweis auf § 576b BGB aufgenommen. Danach gelten auch für den Fall einer Werkdienstwohnung für die Beendigung dieses Mietverhältnisses die Vorschriften über Mietverhältnisse, wenn der Mitarbeiter den Wohnraum entweder überwiegend mit **eigenen Einrichtungsgegenständen** ausgestattet hat oder er mit seiner Familie oder anderen Personen, mit denen er ein auf Dauer angelegten gemeinsamen Haushalt führt, in der Wohnung lebt. Das Unternehmen muss in diesem Falle das »Mietverhältnis« ausdrücklich (zusätzlich) kündigen.

273 **3.** In Mietverträgen werden üblicherweise Regelungen zur Übernahme von **Schönheitsreparaturen** aufgenommen. Dabei wurden früher häufig zeitliche Abstände festgelegt, innerhalb derer bestimmte Schönheitsreparaturen vorzunehmen waren. Solche **starren Fristenregelungen** hat der BGH jedoch für unwirksam erklärt, weil sie den Mieter unangemessen benachteiligen (vgl. etwa BGH, Versäumnisurteil vom 25.06.2003 – VIII ZR 355/02, NJW 2003, 3192). In der Folge wurde in den Formularmietverträgen dazu übergegangen, Fristen, in denen üblicherweise Renovierungen erforderlich werden, als **unverbindliche Orientierungshilfe** heranzuziehen. Dies soll nach Ansicht des BAG auch zulässig sein. Nicht zulässig dagegen ist die bloße Bezugnahme auf die »üblichen Fristen«, da dies faktisch einem starren Fristenplan gleich komme. (vgl. dazu: BGH, Urt. v. 22.10.2008 – VIII ZR 283/07, NJW 2009, 62 – in Anlehnung an dieses Urteil wurde auch die »Fristenorientierung« formuliert).

274 Nicht zuletzt zur Vermeidung einer unangemessenen Benachteiligung hat die hier vorgeschlagene Klausel zudem ein größtmögliches Maß an Kooperation gewählt, indem Schönheitsreparaturen ggf. nach Rücksprache mit dem Unternehmen oder möglicherweise auch durch das Unternehmen selbst vorgenommen werden.

275 Ungeachtet dessen ist zu beachten, dass es im Rahmen der Dekorations-/Schönheitsreparaturklauseln noch eine Vielzahl an ungeklärten Fragen gibt, die die Klauselgestaltung beeinflussen können. Daher sollten Verwender von Schönheitsreparaturklauseln die Entwicklung der Rechtsprechung im Blick behalten und die Klauseln ggf. an die geänderten Anforderungen anpassen.

4. Umzugskosten

Vorbemerkung

Grundsätzlich hat der Mitarbeiter, wenn er zum Zweck der Arbeitsaufnahme in die Nähe des Unternehmens zieht, die **Kosten des Umzugs** selbst zu tragen. Um einem potentiellen Mitarbeiter einen zusätzlichen Anreiz zum Abschluss des Arbeitsvertrages zu geben, übernehmen Unternehmen häufig die für einen Umzug erforderlich werdenden Umzugskosten.

Davon zu unterscheiden ist eine Versetzung aus dienstlichen Gründen, etwa wenn der Mitarbeiter aufgrund einer Verlegung des Unternehmens umziehen muss. In diesen Fällen besteht ein gesetzlicher Anspruch des Mitarbeiters auf den Ersatz der angefallenen Umzugskosten unter dem Gesichtspunkt des Aufwendungsersatzes gem. § 670 BGB. Entgegenstehende Vereinbarungen sind nichtig (vgl. Preis/*Stoffels* Arbeitsvertrag II U 10 Rn. 2).

Übernimmt das Unternehmen für den neuen Mitarbeiter die anfallenden Umzugskosten, so besteht ein nachvollziehbares Interesse, den Mitarbeiter auch für eine gewisse Zeit an das Unternehmen zu binden bzw. im Falle einer vorzeitigen Beendigung des Arbeitsverhältnisses zumindest einen Teil der erstatteten Umzugskosten zurückzuverlangen.

▶ **Muster – Umzugskosten**

[Briefkopf des Unternehmens]

Zwischen

der [Name und Anschrift des Unternehmens]

(im Folgenden: »Unternehmen«)

und

Herrn/Frau [Name und Anschrift des Mitarbeiters]

(im Folgenden: »Mitarbeiter«)

wird folgende Vereinbarung über die Erstattung von Umzugskosten geschlossen:

§ 1
Umzugskosten

(1) Der Mitarbeiter tritt aufgrund des Arbeitsvertrages vom ____[Datum]____ in die Dienste des Unternehmens. Um seiner Tätigkeit beim Unternehmen nachgehen zu können, wird ein Umzug des Mitarbeiters von seinem bisherigen Wohnort in die Nähe des Unternehmens erforderlich.

(2) Das Unternehmen verpflichtet sich, dem Mitarbeiter die entstehenden Umzugskosten gegen Vorlage der entsprechenden Belege in voller Höhe zu erstatten.

[optional:

(2) Die Firma verpflichtet sich, dem Mitarbeiter einen Umzugskostenzuschuss in Höhe von ____[Betrag]____ € zu den entstehenden Umzugskosten zu leisten.]

(3) Der Mitarbeiter verpflichtet sich, vor seinem Umzug das Angebot von mindestens zwei verschiedenen Transportunternehmen/Möbelspediteuren einzuholen. Die Parteien sind sich darüber einig, dass der Mitarbeiter den Auftrag nur im Einverständnis mit dem Unternehmen erteilen wird.

§ 2
Rückzahlung [1]

Endet das Arbeitsverhältnis vor dem Ablauf von drei Jahren durch eine Eigenkündigung des Mitarbeiters, die nicht aus wichtigem Grund erfolgt, oder durch eine Kündigung seitens des Unternehmens aus einem vom Mitarbeiter zu vertretenden Grund, so ist der Mitarbeiter dazu verpflichtet, die vom Unternehmen übernommenen Umzugskosten zurückzuerstatten. Dabei reduziert sich der vom Mitarbeiter zurückzuerstattende Betrag für jeden Monat seiner Unternehmenszugehörigkeit um $1/36$. Dabei werden nicht vollendete Monate aufgerundet. [2]

§ 3
Schlussbestimmungen

(1) Die vorliegende Vereinbarung über die Erstattung von Umzugskosten enthält zum Zeitpunkt des Vertragsabschlusses die vollständige und alleinige Einigung zwischen den Parteien. Es wurden keine Nebenabreden getroffen. Änderungen und Ergänzungen dieser Vereinbarung sowie sämtliche Nebenabreden bedürfen zu ihrer Wirksamkeit der Schriftform. Die elektronische Form ist ausgeschlossen. Dies gilt auch für die Aufhebung, Änderung oder die Ergänzung dieses Schriftformerfordernisses. Individualvereinbarungen zwischen den Parteien haben Vorrang (§ 305b BGB).

(2) Sollten einzelne oder mehrere Bestimmungen dieser Vereinbarung unwirksam sein oder werden, so wird hierdurch die Wirksamkeit der Vereinbarung im Übrigen nicht berührt. Die Parteien sind sich darüber einig, dass unwirksame Bestimmungen durch solche Regelungen zu ersetzen sind, die dem Sinn und Zweck und dem wirtschaftlich Gewollten der unwirksamen Regelung am nächsten kommt. Entsprechendes gilt für den Fall einer Regelungslücke.

[Ort, Datum]
_____

(Unterschrift eines vertretungsberechtigten Organs des Unternehmens)

[Ort, Datum]
_____

(Unterschrift des Mitarbeiters)

Hiermit bestätigt der Mitarbeiter, dass er ein Exemplar der vorstehenden Vereinbarung vom Unternehmen erhalten hat.

[Ort, Datum]
_____

(Unterschrift des Mitarbeiters)

Erläuterungen

280 **1.** Übernimmt der Arbeitgeber die entstandenen Umzugskosten des Mitarbeiters ganz oder zum Teil und endet das Arbeitsverhältnis alsbald, hat der Arbeitgeber ein Interesse daran, die von ihm getragenen Umzugskosten ganz oder zum Teil zurückzufordern. Eine solche Rückforderung setzt zunächst eine ausdrückliche entsprechende Abrede voraus. Ferner muss der Mitarbeiter vor unangemessenen Benachteiligungen geschützt werden. Eine allzu lange, durch etwaige Rückzahlungsvereinbarungen begründete, Bindungsfrist führt zu einer unangemessenen Benachteiligung des Mitarbeiters.

281 Das BAG hat eine **dreijährige Bindungsfrist** anerkannt und dabei eine Minderung des Rückzahlungsbetrags in Abhängigkeit von der Dauer der Betriebszugehörigkeit nicht für erforderlich gehalten. Das soll jedenfalls dann gelten, wenn der Erstattungsbetrag ein **Monatsentgelt** nicht überschreitet (vgl. BAG, Urt. v. 24.02.1975 – 5 AZR 235/74, EzA Art. 12 GG Nr. 11; vgl. AR/*Kamanabrou* § 611 BGB Rn. 217). Eine Bindungsdauer von fünf Jahren wurde von den Instanzgerichten für nicht mehr zulässig gehalten (vgl. AR/*Kamanabrou* § 611 BGB Rn. 217 m.w.N.).

282 **2.** In Anlehnung an die Rechtsprechung des BAG zur Rückerstattung von Aus- und Fortbildungskosten wurde im vorliegenden Muster eine **Staffelung des Rückzahlungsbetrages** entsprechend der Dauer der **Betriebszugehörigkeit** des Mitarbeiters vorgenommen. Eine solche Regelung

ist jedenfalls dann ratsam, wenn sich der vom Arbeitgeber getragene Betrag für die Umzugskosten in einem Rahmen bewegt, der ein Monatsgehalt des Mitarbeiters überschreitet (vgl. bereits oben). (Die Klausel ist in Anlehnung an Preis/*Wagner*/*Stoffels* Arbeitsvertrag II U 10 Rn. 39 gestaltet, vgl. auch die dortigen Erläuterungen unter II. U 10 Rn. 16 ff.).

IV. Vergütungsbestandteile: Urlaub

1. Urlaubsregelungen

Vorbemerkung

Der Standardarbeitsvertrag eines angestellten Arbeitnehmers (keine Tarifbindung) B Rdn. 4 – dort § 7 nebst Anm. 15 (B Rdn. 29) – enthält nur den schlichten Verweis auf den Urlaubsanspruch nach den Vorschriften des BUrlG. Hintergrund dieser eher zurückhaltenden Regelung ist die geänderte Rechtslage seit dem sog. »Schultz-Hoff«-Urteil des Europäischen Gerichtshofes (EuGH) vom 20.01.2009 (C-350/06- und C-520/06-verbundene Rechtssachen »Schultz-Hoff« und »Stringer« NZA 2009, 135; vgl. auch EuGH, Urt. v. 10.09.2009 – C-277/08 – »Vicente Pereda«, NZA 2009, 1133).

283

Mit dieser aufsehenerregenden Entscheidung hat der EuGH die bis dahin gefestigte Rechtsprechung des BAG verworfen, nach der nach § 7 Abs. 3 BUrlG nicht genommener Urlaub am Jahresende, spätestens aber mit Ablauf des Übertragungszeitraumes, also am 31.03. des Folgejahres, verfällt. Nach Ansicht des EuGH kann nicht in Anspruch genommener Urlaub dann nicht verfallen, wenn der Arbeitnehmer während des gesamten Jahres und des gesamten Übertragungszeitraums arbeitsunfähig erkrankt war und aus diesem Grunde seinen Urlaub nicht verwirklichen konnte. Diese Vorgabe des EuGH wurde zwischenzeitlich auch durch das BAG umgesetzt (vgl. u.a. BAG, Urt. v. 16.10.2012 – 9 AZR 63/11, NZA 2013, 326, BAG, Urt. v. 24.03.2009 – 9 AZR 983/07, NZA 2009, 538). In einer weiteren Entscheidung bewertete der EuGH, einen tarifvertraglich vorgesehenen Übertragungszeitraum von 15 Monaten als mit Europarecht vereinbar. Der Übertragungszeitraum sei einschränkbar, um den Arbeitgeber vor der Gefahr einer Ansammlung von zu langen Abwesenheitszeiträumen durch den Arbeitnehmer zu schützen, so das Gericht. Der EuGH trifft jedoch keine verbindliche Aussage über die Mindestdauer eines Übertragungszeitraums (EuGH, Urt. v. 22.11.2011 – C-214/10 »KHS-Schulte«).

284

Die Vorgaben des EuGH sowie des höchsten deutschen Arbeitsgerichts haben eine Vielzahl an neuen Rechtsfragen aufgeworfen und zwingen insbesondere zur Modifikation der bisherigen Vertragsgestaltung im Hinblick auf Urlaubsregelungen. Das folgende Muster enthält Anregungen und Vorschläge für die modifizierte Vertragsgestaltung.

285

▶ **Muster – Urlaubsregelungen** [1]

§ ___[Paragraf]___
Urlaub

286

(1) Der Arbeitnehmer hat Anspruch auf den gesetzlichen Mindesterholungsurlaub von 20 Tagen jährlich, bezogen auf eine 5-Tage-Woche. Im Übrigen gelten die Vorschriften des BUrlG in seiner jeweils geltenden Fassung.

(2) Darüber hinaus steht dem Mitarbeiter zusätzlicher bezahlter Erholungsurlaub von weiteren ___[Anzahl]___ Tagen pro Jahr zu. Dieser Urlaubsanspruch verfällt spätestens mit Ablauf des Kalenderjahres. Das gilt auch dann, wenn der Arbeitnehmer den Urlaub aus von ihm nicht zu vertretenden Gründen nicht nehmen kann, z.B. weil er während des Urlaubsjahres arbeitsunfähig erkrankt ist. [2]

(3) Mit der Urlaubserteilung erfüllt der Arbeitgeber zunächst den Anspruch des Arbeitnehmers auf den gesetzlichen Mindesterholungsurlaub, dann einen ggf. bestehenden Anspruch auf ge-

setzlichen Zusatzurlaub. Erst nach vollständiger Erfüllung des gesetzlichen Urlaubsanspruchs wird der vertragliche Mehrurlaub i.S.d. Abs. 2 Satz 1 erteilt. [3]

[optional:

(4) Darüber hinaus steht dem Mitarbeiter zusätzlich bezahlter Mehrurlaub von weiteren _____ [Anzahl] _____ Tagen pro Jahr zu. Das Unternehmen behält sich jedoch vor, diesen zusätzlichen Mehrurlaub nach billigem Ermessen zu widerrufen und zukünftig ganz oder in Teilen nicht mehr zu gewähren. Ein Widerruf durch das Unternehmen kann nur aus wirtschaftlichen Gründen erfolgen. Der Widerruf ist zulässig, wenn der Jahresabschluss des Arbeitgebers für das vorangegangene Geschäftsjahr ein negatives Jahresergebnis ausweist. Der Mehrurlaub nach dieser Vorschrift verfällt spätestens mit Ablauf des Kalenderjahres. Dies gilt auch dann, wenn der Mitarbeiter den Urlaub aus von ihm nicht zu vertretenden Gründen nicht nehmen kann, z.B. weil er während des Urlaubsjahres arbeitsunfähig erkrankt ist. [4]*]*

Erläuterungen

Schrifttum

Bauer/Arnold EuGH kippt deutsches Urlaubsrecht, NJW 2009, 631; *Gaul/Bonanni/Ludwig* Urlaubsanspruch trotz Langzeiterkrankung – Handlungsbedarf für die betriebliche Praxis!, DB 2009, 1018; *Gaul/Josten/Strauf* EuGH: Urlaubsanspruch trotz Dauererkrankheit, BB 2009, 497; *Kohte/Beetz* juris PR-ArbR 25/2009, Anmerkung 1; *Krieger/Arnold* Urlaub 1. + 2. Klasse – Das BAG folgt der Schultz-Hoff-Entscheidung des EuGH, NZA 2009, 530; *Polar/Kafka* Verfallbare und unverfallbare Urlaubsansprüche, NJW 2015, 2289; *Powietzka/Fallenstein* Urlaubsklauseln in Arbeitsverträgen – Regelungsbedarf und Gestaltungsmöglichkeiten nach der »Schulz-Hoff«-Entscheidung, NZA 2010, 673.

287 **1.** Im Standardarbeitsvertrag B Rdn. 4 – dort § 7 nebst Anm. 15 (B Rdn. 29) – ist lediglich der Urlaubsanspruch des Mitarbeiters entsprechend der gesetzlichen Vorschriften des BUrlG geregelt. Je nach Bedarf kann diese Urlaubsregelung durch die folgenden Regelungen ergänzt werden. Folglich ist das Muster Urlaubsregelungen nicht als eigenständige vertragliche Vereinbarung ausgestaltet, sondern beinhaltet lediglich aneinanderfolgende Absätze, um die die Standardarbeitsverträge ggf. ergänzt werden können.

288 **2.** Die hier vorgenommene **Differenzierung** zwischen dem **gesetzlichen Mindesturlaub** und etwaig gewährtem **übergesetzlichen Mehrurlaub** wird durch die neue Rechtsprechung des EuGH und des BAG notwendig. Da nach Ansicht des EuGH der gesetzliche Mindesterholungsurlaub nicht verfallen kann, wohl aber etwaig übergesetzlich gewährter Mehrurlaub (vgl. u.a. EuGH, Urt. v. 03.05.2012 – C – 337/10 – »Neidel«, NVwZ 2012, 688), hierfür jedoch ein entsprechender **Regelungswille** der Vertragsparteien erkennbar sein muss, muss ausdrücklich zwischen dem gesetzlichen Mindesturlaub und dem übergesetzlichen Mehrurlaub unterschieden werden (vgl. BAG, Urt. v. 18.02.2014 – 9 AZR, 765/12, BeckRS 2014, 70031). Die Urlaubsregelung muss eindeutig klarstellen, dass bei **Langzeiterkrankung** nur der gesetzliche Mindesturlaub erhalten bleibt, darüber hinausgehender Mehrurlaub jedoch am Ende des Kalenderjahres verfallen soll (vgl. zuletzt BAG, Urt. v. 12.11.2013 – 9 AZR 551/12, JurionRS 2013, 53369; BAG, Urt. v. 12.04.2011 – 9 AZR 80/10, NZA 2011, 1050, 1051).

289 **3.** Mit der nun durch das BAG vorgegebenen Differenzierung zwischen gesetzlichem Mindesturlaub und übergesetzlichem Mehrurlaub wird auch die Frage relevant, welche Urlaubsansprüche bei einer **Urlaubsgewährung** durch den Arbeitgeber zuerst erfüllt werden. Ist ein Arbeitnehmer, der einen Teil seines Jahresurlaubs bereits genommen hat, über das Ende des **Übertragungszeitraums** hinaus arbeitsunfähig erkrankt, kann diese Frage erhebliche Auswirkungen auf seinen Urlaubsanspruch haben.

290 In aller Regel dürfte der Arbeitgeber in der Praxis zumindest bislang bei der Urlaubserteilung keine **Tilgungsbestimmung** getroffen haben. In diesem Fall ist durch Auslegung aufgrund aller Umstände des Einzelfalls zu bestimmen, ob er zuerst auf den gesetzlichen Mindesturlaub oder auf den vertraglichen Mehrurlaub leistet. Hier können sich erhebliche Auslegungsprobleme ergeben,

die der Arbeitgeber vermeiden kann, indem er – wie hier vorgesehen – bereits im Arbeitsvertrag eine ausdrückliche Tilgungsbestimmung trifft. Die arbeitsvertragliche Urlaubsregelung legt fest, dass mit der Urlaubsgewährung zuerst der gesetzliche Mindesturlaubsanspruch erfüllt wird, bis dieser vollständig aufgebraucht ist.

In der Musterurlaubsklausel ist als »zweite Tilgungsbestimmung« ein ggf. bestehender Anspruch auf **gesetzlichen Zusatzurlaub** erfasst. Nach der Entscheidung des BAG vom 24.03.2009 (– 9 AZR 983/07, NZA 2009, 583) war zunächst noch umstritten, ob nur der gesetzliche Mindesterholungsurlaub im Falle einer andauernden Arbeitsunfähigkeit erhalten bleibt oder ob auch zusätzliche gesetzliche Ansprüche auf Urlaub nicht verfallen dürfen. Zu diesen zusätzlichen Urlaubsansprüchen zählen beispielsweise der Zusatzurlaub für Schwerbehinderte (§ 125 Abs. 1 SGB IX) oder auch der erhöhte Urlaubsanspruch für Jugendliche nach § 19 JArbSchG. Die Landesarbeitsgerichte hatten hierzu unterschiedliche Auffassungen vertreten (vgl. LAG Düsseldorf, Urt. v. 02.02.2009 – 12 Sa 486/06, NZA-RR 2009, 242, 247; LAG Berlin-Brandenburg, Urt. v. 02.10.2009 – 6 Sa 1215/09, JurionRS 2009, 29237 und 6 Sa 1536/09; ArbG Berlin, Urt. v. 22.04.2009 – 56 Ca 21280/08, NZA-RR 2009, 411). Zwischenzeitlich hat das BAG mit Urteil vom 23.03.2010 entschieden, dass der Anspruch auf **Schwerbehindertenzusatzurlaub** das rechtliche Schicksal des Mindesturlaubsanspruchs teilt. Auch er muss daher bei der Beendigung des Arbeitsverhältnisses abgegolten werden, wenn der Arbeitnehmer bis zum Ende des Übertragungszeitraums arbeitsunfähig erkrankt war und daher seinen Urlaub nicht in Anspruch nehmen konnte (BAG, Urt. v. 23.03.2010 – 9 AZR 128/09, NZA 2010, 810, so auch BAG, Urt. v. 11.06.2013 – 9 AZR 855/11, JurionRS 2013, 45969). Nach alledem muss sich eine Tilgungsregelung auch auf gesetzlichen zusätzlichen Urlaub beziehen.

4. Als rechtliche Gestaltungsmöglichkeit im Hinblick auf den zusätzlich gewährten vertraglichen Mehrurlaub wurde hier die Variante des **Widerrufsvorbehalts** gewählt. Eine solche Gestaltung ist nach Ansicht des BAG zulässig. Das BAG geht davon aus, dass die Arbeitsvertragsparteien Urlaubs- und Urlaubsabgeltungsansprüche, die den gesetzlichen Mindesturlaub übersteigen, frei regeln können (BAG, Urt. v. 24.03.2009 – 9 AZR 983/07, NZA 2009, 538, 546 f.). Diese freie Regelungsbefugnis sei auch nicht durch die Angemessenheitskontrolle gem. § 307 Abs. 1 Satz 1 und Abs. 2 BGB eingeschränkt, weil die Vereinbarungen über den Mehrurlaub nicht von gesetzlichen Vorschriften abwichen (kritisch hierzu *Powietzka/Fallenstein* NZA 2010, 673; *Krieger/Arnold* NZA 2009, 530, 533; *Bauer/Arnold* NJW 2009, 631, 634).

2. Sonderurlaub

Vorbemerkung

Neben den unter B Rdn. 286 vorgeschlagenen Regelungen zu Urlaubsklauseln bezüglich des gesetzlichen und übergesetzlichen bezahlten Erholungsurlaubs bieten sich auch Regelungen über (unbezahlten) Sonderurlaub bereits in der arbeitsvertraglichen Gestaltung an. Grundsätzlich kann bei Sonderurlaub zwischen bezahltem und unbezahltem Sonderurlaub unterschieden werden. Bezahlter Sonderurlaub wird häufig in Form von einzelnen Urlaubstagen für besondere persönliche Anlässe, oft auch kraft betrieblicher Übung, gewährt (z.B. bei Anlässen wie der eigenen Hochzeit des Mitarbeiters oder der Geburt eines Kindes).

Im Folgenden soll eine Regelung zu unbezahltem Sonderurlaub aufgenommen werden. Unbezahlter Sonderurlaub liegt vor, wenn der Mitarbeiter unter dem Verzicht auf seine Vergütung von der Leistung zur Arbeitspflicht freigestellt wird. Dieser Urlaub erfolgt häufig auf Initiative des Mitarbeiters. Typischerweise fallen unter diese Variante verlängerte Heimaturlaube ausländischer Arbeitnehmer oder auch die Freistellung des Mitarbeiters, um dessen Wunsch nach einer außerbetrieblichen Fort- oder Weiterbildung nachzukommen (vgl. hierzu Küttner/*Poeche* Urlaub, unbezahlter Rn. 1 ff.).

B. Standardarbeitsverhältnisse

▶ **Muster – Sonderurlaub** [1]

295
§ _____[Paragraf]_____
Sonderurlaub

(1) Der Mitarbeiter hat Anspruch auf unbezahlten Sonderurlaub von bis zu _____[Anzahl]_____ Tagen pro Jahr, wenn ein wichtiger Grund vorliegt und dringende betriebliche Verhältnisse der Inanspruchnahme des Urlaubs nicht entgegenstehen. Ein wichtiger Grund kann insbesondere im Falle von persönlichen Leistungshindernissen des Mitarbeiters anzunehmen sein, wenn dem Mitarbeiter seine Arbeitsleistung unter Abwägung seiner Interessen mit den Interessen des Unternehmens nicht zumutbar ist. [2]

(2) Die gesetzlichen Vorschriften für den Fall persönlicher Leistungshindernisse bleiben hiervon unberührt. [3]

(3) Nimmt der Mitarbeiter unbezahlten Sonderurlaub in Anspruch, so kürzt sich seine jährliche Sonderzuwendung nach § _____[Paragraf]_____ für jeden vollen Monat der Inanspruchnahme unbezahlten Sonderurlaub um $^1/_{12}$. [4]

Erläuterungen

Schrifttum

Fieberg Urlaubsanspruch bei ruhendem Arbeitsverhältnis, NZA 2009, 929; *Marschner* Ausländische Arbeitnehmer, AR-Blattei SD 330; *von Steinau-Steinrück/Mosch* Angehörigenpflege und Arbeitsrecht, NJW-Spezial 2010, 178.

296 **1.** Das folgende Muster stellt keine selbstständige Vereinbarung zwischen Mitarbeiter und Unternehmen dar. Vielmehr werden hier einzelne Klauseln vorgeschlagen, um die die in den Musterarbeitsverträgen, beispielsweise im Standardarbeitsvertrag unter B Rdn. 4 (§ 7) aufgenommenen Urlaubsklauseln ggf. ergänzt werden können. Die nachfolgenden Klauseln können somit je nach Bedarf an den entsprechenden Stellen aufgenommen werden.

297 **2.** Durch eine solche Klausel vereinbaren Unternehmen und Mitarbeiter die gegenseitige Entbindung von den arbeitsvertraglichen Hauptpflichten. Durch die Gewährung **unbezahlten Sonderurlaubs** wird der Mitarbeiter von seiner Verpflichtung zur Arbeitsleistung befreit, zugleich wird das Unternehmen von der Verpflichtung zur Entgeltzahlung entbunden.

298 **3.** Die Klarstellung, dass die Rechte des Mitarbeiters im Übrigen unberührt bleiben, ist erforderlich, um die Klausel AGB-kontrollfest zu machen. Hintergrund ist, dass der Mitarbeiter ohnehin nach § 616 Satz 1 BGB ein Leistungsverweigerungsrecht bei kurzfristiger Verhinderung hat. Überdies berechtigt § 275 Abs. 3 BGB den Mitarbeiter, die Arbeitsleistung zu verweigern, wenn sie unter Abwägung des der Leistung entgegenstehenden Hindernisses und dem Leistungsinteresse des Arbeitgebers nicht zugemutet werden kann (vgl. ErfK/*Preis* § 611 BGB Rn. 685 ff., § 616 BGB Rn. 1 ff.).

299 **4. Gratifikationen**, wie z.B. Weihnachtsgeld, können bei einer entsprechenden Vereinbarung für die Zeit des unbezahlten Urlaubs anteilig **gemindert** werden (vgl. Küttner/*Poeche* Urlaub, unbezahlter Rn. 6; vgl. auch BAG, Urt. v. 31.07.2002 – 10 AZR 578/01, EzA § 611 BGB Gratifikationen, Prämie Nr. 167 zu einer entsprechenden tariflichen Regelung; BAG, Urt. v. 14.12.1995 – 6 AZR 297/05, DB 1996, 2341). Von dieser Möglichkeit sollte das Unternehmen daher durch eine ausdrückliche Regelung auch Gebrauch machen. Zu beachten ist jedoch, dass eine Kürzung von tariflichem oder gesetzlichem Urlaub des Mitarbeiters um die Zeit des unbezahlten Urlaubs nicht möglich ist (vgl. Küttner/*Poeche* Urlaub, unbezahlter Rn. 6; BAG, Urt. v. 30.07.1986 – 8 AZR 475/84, BB 1986, 2200; vgl. auch LAG Hamm, Urt. v. 04.09.2001 – 11 Sa 430/01, JurionRS 2001, 27274).

C. Vertragliche und nachvertragliche Nebenpflichten

Inhaltsübersicht

		Rdn.
I.	Vertragliche Nebenpflichten	1
1.	Zusatzvereinbarung zur Wahrung von Betriebs- und Geschäftsgeheimnissen sowie sonstigen vertraulichen Angelegenheiten	1
	Vorbemerkung	1
	Muster: Zusatzvereinbarung zur Wahrung von Betriebs- und Geschäftsgeheimnissen sowie sonstigen vertraulichen Angelegenheiten	5
	Erläuterungen	6
2.	Anzeige einer Nebentätigkeit	22
	Vorbemerkung	22
	Muster: Anzeige einer Nebentätigkeit	25
	Erläuterungen	26
3.	Ablehnung/Untersagung einer Nebentätigkeit	29
	Vorbemerkung	29
	Muster: Ablehnung/Untersagung einer Nebentätigkeit	31
	Erläuterungen	32
4.	Verpflichtung auf das Datengeheimnis (§ 5 BDSG)	35
	Vorbemerkung	35
	Muster: Verpflichtung auf das Datengeheimnis	39
	Erläuterungen	40
5.	Zusatzvereinbarung über die dienstliche Nutzung von Internet und E-Mail	52
	Vorbemerkung	52
	Muster: Zusatzvereinbarung über die dienstliche Nutzung von Internet und E-Mail	58
	Erläuterungen	59
6.	Zusatzvereinbarung über Arbeitnehmererfindungen und sonstige Arbeitsergebnisse	70
	Vorbemerkung	70
	Muster: Zusatzvereinbarung über Arbeitnehmererfindungen und sonstige Arbeitsergebnisse	75
	Erläuterungen	76
7.	Zusatzvereinbarung über Tätigkeit im Home Office (ausschließliche Telearbeit)	90
	Vorbemerkung	90
	Muster: Zusatzvereinbarung über Tätigkeit im Home Office (ausschließliche Telearbeit)	92
	Erläuterungen	93
II.	Nachvertragliche Nebenpflichten	119
1.	Nachvertragliches Wettbewerbsverbot	119
	Vorbemerkung	119
	Muster: Nachvertragliches Wettbewerbsverbot	121
	Erläuterungen	122
2.	Aufforderung zur Mitteilung anderweitigen Erwerbs	152
	Vorbemerkung	152
	Muster: Aufforderung zur Mitteilung anderweitigen Erwerbs	154
	Erläuterungen	155
3.	Verzicht des Arbeitgebers auf ein nachvertragliches Wettbewerbsverbot	164
	Vorbemerkung	164
	Muster: Verzicht des Arbeitgebers auf ein nachvertragliches Wettbewerbsverbot	167
	Erläuterungen	168
4.	Lösungserklärung des Arbeitgebers von einem nachvertraglichen Wettbewerbsverbot bei außerordentlicher Kündigung	171
	Vorbemerkung	171
	Muster: Lösungserklärung Arbeitgeber vom nachvertraglichen Wettbewerbsverbot	174
	Erläuterungen	175
5.	Lösungserklärung des Arbeitnehmers von einem nachvertraglichen Wettbewerbsverbot	177
	Vorbemerkung	177
	Muster: Lösungserklärung Arbeitnehmer vom nachvertraglichen Wettbewerbsverbot	181
	Erläuterungen	182

C. Vertragliche und nachvertragliche Nebenpflichten

		Rdn.
6.	Angebot des Arbeitgebers auf Zahlung einer auf 100 % erhöhten Karenzentschädigung	184
	Vorbemerkung	184
	Muster: Angebot des Arbeitgebers auf 100 % erhöhte Karenzentschädigung	187
	Erläuterungen	188
7.	Ablehnungsandrohung des Arbeitnehmers bezüglich der Einhaltung des nachvertraglichen Wettbewerbsverbots im Falle der Nicht-Zahlung der Karenzentschädigung	190
	Vorbemerkung	190
	Muster: Nicht-Zahlung der Karenzentschädigung: Ablehnungsandrohung	192
	Erläuterungen	193
8.	Rücktritt des Arbeitgebers bei Verstoß des Arbeitnehmers gegen das nachvertragliche Wettbewerbsverbot	196
	Vorbemerkung	196
	Muster: Rücktritt des Arbeitgebers bei Verstoß des Arbeitnehmers gegen das nachträgliche Wettbewerbsverbot	199
	Erläuterungen	200
9.	Aufforderung an den Mitarbeiter zur Rückgabe von Gegenständen/Unterlagen nach Beendigung des Arbeitsverhältnisses	203
	Vorbemerkung	203
	Muster: Aufforderung an den Mitarbeiter zur Rückgabe von Gegenständen/Unterlagen nach Beendigung des Arbeitsverhältnisses	205
	Erläuterungen	206

I. Vertragliche Nebenpflichten

1. Zusatzvereinbarung zur Wahrung von Betriebs- und Geschäftsgeheimnissen sowie sonstigen vertraulichen Angelegenheiten

Vorbemerkung

1 Die **allgemeine Verschwiegenheitspflicht** ergibt sich als arbeitsvertragliche Nebenpflicht aus dem Arbeitsvertrag sowie aus § 17 UWG (DLW/*Dörner* Kapitel 3 Rn. 479 f.) und bindet den Mitarbeiter, auch ohne explizite Vereinbarung, während der Dauer des Arbeitsverhältnisses. Sie erfasst über § 17 UWG hinaus nicht nur Betriebs- und Geschäftsgeheimnisse, sondern auch sonstige vertrauliche Vorgänge und Tatsachen, die dem Mitarbeiter aufgrund seiner Stellung im Betrieb bekannt geworden sind und deren Geheimhaltung im Interesse des Unternehmens liegt (*Richters/Wodtke* NZA-RR 2003, 281, 283; *Schwab* AiB 2011, 512, 512 f.; ausführlich zur Bedeutung des § 17 UWG: *Fingerhut* BB 2014, 389).

2 Das BAG geht auch ohne ausdrückliche Vereinbarung von einer Nachwirkung der allgemeinen Verschwiegenheitspflicht aus, welche diese über das Ende des Arbeitsverhältnisses hinaus erstreckt (BAG, Urt. v. 16.03.1982 – 3 AZR 83/79, EzA § 242 BGB Nachvertragliche Treuepflicht Nr. 1; BAG, Urt. v. 15.12.1987 – 3 AZR 474/86, EzA § 611 BGB Betriebsgeheimnis Nr. 1; a.A. BGH, Urt. v. 03.05.2001 – I ZR 153/99, EzA § 611 BGB Betriebsgeheimnis Nr. 4). Darüber hinaus kann sich eine nachvertragliche Verschwiegenheitspflicht in Einzelfällen auch aus einem in der Vergütung berücksichtigten Vertrauensverhältnis (*Molkenbur* BB 1990, 1196, 1199), der Zusage einer nicht unerheblichen zusätzlichen betrieblichen Altersversorgung (*Kunz* DB 1993, 2482, 2485), § 17 Abs. 2 UWG (DLW/*Dörner* Kapitel 3 Rn. 496) oder dem Verbot sittenwidrigen Verhaltens ergeben (so BGH, Urt. v. 21.12.1962 – I ZR 47/61, BB 1963, 248, 249 für den Fall, dass ein leitender Angestellter, der sich in einer ausgesprochenen Vertrauensstellung befunden hat, den Betrieb schon nach verhältnismäßig kurzer Zeit verlässt, um unmittelbar darauf das für die wettbewerbliche Stellung des bisherigen Arbeitgebers entscheidende Betriebsgeheimnis zu benutzen, zu dessen Erarbeitung er nichts beigetragen hat und auf dessen Verwertung er nach seinem beruflichen Werdegang billigerweise nicht angewiesen ist).

Die allgemeine Verschwiegenheitspflicht kann durch eine einzelvertragliche Vereinbarung erweitert werden (DLW/*Dörner* Kapitel 3 Rn. 481). Nach der Rechtsprechung des BAG unterliegt auch die Abgabe inhaltlich standardisierter Erklärungen über die Verschwiegenheitspflicht der Mitarbeiter nicht der Mitbestimmung des Betriebsrats, wenn die Schweigepflicht das so genannte Arbeitsverhalten betrifft oder gesetzlich geregelt ist (BAG, Beschl. v. 10.03.2009 – 1 ABR 87/07, NZA 2010, 180).

Bei der einzelvertraglichen Erweiterung der Verschwiegenheitspflicht sind insbesondere die §§ 134, 138 BGB, §§ 305 ff. BGB sowie das Verhältnismäßigkeitsprinzip zu beachten (DLW/*Dörner* Kapitel 3 Rn. 481; *Hoppe/Möller* AuA 2015, 213, 214). Eine Verschwiegenheitsklausel ist grundsätzlich unwirksam, wenn kein berechtigtes Interesse des Unternehmens an der Geheimhaltung besteht (*Preis/Reinfeld* AuR 1989, 361, 364 im Anschluss an LAG Hamm, Urt. v. 05.10.1988 – 15 Sa 1403/88, DB 1989, 783; LAG Rheinland-Pfalz, Urt. v. 21.02.2013 – 2 Sa 386/12, JurionRS 2013, 36595). Insgesamt ist zu konstatieren, dass aufgrund der Interessenkollision zwischen Mitarbeiter und Unternehmen, die in der Regel zugunsten des Mitarbeiters gelöst wird (*Kurz* WiB 1995, 414, 415), sowie der uneinheitlichen höchstrichterlichen Rechtsprechung eine ideale Verschwiegenheitsverpflichtung nicht existiert.

Unter dem Datum des 28.11.2013 hat die Europäische Kommission einen Vorschlag für eine Richtlinie »über den Schutz vertraulichen Know-Hows und vertraulicher Geschäftsinformationen (Geschäftsgeheimnisse) vor rechtswidrigem Erwerb sowie rechtswidriger Nutzung und Offenlegung« unterbreitet (2013/0402 (COD); kritisch zum Richtlinienentwurf siehe *Gärtner* NZG 2014, 650). Abzuwarten bleibt, welche Impulse dieser Vorstoß auf die Sicherung von Betriebs- und Geschäftsgeheimnissen sowie sonstigen vertraulichen Angelegenheiten in Deutschland haben wird.

▶ **Muster – Zusatzvereinbarung zur Wahrung von Betriebs- und Geschäftsgeheimnissen sowie sonstigen vertraulichen Angelegenheiten**

Zusatzvereinbarung zum Arbeitsvertrag vom _____[Datum]_____

über die Verschwiegenheit

»Vereinbarung«

zwischen

[Name und Geschäftsanschrift des Unternehmens] »Unternehmen«

und

[Name und Privatanschrift des Mitarbeiters] »Mitarbeiter«

§ 1
Verschwiegenheitspflicht hinsichtlich Betriebs- und Geschäftsgeheimnisse

Der Mitarbeiter verpflichtet sich, Betriebs- und Geschäftsgeheimnisse des Unternehmens streng geheim zu halten und sie vor dem Zugriff Dritter zu schützen. [1]

Das Gleiche gilt für Betriebs- und Geschäftsgeheimnisse der Rechtsnachfolger des Unternehmens und der mit dem Unternehmen i.S.d. § 15 AktG verbundenen Unternehmen (nachfolgend »Verbundene Unternehmen«) sowie deren jeweiligen Rechtsnachfolgern. [2]

§ 2
Verschwiegenheitspflicht hinsichtlich sonstiger vertraulicher Angelegenheiten

Die Regelung nach § 1 gilt entsprechend im Hinblick auf sonstige vertrauliche Angelegenheiten des Unternehmens, dessen Rechtsnachfolgern, der Verbundenen Unternehmen sowie deren jeweiligen Rechtsnachfolgern, von denen der Mitarbeiter im Zusammenhang mit seiner Tätigkeit für das Unternehmen Kenntnis erlangt hat, unabhängig davon, auf welchem Wege dies geschehen ist.

Der Begriff »sonstige vertrauliche Angelegenheiten« bezieht sich auf sämtliche Kenntnisse und Informationen in Verbindung mit dem Geschäft, den Tätigkeiten, der Organisation und der Technologie des Unternehmens, die auf Wunsch oder infolge der Interessenlage des Unternehmens, dessen Rechtsnachfolgern, eines Verbundenen Unternehmens sowie deren jeweiligen Rechtsnachfolgern nicht weitergegeben werden sollen oder angesichts der Art der Information nicht veröffentlicht werden dürfen. [3]

»Sonstige vertrauliche Angelegenheiten« bezieht sich nicht auf Informationen, [4]

- die zum Zeitpunkt der Preisgabe der Information an den Mitarbeiter der Öffentlichkeit bereits rechtmäßig bekannt waren oder der Öffentlichkeit zu einem späteren Zeitpunkt zugänglich werden, ohne dass eine Verletzung der Pflichten des Mitarbeiters vorliegt,
- die dem Mitarbeiter nachweislich bekannt waren, bevor diese Informationen von dem Unternehmen an ihn weitergegeben wurden,
- deren Veröffentlichung dem Mitarbeiter von dem Unternehmen zuvor ausdrücklich schriftlich erlaubt wurde.

§ 3
Geltung der Verschwiegenheitspflicht nach Beendigung des Arbeitsverhältnisses [5]

Der Mitarbeiter verpflichtet sich, Betriebs- und Geschäftsgeheimnisse des Unternehmens auch nach der Beendigung des Arbeitsverhältnisses streng geheimzuhalten.

Das Gleiche gilt für sonstige vertrauliche Angelegenheiten des Unternehmens gemäß § 2.

Das Gleiche gilt für Betriebs- und Geschäftsgeheimnisse und sonstige vertrauliche Angelegenheiten der Rechtsnachfolger des Unternehmens und der Verbundenen Unternehmen sowie deren jeweiligen Rechtsnachfolgern.

§ 4
Offenlegung trotz Verschwiegenheitspflicht

Soweit der Mitarbeiter auf Grund einer gerichtlichen oder behördlichen Entscheidung Informationen, die dieser Vereinbarung unterliegen, offenlegen muss, ist der Mitarbeiter verpflichtet, vor Offenlegung mit dem Unternehmen Rücksprache zu halten, um den Interessen des Unternehmens an der Geheimhaltung der Informationen weitestgehend Rechnung zu tragen.

§ 5
Folgen von Verstößen gegen die Verschwiegenheitspflicht [6]

Der Mitarbeiter wird darauf hingewiesen, dass Verstöße gegen die Verschwiegenheitspflicht insbesondere gemäß §§ 17, 18 UWG strafbewehrt sind und mit Freiheitsstrafe oder Geldstrafe bestraft werden können. [7] Verstöße gegen die Verschwiegenheitspflicht können auch Schadenersatzansprüche gegenüber dem Mitarbeiter begründen [8] und arbeitsrechtliche Konsequenzen bis hin zur Kündigung des Arbeitsverhältnisses nach sich ziehen. [9]

§ 6
Vertragsstrafe [10]

Für jede Handlung, durch die der Mitarbeiter gegen die Verschwiegenheitspflicht schuldhaft verstößt, hat er dem Unternehmen eine Vertragsstrafe in Höhe von ____[Betrag]____ € zu zahlen. Die Geltendmachung eines über die Vertragsstrafe hinausgehenden Schadens durch das Unternehmen bleibt unberührt.

_____
[Ort, Datum]

_____
(Unterschrift des Unternehmens)

[Ort, Datum]

(Unterschrift des Mitarbeiters)

Erläuterungen

Schrifttum

Fingerhut Datenmissbrauch und Geheimnisverrat durch Mitarbeiter – die Bedeutung des § 17 UWG, BB 2014, 389; *Gärtner* Zum Richtlinienentwurf über den Schutz von Geschäftsgeheimnissen, NZG 2014, 650; *Gaul* Die nachvertragliche Geheimhaltungspflicht eines ausgeschiedenen Arbeitnehmers, NZA 1988, 225; *Kunz* Betriebs- und Geschäftsgeheimnisse und Wettbewerbsverbot während der Dauer und nach Beendigung des Anstellungsverhältnisses, DB 1993, 2482; *Hoppe/Möller* Verschwiegenheitsklauseln, AuA 2015, 213; *Hunold* Arbeitsvertragsrevision (VII). Schweigepflicht, Vertragsstrafe und Herausgabeklauseln, SPA 21/2002, 1; *Kurz* Geheimhaltungspflichten nach dem Ausscheiden von Mitarbeitern, WiB 1995, 414; *Mes* Arbeitsplatzwechsel und Geheimnisschutz, GRUR 1979, 584; *Molkenbur* Pflicht zur Geheimniswahrung nach Ende des Arbeitsverhältnisses, BB 1990, 1196; *Preis/Reinfeld* Schweigepflicht und Anzeigerecht im Arbeitsverhältnis, AuR 1989, 361; *Reuter* Wettbewerbsrechtliche Ansprüche bei Konflikten zwischen Arbeitgebern und Arbeitnehmern – Terra Incognita?, NJW 2008, 3538; *Richters/Wodtke* Schutz von Betriebsgeheimnissen aus Unternehmenssicht, NZA-RR 2003, 281; *Salger/Breitfeld* Regelungen zum Schutz von betrieblichem Know-how – Die Sicherung von Geschäfts- und Betriebsgeheimnissen, BB 2005, 154; *Schwab* Psst, geheim! Die arbeitsrechtliche Geheimhaltungspflicht, AiB 2011, 512; *Straub* Arbeits-Handbuch Personal, 8. Auflage 2012; *Wertheimer* Bezahlte Karenz oder entschädigungslose Wettbewerbsenthaltung des ausgeschiedenen Arbeitnehmers?, BB 1999, 1600; *Wochner* Die Geheimhaltungspflicht nach § 79 BetrVG und ihr Verhältnis zum Privatrecht, insbesondere Arbeitsvertragsrecht, BB 1975, 1541.

1. Zwar ist der Mitarbeiter auch ohne gesonderte Vereinbarung verpflichtet, Betriebs- und Geschäftsgeheimnisse geheim zu halten (siehe Vorbemerkung – C Rdn. 1 ff.), trotzdem empfiehlt sich eine solche Vereinbarung insbesondere als klarstellender Hinweis.

Nach der Rechtsprechung liegt ein **Betriebs- oder Geschäftsgeheimnis** vor, wenn Tatsachen, die im Zusammenhang mit einem Geschäftsbetrieb stehen, nur einem eng begrenzten Personenkreis bekannt und nicht offenkundig sind, nach dem Willen des Unternehmens auf Grund eines berechtigten wirtschaftlichen Interesses geheim gehalten werden (BAG, Urt. v. 16.03.1982 – 3 AZR 83/79, EzA § 242 BGB Nachvertragliche Treuepflicht Nr. 1; BAG, Urt. v. 15.12.1987 – 3 AZR 474/86, EzA § 611 BGB Betriebsgeheimnis Nr. 1). Betriebsgeheimnisse betreffen demnach den technischen Betriebsablauf, insbesondere Herstellung und Herstellungsverfahren; Geschäftsgeheimnisse beziehen sich auf den allgemeinen Geschäftsverkehr (BAG, Urt. v. 15.12.1987 – 3 AZR 474/86, EzA § 611 BGB Betriebsgeheimnis Nr. 1).

2. In Konzernstrukturen wird das Bedürfnis bestehen, die Verschwiegenheitspflicht auch auf weitere, insbesondere verbundene Unternehmen i.S.d. § 15 AktG auszudehnen. Es ist davon auszugehen, dass verbundene Unternehmen i.S.d. Aktiengesetzes in der Regel ein berechtigtes Geheimhaltungsinteresse haben (*Preis* Arbeitsvertrag, II V 20, Rn. 40; *Schwab* AiB 2011, 512, 513), so dass eine Erstreckung auf diese Unternehmen wirksam sein dürfte. Klarstellend und aus psychologischen Gründen wurden in dem Formular zudem auch die Rechtsnachfolger aufgenommen.

3. Mit der Einbeziehung »sonstiger vertraulicher Angelegenheiten« wird der Umfang der Verschwiegenheitsverpflichtung gegenüber der allgemeinen Verschwiegenheitspflicht (siehe Vorbemerkung – C Rdn. 1 ff.) erweitert. Zu beachten ist, dass eine einzelvertragliche Erweiterung der Verschwiegenheit nur innerhalb der Grenzen der §§ 134, 138 BGB sowie der §§ 305 ff. BGB zulässig ist. Daher hat das BAG die so genannten **All-Klauseln**, die sämtliche Geschäftsvorgänge erfassen, bereits vor der Geltung der §§ 305 ff. BGB als zu weitreichend und unwirksam angesehen (BAG, Urt. v. 19.05.1998 – 9 AZR 394/97, EzA § 242 BGB Nachvertragliche Treuepflicht Nr. 2 = EzA § 74 HGB Nr. 1). Diese hier erweiterte Einbeziehung **vertraulicher Angelegenheiten** wird wohl grundsätzlich als wirksam angesehen (*Wochner* BB 1975, 1541, 1542).

C. Vertragliche und nachvertragliche Nebenpflichten

10 Um auszuschließen, dass sich der Mitarbeiter darauf beruft, dass die Vertraulichkeit für ihn nicht erkennbar war, sollten vertrauliche Angelegenheiten bei ihrer Offenlegung gegenüber dem Mitarbeiter auch entsprechend als vertraulich bezeichnet werden.

11 4. Die hier erfolgte Ausklammerung begrenzt den Umfang der »sonstigen vertraulichen Angelegenheiten«, falls diese von der arbeitsgerichtlichen Rechtsprechung als zu weit beurteilt werden sollte.

12 5. Auch wenn das BAG von einer Nachwirkung der allgemeinen Verschwiegenheitspflicht ausgeht (siehe Vorbemerkung – C Rdn. 1 ff.), sollte eine nachvertragliche Verschwiegenheitspflicht dennoch explizit vertraglich vereinbart werden, da die Nachwirkung nur eine begrenzte Wirkung entfaltet. Eine **nachvertragliche Verschwiegenheitsverpflichtung** ist zwar grundsätzlich zulässig (*Kunz* DB 1993, 2482, 2486; *Salger/Breitfeld* BB 2005, 154, 156). Nachvertragliche Verschwiegenheitsvereinbarungen sind jedoch stets an Art. 12 Abs. 1 GG zu messen (ausführlich *Gaul* NZA 1988, 225, 229 f.). Eine nachvertragliche Verschwiegenheitspflicht, die sich auf sämtliche Geschäftsvorgänge bezieht, ist nicht durchsetzbar, da nach der Rechtsprechung dadurch die Grenze zum entschädigungspflichtigen **nachvertraglichen Wettbewerbsverbot** überschritten und der Mitarbeiter unzumutbar in seinem beruflichen Fortkommen gehindert wird (BAG, Urt. v. 19.05.1998 – 9 AZR 394/97, EzA § 242 BGB Nachvertragliche Treuepflicht Nr. 2 = EzA § 74 HGB Nr. 1). Ab wann die Grenze zum Wettbewerbsverbot überschritten wird, ist streitig (*Salger/Breitfeld* BB 2005, 154, 158; *Schwab* AiB 2011, 512, 514) und auch aufgrund der uneinheitlichen höchstrichterlichen Rechtsprechung stets eine Frage des Einzelfalls.

13 Auch wenn die vorliegende Klausel vor diesem Hintergrund wohl teilweise unwirksam ist, empfiehlt sich eine solche umfassende Klausel zumindest aus psychologischen Gründen. Um der unangemessenen Weite einer solchen Klausel entgegenzutreten, wird vorgeschlagen, ergänzend eine so genannte **Öffnungsklausel** zu vereinbaren, die dem Mitarbeiter einen Freistellungsanspruch einräumt (*Hunold* SPA 21/2002, 1; ebenso: *Hümmerich* Arbeitsverträge Rn. 3878 f.):

> »Der Mitarbeiter hat gegen das Unternehmen einen Anspruch auf Freistellung von dieser Pflicht, soweit ihn die nachvertragliche Verschwiegenheitspflicht nach § 3 in seinem beruflichen Fortkommen unangemessen behindert.«

14 Sollen jedoch bestimmte Angelegenheiten besonders geschützt werden, empfiehlt es sich stattdessen, die nachvertragliche Verschwiegenheitspflicht ausdrücklich auf diese zu konkretisieren, da nach der Rechtsprechung des BAG eine nachvertragliche Verschwiegenheitspflicht, die sich nur auf einzelne **Betriebsgeheimnisse** bezieht, grundsätzlich zulässig ist (BAG, Urt. v. 16.03.1982 – 3 AZR 83/79, EzA § 242 BGB Nachvertragliche Treuepflicht Nr. 1; BAG, Urt. v. 19.05.1998 – 9 AZR 394/97, EzA § 242 BGB Nachvertragliche Treuepflicht Nr. 2 = EzA § 74 HGB Nr. 1):

Alternative:

[Zwischen den Parteien besteht Einigkeit, dass die Verschwiegenheitspflicht nach der Beendigung des Arbeitsverhältnisses hinsichtlich folgender vertraulicher Angelegenheiten fortbesteht: [Konkrete Bezeichnung der besonders zu schützenden Betriebs- oder Geschäftsgeheimnisse] *.]*

15 Falls bei Unterzeichnung der Zusatzvereinbarung die besonders zu schützenden Betriebs- und Geschäftsgeheimnisse noch nicht bestimmt werden können, kann alternativ auf eine spätere Konkretisierung ausdrücklich hingewiesen werden (so z.B. Straub/*Braun* C 196):

Alternative:

[Bei der Beendigung des Arbeitsverhältnisses wird das Unternehmen gegenüber dem Mitarbeiter diejenigen vertraulichen Angelegenheiten konkret bezeichnen, die auch nach der Beendigung des Arbeitsverhältnisses streng geheim zu halten sind. Der Mitarbeiter verpflichtet sich, insbesondere diese konkret bezeichneten vertraulichen Angelegenheiten auch nach der Beendigung des Arbeitsverhältnisses streng geheim zu halten.]

Bei der Verwendung dieser Klauselalternative ist darauf zu achten, dass bei Ausscheiden des Mit- 16
arbeiters die entsprechenden Betriebs- und Geschäftsgeheimnisse diesem gegenüber auch konkret
bezeichnet werden. Um dem Unternehmen den Nachweis der Konkretisierung zu ermöglichen,
sollte das Unternehmen diese Betriebs- und Geschäftsgeheimnisse (schlagwortartig) schriftlich fixieren und vom Mitarbeiter gegenzeichnen lassen.

6. Nach zutreffender Ansicht ist es sinnvoll, den Mitarbeiter auf mögliche Rechtsfolgen eines 17
Verstoßes gegen die Verschwiegenheitspflicht hinzuweisen (*Richters/Wodtke* NZA-RR 2003, 281,
288).

7. Neben der Strafbarkeit aus §§ 17 ff. UWG (ausführlich *Otto* wistra 1988, 125; *Mes* GRUR 18
1979, 584, 585 ff.) kann sich eine Strafbarkeit ggf. aus §§ 203, 204, 242, 246, 266 StGB und bei
Vorständen und Geschäftsführern auch aus §§ 93, 404 AktG und § 85 GmbHG ergeben.

8. Schadensersatzansprüche des Unternehmens können sich zum Beispiel aus § 823 Abs. 1, 2 19
BGB i.V.m. § 17 UWG sowie § 826 BGB, § 280 BGB oder § 1 UWG und § 3 UWG ergeben
(zu den Einzelheiten vgl. DLW/*Dörner* Kapitel 3 Rn. 499 ff.).

9. Im bestehenden Arbeitsverhältnis kommen, abhängig von der Schwere des Verstoßes gegen 20
die Verschwiegenheitspflicht, auch arbeitsrechtliche Sanktionen von der Abmahnung bis hin zu
einer fristlosen Kündigung aus wichtigem Grund in Betracht (vgl. die Hinweise zur einschlägigen
Rechtsprechung hinsichtlich der Kündigung aus wichtigem Grund bei AR/*Fischermeier* § 626
BGB Rn. 202 Verschwiegenheitspflicht).

10. Es ist empfehlenswert, die Verschwiegenheitspflicht durch eine **Vertragsstrafenregelung** ab- 21
zusichern (so auch: *Hoppe/Möller* AuA 2015, 213, 215; zu den Einzelheiten vgl. DLW/*Dörner* Kapitel 3 Rn. 618 ff.). Diese ist nach der Rechtsprechung des BAG grundsätzlich auch in vorformulierten Vertragsbedingungen zulässig. Die Höhe der Vertragsstrafe muss entweder klar beziffert
oder bestimmbar sein. Höchstvorsorglich sollte die Vertragsstrafe im Regelfall nicht höher als ein
Bruttomonatsgehalt sein, um eine Übersicherung des Unternehmens zu verhindern.

2. Anzeige einer Nebentätigkeit

Vorbemerkung

Die Ausübung einer Nebentätigkeit, also einer Tätigkeit, in welcher der Mitarbeiter seine Arbeits- 22
kraft außerhalb seines Arbeitsverhältnisses zur Verfügung stellt, bedarf **grundsätzlich** keiner vorherigen Zustimmung des Unternehmens. Der Mitarbeiter ist nach § 611 BGB lediglich zur »Leistung der versprochenen Dienste« verpflichtet, jedoch nicht, dem Unternehmen seine gesamte
Arbeitskraft zur Verfügung zu stellen (DLW/*Dörner* Kapitel 3 Rn. 552; *Küttner/Röller* Nebentätigkeit Rn. 4).

Gleichwohl ist der Mitarbeiter verpflichtet, dem Unternehmen eine geplante Nebentätigkeit **an-** 23
zuzeigen, soweit die Ausübung der Nebentätigkeit dessen Interessen tangieren können. Diese
Pflicht ergibt sich aus § 242 BGB, soweit der Arbeitsvertrag nicht ohnehin eine vertragliche Anzeigepflicht vorsieht und der Mitarbeiter daher jede beabsichtigte Nebentätigkeit anzeigen muss (zur
datenschutzrechtlichen Zulässigkeit einer solchen Anzeigepflicht vgl. *Wagner* RDV 2011, 281 ff.).
Ein Verstoß gegen die Anzeigepflicht kann disziplinarische Maßnahmen rechtfertigen (siehe
C Rdn. 34). Die Interessen des Unternehmens sind dann tangiert, wenn die beabsichtigte Nebentätigkeit mit der vertraglich geschuldeten Tätigkeit nicht vereinbar ist und die Ausübung der Nebentätigkeit somit eine Verletzung der Arbeitspflicht darstellt (ausführlich BAG, Urt. v. 18.01.1996
– 6 AZR 314/96, EzA § 242 BGB Auskunftspflicht Nr. 5; vgl. auch BAG, Urt. v. 06.09.1990 – 2
AZR 165/90, NZA 1991, 221, 224; *Hunold* NZA-RR 2002, 505, 506; *Zange* AuA 2010, 706,
706 f.). Die Aufnahme einer die Interessen des Unternehmens tangierenden Nebentätigkeit kann

C. Vertragliche und nachvertragliche Nebenpflichten

dieses untersagen (vgl. die ausführliche Darstellung der Fallgruppen bei *Hunold* NZA-RR 2002, 505, 506 ff.).

24 Eine **Zustimmung** des Unternehmens zu einer beabsichtigten Nebentätigkeit des Mitarbeiters ist jedoch dann erforderlich, wenn dieser während des Arbeitsverhältnisses eine **Konkurrenztätigkeit** ausüben will. Für Handlungsgehilfen ist dies in § 60 Abs. 1 HGB ausdrücklich geregelt. Dieser Grundsatz gilt jedoch als Ausprägung der Treuepflicht während des rechtlichen Bestands des Arbeitsverhältnisses jedes Arbeitnehmers (DLW/*Dörner* Kapitel 3 Rn. 387 ff.; BAG, Urt. v. 16.08.1990 – 2 AZR 113/90, NZA 1991, 141, 142). Des Weiteren können Tarifverträge bestimmte Nebentätigkeiten verbieten (vgl. *Hunold* NZA-RR 2002, 505, 505).

▶ **Muster – Anzeige einer Nebentätigkeit**

25
[Briefkopf des Mitarbeiters]
[Name und Geschäftsanschrift des Unternehmens]

[Ort, Datum]

Anzeige einer beabsichtigten Nebentätigkeit

Sehr geehrte Frau ____[Name]____/Sehr geehrter Herr ____[Name]____, [1]

ich beabsichtige, ab dem ____[Datum]____ bei der Firma ____[Name]____ in ____[Ort]____ als ____[Funktion/Tätigkeitsbeschreibung]____ tätig zu werden. Meine Tätigkeit werde ich in einem zeitlichen Umfang von ____[Umfang]____ [pro Woche/Monat] leisten. [2]

Mit der beabsichtigten Tätigkeit werde ich keine Konkurrenztätigkeit ausüben. [3]

Soweit ich bis zum ____[Datum]____ nichts Gegenteiliges von Ihnen höre, gehe ich davon aus, dass Sie mit der Aufnahme der Nebentätigkeit einverstanden sind.

Für Rückfragen stehe ich gerne zur Verfügung.

Mit freundlichen Grüßen

_____
(Unterschrift des Mitarbeiters)

Erläuterungen

Schrifttum
Hunold Rechtsprechung zur Nebentätigkeit des Arbeitnehmers, NZA-RR 2002, 505; *Wagner* Datenschutzrechtliche Überlegungen zur Nebentätigkeitsanzeige, RDV 2011, 281; *Zange* Nebentätigkeiten im Arbeitsverhältnis, AuA 2010, 706.

26 **1.** Es empfiehlt sich, das Schreiben direkt an das vertretungsberechtigte Organ des Unternehmens zu adressieren, etwa im Falle einer Gesellschaft mit beschränkter Haftung an den Geschäftsführer.

27 **2.** Die Angaben müssen das Unternehmen in die Lage versetzen prüfen zu können, ob die beabsichtigte Nebentätigkeit des Mitarbeiters mit der von ihm im Arbeitsverhältnis geschuldeten Tätigkeit vereinbar ist oder ob die beabsichtigte Nebentätigkeit, etwa wegen Verstoßes gegen das vertragliche Wettbewerbsverbot, untersagt werden könnte. Vgl. näher C Rdn. 29 f.

28 **3.** Falls die beabsichtigte Nebentätigkeit aufgrund des vertraglichen Wettbewerbsverbots genehmigungspflichtig sein könnte, sollte der Text folgendermaßen lauten:

Ablehnung/Untersagung einer Nebentätigkeit **C.I.3.**

Alternative:

[Ich kann nicht ausschließen, dass ich mit Ausübung der beabsichtigten Nebentätigkeit zu Ihnen in Wettbewerb trete, weil [Darlegung der Gründe] . Vor diesem Hintergrund bitte ich vorsorglich um Genehmigung der Nebentätigkeit im oben beschriebenen Umfang. Ich bitte Sie, bei der Entscheidung zu berücksichtigen, dass [Ausführung von Argumenten, die das Unternehmen zu einer Genehmigung motivieren könnten] .]

3. Ablehnung/Untersagung einer Nebentätigkeit

Vorbemerkung

Das Unternehmen kann eine Nebentätigkeit des Mitarbeiters untersagen beziehungsweise ablehnen, wenn diese seine berechtigten Interessen berührt. Dies ist regelmäßig dann der Fall, wenn die Nebentätigkeit mit der vertraglich geschuldeten Tätigkeit nicht vereinbar ist und eine Verletzung der Arbeitspflicht darstellt (vgl. näher C Rdn. 23). 29

Ein möglicher Ablehnungs- beziehungsweise Untersagungsgrund ist eine **Verletzung des vertraglichen Wettbewerbsverbots** (§ 60 HGB). In der Praxis wichtig ist die Ablehnung beziehungsweise Untersagung wegen Verstößen gegen das Arbeitszeitrecht: Die Tätigkeiten des Mitarbeiters im Haupt- und Nebenarbeitsverhältnis dürfen zusammengerechnet nicht die gesetzliche Höchstgrenze der täglichen Arbeitszeit überschreiten (§§ 2 Abs. 1 Satz 1 Halbsatz 2, 3, 6 Abs. 2 ArbZG). Relevant ist des Weiteren die Ablehnung der Nebentätigkeit, wenn diese das Arbeitsverhältnis so beeinträchtigt, dass der Mitarbeiter seiner eigentlichen Tätigkeit nicht mehr ordnungsgemäß nachkommen kann (vgl. ausführlich hierzu sowie zu weiteren Fallgruppen *Hunold* NZA-RR 2002, 505, 506 ff.). 30

▶ **Muster – Ablehnung/Untersagung einer Nebentätigkeit**

[Briefkopf des Unternehmens] 31

[Name und Privatanschrift des Mitarbeiters]

[Ort, Datum]

Untersagung Ihrer Nebentätigkeit

Sehr geehrte Frau ___[Name]___ /Sehr geehrter Herr ___[Name]___,

wir beziehen uns auf Ihr Schreiben vom ___[Datum]___, in welchem Sie uns Ihre Absicht mitgeteilt haben, bei der Firma ___[Name]___ eine Nebentätigkeit aufzunehmen.

Wir müssen Ihnen leider mitteilen, dass wir Ihnen diese Nebentätigkeit untersagen.[1] Würden Sie wie von Ihnen beschrieben bei der Firma ___[Name]___ tätig werden, [ausführliche Darstellung der Gründe für die Untersagung].[2]

Wir weisen Sie darauf hin, dass Sie mit arbeitsrechtlichen Konsequenzen bis hin zur Kündigung des Arbeitsverhältnisses rechnen müssen, sollten Sie die Tätigkeit bei Firma ___[Name]___ dennoch aufnehmen.[3]

Mit freundlichen Grüßen

_____
(Unterschrift des Unternehmens)

C. Vertragliche und nachvertragliche Nebenpflichten

Erläuterungen

Schrifttum

Hunold Rechtsprechung zur Nebentätigkeit des Arbeitnehmers, NZA-RR 2002, 505; *Zange* Nebentätigkeiten im Arbeitsverhältnis, AuA 2010, 706.

32 1. Möchte das Unternehmen die Nebentätigkeit genehmigen (beispielsweise eine Nebentätigkeit bei einem Konkurrenten), kann die Genehmigung dann widerrufen werden, wenn sich das Unternehmen den Widerruf vorbehalten hat, andernfalls ist nur eine Änderungskündigung möglich (Küttner/*Röller* Nebentätigkeit Rn. 5). Bei einer Genehmigung sollte der Text daher folgendermaßen lauten:

Alternative:

[Hiermit genehmigen wir Ihnen widerruflich Ihre im Schreiben vom ___[Datum]___ angezeigte Nebentätigkeit bei der Firma ___[Name]___ in dem in Ihrem Schreiben beschriebenen Umfang.]

Die Ausübung des Widerrufs im Einzelfall hat nach billigem Ermessen (§ 315 BGB) zu erfolgen.

33 2. Da der Mitarbeiter grundsätzlich eine Nebentätigkeit ausüben darf (siehe C Rdn. 22), bedarf ihre Untersagung einer sorgfältigen auf den Einzelfall abgestimmten Begründung.

34 3. Führt der Mitarbeiter nach einer Ablehnung beziehungsweise Untersagung der Nebentätigkeit diese gleichwohl aus, kann das Unternehmen hierauf, je nach konkreter Fallgestaltung, mit disziplinarischen Maßnahmen reagieren (Abmahnung bzw. (fristlose) Kündigung, vgl. die Kasuistik bei Küttner/*Röller* Nebentätigkeit Rn. 12 ff.). Gleiches gilt grundsätzlich auch dann, wenn der Mitarbeiter eine Anzeige pflichtwidrig (siehe C Rdn. 23) unterlässt.

4. Verpflichtung auf das Datengeheimnis (§ 5 BDSG)

Vorbemerkung

35 § 5 Satz 2 BDSG sieht vor, dass bei der Datenverarbeitung beschäftigte Personen nicht-öffentlicher Stellen auf das **Datengeheimnis** zu verpflichten sind. Nicht-öffentliche Stellen sind gemäß § 2 Abs. 4 Satz 1 BDSG natürliche und juristische Personen, Gesellschaften und andere Personenvereinigungen des privaten Rechts, soweit sie nicht öffentliche Stellen i.S.d. § 2 Abs. 1 bis 3 BDSG sind oder hoheitliche Aufgaben der öffentlichen Verwaltung i.S.d. § 2 Abs. 4 Satz 2 BDSG wahrnehmen. Diese Verpflichtung soll dazu dienen, den bei der Datenverarbeitung beschäftigten Personen auf ihre besonderen Pflichten ausdrücklich hinzuweisen (*Schaffland/Wiltfang* § 5 BDSG Rn. 17).

36 Um dem Schutzzweck des § 5 BDSG gerecht zu werden, ist der Personenkreis, der bei der Datenverarbeitung beschäftigt ist, extensiv auszulegen (*Gola/Wronka* Rn. 1373). Ausreichend ist daher bereits die faktische Möglichkeit des Zugangs zu und der Verwendung von personenbezogenen Daten (Simitis/*Walz* § 5 Rn. 14; *Auernhammer* § 5 BDSG Rn. 5; Taeger/Gabel/*Kinast* § 5 BDSG Rn. 9). Daher können auch Boten und Mitarbeiter der EDV-Abteilung sowie Reinigungskräfte, die für die Entsorgung von Unterlagen mit personenbezogenen Daten zuständig sind, erfasst sein (*Gola/Schomerus* § 5 Rn. 9). Unerheblich ist dabei die Qualifizierung des Beschäftigungsverhältnisses, d.h. ob es sich bei dem Beschäftigten um einen Arbeitnehmer, eine arbeitnehmerähnliche Person, einen freien Mitarbeiter, Leiharbeitnehmer oder Praktikanten handelt (AR/*Scholz* § 5 BDSG Rn. 1). Auch die Mitglieder der Mitarbeitervertretungen werden von der Regelung des § 5 BDSG grundsätzlich erfasst (BAG, Beschl. v. 03.06.2003 – 1 ABR 19/02, EzA § 89 BetrVG 2001 Nr. 1). Umstritten ist jedoch, ob die Mitglieder der Mitarbeitervertretungen ebenfalls gemäß § 5 Abs. 2 BDSG zu verpflichten sind (so u.a. *Gola/Wronka* Rn. 1362; Simitis/*Walz* § 5 Rn. 18; *Schaffland/Wiltfang* § 5 BDSG Rn. 9; Taeger/Gabel/*Kinast* § 5 BDSG Rn. 14). Da § 5 BDSG nur Personen erfasst, die in einem Beschäftigungsverhältnis stehen, sind Unternehmensinhaber, gesetzliche Vertreter von juristischen Personen sowie Organe von Kapitalgesellschaften nicht betroffen (Simitis/*Walz* § 5 Rn. 16; *Schaffland/Wiltfang* § 5 BDSG Rn. 5, 7 f.; a.A. *Auernhammer* § 5 BDSG Rn. 6).

Die Verpflichtung hat nach dem Gesetzeswortlaut bei Aufnahme der Tätigkeit zu erfolgen. Die Aufnahme der Tätigkeit wird in der Regel der Arbeitsbeginn bei dem Unternehmen sein, kann jedoch auch erst im Laufe des Arbeitsverhältnisses bei einem Arbeitsplatzwechsel erfolgen. 37

Wie sich die Änderung des Datenschutzrechts auf europäischer Ebene auf das deutsche Datenschutzrecht konkret und im Einzelnen auswirkt, lässt sich noch nicht abschätzen. Die Verordnung (EU) 2016/679 des Europäischen Parlaments und des Rates vom 27.04.2016 zum Schutz natürlicher Personen bei der Verarbeitung personenbezogener Daten, zum freien Datenverkehr und zur Aufhebung der Richtlinie 95/46/EG (Datenschutzgrundverordnung – nachfolgend »**DS-GVO**«) wurde am 04.05.2016 im Amtsblatt der Europäischen Union veröffentlicht und trat 20 Tage später in Kraft. Nach einer zweijährigen Übergangszeit wird die DS-GVO ab dem 25.05.2018 gelten (Art. 99 Abs. 2 DS-GVO). Die DS-GVO sieht jedenfalls in Art. 88 eine Öffnungsklausel für spezifischere Vorschriften hinsichtlich der Datenverarbeitung im Beschäftigungskontext vor, wobei allerdings bestimmte inhaltliche Vorgaben zu beachten sind (vgl. zum ursprünglichen Vorschlag der Europäischen Kommission für eine Datenschutz-Grundverordnung: *Gola* RDV 2012, 60, 63 sowie zur DS-GVO: *Taeger/Rose* BB 2016, 819, 830 f.). Somit würde grundsätzlich ausreichend Raum für die Regelung des § 5 BDSG verbleiben, der originär deutsches Recht ist (Taeger/Gabel/ *Kinast* § 5 BDSG Rn. 3). 38

▶ **Muster – Verpflichtung auf das Datengeheimnis**

Verpflichtung auf das Datengeheimnis (§ 5 BDSG) [1]

39

[Name und Geschäftsanschrift des Unternehmens] »Unternehmen«

verpflichtet

[Name und Privatanschrift des Mitarbeiters] »Mitarbeiter«

wie folgt auf das Datengeheimnis:

1. Gemäß § 5 Satz 2 BDSG verpflichtet sich der Mitarbeiter, das Datengeheimnis zu wahren, das heißt, personenbezogene Daten, also Einzelangaben über persönliche oder sachliche Verhältnisse einer bestimmten oder bestimmbaren natürlichen Person, [2] nicht unbefugt zu erheben, zu verarbeiten oder zu nutzen. [3] Dies erfasst das unbefugte Beschaffen, Speichern, Verändern, Übermitteln, Sperren, Löschen sowie jegliche sonstige Verwendung personenbezogener Daten. [4]

2. Das Datengeheimnis besteht auch nach der Beendigung der Tätigkeit des Mitarbeiters, zum Beispiel durch Arbeitsplatzwechsel oder Beendigung des Arbeitsverhältnisses, fort. [5]

3. Das Unternehmen fordert den Mitarbeiter auf, diese Verpflichtung gewissenhaft zu erfüllen.

4. Der Mitarbeiter wird darauf hingewiesen, dass Verstöße gegen das Datengeheimnis insbesondere gemäß §§ 43, 44 BDSG strafbewehrt sind und mit Freiheitsstrafe oder Geldstrafe bestraft werden können. [6] Verstöße gegen das Datengeheimnis können auch Schadenersatzansprüche gegenüber dem Mitarbeiter begründen [7] und arbeitsrechtliche Konsequenzen bis hin zur Kündigung des Arbeitsverhältnisses nach sich ziehen. [8]

5. Die Möglichkeit des Mitarbeiters, sich bei Zweifeln über das Datengeheimnis an seinen Vorgesetzten oder den betrieblichen Datenschutzbeauftragten zu wenden, bleibt hiervon unberührt.

6. Die sich aus dem Arbeitsvertrag, sonstigen Vereinbarungen sowie gesetzlichen Regelungen ergebenden Verschwiegenheits- und Geheimhaltungspflichten bleiben von dieser Verpflichtung unberührt. [9]

C. Vertragliche und nachvertragliche Nebenpflichten

_____
[Ort, Datum]

_____
(Unterschrift des Unternehmens)

Mit meiner Unterschrift bestätige ich, dass ich die vorstehende Verpflichtung auf das Datengeheimnis (§ 5 BDSG) erhalten, gelesen und verstanden habe. [10]

_____
[Ort, Datum]

_____
(Unterschrift des Mitarbeiters)

Erläuterungen

Schrifttum
Erbs/Kohlhaas Strafrechtliche Nebengesetze, 207. Ergänzungslieferung, Stand März 2016; *Gola* EU-Datenschutz-Grundverordnung und der Beschäftigtendatenschutz, RDV 2012, 60; *Pallasch* Einschränkung der Arbeitnehmerhaftung für betriebliche Tätigkeiten, RdA 2013, 338; *Schaffland/Wiltfang* Bundesdatenschutzgesetz, Loseblatt, Stand April 2016; *Taeger/Rose* Zum Stand des deutschen und europäischen Beschäftigtendatenschutzes, BB 2016, 819.

40 **1.** Die **Verpflichtungserklärung** ist an keine besondere Form gebunden. Zu Beweiszwecken sollte jedoch eine schriftliche Erklärung erfolgen. Es ist nicht ausreichend, die Verpflichtung am Schwarzen Brett auszuhängen oder einen entsprechenden Hinweis in einer Arbeits- oder Betriebsordnung aufzunehmen, da es sich um eine individuelle Verpflichtung im Einzelfall handelt (*Gola/Wronka* Rn. 1377; a.A. *Schaffland/Wiltfang* § 5 Rn. 18). Die Verpflichtungserklärung sollte vorzugsweise auch nicht in den Arbeitsvertrag aufgenommen werden, sondern in einem separaten Dokument zusammen mit dem Arbeitsvertrag ausgehändigt werden. So ist gewährleistet, dass die Verpflichtungserklärung deutlich hervorgehoben wird und nicht im Text des Arbeitsvertrags überlesen wird.

41 Auch wenn die vorliegende Verpflichtung auf das Datengeheimnisses umfangreich ist und daher auch belehrenden Charakter hat, ist die kommentarlose Aushändigung der Verpflichtung wohl nicht ausreichend, um den Informationspflichten des Unternehmens gerecht zu werden. Umstritten ist jedoch der notwendige Umfang der in diesem Zusammenhang zu erfolgenden Information des Mitarbeiters. Während nach einer Auffassung grundsätzlich die Aushändigung eines entsprechenden Merkblatts ausreichend ist (so *Gola/Schomerus* § 5 Rn. 12; Erbs/Kohlhaas/*Ambs* § 5 BDSG Rn. 6; Taeger/Gabel/*Kinast* § 5 BDSG Rn. 26), ist nach anderer Auffassung eine entsprechende Schulung unerlässlich (Roßnagel/*Königshofen* Kap. 5.5 Rn. 46). Daher sollten dem Mitarbeiter zusätzlich zu der Verpflichtung auf das Datengeheimnis zumindest ein **Merkblatt** (vgl. die Muster bei *Gola/Wronka* Rn. 1382 und *Schaffland/Wiltfang* § 4g BDSG Anh. 2) sowie ein Abdruck der einschlägigen Vorschriften des BDSG (insbesondere §§ 5, 43 und 44 BDSG) ausgehändigt werden.

42 **2.** Zweck des BDSG gemäß § 1 Abs. 1 BDSG und Inhalt des Datengeheimnis gemäß § 5 BDSG ist der Schutz **personenbezogener Daten**. Nach der hier im Wortlaut wiedergegebenen Definition des § 3 Abs. 1 BDSG sind personenbezogene Daten Einzelangaben über persönliche oder sachliche Verhältnisse einer bestimmten oder bestimmbaren natürlichen Person.

43 **3.** Dem Mitarbeiter ist gemäß § 5 Satz 1 BDSG das unbefugte Erheben, Verarbeiten und Speichern von personenbezogenen Daten untersagt. Legaldefiniert sind diese Handlungen in § 3 BDSG: Erheben ist das Beschaffen von Daten über den Betroffenen (§ 3 Abs. 3 BDSG); Verarbeiten ist das Speichern, Verändern, Übermitteln, Sperren und Löschen personenbezogener Daten (§ 3 Abs. 4 BDSG); Nutzen ist jede Verwendung personenbezogener Daten, soweit es sich nicht um Verarbeitung handelt (§ 3 Abs. 5 BDSG). Die Definition des Begriffs »unbefugt« ergibt sich im Umkehrschluss aus der befugten Datenerhebung, -verarbeitung und -nutzung. Diese ist

Julis

dann befugt, wenn sie im Einklang mit dem BDSG oder anderer Rechtsvorschriften (z.B. BetrVG) erfolgt bzw. von einer entsprechenden Einwilligung des Betroffen gedeckt ist (*Gola/Schomerus* § 5 Rn. 4; *Schaffland/Wiltfang* § 5 BDSG Rn. 11). Die Datenerhebung, -verarbeitung und -nutzung ist darüber hinaus auch dann unbefugt, wenn der Mitarbeiter seine konkreten internen Befugnisse (z.B. aus dem Arbeitsvertrag, der Arbeitsplatzbeschreibung, den Arbeitsanweisungen oder dem Geschäftsverteilungsplan) überschreitet (AR/*Scholz* § 5 BDSG Rn. 1; ErfK/*Wank* § 5 BDSG Rn. 1; *Auernhammer* § 5 BDSG Rn. 15). Soweit der Mitarbeiter selbst nicht zur Überprüfung der Rechtmäßigkeit verpflichtet ist, kann er sich grundsätzlich auf die Entscheidung der dafür zuständigen Mitarbeiter oder Vorgesetzten verlassen (*Gola/Schomerus* § 5 Rn. 5). Falls die Rechtswidrigkeit einer Anweisung jedoch evident ist, wird teilweise eine Pflicht des Mitarbeiters angenommen, dagegen zu »remonstrieren« (*Gola/Wronka* Rn. 1368). Jedenfalls strafbare Handlungen sind durch den Mitarbeiter zu verweigern, um eine eigene Strafbarkeit zu vermeiden.

4. Zur Erläuterung werden die einzelnen Handlungen, die durch die Begriffe Erheben, Verarbeiten und Nutzen von personenbezogenen Daten gemäß § 3 Abs. 3 bis 5 BDSG erfasst sind, aufgeführt. 44

5. Nach § 5 Satz 3 BDSG ist das Datengeheimnis und die Verpflichtung hierauf dauerhaft und besteht auch nach Beendigung der Tätigkeit fort. Die Beendigung der Tätigkeit wird in der Regel die Beendigung des Arbeitsverhältnisses bei dem Unternehmen sein, kann jedoch auch durch einen Wechsel auf einen anderen Arbeitsplatz erfolgen, an dem der Mitarbeiter keinen Zugang zu personenbezogenen Daten hat. 45

6. Nach zutreffender Ansicht gehört zu der erforderlichen Information des Mitarbeiters die Unterrichtung über mögliche Konsequenzen einer Verletzung des Datengeheimnis, insbesondere strafrechtlicher Art (*Gola/Wronka* Rn. 1382; *Auernhammer* § 5 BDSG Rn. 25; Erbs/Kohlhaas/*Ambs* § 5 BDSG Rn. 6). 46

Bestimmte Verletzungen des Datengeheimnisses können eine Ordnungswidrigkeit gemäß § 43 BDSG darstellen. Falls die in § 43 Abs. 2 BDSG aufgeführten Verhaltensweisen vorsätzlich gegen Entgelt oder mit Bereicherungs- oder Schädigungsabsicht erfolgen, kann eine Straftat gemäß § 44 Abs. 1 BDSG verwirklicht werden, die mit Freiheitsstrafe bis zu zwei Jahren oder mit Geldstrafe bestraft wird. Gemäß § 44 Abs. 2 BDSG wird die Tat jedoch nur auf Antrag erfolgt. Daneben kommt eine Strafbarkeit auch nach dem Strafgesetzbuch, insbesondere § 203 StGB, in Betracht (vgl. hierzu Taeger/Gabel/*Kinast* § 5 BDSG Rn. 41). 47

7. Falls das Datengeheimnis durch den Mitarbeiter verletzt wird, kann dem Unternehmen als Konsequenz ein unmittelbarer oder mittelbarer Schaden entstehen, für den der Mitarbeiter aus dem Arbeitsvertrag oder aus unerlaubter Handlung (§§ 823 ff. BGB) sowie ungerechtfertigter Bereicherung (§§ 812 ff. BGB) grundsätzlich haftbar gemacht werden kann. Ansprüche aus unerlaubter Handlung oder ungerechtfertigter Bereicherung können auch einem Dritten zustehen. Nach den Grundsätzen der **Beschränkung der Arbeitnehmerhaftung** für betrieblich veranlasste Tätigkeiten (ausführlich zum aktuellen Meinungsstand: *Pallasch* RdA 2013, 338) ist die Haftung des Mitarbeiters aufgrund des vom Unternehmen zu tragenden Betriebsrisikos jedoch eingeschränkt, so dass der Mitarbeiter in der Regel nur bei Vorsatz und grober Fahrlässigkeit den gesamten Schaden zu tragen hat, bei normaler Fahrlässigkeit der Schaden quotal zu verteilen ist und der Mitarbeiter bei leichtester Fahrlässigkeit nicht haftet (BAG, Großer Senat, Beschl. v. 27.09.1994 – GS 1/89, EzA § 611 BGB Arbeitnehmerhaftung Nr. 59). Bei Ansprüchen Dritter hat der Mitarbeiter gegenüber dem Unternehmen einen internen Freistellungsanspruch in entsprechendem Umfang, um diese Haftungsprivilegierung nicht leer laufen zu lassen (BAG, Großer Senat, Beschl. v. 25.09.1957 – GS 4/56, BB 1958, 80, 81). 48

8. Auch arbeitsrechtliche Konsequenzen einer Verletzung des Datengeheimnisses kommen in Betracht, da der Verstoß gegen § 5 BDSG in der Regel gleichzeitig auch eine Verletzung arbeitsvertraglicher Pflichten darstellt. Abhängig von der Schwere des Verstoßes kommen von einer Ab- 49

C. Vertragliche und nachvertragliche Nebenpflichten

mahnung bis hin zu einer fristlosen Kündigung aus wichtigem Grund grundsätzlich sämtliche arbeitsrechtlichen Sanktionen in Betracht (vgl. die Hinweise zu der einschlägigen Rechtsprechung bei *Gola/Wronka* Rn. 1434 ff. sowie *Gola/Schomerus* § 5 Rn. 3).

50 **9.** Dieser klarstellende Hinweis empfiehlt sich, da die Verpflichtung auf das Datengeheimnis in der Regel nicht deckungsgleich mit anderen Geheimhaltungsvorschriften ist. Sie geht zum Beispiel regelmäßig über die arbeitsvertragliche **Verschwiegenheitspflicht** hinaus. Hinsichtlich der Verpflichtung zur Wahrung gesetzlicher Geheimhaltungspflichten und Berufs- oder besonderer Amtsgeheimnisse, die nicht auf gesetzlichen Vorschriften beruhen, regelt § 1 Abs. 3 Satz 2 BDSG explizit, dass diese unberührt bleiben.

51 **10.** Um dem Unternehmen den Nachweis des Vollzugs der Verpflichtung auf das Datengeheimnis zu ermöglichen, sollte der Mitarbeiter die Verpflichtungserklärung gegenzeichnen. Das Original der Verpflichtungserklärung sollte anschließend vom Unternehmen zur Personalakte genommen werden. Dem Mitarbeiter sollte eine Kopie der von ihm unterzeichneten Verpflichtungserklärung für seine Unterlagen überlassen werden und die Aushändigung der Kopie ebenfalls in der Personalakte dokumentiert werden.

5. Zusatzvereinbarung über die dienstliche Nutzung von Internet und E-Mail

Vorbemerkung

52 Die moderne Arbeitswelt bringt es mit sich, dass Mitarbeiter bei ihrer Tätigkeit für das Unternehmen E-Mail und Internet zu nutzen haben.

53 Werden die Mitarbeiter durch einen Betriebsrat vertreten, hat dieser bei der Einführung und Änderung der entsprechenden Internet- und E-Mail-Programme ein erzwingbares Mitbestimmungsrecht nach § 87 Abs. 1 Nr. 1 und 6 BetrVG. In der entsprechenden **Betriebsvereinbarung** (vgl. O Rdn. 445 ff.) wird regelmäßig auch festgehalten, ob und in welchem Umfang die Mitarbeiter das E-Mail-System und den Internetzugang zu privaten Zwecken nutzen dürfen. Das Unternehmen kann jedoch mitbestimmungsfrei entscheiden, ob eine Privatnutzung überhaupt gestattet wird (LAG Hamm, Beschl. v. 07.04.2006 – 10 TaBV 1/06, NZA-RR 2007, 20, 20 ff.).

54 Fehlt ein Betriebsrat, finden sich in der betrieblichen Praxis kaum Regeln für die Nutzung von Internet und E-Mail. Generell gilt, dass bei Fehlen einer ausdrücklichen Erlaubnis die Privatnutzung nicht gestattet ist (BAG, Urt. v. 07.07.2005 – 2 AZR 581/04, NZA 1998, 98, 100; LAG Hamm, Beschl. v. 07.04.2006 – 10 TaBV 1/06, NZA-RR 2007, 20).

55 Ist die Privatnutzung nicht gestattet, ist dies für das Unternehmen praktisch und rechtlich vorteilhaft. Etwaige Kontrollen zur Einhaltung des Verbots sind – neben dem allgemeinen Persönlichkeitsrecht des Mitarbeiters – ausschließlich an den Bestimmungen des BDSG zu messen. Ist die Privatnutzung dagegen gestattet, entsteht nach wohl herrschender Meinung im Schrifttum (vgl. *Panzer-Heemeier* DuD 2012, 48, 49; *Sassenberg/Mantz* BB 2013, 889, 889 f.) ein Anbieter-Nutzer-Verhältnis zwischen Mitarbeiter und Unternehmen mit der Folge, dass das TKG und damit insbesondere der Schutz des Fernmeldegeheimnisses nach § 88 TKG Anwendung findet, welches die Kontrollmöglichkeiten erheblich einschränkt (a.A. mit beachtlichen Argumenten LAG Berlin-Brandenburg, Urt. v. 16.02.2011 – 4 Sa 2132/10, BB 2011, 2298, 2300; *Thüsing* § 3 Rn. 75 ff.). Des Weiteren muss das Unternehmen bei erlaubter privater Nutzung wohl Kennzeichnungs- und Informationspflichten nach dem TMD einhalten (*Polenz/Thomsen* DuD 2010, 614, 615).

56 Angesichts der Tatsache, dass Unternehmen regelmäßig die aufgeführten Konsequenzen einer (erlaubten) Privatnutzung von Internet und E-Mail scheuen, beinhaltet das folgende Formular das **Verbot der privaten Nutzung** dieser Medien. Falls die Privatnutzung (in angemessenem Umfang) *dennoch gestattet* werden soll, ist es empfehlenswert, diese Zusage nur unter gleichzeitiger Erklä-

rung eines ausdrücklichen Freiwilligkeitsvorbehalts zu geben (*Kania/Ruch* ArbRB 2011 352, 354; *Sassenberg/Mantz* BB 2013, 889, 893).

Das Muster sowie die Erläuterungen basieren auf der noch geltenden kodifizierten Gesetzeslage. Der in der 17. Legislaturperiode von der damaligen Bundesregierung im September 2010 vorgelegte »Entwurf eines Gesetzes zur Regelung des Beschäftigtendatenschutzes« (BR-Drs. 535/10 vom 03.09.2010) wurde nicht umgesetzt. In der nun begonnenen 18. Legislaturperiode sollen nach Seite 50 des Koalitionsvertrags der neuen Bundesregierung nur dann nationale Regelungen zum Beschäftigtendatenschutz geschaffen werden, wenn mit dem Abschluss der Verhandlungen über die geplante Europäische Datenschutzgrundverordnung nicht in »angemessener Zeit« gerechnet werden kann. Mit einer alsbaldigen Änderung oder Neufassung nationaler Bestimmungen zum Arbeitnehmerdatenschutz ist somit wohl nicht zu rechnen (vgl. *Zürn/Maron* BB 2014, 629, 633); vielmehr ist in erster Linie die Entwicklung auf europäischer Ebene nach Inkrafttreten der Datenschutzgrundverordnung im Mai 2016 im Auge zu behalten. 57

▶ **Muster – Zusatzvereinbarung über die dienstliche Nutzung von Internet und E-Mail**

Zusatzvereinbarung zum Arbeitsvertrag vom ___[Datum]___ 58
über die Nutzung von Internet und E-Mail
»Vereinbarung«

zwischen

[Name und Geschäftsanschrift des Unternehmens] »Unternehmen«

und

[Name und Privatanschrift des Mitarbeiters] »Mitarbeiter«

§ 1
Allgemeine Grundsätze für die Nutzung von Internet und E-Mail

1.1 Das Unternehmen stellt dem Mitarbeiter für die Erfüllung seiner Verpflichtungen aus dem Arbeitsverhältnis einen Internetzugang sowie einen E-Mail-Zugang mit personalisierter E-Mail-Adresse [z.B. vorname.name(a)unternehmen.de] zur ausschließlich dienstlichen Nutzung [1] als Arbeitsmittel zur Verfügung. Jede private Nutzung dieser Arbeitsmittel ist ausgeschlossen. [2]

1.2 Die Nutzung von Internet und E-Mail hat stets verantwortungsvoll zu erfolgen. Unzulässig ist jede Nutzung, die gegen geltende Rechtsvorschriften oder Richtlinien des Unternehmens verstößt oder die geeignet ist, den Interessen des Unternehmens oder dessen Ansehen in der Öffentlichkeit zu schaden. [3]

1.3 Das Unternehmen setzt für die Nutzung von Internet und E-Mail Filtersoftware ein, die Nutzungen, die gemäß den oben aufgeführten Nutzungsregeln unzulässig sind, erschwert und/oder verhindert.

1.4 Der Mitarbeiter wird bei der Nutzung von Internet und E-Mail stets die allgemeinen Sicherheitsstandards berücksichtigen. Er wird nur auf sicheren Internetseiten surfen. Er wird weder E-Mails und Attachments noch Dateien unbekannter Herkunft öffnen. Im Zweifelsfall ist stets bei der IT-Abteilung des Unternehmens nachzufragen.

1.5 In dringenden Not- und Eilfällen ist die dienstlich veranlasste Privatnutzung in einem auf das unbedingt erforderliche Maß beschränkten Umfang ausnahmsweise zulässig. [4]

1.6 Der Mitarbeiter wird die ihm zugeteilten Zugangsdaten, insbesondere das Passwort, streng geheim halten und nicht an Dritte innerhalb oder außerhalb des Unternehmens weitergeben. Jeglicher Gebrauch des Internet- und E-Mail-Systems, welcher auf die Benutzung seiner Zugangsdaten zurückzuführen ist, gilt als vom Mitarbeiter vorgenommen.

Julis

C. Vertragliche und nachvertragliche Nebenpflichten

1.7 Der Mitarbeiter ist verpflichtet, Sicherheitsprobleme oder Fehlermeldungen und Warnhinweise des Internet- und E-Mail-Systems unverzüglich der IT-Abteilung des Unternehmens zu melden.

§ 2
E-Mail

2.1 Der E-Mail-Verkehr wird automatisch auf Viren und Spam-Mails kontrolliert und entsprechend klassifiziert. Der Mitarbeiter erhält eine Benachrichtigung über eine solche Klassifikation, wobei der Mitarbeiter hiermit darauf hingewiesen wird, dass diese im Einzelfall fehlerhaft sein kann. Die Systemadministratoren entscheiden, ob und auf welche Weise als virenbehaftet klassifizierte E-Mails zurückgeschickt oder gelöscht werden. Als Spam-Mails klassifizierte E-Mails werden nach den Vorgaben des Mitarbeiters behandelt.

2.2 Im Falle einer vorhergesehenen Abwesenheit, wie zum Beispiel Urlaub oder Dienstreisen, hat der Mitarbeiter die an seine E-Mail-Adresse eingehenden E-Mails durch [Verwendung der automatischen Weiterleitungsvorrichtung (Auto-Forward) an einen Stellvertreter zu senden und durch] die automatische Abwesenheitsnotiz (Auto-Reply) den Absender über seine Abwesenheit und deren Dauer zu informieren. In Fällen unvorhergesehener Abwesenheit, wie zum Beispiel Krankheit oder kurzfristig anberaumte Geschäftstermine, ist das Unternehmen berechtigt, die Auto-Reply durch den Systemadministrator zu aktivieren.

2.3 Das Unternehmen kann anordnen, dass E-Mails mit vertraulichem Inhalt sowie E-Mails mit personenbezogenen Daten innerhalb des Unternehmens und an Dritte nur verschlüsselt versendet werden dürfen. Die von dem Unternehmen hierfür zur Verfügung gestellten Verschlüsselungsprogramme sind dabei zu verwenden.

2.4 Scheidet der Mitarbeiter aus dem Arbeitsverhältnis aus, wird sein E-Mail-Account nach Wahl des Unternehmens zum Zeitpunkt einer Freistellung oder im Zeitpunkt des rechtlichen Endes des Arbeitsverhältnisses gesperrt.

§ 3
Folgen der Verletzung dieser Vereinbarung

3.1 Die Verletzung dieser Vereinbarung kann strafrechtliche Konsequenzen haben. Des Weiteren kann sie arbeitsrechtliche Konsequenzen bis hin zur Kündigung des Arbeitsverhältnisses nach sich ziehen. [5]

3.2 Für den Fall einer Verletzung durch den Mitarbeiter behält sich das Unternehmen die Geltendmachung von Ersatzansprüchen vor. [6]

§ 4
Hinweis auf Kontrolle [7]

Der Mitarbeiter wird darauf hingewiesen, dass die vom Mitarbeiter erhaltenen und versendeten E-Mails seitens des Unternehmens bei konkretem Anlass und im Übrigen im Rahmen stichprobenartiger Überprüfungen geöffnet und gelesen werden können. Dies gilt auch dann, wenn E-Mails als privat oder vertraulich oder in einem ähnlichen Sinne bezeichnet oder gekennzeichnet sein sollten. Auch die Nutzung des Internets kann von dem Unternehmen bei konkretem Anlass und im Rahmen stichprobenartiger Überprüfungen kontrolliert werden.

§ 5
Salvatorische Klausel

Sollten einzelne Bestimmungen dieser Vereinbarung ganz oder teilweise unwirksam sein oder unwirksam werden, bleiben die übrigen Bestimmungen unberührt und gültig. Anstelle der unwirksamen Bestimmung gilt diejenige Bestimmung als vereinbart, welche dem Sinn und Zweck der unwirksamen Bestimmung am nächsten kommt.

§ 6
Schriftform

Änderungen oder Ergänzungen dieser Vereinbarung durch individuelle konkrete Vertragsabreden sind formlos wirksam. Im Übrigen bedürfen Änderungen oder Ergänzungen dieser Vereinbarung der Schriftform; dieses Schriftformerfordernis bezieht sich auch auf etwaige Ansprüche aus betrieblicher Übung.

[Ort, Datum]

(Unterschrift des Unternehmens)

[Ort, Datum]

(Unterschrift des Mitarbeiters)

Mir, [Name des Mitarbeiters] , ist bekannt, dass im Rahmen meiner dienstlichen Nutzung des firmeneigenen Internet- und E-Mail-Systems das Unternehmen meine personenbezogenen Daten im nach den §§ 4 Abs. 1, 32, 28 Abs. 1 Nr. 2 BDSG [8] erlaubten Maße verarbeitet und die Einhaltung obiger Vereinbarung kontrolliert. [9]

[Ort, Datum]

(Unterschrift des Mitarbeiters)

Erläuterungen

Schrifttum

Beckschulze/Henkel Der Einfluss des Internets auf das Arbeitsrecht, DB 2001, 1491; *Bissels/Lützeler/Wisskirchen* Facebook, Twitter & Co.: Das Web 2.0 als arbeitsrechtliches Problem, BB 2010, 2433; *Bloesinger* Grundlagen und Grenzen privater Internetnutzung am Arbeitsplatz, BB 2007, 2177; *Däubler* Nutzung des Internet durch den Arbeitnehmer, K&R 2000, 323; *Emmert/Baumann* Haftungsfalle Internet – Verantwortlichkeit des Arbeitgebers für Urheberrechtsverstöße seiner Mitarbeiter?, DB 2008, 526; *Kania/Ruch* Anspruch auf private Internetnutzung kraft betrieblicher Übung? ArbRB 2010, 352; *Koch* Rechtsprobleme privater Nutzung betrieblicher elektronischer Kommunikationsmedien, NZA 2008, 911; *Mengel* Kontrolle der E-Mail und Internetkommunikation am Arbeitsplatz, DB 2004, 2014; *Möller* Privatnutzung des Internet am Arbeitsplatz, ITRB 2005, 142; *Panzer-Heemeier* Der Zugriff auf dienstliche E-Mails DuD 2012, 48; *Polenz/Thomsen* Internet- und E-Mail-Nutzung DuD 2010, 614; *Post-Ortmann* Der Arbeitgeber als Anbieter von Telekommunikations- und Telediensten, RDV 1999, 102; *Sassenberg/Mantz* Die (private) E-Mail-Nutzung im Unternehmen, BB 2013, 889; *Wolf/Mulert* Die Zulässigkeit der Überwachung von E-Mail-Korrespondenz am Arbeitsplatz, BB 2008, 442; *Zürn/Maron* Der Koaliationsvertrag der 18. Legislaturperiode aus arbeitsrechtlicher Sicht, BB 2014, 629.

1. Dienstliche Nutzung setzt in Abgrenzung zur privaten Nutzung einen direkten Bezug zur geschuldeten Arbeitsleistung des Mitarbeiters voraus. 59

2. Umstritten ist, ob sich ein Recht des Mitarbeiters auf die private Nutzung von Internet und E-Mail aufgrund einer **betrieblichen Übung** einstellen kann, wenn das Unternehmen die Privatnutzung »duldet« (dafür u.a. *Beckschulze/Henkel* DB 2001, 1491; *Küttner/Kreitner* Internet-/Telefonnutzung Rn. 4; dagegen u.a. *Koch* NZA 2008, 911; *Bloesinger* BB 2007, 2177; *Bissels/Lützeler/Wisskirchen* BB 2010, 2433, 2433 f.; *Polenz/Thomsen* DuD 2010, 614, 614; sowie *Kania/Ruch* ArbRB 2010, 352, 352 f. mit ausführlicher Begründung; zurückhaltend *Preis* Arbeitsvertrag II I 10 Rn. 6). Nach richtiger Auffassung ist das Entstehen einer betrieblichen Übung abzulehnen. Ausgangspunkt ist der Grundsatz, dass mangels ausdrücklicher Gestattung die private Nutzung von Internet und E-Mail untersagt ist (vgl. BAG, Urt. v. 07.07.2005 – 2 AZR 581/04, NZA 2006, 98, 100). Durch Missachtung dieses Verbots durch die Mitarbeiter können keine Ansprü- 60

C. Vertragliche und nachvertragliche Nebenpflichten

che erwachsen. Ansprüche aus betrieblicher Übung werden zudem grundsätzlich an ein regelhaftes aktives Verhalten des Arbeitgebers geknüpft – und nicht an bloße Passivität. Völlig ungeklärt ist darüber hinaus, über welchen Zeitraum von welchem Anteil der Belegschaft das Verbot der Privatnutzung verletzt werden müsste, um es durch eine betriebliche Übung zu »legitimieren«. Eine abschließende Klärung dieser Rechtsfrage durch die Rechtsprechung steht noch aus. Bis dahin sollten Unternehmen auf die Einhaltung des Verbots privater E-Mail und Internetnutzung hinwirken, um den Anschein einer Duldung und das Risiko einer betrieblichen Übung zu vermeiden (ähnlich *Möller* ITRB 2005, 142, 143). Hierfür eignet sich – neben disziplinarischen Maßnahmen bei Verstößen – auch der Abschluss einer Zusatzvereinbarung mit den Mitarbeitern über die Nutzung von E-Mail und Internet.

61 3. Zusätzlich kann eine Aufzählung der verbotenen Handlungen in die Zusatzvereinbarung aufgenommen werden:

> *»Insbesondere verboten ist*
> - *das Aufrufen, Abrufen, Herunterladen und Verbreiten von Inhalten, die gegen datenschutzrechtliche, urheberrechtliche, strafrechtliche oder andere gesetzliche Bestimmungen verstoßen,*
> - *das Aufrufen, Abrufen, Herunterladen und Verbreiten von verfassungsfeindlichen, beleidigenden, verleumderischen, gewaltverherrlichenden, rassistischen, sexistischen, pornografischen oder anderen, die Würde des Menschen verletzenden Inhalten,*
> - *das Veröffentlichen und Verbreiten von Inhalten, an denen das Unternehmen ein Geheimhaltungsinteresse hat, insbesondere Unternehmensinformationen, die nicht für andere Mitarbeiter oder die Öffentlichkeit bestimmt sind,*
> - *das Streamen oder Herunterladen von Film- und Musikdateien sowie Computerspielen unabhängig vom ihrem Dateiformat,*
> - *das Aufrufen, Abrufen und Herunterladen und Verbreiten von kostenpflichtigen Inhalten und Werbung jedweder Art,*
> - *die Teilnahme an Internetchats, Instant-Messaging sowie das Bloggen,*
> - *die Nutzung sozialer Netzwerke wie z.B. Facebook, Xing, Twitter, StudiVZ, LinkedIn,*
> - *die Teilnahme an Online-Spielen und -Wetten und anderen interaktiven Tätigkeiten,*
> - *das Versenden von Rund- und Ketten-E-Mails,*
> - *Aufrufen, Abrufen, Herunterladen und Verbreiten von Inhalten, die gegen die Sicherheit der IT-Systeme des Unternehmens gerichtet sind, wie das Einspeisen von Viren, Würmern, Trojanern, Hackersoftware und ähnlichen schädlichen Programmen und Applikationen.«*

Die meisten der aufgezählten Punkte dürften grundsätzlich dem privaten Bereich zuzurechnen sein. Die explizite Aufzählung hat jedoch den Vorteil, dass im Falle eines Verstoßes gegen einen oder mehrere Punkte disziplinarische Maßnahmen gegen den Mitarbeiter leichter zu begründen sein dürften.

62 4. Die dienstlich veranlasste Privatnutzung von Internet und E-Mail steht der dienstlichen Nutzung gleich, da sie dienstlich motiviert ist (*Preis* Arbeitsvertrag II I 10 Rn. 5 m.w.N.). Beispiele sind die Benachrichtigung von Angehörigen über angeordnete Überstunden oder über einen kurzfristig anberaumten Geschäftstermin.

63 5. Zu den Sanktionsmöglichkeiten des Unternehmens und deren Voraussetzungen hat sich mittlerweile eine umfangreiche Judikatur herausgebildet (vgl. näher *Küttner/Kreitner* Internet-/Telefonnutzung Rn. 12 f. m.w.N.).

64 6. In Betracht kommen in der Regel Schadensersatzansprüche aufgrund einer Schädigung des Internet- und E-Mail-Systems (etwa durch unbefugtes Herunterladen schadhafter Programme). Das unbefugte Herunterladen urheberrechtlich geschützter Werke durch den Mitarbeiter kann zudem auch zu Ansprüchen der Rechteinhaber führen (ausführlich *Emmert/Baumann* DB 2008, 526).

7. Ist die private Nutzung des E-Mail-Systems nicht gestattet, ist das Unternehmen nach bestrittener, aber zutreffender (nach *Thüsing* § 9 Rn. 42 auch herrschender) Auffassung berechtigt, nicht nur die Verbindungsdaten des E-Mail-Verkehrs sondern auch den Text der E-Mails zu kontrollieren, da bei korrektem Verhalten alle E-Mails dienstlicher Natur sind und eine E-Mail insoweit mit einem herkömmlichen Geschäftsbrief gleichzusetzen ist (vgl. nur *Wolff/Mulert* DB 2008, 442, 443; *Mengel* BB 2004, 2014, 2017; *Thüsing* § 9 Rn. 42 ff.). Auch die Kontrolle des Inhalts der vom Mitarbeiter aufgerufenen Webseiten ist zulässig (*Mengel* BB 2004, 2014, 2020). Angesichts seines allgemeinen Persönlichkeitsrechts ist der Mitarbeiter jedoch generell auf mögliche Kontrollen hinzuweisen. Die Gegenansicht lehnt die Überwachung von Textinhalten ab. Sie begründet dies vornehmlich damit, dass die von der Rechtsprechung für die Telefonüberwachung entwickelten Grundsätze Anwendung fänden, da eine E-Mail eher mit einem Telefonat vergleichbar sei (vgl. nur *Ernst* NZA 2002, 585, 588 ff.). Eine Kontrolle sei nur bei begründetem Verdacht des Verrats von Geschäftsgeheimnissen oder strafbarer Handlungen möglich (so etwa *Post-Ortmann* RDV 1999, 102, 107; *Däubler* K&R 2000, 323, 327). Eine ausdrückliche Klärung dieser Frage durch die Rechtsprechung steht jedoch aus. Zudem ist die weitere Entwicklung und die konkreten Auswirkungen auf europäischer und deutscher Ebene derzeit unklar. 65

Nach der hier vertretenen Auffassung ist bei dem Verbot der Privatnutzung auch **keine Einwilligung des Mitarbeiters gemäß § 4a BDSG** in die Kontrolle erforderlich. Dennoch kann das Unternehmen rein vorsorglich eine Einwilligung des Mitarbeiters nach § 4a BDSG einholen (hierzu ausführlich *Thüsing* § 5 Rn. 1 ff. mit Formulierungsbeispiel sowie B Rdn. 167 ff.). 66

8. Der neuere § 32 BDSG ist gegenüber § 28 Abs. 1 Nr. 1 BDSG *lex specialis*, § 28 Abs. 1 Nr. 2 BDSG bleibt weiterhin anwendbar (ErfK/*Wank* § 32 BDSG Rn. 3; BT-Drucks. 16/13657, S. 20). Dies bedeutet, dass Kontrollmaßnahmen nicht ausschließlich nur anhand der Voraussetzungen des § 32 Abs. 1 Satz 2 BDSG zu bewerten sind, sondern auch nach § 28 Abs. 1 Nr. 2 BDSG gerechtfertigt sein können. 67

9. Dieser klarstellende Hinweis sollte aufgenommen und vom Mitarbeiter gesondert unterzeichnet werden, um dem Mitarbeiter bewusst zu machen, dass das Unternehmen die nach dem BDSG im Einzelfall zulässigen Kontrollmaßnahmen durchführt. 68

Dies gilt auch für den Fall, dass das Unternehmen rein vorsorglich eine Einwilligung des Mitarbeiters nach § 4a BDSG einholt (siehe C Rdn. 66), da die Einwilligung gemäß § 4a BDSG freiwillig und nach allgemeiner Auffassung auch frei widerruflich ist (vgl. *Thüsing* § 5 Rn. 32). 69

6. Zusatzvereinbarung über Arbeitnehmererfindungen und sonstige Arbeitsergebnisse

Vorbemerkung

Die arbeitsvertraglich geschuldeten Tätigkeiten des Arbeitnehmers bringen Arbeitsergebnisse hervor. Dabei wird davon ausgegangen, dass ein Großteil (mindestens 80 %) aller gemeldeten Erfindungen von Arbeitnehmern stammen (*Schwab* NZA-RR 2014, 281, 281). Arbeitsergebnisse sind körperliche Gegenstände (Sachen) und/oder geistige Schöpfungen (Moll/*Gennen* MAH Arbeitsrecht D. § 16 Rn. 1). **Arbeitsrechtlich** stehen grundsätzlich alle vom Mitarbeiter in Erfüllung des Arbeitsvertrages geschaffenen Arbeitsergebnisse dem Unternehmen als Arbeitgeber zu (Küttner/*Reinecke* Arbeitnehmerfindung Rn. 1; vgl. auch BAG, Urt. v. 13.09.1983 – 3 AZR 371/81, VersR 1984, 558). 70

Während das Eigentum an vom Mitarbeiter im Rahmen seiner arbeitsvertraglichen Tätigkeit geschaffenen **körperlichen Gegenständen** unmittelbar dem Unternehmen zusteht (Eigentumserwerb nach § 950 BGB, vgl. Moll/*Gennen* MAH Arbeitsrecht D. § 16 Rn. 5), ist die Rechtslage bei vom Mitarbeiter geschaffenen **geistigen Schöpfungen** komplexer: 71

C. Vertragliche und nachvertragliche Nebenpflichten

72 Das Patentrecht privilegiert den Erfinder als geistigen Urheber einer Erfindung beziehungsweise technischen Neuerung und weist ihm die Rechte an der Erfindung zu. Da arbeitsrechtlich grundsätzlich alle Arbeitsergebnisse dem Unternehmen zustehen sollen, ist mit dem **ArbNErfG** ein rechtliches Instrumentarium zur Lösung dieses Konflikts und einem angemessen Interessenausgleich geschaffen worden (Ausgleichsfunktion). Das ArbNErfG gewährt dem Unternehmen ein umfassendes Aneignungs- und Verwertungsrecht an der patent- oder gebrauchsmusterfähigen **Arbeitnehmererfindung** sowie für sog. qualifizierte **technische Verbesserungsvorschläge** (§§ 2, 3, 20 Abs. 1 ArbNErfG), während der **Arbeitnehmer-Erfinder** zwingend einen Anspruch auf eine angemessene Vergütung erwirbt, sobald das Unternehmen die entsprechenden geistigen Schöpfungen in Anspruch nimmt (§§ 9 ff., 20 Abs. 1 ArbNErfG). Vom Unternehmen in Anspruch genommene Erfindungen sowie verwertete technische Verbesserungsvorschläge stehen dem Unternehmen zu (vgl. anschaulich Küttner/*Reinecke* Arbeitnehmererfindung Rn. 1 f.). Die Vorschriften des ArbNErfG können nicht im Voraus zu Ungunsten des Arbeitnehmers abbedungen werden; lediglich nach der Meldung beziehungsweise Mitteilung von Erfindungen und technischen Verbesserungsvorschlägen sind abweichende Vereinbarungen zulässig (§ 22 ArbNErfG). Darüber hinaus sind Vereinbarungen gemäß § 23 Abs. 1 ArbNErfG unwirksam, wenn sie in erheblichem Maße unbillig sind.

73 Während mit dem ArbNErfG ein auf das Arbeitsverhältnis zugeschnittenes patentrechtliches Spezialgesetz gilt, fehlt es an einem ausführlich ausgestalteten Arbeitnehmerurhebergesetz. Das **UrhG** selbst enthält mit den §§ 43, 69b UrhG lediglich Grundsätze der Behandlung des **Arbeitnehmer-Urhebers** im Hinblick auf die Zuweisung von Rechten an Arbeitsergebnissen. Die Vergütungsfrage hat mit den §§ 32, 32a UrhG ebenfalls eine eher rudimentäre Regelung erfahren (Moll/*Gennen* MAH Arbeitsrecht D. § 16 Rn. 217, 244 ff.). Im Gegensatz zum ArbNErfG, wonach das Unternehmen als Arbeitgeber durch Inanspruchnahme den Übergang aller Rechte an der Diensterfindung an sich bewirken kann, kann das Unternehmen nach dem UrhG lediglich die Einräumung vertraglich vereinbarter Nutzungsrechte an sich verlangen. Im Übrigen verbleiben die Rechte beim Urheber (Schöpferprinzip, § 7 UrhG).

74 Dies bedeutet, dass Unternehmen jedenfalls mit Mitarbeitern, die im Rahmen des Arbeitsverhältnisses (potentiell) urheberrechtsfähige Werke schaffen müssen oder könnten, entweder bereits im Arbeitsvertrag oder in einer Zusatzvereinbarung eine Regelung zur Behandlung von Arbeitsergebnissen vereinbaren sollten, um ein möglichst umfassendes und ausschließliches Nutzungsrecht zu erhalten. Bezüglich Arbeitnehmererfindungen und technischen Verbesserungsvorschlägen nach dem ArbNErfG gelten dessen grundsätzlich zwingenden Regelungen zwar ohnehin. Gleichwohl sollten einzelne (rechtlich grundsätzlich nur deklaratorische) Regelungen in einer solchen Zusatzvereinbarung zu finden sein, insbesondere um den Mitarbeiter auf seine gesetzliche Pflicht zur Meldung von Erfindungen hinzuweisen und die Unterlassung von Meldungen zu verhindern.

▶ **Muster – Zusatzvereinbarung über Arbeitnehmererfindungen und sonstige Arbeitsergebnisse**

75 Zusatzvereinbarung zum Arbeitsvertrag vom ____[Datum]____
über Arbeitnehmererfindungen und sonstige Arbeitsergebnisse

»Vereinbarung«

zwischen

[Name und Geschäftsanschrift des Unternehmens] »Unternehmen«

und

[Name und Privatanschrift des Mitarbeiters] »Mitarbeiter«

Präambel

Für technische Verbesserungsvorschläge und Erfindungen i.S.d. Gesetzes über Arbeitnehmererfindungen (ArbNErfG) gelten § 1 und § 3; für sonstige Arbeitsergebnisse gelten § 2 und § 3 dieser Vereinbarung.

§ 1
Erfindungen im Sinnes des ArbNErfG [1]

In Bezug auf technische Verbesserungsvorschläge und Erfindungen i.S.d. ArbNErfG finden die Regelungen des ArbNErfG Anwendung. Der Mitarbeiter ist insbesondere verpflichtet, Diensterfindungen unverzüglich – spätestens jedoch innerhalb von zehn Arbeitstagen – dem Unternehmen unter Angabe der technischen Aufgabe, der Lösung und des Zustandekommens der Erfindungen in Textform gemäß § 126b des Bürgerlichen Gesetzbuchs (BGB), d.h. beispielsweise per Fax oder E-Mail, zu melden. [2] Nach erfolgter Inanspruchnahme [3] einer Diensterfindung unterstützt der Mitarbeiter das Unternehmen auf Anforderung bei der Anmeldung von entsprechenden Patenten und/oder Gebrauchsmustern.

Der Mitarbeiter wird Erfindungen nicht der Allgemeinheit zugänglich machen und nichts unternehmen, was die Erteilung eines Patents und/oder Gebrauchsmusters gefährden könnte. Ferner verpflichtet sich der Mitarbeiter, technische Verbesserungsvorschläge und Erfindungen auch nach Ablauf des Arbeitsvertrags bis zur Erteilung etwaiger Patente und/oder Gebrauchsmuster oder für den Fall, dass keine Schutzrechte angemeldet werden, bis der Vorschlag bzw. die Erfindung der Öffentlichkeit anderweitig (d.h. insbesondere nicht unter Verstoß gegen den Arbeitsvertrag oder diese Zusatzvereinbarung) bekannt oder allgemein zugänglich wird, geheim zu halten.

Der Mitarbeiter erklärt weiterhin nach bestem Gewissen, derzeit weder gegenüber früheren Arbeitgebern noch gegenüber einer sonstigen Person zur Meldung und/oder Übertragung von Rechten an Erfindungen verpflichtet zu sein.

§ 2
Sonstige Arbeitsergebnisse

Die in Erfüllung des Arbeitsvertrags entstehenden sonstigen Arbeitsergebnisse stehen im alleinigen Eigentum der Gesellschaft. Der Mitarbeiter überträgt sämtliche seiner ihm jeweils zustehenden Rechte bezüglich der in Erfüllung des Arbeitsvertrags [4] erzielten Arbeitsergebnisse auf das Unternehmen.

Soweit eine Übertragung rechtlich nicht möglich ist (insbesondere Urheberrechte gemäß deutschem Recht [5, 6]), räumt der Mitarbeiter hiermit dem Unternehmen das ausschließliche, übertragbare, unterlizenzierbare, unwiderrufliche, zeitlich, räumlich und inhaltlich unbeschränkte und unentgeltliche Recht zur Nutzung [7] der Arbeitsergebnisse in allen bekannten und noch unbekannten Nutzungsarten ein. Das eingeräumte Nutzungsrecht beinhaltet insbesondere auch die Rechte zur Änderung, Bearbeitung und Umgestaltung unter Wahrung der geistigen Eigenart des Werkes. [8] Der Mitarbeiter verzichtet auf seine Benennung als Urheber. [9] Die Rechte des Unternehmens gemäß § 69b des Urhebergesetzes (UrhG) bleiben unberührt. [10] Das Unternehmen ist weder zur Nutzung noch zur Verwertung der übertragenen Rechte verpflichtet.

§ 3
Gemeinsame Regelungen

Hinsichtlich der Gegenleistung des Unternehmens für die Übertragung der Rechte des Mitarbeiters an Arbeitsergebnissen bzw. die Einräumung des Nutzungsrechts gemäß § 2 gilt, dass die Gehaltszahlungen gemäß des Arbeitsvertrags auch eine Vergütung für die Übertragung der Rechte bzw. Einräumung des Nutzungsrechts enthalten. Die Rechte gemäß §§ 32–32c UrhG bleiben unberührt. [11] Die Rechte gemäß §§ 32–32c UrhG bleiben unberührt. Auch die Vergütungsansprüche gemäß ArbNErfG bleiben unberührt. [12] Die Verpflichtungen des Mitarbeiters gelten auch nach Beendigung des Arbeitsvertrags vom ____[Datum]____ weiter.

C. Vertragliche und nachvertragliche Nebenpflichten

[Ort, Datum]

_____
(Unterschrift des Unternehmens)

[Ort, Datum]

_____
(Unterschrift des Mitarbeiters)

Erläuterungen

Schrifttum

Balle Der urheberrechtliche Schutz von Arbeitsergebnissen, NZA 1997, 868; *Bayreuther* Neue Spielregeln im Arbeitnehmererfinderrecht NZA 2009, 1123; *Dreier/Schulze* Urheberrechtsgesetz, 5. Aufl. 2015; *Gärtner* Freigabe von Diensterfindungen – auch nach Fristablauf, BB 2010, 631; *Gärtner/Simon* Reform des Arbeitnehmererfinderrechts – Chancen und Risiken, BB 2011, 1909; *Gennen* Auswirkungen der Reform des Arbeitnehmererfinderrechts, ArbRB 2011, 86; *Nordemann* AGB-Kontrolle von Nutzungsrechtseinräumungen durch den Urheber, NJW 2012, 3121; *Reinecke* Das novellierte Arbeitnehmererfindungsrecht, FA 2010, 98; *Schreyer-Bestmann/Garbers-von Boehm* Die Änderungen des Arbeitnehmererfindergesetzes durch das Patentrechtsmodernisierungsgesetz, DB 2009, 2266; *Schwab* Das Namensnennungsrecht des angestellten Werkschöpfers, NZA 1999, 1254; *Schwab* Der Arbeitnehmer als Erfinder, NZA-RR 2014, 281.

76 **1.** Aufgrund des zwingenden Charakters des ArbNErfG (§ 22 ArbNErfG) sind Regelungen über künftige Erfindungen, die von den Vorschriften des Gesetzes abweichen, unzulässig. Das Formular sieht insoweit neben deklaratorischen Hinweisen lediglich Regelungen vor, die dem Mitarbeiter unabhängig vom ArbNErfG bestimmte Pflichten auferlegen, um das gesetzliche Verfahren einzuhalten und die Position des Unternehmens während dieses Verfahrens zu schützen.

77 **2.** Die Verpflichtung des Mitarbeiters zur unverzüglichen (§ 121 BGB) **Meldung der Diensterfindung** in Textform und mit näheren Angaben ergibt sich aus § 5 Abs. 1 und 2 ArbNErfG. Auch wenn die Meldung nicht ordnungsgemäß i.S.v. § 5 Abs. 2 ArbNErfG ist – also nicht die erforderlichen Angaben enthält –, gilt sie als ordnungsgemäß, wenn das Unternehmen dem Mitarbeiter gegenüber nicht innerhalb von zwei Monaten erklärt, welche Angaben es noch benötigt.

78 **3.** Das Unternehmen kann eine gemeldete Diensterfindung durch Erklärung gegenüber dem Mitarbeiter in Anspruch nehmen oder freigeben. Die **Inanspruchnahme** gilt als erklärt, wenn das Unternehmen die Diensterfindung nicht innerhalb von vier Monaten nach Eingang der ordnungsgemäßen Meldung durch Erklärung in Textform freigibt, § 6 ArbNErfG. Das Unternehmen muss daher nunmehr dann aktiv werden und die Erfindung innerhalb der Frist freigeben, wenn es kein Interesse an der Erfindung hat und die Kostenfolgen verhindern möchte.

79 Insbesondere diese gesetzliche Fiktion ist eine Neuerung im ArbNErfG, welche durch das Patentrechtsmodernisierungsgesetz vom 31.07.2009 (BGBl. I 251, 2526) mit Wirkung zum 01.10.2009 in das Gesetz eingefügt wurde. Diese neuere Regelung, die fast durchgehende Ersetzung der Schriftform durch die Textform sowie der ersatzlose Entfall der bisher möglichen beschränkten Inanspruchnahme und des Erfinderberaters sollen das Arbeitnehmererfindungsrecht vereinfachen. Sie gelten für die ab dem Stichtag gemeldeten Erfindungen und technischen Verbesserungsvorschläge (vgl. zur Neugestaltung des ArbNErfG *Gärtner/Simon* BB 2011, 1909, 1909; *Reinecke* FA 2010, 98; *Gärtner* BB 2010, 631; *Gennen* ArbRB 2011, 86, 86; *Bayreuther* NZA 2009, 1123; *Schreyer-Bestmann/Garbers-von Boehm* DB 2009, 2266).

80 **4.** Mitarbeiter, die außerhalb ihrer Arbeitszeit und außerhalb des Arbeitsverhältnisses ein urheberrechtsgeschütztes Werk schaffen, können dieses frei verwerten und nutzen. Der Mitarbeiter ist gemäß § 18 Abs. 1 ArbNErfG verpflichtet, die freie Erfindung dem Unternehmen unverzüglich in Textform mitzuteilen. Ob und in welchem Umfang der Mitarbeiter verpflichtet ist, ein sog. »**freies Werk**« dem Unternehmen anzubieten, ist strittig (ablehnend *Küttner/Reinecke* Urheber-

recht Rn. 8, wohl vorsichtig bejahend Moll/*Gennen* MAH Arbeitsrecht D. § 16 Rn. 267). Als Konkretisierung der arbeitsvertraglichen Treuepflicht sieht § 19 ArbNErfG zumindest vor, dass der Mitarbeiter ein nichtausschließliches Benutzungsrecht an der freien Erfindung zu angemessenen Bedingungen anzubieten hat, wenn sie in den Arbeitsbereich des Betriebes des Unternehmens fällt (*Schwab* NZA-RR 2014, 281, 285). Zudem darf der Mitarbeiter ebenfalls aufgrund der arbeitsvertraglichen Treuepflicht nicht mit der freien Erfindung in Wettbewerb mit dem Unternehmen treten (*Schwab* NZA-RR 2014, 281, 285).

5. Das Urheberrecht des Arbeitnehmer-Urhebers ist nicht übertragbar, § 29 Abs. 1 UrhG. Vielmehr kann sich das Unternehmen lediglich Nutzungsrechte einräumen lassen, §§ 29 Abs. 2, 31 ff. UrhG. 81

6. Vom UrhG geschützte Werke sind vielfältig, müssen jedoch eine persönliche geistige Schöpfung darstellen, § 2 UrhG (vgl. die Darstellung bei Küttner/*Reinecke* Urheberrecht Rn. 2). Auch Programme für Datenverarbeitung sind geschützt (§ 2 Abs. 1 Nr. 1 UrhG), was die praktische Bedeutung des UrhG für die betriebliche Praxis stark erhöht hat. 82

7. Bei der Einräumung von urheberrechtlichen Nutzungsrechten gilt nach allgemeiner Ansicht der Grundsatz der **Zweckübertragungstheorie**: Der Umfang der übertragenen Rechte bestimmt sich nach dem Zweck des zugrunde liegenden Vertrages, § 31 Abs. 5 UrhG (vgl. nur Dreier/Schulze/*Schulze* § 31 UrhG Rn. 110 ff. m.w.N.). Fehlt im Arbeitsverhältnis eine spezielle vertragliche Abrede, erwirbt das Unternehmen die Nutzungsrechte lediglich mit dem erforderlichen Inhalt und dem nötigen Umfang, die zur Erfüllung betrieblicher Aufgaben benötigt werden (Moll/*Gennen* MAH Arbeitsrecht D. § 16 Rn. 227). Aus diesem Grund sieht das Formular eine sehr weitgehende und exklusive Einräumung von Nutzungsrechten an das Unternehmen vor. 83

8. Die Einräumung der Befugnis zur Änderung des Werks muss im Hinblick auf § 39 UrhG ausdrücklich vereinbart werden. Anderenfalls muss der Mitarbeiter nur diejenigen Änderungen hinnehmen, die er nach Treu und Glauben nicht verweigern kann. Die damit verbundene Abwägung zwischen dem Interesse des Unternehmens an der Änderung des Werks und dem ideellen Interesse des Mitarbeiters an dem Werk kann zu einer Rechtsunsicherheit führen. 84

9. Das Recht des Mitarbeiters zur **Urheberbezeichnung** nach §§ 12 f. UrhG ist grundsätzlich unverzichtbar. Ein (lediglich) schuldrechtlicher Verzicht auf Namensnennung im Einzelfall ist nach allgemeiner Ansicht in der Literatur zwar zulässig (vgl. näher Dreier/Schulze/*Dreier* § 13 UrhG Rn. 24 ff. m.w.N., *Balle* NZA 1997, 868, 871; kritisch *Schwab* NZA 1999, 1254, 1258 ff.). Nach der neueren instanzgerichtlichen Rechtsprechung scheitert jedoch der Verzicht auf die Namensnennung an den Grundsätzen der AGB-Kontrolle (hierzu *Nordemann* NJW 2013, 3121, 3124). Es kann sich daher anbieten, den Verzicht auf die Namensnennung in einer separaten Klausel zu regeln, um (vor dem Hintergrund des Verbots der geltungserhaltenden Reduktion) andere Regelungsinhalte nicht unnötigem Risiko auszusetzen. 85

10. Die Klausel wurde deklaratorisch aufgenommen: § 69b UrhG ist eine Sondervorschrift gegenüber § 43 UrhG für Computerprogramme, die im Arbeitsverhältnis geschaffen wurden. Grundsätzlich wäre nach § 7 UrhG auch bei einem Computerprogramm der Schöpfer des Programms als Urheber anzusehen. Um dem Unternehmen gleichwohl eine möglichst ungehinderte Verwertung des Computerprogramms zu ermöglichen, bestimmt § 69b UrhG, dass mangels anderweitiger Vereinbarung alle vermögensrechtlichen Befugnisse am Computerprogramm dem Unternehmen zustehen (näher Dreier/Schulze/*Dreier* § 69b UrhG Rn. 2). 86

11. Der Mitarbeiter als **Urheber** kann grundsätzlich **keine gesonderte Vergütung** beanspruchen, wenn das Unternehmen Inhaber der Arbeitsergebnisse wird. Die schöpferische Leistung ist mit dem vereinbarten Entgelt regelmäßig abgegolten; die Urhebervergütung ist nach der herrschenden Abgeltungstheorie im Arbeitsentgelt enthalten (Moll/*Gennen* MAH Arbeitsrecht D. § 16 Rn. 221, 246; Küttner/*Reinecke* Urheberrecht Rn. 9; *Balle* NZA 1997, 868, 871). 87

88 Allerdings verlangt § 32 UrhG eine »angemessene« Vergütung. Nach § 32a UrhG kann der Urheber zudem unter bestimmten Voraussetzungen eine »weitere Beteiligung« beanspruchen. Aus diesem Grund sieht das Formular vor, dass im konkreten Fall gegebenenfalls die Differenz zur angemessenen Vergütung nachzuentrichten ist.

89 **12.** Nimmt das Unternehmen eine **Diensterfindung** in Anspruch, hat der Mitarbeiter nach § 9 ArbNErfG Anspruch auf eine **angemessene Vergütung**. Der Begriff der Angemessenheit wird von Amtlichen Richtlinien ausgefüllt, die entsprechend § 11 ArbNErfG erlassen wurden (vgl. näher zur Erfindervergütung Moll/*Gennen* MAH Arbeitsrecht D. § 16 Rn. 76 ff.).

7. Zusatzvereinbarung über Tätigkeit im Home Office (ausschließliche Telearbeit)

Vorbemerkung

90 Telearbeit leistet, wer in selbst gewählter oder in einer vom Arbeitgeber bereitgestellten Arbeitsstätte einfache oder qualifizierte Tätigkeiten an EDV-Anlagen verrichtet, die durch elektronische Kommunikationsmittel mit dem Betrieb des Arbeitgebers verbunden sind (Küttner/*Röller* Telearbeit Rn. 1). Telearbeit kann auf der Grundlage verschiedener vertraglicher Vereinbarungen (z.B. Arbeitsverhältnis, freie Mitarbeit oder Heimarbeit) durchgeführt werden (zur Abgrenzung ausführlich *Wank* NZA 1999, 225; Grobys/Panzer/*Walk* 149 Rn. 2). Zudem existieren verschiedene Formen der Telearbeit (ausführlich Hoeren/Sieber/*Preis* Teil 22.2 Rn. 13 ff.). Die vorliegenden Ausführungen beschränken sich auf die **ausschließliche Telearbeit im Arbeitsverhältnis**, bei der der Mitarbeiter seine Tätigkeit ausschließlich außerhalb des Betriebs an einer häuslichen Arbeitsstätte (Home Office) ausübt.

91 Um die Telearbeit im bestehenden Arbeitsverhältnis einzuführen, bedarf es einer entsprechenden Zusatzvereinbarung zum Arbeitsvertrag. Die Einführung der Telearbeit auf der Grundlage einer einseitigen **Versetzung** oder einer **Änderungskündigung** wird aufgrund der durch Art. 13 GG geschützten Unverletzlichkeit der Wohnung zumindest problematisch, wenn nicht sogar unwirksam sein (ausführlich Hoeren/Sieber/*Preis* Teil 22.2 Rn. 119, 124 sowie *Kramer* DB 2000, 1329, 1329 f.).

▶ **Muster – Zusatzvereinbarung über Tätigkeit im Home Office (ausschließliche Telearbeit)**

92 Zusatzvereinbarung zum Arbeitsvertrag vom ___[Datum]___
über Tätigkeit im Home Office
»Vereinbarung«

zwischen

[Name und Geschäftsanschrift des Unternehmens] »Unternehmen«

und

[Name und Privatanschrift des Mitarbeiters] »Mitarbeiter«

§ 1
Arbeitsort/Häusliche Arbeitsstätte

Ab dem ___[Datum]___ wird der Mitarbeiter seine Arbeitsleistung in seiner Wohnung (»häusliche Arbeitsstätte«) erbringen. Die häusliche Arbeitsstätte befindet sich in [Adresse der häuslichen Arbeitsstätte] . [1]

Der Mitarbeiter verpflichtet sich, auf Anordnung des Unternehmens auch in den Unternehmensräumen in ___[Ort]___ tätig zu werden. Der Mitarbeiter hat während der Laufzeit dieser Vereinbarung jedoch keinen Anspruch auf einen dauerhaften Arbeitsplatz in diesen Unternehmensräumen. [2]

Der Mitarbeiter ist verpflichtet, jeden bevorstehenden Wohnungswechsel unverzüglich schriftlich dem Unternehmen mitzuteilen.

Der Mitarbeiter versichert, dass sich die häusliche Arbeitsstätte in einem abschließbaren Raum befindet, der für den dauerhaften Aufenthalt und die Erbringung der Arbeitsleistung geeignet ist und den Anforderungen der einschlägigen Bestimmungen, insbesondere dem Arbeitsschutzgesetz, der Arbeitsstättenverordnung und der Bildschirmarbeitsverordnung, jeweils in ihrer gültigen Fassung, entspricht. [3] Der Mitarbeiter ist verpflichtet, bauliche Änderungen der häuslichen Arbeitsstätte unverzüglich anzuzeigen.

Der Mitarbeiter ist verpflichtet, in dem als häusliche Arbeitsstätte zu nutzenden Raum die notwendigen technischen Vorrichtungen bereit zu halten.

§ 2
Arbeitszeit

Es gilt die arbeitsvertraglich vereinbarte Arbeitszeit. Diese beträgt zurzeit __[arbeitsvertragliche Arbeitszeit, z.B. 40 Stunden pro Woche]__ . [4]

Fahrten zwischen den Unternehmensräumen in __[Ort]__ und der häuslichen Arbeitsstätte sind keine Arbeitszeit. [5]

Der Arbeitnehmer wird die Bestimmungen des Arbeitszeitgesetzes, insbesondere die tägliche Höchstarbeitszeit gemäß § 3 ArbZG sowie die Ruhezeit gemäß § 5 ArbZG, bei seiner Tätigkeit in der häuslichen Arbeitsstätte einhalten. [6] Arbeiten außerhalb der täglichen Arbeitszeit sowie Überstunden dürfen nur auf Anordnung des Unternehmens oder mit dessen vorheriger schriftlichen Zustimmung geleistet werden.

Die Arbeitszeit in der häuslichen Arbeitsstätte wird durch den Mitarbeiter selbst aufgezeichnet. Diese Aufzeichnungen über die Arbeitszeit sind jeweils zum __[Definition, z.B. Monatsanfang für den jeweiligen Vormonat]__ Herrn/Frau __[Name, z.B. des zuständigen Personalsachbearbeiters oder Vorgesetzten des Mitarbeiters]__ vorzulegen. [7]

§ 3
Arbeitsmittel

Während der Laufzeit dieser Vereinbarung stellt das Unternehmen dem Mitarbeiter die erforderlichen Arbeitsmittel für die häusliche Arbeitsstätte kostenlos zur Verfügung. Das Unternehmen trägt auch die Kosten für die Wartung und Unterhaltung dieser Arbeitsmittel. Die zur Verfügung gestellten Arbeitsmittel sind in Anlage 1 aufgeführt, sie verbleiben im Eigentum des Unternehmens. Der Mitarbeiter ist verpflichtet, diese Arbeitsmittel unverzüglich nach Beendigung dieser Vereinbarung vollständig an das Unternehmen herauszugeben. [8]

Die Privatnutzung der überlassenen Arbeitsmittel durch den Mitarbeiter sowie die Überlassung an andere Personen – auch diejenigen, die im Haushalt des Mitarbeiters leben – (»Dritte«) ist untersagt. [9] Der Mitarbeiter wird durch geeignete Maßnahmen sicherstellen, dass Dritte keinen Zugriff auf die überlassenen Arbeitsmittel erhalten.

Der Mitarbeiter wird das Unternehmen unverzüglich über technische und sonstige Störungen sowie Mängel und Schäden an den überlassenen Arbeitsmitteln unterrichten. Bei einer technischen Störung ist der Mitarbeiter verpflichtet, in den Unternehmensräumen in __[Ort]__ tätig zu werden.

§ 4
Aufwendungsersatz

Während der Laufzeit dieser Vereinbarung erstattet das Unternehmen dem Mitarbeiter entstehende Kosten für __[Aufzählung, z.B. DSL Gebühren, Telefongebühren, zusätzliche notwendige Arbeitsmittel]__ monatlich gegen Vorlage einer Abrechnung und der entsprechenden Belege. [10]

C. Vertragliche und nachvertragliche Nebenpflichten

Die Geltendmachung darüber hinausgehender Kosten sowie sonstige Kosten der häuslichen Arbeitsstätte, insbesondere hinsichtlich der Einrichtung/Unterhaltung der häuslichen Arbeitsstätte (Raummiete, Möbel, Betriebskosten), ist ausgeschlossen. [11]

Fahrtkosten zwischen den Unternehmensräumen in _____[Ort]_____ und der häuslichen Arbeitsstätte werden nicht erstattet. [12]

§ 5
Dienstverhinderung

Der Mitarbeiter ist verpflichtet, dem Unternehmen jede Dienstverhinderung und deren voraussichtliche Dauer unverzüglich und unter Angabe der Gründe mitzuteilen. Der Mitarbeiter ist ferner verpflichtet, das Unternehmen auf dringende Aufgaben hinzuweisen und dem Unternehmen im Rahmen seiner Möglichkeiten die hierzu erforderlichen Informationen und Unterlagen zu Verfügung zu stellen.

§ 6
Zugangsrecht

Der Mitarbeiter ist verpflichtet, dem Unternehmen, Personen, die vom Unternehmen beauftragt wurden sowie Personen, die aufgrund gesetzlicher Verpflichtungen Zugang zur häuslichen Arbeitsstätte haben müssen, nach vorheriger Abstimmung in zumutbarem Rahmen vor der Aufnahme und während der Tätigkeit in der häuslichen Arbeitsstätte Zugang zur häuslichen Arbeitsstätte zu gewähren, soweit dies insbesondere aus rechtlichen oder betrieblichen Gründen notwendig ist. [13]

In dringenden Fällen ist der Zugang auch ohne vorherige Abstimmung zu gewähren. [14]

Der Mitarbeiter bestätigt, dass die mit ihm in häuslicher Gemeinschaft lebenden Personen mit dieser Regelung einverstanden sind.

§ 7
Schutz von Daten und Informationen, Datensicherheit [15]

Der Schutz von Daten und Informationen sowie die Datensicherheit richten sich nach den Regelungen des Arbeitsvertrags sowie den einschlägigen gesetzlichen und unternehmensinternen Regelungen in der jeweils gültigen Fassung. Der Mitarbeiter ist verpflichtet, diese Regelungen streng einzuhalten.

Der Mitarbeiter ist verpflichtet, geeignete Maßnahmen zu ergreifen, um die Einsicht und den Zugriff Dritter auf Daten und Informationen zu verhindern. Insbesondere dürfen Passwörter und Zugangswege zum Datennetz des Unternehmens nicht an Dritte weitergegeben werden und sind so zu schützen, dass sie Dritten nicht bekannt werden.

§ 8
Beendigung der häuslichen Arbeit

Die Tätigkeit in der häuslichen Arbeitsstätte ist unbefristet. Diese Vereinbarung endet spätestens mit dem Ende des zwischen den Parteien bestehenden Arbeitsverhältnisses aufgrund des Arbeitsvertrags vom _____[Datum]_____. [16]

Sowohl der Mitarbeiter als auch das Unternehmen können die häusliche Arbeit gemäß dieser Vereinbarung aus wichtigem Grund kündigen. Ein wichtiger Grund des Unternehmens ist insbesondere gegeben bei schwerwiegender oder wiederholter schuldhafter Vertragsverletzung sowie betriebsbedingt, etwa wenn das Unternehmen seinen Standort wesentlich verlagert (z.B. mehr als 30 km) oder die vollzeitige Präsenz des Mitarbeiters in den Unternehmensräumen notwendig ist. [17] Das Unternehmen wird bei einer Entscheidung über die Beendigung der häuslichen Arbeit die Interessen des Mitarbeiters berücksichtigen. [18]

Die Kündigung dieser Vereinbarung bedarf der Textform (Brief, Telefax oder E-Mail) [19] und muss unter Einhaltung einer Frist von __[Kündigungsfrist]__ [20] ausgesprochen werden.

Mit Ablauf der Kündigungsfrist endet die häusliche Arbeit, so dass der Mitarbeiter verpflichtet ist, seine Arbeitsleistung in den Unternehmensräumen zu erbringen.

Im Falle eines Wohnungswechsels endet die häusliche Arbeit mit Aufgabe der bisherigen Wohnung, ohne dass es einer Kündigung bedarf. Falls die Fortsetzung der häuslichen Arbeit auch nach dem Wohnungswechsel gewünscht ist, ist eine neue Vereinbarung erforderlich.

§ 9
Anwendbare Regelungen

Des Weiteren bleibt es bei den bisherigen Arbeitsbedingungen. [21]

§ 10
Schriftform

Abreden über eine häusliche Arbeitsstätte außerhalb dieser Vereinbarung bestehen nicht. Änderungen oder Ergänzungen dieser Vereinbarung durch individuelle konkrete Vertragsabreden sind formlos wirksam. Im Übrigen bedürfen Änderungen oder Ergänzungen dieser Vereinbarung der Schriftform.

[Ort, Datum]
_____

(Unterschrift des Unternehmens)

[Ort, Datum]
_____

(Unterschrift des Mitarbeiters)

Anlage 1

Liste der zur Verfügung gestellten Arbeitsmittel: [22]

[z.B. Desktop, Laptop, Dockingstation für Laptop, Monitor, Tastatur, Drucker, Faxgerät, Scanner]

Mit meiner Unterschrift bestätige ich, dass ich die vorstehenden Arbeitsmittel erhalten habe. [23]

[Ort, Datum]
_____

(Unterschrift des Mitarbeiters)

Erläuterungen

Schrifttum

Albrecht Die Einrichtung von Tele- und Außenarbeitsplätzen – Rechtliche und personalpolitische Anforderungen, NZA 1996, 1240; *Boemke* Das Telearbeitsverhältnis, BB 2000, 147; *Boemke/Ankersen* Das Telearbeitsverhältnis – Arbeitsschutz, Datenschutz und Sozialversicherungsrecht, BB 2000, 1570; *Brachmann* Arbeiten von zuhause, AuA 2015, 396; *Dzida* Flexibles Arbeiten im Home Office ArbRB 2013, 254; *Hohmeister/Küper* Individualvertragliche Arbeitszeitgestaltung bei der alternierenden Telearbeit, NZA 1998, 1206; *Huber* Telearbeit – Arbeitsvertrag und betriebsverfassungsrechtliche Besonderheiten, FA 1999, 146; *Körner* Telearbeit – neue Form der Erwerbsarbeit, alte Regeln?, NZA 1999, 1190; *Kramer* Gestaltung arbeitsvertraglicher Regelungen zur Telearbeit, DB 2000, 1329; *Peter* Kernfragen der Telearbeit, DB 1998, 573; *Hoeren/Sieber/Holznagel* Handbuch Multimedia-Recht, 42. Ergänzungslieferung, Stand Juni 2015; *Prinz* Europäische Rahmenvereinbarung über Telearbeit, NZA 2002, 1268; *Rieble/Picker* Arbeitsschutz und Mitbestimmung bei häuslicher Telearbeit, ZfA 2013, 383; *Schaub* Flexibilisierung des Personaleinsatzes, BB 1998, 2106; *Wank* Telearbeit und Arbeitsrecht, AuA 1998, 192; *ders.* Telearbeit, NZA 1999, 225; *Wiese* Personale Aspekte und Überwachung der häuslichen Telearbeit, RdA 2009, 344; *Zimmermann* Daten- und arbeitsschutzrechtliche Anforderungen an Home-Office-Vereinbarungen, ArbRB 2014, 83.

C. Vertragliche und nachvertragliche Nebenpflichten

93 **1.** Die Nutzung einer Wohnung als Arbeitsplatz ist grundsätzlich nicht vom Mietvertrag gedeckt und bedarf daher der **Zustimmung des Vermieters** (*Preis* Arbeitsvertrag II T 20 Rn. 44; *Brachmann* AuA 2015, 396, 397). Falls der Mitarbeiter in einer Mietwohnung wohnt sollte sich das Unternehmen daher bereits vor Abschluss der Zusatzvereinbarung die schriftliche Zustimmung des Vermieters mit der Einrichtung und Unterhaltung eines Telearbeitsplatzes in der Mietwohnung vorlegen lassen (*Kramer* DB 2000, 1329, 1332).

94 **2.** Diese Verpflichtung sollte in die Zusatzvereinbarung aufgenommen werden, damit das Unternehmen bei unvorhersehbaren Umständen (z.B. technische Störungen in der häuslichen Arbeitsstätte) die Möglichkeit hat, den Mitarbeiter in den Unternehmensräumen tätig werden zu lassen (*Boemke* BB 2000, 147, 150).

95 **3.** Da das Unternehmen trotz dieser Regelung für die Einhaltung der Anforderung des **Arbeitsschutzrechts** zuständig ist (*Wank* AuA 1998, 192, 194; *Peter* DB 1998, 573, 575; *Prinz* NZA 2002, 1268, 1269), sollte die Konformität der häuslichen Arbeitsstätte mit diesen Vorschriften mittels einer Begehung (ggf. unter Einbeziehung eines Arbeitsschutzexperten) vor Aufnahme der Tätigkeit durch das Unternehmen selbst überprüft werden (ausführlich zu den Arbeitsschutzpflichten des Arbeitgebers: *Rieble/Picker* ZfA 2013, 383, 393). Empfehlenswert ist es auch, den Mitarbeiter im Hinblick auf die Anforderungen des Arbeitsschutzrechts zu unterrichten, zumindest durch das Aushändigen eines Abdrucks der einschlägigen Vorschriften.

96 **4.** Abhängig von den Regelungen im Arbeitsvertrag und sonstigen unternehmensinternen Richtlinien kann es sich anbieten, auch Regelungen zur **Lage der Arbeitszeit** in die Zusatzvereinbarung aufzunehmen. Falls es notwendig ist, dass der Mitarbeiter für Kunden oder andere Mitarbeiter zu bestimmten Zeiten (telefonisch) erreichbar ist, können die entsprechenden Verfügbarkeitszeiten/Kernarbeitszeiten in die Zusatzvereinbarung aufgenommen werden. Alternativ kann vorgesehen werden, dass das Unternehmen solche Verfügbarkeitszeiten jederzeit festlegen kann. Von den Verfügbarkeitszeiten abgesehen, empfiehlt es sich, dem Mitarbeiter grundsätzlich – im Rahmen des Arbeitszeitgesetzes – einen großen Spielraum bei der Festlegung der Arbeitszeit einzuräumen (*Kramer* DB 2000, 1329, 1330 mit Formulierungsbeispiel).

97 **5.** Es ist davon auszugehen, dass bei ausschließlicher Telearbeit nicht nur die Anwesenheit in den Unternehmensräumen, sondern auch die **Fahrzeit** dorthin zur Arbeitszeit zählt (so explizit *Kramer* DB 2000, 1329, 1332). Dennoch ist im Formular vorgesehen, dass diese Fahrzeiten nicht zur Arbeitszeit zählen. Im Gegensatz zum Ausschluss der Kostenerstattung für diese Fahrten ist jedoch fraglich, ob diese Regelung wirksam ist (siehe auch C Rdn. 106).

98 **6.** Grundsätzlich ist das Unternehmen verpflichtet, die Einhaltung der Regelungen des **Arbeitszeitgesetzes** sicherzustellen. Da dies jedoch bei der in der häuslichen Arbeitsstätte geleisteten Arbeitszeit praktisch nicht möglich ist, sollte diese Verpflichtung einzelvertraglich auf den Mitarbeiter übertragen werden (*Preis* Arbeitsvertrag II T 20, Rn. 39; Grobys/Panzer/*Walk* 149 Rn. 7). Empfehlenswert ist es, dem Mitarbeiter einen Abdruck des Arbeitszeitgesetzes auszuhändigen.

99 **7.** Da die Kontrolle der Arbeitszeit, anders als bei einer betrieblichen Arbeitsstätte, durch das Unternehmen ansonsten in der Regel nicht möglich ist, sollte der Mitarbeiter verpflichtet werden, die **Arbeitszeit aufzuzeichnen**. Dies ist auch deswegen sinnvoll, weil das Unternehmen gemäß § 16 Abs. 2 ArbZG verpflichtet ist, die über die werktägliche Arbeitszeit gemäß § 3 Satz 1 ArbZG hinausgehende Arbeitszeit aufzuzeichnen und diese Aufzeichnungen mindestens zwei Jahr aufzubewahren. Auch die Aufzeichnungspflicht nach § 16 Abs. 2 ArbZG kann, wie im Formular vorgesehen, individualvertraglich auf den Mitarbeiter übertragen werden (*Hohmeister/Küper* NZA 1998, 1206, 1208).

100 Falls bei dem Unternehmen ein elektronisches Zeiterfassungssystem verwendet wird, bietet sich folgende Alternative an:

Alternative:

[Die Arbeitszeit in der häuslichen Arbeitsstätte wird durch den Mitarbeiter selbst im elektronischen Zeiterfassungssystem des Unternehmens erfasst. Für die Zeiterfassungen gelten die in [Benennung der einschlägigen Richtlinie oder Betriebsvereinbarung] enthaltenen Regelungen des Unternehmens in ihrer jeweils gültigen Fassung.]

8. In aller Regel stellt das Unternehmen die zur Arbeitsleistung erforderlichen Arbeitsmittel, insbesondere die technische Ausstattung. Um die Aushändigung dokumentieren und die Rückgabe sicherstellen zu können, sollten die ausgehändigten Arbeitsmittel schriftlich erfasst werden. Wenn neben der technischen Ausstattung auch Mobiliar vom Unternehmen überlassen wird, sollte zusätzlich explizit geregelt werden, wer die Kosten des Transports sowie des Auf- und Abbaus trägt.

Falls bei dem Unternehmen eine einschlägige Richtlinie, Betriebsvereinbarung oder Arbeitsordnung besteht, die auch für die Überlassung von Arbeitsmitteln Regelungen enthalten, sollte ergänzend auf diese ausdrücklich verwiesen werden:

»*In Ergänzung dieser Vereinbarung gelten bezüglich der Nutzung der überlassenen Arbeitsmittel die in [Benennung der einschlägigen Richtlinie, Betriebsvereinbarung oder Arbeitsordnung] enthaltenen Regelungen des Unternehmens in ihrer jeweils gültigen Fassung.*«

9. Auch wenn angenommen wird, dass der private Gebrauch von Arbeitsmitteln grundsätzlich unzulässig ist, soweit keine ausdrückliche Erlaubnis erteilt wurde (*Boemke* BB 2000, 147, 153 f.), sollte die **Privatnutzung ausdrücklich ausgeschlossen** werden (*Dzida* ArbRB 2013, 254, 255). Zudem ist zu beachten, dass dem Mitarbeiter nur dann kein steuerpflichtiger geldwerter Vorteil erwächst, wenn die Arbeitsmittel im Eigentum des Unternehmens bleiben und die Privatnutzung ausgeschlossen ist (Küttner/*Windsheimer* Telearbeit Rn. 13).

10. Um dem Unternehmen die Kontrolle über die Telekommunikationskosten zu ermöglichen, sollte die Art der zu erstattenden Kosten explizit geregelt und nur nach Abrechnung und Nachweis erstattet werden. Alternativ kann sich zur Reduzierung des organisatorischen Aufwands auch eine pauschale Erstattung anbieten.

11. Wenn keine ausdrückliche Vereinbarung getroffen wird, kann der Mitarbeiter für die Nutzung des Wohnraums als Arbeitsstätte grundsätzlich **Aufwendungsersatz** nach § 670 BGB analog fordern (BAG, Urt. v. 14.10.2003 – 9 AZR 657/02, EzA § 670 BGB 2002 Nr. 1; anders nach BAG, Urt. v. 12.04.2011 – 9 AZR 14/10, EzA § 670 BGB 2002 Nr. 5 jedoch dann, wenn der Mitarbeiter ein überwiegendes Interesse an der häuslichen Arbeitsstätte hat). Dieser bestimmt sich grundsätzlich nach dem örtlichen Mietwert; wenn die häusliche Arbeitsstätte im Eigentum des Mitarbeiters steht, ist von der ortsüblichen Miete der kalkulatorische Gewinn des Vermieters sowie die pauschalen Erhaltungsaufwendungen abzuziehen (BAG, Urt. v. 14.10.2003 – 9 AZR 657/02, EzA § 670 BGB 2002 Nr. 1). Nach der Rechtsprechung des BAG kann der Aufwendungsersatz jedoch aufgrund des dispositiven Charakters von § 670 BGB grundsätzlich, wie im Formular vorgesehen, abbedungen werden (BAG, Urt. v. 14.10.2003 – 9 AZR 657/02, EzA § 670 BGB 2002 Nr. 1).

Alternativ kann – wie in der Regel auch zweckmäßig (*Albrecht* NZA 1996, 1240, 1243) – ein pauschaler Aufwendungsersatz vereinbart werden. Dann sollte jedoch die Geltendmachung darüber hinausgehender Kosten explizit ausgeschlossen werden (*Dzida* ArbRB 2013, 254, 256):

Alternative:

[Das Unternehmen zahlt im Hinblick auf die sonstigen Kosten der häuslichen Arbeitsstätte, insbesondere hinsichtlich der Einrichtung/Unterhaltung der häuslichen Arbeitsstätte (Raummiete, Möbel, Betriebskosten), während der Laufzeit dieser Vereinbarung einen Pauschalbetrag in Höhe von [Betrag] € brutto [monatlich/vierteljährlich]. Die Geltendmachung darüber hinausgehender Kosten ist ausgeschlossen.]

C. Vertragliche und nachvertragliche Nebenpflichten

106 **12.** Bei ausschließlicher Telearbeit hat der Mitarbeiter für die **Fahrtkosten** zwischen der häuslichen Arbeitsstätte und den Unternehmensräumen grundsätzlich einen Aufwendungsersatzanspruch nach § 670 BGB (*Kramer* DB 2000, 1329, 1332; *Schaub* BB 1998, 2106, 2109; *Preis* Arbeitsvertrag II T 20, Rn. 52). Im Anschluss an die Rechtsprechung des BAG (BAG, Urt. v. 14.10.2003 – 9 AZR 657/02, EzA § 670 BGB 2002 Nr. 1), sollte es jedoch auch hier möglich sein, den Aufwendungsersatz abzubedingen.

107 **13.** Umstritten ist, ob sich ein **Zugangsrecht** des Unternehmens als Arbeitgeber bereits konkludent aus einer Vereinbarung über Telearbeit in einer häuslichen Arbeitsstätte ergibt (*Körner* NZA 1999, 1190, 1191; *Wank* AuA 1998, 192, 194). Da jedenfalls die einzelvertragliche Vereinbarung eines Zugangsrechts zulässig ist (vgl. insbesondere Hoeren/Sieber/*Preis* Teil 22.2 Rn. 139; Grobys/Panzer/*Walk* 149 Rn. 6; *Zimmermann* ArbRB 2014, 83, 86; kritisch *Rieble/Picker* ZfA 2013, 383, 398 ff.), sollte dies explizit vereinbart werden.

108 Ein einzelvertraglich vereinbartes unbegrenztes und jederzeitiges Zugangsrecht des Unternehmens dürfte jedoch wegen der grundgesetzlich garantierten Unverletzlichkeit der Wohnung (Art. 13 GG) unzulässig sein (*Körner* NZA 1999, 1190, 1191 f.; *Huber* FA 1999, 146), so dass daher im Formular die Einschränkungen »nach vorheriger Abstimmung«, »in zumutbaren Rahmen« und »soweit dies insbesondere aus rechtlichen oder betrieblichen Gründen notwendig ist« aufgenommen wurden. Auch wenn im Formular keine Konkretisierung des Zugangs hinsichtlich der Tageszeit vorgenommen wurde, darf dieser grundsätzlich nicht zur Unzeit erfolgen (*Wiese* RdA 2009, 344, 350). Darüber hinaus wird teilweise vertreten, dass die Fälle des Zutrittsrechts konkret zu benennen sind (Grobys/Panzer/*Walk* 149 Rn. 6; *Brachmann* AuA 2015, 396, 397 mit Formulierungsbeispiel).

109 **14.** Zusätzlich bietet sich die Vereinbarung einer Zugangsmöglichkeit in dringenden Fällen auch ohne Abstimmung mit dem Mitarbeiter an. Ob diese Klausel im Hinblick auf die Unverletzlichkeit der Wohnung des Mitarbeiters (siehe C Rdn. 108) wirksam ist, ist jedoch fraglich.

110 **15.** Sowohl die Einflussmöglichkeiten, als auch die Kontrollmöglichkeiten des Unternehmens im Hinblick auf die in der außerbetrieblichen häuslichen Arbeitsstätte genutzten Daten und Informationen sind eingeschränkt, so dass der Mitarbeiter explizit auf den Schutz von Daten und Informationen sowie Datensicherheit verpflichtet werden sollte (*Albrecht* NZA 1996, 1240, 1243; *Boemke/Ankersen* BB 2000, 1570, 1571 f.; *Zimmermann* ArbRB 2014, 83, 84 mit weitergehendem Formulierungsbeispiel).

111 **16.** Alternativ kann die Telearbeit, zum Beispiel zur Erprobung, auch befristet werden:

Alternative:

[Die Tätigkeit in der häuslichen Arbeitsstätte ist auf den Zeitraum von _____ [Datum] bis _____ [Datum] befristet.]

112 **17.** Ohne vertragliche Vereinbarung besteht weder für das Unternehmen noch für den Mitarbeiter ein Anspruch auf Beendigung der häuslichen Arbeit und Rückkehr zu einem betrieblichen Arbeitsplatz (Grobys/Panzer/*Walk* 149 Rn. 3). In dem Formular ist lediglich eine Kündigungsmöglichkeit »aus wichtigem Grund« unter Wahrung einer Kündigungsfrist vorgesehen. Dies soll beiden Seiten Planungssicherheit geben und ist insbesondere dann angezeigt, wenn keine Unternehmensräume zur Verfügung stehen oder der Mitarbeiter aus persönlichen Gründen Interesse an der häuslichen Arbeit hat. Um zu verdeutlichen, wann ein wichtiger Grund in diesem Sinne vorliegt, wurden die vorliegenden Beispiele gewählt, die einzelfallabhängig modifiziert werden sollten.

112.1 **18.** Das Landesarbeitsgericht Düsseldorf hat jedenfalls für die alternierende Telearbeit entschieden, dass eine Klausel, welche die Beendigung einer vereinbarten Telearbeit für den Arbeitgeber voraussetzungslos ermöglicht und nicht erkennen lässt, dass dabei auch die Interessen des Arbeitnehmers zu berücksichtigen sind, wegen Verstoß gegen das gesetzliche Leitbild des § 106 GewO (Bestimmung des Arbeitsorts nach billigem Ermessen) unwirksam sei (LAG Düsseldorf, Urt. v. 10.09.2014 – 12 Sa 505/14, ArbRAktuell 2014, 570).

Abhängig von den Interessen im Einzelfall kann es jedoch für die Parteien vorteilhafter sein, eine **Kündigungsmöglichkeit ohne Grund** vorzusehen. In diesem Fall könnte ergänzend auch eine fristlose Kündigungsmöglichkeit vorgesehen werden (*Kramer* DB 2000, 1329, 1333 mit Formulierungsbeispiel).

19. Für die Kündigung der Zusatzvereinbarung ist in dem Formular die **Textform** gemäß § 126b BGB vorgesehen. Ein gesetzliches Schriftformerfordernis besteht (anders als z.B. für die Kündigung eines Arbeitsverhältnisses gemäß § 623 BGB) nicht. Zu Dokumentationszwecken sollte für die Kündigung jedoch mindestens Textform vereinbart werden. Abhängig vom konkreten Einzelfall kann es sich auch anbieten, stattdessen die strengere Schriftform vorzusehen.

20. Hinsichtlich der **Kündigungsfrist** sind, wie bei der Kündigungsmöglichkeit, die Interessen im Einzelfall zu berücksichtigen: Wenn in den Unternehmensräumen kurzfristig kein Arbeitsplatz zur Verfügung steht und/oder der Mitarbeiter aus persönlichen Gründen starkes Interesse an der häuslichen Arbeit hat, wird sich im Regelfall ein längere Kündigungsfrist anbieten.

21. Falls im Unternehmen spezifische Regelungen, Richtlinien oder Betriebsvereinbarungen zur Telearbeit bestehen, sollte in einem zweiten Absatz zusätzlich auch ausdrücklich hierauf verwiesen werden:

»Im Übrigen gelten die sonstigen Regelungen des Unternehmens, insbesondere *[Benennung der einschlägigen Regelungen, Richtlinien, Betriebsvereinbarungen]*, in der jeweils geltenden Fassung.«

22. Zu Dokumentationszwecken sollten die überlassenen Arbeitsmittel möglichst genau in der Anlage aufgeführt werden.

23. Um dem Unternehmen den Nachweis der Überlassung der Arbeitsmittel an den Mitarbeiter zu ermöglichen, sollte dieser den Erhalt der Arbeitsmittel mit einer zweiten Unterschrift bestätigen. Falls der Abschluss der Zusatzvereinbarung und die Überlassung der Arbeitsmittel zeitlich Auseinanderfallen, sollte die Anlage samt der bestätigenden Unterschrift des Mitarbeiters in einem separaten Dokument vereinbart werden.

II. Nachvertragliche Nebenpflichten

1. Nachvertragliches Wettbewerbsverbot

Vorbemerkung

Mit rechtlicher Beendigung des Arbeitsverhältnisses endet für den Mitarbeiter die jedem Arbeitsverhältnis immanente Verpflichtung zur Wettbewerbsenthaltung. **Nachvertragliche** Treuepflichten zur Wettbewerbsenthaltung existieren nicht, es gelten lediglich die allgemeinen Gesetze (§ 1 UWG, § 823 BGB und insbesondere § 826 BGB). Der ehemalige Mitarbeiter ist somit grundsätzlich frei, mit seinem ehemaligen Arbeitgeber in Wettbewerb zu treten, auch wenn die Konkurrenz den früheren Arbeitgeber sehr empfindlich trifft (anschaulich BAG, Urt. v. 19.05.1998 – 9 AZR 394/97, EzA § 242 BGB Nachvertragliche Treuepflicht Nr. 2 = NZA 1999, 200).

Will ein Unternehmen sicherstellen, dass ein Mitarbeiter nach Beendigung des Arbeitsverhältnisses jedweden Wettbewerb unterlässt, ist dies nur durch ein nachvertragliches Wettbewerbsverbot im Sinne der §§ 74 ff. HGB möglich, welche gemäß § 110 GewO für sämtliche Arbeitnehmer entsprechend gelten. Hierbei sind zunächst formelle Voraussetzungen zu beachten, insbesondere die Schriftform (und die Aushändigung einer vom Arbeitgeber im Original unterzeichneten Urkunde an den Mitarbeiter), die Höchstdauer von zwei Jahren ab rechtlicher Beendigung des Arbeitsverhältnisses und die Zusage einer ausreichenden Karenzentschädigung. In materiellrecht-

C. Vertragliche und nachvertragliche Nebenpflichten

licher Hinsicht muss ein nachvertragliches Wettbewerbsverbot den berechtigten geschäftlichen Interessen des Arbeitgebers dienen (§ 74a Satz 1 HGB) und darf nicht zu einer unbilligen Erschwernis des Fortkommens des Arbeitnehmers führen (§ 74a Satz 2 HGB).

▶ **Muster – Nachvertragliches Wettbewerbsverbot**

121

[Briefkopf des Unternehmens]

[Name und Privatanschrift des Mitarbeiters]

[Ort, Datum]

Vereinbarung eines nachvertraglichen Wettbewerbsverbots

Präambel [1]

Frau/Herr [Name des Mitarbeiters] (»Mitarbeiter«) ist [2] seit dem ___[Datum]___ auf der Grundlage des Arbeitsvertrags vom ___[Datum]___ in seiner gegenwärtigen Fassung (zusammen: das »Arbeitsverhältnis«) für die Arbeitgeberin (»Unternehmen«) tätig. [3]

Mit dieser Vereinbarung vereinbaren die Parteien das folgende nachvertragliche Wettbewerbsverbot:

§ 1
Bedingungen [4] für die Wirksamkeit dieser Vereinbarung

Diese Vereinbarung tritt nur in Kraft, wenn das Arbeitsverhältnis nicht von dem Unternehmen oder von dem Mitarbeiter vor Ablauf der Probezeit gekündigt wird.

§ 2
Nachvertragliches Wettbewerbsverbot [5, 6]

Für die Dauer von ___[Anzahl]___ Monaten [7] nach Beendigung des Arbeitsverhältnisses (»Verbotszeitraum«) wird der Mitarbeiter nicht in selbständiger, unselbständiger oder sonstiger Weise [8] für eine Gesellschaft tätig werden, welche mit dem Unternehmen in direktem oder indirektem [9] Wettbewerb steht oder mit einer Wettbewerbsgesellschaft verbunden ist (im Folgenden: »Konkurrenzunternehmen«). [10] Des Weiteren wird der Mitarbeiter während des Verbotszeitraums ein Konkurrenzunternehmen weder errichten, erwerben noch sich hieran unmittelbar oder mittelbar beteiligen. Das Wettbewerbsverbot gilt auch zu Gunsten von mit dem Unternehmen verbundenen Unternehmen. [11]

Die Parteien gehen davon aus, dass unbeschadet des vorstehenden Absatzes die folgenden Gesellschaften als Konkurrenzunternehmen anzusehen sind: ___[Auflistung]___ . [12]

§ 3
Karenzentschädigung

Für die Dauer des Verbotszeitraums ist das Unternehmen verpflichtet, dem Mitarbeiter eine Entschädigung zu zahlen, welche gemäß § 74 Abs. 2 HGB für jedes Jahr des Verbots die Hälfte der vom Mitarbeiter zuletzt bezogenen vertragsmäßigen Leistungen beträgt. [13]

§ 4
Anrechnung anderweitigen Erwerbs

Der Mitarbeiter muss sich auf die Karenzentschädigung anderweitigen Erwerb nach Maßgabe von § 74c HGB anrechnen lassen. Der Mitarbeiter wird auf Anforderung unverzüglich und ansonsten unaufgefordert jeweils zum Ende eines ___[Monats/Kalenderquartals]___ dem Unternehmen mitteilen, ob und in welcher Höhe er anderweitige Einkünfte bezieht. Auf Verlangen des Unternehmens sind die Angaben zu belegen. [14]

§ 5
Vertragsstrafe [15]

Für jede Handlung, durch die der Mitarbeiter gegen das nachvertragliche Wettbewerbsverbot schuldhaft verstößt (»Verstoß«), hat er dem Unternehmen eine Vertragsstrafe in Höhe von _[Bezeichnung/Betrag]_ [16] zu zahlen. Für die Verwirkung der Vertragsstrafe gelten die folgenden beiden Absätze:

Besteht der Verstoß in der direkten oder indirekten Errichtung, der direkten oder indirekten kapitalmäßigen Beteiligung an einem Konkurrenzunternehmen oder in der direkten oder indirekten Eingehung, Durchführung oder Unterstützung eines Dauerschuldverhältnisses (insbesondere ein Arbeits-, Dienst-, Berater- oder Vertreterverhältnis), ist dies ein Dauerverstoß. Bei einem Dauerverstoß wird die Vertragsstrafe, solange der Dauerverstoß rechtlich besteht, für jeden angefangenen Kalendermonat neu verwirkt.

Bei mehreren Verstößen wird die Vertragsstrafe jeweils gesondert verwirkt, auch innerhalb eines Kalendermonats; soweit einzelne Verstöße allerdings im Rahmen eines Dauerverstoßes erfolgen, sind diese von der für den Dauerverstoß verwirkten Vertragsstrafe umfasst.

Die Geltendmachung eines über die Vertragsstrafe hinausgehenden Schadens durch das Unternehmen bleibt unberührt.

§ 6
Geltung für Rechtsnachfolger [17]

Das nachvertragliche Wettbewerbsverbot gilt auch mit und gegenüber einem Rechtsnachfolger des Unternehmens, insbesondere geht es bei einem nach Beendigung des Arbeitsverhältnisses erfolgenden Betriebsübergang im Sinne des § 613a BGB auf den Erwerber über. Der Mitarbeiter ist mit dem Übergang der Rechte und Pflichten aus dieser Vereinbarung auf den Rechtsnachfolger des Unternehmens einverstanden und erteilt hierzu seine Zustimmung.

§ 7
Verweis auf §§ 74 ff. HGB

Im Übrigen gelten die §§ 74 ff. HGB.

§ 8
Salvatorische Klausel

Sollten einzelne Bestimmungen dieser Vereinbarung ganz oder teilweise unwirksam sein oder unwirksam werden, bleiben die übrigen Bestimmungen unberührt und gültig. Anstelle der unwirksamen Bestimmung gilt diejenige Bestimmung als vereinbart, welche dem Sinn und Zweck der unwirksamen Bestimmung am nächsten kommt. Dies gilt auch dann, wenn die Unwirksamkeit einer Bestimmung auf einem Maß der Zeit oder Leistung beruht, es gilt dann das rechtlich zulässige Maß.

§ 9
Schriftform

Abreden über ein nachvertragliches Wettbewerbsverbot außerhalb dieser Vereinbarung bestehen nicht. Änderungen oder Ergänzungen dieser Vereinbarung durch individuelle konkrete Vertragsabreden sind formlos wirksam. Im Übrigen bedürfen Änderungen oder Ergänzungen dieser Vereinbarung der Schriftform.

_____
[Ort, Datum]

_____
(Unterschrift des Unternehmens)

C. Vertragliche und nachvertragliche Nebenpflichten

[Ort, Datum]

(Unterschrift des Mitarbeiters)

Ich, [Name des Mitarbeiters], bestätige hiermit, dass ich eine von dem Unternehmen unterzeichnete vollständige Abschrift dieser Vereinbarung über ein nachvertragliches Wettbewerbsverbot erhalten habe. [18]

[Ort, Datum]

(Unterschrift des Mitarbeiters)

Erläuterungen

Schrifttum

Bauer/Diller Wettbewerbsverbote, 6. Aufl. 2012; *Bauer/Diller* Nachvertragliche Wettbewerbsverbote – Änderungen durch die Schuldrechtsreform, NJW 2002, 1609; *Diller* Vertragsstrafen bei Wettbewerbsverboten: Was nun?, NZA 2008, 574; *Diller* Nachvertragliches Wettbewerbsverbot: Entschädigungsanspruch ohne Entschädigungszusage?, NZA 2014, 1184; *Gaul/Ludwig* Betriebsübergang: Auswirkungen auf Vereinbarungen über nachvertragliche Wettbewerbsverbote, NZA 2013, 489; *Hunold* Rechtsprechung zum nachvertraglichen Wettbewerbsverbot, NZA-RR 2007, 617; *Hunold* Aktuelle Rechtsprechung zum nachvertraglichen Wettbewerbsverbot, NZA-RR 2013, 174; *Kittner* Der »volatile« Arbeitnehmer – Wettbewerb im und außerhalb des Arbeitsverhältnisses, BB 2011, 1013; *Laskawy* Die Tücken des nachvertraglichen Wettbewerbsverbots im Arbeitsrecht, NZA 2012, 1011; *Lingemann/Winkel* Der Anstellungsvertrag des Rechtsanwalts (Teil 4), NJW 2009, 966; *Straube* AGB-Kontrolle von nachvertraglichen Wettbewerbsverboten, BB 2013, 117.

122 **1.** Soweit das nachvertragliche Wettbewerbsverbot als eigenständige Vereinbarung separat zum Arbeitsvertrag vereinbart wird, empfiehlt es sich, mittels einer Vorbemerkung oder Präambel den Bezug zum Arbeitsverhältnis herzustellen. Zwingend erforderlich ist eine Vorbemerkung beziehungsweise Präambel allerdings nicht. Bezüglich der inhaltlichen, örtlichen und zeitlichen Reichweite unterliegt ein nachvertragliches Wettbewerbsverbot jedenfalls bei dessen separater Vereinbarung keiner AGB-rechtlichen Inhaltskontrolle (*Hunold* NZA-RR 2013, 174, 175). Alternativ zu Regelung in einer separaten Vereinbarung ist es selbstverständlich möglich, dass nachvertragliche Wettbewerbsverbot bereits im Arbeitsvertrag selbst zu regeln. Dann sollten die Bestimmungen allerdings in einem gesonderten Abschnitt unter der Überschrift »nachvertragliches Wettbewerbsverbot« geregelt und diese zudem drucktechnisch hervorgehoben werden, um zu vermeiden, dass die Regeln als überraschend im Sinne des Rechts der Allgemeinen Geschäftsbedingungen aufgefasst werden könnten (*Straube* BB 2013, 117, 118).

123 **2.** Die §§ 74 ff. HGB gelten nur, wenn das nachvertragliche Wettbewerbsverbot während der Laufzeit des Arbeitsverhältnisses abgeschlossen wird. Dies ist auch dann der Fall, wenn die Vereinbarung zwar nach Ausspruch der Kündigung, jedoch noch vor Ablauf der Kündigungsfrist erfolgt. Ein erst **nach rechtlicher Beendigung** des Arbeitsverhältnisses vereinbartes Wettbewerbsverbot unterliegt nicht den §§ 74 ff. HGB. Es finden lediglich die §§ 138, 242 BGB Anwendung (*Bauer/Diller* Rn. 75).

124 **3.** Soweit das nachvertragliche Wettbewerbsverbot im gekündigten Arbeitsverhältnis – also nach Ausspruch der Kündigung jedoch noch **vor** Ablauf der Kündigungsfrist – vereinbart wird, könnte die Präambel durch folgenden Absatz ergänzt werden:

Alternative:

[Das Unternehmen/Der Mitarbeiter hat das Arbeitsverhältnis am ____[Datum]____ zum ____[Datum]____ gekündigt. Im Zusammenhang mit der alsbaldigen Beendigung des Arbeitsverhältnisses haben sich die Parteien nach Verhandlungen auf das folgende nachvertragliche Wettbewerbsverbot geeinigt:]

4. Objektive auflösende beziehungsweise aufschiebende Bedingungen wie etwa das Alter des Mitarbeiters sind für die Wirksamkeit eines nachvertraglichen Wettbewerbsverbots zulässig. Bei entsprechender Kennzeichnung im Vertragstext sind sie auch nicht überraschend im Sinne von § 305c BGB.

Dagegen sind Bedingungen, die die Wirksamkeit eines nachvertraglichen Wettbewerbsverbot in das Belieben des Arbeitgebers stellen – sogenannte »**bedingte Wettbewerbsverbote**« –, für den Mitarbeiter unverbindlich (ausführlich DLW/*Dörner* Kapitel 9, C Rn. 184 ff.; *Bauer/Diller* Rn. 484 ff.; *Hunold* NZA-RR 2007, 617, 621; *Kittner* BB 2011, 1013, 1015).

Das Bundesarbeitsgericht misst einem Vorvertrag zwischen Arbeitgeber und Mitarbeiter auf Abschluss eines nachvertraglichen Wettbewerbsverbots die Wirkung eines bedingten und damit unverbindlichen Wettbewerbsverbots zu, wenn die dem Arbeitgeber im Vorvertrag eingeräumte einseitige **Option** auf Abschluss eines nachvertraglichen Wettbewerbsverbots nicht auf den Zeitpunkt bis zum Ausspruch der Kündigung oder bis zum Abschluss eines Aufhebungsvertrags beschränkt wird (vgl. näher BAG, Urt. v. 14.07.2010 – 10 AZR 291/10, NZA 2011, 413). Ein Vorvertrag, der die Ausübbarkeit der Option des Arbeitgebers entsprechend zeitlich beschränkt, wird somit zulässig sein. Auch ein Vorvertrag auf Abschluss eines nachvertraglichen Wettbewerbsverbots bedarf der Schriftform und der Aushändigung der Vertragsurkunde (*Laskawy* NZA 2012, 1011, 1016).

5. Hierbei handelt es sich um ein sogenanntes umfassendes »**unternehmensbezogenes**« **nachvertragliches Wettbewerbsverbot**, welches dem Mitarbeiter jede Tätigkeit für mit dem Arbeitgeber in Wettbewerb stehende und/oder bestimmte aufgelistete Unternehmen untersagt. Unternehmensbezogene nachvertragliche Wettbewerbsverbote sind in der Praxis vorherrschend, wenngleich sie in einzelnen Fällen die Gefahr bergen, nicht mehr den berechtigten Interessen des Arbeitgebers zu dienen (§ 74a Abs. 1 Satz 1 HGB) oder eine unbillige Erschwernis des Fortkommens des Mitarbeiters zu enthalten (§ 74a Abs. 1 Satz 2 HGB): Sie untersagen jedwede Tätigkeit für ein Konkurrenzunternehmen – auch eine solche, die mit der Tätigkeit, welche der Mitarbeiter beim Arbeitgeber verrichtete, in keinerlei Zusammenhang steht und bei der die Verwertung von beim Arbeitgeber gewonnenen Kenntnissen und Fähigkeiten ausgeschlossen sein kann. Ein »Verstoß« gegen § 74a Abs. 1 HGB führt allerdings nicht zur Unwirksamkeit des gesamten nachvertraglichen Wettbewerbsverbots, da diese Vorschrift ausdrücklich eine geltungserhaltende Reduktion vorsieht.

Bei Konkurrenzunternehmen mit diversifizierter Produktpalette beziehungsweise diversifizierten Sparten können die beschriebenen Risiken dadurch verringert werden, dass entweder die Produkte/Sparten definiert werden, für die der Mitarbeiter bei Konkurrenzunternehmen nicht tätig werden darf, oder aber auf das letzte Tätigkeitsfeld des Mitarbeiters, welches dieser beim Arbeitgeber innehatte, abgestellt wird (*Bauer/Diller* Rn. 234).

Die Alternative zu einem unternehmensbezogenen Wettbewerbsverbot ist die Vereinbarung eines sogenannten »**tätigkeitsbezogenen**« **nachvertraglichen Wettbewerbsverbots**. Dieses untersagt dem Mitarbeiter eine bestimmte Art von Tätigkeit(en). Problematisch ist ein tätigkeitsbezogenes nachvertragliches Wettbewerbsverbot in der fehlenden Dynamik: Es berücksichtigt regelmäßig nur unzureichend, dass Mitarbeiter in einem Unternehmen über die Dauer des Arbeitsverhältnisses verschiedene Arten von Tätigkeiten ausführen (*Bauer/Diller* Rn. 232 ff.).

Ein tätigkeitsbezogenes Wettbewerbsverbot könnte folgendermaßen lauten:

Alternative:

[Der Mitarbeiter wird während des Verbotszeitraums nicht in selbständiger oder unselbständiger Weise, unmittelbar oder mittelbar, weder beruflich noch auf andere Weise [Beschreibung, z.B.: pharmazeutische Produkte entwickeln/vertreiben und vermitteln] .]

oder

C. Vertragliche und nachvertragliche Nebenpflichten

[Der Mitarbeiter wird während des Verbotszeitraums nicht in selbständiger oder unselbständiger Weise, unmittelbar oder mittelbar, weder beruflich noch auf andere Weise seine Kenntnisse auf den Gebieten [Beschreibung, z.B.: Forschung und Entwicklung/Absatz und Vertrieb pharmazeutischer Produkte] verwerten.]

Es ist rechtlich nicht erforderlich, dass die Produkte, die unter das nachvertragliche Wettbewerbsverbot fallen sollen, ausdrücklich in der Vertragsurkunde aufgelistet werden. Ausreichend ist, dass der Gegenstand des nachvertraglichen Wettbewerbsverbots mit der Beendigung des Arbeitsverhältnisses objektiv feststellbar ist (*Straube* BB 2013, 117, 118).

131 Diese Ausführungen zeigen, dass die Formulierung eines nachvertraglichen Wettbewerbsverbots auf den Einzelfall abgestimmt sein muss. Gleichwohl sind Arbeitgeber gut beraten, **im Zweifelsfall ein unternehmensbezogenes Wettbewerbsverbot zu wählen** (so auch die Feststellung des LAG Hessen, Urt. v. 10.02.1997 – 10 SaGa 2269/96, EzA-SD 1997, Nr. 10, 5–9).

132 **6.** Soweit das Unternehmen speziell erreichen will, dass der ehemalige Mitarbeiter nach Beendigung seines Arbeitsverhältnisses keinerlei Tätigkeiten für die Mandanten des Unternehmens entfaltet (sogenannter allgemeiner Mandantenschutz) – etwa im Falle angestellter Rechtsanwälte, Steuerberater und Wirtschaftsprüfer –, ist dies ebenfalls nur aufgrund eines den Bestimmungen der §§ 74 ff. HGB entsprechenden nachvertraglichen Wettbewerbsverbots möglich. Zu ihrer Wirksamkeit ist somit insbesondere die Zusage einer Karenzentschädigung erforderlich (grundlegend und ausführlich BAG, Urt. v. 16.07.1971 – 3 AZR 384/70, EzA § 138 BGB Nr. 7; vgl. auch *Lingemann/Winkel* NJW 2009, 966 f.; *Bauer/Diller* Rn. 112 f.).

133 Formulierungsvorschlag für eine solche **allgemeine Mandantenschutzklausel** (angelehnt an BAG, Urt. v. 16.07.1971 – 3 AZR 384/70, EzA § 138 BGB Nr. 7):

»Der Mitarbeiter verpflichtet sich, für die Dauer von ____[Anzahl]____ Monaten nach Beendigung des Arbeitsverhältnisses (»Verbotszeitraum«) keinerlei Tätigkeit, freiberuflich oder als Angestellter eines oder mehrerer Berufsangehörigen, für solche Auftraggeber oder Mandanten auszuüben, die in den letzten drei Jahren vor Beendigung des Arbeitsverhältnisses zum Mandantenkreis des Unternehmens gehörten.«

134 Die Alternative zu allgemeinen Mandantenschutzklauseln sind sogenannte **beschränkte Mandantenschutzklauseln**. Diese untersagen dem Mitarbeiter das gezielte Abwerben von Mandanten des Unternehmens. Diese beschränken den ehemaligen Mitarbeiter ebenfalls in seinem beruflichen Fortkommen, so dass die §§ 74 ff. HGB gleichfalls Anwendung finden und zur Wirksamkeit der Vereinbarung insbesondere die Zusage einer Karenzentschädigung erforderlich ist.

135 Formulierungsvorschlag für eine beschränkte Mandantenschutzklausel:

»Der Mitarbeiter verpflichtet sich, für die Dauer von ____[Anzahl]____ Monaten nach Beendigung des Arbeitsverhältnisses (»Verbotszeitraum«), gleich ob freiberuflich oder als Angestellter eines oder mehrerer Berufsangehöriger, keine Mandanten gezielt abzuwerben, die während der letzten drei Jahre vor der Beendigung des Arbeitsverhältnisses zum Mandantenkreis des Unternehmens gehörten.«

136 Da eine beschränkte Mandantenschutzklausel dem ehemaligen Mitarbeiter nur das gezielte Abwerben untersagt, somit einen nur eingeschränkten Anwendungsbereich hat und zu ihrer Wirksamkeit überdies karenzentschädigungspflichtig ist, sollte **grundsätzlich die allgemeine Mandantenschutzklausel** gewählt werden.

137 Eine **Ausnahme von dem Grundsatz**, dass beschränkte Mandantenschutzklauseln §§ 74 ff. HGB unterfallen, gilt allerdings dann, wenn es dem ehemaligen Mitarbeiter bereits **berufsrechtlich** untersagt ist, Mandanten des früheren Arbeitgebers gezielt abzuwerben und die Vertragsklausel die berufsrechtliche Regelung lediglich wiederholt (BAG, Urt. v. 16.07.1971 – 3 AZR 384/70, EzA § 138 BGB Nr. 7; ablehnend *Bauer/Diller* Rn. 111). Eine solche berufsrechtliche Regelung ent-

hält § 19 BOStB für Steuerberater und § 43b BRAO für Rechtsanwälte. Mit diesen Berufsgruppen zugehörigen Mitarbeitern kann somit ohne Zusage einer Karenzentschädigung eine beschränkte Mandantenschutzklausel abgeschlossen werden. Für Wirtschaftsprüfer dürfte dies aufgrund der Neufassung des § 52 WiPrO wohl nicht mehr gelten.

7. Ein nachvertragliches Wettbewerbsverbot kann maximal für die Dauer von **zwei Jahren** vereinbart werden (§ 74a Abs. 1 Satz 3 HGB). 138

8. Das Verbot einer Tätigkeit »in sonstiger Weise« entspricht dem AGB-rechtlichen Transparenzgebot des § 307 Abs. 1 Satz 2 BGB und umfasst beispielsweise die Konkurrenztätigkeit durch Strohmänner oder auch die Tätigkeit im Rahmen eines Leiharbeitsverhältnisses (ausdrücklich LAG Hamm, Urt. v. 01.12.2009 – 14 SaGa 59/09, juris Rn. 35 f.). 139

9. Das Verbot von »indirektem Wettbewerb« entspricht dem AGB-rechtlichen Transparenzgebot des § 307 Abs. 1 Satz 2 BGB und umfasst beispielsweise die Konzernleihe oder eine Tätigkeit bei Dienstleistern oder Zulieferern (ausdrücklich LAG Hamm, Urt. v. 01.12.2009 – 14 SaGa 59/09, juris Rn. 35 f.). 140

10. Mangels näherer räumlicher Konkretisierung wirkt die Klausel **weltweit**. Meist wird für eine weltweite Geltung das berechtigte geschäftliche Interesse des Unternehmens fehlen. Dies führt dann jedoch nicht zur Unwirksamkeit des Wettbewerbsverbots, sondern lediglich zur Unverbindlichkeit des Teils, für den das geschäftliche Interesse fehlt (§ 74a Abs. 1 HGB). Um die Karenzentschädigung beanspruchen zu können, muss der Arbeitnehmer nach der neueren Rechtsprechung lediglich den verbindlichen Teil des nachvertraglichen Wettbewerbsverbots einhalten (BAG, Urt. v. 21.04.2010 – 10 AZR 288/09, NJW 2010, 2378). 141

Soweit eine **räumliche Eingrenzung** des Geltungsbereichs vorgenommen werden soll, wird folgende Ergänzung der Klausel vorgeschlagen: 142

Alternative:
[Das nachvertragliche Wettbewerbsverbot erstreckt sich räumlich auf [Auflistung der Regionen/Länder] *.]*

In der Praxis können sich bezüglich der Folgen einer räumlichen Eingrenzung je nach Sachverhalt Auslegungsprobleme bezüglich ihres Anwendungsbereichs ergeben, so dass die Formulierung dringend auf den individuellen Fall zugeschnitten werden muss (näher *Bauer/Diller* Rn. 267 ff.). 143

11. Der Begriff »verbundene Unternehmen« führt nicht zur Intransparenz des Wettbewerbsverbots (vgl. LAG Hamm, Urt. v. 01.12.2009 – 14 SaGa 59/09, juris Rn. 38). 144

12. Eine Auflistung namentlich bekannter Konkurrenzunternehmen vermeidet, dass das Unternehmen im Streitfall ein Konkurrenzverhältnis zu einer Gesellschaft, für welche der (ehemalige) Mitarbeiter tätig ist oder werden möchte, beweisen muss. Vielmehr müsste der (ehemalige) Mitarbeiter beweisen, dass eine Tätigkeit für ein aufgelistetes Konkurrenzunternehmen keine Konkurrenztätigkeit darstellt, etwa weil seit Abschluss des nachvertraglichen Wettbewerbsverbots das Konkurrenzverhältnis erloschen ist. 145

13. Die Karenzentschädigung muss nach § 74 Abs. 2 HGB »mindestens« die Hälfte der vom Mitarbeiter zuletzt bezogenen vertragsmäßigen Leistungen betragen. Ist die zugesagte Karenzentschädigung zu niedrig bemessen, ist das gesamte nachvertragliche Wettbewerbsverbot unverbindlich; der Mitarbeiter hat ein Wahlrecht, ob er es einhält und dann die (zu niedrige) Karenzentschädigung beansprucht oder er sich für die Nicht-Einhaltung des nachvertraglichen Wettbewerbsverbots entscheidet (BAG, Urt. v. 13.09.1969 – 3 AZR 138/68, NJW 1970, 626). 146

Ein nachvertragliches Wettbewerbsverbot völlig ohne jede Zusage einer Karenzentschädigung ist nichtig (BAG, Urt. v. 18.01.2000 – 9 AZR 929/98, BeckRS 2010, 71640). Demgegenüber vertritt das LAG Hamm (Urt. v. 05.06.2015 – 10 Sa 67/15) die Ansicht, dass über eine salvatorische 146.1

C. Vertragliche und nachvertragliche Nebenpflichten

Klausel in Form einer sog. Erhaltungs- und Ersetzungsklausel der Vertrag so auszulegen sei, dass die Parteien bei Kenntnis der Nichtigkeit eine § 74 Abs. 2 HGB genügende Karenzentschädigung vereinbart hätten. Diese Auslegung ist zweifelhaft, da sie nicht erklärt, wie bei einer Auslegung das in § 74 Abs. 1 HGB statuierte Schriftformerfordernis gewahrt werden soll (ausf. *Diller* NZA 2014, 1184, 1186).

147 **14.** Fehlt eine solche Abrede, muss das Unternehmen den Mitarbeiter zur Offenlegung seiner Einkünfte auffordern, vgl. hierzu das Muster unter C Rdn. 154.

148 **15.** In vorformulierten Vertragsbedingungen ist eine **Vertragsstrafe** zur Absicherung von Wettbewerbsverboten nicht ungewöhnlich oder überraschend. Enthält die Klausel jedoch den Satz »*Im Fall einer dauerhaften Verletzung des Wettbewerbsverbots gilt jeder angebrochene Monat als erneute Verletzungshandlung*«, ist dies ein Verstoß gegen das Transparenzgebot des § 307 Abs. 1 Satz 2 BGB. Die Klausel ist unwirksam, wenn in der Klausel nicht erläutert wird, wann von einem Einzelverstoß und wann von einem Dauerverstoß auszugehen ist – und wie oft in den verschiedenen Konstellationen die Vertragsstrafe verwirkt ist (BAG, Urt. v. 14.08.2008 – 8 AZR 973/06, EzA § 307 BGB 2002 Nr. 28 = NZA 2008, 170). In Reaktion auf dieses Urteil sind einzelne Vorschläge veröffentlicht worden, welche den Anforderungen des BAG nachkommen wollen. Die hier gewählte Klausel erfolgt in Anlehnung an *Diller* NZA 2008, 574, 576.

149 **16.** Die Vertragsstrafe muss entweder klar beziffert oder bestimmbar (»ein Bruttomonatsgehalt«) sein. Höchstvorsorglich sollte die Vertragsstrafe nur in außergewöhnlichen Fällen höher als ein Bruttomonatsgehalt sein. Es besteht sonst das Risiko, dass sie eine **unzulässige Übersicherung** des Arbeitgebers darstellt und den Mitarbeiter unangemessen benachteiligt (vgl. BAG, Urt. v. 18.08.2005 – 8 AZR 65/05, EzA § 307 BGB 2002 Nr. 6 = NZA 2006, 34).

150 **17.** Ein vereinbartes nachvertragliches Wettbewerbsverbot geht im Rahmen eines rechtsgeschäftlichen **Betriebsübergangs** (§ 613a BGB) auf den Betriebserwerber über, wenn im Zeitpunkt des Betriebsübergangs das Arbeitsverhältnis noch besteht (vgl. näher *Hunold* NZA-RR 2007, 617, 622). Nach Beendigung des Arbeitsverhältnisses kann es nicht gemäß § 613a BGB auf den Betriebserwerber übergehen, da diese Vorschrift nur im Zeitpunkt des Betriebsübergangs rechtlich bestehende Arbeitsverhältnisse erfasst. Erwogen wird vereinzelt eine analoge Anwendung (ErfK/*Oetker* § 613a BGB Rn. 80; gegen eine analoge Anwendung ausdrücklich LAG Hessen, Urt. v. 03.05.1993 – 10 SaGa 345/93, NZA 1994, 1033; differenzierend *Gaul/Ludwig* NZA 2013, 489, 491 ff.). Es ist daher ratsam, dass der Mitarbeiter seine Zustimmung zu einer Übertragung des nachvertraglichen Wettbewerbsverbots auf den Rechtsnachfolger des Unternehmens erklärt. Ein Verstoß gegen § 309 Nr. 10 BGB liegt nicht vor, da ein nachvertragliches Wettbewerbsverbot kein »Dienstvertrag« im Sinne dieser Vorschrift ist (so *Bauer/Diller* NJW 2002, 1609, 1615). Dies gilt jedenfalls dann, wenn es isoliert abgeschlossen wird.

151 **18.** § 74 Abs. 1 HGB verlangt für die Wirksamkeit eines nachvertraglichen Wettbewerbsverbots nicht nur zwingend die Schriftform, sondern auch die Aushändigung einer vom Arbeitgeber im Original unterzeichneten Abschrift der Vereinbarung. Dies ist im Streitfall vom Unternehmen zu beweisen. Um Beweisprobleme zu vermeiden, sollte das Unternehmen sich vom Mitarbeiter unbedingt die Aushändigung der Abschrift bestätigen lassen. Wegen § 309 Nr. 12 Buchst. b BGB ist hierzu die **getrennte Unterzeichnung** der Empfangsbestätigung erforderlich.

2. Aufforderung zur Mitteilung anderweitigen Erwerbs

Vorbemerkung

152 Nach § 74c Abs. 1 HGB muss sich der zur Wettbewerbsunterlassung verpflichtete ehemalige *Mitarbeiter* anderweitigen Erwerb auf die Karenzentschädigung anrechnen lassen, soweit Karenzentschädigung und Hinzuverdienst zusammengerechnet 110 % der zuletzt im Arbeitsverhältnis bezogenen vertragsmäßigen Leistungen übersteigen. Wurde der ehemalige Mitarbeiter durch das

Wettbewerbsverbot gezwungen, seinen Wohnsitz zu verlegen, erhöht sich die Hinzuverdienstgrenze auf 125 %.

Nach § 74c Abs. 2 HGB ist der ehemalige Mitarbeiter verpflichtet, dem Unternehmen auf dessen Anforderung hin über die Höhe seines anderweitigen Erwerbs Auskunft zu erteilen.

▶ **Muster – Aufforderung zur Mitteilung anderweitigen Erwerbs**

[Briefkopf des Unternehmens]

[Name und Privatanschrift des ehemaligen Mitarbeiters]

[Ort, Datum]

Unser nachvertragliches Wettbewerbsverbot:
Aufforderung zur Mitteilung anderweitigen Erwerbs

Sehr geehrte/r Frau/Herr _____[Name]_____ ,

wir beziehen uns auf das mit Ihnen vereinbarte nachvertragliche Wettbewerbsverbot vom _____[Datum]_____ , in welchem Sie sich uns gegenüber nach Maßgabe jener Vereinbarung zur Unterlassung von Wettbewerb verpflichtet und hierfür Anspruch auf eine Karenzentschädigung haben. Nach § 74c Abs. 1 HGB müssen Sie sich anderweitigen Erwerb [1] auf die Karenzentschädigung anrechnen lassen. [2] Nach § 74c Abs. 2 HGB sind Sie verpflichtet, uns während der Dauer des Wettbewerbsverbots Auskunft über Ihre anderweitigen Einkünfte zu erteilen.

Wir fordern Sie hiermit auf, uns im Hinblick auf den Zeitraum [3] _____[Monate]_____ dieses Jahres schriftlich, vollständig und nachvollziehbar sowie unter Beifügung von Belegen [4] mitzuteilen, welche Einkünfte Sie in welcher Höhe und aus welcher Quelle erhalten haben.

Ihre Mitteilung erwarten wir bis spätestens zum _____[Datum]_____ .

Wir weisen Sie darauf hin, dass wir die Zahlung der Karenzentschädigung zurückbehalten werden, falls Sie uns bis Fristablauf keine vollständige Auskunft erteilen. [5] Ihre Verpflichtungen aus dem nachvertraglichen Wettbewerbsverbot bleiben bei Ausübung unseres Zurückbehaltungsrechts gleichwohl bestehen.

Des Weiteren fordern wir Sie hiermit auf, uns zukünftig unaufgefordert zu jedem _____[Zeitpunkt, z.B. Monatsende/Quartalsende]_____ schriftlich, vollständig und nachvollziehbar unter Beifügung von Belegen Auskunft über Ihren anderweitigen Erwerb und dessen Herkunft zu geben.

Mit freundlichen Grüßen

_____
(Unterschrift des Unternehmens)

Erläuterungen

Schrifttum
Bauer/Diller Wettbewerbsverbote, 7. Aufl. 2015.

1. Nach § 74c Abs. 1 Satz 1 HGB sind nicht nur tatsächlich erzielte Einkünfte anrechenbar, sondern auch **böswillig unterlassener Erwerb**. Nach herrschender Ansicht bezieht sich der **Auskunftsanspruch** des § 74c Abs. 2 HGB allerdings **nur auf tatsächlich erzielte Einkünfte** (LAG Düsseldorf, Urt. v. 19.08.1968 – 10 Sa 278/68, BB 1968, 1427; ArbG München, Urt. v. 13.06.1996 – 27 Ca 10313/95, n.v.). Diese Ansicht ist konsequent, da die Beweislast für die Anrechnung böswillig unterlassenen Erwerbs dem ehemaligen Arbeitgeber obliegt (BAG, Urt. v. 13.02.1996 – 9 AZR 931/94, EzA § 74 HGB Nr. 58 = NZA 1996, 1039) und der Wortlaut des § 74c Abs. 2 HGB im Übrigen eindeutig ist.

C. Vertragliche und nachvertragliche Nebenpflichten

156 **2.** Es sind zunächst sämtliche Einkünfte auf die Karenzentschädigung anrechenbar, welche der ehemalige Mitarbeiter durch die **Verwertung seiner Arbeitskraft** erzielt, etwa aus einer Tätigkeit in einem neuem Arbeitsverhältnis oder einer selbstständigen Tätigkeit. Eine **Abfindung** bei Auflösung des neuen Arbeitsverhältnisses wird nicht angerechnet, weil diese nicht als Gegenleistung für die Verwertung der Arbeitskraft, sondern als Entschädigung für den Verlust des Arbeitsplatzes gewährt wird.

157 **Sozialleistungen** wie Arbeitslosengeld, ein von der Bundesagentur für Arbeit gem. § 93 SGB III geleisteter Gründungszuschuss sowie Krankengeld sind ebenfalls anzurechnen, da solche Sozialleistungen an die Stelle von Arbeitseinkommen treten beziehungsweise einen Zuschuss zum Arbeitseinkommen darstellen (AR/*Reinfelder* § 74c HGB Rn. 2 m.w.N.; Einzelheiten zur Anrechnung bei *Bauer/Diller* Rn. 787 ff.).

158 Einkünfte, die mit der Verwertung der Arbeitskraft in keinerlei Zusammenhang stehen, wie etwa Zinseinkünfte oder Einkünfte aus Vermietung und Verpachtung, sind anrechnungsfrei.

159 Bei Einkünften aus einer **Nebentätigkeit** ist danach abzugrenzen, ob diese bereits im Arbeitsverhältnis ausgeübt wurde oder werden konnte (dann keine Anrechnung) oder erst nach dessen Beendigung aufgenommen werden konnte (dann Anrechnung). Gleichwohl sind die Einzelheiten umstritten (vgl. *Bauer/Diller* Rn. 784; AR/*Reinfelder* § 74c HGB Rn. 3).

160 **3.** § 74c HGB legt nicht fest, für welchen Zeitraum der Nachweis verlangt werden kann. Da die Karenzentschädigung allerdings monatlich zu zahlen ist, ist die Anrechnung nach § 74c HGB ebenfalls monatlich vorzunehmen. Dementsprechend ist eine monatliche Auskunft zulässig.

161 **4.** Die Anforderung von nachvollziehbaren Belegen ist zulässig, da der Auskunftsanspruch sonst ins Leere läuft (vgl. BAG, Urt. v. 25.02.1975 – 3 AZR 148/74, EzA § 74c HGB Nr. 15).

162 **5.** Der ehemalige Mitarbeiter ist mit der Auskunft vorleistungspflichtig (BAG, Urt. v. 12.01.1978 – 3 AZR 57/76, EzA § 74c HGB Nr. 19).

163 Nach zutreffender Auffassung wird der ehemalige Arbeitgeber auch die Abgabe einer **eidesstattlichen Versicherung** entsprechend §§ 259, 260 BGB verlangen können (vgl. BAG, Urt. v. 25.02.1975 – 3 AZR 148/74, EzA § 74c HGB Nr. 15, a.A. *Baumbach/Hopt* § 74c Rn. 6). Hierzu ist etwa dann anzuraten, wenn Zweifel an der Vollständigkeit der Auskunft bestehen.

3. Verzicht des Arbeitgebers auf ein nachvertragliches Wettbewerbsverbot

Vorbemerkung

164 Nach § 75a Abs. 1 HGB kann der Arbeitgeber – und nur der Arbeitgeber – auf das nachvertragliche Wettbewerbsverbot verzichten. Dieses Verzichtsrecht ist von praktisch hoher Bedeutung. Es gibt dem Arbeitgeber die Möglichkeit, sich von einem rechtlich unverbindlichen oder praktisch uninteressanten nachvertraglichen Wettbewerbsverbot einseitig zu befreien.

165 Der Verzicht muss **während des Arbeitsverhältnisses und in Schriftform** erklärt werden. Die Wirkung des erklärten Verzichts ist abhängig von der jeweiligen Verpflichtung der Parteien. Die Pflicht des Mitarbeiters zur Wettbewerbsunterlassung entfällt unmittelbar mit Zugang der Verzichtserklärung. Die Pflicht des Unternehmens zur Zahlung der Karenzentschädigung entfällt dagegen erst mit Ablauf von zwölf Monaten ab Zugang des Verzichts. Endet das Arbeitsverhältnis bereits früher als mit Ablauf der zwölf Monate, hat der Mitarbeiter Anspruch auf Zahlung der Karenzentschädigung für den Zeitraum zwischen rechtlicher Beendigung des Arbeitsverhältnisses und Ablauf der zwölf Monate.

166 Beträgt die vereinbarte Dauer des nachvertraglichen Wettbewerbsverbots ein Jahr oder weniger, kann der Verzicht auf das Wettbewerbsverbot nach § 75a HGB für das Unternehmen nachteilig sein: Die **Einjahresfrist des § 75a HGB ist zwingend**; während dieses Zeitraums bleibt die Ver-

pflichtung zur Zahlung der Karenzentschädigung für die Zeit nach rechtlicher Beendigung des Arbeitsverhältnisses bestehen (*Baumbach/Hopt* § 75a HGB Rn. 1). Erfolgt der Verzicht auf ein sechsmonatiges nachvertragliches Wettbewerbsverbot und damit der Beginn der Einjahresfrist des § 75a HGB beispielsweise kurz vor dem Ende des Arbeitsverhältnisses, hat der Mitarbeiter für den gesamten Zeitraum des nachvertraglichen Wettbewerbsverbots Anspruch auf die vereinbarte Karenzentschädigung, ohne nachvertraglich zur Wettbewerbsunterlassung verpflichtet zu sein (*Hunold* NZA-RR 2007, 617, 621; LAG Rheinland-Pfalz, Urt. v. 26.02.1998 – 7 [8] Sa 297/97, LAGE § 75a HGB Nr. 1).

▶ **Muster – Verzicht des Arbeitgebers auf ein nachvertragliches Wettbewerbsverbot**

[Briefkopf des Unternehmens] **167**

[Name und Privatanschrift des Mitarbeiters]

[Ort, Datum]

Verzicht auf nachvertragliches Wettbewerbsverbot nach § 75a HGB

Sehr geehrte/r Frau/Herr _____[Name]_____,

hiermit verzichten wir nach § 75a HGB auf das mit Ihnen vereinbarte nachvertragliche Wettbewerbsverbot [1] vom ____[Datum]____. Dieser Verzicht hat zur Folge, dass wir mit Ablauf eines Jahres nach Zugang dieser Erklärung von der Verpflichtung zur Zahlung der Karenzentschädigung frei werden.

Das gesetzliche Wettbewerbsverbot (vgl. § 60 HGB) bleibt hiervon unberührt und bleibt bis zur rechtlichen Beendigung des Arbeitsverhältnisses bestehen. [2]

Mit freundlichen Grüßen

_____
(Unterschrift des Unternehmens)

Erläuterungen

Schrifttum
Bauer/Diller Wettbewerbsverbote, 7. Aufl. 2015; *Hunold* Rechtsprechung zum nachvertraglichen Wettbewerbsverbot, NZA-RR 2007, 617.

1. Für einen wirksamen Verzicht nach § 75a HGB muss dieser zwingend das gesamte Wettbewerbsverbot umfassen. Ein lediglich **teilweiser Verzicht** oder eine Reduzierung des Verbotszeitraums sind durch die Vorschrift nicht gedeckt (ErfK/*Oetker* § 75a HGB Rn. 2). **168**

Der Verzicht nach § 75a HGB setzt kein verbindliches Wettbewerbsverbot voraus, auch auf ein unverbindliches Wettbewerbsverbot kann – und sollte – verzichtet werden (vgl. *Bauer/Diller* Rn. 570). **169**

2. Dieser Hinweis ist rechtlich nicht erforderlich, da ein Verzicht nach § 75a HGB nicht zugleich den Verzicht auf die Rechte nach § 60 HGB beinhaltet (BAG, Urt. v. 25.10.2007 – 6 AZR 662/06, EzA § 12 KSchG Nr. 3). Der Hinweis ist aber insbesondere dann ratsam, wenn der Verzicht auf das nachvertragliche Wettbewerbsverbot im ungekündigten Arbeitsverhältnis erfolgt oder jedenfalls zeitlich erheblich vor Beendigung des Arbeitsverhältnisses. Er führt dem Mitarbeiter vor Augen, dass während des rechtlichen Bestands des Arbeitsverhältnisses kein Wettbewerb zum Nachteil des Unternehmens erfolgen darf. **170**

C. Vertragliche und nachvertragliche Nebenpflichten

4. Lösungserklärung des Arbeitgebers von einem nachvertraglichen Wettbewerbsverbot bei außerordentlicher Kündigung

Vorbemerkung

171 Unabhängig von einem Verzicht des Arbeitgebers nach § 75a HGB ist dieser nur dann berechtigt, sich einseitig von einem nachvertraglichen Wettbewerbsverbot zu lösen, wenn er das Arbeitsverhältnis aus **wichtigem Grund gekündigt** hat. Für dieses Lösungsrecht wird § 75 Abs. 1 HGB analog angewendet (BAG, Urt. v. 19.05.1998 – 9 AZR 327/75, EzA § 75 HGB Nr. 15 = NZA 1999, 37). Zwar sieht § 75 Abs. 3 HGB für den Fall der außerordentlichen Kündigung den (automatischen) Entfall des Anspruchs auf Karenzentschädigung vor. Diese Regelung ist jedoch wegen Verstoßes gegen Art. 3 GG verfassungswidrig und nichtig (BAG, Urt. v. 23.02.1977 – 3 AZR 620/75, EzA § 75 HGB Nr. 10 = NJW 1977, 1357).

172 Das Lösungsrecht des § 75 Abs. 3, 1 HGB ist innerhalb einer **Frist** von einem Monat nach Zugang der außerordentlichen Kündigung schriftlich auszuüben. Mit fristgerechtem Zugang der ordnungsgemäßen Lösungserklärung wird das nachvertragliche Wettbewerbsverbot unwirksam. Macht das Unternehmen von seinem Wahlrecht keinen Gebrauch, bleibt das vereinbarte nachvertragliche Wettbewerbsverbot in Kraft.

173 Der Arbeitgeber hat das Lösungsrecht des § 75 Abs. 3, 1 HGB allerdings auch dann, wenn er zum Ausspruch einer außerordentlichen Kündigung berechtigt ist, jedoch eine ordentliche Kündigung ausspricht oder einen Aufhebungsvertrag abschließt. Der Mitarbeiter muss in diesem Fall aber wissen, dass das Arbeitsverhältnis wegen eines vertragswidrigen Verhaltens aufgelöst wird (vgl. BAG, Urt. v. 18.11.1967 – 3 AZR 471/66, EzA § 74 HGB Nr. 4; *Baumbach/Hopt* § 75 Rn. 2).

▶ **Muster – Lösungserklärung Arbeitgeber vom nachvertraglichen Wettbewerbsverbot**

174

[Briefkopf des Unternehmens]

[Name und Privatanschrift des ehemaligen Mitarbeiters]

[Ort, Datum]

Lösung vom nachvertraglichen Wettbewerbsverbot

Sehr geehrte/r Frau/Herr _____[Name]_____ ,

wir beziehen uns auf die außerordentliche und fristlose Kündigung, die wir Ihnen unter dem _____[Datum]_____ erklärt haben. [1]

Hiermit erklären wir gemäß § 75 Abs. 1 und 3 HGB, dass wir uns an das mit Ihnen vereinbarte nachvertragliche Wettbewerbsverbot vom _____[Datum]_____ **nicht gebunden erachten. Sie sind daher ab sofort in der Verwertung Ihrer Arbeitskraft frei und unterliegen keinen nachvertraglichen Wettbewerbsbeschränkungen, haben allerdings auch keinen Anspruch auf Karenzentschädigung.** [2]

Mit freundlichen Grüßen

_____
(Unterschrift des Unternehmens)

Erläuterungen

Schrifttum
Bauer/Diller Wettbewerbsverbote, 7. Aufl. 2015.

1. Die Lösungserklärung des Unternehmens muss innerhalb eines Monats nach **Zugang** (§ 130 BGB) der außerordentlichen Kündigung erfolgen. Eine Aufnahme der Lösungserklärung bereits in das Kündigungsschreiben ist zulässig, aber nicht zwingend. 175

2. Die Lösungserklärung nach § 75 Abs. 1 HGB muss **eindeutig formuliert** werden. Der Arbeitgeber muss klar zum Ausdruck bringen, dass er nicht nur selbst keine Karenzentschädigung zahlen, sondern **auch** den Mitarbeiter von dessen Unterlassungspflichten entbinden will (so ausdrücklich BAG, Urt. v. 13.04.1978 – 3 AZR 822/76, EzA § 75 HGB Nr. 11). Dies wird in der Praxis oft übersehen. 176

5. Lösungserklärung des Arbeitnehmers von einem nachvertraglichen Wettbewerbsverbot

Vorbemerkung

Der Mitarbeiter kann sich von einem vereinbarten nachvertraglichen Wettbewerbsverbot **nur in zwei Fällen** lösen. 177

Zum einen besteht ein Lösungsrecht des Mitarbeiters nach § 75 Abs. 1 HGB, wenn dieser selbst das Arbeitsverhältnis wegen vertragswidrigen Verhaltens des Unternehmens **außerordentlich aus wichtigem Grund kündigt**. In diesem Fall kann sich der Mitarbeiter durch schriftliche Erklärung innerhalb einer Frist von einem Monat, berechnet ab Zugang der Kündigung, vom nachvertraglichen Wettbewerbsverbot lösen. Für die Wirksamkeit der Lösungserklärung ist das Vorliegen eines wichtigen Grundes im Sinne von § 626 Abs. 1 BGB und die Einhaltung der zweiwöchigen Kündigungserklärungsfrist des § 626 Abs. 2 BGB Voraussetzung. Weiter muss der wichtige Grund gerade aus dem vertragswidrigen Verhalten des Unternehmens folgen. Liegt ein solcher Kündigungsgrund nicht vor, besteht das Lösungsrecht nicht (BAG, Urt. v. 24.09.1965 – 3 AZR 223/65, NJW 1966, 123).

Liegen die Voraussetzungen des § 75 Abs. 1 HGB vor, kann der Mitarbeiter anstelle der außerordentlichen Kündigung auch eine ordentliche Kündigung erklären oder einen Aufhebungsvertrag vereinbaren, ohne das Lösungsrecht zu verlieren (BAG, Urt. v. 26.09.1963 – 5 AZR 2/63, NJW 1964, 317). Allerdings muss der Mitarbeiter, wenn er das Lösungsrecht aus § 75 Abs. 1 HGB nicht verlieren will, bei Ausspruch der ordentlichen Kündigung beziehungsweise bei Abschluss des Aufhebungsvertrags ausdrücklich zu erkennen geben, dass er die Beendigung des Arbeitsverhältnisses gerade wegen des vertragswidrigen Verhaltens des Unternehmens will (vgl. BAG, Urt. v. 18.11.1967 – 3 AZR 471/66, EzA § 74 HGB Nr. 4). Des Weiteren muss der Mitarbeiter das Lösungsrecht innerhalb der gesetzlichen Zweiwochenfrist des § 626 Abs. 2 BGB ausüben (*Bauer/Diller* Rn. 630). 178

Zum anderen hat der Mitarbeiter ein Lösungsrecht nach § 75 Abs. 2 HGB, wenn das Unternehmen das Arbeitsverhältnis ordentlich kündigt, es sei denn, dass für die Arbeitgeberkündigung ein erheblicher Anlass in der Person des Mitarbeiters vorliegt (nicht: wichtiger Grund im Sinne des § 626 BGB, vgl. *Baumbach/Hopt* § 75 Rn. 3) oder das Unternehmen sich bei der Kündigung bereiterklärt, während der Dauer des nachvertraglichen Wettbewerbsverbots die Karenzentschädigung auf 100 % der zuletzt vom Mitarbeiter bezogenen vertragsmäßigen Leistungen aufzustocken. 179

In der Sache bedeutet der recht komplex gefasste § 75 Abs. 2 HGB ein Lösungsrecht des Mitarbeiters bei **betriebsbedingten Arbeitgeberkündigungen**; bei personen- und auch verhaltensbedingten Kündigungen nach dem KSchG hat der Mitarbeiter kein Lösungsrecht (AR/*Reinfelder* § 75 HGB Rn. 4; *Bauer/Diller* Rn. 664 ff.). Auf Kündigungen in der Probezeit oder im Kleinbetrieb, die nach den §§ 1 Abs. 1, 23 Abs. 1 Sätze 2 und 3 KSchG keiner sozialen Rechtfertigung bedürfen, ist die vorgenannte Systematik übertragbar. Allerdings dürfte in diesem Fall der Nach- 180

C. Vertragliche und nachvertragliche Nebenpflichten

weis, dass die von ihm erhaltene Kündigung nicht auf einen erheblichen Anlass in seiner Person gestützt wird, für den Mitarbeiter schwierig sein.

Das Lösungsrecht des Mitarbeiters muss schriftlich innerhalb eines Monats, gerechnet ab Zugang der betriebsbedingten Kündigung, ausgeübt werden.

Das Unternehmen kann das Lösungsrecht des Mitarbeiters allerdings dadurch abwenden, dass es in der Kündigungserklärung die Karenzentschädigung für das nachvertragliche Wettbewerbsverbot auf 100 % aufstockt (siehe Muster unter C Rdn. 187).

▶ **Muster – Lösungserklärung Arbeitnehmer vom nachvertraglichen Wettbewerbsverbot**

181

[Briefkopf des (ehemaligen) Mitarbeiters]

[Name und Anschrift des Unternehmens]

[Ort, Datum]

Lösung vom nachvertraglichen Wettbewerbsverbot [1]

Sehr geehrte/r Frau/Herr _____[Name]_____ , [2]

hiermit erkläre ich gemäß § 75 Abs. 1/Abs. 2 HGB, dass ich mich an das mit Ihnen vereinbarte nachvertragliche Wettbewerbsverbot vom _____[Datum]_____ ab sofort nicht mehr gebunden erachte.

Mit freundlichen Grüßen

_____
(Unterschrift des Mitarbeiters)

Erläuterungen

Schrifttum
Bauer/Diller Wettbewerbsverbote, 7. Aufl. 2015.

182 1. Die Lösungserklärung des Mitarbeiters muss innerhalb eines Monats nach **Zugang** (§ 130 BGB) der Kündigung erfolgen.

183 2. Es empfiehlt sich, das Lösungsschreiben direkt an das vertretungsberechtigte Organ des Unternehmens zu adressieren, etwa im Falle einer Gesellschaft mit beschränkter Haftung an den Geschäftsführer.

6. Angebot des Arbeitgebers auf Zahlung einer auf 100 % erhöhten Karenzentschädigung

Vorbemerkung

184 Nach § 75 Abs. 2 HGB hat der Mitarbeiter im Falle einer **betriebsbedingten Kündigung** ein Lösungsrecht vom nachvertraglichen Wettbewerbsverbot (vgl. C Rdn. 169 f.). Das Unternehmen kann das Lösungsrecht **nur** dadurch abwenden, dass es **in der Kündigungserklärung** die Karenzentschädigung auf 100 % der zuletzt bezogenen vertragsmäßigen Leistungen aufstockt (§ 75 Abs. 2 Satz 1 HGB a.E.). Eine zeitlich nach Zugang der Kündigung erfolgende **Aufstockungserklärung**, etwa nach Zuwarten, ob der Mitarbeiter von seinem Lösungsrecht Gebrauch macht, ist unwirksam; der Mitarbeiter hat ein Wahlrecht, ob er sich darauf einlässt oder das nachvertragliche Wettbewerbsverbot unwirksam macht (ErfK/*Oetker* § 75 HGB Rn. 4).

185 Hat das Unternehmen dem Mitarbeiter bereits in der Vereinbarung über ein nachvertragliches Wettbewerbsverbot als Karenzentschädigung 100 % der zuletzt bezogenen vertragsmäßigen Leistungen zugesagt, hat der Mitarbeiter kein Lösungsrecht nach § 75 Abs. 2 HGB – eine Aufstockung zur Abwendung des Lösungsrechts erübrigt sich (*Bauer/Diller* Rn. 674).

Auch bei einer auf 100 % aufgestockten Karenzentschädigung ist die Anrechnung nach § 74c HGB zulässig, obwohl in § 75 Abs. 2 HGB nicht auf § 74c HGB verwiesen wird (*Bauer/Diller* Rn. 675; *Baumbach/Hopt* § 75 Rn. 3). **186**

▶ Muster – Angebot des Arbeitgebers auf 100 % erhöhte Karenzentschädigung

[Briefkopf des Unternehmens] **187**

[Name und Privatanschrift des Mitarbeiters]

[Ort, Datum]

Betriebsbedingte Kündigung

Angebot einer erhöhten Karenzentschädigung nach § 75 Abs. 2 HGB

Sehr geehrte/r Frau/Herr _____[Name]_____,

hiermit kündigen wir das mit Ihnen bestehende Arbeitsverhältnis aus dringenden betrieblichen Erfordernissen ordentlich und fristgerecht zum ___[Datum]___, hilfsweise zum nächstzulässigen Termin.

Wir halten an dem mit Ihnen vereinbarten nachvertraglichen Wettbewerbsverbot vom ___[Datum]___ fest. Vor diesem Hintergrund erklären wir hiermit [1] gemäß § 75 Abs. 2 HGB, dass wir Ihnen während der Dauer des nachvertraglichen Wettbewerbsverbots an Stelle der zugesagten Karenzentschädigung in Höhe von ___[Prozentsatz]___ % der zuletzt von Ihnen bezogenen vertragsmäßigen Leistungen die vollen zuletzt von Ihnen bezogenen vertragsmäßigen Leistungen gewähren. [2]

Mit freundlichen Grüßen

_____
(Unterschrift des Unternehmens)

Erläuterungen

Schrifttum
Bauer/Diller Wettbewerbsverbote, 7. Aufl. 2015.

1. Das Angebot auf Aufstockung der Karenzentschädigung auf 100 % der zuletzt bezogenen vertragsmäßigen Leistungen ist unwiderruflich. **188**

2. Die Aufstockungserklärung ist nicht formbedürftig. Aus Beweiszwecken ist die Schriftform dringend angeraten. **189**

7. Ablehnungsandrohung des Arbeitnehmers bezüglich der Einhaltung des nachvertraglichen Wettbewerbsverbots im Falle der Nicht-Zahlung der Karenzentschädigung

Vorbemerkung

Das nachvertragliche Wettbewerbsverbot ist ein gegenseitiger Vertrag im Sinne des § 320 BGB. Zahlt das Unternehmen nicht monatlich die vereinbarte Karenzentschädigung, kommt es ohne Mahnung in Verzug (§ 286 Abs. 2 Nr. 1 BGB) und der Mitarbeiter kann Verzugszinsen sowie Schadensersatz geltend machen. **190**

C. Vertragliche und nachvertragliche Nebenpflichten

191 Darüber hinaus kann der Mitarbeiter nach vorheriger Fristsetzung und Wegfall des Interesses jedenfalls für die Zukunft nach § 323 Abs. 1 BGB vom nachvertraglichen Wettbewerbsverbot zurücktreten (LAG Hamm, Urt. v. 05.01.1995 – 16 Sa 2094/94, DB 1995, 1871 zu § 326 BGB a.F., welcher in hier interessierender Hinsicht § 323 Abs. 1 BGB n.F. entspricht).

▶ **Muster – Nicht-Zahlung der Karenzentschädigung: Ablehnungsandrohung**

192
[Briefkopf des ehemaligen Mitarbeiters]

[Name und Anschrift des Unternehmens]

[Ort, Datum]

Nicht-Zahlung der Karenzentschädigung: Ablehnungsandrohung

Sehr geehrte/r Frau/Herr ____[Name]____ , [1]

nach dem mit Ihnen vereinbarten nachvertraglichen Wettbewerbsverbot vom ____[Datum]____ steht mir eine monatliche Karenzentschädigung in Höhe von [der Hälfte der zuletzt von mir bezogenen vertragsmäßigen Leistungen bzw. der Betrag] zu. Nach § 74b Abs. 1 HGB ist die Karenzentschädigung von Ihnen jeweils am Schluss eines Monats zu zahlen.

Die Karenzentschädigung für [den Monat/die Monate] ist bei mir nicht eingegangen.

Hiermit setze ich Ihnen eine Zahlungsfrist bis zum Ablauf des ____[Datum]____ . [2] Sollte die Zahlung bis dahin nicht eingegangen sein, werde ich von dem nachvertraglichen Wettbewerbsverbot zurücktreten. [3]

Mit freundlichen Grüßen

_____
(Unterschrift des Mitarbeiters)

Erläuterungen

193 **1.** Es empfiehlt sich, das Schreiben direkt an das vertretungsberechtigte Organ des Unternehmens zu adressieren, etwa im Falle einer Gesellschaft mit beschränkter Haftung an den Geschäftsführer.

194 **2.** Eine Frist von zwei bis drei Wochen dürfte angemessen sein.

195 **3.** § 323 Abs. 1 BGB verdrängt die Einrede des nicht erfüllten Vertrags nach § 320 BGB. Der Mitarbeiter ist somit **nicht befugt**, so lange Wettbewerb zu betreiben beziehungsweise gegen das nachvertragliche Wettbewerbsverbot zu verstoßen, bis das Unternehmen die Karenzentschädigung gezahlt hat. Der Mitarbeiter kann ausschließlich entsprechend den Voraussetzungen des Rücktrittsrechts nach § 323 Abs. 1 BGB vom nachvertraglichen Wettbewerbsverbot zurücktreten (BAG, Urt. v. 05.10.1982 – 3 AZR 451/80, EzA § 74 HGB Nr. 42 = NJW 1983, 2896).

8. Rücktritt des Arbeitgebers bei Verstoß des Arbeitnehmers gegen das nachvertragliche Wettbewerbsverbot

Vorbemerkung

196 Verletzt der ehemalige Mitarbeiter das nachvertragliche Wettbewerbsverbot, kann das Unternehmen eine Vertragsstrafe (soweit vereinbart) geltend machen und durch eine Unterlassungsklage oder Unterlassungsverfügung die künftige Einhaltung des Wettbewerbsverbots durchsetzen (ausführlich *Bauer/Diller* Rn. 861 ff.).

Gleichwohl kann das Unternehmen insbesondere dann, wenn der ehemalige Mitarbeiter etwa durch Preisgabe von Betriebs- und Geschäftsgeheimnissen bereits **faktisch irreparablen Schaden** angerichtet hat, daran interessiert sein, sich vom nachvertraglichen Wettbewerbsverbot und der damit einhergehenden Verpflichtung zur Zahlung von Karenzentschädigung zu lösen. Diese Lösungsmöglichkeit bietet das **Rücktrittsrecht** nach § 323 Abs. 5 BGB. Allerdings setzt § 323 Abs. 5 BGB voraus, dass das Unternehmen »kein Interesse« an der weiteren Erfüllung des nachvertraglichen Wettbewerbs durch den ehemaligen Mitarbeiter hat, und zusätzlich, dass das Interesse gerade auf Grund der (teilweisen) Nicht-Erfüllung des nachvertraglichen Wettbewerbsverbots durch den ehemaligen Mitarbeiter entfallen ist. Dies ist eine Frage des Einzelfalls. 197

Gleichwohl dürfte das Rücktrittsrecht nach § 323 Abs. 5 BGB das in der Praxis vorherrschende sein. Anders als die anderen Rücktrittsgründe des § 323 Abs. 1, 2 BGB setzt es nicht die vorherige Aufforderung an den ehemaligen Mitarbeiter zur Einhaltung des nachvertraglichen Wettbewerbsverbots und eine Fristsetzung voraus. 198

▶ **Muster – Rücktritt des Arbeitsgebers bei Verstoß des Arbeitnehmers gegen das nachträgliche Wettbewerbsverbot**

[Briefkopf des Unternehmens]   199

[Name und Privatanschrift des ehemaligen Mitarbeiters]

[Ort, Datum]

Ihr Verstoß gegen unser vereinbartes nachvertragliches Wettbewerbsverbot: Rücktritt

Sehr geehrte/r Frau/Herr ____[Name]____,

wir beziehen uns auf das mit Ihnen vereinbarte nachvertragliche Wettbewerbsverbot vom ____[Datum]____.

Wie wir erfahren mussten, sind Sie für einen unserer unmittelbaren Wettbewerber und größten Konkurrenten, die Firma ____[Name]____, als ____[Funktion beziehungsweise Tätigkeit]____ tätig. Die Aufnahme und Ausübung dieser Tätigkeit ist ein Verstoß gegen Ihre Verpflichtungen aus dem nachvertraglichen Wettbewerbsverbot. Wir haben das nachvertragliche Wettbewerbsverbot mit Ihnen gerade deshalb abgeschlossen, um zu verhindern, dass Sie unsere Betriebs- und Geschäftsgeheimnisse und unser Know-how bei einem unserer Konkurrenten verwerten. Unserer Kenntnis nach sind Sie jedenfalls bereits seit dem ____[Datum]____ für die Firma ____[Name]____ tätig, so dass wir davon ausgehen müssen, dass dieser Konkurrent unsere Betriebs- und Geschäftsgeheimnisse sowie unser Know-how bereits von Ihnen erfahren hat und verwerten kann. [1]

Aufgrund Ihres Verstoßes haben wir an der weiteren Einhaltung des nachvertraglichen Wettbewerbsverbots durch Sie kein Interesse mehr.

Wir treten hiermit nach § 323 Abs. 5 BGB vom nachvertraglichen Wettbewerbsverbot zurück mit der Wirkung, dass unsere Verpflichtung zur Zahlung der Karenzentschädigung mit sofortiger Wirkung entfällt. An das nachvertragliche Wettbewerbsverbot sind Sie ab sofort nicht mehr gebunden. [2]

Wir behalten uns die Geltendmachung von Schadensersatz ausdrücklich vor.

Mit freundlichen Grüßen

_____
(Unterschrift des Unternehmens)

Erläuterungen

Schrifttum
Bauer/Diller Wettbewerbsverbote, 7. Aufl. 2015.

C. Vertragliche und nachvertragliche Nebenpflichten

200 **1.** Der Text beziehungsweise die Begründung muss herausstellen, dass das Unternehmen **aufgrund** der Verletzung des nachvertraglichen Wettbewerbsverbots durch den ehemaligen Mitarbeiter kein Interesse an der weiteren Erfüllung der Wettbewerbsvereinbarung hat. Der Verstoß des ehemaligen Mitarbeiters gegen das nachvertragliche Wettbewerbsverbot und das fehlende Interesse müssen in einem Kausalzusammenhang stehen.

201 **2.** Soweit ein Rücktritt nach § 323 Abs. 5 BGB **mangels Kausalität** zwischen Verstoß und fehlendem Interesse ausscheidet – beispielsweise bei einem nur marginalen Verstoß oder bloßen Versuch des Verstoßes des ehemaligen Mitarbeiters –, kann ein Rücktritt nur nach § 323 Abs. 1, 2 BGB erfolgen.

202 In diesem Fall ist vor der Erklärung des Rücktritts der ehemalige Mitarbeiter zunächst zur Einhaltung des nachvertraglichen Wettbewerbsverbots aufzufordern und ihm eine Frist zu setzen:

> »Sehr geehrte/r Frau/Herr _____[Name]_____,
>
> *wir beziehen uns auf das mit Ihnen vereinbarte nachvertragliche Wettbewerbsverbot vom _____[Datum]_____. Gegen dieses Verbot haben Sie dadurch verstoßen, dass Sie [Beschreibung der Tätigkeit des ehemaligen Mitarbeiters und des Sachverhalts].*
>
> *Hiermit fordern wir Sie auf, sofort, jedoch spätestens bis zum _____[Datum]_____ Ihre Wettbewerbstätigkeit einzustellen und das mit uns vereinbarte nachvertragliche Wettbewerbsverbot vollumfänglich einzuhalten.*
>
> *Kommen Sie unserer Aufforderung nicht nach, werden wir vom nachvertraglichen Wettbewerbsverbot zurücktreten.*
>
> *Wir behalten uns die Geltendmachung von Schadensersatz ausdrücklich vor.*
>
> *Mit freundlichen Grüßen*
>
> _____
>
> *(Unterschrift des Unternehmens)*«

9. Aufforderung an den Mitarbeiter zur Rückgabe von Gegenständen/Unterlagen nach Beendigung des Arbeitsverhältnisses

Vorbemerkung

203 Bereits während des Arbeitsverhältnisses ist der Mitarbeiter jederzeit verpflichtet, die ihm zur dienstlichen Nutzung überlassenen Arbeitsmittel wie zum Beispiel Werkzeuge, Geschäftsunterlagen, Kundendateien und sonstige dem Unternehmen gehörende Gegenstände jederzeit auf Anforderung herauszugeben. Entsprechendes gilt für Arbeitsergebnisse und Geschäftsunterlagen, insbesondere Kundendateien. Der Mitarbeiter ist bezüglich der Arbeitsmittel Besitzdiener (§ 855 BGB) (ausführlich ErfK/*Preis* § 611 BGB Rn. 754 ff.) und mit Beendigung des Arbeitsverhältnisses endet auch das abgeleitete Besitzrecht. Dagegen steht dem Mitarbeiter an Gegenständen, die ihm auch zur privaten Nutzung überlassen wurden (wie z.B. Dienstwagen oder Mobiltelefon), während der Dauer des Arbeitsverhältnisses ein Recht zum Besitz zu. Dieses Recht zum Besitz endet mit dem rechtlichen Ende des Arbeitsverhältnisses. Die auch zur privaten Nutzung überlassenen Gegenstände sind zu diesem Zeitpunkt zurückzugeben.

204 Kommt der Mitarbeiter bei Beendigung des Arbeitsverhältnisses seiner Pflicht zur Herausgabe der ihm zur (dienstlichen oder privaten) Nutzung überlassenen Gegenstände nicht nach, kann das Unternehmen ihn zur Herausgabe der Gegenstände auffordern.

▶ **Muster – Aufforderung an den Mitarbeiter zur Rückgabe von Gegenständen/ Unterlagen nach Beendigung des Arbeitsverhältnisses**

[Briefkopf des Unternehmens]

[Name und Privatanschrift des (ehemaligen) Mitarbeiters]

[Ort, Datum]

Rückgabe von Gegenständen und Unterlagen

Sehr geehrte/r Frau/Herr _____[Name]_____ ,

am _____[Datum]_____ endete das zwischen uns bestehende Arbeitsverhältnis. [1]

Leider mussten wir feststellen, dass Sie die Ihnen von uns für Ihre Tätigkeit überlassenen Gegenstände und Unterlagen, insbesondere _____[Aufzählung]_____ , noch nicht [vollständig] an uns zurückgegeben haben. [2]

Wir fordern Sie hiermit auf, die oben bezeichneten und sämtliche weiteren noch bei Ihnen befindlichen und uns gehörenden Gegenstände und Unterlagen bis spätestens zum _____[Datum]_____ in unserer Betriebsstätte in _____[Ort]_____ z.H. Frau/Herrn _____[Name]_____ zurückzugeben. [3, 4]

Des Weiteren fordern wir Sie auf, uns schriftlich zu bestätigen, dass Sie mit dieser Rückgabe keine weiteren uns gehörenden Gegenstände und Unterlagen mehr in Ihrem Besitz haben, sondern diese vollständig an uns zurückgegeben haben. [5]

Für den Fall einer verspäteten Rückgabe behalten wir uns die Geltendmachung von Schadensersatz sowie Nutzungsentschädigung vor. [6]

Mit freundlichen Grüßen

_____
(Unterschrift des Unternehmens)

Erläuterungen

1. Endete das Arbeitsverhältnis aufgrund arbeitgeberseitiger Kündigung, kann der Mitarbeiter bereits im Kündigungsschreiben zur Rückgabe von firmeneigenen Unterlagen und Gegenständen aufgefordert werden.

2. Die Gegenstände und Unterlagen, deren Rückgabe verlangt wird, sollten **möglichst konkret** aufgezählt werden. Bei einem Pkw sollten zumindest das amtliche Kennzeichen des Wagens (besser auch Fabrikat und Typ) sowie die dazugehörenden Schlüssel, Papiere und Zubehör genannt werden.

3. Erfüllungsort für die Rückgabeverpflichtung ist der Ort, an welchem die Arbeitsleistung zu erbringen ist; das ist regelmäßig die Betriebsstätte des Unternehmens (LAG Niedersachsen, Urt. v. 08.07.2005 – 16 Sa 331/05, NZA-RR 2006, 40, 41; LAG Rheinland-Pfalz, Urt. v. 08.05.1996 – 2 Sa 749/95, NZA-RR 1997, 163).

4. Zurückbehaltungsrechte des Mitarbeiters sind regelmäßig ausgeschlossen (*Preis* Arbeitsvertrag II H 40 Rn. 13); dies gilt nach Beendigung des Arbeitsverhältnisses grundsätzlich auch für etwaige dem Mitarbeiter auch zur Privatnutzung überlassene Gegenstände.

5. Bestehen Zweifel über das Ausmaß der beim Mitarbeiter befindlichen Arbeitsmittel und Geschäftsunterlagen, hat das Unternehmen einen klagbaren Anspruch auf Auskunftserteilung und Abgabe einer die Richtigkeit der Auskunft betreffenden eidesstattlichen Versicherung (ErfK/*Preis* § 611 BGB Rn. 756 m.w.N.).

6. Wegen verspäteter Rückgabe von Arbeitsmitteln und Geschäftsunterlagen kommen darüber hinaus Ansprüche auf Schadensersatz und Nutzungsentschädigung in Betracht (anschaulich LAG Berlin, Urt. v. 26.05.1986 – 9 Sa 24/86, NJW 1986, 2528).

D. Mitarbeiterbeteiligungsprogramme

Inhaltsübersicht

	Rdn.
I. **Kapitalbeteiligung**	1
1. Aktienoptionsprogramm	1
Vorbemerkung	1
Muster: Aktienoptionsprogramm	6
Erläuterungen	7
II. **Erfolgsbeteiligung**	31
1. Langfristiger Bonusplan (Performance Shares)	31
Vorbemerkung	31
Muster: Langfristiger Bonusplan (Performance Shares)	35
Erläuterungen	36
2. Kurzfristiger Bonusplan (Short Term Incentive)	51
Vorbemerkung	51
Muster: Kurzfristiger Bonusplan (Short Term Incentive)	54.1
Erläuterungen	55
3. Bonusbank-Plan	70
Vorbemerkung	70
Muster: Bonusbank-Plan	72
Erläuterungen	73

I. Kapitalbeteiligung

1. Aktienoptionsprogramm

Vorbemerkung

1 Aktienoptionsprogramme haben weltweit und in Deutschland weite Verbreitung gefunden. Sie sollen den teilnehmenden Mitarbeitern einen Anreiz geben, ihr Handeln primär an der nachhaltigen Steigerung des Börsenwerts des Unternehmens auszurichten und damit einen Gleichlauf der Interessen von Unternehmensleitung und Aktionären herstellen (*Sauter/Babel* Handbuch Stock Options, Teil A. Rn. 2 ff.; *Spenner* Aktienoptionen als Bestandteil der Vergütung von Vorstandsmitgliedern, S. 28).

2 Der Einsatz von Aktienoptionen als Anreizinstrument ist jedoch nicht unumstritten. Vielfach beruht die Kritik jedoch nicht auf wesensimmanenten Nachteilen, sondern auf einer unzureichenden Konzipierung der Programme, die zu exzessiven Gewinnen oder als unverdient angesehenen Gewinnen (sog. »Windfall-Profits«) führte (vgl. *Adams* ZIP 2002, 1325 ff.). Durch eine sachgerechte Gestaltung der Optionsbedingungen lassen sich derartige Fehlanreize weitgehend ausschalten.

3 Insbesondere im Hinblick auf den in der jüngeren Vergangenheit festzustellenden Trend zur stärkeren Ausrichtung der Vergütungssysteme auf die nachhaltige Entwicklung der Unternehmen und eine angemessene Berücksichtigung eingegangener Risiken dürften aktienbasierte Vergütungselemente wie Aktienoptionen oder deren virtuelle Nachbildungen wie Phantom Shares aber weiterhin als Vergütungselement von Bedeutung bleiben.

4 So sehen z.B. die im Zuge der Finanzkrise erlassenen verschärften regulatorischen Anforderungen an die Vergütungssysteme von Finanzinstituten (Verordnung über die aufsichtsrechtlichen Anforderungen an Vergütungssysteme von Instituten – »Institutsvergütungsverordnung«) unter anderem vor, dass ein erheblicher Anteil der variablen Vergütung in Form von an der nachhaltigen Wertentwicklung des Instituts ausgerichteten Instrumenten zu zahlen ist. Dieser Anforderung *kann durch aktienbasierte* Vergütungsformen entsprochen werden (BaFin Auslegungshilfe zur Institutsvergütungsverordnung vom 01.01.2014). Für die Vergütung von Vorstandsmitgliedern er-

wähnt § 87 Abs. 1 S. 1 AktG ausdrücklich aktienbasierte Vergütungselemente als geeignete variable Vergütungsbestandteile.

Zu beachten ist, dass Aktienoptionen nicht mehr als 50 % der Gesamtvergütung darstellen dürfen (vgl. LAG Düsseldorf, Urt. v. 30.10.2008 – 5 Sa 977/08, BeckRS 2009, 50340; *Röder/Göpfert* BB 2001, 2005).

Das nachfolgende Muster enthält die allgemeinen Bedingungen für ein Aktienoptionsprogramm in Form von durch die Gesellschaft festgesetzten Bedingungen. Denkbar ist auch der Abschluss einer Betriebsvereinbarung über ein Aktienoptionsprogramm. Im Hinblick auf die zwingende Entscheidungskompetenz der Hauptversammlung bestehen insoweit jedoch nur eingeschränkte Mitbestimmungsrechte des Betriebsrats (vgl. *Kau/Kukat* BB 1999, 2505 f.; eingehend *Mauroschat* Aktienoptionsprogramme, S. 131 ff.). Zur Begründung des Bezugsrechts wird unter Zugrundelegung der Bedingungen des Aktienoptionsprogramms ein separater Aktienoptionsvertrag zwischen der Gesellschaft und dem einzelnen Teilnehmer geschlossen.

5

▶ **Muster – Aktienoptionsprogramm**

Aktienoptionsplan 2016

der ___[Gesellschaft]___

(nachfolgend »Gesellschaft«)

Präambel

6

Zielsetzung des nachfolgenden Aktienoptionsprogramms (»Aktienoptionsplan 2016«) ist es, die teilnehmenden Mitarbeiter an der langfristigen Wertentwicklung des Unternehmens zu beteiligen. Es soll ein Anreiz zu nachhaltigem und am Ziel einer nachhaltigen Steigerung des Börsenwerts des Unternehmens ausgerichtetem Handeln gesetzt werden.

Die Hauptversammlung der Gesellschaft hat daher durch Beschl. v. ___[Datum]___ den Vorstand mit Zustimmung des Aufsichtsrats und – soweit Mitglieder des Vorstands zu den bezugsberechtigten Teilnehmern gehören – den Aufsichtsrat der Gesellschaft ermächtigt, bis zum ___[Datum]___ höchstens insgesamt ___[Anzahl]___ Bezugsrechte auf jeweils eine auf den Inhaber lautende Stammaktie der Gesellschaft ohne Nennbetrag (»Gesellschaftsaktie«) an Bezugsberechtigte auszugeben. Hierzu hat die Hauptversammlung die Schaffung eines bedingten Kapitals in Höhe von bis zu EUR ___[Betrag]___ (»Bedingtes Kapital 2016«) beschlossen.[1]

Der Vorstand der Gesellschaft hat auf Grundlage dieser Ermächtigung mit Zustimmung des Aufsichtsrats beschlossen, den nachfolgenden Aktienoptionsplan 2016 einzuführen.

1. **Gesamtvolumen und Kreis der Bezugsberechtigten**

1.1 Unter dem Aktienoptionsplan 2016 können höchstens insgesamt ___[Anzahl]___ Bezugsrechte auf Gesellschaftsaktien (»Aktienoptionen«) an Bezugsberechtigte ausgegeben werden.[2]

1.2 Bezugsberechtigte sind

  (a) Mitglieder des Vorstands der Gesellschaft,

  (b) Mitglieder der Geschäftsleitungsorgane von mit der Gesellschaft im Sinne von § 15 AktG verbundenen Unternehmen (»Konzerngesellschaften«), und

  (c) Mitarbeiter der Gesellschaft und ihrer Konzerngesellschaften.[3]

1.3 Das Gesamtvolumen der Aktienoptionen verteilt sich wie folgt auf die Bezugsberechtigten:

  (a) bis zu ___[Anzahl]___ Aktienoptionen können an Mitglieder des Vorstands der Gesellschaft ausgegeben werden,

D. Mitarbeiterbeteiligungsprogramme

(b) bis zu ____[Anzahl]____ Aktienoptionen können an Mitglieder der Geschäftsleitungsorgane von Konzerngesellschaften ausgegeben werden, und

(c) bis zu ____[Anzahl]____ Aktienoptionen können an Mitarbeiter der Gesellschaft und ihrer Konzerngesellschaften ausgegeben werden.

1.4 Bezugsberechtigten, die mehreren der vorstehenden Gruppen angehören, werden Aktienoptionen nur als Mitglied einer Gruppe und nur aus dem Anteil der Aktienoptionen gewährt, der für die betreffende Gruppe vorgesehen ist. Die Bestimmung der Bezugsberechtigten im Einzelnen und der Anzahl der diesem jeweils zu gewährenden Aktienoptionen trifft der Vorstand der Gesellschaft, soweit Vorstandsmitglieder der Gesellschaft betroffen sind, der Aufsichtsrat. [4]

2. Inhalt der Aktienoptionen

2.1 Jede im Rahmen des Aktienoptionsplans 2016 zugeteilte Aktienoption berechtigt den Inhaber der Aktienoption (»Bezugsberechtigter«) nach Maßgabe der Bedingungen des Aktienoptionsplans 2016 zum Bezug einer auf den Inhaber lautenden Stückaktie der Gesellschaft aus dem hierfür geschaffenen Bedingten Kapital 2016 gegen Zahlung des Ausübungspreises gemäß Ziffer 10. [5]

2.2 Die neuen Gesellschaftsaktien nehmen vom Beginn desjenigen Geschäftsjahres an am Gewinn teil, für das zum Zeitpunkt der Ausübung des Bezugsrechts noch kein Beschluss der Hauptversammlung über die Verwendung des Bilanzgewinns gefasst worden ist.

2.3 Bis zum Datum der Übertragung der durch Ausübung von Aktienoptionen bezogenen Gesellschaftsaktien auf das Depot des Bezugsberechtigten hat der Bezugsberechtigte aus den Aktienoptionen weder Bezugsrechte auf neue Gesellschaftsaktien noch Rechte auf Dividenden oder sonstige Ausschüttungen.

3. Zuteilung und Erwerb der Aktienoptionen

3.1 Der Bezugsberechtigte erwirbt die ihm zugeteilten Aktienoptionen durch Abschluss einer gesonderten Aktienoptionsvereinbarung unter Zugrundelegung der Bedingungen des Aktienoptionsplans 2016 (»Aktienoptionsvereinbarung«). [6] Hierzu erhält der Bezugsberechtigte ein Zuteilungsangebot der Gesellschaft, aus dem sich die Anzahl der angebotenen Aktienoptionen, deren Ausübungspreis, der Zeitpunkt, zu dem die Aktienoptionen als zugeteilt gelten (»Ausgabetag«), sowie die Wartezeit für die Ausübung der Aktienoptionen ergeben.

3.2 Die Annahme des Zuteilungsangebots durch den Bezugsberechtigten soll in Form der dem Zuteilungsangebot als Anlage beigefügten Annahmeerklärung erfolgen. Zu ihrer Wirksamkeit muss die schriftliche Annahmeerklärung der Gesellschaft innerhalb der gesetzten Frist zugegangen sein.

3.3 Die Zuteilung der Aktienoptionen erfolgt für den Bezugsberechtigten unentgeltlich. [7]

4. Ausgabezeiträume und Ausgabetag

4.1 Aktienoptionen können den Bezugsberechtigten in der Zeit zwischen der Eintragung des Bedingten Kapitals 2016 und dem ____[Datum]____ ausgegeben werden.

4.2 Die Ausgabe der Aktienoptionen soll in mehreren Tranchen erfolgen. Pro Kalenderjahr dürfen höchstens 50 Prozent des Gesamtvolumens an Aktienoptionen ausgegeben werden.

4.3 Die Ausgabe der Aktienoptionen kann jeweils nur zwischen dem 10. und dem 20. Börsenhandelstag nach Veröffentlichung der Quartalsberichte oder Jahresabschlüsse der Gesellschaft erfolgen. [8]

4.4 Als Ausgabetag der Aktienoption gilt jeweils der letzte Börsenhandelstag des im Beschluss des Aufsichtsrats bzw. des Vorstands für die Gewährung der Aktienoptionen genannten Zuteilungszeitraums gemäß Ziffer 4.3. [9]

5. Laufzeit der Aktienoptionen

5.1 Die Laufzeit der Aktienoptionen beginnt mit dem Zuteilungstag und endet nach Ablauf von sechs Jahren (»Laufzeit«). Endet die Laufzeit innerhalb eines Ausübungszeitraums gemäß Ziffer 8, so verlängert sich die Laufzeit bis zum Ende dieses Ausübungszeitraums.

5.2 Aktienoptionen, die nicht bis zum Ende der Laufzeit ausgeübt wurden, erlöschen ersatzlos, ohne dass es hierzu einer Erklärung der Gesellschaft bedarf.

6. Wartezeit und Ausübbarkeit

6.1 Die dem Bezugsberechtigten zugeteilten Aktienoptionen können frühestens nach Ablauf einer Wartezeit von 4 Jahren ab dem jeweils maßgeblichen Ausgabetag (»Wartezeit«) ausgeübt werden. [10]

6.2 Nach Ablauf der Wartezeit werden die Aktienoptionen wie folgt ausübbar:

(a) 50 Prozent der zugeteilten Aktienoptionen am Tag des Ablaufs der Wartezeit, und

(b) 50 Prozent der zugeteilten Aktienoptionen am 1. Jahrestag des Tages des Ablaufs der Wartezeit. [11]

6.3 Aktienoptionen, die gemäß Ziffer 6.2 ausübbar geworden sind, können bis zum Ablauf der Laufzeit ausgeübt werden.

7. Ausübung der Aktienoptionen

7.1 Die Ausübung der Aktienoptionen erfolgt durch schriftliche Erklärung gegenüber der Gesellschaft (»Ausübungserklärung«). Die Ausübungserklärung soll mittels des als Anlage beigefügten Formulars erfolgen und muss der Gesellschaft innerhalb eines Ausübungszeitraums zugehen. Vorbehaltlich der Einhaltung aller Voraussetzungen für die Ausübung der Aktienoptionen ist der Tag des Zugangs der Ausübungserklärung bei der Gesellschaft der »Ausübungstag«.

7.2 Geht die Ausübungserklärung der Gesellschaft erst nach Ablauf des Ausübungszeitraums zu, so gilt diese als am ersten Tag des folgenden Ausübungszeitraums zugegangen, wenn der Gesellschaft nicht vorher ein schriftlicher Widerruf der Ausübungserklärung zugeht. Die Laufzeit der Aktienoptionen bleibt unberührt.

7.3 Aktienoptionen können ausschließlich während ihrer Laufzeit (Ziffer 5) und nach Ablauf der Wartezeit (Ziffer 6) ausgeübt werden. Die Ausübung ist nur während bestimmter Zeiträume (Ziffer 8) und unter Voraussetzung der Erfüllung bestimmter Erfolgsziele (Ziffer 9) möglich. Bei Ausübung der Aktienoptionen hat der Bezugsberechtigte den Ausübungspreis (Ziffer 10) zu entrichten. Die Gesellschaft ist berechtigt, bei Vorliegen außerordentlicher Entwicklungen die Ausübung von Aktienoptionen abzulehnen (Ziffer 11).

8. Ausübungszeitraum

8.1 Die Aktienoptionen dürfen ausschließlich innerhalb bestimmter Zeiträume nach Maßgabe von Ziffer 8.2 (»Ausübungszeiträume«) und nur außerhalb der Zeiträume nach Maßgabe von Ziffer 8.3 (»Sperrzeiträume«) ausgeübt werden. [12]

8.2 Die Ausübungszeiträume dauern jeweils 10 Börsenhandelstage und beginnen jeweils mit Beginn des ersten Börsenhandelstages nach

(a) dem Tag nach der ordentlichen Hauptversammlung der Gesellschaft sowie

(b) nach dem Tag der Veröffentlichung des Quartalsberichts der Gesellschaft für das 3. Quartal des Geschäftsjahres.

8.3 Ein Sperrzeitraum beginnt jeweils mit dem Tag der Veröffentlichung eines Angebots zum Bezug neuer Aktien oder auf Schuldverschreibungen oder sonstigen Wertpapieren mit Wandlungs- oder Optionsrechten in einem Börsenpflichtblatt einer Wertpapierbörse und endet mit Ablauf des letzten Tages der betreffenden Bezugsfrist.

D. Mitarbeiterbeteiligungsprogramme

8.4 Soweit ein Sperrzeitraum in einen Ausübungszeitraum fällt, verlängert sich der betreffende Ausübungszeitraum um die entsprechende Anzahl von Börsenhandelstagen unmittelbar nach dem Ende des Sperrzeitraums. Die Laufzeit der Aktienoptionen bleibt unberührt.

9. Erfolgsziele

9.1 Aktienoptionen dürfen nur ausgeübt werden, wenn beide der nachstehend definierten Bedingungen (»Erfolgsziele«) kumulativ erfüllt sind: [13]

(a) Der Börsenkurs der Gesellschaftsaktie ist zwischen dem Ausgabetag und dem ersten Tag des Ausübungszeitraums, in den der Ausübungstag der Aktienoptionen fällt, um durchschnittlich mehr als ___[Prozent]___ Prozent pro vollem Kalendermonat gestiegen (»Absolute Performance«). [14]

(b) Der Börsenkurs der Gesellschaftsaktie hat sich zwischen dem Ausgabetag und dem ersten Tag des Ausübungszeitraums, in den der Ausübungstag der Aktienoptionen fällt, um mehr als ___[Prozent]___ Prozentpunkte besser entwickelt als der ___[Vergleichsindex]___ oder ein anderer an seine Stelle tretender Index (»Relative Performance«). [15]

9.2 Die Entwicklung des Börsenkurses der Gesellschaftsaktie wird ermittelt durch Vergleich (i) des durchschnittlichen Schlusskurses der Gesellschaftsaktie im XETRA Handel (oder einem an die Stelle des XETRA-Systems getretenen funktional vergleichbaren Nachfolgesystems) in den letzten 5 Börsentagen vor Ende des Ausgabezeitraums, in den der Ausgabetag der Aktienoption fällt, mit (ii) dem durchschnittlichen Schlusskurs der Gesellschaftsaktie in den letzten 5 Börsentagen vor Ende des Ausübungszeitraums, in den der Ausübungstag der Aktienoptionen fällt. Die Entwicklung des ___[Vergleichsindex]___ wird entsprechend ermittelt.

9.3 Wenn die Erfolgsziele für die Ausübung der Aktienoptionen während eines Ausübungszeitraums nicht erfüllt sind, können die Aktienoptionen bei Erfüllung der Erfolgsziele in einem der nachfolgenden Ausübungszeiträume ausgeübt werden. Die teilweise Ausübung von Aktienoptionen in einem Ausübungszeitraum ist zulässig.

10. Ausübungspreis und Zuteilung der Aktien

10.1 Bei Ausübung der Aktienoptionen ist von dem ausübenden Bezugsberechtigten ein gemäß Ziffer 10.2 zu ermittelndes Entgelt (»Ausübungspreis«) zu zahlen.

10.2 Der Ausübungspreis je Aktienoption entspricht ___[120]___ Prozent des durchschnittlichen Schlusskurses der Gesellschaftsaktie im XETRA Handel (oder einem an die Stelle des XETRA-Systems getretenen funktional vergleichbaren Nachfolgesystems) in den letzten 5 Börsentagen vor Ende des Ausgabezeitraums, in den der Ausgabetag der Aktienoption fällt. [16]

10.3 Der Ausübungspreis für alle ausgeübten Aktienoptionen ist innerhalb von ___[Zahl]___ Bankarbeitstagen nach dem Ende des betreffenden Ausübungszeitraums auf das in dem Zuteilungsangebot der Gesellschaft genannte Bankkonto zu überweisen. Die Gesellschaft kann dem Bezugsberechtigten im Zuteilungsangebot alternativ anbieten (oder ein solches Verfahren zwingend vorsehen), seine Verpflichtung zur Zahlung des Ausübungspreises dadurch zu erfüllen, dass er eine von der Gesellschaft beauftragte Investmentbank anweist, in seinem Namen mindestens diejenige Anzahl der von ihm bezogenen Gesellschaftsaktien zu verkaufen und den Verkaufspreis an die Gesellschaft abzuführen, die erforderlich ist, um den Ausübungspreis zu zahlen. [17]

10.4 Die Gesellschaft ist berechtigt, die Ausübung von Aktienoptionen abzulehnen, wenn und soweit der Ausübungspreis nicht fristgerecht gezahlt wird. Aktienoptionen, deren Ausübung die Gesellschaft ablehnt, erlöschen ersatzlos mit Zugang der Ablehnungserklärung der Gesellschaft beim Bezugsberechtigten.

10.5 Die Gesellschaft wird unverzüglich nach Zahlung des Ausübungspreises die Anzahl der vom Bezugsberechtigten (ggf. nach Durchführung des Verfahrens gemäß Ziffer 10.3) bezogenen *Gesellschaftsaktien* auf dessen Depot übertragen. Die Gesellschaft ist berechtigt, anstelle von neuen Aktien aus dem Bedingten Kapital 2016 eigene Aktien zu gewähren.

11. Begrenzung bei außerordentlichen Entwicklungen (Cap)

11.1 Die Gesellschaft ist berechtigt, die Ausübung von Aktienoptionen in dem Umfang abzulehnen, wie deren Ausübung wegen außerordentlicher, nicht vorhergesehener Entwicklungen zu einer unverhältnismäßig hohen Vergütung des Bezugsberechtigten führen würde. Das ist insbesondere der Fall, wenn und soweit dem Bezugsberechtigten aus sämtlichen innerhalb eines Kalenderjahres ausgeübten Aktienoptionen ein Vermögensvorteil zufließen würde, der ____[100]____ Prozent seiner festen vertraglichen Vergütung überstiege. Der maßgebliche Vermögensvorteil ergibt sich aus der Differenz zwischen dem Ausübungspreis der Aktienoptionen und dem Börsenkurs der Gesellschaftsaktie am jeweiligen Ausübungstag. [18]

11.2 Aktienoptionen, deren Ausübung die Gesellschaft ablehnt, erlöschen ersatzlos mit Zugang der Ablehnungserklärung der Gesellschaft beim Bezugsberechtigten.

12. Erlöschen von Aktienoptionen

12.1 Endet das Beschäftigungsverhältnis des Bezugsberechtigten mit der Gesellschaft oder einem ihrer Konzernunternehmen während der Laufzeit der ihm gewährten Aktienoptionen und geht der Bezugsberechtigte nicht unmittelbar im Anschluss ein neues Beschäftigungsverhältnis mit einem anderen Konzernunternehmen ein, gilt vorbehaltlich Ziffern 12.2 und 12.3 folgendes:

(a) Der Bezugsberechtigte hat das Recht, alle am Tag der Beendigung des Beschäftigungsverhältnisses ausübbaren Aktienoptionen im ersten Ausübungszeitraum nach Beendigung des Beschäftigungsverhältnisses auszuüben. Sämtliche im betreffenden Ausübungszeitraum nicht ausgeübten Aktienoptionen erlöschen ersatzlos, ohne dass es hierzu einer Erklärung der Gesellschaft bedarf.

(b) Sämtliche Aktienoptionen, für welche die Wartezeit noch nicht abgelaufen ist oder die noch nicht ausübbar sind, erlöschen am Tag der Beendigung des Beschäftigungsverhältnisses ersatzlos, ohne dass es hierzu einer Erklärung der Gesellschaft bedarf. [19]

12.2 Endet das Beschäftigungsverhältnis des Bezugsberechtigten mit der Gesellschaft oder einem ihrer Konzernunternehmen während der Laufzeit der ihm gewährten Aktienoptionen aufgrund Kündigung durch die Gesellschaft aus einem vom Bezugsberechtigten zu vertretenden wichtigem Grund im Sinne von § 626 Abs. 1 BGB, so erlöschen alle zum Zeitpunkt der Erklärung der Kündigung noch nicht ausgeübten Aktienoptionen ersatzlos. [20]

12.3 Endet das Beschäftigungsverhältnis des Bezugsberechtigten mit der Gesellschaft oder einem ihrer Konzernunternehmen aufgrund von Tod, Bezug einer vorgezogenen Rente, Regelaltersrente oder einer Rente wegen voller Erwerbsminderung, gilt Folgendes:

(a) Der Bezugsberechtigte bzw. seine Erben haben das Recht, (i) alle am Tag der Beendigung des Beschäftigungsverhältnisses ausübbaren Aktienoptionen im ersten Ausübungszeitraum nach Beendigung des Beschäftigungsverhältnisses auszuüben und (ii) alle am Tag der Beendigung des Beschäftigungsverhältnisses noch nicht ausübbaren Aktienoptionen im ersten Ausübungszeitraum nach Ausübbarwerden der Aktienoptionen auszuüben, sämtliche im betreffenden Ausübungszeitraum nicht ausgeübten Aktienoptionen erlöschen ersatzlos, ohne dass es hierzu einer Erklärung der Gesellschaft bedarf.

(b) Sämtliche Aktienoptionen, für welche die Wartezeit noch nicht abgelaufen ist, erlöschen am Tag der Beendigung des Beschäftigungsverhältnisses ersatzlos, ohne dass es hierzu einer Erklärung der Gesellschaft bedarf. [21]

12.4 Geht das Beschäftigungsverhältnis des Bezugsberechtigten mit der Gesellschaft oder einem ihrer Konzernunternehmen aufgrund eines Betriebsübergangs oder Betriebsteilübergangs gemäß § 613a BGB auf einen nicht zum Kreis der Konzernunternehmen gehörigen Betriebserwerber über oder scheidet das Unternehmen, bei dem der Bezugsberechtigte beschäftigt ist, aus dem Kreis der Konzernunternehmen der Gesellschaft aus, so gilt Ziffer 12.1 entsprechend, wobei statt dem Tag der Beendigung des Beschäftigungsverhältnisses der Tag des Betriebsübergangs maßgeblich ist. [22]

12.5 Sämtliche nicht ausgeübte Aktienoptionen erlöschen mit Zugang einer schriftlichen Kündigung der Aktienoptionsvereinbarung durch die Gesellschaft. Die Gesellschaft ist zur Kündigung der Aktienoptionsvereinbarung berechtigt, wenn der Bezugsberechtigte wesentliche Pflichten nach der Aktienoptionsvereinbarung oder seinem Anstellungsvertrag mit der Gesellschaft oder einem ihrer Konzernunternehmen verletzt. Das Recht zur Kündigung der Aktienoptionsvereinbarung aus wichtigem Grund bleibt unberührt.

13. Übertragbarkeit

Die den Bezugsberechtigten nach diesem Aktienoptionsplan gewährten Aktienoptionen sind nicht übertragbar. Verfügungen aller Art über Aktienoptionen, einschließlich der Einräumung einer Unterbeteiligung an Aktienoptionen, der Verpfändung von Aktienoptionen und der Errichtung einer Treuhand an Aktienoptionen, sind unzulässig. Gleiches gilt für Rechtsgeschäfte, die im wirtschaftlichen Ergebnis zu einer Veräußerung oder Belastung der Aktienoptionen führen. Verfügt ein Bezugsberechtigter entgegen den vorstehenden Regelungen über seine Aktienoptionen, verfallen diese ohne Weiteres und entschädigungslos.

14. Anpassungen der Aktienoption [23]

14.1 Ändert sich die Anzahl der Gesellschaftsaktien nach dem Ausgabetag, ohne dass dies mit einem Zufluss von Mitteln verbunden ist (z.B. aufgrund einer Kapitalerhöhung aus Gesellschaftsmitteln, einer Kapitalherabsetzung oder einer Neueinteilung des Grundkapitals), so werden die Zahl der Gesellschaftsaktien, zu deren Bezug je eine Aktienoption berechtigt, der Ausübungspreis und die Erfolgsziele entsprechend dem Verhältnis der Erhöhung oder Verringerung der Gesellschaftsaktien angepasst. Soweit infolge von Änderungen des Bezugsverhältnisses gemäß Satz 1 bei der Ausübung von Bezugsrechten Bruchteile von Aktien entstehen, erfolgt eine Abrundung auf eine ganze Zahl von Aktien. Im Hinblick auf den von der Abrundung betroffenen Bruchteil einer Aktie verfällt die Aktienoption ohne Weiteres und entschädigungslos.

14.2 Im Fall einer Kapitalerhöhung mit Bezugsrecht oder einer Sonderdividende werden der Ausübungspreis und die Erfolgsziele entsprechend der mit der jeweiligen Maßnahme verbundenen Einwirkung auf den Börsenkurs der Gesellschaftsaktie angepasst. Die mit der jeweiligen Maßnahme verbundene Auswirkung auf den Börsenkurs der Gesellschaftsaktie wird nach finanzmathematischen Methoden ermittelt und durch ein Gutachten einer von der Gesellschaft beauftragten Wirtschaftsprüfungsgesellschaft bindend festgelegt.

14.3 Im Falle von umwandlungsrechtlichen Vorgängen (z.B. der Verschmelzung der Gesellschaft auf eine andere Gesellschaft) die zum Untergang oder zur Veränderung der Gesellschaftsaktien führen, tritt anstelle des durch die Aktienoption gewährten Rechts zum Bezug einer Gesellschaftsaktie ein Recht auf Bezug des Surrogats, das einem Inhaber einer Gesellschaftsaktie zustünde, sofern dieses an einer öffentlichen Wertpapierbörse gehandelt wird. Der Ausübungspreis und die Erfolgsziele werden rechnerisch entsprechend angepasst.

14.4 Wenn aufgrund von umwandlungsrechtlichen Vorgängen, eines Delistings oder aus sonstigen Gründen weder die Gesellschaftsaktien noch ein Surrogat im Sinne von Ziffer 14.3 an einer öffentlichen Wertpapierbörse gehandelt werden und die Marktkapitalisierung der Gesellschaft nicht mehr feststellbar ist, so endet der Aktienoptionsplan 2016 mit Ablauf des Tages, an dem der Handel der Gesellschaftsaktie an einer öffentlichen Wertpapierbörse eingestellt wird und sämtliche unter dem Aktienoptionsplan 2016 gewährten Aktienoptionen verfallen ohne weiteres. Soweit in diesem Fall bereits ausübbare Aktienoptionen verfallen, wird die Gesellschaft dem Mitarbeiter nach ihrer Wahl einen Ausgleich entweder in Form der Teilnahme an einem wirtschaftlich gleichwertigen Programm oder in Form eines Barausgleichs anbieten.

14.5 Der Mitarbeiter erhält über etwaige erforderliche Anpassungen nach den vorstehenden Bestimmungen nach Wirksamwerden der jeweiligen Maßnahme eine Mitteilung.

15. Steuern

15.1 Die Gewährung der Aktienoptionen sowie deren Ausübung können zu steuerpflichtigen geldwerten Vorteilen bei den Bezugsberechtigten führen. Die Gesellschaft wird im Falle des Bestehens einer gesetzlichen Verpflichtung für Rechnung der Bezugsberechtigten die anfallenden Steuern und Sozialversicherungsabgaben an die zuständigen Stellen abführen. Bis zu den Pfändungsfreigrenzen kann die Gesellschaft die von einem Bezugsberechtigten geschuldeten Steuern und Arbeitnehmeranteile zur Sozialversicherung mit der Vergütung des Bezugsberechtigten verrechnen. Darüber hinaus gehende Beträge hat der Bezugsberechtigte der Gesellschaft zu erstatten.

15.2 Soweit ein Bezugsberechtigter durch die spätere Veräußerung der Aktien, die durch die Ausübung von Aktienoptionen nach dem Aktienoptionsplan 2016 erworben wurden, weitere Gewinne erzielt, sind derartige Gewinne aus der Veräußerung von Aktien gegebenenfalls selbständig durch den Bezugsberechtigten zu veräußern.

15.3 Soweit ein ausländischer Staat das Besteuerungsrecht hat, ist der Bezugsberechtigte verpflichtet, für eine ordnungsgemäße Versteuerung in dem betreffenden Staat zu sorgen.

16. Arbeitsrechtliche Regelungen/Ausschluss betrieblicher Übung

16.1 Der Aktienoptionsplan 2016 wurde von der Gesellschaft aufgrund der Ermächtigung durch den Beschluss der Hauptversammlung der Gesellschaft vom _____[Datum]_____ eingeführt. Ansprüche von teilnahmeberechtigten Mitarbeitern aus dem Aktienoptionsplan 2016 bestehen ausschließlich nach Maßgabe der Bestimmungen des Aktienoptionsplans 2016.

16.2 Der Aktienoptionsplan 2016 gilt nur für die Ausgabe von Aktienoptionen innerhalb der von der Hauptversammlung festgelegten Ausgabezeiträume. Er begründet weder dem Grunde noch der Höhe nach irgendwelche Ansprüche auf die Gewährung von Aktienoptionen oder vergleichbaren Vergütungsinstrumenten für nachfolgende Geschäftsjahre. Die Hauptversammlung der Gesellschaft wird für nachfolgende Geschäftsjahre gesondert entscheiden, ob und zu welchen Bedingungen ein Aktienoptionsplan oder ein vergleichbarer langfristiger Anreizplan eingeführt wird.

16.3 Aktienoptionen, die unter dem Aktienoptionsplan 2016 Mitarbeitern einer anderen Konzerngesellschaft gewährt werden, werden nicht Bestandteil des Arbeitsverhältnisses zwischen dem Bezugsberechtigten und der Konzerngesellschaft. Ansprüche des Mitarbeiters unter dem Aktienoptionsplan 2016 richten sich ausschließlich gegen die Gesellschaft, es gilt, ebenso wie bei der Gewährung durch den Arbeitgeber selbst, das Prinzip der strikten Differenzierung zwischen dem Arbeitsverhältnis und dem Optionsvertrag. Im Rahmen des Arbeitsverhältnisses entstehen aus der Gewährung von Aktienoptionen durch eine andere Konzerngesellschaft keinerlei Ansprüche, da der Optionsvertrag mit der anderen Konzerngesellschaft nichtig ist. [24]

17. Ermächtigung zur Regelung von Einzelheiten

17.1 Die weiteren Einzelheiten für die Gewährung von Aktienoptionen und die weiteren Ausübungsbedingungen werden durch den Aufsichtsrat festgelegt, soweit die Mitglieder des Vorstands der Gesellschaft betroffen sind. Im Übrigen ist der Vorstand der Gesellschaft für die Festlegung dieser Einzelheiten zuständig, der, soweit gesetzlich erforderlich, im Einvernehmen mit den Organen der Konzerngesellschaften entscheidet, die für die Vergütung der Bezugsberechtigten zuständig sind.

17.2 Zu diesen Einzelheiten gehören insbesondere die Auswahl einzelner Bezugsberechtigter aus der jeweiligen Gruppe der Bezugsberechtigen, die Gewährung von Aktienoptionen an einzelne Bezugsberechtigte, die Bestimmung der Durchführung und des Verfahrens der Gewährung und Ausübung der Aktienoptionen und der Ausgabe der Aktien sowie von Regelungen über die Behandlung von Aktienoptionen in Sonderfällen.

17.3 Der Vorstand kann mit Zustimmung des Aufsichtsrats Sonderregelungen für Bezugsberechtigte im Ausland treffen, insbesondere weitere Veräußerungsbeschränkungen für die Aktienoptionen und (längere) Haltefristen nach dem Erwerb der Aktien festlegen, soweit dies erforderlich ist, um die Aktienoptionen an diese Bezugsberechtigten auszugeben.

18. Kosten

Die Konto- und Depotgebühren für die Verwaltung der Optionen und deren Ausübung, die Gebühren bei Verkauf der Aktien sowie ggf. anfallende Finanzierungszinsen sind von dem jeweiligen Bezugsberechtigten zu tragen.

19. Erfüllungsort und Gerichtsstand

19.1 Leistungs- und Erfüllungsort für alle Geldverbindlichkeiten im Zusammenhang mit dem Aktienoptionsplan 2016 ist, soweit gesetzlich zulässig, der Sitz der Gesellschaft.

19.2 Allgemeiner Gerichtsstand für alle Streitigkeiten eines Bezugsberechtigten gegen die Gesellschaft aus dem Aktienoptionsplan 2016 ist der Sitz der Gesellschaft. Bei Ansprüchen der Gesellschaft gegen den Bezugsberechtigten gilt dessen inländischer Wohnsitz als Gerichtsstand. Hat der Bezugsberechtigte keinen allgemeinen Gerichtsstand im Inland, verlegt er seinen Wohnsitz oder gewöhnlichen Aufenthalt nach Vertragsschluss aus dem Geltungsbereich der Zivilprozessordnung, oder ist sein Wohnsitz oder gewöhnlicher Aufenthalt zum Zeitpunkt der Klageerhebung nicht bekannt, so gilt der Sitz der Gesellschaft als ausschließlicher Gerichtsstand für alle Streitigkeiten der Gesellschaft gegen den Bezugsberechtigten.

20. Schlussbestimmungen

20.1 Änderungen und Ergänzungen der Bedingungen des Aktienoptionsplans 2016 bedürfen der Schriftform.

20.2 Sollten sich einzelne Bestimmungen des Aktienoptionsplans 2016 oder Teile davon insbesondere durch gerichtliche Entscheidungen als unwirksam oder undurchführbar erweisen, bleiben die übrigen hiervon unberührt. In diesem Fall ist die Gesellschaft verpflichtet, die unwirksame oder undurchführbare Bestimmung durch eine angemessene Regelung zu ersetzen, die dem wirtschaftlichen Gehalt der unwirksamen oder undurchführbaren Bestimmung im Rahmen des mit dem Aktienoptionsplan 2016 erkennbar verfolgten Zwecks am nächsten kommt, soweit nicht das Gesetz eine Regelung bereithält. Entsprechendes gilt für den Fall, dass eine Lücke vorliegt.

20.3 Der Aktienoptionsplan 2016 unterliegt ausschließlich deutschem Recht.

Erläuterungen

Schrifttum

Adams Aktienoptionspläne und Vorstandsvergütungen, ZIP 2002, 1325; *Aha* Ausgewählte Gestaltungsmöglichkeiten bei Aktienoptionsplänen, BB 1997, 2225; *Annuß/Lembke* Aktienoptionspläne der Konzernmutter und arbeitsrechtliche Bindungen, BB 2003, 2230; *Baeck/Diller* Arbeitsrechtliche Probleme bei Aktienoptionen und Belegschaftsaktien, DB 1998, 1405; *Bauer/Diller* Indirekte Wettbewerbsverbote, DB 1995, 426; *Bauer/Göpfert/von Steinau-Steinrück* Aktienoptionen bei Betriebsübergang, ZIP 2001, 1129; *Baums* Aktienoptionen für Vorstandsmitglieder, FS für Carsten Peter Claussen, 1997, S. 3; *Bernhardt/Witt* Stock Options und Shareholder Value, ZfB 1997, 85 ff.; *Bosse* Mitarbeiterbeteiligung und Erwerb eigener Aktien, NZG 2001, 594; *Buhr/Radtke* Internationale Aktienoptionspläne und deren arbeitsrechtliche Behandlung in Deutschland, DB 2001, 1882; *Busch* Aktienoptionspläne – arbeitsrechtliche Fragen, BB 2000, 1294; *Claussen* Aktienoptionen – Eine Bereicherung des Kapitalmarktrechts, WM 1997, 1825; *Dautel* Besteuerung von Mitarbeiterbeteiligungen, BB 2000, 1757; *Eisolt/Wickinger* Mitarbeiterbeteiligungen: Endbesteuerung auch im Fall von Wandelschuldverschreibungen?, BB 2001, 122; *Feddersen/Pohl* Die Praxis der Mitarbeiterbeteiligung seit Einführung des KonTraG, AG 2001, 26; *Friedrichsen* Aktienoptionsprogramme für Führungskräfte, 2000; *Fuchs* Aktienoptionen für Führungskräfte und bedingte Kapitalerhöhung, DB 1997, 661; *Goj* Die Festlegung betragsmäßiger Höchstgrenzen der Vorstandsvergütung nach Ziff. 4.2.3 Abs. 2 Satz 6 DCGK, AG 2015, 173; *Harrer* Mitarbeiterbeteiligungen und Stock-Aktienoption-Pläne, 2. Auflage 2004; *Hoffmann-Becking* Gestaltungsmöglichkeiten bei Anreizsystemen, NZG 1999, 797; *Hüffer* Aktienbezugsrechte als Bestandteil der Vergütung von Vorstandsmitgliedern und Mitarbeitern – gesellschaftsrechtliche Analyse, ZHR 161 (1997), 214; *Kallmeyer* Aktienoptionspläne für Führungskräfte im Konzern, AG 1999, 97; *Kau/Kukat*

Aktienoptionspläne und Mitbestimmung des Betriebsrats, BB 1999, 2505; *Kau/Leverenz* Mitarbeiterbeteiligung und leistungsgerechte Vergütung durch Aktien-Options Pläne, BB 1998, 2269; *Kessler/Sauter* Handbuch Stock Options, 2003; *Klahold* Aktienoptionen als Vergütungselement, 1999; *Kohler* Stock Options für Führungskräfte aus der Sicht der Praxis, ZHR 161 (1997), 246; *Legerlotz/Laber* Arbeitsrechtliche Grundlagen bei betrieblichen Arbeitnehmerbeteiligungen durch Aktienoptionen und Belegschaftsaktien, DStR 1999, 1658; *Lehmeier* Aktienoptionspläne als Vergütungsinstrument, 2003; *Lembke* Die Ausgestaltung von Aktienoptionsplänen in arbeitsrechtlicher Hinsicht, BB 2001, 1469; *Lingemann/Diller/Mengel* Aktienoptionen im internationalen Konzern – ein arbeitsrechtsfreier Raum?, NZA 2000, 1191; *Lipinski/Melms* Die Gewährung von Aktienoptionen durch Dritte, z.B. eine Konzernmutter – von Dritten geleistetes Arbeitsentgelt?, BB 2003, 150; *Lutter* Aktienoptionen für Führungskräfte – de lege lata und de lege ferenda, ZIP 1997, 1; *Mauroschat* Aktienoptionsprogramme, 2005; *Mechlem/Melms* Verfall- und Rückzahlungsklauseln bei Aktienoptionsplänen, DB 2000, 1614; *Menichetti* Aktien-Optionsprogramme für das Top-Management, DB 1996, 1688; *Nehls/Sudmeyer* Zum Schicksal von Aktienoptionen bei Betriebsübergang, ZIP 2002, 201; *Neyer* Steuerliche Behandlung von Arbeitnehmer-Aktienoptionen, BB 1999, 130; *Peltzer* Steuer- und Rechtsfragen bei der Mitarbeiterbeteiligung und der Einräumung von Aktienoptionen (Stock Options), AG 1996, 307; *Portner* Mitarbeiter-Aktienoptionen (Stock Options): Gesellschaftsrechtliche Grundlage und Besteuerung, DStR 1997, 786; *Röder* Die Beteiligung von Mitarbeitern am Unternehmen, NZA 1987, 799; *Röder/Göpfert* Aktien statt Gehalt, BB 2001, 2002; *Röder/Göpfert* Aktien statt Gehalt – Aktienoptionszusagen und Festgehalt nach dem Kurseinbruch am Neuen Markt, BB 2001, 2005; *Schanz* Mitarbeiterbeteiligungsprogramme, NZA 2000, 626; *Schiefer* Die schwierige Handhabung der Jahressonderzahlungen, NZA-RR 2000, 561; *Schneider* Aktienoptionen als Bestandteil der Vergütung von Vorstandsmitgliedern, ZIP 1996, 1769; *Schnitker/Grau* Klauselkontrolle im Arbeitsvertrag, DB 2002, 2120; *Schnitker/Grau* Übergang und Anpassung von Rechten aus Aktienoptionsplänen bei Betriebsübergang nach § 613a BGB, BB 2002, 2497; *Scholz* Aktienoptionen und Optionspläne beim grenzüberschreitenden Unternehmenserwerb, ZIP 2001, 1341; *Spenner* Aktienoptionen als Bestandteil der Vergütung von Vorstandsmitgliedern, 1999; *Sünner* Der Ausweis betragsmäßiger Höchstgrenzen der Vorstandsvergütung nach Ziff. 4.2.3 Abs. 2 Satz 6 DCGK, AG 2014, 115; *Tappert* Auswirkungen eines Betriebsübergangs auf Aktienoptionsrechte von Arbeitnehmern, NZA 2002, 1188; *von Einem/Götze* Die Verwendung wirtschaftlicher Erfolgsziele in Aktienoptionsprogrammen, AG 2002, 72; *von Steinau-Steinrück* Die Grenzen des § 613a BGB bei Aktienoptionen im Konzern, NZA 2003, 473; *Wagner* Ergebnisorientierte variable Vergütungen, BB 1997, 150; *Wagner* Formen der Mitarbeiterbeteiligung, BB 2000, 42; *Wagner* Renaissance der Mitarbeiterbeteiligung, BB 1995, Beilage 7, 1; *Weiß* Aktienoptionspläne für Führungskräfte, 1999; *Weiß* Aktienoptionsprogramme nach dem KonTraG, WM 1999, 353; *Willemsen* Einbeziehung nicht arbeitsrechtlicher Verträge in das Arbeitsverhältnis, FS für Herbert Wiedemann, 2002; *Willemsen/Lembke* Die Neuregelung von Unterrichtung und Widerspruchsrecht der Arbeitnehmer beim Betriebsübergang, NJW 2002, 1159; *Willemsen/Müller-Bonanni* Aktienoptionen beim Betriebsübergang, ZIP 2003, 1177; *Windbichler* Arbeitsrecht im Konzern, 1989; *Wulff* Aktienoptionen für das Management, 2000.

1. In Deutschland werden Aktienoptionsprogramme für börsennotierte Unternehmen überwiegend auf Grundlage des § 192 Abs. 2 Nr. 3 AktG aufgelegt, d.h. unter Ausgabe von Bezugsrechten (sog. »naked warrants«), die unter bestimmten Voraussetzungen zum Bezug neuer Aktien aus bedingtem Kapital berechtigten (§§ 192 Abs. 2 Nr. 3 i.V.m. § 193 Abs. 2 Nr. 4 AktG, vgl. Hüffer/*Koch* § 192 AktG Rn. 16; *Feddersen/Pohl* AG 2001, 26, 27; *Kau/Leverenz* BB 1998, 2269, 2272; *Schanz* NZA 2000, 626, 630; *Ackermann/Suchan* BB 2002, 1497). 7

2. Im Beschluss der Hauptversammlung ist der maximale Umfang der Kapitalerhöhung festzulegen, da zur Zeit der Beschlussfassung noch offen ist, wie viele Optionsinhaber ihre Bezugsrechte letztlich ausüben werden (vgl. MüKo-AktG/*Fuchs* § 192 AktG Rn. 23; KölnerKomm/*Lutter* § 192 AktG Rn. 22; *Wulff* Aktienoptionen für das Management, S. 73). Der Nennbetrag des bedingten Kapitals nach § 192 Abs. 2 Nr. 3 AktG darf gem. § 192 Abs. 3 AktG höchstens 10 % des zur Zeit der Beschlussfassung vorhandenen Grundkapitals betragen. 8

3. Bezugsrechte dürfen gem. § 192 Abs. 2 Nr. 3 AktG an Arbeitnehmer und Mitglieder der Geschäftsführung der Gesellschaft oder eines verbundenen Unternehmens ausgegeben werden. Die Gewährung von Aktienoptionen an Aufsichtsratsmitglieder im Rahmen von Aktienoptionsprogrammen gemäß §§ 192 Abs. 2 Nr. 3, 193 AktG scheidet daher aus, da diese nicht zur Geschäftsführung gehören (vgl. Hüffer/*Koch* § 192 AktG Rn. 21; *Kessler/Suchan* Handbuch Stock Options, 9

Teil F. Rn. 136). Nach Auffassung des BGH sind Aktienoptionsprogramme für Aufsichtsratsmitglieder generell unzulässig (vgl. BGH, Urt. v. 16.02.2004 – II ZR 316/02, BB 2004, 621 ff.).

10   4. Im Beschluss der Hauptversammlung und dem daraufhin erlassenen Aktienoptionsplan genügt eine abstrakte aber eindeutige Beschreibung des Kreises der Bezugsberechtigten; diese müssen nicht namentlich aufgeführt werden (vgl. Hüffer/*Koch* § 193 AktG Rn. 5; *Wulff* Aktienoptionen für das Management, S. 74; *Friedrichsen* Aktienoptionsprogramme für Führungskräfte, S. 76; *Lingemann/Wasmann* BB 1998, 853, 861). Die genaue Bestimmung des Kreises der bezugsberechtigten Arbeitnehmer erfolgt in der Praxis durch die jeweiligen Vorstände bzw. Führungskräfte. Häufig wird zur Koordination auch ein Nominierungskomitee gebildet. Die Gesellschaft muss bei der Festlegung des Kreises der Bezugsberechtigten den allgemeinen arbeitsrechtlichen Gleichbehandlungsgrundsatz sowie die Regelungen des Allgemeinen Gleichbehandlungsgesetzes beachten (ErfK/*Preis* § 611 BGB Rn. 535). Eine Differenzierung nach Führungsebenen im Unternehmen wie im Muster vorgesehen, ist grundsätzlich zulässig, ebenso wie eine Differenzierung nach Sparten oder Funktionsbereichen innerhalb des Unternehmens, sofern sich die Gruppe der Bezugsberechtigten klar von der Gruppe der vom Bezugsrecht ausgenommenen Arbeitnehmer abgrenzen lässt (vgl. BAG, Urt. v. 21.10.2009 – 10 AZR 664/08, NZA-RR 2010, 289; AnwK-ArbR/*Brors* § 611 BGB Rn. 672). Auch Arbeitsleistung und Arbeitsbelastung können zulässige Kriterien sein (BAG, Urt. v. 05.03.1980, AP BGB § 242 Gleichbehandlung Nr. 43; BAG, Urt. v. 25.01.1984, AP BGB § 242 Gleichbehandlung Nr. 67). Unzulässig ist dagegen eine Differenzierung im Hinblick auf eine Teilzeitbeschäftigung (vgl. § 4 TzBfG) sowie grundsätzlich auch eine Differenzierung zwischen Arbeitern und Angestellten (vgl. BAG, Urt. v. 25.01.1984, AP BGB § 242 Gleichbehandlung Nr. 66; Urt. v. 19.11.1992 – 10 AZR 290/91, NZA 1993, 405).

11   5. Das Muster geht von einem alleinigen Recht zum Bezug von Aktien aus (Stock Settlement). Ergänzend kann ein Recht der Gesellschaft vorgesehen werden, dem Bezugsberechtigten anstelle des Bezugs von Aktien einen Barausgleich zu gewähren (Cash Settlement).

12   6. Das Bezugsrecht entsteht weder durch Beschluss der Hauptversammlung über das Aktienoptionsprogramm noch durch eine Vergütungszusage des Arbeitgebers sondern erst mit Abschluss des Aktienoptionsvertrags zwischen der Gesellschaft und dem Bezugsberechtigten (vgl. Hüffer/*Koch* § 197 AktG Rn. 5, § 198 Rn. 5; *Lingemann/Diller/Mengel* NZA 2000, 1191, 1193; *Bauer/Göpfert/von Steinau-Steinrück* ZIP 2001, 1129, 1130). Dogmatisch ist der Aktienoptionsvertrag als mehrfach aufschiebend bedingter und befristeter Kaufvertrag gemäß § 433 BGB einzuordnen (so auch *Lembke* BB 2001, 1469, 1470; *Mauroschat* Aktienoptionsprogramme, S. 56 f.; *Bauer/Göpfert/von Steinau-Steinrück* ZIP 2001, 1129, 1130; a.A. Kölner Komm-AktG/*Lutter* § 197 Rn. 5; *Häuselmann* DB 1987, 1745; *Martens* AG 1989, 69, 73).

13   7. Das Muster sieht, wie in der Praxis üblich, eine unentgeltliche Gewährung der Aktienoptionen vor. Ergänzend kann ein Eigeninvestment des Mitarbeiters durch Zahlung eines Optionskaufpreises vorgesehen werden. In diesem Fall sind allerdings Sonderregelungen für die Behandlung des Eigeninvestments im Fall des Ausscheidens des Mitarbeiters erforderlich. Vorzugswürdig ist daher ein Eigeninvestment des Mitarbeiters durch eine Verpflichtung zum Erwerb und Halten einer bestimmten Anzahl von Gesellschaftsaktien während der Laufzeit der Aktienoptionen.

14   8. Gemäß § 193 Abs. 2 Nr. 4 AktG sind von der Hauptversammlung Zeiträume für den Erwerb der Bezugsrechte festzulegen, wobei die Ausgabe von Bezugsrechten in der Regel in mehreren Tranchen zu unterschiedlichen Zeitpunkten erfolgt (vgl. *Weiß* Aktienoptionspläne, S. 216). Um eine Beeinflussung des Gewinnpotentials der Aktienoptionen durch Wahl eines »günstigen« Ausgabezeitpunkts zu verhindern, ist es ratsam die Erwerbszeiträume klar zu definieren, z.B. kurz nach Veröffentlichung von Quartalsberichten (*Kessler/Suchan* Handbuch Stock Options, Teil F. Rn. 150).

15   9. Um eine Vielzahl von unterschiedlichen Ausgabetagen und Unklarheiten zu vermeiden, empfiehlt sich die Festlegung eines maßgeblichen Ausgabetags für jeden Bezugszeitraum.

10. Die Hauptversammlung muss gemäß § 193 Abs. 2 Nr. 4 AktG im Beschluss eine Wartezeit von mindestens vier Jahren für die erstmalige Ausübung der Aktienbezugsrechte festlegen.

11. Das Muster sieht ein gestaffeltes Ausübbarwerden der Aktienoptionen vor, um Anreize für das Management zu kurzfristig kurswirksamen Maßnahmen zu vermeiden und die Mitarbeiterbindung zu fördern (vgl. *Wulff* Aktienoptionen für das Management, S. 92; *Feddersen/Pohl* AG 2001, 26, 32; *Sauter/Babel* Handbuch Stock Options, Teil B. Rn. 49; *Spenner* Aktienoptionen als Bestandteil der Vergütung von Vorstandsmitgliedern, S. 61). Da die Mindestwartezeit von vier Jahren gemäß § 193 Abs. 2 Nr. 4 AktG durch die Staffelung keinesfalls unterschritten werden darf, muss der Staffelungszeitraum an die Wartezeit angehängt und die Laufzeit entsprechend verlängert werden.

12. Die Hauptversammlung muss gemäß § 193 Abs. 2 Nr. 4 AktG im Beschluss Zeiträume für die Ausübung der Bezugsrechte festlegen. Dadurch soll verhindert werden, dass Bezugsberechtigte, die über Insiderinformationen verfügen, ihre Aktienoptionen bei günstigen Kursen ausüben, die nicht den wahren Wert des Unternehmens widerspiegeln (vgl. *Kau/Leverenz* BB 1998, 2269, 2272; *Klahold* Aktienoptionen als Vergütungselement, S. 38; *Sauter/Babel* Handbuch Stock Options, Teil B. Rn. 52). Sinnvoll ist die im Muster vorgesehene Festlegung von Ausübungszeiträumen und Sperrzeiträumen (vgl. *Baums* FS Claussen, S. 3, 18; *Spenner* Aktienoptionen als Bestandteil der Vergütung von Vorstandsmitgliedern, S. 61 f.; *Wulff* Aktienoptionen für das Management, S. 94).

13. Die Hauptversammlung muss gemäß § 193 Abs. 2 Nr. 4 AktG im Beschluss Erfolgsziele festlegen, die vor Ausübung der Optionen erreicht sein müssen. Erfolgsziele sind regelmäßig als aufschiebende Bedingung gem. § 158 Abs. 1 BGB einzuordnen (vgl. *Kessler/Suchan* Handbuch Stock Options, Teil F. Rn. 144). Dadurch wird gewährleistet, dass die Aktienoptionen nur dann ausgeübt werden, wenn die von der Hauptversammlung angestrebten wirtschaftlichen Ziele erreicht sind (vgl. *Lutter* ZIP 1997, 1, 4 ff.; *Vogel* BB 2000, 937, 938; *von Einem/Götze* AG 2002, 72, 73 ff.). Das Muster sieht eine einfache Kombination von absoluter und relativer Performance-Hürde ohne Differenzierung zwischen den Gruppen der Bezugsberechtigten vor. Es entspricht durch die Aufnahme eines Benchmarking Index der Empfehlung in Ziff. 4.2.3 Deutscher Corporate Governance Kodex (»DCGK«). Die Hauptversammlung hat jedoch insoweit einen weiten Spielraum und kann auf die Entwicklung des Börsenkurses aber auch auf andere Kriterien (wie etwa Eigenkapital- oder Gesamtkapitalrendite, Gewinn pro Aktie oder sonstige wertrelevante Unternehmenskennzahlen) einzeln oder in Kombination abstellen (vgl. *Hüffer/Koch* § 193 AktG Rn. 9a; *Baums* FS Claussen, 1997, S. 3, 12 ff.; *Kallmeyer* AG 1999, 97, 100; *Weiß* WM 1999, 353, 358 liSp).

14. Im Hinblick auf die Ermittlung der absoluten Performance ist es sinnvoll, einheitlich auf den ersten Tag des Ausübungszeitraums und nicht auf den konkreten Ausübungstag abzustellen, da ansonsten für jeden Tag des Ausübungszeitraums die Absolute Performance gesondert ermittelt werden müsste.

15. Das Muster sieht die Bezugnahme auf einen Branchen- oder Gesamtmarktindizes vor (sog. »Benchmarking«). Möglich ist aber auch die Bildung einer »maßgeschneiderten« Vergleichsgruppe von Unternehmen, z.B. wichtigen Wettbewerbern (sog. »Peer-Group«) (vgl. *Menichetti* DB 1996, 1688, 1689; *Friedrichsen* Aktienoptionsprogramme für Führungskräfte, S. 154).

16. Der Ausübungspreis (Beschlussinhalt gemäß § 193 Abs. 2 Nr. 3 AktG) ist von maßgebender Bedeutung für die wirtschaftliche Attraktivität des Aktienoptionsprogramms. Das Muster sieht eine zusätzliche Ausübungshürde in Form eines Aufschlags auf den maßgeblichen Börsenkurs bei Gewährung der Aktienoption vor (»Out-of-the-money-Option«). Bei Festlegung eines Ausübungspreises in Höhe des aktuellen Börsenkurses bei Gewährung der Aktienoption spricht man von einer »At-the-money-Option«, bei Festlegung unterhalb des Börsenkurses von einer »In-the-money-Option« (vgl. *Sauter/Babel* Handbuch Stock Options, Teil B. Rn. 43; kritisch zur Ausgabe von In-the-money-Optionen: *Hoffmann-Becking* NZG 1999, 797, 802 f.; a.A. *Wulff* Aktienoptionen für das Management, S. 83).

D. Mitarbeiterbeteiligungsprogramme

23 **17.** Das beschriebene Verfahren vermeidet eine hohe Liquiditätsbelastung des Bezugsberechtigten und stellt zugleich die fristgerechte Zahlung des Ausübungspreises sicher.

24 **18.** Die Ablehnungsmöglichkeit setzt § 87 Abs. 1 S. 3 Hs. 2 AktG um. Außerdem entspricht ein Cap der Empfehlung in Ziff. 4.2.3 Deutscher Corporate Governance Kodex (»DCGK«) zu betragsmäßigen Höchstgrenzen, wobei eindeutig berechenbare Höchstgrenzen als zulässig angesehen werden (vgl. *Goj* AG 2015, 173, 175; *Sünner* AG 2014, 115, 117). Die Begrenzung bezieht sich auf den Zeitpunkt der Ausübung, denkbar ist auch eine Begrenzung, die sich auf den Zeitpunkt der Gewährung bezieht (vgl. DCGK-Kommentar/*Bachmann* 4. Vorstand, Rn. 1016).

25 **19.** Das Muster sieht im Fall des Ausscheidens von Mitarbeitern grundsätzlich vor, dass noch nicht ausübbare Aktienoptionen und Aktienoptionen, bei denen die Wartezeit noch nicht abgelaufen ist, erlöschen. Derartige Verfallsklauseln für Aktienoptionen wurden vom BAG bestätigt (BAG, Urt. v. 28.05.2008 – 10 AZR 351/07, NZA 2008, 1066, 1072) und sind nach ganz herrschender Meinung in der Literatur in Anlehnung an § 624 BGB sowie § 1b Abs. 1 S. 1 BetrAVG bis zu einer Bindungsdauer von fünf Jahren zulässig (vgl. *Baeck/Diller* DB 1998, 1405, 1408; *Buhr/Radtke* DB 2001, 1882, 1886; *Lembke* BB 2001, 1469, 1473; *Lingemann/Diller/Mengel* NZA 2000, 1191, 1195; *Mauroschat* Aktienoptionsprogramme, S. 175 ff.; *Mechlem/Melms* DB 2000, 1614, 1614 f.; *Schanz* NZA 2000, 626, 634; ähnlich *Tepass* in: Harrer, Mitarbeiterbeteiligungen und Stock-Option-Pläne, Rn. 394). Um die Bindungsdauer von fünf Jahren nicht zu überschreiten, sieht das Muster für alle zum Zeitpunkt des Ausscheidens bereits ausübbaren Aktienoptionen keinen Verfall sondern eine Begrenzung der Ausübbarkeit der Option auf den nachfolgenden Ausübungszeitraum vor. Die Begrenzung ist sachgerecht im Hinblick darauf, dass die mit dem Aktienoptionsplan verfolgte Bindungswirkung nicht mehr möglich und eine Beteiligung des ehemaligen Mitarbeiters an der Wertentwicklung des Unternehmens nicht mehr sinnvoll ist (ähnlich *Mechlem/Melms* DB 2000, 1614, 1615).

26 **20.** Das Muster sieht für den hier definierten »Bad Leaver« eine Schlechterstellung durch vollständigen Verfall auch der bereits ausübbaren Aktienoptionen vor. Vor dem Hintergrund der Rechtsprechung des BAG zum Entzug von Vergütungsbestandteilen bei bereits erbrachter Arbeitsleistung (vgl. BAG, Urt. v. 13.11.2013 – 10 AZR 848/12, JurionRS 2013, 53991) ist die Wirksamkeit dieser Klausel jedoch derzeit unklar.

27 **21.** Das Muster sieht für die hier definierten »Good Leaver« eine Besserstellung vor, da auch die zum Zeitpunkt des Ausscheidens noch nicht ausübbaren Aktienoptionen in dem auf das Ausübbarwerden folgenden Ausübungszeitraum ausgeübt werden dürfen.

28 **22.** Das im Muster vorgesehene Erlöschen der Aktienoptionen im Fall des Betriebsübergangs steht im Einklang mit dem grundlegenden »Nokia-Urteil« des BAG (BAG, Urt. v. 12.02.2003 – 10 AZR 299/02, NZA 2003, 487 ff.). Zum Schicksal von Aktienoptionen bei Betriebsübergang vgl. eingehend *Mauroschat* Aktienoptionsprogramme, S. 185 ff.

29 **23.** Die Anpassungsregelungen dienen dem Schutz der Bezugsberechtigten vor einer Verwässerung oder Beeinflussung der Werthaltigkeit durch Kapitalmaßnahmen, umwandlungsrechtliche Vorgänge oder sonstige Maßnahmen, die Einfluss auf den Wert der Aktienoptionen haben (vgl. *Hüffer/Koch*, § 221 AktG Rn. 61 ff.; *Krieger*, § 63 Rn. 19; zu den Gestaltungsmöglichkeiten im Einzelnen MüKo-AktG/*Habersack*, § 221 Rn 293 ff.; *Klahold* Aktienoptionen als Vergütungselement, S. 39; *Spenner* Aktienoptionen als Bestandteil der Vergütung von Vorstandsmitgliedern, S. 62 f.; *Wulff* Aktienoptionen für das Management, S. 86).

30 **24.** Aktienoptionen, die Arbeitnehmern von einem anderen Konzernunternehmen gewährt werden, sind nicht Bestandteil des Arbeitsverhältnisses mit dem jeweiligen Arbeitgeber (BAG, Urt. v. 16.01.2008 – 7 AZR 887/06, NZA 2008, 836 ff.; BAG, Urt. v. 12.02.2003 – 10 AZR 299/02, NZA 2003, 487 ff.). Um zu vermeiden, dass dennoch Ansprüche gegen den jeweiligen Arbeitgeber (ggf. nach lokalem Recht) entstehen, ist auf eine eindeutige Gestaltung von Aktienoptionsprogramm und Optionsvereinbarung zu achten. Im Rahmen der tatsächlichen Durchfüh-

rung und Verwaltung eines konzernweiten Aktienoptionsprogramms sind Verhaltensweisen zu vermeiden, die eine, ggf. auch konkludente, Vergütungszusage des Arbeitgebers begründen könnten, z.B. wenn der Arbeitgeber die Teilnahme am Aktienoptionsprogramm eines anderen Konzernunternehmens als Zusatzleistung zum Gehalt darstellt (vgl. BAG, Urt. v. 16.01.2008 – 7 AZR 887/06, NZA 2008, 836 ff.; hierzu eingehend *Mauroschat* Aktienoptionsprogramme, S. 103 ff.).

II. Erfolgsbeteiligung

1. Langfristiger Bonusplan (Performance Shares)

Vorbemerkung

Langfristige Bonuspläne unter Einsatz von Performance Shares oder vergleichbaren Instrumenten sind ein in der Praxis häufig eingesetztes langfristig wirkendes variables Vergütungselement. Durch die Kombination von geeigneten relativen und absoluten Erfolgszielen können die Mitarbeiter an der Wertentwicklung des Unternehmens über einen Zeitraum von mehreren Jahren beteiligt werden.

Der langfristige Bonusplan sollte als Bestandteil eines wettbewerbsfähigen und attraktiven Vergütungspakets mit einem kurzfristig wirkenden Vergütungselement (siehe Muster zum kurzfristigen Bonusplan) kombiniert werden. Allerdings gewinnen langfristige Vergütungselemente an Bedeutung aufgrund des in der jüngeren Vergangenheit zu verzeichnenden Trends zur stärkeren Ausrichtung der Vergütungssysteme auf eine nachhaltige Entwicklung der Unternehmen und eine angemessene Beteiligung der Mitarbeiter an den unternehmerischen Chancen und Risiken. Ursache hierfür ist, dass auf kurzfristigen Unternehmenserfolg ausgerichtete Vergütungssysteme, die einseitig Erfolg belohnen, ohne Misserfolg ausreichend zu sanktionieren, als einer der Auslöser der letzten globalen Finanz- und Wirtschaftskrise gelten. Im Zuge dieses Trends reduzieren viele Unternehmen den Anteil von Short Term Incentives und heben im Gegenzug das feste Grundgehalt und die Long Term Incentives an.

Das Muster sieht im Hinblick auf die jüngste Verschärfung der Rechtsprechung des BAG zu Freiwilligkeitsvorbehalten eine ausdrückliche Begrenzung der zeitlichen Geltung des Plans auf das jeweilige Geschäftsjahr vor. Im Arbeitsvertrag sollte allenfalls in abstrakter Form auf den langfristigen Bonusplan hingewiesen werden. Als Anlage sind dem Bonusplan die Festlegung der Zahl der zugeteilten Performance Shares und des Ausgabetages für den einzelnen Mitarbeiter beizufügen.

Im Übrigen wurde bei der Gestaltung des Musters Wert auf eine klare und für den Mitarbeiter nachvollziehbare Vorgehensweise zur Ermittlung der Performance Share Zahlung gelegt. Ein transparentes Bonussystem erhöht die Akzeptanz bei den Mitarbeitern und damit die Motivationswirkung.

▶ **Muster – Langfristiger Bonusplan (Performance Shares)**

Langfristiger Bonusplan (LTIP) 2016

(nachfolgend »Gesellschaft«)

und

Zuteilung von Performance Shares

für _____[Name]_____

(nachfolgend »Mitarbeiter«)

D. Mitarbeiterbeteiligungsprogramme

Präambel

Der nachfolgend geregelte Bonus Plan (»LTIP 2016«) verknüpft die Interessen von Mitarbeitern und Anteilseignern der Gesellschaft indem die Mitarbeiter an einer überdurchschnittlichen Wertsteigerung des Unternehmens in den kommenden Jahren beteiligt werden. Hierzu erhalten die teilnehmenden Mitarbeiter nach Maßgabe der Bestimmungen dieses LTIP 2016 bedingte Rechte auf eine Barauszahlung, deren Höhe von der Wertsteigerung der Gesellschaft im Vergleich zu den maßgeblichen Wettbewerbern während der Laufzeit der Rechte abhängt (»Performance Shares«).

Der LTIP 2016 setzt einen Anreiz für unsere Mitarbeiter, durch langfristige und nachhaltig wirkende Entscheidungen die Wettbewerbsfähigkeit und den Erfolg unseres Unternehmens zu sichern. Gleichzeitig bieten wir unseren Mitarbeitern damit eine attraktive und wettbewerbsfähige Vergütungskomponente.

1. Zeitliche Geltung des LTIP 2016

Der LTIP 2016 gilt für die Gewährung von Performance Shares im Geschäftsjahr 2016 der Gesellschaft vom 1. Januar 2016 bis zum 31. Dezember 2016. Er begründet weder dem Grunde noch der Höhe nach irgendwelche Ansprüche auf die Gewährung von Performance Shares oder vergleichbaren langfristigen Vergütungsinstrumenten für nachfolgende Geschäftsjahre. Die Gesellschaft wird für nachfolgende Geschäftsjahre jeweils gesondert entscheiden, ob und zu welchen Bedingungen ein langfristiger Bonusplan eingeführt wird. [1]

2. Teilnahmeberechtigung

2.1 Der LTIP 2016 gilt für alle Mitarbeiter der Gesellschaft, die den Führungsebenen [Ebenen] angehören. [2]

2.2 Entsteht oder endet die Teilnahmeberechtigung gemäß Ziffer 2.1 während des Geschäftsjahres 2016 aufgrund von Versetzung oder anderen arbeitsrechtlichen Maßnahmen, so werden Performance Shares nur in anteiliger Höhe entsprechend der Zeit der Teilnahmeberechtigung während des Geschäftsjahres 2016 gewährt. Die Zahl bereits vor Entfall der Teilnahmeberechtigung gewährter Performance Shares wird entsprechend angepasst.

3. Performance Shares

3.1 Die Gesellschaft gewährt den teilnahmeberechtigten Mitarbeitern eine von der Gesellschaft nach billigem Ermessen festgelegte Anzahl von Performance Shares mit Wirkung zum jeweils mitgeteilten Stichtag (»Ausgabetag«). Die Anzahl der dem Mitarbeiter zugeteilten Performance Shares und der für ihn maßgebliche Ausgabetag ergeben sich aus Anlage 1.

3.2 Jeweils ein Performance Share gewährt dem Mitarbeiter einen am Tag des Ablaufs der Wartezeit (»Abrechnungstag«) entstehenden Anspruch auf Zahlung eines Geldbetrages in Höhe der um die Entwicklung des [Branchenindex] bereinigten absoluten Wertsteigerung einer Inhaber-Stammaktie der Gesellschaft (»Gesellschaftsaktie«) während der Wartezeit (»Performance Zahlung«). [3]

3.3 Für die Ermittlung der Performance Zahlung gelten folgende Bestimmungen:

a) Die Wartezeit beträgt vier Jahre ab dem Ausgabetag. [4]

b) Wenn sich der Kurswert der Gesellschaftsaktie (ggf. nach Anpassung gemäß Ziffer 4) während der Wartezeit nicht erhöht hat, hat der Mitarbeiter keinen Zahlungsanspruch und alle Rechte und Ansprüche aus dem Performance Share erlöschen mit Wirkung zum Abrechnungstag ersatzlos. [5]

c) Die absolute Wertsteigerung der Gesellschaftsaktie ergibt sich aus der Differenz zwischen dem Durchschnittskurs der Gesellschaftsaktie innerhalb der letzten zehn Börsentage vor dem Abrechnungstag und dem Durchschnittskurs der Gesellschaftsaktie innerhalb der letzten zehn Börsentage vor dem Ausgabetag. Maßgeblich sind die an der Frankfurter Wertpapierbörse im XETRA-Handel (oder einem an die Stelle des XETRA-Systems getretenen funktional vergleichbaren Nachfolgesystem) festgestellten Schlusskurse. [6]

d) Die absolute Wertsteigerung der Gesellschaftsaktie wird um die Entwicklung des [Branchenindex] im gleichen Zeitraum bereinigt. Hierzu wird die Prozentzahl, um die sich der [Branchenindex] während der Wartezeit verändert hat, von der Prozentzahl, um die sich der Kurswert der Gesellschaftsaktie während der Wartezeit erhöht hat, abgezogen und die absolute Wertsteigerung mit der sich daraus ergebenden Prozentzahl multipliziert (siehe Beispielsfall a). Negative Entwicklungen des [Branchenindex] bleiben dabei außer Betracht (siehe Beispielsfall b). Wenn die prozentuale Steigerung des [Branchenindex] größer ist als die prozentuale Wertsteigerung der Gesellschaftsaktie, hat der Mitarbeiter keinen Zahlungsanspruch und alle Rechte und Ansprüche aus dem Performance Share erlöschen mit Wirkung zum Abrechnungstag ersatzlos (siehe Beispielsfall c). [7]

Beispiele:

Absolute Wertsteigerung der Gesellschaftsaktie während der Wartezeit: EUR 10

Prozentuale Kurssteigerung der Gesellschaftsaktie während der Wartezeit: 125 %

Fall a: Prozentuale Veränderung des [Branchenindex] *: 110 %*

Performance Zahlung: EUR 10 × 15 % (125 % – 110 %) = EUR 1,50

Fall b: Prozentuale Veränderung des [Branchenindex] *: 90 %*

Performance Zahlung: EUR 10 × 25 % = EUR 2,50

Fall c: Prozentuale Veränderung des [Branchenindex] *: 150 %*

Kein Anspruch auf Performance Zahlung

3.4 Die Höhe der kumulierten Performance Zahlungen für alle dem Mitarbeiter unter dem LTIP gewährten Performance Shares (ggf. nach Anpassung der Zahl der Performance Shares gemäß Ziffer 4) ist in jedem Fall begrenzt auf einen absoluten Maximalbetrag in Höhe von EUR [Cap] . [8]

3.5 Der Performance Share beinhaltet keinen Anspruch auf Teilhabe an der Zahlung von Dividenden oder sonstigen Ausschüttungen durch die Gesellschaft. Dividendenzahlungen und sonstige Ausschüttungen werden bei der Ermittlung der Performance Zahlung nicht berücksichtigt. [9]

4. Anpassung der Performance Shares

4.1 Ändert sich die Anzahl der Gesellschaftsaktien nach dem Ausgabetag, ohne dass dies mit einem Zufluss von Mitteln verbunden ist (z.B. aufgrund einer Kapitalerhöhung aus Gesellschaftsmitteln, einer Kapitalherabsetzung oder einer Neueinteilung des Grundkapitals), so ändert sich die Zahl der Performance Shares im gleichen Verhältnis. Der für die Ermittlung der Performance Zahlung relevante Kurswert der Gesellschaftsaktie am Ausgabetag wird rechnerisch entsprechend angepasst. [10]

4.2 Im Falle von umwandlungsrechtlichen Vorgängen (z.B. der Verschmelzung der Gesellschaft auf eine andere Gesellschaft) die zum Untergang oder zur Veränderung der Gesellschaftsaktien führen, tritt für Zwecke der Ermittlung der Performance Zahlung an die Stelle der Gesellschaftsaktie das Surrogat, das einem Inhaber einer Gesellschaftsaktie zustünde, sofern dieses an einer öffentlichen Wertpapierbörse gehandelt wird. Der für die Ermittlung der Performance Zahlung relevante Kurswert der Gesellschaftsaktie am Ausgabetag wird rechnerisch entsprechend angepasst.

4.3 Wenn aufgrund von umwandlungsrechtlichen Vorgängen, eines Delistings oder aus sonstigen Gründen weder die Gesellschaftsaktien noch ein Surrogat im Sinne von Ziffer 4.2 an einer öffentlichen Wertpapierbörse gehandelt werden und die Marktkapitalisierung der Gesellschaft nicht mehr feststellbar ist, so endet der LTIP 2016 mit dem Ende des Handels an einer öffentlichen Wertpapierbörse und sämtliche Ansprüche aus den Performance Shares verfallen ersatzlos. Die Gesellschaft wird dem Mitarbeiter in diesem Fall die Teilnahme an einem wirtschaftlich gleichwertigen Programm anbieten.

D. Mitarbeiterbeteiligungsprogramme

4.4 Im Fall einer Kapitalerhöhung mit Bezugsrecht oder sonstigen Maßnahmen, die zu einer Beeinflussung des Börsenkurses der Gesellschaftsaktie führen, wird die Gesellschaft die jeweilige Auswirkung auf den Börsenkurs ermitteln und den für die Ermittlung der Performance Zahlung maßgeblichen Kurs der Gesellschaftsaktie am Ausgabetag entsprechend anpassen, um sicherzustellen, dass der wirtschaftliche Wert der Performance Shares durch die Maßnahme nicht verändert wird.

4.5 Der Mitarbeiter erhält über etwaige erforderliche Anpassungen nach den vorstehenden Bestimmungen nach Wirksamwerden der jeweiligen Maßnahme eine Mitteilung.

5. Erlöschen von Performance Shares/Betriebsübergang

5.1 An jedem Jahrestag des Ausgabetags werden jeweils 25 Prozent der dem Mitarbeiter gewährten Performance Shares für Zwecke von Ziffer 5.2 unverfallbar, so dass nach Ablauf der Wartezeit von vier Jahren 100 Prozent der Performance Shares für Zwecke von Ziffer 5.2 unverfallbar sind.

5.2 Endet das Arbeitsverhältnis des Mitarbeiters mit der Gesellschaft während der Wartezeit, so erlöschen die noch nicht unverfallbar gewordenen Performance Shares und alle daraus bestehenden Rechte und Ansprüche mit Wirkung zum Beendigungstag ersatzlos. Dagegen bleiben die bedingten Rechte aus den bereits unverfallbar gewordenen Performance Shares vorbehaltlich Ziffer 5.3 bestehen. [11]

5.3 Endet das Arbeitsverhältnis des Mitarbeiters während der Wartezeit aufgrund Kündigung durch die Gesellschaft aus einem vom Bezugsberechtigten zu vertretenden wichtigen Grund im Sinne von § 626 Abs. 1 BGB, so erlöschen sämtliche Performance Shares und alle daraus bestehenden Rechte und Ansprüche mit Wirkung zum Beendigungstag ersatzlos. [12] Ziffer 5.1 bleibt insoweit außer Betracht.

5.4 Geht das Arbeitsverhältnis des Mitarbeiters mit der Gesellschaft aufgrund eines Betriebsübergangs gemäß § 613a BGB auf einen Betriebserwerber über, so werden die Bedingungen des LTIP 2016 und sämtliche Rechte und Ansprüche des Mitarbeiters daraus Bestandteil des Arbeitsverhältnisses mit dem Betriebserwerber. Der Betriebserwerber ist in diesem Fall berechtigt, die Bedingungen des LTIP 2016 an die Verhältnisse seines Unternehmens anzupassen, soweit dies im Hinblick auf die Zwecksetzung des LTIP 2016 erforderlich ist und die Rechte und Ansprüche des Mitarbeiters dadurch nicht in unzumutbarer Weise beeinträchtigt werden, oder das LTIP durch ein wirtschaftlich gleichwertiges Programm zu ersetzen. [13]

6. Fälligkeit und Zahlung

6.1 Eine etwaige Performance Zahlung wird als Bruttobetrag, d.h. abzüglich von Steuern und allen sonstigen gesetzlichen Abgaben, mit dem allgemeinen Gehaltslauf des Monats gezahlt, der auf den Monat folgt, in dem die Wartezeit abläuft.

6.2 Eine etwaige Performance Zahlung zählt nicht zum pensionsfähigen Einkommen des Mitarbeiters im Rahmen einer etwa bestehenden Zusage auf betriebliche Altersversorgung. [14]

6.3 Die Abtretung oder Verpfändung von Zahlungsansprüchen unter dem LTIP 2016 ist ausgeschlossen. Etwaige Überzahlungen sind zurückzuerstatten. Die Gesellschaft ist zur Aufrechnung mit überzahlten Bezügen im Rahmen nachfolgender Gehaltszahlungen unter Berücksichtigung der Pfändungsfreigrenzen berechtigt. Der Einwand des Wegfalls der Bereicherung (§ 818 Abs. 3 BGB) ist ausgeschlossen.

7. Vertraulichkeit

7.1 Der Mitarbeiter ist verpflichtet, die mit ihm in Anlage 1 getroffenen individuellen Vereinbarungen sowie eine etwaige Performance Zahlung und deren Höhe vertraulich zu behandeln und nicht gegenüber dritten Personen offen zu legen.

7.2 Ausgenommen ist eine Offenlegung einer etwaigen Performance Zahlung und deren Höhe in den durch anwendbare Gesetze oder Verordnungen vorgesehenen Fällen oder gegenüber Steuer- oder sonstigen Beratern für Zwecke der Beratung in Steuer- und sonstigen Angelegenheiten.

8. Änderungs- und Widerrufsvorbehalt

8.1 Die Gesellschaft ist berechtigt, die Verpflichtung zur Zahlung eines Erfolgsbonus für das Geschäftsjahr 2016 nach Maßgabe der vorstehenden Regelungen des LTIP 2016 aus sachlichen Gründen, also aufgrund der wirtschaftlichen Entwicklung der Gesellschaft, der Leistung oder des Verhaltens des Mitarbeiters, zu ändern oder ganz zu widerrufen, sofern dies dem Mitarbeiter zumutbar ist. [15]

8.2 Ein sachlicher Grund im Sinne von Ziffer 9.1 liegt insbesondere vor, wenn es der Gesellschaft aufgrund ihrer aktuellen oder prognostizierten wirtschaftlichen oder finanziellen Situation nicht zumutbar ist, weiterhin am LTIP 2016 festzuhalten.

9. Schlussbestimmungen

9.1 Änderungen und/oder Ergänzungen des LTIP 2016 bedürfen der Schriftform. Dies gilt auch für die Aufhebung oder Änderung des Schriftformerfordernisses.

9.2 Sollten einzelne Bestimmungen des LTIP 2016 ganz oder teilweise unwirksam sein oder werden oder Lücken enthalten, wird die Wirksamkeit der übrigen Bestimmungen des LTIP 2016 davon nicht berührt. Die Parteien verpflichten sich, die unwirksame oder lückenhafte Bestimmung durch eine der Interessenlage und der wirtschaftlichen Zwecksetzung der Parteien möglichst nahe kommende wirksame und vollständige Bestimmung zu ersetzen bzw. zu ergänzen.

_____[Ort]_____, den _____[Datum]_____

_____
(Unterschrift der Gesellschaft)

Erklärung des Mitarbeiters:

Ich habe die vorstehenden Regelungen des LTIP 2016 und die Zuteilung von Performance Shares unter Festlegung des Ausgabetags in Anlage 1 dazu erhalten und zur Kenntnis genommen und erkläre mich mit diesen Bedingungen einverstanden.

_____[Ort]_____, den _____[Datum]_____

_____
(Unterschrift des Mitarbeiters)

Erläuterungen

Schrifttum

Annuß Arbeitsrechtliche Aspekte von Zielvereinbarungen in der Praxis, NZA 2007, 290; *Baeck/Diller* Arbeitsrechtliche Probleme bei Aktienoptionen und Belegschaftsaktien, DB 1998, 1405; *Bayreuther* Freiwilligkeitsvorbehalte: Zulässig, aber überflüssig?, BB 2009, 102; *Busch* Aktienoptionspläne – arbeitsrechtliche Fragen, BB 2000, 1294; *Fleischer* Das Gesetz zur Angemessenheit der Vorstandsvergütung (VorstAG), NZG 2009, 801; *Harrer* Mitarbeiterbeteiligungen und Stock-Aktienoption-Pläne, 2. Auflage 2004; *Hohenstatt* Das Gesetz zur Angemessenheit der Vorstandsvergütung, ZIP 2009, 1349; *Horcher* Inhaltskontrolle von Zielvereinbarungen, BB 2007, 2065; *Klein* Anspruch auf variable Vergütung trotz abredewidrig unterbliebener Vereinbarung konkreter Ziele, NZA 2006, 1129; *Leder* Aktuelles zur Flexibilisierung von Arbeitsbedingungen, RdA 2010, 93; *Legerlotz/Laber* Arbeitsrechtliche Grundlagen bei betrieblichen Arbeitnehmerbeteiligungen durch Aktienoptionen und Belegschaftsaktien, DStR 1999, 1658; *Lehmeier* Aktienoptionspläne als Vergütungsinstrument, 2003; *Lembke* Die Gestaltung von Vergütungsvereinbarungen, NJW 2010, 257; *Lembke* Die Gestaltung von Vergütungsvereinbarungen, NJW 2010, 321; *Lembke* Die Ausgestaltung von Aktienoptionsplänen in arbeitsrechtlicher Hinsicht, BB 2001, 1469; *Lingemann/Gotham* Freiwilligkeits-, Stichtags- und Rückzahlungsregelungen bei Bonusvereinbarungen – was geht noch?, NZA 2008, 509; *Mauroschat* Aktienoptionsprogramme, 2005; *Preis* Der langsame Tod der Freiwilligkeitsvorbehalte und die Grenzen betrieblicher Übung, NZA 2009, 281; *Reinecke* Zur AGB-Kontrolle von Arbeitsentgeltvereinbarungen, BB 2008, 554; *Schiefer* Die schwierige Handhabung der Jahressonderzahlungen, NZA-RR 2000, 561; *Schnitker/Grau* Übergang und An-

D. Mitarbeiterbeteiligungsprogramme

passung von Rechten aus Aktienoptionsplänen bei Betriebsübergang nach § 613a BGB, BB 2002, 2497; *von Steinau-Steinrück* Die Grenzen des § 613a BGB bei Aktienoptionen im Konzern, NZA 2003, 473; *von Einem/Götze* Die Verwendung wirtschaftlicher Erfolgsziele in Aktienoptionsprogrammen, AG 2002, 72; *Tappert* Auswirkungen eines Betriebsübergangs auf Aktienoptionsrechte von Arbeitnehmern, NZA 2002, 1188; *Wagner* Ergebnisorientierte variable Vergütungen, BB 1997, 150; *Willemsen* Die Befristung von Entgeltbestandteilen als Alternative zu Widerrufs- und Freiwilligkeitsvorbehalten, RdA 2010, 1; *Willemsen/Müller-Bonanni* Aktienoptionen beim Betriebsübergang, ZIP 2003, 1177; *Windbichler* Arbeitsrecht im Konzern, 1989.

36 **1.** Im Hinblick auf die jüngere Rechtsprechung des BAG zu Freiwilligkeitsvorbehalten (BAG, Urt. v. 15.02.2011 – 3 AZR 35/09, NZA-RR 2011, 541; BAG, Urt. v. 18.03.2009 – 10 AZR 289/08, NZA 2009, 535; BAG, Urt. v. 30.07.2008 – 10 AZR 606/07, NZA 2008, 1173; BAG, Urt. v. 24.10.2007 – 10 AZR 825/06, NZA 2008, 40) empfiehlt sich die Aufstellung eines auf ein Geschäftsjahr befristeten Bonusplans, der im Arbeitsvertrag allenfalls in abstrakter Form in Bezug genommen wird (so auch *Lembke* NJW 2010, 257, 262 f.; angedeutet *Preis* NZA 2009, 281, 287; BeckFormB BHW/*Hoefs*, 2. Ausführlicher Arbeitsvertrag, Anm. 18; *Willemsen* RdA 2010, 1, 7).

37 **2.** Die Gesellschaft muss bei der Festlegung des Kreises der Teilnahmeberechtigten den allgemeinen arbeitsrechtlichen Gleichbehandlungsgrundsatz sowie die Regelungen des Allgemeinen Gleichbehandlungsgesetzes beachten (ErfK/*Preis* § 611 Rn. 535). Eine Differenzierung nach Führungsebenen im Unternehmen, wie im Muster vorgesehen, ist grundsätzlich zulässig, ebenso wie eine Differenzierung nach Sparten oder Funktionsbereichen innerhalb des Unternehmens, sofern sich die Gruppe der Teilnahmeberechtigten klar von der Gruppe der ausgenommenen Arbeitnehmer abgrenzen lässt (vgl. BAG, Urt. v. 21.10.2009 – 10 AZR 664/08, NZA-RR 2010, 289; AnwK-ArbR/*Brors* § 611 Rn. 672). Auch Arbeitsleistung und Arbeitsbelastung können zulässige Kriterien sein (BAG, Urt. v. 05.03.1980, AP BGB § 242 Gleichbehandlung Nr. 43; BAG, Urt. v. 25.01.1984, AP BGB § 242 Gleichbehandlung Nr. 67). Unzulässig ist dagegen eine Differenzierung im Hinblick auf eine Teilzeitbeschäftigung (vgl. § 4 TzBfG) sowie grundsätzlich auch eine Differenzierung zwischen Arbeitern und Angestellten (vgl. BAG, Urt. v. 25.01.1984 AP BGB § 242 Gleichbehandlung Nr. 66; BAG, Urt. v. 19.11.1992 – 10 AZR 290/91, NZA 1993, 405).

38 **3.** In Anlehnung an Ziffer 4.2.3 DCGK empfiehlt es sich, die Auszahlung neben der positiven Entwicklung des Aktienkurses an weitere Bedingungen zu knüpfen, z.B. an die Outperformance einer Gruppe von Benchmarkunternehmen (Peer Group) oder eines Branchenindex oder an das Überspringen einer Erfolgshürde beim Aktienkurs (z.B. kann ein Zahlungsanspruch erst entstehen wenn und soweit Kurssteigerungen von mehr als 10 % eingetreten sind).

39 **4.** Das Muster sieht eine vierjährige Wartezeit in Anlehnung an § 193 Abs. 2 Nr. 4 AktG vor. Das ist jedoch nicht zwingend, da eine Erstreckung der Vierjahresfrist auf Phantom Stocks und andere schuldrechtliche Nachbildungen von Aktienoptionen nicht ohne weiteres geboten ist (Hüffer/Koch § 193 AktG Rn. 9; *Hohenstatt* ZIP 2009, 1349, 1356; strenger *Fleischer* NZG 2009, 801, 803).

40 **5.** Nach dem Muster wird nur eine absolute Wertsteigerung für die Gesellschafter belohnt. Alternativ kann man mit guten Gründen aber auch einen absoluten Wertverlust belohnen, wenn es dem Management in einem widrigen Marktumfeld gelungen ist, den Wertverlust der Gesellschaft im Vergleich zu den Wettbewerbern stärker zu begrenzen (relative Outperformance). Hierzu wird jedoch im Hinblick auf die mögliche Liquiditätsbelastung bei allgemein widrigem Marktumfeld seitens der Gesellschaft häufig keine Bereitschaft bestehen.

41 **6.** Zur Vermeidung einer Verfälschung durch kurzfristige Kursausschläge empfiehlt es sich, für die Ermittlung der maßgeblichen Kurswerte jeweils auf den Durchschnitt einer Anzahl von Börsentagen abzustellen.

42 **7.** Das Muster sieht eine einfache Bereinigung um die Entwicklung eines Branchenindex während der Wartezeit vor. In der Praxis werden häufig maßgeschneiderte Peer Groups von Wett-

bewerbern zusammengestellt (vgl. *Menichetti* DB 1996, 1688, 1689; *Friedrichsen* Aktienoptionsprogramme für Führungskräfte, S. 154). Auch die Schwelle, ab der von einer relevanten Outperformance der Wettbewerber ausgegangen wird, kann feiner herausgearbeitet werden. Hierzu kann z.B. eine Gewichtung der Wettbewerber vorgenommen werden und ein bestimmtes Index-Gewicht definiert werden, das übertroffen werden muss, damit ein Anspruch auf Zahlung aus den Performance Shares entsteht.

8. In Anlehnung an Ziff. 4.2.3 DCGK empfiehlt es sich, auch im Hinblick auf mögliche Anpassungen gemäß Ziff. 4 des Musters, ein Gesamtcap statt eines Caps für den einzelnen Performance Share zu vereinbaren. Den Vorgaben in § 87 Abs. 1 S. 3 Hs. 2 AktG, ein Cap für außerordentliche Entwicklungen zu vereinbaren, wird damit ebenfalls entsprochen (vgl. Spindler/Stilz/*Fleischer* § 87 AktG Rn. 37).

9. Das Muster sieht keine Berücksichtigung von Dividenden und sonstigen Ausschüttungen vor und stellt nur auf die Wertsteigerung des Unternehmens ab. Will man die Mitarbeiter am Gesamtertrag der Gesellschafter (Total Shareholder Return) teilhaben lassen, sind Dividenden und sonstige Ausschüttungen bei der Bemessung der Performance vollständig oder anteilig zu berücksichtigen.

10. Die Anpassungsregelungen dienen dem Schutz der Bezugsberechtigten vor einer Verwässerung oder Beeinflussung der Werthaltigkeit durch Kapitalmaßnahmen, umwandlungsrechtliche Vorgänge oder sonstige Maßnahmen, die Einfluss auf den Wert der Gesellschaftsaktie und damit der Performance Shares haben (vgl. Hüffer/*Koch* § 221 AktG Rn. 61 ff.; MünchGesR IV/*Krieger*, § 63 Rn. 19; zu den Gestaltungsmöglichkeiten im Einzelnen MüKo-AktG/*Habersack* § 221 Rn. 293 ff.; *Klahold* Aktienoptionen als Vergütungselement, S. 39; *Spenner* Aktienoptionen als Bestandteil der Vergütung von Vorstandsmitgliedern, S. 62 f.; *Wulff* Aktienoptionen für das Management, S. 86).

11. Das Muster sieht ein Erlöschen der noch nicht unverfallbar gewordenen Performance Shares bei Ausscheiden des Mitarbeiters während der Wartezeit vor. Das BAG hält derartige Verfallsklauseln für zulässig (BAG, Urt. v. 28.05.2008 – 10 AZR 351/07, NZA 2008, 1066; BAG, Urt. v. 06.05.2009 – 10 AZR 443/08, NZA 2009, 783; LAG Köln, Urt. v. 08.02.2010 – 5 Sa 1204/09, BeckRS 2010, 68826; vgl. auch *Leder* RdA 2010, 93, 98 f.).

12. Im Gegensatz zu den anderen Ausscheidensfällen sieht das Muster für den hier definierten »Bad Leaver« für den Fall des Ausscheidens des Mitarbeiters während der Wartezeit einen vollständigen Verfall aller Performance Shares vor. Die Unverfallbarkeitsregelung in Ziffer 5.1 findet keine Anwendung. Vor dem Hintergrund der Rechtsprechung des BAG zum Entzug von Vergütungsbestandteilen bei bereits erbrachter Arbeitsleistung (BAG, Urt. v. 13.11.2013 – 10 AZR 848/12, JurionRS 2013, 53991) ist die Wirksamkeit dieser Klausel derzeit unklar. Für die Zulässigkeit des Verfalls der Performance Shares spricht jedoch, dass der Mitarbeiter während der Wartezeit und vor Entstehung des Anspruchs ausscheidet (vgl. BAG, Urt. v. 28.05.2008 – 10 AZR 351/07, NZA 2008, 1066, 1071; BAG, Urt. v. 06.05.2009 – 10 AZR 443/08, NZA 2009, 783; LAG Köln, Urt. v. 08.02.2010 – 5 Sa 1204/09, BeckRS 2010, 68826; *Leder* RdA 2010, 93, 98 f.).

13. Die Regelung entspricht der überwiegenden Auffassung in der Literatur, wonach Vergütungsregelungen, die auf die spezifischen Verhältnisse des Betriebsveräußerers zugeschnitten sind, durch den Betriebserwerber anzupassen bzw. gleichwertig zu ersetzen sind (*Schnitker/Grau* BB 2002, 2497, 2501; *von Steinau-Steinrück* NZA 2003, 473, 474; *Tappert* NZA 2002, 1188, 1194; *Willemsen/Müller-Bonanni* ZIP 2003, 1177, 1182).

14. Die Klarstellung empfiehlt sich zur Vermeidung von Streitigkeiten im Hinblick auf mögliche Unklarheiten bei in der Gesellschaft bestehenden Versorgungszusagen nach dem BetrAVG.

15. Der Widerrufsvorbehalt ist an spezifische Voraussetzungen zu knüpfen (BAG, Urt. v. 20.04.2011 – 5 AZR 191/10; Urt. v. 11.10.2006 – 5 AZR 721/05, NJW 2007, 536; Urt. v.

12.01.2005 – 5 AZR 364/04, NJW 2005, 1820; *Annuß* NZA 2007, 290, 291 f.; *Leder* RdA 2010, 93, 97; *Lembke* NJW 2010, 321; *Reinecke* BB 2008, 554; *Willemsen* RdA 2010, 1, 2 f.). Der unter Widerrufsvorbehalt gestellte Anteil der variablen Vergütung darf gemessen am Gesamtverdienst maximal 25–30 % betragen (BAG, Urt. v. 12.01.2005 – 5 AZR 364/04, NZA 2005, 465, 467; *Horcher* BB 2007, 2065, 2069). Ein Freiwilligkeitsvorbehalt wurde im Hinblick auf die Rechtsprechung des BAG zu Freiwilligkeitsvorbehalten (BAG, Urt. v. 15.02.2011 – 3 AZR 35/09, NZA-RR 2011, 541; Urt. v. 18.03.2009 – 10 AZR 289/08, NZA 2009, 535; Urt. v. 30.07.2008 – 10 AZR 606/07, NZA 2008, 1173; Urt. v. 24.10.2007 – 10 AZR 825/06, NZA 2008, 40; vgl. auch *Bayreuther* BB 2009, 102 f.; *Lembke* NJW 2010, 257, 260 f.) nicht in das Muster aufgenommen.

2. Kurzfristiger Bonusplan (Short Term Incentive)

Vorbemerkung

51 Ein an jährlichen Erfolgszielen ausgerichteter Bonusplan ist ein in der Praxis häufig eingesetztes, kurzfristig wirkendes variables Vergütungselement. Durch die Kombination von geeigneten Mitarbeiterzielen und Unternehmenszielen können zielgenaue Leistungsanreize gesetzt und dem Mitarbeiter eine attraktive Vergütungskomponente angeboten werden. Ein jährlicher Barbonus ist insbesondere sinnvoll für die zeitnahe Belohnung des Erreichens von individuellen Erfolgszielen.

52 Der kurzfristige Bonusplan sollte als Bestandteil eines wettbewerbsfähigen und attraktiven Vergütungspakets mit einem langfristig wirkenden Vergütungselement (siehe Muster zum Performance Share Plan oder Bonusbank Plan) kombiniert werden. Dadurch kann eine stärkere Ausrichtung des Vergütungssystems auf eine nachhaltige Entwicklung des Unternehmens und eine angemessene Risikobeteiligung der Mitarbeiter gewährleistet werden.

53 Das Muster sieht im Hinblick auf die jüngste Verschärfung der Rechtsprechung des BAG zu Freiwilligkeitsvorbehalten eine ausdrückliche Begrenzung der zeitlichen Geltung des Plans auf das jeweilige Geschäftsjahr vor. Im Arbeitsvertrag sollte allenfalls in abstrakter Form auf den Bonusplan hingewiesen werden. Als Anlage sind dem Bonusplan die Zielvorgaben und der Zielbonus für den einzelnen Mitarbeiter beizufügen. Alternativ kann mit dem Mitarbeiter eine Zielvereinbarung getroffen werden.

54 Im Übrigen wurde bei der Gestaltung des Musters Wert auf eine klare und für den Mitarbeiter nachvollziehbare Vorgehensweise zur Ermittlung des Bonus gelegt. Ein transparentes Bonussystem erhöht die Akzeptanz bei den Mitarbeitern und damit die Motivationswirkung.

▶ **Muster – Kurzfristiger Bonusplan (Short Term Incentive)**

54.1

Kurzfristiger Bonusplan (STIP) 2016

der ___[Gesellschaft]___

(nachfolgend »Gesellschaft«)

und

Festlegung von

Zielvorgaben und Zielbonus 2016

für ___[Name]___

(nachfolgend »Name«)

Präambel

Der nachfolgend geregelte Bonusplan der Gesellschaft für das Geschäftsjahr 2016 (»STIP 2016«) setzt Anreize für unsere teilnahmeberechtigten Mitarbeiter, durch die Erreichung von individuellen und unternehmensbezogenen Erfolgszielen für das Geschäftsjahr zum kurzfristigen Erfolg unseres Unternehmens beizutragen.

In Abhängigkeit von der Erreichung der Erfolgsziele können die Mitarbeiter zusätzlich zum Festgehalt eine attraktive variable Vergütungskomponente in Form einer Barzahlung erhalten.

1. Zeitliche Geltung des STIP 2016

Die Gesellschaft hat entschieden, ihren teilnahmeberechtigten Mitarbeitern für das Geschäftsjahr 2016 unter der Voraussetzung, dass die maßgeblichen Erfolgsziele erreicht werden, einen erfolgsabhängigen jährlichen Bonus in Form einer Barzahlung (»Erfolgsbonus«) nach Maßgabe der nachfolgenden Bedingungen zu zahlen.

Der STIP 2016 gilt nur für das Geschäftsjahr 2016 der Gesellschaft vom 1. Januar 2016 bis zum 31. Dezember 2016 und begründet weder dem Grunde noch der Höhe nach irgendwelche Ansprüche für nachfolgende Geschäftsjahre. Die Gesellschaft wird für nachfolgende Geschäftsjahre jeweils gesondert entscheiden, ob und zu welchen Bedingungen ein jährlicher Erfolgsbonus gewährt wird. [1]

2. Teilnahmeberechtigung

2.1 Der STIP 2016 gilt für alle Mitarbeiter der Gesellschaft, die den Führungsebenen [Ebenen] angehören. [2]

2.2 Entsteht oder endet die Teilnahmeberechtigung gemäß Ziffer 2.1 während des Geschäftsjahres 2016 aufgrund von Versetzung oder anderen arbeitsrechtlichen Maßnahmen, so besteht ein etwaiger Anspruch auf einen Erfolgsbonus in anteiliger Höhe entsprechend der Zeit der Teilnahmeberechtigung während des Geschäftsjahres 2016.

3. Erfolgsziele und Zielbonus

3.1 Die Höhe des Erfolgsbonus hängt ab vom prozentualen Grad der Erreichung von den durch die Gesellschaft nach billigem Ermessen festgelegten Zielen für das Geschäftsjahr 2016 (»Erfolgsziele«). Die Erfolgsziele setzen sich zusammen aus Zielen, die auf Finanzkennzahlen der Gesellschaft bezogen sind, (»Unternehmensziele«) und Zielen, die auf die individuelle Leistung des Mitarbeiters bezogen sind, (»Mitarbeiterziele«). [3]

3.2 Die Gesellschaft legt auch die Gewichtung der Erfolgsziele fest. Soweit nicht anders festgelegt, gilt dabei Folgendes:

(a) Unternehmensziele werden mit 60 Prozent und Mitarbeiterziele mit 40 Prozent gewichtet.

(b) Wenn sich die Unternehmensziele und die Mitarbeiterziele in weitere untergeordnete Erfolgsziele gliedern, werden diese jeweils gleich gewichtet.

Beispiel:

Gewichtung der Unternehmensziele: 60 %

Gewichtung Unternehmensziel A: 30 %

Gewichtung Unternehmensziel B: 30 %

3.3 Die Gesellschaft legt außerdem für das jeweilige Geschäftsjahr die für den einzelnen Mitarbeiter persönlich geltende Höhe des Erfolgsbonus im Fall einer Zielerreichung von 100 Prozent (»Zielbonus«) fest. Der Zielbonus wird entsprechend des jeweiligen Gewichts der Erfolgsziele auf diese aufgeteilt. Der jeweilige anteilige Zielbonus für ein Erfolgsziel ist der »Einzelzielbonus«.

Beispiel:

Zielbonus: EUR 1.000

Gewichtung der Unternehmensziele: 60 % – Einzelzielbonus: EUR 600

D. Mitarbeiterbeteiligungsprogramme

Gewichtung Unternehmensziel A: 30 % – Einzelzielbonus: EUR 300

Gewichtung Unternehmensziel B: 30 % – Einzelzielbonus: EUR 300

Die für ___[Name]___ persönlich maßgeblichen Unternehmensziele und Mitarbeiterziele für das Jahr 2016 sowie die Höhe seines Zielbonus sind in der Zielfestlegung in Anlage 1 zu diesem Bonusplan geregelt.

3.4 Der Mitarbeiter hat keinen Anspruch auf die Festlegung bestimmter Arten von Erfolgszielen, bestimmter Voraussetzungen für deren Erreichung oder einer bestimmten Gewichtung von Unternehmenszielen und Mitarbeiterzielen. Dies gilt auch dann, wenn im Rahmen von Bonusplänen für vorhergehende Geschäftsjahre wiederholt gleiche oder ähnliche Faktoren festgelegt wurden.

3.5 Die Gesellschaft ist berechtigt, aus sachlichen Gründen während des Geschäftsjahres eine Anpassung der festgelegten Erfolgsziele und des Zielbonus vorzunehmen, sofern dies dem Mitarbeiter zumutbar ist. Ein sachlicher Grund liegt insbesondere vor, wenn eine Änderung des Tätigkeitsbereichs des Mitarbeiters die Anpassung der Erfolgsziele oder des Zielbonus erfordert (z.B. nach einer Versetzung oder Beförderung). Soweit eine solche Anpassung nicht rückwirkend zum Beginn des Geschäftsjahres erfolgt, wird der Erfolgsbonus anteilig im Verhältnis der jeweiligen Geltungsdauer von ursprünglichen und angepassten Erfolgszielen und Zielbonus ermittelt. [4]

4. Berechnung des Erfolgsbonus

4.1 Die Gesellschaft stellt den prozentualen Grad der Erreichung der Erfolgsziele (»Zielerreichung«) fest und berechnet nach Maßgabe der nachfolgenden Bestimmungen die Höhe des Erfolgsbonus.

4.2 Soweit die Zielerreichung von Mitarbeiterzielen auf einer Beurteilung oder Bewertung durch die Gesellschaft beruht, erfolgt die Feststellung nach billigem Ermessen. [5] Für die Feststellung der Zielerreichung von Unternehmenszielen ist der geprüfte und testierte Jahresabschluss der Gesellschaft für das Geschäftsjahr 2016 maßgeblich. Der Mitarbeiter erhält eine Benachrichtigung über den Grad der Erreichung der Erfolgsziele und die Höhe des Erfolgsbonus.

4.3 Die Höhe des Erfolgsbonus ergibt sich grundsätzlich durch Addition aller für die einzelnen Erfolgsziele jeweils erzielten Boni (»Einzelboni«).

4.4 Die Höhe der Einzelboni wird wie folgt ermittelt:

(a) Wird ein Erfolgsziel zu 100 Prozent erreicht, ist der Einzelbonus gleich dem Betrag des Einzelzielbonus.

(b) Wird ein Erfolgsziel zu mehr als 100 Prozent erreicht, so ist der Einzelbonus gleich dem Betrag des linear entsprechend der Zielüberschreitung erhöhten Einzelzielbonus. Der Einzelbonus ist jedoch in jedem Fall auf einen Maximalbetrag in Höhe von 150 Prozent des Einzelzielbonus (Höchstbetrag) begrenzt, d.h. eine Zielerreichung von über 150 Prozent bleibt bei der Ermittlung des Einzelbonus außer Betracht. Damit ist auch der Basisbonus insgesamt auf einen Betrag in Höhe von 150 Prozent des Zielbonus begrenzt. [6]

Beispiel:

Einzelzielbonus: EUR 1.000

Zielerreichung 100 % – Einzelbonus: EUR 1.000

Zielerreichung 150 % – Einzelbonus: EUR 1.500

Zielerreichung 200 % – Einzelbonus: EUR 1.500

(c) Wird ein Erfolgsziel nur zu 80 Prozent erreicht, beträgt der Einzelbonus Null. Zwischen 80 Prozent und 100 Prozent Zielerreichung erhöht sich der Einzelbonus linear, d.h. für jeden Prozentpunkt der Zielerreichung über 80 Prozent erhöht sich der Einzelbonus um einen Betrag in Höhe von 5 Prozent des Einzelzielbonus bis zum Betrag in Höhe des Einzelzielbonus bei einer Zielerreichung von 100 Prozent. [7]

Beispiel:

Einzelzielbonus: EUR 1.000

Zielerreichung 80 % – Einzelbonus: EUR 0

Zielerreichung 90 % – Einzelbonus: EUR 500

Zielerreichung 100 % – Einzelbonus: EUR 1.000

(d) Es entsteht jedoch insgesamt und unabhängig vom Grad der Zielerreichung der Mitarbeiterziele kein Anspruch auf einen Erfolgsbonus, wenn die Unternehmensziele (nach Addition aller gewichteten Einzelziele) zu weniger als 80 Prozent erreicht sind.

5. Verfall von Bonusansprüchen/Betriebsübergang

5.1 Endet das Arbeitsverhältnis des Mitarbeiters mit der Gesellschaft während des Geschäftsjahres 2016, so besteht vorbehaltlich Ziffer 5.2 der Anspruch auf einen Erfolgsbonus in anteiliger Höhe entsprechend der Beschäftigungszeit während des Geschäftsjahres 2016. [8]

5.2 Endet das Arbeitsverhältnis des Mitarbeiters während des Geschäftsjahres 2016 aufgrund einer Kündigung durch die Gesellschaft aus einem vom Bezugsberechtigten zu vertretenden wichtigen Grund im Sinne von § 626 Abs. 1 BGB, entsteht unabhängig von der Dauer der Beschäftigungszeit während des Geschäftsjahres 2016 kein Anspruch auf Zahlung eines Erfolgsbonus. [9]

5.3 Nimmt der Mitarbeiter unterjährig seine Tätigkeit für die Gesellschaft auf, kürzt sich der Zielbonus zeitanteilig.

5.4 Geht das Arbeitsverhältnis des Mitarbeiters mit der Gesellschaft aufgrund eines Betriebsübergangs gemäß § 613a BGB auf einen Betriebserwerber über, so werden die Bedingungen des STIP 2016 und sämtliche Rechte und Ansprüche des Mitarbeiters daraus Bestandteil des Arbeitsverhältnisses mit dem Betriebserwerber. Der Betriebserwerber ist in diesem Fall berechtigt, die Bedingungen des STIP 2016 an die Verhältnisse seines Unternehmens anzupassen, soweit dies im Hinblick auf die Zwecksetzung des STIP 2016 erforderlich ist und die Rechte und Ansprüche des Mitarbeiters dadurch nicht in unzumutbarer Weise beeinträchtigt werden, oder den STIP 2016 durch ein wirtschaftlich gleichwertiges Programm zu ersetzen. [10]

6. Kürzung bei Fehlzeiten und Ruhen des Arbeitsverhältnisses

6.1 Bei der Feststellung der Zielerreichung für die Mitarbeiterziele sind krankheitsbedingte Fehlzeiten des Mitarbeiters, in denen ihm ein Entgeltfortzahlungsanspruch nach dem Entgeltfortzahlungsgesetz zusteht, zu berücksichtigen. Insoweit ist der Zielerreichungsgrad zu ermitteln, den der Mitarbeiter voraussichtlich erreicht hätte, wenn er während dieser Zeit gearbeitet hätte. [11]

6.2 Für (i) krankheitsbedingte und anderweitige Fehlzeiten, in denen kein gesetzlicher Entgeltfortzahlungsanspruch besteht, (ii) Zeiten, in denen das Anstellungsverhältnis ruht, z.B. während Elternzeit, Wehr- oder Ersatzdienst, oder (iii) Zeiten, in denen der Mitarbeiter berechtigt von seiner Arbeitspflicht freigestellt ist, besteht der Anspruch auf einen Erfolgsbonus in anteiliger Höhe entsprechend der aktiven Beschäftigungszeit während des Geschäftsjahres 2016. [12]

7. Fälligkeit und Zahlung

7.1 Ein etwaiger Erfolgsbonus wird als Bruttobetrag, d.h. abzüglich von Steuern und allen sonstigen gesetzlichen Abgaben, mit dem allgemeinen Gehaltslauf des Monats gezahlt, der auf den Monat folgt, in dem der geprüfte und testierte Jahresabschluss der Gesellschaft vorliegt.

7.2 Der Erfolgsbonus zählt nicht zum pensionsfähigen Einkommen des Mitarbeiters im Rahmen einer etwa bestehenden Zusage auf betriebliche Altersversorgung. [13]

D. Mitarbeiterbeteiligungsprogramme

7.3 Die Abtretung oder Verpfändung von Zahlungsansprüchen unter dem STIP 2016 ist ausgeschlossen. Etwaige Überzahlungen sind zurückzuerstatten. Die Gesellschaft ist zur Aufrechnung mit überzahlten Bezügen im Rahmen nachfolgender Gehaltszahlungen unter Berücksichtigung der Pfändungsfreigrenzen berechtigt. Der Einwand des Wegfalls der Bereicherung (§ 818 Abs. 3 BGB) ist ausgeschlossen.

8. Vertraulichkeit

8.1 Der Mitarbeiter ist verpflichtet, die mit ihm in Anlage 1 getroffenen individuellen Vereinbarungen, die festgelegten Erfolgsziele und den Zielbonus sowie die etwaige Zahlung eines Erfolgsbonus und dessen Höhe vertraulich zu behandeln und nicht gegenüber dritten Personen offen zu legen.

8.2 Ausgenommen ist eine Offenlegung der Zahlung und der Höhe des Erfolgsbonus in den durch anwendbare Gesetze oder Verordnungen vorgesehenen Fällen oder gegenüber Steuer- oder sonstigen Beratern für Zwecke der Beratung in Steuer- und sonstigen Angelegenheiten.

9. Änderungs- und Widerrufsvorbehalt

9.1 Die Gesellschaft ist berechtigt, die Verpflichtung zur Zahlung eines Erfolgsbonus für das Geschäftsjahr 2016 nach Maßgabe der vorstehenden Regelungen des STIP 2016 aus sachlichen Gründen, also aufgrund der wirtschaftlichen Entwicklung der Gesellschaft, der Leistung oder des Verhaltens des Mitarbeiters, zu ändern oder ganz zu widerrufen, sofern dies dem Mitarbeiter zumutbar ist. [14]

9.2 Ein sachlicher Grund im Sinne von Ziffer 9.1 liegt insbesondere vor, wenn es der Gesellschaft aufgrund ihrer aktuellen oder prognostizierten wirtschaftlichen oder finanziellen Situation, nicht zumutbar ist, weiterhin am STIP 2016 festzuhalten.

10. Schlussbestimmungen

10.1 Änderungen oder Ergänzungen des STIP 2016 bedürfen der Schriftform. Dies gilt auch für die Aufhebung oder Änderung des Schriftformerfordernisses.

10.2 Sollten einzelne Bestimmungen des STIP 2016 ganz oder teilweise unwirksam sein oder werden oder Lücken enthalten, wird die Wirksamkeit der übrigen Bestimmungen des STIP 2016 davon nicht berührt. Die Parteien verpflichten sich, die unwirksame oder lückenhafte Bestimmung durch eine der Interessenlage und der wirtschaftlichen Zwecksetzung der Parteien möglichst nahe kommende Bestimmung zu ersetzen bzw. zu ergänzen.

_____[Ort]_____, den _____[Datum]_____

_____
(Unterschrift der Gesellschaft)

Erklärung des Mitarbeiters:

Ich habe die vorstehenden Regelungen des STIP 2016 und die für mich maßgebliche Zielfestlegung in Anlage 1 dazu erhalten und zur Kenntnis genommen und erkläre mich mit diesen Bedingungen einverstanden.

_____[Ort]_____, den _____[Datum]_____

_____
(Unterschrift des Mitarbeiters)

Erläuterungen

Schrifttum
Annuß Arbeitsrechtliche Aspekte von Zielvereinbarungen in der Praxis, NZA 2007, 290; *Bayreuther* Freiwilligkeitsvorbehalte: Zulässig, aber überflüssig?, BB 2009, 102; *Behrens/Rinsdorf* Am Ende nicht am Ziel? –

Probleme mit der Zielvereinbarung nach einer Kündigung, NZA 2006, 830; *Brors* Die Individualarbeitsrechtliche Zulässigkeit von Zielvereinbarungen, RdA 2004, 273; *Goj* Die Festlegung betragsmäßiger Höchstgrenzen der Vorstandsvergütung nach Ziff. 4.2.3 Abs. 2 Satz 6 DCGK, AG 2015, 173; *Horcher* Inhaltskontrolle von Zielvereinbarungen, BB 2007, 2065; *Hümmerich* Gestaltung von Arbeitsverträgen, 3. Auflage 2015; *Hümmerich* Zielvereinbarungen in der Praxis, NJW 2006, 2294; *Klein* Anspruch auf variable Vergütung trotz abredewidrig unterbliebener Vereinbarung konkreter Ziele?, NZA 2006, 1129; *Leder* Aktuelles zur Flexibilisierung von Arbeitsbedingungen, RdA 2010, 93; *Lembke* Die Gestaltung von Vergütungsvereinbarungen, NJW 2010, 257; *Lembke* Die Gestaltung von Vergütungsvereinbarungen, NJW 2010, 321; *Lingemann/Gotham* Freiwilligkeits-, Stichtags- und Rückzahlungsregelungen bei Bonusvereinbarungen – was geht noch?, NZA 2008, 509; *Mauer* Zielbonusvereinbarungen als Vergütungsgrundlage im Arbeitsverhältnis, NZA 2002, 540; *Preis* Der langsame Tod der Freiwilligkeitsvorbehalte und die Grenzen betrieblicher Übung, NZA 2009, 281; *Reinecke* Zur AGB-Kontrolle von Arbeitsentgeltvereinbarungen, BB 2008, 554; *Reiserer* Zielvereinbarung – ein Instrument der Mitarbeiterführung, NJW 2008, 609; *Riesenhuber/von Steinau-Steinrück* Zielvereinbarung, NZA 2005, 785; *Schnitker/Grau* Übergang und Anpassung von Rechten aus Aktienoptionsplänen bei Betriebsübergang nach § 613a BGB, BB 2002, 2497; *von Steinau-Steinrück* Die Grenzen des § 613a BGB bei Aktienoptionen im Konzern, NZA 2003, 473; *Sünner* Der Ausweis betragsmäßiger Höchstgrenzen der Vorstandsvergütung nach Ziff. 4.2.3 Abs. 2 Satz 6 DCGK, AG 2014, 115; *Tappert* Auswirkungen eines Betriebsübergangs auf Aktienoptionsrechte von Arbeitnehmern, NZA 2002, 1188; *Willemsen* Die Befristung von Entgeltbestandteilen als Alternative zu Widerrufs- und Freiwilligkeitsvorbehalten, RdA 2010, 1; *Willemsen/Müller-Bonanni* Aktienoptionen beim Betriebsübergang, ZIP 2003, 1177; *Witzemann/Currle* Bonusbanken – Unternehmenswertsteigerung und Managementvergütung langfristig verbinden, Controlling 2004, 631.

1. Im Hinblick auf die jüngere Rechtsprechung des BAG zu Freiwilligkeitsvorbehalten (BAG, Urt. v. 15.02.2011 – 3 AZR 35/09, NZA-RR 2011, 541; BAG, Urt. v. 18.03.2009 – 10 AZR 289/08, NZA 2009, 535; BAG, Urt. v. 30.07.2008 – 10 AZR 606/07, NZA 2008, 1173; BAG, Urt. v. 24.10.2007 – 10 AZR 825/06, NZA 2008, 40) empfiehlt sich die Aufstellung eines auf ein Geschäftsjahr befristeten Bonusplans, der im Arbeitsvertrag allenfalls in abstrakter Form in Bezug genommen wird (so auch *Lembke* NJW 2010, 257, 262 f.; angedeutet *Preis* NZA 2009, 281, 287; BeckFormB BHW/*Hoefs*, 2. Ausführlicher Arbeitsvertrag, Anm. 18; *Willemsen* RdA 2010, 1, 7). 55

2. Die Gesellschaft muss bei der Festlegung des Kreises der Teilnahmeberechtigten den allgemeinen arbeitsrechtlichen Gleichbehandlungsgrundsatz sowie die Regelungen des Allgemeinen Gleichbehandlungsgesetzes beachten (ErfK/*Preis* § 611 Rn. 535). Eine Differenzierung nach Führungsebenen im Unternehmen, wie im Muster vorgesehen, ist grundsätzlich zulässig, ebenso wie eine Differenzierung nach Sparten oder Funktionsbereichen innerhalb des Unternehmens, sofern sich die Gruppe der Teilnahmeberechtigten klar von der Gruppe der ausgenommenen Arbeitnehmer abgrenzen lässt (vgl. BAG, Urt. v. 21.10.2009 – 10 AZR 664/08, NZA-RR 2010, 289; AnwK-ArbR/*Brors*, § 611 Rn. 672). Auch Arbeitsleistung und Arbeitsbelastung können zulässige Kriterien sein (BAG, Urt. v. 05.03.1980 – 5 AZR 46/78, AP BGB § 242 Gleichbehandlung Nr. 43; BAG, Urt. v. 25.01.1984 – 5 AZR 89/82, AP BGB § 242 Gleichbehandlung Nr. 67). Unzulässig ist dagegen eine Differenzierung im Hinblick auf eine Teilzeitbeschäftigung (vgl. § 4 TzBfG) sowie grundsätzlich auch eine Differenzierung zwischen Arbeitern und Angestellten (vgl. BAG, Urt. v. 25.01.1984 AP BGB § 242 Gleichbehandlung Nr. 66; BAG, Urt. v. 19.11.1992 – 10 AZR 290/91, NZA 1993, 405; LAG Köln, Urt. v. 27.03.2008 – 13 Sa 39/08, NZA-RR 2008, 652). 56

3. Das Muster sieht die in der Praxis leichter handhabbare einseitige Vorgabe von Zielen durch das Unternehmen vor. Derartige Zielvorgaben unterliegen jedoch der gerichtlichen Nachprüfung gemäß § 315 Abs. 3 BGB (BAG, Urt. v. 12.12.2007 – 10 AZR 97/07, NJW 2008, 872, 873; LAG Düsseldorf, Urt. v. 18.08.2011 – 5 Sa 490/11). Zu berücksichtigen ist auch, dass im Streitfall eine Festlegung der Ziele gemäß § 315 Abs. 3 S. 2 BGB durch das Gericht erfolgen kann, wenn es die Gesellschaft, wie in der Praxis häufig, unterlässt, rechtzeitig eine Zielvorgabe zu machen (LAG Frankfurt, Urt. v. 29.01.2002 – 7 Sa 836/01, AiB 2002, 575; *Annuß* NZA 2007, 290, 295; *Brors* RdA 2004, 273, 277; *Mauer* NZA 2002, 540, 547). Die Gesellschaft trägt insoweit zwingend die Initiativlast zur Zielvorgabe. Eine abweichende Bestimmung, die den Mitarbeiter ver- 57

D. Mitarbeiterbeteiligungsprogramme

pflichten würde, die Gesellschaft zur Zielvorgabe aufzufordern, wäre unwirksam (vgl. BAG, Urt. v. 12.12.2007 – 10 AZR 97/07, NJW 2008, 872, 873).

58 Alternativ zur Zielvorgabe durch die Gesellschaft kommt eine einvernehmliche Festlegung von Zielen durch Zielvereinbarung in Betracht. Auch insoweit drohen allerdings Risiken für den Arbeitgeber bei unterlassener Zielvereinbarung. Das BAG hat zu der umstrittenen Frage der Folgen einer unterbliebenen Zielvereinbarung in drei neueren Entscheidungen Stellung genommen (BAG, Urt. v. 12.12.2007 – 10 AZR 97/07, NJW 2008, 872, 877; BAG, Urt. v. 10.12.2008 – 10 AZR 889/07, NZA 2009, 256; BAG, Urt. v. 12.05.2010 – 10 AZR 390/09): Soweit dem Arbeitgeber die Initiative zur Führung des Gesprächs über eine Zielvereinbarung obliegt, ist deren Unterlassen eine vertragliche Nebenpflichtverletzung, die Schadensersatzansprüche des Arbeitnehmers begründen kann. Nach Ansicht des BAG kann bei der Ermittlung des Schadensumfangs (§§ 249 ff. BGB) grundsätzlich davon ausgegangen werden, dass der Arbeitnehmer die vereinbarten Ziele erreicht hätte. Ein Mitverschulden des Arbeitnehmers (z.B. wenn er der Aufforderung des Arbeitgebers zu einem Gespräch nicht nachkommt) ist nach § 254 BGB angemessen zu berücksichtigen. Eine ausgewogene Verfahrensregelung zur Erstellung der Zielvereinbarung, die dem Mitarbeiter einen Teil der Initiativlast zuweist (und damit im Rahmen des Mitverschuldens von Bedeutung wäre), dürfte zulässig sein, solange sie dem Mitarbeiter nicht die alleinige Initiativlast aufbürdet (vgl. *Lembke* NJW 2010, 321, 326). Setzt sich die Zielvorgabe aus verschiedenen Variablen wie Unternehmenserfolg, Teamerfolg und individueller Zielerreichung zusammen, so ist darauf zu achten, dass eine Festsetzung des Bonus auf »Null« trotz persönlicher Zielerreichung nur dann billigem Ermessen entspricht, wenn besonders gewichtige Umstände vorliegen (BAG, Urt. v. 20.03.2013 – 10 AZR 8/12, JurionRS 2013, 36697).

59 **4.** Eine Anpassung von Erfolgszielen und Zielbonus aus sachlichen Gründen ist zulässig (BAG, Urt. v. 11.10.2006 – 5 AZR 721/05, NJW 2007, 536; BAG, Urt. v. 12.01.2005 – 5 AZR 364/04, NJW 2005, 1820; *Annuß* NZA 2007, 290, 291 f.; *Leder* RdA 2010, 93, 97; *Lembke* NJW 2010, 321; *Reinecke* BB 2008, 554; *Riesenhuber/von Steinau-Steinrück* NZA 2005, 785, 793; *Willemsen* RdA 2010, 1, 2 f.). Eine solche Anpassung wird in der Praxis häufig notwendig sein, z.B. wenn Erfolgsziele nach einer Versetzung nicht mehr geeignet sind, um für den Mitarbeiter geeignete Leistungsanreize zu schaffen.

60 **5.** Bezüglich der Ermittlung des Grades der Erreichung von individuellen Mitarbeiterzielen können weitere Details z.B. durch Bezugnahme auf Richtlinien zur Mitarbeiterbeurteilung geregelt werden. Häufig werden im Rahmen von Bonusplänen aber auch besondere Gremien oder Mechanismen installiert, die von den allgemeinen Beurteilungssystemen abweichen.

61 **6.** Das Muster sieht einen üblichen Cap auf den Bonus vor. Aus vergütungstheoretischer Sicht ist es zwar sinnvoll, einen hohen Capbetrag zu wählen oder gar komplett auf einen Bonuscap zu verzichten, um den direkten Zusammenhang zwischen der Leistung des Mitarbeiters und dem Bonus zu gewährleisten (vgl. *Witzemann/Currle* Controlling 2004, 631, 632). Dem stehen jedoch in der Praxis vergütungspolitische Erwägungen des Unternehmens entgegen. Außerdem entspricht ein Cap der Empfehlung in Ziff. 4.2.3 Deutscher Corporate Governance Kodex (»DCGK«) zu betragsmäßigen Höchstgrenzen, wobei eindeutig berechenbare Höchstgrenzen als zulässig angesehen werden (vgl. *Goj* AG 2015, 173, 175; *Sünner* AG 2014, 115, 117).

62 **7.** In der Praxis sehen Bonussysteme häufig einen Gleichlauf zwischen der Zielerreichung und der Bonushöhe bis zu einer bestimmten Schwelle vor, bei deren Unterschreiten der Bonus unvermittelt auf Null fällt. Das Muster vermeidet eine solche Schwelle und sieht eine lineare Entwicklung bis zur Nulllinie vor.

63 **8.** Das Muster sieht grundsätzlich für den Fall des Ausscheidens des Mitarbeiters innerhalb des Bezugszeitraums einen anteiligen Verfall des Erfolgsbonus vor. Es ist darauf zu achten, dass ein *vollständiger Verfall des Erfolgsbonus* im Fall des Ausscheidens außerhalb oder innerhalb des Bezugszeitraums in der Regel unzulässig ist. (BAG, Urt. v. 13.11.2013 – 10 AZR 848/12, JurionRS 2013, 53991; BAG, Urt. v. 18.01.2012 – 10 AZR 612/10, JurionRS 2012, 13449). Eine Stich-

tagsklausel kommt regelmäßig nur noch für reine Gratifikationen in Betracht, die ausschließlich der Belohnung von Betriebstreue dienen und nicht (wenn auch nur teilweise) die erbrachte Arbeitsleistung des Mitarbeiters vergüten sollen. In diesem Fall sind allerdings die Anforderungen der Rechtsprechung des BAG zum Verfall von Gratifikationen zu berücksichtigen (BAG, Urt. v. 28.03.2007 – 10 AZR 261/06, NZA 2007, 687; BAG, Urt. v. 28.04.2004 – 10 AZR 356/03, NZA 2004, 924; BAG, Urt. v. 21.05.2003 – 10 AZR 390/02, NZA 2003, 1032; BAG, Urt. v. 09.06.1993 – 10 AZR 529/92, NZA 1993, 935; vgl. auch *Leder* RdA 2010, 93, 98 f.; *Lingemann/Gotham* NZA 2008, 509, 511 f.) und es muss eine entsprechend differenzierte Verfallsregelung getroffen werden, die die Bindungsdauer von der Höhe des Bonus abhängig macht.

9. Im Gegensatz zu den anderen Ausscheidensfällen sieht das Muster für den hier definierten »Bad Leaver« für den Fall des Ausscheidens des Mitarbeiters innerhalb des Bezugszeitraums einen vollständigen Verfall des Erfolgsbonus vor. Vor dem Hintergrund der bereits zitierten Rechtsprechung des BAG zum nachträglichen Entzug von Vergütungsbestandteilen bei bereits erbrachter Arbeitsleistung (BAG, Urt. v. 13.11.2013 – 10 AZR 848/12, JurionRS 2013, 53991) ist die Wirksamkeit dieser Klausel derzeit unklar. Jedenfalls muss der entzogene Anteil der Vergütung unter Berücksichtigung des jeweiligen vertragswidrigen Verhaltens des Mitarbeiters verhältnismäßig sein (LAG Düsseldorf, Urt. v. 03.02.2012 – 6 Sa 1081/11). 64

10. Die Regelung entspricht der überwiegenden Auffassung in der Literatur, wonach Vergütungsregelungen, die auf spezifische Verhältnisse des Betriebsveräußerers zugeschnitten sind, durch den Betriebserwerber anzupassen bzw. gleichwertig zu ersetzen sind (*Schnitker/Grau* BB 2002, 2497, 2501; *von Steinau-Steinrück* NZA 2003, 473, 474; *Tappert* NZA 2002, 1188, 1194; *Willemsen/Müller-Bonanni* ZIP 2003, 1177, 1182). 65

11. Das Muster sieht für die Zeiten, in denen der Arbeitnehmer einen Entgeltfortzahlungsanspruch nach §§ 3, 4, EFZG hat, keine anteilige Kürzung des Bonus vor. In Betracht kommt alternativ eine anteilige Kürzung nach Maßgabe von § 4a EFZG (vgl. *Hümmerich/Mengel* Gestaltung von Arbeitsverträgen, § 1 Arbeitsverträge, Rn. 1848), wobei eine Kürzung überwiegend nicht für zulässig gehalten wird, wenn der Bonus an die Leistung des Arbeitnehmers anknüpft (*Annuß* NZA 2007, 290, 293; *Reiserer* NJW 2008, 609, 611; *Riesenhuber/von Steinau-Steinrück* NZA 2005, 785, 790). 66

12. Aufgrund des Entgeltcharakters des Bonus kann dieser für Zeiträume, in denen kein Anspruch auf Entgeltfortzahlung gegeben ist oder das Arbeitsverhältnis ruht, anteilig gekürzt werden (*Annuß* NZA 2007, 290, 293; *Reiserer* NJW 2008, 609, 611; *Riesenhuber/von Steinau-Steinrück* NZA 2005, 785, 790). 67

13. Die Klarstellung empfiehlt sich zur Vermeidung von Streitigkeiten im Hinblick auf mögliche Unklarheiten bei in der Gesellschaft bestehenden Versorgungszusagen nach dem BetrAVG. 68

14. Der Widerrufsvorbehalt ist an spezifische Voraussetzungen zu knüpfen (BAG, Urt. v. 20.04.2011 – 5 AZR 191/10; BAG, Urt. v. 11.10.2006 – 5 AZR 721/05, NJW 2007, 536; BAG, Urt. v. 12.01.2005 – 5 AZR 364/04, NJW 2005, 1820; *Annuß* NZA 2007, 290, 291 f.; *Leder* RdA 2010, 93, 97; *Lembke* NJW 2010, 321; *Reinecke* BB 2008, 554; *Willemsen* RdA 2010, 1, 2 f.). Der unter Widerrufsvorbehalt gestellte Anteil der variablen Vergütung darf gemessen am Gesamtverdienst maximal 25–30 % betragen (BAG, Urt. v. 12.01.2005 – 5 AZR 364/04, NZA 2005, 465, 467; *Horcher* BB 2007, 2065, 2069). Ein Freiwilligkeitsvorbehalt wurde im Hinblick auf die Rechtsprechung des BAG zu Freiwilligkeitsvorbehalten (BAG, Urt. v. 15.02.2011 – 3 AZR 35/09, NZA-RR 2011, 541; BAG, Urt. v. 18.03.2009 – 10 AZR 289/08, NZA 2009, 535; BAG, Urt. v. 30.07.2008 – 10 AZR 606/07, NZA 2008, 1173; BAG, Urt. v. 24.10.2007 – 10 AZR 825/06, NZA 2008, 40; vgl. auch *Bayreuther* BB 2009, 102 f.; *Lembke* NJW 2010, 257, 260 f.) nicht in das Muster aufgenommen. 69

D. Mitarbeiterbeteiligungsprogramme

3. Bonusbank-Plan

Vorbemerkung

70 Das Bonusbank-Konzept ist ein in jüngerer Zeit viel diskutiertes Instrument zur stärkeren Ausrichtung von Vergütungssystemen auf eine nachhaltige Entwicklung des Unternehmens und eine angemessene Risikobeteiligung der Mitarbeiter.

71 Das nachfolgende Muster für einen Bonusbank-Plan ermöglicht die nahtlose Überführung eines bestehenden jährlichen Bonusplans in das Bonusbank-Konzept. Es vermeidet Probleme in der Anlaufphase, indem nur ein den Zielbonus überschreitender Bonusbetrag in das Risiko gestellt wird. Bei anderen Modellen (z.B. ⅓ des Bonus wird direkt ausgezahlt als kurzfristiges Bonuselement und ⅔ werden als langfristiges Bonuselement für einen Zeitraum von drei Jahren mit ratierlicher Auszahlung auf die Bonusbank eingezahlt) ergibt sich das Problem, dass der Mitarbeiter in den ersten beiden Jahren hohe Bonusbeträge in die Bonusbank einzahlt, aber noch keine Auszahlungen erhält. Zudem erhöht das vorgeschlagene Muster die Akzeptanz bei den Mitarbeitern, indem der Bonus für die Erreichung von Mitarbeiterzielen komplett dem kurzfristigen Bonuselement zugeordnet wird.

▶ **Muster – Bonusbank-Plan**

72

Bonusbank-Plan

der ___[Gesellschaft]___

(nachfolgend »Gesellschaft«)

Präambel

Der nachfolgend geregelte Bonusplan (»Bonusbank-Plan«) setzt Anreize für unsere teilnahmeberechtigten Mitarbeiter, durch langfristiges strategisches Denken eine nachhaltige Wertsteigerung unseres Unternehmens zu schaffen. Die Mitarbeiter werden sowohl an den Chancen als auch den Risiken unseres unternehmerischen Handelns beteiligt.

Die Mitarbeiter können zusätzlich zum Festgehalt sowohl eine auf den Erfolg des jeweiligen Geschäftsjahres als auch eine auf den Erfolg mehrerer Geschäftsjahre bezogene variable Vergütungskomponente erhalten. Zu diesem Zweck wird ein an jährlichen Erfolgszielen ausgerichteter Basisbonus in ein kurzfristiges und ein langfristiges Bonuselement aufgeteilt. Ein Anspruch auf das kurzfristige Bonuselement entsteht bei Erreichung der Erfolgsziele bereits zu Ende des Bonusjahres. Dagegen wird das langfristige Bonuselement zunächst auf einem persönlichen Verrechnungskonto des Mitarbeiters verbucht. Das Verrechnungskonto nimmt an der geschäftlichen Entwicklung der Gesellschaft teil und dient dem Ausgleich etwaiger negativer Boni aus früheren oder folgenden Geschäftsjahren. Ein Anspruch auf ein langfristiges Bonuselement entsteht nur unter der Voraussetzung, dass zum jeweiligen Stichtag ein positives Guthaben auf dem Verrechnungskonto besteht.

1. Teilnahmeberechtigung

1.1 Der Bonusbank-Plan gilt für alle Mitarbeiter der Gesellschaft, die den Führungsebenen [Ebenen] angehören. [1]

1.2 Entsteht oder endet die Teilnahmeberechtigung gemäß Ziffer 1.1 während eines Geschäftsjahres aufgrund von Versetzung oder aus sonstigen Gründen, so bestehen etwaige Ansprüche aus dem Bonusbank-Plan in anteiliger Höhe entsprechend der Zeit der Teilnahmeberechtigung während des betreffenden Geschäftsjahres.

2. Grundlagen der Bonusermittlung und der Anspruchsentstehung

2.1 Die Gesellschaft ermittelt zunächst nach Maßgabe von Ziffer 4 einen nur für rechnerische Zwecke dienenden vorläufigen Bonusbetrag (»Basisbonus«). Die Höhe des Basisbonus hängt ab vom prozentualen Grad der Erreichung von Zielen für das Geschäftsjahr, die die Gesellschaft nach billigem Ermessen nach Maßgabe von Ziffer 3 festlegt (»Erfolgsziele«). [2]

2.2 Der Basisbonus wird anschließend nach Maßgabe von Ziffer 5 in ein kurzfristiges Bonuselement gemäß Ziffer 5.1 (»Kurzfristiges Bonuselement«) und ein langfristiges Bonuselement gemäß Ziffer 5.2 (»Langfristiges Bonuselement«) aufgeteilt.

2.3 Ein Anspruch auf Zahlung des kurzfristigen Bonuselements entsteht am ersten Tag des Monats, der auf den Monat folgt, in dem der geprüfte und testierte Jahresabschluss der Gesellschaft für das jeweilige Geschäftsjahr vorliegt (»Abrechnungstag«).

2.4 Ein Anspruch auf Zahlung des langfristigen Bonuselements entsteht wie folgt: Das gemäß Ziffer 5.2 ermittelte langfristige Bonuselement kann sowohl ein positiver Betrag (»Positivbonus«) als auch ein negativer Betrag (»Negativbonus«) sein. Sowohl ein Positivbonus als auch ein Negativbonus werden mit Wirkung zum jeweiligen Abrechnungstag einem persönlichen virtuellen Verrechnungskonto des Mitarbeiters gutgeschrieben bzw. belastet und mit etwaigen positiven oder negativen Guthaben aus den Vorjahren saldiert. Positive Guthaben werden mit ___[Zinssatz]___ jährlich verzinst. [3] Unter der Voraussetzung, dass nach der Saldierung am jeweiligen Abrechnungstag ein positives Guthaben auf dem Verrechnungskonto besteht, entsteht am Abrechnungstag ein Anspruch des Mitarbeiters auf Zahlung eines langfristigen Bonuselements in Höhe eines Betrags von 25 Prozent des am jeweiligen Abrechnungstag bestehenden Guthabens. [4]

2.5 Das Verrechnungskonto ist ein rein virtuelles Instrument zur Ermittlung der Höhe des Anspruchs auf Zahlung eines langfristigen Bonuselements zum jeweiligen Abrechnungstag. Der Mitarbeiter hat keinen Anspruch und keine Anwartschaft auf Zahlung der auf dem Verrechnungskonto jeweils ausgewiesenen virtuellen Rechengrößen. Ein etwaiger Anspruch auf Zahlung eines langfristigen Bonuselements entsteht erst am Abrechnungstag in Höhe des nach Maßgabe der vorstehenden Bestimmungen ermittelten Betrags. Es erfolgt keine Insolvenzsicherung der virtuellen Rechengrößen auf dem Verrechnungskonto.

3. Erfolgsziele und Zielbonus

3.1 Die Erfolgsziele können sich aus Zielen, die auf Finanzkennzahlen der Gesellschaft bezogen sind, (»Unternehmensziele«) und Zielen, die auf die individuelle Leistung des Mitarbeiters bezogen sind, (»Mitarbeiterziele«) zusammensetzen.

3.2 Die Gesellschaft legt auch die Gewichtung der für das jeweilige Geschäftsjahr festgelegten Erfolgsziele fest. Soweit nicht anders festgelegt, gilt dabei Folgendes:

(a) Unternehmensziele werden mit 70 Prozent und Mitarbeiterziele mit 30 Prozent gewichtet.

(b) Wenn sich die Unternehmensziele und die Mitarbeiterziele in weitere untergeordnete Erfolgsziele gliedern, werden diese jeweils gleich gewichtet.

Beispiel:

Gewichtung der Unternehmensziele: 70 %

Gewichtung Unternehmensziel A: 35 %

Gewichtung Unternehmensziel B: 35 %

3.3 Die Gesellschaft legt außerdem für das jeweilige Geschäftsjahr die für den einzelnen Mitarbeiter persönlich geltende Höhe des Basisbonus im Fall einer Zielerreichung von 100 Prozent (»Zielbonus«) fest. Der Zielbonus wird entsprechend des jeweiligen Gewichts der Erfolgsziele auf die Erfolgsziele aufgeteilt. Der jeweilige anteilige Zielbonus für ein Erfolgsziel ist der »Einzelzielbonus«.

Beispiel:

Zielbonus: EUR 1.000

Gewichtung der Unternehmensziele: 70 % – Einzelzielbonus: EUR 600

Gewichtung Unternehmensziel A: 35 % – Einzelzielbonus: EUR 300

Gewichtung Unternehmensziel B: 35 % – Einzelzielbonus: EUR 300

3.4 Die für den Mitarbeiter persönlich maßgeblichen Erfolgsziele sowie die Höhe des Basisbonus im Fall einer Zielerreichung von 100 Prozent (»Zielbonus«) für das jeweilige Geschäftsjahr werden dem Mitarbeiter zu Beginn des Geschäftsjahres mitgeteilt. Zur Ermittlung des Einzelzielbonus wird der für den Mitarbeiter festgelegte Zielbonus entsprechend des jeweiligen Gewichts der Erfolgsziele auf die Erfolgsziele aufgeteilt.

3.5 Der Mitarbeiter hat keinen Anspruch auf die Festlegung bestimmter Arten von Erfolgszielen, bestimmter Voraussetzungen für deren Erreichung oder einer bestimmten Gewichtung von Unternehmenszielen und Mitarbeiterzielen. Dies gilt auch dann, wenn im Rahmen von Bonusplänen für vorhergehende Geschäftsjahre wiederholt gleiche oder ähnliche Faktoren festgelegt wurden.

3.6 Die Gesellschaft ist berechtigt, aus sachlichen Gründen während des Geschäftsjahres eine Anpassung der festgelegten Erfolgsziele und des Zielbonus vorzunehmen, sofern dies dem Mitarbeiter zumutbar ist. Ein sachlicher Grund liegt insbesondere vor, wenn eine Änderung des Tätigkeitsbereichs des Mitarbeiters die Anpassung der Erfolgsziele oder des Zielbonus erfordert (z.B. nach einer Versetzung oder Beförderung). Soweit eine solche Anpassung nicht rückwirkend zum Beginn des Geschäftsjahres erfolgt, wird der Basisbonus anteilig im Verhältnis der jeweiligen Geltungsdauer von ursprünglichen und angepassten Erfolgszielen und Zielbonus ermittelt. [5]

4. Ermittlung des Basisbonus

4.1 Die Gesellschaft stellt den prozentualen Grad der Erreichung der Erfolgsziele (»Zielerreichung«) fest und berechnet nach Maßgabe der nachfolgenden Bestimmungen die Höhe des Basisbonus.

4.2 Soweit die Zielerreichung von Mitarbeiterzielen auf einer Beurteilung oder Bewertung durch die Gesellschaft beruht, erfolgt die Feststellung nach billigem Ermessen. [6] Für die Feststellung der Zielerreichung von Unternehmenszielen ist der geprüfte und testierte Jahresabschluss der Gesellschaft für das jeweilige Geschäftsjahr maßgeblich. Der Mitarbeiter erhält eine Benachrichtigung über den Grad der Erreichung der Erfolgsziele und die Höhe des Basisbonus.

4.3 Die Höhe des Basisbonus ergibt sich grundsätzlich durch Addition aller für die einzelnen Erfolgsziele jeweils erzielten Boni (»Einzelboni«).

4.4 Die Höhe der Einzelboni wird wie folgt ermittelt:

(a) Wird ein Erfolgsziel zu 100 Prozent erreicht, ist der Einzelbonus gleich dem Betrag des Einzelzielbonus.

(b) Wird ein Erfolgsziel zu mehr als 100 Prozent erreicht, so ist der Einzelbonus gleich dem Betrag des linear entsprechend der Zielüberschreitung erhöhten Einzelzielbonus. Der Einzelbonus ist jedoch in jedem Fall auf einen Maximalbetrag in Höhe von 200 Prozent des Einzelzielbonus (Höchstbetrag) begrenzt, d.h. eine Zielerreichung von über 200 Prozent bleibt bei der Ermittlung des Bonus außer Betracht. Damit ist auch der Basisbonus insgesamt auf einen Betrag in Höhe von 200 Prozent des Zielbonus begrenzt. [7]

Beispiel:

Einzelzielbonus: EUR 1.000

Zielerreichung 100 % – Einzelbonus: EUR 1.000

Zielerreichung 200 % – Einzelbonus: EUR 2.000

Zielerreichung 250 % – Einzelbonus: EUR 2.000

(c) Wird ein Erfolgsziel nur zu 80 Prozent erreicht, beträgt der Einzelbonus Null. Zwischen 80 Prozent und 100 Prozent Zielerreichung erhöht sich der Einzelbonus linear, d.h. um jeden Prozentpunkt der Zielerreichung über 80 Prozent erhöht sich der Einzelbonus um einen Betrag in Höhe von 5 Prozent des Einzelzielbonus bis zum Betrag in Höhe des Einzelzielbonus bei einer Zielerreichung von 100 Prozent. [8]

Beispiel:

Einzelzielbonus: EUR 1.000

Zielerreichung 80 % – Einzelbonus: EUR 0

Zielerreichung 90 % – Einzelbonus: EUR 500

Zielerreichung 100 % – Einzelbonus: EUR 1.000

(d) Nur für Unternehmensziele gilt folgende Regelung: Wird ein Unternehmensziel nur zu 60 Prozent oder weniger erreicht, entsteht ein Einzelbonus als Negativbonus in Höhe des negativen Betrags des Einzelzielbonus. Zwischen 60 Prozent und 80 Prozent Zielerreichung erhöht sich der Einzelbonus linear, d.h. für jeden Prozentpunkt der Zielerreichung über 60 Prozent erhöht sich der Einzelbonus um einen Betrag in Höhe von 5 Prozent des bis zum Betrag von Null bei einer Zielerreichung von 80 Prozent. Für Mitarbeiterziele entsteht kein Negativbonus, d.h. auch bei einer Zielerreichung von weniger als 80 Prozent beträgt der jeweilige Einzelbonus Null. [9]

Beispiel:

Einzelzielbonus: EUR 1.000

Zielerreichung 60 % – Einzelbonus: EUR -1.000

Zielerreichung 70 % – Einzelbonus: EUR –500

Zielerreichung 80 % – Einzelbonus: EUR 0

5. Aufteilung in langfristiges und kurzfristiges Bonuselement

5.1 Der Betrag des kurzfristigen Bonuselements ist gleich

(a) der Summe aller Einzelboni für Mitarbeiterziele [10] zuzüglich

(b) eines Betrags in Höhe der Summe aller Einzelboni für Unternehmensziele, maximal jedoch eines Betrages in Höhe der Summe aller Einzelzielboni für die Unternehmensziele.

5.2 Das langfristige Bonuselement ist gleich dem Betrag, um den die Summe aller Einzelboni für Unternehmensziele die Summe aller Einzelzielboni für die Unternehmensziele übersteigt. [11]

6. Verfall von Bonusansprüchen/Betriebsübergang

6.1 Endet das Arbeitsverhältnis des Mitarbeiters mit der Gesellschaft während des Geschäftsjahres, gilt vorbehaltlich Ziffer 6.2 Folgendes:

(a) Die Höhe des Basisbonus für das Geschäftsjahr, in dem das Arbeitsverhältnis endet (»Austrittsjahr«) wird ratierlich entsprechend der Beschäftigungszeit während des Geschäftsjahres ermittelt. Der Mitarbeiter hat Anspruch auf Zahlung des (anteiligen) kurzfristigen Bonuselements für das Austrittsjahr. [12]

(b) Der Mitarbeiter hat Anspruch auf Auszahlung eines etwaigen positiven Guthabens auf dem Verrechnungskonto an dem auf den Tag des Ausscheidens folgenden Abrechnungstag in voller Höhe. Fälligkeit und Auszahlung richten sich nach Maßgabe von Ziffer 8. [13]

D. Mitarbeiterbeteiligungsprogramme

6.2 Endet das Beschäftigungsverhältnis des Mitarbeiters mit der Gesellschaft während des Geschäftsjahres aufgrund Kündigung durch die Gesellschaft aus einem vom Mitarbeiter zu vertretenden wichtigen Grund im Sinne von § 626 Abs. 1 BGB, gilt Folgendes:

(a) Der Basisbonus für das Austrittsjahr beträgt unabhängig von der Dauer der Beschäftigungszeit während des Geschäftsjahres Null. Es besteht daher kein Anspruch auf Zahlung eines kurzfristigen Bonuselements für das Austrittsjahr.

(b) Ein etwaiges positives Guthaben auf dem Verrechnungskonto verfällt an dem auf den Tag des Ausscheidens folgenden Abrechnungstag in voller Höhe. Der Mitarbeiter hat keinen Anspruch auf Zahlung eines langfristigen Bonuselements. [14]

6.3 Nimmt der Mitarbeiter unterjährig seine Tätigkeit für die Gesellschaft auf, kürzt sich der Zielbonus zeitanteilig.

6.4 Geht das Arbeitsverhältnis des Mitarbeiters mit der Gesellschaft aufgrund eines Betriebsübergangs gemäß § 613a BGB auf einen Betriebserwerber über, so werden die Bedingungen des Bonusbank-Plans und sämtliche Rechte und Ansprüche des Mitarbeiters daraus Bestandteil des Arbeitsverhältnisses mit dem Betriebserwerber. Der Betriebserwerber ist in diesem Fall berechtigt, die Bedingungen des Bonusbank-Plans an die Verhältnisse seines Unternehmens anzupassen, soweit dies im Hinblick auf die Zwecksetzung des Bonusbank-Plans erforderlich ist und die Rechte und Ansprüche des Mitarbeiters dadurch nicht in unzumutbarer Weise beeinträchtigt werden, oder den Bonusbank-Plan durch ein wirtschaftlich gleichwertiges Programm zu ersetzen. [15]

7. Kürzung bei Fehlzeiten und Ruhen des Arbeitsverhältnisses

7.1 Bei der Feststellung der Zielerreichung für die Mitarbeiterziele sind krankheitsbedingte Fehlzeiten des Mitarbeiters, in denen ihm ein Entgeltfortzahlungsanspruch nach dem Entgeltfortzahlungsgesetz zusteht, zu berücksichtigen. Insoweit ist der Zielerreichungsgrad zu ermitteln, den der Mitarbeiter voraussichtlich erreicht hätte, wenn er während dieser Zeit gearbeitet hätte. [16]

7.2 Für (i) krankheitsbedingte und anderweitige Fehlzeiten, in denen kein gesetzlicher Entgeltfortzahlungsanspruch besteht, (ii) Zeiten, in denen das Anstellungsverhältnis ruht, z.B. während Elternzeit, Wehr- oder Ersatzdienst, oder (iii) Zeiten, in denen der Mitarbeiter berechtigt von seiner Arbeitspflicht freigestellt ist, wird die Höhe des Basisbonus ratierlich entsprechend der aktiven Beschäftigungszeit während des Geschäftsjahres ermittelt. [17]

8. Fälligkeit und Zahlung

8.1 Die Zahlung eines kurzfristigen Bonuselements bzw. eines langfristigen Bonuselements erfolgt als Bruttobetrag, d.h. abzüglich von Steuern und allen sonstigen gesetzlichen Abgaben. Die Zahlung wird fällig mit dem allgemeinen Gehaltslauf des Monats, der auf den Monat des Abrechnungstags folgt, an dem der Anspruch auf das kurzfristige Bonuselement bzw. das langfristige Bonuselement nach Maßgabe von Ziffer 3 entstanden ist.

8.2 Kurzfristige Bonuselemente und langfristige Bonuselemente zählen nicht zum pensionsfähigen Einkommen des Mitarbeiters im Rahmen einer etwa bestehenden Zusage auf betriebliche Altersversorgung. [18]

8.3 Die Abtretung oder Verpfändung von Zahlungsansprüchen unter dem Bonusbank-Plan ist ausgeschlossen. Etwaige Überzahlungen sind zurückzuerstatten. Die Gesellschaft ist zur Aufrechnung mit überzahlten Bezügen im Rahmen nachfolgender Gehaltszahlungen unter Berücksichtigung der Pfändungsfreigrenzen berechtigt. Der Einwand des Wegfalls der Bereicherung (§ 818 Abs. 3 BGB) ist ausgeschlossen.

9. Vertraulichkeit

9.1 Der Mitarbeiter ist verpflichtet, die mit ihm im Zusammenhang mit dem Bonusbank-Plan getroffenen *individuellen* Vereinbarungen, insbesondere die festgelegten Erfolgsziele und den Zielbonus sowie die etwaige Zahlung eines kurzfristigen Bonuselements bzw. eines langfristigen Bonuselements und deren Höhe vertraulich zu behandeln und nicht gegenüber dritten Personen offen zu legen.

9.2 Ausgenommen ist eine Offenlegung der Zahlung und der Höhe des Basisbonus in den durch anwendbare Gesetze oder Verordnungen vorgesehenen Fällen oder gegenüber Steuer- oder sonstigen Beratern für Zwecke der Beratung in Steuer- und sonstigen Angelegenheiten.

10. Änderungs- und Widerrufsvorbehalt

10.1 Die Gesellschaft ist berechtigt, die Verpflichtung zur Zahlung eines kurzfristigen Bonuselements bzw. eines langfristigen Bonuselements für das jeweilige Geschäftsjahr nach dem Bonusbank-Plan aus sachlichen Gründen, also aufgrund der wirtschaftlichen Entwicklung der Gesellschaft, der Leistung oder des Verhaltens des Mitarbeiters, zu ändern oder ganz zu widerrufen, sofern dies dem Mitarbeiter zumutbar ist. [19]

10.2 Ein sachlicher Grund im Sinne von Ziffer 10.1 liegt insbesondere vor, wenn es der Gesellschaft aufgrund ihrer aktuellen oder prognostizierten wirtschaftlichen oder finanziellen Situation nicht zumutbar ist, weiterhin am Bonusbank-Plan festzuhalten.

11. Schlussbestimmungen

11.1 Änderungen und/oder Ergänzungen des Bonusbank-Plans bedürfen der Schriftform. Dies gilt auch für die Aufhebung oder Änderung des Schriftformerfordernisses.

11.2 Sollten einzelne Bestimmungen des Bonusbank-Plans ganz oder teilweise unwirksam sein oder werden oder Lücken enthalten, wird die Wirksamkeit der übrigen Bestimmungen des Bonusbank-Plans davon nicht berührt. Die Parteien verpflichten sich, die unwirksame oder lückenhafte Bestimmung durch eine der Interessenlage und der wirtschaftlichen Zwecksetzung der Parteien möglichst nahe kommende wirksame und vollständige Bestimmung zu ersetzen bzw. zu ergänzen.

_____[Ort]_____, den _____[Datum]_____

_____
(Unterschrift der Gesellschaft)

Erklärung des Mitarbeiters:

Ich habe die vorstehenden Regelungen des Bonusbank-Plans und die für mich maßgebliche Zielfestlegung erhalten und zur Kenntnis genommen und erkläre mich mit diesen Bedingungen einverstanden.

_____[Ort]_____, den _____[Datum]_____

_____
(Unterschrift des Mitarbeiters)

Erläuterungen

Schrifttum
Annuß Arbeitsrechtliches Aspekte von Zielvereinbarungen in der Praxis, NZA 2007, 290; *Bayreuther* Freiwilligkeitsvorbehalte: Zulässig, aber überflüssig?, BB 2009, 102; *Brors* Die Individualarbeitsrechtliche Zulässigkeit von Zielvereinbarungen, RdA 2004, 273; *Goj* Die Festlegung betragsmäßiger Höchstgrenzen der Vorstandsvergütung nach Ziff. 4.2.3 Abs. 2 Satz 6 DCGK, AG 2015, 173; *Horcher* Inhaltskontrolle von Zielvereinbarungen, BB 2007, 2065; *Hümmerich* Gestaltung von Arbeitsverträgen, 3. Aufl. 2015; *Klein* Anspruch auf variable Vergütung trotz abredewidrig unterbliebener Vereinbarung konkreter Ziele, NZA 2006, 1129; *Leder* Aktuelles zur Flexibilisierung von Arbeitsbedingungen, RdA 2010, 93; *Lembke* Die Gestaltung von Vergütungsvereinbarungen, NJW 2010, 257; *Lembke* Die Gestaltung von Vergütungsvereinbarungen, NJW 2010, 321; *Lingemann/Gotham* Freiwilligkeits-, Stichtags- und Rückzahlungsregelungen bei Bonusvereinbarungen – was geht noch?, NZA 2008, 509; *Mauer* Zielbonusvereinbarungen als Vergütungsgrundlage im Arbeitsverhältnis, NZA 2002, 540; *Plaschke* Wertorientierte Management-Incentivesysteme auf Basis interner

D. Mitarbeiterbeteiligungsprogramme

Kennzahlen, 2003; *Preis* Der langsame Tod der Freiwilligkeitsvorbehalte und die Grenzen betrieblicher Übung, NZA 2009, 281; *Reinecke* Zur AGB-Kontrolle von Arbeitsentgeltvereinbarungen, BB 2008, 554; *Reiserer* Zielvereinbarung – ein Instrument der Mitarbeiterführung, NJW 2008, 609; *Riesenhuber/von Steinau-Steinrück* Zielvereinbarung, NZA 2005, 785; *Schnitker/Grau* Übergang und Anpassung von Rechten aus Aktienoptionsplänen bei Betriebsübergang nach § 613a BGB, BB 2002, 2497; *von Steinau-Steinrück* Die Grenzen des § 613a BGB bei Aktienoptionen im Konzern, NZA 2003, 473; *Sünner* Der Ausweis betragsmäßiger Höchstgrenzen der Vorstandsvergütung nach Ziff. 4.2.3 Abs. 2 Satz 6 DCGK, AG 2014, 115; *Tappert* Auswirkungen eines Betriebsübergangs auf Aktienoptionsrechte von Arbeitnehmern, NZA 2002, 1188; *Willemsen* Die Befristung von Entgeltbestandteilen als Alternative zu Widerrufs- und Freiwilligkeitsvorbehalten, RdA 2010, 1; *Willemsen/Müller-Bonanni* Aktienoptionen beim Betriebsübergang, ZIP 2003, 1177; *Witzemann/Currle* Bonusbanken – Unternehmenswertsteigerung und Managementvergütung langfristig verbinden, Controlling 2004, 631.

73 **1.** Die Gesellschaft muss bei der Festlegung des Kreises der Teilnahmeberechtigten den allgemeinen arbeitsrechtlichen Gleichbehandlungsgrundsatz sowie die Regelungen des Allgemeinen Gleichbehandlungsgesetzes beachten (ErfK/*Preis* § 611 Rn. 535). Eine Differenzierung nach Führungsebenen im Unternehmen, wie im Muster vorgesehen, ist grundsätzlich zulässig, ebenso wie eine Differenzierung nach Sparten oder Funktionsbereichen innerhalb des Unternehmens, sofern sich die Gruppe der Teilnahmeberechtigten klar von der Gruppe der ausgenommenen Arbeitnehmer abgrenzen lässt (vgl. BAG, Urt. v. 21.10.2009 – 10 AZR 664/08, NZA-RR 2010, 289; AnwK-ArbR/*Brors* § 611 Rn. 672). Auch Arbeitsleistung und Arbeitsbelastung können zulässige Kriterien sein (BAG, Urt. v. 05.03.1980 – 5 AZR 46/78, AP BGB § 242 Gleichbehandlung Nr. 43; BAG, Urt. v. 25.01.1984 – 5 AZR 89/82, AP BGB § 242 Gleichbehandlung Nr. 67). Unzulässig ist dagegen eine Differenzierung im Hinblick auf eine Teilzeitbeschäftigung (vgl. § 4 TzBfG) sowie grundsätzlich auch eine Differenzierung zwischen Arbeitern und Angestellten (vgl. BAG, Urt. v. 25.01.1984 AP BGB § 242 Gleichbehandlung Nr. 66; BAG, Urt. v. 19.11.1992 – 10 AZR 290/91, NZA 1993, 405; LAG Köln, Urt. v. 27.03.2008 – 13 Sa 39/08, NZA-RR 2008, 652).

74 **2.** Das Muster sieht die in der Praxis leichter handhabbare einseitige Vorgabe von Zielen durch das Unternehmen vor. Derartige Zielvorgaben unterliegen jedoch der gerichtlichen Nachprüfung gemäß § 315 Abs. 3 BGB (BAG, Urt. v. 12.12.2007 – 10 AZR 97/07, NJW 2008, 872, 873; LAG Düsseldorf, Urt. v. 18.08.2011 – 5 Sa 490/11). Zu berücksichtigen ist auch, dass im Streitfall eine Festlegung der Ziele gemäß § 315 Abs. 3 S. 2 BGB durch das Gericht erfolgen kann, wenn es die Gesellschaft, wie in der Praxis häufig, unterlässt, rechtzeitig eine Zielvorgabe zu machen (LAG Frankfurt, Urt. v. 29.01.2002 – 7 Sa 836/01, AiB 2002, 575; *Annuß* NZA 2007, 290, 295; *Brors* RdA 2004, 273, 277; *Mauer* NZA 2002, 540, 547). Die Gesellschaft trägt insoweit zwingend die Initiativlast zur Zielvorgabe. Eine abweichende Bestimmung, die den Mitarbeiter verpflichten würde, die Gesellschaft zur Zielvorgabe aufzufordern, wäre unwirksam (vgl. BAG, Urt. v. 12.12.2007 – 10 AZR 97/07, NJW 2008, 872, 873).

75 Alternativ zur Zielvorgabe durch die Gesellschaft kommt eine einvernehmliche Festlegung von Zielen durch Zielvereinbarung in Betracht. Auch insoweit drohen allerdings Risiken für den Arbeitgeber bei unterlassener Zielvereinbarung. Das BAG hat zu der umstrittenen Frage der Folgen einer unterbliebenen Zielvereinbarung in drei neueren Entscheidungen Stellung genommen (BAG, Urt. v. 12.12.2007 – 10 AZR 97/07, NJW 2008, 872, 877; BAG, Urt. v. 10.12.2008 – 10 AZR 889/07, NZA 2009, 256; BAG, Urt. v. 12.05.2010 – 10 AZR 390/09, JurionRS 2010, 20784): Soweit dem Arbeitgeber die Initiative zur Führung des Gesprächs über eine Zielvereinbarung obliegt, ist deren Unterlassen eine vertragliche Nebenpflichtverletzung, die Schadensersatzansprüche des Arbeitnehmers begründen kann. Nach Ansicht des BAG kann bei der Ermittlung des Schadensumfangs (§§ 249 ff. BGB) grundsätzlich davon ausgegangen werden, dass der Arbeitnehmer die vereinbarten Ziele erreicht hätte. Ein Mitverschulden des Arbeitnehmers (z.B. wenn er der Aufforderung des Arbeitgebers zu einem Gespräch nicht nachkommt) ist nach § 254 BGB angemessen zu berücksichtigen. Eine ausgewogene Verfahrensregelung zur Erstellung der Zielvereinbarung, die dem Mitarbeiter einen Teil der Initiativlast zuweist (und damit im Rahmen

des Mitverschuldens von Bedeutung wäre), dürfte zulässig sein, solange sie dem Mitarbeiter nicht die alleinige Initiativlast aufbürdet (vgl. *Lembke* NJW 2010, 321, 326).

3. Die aufgeschobenen Teile der langfristigen Bonuskomponente sollten verzinst werden, z.B. mit dem internen Kalkulationszinsfuß der Gesellschaft oder den gewichteten Fremdkapitalkosten (vgl. *Witzemann/Currle* Controlling 2004, 631, 635). 76

4. Alternativ zum hier verfolgten Modell der Auszahlung eines festen Prozentsatzes des jeweiligen Guthabens auf dem Verrechnungskonto kann auch eine Lineare Tranchen-Auszahlung, d.h. eine Verteilung der langfristigen Bonuskomponente über einen festen Zeitraum (z.B. 3 Jahre) vorgesehen werden (vgl. *Witzemann/Currle* Controlling 2004, 631, 635). 77

5. Eine Anpassung von Erfolgszielen und Zielbonus aus sachlichen Gründen ist zulässig (BAG, Urt. v. 11.10.2006 – 5 AZR 721/05, NJW 2007, 536; BAG, Urt. v. 12.01.2005 – 5 AZR 364/04, NJW 2005, 1820; *Annuß* NZA 2007, 290, 291 f.; *Leder* RdA 2010, 93, 97; *Lembke* NJW 2010, 321; *Reinecke* BB 2008, 554; *Riesenhuber/von Steinau-Steinrück* NZA 2005, 785, 793; *Willemsen* RdA 2010, 1, 2 f.). Eine solche Anpassung wird in der Praxis häufig notwendig sein, z.B. wenn Erfolgsziele nach einer Versetzung nicht mehr geeignet sind, um für den Mitarbeiter geeignete Leistungsanreize zu schaffen. 78

6. Bezüglich der Ermittlung des Grads der Erreichung von individuellen Mitarbeiterzielen können weitere Details z.B. durch Bezugnahme auf Richtlinien zur Mitarbeiterbeurteilung geregelt werden. Häufig werden in Bonusplänen aber auch besondere Gremien oder Mechanismen installiert, die von den allgemeinen Beurteilungssystemen abweichen. 79

7. Das Muster sieht einen üblichen Cap auf den Bonus vor. Aus vergütungstheoretischer Sicht wäre es zwar insbesondere im Rahmen eines Bonusbanksystems sinnvoll, komplett auf einen Bonuscap (sowohl beim Bonus als auch beim Malus) zu verzichten, um den direkten Zusammenhang zwischen der Leistung des Mitarbeiters und dem Bonus zu gewährleisten (vgl. *Witzemann/ Currle* Controlling 2004, 631, 632), dem stehen jedoch in der Praxis vergütungspolitische Erwägungen des Unternehmens entgegen. Außerdem entspricht ein Cap der Empfehlung in Ziff. 4.2.3 Deutscher Corporate Governance Kodex (»DCGK«) zu betragsmäßigen Höchstgrenzen, wobei eindeutig berechenbare Höchstgrenzen als zulässig angesehen werden (vgl. *Goj* AG 2015, 173, 175; *Sünner* AG 2014, 115, 117). Gleichwohl sollte der Cap im Rahmen eines Bonus Bank Plans höher angesetzt werden als bei einem konventionellen kurzfristigen Bonus. 80

8. In der Praxis sehen Bonussysteme häufig einen Gleichlauf zwischen der Zielerreichung und der Bonushöhe bis zu einer bestimmten Schwelle vor, bei deren Unterschreiten der Bonus unvermittelt auf Null fällt. Das Muster vermeidet eine solche Schwelle und sieht eine lineare Entwicklung bis zur Nulllinie vor. 81

9. Das Muster bezieht nur die Unternehmensziele und nicht die Mitarbeiterziele in die Malus-Regelung ein. Dies entspricht dem Konzept der Beteiligung der Mitarbeiter an den Chancen und Risiken des unternehmerischen Handelns. Zudem wird bei Mitarbeiterzielen, anders als bei Unternehmenszielen, häufig schwerlich eine sachgerechte Schwelle definierbar sein, ab der die individuelle Leistung mit einem Malus belegt werden soll. 82

Entscheidend für die Akzeptanz der Malus-Regelung ist eine sachgerechte Festlegung der Schwelle, ab der die Erreichung des jeweiligen unternehmensbezogenen Ziels als Misserfolg und damit als Malus zu werten ist. Die generische Regelung des Musters (60 % für alle Unternehmensziele) ist insoweit nur als Platzhalter für die im Einzelfall erforderliche Differenzierung zu verstehen. 83

10. Das Muster bezieht die Mitarbeiterziele nicht in das langfristige Bonuselement ein, da die individuelle Leistung in der Regel auf kurzfristige Ziele bezogen ist und unmittelbar durch den Mitarbeiter beeinflusst werden kann. Es ist daher sinnvoll, dass sie Bestandteil des kurzfristigen Bonuselements bleibt. 84

D. Mitarbeiterbeteiligungsprogramme

85 **11.** Das Muster beschränkt das langfristige Bonuselement auf den den Zielbonus überschreitenden Bonusanteil. Um den Nachhaltigkeitseffekt zu verstärken, kann ein höherer Anteil des Zielbonus auf das Verrechnungskonto eingezahlt werden. Insbesondere in der Anlaufphase eines Bonusbankmodells drohen dann allerdings Akzeptanzprobleme bei den Mitarbeitern, da erhebliche Vergütungsbestandteile in das Risiko gestellt werden (vgl. *Witzemann/Currle* Controlling 2004, 631, 636).

86 **12.** Das Muster sieht grundsätzlich für den Fall des Ausscheidens des Mitarbeiters innerhalb des Bezugszeitraums einen anteiligen Verfall des kurzfristigen Bonuselements vor. Es ist darauf zu achten, dass ein vollständiger Verfall des kurzfristigen Bonuselements im Fall des Ausscheidens außerhalb oder innerhalb des Bezugszeitraums i.d.R. unzulässig ist (BAG, Urt. v. 13.11.2013 – 10 AZR 848/12, JurionRS 2013, 53991; BAG, Urt. v. 18.01.2012 – 10 AZR 612/10, JurionRS 2012, 13449). Eine Stichtagsklausel kommt regelmäßig nur noch für reine Gratifikationen in Betracht, die ausschließlich der Belohnung von Betriebstreue dienen und nicht (wenn auch nur teilweise) die erbrachte Arbeitsleistung des Mitarbeiters vergüten sollen. In diesem Fall sind allerdings die Anforderungen der Rechtsprechung des BAG zum Verfall von Gratifikationen zu berücksichtigen (BAG, Urt. v. 28.03.2007 – 10 AZR 261/06, NZA 2007, 687; BAG, Urt. v. 28.04.2004 – 10 AZR 356/03, NZA 2004, 924; BAG, Urt. v. 21.05.2003 – 10 AZR 390/02, NZA 2003, 1032; BAG, Urt. v. 09.06.1993 – 10 AZR 529/92, NZA 1993, 935; vgl. auch *Leder* RdA 2010, 93, 98 f.; *Lingemann/Gotham* NZA 2008, 509, 511 f.) und es muss eine entsprechend differenzierte Regelung getroffen werden, die die Bindungsdauer von der Höhe des Bonus abhängig macht.

87 **13.** Das Muster sieht vor, dass der Mitarbeiter bei seinem Ausscheiden grundsätzlich Anspruch auf Zahlung einer langfristigen Bonuskomponente in Höhe eines etwaigen Guthabens auf dem Verrechnungskonto hat. Das erscheint sachgerecht, da mit dem Ausscheiden des Mitarbeiters seine weitere Teilhabe an unternehmerischen Chancen und Risiken der Gesellschaft keinen Sinn macht. Allerdings schafft eine solche Regelung einen theoretischen Anreiz zum Austritt für Mitarbeiter, die die Zukunftsaussichten des Unternehmens negativ beurteilen und ihre Bonusansprüche »sichern« wollen. Gerade in der Krise des Unternehmens könnte das zu unerwünschten Liquiditätsabflüssen führen. Alternativ könnte daher für den Fall des Ausscheidens ein grundsätzlicher Verfall der langfristigen Bonuskomponente vorgesehen werden. Eine solche Regelung dürfte zwar zulässig sein, da es um ein Ausscheiden innerhalb des Bezugszeitraums eines noch nicht entstandenen Anspruchs geht (vgl. BAG, Urt. v. 28.05.2008 – 10 AZR 351/07, NZA 2008, 1066; BAG, Urt. v. 06.05.2009 – 10 AZR 443/08, NZA 2009, 783; LAG Köln, Urt. v. 08.02.2010 – 5 Sa 1204/09, BeckRS 2010, 68826; *Leder* RdA 2010, 93, 98 f.), würde aber wohl die Akzeptanz des Bonusbanksystems bei den Mitarbeitern verringern.

88 **14.** Im Gegensatz zu der vorhergehenden Regelung sieht das Muster für die hier definierten »Bad Leaver« einen vollständigen Verfall des Bonusanspruchs, d.h. kurzfristiges und langfristiges Bonuselement, bei Ausscheiden des Mitarbeiters innerhalb des Bezugszeitraums vor. Vor dem Hintergrund der bereits zitierten Rechtsprechung des BAG zum Entzug von Vergütungsbestandteilen bei bereits erbrachter Arbeitsleistung (BAG, Urt. v. 13.11.2013 – 10 AZR 848/12, JurionRS 2013, 53991) ist die Wirksamkeit der Klausel derzeit unklar. Jedenfalls muss der entzogene Anteil der Vergütung unter Berücksichtigung des jeweiligen vertragswidrigen Verhaltens des Mitarbeiters verhältnismäßig sein (LAG Düsseldorf, Urt. v. 03.02.2012 – 6 Sa 1081/11). Für eine Zulässigkeit des Verfalls des langfristigen Bonuselements spricht jedoch, dass der Mitarbeiter während des Bezugszeitraums ausscheidet und noch kein Anspruch auf Zahlung des langfristigen Bonuselements entstanden ist (vgl. BAG, Urt. v. 28.05.2008 – 10 AZR 351/07, NZA 2008, 1066; BAG, Urt. v. 06.05.2009 – 10 AZR 443/08, NZA 2009, 783; LAG Köln, Urt. v. 08.02.2010 – 5 Sa 1204/09, BeckRS 2010, 68826; *Leder* RdA 2010, 93, 98 f.).

89 **15.** Die Regelung entspricht der überwiegenden Auffassung in der Literatur, wonach Vergütungsregelungen, die auf spezifische Verhältnisse des Betriebsveräußerers zugeschnitten sind, durch den Betriebserwerber anzupassen bzw. gleichwertig zu ersetzen sind (*Schnitker/Grau* BB

2002, 2497, 2501; *von Steinau-Steinrück* NZA 2003, 473, 474; *Tappert* NZA 2002, 1188, 1194; *Willemsen/Müller-Bonanni* ZIP 2003, 1177, 1182).

16. Das Muster sieht für die Zeiten, in denen der Arbeitnehmer einen Entgeltfortzahlungsanspruch nach §§ 3, 4 EFZG hat, keine anteilige Kürzung des Bonus vor. In Betracht kommt alternativ eine anteilige Kürzung nach Maßgabe von § 4a EFZG (vgl. Hümmerich/*Mengel* Gestaltung von Arbeitsverträgen, § 1 Arbeitsverträge, Rn. 1848; *Riesenhuber/von Steinau-Steinrück* NZA 2005, 785, 790), wobei eine Kürzung überwiegend nicht für zulässig gehalten wird, wenn der Bonus an die Leistung des Arbeitnehmers anknüpft (*Annuß* NZA 2007, 290, 293; *Reiserer* NJW 2008, 609, 611; *Riesenhuber/von Steinau-Steinrück* NZA 2005, 785, 790). 90

17. Aufgrund des Entgeltcharakters des Bonus kann dieser für Zeiträume, in denen kein Anspruch auf Entgeltfortzahlung gegeben ist oder das Arbeitsverhältnis ruht, anteilig gekürzt werden (*Annuß* NZA 2007, 290, 293; *Reiserer* NJW 2008, 609, 611; *Riesenhuber/von Steinau-Steinrück* NZA 2005, 785, 790). 91

18. Die Klarstellung empfiehlt sich zur Vermeidung von Streitigkeiten im Hinblick auf mögliche Unklarheiten bei in der Gesellschaft bestehenden Versorgungszusagen nach dem BetrAVG. 92

19. Der Widerrufsvorbehalt ist an spezifische Voraussetzungen zu knüpfen (BAG, Urt. v. 20.04.2011 – 5 AZR 191/10, NJW 2011, 2153; BAG, Urt. v. 11.10.2006 – 5 AZR 721/05, NJW 2007, 536; BAG, Urt. v. 12.01.2005 – 5 AZR 364/04, NJW 2005, 1820; *Annuß* NZA 2007, 290, 291 f.; *Leder* RdA 2010, 93, 97; *Lembke* NJW 2010, 321; *Reinecke* BB 2008, 554; *Willemsen* RdA 2010, 1, 2 f.). Der unter Widerrufsvorbehalt gestellte Anteil der variablen Vergütung darf gemessen am Gesamtverdienst maximal 25–30 % betragen (BAG, Urt. v. 12.01.2005 – 5 AZR 364/04, NZA 2005, 465, 467; *Horcher* BB 2007, 2065, 2069). Ein Freiwilligkeitsvorbehalt wurde im Hinblick auf die Rechtsprechung des BAG zu Freiwilligkeitsvorbehalten (BAG, Urt. v. 15.02.2011 – 3 AZR 35/09, NZA-RR 2011, 541; BAG, Urt. v. 18.03.2009 – 10 AZR 289/08, NZA 2009, 535; BAG, Urt. v. 30.07.2008 – 10 AZR 606/07, NZA 2008, 1173; BAG, Urt. v. 24.10.2007 – 10 AZR 825/06, NZA 2008, 40; vgl. auch *Bayreuther* BB 2009, 102 f.; *Lembke* NJW 2010, 257, 260 f.) nicht in das Muster aufgenommen. 93

E. Zeitbezogene Sonderformen des Arbeitsverhältnisses

Inhaltsübersicht

		Rdn.
I.	**Befristung**	1
1.	Rahmenvereinbarung für befristete Arbeitsverhältnisse	1
	Vorbemerkung	1
	Muster: Rahmenvereinbarung für befristete Arbeitsverhältnisse	5
	Erläuterungen	6
2.	Befristeter Arbeitsvertrag mit Sachgrund	13
	Vorbemerkung	13
	Muster: Befristeter Arbeitsvertrag mit Sachgrund	15
	Erläuterungen	16
3.	Befristeter Arbeitsvertrag ohne Sachgrund	22
	Vorbemerkung	22
	Muster: Befristeter Arbeitsvertrag ohne Sachgrund	25
	Erläuterungen	26
4.	Befristeter Arbeitsvertrag mit Zweckbefristung	32
	Vorbemerkung	32
	Muster: Befristeter Arbeitsvertrag mit Zweckbefristung	34
	Erläuterungen	35
5.	Mitteilung des Ablaufes des vereinbarten Befristungszeitraumes nach § 15 Abs. 1 TzBfG	41
	Vorbemerkung	41
	Muster: Mitteilung des Ablaufes des vereinbarten Befristungszeitraumes nach § 15 Abs. 1 TzBfG	42
	Erläuterungen	43
6.	Mitteilung der Zweckerreichung nach § 15 Abs. 2 TzBfG	46
	Vorbemerkung	46
	Muster: Mitteilung der Zweckerreichung nach § 15 Abs. 2 TzBfG	47
	Erläuterungen	48
7.	Doppelt befristeter Arbeitsvertrag	52
	Vorbemerkung	52
	Muster: Doppelt befristeter Arbeitsvertrag	53
	Erläuterungen	54
8.	Prozessarbeitsverhältnis	59
	Vorbemerkung	59
	Muster: Vertragliches Prozessarbeitsverhältnis	61
	Erläuterungen	62
II.	**Teilzeit**	69
1.	Arbeitsvertrag für geringfügig Beschäftigte in einem Privathaushalt	69
	Vorbemerkung	69
	Muster: Arbeitsvertrag für geringfügig Beschäftigte in einem Privathaushalt	71
	Erläuterungen	72
2.	Teilzeitarbeitsvertrag	76
	Vorbemerkung	76
	Muster: Teilzeitarbeitsvertrag	79
	Erläuterungen	80
3.	Antrag auf Reduzierung der Arbeitszeit	87
	Vorbemerkung	87
	Muster: Antrag auf Reduzierung der Arbeitszeit	88
	Erläuterungen	89
4.	Vorläufige Mitteilung nach § 8 Abs. 5 TzBfG bei verspäteter Antragstellung	97
	Vorbemerkung	97
	Muster: Vorläufige Mitteilung nach § 8 Abs. 5 TzBfG bei verspäteter Antragstellung	98
	Erläuterungen	99
5.	Ablehnung des Antrags auf Arbeitszeitreduzierung	102
	Vorbemerkung	102
	Muster: Ablehnung des Antrags auf Arbeitszeitreduzierung	103
	Erläuterungen	104

		Rdn.
6.	Stattgeben des Antrags auf Arbeitszeitreduzierung	108
	Vorbemerkung	108
	Muster: Stattgeben des Antrags auf Arbeitszeitreduzierung	109
	Erläuterungen	110
7.	Antrag auf Verlängerung der Arbeitszeit nach § 9 TzBfG	114
	Vorbemerkung	114
	Muster: Antrag auf Verlängerung der Arbeitszeit nach § 9 TzBfG	115
	Erläuterungen	116
8.	Ablehnung des Antrags auf Verlängerung der Arbeitszeit	121
	Vorbemerkung	121
	Muster: Ablehnung des Antrags auf Verlängerung der Arbeitszeit	122
	Erläuterungen	123
9.	Änderungsvertrag	127
	Vorbemerkung	127
	Muster: Änderungsvertrag	128
	Erläuterungen	129
III.	**Probearbeitsverhältnis**	134
1.	Befristung zur Erprobung nach § 14 Abs. 1 TzBfG	134
	Vorbemerkung	134
	Muster: Befristung zur Erprobung nach § 14 Abs. 1 TzBfG	135
	Erläuterungen	136
2.	Mitteilung des Bestehens der Probezeit	140
	Vorbemerkung	140
	Muster: Mitteilung des Bestehens der Probezeit	141
	Erläuterungen	142
3.	Verlängerung der Probezeit durch Aufhebungsvertrag	143
	Vorbemerkung	143
	Muster: Verlängerung der Probezeit durch Aufhebungsvertrag	144
	Erläuterungen	145
IV.	**Sonstige zeitbezogene Sonderformen**	148
1.	Arbeit auf Abruf nach § 12 TzBfG	148
	Vorbemerkung	148
	Muster: Arbeit auf Abruf nach § 12 TzBfG	150
	Erläuterungen	151
2.	Wiedereingliederungsvertrag nach längerer Krankheit	157
	Vorbemerkung	157
	Muster: Wiedereingliederungsvertrag nach längerer Krankheit	159
	Erläuterungen	160
3.	Sabbatical-Vereinbarung	164
	Vorbemerkung	164
	Muster: Sabbatical-Vereinbarung	166
	Erläuterungen	167

I. Befristung

1. Rahmenvereinbarung für befristete Arbeitsverhältnisse

Vorbemerkung

Nach der gesetzlichen Systematik (vgl. § 621 BGB) ist ein Arbeitsvertrag als Unterfall des Dienstvertrages einzuordnen. Voraussetzung für die Annahme eines Arbeitsvertrages ist daher, dass sich der Arbeitnehmer vertraglich zur Leistung von Diensten verpflichtet (§ 611 Abs. 1 BGB). Ein Vertrag, der keine Verpflichtung zur Dienstleistung begründet, ist kein Dienstvertrag und somit auch kein Arbeitsvertrag (BAG, Urt. v. 28.11.1990 – 7 ABR 51/89, ZTR 1991, 435). Dementsprechend kann auch eine Rahmenvereinbarung, welche die Bedingungen der erst noch abzu- 1

E. Zeitbezogene Sonderformen des Arbeitsverhältnisses

schließenden Arbeitsverträge wiedergibt, selbst aber noch keine Verpflichtung zur Arbeitsleistung begründet, kein Arbeitsvertrag sein (BAG, Urt. v. 16.05.2012 – 5 AZR 268/11, MDR 2012, 1298; BAG, Urt. v. 15.02.2012 – 10 AZR 111/11, NZA 2012, 733; BAG, Urt. v. 31.07.2002 – 7 AZR 181/01, BB 2003, 525; BAG, Urt. v. 03.11.1999 – 7 AZR 683/98, RzK I 9a Nr. 167; LAG Rheinland-Pfalz, Urt. v. 18.03.2010 – 11 Sa 647/09, LAGE § 12 TzBfG Nr. 3). Ob zwischen den Parteien bereits ein unbefristeter Arbeitsvertrag oder nur eine Rahmenvereinbarung bzw. in deren Anwendung einzelne, jeweils befristete Arbeitsverträge geschlossen wurden, richtet sich ausschließlich nach dem Parteiwillen. Dieser kann sich aus ausdrücklichen Erklärungen der Vertragsparteien oder aus der praktischen Handhabung der Vertragsbeziehungen ergeben, soweit diese Rückschlüsse auf den Willen der Vertragsparteien zulassen (BAG, Urt. v. 31.07.2002 – 7 AZR 181/01, BB 2003, 525; BAG, Urt. v. 13.02.1985 – 7 AZR 345/82).

2   Ist eine Rahmenvereinbarung so ausgestaltet, dass diese weder eine Verpflichtung zur Dienstleistung, noch einen Anspruch auf Beschäftigung begründet, stellt diese weder eine Gesetzesumgehung noch einen Missbrauch einer an sich zulässigen rechtlichen Gestaltungsmöglichkeit dar (BAG, Urt. v. 16.05.2012 – 5 AZR 268/11, MDR 2012, 1298; BAG, Urt. v. 15.02.2012 – 10 AZR 111/11, NZA 2012, 733; BAG, Urt. v. 31.07.2002 – 7 AZR 181/01, BB 2003, 525). Insbesondere eine Umgehung des KSchG ist zu verneinen, weil ein Arbeitnehmer etwaige einzelne befristete Arbeitsverhältnisse, die auf Grundlage der Rahmenvereinbarung zustande gekommen sind, auf die Zulässigkeit der Befristung hin überprüfen lassen kann. Problematisch ist deswegen, sofern sie klar und eindeutig formuliert ist, nicht die Wirksamkeit der Rahmenvereinbarung selbst, sondern die dadurch ermöglichten Befristungsketten. Insoweit ist der Anwendungsbereich für den Abschluss einer Rahmenvereinbarung in der Praxis stark eingeschränkt. Obwohl der Rahmenvertrag selbst kein Dauerarbeitsverhältnis begründet, kann sich ein solches aus der Unwirksamkeit der Befristung der einzelnen Arbeitsverträge ergeben. Ob die Befristung wirksam ist, bestimmt sich nach § 14 TzBfG. § 14 TzBfG normiert in Abs. 1 die Sachgrundbefristung. § 14 Abs. 2 Satz 1 TzBfG regelt, dass eine Befristung auch ohne Vorliegen eines sachlichen Grundes sowie die Verlängerung eines befristeten Arbeitsvertrages bis zur Dauer von zwei Jahren zulässig ist. Ergänzend ergibt sich aus § 14 Abs. 2 Satz 2 TzBfG, dass sachgrundlose Befristungen unzulässig sind, wenn mit demselben Arbeitgeber bereits zuvor ein befristetes oder unbefristetes Arbeitsverhältnis bestanden hat. Eine »Zuvor-Beschäftigung« im Sinne dieser Vorschrift liegt nach ihrem Zweck und unter Berücksichtigung der Berufswahlfreiheit der Arbeitnehmer allerdings nicht vor, wenn ein früheres Arbeitsverhältnis mehr als drei Jahre zurückliegt (BAG, Urt. v. 06.04.2011 – 7 AZR 716/09, NZA 2011, 905; BAG, Urt. v. 21.09.2011 – 7 AZR 375/10, NZA 2012, 255; a.A. LAG Baden-Württemberg, Urt. v. 21.02.2014 – 7 Sa 64/13, JurionRS 2014, 12461, Rev. anhängig unter 7 AZR 396/14; LAG Baden-Württemberg, Urt. v. 26.09.2013 – 6 Sa 28/13, ZIP 2013, 2481, Rev. anhängig unter 7 AZR 896/13; *Sievers* § 14 TzBfG Rn. 512 ff.; KR/*Lipke* § 14 TzBfG Rn. 518., 567 ff.). Das ArbG Braunschweig (Urt. v. 03.04.2014 – 5 Ca 463/13, LAGE § 14 TzBfG Nr. 83) hat ein zeitlich unbegrenztes Anschlussverbot ebenfalls abgelehnt. Es begründet dies mit einem Verstoß gegen Art. 12. Abs. 1 GG und hat dem BVerfG die Frage vorgelegt, ob § 14 Abs. 2 Satz 2 TzBfG mit Art. 12 Abs. 1 GG, Art. 3 Abs. 1 GG unvereinbar und deshalb nichtig ist (anhängig beim BVerfG unter 1 BvL 7/14). Lässt der Arbeitnehmer einzelne sachgrundlose Befristungen, die aufgrund der Rahmenvereinbarung zustande gekommen sind, gerichtlich innerhalb der in § 17 Satz 1 TzBfG geregelten Drei-Wochen-Frist überprüfen, muss der Arbeitgeber jedenfalls damit rechnen, dass diese für unwirksam erklärt werden und der Arbeitsvertrag nach § 16 Satz 1 TzBfG als auf unbestimmte Zeit geschlossen gilt. Damit würde genau der Fall eintreten, der durch den Rahmenvertrag verhindert werden sollte, nämlich die Begründung eines unbefristeten Arbeitsverhältnisses. Der Abschluss befristeter Arbeitsverträge ohne Sachgrund aufgrund einer Rahmenvereinbarung ist somit wenig zielführend.

3   Unabhängig von der Befristungskontrolle ist nach Ansicht des BAG aus unionsrechtlichen Gründen (vgl. EuGH, Urt. v. 26.11.2014 – C-22/13 Mascolo, ArbRB 2014, 357; EuGH, Urt. v. 26.01.2012 – C-586/10 Kücük, ArbRB 2012, 35) mittlerweile auch eine Missbrauchskontrolle

durchzuführen (vgl. BAG, Urt. v. 24.06.2015 – 7 AZR 452/13, JurionRS 2015, 30500; BAG, Urt. v. 04.12.2013 – 7 AZR 290/12, JurionRS 2013, 54708). Insbesondere sind dabei unter Berücksichtigung des Grundsatzes von Treu und Glauben die Gesamtdauer der befristeten Beschäftigungen und die Anzahl der befristeten Verträge zu bewerten (BAG, Urt. v. 07.10.2015 – 7 AZR 944/13, JurionRS 2015, 36535; BAG, Urt. v. 29.04.2015 – 7 AZR 310/13, JurionRS 2015, 19377; BAG, Urt. v. 18.07.2012 – 7 AZR 783/10, NZA 2012, 1359). Auf Seiten des Arbeitgebers ist hier zu beachten, dass es unzulässig ist, das allgemeine Beschäftigungsrisiko durch die Begründung von Bedarfsarbeitsverhältnissen auf den Arbeitnehmer zu übertragen.

In der Praxis sinnvoll erscheint der Abschluss einer Rahmenvereinbarung für befristete Arbeitsverhältnisse, wenn diese mit dem Ziel vereinbart wird, ggf. einen vorübergehenden betrieblichen Bedarf an Arbeitsleistung abzudecken (§ 14 Abs. 1 Satz 2 Nr. 1 TzBfG) oder einen Arbeitnehmer zur Vertretung eines anderen Arbeitnehmers im Krankheitsfall, Urlaubsfall etc. wiederholt zu beschäftigen (§ 14 Abs. 1 Satz 2 Nr. 3 TzBfG). Liegt ein solcher gesetzlich anerkannter sachlicher Grund für eine Befristung i.S.d. § 14 Abs. 1 TzBfG vor, kommt es auf die in § 14 Abs. 2 TzBfG normierten strengen Voraussetzungen nicht mehr an. Wirtschaftlich gesehen ist der Abschluss einer Rahmenvereinbarung für den Arbeitgeber vorteilhaft. Er muss dem Arbeitnehmer lediglich die Arbeitszeit vergüten, in der er diesen tatsächlich eingesetzt hat.

▶ **Muster – Rahmenvereinbarung für befristete Arbeitsverhältnisse**

zwischen

[Name und Anschrift der Firma] 1

und

[Name und Anschrift des Interessenten] 2

Die Firma erklärt sich bereit, Frau/Herrn _____[Name]_____ in die Liste der Interessenten für Arbeitseinsätze aufzunehmen. Im Bedarfsfall 3 wird sich die Firma an Frau/Herrn _____[Name]_____ mit der Frage wenden, ob diese/dieser in der Lage und bereit ist, den bei der Firma vorübergehend bestehenden betrieblichen Bedarf an der Arbeitsleistung 4 in der Firma zu erledigen bzw. die Vertretung eines Arbeitnehmers sicherzustellen 5. Für den Fall, dass im Einzelfall ein befristetes Arbeitsverhältnis zustande kommt, wird eine Stundenvergütung in Höhe von _____[Betrag]_____ € vereinbart.

Die Firma und Frau/Herr _____[Name]_____ sind sich darüber einig, dass

– die Firma nicht verpflichtet ist, Frau/Herrn _____[Name]_____ Beschäftigungsangebote zu unterbreiten,

– Frau/Herr _____[Name]_____ nicht verpflichtet ist, Beschäftigungsangebote der Firma anzunehmen,

– dementsprechend durch den Abschluss dieser Rahmenvereinbarung und die in den Einzelfällen erfolgende Beschäftigung ein Dauerteilzeitarbeitsverhältnis – auch in Form eines sog. Abrufarbeitsverhältnisses (§ 12 TzBfG) 6 – nicht begründet werden soll.

_____[Ort, Datum]_____ 7

_____
(Unterschrift Vertreter der Firma)

_____
(Unterschrift des Interessenten)

E. Zeitbezogene Sonderformen des Arbeitsverhältnisses

Erläuterungen

Schrifttum

Böhm Rahmenvereinbarung für befristete Arbeitsverträge – Gestaltungshinweise und Abgrenzungsfragen, ArbRB 2011, 123; *Dzida* Null-Stunden-Verträge – Wie weit darf die Flexibilisierung der Arbeitszeit gehen?, ArbRB 2016, 19; *Lindemann* Zur Befristung von Arbeitsverträgen innerhalb einer Rahmenvereinbarung, BB 2003, 527; *Oberthür* Flexibilisierung des Personaleinsatzes durch befristete Bedarfsarbeitsverhältnisse, ArbRB 2013, 120; *Plander* Zur Befristung von Arbeitsverträgen innerhalb einer Rahmenvereinbarung, EWiR 2003, 81.

6 **1.** In der Rahmenvereinbarung sollte nicht der Terminus »Arbeitgeber« verwendet werden. Da möglicherweise eine Einordnung der abgeschlossenen Rahmenvereinbarung in die gesetzliche Systematik erfolgt, sollten jegliche Anhaltspunkte, die den Rückschluss auf einen Arbeitsvertrag zulassen, vermieden werden.

7 **2.** Aus den vorstehenden Gründen ist auch die Begrifflichkeit »Arbeitnehmer« zu unterlassen. Im Hinblick auf eine eventuell erfolgende Auslegung des Wortlautes ist es besser von »Interessent« zu sprechen.

8 **3.** Eine bloße Rahmenvereinbarung begründet noch kein Abrufarbeitsverhältnis. Die Arbeitsvertragsparteien sind grundsätzlich nicht gezwungen, statt der Kombination von Rahmenvereinbarung und Einzelarbeitsverträgen ein Abrufarbeitsverhältnis nach § 12 TzBfG zu begründen (BAG, Urt. v. 16.05.2012 – 5 AZR 268/11, MDR 2012, 1298; BAG, Urt. v. 15.02.2012 – 10 AZR 111/11, NZA 2012, 733; BAG, Urt. v. 31.07.2002 – 7 AZR 181/01, BB 2003, 525; LAG Rheinland-Pfalz, Urt. v. 18.03.2010 – 11 Sa 647/09, LAGE § 12 TzBfG Nr. 3).

9 **4.** Befristungen ohne Vorliegen eines sachlichen Grundes bis zu einer Gesamtdauer von zwei Jahren sind nur zulässig, wenn erstmalig ein Arbeitsverhältnis begründet wird, oder ein früheres Arbeitsverhältnis mehr als drei Jahre zurückliegt (BAG, Urt. v. 06.04.2011 – 7 AZR 716/09, NZA 2011, 905; BAG, Urt. v. 21.09.2011 – 7 AZR 375/10, NZA 2012, 255; a.A. LAG Baden-Württemberg, Urt. v. 21.02.2014 – 7 Sa 64/13, JurionRS 2014, 12461, Rev. anhängig unter 7 AZR 396/14; LAG Baden-Württemberg, Urt. v. 26.09.2013 – 6 Sa 28/13, ZIP 2013, 2481, Rev. anhängig unter 7 AZR 896/13; *Sievers* § 14 TzBfG Rn. 512 ff.; KR/*Lipke* § 14 TzBfG Rn. 518, 567 ff.). Sinn und Zweck einer Rahmenvereinbarung ist es, einen Interessenten mehrfach befristet einzusetzen. Hierzu bedarf es eines sachlichen Grundes. Den unbestimmten Rechtsbegriff des sachlichen Grundes definiert das Gesetz nicht. Zur Konkretisierung nennt es in § 14 Abs. 1 Satz 2 Nr. 1 bis 8 TzBfG beispielhaft einzelne sachliche Gründe, die eine Befristung rechtfertigen. Der (nur) vorübergehende Bedarf an der Arbeitsleistung (§ 14 Abs. 1 Satz 2 Nr. 1 TzBfG) ist ein solcher typischer Befristungsgrund. Entscheidend kommt es insoweit auf eine Prognose der zukünftigen Entwicklung des Arbeitsanfalls durch den Arbeitgeber an (vgl. dazu ausführlich AR/*Schüren* § 14 TzBfG Rn. 9 ff.). Insoweit muss bei Abschluss des Arbeitsvertrages mit hinreichender Wahrscheinlichkeit abzusehen sein, dass nach Ablauf der Befristung kein Beschäftigungsbedarf mehr bestehen wird (BAG, Urt. v. 20.02.2008 – 7 AZR 950/06, ZTR 2008, 508).

10 **5.** Die Beschäftigung zur Vertretung eines anderen Arbeitnehmers stellt ebenfalls einen anerkannten Befristungsgrund dar, mit der Folge, dass keine weitere Prüfung der Zulässigkeit der Befristung erforderlich ist. Die Beschäftigung zur Vertretung ist als Unterfall von § 14 Abs. 1 Satz 2 Nr. 1 TzBfG in § 14 Abs. 1 Satz 2 Nr. 3 TzBfG normiert. Nach der Gesetzesbegründung liegt ein Vertretungsfall vor, wenn durch den zeitweiligen Ausfall eines Arbeitnehmers (z.B. wegen Schwangerschaft, Krankheit, Beurlaubung, Einberufung zum Wehrdienst oder Abordnung ins Ausland) ein vorübergehender Bedarf für die Beschäftigung eines anderen Arbeitnehmers besteht (BT-Drs. 14/4374 S. 19). Maßgebend ist wiederum die Prognose des Arbeitgebers, dass der Arbeitskräftebedarf im Hinblick auf die zu erwartende Rückkehr des Vertretenen nur vorübergehend *ist. Die Prognose muss sich daher darauf erstrecken, dass zu erwarten ist, dass der vertretene Arbeitnehmer seine Tätigkeit wieder aufnehmen wird* (BAG, Urt. v. 13.10.2004 – 7 AZR 654/03, NZA 2005, 469). Der Sachgrund der Vertretung setzt demnach einen Kausalzusammenhang zwischen dem zeitweiligen Ausfall des Vertretenen und der Beschäftigung der Ersatzkraft voraus. Insoweit werden drei Fallgruppen unterschieden (vgl. BAG, Urt. v. 11.02.2015 – 7 AZR 113/13, JurionRS 2015, 13494): die unmittelbare Vertretung, die mittelbare Vertretung und die sog. gedankliche Zuordnung. In der letztgenannten Konstellation besteht der notwendige Kausalzusammenhang, wenn der Arbeitgeber der Ersatzkraft bei Vertragsabschluss die Aufgaben eines oder mehrerer vorübergehend abwesender Stammkräfte nach außen erkennbar gedanklich zuordnet, etwa durch eine entsprechende Aufgabenbeschreibung im Arbeitsvertrag. Ausführlich zum Befristungsgrund des § 14 Abs. 1 Satz 2 Nr. 3 TzBfG: AR/*Schüren* § 14 TzBfG Rn. 22 ff.

6. Wird ein echtes Abrufarbeitsverhältnis i.S.d. § 12 TzBfG vereinbart und unterbleibt die Festlegung der wöchentlichen Arbeitszeit, gilt eine solche in Höhe von zehn Stunden als vereinbart, § 12 Abs. 1 Satz 3 TzBfG. Zudem hat der Arbeitgeber den Arbeitnehmer für jeweils mindestens drei aufeinanderfolgende Stunden in Anspruch zu nehmen (§ 12 Abs. 1 Satz 4 TzBfG) und nach § 12 Abs. 2 TzBfG eine mindestens viertägige Ankündigungsfrist vor dem Bedarfsfall, d.h., dem tatsächlich geplanten Arbeitseinsatz, einzuhalten (vgl. Muster unter E Rdn. 150).

7. Gemäß § 14 Abs. 4 TzBfG bedarf die wirksame Befristung eines Arbeitsvertrages der Schriftform. Ein Namenskürzel ist keine Unterschrift, die dem Schriftformerfordernis genügt (BAG, Urt. v. 20.08.2014 – 7 AZR 924/12, JurionRS 2014, 25320). Der Gesetzesbegründung (BT-Drs. 14/4625 S. 21) lässt sich entnehmen, dass lediglich die vertragliche Befristungsvereinbarung dem Schriftformerfordernis unterfällt. Der Arbeitsvertrag selbst kann formfrei geschlossen werden. Allerdings ist zu berücksichtigen, dass dann, wenn der Arbeitsvertrag aus einem Hauptteil, der die Befristungsabrede enthält, und vier Anlagen besteht, die alleinige Unterschrift des Arbeitnehmers unter der letzten Anlage (z.B. der Dienstwagenvereinbarung) die Schriftform des § 14 Abs. 4 TzBfG nicht wahrt (BAG, Urt. v. 04.11.2015 – 7 AZR 933/13, JurionRS 2015, 37868). Nicht vom Schriftformerfordernis erfasst ist die genaue Angabe des Sachgrundes der Befristung i.S.d. § 14 Abs. 1 TzBfG (BAG, Urt. v. 04.11.2015 – 7 AZR 933/13, JurionRS 2015, 37868). Mündliche Befristungsabreden sind unwirksam. Durch Arbeitsaufnahme kann das Schriftformerfordernis ebenfalls nicht erfüllt werden. Nach § 16 Satz 1 TzBfG gilt der Arbeitsvertrag als auf unbestimmte Zeit geschlossen (BAG, Urt. v. 22.10.2003 – 7 AZR 113/03, NZA 2004, 1275). In zeitlicher Hinsicht ist zu beachten, dass die Voraussetzungen des Schriftformerfordernisses zwingend zum Zeitpunkt des Vertragsbeginns erfüllt sein müssen (vgl. dazu AR/*Schüren* § 14 TzBfG Rn. 91). Ausnahmsweise findet § 14 Abs. 4 TzBfG keine Anwendung, wenn ein auf das Arbeitsverhältnis anwendbarer Tarifvertrag entsprechende Befristungs- und Bedingungsregelungen enthält (BAG, Urt. v. 23.07.2014 – 7 AZR 771/12, JurionRS 2014, 25293). Erforderlich ist jedoch, dass der Tarifvertrag insgesamt zur Anwendung gelangt, und nicht nur einzelne den Arbeitnehmer belastende Regelungen in Bezug genommen werden.

2. Befristeter Arbeitsvertrag mit Sachgrund

Vorbemerkung

Ein befristetes Arbeitsverhältnis endet im Gegensatz zu einem unbefristeten Arbeitsverhältnis, ohne dass es des Ausspruchs einer Kündigung bedarf. Das Gesetz über Teilzeitarbeit und befristete Arbeitsverträge (TzBfG) differenziert zwischen Befristungen mit und ohne sachlichen Grund (dazu unter E Rdn. 22 ff.) in Form von Zeitbefristungen sowie der in §§ 3 Abs. 1 Satz 2, 2. Alt. i.V.m. 15 Abs. 2 TzBfG genannten Zweckbefristung (dazu unter E Rdn. 32 ff.).

Rechtsgrundlage für die Befristung eines Arbeitsverhältnisses mit Sachgrund ist § 14 Abs. 1 TzBfG. Den unbestimmten Rechtsbegriff des sachlichen Grundes definiert das Gesetz nicht. Zur Konkretisierung nennt es in § 14 Abs. 1 Satz 2 Nr. 1 bis 8 TzBfG beispielhaft einzelne sachliche Gründe, die eine Befristung rechtfertigen (dazu AR/*Schüren* § 14 TzBfG Rn. 9 ff.). Maßgeblicher Zeitpunkt für die Überprüfung der Zulässigkeit der Befristung ist der Abschluss des Arbeitsvertrages (BAG, Urt. v. 24.09.2014 – 7 AZR 987/12, NZA 2015, 301). D.h., der sachliche Grund muss bereits im Zeitpunkt des Vertragsschlusses vorliegen. Die Angabe des Sachgrundes im Arbeitsvertrag ist nicht zwingend erforderlich (vgl. BAG, Urt. v. 21.12.2005 – 7 AZR 541/04, NZA 2006, 321). Allerdings fordert das BAG jedenfalls für den Sachgrund der Vertretung (dazu AR/ Schüren § 14 TzBfG Rn. 22 ff.) eine erkennbare Festlegung der Vertretungsverhältnisse, um den Sachgrund prüfen zu können (BAG, Urt. v. 15.02.2006 – 7 AZR 232/05, BB 2006, 1453). Bei mehreren Befristungen ist die Prüfung nicht auf den zuletzt geltend gemachten Sachgrund beschränkt. Vielmehr sind die Gerichte verpflichtet, alle Umstände in eine Gesamtabwägung einzubeziehen. Insbesondere sind auch die Gesamtdauer und die Anzahl der mit demselben Arbeitnehmer zur Verrichtung der gleichen Arbeit geschlossenen aufeinanderfolgenden befristeten Verträge zu berücksichtigen, um auszuschließen, dass ein missbräuchlicher Rückgriff auf befristete Arbeitsverträge durch den Arbeitgeber erfolgte (EuGH, Urt. v. 26.11.2014 – C-22/13 Mascolo, ArbRB 2014, 357; EuGH, Urt. v. 26.01.2012 – C-586/10 Kücük, ArbRB 2012, 35). Die unionsrechtlich gebotene Missbrauchskontrolle erfolgt im deutschen Recht nach § 242 BGB (BAG, Urt. v. 29.04.2015 – 7 AZR 310/13, JurionRS 2015, 19377; BAG, Urt. v. 18.07.2012 – 7 AZR 783/10, NZA 2012, 1359). Zu beachten ist, dass die Anforderungen an den Sachgrund steigen, wenn das Arbeitsverhältnis zuvor bereits mehrfach befristet war (vgl. BAG, Urt. v. 29.04.2015 – 7 AZR 310/13, JurionRS 2015, 19377; BAG, Urt. v. 18.07.2012 – 7 AZR 783/10, NZA 2012, 1359). Erleichterungen gelten für den Abschluss eines befristeten Arbeitsvertrages nach Erreichen des Renteneintrittsalters. Insoweit kommt der in § 14 Abs. 1 Satz 2 Nr. 6 TzBfG normierte Befristungsgrund in Betracht, wenn der Arbeitnehmer eine Altersrente aus der gesetzlichen Rentenversicherung beanspruchen kann und die befristete Fortsetzung des Arbeitsverhältnisses einer konkreten, im Zeitpunkt der Vereinbarung der Befristung bestehenden Personalplanung des Arbeitgebers dient (BAG, Urt. v. 11.02.2015 – 7 AZR 17/13, JurionRS 2015, 19378).

▶ **Muster – Befristeter Arbeitsvertrag mit Sachgrund**

15   zwischen
     [Name und Anschrift des Arbeitgebers]

     und
     [Name und Anschrift des Arbeitnehmers]

     1. Befristung

     Der Arbeitnehmer wird von dem Arbeitgeber für die Zeit vom ___[Datum]___ bis zum ___[Datum]___ [1] befristet als ___[Berufsbezeichnung]___ eingestellt. Das Arbeitsverhältnis endet mit Ablauf der Frist, ohne dass es einer Kündigung bedarf. [2] Die Befristung erfolgt, weil ___[Begründung]___ . [3]

     2. Kündigung

     Während der Laufzeit des Vertrages kann das Arbeitsverhältnis beiderseits mit einer Frist von ___[Anzahl]___ Wochen/Monaten zum Monatsende gekündigt werden. [4]

     3. ff. [Arbeitszeit, Vergütung, Urlaub, etc.] [5]

     ___[Ort, Datum]___ [6]

     _____
     (Unterschrift des Arbeitgebers)

     _____
     (Unterschrift des Arbeitnehmers)

Erläuterungen

Schrifttum

Bonanni/Schmidt Kettenbefristung von Arbeitsverträgen und Missbrauchskontrolle, ArbRB 2013, 216; *Bruhns* Aktuelle Rechtsprechung zu befristeten Arbeitsverhältnissen, NZA-RR 2010, 113; *Hunold* Rechtssicher befristen, AuA 2005, 343; *Reinhard* Dauervertretung oder Kettenbefristung, ArbRB 2012, 120; *Steenfatt* Befristete Arbeitsverträge, AuA 2009, 154; *Steinau-Steinrück/Oelkers* Befristung von Arbeitsverträgen – Chancen und Fallen, NJW-Spezial 2005, 33; *Vom Stein* Missbrauchskontrolle bei befristeten Arbeitsverträgen, NJW 2015, 369.

1. § 2 Abs. 1 Satz 2 Nr. 3 NachwG bestimmt, dass bei befristeten Arbeitsverhältnissen in einem Arbeitsvertrag die vorhersehbare Dauer des Arbeitsverhältnisses anzugeben ist.

2. Eine Weiterbeschäftigung des Arbeitnehmers nach Fristablauf sollte zwingend vermieden werden. Nach § 15 Abs. 5 TzBfG wird ein unbefristetes Arbeitsverhältnis zu den bisherigen Bedingungen fingiert, wenn das befristete oder auflösend bedingte Arbeitsverhältnis mit Wissen des Arbeitgebers fortgesetzt wird, wenn der Arbeitgeber nicht unverzüglich widerspricht. Ein Irrtum des Arbeitgebers über das Fortbestehen des Arbeitsverhältnisses schließt die Rechtsfolgen des § 15 Abs. 5 TzBfG nicht aus (LAG Düsseldorf, Urt. v. 26.09.2002 – 5 Sa 748/02, NZA-RR 2003, 175; KR/*Lipke* § 15 TzBfG Rn. 54).

3. Der Befristungsgrund muss im Vertrag nicht zwingend schriftlich niedergelegt sein (dazu unter E Rdn. 14).

4. Soll die Befristungsdauer als reine Höchstdauer vereinbart sein, muss sowohl dem Arbeitgeber als auch dem Arbeitnehmer (vgl. KR/*Lipke* § 15 TzBfG Rn. 34) ein Recht zur ordentlichen Kündigung auch während der Laufzeit des Vertrages ausdrücklich durch eine entsprechende Regelung eingeräumt werden. § 15 Abs. 3 TzBfG sieht die Vereinbarung einer entsprechenden Klausel explizit vor.

5. Insoweit wird auf die Ausführungen und das Muster zum Standardarbeitsvertrag unter B Rdn. 4 ff. verwiesen.

6. Nach § 14 Abs. 4 TzBfG bedarf die wirksame Befristung eines Arbeitsvertrages der Schriftform. Zu den Anforderungen, Besonderheiten und Ausnahmen im Einzelnen wird auf die Ausführungen unter E Rdn. 12 verwiesen.

3. Befristeter Arbeitsvertrag ohne Sachgrund

Vorbemerkung

Ein befristetes Arbeitsverhältnis endet im Gegensatz zu einem unbefristeten Arbeitsverhältnis, ohne dass es des Ausspruchs einer Kündigung bedarf. Das Gesetz über Teilzeitarbeit und befristete Arbeitsverträge (TzBfG) differenziert zwischen Befristungen mit (dazu unter E Rdn. 13 ff.) und ohne sachlichen Grund in Form von Zeitbefristungen sowie der in §§ 3 Abs. 1 Satz 2, 2. Alt. i.V.m. 15 Abs. 2 TzBfG genannten Zweckbefristung (dazu unter E Rdn. 32 ff.).

Rechtsgrundlage für den Abschluss eines befristeten Arbeitsvertrages ohne sachlichen Grund ist § 14 Abs. 2 TzBfG. Danach bedarf die kalendermäßige Befristung eines Arbeitsvertrages keines sachlichen Grundes, wenn der Arbeitsvertrag oder seine höchstens dreimalige Verlängerung nicht die Gesamtdauer von zwei Jahren überschreitet. Eine Befristung ohne Sachgrund ist nach § 14 Abs. 2 Satz 2 TzBfG unzulässig, wenn mit demselben Arbeitgeber bereits zuvor ein befristetes oder unbefristetes Arbeitsverhältnis bestanden hat. Eine »Zuvor-Beschäftigung« in diesem Sinne liegt allerdings nicht vor, wenn ein früheres Arbeitsverhältnis mehr als drei Jahre zurückliegt (BAG, Urt. v. 06.04.2011 – 7 AZR 716/09, NZA 2011, 905; BAG, Urt. v. 21.09.2011 – 7 AZR

375/10, NZA 2012, 255; a.A. LAG Baden-Württemberg, Urt. v. 21.02.2014 – 7 Sa 64/13, JurionRS 2014, 12461, Rev. anhängig unter 7 AZR 396/14; LAG Baden-Württemberg, Urt. v. 26.09.2013 – 6 Sa 28/13, ZIP 2013, 2481, Rev. anhängig unter 7 AZR 896/13; *Sievers* § 14 TzBfG Rn. 512 ff.; KR/*Lipke* § 14 TzBfG Rn. 518, 567 ff.; vgl. auch die weiteren Ausführungen unter E Rdn. 2). D.h., bei nicht weniger als drei Jahren zurückliegenden oder auch nur ganz kurzfristigen (Aushilfs-)Arbeitsverhältnissen scheidet die in § 14 Abs. 2 TzBfG normierte Befristungsmöglichkeit jedenfalls aus (BAG, Urt. v. 06.11.2003 – 2 AZR 690/02, NZA 2005, 218). Der Arbeitgeber sollte sich deshalb vor Abschluss eines nach § 14 Abs. 2 TzBfG befristeten Arbeitsvertrages Gewissheit darüber verschaffen, ob der Bewerber schon einmal mit ihm in einem Arbeitsverhältnis gestanden hat bzw. wann eine »Zuvor-Beschäftigung« erfolgte. Hintereinandergeschaltete sachgrundlose Befristungen mit verschiedenen Konzernunternehmen sind grundsätzlich zulässig (vgl. BAG, Urt. v. 18.10.2006 – 7 AZR 145/06, NZA 2007, 443). Einer Befristung nach § 14 Abs. 2 TzBfG nicht entgegenstehen eine frühere Tätigkeit beim Arbeitgeber im Rahmen eines Leiharbeitsverhältnisses (BAG, Urt. v. 18.10.2006 – 7 AZR 145/06, NZA 2007, 443) oder ein früheres Berufsausbildungsverhältnis (BAG, Urt. v. 21.09.2011 – 7 AZR 375/10, NZA 2012, 255). Zudem ist im Hinblick auf einen Betriebsübergang der erloschene übertragene Rechtsträger nicht derselbe Arbeitgeber i.S.d. § 14 Abs. 2 Satz 2 TzBfG wie der übernehmende Rechtsträger. War das Arbeitsverhältnis des Arbeitnehmers mit dem übertragenen Rechtsträger bereits vor einem im Zuge der Verschmelzung vollzogenen Betriebsübergang beendet, sind Betriebsveräußerer und Betriebserwerber nicht derselbe Arbeitgeber i.S.d. § 14 Abs. 2 Satz 2 TzBfG (BAG, Urt. v. 10.11.2004 – 7 AZR 101/04, NZA 2005, 514). Unter »Verlängerung« i.S.d. § 14 Abs. 2 TzBfG ist ausschließlich das unmittelbare Anschließen zweier befristeter Arbeitsverhältnisse ohne Änderung des Vertragsinhalts zu verstehen (BAG, Urt. v. 26.07.2000 – 7 AZR 51/99, BB 2000, 2576). Die Verlängerung muss an dem auf den letzten Tag des vorangegangenen Arbeitsverhältnisses folgenden Tag beginnen. Die Verlängerung darf sich allein auf die Änderung der Vertragslaufzeit beziehen und nicht mit Änderungen sonstiger Arbeitsbedingungen (z.B. Arbeitszeit, Vergütung, Tätigkeit etc.) verbunden werden (BAG, Urt. v. 23.08.2006 – 7 AZR 12/06, NZA 2007, 204; BAG, Urt. v. 18.01.2006 – 7 AZR 178/05, NZA 2006, 605). Dass die Befristung ohne sachlichen Grund erfolgt, muss nicht zwingend explizit vereinbart werden. Allerdings ist nach Ansicht des BAG aus unionsrechtlichen Gründen mittlerweile zu prüfen, ob die durch § 14 Abs. 2 TzBfG eröffneten Möglichkeiten zur sachgrundlosen Befristung eines Arbeitsverhältnisses durch den Arbeitgeber rechtsmissbräuchlich ausgenutzt wurden. Ist dies der Fall, kann er sich nicht auf die Befristung berufen (BAG, Urt. v. 24.06.2015 – 7 AZR 452/13, JurionRS 2015, 30500; BAG, Urt. v. 04.12.2013 – 7 AZR 290/12, JurionRS 2013, 54708). Die Darlegungs- und Beweislast für das Vorliegen einer rechtsmissbräuchlichen Vertragsgestaltung trägt derjenige, der sich auf die unwirksame Befristungsabrede stützen will.

24 Erleichterte Regelungen für die sachgrundlose Befristung gelten unter anderem nach § 14 Abs. 2a TzBfG in neugegründeten Unternehmen (dazu AR/*Schüren* § 14 TzBfG Rn. 78 ff.) und nach § 14 Abs. 3 TzBfG im Hinblick auf die Befristung von Arbeitsverträgen mit älteren Arbeitnehmern (dazu AR/*Schüren* § 14 TzBfG Rn. 81). Nach Auffassung des BAG (Urt. v. 28.05.2014 – 7 AZR 360/12, JurionRS 2014, 22260) ist jedenfalls die erstmalige Anwendung der Regelungen in § 14 Abs. 3 Sätze 1 und 2 TzBfG zwischen denselben Arbeitsvertragsparteien mit Unionsrecht und nationalem Verfassungsrecht vereinbar. Eine Besonderheit sieht der zum 01.07.2014 neu in Kraft getretene § 41 Satz 3 SGB VI für befristete Arbeitsverträge nach Erreichen der Altersgrenze vor. Danach können die Arbeitsvertragsparteien durch Vereinbarung während des Arbeitsverhältnisses den Beendigungszeitpunkt ggf. auch wiederholt hinausschieben, wenn zwischen ihnen die Beendigung des Arbeitsverhältnisses mit dem Erreichen der Altersgrenze vereinbart war.

▶ **Muster – Befristeter Arbeitsvertrag ohne Sachgrund**

zwischen

[Name und Anschrift des Arbeitgebers]

und

[Name und Anschrift des Arbeitnehmers]

1. Befristung

Der Arbeitnehmer wird von dem Arbeitgeber für die Zeit vom ____[Datum]____ bis zum ____[Datum]____ [1] befristet als ____[Funktion]____ eingestellt. Das Arbeitsverhältnis endet mit Ablauf der Frist, ohne dass es einer Kündigung bedarf. [2]

2. Neueinstellung

Der Arbeitgeber weist den Arbeitnehmer darauf hin, dass er diesen auf Grund der in § 14 Abs. 2 TzBfG normierten Befristungsregelung einstellt. Mit Rücksicht darauf versichert der Arbeitnehmer mit seiner Vertragsunterschrift ausdrücklich, dass er innerhalb der letzten drei Jahre zu keinem Zeitpunkt in einem Arbeitsverhältnis mit dem Arbeitgeber gestanden hat. Der Arbeitnehmer wird explizit darauf hingewiesen, dass eine unrichtige Angabe hierüber den Arbeitgeber zur Anfechtung des Arbeitsvertrages nach § 123 BGB berechtigen kann. [3]

3. Kündigung

Während der Laufzeit des Vertrages kann das Arbeitsverhältnis beiderseits mit einer Frist von ____[Datum]____ Wochen/Monaten zum ____[Datum]____ gekündigt werden. [4]

4.ff. [Arbeitszeit, Vergütung, Urlaub, etc.] [5]

____[Ort, Datum]____ [6]

_____
(Unterschrift des Arbeitgebers)

_____
(Unterschrift des Arbeitnehmers)

Erläuterungen

Schrifttum

Grimm Die Verlängerung des Arbeitsverhältnisses über die Regelaltersgrenze hinaus, ArbRB 2015, 92; *Heidl* Probleme der sachgrundlosen Befristung von Arbeitsverhältnissen nach § 14 Abs. 2 Satz 1, 2 TzBfG, RdA 2009, 297; *Heuschmid* Die sachgrundlose Befristung im Lichte des Verfassungs- und Unionsrechts, AuR 2014, 221; *Lembke* Die sachgrundlose Befristung von Arbeitsverträgen in der Praxis, NJW 2006, 325; *Moderegger* Voraussetzungen der sachgrundlosen Befristung – Neue Gestaltungsspielräume, ArbRB 2011, 180; *Osnabrügge* Die sachgrundlose Befristung von Arbeitsverhältnissen nach § 14 II TzBfG, NZA 2003, 639; *Poguntke* Neue Gestaltungsmöglichkeiten bei der Beschäftigung älterer Arbeitnehmer, NZA 2014, 1382.

1. § 2 Abs. 1 Satz 2 Nr. 3 NachwG bestimmt, dass bei befristeten Arbeitsverhältnissen in einem Arbeitsvertrag die vorhersehbare Dauer des Arbeitsverhältnisses anzugeben ist.

2. Eine Weiterbeschäftigung des Arbeitnehmers nach Fristablauf sollte zwingend vermieden werden. Nach § 15 Abs. 5 TzBfG wird ein unbefristetes Arbeitsverhältnis zu den bisherigen Bedingungen fingiert, wenn das befristete oder auflösend bedingte Arbeitsverhältnis mit Wissen des Arbeitgebers fortgesetzt wird, wenn der Arbeitgeber nicht unverzüglich widerspricht. Ein Irrtum des Arbeitgebers über das Fortbestehen des Arbeitsverhältnisses schließt die Rechtsfolgen des § 15 Abs. 5 TzBfG nicht aus (LAG Düsseldorf, Urt. v. 26.09.2002 – 5 Sa 748/02, NZA-RR 2003, 175; KR/*Lipke* § 15 TzBfG Rn. 54). Der befristete Arbeitsvertrag ohne Sachgrund kann nach

§ 14 Abs. 2 Satz 1 TzBfG grds. für zwei Jahre geschlossen und innerhalb dieses Zeitraumes höchstens dreimal verlängert werden. Eine Abweichung von beiden Vorgaben ist nach § 14 Abs. 2 Satz 3 TzBfG kumulativ möglich, wenn sich aus einem auf das Arbeitsverhältnis anwendbaren Tarifvertrag entsprechende Regelungen ergeben. Die tarifliche Dispositionsfreiheit besteht jedoch nicht uneingeschränkt. Möglich ist es aber bspw., wenn die gesetzlich zulässige Höchstbefristungsdauer von zwei Jahren und die Anzahl der zulässigen Vertragsverlängerungen (3) jeweils durch die Tarifbestimmungen verdoppelt werden (BAG, Urt. v. 18.03.2015 – 7 AZR 272/13, JurionRS 2015, 17686).

28 **3.** Da eine sachgrundlose Befristung nach § 14 Abs. 2 Satz 2 TzBfG unzulässig ist, wenn zwischen den Arbeitsvertragsparteien innerhalb eines Zeitraums von drei Jahren (vgl. zur Rechtslage auch E Rdn. 2) zwischen dem Ende des früheren Arbeitsverhältnisses und dem sachgrundlos befristeten neuen Arbeitsverhältnis bereits einmal ein befristetes oder unbefristetes Arbeitsverhältnis bestanden hat, steht dem Arbeitgeber zur Klärung des Vorliegens dieses Umstandes ein Fragerecht zu. Bei unrichtiger Beantwortung der Frage ist der Arbeitgeber nach § 123 BGB zur Anfechtung des Arbeitsvertrages berechtigt (vgl. HWK/*Schmalenberg*, § 14 TzBfG Rn. 116; *Sievers* § 14 TzBfG Rn. 542). Da dem Arbeitgeber im Hinblick auf das Vorliegen des in § 123 BGB normierten Anfechtungsgrundes (Täuschung) die Darlegungs- und Beweislast obliegt, sollte bereits eine entsprechende Erklärung in den Arbeitsvertrag aufgenommen werden.

29 **4.** Soll die Befristungsdauer als reine Höchstdauer vereinbart sein, muss sowohl dem Arbeitgeber als auch dem Arbeitnehmer (vgl. KR/*Lipke* § 15 TzBfG Rn. 34) ein Recht zur ordentlichen Kündigung auch während der Laufzeit des Vertrages ausdrücklich durch eine entsprechende Regelung eingeräumt werden. § 15 Abs. 3 TzBfG sieht die Vereinbarung einer entsprechenden Klausel explizit vor.

30 **5.** Insoweit wird auf die Ausführungen und das Muster zum Standardarbeitsvertrag unter B Rdn. 4 ff. verwiesen.

31 **6.** Nach § 14 Abs. 4 TzBfG bedarf die wirksame Befristung eines Arbeitsvertrages der Schriftform. Zu den Anforderungen, Besonderheiten und Ausnahmen im Einzelnen wird auf die Ausführungen unter E Rdn. 12 verwiesen.

4. Befristeter Arbeitsvertrag mit Zweckbefristung

Vorbemerkung

32 Ein befristetes Arbeitsverhältnis endet im Gegensatz zu einem unbefristeten Arbeitsverhältnis, ohne dass es des Ausspruchs einer Kündigung bedarf. Das Gesetz über Teilzeitarbeit und befristete Arbeitsverträge (TzBfG) differenziert zwischen Befristungen mit (dazu unter E Rdn. 13 ff.) und ohne sachlichen Grund (dazu unter E Rdn. 22 ff.) in Form von Zeitbefristungen sowie der in §§ 3 Abs. 1 Satz 2, 2. Alt. i.V.m. 15 Abs. 2 TzBfG genannten Zweckbefristung.

33 Die in §§ 3 Abs. 1 i.V.m. 15 Abs. 2 TzBfG normierte Zweckbefristung ist zulässig, wenn die Beendigung des Arbeitsverhältnisses von einem Ereignis abhängig gemacht wird, dessen Eintritt die Parteien als sicher, den Zeitpunkt jedoch als ungewiss ansehen (vgl. BAG, Urt. v. 26.03.1986 – 7 AZR 599/84, NZA 1987, 238). Dies gilt beispielsweise im Hinblick auf die Vertretung eines arbeitsunfähig erkrankten Arbeitnehmers, für den der Eintritt der Wiedergenesung unsicher ist. Die Zweckbefristung endet nicht von einem auf den anderen Tag, wenn der Zweck eingetreten ist. Vielmehr wird dem Arbeitnehmer eine Auslauffrist zugebilligt. Insoweit bestimmt § 15 Abs. 2 TzBfG, dass ein zweckbefristeter Arbeitsvertrag frühestens zwei Wochen nach Zugang der schriftlichen Unterrichtung des Arbeitnehmers durch den Arbeitgeber über den Zeitpunkt der Zweckerreichung sein Ende findet. Vertraglich können längere Fristen vereinbart werden. Die Vereinbarung einer kürzeren Frist ist nach § 22 Abs. 1 TzBfG ausgeschlossen. Für die Unterrichtung über die Zweckerreichung (dazu Muster und Erläuterungen unter E Rdn. 47 ff.) trägt der Arbeit-

geber die Darlegungs- und Beweislast. Der Arbeitgeber kann der Fortsetzung des Arbeitsverhältnisses auch schon vor dem Ende des befristeten Arbeitsverhältnisses widersprechen. Die Ablehnung des Wunsches des Arbeitnehmers, das Arbeitsverhältnis einvernehmlich fortzusetzen, stellt grundsätzlich einen Widerspruch i.S.d. § 15 Abs. 5 TzBfG dar (BAG, Urt. v. 11.07.2007 – 7 AZR 501/06, EzA § 15 TzBfG Nr. 2). Bei zweckbefristeten Arbeitsverträgen ist die Angabe des Befristungsgrundes wesentlicher Vertragsbestandteil und damit zwingend erforderlich (BAG, Urt. v. 21.12.2005 – 7 AZR 541/04, NZA 2006, 321).

▶ **Muster – Befristeter Arbeitsvertrag mit Zweckbefristung**

zwischen

___[Name und Anschrift des Arbeitgebers]___

und

___[Name und Anschrift des Arbeitnehmers]___

1. Befristung

Der Arbeitnehmer wird von dem Arbeitgeber ab dem ___[Datum]___ für die Dauer der Erkrankung des Arbeitnehmers ___[Name]___ [1] befristet als ___[Funktion]___ eingestellt. Das Arbeitsverhältnis endet mit der Rückkehr des Arbeitnehmers ___[Name]___ auf seinen Arbeitsplatz, und zwar mit einer Frist von zwei Wochen nach entsprechender Mitteilung des Arbeitgebers, [2] ohne dass es einer Kündigung bedarf. [3]

2. Kündigung

Während der Laufzeit des Vertrages kann das Arbeitsverhältnis beiderseits mit einer Frist von ___[Anzahl]___ Wochen/Monaten zum ___[Datum]___ gekündigt werden. [4]

3. ff. [Arbeitszeit, Vergütung, Urlaub, etc.] [5]

___[Ort, Datum]___ [6]

_____
(Unterschrift des Arbeitgebers)

_____
(Unterschrift des Arbeitnehmers)

Erläuterungen

Schrifttum
Bruhns Aktuelle Rechtsprechung zu befristeten Arbeitsverhältnissen, NZA-RR 2010, 113; *Kleinebrink* Rechtliche Möglichkeiten der »Rettung« unwirksamer Befristungen, ArbRB 2008, 95; *Sievers* Schriftform der Zweckbefristung, jurisPR-ArbR 10/2006 Anm. 6.

1. Nach § 2 Abs. 1 Satz 2 Nr. 3 NachwG ist bei befristeten Arbeitsverhältnissen die vorsehbare Dauer des Arbeitsverhältnisses in den Arbeitsvertrag aufzunehmen. Da die Vertragsdauer bei der Zweckbefristung von dem Vertragszweck abhängt, muss der Vertragszweck im Arbeitsvertrag schriftlich geregelt sein (BAG, Urt. v. 21.12.2005 – 7 AZR 541/04, NZA 2006, 321).

2. Bei einem zweckbefristeten Vertrag ist zwingend die Vorschrift des § 15 Abs. 2 TzBfG zu beachten. Hieraus ergibt sich, dass ein zweckbefristeter Arbeitsvertrag mit Erreichen des Zwecks endet, wobei der Arbeitgeber verpflichtet ist, die Zweckerreichung dem Arbeitnehmer spätestens unverzüglich nach Zweckerreichung schriftlich mitzuteilen (dazu Muster und Erläuterungen E Rdn. 47 ff.).

E. Zeitbezogene Sonderformen des Arbeitsverhältnisses

37 **3.** Eine Weiterbeschäftigung des Arbeitnehmers nach Fristablauf sollte zwingend vermieden werden. Nach § 15 Abs. 5 TzBfG wird ein unbefristetes Arbeitsverhältnis zu den bisherigen Bedingungen fingiert, wenn das befristete oder auflösend bedingte Arbeitsverhältnis mit Wissen des Arbeitgebers fortgesetzt wird, wenn der Arbeitgeber nicht unverzüglich widerspricht. Ein Irrtum des Arbeitgebers über das Fortbestehen des Arbeitsverhältnisses schließt die Rechtsfolgen des § 15 Abs. 5 TzBfG nicht aus (LAG Düsseldorf, Urt. v. 26.09.2002 – 5 Sa 748/02, NZA-RR 2003, 175; KR/*Lipke* § 15 TzBfG Rn. 54).

38 **4.** Soll die Befristungsdauer (Erreichen des Vertragszwecks) als reine Höchstdauer vereinbart sein, muss sowohl dem Arbeitgeber als auch dem Arbeitnehmer (vgl. KR/*Lipke* § 15 TzBfG Rn. 34) ein Recht zur ordentlichen Kündigung auch während der Laufzeit des Vertrages ausdrücklich durch eine entsprechende Regelung eingeräumt werden. § 15 Abs. 3 TzBfG sieht die Vereinbarung einer entsprechenden Klausel explizit vor.

39 **5.** Insoweit wird auf die Ausführungen und das Muster zum Standardarbeitsvertrag unter B Rdn. 4 ff. verwiesen.

40 **6.** Nach § 14 Abs. 4 TzBfG bedarf die wirksame Befristung eines Arbeitsvertrages der Schriftform. Zu den Anforderungen, Besonderheiten und Ausnahmen im Einzelnen wird auf die Ausführungen unter E Rdn. 12 verwiesen.

5. Mitteilung des Ablaufes des vereinbarten Befristungszeitraumes nach § 15 Abs. 1 TzBfG

Vorbemerkung

41 Nach § 15 Abs. 1 TzBfG endet ein kalendermäßig befristeter Arbeitsvertrag, ohne dass weitere Voraussetzungen vorliegen müssen, mit Ablauf der vereinbarten Zeit. Dies gilt auch dann, wenn der Arbeitnehmer im Zeitpunkt des Zeitablaufes Sonderkündigungsschutz genießt. Eine Nichtverlängerungsanzeige ist dementsprechend nicht notwendig, aber in der Praxis üblich. Nach § 15 Abs. 5 TzBfG hat der Arbeitgeber die Möglichkeit, der Fortsetzung des Arbeitsverhältnisses bereits vor dem Befristungsende zu widersprechen (BAG, Urt. v. 11.07.2007 – 7 AZR 501/06, EzA § 15 TzBfG Nr. 2). Es bietet sich deshalb an, dem Arbeitnehmer die Nichtverlängerungsanzeige gemeinsam mit dem Widerspruch schon vor Ablauf des Befristungszeitraums zukommen zu lassen.

▶ **Muster – Mitteilung des Ablaufes des vereinbarten Befristungszeitraumes nach § 15 Abs. 1 TzBfG**

42 [Briefkopf des Arbeitgebers]

[Name und Anschrift des Arbeitnehmers]

[Ort, Datum]

Sehr geehrte/r Frau/Herr _____ [Name] _____ ,

mit Vertrag vom _____ [Datum] _____ haben wir Sie befristet für den Zeitraum vom _____ [Datum] _____ bis zum _____ [Datum] _____ eingestellt. Das zwischen Ihnen und uns bestehende Arbeitsverhältnis endet dementsprechend am _____ [Datum] _____ . Einer Fortsetzung des Arbeitsverhältnisses über diesen Tag hinaus widersprechen wir vorsorglich. [1]

Wir weisen Sie darauf hin, dass Sie sich innerhalb von drei Tagen [2] nach Kenntnis des Beendigungszeitpunktes bei der Agentur für Arbeit persönlich arbeitssuchend melden müssen. Weiterhin sind Sie verpflichtet, aktiv nach einer neuen Beschäftigung zu suchen. [3]

Mit freundlichen Grüßen

_____
(Unterschrift des Arbeitgebers)

Mitteilung der Zweckerreichung nach § 15 Abs. 2 TzBfG **E.I.6.**

Erläuterungen

1. Zusätzlich kann das Arbeitsverhältnis für den Fall, dass die Befristungsabrede nicht wirksam war, hilfsweise fristgemäß gekündigt werden.

2. Rechtsgrundlage für die Meldepflicht des Arbeitnehmers ist § 38 Abs. 1 SGB III. Liegen zwischen der Kenntnis des Beendigungszeitpunktes und der Beendigung des Arbeitsverhältnisses noch mehr als drei Monate, ist eine Meldung bei der Agentur für Arbeit spätestens drei Monate vor Beendigung ausreichend.

3. Die Belehrung des Arbeitnehmers über die ihm obliegenden Pflichten gegenüber der Agentur für Arbeit muss der Arbeitgeber nicht zwingend vornehmen. § 2 Abs. 2 Satz 2 Nr. 3 SGB III spricht lediglich davon, dass der Arbeitgeber der Informationspflicht nachkommen »soll«. Eine Unterlassung des Hinweises begründet keine Schadensersatzansprüche gegen den Arbeitgeber (BAG, Urt. v. 29.09.2005 – 8 AZR 571/04, NZA 2005, 1406).

6. Mitteilung der Zweckerreichung nach § 15 Abs. 2 TzBfG

Vorbemerkung

§ 15 Abs. 2 TzBfG bestimmt, dass ein zweckbefristeter Arbeitsvertrag mit dem Erreichen des Zwecks, frühestens jedoch zwei Wochen nach Zugang der schriftlichen Unterrichtung des Arbeitnehmers durch den Arbeitgeber über den Zeitpunkt der Zweckerreichung endet. Nach § 15 Abs. 5 TzBfG muss der Arbeitgeber dem Arbeitnehmer die Zweckerreichung unverzüglich zwingend schriftlich mitteilen und der Fortsetzung des Arbeitsverhältnisses widersprechen. Wird das Arbeitsverhältnis über den Zeitpunkt der Zweckerreichung hinaus fortgesetzt und vergisst der Arbeitgeber die rechtzeitige Beendigungsmitteilung unverzüglich nach Bedingungseintritt, gilt das Arbeitsverhältnis nach § 15 Abs. 5 TzBfG als unbefristet. Der Arbeitgeber hat die Möglichkeit, der Fortsetzung des Arbeitsverhältnisses bereits vor dem Befristungsende zu widersprechen (BAG, Urt. v. 11.07.2007 – 7 AZR 501/06, EzA § 15 TzBfG Nr. 2). Es bietet sich deshalb an, dem Arbeitnehmer die Nichtverlängerungsanzeige gemeinsam mit dem Widerspruch schon vor Ablauf des Befristungszeitraums zukommen zu lassen.

▶ **Muster – Mitteilung der Zweckerreichung nach § 15 Abs. 2 TzBfG**

[Briefkopf des Arbeitgebers]

[Name und Anschrift des Arbeitnehmers]

Sehr geehrte/r Frau/Herr ____[Name]____ ,

mit Vertrag vom ____[Datum]____ haben wir Sie zweckbefristet für die Dauer der ____[beispielsweise Elternzeit der Arbeitnehmerin X]____ eingestellt. Dieser Zweck ist jetzt erreicht, da [z.B. Frau X nach Beendigung ihrer Elternzeit ihre Tätigkeit zum ____[Datum]____ wieder aufnehmen wird]. Das zwischen Ihnen und uns bestehende Arbeitsverhältnis endet dementsprechend aufgrund Zweckerreichung mit Ablauf des ____[Datum]____ .[1] Einer Fortsetzung des Arbeitsverhältnisses über diesen Tag hinaus widersprechen wir vorsorglich.[2]

Wir weisen Sie darauf hin, dass Sie sich innerhalb von drei Tagen [3] nach Kenntnis des Beendigungszeitpunktes bei der Agentur für Arbeit persönlich arbeitsuchend melden müssen. Weiterhin sind Sie verpflichtet, aktiv nach einer neuen Beschäftigung zu suchen.[4]

Mit freundlichen Grüßen

_____
(Unterschrift des Arbeitgebers)

Böhm 249

E. Zeitbezogene Sonderformen des Arbeitsverhältnisses

Erläuterungen

Schrifttum
Kossens Aktuelle Rechtsprechung zum Befristungsrecht nach dem TzBfG, NZA-RR 2009, 233; *Plander* Zweckbefristung – Schriftform, AP Nr. 18 zu § 14 TzBfG (Anm.).

48 **1.** Da das Arbeitsverhältnis nach § 15 Abs. 2 TzBfG frühestens zwei Wochen nach Zugang der schriftlichen Unterrichtung des Arbeitnehmers durch den Arbeitgeber über den Zeitpunkt der Zweckerreichung endet, ist es ratsam, den Arbeitnehmer frühestmöglich zu informieren, um kein unnötiges Arbeitsentgelt an diesen zahlen zu müssen. Die Unterrichtung muss den genauen Zeitpunkt der Zweckerreichung enthalten. D.h., Prognose- oder ungenaue Angaben sind nicht ausreichend. Die Unterrichtung muss den Anforderungen von § 126 BGB entsprechen. Textform (§ 126b BGB) genügt nicht (AR/*Schüren* § 15 TzBfG Rn. 7; a.A. *Sievers* § 15 TzBfG Rn. 9; ErfK/*Müller-Glöge* § 15 TzBfG Rn. 2). Erfüllt die Unterrichtung nicht die inhaltlichen Anforderungen oder wird die Schriftform nicht eingehalten, ist sie unwirksam (AR/*Schüren* § 15 TzBfG Rn. 9).

49 **2.** Auch wenn der Weiterbeschäftigung bereits im Rahmen der Mitteilung der Zweckerreichung widersprochen wird, sollte der Arbeitgeber den Widerspruch vorsorglich erneut erklären, wenn der Arbeitnehmer nach Ablauf der Befristung seine Arbeit aufnehmen möchte. Eine Weiterbeschäftigung des Arbeitnehmers nach Eintritt der Zweckerreichung sollte zwingend vermieden werden. Nach § 15 Abs. 5 TzBfG wird ein unbefristetes Arbeitsverhältnis zu den bisherigen Bedingungen fingiert, wenn das befristete oder auflösend bedingte Arbeitsverhältnis mit Wissen des Arbeitgebers fortgesetzt wird, wenn der Arbeitgeber nicht unverzüglich widerspricht. Ein Irrtum des Arbeitgebers über das Fortbestehen des Arbeitsverhältnisses schließt die Rechtsfolgen des § 15 Abs. 5 TzBfG nicht aus (LAG Düsseldorf, Urt. v. 26.09.2002 – 5 Sa 748/02, NZA-RR 2003, 175; KR/*Lipke* § 15 TzBfG Rn. 54).

50 **3.** Rechtsgrundlage für die Meldepflicht des Arbeitnehmers ist § 38 Abs. 1 SGB III. Liegen zwischen der Kenntnis des Beendigungszeitpunktes und der Beendigung des Arbeitsverhältnisses noch mehr als drei Monate, ist eine Meldung bei der Agentur für Arbeit spätestens drei Monate vor Beendigung ausreichend.

51 **4.** Die Belehrung des Arbeitnehmers über die ihm obliegenden Pflichten gegenüber der Agentur für Arbeit muss der Arbeitgeber nicht zwingend vornehmen. § 2 Abs. 2 Satz 2 Nr. 3 SGB III spricht lediglich davon, dass der Arbeitgeber der Informationspflicht nachkommen »soll«. Eine Unterlassung des Hinweises begründet keine Schadenersatzansprüche gegen den Arbeitgeber (BAG, Urt. v. 29.09.2005 – 8 AZR 571/04, NZA 2005, 1406).

7. Doppelt befristeter Arbeitsvertrag

Vorbemerkung

52 Es ist möglich, ein Arbeitsverhältnis doppelt, d.h., sowohl zweck- als auch kalendermäßig befristet auszugestalten. Dies erscheint insbesondere vor dem Hintergrund sachgerecht, dass ein Arbeitsverhältnis, das für den Zeitraum einer längeren Abwesenheit eines Arbeitnehmers zweckbefristet abgeschlossen wurde, nicht automatisch endet, wenn der Stammarbeitnehmer noch während seiner Abwesenheit kündigt oder gekündigt wird und deshalb nicht an seinen Arbeitsplatz zurückkehrt (BAG, Urt. v. 26.06.1996 – 7 AZR 674/95, NZA 1997, 200). Ist eine derartige Folge nicht beabsichtigt, sondern soll auch das Arbeitsverhältnis mit der Vertretungskraft enden, wenn feststeht, dass der Stammarbeitnehmer seine alte Position nicht wieder einnimmt, kann zusätzlich zu der Zweckbefristung noch ein kalendermäßig feststehender Termin gewählt werden, zu dem das Arbeitsverhältnis auf jeden Fall sein Ende findet. Dabei ist zu beachten, dass der Sachgrund der Vertretung für sich genommen grundsätzlich nicht die Befristung des Arbeitsvertrages mit dem Vertreter bis zum Ausscheiden des Vertretenen aus einem Beschäftigungsverhältnis rechtfertigt

(BAG, Urt. v. 24.09.1997 – 7 AZR 669/96, NZA 1998, 419). Zu diesem Zeitpunkt entfällt der Vertretungsbedarf nicht, sondern er manifestiert sich auf Dauer. Die Doppelbefristung ist daher nur zulässig, wenn sie auf § 14 Abs. 2 TzBfG oder einen anderen Sachgrund gestützt werden kann, beispielsweise darauf, dass der Arbeitgeber bereits bei Abschluss des befristeten Arbeitsvertrages beabsichtigte, die Stelle zukünftig einzusparen oder der Vertreter zwar als zeitweilige Aushilfe, nicht aber für eine Dauerbeschäftigung, geeignet ist. Für den entsprechenden Vortrag trägt der Arbeitgeber die Darlegungs- und Beweislast (BAG, Urt. v. 24.09.1997 – 7 AZR 669/96, NZA 1998, 419). Die Wirksamkeit der kombinierten Befristungsabreden ist getrennt zu prüfen (*Sievers* § 3 TzBfG Rn. 21). D.h., wenn etwa die zeitlich früher greifende Zweckbefristung unwirksam ist, kommt es auf die weiter vereinbarte Zeitbefristung an (BAG, Urt. v. 19.02.2014 – 7 AZR 260/12, JurionRS 2014, 13152). Eine weitere Flexibilisierung hinsichtlich der Dauer des Arbeitsverhältnisses kann der Arbeitgeber schließlich dadurch erreichen, dass er zusätzlich zu der Doppelbefristung noch eine Kündigungsklausel in den Arbeitsvertrag aufnimmt. Die entsprechende Möglichkeit, das befristete Arbeitsverhältnis auch schon vor dem kalendermäßig fixierten Endtermin bzw. dem Erreichen des Zwecks durch ordentliche Kündigung zu beenden, ergibt sich bei entsprechender Vereinbarung aus § 15 Abs. 3 TzBfG.

▶ **Muster – Doppelt befristeter Arbeitsvertrag**

zwischen

[Name und Anschrift des Arbeitgebers]

und

[Name und Anschrift des Arbeitnehmers]

1. Befristung

Der Arbeitnehmer wird von dem Arbeitgeber für die Zeit vom ___[Datum]___ bis zum ___[Datum]___ befristet als ___[Funktion]___ eingestellt. Das Arbeitsverhältnis endet mit Ablauf der Frist, ohne dass es einer Kündigung bedarf. Die Befristung erfolgt, weil sich der Arbeitnehmer ___[Name]___ bis zum ___[Datum]___ in Elternzeit befindet, die voraussichtlich am ___[Datum]___ beendet ist.[1] Dauert die Elternzeit länger, endet das Arbeitsverhältnis mit der Rückkehr des Arbeitnehmers ___[Name]___ auf seinen Arbeitsplatz[2] und zwar mit einer Frist von zwei Wochen nach entsprechender Mitteilung des Arbeitgebers.[3]

2. Kündigung

Während der Laufzeit des Vertrages kann das Arbeitsverhältnis beiderseits mit einer Frist von ___[Anzahl]___ Wochen/Monaten zum Monatsende gekündigt werden.[4]

3. ff. [Vergütung, Urlaub, etc.]

___[Ort, Datum]___ [5]

_____
(Unterschrift des Arbeitgebers)

_____
(Unterschrift des Arbeitnehmers)

Erläuterungen

Schrifttum
Boemke Wirksamkeit formularmäßiger Doppelbefristungen, jurisPR-ArbR 39/2008 Anm. 1; *Krannig/Rüger* Die in den vergangenen Jahren üblich gewordene Doppelbefristung wird beschränkt, BB 2008, 1738; *Ulrici* Doppelbefristung und Kündigung während der Wartezeit, jurisPR-ArbR 24/2009 Anm. 4.

54 **1.** In § 21 Abs. 1 BEEG hat der Gesetzgeber diesen Befristungsgrund ausdrücklich anerkannt, indem er bestimmt hat, dass ein sachlicher Grund, der die Befristung des Arbeitsverhältnisses rechtfertigt, dann vorliegt, wenn ein Arbeitnehmer zur Vertretung eines anderen Arbeitnehmers für die Dauer eines Beschäftigungsverbotes nach dem MuSchG, einer Elternzeit, einer auf Tarifvertrag, Betriebsvereinbarung oder einzelvertraglicher Vereinbarung beruhenden Arbeitsfreistellung zur Betreuung eines Kindes oder für diese Zeiten zusammen oder für Teile davon eingestellt wird. Darüber hinaus ist die Befristung nach § 21 Abs. 2 BEEG auch für notwendige Zeiten der Einarbeitung zulässig. Die Vorschrift verlangt nicht, dass die Vertretungskraft auf demselben Arbeitsplatz eingesetzt wird, wie der Elternzeit-Arbeitnehmer (BAG, Urt. v. 11.02.2015 – 7 AZR 113/13, JurionRS 2015, 13494; BAG, Urt. v. 27.09.2000 – 7 AZR 412/99, NZA 2001, 339). Nach § 16 Abs. 3 BEEG kann die Elternzeit vorzeitig beendet oder im Rahmen des § 15 Abs. 2 BEEG verlängert werden, wenn der Arbeitgeber zustimmt. Kann ein vorgesehener Wechsel in der Anspruchsberechtigung aus wichtigem Grund nicht erfolgen, beispielsweise wegen der Erkrankung oder dem Tod des anderen Elternteils, hat der Arbeitnehmer einen Anspruch auf Verlängerung der Elternzeit gem. § 16 Abs. 3 Satz 4 BEEG (dazu AR/*Klose* § 16 BEEG Rn. 8).

55 **2.** Wird der Arbeitnehmer über den ersten Befristungszeitraum hinaus weiter beschäftigt, kommt es auf die Wirksamkeit der zweiten Befristung an. Dies ist hier die Zweckbefristung bis zur Rückkehr aus der Elternzeit. Zulässig wäre es, die Befristung kalendarisch kürzer zu fassen als das mögliche Ende des Befristungszwecks (BAG, Urt. v. 09.09.2015 – 7 AZR 148/14, JurionRS 2015, 34384). Wurde (im umgekehrten Fall) neben einer zeitlich früher greifenden Zweckbefristung eine Zeitbefristung vereinbart und wird der Arbeitnehmer nach Zweckerreichung weiterbeschäftigt, verlängert sich das Arbeitsverhältnis nach § 15 Abs. 5 TzBfG nicht automatisch auf unbestimmte Zeit. Vielmehr führt die Fiktionswirkung des § 15 Abs. 5 TzBfG nur zu einem Fortbestand des Arbeitsverhältnisses bis zum Ablauf der Zeitbefristung, da diese die Wirkung einer Höchstbefristung hat (BAG, Urt. v. 19.02.2014 – 7 AZR 260/12, JurionRS 2014, 13152; *Sievers* § 3 TzBfG Rn. 22).

56 **3.** Da der Vertrag auch zweckbefristet ist, ist zwingend die Vorschrift des § 15 Abs. 2 TzBfG zu beachten. Hieraus ergibt sich, dass ein zweckbefristeter Arbeitsvertrag mit Erreichen des Zwecks endet, wobei der Arbeitgeber verpflichtet ist, die Zweckerreichung dem Arbeitnehmer spätestens unverzüglich nach Zweckerreichung schriftlich mitzuteilen (vgl. Muster unter E Rdn. 34).

57 **4.** Soll die Befristungsdauer als reine Höchstdauer vereinbart sein, muss sowohl dem Arbeitgeber als auch dem Arbeitnehmer (vgl. KR/*Lipke* § 15 BGB Rn. 34) ein Recht zur ordentlichen Kündigung auch während der Laufzeit des Vertrages ausdrücklich durch eine entsprechende Regelung eingeräumt werden. § 15 Abs. 3 TzBfG sieht die Vereinbarung einer entsprechenden Klausel explizit vor.

58 **5.** Nach § 14 Abs. 4 TzBfG bedarf die wirksame Befristung eines Arbeitsvertrages der Schriftform. Zu den Anforderungen, Besonderheiten und Ausnahmen im Einzelnen wird auf die Ausführungen unter E Rdn. 12 verwiesen.

8. Prozessarbeitsverhältnis

Vorbemerkung

59 Eine Prozessbeschäftigung ist in zwei Konstellationen denkbar. Diese sind aufgrund ihrer unterschiedlichen Wirksamkeitsvoraussetzungen strikt voneinander zu trennen. Zu differenzieren ist zwischen der faktischen Weiterbeschäftigung des Arbeitnehmers zur Vermeidung der Zwangsvollstreckung aus einem erstinstanzlichen Weiterbeschäftigungstitel (gerichtlich erzwungene Prozessbeschäftigung) einerseits und der (freiwilligen) Vereinbarung einer vorläufigen Weiterbeschäftigung vor Erlass eines der Kündigungsschutzklage stattgebenden Urteils für die Dauer des Kündigungsschutzprozesses andererseits (vgl. BAG, Urt. v. 08.04.2014 – 9 AZR 856/11, JurionRS 2014,

17936). Letztere bezweckt zum einen die Minimierung des Verzugslohnrisikos für den Arbeitgeber. Zum anderen wird mit einer derartigen Vereinbarung über eine vorläufige Weiterbeschäftigung die Ungewissheit beseitigt, ob in der Zeit bis zur rechtskräftigen Entscheidung über die Entfristungs-/Kündigungsschutzklage noch ein Arbeitsverhältnis mit daraus resultierenden Arbeits- und Beschäftigungspflichten besteht (BAG, Urt. v. 22.10.2003 – 7 AZR 113/03, NZA 2004, 1275). Ob die Beschäftigung eines Arbeitnehmers auf einem freiwilligen Angebot des Arbeitgebers basierenden Prozessarbeitsverhältnis oder als faktische Prozessbeschäftigung erfolgt, ist ggf. durch Auslegung zu ermitteln (BAG, Urt. v. 08.04.2014 – 9 AZR 856/11, JurionRS 2014, 17936; LAG Thüringen, Urt. v. 02.10.2007 – 1 Ca 136/06). Sofern der Arbeitnehmer auch nach einem klageabweisenden Berufungsurteil noch weiterbeschäftigt wird, spricht dieser Umstand für das Vorliegen eines vertraglichen Prozessarbeitsverhältnisses. Für eine faktische Prozessbeschäftigung zur Vermeidung von Zwangsvollstreckungsmaßnahmen hätte dann keine Veranlassung mehr bestanden (BAG, Urt. v. 08.04.2014 – 9 AZR 856/11, JurionRS 2014, 17936). Nach § 717 Abs. 1 ZPO entfällt die vorläufige Vollstreckbarkeit eines Urteils mit Verkündung des Urteils in der Rechtsmittelinstanz, das die Entscheidung in der Hauptsache aufhebt oder abändert. Ein weiteres Indiz für ein vertragliches Prozessarbeitsverhältnis liegt vor, wenn der Arbeitgeber die Weiterbeschäftigung des Arbeitnehmers gerade nicht auf die Abwehr von Vollstreckungsmaßnahmen beschränkt, sondern diesem nach dessen Empfängerhorizont einen Arbeitsplatz längstens befristet bis zum rechtskräftigen Abschluss des Entfristungs-/Kündigungsrechtsstreits anbietet (BAG, Urt. v. 08.04.2014 – 9 AZR 856/11, JurionRS 2014, 17936).

Erfolgt die Prozessbeschäftigung ausschließlich zur Abwendung der Zwangsvollstreckung, kommt kein Vertragsverhältnis zu Stande (BAG, Urt. v. 08.04.2014 – 9 AZR 856/11, JurionRS 2014, 17936). Vielmehr entsteht lediglich ein gesetzliches Schuldverhältnis, das nach bereicherungsrechtlichen Grundsätzen abgewickelt wird (LAG Niedersachsen, Urt. v. 27.09.2005 – 13 Sa 275/05, NZA-RR 2006, 179). Bei einem freiwilligen Prozessarbeitsverhältnis sind hingegen die Vorschriften des TzBfG zu beachten. D.h., die arbeitsvertragliche Vereinbarung über die befristete Weiterbeschäftigung des Arbeitnehmers bis zur rechtskräftigen Entscheidung des Entfristungs-/Kündigungsrechtsstreits bedarf insbesondere nach § 14 Abs. 4 TzBfG zu seiner Wirksamkeit der Schriftform (BAG, Urt. v. 08.40.2014 – 9 AZR 856/11, JurionRS 2014, 17936; a.A. AR/*Fischermeier* § 625 BGB Rn. 24). Zudem ist das Vorliegen eines Sachgrundes i.S.d. § 14 Abs. 1 TzBfG erforderlich (DLW/*Stichler* Kapitel 5 Rn. 483). Insoweit ist davon auszugehen, dass der Abschluss eines befristeten Prozessarbeitsverhältnisses zur Vermeidung von Annahmeverzugslohn auf einem den Befristungsgründen in § 14 Abs. 1 TzBfG gleichwertigen Sachgrund beruht (LAG Köln, Urt. v. 05.04.2012 – 13 Sa 1360/11, AE 2013, 20; LAG Köln, Urt. v. 30.05.2011 – 2 Sa 209/11, ArbR 2011, 624). Ändert das Landesarbeitsgericht die erstinstanzliche Entscheidung ab, und weist es die Entfristungs-/Kündigungsschutzklage ab, sollte der Arbeitgeber den bis dahin weiterbeschäftigten Arbeitnehmer spätestens bei Urteilsverkündung auffordern, seine Arbeit zu beenden. Ansonsten riskiert er die konkludente Begründung eines (neuen) Arbeitsverhältnisses (BAG, Urt. v. 08.04.2014 – 9 AZR 856/11, JurionRS 2014, 17936).

▶ **Muster – Vertragliches Prozessarbeitsverhältnis** [1]

zwischen

[Name und Anschrift des Arbeitgebers]

und

[Name und Anschrift des Arbeitnehmers]

Präambel

Der Arbeitnehmer hat gegen die ihm am [Datum Zugang des Kündigungsschreibens] zum [angegebenes Beendigungsdatum] ausgesprochene Kündigung vor dem Arbeitsgericht [Stadt] Kündigungsschutzklage erhoben. Zugleich hat er beantragt:

»Die Beklagte (Arbeitgeber) wird verurteilt, den Kläger (Arbeitnehmer) für den Fall des Obsiegens mit dem Klageantrag Ziff. 1 bis zur rechtskräftigen Entscheidung über diesen Feststellungsantrag zu den im Arbeitsvertrag vom ___[Datum]___ geregelten Arbeitsbedingungen als ___[Tätigkeitsbezeichnung]___ weiter zu beschäftigen.«

Vor diesem Hintergrund wird zwischen den Parteien Folgendes vereinbart:

1. Der Arbeitgeber bietet dem Arbeitnehmer eine durch die rechtskräftige Feststellung der Wirksamkeit der Kündigung auflösend bedingte Fortsetzung seines Arbeitsverhältnisses [2] zu den bisherigen im Arbeitsvertrag vom ___[Datum]___ aufgeführten Bedingungen als ___[Tätigkeitsbezeichnung]___ /einen für die Dauer des Kündigungsrechtsstreits befristeten neuen Arbeitsvertrag [3] zu den im Arbeitsvertrag vom ___[Datum]___ aufgeführten bisherigen Bedingungen als ___[Tätigkeitsbezeichnung]___ an.

2. Der Arbeitnehmer nimmt das Angebot auf Prozessbeschäftigung an. [4]

3. Der Arbeitgeber hält an der Wirksamkeit der ausgesprochenen Kündigung vom ___[Datum Zugang des Kündigungsschreibens]___ fest und begibt sich mit dieser Vereinbarung keinerlei Rechte. [5]

4. Änderungen oder Ergänzungen dieser Vereinbarung bedürfen zu ihrer Wirksamkeit der Schriftform, es sei denn, sie beruhen auf einer ausdrücklichen oder individuellen Vertragsabrede i.S.d. § 305b BGB. Auch die Aufhebung dieses Schriftformerfordernisses bedarf der Schriftform.

___[Ort, Datum]___ [6]

_____
(Unterschrift des Arbeitgebers)

_____
(Unterschrift des Arbeitnehmers)

Erläuterungen

Schrifttum

Böhm Das Prozessarbeitsverhältnis – Ein Fluch oder Segen?, ArbRB 2012, 382; *Leydecker/Heider/Fröhlich* Die Vollstreckung des Weiterbeschäftigungsanspruchs, BB 2009, 2703; *Lüderitz/Pawlak* Das Annahmeverzugsrisiko des Arbeitgebers, NZA 2011, 313; *Zimmerling* Annahmeverzug und Prozessbeschäftigung im Kündigungsschutzprozess, Monographie 2011.

62   1. Von dem vertraglich vereinbarten Prozessarbeitsverhältnis, mit welchem die Weiterbeschäftigung vor Erlass eines der Kündigungsschutzklage stattgebenden Urteils vereinbart wird, ist die gerichtlich erzwungene Prozessbeschäftigung zur Abwendung der Zwangsvollstreckung zu unterscheiden. Zu Klarstellungszwecken und aus Gründen der Rechtssicherheit ist dem Arbeitgeber auch insoweit zu empfehlen, den Arbeitnehmer spätestens nach Erhalt der Sitzungsniederschrift mit Urteilstenor zu kontaktieren, und die Rahmenbedingungen für die Prozessbeschäftigung schriftlich zu fixieren. Hierzu bietet sich unter anderem folgende Regelung an (vgl. *Hümmerich* Vertragsgestaltung, 6. Aufl. S. 1601, Rn. 449):

Vertragliches Prozessarbeitsverhältnis: Alternative:

63   *[1. Das Unternehmen weist Frau/Herrn ___[Name]___ zur Vermeidung eines Zwangsvollstreckungsverfahrens an, am ___[Datum]___ zur Arbeit zu erscheinen und ihre/seine bisherige vertraglich geschuldete Tätigkeit aufzunehmen.*

2. Die Parteien vereinbaren hinsichtlich des Urteils des vor dem Arbeitsgericht ___[Stadt]___ unter dem Aktenzeichen _____ anhängigen Rechtsstreits Folgendes: Das Arbeitsgericht ___[Stadt]___ hat mit Urteil vom ___[Datum]___, verkündet am ___[Datum]___, das Unternehmen verpflichtet, Frau/Herrn ___[Name]___ bis zum rechtskräftigen Abschluss des Verfahrens weiter zu beschäftigen. Zur Abwendung der Zwangsvollstreckung aus diesem Urteil und zur Erfüllung dieser Weiterbeschäftigungspflicht verpflichtet sich das Unterneh-

men, Frau/Herrn ____*[Name]*____ *als* __*[Tätigkeitsbezeichnung]*__ *solange weiter zu beschäftigen, bis eine entgegenstehende Entscheidung einer höheren Instanz oder ein anderer Beendigungstatbestand vorliegt.*

3. *Falls der anhängige Rechtstreit zu Gunsten von Frau/Herrn* _____*[Name]*_____ *entschieden wird, endet die vorliegende Vereinbarung mit der Rechtskraft des Urteils und Frau/Herr* ____*[Name]*____ *wird ausschließlich auf der Grundlage des bisherigen Arbeitsvertrages vom* ____*[Datum]*____ *weiter beschäftigt.*

4. *Im Übrigen findet die Beschäftigung von Frau/Herrn* ____*[Name]*____ *während der Prozessbeschäftigung mit dem Inhalt des Arbeitsvertrages vom* ___*[Datum]*___ *statt.*

5. *Das Unternehmen hält an der Wirksamkeit der ausgesprochenen Kündigung vom* __*[Datum Zugang des Kündigungsschreibens]*__ *fest und begibt sich mit dieser Vereinbarung keinerlei Rechte.]*

2. Sieht die Vereinbarung vor, dass die Weiterbeschäftigung bis zur rechtskräftigen Feststellung der Wirksamkeit der Kündigung befristet ist, handelt es sich um eine auflösende Bedingung i.S.d. § 21 TzBfG. 64

3. Hat die Vereinbarung die Beschäftigung des Arbeitnehmers bis zum erstinstanzlichen oder rechtskräftigen Abschluss des Kündigungsschutzprozesses zum Gegenstand, liegt eine Zweckbefristung vor (BAG, Urt. v. 19.01.2005 – 7 AZR 113/04, BAGReport 2005, 253). In diesem Fall ist bei Abschluss der Weiterbeschäftigungsvereinbarung aus Sicht der Parteien die rechtskräftige Entscheidung über die Kündigungsschutzklage ein zukünftiges Ereignis, dessen Eintritt feststeht, lediglich der Zeitpunkt des Eintritts ist ungewiss (Tschöpe/*Schmalenberg* S. 319, Rn. 103a). 65

4. Der Arbeitnehmer verliert seinen Annahmeverzugslohnanspruch, wenn er ein zumutbares vertragliches Angebot zur Weiterbeschäftigung nicht annimmt. Die Ablehnung dieses Angebots stellt sich als böswilliges Unterlassen eines Zwischenverdienstes i.S.d. § 615 Satz 2, 3. Alt. BGB dar (BAG, Urt. v. 22.02.2000 – 9 AZR 194/99, ArbuR 2000, 315). Nach Ansicht des BAG hängt die Zumutbarkeit der Annahme des Weiterbeschäftigungsangebotes von dem Kündigungsgrund und den konkreten Umständen des Einzelfalles ab (BAG, Urt. v. 24.09.2003 – 5 AZR 500/02, NZA 2004, 90). Hierzu gelten folgende Leitlinien: Bei einer personen- oder betriebsbedingten Kündigung ist es dem Arbeitnehmer grundsätzlich zumutbar, das Angebot des Arbeitgebers anzunehmen, die bisherige Tätigkeit zu unveränderten Konditionen im Rahmen eines Prozessarbeitsverhältnisses bis zum Ende eines Rechtsstreits wieder aufzunehmen. Bei einer verhaltensbedingten Kündigung ist eine Interessenabwägung vorzunehmen. Das Ansehen des Arbeitnehmers und/oder die Schwere der gegen ihn erhobenen Vorwürfe können hier zu einer Unzumutbarkeit der Wiederaufnahme der Tätigkeit führen. Dies gilt ausnahmsweise aber dann nicht, wenn der Arbeitnehmer selbst einen Weiterbeschäftigungsanspruch geltend macht. Denn hiermit bringt er die Zumutbarkeit der Wiederaufnahme der Tätigkeit für ihn gerade zum Ausdruck (BAG, Urt. v. 24.09.2003 – 5 AZR 500/02, NZA 2004, 90). Nimmt er das Weiterbeschäftigungsangebot dennoch nicht an, zeigt er damit, dass er nicht leistungswillig ist. Der Annahmeverzug des Arbeitgebers ist ausgeschlossen (BAG, Urt. v. 13.07.2005 – 5 AZR 578/04, NZA 2005, 1348). 66

5. Der Arbeitnehmer darf nicht zur Bedingung der Prozessbeschäftigung machen, dass der Arbeitgeber auf die Wirkungen der Kündigung endgültig verzichtet (BAG 13.07.2005 – 5 AZR 578/04, NZA 2005, 1348). 67

6. Die Vereinbarung über die befristete Weiterbeschäftigung während des Kündigungsschutzprozesses bedarf nach § 14 Abs. 4 TzBfG zu ihrer Wirksamkeit der Schriftform (BAG, Urt. v. 22.10.2003 – 7 AZR 113/03, NZA 2004, 1275). Zu den Anforderungen, Besonderheiten und Ausnahmen im Einzelnen wird auf die Ausführungen unter E Rdn. 12 verwiesen. 68

II. Teilzeit

1. Arbeitsvertrag für geringfügig Beschäftigte in einem Privathaushalt

Vorbemerkung

69 Verrichtet eine Person in einem Privathaushalt dem Inhaber oder seiner Familie Haushaltsarbeiten im herkömmlichen Sinne, wie beispielsweise Reinigen der Räume, Pflege der Wäsche, Einkaufen von Waren des täglichen Bedarfs, Kochen, Gartenpflege etc. gegen Arbeitsentgelt wird ein Beschäftigungsverhältnis begründet, welches dem allgemeinen Arbeitsvertragsrecht (§§ 611 ff. BGB) unterliegt. Anzuwenden sind insbesondere auch die Grundsätze der Arbeitnehmerhaftung. Das Arbeitsschutzrecht gilt hingegen für Hausangestellte in privaten Haushalten nach § 1 Abs. 2 ArbSchG nicht. Nicht zur Anwendung kommen auch die in § 622 Abs. 2 BGB normierten verlängerten Kündigungsfristen, da diese die Beschäftigung in einem Betrieb oder in einer Verwaltung voraussetzen. Dementsprechend kann ein Arbeitnehmer, der in einem Privathaushalt geringfügig beschäftigt ist, nach § 622 Abs. 1 BGB mit einer Frist von vier Wochen zum 15. oder zum Ende eines Monats gekündigt werden. Der im MuSchG und im BEEG geregelte Sonderkündigungsschutz ist ebenso zu beachten wie das Schwerbehindertenrecht. Es ist zulässig, den Abschluss des Arbeitsvertrages auf die Dauer der Lebenszeit des Arbeitgebers zu vereinbaren. Eine Sittenwidrigkeit i.S.d. § 138 BGB ist hierin nicht zu sehen. Besteht kein Grund zur außerordentlichen Kündigung ist eine gleichwohl erklärte Kündigung rechtsunwirksam (BAG, Urt. v. 25.03.2004 – 2 AZR 153/03, BB 2004, 2303).

70 Steuerermäßigungen für haushaltsnahe Beschäftigungsverhältnisse ergeben sich aus § 35a EStG. In sozialversicherungsrechtlicher Hinsicht gilt nach § 8a Satz 1 SGB IV § 8 SGB IV, wenn geringfügig Beschäftigte ausschließlich in Privathaushalten beschäftigt werden. Dementsprechend ist die Beschäftigung versicherungsfrei, wird aber unter den Voraussetzungen des § 8 Abs. 2 SGB IV mit anderen geringfügigen Beschäftigungen oder – wenn mehrere geringfügige Beschäftigungen ausgeübt werden – auch mit einer nichtgeringfügigen Hauptbeschäftigung zusammengerechnet. Ob eine geringfügige Beschäftigung vorliegt, richtet sich nach den allgemeinen Voraussetzungen in § 8 SGB IV i.V.m. § 8a Satz 2 SGB IV. Für Beschäftigte im Privathaushalt nach § 8a SGB IV, die versicherungsfrei sind, trägt der Arbeitgeber einen Krankenversicherungsbeitrag in Höhe von lediglich 5 % des Arbeitsentgelts dieser Beschäftigung (§ 249b Satz 2 SGB V). Dieser Pauschalbeitrag zur gesetzlichen Krankenversicherung ist unabhängig davon zu entrichten, ob der Beschäftigte gesetzlich krankenversichert ist. Zudem sind bei haushaltsnahen Dienstleistungen 2 % Pauschalsteuer mit Abgeltungswirkung inkl. Solidaritätszuschlag und Kirchensteuer zu bezahlen (vgl. § 40a Abs. 2 EStG). In der Rentenversicherung besteht – wie auch für sonstige geringfügig Beschäftigte – seit dem 01.01.2013 grundsätzlich Versicherungspflicht. Es ist allerdings möglich, sich hiervon befreien zu lassen (vgl. § 6 Abs. 1b SGB VI). Für Beschäftigte in Privathaushalten nach § 8a SGB IV zahlt der Arbeitgeber für den Beschäftigten, wenn dieser keine Befreiung von der Rentenversicherungspflicht beantragt hat, 5 % des auf das Arbeitsentgelt aus der Beschäftigung entfallenden Pflichtbeitrags (§ 172 Abs. 3a SGB VI). Die Meldung in der Unfallversicherung erfolgt gegenüber der örtlich zuständigen Gemeinde, dem Unfallversicherungsverband oder der Unfallkasse. Für die im Haushalt geringfügig Beschäftigten, deren monatliches Arbeitsentgelt 450 € nicht übersteigt, hat der Arbeitgeber der zuständigen Einzugsstelle (DRV Knappschaft-Bahn-See/Verwaltungsstelle Cottbus, vgl. § 28i Satz 5 SGB IV) eine vereinfachte Meldung (sog. Haushaltsscheckverfahren) zu erstatten (dazu umfassend: *Schlegel/Voelzke* Praxiskommentar SGB IV, § 28a Rn. 86 ff.). Gem. § 28a Abs. 7 Satz 2 SGB IV ist der zuständigen Einzugsstelle eine Ermächtigung zum Einzug des Gesamtsozialversicherungsbeitrags zu erteilen. Der Haushaltsscheck ist vom Arbeitgeber und vom Arbeitnehmer zu unterschreiben.

▶ **Muster – Arbeitsvertrag für geringfügig Beschäftigte in einem Privathaushalt** [1]

zwischen

__[Name und Anschrift des Arbeitgebers]__

und

__[Name und Anschrift des Arbeitnehmers]__

1. Beginn und Art der Tätigkeit

Der Arbeitnehmer wird ab dem ___[Datum]___ als Teilzeitbeschäftigter für die Tätigkeit als ___[Funktion]___ im privaten Haushalt des Arbeitgebers eingestellt.

2. Probezeit und Kündigung

Die ersten sechs Monate des Arbeitsverhältnisses gelten als Probezeit. Während dieser Zeit kann das Arbeitsverhältnis mit einer Kündigungsfrist von zwei Wochen gekündigt werden. Nach Ablauf der Probezeit kann das Arbeitsverhältnis unter Einhaltung der gesetzlichen Kündigungsfristen gekündigt werden. [2]

3. ff. [Arbeitszeit, Vergütung, Urlaub, weitere geringfügige Beschäftigungen, Schriftformklausel etc.] [3]

8. Rentenversicherung

Der Arbeitnehmer wird darauf hingewiesen, dass er Versicherungsfreiheit in der gesetzlichen Rentenversicherung erlangen kann, wenn er diese nach § 6 Abs. 1b SGB VI schriftlich gegenüber dem Arbeitgeber beantragt. Hierzu erhält er das »Merkblatt über die möglichen Folgen einer Befreiung in der Rentenversicherungspflicht« sowie den Antrag auf Befreiung von der Versicherungspflicht. Der Antrag kann nur mit Wirkung für die Zukunft abgegeben werden. D.h., er wirkt frühestens ab Beschäftigungsbeginn bzw. ab Beginn des Kalendermonats, in dem er bei dem Arbeitgeber eingegangen ist. Macht der Arbeitnehmer von der Möglichkeit der Erlangung der Versicherungsfreiheit keinen Gebrauch, ist er verpflichtet, den gesetzlichen Pauschalbetrag zur Rentenversicherung in Höhe von derzeit ___[Prozentsatz]___ % des Arbeitsentgelts auf den jeweils geltenden Rentenversicherungsbeitrag aufzustocken. [4]

__[Ort, Datum]__

_____
(Unterschrift des Arbeitgebers)

_____
(Unterschrift des Arbeitnehmers)

Erläuterungen

Schrifttum
Bauschke Geringfügige Beschäftigung, AR-Blattei SD 775; *Kögler* Besonderheiten und Änderungen bei der Beschäftigung von Aushilfen, AGS 2006, 259; *Ohle* Die Haushaltshilfe, ArbRB 2006, 309.

1. Der Arbeitsvertrag für geringfügig Beschäftigte in einem Privathaushalt stellt lediglich eine Sonderform des (normalen) Arbeitsvertrages für geringfügig Beschäftigte dar (dazu Muster unter B Rdn. 108). Das Muster enthält deshalb nur die Besonderheiten, die für geringfügig Beschäftigte in Privathaushalten zu beachten sind.

2. Im Gegensatz zu einem geringfügigen Beschäftigungsverhältnis außerhalb eines Privathaushaltes finden die in § 622 Abs. 2 BGB normierten verlängerten Kündigungsfristen vorliegend keine Anwendung, da kein Arbeitsverhältnis in einem Betrieb oder Unternehmen begründet wird.

D.h., nach der Probezeit gelten die Kündigungsfristen, welche sich aus § 622 Abs. 1 BGB ergeben (vier Wochen zum 15. oder zum Ende eines Kalendermonats).

74 3. Die diesbezüglichen Regelungen können dem unter B Rdn. 108 aufgezeigten Muster entnommen werden.

75 4. Im Gegenzug erwirbt der Arbeitnehmer vollwertige Ansprüche in der gesetzlichen Rentenversicherung. Die Befreiung von der seit dem 01.01.2013 grundsätzlich bestehenden Rentenversicherungspflicht ist für die Dauer des Arbeitsverhältnisses bindend und kann nicht widerrufen werden.

2. Teilzeitarbeitsvertrag

Vorbemerkung

76 Eine Teilzeitbeschäftigung liegt vor, wenn die regelmäßige Wochenarbeitszeit eines Arbeitnehmers dauerhaft kürzer ist als die eines vergleichbaren in Vollzeit beschäftigten Arbeitnehmers (vgl. AR/*Schüren* § 2 TzBfG Rn. 1). Wird im Betrieb kein vergleichbarer Arbeitnehmer in Vollzeit beschäftigt, ist der vergleichbare in Vollzeit beschäftigte Arbeitnehmer auf Grund des anwendbaren Tarifvertrages zu bestimmen bzw. darauf abzustellen, wer im jeweiligen Wirtschaftszweig üblicherweise als vergleichbarer vollzeitbeschäftigter Arbeitnehmer anzusehen ist (§ 2 Abs. 1 TzBfG). Rechtsgrundlage für einen Anspruch auf Teilzeitarbeit ist § 8 Abs. 1 TzBfG. Anspruchsberechtigt sind alle Arbeitnehmer, d.h., auch leitende Angestellte, Führungskräfte etc. oder befristet Beschäftigte. Bereits in Teilzeit Beschäftigte sind nicht ausgeschlossen. Wenn nicht von Beginn an ein Teilzeitarbeitsverhältnis vereinbart wird, kann die Verringerung der Arbeitszeit erstmals begehrt werden, wenn das Arbeitsverhältnis länger als sechs Monate bestanden hat. Zur Geltendmachung des Anspruchs auf Reduzierung der Arbeitszeit bzw. dessen Zurückstellung, Ablehnung und zum Stattgeben des Antrags auf Arbeitszeitreduzierung vgl. die nachfolgenden Ausführungen und Muster unter E Rdn. 87 bis 114 ff.

77 Für das Arbeitsverhältnis eines Teilzeitbeschäftigten gelten die allgemeinen arbeitsrechtlichen Bestimmungen. Besonderheiten können sich bezüglich des Weisungsrechtes des Arbeitgebers im Hinblick auf die Lage und die Verteilung der Arbeitszeit ergeben. Die zeitliche Lage der von vornherein vertraglich festgelegten, ggf. auch nur praktizierten Arbeitszeiten darf der Arbeitgeber regelmäßig nicht einseitig verändern. Vielmehr ist er auf das Einverständnis des Arbeitnehmers oder eine Änderungskündigung angewiesen (BAG, Urt. v. 17.07.2007 – 9 AZR 819/06, NZA 2008, 118). Eine hiervon abweichende Regelung kann vereinbart werden, d.h., der Arbeitgeber muss sich die anderweitige Verteilung im Vertrag vorbehalten. Dies gilt auch dann, wenn der Arbeitgeber den Arbeitnehmer über die vereinbarten Arbeitsstunden hinaus zur Arbeit heranziehen will (Personalbuch 2014/*Poeche* S. 2341 Rn. 7). Zur Mehrarbeit ist ein Teilzeitarbeitnehmer nur bei entsprechender vertraglicher Vereinbarung verpflichtet.

78 Zu beachten ist § 4 Abs. 1 Satz 1 TzBfG, nachdem ein in Teilzeit beschäftigter Arbeitnehmer wegen der verringerten Arbeitszeit nicht schlechter behandelt werden darf als ein vergleichbarer in Vollzeit beschäftigter Arbeitnehmer. Etwas anderes gilt nur bei Vorliegen sachlicher Gründe. Das Verbot erstreckt sich auf alle benachteiligenden Arbeitsbedingungen (hierzu AR/*Schüren* § 4 TzBfG Rn. 2 ff.). Insbesondere regelt § 4 Abs. 1 Satz 2 TzBfG, dass dem teilzeitbeschäftigten Arbeitnehmer Arbeitsentgelt oder eine andere teilbare geldwerte Leistung mindestens in dem Umfang zu gewähren ist, der dem Anteil seiner Arbeitszeit an der Arbeitszeit eines vergleichbaren vollzeitbeschäftigten Arbeitnehmers entspricht. Zudem ist zu berücksichtigen, dass ein Arbeitgeber einen Arbeitnehmer nach § 5 TzBfG nicht wegen der Inanspruchnahme von Rechten aus dem TzBfG benachteiligen darf. Insoweit handelt es sich um eine spezielle Ausprägung des in § 612a BGB normierten Maßregelungsverbotes.

▶ **Muster – Teilzeitarbeitsvertrag**

zwischen

[Name und Anschrift des Arbeitgebers]

und

[Name und Anschrift des Arbeitnehmers]

1. Beginn und Art der Tätigkeit

Der Arbeitnehmer wird mit Wirkung ab dem ____[Datum]____ als ____[Funktion]____ in Teilzeit eingestellt.

2. Probezeit und Kündigung

Die ersten sechs Monate des Arbeitsverhältnisses gelten als Probezeit. Während dieser Zeit kann das Arbeitsverhältnis mit einer Kündigungsfrist von zwei Wochen gekündigt werden. Nach Ablauf der Probezeit kann das Arbeitsverhältnis unter Einhaltung der gesetzlichen Kündigungsfristen gekündigt werden. [1]

3. Arbeitszeit

Die regelmäßige wöchentliche Arbeitszeit beträgt ____[Anzahl]____ Stunden und erstreckt sich auf die Tage von ____[Wochentag]____ bis ____[Wochentag]____. Die tägliche Arbeitszeit beginnt um ____[Uhrzeit]____ Uhr und endet um ____[Uhrzeit]____ Uhr.

Der Arbeitgeber ist berechtigt, eine anderweitige Verteilung der Arbeitszeit vorzunehmen, wenn er diese spätestens einen Monat im Voraus angekündigt hat, und das betriebliche Interesse daran das Interesse des Arbeitnehmers an der Beibehaltung erheblich überwiegt. [2]

Der Arbeitnehmer ist verpflichtet, bei Einhaltung einer vorherigen Ankündigungsfrist von mindestens ____[Anzahl]____ Tagen maximal ____[Anzahl]____ Überstunden pro Woche zu leisten. [3]

4. Vergütung [4]

5. Urlaub

Der Arbeitnehmer erhält einen anteiligen Urlaub von ____[Anzahl]____ Arbeitstagen pro Jahr. [5]

6. Nebentätigkeiten

Der Arbeitnehmer ist verpflichtet, dem Arbeitgeber bei Vertragsschluss bereits ausgeübte und jede beabsichtigte entgeltliche Nebentätigkeit unaufgefordert mitzuteilen. Eine Nebentätigkeit bedarf der schriftlichen Zustimmung des Arbeitgebers. Der Arbeitgeber ist berechtigt, dem Arbeitnehmer die Nebentätigkeit zu versagen, wenn und soweit dadurch

– eine Konkurrenzsituation gegenüber dem Arbeitgeber entsteht,

– gegen Vorschriften des Arbeitszeitgesetzes verstoßen wird, [6]

– die ordnungsgemäße Erfüllung der Pflichten des Arbeitnehmers aus dem Arbeitsverhältnis gefährdet wird oder

– sonstige berechtigte Interessen des Arbeitgebers erheblich beeinträchtigt werden können.

7. ff. [Ausschlussfristen, Schriftformklausel etc.] [7]

[Ort, Datum]   _[Ort, Datum]_

(Unterschrift des Arbeitgebers)   (Unterschrift des Arbeitnehmers)

Erläuterungen

Schrifttum

Böhm Das unterschätzte Verbot der Diskriminierung von Teilzeitbeschäftigten, ArbRB 2015, 240; *Bradaric/Zimmermann* Verringerung der Arbeitszeit, AuA 2009, 36; *Ebert* Fallstricke der flexiblen Arbeitszeitgestaltung bei Teilzeitbeschäftigten, ArbRB 2012, 123; *Gallner* Neue Entwicklung im Teilzeitrecht, AE 2009, 307; *Grimm/Emmert* Teilzeitarbeitsverträge Monografie 2002.

80 **1.** Insoweit wird auf die Ausführungen und das Muster zum Standardarbeitsvertrag unter B Rdn. 4 ff. verwiesen.

81 **2.** Ohne eine derartige Regelung kann der Arbeitgeber die zeitliche Lage der von vornherein vertraglich festgelegten bzw. auch nur praktizierten Arbeitszeit nicht einseitig verändern, sondern ist auf das Einverständnis des Arbeitnehmers oder eine Änderungskündigung angewiesen (BAG, Urt. v. 17.07.2007 – 9 AZR 819/06, NZA 2008, 118). Die vorgeschlagene Formulierung entspricht inhaltlich § 8 Abs. 5 S. 4 TzBfG. Auf Arbeitsverhältnisse, in denen die Arbeitszeitreduzierung nicht auf § 8 TzBfG basiert, findet die Regelung hingegen keine Anwendung (BAG, Urt. v. 10.12.2015 – 10 AZR 63/14, JurionRS 2014, 31416).

82 **3.** Ein Teilzeitarbeitnehmer ist zu Mehrarbeit nur bei entsprechender vertraglicher Vereinbarung verpflichtet (Personalbuch 2013/*Reinecke*, S. 2298 Rn. 7), so dass sich die Aufnahme einer entsprechenden Klausel empfiehlt.

83 **4.** Insoweit wird auf die Ausführungen und das Muster zum Standardarbeitsvertrag unter B Rdn. 4 ff. verwiesen.

84 **5.** Teilzeitbeschäftigte Arbeitnehmer, die regelmäßig an weniger Arbeitstagen einer Woche als ein vollzeitbeschäftigter Arbeitnehmer tätig sind, haben entsprechend der Zahl der für sie maßgeblichen Arbeitstage ebenso Anspruch auf Erholungsurlaub wie vollzeitbeschäftigte Arbeitnehmer. Der Urlaub errechnet sich nach folgender Formel: Gesamturlaubstage für Vollzeitkräfte/Wochentage der Vollzeittätigkeit × Wochentage der Teilzeittätigkeit = Gesamturlaubstage der Teilzeittätigkeit (vgl. BAG, Urt. v. 14.02.1991 – 8 AZR 97/90, NZA 1991, 777). Beträgt die vereinbarte Arbeitszeit eines Teilzeitarbeitnehmers an verschiedenen Wochentagen unterschiedlich viele Stunden, bietet sich wegen der erforderlichen Gleichbehandlung von Vollzeit- und Teilzeitarbeitskräften folgende Regelung an: »Der Arbeitnehmer erhält … Arbeitsstunden Erholungsurlaub. Für jeden gewährten Urlaubstag verringert sich der Urlaubsanspruch um die Anzahl der Stunden, die der Arbeitnehmer ohne den Urlaub gearbeitet hätte.« Vorsicht ist geboten, wenn ein zuvor in Vollzeit beschäftigter Arbeitnehmer in ein Teilzeitarbeitsverhältnis wechselt. Insoweit hat der EuGH für die Frage des Umfangs des Erholungsurlaubs entschieden, dass während der Vollzeittätigkeit erworbene Urlaubsansprüche, die der Arbeitnehmer nicht mehr in Anspruch nehmen konnte, infolge der Teilzeittätigkeit nicht reduziert werden dürfen (EuGH, Urt. v. 13.06.2013 – C-415/12, ArbRB 2013, 230; AR/*Schüren* § 4 TzBfG Rn. 2). Das BAG hat dies mittlerweile bestätigt (BAG, Urt. v. 10.02.2015 – 9 AZR 53/14, ArbRB 2015, 65).

85 **6.** Im Hinblick auf die Arbeitszeit kann eine erforderliche Genehmigung grundsätzlich nur versagt werden, wenn die zeitliche Beanspruchung durch die Nebentätigkeit zusammen mit der Teilzeit die regelmäßige tarifliche Wochenarbeitszeit um mehr als 1/5 überschreitet (LAG Rheinland-Pfalz, Urt. v. 18.08.2005 – 4 Sa 553/05, NZA-RR 2006, 217).

86 **7.** Insoweit wird auf die Ausführungen und das Muster zum Standardarbeitsvertrag unter B Rdn. 4 ff. verwiesen.

3. Antrag auf Reduzierung der Arbeitszeit

Vorbemerkung

Nach § 8 Abs. 1 TzBfG kann ein Arbeitnehmer, dessen Arbeitsverhältnis länger als sechs Monate bestanden hat, verlangen, dass seine vertraglich vereinbarte Arbeitszeit verringert wird. Der Anspruch auf Verringerung der Arbeitszeit besteht auch für bereits in Teilzeit beschäftigte Arbeitnehmer bzw. für Arbeitnehmer, die auf der Grundlage flexibler Arbeitszeitmodelle tätig sind (BAG, Urt. v. 13.11.2012 – 9 AZR 259/11, NZA 2013, 373). Die Verringerung der Arbeitszeit und den Umfang der Verringerung muss der Arbeitnehmer nach § 8 Abs. 2 TzBfG spätestens drei Monate vor deren Beginn geltend machen. Die Einhaltung dieser Mindestfrist ist allerdings keine materiell-rechtliche Wirksamkeitsvoraussetzung (BAG, Urt. v. 20.07.2004 – 9 AZR 626/03, NZA 2004, 1090). D.h., ein zu kurzfristig gestelltes Teilzeitverlangen, das die Ankündigungsfrist nicht wahrt, ist der Auslegung zugänglich. Es kann so interpretiert werden, dass es sich hilfsweise auf den Zeitpunkt bezieht, zu dem der Arbeitnehmer die Verringerung frühestmöglich verlangen kann. Ein zu kurzfristig gestelltes Änderungsverlagen kann die in § 8 Abs. 5 Satz 2 und 3 TzBfG geregelte Zustimmungsfiktion nicht auslösen. Dies gilt auch dann, wenn sich der Arbeitgeber sachlich hierauf einlässt (BAG, Urt. v. 20.07.2004 – 9 AZR 626/03, NZA 2004, 1090). Ein Verzicht des Arbeitgebers auf die Einhaltung der Drei-Monats-Frist ist nach § 22 Abs. 1 TzBfG zulässig, da dieser zugunsten des Arbeitnehmers wirkt. Von einem solchen Verzicht ist auszugehen, wenn der Arbeitgeber mit dem Arbeitnehmer, obwohl die Drei-Monats-Frist nicht gewahrt ist, ohne jeglichen zeitlichen Vorbehalt erörtert, ob dem Teilzeitverlangen betriebliche Gründe nach § 8 Abs. 4 TzBfG entgegenstehen (BAG, Urt. v. 14.10.2003 – 9 AZR 636/02, NZA 2004, 975). Da in § 8 Abs. 1 und 2 TzBfG kein bestimmtes Formerfordernis normiert ist und nach § 22 Abs. 1 TzBfG von dem in § 8 TzBfG geregelten Inhalt nicht zuungunsten des Arbeitnehmers abgewichen werden darf, ist die Geltendmachung des Teilzeitverlangens auch mündlich möglich (BAG, Urt. v. 23.11.2004 – 9 AZR 644/03, NZA 2005, 769). Da der Arbeitnehmer aber den Zugang seines Teilzeitverlangens beim Arbeitgeber zu beweisen hat und erst mit Zugang die Drei-Monats-Frist bzw. die in § 8 Abs. 5 Satz 2 und 3 TzBfG genannten Fristen zu laufen beginnen, sowie der Arbeitnehmer auch insoweit darlegungs- und beweisbelastet ist, ist ihm zwingend anzuraten, für seinen Antrag die Schriftform zu wählen. Der Arbeitnehmer ist an seinen Antrag bis zum Ablauf der dem Arbeitgeber nach § 8 Abs. 5 Satz 1 TzBfG eingeräumten Überlegungsfrist gebunden (LAG Düsseldorf, Urt. v. 13.01.2006 – 9 Sa 1222/05, jurisPR-ArbR 25/2006 Anm. 2). Verlangt ein Arbeitnehmer vom Arbeitgeber die Zustimmung zu einer lediglich befristeten Verringerung seiner vertraglich vereinbarten Arbeitszeit, liegt kein wirksames Verringerungsverlangen i.S.d. § 8 Abs. 1, Abs. 2 TzBfG vor, welches die Rechtsfolgen von § 8 Abs. 3 bis Abs. 5 TzBfG auslöst (BAG, Urt. v. 12.09.2006 – 9 AZR 686/05, NZA 2007, 253).

▶ **Muster – Antrag auf Reduzierung der Arbeitszeit**

[Name und Anschrift des Arbeitgebers] 1

z. Hd. Personalleiter/in

[Ort, Datum] 2

Sehr geehrte/r Frau/Herr _____[Name]_____,
ich bin seit dem _____[Datum]_____ bei Ihnen beschäftigt. 3 Ich beantrage, meine bisherige Arbeitszeit von _____[Anzahl]_____ Stunden pro Woche ab dem _____[Datum]_____ um _____[Anzahl]_____ Stunden pro Woche auf _____[Anzahl]_____ Stunden pro Woche zu reduzieren. 4 Eine Verteilung der reduzierten Arbeitszeit stelle ich mir wie folgt vor: montags von _____[Uhrzeit]_____ bis _____[Uhrzeit]_____, dienstags von _____[Uhrzeit]_____ bis _____[Uhrzeit]_____, mittwochs von _____[Uhrzeit]_____ bis _____[Uhrzeit]_____, donnerstags, von _____[Uhrzeit]_____ bis _____[Uhrzeit]_____ sowie freitags von _____[Uhrzeit]_____ bis _____[Uhrzeit]_____. Folgende alternative Verteilung wäre möglich, wobei ich die erstgenannte Variante sehr bevorzugen würde: Montag bis Mittwoch von _____[Uhrzeit]_____ bis _____[Uhrzeit]_____

sowie Donnerstag und Freitag von ____[Uhrzeit]____ bis ____[Uhrzeit]____ .⁵ Falls keine der von mir gewünschten Arbeitszeitverteilungen in Betracht kommt, soll eine Verringerung der Arbeitszeit nicht erfolgen. ⁶ Ich hoffe, dass die von mir gewünschte Arbeitszeitreduzierung und die vorgeschlagene Verteilung Ihre Zustimmung finden werden. Sollten meinem Teilzeitverlangen betriebliche Gründe entgegenstehen, bin ich gerne bereit, diese mit Ihnen im Gespräch zu erörtern und mit Ihnen gemeinsam eine Lösung zu finden. ⁷

Mit freundlichen Grüßen

_____
(Unterschrift des Arbeitnehmers) ⁸

Erläuterungen

Schrifttum

Altunkas Der Wunsch nach Teilzeit in der jüngeren Rechtsprechung, AiB 2009, 698; *Bradaric/Zimmermann* Verringerung der Arbeitszeit, AuA 2009, 36; *Heyn* Teilzeitarbeit – Antrag auf befristete Verringerung, AP Nr. 17 zu § 8 TzBfG; *Korinth* Rechtliche und taktische Probleme bei Teilzeitverlangen, ArbRB 2010, 129; *Pfaff* Der Teilzeitanspruch nach § 8 TzBfG, Recht-Bildung-Wirtschaft 2008, 117.

89 **1.** Nach § 8 Abs. 7 TzBfG besteht ein Anspruch auf Reduzierung der Arbeitszeit nur gegenüber einem Arbeitgeber, der in der Regel mehr als 15 Arbeitnehmer (ohne Auszubildende) beschäftigt. Diese Kleinbetriebsklausel ist nicht verfassungswidrig (LAG Köln, Urt. v. 18.01.2002 – 4 Sa 1066/01, NZA-RR 2002, 511). Für die Feststellung der Arbeitnehmeranzahl sind alle Arbeitnehmer des Unternehmens zu berücksichtigen. Teilzeitbeschäftigte zählen nicht anteilig, sondern vollständig. Maßgeblich sind die »Köpfe« (AR/*Schüren* § 8 TzBfG Rn. 10). § 23 Abs. 1 Satz 3 KSchG ist nicht entsprechend anwendbar.

90 **2.** Der Arbeitnehmer muss die Verringerung seiner Arbeitszeit und den Umfang der Verringerung spätestens drei Monate vor deren Beginn geltend machen, § 8 Abs. 2 Satz 1 TzBfG (vgl. Muster unter E Rdn. 88).

91 **3.** Die Geltendmachung des Teilzeitanspruches ist auf Arbeitnehmer beschränkt, deren Arbeitsverhältnis zum Zeitpunkt der Antragstellung länger als sechs Monate bestanden hat, § 8 Abs. 1 TzBfG. Zeiten, in denen das Arbeitsverhältnis fortbesteht, obwohl keine Arbeitsleistung erbracht wird (z.B. Elternzeit) werden mitgerechnet.

92 **4.** § 8 Abs. 1 TzBfG bestimmt, dass ein Arbeitnehmer verlangen kann, dass seine »vertraglich vereinbarte Arbeitszeit« verringert wird. Erfasst werden nicht nur die vertraglich vereinbarte Arbeitszeit, sondern über den Wortlaut hinausgehend auch flexible, auf längere Zeiträume angelegte Arbeitszeitregelungen.

93 **5.** Macht der Arbeitnehmer eine bestimmte Verteilung der Arbeitszeit als Annex zu seinem Begehren auf Verringerung der Arbeitszeit geltend, unterliegt er dabei inhaltlich nur wenigen Beschränkungen. Jede Verringerung der Arbeitszeit kann zum Anlass genommen werden, eine Veränderung der Lage der Arbeitszeit zu beanspruchen. Der Arbeitnehmer kann insoweit eine völlige Neuverteilung der Arbeitszeit geltend machen (*Laux/Schlachter* Teilzeit- und Befristungsgesetz, Kommentar § 8 Rn. 34). Eine isolierte Geltendmachung einer neuen Verteilung ohne Verringerungsverlangen ist hingegen nicht möglich (AR/*Schüren* § 8 TzBfG Rn. 16). Die Verteilung der Arbeitszeit bezieht sich nicht nur auf die Frage, an welchen Tagen gearbeitet werden muss, sondern auch auf die Dauer und Lage der Arbeitszeit an bestimmten Tagen (LAG Baden-Württemberg, Urt. v. 16.02.2004 – 15 Sa 118/03, AiB 2004, 380). Dass eine um 50 % reduzierte Arbeitszeit in der Form verteilt wird, dass im Wechsel einen Monat gearbeitet wird und ein Monat arbeitsfrei ist, kann ein Arbeitnehmer nicht verlangen (LAG Köln, Urt. v. 23.11.2009 – 5 Sa 601/09, AE 2010, 87). Der Verringerungswunsch muss sich im Rahmen des bisher praktizierten Arbeitszeitmodells bewegen, in dem in aller Regel die Arbeitswoche den Bezugsrahmen bildet (a.A. *Laux/Schlachter* Teilzeit- und Befristungsgesetz, Kommentar § 8 TzBfG Rn. 34 m.w.N.).

6. Nach § 158 Abs. 1 BGB ist es möglich, ein Rechtsgeschäft unter einer aufschiebenden Bedingung vorzunehmen.

7. Nach § 8 Abs. 3 TzBfG hat der Arbeitgeber mit dem Arbeitnehmer die gewünschte Verringerung der Arbeitszeit mit dem Ziel zu erörtern, zu einer Vereinbarung zu gelangen. Er hat mit dem Arbeitnehmer Einvernehmen über die von ihm festzulegende Verteilung der Arbeitszeit zu erzielen (vgl. dazu ausführlich AR/*Schüren* § 8 TzBfG Rn. 37 ff.). Entgegenstehende betriebliche Gründe i.S.d. § 8 Abs. 4 S. 1 TzBfG sind nicht arbeitsplatz-, sondern betriebsbezogen zu ermitteln (BAG, Urt. v. 20.01.2015 – 9 AZR 735/13, JurionRS 2015, 16627; BAG, Urt. v. 13.11.2012 – 9 AZR 259/11, NZA 2013, 373). D.h., wenn der Arbeitgeber dem Arbeitnehmer im Wege des Direktionsrechts einen anderen Arbeitsplatz zuweisen könnte, reicht es nicht aus, nur arbeitsplatzbezogene Gründe zu prüfen.

8. Einen Anspruch auf Teilzeitarbeit haben nach § 8 Abs. 1 TzBfG alle Arbeitnehmer, d.h., auch leitende Angestellte, Führungskräfte oder befristet Beschäftigte. Aus § 8 Abs. 6 TzBfG ergibt sich, dass bereits in Teilzeit Beschäftigte eine weitere Verringerung ihrer Arbeitszeit verlangen können.

4. Vorläufige Mitteilung nach § 8 Abs. 5 TzBfG bei verspäteter Antragstellung

Vorbemerkung

Nach § 8 Abs. 2 TzBfG muss der Arbeitnehmer die Verringerung seiner Arbeitszeit mit einem Vorlauf von mindestens drei Monaten geltend machen. Die Einhaltung der Frist ist nach der Rechtsprechung keine materielle Wirksamkeitsvoraussetzung, d.h., ihre Missachtung hat nicht die Unzulässigkeit des Antrags zur Folge. Ein zu kurzer Vorlauf wird dahingehend umgedeutet, dass das Teilzeitbegehren auf den nächst zulässigen Termin nach Ablauf der Drei-Monats-Frist gerichtet ist (BAG, Urt. v. 20.07.2004 – 9 AZR 626/03, NZA 2004, 1090; LAG Hamm, Urt. v. 15.01.2003 – 2 Sa 1393/02, LAGReport 2003, 196). Wird die gesetzlich vorgesehene Frist nicht eingehalten, kann der Arbeitgeber seine schriftliche Mitteilung (vgl. § 8 Abs. 5 Satz 1 TzBfG) über den gestellten Antrag auf Reduzierung der Arbeitszeit zunächst zurückstellen.

▶ **Muster – Vorläufige Mitteilung nach § 8 Abs. 5 TzBfG bei verspäteter Antragstellung**

[Briefkopf des Arbeitgebers]

[Name und Anschrift des Arbeitnehmers]

[Ort, Datum]

Ihr Antrag auf Reduzierung der Arbeitszeit

Sehr geehrte/r Frau/Herr _____[Name]_____,

mit Schreiben vom 14.11.2013 haben Sie den Antrag gestellt, Ihre wöchentliche Arbeitszeit ab dem 01.01.2014 von ____[Anzahl]____ Stunden auf ____[Anzahl]____ Stunden zu reduzieren. Nach § 8 Abs. 2 TzBfG hätten Sie diesen Antrag drei Monate vor dem gewünschten Beginn der Arbeitszeitreduzierung, also spätestens bis zum 30.09.2013 [1] stellen müssen. Ihren Antrag werden wir als zum 15.02.2014 [2] gestellt behandeln. Unsere Antwort erhalten Sie bis zum 10.01.2014. [3]

Mit freundlichen Grüßen

(Unterschrift des Arbeitgebers)

E. Zeitbezogene Sonderformen des Arbeitsverhältnisses

Erläuterungen

Schrifttum

Altunkas Der Wunsch nach Teilzeit in der jüngeren Rechtsprechung, AiB 2009, 698; *Bradaric/Zimmermann* Verringerung der Arbeitszeit, AuA 2009, 36; *Heyn* Teilzeitarbeit – Antrag auf befristete Verringerung, AP Nr. 17 zu § 8 TzBfG; *Hopfner* Formelle Wirksamkeitserfordernisse des Antrags des Arbeitnehmers auf Teilzeitarbeit, DB 2001, 2144; *Korinth* Rechtliche und taktische Probleme bei Teilzeitverlangen, ArbRB 2010, 129; *Pfaff* Der Teilzeitanspruch nach § 8 TzBfG, Recht-Bildung-Wirtschaft 2008, 117.

99 **1.** § 8 Abs. 2 TzBfG regelt eine sog. Vorschaltfrist, die vor dem Beginn der Verringerung abgelaufen sein muss (*Hopfner* DB 2001, 2144, 2145). Die Fristberechnung erfolgt nach §§ 187 ff. BGB, wobei § 193 BGB keine Anwendung findet (BAG 13.11.1980 – 2 AZR 894/78, www.juris.de). Der Tag der Geltendmachung ist nicht einzubeziehen (AR/*Schüren* § 8 TzBfG Rn. 13). Der Arbeitgeber kann auch auf die Einhaltung der Drei-Monats-Frist verzichten (BAG, Urt. v. 14.10.2003 – 9 AZR 636/02, NZA 2004, 975).

100 **2.** Der neue Beginn ist durch Auslegung des ursprünglichen Antrags des Arbeitnehmers zu bestimmen. Ein zu kurzfristig gestelltes Teilzeitverlangen kann so ausgelegt werden, dass es sich hilfsweise auf den Zeitpunkt bezieht, zu dem der Arbeitnehmer die Verringerung frühestmöglich verlangen kann (BAG, Urt. v. 20.07.2004 – 9 AZR 626/03, NZA 2004, 1090).

101 **3.** Nach § 8 Abs. 5 Satz 1 TzBfG muss der Arbeitgeber seine Entscheidung über die Verringerung der Arbeitszeit und ihre Verteilung dem Arbeitnehmer spätestens einen Monat vor dem gewünschten Beginn der Verringerung schriftlich mitteilen. Bei einer Verschiebung des vom Arbeitnehmer gewünschten Beginns infolge Auslegung des verspätet gestellten Antrags verschiebt sich auch die Mitteilungsfrist des Arbeitgebers entsprechend. Zu beachten ist, dass die sich aus § 8 Abs. 5 Satz 2 und 3 TzBfG ergebende Fiktionswirkung nur eintreten kann, wenn der Arbeitnehmer seinen Antrag fristgerecht gestellt hat und auch den sonstigen Voraussetzungen des § 8 TzBfG Genüge getan ist (AR/*Schüren* § 8 TzBfG Rn. 43).

5. Ablehnung des Antrags auf Arbeitszeitreduzierung

Vorbemerkung

102 Bevor der Arbeitgeber den Antrag des Arbeitnehmers auf Reduzierung der Arbeitszeit ablehnen kann, hat der Arbeitgeber nach § 8 Abs. 3 Satz 1 TzBfG mit dem Arbeitnehmer die gewünschte Verringerung der Arbeitszeit mit dem Ziel zu erörtern, zu einer Vereinbarung zu gelangen (dazu AR/*Schüren* § 8 TzBfG Rn. 37). Aus § 8 Abs. 3 Satz 2 TzBfG folgt weiter, dass der Arbeitgeber in diesem Erörterungsgespräch mit dem Arbeitnehmer Einvernehmen über die von ihm festzulegende Verteilung der Arbeitszeit zu erzielen hat. Lässt sich der Arbeitgeber auf eine Erörterung des Arbeitnehmers bezüglich einer bestimmten Verteilung der Arbeitszeit nicht ein, verstößt der Arbeitgeber damit gegen die ihm nach § 8 Abs. 3 Satz 2 TzBfG obliegende Verhandlungspflicht. Eine Verletzung dieser Obliegenheit hat aber weder die Fiktion einer Zustimmung nach § 8 Abs. 5 TzBfG noch die Verwirkung des Rechts zur Folge, das Änderungsangebot des Arbeitnehmers abzulehnen (BAG, Urt. v. 18.02.2003 – 9 AZR 356/02, NZA 2003, 911). Die Entscheidung über den Antrag auf Reduzierung der Arbeitszeit hat der Arbeitgeber dem Arbeitnehmer nach § 8 Abs. 5 Satz 1 TzBfG spätestens einen Monat vor dem gewünschten Beginn der Verringerung schriftlich mitzuteilen. Insoweit gilt das in § 126 BGB normierte Schriftformerfordernis (dazu AR/*Schüren* § 8 TzBfG Rn. 41). Dem Arbeitnehmer muss eine im Original eigenhändig unterzeichnete Erklärung des Arbeitgebers zugehen. Die Schriftform kann allerdings durch die elektronische Form mit qualifizierter elektronischer Signatur nach § 126a BGB ersetzt werden, da § 8 TzBfG diese nicht ausschließt (*Laux/Schlachter* § 8 TzBfG Rn. 186). Eine Erklärung per Telefax oder eine E-Mail ohne qualifizierte elektronische Signatur genügen nicht, da § 8 TzBfG die Textform gemäß § 126b BGB nicht ausreichen lässt. Die Fristberechnung richtet sich nach den §§ 187 ff. BGB. Die Frist ist eine Ausschlussfrist, d.h., nach ihrem Ablauf kann eine wirksame

Erklärung nicht mehr abgegeben werden. Im Zweifelsfall muss der Arbeitgeber den rechtzeitigen Zugang seiner Ablehnungsentscheidung darlegen und beweisen. Eine Begründungspflicht für die Ablehnung besteht nach überwiegender Auffassung nicht (LAG Düsseldorf, Urt. v. 02.07.2003 – 12 Sa 407/03, NZA-RR 2004, 234; LAG Niedersachsen, Urt. v. 02.08.2002 – 16 Sa 166/02, NZA-RR 2003, 6). Aus § 8 Abs. 4 TzBfG ergibt sich, dass der Arbeitgeber den Antrag ablehnen kann, wenn der gewünschten Verringerung oder der Verteilung betriebliche Gründe (dazu AR/ *Schüren* § 8 TzBfG Rn. 20 ff.) entgegenstehen. Diese sind nicht arbeitsplatz-, sondern betriebsbezogen zu ermitteln (BAG, Urt. v. 13.11.2012 – 9 AZR 259/11, NZA 2013, 373). Erforderlich ist eine sog. Dreistufenprüfung (BAG, Urt. v. 20.01.2015 – 9 AZR 735/13, JurionRS 2015, 16627). Zunächst ist zu untersuchen, ob der vom Arbeitgeber für erforderlich gehaltenen Arbeitszeitregelung ein betriebliches Organisationskonzept zu Grunde liegt. Wenn dies zu bejahen ist, ist festzustellen, um welches Konzept es sich handelt. Dem folgend ist auf der zweiten Stufe zu eruieren, inwieweit dieses der begehrten Arbeitszeitregelung tatsächlich entgegensteht. Auf der dritten Stufe ist dann zu prüfen, welches Gewicht die entgegenstehenden betrieblichen Gründe haben, und ob die unternehmerische Aufgabenstellung und das Organisationskonzept durch die gewünschte Teilzeittätigkeit wesentlich beeinträchtigt werden. Die Darlegungs- und Beweislast für das Entgegenstehen betrieblicher Gründe obliegt dem Arbeitgeber. In zeitlicher Hinsicht kommt es für das Vorliegen betrieblicher Gründe auf den Tag der Ablehnung des Arbeitszeitwunsches an (BAG, Urt. v. 20.01.2015 – 9 AZR 735/13, JurionRS 2015, 16627). Zu beachten ist, dass der Arbeitgeber den von dem Arbeitnehmer gestellten Antrag auf Reduzierung selbst dann ablehnen kann, wenn in einem geringeren Umfang eine Arbeitszeitreduzierung möglich wäre (*Laux/ Schlachter* § 8 TzBfG Rn. 188). Um dies zu vermeiden, müsste der Arbeitnehmer diesbezügliche Anträge als Hilfsanträge einbringen, was aber aufgrund der Verbindung von Verringerung und Verteilung der Arbeitszeit kompliziert sein kann. Die Verhandlungs- und Entscheidungspflicht des Arbeitgebers bezieht sich nur auf die vom Arbeitnehmer konkret gestellten Anträge (ausführlich zu den einzelnen Situationen, die zu unterscheiden sind: *Laux/Schlachter* § 8 TzBfG Rn. 189). Lehnt der Arbeitgeber den Antrag des Arbeitnehmers auf Reduzierung der Arbeitszeit nicht form- und fristgemäß ab, tritt die Fiktion des § 8 Abs. 5 Satz 2 und 3 TzBfG ein, d.h., die gewünschte Verringerung der Arbeitszeit und deren Verteilung sind entsprechend den Wünschen des Arbeitnehmers festgelegt. Insoweit handelt es sich um gesetzliche Fiktionen arbeitsvertraglicher Vereinbarungen zur Dauer und Lage der Arbeitszeiten.

▶ **Muster – Ablehnung des Antrags auf Arbeitszeitreduzierung**

[Briefkopf des Arbeitgebers]

[Name und Anschrift des Arbeitnehmers]

[Ort, Datum] 1

Ihr Antrag auf Reduzierung der Arbeitszeit

Sehr geehrte/r Frau/Herr ____[Name]____,

mit Schreiben vom ____[Datum]____ haben Sie den Antrag gestellt, Ihre wöchentliche Arbeitszeit ab dem ____[Datum]____ von ____[Anzahl]____ Stunden auf ____[Anzahl]____ Stunden zu reduzieren. Am ____[Datum]____ fand mit Ihnen diesbezüglich ein Erörterungsgespräch mit dem Ziel statt, zu einer Vereinbarung über die von Ihnen gewünschte Verringerung der Arbeitszeit zu gelangen. Zwischen uns konnte jedoch kein Einvernehmen erzielt werden. 2

Wegen entgegenstehender betrieblicher Gründe war es uns nicht möglich, der Verringerung und Neuverteilung der Arbeitszeit zuzustimmen. 3 Ihrer Tätigkeit als ____[Funktion; z.B. Außendienstmitarbeiterin]____ liegt ein Organisationskonzept zugrunde, mit dem die folgenden unternehmerischen Aufgaben verwirklicht werden sollen ____[Auflistung]____ (z.B. kontinuierliche Betreuung unserer Kunden durch ein und dieselbe Person, ständige und ganztägige Erreichbarkeit für unsere Kunden, Betreuung eines Gebietes durch nur einen Ansprechpartner, um einheitliche Standards zu gewährleisten, etc.). Diesem Organisationskonzept steht die von Ihnen gewünschte Änderung der Arbeitszeit entgegen. ⁴ Die Gründe, die Ihrem Teilzeitverlangen entgegenstehen, sind so erheblich, dass dieses zu einer wesentlichen Beeinträchtigung der Arbeitsorganisation führen würde und deshalb abzulehnen war.

Mit freundlichen Grüßen

_____

(Unterschrift des Arbeitgebers)

Erläuterungen

Schrifttum

Altunkas Der Wunsch nach Teilzeit in der jüngeren Rechtsprechung, AiB 2009, 698; *Bradaric/Zimmermann* Verringerung der Arbeitszeit, AuA 2009, 36; *Heyn* Teilzeitarbeit – Antrag auf befristete Verringerung, AP Nr. 17 zu § 8 TzBfG; *Hopfner* Formelle Wirksamkeitserfordernisse des Antrags des Arbeitnehmers auf Teilzeitarbeit, DB 2001, 2144; *Korinth* Rechtliche und taktische Probleme bei Teilzeitverlangen, ArbRB 2010, 129; *Pfaff* Der Teilzeitanspruch nach § 8 TzBfG, Recht-Bildung-Wirtschaft 2008, 117.

104 **1.** Die Ablehnung muss dem Arbeitnehmer spätestens einen Monat vor dem gewünschten Beginn der Teilzeittätigkeit zugehen. Anderenfalls verringert sich die Arbeitszeit in dem von dem Arbeitnehmer gewünschten Umfang automatisch, d.h., der Arbeitsvertrag gilt dann als geändert. Insbesondere bei einem mündlichen Begehren besteht die Notwendigkeit, den Eingang des Teilzeitwunsches festzuhalten und eine entsprechende Vorfrist sowie eine Ablauffrist im Kalender zu notieren (*Korinth* ArbRB 2010, 129, 130). Der Arbeitgeber muss den Zugang seines ablehnenden Schreibens beim Arbeitnehmer beweisen. Vor allem im Hinblick auf die einzuhaltende Frist ist das Schreiben deshalb mit derselben Sorgfalt zuzustellen wie eine Kündigung.

105 **2.** Die Pflicht zur Durchführung des Erörterungsgespräches erfolgt aus § 8 Abs. 3 TzBfG. Unterlässt der Arbeitgeber die Durchführung eines solchen Gespräches, tritt noch nicht die Fiktionswirkung des § 8 Abs. 5 Satz 2 TzBfG ein. Vielmehr hängt das Schicksal des Antrags auf Reduzierung der Arbeitszeit auch dann davon ab, ob diesem betriebliche Gründe i.S.d. § 8 Abs. 4 TzBfG entgegenstehen (BAG, Urt. v. 18.02.2003 – 9 AZR 356/02, NZA 2003, 911). Der Arbeitgeber hat aber in diesem Fall zu beachten, dass er dem von dem Arbeitnehmer gestellten Antrag nicht mehr mit Ablehnungsgründen begegnen kann, die schon im Rahmen der Erörterung hätten ausgeräumt werden können (BAG, Urt. v. 12.09.2006 – 9 AZR 686/05, JurionRS 2006, 30817; BAG, Urt. v. 18.02.2003 – 9 AZR 356/02, NZA 2003, 911; AR/*Schüren* § 8 TzBfG Rn. 37; a.A. ErfK/*Preis* § 8 TzBfG Rn. 15).

106 **3.** Um die in § 8 Abs. 5 Satz 3 TzBfG normierte Fiktionswirkung auszuschließen, sollte immer auch die Neuverteilung ausdrücklich abgelehnt werden.

107 **4.** § 8 TzBfG sieht nach seinem Wortlaut nicht vor, dass die Ablehnung explizit begründet werden muss. In der Praxis ist dies dem Arbeitgeber aber zwingend anzuraten. Hintergrund ist, dass z.T. die Auffassung vertreten wird, dass der Arbeitgeber mit Gründen, die in seiner schriftlichen Niederschrift keinen Niederschlag finden, im gerichtlichen Verfahren ausgeschlossen ist (MünchArbR/*Schüren* § 162 Rn. 42).

6. Stattgeben des Antrags auf Arbeitszeitreduzierung

Vorbemerkung

108 Nach § 8 Abs. 5 Satz 1 TzBfG hat der Arbeitgeber dem Arbeitnehmer die Entscheidung über die Verringerung der Arbeitszeit und ihre Verteilung spätestens einen Monat vor dem gewünschten Beginn der Verringerung schriftlich mitzuteilen. Dies gilt auch dann, wenn dem Antrag auf Arbeitszeitreduzierung teilweise entsprochen werden soll. Die schriftliche Bestätigung der gewünsch-

ten Verringerung und Verteilung der Arbeitszeit macht jedenfalls vor dem Hintergrund der dem Arbeitgeber obliegenden Darlegungs- und Beweislast Sinn. Im Übrigen normiert § 8 Abs. 6 TzBfG, dass der Arbeitnehmer eine erneute (weitere) Verringerung der Arbeitszeit frühestens nach Ablauf von zwei Jahren verlangen kann, nachdem der Arbeitgeber einer Verringerung zugestimmt oder sie berechtigt abgelehnt hat.

▶ **Muster – Stattgeben des Antrags auf Arbeitszeitreduzierung**

[Briefkopf des Arbeitgebers] 109

[Name und Anschrift des Arbeitnehmers]

[Ort, Datum]

Ihr Antrag auf Reduzierung der Arbeitszeit

Sehr geehrte/r Frau/Herr _____[Name]_____ ,

mit Schreiben vom ___[Datum]___ haben Sie den Antrag gestellt, Ihre wöchentliche Arbeitszeit ab dem ___[Datum]___ von ___[Anzahl]___ Stunden auf ___[Anzahl]___ Stunden zu reduzieren. In dem am ___[Datum]___ durchgeführten Erörterungsgespräch [1] haben wir Ihnen erläutert, dass wir uns mit folgender Modifikation ___[Beschreibung]___ in der Lage sehen, Ihrem Antrag zu entsprechen. [2]

Zum Zeichen Ihres Einverständnisses bitten wir Sie, die Zweitausfertigung dieses Schreibens zu unterzeichnen und an uns zurückzugeben. [3] Durch Ihre Unterschrift bestätigen Sie zugleich einen Nachtrag zu dem zwischen uns am ___[Datum]___ geschlossenen Arbeitsvertrag. Dies bedeutet, dass mit Ausnahme der nunmehr geänderten Arbeitszeit und ihrer Verteilung sämtliche Rechte und Pflichten aus dem Arbeitsverhältnis bestehen bleiben. Das Arbeitsentgelt wird proportional angepasst. [4]

Mit freundlichen Grüßen

(Unterschrift des Arbeitgebers)

Erläuterungen

Schrifttum
Altunkas Der Wunsch nach Teilzeit in der jüngeren Rechtsprechung, AiB 2009, 698; *Bradaric/Zimmermann* Verringerung der Arbeitszeit, AuA 2009, 36; *Heyn* Teilzeitarbeit – Antrag auf befristete Verringerung, AP Nr. 17 zu § 8 TzBfG; *Hopfner* Formelle Wirksamkeitserfordernisse des Antrags des Arbeitnehmers auf Teilzeitarbeit, DB 2001, 2144; *Korinth* Rechtliche und taktische Probleme bei Teilzeitverlangen, ArbRB 2010, 129; *Pfaff* Der Teilzeitanspruch nach § 8 TzBfG, Recht-Bildung-Wirtschaft 2008, 117.

1. Nach § 8 Abs. 3 TzBfG hat der Arbeitgeber mit dem Arbeitnehmer die gewünschte Verringerung der Arbeitszeit mit dem Ziel zu erörtern, zu einer Vereinbarung zu gelangen. Er hat mit dem Arbeitnehmer Einvernehmen über die von ihm festzulegende Verteilung der Arbeitszeit zu erzielen. 110

2. Das Konsensmodell sollte auf Arbeitgeberseite ernst genommen werden. Häufig finden sich Zwischenlösungen. Beispielsweise kann der Arbeitgeber der bloß befristeten Teilzeitarbeit zustimmen und der Arbeitnehmer die Arbeitszeit etwas weniger reduzieren als geplant sowie dem Verteilungswunsch des Arbeitgebers entgegenkommen. In diesem Bereich herrscht Vertragsfreiheit, die auch kreativ genutzt werden sollte (*Korinth* ArbRB 2010, 129, 130). 111

3. Das Bewilligungsschreiben ist dem Arbeitnehmer in zweifacher Ausfertigung zu übergeben/zu übersenden. Ein Exemplar sollte den Zusatz enthalten: »Mit der vorstehenden Regelung bin ich einverstanden.« Zudem ist es von dem Arbeitnehmer in einem unter dieser Zeile befindlichen Unterschriftenfeld gegenzuzeichnen. Dieses Zweitexemplar muss der Arbeitnehmer an den Ar- 112

E. Zeitbezogene Sonderformen des Arbeitsverhältnisses

beitgeber zurückreichen. Nach § 83 BetrVG wird es als Nachtrag zum Arbeitsvertrag in die Personalakte aufgenommen. Alternativ kann zwischen Arbeitgeber und Arbeitnehmer im Hinblick auf die neue Arbeitszeit, Vergütung etc. ein sog. Änderungsvertrag geschlossen werden (vgl. Muster unter E Rdn. 128).

113 **4.** Wenn zwischen Arbeitgeber und Arbeitnehmer Einvernehmen erzielt wird, sollte eine entsprechende Absprache zwingend schriftlich niedergelegt werden. Wesentliche Änderungen des Arbeitsvertrages sind nach § 3 Satz 1 NachwG ohnehin spätestens einen Monat nach Änderungsbeginn schriftlich festzuhalten. Hierzu bietet sich auch der Abschluss eines Änderungsvertrages zwischen Arbeitgeber und Arbeitnehmer an (vgl. Muster unter E Rdn. 128).

7. Antrag auf Verlängerung der Arbeitszeit nach § 9 TzBfG

Vorbemerkung

114 Der Antrag nach § 9 TzBfG stellt das Gegenstück zu § 8 TzBfG dar. Die Obergrenze für den Arbeitszeitverlängerungsanspruch bildet die regelmäßige Arbeitszeit eines Vollzeitbeschäftigten (*Sievers* § 9 TzBfG Rn. 6). Wird ein Arbeitnehmer bereits mit der Mindestarbeitszeit, die sich aus einem Tarifvertrag für eine Vollzeittätigkeit ergibt, tätig, hat er nach § 9 TzBfG keinen Anspruch darauf, mit der tariflich vorgesehenen Höchstarbeitszeit beschäftigt zu werden (BAG, Urt. v. 19.06.2012 – 9 AZR 736/10, JurionRS 2012, 25326; BAG, Urt. v. 21.06.2011 – 9 AZR 236/10, NZA 2011, 1274). Gemäß § 9 TzBfG hat der Arbeitgeber einen teilzeitbeschäftigten Arbeitnehmer, der ihm den Wunsch nach einer Verlängerung seiner vertraglich vereinbarten Arbeitszeit angezeigt hat, bei der Besetzung eines entsprechenden freien Arbeitsplatzes bei gleicher Eignung grundsätzlich bevorzugt zu berücksichtigen. Eine Nichtberücksichtigung des Arbeitnehmers ist nur möglich, wenn dringende betriebliche Gründe (dazu AR/*Schüren* § 9 TzBfG Rn. 17 f.) oder Arbeitszeitwünsche anderer teilzeitbeschäftigter Arbeitnehmer (dazu AR/*Schüren* § 9 TzBfG Rn. 19) entgegenstehen. Anders als bei dem Antrag auf Reduzierung der Arbeitszeit ist es für den Antrag auf Verlängerung der Arbeitszeit nicht erforderlich, dass bei dem Arbeitgeber eine bestimmte Mindestanzahl von Personen beschäftigt wird. § 9 TzBfG begründet für alle i.S.d. § 2 TzBfG in Teilzeit beschäftigten Arbeitnehmer einen individuell einklagbaren Anspruch auf Verlängerung der Arbeitszeit durch Vertragsänderung (BAG, Urt. v. 08.05.2007 – 9 AZR 874/06, NZA 2007, 1349), nicht nur für solche Arbeitnehmer, deren Arbeitszeit bereits nach § 8 TzBfG reduziert wurde. Eine Wartezeit, wie sie § 8 Abs. 1 TzBfG vorsieht, ist nicht zu beachten (AR/*Schüren* § 9 TzBfG Rn. 4). Gegenstand des Verlängerungswunsches ist die vertraglich vereinbarte Arbeitszeit, wobei § 9 TzBfG auch für geringfügig Beschäftigte gilt. Befristet beschäftigten Teilzeitkräften steht der Anspruch aus § 9 TzBfG bis zum Ende des Arbeitsverhältnisses zu (LAG Berlin, Urt. v. 02.12.2003 – 3 Sa 1041/03, LAGReport 2004, 161). Die Lage der begehrten verlängerten Arbeitszeit bestimmt der Arbeitgeber nach dem gemäß § 106 GewO geltenden Direktionsrecht (ErfK/*Preis* § 9 TzBfG Rn. 4).

▶ **Muster – Antrag auf Verlängerung der Arbeitszeit nach § 9 TzBfG**

115 [Name und Anschrift des Arbeitgebers]

z. Hd. Personalleiter/in

[Ort, Datum]

Antrag auf Verlängerung der Arbeitszeit [1]

Sehr geehrte/r Frau/Herr _____[Name]_____,

ich bin seit dem _____[Datum]_____ bei Ihnen als _____[Funktion]_____ in Teilzeit mit einer Arbeitszeit von _____[Anzahl]_____ Stunden pro Woche beschäftigt. Durch eine innerbetriebliche Stellenausschreibung vom ___[Datum]___ habe ich davon Kenntnis erlangt, dass Sie ab dem ___[Datum]___ einen Arbeitsplatz als ___[Funktion]___ in Vollzeit zu besetzen haben. [2] Ich möchte meine Arbeitszeit gerne auf eine Vollzeittätigkeit ausweiten. Die jetzt ausgeschriebene Stelle als ___[Funktion]___ entspricht meiner bisherigen Tätigkeit und Qualifikation. Eine weitere Ausbildung oder Einarbeitung vor Übernahme dieser Tätigkeit wäre nicht erforderlich. [3] Mein direkter Vorgesetzter hat mir dennoch bereits signalisiert, dass ich für die Besetzung der offenen Stelle nicht in Betracht komme. [4] Selbstverständlich stehe ich gerne für ein persönliches Gespräch zur Verfügung, um mit Ihnen gemeinsam eine Lösung zu finden. [5]

Mit freundlichen Grüßen

_____
(Unterschrift des Arbeitnehmers)

Erläuterungen

Schrifttum

Hamann Verlängerung der Arbeitszeit von Teilzeitkräften jurisPR-ArbR 24/2007 Anm. 2; *Hamann* Verpflichtung zur Erhöhung der Arbeitszeit jurisPR-ArbR 10/2008 Anm. 2; *Schmalenberg* Anspruch auf Verlängerung der Arbeitszeit AP Nr. 1 zu § 9 TzBfG; *Schmidt* Anspruch auf Verlängerung der Arbeitszeit RdA 2008, 42; *Winkel* Von Vollzeit in Teilzeit – und umgekehrt AiB 2008, 59; *Worzalla* Anspruch auf Verlängerung der Arbeitszeit auf einem höherwertigen Arbeitsplatz? SAE 2009, 257.

1. Das Gesetz verlangt nicht, dass der Arbeitnehmer den Antrag auf Verlängerung der Arbeitszeit schriftlich stellt. Dennoch sollte jedenfalls aus Gründen der Darlegungs- und Beweislast die Schriftform eingehalten werden. Der gewünschte Verlängerungsumfang muss nicht zwingend angegeben werden (LAG Düsseldorf, Urt. v. 23.03.2006 – 5 (3) Sa 13/06, FA 2006, 253).   **116**

2. Nach § 7 Abs. 2 TzBfG hat der Arbeitgeber einen Arbeitnehmer, der ihm den Wunsch nach einer Veränderung von Dauer und Lage seiner vertraglich vereinbarten Arbeitszeit angezeigt hat, über entsprechende Arbeitsplätze zu informieren, die im Betrieb oder Unternehmen besetzt werden sollen (BAG, Urt. v. 15.08.2006 – 9 AZR 8/06, NZA 2007, 255).   **117**

3. Entscheidend dafür, ob der Verlängerungswunsch des Arbeitnehmers zu berücksichtigen ist, ist die Vergleichbarkeit der Arbeitsplätze. Der zu besetzende Arbeitsplatz muss mit dem vertraglich vereinbarten Tätigkeitsbereich des Arbeitnehmers übereinstimmen. Unbeachtlich ist dabei die vom Arbeitgeber beabsichtigte Änderung von nicht arbeitsplatzbezogenen Vertragsinhalten. Diese bleiben durch den Wunsch des Arbeitnehmers auf Verlängerung seiner Arbeitszeit unberührt. Bei gleicher Eignung ist der Arbeitnehmer nach § 9 TzBfG im Hinblick auf die Einrichtung eines neuen Arbeitsplatzes bevorzugt zu berücksichtigen. Dies gilt jedoch nur dann, wenn der neu geschaffene Arbeitsplatz den zeitlichen Wünschen des Arbeitnehmers entspricht (BAG, Urt. v. 08.05.2007 – 9 AZR 874/06, NZA 2007, 1349) und der Arbeitnehmer für den Arbeitsplatz nach Ausbildung und Qualifikation geeignet ist (BT-Drs. 14/4374 S. 18). Maßgeblich ist insoweit, ob der Arbeitgeber dem Arbeitnehmer den Arbeitsplatz auch im Wege des Direktionsrechts zuweisen könnte (LAG Düsseldorf, Urt. v. 03.08.2007 – 10 Sa 112/07, ArbuR 2008, 120; LAG Berlin, Urt. v. 02.12.2003 – 3 Sa 1041/03, LAGReport 2004, 161). § 9 TzBfG zwingt den Arbeitgeber nicht, einen Arbeitsplatz mit einer vom Arbeitnehmer gewünschten längeren Arbeitszeit einzurichten und dazu vorhandene Arbeitsplätze entsprechend neu zuzuschneiden (LAG Berlin, Urt. v. 09.06.2006 – 6 Sa 445/06, NZA-RR 2007, 12).   **118**

4. Der Arbeitgeber kann den Antrag auf Verlängerung der Arbeitszeit ablehnen, wenn der Berücksichtigung des Arbeitnehmers dringende betriebliche Gründe oder die Arbeitszeitwünsche anderer teilzeitbeschäftigter Arbeitnehmer entgegenstehen (dazu AR/*Schüren* § 9 TzBfG Rn. 17 ff.). Der bloße Hinweis des Arbeitgebers, er wünsche keine Verlängerung der Arbeitszeit, reicht nicht aus (BAG, Urt. v. 01.06.2011 – 7 ABR 117/09, NZA 2011, 1435). Eine Auswahlentscheidung unter mehreren interessierten Teilzeitbeschäftigten kann nach freiem Ermessen getroffen werden (BT-Drs. 14/4625 S. 24; vgl. Muster unter E Rdn. 122).   **119**

E. Zeitbezogene Sonderformen des Arbeitsverhältnisses

120 5. Mit dem nach § 9 TzBfG gestellten Antrag kann der Arbeitnehmer eine bevorzugte Berücksichtigung bei Beförderungen oder höherwertigen Tätigkeiten grundsätzlich nicht erreichen. Etwas anderes kann gelten, soweit mit dem angestrebten Arbeitsplatz Kompetenzen wiedererlangt werden, die vor einer Reduzierung der Arbeitszeit nach § 8 TzBfG bestanden haben (BAG, Urt. v. 16.09.2008 – 9 AZR 781/07, NZA 2008, 1285).

8. Ablehnung des Antrags auf Verlängerung der Arbeitszeit

Vorbemerkung

121 Nach § 9 TzBfG letzter Hs. muss der Arbeitgeber einen in Teilzeit beschäftigten Arbeitnehmer, der die Verlängerung seiner Arbeitszeit beantragt hat, für die Besetzung eines freien Arbeitsplatzes nicht berücksichtigen, wenn der Besetzung dringende betriebliche Gründe oder Arbeitszeitwünsche anderer teilzeitbeschäftigter Arbeitnehmer entgegenstehen. Die Voraussetzungen für eine Versagung des Änderungswunsches sind im Vergleich zu § 8 TzBfG höher. Damit hat der Gesetzgeber deutlich zum Ausdruck gebracht, dass dem Änderungswunsch des Arbeitnehmers grundsätzlich zu entsprechen ist (AR/*Schüren* § 9 TzBfG Rn. 18). Vorrang können Rechtsansprüche Dritter genießen, beispielsweise der Wiedereinstellungsanspruch eines zu Unrecht gekündigten Arbeitnehmers, besondere Weiterbeschäftigungsansprüche (z.B. nach § 78a Abs. 2 BetrVG) oder eine Versetzung zur Vermeidung einer betriebsbedingten Kündigung (LAG München, Urt. v. 04.05.2006 – 2 Sa 1164/05, AuA 2006, 489). Dringende betriebliche Gründe können sich zudem aus der Organisation, dem Arbeitsablauf oder der Sicherheit des Betriebes ergeben (dazu AR/*Schüren* § 9 TzBfG Rn. 17 f.). Auch Arbeitszeitwünsche anderer teilzeitbeschäftigter Arbeitnehmer können dem Verlängerungsverlangen entgegenstehen (dazu AR/*Schüren* § 9 TzBfG Rn. 19). Der Arbeitgeber hat dann den am besten geeigneten Bewerber auszuwählen. Bei mehreren gleich geeigneten Bewerbern kann er unter Beachtung der Vorschriften des AGG frei entscheiden, mit wem er die offene Stelle besetzt. Der ursprüngliche Gesetzentwurf, welcher bei gleich geeigneten Teilzeitbeschäftigten die Durchführung einer Sozialauswahl vorsah (vgl. BT-Drs. 14/4374 S. 18), wurde auf Antrag des Ausschusses für Arbeit- und Sozialordnung gestrichen.

▶ **Muster – Ablehnung des Antrags auf Verlängerung der Arbeitszeit**

122 [Briefkopf des Arbeitgebers]

[Name und Anschrift des Arbeitnehmers]

[Ort, Datum]

Ihr Antrag auf Verlängerung der Arbeitszeit

Sehr geehrte/r Frau/Herr ____[Name]____,

mit Schreiben vom ____[Datum]____ haben Sie den Antrag gestellt, Ihre wöchentliche Arbeitszeit von ____[Anzahl]____ Stunden auf ____[Anzahl]____ Stunden zu erhöhen und zugleich die Tätigkeit als ____[Funktion]____ zu übernehmen. Dem von Ihnen geäußerten Wunsch können wir nicht entsprechen. Richtig ist, dass wir ab dem ____[Datum]____ einen freien Arbeitsplatz [1] als ____[Funktion]____ mit einer wöchentlichen Arbeitszeit von ____[Anzahl]____ Stunden ausgeschrieben haben. Voraussetzung für die Übernahme dieser Tätigkeit ist jedoch, dass der Stelleninhaber über Qualifikationen als ____[Beschreibung]____ verfügt. [2] Diesem Qualifikationsprofil entsprechen Sie nicht, da Sie ____[Begründung]____.

Vorsorglich weisen wir Sie darauf hin, dass sich auf diesen Arbeitsplatz ebenfalls die in Teilzeit beschäftigten Mitarbeiter ____[Name]____ und ____[Name]____ am ____[Datum]____ bzw. am ____[Datum]____ beworben haben. [3] ____[Name]____ entspricht dem Qualifikationsprofil, welches wir für den Stelleninhaber fordern. Aus diesem Grund werden wir die freie Stelle mit ___[Name]___ besetzen. ⁴ Wir bedauern, Ihrem Antrag aus den genannten Gründen nicht entsprechen zu können.

Mit freundlichen Grüßen

_____
(Unterschrift des Arbeitgebers)

Erläuterungen

Schrifttum

Hamann Verlängerung der Arbeitszeit von Teilzeitkräften jurisPR-ArbR 24/2007 Anm. 2; *Hamann* Verpflichtung zur Erhöhung der Arbeitszeit jurisPR-ArbR 10/2008 Anm. 2; *Schmalenberg* Anspruch auf Verlängerung der Arbeitszeit AP Nr. 1 zu § 9 TzBfG; *Schmidt* Anspruch auf Verlängerung der Arbeitszeit RdA 2008, 42; *Winkel* Von Vollzeit in Teilzeit – und umgekehrt AiB 2008, 59; *Worzalla* Anspruch auf Verlängerung der Arbeitszeit auf einem höherwertigen Arbeitsplatz? SAE 2009, 257.

1. Das Bestehen eines freien Arbeitsplatzes ist bis zum Schluss der mündlichen Verhandlung festzustellen.   123

2. Das Anforderungsprofil für den zu besetzenden Arbeitsplatz legt der Arbeitgeber fest. Es kann nur im Hinblick auf unsachliche, unvernünftige oder willkürlich erscheinende Qualifikationsmerkmale gerichtlich überprüft werden (LAG Rheinland-Pfalz, Urt. v. 02.10.2007 – 3 Sa 398/07, JurionRS 2007, 48451). Bezüglich der Entscheidung, ob ausschließlich Teilzeit- oder Vollzeitstellen eingerichtet werden, müssen arbeitsplatzbezogende Gesichtspunkte vorliegen, die diese Festlegungen rechtfertigen. Der Zuschnitt des Arbeitsplatzes in zeitlicher Hinsicht ist jedoch ausschließlich dem Arbeitgeber überlassen. Der Arbeitnehmer hat keinen Anspruch auf vollständige oder teilweise Verteilung der Arbeitszeit eines zu besetzenden Arbeitsplatzes oder auf einen oder mehrere Teilzeitarbeitsplätze (LAG Berlin, Urt. v. 09.06.2006 – 6 Sa 445/06, NZA-RR 2007, 12; LAG Sachsen, Urt. v. 09.08.2005 – 7 Sa 958/04, AE 2006, 104).   124

3. Haben mehrere in Teilzeit beschäftigte Mitarbeiter den Wunsch signalisiert, ihre Arbeitszeit zu verlängern, besteht keine Verpflichtung des Arbeitgebers, ein erhöhtes Arbeitszeitvolumen gleichmäßig auf alle interessierten Teilzeitbeschäftigten zu verteilen (BAG, Urt. v. 15.08.2006 – 9 AZR 8/06, NZA 2007, 255).   125

4. Einen gerichtlich durchsetzbaren Anspruch auf Zustimmung des Arbeitgebers zur Vertragsänderung, d.h., auf Erhöhung der Arbeitszeit hat der Arbeitnehmer nach § 9 TzBfG nur bei gleicher Eignung. Eine im Wesentlichen gleiche Eignung ist nicht ausreichend. Im Hinblick auf die Eignung steht dem Arbeitgeber ein Beurteilungsspielraum zu. Ist nur ein Bewerber geringfügig besser qualifiziert, fehlt es an der gleichen Eignung (LAG Düsseldorf, Urt. v. 03.08.2007 – 10 Sa 112/07, ArbuR 2008, 120; LAG Berlin, Urt. v. 02.12.2003 – 3 Sa 1041/03, LAGReport 2004, 161). Bei gleicher Eignung kann der Arbeitgeber frei entscheiden, mit welchem Bewerber er die Stelle besetzt (AR/*Schüren* § 9 TzBfG Rn. 19).   126

9. Änderungsvertrag

Vorbemerkung

Kommen Arbeitgeber und Arbeitnehmer überein (vgl. § 9 TzBfG), dass die Arbeitszeit des Arbeitnehmers auf dessen Antrag hin zukünftig reduziert (vgl. § 8 TzBfG) oder verlängert werden soll, bietet es sich bereits aus Gründen der Darlegungs- und Beweislast an, einen sog. Änderungsvertrag abzuschließen. Gleiches gilt, wenn der Arbeitgeber verpflichtet ist, der begehrten Arbeitszeitreduzierung oder -verlängerung von Gesetzes wegen zu entsprechen. Die Reduzierung oder Verlängerung der Arbeitszeit führt nicht nur zu einer Änderung des Arbeitsumfanges, sondern hat jedenfalls auch Auswirkungen auf das Arbeitsentgelt. Des Weiteren können hierdurch auch die   127

E. Zeitbezogene Sonderformen des Arbeitsverhältnisses

Dauer des jährlichen Erholungsurlaubs oder andere wesentliche Vertragsbedingungen tangiert werden. Nach § 3 NachwG ist der Arbeitgeber ohnehin verpflichtet, dem Arbeitnehmer eine Änderung der wesentlichen Vertragsbedingungen spätestens einen Monat nach der Änderung schriftlich mitzuteilen.

▶ **Muster – Änderungsvertrag**

zwischen

_____[Name und Anschrift des Arbeitgebers]_____

und

_____[Name und Anschrift des Arbeitnehmers]_____

Vorbemerkung [1]

Mit Schreiben vom ____[Datum]____ hat der Arbeitnehmer den Antrag gestellt, seine wöchentliche Arbeitszeit ab dem ____[Datum]____ von ____[Anzahl]____ Stunden auf ____[Anzahl]____ Stunden zu reduzieren. Im Anschluss an das am ____[Datum]____ durchgeführte Erörterungsgespräch sind die Parteien übereingekommen, mit Wirkung ab dem ____[Datum]____ folgende Änderung zum Arbeitsvertrag vom ____[Datum]____ zu vereinbaren:

1. Arbeitszeit

Die regelmäßige wöchentliche Arbeitszeit beträgt ab dem ____[Datum]____ ____[Anzahl]____ Stunden. Die Verteilung der wöchentlichen Arbeitszeit erfolgt wie folgt: montags von ____[Uhrzeit]____ bis ____[Uhrzeit]____, dienstags von ____[Uhrzeit]____ bis ____[Uhrzeit]____, mittwochs von ____[Uhrzeit]____ bis ____[Uhrzeit]____, donnerstags von ____[Uhrzeit]____ bis ____[Uhrzeit]____, freitags von ____[Uhrzeit]____ bis ____[Uhrzeit]____.

Der Arbeitgeber kann die festgelegte Verteilung der Arbeitszeit wieder ändern, wenn das betriebliche Interesse daran das Interesse des Arbeitnehmers an der Beibehaltung erheblich überwiegt und der Arbeitgeber die Änderung spätestens einen Monat vorher angekündigt hat. [2]

2. Vergütung

Der Arbeitnehmer erhält ab dem ____[Datum]____ ein Bruttomonatsgehalt in Höhe von ____[Betrag]____ €.

Die Regelung über vermögenswirksame Leistungen gilt unverändert fort.

Alle sonstigen geldwerten Vorteile und Leistungen des Arbeitgebers werden ab dem ____[Datum]____ pro rata entsprechend dem Verhältnis der bisherigen Arbeitszeit zu der neu vereinbarten Arbeitszeit gekürzt. [3]

3. Urlaub

Der Arbeitnehmer hat ab dem ____[Datum]____ einen Anspruch auf einen Erholungsurlaub in Höhe von ____[Anzahl]____ Werktagen pro Kalenderjahr. [4]

4. Bisherige arbeitsvertragliche Regelungen

Die sonstigen Regelungen aus dem Arbeitsvertrag vom ____[Datum]____ gelten unverändert fort.

____[Ort, Datum]____ [5]

_____
(Unterschrift des Arbeitgebers)

_____
(Unterschrift des Arbeitnehmers)

Erläuterungen

Schrifttum
Löwisch Anspruch auf Teilzeitarbeit, EzA § 8 TzBfG Nr. 2.

1. Nach § 8 Abs. 6 TzBfG kann ein Arbeitnehmer eine erneute Verringerung der Arbeitszeit frühestens nach Ablauf von zwei Jahren verlangen, nachdem der Arbeitgeber einer Verringerung zugestimmt oder sie berechtigt abgelehnt hat. Es bietet sich deshalb an, eine diesbezügliche zeitliche Angabe dazu in den Änderungsvertrag aufzunehmen, wann tatsächlich Einvernehmen erzielt wurde. Im Hinblick auf eine weitere Verlängerung der Arbeitszeit sieht § 9 TzBfG eine entsprechende zeitliche Komponente nicht vor.

2. Das entsprechende Direktionsrecht des Arbeitgebers ist in § 8 Abs. 5 Satz 4 TzBfG ausdrücklich normiert. Gleiches gilt für die Ankündigungsfrist von einem Monat. Bezüglich der Verlängerung der Arbeitszeit fehlt in § 9 TzBfG eine vergleichbare Regelung.

3. Eine entsprechende Generalklausel ist empfehlenswert, damit keinerlei Ansprüche, etwa solche aus betrieblicher Übung, übersehen werden.

4. Kommen die Arbeitsvertragsparteien überein, dass sich die reduzierte Arbeitszeit zukünftig nur noch auf zwei Arbeitstage erstrecken soll, darf nicht vergessen werden, den Urlaubsanspruch entsprechend anzupassen. Zu beachten ist allerdings, dass der EuGH für die Frage des Umfangs der Erholungsurlaubs bei einem Wechsel von einem Vollzeit- in ein Teilzeitarbeitsverhältnis entschieden hat, dass die noch während der Vollzeittätigkeit erworbenen Urlaubsansprüche, die der Arbeitnehmer nicht mehr in Anspruch nehmen konnte, infolge der Teilzeittätigkeit nicht reduziert werden dürfen (EuGH, Urt. v. 13.06.2013 – C-415/12, ArbRB 2013, 230; AR/*Schüren* § 4 TzBfG Rn. 2). Das BAG hat dies mittlerweile bestätigt (BAG, Urt. v. 10.02.2015 – 9 AZR 53/14, ArbRB 2015, 65).

5. Aus § 3 Satz 1 NachwG ergibt sich, dass eine Änderung der wesentlichen Vertragsbedingungen dem Arbeitnehmer spätestens einen Monat nach der Änderung schriftlich mitzuteilen ist (dazu AR/*Wolff* § 3 NachwG Rn. 2 ff.)

III. Probearbeitsverhältnis

1. Befristung zur Erprobung nach § 14 Abs. 1 TzBfG

Vorbemerkung

Durch die Vereinbarung eines Probearbeitsverhältnisses hat der Arbeitgeber die Möglichkeit zu prüfen, ob ein Arbeitnehmer für die ihm zugedachte Position tatsächlich geeignet ist. Die Probezeit muss explizit geregelt werden. Ansonsten gilt das Arbeitsverhältnis als auf unbestimmte Zeit geschlossen mit der Folge, dass auch die in § 622 Abs. 3 BGB normierte kurze Probezeitkündigungsfrist nicht gilt. Die Kündigungsfrist während einer vereinbarten Probezeit beträgt im Falle eines unbefristeten Arbeitsverhältnisses und im Falle eines befristeten Arbeitsverhältnisses vorbehaltlich abweichender tarifvertraglicher Bestimmungen zwei Wochen ohne Bindung an einen Termin (§ 622 Abs. 3 BGB). Die Wirksamkeit einer Probezeitvereinbarung nach § 622 Abs. 3 BGB hängt wiederum vorbehaltlich abweichender tarifvertraglicher Bestimmungen nach § 622 Abs. 4 BGB allein davon ab, dass die Probezeitdauer sechs Monate nicht übersteigt. Eine einzelfallbezogene Angemessenheitsprüfung der vereinbarten Dauer findet nicht statt (BAG, Urt. v. 24.01.2008 – 6 AZR 519/07, NZA 2008, 521). Die Vereinbarung einer Probezeit ist auch in befristeten Arbeitsverhältnissen rechtlich möglich und zulässig (BAG, Urt. v. 24.01.2008 – 6 AZR 519/07, NZA 2008, 521; BAG, Urt. v. 04.07.2001 – 2 AZR 88/00, NZA 2002, 288). Wird ein befristetes Probearbeitsverhältnis i.S.d. § 14 Abs. 1 Satz 2 Nr. 5 TzBfG geschlossen, ist zu beachten, dass nach § 15 Abs. 3 TzBfG das befristete Arbeitsverhältnis nur dann der ordentlichen Kündigung

E. Zeitbezogene Sonderformen des Arbeitsverhältnisses

unterliegt, wenn dies einzelvertraglich oder im anwendbaren Tarifvertrag vereinbart wurde. Mit Ablauf der Befristung endet das Arbeitsverhältnis grundsätzlich. Dies gilt selbst dann, wenn der Arbeitnehmer sich während der Probezeit bewährt hat (DLW/*Dörner* Kapitel 2 Rn. 555). Zu beachten ist, dass der Erprobungszweck in dem befristeten Arbeitsvertrag nicht als Vertragsinhalt vereinbart sein muss (BAG, Urt. v. 23.06.2004 – 7 AZR 636/03, NZA 2004, 1333). Aus Gründen der Darlegungs- und Beweislast empfiehlt sich allerdings weiterhin die Angabe des Befristungsgrundes der Erprobung. Die Befristung zur Erprobung setzt voraus, dass der Arbeitgeber bei Bewährung eine Dauerbeschäftigung des Arbeitnehmers will. Ansonsten fehlt es an dem Erprobungsbedürfnis (BAG, Urt. v. 12.09.1996 – 7 AZR 31/96, NZA 1997, 841). Eine Erprobung kommt nicht in Betracht, wenn der Arbeitnehmer in vergleichbarer Funktion bereits zu einem früheren Zeitpunkt für den Arbeitgeber tätig war (BAG, Urt. v. 23.06.2004 – 7 AZR 636/03, NZA 2004, 1333; LAG Berlin-Brandenburg, Urt. v. 08.05.2007 – 12 Sa 329/07, NJ 2008, 48). Etwas anderes gilt nur dann, wenn der neue Arbeitsplatz andere Anforderungen an den Arbeitnehmer stellt, so dass Rückschlüsse auf dessen Eignung aus der Vorbeschäftigung nicht hinreichend möglich sind (AR/*Schüren* § 14 TzBfG Rn. 37). Eine Höchstdauer für die Befristung zur Erprobung sieht das Gesetz nicht vor. Entscheidend ist, wie lange der Arbeitgeber im konkreten Fall braucht, um sich ein Bild von der fachlichen und persönlichen Eignung des Arbeitnehmers für die Art der für diesen vorgesehenen Beschäftigung zu machen (AR/*Schüren* § 14 TzBfG Rn. 38). Eine Erprobungsfrist von sechs Monaten wird unter Hinweis auf § 1 Abs. 1 KSchG und § 622 Abs. 3 BGB grundsätzlich für zulässig erachtet (BAG, Urt. v. 02.06.2010 – 7 AZR 85/09, NZA 2010, 1293). Die befristete Verlängerung der Probezeit ist rechtlich möglich, wenn der Arbeitgeber Eignung und Leistung des Arbeitnehmers wegen der besonderen Anforderungen des Arbeitsplatzes innerhalb von sechs Monaten nicht hinreichend beurteilen kann. Die Gründe für eine über sechs Monate hinausgehende Probezeit können auch auf Gründen in der Person des Arbeitnehmers, etwa auf psychisch begründeten Leistungsdefiziten basieren (BAG, Urt. v. 02.06.2010 – 7 AZR 85/09, NZA 2010, 1293).

▶ **Muster – Befristung zur Erprobung nach § 14 Abs. 1 TzBfG**

135 Befristeter Arbeitsvertrag zur Erprobung

zwischen

[Name und Anschrift des Arbeitgebers]

und

[Name und Anschrift des Arbeitnehmers]

1. **Beginn und Art der Tätigkeit**

Der Arbeitnehmer wird von dem Arbeitgeber mit Wirkung ab dem ___[Datum]___ als ___[Funktion]___ angestellt.

2. **Befristung zur Erprobung**

Das Arbeitsverhältnis wird zunächst lediglich für eine sechsmonatige [1] Probezeit vereinbart. Es endet daher mit Ablauf des ___[Datum]___, ohne dass es einer Kündigung bedarf. [2] Etwas anderes gilt nur dann, wenn vorab zwischen den Vertragsparteien die Fortsetzung des Arbeitsverhältnisses über den ___[Datum]___ hinaus vereinbart wird.

3. **Kündigung**

Während der Laufzeit des Vertrages kann das Arbeitsverhältnis beiderseits mit einer Frist von ___[Anzahl Wochen]___ gekündigt werden. [3]

4. ff. [Arbeitszeit, Vergütung, Urlaub, etc.]

___[Ort, Datum]___   4

_____
(Unterschrift des Arbeitgebers)

_____
(Unterschrift des Arbeitnehmers)

Erläuterungen

Schrifttum
Berger-Delhey Zwei Jahre auf Probe?, ZTR 2006, 74; *Lembke* Neue Wege zur Verlängerung der Probezeit, DB 2002, 2648; *Schulte* Typische Probleme im Probearbeitsverhältnis, ArbRB 2011, 18.

1. Mit Blick auf § 1 Abs. 1 KSchG und § 622 Abs. 3 BGB erscheint eine Befristung zur Erprobung von sechs Monaten grundsätzlich als sachgerecht. Allerdings ist zu beachten, dass eine Befristung zur Erprobung nur dann vorliegt, wenn der Arbeitgeber vor der Eingehung einer längeren arbeitsvertraglichen Bindung die fachliche und persönliche Eignung des Arbeitnehmers für die vorgesehene Tätigkeit feststellen will (BT-Drs. 14/4374 S. 19). D.h., sobald der Erprobungszweck erreicht ist, kann der Befristungsgrund nicht mehr bestehen. Bei ganz einfachen Hilfsarbeiten kann dies bereits nach wenigen Wochen der Fall sein (AR/*Schüren* § 14 TzBfG Rn. 38). Bei besonderen Anforderungen des Arbeitsplatzes kann jedoch eine höhere Befristungsdauer als sechs Monate gerechtfertigt sein (*Sievers* § 14 TzBfG Rn. 314 f.). **136**

2. Wird das Arbeitsverhältnis nach Ablauf der Zeit, für die es eingegangen ist, fortgesetzt, gilt es nach § 15 Abs. 5 TzBfG als auf unbestimmte Zeit verlängert, wenn der Arbeitgeber nicht unverzüglich widerspricht. **137**

3. Soll die Befristungsdauer als reine Höchstdauer vereinbart sein, muss sowohl dem Arbeitgeber, als auch dem Arbeitnehmer (vgl. KR/*Lipke* § 15 TzBfG Rn. 34) ein Recht zur ordentlichen Kündigung auch während der Laufzeit des Vertrages ausdrücklich durch eine entsprechende Regelung eingeräumt werden. § 15 Abs. 3 TzBfG sieht die Vereinbarung einer entsprechenden Klausel explizit vor. Für die ersten sechs Monate des bestehenden Arbeitsverhältnisses kann immer eine verkürzte Kündigungsfrist von zwei Wochen ohne Bindung an einen Termin entsprechend § 622 Abs. 3 BGB vereinbart werden. Die verkürzte Kündigungsfrist gilt für beide Teile und nicht nur für den Arbeitgeber. **138**

4. Nach § 14 Abs. 4 TzBfG bedarf die wirksame Befristung eines Arbeitsvertrages der Schriftform. Zu den Anforderungen, Besonderheiten und Ausnahmen im Einzelnen wird auf die Ausführungen unter E Rdn. 12 verwiesen. **139**

2. Mitteilung des Bestehens der Probezeit

Vorbemerkung

Da Arbeitnehmer verpflichtet sind, im Falle der Beendigung des Arbeitsverhältnisses frühzeitig nach einer anderweitigen Beschäftigungsmöglichkeit zu suchen und sich nach § 38 Abs. 1 SGB III rechtzeitig vor Beendigung des Arbeitsverhältnisses bei der Agentur für Arbeit persönlich arbeitsuchend zu melden, sollten sie durch den Arbeitgeber frühestmöglich darüber unterrichtet werden, ob sie die Probezeit bestanden haben und das Arbeitsverhältnis über den Befristungszeitraum hinaus fortgesetzt wird. **140**

E. Zeitbezogene Sonderformen des Arbeitsverhältnisses

▶ **Muster – Mitteilung des Bestehens der Probezeit** [1]

141 [Briefkopf des Arbeitgebers]

[Name und Anschrift des Arbeitnehmers]

[Ort, Datum]

Sehr geehrte/r Frau/Herr _____[Name]_____ ,

mit Vertrag vom ___[Datum]___ haben wir Sie bis zum ___[Datum]___ befristet zur Erprobung eingestellt. Wir teilen Ihnen mit, dass Sie die Probezeit erfolgreich bestanden haben.

Wir freuen uns weiterhin auf eine gute Zusammenarbeit.

Mit freundlichen Grüßen

_____
(Unterschrift des Arbeitgebers)

Erläuterungen

142 **1.** Alternativ kann dem Arbeitnehmer auch ein unbefristeter Arbeitsvertrag (siehe Muster unter B Rdn. 4) zur Unterschrift vorlegt werden.

3. Verlängerung der Probezeit durch Aufhebungsvertrag

Vorbemerkung

143 Wenn der Arbeitgeber noch nicht mit der gebotenen Gewissheit feststellen kann, dass ein Arbeitnehmer die Probezeit erfolgreich bestanden hat, bietet es sich an, das Probearbeitsverhältnis mittels Aufhebungsvertrags zu verlängern. Ein solcher Aufhebungsvertrag ist nicht wegen Umgehung zwingender Kündigungsschutzvorschriften unwirksam (vgl. BAG, Urt. v. 07.03.2002 – 2 AZR 93/01, BB 2002, 2070; kritisch hierzu *Sievers* § 14 TzBfG Rn. 283 f.). Anstatt das Arbeitsverhältnis innerhalb der in § 1 Abs. 1 KSchG normierten sechsmonatigen Wartezeit mit der in § 622 Abs. 3 BGB geregelten kurzen Kündigungsfrist zu beenden, wird dem Arbeitnehmer so die Chance gegeben, sich zu bewähren. Mit der Verlängerung der Probezeit durch Aufhebungsvertrag besteht das Arbeitsverhältnis länger und dem Arbeitnehmer wird für den Fall seiner Bewährung die Wiedereinstellung zugesagt. Allerdings ist die Rechtsprechung des BAG aus dem Jahr 2002 mit Vorsicht zu genießen. Zum einen erfolgte sie nicht durch den für das Befristungsrecht zuständigen 7. Senat des BAG. Zum anderen ist eine Befristungskontrolle auch in den ersten sechs Monaten des Arbeitsverhältnisses vorzunehmen (BAG, Urt. v. 16.05.2012 – 5 AZR 268/11, JurionRS 2011, 20561; BAG, Urt. v. 11.07.2007 – 7 AZR 708/06, JurionRS 2007, 41572), so dass von einer Umgehung der Vorschriften des TzBfG ausgegangen werden muss, wenn der Aufhebungsvertrag zur Verlängerung der Probezeit nur geschlossen wurde, um eine Befristungskontrolle nach § 14 Abs. 1 Satz 2 Nr. 5 TzBfG bzw. nach § 14 Abs. 2 TzBfG zu verhindern (*Sievers* § 14 TzBfG Rn. 326 f.). Als Alternative zum Aufhebungsvertrag hat sich das LAG Baden-Württemberg (Urt. v. 06.05.2015 – 4 Sa 94/14, JurionRS 2015, 17448), auf den Standpunkt gestellt, dass es grundsätzlich auch möglich ist, das Arbeitsverhältnis in den ersten sechs Monaten seines Bestehens mit einer verlängerten Kündigungsfrist von maximal vier Monaten zu kündigen, wenn dem Arbeitnehmer noch eine Bewährungschance eingeräumt werden soll. Eine Umgehung des Befristungsrechts ist jedenfalls dann nicht anzunehmen, wenn in der Kündigung aufgeführt ist, dass die Probezeit nicht bestanden wurde, dass eine Bewährungschance gewährt werden soll, und dass der Arbeitgeber im Falle der Bewährung bereit ist, über einen anschließenden neuen Arbeitsvertrag zu sprechen. Eine verbindliche Wiedereinstellungszusage ist nicht erforderlich.

▶ **Muster – Verlängerung der Probezeit durch Aufhebungsvertrag**

zwischen

___[Name und Anschrift des Arbeitgebers]___

und

___[Name und Anschrift des Arbeitnehmers]___

1. **(Nicht-)Bestehen der Probezeit**

Die Probezeit des Arbeitsverhältnisses nach Ziff. ___[Nummer]___ des Arbeitsvertrages vom ___[Datum]___ endet am ___[Datum]___. Nach derzeitiger Einschätzung gilt die Probezeit als nicht erfolgreich bestanden.

2. **Verlängerung der Probezeit**

Dem Arbeitnehmer wird auf seinen Wunsch hin eine weitere Probezeit von vier Monaten [1] gewährt, um sich im Arbeitsverhältnis bewähren zu können.

3. **Beendigung des Arbeitsverhältnisses**

Die Parteien sind sich darüber einig, dass das zwischen ihnen bestehende Arbeitsverhältnis mit Unterzeichnung dieses Aufhebungsvertrages mit Ablauf der viermonatigen Probezeitverlängerung, d.h., am ___[Datum]___ endet. [2]

4. **Bedingte Wiedereinstellungszusage**

Sollte sich der Arbeitnehmer in der Zeit bis zum Ende des Arbeitsverhältnisses hinreichend bewähren, wird ihm der Arbeitgeber ein Wiedereinstellungsangebot unter den bisherigen Bedingungen seines Arbeitsvertrages unterbreiten. Ein Rechtsanspruch auf Wiedereinstellung entsteht durch den vorliegenden Aufhebungsvertrag nicht.

5. **Fortgeltung der bisherigen Regelungen**

Bis zu dem in Ziff. 3 dieses Vertrages genannten Beendigungszeitpunkt gelten die Regelungen aus dem Arbeitsvertrag vom ___[Datum]___ fort.

6. **Zeugnis**

Wird dem Arbeitnehmer kein Wiedereinstellungsangebot unterbreitet, endet das Arbeitsverhältnis mit diesem Aufhebungsvertrag am ___[Datum]___. Der Arbeitnehmer hat in diesem Fall einen Anspruch auf ein wohlwollendes Beendigungszeugnis.

7. ff. [Belehrung über Meldepflicht nach § 38 Abs. 1 SGB III etc.]

...

___[Ort, Datum]___ [3]

_____
(Unterschrift des Arbeitgebers)

_____
(Unterschrift des Arbeitnehmers)

Erläuterungen

Schrifttum

Bitzer Verlängerung der Probezeit – Was ist möglich?, AuA 2003, Nr. 4, 16; *Marquardt* Aufhebungsvertrag als Mittel zur Probezeitverlängerung, ArbRB 2003, 252; *Schulte* Typische Probleme im Probearbeitsverhältnis, ArbRB 2011, 18; *Wolff* Aufhebungsvertrag und Umgehung des Kündigungsschutzes, BB 2002, 2072.

145 **1.** Unabhängig davon, dass die Vereinbarung nicht rechtssicher ist (vgl. E Rdn. 143), hat das BAG in seiner Entscheidung vom 07.03.2002 (BAG, Urt. v. 07.03.2002 – 2 AZR 93/01, BB 2002, 2070) eine zusätzliche Einarbeitungszeit von vier Monaten gebilligt und ausgeführt, dass sich die Bewährungschance auf eine überschaubare längere Kündigungsfrist (unterhalb der längsten tariflichen bzw. gesetzlichen Kündigungsfrist) erstrecken darf. Entscheidend ist, wie lange der Arbeitgeber im konkreten Fall braucht, um sich ein Bild von der fachlichen und persönlichen Eignung des Arbeitnehmers für die Art der für diesen vorgesehenen Beschäftigung machen zu können. Bei einfacheren Tätigkeiten kann auch eine deutlich kürzere zusätzliche Einarbeitungszeit angemessen sein bzw. eine solche von vornherein ausgeschlossen sein. Aufgenommen werden sollte in den Aufhebungsvertrag der Hinweis darauf, dass die Verlängerung der Probezeit/die Einräumung der Bewährungschance auf Wunsch des Arbeitnehmers erfolgt. Da das BAG (Urt. v. 07.03.2002 – 2 AZR 93/01, BB 2002. 2070) ausdrücklich offen gelassen hat, ob die Verlängerung zu beanstanden ist, wenn sie überwiegend im Interesse des Arbeitgebers liegt, kann so dokumentiert werden, dass sie zumindest auch im Interesse des Arbeitnehmers getroffen wurde (vgl. *Sievers* § 14 TzBfG Rn. 324).

146 **2.** Die Befristungsabrede bedarf nach § 14 Abs. 4 TzBfG der gesetzlichen Schriftform. Für den Aufhebungsvertrag gilt das in § 623 BGB normierte Schriftformerfordernis.

147 **3.** Die Verlängerung des Probearbeitsverhältnisses mittels Aufhebungsvertrags sollte jedenfalls vor Ablauf der ursprünglichen Probezeit vereinbart werden. Die Voraussetzungen des in § 14 Abs. 4 TzBfG geregelten Schriftformerfordernisses müssen zwingend zum Zeitpunkt des Vertragsbeginns erfüllt sein. Wird das Arbeitsverhältnis nach Ablauf der Zeit, für die es eingegangen ist, ohne weitere Vereinbarung fortgesetzt, gilt es nach § 15 Abs. 5 TzBfG als auf unbestimmte Zeit verlängert, wenn der Arbeitgeber nicht unverzüglich widerspricht.

IV. Sonstige zeitbezogene Sonderformen

1. Arbeit auf Abruf nach § 12 TzBfG

Vorbemerkung

148 Arbeit auf Abruf wird in der Praxis häufig auch als »Kapovaz« (kapazitätsorientierte variable Arbeitszeit) bezeichnet. § 12 TzBfG gestattet in beschränktem Umfang die Durchführung von Abrufarbeit. Arbeit auf Abruf liegt vor, wenn der Arbeitgeber die vereinbarte Arbeitszeitmenge durch Abruf bedarfsorientiert verteilt (BAG, Urt. v. 07.12.2005 – 5 AZR 535/04, NZA 2006, 423; ErfK/*Preis* § 12 TzBfG Rn. 1 f.). Die Einschätzung des Bedarfs ist Sache des Arbeitgebers. Es muss allerdings ein bestimmtes Mindestdeputat pro Zeiteinheit zum Verbrauch zur Verfügung stehen. Die Vergütung wird grundsätzlich auf Basis des vereinbarten Deputats monatlich gleichmäßig bezahlt – diskontinuierliche Beschäftigung und kontinuierliche Vergütung (AR/*Schüren* § 12 TzBfG Rn. 1). Ein Anspruch auf Feiertagsvergütung bzw. Entgeltfortzahlung kann bestehen, wenn der Arbeitnehmer dazu in der Lage ist, tatsächliche Umstände vorzutragen, aus denen sich eine hohe Wahrscheinlichkeit dafür ergibt, dass die Arbeit allein wegen des Feiertags ausgefallen ist (vgl. BAG, Urt. v. 24.10.2001 – 5 AZR 245/00, BB 2002, 1154) bzw. die Arbeitsunfähigkeit mit einem Tag zusammenfällt, an dem er mit hoher Wahrscheinlichkeit hätte arbeiten müssen.

149 Die Vereinbarung von Abrufarbeit ermöglicht es dem Arbeitgeber, sein Wirtschaftsrisiko z.T. auf den Arbeitnehmer zu verlagern. Die Rechtsprechung hat dies und damit eine Umgehung von § 615 BGB anerkannt, soweit die abrufbare Arbeit nicht mehr als 25 % der vereinbarten wöchentlichen Mindestarbeitszeit beträgt (BAG, Urt. v. 07.12.2005 – 5 AZR 535/04, NZA 2006, 423). Existiert im Unternehmen ein Betriebsrat, hat dieser nach § 87 Abs. 1 Nr. 2 BetrVG über die Frage mitzubestimmen, ob Teilzeitkräfte zu festen Zeiten oder nach Bedarf beschäftigt werden sollen (BAG, Beschl. v. 28.09.1988 – 1 ABR 41/87, NZA 1989, 184).

▶ **Muster – Arbeit auf Abruf nach § 12 TzBfG**

Vereinbarung über Abrufarbeit [1]

zwischen

[Name und Anschrift des Arbeitgebers]

und

[Name und Anschrift des Arbeitnehmers]

1. ff. [Tätigkeit, Beginn und Dauer, etc.]

2. Arbeitszeit

Der Arbeitnehmer erbringt seine Arbeitszeit nach dem betrieblichen Bedarf.

Die wöchentliche Arbeitszeit beträgt 20 Stunden. [2] Dabei beträgt die tägliche Arbeitszeit an den Einsatztagen jeweils mindestens drei aufeinanderfolgende Stunden. [3] Der Arbeitnehmer ist verpflichtet, bei entsprechendem Arbeitsanfall auf Aufforderung des Arbeitgebers bis zu 25 Stunden pro Woche zu arbeiten. [4]

Der Arbeitgeber teilt dem Arbeitnehmer spätestens bis Mittwoch jeder Woche die Arbeitszeitdauer für die Folgewoche und die Zeiteinteilung mit. [5] Für den Fall, dass der Arbeitnehmer bis Mittwoch keine Mitteilung über die Arbeitszeitdauer für die Folgewoche und die Zeiteinteilung erhalten hat, gilt die Arbeitszeitdauer und Zeiteinteilung für die aktuelle Arbeitswoche auch in der Folgewoche.

3. Vergütung

Die monatliche Vergütung für die vereinbarte wöchentliche Mindestarbeitszeit von 20 Stunden beträgt ____[Betrag]____ €. [6]

Mit dem Gehalt für den Monat Dezember werden sämtliche Zuschläge für Nachtarbeit, Überstunden etc. für das laufende Jahr ausbezahlt.

4. ff. [Urlaub, Ausschlussfristen, etc.]

[Ort, Datum]

(Unterschrift des Arbeitgebers)

(Unterschrift des Arbeitnehmers)

Erläuterungen

Schrifttum

Dzida Null-Stunden-Verträge – Wie weit darf die Flexibilität der Arbeitszeit gehen?, ArbRB 2016, 19; *Groeger/Sadtler* Möglichkeiten und Grenzen der flexiblen Gestaltung des Umfangs der Arbeitszeit, ArbRB 2009, 117; *Haas/Salamon* Erhöhten Arbeitskraftbedarf flexibel bewältigen, AuA 2009, 22; *Kramer/Keine* Arbeit auf Abruf – Spielräume bei der vertraglichen Gestaltung, ArbRB 2010, 233; *Pleßner* Arbeit auf Abruf, RdA 2007, 249; *Reiserer* Flexible Vergütungsmodelle, NZA 2007, 1249.

E. Zeitbezogene Sonderformen des Arbeitsverhältnisses

151 1. Eine Vereinbarung über Abrufarbeit wird grundsätzlich nicht separat getroffen. Die entsprechenden Regelungen werden von Anfang an in den Arbeitsvertrag integriert.

152 2. § 12 Abs. 1 Satz 2 TzBfG bestimmt, dass in einer getroffenen Vereinbarung zur Abrufarbeit eine bestimmte Dauer der wöchentlichen und täglichen Arbeitszeit festgelegt werden muss. Fehlt es hieran, gilt nach § 12 Abs. 1 Satz 3 TzBfG eine wöchentliche Arbeitszeit von zehn Stunden als vereinbart. D.h., hat der Arbeitgeber mit dem Arbeitnehmer keinen bestimmten Umfang für die wöchentliche bzw. tägliche Arbeitszeit vereinbart, macht dies eine Abrede, wonach die Arbeit (lediglich) auf Abruf erfolgen soll, nicht unwirksam. da die gesetzlich fingierte Arbeitszeit zur Anwendung gelangt (BAG, Urt. v. 24.09.2014 – 5 AZR 1024/12, JurionRS 2014, 23316).

153 3. Eine Vereinbarung über Abrufarbeit ermöglicht dem Arbeitgeber zwar eine höhere Flexibilität. § 12 Abs. 1 Satz 4 TzBfG beschränkt aber das Recht des Arbeitgebers, die Dauer des konkreten Arbeitseinsatzes festzulegen. Die Anwendbarkeit von § 12 Abs. 1 Satz 4 TzBfG kann durch eine individualvertragliche Regelung ausgeschlossen werden (AR/*Schüren* § 12 TzBfG Rn. 13; ErfK/*Preis* § 12 TzBfG Rn. 22). Wird die Dauer der täglichen Arbeitszeit nicht festgelegt, hat der Arbeitgeber die Arbeitsleistung des Arbeitnehmers jedenfalls für mindestens drei aufeinander folgende Stunden in Anspruch zu nehmen. Eine tägliche Arbeitszeit i.S.d. § 12 Abs. 1 Satz 4 TzBfG liegt auch vor, wenn die Arbeit im Nachtschichtbetrieb über Mitternacht hinausgeht (AR/*Schüren* § 12 TzBfG Rn. 14; ErfK/*Preis* § 12 TzBfG Rn. 23). Verstößt der Arbeitgeber gegen § 12 Abs. 1 Satz 4 TzBfG und ruft er weniger als drei Stunden Arbeitsleistung ab, steht dem Arbeitnehmer kein Leistungsverweigerungsrecht zu (BAG, Urt. v. 24.05.1989 – 2 AZR 537/88, JurionRS 1989, 15141; a.A. AR/Schüren § 12 TzBfG Rn. 15; Annuß/Thüsing/*Jacobs* § 12 TzBfG Rn. 29, die dem Arbeitnehmer jeweils ein Wahlrecht einräumen wollen).

154 4. Nach § 615 BGB obliegt dem Arbeitgeber grundsätzlich das Wirtschaftsrisiko, einen Arbeitnehmer zu beschäftigen und ihn entsprechend zu vergüten. Um zu verhindern, dass dieses Risiko in übermäßigem Umfang auf den Arbeitnehmer verlagert wird, darf der Anteil abrufbarer Arbeitsleistung nicht über 25 % der vereinbarten Mindestarbeitszeit liegen (BAG, Urt. v. 07.12.2005 – 5 AZR 535/04, NZA 2006, 423). Dementsprechend sind bei einer vereinbarten Mindestarbeitszeit von 20 Stunden maximal 25 Stunden abrufbar.

155 5. Gemäß § 12 Abs. 2 TzBfG ist der Arbeitnehmer nur zur Arbeitsleistung verpflichtet, wenn der Arbeitgeber ihm die Lage seiner Arbeitszeit jeweils mindestens vier Tage im Voraus mitteilt. Die Fristberechnung erfolgt nach §§ 186 ff. BGB. Die Frist beginnt mit dem Tag der Zustellung der Mitteilung, wobei dieser Tag bei der Berechnung der Frist nach § 187 Abs. 1 BGB nicht mitzählt. Gleiches gilt für den Tag der Arbeitsleistung, was sich aus der Formulierung »vier Tage im Voraus« ergibt (AR/*Schüren* § 12 TzBfG Rn. 17). Ist der letzte Tag vor dem Viertageszeitraum ein Samstag, Sonntag oder Feiertag, muss die Mitteilung gemäß § 193 BGB am vorangegangenen Werktag erfolgen. D.h., wenn der geplante Arbeitstag der Montag ist, muss dem Arbeitnehmer die entsprechende Mitteilung spätestens am Mittwoch der vorangegangenen Woche zugegangen sein. Eine vereinbarte Verkürzung der Frist ist wegen § 134 BGB unwirksam (*Sievers* § 12 TzBfG Rn. 37). Bei Nichtbeachtung von § 12 Abs. 2 TzBfG hat der Arbeitnehmer ein Leistungsverweigerungsrecht. Er kann aber trotz des Verstoßes die Arbeit freiwillig erbringen. In diesem Fall muss ihn der Arbeitgeber entsprechend vergüten. Zudem muss der konkrete Abruf billigem Ermessen entsprechen. D.h., die wesentlichen Umstände des Falles müssen abgewogen und die beiderseitigen Interessen angemessen berücksichtigt worden sein (BAG, Urt. v. 25.08.2010 – 10 AZR 275/09, NZA 2010, 1355; *Sievers* § 12 TzBfG Rn. 33 f.).

156 6. Der Arbeitnehmer hat einen Anspruch auf die Vergütung der geleisteten Arbeitsstunden. Wird das vereinbarte Arbeitszeitdeputat nicht abgerufen, verliert der Arbeitnehmer nach § 615 Satz 1 BGB seinen Vergütungsanspruch nicht (BAG, Urt. v. 26.01.2011 – 5 AZR 819/09, JurionRS 2011, 15253). Wird zwischen den Vertragsparteien der Übertrag von Arbeitszeitguthaben und -defiziten vereinbart, beeinflusst dies die Fälligkeit der Vergütung nicht (AR/*Schüren* § 12 TzBfG Rn. 20).

2. Wiedereingliederungsvertrag nach längerer Krankheit

Vorbemerkung

Die Vereinbarung über die stufenweise Wiederaufnahme einer Tätigkeit nach längerer Krankheit ist ein Vertrag eigener Art (BAG, Urt. v. 29.01.1992 – 5 AZR 37/91, NZA 1992, 643). Gegenstand ist nicht das für den Arbeitsvertrag typische Austauschverhältnis »Arbeit gegen Entgelt«, sondern die berufliche Rehabilitation des Arbeitnehmers. Insoweit können Arbeitnehmer auch dann, wenn ihre Arbeitsunfähigkeit noch nicht überwunden ist, wieder an dem Berufsleben teilnehmen, wenn sie nach § 74 SGB V i.V.m. § 28 SGB IX »nach ärztlicher Feststellung ihre bisherige Tätigkeit teilweise verrichten und durch eine stufenweise Wiederaufnahme ihrer Tätigkeit voraussichtlich besser wieder in das Erwerbsleben eingegliedert werden können«. § 74 SGB V legt explizit fest, dass ein Arzt dann, wenn arbeitsunfähig Versicherte nach ärztlicher Feststellung ihre bisherige Tätigkeit teilweise verrichten können, auf der Bescheinigung über die Arbeitsunfähigkeit Art und Umfang der möglichen Tätigkeiten angegeben werden sollen und dabei in geeigneten Fällen die Stellungnahme des Betriebsarztes oder mit Zustimmung der Krankenkasse die Stellungnahme des medizinischen Dienstes eingeholt werden soll. Zum Abschluss eines solchen auf Wiedereingliederung gerichteten Vertrages ist der Arbeitgeber grundsätzlich nicht verpflichtet (BAG, Urt. v. 29.01.1992 – 5 AZR 37/91, NZA 1992, 643). Ausnahmsweise hat das BAG einen Anspruch auf stufenweise Wiedereingliederung für schwerbehinderte Arbeitnehmer mit Verweis auf § 81 Abs. 4 Satz 1 SGB IX bejaht. Hierfür ist es erforderlich, dass der Arbeitnehmer spätestens bis zum Schluss der mündlichen Verhandlung eine ärztliche Bescheinigung vorlegt, aus der sich Art und Weise der empfohlenen Beschäftigung, Beschäftigungsbeschränkungen, Umfang der täglichen und wöchentlichen Arbeitszeit sowie die Dauer der Maßnahme ergeben (BAG, Urt. v. 13.06.2006 – 9 AZR 229/05, NZA 2007, 91).

Durch den Abschluss eines Wiedereingliederungsvertrages wird kein Teilzeitarbeitsverhältnis i.S.d. § 1 TzBfG begründet. Der Wiedereingliederungsvertrag besteht grundsätzlich neben dem Arbeitsvertrag, dessen Hauptleistungspflichten ruhen. Aufgrund dessen, dass der Arbeitnehmer mit seiner Tätigkeit nicht die arbeitsvertraglich geschuldete Leistung erbringt und seine finanzielle Absicherung durch die Krankenkasse gewährleistet wird, schuldet der Arbeitgeber eine Vergütung im Rahmen des Wiedereingliederungsverhältnisses nur bei ausdrücklicher Abrede. Da dem Arbeitnehmer mit Abschluss eines Wiedereingliederungsvertrages lediglich aus therapeutischen Gründen Gelegenheit zur Tätigkeit gegeben werden soll, werden andererseits auch keine arbeitsvertraglichen Verpflichtungen des Arbeitnehmers zur Arbeitsleistung im üblichen Sinne begründet. Vielmehr soll getestet werden, ob der Arbeitnehmer zunächst im Rahmen einer quantitativ und/oder qualitativ gegenüber seiner bisherigen Arbeitsleistung verringerten Tätigkeit seiner Arbeitsfähigkeit wieder herstellen kann (vgl. RL des Bundesausschusses der Ärzte und Krankenkassen über die Beurteilung der Arbeitsunfähigkeit und die Maßnahmen zur stufenweisen Wiedereingliederung in der Fassung vom 14.11.2013, veröffentlicht im Bundesanzeiger AT 27.01.2014 B4, in Kraft getreten am 28.01.2014). Der Arbeitnehmer kann die Tätigkeit jederzeit abbrechen, wenn er sich den Belastungen nicht gewachsen fühlt. Soweit es sich mit dem Zweck der Wiedereingliederung vereinbaren lässt, bestehen die Nebenpflichten des Arbeitsvertrags wie Fürsorge- und Treuepflicht fort, so dass dem Arbeitnehmer für seine Beschäftigung auch Weisungen erteilt werden können (BAG, Urt. v. 29.01.1992 – 5 AZR 37/91, NZA 1992, 643). Da der Arbeitnehmer im Rahmen des Wiedereingliederungsverhältnisses keine Arbeitsleistung erbringt, hat er auch keinen Anspruch auf Urlaub. Ein neuer Entgeltfortzahlungszeitraum beginnt ebenfalls nicht.

E. Zeitbezogene Sonderformen des Arbeitsverhältnisses

▶ Muster – Wiedereingliederungsvertrag nach längerer Krankheit

159 zwischen

[Name und Anschrift des Arbeitgebers]

und

[Name und Anschrift des Arbeitnehmers]

1. Vertragsgegenstand

Der Arbeitnehmer ist seit dem ____[Datum]____ infolge Arbeitsunfähigkeit an der Erfüllung seiner arbeitsvertraglichen Pflichten verhindert und arbeitsunfähig. Der Arbeitnehmer soll sich beruflich rehabilitieren, indem ihm aus therapeutischen Gründen Gelegenheit zur Tätigkeit entsprechend einem ärztlich bescheinigten Ablauf der Wiedereingliederung [1] gegeben wird.

2. Beginn und Ende der Wiedereingliederung

Der Arbeitnehmer wird im Rahmen einer stufenweise Wiedereingliederung gem. § 74 SGB V vom ____[Datum]____ bis zum ____[Datum]____ beschäftigt. Art und Umfang der Tätigkeit im Rahmen der Wiedereingliederung ergeben sich aus dem diesem Vertrag angehefteten ärztlichen Wiedereingliederungsplan. [2]

3. Vergütung

Ein Anspruch des Arbeitnehmers auf Vergütung besteht während der Wiedereingliederung nicht. [3]

4. Urlaub und Entgeltfortzahlung

Der Arbeitnehmer hat während der Zeit der Wiedereingliederung weder einen Anspruch auf Urlaub noch auf Entgeltfortzahlung im Krankheitsfall.

5. Auswirkungen auf das ursprüngliche Arbeitsverhältnis

Der am ____[Datum]____ geschlossene Arbeitsvertrag wird durch den Wiedereingliederungsvertrag nicht berührt. Die Pflichten aus diesem Arbeitsvertrag sind für die Zeit der Wiedereingliederung suspendiert.

[Ort, Datum]

_____
(Unterschrift des Arbeitgebers)

_____
(Unterschrift des Arbeitnehmers)

Erläuterungen

Schrifttum

Anton-Dyck Stufenweise Wiedereingliederung nach § 28 SGB IX, § 74 SGB V, Monographie; *Böhm/Anton-Dyck* Effektive Durchsetzung des Anspruchs auf stufenweise Wiedereingliederung, ArbRB 2012, 315; *Nebe* (Re-)Integration von Arbeitnehmern: Stufenweise Wiedereingliederung und betriebliches Eingliederungsmanagement – Ein neues Kooperationsverhältnis, DB 2008, 1801; *Rose/Gilberger* Wiedereingliederung: Schrankenloser Anspruch schwerbehinderter Menschen?, DB 2009, 1986.

160 **1.** Der Ablauf der Wiedereingliederung ist in Form eines Wiedereingliederungsplanes ärztlich zu bescheinigen. Die Einzelheiten hierzu ergeben sich aus der Richtlinie des Gemeinsamen Bundesausschusses über die Beurteilung der Arbeitsunfähigkeit und die Maßnahmen zur stufenweisen Wiedereingliederung (Arbeitsunfähigkeitsrichtlinie) nach § 92 Abs. 1 Satz 2 Nr. 7 SGB V.

2. Der maximale Umfang der Tätigkeit richtet sich nach der vom Arzt entsprechend § 74 SGB V ausgestellten Bescheinigung. Sieht diese ärztliche Bescheinigung einen Stufenplan für die Wiedereingliederung vor, erscheint es am praktikabelsten, dem Wiedereingliederungsvertrag die ärztliche Bescheinigung einfach anzuheften. Alternativ können Dauer, Art und Umfang der während der Wiedereingliederung zu verrichtenden Tätigkeiten auch explizit in dem Wiedereingliederungsvertrag genannt werden.

3. Eine Vergütung schuldet der Arbeitgeber dem Arbeitnehmer für die während der Wiedereingliederung erbrachte Tätigkeit nicht. Im Interesse des Selbstwertgefühles des Arbeitnehmers ist eine finanzielle Leistung des Arbeitgebers allerdings wünschenswert. Wird dem Arbeitnehmer ein Arbeitsentgelt bezahlt, ist dieses gem. § 49 Abs. 1 Nr. 1 SGB V auf das Krankengeld anzurechnen. Entscheidet sich der Arbeitgeber von vorherein dafür, dass er den Arbeitnehmer vergüten will, bietet sich unter anderem folgende Regelung an:

»Für die Dauer der Wiedereingliederungsmaßnahme erhält der Arbeitnehmer eine Vergütung in Höhe von ____[Betrag]____ € pro Stunde/Woche/Monat.«

3. Sabbatical-Vereinbarung

Vorbemerkung

Eine Sabbatical-Vereinbarung stellt ein atypisches, in der Praxis bislang wenig praktiziertes Arbeitszeitmodell dar. Ziel ist die Gewinnung eines bezahlten Langzeiturlaubs. Zu differenzieren ist insoweit – ähnlich wie bei der Altersteilzeit – zwischen der sog. Ansparphase und der sog. Freistellungsphase. Der Arbeitnehmer wird als Teilzeitbeschäftigter geführt und füllt vor oder nach der Freistellungsphase sein Arbeitszeitkonto auf, indem er außer seiner vertraglich vereinbarten Arbeitszeit zusätzliche Arbeit leistet. Diese wird nicht sofort vergütet, sondern das Arbeitsentgelt wird für die Zeit der Freistellungsphase gutgeschrieben. Das Ansparkonto kann nicht nur durch den Verzicht auf einen Teil der laufenden Bezüge aufgefüllt werden, sondern auch dadurch, dass der Arbeitnehmer auf die Auszahlung von Zusatzleistungen vollständig verzichtet. Während des Sabbaticals wird das Guthaben auf dem Ansparkonto sukzessive abgebaut, d.h., der Arbeitnehmer erhält den Teil der Vergütung, auf dessen Auszahlung er während der Arbeitsphase verzichtet hat (hierzu: *Seel* DB 2009, 2210, 2211). Da der Arbeitnehmer während der Ansparphase in Vorleistung tritt, ist der Arbeitgeber nach § 7e SGB IV verpflichtet, das Wertguthaben gegen Insolvenz zu sichern und den Insolvenzschutz gegenüber dem Arbeitnehmer nachzuweisen. Die Sozialversicherungspflicht besteht auch in der Freistellungsphase fort, weil der Arbeitnehmer weiter gegen Arbeitsentgelt beschäftigt wird. Nach § 7 Abs. 1a SGB IV ist die Einhaltung der in § 7b SGB IV bestimmten Tatbestandsmerkmale unabdingbare Voraussetzung für den Fortbestand des Beschäftigungsverhältnisses während der Freistellung und der nachgelagerten Verbeitragung der in das Wertguthaben eingebrachten Entgelt- bzw. Zeitbestandteile. Eine gesetzlich anerkannte Wertguthabenvereinbarung setzt gem. § 7b SGB IV zunächst eine schriftliche Vereinbarung voraus. Zudem muss ersichtlich sein, dass die Vereinbarung nicht mit dem Ziel getroffen wird, Produktionsschwankungen auszugleichen. Es muss weiter ersichtlich sein, dass das Arbeitsentgelt in das Wertguthaben eingebracht wird, um es für Zeiten der Freistellung oder Arbeitszeitverringerung zu verwenden. Vierte Tatbestandsvoraussetzung ist, dass das aus dem Wertguthaben fällige Arbeitsentgelt mit einer vor oder nach der Inanspruchnahme erbrachten Arbeitsleistung erzielt wird. Durch das Gesetz zur Verbesserung der Rahmenbedingungen für die Absicherung flexibler Arbeitszeitregelungen (Flexi-II-Gesetz, BGBl. 2008, Teil I Nr. 64, S. 2940 ff.) wurde die Öffnung von Zeitwertkontenmodellen auch für geringfügig Beschäftigte ermöglicht. Das aus dem Wertguthaben fällige Arbeitsentgelt muss nunmehr nur dann insgesamt 450 € monatlich übersteigen, wenn nicht bereits vor der Freistellung eine geringfügige Beschäftigung ausgeübt wurde.

E. Zeitbezogene Sonderformen des Arbeitsverhältnisses

165 Nach Ablauf der Freistellungsphase lebt das Arbeitsverhältnis wieder auf. D.h., wenn keine anderweitige Absprache getroffen wurde, gelten die ursprünglichen Konditionen, die vor Beginn der Sabbatical-Vereinbarung zur Anwendung kamen, fort.

▶ **Muster – Sabbatical-Vereinbarung** [1]

166 zwischen

[Name und Anschrift des Arbeitgebers]

und

[Name und Anschrift des Arbeitnehmers]

Präambel

Der Arbeitnehmer soll auf eigenen Wunsch [2] für den Zeitraum vom ___[Datum]___ bis ___[Datum]___ [3] von seinen arbeitsvertraglichen Pflichten vollständig freigestellt werden. Vor diesem Hintergrund wird Folgendes vereinbart:

1. Ansparphase/Arbeitszeitkonto

Der Arbeitnehmer verzichtet in dem Zeitraum vom ___[Datum]___ bis zum ___[Datum]___ auf die Auszahlung von ___[Prozentsatz]___ % seines monatlichen Gehalts (Ansparphase). Hinsichtlich der einbehaltenen Gehaltsansprüche wird für den Arbeitnehmer ein Arbeitszeitkonto geführt, auf welchem der Arbeitgeber jeweils am Monatsende die anteilige Vergütung für die von dem Arbeitnehmer geleisteten Stunden vermerkt, die nicht zur Auszahlung gelangt ist. [4] Daneben verzichtet der Arbeitnehmer zu Gunsten einer entsprechenden Gutschrift auf seinem Arbeitszeitkonto auf die Auszahlung seines noch ausstehenden Bonusanspruches in Höhe von ___[Betrag]___ € für das abgelaufene Geschäftsjahr. [5] Zudem wird der Geldwert des den gesetzlichen Mindesturlaub übersteigenden Urlaubsanspruchs des Arbeitnehmers von ___[Anzahl]___ Tagen für das laufende Kalenderjahr dem Arbeitszeitkonto gutgeschrieben.

Der Arbeitgeber verpflichtet sich, bis spätestens ___[Datum]___ das für den Arbeitnehmer geführte Arbeitszeitkonto gegen Insolvenz abzusichern. [6]

2. Freistellungsphase/Rückkehrrecht

Im Anschluss an die Ansparphase wird der Arbeitnehmer für den Zeitraum vom ___[Datum]___ bis zum ___[Datum]___ von seinen arbeitsvertraglichen Pflichten als ___[Funktion]___ freigestellt (Freistellungsphase).

Nach Beendigung der Freistellungsphase wird der Arbeitnehmer wieder in seinem bisherigen Arbeitsbereich eingesetzt. Ein Anspruch auf den konkreten Arbeitsplatz, den er in der Ansparphase innehatte, besteht nicht. [7]

Der Bestand des Arbeitsvertrages bleibt während der Freistellung unberührt. Die Freistellungszeit wird für die Berechnung der Dauer der Betriebszugehörigkeit berücksichtigt.

3. Vergütung während der Freistellungsphase

Während der Freistellungsphase erhält der Arbeitnehmer ein monatliches Bruttogehalt in Höhe von ___[Betrag]___ € unter entsprechender monatlicher Reduzierung des Geldwertes auf dem für ihn geführten Arbeitszeitkonto. Ein etwaiges verbleibendes Restguthaben auf dem Arbeitszeitkonto nach Beendigung der Freistellungsphase wird dem Arbeitnehmer mit der ersten Gehaltszahlung nach Rückkehr auf seinen Arbeitsplatz ausbezahlt. Eine Verzinsung erfolgt nicht. [8]

4. Krankheitsbedingte Arbeitsunfähigkeit

Erkrankt der Arbeitnehmer während der Ansparphase über den Zeitraum hinaus, für den er gegenüber dem Arbeitgeber einen Anspruch auf Entgeltfortzahlung hat, [9] verlängert sich die Ansparphase um den Zeitraum der Arbeitsunfähigkeit, für den kein Anspruch auf Entgeltfortzahlung besteht. Mit Einwilligung des Arbeitgebers kann der Arbeitnehmer diese Zeit auch im Anschluss an die Freistellungsphase nacharbeiten.

Eine Erkrankung während der Freistellungsphase verlängert diese nicht. [10]

5. Kündigungsbeschränkung

Während der Freistellungsphase kann das Arbeitsverhältnis von dem Arbeitgeber nur aus wichtigem Grund gekündigt werden.

6. Nebenpflichten aus dem Arbeitsverhältnis

Die Nebenpflichten aus dem am ____[Datum]____ geschlossenen Arbeitsverhältnisses bleiben von der Sabbatical-Vereinbarung unberührt. [11]

7. Schriftformklausel

Änderungen oder Ergänzungen dieser Vereinbarung bedürfen zu ihrer Wirksamkeit der Schriftform, es sei denn, sie beruhen auf einer ausdrücklichen oder individuellen Vertragsabrede i.S.d. § 305b BGB. Auch die Aufhebung dieses Schriftformerfordernisses bedarf der Schriftform.

[Ort, Datum]

_____
(Unterschrift des Arbeitgebers)

_____
(Unterschrift des Arbeitnehmers)

Erläuterungen

Schrifttum

Böhm Sabbatical-Vereinbarung – Gestaltungshinweise unter Berücksichtigung des Flexi-II-Gesetzes, ArbRB 2010, 289; *Fahrig* Wirtschaftskrise: Kurzarbeit und Alternativen, FA 2009, 197; *Frank* Regelungsbedarf und Haftungsfallen in Wertkontenmodellen, NZA 2008, 152; *Seel* Auszeit auf Zeit als Personalinstrument in der Krise – Worauf ist bei »Sabbaticals« zu achten? BB 2009, 2210.

1. Einen Rechtsanspruch auf ein Sabbatical hat der Arbeitnehmer grundsätzlich nicht. Für eine zeitlich befristete Reduzierung der Arbeitsleistung sieht das Gesetz keine Grundlage vor. Etwas anderes kann sich aus Betriebsvereinbarungen ergeben. 167

2. Voraussetzung für den Fortbestand des Beschäftigungsverhältnisses während der Freistellung und der nachgelagerten Verbeitragung (Sozialversicherungspflicht) der in das Wertguthaben eingebrachten Entgelt- bzw. Zeitbestandteile ist u.a., dass die Wertguthabenvereinbarung nicht das Ziel einer flexiblen Gestaltung der täglichen oder wöchentlichen Arbeitszeit oder den Ausgleich von Produktionsschwankungen verfolgen darf. Problematisch wären deshalb sog. gemischte Vereinbarungen, bei denen Zeitwertkonten gleichermaßen dem Zweck eines langfristigen Ausgleichs von Auftragsschwankungen als auch weiteren Zielen wie dem Vorruhestand oder Sabbatical dienen. 168

3. In der Praxis bewegt sich die Dauer der Freistellung grundsätzlich zwischen 3 und 12 Monaten. Kann bei Abschluss der Sabbatical-Vereinbarung noch keine genaue Zeitdauer angegeben werden, könnte zwischen den Vertragsparteien eine Verlängerungsoption zu Gunsten des Arbeitnehmers vereinbart werden, die dieser mit einer definierten Ankündigungsfrist gegenüber dem Arbeitgeber ausüben kann (dazu *Seel* DB 2009, 2210, 2211). 169

4. Nach § 7d SGB IV dürfen Zeitwertkonten nur in Geld geführt werden. Die reine Führung in Zeit ist nicht (mehr) möglich. Zudem muss nach § 7d Abs. 3 SGB IV sichergestellt sein, dass im Zeitpunkt der vereinbarungsgemäßen Inanspruchnahme des Wertguthabens mindestens die bis dahin eingezahlten Beiträge zur Verfügung stehen. 170

171 **5.** Des Weiteren kann der Arbeitnehmer das Arbeitszeitkonto auch dadurch ausfüllen, dass er z.B. auf das 13. Monatsgehalt, Prämien etc. vollständig verzichtet.

172 **6.** § 7e SGB IV regelt, dass der Arbeitgeber einen Insolvenzschutz für das Wertguthaben einschließlich des darin enthaltenen Gesamtsozialversicherungsbeitrages gewährleisten muss, soweit ein Anspruch auf Insolvenzgeld nicht besteht und, wenn das Wertguthaben des Beschäftigten einschließlich des darin enthaltenen Gesamtsozialversicherungsbeitrages einen Betrag in Höhe der monatlichen Bezugsgröße (d.h., 2.905 € in Deutschland-West) übersteigt. Zudem normiert § 7e SGB IV konkrete Vorgaben zum Modell der Insolvenzsicherung. Hat sich der Arbeitgeber für eine Art des Insolvenzschutzes entschieden, bedarf ein nachträglicher Wechsel zu einem anderen Insolvenzsicherungsmodell der Zustimmung jedes einzelnen Berechtigten. Die Wirksamkeit des Insolvenzschutzes wird vom Träger der Rentenversicherung im Rahmen der Betriebsprüfung beurteilt. Zusätzlich sieht § 7e SGB IV auch eine interne Kontrolle durch den Arbeitnehmer vor. Kommt der Arbeitgeber dem schriftlichen Verlangen des Arbeitnehmers nicht nach, einen ordnungsgemäßen Nachweis der Insolvenzsicherung binnen zwei Monaten nach Zugang vorzuweisen, besteht für den Beschäftigten ein Recht zur außerordentlichen Kündigung der Wertguthabenvereinbarung. Mit § 7e Abs. 7 SGB IV wurde eine ausdrückliche Haftungsanordnung des Arbeitgebers bzw. der Organvertreter für Schäden in das Gesetz aufgenommen, die Arbeitnehmern entstehen, weil kein oder kein ausreichender Insolvenzschutz vorhanden war und dieser Mangel vom Arbeitgeber bzw. von den Organvertretern zu vertreten ist.

173 **7.** Die Aufgaben, die dem Arbeitnehmer nach seiner Rückkehr zugeteilt werden, müssen seinen Qualifikationen entsprechen und in gleicher Weise vergütet werden. Anderenfalls entspricht die Zuweisung einer anderen Tätigkeit nicht billigem Ermessen gem. § 106 GewO.

174 **8.** Mit Blick auf §§ 614, 286, 288 Abs. 1 BGB wird eine ausdrückliche Klarstellung, dass eine Verzinsung nicht erfolgt, empfohlen.

175 **9.** Vgl. § 3 Abs. 1 EFZG.

176 **10.** Die Freistellung wird nicht wie Erholungsurlaub vom Arbeitgeber geschuldet. § 9 BUrlG findet keine entsprechende Anwendung. Nach § 49 Abs. 1 Nr. 6 SGB V ruht der Anspruch auf Krankengeld in der Freistellungsphase. Da der Arbeitnehmer währenddessen ohnehin nicht gearbeitet hätte, ist er auch nicht infolge Krankheit an der Arbeitsleistung verhindert. Die Anwendbarkeit von § 3 Abs. 1 Satz 1 EFZG ist dementsprechend ausgeschlossen.

177 **11.** Mit dieser Regelung können die Vereinbarungen im Arbeitsvertrag zu Geheimhaltungspflichten, Wettbewerbsklauseln, Absprachen zu Nebentätigkeiten usw. sichergestellt werden.

F. Tätigkeitsbezogene Sonderformen des Arbeitsverhältnisses

Inhaltsübersicht

		Rdn.
I.	**Ausbildungsbezogene Arbeitsverhältnisse**	1
1.	Berufsausbildungsvertrag mit einem Auszubildenden	1
	Vorbemerkung	1
	Muster: Berufsausbildungsvertrag mit einem Auszubildenden	3
	Erläuterungen	4
2.	Kündigungsschreiben gemäß § 22 BBiG	27
	Vorbemerkung	27
	Muster: Kündigungsschreiben gemäß § 22 BBiG	28
	Erläuterungen	29
3.	Anrufung des Schlichtungsausschusses gemäß § 111 Abs. 2 ArbGG nach Ausspruch der Kündigung und vor Erhebung der Kündigungsschutzklage	34
	Vorbemerkung	34
	Muster: Ausbildungsbezogene Arbeitsverhältnisse – Anrufung des Schlichtungsausschusses gemäß § 111 Abs. 2 ArbGG	35
	Erläuterungen	36
4.	Praktikantenvertrag (allgemein)	41
	Vorbemerkung	41
	Muster: Praktikantenvertrag (allgemein)	42
	Erläuterungen	43
5.	Werkstudentenvertrag	54
	Vorbemerkung	54
	Muster: Werkstudentenvertrag	55
	Erläuterungen	56
6.	Volontariatsvertrag	70
	Vorbemerkung	70
	Muster: Volontariatsvertrag	71
	Erläuterungen	72
7.	Fortbildungsvertrag (mit Rückzahlungsklausel)	82
	Vorbemerkung	82
	Muster: Fortbildungsvertrag (mit Rückzahlungsklausel)	83
	Erläuterungen	84
II.	**Sonstige tätigkeitsbezogene Sonderformen**	98
1.	Job-Sharing-Vertrag (Vertrag über Arbeitsplatzteilung)	98
	Vorbemerkung	98
	Muster: Job-Sharing-Vertrag (Vertrag über Arbeitsplatzteilung)	99
	Erläuterungen	100
2.	Gruppenarbeitsvertrag	117
	Vorbemerkung	117
	Muster: Gruppenarbeitsvertrag	118
	Erläuterungen	119
3.	Arbeitsvertrag mit einem Heimarbeiter	136
	Vorbemerkung	136
	Muster: Arbeitsvertrag mit einem Heimarbeiter	137
	Erläuterungen	138
4.	Außendienstmitarbeitervertrag	149
	Vorbemerkung	149
	Muster: Außendienstmitarbeitervertrag	150
	Erläuterungen	151

F. Tätigkeitsbezogene Sonderformen des Arbeitsverhältnisses

I. Ausbildungsbezogene Arbeitsverhältnisse

1. Berufsausbildungsvertrag mit einem Auszubildenden

Vorbemerkung

1 Die Berufsbildung ist im Berufsbildungsgesetz (BBiG) geregelt. Das Gesetz versteht hierunter gemäß § 1 Abs. 1 BBiG die Berufsausbildungsvorbereitung, die Berufsausbildung, die berufliche Fortbildung und die berufliche Umschulung. Das nachfolgend formulierte Muster behandelt hierbei »nur« den klassischen Berufsausbildungsvertrag (vgl. hierzu § 1 Abs. 3 BBiG). Die wesentlichen gesetzlichen Bestimmungen hierzu finden sich in den §§ 10 bis 26 BBiG. Hier wird allein die betriebliche Ausbildung des Auszubildenden im Ausbildungsbetrieb geregelt. Vorschriften zu der Ausbildung in den Berufsschulen finden sich in den jeweiligen Schulgesetzen der Länder (sog. Struktur der dualen Berufsausbildung in Schule und Beruf).

2 Das Berufsausbildungsverhältnis ist – ebenso wie der Arbeitsvertrag – ein schuldrechtlicher Vertrag, unterliegt jedoch aufgrund der Bestimmungen des Berufsbildungsgesetzes einer Vielzahl von Einschränkungen (vgl. hierzu insbesondere § 25 BBiG). Der Arbeitsvertragsgestaltung ist in diesem Bereich daher nur wenig Spielraum eingeräumt, da es sich regelmäßig um zwingende gesetzliche Vorgaben handelt. Darüber hinaus ist praktisch eine Vereinheitlichung bei den vertraglichen Vereinbarungen mit Auszubildenden festzustellen, da die für die Ausbildung zuständigen Kammern und Innungen regelmäßig Musterverträge herausgeben.

▶ **Muster – Berufsausbildungsvertrag mit einem Auszubildenden** [1]

3 [Briefkopf des Unternehmens]

Zwischen

der [Name und Anschrift des Unternehmens]

(im Folgenden: »Ausbildender«)

und

Herrn/Frau [Name und Anschrift des Auszubildenden]

(im Folgenden: »Auszubildender«)

gesetzlich vertreten durch seinen/ihren Vater [Name] und/oder Mutter [Name] oder Vormund [Name] [2]

wird folgender Berufsausbildungsvertrag geschlossen:

§ 1
Ziel der Ausbildung [3]

Der Auszubildende wird nach Maßgabe der Ausbildungsordnung [4] zum Beruf des [Bezeichnung des Ausbildungsberufes] ausgebildet.

§ 2
Beginn und Dauer der Ausbildung, Probezeit

(1) Das Ausbildungsverhältnis beginnt am [Datum].

(2) Die Ausbildungszeit beträgt nach der Ausbildungsordnung [Anzahl] Jahre. [5]

Hierauf wird angerechnet:

– die Berufsausbildung zum [genaue Bezeichnung des Ausbildungsberufs] bei dem vorherigen Ausbildungsbetrieb mit [Anzahl] Monaten;

— eine vorangegangene Vorbildung/Ausbildung im ___[genaue Bezeichnung der beruflichen Vorbildung/Ausbildung]___ in ___[genaue Bezeichnung der Ausbildungsstätte]___ mit ___[Anzahl]___ Monaten. [6]

Das Ausbildungsverhältnis endet daher am ___[Datum]___ .

(3) Besteht der Auszubildende vor Ablauf der unter Abs. 2 vereinbarten Ausbildungszeit die Abschlussprüfung, so endet das Berufsausbildungsverhältnis mit dem Tage der Feststellung des Prüfungsergebnisses. [7] Besteht der Auszubildende die Abschlussprüfung nicht, so verlängert sich das Berufsausbildungsverhältnis auf sein Verlangen bis zur nächstmöglichen Wiederholungsprüfung, höchstens jedoch um insgesamt ein Jahr. Der Auszubildende hat sein Verlangen über die Verlängerung des Ausbildungsverhältnisses unverzüglich nach der Mitteilung über das Nichtbestehen der Abschlussprüfung gegenüber dem Ausbildenden zu stellen. [8]

(4) Die Probezeit beträgt ___[Anzahl]___ Monate. [9] Wird die Ausbildung während dieser Probezeit um mehr als ein Drittel dieser Zeit unterbrochen, so verlängert sich die Probezeit um den Zeitraum der Unterbrechung. Während der Probezeit kann das Berufsausbildungsverhältnis jederzeit ohne Einhalten einer Kündigungsfrist und ohne Angabe der Kündigungsgründe schriftlich gekündigt werden. [10]

§ 3
Ausbildungsstätte, Ausbildungsmaßnahmen

(1) Die Ausbildung findet vorbehaltlich der in Abs. 2 geregelten Maßnahmen in ___[Ort der Ausbildungsstätte]___ und den mit dem Betriebssitz für die Ausbildung üblicherweise zusammenhängenden Bau-, Montage- und sonstigen Arbeitsstellen statt.

(2) Außerhalb der Ausbildungsstätte finden folgende Ausbildungsmaßnahmen statt:
— ___[genaue Bezeichnung der Ausbildungsmaßnahmen mit Zeitraumangabe]___ . [11]

§ 4
Vergütung

(1) Der Ausbildende zahlt dem Auszubildenden eine angemessene Vergütung. [12] Diese beträgt zurzeit monatlich

— im ersten Ausbildungsjahr: € ___[Betrag]___ brutto,
— im zweiten Ausbildungsjahr: € ___[Betrag]___ brutto,
— im dritten Ausbildungsjahr: € ___[Betrag]___ brutto.

(2) Die Vergütung ist zahlbar zum Ende des jeweiligen Kalendermonats.

(3) Eine über die vereinbarte regelmäßige tägliche Ausbildungszeit hinausgehende Beschäftigung wird mit € ___[Betrag]___ brutto/Stunde vergütet oder durch entsprechende Freizeit ausgeglichen. [13]

(4) Für Maßnahmen außerhalb der Ausbildungsstätte, die vom Ausbildenden angeordnet, vorgeschrieben oder vereinbart sind, trägt der Ausbildende die notwendigen Kosten, soweit der Auszubildende nicht einen anderweitigen Anspruch auf Übernahme der Kosten hat. Die Anrechnung von anteiligen Kosten und Sachbezugswerten nach § 17 Abs. 2 BBiG darf jedoch nicht 75 % der vereinbarten Bruttovergütung übersteigen.

(5) Ist eine besondere Berufskleidung vorgeschrieben, so wird sie dem Auszubildenden vom Ausbildenden zur Verfügung gestellt.

§ 5
Fortzahlung der Vergütung [14]

Dem Auszubildenden ist die Vergütung auch zu bezahlen,

— für die Zeiten der Freistellung am Berufsschulunterricht und an Prüfungen sowie für Ausbildungsmaßnahmen außerhalb der Ausbildungsstätte.

- bis zu einer Dauer von sechs Wochen, wenn er

  a) sich für die Berufsausbildung bereit hält, diese aber ausfällt oder

  b) in Folge unverschuldeter Krankheit, in Folge einer Maßnahme der medizinischen Vorsorge oder Rehabilitation, einer Sterilisation oder eines Abbruchs der Schwangerschaft durch einen Arzt nicht an der Berufsausbildung teilnehmen kann oder

  c) aus einem sonstigen, in seiner Person liegenden Grund unverschuldet verhindert ist, seine Pflichten aus dem Berufsausbildungsverhältnis zu erfüllen.

§ 6
Dauer der regelmäßigen täglichen Ausbildungszeit

Die regelmäßige tägliche Ausbildungszeit beträgt ____[Anzahl]____ Stunden. [15]

§ 7
Pflichten des Ausbildenden [16]

Der Ausbildende verpflichtet sich,

1. Ausbildungsziel; dafür zu sorgen, dass dem Auszubildenden die berufliche Handlungsfähigkeit vermittelt wird, die zum Erreichen des Ausbildungsziels erforderlich ist, und die Berufsausbildung in einer durch ihren Zweck gebotenen Form planmäßig, zeitlich und sachlich gegliedert so durchzuführen, dass das Ausbildungsziel in der vorgesehenen Ausbildungszeit erreicht werden kann;

2. Ausbilder; selbst auszubilden oder einen persönlich und fachlich geeigneten Ausbilder ausdrücklich damit zu beauftragen und diesen dem Auszubildenden jeweils schriftlich bekannt zu geben;

3. Ausbildungsordnung; dem Auszubildenden vor Beginn der Ausbildung die Ausbildungsordnung kostenlos auszuhändigen;

4. Ausbildungsmittel; dem Auszubildenden kostenlos die Ausbildungsmittel, insbesondere Werkzeuge und Werkstoffe zur Verfügung zu stellen, die zur Berufsausbildung und zur Ablegung von Zwischen- und Abschlussprüfungen, auch soweit solche nach Beendigung des Berufsausbildungsverhältnisses stattfinden, erforderlich sind;

5. Berufsschule, sonstige Ausbildungsmaßnahmen; den Auszubildenden zum Besuch der Berufsschule anzuhalten und freizustellen. Das Gleiche gilt, wenn Ausbildungsmaßnahmen außerhalb der Ausbildungsstätte vorgeschrieben sind;

6. Berichtsheftführung; dem Auszubildenden vor Ausbildungsbeginn und später vorgeschriebene Berichtshefte für die Berufsausbildung kostenfrei auszuhändigen, die ordnungsgemäße Führung während der Ausbildungszeit zu gestatten und durch regelmäßige Abzeichnung zu überwachen;

7. Ausbildungsbezogene Tätigkeiten; dem Auszubildenden nur Verrichtungen zu übertragen, die dem Ausbildungszweck dienen und seinen körperlichen Kräften angemessen sind;

8. Sorgepflicht; dafür zu sorgen, dass der Auszubildende charakterlich gefördert sowie sittlich und körperlich nicht gefährdet wird;

9. Ärztliche Untersuchungen; sich von Auszubildenden unter 18 Jahren Bescheinigungen gemäß den §§ 32, 33 JArbSchG darüber vorlegen zu lassen, dass dieser

   – vor der Aufnahme der Ausbildung untersucht und

   – vor Ablauf des ersten Ausbildungsjahres nachuntersucht worden ist;

10. Eintragungsantrag; unverzüglich nach Abschluss des Berufsausbildungsvertrages die Eintragung in das Verzeichnis der Berufsausbildungsverzeichnisse bei der zuständigen Stelle unter Beifügung der Vertragsniederschriften und – bei Auszubildenden unter 18 Jahren – einer Kopie der ärztlichen Bescheinigung über die Erstuntersuchung gemäß § 32 JArbSchG zu beantragen; entsprechendes gilt bei späteren Änderungen des wesentlichen Vertragsinhaltes;

11. Anmeldungen zu Prüfungen; den Auszubildenden rechtzeitig zu den angesetzten Zwischen- und Abschlussprüfungen anzumelden und freizustellen sowie der Anmeldung zur Zwischenprüfung bei Auszubildenden unter 18 Jahren eine Kopie der ärztlichen Bescheinigung über die erste Nachuntersuchung gemäß § 33 JArbSchG beizufügen.

§ 8
Pflichten des Auszubildenden [17]

Der Auszubildende hat sich zu bemühen, die berufliche Handlungsfähigkeit zu erwerben, die erforderlich ist, um das Ausbildungsziel zu erreichen. Er verpflichtet sich insbesondere,

1. Lernpflicht; die im Rahmen seiner Ausbildung übertragenen Verrichtungen und Aufgaben sorgfältig auszuführen;
2. Berufsschule, Prüfungen und sonstige Maßnahmen; am Berufsschulunterricht und an Prüfungen sowie an Ausbildungsmaßnahmen außerhalb der Ausbildungsstätte teilzunehmen, für die er freigestellt wird oder die angeordnet sind;
3. Weisungsgebundenheit; den Weisungen zu folgen, die ihm im Rahmen der Berufsausbildung vom Ausbildenden, vom Ausbilder oder von anderen weisungsberechtigten Personen erteilt werden;
4. Betriebliche Ordnung; die für die Ausbildungsstätte geltende Ordnung zu beachten;
5. Sorgfaltspflicht; Werkzeuge, Maschinen und sonstige Einrichtungen pfleglich zu behandeln und sie nur zu den ihm übertragenen Arbeiten zu verwenden;
6. Betriebsgeheimnisse; über Betriebs- und Geschäftsgeheimnisse Stillschweigen zu wahren;
7. Führen eines schriftlichen Ausbildungsnachweises; einen vorgeschriebenen schriftlichen Ausbildungsnachweis ordnungsgemäß zu führen und regelmäßig vorzulegen;
8. Benachrichtigung des Ausbildenden; bei Fernbleiben von der betrieblichen Ausbildung, vom Berufsschulunterricht oder von sonstigen Ausbildungsveranstaltungen dem Ausbildenden unter Angabe von Gründen unverzüglich Nachricht zu geben sowie im Falle der Arbeitsunfähigkeit deren voraussichtliche Dauer unverzüglich mitzuteilen. Dauert die Arbeitsunfähigkeit länger als drei Kalendertage, hat der Auszubildende eine ärztliche Bescheinigung über die bestehende Arbeitsunfähigkeit sowie deren voraussichtliche Dauer spätestens an dem darauf folgenden Arbeitstag vorzulegen. Der Ausbildende ist berechtigt, die Vorlage der ärztlichen Bescheinigung früher zu verlangen;
9. Ärztliche Untersuchungen; soweit auf ihn die Bestimmungen des Jugendarbeitsschutzgesetzes Anwendung finden, sich gemäß §§ 32 und 33 dieses Gesetzes ärztlich
    - vor Beginn der Ausbildung untersuchen,
    - vor Ablauf des ersten Ausbildungsjahres nachuntersuchen zu lassen und die Bescheinigungen hierüber dem Ausbildenden vorzulegen.
10. Vorlage von Berufsschulzeugnissen; die Berufsschulzeugnisse den Ausbildenden unverzüglich nach Erhalt einsehen zu lassen oder vorzulegen; der Auszubildende erklärt sich damit einverstanden, dass Berufsschule und Ausbildender sich über seine Leistungen unterrichten.

§ 9
Urlaub [18]

(1) Der Auszubildende gewährt dem Auszubildenden Urlaub nach den geltenden Bestimmungen. Der Urlaub beträgt
    - ____[Anzahl]____ Arbeits-/Werktage im Jahr ____[Jahreszahl]____ ,
    - ____[Anzahl]____ Arbeits-/Werktage im Jahr ____[Jahreszahl]____ ,
    - ____[Anzahl]____ Arbeits-/Werktage im Jahr ____[Jahreszahl]____ .

(2) Der Urlaub soll zusammenhängend und in der Zeit der Berufsschulferien erteilt und genommen werden. Während des Urlaubs darf der Auszubildende keine dem Urlaubszweck widersprechende Erwerbstätigkeit leisten.

§ 10
Kündigung [19]

(1) Nach Ablauf der Probezeit gemäß § 2 Abs. 4 dieses Berufsausbildungsvertrages kann das Berufsausbildungsverhältnis nur gekündigt werden

– aus einem wichtigen Grund ohne Einhalten einer Kündigungsfrist,

– vom Auszubildenden mit einer Kündigungsfrist von vier Wochen, wenn er die Berufsausbildung aufgeben oder sich für eine andere Berufstätigkeit ausbilden lassen will.

(2) Die Kündigung muss schriftlich und in den vorstehenden Fällen des Abs. 1 unter Angabe der Kündigungsgründe erfolgen.

(3) Eine Kündigung aus wichtigem Grund ist unwirksam, wenn die ihr zugrunde liegenden Tatsachen dem zur Kündigung Berechtigten länger als zwei Wochen bekannt sind. Ist ein Güteverfahren vor einem Ausschuss gemäß § 13 dieses Vertrages eingeleitet, so wird bis zu dessen Beendigung der Lauf dieser Frist gehemmt.

(4) Bei einer Kündigung des Berufsausbildungsverhältnisses wegen Wegfalls der Ausbildungseignung oder -aufgabe des Betriebes verpflichtet sich der Auszubildende, sich mit Hilfe der Berufsberatung der zuständigen Agentur für Arbeit rechtzeitig um eine weitere Ausbildung im bisherigen Ausbildungsberuf in einer anderen geeigneten Ausbildungsstätte zu bemühen.

§ 11
Schadensersatz bei vorzeitiger Beendigung [20]

(1) Wird das Berufsausbildungsverhältnis nach Ablauf der Probezeit vorzeitig gelöst, so kann der Ausbildende oder der Auszubildende Ersatz des Schadens verlangen, wenn der andere den Grund für die Auflösung zu vertreten hat, sofern nicht der Auszubildende wegen Aufgabe oder Wechsels der Berufsausbildung gekündigt hat.

(2) Der Anspruch erlischt, wenn er nicht innerhalb von drei Monaten nach Beendigung des Berufsausbildungsverhältnisses geltend gemacht wird.

§ 12
Zeugnis [21]

Der Ausbildende stellt dem Auszubildenden bei Beendigung des Berufsausbildungsverhältnisses ein Zeugnis nach Maßgabe von § 16 BBiG aus.

§ 13
Beilegung von Streitigkeiten [22]

Bei Streitigkeiten aus dem bestehenden Berufsausbildungsverhältnis ist vor Inanspruchnahme des Arbeitsgerichts der nach § 111 Abs. 2 ArbGG gebildete Ausschuss anzurufen.

§ 14
Erfüllungsort

Erfüllungsort für alle Ansprüche aus dem Berufsausbildungsverhältnis ist der Ort der Ausbildungsstätte.

§ 15
Sonstige Bestimmungen, Nebenabreden

(1) [An dieser Stelle ist auf ggf. anwendende Tarifverträge, Betriebsvereinbarungen oder sonstige betriebliche Bestimmungen hinzuweisen.] [23]

(2) Änderungen und Ergänzungen dieses Vertrages bedürfen zu ihrer Wirksamkeit der Schriftform. Die elektronische Form ist ausgeschlossen. Mündliche Vereinbarungen über die Vereinbarungen über die Aufhebung der Schriftform sind nichtig.

(3) Der vorliegende Berufsausbildungsvertrag wird in zwei Exemplaren [bei gesetzlicher Vertretung des Auszubildenden ist eine entsprechende Mehrfertigung aufzunehmen] ausgefertigt. Jede der Vertragsparteien [und ggf. die gesetzlichen Vertreter des Auszubildenden] bestätigen mit Unterzeichnung, eine Ausfertigung des Vertrages erhalten zu haben.

[Ort, Datum, Stempel]

_____
(Unterschrift gesetzlicher Vertreter des Ausbildenden)

[Ort, Datum]

_____
(Unterschrift des Auszubildenden)

[ggf. Ort, Datum]

_____
(ggf. Unterschrift der gesetzlichen Vertreter des Auszubildenden)

Erläuterungen

Schrifttum
DIHK, Rechtsratgeber Berufsbildung, 26. Aufl. 2015; *Dornbusch/Fischermeier/Löwisch* (AR) Fachanwaltskommentar Arbeitsrecht, 7. Aufl. 2015, §§ 10–26 BBiG (Bearbeiter: *Beckers*); *Dörner/Luczak/Wildschütz/ Baeck/Hoß* (DLW) Handbuch des Fachanwalts Arbeitsrecht, 13. Aufl. 2016, Kapitel 3 Rn. 4549–4638 (Bearbeiter: *Dörner*).

1. Das vorliegende Muster stellt eine ausführliche Version des Berufsausbildungsvertrages dar und gibt zur Veranschaulichung (gerade für den Auszubildenden) zahlreiche Normen des BBiG wieder. Es geht auch über die üblichen, von den Kammern und Innungen angebotenen, Muster hinaus. Für den Antrag auf Eintragung in das Verzeichnis der Berufsausbildungsverhältnisse müssen auch nicht die dortigen Musterverträge verwendet werden (Hinweis: Die Eintragung in das Verzeichnis der Berufsausbildungsverhältnisse ist gemäß § 43 BBiG Voraussetzung für die Zulassung zur Abschlussprüfung.). Wichtig ist vielmehr, dass ein »Schriftstück« vorgelegt wird, das den wesentlichen Inhalt des Vertrages wiedergibt (vgl. hierzu § 11 BBiG). Demnach muss der Berufsausbildungsvertrag mindestens Angaben enthalten über 4
- Art, sachliche und zeitliche Gliederung sowie Ziel der Berufsausbildung, insbes. die Berufstätigkeit, für die ausgebildet werden soll,
- Beginn und Dauer der Berufsausbildung,
- Ausbildungsmaßnahmen außerhalb der Ausbildungsstätte,
- Dauer der regelmäßigen täglichen Ausbildungszeit,
- Dauer der Probezeit,
- Zahlung und Höhe der Vergütung,
- Dauer des Urlaubs
- Voraussetzungen, unter denen der Berufsausbildungsvertrag gekündigt werden kann und
- einen in allgemeiner Form gehaltenen Hinweis auf die Tarifverträge, Betriebs- und Dienstvereinbarungen, die auf das Berufsausbildungsverhältnis anzuwenden sind.

Ein Verstoß hiergegen kann mit einer Geldbuße von bis zu € 1.000,00 geahndet werden (§ 102 Abs. 1 Nr. 1, 2, Abs. 2 BBiG). Der »rein arbeitsrechtlich« mögliche formfreie Abschluss hat aufgrund dieser Vorgaben und Sanktionen keine praktische Relevanz.

5 **2.** Ist der Auszubildende bei Abschluss des Vertrages noch minderjährig, so wird er durch gesetzliche Vertreter vertreten. Vertretungsberechtigt sind beide Eltern gemeinsam, soweit nicht die Vertretungsberechtigung nur einem Elternteil zusteht. Ist ein Vormund bestellt, so bedarf dieser zum Abschluss des Berufsausbildungsvertrages gemäß § 1822 Nr. 6 BGB der Genehmigung des Vormundschaftsgerichts. Wird der Auszubildende von seinen Eltern ausgebildet, sind sie von dem Verbot des Insichgeschäfts (§ 181 BGB) befreit (§ 10 Abs. 3 BBiG). Eine Ermächtigung des Minderjährigen gem. § 113 BGB zum Abschluss des Berufsausbildungsvertrages scheidet aufgrund der Ausbildungsverhältnisses aus.

6 **3.** Zum Ziel der Ausbildung, vgl. § 1 Abs. 3 BBiG.

7 **4.** Zur Liste der staatlich anerkannten Ausbildungsberufe, vgl. die ausführlichen Informationen auf der Website des Bundesinstituts für Berufsbildung (insbesondere: https://www.bibb.de/dokumente/pdf/Verzeichnis_anerk_AB_2015.pdf; Stand: 19.06.2015). Interessante und nützliche Linkhinweise rund um die Berufsausbildung finden sich auch auf der Website der IHK Stuttgart (https://www.stuttgart.ihk24.de/Fuer-Unternehmen?param=Fachkraefte-und-Ausbildung,Ausbildung).

8 **5.** Die Ausbildungsdauer soll nicht mehr als drei und nicht weniger als zwei Jahre betragen (§ 5 Abs. 1 Nr. 2 BBiG). Die konkreten Ausbildungszeiten, die im Einzelfall von der zuständigen Stelle gemäß § 8 Abs. 1, 2 BBiG verkürzt oder verlängert werden können, ergeben sich aus der jeweiligen Ausbildungsordnung.

9 **6.** Zur Möglichkeit der Anrechnung beruflicher Vorbildungszeiten durch Erlass von Rechtsverordnungen durch die Regierungen der Länder gemäß § 7 BBiG, vgl. Küttner/*Kania* Personalbuch 2016, 23. Auflage, Ausbildungsverhältnis Rn. 15.

10 **7.** Vgl. § 21 Abs. 2 BBiG; eventuell kann noch, da vom BAG offen gelassen (vgl. BAG, Urt. v. 14.01.2009 – 3 AZR 427/07, NZA 2009, 738), ergänzend mit aufgenommen werden: »Wird das Prüfungsergebnis erst nach dem Ende der Ausbildungszeit bekannt gegeben, obwohl der Auszubildende die Abschlussprüfung innerhalb der Ausbildungszeit nach Abs. 2 vollständig abgelegt hat, so verlängert sich das Berufsausbildungsverhältnis bis zum Zeitpunkt der Bekanntgabe des Prüfungsergebnisses.«

11 **8.** Vgl. § 21 Abs. 3 BBiG. Für den Fall des Nichtbestehens der Abschlussprüfung ist eine Verlängerung des Berufsausbildungsverhältnisses bis zu einer Dauer von max. einem Jahr – jedoch nur auf Verlangen des Auszubildenden – möglich. Das vorliegende Formular erfordert hierfür eine unverzügliche Erklärung des Auszubildenden, unabhängig davon, ob die »ursprüngliche« Ausbildungszeit bereits abgelaufen ist oder nicht (siehe hierzu auch BAG, Urt. v. 23.09.2004 – 6 AZR 519/03, NZA 2005, 413).

12 **9.** Gemäß § 20 BBiG muss die Probezeit mindestens einen Monat und darf höchstens vier Monate betragen.

13 **10.** § 22 Abs. 1 BBiG. Zur Möglichkeit der Kündigung nach Ablauf der Probezeit, vgl. hierzu im Einzelnen F Rdn. 27 ff.

14 **11.** Vgl. § 11 Abs. 1 Nr. 3 BBiG.

15 **12.** Bei der Vergütung des Auszubildenden gibt es zwei Besonderheiten. Zum einen ist diese auf Grund ihres Mischcharakters nicht als Arbeitsentgelt einzustufen, weil sie neben der Entlohnung der geleisteten Arbeit Unterstützungsfunktion zur Finanzierung der Ausbildung hat (BAG, Urt. v. 22.01.2008 – 9 AZR 999/06). Sie ist daher gemäß § 850a Nr. 6 ZPO unpfändbar und gemäß § 400 BGB auch nicht abtretbar. Zum anderen muss die Vergütung des Auszubildenden angemessen sein. Als nicht mehr angemessen wird eine Vergütung angesehen, die die (vergleichbaren und branchenüblichen) tariflichen Sätze um mehr als 20 % unterschreitet (BAG, Urt. v. 15.12.2005 – 6 AZR 224/05).

13. Vgl. § 17 Abs. 3 BBiG; eine pauschale Abgeltung von Mehrarbeit ist nicht zulässig. Zur Frage der Höhe der Mehrarbeitsvergütung lassen sich aus den entsprechenden Bestimmungen in den (Mantel-)Tarifverträgen der jeweiligen Branche Hinweise entnehmen.

14. Vgl. § 19 BBiG.

15. Bei der Festlegung der täglichen Arbeitszeit sind etwaige (für das Ausbildungsverhältnis geltende) tarifvertragliche Regelungen und Betriebsvereinbarungen zu berücksichtigen. Bei minderjährigen Auszubildenden ist insbesondere § 8 Abs. 1 JArbSchG zu beachten. Demnach darf die tägliche bzw. wöchentliche Arbeitszeit nicht 8 bzw. 40 Stunden überschreiten.

16. Die Pflichten des Ausbildenden ergeben sich insbesondere aus § 14 BBiG. Zu den Pflichten im Einzelnen ausführlich Küttner/*Kania* Personalbuch 2016, 23. Auflage, Ausbildungsverhältnis Rn. 19 ff.

17. Die Pflichten des Auszubildenden ergeben sich insbesondere aus § 13 BBiG. Zu den Pflichten im Einzelnen ausführlich Küttner/*Kania* Personalbuch 2016, 23. Auflage, Ausbildungsverhältnis Rn. 34 ff.

18. Bei der Bemessung des Urlaubsanspruchs sind etwaige (für das Ausbildungsverhältnis geltende) tarifvertragliche Regelungen und Betriebsvereinbarungen zu berücksichtigen. Bei Minderjährigen ist insbesondere § 19 JArbSchG zu beachten.

19. Zur Kündigung des Berufsausbildungsverhältnisses, vgl. F Rdn. 27 ff.

20. Vgl. § 23 BBiG.

21. Die zu beachtende Form und der erforderliche Inhalt des Zeugnisses sind in § 16 BBiG ausführlich geregelt.

22. Zur Anrufung des Schlichtungsausschusses gemäß § 111 ArbGG, vgl. F Rdn. 34 ff.

23. Vgl. § 11 Abs. 1 Nr. 9 BBiG.

2. Kündigungsschreiben gemäß § 22 BBiG

Vorbemerkung

Bei der Kündigung des Ausbildungsverhältnisses ist zwingend die – in der arbeitsrechtlichen Praxis »gern« vernachlässigte – Vorschrift des § 22 BBiG zu beachten. Wie bei der Kündigung von »normalen« Arbeitsverhältnissen auch, muss die Kündigung gemäß § 22 Abs. 3 BBiG schriftlich erfolgen. Für die weitere Beurteilung der Frage, ob eine Kündigung rechtswirksam vorgenommen werden kann, ist unbedingt auf den Zeitpunkt des Ausspruches der Kündigung zu achten. So kann während der Probezeit das Berufsausbildungsverhältnis ohne Einhaltung einer Kündigungsfrist gekündigt werden (sog. entfristete ordentliche Kündigung, vgl. § 22 Abs. 1 BBiG). Nach Ablauf der Probezeit ist eine ordentliche Kündigung mit Ausnahme des Sondertatbestandes in § 22 Abs. 2 Nr. 2 BBiG (sog. Berufsaufgabekündigung) unzulässig. Die dann nur noch mögliche außerordentliche Kündigung muss zudem die Kündigungsgründe schriftlich mitteilen.

▶ **Muster – Kündigungsschreiben gemäß § 22 BBiG** [1]

[Briefkopf des Ausbildenden]

[Name und Privatanschrift des Auszubildenden bzw. des gesetzlichen Vertreters des Auszubildenden] [2]

[Ort, Datum] [3]

F. Tätigkeitsbezogene Sonderformen des Arbeitsverhältnisses

Außerordentliche fristlose Kündigung des Berufsausbildungsverhältnisses

Sehr geehrte/r Herr/Frau [Name des Auszubildenden],

hiermit kündigen wir das mit Ihnen bestehende Berufsausbildungsverhältnis außerordentlich und fristlos. [3]

Die Kündigung erfolgt aus folgenden Gründen: [genaue und ausführliche Darlegung des Kündigungssachverhalts und der Kündigungsgründe] [4]

Für Ihre weitere berufliche Zukunft wünschen wir Ihnen alles Gute.

Mit freundlichen Grüßen

_____
(Unterschrift gesetzlicher Vertreter des ausbildenden Unternehmens)

Erläuterungen

Schrifttum

Hirdina Arbeitgeberkündigung während der Probezeit eines Ausbildungsverhältnisses, NZA-RR 2010, 65; *von Vogel* Die Kündigung des Ausbildungsverhältnisses, NJW-Spezial 2007, 33 (Heft 1).

29 **1.** Das vorliegende Muster behandelt ausschließlich die Konstellation des § 22 Abs. 2 Nr. 1 BBiG und damit die außerordentliche fristlose Kündigung des Ausbildenden gegenüber dem Auszubildenden. Selbstverständlich kann es für die außerordentliche fristlose Kündigung des Auszubildenden gegenüber dem Ausbildenden entsprechend verwendet werden. Es kann darüber hinaus sinngemäß für die sogenannte Berufsaufgabekündigung des Auszubildenden nach § 22 Abs. 2 Nr. 2 BBiG herangezogen werden. Allerdings handelt es sich hier nicht um eine außerordentliche fristlose, sondern um eine ordentliche Kündigung, die mit einer Kündigungsfrist von vier Wochen auszusprechen ist. Zur Kündigung allgemein und ausführlich vgl. K Rdn. 1 ff. und 15 ff.

30 **2.** Der Ausspruch einer Kündigung gegenüber einem minderjährigen Auszubildenden kann nur gegenüber seinem gesetzlichen Vertreter wirksam vorgenommen werden. Das Kündigungsschreiben ist in diesen Fällen daher an den gesetzlichen Vertreter zu adressieren (BAG, Urt. v. 08.12.2011 – 6 AZR 354/10). Kündigt der minderjährige Auszubildende selbst das Berufsausbildungsverhältnis, so ist für die Wirksamkeit der Kündigung gemäß §§ 106, 111 BGB die Einwilligung des gesetzlichen Vertreters notwendig; § 113 BGB findet in diesen Fällen keine Anwendung.

31 **3.** Bei der außerordentlichen fristlosen Kündigung ist die materiell-rechtliche Ausschlussfrist des § 22 Abs. 4 Satz 1 BBiG zu beachten. Die Norm ist inhaltlich der Vorschrift des § 626 Abs. 2 BGB nachgebildet. Insoweit kann auf die dortigen Grundsätze verwiesen werden. Bei der Beurteilung der Frage des wichtigen Grundes ist die besondere Situation des Berufsausbildungsverhältnisses und die bereits absolvierte Ausbildungszeit heranzuziehen (BAG, Urt. v. 10.05.1973 – 2 AZR 328/72).

32 Für die Fristhemmung des § 22 Abs. 4 Satz 2 BBiG ist das dort genannte Güteverfahren bereits vor Ausspruch einer Kündigung einzuleiten.

33 **4.** Wichtig: Das Kündigungsschreiben muss die formellen Voraussetzungen des § 22 Abs. 3 BBiG erfüllen. Grund: Der Kündigungsempfänger soll sich ein Bild davon machen, warum das Ausbildungsverhältnis aus Sicht des Kündigenden beendet werden soll. Wird diesem zwingenden Formerfordernis nicht Folge geleistet, so ist die Kündigung unheilbar nichtig. Es ist auch nicht ausreichend, wenn in dem Kündigungsschreiben auf die bereits zuvor mündlich mitgeteilten Gründe Bezug genommen wird (BAG, Urt. v. 22.02.1972 – 2 AZR 205/71). Es ist daher beim Verfassen des Kündigungsschreibens unbedingt darauf zu achten, dass die Kündigungsgründe unter Anwendung äußerster Sorgfalt möglichst konkret und so genau wie möglich angegeben werden.

3. Anrufung des Schlichtungsausschusses gemäß § 111 Abs. 2 ArbGG nach Ausspruch der Kündigung und vor Erhebung der Kündigungsschutzklage

Vorbemerkung

Eine weitere Besonderheit hält das Berufsausbildungsrecht für das Prozessrecht bereit. So muss der anwaltliche Vertreter (im Regelfall des Auszubildenden) vor Erhebung der arbeitsgerichtlichen Klage gemäß § 111 Abs. 2 ArbGG ein Schlichtungsverfahren durchführen. Dies gilt aber nur, wenn im betroffenen Bereich ein Schlichtungsausschuss gebildet wurde. Zuständig dafür sind im Bereich des Handwerks die jeweilige Innung, im Bereich der Gewerbebetriebe die Industrie- und Handelskammer und im Bereich der freien Berufe die jeweilige Berufskammer. Entsprechende Auskünfte erteilen die jeweiligen Innungen und Kammern bzw. lassen sich über Online-Recherchen in Erfahrung bringen (eine Auswahl der in Baden-Württemberg gebildeten Schlichtungsausschüsse findet sich beispielsweise unter: http://www.jum.baden-wuerttemberg.de/pb/site/jum/get/documents/jum1/JuM/import/justizministerium%20baden-w%C3 %BCrttemberg/G%C3 %BCte stellen/Ausbildungsverh%C3 %A4ltnisse/PDF-inst-Schlichtungsstellen-Azubi%5B1 %5D.pdf).

34

▶ **Muster – Ausbildungsbezogene Arbeitsverhältnisse – Anrufung des Schlichtungsausschusses gemäß § 111 Abs. 2 ArbGG** [1]

An die

35

Industrie- und Handelskammer _____ /Handwerksinnung für das _____ -handwerk/Rechtsanwalts-/Steuerberaterkammer _____

– Schlichtungsausschuss für Ausbildungsstreitigkeiten – [2]
_____

Anrufung des Schlichtungsausschusses gemäß § 111 Abs. 2 ArbGG

durch Herrn/Frau [Name und Anschrift des Auszubildenden]
Verfahrensbevollmächtigte: [Name des Verfahrensbevollmächtigten]

– Antragsteller/in –

gegen

die [Name und Anschrift des ausbildenden Unternehmens]

– Antragsgegnerin –

Wir zeigen an, dass wir den/die Antragsteller/in vertreten. Namens und in Vollmacht des Antragstellers/der Antragstellerin rufen wir den Schlichtungsausschuss der [Name der Kammer/Innung] an und beantragen:

Es wird festgestellt, dass das zwischen den Parteien bestehende Berufsausbildungsverhältnis durch die außerordentliche Kündigung vom [Datum], zugegangen am [Datum], nicht aufgelöst worden ist. [3]

[eventuelle Auflistung weiterer Anträge]

Begründung:

[Begründung des Antrags]

(Unterschrift Rechtsanwalt) [4]

F. Tätigkeitsbezogene Sonderformen des Arbeitsverhältnisses

Erläuterungen

Schrifttum

Dornbusch/Fischermeier/Löwisch (AR) Kommentar zum gesamten Arbeitsrecht, 7. Aufl. 2015, § 111 ArbGG (Bearbeiter: *Reinfelder*); *Opolony* Das Schlichtungsverfahren im Ausbildungsverhältnis, FA 2003, 133; *Ramrath* Spruch des Schlichtungsausschusses und Klage vor dem Arbeitsgericht, FA 2000, 45; *von Vogel* Die Kündigung des Ausbildungsverhältnisses, NJW-Spezial 2007, 33 (Heft 1); im Übrigen siehe Literaturangaben bei F.I.1. (Ausbildungsvertrag mit einem Auszubildenden, unter Erläuterungen).

36 **1.** Das vorliegende Muster geht von dem praktisch relevantesten Fall aus: Der Auszubildende ruft den Schlichtungsausschuss wegen des Ausspruches einer außerordentlichen fristlosen Kündigung durch den Ausbildenden an. Daneben sind in der Praxis immer wieder Fragen der Vergütung und des Arbeitszeitrechts relevant. Die jeweilige Antragstellung entspricht derjenigen im Arbeitsgerichtsverfahren (siehe hierzu auch W Rdn. 247).

37 **2.** Auf die Durchführung der Verhandlung vor dem Ausschuss können die Parteien nicht verzichten; sie ist unverzichtbare Prozessvoraussetzung für die Klage zum Arbeitsgericht (vgl. hierzu im Einzelnen AR/*Reinfelder* § 111 ArbGG Rn. 4).

38 Der Schlichtungsausschuss ist paritätisch mit Arbeitnehmer- und Arbeitgebervertretern besetzt. Er hat die Parteien mündlich anzuhören. In der Verhandlung hat der Schlichtungsausschuss auf eine gütliche Einigung der Parteien hinzuwirken. Ist diese nicht möglich, wird ein Spruch vom Schlichtungsausschuss gefällt. Wird dieser nicht innerhalb einer Woche von beiden Parteien anerkannt, können beide Parteien innerhalb von zwei Wochen nach der ergangenen Entscheidung Klage beim zuständigen Arbeitsgericht erheben.

39 **3.** Im Falle der Kündigung des Auszubildenden sollte (bereits aus Gründen der anwaltlichen Vorsorge) eine Anrufung innerhalb von drei Wochen nach Zugang der Kündigungserklärung erfolgen. Zwar geht das BAG davon aus, dass die §§ 13 Abs. 1 Satz 2, 4 Satz 1 KSchG für derartige Verfahren keine Anwendung finden (BAG, Urt. v. 26.01.1999 – 2 AZR 134/98) und damit der Anrufung des Ausschusses lediglich der Einwand der Prozessverwirkung entgegengehalten werden kann; da jedoch die Anforderungen an den Eintritt der Verwirkung im Einzelfall (Stichwort: »Zeit- und Vertrauensmoment«) unterschiedlich ausfallen, sollten an dieser Stelle »keine Kompromisse« gemacht werden.

40 **4.** Sowohl der Auszubildende als auch das ausbildende Unternehmen können sich vertreten lassen. Die mündliche Verhandlung wird regelmäßig unter Anwesenheit der Parteien selbst und unter Ausschluss der Öffentlichkeit durchgeführt. Das Verfahren selbst ist gebührenfrei. Die Kosten der anwaltlichen Vertretung trägt dabei in der Regel jede Partei selbst, da ein prozessualer Kostenerstattungsanspruch gesetzlich nicht vorgesehen ist. § 12a ArbGG schließt jedoch etwaige materiell-rechtliche Kostenerstattungsansprüche nicht aus.

4. Praktikantenvertrag (allgemein)

Vorbemerkung

41 Die schriftliche Vereinbarung der »arbeitsvertraglichen« Bedingungen mit Praktikanten ist in der Praxis nach wie vor selten anzutreffen. Zudem ist meistens unbekannt, dass auch Praktika – mit wenigen Ausnahmen – den Bestimmungen des BBiG unterliegen (vgl. hierzu §§ 26, 10–23 und 25 BBiG). Mit dem Praktikanten wird demnach ein bildungsähnliches Vertragsverhältnis geschlossen. Hier steht also die Ausbildung – und nicht etwa wie beim Arbeitnehmer die entgeltliche Arbeitsleistung – im Vordergrund. Im Gegensatz zum Auszubildenden ist der Praktikant im Unternehmen regelmäßig für eine kurze Zeit »anzutreffen«, um dort berufliche Fertigkeiten, Kenntnisse, Fähigkeiten und Erfahrungen zu erwerben, weil diese im Rahmen ihrer Hauptausbildung vorgegeben sind (z.B. Ableistung eines Praktikums als Voraussetzung zur Zulassung zum Studium

oder Beruf bzw. zu einer Prüfung). Diese Zielrichtung macht das Praktikantenverhältnis zu einem Ausbildungsverhältnis und nicht etwa, wie bei den Rechtsverhältnissen der sogenannten »Generation Praktikum«, zu einem Arbeitsverhältnis. Die wesentlichen Bedingungen der Ausbildung des Praktikanten sollten daher in einem Praktikantenvertrag festgelegt werden.

▶ **Muster – Praktikantenvertrag (allgemein)** [1]

[Briefkopf des Unternehmens]

42

Zwischen

der __[Name und Anschrift des Unternehmens]__

(im Folgenden: »Unternehmen«)

und

Herrn/Frau __[Name und Anschrift des/r Praktikanten/in]__

(im Folgenden: »Praktikant«)

wird folgender Praktikantenvertrag vereinbart:

§ 1
Praktikumsgegenstand, Dauer des Praktikantenvertrages

Der Praktikant wird in der Zeit von __[Datum]__ bis __[Datum]__ gemäß dem beiliegenden Ausbildungsplan [2] der __[Name]__-Hochschule, der Gegenstand dieses Vertrages ist, im Rahmen eines Praktikums zur Vermittlung von Erfahrungen und Kenntnissen aus der betrieblichen Praxis im Betrieb __[Name des Betriebes]__ in __[Arbeitsort]__ eingesetzt. Nach Ablauf der Praktikantenzeit endet das Praktikantenverhältnis, ohne dass es einer Kündigung bedarf. [3] Das Praktikum endet daher am __[Datum]__ .

§ 2
Probezeit und Beendigung des Praktikums

(1) Die ersten __[Anzahl]__ Monate des Praktikums gelten als Probezeit. Innerhalb dieser Zeit kann der Praktikantenvertrag jederzeit ohne Einhalten einer Kündigungsfrist und ohne Angabe von Kündigungsgründen von beiden Parteien gekündigt werden. [4]

(2) Nach Ablauf der Probezeit ist der Praktikantenvertrag ordentlich nur kündbar durch den Praktikanten mit einer Frist von vier Wochen, wenn er die Praktikantentätigkeit aufgeben will. Daneben bleibt das Recht zur außerordentlichen Kündigung für beide Seiten unberührt.

(3) Jede Kündigung bedarf der Schriftform und muss in den Fällen des Abs. 2 die Kündigungsgründe angeben. [5]

§ 3
Tägliche Praktikums-/Einsatzzeit

Die regelmäßige tägliche Praktikums-/Einsatzzeit beträgt __[Anzahl]__ Stunden. [6]

§ 4
Vergütung

Der Praktikant erhält eine Unterhaltsbeihilfe in Höhe von € __[Betrag]__ brutto/Monat. Diese ist zahlbar zum Ende des jeweiligen Kalendermonats. [7]

§ 5
Urlaub

Der Urlaub des Praktikanten beträgt für jeden vollen Monat des Praktikantenverhältnisses __[Anzahl]__ Werktage, d.h. __[Anzahl]__ Werktage für die gesamte Praktikantenzeit. Während des Urlaubs wird die Unterhaltsbeihilfe gemäß § 4 weiterhin gewährt. [8]

§ 6
Pflichten des Praktikanten [9]

Der Praktikant verpflichtet sich,

- den Praktikumsplan gewissenhaft einzuhalten, die ihm gebotenen Ausbildungsmöglichkeiten wahrzunehmen und sich zu bemühen, das Praktikumsziel zu erreichen;

- die ihm im Rahmen des Praktikumsgegenstands übertragenen Aufgaben sorgfältig und gewissenhaft auszuführen und den Weisungen des Unternehmens Folge zu leisten;

- die Betriebsordnung und die Unfallverhütungsvorschriften einzuhalten und die betrieblichen Gegenstände und Einrichtungen pfleglich und sorgsam zu behandeln;

- die für das Praktikum vorgesehenen Tätigkeitsberichte zu fertigen und die tägliche Praktikums-/Einsatzzeit einzuhalten;

- die Interessen des Unternehmens zu wahren;

- Betriebs- und Geschäftsgeheimnisse, Herstellungsverfahren und sonstige betriebliche Angelegenheiten – auch nach Beendigung des Praktikums – geheim zu halten und gegenüber Dritten Stillschweigen zu bewahren;

- persönliche Verhinderungen unverzüglich anzuzeigen und im Falle einer Erkrankung spätestens am dritten Tag der Arbeitsunfähigkeit eine Arbeitsunfähigkeitsbescheinigung vorzulegen;

- spätestens bei Beendigung des Praktikantenverhältnisses unaufgefordert und ansonsten jederzeit auf Anforderung des Unternehmens sämtliche ihm überlassenen Gegenstände und Unterlagen des Unternehmens unverzüglich zurückzugeben.

§ 7
Pflichten des Unternehmens [10]

Das Unternehmen verpflichtet sich, im Rahmen der betrieblichen Möglichkeiten und Gegebenheiten

- dem Praktikanten die nach dem Praktikantenplan erforderlichen praktischen Kenntnisse und Erfahrungen im Bereich _[konkrete Bezeichnung des Bereiches]_ zu vermitteln;

- auf seine Teilnahme an den Vorlesungen/Unterrichtsstunden der ____[Name]____-Hochschule hinzuwirken und die hierfür erforderliche und notwendige Freizeit zu gewähren;

- dem Praktikanten nach Beendigung des Praktikums einen schriftlichen Praktikumsnachweis auszustellen.

§ 8
Erfüllungsort

Erfüllungsort für alle Ansprüche aus dem Praktikantenverhältnis ist der Ort der Ausbildungsstätte.

§ 9
Sonstige Bestimmungen, Nebenabreden

(1) _[An dieser Stelle ist auf ggf. anzuwendende Tarifverträge, Betriebsvereinbarungen oder sonstige betriebliche Bestimmungen hinzuweisen.]_

(2) Änderungen und Ergänzungen dieses Vertrages bedürfen zu ihrer Wirksamkeit der Schriftform. Die elektronische Form ist ausgeschlossen. Mündliche Vereinbarungen über die Vereinbarungen über die Aufhebung der Schriftform sind nichtig.

(3) Der vorliegende Praktikantenvertrag wird in zwei Exemplaren [bei gesetzlicher Vertretung des Praktikanten ist eine entsprechende Mehrfertigung aufzunehmen] ausgefertigt. Jede der Vertragsparteien [und ggf. die gesetzlichen Vertreter des Praktikanten] bestätigen mit Unterzeichnung, eine Ausfertigung des Vertrages erhalten zu haben.

[Ort, Datum, Stempel]

_____

(Unterschrift gesetzlicher Vertreter des Unternehmens)

[Ort, Datum]

_____

(Unterschrift des Praktikanten)

[ggf. Ort, Datum]

_____

(ggf. Unterschrift der gesetzlichen Vertreter des Praktikanten)

Erläuterungen

Schrifttum

Böhm Anforderungen an ein Praktikum zur Erlangung der Fachhochschulreife, ArbRB 2016, 89; *Burkhard-Pötter* Das Praktikum im neuen Gewand – Praxiseinblicke zwischen Mindestlohn und prekärem Beschäftigungsverhältnis, NJW 2015, 517; *Grimm/Freh* Neue Regeln für Praktikantenverträge, Qualitätsrahmen der EU, MiLoG und Nachweisgesetz, ArbRB 2015, 208; *Hirdina* Rechtsfragen zur Kündigung eines Praktikumsvertrags, NZA 2008, 916; *Lakies* Die »schwarz-rote« Lohnregulierung nach der Koalitionsvereinbarung, ArbRAktuell 2014, 3; *Maties* Generation Praktikum – Praktika, Einfühlungsverhältnisse und Ähnliches als umgangene Arbeitsverhältnisse?, RdA 2007, 135; *Nebeling* Praktikanten – die besseren Arbeitnehmer?, NZA-RR 2004, 617; *Orlowski* Praktikantenverträge – transparente Regelung notwendig!, RdA 2009, 38; *Reinhard* Wenn »Praktikum« draufsteht, steckt nicht immer »Praktikum« drin!, jurisPR-ArbR 01/2010 Anm. 5; *Schade* Praktikum: Aktuelle Rechtslage 2012, NZA 2012, 654.

1. Das Muster geht von der Vereinbarung eines Praktikantenverhältnisses im Sinne des § 26 BBiG aus. Wenn es sich bei der tatsächlichen Durchführung um ein Arbeitsverhältnis handelt, gelten die berufsrechtlichen Regelungen des BBiG nicht. Achtung: Gleiches gilt für Hochschulpraktika von Studenten, bei denen ein solches Praktikum in die Ausbildung integriert ist (BAG, Urt. v. 18.11.2008 – 3 AZR 192/07). **43**

2. Zwar sieht § 26 BBiG vor, dass eine schriftliche Niederlegung des Vertrages nicht notwendig ist. Eine schriftliche Vereinbarung über den Gegenstand und die Dauer des Praktikums, den Ausbildungsplan, Ausbildungsmaßnahmen, Dauer der täglichen Einsatzzeit, über die Probezeit, die Vergütung, den Urlaub und die Voraussetzungen einer Kündigung ist jedoch dringend anzuraten. **44**

2. Da es sich bei dem Praktikantenverhältnis um ein ausbildungsähnliches Verhältnis handelt, sollte der Praktikumsgegenstand und der Ausbildungszweck in einem Praktikumsplan sorgfältig dokumentiert werden. Die jeweiligen Studienordnungen der Hochschulen geben regelmäßig eine entsprechende Ausgestaltung des Praktikums vor. **45**

3. Eine Befristung der Dauer des Praktikums ist gemäß §§ 26, 21 Abs. 1 BBiG möglich. Die Regelungen des Teilzeit- und Befristungsgesetzes finden hierauf keine Anwendung, da es sich nicht um ein Arbeitsverhältnis handelt (zur Befristung von Arbeitsverhältnissen siehe E Rdn. 1 ff.). Die zeitliche Dauer des Praktikums ist daher unbedingt mit aufzunehmen. **46**

4. Gemäß § 20 BBiG beginnt das Berufsausbildungsverhältnis mit einer Probezeit von mindestens einem Monat; diese Probezeit darf höchstens vier Monate betragen. Dies gilt im Praktikantenverhältnis mit der Abweichung, dass die Probezeit auch abgekürzt werden kann (§ 26 BBiG). Innerhalb der Probezeit kann das Praktikantenverhältnis jederzeit ohne Einhaltung einer Kündigungsfrist schriftlich gekündigt werden (§ 22 Abs. 1 BBiG). **47**

5. Im Hinblick auf die Möglichkeit der Kündigung nach Ablauf der Probezeit kann auf § 22 BBiG und die Ausführungen unter F Rdn. 27 ff. verwiesen werden. **48**

49 6. Bei der Festlegung der täglichen Praktikums-/Einsatzzeit sind die Regelungen des Arbeitszeitgesetzes und bei minderjährigen Praktikanten die Vorschriften des Jugendarbeitsschutzgesetzes zu beachten.

50 7. Die Bezeichnung der Vergütung als Unterhaltsbeihilfe soll den Ausbildungscharakter des Praktikums verdeutlichen. Die Vergütung muss zwar gemäß § 17 Abs. 1 Satz 1 BBiG angemessen sein; sie ist jedoch eher eine Aufwandsentschädigung bzw. Beihilfe zum Lebensunterhalt (BAG, Urt. v. 13.03.2003 – 6 AZR 564/01).

51 8. Bei der Bemessung des Urlaubsanspruchs sind die Vorschriften des Bundesurlaubsgesetzes und bei minderjährigen Praktikanten die Vorschriften des Jugendarbeitsschutzgesetzes zu beachten.

52 9. Zu den Pflichten des Praktikanten vgl. F Rdn. 3 § 8 nebst Anmerkung 17 (F Rdn. 20).

53 10. Zu den Pflichten des Unternehmens vgl. F Rdn. 3 § 7 nebst Anmerkung 16 (F Rdn. 19).

5. Werkstudentenvertrag

Vorbemerkung

54 Der Werkstudent übt eine Tätigkeit im Unternehmen aus, um sich neben seinem Studium etwas zu verdienen. Hier steht, anders als bei Auszubildenden und Praktikanten, nicht die Ausbildung, sondern die entgeltliche Arbeitsleistung im Vordergrund. Beschäftigungsverhältnisse mit Werkstudenten sind daher Arbeitsverhältnisse. Da die Beschäftigung von Studenten regelmäßig nur vorübergehend erfolgt, ist im Hinblick auf die Vorschrift des § 14 Abs. 4 TzBfG eine schriftliche Vereinbarung über die Befristung vorzunehmen. Der »Reiz« der Beschäftigung von Studenten liegt im sog. Werkstudentenprivileg, d.h. es besteht Versicherungsfreiheit in der Kranken-, Pflege- und Arbeitslosenversicherung. In der Rentenversicherung besteht grundsätzlich Versicherungspflicht.

▶ Muster – Werkstudentenvertrag

55 [Briefkopf des Unternehmens]

Zwischen
der [Name und Anschrift des Unternehmens]

(im Folgenden: »Unternehmen«)

und

Herrn/Frau [Name und Anschrift des Studenten]

(im Folgenden: »Student«)

wird folgender Werkstudentenvertrag (im Rahmen eines befristeten Teilzeitanstellungsvertrages) geschlossen:

§ 1
Art der Tätigkeit

(1) Der Student wird im Rahmen eines Werkstudentenvertrages befristet als [genaue Bezeichnung der Tätigkeit/Position] eingestellt. Sein Aufgabengebiet umfasst die Bereiche [genaue Bezeichnung des Aufgabenbereichs].

(2) Der Arbeitgeber behält sich vor, dem Studenten auch andere seiner Vorbildung, seiner Kenntnisse und seiner Fähigkeiten entsprechende Aufgaben zu übertragen und/oder ihn an einem anderen Arbeitsplatz oder Tätigkeits-/Einsatzort einzusetzen bzw. zu versetzen. [1]

§ 2
Beginn des Werkstudentenverhältnisses, Befristung, Probezeit

(1) Der Student wird für die Zeit vom ____[Datum]____ bis ____[Datum]____ befristet im Betrieb des Unternehmens nach § 14 Abs. 2 Satz 1 TzBfG eingestellt. [2]

(2) Mit Rücksicht auf § 14 Abs. 2 Satz 2 TzBfG versichert der Student ausdrücklich, dass er bislang zu keiner Zeit in einem Anstellungsverhältnis zum Unternehmen gestanden hat. Der Student ist darüber informiert, dass eine unrichtige Angabe hierüber das Unternehmen zur Anfechtung des Anstellungsvertrages nach § 123 BGB berechtigen kann.

(3) Das Anstellungsverhältnis endet mit Ablauf der Frist, ohne dass es einer vorhergehenden Kündigung bedarf, sofern es nicht ausdrücklich schriftlich verlängert wird. [3]

(4) Die ersten ____[Anzahl]____ Monate des Werkstudentenverhältnisses gelten als Probezeit. Während der Probezeit kann dieses mit einer Frist von zwei Wochen von beiden Vertragsparteien gekündigt werden. [4]

§ 3
Studium, Vorlage der Immatrikulationsbescheinigung

Das Werkstudentenverhältnis ist an den Nachweis eines fortwährenden ordentlichen Studiums gebunden. Der Student legt dem Unternehmen zum entsprechenden Nachweis die jeweils aktuellen Immatrikulationsbescheinigungen unverzüglich vor. [5]

§ 4
Arbeitszeit

(1) Die regelmäßige Arbeitszeit beträgt während der Vorlesungszeit 20 Stunden wöchentlich, ausschließlich der Pausen. Während der vorlesungsfreien Zeit (Semesterferien) kann die Arbeitszeit auch bis zu 40 Stunden wöchentlich betragen. [6]

(2) Die Lage und Verteilung der Arbeitszeit richten sich nach den jeweils gültigen betrieblichen Regelungen. Das Unternehmen ist berechtigt, die Lage und Verteilung der täglichen Arbeitszeiten sowie der Pausen einseitig zu ändern. Die derzeitige Lage und Verteilung der Arbeitszeit ist bekannt gemacht worden.

(3) Sofern der Studiengang des Studenten eine höhere zeitliche Beanspruchung erfordert und damit eine Reduzierung der Arbeitszeit im Unternehmen erforderlich ist, verpflichten sich die Parteien eine angemessene Arbeitszeitregelung zu treffen, die ein ordnungsgemäßes Studium ermöglicht. [7]

§ 5
Vergütung [8]

Der Student erhält für seine Tätigkeit eine Bruttovergütung in Höhe von € ____[Betrag]____ /Monat.

§ 6
Urlaub

Der Urlaub des Werkstudenten beträgt für jeden vollen Monat des Werkstudentenverhältnisses ____[Anzahl]____ Werktage, d.h. ____[Anzahl]____ Werktage für die gesamte Werkstudentenzeit. Während des Urlaubs wird die Vergütung gemäß § 5 weiterhin gewährt. [9]

§ 7
Geheimhaltung [10]

Der Student ist verpflichtet, während des Werkstudentenverhältnisses und nach dessen Beendigung über alle nicht allgemein bekannten geschäftlichen Angelegenheiten sowohl gegenüber Außenstehenden als auch gegenüber anderen Mitarbeitern, die mit dem betreffenden Sachgebieten nicht unmittelbar befasst sind, Verschwiegenheit zu wahren, erhaltene Anweisung zur Geheimhaltung zu erfüllen und im Zweifelsfall eine Weisung der Geschäftsleitung zur Vertraulichkeit bestimmter Tatsachen einzuholen.

§ 8
Personaldaten

Der Student ist verpflichtet, jegliche Änderungen, die in seiner Person begründet sind und das Werkstudentenverhältnis betreffen, unverzüglich dem Unternehmen mitzuteilen. Hierzu zählen insbesondere Änderungen bei

- dem Status des Studiums (insbesondere dessen Beendigung),
- Wohnsitzadresse,
- Familienstand,
- Telefonnummer (Festnetz, Mobiltelefon),
- E-Mail-Adresse,
- Krankenversicherungswechsel.

§ 9
Beendigung des Werkstudentenverhältnisses

(1) Während der Befristung und nach Ablauf der Probezeit gemäß § 2 Abs. 4 kann das Werkstudentenverhältnis von beiden Seiten mit einer Frist von vier Wochen zum 15. eines Monats oder zum Ende eines Kalendermonats ordentlich gekündigt werden. Verlängert sich die von dem Unternehmen einzuhaltende Kündigungsfrist kraft Gesetzes, so gilt dies auch für eine Eigenkündigung des Studenten. [11]

(2) Das Recht zur außerordentlichen Kündigung aus wichtigem Grund bleibt unberührt. [12]

(3) Die Kündigung bedarf der Schriftform.

(4) Während der Kündigungsfrist ist das Unternehmen berechtigt, den Studenten unter Fortzahlung der Bezüge und unter Anrechnung etwaiger restlicher Urlaubsansprüche von der Arbeit freizustellen. Entsprechendes gilt bei einverständlicher Beendigung des Werkstudentenverhältnisses. Auf die nach Anrechnung etwaiger Urlaubsansprüche fortzuzahlenden Bezüge muss der Student sich den Wert desjenigen anrechnen lassen, was er in Folge des Unterbleibens der Dienstleistung erspart oder durch anderweitige Verwendung seiner Dienste erwirbt oder zu erwerben böswillig unterlässt.

§ 10
Ausschlussfristen

(1) Alle gegenseitigen Ansprüche aus dem Werkstudentenverhältnis und solche, die mit dem Werkstudentenverhältnis in Verbindung stehen, sind innerhalb von drei Monaten nach Fälligkeit schriftlich geltend zu machen. [13]

(2) Ansprüche, die nicht innerhalb dieser Frist geltend gemacht werden, sind verwirkt.

(3) Abs. 1 und 2 gelten nicht bei einer Haftung wegen Vorsatz.

§ 11
Schlussbestimmungen [14]

(1) Nebenabreden wurden nicht getroffen. Änderungen und Ergänzungen zu diesem Vertrag bedürfen der Schriftform. Die elektronische Form ist ausgeschlossen. Mündliche Vereinbarungen oder Vereinbarungen in Textform über die Aufhebung der Schriftform sind nichtig.

(2) Sollte eine Bestimmung dieses Vertrages unwirksam oder undurchführbar sein, oder werden, so wird dadurch die Wirksamkeit des Vertrages im Übrigen nicht berührt. Die Vertragspartner verpflichten sich, eine wirksame oder durchführbare Bestimmung an die Stelle der unwirksamen oder undurchführbaren Bestimmung zu setzen, die den wirtschaftlichen Bestimmungen dieses Vertrages soweit wie möglich entspricht.

(3) Der vorliegende Werkstudentenvertrag wird in zwei Exemplaren ausgefertigt. Jede der Vertragsparteien bestätigt mit Unterzeichnung, eine Ausfertigung des Vertrages erhalten zu haben.

[Ort, Datum, Stempel]

(Unterschrift gesetzlicher Vertreter des Unternehmens)

[Ort, Datum]

(Unterschrift des Werkstudenten)

Erläuterungen

Schrifttum

Felix Das Werkstudentenprivileg in der Sozialversicherung – Ein Plädoyer für die Abschaffung einer dogmatisch nicht überzeugenden Sonderregelung, SozVers 2002, 116; *Kamann* From start to finish – Arbeitsrecht für Startups, ArbR Aktuell 2014, 91; *Pres* Das studentische Arbeitsverhältnis unter besonderer Berücksichtigung spezifischer Befristungsmöglichkeiten, Diss. 2008; *Roller* Studenten, Studierende, Hochschulen, Fachschulen – zum Verständnis der Begriffe im Sozialversicherungsrecht nach der höchstrichterlichen Rechtsprechung, SGb 2000, 349; *Sasse* Befristete Beschäftigung in den Semesterferien – Arbeitsrechtliche Klippen durch das TzBfG, ArbRB 2003, 148.

1. Zur Versetzungsklausel vgl. B Rdn. 4 § 2 nebst Anmerkung 6 (B Rdn. 14 f.). 56

2. Das vorliegende Muster geht von einer Befristung ohne Sachgrund gemäß § 14 Abs. 2 Satz 1 TzBfG aus. Eine solche Befristung ist bis zu einer Dauer von zwei Jahren möglich. Daneben besteht unter Umständen die Möglichkeit einer Befristung ohne Sachgrund nach den Bestimmungen des WissZeitVG. Selbstverständlich ist auch – sofern die dortigen Voraussetzungen vorliegen – eine Befristung mit Sachgrund gemäß § 14 Abs. 1 TzBfG zulässig. Zu den Einzelheiten der Befristung siehe E Rdn. 1 ff. 57

3. Wegen § 15 Abs. 5 TzBfG darf nach Ablauf der Befristung keine Arbeitsleistung des Studenten mehr entgegengenommen werden. Ansonsten besteht die »Gefahr«, dass der Werkstudentenvertrag sich kraft Gesetzes auf unbestimmte Zeit verlängert. 58

4. Auch bei befristeten Verträgen ist die Vereinbarung einer Probezeit möglich. Insbesondere bei länger andauernden Befristungen sollte von der gesetzlich eingeräumten Möglichkeit des § 622 Abs. 3 BGB Gebrauch gemacht werden. Demnach kann während einer vereinbarten Probezeit (längstens für die Dauer von sechs Monaten) das Arbeitsverhältnis mit einer Frist von zwei Wochen gekündigt werden. 59

5. Für das Werkstudentenprivileg (s. hierzu auch § 6 Abs. 1 Nr. 3 SGB V, § 27 Abs. 4 S. 1 Nr. 2 SGB III, § 5 Abs. 3 SGB VI) muss es sich bei dem Mitarbeiter um einen ordentlich Studierenden handeln. Hierunter werden alle Studenten gefasst, die an einer Hochschule oder an einer der fachlichen Ausbildung dienenden Schule (Fachschule, höhere Fachschule, Berufsfachschule) eingeschrieben sind, eine wissenschaftliche Ausbildung in einem geordneten Ausbildungsgang mit einem bestimmten Berufsziel durchlaufen und deren Zeit und Arbeitskraft überwiegend durch das Studium in Anspruch genommen wird. Für den Nachweis des förmlichen Status als Student muss dem Unternehmen daher regelmäßig die Immatrikulationsbescheinigung vorgelegt werden. Zur zeitlichen Inanspruchnahme des Werkstudenten, siehe § 4 des Musters und Anmerkung 6 (F Rdn. 61). 60

61 **6.** Arbeitsverträge mit Werkstudenten genießen nur dann das Werkstudentenprivileg, wenn die Arbeit während des Semesters die Arbeitszeit von 20 Wochenstunden nicht überschreitet. Beschäftigungen, die ordentliche Studierende in den Semesterferien ausüben, sind – unabhängig von der wöchentlichen Arbeitszeit – in der Krankenversicherung, Pflegeversicherung und Arbeitslosenversicherung grundsätzlich versicherungsfrei.

62 **7.** Diese Klausel soll nochmals verdeutlichen, dass das Studium den Werkstudenten ganz überwiegend in Anspruch nimmt und damit das Erscheinungsbild als Student hervorgehoben wird.

63 **8.** Bei der Vergütung des Werkstudenten bestehen keine Besonderheiten gegenüber einem »normalen« Arbeitsverhältnis. Es kann daher auf die Ausführungen unter B Rdn. 4 § 6 nebst Anmerkung 14 (B Rdn. 28) verwiesen werden.

64 **9.** Bei der Bemessung des Urlaubsanspruchs sind die Vorschriften des Bundesurlaubsgesetzes zu beachten.

65 **10.** Eine ausführliche Klausel zur Geheimhaltung/Verschwiegenheitspflicht, dem Umgang mit und der Rückgabe von Arbeitsmitteln findet sich unter B Rdn. 4 § 9 nebst Anmerkung 18–21 (B Rdn. 32–36).

66 **11.** Eine ordentliche Kündigung des befristeten Werkstudentenverhältnisses ist nur dann möglich, wenn dies einzelvertraglich ausdrücklich vereinbart ist (vgl. hierzu § 15 Abs. 3 TzBfG).

67 **12.** Da es sich bei dem Werkstudentenverhältnis um ein Arbeitsverhältnis handelt, findet die Vorschrift des § 22 BBiG keine Anwendung. Vielmehr ist die »übliche und gängige« Norm des § 626 BGB zu beachten.

68 **13.** Zu einer weiteren Formulierung der Ausschlussfrist vgl. auch B Rdn. 4 § 16 nebst Anmerkung 31 (B Rdn. 50 ff.).

69 **14.** Zu den üblichen Schlussbestimmungen, zum Schriftformerfordernis, zum Ausschluss der betrieblichen Übung, der stillschweigenden Annahme von Vertragsänderungen, zur salvatorischen Klausel und Verweisungen auf Betriebsvereinbarungen und Tarifverträge, vgl. ausführlich B Rdn. 4 § 17–19 nebst Anmerkungen 32 bis 36 (B Rdn. 55 ff.).

6. Volontariatsvertrag

Vorbemerkung

70 Das Volontariat unterfällt, ebenso wie das Praktikantenverhältnis, der Bestimmung des § 26 BBiG und ist damit ein Ausbildungsverhältnis. Gegenüber dem Auszubildenden unterscheidet sich der Volontär darin, dass ihm berufliche Fertigkeiten, Kenntnisse, Fähigkeiten oder Erfahrungen nicht in einem geordneten und anerkannten Ausbildungsgang bzw. -beruf vermittelt werden. Mit dem Volontariat wird zumeist eine Tätigkeit in der Medienbranche (Rundfunk, Film, Fernsehen) oder im Bereich des Journalismus verknüpft. In kaufmännischen Berufen hat sich für eine ausbildende Tätigkeit der Begriff des Trainee durchgesetzt. Die inhaltliche Ausgestaltung des Volontariatsverhältnisses ist, je nach Branche, unterschiedlich ausgestaltet. So ist beispielsweise das Volontariat im Printbereich tarifvertraglich geregelt (Tarifvertrag über das Redaktionsvolontariat an Zeitschriften vom 22.09.1990, Allgemeinverbindlichkeit für die alten Bundesländer seit 13.04.1991). In anderen Bereichen, wie z.B. bei Buchverlagen und PR-Agenturen, finden sich dagegen keine übergreifenden tarifvertraglichen Regelungen.

▶ **Muster – Volontariatsvertrag** [1]

[Briefkopf des Unternehmens]

Zwischen

der [Name und Anschrift der Agentur]

(im Folgenden: »Agentur«)

und

Herrn/Frau [Name und Anschrift des Volontärs]

(im Folgenden: »Volontär«)

wird folgender Volontariatsvertrag geschlossen:

§ 1
Volontariatsgegenstand, Dauer des Volontariatsvertrages

(1) Der Volontär wird in der Zeit vom _[Datum]_ bis _[Datum]_ im Rahmen eines Volontariats zur Vermittlung von Erfahrungen und Kenntnissen aus der betrieblichen Praxis bei der Agentur _[Name der Agentur]_ in _[Arbeitsort]_ eingesetzt. Nach Ablauf der Volontariatszeit endet das Volontariatsverhältnis, ohne dass es einer Kündigung bedarf. [2] Das Volontariat endet daher am _[Datum]_ .

(2) Die Agentur verpflichtet sich – im Rahmen der betrieblichen Möglichkeiten und Gegebenheiten – zu folgender zielorientierter praktischer und theoretischer Ausbildung des Volontärs:

– [genaue Auflistung der Inhalte und Ziele des Volontariats] [3]

– _____

§ 2
Probezeit und Beendigung des Volontariats

(1) Die ersten _[Anzahl]_ Monate des Volontariats gelten als Probezeit. Innerhalb dieser Zeit kann der Volontariatsvertrag jederzeit ohne Einhalten einer Kündigungsfrist und ohne Angabe von Kündigungsgründen von beiden Parteien gekündigt werden. [4]

(2) Nach Ablauf der Probezeit ist der Volontariatsvertrag ordentlich nur kündbar durch den Volontär mit einer Frist von vier Wochen, wenn er die Volontariatstätigkeit aufgeben will. Daneben bleibt das Recht zur außerordentlichen Kündigung für beide Seiten unberührt.

(3) Jede Kündigung bedarf der Schriftform und muss in den Fällen des Abs. 2 die Kündigungsgründe angeben. [5]

§ 3
Tägliche Einsatzzeit

Die regelmäßige tägliche Einsatzzeit beträgt _[Anzahl]_ Stunden. [6]

§ 4
Vergütung

Der Volontär erhält eine Vergütung in Höhe € _[Betrag]_ brutto/Monat. Diese ist zahlbar zum Ende des jeweiligen Kalendermonats. [7]

§ 5
Urlaub

Der Urlaub des Volontärs beträgt für jeden vollen Monat des Volontariatsverhältnisses _[Anzahl]_ Werktage, d.h. _[Anzahl]_ Werktage für das gesamte Volontariat. Während des Urlaubs wird die Vergütung gemäß § 4 weiterhin gewährt. [8]

§ 6
Pflichten des Volontärs [9]

Der Volontär verpflichtet sich,

- die ihm angebotenen Ausbildungsmöglichkeiten wahrzunehmen,
- sich zu bemühen, dass in § 1 Abs. 2 dargestellte Ziel des Volontariats zu erreichen und einen gegebenenfalls vereinbarten Ausbildungsplan gewissenhaft einzuhalten;
- die ihm im Rahmen des Volontariats übertragenen Aufgaben sorgfältig und gewissenhaft auszuführen und den Weisungen der Agentur Folge zu leisten;
- die Betriebsordnung und die Unfallverhütungsvorschriften einzuhalten und die betrieblichen Gegenstände und Einrichtungen pfleglich und sorgsam zu behandeln;
- die für das Volontariat vorgesehenen Tätigkeitsberichte zu fertigen und die tägliche Einsatzzeit einzuhalten;
- die Interessen des Unternehmens zu wahren;
- Betriebs- und Geschäftsgeheimnisse, Herstellungsverfahren und sonstige betriebliche Angelegenheiten, auch nach Beendigung des Volontariats, geheim zu halten und gegenüber Dritten Stillschweigen zu bewahren.
- persönliche Verhinderungen unverzüglich anzuzeigen und im Falle einer Erkrankung spätestens am dritten Tag der Arbeitsunfähigkeit eine Arbeitsunfähigkeitsbescheinigung vorzulegen;
- spätestens bei Beendigung des Volontariatsverhältnisses unaufgefordert und ansonsten jederzeit und auf Anforderung des Unternehmens sämtliche ihm überlassenen Gegenstände und Unterlagen der Agentur unverzüglich zurückzugeben.

§ 7
Pflichten der Agentur [10]

Die Agentur verpflichtet sich im Rahmen der betrieblichen Möglichkeiten und Gegebenheiten

- dem Volontär die nach § 1 Abs. 2 festgehaltenen Ziele des Volontariats zu vermitteln;
- den Volontär in verschiedenen Bereichen der Agentur einzusetzen, um diesem unterschiedliche Ausbildungsschwerpunkte zu vermitteln;
- auf seine Teilnahme an geeigneten, von der Agentur bestimmten außerbetrieblichen Bildungsmaßnahmen hinzuwirken und die hierfür erforderliche und notwendige Freizeit zu gewähren;
- dem Volontär nach Beendigung des Volontariats eine schriftliche Beurteilung der einzelnen Ausbildungsabschnitte sowie ein qualifiziertes Endzeugnis zu erteilen.

§ 8
Erfüllungsort

Erfüllungsort für alle Ansprüche aus dem Volontariatsverhältnis ist der Ort der Ausbildungsstätte.

§ 9
Sonstige Bestimmungen, Nebenabreden

(1) [An dieser Stelle ist auf ggf. anzuwendende Tarifverträge, Betriebsvereinbarungen oder sonstige betriebliche Bestimmungen hinzuweisen.]

(2) Änderungen und Ergänzungen dieses Vertrages bedürfen zu ihrer Wirksamkeit der Schriftform. Die elektronische Form ist ausgeschlossen. Mündliche Vereinbarungen über die Vereinbarungen über die Aufhebung der Schriftform sind nichtig.

(3) Der vorliegende Volontariatsvertrag wird in zwei ausgefertigt. Jede der Vertragsparteien bestätigen mit Unterzeichnung, eine Ausfertigung des Vertrages erhalten zu haben.

[Ort, Datum, Stempel]

_____

(Unterschrift gesetzlicher Vertreter der Agentur)

[Ort, Datum]

_____

(Unterschrift des Volontärs)

Erläuterungen

Schrifttum

Barth Arbeitsrechtliche Einfühlungsverhältnisse rechtssicher gestalten, BB 2009, 2646; *Benecke* Maßnahmen zur Feststellung und Förderung der Berufsausbildungsfähigkeit versus Verbot des »Anlernvertrags«, NZA 2012, 646; *Heidl* Probleme der sachgrundlosen Befristung von Arbeitsverhältnissen nach § 14 Abs. 2 Satz 1, 2 TzBfG, RdA 2009, 297; *Lembke* Die sachgrundlose Befristung von Arbeitsverträgen in der Praxis, NJW 2006, 325; *Maties* Generation Praktikum – Praktika, Einfühlungsverhältnisse und Ähnliches als umgangene Arbeitsverhältnisse?, RdA 2007, 135; *Orlowski* Praktikantenverträge – transparente Regelung notwendig!, RdA 2009, 38.

1. Das Muster geht von einem Volontariat bei einer Agentur aus. Es kann sinngemäß auch für andere Branchen verwendet werden, bei denen keine tarifvertraglichen Regelungen bestehen. Von einem Muster eines Redaktionsvolontariats bei den Printmedien wurde abgesehen, da hierzu (wie in der Vorbemerkung geschildert) tarifvertragliche Regelungen bestehen, die darüber hinaus allgemeinverbindlich sind. **72**

2. Eine Befristung der Dauer des Volontariats ist gemäß §§ 26, 21 Abs. 1 BBiG möglich. Die Regelungen des TzBfG finden hierauf keine Anwendung, da es sich nicht um ein Arbeitsverhältnis handelt (zur Befristung von Arbeitsverhältnissen, siehe E Rdn. 1 ff.). Die zeitliche Dauer des Volontariats ist daher unbedingt mit aufzunehmen. Bei einer Übernahme des Volontärs (nach Abschluss des Volontariats) in ein Arbeitsverhältnis kann unter Umständen eine Befristung nach § 14 Abs. 1 Satz 2 Nr. 2 TzBfG aufgenommen werden. **73**

3. Da es sich bei dem Volontariatsverhältnis um ein ausbildungsähnliches Verhältnis handelt, sollte der Gegenstand des Volontariats und der Ausbildungszweck im Volontariatsvertrag festgehalten werden. Gegebenenfalls kann in einem gesonderten Ausbildungsplan eine detaillierte Auflistung und Darstellung des Konzepts des Volontariats vorgenommen werden. **74**

4. Gemäß § 20 BBiG beginnt das Berufsausbildungsverhältnis mit einer Probezeit von mindestens einem Monat; diese Probezeit darf höchstens vier Monate betragen. Dies gilt im Volontariatsverhältnis mit der Abweichung, dass die Probezeit auch abgekürzt werden kann (§ 26 BBiG). Innerhalb der Probezeit kann das Volontariatsverhältnis jederzeit ohne Einhaltung einer Kündigungsfrist schriftlich gekündigt werden (§ 22 Abs. 1 BBiG). **75**

5. Wegen der Möglichkeit der Kündigung nach Ablauf der Probezeit kann auf § 22 Abs. 2 BBiG und die Ausführungen unter F Rdn. 27 ff. verwiesen werden. **76**

6. Bei der Festlegung der täglichen Einsatzzeit des Volontärs sind die Regelungen des Arbeitszeitgesetzes zu beachten. Auf die Vorschriften des Jugendarbeitsschutzgesetzes ist meistens keine Rücksicht zu nehmen, da Volontäre regelmäßig bereits ein Hochschulstudium abgeschlossen haben. **77**

7. Volontäre erhalten, wie Praktikanten auch, gemäß §§ 26, 17 Abs. 1 Satz 1 BBiG eine Vergütung; die Vorschrift des § 82a HGB – und die damit grundsätzlich mögliche Unentgeltlichkeit des Volontariats – wird nach h.M. durch die Vorschriften des BBiG verdrängt (vgl. statt vieler ErfK/*Schlachter* 16. Aufl. 2016, § 26 BBiG Rn. 2). **78**

79 8. Bei der Bemessung des Urlaubsanspruchs sind die Vorschriften des Bundesurlaubsgesetzes zu beachten. Auf die Vorschriften des Jugendarbeitsschutzgesetzes ist meistens keine Rücksicht zu nehmen, da Volontäre regelmäßig bereits ein Hochschulstudium abgeschlossen haben.

80 9. Zu den Pflichten des Volontärs vgl. F.I.1. § 8 nebst Anmerkung 17 (F Rdn. 3, 20).

81 10. Zu den Pflichten der Agentur vgl. F.I.1. § 7 nebst Anmerkung 16 (F Rdn. 3, 19).

7. Fortbildungsvertrag (mit Rückzahlungsklausel)

Vorbemerkung

82 Die berufliche Fortbildung soll es ermöglichen, die berufliche Handlungsfähigkeit zu erhalten und anzupassen oder zu erweitern und beruflich aufzusteigen (§ 1 Abs. 4 BBiG). Bereits aus dieser Zweckrichtung wird deutlich, dass Fortbildungsverträge zumeist mit Mitarbeitern im bestehenden Arbeitsverhältnis abgeschlossen werden. Hier ist das Berufsbildungsgesetz nur eingeschränkt anwendbar; die §§ 1 Abs. 4, 53 ff. BBiG enthalten neben der Definition der beruflichen Fortbildung lediglich Ermächtigungsnormen zur Regelung der Fortbildung. Da der Arbeitgeber die Kosten dieser Fortbildungsmaßnahme zumeist ganz übernimmt und damit Investitionen in sein Humankapital vornimmt, werden in der Praxis Fortbildungsverträge regelmäßig mit Rückzahlungsverpflichtungen des Mitarbeiters abgeschlossen. Damit soll erreicht werden, dass der Mitarbeiter (zumindest für eine gewisse Dauer) an das Unternehmen gebunden wird, nachdem er die Fortbildung erfolgreich abgeschlossen hat. Die in den Mitarbeiter getätigte Investition soll sozusagen in das Unternehmen »zurückfließen«. Im Gegensatz zum Berufsausbildungsverhältnis (vgl. §§ 12 Abs. 2, 26 BBiG) ist die Vereinbarung derartiger Bindungsklauseln zwar grundsätzlich möglich, unterliegt jedoch nach der ständigen Rechtsprechung des Bundesarbeitsgerichts engen Grenzen, da der Mitarbeiter damit in seinem beruflichen Fortkommen eingeschränkt wird.

▶ **Muster – Fortbildungsvertrag (mit Rückzahlungsklausel)** [1]

83 [Briefkopf des Unternehmens]

Zwischen

der [Name und Anschrift des Unternehmens]

(im Folgenden: »Unternehmen«)

und

Herrn/Frau [Name und Anschrift des Mitarbeiters]

(im Folgenden: »Mitarbeiter«)

wird folgender Fortbildungsvertrag vereinbart:

§ 1
Fortbildungsgegenstand, Dauer der Fortbildung

(1) Der Mitarbeiter nimmt vom [Datum] bis [Datum] an der Fortbildung [Bezeichnung der Fortbildung] /an dem Fortbildungskurs [Bezeichnung des Fortbildungskurses] bei der [Fortbildungsstätte] teil. Die Fortbildung/der Fortbildungskurs findet an folgenden Tagen/Wochen [Anzahl] bzw. im Zeitraum von [Datum] bis [Datum] statt. Weitere Einzelheiten ergeben sich aus dem in der Anlage beigefügten Fortbildungs-/Lehrplan. [2]

(2) Die Parteien sind sich darüber einig, dass die Teilnahme an der Fortbildung auf eigenen Wunsch des Mitarbeiters und im Interesse seiner beruflichen Fort- und Weiterbildung erfolgt. [3]

(3) Der Arbeitnehmer verpflichtet sich zur regelmäßigen Teilnahme an der vorgenannten Maßnahme und hat im Falle der Nichtteilnahme die hierfür maßgeblichen Gründe dem Arbeitgeber unverzüglich mitzuteilen.

§ 2
Fortbildungskosten

(1) Der Mitarbeiter wird für die Dauer der Fortbildung/des Lehrgangs unter Fortzahlung seiner vertragsgemäßen Bezüge von der Arbeit freigestellt. Fortbildungszeit, die über die ausfallende bzw. übliche tägliche Arbeitszeit hinausgeht, wird nicht vergütet. Die Vergütung wird entsprechend dem Durchschnittsverdienst der letzten drei Monate berechnet. [4]

(2) Das Unternehmen übernimmt die Kosten der Fortbildung vollständig. Hierzu gehören die Kosten der Schulung bzw. des Unterrichts in Höhe von € _____, die Prüfungsgebühren in Höhe von € _____, die Reise- und Verpflegungskosten nach den steuerlichen Pauschbeträgen, die Übernachtungskosten von bis zu max. € _____/Tag, [evtl. Auflistung weiterer Kostenbestandteile unter genauer Angabe der anfallenden Kosten]. Die Erstattung erfolgt nur gegen Vorlage entsprechender Belege. [5]

(3) Soweit von der Agentur für Arbeit oder sonstiger Sozialversicherungsträger Fördermittel gewährt bzw. Kosten erstattet werden, sind diese in Anspruch zu nehmen und werden auf die Leistungen des Unternehmens angerechnet.

§ 3
Rückzahlungspflicht [6]

(1) Der Mitarbeiter verpflichtet sich zur Rückzahlung der von der Firma getragenen Kosten, bestehend aus der für die Zeit der Freistellung gezahlten Vergütung, den Kosten der Schulung bzw. des Unterrichts, den Prüfungsgebühren, den Reise- und Verpflegungskosten, den Übernachtungskosten, [evtl. Auflistung weiterer Kostenbestandteile], insgesamt maximal € [Gesamtkosten der zurückzufordernden Fortbildungskosten], wenn er das Arbeitsverhältnis aus einem nicht von dem Unternehmen zu vertretenden Grund kündigt [7] oder wenn es seitens des Unternehmens aus einem vom Mitarbeiter zu vertretenden Grund beendet wird. [8]

(2) Für jeden vollen Tätigkeitsmonat nach Beendigung der Fortbildungsmaßnahme vermindert sich der Rückzahlungsbetrag um [Angabe der Reduzierung in Prozent bzw. in Bruchteilen]. [9]

(3) Die Rückzahlungsverpflichtung des Mitarbeiters besteht auch dann, wenn er die Fortbildung vorzeitig ohne wichtigen Grund abbricht oder das Fortbildungsziel schuldhaft nicht erreicht. Die vorstehende Regelung in Abs. 2 findet in diesen Fällen keine Anwendung. Ein Abbruch innerhalb einer Überlegungsfrist von [Anzahl] Wochen/Monaten nach Beginn der Fortbildung ist hierbei jedoch unschädlich. [10]

(4) Der jeweilige Rückzahlungsbetrag ist zum Zeitpunkt des Ausscheidens des Mitarbeiters aus dem Arbeitsverhältnis in voller Höhe fällig und kann gegen pfändbare finanzielle Ansprüche des Mitarbeiters aus dem Arbeitsverhältnis aufgerechnet werden.

[Ort, Datum, Stempel]

_____

(Unterschrift gesetzlicher Vertreter des Unternehmens) [11]

[Ort, Datum]

_____

(Unterschrift des Mitarbeiters) [12]

Erläuterungen

Schrifttum
Dorth Gestaltungsgrenzen bei Aus- und Fortbildungskosten betreffenden Rückzahlungsklauseln, RdA 2013, 287; *Elking* Rückzahlungsklauseln bei Fortbildungskosten – die aktuellen Anforderungen der Rechtspre-

chung, BB 2014, 885; *Klinkhammer/Peters* Fortbildungsvereinbarungen – eine nützliche Investition mit Risiken, ArbRAktuell 2015, 369; *Lakies* Betriebliche Weiterbildung und Rückzahlungsklauseln, ArbRAktuell 2012, 216; *Straube* Inhaltskontrolle von Rückzahlungsklauseln für Ausbildungskosten, NZA-RR, 2012, 505.

84 **1.** Das Muster geht von einem vorformulierten und vom Arbeitgeber gestellten Fortbildungsvertrag im Sinne der §§ 305 ff. BGB aus; insbesondere für die Formulierung der Rückzahlungsklausel ist daher stets der Kontrollmaßstab des Rechts der Allgemeinen Geschäftsbedingungen »im Auge« zu behalten. In der arbeitsrechtlichen Praxis werden Fortbildungsverträge typischerweise abgeschlossen für die Ausbildung zum Facharzt, der Qualifizierung von medizinischen Angestellten, den Fachanwaltslehrgängen bei den Rechtsanwälten, der Ausbildung zum Rechtsfachwirt bei den Rechtsanwaltsfachangestellten, Meisterkursen, der Ausbildung zum Techniker, EDV-Schulungen, dem Führerscheinerwerb für verschiedene Klassen, Lehrgänge der Banken und Sparkassen, berufsbegleitenden Studiengängen etc.

85 **2.** Da die Wirksamkeit der in der Rückzahlungsklausel festgelegten Bindungsdauer maßgeblich von der Dauer und dem Inhalt der Fortbildung abhängt, sollte eine detaillierte Beschreibung über die Einzelheiten des Verlaufs des Lehrgangs bzw. der Fortbildung vorgenommen werden. Ist ein Fortbildungs-/Lehrplan vorhanden, ist es ratsam, diesen dem Fortbildungsvertrag beizufügen, da dort regelmäßig der genaue Umfang und Inhalt der Fortbildung dargestellt und festgelegt ist.

86 **3.** Diese Ausführungen sind zur Verdeutlichung notwendig, da eine Rückzahlungsverpflichtung nur dann aufgenommen werden kann, wenn die Weiterbildungsmaßnahme der Entwicklung von Fähigkeiten und Kenntnissen dient, die generell für den Mitarbeiter beruflich von Nutzen – und damit von geldwertem Vorteil – sind. Dagegen berechtigen rein betriebsbezogene Fortbildungsmaßnahmen regelmäßig nicht zu einem Rückzahlungsvorbehalt.

87 **4.** Das Muster geht davon aus, dass der Unternehmer den Mitarbeiter während des Lehrgangs unter vollständiger Fortzahlung der vertragsgemäßen Vergütung des Mitarbeiters freistellt. Selbstverständlich kann im Rahmen der Vertragsgestaltung auch eine unbezahlte Freistellung vorgenommen oder Teile des Urlaubs des Mitarbeiters eingebracht werden.

88 **5.** Das Muster geht außerdem davon aus, dass der Unternehmer auch sämtliche Kosten der Fortbildung trägt. Auch hier kann im Rahmen der Vertragsgestaltung eine Begrenzung der Kosten bis zu einem Maximalbetrag oder auf bestimmte Bestandteile, eine anteilige Kostenbeteiligung des Mitarbeiters oder ein Pauschalbetrag vorgenommen bzw. vereinbart werden.

89 Es ist aufgrund der zunehmend strikteren Rechtsprechung des BAG notwendig, die einzelnen Kostenpositionen nach Art, Berechnungsgrundlage und der Höhe nach detailliert aufzuzählen und die Gesamtkosten der Fortbildung zu benennen. Ansonsten werden Rückzahlungsklauseln wegen Verstoßes gegen das Transparenzgebot als nicht hinreichend klar und verständlich eingestuft, da der Mitarbeiter sein Rückzahlungsrisiko nicht ausreichend abschätzen kann und bereits bei Vertragsschluss in die Lage versetzt werden muss, seine möglichen finanziellen Belastungen erkennen zu können (BAG, Urt. v. 21.08.2012 – 3 AZR 698/10, NZA 2012, 1428; BAG, Urt. v. 06.08.2013 – 9 AZR 442/12, NZA 2013, 1363).

Natürlich ist es – sofern gewünscht – möglich, die Rückzahlungsverpflichtung auf einzelne Kostenpositionen zu beschränken. Auch hier müssen der jeweilige Rückzahlungstatbestand benannt und die an den Arbeitgeber zurückzuzahlenden (Gesamt-)Kosten wiederum explizit benannt werden.

90 **6.** Bei der Formulierung der Rückzahlungsverpflichtung muss, insbesondere wegen der Anwendbarkeit der §§ 305 ff. BGB, sowohl den Rückzahlungstatbeständen als auch der Bindungsdauer eine besondere Aufmerksamkeit gewidmet werden. Die Rückzahlungspflicht wird meist durch Kündigung des Mitarbeiters ausgelöst (vgl. BAG, Urt. v. 19.01.2011 – 3 AZR 621/08, NZA 2012, 85). Bei der auf Veranlassung des Arbeitgebers erfolgten Beendigung des Arbeitsverhältnisses, die ebenfalls eine Rückzahlungsverpflichtung des Mitarbeiters auslösen soll, ist zu un-

terscheiden: Ist die Kündigung aus verhaltensbedingten Gründen als ordentliche oder außerordentliche erfolgt, kann Rückzahlung verlangt werden. Betriebsbedingte und wohl auch personenbedingte Gründe scheiden als Rückzahlungstatbestand dagegen aus. Gerade die Rückzahlungsverpflichtung bei betriebsbedingter Kündigung stellt regelmäßig eine unangemessene Benachteiligung des Mitarbeiters gemäß § 307 Abs. 1 Satz 1 BGB dar, da der Anlass der Beendigung des Arbeitsverhältnisses der Risikosphäre des Unternehmens entstammt (BAG, Urt. v. 13.12.2011 – 3 AZR 791/09, BeckRS 2012, 67608; BAG, Urt. v. 18.11.2008 – 3 AZR 192/07, NZA 2009, 435; BAG, Urt. v. 23.01.2007 – 9 AZR 482/06, NZA 2007, 748; BAG, Urt. v. 11.04.2006 – 9 AZR 610/05, NZA 2006, 1042). Rückzahlungstatbestände können also nur für solche Fälle formuliert werden, die in den Verantwortungs- und Risikobereich des Mitarbeiters fallen.

Die Rechtsprechung zur Bindungsdauer ist einzelfallorientiert. Für die Zulässigkeit der Rückzahlungsklausel ist es deshalb wichtig, dass insbesondere folgende Kriterien einer interessengerechten Abwägung unterzogen werden, so dass die Qualifizierungsmaßnahme und die Bindungsdauer in einem angemessen Verhältnis zueinander stehen: Dauer der Fortbildungsmaßnahme, Fortbildungskosten, Freistellung des Arbeitnehmers, die Qualität der erworbenen Qualifikation und das Ausmaß der dem Arbeitnehmer durch die Fortbildung zufließenden beruflichen Vorteile. 91

Das gesetzliche Höchstmaß der Bindungsdauer beträgt gemäß § 624 BGB fünf Jahre. Diese ist aber nur in engen begrenzten Ausnahmefällen zulässig. Eine Fortbildung, die nicht länger als einen Monat dauert, rechtfertigt regelmäßig nur eine Bindung des Arbeitnehmers bis zu sechs Monaten (BAG, Urt. v. 21.07.2005 – 6 AZR 452/04, NZA 2006, 542). Eine Bindungsdauer von einem Jahr begegnet in den meisten Fällen keine Bedenken, sofern eine längere Freistellung – von bis zu zwei Monaten – vorausgeht. Kommen zu der Freistellung relativ hohe Kosten hinzu, kann eine längere Bindungsdauer gerechtfertigt sein (BAG, Urt. v. 15.12.1993 – 5 AZR 279/93, DB 1994, 1040). Eine Bindung von bis zu zwei Jahren ist zulässig, wenn die Fortbildung zwischen drei und vier Monaten dauert und der Mitarbeiter für diese Zeit unter Fortzahlung der Vergütung freigestellt ist (BAG, Urt. v. 14.01.2009, NZA 2009, 666). Bei einer Fortbildung von über sechs Monaten bei bezahlter Freistellung und Übernahme der Lehrgangskosten erlaubt das BAG eine Bindung von bis zu drei Jahren (BAG, Urt. v. 05.06.2007 – 9 AZR 604/06); bei einer mehr als zweijährigen Dauer eine Bindung von fünf Jahren (BAG, Urt. v. 19.01.2011 – 3 AZR 621/08, NZA 2012, 85; BAG, Urt. v. 15.09.2009 – 3 AZR 173/08, NZA 2010, 342). 92

7. Die Rückzahlungspflicht des Mitarbeiters entfällt dagegen, wenn er zu Recht wegen Gründen kündigt, die ihren Ursprung beim Arbeitgeber haben. Das ist regelmäßig dann der Fall, wenn der Arbeitgeber nicht in der Lage ist, dem Mitarbeiter nach Abschluss der Fortbildung eine ausbildungsadäquate Tätigkeit zuzuweisen, da in diesen Fällen die »Gefahr« droht, dass der Mitarbeiter die erworbene Qualifikation praktisch nicht einsetzen kann (BAG, Urt. v. 18.03.2014 – 9 AZR 545/12). 93

8. Der zuletzt formulierte Rückzahlungstatbestand »... *seitens dem Unternehmen aus einem vom Mitarbeiter zu vertretenden Grund beendet wird*« schließt auch den Fall der einvernehmlichen Aufhebung des Arbeitsvertrages ein. D.h. der Mitarbeiter wäre auch dann zu einer Rückzahlung verpflichtet, wenn mit ihm ein Aufhebungsvertrag auf dessen Veranlassung und in seinem Interesse geschlossen wird (BAG, Urt. v. 05.07.2000 – 5 AZR 883/98, BB 2000, 2208). 94

9. Um eine Unangemessenheit und damit Unwirksamkeit der Rückzahlungsklausel zu vermeiden, muss diese eine anteilige Kürzung der Rückzahlungspflicht vorsehen. Mit dieser Klausel wird zugleich die maximale Bindungsdauer im Fortbildungsvertrag bestimmt. Aufgrund der Rechtsprechung des Bundesarbeitsgerichts hat sich in der Praxis eine monatliche Kürzung der Rückzahlungsverpflichtung der Fortbildungskosten etabliert; je nach zulässiger Bindungsdauer ist im vorliegenden Text damit $1/6$, $1/12$, $1/24$, $1/36$, $1/60$ einzutragen. 95

10. Hier sind Rückzahlungstatbestände bei nicht abgeschlossener Bildungsmaßnahme geregelt. Ob und inwieweit derartige Rückzahlungsverpflichtungen, die immerhin aus dem Verantwor- 96

F. Tätigkeitsbezogene Sonderformen des Arbeitsverhältnisses

tungs- und Risikobereich des Mitarbeiters entstammen, zulässig sind, ist von der Rechtsprechung noch nicht abschließend geklärt (hierzu zuletzt BAG, Urt. v. 19.01.2011 – 3 AZR 621/08, NZA 2012, 85; zur grundsätzlich notwendig vorzunehmenden Unterscheidung des Verantwortungs- und Risikobereichs siehe LAG Rheinland-Pfalz, Urt. v. 31.07.2014 – 3 Sa 203/14). Im Falle des Abbruchs der Fortbildung muss dem Mitarbeiter eine angemessene Überlegungsfrist eingeräumt werden. Jedenfalls kann der »Abbruchstatbestand« nur in solche Fortbildungsverträge aufgenommen werden, bei denen es sich um eine länger andauernde Fortbildungsmaßnahme handelt (vgl. hierzu LAG Köln, Urt. v. 08.09.1994 – 10 Sa 555/94, BB 1995, 411). Nicht ganz unproblematisch ist auch die Frage der Zulässigkeit der Rückzahlungsverpflichtung im Falle des schuldhaften Nichterreichens des Fortbildungsziels. Der Arbeitgeber wird in der Praxis regelmäßig Schwierigkeiten haben, dem Mitarbeiter ein schuldhaftes Verhalten nachzuweisen. Darüber hinaus obliegt es dem Arbeitgeber selbst, sich vor der Investition in seinen Mitarbeiter ein Bild über dessen Kenntnisse, Fertigkeiten und Fähigkeiten zu verschaffen.

97 **11./12.** Wichtig: Die Vereinbarung eines Fortbildungsvertrages mit Rückzahlungsklausel setzt voraus, dass dieser vor Beginn der Fortbildungsmaßnahme abgeschlossen und unterzeichnet wird.

II. Sonstige tätigkeitsbezogene Sonderformen

1. Job-Sharing-Vertrag (Vertrag über Arbeitsplatzteilung)

Vorbemerkung

98 Eine sich ständig verändernde Arbeitswelt erfordert flexible und innovative Arbeitszeitmodelle. Ein Arbeitszeitmodell, die sog. Arbeitsplatzteilung (Job-Sharing), ist in § 13 TzBfG geregelt. Demnach können Arbeitgeber und Arbeitnehmer vereinbaren, dass mehrere Arbeitnehmer sich die Arbeitszeit an einem Arbeitsplatz teilen. Der Arbeitgeber überträgt hier einen wesentlichen Teil seiner Organisationsverantwortung, nämlich die Zeitsouveränität, an seine Mitarbeiter. Diese sind für die Arbeitszeiteinteilung selbst verantwortlich. Bei der am häufigsten vorkommenden Form der Arbeitsplatzteilung (auch »Job-Splitting« genannt) teilen sich zwei Mitarbeiter einen Arbeitsplatz je zur Hälfte. Damit wird sozusagen ein Vollzeitarbeitsplatz in zwei arbeitsvertraglich voneinander unabhängige Teilzeitarbeitsplätze aufgeteilt. Dabei wird jeweils ein eigener Arbeitsvertrag mit dem Arbeitnehmer abgeschlossen. Entgegen der gesetzgeberischen Erwartung wird das Job-Sharing in der betrieblichen Praxis kaum angewendet. Dies mag vor allem daran liegen, dass Arbeitgeber nach wie vor nur ungern ihre Planungs- und Organisationshoheit an ihre Mitarbeiter abgeben. Darüber hinaus erfordert Job-Sharing einen erhöhten Kommunikations- und Zeitaufwand.

▶ **Muster – Job-Sharing-Vertrag (Vertrag über Arbeitsplatzteilung)** [1]

99 [Briefkopf des Unternehmens]

Zwischen

der [Name und Anschrift des Unternehmens]

(im Folgenden: »Unternehmen«)

und

Herrn/Frau [Name und Anschrift des Mitarbeiters]

(im Folgenden: »Mitarbeiter«)

wird folgender Vertrag über Arbeitsplatzteilung (Job-Sharing-Vertrag) geschlossen:

§ 1
Arbeitsplatz, Tätigkeit, Probezeit

(1) Der Mitarbeiter wird ab dem ____[Datum]____ im Job-Sharing-System des Unternehmens tätig sein. [2]

(2) Der Mitarbeiter wird als _[genaue Bezeichnung der Tätigkeit/Position]_ beschäftigt. Dabei wird er in der _[genaue Bezeichnung der Dienststelle und der Abteilung]_ eingesetzt. Das Unternehmen behält sich vor, dem Mitarbeiter unter Beachtung seiner berechtigten Interessen andere zumutbaren Aufgaben zu übertragen, die seiner Vorbildung und seinen Fähigkeiten entsprechen. [3]

(3) Die ersten sechs Monate des Anstellungsverhältnisses gelten als Probezeit. Während der Probezeit kann das Anstellungsverhältnis jeweils mit einer Frist von zwei Wochen von beiden Vertragsparteien gekündigt werden.

§ 2
Arbeitsplatzteilung und Vertretung

(1) Der Mitarbeiter wird während der betriebsüblichen Arbeitszeit den ihm zugewiesenen Arbeitsplatz in Abstimmung mit dem anderen am gleichen Arbeitsplatz beschäftigten Mitarbeiter (Job-Sharing-Partner) ständig besetzen. Eine gleichzeitige Beschäftigung mehrerer Job-Sharing-Partner ist nicht zulässig.

(2) Ist ein Job-Sharing-Partner an der Erbringung der Arbeitsleistung verhindert (z.B. wegen Urlaub, Krankheit oder aus sonstigen Gründen), so wird eine Vertretung durch den Arbeitgeber gestellt. Die Job-Sharing-Partner können die Vertretung im Einzelfall untereinander regeln. Für jeden Vertretungsfall bedarf es einer gesonderten Vereinbarung. [4] Im Falle eines dringenden betrieblichen Erfordernisses kann das Unternehmen von dem Mitarbeiter die Vertretung des ausgefallenen Job-Sharing-Partners verlangen, sofern ihm dies zumutbar ist. [5]

§ 3
Abstimmungspflicht

(1) Die Job-Sharing-Partner haben sich über die Aufteilung der Arbeitszeit im Rahmen der betriebsüblichen Arbeitszeit untereinander abzustimmen. Sie legen jeweils für einen Zeitraum von ____[Anzahl]____ Wochen/Monaten einen sogenannten Arbeitszeitplan fest und legen diesen spätestens am ____[Datum]____ dem Unternehmen vor. Das Unternehmen ist hierbei in begründeten Fällen berechtigt, seine Zustimmungen zu dem Arbeitszeitplan ganz oder teilweise zu verweigern. [6]

(2) Die Arbeitszeit ist so aufzuteilen, dass jeder Job-Sharing-Partner im Laufe eines Zeitraums von ____[Anzahl]____ Wochen/Monaten seinen vertraglich vereinbarten Zeitanteil gemäß § 4 erreicht. Die Übertragung von Arbeitszeitguthaben oder Arbeitszeitschulden bis zu ____[Anzahl]____ Stunden in den nächsten Abrechnungsraum ist zulässig.

(3) Können sich die Job-Sharing-Partner über die Aufteilung der Arbeitszeit nicht einigen, so kann der Arbeitgeber die Aufteilung verbindlich regeln. [7]

(4) Zeiten, in denen ein Job-Sharing-Partner den anderen vertritt, werden auf die vertraglich vereinbarte Arbeitszeit gemäß § 4 nicht angerechnet, sondern gesondert vergütet.

§ 4
Arbeitszeit

(1) Die Arbeitszeit beträgt ____[Anzahl]____ Stunden je Woche.

(2) Der Mitarbeiter verpflichtet sich, Mehrarbeit in gesetzlich zulässigem Umfang zu leisten. Die Mehrarbeit ist grundsätzlich durch Freizeitausgleich abzugelten. Ist eine Gewährung von Freizeit aus betrieblichen oder krankheitsbedingten Gründen nicht möglich, so wird die Mehrarbeit vergütet. Mehrarbeit liegt nur vor, wenn die Arbeitszeit gemäß Abs. 1 und die Vertretungsarbeitszeit gemäß § 3 Abs. 4 die betriebsübliche Wochenarbeitszeit eines Vollzeitbeschäftigten überschreitet und vom Arbeitgeber angeordnet, mit diesem vereinbart oder genehmigt wurde.

§ 5
Urlaub

(1) Der Urlaubsanspruch des Mitarbeiters richtet sich nach den Vorschriften des Bundesurlaubsgesetzes. [8]

[optional:

Der Urlaubsanspruch für Vollzeitbeschäftigte beträgt ____[Anzahl]____ Arbeitstage/Jahr. Der Urlaubsanspruch für die Mitarbeiter beträgt somit anteilig ____[Anzahl]____ Arbeitstage.]

(2) Der Mitarbeiter stimmt seine Urlaubsplanung mit den betrieblichen Belangen und den Wünschen des anderen Job-Sharing-Partners ab. Die Job-Sharing-Partner können den Urlaub nicht für den selben Zeitraum verlangen. Hiervon ausgenommen sind Zeiten, in denen von Seiten des Unternehmens Betriebsferien angeordnet werden.

§ 6
Vergütung

(1) Der Mitarbeiter erhält eine monatliche Bruttovergütung in Höhe von € ____[Betrag]____. Zeiten, die er in Vertretung eines anderen Job-Sharing-Partners nach § 3 Abs. 4 leistet, werden zusätzlich mit € ____[Betrag]____ brutto/Stunde vergütet.

(2) Die Vergütung ist jeweils am letzten Tag eines Monats fällig und wird dem Mitarbeiter unbar auf ein dem Unternehmen bekannt zu gebendes Girokonto überwiesen. Etwaig anfallende Vertretungszeiten sind bis zum ____[Datum]____ des Folgemonats abzurechnen und auszuzahlen.

§ 7
Beendigung des Job-Sharing-Vertrages

(1) Der Job-Sharing-Vertrag kann mit einer Frist von ____[Datum]____ zum ____[Datum]____ gekündigt werden.

(2) Scheidet ein Job-Sharing-Partner aus dem Job-Sharing-System aus, darf den übrigen Job-Sharing-Partnern aus diesem Grunde nicht gekündigt werden. Hiervon unberührt bleibt das Recht des Unternehmens, eine Änderungskündigung auszusprechen. [9]

(3) Das Unternehmen und die verbliebenen Job-Sharing-Partner werden sich bemühen, eine Ersatzkraft für den ausgeschiedenen Job-Sharing-Partner zu finden. Hierbei sollen die verbliebenen Job-Sharing-Partner Vorschläge für eine Ersatzkraft machen, die vom Unternehmen nur aus berechtigten Gründen abgelehnt werden können.

§ 8
Geltung von tarifvertraglichen Regelungen

Die für teilzeitbeschäftigte Arbeitnehmer geltenden Bestimmungen des Tarifvertrages ____[Datum]____ vom ____[Datum]____ sowie diesen ergänzenden und ändernden Tarifverträge gelten in der jeweils aktuellen Fassung vorrangig auch, soweit sie zu Ungunsten des Mitarbeiters von den Regelungen dieses Vertrages abweichen sollten. [10]

§ 9
Geheimhaltung/Verschwiegenheitspflicht, Umgang mit Arbeitsmitteln, Rückgabe von Arbeitsmitteln [11]

§ 10
Nebentätigkeit, Wettbewerbsverbot [12]

§ 11
Gehaltspfändung/-verpfändung/-abtretung [13]

§ 12
Ausschlussfrist für die Geltendmachung von Ansprüchen [14]

§ 13
Schriftformerfordernis, Ausschluss betrieblicher Übung [15]

§ 14
Stillschweigende Annahme von Vertragsänderungen [16]

§ 15
Schlussbestimmungen, Salvatorische Klausel, Öffnung für Betriebsvereinbarungen [17]

[Ort, Datum, Stempel]
_____
(Unterschrift gesetzlicher Vertreter des Unternehmens)

[Ort, Datum]
_____
(Unterschrift des Mitarbeiters)

Erläuterungen

Schrifttum
Dornbusch/Fischermeier/Löwisch (AR) Fachanwaltskommentar Arbeitsrecht, 7. Aufl. 2015, § 13 TzBfG (Bearbeiter: *Schüren*); *Dörner/Luczak/Wildschütz/Baeck/Hoß* (DLW) Handbuch des Fachanwalts Arbeitsrecht, 13. Aufl. 2016, Kapitel 3 Rn. 4313–4323 (Bearbeiter: *Dörner*); *Günther/Böglmüller* Arbeitsrecht 4.0 – Arbeitsrechtliche Herausforderungen in der vierten industriellen Revolution, NZA 2015, 1025; *Reichold* Zeitsouveränität im Arbeitsverhältnis: Strukturen und Konsequenzen, NZA 1998, 393.

1. Das Muster geht vom gesetzlichen Leitbild des § 13 Abs. 1 Satz 1 TzBfG aus. Vorliegend teilen sich zwei Mitarbeiter einen Arbeitsplatz zu je gleichen Teilen. Selbstverständlich kann die Arbeitsplatzteilung auch nach weiteren und unterschiedlichen Teilungsmodellen gestaltet werden. So ist beispielsweise statt der täglichen Aufteilung auch eine wöchentliche oder sogar monatliche Aufteilung der Arbeitszeit möglich. Des Weiteren können auch mehrere Arbeitsplätze durch mehrere Mitarbeiter aufgeteilt werden (Beispiel: Drei Mitarbeiter teilen sich zwei Arbeitsplätze). Vom gesetzlichen Leitbild nicht vorgesehen ist das sogenannte Job-Pairing. Hier wird der Arbeitsvertrag mit allen Mitarbeitern des zu teilenden Arbeitsplatzes abgeschlossen. D.h. die Gruppe ist für die Aufgabenerfüllung gemeinsam verantwortlich.

2. Die jeweilige Zusammensetzung des Arbeitsplatzes bzw. dessen Besetzung obliegt dem Arbeitgeber und wird von diesem vorgenommen. Mit jedem »Job-Sharing-Partner« ist daher eine arbeitsvertragliche Vereinbarung über die Arbeitsplatzteilung vorzunehmen.

3. Zur Versetzungsklausel mit weiteren Formulierungen vgl. B Rdn. 4 § 2 nebst Anmerkung 6 (B Rdn. 14 ff.).

4. Ein Job-Sharing-Partner kann nicht im Voraus dazu verpflichtet werden, seinen verhinderten Kollegen zu vertreten, § 13 Abs. 1 Satz 2 TzBfG (LAG München, Urt. v. 15.09.1993 – 5 Sa 976/92, DB 1993, 2599).

5. Vgl. hierzu § 13 Abs. 1 Satz 3 TzBfG.

6. Gerade beim Job-Sharing überlässt der Arbeitgeber die Arbeitszeitverteilung den Job-Sharing-Partnern. Diese wiederum sind verpflichtet, die von ihnen vorgenommene arbeitszeitliche Aufteilung des Arbeitsplatzes im Rahmen eines Arbeitszeitplanes festzulegen und dem Arbeitgeber bekannt zu geben. Da der vorliegende Vertrag den Job-Sharing-Partnern insoweit die Möglichkeit belässt, die Arbeitszeitverteilung selbst vorzunehmen oder zu ändern, sollte dem Arbeitgeber ein »Mitbestimmungsrecht« eingeräumt werden.

F. Tätigkeitsbezogene Sonderformen des Arbeitsverhältnisses

106   7. Das Direktionsrecht der Arbeitszeitverteilung fällt an den Arbeitgeber zurück, wenn sich die Job-Sharing-Partner hierüber nicht einigen können.

107   8. Das Muster geht hier von dem gesetzlichen Urlaubsanspruch des Bundesurlaubsgesetzes aus. Die Alternative stellt die Relation zu den Vollzeitbeschäftigten her. Zu den Urlaubsregelungen im Einzelnen, vgl. die B Rdn. 283.

108   9. Vgl. hierzu § 13 Abs. 2 TzBfG.

109   10. Vgl. hierzu § 13 Abs. 4 TzBfG.

110   11. Vgl. B Rdn. 4 § 9 nebst Anmerkung 18–21 (B Rdn. 4, 32–34).

111   12. Vgl. B Rdn. 4 § 10 nebst Anmerkung 22 (B Rdn. 4, 37).

112   13. Vgl. B Rdn. 4 § 12 nebst Anmerkung 27 (B Rdn. 4, 44 f.).

113   14. Vgl. B Rdn. 4 § 16 nebst Anmerkung 31 (B Rdn. 4, 50 ff.).

114   15. Vgl. B Rdn. 4 § 17 nebst Anmerkung 32, 33 (B Rdn. 4, 55–57).

115   16. Vgl. B Rdn. 4 § 18 nebst Anmerkung 34 (B Rdn. 4, 58).

116   17. Vgl. B Rdn. 4 § 19 nebst Anmerkung 35, 36 (B Rdn. 59 f.).

2. Gruppenarbeitsvertrag

Vorbemerkung

117   Gruppenarbeit liegt vor, wenn im Rahmen des betrieblichen Arbeitsablaufs eine Gruppe von Arbeitnehmern eine ihr übertragene Gesamtaufgabe (im Wesentlichen) eigenverantwortlich erledigt (vgl. hierzu auch § 87 Abs. 1 Nr. 13 BetrVG). Mindestens drei Mitarbeiter versprechen hier ihre Arbeit als Gruppenleistung zu erbringen. Durch die Zusammenarbeit und das Zusammenwirken in der Gruppe soll insbesondere die Produktivität gesteigert und das bei dem jeweiligen Mitarbeiter vorhandene Wissen besser ausgeschöpft werden. Bei der rechtlichen Einordnung wird zwischen der sog. Betriebsgruppe und der sog. Eigengruppe unterschieden. Erstere kommt in der Praxis am häufigsten vor; hier wird die Gruppe vom Arbeitgeber gebildet. Arbeitsvertraglich schließt der Arbeitgeber mit jedem einzelnen Gruppenmitglied eine gesonderte Vereinbarung.

▶ **Muster – Gruppenarbeitsvertrag** [1]

118   [Briefkopf des Unternehmens]

Zwischen

der [Name und Anschrift des Unternehmens]

(im Folgenden: »Unternehmen«)

und

Herrn/Frau [Name und Anschrift des Mitarbeiters]

(im Folgenden: »Mitarbeiter«)

wird folgender Arbeitsvertrag im Rahmen eines Gruppenarbeitsvertrages vereinbart:

§ 1
Tätigkeit, Gruppenarbeit

(1) Der Mitarbeiter wird als [genaue Bezeichnung der Tätigkeit/Position] beschäftigt. Dabei wird er in der [genaue Bezeichnung der Dienststelle und der Abteilung] eingesetzt. Das Unternehmen behält sich vor, dem Mitarbeiter unter Beachtung seiner berechtigten Interessen andere zumutbare

Aufgaben zu übertragen, die der Vorbildung und den Fähigkeiten des Mitarbeiters entsprechen. [2]

(2) Der Mitarbeiter verpflichtet sich im Rahmen dieses Arbeitsvertrages, seine Arbeitsleistung auch in Gruppenarbeit und insbesondere innerhalb einer Betriebsgruppe zu erbringen. [3]

(3) Der Mitarbeiter verpflichtet sich, innerhalb der Betriebsgruppe seine Arbeitsleistung im Rahmen einer Gruppenrotation zu erbringen. Die von der Gruppe hierbei zu erledigenden Aufgaben werden durch die Gruppe selbst oder durch den Gruppensprecher im Einzelnen bestimmt. Der Mitarbeiter wird die ihm hierbei zugewiesenen Aufgaben übernehmen. Dabei ist er auch verpflichtet, höherwertige oder geringerwertige Aufgaben auszuführen. Er ist darüber hinaus verpflichtet, an den regelmäßig stattfindenden Sitzungen der Gruppe teilzunehmen. [4]

(4) Die vom Mitarbeiter im Rahmen der Gruppenrotation zu erbringende Teilaufgabe hat dieser sorgfältig und gewissenhaft zu erfüllen. Er hat darüber hinaus darauf zu achten, dass die Gruppenarbeit insgesamt ordnungsgemäß erbracht und hierbei erkannte fehler- bzw. mangelhafte Arbeitsprozesse gemeldet bzw. beseitigt werden.

§ 2
Beginn des Arbeitsverhältnisses, Probezeit

Das Arbeitsverhältnis beginnt am _[Eintrittsdatum]_. Die ersten sechs Monate des Arbeitsverhältnisses gelten als Probezeit. Innerhalb der Probezeit kann das Arbeitsverhältnis von beiden Parteien mit einer Frist von zwei Wochen gekündigt werden.

§ 3
Arbeitszeit [5]

§ 4
Vergütung [6]

§ 5
Haftung [7]

(1) Der Mitarbeiter haftet bei seiner Tätigkeit innerhalb einer Betriebsgruppe gegenüber dem Unternehmer für die ordnungsgemäße Erfüllung der Verpflichtungen der gesamten Betriebsgruppe. Die Haftung erstreckt sich hierbei insbesondere auf die sach- und fachgerechte Ausführung der gesamten Arbeit.

(2) Der Mitarbeiter haftet für den von der Betriebsgruppe verursachten Schaden anteilsmäßig nach Kopfzahl der Gruppe.

(3) Der Mitarbeiter haftet nicht, sobald er den Nachweis erbringt, dass er weder seine arbeitsvertraglichen Pflichten verletzt, noch den Schaden verursacht hat.

§ 6
Urlaub [8]

§ 7
Arbeitsverhinderung, Mitteilungspflichten [9]

§ 8
Verschwiegenheitspflicht, Umgang mit Arbeitsmitteln, Rückgabe von Arbeitsmitteln [10]

§ 9
Nebentätigkeit, Wettbewerbsverbot [11]

§ 10
Beendigung des Arbeitsverhältnisses, Kündigungsfristen, Freistellung, Anrechnung anderweitigen Verdienstes [12]

§ 11
Gehaltspfändung/-verpfändung/-abtretung [13]

F. Tätigkeitsbezogene Sonderformen des Arbeitsverhältnisses

§ 12
Ausschlussfrist für die Geltendmachung von Ansprüchen [14]

§ 13
Schriftformerfordernis, Ausschluss betrieblicher Übung [15]

§ 14
Stillschweigende Annahme von Vertragsänderungen [16]

§ 15
Schlussbestimmungen, Salvatorische Klausel, Öffnung für Betriebsvereinbarungen [17]

[Ort, Datum, Stempel]

(Unterschrift gesetzlicher Vertreter des Unternehmens)

[Ort, Datum]

(Unterschrift des Mitarbeiters)

Erläuterungen

Schrifttum

Bartels Standortsicherung mit gesunden, leistungsfähigen und motivierten Mitarbeitern, NZA-Beil. 2008, 38; *Rose* Gruppenarbeit in Deutschland, FS Goos 2009, S. 79; *Schiefer* 10 Jahre novelliertes Betriebsverfassungsgesetz – Eine Bestandsaufnahme, NZA 2011, 1396; *Schwab* Rechtsprobleme der Arbeit im Leistungslohn – 1. Teil: Grundlagen, Vergütung und Kündigung, NZA-RR 2009, 1; *ders.* Rechtsprobleme der Arbeit im Leistungslohn – 2. Teil: Haftungsprobleme, Arbeitsausfall und Mitbestimmung, NZA-RR 2009, 57.

119   **1.** Das Muster regelt die arbeitsvertraglichen Beziehungen zwischen dem Arbeitgeber und einem Mitarbeiter, der Mitglied einer Betriebsgruppe ist und geht auf die Besonderheiten des Gruppenarbeitsverhältnisses ein. Da es sich ansonsten um ein vollwertiges Arbeitsverhältnis handelt, wird bei einzelnen Regelungen und Formulierungen regelmäßig auf den Standardarbeitsvertrag eines Arbeitnehmers B Rdn. 4 verwiesen.

120   **2.** Zur Versetzungsklausel im Einzelnen vgl. B Rdn. 4 § 2 nebst Anmerkung 6 (B Rdn. 14 f.).

121   **3.** Die Betriebsgruppe wird vom Arbeitgeber gebildet. Aufgrund seines Direktionsrechts bestimmt er die Gruppengröße und die personelle Zusammensetzung der Gruppe. Die einzelnen Mitglieder der Betriebsgruppe haben hierauf regelmäßig keinen Einfluss. Es kann der Gruppe jedoch vertraglich ein Mitentscheidungs-, Veto- oder Vorschlagsrecht eingeräumt werden.

122   **4.** Der Arbeitgeber überträgt der Gruppe Aufgaben, die diese eigenverantwortlich erfüllen sollen. Die Gruppe organisiert sich hierbei innerhalb der betrieblichen Rahmenbedingungen regelmäßig selbst. Die Arbeitsausführung und das Arbeitsergebnis werden selbstständig koordiniert und kontrolliert. Hierbei sind von der Gruppe regelmäßig folgende Arbeitsaufgaben zu erledigen: Arbeitszeitorganisation, Urlaubsplanung, Fortbildung und Qualifizierung, Verbesserungsmanagement, Arbeitseinsatzplanung, Materialwirtschaft etc.

123   **5.** Vgl. B Rdn. 4 § 5 nebst Anmerkung 11–13 (B Rdn. 22–27).

124   **6.** Im Hinblick auf die Vergütung kann auf die Formulierung in B Rdn. 4 § 6 nebst Anmerkung 14 (B Rdn. 28) verwiesen werden. Bei Gruppenarbeitsverhältnissen wird jedoch häufig ein an den Ergebnissen orientierter Lohn vereinbart.

125   **7.** Grundsätzlich gilt auch bei der Gruppenarbeit, dass der einzelne Mitarbeiter nur dann in Haftung genommen werden kann, wenn er selbst seine Arbeitsleistung schlecht erbracht bzw. seine vertraglichen Pflichten schuldhaft verletzt hat. Gerade dieser Nachweis ist vom Arbeitgeber bei

der Gruppenarbeit nur sehr schwer zu führen, da der »haftungsrelevante Beitrag« innerhalb der Gruppe nur sehr eingeschränkt einem einzelnen Mitglied der Gruppe zugeordnet werden kann. An dieser Stelle kommt das BAG dem Arbeitgeber durch eine Verschiebung der Darlegungs- und Beweislast zur Hilfe (BAG, Urt. v. 24.04.1974 – 5 AZR 480/73, DB 1974, 1820). Demnach muss der Arbeitgeber zunächst »nur« beweisen, dass der bei ihm eingetretene Schaden durch die Betriebsgruppe verursacht worden ist. Gelingt ihm dies, so müssen sich die einzelnen Gruppenmitglieder dadurch entlasten, indem sie darlegen und beweisen, dass sie selbst einwandfreie Arbeit geleistet und auch nicht durch Verletzung vertraglicher Nebenpflichten den Schaden mitverursacht haben.

8. Vgl. B Rdn. 4 § 7 nebst Anmerkung 15 (B Rdn. 29). 126

9. Vgl. B Rdn. 4 § 8 nebst Anmerkung 16/17 (B Rdn. 30 f.). 127

10. Vgl. B Rdn. 4 § 9 nebst Anmerkung 18–21 (B Rdn. 32–34). 128

11. Vgl. B Rdn. 4 § 10 nebst Anmerkung 22 (B Rdn. 37). 129

12. Vgl. B Rdn. 4 § 11 nebst Anmerkung 23–26 (B Rdn. 38–41). 130

13. Vgl. B Rdn. 4 § 12 nebst Anmerkung 27 (B Rdn. 44 f.). 131

14. Vgl. B Rdn. 4 § 16 nebst Anmerkung 31 (B Rdn. 50 ff.). 132

15. Vgl. B Rdn. 4 § 17 nebst Anmerkung 32, 33 (B Rdn. 55–57). 133

16. Vgl. B Rdn. 4 § 18 nebst Anmerkung 34 (B Rdn. 58). 134

17. Vgl. B Rdn. 4 § 19 nebst Anmerkung 35, 36 (B Rdn. 59 f.). 135

3. Arbeitsvertrag mit einem Heimarbeiter

Vorbemerkung

Die Heimarbeit ist im Heimarbeitsgesetz (HAG) geregelt. Das Gesetz versteht hierunter gemäß § 2 Abs. 1 HAG eine Person, die in selbst gewählter Arbeitsstätte allein (oder mit seinen Familienangehörigen) im Auftrag von Gewerbetreibenden oder Zwischenmeistern erwerbsmäßig arbeitet, jedoch die Verwertung der Arbeitsergebnisse dem unmittelbar oder mittelbar auftraggebenden Gewerbetreibenden überlässt. Die Tätigkeit des Heimarbeiters bildet sozusagen eine Schnittstelle zwischen selbstständiger Tätigkeit und einem abhängigen Anstellungsverhältnis. Da der Heimarbeiter sowohl die Arbeitsstätte als auch die Arbeitszeit selbst bestimmen kann, unterliegt er in wesentlichen Punkten nicht dem Direktionsrecht seines Auftraggebers und ist auch nicht in dessen Betrieb eingegliedert. Wegen der gleichzeitig bestehenden wirtschaftlichen Abhängigkeit zum Auftraggeber sieht das Heimarbeitsgesetz zahlreiche Schutzbestimmungen vor. So regeln die §§ 6–9 HAG aus Gründen der Transparenz und Lohnklarheit besondere Dokumentations-, Nachweis- und Mitteilungspflichten des Auftraggebers. Es folgen Regelungen zum Arbeitszeitschutz (§§ 10–11 HAG) und zum Gefahrenschutz (§§ 12–16a HAG). Eine zentrale Rolle nimmt bei der Heimarbeit der Entgeltschutz ein (§§ 17–28 HAG). Hier erlassen sog. Heimarbeitsausschüsse regelmäßig bindende Festsetzungen von Entgelten und Vertragsbedingungen in den jeweiligen Branchen. Diese Regelungen sind zwingend zu beachten, da sie die Wirkung eines allgemeinverbindlichen Tarifvertrages haben (vgl. hierzu § 19 Abs. 3 HAG). Die Einhaltung dieser dort festgelegten Mindestentgelte wird von staatlichen Stellen (in Baden-Württemberg von den jeweiligen Regierungspräsidien) überwacht. Eine Zusammenstellung der bindenden Festsetzungen findet sich auf der Website der Gewerbeaufsicht Baden-Württemberg unter www.gaa.baden-wuerttemberg.de/servlet/is/16506/. Die Anzahl der in Heimarbeit Beschäftigten nimmt immer mehr ab, da diese regelmäßig mit produktiven Tätigkeiten beauftragt werden. Schwerpunkte von Heimar- 136

F. Tätigkeitsbezogene Sonderformen des Arbeitsverhältnisses

beitstätigkeiten liegen vor allem in der Eisen-, Metall- und Elektroindustrie, der Gummi-, Kunststoff- und Lederverarbeitung, der Büroheimarbeit sowie im Textilgewerbe.

▶ **Muster – Arbeitsvertrag mit einem Heimarbeiter** [1]

137 [Briefkopf des Unternehmens]

Zwischen

der [Name und Anschrift des Unternehmens]

(im Folgenden: »Unternehmen«)

und

Herrn/Frau [Name und Anschrift des Heimarbeiters]

(im Folgenden: »Heimarbeiter«)

wird folgender Heimarbeitsvertrag geschlossen:

§ 1
Beginn des Heimarbeitsverhältnisses, maßgebliche Vorschriften, Probezeit

Für das Heimarbeitsverhältnis gelten die gesetzlichen Bestimmungen, soweit der nachfolgende Heimarbeitsvertrag keine anderweitigen Regelungen enthält. Insbesondere gelten das Heimarbeitsgesetz und die für die Herstellung von Produkten einschlägigen bindenden Festsetzungen des Heimarbeitsausschusses für [genaue Bezeichnung des Titels der bindenden Festsetzung, z.B. Heimarbeitsausschuss für die Herstellung von Eisen-, Metall- und Elektroartikeln, Uhren, feinmechanischen und optischen Artikeln in Heimarbeit] vom [genaue Bezeichnung des Erlasses der bindenden Festsetzung] . [2]

Das Heimarbeitsverhältnis beginnt am [Datum] und wird unbefristet vereinbart. Die erste Auftragserteilung erfolgt nach Vorlage der Arbeitspapiere beim Auftraggeber. Die ersten sechs Monate des Heimarbeitsverhältnisses gelten als Probezeit. Innerhalb der Probezeit kann das Heimarbeitsverhältnis von beiden Parteien mit einer Frist von zwei Wochen gekündigt werden. [3]

§ 2
Aufgabenbereich, Tätigkeit des Heimarbeiters

(1) Das Unternehmen überträgt dem Heimarbeiter Tätigkeiten als [genaue Bezeichnung der in Heimarbeit zu erledigenden Aufträge des Heimarbeiters] . Der Heimarbeiter verpflichtet sich, die vereinbarten Arbeiten gemäß den ihm erteilten Aufträgen und Auflagen auszuführen. Das Unternehmen verpflichtet sich hierbei zu regelmäßiger Ausgabe folgender Mindestarbeitsmengen: [genaue Bezeichnung der Auftragsmenge/-stückzahl] . [4]

(2) Der Heimarbeiter stellt sicher, dass er die zur Auftragserledigung notwendigen technischen Einrichtungen, insbesondere [genaue Auflistung der für die Auftragserledigung notwendigen Produktionsmittel] bereithält. Er versichert, dass diese bei Beschädigung oder Ausfall kurzfristig ersetzt oder repariert werden. Die für die Auftragsbearbeitung und -erledigung notwendigen technischen Einrichtungen werden auf Kosten des Heimarbeiters gestellt und sind jederzeit einsatzbereit.

§ 3
Auftragsbearbeitung und -durchführung

(1) Der Heimarbeiter wird das zu verarbeitende Material abholen und die fertig gestellten Artikel abliefern.

(2) Abholung und Anlieferung gemäß Abs. 1 erfolgen jeweils gleichzeitig am [Datumsangabe oder Bezeichnung eines Wochentages] in der Betriebsstätte [Ort] in der Zeit von [Zeit] Uhr bis [Zeit] Uhr.

(3) Der Heimarbeiter versichert insbesondere, die Lieferfristen pünktlich einzuhalten. Wird die in Abs. 2 vereinbarte Anlieferungsfrist schuldhaft um [Zahl] Tage/Wochen versäumt,

kann das Unternehmen den hieraus entstehenden Schaden beim Heimarbeiter geltend machen. Der Schadensersatz ist in seiner Höhe jedoch begrenzt auf das für die verspätet geleisteten Arbeiten vereinbarte Arbeitsentgelt.

(4) Der Heimarbeiter verpflichtet sich, mit den vom Unternehmen unentgeltlich gelieferten Waren, Gegenständen und Materialien sorgsam umzugehen und diese pfleglich zu behandeln. Sämtliche Unterlagen und Gegenstände sind nach Beendigung des Heimarbeitsverhältnisses dem Unternehmen unverzüglich zurückzugeben.

§ 4
Vergütung

(1) Die Vergütung des Heimarbeiters richtet sich nach den bindenden Festsetzungen von Entgelten und Vertragsbedingungen für [genaue Bezeichnung der einschlägigen bindenden Festsetzung, z.B.: bindende Festsetzung von Entgelten und Vertragsbedingungen für die Herstellung von Eisen-, Metall- und Elektroartikeln, Uhren, feinmechanischen und optischen Artikeln in Heimarbeit] in seiner jeweils gültigen Fassung. Er wird hierbei in die Entgeltgruppe [Ziffer] eingruppiert und erhält derzeit ein Mindeststundenentgelt in Höhe von € [Betrag] brutto.

(2) Dem Mindeststundenentgelt liegt eine Stückentgeltberechnung zu Grunde. Die Parteien sind sich darüber einig, dass von dem Heimarbeiter pro Stunde [Anzahl] Stück von [genaue Bezeichnung des zu bearbeitenden bzw. herzustellenden Produkts] unter normalen Umständen gefertigt werden können.

(3) Neben dem Arbeitsentgelt gemäß Abs. 1 erhält der Heimarbeiter weitere folgende Leistungen: [5]

- gemäß § 10 Abs. 1 Satz 2 Nr. 1 EFZG 3,4 % des Arbeitsentgelts vor Abzug der Steuern, des Beitrags zur Bundesagentur für Arbeit und der Sozialversicherungsbeiträge ohne Unkostenzuschlag und ohne die für den Lohnausfall an gesetzlichen Feiertagen, den Urlaub und den Arbeitsausfall infolge Krankheit zu leistenden Zahlungen;

- gemäß § 12 Nr. 1 BUrlG 9,1 % des in der Zeit vom 01.05. bis zum 30.04. des folgenden Jahres oder bis zur Beendigung des Beschäftigungsverhältnisses verdienten Arbeitsentgelts vor Abzug der Steuern und Sozialversicherungsbeiträge ohne Unkostenzuschlag und ohne die für den Lohnausfall an Feiertagen, den Arbeitsausfall infolge Krankheit und den Urlaub zu leistenden Zahlungen;[6]

- einen Heimarbeitszuschlag in Höhe von [Prozentsatz] %;

- ein zusätzliches Urlaubsgeld in Höhe von [Prozentsatz] % des durchschnittlichen Arbeitsentgeltes im Sinne von § 12 Nr. 1 BUrlG;

- eine Jahressonderzahlung in Höhe von [Prozentsatz] % des durchschnittlichen Monatsentgelts des in der Zeit vom [Datum] bis [Datum] verdienten Arbeitsentgelts im Sinne von § 12 Nr. 1 BUrlG;

- vermögenswirksame Leistungen nach Maßgabe der Bestimmungen des Vermögensbildungsgesetzes in seiner jeweils geltenden Fassung;

- [eventuelle Auflistung weiterer Entgelte] .

§ 5
Entgeltbuch [7]

(1) Der Heimarbeiter erhält vom Unternehmen ein sogenanntes Entgeltbuch. In das Entgeltbuch sind bei jeder Ausgabe und Ablieferung der Heimarbeit Art und Umfang des Auftrages, die Entgelte und die Tage der Ausgabe und der Ablieferung einzutragen. Zuschläge und sonstige neben dem Entgelt zu zahlende Leistungen (Urlaubsvergütung, Krankengeldausgleich, Heimarbeitszuschlag, vermögenswirksame Leistungen, Jahressonderzahlungen, etc.) sind im Entgeltbuch gesondert auszuweisen. Die Urlaubsvergütung und das Feiertagsgeld sind im Entgeltbuch sowohl bei der laufenden Entgeltabrechnung als auch auf den dafür vorgesehenen Blättern einzutragen.

(2) Weitere Einzelheiten ergeben sich aus dem in der Anlage zu diesem Heimarbeitsvertrag beigefügten Mustern (Entgeltbuch, Abrechnungsblatt, Auflistung des Urlaubsentgelts und Feiertagsgeldes). [8]

§ 6
Beendigung des Heimarbeitsverhältnisses

Beide Parteien können das Heimarbeitsverhältnis durch Kündigung beenden. Es gelten insoweit die Bestimmungen des § 29 HAG. [9]

§ 7
Schlussbestimmungen

(1) Das Unternehmen weist darauf hin, dass die Entgelte und sonstigen Vertragsbedingungen der Heimarbeit durch sogenannte Entgeltprüfer überwacht werden. Diese können sowohl die Betriebsstätte des Unternehmens als auch die Arbeitsstätte des Heimarbeiters kontrollieren und hierbei die jeweiligen Betriebsräume betreten.

(2) Nebenabreden wurden nicht getroffen. Änderungen und Ergänzungen des Heimarbeitsvertrages sowie sämtliche Nebenabreden bedürfen zu ihrer Wirksamkeit der Schriftform. Die elektronische Form ist ausgeschlossen. Dies gilt auch für die Aufhebung, Änderung oder die Ergänzung dieses Schriftformerfordernisses. [10]

[Ort, Datum, Stempel]
_____
(Unterschrift gesetzlicher Vertreter des Unternehmens)

[Ort, Datum]
_____
(Unterschrift des Heimarbeiters)

Erläuterungen

Schrifttum
Otten Heimarbeit – ein Dauerrechtsverhältnis eigener Art, NZA 1995, 289.

138   1. Das Muster regelt die rechtlichen Beziehungen mit einem Heimarbeiter gemäß § 2 Abs. 1 HAG. Hiervon zu unterscheiden ist der sogenannte Hausgewerbetreibende gemäß § 2 Abs. 2 HAG. Die Unterscheidung hat im Wesentlichen sozialversicherungsrechtliche Bedeutung. Während Heimarbeiter als Beschäftigte gelten, sind Hausgewerbetreibende grundsätzlich als selbständig Tätige einzuordnen. Zu den Einzelheiten vgl. Küttner/*Röller* Personalbuch 2013, 20. Aufl., Heimarbeit Rn. 62 ff.

139   2. Wie bereits in der Einführung erläutert, haben die Bestimmungen zum Entgeltschutz in der Heimarbeit eine erhebliche Bedeutung. Es ist daher empfehlenswert, bereits im Eingangstext des Vertrages auf die einschlägig bindende Festsetzung zu verweisen. Eine Besonderheit besteht weiterhin darin, dass sich der sachliche Geltungsbereich von bindenden Festsetzungen nicht nach der jeweiligen Branche bzw. dem Gewerbezweig des Auftraggebers richtet, sondern sich vielmehr nach dem Produkt bestimmt, das in Heimarbeit hergestellt wird. Eine ausführliche Broschüre über die Vergabe von Heimarbeit hat das Sozialministerium Baden-Württemberg (Stand November 2001) herausgegeben. Dieses ist abrufbar unter www.gewerbeaufsicht.baden-wuerttemberg.de/servlet/is/18659/Broschuere_Heimarbeit__Stand_11-2001.pdf.

140   3. Vgl. hierzu § 29 Abs. 3 Satz 2 HAG.

141   4. Vgl. hierzu § 11 Abs. 1 HAG.

5. Die bindenden Festsetzungen von Entgelten und Vertragsbedingungen der Heimarbeitsausschüsse sehen regelmäßig Zuschlags- und zusätzliche Vergütungszahlungen des Arbeitgebers vor (z.B. Heimarbeitszuschlag, Regelung zu Transportkosten, Urlaubsentgelt, zusätzliches Urlaubsgeld, Jahressonderzahlungen, vermögenswirksame Leistungen etc.). 142

Darüber hinaus sind die besonderen Bestimmungen zur Heimarbeit im BUrlG und EFZG zu beachten (vgl. hierzu § 12 BUrlG, § 10 EFZG). 143

6. Die Entgeltbestimmungen zum Urlaub und zur Entgeltfortzahlung im Krankheitsfall kommen in der Praxis nur selten zur Anwendung, da die bindenden Festsetzungen der Heimarbeitsausschüsse üblicherweise hierzu Regelungen treffen. Bei den Entgeltzahlungen zur wirtschaftlichen Sicherung für den Krankheitsfall des Heimarbeiters ist zu beachten, dass es diesem überlassen bleibt, wie er den Zuschlag verwendet. Er ist selbst für seine Absicherung im Krankheitsfall verantwortlich. 144

7. Vgl. hierzu § 9 HAG. 145

8. Die Aushändigung und Führung der Entgeltbücher ist gesetzlich zwingend vorgeschrieben. Bezugsnachweise zu den Entgeltbüchern und Entgeltmappen sind bei den Entgeltüberwachungsstellen erhältlich. 146

9. Heimarbeiter unterfallen nicht dem persönlichen Geltungsbereich des Kündigungsschutzgesetzes. Für die Kündigungsfristen gelten die Bestimmungen des § 29 Abs. 3, 4 HAG. Sie entsprechen den Regelungen des § 622 BGB. Für gekündigte Heimarbeiter hält § 29 Abs. 7 HAG einen besonderen Entgeltschutz bereit. Diese Vorschrift soll den Heimarbeiter vor einer »Aushungerung« durch den Auftraggeber bewahren und sichert ihm die bisherige durchschnittliche Auftragsmenge und die bisherige durchschnittliche Vergütung (nach bestimmten Quoten) bis zur Beendigung des Heimarbeitsverhältnisses zu. 147

10. Zu weiteren Schlussbestimmungen (wie z.B. Ausschluss betrieblicher Übung, stillschweigende Annahme von Vertragsänderungen, salvatorische Klausel, Öffnung für Betriebsvereinbarungen) siehe B Rdn. 4, 55 ff. 148

4. Außendienstmitarbeitervertrag

Vorbemerkung

Bei einem Außendienstmitarbeiter handelt es sich im Gegensatz zum Handelsvertreter um einen Arbeitnehmer. Zu seinen wesentlichen Aufgaben gehört der Vertrieb der Produkte oder Dienstleistungen des Arbeitgebers; er wird deshalb regelmäßig an seinem eigenen Verkaufserfolg beteiligt, indem ihm eine bestimmte Provision gezahlt wird. 149

▶ **Muster – Außendienstmitarbeitervertrag** [1]

[Briefkopf des Unternehmens] 150

Zwischen

der [Name und Anschrift des Unternehmens]

(im Folgenden: »Unternehmen«)

und

Herrn/Frau [Name und Anschrift des Mitarbeiters]

(im Folgenden: »Mitarbeiter«)

wird folgender Außendienstmitarbeitervertrag geschlossen:

F. Tätigkeitsbezogene Sonderformen des Arbeitsverhältnisses

§ 1
Art der Tätigkeit, Aufgabengebiet

(1) Der Mitarbeiter wird im Außendienst des Unternehmens eingestellt. Zu seinen Aufgaben gehört insbesondere der Verkauf sämtlicher Produkte des Unternehmens im Gebiet ___[genaue Bezeichnung des Verkaufsgebietes]___ . ² Der dem Mitarbeiter zugewiesene regionale Tätigkeitsbereich sowie die von ihm zu verkaufenden Produkte können durch das Unternehmen entsprechend den geschäftlichen Erfordernissen unter Berücksichtigung der berechtigten Interessen des Mitarbeiters neu eingeteilt weren. ³

(2) Das Unternehmen behält sich vor, dem Mitarbeiter auch andere seiner Vorbildung, seiner Kenntnisse und seiner Fähigkeiten entsprechende Aufgaben zu übertragen und/oder ihn an einem anderen Arbeitsplatz oder Tätigkeits-/Einsatzort einzusetzen bzw. zu versetzen, soweit dies unter Berücksichtigung seiner Interessen zumutbar ist. Der Mitarbeiter erklärt sich insbesondere bereit, je nach den betrieblichen Erfordernissen vorübergehend oder gegebenenfalls auch dauernd im kaufmännischen Innendienst in der Zentrale in ___[Sitz des Unternehmens]___ eingesetzt bzw. zu innerbetrieblichen organisatorischen Aufgaben herangezogen zu werden. ⁴

§ 2
Beginn des Anstellungsverhältnisses, Probezeit

(1) Der Mitarbeiter wird seine Tätigkeit in dem Unternehmen am ___[Datum]___ beginnen.

(2) Die ersten sechs Monate des Anstellungsverhältnisses gelten als Probezeit. Während der Probezeit kann das Anstellungsverhältnis jeweils mit einer Frist von zwei Wochen von beiden Vertragsparteien gekündigt werden.

§ 3
Pflichten und Aufgaben des Mitarbeiters

(1) Der Mitarbeiter verpflichtet sich, die ihm übertragenen Aufgaben sorgfältig und gewissenhaft zu erfüllen und die ihm von der Geschäftsleitung erteilten Weisungen zu beachten. Er wird insbesondere seinen Verkaufsbezirk intensiv bearbeiten, die vorhandenen und potentiellen Kunden bzw. Interessenten regelmäßig besuchen und neue Kunden werden. Eine Liste der vorhandenen Kunden des Unternehmens ist diesem Vertrag als Anlage 1 (Kundenkartei-/liste) beigefügt.

(2) Der Mitarbeiter ist an die Preise und Kalkulationsgrundlagen der Firma gebunden. Die Gewährung von Preisnachlässen (wie z.B. Skonti, Mengen- und/oder Treuerabatte) oder sonstige Sonderkonditionen bedarf der ausdrücklichen vorherigen schriftlichen Zustimmung der Geschäftsleitung des Unternehmens. Alle Kundenaufträge bedürfen zu ihrer Wirksamkeit der schriftlichen Bestätigung durch die Geschäftsleitung des Unternehmens.

(3) Der Mitarbeiter wird das Unternehmen über besondere Entwicklungen und Verhältnisse der einzelnen Kunden und Interessenten laufend unterrichten. Außerdem ist über die allgemeinen Marktverhältnisse und die Tätigkeit von Wettbewerbsfirmen zu berichten. Hier ist das Formblatt des Unternehmens »Entwicklung: Kunden, Markt und Wettbewerb« (Anlage 2) zu verwenden.

(4) Der Mitarbeiter ist verpflichtet, das Unternehmen über seine Tätigkeit – mindestens alle zwei Wochen – schriftlich zu unterrichten sowie über jeder Verkaufs-/Geschäftsvermittlung unverzüglich in Kenntnis zu setzen. Auf Geschäftsanbahnungen, Verkäufe und Vermittlungen, die neue Kunden betreffen, ist besonders hinzuweisen. Der Mitarbeiter hat auch anzugeben, aus welchen Gründen und bei welchen Kunden bzw. Interessenten Verkaufs-/Vermittlungsbemühungen erfolglos geblieben sind. Hier ist das Formblatt des Unternehmens »Tätigkeitsbericht« (Anlage 3) zu verwenden.

(5) Der Mitarbeiter ist verpflichtet, die als Anlage 1 beigefügten Kundenkartei/-liste zu führen *und diese stets auf dem aktuellen Stand zu halten.* Sie ist jeweils unaufgefordert spätestens zum 31.12. eines jeden Jahres oder aber auf Anforderung der Geschäftsleistung des Unternehmens zu jeder Zeit vollständig vorzulegen. Die Kundenkartei hat neben den üblichen, zur

Pflege der Kundenbeziehung notwendigen Angaben, den jeweiligen Besuchsrhythmus beim Kunden sowie eventuelle Besonderheiten zu enthalten.

(6) Der Mitarbeiter hat sich im Rahmen seiner Möglichkeiten der Bonität der Kunden zu vergewissern und ihre Kreditwürdigkeit laufend zu überwachen und Hinweise über etwaige Zahlungsschwierigkeiten eines Kunden und sonstige für die Kreditwürdigkeit und die Geschäftsbeziehungen wesentliche, ihm bekannt gewordene Umstände an das Unternehmen unverzüglich mitzuteilen.

(7) Der Mitarbeiter wird dem Unternehmen unterrichten, falls ihm ein Bedarf nach Produkten/Erzeugnissen des Unternehmens außerhalb des bestehenden Kundenkreises oder seines Warenangebotes bekannt wird.

(8) Auf Wunsch des Unternehmens wird der Mitarbeiter auf Messen, Verkaufstagungen und Ausstellungen präsent sein.

§ 4
Unterlagen, Informationspflicht der Firma

(1) Das Unternehmen wird seinerseits dem Mitarbeiter die zur Ausübung seiner Tätigkeit erforderlichen Informationen und Unterlagen stets rechtzeitig zur Verfügung stellen. Sämtliche dem Mitarbeiter übergebenen Unterlagen, wie z.B. Muster, Kataloge, Preislisten, Zeichnungen und Karten, verbleiben im Eigentum des Unternehmens; sie sind während der Dauer des Anstellungsvertrages auf Anforderung des Unternehmens und nach Beendigung des Anstellungsvertrages unaufgefordert an das Unternehmen zurückzugeben. Der Mitarbeiter verzichtet darauf, Zurückbehaltungs- oder Aufrechnungsrechte geltend zu machen.

(2) Das Unternehmen verpflichtet sich, den Mitarbeiter zu informieren, wenn es Kaufverträge über bestimmte Gegenstände in absehbarer Zeit nicht oder nur in vermindertem Umfang abzuschließen gedenkt. Im Übrigen wird es die Ablehnung oder Annahme eines Vertrages dem Mitarbeiter unverzüglich mitteilen.

§ 5
Arbeitszeit [5]

§ 6
Vergütung

(1) Der Mitarbeiter erhält für seine Tätigkeit eine Vergütung, bestehend aus

    a) einem monatlichen Grundgehalt in Höhe von ____[Betrag]____ € brutto und

    b) einer Provision. [6]

(2) Der Mitarbeiter hat Anspruch auf Provision für alle während des Anstellungsverhältnisses abgeschlossenen Geschäfte, die auf seine Tätigkeit zurückzuführen sind oder mit Dritten abgeschlossen werden, die er als Kunden für Geschäfte der gleichen Art geworben hat. Ein Anspruch auf Provision besteht für ihn nicht, wenn und soweit die Provision nach Abs. 3 dem ausgeschiedenen Mitarbeiter zusteht.

(3) Für ein Geschäft, das erst nach Beendigung des Anstellungsverhältnisses abgeschlossen ist, hat der Mitarbeiter einen Anspruch auf Provision nur, wenn

    1. er das Geschäft vermittelt hat oder es eingeleitet und so vorbereitet hat, dass der Abschluss überwiegend auf seine Tätigkeit zurückzuführen ist, und das Geschäft innerhalb einer angemessenen Frist nach Beendigung des Anstellungsverhältnisses abgeschlossen worden ist oder

    2. vor Beendigung des Vertragsverhältnisses das Angebot des Dritten zum Abschluss eines Geschäfts, für das der Mitarbeiter nach Abs. 2 Satz 1 Anspruch auf Provision hat, dem Mitarbeiter oder dem Unternehmen zugegangen ist.

Der Anspruch auf Provision nach Satz 1 steht dem nachfolgenden Mitarbeiter anteilig zu, wenn wegen besonderer Umstände eine Teilung der Provision der Billigkeit entspricht.

F. Tätigkeitsbezogene Sonderformen des Arbeitsverhältnisses

(4) Ein Provisionsanspruch besteht nicht:

    a) wenn die Ausführung des bestätigten Auftrages unmöglich geworden ist, ohne dass das Unternehmen die Unmöglichkeit zu vertreten hat, oder wenn dem Unternehmen die Ausführung unzumutbar ist.

    b) wenn feststeht, dass der Kunde ganz oder teilweise nicht zahlt;

    c) wenn der Kunde zahlungsunfähig wird.

Der Nachweis, dass der Dritte nicht leistet, gilt als geführt, wenn eine Auskunftei dem Unternehmen bestätigt, dass nach ihren Unterlagen eine Zwangsvollstreckung voraussichtlich nicht zum Ziele führen wird, oder wenn das Unternehmen dies auf andere Weise glaubhaft macht. Das Unternehmen ist zur gerichtlichen Geltendmachung oder Vollstreckung einer Forderung gegenüber dem Kunden nur verpflichtet, wenn diese aussichtsreich ist.

Bei Nichteingang von Zahlungen aus den oben genannten Gründen wird das Provisionskonto des Mitarbeiters entsprechend rückbelastet.

(5) Das Unternehmen hat die Provision, auf die der Mitarbeiter Anspruch hat, monatlich jeweils bis zum letzten Arbeitstag des der Auslieferung folgenden Monats abzurechnen.

(6) Die sich aus der Ziff. 1 aus monatlichem Grundgehalt und Provision jeweils zum Monatsende ergebende Vergütung wird nach Abzug von Steuern und Sozialversicherungsbeiträgen spätestens am 5. Werktag des unmittelbar folgenden Monats bargeldlos auf das Konto [Kontonummer] bei dem inländischen Kreditinstitut [BLZ] ausbezahlt.

(7) Mit der Vergütung gemäß der vorstehenden Ziff. 1 ist die gesamte vertragsgemäße Tätigkeit des Mitarbeiters, einschließlich etwaiger Mehrarbeit, Reisezeiten etc. abgegolten. [7]

(8) Der Mitarbeiter verpflichtet sich, Vergütungsüberzahlungen ohne Rücksicht auf eine noch vorhandene Bereicherung zurückzuzahlen.

§ 7
Berechnung und Höhe des Provisionsanspruchs

(1) Die Provision errechnet sich aus dem in Rechnung gestellten Netto-Verkaufspreis bzw. dem Netto-Auftragswert (Wert ohne Mehrwertsteuer).

(2) Die Provision beträgt [Prozentsatz] %. [8]

(3) Die Provisionssätze können, wenn es die wirtschaftlichen Verhältnisse erforderlich machen, durch das Unternehmen widerrufen und neu festgelegt werden.

Die Ausübung des Widerrufs kann bei Vorliegen eines sachlichen Grundes erfolgen. Als solche gelten insbesondere:

– dringende betriebliche Erfordernisse/wirtschaftliche Gründe (z.B. wirtschaftliche Notlage des Unternehmens, negatives wirtschaftliches Ergebnis des Unternehmens, nicht ausreichender Gewinn des Unternehmens, Rückgang bzw. Nichterreichen der erwarteten wirtschaftlichen Entwicklung etc.):

    – [Auftragsrückgang um mehr als ... %]

      [alternativ]

    – [Umsatzrückgang um mehr als ... %]

      [alternativ]

    – ...

– Gründe im Verhalten des Arbeitnehmers (z.B. Pflichtverletzung des Arbeitnehmers, häufiges Zu-Spät-Kommen bzw. Nicht-Erscheinen, Beleidigungen bzw. Belästigungen gegenüber Kunden, Kollegen oder Vorgesetzten, Schlecht- bzw. Minderleistung des Arbeitnehmers, strafbare Handlungen etc.);

- Gründe in der Person des Arbeitnehmers (z.B. Alkohol-/Drogensucht, Eignungsmängel wegen mangelnder fachlicher Kenntnisse oder fehlender beruflicher Qualifikation, dauerhafte Leistungsunfähigkeit oder -minderung, etc.)

Das Unternehmen hat bei der Ausübung des Widerrufsrechts eine Frist von mindestens einem Monat zu wahren. Das Unternehmen stellt außerdem sicher, dass die verbleibende Gesamtvergütung des Mitarbeiters auch nach der Ausübung des Widerrufs um nicht mehr als 25 % reduziert wird. [9]

§ 8
Nebenkosten

(1) Die Kosten der notwendigen Hotelübernachtungen werden gegen Nachweis der Auslagen bis zu einer Höhe von ____[Betrag]____ € erstattet. Hotelrechnungen müssen auf den Namen des Unternehmens mit dem Zusatz »betrifft Herrn/Frau [Name des Mitarbeiters] « ausgestellt sein; der Aussteller muss darauf angeben, ob darin das Frühstück enthalten ist. In diesem Falle erfolgt eine Kürzung des Tagessatzes in Höhe der jeweils geltenden steuerlichen Pauschalsätze.

(2) Soweit eine Abrechnung gegen Beleg erfolgt, ist darauf zu achten, dass der Beleg auf die Firma ausgestellt ist und einen ordnungsgemäßen Mehrwertsteuer-Ausweis enthält. Schäden, die aus der Nichtbeachtung dieser Anweisung dem Unternehmen entstehen, können dem Mitarbeiter belastet werden.

(3) Der Mitarbeiter hat alle Aufwendungen und Auslagen wöchentlich auf dem Tätigkeitsbericht (siehe § 3 Abs. 4) abzurechnen. Die Abrechnung durch das Unternehmen erfolgt spätestens zum Schluss des darauf folgenden Monats.

§ 9
Firmenwagen

Das Unternehmen stellt dem Mitarbeiter für seine Tätigkeit im Rahmen dieses Vertrages einen Pkw gemäß beigefügtem Dienstwagenüberlassungsvertrag (Anlage 4) zur Verfügung. [10]

§ 10
Vorschüsse und Firmendarlehen

Soweit das Unternehmen dem Mitarbeiter Vorschüsse und Darlehen gewährt, werden die Restbeträge daraus bei Beendigung des Arbeitsverhältnisses ohne Rücksicht auf die bei Hingabe getroffenen Vereinbarungen fällig, es sei denn, das Unternehmen hat das Arbeitsverhältnis aus betriebsbedingten Gründen gekündigt oder der Mitarbeiter hat aus einem von dem Unternehmen zu vertretenden Grund außerordentlich gekündigt und hierauf hingewiesen.

§ 11
Urlaub [11]

§ 12
Arbeitsverhinderung [12]

§ 13
Geheimhaltung/Verschwiegenheitspflicht, Umgang mit Arbeitsmitteln,
Rückgabe von Arbeitsmitteln [13]

§ 14
Nebentätigkeit, Wettbewerbsverbot [14]

§ 15
Beendigung des Arbeitsverhältnisses, Kündigungsfrist, Freistellung, Anrechnung
anderweitigen Verdienstes [15]

§ 16
Gehaltspfändung/-verpfändung/-abtretung [16]

F. Tätigkeitsbezogene Sonderformen des Arbeitsverhältnisses

§ 17
Ausschlussfrist für die Geltendmachung von Ansprüchen [17]

§ 18
Schriftformerfordernis, Ausschluss betrieblicher Übung [18]

§ 19
Stillschweigende Annahme von Vertragsänderungen [19]

§ 20
Schlussbestimmungen, Salvatorische Klausel, Öffnung für Betriebsvereinbarungen [20]

§ 21
Anlagen

Folgende Anlagen sind wesentlicher Bestandteil dieses Vertrages:

- Anlage 1: Kundenkartei/-liste;
- Anlage 2: Formblatt »Entwicklung: Kunden, Markt und Wettbewerb«;
- Anlage 3: Formblatt »Tätigkeitsbericht«;
- Anlage 4: Dienstwagenüberlassungsvertrag.

[Ort, Datum, Stempel]

_____
(Unterschrift gesetzlicher Vertreter des Unternehmens)

[Ort, Datum]

_____
(Unterschrift des Mitarbeiters)

Erläuterungen

Schrifttum
Bergwitz Der besondere Gerichtsstand des Arbeitsortes (§ 48 I a ArbGG), NZA 2008, 443; *Hunold* Aktenlesen in der Bahn – Probleme von Arbeitszeit und Vergütung bei Dienstreisen, NZA-Beil. 2006, 38; *Thume/Riemer/Schürr* Handbuch des gesamten Vertriebsrechts, Band 1, 5. Aufl. 2016.

151 **1.** Der Mustervertrag berücksichtigt die Besonderheiten der Tätigkeit im Außendienst. Gleichzeitig finden sich einige Regelungen eines »normalen« Arbeitsverhältnisses wieder. Es wird daher bei den entsprechenden Klauseln auf den Standardarbeitsvertrag eines Arbeitnehmers B Rdn. 4 verwiesen.

152 **2.** Das Verkaufsgebiet sollte zur Vermeidung von Streitigkeiten möglichst detailliert und präzise bezeichnet werden. Es empfiehlt sich sogar, dem Anstellungsvertrag einen entsprechenden Auszug der Landkarte des Verkaufsgebietes als Anlage beizufügen.

153 **3.** Eine einseitige Änderung des Verkaufsgebiets sollte aus Sicht des Arbeitgebers unbedingt mit aufgenommen werden. Zwar dürfte dies einen Änderungsvorbehalt gemäß § 308 Nr. 4 BGB darstellen. Die Klausel ist jedoch »abschwächend« formuliert, in dem sie eine Abänderung nur ermöglicht, wenn dies aus geschäftlichen Erfordernissen notwendig ist und hierbei die berechtigten Interessen des Mitarbeiters berücksichtigt werden.

154 **4.** Zur Versetzungsklausel vgl. B Rdn. 4 § 2 nebst Anmerkung 6 (B Rdn. 14 f.).

155 **5.** Vgl. B Rdn. 4 § 5 nebst Anmerkung 11–13 (B Rdn. 22–24).

156 **6.** *Das Muster sieht die in der Praxis übliche Aufteilung der Vergütung des Außendienstmitarbeiters vor. Es kann auch »mitarbeiterfreundlich« eine Garantieprovision (ist häufig in der Pro-*

bezeit vorgesehen) oder »arbeitgeberfreundlich« eine ausschließliche Provisionszahlung vereinbart werden.

7. Unabhängig von der Frage der rechtlichen Zulässigkeit der pauschalen Abgeltung von Mehr- und Überstunden (vgl. B Rdn. 25), sollte hierzu auf jeden Fall eine Regelung getroffen werden, da die Arbeitszeiten des Außendienstmitarbeiters schwierig zu überprüfen sind. Alternativ kann auch eine Regelung aufgenommen werden, die eine gesonderte Vergütung der Über- und Mehrarbeit vorsieht. 157

8. In der Praxis wird häufig auch eine Aufteilung der Provision vorgenommen. So kommt z.B. eine Aufteilung in Neu- und Altkunden oder eine Provisionssteigerung je nach Umsatz- bzw. Auftragsvolumen in Betracht. 158

9. Zu den Voraussetzungen des Widerrufs von Vergütungsbestandteilen vgl. B Rdn. 213 f. 159

10. Zum Dienstwagenüberlassungsvertrag vgl. B Rdn. 234 ff. 160

11. Vgl. B Rdn. 4 § 7 nebst Anmerkung 15 (B Rdn. 29). 161

12. Vgl. B Rdn. 4 § 8 nebst Anmerkung 16/17 (B Rdn. 30 f.). 162

13. Vgl. B Rdn. 4 § 9 nebst Anmerkung 18–21 (B Rdn. 32–34). 163

14. Vgl. B Rdn. 4 § 10 nebst Anmerkung 22 (B Rdn. 37). 164

15. Vgl. B Rdn. 4 § 11 nebst Anmerkung 23–26 (B Rdn. 38–41). 165

16. Vgl. B Rdn. 4 § 12 nebst Anmerkung 27 (B Rdn. 44 f.). 166

17. Vgl. B Rdn. 4 § 16 nebst Anmerkung 31 (B Rdn. 50 ff.). 167

18. Vgl. B Rdn. 4 § 17 nebst Anmerkung 32, 33 (B Rdn. 55–57). 168

19. Vgl. B Rdn. 4 § 18 nebst Anmerkung 34 (B Rdn. 58). 169

20. Vgl. B Rdn. 4 § 19 nebst Anmerkung 35, 36 (B Rdn. 59 f.). 170

G. Mitarbeiterbezogene Sonderformen des Arbeitsverhältnisses

Inhaltsübersicht

	Rdn.
Einführung	1
I. Elternzeit	4
1. Mitteilung der Schwangerschaft nach § 5 MuSchG	7
Vorbemerkung	7
Muster: Mitteilung der Schwangerschaft nach § 5 MuSchG	9
2. Informationsschreiben des Arbeitgebers an die schwangere Mitarbeiterin	10
Vorbemerkung	10
Muster: Informationsschreiben	11
3. Antrag auf Elternzeit	12
Vorbemerkung	12
Muster: Antrag auf Elternzeit	18
Erläuterungen	19
4. Antwortschreiben des Arbeitgebers	26
Vorbemerkung	26
Muster: Antwortschreiben nach Inanspruchnahme der Elternzeit	27
5. Antrag auf Teilzeit während der Elternzeit	28
Vorbemerkung	28
Muster: Teilzeitantrag	34
Erläuterungen	35
6. Änderungsvertrag zur Herabsetzung der Arbeitszeit	43
Vorbemerkung	43
Muster: Elternteilzeitvereinbarung	44
Erläuterungen	45
7. Ablehnung des Antrags auf Teilzeit während der Elternzeit	47
Vorbemerkung	47
Muster: Antragsablehnung	49
Erläuterungen	50
II. Altersteilzeit	52
1. Altersteilzeitvertrag mit Teilzeitmodell	54
Muster: Altersteilzeitvertrag	54
Erläuterungen	55
2. Altersteilzeitvertrag mit Blockmodell	71
Muster: Altersteilzeitvertrag	71
Erläuterungen	72
III. Pflegezeit	89
1. Antrag auf vollständige Freistellung von der Arbeitspflicht nach § 3 PflegeZG	105
Vorbemerkung	105
Muster: Antrag auf vollständige Freistellung von der Arbeitspflicht	114
Erläuterungen	115
2. Antrag auf teilweise Freistellung von der Arbeitspflicht nach § 3 PflegeZG	122
Vorbemerkung	122
Muster: Antrag auf teilweise Freistellung von der Arbeitspflicht	124
Erläuterungen	125
3. Antrag auf Verlängerung der Pflegezeit nach § 4 PflegeZG	131
Vorbemerkung	131
Muster: Antrag auf Verlängerung der Pflegezeit nach § 4 PflegeZG	133
Erläuterungen	134
4. Vereinbarung über die teilweise Freistellung gemäß § 3 Abs. 4 PflegeZG	136
Vorbemerkung	136
Muster: Vereinbarung über die Inanspruchnahme von Pflegezeit	137
Erläuterungen	138

		Rdn.
IV.	Familienpflegezeit	140
1.	Inanspruchnahme von Familienpflegezeit	144.4
	Vorbemerkung	144.4
	Muster: Antrag auf Familienpflegezeit	144.6
	Erläuterungen	144.7
2.	Vereinbarung über die Familienpflegezeit	150
	Vorbemerkung	150
	Muster: Vereinbarung über die Familienpflegezeit	151
	Erläuterungen	152
3.	Verlängerung der Familienpflegezeit	167
	Vorbemerkung	167
	Muster: Antrag auf Verlängerung der Familienpflegezeit	169
	Erläuterungen	170
4.	Bescheinigung des Arbeitgebers	172
	Vorbemerkung	172
	Muster: Bescheinigung des Arbeitgebers	173
	Erläuterungen	174
5.	Beendigung der Familienpflegezeit	176
	Vorbemerkung	176
	Muster: Beendigung der Familienpflegezeit	177
	Erläuterungen	178

Einführung

Unter dem Stichwort der mitarbeiterbezogenen Sonderformen des Arbeitsverhältnisses werden hier Elternzeit-, Altersteilzeit-, Pflegezeit- und Familienpflegezeitmodelle zusammengefasst. Diese Sonderformen von Arbeitsverhältnissen unterscheiden sich von den tätigkeits- und zeitbezogenen Arbeitsverhältnissen insbesondere darin, dass die hier als »mitarbeiterbezogen« bezeichneten Sonderformen häufig auf Veranlassung der Arbeitnehmer eingegangen werden. Während die Altersteilzeit zwar auch von Seiten der Arbeitgeber zur Personalreduzierung und als sozialverträgliche Form des Personalabbaus genutzt wird, ermöglichen die Regelungen zur Elternzeit und zur Pflegezeit sowie die erst 2012 in Kraft getretenen und zum Jahresbeginn 2015 grundlegend reformierten Regelungen des Familienpflegezeitgesetzes die bessere Vereinbarkeit von Familie und beruflicher Entfaltung und tragen daher vor allem den Anliegen der Arbeitnehmer Rechnung. 1

Allen vier Modellen ist dabei gemein, dass sie unter bestimmten Umständen staatlich gefördert werden: 2

Zwar gewährt die Bundesagentur für Arbeit nur noch dann eine Förderung zur Altersteilzeit, wenn mit der Altersteilzeitarbeit spätestens am 31.12.2009 begonnen worden ist (§ 16 ATG). Steuerrechtlich ist aber nach wie vor über die Regelung des § 3 Nr. 28 EStG eine Förderung der Altersteilzeitarbeit vorgesehen.

Während der Elternzeit können Arbeitnehmer für einen Zeitraum von bis zu 14 Monaten Elterngeld in Höhe von 67 % des durchschnittlichen Einkommens der letzten 12 Monate, mindestens EUR 300 und höchstens EUR 1.800 monatlich, beziehen. Mit der Einführung von »ElterngeldPlus« hat der Gesetzgeber den Bezugszeitraum nun ab dem 1. Juli 2015 verdoppelt. Damit besteht ein Bezugsrecht von Elterngeld für bis zu 28 Monate – freilich unter der Voraussetzung, dass beide Elternteile in Teilzeit beschäftigt sind und dann auch mit dem halben Elterngeld auskommen.

Im Rahmen des Familienpflegezeitgesetzes und nun auch des Pflegezeitgesetzes hat der Gesetzgeber ein zinsloses Darlehen vorgesehen, über das ein Zuschuss zu der verringerten Arbeitsleistung an die Mitarbeiter ausgezahlt werden kann, die nahe Angehörige in häuslicher Pflege betreuen. Zudem sehen das Bundeselterngeld- und Elternzeitgesetz, das Pflegezeitgesetz und auch das Fami- 3

G. Mitarbeiterbezogene Sonderformen des Arbeitsverhältnisses

lienpflegezeitgesetz verschiedene Regelungen zum Schutz des Arbeitsverhältnisses vor, so z.B. einen umfangreichen Sonderkündigungsschutz sowie Leistungsverweigerungsrechte während der in Anspruch genommenen Pflegezeiträume.

I. Elternzeit

4 Die Elternzeit ist die wohl praxisrelevanteste mitarbeiterbezogene Sonderform des Arbeitsverhältnisses. Das am 01.01.2007 in Kraft getretene Bundeselterngeld- und Elternzeitgesetz (BEEG) regelt die wichtigsten Voraussetzungen für die Inanspruchnahme von Elternzeit und Elterngeld sowie der damit in Verbindung stehenden arbeitsrechtlichen Aspekte.

5 Dennoch ist für Arbeitgeber und Arbeitnehmer im Zusammenhang mit Schwangerschaft und Elternzeit einiges zu beachten. Arbeitnehmer sollten sich vor der Inanspruchnahme der Elternzeit genau überlegen, für welchen Zeitraum Elternzeit in Anspruch genommen werden soll, da eine nachträgliche Änderung der Zeiträume nur noch einvernehmlich möglich ist. Auch gilt für den Arbeitnehmer zu bedenken, ob und wann er während der Elternzeit einer Teilzeitbeschäftigung nachgehen möchte. Auch für den Arbeitgeber haben derartige Überlegungen Auswirkungen, da er in den meisten Fällen den Vertretungsfall des in Elternzeit befindlichen Arbeitnehmers koordinieren muss.

6 Vor diesem Hintergrund sollen die nachfolgenden Muster Arbeitgebern und Arbeitnehmern dabei helfen, die wichtigsten Mitteilungspflichten form- und fristgerecht zu erfüllen und damit die Vereinbarung von Familie und Beruf zu fördern.

1. Mitteilung der Schwangerschaft nach § 5 MuSchG

Vorbemerkung

7 Nach § 3 Abs. 2 und § 6 Abs. 1 MuSchG dürfen (werdende) Mütter mindestens sechs Wochen vor und acht Wochen nach der Entbindung nicht beschäftigt werden. Zudem sehen die §§ 2, 4 und 8 MuSchG weitere Beschäftigungsverbote und besondere Schutzmaßnahmen für werdende Mütter vor, die der Arbeitgeber zu beachten hat. Vor diesem Hintergrund sieht § 5 Abs. 1 S. 1 MuSchG vor, dass werdende Mütter ihrem Arbeitgeber ihre Schwangerschaft und den mutmaßlichen Tag der Entbindung mitteilen sollen, sobald ihnen beides bekannt ist.

8 Die Mitteilung der Schwangerschaft kommt jedoch auch der werdenden Mutter zugute. Nach § 9 Abs. 1 S. 1 MuSchG ist die Kündigung während der Schwangerschaft und bis zum Ablauf von vier Monaten nach der Entbindung unzulässig, wenn dem Arbeitgeber zur Zeit der Kündigung die Schwangerschaft oder Entbindung bekannt war. Allerdings besteht der Kündigungsschutz nach § 9 Abs. 1 S. 1 HS 2 MuSchG auch dann, wenn die Mitteilung der Schwangerschaft innerhalb zweier Wochen nach Zugang der Kündigung nachgeholt wird.

▶ **Muster – Mitteilung der Schwangerschaft nach § 5 MuSchG**

9 An den Arbeitgeber
_____

Sehr geehrte Damen und Herren,

hiermit zeige ich an, dass mir mein Arzt am _____ mitgeteilt hat, dass ich im _____ Monat schwanger bin. Tag der Entbindung wird voraussichtlich der _____ sein. Ein ärztliches Zeugnis füge ich bei.

Mit freundlichen Grüßen

Schrifttum
Springer/Kamppeter Schwanger – und jetzt? Ein Leitfaden für Arbeitgeber, BB 2010, 2960; *Wiebauer* Die Rechtsprechung zum besonderen Fall nach § 9 MuSchG und § 18 BEEG, BB 2013, 1784.

2. Informationsschreiben des Arbeitgebers an die schwangere Mitarbeiterin

Vorbemerkung

Die Mitteilung einer Schwangerschaft durch eine Arbeitnehmerin löst für Arbeitgeber und Arbeitnehmerin diverse Rechtsfolgen aus: Hierzu gehören insbesondere verschiedene Schutzpflichten, das Erfordernis von Schutzfristen sowie der Sonderkündigungsschutz der werdenden Mutter. Vor diesem Hintergrund wird in der Praxis häufig empfohlen – auch wenn keine gesetzliche Pflicht des Arbeitgebers besteht –, die Mitarbeiterin über die wichtigsten Rechte und Pflichten zu informieren, die die Schwangerschaft sowie die Elternzeit in arbeitsrechtlicher Hinsicht mit sich bringen.

▶ **Muster – Informationsschreiben**

An Frau _____

Sehr geehrte Frau _____,

vielen Dank für Ihre Mitteilung über Ihre bestehende Schwangerschaft vom _____. Wir freuen uns sehr für Sie und wünschen Ihnen und Ihrer Familie für die Zeit der Schwangerschaft alles erdenklich Gute!

Wir möchten Sie darüber informieren, dass wir Sie auf Grund der gesetzlichen Regelungen für die Dauer von sechs Wochen vor dem von Ihrem Arzt errechneten Geburtstermin von der Erbringung der Arbeitsleistung freistellen werden. Nach der Geburt besteht eine weitere Schutzfrist von acht Wochen – bei Früh- und Mehrlingsgeburten sogar von zwölf Wochen. Während dieser Zeiten erhalten Sie weiterhin Ihre Bezüge, sind aber vollständig von Ihren Arbeitspflichten befreit. Sie können sich in dieser Zeit daher voll und ganz auf die anstehende Geburt und Ihr Baby konzentrieren.

Bitte beachten Sie, dass alle nebenvertraglichen Verpflichtungen (insbesondere die Regelungen über Geheimhaltung sowie das Wettbewerbsverbot) auch während der Zeit Ihrer Freistellung fortgelten.

Nach der Entbindung haben Sie und/oder der Vater des Kindes die Möglichkeit, bis zur Vollendung des dritten Lebensjahres Ihres Kindes Elternzeit in Anspruch zu nehmen. Bitte teilen Sie uns sieben Wochen vor der beabsichtigten Inanspruchnahme der Elternzeit schriftlich mit, wie lange Sie und/oder der Vater Elternzeit nehmen möchten. Sofern Sie wünschen, dass bis zu zwölf Monate hiervon auf die Zeit bis zur Vollendung des achten Lebensjahres des Kindes übertragen werden sollen, müssten wir dazu eine einvernehmliche Lösung finden. Sprechen Sie uns gerne darauf an.

Sie können während der Elternzeit bis zu 30 Wochenstunden entgeltlich in unserem Hause oder mit unserer Zustimmung bei einem anderen Arbeitgeber arbeiten. Bitte teilen Sie uns mit, ob Sie hieran interessiert sind. Wir sind gerne bereit, jede Möglichkeit einer Beschäftigung wohlwollend zu prüfen und uns hier eng mit Ihnen abzustimmen.

Mit freundlichen Grüßen

_____

Schrifttum
Bruns Zweifelsfragen zum Recht der Elternzeit – 1. Teil, BB 2008, 330; *Fiedler* Die Elternzeit, FPR 2007, 338; *Joussen* Elternzeit und Verringerung der Arbeitszeit, NZA 2005, 336; *Springer/Kamppeter* Schwanger –

und jetzt? Ein Leitfaden für Arbeitgeber, BB 2010, 2960; *Wiebauer* Die Rechtsprechung zum besonderen Fall nach § 9 MuSchG und § 18 BEEG, BB 2013, 1784.

3. Antrag auf Elternzeit

Vorbemerkung

12 § 15 BEEG gewährt Arbeitnehmern nach dem Gesetzeswortlaut einen »Anspruch auf Elternzeit«. Entgegen dem Gesetzeswortlaut handelt es sich jedoch bei der Inanspruchnahme der Elternzeit nicht um einen Anspruch i.S.d. § 194 BGB, da dem Arbeitnehmer gerade nicht das Recht eingeräumt ist, ein Tun, Dulden oder Unterlassen des Arbeitgebers zu verlangen. Vielmehr sieht das Gesetz für den Arbeitnehmer die Möglichkeit vor, durch eine einseitige Erklärung den Status der Elternzeit herbeizuführen und damit unmittelbar die Vertragslage zu verändern. Der Zustimmung des Arbeitgebers bedarf es dafür nicht. Damit handelt es sich bei dem nachfolgenden Muster richtigerweise nicht um einen »Antrag auf Elternzeit«, sondern um die Ausübung eines einseitigen und unabdingbaren Gestaltungsrechts des Arbeitnehmers (BAG, Urt. v. 05.06.2007 – 9 AZR 82/07, NZA 2007, 1352; BAG, Urt. v. 19.04.2005 – 9 AZR 233/04, NZA 2005, 1354).

13 Das Recht, Elternzeit in Anspruch zu nehmen, ist nach § 15 Abs. 1 S. 1 BEEG Arbeitnehmerinnen und Arbeitnehmern eingeräumt, die mit ihrem Kind (auch Kinder des Ehegatten/Lebenspartners, adoptierte Kinder, Pflegekinder, von Verwandten betreute Kinder, vgl. § 1 Abs. 3, 4 BEEG) in einem Haushalt leben und dieses Kind selbst betreuen und erziehen. Mit Wirkung zum 24.01.2009 hat der Gesetzgeber auch Großeltern gem. § 15 Abs. 1a BEEG in bestimmten Fällen die Inanspruchnahme einer Elternzeit eingeräumt, insbesondere um »Teenager-Schwangerschaften« besser gerecht zu werden. Zu den elternzeitberechtigten Arbeitnehmern i.S.d. § 15 BEEG gehören darüber hinaus auch Auszubildende und Heimarbeiter (§ 20 BEEG).

14 Nach § 15 Abs. 3 S. 1 BEEG kann Elternzeit – auch anteilig – von nur einem Elternteil oder von beiden Elternteilen gemeinsam in Anspruch genommen werden. Dies bedeutet, dass beide Elternteile auch gemeinsam für drei volle Jahre Elternzeit beanspruchen können.

15 Grundsätzlich besteht ein Elternzeitanspruch bis zur Vollendung des dritten Lebensjahres des Kindes (§ 15 Abs. 2 S. 1 BEEG), der in drei Abschnitte eingeteilt werden kann. So kann ein Anteil der Elternzeit von bis zu 24 Monaten auf die Zeit bis zur Vollendung des achten Lebensjahres übertragen werden. Die Inanspruchnahme eines dritten Zeitabschnitts der Elternzeit kann der Arbeitgeber gem. § 16 Abs. 1 S. 7 BEEG innerhalb von acht Wochen aus dringenden betrieblichen Gründen ablehnen, wenn der Zeitraum nach dem vollendeten dritten Geburtstag des Kindes liegen soll. Für Kinder, die vor dem 01.07.2015 geboren wurden, ist eine Aufteilung der Elternzeit in nur zwei Zeitabschnitte möglich, § 27 Abs. 1 S. 2 BEEG i.V.m. § 15 Abs. 2 S. 4 BEEG a.F. Danach bedarf die Übertragung eines Anteils der Elternzeit von bis zu zwölf Monaten auf die Zeit bis zur Vollendung des achten Lebensjahres der Zustimmung des Arbeitgebers.

15.1 Bei mehreren Kindern besteht der Anspruch auf Elternzeit nach § 15 Abs. 2 S. 3 BEEG für jedes Kind gesondert, auch wenn sich die Zeiträume überschneiden.

16 Die Inanspruchnahme der Elternzeit führt dazu, dass die gegenseitigen Hauptpflichten der Arbeitsvertragsparteien suspendiert werden, das Arbeitsverhältnis also ruht (BAG, Urt. v. 05.06.2007 – 9 AZR 82/07 – JurionRS 2007, 39083). Nebenpflichten (wie z.B. Geheimhaltungspflicht, Wettbewerbsverbot, allgemeine Verpflichtung zur Rücksichtnahme) bestehen jedoch fort. Wegen des Ruhens des Arbeitsverhältnisses hat der »Elternzeitler« während der Dauer der Elternzeit keinen Anspruch auf Entgeltfortzahlung im Krankheitsfall. Hinsichtlich des Erholungsurlaubs ist eine Kürzung durch den Arbeitgeber möglich (§ 17 Abs. 1 S. 1 BEEG), die nur im Vorhinein erfolgen kann (vgl. BAG, Urt. v. 19.05.2015, NJW 2015, 2604). Sonderzahlungen (Weihnachtsgeld, Urlaubsgeld etc.) erhält er nur insoweit als diese unabhängig von der Erfüllung der Gegenleistungspflicht gezahlt werden, sondern an das Bestehen des Arbeitsverhältnisses (Betriebstreue) anknüp-

fen (LAG Saarland, Urt. v. 22.04.2015 – 2 Sa 103/14; *Fiedler*, FPR 2007, 338; *Springer/Kamppeter*, BB 2010, 2960). Sonderzahlungen mit Mischcharakter können für die Dauer der Elternzeit anteilig gekürzt werden, jedoch nur, wenn dies vertraglich vereinbart ist (BAG, Urt. v. 15.12.2009 – 9 AZR 72/09, NZA 2009, 258).

▶ **Muster – Antrag auf Elternzeit**

An den Arbeitgeber

_____

Antrag auf Elternzeit [1]

Sehr geehrte Damen und Herren,

ich möchte Ihnen mitteilen, dass ich am _____ meinen Sohn/meine Tochter ___[Name]___ zur Welt gebracht habe. [2] Damit endet meine Schutzfrist nach § 6 MuSchG am _____. [3]

Ich beantrage hiermit [4] die Gewährung von Elternzeit, die sich unmittelbar an meine Mutterschutzfrist anschließen und daher im Zeitraum vom _____ bis zum _____ [5] liegen soll.

[optional:

Bedingung für die Inanspruchnahme der Elternzeit ist, dass bis zu deren Beginn eine Einigung über eine Teilzeittätigkeit während der Elternzeit getroffen wird [6]*. Ich biete Ihnen deshalb an, für die Dauer der beantragten Elternzeit mit einer Wochenarbeitszeit von _____ Stunden in Teilzeit weiterzuarbeiten. Die Arbeitszeit soll möglichst auf die Tage _____ von _____ bis _____ verteilt werden. Ich bitte hierzu um Ihre Zustimmung.*

Ich beabsichtige das Arbeitsverhältnis im Anschluss fortzusetzen.]

Mit freundlichen Grüßen

Erläuterungen

Schrifttum
Aschmoneit Zustimmungserfordernis des Arbeitgebers zur Inanspruchnahme noch nicht verbrauchter Elternzeit im Anschluss an das zweite Jahr?, NZA 2012, 247; *Bruns* Zweifelsfragen zum Recht der Elternzeit – 1. Teil, BB 2008, 330; *Düwell* Elternschaft und Arbeitsrecht – Neue Entwicklungen, NZA 2009, 759; *Fiedler* Die Elternzeit, FPR 2007, 338; *Joussen* Elternzeit und Verringerung der Arbeitszeit, NZA 2005, 336; *Niklas* Vorzeitige Beendigung und Verlängerung der Elternzeit nach dem BEEG, BB 2013, 951; *Springer/Kamppeter* Schwanger – und jetzt? Ein Leitfaden für Arbeitgeber, BB 2010, 2960.

1. Die Inanspruchnahme der Elternzeit ist dem Arbeitgeber gegenüber nach § 16 Abs. 1 S. 1 BEEG schriftlich anzuzeigen. Der Arbeitnehmer kann sich dabei vertreten lassen (*Fiedler* FPR 2007, 338).

2. Die Anmeldung der Inanspruchnahme der Elternzeit kann selbstverständlich auch schon vor Entbindung des Kindes erfolgen.

3. Die Mutterschutzfrist endet nach § 6 Abs. 1 S. 1 MuSchG acht Wochen nach der Entbindung. Wird Elternzeit im unmittelbaren Anschluss an die Mutterschutzzeit beantragt, wird die Zeit des Mutterschutzes auf die Elternzeit angerechnet (§ 16 Abs. 1 S. 4 BEEG).

4. Nach § 16 Abs. 1 S. 1 Nr. 1 BEEG ist die Inanspruchnahme der Elternzeit für die Zeit bis zum dritten Lebensjahr spätestens sieben Wochen vor deren Beginn schriftlich dem Arbeitgeber anzuzeigen. Soll die Elternzeit für den Zeitraum zwischen dem dritten Geburtstag und dem voll-

G. Mitarbeiterbezogene Sonderformen des Arbeitsverhältnisses

endeten achten Lebensjahr des Kindes liegen, ist das jeweilige Verlangen spätestens 13 Wochen vor Beginn der Elternzeit anzuzeigen (§ 16 Abs. 1 S. 1 Nr. 2 BEEG). Wird die Frist versäumt, führt dies allerdings nicht zur Unwirksamkeit des Elternzeitbegehrens, sondern lediglich dazu, dass der Beginn der Elternzeit um den entsprechenden Zeitraum nach hinten verschoben wird. Zudem gewähren § 16 Abs. 1 S. 2, Abs. 2 BEEG Sonderregelungen für eine berechtigte Nichtbeachtung der Frist.

23   5.   Gleichzeitig mit dem Elternzeitverlangen hat der Arbeitnehmer nach § 16 Abs. 1 S. 2 BEEG zu erklären, für welche Zeiten innerhalb der ersten zwei Lebensjahre Elternzeit genommen werden soll. Der Zwei-Jahres-Zeitraum ist zwingend vorgeschrieben, um dem Arbeitgeber etwas Planungssicherheit einzuräumen (BAG, Urt. v. 19.04.2005 – 9 AZR 233/04, NZA 2005, 1354). Der Arbeitnehmer kann jedoch selbstverständlich auch einen Zeitraum von drei Jahren angeben. Die Elternzeit kann (einseitig) nach § 16 Abs. 1 S. 6 BEEG aber nur auf drei Zeitabschnitte verteilt werden. Eine Verteilung auf weitere Zeitabschnitte bedarf der Zustimmung des Arbeitgebers.

24   An die Erklärung, für welche Zeit Elternzeit in Anspruch genommen werden soll, ist der Arbeitnehmer gebunden. Dies gilt nicht nur für den von § 16 Abs. 1 S. 2 BEEG vorgesehenen Zwei-Jahres-Zeitraum, sondern ergibt sich aus dem Umstand, dass Gestaltungsrechte bedingungsfeindlich und unwiderruflich sind (BAG, Urt. v. 19.04.2005 – 9 AZR 233/04, NZA 2005, 1354). Ein späteres Abweichen von den Angaben im Elternzeitantrag ist daher nur einvernehmlich möglich (§ 16 Abs. 3 S. 1 BEEG). Entfallen jedoch die Voraussetzungen für die Gewährung der Elternzeit (z.B. das Sorgerecht) endet jedoch auch die Elternzeit. Zudem kann ein späteres Abweichen wegen der Geburt eines weiteren Kindes oder eines besonderen Härtefalls nach § 16 Abs. 3 S. 2 BEEG vom Arbeitgeber nur aus dringenden betrieblichen Gründen abgelehnt werden.

25   6.   Die Inanspruchnahme der Elternzeit kann an die Bedingung einer Teilzeittätigkeit während der Elternzeit geknüpft werden (BAG, Urt. v. 05.06.2007 – 9 AZR 82/07, NZA 2007, 1352).

4. Antwortschreiben des Arbeitgebers

Vorbemerkung

26   Da es sich bei der Geltendmachung der Elternzeit um ein Gestaltungsrecht des Arbeitnehmers handelt, das die Zustimmung des Arbeitgebers nicht erfordert, muss dieser grundsätzlich nicht auf die Inanspruchnahme der Elternzeit reagieren. Das nachfolgende Muster bestätigt der Arbeitnehmerin jedoch den Empfang des Schreibens und weist sie erneut auf die Möglichkeit einer Teilzeittätigkeit während der Elternzeit hin.

▶ **Muster – Antwortschreiben nach Inanspruchnahme der Elternzeit**

27   Sehr geehrte Frau _____,

wir gratulieren Ihnen ganz herzlich zu der Geburt Ihrer Tochter/Ihres Sohnes _____ und wünschen Ihnen und Ihrer Familie alles Gute! Gerne bestätigen wir Ihnen, dass Sie bis zur Vollendung des _____ Lebensjahres Ihres Kindes Elternzeit nehmen werden. Wie Ihnen sicher bekannt ist, können Sie während dieser Zeit einer Teilzeittätigkeit von bis zu 30 Wochenstunden nachgehen. Sprechen Sie uns gerne an, wenn Sie hieran interessiert sind.

Mit freundlichen Grüßen

_____

Schrifttum
Fiedler Die Elternzeit, FÜR 2007, 338; *Springer/Kamppeter* Schwanger – und jetzt? Ein Leitfaden für Arbeitgeber, BB 2010, 2960.

5. Antrag auf Teilzeit während der Elternzeit

Vorbemerkung

Gemäß § 15 Abs. 5 S. 1 BEEG können Arbeitnehmer die Verringerung der Arbeitszeit sowie die Ausgestaltung beantragen. Im Gegensatz zu der Inanspruchnahme der Elternzeit an sich, ist die Verringerung der Arbeitszeit während der Elternzeit von der Zustimmung des Arbeitgebers abhängig. Es handelt sich insoweit also nicht um ein einseitiges Gestaltungsrecht des Arbeitnehmers, sondern um ein Angebot auf Abschluss einer Änderungsvereinbarung. Dementsprechend sieht das Gesetz auch zunächst ein »Einigungsverfahren« zwischen Arbeitgeber und Arbeitnehmer vor. Nach § 15 Abs. 5 S. 2 BEEG sollen sie sich über den Antrag innerhalb von vier Wochen – typischerweise durch einen Änderungsvertrag – einigen. Gelingt eine solche Einigung nicht, gewährt das Gesetz dem Arbeitnehmer unter den Voraussetzungen des § 15 Abs. 7 S. 1 BEEG einen Anspruch auf Zustimmung zur zweimaligen Verringerung der Arbeitszeit während der Elternzeit. 28

Das Teilzeitverlangen kann sowohl zeitgleich mit dem Antrag auf Elternzeit ausgesprochen werden als auch erst bei bereits laufender Elternzeit (§ 15 Abs. 5 S. 3 BEEG; BAG, Urt. v. 05.06.2007 – 9 AZR 82/07, NZA 2007, 1352; BAG, Urt. v. 19.04.2005 – 9 AZR 233/04, NZA 2005, 1354; *Rancke* § 15 BEEG Rn. 62 ff.). Ein bereits vor der Geltendmachung der Elternzeit gestellter Teilzeitantrag ist hingegen nicht möglich, so dass der Arbeitgeber auf diesen nicht form- und fristgerecht antworten muss (BAG, Urt. v. 05.06.2007 – 9 AZR 82/07, NZA 2007, 1352). Allerdings ist es möglich und in dem entsprechenden Muster hier auch so vorgesehen, dass der Arbeitnehmer die Inanspruchnahme der Elternzeit davon abhängig machen kann, dass der Arbeitgeber dem Antrag auf Verringerung der Arbeitszeit zustimmt. 29

Der Anspruch auf eine Teilzeittätigkeit nach § 15 Abs. 5 BEEG besteht grundsätzlich nur während der Elternzeit, also grundsätzlich bis zur Vollendung des dritten Lebensjahres des Kindes. Davon unberührt bleibt natürlich ein etwaiger Anspruch nach § 8 TzBfG, der in keinem Zusammenhang zur Elternzeit steht. 30

Der Teilzeitanspruch nach § 15 Abs. 7 S. 1 BEEG setzt voraus, dass 31
– der Arbeitgeber (nicht Betrieb) in der Regel mehr als 15 Arbeitnehmer und Arbeitnehmerinnen (ohne Auszubildende) beschäftigt,
– das Arbeitsverhältnis in demselben Betrieb oder Unternehmen ohne Unterbrechung bereits länger als sechs Monate besteht,
– die vertraglich vereinbarte regelmäßige Arbeitszeit für mindestens zwei Monate auf einen Umfang zwischen 15 und 30 Wochenstunden verringert werden soll,
– dem Anspruch keine dringenden betrieblichen Gründe entgegenstehen und
– der Anspruch dem Arbeitgeber sieben Wochen (bzw. für Zeiten nach dem dritten Lebensjahr 13 Wochen) vor Beginn der Tätigkeit schriftlich mitgeteilt wurde.

Gemäß § 15 Abs. 4 S. 1 BEEG darf der Arbeitnehmer während der Elternzeit auch bei einem anderen Arbeitgeber im Rahmen einer Teilzeitbeschäftigung tätig werden. Diese hängt jedoch nach § 15 Abs. 4 S. 3 BEEG von der Zustimmung des eigenen Arbeitgebers ab. Der Antrag auf diese Zustimmung kann formlos gestellt werden (*Fiedler* FPR 2007, 338). Der Antrag kann durch den Arbeitgeber nur wegen dringender betrieblicher Gründe und nur innerhalb von vier Wochen abgelehnt werden. 32

Hat der Arbeitnehmer einen frist- und formgerechten Antrag auf Verringerung der Arbeitszeit gestellt, hat der Arbeitgeber diesem innerhalb von vier Wochen (bzw. acht Wochen bei Zeiten nach Vollendung des dritten Lebensjahres) zu entsprechen oder ihn abzulehnen (§ 15 Abs. 7 S. 4 BEEG). Im Falle der nicht fristgerechten Ablehnung durch den Arbeitgeber gilt dessen Zustimmung als erteilt und die Arbeitszeit entsprechend den Wünschen des Arbeitnehmers festgelegt. Lehnt der Arbeitgeber hingegen die Verringerung der Arbeitszeit ab, steht diesem der Klageweg 33 zu den Arbeitsgerichten offen (§ 15 Abs. 7 S. 5 BEEG). Der Klageantrag ist dann auf Abgabe der Zustimmungserklärung zur Änderung der Arbeitszeit nach § 894 ZPO gerichtet.

▶ **Muster – Teilzeitantrag** [1]

34 An den Arbeitgeber
_____

Ort, Datum [2]

Antrag auf Verringerung der Arbeitszeit nach § 15 Abs. 5 BEEG

Sehr geehrte Damen und Herren,

ich nehme Bezug auf die zwischen uns geführte Korrespondenz zur Elternzeit, in der ich mich seit dem _____ befinde. Ich beantrage hiermit, [3] meine Arbeitszeit von bisher 40 Stunden [4] pro Woche ab dem _____ [5] für die restliche Dauer der Elternzeit [6] auf _____ [7] Stunden pro Woche zu reduzieren.

Meine Arbeitszeit sollte möglichst auf die Tage _____, jeweils von _____ bis _____ Uhr verteilt werden [8].

[Optional:
Einer Verringerung meiner Arbeitszeit stimme ich allerdings nur unter der Bedingung zu, dass Sie mit der genannten Arbeitszeitverteilung einverstanden sind.]

Gerne stehe ich Ihnen für ein Gespräch über die Verteilung der Elternzeit zur Verfügung und bitte im Übrigen um Ihre Zustimmung.

Mit freundlichen Grüßen

Erläuterungen

Schrifttum
Bruns Zweifelsfragen zum Recht der Elternzeit – 1. Teil, BB 2008, 330; *Fiedler* Die Elternzeit, FPR 2007, 338; *Joussen* Teilzeitarbeit bei einem fremden Arbeitgeber während der Elternzeit, NZA 2003, 644; *Joussen* Elternzeit und Verringerung der Arbeitszeit, NZA 2005, 336; *Seel* Gesetzlicher Anspruch auf Teilzeitarbeit – Was sind die Rechtsgrundlagen und Voraussetzungen, JA 2011, 608; *Springer/Kamppeter* Schwanger – und jetzt? Ein Leitfaden für Arbeitgeber, BB 2010, 2960.

35 1. Der Antrag auf Verringerung der Arbeitszeit hat nach § 15 Abs. 7 S. 1 Nr. 5 BEEG schriftlich – damit richtigerweise in Schriftform – zu erfolgen. Dabei handelt es sich um eine Wirksamkeitsvoraussetzung für den Antrag (BAG, Urt. v. 27.04.2004 – 9 AZR 21/04, NZA 2004, 1039).

36 2. Nach § 15 Abs. 7 S. 1 Nr. 5 BEEG muss der Antrag auf Verringerung der Arbeitszeit für Zeiträume vor Vollendung des dritten Lebensjahres des Kindes spätestens sieben Wochen vor Beginn der Tätigkeit gestellt werden. Er kann erstmals mit dem Antrag auf Gewährung der Elternzeit gestellt werden, davor bleibt er wirkungslos (BAG, Urt. v. 05.06.2007 – 9 AZR 82/07). Für Zeiträume nach Vollendung des dritten Lebensjahres erhöht sich die Ankündigungsfrist auf 13 Wochen. Werden die genannten Fristen nicht gewahrt, wird der Antrag nicht unwirksam, sondern der Beginn der Teilzeittätigkeit verschiebt sich um den entsprechenden Zeitraum nach hinten.

37 3. Ein Anspruch auf Verringerung der Arbeitszeit kann nach § 15 Abs. 6 BEEG während der Elternzeit höchstens zweimal geltend gemacht werden. Dabei zählen allerdings vorherige einvernehmlich getroffene Teilzeitregelungen nicht mit (BAG, Urt. v. 19.02.2013 – 9 AZR 461/11, NZA 2013, 907; a.A. zuvor: LAG Hamburg, Urt. v. 18.05.2011 – 5 Sa 93/10, NZA-RR 2011, 454).

4. Eine Verringerung der Arbeitszeit i.S.d. § 15 Abs. 5 BEEG liegt auch dann vor, wenn das zweite Teilzeitverlangen gegenüber der vorherigen Regelung gleich bleibt oder dieses sogar übersteigt (BAG, Urt. v. 09.05.2006 – 9 AZR 278/05, NZA 2006, 1413). Für den Begriff der »Verringerung« kommt es insofern einzig auf die reguläre Arbeitszeit vor der Elternzeit an. 38

5. Nach § 15 Abs. 7 S. 2 BEEG hat der schriftliche Teilzeitantrag des Arbeitnehmers zwingend Beginn und Umfang der verringerten Arbeitszeit zu enthalten. Enthält der Antrag des Arbeitnehmers diese Angaben nicht, genügt er nicht den Bestimmtheitsanforderungen und kann vom Arbeitgeber unbeachtet gelassen werden (BAG, Urt. v. 19.04.2005 – 9 AZR 233/04, NZA 2005, 1354). 39

6. Der Arbeitnehmer hat im Antrag auf Verringerung der Arbeitszeit die Dauer der verlangten Elternteilzeit und den Umfang der Beschäftigung anzugeben. Nach der Rechtsprechung des BAG ist er an diese Erklärungen gebunden (BAG, Urt. v. 09.05.2006 – 9 AZR 278/05, NZA 2006, 1413). 40

7. Nach § 15 Abs. 7 S. 2 BEEG hat der schriftliche Teilzeitantrag des Arbeitnehmers zwingend den Umfang der verringerten Arbeitszeit zu enthalten. Die Arbeitszeit muss dabei gem. § 15 Abs. 7 S. 1 Nr. 3 BEEG auf einen Umfang zwischen 15 und 30 Wochenstunden verringert werden. Entgegen dem Gesetzeswortlaut als Sollvorschrift handelt es sich um eine echte Anspruchsvoraussetzung. Der Arbeitgeber kann daher einen Teilzeitantrag allein wegen Unter- oder Überschreitens der Stundengrenzen ablehnen, ohne dass dringende betriebliche Gründe dem Antrag entgegenstehen (LAG Schleswig-Holstein, Urt. v. 18.06.2008 – 6 Sa 43/08, JurionRS 2008, 22717). Eine einvernehmlich vereinbarte Abweichung bleibt selbstverständlich möglich. 41

8. Die gewünschte Verteilung der Arbeitszeit soll – muss jedoch nicht – vom Arbeitnehmer angegeben werden (§ 15 Abs. 7 S. 3 BEEG). Ein Anspruch auf die gewünschte Verteilung ergibt sich ohnehin nicht aus § 15 Abs. 7 BEEG (BAG, Urt. v. 09.05.2006 – 9 AZR 278/05, NZA 2006, 1413). Soweit die Zeit der Arbeitsleistung nicht durch eine andere Regelung bestimmt ist oder der Arbeitnehmer keinen Wunsch bezüglich der Verteilung der Arbeitszeit angibt, darf der Arbeitgeber diese nach billigem Ermessen nach § 315 Abs. 1 BGB vornehmen (BAG, Urt. v. 15.12.2009 – 9 AZR 72/09, NZA 2010, 447). 42

6. Änderungsvertrag zur Herabsetzung der Arbeitszeit

Vorbemerkung

Die Verringerung der Arbeitszeit während der Elternzeit ist – anders als die Inanspruchnahme der Elternzeit – von der Zustimmung des Arbeitgebers abhängig. Für die Zustimmung des Arbeitgebers sieht der Gesetzgeber vorrangig ein »Einigungsverfahren« vor. Nach § 15 Abs. 5 S. 2 BEEG sollen sich Arbeitgeber und Arbeitnehmer über den Antrag innerhalb von vier Wochen – typischerweise durch einen Änderungsvertrag – einigen. Das folgende Muster ist ein Beispiel, wie eine solche Einigung aussehen kann. 43

▶ **Muster – Elternteilzeitvereinbarung**

[Briefkopf des Unternehmens] 44

Zwischen [Name und Anschrift]

(im Folgenden: »Arbeitgeber«)

und

Herrn/Frau [Name und Anschrift des Mitarbeiters]

(im Folgenden: »Mitarbeiter«)

G. Mitarbeiterbezogene Sonderformen des Arbeitsverhältnisses

wird der Arbeitsvertrag der Parteien vom _____ auf Grund der vom Mitarbeiter in Anspruch genommenen Elternzeit und seinem Wunsch nach einer Teilzeitbeschäftigung in Elternzeit wie folgt abgeändert:

§ 1
Arbeitszeit

(1) Die bisherige wöchentliche Arbeitszeit von 40 Stunden pro Woche wird ab dem _____ auf _____ Stunden pro Woche herabgesetzt.

(2) Die Wochenarbeitszeit wird gleichmäßig auf die Wochentage Montag bis Freitag verteilt. Die tägliche Arbeitszeit beträgt dementsprechend _____ Stunden und liegt regelmäßig zwischen _____ und _____ Uhr. Der Arbeitgeber bleibt weiterhin berechtigt, die Lage der Arbeitszeit einseitig nach billigem Ermessen festzulegen.

[alternativ:

(2) Die Lage der Arbeitszeit wird vom Arbeitgeber im Rahmen der gesetzlichen Bestimmungen nach den betrieblichen Bedürfnissen festgelegt.]

(3) Der Mitarbeiter erklärt sich weiterhin dazu bereit, Überstunden in gesetzlich zulässigem Umfang zu leisten, wenn dies aus betrieblichen Gründen erforderlich sein sollte.

§ 2
Vergütung

(1) Die bisherige Vergütung in Höhe von brutto _____ € im Monat wird entsprechend der Verringerung der Arbeitszeit ab dem Beginn der Teilzeitbeschäftigung auf brutto _____ € im Monat herabgesetzt.

(2) Das jährliche Urlaubs- und Weihnachtsgeldgeld in Höhe von jeweils brutto _____ € sowie der monatliche Zuschuss für _____ in Höhe von brutto _____ € werden ebenfalls entsprechend des Verhältnisses der bisherigen Arbeitszeit zu der in § 1 genannten Arbeitszeit herabgesetzt. Dementsprechend beträgt der Anspruch des Mitarbeiters auf das jährliche Urlaubs- und Weihnachtsgeld nunmehr brutto _____ €; der monatliche Zuschuss beträgt nunmehr brutto _____ €.

§ 3
Urlaub

Der bisherige Jahresurlaub von _____ Arbeitstagen wird entsprechend der Verringerung der Arbeitszeit auf nunmehr _____ Arbeitstage herabgesetzt. [1]

§ 4
Ende der Elternzeit

Diese Vereinbarung ist befristet bis zum Ende der Elternzeit des Mitarbeiters, das derzeit am _____ liegt. Nach dem Ende der Elternzeit wird der Mitarbeiter wieder nach Maßgabe des Arbeitsvertrags vom _____ beschäftigt. [2]

____[Ort]____, den ____[Datum]____

_____
(Unterschrift des Arbeitgebers)

_____
(Unterschrift des Mitarbeiters)

Erläuterungen

Schrifttum
Bruns Zweifelsfragen zum Recht der Elternzeit – 1. Teil, BB 2008, 330; *Fiedler* Die Elternzeit, FPR 2007, 338; *Joussen* Elternzeit und Verringerung der Arbeitszeit, NZA 2005, 336; *Springer/Kamppeter* Schwanger – und jetzt? Ein Leitfaden für Arbeitgeber, BB 2010, 2960.

1. Da sich der Urlaubsanspruch danach richtet, an wie vielen Tagen in der Woche der Arbeitnehmer arbeitet, sollte diese Regelung nur aufgenommen werden, wenn sich mit der Arbeitszeit auch die Anzahl der Wochenarbeitstage – und nicht nur die Stundenzahl an den jeweiligen Tagen – verringert. Ansonsten kann diese Klausel ersatzlos entfallen. 45

2. Der Teilzeitanspruch nach § 15 Abs. 6 BEEG ist auf die Dauer der Elternzeit begrenzt. Nach Ende der Elternzeit kann der Arbeitnehmer jedoch den allgemeinen Teilzeitanspruch nach § 8 Abs. 1 TzBfG geltend machen (hierzu E Rdn. 87 ff.). 46

7. Ablehnung des Antrags auf Teilzeit während der Elternzeit

Vorbemerkung
Das nachfolgende Muster dient dem Arbeitgeber zur Ablehnung des Antrags des Mitarbeiters auf Gewährung von Teilzeit in Elternzeit. Nach § 15 Abs. 7 BEEG muss die Ablehnung innerhalb von vier Wochen (bzw. acht Wochen für Zeiten nach Vollendung des dritten Lebensjahres) nach Zugang des Antrags erfolgen und die Gründe für die Ablehnung benennen. Den bisherigen Streit über die Rechtsfolgen eines verspäteten Ablehnungsantrags hat der Gesetzgeber nun geklärt. Nach § 15 Abs. 7 S. 5 BEEG gilt seine Zustimmung als erteilt, wenn er nicht rechtzeitig den Teilzeitantrag ablehnt. 47

Für die Ablehnung des Teilzeitbegehrens ist zu beachten, dass der Arbeitgeber dieses (abgesehen von formellen Gründen) nur aus dringenden betrieblichen Gründen ablehnen kann. Nach der Rechtsprechung des BAG (BAG, Urt. v. 15.12.2009 – 9 AZR 72/09, NZA 2010, 447, BAG, Urt. v. 05.06.2007 – 9 AZR 82/07, NZA 2007, 1352) sind an das objektive Gewicht der Ablehnungsgründe nach § 15 Abs. 7 S. 1 Nr. 4 BEEG hohe Anforderungen zu stellen. Die entgegenstehenden betrieblichen Interessen müssen zwingende Hindernisse für die beantragte Verkürzung der Arbeitszeit sein. Das BAG prüft das Vorliegen dringender betrieblicher Gründe anhand eines Dreistufenschemas (BAG, Urt. v. 15.12.2009 – 9 AZR 72/09, NZA 2010, 447): Im ersten Schritt wird das Organisationskonzept des Arbeitgebers festgelegt, infolge dessen keine Teilzeit möglich ist. Danach wird geprüft, inwieweit die Arbeitszeitregelung dem Arbeitszeitverlangen des Arbeitnehmers tatsächlich entgegensteht. Schließlich ist zu beurteilen, ob die betrieblichen Gründe so erheblich sind, dass die Erfüllung des Teilzeitverlangens zu einer wesentlichen Beeinträchtigung des Betriebs führen würde. 48

▶ **Muster – Antragsablehnung**

[Ort/Datum] 49

Herrn/Frau _____

Ihr Antrag auf Teilzeit während der Elternzeit vom _____

Sehr geehrte/r Herr/Frau _____,

wir nehmen Bezug auf Ihr Schreiben vom _____, mit dem Sie die Verringerung Ihrer Arbeitszeit in der Elternzeit beantragt haben

G. Mitarbeiterbezogene Sonderformen des Arbeitsverhältnisses

Wir haben zwischenzeitlich diesen Wunsch mit Ihnen mit dem Ziel erörtert, zu einer Vereinbarung zu gelangen. Es konnte jedoch innerhalb der Vier-Wochen-Frist des § 15 Abs. 5 S. 2 BEEG kein Einverständnis erzielt werden.

Ihren Wunsch auf eine Teilzeitbeschäftigung im Umfang von _____ Wochenstunden mit der von Ihnen vorgeschlagenen Verteilung der Arbeitszeit auf _____ haben wir erneut geprüft. Zur Fristwahrung [1] teilen wir Ihnen mit, dass wir Ihrem Wunsch leider nicht zustimmen können, da dringende betriebliche Gründe [2] (§ 15 Abs. 7 S. 1 Nr. 4 BEEG) entgegenstehen. Im Einzelnen sind dies folgende: [Ausführliche Darlegung der entgegenstehenden betrieblichen Gründe: z.B. Notwendigkeit der ganztägigen Erreichbarkeit].

Wir bedauern, dass wir Ihnen keine positivere Nachricht zukommen lassen konnten und bitten Sie um Verständnis für diese Entscheidung.

Mit freundlichen Grüßen

Erläuterungen

Schrifttum

Barth Ablehnung eines Antrags auf Teilzeitarbeit während der Elternzeit – Präklusion im Hinblick auf nicht oder nicht ordnungsgemäß geltend gemachte Gründe?, BB 2007, 2567; *Bruns* Zweifelsfragen zum Recht der Elternzeit – 1. Teil, BB 2008, 330; *Fiedler* Die Elternzeit, FPR 2007, 338; *Joussen* Elternzeit und Verringerung der Arbeitszeit, NZA 2005, 336; *Menke* Von nichts kommt nichts: Keine Präklusion der Ablehnungsgründe nach § 15 VII 4 BEEG, ArbRAktuell 2011, 112; *Seel* Gesetzlicher Anspruch auf Teilzeitarbeit – Was sind die Rechtsgrundlagen und Voraussetzungen, JA 2011, 608; *Springer/Kamppeter* Schwanger – und jetzt? Ein Leitfaden für Arbeitgeber, BB 2010, 2960.

50 **1.** Bisher war in Schrifttum und Rechtsprechung sehr streitig, welche Rechtsfolge die Versäumung der Vier-Wochen-Frist nach § 15 Abs. 7 S. 4 BEEG hat. Mit der Neuregelung in § 15 Abs. 7 S. 5 BEEG führt das Fristversäumnis nun zur Fiktion der Zustimmungserklärung des Arbeitgebers. Daher kommt der Fristwahrung nun eine entscheidende Bedeutung zu.

51 **2.** Der Arbeitgeber kann das Teilzeitverlangen des Arbeitnehmers (abgesehen von formellen Gründen) nur aus dringenden betrieblichen Gründen ablehnen. Nach der Rechtsprechung des BAG müssen die entgegenstehenden betrieblichen Interessen zwingende Hindernisse für die beantragte Verkürzung der Arbeitszeit sein. Daher ist dem Arbeitgeber eine genaue Prüfung sowie eine entsprechende Darlegung seiner Beweggründe anzuraten.

II. Altersteilzeit

52 Eine Förderung nach § 3 Nr. 28 EStG, wonach die gezahlten Aufstockungsbeträge steuer- und sozialversicherungsrechtlich privilegiert sind, erfordert, dass der Arbeitnehmer bei Beginn der Altersteilzeit das 55. Lebensjahr vollendet und in den vergangenen fünf Jahren mindestens an 1.080 Kalendertagen in einer versicherungspflichtigen Beschäftigung gestanden hat (§ 2 Abs. 1 ATG). Zudem ist erforderlich, dass mit dem Arbeitgeber eine Reduzierung der Arbeitszeit auf 50 % der bisherigen regelmäßigen Wochenarbeitszeit vereinbart wird, wobei insoweit eine blockweise Erbringung der Arbeitsleistung möglich ist (§ 2 Abs. 2, 3 ATG). Weiterhin muss sich der Arbeitgeber dazu verpflichten, einen Aufstockungsbetrag zu dem entsprechend reduzierten Entgelt zu zahlen, der mindestens die Höhe des in § 3 Abs. 1 Nr. 1 ATG festgelegten Betrages umfasst. Nicht mehr erforderlich ist seit dem 01.01.2010 aber, dass der auf diese Weise frei werdende Arbeitsplatz mit einem Arbeitslosen oder einem Auszubildenden wieder besetzt wird.

53 Vor dem Hintergrund dieser Regelungen werden nachfolgend zwei Altersteilzeitverträge angeboten, die zum einen (G Rdn. 54) eine durchgehende Verringerung der Arbeitsleistung zum Gegenstand haben bzw. zum anderen (G Rdn. 71) das sog. Blockmodell vorsehen.

1. Altersteilzeitvertrag mit Teilzeitmodell

▶ **Muster – Altersteilzeitvertrag**

Zwischen ___[Name und Anschrift]___

(im Folgenden: »Arbeitgeber«)

und

Herrn/Frau ___[Name und Anschrift des Mitarbeiters]___

(im Folgenden: »Mitarbeiter«)

wird in Ergänzung zum Arbeitsvertrag der Parteien folgender Vertrag über die Altersteilzeit geschlossen:

§ 1
Beginn der Altersteilzeit

Die Vertragsparteien vereinbaren, das zwischen ihnen bestehende Arbeitsverhältnis ab dem ___[Datum]___ als Altersteilzeit-Arbeitsverhältnis unter Beachtung der Bestimmungen des Altersteilzeitgesetzes fortzuführen. Soweit sich aus diesem Vertrag nichts anderes ergibt, gelten die Regelungen des Arbeitsvertrags der Parteien und des Altersteilzeit-Tarifvertrags ___[Bezeichnung des Tarifvertrags]___ in seiner jeweils gültigen Fassung. [1]

§ 2
Verringerung und Verteilung der Arbeitszeit

(1) Der Mitarbeiter arbeitet bisher im Umfang von ___[Anzahl]___ Stunden pro Arbeitswoche als ___[Tätigkeitsbezeichnung]___ . [2] Die Vertragsparteien vereinbaren, dass er ab dem in § 1 genannten Datum seine Arbeitsleistung auf die Hälfte reduziert und damit im Umfang von regelmäßig ___[Anzahl]___ Stunden je Arbeitswoche als ___[Tätigkeitsbezeichnung]___ tätig wird (Altersteilzeit). [3]

(2) Die Vertragsparteien vereinbaren, dass die Arbeitszeit des Mitarbeiters während der Altersteilzeit wie folgt verteilt wird:

- Montags arbeitet der Mitarbeiter inkl. einer Pause von _____ Minuten von _____ Uhr bis _____ Uhr
- Dienstags arbeitet der Mitarbeiter inkl. einer Pause von _____ Minuten von _____ Uhr bis _____ Uhr
- Donnerstags arbeitet der Mitarbeiter inkl. einer Pause von _____ Minuten von _____ Uhr bis _____ Uhr
- Mittwochs und freitags wird der Mitarbeiter vollständig von der Arbeitsleistung freigestellt. [4]

§ 3
Vergütung

Der Vergütungsanspruch des Mitarbeiters verringert sich von dem in § 1 genannten Datum an im Verhältnis seiner bisherigen Arbeitszeit zu der nach § 2 Abs. 1 nunmehr geschuldeten Arbeitszeit. Dementsprechend erhält der Mitarbeiter ab diesem Zeitpunkt ein Arbeitsentgelt in Höhe von brutto ___[Betrag]___ Euro pro Monat. [5]

§ 4
Aufstockungsbetrag

(1) Der Arbeitgeber zahlt zusätzlich zu dem nach § 3 bestehenden Vergütungsanspruch an den Mitarbeiter einen Aufstockungsbetrag in Höhe von 20 % des Regelarbeitsentgelts i.S.d. § 6 Abs. 1 ATG, mithin derzeit ___[Betrag]___ Euro. [6] Dieser Aufstockungsbetrag wird mit dem Monatsgehalt gezahlt.

(2) Der Arbeitgeber verpflichtet sich außerdem, für den Mitarbeiter zusätzlich Beiträge zur gesetzlichen Rentenversicherung gemäß § 3 Abs. 1 Nr. 1 lit. b ATG zu entrichten. [7]

(3) Der Anspruch des Mitarbeiters auf Auszahlung des Aufstockungsbetrags erlischt bzw. ruht in den Fällen des § 5 Abs. 1, 3 und 4 ATG. In den Fällen des § 5 Abs. 4 ATG gilt dies nicht, wenn die vom Mitarbeiter geleistete Mehrarbeit vom Arbeitgeber angeordnet war.

§ 5
Krankheit

Bezieht der Mitarbeiter bei Arbeitsunfähigkeit infolge von Erkrankung nach Ablauf des Entgeltfortzahlungszeitraums Krankengeld oder entsprechende Leistungen der Berufsgenossenschaft, so tritt er seine insoweit bestehenden Ansprüche gegen die Bundesagentur für Arbeit auf Gewährung von Zuschussleistungen an den Arbeitgeber ab. Der Arbeitgeber erbringt diese Leistungen anstelle der Bundesagentur für Arbeit im abgetretenen Umfang. [8]

§ 6
Befristung des Altersteilzeit-Arbeitsverhältnisses; Kündigung; Rentenbezug

(1) Der Mitarbeiter wird ab dem ____[Datum]____ eine gesetzliche Altersrente beziehen. Daher sind sich die Vertragsparteien darüber einig, dass das zwischen ihnen bestehende Arbeitsverhältnis mit Wirkung zum ____[Datum]____ enden wird, ohne dass es einer Kündigung bedarf. [9] Bis zu diesem Zeitpunkt können beide Seiten das Arbeitsverhältnis weiterhin nach Maßgabe der bisher geltenden Bestimmungen ordentlich kündigen. [10]

(2) Ungeachtet der vorstehenden Regelung endet das Altersteilzeitverhältnis spätestens zu dem Zeitpunkt, in dem der Mitarbeiter erstmals eine ungeminderte gesetzliche Rente in Anspruch nehmen kann. Der Mitarbeiter ist insoweit verpflichtet, die jeweils erforderlichen Anträge zu stellen und alle weiteren erforderlichen Handlungen vorzunehmen, um zum frühestmöglichen Zeitpunkt eine gesetzliche Altersrente oder vergleichbare Leistungen zu erhalten.

(3) Der Mitarbeiter ist verpflichtet, dem Arbeitgeber unaufgefordert vor Beginn des Altersteilzeit-Arbeitsverhältnisses eine Rentenauskunft der zuständigen Versicherungsanstalt vorzulegen. [11]

§ 7
Nebentätigkeit des Mitarbeiters

(1) Der Mitarbeiter wird eine Nebenbeschäftigung nur aufnehmen, wenn er diese zuvor dem Arbeitgeber unter Mitteilung von Vertragspartner sowie Ort, Zeit und Inhalt seiner Nebentätigkeit angezeigt hat, der Arbeitgeber der Aufnahme der Nebentätigkeit zugestimmt hat und die Nebentätigkeit die Geringfügigkeitsgrenze des § 8 SGB IV nicht übersteigt. [12]

(2) Der Arbeitgeber ist zur Zustimmung nach Absatz 1 verpflichtet, soweit betriebliche Belange der angezeigten Nebentätigkeit nicht entgegenstehen. [13]

§ 8
Mitwirkungs- und Auskunftspflichten

Der Mitarbeiter ist verpflichtet, dem Arbeitgeber jede Änderung seiner persönlichen Verhältnisse, die Einfluss auf das Arbeitsverhältnis, die Regelungen zur Altersteilzeit und insbesondere die Erstattung der Aufstockungsbeträge durch die Bundesagentur für Arbeit haben können, unverzüglich schriftlich mitzuteilen. [14]

§ 9
Haftung des Mitarbeiters [15]

(1) Der Mitarbeiter verpflichtet sich, den Arbeitgeber von sämtlichen Forderungen der Bundesagentur für Arbeit, eines Sozialversicherungsträgers oder anderer Dritter freizustellen, die darauf beruhen, dass der Mitarbeiter die ihm nach diesem Vertrag oder den einschlägigen tariflichen und gesetzlichen Bestimmungen obliegenden Auskunfts- oder Mitwirkungspflichten verletzt.

(2) Die Möglichkeit, einen weitergehenden Schadensersatz geltend zu machen, bleibt unberührt.

§ 10
Salvatorische Klausel

(1) Sollten einzelne Bestimmungen dieses Vertrages ganz oder teilweise unwirksam sein oder werden, bleibt die Wirksamkeit der übrigen Bestimmungen unberührt.

(2) Die Vertragsparteien sind im Falle einer unwirksamen Bestimmung verpflichtet, über eine wirksame und zumutbare Ersatzregelung zu verhandeln, die dem von den Vertragsparteien mit der unwirksamen Bestimmung verfolgten wirtschaftlichen Zweck möglichst nahekommt.

_____[Ort]_____, den _____[Datum]_____

_____
(Unterschrift des Arbeitgebers)

_____
(Unterschrift des Mitarbeiters) [16]

Erläuterungen

Schrifttum

Abeln/Gaudernack Keine Altersrente nach Altersteilzeit bei völliger Freistellung schon während der Arbeitsphase im so genannten Blockmodell, BB 2005, 43; *Birk* Die Befristung von Altersteilzeitverträgen auf einen vorgezogenen Renteneintritt, NZA 2007, 244; *Cirsovius* Alternativen der Frühverrentung, NZS 2008, 78; *Engesser Means/Clauss* Eintritt in Altersteilzeitvertrag bei Arbeitgeberwechsel, NZA 2006, 293; *Frank* Regelungsbedarf und Haftungsfallen in Wertkontenmodellen, NZA 2008, 152; *Froehner* Das Altersteilzeitverhältnis in der Insolvenz des Arbeitgebers, NZA 2012, 1405; *Hamm* Insolvenzschutz von Arbeitszeitkonten, AiB 2005, 92; *Hanau* Neue Altersteilzeit, NZA 2009, 225; *Hanau* Noch einmal: Die Befristung von Altersteilzeitverträgen auf einen vorgezogenen Renteneintritt, NZA 2007, 848; *Hanau/Veit* Neues Gesetz zur Verbesserung der Rahmenbedingungen für die Absicherung flexiblerArbeitszeitregelungen und zur Änderung anderer Gesetze, NJW 2009, 182; *Kerschbaumer* Altersteilzeit – Ein Überblick über die Voraussetzungen und den derzeitigen Stand der Diskussion, AiB 2006, 682; *Kock* Risiken bei endgültiger Freistellung des Arbeitnehmers während der Altersteilzeit, ArbRB 2005, 275; *Koller-van Delden* Insolvenzsicherung von Altersteilzeitguthaben und Haftungsrisiken der Geschäftsführung am Beispiel des Bürgschaftsmodells, DStR 2008, 1835; *Melms/Schwarz* Die verpasste Rente nach Altersteilzeit, DB 2006, 2010; *Langer/Straßenburg* Sonderfragen zum Pflegezeitgesetz, AuA 2009, 92; *Oberthür* Die vollständige Freistellung in der Altersteilzeit – ein riskantes Trennungsmodell, NZA 2005, 377; *Perreng* Insolvenzsicherung von Arbeitszeitkonten, FA 2005, 333; *Rehwald* Auswirkungen der Insolvenz auf die Altersteilzeit – Blockmodell – Arbeitsphase, AiB 2006, 127; *Rittweger* Die Novelle des Altersteilzeitgesetzes, DStR 2000, 161; *Rolfs/Witschen* Neue Regeln für Wertguthaben, NZS 2009, 295; *Rothländer* Rechtsprechungsübersicht zu Fragen der Altersteilzeit, PersR 2007, 185; *Schreiner* Die Befristung von Altersteilzeitverträgen auf einen vorgezogenen Renteneintritt, NZA 2007, 846; *Zwanziger* Struktur, Probleme und Entwicklung des Altersteilzeitrechtes – ein Überblick, RdA 2005, 226; *Zwirner* Abbildung von Rückstellungen für Altersteilzeit, BC 2011, 520.

1. Die als § 1 vorgesehene Regelung stellt klar, dass die vorliegende Altersteilzeitvereinbarung die bisher geltende vertragliche Regelung der Arbeitsvertragsparteien lediglich modifiziert und dass im Übrigen auch weiterhin der Arbeitsvertrag, die gesetzlichen Bestimmungen des Altersteilzeitgesetzes sowie gegebenenfalls ein Altersteilzeit-Tarifvertrag anzuwenden sind. Soweit auf einen Tarifvertrag Bezug genommen wird, empfiehlt sich, diesen so konkret wie möglich zu bezeichnen. Dazu sollten wenigstens die Branche, gegebenenfalls die Tarifvertragsparteien sowie das Datum des jeweiligen Tarifwerks mit aufgenommen werden. 55

2. Der Hinweis auf die bisherige und die während der Altersteilzeit zu übernehmende Tätigkeit dient der Klarstellung. Nach dem Altersteilzeitgesetz ist es grundsätzlich nicht erforderlich, dass der Arbeitnehmer während der Altersteilzeit mit den gleichen Tätigkeiten betraut ist, wie dies vor Beginn der Altersteilzeit der Fall war. Dementsprechend ist es ohne Weiteres zulässig, in der hier vorgesehenen Regelung für die Altersteilzeit eine andere Tätigkeitsbezeichnung vorzusehen. Eine weitergehende Konkretisierung der Tätigkeit ist hingegen nicht erforderlich, da insoweit der Ar- 56

G. Mitarbeiterbezogene Sonderformen des Arbeitsverhältnisses

beitgeber gemäß § 106 GewO ohnehin Zeit, Ort und Inhalt der konkreten Arbeitsleistung bestimmen kann. Dementsprechend beschränkt sich die hier vorgeschlagene Regelung auf eine allgemeine Tätigkeitsbezeichnung.

57 **3.** Gemäß § 2 Abs. 1 Nr. 2 ATG muss die Altersteilzeitvereinbarung vorsehen, dass die bisherige wöchentliche Arbeitszeit des Arbeitnehmers um die Hälfte reduziert wird. Unerheblich ist dabei, in welchem Umfang der jeweilige Mitarbeiter bisher beschäftigt wurde, so dass ein Altersteilzeitverhältnis auch dann abgeschlossen werden kann, wenn zuvor zwischen den Parteien ein Teilzeitarbeitsverhältnis bestanden hat. In jedem Fall ist aber die Berechnung der neuen Arbeitsstundenzahl sorgfältig vorzunehmen, weil die steuerliche Förderung zwingend voraussetzt, dass die wöchentliche Arbeitszeit exakt halbiert wird. Berechnungsfehler können daher zu steuerlichen Nachteilen und gegebenenfalls zu schadensersatzrechtlichen Belastungen des Arbeitgebers führen (BAG, Urt. v. 10.02.2004 – 9 AZR 401/02, NZA 2004, 606; BSG, Urt. v. 29.01.2001 – B 7 AL 98/99 R, NZA-RR 2001, 596; *Diller* NZA 1996, 847, 848). Für die Berechnung der neuen Arbeitszeit ist § 6 Abs. 2 ATG zu beachten. Danach ist als bisherige wöchentliche Arbeitszeit diejenige Arbeitszeit maßgeblich, die unmittelbar vor dem Beginn der Altersteilzeit geleistet worden ist, es sei denn, die für die letzten sechs Monate vor diesem Zeitpunkt vereinbarte Arbeitszeit wäre geringer gewesen (§ 6 Abs. 2 S. 2 ATG). Hierbei bleiben Zeiträume, in denen aufgrund von Sonderurlaub o.Ä. keine Arbeitsleistung erfolgte, bei der Berechnung außer Betracht (BAG, Urt. v. 01.10.2002 – 9 AZR 278/02, BB 2003, 1123).

58 **4.** Das hier vorgeschlagene Modell der Arbeitszeitverteilung sieht eine Beschäftigung des Mitarbeiters an den Tagen Montag, Dienstag und Donnerstag vor, während mittwochs und freitags keine Arbeitsleistung zu erbringen sein soll. Ebenso zulässig ist eine regelmäßige Verteilung der Arbeitszeit auf die fünf Arbeitstage sowie jede andere Verteilung, die gegebenenfalls auch saisonabhängig variieren kann.

59 **5.** Der Vergütungsanspruch des Arbeitnehmers ist für die Dauer der Altersteilzeit entsprechend seines verringerten Beschäftigungsniveaus anzupassen. Hierbei ist zu beachten, dass allein aufgrund der Vereinbarung der Altersteilzeit keine Verringerung der Vergütung erfolgen darf. Für die Berechnung des damit regelmäßig um 50 % reduzierten Arbeitsentgeltanspruchs ist jedoch die Vorschrift des § 6 Abs. 2 ATG zu beachten, so dass sich unter Umständen geringfügige Abweichungen ergeben können.

60 **6.** Die Regelung des § 3 Abs. 1 Nr. 1 ATG verlangt, dass der Arbeitgeber zusätzlich zu dem während der Altersteilzeit verringerten Vergütungsanspruch des Arbeitnehmers einen Aufstockungsbetrag in Höhe von 20 % des nach § 6 Abs. 1 ATG berechneten Regelarbeitsentgelts auszahlt. Hierbei ist zu beachten, dass das Regelarbeitsentgelt nicht mit dem Bruttoarbeitsentgelt des Arbeitnehmers verwechselt werden darf, sondern unter Umständen deutlich unter diesem liegt. So sind beispielsweise Mehrarbeitszuschläge und auch einmalig gezahltes Arbeitsentgelt nicht zu berücksichtigen (vgl. BAG, Urt. v. 20.06.1989 – 3 AZR 554/87, NZA 1990, 156).

61 **7.** Die Regelung trägt § 3 Abs. 1 Nr. 1 lit. b ATG Rechnung, wonach der Arbeitgeber zum Ausgleich der Rentenminderungen zusätzlich Beiträge zur gesetzlichen Rentenversicherung in Höhe des Betrags zu entrichten hat, der auf 80 % des Regelarbeitsentgelts für die Altersteilzeitarbeit entfällt. Der Arbeitgeber hat insoweit auch die Arbeitnehmeranteile zu tragen (vgl. *Diller* NZA 1996, 847, 849). Zu beachten ist, dass die hier vorgeschlagene Regelung auf den gesetzlichen Berechnungsmodus rekurriert und damit nur dem Mindestmaß der Leistung entspricht, die der Arbeitgeber zu erbringen hat, um die steuerlichen Begünstigungen zu erhalten. Die Auszahlung von höheren Leistungen ist insoweit ohne Weiteres möglich und in zahlreichen Tarifverträgen so auch vorgesehen (vgl. *Preis* Arbeitsvertrag, II. A 30 Rn. 20).

62 **8.** Die vorgeschlagene Regelung wird in der Praxis häufig verwendet, um den administrativen Aufwand der Altersteilzeit zu verringern. Während der Arbeitgeber nach den Bestimmungen des EFZG grundsätzlich verpflichtet ist, bei krankheitsbedingter Arbeitsunfähigkeit des Arbeitnehmers sowohl die Entgeltvergütung als auch die Aufstockungsbeträge weiterzuzahlen, endet diese

Verpflichtung mit Erreichen der 7. Woche der Arbeitsunfähigkeit. Ab diesem Zeitpunkt kann der Mitarbeiter die Leistungen des Krankengelds seiner Krankenkasse beanspruchen, die dann auch die Aufstockungsleistungen nach dem Altersteilzeitgesetz zu erbringen hat. Zur Erleichterung des damit verbundenen Verwaltungsaufwands wird vielfach die hier vorgeschlagene Lösung empfohlen, wonach der Arbeitgeber auch während der Krankengeldphase die Aufstockungsbeträge weiter an den Mitarbeiter auszahlt. Im Gegenzug kann er sich gemäß § 53 Abs. 2 Nr. 1 SGB I die von der Bundesagentur für Arbeit zu erbringenden Aufstockungsleistungen abtreten lassen. Hierbei ist zu berücksichtigen, dass die Bundesagentur für Arbeit die Aufstockungsbeträge nur dann fortzahlt, wenn die Voraussetzungen hierfür gegeben sind. Insoweit sieht die hier vorgeschlagene Regelung zugunsten des Arbeitgebers vor, dass er diese Leistungen anstelle der Bundesagentur für Arbeit nur in dem abgetretenen Umfang zu erbringen hat.

9. Das hier vorgeschlagene Modell sieht eine Befristung des Arbeitsverhältnisses zum Zeitpunkt des Eintritts des Mitarbeiters in die gesetzliche Altersrente vor. Dementsprechend endet das Arbeitsverhältnis, ohne dass es einer Kündigung bedarf, zu dem angegebenen Zeitpunkt.   63

10. Da die vorstehende Regelung eine Befristungsabrede enthält, ist gemäß § 15 Abs. 3 TzBfG der Ausspruch einer ordentlichen Kündigung grundsätzlich ausgeschlossen, sofern sich die Parteien im Arbeitsvertrag nicht etwas anderes vorbehalten. Dem trägt die hier vorgeschlagene Regelung Rechnung, wonach das Arbeitsverhältnis von beiden Seiten unter Beachtung der bisher maßgeblichen Bestimmungen, insbesondere der maßgeblichen Kündigungsfristen, gekündigt werden kann.   64

11. Die Regelung dient dem Arbeitgeber zur Kontrolle der vorgesehenen Renteneintrittsdaten und der Durchsetzung der in den vorstehenden Regelungen genannten Beendigungszeitpunkte.   65

12. Die Regelung trägt § 5 ATG Rechnung, die allerdings nur noch für vor dem 01.01.2010 abgeschlossene Altersteilzeitverträge maßgeblich ist.   66

13. Die vorgesehene Regelung verpflichtet den Arbeitgeber regelmäßig zur Erteilung der Zustimmung zur Aufnahme einer Nebentätigkeit, sofern nicht seine betrieblichen Belange betroffen sind. Dies trägt dem Anspruch des Arbeitnehmers, sich beruflich frei entwickeln und entfalten zu können, Rechnung.   67

14. Die in § 8 vorgesehene Regelung verpflichtet den Mitarbeiter, den Arbeitgeber über alle die Altersteilzeit betreffenden Änderungen seiner persönlichen Verhältnisse zu informieren, um etwaige steuer- oder sozialversicherungsrechtliche Nachteile des Arbeitgebers zu vermeiden.   68

15. Der Vertrag sieht eine Freistellungspflicht des Mitarbeiters für den Fall vor, dass aufgrund einer von ihm ausgehenden Pflichtverletzung der Arbeitgeber steuer- oder sozialversicherungsrechtliche Nachteile erleidet. Darüber hinaus ist auch eine weitergehende Haftung des Mitarbeiters vorbehalten, die sich im Übrigen aus § 280 Abs. 1 BGB ergibt.   69

16. Auf Grund der vorgesehenen Befristungsregelung bedarf der Vertrag der Schriftform (§§ 14 Abs. 4 TzBfG, 126 BGB).   70

2. Altersteilzeitvertrag mit Blockmodell

▶ Muster – Altersteilzeitvertrag

[Briefkopf des Unternehmens]   71

Zwischen [Name und Anschrift]

(im Folgenden: »Arbeitgeber«)

und

G. Mitarbeiterbezogene Sonderformen des Arbeitsverhältnisses

Herrn/Frau [Name und Anschrift des Mitarbeiters]

(im Folgenden: »Mitarbeiter«)

wird in Ergänzung zum Arbeitsvertrag der Parteien folgender Vertrag über die Altersteilzeit geschlossen:

§ 1
Beginn der Altersteilzeit

Die Vertragsparteien vereinbaren, das zwischen ihnen bestehende Arbeitsverhältnis ab dem ____[Datum]____ als Altersteilzeit-Arbeitsverhältnis unter Beachtung der Bestimmungen des Altersteilzeitgesetzes fortzuführen. Soweit sich aus diesem Vertrag nichts anderes ergibt, gelten die Regelungen des Arbeitsvertrags der Parteien und des Altersteilzeit-Tarifvertrags ____[Bezeichnung]____ in seiner jeweils gültigen Fassung. [1]

§ 2
Verringerung der Arbeitszeit und Blockmodell

(1) Der Mitarbeiter arbeitet bisher im Umfang von ____[Anzahl]____ Stunden pro Arbeitswoche als ____[Tätigkeitsbezeichnung]____. [2] Die Vertragsparteien vereinbaren, dass er ab dem in § 1 genannten Datum seine Arbeitsleistung nach Maßgabe von Absatz 2 auf die Hälfte reduziert (Altersteilzeit). [3]

(2) Die Vertragsparteien vereinbaren weiter, dass der Mitarbeiter für die erste Hälfte der Altersteilzeit, also für die Dauer vom ____[Datum]____ bis zum ____[Datum]____, entsprechend der bisherigen Arbeitsverteilung eingesetzt wird (Arbeitsphase). In der zweiten Hälfte der Altersteilzeit, also für die Dauer vom ____[Datum]____ bis zum ____[Datum]____, wird der Mitarbeiter unter Fortzahlung der nach diesem Vertrag vereinbarten Vergütung vollständig von der Erbringung der Arbeitsleistung freigestellt (Freistellungsphase). [4]

(3) Der Arbeitgeber verpflichtet sich, die während der Arbeitsphase vom Mitarbeiter verdienten, aber noch nicht ausgezahlten Vergütungsansprüche einschließlich des darauf entfallenden Arbeitgeberanteils am Gesamtversicherungsbeitrag sowie die Aufstockungsbeträge nach § 4 dieses Vertrags gegen Insolvenz abzusichern. Er wird dem Mitarbeiter erstmals mit der ersten Gutschrift und danach alle sechs Monate die zur Insolvenzsicherung ergriffenen Maßnahmen in Textform nachweisen. [5]

§ 3
Vergütung

Der Vergütungsanspruch des Mitarbeiters verringert sich von dem in § 1 genannten Datum an im Verhältnis seiner bisherigen Arbeitszeit auf die nach § 2 Abs. 1 nunmehr geschuldete Arbeitszeit. Dementsprechend erhält der Mitarbeiter ab diesem Zeitpunkt ein Arbeitsentgelt in Höhe von brutto ____[Betrag]____ Euro pro Monat. [6]

§ 4
Aufstockungsbetrag

(1) Der Arbeitgeber zahlt zusätzlich zu dem nach § 3 bestehenden Vergütungsanspruch an den Mitarbeiter einen Aufstockungsbetrag in Höhe von 20 % des Regelarbeitsentgelts i.S.d. § 6 Abs. 1 ATG, mithin derzeit ____[Betrag]____ Euro. Dieser Aufstockungsbetrag wird mit dem Monatsgehalt gezahlt. [7]

(2) Der Arbeitgeber verpflichtet sich außerdem, für den Mitarbeiter zusätzlich Beiträge zur gesetzlichen Rentenversicherung gemäß § 3 Abs. 1 Nr. 1 lit. b ATG zu entrichten. [8]

(3) Der Anspruch des Mitarbeiters auf Auszahlung des Aufstockungsbetrags erlischt bzw. ruht in den Fällen des § 5 Abs. 1, 3 und 4 ATG. In den Fällen des § 5 Abs. 4 ATG gilt dies nicht, wenn die vom Mitarbeiter geleistete Mehrarbeit vom Arbeitgeber angeordnet war.

§ 5
Krankheit und Urlaub

(1) Bezieht der Mitarbeiter bei Arbeitsunfähigkeit infolge von Erkrankung nach Ablauf des Entgeltfortzahlungszeitraums Krankengeld oder entsprechende Leistungen der Berufsgenossenschaft, so tritt er seine insoweit bestehenden Ansprüche gegen die Bundesagentur für Arbeit auf Gewährung von Zuschussleistungen an den Arbeitgeber ab. Der Arbeitgeber erbringt diese Leistungen anstelle der Bundesagentur für Arbeit im abgetretenen Umfang. [9]

(2) Im Kalenderjahr des Übergangs von der Arbeits- in die Freistellungsphase hat der Mitarbeiter für jeden angefangenen Beschäftigungsmonat Anspruch auf ein Zwölftel des Jahresurlaubes. In der Freistellungsphase besteht kein Urlaubsanspruch.

§ 6
Befristung des Altersteilzeit-Arbeitsverhältnisses; Kündigung; Rentenbezug

(1) Der Mitarbeiter wird ab dem ____[Datum]____ eine gesetzliche Altersrente beziehen. Daher sind sich die Vertragsparteien darüber einig, dass das zwischen ihnen bestehende Arbeitsverhältnis mit Wirkung zum ____[Datum]____ enden wird, ohne dass es einer Kündigung bedarf. [10] Bis zu diesem Zeitpunkt können beide Seiten das Arbeitsverhältnis weiterhin nach Maßgabe der bisher geltenden Bestimmungen ordentlich kündigen. [11]

(2) Ungeachtet der vorstehenden Regelung endet das Altersteilzeitverhältnis spätestens zu dem Zeitpunkt, in dem der Mitarbeiter erstmals eine ungeminderte gesetzliche Rente in Anspruch nehmen kann. Der Mitarbeiter ist insoweit verpflichtet, die jeweils erforderlichen Anträge zu stellen und alle weiteren erforderlichen Handlungen vorzunehmen, um zum frühestmöglichen Zeitpunkt eine gesetzliche Altersrente oder vergleichbare Leistungen zu erhalten.

(3) Der Mitarbeiter ist verpflichtet, dem Arbeitgeber unaufgefordert vor Beginn des Altersteilzeit-Arbeitsverhältnisses eine Rentenauskunft der zuständigen Versicherungsanstalt vorzulegen. [12]

§ 7
Nebentätigkeit des Mitarbeiters

(1) Der Mitarbeiter wird eine Nebenbeschäftigung nur aufnehmen, wenn er diese zuvor dem Arbeitgeber unter Mitteilung von Vertragspartner sowie Ort, Zeit und Inhalt seiner Nebentätigkeit angezeigt hat, der Arbeitgeber der Aufnahme der Nebentätigkeit zugestimmt hat und die Nebentätigkeit die Geringfügigkeitsgrenze des § 8 SGB IV nicht übersteigt. [13]

(2) Der Arbeitgeber ist zur Zustimmung nach Absatz 1 verpflichtet, soweit betriebliche Belange der angezeigten Nebentätigkeit nicht entgegenstehen. [14]

§ 8
Mitwirkungs- und Auskunftspflichten

Der Mitarbeiter ist verpflichtet, dem Arbeitgeber jede Änderung seiner persönlichen Verhältnisse, die Einfluss auf das Arbeitsverhältnis, die Regelungen zur Altersteilzeit und insbesondere die Erstattung der Aufstockungsbeträge durch die Bundesagentur für Arbeit haben können, unverzüglich schriftlich mitzuteilen. [15]

§ 9
Haftung des Mitarbeiters [16]

(1) Der Mitarbeiter verpflichtet sich, den Arbeitgeber von sämtlichen Forderungen der Bundesagentur für Arbeit, eines Sozialversicherungsträgers oder anderer Dritter freizustellen, die darauf beruhen, dass der Mitarbeiter die ihm nach diesem Vertrag oder den einschlägigen tariflichen und gesetzlichen Bestimmungen obliegenden Auskunfts- oder Mitwirkungspflichten verletzt.

(2) Die Möglichkeit, einen weitergehenden Schadensersatz geltend zu machen, bleibt unberührt.

G. Mitarbeiterbezogene Sonderformen des Arbeitsverhältnisses

§ 10
Salvatorische Klausel

(1) Sollten einzelne Bestimmungen dieses Vertrages ganz oder teilweise unwirksam sein oder werden, bleibt die Wirksamkeit der übrigen Bestimmungen unberührt.

(2) Die Vertragsparteien sind im Falle einer unwirksamen Bestimmung verpflichtet, über eine wirksame und zumutbare Ersatzregelung zu verhandeln, die dem von den Vertragsparteien mit der unwirksamen Bestimmung verfolgten wirtschaftlichen Zweck möglichst nahekommt.

_____ [Ort]_____, den _____[Datum]_____

_____
(Unterschrift des Arbeitgebers)

_____
(Unterschrift des Mitarbeiters) [17]

Erläuterungen

Schrifttum

Abeln/Gaudernack Keine Altersrente nach Altersteilzeit bei völliger Freistellung schon während der Arbeitsphase im so genannten Blockmodell, BB 2005, 43; *Birk* Die Befristung von Altersteilzeitverträgen auf einen vorgezogenen Renteneintritt, NZA 2007, 244; *Cirsovius* Alternativen der Frühverrentung, NZS 2008, 78; *Engesser Means/Clauss* Eintritt in Altersteilzeitvertrag bei Arbeitgeberwechsel, NZA 2006, 293; *Fabritius* Gestaltungsmöglichkeiten im Rahmen von Altersteilzeit, ArbR 2011, 344; *Frank* Regelungsbedarf und Haftungsfallen in Wertkontenmodellen, NZA 2008, 152; *Froehner* Das Altersteilzeitverhältnis in der Insolvenz des Arbeitgebers, NZA 2012, 1405; *Hamm* Insolvenzschutz von Arbeitszeitkonten, AiB 2005, 92; *Hanau* Neue Altersteilzeit, NZA 2009, 225; *Hanau* Noch einmal: Die Befristung von Altersteilzeitverträgen auf einen vorgezogenen Renteneintritt, NZA 2007, 848; *Hanau/Veit* Neues Gesetz zur Verbesserung der Rahmenbedingungen für die Absicherung flexibler Arbeitszeitregelungen und zur Änderung anderer Gesetze, NJW 2009, 182; *Ickenroth/Ahlbrecht* Altersteilzeit im Blockmodell – Rechtlicher Rahmen und Sonderprobleme, BB 2002, 2440; *Kerschbaumer* Altersteilzeit – Ein Überblick über die Voraussetzungen und den derzeitigen Stand der Diskussion, AiB 2006, 682; *Kock* Risiken bei endgültiger Freistellung des Arbeitnehmers während der Altersteilzeit, ArbRB 2005, 275; *Koller-van Delden* Insolvenzsicherung von Altersteilzeitguthaben und Haftungsrisiken der Geschäftsführung am Beispiel des Bürgschaftsmodells, DStR 2008, 1835; *Melms/Schwarz* Die verpasste Rente nach Altersteilzeit, DB 2006, 2010; *Langer/Straßenburg* Sonderfragen zum Pflegezeitgesetz, AuA 2009, 92; *Oberthür* Die vollständige Freistellung in der Altersteilzeit – ein riskantes Trennungsmodell, NZA 2005, 377; *Perreng* Insolvenzsicherung von Arbeitszeitkonten, FA 2005, 333; *Quast/Wellisch* Bilanzierung von Rückstellungen bei »verblockter« Altersteilzeit und Lebensarbeitszeitkonten, BB 2006, 763; *Rehwald* Auswirkungen der Insolvenz auf die Altersteilzeit – Blockmodell – Arbeitsphase, AiB 2006, 127; *Rittweger* Die Novelle des Altersteilzeitgesetzes, DStR 2000, 161; *Rolfs/Witschen* Neue Regeln für Wertguthaben, NZS 2009, 295; *Rothländer* Rechtsprechungsübersicht zu Fragen der Altersteilzeit, PersR 2007, 185; *Schreiner* Die Befristung von Altersteilzeitverträgen auf einen vorgezogenen Renteneintritt, NZA 2007, 846; *Zwanziger* Struktur, Probleme und Entwicklung des Altersteilzeitrechtes – Ein Überblick, RdA 2005, 226; *Zwirner* Abbildung von Rückstellungen für Altersteilzeit, BC 2011, 520; *Zwirner/Froschhammer* Bilanzielle Behandlung von Altersteilzeitverträgen in der Form eines Blockmodells, BC 2010, 95.

72 1. Die als § 1 vorgesehene Regelung stellt klar, dass die vorliegende Altersteilzeitvereinbarung die bisher geltende vertragliche Regelung der Arbeitsvertragsparteien lediglich modifiziert und dass im Übrigen auch weiterhin der Arbeitsvertrag, die gesetzlichen Bestimmungen des Altersteilzeitgesetzes sowie gegebenenfalls ein Altersteilzeit-Tarifvertrag anzuwenden sind. Soweit auf einen Tarifvertrag Bezug genommen wird, empfiehlt sich, diesen so konkret wie möglich zu bezeichnen. Dazu sollten wenigstens die Branche, gegebenenfalls die Tarifvertragsparteien sowie das Datum des jeweiligen Tarifwerks mit aufgenommen werden.

73 2. Der Hinweis auf die bisherige und die während der Altersteilzeit zu übernehmende Tätigkeit dient der Klarstellung. Nach dem Altersteilzeitgesetz ist es grundsätzlich nicht erforderlich, dass der Arbeitnehmer während der Altersteilzeit mit den gleichen Tätigkeiten betraut ist, wie dies vor

Beginn der Altersteilzeit der Fall war. Dementsprechend ist es ohne Weiteres zulässig, in der hier vorgesehenen Regelung für die Altersteilzeit eine andere Tätigkeitsbezeichnung vorzusehen. Eine weitergehende Konkretisierung der Tätigkeit ist hingegen nicht erforderlich, da insoweit der Arbeitgeber gemäß § 106 GewO ohnehin Zeit, Ort und Inhalt der konkreten Arbeitsleistung bestimmen kann. Dementsprechend beschränkt sich die hier vorgeschlagene Regelung auf eine allgemeine Tätigkeitsbezeichnung.

3. Gemäß § 2 Abs. 1 Nr. 2 ATG muss die Altersteilzeitvereinbarung vorsehen, dass die bisherige Arbeitsverpflichtung des Arbeitnehmers um die Hälfte reduziert wird. Unerheblich ist dabei, in welchem Umfang der jeweilige Mitarbeiter bisher beschäftigt wurde, so dass ein Altersteilzeitverhältnis auch dann abgeschlossen werden kann, wenn zuvor zwischen den Parteien ein Teilzeitarbeitsverhältnis bestanden hat. In jedem Fall ist aber die Berechnung der neuen Arbeitsstundenzahl sorgfältig vorzunehmen, weil die steuerliche Förderung zwingend voraussetzt, dass die wöchentliche Arbeitszeit exakt halbiert wird. Berechnungsfehler können daher zu steuerlichen und gegebenenfalls auch schadensersatzrechtlichen Belastungen des Arbeitgebers führen (BAG, Urt. v. 10.02.2004 – 9 AZR 401/02, NZA 2004, 606; BSG, Urt. v. 29.01.2001 – B 7 AL 98/99 R, NZA-RR 2001, 596; *Diller* NZA 1996, 847, 848). Für die Berechnung der neuen Arbeitszeit ist § 6 Abs. 2 ATG zu beachten. Danach ist als bisherige wöchentliche Arbeitszeit diejenige Arbeitszeit maßgeblich, die unmittelbar vor dem Beginn der Altersteilzeit geleistet worden ist, es sei denn, die für die letzten sechs Monate vor diesem Zeitpunkt vereinbarte Arbeitszeit wäre geringer gewesen (§ 6 Abs. 2 S. 2 ATG). Hierbei bleiben Zeiträume, in denen aufgrund von Sonderurlaub o.Ä. keine Arbeitsleistung erfolgte, bei der Berechnung außer Betracht (BAG, Urt. v. 01.10.2002 – 9 AZR 278/02, BB 2003, 1123).

4. Das vorliegende Muster sieht das sog. Blockmodell vor, in dem der Arbeitnehmer zur Hälfte in dem bisherigen Umfang weiterarbeitet und anschließend für die gleiche Zeitdauer vollständig freigestellt wird.

5. Gemäß § 8a ATG ist eine Regelung zur Insolvenzsicherung erforderlich, wenn – wie typischerweise im Blockmodell – der Arbeitnehmer während der Altersteilzeit ein Wertguthaben anspart, das den Betrag des Dreifachen des Regelarbeitsentgelts nach § 6 Abs. 1 ATG einschließlich des darauf entfallenden Arbeitgeberanteils am Gesamtsozialversicherungsbeitrag übersteigt. Auf welche Weise der Arbeitgeber den Insolvenzschutz sicherstellt, ist im Gesetz nicht ausdrücklich geregelt, sondern der jeweiligen Altersteilzeitregelung vorbehalten. Neben der Möglichkeit, eine selbstschuldnerische Bürgschaft eines im Inland ansässigen Kreditinstituts zu stellen, kommen insbesondere sog. CTA-Modelle, Gruppenversicherungsbeiträge, aber auch andere Wege in Betracht. Nach § 8a Abs. 3 S. 1 ATG hat der Arbeitgeber dem Arbeitnehmer die zur Sicherung des Wertguthabens ergriffenen Maßnahmen mit der ersten Gutschrift und danach alle sechs Monate in Textform nachzuweisen.

6. Der Vergütungsanspruch des Arbeitnehmers ist für die Dauer der Altersteilzeit entsprechend seines verringerten Beschäftigungsniveaus anzupassen. Hierbei ist zu beachten, dass alleine aufgrund der Vereinbarung der Altersteilzeit keine Verringerung der Vergütung erfolgen darf. Für die Berechnung des damit regelmäßig um 50 % reduzierten Arbeitsentgeltanspruchs ist jedoch die Vorschrift des § 6 Abs. 2 ATG zu beachten, so dass sich unter Umständen geringfügige Abweichungen ergeben können.

7. Die Regelung des § 3 Abs. 1 Nr. 1 ATG verlangt, dass der Arbeitgeber zusätzlich zu dem während der Altersteilzeit verringerten Vergütungsanspruch des Arbeitnehmers einen Aufstockungsbetrag in Höhe von 20 % des nach § 6 Abs. 1 ATG berechneten Regelarbeitsentgelts auszahlt. Hierbei ist zu beachten, dass das Regelarbeitsentgelt nicht mit dem Bruttoarbeitsentgelt des Arbeitnehmers verwechselt werden darf, sondern unter Umständen deutlich unter diesem liegt. So sind beispielsweise Mehrarbeitszuschläge und auch einmalig gezahltes Arbeitsentgelt nicht zu berücksichtigen (vgl. BAG, Urt. v. 20.06.1989 – 3 AZR 554/87, NZA 1990, 156).

G. Mitarbeiterbezogene Sonderformen des Arbeitsverhältnisses

79 **8.** Die Regelung trägt § 3 Abs. 1 Nr. 1 lit. b ATG Rechnung, wonach der Arbeitgeber zum Ausgleich der Rentenminderungen zusätzlich Beiträge zur gesetzlichen Rentenversicherung in Höhe des Betrags zu entrichten hat, der auf 80 % des Regelarbeitsentgelts für die Altersteilzeitarbeit entfällt. Der Arbeitgeber hat insoweit auch die Arbeitnehmeranteile zu tragen (vgl. *Diller* NZA 1996, 847, 849). Zu beachten ist, dass die hier vorgeschlagene Regelung auf den gesetzlichen Berechnungsmodus rekurriert und damit nur dem Mindestmaß der Leistung entspricht, die der Arbeitgeber zu erbringen hat, um die steuerlichen Begünstigungen zu erhalten. Die Auszahlung von höheren Leistungen ist insoweit ohne Weiteres möglich und in zahlreichen Tarifverträgen so auch vorgesehen (vgl. *Preis* Arbeitsvertrag II. A 30 Rn. 20).

80 **9.** Die vorgeschlagene Regelung wird in der Praxis häufig verwendet, um den administrativen Aufwand der Altersteilzeit zu verringern. Während der Arbeitgeber nach den Bestimmungen des EFZG grundsätzlich verpflichtet ist, bei krankheitsbedingter Arbeitsunfähigkeit des Arbeitnehmers sowohl die Entgeltvergütung als auch die Aufstockungsbeträge weiterzuzahlen, endet diese Verpflichtung mit Erreichen der 7. Woche der Arbeitsunfähigkeit. Ab diesem Zeitpunkt kann der Mitarbeiter vielmehr die Leistungen des Krankengelds seiner Krankenkasse beanspruchen, die dann auch die Aufstockungsleistungen nach dem Altersteilzeitgesetz zu erbringen hat. Zur Erleichterung des damit verbundenen Verwaltungsaufwands wird vielfach die hier vorgeschlagene Lösung empfohlen, wonach der Arbeitgeber auch während der Krankengeldphase die Aufstockungsbeträge weiter an den Mitarbeiter auszahlt. Im Gegenzug kann er sich gemäß § 53 Abs. 2 Nr. 1 SGB I die von der Bundesagentur für Arbeit zu erbringenden Aufstockungsleistungen abtreten lassen. Hierbei ist zu berücksichtigen, dass die Bundesagentur für Arbeit die Aufstockungsbeträge nur dann fortzahlt, wenn die Voraussetzungen hierfür gegeben sind. Insoweit sieht die hier vorgeschlagene Regelung zugunsten des Arbeitgebers vor, dass er diese Leistungen anstelle der Bundesagentur für Arbeit nur in dem abgetretenen Umfang zu erbringen hat.

81 **10.** Das hier vorgeschlagene Modell sieht eine Befristung des Arbeitsverhältnisses zum Zeitpunkt des Eintritts des Mitarbeiters in die gesetzliche Altersrente vor. Dementsprechend endet das Arbeitsverhältnis, ohne dass es einer Kündigung bedarf, zu dem angegebenen Zeitpunkt.

82 **11.** Da die vorstehende Regelung eine Befristungsabrede enthält, ist gemäß § 15 Abs. 3 TzBfG der Ausspruch einer ordentlichen Kündigung grundsätzlich ausgeschlossen, sofern sich die Parteien im Arbeitsvertrag nicht etwas anderes vorbehalten. Dem trägt die hier vorgeschlagene Regelung Rechnung, wonach das Arbeitsverhältnis von beiden Seiten unter Beachtung der bisher maßgeblichen Bestimmungen, insbesondere der maßgeblichen Kündigungsfristen, gekündigt werden kann. Hierbei ist insbesondere für das Blockmodell zu beachten, dass die Kündigung des Arbeitsverhältnisses regelmäßig nur in der Arbeitsphase aus betriebsbedingten Gründen möglich ist (LAG Düsseldorf, Urt. v. 27.05.2003 – 16 Sa 1439/02, NZA-RR 2003, 635).

83 **12.** Die Regelung dient dem Arbeitgeber zur Kontrolle der vorgesehenen Renteneintrittsdaten und der Durchsetzung der in den vorstehenden Regelungen genannten Beendigungszeitpunkte.

84 **13.** Die Regelung trägt § 5 ATG Rechnung, die allerdings nur noch für vor dem 01.01.2010 abgeschlossene Altersteilzeitverträge maßgeblich ist.

85 **14.** Die vorgesehene Regelung verpflichtet den Arbeitgeber regelmäßig zur Erteilung der Zustimmung zur Aufnahme einer Nebentätigkeit, sofern nicht seine betrieblichen Belange betroffen sind. Dies trägt dem Anspruch des Arbeitnehmers, sich beruflich frei entwickeln und entfalten zu können, Rechnung.

86 **15.** Die in § 8 vorgesehene Regelung verpflichtet den Mitarbeiter, den Arbeitgeber über alle die Altersteilzeit betreffenden Änderungen seiner persönlichen Verhältnisse zu informieren, um etwaige steuer- oder sozialversicherungsrechtliche Nachteile des Arbeitgebers zu vermeiden.

87 **16.** Der Vertrag sieht eine Freistellungspflicht des Mitarbeiters für den Fall vor, dass aufgrund einer von ihm ausgehenden Pflichtverletzung der Arbeitgeber steuer- oder sozialversicherungsrecht-

liche Nachteile erleidet. Darüber hinaus ist auch eine weitergehende Haftung des Mitarbeiters vorbehalten, die sich im Übrigen aus § 280 Abs. 1 BGB ergibt.

17. Auf Grund der vorgesehenen Befristungsregelung bedarf der Vertrag der Schriftform (§§ 14 Abs. 4 TzBfG, 126 BGB). **88**

III. Pflegezeit

Mit dem Gesetz über die Pflegezeit vom 28.05.2008 (Pflegezeitgesetz – PflegeZG) verfolgt der Gesetzgeber das Ziel, Beschäftigten die Möglichkeit zu geben, in Einklang mit ihrer Berufstätigkeit pflegebedürftige Angehörige in häuslicher Umgebung zu pflegen. Hierzu sieht das Gesetz zwei maßgebliche Wege vor, namentlich die in § 2 PflegeZG geregelte »kurzzeitige Arbeitsverhinderung« sowie die eigentliche Pflegezeit nach § 3 PflegeZG. **89**

Während das Gesetz mit der Regelung zur kurzzeitigen Arbeitsverhinderung ein einseitiges Leistungsverweigerungsrecht des Arbeitnehmers etabliert hat, das sich an den Leistungsverweigerungsrechten der §§ 275 Abs. 3 und 616 BGB orientiert, ist für die eigentliche Pflegezeit in § 3 PflegeZG ein Freistellungsrecht zugunsten der Arbeitnehmer vorgesehen, mit dem das Arbeitsverhältnis für die Dauer von längstens sechs Monaten ruhend gestellt werden kann. Hierzu muss der Arbeitnehmer seinen Freistellungswunsch in Form eines einseitigen Gestaltungsrechts ausüben. **90**

Voraussetzung für die Inanspruchnahme der kurzzeitigen Arbeitsverhinderung bzw. der Pflegezeit ist, dass es sich bei dem jeweiligen Mitarbeiter um einen Beschäftigten i.S.d. § 7 PflegeZG handelt. Zu diesem Kreis zählt das Gesetz neben Arbeitnehmern auch die zu ihrer Berufsbildung Beschäftigten sowie arbeitnehmerähnliche Personen und in Heimarbeit Beschäftigte. Selbst Mitarbeiter in Altersteilzeit können Pflegezeit in Anspruch nehmen (vgl. *Langer/Straßenburg* AuA 2009, 92, 93). Als »betriebliche Voraussetzung« für die Pflegezeit sieht das Gesetz eine Kleinbetriebsklausel vor, nach der die Pflegezeit erst ab einer Unternehmensgröße von mehr als 15 Arbeitnehmern in Anspruch genommen werden kann. Demgegenüber ist die in § 2 PflegeZG geregelte kurzzeitige Arbeitsverhinderung auch in kleineren Betrieben und Unternehmen anwendbar. **91**

Der Gesetzgeber hat die Neuregelungen im Pflegezeitgesetz zudem mit Regelungen zur Ersatzbeschäftigung und zum Kündigungsschutz flankiert. So ist im Fall der Pflegezeit nach § 3 PflegeZG von der Ankündigung des Arbeitnehmers (höchstens jedoch zwölf Wochen vor dem angekündigten Beginn) bis zum Ende der Pflegezeit die Möglichkeit der Kündigung durch den Arbeitgeber nach § 5 Abs. 1 PflegeZG ausgeschlossen, es sei denn, es liegt die Zustimmung der für den Arbeitsschutz zuständigen obersten Landesbehörde oder einer von ihr bestimmten Stelle (§ 5 Abs. 2 PflegeZG) vor. Dasselbe gilt für die kurzzeitige Arbeitsverhinderung nach § 2 PflegeZG. Gleichzeitig sieht § 6 PflegeZG – ähnlich wie § 21 BEEG – die Möglichkeit vor, sowohl für die Dauer der kurzzeitigen Arbeitsverhinderung nach § 2 PflegeZG als auch für die Dauer der Pflegezeiten nach § 3 PflegeZG befristete Arbeitsverhältnisse für Ersatzmitarbeiter abzuschließen. Hierfür sieht § 6 PflegeZG einen eigenständigen Sachgrund vor, der außerhalb der in § 14 Abs. 1 TzBfG genannten Sachgründe den Abschluss befristeter Arbeitsverträge ermöglicht. Darüber hinaus regelt § 6 Abs. 3 PflegeZG, dass die ersatzweise eingegangenen Arbeitsverhältnisse vom Arbeitgeber innerhalb einer Frist von zwei Wochen gekündigt werden können, wenn die Voraussetzungen für die Pflegezeit bzw. die kurzzeitige Arbeitsverhinderung entfallen. Zu den Mustern für die Zustimmung der für den Arbeitsschutz zuständigen Behörden vgl. K Rdn. 233 sowie für den Abschluss befristeter Arbeitsverhältnisse vgl. E Rdn. 34. **92**

Das Pflegezeitgesetz geht nach wie vor von einer Zweiteilung aus, wonach die kurzzeitige Arbeitsverhinderung von längstens zehn Tagen (§ 2 PflegeZG) von der eigentlichen Pflegezeit (§ 3 PflegeZG) zu unterscheiden ist. Die noch in der Vorauflage enthaltene Klausel zur Sicherung der Entgeltfortzahlung bei kurzzeitiger Arbeitsverhinderung ist allerdings nun obsolet geworden und hier entfallen, weil der Gesetzgeber mit der Einführung des § 44a SGB XI einen eigenständigen Anspruch des pflegenden Mitarbeiters (sog. Pflegeunterstützungsgeld) eingeführt hat. Daher ist die **93** arbeitsvertragliche Regelung eines eigenständigen Entgeltfortzahlungsanspruchs nicht mehr zu empfehlen. Statt des entsprechenden Musters soll es hinsichtlich der kurzzeitigen Arbeitsverhinderung bei den nachfolgenden Ausführungen verbleiben.

94 Das Pflegezeitgesetz regelt in § 2 Abs. 1 ein eigenständiges Leistungsverweigerungsrecht des Arbeitnehmers (ErfK/*Gallner* § 2 PflegeZG Rn. 1; *Joussen* NZA 2009, 69, 70). Danach sind Arbeitnehmer berechtigt, für die Dauer von bis zu zehn Arbeitstagen von der Arbeitsleistung fernzubleiben, wenn dies erforderlich ist, um für einen pflegebedürftigen nahen Angehörigen in einer akut aufgetretenen Pflegesituation eine bedarfsgerechte Pflege zu organisieren oder eine pflegerische Versorgung in dieser Zeit sicherzustellen.

95 Das Leistungsverweigerungsrecht des § 2 Abs. 1 PflegeZG setzt demnach dreierlei voraus:

1. Zum einen muss es sich bei der pflegebedürftigen Person um einen »**nahen Angehörigen**« handeln. Nach der Legaldefinition des § 7 PflegeZG sind dies die Großeltern, Eltern, Schwiegereltern, Stiefeltern, Ehegatten (§ 7 Abs. 3 Nr. 1 PflegeZG), Lebenspartner, Partner einer eheähnlichen oder lebenspartnerschaftsähnlichen Gemeinschaft, Geschwister, Ehegatten der Geschwister und Geschwister der Ehegatten, Lebenspartner der Geschwister und Geschwister der Lebenspartner (§ 7 Abs. 3 Nr. 2 PflegeZG), Kinder, Adoptiv- oder Pflegekinder, die Kinder, Adoptiv- oder Pflegekinder des Ehegatten oder Lebenspartners, Schwiegerkinder und Enkelkinder (§ 7 Abs. 3 Nr. 3 PflegeZG). Insoweit wurde im Schrifttum bereits kritisiert (*Preis/Nehring* NZA 2008, 729, 730), dass nicht einzusehen sei, weshalb Großeltern und Enkel bzw. Schwiegerkinder und Schwiegereltern gegenseitig als nahe Angehörige anerkannt sind, während Stiefkinder jedenfalls bei unverheirateten Paaren nicht zu diesem Kreis gezählt werden. Soweit man hier von einer Schutzlücke sprechen will, ist diese jedoch der eindeutigen gesetzgeberischen Entscheidung geschuldet und daher de lege lata hinzunehmen. Ein Leistungsverweigerungsrecht für die Kinder des jeweiligen Lebensgefährten scheidet daher weiterhin aus, wenn zwischen dem Arbeitnehmer und dem Lebensgefährten keine Ehe oder Lebenspartnerschaft besteht (*Hexel/Lüders* NZS 2009, 264, 266).

96 2. Zudem setzt das Leistungsverweigerungsrecht eine »**akut auftretende Pflegesituation**«, also eine unerwartet und unvermittelt aufgetretene Lebenssituation voraus (BT-Drs. 16/7439, S. 90), die unmittelbar der uneingeschränkten Fürsorge des Arbeitnehmers bedarf und deshalb die Freistellung des Arbeitnehmers erforderlich macht (*Preis/Nehring* NZA 2008, 729, 731). Beispielsweise kann dies der Fall sein, wenn sich der Gesundheitszustand des nahen Angehörigen plötzlich und unerwartet so entwickelt, dass er einer wesentlich intensiveren Pflege bedarf als zuvor (*Glatzel* NJW 2009, 1377 f.). Ebenso ist das Merkmal der akut aufgetretenen Pflegesituation erfüllt, wenn die bisher zur Pflege eingesetzte Person plötzlich nicht oder nicht mehr zur Verfügung steht. Die akut auftretende Pflegesituation setzt demgegenüber nicht voraus, dass eine solche bei dem jeweiligen nahen Angehörigen bisher noch nicht vorgelegen hat. Diese im Schrifttum vertretene Auffassung geht auf die misslungene Formulierung des Gesetzgebers zurück, der in der Gesetzesbegründung ausführte, dass die Pflegesituation des § 2 PflegeZG »regelmäßig nur einmal je pflegebedürftigen Angehörigen vorliegen werde« (BR-Drs. 718/07, S. 220). Mit dieser Aussage wollte der Gesetzgeber erkennbar nur die Bedeutung des Leistungsverweigerungsrechts herunterspielen und etwaige Kritik an der geplanten Neuregelung eindämmen (wie hier *Hexel/Lüders* NZS 2009, 264, 266). Denn der Gesetzgeber selbst erwartet die Pflegesituation »regelmäßig« nur einmal pro Pflegefall und räumt damit selbst ein, dass dieser Fall durchaus auch häufiger eintreten kann. Überdies schließt der – allein maßgebliche – Gesetzeswortlaut die wiederholte Inanspruchnahme des Leistungsverweigerungsrechts für dieselbe Person nicht aus. Dies wäre in Anbetracht der gesetzlichen Zielvorstellung auch sinnwidrig, da das Pflegezeitgesetz die Vereinbarkeit von Beruf und Pflege ermöglichen soll und damit ausdrücklich auch die häusliche Pflege über lange Zeiträume umfasst (*Joussen* NZA 2009, 69, 70; *Preis/Nehring* NZA 2008, 729, 730).

97 3. Schließlich erfordert § 2 PflegeZG, dass der nahe Angehörige »**pflegebedürftig**« ist. Gemäß § 7 Abs. 4 PflegeZG sind dies Personen, die die Voraussetzungen der §§ 14 und 15 SGB XI erfüllen oder voraussichtlich erfüllen, also bei denen die Voraussetzungen für eine Pflegestufe vorliegen

oder voraussichtlich vorliegen. Dementsprechend ist die Feststellung einer Pflegestufe keine Voraussetzung für die Anwendung des Pflegezeitgesetzes und des in § 2 PflegeZG geregelten Leistungsverweigerungsrechts. Entscheidend ist nur, dass eine überwiegende Wahrscheinlichkeit dafür gegeben ist, dass der nahe Angehörige die Voraussetzungen für die Annahme einer Pflegestufe erfüllt.

Durch das zuletzt genannte Merkmal unterscheidet sich die Regelung des § 2 Abs. 1 PflegeZG von dem Leistungsverweigerungsrecht des § 275 Abs. 3 BGB. Während § 2 PflegeZG einen konkreten Bezug zum Status des Pflegefalls voraussetzt, kann § 275 Abs. 3 BGB auch unter anderen Voraussetzungen und Umständen zur Anwendung kommen. Dementsprechend ist § 2 Abs. 1 PflegeZG lex specialis gegenüber § 275 Abs. 3 BGB und verdrängt daher dessen Anwendung (wie hier ErfK/*Gallner* § 2 PflegeZG Rn. 1; a.A. *Joussen* NZA 2009, 69, 70). Die Rechtsfolge ist jedoch bei beiden Bestimmungen dieselbe: Für die Dauer des Leistungsverweigerungsrechts ist der Arbeitnehmer von der Pflicht zur Arbeitsleistung befreit, mit der Folge, dass der Arbeitnehmer seinen Vergütungsanspruch einbüßt (§ 326 Abs. 1 BGB). Diese Rechtsfolge wird in § 2 Abs. 3 PflegeZG ausdrücklich ausgesprochen, ist jedoch auf Grund der Bestimmung des § 326 Abs. 1 BGB lediglich deklaratorischer Natur (wie hier bereits *Joussen* NZA 2009, 69, 70). 98

Ebenso rein deklaratorisch ist der darin enthaltene Hinweis zu verstehen, dass die Parteien des Arbeitsvertrags für die Dauer der Arbeitsverhinderung einen Entgeltanspruch im Arbeitsvertrag vorsehen können. Diese Option dürfte – wie bereits oben erwähnt – mit der Einführung des Pflegeunterstützungsgeldes in § 44a SGB XI zum 1. Januar 2015 nun in der Praxis keine Rolle mehr spielen. 99

Eine wichtige Sonderregelung gilt nunmehr, wenn der pflegebedürftige nahe Angehörige minderjährig ist und in häuslicher oder außerhäuslicher Umgebung betreut werden soll. Für diesen Fall ist eine bis zu 24-monatige (vollständige oder teilweise) Freistellung des pflegenden Arbeitnehmers vorgesehen (§ 3 Abs. 5 PflegeZG). Ebenso gilt eine Sonderregelung für Arbeitenhmer, die einen nahen Angehörigen betreuen der an einer Erkrankung leidet, die progredient verläuft und bereits ein weit fortgeschrittenes Stadium erreicht hat, bei dem eine Heilung ausgeschlossen und eine palliativmedizinische Behandlung notwendig ist und der lediglich eine begrenzte Lebenserwartung von Wochen oder wenigen Monaten erwarten lässt (§ 3 Abs. 6 PflegeZG). Diese Voraussetzungen sind gegenüber dem Arbeitgeber durch ein ärztliches Zeugnis nachzuweisen. Für diesen Fall gelten nach dem Gesetz etwas geringere Anforderungen an das Freistellungsverlangen des Arbeitnehmers. Im Wesentlichen kann aber auf die nachfolgenden Muster auch hier zurückgegriffen werden. 99.1

[unbelegt] 100–104

1. Antrag auf vollständige Freistellung von der Arbeitspflicht nach § 3 PflegeZG

Vorbemerkung

Die Freistellung von der Arbeitspflicht für einen Zeitraum von bis zu sechs Monaten stellt die zweite Säule des Pflegezeitgesetzes dar, mit dem der Gesetzgeber die Vereinbarkeit von häuslicher Pflege und Beruf verbessern will. Anders als bei der kurzzeitigen Arbeitsverhinderung i.S.d. § 2 PflegeZG dient die Pflegezeit, also die über einen längeren Zeitraum erfolgende Freistellung des Arbeitnehmers, nicht der Reaktion auf ein akutes Pflegebedürfnis, sondern der Durchführung der häuslichen Pflege durch den freizustellenden Arbeitnehmer. 105

Das Gesetz sieht seit jeher einen echten Freistellungsanspruch des Arbeitnehmers vor, den dieser mit einem Gestaltungsrecht ausübt. Seine hierauf gerichtete Erklärung nach § 3 PflegeZG – im nachfolgenden Muster als »Antrag« bezeichnet – ist daher kein Angebot auf Abschluss einer Vereinbarung, sondern die einseitige empfangsbedürftige Willenserklärung des Arbeitnehmers, mit dem die Rechtsfolgen der Pflegezeit i.S.d. § 3 PflegeZG unmittelbar ausgelöst werden. Diese ist 106 spätestens zehn Arbeitstage vor Beginn der Pflegezeit (zu dieser Frist siehe unten G Rdn. 116) unter Wahrung der Schriftform und unter Angabe, für welchen Zeitraum und in welchem Umfang Pflegezeit begehrt wird, abzugeben.

107 Der Freistellungsanspruch besteht allerdings nur insoweit, als der Arbeitgeber regelmäßig mehr als 15 Arbeitnehmer beschäftigt. Ist dies nicht der Fall, hat der Arbeitnehmer keinen Anspruch auf die Gewährung der Pflegezeit. Unbenommen ist ihm aber, mit dem Arbeitgeber eine entsprechende Vereinbarung abzuschließen, für die das nachfolgende Muster unter G Rdn. 137 genutzt werden kann. Ein Anspruch des Arbeitnehmers besteht insoweit aber nicht.

108 Weiterhin setzt die Gewährung der Pflegezeit voraus, dass

1. diese von einem »**Beschäftigten**« geltend gemacht wird (zu dem Begriff siehe G Rdn. 91). Nicht erforderlich ist, dass der Beschäftigte bereits eine bestimmte Wartezeit erfüllt hat (so aber *Preis/Nehring* NZA 2008, 735). Diese Auffassung findet im Gesetz keine Stütze. Vielmehr sind selbst Mitarbeiter in der Probezeit vom Geltungsbereich des § 3 PflegeZG erfasst und können den Anspruch geltend machen (vgl. *Hexel/Lüders* NZS 2009, 264);

109 2. der Beschäftigte einen »**nahen Angehörigen**« pflegen will. Nach § 7 PflegeZG gelten als »nahe Angehörige« die Großeltern, Eltern, Schwiegereltern, Stiefeltern, Ehegatten (§ 7 Abs. 3 Nr. 1 PflegeZG), Lebenspartner, Partner einer eheähnlichen oder lebenspartnerschaftsähnlichen Gemeinschaft, Geschwister, Ehegatten der Geschwister und Geschwister der Ehegatten, Lebenspartner der Geschwister und Geschwister der Lebenspartner (§ 7 Abs. 3 Nr. 2 PflegeZG), Kinder, Adoptiv- oder Pflegekinder, die Kinder, Adoptiv- oder Pflegekinder des Ehegatten oder Lebenspartners, Schwiegerkinder und Enkelkinder (§ 7 Abs. 3 Nr. 3 PflegeZG).

110 3. der nahe Angehörige »**tatsächlich pflegebedürftig**« ist. Die Frage der Pflegebedürftigkeit richtet sich gemäß § 7 Abs. 4 PflegeZG nach den §§ 14, 15 SGB XI. Demnach gilt als pflegebedürftig, wer auf Grund »einer körperlichen, geistigen oder seelischen Krankheit oder Behinderung für die gewöhnlichen und regelmäßig wiederkehrenden Verrichtungen im Ablauf des täglichen Lebens auf Dauer, voraussichtlich für mindestens sechs Monate, in erheblichem oder höherem Maße Hilfe benötigt«. Dies ist jedenfalls dann der Fall, wenn mindestens Pflegestufe 1 festgestellt wurde (vgl. BR-Drs. 718/07, S. 226; *Müller* BB 2008, 1058). Demgegenüber genügt für die langfristige Freistellung nach § 3 PflegeZG – anders als bei der kurzzeitigen Arbeitsverhinderung (s. G Rdn. 94 ff.) – nicht, dass die Pflegebedürftigkeit nach den §§ 14, 15 SGB XI voraussichtlich gegeben ist. Erforderlich ist für die Freistellung vielmehr, dass die Pflegebedürftigkeit feststeht (*Linck* DB 2008, 2738, 2741; ErfK/*Gallner* § 3 PflegeZG Rn. 1);

111 4. der nahe Angehörige »**in häuslicher Umgebung gepflegt**« werden soll. Dies bedeutet, dass der freizustellende Beschäftigte den betreffenden Angehörigen in eigenständiger Pflege bereits betreut oder nunmehr betreuen will. Nicht ausreichend ist hingegen, dass die Pflege von einem professionellen Pflegedienst übernommen wird oder in einem Pflegeheim erfolgt (ErfK/*Gallner* § 3 PflegeZG Rn. 1; *Joussen* NZA 2009, 68, 72).

112 Soweit die betrieblichen, persönlichen und formellen Voraussetzungen vorliegen, hat die Abgabe der Willenserklärung zur Folge, dass der Arbeitnehmer für den von ihm genannten Zeitraum – längstens jedoch für sechs Monate – vollständig von der Arbeitsleistung befreit wird. Gleichzeitig erlischt der Anspruch des Arbeitnehmers auf Entgeltzahlung für die Dauer der Pflegezeit (§ 326 Abs. 1 BGB), so dass die beiderseitigen Hauptleistungspflichten suspendiert sind. Nebenvertragliche Verpflichtungen wie Geheimhaltungs-, Treue- und Sorgfalts- sowie Wettbewerbsregeln bleiben gleichwohl bestehen.

113 Soweit der Arbeitnehmer zunächst für einen kürzeren Zeitraum als sechs Monate Pflegezeit beansprucht, kann er (mit Zustimmung des Arbeitgebers) die Dauer der Pflegezeit nachträglich auf insgesamt bis zu sechs Monate verlängern (dazu Muster G Rdn. 133). Demgegenüber kommt eine wiederholte Inanspruchnahme der Pflegezeit ebenso wenig in Betracht wie eine Aufteilung der zulässigen Höchstdauer auf mehrere Zeitabschnitte (BAG, Urt. v. 15.11.2011 – 9 AZR 348/10,

Antrag auf vollständige Freistellung von der Arbeitspflicht nach § 3 PflegeZG **G.III.1.**

DB 2012, 751; *Geiselhart* BB 2010, 1542; *Müller* BB 2010, 705 f.; *Preis/Nehring* NZA 2008, 729, 734; a.A. *Joussen* NZA 2009, 69, 73). Die gegenteilige Auffassung verkennt den eindeutigen Wortlaut des Gesetzes, nach der »die Pflegezeit« grundsätzlich nur einmal für die Dauer von längstens sechs Monaten ausgeübt und nur unter den weiteren Voraussetzungen des § 4 Abs. 1 S. 2 und 3 PflegeZG verlängert werden kann. Die mehrfache Ausübung des Gestaltungsrechts kommt zugunsten desselben nahen Angehörigen dagegen nicht in Betracht. Dafür ist zum 01.01.2015 nunmehr die Möglichkeit einer Kombination von Pflegezeit und Familienpflegezeit eingeführt worden.

▶ Muster – Antrag auf vollständige Freistellung von der Arbeitspflicht [1]

[Name und Anschrift des Arbeitgebers]   **114**

z.Hd. Personalleiter/in

_____ [Ort, Datum] [2]

Sehr geehrte/r Frau/Herr _____ [Name] _____,

unter Vorlage einer Bescheinigung des Medizinischen Dienstes der Krankenversicherung vom _____ [Datum] _____ [3] zeige ich an, dass ich meine/n _____ [Angehörigenstatus] _____ [4], Herrn/Frau _____ [Name] _____ in häuslicher Umgebung pflege bzw. pflegen möchte.

Zu diesem Zweck bitte ich Sie, mich für den Zeitraum vom _____ [Datum] _____ bis zum _____ [Datum] _____ [5] in vollem Umfang [6] von der Arbeitsleistung freizustellen.

Mit freundlichen Grüßen

_____
(Unterschrift des Arbeitnehmers) [7]

Erläuterungen

Schrifttum
Brose Die sozialversicherungsrechtlichen Nebenwirkungen von Pflegezeit und Familienpflegezeit, NZS 2012, 499; *Langer/Straßenburg* Sonderfragen zum Pflegezeitgesetz, AuA 2009, 92; *Liebscher* Rechte und Pflichten aus dem Pflegezeitgesetz, ArbR 2011, 189, 190; *Müller* Das Pflegezeitgesetz (PflegeZG) und seine Folgen für die arbeitsrechtliche Praxis, BB 2008, 1058, 1063; *Notzon* Aktuelle Rechtsfragen zur Pflegezeit, öAT 2013, 136; *Novara* Sonderkündigungsschutz nach dem Pflegezeitgesetz, DB 2010, 503, 504; *Preis/Nehring* Das Pflegezeitgesetz, NZA 2008, 733.

1. Die hier als »Antrag« bezeichnete Erklärung stellt kein Angebot auf Abschluss eines Vertrags dar, sondern enthält eine einseitige empfangsbedürftige Willenserklärung des Arbeitnehmers, mit dem dieser sein Gestaltungsrecht nach § 3 PflegeZG ausübt. Das Gestaltungsrecht ist mit Zugang der Erklärung beim Arbeitgeber ausgeübt und löst die gesetzlichen Rechtsfolgen der Pflegezeit aus. **115**

2. Die Erklärung muss spätestens zehn Arbeitstage vor dem Beginn der Pflegezeit abgegeben werden. Maßgeblich ist der Zeitpunkt des Zugangs der vollständigen und formwirksamen Erklärung beim Arbeitgeber. Die Regelung des Gesetzes ist misslungen, weil die angegebene Ankündigungsfrist auf den Begriff der »Arbeitstage« abstellt und daher in Abhängigkeit von der Anzahl der jeweils maßgeblichen Wochenarbeitszeit einzelfallabhängig länger und kürzer sein kann. Wie verfehlt die Regelung ist, wird dadurch ersichtlich, dass dem Arbeitgeber für den Ersatz eines Mitarbeiters, der nur an einem oder zwei Tagen pro Woche arbeitet, eine deutlich längere Ankündigungszeit eingeräumt wird, obwohl der Ausfall eines Mitarbeiters mit einem solchen Arbeitseinsatz deutlich einfacher zu kompensieren ist. Die Interpretation der vorliegenden Regelung ist umstritten, da im Schrifttum z.T. davon ausgegangen wird, dass die Ankündigungsfrist von zehn Arbeitstagen auf die heute übliche 5-Tage-Woche rekurriert und daher tatsächlich »zwei Kalenderwochen« gemeint sein sollen (ErfK/*Gallner* § 3 PflegeZG Rn. 2; *Linck* DB 2008, 2738, 2748). **116**

G. Mitarbeiterbezogene Sonderformen des Arbeitsverhältnisses

Diese Überlegung findet im Gesetz aber keinen Niederschlag, so dass jedem Arbeitnehmer nahegelegt werden muss, den Antrag tatsächlich spätestens zehn Arbeitstage – also z.B. bei einer Beschäftigung von nur einem Tag pro Woche: zehn Kalenderwochen – vor dem gewünschten Beginn der Pflegezeit zu stellen. Versäumt er die Frist, so soll dies nach h.M. allerdings nicht zur Unwirksamkeit des Antrags, sondern zur automatischen Verschiebung des Beginns der Pflegezeit führen (*Liebscher* ArbRAktuell 2011, 189, 190; *Novara* DB 2010, 503, 504; ErfK/*Gallner* § 3 PflegeZG Rn. 2; so auch die h.M. zu § 16 BEEG, vgl. BAG, Urt. v. 17.10.1990 – 7 ABR 69/89, NZA 1991, 320; ErfK/*Gallner* § 16 BEEG Rn. 5). Dies kann in Anbetracht der im Gesetz ausdrücklich verlangten Angabe des gewünschten Zeitraums und der besonderen Problemstellung des Pflegebedarfs eines nahen Angehörigen jedoch nicht richtig sein. Vielmehr wird man den verfristet gestellten Antrag für unwirksam und den Arbeitgeber für verpflichtet halten müssen, hierauf umgehend mit dem Hinweis der Verfristung zu reagieren. Anschließend ist es die Sache des Arbeitnehmers, entweder einen neuen – fristgemäßen – Antrag zu stellen oder es bei der Verfristung sein Bewenden haben zu lassen. Eine automatische Verschiebung ist demgegenüber weder mit der dogmatischen Einordnung der Erklärung als Gestaltungsrecht noch mit den Bedürfnissen der pflegebedürftigen Person und ihrer Angehörigen zu vereinbaren und steht im Widerspruch zum Wortlaut des Gesetzes.

117 **3.** Die unmittelbare Vorlage eines Nachweises für die Pflegebedürftigkeit des nahen Angehörigen ist nicht Wirksamkeitsvoraussetzung für die Ausübung des Gestaltungsrechts. Die gleichzeitige Vorlage empfiehlt sich aus Klarstellungs- und Nachweisgründen aber dennoch.

118 **4.** Es empfiehlt sich, in der Erklärung auch anzugeben, in welchem Verhältnis der Beschäftigte zu der pflegebedürftigen Person steht. Zu den als »nahe Angehörige« anerkannten Personen vgl. oben G Rdn. 95.

119 **5.** Nach § 3 Abs. 3 PflegeZG hat der Beschäftigte in seiner Erklärung anzugeben, in welchem Zeitraum er Pflegezeit beanspruchen will. Dies kann längstens für die Dauer von sechs Monaten erfolgen. Eine kürzere Inanspruchnahme ist dagegen ohne weiteres zulässig und kann später – mit Zustimmung des Arbeitgebers – auf die Dauer von bis zu sechs Monaten verlängert werden (dazu G Rdn. 133). Die Pflegezeit endet in jedem Fall spätestens vier Wochen, nachdem die Pflegebedürftigkeit des nahen Angehörigen nicht mehr gegeben ist (§ 4 Abs. 2 S. 1 PflegeZG).

120 **6.** Ebenso hat der Beschäftigte anzugeben, in welchem Umfang er die Freistellung begehrt. Das vorliegende Muster sieht eine vollständige Freistellung – und damit auch den vollständigen Entfall der Entgeltleistung – vor. Dies ist nach der Konzeption des Gesetzes die übliche Form der Pflegezeit. Gleichwohl kann der Beschäftigte sich aber auch auf eine teilweise Freistellung beschränken, wenn dies für die Pflege des nahen Angehörigen ausreichend ist (dazu G Rdn. 124). Nach § 3 Abs. 7 PflegeZG ist für den Arbeitnehmer nunmehr die Möglichkeit vorgesehen, ein Darlehen beim Bundesamt für zivilgesellschaftliche Aufgaben in Anspruch zu nehmen.

121 **7.** § 3 PflegeZG verlangt, dass die Erklärung des Arbeitnehmers schriftlich abgegeben wird. Dementsprechend müssen die Voraussetzungen der Schriftform nach § 126 BGB gewahrt werden – andernfalls ist der Antrag unheilbar nichtig (§ 125 BGB) und das Gestaltungsrecht des Arbeitnehmers nicht wirksam ausgeübt (wie hier AR/*Böck* § 3 PflegeZG Rn. 10; *Müller* BB 2008, 1058, 1063; KR/*Treber* §§ 1–8 PflegeZG Rn. 46; *Hexel/Lüders* NZS 2009, 264; ebenso in Bezug auf § 16 BEEG BAG, Urt. v. 17.02.1994 – 2 AZR 616/93, BB 1994, 1016; dagegen a.A. *Preis/Nehring* NZA 2008, 733). Die Anordnung der Schriftform hat zur Folge, dass die hier vorgeschlagene Erklärung in schriftlicher Form vorliegen und vom Beschäftigten eigenhändig unterschrieben werden muss.

2. Antrag auf teilweise Freistellung von der Arbeitspflicht nach § 3 PflegeZG

Vorbemerkung

Der im vorherigen Muster enthaltene Antrag über die Freistellung zur häuslichen Pflege eines nahen Angehörigen kann gemäß § 3 Abs. 3 S. 2 PflegeZG auch nur teilweise in Anspruch genommen werden. Dies hat – ähnlich wie bei der Teilzeit nach dem TzBfG bzw. dem BEEG – zur Konsequenz, dass sich die wöchentliche Arbeitszeit des betreffenden Mitarbeiters auf das angegebene Maß beschränkt. Gleichzeitig reduziert sich auch der Vergütungsanspruch des Mitarbeiters in dem entsprechenden Umfang. Der Mitarbeiter hat dies bei Ausübung des Gestaltungsrechts nach § 3 PflegeZG entsprechend kenntlich zu machen und gemäß § 3 Abs. 3 S. 2 PflegeZG auch die gewünschte Verteilung der Arbeitszeit anzugeben.

Während die Reduzierung der Arbeitszeit auf das vom Arbeitnehmer angegebene Maß mit Ausübung des Gestaltungsrechts für den gewünschten Zeitraum automatisch erfolgt (wie hier: *Joussen* NZA 2009, 69, 72), sind die Ausgestaltung und die Verteilung der verbleibenden Arbeitszeit auf die einzelnen Wochentage einer Vereinbarung zwischen Arbeitgeber und Arbeitnehmer anheimgestellt (demgegenüber für eine Vereinbarungspflicht für beide Regelungsgehalte: *Joussen* NZA 2009, 69). Diese Vereinbarung hat nach der Regelung des § 3 Abs. 4 PflegeZG unter Wahrung der Schriftform zu erfolgen, wobei das Fehlen der Schriftform gemäß § 125 BGB zur Unwirksamkeit der gesamten Vereinbarung führt. In diesem Fall kann der Arbeitnehmer – ebenso wie bei Fehlen jedweder Vereinbarung – den Arbeitgeber auf Abgabe einer entsprechenden Willenserklärung in Anspruch nehmen. Nach der ausdrücklichen Regelung des § 3 Abs. 4 S. 2 PflegeZG kann der Arbeitgeber der gewünschten Verteilung der Arbeitszeit nur dann widersprechen, wenn dieser Verteilung »dringende betriebliche Erfordernisse« entgegenstehen. Dies ist etwa dann der Fall, wenn der Arbeitgeber auf Grund der betrieblichen Gestaltung auf eine ganz bestimmte Verteilung der Arbeitszeit angewiesen ist, etwa dann, wenn eine andere Verteilung dem arbeitgeberseitigen Konzept entgegensteht.

▶ **Muster – Antrag auf teilweise Freistellung von der Arbeitspflicht**

[Name und Anschrift des Arbeitgebers]

z.Hd. Personalleiter/in

[Ort, Datum] 1

Sehr geehrte/r Frau/Herr _____[Name]_____,

unter Vorlage einer Bescheinigung des Medizinischen Dienstes der Krankenversicherung vom _____[Datum]_____ 2 zeige ich an, dass ich meine/n _____[Angehörigenstatus]_____ 3, Herrn/Frau _____[Name]_____ ab dem _____[Datum]_____ in häuslicher Umgebung pflegen möchte.

Zu diesem Zweck bitte ich Sie, mich für den Zeitraum vom _____[Datum]_____ bis zum _____[Datum]_____ 4 im Umfang von _____[Anzahl]_____ Stunden pro Arbeitswoche von der Arbeitsleistung freizustellen. Für die Verteilung meiner damit verbleibenden Wochenarbeitszeit von _____[Anzahl]_____ Stunden stelle ich mir Folgendes vor: 5 Montags würde ich gerne in der Zeit von _____[Uhrzeit]_____ Uhr bis _____[Uhrzeit]_____ Uhr, dienstags von _____[Uhrzeit]_____ Uhr bis _____[Uhrzeit]_____ Uhr und donnerstags von _____[Uhrzeit]_____ Uhr bis _____[Uhrzeit]_____ Uhr arbeiten. Mittwochs und freitags möchte ich nicht arbeiten.

In diesem Zusammenhang möchte ich Sie bitten, sich mit mir zum Abschluss einer schriftlichen Vereinbarung über die Verringerung und Verteilung der Arbeitszeit kurzfristig in Verbindung zu setzen.

Mit freundlichen Grüßen

_____
(Unterschrift des Arbeitnehmers) 6

Erläuterungen

Schrifttum

Brose Die sozialversicherungsrechtlichen Nebenwirkungen von Pflegezeit und Familienpflegezeit, NZS 2012, 499; *Langer/Straßenburg* Sonderfragen zum Pflegezeitgesetz, AuA 2009, 92; *Liebscher* Rechte und Pflichten aus dem Pflegezeitgesetz, ArbR 2011, 189, 190; *Müller* Das Pflegezeitgesetz (PflegeZG) und seine Folgen für die arbeitsrechtliche Praxis, BB 2008, 1058, 1063; *Notzon* Aktuelle Rechtsfragen zur Pflegezeit, öAT 2013, 136; *Novara* Sonderkündigungsschutz nach dem Pflegezeitgesetz, DB 2010, 503, 504; *Preis/Nehring* Das Pflegezeitgesetz, NZA 2008, 733.

125 **1.** Diese Erklärung muss – ebenso wie der Antrag auf vollständige Freistellung – spätestens zehn Arbeitstage vor dem Beginn der Pflegezeit gestellt werden. Zum Streitstand über die Berechnung und die Rechtsfolgen einer etwaigen Verfristung vgl. G Rdn. 116.

126 **2.** Die unmittelbare Vorlage eines Nachweises für die Pflegebedürftigkeit des nahen Angehörigen ist nicht Wirksamkeitsvoraussetzung für die Ausübung des Gestaltungsrechts. Die gleichzeitige Vorlage empfiehlt sich aus Klarstellungs- und Nachweisgründen aber dennoch.

127 **3.** Es empfiehlt sich, in der Erklärung auch anzugeben, in welchem Verhältnis der Beschäftigte zu der pflegebedürftigen Person steht. Zu den als »nahe Angehörige« anerkannten Personen vgl. G Rdn. 95.

128 **4.** Zur Erklärung des Arbeitnehmers gehört auch hier die Angabe, in welchem Zeitraum er Pflegezeit beanspruchen will. Die Pflegezeit endet in jedem Fall spätestens vier Wochen, nachdem die Pflegebedürftigkeit des nahen Angehörigen nicht mehr gegeben ist (§ 4 Abs. 2 S. 1 PflegeZG).

129 **5.** Die Angabe der gewünschten Verteilung der Arbeitszeit muss nach § 3 Abs. 3 S. 2 PflegeZG zwingend erfolgen. Ein ohne diese Angabe abgegebener Antrag ist unvollständig und dürfte daher unwirksam sein.

130 **6.** Die Erklärung des Arbeitnehmers bedarf gemäß §§ 3 Abs. 3 PflegeZG, 126 BGB der Schriftform, da sie nach zutreffender Ansicht sonst gemäß § 125 BGB nichtig ist (s. G Rdn. 121).

3. Antrag auf Verlängerung der Pflegezeit nach § 4 PflegeZG

Vorbemerkung

131 Die Regelungen der §§ 3, 4 PflegeZG sehen vor, dass Beschäftigte i.S.d. § 7 PflegeZG für die Dauer von bis zu sechs Monaten von der Arbeitsverpflichtung freigestellt werden. Die Freistellung kann dabei von Anfang an für die gesamte Dauer von sechs Monaten erfolgen oder zunächst auf einen bestimmten Umfang beschränkt werden. In letzterem Fall sieht § 4 PflegeZG ausdrücklich die Möglichkeit vor, eine Verlängerung der einmal vorgesehenen Pflegezeit auf insgesamt bis zu sechs Monate vorzunehmen. Anders als bei der erstmaligen Inanspruchnahme der Pflegezeit sieht das Gesetz im Fall der Verlängerung aber kein Gestaltungsrecht des Arbeitnehmers vor, dessen Ausübung unmittelbar zur Verlängerung der Freistellungsphase führt. Vielmehr sieht § 4 Abs. 1 S. 2 PflegeZG insoweit ein Zustimmungserfordernis durch den Arbeitgeber vor. Jedoch kann gemäß § 4 Abs. 1 S. 3 PflegeZG die Verlängerung wiederum durch Gestaltungsrecht erreicht werden, wenn diese deshalb begehrt wird, weil ein ursprünglich vorgesehener Wechsel in der Person des Pflegenden aus einem wichtigen Grund nicht erfolgen kann.

132 Das nachfolgende Muster ist wiederum als Antrag des Arbeitnehmers an den Arbeitgeber formuliert, rekurriert aber auf den in § 4 Abs. 1 S. 3 PflegeZG genannten Verlängerungsgrund, so dass es sich hier wiederum um ein Gestaltungsrecht handelt. Das Muster kann aber ebenfalls als Antrag auf die einvernehmliche Verlängerung der Pflegezeit genutzt werden, wenn hierzu eine andere als die vorgesehene Begründung aufgenommen wird.

Vereinbarung über die teilweise Freistellung gemäß § 3 Abs. 4 PflegeZG **G.III.4.**

▶ **Muster – Antrag auf Verlängerung der Pflegezeit nach § 4 PflegeZG**

[Name und Anschrift des Arbeitgebers] 133

z.Hd. Personalleiter/in

[Ort, Datum] 1

Sehr geehrte/r Frau/Herr ___[Name]___,

wie Ihnen bekannt ist, bin ich seit dem ___[Datum]___ zur häuslichen Pflege meiner/s ___[Angehörigenstatus und Name]___ vollständig von der Arbeitsleistung freigestellt.

Die Pflegezeit möchte ich gerne bis zum ___[Datum]___ verlängern, weil der ursprünglich vorgesehene Wechsel der pflegenden Person auf ___[Name]___ wider Erwarten nicht möglich ist. 2

Daher möchte ich Sie bitten, mir die erbetene Verlängerung der Pflegezeit zu bestätigen.

Mit freundlichen Grüßen

_____

(Unterschrift des Arbeitnehmers)

Erläuterungen

1. Der Antrag auf Verlängerung der Pflegezeit muss vor Ablauf der ursprünglich in Anspruch genommenen Pflegezeit gestellt werden, da es sich andernfalls nicht um einen Verlängerungsantrag, sondern um einen erneuten Antrag auf Pflegezeit handelt, der nach der eindeutigen Gesetzesregelung nicht in Betracht kommt (BAG, Urt. v. 15.11.2011 – 9 AZR 348/10, DB 2012, 751; *Geiselhart* BB 2010, 1542; *Müller* BB 2010, 705 f.; *Preis/Nehring* NZA 2008, 729, 734; a.A. *Joussen* NZA 2009, 69, 73). 134

2. Das vorliegende Muster rekurriert auf den im Gesetz genannten Verlängerungsgrund, dessen Vorliegen Tatbestandsvoraussetzung für einen Verlängerungsanspruch des Arbeitnehmers ist. Beruht das Verlängerungsbegehren nicht darauf, dass ein ursprünglich vorgesehener Wechsel der pflegenden Person wider Erwarten nicht möglich ist, so hat der Arbeitnehmer keinen Anspruch auf die Zustimmung des Arbeitgebers. Hiervon unberührt bleibt natürlich die Möglichkeit der Arbeitsvertragsparteien, die Verlängerung einvernehmlich durchzuführen. 135

4. Vereinbarung über die teilweise Freistellung gemäß § 3 Abs. 4 PflegeZG

Vorbemerkung

Nach § 3 Abs. 4 PflegeZG haben Arbeitgeber und Arbeitnehmer eine schriftliche Vereinbarung über die teilweise Freistellung des Arbeitnehmers zu treffen. Richtigerweise betrifft diese Vereinbarung nicht die Frage des »Ob« der Reduzierung der Arbeitszeit, weil der Arbeitnehmer nach dem eindeutigen Wortlaut von § 3 Abs. 4 PflegeZG auf diese Reduzierung einen Anspruch hat und diese durch einseitiges Gestaltungsrecht bewirken kann. Die demgegenüber im Schrifttum zum Teil vertretene Auffassung, wonach bei einer teilweisen Freistellung eine Vereinbarung zwischen Arbeitgeber und Arbeitnehmer erforderlich sei, überzeugt nicht. Denn das Gesetz sieht zugunsten des Arbeitnehmers einen Anspruch auf die vollständige Freistellung vor und formuliert in § 3 Abs. 3 S. 2, dass für den Fall, dass »nur teilweise Freistellung in Anspruch genommen wird«, eine schriftliche Vereinbarung über die Verringerung und die Verteilung der Arbeitszeit zu treffen ist. Schon nach dem Wortlaut ist daher davon auszugehen, dass auch die teilweise Reduzierung der Arbeitszeit der Ausübung eines einseitigen Gestaltungsrechts und nicht etwa einer vertraglichen Vereinbarung folgt. Dies ergibt sich auch aus einem Schluss a maiore ad minus. Denn es ist nicht einzusehen, weshalb der Arbeitnehmer die vollständige Freistellung in Form eines Anspruchs verlangen kann, während er für die lediglich teilweise Freistellung auf die Zustimmung 136 des Arbeitgebers angewiesen sein soll. Eine solche Schlussfolgerung ergibt sich mithin weder aus dem Wortlaut noch dem systematischen Zusammenhang und auch nicht aus Sinn und Zweck der Pflegezeitregelung. Im Ergebnis führt das Verlangen des Arbeitnehmers, ihn zur Pflegezeit teilweise von der Arbeitsleistung freizustellen, mit Zugang dieser Erklärung beim Arbeitgeber zur Reduzierung der Arbeitszeit auf den gewünschten Umfang. Über die Verteilung der Arbeitszeit haben er und der Arbeitgeber sodann eine schriftliche Vereinbarung gemäß § 3 Abs. 4 PflegeZG zu treffen. Auf den Abschluss einer solchen Vereinbarung hat der Arbeitnehmer einen Anspruch und kann auch die von ihm gewünschte Verteilung der Arbeitszeit durchsetzen, sofern nicht dringende betriebliche Gründe entgegenstehen. Das nachfolgende Muster dient der Umsetzung dieser Vereinbarung und muss zur Wirksamkeit gemäß §§ 3 Abs. 4 S. 1 PflegeZG, 126 BGB unter Wahrung der Schriftform vereinbart werden. Hierzu bedarf es der eigenhändigen Unterschrift beider Vertragsparteien auf derselben Vertragsurkunde.

▶ **Muster – Vereinbarung über die Inanspruchnahme von Pflegezeit**

137 [Briefkopf des Unternehmens]

Zwischen der [Name und Anschrift des Unternehmens]

(im Folgenden: »Arbeitgeber«)

und

Herrn/Frau [Name und Anschrift des Arbeitnehmers]

(im Folgenden: »Arbeitnehmer«)

wird in Ergänzung zum Arbeitsvertrag der Vertragsparteien vom ____[Datum]____ Folgendes vereinbart:

§ 1
Pflegezeit; Reduzierung der Arbeitsleistung; Verteilung der Arbeitszeit

(1) Der Arbeitnehmer ist gegenwärtig bei einer regelmäßigen Arbeitszeit von ____[Anzahl]____ Stunden je Woche zu einem Bruttomonatsgehalt von ____[Betrag]____ Euro beschäftigt. Daraus ergibt sich eine durchschnittliche Stundenvergütung in Höhe von ____[Betrag]____ Euro.

(2) Der Arbeitnehmer wird seine/n ____[Angehörigenstatus und Vor- und Nachname]____, geboren am ____[Datum]____ in ____[Ort]____, wohnhaft [Adresse, PLZ, Ort] in häuslicher Umgebung pflegen und hat die Pflegebedürftigkeit dieses Angehörigen bereits durch eine Bescheinigung der Pflegekasse nachgewiesen.

(3) Zur Durchführung der häuslichen Pflege vereinbaren die Vertragsparteien, dass der Arbeitnehmer im Zeitraum von ____[Datum]____ bis ____[Datum]____ (Pflegezeit) teilweise von der Arbeitsleistung freigestellt wird und in diesem Zeitraum seine Arbeitszeit auf ____[Anzahl]____ Stunden je Arbeitswoche reduziert. Damit verringert sich im Verhältnis von der Arbeitszeit nach Absatz 1 zu der verringerten Arbeitszeit auch der Vergütungsanspruch des Arbeitnehmers gegen den Arbeitgeber. Dieser beträgt nunmehr brutto ____[Betrag]____ Euro im Monat.

(4) Die Vertragsparteien vereinbaren, dass die Arbeitszeit des Arbeitnehmers während der Pflegezeit wie folgt verteilt wird:

– Montags arbeitet der Arbeitnehmer inkl. einer Pause von _____ Minuten von _____ Uhr bis _____ Uhr

– Dienstags arbeitet der Arbeitnehmer inkl. einer Pause von _____ Minuten von _____ Uhr bis _____ Uhr

– Donnerstags arbeitet der Arbeitnehmer inkl. einer Pause von _____ Minuten von _____ Uhr bis _____ Uhr

– Mittwochs und freitags wird der Arbeitnehmer vollständig von der Arbeitsleistung freigestellt.

§ 2
Ende der Pflegezeit

(1) Die Vertragsparteien vereinbaren, dass die in § 1 Absatz 3 genannte Pflegezeit auf insgesamt höchstens sechs Monate verlängert wird, wenn der Arbeitnehmer den Wunsch zur Verlängerung spätestens zwei Wochen vor dem Ende des in § 1 Absatz 3 genannten Zeitraums schriftlich gegenüber dem Arbeitgeber anzeigt. Die Verlängerung der Pflegezeit kann mehrmals erfolgen, soweit die Pflegezeit insgesamt eine Dauer von sechs Monaten nicht überschreitet. [1]

(2) Die Pflegezeit nach § 1 Absatz 3 endet in jedem Fall vier Wochen, nachdem der in § 1 Absatz 2 genannte Angehörige des Arbeitnehmers nicht mehr pflegebedürftig ist oder dessen häusliche Pflege unmöglich oder unzumutbar geworden ist. In diesem Fall ist eine Verlängerung nach § 2 Absatz 1 ausgeschlossen.

(3) Mit dem Ende der Pflegezeit werden der Umfang der Arbeitsleistung des Arbeitnehmers und der Umfang seines Vergütungsanspruchs wieder auf den in § 1 Absatz 1 genannten Status zurückgesetzt.

_____[Ort]_____ , _____[Datum]_____

_____
(Unterschrift des Arbeitgebers)

_____
(Unterschrift des Arbeitnehmers) [2]

Erläuterungen

Schrifttum
Brose Die sozialversicherungsrechtlichen Nebenwirkungen von Pflegezeit und Familienpflegezeit, NZS 2012, 499; *Langer/Straßenburg* Sonderfragen zum Pflegezeitgesetz, AuA 2009, 92; *Liebscher* Rechte und Pflichten aus dem Pflegezeitgesetz, ArbR 2011, 189, 190; *Müller* Das Pflegezeitgesetz (PflegeZG) und seine Folgen für die arbeitsrechtliche Praxis, BB 2008, 1058, 1063; *Notzon* Aktuelle Rechtsfragen zur Pflegezeit, öAT 2013, 136; *Novara* Sonderkündigungsschutz nach dem Pflegezeitgesetz, DB 2010, 503, 504; *Preis/Nehring* Das Pflegezeitgesetz, NZA 2008, 733.

1. Die hier vorgeschlagene Regelung reicht weiter als die gesetzliche Verpflichtung des Arbeitgebers und ermöglicht dem Arbeitnehmer sogar, die Pflegezeit auf bis zu sechs Monate zu verlängern. Sie entspricht damit aber dem regelmäßig geäußerten Wunsch des Arbeitnehmers nach einer flexiblen Handhabung und verhindert zudem mögliche Auseinandersetzungen über die Berechtigung des Verlängerungsbegehrens des Arbeitnehmers und den dafür entscheidenden Grund.

2. Die Vereinbarung bedarf gemäß §§ 4 Abs. 1 PflegeZG, 126 BGB der Schriftform. Die Verletzung dieser Formbestimmung führt gemäß § 125 BGB zur Nichtigkeit und Unwirksamkeit der Vereinbarung (zu den Rechtsfolgen vgl. G Rdn. 121).

IV. Familienpflegezeit

Am 01.01.2012 ist das Gesetz über die Familienpflegezeit in Kraft getreten, das die Vereinbarkeit von Beruf und familiärer Pflege weiter verbessern soll (§ 1 FPfZG). Nach langem politischen Ringen und zum Teil heftigen Auseinandersetzungen zwischen den Sozialpartnern und den unterschiedlichen politischen Kräften hatte sich der Gesetzgeber zunächst dazu entschieden, die angestrebte Verbesserung der Vereinbarkeit von Beruf und familiärer Pflege dadurch zu verfolgen, dass er auf eine Vereinbarungslösung sowie eine Art »umgekehrte Altersteilzeit« setzt. Mit dem Gesetz zur besseren Vereinbarkeit von Familie, Pflege und Beruf, das zum 01.01.2015 in Kraft getreten ist, verabschiedete sich der Gesetzgeber vom Prinzip der Freiwilligkeit und hat in Betrieben mit mehr als 25 Arbeitnehmern nunmehr einen Rechtsanspruch auf Familienpflegezeit eingeführt.

Die Ausgastaltung des Rechtsverhältnisses ist damit weitgehend vergleichbar mit der Pflegteilzeit nach dem PflegeZG.

141 Damit spielt die ursprünglich im Familienpflegezeitrecht vorgesehene »Vereinbarungslösung« nur noch in Kleinunternehmen eine Rolle. So ordnete der Gesetzgeber bis zur Neuregelung 2015 stets eine Vereinbarung zwischen Arbeitgeber und Arbeitnehmer über die Gewährung von Familienpflegezeit an. An dieser Stelle wurde bereits in den Vorauflagen kritisiert, dass es dazu freilich keiner gesetzlichen Neuregelung bedurft hätte, denn die einvernehmliche Regelung einer – wie auch immer gearteten – Freistellung zur Ermöglichung der häuslichen Pflege naher Angehöriger könnten Arbeitnehmer und Arbeitgeber auch ohne gesetzliche Regelung vereinbaren. Die gesetzlichen Regelungen waren daher vor allem für die Inanspruchnahme des für die Familienpflegezeit vorgesehenen Darlehns erforderlich. Aus diesem Grund sieht das nachfolgende Kapitel auch weiterhin ein Muster für die einvernehmliche Regelung von Familienpflegezeit im Arbeitsverhältnis vor – wenngleich dies in der Praxis nun eine deutlich untergeordnete Rolle spielen dürfte.

142 Das gesetzliche Modell der Familienpflegezeit sieht weiterhin eine Art »umgekehrte Altersteilzeit« vor, nach der in der sog. Pflegephase der Beschäftigte seinen pflegebedürftigen Angehörigen in häuslicher Pflege betreut und dafür eine Reduzierung der Arbeitszeit vorgenommen wird. Dementsprechend reduziert sich auch der Vergütungsanspruch des Arbeitnehmers proportional zur Arbeitszeitanpassung. Der Arbeitnehmer kann diese Pflegephase entweder durch einen (freiwilligen) Zuschuss zum reduzierten Vergütungsanspruch durch den Arbeitgeber oder ein Darlehen des Bundesamtes für zivilgesellschaftliche Aufgaben finanzieren. Nach der ursprünglichen Konzeption des Gesetzes war der Arbeitgeber-Zuschuss in Höhe der Hälfte der Differenz zwischen dem ursprünglichen Gehalt des Mitarbeiters und dem für die reduzierte Arbeitszeit anstehenden Vergütungsanspruch anschließend durch Mehrarbeit ohne Vergütung zurückzuzahlen. Nunmehr sieht das Gesetz die Rückzahlung des Darlehens an das Bundesamt für zivilgesellschaftliche Aufgaben in längstens 48 Monaten ab Beginn der Familienpflegezeit vor (§ 6 FPfZG).

143 [unbelegt]

144 Das Gesetz flankiert die Familienpflegezeit mit einer Reihe von weiteren Vorschriften und Regularien zur Gestaltung des Arbeitsverhältnisses. So sieht das Gesetz weiterhin einen besonderen Kündigungsschutz zugunsten des Arbeitnehmers vor, so dass die arbeitgeberseitige Kündigung ab der Ankündigung der Familienpflegezeit bis zum Abschluss der Familienpflegezeit ausgeschlossen ist (§ 2 Abs. 3 FPfZG i.V.m. § 5 PflegeZG). Der Ausspruch einer Kündigung durch den Arbeitgeber ist lediglich ausnahmsweise und nur dann zulässig, wenn die für den Arbeitsschutz zuständige Oberste Landesbehörde oder eine von ihr bestimmte Stelle dem Ausspruch der Kündigung zustimmt (§ 2 Abs. 3 FPfZG i.V.m. § 5 Abs. 2 PflegeZG).

144.1 Wie die Pflegezeit sieht auch das Familienpflegezeitgesetz die Möglichkeit vor, dass der Arbeitgeber für die Dauer des pflegezeitbedingten Ausfalls eines Mitarbeiters anderweitiges Personal befristet beschäftigt. So sieht § 2 Abs. 3 FPfZG i.V.m. § 6 PflegeZG ausdrücklich die Möglichkeit vor, für die Dauer des pflegebedingten Ausfalls eines Mitarbeiters eine befristete Ersatzbeschäftigung einzugehen, die wiederum unter den Voraussetzungen des § 6 Abs. 3 PflegeZG innerhalb einer Frist von zwei Wochen aufgekündigt werden kann.

144.2 Die nachfolgenden Formularvorschläge dienen der Beantragung bzw. der Vereinbarung von Familienpflegezeit zwischen Arbeitgeber und dem Beschäftigten einerseits sowie auch der Inanspruchnahme des Darlehns durch das Bundesamt für zivilgesellschaftliche Aufgaben andererseits. Für die Zustimmung zum Ausspruch einer arbeitgeberseitigen Kündigung durch die für den Arbeitsschutz zuständige Oberste Landesbehörde vgl. K Rdn. 233 sowie für den Abschluss des nach § 2 Abs. 3 FPfZG i.V.m. § 6 PflegeZG ermöglichten befristeten Arbeitsvertrags vgl. das Muster unter E Rdn. 34.

Inanspruchnahme von Familienpflegezeit **G.IV.1.**

Für die Verwendung der nachfolgenden Mustervorschläge sollte berücksichtigt werden, dass § 11 FPfZG für das Verfahren über die Gewährung des zinslosen Darlehens durch das Bundesamt für Familie und zivilgesellschaftliche Aufgaben den Erlass von allgemeinen Verwaltungsvorschriften durch das Bundesministerium für Familie, Senioren, Frauen und Jugend vorsieht. Entsprechend dieser Verwaltungsvorschriften wurden zwischenzeitlich Musterformulare erlassen und eingeführt. Diese können über die Internetseite des Bundesamtes für zivilgesellschaftliche Aufgaben (http://www.bafza.de) heruntergeladen und direkt ausgefüllt werden. Da der Arbeitgeber auf Grund der Neuregelung der Familienpflegezeit nicht mehr in den Prozess der Darlehensabwicklung eingebunden ist, verzichten wir hier auf die Wiedergabe der amtlichen Vordrucke, sondern beschränken uns auf die für das Arbeitsverhältnis wesentlichen Muster.

144.3

1. Inanspruchnahme von Familienpflegezeit

Vorbemerkung

Mit dem nachfolgenden Muster wird die teilweise Freistellung zur häuslichen Pflege eines nahen Angehörigen im Wege der Familienpflegezeit erreicht.

144.4

Während die Reduzierung der Arbeitszeit auf das vom Arbeitnehmer angegebene Maß mit Ausübung des Gestaltungsrechts für den gewünschten Zeitraum automatisch erfolgt (vgl. für die parallele Regelung im Pflegezeitgesetz: *Joussen* NZA 2009, 69, 72), sind die Ausgestaltung und die Verteilung der verbleibenden Arbeitszeit auf die einzelnen Wochentage einer Vereinbarung zwischen Arbeitgeber und Arbeitnehmer anheimgestellt. Diese Vereinbarung hat nach der Regelung des § 2a Abs. 2 FPfZG unter Wahrung der Schriftform zu erfolgen, wobei das Fehlen der Schriftform gemäß § 125 BGB zur Unwirksamkeit der gesamten Vereinbarung führt. In diesem Fall kann der Arbeitnehmer – ebenso wie bei Fehlen jedweder Vereinbarung – den Arbeitgeber auf Abgabe einer entsprechenden Willenserklärung in Anspruch nehmen. Nach der ausdrücklichen Regelung des § 2a Abs. 2 FPfZG kann der Arbeitgeber der gewünschten Verteilung der Arbeitszeit nur dann widersprechen, wenn dieser Verteilung »dringende betriebliche Erfordernisse« entgegenstehen. Dies ist etwa dann der Fall, wenn der Arbeitgeber auf Grund der betrieblichen Gestaltung auf eine ganz bestimmte Verteilung der Arbeitszeit angewiesen ist, etwa dann, wenn eine andere Verteilung dem arbeitgeberseitigen Konzept entgegensteht.

144.5

▶ **Muster – Antrag auf Familienpflegezeit**

[Name und Anschrift des Arbeitgebers]

144.6

z.Hd. Personalleiter/in

[Ort, Datum] 1

Sehr geehrte/r Frau/Herr _____[Name]_____ ,

unter Vorlage einer Bescheinigung des Medizinischen Dienstes der Krankenversicherung vom _____[Datum]_____ 2 zeige ich an, dass ich meine/n _____[Angehörigenstatus]_____ 3, Herrn/Frau _____[Name]_____ ab dem _____[Datum]_____ in häuslicher Umgebung pflegen möchte.

Zu diesem Zweck beantrage ich hiermit, mich für den Zeitraum vom _____[Datum]_____ bis zum _____[Datum]_____ 4 im Umfang von _____[Anzahl]_____ Stunden pro Arbeitswoche von der Arbeitsleistung freizustellen. Für die Verteilung meiner damit verbleibenden Wochenarbeitszeit von _____[Anzahl]_____ Stunden stelle ich mir Folgendes vor: 5 Montags würde ich gerne in der Zeit von _____[Uhrzeit]_____ Uhr bis _____[Uhrzeit]_____ Uhr, dienstags von _____[Uhrzeit]_____ Uhr bis _____[Uhrzeit]_____ Uhr und donnerstags von _____[Uhrzeit]_____ Uhr bis _____[Uhrzeit]_____ Uhr arbeiten. Mittwochs und freitags möchte ich nicht arbeiten.

In diesem Zusammenhang möchte ich Sie bitten, sich mit mir zum Abschluss einer schriftlichen Vereinbarung über die Verringerung und Verteilung der Arbeitszeit kurzfristig in Verbindung zu setzen.

Mit freundlichen Grüßen

_____
(Unterschrift des Arbeitnehmers) [6]

Erläuterungen

Schrifttum

Brose Die sozialversicherungsrechtlichen Nebenwirkungen von Pflegezeit und Familienpflegezeit, NZS 2012, 499; *Langer/Straßenburg* Sonderfragen zum Pflegezeitgesetz, AuA 2009, 92; *Liebscher* Rechte und Pflichten aus dem Pflegezeitgesetz, ArbR 2011, 189, 190; *Müller* Das Pflegezeitgesetz (PflegeZG) und seine Folgen für die arbeitsrechtliche Praxis, BB 2008, 1058, 1063; *Notzon* Aktuelle Rechtsfragen zur Pflegezeit, öAT 2013, 136; *Novara* Sonderkündigungsschutz nach dem Pflegezeitgesetz, DB 2010, 503, 504; *Preis/Nehring* Das Pflegezeitgesetz, NZA 2008, 733.

144.7 **1.** Das hier als Antrag formulierte Verlangen von Familienpflegezeit ist gem. § 2a Abs. 1 FPfZG gegenüber dem Arbeitgeber spätestens acht Wochen vor dem gewünschten Beginn schriftlich anzukündigen. Wird die Familienpflegezeit nach einer Pflegezeit zur Pflege oder Betreuung desselben pflegebedürftigen Angehörigen in Anspruch genommen, muss sich die Familienpflegezeit unmittelbar an die Pflegezeit anschließen. Zudem muss der Antrag dann drei Monate vor Beginn der Familienpflegezeit vorliegen und darf in Summe (also zusammen mit der Pflegezeit) sich längstens auf einen 24-Monats-Zeitraum beziehen. Maßgeblich ist der Zugang der den gesetzlichen Anforderungen entsprechenden Erklärung beim Arbeitgeber. Im Gesetz ist dieses Verlangen als einseitiges Gestaltungsrecht ausgestaltet. Das bedeutet, dass die Familienpflegezeit mit Zugang der hier formulierten Erklärung beim Arbeitgeber eingerichtet wird. Arbeitsleistung und Vergütungsanspruch verringern sich also für die Dauer der Familienpflegezeit kraft der hier entworfenen Erklärung.

144.8 **2.** Die Pflegebedürftigkeit des nahen Angehörigen muss durch Vorlage einer Bescheinigung der Pflegekasse oder des Medizinischen Dienstes der Krankenversicherung nachgewiesen werden. Bei in der privaten Pflege-Pflichtversicherung versicherten Pflegebedürftigen ist ein entsprechender Nachweis zu erbringen.

144.9 **3.** Familienpflegezeit kann nur zur Pflege »naher Angehöriger« beansprucht werden. Dies sind nach §§ 2 Abs. 3 FPfZG, 7 PflegeZG die Großeltern, Eltern, Schwiegereltern, Stiefeltern, Ehegatten (§ 7 Abs. 3 Nr. 1 PflegeZG), Lebenspartner, Partner einer eheähnlichen oder lebenspartnerschaftsähnlichen Gemeinschaft, Geschwister, Ehegatten der Geschwister und Geschwister der Ehegatten, Lebenspartner der Geschwister und Geschwister der Lebenspartner (§ 7 Abs. 3 Nr. 2 PflegeZG), Kinder, Adoptiv- oder Pflegekinder, die Kinder, Adoptiv- oder Pflegekinder des Ehegatten oder Lebenspartners, Schwiegerkinder und Enkelkinder (§ 7 Abs. 3 Nr. 3 PflegeZG).

144.10 **4.** Beginn und Dauer der Familienpflegezeit sind im Antrag mitzuteilen. Dabei ist zu beachten, dass die Familienpflegezeit auch in Kombination mit der Pflegezeit längstens 24 Monate für den Angehörigen betragen kann (§ 2 Abs. 2 FPfZG).

144.11 **5.** Nach § 2a Abs. 1 FPfZG hat der Arbeitnehmer mit seinem Freistellungsverlangen zu erklären, für welchen Zeitraum und in welchem Umfang innerhalb der Gesamtdauer nach § 2 Abs. 2 FPfZG die Freistellung von der Arbeitsleistung in Anspruch genommen werden soll. Dabei ist auch die gewünschte Verteilung der Arbeitszeit anzugeben. Enthält die Ankündigung keine eindeutige Festlegung, ist der Antrag gleichwohl wirksam. Im Zweifel gilt er aber als Ankündigung von Pflegezeit (§ 2a Abs. 1 S. 3 FPfZG).

6. Das Freistellungsverlangen hat schriftlich zu erfolgen. Damit ist die Schriftform nach § 126 BGB angeordnet. Die Verletzung dieser Formvorschrift führt zur Nichtigkeit des Freistellungsverlangens (§ 125 BGB).

[unbelegt]

2. Vereinbarung über die Familienpflegezeit

Vorbemerkung

Das nachfolgende Muster dient der Vereinbarung von Arbeitgeber und Arbeitnehmer über die Reduzierung und Verteilung der Arbeitszeit, um die häusliche Pflege eines nahen Angehörigen zu ermöglichen. Das Muster entspricht dem bis zum 31.12.2014 gültigen Leitbild für die Familienpflegezeit und dem ursprünglich vom Gesetzgeber gewählten Modell einer einvernehmlichen Regelung der Familienpflegezeit. Seit dem 01.01.2015 ist eine vertragliche Vereinbarung für die Inanspruchnahme von Familienpflegezeit nicht mehr vorgesehen, weil nunmehr in Unternehmen mit mehr als 25 Arbeitnehmern ein Rechtsanspruch auf ihre Gewährleistung besteht. Das nachfolgende Muster dient aber der gesetzlich angeordneten Vereinbarung über ihre Durchführung und kann ebenso in Unternehmen bis 25 Mitarbeiter zur Einführung von Familienpflegezeit genutzt werden. Die Vereinbarung sieht vor, dass der Arbeitnehmer für die Dauer der sog. Pflegephase seine Arbeitszeit auf das zwischen den Parteien festzulegende Maß reduziert, wobei gleichzeitig auch sein Vergütungsanspruch im entsprechenden Verhältnis verringert wird. Die früheren Regelungen zum Aufstockungsbetrag sind nicht mehr enthalten. Stattdessen sind alle Regelungen aufgenommen worden, die es dem Arbeitnehmer ermöglichen, das Darlehen des Bundesamtes für zivilgesellschaftliche Aufgaben in Anspruch zu nehmen.

▶ **Muster – Vereinbarung über die Familienpflegezeit**

[Briefkopf des Unternehmens]

Zwischen der [Name und Anschrift des Unternehmens]

(im Folgenden: »Arbeitgeber«)

und

Herrn/Frau [Name und Anschrift des Arbeitnehmers]

(im Folgenden: »Arbeitnehmer«)

wird in Ergänzung zum Arbeitsvertrag der Vertragsparteien Folgendes vereinbart:

§ 1
Gewährung von Familienpflegezeit

(1) Die Vertragsparteien vereinbaren, dass dem Arbeitnehmer zur Pflege seines Angehörigen [1] [Vorname und Nachname], geboren am [Datum] in [Ort], wohnhaft [Adresse, PLZ, Ort] Familienpflegezeit nach Maßgabe des Familienpflegezeitgesetzes gewährt wird.

(2) Der zu pflegende Angehörige ist der/die [Angehörigenstatus] des Arbeitnehmers.

(3) Die nach diesem Vertrag gewährte Familienpflegezeit beträgt längstens [Anzahl] Monate [2] und beginnt am [Datum]. Sie endet am [Datum], spätestens jedoch vier Wochen nach dem Entfall der Pflegebedürftigkeit des in Absatz 1 genannten Angehörigen. [3]

§ 2
Reduzierung der Arbeitszeit und Finanzierung der Familienpflegezeit

(1) Der Arbeitnehmer wird bislang im Umfang von [Anzahl] Wochenarbeitsstunden beschäftigt und erhält hierfür eine monatliche Vergütung in Höhe von brutto [Betrag] Euro.

Daraus ergibt sich ein durchschnittliches Entgelt je Arbeitsstunde in Höhe von brutto _____ [Betrag] _____ Euro. 4

(2) Die in Absatz 1 genannte Wochenarbeitszeit und die dort genannte monatliche Vergütung sind Grundlage für die Berechnung des Aufstockungsbetrags nach Absatz 3.

(3) Für die Dauer der Familienpflegezeit wird die regelmäßige Arbeitszeit des Arbeitnehmers auf _____ [Anzahl] _____ Wochenarbeitsstunden reduziert und wie folgt verteilt: 5

a) Montag: von _____ Uhr bis _____ Uhr.

b) Dienstag-Donnerstag: von _____ Uhr bis _____ Uhr.

c) Freitag: frei.

Dementsprechend reduziert sich der monatliche Vergütungsanspruch des Arbeitnehmers aus dem Arbeitsverhältnis auf brutto _____ [Betrag] _____ Euro. 5

(4) Mit dem Ende der Familienpflegezeit gemäß § 1 Abs. 3 dieses Vertrags kehrt der Arbeitnehmer wieder zu der vor Eintritt in die Familienpflegezeit geltenden Wochenarbeitszeit zurück und erhält die in Absatz 1 genannte Bruttomonatsvergütung. 6

§ 3
Verpflichtungen des Arbeitnehmers 7

(1) Der Arbeitnehmer verpflichtet sich, die Pflegebedürftigkeit des in § 1 Abs. 1 genannten Angehörigen vor dem Beginn der Pflegephase durch Vorlage einer Bescheinigung der Pflegekasse oder des Medizinischen Dienstes der Krankenversicherung nachzuweisen.

(2) Der Arbeitnehmer verpflichtet sich, dem Arbeitgeber unverzüglich jede Änderung der Verhältnisse mitzuteilen, die Auswirkungen auf die Familienpflegezeit haben können. Hierzu zählt insbesondere der vorzeitige Wegfall der Pflegebedürftigkeit des in § 1 Abs. 1 genannten Angehörigen.

(3) Der Arbeitnehmer versichert, dass er für die Pflege des in § 1 Abs. 1 genannten Angehörigen noch keine Pflegezeit oder Familienpflegezeit in Anspruch genommen hat.

§ 4
Salvatorische Klausel 8

Sollte eine Regelung dieses Vertrags, gleich aus welchem Grunde, unwirksam sein oder unwirksam werden oder sollte sich eine von den Vertragsparteien nicht bedachte Regelungslücke ergeben, so bleiben die übrigen Bestimmungen wirksam und werden durch die einschlägigen Bestimmungen des Familienpflegezeitgesetzes ergänzt.

_____ [Ort] _____ , den _____ [Datum] _____

_____
(Unterschrift des Arbeitgebers)

_____
(Unterschrift des Arbeitnehmers) 9

Erläuterungen

Schrifttum

Barkow von Creytz Das Familienpflegezeitgesetz, DStR 2012, 191; *Brose* Die sozialversicherungsrechtlichen Nebenwirkungen von Pflegezeit und Familienpflegezeit, NZS 2012, 499; *Eckert* Blick ins Arbeitsrecht, DStR 2011, 2474; *Glatzel* Das neue Familienpflegezeitgesetz, NJW 2012, 1175; *Karb* Das neue Familienpflegezeitgesetz, öAT 2012, 30; *Lehmann* Kernpunkte des zu erwartenden Pflegezeitgesetzes, BB 2011, 757; *Liebscher/Kühler* Das Familienpflegezeitgesetz – Sinnvolle Ergänzung zum Pflegezeitgesetz?, ArbRAktuell 2012, 392; *Neumann/Göttling* Das neue Familienpflegezeitgesetz, NZA 2012, 119; *Novara* Familienpflegezeitgesetz, AuA 2012, 27; *ders.* Das Familienpflegezeitgesetz, AuA 2011, 73; *Rothgang/Staber* Pflege durch Angehörige – Aktueller Stand und Reformdiskussion, FPR 2012, 48; *Sasse* Familienpflegezeit, DB 2011, 2660; *Schiefer/Worzalla* Familienpflegezeitgesetz, DB 2012, 516.

1. Familienpflegezeit kann nur zur Pflege »naher Angehöriger« beansprucht werden. Dies sind nach §§ 2 Abs. 3 FPfZG, 7 PflegeZG die Großeltern, Eltern, Schwiegereltern, Stiefeltern, Ehegatten (§ 7 Abs. 3 Nr. 1 PflegeZG), Lebenspartner, Partner einer eheähnlichen oder lebenspartnerschaftsähnlichen Gemeinschaft, Geschwister, Ehegatten der Geschwister und Geschwister der Ehegatten, Lebenspartner der Geschwister und Geschwister der Lebenspartner (§ 7 Abs. 3 Nr. 2 PflegeZG), Kinder, Adoptiv- oder Pflegekinder, die Kinder, Adoptiv- oder Pflegekinder des Ehegatten oder Lebenspartners, Schwiegerkinder und Enkelkinder (§ 7 Abs. 3 Nr. 3 PflegeZG). 152

2. Die Familienpflegezeit beträgt längstens 24 Monate (einschließlich einer etwaigen Kombination mit der Pflegezeit, § 2 Abs. 1 und 2 FPfZG). Sie kann zunächst auch für einen kürzeren Zeitraum eingeräumt werden. Reicht die zunächst vorgesehene Zeitdauer nicht aus, kann ihre Verlängerung nur mit Zustimmung des Arbeitgebers verlängert werden. Diese Zustimmung ist zu erteilen, wenn der beabsichtige Wechsel in der Person des Pflegenden aus wichtigem Grund nicht möglich ist (§ 2a Abs. 3 FPfZG). 152.1

3. Die Familienpflegezeit endet gemäß § 2a Abs. 5 FPfZG vier Wochen nach dem Wegfall der Pflegebedürftigkeit des nahen Angehörigen. Die Pflegebedürftigkeit liegt nicht mehr vor, wenn der nahe Angehörige verstirbt oder sonst die Voraussetzungen für die Pflegestufe nach den §§ 14, 15 SGB XI nicht mehr gegeben sind, vgl. § 2 Abs. 3 FPfZG i.V.m. § 7 Abs. 4 PflegeZG. 152.2

4. Die Regelung dient der eindeutigen Berechnung des Arbeitseinkommens des Mitarbeiters während der Familienpflegezeit. Hierbei sind Sachbezüge (Personalrabatte, Dienstwagennutzung usw.) außer Betracht geblieben, obwohl es sich dabei ebenfalls um Arbeitsentgelt handelt. Ihre Kürzung dürfte ohne sachlichen Grund ohnehin unzulässig sein. Ein sachlicher Grund dürfte aber regelmäßig bei der privaten Nutzung von Dienstwagen oder sog. Home-Office-Regelungen bestehen, weil ihre Gewährleistung für stark reduzierte Teilzeitarbeitsverhältnisse eine übermäßige Belastung des Arbeitgebers darstellt und daher in der Regel abgesenkt oder ausgeschlossen werden kann. 152.4

5. Nach § 2a Abs. 1 S. 2 FPfZG sollen Arbeitgeber und Arbeitnehmer eine Vereinbarung über die Verteilung der Arbeitszeit treffen. Dies kann beispielsweise durch die hier vorgeschlagene Regelung geschehen. Dabei ist zu berücksichtigen, dass die Familienpflegezeit eine Arbeitszeit von mindestens 15 Stunden pro Woche vorsieht. 152.5

[unbelegt] 153–158

6. Die Regelung sieht vor, dass der Mitarbeiter mit dem Ende der Familienpflegezeit wieder zur üblichen Arbeitszeit – bzw. in der Alternative zur vereinbarten höheren Arbeitszeit – zurückkehrt. Dementsprechend besteht ab diesem Zeitpunkt auch ein entsprechend höherer Entgeltanspruch. 159

[unbelegt] 160–162

7. Die in § 4 vorgesehene Regelung nimmt die sich aus dem Gesetz ergebenden Mitteilungs- und Nachweispflichten auf. 163

[unbelegt] 164

8. Diese Regelung enthält die in Musterverträgen übliche salvatorische Klausel. Ihr Regelungsgehalt ergibt sich eigentlich bereits aus § 306 Abs. 1 und 2 BGB, so dass sie entfallen könnte. Gleichwohl wird diese Klausel auch hier zu Klarstellungszwecken empfohlen. 165

9. Die Vereinbarung bedarf gemäß §§ 2a Abs. 2 FPfZG, 126 BGB der Schriftform. Die Verletzung dieser Formbestimmung führt gemäß § 125 BGB zur Nichtigkeit und Unwirksamkeit der gesamten Vereinbarung. Das hat zur Konsequenz, dass die Voraussetzungen für die Förderfähigkeit der Familienpflegezeit nicht gegeben sind. Dementsprechend kann der Arbeitnehmer ohne 166 die Wahrung der Schriftform weder das zinslose Darlehen des Bundesamtes für Familie und zivilgesellschaftliche Aufgaben noch die alternative Freistellung durch eben diese Behörde erhalten.

3. Verlängerung der Familienpflegezeit

Vorbemerkung

167 Nach §§ 2, 2a FPfZG kann der Arbeitnehmer seine Arbeitsleistung für die Dauer von längstens 24 Monaten reduzieren um Familienpflegezeit in Anspruch zu nehmen. Die Freistellung kann dabei von Anfang an für die gesamte Dauer beantragt oder zunächst auf einen bestimmten Umfang beschränkt werden. In letzterem Fall sieht § 2a Abs. 3 FPfZG die Möglichkeit vor, eine Verlängerung der einmal vorgesehenen Familienpflegezeit auf insgesamt bis zu 24 Monate vorzunehmen. Anders als bei der erstmaligen Inanspruchnahme sieht das Gesetz im Fall der Verlängerung aber kein Gestaltungsrecht des Arbeitnehmers vor, dessen Ausübung unmittelbar zur Verlängerung der Freistellungsphase führt. Vielmehr sieht § 2a Abs. 3 S. 2 FPfZG insoweit ein Zustimmungserfordernis durch den Arbeitgeber vor. Jedoch kann die Verlängerung wiederum durch Gestaltungsrecht erreicht werden, wenn sie deshalb begehrt wird, weil ein ursprünglich vorgesehener Wechsel in der Person des Pflegenden aus einem wichtigen Grund nicht erfolgen kann.

168 Das nachfolgende Muster ist wiederum als Antrag des Arbeitnehmers an den Arbeitgeber formuliert, rekurriert aber auf den in § 2a Abs. 3 FPfZG genannten Verlängerungsgrund, so dass es sich hier wiederum um ein Gestaltungsrecht handelt. Das Muster kann aber ebenfalls als Antrag auf die einvernehmliche Verlängerung der Familienpflegezeit genutzt werden, wenn hierzu eine andere als die vorgesehene Begründung aufgenommen wird.

▶ **Muster – Antrag auf Verlängerung der Familienpflegezeit**

169 [Name und Anschrift des Arbeitgebers]

z.Hd. Personalleiter/in

[Ort, Datum] 1

Sehr geehrte/r Frau/Herr _____[Name]_____,

wie Ihnen bekannt ist, bin ich seit dem _____[Datum]_____ zur häuslichen Pflege meiner/s _____[Angehörigenstatus und Name]_____ teilweise von der Arbeitsleistung freigestellt.

Die Familienpflegezeit möchte ich gerne bis zum _____[Datum]_____ verlängern, weil der ursprünglich vorgesehene Wechsel der pflegenden Person auf _____[Name]_____ wider Erwarten nicht möglich ist. 2

Daher möchte ich Sie bitten, mir die erbetene Verlängerung der Familienpflegezeit zu bestätigen.

Mit freundlichen Grüßen

_____
(Unterschrift des Arbeitnehmers)

Erläuterungen

170 **1.** Der Antrag auf Verlängerung der Familienpflegezeit muss vor Ablauf des ursprünglich in Anspruch genommenen Zeitraums gestellt werden, da es sich andernfalls nicht um einen Verlängerungsantrag, sondern um einen erneuten Antrag handelt, der nach der eindeutigen Gesetzesregelung nicht in Betracht kommt (so für die Pflegezeit bereits: BAG, Urt. v. 15.11.2011 – 9 AZR 348/10, DB 2012, 751).

171 **2.** Das vorliegende Muster rekurriert auf den im Gesetz genannten Verlängerungsgrund, dessen Vorliegen Tatbestandsvoraussetzung für einen Verlängerungsanspruch des Arbeitnehmers ist. Be-

ruht das Verlängerungsbegehren nicht darauf, dass ein ursprünglich vorgesehener Wechsel der pflegenden Person wider Erwarten nicht möglich ist, so hat der Arbeitnehmer keinen Anspruch auf die Zustimmung des Arbeitgebers. Hiervon unberührt bleibt natürlich die Möglichkeit der Arbeitsvertragsparteien, die Verlängerung einvernehmlich durchzuführen.

4. Bescheinigung des Arbeitgebers

Vorbemerkung

Gemäß § 4 FPfZG hat der Arbeitgeber dem Bundesamt für Familie und zivilgesellschaftliche Aufgaben für bei ihm Beschäftigte den Arbeitsumfang sowie das Arbeitsentgelt vor der Freistellung nach § 3 Abs. 1 FPfZG zu bescheinigen, soweit dies zum Nachweis des Einkommens aus Erwerbstätigkeit oder der wöchentlichen Arbeitszeit der die Förderung beantragenden Beschäftigten erforderlich ist. Das nachfolgende Muster dient diesem Nachweis.

172

▶ **Muster – Bescheinigung des Arbeitgebers**

[Briefkopf des Unternehmens]

173

Bundesamt für Familie und zivilgesellschaftliche Aufgaben
– Referat 407 –

50964 Köln

Bescheinigung gemäß § 4 FPfZG

Sehr geehrte Damen und Herren,

wir nehmen Bezug auf den Antrag unseres Arbeitnehmers Herr ___[Vorname, Name und Anschrift]___ und bescheinigen gem. § 4 FPfZG, dass die regelmäßige Wochenarbeitszeit [1] unseres Mitarbeiters bisher regelmäßig _____ Stunden betrug und er dafür ein Entgelt von EUR _____ brutto [2] bezogen hat.

_____[Ort]_____, den _____[Datum]_____

_____
(Unterschrift des Arbeitgebers)

Erläuterungen

1. Es ist die regelmäßige Wochenarbeitszeit vor Beginn der Familienpflegezeit anzugeben. Grundlage ist die vertraglich geschuldete Arbeitszeit der vergangenen 12 Monate vor Beginn der Familienpflegezeit. Falls sich der Umfang der Arbeitszeit in dem betroffenen Zeitraum geändert haben sollte, ist der Durchschnittswert des 12-Monats-Zeitraums anzugeben (§ 3 Abs. 3 FPfZG).

174

2. Es ist hier das regelmäßige, durchschnittliche, monatliche Bruttoarbeitsentgelt, ausschließlich der Sachbezüge (Dienstwagen, Personalrabatte etc.) der letzten 12 Kalendermonate vor Beginn der Familienpflegezeit, anzugeben (§ 3 Abs. 2 FPfZG).

175

5. Beendigung der Familienpflegezeit

Vorbemerkung

Sofern die Voraussetzungen für die Familienpflegezeit entfallen, hat der Arbeitnehmer dies dem Arbeitgeber unverzüglich, also ohne schuldhaftes Zögern, mitzuteilen (§ 2a Abs. 5 FPfZG). Die Verletzung dieser Verpflichtung stellt einen Verstoß gegen die arbeitsvertraglichen Pflichten des Arbeitnehmers dar und kann mit den üblichen Sanktionsmitteln (Abmahnung, Kündigung) ge-

176

ahndet werden, weil der Arbeitgeber ein unmittelbares Interesse an der Kenntnisnahme hat. Denn bereits vier Wochen nach Wegfall der Pflegebedürftigkeit endet die Familienpflegezeit. In diesem Fall kann der Arbeitgeber ein ersatzweise eingegangenes Arbeitsverhältnis kündigen (§§ 2 Abs. 3 FPfZG i.V.m. 6 Abs. 3 PflegeZG).

▶ **Muster – Beendigung der Familienpflegezeit**

177 [Name und Anschrift des Arbeitgebers]

z.Hd. Personalleiter/in

[Ort, Datum]

Sehr geehrte/r Frau/Herr _____[Name]_____,

hiermit zeige ich an, dass die Pflegebedürftigkeit meines Angehörigen [Vorname, Name] zum _____[Datum]_____ weggefallen ist. [1] Damit endet die Familienpflegezeit mit Ablauf von vier Wochen hiernach. Dies ist nach meiner Berechnung der _____[Datum]_____. [2]

Mit freundlichen Grüßen

_____
(Unterschrift des Arbeitnehmers)

Erläuterungen

178 1. Die Pflegebedürftigkeit fällt weg, wenn die Voraussetzungen für die Anerkennung einer Pflegestufe nach den §§ 14, 15 SGB XI nicht oder nicht mehr gegeben sind oder die pflegebedürftige Person verstorben ist.

179 2. Die Angabe eines konkreten Datums ist nicht erforderlich. Um etwaige Missverständnisse zu vermeiden ist es gleichwohl empfehlenswert, dieses aufzunehmen.

H. Arbeitsverhältnis mit Auslandsbezug

Inhaltsübersicht

	Rdn.
I. Einvertragsmodell – Entsendevertrag	1
1. Entsendevertrag	1
Vorbemerkung	1
Muster: Entsendevertrag (deutsche Fassung)	9
Erläuterungen	10
2. Entsendevertrag in englischer Fassung	47
Vorbemerkung	47
Muster: Entsendevertrag (englische Fassung)	48
II. Zweivertragsmodell – Versetzungsvertrag	49
1. Versetzungsvertrag (deutsche Fassung)	49
Vorbemerkung	49
Muster: Versetzungsvertrag (deutsche Fassung)	51
Erläuterungen	52
2. Versetzungsvertrag in englischer Fassung	73
Vorbemerkung	73
Muster: Versetzungsvertrag (englische Fassung)	74

I. Einvertragsmodell – Entsendevertrag

1. Entsendevertrag

Vorbemerkung

Die fortschreitende Globalisierung von Unternehmen und Konzernen führt zwangsläufig zu einer Internationalisierung der Personalarbeit. Arbeitnehmer werden nicht nur zwischen nationalen Unternehmensteilen, sondern auch international versetzt. Die Versetzungen dienen der Durchführung von Auslandsprojekten, dem Transfer von Know-How, der Entwicklung von Führungs- und Fachkompetenzen, dem flexiblen Einsatz von qualifizierten Fachkräften, der Vertiefung von konzerninternen Netzwerken, der gezielten Verbreitung einer Unternehmensphilosophie und -kultur (Corporate Identity) oder ist den grenzüberschreitend aufgestellten Funktionsbereichen einer Matrixstruktur im Konzernaufbau geschuldet. 1

Die vertragliche Gestaltung der Entsendung von Arbeitnehmern oder des internationalen Personalaustausches muss dem Zweck sowie der beabsichtigten Länge des Auslandsaufenthalts und der Art der Tätigkeit Rechnung tragen. Darüber hinaus sollte bei der Vertragsgestaltung berücksichtigt werden, ob das Unternehmen durch die Auslandsentsendung die bestehende Unternehmenskultur des Stammhauses übertragen will (ethnozentrischer Ansatz), bei Entsendungen deutliche Unterschiede hinsichtlich der Zielregionen macht (regiozentrischer Ansatz) oder der Vertrag vielmehr ein gleichberechtigtes Zusammenspiel der beteiligten Unternehmen (polyzentrischer Ansatz) widerspiegeln soll. Wie bei allen Verträgen mit Auslandsbezug stellen sich zudem Fragen zur **Rechtswahl**, wobei das unabdingbare nationale Recht zu beachten ist. Daneben sind **sozialversicherungsrechtliche** und **steuerrechtliche Elemente** zu berücksichtigen. Dabei ist das für Entsendungen einschlägige Recht in einer Vielzahl von unterschiedlichen Gesetzen normiert. Neben dem Individualarbeitsrecht und dem Sozialversicherungsrecht sind die Vorschriften des AEntG und des NachwG zur Beurteilung bedeutsam. Manches ergibt sich dagegen weniger aus rechtlichen als vielmehr aus praktischen Erwägungen, was auch damit zusammenhängt, dass Entsendeszenarien kaum einer gerichtlichen Prüfung unterzogen werden und es so gut wie keine einschlägige Rechtsprechung gibt. 2

Das Entsenderecht spielt sich regelmäßig im zweisprachigen Kontext ab. Dies ergibt sich u.a. daraus, dass eines der beiden beteiligten Unternehmen im Ausland ansässig ist und oftmals auch der 3

H. Arbeitsverhältnis mit Auslandsbezug

grenzüberschreitend arbeitende Mitarbeiter – zumindest bei Entsendungen vom Ausland nach Deutschland – nur begrenzte Kenntnisse der deutschen Sprache hat. Darüber hinaus sind gerade bei international aufgestellten Konzernen und Unternehmen immer häufiger Führungspositionen international besetzt, so dass die Entscheider eine englische Fassung des Vertrages benötigen. Aus diesem Grund sind die Vertragsmuster zweisprachig Deutsch/Englisch verfasst.

4 Im Recht der Auslandsentsendungen gibt es bisher keine durch den Gesetzgeber oder die Justiz fest definierten Begrifflichkeiten. In der Praxis haben sich jedoch Bezeichnungen eingebürgert, die die Dauer des Auslandsaufenthalts ebenso kennzeichnen, wie den Status des entsandten Mitarbeiters. Diese Bezeichnungen sind jedoch mit einiger Vorsicht zu verwenden und dort, wo es auf eine rechtssichere Verwendung ankommt, entsprechend zu definieren. Unter **Entsendung** wird im Sozialversicherungsrecht der »weisungsgemäße befristete Einsatz von inländischen Mitarbeitern im Ausland« (Ziffer 3.1. AusEinstrR – Richtlinien zur versicherungsrechtlichen Beurteilung von Arbeitnehmern bei Ausstrahlung) verstanden. In der Praxis werden Auslandseinsätze häufig jedoch auch als Dienstreise, Abordnung, Delegation, Versetzung, Übertritt (*Mastmann/Stark* BB 2005, 1849) oder auch als secondment oder assignment bezeichnet. Übertritt oder Versetzung kennzeichnen die dauerhafte oder langfristige Abordnung eines Mitarbeiters in ein ausländisches Unternehmen, wobei die Stammhausbindung gelockert oder ganz gelöst wird. Die Dienst- oder Geschäftsreise ist dagegen ein kurzzeitiger (i.d.R. bis zu maximal 90 Tagen dauernder) Auslandsaufenthalt bei dem aus aufenthaltsrechtlichen Gründen zumeist nur bestimmte berufliche Tätigkeiten möglich sind.

5 Als **Expatriaten** bezeichnet man einen Mitarbeiter, der außerhalb seines Heimatlandes tätig ist. Dieser Begriff wird sowohl allgemein für einen Mitarbeiter verwandt, der in einem Land, das nicht sein Heimatland ist, arbeitet, als auch in der spezielleren Form zur Kennzeichnung eines Mitarbeiters, der vom Inland aus ins Ausland entsandt wird. Dagegen bezeichnet der Begriff **Impatriate** immer einen ausländischen Arbeitnehmer, der vom Ausland ins Inland versetzt wird. Die entsendende Gesellschaft wird regelmäßig Heimatgesellschaft bzw. Stamm- oder Mutterhaus genannt, die aufnehmende Gesellschaft gelegentlich als Zielgesellschaft bezeichnet.

6 Hinsichtlich der vertraglichen Gestaltung unterscheiden sich zwei Grundmodelle: das Einvertrags- und das Mehrvertragsmodell (*Mastmann/Stark* BB 2005, 1849; *Reiter* NZA 2004, 1246). Das **Einvertragsmodell** findet Anwendung, wenn ein Arbeitnehmer von seinem bisherigen Arbeitgeber ins Ausland entsandt wird, um dort – beispielsweise bei projektbezogenen Einsätzen im Rahmen von Werk- oder Dienstverträgen oder bei Entsendungen zu unselbständigen Repräsentanzen oder Betriebsstätten – die Interessen des Stammhauses wahrzunehmen und dessen Weisungsrecht unterstellt bleiben soll. Hier ist kein lokaler Arbeitsvertrag im Ausland gewünscht. Wenn jedoch das Aufenthaltsrecht des Ziellandes es erfordert oder eine Bindung an das inländische Unternehmen ebenso wie eine arbeitsrechtliche Beziehung mit der aufnehmenden Gesellschaft gewünscht ist, bietet sich eine Gestaltung mit zwei Verträgen, also das **Mehrvertragsmodell**, an. Diese sollten harmonisch aufeinander abgestimmt sein und dabei den beteiligten Gesellschaften die Zuständigkeiten klar zuweisen. Das rechtlich ebenso mögliche einheitliche Arbeitsverhältnis (BAGE 37, 1, NJW 1984, 1703), das bei einem Zweivertragsmodell (Verträge mit Heimatgesellschaft und Tochtergesellschaft eines Konzerns) dann angenommen werden kann, wenn die beiden Verträge in einem engem rechtlichen Zusammenhang stehen und Zuständigkeiten gemeinsam ausgeübt werden, hat sich in der Praxis nicht durchgesetzt (*Reiter* NZA-Beilage 2014, 22 f.). Zusätzlich verfügen Unternehmen oftmals noch über eine Entsenderichtlinie, die Homogenität bei verschiedenen Entsendungen sicherstellen soll.

7 Ein Mitarbeiter, der ausschließlich bei einem Arbeitgeber im Ausland tätig werden soll, benötigt nur einen lokalen Arbeitsvertrag mit diesem. Insofern handelt es sich rechtlich nicht um eine Entsendung, sondern um ein Arbeitsverhältnis im Ausland. In einem solchen Fall gilt nach deutschem internationalem Privatrecht das Recht am Arbeitsort, bzw. bei anders lautender Rechtswahl der Parteien oftmals ein Mischrecht. Aus diesem Grunde müssen Vertragsmuster jeweils dem

Recht des Arbeitsortes angepasst werden. Ebenso unterfällt die im Ausland erbrachte Arbeitsleistung regelmäßig dem dortigen Steuer- und Sozialversicherungsrecht.

Abzugrenzen ist die Entsendung von Arbeitnehmern zudem von Fällen der **grenzüberschreitenden Arbeitnehmerüberlassung**. Im Unterschied zu Entsendungsfällen handelt es sich grundsätzlich um Arbeitnehmerüberlassung, wenn das entsendende Unternehmen weiterhin die vertraglichen Arbeitgeberfunktionen erfüllt, der entsandte Arbeitnehmer aber den arbeitsrechtlichen Weisungen der aufnehmenden Gesellschaft unterliegt und in deren Arbeitsorganisation eingegliedert wird (vgl. hierzu *Lembke* BB 2005, 1849). In der Praxis kann die Abgrenzung mitunter schwierig sein. Umstritten ist in diesem Zusammenhang, ob das Vorliegen einer A1-Entsendebescheinigung (s. dazu H Rdn. 28), die nach Art. 5 Abs. 1 der VO (EG) Nr. 987/2009 für die Sozialversicherungsträger des anderen Mitgliedsstaats verbindlich bestimmt, dass der entsandte Arbeitnehmer ausschließlich dem Sozialversicherungsrecht des Heimatlandes unterliegt, auch im Hinblick auf den arbeitsrechtlichen Status Bindungswirkung entfaltet. Nach teilweise vertretener Ansicht soll die Fiktion eines Arbeitsverhältnisses mit der aufnehmenden Gesellschaft nach §§ 9, 10 AÜG bei Vorliegen einer A1-Entsendebescheinigung nicht möglich sein (vgl. hierzu, eine solche Bindungswirkung jedoch ablehnend *Räuchle/Schmidt* RdA 2015, 407 m.w.N.).

7.1

Beim **Einvertragsmodell** wird der Arbeitnehmer im Rahmen seines bestehenden Arbeitsverhältnisses entsandt, d.h. er bleibt bei seinem bisherigen Arbeitgeber beschäftigt. Flankierend dazu regelt eine **Entsendevereinbarung** zwischen dem Arbeitnehmer und dem Stammhaus die Bedingungen des Auslandseinsatzes. Diese Möglichkeit eignet sich besonders für kurz- bis mittelfristige Auslandseinsätze mit einer Zeitdauer von voraussichtlich nicht mehr als zwei Jahren und hat den Vorteil, dass zumeist ein Verbleib im deutschen Sozialversicherungssystem problemlos möglich ist. In den Fällen, in denen der Arbeitnehmer direkt für die Entsendung eingestellt wird, können die entsprechenden Regelungen bereits im originären Arbeitsvertrag getroffen werden. Eine gesonderte Entsendevereinbarung ist dann nicht, bzw. nur im Rahmen der Anforderungen des NachwG erforderlich.

8

▶ **Muster – Entsendevertrag (deutsche Fassung)**

ZUSATZVEREINBARUNG ZUM ANSTELLUNGSVERTRAG vom ___[Datum]___

9

– ENTSENDEVERTRAG [1] –

zwischen

[Name, Adresse]

– nachstehend »*Gesellschaft*« genannt –

und

[Name, Adresse]

– nachstehend »*Mitarbeiter*« genannt –

wird folgender Entsendevertrag geschlossen: [2]

Präambel

Der Mitarbeiter ist derzeit auf Grundlage des Anstellungsvertrages vom ___[Datum]___ (nachfolgend »*Anstellungsvertrag*«) als ___[Funktion]___ in der Betriebsstätte der Gesellschaft in ___[Ort]___ beschäftigt. [3]

Die Gesellschaft fertigt ___[Produkt]___ und ist beauftragt, diese für die ___[Kunde]___ in ___[Einsatzort]___ herzustellen, zu liefern und die Anbringung vor Ort zu überwachen. [4]

Der Mitarbeiter hat sich bereit erklärt, für die Gesellschaft die Installation/Montage des Produktes in ___[Einsatzort, Einsatzland]___ (nachfolgend »*Einsatzort*« bzw. »*Einsatzland*«) anzuleiten und zu über-

H. Arbeitsverhältnis mit Auslandsbezug

wachen. Zu diesem Zweck schließen die Parteien diese Zusatzvereinbarung zum Anstellungsvertrag. Sie gilt für die gesamte Dauer der Entsendung. Die Regelungen des Anstellungsvertrages bleiben weiterhin in Kraft, werden jedoch durch die Vereinbarungen aus der vorliegenden Zusatzvereinbarung ergänzt bzw. abgeändert.

1. Entsendung

1.1

Vorbehaltlich der Erteilung der notwendigen Visa/Aufenthaltsgenehmigungen zu Arbeitszwecken des Einsatzlandes wird der Mitarbeiter für den Zeitraum der Lieferung/Montage des Produktes am Standort ___[Einsatzort]___ [5] zu dem Kunden, der ___[Zielgesellschaft]___, (nachfolgend »*Kunde*«) entsandt.

1.2

Während der Dauer der Entsendung bleibt der Mitarbeiter mit allen Rechten und Pflichten weiterhin Arbeitnehmer der Gesellschaft. [6] Die Gesellschaft wird bei der Ausübung ihres Weisungsrechts nach billigem Ermessen auf die besonderen Anforderungen der Auslandstätigkeit Rücksicht nehmen.

1.3

Der genaue Beginn der Entsendung wird von der Gesellschaft entsprechend den betrieblichen Erfordernissen festgelegt werden und ist abhängig von der Erteilung des erforderlichen Aufenthaltstitels zu Arbeitszwecken. Die Entsendung beginnt frühestens am ___[Datum]___, spätestens jedoch am ___[Datum]___. Die Gesellschaft wird dem Mitarbeiter den genauen Termin rechtzeitig mit einer Vorlauffrist von zwei Wochen mitteilen. Der Mitarbeiter stimmt diesem flexiblen Beginn der Entsendung ausdrücklich zu.

1.4

Das genaue Ende der Entsendung richtet sich nach den betrieblichen Notwendigkeiten im Hinblick auf die Installation/Montage des Produktes am Einsatzort. Auch die Bestimmung dieses Endtermins liegt im Ermessen der Gesellschaft. Die Gesellschaft wird dem Mitarbeiter den Endtermin spätestens zwei Wochen vorher bekannt geben. Der Mitarbeiter ist hiermit ausdrücklich einverstanden. Die Entsendung endet jedoch in jedem Fall spätestens am ___[Datum]___ [7].

1.5

Während des Auslandseinsatzes ist das Recht zur ordentlichen Kündigung für beide Parteien ausgeschlossen. [8]

1.6

Diese Vereinbarung endet – ohne dass es einer Kündigung bedarf – mit dem Ende des Auslandseinsatzes und der Rückreise des Mitarbeiters in die Bundesrepublik Deutschland.

2. Aufgabenbereich/Unterstellungsverhältnis [9]

2.1

Der Mitarbeiter wird als ___[Funktion]___ am Ort der Geschäftstätigkeit des Kunden in ___[Ort]___ tätig sein.

2.2

Die konkrete Zuweisung der Aufgaben im Rahmen der Installation/Montage des Produktes am Einsatzort erfolgt vor Ort durch den Kunden. Der Mitarbeiter kommt seinen Aufgaben in enger Abstimmung mit dem zuständigen Projektleiter des Kunden nach.

[optional:

Der Mitarbeiter vertritt die Interessen der Gesellschaft und berät den Kunden eigenverantwortlich bei der Installation/Montage der gelieferten Produkte.]

2.3

Der Mitarbeiter unterliegt in fachlicher und disziplinarischer Hinsicht den Weisungen des ___[Funktion]___ der Gesellschaft. Bei auftretenden Divergenzen, Schwierigkeiten und Problemen kontaktiert der Mitarbeiter umgehend die Gesellschaft. [10]

2.4

Der Mitarbeiter ist verpflichtet, der Gesellschaft vertreten durch ___[Name, Funktion]___ wöchentlich Bericht über den Fortgang seiner Arbeiten vor Ort zu leisten.

2.5

Die Gesellschaft behält sich das Recht vor, falls erforderlich und in Abstimmung der beiderseitigen Interessen, dem Mitarbeiter mit einer Vorankündigung von drei Monaten, oder mit seinem Einvernehmen sofort, andere oder zusätzliche Tätigkeiten beim Kunden zuzuweisen, die seinen Fähigkeiten und seinen Vorkenntnissen entsprechen und der vereinbarten Tätigkeit mindestens gleichwertig sind. [11]

3. Vergütung

3.1

Der Mitarbeiter erhält auch für die Zeit seiner Auslandsentsendung weiterhin das arbeitsvertraglich vereinbarte Bruttogrundgehalt in Höhe von € ___[Betrag]___ [12]. Dieses Grundgehalt dient gleichzeitig als Bemessungsgrundlage für die Leistungen der betrieblichen Altersversorgung. [13]

3.2

Darüber hinaus erhält der Mitarbeiter während seiner Auslandstätigkeit im Rahmen dieser Entsendevereinbarung Sondervergütungen gemäß der »*Richtlinie über die Regelung für die Entsendung von Mitarbeitern zur Arbeitsleistung in Ausland*« vom ___[Datum]___. [14]

[optional:

Während der Dauer des Auslandsaufenthalts erhält der Mitarbeiter eine Sondervergütung in Höhe von € ___[Betrag]___ brutto zur Deckung der entsendebedingten Mehrkosten. [15]]

3.3

Mit dieser Sondervergütung ist eine etwaige Mehrarbeit im Rahmen der vor Ort bestehenden gesetzlichen Arbeitszeiten während der Auslandstätigkeit abgegolten. [16]

4. Sozialversicherung [17]/Arbeits- und Aufenthaltsgenehmigung

4.1

Um den Verbleib des Mitarbeiters im deutschen Sozialversicherungssystem zu sichern, wird die Gesellschaft gemeinsam mit dem Mitarbeiter für das Einsatzland eine Entsendebescheinigung (A1) beantragen. Eine Kopie der Bescheinigung wird bei dem Kunden hinterlegt. Soweit eine doppelte Versicherungspflicht besteht, zahlt die Gesellschaft im Rahmen der gesetzlichen Verpflichtung eventuelle Abgaben an die entsprechenden Stellen am Einsatzort. [18]

4.2

Die Gesellschaft zahlt während des Auslandsaufenthalts die Arbeitgeberanteile zur Kranken-, Pflege-, Renten- und Arbeitslosenversicherung entsprechend der Gesamtbezüge weiter. Die Dauer des Auslandseinsatzes wird auf die Anwartschaften zur betrieblichen Altersversorgung angerechnet.

4.3

Für die Beantragung und Kosten der erforderlichen Arbeits- und Aufenthaltsgenehmigungen/Visa ist die Gesellschaft verantwortlich. Der Mitarbeiter verpflichtet sich, die Anträge wo erforderlich zu unterstützen und notwendige Behördengänge zu erledigen. Für die rechtzeitige Verlängerung der Erlaubnisse ist der Mitarbeiter verantwortlich. Es ist jeweils eine Kopie an die Personalabteilung der Gesellschaft zu übermitteln.

H. Arbeitsverhältnis mit Auslandsbezug

4.4

Wird die Erteilung der Arbeits- und Aufenthaltsgenehmigung im Einsatzland versagt, so endet dieser Vertrag mit dem Zeitpunkt der Versagung.

5. Zusätzliche Leistungen

[Soweit keine Entsenderichtlinie besteht, sollten an dieser Stelle Ausführungen zur Kostenübernahme von Reisekosten, Umzugskosten, Heimflügen, Mietzuschuss, Dienstwagen, etc. vereinbart werden.] [19]

6. Versicherungen

Der Mitarbeiter wird sich als Ergänzung zu dem bestehenden gesetzlichen Unfall- und Krankenversicherungsschutz für die Dauer des Auslandsaufenthalts um entsprechenden privaten Versicherungsschutz bemühen. Eventuell anfallende Mehrkosten werden auf Antrag von der Gesellschaft übernommen. [20]

7. Heimreisenotfälle

Im Falle einer schweren Erkrankung oder eines Todesfalles in der unmittelbaren Familie (Eltern, Großeltern, Geschwister, Kinder, Ehegattin/Lebenspartnerin) wird die Gesellschaft dem Mitarbeiter ein Hin- und Rückreiseflugticket (Economy Class) nach Deutschland erstatten. Gleiches gilt für vergleichbare gravierende Notfälle. Sollte der Mitarbeiter selbst während seines Auslandeinsatzes ernsthaft erkranken, d.h. aufgrund eines Unfalls oder einer Erkrankung voraussichtlich länger als [Anzahl/Zeitdauer] Wochen arbeitsunfähig krank sein oder lebensbedrohlich erkranken, so übernimmt die Gesellschaft die Kosten eines Rücktransports, gegebenenfalls Krankentransports, nach Deutschland, falls diese Kosten nicht von einer Versicherung des Mitarbeiters getragen werden.

8. Beendigung der Entsendung [21]/Rückzahlungspflicht

8.1

Die Gesellschaft behält sich das Recht vor, die Entsendung aus dringenden betrieblichen Gründen oder aufgrund einer Gefährdung der Sicherheit oder Gesundheit des Mitarbeiters [22] vorzeitig zu beenden. Ein dringender betrieblicher Grund liegt insbesondere im Falle der Beendigung der Kundenbeziehung zwischen der Gesellschaft und dem Kunden oder vollständigen oder teilweisen Einstellung der Geschäftstätigkeit des Kunden am Einsatzort vor. Die Gesellschaft wird ein vorzeitiges Ende der Entsendung dem Mitarbeiter umgehend, wenn möglich aber mindestens drei Monate im Voraus schriftlich bekannt geben.

[optional:

8.1

Der Entsendungsvereinbarung kann von beiden Parteien jederzeit mit einer Frist von ____ [Anzahl] ____ Monaten gekündigt werden. Daneben kann jede Vertragspartei die Entsendungsvereinbarung aus wichtigem Grund ohne Einhaltung einer Kündigungsfrist kündigen, wenn Tatsachen vorliegen, aufgrund derer dem Kündigenden unter Berücksichtigung aller Umstände des Einzelfalles und unter Abwägung der Interessen beider Vertragsparteien die Fortsetzung bis zum voraussichtlichen/vereinbarten Beendigungszeitpunkt nicht zugemutet werden kann. [23] *Die Kündigung bedarf in jedem Fall der Schriftform.]*

8.2

Die Kündigung der Entsendevereinbarung hat keine unmittelbaren Auswirkungen auf den Anstellungsvertrag. Jedoch können Kündigungsgründe, die im Ausland entstanden sind, für eine Kündigung des Anstellungsvertrages herangezogen werden. [24]

8.3

Bei vorzeitiger oder regulärer Beendigung der Entsendung finden auf den Anstellungsvertrag wieder die bisherigen Bestimmungen Anwendung. Die Gesellschaft ist berechtigt, dem Mitarbeiter eine andere als die vor der Entsendung ausgeübte Funktion zuzuweisen, die mit seiner bisherigen Tätigkeit vergleichbar ist. [25]

8.4

Bei vorzeitigem Abbruch der Auslandstätigkeit aus Gründen, die der Mitarbeiter zu vertreten hat, ist der Mitarbeiter zur Rückzahlung von übernommenen Reise- und Umzugskosten bis zur Höhe eines Monatsgehalts verpflichtet. [26]

9. Arbeitsbedingungen/Urlaub/Feiertage

9.1

Für die Dauer der Entsendung gelten die bisherigen Arbeitsbedingungen fort, soweit nicht nach dieser Vereinbarung, zwingenden gesetzlichen Vorgaben des Einsatzlandes oder nach der in Ziffer 3.2 genannten Richtlinie etwas anderes gilt.

9.2

Hinsichtlich der Dauer des jährlichen Erholungsurlaubes bleibt es bei den vertraglichen Vereinbarungen des Anstellungsvertrages. Die Inanspruchnahme des Urlaubs ist mit der Gesellschaft unter Berücksichtigung der Anforderungen des Projektes abzustimmen. Die Personalabteilung der Gesellschaft ist über die Anzahl der genommenen Urlaubstage zu informieren.

9.3

Während der Dauer der Entsendung gelten ausschließlich die Arbeitszeit- und Feiertagsregelungen des Einsatzlandes. Sollte die Anzahl der Feiertage im Einsatzland geringer sein als in Deutschland, wird hierfür kein Ausgleich gewährt.

10. Steuern [27]

10.1

Im Einsatzland zu entrichtende Steuern gehen zu Lasten des Mitarbeiters. Für die Abführung der Steuern im Einsatzland ist der Mitarbeiter selbst verantwortlich, die Gesellschaft empfiehlt eine steuerrechtliche Beratung im Einsatzland. [28]

10.2

Aufgrund der Dauer der Tätigkeit des Mitarbeiters von mehr als 183 Tagen im Kalenderjahr werden seine Bezüge während des Auslandseinsatzes im Einsatzland gemäß den Doppelbesteuerungsabkommen zwischen der Bundesrepublik Deutschland und dem Einsatzland von der deutschen Besteuerung freigestellt. Die Gesellschaft wird eine Freistellungsbescheinigung beim Betriebsfinanzamt beantragen. [29]

10.3

Übersteigt die im Einsatzland zu entrichtende Steuer den Betrag, der sich bei Anwendung der deutschen Lohnsteuerbestimmungen (einschließlich Kirchensteuer) und unter Berücksichtigung der persönlichen Besteuerungsmerkmale des Mitarbeiters auf seine Bezüge ergibt, so wird die Differenz gegen Nachweis von der Gesellschaft übernommen. [30]

[optional:

10.

Aufgrund der Dauer der Tätigkeit des Mitarbeiters von nicht mehr als 183 Tagen im Kalenderjahr werden seine Bezüge während des Auslandseinsatzes gemäß den Doppelbesteuerungsabkommen zwischen der Bundesrepublik Deutschland und dem Einsatzland weiterhin in Deutschland versteuert.]

11. Verschwiegenheitspflicht

11.1

Der Mitarbeiter verpflichtet sich, die mit der Gesellschaft vereinbarten Geheimhaltungspflichten auch gegenüber dem Kunden einzuhalten. Diese Verpflichtung gilt sowohl während der Dauer der Entsendung als auch nach ihrer Beendigung. [31]

11.2

Bei Beendigung des Entsendevertrages verpflichtet sich der Mitarbeiter, sämtliche noch in seinem Besitz befindlichen Unterlagen, die im Zusammenhang mit der Tätigkeit im Einsatzland standen, an die Gesellschaft zurückzugeben.

12. Schlussbestimmungen

12.1

Die Bestimmungen des Anstellungsvertrages finden unverändert Anwendung, soweit durch die vorstehenden Regelungen nichts anderes bestimmt ist.

12.2

Änderungen und Ergänzungen dieses Vertrages einschließlich dieser Bestimmung bedürfen zu ihrer Rechtswirksamkeit der Schriftform. [32] Mündliche Nebenabreden, die diesen Vertrag ändern oder ergänzen würden, bestehen nicht.

12.3

Sollte eine Bestimmung dieses Vertrages ganz oder teilweise unwirksam sein oder werden, so wird hiervon die Wirksamkeit der übrigen Bestimmungen dieses Vertrages nicht berührt. An die Stelle der unwirksamen Regelung tritt die gesetzlich zulässige Regelung, die dem mit der unwirksamen Regelung Gewollten wirtschaftlich am nächsten kommt. Dasselbe gilt für den Fall einer vertraglichen Lücke.

12.4

Dieser Vertrag und der Anstellungsvertrag unterliegen dem deutschen Recht. [33]

12.5

Im Zweifel geht die deutsche Fassung dieses Vertrages vor.

Erläuterungen

Schrifttum

Beck'sche Online-Formulare Vertragsrecht – Schmid, 2.1.23 Entsendungsvereinbarung; *Becker* Grenzüberschreitender Arbeitseinsatz, Saarbrücken, 2012; *Braun* Sozialversicherungspflicht beim grenzüberschreitenden Arbeitsverhältnis, ArbRB 2002, 202; *Bror* Arbeitnehmerüberlassung und Territorialitätsprinzip, DB 2013, 2087; *Domsröse* Der gewöhnliche Arbeitsort des Arbeitnehmers als besonderer Gerichtsstand des arbeitsgerichtlichen Urteilsverfahrens, DB 2008, 1626; *Edenfeld* Die Fürsorgepflicht des Arbeitgebers bei Auslandseinsätzen, NZA 2009, 938; *Feldmann* Effiziente Vergütung von Expatriates, München 2012; *Fuchs* Was bringt die neue VO (EG) 883/2004, SGb 4/08, S. 201; *Gentz* Das Arbeitsrecht im internationalen Konzern, NZA 2000, 3; *Gerauer* Rechtliche Situation bei Fehlen einer Rechtswahl beim Auslandseinsatz, BB 1999, 2083; *Giesen* Die Anwendung der sozialrechtlichen Aus- und Einstrahlungsregeln durch die Sozialversicherungsträger, NZS 1996, 309; *Gnann/Gerauer* Arbeitsvertrag bei Auslandsentsendungen, 2. Aufl. München 2002; *Gotthardt* Einsatz von Arbeitnehmern im Ausland – Arbeitsrechtliche Probleme und praktische Hinweise für die Vertragsgestaltung, MDR 2001, 961; *Gravenhorst* Kündigungsschutz bei Arbeitsverhältnissen mit Auslandsbezug, RdA 2007, 283; *Grobys/Panzer* Arbeitsrecht, 2. Aufl. Baden-Baden 2014; *Günther/Pfister* Arbeitsverträge mit internationalen Bezügen – Teil 2: Entsendungen, ArbRAktuell 2014, 346; *Heuser/Heidenreich/Fritz* Auslandsentsendung und Beschäftigung ausländischer Arbeitnehmer, 4. Auflage, München 2011; *Hofmann/Rohrbach* Internationaler Mitarbeitereinsatz, 3. Aufl. Münster 2011; *Horstmeier* Auslandsentsendung von Arbeitnehmern und Stammhausbindung, Personalführung 2006, S. 64; *Junker* Internationale Zuständigkeit und anwendbares Recht in Arbeitssachen – Eine Einführung in die Praxis, NZA 2005, 199; *Laws/Koziner/Waldenmaier* Mitarbeiter ins Ausland entsenden, Wiesbaden 2008; *Lembke* Arbeitnehmerüberlassung im Konzern, BB 2012, 2497; *Lindemann* Vorzeitige Rückkehr von entsandten Arbeitnehmern aus Krisenregionen, ArbR Aktuell 2011, 133; *Lingemann/Steinau-Steinrück* Konzernversetzung und Kündigungsschutz, DB 1999, 2161; *Lunk* »Export« deutschen Arbeitsschutzrechts?, DB 2001, 1934; *Markovska* Zwingende Bestimmungen als Schranken der Rechtswahl im Arbeitskollisionsrecht, RdA 2007, 352; *Mastmann/Offer* Entsendung nach Deutschland – Rechtliche Grundlagen, Personalmanager 2005, 22; *Mastmann/Stark* Vertragsgestaltung bei Personalentsendungen ins Ausland, BB 2005, 1849; *Maurer* Personaleinsatz im Ausland, 2. Aufl. München 2013; *Mennen/Schellert/Wolf* Mitarbeiterentsendung: Geschäftsabwicklungsmodelle – Entsendungsvereinbarungen – Steuerliche und rechtliche Grundlagen, Stuttgart 2013; *Mückl/Kaueroff* Mitbestimmungsrechtliche Aspekte einer Auslandsentsendung, ArbRAktuell 2013, 567; *Mütze/Popp* Handbuch Auslandsentsendung, 2. Aufl. Frechen 2009; *Pohl* Grenzüberschreitender Einsatz von Personal und Führungskräften, NZA 1998, 735; *Räuchle/Schmidt* Arbeitsrechtliche Bindungswirkung von Entsendebescheinigungen? Eine Frage im Schnittpunkt von Europäischem Sozialversicherungs-, Entsende- und Arbeitnehmerüberlassungsrecht, RdA 2015, 407; *Raspels/Elert* Praxishandbuch Auslandseinsatz von Mitarbeitern, Berlin 2013; *Reichel/Spieler* Vertragsgestaltung bei internationalem Arbeitseinsatz, BB 2011, 2741; *Reiter* Anwendbare Rechtsnormen bei Kündigung ins Ausland entsandter Arbeitnehmer, NZA 2004, 1247; *Reiter* Entsendung zu Tochtergesellschaften im In- und Ausland, NZA-Beilage 2014, 22; *Schlachter* Grenzüberschreitende Arbeitsverhältnisse, NZA 2000, 57; *Schleifer* Auslandsentsendung von Mitarbeitern, Hamburg 2005; *Schliemann* Fürsorgepflicht und Haftung des Arbeitgebers beim Einsatz von Arbeitnehmern im Ausland, BB 2001, 1302; *Schrader/Straube* Die arbeitsrechtliche (Wieder-)einstellungszusage, NZA-RR 2003, 337; *Thüsing* Rechtsfragen grenzüberschreitender Arbeitsverhältnisse – Grundlagen und Neuigkeiten im Internationalen Arbeitsrecht, NZA 2003, 1303; *Werthebach* Arbeitnehmereinsatz im Ausland, Sozialversicherung und anwendbares Recht bei befristeter Entsendung, NZA 2006, 247; *Wolf* Arbeitnehmereinsatz im Ausland, Frankfurt 2010.

1. Entsendevereinbarung für die **mittelfristige Entsendung** eines Mitarbeiters einer deutschen Gesellschaft zu einer ausländischen Tochtergesellschaft bzw. Auslandsvertretung oder zu einem Kunden im Rahmen von Montage- oder Projektarbeit. Der Mitarbeiter bleibt unmittelbar dem Stammhaus unterstellt. Der Anstellungsvertrag mit dem Stammhaus bleibt bestehen und wird durch die vorliegende Entsendevereinbarung, die die Konditionen der Auslandstätigkeit regelt, für die Dauer der Auslandstätigkeit modifiziert. Bei dem hier gewählten Muster handelt es sich um eine Entsendung zum Zweck von Montage/Installationsarbeiten bei einem Kunden. Im Falle einer kurz- bzw. mittelfristigen Entsendung im Rahmen des Einvertragsmodells zu einer Konzerngesellschaft könnten ggf. in diesem Vertrag noch zusätzliche Berichtspflichten oder Aufgaben bei der ausländischen Konzerngesellschaft im Rahmen der Konzernbindung vereinbart werden. **10**

2. § 2 Abs. 2 NachwG erfordert, dass der Arbeitgeber dem Mitarbeiter vor einer mehr als einen Monat andauernden Auslandstätigkeit zusätzlich zu den allgemeinen Angaben in Schriftform weitere Angaben aushändigt. Dies sind die vertraglichen Vereinbarungen über die **Dauer der im Ausland auszuübenden Tätigkeit**, die **Währung**, in der das Arbeitsentgelt ausgezahlt wird, eventuelle **zusätzliche mit dem Auslandsaufenthalt verbundene Arbeitsentgelte** und damit verbundene **zusätzliche Sachleistungen** sowie die vereinbarten **Bedingungen für die Rückkehr des Arbeitnehmers**. **11**

3. Diese Bestimmung dient als Festschreibung des Status Quo vor der Entsendung, auf den für die Wiedereingliederung Bezug genommen wird. **12**

4. Beschreibt das Ziel bzw. den Grund für die Auslandstätigkeit. **13**

5. § 2 Abs. 1 Nr. 4 NachwG. **14**

6. Die betriebsverfassungsrechtliche Einordnung einer Auslandsentsendung richtet sich nach den Grundsätzen des **Territorialitätsprinzips** und der **Ausstrahlung** (st. Rspr.: BAG, Beschl. v. 22.03.2000 – 7 ABR 34/98, NZA 2000, 1119; *Maurer* Rn. 419 ff. m.w.N.). Danach ist die Anwendbarkeit des BetrVG auf im Ausland befindliche Mitarbeiter eines im Inland belegenen Betriebes eine Frage des persönlichen Geltungsbereiches. Demgemäß bleiben Rechte von Arbeitnehmern, die nur vorübergehend ins Ausland entsandt werden, unberührt. Ob allerdings eine Zuordnung des Entsandten zum inländischen Betrieb noch stattfindet, ist individuell unter Berücksichtigung aller Umstände des Einzelfalls zu bewerten. Berücksichtigt werden insbesondere die Dauer des Auslandseinsatzes, die Eingliederung in einen ausländischen Betrieb, das Bestehen und die Voraussetzungen eines Rückrufrechtes, das verbleibende Weisungsrecht des inländischen Unternehmens, etc. (BAG, Urt. v. 07.12.1989 – 2 AZR 228/89, NZA 1990, 658). In diesem Zusammenhang zu beachten sind ggf. auch Statusänderungen durch die Entsendung, da das BetrVG auf leitende Angestellte keine Anwendung findet (vgl. *Laws/Koziner/Waldenmaier* S. 121). Die nur vorübergehend entsandten Arbeitnehmer behalten während ihres Auslandseinsatzes das aktive **15**

und passive Wahlrecht bei Betriebsratswahlen, werden bei der Berechnung der Unternehmensgröße berücksichtigt und der Betriebsrat ist bei der Kündigung des Entsandten nach § 102 Abs. 1 BetrVG anzuhören (vgl. AR/*Maschmann* § 1 BetrVG Rn. 2). Auch hat der Betriebsrat nach § 99 BetrVG ein Mitbestimmungsrecht bei der Entscheidung über die Entsendung, die Wiedereingliederung ins Stammhaus und auch die Versetzung in andere ausländische oder in Deutschland belegene Betriebe oder andere Konzerngesellschaften (*Maurer* Rn. 435 ff.; *Heuser/Heidenreich/Fritz* S. 50; *Grobys/Panzer-Borgmann* Auslandstätigkeit/Entsendung, Rn. 38, *Mückl/Kaueroff* 567 ff.). Dabei erstreckt sich das Mitbestimmungsrecht bei der betrieblichen Lohngestaltung auch auf die Regelung von Zulagen, die der Arbeitgeber Mitarbeitern gewährt, die vorübergehend ins Ausland entsandt sind (BAG, Beschl. v. 30.01.1990 – 1 ABR 2/89, NZA 1990, 571).

16 7. U.a. aus sozialversicherungsrechtlichen Gründen ist es geboten, die **Entsendung zu befristen**, damit der Mitarbeiter in den deutschen Sozialversicherungssystemen verbleiben kann. Die Dauer der Entsendung sollte daher von Anfang an so genau wie möglich vereinbart werden. Wenn ein Projekt aufgrund äußerer Umstände, auf die die Gesellschaft keinen Einfluss hat, zeitlich unbestimmt ist, sollten zumindest feste zeitliche »Außengrenzen« des Einsatzes vereinbart werden. Darüber hinaus ist die Dauer der Entsendung schriftlich zu fixieren, § 2 Abs. 2 Nr. 1 NachwG. Die Befristung der Entsendevereinbarung ist auch angesichts der Vorschriften des TzBfG zulässig, da sowohl die gesicherte Rückkehrmöglichkeit als auch der Verbleib im deutschen Sozialversicherungssystem als sachliche Befristungsgründe ausreichen (*Grobys/Panzer-Borgmann* Auslandstätigkeit/Entsendung, Rn. 29 m.w.N.).

17 8. Der **Ausschluss** des Rechts zur **ordentlichen Kündigung** während einer befristeten Entsendung stellt keine unzulässige Einschränkung der Arbeitnehmerrechte dar (BFA-*Langer* S. 411; *Gotthardt* MDR 2001, 965 m.w.N.) Zum Kündigungsschutz allgemein: *Gravenhorst* Kündigungsschutz bei Arbeitsverhältnissen mit Auslandsbezug, RdA 2007, 283; *Reiter* Anwendbare Rechtsnormen bei Kündigung ins Ausland entsandter Arbeitnehmer, NZA 2004, 1247.

18 9. Die **Funktion** und der **Aufgabenbereich** des Mitarbeiters sollten ebenso klar umrissen werden, wie auch die weisungsrechtlichen Verantwortungen während des Auslandsaufenthalts. Dies beugt zum einen Problemen bei Konflikten vor, in denen die Weisungen des Stammhauses den Anforderungen des Kunden widersprechen und zum anderen verhindert es bei Entsendungen zu Konzerngesellschaften das ungewollte Entstehen eines einheitlichen Arbeitsverhältnisses (vgl. *Reiter* NZA-Beilage 2014, 23).

19 10. Ggf. kann hier auf einen mit dem Kunden vereinbarten Eskalationsprozess Bezug genommen werden.

20 11. Eine vorformulierte Klausel, die es dem Arbeitgeber erlaubt, dem Arbeitnehmer **andere als die vertraglich vereinbarten Tätigkeiten** zuzuweisen, muss auf die beiderseitigen Interessen abstellen, und die Gleichwertigkeit der zugewiesenen Tätigkeit sicherstellen (vgl. BAG, Urt. v. 09.05.2006 – 9 AZR 424/05, NZA 2007, 145).

21 12. Wird in der Entsendevereinbarung keine Aussage zur **Vergütung** getroffen, gilt nach § 612 Abs. 2 BGB die übliche Vergütung als vereinbart. Dabei ist als üblich diejenige Vergütung anzusehen, die von einem inländischen Arbeitgeber an Mitarbeiter gezahlt wird, die im vergleichbaren Gewerbe tätig sind und in vergleichbarer Weise ins Ausland entsandt werden (s. BAG, Urt. v. 20.04.2011 – 5 AZR 171/10, BB 2011, 2748).

22 Bei der Vereinbarung der **Vergütung in der jeweiligen Landeswährung** bietet sich folgender Zusatz an:

Alternative:

[Der Wert des Euro-Gehalts soll durch eine Wechselkursparität erhalten werden. Die Anpassung erfolgt in angemessenen Zeitabständen, derzeit monatlich. Sie erfolgt jeweils unter Zugrundele-

gung der offiziellen Wechselkursschwankungen vom letzten Banktag des Vormonats bis zum letzten Banktag des Regulierungsmonats.]

13. Hiermit ist vertraglich klargestellt, dass eventuelle Auslandszuschläge und entsendungsbedingte Sonderleistungen nicht für die Berechnung der ruhegeldfähigen Bezüge zu berücksichtigen sind (vgl. BAG, Urt. v. 23.10.1990 – 3 AZR 553/89, BB 1991, 2085).

14. Sondervergütungen können sich auf allgemeine Auslandszulagen, Kaufkraftausgleich, Mehrarbeitszulage, Funktionszulage, Ausrüstungsbeihilfen, Währungsausgleich, etc. beziehen. Allerdings sind Bezugnahmen auf überraschende Regelungsinhalte, die zum Nachteil des Mitarbeiters wirken, unwirksam (BAG, Urt. v. 26.07.1995 – 5 AZR 216/94, NZA 1996, 30).

15. S.o. Anmerkung 14.

16. In vielen Ländern sind andere Höchstarbeitszeiten zulässig als in Deutschland. Grundsätzlich ist ein Arbeitgeber berechtigt, im Rahmen des Weisungsrechtes eine höhere Arbeitszeit anzuweisen, wenn dies den Bedingungen im Einsatzland entspricht (BAG, Urt. v. 12.12.1990 – 4 AZR 238/90, AP TVG § 4 Arbeitszeit Nr. 2). Allerdings hat der Mitarbeiter einen Anspruch auf eine tarifliche Mehrarbeitsvergütung, wenn er im Inland unter einen branchenspezifischen Tarifvertrag fällt.

17. Grundsätzlich folgt das Sozialversicherungsrecht dem **Territorialitätsprinzip**, § 3 Nr. 1 SGB IV. Bei grenzüberschreitenden Tätigkeiten stellt sich jedoch häufig die Frage, in welchem der beteiligten Staaten eine Sozialversicherungspflicht besteht, da entweder das Sozialversicherungsrecht des Heimat- oder aber das des Einsatzstaats zur Anwendung kommen kann. Welche Sozialrechtsordnung im Einzelfall Anwendung findet, richtet sich nach den jeweiligen über- und zwischenstaatlichen sowie nationalen Kollisionsregeln. Im Bereich der Europäischen Union gelten seit dem 01.05.2010 die VO (EG) Nr. 883/2004 sowie zwei Ausführungsverordnungen aus dem Jahr 2009, die VO (EG) Nr. 987/2009 und die VO (EG) Nr. 988/2009. Diese Regelungen finden allerdings ausschließlich für die EU-Mitgliedstaaten und deren Staatsangehörige Anwendung. Für Drittstaatler, die lediglich in einem EU-Staat ihren Wohnsitz haben und Staatsangehörige der EFTA-Staaten Norwegen, Schweiz, Island und Liechtenstein gilt dagegen das alte Verordnungsrecht nach VO (EWG) Nr. 1408/71 und Nr. 574/72 weiter. In den Fällen, in denen das EU-Recht nicht anwendbar ist, können zwischenstaatliche Abkommen über die soziale Sicherheit zur Anwendung kommen, die entweder zwischen zwei (bilaterale Abkommen) oder auch mehreren Staaten (multilaterale Abkommen) bestehen. Deutschland hat mit der Mehrzahl außereuropäischer Staaten Abkommen geschlossen, wobei der jeweilige Stand des Abkommensrechts bei der **DVKA (Deutschen Verbindungsstelle Krankenversicherungen Ausland)** oder beim Bundesministerium für Arbeit und Soziales erfragt werden kann (https://www.dvka.de/de/informationen/rechtsquellen/f_bilaterales_abkommen/bilaterales_abkommen.html; http://www.bmas.de/DE/Themen/Soziales-Europa-und-Internationales/International/sozialversicherungsabkommen.html). Wenn weder EU-Recht noch ein Sozialversicherungsabkommen eingreifen, kommen die jeweiligen nationalen Kollisionsregeln zur Anwendung. Dies sind in Deutschland die Vorschriften über die Ein- und Ausstrahlung in den §§ 3 bis 5 SGB IV. Da sich die Anforderungen des nationalen Kollisionsrechts, der EU und die nach den jeweiligen Abkommen stark unterscheiden, sollten bei jeder Entsendung die vertraglichen Regelungen den Anforderungen entsprechend angepasst werden.

18. Bei dem vorliegenden Vertrag handelt es sich um eine Entsendung im sozialversicherungsrechtlichen Sinne, da der Beschäftigte sich auf Weisung seines inländischen Arbeitgebers für einen befristeten Zeitraum ins Ausland begibt, um dort für den Arbeitgeber tätig zu sein. Daher bleibt die Versicherungspflicht und -berechtigung aus dem deutschen **Sozialversicherungsrecht** bestehen. Dies gilt auch, wenn der eigentliche Arbeitsvertrag zum Ruhen gebracht und durch einen umfangreicheren Entsendevertrag mit dem in Deutschland belegenen Unternehmen ersetzt wird (BAG, Urt. v. 14.07.2005 – 8 AZR 392/04, ZIP 2005, 2080) bzw. selbst dann, wenn der Arbeitnehmer auf der Basis eines im Inland bestehen bleibenden Rumpfarbeitsverhältnisses ohne gesonderte Entsendevereinbarung freigestellt wird und die faktischen Verhältnisse des Einsatzes im Ausland für eine Entsendung sprechen (LSG Hessen, L 3 U 167/11, BeckRS 2014, 65656). Problematisch können dagegen Konstellationen sein, in denen der inländische Arbeitsvertrag von einer vertraglichen Beziehung mit einer ausländischen (Konzern-)Gesellschaft überlagert wird (*Giesen* NZS 1996, 311). Innerhalb der EU/EWR gelten die Vorschriften der EU. Hier ist die **Entsendebescheinigung A1** zu beantragen. Der Entsendezeitraum ist auf voraussichtlich 24 Monate begrenzt, eine Ausnahmegenehmigung mit den Sozialversicherungsträgern des jeweiligen EU Staates kann jedoch verhandelt werden. Darüber hinaus bestehen zwischen der Bundesrepublik Deutschland und einer Vielzahl von Staaten Sozialversicherungsabkommen. Eine entsprechende Liste wird unter https://www.dvka.de/de/informationen/rechtsquellen/f_bilaterales_abkommen/bilaterales_abkommen.html geführt. Soweit in dem Staat, in dem der Arbeitnehmer seine Beschäftigung ausübt, keine Regelung des über- und zwischenstaatlichen Rechts anzuwenden ist (z.B. Brasilien, Indonesien oder Südafrika), ist eine Doppelversicherung nicht ausgeschlossen. Hier kann – so gewünscht – auf die zeitliche Befristung der Entsendung verzichtet werden, um eine Ausstrahlung deutschen Sozialversicherungsrechtes und damit eine doppelte Versicherungspflicht zu vermeiden.

29 **19.** Vgl. Ziffer 5 des Musterversetzungsvertrages (H Rdn. 51).

30 **20.** Bei dem vorliegenden Vertrag handelt es sich um eine Entsendung im sozialversicherungsrechtlichen Sinne, da der Beschäftigte sich auf Weisung seines inländischen Arbeitgebers für einen befristeten Zeitraum ins Ausland begibt, um dort für den Arbeitgeber tätig zu sein. Daher bleibt die Versicherungspflicht aus dem deutschen Sozialversicherungsrecht bestehen. Nach § 16 Abs. 1 Nr. 1 SGB V ruht jedoch der Leistungsanspruch des Versicherten bei einem Aufenthalt im Ausland. Im Falle einer Entsendung greift § 17 Abs. 1 S. 1 SGB V, der den Arbeitgeber verpflichtet, dem Mitarbeiter die erstattungsfähigen Leistungen zu gewähren. Zwar bekommen Arbeitgeber diese Leistungen von der Krankenkasse nach § 17 Abs. 2 SGB V erstattet, jedoch nur bis zu der Höhe, in der sie im Inland entstanden wären. Die deutschen gesetzlichen **Krankenversicherungen** sind aber oftmals für einen Auslandseinsatz nicht ausreichend, da sie nicht alle Behandlungen im Ausland entsprechend abdecken. Diese potentielle Versorgungslücke sollte durch eine private Auslandskrankenversicherung geschlossen werden (Anwaltsformularbuch Arbeitsrecht/*Lingemann* S. 343, Rn. 26). Aufgrund der größeren Unfallrisiken im Ausland sollte eine private Unfallversicherung den gesetzlichen Schutz ergänzen.

31 **21. Rückruf- bzw. Kündigungsklauseln** sind in Entsendeverträgen üblich und entsprechen den Bedürfnissen der Parteien (*Gnann/Gerauer* S. 101). Durch sie wird das Weisungs-/Direktionsrecht des Arbeitgebers für den konkreten Entsendungsfall konkretisiert. Die Klausel muss den Anforderungen einer AGB-Kontrolle genügen, wobei sie grundsätzlich den Arbeitnehmer nicht unangemessen benachteiligt, da dem Interesse des Arbeitgebers an betriebsbedingter Flexibilität das Recht des Arbeitnehmers auf eine erweiterte Sozialauswahl im Falle einer betriebsbedingten Kündigung gegenübersteht (ArbG Frankfurt/M., Urt. v. 26.04.2013 – 4 Ca 7004/12, BeckRS 2013, 73080). Zu beachten ist in diesem Zusammenhang, dass Rückruf- bzw. Konzernversetzungsklauseln je nach Ausprägung zu einer konzernbezogenen Weiterbeschäftigungspflicht führen können (*Reiter* NZA-Beilage 2014, 23). Sie sollten daher entsprechend eng formuliert sein.

32 **22.** Es ist erforderlich, die Gründe für einen möglichen Rückruf zu definieren, um so eine unzulässige Benachteiligung des Arbeitnehmers auszuschließen (LAG Hamm, Urt. v. 11.12.2008 – 11 Sa 817/08, BeckRs 2009, 53973). Der Rückruf aufgrund einer Gefährdung der Sicherheit oder Gesundheit des Mitarbeiters resultiert aus der **Fürsorgepflicht des Arbeitgebers**. Ggf. kann hier zur Klarstellung auf die Reisewarnungen und Sicherheitshinweise des Auswärtigen Amtes Bezug genommen werden (Zum Umfang der Fürsorgepflicht vgl. *Edenfeld* NZA 2009, 938).

33 **23.** Das LAG Hamm hat mit Urteil vom 11.12.2008 (11 Sa 817/08, BeckRs 2009, 53973) entschieden, dass vorformulierte **Versetzungsklauseln** nur bei einer angemessenen Ankündigungsfrist wirksam vereinbart werden können und nur, wenn die Länge der angemessenen Frist dabei we-

nigstens der Kündigungsfrist des Arbeitsverhältnisses entspricht. Die Möglichkeit der Beendigung durch Kündigung muss beidseitig vereinbart sein und die Frist darf den Arbeitnehmer nicht unangemessen benachteiligen.

24. Dient der Klarstellung. Da die Entsendevereinbarung das ursprüngliche Arbeitsverhältnis modifiziert, wird dieses natürlich von den im Ausland entstandenen Kündigungsgründen beeinflusst. Zur Frage des Kündigungsschutzes bei Arbeitsverhältnissen mit Auslandsbezug vgl. *Gravenhorst* RdA 2007, 283. 34

25. Die durch eine Ausübung eines Rückruf-/Teilkündigungsrechtes erfolgende **Wiedereingliederung in den Betrieb des Stammhauses** erfordert nach allgemeiner Meinung eine Beteiligung des Betriebsrates nach § 99 BetrVG. Die reguläre Wiedereingliederung nach dem regulären vertraglichen Ablauf der Entsendung sollte i.d.R. bereits durch die Beteiligung bei der Entscheidung über die Entsendung abgedeckt sein. In der Regel haben die Mitarbeiter ein großes Interesse daran, nach der Entsendung auf ihren Arbeitsplatz zurückkehren zu können. Ein möglicher Karrieresprung nach der Entsendung ist oftmals Zielvorstellung der Mitarbeiter und daher rechtlich unproblematisch. Rechtlicher Regelungsbedarf besteht dagegen für Fälle, in denen nach einer unter Umständen auch plötzlichen Rückkehr dem Mitarbeiter die vor der Entsendung bekleidete Stelle nicht wieder angeboten werden kann und auch keine Beförderung erfolgen soll. Für solche Fälle ist es sinnvoll, wenn eine vertragliche Vereinbarung über eine Versetzung auf eine vergleichbare Stelle die Personalplanung flexibel hält. 35

26. Rückzahlungsklauseln sind nach dem Prinzip der Vertragsfreiheit zulässig. Sie dürfen allerdings nicht allein den Zweck haben, eine rechtmäßige Eigenkündigung des Mitarbeiters zu beschränken (BAG, Urt. v. 21.03.1973 – 4 AZR 187/72, AP BAT § 44 Nr. 4) und der Rückforderungsbetrag sollte ein Monatsgehalt nicht übersteigen (BAG, Urt. v. 24.02.1975 – 5 AZR 235/74, AP GG Art. 12 Nr. 50). 36

27. Beim Personaleinsatz im Ausland stellt sich ebenso die Frage nach der **steuerrechtlichen Behandlung** des vom Arbeitnehmer erzielten Einkommens. Dabei sind in der Regel zur Beurteilung die Dauer des Auslandseinsatzes, der Wohnsitz bzw. der gewöhnliche Aufenthalt des Arbeitnehmers, die auszahlende Stelle des Arbeitsentgelts, die Verwertung der Arbeitstätigkeit sowie die Anwendbarkeit eines Doppelbesteuerungsabkommens ausschlaggebend. Kurzfristige Auslandstätigkeiten, die weniger als drei Monate dauern, werden regelmäßig als Dienstreise im Inland versteuert. Bei einem längerfristigen Einsatz richtet sich die Anwendbarkeit des heimischen/ausländischen Steuerrechts u.a. danach, welches Vertragsmodell Arbeitgeber und Arbeitnehmer für den Auslandseinsatz gewählt haben. Die Bundesrepublik hat mit der Mehrzahl der Staaten Doppelbesteuerungsabkommen abgeschlossen, deren Zielsetzung es ist, eine doppelte Besteuerung bei Auslandsbeschäftigung zu vermeiden. Die Abkommen enthalten zahlreiche komplizierte Einzelregelungen, so dass in jedem Fall die Hinzuziehung eines Steuerberaters zur Prüfung des Einzelfalls empfehlenswert ist, um den aktuellen Anforderungen Rechnung zu tragen. 37

28. Es ist sinnvoll, den Mitarbeiter zu verpflichten, sich über seine Steuerpflicht eigenständig zu informieren. Allerdings ist es im Regelfalle nicht Teil der Informations- und Aufklärungspflichten des Arbeitgebers, den Mitarbeiter auf seine Steuerpflicht im Ausland hinzuweisen (BAG, Urt. v. 22.01.2009 – 8 AZR 161/08, NJW 2009, 2616). 38

29. Diese Klausel sollte unter Hinzuziehung von Steuerfachleuten mit den jeweiligen steuerrechtlichen Vorschriften abgestimmt werden. 39

30. Sog. **Nettolohnvereinbarung** (vgl. *Retzlaff/Preising* DB 2010, 980). In der Praxis werden derartige Nettolohnvereinbarungen häufig daran geknüpft, dass der Mitarbeiter seine Steuererklärung durch eine vom Arbeitgeber beauftragte Steuerberatungsgesellschaft erstellen lassen muss. Dies ist unzulässig (BAG, Urt. v. 23.08.2012, 8 AZR 804/11, DStR 2013, 831). Allerdings könnte alternativ der Arbeitgeber das Angebot machen, die Kosten der Steuerberatung zu übernehmen, 40

H. Arbeitsverhältnis mit Auslandsbezug

wenn der Arbeitnehmer einen entsprechend vorgegebenen Steuerberater auswählt (Vgl. *Pelke* Anmerkungen zu BAG 8 AZR 804/11, DStR 2013, 831).

41 **31.** Die Verschwiegenheitsverpflichtung sollte im Falle der Verletzung an eine Vertragsstrafe gekoppelt sein. So eine solche nicht bereits im Arbeitsvertrag geregelt ist, kann die Vertragsstrafe hier eingefügt werden. Dabei darf die Vertragsstrafe den Arbeitnehmer nicht unangemessen benachteiligen und sollte ein Monatsgehalt nicht überschreiten.

42 **32.** Zur beschränkten Wirksamkeit der sog. doppelten Schriftformklausel: BAG, Urt. v. 24.06.2003 – 9 AZR 302/02, NZA 2003, 1145; BAG, Urt. v. 20.05.2008 – 9 AZR 382/07, NZA 2008, 1233.

43 **33.** Die gesetzlichen Rahmenbedingungen bei grenzüberschreitenden Arbeitsverhältnissen bestimmen sich in erster Linie danach, welche Rechtsordnung auf den transnationalen Sachverhalt anwendbar ist. Dies ergibt sich, wie bei allen grenzüberschreitenden Sachverhalten, nach den **Kollisionsnormen des internationalen Privatrechts**. Das internationale Privatrecht ist kein supranationales Recht, sondern Bestandteil der nationalen Rechtsordnungen, mit dem die Staaten jeweils für ihre Jurisdiktion regeln, welches Recht bei grenzüberschreitenden Sachverhalten Anwendung findet. Obwohl die Kollisionsnormen dazu dienen sollen, die konkurrierende Anwendbarkeit von mehreren Rechtsordnungen zu vermeiden, gelingt dies nicht immer, so dass in Einzelfällen derselbe Sachverhalt unterschiedlich beurteilt wird, je nachdem in welchem Land eine Klage anhängig gemacht wird. Es empfiehlt sich daher stets, bei Entsendeverträgen eine Rechtswahl zu treffen, um für die Parteien eine größtmögliche Sicherheit bezüglich der anwendbaren Vorschriften zu schaffen. Die deutschen Kollisionsnormen für grenzüberschreitende Arbeitsverträge waren in der Vergangenheit in §§ 30 ff. EGBGB geregelt, der jedoch mit Wirkung zum 17.12.2009 entfallen ist. An seine Stelle sind die Vorschriften der Verordnung EG 593/2008 (Rom I-VO) getreten, die einheitliche Kollisionsnormen für die Anwendung durch alle EU-Staaten mit Ausnahme von Dänemark (Erwägungsgrund Nr. 46 i.V.m. Art. 1 Abs. 4 Rom I-VO) für Verträge festlegt, die nach dem 17.12.2009 geschlossen worden sind, Art. 28 Rom I-VO. Die Rom I-VO gilt gemäß Art. 8 für **Individualarbeitsverträge** und ermöglicht über die Art. 3 und Art. 8 Abs. 1 grundsätzlich die freie Rechtswahl der Parteien sowohl für das gesamte Arbeitsverhältnis, als auch gem. Art. 3 Abs. 1 S. 3 Rom I-VO für einzelne Teilbereiche. Die Rechtswahl unterliegt jedoch der Einschränkung aus Art. 8 Abs. 1 S. 2 Rom I-VO, dass diese dem Arbeitnehmer nicht den Schutz entziehen kann, der ihm durch Bestimmungen des Rechtes gewährt wird, das mangels einer anderweitigen Rechtswahl anzuwenden wäre (**Günstigkeitsprinzip**). Damit wird durch die Schaffung eines Mischrechtes der arbeitsrechtliche Mindeststandard des mangels Rechtswahl anwendbaren Rechts gesichert. Von dem Mindeststandard erfasst sind vertraglich nicht abdingbare, zwingende Vorschriften, die dem Arbeitnehmerschutz dienen. Dabei sind die Maßstäbe, anhand derer der Günstigkeitsvergleich vorzunehmen ist, unklar (*Thüsing* NZA 2003, 1307). Obwohl ein pauschaler Gesamtvergleich der beteiligten Rechtsordnungen überwiegend abgelehnt wird, ist auch ein Einzelvergleich der fraglichen Gesetzesnormen nicht zielführend. Im Ergebnis wird sich ein Vergleich der Ergebnisse, die sich innerhalb der jeweiligen Rechtsordnungen für den zu klärenden Teilbereich (Sachgruppe) des Arbeitsverhältnisses ergeben, empfehlen (vgl. Palandt/*Heldrich* § 30 EGBGB, Rn. 5 m.w.N.; *Markovska* RdA 2007, 354, m.w.N.). Welche Vorschriften im Einzelnen als günstiger zu bewerten wären, ist jedoch mangels entsprechender Rechtsprechung bisher weitgehend ungeklärt (vgl. *Markovska* RdA 2007, 355).

44 Daneben bestimmt Art. 9 Rom I-VO, dass staatliche Eingriffsnormen, also die zwingenden Vorschriften zur Wahrung des öffentlichen Interesses, auf alle Sachverhalte anzuwenden sind, die in ihren Anwendungsbereich fallen. Dies sind Normen, die in erster Linie öffentlichen (staats- oder wirtschaftspolitischen) Interessen dienen. Als zwingende Vorschriften gelten beispielsweise die Vorschriften über die Massenentlassung, sowie über den Sonderkündigungsschutz nach dem MuSchG, für Betriebsratsmitglieder und Schwerbehinderte (BAG, Urt. v. 24.08.1989, NZA 1990, 841). Die Richtlinie 96/71/EG vom 16.12.1996 verpflichtet in Art. 3 Abs. 1 die Mitgliedsstaaten für Entsendungen von Arbeitnehmern im Rahmen von Dienstleistungserbringungen – unabhängig von dem auf das jeweilige Arbeitsverhältnis anwendbare Recht – in ihrem Hoheitsgebiet zwingende Vorschriften über Höchstarbeitszeiten und Mindestruhezeiten, bezahlten Mindestjahresurlaub, Mindestlohnsätze, Leiharbeit, Sicherheit bzw. Gesundheitsschutz und Hygiene am Arbeitsplatz, Schutzvorschriften bezüglich der Beschäftigungsbedingungen von Schwangeren, Wöchnerinnen, Kindern und Jugendlichen sowie Nichtdiskriminierungsvorschriften zu garantieren und umreißt damit den Anwendungsbereich zwingender Vorschriften. Die Richtlinie ist in Deutschland durch das AEntG umgesetzt, das die entsprechenden Vorschriften in §§ 2 und 3 AEntG für Entsendungen ausländischer Arbeitnehmer nach Deutschland für zwingend anwendbar erklärt. Unabdingbare Vorschriften, die hingegen vor allem den Ausgleich der Interessen der am Vertragsverhältnis beteiligten Personen bezwecken, fallen grundsätzlich nicht unter Art. 9 Rom I-VO. Zielt eine gesetzliche Regelung in beide Richtungen, schützt sie also einerseits die Individualinteressen des Arbeitnehmers und dient sie andererseits allgemeinen sozial- und arbeitsmarktpolitischen Zielen, so kommt es auf die wesentliche Zielrichtung an (BAGE 63, 17, 32 = IPRax 1991, 403 m. Anm. *Magnus* 382).

Bei dem Fehlen einer Rechtswahl bestimmt sich das anwendbare Recht nach dem Recht des Ortes, an dem der Arbeitnehmer in Erfüllung des Vertrages seine Arbeit gewöhnlich verrichtet, Art. 8 Abs. 2 S. 1 Rom I-VO, wobei dieser nicht wechselt, wenn der Arbeitnehmer seine Arbeit vorübergehend in einem anderem Staat verrichtet (vgl. Schaub/*Linck* § 7 Rn. 15). Erwägungsgrund Nr. 36 Rom I-VO erläutert, dass eine »**vorübergehende Verrichtung**« dann vorliegt, wenn von dem Arbeitnehmer erwartet wird, dass er nach seinem Arbeitseinsatz im Ausland seine Arbeit im Herkunftsstaat wieder aufnimmt, auch dann, wenn dies nur unter Abschluss eines neuen Arbeitsvertrages mit dem ursprünglichen Arbeitgeber oder einem Arbeitgeber, der zur selben Unternehmensgruppe gehört, möglich ist. Ein Wechsel des gewöhnlichen Arbeitsortes kann dagegen nach der Rechtsprechung des EuGH zu Art. 5 EuGVÜ dennoch in Betracht kommen, wenn der Arbeitnehmer im Interesse des entsendenden Unternehmens für einen zweiten Arbeitgeber an einem anderen Ort tätig wird (EuGH, Urt. v. 10.04.2003 – Rs C-437/00, NZA 2003, 711). Dieses Interesse ist unter Berücksichtigung des Einzelfalles zu beurteilen, insbesondere ist darauf abzustellen, ob die beiden beteiligten Arbeitgeber organisatorisch oder wirtschaftlich verbunden sind, ob beide weisungsbefugt sind, und ob das entsendende Unternehmen die Dauer der Auslandstätigkeit bestimmen kann. Da dies bei Entsendungen häufig der Fall sein wird, empfiehlt sich eine Rechtswahl umso mehr, um die Anwendbarkeit des für das Stammhaus und den Arbeitnehmer fremden Rechts zu vermeiden. Da die Schutzvorschriften des deutschen Arbeitsrechts zudem in der Regel großzügiger sind als die im Ausland, wird so auch dem Entstehen eines Mischrechtes weitestgehend vorgebeugt. Die Regelanknüpfung wird dann verdrängt, wenn der Arbeitsvertrag eine engere Beziehung zu einer anderen Rechtsordnung aufweist, Art. 8 Abs. 4 Rom I-VO. Eine solche engere Beziehung kann sich aus dem Arbeitsort, dem gewöhnlichen Aufenthalt bzw. Sitz von Arbeitgeber und Arbeitnehmer sowie der einstellenden Niederlassung ergeben. Ebenso können die Vertragssprache, die Währung, in der die Vergütung bezahlt wird, der Ort des Vertragsschlusses und die Staatsangehörigkeit der Vertragsparteien Einfluss auf die Bewertung haben, ob eine engere Beziehung zu einer anderen Rechtsordnung besteht.

45

Bei der Vereinbarung des deutschen Vertragsstatuts findet der im 1. Abschnitt des KSchG enthaltene Kündigungsschutz regelmäßig Anwendung (BAG, Urt. v. 21.01.1999 – 2 AZR 648/97, BB 1999, 2513). Dagegen sind der 2. und 3. Abschnitt nur auf im Inland belegene Betriebe anzuwenden (*Reiter* NZA 2004, 1249).

46

2. Entsendevertrag in englischer Fassung

Vorbemerkung

Das folgende Muster enthält eine Übersetzung des Entsendevertrags (H Rdn. 9) ins Englische. Bezüglich der Anmerkungen kann auf die Ausführungen unter H Rdn. 10 ff. Bezug genommen werden.

47

H. Arbeitsverhältnis mit Auslandsbezug

▶ **Muster – Entsendevertrag (englische Fassung)**

48   Supplement to the Employment Agreement
– Secondment Agreement –
between
[Name, Address]
– hereinafter »*Company*« –
and
[Name, Address]
– hereinafter »*Employee*« –

The parties agree as follows:

Preamble

The Employee is currently working as ____[function]____ at the Company office in ____[location]____ on the basis of the employment agreement dated ____[date]____ (hereinafter »the *Employment Agreement*«).

The Company produces ____[product]____ (hereinafter »the *Product*«). The Company produces and delivers the Product for ____[customer]____ in ____[location]____ and has been asked to supervise the installation of the Product on site.

The Employee agreed to represent the Company in the supervision of the Product installation in ____[location, country]____ (hereinafter »the *Performance Location*« and »the *Performance Country*«, respectively). For this purpose, the parties agree to this supplement to the Employment Agreement. This contract shall be in force during the whole time of the secondment. The employment agreement shall remain valid as amended by this agreement.

1. Secondment

1.1

Conditional to the issuance of the relevant visa/residence permits for work purposes, the Employee will be seconded to the customer of the Company ____[customer]____ (hereinafter »*Customer*«) for the whole duration of the product installation.

1.2

The Employee remains a regular employee of the Company during the secondment, subject to all rights, obligations and privileges of his Employment Agreement. The Company shall use its authority only in consideration regarding the special requirements and situation of the employment abroad.

1.3

The Company shall decide upon the actual start of the secondment according to business requirements and the issuance of the required work/residence permit. The secondment will start between ____[date]____ at the earliest and ____[date]____ at the latest. The Company will inform the employee regarding the actual start date in time with a notice period of at least two weeks. The Employee explicitly agrees to the flexible start of the secondment.

1.4

The secondment shall end with regard to the business requirements in relation to the installation of the Product at the site of the Customer. The Company will be entitled to decide the actual end date of the secondment. The Company will inform the Employee at least two weeks before the *completion of the secondment*. The Employee explicitly agrees to this notice period. Notwithstanding an earlier the completion of the secondment as described above, it will end on ____[date]____ at the latest.

1.5

During the term of the secondment, an ordinary termination of the Employment Agreement is excluded for both parties.

1.6

This contract shall in any event automatically terminate – without the necessity of a termination notice – with the return of the Employee at the end of the secondment.

2. Duties/Authority

2.1

The Employee will be working in the position of ___[function]___ at the Customer's site in ___[work location]___ .

2.2

The Customer shall perform the actual assignment of competences and duties in relation to the installation of the Product at the Performance Location. The Employee will fulfill his duties in close co-ordination with the competent project manager of the customer.

[Option:

The Employee represents the Company on site and assists the Customer with the installation of the Product with sole responsibility.]

2.3

The Employee is subjected to the directions and authority of ___[function]___ at the Company, regarding the obligations described in 2.1. In case of any problems or difficulties, the Employee shall immediately contact the Company.

2.4

The Employee shall report to ___[name, function]___ of the Company on a weekly basis regarding the development of the project and his work on-site.

2.5

With respect to the best interest of both parties, the Company reserves the right to assign – with a prior notice of three months or with his consent immediately – other or additional obligations at the Customer to the Employee if this is deemed necessary by business requirements. Such other or additional obligations shall correspond to the skills and knowledge of the Employee and shall be at least equal in nature to the agreed work.

3. Remuneration

3.1

The Employee will continue to receive the base salary in the amount of € ___[amount]___ (gross) as agreed in the Employment Agreement. This base salary shall be used as determination base for payments to the company-based retirement plan.

3.2

During the secondment, the Employee is additionally entitled to receive a surplus salary according to the rules and regulations laid down in the »Richtlinie über die Regelung für die Entsendung von Mitarbeitern zur Arbeitsleistung in Ausland«/»Guidelines for rules and regulations applicable to the secondment of employees abroad« dated ___[date]___ .

[Option:

During the secondment the Employee receives a surplus salary in the amount of € ___[amount]___ (gross) to cover the additional costs induced by the secondment.]

H. Arbeitsverhältnis mit Auslandsbezug

3.3

This surplus salary is deemed to compensate the Employee for all additional work as performed under diverging statutory work hour regulations on site.

4. Social Security/Work and Residence Permits

4.1

In order to enable the Employee to remain in the German social security system, the Company together with the Employee will apply for an assignment certificate for social security purposes (form A1) for the Performance Country. A copy of the certificate shall be filed with the Customer. If the employee is liable for social security payments in both countries, the Company will provide for the necessary payments to the responsible authorities at the Performance Location.

4.2

During the secondment, the Company continues to pay the employer parts of the social security contributions (health insurance, nursing care insurance, retirement pensions, unemployment insurance). The duration of the secondment will be credited for purposes of the company pension plan which the Employee participates in.

4.3

The Company will be responsible and bear the costs for obtaining any necessary work/residence permit. The Employee is obliged to assist with the application process and handle necessary visits to the authorities. The Employee is responsible that any required prolongations of the permits are applied for in time. The Employee shall provide a copy to the HR department of the Company.

4.4

In the case that the applications for required work/residence permits for the Performance Country are refused this contract shall terminate immediately upon refusal.

5. Additional Compensations

– see Section 5 of the Secondment Agreement below –

6. Insurances

The Employee shall obtain additional health insurance for the time abroad to cover additional medical expenses not covered by the statutory health and accident insurance scheme. The Company, upon request, shall cover reasonable contributions for additional health insurance.

7. Emergency Return Travel

The Company will compensate the Employee for emergency return travel costs (economy flight) in the case of a severe sickness or death of a close relative (parents, grandparents, siblings, spouse or children) or similar emergencies. If the Employee should suffer from a severe health problem due to an accident or a severe sickness resulting in an inability to work of more than [number/duration] weeks or a life-threatening condition, the Company will cover reasonable costs for return (as the case may be by ambulance transport). This shall not apply if the Employee will be indemnified for these costs by a third party (insurance or otherwise).

8. Advance Termination/Reimbursement

8.1

The Company reserves the right to discontinue the secondment prematurely in the case of a stringent business reason or due to security or health risks for the Employee. A stringent business reason shall, in particular, exist if the business relationship between the Company and the Customer ends or if the Customer partially or wholly ceases its business operations at the Performance Location. The Company will inform the Employee immediately in writing, if possible with a three months prior notice, about the premature end of the secondment.

[Option:

8.1

Both parties can terminate this contract with a prior notice of _____[number]_____ months. Additionally, each party is entitled to immediately terminate this contract for cause without prior notice on the basis of facts that render a continuation of the contract unacceptable with respect to all elements of the individual situation and bearing in mind the best interests of both parties. The termination must be in writing.]

8.2

The termination of this contract does not affect the Employment Agreement. However, facts originating abroad that may justify a termination of the Employment Agreement may be used for a termination of the Employment Agreement.

8.3

Upon the premature or regular termination of this contract, the Employment Agreement revives in its original form. The Company may assign to the Employee a different function than prior to the secondment, provided that such function shall be comparable to the pre-secondment position.

8.4

The Employee will redeem the Company for all travel and moving costs up to the amount of one monthly salary payment in the case of advance termination caused by the Employee.

9. Working Conditions/Vacation/Bank Holidays

9.1

During the secondment, the regular working conditions based on the Employment Agreement continue to apply unless amended by this contract, by compulsory statutory provisions of the Performance Country or by the guidelines mentioned in 3.2.

9.2

The number of days of vacation as agreed in the Employment Agreement shall apply. Usage of days of vacation is to be arranged with the Company in consideration of the requirements of the project. The HR department of the Company is to be informed about the number of taken days of vacation.

9.3

During the secondment, exclusively the local laws and regulations on site regulate working hours and bank holidays. No compensation is to be paid in the event that the number of banking holidays at the Performance Location is lower than in Germany.

10. Taxes

10.1

Any taxes payable in the Performance Country are to be borne by the Employee. The Employee is solely responsible for the correct payment of his taxes at the Performance Country. The Company advises the employee to consult a local tax expert at the Performance Country.

10.2

Due to the duration of the secondment of more than 183 days per calendar year, the earnings of the Employee during the work abroad in the Performance Country will be exempt from German taxation according to the Double Taxation Agreement between the Federal Republic of Germany and the Performance Country. The Company will apply for a certificate of exemption from the tax office competent for the Company's business location.

10.3

Should the tax payable at the Performance Country exceed the amount which would apply under the German Income Tax Regulations (including Church Tax) and under consideration of the personal taxation criteria of the Employee, the difference will be paid by the Company upon presentation of proof.

[Option 10.:

Due to the duration of the secondment of not more than 183 days per calender year, his remuneration will be taxed in Germany according to the Double Taxation Agreement between the Federal Republic of Germany and the Performance Country.]

11. Confidentiality Obligations

11.1

The Employee agrees to extend all confidentiality obligations under the Employment Agreement towards the Customer. The confidentiality obligation shall remain in force even after the termination of this contract.

11.2

Upon the termination of this contract, the Employee will return to the Company all documents and other information in his property that are related to the secondment.

12. Final Provisions

12.1

Unless amended by this contract, all provisions of the Employment Agreement remain in force.

12.2

Any amendments or additions to this contract, including this requirement of written form itself, shall be made in writing to become effective. The parties did not agree to any oral amendments or supplements to this contract.

12.3

In case individual provisions of this contract are entirely or partly ineffective, the remaining regulations shall remain in effect. In lieu of the invalid provision, an appropriate valid provision, which should correspond to the commercial effect of the invalid provision, shall apply. The same applies in case of a contractual gap.

12.4

This contract and the Employment Agreement shall be governed by German law.

12.5

In case of doubt the German version of this contract prevails.

II. Zweivertragsmodell – Versetzungsvertrag

1. Versetzungsvertrag (deutsche Fassung)

Vorbemerkung

49 Wenn bei einer längerfristigen Entsendung eine Anstellung im ausländischen Unternehmen bei gleichzeitiger Sicherung bestimmter vertraglicher Rechte im Inland erwünscht ist, bietet sich das Zweivertragsmodell an. Dabei vereinbaren der Arbeitnehmer und das Stammhaus in einer schriftlichen Nebenabrede zum Arbeitsvertrag, dem so genannten Versetzungsvertrag, das Ruhen des bestehenden Arbeitsvertrages sowie Rückkehrbedingungen und ggf. besondere Leistungen.

Daneben schließt der Arbeitnehmer mit der aufnehmenden Gesellschaft einen lokalen befristeten Arbeitsvertrag unter den rechtlichen Rahmenbedingungen des Einsatzlandes. Für dieses Modell ist es wichtig, dass beide Verträge rechtlich unabhängig nebeneinander stehen, aber die getroffenen Regelungen bzgl. Kündigung, Rückkehr ins Stammhaus oder den Rechtsfolgen bei einem möglichen Ausscheiden einer Gesellschaft aus dem Konzern dennoch harmonieren.

▶ **Muster – Versetzungsvertrag (deutsche Fassung)**

Zusatzvereinbarung zum Anstellungsvertrag vom ___[Datum]___

– Versetzungsvertrag – [1]

zwischen

___[Name, Adresse]___

– nachstehend »Heimatgesellschaft« genannt –

und

___[Name, Adresse]___

– nachstehend »Mitarbeiterin« genannt –

wird folgender Versetzungsvertrag geschlossen:

Präambel:

Die Mitarbeiterin ist seit dem ___[Datum]___ bei der Heimatgesellschaft, zuletzt am Standort ___[Ort]___ als ___[Position]___ im Bereich ___[Abteilung]___ auf Grundlage des Anstellungsvertrages vom ___[Datum]___ (nachfolgend »Anstellungsvertrag«), beschäftigt. In der Funktion als ___[Position]___ wird die Mitarbeiterin nunmehr befristet zu der ___[Name]___ (nachfolgend »Aufnehmende Gesellschaft«) entsandt. Für die Dauer der Auslandstätigkeit schließt die Mitarbeiterin mit der Aufnehmenden Gesellschaft einen gesonderten Anstellungsvertrag (»Terms of Employment«), in dem die Einzelheiten über den Auslandsaufenthalt sowie die neue Aufgabenbereich geregelt werden. [2] Für dieselbe Zeit ruht das zwischen den Parteien aufgrund des Anstellungsvertrages bestehende Anstellungsverhältnis, soweit im Folgenden keine abweichenden Vereinbarungen hierüber getroffen werden.

1. Versetzung/Ruhen des Anstellungsvertrages/Beendigung des Anstellungsvertrages

1.1

Vorbehaltlich der Erteilung der Visa bzw. Aufenthaltstitel zu Arbeitszwecken durch das Einsatzland wird die Mitarbeiterin mit Wirkung zum ___[Datum]___ zunächst für die Dauer von ___[Anzahl]___ Jahren nach ___[Ort]___ zur Aufnehmenden Gesellschaft entsandt. Das Anstellungsverhältnis mit der Heimatgesellschaft ruht für die Dauer ihrer Auslandstätigkeit.

1.2

Vom gleichen Zeitpunkt an wird die Mitarbeiterin im Rahmen einer gesondert abzuschließenden Vereinbarung von der Aufnehmenden Gesellschaft zunächst für die Dauer von ___[Anzahl]___ Jahren beschäftigt. Die Entsendung kann im gegenseitigen Einvernehmen zwischen Heimatgesellschaft, Mitarbeiterin und der Aufnehmenden Gesellschaft, mindestens drei Monate vor Ablauf, verlängert werden.

1.3

Soweit nicht abweichend in 1.4 dieses Vertrages geregelt, lebt nach Beendigung des Anstellungsverhältnisses mit der Aufnehmenden Gesellschaft das ruhende Anstellungsverhältnis zwischen der Mitarbeiterin und der Heimatgesellschaft wieder auf. Nach Beendigung des Auslandseinsatzes wird die Heimatgesellschaft alle Anstrengungen unternehmen, der Mitarbeiterin eine Weiterbeschäftigung im Inland [3] auf einem Arbeitsplatz anzubieten, der im Hinblick auf die gestellten Anforderungen und die übertragene Verantwortung den Fähigkeiten und Kenntnissen der Mitarbeiterin möglichst nahe kommt. Über die Tätigkeit der Mitarbeiterin nach Beendigung des Auslandseinsatzes wird mindestens zwei Monate vor der Beendigung eine Vereinbarung zwischen den Parteien getroffen.

1.4

Das ruhende Anstellungsverhältnis lebt nicht wieder auf, sondern wird beendet, wenn die Mitarbeiterin vorzeitig durch eigene Kündigung oder einvernehmlich aus dem Anstellungsverhältnis mit der Aufnehmenden Gesellschaft ausscheidet, es sei denn, dass ein vertragswidriges Verhalten auf Seiten der Aufnehmenden Gesellschaft vorlag, das die Mitarbeiterin nach deutschem Recht zu einer fristlosen Kündigung berechtigt hätte. [4]

1.5

Wenn das Anstellungsverhältnis mit der Aufnehmenden Gesellschaft aus einem in der Person oder dem Verhalten der Mitarbeiterin liegenden Grund arbeitgeberseitig durch Kündigung beendet worden ist, können die entsprechenden Kündigungsgründe, die bei der Tätigkeit für die Aufnehmende Gesellschaft entstanden sind, für eine Kündigung des Anstellungsvertrages herangezogen werden, soweit eine solche Kündigung auch nach deutschem Kündigungsschutzrecht sozial gerechtfertigt wäre. [5]

1.6

Das zwischen den Parteien in § ____[Paragraph]____ des Anstellungsvertrags vereinbarte nachvertragliche Wettbewerbsverbot bleibt bestehen.

2. Bindung an die Heimatgesellschaft/Weisungsrecht der Aufnehmenden Gesellschaft

2.1

Während der Auslandstätigkeit wird die Mitarbeiterin personell bei der Heimatgesellschaft weiter geführt. Die Mitarbeiterin wird die Heimatgesellschaft regelmäßig über ihr gesamtes Aufgabengebiet und über alle damit verbundenen Vorgänge, die für die Heimatgesellschaft von Interesse sind, informieren. [6]

2.2

Die Mitarbeiterin wird bei der Aufnehmenden Gesellschaft als ____[Position]____ tätig sein. Im Rahmen ihrer Tätigkeit ist die Mitarbeiterin dem ____[Position des Vorgesetzten]____ der Aufnehmenden Gesellschaft bzw. seinem Stellvertreter direkt unterstellt und unterliegt ausdrücklich den Weisungen ihrer dortigen Vorgesetzten. [7] Die Mitarbeiterin wird ihre Tätigkeit in der Aufnehmenden Gesellschaft ordnungsgemäß im Hinblick auch auf die Interessen der Heimatgesellschaft als Konzerngesellschaft erfüllen. [8]

3. Grundgehalt/Gehaltsfortschreibung in Deutschland

3.1

Hinsichtlich der Bezüge der Mitarbeiterin während ihrer Auslandstätigkeit gelten die mit der Aufnehmenden Gesellschaft getroffenen Vereinbarungen. Soweit die Vergütung bei der Aufnehmenden Gesellschaft über dem zuletzt bezogenen Jahresgehalt der Mitarbeiterin liegt, handelt es sich um eine Funktionszulage sowie um einen Ausgleich für die mit dem Aufenthalt im Ausland verbundenen zusätzlichen Aufwendungen und Erschwernisse für die Mitarbeiterin. Beide Leistungen entfallen daher mit Beendigung der Tätigkeit bei der Aufnehmenden Gesellschaft. Die Bezüge werden nach der Rückkehr nach Deutschland unter Berücksichtigung von 3.2 dieses Vertrages neu festgelegt.

3.2

Das von der Heimatgesellschaft zuletzt gezahlte Bruttojahresgehalt in Höhe von € ____[Gehalt]____ wird unter Zugrundelegung der Grundsätze für die individuelle Gehaltsanpassung vergleichbarer Mitarbeiter der Heimatgesellschaft während der Dauer der Auslandstätigkeit der Mitarbeiterin fortgeschrieben. Bei der Rückkehr erhält die Mitarbeiterin ein Gehalt in Höhe des fortgeschriebenen Inlandsgehalts. [9]

4. Gesetzliche Rentenversicherung/Betriebliche Altersversorgung

4.1

Für die Dauer der Tätigkeit der Mitarbeiterin bei der Aufnehmenden Gesellschaft übernimmt die Heimatgesellschaft die Ruhensbeiträge zur Aufrechterhaltung einer bestehenden privaten oder gesetzlichen Krankenversicherung für die Mitarbeiterin und mitreisende Familienmitglieder bis zum Zeitpunkt der Rückkehr. [10]

4.2

Für die Dauer ihrer Tätigkeit bei der Aufnehmenden Gesellschaft gehört die Mitarbeiterin weiterhin der betrieblichen Altersversorgung der Heimatgesellschaft an. (Details über Pensionsfonds, eine Pensionskasse oder für eine Direktversicherung, Anwartschaftsrechte oder Beiträge ggf. einfügen).

4.3

Darüber hinaus erhält die Mitarbeiterin, für die Dauer ihres Auslandsaufenthalts, gemäß § 3 Nr. 63 EStG einen zusätzlichen monatlichen Zuschuss zur betrieblichen Altersvorsorge in Höhe von 4 % der jeweils gültigen Beitragsbemessungsgrenze in der gesetzlichen Rentenversicherung, derzeit € ___[Betrag]___. Dieser Zuschuss wird monatlich an die ___[Träger der betrieblichen Altersversorgung]___ abgeführt und erfolgt als Ausgleich für einen möglichen Nachteil bei der gesetzlichen Rentenversicherung. [11]

5. Sonstige Leistungen [12]

5.1

Die Heimatgesellschaft übernimmt die Reisekosten ___[Economy oder Business]___ [13] für die Mitarbeiterin, ihren Ehegatten/Lebenspartnerin und alle schulpflichtigen Kinder sowie die Kosten für die Überführung des Hausrates. Bei einer vertragsgemäßen Rückkehr der Mitarbeiterin nach Deutschland am Ende der Entsendung erstattet die Heimatgesellschaft die anfallenden Kosten für Rückreise und Umzug in vergleichbarem Umfang. [14]

5.2

Ebenso erstattet die Heimatgesellschaft der Mitarbeiterin während der Dauer des Auslandsaufenthaltes jährlich die Kosten für eine Heimreise ___[Economy oder Business]___ [15] nach Deutschland für die Mitarbeiterin sowie für die in 5.1. genannten Familienmitglieder.

5.3

Die Mitarbeiterin erhält eine einmalige Versetzungsbeihilfe in Höhe von € ___[Betrag]___ brutto, mit der die Kosten für den Erwerb von Einrichtung vor Ort, doppelte Mietbelastung, Renovierungskosten, Maklercourtagen, Hotelkosten, etc. übernommen werden. [16] Etwaige hierauf zu zahlende Steuern hat die Mitarbeiterin zu tragen.

5.4

Eventuell anfallende angemessene Kosten für einen vorbereitenden Sprachunterricht der Mitarbeiterin sowie der mitreisenden Familienangehörigen werden auf Antrag von der Heimatgesellschaft übernommen. Bei der Rückkehr nach Deutschland werden für einen erforderlichen zusätzlichen Unterricht (Sprach- oder Nachhilfeunterricht) bis zu € ___[Betrag]___ brutto pro Kind erstattet. Etwaige hierauf zu zahlende Steuern hat die Mitarbeiterin zu tragen.

5.5

Die Mitarbeiterin ist für die ordnungsgemäße Versteuerung ihres Einkommens im Tätigkeitsstaat verantwortlich. Die Heimatgesellschaft empfiehlt die Inanspruchnahme eines Steuerberaters am Einsatzort. Etwaige im Zusammenhang mit dem Auslandsaufenthalt der Mitarbeiterin entstehende Kosten für Steuerberatung werden auf Antrag durch die Heimatgesellschaft getragen. [17]

6. Urlaub

6.1

Die Parteien sind sich darüber einig, dass die Mitarbeiterin den ihr bis zur Versetzung zustehenden Urlaub zum Zeitpunkt des Beginns der Auslandstätigkeit vollständig in natura genommen haben wird.

6.2

Für die Zeit des Auslandsaufenthaltes der Mitarbeiterin gelten ausschließlich die mit der Aufnehmenden Gesellschaft getroffenen Vereinbarungen bzw. die Feiertagsregelungen vor Ort.

7. Betriebszugehörigkeit/Betriebsübergang/Auflösung des Konzernverbundes [18]

7.1

Die Dauer der Tätigkeit bei der Aufnehmenden Gesellschaft wird auf die Gesamtbetriebszugehörigkeit der Mitarbeiterin bei der Heimatgesellschaft voll angerechnet.

7.2

Geht der Betrieb der Heimatgesellschaft, dem die Mitarbeiterin zum Zeitpunkt des Beginns der Entsendung angehört, oder der Betrieb der Aufnehmenden Gesellschaft, gemäß § 613a BGB auf eine andere, nicht konzernangehörige Gesellschaft über oder wird der Konzernverbund zwischen der Heimatgesellschaft und der Aufnehmenden Gesellschaft durch eine Übertragung von Geschäftsanteilen oder einen sonstigen gesellschaftsrechtlichen Vorgang aufgelöst, endet die Entsendung spätestens drei Monate nach Eintritt des Ereignisses und das ruhende Anstellungsverhältnis lebt wieder auf. Im Fall eines solchen Übergangs des Betriebes der Heimatgesellschaft lebt das Anstellungsverhältnis mit der Betriebserwerberin oder, falls die Mitarbeiterin dem Übergang ihres Arbeitsverhältnisses auf die Betriebserwerberin widerspricht, mit der Heimatgesellschaft wieder auf. [19]

8. Erfüllungsort

Erfüllungsort und Gerichtsstand dieses Vertrages sind der Sitz der Heimatgesellschaft.

9. Verschiedenes

9.1

Die Mitarbeiterin wird alle Änderungen über die Angaben zu ihrer Person, soweit sie für das Anstellungsverhältnis von Bedeutung sind, insbesondere Adressänderungen, unverzüglich der Heimatgesellschaft mitteilen.

9.2

Änderungen oder Ergänzungen dieses Vertrages einschließlich dieser Bestimmung bedürfen zu ihrer Rechtswirksamkeit der Schriftform. Mündliche Vereinbarungen zur Aufhebung der Schriftform sind nichtig. Mündliche Nebenabreden bestehen nicht. [20]

9.3

Dieser Versetzungsvertrag ersetzt alle bestehenden vorherigen Vereinbarungen zwischen den Vertragsparteien über das ruhende Anstellungsverhältnis bei der Heimatgesellschaft für die Dauer des Auslandsaufenthaltes der Mitarbeiterin.

9.4

Sollte eine Bestimmung dieses Vertrages ganz oder teilweise unwirksam sein oder werden, so wird hiervon die Wirksamkeit der übrigen Bestimmungen dieses Vertrages nicht berührt. An die Stelle der unwirksamen Regelung tritt die gesetzlich zulässige Regelung, die dem mit der unwirksamen Regelung Gewollten wirtschaftlich am nächsten kommt. Dasselbe gilt für den Fall einer vertraglichen Lücke.

9.5

Dieser Vertrag unterliegt dem Recht der Bundesrepublik Deutschland. [21]

9.6

Im Zweifel geht die deutsche Fassung dieses Vertrages vor.

Erläuterungen

Schrifttum

Beck'sche Online-Formulare Vertragsrecht – Schmid, 2.1.23 Entsendungsvereinbarung; *Becker* Grenzüberschreitender Arbeitseinsatz, Saarbrücken, 2012; *Braun* Sozialversicherungspflicht beim grenzüberschreitenden Arbeitsverhältnis, ArbRB 2002, 202; *Domsröse* Der gewöhnliche Arbeitsort des Arbeitnehmers als besonderer Gerichtsstand des arbeitsgerichtlichen Urteilsverfahrens, DB 2008, 1626; *Edenfeld* Die Fürsorgepflicht des Arbeitgebers bei Auslandseinsätzen, NZA 2009, 938; *Fuchs* Was bringt die neue VO (EG) 883/2004, SGb 4/08, S. 201; *Gentz* Das Arbeitsrecht im internationalen Konzern, NZA 2000, 3; *Gerauer* Rechtliche Situation bei Fehlen einer Rechtswahl beim Auslandseinsatz, BB 1999, 2083; *Giesen* Die Anwendung der sozialrechtlichen Aus- und Einstrahlungsregeln durch die Sozialversicherungsträger, NZS 1996, 309; *Gnann/Gerauer* Arbeitsvertrag bei Auslandsentsendungen, 2. Aufl. München 2002; *Gotthardt* Einsatz von Arbeitnehmern im Ausland – Arbeitsrechtliche Probleme und praktische Hinweise für die Vertragsgestaltung, MDR 2001, 961; *Gravenhorst* Kündigungsschutz bei Arbeitsverhältnissen mit Auslandsbezug, RdA 2007, 283; *Grobys/Panzer* Arbeitsrecht, 2. Aufl. Baden-Baden 2014; *Günther/Pfister* Arbeitsverträge mit internationalen Bezügen – Teil 2: Entsendungen, ArbRAktuell 2014, 346; *Heuser/Heidenreich/Fritz* Auslandsentsendung und Beschäftigung ausländischer Arbeitnehmer, 4. Aufl. München 2011; *Hofmann/Rohrbach* Internationaler Mitarbeitereinsatz, 3. Aufl. Münster 2011; *Horstmeier* Auslandsentsendung von Arbeitnehmern und Stammhausbindung, Personalführung 2006, S. 64; *Junker* Internationale Zuständigkeit und anwendbares Recht in Arbeitssachen – Eine Einführung in die Praxis, NZA 2005, 199; *Klemm/Kornbichler u.a.* Beck'sches Formularbuch Arbeitsrecht, 3. Auflage, München 2014; *Laws/Koziner/Waldenmaier* Mitarbeiter ins Ausland entsenden, Wiesbaden 2008; *Lingemann/Steinau-Steinrück* Konzernversetzung und Kündigungsschutz, DB 1999, 2161; *Lunk* »Export« deutschen Arbeitsschutzrechts?, DB 2001, 1934; *Markovska* Zwingende Bestimmungen als Schranken der Rechtswahl im Arbeitskollisionsrecht, RdA 2007, 352; *Mastmann/Offer* Entsendung nach Deutschland – Rechtliche Grundlagen, Personalmanager 2005, 22; *Mastmann/Stark* Vertragsgestaltung bei Personalentsendungen ins Ausland, BB 2005, 1849; *Maurer* Personaleinsatz im Ausland, 2. Aufl. München 2013; *Mennen/Schellert/Wolf* Mitarbeiterentsendung: Geschäftsabwicklungsmodelle – Entsendungsvereinbarungen – Steuerliche und rechtliche Grundlagen, Stuttgart 2013; *Mückl/Kaueroff* Mitbestimmungsrechtliche Aspekte einer Auslandsentsendung, ArbRAktuell 2013, 567; *Mütze/Popp* Handbuch Auslandsentsendung, 2. Aufl. Frechen 2009; *Pohl* Grenzüberschreitender Einsatz von Personal und Führungskräften, NZA 1998, 735; *Raspels/Elert* Praxishandbuch Auslandseinsatz von Mitarbeitern, Berlin 2013; *Reichel/Spieler* Vertragsgestaltung bei internationalem Arbeitseinsatz, BB 2011, 2741; *Reiter* Anwendbare Rechtsnormen bei Kündigung ins Ausland entsandter Arbeitnehmer, NZA 2004, 1247; *Reiter* Entsendung zu Tochtergesellschaften im In- und Ausland, NZA-Beilage 2014, 22; *Schlachter* Grenzüberschreitende Arbeitsverhältnisse, NZA 2000, 57; *Schleifer* Auslandsentsendung von Mitarbeitern, Hamburg 2005; *Schliemann* Fürsorgepflicht und Haftung des Arbeitgebers beim Einsatz von Arbeitnehmern im Ausland, BB 2001, 1302; *Schrader/Straube* Die arbeitsrechtliche (Wieder-)einstellungszusage, NZA-RR 2003, 337; *Thüsing* Rechtsfragen grenzüberschreitender Arbeitsverhältnisse – Grundlagen und Neuigkeiten im Internationalen Arbeitsrecht, NZA 2003, 1303; *Werthebach* Arbeitnehmereinsatz im Ausland, Sozialversicherung und anwendbares Recht bei befristeter Entsendung, NZA 2006, 247; *Wolf* Arbeitnehmereinsatz im Ausland, Frankfurt 2010.

1. Versetzungsvertrag für den Fall einer längerfristigen (mehr als voraussichtlich zwei Jahre) dauernden Versetzung in eine ausländische Konzerngesellschaft im Rahmen des Zweivertragsmodells, in der Praxis oft Ruhensvereinbarung genannt.   52

2. Der Arbeitsvertrag mit der aufnehmenden Gesellschaft untersteht in der Regel dem dortigen Recht und ist als gesonderter Vertrag zu verstehen.   53

3. Ermöglicht der Heimatgesellschaft, der Mitarbeiterin ggf. eine adäquate Beschäftigung bei einer anderen Konzerntochter im Inland anzubieten.   54

55 4. Eine Koppelung des ursprünglichen Arbeitsverhältnisses über den Versetzungsvertrag mit dem lokalen Arbeitsvertrag zwischen der aufnehmenden Gesellschaft und der Mitarbeiterin kommt in der Praxis häufig vor, die Wirksamkeit der Klausel ist jedoch umstritten (*Maurer* Rn. 407; *Mastmann/Stark* BB 2005, 1849). Allerdings wurde eine ähnlich begrenzte Wiedereingliederungsklausel durch das LAG Niedersachen bestätigt (LAG Niedersachsen, Urt. v. 15.11.2000 – 9 Sa 236/00; *Schrader/Straube* NZA-RR 2003, 344).

56 5. Grundsätzlich schlagen Kündigungsgründe aus dem einen Arbeitsverhältnis nicht automatisch auf die Arbeitsverhältnisse mit anderen Konzernunternehmen durch (BAG, Urt. v. 27.11.2008 – 2 AZR 193/07, JurionRS 2008, 32204). Ein erhebliches Fehlverhalten eines Arbeitnehmers gegenüber einem anderen, mit dem Arbeitgeber konzernrechtlich verbundenen Unternehmen kann allerdings dann eine außerordentliche Kündigung des Arbeitsverhältnisses aus wichtigem Grund rechtfertigen, wenn das Arbeitsverhältnis durch das Fehlverhalten konkret und erheblich beeinträchtigt wird (BAG, Urt. v. 27.11.2008 – 2 AZR 193/07, NZA 2009, 671). Die Klausel verdeutlicht die Bewertung eines potentiellen Fehlverhaltens in der anderen Konzerngesellschaft durch die Vertragsparteien und kann zur entsprechenden Interessenabwägung bei der Frage der Unzumutbarkeit der Fortsetzung des Arbeitsverhältnisses beitragen (vgl. *Reiter* NZA-Beilage, S. 27).

57 6. Zweck einer Versetzung in eine ausländische Konzerngesellschaft ist regelmäßig auch ein verbesserter Informationsaustausch zwischen den Gesellschaften.

58 7. Notwendige Beschränkung des Direktionsrechts auf das ausländische Unternehmen. Versetzungsverträge, in denen sich das entsendende Unternehmen ein Direktionsrecht ebenso vorbehält wie das Recht, den Arbeitnehmer jederzeit in ein anderes Konzernunternehmen zu versetzten, begründen trotz Ruhensregelung ein Arbeitsverhältnis (vgl. BAG, Urt. v. 21.01.1999 – 2 AZR 648/97, NZA 1999, 539). Die strenge zeitliche Trennung der Weisungszuständigkeiten ist insbesondere bei Entsendungen zu Konzerngesellschaften bedeutsam, um das ungewollte Entstehen eines einheitlichen Arbeitsverhältnisses zu vermeiden (vgl. *Reiter* NZA-Beilage 2014, 23).

59 8. Steht im Zusammenhang mit Ziffer 1.5. Pflichtverletzungen in einem Konzernarbeitsverhältnis können auf andere Konzernarbeitsverhältnisse durchschlagen, wenn sich aus diesen die Pflicht ergibt, die Tätigkeit in der anderen Gesellschaft ordnungsgemäß zu erfüllen und die Tätigkeit bei den beiden beteiligten Gesellschaften in einem Zusammenhang steht (LAG Berlin, Urt. v. 19.12.2006, 7 Sa 1335/06, BeckRS 2009, 62450, BAG, Urt. v. 27.11.2008 – 2 AZR 193/07, NZA 2009, 671).

60 9. Hier erfolgt im Hinblick auf die geplante Reintegration in das Stammhaus eine genaue Abgrenzung über die zu erwartenden Bezüge bei der Rückkehr (vgl. *Raspels/Ele*rt S. 45). Während der Versetzung wird in Deutschland rechnerisch ein sog. Schattengehalt geführt, das an etwaigen Tariflohnänderungen oder Gehaltserhöhungen teilnimmt. Das Schattengehalt ist darüber hinaus Grundlage für die Bemessung der betrieblichen Altersversorgung und anderer im Inland gezahlter Sozialleistungen.

61 10. Im Unterschied zu einem Entsendevertrag nach dem Einvertragsmodell liegt hier aufgrund der vertraglichen Integration in die aufnehmende Gesellschaft keine Entsendung im sozialversicherungsrechtlichen Sinne vor, so dass keine Fortgeltung der deutschen Krankenversicherung erfolgt. Da eine Unterbrechung der Krankenversicherungszeiten regelmäßig mit einem höheren Eintrittsalter bei privaten Versicherern sowie ggf. dem Ausschluss von Vorerkrankungen verbunden sind, empfiehlt es sich, die inländischen Versicherungsverhältnisse zum Ruhen zu bringen, bzw. wenn möglich eine Ausnahmevereinbarung abzuschließen.

62 11. Im Unterschied zu einem Entsendevertrag nach dem Einvertragsmodell liegt hier keine Entsendung im sozialversicherungsrechtlichen Sinne vor, so dass keine Ausstrahlung des deutschen Sozialversicherungsrechts erfolgt. Das »Schattengehalt« ist als fiktive Berechnungsgrundlage natürlich in Deutschland nicht sozialversicherungspflichtig. Dies kann über eine Sonderleistung an die betriebliche Altersversorgung ausgeglichen werden. Alternativ dazu kann sich die Mitarbeiterin

für eine Pflichtversicherung auf Antrag in der gesetzlichen Rentenversicherung entscheiden (§ 4 SGB VI) oder – so die Entsendung nicht befristet ist – für eine freiwillige Versicherung (§ 7 SGB VI; vgl. *Becker* S. 62 ff.; *BFA-Langer*, S. 408). In diesem Falle kann das Unternehmen sich verpflichten, freiwillig einen Arbeitgeberanteil von 50 % der insgesamt zu zahlenden Beiträge gemessen an dem Schattengehalt, max. jedoch der Beitragsbemessungsgrenze an die BfA abzuführen.

12. Die Übernahme der entsendebedingten Kosten durch den Arbeitgeber entspricht der arbeitsvertraglichen Fürsorgepflicht (zum Umfang der Fürsorgepflicht vgl. *Edenfeld* NZA 2009, 938). Die Einbeziehung von Lebenspartnern empfiehlt sich vor dem Hintergrund des BAG-Urteils vom 18.03.2010 – 6 AZR 434/07, NZA-RR 2010, 664. 63

13. Bestimmt sich nach der Entfernung, Position des Mitarbeiters und wirtschaftlichen Lage des Unternehmens. 64

14. Obwohl diese Klausel die Erstattung der Rückkehrkosten von einer ordnungsgemäßen Beendigung der Entsendung abhängig macht, ist der entsendende Arbeitgeber auf der Basis seiner Fürsorgepflichten wohl regelmäßig auch dann zur Kostenerstattung verpflichtet, wenn die Mitarbeiterin ihren Auslandsvertrag aus wichtigem Grund vorzeitig kündigt, oder die Tätigkeit im Ausland zum großen Teil bereits abgeschlossen ist. Welche Kosten bei einer vorzeitigen Vertragsbeendigung vom Arbeitgeber zu tragen sind, ist im Hinblick auf den Grad des Verschuldens am Scheitern der Entsendung und der bereits erfolgten Entsendedauer im Einzelfall zu bemessen. 65

15. S.o. Anmerkung 13 (H Rdn. 64). 66

16. Soweit diese Kosten steuerlich geltend gemacht werden können, ist ggf. eine genauere Aufschlüsselung anhand der gegenwärtigen steuerrechtlichen Erfordernisse vorzunehmen. 67

17. Es ist sinnvoll, den Mitarbeiter zu verpflichten, sich über seine Steuerpflicht eigenständig zu informieren. Allerdings ist es im Regelfalle nicht Teil der Informations- und Aufklärungspflichten des Arbeitgebers, den Mitarbeiter auf seine Steuerpflicht im Ausland hinzuweisen (BAG, Urt. v. 22.01.2009, 8 AZR 161/08, NZA 2009, 608). Bei größeren Unternehmen ist es oftmals üblich, dass der Mitarbeiter auf ein bestimmtes Steuerbüro verwiesen wird, dessen Kosten übernommen werden. Hierbei ist zu beachten, dass der Mitarbeiterin die Auswahl des Steuerberaters nicht vorgeschrieben werden kann (BAG, Urt. v. 23.08.2012 – 8 AZR 804/11, DStR 2013, 831). Es ist jedoch zulässig, die Kosten auf Antrag zu übernehmen, wenn sich Arbeitgeber und Mitarbeiterin auf einen bestimmten Berater einigen. 68

18. In betriebsverfassungsrechtlicher Hinsicht ist für die Betriebszugehörigkeit entscheidend, ob der Arbeitnehmer noch dem inländischen Betrieb zugehörig ist, also im Rahmen der Zwecksetzung des inländischen Unternehmens tätig wird und bspw. den von dort ausgehenden Weisungen unterliegt (*Gravenhorst* RdA 2007, 289). Andere Indizien für eine fortbestehende Integration in den inländischen Betrieb sind: Planung und Zustellung der Arbeit vom Inland aus, Rückrufrecht, Rückkehrgarantie, deutsches Arbeitsvertragsstatut, Zahlung der Vergütung im Inland (*Reiter* NZA 2004, 1250). Dabei ist die betriebsverfassungsrechtliche Ausstrahlung die Ausnahme und nicht die Regel (*Maurer* Rn. 439). Ein Mitbestimmungsrecht des Betriebsrates besteht nur bei einer Bindung des im Ausland tätigen Arbeitnehmers an den Betrieb im Inland (BAG, Urt. v. 21.10.1980 – 6 AZR 640/79, NJW 1981, 1175; BAG, Urt. v. 30.04.1987 – 2 AZR 192/86, NJW 1987, 2766). 69

19. Betriebsübergänge und gesellschaftsrechtliche Maßnahmen wie die Veräußerung der aufnehmenden Gesellschaft, die dazu führen, dass der Betrieb, dem der Mitarbeiter angehört, nicht mehr zum selben Konzern gehört oder die in einer Auflösung des Konzernverbundes zwischen der entsendenden und der aufnehmenden Gesellschaft resultieren, führen oftmals zu Problemen, die vertraglich nur schwer befriedigend zu lösen sind. Dies gilt insbesondere, weil der Mitarbeiter zum Zeitpunkt der Entsendung tatsächlich zwei Arbeitsverhältnisse innehat, aus denen sich u.U. nach einem solchen Betriebsübergang bzw. der Auflösung des Konzernverbundes divergierende 70

H. Arbeitsverhältnis mit Auslandsbezug

Pflichten (z.B. Berichts- und Informationspflichten) ergeben. Die hier vorgeschlagene Lösung lässt die Entsendung in einem solchen Fall mit einer akzeptablen Frist enden und den ruhenden Arbeitsvertrag wieder aufleben. Damit harmonierend sollte der Arbeitsvertrag mit der aufnehmenden Gesellschaft eine entsprechende Klausel enthalten, dass dieser innerhalb von drei Monaten nach dem Eintritt eines solchen Betriebsübergangs oder des zur Auflösung des Konzernverbundes führenden Ereignisses endet, um dem Mitarbeiter die Rückkehr ins Stammhaus zu ermöglichen. Falls der Betriebsübergang in der Heimatgesellschaft stattfindet, kann der Mitarbeiter dem Betriebsübergang widersprechen und nach Absprache ggf. in der aufnehmenden Gesellschaft – und damit im Konzern – verbleiben. Zum Betriebsübergang während einer befristeten Entsendung vgl. BAG, Urt. v. 14.07.2005 – 8 AZR 392/04, DB 2005, 2754.

71 **20.** Zur beschränkten Wirksamkeit der sog. doppelten Schriftformklausel: BAG, Urt. v. 24.06.2003 – 9 AZR 302/02, NZA 2003, 1145; BAG, Urt. v. 20.05.2008 – 9 AZR 382/07, NZA 2008, 1233.

72 **21.** Hierzu vergleiche unter G I Entsendevertrag, Anmerkung 33 (H Rdn. 43).

2. Versetzungsvertrag in englischer Fassung

Vorbemerkung

73 Das folgende Muster enthält eine Übersetzung des Versetzungsvertrags (H Rdn. 51) ins Englische. Bezüglich der Anmerkungen kann auf die Ausführungen unter H Rdn. 52 ff. Bezug genommen werden.

▶ Muster – Versetzungsvertrag (englische Fassung)

74

Secondment Agreement –

Supplement to the Employment Agreement dated ____[date]____

between

[name, address]

– hereinafter »*Home Company*« –

and

[name, address]

– hereinafter »*Employee*« –

The parties agree as follows:

Preamble

Since ___[date]___, the Employee has been employed at the Home Company, lastly at the Home Company's location in ___[location]___ in the function as ___[function]___ in the area of ___[department]___ on the basis of the employment agreement dated ___[date]___ (hereinafter »the *Employment Agreement*«). The Employee will now be seconded to [name, address] (hereinafter »the *Host Company*«) to work in the function as ___[function]___ for a limited period of time. For the time of her temporary employment abroad, the Employee enters into a separate contract of employment (»Terms of Employment«) with the Host Company, in which the details of the temporary employment abroad and the new tasks assigned are constituted. For the same timeframe the *employment relationship*, in to which the parties entered on ___[date]___, is dormant and subject to the subsequent regulations.

1. Secondment/Dormancy of Employment Agreement/Termination of Employment Agreement

1.2

Conditional upon the issuance of the necessary visa/residence permits for work purposes and with effect from ____[date]____, the Employee is seconded to the Host Company in ____[location]____ for the duration of ____[number]____ years initially. The employment relationship with the Home Company is dormant during the time of the temporary employment abroad.

1.2

With effect as from the same point in time, the Employee will be employed by the Host Company under a separately concluded agreement for a period of ____[number]____ years initially. The secondment can be extended by mutual agreement at least 3 months before expiration.

1.3

Unless otherwise determined by Sec. 1 Subsec. 4 of this secondment agreement, the dormant employment relationship between the Employee and the Home Company will revive after the termination of the employment relationship with the Host Company. After the conclusion of the work abroad, the Home Company shall do its utmost to offer the Employee further work in the home country at a place of work, the requirements and the assigned responsibility of which materially correspond to the Employee's capabilities and knowledge. The parties will conclude an agreement regarding the Employee's position after the termination of the temporary employment abroad at least two months before expiration.

1.4

The dormant employment relationship does not revive, but will be terminated, if the Employee resigns from the employment relationship with the Host Company by giving notice or by a separation agreement, unless the Host Company gives rise to a termination without further notice.

1.5

If the employment relationship with the Host Company is terminated by the employer due to person or conduct related reasons, a termination of the dormant employment agreement can be based on the said reasons, provided such termination would also be justified under German termination protection legislation.

1.6

The post-contractual non-compete covenant agreed upon in sec. ____[section]____ of the Employment Agreement remains in force.

2. Relationship to Employer/Right to Issue Directives of the Host Company

2.1

During the temporary employment abroad, the Employee will still be administrated by the Home Company. The Employee will regularly inform the Home Company about her tasks and all related matters of interest to the Home Company.

2.2

The Employee will be employed as ____[function]____ at the Host Company. During her temporary employment abroad, the Employee is directly responsible to the ____[function of supervisor]____ of the Host Company, respectively is deputy and has to comply with the instructions given by her supervisors. The Employee will perform her duties and obligations toward the Host Company in due form in consideration of the best interest of the Home Company and its group relationship with the Host Company.

3. Base Salary/Adjustment of Remuneration in Germany

3.1

During the Employee's temporary employment abroad, the remuneration is subject to an agreement with the Host Company. In case the remuneration at the Host Company exceeds the last received annual salary of the Employee, the exceeding part is to be regarded as a supplementary allowance and compensation for additional expenses and difficulties related to the stay abroad. Accordingly, both benefits will come to an end with the termination of the employment with the Host Company. The remuneration will be determined after the return to Germany, taking into account Sec. 3 Subsec. 2 of this secondment agreement.

3.2

The annual base salary in the amount of € ____[amount]____ gross last paid by the Home Company will be adjusted during the time of the Employee's temporary employment abroad, taking into account the Home Company's principles for individual adjustments of remuneration in relation to comparable employees. Upon her return, the Employee will receive a salary in the amount of the adjusted remuneration in Germany.

4. Statutory Pension Insurance/Home Company Pension

4.1

During the time of the Employee's employment with the Host Company, the Home Company assumes the minimum amount for a dormant statutory or private health insurance for the Employee and all accompanying family members.

4.2

During the time of the employment with the Host Company, the Employee continues to participate in the occupational pension scheme of the Home Company (Details concerning pension fund, direct insurance, pension expectancy rights, contributions to be added.).

4.3

Furthermore, for the time of her temporary employment abroad, the Employee receives in accordance with Sec. 3 No. 63 German Taxation Code additional monthly contributions to the occupational pension scheme at _[name of pension scheme provider]_ in the amount of 4 % of the applicable contribution ceiling of the statutory pension scheme, currently € ____[amount]____ . This additional contribution will be paid on a monthly basis to _[pension vehicle]_ and is carried out as compensation for a potential disadvantage in respect of the statutory pension insurance.

5. Additional Compensations

5.1

The Home Company covers the costs of moving (furniture, household equipment and personal belongings) as well as travel expenses [economy or business] for the Employee, spouse/registered partner and all children of compulsory school age. The Home Company also covers the costs for a return to Germany to the same extent in the case of the regular completion of the secondment and return to Germany under this secondment agreement.

5.2

Once a year, the Home Company also covers the cost for one homeward journey _[economy or business]_ of the Employee and all accompanying family members as listed in section 5.1 above.

5.3

The Employee receives a one-time secondment allowance in the amount of € ____[amount]____ gross that shall compensate for the cost for extra furniture abroad, double housing rent obligations, renovation costs, brokerage, hotel costs, etc. Any taxes payable in this regard are to be borne by the Employee.

5.4

Adequate expenditures due to a preparatory language course of the Employee or accompanying family members shall be covered by the Home Company upon request. The Home Company will *reimburse the Employee* for necessary additional language courses or other private teaching lessons in connection with the proper return to Germany after the secondment in the amount of up to € _____[amount]_____ gross per child. Any taxes payable in this regard are to be borne by the Employee.

5.5

The Employee is solely responsible for the orderly payment of all taxes due at the receiving country. The Home Company advises the Employee to consult a local tax expert. Costs for retaining a local tax expert in relation to the secondment may be covered by the Home Company upon request.

6. Vacation Entitlements

6.1

The parties agree that the Employee will have taken all vacation entitlements in natura until the commencement of the secondment.

6.2

For the time of the Employee's temporary employment abroad, exclusively the regulations agreed with the Host Company and the bank holiday regulations of the receiving country shall apply.

7. Length of Service/Transfer of Undertakings/Change in Control

7.1

The time of the Employee's employment with the Host Company shall be counted as employment also with the Home Company.

7.2

If the undertakings of the Home Company, to which the Employee belongs at the time of the commencement of the secondment, or the undertakings of the Host Company, transfers to another company which does not belong to the same group of companies pursuant to Sec. 613a German Civil Code or if the group relationship between the Home Company and the Host Company is dissolved due to a transfer of shares or another corporate measure, the secondment ends and the dormant employment agreement revives automatically three months after such event. In case of such transfer of the undertakings of the Home Company, the employment relationship shall revive with the acquirer of the undertakings or, if the Employee objects against the transfer of her employment relationship to the acquirer, with the Home Company.

8. Place of Fulfilment

Place of fulfilment and jurisdiction shall be the location of the Home Company.

9. Miscellaneous

9.1

The Employee shall notify immediately the Home Company about all modifications in respect of his personal details, as long as they are relevant for the employment relationship, in particular about any changes of address.

9.2

Any amendments or additions to this secondment agreement, including this requirement of written form itself, shall be made in writing to become effective. The parties have not agreed to oral supplements.

9.3

This secondment agreement shall supersede all possible prior agreements between the parties in relation to the dormant employment relationship with the Home Company during the Employee's temporary employment abroad.

H. Arbeitsverhältnis mit Auslandsbezug

9.4

In case individual provisions of this secondment agreement are entirely or partly ineffective, the remaining regulations shall remain in effect. In lieu of the invalid provision, an appropriate valid provision, which should correspond to the commercial effect of the invalid provision, shall apply. The same applies in case of a contractual gap.

9.5

This secondment agreement shall be governed by German law.

9.6

In case of doubt the German version of this agreement prevails.

I. Fremdpersonaleinsatz

Inhaltsübersicht Rdn.
I. Arbeitnehmerüberlassung 1
1. Vertrag zwischen Entleiher und Verleiher 1
   Vorbemerkung 1
   Muster: Arbeitnehmerüberlassung – Vertrag zwischen Entleiher und Verleiher 25
   Erläuterungen 26
2. Konzerninterne Arbeitnehmerüberlassung 81
   Vorbemerkung 81
   Muster: Konzerninterne Arbeitnehmerüberlassung 87
   Erläuterungen 88
3. Leiharbeitsvertrag 95
   Vorbemerkung 95
   Muster: Leiharbeitsvertrag 99
   Erläuterungen 100
II. Dienstvertrag 131
1. Dienstvertrag 131
   Vorbemerkung 131
   Muster: Dienstvertrag bei Fremdpersonaleinsatz 135
   Erläuterungen 136
2. Zusatzvereinbarung zum Dienstvertrag 143
   Vorbemerkung 143
   Muster: Zusatzvereinbarung zum Dienstvertrag bei Fremdpersonaleinsatz 146
   Erläuterungen 147

I. Arbeitnehmerüberlassung

1. Vertrag zwischen Entleiher und Verleiher

Vorbemerkung

Das Recht der Arbeitnehmerüberlassung ist im Arbeitnehmerüberlassungsgesetz (AÜG) geregelt. **1** Durch die »Hartz-Reform« wurde das AÜG zum 01.01.2003 grundlegend reformiert. Zahlreiche Beschränkungen wurden aufgehoben (dazu *Lembke* BB 2003, 98; *Ulber* AuR 2003, 7). Seither ist die **Überlassung** von Leiharbeitnehmern an einen Entleiher **zeitlich unbegrenzt möglich** (näher *Thüsing/Lembke* ZfA 2007, 87, 90 ff.); seit dem 01.12.2011 regelt § 1 Abs. 1 Satz 2 AÜG jedoch, die Überlassung von Arbeitnehmern an einen Entleiher »erfolgt vorübergehend« (dazu unten I Rdn. 4 ff.). Gleichzeitig mit der Liberalisierung der Zeitarbeit wurde – bereits vor Verabschiedung der europäischen Leiharbeitsrichtlinie – der **Grundsatz des Equal Pay/Treatment (»Schlechterstellungsverbot«)** eingeführt. Danach darf der Verleiher seinem Leiharbeitnehmer für die Zeit der Überlassung keine schlechteren Arbeitsbedingungen (einschließlich des Arbeitsentgelts) gewähren als der Entleiher seinen vergleichbaren (Stamm-)Arbeitnehmern (vgl. § 3 Abs. 1 Nr. 3, § 9 Nr. 2, § 10 Abs. 4 AÜG). Eine **Ausnahme** gilt jedoch, wenn Tarifverträge Abweichungen vorsehen und im Leiharbeitsverhältnis zwischen Verleiher und Leiharbeitnehmer anwendbar sind (§ 3 Abs. 1 Nr. 3, § 9 Nr. 2 Halbs. 4 AÜG). Sie spielt in der Praxis eine große Rolle. Die in der Zeitarbeit üblichen Tarifverträge weichen vom Grundsatz des Equal Pay/Treatment aus Sicht der Arbeitnehmer – zumindest im Entgeltbereich – häufig »nach unten« ab und finden in der Praxis verbreitet kraft arbeitsvertraglicher Inbezugnahme Anwendung (vgl. unten I Rdn. 115 ff.).

Am 05.12.2008 trat – nach langen Debatten und Vorarbeiten – die Richtlinie 2008/104/EG des **2** Europäischen Parlaments und des Rates vom 19.11.2008 über Leiharbeit (ABlEG. v. 05.12.2008, L 327, S. 9, nachfolgend »**Leiharbeitsrichtlinie**«) in Kraft. Die Leiharbeitsrichtlinie war nach Art. 11 Abs. 1 bis spätestens 05.12.2011 in deutsches Recht umzusetzen (zum Umsetzungsbedarf

I. Fremdpersonaleinsatz

der Leiharbeitsrichtlinie *Schüren/Wank* RdA 2011, 1; *Boemke* RIW 2009, 177; *Lembke* BB 2010, 1533, 1539 f.; kritisch zur »Überregulierung« der Arbeitnehmerüberlassung *Hirdina* NZA 2011, 325). Der Umsetzung der Leiharbeitsrichtlinie sowie der Verhinderung von missbräuchlicher Arbeitnehmerüberlassung dient das »**Erste Gesetz zur Änderung des Arbeitnehmerüberlassungsgesetzes – Verhinderung von Missbrauch der Arbeitnehmerüberlassung**« vom 28.04.2011 (nachfolgend »AÜG-ÄndG«; einen Überblick über die Änderungen durch das AÜG-ÄndG geben *Hamann* RdA 2011, 321; *Huke/Neufeld/Luickhardt* BB 2012, 961; *Lembke* FA 2011, 290; *Lembke* DB 2011, 414; *Lembke* NZA 2011, 319; *Leuchten* NZA 2011, 608; *Oberthür* ArbRB 2011, 146; *Rieble/Vielmeier* EuZA Band 4 (2011), 474; *Ulber* AuR 2011, 231).

3 Durch das AÜG-ÄndG wurden zum 01.12.2011 u.a. die Unterscheidung zwischen gewerbsmäßiger und nicht gewerbsmäßiger Arbeitnehmerüberlassung aufgehoben und der Begriff »**gewerbsmäßig**« durch das Kriterium der »**wirtschaftlichen Tätigkeit**« ersetzt. Die Erlaubnispflicht gilt nach § 1 Abs. 1 Satz 1 AÜG seither für die »im Rahmen einer wirtschaftlichen Tätigkeit« ausgeübte Arbeitnehmerüberlassung unabhängig davon, ob sie gewerbsmäßig oder nicht gewerbsmäßig geschieht. Unter »**wirtschaftliche Tätigkeit**« fällt »jede Tätigkeit, die darin besteht, Güter oder Dienstleistungen auf einem bestimmten Markt anzubieten« (EuGH, Urt. v. 10.01.2006 – C-222/04, EuZW 2006, 306, 310, Rn. 108 [»Cassa di Risparmio di Firenze«]; LAG Baden-Württemberg, Beschl. v. 11.02.2016 – 3 TaBV 2/14, BeckRS 2016, 67031, Rn. 30; *Leuchten* NZA 2010, 608, 609; näher zum Begriff der »wirtschaftlichen Tätigkeit« *Thüsing/Thieken* DB 2012, 347). Erlaubnispflichtig ist daher grundsätzlich auch eine ohne Gewinnerzielungsabsicht oder nicht auf Dauer angelegte Überlassung, z.B. durch eine zum Selbstkostenpreis überlassende konzerninterne Personalservicegesellschaft (*Lembke* FA 2011, 290; differenzierend noch zum Begriff »gewerbsmäßig« nach der Rechtslage vor dem AÜG-ÄndG BAG, Urt. v. 09.02.2011 – 7 AZR 32/10, NZA 2011, 791, 794 f., Rn. 34 ff.; s. auch I Rdn. 82) sowie die Überlassung durch gemeinnützige Institutionen (LAG Düsseldorf, Urt. v. 26.07.2012 – 15 Sa 1452/11, BeckRS 2012, 71608; *Lembke* DB 2011, 414; *Oberthür* ArbRB 2011, 146, 147; vgl. aber die Vorlage an den EuGH durch BAG, Beschl. v. 17.03.2015 – 1 ABR 62/12 (A), BeckRS 2015, 68729, Rn. 23).

4 Darüber hinaus regelt **§ 1 Abs. 1 Satz 2 AÜG** seit dem 01.12.2011, dass die Überlassung von Arbeitnehmern an Entleiher »**vorübergehend**« erfolgt. Tatbestand und Rechtsfolge dieser Norm waren von Beginn an **umstritten**. Gegenstand der Diskussion ist insbesondere die Frage, ob § 1 Abs. 1 Satz 2 AÜG einen bloßen Programmsatz darstellt, der festhält, dass Arbeitnehmerüberlassung typischerweise vorübergehend stattfindet (so zutreffend *Lembke* NZA 2013, 815, 820; *Boemke/Lembke* § 1 Rn. 7; *Ludwig* in: Latzel/Picker, Neue Arbeitswelt, S. 166; *Huke/Neufeld/Luickhardt* BB 2012, 961, 964 f.; *Krannich/Simon* BB 2012, 1414; *Lembke* DB 2011, 414 f.; *Rieble/Vielmeier* EuZA Bd. 4 (2011), 474, 486 ff.) oder ob § 1 Abs. 1 Satz 2 AÜG ein Verbot der nicht nur vorübergehenden Arbeitnehmerüberlassung normiert (LAG Berlin-Brandenburg, Teilurt. v. 09.01.2013 – 15 Sa 1635/12, NZA-RR 2013, 234, 236 f.; *Böhm* DB 2012, 918, 921; *Düwell* ZESAR 2011, 449, 455; *Hamann* RdA 2011, 321, 327). Das BAG hat sich der letztgenannten Auffassung angeschlossen und entschieden, dass § 1 Abs. 1 Satz 2 AÜG die mehr als nur vorübergehende Überlassung von Arbeitnehmern an Entleiher verbiete und zumindest auch den Zweck habe, im Interesse der Stammbelegschaft eine Spaltung der Belegschaft zu begrenzen und die Gefahr einzuschränken, dass zumindest faktisch auf deren Arbeitsplatzsicherheit und die Qualität der Arbeitsbedingungen Druck ausgeübt werde. Die Norm sei daher ein **Verbotsgesetz i.S.d. § 99 Abs. 2 Nr. 1 BetrVG**, das den Betriebsrat des Entleihers berechtige, die Zustimmung zur Einstellung zu verweigern, wenn die Arbeitnehmerüberlassung nicht mehr (nur) vorübergehend stattfinde (BAG, Beschl. v. 30.09.2014 – 1 ABR 79/12, NZA 2015, 240, 242 ff.; BAG, Urt. v. 10.12.2013 – 9 AZR 51/13, NZA 2014, 196, Rn. 26, 38; BAG, Beschl. v. 10.07.2013 – 7 ABR 91/11, NZA 2013, 1296, Rn. 32, 42, 48, 50; a.A. LAG Nürnberg, Beschl. v. 29.10.2013 – 7 TaBV 15/13, juris; *Seel* FA 2014, 7).

5 Auch die Streitfrage, ob in analoger Anwendung des § 10 Abs. 1 i.V.m. § 9 Nr. 1 AÜG bei einer **nicht nur vorübergehenden Arbeitnehmerüberlassung** ein Arbeitsverhältnis zwischen Leiharbeit-

nehmer und Entleiher kraft Gesetzes zustande kommt (so *Böhm* DB 2012, 918, 919; *Düwell* ZESAR 2011, 449 ff.; *Zimmer* AuR 2012, 89), hat das BAG mittlerweile entschieden. Nach der zutreffenden Ansicht des Gerichts ist **§ 10 Abs. 1 AÜG weder direkt noch analog anwendbar**, wenn der Verleiher die erforderliche Arbeitnehmerüberlassungserlaubnis besitzt (BAG, Urt. v. 29.04.2015 – 9 AZR 883/13, BeckRS 2015, 69635, Rn. 10; BAG, Urt. v. 03.06.2014 – 9 AZR 829/13, BeckRS 2014, 71242, Rn. 10 ff.; BAG, Urt. v. 03.06.2014 – 9 AZR 829/13, BeckRS 2014, 71241, Rn. 10 ff.; BAG, Urt. v. 10.12.2013 – 9 AZR 51/13, NZA 2014, 196).

Die Entscheidung des BAG vom 10.07.2013 ist auf berechtigte Kritik gestoßen (vgl. LAG Nürnberg, Beschl. v. 29.10.2013 – 7 TaBV 15/13, juris). Da das vom BAG gefundene Ergebnis allenfalls im Wege einer richtlinienkonformen Auslegung erzielt werden kann, hätte das BAG die Frage, ob der Leiharbeitsrichtlinie ein Verbot der **nicht vorübergehenden Arbeitnehmerüberlassung** zu entnehmen ist, dem EuGH nach Art. 267 AEUV zur Entscheidung vorlegen müssen (vgl. *Lembke/Rothmann* ZESAR 2014, 372, 377 f.; *Lembke/Ludwig* NJW 2014, 1329, 1332; *Thüsing* NZA 2014, 10, 12; *Seel* FA 2014, 9, 11; *Lembke* NZA 2013, 1312, 1316; *Thüsing* NZA 2013, 1248 f.; *Lembke* NZA 2013, 815, 819 f.; *Thüsing* FA 2013, 225; zur Vorlagepflicht bereits *Boemke/Lembke* § 1 Rn. 115; den BAG-Beschluss ablehnend – ohne auf die Vorlagepflicht einzugehen – auch *Lipinski* NZA 2013, 1245; *Steinmeyer* DB 2013, 2740; kritisch ebenfalls ErfK/*Kania* § 99 BetrVG Rn. 24 a.E.). Noch ungeklärt ist die Frage, ob § 1 Abs. 1 Satz 2 AÜG auch ein Verbotsgesetz i.S.d. § 134 BGB – mit der Folge der Nichtigkeit des Arbeitnehmerüberlassungsvertrags – ist (dagegen *Boemke/Lembke* § 12 Rn. 42; dafür *Hamann* RdA 2011, 321, 327).

Auch auf der Tatbestandsseite des § 1 Abs. 1 Satz 2 AÜG sind zahlreiche Punkte weiterhin offen. Im Vordergrund steht dabei die Frage »**Was heißt vorübergehend?**« (vgl. zum grundsätzlichen Klärungsbedarf LAG Nürnberg, Beschl. v. 29.10.2013 – 7 TaBV 15/13, juris; *Lipinski/Praß* BB 2014, 1465). Das BAG hat diese Frage in seinen bisherigen Entscheidungen zu § 1 Abs. 1 Satz 2 AÜG weitestgehend offen gelassen. Lediglich im Beschluss vom 10.07.2013 hat es sich dahingehend geäußert, dass jedenfalls eine Arbeitnehmerüberlassung, bei welcher der Leiharbeitnehmer zeitlich unbegrenzt an Stelle eines Stammarbeitnehmers eingesetzt werden soll, nicht mehr vorübergehend ist (BAG, Beschl. v. 10.07.2013 – 7 ABR 91/11, NZA 2013, 1296, 1299, Rn. 54). Auch in seiner Entscheidung vom 10.12.2013 ist das BAG wegen fehlender Entscheidungserheblichkeit die erhoffte Antwort schuldig geblieben (BAG, Urt. v. 10.12.2013 – 9 AZR 51/13, NZA 2014, 196). Die Kontroverse, wie das Tatbestandsmerkmal auszulegen ist, hat daher nicht an Aktualität verloren. Teilweise wird eine Anlehnung an die Befristungsregelungen des § 14 TzBfG befürwortet und gefordert, jede einzelne Überlassung müsse von vornherein zeitlich oder vom Zweck her befristet sein (ErfK/*Wank* § 1 AÜG Rn. 37b; *Düwell* ZESAR 2011, 449, 451, 454). Erforderlich sei ein Sachgrund für die (hypothetische) befristete Einstellung des Leiharbeitnehmers beim Entleiher (vgl. *Bartl/Romanowski* NZA Online Aufsatz 3/2012, 1, 5; *Giesen/Müller* KSzW 2012, 20, 22). Andere wiederum rekurrieren auf die frühere Gesetzesauslegung des Merkmals »vorübergehende« Nichtleistung der Arbeit beim Vertragsarbeitgeber im Rahmen des Konzernprivilegs des § 1 Abs. 3 Nr. 2 AÜG a.F. (*Thüsing/Stiebert* DB 2012, 632, 633). Vereinzelt wird auch auf die Auslegung des Art. 57 Abs. 3 AEUV (*Giesen* FA 2012, 66, 67 f.) oder die Grundsätze zur Missbrauchskontrolle verwiesen (*Hamann* RdA 2011, 321, 326). Andere sehen das Merkmal »vorübergehend« als erfüllt an, wenn der Leiharbeitsvertrag für längere Zeit abgeschlossen ist, als die konkrete Arbeitnehmerüberlassung dauern soll, was einem »Synchronisationsverbot« gleichkommt (HWK/*Kalb* § 1 AÜG Rn. 35a; vgl. auch BT-Drs. 17/4808, S. 8).

Strittig ist darüber hinaus, ob das Kriterium »**vorübergehend**« **arbeitnehmer-** (vgl. LAG Niedersachsen, Beschl. v. 14.11.2012 – 12 TaBV 62/12, BeckRS 2013, 66478; LAG Düsseldorf, Beschl. v. 02.10.2012 – 17 TaBV 38/12, BeckRS 2012, 75357; *Steinmeyer* DB 2013, 2740 f.; *Lembke* NZA 2013, 1312 Fn. 42; *Hamann* RdA 2011, 321, 326; Urban-Crell/*Germakowski/Bissels* § 1 Rn. 177d) **oder arbeitsplatzbezogen** (vgl. LAG Berlin-Brandenburg, Beschl. v. 21.03.2013 – 18 TaBV 2150/12, 18 TaBV 2192/12, BeckRS 2013, 70286; ErfK/*Wank* § 1 AÜG Rn. 37c; *Bartl/Romanowski* NZA Online Aufsatz 3/2012, 1, 3; so wohl auch LAG Schleswig-Holstein, Beschl. v.

I. Fremdpersonaleinsatz

08.01.2014 – 3 TaBV 43/13, BeckRS 2014, 65321 m.w.N; *Fütterer* AuR 2013, 119, 120) ist. Die Position der verschiedenen Senate des BAG erscheint in dieser Hinsicht nicht einheitlich zu sein. Während der 2. Senat des BAG einen arbeitnehmerbezogenen Ansatz zu verfolgen scheint (vgl. BAG, Urt. v. 24.01.2013 – 2 AZR 140/12, NZA 2013, 726, 728, Rn. 17), favorisiert der 7. Senat wohl eine arbeitsplatzbezogene Sichtweise (vgl. BAG, Beschl. v. 10.07.2013 – 7 ABR 91/11, NZA 2013, 1295, Rn. 42, 50). Einer arbeitsplatzbezogenen Sichtweise widerspricht jedoch ein wesentlicher Zweck der Arbeitnehmerüberlassung, nämlich Vertretungsbedarf im Falle von Elternzeit, Pflegezeit o.ä. abzudecken; dies ist vom Gesetzgeber nicht gewollt (vgl. *Steinmeyer* DB 2013, 2740 f.; *Lembke* NZA 2013, 1312 Fn. 42). Für eine Einsatzmöglichkeit von Leiharbeitnehmern auf einem Dauerarbeitsplatz spricht ferner das geltende Befristungsrecht. Auch dort können bei dauerhaftem Bedarf im Wege der sachgrundlosen Befristung nach § 14 Abs. 2 TzBfG hintereinander verschiedene Arbeitnehmer für je zwei Jahre auf einem Dauerarbeitsplatz eingesetzt werden (vgl. *Bauer/Klebe/Schunder* NZA 2014, 12, 15).

9 [unbelegt]

10 Seit dem 01.12.2011 haben Leiharbeitnehmer gemäß § 13b AÜG einen direkten Anspruch gegen den Entleiher auf **Zugang zu den Gemeinschaftseinrichtungen und -diensten** zu den gleichen Bedingungen wie die unmittelbar von dem Entleiher beschäftigten Arbeitnehmer, insbesondere zu Gemeinschaftsverpflegung, Kinderbetreuungseinrichtungen und Beförderungsmitteln, es sei denn, eine unterschiedliche Behandlung ist aus objektiven Gründen gerechtfertigt (näher dazu *Boemke/Lembke* § 13b Rn. 1 ff.; *Forst* AuR 2012, 97; *Kock* BB 2012, 323; *Lembke* NZA 2011, 319; *Vielmeier* NZA 2012, 535; vgl. auch I Rdn. 68 ff.).

11 Zudem müssen Entleiher die bei ihnen eingesetzten Leiharbeitnehmer gemäß § 13a AÜG **über Arbeitsplätze des Entleihers, die besetzt werden sollen,** informieren (näher dazu *Boemke/Lembke* § 13a Rn. 1 ff.; *Forst* AuR 2012, 97; *Kock* BB 2012, 323; *Lembke* NZA 2011, 319). Besetzt der Entleiher einen Arbeitsplatz mit einem externen oder internen Bewerber, so kann der Betriebsrat seine Zustimmung zur Einstellung verweigern, wenn der Entleiher die bei ihm beschäftigten Leiharbeitnehmer nicht gemäß § 13a AÜG über den zu besetzenden Arbeitsplatz informiert hat (*Boemke/Lembke* § 13a Rn. 29 ff.; *Hamann* RdA 2011, 321, 335 f.; *Lembke* NZA 2011, 319, 321 f.; *Kock* BB 2012, 323, 324). Die §§ 13a und 13b AÜG gewähren direkte Ansprüche des Leiharbeitnehmers gegen den Entleiher. Für Streitigkeiten zwischen Leiharbeitnehmer und Entleiher ist der **Rechtsweg** zu den **Arbeitsgerichten** eröffnet, obwohl ein vertragliches Arbeitsverhältnis nur zwischen Leiharbeitnehmer und Verleiher besteht (vgl. BAG, Beschl. v. 15.03.2011 – 10 AZB 49/10, NZA 2011, 653; *Boemke/Lembke* § 13a Rn. 33; *Lembke* NZA 2011, 319, 322, 324). Ein Verstoß gegen die neuen §§ 13a und 13b AÜG kann zudem als Ordnungswidrigkeit mit einer Geldbuße von bis zu € 2.500 belegt werden (§ 16 Abs. 1 Nr. 9, 10, Abs. 2 AÜG).

12 Auch im Bereich des Grundsatzes von Equal Pay/Treatment ergaben sich durch das AÜG-ÄndG Änderungen: Die **Sechswochen-Ausnahme** vom Grundsatz des Equal Pay/Treatment für zuvor Arbeitslose wurde mit Wirkung ab dem 30.04.2011 **gestrichen**. Sie kann aber noch Bedeutung in Equal-Pay-Fällen haben, welche die Zeit vor der Gesetzesänderung betreffen.

13 Bereits am 30.04.2011 (dem Tag nach der Verkündung des AÜG-ÄndG) trat die sog. »**Drehtürklausel**« in Kraft: Vor dem Hintergrund des »Schlecker-Falles« (näher dazu *Düwell* DB 2010, 1759; *Heuchemer/Schielke* BB 2011, 758, 759; *Lembke* BB 2010, 1533, 1537 f.; *Boemke/Lembke* § 9 Rn. 438 ff.) wurde im letzten (Halb-)Satz von § 9 Nr. 2 und § 3 Abs. 1 Nr. 3 AÜG geregelt, dass für Leiharbeitnehmer, die innerhalb der letzten sechs Monate vor der Überlassung an den Entleiher aus einem Arbeitsverhältnis bei diesem oder einem mit diesem verbundenen Konzernunternehmen ausgeschieden sind und »zurückverliehen« werden, ausnahmslos der Grundsatz des Equal Pay/Treatment Anwendung findet. Eine Abweichung durch Tarifvertrag ist nicht möglich (näher dazu *Lembke* DB 2011, 414, 418 ff.). Die Drehtürklausel findet nach der **Übergangsvorschrift des § 19 AÜG** allerdings keine Anwendung auf Leiharbeitsverhältnisse, die vor dem 15.12.2010 begründet worden sind.

Praktisch wichtig ist, dass jegliche vorsätzliche oder fahrlässige **Verstöße gegen den Grundsatz** **von Equal Pay** bzw. die sonstigen Verpflichtungen aus § 10 Abs. 4 AÜG als **Ordnungswidrigkeit** mit einer Geldbuße von bis zu € 500.000 geahndet werden können (§ 16 Abs. 1 Nr. 7a, Abs. 2 AÜG). 14

Ebenfalls seit dem 30.04.2011 gilt § 3a AÜG über die Einführung einer **Lohnuntergrenze**. § 3a AÜG sieht vor, dass das Bundesministerium für Arbeit und Soziales (BMAS) auf Vorschlag vorschlagsberechtigter Tarifvertragsparteien durch Rechtsverordnung bundesweit tarifliche Mindeststundenentgelte als generell verbindliche Lohnuntergrenze für Verleihzeiten und verleihfreie Zeiten festsetzen kann. Dieses Verfahren entspricht im Wesentlichen dem aus dem AEntG bekannten Verfahren zur Erstreckung branchenspezifischer Mindestlöhne. Eine Lohnuntergrenze nach § 3a AÜG wurde erstmals mit Wirkung zum 01.01.2012 durch die »Erste Verordnung über eine Lohnuntergrenze in der Arbeitnehmerüberlassung« vom 21.12.2011 eingeführt (Bundesanzeiger vom 28.12.2011, S. 4608). An ihre Stelle ist die »Zweite Verordnung über eine Lohnuntergrenze in der Arbeitnehmerüberlassung« vom 21.03.2014 getreten (BAnz AT 26.03.2013 V1, vgl. dazu auch Gliederungspunkt C des aktuellen Merkblatts für Leiharbeitnehmerinnen und Leiharbeitnehmer der Bundesagentur für Arbeit aus April 2014). Diese sieht als verbindliche Lohnuntergrenze i.S.d. §§ 3a Abs. 2, 10 Abs. 4 Satz 3, Abs. 5 AÜG für die Zeit vom 01.04.2014 bis 31.12.2016 folgende Entgelte vor: ab 01.01.2014 € 8,50 (West) bzw. € 7,86 (Ost), ab 01.04.2015 € 8,80 (West) bzw. € 8,20 (Ost) und ab 01.06.2016 € 9,00 (West) bzw. € 8,50 (Ost). Tarifverträge können vom Grundsatz des Equal Pay/Treatment nur abweichen, soweit sie nicht die festgesetzte Lohnuntergrenze unterschreiten (§§ 3 Abs. 1 Nr. 3 Satz 2, 9 Nr. 2 Halbs. 2 AÜG). Diesbezüglich enthält § 10 Abs. 4 Satz 3 AÜG eine – bemerkenswerte – Regelung (in Form einer Rückausnahme zur Tariföffnungsklausel): Soweit ein Tarifvertrag die in einer Rechtsverordnung nach § 3a Abs. 2 festgesetzten Mindeststundenentgelte unterschreitet, hat der Verleiher dem Leiharbeitnehmer für jede Arbeitsstunde das im Betrieb des Entleihers für einen vergleichbaren Arbeitnehmer des Entleihers für eine Arbeitsstunde zu zahlende Arbeitsentgelt zu gewähren, d.h. »Equal Pay« und nicht etwa das festgesetzte Mindeststundenentgelt zu leisten. Dies gilt zwar nur für die Dauer der Überlassung, schießt aber – unter der Annahme, dass die Entgelte im Entleiherbetrieb in der Regel höher sind als beim Verleiher – über das Schutzziel, dem Leiharbeitnehmer einen Mindestlohn zu garantieren, hinaus (*Lembke* FA 2011, 290, 292). 15

Seit dem 01.01.2015 gilt aufgrund des am 16.08.2014 in Kraft getretenen **Mindestlohngesetzes** in der Bundesrepublik Deutschland ein flächendeckender gesetzlicher Mindestlohn von 8,50 € je Zeitstunde (§ 1 Abs. 1 und 2 MiLoG). Dieser gilt grundsätzlich auch für Leiharbeitnehmer (vgl. *Lembke* BB 2014, 1333, 1334.). Neben dem gesetzlichen Mindestlohn nach dem MiLOG besteht allerdings die Möglichkeit höhere branchenspezifische Mindestlöhne festzulegen. Für den Bereich der Arbeitnehmerüberlassung existiert daneben die bereits beschriebene branchenspezifische Regelung des § 3a AÜG. Im Hinblick auf die Frage, wie hoch der im jeweiligen Fall einschlägige Mindestlohn ist, ob sich der Mindestlohn also nach dem MiLoG oder der branchenspezifischen Mindestlohnregelung bemisst, gilt nach der Übergangsvorschrift des § 24 Abs. 1 MiLoG Folgendes: Bis zum 31.12.2017 gehen »abweichende Regelungen eines Tarifvertrags repräsentativer Tarifvertragsparteien dem Mindestlohn vor, wenn sie für alle unter den Geltungsbereich des Tarifvertrags fallenden Arbeitgeber mit Sitz im In- oder Ausland sowie deren Arbeitnehmer verbindlich gemacht worden sind«. § 24 Abs. 1 Satz 1 MiLoG gilt nach Satz 2 entsprechend auch für eine RVO, die auf Grundlage von § 3a AÜG für die Arbeitnehmerüberlassung erlassen wurde. Ab dem 01.01.2017 müssen die abweichenden branchenspezifischen Mindestlohnregelungen allerdings mindestens ein Entgelt von brutto 8,50 € je Zeitstunde vorsehen (§ 24 Abs. 1 Satz 1 Halbs. 2 MiLoG). Sofern bereits zum 01.01.2017 eine Anhebung des Mindestlohns erfolgt (vgl. § 9 Abs. 1 MiLoG), ist es den Tarifvertragsparteien aber auf Grund der bis zum 31.12.2017 geltenden Übergangsperiode erlaubt, die Anpassung erst zum 01.01.2018 nachzuvollziehen. Im Übrigen normiert § 1 Abs. 3 MiLoG das **Lex-Specialis-Prinzip**: Die jeweils einschlägigen (branchenspezifischen) Regelungen des AEntG, des AÜG und der auf ihrer Grundlage erlassenen Rechtsverordnungen gehen den Regelungen des MiLoG vor, soweit die Höhe der auf ihrer Grundlage fest- 16

I. Fremdpersonaleinsatz

gesetzten Branchenmindestlöhne die Höhe des allgemeinen Mindestlohns nicht unterschreitet. Der allgemeine Mindestlohn bildet daher ab dem 01.01.2017 eine unterste Grenze, die auch von Branchenmindestlöhnen nicht unterschritten werden darf. Im Übrigen gehen die für die Branchenmindestlöhne geltenden Regelungen den Regelungen des allgemeinen Mindestlohns vor. Insbesondere findet eine Kontrolle der Einhaltung des Branchenmindestlohns ausschließlich nach den Vorschriften des AÜG (bzw. des AEntG) statt. Soweit Arbeitnehmer vom persönlichen Anwendungsbereich des jeweiligen Branchenmindestlohns nicht erfasst werden, haben sie weiterhin Anspruch auf den Mindestlohn gemäß § 1 Abs. 1 MiLoG (BT-Drs. 18/1558, 34). Der in § 1 Abs. 3 MiLoG normierte Vorrang der branchenspezifischen Mindestlohnregelungen gilt auch im Hinblick auf die im AÜG geltenden Grundsätze zur Unabdingbarkeit der Mindestentgeltregelungen (vgl. §§ 9 Nr. 2 Halbs. 2, 10 Abs. 4 Satz 3 AÜG). Daher können z.B. Ausschlussfristen auch hinsichtlich des den allgemeinen Mindestlohn betreffenden Teils des Entgelts gelten, wenn die Ausschlussfristen in einem Zeitarbeitstarifvertrag geregelt sind, welcher der RVO nach § 3a AÜG zu Grunde liegt (vgl. *Lembke* NZA 2016, 1, 3; *ders.* NZA 2015, 70, 72).

17   Weitere Änderungen am AÜG wurden im »**Gesetz zur Änderung des Arbeitnehmerüberlassungsgesetzes und des Schwarzarbeitsbekämpfungsgesetzes**« vom 20.07.2011 eingeführt (BGBl. I, S. 1506; näher *Hamann* RdA 2011, 321, 330 f.; *Lembke* FA 2011, 290, 292). Den Behörden der Zollverwaltung obliegt danach gemäß § 17 Abs. 2 AÜG die Prüfung der Zahlung der Mindeststundenentgelte gemäß der §§ 10 Abs. 5, 3a AÜG. Zahlt der Verleiher **nicht** die gemäß § 3a AÜG festgesetzten **Mindeststundenentgelte**, begeht er eine **Ordnungswidrigkeit**, die mit einer Geldbuße von bis zu € 500.000 geahndet werden kann (§ 16 Abs. 1 Nr. 7b, Abs. 2 AÜG). Mit den §§ 17a bis 17c AÜG wurden weitere Vorschriften zur Kontrolle und Durchsetzung der gemäß § 3a AÜG eingeführten Mindeststundenentgelte eingeführt. Z.B. regelt § 17c Abs. 1 AÜG für den Fall, dass eine Rechtsverordnung nach § 3a AÜG auf ein Arbeitsverhältnis Anwendung findet, die **Pflicht des Entleihers**, Beginn, Ende und Dauer der täglichen Arbeitszeit des Leiharbeitnehmers **aufzuzeichnen** und diese Aufzeichnungen für mindestens zwei Jahre aufzubewahren. Bei Arbeitnehmerüberlassung durch einen Verleiher mit Sitz im Ausland regelt § 17b AÜG umfangreiche **Meldepflichten** des inländischen Entleihers.

18   Auch das bereits erwähnte **MiLoG** sieht **Melde-, Aufzeichnungs- und Aufbewahrungspflichten für Entleiher** vor. Nach § 16 Abs. 3 MiLoG sind Entleiher verpflichtet, entsandte Arbeitnehmer bei der zuständigen Behörde der Zollverwaltung **anzumelden**, wenn ein Verleiher mit Sitz im Ausland Arbeitnehmer zur Arbeitsleistung an einen Entleiher in den in § 2a des Schwarzarbeitsbekämpfungsgesetzes genannten Wirtschaftsbereichen oder Wirtschaftszweigen überlässt. Diese Wirtschaftsbereiche gelten als besonders »missbrauchsgefährdet« (vgl. BR-Drs. 147/14 S. 44). Ferner normiert § 17 Abs. 1 Satz 2 i.V.m. Satz 1 MiLoG die Pflicht des Entleihers, Beginn, Ende und Dauer der täglichen Arbeitszeit des Leiharbeitnehmers spätestens bis zum Ablauf des siebten auf den Tag der Arbeitsleistung folgenden Kalendertags **aufzuzeichnen** und diese Aufzeichnungen für mindestens zwei Jahre **aufzubewahren**, sofern der Leiharbeitnehmer ein geringfügig Beschäftigter i.S.d. § 8 Abs. 1 SGB IV ist oder in einem der in § 2a Schwarzarbeitsbekämpfungsgesetz genannten Wirtschaftsbereiche oder Wirtschaftszweige eingesetzt wird. Ähnlich wie bei § 17c AÜG dient die Aufzeichnungs- und Dokumentationspflicht der leichteren Überprüfbarkeit, ob die Zahlungsverpflichtungen gegenüber diesen Arbeitnehmergruppen eingehalten werden (vgl. BR-Drs. 147/14 S. 45). Verletzt ein Entleiher vorsätzlich oder fahrlässig die genannten Melde-, Aufzeichnungs- oder Aufbewahrungspflichten, kann dies als **Ordnungswidrigkeit** nach § 21 Abs. 1 Nr. 4, 5 oder 7 MiLoG geahndet werden.

18.1   Die **geplante weitere gesetzliche Regulierung der Arbeitnehmerüberlassung** lässt erwarten, dass das Thema Leiharbeit auch in Zukunft im Fokus bleiben wird. Im Koalitionsvertrag hat die Große Koalition vereinbart, die »Arbeitnehmerüberlassung weiter[zu]entwickeln« und die »Leiharbeit auf ihre Kernfunktionen hin [zu] orientieren« (vgl. Koalitionsvertrag v. 27.11.2013, Ziff. 2.2; dazu *Stang/Ulber* NZA 2015, 910; *Willemsen/Mehrens* NZA 2015, 897; *Zürn/Maron* BB 2014, 629). Ferner soll der »Missbrauch von Werkvertragsgestaltungen verhindert« werden. Dieses Vorhaben soll nun umgesetzt werden. Mittlerweile liegt der Gesetzentwurf der Bundesregierung vom 01.06.2016 über das geplante »**Gesetz zur Änderung des Arbeitnehmerüberlassungsgesetzes und anderer Gesetze**« (nachfolgend auch »AÜG-E«) vor, welcher den zweiten Referentenentwurf des BMAS vom 17.02.2016 an einigen Stellen abändert (BR-Drs. 294/16). Sowohl der zweite als auch bereits der erste Referentenentwurf waren zuvor intensiv diskutiert worden (vgl. zum zweiten Referentenentwurf: *Bissels/Falter* DB 2016, 534; *Lembke* NZA 7/2016, Editorial; *Hamann* AuR 2016, 136; Stellungnahme des *Deutschen Anwaltvereins* durch den Ausschuss Arbeitsrecht zum Referentenentwurf eines Gesetzes zur Änderung des Arbeitnehmerüberlassungsgesetzes und anderer Gesetze, Stellungnahme Nr. 15/2016; vgl. zum ersten Referentenentwurf: *Baeck/Winzer/Kramer* NZG 2016, 20; *Gaul/Hahne* BB 2016, 58; *Henssler* RdA 2016, 18; *Schiefer/Köster* DB 2016, 169, 172 ff., 172; *Schüren* DB 2016, 234; *Lunk* NZA 2015, 1480; *Schüren/Fasholz* NZA 2015, 1473; *Seel* NWB 2015, 3810; *Thüsing* NZA 2015, 1478; *Thüsing/Schmidt* ZIP 2016, 54; *Zimmermann* BB 2016, 53). Die Kernpunkte der geplanten Gesetzesänderung sind folgende:

– In § 1 Abs. 1 Satz 1 AÜG-E wird durch Einfügung eines Klammerzusatzes eine **Legaldefinition der »Arbeitnehmerüberlassung«** eingeführt. Zur Konkretisierung der Legaldefinition soll in § 1 Abs. 1 AÜG-E zudem folgender **Satz 2** eingefügt werden: »Arbeitnehmer werden zur Arbeitsleistung überlassen, wenn sie in die Arbeitsorganisation des Entleihers eingegliedert sind und seinen Weisungen unterliegen.«

– Ferner soll das bislang bereits von der Bundesagentur für Arbeit vertretene **Verbot des Kettenverleihs** (vgl. GA AÜG, Stand: Januar 2016, Ziff. 1.1.2 Abs. 11 und 12) ausdrücklich gesetzlich normiert werden. Hierfür wird in § **1 Abs. 1 AÜG-E** folgender **Satz 3** eingefügt: »Die Überlassung von Arbeitnehmern ist nur zulässig, soweit zwischen dem Verleiher und dem Leiharbeitnehmer ein Arbeitsverhältnis besteht.«

– Durch die gesetzliche Neuregelung soll wieder eine **Überlassungshöchstdauer** eingeführt werden. Gemäß § 1 Abs. 1b Satz 1 AÜG-E darf der jeweilige Leiharbeitnehmer grundsätzlich nicht länger als **18** aufeinander folgende **Monate** demselben Entleiher überlassen werden. Nach der **Übergangsregelung** des § **19 Abs. 2 AÜG-E** bleiben Zeiten der Überlassung des jeweiligen Leiharbeitnehmers an den Entleiher, die vor dem 1. Januar 2017 (dem avisierten Tag des Inkrafttretens des Gesetzes) liegen, außer Betracht. Die Berechnung der Überlassungshöchstdauer beginnt also am 1. Januar 2017 um 0.00 Uhr.

– **Anzurechnen** auf die Überlassungshöchstdauer ist nach § **1 Abs. 1b Satz 2 AÜG-E** der Zeitraum vorheriger **Überlassungen durch denselben oder einen anderen Verleiher**, wenn zwischen den **Einsätzen**, d.h. der tatsächlichen Beschäftigung des Leiharbeitnehmers **bei demselben Entleiher, nicht mehr als drei Monate** liegen.

– § 1 Abs. 1b Satz 3 bis 8 AÜG-E sieht die Möglichkeit vor, dass die gesetzliche Überlassungshöchstdauer verkürzt oder ausgedehnt werden kann durch (i) Regelungen eines Tarifvertrags von **Tarifvertragsparteien der Einsatzbranche**, (ii) unter bestimmten Voraussetzungen auch durch **Betriebs- oder Dienstvereinbarung** oder (iii) **Regelungen von Kirchen und öffentlich-rechtlichen Religionsgesellschaften**. Die abweichenden Regelungen müssen eine **zeitlich bestimmte Überlassungsdauer** vorsehen, um den vorübergehenden Charakter der Arbeitnehmerüberlassung sicherzustellen. Voraussetzung für eine Abweichung von der Überlassungshöchstdauer ist grundsätzlich, dass der **Entleiher** (nicht auch der Leiharbeitnehmer) **tarifgebunden** ist. § 1 Abs. 1 Satz 6 AÜG-E ermöglicht es auch in den Geltungsbereich des Tarifvertrags fallenden **nicht tarifgebundenen Entleihern**, von einer tarifvertraglichen Öffnungsklausel für Betriebs- oder Dienstvereinbarungen Gebrauch zu machen. Allerdings sind dabei die Vorgaben des Tarifvertrags und zusätzlich eine gesetzliche Obergrenze für die **Überlassungshöchstdauer** von **24 Monaten** zu beachten, soweit nicht durch den Tarifvertrag eine hiervon abweichende Überlassungshöchstdauer für Betriebs- oder Dienstvereinbarungen festgelegt ist. Durch diese Begrenzung soll ein weiterer Anreiz zur Tarifbindung gesetzt werden.

– Wird die **Überlassungshöchstdauer überschritten**, ist – wenn der Leiharbeitnehmer dem nicht widerspricht – der Leiharbeitsvertrag unwirksam (vgl. § 9 Abs. 1 Nr. 1b AÜG-E) und es kommt ein **Arbeitsverhältnis zwischen dem Leiharbeitnehmer und dem Entleiher** ab dem Zeitpunkt zustande, zu dem die Überlassungshöchstdauer überschritten wurde (vgl. § 10

I. Fremdpersonaleinsatz

Abs. 1 AÜG). Gewerberechtlich droht die **Versagung oder Nichtverlängerung der Überlassungserlaubnis** (vgl. § 3 Abs. 1 Nr. 1 AÜG-E), und der **Verleiher begeht** eine **Ordnungswidrigkeit** (§ 16 Abs. 1 Nr. 1e AÜG-E).

- Der AÜG-E sieht die Möglichkeit vor, **durch Tarifvertrag hinsichtlich des Arbeitsentgelts vom Gleichstellungsgrundsatz für die ersten neun Monate einer Überlassung an einen Entleiher abzuweichen** (vgl. § 8 Abs. 4 Satz 1 AÜG-E). Eine **längere Abweichung durch Tarifvertrag** ist allerdings nur zulässig, wenn (i) nach spätestens **15 Monaten** einer Überlassung an einen Entleiher mindestens ein Arbeitsentgelt erreicht wird, das in einem Tarifvertrag als gleichwertig mit dem tarifvertraglichen Arbeitsentgelt vergleichbarer Arbeitnehmer in der Einsatzbranche festgelegt ist, und (ii) nach einer Einarbeitungszeit von längstens sechs Wochen eine stufenweise Heranführung an dieses Arbeitsentgelt erfolgt (vgl. § 8 Abs. 4 Satz 2 AÜG-E). Diese Regelung nimmt auf die in der Zeitarbeitsbranche bestehenden **Tarifverträge über Branchenzuschläge** Rücksicht.

- Der **Zeitraum vorheriger Überlassung** durch denselben oder einen anderen Verleiher an denselben Entleiher ist **vollständig anzurechnen, wenn zwischen den Einsätzen jeweils nicht mehr als drei Monate** liegen. Nachdem die beiden Referentenentwürfe zunächst keine **Übergangsregelung** hinsichtlich der Anrechnung vorheriger Überlassungen vorsahen, ist in § 19 Abs. 2 AÜG-E nunmehr aufgenommen worden, dass Überlassungszeiten vor dem 1. Januar 2017 bei der Berechnung der Überlassungszeiten nach § 8 Abs. 4 Satz 1 AÜG-E nicht berücksichtigt werden.

- Um den Missbrauch von Werkvertragsgestaltungen zu verhindern, werden für den Verleiher neue Offenlegungs- bzw. Informationspflichten gegenüber dem Entleiher (§ 1 Abs. 1 Satz 5 und 6 AÜG-E) sowie gegenüber dem Leiharbeitnehmer (§ 11 Abs. 2 Satz 4 AÜG-E) normiert, und die **verdeckte Arbeitnehmerüberlassung wird der unerlaubten Arbeitnehmerüberlassung gleichgestellt** (vgl. §§ 9 Abs. 1 Nr. 1a, 10, 16 Abs. 1 Nr. 1c AÜG-E), selbst wenn der Verleiher im Besitz einer Überlassungserlaubnis ist. Arbeitsverträge zwischen Verleihern und Leiharbeitnehmern sind unwirksam, wenn die Arbeitnehmerüberlassung nicht ausdrücklich als solche bezeichnet und die Person des Leiharbeitnehmers nicht konkretisiert worden ist (vgl. § 9 Abs. 1 Nr. 1a AÜG-E). Es kommt gemäß § 10 Abs. 1 AÜG ein Arbeitsverhältnis zwischen Leiharbeitnehmer und Entleiher zustande, es sei denn, der Leiharbeitnehmer übt sein in § 9 Abs. 1 Nr. 1a AÜG-E geregeltes Widerspruchsrecht aus. Zu beachten ist, dass der Widerspruch nicht vor Beginn der Überlassung ausgeübt werden kann (vgl. § 9 Abs. 2 AÜG-E). Hierdurch soll vermieden werden, dass der Leiharbeitnehmer seinen Widerspruch – ggf. auf Betreiben des Verleihers – vorsorglich erklärt, um den Entleiher vor den Folgen des § 10 Abs. 1 AÜG zu bewahren.

- Es ist geplant, in § 11 Abs. 5 Satz 1 AÜG-E ein an den Entleiher gerichtetes **Verbot des Einsatzes von Leiharbeitnehmern als Streikbrecher** aufzunehmen. Durch den Regierungsentwurf wurde dieses in den Referentenentwürfen vorgesehene strikte Verbot allerdings gelockert und eine **Rückausnahme** in den Gesetzentwurf eingefügt. Danach gilt das Verbot nicht, wenn sichergestellt ist, dass Leiharbeitnehmer keine Tätigkeiten übernehmen, die bisher von Arbeitnehmern erledigt wurden, die (i) sich im Arbeitskampf befinden oder (ii) ihrerseits Tätigkeiten von Arbeitnehmer, die sich im Arbeitskampf befinden, übernommen haben (vgl. § 11 Abs. 5 Satz 2 AÜG-E). Das bislang bereits in § 11 Abs. 5 AÜG geregelte Leistungsverweigerungsrecht des Leiharbeitnehmers, wonach dieser nicht verpflichtet ist, bei einem Entleiher tätig zu sein, soweit dieser durch einen Arbeitskampf unmittelbar betroffen ist, soll weiterhin bestehen bleiben (vgl. § 11 Abs. 5 Satz 2 AÜG-E).

- In § **14 Abs. 2 Satz 4 AÜG-E** wird festgelegt, dass **Leiharbeitnehmer bei Schwellenwerten** der Mitbestimmung im Betrieb bzw. Unternehmen des Entleihers mitzuzählen sind; bei den mitbestimmungsrechtlichen Schwellenwerten allerdings nur dann, wenn die Einsatzdauer sechs Monate übersteigt. Ausgenommen von § 14 Abs. 2 Satz 4 AÜG-E bleibt jedoch die Regelung des § 112a BetrVG.

- In § 1 Abs. 3 Abs. 2b und 2c AÜG-E werden **Arbeitnehmerüberlassungen im öffentlichen Dienst** bzw. zwischen öffentlich-rechtlichen Religionsgesellschaften privilegiert und **von den Regelungen des AÜG** grundsätzlich **ausgenommen**.

- In §§ 80 Abs. 2 und 92 Abs. 1 Satz 1 BetrVG wird der Inhalt der **bereits bestehenden Informationsrechte des Betriebsrats** über den Einsatz von Personen, die nicht im Arbeitsverhältnis zum Arbeitgeber des Betriebs stehen (z.B. Leiharbeitnehmer, Erfüllungsgehilfen von Dienstleistern oder Werkunternehmern), **gesetzlich klargestellt**. Dadurch soll den Schwierigkeiten der Betriebsräte im Einsatzbetrieb Rechnung getragen werden, Informationen über das auf dem Betriebsgelände tätige Fremdpersonal und über Art und Umfang der vergebenen Arbeiten zu bekommen.
- Abgesehen von den vorgenannten Änderungen soll in **§ 611a BGB** der **Arbeitnehmerbegriff** nunmehr **gesetzlich normiert** werden. Die Regelung soll der Rechtsklarheit und Rechtssicherheit bei der Anwendung des geltenden Rechts sowie der Erleichterung der Prüftätigkeit von Behörden im Rahmen ihrer Zuständigkeiten, insbesondere der Behörden der Zollverwaltung (Finanzkontrolle Schwarzarbeit) sowie der Arbeitsschutzbehörden, dienen. Ferner sollen damit missbräuchliche Gestaltungen des Fremdpersonaleinsatzes durch vermeintlich selbständige Tätigkeiten verhindert werden.

Nach derzeitigem Stand ist zu erwarten, dass diese Regelungen so oder zumindest ähnlich am 1. Januar 2017 in Kraft treten werden.

Arbeitnehmerüberlassung i.S.d. AÜG liegt vor, wenn ein Arbeitgeber (Verleiher) einem anderen Unternehmen (Entleiher) Arbeitskräfte zur Arbeitsleistung zur Verfügung stellt, die in den Betrieb des Entleihers eingegliedert sind und ihre Arbeiten allein nach dessen Weisungen ausführen (BAG, Beschl. v. 20.04.2005 – 7 ABR 20/04, NZA 2005, 1006, 1008). Die Arbeitnehmerüberlassung ist folglich gekennzeichnet durch ein **Dreiecksverhältnis** zwischen Verleiher, Entleiher und Leiharbeitnehmer. Zwischen Verleiher und Leiharbeitnehmer besteht ein **Leiharbeitsvertrag** (vgl. Muster I.I.3. – I Rdn. 99), der es dem Verleiher erlaubt, den Arbeitnehmer zur Arbeitsleistung an einen Dritten, den Entleiher, zu überlassen. Zwischen dem Verleiher und dem Entleiher besteht ein **Arbeitnehmerüberlassungsvertrag**, der den Verleiher zur Überlassung eines oder mehrerer – konkreter oder namentlich nicht benannter – Leiharbeitnehmer zur Arbeitsleistung beim Entleiher verpflichtet. Ob auch die Überlassung von »arbeitnehmergleichen Vereinsmitgliedern« (z.B. von Schwestern einer DRK-Schwesternschaft e.V.) in den Anwendungsbereich der Leiharbeitsrichtlinie 2008/104/EG fällt, wird der EuGH aufgrund einer Vorlage des BAG vom 17.03.2015 zu klären haben (BAG, Beschl. v. 17.03.2015 – 1 ABR 62/12 (A), BeckRS 2015, 68729; dazu *Lembke* FA 2015, 257). 19

Beim **Arbeitnehmerüberlassungsvertrag** zwischen Verleiher und Entleiher handelt es sich um einen **auf Verschaffung unselbständiger Dienste gerichteten gegenseitigen Vertrag eigener Art** (BAG, Urt. v. 26.04.1995 – 7 AZR 850/94, NZA 1996, 92, 93; *Boemke/Lembke* § 12 Rn. 35). Da in der Praxis der Bedarf des Entleihers zum Einsatz von Leiharbeitnehmern oft kurzfristig entsteht, wird häufig ein **Rahmenvertrag** zwischen Verleiher und Entleiher geschlossen, der die wesentlichen Rahmenbedingungen der Arbeitnehmerüberlassung, also die gegenseitigen Rechte und Pflichten, regelt. Hinsichtlich der konkreten Überlassung von Arbeitnehmern werden dann **Einzelüberlassungsverträge** geschlossen, die regeln, welche konkreten Leiharbeitnehmer für welchen konkreten Zeitraum überlassen werden. 20

Abgesehen von dem in § 12 AÜG geregelten **Mindestinhalt** können Arbeitnehmerüberlassungsverträge von Verleiher und Entleiher grundsätzlich frei gestaltet werden. 21

Der Arbeitnehmerüberlassungsvertrag ist insbesondere **abzugrenzen** von **Dienstvertrag** und **Werkvertrag**. Beim Dienstvertrag erbringt der Dienstnehmer – ggf. mit Hilfe seiner Arbeitnehmer als Erfüllungsgehilfen – im Rahmen eines Dienstvertrags Dienste selbständig, in eigener Verantwortung und nach eigenem Plan (dazu BAG, Urt. v. 15.04.2014 – 3 AZR 395/11, BeckRS 2014, 70025, Rn. 20 ff.; BAG, Urt. v. 18.01.2012 – 7 AZR 723/10, BeckRS 20132, 69565; BAG, Urt. v. 13.08.2008 – 7 AZR 269/07, BeckRS 2010, 71643; DLW/*Dörner* Kap. 3 Rn. 4408 ff.). Beim Werkvertrag wird vom »Auftragnehmer« nicht lediglich die Erbringung von selbständigen Diensten, sondern vielmehr ein bestimmter Erfolg geschuldet. Demgegenüber leisten bei der 22

I. Fremdpersonaleinsatz

Arbeitnehmerüberlassung die Mitarbeiter des »Auftragnehmers« (Verleihers) im Betrieb des »Auftraggebers« (Entleihers) unselbständige Dienste/Arbeitsleistungen nach den Weisungen des »Auftraggebers« (näher zur Abgrenzung von Arbeitnehmerüberlassung und Dienst-/Werkvertrag DLW/*Dörner* Kap. 3 Rn. 4289 ff.; 4408 ff.; GA AÜG der Bundesagentur für Arbeit, Stand: Januar 2016, Ziffer 1.1.6; s. auch Vorbemerkung zum Muster I. II. 1. – I Rdn. 130 ff.). Die Abgrenzung zwischen Arbeitnehmerüberlassung einerseits und Dienst- oder Werkvertrag andererseits ist in der Praxis nicht einfach. Nicht selten stellt sich bei genauerer Betrachtung heraus, dass es sich tatsächlich um **Scheindienst- bzw. Scheinwerkverträge** und damit um verdeckte Arbeitnehmerüberlassung handelt (vgl. LAG Baden-Württemberg, Urt. v. 01.08.2013 – 2 Sa 6/13, NZA 2013, 1017; LAG Hamm, Urt. v. 24.07.2013 – 3 Sa 1749/12, BeckRS 2013, 72125; LAG Baden-Württemberg, Urt. v. 09.04.2013 – 6 Sa 105/12, BeckRS 2013, 73863; LAG Berlin-Brandenburg, Urt. v. 05.03.2013 – 12 Sa 1624/12, NZA-RR 2013, 466;zur Diskussion auch *Schindele* ArbRAktuell 2015, 363; *Baeck/Winzer* NZA 2015, 269; *Heise/Friedl* NZA 2015, 129; *Werths* BB 2014, 697; *Brauneisen/Ibes* RdA 2014, 213; *Greiner* RdA 2014, 262; *Lembke* NZA, 2013, 1312, 1317 ff.; *Maschmann* NZA 2013, 1305; *Greiner* NZA 2013, 697; *Schüren* NZA 2013, 176). Wichtigstes Kriterium für die Arbeitnehmerüberlassung ist die **Eingliederung** der Arbeitnehmer des sog. Dienstnehmers bzw. Werkunternehmers in die **Arbeitsorganisation** des sog. Dienstberechtigten bzw. Werkbestellers. Unterliegen die Arbeitnehmer dem **Weisungsrecht** des Dienstberechtigten bzw. Werkbestellers hinsichtlich Inhalt, Ort und Zeit der Arbeitsleistung (vgl. § 106 GewO), so liegt Arbeitnehmerüberlassung vor. Arbeitnehmerüberlassung liegt hingegen nicht vor, wenn freie Mitarbeiter überlassen werden, es sei denn, es handelt sich tatsächlich um Scheinselbständige (*Lembke* NZA 2013, 1312, 1313; *Boemke/Lembke* § 1 Rn. 31).

23 Ist der »Auftragnehmer« **nicht** im Besitz einer **Arbeitnehmerüberlassungserlaubnis**, so bestehen bei verdeckter Arbeitnehmerüberlassung in der Praxis insbesondere die folgenden Risiken: Sowohl Verleiher als auch Entleiher begehen eine **Ordnungswidrigkeit**, die mit einer Geldbuße von bis zu € 30.000 geahndet werden kann (§ 16 Abs. 1 Nr. 1 und 1a, Abs. 2 AÜG) und riskieren einen Eintrag im Gewerbezentralregister. Außerdem kommt gemäß § 10 Abs. 1 AÜG ein **Arbeitsverhältnis** zwischen dem Entleiher (sog. »Auftraggeber«) und den an ihn überlassenen Arbeitnehmern zustande. Da jeder Art drittbezogenen Personaleinsatzes (z.B. Beratungsleistungen, IT-Wartung, Überwachungsdienste etc.) ein gewisses Risiko innewohnt, dass tatsächlich Arbeitnehmerüberlassung vorliegt, sollten »Auftragnehmer« stets erwägen, sich eine Arbeitnehmerüberlassungserlaubnis zu beschaffen (*Ulrici* BB 2015, 1209; s. dazu auch Vorbemerkung zu Muster I. II. 2. – I Rdn. 143 ff.). Nicht mit dem Gesetzwortlaut vereinbar ist hingegen eine Entscheidung der 4. Kammer des LAG Baden-Württemberg, wonach ein Arbeitsverhältnis zwischen dem »Auftraggeber« und dem vom »Auftragnehmer« eingesetzten Arbeitnehmer selbst dann begründet werden soll, wenn der »Auftragnehmer« im Besitz einer vorsorglich eingeholten gültigen Arbeitnehmerüberlassungserlaubnis ist (LAG Baden-Württemberg, Urt. v. 03.12.2014 – 4 Sa 41/14, NZA-RR 2015, 177; so auch *Brose* DB 2014, 1739). Diese Auffassung wird daher von der h.M. nicht geteilt (vgl. LAG Baden-Württemberg, Urt. v. 12.08.2015 – 21 Sa 98/14, BeckRS 2015, 73145; LAG Baden-Württemberg, Urt. v. 07.05.2015 – 6 Sa 78/14, NZA-RR 2015, 520; LAG Baden-Württemberg, Urt. v. 18.12.2014 – 3 Sa 33/14, BeckRS 2015, 66007; *Seier* DB 2015, 494 m.w.N.). Sollte die geplante gesetzliche Neuregelung des Rechts der Arbeitnehmerüberlassung, durch welche die verdeckte Arbeitnehmerüberlassung mit Arbeitnehmerüberlassungserlaubnis der unerlaubten Arbeitnehmerüberlassung gleichgestellt wird (vgl. §§ 9 Abs. 1 Nr. 1a, 10, 16 Abs. 1 Nr. 1c AÜG-E), allerdings wie geplant umgesetzt werden, böte auch die vorsorgliche Einholung einer Arbeitnehmerüberlassungserlaubnis keinen Schutz mehr.

24 Ist der »Auftragnehmer« hingegen im Besitz einer Arbeitnehmerüberlassungserlaubnis, so besteht das wesentliche Risiko verdeckter Arbeitnehmerüberlassung darin, dass die Vorschriften des AÜG und insbesondere der Grundsatz von Equal Pay/Treatment (§§ 3 Abs. 1 Nr. 3, 9 Nr. 2 AÜG) Anwendung finden können. Verstöße dagegen können ebenfalls als Ordnungswidrigkeit mit einer Geldbuße von bis zu € 500.000 geahndet werden (§ 16 Abs. 1 Nr. 7a, Abs. 2 AÜG; vgl. oben I Rdn. 14).

▶ Muster – Arbeitnehmerüberlassung – Vertrag zwischen Entleiher und Verleiher

Rahmenvertrag über die Überlassung von Leiharbeitnehmern [1]

zwischen

[Name und Adresse des Entleiherunternehmens]

– nachfolgend »Entleiher« genannt –

und

[Name und Adresse des Verleihunternehmens]

– nachfolgend »Verleiher« genannt –

§ 1
Arbeitnehmerüberlassungserlaubnis

(1) Der Verleiher ist im Besitz einer gültigen Erlaubnis zur Arbeitnehmerüberlassung gemäß § 1 Abs. 1 Satz 1 AÜG, ausgestellt von ___[Behörde]___ am ___[Datum]___ *[ggf.: zuletzt verlängert am ___[Datum]___]*. Eine Kopie der Erlaubnis ist diesem Vertrag als Anlage 1 beigefügt. Auf Verlangen des Entleihers ist die Urkunde der Erlaubnis jederzeit unverzüglich im Original zur Einsicht vorzulegen. [2]

(2) Der Verleiher wird den Entleiher unverzüglich schriftlich über den Zeitpunkt des Wegfalls der Erlaubnis unterrichten. In den Fällen der Nichtverlängerung, der Rücknahme oder des Widerrufs der Erlaubnis wird der Verleiher den Entleiher unverzüglich auf das voraussichtliche Ende der Abwicklung der nach § 1 AÜG erlaubt abgeschlossenen Verträge (§ 2 Abs. 4 Satz 4 AÜG) und die gesetzliche Abwicklungsfrist (§ 2 Abs. 4 Satz 4 letzter Halbs. AÜG) hinweisen. Der Verleiher wird dem Entleiher jede Verlängerung oder Veränderung der Erlaubnis durch unverzügliche Zusendung einer Kopie des entsprechenden Bescheids mitteilen. § 1 Abs. 1 Satz 3 dieses Rahmenvertrags gilt entsprechend. [3]

(3) Der Verleiher haftet dem Entleiher für sämtliche Schäden, die dem Entleiher dadurch entstehen, dass der Verleiher keine oder eine unzureichende Arbeitnehmerüberlassungserlaubnis besitzt. Der Verleiher stellt den Entleiher von sämtlichen Ansprüchen Dritter frei, die auf einer fehlenden oder unzureichenden Arbeitnehmerüberlassungserlaubnis beruhen. [4]

§ 2
Überlassung von Leiharbeitnehmern; Mitteilungs- und Prüfungspflicht des Entleihers;
ausländische Leiharbeitnehmer; Arbeitskampf; Betriebsversammlung

(1) Der Verleiher überlässt dem Entleiher auf Abruf Leiharbeitnehmer für die nachfolgend aufgeführten Tätigkeiten. Der Verleiher garantiert, dass die überlassenen Leiharbeitnehmer die für die jeweilige Tätigkeit erforderliche und ebenfalls nachfolgend beschriebene berufliche Qualifikation besitzen.

	Tätigkeitsbezeichnung	Beschreibung der zu leistenden Tätigkeit und besondere Merkmale	Erforderliche berufliche Qualifikation
1.			
2.			
…			

Die Einzelheiten der Überlassung, insbesondere die Anzahl der für die jeweilige Tätigkeit überlassenen Leiharbeitnehmer sowie der Beginn und die jeweilige Überlassungsdauer, werden in den bei Abruf jeweils gesondert abzuschließenden schriftlichen Arbeitnehmerüberlassungsverträgen geregelt (vgl. Muster als Anlage 2). Im Fall einander entgegenstehender Bestimmungen gehen die Regelungen dieses Rahmenvertrags den Bestimmungen des jeweiligen Arbeitnehmerüberlassungsvertrags vor. [5]

(2) Der Verleiher überlässt nur solche Leiharbeitnehmer, mit denen die Anwendung tarifvertraglicher Regelungen gemäß dem beigefügtem Musterleiharbeitsvertrag (vgl. Muster als Anlage 3) vereinbart ist, so dass das gesetzliche Schlechterstellungsverbot (Grundsatz von Equal Pay/Treatment) gemäß den §§ 3 Abs. 1 Nr. 3, 9 Nr. 2 AÜG insgesamt keine Anwendung findet. Falls das gesetzliche Schlechterstellungsverbot wider Erwarten zur Anwendung kommen sollte (z.B. aufgrund der Unwirksamkeit von Vereinbarungen über die Anwendung abweichender tariflicher Regelungen), trägt der Verleiher das damit verbundene Risiko und kann sich insbesondere nicht auf eine Störung der Geschäftsgrundlage berufen. [6]

(3) Der Verleiher teilt dem Entleiher rechtzeitig vor dem geplanten Beginn der Überlassung Vorname, Nachname und Geburtsdatum des von ihm zur Überlassung ausgewählten Leiharbeitnehmers sowie dessen vorherige Arbeitgeber in den letzten sechs Monaten vor Beginn der Überlassung mit. Der Entleiher ist verpflichtet, unverzüglich nach der Mitteilung zu prüfen, ob der jeweilige Leiharbeitnehmer in den letzten sechs Monaten vor der Überlassung aus einem Arbeitsverhältnis bei ihm oder einem Arbeitgeber, der mit dem Entleiher einen Konzern i.S.d. § 18 AktG bildet, ausgeschieden ist. Der Entleiher hat dem Verleiher das Ergebnis der Prüfung unverzüglich, jedenfalls vor dem geplanten Beginn der Überlassung, mitzuteilen. Dies gilt auch im Fall eines Austauschs eines überlassenen Leiharbeitnehmers. Die Beschäftigung eines Leiharbeitnehmers, der in den letzten sechs Monaten vor der Überlassung aus einem Arbeitsverhältnis bei dem Entleiher oder einem Arbeitgeber, der mit dem Entleiher einen Konzern i.S.d. § 18 AktG bildet, ausgeschieden ist, ist nur mit vorheriger Zustimmung des Verleihers zulässig. Verstößt der Entleiher gegen die in diesem Absatz geregelten Pflichten, hat er dem Verleiher den daraus entstehenden Schaden zu ersetzen. [7]

(4) Der Verleiher überlässt nur solche Leiharbeitnehmer, welche die für die jeweilige Tätigkeit bei dem Entleiher erforderlichen Qualifikationen und Zuverlässigkeit besitzen. Der Verleiher haftet gegenüber dem Entleiher für sämtliche Schäden, die durch ein Verschulden bei der Auswahl der überlassenen Leiharbeitnehmer entstehen. [8]

(5) Der Verleiher versichert, dass die von ihm an den Entleiher überlassenen ausländischen Leiharbeitnehmer – falls erforderlich – einen Aufenthaltstitel nach § 4 Abs. 3 des Aufenthaltsgesetzes, eine Aufenthaltsgestattung oder eine Duldung, die zur Ausübung der Beschäftigung berechtigen, oder eine Genehmigung nach § 284 Abs. 1 SGB III besitzen. Der Verleiher stellt den Entleiher von allen Ansprüchen frei, denen der Entleiher durch das Fehlen der oben genannten Berechtigungen ausgesetzt ist, und ersetzt dem Entleiher alle daraus entstehenden Schäden. Auf Verlangen erbringt der Verleiher unverzüglich vor Beginn der Überlassung geeignete schriftliche Nachweise über das Vorliegen der genannten Berechtigungen oder über das Vorliegen der Voraussetzung der Genehmigungsfreiheit. Der Verleiher unterrichtet den Entleiher unverzüglich schriftlich über den Wegfall oder sonstige Änderungen der genannten Berechtigungen. [9]

(6) Während der Dauer von Betriebsversammlungen beim Entleiher und im Falle unmittelbarer oder mittelbarer Betroffenheit des Entleihers von einem Arbeitskampf kann der Entleiher verlangen, dass die Vertragspflichten aus diesem Rahmenvertrag ruhen. Für Zeiten, in denen Leiharbeitnehmer aufgrund unmittelbarer Betroffenheit des Entleihers von einem Arbeitskampf gemäß § 11 Abs. 5 AÜG ihre Arbeitsleistung einstellen oder an Betriebsversammlungen bei dem Entleiher teilnehmen, schuldet der Entleiher keine Vergütung. [10]

§ 3
Branchenzugehörigkeit und Auskunftspflicht des Entleihers

(1) Der Betrieb des Entleihers ist folgender Branche zugehörig: [Branche des Entleiherbetriebs]. [11]

(2) Soweit der Grundsatz von Equal Pay/Treatment gemäß §§ 3 Abs. 1 Nr. 3 und 9 Nr. 2 AÜG keine Anwendung findet, ist der Entleiher auf Verlangen des Verleihers verpflichtet, dem Verleiher die Namen, die Funktion, die Qualifikation, den Aufgabenbereich und die Arbeitsbedingungen (insbesondere das Arbeitsentgelt) von vergleichbaren Arbeitnehmern im Betrieb des Entleihers schriftlich mitzuteilen. Im Falle der Anwendung eines allgemeinen Entgeltschemas

im Betrieb des Entleihers umfasst diese Pflicht sowohl die Mitteilung, dass ein solches allgemeines Entgeltschema Anwendung findet als auch die Mitteilung, wie der dem Entleiher vom Verleiher überlassene Leiharbeitnehmer in dieses Entgeltschema (fiktiv) einzugruppieren wäre. Die Auskunftspflicht trifft den Entleiher auch dann, wenn auf den jeweiligen an den Entleiher überlassenen Leiharbeitnehmer ein Tarifvertrag über Branchenzuschläge für Arbeitnehmerüberlassungen Anwendung findet und der jeweilige Branchenzuschlag auf die Differenz zum laufenden regelmäßig gezahlten Stundenentgelt eines vergleichbaren Arbeitnehmers des Entleiherbetriebs beschränkt ist oder anderweitig von der Höhe des Arbeitsentgelts eines vergleichbaren Arbeitnehmers des Entleihers abhängt. [12]

(3) Im Falle einer gerichtlichen Auseinandersetzung zwischen dem Verleiher und dem Leiharbeitnehmer ist der Entleiher auf Verlangen des Verleihers verpflichtet, dem Verleiher einen sachkundigen Mitarbeiter zu benennen, der in der Lage ist, die in der Auskunft nach Abs. 2 enthaltenen Angaben vor Gericht zu bezeugen. [13]

(4) Der Entleiher haftet gegenüber dem Verleiher auf Ersatz für alle Schäden, die dem Verleiher dadurch entstehen, dass der Entleiher dem Verleiher die in Abs. 2 genannte Auskunft nicht, nicht rechtzeitig oder inhaltlich falsch erteilt und/oder einen Mitarbeiter i.S.d. Abs. 3 nicht oder nicht rechtzeitig benennt. Der Entleiher hat den Verleiher von allen diesbezüglichen Ansprüchen Dritter freizustellen.

§ 4
Weisungsbefugnis

Die Leiharbeitnehmer sind Arbeitnehmer des Verleihers; dieser trägt die Arbeitgeberpflichten und das Arbeitgeberrisiko i.S.d. AÜG. Die Leiharbeitnehmer werden an den Entleiher zur Arbeitsleistung nach dessen Weisungen überlassen. Der Entleiher ist berechtigt, die Leiharbeitnehmer im Rahmen der gesetzlichen Bestimmungen zur Ableistung von Überstunden sowie Nacht-, Schicht-, Feiertags- und Wochenendarbeit heranzuziehen, wenn die betrieblichen Belange des Entleihers dies erfordern und es billigem Ermessen entspricht. Der Verleiher überlässt nur solche Leiharbeitnehmer, gegenüber denen entsprechende Weisungen getroffen werden können. [14]

§ 5
Schutz vor Benachteiligung

(1) Der Verleiher überlässt nur Leiharbeitnehmer an den Entleiher, die der Verleiher nach § 12 Allgemeines Gleichbehandlungsgesetz (AGG) in geeigneter Weise zum Zwecke der Verhinderung von Benachteiligung geschult hat.

(2) Der Verleiher hat dem Entleiher jeden Schaden zu ersetzen, der dem Entleiher dadurch entsteht, dass ein durch den Verleiher überlassener Leiharbeitnehmer gegen das Benachteiligungsverbot im Sinne des § 7 Abs. 1 AGG verstößt. [15]

§ 6
Austausch von Leiharbeitnehmern; Kündigung von Arbeitnehmerüberlassungsverträgen

(1) Im Falle des entschuldigten oder unentschuldigten Fehlens von Leiharbeitnehmern hat der Verleiher unverzüglich gleichwertigen Ersatz zu stellen. [16]

(2) Der Entleiher ist berechtigt, den Austausch eines oder mehrerer Leiharbeitnehmer für den nächsten Arbeitstag zu verlangen, sofern er den Einsatz des jeweiligen Leiharbeitnehmers aus leistungs-, personen- oder verhaltensbedingten Gründen (z.B. bei Nichtbefolgung von Weisungen oder Verstößen gegen Arbeitsschutzbestimmungen oder sonstige Sicherheitsregelungen) ablehnt oder der Leiharbeitnehmer gegen das Benachteiligungsverbot i.S.d. § 7 Abs. 1 AGG verstößt. Das Verlangen ist dem Verleiher bis 15 Uhr schriftlich mitzuteilen. In diesem Fall ist der Verleiher verpflichtet, spätestens am darauf folgenden Arbeitstag andere geeignete Leiharbeitnehmer zur Verfügung zu stellen. Verlangt der Entleiher den Austausch eines Leiharbeitnehmers am ersten Tag der Überlassung, besteht kein Vergütungsanspruch hinsichtlich dieses Leiharbeitnehmers. [17]

(3) Der Entleiher ist berechtigt, einzelne Arbeitnehmerüberlassungsverträge vollständig oder hinsichtlich einzelner Leiharbeitnehmer ohne Angabe von Gründen jederzeit unter Einhaltung ei-

ner Frist von einem Kalendertag mit Wirkung zum Ende des folgenden Kalendertags vorzeitig zu kündigen, ohne hierdurch dem Verleiher zu Schadensersatz verpflichtet zu sein. [18]

§ 7
Vergütung; Abrechnung [19]

(1) Soweit die einzelnen Arbeitnehmerüberlassungsverträge keine abweichenden Regelungen vorsehen, zahlt der Entleiher für die von dem Verleiher erbrachten Leistungen nach diesem Rahmenvertrag eine Vergütung (Stundensatz) in Höhe von € ___[Betrag]___ (in Worten: ___[Betrag ausgeschrieben]___ Euro) für jede von einem Leiharbeitnehmer geleistete Arbeitsstunde zuzüglich der zum Zeitpunkt der Fälligkeit gültigen Umsatzsteuer.

(2) Zusätzlich werden folgende Zuschläge zuzüglich der zum Zeitpunkt der Fälligkeit gültigen Umsatzsteuer gezahlt:

a) für Nachtarbeit in der Zeit von 22 Uhr bis 6 Uhr: 25 % des Stundensatzes;

b) für Arbeiten an Sonntagen und Feiertagen in der Zeit von 0 Uhr bis 24 Uhr: 50 % des Stundensatzes.

Bei Zusammentreffen der Voraussetzungen für die Zahlung verschiedener Zuschläge wird nur der jeweils höchste Zuschlag gezahlt.

(3) Der Verleiher hat dem Entleiher eine Abrechnung über die von den überlassenen Leiharbeitnehmern geleisteten Arbeitsstunden zu erteilen. Die Abrechnung bezieht sich auf die jeweilige unmittelbar vorangegangene Kalenderwoche und erfolgt auf der Basis von Stundenzetteln, die der Leiharbeitnehmer führt und der Entleiher abzeichnet. Die Vergütung wird jeweils am 30. Kalendertag nach Zugang der schriftlichen Abrechnung bei dem Entleiher zur Zahlung fällig.

§ 8
Lohnsteuer; Sozialversicherungsbeiträge

(1) Der Verleiher gewährleistet die Einhaltung der ihm als Arbeitgeber im Hinblick auf seine Leiharbeitnehmer obliegenden arbeitsrechtlichen, sozialversicherungsrechtlichen, steuerrechtlichen und sonstigen Pflichten. [20]

(2) Der Verleiher hat dem Entleiher monatlich oder jederzeit auf Verlangen die ordnungsgemäße Abführung der Sozialversicherungsbeiträge durch Vorlage einer Bescheinigung der zuständigen Einzugsstelle sowie die ordnungsgemäße Abführung der Lohnsteuer durch geeignete Nachweise (z.B. separate Überweisungsbelege) nachzuweisen. [21]

(3) Wird der Entleiher von den zuständigen Behörden im Hinblick auf Sozialversicherungsbeiträge oder Lohnsteuer in Anspruch genommen, hat der Verleiher den Entleiher von allen Ansprüchen freizustellen und alle dem Entleiher daraus entstehenden Schäden zu ersetzen. Der Entleiher ist berechtigt, die dem Verleiher geschuldete Vergütung in Höhe der von den Behörden geltend gemachten Forderungen einzubehalten, bis der Verleiher nachweist, dass er die geschuldeten Beiträge ordnungsgemäß abgeführt hat. [22]

(4) Der Verleiher verpflichtet sich, auf Verlagen des Entleihers im Hinblick auf die Haftung des Entleihers für die vom Verleiher für die überlassenen Leiharbeitnehmer zu entrichtenden Sozialversicherungsbeiträge und Lohnsteuern (vgl. § 28e Abs. 2 SGB IV, § 150 Abs. 3 SGB VII, § 42d Abs. 6 EStG) eine selbstschuldnerische Bürgschaft oder eine Garantieerklärung einer europäischen Großbank über einen Betrag in Höhe von mindestens € ___[Betrag]___ (in Worten: ___[Betrag in Worten]___ Euro) zur Verfügung zu stellen. [23]

§ 9
Geheimhaltung

Auf Verlangen des Entleihers wird der Verleiher nur solche Leiharbeitnehmer an den Entleiher überlassen, welche die als Anlage 4 dieses Rahmenvertrags beigefügte Vereinbarung über Geheimhaltung persönlich unterschrieben und dem Entleiher im Original zur Verfügung gestellt haben, bevor sie beim Entleiher eingesetzt werden. Der Verleiher haftet für alle Schäden, die dem

Entleiher aus der Verletzung der Geheimhaltungspflicht durch seine Leiharbeitnehmer entstehen. [24]

§ 10
Arbeitsschutz [25]

(1) Der Entleiher verpflichtet sich zur Einhaltung der öffentlich-rechtlichen Vorschriften des Arbeitsschutzrechts (§ 11 Abs. 6 AÜG). Insbesondere wird der Entleiher den jeweiligen Leiharbeitnehmer vor Beginn der Beschäftigung und bei Veränderung in seinem Arbeitsbereich über Gefahren für Sicherheit und Gesundheit, denen er bei der Arbeit ausgesetzt sein kann, sowie über die Maßnahmen und Einrichtungen zur Abwendung dieser Gefahren unterrichten. Der Entleiher wird den Leiharbeitnehmer zusätzlich über die Notwendigkeit besonderer Qualifikationen oder beruflicher Fähigkeiten oder einer besonderen ärztlichen Überwachung sowie über erhöhte besondere Gefahren des Arbeitsplatzes unterrichten.

(2) Unbeschadet des Abs. 1 ist der Verleiher verpflichtet, die gesundheitliche Eignung der Leiharbeitnehmer für die Tätigkeit bei dem Entleiher sicherzustellen, die für den jeweiligen Arbeitsbereich vorgeschriebenen arbeitsmedizinischen Untersuchungen entsprechend den gesetzlichen Bestimmungen durchzuführen und die Leiharbeitnehmer über Sicherheits- und Arbeitsschutz zu unterweisen.

§ 11
Zugang zu Gemeinschaftseinrichtungen oder -diensten des Entleihers [26]

(1) Der Entleiher verpflichtet sich, dem an ihn überlassenen Leiharbeitnehmer Zugang zu den Gemeinschaftseinrichtungen oder -diensten im Unternehmen unter den gleichen Bedingungen zu gewähren wie vergleichbaren Arbeitnehmern in dem Betrieb, in dem der Leiharbeitnehmer seine Arbeitsleistung erbringt, es sei denn, eine unterschiedliche Behandlung ist aus sachlichen Gründen gerechtfertigt. Bei dem Entleiher existieren derzeit folgende Gemeinschaftseinrichtungen und -dienste:

    a) _____

    b) _____

(2) Der Entleiher ist verpflichtet, dem Verleiher mitzuteilen, ob und in welcher Höhe durch die Gewährung des Zugangs zu den in Abs. 1 genannten Gemeinschaftseinrichtungen und -diensten ein geldwerter Vorteil für den Leiharbeitnehmer anfällt. Er ist ferner verpflichtet, dem Verleiher Auskunft über alle Tatsachen zu erteilen, die für die Ermittlung relevant sind, ob und in welcher Höhe Lohnsteuer und Sozialversicherungsbeiträge für den jeweiligen geldwerten Vorteil abzuführen sind. Der Verleiher wird etwaige auf den geldwerten Vorteil entfallende Lohnsteuer und Sozialversicherungsbeiträge ordnungsgemäß abführen und gegenüber dem Leiharbeitnehmer abrechnen. Etwaige Arbeitgeberanteile zu Sozialversicherungsbeiträgen werden dem Verleiher vom Entleiher gegen Nachweis erstattet. [*Alternativ: Zur Erstattung etwaiger im Hinblick auf den Zugang zu Gemeinschaftseinrichtungen oder -diensten anfallender Arbeitgeberanteile zu Sozialversicherungsbeiträgen zahlt der Entleiher an den Verleiher pro Leiharbeitnehmer einen Pauschalbetrag in Höhe von €* ___[Betrag]___ *pro Stunde.*] Der Entleiher ist berechtigt, von dem Verleiher jederzeit einen Nachweis über die ordnungsgemäße Abrechnung des geldwerten Vorteils und die ordnungsgemäße Abführung der darauf entfallenden Lohnsteuer und Sozialversicherungsbeiträge zu verlangen.

(3) Im Betrieb des Entleihers gelten für Leiharbeitnehmer folgende gesonderte Vereinbarungen bzw. besondere Leistungen. [27]

    a) _____

    b) _____

Die Regelungen in Abs. 2 gelten für diesen Abs. 3 entsprechend.

I. Fremdpersonaleinsatz

§ 12
Vertragsdauer; Kündigung

(1) Dieser Rahmenvertrag tritt mit Unterzeichnung in Kraft und ist unbefristet [*alternativ:* endet, ohne dass es einer Kündigung bedarf, mit Ablauf des _____]. [28]

(2) Der Rahmenvertrag kann von jeder Vertragspartei unter Einhaltung einer Frist von drei Monaten zum Ende eines Kalendermonats schriftlich gekündigt werden. Im Falle der Kündigung dieses Rahmenvertrags gelten alle auf Grundlage dieses Rahmenvertrags abgeschlossenen Arbeitnehmerüberlassungsverträge als zum selben Zeitpunkt gekündigt. [29]

§ 13
Vermittlungsprovision [30]

(1) Schließt der Entleiher mit einem vom Verleiher an ihn überlassenen Leiharbeitnehmer während der Überlassung des Leiharbeitnehmers an den Entleiher oder innerhalb von ___ [Anzahl] ___ Monaten nach dem Ende der Überlassung an ihn einen Arbeitsvertrag ab, so hat der Entleiher an den Verleiher eine Vermittlungsprovision nach Maßgabe folgender Regelung zu zahlen:

    a) Wird der Leiharbeitnehmer an den Entleiher insgesamt bis zu ___ [Anzahl] ___ Arbeitstage [optional: Wochen/Monate] überlassen, beträgt die Vermittlungsprovision € ___ [Betrag] ___ zuzüglich Umsatzsteuer.

    b) Wird der Leiharbeitnehmer an den Entleiher insgesamt bis zu ___ [Anzahl] ___ Arbeitstage [optional: Wochen/Monate] überlassen, beträgt die Vermittlungsprovision € ___ [Betrag] ___ zuzüglich Umsatzsteuer.

    [ggf.: weitere Abstufungen _____]

Wird der Arbeitsvertrag erst nach dem Ende der Überlassung abgeschlossen, muss der Entleiher die Vermittlungsprovision jedoch nicht zahlen, wenn er nachweist, dass der Abschluss des Arbeitsvertrags nicht auf die vorangegangene Überlassung zurückzuführen ist.

(2) Der Entleiher ist verpflichtet, den Verleiher unverzüglich über den Abschluss eines Arbeitsvertrags mit dem Leiharbeitnehmer im in Abs. 1 Satz 1 geregelten Zeitraum zu informieren.

§ 14
Frühere Vereinbarungen; Abtretung; Salvatorische Klausel; Schriftform

(1) Dieser Rahmenvertrag ersetzt alle etwaigen vorherigen Vereinbarungen zwischen den Parteien in Bezug auf den Vertragsgegenstand.

(2) Die Abtretung von Ansprüchen aus diesem Rahmenvertrag bedarf der vorherigen schriftlichen Zustimmung der jeweils anderen Vertragspartei.

(3) Falls eine Bestimmung dieses Rahmenvertrags unwirksam sein sollte, bleibt die Wirksamkeit der übrigen Bestimmungen hiervon unberührt. [Eine unwirksame Bestimmung wird durch eine Regelung ersetzt, die dem Sinn der zu ersetzenden Bestimmung im Rahmen des rechtlich Möglichen am nächsten kommt. Dies gilt entsprechend für etwaige Regelungslücken in diesem Rahmenvertrag.]

(4) Abgesehen von individuellen Vertragsabreden (§ 305b BGB) bedürfen Änderungen und Ergänzungen dieses Rahmenvertrags zu ihrer Wirksamkeit der Schriftform; die elektronische Form, die Textform und die telekommunikative Übermittlung sind ausgeschlossen. Dies gilt auch für die Aufhebung, Änderung oder Ergänzung des vorstehenden Schriftformerfordernisses.

_____   _____
[Ort, Datum]   [Ort, Datum]

_____   _____
[Verleiher]   [Entleiher]

Anlagen:

Anlage 1: Arbeitnehmerüberlassungserlaubnis

Anlage 2: Muster eines Einzelarbeitnehmerüberlassungsvertrags

Anlage 3: Muster eines Leiharbeitsvertrags

Anlage 4: Vereinbarung über Geheimhaltung

Anlage 2

Vertrag über die Überlassung von Leiharbeitnehmern [31]

zwischen

[Name und Adresse des Entleiherunternehmens]

– nachfolgend »Entleiher« genannt –

und

[Name und Adresse des Verleihunternehmens]

– nachfolgend »Verleiher« genannt –

Der Verleiher überlässt dem Entleiher Leiharbeitnehmer nach Maßgabe des zwischen ihnen abgeschlossenen Rahmenvertrags über die Überlassung von Leiharbeitnehmern vom ____[Datum]____ (nachfolgend »Rahmenvertrag« genannt) in Verbindung mit dem vorliegenden Vertrag wie folgt:

Tätigkeit gemäß § 2 Abs. 1 des Rahmenvertrags	Anzahl der überlassenen Leiharbeitnehmer; ggf. Namen und Anschrift	Überlassungsdauer	Stundensatz (in Euro)

[Ort, Datum]   [Ort, Datum]

(Unterschrift des Verleihers)   (Unterschrift des Entleihers)

Erläuterungen

Schrifttum

Baeck/Winzer/Kramer Neuere Entwicklungen im Arbeitsrecht – Referentenentwurf zur Änderung des Arbeitnehmerüberlassungsgesetzes und anderer Gesetze, NZG 2016, 20; *Baeck/Winzer* Drittpersonaleinsatz: Risiko der Fiktion eines Arbeitsverhältnisses mit dem Auftraggeber, NZA 2015, 269; *Baeck/Winzer/Kramer* Neuere Entwicklungen im Arbeitsrecht – Zukunftsvisionen der »GroKo« im Arbeitsrecht, NZG 2014, 254; *Barkow von Creytz* Aktuelles zum Beitragsrecht – eine Bestandsaufnahme, DStR 2015, 901; *Bartl/Romanowski* Keine Leiharbeit auf Dauerarbeitsplätzen, NZA Online Aufsatz 3/2012, 1; *Bauer* Vorhaben der »GroKo« zu Leiharbeit und Werkverträgen: Befürchtungen aus Arbeitgebersicht!, DB 2014, 60; *Bauer/Klebe/Schunder* Deutschlands Zukunft gestalten – Koalitionsvertrag zwischen CDU/CSU und SPD, NZA 2014, 12; *Bauer/Heimann* Leiharbeit und Werkvertrag – Achse des Bösen?, NJW 2013, 3287; *Bayreuther* Bezugnahmeabreden und mehrgliedrige Tarifverträge in der Arbeitnehmerüberlassung, DB 2014, 717; *Benkert* Änderungen im Arbeitnehmerüberlassungsgesetz durch »Hartz III«, BB 2004, 998; *Bissels/Falter* Reform des Fremdpersonaleinsatzes: Ein neuer Versuch des BMAS, DB 2016, 534; *Bissels* Die sozialversicherungsrechtlichen Folgen der Tarifunfähigkeit der CGZP – das BSG bringt (ein wenig) Licht in das Dunkel, BB 2016, 249; *Bissels* Nachforderungen der Deutschen Rentenversicherung wegen der Tarifunfähigkeit der CGZP – Der Nebel beginnt sich (langsam) zu lichten, DB 2016, 231; *Bissels/Mehnert* Tarifverträge über Branchenzuschläge in der Zeit-

I. Fremdpersonaleinsatz

arbeit – ein Rechtsprechungsüberblick, DB 2014, 2407; *Bissels/Raus* Tarifunfähigkeit der CGZP: Entscheidungen der Landessozialgerichte im einstweiligen Rechtsschutz, BB 2013, 885; *Boemke* Die EG-Leiharbeitsrichtlinie und ihre Einflüsse auf das deutsche Recht, RIW 2009, 177; *Boemke* Annahmeverzug des Entleihers bei Nichtbeschäftigung des Leiharbeitnehmers?, BB 2006, 997; *Böhm/Hennig/Popp* Zeitarbeit, 3. Aufl. 2013; *Brand/Lembke* (Hrsg.) Der CGZP-Beschluss des Bundesarbeitsgerichts – arbeits- und sozialrechtliche Folgen, 2012; *Brose* Die Wirkung einer vorsorglichen Verleihererlaubnis im AÜG, DB 2014, 1739 *Brors/Schüren* Neue gesetzliche Rahmenbedingungen für den Fremdpersonaleinsatz, NZA 2014, 569; *Brauneisen/Ibes* Der Tatbestand der Arbeitnehmerüberlassung – Zur Abgrenzung verschiedener Formen des Fremdpersonaleinsatzes in Unternehmen, RdA 2014, 213; *Dahl* Auswahlverschulden in der Arbeitnehmerüberlassung, DB 2009, 1650; *Düwell* Große Koalition: Mindestlohn und Autonomie der Tarifvertragsparteien, DB 2014, 121; *Düwell* Die vorübergehende Überlassung im Ersten AÜG-Änderungsgesetz, ZESAR 2011, 449; *Düwell* Überlassung zur Arbeitsleistung – Neues aus Rechtsprechung und Gesetzgebung, DB 2011, 1520; *Düwell* Verhinderung des missbräuchlichen Einsatzes von Arbeitnehmerüberlassung und Umsetzung der Leiharbeitsrichtlinie, DB 2010, 1759; *Eismann* Lohnsteuerrechtliche Arbeitgeberpflichten nach Änderung des Arbeitnehmerüberlassungsgesetzes, DStR 2011, 2381; *Faust/Rehner* Entleiherhaftung für Sozialversicherungsbeiträge nach dem Einsatz von CGZP-Tarifbeschäftigten, DB 2013, 874; *Forst* Neue Rechte für Leiharbeitnehmer, AuR 2012, 97; *Francken* Neuregelung der Darlegungs- und Beweislast in Verfahren nach §§ 9, 10 AÜG, NZA 2014, 1064; *Francken* Die Darlegungs- und Beweislast bei der Abgrenzung der Arbeitnehmerüberlassung von Werk- und Dienstverträgen, NZA 2013, 985; *Franzen* Neuausrichtung des Drittpersonaleinsatzes – Überlegungen zu den Vorhaben des Koalitionsvertrags, RdA 2015, 141; *Franzen* Tarifzuständigkeit und Tariffähigkeit im Bereich der Arbeitnehmerüberlassung, BB 2009, 1472; *Friemel* Muss Zeitarbeitsbranche Milliarden nachzahlen?, NZS 2011, 851; *Fütterer* Prozessuale Möglichkeiten zur Durchsetzung des Verbots der nicht nur vorübergehenden Arbeitnehmerüberlassung gemäß § 1 Abs. 1 Satz 2 AÜG nF., AuR 2013, 119; *Gaul/Hahne* Der Versuch des Gesetzgebers zur Kennzeichnung von Arbeitnehmern, Leiharbeitnehmern und sonstigem Fremdpersonal durch § 611a BGB, BB 2016, 58; *Giesen* Vorübergehend unklar, FA 2012, 66; *Giesen/Müller* Neue Spielregeln für die Leiharbeit – Wesentliche Neuerungen des AÜG und deren Auswirkungen auf die Praxis, KSzW 2012, 20; *Greiner* »Personalhoheit« als Schlüsselbegriff der Abgrenzung von echtem Fremdpersonaleinsatz und verdeckter Arbeitnehmerüberlassung, RdA 2014, 262; *Greiner* Werkvertrag und Arbeitnehmerüberlassung – Abgrenzungsfragen und aktuelle Rechtspolitik, NZA 2013, 697; *Grimm/Brock* Praxis der Arbeitnehmerüberlassung, 2004; *Hamann* Umsetzung der Vorgabe »vorübergehend« in der Leiharbeitsrichtlinie – Regulierungsempfehlungen an den nationalen Gesetzgeber, NZA 2015, 904; *Hamann* Die Reform des AÜG im Jahr 2011, RdA 2011, 321; *Hamann* Kurswechsel bei der Arbeitnehmerüberlassung?, NZA 2011, 70; *Heise/Friedl* Flexible (»agile«) Zusammenarbeit zwischen Unternehmen versus illegale Arbeitnehmerüberlassung – das Ende von Scrum?, NZA 2015, 129; *Henssler* Überregulierung statt Rechtssicherheit – der Referentenentwurf des BMAS zur Reglementierung von Leiharbeit und Werkverträgen, RdA 2016, 18; *Heuchemer/Schielke* Herausforderungen für die Zeitarbeitsbranche, BB 2011, 758; *Hirdina* Die Arbeitnehmerüberlassung – Eine verfassungswidrige Überregulierung?, NZA 2011, 325; *Huke/Neufeld/Luickhardt* Das neue AÜG: Erste Praxiserfahrungen zum Umgang mit den neuen Regelungen, BB 2012, 961; *Jacobs* Tariffähigkeit und Tarifzuständigkeit einer Spitzenorganisation im Sinne des § 2 Abs. 3 TVG, ZfA 2010, 27; *Klebe* Werkverträge – Verlust in der Grauzone!, NZA-Editorial 13/2013; *Klebe* Scheinwerkverträge bei einem Global Player, AuR-Der Kommentar 9/2013; *Kock* Neue Pflichten für Entleiher: Information über freie Stellen und Zugang zu Gemeinschaftseinrichtungen und -diensten (§ 13a und § 13b AÜG), BB 2012, 323; *Krannich/Grieser* Zugang zur Gemeinschaftseinrichtung, AuA 2012, 81; *Krannich/Simon* Das neue Arbeitnehmerüberlassungsgesetz – zur Auslegung des Begriffs »vorübergehend« in § 1 Abs. 1 AÜG n.F., BB 2012, 1414; *Lanzinner/Nath* Beitragsrechtliche Folgen der verdeckten Überlassung von Scheinselbständigen – Teil I, NZS 2015, 210; *Lembke* Mindestlohngesetz – erste Rechtsprechung und praktische Erfahrungen, NZA 2016, 1; *Lembke* Arbeitnehmergleiche Vereinsmitglieder – Der EuGH soll's richten, FA 2015, 257; *Lembke* Das Mindestlohngesetz und seine Auswirkungen auf die arbeitsrechtliche Praxis, NZA 2015, 70; *Lembke* Gesetzesvorhaben der Großen Koalition im Bereich der Arbeitnehmerüberlassung, BB 2014, 1333; *Lembke* Der Einsatz von Fremdpersonal im Rahmen von freier Mitarbeit, Werkverträgen und Leiharbeit, NZA 2013, 1312; *Lembke* Neues vom EuGH zum Befristungsschutz von Leiharbeitnehmern, NZA 2013, 815; *Lembke* Arbeitnehmerüberlassung im Konzern, DB 2012, 2497; *Lembke* Der CGZP-Beschluss des BAG vom 14.12.2010 und seine Folgen, NZA-Beil. 2/2012, 66; *Lembke* Die CGZP-Entscheidung des BAG: »juristisches Neuland« oder judikativer »Geburtsfehler«?, in: Creutzfeld/Hanau/Thüsing/Wißmann (Hrsg.), Festschrift für Klaus Bepler, 2012, S. 345; *Lembke* Zeitarbeit – Königsweg aus arbeitsrechtlicher Rigidität?, in: Maschmann (Hrsg.) Rigidität und Flexibilität im Arbeitsrecht – Mannheimer Arbeitsrechtstag 2011, 2012, S. 119; *Lembke* Neue Rechte von Leiharbeitnehmern gegenüber Entleihern, NZA 2011, 319; *Lembke* Die geplanten Änderungen im Recht der Arbeitnehmerüberlassung, DB 2011, 414; *Lembke* Die jüngsten Änderungen des AÜG im Überblick, FA 2011, 290; *Lembke* CGZP-Sachverhalte vor dem 14.12.2010: Aussetzen oder Durchentscheiden?, NZA 2011, 1062; *Lembke* Aktuelle Brennpunkte in der Zeitarbeit, BB 2010, 1533; *Lembke* Die Aussetzung von Verfahren zur Prüfung der Tariffähigkeit einer Organisation (hier: CGZP), NZA 2008, 451; *Lembke* Die Tariffähigkeit und Tarifzuständigkeit der Tarifgemeinschaft Christlicher Gewerkschaften für Zeitarbeit und Personalserviceagenturen, NZA 2007, 1333; *Lembke* Die »Hartz-Reform« des Arbeitnehmerüberlassungsgesetzes, BB 2003, 98; *Lembke/Fesenmeyer* Abreden über Vermittlungsprovisionen in Arbeitnehmerüberlassungsverträgen, DB 2007, 801; *Lembke/Ludwig* Die Leiharbeit im Wechselspiel europäischer und nationaler Regulierung, NJW 2014, 1329; *Lembke/Rothmann* Die legislative und judikative Regulierung der Zeitarbeit, ZESAR 2014, 372; *Leuchten* Das neue Recht der Leiharbeit, NZA 2011, 608; *Lipinski* Die Konsequenzen des Zeitarbeit-Beschlusses des BAG für die Praxis, NZA 2013, 1245; *Lipinski/Praß* BAG zu »vorübergehend« – mehr Fragen als Antworten!, BB 2014, 1465; *Ludwig* Von der Liberalisierung zur Überregulierung – Neue Rahmenbedingungen für die Arbeitnehmerüberlassung, in: Latzel/Picker (Hrsg.) Neue Arbeitswelt – 3. Assistententagung im Arbeitsrecht 2013–2014, S. 162; *Lunk* Macht der Diskussionsentwurf zum Arbeitnehmerüberlassungsgesetz GmbH-Geschäftsführer (ungewollt) zu Arbeitnehmern?, NZA 2015, 1480; *Lunk/Rodenbusch* Der CGZP-Beschluss des BAG vom 14.12.2010 und seine Folgen – Ein Zwischenbericht, RdA 2011, 375; *Lützeler/Bissels* Leiharbeit: Neue tarif- und sozialversicherungsrechtliche Aspekte nach der CGZP-Entscheidung, DB 2011, 1636; *Maschmann* Fremdpersonaleinsatz im Unternehmen und die Flucht in den Werkvertrag, NZA 2013, 1305; *Mehnert/Stubbe* Branchenzuschlagstarifverträge für Arbeitnehmerüberlassungen in der Zeitarbeit – Regelungen, Anwendungsbereiche, Konkurrenzen, BB 2013, 1269; *Müntefering* Die formularmäßige Bezugnahme auf Zeitarbeitstarifverträge, NZA 2015, 711; *Neufeld* Branchenzuschläge für Leiharbeitnehmer – »Equal Pay light«, BB 2012, 1; *Niklas/Schauß* Die Arbeitnehmerüberlassung ist endlich – was kommt dann?, BB 2014, 2805; *Oberthür* Die Neuregelung des AÜG, ArbRB 2011, 146; *Plagemann/Brand* Sozialversicherungsbeiträge für nicht erfüllte »Equal pay«-Ansprüche?, NJW 2011, 1488; *Preis* Werkverträge zur Umgehung des AÜG – kein empfehlenswerter Weg!, BB-Editorial 27, 28/2012; *Raif* Reform der Leiharbeit – Was ändert sich für Unternehmen?, GWR 2011, 303; *Reiserer* »Lohndumping durch Werkverträge« – Missbrauch von Werkverträgen und Leiharbeit, DB 2013, 2026; *Rieble/Vielmeier* Umsetzungsdefizite der Leiharbeitsrichtlinie, EuZA Bd. 4 (2011), S. 474; *Rosenau/Mosch* Neue Regelungen für die Leiharbeit, NJW-Spezial 2011, 242; *Schindele/Söhl* Bezugnahmeklauseln auf die Tarifverträge der DGB-Tarifgemeinschaft Zeitarbeit, NZA 2014, 1049; *Schindele/Söhl* Update: Die Folgen der CGZP-Entscheidung, ArbRAktuell 2013, 535; *Seel* Referentenentwurf zur Änderung des AÜG – eine Analyse der wesentlichen Neuerungen, NWB 2015, 3810; *Seel* »Dauerhafte« Arbeitnehmerüberlassung: Verboten oder gar nicht geregelt?, FA 2014, 7; *Seel* Verhinderung »dauerhafter« Arbeitnehmerüberlassung durch den Entleiherbetriebsrat, FA 2014, 1; *Seier* Zur Wirksamkeit einer vorsorglichen Verleihererlaubnis im AÜG, DB 2015, 494; *Schiefer/Köster* Umsetzung der arbeits- und sozialrechtlichen Vorhaben der Großen Koalition – Bestandsaufnahme 2016, DB 2016, 169; *Schiefer/Pöttering* Koalitionsvertrag 2013–2017: Die arbeits- und tarifrechtlichen Vorhaben der Großen Koalition – »Modernes Arbeitsrecht« ?, DB 2013, 2928; *Schindele* Aktuelle Fragestellungen zum Drittpersonaleinsatz (Scheinselbständigkeit – Werkvertrag – Dienstleister), ArbRAktuell 2015, 363; *Schindele* Arbeitnehmerüberlassung: AÜG-Reform 2011, ArbRAktuell 2011, 577; *Schlegel* Arbeits- und sozialversicherungsrechtliche Konsequenzen des CGZP-Beschlusses, NZA 2011, 380; *Schöttler/Müllerleile* Entleiherhaftung auf dem Prüfstand – Auswirkungen des BAG-Beschlusses zur Tarifunfähigkeit der CGZP, BB 2011, 3061; *Schubert/Jerchel* Die aktuelle Entwicklung des europäischen Arbeitsrechts, EuZW 2015, 340, 345; *Schüren* Illegale Arbeitnehmerüberlassung identifizieren – Kriterienkatalog als Lösung?, DB 2016, 234; *Schüren/Fasholz* Inhouse-Outsourcing und der Diskussionsentwurf zum AÜG – Ein Diskussionsbeitrag, NZA 2015, 1473; *Schüren* Scheinwerk- und Scheindienstverträge mit Arbeitnehmerüberlassungserlaubnis – Vorschlag zu einer Korrektur des AÜG, NZA 2013, 176; *Schüren* Tarifunfähigkeit der Tarifgemeinschaft Christlicher Gewerkschaften für die Leiharbeitsbranche, NZA 2008, 453; *Schüren/Wank* Die neue Leiharbeitsrichtlinie und ihre Umsetzung in deutsches Recht, RdA 2011, 1; *Stang/Ulber* Keine neue Mogelpackung! – Anforderungen an eine gesetzliche Neuregelung der Leiharbeit, NZA 2015, 910; *Steinmeyer* Was bedeutet »vorübergehend«? – Die neue Grundsatzfrage des deutschen Arbeitsrechts DB 2013, 2740; *Tuengerthal/Rothenhöfer* Eine Lanze für den Werkvertrag, BB 2013, 53; *Tuengerthal/Andorfer* Die CGZP-Entscheidungen und die angeblichen Ansprüche der Sozialversicherung, BB 2011, 2939; *Thüsing* Von der Quadratur einer gesetzlichen Arbeitnehmerdefinition zur Zwangssolidarisierung der Leiharbeitnehmer, NZA 2015, 1478; *Thüsing* Dauerhafte Arbeitnehmerüberlassung: Neues vom BAG, vom EuGH und auch vom Gesetzgeber, NZA 2014, 10; *Thüsing* Vorübergehende und nicht-vorübergehende Arbeitnehmerüberlassung: Das Rätselraten geht weiter, NZA 2013, 1248; *Thüsing* Leiharbeit: Es bleibt »vorübergehend« spannend, FA 2013, 225; *Thüsing* Provisionsvereinbarungen bei Arbeitsvermittlung nach Arbeitnehmerüberlassung, DB 2003, 2122; *Thüsing/Lembke* Zeitarbeit im Spannungsverhältnis von Dienstleistungsfreiheit und Tarifautonomie, ZfA 2007, 87; *Thüsing/Schmidt* Rechtssicherheit zur effektiveren Bekämpfung von missbräuchlichem

I. Fremdpersonaleinsatz

Fremdpersonaleinsatz, ZIP 2016, 54; *Thüsing/Stiebert* Zum Begriff »vorübergehend« in § 1 Abs. 1 S. 2 AÜG, DB 2012, 632; *Thüsing/Thieken* Der Begriff der »wirtschaftlichen Tätigkeit« im neuen AÜG, DB 2012, 347; *Ulber* Tariffähigkeit und Tarifzuständigkeit der CGZP als Spitzenorganisation?, NZA 2008, 438; *Ulber* Personal-Service-Agenturen und Neuregelung der Arbeitnehmerüberlassung, AuR 2003, 7; *Ulrici* Verdeckte Arbeitnehmerüberlassung und Vorratserlaubnis, BB 2015, 1209; *Vielmeier* Zugang zu Gemeinschaftseinrichtungen nach § 13b AÜG, NZA 2012, 535; *Werths* Werkverträge – ein unkalkulierbares Compliancerisiko?, BB 2014, 697; *Willemsen/Mehrens* Beabsichtigte Neuregelung des Fremdpersonaleinsatzes – Mehr Bürokratie wagen?, NZA 2015, 897; *Zeppenfeld/Faust* Zeitarbeit nach dem CGZP-Beschluss des BAG, NJW 2011, 1643; *Zimmermann* Der Referentenentwurf zur AÜG-Reform 2017, BB 2016, 53; *Zimmermann* Tatbestandsrätsel »vorübergehend« – weiter ungelöst, NZA 2015, 528; *Zimmermann* BB-Rechtsprechungsreport zur Arbeitnehmerüberlassung 2012/2013 (Teil 2), BB 2014, 1653; *Zürn/Maron* Der Koalitionsvertrag der 18. Legislaturperiode aus arbeitsrechtlicher Sicht, BB 2014, 629.

26 **1.** Die bloße Bezeichnung des Vertrags ist für seine rechtliche Einordnung ohne Bedeutung. Vielmehr kommt es für die Anwendung des AÜG auf den **Inhalt** und die **tatsächliche Umsetzung** des Vertrags an. Regelt dieser die Überlassung von Arbeitnehmern, so handelt es sich um einen Arbeitnehmerüberlassungsvertrag i.S.d. § 12 AÜG, und die Vorschriften des AÜG finden Anwendung, egal ob dies von den Parteien gewünscht ist oder nicht.

27 Der Vertrag zwischen dem Verleiher und dem Entleiher bedarf gemäß § 12 Abs. 1 Satz 1 AÜG der **Schriftform** i.S.d. § 126 BGB. Danach müssen die Vertragsparteien die Urkunde eigenhändig oder mittels notariell beglaubigten Handzeichens unterzeichnen (§ 126 Abs. 1 BGB). Ausreichend ist im Fall gleichlautender Urkunden die Unterzeichnung der jeweils für die andere Partei bestimmten Urkunde (§ 126 Abs. 2 BGB). Schließlich kann die Schriftform auch durch die elektronische Form (§ 126a BGB) ersetzt werden (§ 126 Abs. 3 BGB).

28 Strittig ist, ob die nach § 12 Abs. 1 Satz 2 und 3 AÜG erforderlichen Angaben über den Besitz der Arbeitnehmerüberlassungserlaubnis, die besonderen Merkmale der für den Leiharbeitnehmer vorgesehenen Tätigkeit, die erforderliche berufliche Qualifikation und die im Betrieb des Entleihers geltenden wesentlichen Arbeitsbedingungen dem Schriftformerfordernis unterliegen. Dies ist zu verneinen, da es sich dabei um bloße Wissenserklärungen handelt und § 12 Abs. 1 Satz 2 und 3 AÜG kein Schriftformerfordernis, sondern lediglich einen **Auskunftsanspruch** normiert (*Boemke/Lembke* § 12 Rn. 9; AnwK-ArbR/*Böhm* § 12 AÜG Rn. 2; a.A. AR/*Reineke* § 12 AÜG Rn. 2; *Ulber* § 12 Rn. 6 f.; *Thüsing/Thüsing* § 12 Rn. 8; *Sandmann/Marschall/Schneider*, AÜG, Stand: 12/2015, § 12 Rn. 2 f.). Gleichwohl empfiehlt sich für die Praxis, auch die in § 12 Abs. 1 Satz 2 und 3 AÜG genannten Angaben unter Wahrung der Schriftform in den Arbeitnehmerüberlassungsvertrag aufzunehmen, um nicht das Risiko der Nichtigkeit des gesamten Vertrags (§ 125 Satz 1 BGB) einzugehen.

29 **2.** Gemäß § 1 Abs. 1 Satz 1 AÜG bedürfen Arbeitgeber zur Überlassung von Leiharbeitnehmern im Rahmen ihrer wirtschaftlichen Tätigkeit der **Erlaubnis**. Ausnahme (abgesehen von den Tatbeständen des § 1 Abs. 3 AÜG): Ein Arbeitgeber mit weniger als 50 Beschäftigten überlässt zur Vermeidung von Kurzarbeit oder Entlassungen an einen Arbeitgeber einen Arbeitnehmer, der nicht zum Zweck der Überlassung eingestellt und beschäftigt wird, bis zur Dauer von zwölf Monaten und zeigt dies der Bundesagentur für Arbeit im Voraus schriftlich an (§ 1a AÜG). Die Erlaubnis wird von der Regionaldirektion der Bundesagentur für Arbeit erteilt, in deren Bezirk der Antragsteller seinen Sitz hat. Einzelheiten der Erteilung der Erlaubnis regeln §§ 2 ff. AÜG.

30 Arbeitnehmerüberlassungsverträge zwischen Verleihern und Entleihern sowie Arbeitsverträge zwischen Verleihern und Leiharbeitnehmern sind unwirksam, wenn der Verleiher **nicht** die **erforderliche Erlaubnis** hat (§ 9 Nr. 1 AÜG). Die **Folgen** sind gravierend: Die vorsätzliche oder fahrlässige Überlassung und Beschäftigung eines Leiharbeitnehmers ohne Vorliegen der Arbeitnehmerüberlassungserlaubnis stellt eine Ordnungswidrigkeit für den Entleiher und den Verleiher dar, die mit einer Geldbuße von bis zu € 30.000 geahndet werden kann (§ 16 Abs. 1 Nr. 1 und 1a, Abs. 2 AÜG). Verleiher und Entleiher erhalten einen Eintrag in das Gewerbezentralregister. Zudem gilt ein Arbeitsverhältnis zwischen dem Entleiher und dem überlassenen Leiharbeitnehmer

zu dem zwischen dem Entleiher und dem Verleiher für den Beginn der Tätigkeit vorgesehenen Zeitpunkt als zustande gekommen (§ 10 Abs. 1 AÜG). War die Tätigkeit des Leiharbeitnehmers bei dem Entleiher nur für eine befristete Zeit vorgesehen, gilt das zwischen dem Entleiher und dem Leiharbeitnehmer fingierte Arbeitsverhältnis als befristet, jedoch nur, wenn ein die Befristung des Arbeitsverhältnisses sachlich rechtfertigender Grund vorliegt (§ 10 Abs. 1 Satz 2 AÜG). Liegt ein solcher sachlich rechtfertigender Grund nicht vor, kommt das Arbeitsverhältnis unbefristet zustande. Hat der Verleiher einen Ausländer ohne Arbeitserlaubnis als Leiharbeitnehmer überlassen, macht er sich gemäß § 15 AÜG strafbar.

Gemäß § 12 Abs. 1 Satz 2 AÜG hat der Verleiher in der Vertragsurkunde **anzugeben**, ob er die **Arbeitnehmerüberlassungserlaubnis** nach § 1 AÜG besitzt (zum Schriftformerfordernis s. I Rdn. 27 f.). Eine Kopie der Erlaubnis sollte dem Arbeitnehmerüberlassungsvertrag als Anlage beigefügt werden. Denn fehlt die Erlaubnis, haftet zwar grundsätzlich der Verleiher auf Schadensersatz gemäß der §§ 280 Abs. 1, 241 Abs. 2 BGB, weil er im Arbeitnehmerüberlassungsvertrag unzutreffend angegeben hat, die Erlaubnis zu besitzen (vgl. § 12 Abs. 1 Satz 2 AÜG; AR/*Reineke* § 12 AÜG Rn. 5). Hinsichtlich der Rechtsfolgen kann eine Schadensersatzpflicht des Verleihers gegenüber dem Entleiher jedoch gemindert oder ausgeschlossen sein, wenn den Entleiher ein Mitverschulden (§ 254 BGB) trifft. Dies ist regelmäßig anzunehmen, wenn der Entleiher sich die Arbeitnehmerüberlassungserlaubnis nicht zeigen lässt (*Boemke/Lembke* § 12 Rn. 17; *Sandmann/Marschall/Schneider*, AÜG, Stand: 12/2015, § 12 Rn. 6a). 31

3. Im Fall des **Ablaufs einer befristeten Arbeitnehmerüberlassungserlaubnis** (vgl. § 2 Abs. 4 Satz 1 AÜG) gilt die Erlaubnis gemäß § 2 Abs. 4 Satz 4 AÜG für die Abwicklung der nach § 1 AÜG erlaubt abgeschlossenen Verträge als fortbestehend, jedoch nicht länger als zwölf Monate. Die gleiche Abwicklungsregelung gilt auch für den Fall der Rücknahme (§ 4 Abs. 1 Satz 2 AÜG) und des Widerrufs (§ 5 Abs. 2 Satz 2 AÜG). Die Pflicht des Verleihers, den Entleiher unverzüglich über den Zeitpunkt des Wegfalls der Arbeitnehmerüberlassungserlaubnis zu unterrichten, ergibt sich aus § 12 Abs. 2 AÜG. In den Fällen der Nichtverlängerung, der Rücknahme und des Widerrufs der Erlaubnis hat der Verleiher den Entleiher auch auf das voraussichtliche Ende der Abwicklung und die gesetzliche Abwicklungsfrist hinzuweisen. Damit nicht gemäß § 10 Abs. 1 AÜG ein Arbeitsverhältnis zwischen dem Entleiher und dem an ihn überlassenen Leiharbeitnehmer zustande kommt, liegt eine vertragliche Pflicht des Verleihers zur Information über den Wegfall, die Rücknahme oder den Widerruf der Arbeitnehmerüberlassungserlaubnis im Interesse des Entleihers. Sollte der Verleiher seiner Informationspflicht nicht nachkommen, so tritt zwar gleichwohl die Rechtsfolge des § 10 Abs. 1 AÜG ein, jedoch kann der Entleiher den Verleiher auf Schadensersatz nach § 280 Abs. 1 BGB bzw. § 823 Abs. 2 BGB i.V.m. § 263 StGB in Anspruch nehmen (*Boemke/Lembke* § 12 Rn. 16; AnwK-ArbR/*Böhm* § 12 AÜG Rn. 5). 32

4. Ist der Arbeitnehmerüberlassungsvertrag unwirksam, weil der Verleiher nicht die erforderliche Arbeitnehmerüberlassungserlaubnis besitzt, so stellt das Muster klar, dass der Verleiher für sämtliche dadurch entstehende Schäden **haftet**. 33

5. Anlage 2 ist ein **Muster für einen Einzelüberlassungsvertrag**, der nach Bedarf und nach den Regeln dieses Rahmenvertrags abgeschlossen wird. Alternativ zur Nennung von Tätigkeitsbeschreibung und erforderlicher Qualifikationen bereits im Rahmenvertrag können diese Informationen auch erst im Einzelüberlassungsvertrag genannt werden. Die entsprechende Formulierung in § 2 Abs. 1 des Rahmenvertrags lautet dann: 34

Alternative: 35

[Der Verleiher überlässt dem Entleiher auf Abruf qualifizierte Leiharbeitnehmer, deren Aufgabe __[Bezeichnung]__ ist. Die Einzelheiten der Überlassung, insbesondere Anzahl und berufliche Qualifikationen der für die jeweilige Tätigkeit überlassenen Leiharbeitnehmer sowie der Beginn und die jeweilige Überlassungsdauer, werden in den bei Abruf jeweils gesondert abzuschließenden schriftlichen Arbeitnehmerüberlassungsverträgen geregelt (vgl. Muster als Anlage 2). Im Fall von

I. Fremdpersonaleinsatz

Widersprüchen gehen die Regelungen dieses Vertrags den Bestimmungen des jeweiligen Arbeitnehmerüberlassungsvertrags vor.]

36 Zu beachten ist, dass auch der Einzelüberlassungsvertrag dem Schriftformerfordernis des § 12 Abs. 1 Satz 1 AÜG unterliegt.

37 **6.** Gemäß § 12 Abs. 1 Satz 3 AÜG hat der Entleiher im Arbeitnehmerüberlassungsvertrag auch anzugeben, welche in seinem Betrieb für einen vergleichbaren Arbeitnehmer wesentlichen Arbeitsbedingungen einschließlich des Arbeitsentgelts gelten, es sei denn, die in §§ 3 Abs. 1 Nr. 3 und 9 Nr. 2 AÜG genannte Ausnahme greift, nämlich dass auf das Leiharbeitsverhältnis ein Tarifvertrag Anwendung findet, der dazu führt, dass das in §§ 3 Abs. 1 Nr. 3 und 9 Nr. 2 AÜG geregelte **Schlechterstellungsverbot (Grundsatz des Equal Pay/Treatment)** nicht anwendbar ist. In der Regel enthalten Leiharbeitsverträge eine **Bezugnahme auf** derartige **Tarifverträge**, so dass sich die mit erheblichen Rechtsunsicherheiten verbundene Angabe der wesentlichen Arbeitsbedingungen einschließlich des Arbeitsentgelts im Entleiherbetrieb erübrigt (dazu näher Muster I.I.3. – I Rdn. 99). Allerdings hat der Auskunftsanspruch des Verleihers gegen den Entleiher durch den Abschluss von **Tarifverträgen über Branchenzuschläge** für Arbeitnehmerüberlassungen und den darin enthaltenen Deckelungsregelungen auch dann Bedeutung, wenn im Leiharbeitsvertrag zum Zwecke des Ausschlusses von Equal Pay/Treatment auf Tarifverträge Bezug genommen wird. Umstritten ist jedoch, ob sich in einer solchen Konstellation der Auskunftsanspruch unmittelbar aus § 12 AÜG ergibt oder ob es einer gesonderten Vereinbarung zwischen Verleiher und Entleiher bedarf (vgl. dazu *Boemke/Lembke* § 9 Rn. 221 ff. sowie I Rdn. 50).

38 Seit dem 01.12.2011 sind insbesondere zwei gesetzliche Neuerungen zu beachten: Zum einen kann ein Tarifvertrag nur vom Grundsatz des Equal Pay/Treatment abweichende Regelungen zulassen, soweit er nicht die in einer Rechtsverordnung nach § 3a Abs. 2 AÜG festgesetzten **Mindeststundenentgelte** unterschreitet (§§ 3 Abs. 1 Nr. 2, 9 Nr. 2 AÜG, s. dazu I Rdn. 15). Zum anderen gilt eine abweichende tarifliche Regelung nicht für Leiharbeitnehmer, die in den letzten sechs Monaten vor der Überlassung an den Entleiher aus einem Arbeitsverhältnis bei diesem oder einem Arbeitgeber, der mit dem Entleiher einen Konzern i.S.d. § 18 AktG bildet, ausgeschieden ist (sog. »**Drehtürklausel**«, §§ 3 Abs. 1 Nr. 2, 9 Nr. 2 AÜG, s. dazu I Rdn. 13).

39 Vor diesem Hintergrund ist allerdings fraglich, wer im Verhältnis zwischen Verleiher und Entleiher das **Risiko** trägt, dass der Grundsatz des **Equal Pay/Treatment** Anwendung findet. Diese Frage löst das vorliegende Muster zugunsten des Entleihers, indem es das Risiko allein dem Verleiher zuweist; der Verleiher kann keine Anpassung des Arbeitnehmerüberlassungsvertrags nach § 313 BGB wegen Störung der Geschäftsgrundlage verlangen. Diese Risikoverteilung ist in der Regel auch sachgerecht: Der Verleiher als Vertragsarbeitgeber des Leiharbeitnehmers muss dafür sorgen, dass er bei der Zahlung des Entgelts nicht etwaige Mindeststundenentgelte unterschreitet. Schließlich liegt auch die wirksame Einbeziehung eines Tarifvertrags, der eine Abweichung vom Grundsatz des Equal Pay/Treatment zulässt, in der Sphäre des Verleihers, der den Leiharbeitsvertrag einschließlich Bezugnahmeklausel mit dem Leiharbeitnehmer abschließt. Das Risiko der Anwendbarkeit des Grundsatzes von Equal Pay/Treatment kann sich z.B. verwirklichen, wenn der in Bezug genommene Tarifvertrag von einer nicht tariffähigen oder tarifzuständigen Gewerkschaft abgeschlossen wurde (zur vom BAG im Beschl. v. 14.12.2010 – 1 ABR 19/10, NZA 2011, 289 festgestellten **Tarifunfähigkeit der CGZP** s. I Rdn. 48 ff.; zur vorangegangenen Diskussion in der Literatur s. *Franzen* BB 2009, 1472; *Jacobs* ZfA 2010, 27; *Lembke* NZA 2007, 1333; *Lembke* BB 2010, 1533 m.w.N.; *Schüren* NZA 2008, 453; *Ulber* NZA 2008, 438; zur Aussetzung von Verfahren zur Prüfung der Tariffähigkeit einer tarifschließenden Vereinigung *Lembke* NZA 2008, 451). Darüber hinaus hat sich die arbeitsvertragliche **Bezugnahme auf mehrgliedrige Tarifverträge** als problematisch erwiesen. Das BAG hat am 13.03.2013 entschieden, dass eine Bezugnahmeklausel, mit der die Geltung der vom Arbeitgeberverband Mittelständischer Personaldienstleister e.V. (AMP) und – neben der CGZP – einer Reihe von christlichen Arbeitnehmervereinigungen geschlossenen mehrgliedrigen Tarifverträge vom 15.03.2010 vereinbart werden sollte, mangels

Kollisionsklausel intransparent und daher nach § 307 Abs. 1 Satz 2 BGB unwirksam ist (BAG, Urt. v. 13.03.2013 – 5 AZR 242/12, BeckRS 2013, 71115, Rn. 18 ff.; obiter dictum BAG, Urt. v. 13.03.2013 – NZA 2013, 680, 683 f., Rn. 27 ff.; vgl. I Rdn. 116). Auch in diesen Fall steht dem Leiharbeitnehmer ein Anspruch auf Equal Pay/Equal Treatment gegen den Verleiher zu (vgl. zur Problematik der Bezugnahme auf mehrgliedrige Tarifverträge *Lembke* NZA 2013, 1312, 1315 f.; *Boemke/Lembke* § 9 Rn. 310 ff.). In diesem Zusammenhang ist ferner umstritten, ob die von mehreren DGB-Gewerkschaften zusammen abgeschlossenen Zeitarbeitstarifverträge mehrgliedrige Tarifverträge sind (so LAG Hessen, Beschl. v. 16.01.2014 – 9 TaBV 127/13, BeckRS 2014, 72032; *Bayreuther* NZA 2012, 14; Henssler/Moll/Bepler/*Höpfner* Der Tarifvertrag, 2013, Teil 2 Rn. 186; Boemke/*Lembke* § 9 Rn. 202, 216, 313; *Schindele/Söhl* NZA 2014, 1049; *Stoffels/Bieder* RdA 2012, 27, 29; *Zimmermann* BB 2014, 1653, 1656), für welche die Rechtsprechung des BAG zur Intransparenz von Bezugnahmen auf mehrgliedrige Tarifverträge bei unzureichender Kollisionsregel entsprechend gilt, oder ob sie Einheitstarifverträge sind (so LAG Nürnberg, Urt. v. 11.10.2013 – 3 Sa 699/10; dazu *Bissels* jurisPR-ArbR 25/2014 Anm. 1; *Bayreuther* DB 2014, 717; *Müntefering* NZA 2015, 711; *Schüren* jurisPR-ArbR 37/2013 Anm. 1), für die diese Rechtsprechung zwar nicht gilt, aber die Gefahr besteht, dass – nach dem Motto »ein faules Ei verdirbt den ganzen Brei« – das gesamte Einheitstarifwerk unwirksam ist, wenn einer Tarifvertragspartei die Tarifzuständigkeit fehlt. Das BAG hat hierzu bislang nicht in der Sache entschieden (vgl. BAG, Beschl. v. 26.01.2016 – 1 ABR 13/14, BeckRS 2016, 68156). Solange all dies nicht höchstrichterlich geklärt ist, besteht auch bei Anwendung der DGB-Zeitarbeitstarifverträge das Risiko, dass der Grundsatz von Equal Pay sowie die sozialversicherungsrechtliche Subsidiärhaftung des Entleihers (§ 28e Abs. 2 Satz 1 und 2 SGB IV, § 150 Abs. 3 Satz 1 SGB VII) eingreifen (vgl. auch I Rdn. 116).

7. Aufgrund der »**Drehtürklausel**« im letzten (Halb-)Satz von §§ 9 Nr. 2 und 3 Abs. 1 Nr. 3 AÜG findet der Grundsatz von Equal Pay/Treatment uneingeschränkt und zeitlich unbegrenzt Anwendung, wenn ein Leiharbeitnehmer an einen Entleiher überlassen wird und in den letzten sechs Monaten vor der Überlassung aus einem Arbeitsverhältnis bei dem Entleiher oder bei einem mit diesem konzernmäßig verbundenen Unternehmen ausgeschieden ist. Regelmäßig möchten Verleiher und Entleiher diese Rechtsfolge vermeiden. Dazu ist es erforderlich, dass der Verleiher keine Leiharbeitnehmer überlässt, die unter die Drehtürklausel fallen. Im Hinblick darauf sieht § 2 Abs. 3 des Vertragsmusters vor, dass der Verleiher dem Entleiher den zu überlassenden Leiharbeitnehmer und dessen vorige Arbeitgeber in der letzten sechs Monaten vor der Überlassung mitteilt, damit der Entleiher prüft, ob der Leiharbeitnehmer in der »Sperrperiode« bei ihm oder einem konzernangehörigen Unternehmen in einem Arbeitsverhältnis stand. Damit der Verleiher die Namen der früheren Arbeitgeber des Leiharbeitnehmers erfährt, sollte eine entsprechende Auskunftsverpflichtung in den Leiharbeitsvertrag aufgenommen werden (vgl. I Rdn. 119).

8. Die Überlassung qualifizierter Leiharbeitnehmer stellt die **Hauptleistungspflicht des Verleihers** aus dem Arbeitnehmerüberlassungsvertrag dar. Kommt der Verleiher seiner Pflicht zur Auswahl und Überlassung eines arbeitsfähigen und entsprechend den Anforderungen qualifizierten Leiharbeitnehmers nicht nach, schuldet der Entleiher keine Überlassungsvergütung (§§ 275, 326 Abs. 1 BGB). Ferner macht sich der Verleiher schadensersatzpflichtig gemäß §§ 280 Abs. 1 und 3, 283 BGB (vgl. AR/*Reineke* § 12 AÜG Rn. 8). Verursacht der Leiharbeitnehmer Schäden bei dem Entleiher (z.B. durch Schlechtleistung), kommt eine Haftung des Verleihers nur gemäß § 280 oder § 831 Abs. 1 BGB wegen **Auswahlverschuldens** in Betracht (AR/*Reineke* § 12 AÜG Rn. 8; zu den Anforderungen an den Verleiher hinsichtlich der sorgfältigen Auswahl der Leiharbeitnehmer *Dahl* DB 2009, 1650).

9. Die Überlassung von **ausländischen Leiharbeitnehmern** ohne Arbeitnehmerüberlassungserlaubnis nach § 1 AÜG und ohne die in § 15 Abs. 1 AÜG aufgezählten Genehmigungen stellt eine Straftat des Verleihers dar. Der Entleih von ausländischen Arbeitnehmern ohne die entsprechenden Genehmigungen ist ebenfalls strafbar, wenn der Entleiher den ausländischen Leiharbeitnehmer zu Arbeitsbedingungen tätig werden lässt, die in einem auffälligen Missverhältnis zu den

I. Fremdpersonaleinsatz

Arbeitsbedingungen deutscher Leiharbeitnehmer stehen, welche die gleiche oder eine vergleichbare Tätigkeit ausüben (§ 15a Abs. 1 AÜG). Das Risiko, dass keine der erforderlichen Genehmigungen vorliegt, trägt nach der Regelung im Muster allein der Verleiher als Arbeitgeber des ausländischen Leiharbeitnehmers.

43 **10.** Gemäß § 11 Abs. 5 AÜG ist der Leiharbeitnehmer nicht verpflichtet, bei einem **Entleiher** tätig zu sein, soweit dieser durch einen **Arbeitskampf** unmittelbar betroffen ist. Zugunsten des Entleihers sieht die vertragliche Regelung vor, dass dieser verlangen kann, dass die Pflichten aus diesem Arbeitnehmerüberlassungsvertrag ruhen, z.B. wenn der Entleiher aufgrund von Streikmaßnahmen seiner Stammarbeitnehmer auch die Leiharbeitnehmer nicht mehr sinnvoll beschäftigen kann.

44 Gleiches gilt auch für die Dauer von **Betriebsversammlungen im Entleiherbetrieb**, an denen Leiharbeitnehmer gemäß § 14 Abs. 2 Satz 2 AÜG teilnehmen dürfen.

45 Für die Zeiten, in denen der Entleiher das Ruhen der Pflichten aus diesem Vertrag verlangt, stellt die Regelung klar, dass auch keine Überlassungsvergütung geschuldet sein soll. Verweigert der Leiharbeitnehmer aufgrund von § 11 Abs. 5 AÜG, also wegen eines Arbeitskampfs beim Entleiher, die Tätigkeit beim Entleiher und gelingt es dem Verleiher nicht, einen anderen leistungswilligen Leiharbeitnehmer bereitzustellen, so schuldet der Entleiher auch keine Vergütung (§ 326 Abs. 1 BGB; vgl. AR/*Reineke* § 11 AÜG Rn. 22; *Boemke/Lembke* § 11 Rn. 136). Im Fall der Teilnahme von Leiharbeitnehmern an einer Betriebsversammlung im Entleiherbetrieb ist der Entleiher nur dann zur Kürzung der Vergütung berechtigt, wenn dies – wie im Muster – im Arbeitnehmerüberlassungsvertrag vorgesehen ist (*Boemke/Lembke* § 14 Rn. 76; *Schüren/Hamann* § 14 Rn. 85).

46 **11.** Hintergrund von § 3 Abs. 1 des Musters sind die **Tarifverträge über Branchenzuschläge für Arbeitnehmerüberlassungen**. Diese sehen je nach Branchenzugehörigkeit des sog. Kundenbetriebs (= Entleiherbetriebs) nach einer bestimmten Einsatzzeit des Leiharbeitnehmers im Kundenbetrieb die Zahlung gestaffelter Branchenzuschläge vor. Die Branchenzugehörigkeit des Kundenbetriebs ist nach dem Willen der Tarifvertragsparteien im jeweiligen Arbeitnehmerüberlassungsvertrag festzuhalten. Ausgangspunkt derartiger Tarifverträge war der zwischen dem Bundesverband der Personaldienstleister (BAP) und dem Interessenverband Deutscher Zeitarbeitsunternehmen (iGZ) einerseits und der IG Metall andererseits am 22.05.2012 abgeschlossene **Tarifvertrag über Branchenzuschläge für Arbeitnehmerüberlassung in der Metall- und Elektroindustrie (TV BZ ME)**. Er sieht vor, dass Leiharbeitnehmer ab dem 01.11.2012 für die Dauer ihres jeweiligen Einsatzes im Rahmen der Arbeitnehmerüberlassung in einen – in § 1 Nr. 2 TV BZ ME abschließend aufgezählten – Kundenbetrieb in der Metall- und Elektroindustrie einen Branchenzuschlag erhalten (§ 2 Abs. 1 TV BZ ME). Die Aufnahme der Branche in den Arbeitnehmerüberlassungsvertrag ist in § 1 Abs. 2 TV BZ ME vorgeschrieben. Der Branchenzuschlag wird für den ununterbrochenen Einsatz im jeweiligen Kundenbetrieb gezahlt. Unterbrechungszeiten einschließlich Feiertage, Urlaubs- und Arbeitsunfähigkeitstage, die die Dauer von drei Monaten unterschreiten, sind keine Unterbrechungen im vorgenannten Sinne (§ 2 Abs. 2 TV BZ ME). Der Branchenzuschlag ist auf gezahlte übertarifliche Leistungen anrechenbar (§ 2 Abs. 5 TV BZ ME). Der Branchenzuschlag beträgt nach der Einsatzdauer in einem Kundenbetrieb folgende Prozentwerte: nach der sechsten vollendeten Woche 15 %, nach dem dritten vollendeten Monat 20 %, nach dem fünften vollendeten Monat 30 %, nach dem siebten vollendeten Monat 45 %, nach dem neunten vollendeten Monat 50 % des Stundentabellenentgelts des Entgelttarifvertrags Zeitarbeit zwischen BZA und der DGB-Tarifgemeinschaft Zeitarbeit bzw. des Entgelttarifvertrags zwischen iGZ und der DGB-Tarifgemeinschaft Zeitarbeit je nach Einschlägigkeit (§ 2 Abs. 3 TV BZ ME). Der Tarifvertrag sieht also keine echte Equal-Pay-Verpflichtung vor, weshalb insoweit auch von einem »Equal Pay light« gesprochen wird. Mittlerweile sind eine ganze Reihe von Branchenzuschlagstarifverträgen abgeschlossen worden (Übersichten dazu finden sich im jüngst erschienen »**Zwölften Bericht der Bundesregierung über Erfahrungen bei der Anwendung des Ar-**

beitnehmerüberlassungsgesetzes«, BT-Drs. 18/673, S. 14 sowie bei *Bissels/Mehnert* DB 2014, 2407 sowie bei Boembke/*Lembke* § 9 Rn. 223).

Dem Abschluss der Tarifverträge über Branchenzuschläge für Arbeitnehmerüberlassungen war ein mehrjähriger regelrechter »**Kampf um die Tarifhoheit**« (dazu *Boemke/Lembke* § 9 Rn. 200 ff.) in der Arbeitnehmerüberlassung zwischen DGB-Gewerkschaften und den Gewerkschaften des Christlichen Gewerkschaftsbunds Deutschlands (CGB) vorausgegangen (*Boemke/Lembke* § 9 Rn. 217). Nachdem im Zuge der Hartz-Reform des AÜG der Grundsatz von Equal Pay/Treatment eingeführt und zugleich die Möglichkeit geschaffen worden war, von diesem Grundsatz durch Tarifvertrag (bei Tarifbindung der Vertragsparteien) oder durch Bezugnahme auf einen entsprechenden Tarifvertrag im Arbeitsvertrag (bei fehlender Tarifbindung) abzuweichen, schlossen die Tarifgemeinschaft Christlicher Gewerkschaften für Zeitarbeit und Personalserviceagenturen (CGZP) und die Interessengemeinschaft Nordbayerischer Zeitarbeitsunternehmen e.V. (INZ) die ersten Tarifverträge in der Zeitarbeit (vgl. zur Entstehung der »Tariflandschaft« in der Zeitarbeitsbranche vgl. auch *Ludwig* in: Latzel/Picker, Neue Arbeitswelt, S. 166). Die Tarifverträge traten am 01.01.2003 in Kraft. Wenig später zog die – zu Beginn aus den DGB-Gewerkschaften IG BCE, NGG, IG Metall, GEW, ver.di, IG BAU, TRANSNET, GdP bestehende – DGB-Tarifgemeinschaft nach und schloss am 29.05.2003 mit dem Interessenverband Deutscher Zeitarbeitsunternehmen e.V. (iGZ) und am 22.07.2003 mit dem Bundesverband Zeitarbeit Personal-Dienstleistungen e.V. (BZA) mehrgliedrige Tarifverträge ab (zur Problematik der arbeitsvertraglichen Bezugnahme auf mehrgliedrige Tarifverträge vgl. I Rdn. 39 sowie 101). Von Beginn an stellten die DGB-Gewerkschaften zudem die »soziale Mächtigkeit« der CGZP und damit ihre Tariffähigkeit in Frage. Auch in der juristischen Fachliteratur war die Tariffähigkeit der CGZP lange Zeit umstritten (dazu *Franzen* BB 2009, 1472; *Jacobs* ZfA 2010, 27; *Lembke* NZA 2007, 1333; *Schüren* NZA 2008, 453; *Ulber* NZA 2008, 438).

47

Der Streit zwischen CGZP und INZ (die mittlerweile nach mehreren Fusionen im Bundesverband der Personaldienstleister (BAP) aufgegangen ist; vgl. dazu *Boemke/Lembke* § 9 Rn. 206 ff.) auf der einen sowie den DBG-Gewerkschaften und iGZ/BZA auf der anderen Seite gipfelte schließlich im sog. »**CGZP-Beschluss**« des BAG vom 14.12.2010 (BAG, Beschl. v. 14.12.2010 – 1 ABR 19/10, NZA 2011, 289). Das BAG stellte fest, dass die **CGZP nicht tariffähig** ist und weder als Gewerkschaft im Sinne des § 2 Abs. 1 TVG noch als Spitzenorganisation im Sinne des § 2 Abs. 3 TVG im eigenen Namen Tarifverträge schließen kann. Eine gegen den BAG-Beschluss vom 14.12.2010 gerichtete Verfassungsbeschwerde hat das Bundesverfassungsgericht nicht zur Entscheidung angenommen (BVerfG, Beschl. v. 10.03.2014 – 1 BvR 1104/11, NZA 2014, 496). In darauf folgenden Entscheidungen, kam das BAG ferner zu dem Ergebnis, dass die CGZP seit ihrer Gründung im Jahr 2002 nicht tariffähig war (BAG, Beschl. v. 23.05.2012 – 1 AZB 58/11, BeckRS 2012, 69669; BAG, Beschl. v. 23.05.2012 – 1 AZB 67/11, BeckRS 2012, 69670; BAG, Beschl. v. 22.05.2012 – 1 ABN 27/12, BeckRS 2012, 70480; das BVerfG hat Verfassungsbeschwerden gegen diese Beschlüsse nicht zur Entscheidung angenommen BVerfG, Beschl. v. 25.04.2015 – 1 BvR 2314/12, NZA 2015, 757). Vor dem Hintergrund dieser Rechtsprechung des BAG war zunächst offen, ob der (gegenwartsbezogene) Beschluss des BAG vom 14.12.2010 lediglich zur **Unwirksamkeit** der von der CGZP abgeschlossenen **Tarifverträge** ab dem 14.12.2010 (mündliche Verhandlung in der Rechtsbeschwerdeinstanz), ab dem 07.12.2009 (mündliche Verhandlung in der Tatsacheninstanz) oder auch bereits für früher liegende Zeiträume führt (dazu *Lembke* NZA-Beil. 2/2012, 66, 68 m.w.N.). Davon hing die Frage ab, ob Leiharbeitnehmer, auf deren Arbeitsverhältnis die CGZP-Tarifverträge anwendbar waren, auch für die Zeit *vor* dem Beschluss vom 14.12.2010 (bzw. vor der letzten mündlichen Verhandlung in der Tatsacheninstanz am 07.12.2009) Ansprüche auf Equal Pay/Treatment geltend machen können oder ob eine **Rückwirkung** ausscheidet und den Verleihern insoweit **Vertrauensschutz** zu gewähren ist bzw. die **Lehre vom fehlerhaften Tarifvertrag** eingreift (so *Lembke* NZA-Beil. 2/2012, 66, 68; *Lembke* NZA 2011, 1062, 1066 f.; *Lembke* FS Bepler 2012, *Lützeler/Bissels* DB 2011, 1636 f.; *Friemel* NZS 2011, 851; zur Lehre vom fehlerhaften Tarifvertrag grundlegend *Henssler*, in: Brand/Lembke, Der CGZP-Beschluss des Bundesarbeitsgerichts – arbeits- und sozialrechtliche Folgen, 2012, S. 19 ff.).

48

I. Fremdpersonaleinsatz

Am 13.03.2013 hat der 5. Senat des BAG zu beiden Fragen eindeutig Stellung bezogen: Weder sei die These vom fehlerhaften Tarifvertrag bei der Vereinbarung tariflicher Regelungen nach § 9 Nr. 2 AÜG geeignet, eine Unwirksamkeit lediglich mit Wirkung ex nunc zu begründen, noch sei ein etwaiges Vertrauen der Verleiher in die Tariffähigkeit der CGZP geschützt (BAG, Urt. v. 13.03.2013 – 5 AZR 294/12, BeckRS 2013, 70482, Rn. 3 ff. obiter dictum auch BAG, Urt. v. 13.03.2013 – 5 AZR 954/11, NZA 2013, 680, 682 f., Rn. 22 ff.; BAG, Urt. v. 13.03.2013 – 5 AZR 146/12, NZA 2013, 782, 784, Rn. 16 ff.; BAG, Urt. v. 13.03.2013 – 5 AZR 424/12, NZA 2013, 785, 786, Rn. 14 ff.; BAG, Urt. v. 13.03.2013 – 5 AZR 242/12, BeckRS 2013, 71115 Rn. 14 ff.). Die Folgen dieser Rechtsprechung sind weitreichend und beschäftigen seither die Arbeitsgerichte: Einer Vielzahl von Leitarbeitnehmern stehen gegen ihre Verleiher Ansprüche auf Equal Pay/Treatment zu, soweit die Ansprüche nicht aufgrund von vertraglich vereinbarten Ausschlussfristen verfallen oder bereits verjährt sind. Allerdings hat das BAG mittlerweile in verschiedenen Verfahren zum Ausdruck gebracht, dass die Anforderungen zur substantiierten Darlegung eines Equal-Pay-Anspruchs durchaus hoch sind (vgl. BAG, Urt. v. 25.03.2015 – 5 AZR 368/13, NZA 2015, 877, 878 f.; BAG, Urt. v. 19.02.2014 – 5 AZR 1046/12, AP AÜG § 10 Nr. 42; BAG, Urt. v. 23.10.2013 – 5 AZR 667/12, BeckRS 2014, 66797; BAG, Urt. v. 23.10.2013 – 5 AZR 556/12, NZA 2014, 313). Voraussetzung ist eine hinreichende Substantiierung, die sich im Detail auf die jeweils geltenden Arbeitsbedingungen im Einsatzbetrieb erstreckt. Sollte der klagende Leiharbeitnehmer nicht über eine Auskunft des Entleihers gemäß § 13 AÜG verfügen, wird eine Klage auf die Zahlung der Differenzvergütung einen nicht zu unterschätzenden Begründungsaufwand erfordern (vgl. hierzu auch *Bissels* BB 2014, 1658, 1663). Der Auskunftsanspruch des Leiharbeitnehmers gegen den Entleiher entsteht mit der Arbeitsaufnahme im Betrieb des Entleihers und verjährt in drei Jahren (vgl. BAG, Urt. v. 24.04.2014 – 8 AZR 1081/12, NZA 2014, 968).

49 [unbelegt]

50 **12.** § 3 Abs. 2 des Musters regelt eine umfassende **Auskunftspflicht des Entleihers** gegenüber dem Verleiher hinsichtlich der dem überlassenen Leiharbeitnehmer vergleichbaren Arbeitnehmer im Betrieb des Entleihers. Hintergrund dieser Klausel sind die in den **Tarifverträgen über Branchenzuschläge** für Arbeitnehmerüberlassungen enthaltenen **Deckelungsregelungen**, welche die Branchenzuschläge der Höhe nach begrenzen. Beispielhaft sei hier die Deckelungsregelung des § 2 Abs. 4 TV BZ ME genannt. Danach ist der Branchenzuschlag auf die Differenz zum laufenden regelmäßig gezahlten Stundenentgelt eines vergleichbaren Arbeitnehmers des Kundenbetriebs beschränkt, wenn der Kundenbetrieb die Deckelung gegenüber dem Verleiher geltend macht (Satz 2 der Protokollnotiz Nr. 3 Auslegung zur Deckelungsregelung, § 2 Abs. 4 TV BZ ME); bei der Feststellung des Vergleichsentgelts im Kundenbetrieb bleibt das Äquivalent einer durchschnittlichen Leistungszulage der Branche – die nach den Vereinbarungen der Tarifvertragsparteien 10 % beträgt (vgl. Ziffer 2 des Verhandlungsergebnisses zwischen BAP und iGZ einerseits und IG Metall andererseits vom 22.05.2012; kritisch zur wirksamen Vereinbarung der 10 %-igen Kürzung: ArbG Stuttgart, Urt. v. 21.11.2013 – 24 Ca 4398/13, NZA-RR 2014, 65, 68, Rn. 36; ein Rechtsprechungsüberblick zu den Tarifverträgen über Branchenzuschläge in der Zeitarbeit findet sich bei *Bissels/Mehnert* DB 2014, 2407) – unberücksichtigt. Die Deckelungsregelung greift also ein, sobald das tarifliche Stundenentgelt eines Leiharbeitnehmers zuzüglich Branchenzuschlag 90 % des laufenden regelmäßig gezahlten Stundenentgelts eines vergleichbaren Arbeitnehmers des Entleiherbetriebs übersteigt (vgl. Boembke/*Lembke* § 9 Rn. 222). Beruft sich der Kundenbetrieb auf die tarifliche Deckelung, muss der Verleiher – der verpflichtet ist, die dem Leiharbeitnehmer zustehende Vergütung unter Einbeziehung der neuen Tarifverträge über die Branchenzuschläge für Arbeitnehmerüberlassungen exakt zu berechnen – wissen, welche Arbeitsbedingungen für vergleichbare Arbeitnehmer einschlägig sind (ArbG Osnabrück, Urt. v. 18.09.2013 – 2 Ca 180/13, BeckRS 2014, 65303). Die dazu nötigen Informationen wird er nur vom Entleiher erhalten können. Zwar sieht § 12 Abs. 1 AÜG einen umfassenden Auskunftsanspruch des Verleihers gegen den Entleiher vor. In diesem Zusammenhang ist allerdings umstritten, ob die Bezugnahme auf ein um einen Branchenzuschlagstarifvertrag ergänztes Tarifwerk eine Ausnahme vom Grundsatz

des Equal Pay i.S.d. §§ 3 Abs. 1 Nr. 1 und 9 Nr. 2 AÜG darstellt, die gemäß § 12 Abs. 1 Satz 3, letzter Halbs. AÜG den gesetzlichen Auskunftsanspruch ausschließt (so jedenfalls *Sandmann/ Marschall/Schneider*, AÜG, Stand: 12/2015, § 12 Rn. 2a; a.A. *Mehnert/Stubbe*, BB 2013, 1269, 1275 sowie *Boemke/Lembke* § 12 Rn. 25 ff., der zutreffend darauf abstellt, dass der Grundsatz des Equal Pay gemäß §§ 9 Nr. 2, 3 Abs. 1 Nr. 3, 10 Abs. 4 AÜG insoweit nicht durch den TV BZ ME ausgeschlossen ist, als das Arbeitsentgelt eines vergleichbaren Arbeitnehmers für die Zeit der Überlassung relevant ist). § 3 Abs. 1 des Musters löst diesen Streit dahingehend auf, dass dem Verleiher im Falle der Anwendbarkeit von Tarifverträgen über Branchenzuschläge ein Auskunftsanspruch gegen den Entleiher zusteht.

13. § 3 Abs. 3 des Musters versucht einer möglichen **Darlegungsnot des Verleihers** bei einer Klage des Leiharbeitnehmers auf Zahlung von Equal Pay entgegenzuwirken. Das BAG hat entschieden, dass der Leiharbeitnehmer seiner Darlegungslast hinsichtlich der Höhe des Anspruchs auf gleiches Arbeitsentgelt zunächst dadurch genügen kann, dass er sich auf eine ihm nach § 13 AÜG vom Entleiher erteilte Auskunft beruft und diese in den Prozess einführt (BAG, Urt. v. 13.03.2013 – 5 AZR 146/12, NZA 2013, 782, 784, Rn. 22). Verschiedene Arbeitsgerichte haben diese Rechtsprechung des BAG auf eine dem Verleiher vom Entleiher erteilte Auskunft zu vergleichbaren Stammarbeitnehmern des Entleiherbetriebs »spiegelbildlich« übertragen (vgl. LAG Hamm, Urt. v. 13.03.2014 – 17 Sa 1479/13, BeckRS 2014, 71841; ArbG Osnabrück, Urt. v. 18.09.2013 – 2 Ca 180/13, BeckRS 65303; ArbG Oldenburg, Urt. v. 11.07.2013 – 6 Ca 49/13, BeckRS 2014, 65302). Die Gegenauffassung lehnt diese Sichtweise mit der Begründung ab, beide Fallkonstellationen wiesen wesentliche Unterschiede auf, weshalb eine »spiegelbildliche« Anwendung der BAG-Rechtsprechung ausscheide (ArbG Stuttgart, Urt. v. 21.11.2013 – 24 Ca 4398/13, NZA-RR 2014, 65, 67 f., Rn. 30 ff.). Der aufgrund der uneinheitlichen Rechtsprechung bestehenden Rechtsunsicherheit trägt § 3 Abs. 3 des Musters dadurch Rechnung, dass dem Verleiher im Falle einer gerichtlichen Auseinandersetzung neben der schriftlichen Auskunft ein sachkundiger Mitarbeiter des Entleihers benannt wird, der – zur Not (falls das Gericht die schriftliche Auskunft nicht als ausreichend akzeptiert) den Inhalt der Auskunft bestätigen und dazu mündlich weitergehende Auskünfte erteilen kann.

14. Der Verleiher ist **Arbeitgeber des Leiharbeitnehmers**. Da der Leiharbeitnehmer jedoch im Betrieb des Entleihers tätig wird, wird das arbeitsrechtliche **Weisungsrecht** hinsichtlich Inhalt, Ort und Zeit der Arbeitsleistung (vgl. § 106 GewO) ausdrücklich oder konkludent vom Verleiher auf den Entleiher **übertragen** (dazu DLW/*Dörner* Kap. 3 Rn. 4387). Zusätzlich zur Übertragung des Weisungsrechts hinsichtlich der Arbeitsausführung sieht die im Muster vorgeschlagene Regelung vor, dass der Entleiher die Leiharbeitnehmer – nach billigem Ermessen – zur Ableistung von Überstunden sowie Nacht-, Schicht-, Feiertags- und Wochenendarbeit heranziehen kann. Der Verleiher darf dementsprechend nur solche Leiharbeitnehmer überlassen, mit denen arbeitsvertraglich (also im Arbeitsvertrag zwischen Verleiher und Leiharbeitnehmer, vgl. Muster I.I.3. – I Rdn. 99) ein entsprechendes Weisungsrecht vereinbart worden ist.

15. Abweichend von der Grundregel, wonach der Verleiher auch während des Einsatzes des Leiharbeitnehmers beim Entleiher ausschließlicher Arbeitgeber des Leiharbeitnehmers ist, regelt § 6 Abs. 2 Satz 2 AGG, dass für Zwecke des Schutzes der Beschäftigten vor Benachteiligung auch der Entleiher als Arbeitgeber der Leiharbeitnehmer gilt. Damit ist jedoch keine Entlassung des Verleihers aus seinen Arbeitgeberpflichten verbunden; der Entleiher tritt lediglich für Zwecke des **AGG** zusätzlich als Arbeitgeber neben den Verleiher. Zum Schutz des Entleihers vor Inanspruchnahme wegen Benachteiligungen, die von Leiharbeitnehmern begangen wurden, und im Hinblick auf seine Pflicht aus § 12 Abs. 1 und 4 AGG zum Treffen der erforderlichen Maßnahmen zum Schutz vor Benachteiligungen, sieht der Arbeitnehmerüberlassungsvertrag vor, dass der Verleiher nur nach § 12 AGG geschulte Leiharbeitnehmer an den Entleiher überlässt.

16. Sofern nicht (ausnahmsweise) die Überlassung eines bestimmten Arbeitnehmers geschuldet ist (»**Stückschuld**«), hat der Verleiher mit der Überlassung von Leiharbeitnehmern eine »**Gattungsschuld**« zu erfüllen (*Boemke* BB 2006, 997, 998). Daher hat der Verleiher im Fall, dass der zur Überlassung vorgesehene Leiharbeitnehmer nicht zur Arbeit beim Entleiher erscheint (z.B. aufgrund von Arbeitsunfähigkeit oder bei unentschuldigtem Fehlen), einen anderen qualifizierten Arbeitnehmer zur Arbeitsleistung zu überlassen (vgl. AR/*Reineke* § 12 AÜG Rn. 7; *Boemke* BB 2006, 997, 999).

55 Aus Verleihersicht ist zudem eine (klarstellende) Regelung empfehlenswert, wonach der Verleiher jederzeit – unter Berücksichtigung der berechtigten Interessen des Entleihers – zum Austausch eines Leiharbeitnehmers berechtigt ist (vgl. *Boemke/Lembke* § 12 Rn. 36; AR/*Reineke* § 12 AÜG Rn. 7; *Boemke* BB 2006, 997, 1000).

56 **17.** Darüber hinaus ist der Entleiher aus den in § 6 Abs. 2 des Vertragsmusters genannten Gründen berechtigt, den **Austausch von Leiharbeitnehmern** zu verlangen. Zu Gunsten des Entleihers ist geregelt, dass kein Vergütungsanspruch hinsichtlich eines Leiharbeitnehmers besteht, wenn der Austausch des Leiharbeitnehmers seitens des Entleihers bereits am ersten Tag der Überlassung verlangt wird. Eine solche Regelung sollte aus Verleihersicht freilich gestrichen werden.

57 **18.** Da es sich bei dem vorliegenden Muster lediglich um einen Rahmenvertrag zwischen Verleiher und Entleiher handelt und die Überlassung der Leiharbeitnehmer im konkreten Einzelfall eines eigenen Einzelüberlassungsvertrags bedarf, ist im Rahmenvertrag geregelt, dass **Einzelüberlassungsverträge** mit einer besonderen **Frist gekündigt** werden können, z.B. – wie im Muster – mit einer Frist von einem Kalendertag zum Ende des folgenden Kalendertags. Dabei handelt es sich um eine zulässige Abweichung von den in § 621 BGB geregelten Kündigungsfristen (*Hamann*, S. 156). Aus Verleihersicht ist freilich eine längere Kündigungsfrist wünschenswert.

58 **19.** § 7 regelt die Einzelheiten der **Vergütung** und sieht beispielhaft – wie in der Praxis häufig – einen bestimmten **Stundensatz sowie Zuschläge** für Nachtarbeit und Arbeit an Sonn- und Feiertagen vor. Die Abrechnung erfolgt hier wochenweise und basiert auf Stundenzetteln, die der Leiharbeitnehmer selbst führt und vom Entleiher abzeichnen lässt.

59 **20.** Der Verleiher ist als Arbeitgeber des Leiharbeitnehmers zur Abführung der Lohnsteuer sowie der Sozialversicherungsbeiträge verpflichtet. In **steuerrechtlicher Hinsicht** haftet der Entleiher neben dem Verleiher jedoch für die Lohnsteuer, die auf die Zeit der Überlassung des Arbeitnehmers entfällt (§ 42d Abs. 6 EStG). Eine Haftung für die Lohnsteuer scheidet jedoch aus, wenn der Entleiher über das Vorliegen einer Arbeitnehmerüberlassung ohne Verschulden irrte, also z.B. wenn er ohne Verschulden von einem Werk- oder Dienstvertrag ausgegangen war (*Boemke/Lembke* § 10 Rn. 89). Ist der Entleiher hingegen Arbeitgeber (also wenn die erforderliche Arbeitnehmerüberlassungserlaubnis nicht vorliegt und gemäß § 10 Abs. 1 Satz 1 AÜG ein Arbeitsverhältnis mit dem Leiharbeitnehmer kraft Gesetzes entsteht) und zahlt er – was praktisch selten vorkommen dürfte – das Arbeitsentgelt an den Leiharbeitnehmer im eigenen Namen und auf eigene Rechnung, so bestimmt § 42d Abs. 7 EStG, dass der Verleiher wie ein Entleiher nach § 42d Abs. 6 EStG haftet (vgl. *Boemke/Lembke* § 10 Rn. 91).

60 Ein **wesentliches Risiko** der Unwirksamkeit der CGZP-Tarifverträge und der unwirksamen Bezugnahme auf mehrgliedrige Tarifverträge ist – neben den daraus resultierenden Equal-Pay-Ansprüchen der Leiharbeitnehmer – die **Nachforderung von Sozialversicherungsbeiträgen** durch die Sozialversicherungsträger (*Lembke/Ludwig* NJW 2014, 1329, 1332). Diese entstehen wegen des im Sozialversicherungsrecht geltenden Entstehungsprinzips gemäß § 22 Abs. 1 Satz 1 SGB IV unabhängig davon, ob die Leiharbeitnehmer ihre Vergütungsnachforderungen geltend machen, diese wegen entgegenstehender Ausschlussfristen nicht mehr geltend machen können oder tatsächlich eine Entgeltnachzahlung durch die Verleiher erfolgt. Entscheidend ist allein, dass der Gehaltsanspruch einmal entstanden ist (*Schlegel* NZA 2011, 380, 384; *Boemke/Lembke* § 9 Rn. 326). Zwar sind die nachzuentrichtenden Sozialversicherungsbeiträge vom Arbeitgeber, d.h. vom Verleiher abzuführen. Gemäß § 28e Abs. 2 Satz 1 und 2 SGB IV sowie § 150 Abs. 3 Satz 1 SGB VII **haftet** jedoch der **Entleiher** im Falle der Arbeitnehmerüberlassung bei einem wirksamen Arbeitnehmerüberlassungsvertrag für die Erfüllung der Zahlungspflicht des Verleihers gegenüber den Sozialversicherungsträgern **wie ein selbstschuldnerischer Bürge**, soweit ihm Arbeitnehmer gegen

Vergütung zur Arbeitsleistung überlassen worden sind (dazu *Giesen*, in: Brand/Lembke, Der CGZP-Beschluss des Bundesarbeitsgerichts – arbeits- und sozialrechtliche Folgen, 2012, S. 113 ff.; *Faust/Rehner* DB 2013, 874; *Friemel* NZS 2011, 851; *Lanzinner/Nath* NZS 2015, 210, 213; *Lembke/Ludwig* NJW 2014, 1329, 1332; *Lembke* NZA Beil. 2/2012, 66, 71 f.; *Lunk/Rodenbusch* RdA 2011, 375, 378 f.; *Plagemann/Brand* NJW 2011, 1488; *Segebrecht/Diepenbrock*, in: Brand/Lembke, Der CGZP-Beschluss des Bundesarbeitsgerichts – arbeits- und sozialrechtliche Folgen, 2012, S. 79 ff.; *Tuengerthal/Andorfer* BB 2011, 2939; ausführlich zur Haftung des Entleihers *Schöttler/Müllerleile* BB 2011, 3061, 3063 ff.; zur persönlichen Haftung der Geschäftsführungsorgane von Zeitarbeitsunternehmen *Zeppenfeld/Faust* NJW 2011, 1643, 1647 f.; *Boemke/Lembke* § 9 Rn. 325). Der Entleiher kann die Zahlung nur verweigern, solange die Einzugsstelle den Arbeitgeber nicht gemahnt hat und die Mahnfrist nicht abgelaufen ist. Einer Mahnung bedarf es jedoch nicht, wenn über das Vermögen des Verleihunternehmens das Insolvenzverfahren eröffnet worden ist, da angesichts von Zahlungsunfähigkeit oder Überschuldung die Nichterfüllung der Zahlungspflicht durch den Verleiher hinreichend sicher feststeht (BSG Urt. v. 07.03.2007 – B 12 KR 11/06 R, BeckRS 2007, 45269; KSW/*Roßbach* § 28e SGB IV Rn. 8; Kasseler Kommentar zum Sozialversicherungsrecht/*Wehrhahn*, 78. Lfg. 2013, § 28e SGB IV Rn. 20a). Die Haftung umfasst gemäß der §§ 28d, 28e Abs. 1 Satz 1 und 2 i.V.m. § 28e Abs. 2 Satz 1 SGB IV und § 150 Abs. 3 Satz 1 SGB VII sowohl den Arbeitgeber- als auch den Arbeitnehmeranteil zu den Sozialversicherungsbeiträgen sowie gemäß § 28e Abs. 4 SGB IV auch Säumniszuschläge, die infolge der Pflichtverletzung zu zahlen sind, und Zinsen für gestundete Beiträge.

Umstritten ist im Zusammenhang mit der Nichtigkeit der CGZP-Tarifverträge insbesondere die Frage, wann Beitragsansprüche der Sozialversicherungsträger **verjähren** (*Barkow von Creytz* DStR 2015, 901, 902; *Lützeler/Bissels* DB 2011, 1636, 1637; *Lunk/Rodenbusch* RdA 2011, 375, 376; *Schindele/Söhl* ArbRAktuell 2013, 535, 537; *Schlegel* NZA 2011, 380, 384). Die Rechtsprechung der Sozialgerichte in Verfahren des vorläufigen Rechtsschutzes war uneinheitlich (eine Übersicht zu in Eilverfahren ergangenen Entscheidungen von Landessozialgerichten findet sich bei *Bissels/Raus* BB 2013, 885; vgl. zum Streitstand auch *Barkow von Creytz* DStR 2015, 901, 902; *Boemke/Lembke* § 9 Rn. 331). Auch in den Hauptsacheverfahren ist keine einheitliche Linie erkennbar. Ein Teil der Sozialgerichte geht von einer 30-jährigen Verjährung für entsprechende Nachzahlungsbeiträge aus, da ab der Verkündung der CGZP-Entscheidung des BAG vom 14.12.2010 von einer vorsätzlichen Vorenthaltung der Beiträge auszugehen sei. Jedenfalls im Jahr 2006 fällig gewordene Beitragsansprüche seien daher noch nicht verjährt (SG Wiesbaden, Urt. v. 27.04.2015 – S 8 R 259/12, BeckRS 2015, 69475; SG Kassel, Urt. v. 04.09.2013 – S 12 KR 246/12, BeckRS 2013, 72199; SG Dresden, Urt. v. 15.05.2013 – S 15 KR 440/12, BeckRS 2013, 70467). Nach Ansicht dieser Rechtsprechung kommt es als maßgeblichen Zeitpunkt zur Feststellung des Vorsatzes zur Vorenthaltung nicht allein auf den Eintritt der Fälligkeit der jeweiligen Beitragsforderung an. Auch wenn der Beitragsschuldner bei Eintritt der Fälligkeit noch keinen entsprechenden Vorsatz hatte, laufe zunächst vom folgenden Kalenderjahr die vierjährige (Regel-)Verjährungsfrist des § 25 Abs. 1 Satz 1 SGB IV. Werde der Beitragsschuldner dann innerhalb dieser vierjährigen Frist bösgläubig, so verlängere sich die Verjährungsfrist rückwirkend in eine 30-jährige Verjährungsfrist. Die Gegenansicht geht davon aus, dass allein die Kenntnis der rechtlichen Einschätzung des BAG zur Tariffähigkeit der CGZP aus dem Jahr 2010 keinen Vorsatz begründet. Insoweit könnten nur Beiträge innerhalb der vierjährigen (Regel-)Verjährungsfrist nachgefordert werden (SG Dortmund, Urt. v. 11.07.2014 – S 34 R 1525/13, BeckRS 2014, 72631; SG Detmold, Urt. v. 29.01.2013 – S 6 R 1181/12, BeckRS 2014, 66347). Das Bundessozialgericht hat sich offenbar der letztgenannten Auffassung angeschlossen (BSG, Urt. v. 16.12.2015 – B 12 R 11/14 R, Rn. 68; vgl. hierzu auch *Bissels* DB 2016, 231, 232; ders. BB 2016, 249, 250).

Zahlt der Verleiher an den Leiharbeitnehmer das Arbeitsentgelt, obwohl der Arbeitsvertrag gemäß § 9 Nr. 1 AÜG wegen fehlender Arbeitnehmerüberlassungserlaubnis unwirksam ist, so ist der Verleiher gleichwohl zur Zahlung des Gesamtsozialversicherungsbeitrags verpflichtet, auch wenn in diesem Fall gemäß § 10 Abs. 1 Satz 1 AÜG ein Arbeitsverhältnis zwischen dem Leiharbeitnehmer und dem Entleiher zustande kommt; hinsichtlich dieser Zahlungspflicht des Verleihers gilt der Verleiher neben dem Entleiher als Arbeitgeber, so dass beide als Gesamtschuldner für den Gesamtsozialversicherungsbeitrag haften (§ 28e Abs. 2 Satz 3 und 4 SGB IV).

63 **21.** Im Hinblick auf die **Mithaftung des Entleihers** für Lohnsteuer und Sozialversicherungsbeiträge regelt § 8 Abs. 2 des Musters, dass der Verleiher dem Entleiher die Erfüllung seiner Pflicht zur Abführung der Sozialversicherungsbeiträge sowie der Lohnsteuer (mindestens) monatlich oder jederzeit auf Verlangen nachzuweisen hat. Auf diese Weise erfährt der Entleiher frühzeitig, falls der Verleiher seinen Pflichten nicht nachkommt und der Entleiher mit einer Inanspruchnahme rechnen muss. Dies kann für den Entleiher Anlass zur Kündigung des Arbeitnehmerüberlassungsvertrags sein.

64 **22.** § 8 Abs. 3 des Musters regelt im Interesse des Entleihers eine **Freistellung** im Innenverhältnis zum Verleiher, falls der Entleiher hinsichtlich der Zahlung von Sozialversicherungsbeiträgen und Lohnsteuer in Anspruch genommen wird.

65 **23.** Die CGZP-Fälle zeigen, dass die Unwirksamkeit der Bezugnahme auf Tarifverträge mit zum Teil erheblichen Nachforderungen seitens der Sozialversicherungsträger verbunden sein können. Infolgedessen besteht beim Verleiher oftmals die reale Gefahr der Insolvenz. In diesem Fall dürfte sich die in § 8 Abs. 3 geregelte **Freistellungs- und Schadensersatzklausel** in der Regel als wertlos erweisen. Gleichzeitig steigt jedoch für den Entleiher das Risiko einer Inanspruchnahme als Haftungsschuldner durch die Sozialversicherungsträger – namentlich: die Krankenkassen als Einzugsstellen –, da es nach h.M. bei Insolvenz des Verleihers einer vorherigen Mahnung des Entleihers nicht mehr bedarf (siehe dazu I Rdn. 59). § 8 Abs. 4 des Musters trägt diesem erhöhten Risiko des Entleihers dadurch Rechnung, dass sich der Verleiher verpflichtet, geeignete Sicherheiten zu stellen. Es ist allerdings ungewiss, ob eine solche Klausel in der Praxis tatsächlich durchsetzbar ist.

66 **24.** Falls Leiharbeitnehmer im Rahmen ihrer Tätigkeit beim Entleiher von dessen Betriebsgeheimnissen Kenntnis erlangen, sollte im Rahmenvertrag zwischen Verleiher und Entleiher vereinbart werden, dass nur solche **Leiharbeitnehmer** überlassen werden, welche eine als Anlage beizufügende Vereinbarung über **Geheimhaltung** zu Gunsten des Entleihers unterschrieben haben. Je nach Einzelfall kann auch die Unterzeichnung weiterer Vereinbarungen geregelt werden, z.B. über die Übertragung von Urheber- und Nutzungsrechten. Im Hinblick auf Arbeitnehmererfindungen oder technische Verbesserungsvorschläge regelt bereits § 11 Abs. 7 AÜG, dass der Entleiher als Arbeitgeber i.S.d. Arbeitnehmererfindungsgesetzes gilt.

67 **25.** Gemäß § 11 Abs. 6 AÜG unterliegt die Tätigkeit des Leiharbeitnehmers bei dem Entleiher den für den Betrieb des Entleihers geltenden öffentlich-rechtlichen Vorschriften des Arbeitsschutzrechts. Die sich daraus ergebenden Pflichten für den **Arbeitsschutz** obliegen dem Entleiher unbeschadet der Pflichten des Verleihers. Die Regelung in § 10 Abs. 1 des Musters gibt im Wesentlichen die gesetzliche Regelung des § 11 Abs. 6 AÜG wieder (ausführlich dazu *Boemke/Lembke* § 11 Rn. 139 ff.). Da der Verleiher als Arbeitgeber ebenfalls für den Arbeitsschutz verantwortlich ist, regelt Abs. 2, dass der Verleiher die gesundheitliche Eignung der Leiharbeitnehmer für die Tätigkeit beim Entleiher sicherzustellen hat.

68 **26.** Der am 01.12.2011 in Kraft getretene § 13b AÜG regelt, dass der Entleiher dem Leiharbeitnehmer **Zugang zu den Gemeinschaftseinrichtungen oder -diensten** im Unternehmen unter den gleichen Bedingungen zu gewähren hat wie vergleichbaren Arbeitnehmern in dem Betrieb, in dem der Leiharbeitnehmer seine Arbeitsleistung erbringt, es sei denn, eine unterschiedliche Behandlung ist aus sachlichen Gründen gerechtfertigt. Gemeinschaftseinrichtungen oder -dienste in diesem Sinne sind gemäß § 13b Abs. 1 AÜG insbesondere Kinderbetreuungseinrichtungen, Gemeinschaftsverpflegung und Beförderungsmittel. Mit dieser auf Art. 6 Abs. 4 der Richtlinie 2008/104/EG des Europäischen Parlaments und des Rates vom 19.11.2008 über Leiharbeit (ABl. L327 vom 05.12.2008, S. 9) beruhenden Neuregelung im AÜG wird ein eigener und unmittelbarer Anspruch des Leiharbeitnehmers gegen den Entleiher begründet (*Lembke* NZA 2011, 319, 323). Dieser Anspruch ist **nicht tarifdispositiv**, ist also unabhängig davon, ob der Grundsatz von Equal Pay/Treatment aufgrund eines anwendbaren abweichenden Tarifvertrags ausgeschlossen ist

(*Hamann* RdA 2011, 321, 336; *Lembke* NZA 2011, 319, 323; *Krannich/Grieser* AuA 2012, 81; *Kock* BB 2012, 323, 324). Findet der Grundsatz von Equal Pay/Treatment allerdings Anwendung, trifft auch den Verleiher als Arbeitgeber des Leiharbeitnehmers die Pflicht, dem Leiharbeitnehmer Zugang zu den Gemeinschaftseinrichtungen und -diensten des Entleihers zu verschaffen. Verleiher und Entleiher sind in diesem Fall Gesamtschuldner gemäß der §§ 421 ff. BGB (*Lembke* NZA 2011, 319, 323).

In der Praxis stellt sich vor allem die Frage, was unter »**Gemeinschaftseinrichtungen oder -diensten**« zu verstehen ist. Es entspricht der wohl überwiegenden Meinung, dass jedenfalls vom Entleiher an seine Arbeitnehmer gewährte Geldleistungen (z.B. Leistungen der betrieblichen Altersversorgung, Essenszuschuss, Fahrtkostenzuschuss, Mietkostenzuschuss) oder Geldsurrogate (z.B. Essensgutscheine, Tankgutscheine) nicht darunter fallen (*Lembke* NZA 2011, 319; 323 f.; *Oberthür* ArbRB 2011, 146, 148; *Schindele* ArbRAktuell 2011, 577; *Krannich/Grieser* AuA 2012, 81, 82; kritisch *Hamann* RdA 2011, 321, 337). Als gesetzliche Beispiele für »Gemeinschaftseinrichtungen oder -dienste« erfasst sind hingegen Kinderbetreuungseinrichtungen, Gemeinschaftsverpflegung (z.B. Kantine) und Beförderungsmittel (z.B. Werkstransport). Danach fallen wohl auch Erholungsheime, Sportanlagen, Werkmietwohnungen, Parkplätze, betriebseigene Tankstellen zum verbilligten Bezug von Benzin sowie Einrichtungen zum verbilligten Personalkauf unter § 13b AÜG (*Lembke* NZA 2011, 319, 323 f.). Auch interne, d.h. in den Räumlichkeiten des Entleihers stattfindende Schulungsmaßnahmen dürften erfasst sein (*Lembke* NZA 2011, 319, 324; a.A. *Kock* BB 2012, 323, 325). 69

Der Entleiher muss Leiharbeitnehmern den Zugang **unter den gleichen Bedingungen** gewähren wie vergleichbaren Arbeitnehmern im Betrieb. Haben vergleichbare Arbeitnehmer des Entleihers z.B. Zugang zur Kantine zum Verzehr von vergünstigtem Essen, so haben auch Leiharbeitnehmer Anspruch auf Zugang zur Kantine und auf Verzehr von Essen zum selben vergünstigten Preis wie die vergleichbaren Arbeitnehmer. Ein Anspruch der Leiharbeitnehmer besteht nur dann nicht, wenn eine unterschiedliche Behandlung mit den vergleichbaren Arbeitnehmern aus sachlichen Gründen gerechtfertigt ist. Ein sachlicher Grund kann z.B. vorliegen, wenn der Entleiher gemessen an der individuellen Einsatzdauer einen unverhältnismäßigen Organisations- bzw. Verwaltungsaufwand bei der Gewährung des Zugangs hätte (*Lembke* NZA 2011, 319, 324; *Krannich/Grieser* AuA 2012, 81, 82; *Kock* BB 2012, 323, 325; BR-Drs. 847/10, S. 10 f.; GA AÜG der Bundesagentur für Arbeit, Stand: Januar 2016, Ziff. 13b Abs. 2; kritisch *Hamann* RdA 2011, 321, 338). Auch ist der Verleiher nicht verpflichtet, zur Aufnahme von Leiharbeitnehmern zusätzliche Kapazitäten zu schaffen oder vorhandene Kapazitäten neu zu verteilen (*Kock* BB 2012, 323, 325). 70

§ 13b AÜG zwingt Verleiher und Entleiher dazu, im Arbeitnehmerüberlassungsvertrag Regelungen zu den Gemeinschaftseinrichtungen und -diensten des Entleihers aufzunehmen (ebenso *Huke/Neufeld/Luickhardt* BB 2012, 961, 968). Denn die Zugangsgewährung stellt einen **geldwerten Vorteil** an den – gemäß § 38 Abs. 4 Satz 2 EStG auskunftspflichtigen – Leiharbeitnehmer dar, den der Verleiher bei der – ihm obliegenden (vgl. § 38 Abs. 1 Satz 3 EStG) – **Abführung der Lohnsteuer** (zu steuerrechtlichen Fragen *Eismann* DStR 2011, 2381; *Gamp* AuR 2012, 164; *Krannich/Grieser* AuA 2012, 81, 83 f.; *Sprenger* personalmagazin 11/11, S. 78) **und der Sozialversicherungsbeiträge** (vgl. §§ 14 Abs. 1, 17 Abs. 1, 28e SGB IV) sowie bei seiner **betriebswirtschaftlichen Kalkulation** berücksichtigen muss. Vor diesem Hintergrund sieht das Vertragsmuster in § 11 Auskunftspflichten des Entleihers gegenüber dem Verleiher vor, damit der Verleiher in die Lage versetzt wird, die steuer- und sozialversicherungsrechtlichen Pflichten zu erfüllen. 71

Gemäß § 9 Nr. 2a AÜG sind Vereinbarungen, die den Zugang des Leiharbeitnehmers zu den Gemeinschaftseinrichtungen oder -diensten im Unternehmen des Entleihers beschränken, unwirksam. Darüber hinaus kommt ein Schadensersatzanspruch des Leiharbeitnehmers gegen den Entleiher aus § 280 Abs. 1 BGB oder § 823 Abs. 2 BGB i.V.m. § 13b AÜG in Betracht, wenn der Entleiher dem Leiharbeitnehmer vom Zugang ohne sachlichen Grund ausschließt (*Hamann* RdA 2011, 321, 338; *Lembke* NZA 2011, 319, 324; *Kock* BB 2012, 323, 326). Schließlich stellt der 72

I. Fremdpersonaleinsatz

Verstoß gegen § 13b AÜG eine **Ordnungswidrigkeit** dar, die mit einem Bußgeld von bis zu € 2.500 geahndet werden kann (§ 16 Abs. 1 Nr. 10, Abs. 2 AÜG).

72.1 **27.** Gemäß § 4 Abs. 3 TV BZ ME sind gesonderte Vereinbarungen bzw. besondere Leistungen, die für Leiharbeitnehmer im Betrieb des Entleihers gelten bzw. gewährt werden, in den Arbeitnehmerüberlassungsvertrag aufzunehmen.

73 **28.** Der Muster-Rahmenvertrag ist **unbefristet**, kann jedoch auch **befristet** werden. Er ist dann nur ordentlich kündbar, wenn dies im Vertrag vorgesehen ist (*Boemke/Lembke* § 12 Rn. 41; *Schüren*/Hamann Einl. Rn. 336; ErfK/*Wank* § 12 AÜG Rn. 11). Angesichts der jüngeren Rechtsprechung des BAG, wonach § 1 Abs. 1 Satz 2 AÜG ein Verbot der nicht nur vorübergehenden Arbeitnehmerüberlassung normiert (BAG, Beschl. v. 10.07.2013 – 7 ABR 91/11, NZA 2013, 1296, Rn. 32, 42, 48, 50; so auch BAG, Urt. v. 10.12.2013 – 9 AZR 51/13, NZA 2014, 196, Rn. 26, 38; a.A. entgegen BAG hingegen ausdrücklich und zutreffend: LAG Nürnberg, Beschl. v. 29.10.2013 – 7 TaBV 15/13, juris sowie oben I Rdn. 4 ff.) empfiehlt es sich aus kautelarjuristischer Sicht, im Überlassungsvertrag zumindest eine Zeit- und/oder Zweckbefristung vorzusehen, um argumentieren zu können, dass keine dauerhafte Überlassung geplant war. Ferner sollte eine ordentliche Kündigungsmöglichkeit vereinbart werden (*Boemke/Lembke* § 12 Rn. 58).

74 **29.** In § 12 Abs. 2 des Musters ist eine dreimonatige **Kündigungsfrist** vorgesehen. Im Fall der Kündigung des Rahmenvertrags gelten die aufgrund des Rahmenvertrags abgeschlossenen einzelnen Arbeitnehmerüberlassungsverträge als zum selben Zeitpunkt gekündigt.

75 **30.** Die früher umstrittene Frage, ob der Arbeitnehmerüberlassungsvertrag eine an den Verleiher zu zahlende **Vermittlungsprovision** für den Fall vorsehen durfte, dass der Entleiher ein Arbeitsverhältnis mit dem früher bei ihm eingesetzten Leiharbeitnehmer abschließt, ist seit dem 01.01.2004 ausdrücklich geregelt: § 9 Nr. 3 Halbs. 2 AÜG erlaubt eine »angemessene« Vergütung für die nach vorangegangenem Verleih oder mittels vorangegangenem Verleih erfolgte Vermittlung (BGH, Urt. v. 10.11.2011 – III ZR 77/11, NZA-RR 2012, 67, 68, Rn. 15; BGH, Urt. v. 11.03.2010 – III ZR 240/09, NZA 2010, 511, 512, Rn. 11; BGH, Urt. v. 07.12.2006 – III ZR 82/06, NZA 2007, 571; dazu *Lembke/Fesenmeyer* DB 2007, 801; s. auch Art. 6 Abs. 2 der Richtlinie 2008/104/EG des Europäischen Parlaments und des Rates vom 19.11.2008 über Leiharbeit, ABl. L327 vom 05.12.2008, S. 9). Sollte eine Bestimmung zur Vermittlungsprovision als unangemessen angesehen werden, so ist die Klausel **insgesamt unwirksam** (BGH, Urt. v. 11.03.2010 – III ZR 240/09, NZA 2010, 511, 513, Rn. 17 ff.; *Boemke/Lembke* § 9 Rn. 514; Thüsing/*Mengel* § 9 Rn. 56). Seit dem 30.04.2011 regelt zudem der neu eingefügte § 9 Nr. 5 AÜG, dass Vereinbarungen, nach denen der *Leiharbeitnehmer* eine Vermittlungsvergütung an den Verleiher zu zahlen hat, unwirksam sind.

76 Bei der Prüfung der **Angemessenheit der Vermittlungsvergütung** ist eine umfassende Abwägung der Interessen von Verleiher und Entleiher unter Berücksichtigung der durch § 9 Nr. 3 AÜG geschützten Berufsfreiheit des Leiharbeitnehmers (Art. 12 Abs. 1 GG) durchzuführen (dazu BGH, Urt. v. 10.11.2011 – III ZR 77/11, NZA-RR 2012, 67, 68, Rn. 16 ff.; BGH, Urt. v. 11.03.2010 – III ZR 240/09, NZA 2010, 511, 512, Rn. 14 f.; *Lembke/Fesenmeyer* DB 2007, 801, 803). Nach der Gesetzesbegründung sind die Dauer des vorangegangenen Verleihs, die Höhe des vom Entleiher für den Verleih bereits gezahlten Entgelts und der Aufwand für die Gewinnung eines vergleichbaren Arbeitnehmers zu berücksichtigen (BT-Drs. 15/1759, S. 29). Auch die Verkehrsüblichkeit der Vermittlungsgebühr spielt eine Rolle (vgl. § 653 Abs. 2 BGB; *Boemke/Lembke* § 9 Rn. 508; *Thüsing* DB 2003, 2122, 2124; a.A. *Ulber* § 9 Rn. 355). Ferner kommt es darauf an, welche Aufwendungen der Verleiher für die Gewinnung des Leiharbeitnehmers getätigt hat (z.B. Kosten für Anzeigen, Vorstellungsgespräche, Einarbeitung und Weiterbildung), wann sich diese Aufwendungen amortisieren und welche Kosten der Entleiher durch die Übernahme des Leiharbeitnehmers im Hinblick auf die Gewinnung eines neuen Arbeitnehmers erspart (z.B. Kosten für Anzeigen, Vorstellungsgespräche; *Boemke/Lembke* § 9 Rn. 508). Dabei sind auch die Qualifikationen des Arbeitnehmers zu berücksichtigen. Je eher der Leiharbeitnehmer austauschbar ist,

desto geringer muss die Vermittlungsvergütung sein (*Benkert* BB 2004, 998, 1000). Die Tatsache, dass der Entleiher den Leiharbeitnehmer erprobt hat, wenn er ihn übernimmt, schlägt nicht vergütungserhöhend zu Buche, weil die Erprobung während der Arbeitnehmerüberlassung bereits mit der Überlassungsgebühr abgegolten ist.

In seinem Urteil vom 11.03.2010 entschied der BGH erstmals, dass die Regelung über eine Vermittlungsprovision, die nicht nach der Dauer des vorangegangenen Verleihs **gestaffelt** ist, unwirksam ist. Der BGH führte dazu aus, dass sich die in die Wertung über die Angemessenheit der Höhe der Vermittlungsprovision einfließenden Kriterien überwiegend verändern, was eine Anpassung der Provision für die Übernahme eines Leiharbeitnehmers über die Dauer der Verleihzeit bedingt. Die Auslegung des Begriffs der Angemessenheit in § 9 Nr. 3 Halbs. 2 AÜG entsprechend dem Willen des Gesetzgebers führe im Ergebnis dazu, dass die Vereinbarung einer Vermittlungsprovision die Dauer des Verleihverhältnisses aufnehmen und bei der Höhe der Provision berücksichtigen müsse (BGH, Urt. v. 11.03.2010 – III ZR 240/09, NZA 2010, 511, 512, Rn. 16). Die Höhe der in den Allgemeinen Geschäftsbedingungen eines Leiharbeitgebers festgesetzten Vergütung, die der einen Leiharbeitnehmer übernehmende Entleiher dem Leiharbeitgeber zu zahlen habe, sei grundsätzlich nicht mehr angemessen i.S.d. § 9 Nr. 3 Halbs. 2 AÜG, wenn sie nicht nach der Dauer des vorangegangenen Verleihs gestaffelt sei. Eine solche Vereinbarung verstoße gegen § 9 Nr. 3 Halbs. 1 AÜG und sei unwirksam (BGH, Urt. v. 11.03.2010 – III ZR 240/09, NZA 2010, 511 LS). Eine Klausel ohne Abstufung der Vermittlungsprovision entsprechend der Dauer der Verleihzeit könne deshalb nur in Betracht kommen, wenn die Vermittlungsprovision von der Höhe her so niedrig bemessen sei, dass sie in jedem denkbaren Fall als angemessen bezeichnet werden müsse und eine Abstufung der Zeit nach deswegen aufgrund der Höhe nicht erforderlich sei. Dies könne bei einer Provision wie im der Entscheidung zugrunde liegenden Sachverhalt in Höhe des 200-fachen Stundenverrechnungssatzes jedoch ausgeschlossen werden (BGH, Urt. v. 11.03.2010 – III ZR 240/09, NZA 2010, 511, 512, Rn. 20).

Unter Zugrundelegung der vorstehend genannten Erwägungen hat der BGH im Urteil vom 10.11.2011 die Vereinbarung der im Fall streitigen Vermittlungsprovision für wirksam erachtet und dabei folgende allgemeine Grundsätze aufgestellt:

– Die Vermittlungsgebühr darf bei einer Übernahme des Leiharbeitnehmers zu Anfang der Überlassungszeit **höchstens zwei Bruttomonatsgehälter** des Leiharbeitnehmers betragen. Es ist auf die Bruttomonatsgehälter im neuen Arbeitsverhältnis mit dem (früheren) Entleiher abzustellen (BGH, Urt. v. 10.11.2011 – III ZR 77/11, NZA-RR 2012, 67, 70, Rn. 28, 31).
– Unter der Voraussetzung, dass die Höhe der Vermittlungsprovision eine degressive Staffelung enthält, sich also mit zunehmender Überlassungsdauer verringert, kann eine Vermittlungsprovision grundsätzlich **bis zu einer Überlassungsdauer von einem Jahr** vereinbart werden. D.h. eine Vermittlungsprovision kann auch für den Fall vereinbart werden, dass der Leiharbeitnehmer erst nach einjähriger Überlassung übernommen wird (BGH, Urt. v. 10.11.2011 – III ZR 77/11, NZA-RR 2012, 67, 69 f., Rn. 26 f.).
– Die **degressive Staffelung** der Vermittlungsprovision muss **zumindest quartalsweise** (also im Drei-Monats-Rhythmus) und in ihrer Abstufung in etwa proportional zum Zeitablauf erfolgen. Ausgehend von einer anfänglichen Maximalhöhe von zwei Bruttomonatsgehältern müssten sich die nachfolgenden, (zumindest) im Drei-Monats-Rhythmus abgestuften Sätze demnach etwa in einer Größenordnung von eineinhalb Bruttomonatsgehältern (nach Ablauf von drei Monaten), einem Bruttomonatsgehalt (nach Ablauf von sechs Monaten) und einem halben Bruttomonatsgehalt (nach Ablauf von neun Monaten) bewegen (BGH, Urt. v. 10.11.2011 – III ZR 77/11, NZA-RR 2012, 67, 70, Rn. 28).
– Grundsätzlich kann eine Vermittlungsprovision auch für den Fall vereinbart werden, dass der Leiharbeitnehmer erst in einem Zeitraum von **bis zu sechs Monaten nach Ende der Überlassung** vom (früheren) Entleiher übernommen wird. Für einen solchen Zeitraum kann noch vermutet werden, dass die frühere Überlassung kausal für die spätere Übernahme des Leiharbeitnehmers war. Allerdings muss dem Entleiher gestattet sein, diese Vermutung zu widerlegen (BGH, Urt. v. 10.11.2011 – III ZR 77/11, NZA-RR 2012, 67, 71, Rn. 34 ff.). Daher re-

gelt § 13 Abs. 1 Satz 2 des Musters, dass eine Vermittlungsprovision nicht gezahlt wird, wenn der Entleiher nachweist, dass der Abschluss des Arbeitsvertrags mit dem Leiharbeitnehmer nicht auf die vorangegangene Überlassung zurückzuführen ist.

79 Konkret lag der Entscheidung des BGH vom 10.11.2011 folgende Klausel im Arbeitnehmerüberlassungsvertrag zugrunde:

»(1) Bei Übernahme in ein Anstellungsverhältnis eine(r)/s Mitarbeiter(in)/s aus der Überlassung steht ... ein Vermittlungshonorar zu. Die Höhe der Vermittlungsgebühr ist wie folgt gestaffelt:
– Übernahme innerhalb der ersten drei Monate 15 % des Jahresbruttoeinkommens,
– nach drei Monaten 12 % des Jahresbruttoeinkommens,
– nach sechs Monaten 9 % des Jahresbruttoeinkommens,
– nach neun Monaten 5 % des Jahresbruttoeinkommens, und
– nach zwölf Monaten erheben wir keine Vermittlungsgebühr mehr

(Jahresbruttogehalt = Arbeitsentgelt brutto ohne Nebenzuwendungen zzgl. der gesetzlichen Umsatzsteuer). Das Honorar wird bei Begründung des Arbeitsverhältnisses, d.h. mit Unterzeichnung des Vertrags, binnen acht Tagen fällig.

(2) Das Vermittlungshonorar steht ... auch dann zu, wenn [es] innerhalb von sechs Monaten nach der letzten Überlassung zu einem Anstellungsverhältnis zwischen dem Entleiher und dem Mitarbeiter kommt.«

Der BGH entschied, dass Abs. 1 – anders als Abs. 2 – der Klausel der AGB-Kontrolle standhält. Daran kann man sich in der Praxis orientieren.

80 **31.** Bei **Anlage 2 zum Rahmenvertrag** handelt es sich um ein Muster für die in § 2 Abs. 1 des Rahmenvertrags genannten »gesondert abzuschließenden schriftlichen Arbeitnehmerüberlassungsverträge«. Wegen des in § 12 Abs. 1 Satz 1 AÜG geregelten Schriftformerfordernisses sollten auch diese Vereinbarungen schriftlich abgeschlossen werden.

2. Konzerninterne Arbeitnehmerüberlassung

Vorbemerkung

81 § 1 Abs. 3 Nr. 2 AÜG enthält eine Privilegierung von Arbeitnehmerüberlassung zwischen Konzernunternehmen. Durch das »**Erste Gesetz zur Änderung des Arbeitnehmerüberlassungsgesetzes – Verhinderung von Missbrauch der Arbeitnehmerüberlassung**« vom 28.04.2011 (nachfolgend AÜG-ÄndG) wurde diese Regelung mit Wirkung zum 01.12.2011 lediglich modifiziert, nicht jedoch aufgehoben. Dies ist europarechtlich bedenklich, denn die Richtlinie 2008/104/EG des Europäischen Parlaments und des Rates vom 19.11.2008 über Leiharbeit (ABl. L327 vom 05.12.2008, S. 9), die durch das AÜG-ÄndG umgesetzt wurde, regelt keine Privilegierung von konzerninterner Arbeitnehmerüberlassung (*Hamann* RdA 2011, 321, 333; *Lembke* FA 2011, 290, 291; *Lembke* DB 2011, 414, 416; *Hirdina* NZA 2011, 325, 327; *Boemke* RIW 2009, 177, 178; ErfK/*Wank* § 1 AÜG Rn. 57; wohl a.A. *Schüren/Wank* RdA 2011, 1, 11; zu den Auswirkungen des AÜG-ÄndG auf konzerninterne Arbeitnehmerüberlassung im Baugewerbe *Salamon* NZA-RR 2012, 61). In der Praxis besteht das Risiko, dass die Rechtsprechung das Konzernprivileg europarechtskonform auslegt und das AÜG auf die Arbeitnehmerüberlassung zwischen Konzernunternehmen anwendet, zumindest soweit es Regelungen der Leiharbeitsrichtlinie umsetzt (vgl. *Lembke* BB 2012, 2497, 2499).

Möchte man sich unter Inkaufnahme dieses Risikos auf das Konzernprivileg berufen, gilt Folgendes: Gemäß § 1 Abs. 3 Nr. 2 AÜG sind die Vorschriften des AÜG, insbesondere also die Erlaubnispflicht des § 1 Abs. 1 Satz 1 AÜG, der Grundsatz des Equal Pay/Treatment nach §§ 9 Nr. 2, 3 Abs. 1 Nr. 3 AÜG und die neuen Regelungen der §§ 13a und 13b AÜG, grundsätzlich nicht anwendbar bei konzerninterner Arbeitnehmerüberlassung, wenn der Arbeitnehmer nicht zum

Zweck der Überlassung eingestellt und beschäftigt wird. Das Erfordernis der lediglich *vorübergehenden* Überlassung wurde gestrichen, da es durch das AÜG-ÄndG bereits Eingang in die Definition der Arbeitnehmerüberlassung i. S.v. § 1 Abs. 1 AÜG gefunden hat. **Konzerninterne Arbeitnehmerüberlassung i. S.d. neu gefassten § 1 Abs. 3 Nr. 2 AÜG liegt vor, wenn**
- die Arbeitnehmerüberlassung **zwischen Konzernunternehmern** i. S.d. § 18 AktG erfolgt, Verleiher und Entleiher also demselben Konzern angehören,
- und der Arbeitnehmer **nicht zum Zweck der Überlassung eingestellt und beschäftigt** wird.

Unerheblich ist hingegen, ob die Arbeitnehmerüberlassung **gewerbsmäßig** erfolgt (*Boemke/Lembke* § 1 Rn. 216; *Hamann* S. 37; wohl auch BAG, Urt. v. 05.05.1988 – 2 AZR 795/87, NZA 1989, 18, 19 zur alten Fassung des § 1 Abs. 3 Nr. 2 AÜG). Die frühere Gegenansicht (*Ulber* § 1 Rn. 247) dürfte mit der Streichung des Merkmals »gewerbsmäßig« aus der Definition der Arbeitnehmerüberlassung i. S.d. § 1 Abs. 1 Satz 1 AÜG überholt sein (das BAG hatte kurz vor dem AÜG-ÄndG im Urt. v. 09.02.2011 – 7 AZR 32/10, NZA 2011, 791, 794 f., Rn. 34 ff., noch die Anforderung an das Merkmal »gewerbsmäßig« gelockert und entschieden, dass die dazu gehörige Gewinnerzielungsabsicht auch bei einem konzernangehörigen Unternehmen oder der Konzernmutter vorliegen kann). 82

Verleiher und Entleiher müssen demselben **Konzern** angehören. Dazu gehören aufgrund der Verweisung auf § 18 AktG sowohl Gleichordnungskonzerne (§ 18 Abs. 2 AktG) als auch Unterordnungskonzerne (§§ 17, 18 Abs. 1 AktG), ferner Vertragskonzerne und faktische Konzerne (*Boemke/Lembke* § 1 Rn. 228; AR/*Beck* § 1 AÜG Rn. 60; *Thüsing/Waas* § 1 Rn. 188; *Grimm/Brock* § 3 Rn. 23). Auf die **Rechtsform** von Verleiher und Entleiher kommt es nicht an (BAG, Urt. v. 05.05.1988 – 2 AZR 795/87, NZA 1989, 18, 19; GA AÜG der Bundesagentur für Arbeit (Stand: Januar 2016), Ziffer 1.3.2 Abs. 2; *Boemke/Lembke* § 1 Rn. 227; AR/*Beck* § 1 AÜG Rn. 60; ErfK/*Wank* § 1 AÜG Rn. 58; HWK/*Kalb* § 1 AÜG Rn. 53; krit. *Ulber* § 1 Rn. 251). 83

Der Arbeitnehmer darf nicht **zum Zweck der Überlassung eingestellt und beschäftigt** werden. Damit ist klargestellt, dass reine **Personalführungsgesellschaften**, deren **einziger Zweck** die Einstellung und Beschäftigung von Arbeitnehmern ist, die dann zur Arbeitsleistung an andere Konzernunternehmern überlassen werden, nicht unter das Konzernprivileg des § 1 Abs. 3 Nr. 2 AÜG fallen (*Lembke* BB 2012, 2497, 2499; *Hamann* NZA 2011, 70, 76; *Lembke* FA 2011, 290, 291; *Düwell* DB 2010, 1759; GA AÜG der Bundesagentur für Arbeit (Stand: Januar 2016), Ziffer 1.3.2 Abs. 8). Dies entspricht der früheren Rechtslage (BAG, Urt. v. 09.02.2011 – 7 AZR 32/10, NZA 2011, 791, 794, Rn. 32; BAG, Beschl. v. 20.04.2005 – 7 ABR 20/04, NZA 2005, 1006, 1008; LAG Schleswig-Holstein, Beschl. v. 02.07.2008 – 6 TaBV 11/08, NZA-RR 2009, 75, 77; *Boemke/Lembke* § 1 Rn. 232 ff.; AR/*Beck* § 1 AÜG Rn. 61; *Thüsing/Waas* § 1 Rn. 199; *Lembke* BB 2010, 1533, 1538). Die Auslegung von § 1 Abs. 3 Nr. 2 AÜG (»... wenn der Arbeitnehmer nicht zum Zweck der Überlassung eingestellt und beschäftigt wird«) ist höchstrichterlich noch nicht geklärt. Der Wortlaut ist aber wohl dahingehend auszulegen, dass der Arbeitnehmer nicht irgendwann ausschließlich als Leiharbeitnehmer eingesetzt, d.h. nur noch an Dritte (Entleiher) zur Arbeitsleistung überlassen wird, ohne jemals wieder beim Vertragsarbeitgeber (Verleiher) beschäftigt zu werden. Außerdem müsste es statt »und« wohl »oder« heißen. Gemeint ist also wohl, dass das Konzernprivileg im Falle der konzerninternen Arbeitnehmerüberlassung nur gelten soll, »wenn der Arbeitnehmer nicht ausschließlich zum Zwecke der Überlassung eingestellt oder wenn er nicht ausschließlich an andere Konzernunternehmen zur Arbeitsleistung überlassen wird« (Boemke/*Lembke* § 1 Rn. 234 m.w.N.). Wird hingegen ein Arbeitnehmer als »normaler« Arbeitnehmer eingestellt und beschäftigt, der jedoch aufgrund einer Konzernversetzungsklausel im Arbeitsvertrag auch an andere Konzernunternehmen überlassen werden kann, findet das Konzernprivileg grundsätzlich Anwendung (Boemke/*Lembke* § 1 Rn. 233; *Lembke* BB 2012, 2497, 2499; ders. FA 2011, 290, 291; *ders.* DB 2011, 414, 416; *Hamann* RdA 2011, 321, 333; *Raif* GWR 2011, 303; a.A. *Oberthür* ArbRB 2011, 146, 147; *Sandmann/Marschall/Schneider* AÜG, Stand: 12/2015, § 1 Rn. 81a; *Ulber* AÜG, 4. Aufl. 2011, § 1 Rn. 370). Entscheidend für die Anwen- 84

I. Fremdpersonaleinsatz

dung des Konzernprivilegs ist also, dass der Arbeitnehmer auch wieder zum Vertragsarbeitgeber zurückkehren muss (Boemke/*Lembke* § 1 Rn. 234).

85 Die konzerninterne Arbeitnehmerüberlassung als Möglichkeit zur **Senkung von Personalkosten** wird – nicht zuletzt vor dem Hintergrund des »Schlecker-Falles« – in Rechtsprechung und Literatur kontrovers diskutiert (näher dazu *Lembke* BB 2012, 2497, 2498; *Böhm* DB 2010, 672; *Lembke* BB 2010, 1533, 1537 ff. m.w.N.; *Schüren* BB 2007, 2346).

86 Weitere Zweifelsfragen haben sich durch die Entscheidung des **EuGH** vom 21.10.2010 in Sachen »**Albron Catering**« ergeben: In diesem Verfahren entschied der EuGH, dass das Arbeitsverhältnis eines Leiharbeitnehmers, der von einer konzerninternen, alle Arbeitsverhältnisse im Konzern »poolenden« Verleihgesellschaft an ein konzerninternes Entleiherunternehmen überlassen war, vom Entleiher auf einen konzernexternen Betriebserwerber übergehen kann, wenn die vom Entleiherunternehmen ausgeübten Tätigkeiten (hier: Lieferung von Mahlzeiten an Beschäftigte des Konzerns) im Rahmen eines Betriebsübergangs auf den konzernexternen Erwerber (hier: Albron Catering) übertragen werden (EuGH, Urt. v. 21.10.2010 – C-242/09, NZA 2010, 1225; dazu BAG, Urt. v. 09.02.2011 – 7 AZR 32/10, NZA 2011, 791, 796; *Lembke* BB 2012, 2497, 2503; *Abele* FA 2011, 7; *Bauer/v. Medem* NZA 2011, 20; *Forst* RdA 2011, 228; *Gaul/Ludwig* DB 2011, 298, 299 f.; *Kühn* NJW 2011, 1408; *Willemsen* NJW 2011, 1546). In dieser Entscheidung bezeichnet der EuGH den konzerninternen Entleiher explizit als »nichtvertraglichen Arbeitgeber«, mit dem der Leiharbeitnehmer in einem »Arbeitsverhältnis« steht, das nach der Betriebsübergangsrichtlinie (bzw. § 613a Abs. 1 BGB) auf den Betriebserwerber übergehen kann (vgl. EuGH, Urt. v. 21.10.2010 – C-242/09, NZA 2010, 1225, 1226, Rn. 22 ff.). Nicht klar ist allerdings, ob sich die Anwendung der Regelungen zum Betriebsübergang auf Fälle konzerninterner Arbeitnehmerüberlassung beschränkt (so *Bauer/v. Medem* NZA 2011, 20; *Willemsen* NJW 2011, 1546) oder ob künftig auch »normale« Arbeitnehmerüberlassung außerhalb des Konzerns betroffen ist (so *Forst* RdA 2011, 228; *Kühn* NJW 2011, 1408). Auch die Folgen der Anwendung der Regelungen zum Betriebsübergang sind derzeit völlig ungeklärt (dazu BAG, Urt. v. 15.05.2013 – 7 AZR 525/11, NZA 2013, 1214, 1218, Rn. 37; *Willemsen* NJW 2011, 1546; *Forst* RdA 2011, 228; *Bauer/v. Medem* NZA 2011, 20).

▶ **Muster – Konzerninterne Arbeitnehmerüberlassung**

87

Vertrag über konzerninterne Arbeitnehmerüberlassung [1]

zwischen

[Name und Adresse des Entleiherunternehmens]

– nachfolgend »Entleiher« genannt –

und

[Name und Adresse des Verleihunternehmens]

– nachfolgend »Verleiher« genannt –

Präambel [2]

Der Entleiher und der Verleiher sind zum Konzern der [Name der Muttergesellschaft] gehörende Konzernunternehmen i.S.d. § 18 AktG. Der Entleiher benötigt zur Durchführung des Projekts [kurze Benennung und Beschreibung des Projektes] vorübergehend die Arbeitsleistung mehrerer Mitarbeiter des Verleihers. Zu diesem Zweck werden auf Grundlage dieses Vertrags Mitarbeiter des Verleihers im Rahmen einer gemäß § 1 Abs. 3 Nr. 2 AÜG erlaubnisfreien konzerninternen Arbeitnehmerüberlassung vorübergehend an den Entleiher zur Arbeitsleistung überlassen. Die überlassenen Mitarbeiter wurden bzw. werden nicht zum Zweck der Überlassung eingestellt und beschäftigt.

§ 1
Arbeitnehmerüberlassung

(1) Der Verleiher überlässt dem Entleiher die in der Anlage zu diesem Vertrag aufgeführten Arbeitnehmer zur Arbeitsleistung nach Weisung des Entleihers. Der Verleiher überlässt dem Entleiher nur solche Arbeitnehmer, die der Entleiher im Rahmen der gesetzlichen Bestimmungen zur Ableistung von Überstunden sowie Nacht-, Schicht-, Feiertags- und Wochenendarbeit heranziehen kann, wenn die betrieblichen Belange des Entleihers dies erfordern und es billigem Ermessen entspricht. Entsprechende Weisungen gegenüber dem jeweiligen Arbeitnehmer sind arbeitsvertraglich zulässig. [3]

(2) Für Zeiten der unverschuldeten Arbeitsverhinderung der überlassenen Arbeitnehmer (z.B. aufgrund von Erholungsurlaub, Arbeitsunfähigkeit, des Ruhens des Arbeitsverhältnisses wegen Elternzeit oder aus sonstigen Gründen) ist der Verleiher nicht verpflichtet, Ersatzkräfte zu beschaffen. [4]

§ 2
Beginn und Dauer der Arbeitnehmerüberlassung; Kündigung [5]

(1) Beginn und Dauer der Arbeitnehmerüberlassung bestimmen sich nach den für jeden Arbeitnehmer in der Anlage aufgeführten Zeitpunkten. Die Arbeitnehmerüberlassung endet jedoch spätestens ___[Anzahl]___ Monate nach dem jeweiligen Überlassungsbeginn. Nach Ende der jeweiligen Überlassung erbringen die Arbeitnehmer ihre Arbeitsleistung wieder beim Verleiher.

(2) Jede Partei ist berechtigt, diesen Vertrag mit einer Frist von zwei Wochen zum Monatsende schriftlich zu kündigen.

§ 3
Vergütung; Abrechnung [6]

(1) Der Entleiher zahlt an den Verleiher für die Dauer der Überlassung des jeweiligen Arbeitnehmers eine Vergütung (Stundensatz) in Höhe von € ___[Betrag]___ (in Worten: [Betrag in Worten] Euro) für jede von dem Arbeitnehmer geleistete Arbeitsstunde. Sofern Umsatzsteuer anfällt, wird die Vergütung zuzüglich Umsatzsteuer gezahlt.

(2) Zusätzlich werden folgende Zuschläge zuzüglich der zum Zeitpunkt der Fälligkeit gültigen Umsatzsteuer gezahlt:

a) für Nachtarbeit in der Zeit von 22 Uhr bis 6 Uhr: 25 % des Stundensatzes;

b) für Arbeiten an Sonntagen und Feiertagen in der Zeit von 0 Uhr bis 24 Uhr: 50 % des Stundensatzes.

Bei Zusammentreffen der Voraussetzungen für die Zahlung verschiedener Zuschläge wird nur der jeweils höchste Zuschlag gezahlt.

§ 5
Arbeitsschutz; Fürsorgepflicht

Der Entleiher verpflichtet sich im Hinblick auf die überlassenen Arbeitnehmer zur Einhaltung der öffentlich-rechtlichen Vorschriften des Arbeitsschutzrechts und zur Erfüllung der sich aus dem Einsatz der Arbeitnehmer in seinem Betrieb ergebenden gesetzlichen Fürsorgepflichten. [7]

§ 6
Salvatorische Klausel; Schriftform

(1) Falls eine Bestimmung dieses Vertrags unwirksam sein sollte, bleibt die Wirksamkeit der übrigen Bestimmungen hiervon unberührt. [Eine unwirksame Bestimmung wird durch eine Regelung ersetzt, die dem Sinn der zu ersetzenden Bestimmung im Rahmen des rechtlich Möglichen am nächsten kommt. Dies gilt entsprechend für etwaige Regelungslücken in diesem Vertrag.]

I. Fremdpersonaleinsatz

(2) Abgesehen von individuellen Vertragsabreden (§ 305b BGB) bedürfen Änderungen und Ergänzungen dieses Rahmenvertrags zu ihrer Wirksamkeit der Schriftform; die elektronische Form, die Textform und die telekommunikative Übermittlung sind ausgeschlossen. Dies gilt auch für die Aufhebung, Änderung oder Ergänzung des vorstehenden Schriftformerfordernisses.

[Ort, Datum]   [Ort, Datum]

(Unterschrift des Verleihers)   (Unterschrift des Entleihers)

Erläuterungen

Schrifttum

Bauer/v. Medem § 613a BGB: Übergang von Leiharbeitsverhältnissen bei Übertragung des Entleiherbetriebs?, NZA 2011, 20; *Boemke* Die EG-Leiharbeitsrichtlinie und ihre Einflüsse auf das deutsche Recht, RIW 2009, 177; *Böhm* Lohndumping durch konzerninterne Arbeitnehmerüberlassung?!, DB 2010, 672; *Forst* Leiharbeitnehmer im Betriebsübergang, RdA 2011, 228; *Gaul/Ludwig* Wird § 613a BGB jetzt uferlos?, DB 2011, 298; *Grimm/Brock* Praxis der Arbeitnehmerüberlassung, 2004; *Hamann* Die Reform des AÜG im Jahr 2011, RdA 2011, 321; *Hamann* Kurswechsel bei der Arbeitnehmerüberlassung?, NZA 2011, 70; *Hirdina* Die Arbeitnehmerüberlassung – Eine verfassungswidrige Überregulierung?, NZA 2011, 325; *Kühn* Der Betriebsübergang bei Leiharbeit, NJW 2011, 1408; *Lembke* Arbeitnehmerüberlassung im Konzern, BB 2012, 2497; *Lembke* Zeitarbeit – Königsweg aus arbeitsrechtlicher Rigidität?, in: Maschmann (Hrsg.), Rigidität und Flexibilität im Arbeitsrecht, 2012, S. 119; *Lembke* Die geplanten Änderungen im Recht der Arbeitnehmerüberlassung, DB 2011, 414; *Lembke* Die jüngsten Änderungen des AÜG im Überblick, FA 2011, 290; *Lembke* Aktuelle Brennpunkte in der Zeitarbeit, BB 2010, 1533; *Oberthür* Die Neuregelung des AÜG, ArbRB 2011, 146; *Raif* Reform der Leiharbeit – Was ändert sich für Unternehmen?, GWR 2011, 303; *Salamon* Auswirkungen der Änderungen des AÜG auf die konzerninterne Personalgestellung im Baugewerbe, NZA-RR 2012, 61; *Schüren* Kostensenkung durch konzerneigene Verleihunternehmen, BB 2007, 2346; *Schüren/Wank* Die neue Leiharbeitsrichtlinie und ihre Umsetzung in deutsches Recht, RdA 2011, 1; *Willemsen* Erosion des Arbeitgeberbegriffs nach der Albron-Entscheidung des EuGH? NJW 2011, 1546; *Willemsen/Annuß* Kostensenkung durch konzerninterne Arbeitnehmerüberlassung, BB 2005, 437.

88 **1.** Ein Arbeitnehmer des Verleihers kann nur an ein anderes Konzernunternehmen überlassen werden, wenn dies **arbeitsvertraglich zulässig** ist. Da das arbeitgeberseitige Weisungsrecht gemäß § 106 GewO grundsätzlich nicht das Recht umfasst, den Arbeitnehmer bei einem anderen Unternehmen tätig werden zu lassen, ist eine gesonderte Regelung erforderlich, z.B. in Form einer Konzernversetzungsklausel im Arbeitsvertrag zwischen Verleiher und Arbeitnehmer (ErfK/*Wank* § 1 AÜG Rn. 59; *Grimm/Brock* § 3 Rn. 42; HWK/*Lembke* § 106 GewO Rn. 74; *Thüsing/Waas* § 1 Rn. 201). Existiert keine solche arbeitsvertragliche Regelung, muss mit dem Arbeitnehmer eine Vereinbarung über seinen Einsatz beim Entleiher getroffen werden. Denkbar ist auch, dass der Arbeitnehmer ebenfalls Partei des zwischen Verleiher und Entleiher geschlossenen Vertrags über die konzerninterne Arbeitnehmerüberlassung ist.

89 **2.** Es empfiehlt sich, eine Präambel aufzunehmen, in der bereits klar die Voraussetzungen der konzerninternen Arbeitnehmerüberlassung genannt sind: Verleiher und Entleiher gehören einem Konzern i.S.d. § 18 AktG an; die überlassenen Mitarbeiter wurden bzw. werden nicht zum Zweck der Überlassung eingestellt und beschäftigt (vgl. Vorbemerkung I.I.2. – I Rdn. 81 ff.).

90 **3.** Der Verleiher bleibt Arbeitgeber der überlassenen Arbeitnehmer. Da diese jedoch im Betrieb des Entleihers tätig werden, wird das **arbeitsrechtliche Weisungsrecht** hinsichtlich Inhalt, Ort und Zeit der Arbeitsleistung (vgl. § 106 GewO) ausdrücklich oder konkludent vom Verleiher **auf den Entleiher übertragen**. Zusätzlich zur Übertragung des Weisungsrechts hinsichtlich der Arbeitsausführung sieht die Regelung auch vor, dass der Entleiher die Arbeitnehmer – nach billigem Ermessen – zur Ableistung von Überstunden sowie Nacht-, Schicht-, Feiertags- und Wochenendarbeit heranziehen kann. Entsprechende Weisungen müssen allerdings vom Arbeitsvertrag zwischen Verleiher und den überlassenen Arbeitnehmern gedeckt sein.

4. § 1 Abs. 2 des Musters regelt, dass der Verleiher – anders als bei nicht konzerninterner Arbeitnehmerüberlassung – **keine Ersatzkräfte** beschaffen muss, wenn die überlassenen Arbeitnehmer unverschuldet an der Erbringung ihrer Arbeitsleistung verhindert sind. Die Regelung ist insbesondere dann sinnvoll, wenn der Verleiher nicht mehr Arbeitnehmer entbehren kann als vereinbart.

5. Bis zum 30.11.2011 war das Konzernprivileg des § 1 Abs. 3 Nr. 2 AÜG nur bei *vorübergehender* Überlassung eines Arbeitnehmers zwischen zwei Konzernunternehmen anwendbar, so dass der Überlassungsvertrag eine **Zeit- oder Zweckbefristung** vorsehen sollte (vgl. Vorbemerkung I.I.2. – I Rdn. 81 ff.). Auch nach Streichung des Merkmals »vorübergehend« empfiehlt sich eine Befristung des Überlassungsvertrags. Dadurch wird indiziert, dass die überlassenen Arbeitnehmer nicht ausschließlich überlassen werden, sondern nach ihrem Einsatz beim Entleiher wieder zum Verleiher zurückkehren. Das – aufgrund der von der h.M. angenommenen Europarechtswidrigkeit mit höchster Vorsicht zu genießende – Konzernprivileg ist daher wohl anwendbar (vgl. I Rdn. 81, 84). Die konkrete Überlassungsdauer ist für jeden Arbeitnehmer einzeln in der Anlage geregelt. Sinnvoll ist aber jedenfalls eine Regelung zur Höchstbefristung im Vertrag selbst. Ferner sollte eine ordentliche Kündigungsmöglichkeit vereinbart werden.

6. Zur **Vergütung** vgl. zunächst I Rdn. 58. Statt einer Vergütung kann auch lediglich die **Erstattung der Personalkosten** hinsichtlich der überlassenen Arbeitnehmer an den Verleiher vereinbart werden, ggf. zuzüglich einer Überlassungsvergütung. Sollen die Personalkosten erstattet werden, so sollte im Vertrag klargestellt werden, welche Kosten umfasst sind, z.B. Bruttomonatsfestgehalt, Überstundenvergütung, (zeitanteilige) Sonderleistungen (Weihnachtsgeld, Urlaubsgeld etc.), Arbeitgeberanteile zu den Sozialversicherungsbeiträgen, Entgeltfortzahlung im Krankheitsfall und im Urlaub, Kosten für Reise, Unterkunft, doppelte Haushaltsführung der Arbeitnehmer etc. In der Praxis sollte bei der Gestaltung konzerninterner Arbeitnehmerüberlassung auch ein Steuerexperte hinzugezogen werden, um zu prüfen, ob die Vergütung umsatzsteuerpflichtig ist. Eine **Umsatzsteuerpflicht** kann z.B. im Fall der umsatzsteuerrechtlichen Organschaft gemäß § 2 Abs. 2 Nr. 2 UStG ausscheiden.

7. Zwar findet § 11 Abs. 6 AÜG im Fall konzerninterner Arbeitnehmerüberlassung keine Anwendung, doch bestimmt § 16 Abs. 1 SGB VII, dass die **Unfallverhütungsvorschriften** auch gelten, soweit für das Unternehmen (= Entleiher) Versicherte (= überlassene Arbeitnehmer) tätig werden, für die ein anderer Unfallversicherungsträger (nämlich der des Verleihers, vgl. § 133 Abs. 2 SGB VII) zuständig ist. Der Entleiher hat auch die gesetzlichen Fürsorgepflichten gegenüber den überlassenen und für ihn tätigen Arbeitnehmern zu erfüllen.

3. Leiharbeitsvertrag

Vorbemerkung

Das »**Leiharbeitsverhältnis**« zwischen Leiharbeitnehmer und Verleiher ist ein normales Arbeitsverhältnis, dessen Besonderheit lediglich darin besteht, dass der Leiharbeitnehmer (grundsätzlich) nicht im Betrieb seines Vertragsarbeitgebers (des Verleihers) tätig wird, sondern dass er im Betrieb des Entleihers nach dessen Weisungen und zur Verfolgung von dessen Betriebszwecken arbeitet. Auf das Leiharbeitsverhältnis finden grundsätzlich die **allgemeinen arbeitsrechtlichen Vorschriften**, wie z.B. KSchG und TzBfG, Anwendung. Daneben sieht das AÜG zum Schutz des Leiharbeitnehmers noch einige Sonderregelungen vor, die bei der Gestaltung des Leiharbeitsvertrags zwischen Leiharbeitnehmer und Verleiher zu beachten sind, insbesondere die Regelungen in § 11 AÜG sowie das gesetzliche **Schlechterstellungsverbot** (Grundsatz des Equal Pay/Treatment mitsamt Tariföffnungsklausel, §§ 9 Nr. 2, 3 Abs. 1 Nr. 3 AÜG), das nach der »Hartz-Reform« des AÜG eingeführt wurde (dazu *Lembke* BB 2003, 98; *Ulber* NZA 2009, 232) und nun eine Grundlage in Art. 5 Abs. 1 der Richtlinie 2008/104/EG des Europäischen Parlaments und des Rates vom 19.11.2008 über Leiharbeit (ABl. L327 vom 05.12.2008, S. 9) hat (zur Umsetzung der Richtlinie und weiteren Änderungen am AÜG durch das »**Erste Gesetz zur Änderung des Arbeit-**

I. Fremdpersonaleinsatz

nehmerüberlassungsgesetzes – Verhinderung von Missbrauch der Arbeitnehmerüberlassung« vom 28.04.2011 s. I Rdn. 2 ff.).

96 Gemäß § 11 Abs. 1 AÜG richtet sich der **Nachweis der wesentlichen Vertragsbedingungen des Leiharbeitsverhältnisses** grundsätzlich nach den Bestimmungen des Nachweisgesetzes. § 2 Abs. 1 NachwG enthält eine Auflistung der notwendigen Angaben, die in der an den Arbeitnehmer auszuhändigenden Niederschrift der wesentlichen Vertragsbedingungen aufzunehmen sind. Die Verpflichtung zum Nachweis der wesentlichen Arbeitsbedingungen kann der Arbeitgeber dadurch erfüllen, dass er mit dem Arbeitnehmer einen schriftlichen Arbeitsvertrag abschließt und ihm ein Vertragsexemplar aushändigt (vgl. § 2 Abs. 4 NachwG). Gemäß § 11 Abs. 2 Satz 2 AÜG erhalten nichtdeutsche Leiharbeitnehmer den Nachweis (also in der Regel den Arbeitsvertrag) auf Verlangen in ihrer Muttersprache.

97 Die Nichterfüllung der Nachweispflicht in § 11 Abs. 1 AÜG stellt eine Ordnungswidrigkeit dar, die mit einer Geldbuße von bis zu € 1.000 geahndet werden kann (§ 16 Abs. 1 Nr. 8, Abs. 2 AÜG). Außerdem besteht das Risiko, dass die gemäß § 1 Abs. 1 Satz 1 AÜG erforderliche Arbeitnehmerüberlassungserlaubnis versagt, nicht verlängert, zurückgenommen oder widerrufen wird (vgl. §§ 3 Abs. 1 Nr. 1, 4 Abs. 1, 5 Abs. 1 AÜG).

98 Nicht zulässig sind in Arbeitsverträgen mit Leiharbeitnehmern insbesondere einzelvertragliche Vereinbarungen über
– eine kürzere Kündigungsfrist als in § 622 Abs. 1 BGB wegen einer Einstellung des Leiharbeitnehmers als vorübergehende Aushilfe (§ 11 Abs. 4 Satz 1 AÜG);
– eine Aufhebung oder Beschränkung des Rechts des Leiharbeitnehmers auf Vergütung bei Annahmeverzug des Verleihers gemäß § 615 Satz 1 BGB (§ 11 Abs. 4 Satz 2 AÜG);
– die Pflicht des Leiharbeitnehmers zur Zahlung einer Vermittlungsvergütung an den Verleiher (§ 9 Nr. 5 AÜG).

▶ **Muster – Leiharbeitsvertrag**

99

Leiharbeitsvertrag [1]

zwischen

[Name und Adresse des Unternehmens] [2]

– nachfolgend »Gesellschaft« genannt –

und

Herrn/Frau [Name und Adresse des Leiharbeitnehmers]

– nachfolgend »Mitarbeiter« genannt –

§ 1
Arbeitnehmerüberlassungserlaubnis

Die Gesellschaft ist im Besitz einer gültigen Erlaubnis zur Arbeitnehmerüberlassung gemäß § 1 Abs. 1 Satz 1 AÜG, ausgestellt von ___[Behörde]___ in ___[Ort]___ am ___[Datum]___ [zuletzt verlängert am ___[Datum]___]. Eine Kopie der Erlaubnis sowie ein Merkblatt über den wesentlichen Inhalt des Arbeitnehmerüberlassungsgesetzes (AÜG) sind diesem Vertrag als Anlagen beigefügt. [3]

§ 2
**Tätigkeit und Aufgabengebiet; Überlassung zur Arbeitsleistung; Arbeitsort;
Leistungsverweigerungsrecht bei Arbeitskampf**

(1) *Der Mitarbeiter wird von der Gesellschaft mit Wirkung ab dem* ___[Datum]___ *als* ___[Funktion]___ *angestellt. Der Mitarbeiter kann insbesondere mit den folgenden Tätigkeiten betraut werden:* ___[Aufgaben]___ [4]

(2) Der Mitarbeiter besitzt die folgenden Qualifikationen:

[Qualifikationen] 5

(3) Die Gesellschaft hat das Recht, den Mitarbeiter an Dritte (Entleiher) zur Arbeitsleistung nach deren Weisungen zu überlassen oder ihn bei Bedarf auch im eigenen Betrieb einzusetzen. 6

(4) Der Mitarbeiter kann an verschiedenen Orten im Gebiet _____[Region]_____ eingesetzt werden. 7

(5) Der Mitarbeiter ist nicht verpflichtet, bei einem Entleiher tätig zu sein, soweit dieser durch einen Arbeitskampf unmittelbar betroffen ist. 8

§ 3
Anwendbare Tarifverträge 9

(1) Auf das Arbeitsverhältnis des Mitarbeiters finden für Zeiten, in denen der Mitarbeiter an einen Entleiher überlassen ist, die zwischen [Tarifvertragspartei] und [Tarifvertragspartei] abgeschlossenen Tarifverträge einschließlich der Tarifverträge über Branchenzuschläge für Arbeitnehmerüberlassungen in ihrer jeweils geltenden Fassung Anwendung; dies sind derzeit [Auflistung der derzeit anwendbaren Tarifverträge] . Dabei findet jeweils derjenige Tarifvertrag Anwendung, der nach den §§ 3 Abs. 1, 4 Abs. 1 TVG gelten würde, wenn der Mitarbeiter und die Gesellschaft jeweils kraft Mitgliedschaft in der im Hinblick auf den jeweiligen Einsatz beim Entleiher tarifzuständigen Gewerkschaft bzw. dem tarifzuständigen Arbeitgeberverband tarifgebunden wären.

(2) In verleihfreien Zeiten finden die zwischen [Tarifvertragspartei] und der [Tarifvertragspartei] geschlossenen Tarifverträge in der jeweils geltenden Fassung Anwendung.

(3) Die jeweils anwendbaren Tarifverträge können im Personalbüro der Gesellschaft eingesehen werden.

§ 4
Auskunftspflicht des Mitarbeiters 10

Der Mitarbeiter ist verpflichtet, der Gesellschaft Name/Firma und Anschrift der Arbeitgeber mitzuteilen, mit denen er in den letzten sechs Monaten in einem Arbeitsverhältnis stand.

§ 5
Arbeitszeit 11

(1) Die regelmäßige Arbeitszeit bestimmt sich nach den in § 3 genannten Tarifverträgen. Sie beträgt derzeit _____[Anzahl]_____ Stunden.

(2) Der Mitarbeiter wird nach billigem Ermessen der Gesellschaft bzw. des jeweiligen Entleihers im Rahmen der gesetzlichen Vorschriften und der Bestimmungen einer Betriebsvereinbarung oder eines anwendbaren Tarifvertrags auch über die vorgenannte Arbeitszeit hinaus tätig werden, Nacht-, Wochenend- und Feiertagsarbeit leisten und/oder in Arbeitsbereitschaft, Bereitschaftsdienst oder Rufbereitschaft tätig werden.

§ 6
Arbeitsentgelt 12

Das Arbeitsentgelt bestimmt sich nach den in § 3 genannten Tarifverträgen. Vorbehaltlich der Zustimmung des Betriebsrats wird der Mitarbeiter in die Entgeltgruppe [Entgeltgruppe] eingruppiert. Daher beträgt das Tarifentgelt derzeit _____[Tarifentgelt]_____ €.

§ 7
Urlaub 13

Der Anspruch auf bezahlten Erholungsurlaub bestimmt sich nach den in § 3 genannten Tarifverträgen. Derzeit beträgt der jährliche Erholungsurlaub folglich _____[Anzahl]_____ Arbeitstage.

I. Fremdpersonaleinsatz

§ 8
Geheimhaltung; Rückgabe von Firmeneigentum [14]

(1) Der Mitarbeiter hat über alle vertraulichen und nicht offenkundigen Tatsachen und Umstände, die den Geschäftsbetrieb der Gesellschaft, eines mit ihr verbundenen Unternehmens oder eines Dritten (insbesondere eines Entleihers), der mit der Gesellschaft in Geschäftsbeziehung steht, betreffen, strengstes Stillschweigen zu bewahren, und zwar sowohl gegenüber Dritten als auch gegenüber nicht berechtigten Mitarbeitern der Gesellschaft.

(2) Alle Geschäftsunterlagen, die der Mitarbeiter im Zusammenhang mit seiner Tätigkeit für die Gesellschaft von dieser erhält, sind Eigentum der Gesellschaft. Die Anfertigung von Abschriften, Kopien oder sonstiger Vervielfältigungen, gleich in welcher Form, für eigene Zwecke sowie die Weitergabe an Dritte ist untersagt. Diese Unterlagen sind jederzeit auf Verlangen der Gesellschaft, spätestens jedoch bei Beendigung des Arbeitsverhältnisses, einschließlich sämtlicher Vervielfältigungen an die Gesellschaft zurückzugeben. Die vorstehende Regelung gilt entsprechend für alle sonstigen Gegenstände, Datenträger, Datenverarbeitungsprogramme und Materialien, die der Mitarbeiter im Zusammenhang mit seiner Tätigkeit von der Gesellschaft erhält. Ein Zurückbehaltungsrecht ist ausgeschlossen.

(3) Die vorgenannten Verpflichtungen gelten auch nach Beendigung des Arbeitsverhältnisses.

§ 9
Dauer und Beendigung des Arbeitsverhältnisses [15]

(1) Das Arbeitsverhältnis wird auf unbestimmte Zeit eingegangen.

[optional:

(1) Das Arbeitsverhältnis endet automatisch, ohne dass es einer Kündigung bedarf, mit Ablauf des _____[Datum]_____ .]

(2) Die ersten _____[Anzahl]_____ Monate des Arbeitsverhältnisses gelten als Probezeit.

(3) Die Kündigungsfristen bestimmen sich nach den in § 3 genannten Tarifverträgen.

(4) Die Kündigung bedarf gemäß § 623 BGB der Schriftform.

(5) Der Mitarbeiter wird im Hinblick auf die zukünftige Beendigung des Arbeitsverhältnisses über die Notwendigkeit eigener Aktivitäten bei der Suche nach einer anderen Beschäftigung sowie über die Verpflichtung zur Meldung bei der Agentur für Arbeit nach § 38 Abs. 1 SGB III informiert. Bei verspäteter Meldung drohen Nachteile beim Arbeitslosengeld (vgl. §§ 159 Abs. 1 Nr. 7, Abs. 6, 148 Abs. 1 Nr. 3 SGB III).

§ 10
Schriftform

Abgesehen von individuellen Vertragsabreden (§ 305b BGB) bedürfen Änderungen und Ergänzungen dieses Rahmenvertrags zu ihrer Wirksamkeit der Schriftform; die elektronische Form, die Textform und die telekommunikative Übermittlung sind ausgeschlossen. Dies gilt auch für die Aufhebung, Änderung oder Ergänzung des vorstehenden Schriftformerfordernisses.

§ 11
Ausschlussfristen [16]

Unabhängig von tariflichen Ausschlussfristen, die durch Bezugnahme auf den Tarifvertrag Gegenstand dieses Vertrags geworden sind, gelten folgende eigenständige arbeitsvertragliche Ausschlussfristen:

(1) Alle Ansprüche einer Vertragspartei aus und in Verbindung mit dem Arbeitsverhältnis verfallen, wenn sie nicht innerhalb von drei Monaten nach Fälligkeit in Textform gegenüber der anderen Vertragspartei geltend gemacht werden. Lehnt die andere Vertragspartei den Anspruch *ab* oder äußert sie sich nicht innerhalb von zwei Wochen nach Zugang der Geltendmachung in Textform (Äußerungsfrist), verfallen die Ansprüche, wenn sie nicht innerhalb von drei Mo-

naten nach der Ablehnung oder nach dem Ablauf der Äußerungsfrist gerichtlich geltend gemacht werden.

(2) Abs. 1 gilt nicht für Ansprüche im Sinne des § 309 Nr. 7 BGB und nicht für Ansprüche aus Haftung wegen Vorsatzes sowie für Ansprüche, die nicht beschränkt oder ausgeschlossen werden können oder auf die nicht verzichtet werden kann.

§ 12
Salvatorische Klausel

Falls eine Bestimmung dieses Vertrags unwirksam sein sollte, bleibt die Wirksamkeit der übrigen Bestimmungen hiervon unberührt. [Eine unwirksame Bestimmung wird durch eine Regelung ersetzt, die dem Sinn der zu ersetzenden Bestimmung im Rahmen des rechtlich Möglichen am nächsten kommt. Dies gilt entsprechend für etwaige Regelungslücken in diesem Vertrag.]

[Ort, Datum]   [Ort, Datum]

_____   _____
(Unterschrift der Gesellschaft)   (Unterschrift des Mitarbeiters)

Der Mitarbeiter bestätigt, eine Ausfertigung dieses Arbeitsvertrags erhalten zu haben. [17]

[Ort, Datum]

_____
(Unterschrift des Mitarbeiters)

Anlage 1: Arbeitnehmerüberlassungserlaubnis vom _____[Datum]_____

Anlage 2: Merkblatt über den wesentlichen Inhalt des Arbeitnehmerüberlassungsgesetzes (AÜG)

Erläuterungen

Schrifttum

Bayreuther Branchenzuschlags-Tarifverträge und Geltung kollektivrechtlicher Arbeitsbedingungen des Entleihers im Leiharbeitsverhältnis, BB 2014, 1973; *Bayreuther* Bezugnahmeabreden und mehrgliedrige Tarifverträge in der Arbeitnehmerüberlassung, DB 2014, 717; *Bayreuther* Die Stellung von Leiharbeitnehmern im Einsatzbetrieb nach den jüngeren Tarifabschlüssen in der Zeitarbeitsbranche und der M- und E-Industrie, NZA-Beilage 4/2012, 115; *Bayreuther* Nachwirkung von Zeitarbeitstarifverträgen im Kontext des Equal Pay/ Treatment Gebots des AÜG, BB 2010, 309; *Boemke* Die EG-Leiharbeitsrichtlinie und ihre Einflüsse auf das deutsche Recht, RIW 2009, 177; *Böhm* Befristung von Leiharbeitsverhältnissen nach der AÜG-Reform – »Vorübergehender betrieblicher Bedarf« bei Dienstleistungs- und Subunternehmen, RdA 2005, 360; *Böhm/ Hennig/Popp* Zeitarbeit, 3. Aufl. 2013; *Brand/Lembke* (Hrsg.) Der CGZP-Beschluss des Bundesarbeitsgerichts – arbeits- und sozialversicherungsrechtliche Folgen, 2012; *Brors* Zur Übertragbarkeit der Rechtsprechung zu den CGZP-Tarifverträgen auf die derzeit geltenden Tarifwerke, RdA 2014, 182; *Brose* Sachgrundlose Befristung und betriebsbedingte Kündigung von Leiharbeitnehmern – Ein unausgewogenes Rechtsprechungskonzept, DB 2008, 1378; *Burgmer/Richter* Vorbereitung und Durchführung von Betriebsratswahlen – Eine Rechtsprechungsauswertung der letzten vier Jahre, NZA-RR 2014, 57; *Düwell* Überlassung zur Arbeitsleistung – Neues aus Rechtsprechung und Gesetzgebung, DB 2011, 1520; *Düwell/Dahl* Mitbestimmung des Betriebsrats beim Einsatz von Leiharbeitnehmern, NZA-RR 2011, 1; *Düwell* Verhinderung des missbräuchlichen Einsatzes von Arbeitnehmerüberlassung und Umsetzung der Leiharbeitsrichtlinie, DB 2010, 1759; *Düwell* Arbeitnehmerüberlassung und Befristung, NZA 2007, 889; *Fandel/Zanotti* Anmerkung zu BAG, Urteil vom 18.11.2011 – 1 AZR 335/10, BB 2012, 969; *Freihube/Sasse* Das Ende der kurzfristigen Personalplanung durch Leiharbeit?, BB 2011, 1657; *Fuchs* Das Gleichbehandlungsgebot in der Leiharbeit nach der neuen Leiharbeitsrichtlinie, NZA 2009, 57; *Fuhlrott* BAG ändert Rechtsprechung zur Berücksichtigung von Leiharbeitnehmern, GWR 2013, 332; *Fuhlrott/Fabritius* Besonderheiten der betriebsbedingten Kündigung von Leiharbeitnehmern, NZA 2014, 122; *Grimm/Brock* Praxis der Arbeitnehmerüberlassung, 2004; *Gussen* Auswahlrichtlinien nach § 95 BetrVG als Arbeitgeberkorsett für die Einstellung von Leiharbeitnehmern?, NZA 2011, 830; *Hamann* Leiharbeitnehmer-Pools, NZA 2008, 1042; *Heuchemer/Schielke* Herausforderungen für die Zeitarbeitsbranche, BB 2011, 758; *Jordan/Bissels* Gilt »der jeweils anwendbare Tarifvertrag in der

I. Fremdpersonaleinsatz

jeweils gültigen Fassung« noch? Wirksamkeit von großen dynamischen Bezugnahmeklauseln, NZA 2010, 71; *Kocher* Nachwirkung im Bereich tarifdispositiven Rechts am Beispiel von Tarifverträgen zu § 9 Nr. 2 AÜG, DB 2010, 900; *Lembke/Ludwig* Massenentlassung im Einsatzbetrieb: Zählen Leiharbeitnehmer mit?, FA 2015, 350; *Lembke/Ludwig* Die Leiharbeit im Wechselspiel europäischer und nationaler Regulierung, NJW 2014, 1329; *Lembke/Mengel/Schüren/Stoffels/Thüsing/Schunder* Erfurt (ist ge)fordert: Mehr Transparenz bei der Bezugnahme auf Zeitarbeitstarifverträge, NZA 2013, 948; *Lembke* Der Einsatz von Fremdpersonal im Rahmen von freier Mitarbeit, Werkverträgen und Leiharbeit – Die Sicht eines unternehmensberatenden Anwalts, NZA 2013, 1312; *Lembke* Zeitarbeit – Königsweg aus arbeitsrechtlicher Rigidität?, in: Maschmann (Hrsg.), Rigidität und Flexibilität im Arbeitsrecht, 2012, S. 119; *Lembke* Arbeitsvertrag für Führungskräfte, 5. Aufl. 2012; *Lembke* Der CGZP-Beschluss des BAG vom 14.12.2010 und seine Folgen, NZA-Beil. 2/2012, S. 66; *Lembke* CGZP-Sachverhalte vor dem 14.12.2010: Aussetzen oder Durchentscheiden?, NZA 2011, 1062; *Lembke* Aktuelle Brennpunkte in der Zeitarbeit, BB 2010, 1533; *Lembke/Distler* Die Bezugnahme auf Tarifverträge der Zeitarbeitsbranche durch Unternehmen mit Mischbetrieben, NZA 2006, 952; *Lembke* Die »Hartz-Reform« des Arbeitnehmerüberlassungsgesetzes, BB 2003, 98; *Lembke* Befristung von Arbeitsverträgen mit Leiharbeitnehmern nach »Hartz I«, DB 2003, 2702; *Lützeler/Bissels* Leiharbeit: Neue tarif- und sozialversicherungsrechtliche Aspekte nach der CGZP-Entscheidung, DB 2011, 1636; *Lunk/Schnelle/Witten* Betriebsratswahl 2014 – Aktuelle Rechtsprechung seit der letzten Wahl, NZA 2014, 57; *Mengel* Befristung – Arbeitnehmerüberlassung – Rechtsmissbrauch, Besprechung des Urteils BAG v. 18.10.2006 – 7 AZR 145/06; *Müntefering* Die formularmäßige Bezugnahme auf Zeitarbeitstarifverträge, NZA 2015, 711; *Nebeling/Gründel* Vermeidung des Gleichstellungsgrundsatzes in Mischbetrieben mit Zeitarbeit, BB 2009, 2366; *Neef* Reichweite des CGZP-Beschlusses, NZA 2011, 615; *Neufeld* Branchenzuschläge für Leiharbeitnehmer – »Equal Pay light«, BB 2012, 1; *Nießen/Fabritius* Die neuen Branchenzuschläge in der Zeitarbeit – Auswirkung auf die Praxis, BB 2013, 375; *Plum* Unterrichtung des Betriebsrats bei der Einstellung von Leiharbeitnehmern, DB 2011, 2916; *Reineke* Arbeitnehmerüberlassungsgesetz – Reformbedarf nach den Hartz-Reformen?, FS für Löwisch, 2007, 211; *Richter* Mitbestimmung des Betriebsrats bei Leiharbeit, ArbRAktuell 2009, 231; *Schüren* Scheinwerk- und Scheindienstverträge mit Arbeitnehmerüberlassungserlaubnis – Vorschlag zu einer Korrektur des AÜG, NZA 2013, 176; *Schüren* Verjährung von Nachzahlungsansprüchen der Leiharbeitnehmer nach Feststellung der Tarifunfähigkeit der CGZP, AuR 2011, 142; *Spieler/Pollert* Gestaltung von Leiharbeitsverträgen, AuA 2011, 508; *Stoffels* Die Verjährung von Equal-Pay-Ansprüchen, NZA 2011, 1057; *Stenslik/Heine* Aktuelle Tendenzen in der Leiharbeit, DStR 2013, 2179, 2180; *Stoffels/Bieder* AGB-rechtliche Probleme der arbeitsvertraglichen Bezugnahme auf mehrgliedrige Zeitarbeitstarifverträge, RdA 2012, 27; *Thüsing* Leiharbeit im deutsch-europäischen Konflikt, NJW-Editorial 19/2013; *Thüsing/Pötters* Flexibilisierung der Arbeitszeit durch Zeitkonten im Rahmen der Arbeitnehmerüberlassung, BB 2012, 317; *v.*; *Tiling* Beteiligungsrechte beim Einsatz von Leiharbeitnehmern, BB 2009, 2422; *Trebeck/Volk* Durchführung des Konsultationsverfahrens nach § 81 SGB IX bei der Einstellung von Leiharbeitnehmern, ArbRAktuell 2012, 159; *Tuengerthal/Andorfer* Die CGZP-Entscheidungen und die angeblichen Ansprüche der Sozialversicherung, BB 2011, 2939; *Ulber* Wirksamkeit tariflicher Regelungen zur Ungleichbehandlung von Leiharbeitnehmern, NZA 2009, 232; *Waltermann* Fehlentwicklung in der Leiharbeit, NZA 2010, 482; *Zeppenfeld/Faust* Zeitarbeit nach dem CGZP-Beschluss des BAG, NJW 2011, 1643.

100 **1.** Der **Nachweis der wesentlichen Vertragsbedingungen** hat schriftlich zu erfolgen; die elektronische Form (§ 126a BGB) reicht nicht aus (§ 11 Abs. 1 Satz 1 AÜG i.V.m. § 2 Abs. 1 Satz 1 und 3 NachwG). Die Nichterfüllung der Nachweisverpflichtung führt nicht zur Nichtigkeit des Leiharbeitsvertrags, stellt jedoch eine Ordnungswidrigkeit gemäß § 16 Abs. 1 Nr. 8 AÜG dar (*Sandmann/Marschall/Schneider* AÜG, Stand: 10/2013, § 11 Rn. 5).

101 Hat der Leiharbeitnehmer seine **Arbeitsleistung** länger als einen Monat **außerhalb der Bundesrepublik Deutschland** zu erbringen, so muss ihm die Niederschrift gemäß § 2 Abs. 2 NachwG vor seiner Abreise ausgehändigt werden und folgende zusätzliche Angaben enthalten:
1) die Dauer der im Ausland auszuübenden Tätigkeit,
2) die Währung, in der das Arbeitsentgelt ausgezahlt wird,
3) ein zusätzliches mit dem Auslandsaufenthalt verbundenes Arbeitsentgelt und damit verbundene zusätzliche Sachleistungen und
4) die vereinbarten Bedingungen für die Rückkehr des Arbeitnehmers.

102 Eine **Änderung der wesentlichen Vertragsbedingungen** ist dem Leiharbeitnehmer gemäß § 3 Satz 1 NachwG spätestens einen Monat nach der Änderung schriftlich mitzuteilen. Eine solche

Mitteilung ist jedoch nicht erforderlich bei einer Änderung der gesetzlichen Vorschriften, Tarifverträge, Betriebs- oder Dienstvereinbarungen und ähnlichen Regelungen, die für das Arbeitsverhältnis gelten (§ 3 Satz 2 NachwG). Dies gilt auch, wenn Tarifverträge lediglich aufgrund vertraglicher Inbezugnahme gelten (HWK/*Kliemt* § 2 NachwG Rn. 57; ErfK/*Preis* § 2 NachwG Rn. 30).

2. Gemäß § 2 Abs. 1 Satz 2 Nr. 1 NachwG sind **Name und Anschrift der Vertragsparteien** anzugeben. § 11 Abs. 1 Satz 2 Nr. 1 AÜG bestimmt zudem, dass die Firma und die Anschrift des Verleihers anzugeben sind. Handelt es sich bei dem Verleiher um eine GmbH & Co. KG, so ist auch der volle Name der GmbH anzugeben (HWK/*Gotthardt/Roloff* § 11 AÜG Rn. 6; *Boemke/Lembke* § 11 Rn. 76; *Sandmann/Marschall/Schneider*, AÜG, Stand: 10/2013, § 11 Rn. 7; *Thüsing/Mengel* § 11 Rn. 27). Die Namen und Anschriften der vertretungsberechtigten Personen müssen hingegen nicht angegeben werden (*Sandmann/Marschall/Schneider*, AÜG, Stand: 10/2013, § 11 Rn. 7; *Thüsing/Mengel* § 11 Rn. 27). Vorsichtshalber kann auch die Handelsregisternummer angegeben werden. 103

3. Gemäß § 11 Abs. 1 Satz 2 Nr. 1 AÜG sind in die Niederschrift über die wesentlichen Vertragsbedingungen, die **Erlaubnisbehörde** sowie Ort und Datum der Erteilung der **Arbeitnehmerüberlassungserlaubnis** aufzunehmen. Anzugeben ist das Datum der zuletzt erteilten Erlaubnis (HWK/*Gotthardt/Roloff* § 11 AÜG Rn. 6). Eine Kopie der Arbeitnehmerüberlassungserlaubnis kann dem Leiharbeitsvertrag beigefügt werden. 104

Ferner ist der Verleiher gemäß § 11 Abs. 2 AÜG verpflichtet, dem Leiharbeitnehmer bei Vertragsschluss ein **Merkblatt** der Erlaubnisbehörde über den wesentlichen Inhalt des Arbeitnehmerüberlassungsgesetzes auszuhändigen. **Nichtdeutsche Leiharbeitnehmer** erhalten gemäß § 11 Abs. 2 Satz 2 AÜG das Merkblatt sowie den Nachweis über die wesentlichen Vertragsbedingungen nach § 11 Abs. 1 AÜG (in der Regel also den Arbeitsvertrag) auf Verlangen in ihrer Muttersprache. Das Merkblatt sollte dem Leiharbeitsvertrag als Anlage beigefügt werden. Händigt der Verleiher dem Leiharbeitnehmer das Merkblatt nicht aus, begeht er eine **Ordnungswidrigkeit**, die mit einer Geldbuße von bis zu € 1.000 geahndet werden kann (§ 16 Abs. 1 Nr. 8, Abs. 2 AÜG). Das aktuelle Merkblatt aus dem April 2014 ist auf der Homepage der Bundesagentur für Arbeit abrufbar. 105

4. Gemäß § 2 Abs. 1 Satz 2 Nr. 2 NachwG ist der **Zeitpunkt des Beginns des Arbeitsverhältnisses** anzugeben. Darunter ist der Beginn der Vertragslaufzeit zu verstehen, ab dem die arbeitsrechtlichen Hauptleistungspflichten nach dem Willen der Vertragsparteien entstehen sollen (*Boemke/Lembke* § 11 Rn. 49). Außerdem ist die **Tätigkeit** kurz zu charakterisieren oder beschreiben (§ 2 Abs. 1 Satz 2 Nr. 5 NachwG). Fraglich ist, ob – jedenfalls bei feststehenden Berufsbildern – die Angabe der Berufsbezeichnung ausreichend ist (so *Boemke/Lembke* § 11 Rn. 52; *Thüsing/Mengel* § 11 Rn. 12). Sicherheitshalber sollte eine kurze Nennung der Tätigkeiten des Mitarbeiters aufgenommen werden (*Schüren*/Hamann § 11 Rn. 39; ErfK/*Wank* § 11 AÜG Rn. 5; *Ulber* § 11 Rn. 32). 106

Bei der **Einstellung des Leiharbeitnehmers** hat der **im Verleiherbetrieb** ggf. bestehende **Betriebsrat** gemäß § 99 BetrVG **mitzubestimmen** (*Boemke/Lembke* § 14 Rn. 51; *Schüren/Hamann* § 14 Rn. 412; *Richter* ArbRAktuell 2009, 231). Hinsichtlich des Einsatzes des Leiharbeitnehmers beim Entleiher stellt sich die Frage, welche Rolle der **Entleiherbetriebsrat** spielt. Gemäß § 14 Abs. 3 AÜG i.V.m. § 99 BetrVG ist der Entleiherbetriebsrat bei der »Einstellung« von Leiharbeitnehmern im Entleiherbetrieb zu beteiligen, auch wenn der Einsatz noch so kurz ist (BAG, Beschl. v. 09.03.2011 – 7 ABR 137/09, NZA 2011, 871, 872, Rn. 26; zur Mitbestimmung bei sog. »Leiharbeitnehmer-Pools« BAG, Beschl. v. 23.01.2008 – 1 ABR 74/06, NZA 2008, 603; *Hamann* NZA 2008, 1042; allgemein zu Beteiligungsrechten beim Einsatz von Leiharbeitnehmern *Plum* DB 2011, 2916; *Düwell/Dahl* NZA-RR 2011, 1; *v. Tiling* BB 2009, 2422; zu Auswahlrichtlinien nach § 95 BetrVG s. *Gussen* NZA 2011, 830). Dies gilt auch für die Verlängerung des befristeten Einsatzes eines Leiharbeitnehmers (BAG, Beschl. v. 01.06.2011 – 7 ABR 18/10, NJOZ 2012, 20, 22, Rn. 17). Der Entleiher hat dem Betriebsrat den Namen des Leiharbeitnehmers mitzuteilen 107

(BAG, Beschl. v. 09.03.2011 – 7 ABR 137/09, NZA 2011, 871, 873, Rn. 29 ff.). Der Entleiherbetriebsrat kann allerdings nicht verlangen, dass der Entleiher ihn über die Ausgestaltung des Arbeitsvertrags zwischen dem Leiharbeitnehmer und dem Verleiher informiert, insbesondere über die Höhe des Entgelts (BAG, Beschl. v. 01.06.2011 – 7 ABR 117/09, NZA 2011, 1435, 1437, Rn. 22; BAG, Beschl. v. 01.06.2011 – 7 ABR 18/10, NJOZ 2012, 20, 23, Rn. 24).

108 Der Entleiherbetriebsrat kann die **Zustimmung** zur Einstellung des Leiharbeitnehmers z.B. dann nach § 99 Abs. 2 Nr. 1 BetrVG **verweigern**, wenn der Entleiher nicht gemäß § 81 Abs. 1 SGB IX geprüft hat, ob der entsprechende freie Arbeitsplatz mit schwerbehinderten Menschen besetzt werden kann, insbesondere wenn er nicht gemäß § 81 Abs. 1 Satz 2 SGB IX Verbindung mit der Agentur für Arbeit aufgenommen hat (BAG, Beschl. v. 23.06.2010 – 7 ABR 3/09, NZA 2010, 1361; ablehnend *Gussen* NZA 2011, 830, 832 f.; zu weiteren Zustimmungsverweigerungsgründen *Düwell/Dahl* NZA-RR 2011, 1, 4 ff.). Es wird jedoch in der Literatur im Hinblick auf § 73 Abs. 3 SGB IX vertreten, dass das Verfahren nach § 81 Abs. 1 SGB IX nicht durchzuführen ist, wenn der Einsatz des Leiharbeitnehmers den Zeitraum von acht Wochen nicht überschreiten soll (*Freihube/Sasse* BB 2011, 1657, 1658; *Trebeck/Volk* ArbRAktuell 2012, 159, 161). Nach der Rechtsprechung des BAG steht dem Entleiherbetriebsrat ferner ein Zustimmungsverweigerungsrecht zu, wenn der Einsatz des Leiharbeitnehmers im Entleiherbetrieb nicht nur vorübergehend erfolgt (BAG, Beschl. v. 10.07.2013 – 7 ABR 91/11, NZA 2013, 1296, Rn. 32, 42, 48, 50; siehe auch I Rdn. 4). Darüber hinaus kann der Entleiherbetriebsrat gemäß § 93 BetrVG verlangen, dass der Entleiher sämtliche **Arbeitsplätze** innerhalb des Betriebs **ausschreibt**, die er mit Leiharbeitnehmern zu besetzen beabsichtigt, deren Einsatzzeit voraussichtlich ein Jahr übersteigt (BAG, Beschl. v. 01.02.2011 – 1 ABR 79/09, NZA 2011, 703; zustimmend *Düwell* DB 2011, 1520, 1522; kritisch *Gussen* NZA 2011, 830, 835; vgl. auch *v. Tiling* BB 2009, 2422, 2426 f.). Ob eine Ausschreibung auch verlangt werden kann, wenn die Einsatzzeit kürzer als ein Jahr sein soll, hatte das BAG nicht zu entscheiden (offen gelassen auch in BAG, Beschl. v. 01.06.2011 – 7 ABR 18/10, NJOZ 2012, 20, 24, Rn. 28).

109 [unbesetzt]

110 Leiharbeitnehmer, die länger als drei Monate im Entleiherbetrieb eingesetzt werden, sind gemäß § 7 Satz 2 BetrVG im Entleiherbetrieb **wahlberechtigt**. Seit der Aufgabe der sog. »Zwei-Komponenten-Lehre« für Fälle des drittbezogenen Personaleinsatzes, **zählt das BAG Leiharbeitnehmer auch bei den betriebsverfassungs- und mitbestimmungsrechtlichen Schwellenwerten** im Entleiherbetrieb mit, sofern Sinn und Zweck des jeweiligen gesetzlichen Schwellenwerts dies gebieten (BAG, Urt. v. 18.10.2011 – 1 AZR 335/10, NZA 2012, 221 zu § 111 Satz 1 BetrVG; BAG, Urt. v. 13.03.2013 – 7 ABR 69/11, NZA 2013, 789, 790, Rn. 21 ff. zu § 9 BetrVG; BAG, Urt. v. 24.01.2013 – 2 AZR 140/12, NZA 2013, 726 zu § 23 Abs. 1 Satz 3 KSchG; vgl. auch BAG, Beschl. v. 04.11.2015 – 7 ABR 42/13 m. Anm. *Arnold* ArbRAktuell 2015, 556 zu § 9 MitbestG). Diese Rechtsprechung wird wohl auch demnächst gesetzlich normiert (vgl. Gesetzentwurf der Bundesregierung vom 01.06.2016 über das geplante »**Gesetz zur Änderung des Arbeitnehmerüberlassungsgesetzes und anderer Gesetze**«, S. 28 f.; *Lembke* BB 2014, 1333, 1337 sowie I Rdn. 18.1). Die Frage, ob die regelmäßig im Entleiherbetrieb beschäftigten Leiharbeitnehmer auch im Rahmen des § 17 Abs. 1 KSchG mitzuzählen sind, ist indes umstritten, im Ergebnis aber zu verneinen (*Lembke/Ludwig* FA 2015, 350 ff.).

111 **5.** Die Aufnahme der **Qualifikationen** des Leiharbeitnehmers in den Leiharbeitsvertrag ist deshalb zu erwägen, weil der Verleiher gegenüber dem Entleiher zur Auswahl eines geeigneten Leiharbeitnehmers mit den vom Entleiher geforderten Qualifikationen verpflichtet ist (s. I Rdn. 25).

112 **6.** Nach § 2 Abs. 3 des Musters erklärt sich der Mitarbeiter damit einverstanden, zur Arbeitsleistung an Dritte überlassen zu werden und seine Arbeit nach deren Weisungen zu erbringen.

113 **7.** Bereits aus dem Wesen des Leiharbeitsvertrags ergibt sich, dass der Leiharbeitnehmer nicht stets am gleichen **Einsatzort** tätig wird. Im Hinblick auf § 2 Abs. 1 Satz 2 Nr. 4 NachwG ist dies nochmals ausdrücklich geregelt. Üblicherweise wird das Einsatzgebiet jedoch eingegrenzt, z.B. auf

die Bundesrepublik Deutschland, ein bestimmtes Bundesland oder eine bestimmte Region. Insoweit schränkt die vertragliche Regelung das Weisungsrecht des Arbeitgebers (Verleihers) hinsichtlich des Arbeitsorts (vgl. § 106 GewO) ein.

8. § 2 Abs. 5 des Musters gibt die Regelung in § 11 Abs. 5 AÜG wieder, wonach der Leiharbeitnehmer nicht verpflichtet ist, bei einem Entleiher tätig zu sein, soweit dieser durch einen **Arbeitskampf** unmittelbar betroffen ist. Darauf hat der Verleiher den Leiharbeitnehmer gemäß § 11 Abs. 5 Satz 2 AÜG hinzuweisen.

9. Gemäß der §§ 9 Nr. 2, 3 Abs. 1 Nr. 3 AÜG findet auf Leiharbeitsverhältnisse grundsätzlich das **Schlechterstellungsverbot** (Grundsatz des Equal Pay/Treatment) Anwendung. Danach sind dem Leiharbeitnehmer für die Zeit seiner Überlassung an einen Entleiher grundsätzlich die im Betrieb dieses Entleihers für einen vergleichbaren Arbeitnehmer des Entleihers geltenden wesentlichen Arbeitsbedingungen einschließlich des Arbeitsentgelts zu gewähren. Die nunmehr einzige **Ausnahme von der Anwendung des Schlechterstellungsverbots** ist ebenfalls in §§ 9 Nr. 2, 3 Abs. 1 Nr. 3 AÜG geregelt: Ein Tarifvertrag kann abweichende Regelungen zulassen; im Geltungsbereich eines solchen Tarifvertrags können nicht tarifgebundene Arbeitgeber und Arbeitnehmer die Anwendung der tariflichen Regelungen vereinbaren (zur Rückausnahme durch die sog. »Drehtürklausel« s. I Rdn. 13). Die **Bezugnahme auf einen Tarifvertrag** liegt zum einen im Interesse der Leiharbeitnehmer, die dadurch ein verstetigtes Einkommen haben (unabhängig davon, ob und an welchen Entleiher sie überlassen sind) und deren Arbeitsbedingungen sich auf diese Weise nicht bei jedem neuen Einsatz ändern. Zum anderen haben auch Verleiher ein Interesse an der Inbezugnahme eines Tarifvertrags, da ein ständiger Wechsel der Arbeitsbedingungen (insbesondere des Arbeitsentgelts) aufgrund des Schlechterstellungsverbots mit einem erheblichen Verwaltungsaufwand verbunden wäre und das Entgeltniveau im Tarifvertrag in der Regel niedriger als im Entleiherbetrieb ist.

In der Praxis sind daher arbeitsvertragliche Bezugnahmeklauseln auf Tarifverträge der Zeitarbeitsbranche die Regel. Selten kommt es vor, dass Tarifverträge aufgrund beidseitiger Tarifgebundenheit von Verleiher und Leiharbeitnehmer Anwendung finden. Folgende **Voraussetzungen** müssen erfüllt sein für eine wirksame Bezugnahme auf einen Tarifvertrag, die zur Nichtanwendbarkeit des Schlechterstellungsverbots führt:

– Es muss auf einen **wirksamen** Tarifvertrag Bezug genommen werden (vgl. zur Problematik der Unwirksamkeit der von der CGZP abgeschlossenen Tarifverträge I Rdn. 48). Eine arbeitsvertragliche Bezugnahmeklausel kann sich grundsätzlich auch auf Tarifverträge beziehen, welche lediglich gemäß § 4 Abs. 5 TVG nachwirken (BAG, Urt. v. 09.05.2007 – 4 AZR 319/06, NJOZ 2010, 178, 181, Rn. 31 ff.). Allerdings ist in der Literatur umstritten, ob ein lediglich nachwirkender Tarifvertrag die Anwendung des gesetzlichen Schlechterstellungsverbots der §§ 3 Abs. 1 Nr. 3 und 9 Nr. 2 AÜG verhindern kann (dazu *Bayreuther* BB 2010, 309 und *Kocher* DB 2010, 900, jeweils m.w.N.).

– Die Arbeitsvertragsparteien (Verleiher und Leiharbeitnehmer) müssen **in den Geltungsbereich des Tarifvertrags** fallen (vgl. auch Art. 5 Abs. 3 der der Richtlinie 2008/104/EG des Europäischen Parlaments und des Rates vom 19.11.2008 über Leiharbeit, ABl. L327 vom 05.12.2008, S. 9). Nach wohl noch h.M. fallen **Mischbetriebe**, in denen überwiegend andere Tätigkeiten als Arbeitnehmerüberlassung ausgeübt werden, nicht in den fachlichen Geltungsbereich der Zeitarbeitstarifverträge, so dass eine Inbezugnahme der Zeitarbeitstarifverträge zum Zwecke des Ausschlusses des Schlechterstellungsverbots ausgeschlossen ist (sog. »Überwiegensprinzip«, GA AÜG der Bundesagentur für Arbeit, Stand: Januar 2016, Ziffer 3.1.8 Nr. 5; Thüsing/*Mengel* § 9 Rn. 37; *Ulber* § 1 Rn. 106; *Böhm/Hennig/Popp* Rn. 1186; *Hamann* S. 52; a.A. LSG Hamburg, Urt. v. 23.09.2015 – L 2 AL 64/13, juris, Rn. 77 ff.; *Lembke/Distler* NZA 2006, 952; HWK/*Kalb* § 3 AÜG Rn. 38; krit. auch *Nebeling/Gründel* BB 2009, 2366, 2369 f.).

– Die Bezugnahme auf den Tarifvertrag muss **vollständig** und **umfassend** sein (vgl. GA AÜG der Bundesagentur für Arbeit (Stand: Januar 2016), Ziff. 3.1.6 Abs. 3 zu b); *Spieler/Pollert* AuR 2011, 508 f.; a.A. AnwK-ArbR/*Ulrici* § 3 AÜG Rn. 53). Wichtig ist daher, dass die Be-

I. Fremdpersonaleinsatz

zugnahmeklausel bei einem nicht tarifgebundenen Arbeitsverhältnis auch die neuen Branchenzuschlagstarifverträge umfasst, da anderenfalls – zumindest nach der wohl herrschenden Literaturmeinung – keine wirksame Abweichung vom Grundsatz des Equal Pay/Treatment vorliegt (*Bayreuther* BB 2014, 1973, 1976; *Nießen/Fabritius* BB 2013, 375, 380; *Bayreuther* NZA-Beil. 4/2012, 115, 116; *Neufeld* BB 2012, 1).

- Schließlich ist eine **dynamische Bezugnahme** zu empfehlen, damit stets die Bezugnahme auf einen räumlich, fachlich, zeitlich und persönlich einschlägigen Tarifvertrag gewährleistet ist (AnwK-ArbR/*Ulrici* § 9 AÜG Rn. 37; *Boemke/Lembke* § 9 Rn. 435). Angesichts der Diskussion um die Wirksamkeit großer dynamischer Bezugnahmen (sog. Tarifwechselklauseln, dazu *Jordan/Bissels* NZA 2010, 71) und vor dem Hintergrund der Aufgabe des Grundsatzes der Tarifeinheit durch das BAG (Beschlüsse vom 07.07.2010 – 4 AZR 549/08, NZA 2010, 1068 und vom 27.01.2010 – 4 AZR 549/08 (A), NZA 2010, 645) empfiehlt sich eine kleine dynamische Bezugnahme, also die Bezugnahme auf einen bestimmten Tarifvertrag in seiner jeweiligen Fassung.

- Die Bezugnahmeklausel selbst muss der **AGB-Kontrolle** (§§ 305 ff. BGB) standhalten und insbesondere dem **Transparenzgebot** des § 307 Abs. 1 Satz 2 BGB gerecht werden (vgl. zu Bezugnahmeklauseln allgemein *Boemke/Lembke* § 9 Rn. 405 ff.). In diesem Zusammenhang war lange umstritten, ob die Bezugnahme auf einen mehrgliedrigen Tarifvertrag intransparent ist (für die Intransparenz: LAG Berlin-Brandenburg, Urt. v. 20.09.2011 – 7 Sa 1318/11, BeckRS 2011, 76625; ArbG Lübeck, Urt. v. 15.03.2011 – 3 Ca 3147/10; *Heilmann* AuR 2012, 50; dagegen: *Bayreuther* NZA 2012, 14, 17 ff.; *Gaul/Koehler* ArbRB 2011, 309, 310; *Lembke* NZA-Beil. 2/2012, 66, 69; *Lembke* NZA 2011, 1062, 1065; *Lützeler/Bissels* DB 2011, 1636, 1639; *Stoffels/Bieder* RdA 2012, 27). Das BAG hat am 13.03.2013 entschieden, dass eine Bezugnahmeklausel, mit der die Geltung der vom Arbeitgeberverband Mittelständischer Personaldienstleister e.V. (AMP) und – neben der CGZP – einer Reihe von christlichen Arbeitnehmervereinigungen geschlossenen mehrgliedrigen Tarifverträge vom 15.03.2010 vereinbart werden sollte, intransparent und nach § 307 Abs. 1 Satz 2 BGB unwirksam ist (BAG, Urt. v. 13.03.2013 – 5 AZR 242/12, BeckRS 2013, 71115, Rn. 18 ff.; obiter dictum BAG, Urt. v. 13.03.2013 – NZA 2013, NZA 2013, 680, 683 f., Rn. 27 ff.). Eine Bezugnahmeklausel, mit der mehrere – in einem **mehrgliedrigen Tarifvertrag im engeren Sinne** enthaltene – eigenständige tarifliche Regelwerke gleichzeitig auf das Arbeitsverhältnis zur Anwendung gebracht werden sollen, bedürfe zur Gewährleistung ihrer **hinreichenden Bestimmtheit** einer **Kollisionsregel**, der sich entnehmen lasse, welches der mehreren in Bezug genommenen tariflichen Regelwerke bei sich widersprechenden Regelungen den Vorrang haben soll. Die betreffende Klausel enthalte jedoch keine Kollisionsregel. Diese Entscheidungen sind zu Recht kritisiert worden (*Lembke/Mengel/Schüren/Stoffels/Thüsing/Schunder* NZA 2013, 948 ff.). Sie widersprechen der bisherigen eindeutigen (senatsübergreifenden) Rechtsprechung des BAG und müssten konsequenterweise auch in anderen Fällen der Bezugnahme auf mehrgliedrige Tarifverträge, wie z.B. BAT bzw. TVöD, zur Unwirksamkeit der Bezugnahmeklauseln führen (so bereits *Lembke* NZA-Beil. 2/2012, 66, 69 m.w.N.). Da auch die anderen Verbandstarifverträge in der Zeitarbeit nicht von einer einzigen für die Arbeitnehmerüberlassung zuständigen Gewerkschaft, sondern von mehreren DGB-Gewerkschaften zusammen abgeschlossen wurden, stellt sich, die Frage, ob die DGB-Zeitarbeitstarifverträge ebenfalls mehrgliedrige Tarifverträge sind, für welche die Transparenz-Rechtsprechung vom 13.03.2013 entsprechend gilt, oder ob sie Einheitstarifverträge sind, für die anderes gilt (vgl. zu den Einzelheiten I Rdn. 39). Um zu vermeiden, dass die hier vorgeschlagene Bezugnahmeklausel als intransparent angesehen wird, sieht § 3 Abs. 1 Satz 2 des Musters eine Kollisionsklausel vor (vgl. zu den Anforderungen an eine solche Klausel auch *Boemke/Lembke* § 9 Rn. 415). Ähnliche Klauseln werden auch von anderer Seite, z.B. dem Bundesarbeitgeberverband der Personaldienstleister e.V. (BAP) vorgeschlagen. Eine in der Praxis verwandte Bezugnahmeklausel lautet wie folgt:

> »(1) *Auf das Arbeitsverhältnis finden die zwischen dem BZA und der DGB-Tarifgemeinschaft Zeitarbeit abgeschlossenen geltenden und nachwirkenden Mantel-, Entgelt- und Entgeltrah-*

mentarifverträge vom 22.07.2003 im folgenden MTV BZA, ETV BZA und ERTV BZA genannt und die dies ergänzenden, ändernden oder ersetzenden Tarifverträge in der jeweils geltenden Fassung Anwendung. Als ergänzend im obigen Sinne gelten auch Tarifverträge über Branchenzuschläge mit einzelnen der DGB-Tarifgemeinschaft Zeitarbeit angehörenden Gewerkschaften.

(2) Es gilt dabei für die Dauer des Einsatzes derjenige, der unter Abs. 1 genannten Tarifverträge mit der jeweiligen DGB-Gewerkschaft, deren satzungsgemäßen Organisationsbereich der Kundenbetrieb unterliegt.

(3) In Nichteinsatzzeiten gelten die zwischen BZA und der ver.di abgeschlossenen Tarifverträge.«

Finden Tarifverträge auf ein Arbeitsverhältnis Anwendung (auch lediglich aufgrund einer individualvertraglich vereinbarten Bezugnahme), so können gemäß § 2 Abs. 3 Satz 1 NachwG die ansonsten erforderlichen Angaben zur Zusammensetzung und Höhe des Arbeitsentgelts, zur Arbeitszeit, zur Dauer des jährlichen Erholungsurlaubs und zu den Kündigungsfristen durch einen Hinweis auf die einschlägigen Tarifverträge ersetzt werden. Diese einschlägigen Tarifverträge müssen so genau bezeichnet werden, dass der Arbeitnehmer sie unter mehreren Verträgen identifizieren kann. Daher bietet es sich an, die Tarifverträge bereits in der Bezugnahmeklausel selbst genau zu bezeichnen. 117

Arbeitgeber sind gemäß § 8 TVG verpflichtet, die für ihren Betrieb maßgebenden **Tarifverträge** an geeigneter Stelle im Betrieb **auszulegen**. Daher regelt § 3 Abs. 3 des Musters, dass die jeweils geltenden Tarifverträge im Personalbüro der Gesellschaft eingesehen werden können. 118

10. Am 30.04.2011 (dem Tag nach der Verkündung des AÜG-ÄndG) trat die sog. »**Drehtürklausel**« in Kraft: Vor dem Hintergrund des »Schlecker-Falles« ist nun in § 9 Nr. 2 und § 3 Abs. 1 Nr. 3 AÜG geregelt, dass für Leiharbeitnehmer, die innerhalb der letzten sechs Monate vor der Überlassung an den Entleiher aus einem Arbeitsverhältnis bei diesem oder einem mit diesem verbundenen Konzernunternehmen ausgeschieden sind und nun »zurückverliehen« werden, ausnahmslos der Grundsatz des Equal Pay/Treatment Anwendung findet (vgl. dazu *Boemke/Lembke* § 9 Rn. 438 ff.). Eine Abweichung durch Tarifvertrag ist nicht möglich. Vor diesem Hintergrund sollte bereits im Arbeitsvertrag eine Pflicht des Leiharbeitnehmers geregelt werden, darüber Auskunft zu erteilen, bei welchem Arbeitgeber er innerhalb der letzten sechs Monate vor der Überlassung an einen möglichen Entleiher aus einem Arbeitsverhältnis bei diesem oder einem mit dem Entleiher verbundenen Konzernunternehmen ausgeschieden ist (vgl. auch I Rdn. 40). 119

11. Die **Arbeitszeit** ist im Tarifvertrag geregelt, auf den in § 3 des Musters Bezug genommen wurde (s.o. I Rdn. 115 ff.). Für den Fall, dass der in Bezug genommene Tarifvertrag keine Verpflichtung des Leiharbeitnehmers zur Ableistung von Mehrarbeit, Nacht-, Wochenend- und Feiertagsarbeit, Arbeitsbereitschaft, Bereitschaftsdienst und Rufbereitschaft vorsieht, enthält das Muster eine arbeitsvertragliche Rechtsgrundlage, damit eine Anordnung der Gesellschaft nach billigem Ermessen möglich ist (zur Rechtsgrundlage für die Anordnung von Mehrarbeit HWK/*Lembke* § 106 GewO Rn. 35). Zu Arbeitszeitkonten für Leiharbeitnehmer s. *Thüsing/Pötters* BB 2012, 317. 120

12. Das **Arbeitsentgelt** ist im Tarifvertrag geregelt, auf den in § 3 des Musters Bezug genommen wird (s.o. I Rdn. 115 ff.). 121

13. Der Anspruch auf **Erholungsurlaub** ist im Tarifvertrag geregelt, auf den in § 3 des Musters Bezug genommen wird (s.o. I Rdn. 115 ff.). 122

14. § 8 Abs. 1 des Musters enthält Regelungen zur **Geheimhaltungspflicht des Leiharbeitnehmers** hinsichtlich der Geheimnisse des Verleihers und des Entleihers. § 8 Abs. 2 behandelt **Geschäftsunterlagen** des Verleihers und des Entleihers (näher zu diesen Klauseln *Lembke* Arbeitsvertrag für Führungskräfte, 5. Aufl. 2012, S. 141 ff.). 123

15. Leiharbeitsverträge können grundsätzlich sowohl **unbefristet** als auch **befristet** abgeschlossen werden. Bei befristeten Arbeitsverhältnissen ist gemäß § 11 Abs. 1 Satz 1 AÜG i.V.m. § 2 124

I. Fremdpersonaleinsatz

Abs. 1 Satz 2 Nr. 3 NachwG die vorhersehbare Dauer des Arbeitsverhältnisses anzugeben. Darüber hinaus unterliegt die Vereinbarung einer Befristung eines Arbeitsverhältnisses dem Schriftformerfordernis des § 14 Abs. 4 TzBfG.

125 Auch für Leiharbeitsverhältnisse gelten die Regelungen der §§ 14 ff. **TzBfG** zur Zulässigkeit von Befristungen (dazu *Böhm* RdA 2005, 360; *Brose* DB 2008, 1378; *Düwell* NZA 2007, 889; *Lembke* DB 2003, 2702; *Reineke* FS für Löwisch, 211, 218 ff.). Insbesondere kann das Arbeitsverhältnis von Leiharbeitnehmern gemäß § 14 Abs. 2 Satz 1 TzBfG für bis zu zwei Jahre sachgrundlos befristet werden, wobei bis zur Gesamtdauer von zwei Jahren die höchstens dreimalige Verlängerung der Befristung zulässig ist. Tarifverträge können gemäß § 14 Abs. 2 Satz 3 TzBfG die Anzahl der Verlängerungen oder die Höchstdauer der Befristung abweichend von § 14 Abs. 2 Satz 1 TzBfG festlegen. Die sachgrundlose Befristung eines Leiharbeitsvertrags ist – bis zur Grenze des Rechtsmissbrauchs – auch zulässig, wenn der Arbeitnehmer zunächst auf Grundlage eines sachgrundlos befristeten Arbeitsvertrags bei einem Arbeitgeber beschäftigt ist, im Anschluss daran einen ebenfalls sachgrundlos befristeten Arbeitsvertrag mit einem neuen Arbeitgeber (Verleiher) abschließt und dieser den Arbeitnehmer wiederum zur Arbeitsleistung an den ursprünglichen Arbeitgeber (jetzigen Entleiher) überlässt (BAG, Urt. v. 18.10.2006 – 7 AZR 145/06, NZA 2007, 443; dazu *Mengel* RdA 2008, 175). Das Anschlussverbot des § 14 Abs. 2 TzBfG ist nicht berührt, da das Arbeitsverhältnis zunächst mit dem späteren Entleiher und danach mit dem Verleiher bestand, also mit jeweils unterschiedlichen Arbeitgebern. Allerdings gilt seit dem 30.04.2011 die sog. »**Drehtürklausel**« der §§ 3 Abs. 1 Nr. 3, 9 Nr. 2 AÜG, die dazu führt, dass in dieser Konstellation nicht durch Tarifvertrag vom Grundsatz des Equal Pay/Treatment abgewichen werden kann (näher dazu *Boemke/Lembke* § 9 Rn. 438 ff. sowie I Rdn. 40).

126 Die §§ 14 ff. **TzBfG** finden auf Leiharbeitsverhältnisse auch nach der Entscheidung des **EuGH** in der Rechtssache C 290/12 (NZA 2013, 495 – **Della Rocca**) weiterhin Anwendung. Der EuGH hat in diesem Verfahren zwar entschieden, dass die **Befristungsrichtlinie** (Richtlinie 1999/70/EG des Rates vom 28.06.1999 zu der EGB-UNICE-CEEP-Rahmenvereinbarung) **keine Anwendung auf Leiharbeitnehmer** findet (krit. *Lembke/Ludwig* NJW 2014, 1329, 1332; *Thüsing* NJW-Editorial 19/2013). Nach § 8 Abs. 1 der EGB-UNICE-CEEP-Rahmenvereinbarung können die Mitgliedstaaten und/oder die Sozialpartner jedoch günstigere Bestimmungen für Arbeitnehmer beibehalten oder einführen, als sie in dieser Vereinbarung vorgesehen sind. Der dokumentierte ausdrückliche Wille des Gesetzgebers (vgl. BT-Drs. 15/25, S. 39), wonach nach der Streichung von Sonderregelungen im AÜG im Zuge der Hartz I-Reform (z.B. das besondere Befristungsverbot, das Wiedereinstellungsverbot und das Synchronisationsverbot), die allgemeinen Befristungsregelungen der §§ **14 ff. TzBfG** Anwendung finden, stellt daher eine **zulässige nationale** »**Übererfüllung**« der Umsetzung der Befristungsrichtlinie dar (*Lembke* NZA 2013, 815, 818 f.).

127 Bei betriebsbedingten Kündigungen im Leiharbeitsunternehmen, stellt sich die Frage, ob auch solche Leiharbeitnehmer in die betriebsbezogene **Sozialauswahl** einzubeziehen sind, die sich im laufenden Entleih befinden. Das BAG hat dies grundsätzlich bejaht (BAG, Urt. v. 20.06.2013 – 2 AZR 271/12, NZA 2013, 837, 839, Rn. 19 ff.; siehe dazu *Fuhlrott/Fabritius* NZA 2014, 122; *Stenslik/Heine* DStR 2013, 2179, 2180). Der Betrieb umfasse nicht nur die einsatzfreien, sondern auch die im Einsatz befindlichen Arbeitnehmer. Dies folge aus dem einer »Gattungsschuld« vergleichbaren Charakter der Hauptleistungspflicht des Verleihers gegenüber dem Entleiher. Ohne besondere Abrede sei der Verleiher lediglich verpflichtet, einen i.S.v. § 243 Abs. 1 BGB fachlich geeigneten, nicht aber einen bestimmten Arbeitnehmer zur Verfügung zu stellen. Der Verleiher könne den Arbeitnehmer, sofern dem nicht eine Vereinbarung mit dem Entleiher oder sonstige berechtigte Belange des Entleihers entgegenstehen, jederzeit austauschen. Soweit das Recht des Verleihers zu deren Austausch nicht ausgeschlossen sei, seien daher in die Sozialauswahl im Verleiherbetrieb grundsätzlich auch diejenigen Arbeitnehmer einzubeziehen, die Unternehmen zur Arbeitsleistung auf vergleichbaren Arbeitsplätzen überlassen sind. Ob auch solche Leiharbeitnehmer in die Sozialauswahl einzubeziehen sind, deren Austausch vertraglich oder nach Treu und Glau-

ben ausgeschlossen ist, hat das BAG hingegen offengelassen (BAG, Urt. v. 20.06.2013 – 2 AZR 271/12, NZA 2013, 837, 839, Rn. 23 f.).

16. § 11 des Musters enthält eine **eigenständige** arbeitsvertragliche **Ausschlussfristenregelung** (vgl. dazu BAG, Urt. v. 23.10.2013 – 5 AZR 918/12, BeckRS 2014, 67192, Rn. 13; BAG, Urt. v. 23.10.2013 – 5 AZR 556/12, NZA 2014, 313, 314, Rn. 14; BAG, Urt. v. 25.09.2013 – 5 AZR 939/12, BeckRS 2014, 66359, Rn. 13; BAG, Urt. v. 25.09.2013 – 5 AZR 815/12, BeckRS 2014, 65158, Rn. 13; BAG, Urt. v. 25.09.2013 – 5 AZR 778/12, NZA 2014, 94, 95, Rn. 14; BAG, Urt. v. 13.03.2013 – 5 AZR 954/11, NZA 2013, 680, 684, Rn. 40; zu unwirksamen Ausschlussfristen vgl. BAG, Urt. v. 28.01.2015 – 5 AZR 122/13, BeckRS 2015, 67437; BAG, Urt. v. 24.09.2014 – 5 AZR 265/13, BeckRS 2014, 74372; BAG, Urt. v. 24.09.2014 – 5 AZR 259/13, BeckRS 2014, 74371; BAG, Urt. v. 24.09.2014 – 5 AZR 256/13, BeckRS 2014, 74370; BAG, Urt. v. 19.02.2014 – 5 AZR 700/12, BeckRS 2014, 67843, Rn. 20 ff.; allgemein zur Wirksamkeit von Ausschlussfristen vgl. BAG, Urt. v. 12.03.2008 – 10 AZR 152/07, NZA 2008, 700; BAG, Urt. v. 28.11.2007 – 5 AZR 992/06, NZA 2008, 293; BAG, Urt. v. 01.03.2006 – 5 AZR 511/05, NZA 2006, 783; HWK/*Gotthardt/Roloff* Anh. §§ 305–310 BGB Rn. 7 ff.; *Lembke* Arbeitsvertrag für Führungskräfte, 5. Aufl. 2012, S. 177 ff.). Die hier vorgeschlagene Klausel sieht vor, dass Ansprüche innerhalb einer Dreimonatsfrist **nicht in Schriftform, sondern** in **Textform (§ 126b BGB)** gegenüber der anderen Vertragspartei geltend zu machen sind. Hintergrund ist die Änderung des § 309 Nr. 13 BGB durch das »**Gesetz zur Verbesserung der zivilrechtlichen Durchsetzung von verbraucherschützenden Vorschriften des Datenschutzrechts**« vom 17.02.2016 (BGBl. I 2016, S. 233; dazu BT-Drs. 18/4631, S. 17 f.). Danach ist »eine Bestimmung in AGB unwirksam (…), durch die Anzeigen oder Erklärungen, die dem Verwender oder einem Dritten gegenüber abzugeben sind, gebunden werden (…) b) an eine strengere Form als die Textform (…)« in Verträgen, für welche eine notarielle Beurkundung nicht vorgeschrieben ist. Damit sind von der gesetzlichen Neuregelung auch Arbeitsverträge und die darin enthaltenen Ausschlussfristenklauseln erfasst (näher *Lingemann/Otte* NZA 2016, 519 ff.). Die Neuregelung ist nach dem neu hinzugefügten § 37 zu Art. 229 EGBGB »nur auf ein Schuldverhältnis anzuwenden, das nach dem 30.09.2016 entstanden ist.« Sie gilt mithin für alle (Leih-)Arbeitsverträge, die am 01.10.2016 oder danach geschlossen werden. Ausschlussfristen in Arbeitsverträgen, die nach dem 30.09.2016 geschlossen werden, verstoßen gegen § 309 Nr. 13 BGB n.F. und sind unwirksam, wenn sie eine Geltendmachung von Ansprüchen in Schriftform verlangen (*Lingemann/Otte* NZA 2016, 519, 521). Bereits 2011 hat das BAG entschieden, dass Leiharbeitnehmer, auf deren Arbeitsverhältnis wegen der Nichtigkeit der in Bezug genommenen CGZP-Tarifverträge (vgl. dazu I Rdn. 48) der Grundsatz des Equal Pay/Treatment anwendbar ist, bei der Nachforderung von Lohn etwaige im Entleiherbetrieb geltende Ausschlussfristen nicht gegen sich gelten lassen müssen (BAG, Urt. v. 23.03.2011 – 5 AZR 7/10, NZA 2011, 850). Der Leiharbeitnehmer muss bei der Geltendmachung von Equal-Pay-Ansprüchen jedoch solche Ausschlussfristen beachten, die wirksam im Leiharbeitsvertrag zwischen Leiharbeitnehmer und Verleiher vereinbart worden sind (vgl. BAG, Urt. v. 25.03.2015 – 5 AZR 368/13, NZA 2015, 877, 879 f.; BAG, Urt. v. 17.12.2014 – 5 AZR 8/13, NZA 2015, 479; BAG, Urt. v. 24.09.2014 – 5 AZR 506/12, BeckRS 2014, 73280; BAG, Urt. v. 13.03.2013 – 5 AZR 954/11, NZA 2013, 680, 684, Rn. 36; a.A. *Brors* RdA 2014, 182). Die Unabdingbarkeit des Anspruchs aus § 10 Abs. 4 AÜG steht nach Auffassung des BAG der Vereinbarung von Ausschlussfristen nicht entgegen, weil diese ausschließlich die Art und Weise der Durchsetzung eines entstandenen Anspruchs beträfen und nicht zu dessen Inhalt gehörten. Maßgeblicher Zeitpunkt für den **Beginn der Ausschlussfrist** ist auch für die Differenzvergütung nach § 10 Abs. 4 AÜG der Zeitpunkt, zu dem nach den Vereinbarungen im Arbeitsvertrag die vertraglich geschuldete Vergütung fällig wird (BAG, Urt. v. 13.03.2013 – 5 AZR 954/11, NZA 2013, 680, 684, Rn. 41 f.; auf diesen Fälligkeitszeitpunkt für Equal-Pay-Ansprüche abstellend auch BAG, Urt. v. 23.10.2013 – 5 AZR 135/12, NZA 2014, 200, 203, Rn. 25). Die bloße Unkenntnis über das Bestehen eines Anspruchs oder die objektiv unzutreffende rechtliche Würdigung einer arbeitsvertraglichen Klausel, mit welcher der Verleiher von der in § 9 Nr. 2 AÜG eröffneten Möglichkeit Gebrauch macht, von dem Gebot der Gleichbehandlung abzuweichen, führt nicht dazu, dass der Leiharbeitnehmer trotz Anwendung aller ihm nach Lage der Umstände zuzumutenden Sorgfalt verhindert war, die Ausschlussfrist einzuhalten. Ein Vertrauen des Leiharbeitnehmers in die Rechtswirksamkeit einer arbeitsvertraglichen Gestaltung und in diesem Zusammenhang auf die Tariffähigkeit einer Arbeitnehmerkoalition ist ebenso wenig geschützt wie das des Verleihers (BAG, Urt. v. 25.09.2013 – 5 AZR 778/12, NZA 2014, 94, 96, Rn. 23, 25). Soweit Ausschlussfristen wirksam vereinbart wurden, betreffen sie jedoch lediglich die zivilrechtlichen Ansprüche zwischen Leiharbeitnehmer und Verleiher, nicht hingegen die Pflicht zur Abführung von Sozialversicherungsbeiträgen, für die auch der Entleiher gemäß § 28e SGB IV wie ein selbstschuldnerischer Bürge haftet (BSG, Urt. v. 30.08.1994 – 12 RK 59/92, NZA 1994, 701, 703 f.). Im Übrigen können nach Auffassung des BAG Ansprüche auf Equal Pay in einer in einem gerichtlichen Vergleich enthaltenen Ausgleichsklausel wirksam abbedungen werden (BAG, Urt. v. 27.05.2015 – 5 AZR 137/14, NZA 2015, 1125, 1126 f.).

129 Hinsichtlich der ebenfalls umstrittenen Frage, wann die dreijährige regelmäßige **Verjährungsfrist** für etwaige Equal-Pay-Ansprüche beginnt (vgl. einerseits *Stoffels* NZA 2011, 1057; *Lembke* NZA Beil. 2/2012, 66, 70 f. und andererseits *Schüren* AuR 2011, 142), hat das BAG entschieden, dass die nach § 199 Abs. 1 Nr. 2 BGB geforderte Kenntnis des Gläubigers von den den Anspruch begründenden Umständen bei einem Anspruch eines Leiharbeitnehmers auf gleiches Arbeitsentgelt nach § 10 Abs. 4 AÜG bereits dann gegeben ist, wenn der Leiharbeitnehmer Kenntnis von der Tatsache hat, dass vergleichbare Stammarbeitnehmer des Entleihers mehr verdienen als er. Grundsätzlich unbeachtlich sei dagegen die zutreffende rechtliche Würdigung einer arbeitsvertraglichen Klausel, mit welcher der Verleiher von der in §§ 9 Nr. 2, 10 Abs. 4 Satz 2 AÜG eröffneten Möglichkeit, von dem Gebot der Gleichbehandlung abzuweichen, Gebrauch mache. Wie der Verleiher genieße auch der Leiharbeitnehmer hinsichtlich der Wirksamkeit der Bezugnahmeklausel und hinsichtlich des in Bezug genommenen Tarifvertrags keinen Vertrauensschutz (BAG, Urt. v. 17.12.2014 – 5 AZR 8/13, NZA 2015, 479, 480 f.; BAG, Urt. v. 24.09.2014 – 5 AZR 256/13, BeckRS 2014, 74370, Rn. 20 ff.; BAG, Urt. v. 20.11.2013 – 5 AZR 776/12, BeckRS 2014, 65868; BAG, Urt. v. 13.03.2013 – 5 AZR 424/12, NZA 2013, 785, 786 f., Rn. 21 ff.).

130 **17.** Gemäß § 309 Nr. 12 Halbs. 1 lit. b) BGB ist eine Bestimmung, durch die der Arbeitgeber den Arbeitnehmer bestimmte Tatsachen bestätigen lässt, unwirksam. Dies gilt jedoch nach § 309 Nr. 12 Halbs. 2 BGB nicht für Empfangsbekenntnisse, die gesondert unterschrieben sind. Daher sieht das Muster vor, dass der Mitarbeiter – zusätzlich zur eigentlichen Vertragsunterschrift – **bestätigt**, dass er ein **Exemplar des Leiharbeitsvertrags erhalten** hat. Zur Aushändigung des Leiharbeitsvertrags ist der Arbeitgeber/Verleiher gemäß § 11 Abs. 2 Satz 1 AÜG verpflichtet (vgl. I Rdn. 95 ff.).

II. Dienstvertrag

1. Dienstvertrag

Vorbemerkung

131 In einem **Dienstverhältnis** schuldet der »Auftragnehmer« die Erbringung von Diensten für den »Auftraggeber«, z.B. Beratungsleistungen, Wartung von IT-Anlagen, Bewachung von Gebäuden etc. Ist der Auftragnehmer eine Gesellschaft, setzt diese zur Erfüllung ihrer Pflichten aus dem Dienstvertrag ihre eigenen Arbeitnehmer ein. Diese unterliegen dem arbeitsrechtlichen Weisungsrecht des Dienstverpflichteten (»Auftragnehmers«), auch wenn die Dienste letztlich für den »Auftraggeber« erbracht werden. Darin liegt der entscheidende Unterschied zur **Arbeitnehmerüberlassung**, in deren Rahmen die Arbeitnehmer an den Entleiher zur Arbeitsleistung nach dessen Weisungen überlassen werden. Das arbeitsrechtliche Weisungsrecht verbleibt bei der Arbeitnehmerüberlassung also nicht beim Arbeitgeber (dem Verleiher), sondern wird auf den Entleiher übertragen (s. dazu AR/*Beck* § 1 AÜG Rn. 21).

In der Praxis ist die **Abgrenzung** zwischen einem Dienstverhältnis und Arbeitnehmerüberlassung oft nicht einfach (zur Diskussion *Lembke* NZA, 2013, 1312, 1317 ff. sowie I Rdn. 22). Auch wenn das zugrunde liegende Vertragsdokument als Dienstvertrag ausgestaltet ist, bestimmt sich die Natur des Rechtsverhältnisses nach seiner tatsächlichen Durchführung. Es kommt auf eine Gesamtwürdigung aller maßgebenden Umstände an (BAG, Urt. v. 15.04.2014 – 3 AZR 395/11, BeckRS 2014, 70025; BAG, Urt. v. 20.01.2010 – 5 AZR 99/09, BeckRS 2010, 67136). Daher kann letztlich nur anhand von Indizien festgestellt werden, ob ein Dienstverhältnis oder Arbeitnehmerüberlassung vorliegt. Dabei sprechen insbesondere die folgenden **Indizien für Arbeitnehmerüberlassung** und gegen ein Dienstverhältnis: 132

- Die Arbeitnehmer des »Auftragnehmers« arbeiten im Betrieb des »Auftraggebers« (ggf. sogar in einem eigenen Büro) und mit Arbeitsmitteln des »Auftraggebers« (z.B. Laptop, Mobiltelefon, Auto).
- Die Arbeitnehmer des »Auftragnehmers« sind in die betriebliche Organisation des »Auftraggebers« eingegliedert und von den Arbeitnehmern des »Auftraggebers« nicht zu unterscheiden.
- Die Arbeitnehmer des »Auftragnehmers« unterliegen faktisch den Weisungen des »Auftraggebers« hinsichtlich Inhalt, Ort und Zeit ihrer Arbeitsleistung. Es gibt keinen weisungsberechtigten Koordinator/Vorgesetzten des »Auftragnehmers«, der im Betrieb des »Auftraggebers« den Mitarbeitern des »Auftragnehmers« Weisungen erteilt.
- Die Arbeitnehmer des »Auftragnehmers« erbringen die gleiche Arbeitsleistung wie Arbeitnehmer des »Auftraggebers«.

Liegt statt eines Dienstverhältnisses tatsächlich Arbeitnehmerüberlassung vor, so hat dies gravierende Auswirkungen. Arbeitnehmerüberlassung ist nur zulässig, wenn der Verleiher eine Arbeitnehmerüberlassungserlaubnis hat (§ 1 Abs. 1 Satz 1 AÜG). Fehlt die Arbeitnehmerüberlassungserlaubnis, begehen sowohl Verleiher als auch Entleiher eine **Ordnungswidrigkeit**, die mit einer Geldbuße von bis zu € 30.000 geahndet wird (§ 16 Abs. 1 Nr. 1 und 1a, Abs. 2 AÜG) und zu einem Eintrag im Gewerbezentralregister führt. Außerdem kommt gemäß § 10 Abs. 1 AÜG ein **Arbeitsverhältnis** zwischen dem Entleiher (sog. »Auftraggeber«) und den an ihn überlassenen Arbeitnehmern zustande. Ist der »Auftragnehmer« im Besitz einer Arbeitnehmerüberlassungserlaubnis, so findet auf die Arbeitsverhältnisse zwischen dem »Auftragnehmer« und seinen Arbeitnehmern – derzeit »nur« – das Schlechterstellungsverbot (Grundsatz des Equal Pay/Treatment) Anwendung (§§ 9 Nr. 2, 3 Abs. 1 Nr. 3 AÜG). Werden die im Gesetzentwurf der Bundesregierung vom 01.06.2016 geplanten Änderungen des Rechts der Arbeitnehmerüberlassung (vgl. I Rdn. 18.1) Gesetzesrealität, wäre die Rechtsfolge der verdeckten Arbeitnehmerüberlassung (mit vorsorglicher Arbeitnehmerüberlassungserlaubnis) indes wesentlich weitreichender: zwischen Entleiher und Leiharbeitnehmer würde gemäß § 10 Abs. 1 Satz 1 AÜG ein Arbeitsverhältnis fingiert. 133

Vor diesem Hintergrund sollten bei der Gestaltung des Dienstvertrags möglichst wenige Indizien für das Vorliegen von Arbeitnehmerüberlassung geschaffen werden. Auch wenn es letztlich auf die tatsächliche Durchführung des Vertragsverhältnisses ankommt, so sollte doch bereits der Dienstvertrag selbst klar für ein Dienstverhältnis und gegen Arbeitnehmerüberlassung sprechen. In Zweifelsfällen ist unter der noch geltenden Gesetzeslage ferner zu empfehlen, dass der »Auftragnehmer« sich **vorsorglich** eine **Arbeitnehmerüberlassungserlaubnis** erteilen lässt. Vorsichtshalber ist auch der Abschluss der als Muster I.II.2. (I Rdn. 146) abgedruckten **Zusatzvereinbarung** zu erwägen. Sollte das »**Gesetz zur Änderung des Arbeitnehmerüberlassungsgesetzes und anderer Gesetze**« allerdings wie derzeit geplant umgesetzt und die verdeckte Arbeitnehmerüberlassung mit vorsorglich eingeholter Arbeitnehmerüberlassungserlaubnis der unerlaubten Arbeitnehmerüberlassung gleichgestellt werden (vgl. I Rdn. 18.1), wären diese Vorsichtsmaßnahmen jedoch zukünftig wirkungslos. 134

I. Fremdpersonaleinsatz

▶ **Muster – Dienstvertrag bei Fremdpersonaleinsatz**

135

BERATUNGSVERTRAG [1]

zwischen

[Name und Adresse des Auftraggebers]

– nachfolgend »Gesellschaft« genannt –

und

[Name und Adresse des Auftragnehmers]

– nachfolgend »Beratungsgesellschaft« genannt –

§ 1
Beratungsverhältnis

(1) Die Beratungsgesellschaft berät die Gesellschaft ab dem ____[Datum]____ in allen Fragen auf dem Gebiet __[Gebiet der Beratungsleistung]__ .

(2) Die Mitarbeiter der Beratungsgesellschaft sind in der Ausübung ihrer Tätigkeit (insbesondere hinsichtlich Ort und Zeit der Beratungsleistung) an Weisungen der Gesellschaft nicht gebunden, sondern unterliegen ausschließlich den Weisungen der Beratungsgesellschaft. [2]

(3) Die Beratungsgesellschaft verpflichtet sich, für die Gesellschaft durchschnittlich ____[Anzahl]____ Stunden pro Woche tätig zu sein.

(4) Die Mitarbeiter der Beratungsgesellschaft nutzen ausschließlich Arbeitsmittel der Beratungsgesellschaft (z.B. Telefon, Computer, Auto). Die Gesellschaft wird der Beratungsgesellschaft alle notwendigen Informationen und Dokumente für die Erfüllung der Beratungsleistung zur Verfügung stellen. [3]

§ 2
Vergütung

(1) Als Gegenleistung für die Beratungstätigkeit erhält die Beratungsgesellschaft eine monatliche Vergütung in Höhe von € ____[Betrag]____ (in Worten: __[Betrag in Worten]__ Euro). Soweit die Beratungsgesellschaft umsatzsteuerpflichtig ist, ist die Vergütung zuzüglich Umsatzsteuer zu zahlen. Die Umsatzsteuer ist auf der Rechnung gesondert auszuweisen.

(2) Mit der in Abs. 1 geregelten Vergütung sind alle Leistungen der Beratungsgesellschaft abgegolten. Steuern führt die Beratungsgesellschaft selbst ab.

(3) Die Beratungsgesellschaft stellt der Gesellschaft die erbrachten Beratungsleistungen jeweils nachträglich am Ende eines jeden Kalendermonats unter Aufschlüsselung der erbrachten Leistungen und der auf sie jeweils entfallenden Zeiten in Rechnung. Die Vergütung wird innerhalb von 14 Tagen nach Zugang der ordnungsgemäßen Rechnung bei der Gesellschaft zur Zahlung fällig.

§ 3
Ausschluss von Aufwendungsersatz

Ansprüche auf Erstattung von Reisekosten, Auslagen oder sonstigen Aufwendungen stehen der Beratungsgesellschaft nicht zu.

§ 4
Geheimhaltung

(1) Die Beratungsgesellschaft verpflichtet sich, über alle ihr im Rahmen der von ihr erbrachten Beratungsleistungen zur Kenntnis gelangten vertraulichen Vorgänge oder geschäftlichen Angelegenheiten der Gesellschaft oder der mit ihr im Sinne der §§ 15 ff. AktG verbundenen Unternehmen sowie über Betriebs- oder Geschäftsgeheimnisse, gleich auf welchem Wege sie ihr bekannt werden, gegenüber Dritten wie auch gegenüber nicht berechtigten Mitarbeitern der

Gesellschaft und der mit ihr verbundenen Unternehmen strengstes Stillschweigen zu bewahren. Hiervon ausgenommen sind lediglich solche Informationen, deren Weitergabe zur ordnungsgemäßen Erfüllung der der Beratungsgesellschaft übertragenen Aufgaben erforderlich oder ihr seitens der Gesellschaft ausdrücklich schriftlich gestattet worden ist.

(2) Diese Verschwiegenheitpflicht besteht auch über die Beendigung des Beratungsverhältnisses hinaus fort.

§ 5
Wettbewerbsverbot; Vertragsstrafe

(1) Die Beratungsgesellschaft wird auch für andere Auftraggeber als die Gesellschaft tätig. Die Beratungsgesellschaft verpflichtet sich jedoch, während des Bestands des Beratungsverhältnisses für kein anderes Unternehmen, das mit der Gesellschaft oder den mit ihr im Sinne der §§ 15 ff. AktG verbundenen Unternehmen im Wettbewerb steht (Konkurrenzunternehmen), tätig zu werden. Sie verpflichtet sich insbesondere, zu keinem Konkurrenzunternehmen in ein Beratungsverhältnis zu treten oder ein solches Unternehmen zu errichten, zu erwerben oder sich daran unmittelbar oder mittelbar zu beteiligen. Zulässig ist jedoch eine Beteiligung an börsennotierten Gesellschaften, soweit die Beteiligung keinen wesentlichen Einfluss auf die Willensbildung der betreffenden Gesellschaft vermittelt. [4]

(2) Für jeden Fall des Verstoßes gegen das in Abs. 1 geregelte Wettbewerbsverbot wird eine Vertragsstrafe in Höhe von einer monatlichen Vergütung gemäß § 2 Abs. 1 dieses Vertrags verwirkt. Besteht die Verletzung in der Beteiligung an einem Konkurrenzunternehmen oder der Eingehung eines Dauerschuldverhältnisses (z.B. Dienst- oder Beratungsverhältnis) mit einem Konkurrenzunternehmen (Dauerverletzung), wird die Vertragsstrafe für jeden angefangenen Monat, in dem die Beteiligung oder das Dauerschuldverhältnis besteht, neu verwirkt. Mehrere Verletzungshandlungen lösen jeweils gesonderte Vertragsstrafen aus, gegebenenfalls auch mehrfach innerhalb eines Monats. Erfolgen dagegen einzelne Verletzungshandlungen im Rahmen einer Dauerverletzung, sind sie von der für die Dauerverletzung verwirkten Vertragsstrafe mit umfasst. Das Recht der Gesellschaft zur Geltendmachung von Schäden, die über die verwirkte Vertragsstrafe hinausgehen, und zur Geltendmachung sonstiger Ansprüche im Hinblick auf eine Verletzung der Verpflichtungen durch die Beratungsgesellschaft (z.B. Unterlassungsansprüche) bleibt vorbehalten. [5]

§ 6
Unterlagen; Rückgabepflicht

(1) Die Beratungsgesellschaft verpflichtet sich, alle ihr zur Verfügung gestellten Geschäftsunterlagen ordnungsgemäß aufzubewahren und sicherzustellen, dass Dritte keine Einsicht nehmen können.

(2) Mit Beendigung dieses Vertrags wird die Beratungsgesellschaft der Gesellschaft alle Dokumente, Korrespondenz, Unterlagen, Entwürfe und ähnliches – auch soweit sie in elektronischer Form vorliegen – sowie sämtliche sonstigen elektronischen Dateien, die Geschäftsangelegenheiten der Gesellschaft oder verbundener Unternehmen betreffen und sich in ihrem Besitz befinden, zurückgeben und die entsprechenden Dateien auf ihren Computern löschen. Die Beratungsgesellschaft ist nicht berechtigt, ein Zurückbehaltungsrecht an derartigen Unterlagen, Dateien, Kopien jeder Art und Gegenständen auszuüben.

§ 7
Kündigung

(1) Jede Vertragspartei hat das Recht, diesen Vertrag mit einer Frist von _[Anzahl Tage/Wochen/Monate]_ zu kündigen. [6]

(2) Die Kündigung bedarf zu ihrer Wirksamkeit der Schriftform; die elektronische Form, die Textform und die telekommunikative Übermittlung sind ausgeschlossen. [7]

I. Fremdpersonaleinsatz

§ 8
Frühere Vereinbarungen; Schriftform; Salvatorische Klausel

(1) Der Vertrag ersetzt alle vorhergehenden Vereinbarungen zwischen den Parteien und ist inhaltlich vollständig; Nebenabreden bestehen nicht.

(2) Abgesehen von individuellen Vertragsabreden (§ 305b BGB) bedürfen Änderungen und Ergänzungen dieses Rahmenvertrags zu ihrer Wirksamkeit der Schriftform; die elektronische Form, die Textform und die telekommunikative Übermittlung sind ausgeschlossen. Dies gilt auch für die Aufhebung, Änderung oder Ergänzung des vorstehenden Schriftformerfordernisses.

(3) Sollten Bestimmungen dieses Vertrags ganz oder teilweise unwirksam sein, so wird die Wirksamkeit der Bestimmungen dieses Vertrags im Übrigen dadurch nicht berührt. [Eine unwirksame Bestimmung wird durch eine Regelung ersetzt, die dem Sinn der zu ersetzenden Bestimmung im Rahmen des rechtlich Möglichen am nächsten kommt. Dies gilt entsprechend für etwaige Regelungslücken in diesem Vertrag.]

[Ort, Datum]   [Ort, Datum]

_____   _____
(Unterschrift der Gesellschaft)   (Unterschrift der Beratungsgesellschaft)

Erläuterungen

136 **1.** Im Muster schließen Auftraggeber und Auftragnehmer einen **Beratungsvertrag** als möglichen Unterfall eines Dienstvertrags. Der Beratungsvertrag ist als Vertrag über dauerhafte Beratungsleistungen ausgestaltet. Selbstverständlich kann auch eine nur projektweise Beratung über einen bestimmten Zeitraum vereinbart werden.

137 **2.** Damit bereits im Vertragsdokument das Vorliegen eines echten Dienstverhältnisses indiziert wird und möglichst wenig auf Arbeitnehmerüberlassung hindeutet, ist ausdrücklich geregelt, dass die Mitarbeiter der Beratungsgesellschaft ausschließlich an die **Weisungen der Beratungsgesellschaft** (also ihrer Arbeitgeberin) gebunden sind und nicht den Weisungen der Gesellschaft unterliegen (s.o. I Rdn. 130 ff.). In praktischer Hinsicht könnte die Beratungsgesellschaft z.B. einen **Koordinator vor Ort** bei der Gesellschaft einsetzen, dessen Weisungen die Mitarbeiter der Beratungsgesellschaft unterstehen.

138 **3.** Die ausdrückliche Erwähnung im Vertrag, dass die Mitarbeiter der Beratungsgesellschaft ausschließlich die **Arbeitsmittel der Beratungsgesellschaft** nutzen, dient wiederum der Abgrenzung zur Arbeitnehmerüberlassung. Es soll klargestellt werden, dass die Mitarbeiter der Beratungsgesellschaft nicht in den Betrieb der Gesellschaft eingegliedert und insbesondere hinsichtlich der Zurverfügungstellung von Arbeitsmitteln anders behandelt werden als die eigenen Arbeitnehmer der Gesellschaft.

139 **4.** Insbesondere bei Dienstverträgen, welche die Erbringung von Beratungsleistungen zum Gegenstand haben, kann der Auftraggeber ein Interesse an der Vereinbarung eines **Wettbewerbsverbots** haben, damit der Auftragnehmer nicht die gleichen Beratungsleistungen an ein Konkurrenzunternehmen erbringt.

140 **5.** Das Muster sieht für den Fall der Verletzung des Wettbewerbsverbots eine **Vertragsstrafe** vor. Die Regelung der Vertragsstrafe im Fall von sog. Dauerverstößen berücksichtigt die Entscheidung des BAG zur Intransparenz des Begriffs »Dauerverstoß« (BAG, Urt. v. 14.08.2007 – 8 AZR 973/06, NZA 2008, 170; dazu *Diller* NZA 2008, 574) und definiert diesen als »Beteiligung an einem Konkurrenzunternehmen oder Eingehung eines Dauerschuldverhältnisses (z.B. Dienst- oder Beratungsverhältnis) mit einem Konkurrenzunternehmen«.

6. Ohne vertragliche Festlegung einer **Kündigungsfrist** richtet sich diese nach § 621 BGB. Wird die Vergütung – wie im Muster – nach Monaten bemessen, kann das Dienstverhältnis spätestens am 15. eines Monats für den Schluss des Kalendermonats gekündigt werden.   141

7. Aus Beweisgründen empfiehlt sich ein **vertragliches Schriftformerfordernis** für die Kündigung unter Ausschluss der elektronischen Form, der Textform und der telekommunikativen Übermittlung (vgl. §§ 126 ff. BGB).   142

2. Zusatzvereinbarung zum Dienstvertrag

Vorbemerkung

In der Praxis ist die **Abgrenzung** zwischen Dienstverhältnis und Arbeitnehmerüberlassung oft schwierig (vgl. Vorbemerkung zu Muster I.II.1. – I Rdn. 131 ff.). Wird ein Vertragsverhältnis als Dienstverhältnis durchgeführt, das tatsächlich jedoch Arbeitnehmerüberlassung darstellt, so ergeben sich **gravierende Folgen**, da der »Auftragnehmer« in der Regel **keine Arbeitnehmerüberlassungserlaubnis** (§ 1 Abs. 1 Satz 1 AÜG) hat. In diesem Fall begehen sowohl »Auftragnehmer« (Verleiher) als auch »Auftraggeber« (Entleiher) eine Ordnungswidrigkeit, die mit einer Geldbuße von bis zu € 30.000 geahndet wird (§ 16 Abs. 1 Nr. 1 und 1a, Abs. 2 AÜG). Außerdem kommt gemäß § 10 Abs. 1 AÜG ein Arbeitsverhältnis zwischen dem Dienstgeber/Entleiher und den an ihn überlassenen Arbeitnehmern zustande.   143

Vor diesem Hintergrund ist besonders in Fällen, in denen die praktische Durchführung des Vertragsverhältnisses Anhaltspunkte zum Vorliegen von Arbeitnehmerüberlassung bietet, zu erwägen, dass der »Auftragnehmer« mit dem »Auftraggeber« eine **Zusatzvereinbarung** abschließt, welche die wichtigsten Folgen des Vorliegens von Arbeitnehmerüberlassung regelt (*Boemke/Lembke* § 12 Rn. 53). Die Zusatzvereinbarung sollte z.B. die Erklärung enthalten, dass sich der »Auftragnehmer« vor Beginn der Vertragsdurchführung eine gültige Arbeitnehmerüberlassungserlaubnis beschafft, damit eine Ordnungswidrigkeit gemäß § 16 Abs. 1 Nr. 1 und 1a, Abs. 2 AÜG ausscheidet und keine unerwünschten Arbeitsverhältnisse gemäß § 10 Abs. 1 AÜG zwischen dem »Auftraggeber« (Entleiher) und den überlassenen Arbeitnehmern zustande kommen (vgl. jüngst BAG, Urt. v. 12.07.2016 – 9 AZR 352/15, PM Nr. 35/16). Zu beachten ist allerdings, dass die Erklärung des »Auftragnehmers« zur Arbeitnehmerüberlassungserlaubnis ggf. als ein Indiz für das Vorliegen von Arbeitnehmerüberlassung angesehen wird (vgl. BGH, Urt. v. 25.06.2002 – X ZR 83/00, NZA 2002, 1086, 1088). Sollte die verdeckte Arbeitnehmerüberlassung mit vorsorglich eingeholter Arbeitnehmerüberlassungserlaubnis jedoch wie geplant der offenen unerlaubten Arbeitnehmerüberlassung gleichgestellt werden (vgl. Gesetzentwurf der Bundesregierung vom 01.06.2016 über das geplante »**Gesetz zur Änderung des Arbeitnehmerüberlassungsgesetzes und anderer Gesetze**«, S. 14, 18, 24 sowie I Rdn. 18.1), entfaltet eine solche Zusatzvereinbarung zukünftig allerdings keinerlei Schutzwirkung mehr (vgl. I Rdn. 134).   144

Selbst wenn der Dienstnehmer im Besitz einer ordnungsgemäßen Arbeitnehmerüberlassungserlaubnis ist, ist aus Sicht des Dienstgebers/Entleihers Folgendes zu beachten: Nach § 28e Abs. 2 SGB IV haftet der Entleiher für die Erfüllung der sozialversicherungsrechtlichen Zahlungspflicht des Verleihers wie ein selbstschuldnerischer Bürge. Hingegen trifft ihn in der Regel keine lohnsteuerrechtliche Subsidiärhaftung gemäß § 42d Abs. 6 Satz 2 EStG (vgl. I Rdn. 59).   145

I. Fremdpersonaleinsatz

▶ **Muster – Zusatzvereinbarung zum Dienstvertrag bei Fremdpersonaleinsatz**

146   ZUSATZVERTRAG ZUM BERATUNGSVERTRAG VOM ____[Datum]____ [1]

zwischen

[Name und Adresse des Auftraggebers]

– nachfolgend »Gesellschaft« genannt –

und

[Name und Adresse des Auftragnehmers]

– nachfolgend »Beratungsgesellschaft« genannt –

Präambel

Die Parteien sind sich einig und gehen davon aus, dass ihr Vertragsverhältnis ein Dienstverhältnis nach Dienstvertragsrecht darstellt. Im Hinblick auf das jedem drittbezogenen Personaleinsatz innewohnende Risiko, dass das Vertragsverhältnis wider Erwarten nicht als Dienstverhältnis, sondern als Arbeitnehmerüberlassung qualifiziert wird, schließen die Parteien vorsorglich folgende Vereinbarung: [2]

§ 1
Arbeitnehmerüberlassungserlaubnis [3]

(1) Die Beratungsgesellschaft ist im Besitz einer gültigen Erlaubnis zur Arbeitnehmerüberlassung gemäß § 1 Abs. 1 Satz 1 AÜG, ausgestellt von ____[Behörde]____ am ____[Datum]____ [ggf.: zuletzt verlängert am ____[Datum]____]. Eine Kopie der Erlaubnis ist diesem Vertrag als Anlage 1 beigefügt. Auf Verlangen der Gesellschaft ist die Urkunde der Erlaubnis jederzeit unverzüglich im Original zur Einsicht vorzulegen. [4]

(2) Die Beratungsgesellschaft wird die Gesellschaft unverzüglich schriftlich über den Zeitpunkt des Wegfalls der Erlaubnis unterrichten. In den Fällen der Nichtverlängerung, der Rücknahme oder des Widerrufs der Erlaubnis wird die Beratungsgesellschaft die Gesellschaft unverzüglich auf das voraussichtliche Ende der Abwicklung der nach § 1 AÜG erlaubt abgeschlossenen Verträge (§ 2 Abs. 4 Satz 4 AÜG) und die gesetzliche Abwicklungsfrist (§ 2 Abs. 4 Satz 4 letzter Halbs. AÜG) hinweisen. Die Beratungsgesellschaft wird der Gesellschaft jede Verlängerung oder Veränderung der Erlaubnis durch unverzügliche Zusendung einer Kopie des entsprechenden Bescheids mitteilen. § 1 Abs. 1 Satz 3 des vorliegenden Vertrags gilt entsprechend. [5]

(3) Die Beratungsgesellschaft haftet der Gesellschaft für sämtliche Schäden, die der Gesellschaft dadurch entstehen, dass die Beratungsgesellschaft keine oder eine unzureichende Arbeitnehmerüberlassungserlaubnis besitzt. Die Beratungsgesellschaft stellt die Gesellschaft von sämtlichen Ansprüchen Dritter frei, die auf einer fehlenden oder unzureichenden Arbeitnehmerüberlassungserlaubnis beruhen. [6]

§ 2
Arbeitsgenehmigungen der eingesetzten Mitarbeiter [7]

Die Beratungsgesellschaft versichert, dass die von ihr an die Gesellschaft überlassenen ausländischen Mitarbeiter – falls erforderlich – einen Aufenthaltstitel nach § 4 Abs. 3 des Aufenthaltsgesetzes, eine Aufenthaltsgestattung oder eine Duldung, die zur Ausübung der Beschäftigung berechtigen, oder eine Genehmigung nach § 284 Abs. 1 SGB III besitzen. Die Beratungsgesellschaft stellt die Gesellschaft von allen Ansprüchen frei, denen die Gesellschaft durch das Fehlen der oben genannten Berechtigungen ausgesetzt ist, und ersetzt der Gesellschaft alle daraus entstehenden Schäden. Auf Verlangen erbringt die Beratungsgesellschaft unverzüglich vor Beginn der Überlassung geeignete schriftliche Nachweise über das Vorliegen der genannten Berechtigungen oder über das Vorliegen der Voraussetzung der Genehmigungsfreiheit. Die Beratungsgesellschaft unterrichtet die Gesellschaft unverzüglich schriftlich über den Wegfall oder sonstige Änderungen der genannten Berechtigungen.

§ 3
Lohnsteuer; Sozialversicherungsbeiträge [8]

(1) Die Beratungsgesellschaft gewährleistet die Einhaltung der ihr als Arbeitgeberin im Hinblick auf ihre Mitarbeiter obliegenden arbeitsrechtlichen, sozialversicherungsrechtlichen, steuerrechtlichen und sonstigen Pflichten.

(2) Die Beratungsgesellschaft hat der Gesellschaft monatlich oder jederzeit auf Verlangen die ordnungsgemäße Abführung der Sozialversicherungsbeiträge durch Vorlage einer Bescheinigung der zuständigen Einzugsstelle sowie die ordnungsgemäße Abführung der Lohnsteuer durch geeignete Nachweise (z.B. separate Überweisungsbelege) nachzuweisen.

(3) Wird die Gesellschaft von den zuständigen Behörden im Hinblick auf Sozialversicherungsbeiträge oder Lohnsteuer in Anspruch genommen, hat die Beratungsgesellschaft die Gesellschaft von allen Ansprüchen freizustellen und alle der Gesellschaft daraus entstehenden Schäden zu ersetzen. Die Gesellschaft ist berechtigt, die der Beratungsgesellschaft geschuldete Vergütung in Höhe der von den Behörden geltend gemachten Forderungen einzubehalten, bis die Beratungsgesellschaft nachweist, dass sie die geschuldeten Beiträge ordnungsgemäß abgeführt hat.

(4) Die Beratungsgesellschaft verpflichtet sich, auf Verlagen der Gesellschaft im Hinblick auf eine eventuelle Haftung der Gesellschaft für die von der Beratungsgesellschaft bei der Gesellschaft eingesetzten Mitarbeiter zu entrichtenden Sozialversicherungsbeiträge und Lohnsteuern (vgl. § 28e Abs. 2 SGB IV, § 150 Abs. 3 SGB VII, § 42d Abs. 6 EStG) eine selbstschuldnerische Bürgschaft oder eine Garantieerklärung einer europäischen Großbank über einen Betrag in Höhe von mindestens € ___[Betrag]___ (in Worten: [Betrag in Worten] Euro) zur Verfügung zu stellen.

§ 4
Vertragsanpassung [9]

Sollte das Vertragsverhältnis zwischen den Parteien wider Erwarten als Arbeitnehmerüberlassungsverhältnis qualifiziert werden, so gilt die im Dienstvertrag vom ___[Datum]___ vereinbarte Vergütung für die Dienstleistung als Arbeitnehmerüberlassungsvergütung. Die Beratungsgesellschaft hat keinen weitergehenden Anspruch auf Vergütung oder Erstattung sonstiger Aufwendungen gegenüber der Gesellschaft, auch nicht, falls sie gegenüber ihren Mitarbeitern im Falle der Arbeitnehmerüberlassung eine höhere Vergütung oder sonstige andere Arbeitsbedingungen als die mit den Mitarbeitern vereinbarten schuldet.

§ 5
Schriftform; Salvatorische Klausel

(1) Abgesehen von individuellen Vertragsabreden (§ 305b BGB) bedürfen Änderungen und Ergänzungen dieses Rahmenvertrags zu ihrer Wirksamkeit der Schriftform; die elektronische Form, die Textform und die telekommunikative Übermittlung sind ausgeschlossen. Dies gilt auch für die Aufhebung, Änderung oder Ergänzung des vorstehenden Schriftformerfordernisses.

(2) Falls eine Bestimmung dieses Vertrags unwirksam sein sollte, bleibt die Wirksamkeit der übrigen Bestimmungen hiervon unberührt. [Eine unwirksame Bestimmung wird durch eine Regelung ersetzt, die dem Sinn der zu ersetzenden Bestimmung im Rahmen des rechtlich Möglichen am nächsten kommt. Dies gilt entsprechend für etwaige Regelungslücken in diesem Vertrag.]

[Ort, Datum]　　　　　　　　　　　　　　[Ort, Datum]

_____　　　　　　　　　　_____
(Unterschrift der Gesellschaft)　　　　(Unterschrift der Beratungsgesellschaft)

Erläuterungen

1. Die Regelungen im Zusatzvertrag sollten **nicht in den eigentlichen Hauptvertrag** (hier: Beratungsvertrag) aufgenommen werden, um nicht dadurch ein Indiz für Arbeitnehmerüberlassung zu

I. Fremdpersonaleinsatz

schaffen, dass die Parteien offenbar selbst davon ausgehen, dass Arbeitnehmerüberlassung vorliegen könnte. Die Zusatzvereinbarung sollte erst dann in Erscheinung treten, wenn feststeht oder von irgendjemandem geltend gemacht wird, dass das Dienstverhältnis tatsächlich als Arbeitnehmerüberlassung einzustufen ist.

148 **2.** Die Präambel enthält die ausdrückliche Erklärung, dass die Parteien von einem Dienstverhältnis ausgehen. Lediglich im Hinblick auf das jedem **drittbezogenen Personaleinsatz** innewohnende **Risiko** der Qualifizierung als Arbeitnehmerüberlassung wird vorsorglich die Zusatzvereinbarung abgeschlossen.

149 **3.** § 1 enthält die gemäß § 12 AÜG notwendige Erklärung, dass die Beratungsgesellschaft die Arbeitnehmerüberlassungserlaubnis gemäß § 1 AÜG besitzt. Vgl. ferner I Rdn. 29 ff.

150 **4.** Vgl. I Rdn. 29 ff.

151 **5.** Vgl. I Rdn. 32.

152 **6.** Vgl. I Rdn. 33.

153 **7.** Vgl. I Rdn. 42.

154 **8.** Vgl. I Rdn. 59–64.

155 **9.** Die Regelung in § 4 des Musters stellt klar, dass im Fall des Vorliegens von Arbeitnehmerüberlassung die im Dienstvertrag vereinbarte Vergütung als Arbeitnehmerüberlassungsvergütung gilt. Ferner wird das **Risiko**, dass der »Auftragnehmer« (Verleiher) an seine Mitarbeiter eine höhere Vergütung oder sonstige Leistungen gewähren muss (insbesondere aufgrund des Schlechterstellungsverbots/Grundsatz von **Equal Pay/Treatment** in §§ 9 Nr. 2, 3 Abs. 1 Nr. 3 AÜG), im Muster allein dem »Auftragnehmer« zugewiesen. Alternativ kann dieses Risiko auch von beiden Parteien getragen werden. § 4 Satz 2 des Musters könnte dann z.B. lauten:

156 *Alternative:*

[Falls die Beratungsgesellschaft im Fall von Arbeitnehmerüberlassung ihren für die Gesellschaft eingesetzten Mitarbeitern eine höhere Vergütung als die mit den Mitarbeitern vereinbarte Vergütung zu zahlen hat, erstattet die Gesellschaft der Beratungsgesellschaft die Hälfte der Differenz zwischen der an die Mitarbeiter zu zahlenden Vergütung und der mit den Mitarbeitern vereinbarten Vergütung (jeweils bezogen auf die Bruttobezüge) sowie die Hälfte der entstehenden Arbeitgeberanteile zur Sozialversicherung.]

157 Vgl. dazu auch I Rdn. 37 f.

J. Das laufende Arbeitsverhältnis

Inhaltsübersicht

	Rdn.
Einführung	1
I. Störungen	2
1. Abmahnung	4
Vorbemerkung	4
Muster: Abmahnung	6
Erläuterungen	7
2. Verwarnung	35
Vorbemerkung	35
Muster: Verwarnung	36
Erläuterungen	37
II. Krankheit des Arbeitnehmers	41
1. Anzeige einer Erkrankung durch den Arbeitnehmer	42
Vorbemerkung	42
Muster: Muster – Anzeige einer Erkrankung durch den Arbeitnehmer	43
Erläuterungen	44
2. Vorzeitige Anforderung einer Arbeitsunfähigkeitsbescheinigung	46
Vorbemerkung	46
Muster: Vorzeitige Anforderung einer Arbeitsunfähigkeitsbescheinigung	47
Erläuterungen	48
3. Arbeitsunfähigkeitsbescheinigung gemäß § 5 Abs. 1 EFZG	50
Muster: Arbeitsunfähigkeitsbescheinigung gemäß § 5 Abs. 1 EFZG	50
Erläuterungen	51
4. Auskunftsverlangen Fortsetzungszusammenhang	53.1
Muster: Auskunftsverlangen	53.1
Erläuterungen	53.2
III. Änderungen im Arbeitsverhältnis	54
1. Versetzung	56
Vorbemerkung	56
Muster: Versetzung	59
Erläuterungen	60
2. Zustimmung des Betriebsrats zur Versetzung	78
Vorbemerkung	78
Muster: Zustimmung des Betriebsrats zur Versetzung	80
Erläuterungen	81
3. Versetzung durch Änderungskündigung	85
Vorbemerkung	85
Muster: Versetzung durch Änderungskündigung	87
Erläuterungen	88
4. Änderungsvertrag	98
Vorbemerkung	98
Muster: Änderungsvertrag	100
Erläuterungen	101
5. Betriebliche Übung	107
Vorbemerkung	107
Muster: Freiwilligkeitsvorbehalt	108.1
Erläuterungen	109
6. Gesamtzusage	114
Vorbemerkung	114
Muster: Gesamtzusage	117
Erläuterungen	118
IV. Urlaub	122
1. Urlaubsantrag	123
Vorbemerkung	123

J. Das laufende Arbeitsverhältnis

		Rdn.
	Muster: Urlaubsantrag	124
	Erläuterungen	125
2.	Urlaubsbewilligung	128
	Muster: Urlaubsbewilligung	128
	Erläuterungen	129
3.	Urlaubsanordnung	131
	Muster: Urlaubsanordnung	131
	Erläuterungen	132

Einführung

1 Das Arbeitsverhältnis wird als Dauerschuldverhältnis in erster Linie durch den Inhalt des Anstellungsvertrags, eventuell auch durch Tarifvertrag und Betriebsvereinbarungen geregelt. Der nun folgende Abschnitt befasst sich mit dem Umgang mit Störungen im Anstellungsverhältnis, aber auch dessen Änderungen, soweit sie nicht zu einer Beendigung des Vertragsverhältnisses führen.

I. Störungen

2 Störungen des Anstellungsverhältnisses ergeben sich in der Praxis vor allem aus dem Bereich des Leistungs- und Sozialverhaltens des Arbeitnehmers. Dieser Unterabschnitt befasst sich mit den Instrumenten, welche das Arbeitsrecht dem Arbeitgeber zur Hand gibt, um in derartigen Situationen entsprechend reagieren zu können, sofern ein Fehlverhalten des Arbeitnehmers zur Debatte steht, welches keine Kündigung des Anstellungsverhältnisses rechtfertigt.

3 Bei Verstößen gegen die betriebliche Ordnung – oftmals in Bezug auf das Rauchen oder den Alkoholgenuss – kann zwischen dem Arbeitgeber und dem Betriebsrat eine **Betriebsbußenordnung** in Form einer Betriebsvereinbarung vereinbart werden, welche für den Fall der Zuwiderhandlung gegen bestimmte Verhaltensauflagen durch die Arbeitnehmer – ggf. nach der Intensität des Verstoßes gestaffelte – Sanktionen vorsehen kann (vgl. hierzu *Weintraut* AuA 1992, 244). Solange es an einer solchen Betriebsvereinbarung fehlt, kommt mangels Bestehens einer Rechtsgrundlage keine wirksame Verhängung einer **Betriebsstrafe** in Betracht (BAG, Urt. v. 17.10.1989 – 1 ABR 100/88, NZA 1990, 193). Als Sanktionen einer Betriebsstrafenordnung kommen etwa eine mündliche Verwarnung, ein schriftlicher Verweis bis hin zu einer Geldbuße in Betracht (vgl. MünchArbR/ *Blomeyer* § 56 Rn. 13). Die Betriebsstrafe bzw. Betriebsbuße spielt in der arbeitsrechtlichen Praxis allerdings so gut wie überhaupt keine Rolle mehr. Sie wird zu Recht als nicht mehr zeitgemäß empfunden, weshalb im Folgenden auf den Abdruck entsprechender Mustertexte verzichtet wird. Die heutzutage gängige Form einer Sanktionierung von Pflichtverstößen durch den Arbeitnehmer ist die sogleich dargestellte Verwarnung bzw. Abmahnung (zur Abgrenzung von Betriebsbuße und Abmahnung vgl. *Heinze* NZA 1990, 169); in gravierenden Fällen mag man sogar an eine Kündigung denken. Soweit ein bestimmtes Verhalten des Arbeitnehmers mit monetären Sanktionen belegt werden soll, bietet sich wiederum die Vereinbarung einer arbeitsvertraglichen Vertragsstrafe an. Es wird auf die diesbezüglichen Ausführungen in B Rdn. 9 ff. verwiesen.

1. Abmahnung

Vorbemerkung

4 Abmahnungen kommt in der Praxis eine überragend wichtige Bedeutung zu. Sie werden in Reaktion auf ein pflichtwidriges Verhalten des Arbeitnehmers erteilt. Abmahnungen gehen, soweit nicht eine außerordentliche Kündigung im Raume steht, oftmals einer verhaltensbedingten Kündigung des Arbeitnehmers vor. Eine Abmahnung kommt hingegen nicht im Zusammenhang mit einer **personenbedingten Kündigung** in Betracht, da es in aller Regel nicht in dem Machtbereich

des Arbeitnehmers liegt, die Unfähigkeit zur uneingeschränkten ordnungsgemäßen Verrichtung seiner vertraglich geschuldeten Tätigkeit herbeizuführen.

Genießt ein Arbeitnehmer keinen allgemeinen Kündigungsschutz (also solchen nach dem KSchG), sei es dass die **Wartezeit** noch nicht abgelaufen ist, sei es wegen der **Größe des Betriebs**, ist nach wohl zutreffender Auffassung auch bei Ausspruch einer verhaltensbedingten Kündigung keine vorherige Abmahnung erforderlich (BAG, Urt. v. 28.08.2003 – 2 AZR 333/02, NZA 2004, 1296). Mit derselben Argumentation (Nichtanwendbarkeit des KSchG) wird auch eine Abmahnung im Rahmen von **Dienstverhältnissen** mit GmbH-Geschäftsführern (BGH, Urt. v. 02.07.2007 – II ZR 71/06, NJW-RR 2007, 1520) oder Vorständen einer AG für entbehrlich gehalten. Dies gilt selbst nach Einführung der Vorschrift des § 314 Abs. 2 BGB, der zufolge eine Kündigung aus wichtigem Grund bei Vertragsverletzungen normalerweise nur nach vorheriger Abmahnung zulässig ist (BGH, Urt. v. 02.07.2007 – II ZR 71/06, NJW-RR 2007, 1520).

5

▶ **Muster – Abmahnung**

[Briefkopf Arbeitgeber] 1

6

Herrn/Frau [Name und Anschrift des Mitarbeiters, ggf. auch »im Hause«]

Betreff: Abmahnung 2

[Datum] 3

Sehr geehrte(r) Frau/Herr [Name],

leider sehen wir uns gezwungen, Sie aus folgendem Grunde abzumahnen: 4

Sie sind am [Datum] zum wiederholten Mal ohne Angabe von Gründen verspätet zur Arbeit erschienen. Statt um [Uhrzeit] Uhr sind Sie erst um [Uhrzeit] Uhr erschienen. 5

Dieses Verhalten stellt eine (schwerwiegende) Vertragspflichtverletzung dar. Wir fordern Sie auf, in Zukunft pünktlich zur Arbeit zu erscheinen. 6

Sollten Sie dieser Aufforderung nicht Folge leisten, müssen Sie im Wiederholungsfalle mit einer Kündigung rechnen. 7

Eine Durchschrift dieses Schreibens werden wir zu Ihrer Personalakte nehmen. 8

Mit freundlichen Grüßen

_____

(Unterschrift des Arbeitgebers) 9

Ich bestätige, das vorliegende Abmahnungsschreiben erhalten, gelesen und verstanden zu haben:

[Ort] , den [Datum]

_____

(Unterschrift des Mitarbeiters) 10

Erläuterungen

Schrifttum
Binkert Die Rechtsprechung zur Entbehrlichkeit der Abmahnung vor verhaltensbedingten Kündigungen, NZA 2016, 721; *Kammerer* Die »letzte Abmahnung« in der Rechtsprechung des BAG, BB 2002, 1747; *Kramer* BAG zur Kündigung wegen privater Internetnutzung, NZA 2007, 1338; *Salamon/Rogge* Funktionen der Abmahnung und Entfernungsanspruch nach »Emmely«, NZA 2013, 363; *Schrader* Abmahnung und »Vertrauenskapital«, NJW 2012, 342; *Tschöpe* Verhaltensbedingte Kündigung – Eine systematische Darstellung im Lichte der BAG-Rechtsprechung, BB 2002, 778; *Wetzling/Habel* Die Abmahnung – arbeitsrechtlich und personalführungstechnisch aktuelle Aspekte, BB 2011, 1077.

J. Das laufende Arbeitsverhältnis

7 **1.** Einer Abmahnung kommen drei Funktionen zu, nämlich eine **Hinweisfunktion**, eine **Dokumentationsfunktion** und eine **Warnfunktion**.

8 Zunächst wird das dem Arbeitnehmer vorgeworfene Verhalten mit der Abmahnung dokumentiert.

9 Es schließt sich der Hinweis an, dass es sich hierbei um eine arbeitsvertragliche Pflichtverletzung handelt. Ein abmahnfähiges Verhalten kann dabei ein aktives Verhalten genauso wie ein Unterlassen von Handlungen sein. Eine Pflicht, die der Arbeitnehmer verletzt hat oder der er nicht nachgekommen ist, kann arbeitsvertraglicher Natur sein, sich aber genauso auch auf kollektivrechtliche Pflichten beziehen, also solche aus einer Betriebsvereinbarung oder einem Tarifvertrag. Eine Verletzung kollektivrechtlicher Pflichten kommt allerdings nicht bei sog. Leitenden Angestellten (§ 5 Abs. 3 BetrVG) in Betracht.

10 Die Warnfunktion meint schließlich das Androhen von arbeitsrechtlichen Sanktionen für den Wiederholungsfall (vgl. BAG, Urt. v. 19.04.2012 – 2 AZR 258/11, NZA-RR 2012, 567).

11 Nur wenn alle drei Funktionen miteinander verbunden sind, ist rechtlich von einer Abmahnung die Rede. Liegt eine solche ordnungsgemäße Abmahnung vor und verletzt der Arbeitnehmer erneut Pflichten aus dem Arbeitsverhältnis, kann eine verhaltensbedingte Kündigung ausgesprochen werden, wenn die für eine solche Kündigung erforderliche Negativprognose erfüllt ist. Dies ist regelmäßig dann der Fall, wenn die jeweiligen Pflichtverletzungen aus demselben Bereich stammen und somit Abmahnung und Kündigungsgrund in einem inneren Zusammenhang stehen (BAG, Urt. v. 13.12.2007 – 2 AZR 818/06, NZA 2008, 589). Ein solcher innerer Zusammenhang ist beispielsweise bei Verspätungen einerseits und unentschuldigtem Fehlen andererseits anzunehmen (vgl. BAG, Beschl. v. 10.12.1992 – 2 ABR 32/92, NZA 1993, 501), aber auch zwischen wiederholten Verspätungen und Versäumnissen des Arbeitnehmers bei der Krankmeldung (BAG, Urt. v. 16.09.2004 – 2 AZR 406/03, NZA 2005, 459). Ebenfalls wird die erforderliche Gleichartigkeit im Falle von verbaler und körperlicher sexueller Belästigung bejaht (BAG, Urt. v. 09.06.2011 – 2 AZR 323/10, NZA 2011, 1342).

12 Die Abmahnung kann, soweit nicht eine Betriebsvereinbarung oder ein Tarifvertrag Schriftform vorsehen, formlos erfolgen. Obwohl sie daher auch mündlich erteilt werden könnte, empfiehlt sich mit Blick auf die dem Arbeitgeber in einem eventuellen Kündigungsschutzprozess obliegende Darlegungs- und Beweislast für das Vorliegen der Kündigungsvoraussetzungen stets die Erteilung einer schriftlichen Abmahnung. Dabei ist es zwar nicht notwendig, die Abmahnung im Betreff als solche zu bezeichnen; dies ist jedoch zur Klarstellung zu empfehlen.

13 **2.** Ein Abmahnschreiben sollte eindeutig mit dem Betreff »Abmahnung« gekennzeichnet werden, um Missverständnissen vorzubeugen. Ob das Schreiben allerdings tatsächlich eine Abmahnung darstellt, richtet sich nicht nach dem vom Arbeitgeber gewählten Betreff, sondern nach dem eigentlichen Inhalt des Schreibens (BAG, Urt. v. 06.03.2003 – 2 AZR 128/02, NZA 2003, 1388).

14 **3.** Es existiert keine Regelausschlussfrist hinsichtlich der Länge der Zeit zwischen dem abmahnrelevanten Verhalten des Arbeitnehmers einerseits und der Abmahnung andererseits (BAG, Urt. v. 15.01.1986 – 5 AZR 70/84, NZA 1986, 421). Insbesondere ist die Zwei-Wochen-Frist des § 626 Abs. 2 BGB nicht auf Abmahnungen anwendbar. Beschränkungen können sich allerdings aufgrund einschlägiger Betriebsvereinbarungen ergeben. Eine Abmahnung sollte stets zeitnah erfolgen, um zu verhindern, dass der Abmahnung nur eine eingeschränkte bzw. schlimmstenfalls überhaupt keine Rechtswirkung mehr zukommt. Es ist nämlich in der Rechtsprechung anerkannt, dass eine Abmahnung, welche erst eine gravierende Zeit nach der Pflichtverletzung durch den Arbeitnehmer ausgesprochen wird, hinsichtlich der ihr innewohnenden Warnfunktion an Wirkung einbüßt. So wurde etwa eine Abmahnung für unzulässig gehalten, die der Arbeitgeber erstmals fast sechs Monate nach einer vom Arbeitgeber wahrgenommenen Pflichtverletzung des Arbeitneh-

mers aussprechen wollte, sofern es seitdem keine gleichartigen neueren Verstöße gegeben hat (LAG Nürnberg, Urt. v. 14.06.2005 – 6 Sa 367/05, LAGE § 611 BGB 2002 Abmahnung Nr. 3).

Die Frage, ob und nach welcher Zeit eine Abmahnung ihre Warnfunktion und somit ihre Wirkung in Bezug auf eine später ausgesprochene verhaltensbedingte Kündigung verliert, kann nur auf Grundlage des jeweiligen Einzelfalls unter der besonderen Beachtung der Schwere des dem Arbeitnehmer anzulastenden Pflichtverstoßes beantwortet werden. Die Rechtsprechung schwankt hier zwischen einem Zeitraum von etwa zwei Jahren (LAG Hamm, Urt. v. 14.05.1986 – 2 Sa 320/86, NZA 1987, 26) und über dreieinhalb Jahren (BAG, Urt. v. 10.10.2002 – 2 AZR 418/01, NJOZ 2003, 3169). Nach Ablauf von spätestens zehn Jahren soll die Wirkungsdauer einer Abmahnung betreffend eine schwere Pflichtverletzung aber spätestens ausgelaufen sein (LAG Hessen, Beschl. v. 13.09.2010 – 9 Ta 215/10, juris). Im Falle einer bereits längere Zeit zurückliegenden Abmahnung kann es deshalb erforderlich sein, bei weiterem Fehlverhalten eine erneute Abmahnung auszusprechen, um der zeitlich begrenzten Wirkungsdauer der Abmahnung entgegenzuwirken (vgl. BAG, Urt. v. 27.09.2012 – 2 AZR 955/11, NZA 2013, 425).

Nach der Rechtsprechung des BAG steht dem Arbeitnehmer nach Ablauf dieser Zeit nicht zwangsläufig ein Recht auf Entfernung einer zutreffenden Abmahnung aus der Personalakte zu (BAG, Urt. v. 19.07.2012 – 2 AZR 782/11 »Emmely«). Denn auch wenn die Mahnung ihre Warnfunktion verloren hat, so hat der Arbeitgeber in aller Regel doch jedenfalls noch ein berechtigtes Interesse an der Dokumentation der gerügten Pflichtverletzung. Nach der »Emmely«-Entscheidung des BAG besteht ein Entfernungsanspruch des Arbeitnehmers allenfalls in Bezug auf abgemahnte Bagatellverstöße, während darüber hinausgehende Pflichtverstöße für die weitere Entwicklung des Arbeitsverhältnisses oder seine Beendigung auch in ferner Zukunft durchaus noch eine Rolle spielen können (*Salamon/Rogge*, NZA 2013, 363, 365). Arbeitnehmer können in entsprechender Anwendung von §§ 242, 1004 Abs. 1 S. 1 BGB jedoch die Entfernung einer zu Unrecht erteilten Abmahnung aus ihrer Personalakte verlangen. Der Anspruch besteht, wenn die Abmahnung inhaltlich unbestimmt ist, unrichtige Tatsachenbehauptungen enthält, auf einer unzutreffenden rechtlichen Bewertung des Verhaltens des Arbeitnehmers beruht oder den Grundsatz der Verhältnismäßigkeit verletzt. Er besteht auch dann, wenn selbst bei einer zu Recht erteilten Abmahnung kein schutzwürdiges Interesse des Arbeitgebers mehr an deren Verbleib in der Personalakte besteht (BAG Urt. v. 20.01.2015 – 9 AZR 860/13, NZA 2015, 805).

4. Eine Abmahnung ist erforderlich, um bei einer gleich gelagerten, wiederholten Pflichtverletzung eine verhaltensbedingte Kündigung aussprechen zu können, wenn es sich um ein steuerbares Fehlverhalten des Arbeitnehmers handelt, das bisherige vertragswidrige Fehlverhalten noch keine klare Negativprognose zulässt und deswegen von der Möglichkeit zukünftigen vertragsgerechten Verhaltens ausgegangen werden kann (BAG, Urt. v. 27.04.2006 – 2 AZR 415/05, AP Nr. 203 zu § 626 BGB). Dies ist etwa dann der Fall, wenn der Arbeitnehmer mit vertretbaren Gründen annehmen konnte, sein Verhalten sei nicht vertragswidrig (BAG, Urt. v. 14.02.1996 – 2 AZR 274/95, NZA 1996, 873). Die früher vorgenommene Differenzierung danach, ob sich die abmahnungsrelevanten Störungen im Vertrauens- oder im Leistungsbereich auswirken – Störungen im Vertrauensbereich bedurften grundsätzlich keiner vorherigen Abmahnung, da eine Abmahnung zerstörtes Vertrauen nicht wiederherstellen kann – hat das BAG mittlerweile aufgegeben (BAG, Urt. v. 04.06.1997 – 2 AZR 526/96, NZA 1997, 1281).

Wie oft ein Arbeitnehmer vor Ausspruch einer Kündigung abgemahnt worden sein muss, richtet sich nach den Verhältnissen des konkreten Einzelfalls. Hat etwa ein Arbeitnehmer mit hohem sozialen Besitzstand nur eine geringfügige Pflichtverletzung begangen, so ist je nach den Umständen eine einmalige Abmahnung nicht ausreichend, den Arbeitnehmer hinreichend zu warnen, dass er bei weiteren gleichartigen Pflichtverletzungen seinen Arbeitsplatz aufs Spiel setzt (BAG, Urt. v. 15.11.2001 – 2 AZR 609/00, NZA 2002, 968). In der Praxis werden daher im Falle von leichteren Vertragsverstößen (z.B. nicht rechtzeitige Krankmeldung) häufig drei Abmahnungen erteilt, bevor eine Kündigung ausgesprochen wird (vgl. BAG, Urt. v. 16.09.2004 – 2 AZR 406/03, NZA 2005, 459). Bei schwereren Verstößen sollten jedenfalls nicht mehr als zwei Abmahnungen erteilt werden, bevor im Falle einer gleich gelagerten erneuten Pflichtverletzung schließlich eine Kündigung ausgesprochen wird; oft wird hier sogar der Ausspruch nur einer einzigen Abmahnung genügen.

18 Eine **ordentliche verhaltensbedingte Kündigung** ohne vorhergehende ordnungsgemäße Abmahnung ist danach regelmäßig unwirksam (vgl. BAG, Urt. v. 13.12.2007 – 2 AZR 818/06, NZA 2008, 589). Nur in Ausnahmefällen kann ein Verhalten des Arbeitnehmers auch ohne vorangegangene Abmahnung zu einer fristgemäßen Kündigung seines Arbeitsverhältnisses berechtigen (BAG, Urt. v. 31.05.2007 – 2 AZR 200/06, NZA 2007, 922). Dies ist etwa dann der Fall, wenn der Arbeitnehmer nicht willens bzw. in der Lage ist, sich vertragstreu zu verhalten (BAG, Urt. v. 26.01.1995 – 2 AZR 649/94, NZA 1995, 517), oder bei besonders schwerwiegenden Verstößen, deren Rechtswidrigkeit dem Arbeitnehmer ohne weiteres erkennbar ist und bei denen es offensichtlich ausgeschlossen ist, dass sie der Arbeitgeber hinnimmt (BAG, Urt. v. 12.08.1999 – 2 AZR 923/98, NZA 2000, 421). Als eine solch schwerwiegende, eine ordentliche Kündigung ohne vorherige Abmahnung rechtfertigende Pflichtverletzung wurde das Verkleben der Münder von Grundschülern zu Disziplinierungszwecken durch eine Lehrerin erachtet (BAG, Urt. v. 19.04.2012 – 2 AZR 156/11, NZA 2012, 1274).

Verlässliche Regeln dazu, wann eine Abmahnung entbehrlich ist, haben die Arbeitsgerichte bislang nicht aufgestellt. Es komme vielmehr – dies wird immer wieder von der Rechtsprechung betont – auf den konkreten Einzelfall an. So hat die Rechtsprechung das Erfordernis einer Abmahnung bejaht, wenn ein Arbeitnehmer entgegen dem Anstellungsvertrag einer offensichtlich nicht genehmigungsfähigen Nebentätigkeit ohne erforderliche Genehmigung nachgeht (BAG, Urt. v. 11.12.2001 – 9 AZR 464/00, NZA 2002, 965), unentschuldigt fehlt (BAG, Urt. v. 17.01.1991 – 2 AZR 375/90, NZA 1991, 557), vorwerfbar schlechte Leistungen erbringt (BAG, Urt. v. 17.01.2008 – 2 AZR 536/06, BB 2008, 1454 mit Anmerkung *Brötzmann*) oder seine Arbeitsunfähigkeit nicht unverzüglich anzeigt (BAG, Urteil 16.08.1991 – 2 AZR 604/90, NZA 1993, 17).

19 Bei einer **außerordentlichen verhaltensbedingten Kündigung** bedarf es einer vorherigen Abmahnung hingegen von vornherein nicht (vgl. BAG, Urt. v. 12.03.2009 – 2 AZR 251/07, NZA 2009, 779). Hier steht eine derart schwerwiegende Pflichtwidrigkeit des Arbeitnehmers im Raum, dass dem Arbeitgeber – anders als bei einer ordentlichen verhaltensbedingten Kündigung – die Fortsetzung des Arbeitsverhältnisses auch nicht bis zum Ablauf der Kündigungsfrist zugemutet werden kann. Als Beispiel für eine solche außerordentliche Kündigung ohne das Erfordernis einer vorherigen Abmahnung wegen eines gleichartigen früheren Vorfalls sind etwa schwere Tätlichkeiten, sei es, dass sie gegenüber Kollegen des Arbeitnehmers oder gegenüber dem Arbeitgeber begangen werden, anerkannt (vgl. BAG, Urt. v. 18.09.2008 – 2 AZR 1039/06, DB 2009, 964). Nichts anderes gilt, wenn ein Arbeitnehmer »krankfeiert«, also seine Arbeitsunfähigkeit als Reaktion auf bestimmte betriebliche Begebenheiten zuvor ankündigt (vgl. BAG, Urt. v. 12.03.2009 – 2 AZR 251/07, NZA 2009, 779), Eigentum des Arbeitgeber, auch wenn es nur von geringem Wert sein sollte, stiehlt oder unterschlägt (BAG, Urt. v. 11.12.2003 – 2 AZR 36/03, NZA 2004, 486) oder über einen Zeitraum von mehreren Jahren einer offensichtlich nicht genehmigungsfähigen Tätigkeit nachgeht, ohne diese trotz einer entsprechenden Verpflichtung seinem Arbeitgeber anzuzeigen (BAG, Urt. v. 18.09.2008 – 2 AZR 827/06, NZA-RR 2009, 393).

20 **5.** Eine Abmahnung muss das dem Arbeitnehmer vorgeworfene Fehlverhalten bezeichnen bzw. dokumentieren. Enthält sie statt eines konkret bezeichneten Fehlverhaltens nur pauschale Vorwürfe – im Beispielsfall etwa »Sie sind wiederholt unpünktlich zur Arbeit erschienen« –, so genügt dies nicht (BAG, Urt. v. 27.11.2008 – 2 AZR 675/07, NZA 2009, 842). Dies gilt selbst dann, wenn mit dem Arbeitnehmer zuvor ein Personalgespräch geführt wurde, das den abmahnrelevanten Sachverhalt im Einzelnen zum Gegenstand hatte.

21 Fehlt es an einer hinreichenden Präzisierung der Arbeitsvertragsverletzung, so hat der Arbeitnehmer die Möglichkeit, die Entfernung seiner Abmahnung aus der Personalakte zu verlangen. Er

kann die Unwirksamkeit der Abmahnung aber genauso erst in einem eventuellen späteren Kündigungsschutzprozess geltend machen und eine Unwirksamkeit seiner verhaltensbedingten Kündigung damit begründen, dass er zuvor nicht wirksam abgemahnt worden ist (AR/*Fischermeier* § 626 BGB Rn. 183).

Dass der einer Abmahnung zugrunde liegende Lebenssachverhalt inhaltlich zutreffend ist, hat allein der Arbeitgeber zu beweisen. Dieser Beweis ist wiederum in einem Rechtsstreit um die Entfernung der Abmahnung aus der Personalakte zu erbringen, spätestens jedoch in dem eventuellen Rechtsstreit um die Wirksamkeit einer verhaltensbedingten Kündigung, wenn für diese eine zuvor ausgesprochene Abmahnung von rechtlicher Relevanz ist. Aus dem Umstand, dass der Arbeitnehmer die Abmahnung zunächst widerspruchslos hingenommen hat, entstehen dem Arbeitgeber zu keinem Zeitpunkt rechtliche Vorteile, etwa dass der Arbeitnehmer durch die widerspruchslose Hinnahme die Richtigkeit im Sinne eines Anscheinsbeweises akzeptiert hätte. Den Arbeitnehmer trifft nämlich weder eine arbeitsvertragliche Nebenpflicht noch eine entsprechende Obliegenheit, gegen die Richtigkeit einer Abmahnung gerichtlich vorzugehen (BAG, Urt. v. 13.03.1987 – 7 AZR 601/85, NZA 1987, 518). 22

Obwohl der Arbeitgeber rechtlich nicht daran gehindert ist, sollte es vermieden werden, in einem Abmahnschreiben mehrere Pflichtverletzungen zusammenzufassen. Treffen nämlich nur einige zu, hat der Arbeitgeber auf Verlangen des Arbeitnehmers das Abmahnschreiben insgesamt aus der Personalakte zu entfernen ist, ohne dass es im Übrigen aufrechterhalten bleiben kann (BAG, Urt. v. 13.03.1991 – 5 AZR 133/90, NZA 1991, 768). Es bleibt dem Arbeitgeber jedoch unbenommen, eine auf die zutreffenden Pflichtverletzungen beschränkte Abmahnung erneut auszusprechen (BAG, Urt. v. 13.03.1991 – 5 AZR 133/90, NZA 1991, 768). 23

6. Obwohl sich zumeist schon aus dem Gesamtkontext des Abmahnschreibens die Missbilligung des relevanten Verhaltens des Arbeitnehmers durch den Arbeitgeber ergibt, sollte zur Verdeutlichung der Hinweisfunktion des Abmahnschreibens auch der Hinweis erfolgen, dass das der Abmahnung zugrunde liegende Verhalten des Arbeitnehmers eine Verletzung arbeitsvertraglicher Pflichten darstellt (Hinweisfunktion). 24

7. Um ihrer Warnfunktion gerecht zu werden, muss die Abmahnung den Hinweis erhalten, dass im Falle der Wiederholung einer (gleichgerichteten) Pflichtverletzung eine Kündigung des Arbeitsverhältnisses droht (BAG, Urt. v. 19.02.2009 – 2 AZR 603/07, NZA 2009, 894). 25

Nach der ständigen Rechtsprechung des BAG erlischt das Recht des Arbeitgebers zur Kündigung des Anstellungsverhältnisses wegen eines dem Kündigungsberechtigten bekannten Sachverhalts, wenn dieser statt einer Kündigung eine Abmahnung ausspricht und sich die für die Kündigung maßgebenden Umstände nicht später geändert haben; die Abmahnung stellt nämlich einen Verzicht auf die Ausübung des Kündigungsrechts dar (BAG, Urt. v. 26.11.2009 – 2 AZR 751/08, NZA 2010, 823; BAG, Urt. v. 06.03.2003 – 2 AZR 128/02, NZA 2003, 1388). Dies gilt auch bei einer Abmahnung, die innerhalb der Wartezeit des § 1 Abs. 1 KSchG ausgesprochen wird bzw. auf die das KSchG wegen der Betriebsgröße nicht anwendbar ist (BAG, Urt. v. 13.12.2007 – 6 AZR 145/07, NJW 2008, 1243). Die Annahme eines solchen Verzichts auf das Kündigungsrecht setzt allerdings eine aus Sicht des Arbeitnehmers eindeutige und abschließende Sanktion des Sachverhalts voraus; nur in diesem Fall ist die Annahme eines Vertrauens beim Arbeitnehmer gerechtfertigt, wegen des Sachverhalts nicht gekündigt zu werden (BAG, Urt. v. 06.03.2003 – 2 AZR 128/02, NZA 2003, 1388). Kündigt der Arbeitgeber schließlich das Anstellungsverhältnis in enger zeitlicher Nähe zu einer Abmahnung, so obliegt es ihm, vor Gericht darzulegen und zu beweisen, dass Anlass der Kündigung nicht die vorherige Abmahnung ist (BAG, Urt. v. 13.12.2007 – 6 AZR 145/07, NJW 2008, 1243). 26

Die Warnfunktion einer Abmahnung kann dadurch erheblich abgeschwächt werden, dass der Arbeitgeber bei ständig neuen Pflichtverletzungen des Arbeitnehmers stets nur mit einer Kündigung droht, ohne jemals arbeitsrechtliche Konsequenzen folgen zu lassen. Liegt ein derartiger Fall vor und entschließt sich der Arbeitgeber, »Nägel mit Köpfen zu machen«, so muss er die letzte Abmah- 27 nung vor Ausspruch der Kündigung besonders eindringlich gestalten (BAG, Urt. v. 27.09.2012 – 2 AZR 955/11, NZA 2013, 425; BAG, Urt. v. 15.11.2001 – 2 AZR 609/00, NZA 2002, 968). Diese eindringliche Gestaltung kann etwa in Form eines scharfen Abmahngesprächs erfolgen, sich aber auch im Wortlaut des Abmahnschreibens widerspiegeln (»letztmalige Abmahnung«) (BAG, Urt. v. 15.11.2001 – 2 AZR 609/00, NZA 2002, 968). Jedenfalls im Falle von Vertragsverstößen, die als leichter empfunden werden, kann in aller Regel nicht bereits die dritte Abmahnung als entwertet angesehen werden (BAG, Urt. v. 16.09.2004 – 2 AZR 406/03, NZA 2005, 459).

28 **8.** Zur Verwirklichung ihres Dokumentationszwecks wird das Abmahnschreiben zu der Personalakte des betroffenen Arbeitnehmers genommen. Ein entsprechender Hinweis in dem Schreiben ist nicht zwingend, bringt jedoch Klarheit in die rechtlichen Verhältnisse. Stellt sich eine Abmahnung nämlich als unzutreffend heraus, so steht es dem Arbeitnehmer offen, gerichtlich gegen die Abmahnung vorzugehen oder deren Unwirksamkeit erst im Falle einer eventuellen späteren Kündigung geltend zu machen. Im ersteren Falle ist der Antrag des Arbeitnehmers auf die Entfernung der Abmahnung aus der Personalakte zu richten (vgl. nur BAG, Urt. v. 23.06.2009 – 2 AZR 606/08, NZA 2009, 1011). Einem solchen Verlangen ist stattzugeben, wenn die Abmahnung formell nicht ordnungsgemäß zustande gekommen ist, unrichtige Tatsachenbehauptungen enthält, den Grundsatz der Verhältnismäßigkeit verletzt oder ein schutzwürdiges Interesse des Arbeitgebers am Verbleib der Abmahnung in der Personalakte nicht mehr besteht (BAG, Urt. v. 11.12.2001 – 9 AZR 464/00, NZA 2002, 965).

29 Abseits der soeben genannten Fallgestaltungen wird nach der »Emmely«-Entscheidung des BAG ein Entfernungsanspruch des Arbeitnehmers in aller Regel de facto daran scheitern, dass dieser nur dann gegeben ist, wenn die beurkundete Pflichtverletzung für die weitere Durchführung des Arbeitsverhältnisses unter keinem rechtlichen Aspekt mehr eine Rolle spielen kann, da laut BAG für das Arbeitsverhältnis eine zu Recht erteilte Abmahnung für eine zukünftige Entscheidung über eine Versetzung oder Beförderung genauso wie für die Erteilung eines Zeugnisses oder auch für eine erforderlich werdende Interessenabwägung im Rahmen einer Kündigung relevant sein kann (*Salamon/Rogge*, NZA 2013, 636, 366). Eine fest bemessene Dauer, nach der dem Arbeitgeber das berechtigte Dokumentationsinteresse abzuerkennen ist, gibt es demnach nicht (BAG, Urt. v. 19.07.2012 – 2 AZR 782/11, NJW 2013, 808). Allenfalls kann eine länger zurückliegende und geringfügige Pflichtverletzung durch beanstandungsfreies Verhalten faktisch überholt sein und ihre Bedeutung für eine spätere Interessenabwägung verlieren (BAG, Urt. v. 19.07.2012 – 2 AZR 782/11, NJW 2013, 808).

30 **9.** Eine Abmahnung muss stets von einem abmahnungsberechtigten Vertreter des Arbeitgebers bzw. vom Arbeitgeber selbst ausgesprochen werden. Nur dieser Personenkreis darf auch ein Abmahnschreiben unterzeichnen. Abmahnungsberechtigt ist jeder Mitarbeiter, der auf Grund seiner Aufgabenstellung dazu befugt ist, verbindliche Anweisungen bezüglich des Ortes, der Zeit sowie der Art und Weise der vertraglich geschuldeten Arbeitsleistung zu erteilen (AR/*Fischermeier* § 626 BGB Rn. 178). Auf Zusätze wie »i.V.« (in Vertretung) sollte verzichtet werden, um Missverständnissen vorzubeugen.

31 **Beteiligungsrechte des Betriebsrats** bestehen bei einer Abmahnung nicht (BAG, Beschl. v. 17.10.1989 – 1 ABR 100/88, NZA 1990, 193). Dementsprechend besteht auch keine Veranlassung, den Betriebsrat vor Erteilung einer Abmahnung anzuhören. Genauso wenig ist der Betriebsrat berechtigt, eine Abschrift der Abmahnung zu verlangen. Zu einer ordnungsgemäßen Anhörung des Betriebsrats bei einer eventuellen späteren Kündigungsmaßnahme gemäß § 102 BetrVG muss der Arbeitgeber dann aber sowohl Informationen über bereits erteilte Abmahnungen sowie eventuell vorliegende Gegendarstellungen des Arbeitnehmers mitteilen (BAG, Urt. v. 31.08.1989 – 2 AZR 453/88, NZA 1990, 658).

32 Im Bereich des öffentlichen Dienstes ist zu prüfen, ob der **Personalrat** zu beteiligen ist. Landespersonalvertretungsgesetze sehen eine Beteiligung bei Abmahnungen oftmals vor (vgl. AR/*Fischermeier* § 626 BGB Rn. 179).

10. Bei einer Abmahnung handelt es sich um eine empfangsbedürftige geschäftsähnliche Handlung, auf welche die Vorschriften über die Willenserklärung (§§ 130 ff. BGB) entsprechend anwendbar sind (vgl. nur ErfK/*Müller-Glöge* § 626 BGB Rn. 30). Damit die Abmahnung ihre Wirkung entfalten kann, muss sie also dem Arbeitnehmer zugegangen und grundsätzlich auch ihr Inhalt vom Arbeitnehmer zur Kenntnis genommen worden sein (vgl. AR/*Fischermeier* § 626 BGB Rn. 172). Da der Arbeitgeber regelmäßig derjenige ist, der sich auf die Wirksamkeit einer Abmahnung beruft, ist er auch hinsichtlich der Frage nach dem Zugang der Abmahnung darlegungs- und beweisbelastet. Aus diesem Grunde ist es angezeigt, sich vom Arbeitnehmer den Empfang des Abmahnschreibens gegenzeichnen zu lassen; dem Arbeitnehmer sollte ein Zweitexemplar des Abmahnschreibens ausgehändigt werden. 33

Eine weitergehende Beteiligung des Arbeitnehmers ist hingegen nicht geboten. Jedenfalls in der Privatwirtschaft hat eine **Anhörung des Arbeitnehmers** auch nicht vor Aufnahme einer Abmahnung in die Personalakte zu erfolgen (BAG, Urt. v. 04.10.1990 – 2 AZR 201/90, NZA 1991, 468). Etwas anderes gilt nur bei Arbeitnehmern im öffentlichen Dienst (vgl. etwa § 3 Abs. 6 Satz 4 und 5 Tarifvertrag für den öffentlichen Dienst der Länder – TV-L) oder im ehemaligen öffentlichen Dienst (z.B. § 8 Abs. 3 des Tarifvertrags über einzelne Rechte und Pflichten aus dem Arbeitsverhältnis der Arbeitnehmer der DB AG (RPTV)). 34

2. Verwarnung

Vorbemerkung

Will ein Arbeitgeber im Falle einer Vertragspflichtverletzung durch einen Mitarbeiter nicht zu einer Abmahnung greifen, welche als Vorstufe zu einer verhaltensbedingten Kündigung dient und insofern von Relevanz für den Fortbestand des Anstellungsverhältnisses sein kann, so kann er stattdessen auch eine Verwarnung, die teilweise auch als **Ermahnung**, **Rüge** oder **Beanstandung** bezeichnet wird, aussprechen. Die Verwarnung bietet sich deshalb insbesondere bei unerheblichen Vertragsverstößen als Sanktionsinstrument des Arbeitgebers an. 35

▶ Muster – Verwarnung

[Briefkopf Arbeitgeber] 36

Herrn/Frau   [Name und Anschrift des Mitarbeiters, ggf. auch »im Hause«]

Betreff: Verwarnung [1]

                                                                    [Datum]

Sehr geehrte(r) Frau/Herr ____[Name]____,

leider sehen wir uns gezwungen, Sie aus folgendem Grunde zu verwarnen:

Wie mit Ihnen bereits am heutigen Tage besprochen, haben Sie wiederholt, nämlich am ____[Datum]____ und am ____[Datum]____, im Casino-Betrieb einen mittelgrauen Anzug getragen. Nach der in unserem Betrieb geltenden Kleiderordnung ist es Ihnen im Casino-Betrieb jedoch allein gestattet, schwarze oder mitternachtsblaue Anzüge (bzw. Kostüme) zu tragen. [2]

Im Sinne eines einheitlichen Erscheinungsbilds unserer Mitarbeiter im Casino-Betrieb fordern wir Sie hiermit auf, sich künftig bitte stets an die betriebliche Kleiderordnung zu halten. [2]

Eine Durchschrift dieses Schreibens werden wir zu Ihrer Personalakte nehmen. [3]

Mit freundlichen Grüßen

_____
(Unterschrift des Arbeitgebers) [2]

J. Das laufende Arbeitsverhältnis

Zur Kenntnis genommen:

___[Ort]___, den ___[Datum]___

_____
(Unterschrift des Mitarbeiters) [2]

Erläuterungen

Schrifttum
Kranz Die Ermahnung in der arbeitsrechtlichen Praxis, DB 1998, 1464.

37 1. Unter dem Aspekt der Rechtsklarheit und -sicherheit ist es sachdienlich, die Ausübung des vertraglichen Rügerechts in Form einer Verwarnung nicht nur in seiner Funktion, sondern auch begrifflich von der »echten Abmahnung« zu trennen und zur Verdeutlichung entsprechend zu kennzeichnen (*APS-Dörner/Vossen*, § 1 KSchG Rn. 391).

38 2. Was die Form einer Verwarnung, die an ihren Inhalt zu stellenden Bestimmtheitsanforderungen, den Zugang und die Kenntnisnahme durch den Arbeitnehmer anbelangt, wird auf die diesbezüglichen Ausführungen zur Abmahnung verwiesen (vgl. J Rdn. 6). Genauso wie bei einer Abmahnung bestehen auch bei einer Verwarnung **keine Beteiligungsrechte des Betriebsrats**.

39 3. Da eine Verwarnung keine Relevanz in Bezug auf den Bestand des Anstellungsverhältnisses hat, verzichtet der Arbeitgeber durch ihren Ausspruch konkludent darauf, den Arbeitnehmer abzumahnen und damit wiederum gleichzeitig das Anstellungsverhältnis wegen des der Verwarnung zugrunde liegenden Sachverhalts zu kündigen (so im Ergebnis auch Moll/*Ulrich* MAH Arbeitsrecht § 18 Rn. 60 sowie *Schaub/Koch* Arbeitsrecht A-Z, 20. Aufl. 2016, Stichwort »Verwarnung«). Dies gilt jedenfalls dann, wenn – wie hier im Muster vorgesehen – der Arbeitgeber deutlich und unzweifelhaft zu erkennen gibt, dass er den vertraglichen Pflichtverstoß als ausreichend sanktioniert und die Sache damit als erledigt ansieht (BAG, Urt. v. 06.03.2003 – 2 AZR 128/02, NZA 2003, 1388).

40 Gegen eine zu Unrecht ausgesprochene Verwarnung kann sich der Arbeitnehmer nach zutreffender Auffassung arbeitsgerichtlich mit einem Antrag auf Entfernung aus der Personalakte wehren (vgl. LAG Hamm, Urt. v. 25.09.2009 – 19 Sa 383/09, juris; LAG Schleswig-Holstein, Beschl. v. 07.06.1995 – 1 Ta 63/95, BB 1995, 1596; Moll/*Reinfeld* MAH Arbeitsrecht § 34 Rn. 138; Schaub/*Linck* Arbeitsrechts-Handbuch § 58 Rn. 6 sowie § 132 Rn. 39). Hintergrund hierfür ist, dass auch unberechtigte formelle Rügen Grundlage für eine falsche Beurteilung sein und dadurch das berufliche Fortkommen behindern können (LAG Hamm, Urt. v. 25.09.2009 – 19 Sa 383/09, juris).

II. Krankheit des Arbeitnehmers

41 Störungen erfährt das Anstellungsverhältnis auch dann, wenn der Arbeitnehmer krankheitsbedingt nicht in der Lage ist, seinen vertraglichen Hauptleistungspflichten nachzukommen. Der Umgang mit diesem Thema ist vom Gesetzgeber im EFZG geregelt worden. Die in diesem Unterabschnitt kommentierten Muster beschäftigen sich mit den Themenbereichen »Krankmeldung« und »Arbeitsunfähigkeitsbescheinigung«. Das Muster eines Wiedereingliederungsvertrags nach längerer Krankheit ist unter E Rdn. 159 dargestellt.

1. Anzeige einer Erkrankung durch den Arbeitnehmer

Vorbemerkung

42 Die Anzeige seiner Erkrankung hat der Arbeitnehmer gemäß § 5 Abs. 1 S. 1 EFZG unverzüglich, d.h. ohne schuldhaftes Zögern (§ 121 Abs. 1 S. 1 BGB) dem Arbeitgeber mitzuteilen. Maßgeblich für die Erfüllung dieser gesetzlichen Pflicht ist der Zugang der Mitteilung beim Arbeitgeber

(BAG, Urt. v. 31.08.1989 – 2 AZR 13/89, NZA 1990, 433). Eine besondere Form der Krankmeldung sieht § 5 EFZG nicht vor. Das Gesetz sieht ferner auch nicht vor, dass sich der Arbeitnehmer selbst krankmelden muss (BAG Urt. v. 31.08.1989 – 2 AZR 13/89, NZA 1990, 433). Da dem zeitlichen Aspekt bei der Erfüllung dieser Pflicht eine besondere Bedeutung zukommt, bietet es sich grundsätzlich an, die Erkrankung dem Arbeitgeber fernmündlich mitzuteilen. Gleichwohl kann, wenn eine Kenntnisnahme beim Arbeitgeber sichergestellt ist, auch die Anzeige einer Erkrankung per Email, Fax oder per Boten in Betracht kommen; hier bietet sich die Verwendung des nun folgenden Musters an.

▶ **Muster – Muster – Anzeige einer Erkrankung durch den Arbeitnehmer**

An 43
_____
[Name und Adresse des Arbeitgebers]

Betreff: Erkrankung

_____
[Datum]

Sehr geehrte(r) Frau/Herr _____ [Name] _____, [1]
hiermit zeige ich Ihnen an, dass ich vom heutigen Tag bis voraussichtlich einschließlich _____ [Datum] _____ wegen einer Erkrankung nicht zur Arbeit erscheine.

Eine ärztliche Arbeitsunfähigkeitsbescheinigung werde ich termingerecht [2] nachreichen.

Mit freundlichen Grüßen

_____
(Unterschrift des Arbeitgebers)

Erläuterungen

Schrifttum
Schaub Rechtsfragen der Arbeitsunfähigkeitsbescheinigung nach dem Entgeltfortzahlungsgesetz, BB 1994, 1629.

1. Was den Adressaten anbelangt, so ist die Mitteilung der Erkrankung an einen disziplinarischen Vorgesetzten oder an einen autorisierten Mitarbeiter (z.B. in der Personalabteilung) zu richten. 44

2. Dauert die Arbeitsunfähigkeit länger als drei Kalendertage, hat der Arbeitnehmer eine ärztliche Bescheinigung über das Bestehen der Arbeitsunfähigkeit sowie deren voraussichtliche Dauer spätestens an dem darauf folgenden Arbeitstag vorzulegen (§ 5 Abs. 1 S. 3 EFZG). U.U. kann jedoch eine solche Verpflichtung bereits zu einem früheren Zeitpunkt bestehen (vgl. § 5 Abs. 1 S. 3 EFZG); eine derartige Verpflichtung kann etwa individualvertraglich vereinbart sein, sich aber genauso auch aus einer Betriebsvereinbarung oder gar einem Tarifvertrag ergeben (ErfK/*Reinhard* § 5 EFZG Rn. 12). 45

2. Vorzeitige Anforderung einer Arbeitsunfähigkeitsbescheinigung

Vorbemerkung

Außer in den Fällen, in denen von der in § 5 Abs. 1 S. 3 EFZG geregelten Möglichkeit einer vorzeitigen Anforderung einer Arbeitsunfähigkeitsbescheinigung antizipiert Gebrauch gemacht wurde, sei es aufgrund einer entsprechenden Klausel im Anstellungsvertrag oder aufgrund einer Be- 46

J. Das laufende Arbeitsverhältnis

triebsvereinbarung oder eines Tarifvertrags (ErfK/*Reinhard* § 5 EFZG Rn. 12), kann der Arbeitgeber auch im konkreten Einzelfall einen Arbeitnehmer dazu auffordern, im Falle einer Erkrankung bereits ab dem ersten Tag der Arbeitsunfähigkeit eine ärztliche Bescheinigung vorzulegen. Das Verlangen ist formlos möglich, sollte aber aus Beweisgründen im Regelfall schriftlich erfolgen (*Worzalla* NZA 1996, 61).

▶ **Muster – Vorzeitige Anforderung einer Arbeitsunfähigkeitsbescheinigung**

47 [Briefkopf Arbeitgeber]

Herrn/Frau ___[Name und Anschrift des Mitarbeiters, ggf. auch »im Hause«]___

Betreff: Arbeitsunfähigkeitsbescheinigung im Krankheitsfall

_____ [Datum]

Sehr geehrte(r) Frau/Herr ____[Name]____ ,

hiermit machen wir von unserem Recht nach § 5 Abs. 1 Satz 3 EFZG (Entgeltfortzahlungsgesetz) Gebrauch und möchten Sie bitten, mit sofortiger Wirkung und bis auf Widerruf im Falle einer Erkrankung [1] bereits am ersten Tag der Arbeitsunfähigkeit eine ärztliche Arbeitsunfähigkeitsbescheinigung vorzulegen. [2]

Mit freundlichen Grüßen

_____
(Unterschrift des Arbeitgebers)

Erläuterungen

Schrifttum
Diller Krankfeiern seit 01.06.1994 schwieriger? – Das neue Entgeltfortzahlungsgesetz, NZA 1994, 1690; *Worzalla* Die Anzeige- und Nachweispflicht gemäß § 5 Abs. 1 EFZG, NZA 1996, 61.

48 **1.** Eine ausdrückliche Begründung für sein Verlangen braucht der Arbeitgeber nicht zu geben; insbesondere muss kein konkreter Verdacht eines Missbrauchs durch den betreffenden Arbeitnehmer aus dessen Verhalten in der Vergangenheit bestehen (BAG, Urt. v. 14.11.2012 – 5 AZR 886/11, NZA 2013, 322; *Worzalla* NZA 1996, 61). De facto wird ein Arbeitgeber von seinem Recht zur vorzeitigen Anforderung aber regelmäßig dann Gebrauch machen, wenn der betreffende Mitarbeiter in der Vergangenheit öfter nur drei Tage krank gewesen ist, die Vorlage eines ärztlichen Attests nach § 5 Abs. 1 S. 1 EFZG also nicht notwendig war, bzw. eine Arbeitsunfähigkeit auffällig oft zu Beginn oder am Ende einer Arbeitswoche ist und der Verdacht des »Krankfeierns« naheliegt. Die Aufforderung darf insofern also nicht willkürlich sein und darf auch nicht gegen den arbeitsrechtlichen Gleichbehandlungsgrundsatz verstoßen (*Diller* NZA 1994, 1690, 1692).

49 **2.** Wird die Arbeitsunfähigkeitsbescheinigung ab dem ersten Tag der Krankheit angefordert, so ist diese grundsätzlich auch vom Arbeitnehmer noch am ersten Tag der Arbeitsunfähigkeit dem Arbeitgeber vorzulegen (Staudinger/*Oetker* § 616 BGB Rn. 314). Nur wenn die Übergabe an diesem Tag dem Arbeitnehmer nicht möglich oder nicht zumutbar ist, kann sie auch am darauf folgenden Tag geschehen (ErfK/*Reinhard* § 5 EFZG Rn. 12 m.w.N.).

3. Arbeitsunfähigkeitsbescheinigung gemäß § 5 Abs. 1 EFZG

▶ Muster – Arbeitsunfähigkeitsbescheinigung gemäß § 5 Abs. 1 EFZG

[Briefkopf behandelnder Arzt] 50

Betreff: Bescheinigung der Arbeitsunfähigkeit

[Datum]

Hiermit bescheinige ich, dass Herr/Frau [Name des Mitarbeiters] vom [Datum] bis einschließlich [Datum] arbeitsunfähig krank ist. [1]

Der Krankenkasse [Name der Krankenkasse] wird unverzüglich die Bescheinigung über die Arbeitsunfähigkeit mit Angaben über den Befund und die voraussichtliche Dauer der Arbeitsunfähigkeit übersandt werden. [2]

_____
(Unterschrift des Arztes) [3]

Erläuterungen

Schrifttum
Lepke Pflichtverletzungen des Arbeitnehmers bei Krankheit als Kündigungsgrund, NZA 1995, 1084.

1. Aus der nach § 5 Abs. 1 S. 2 bzw. S. 3 EFZG vorzulegenden ärztlichen Bescheinigung muss die Feststellung des Bestehen von Arbeitsunfähigkeit sowie deren voraussichtliche Dauer erkennbar sein (§ 5 Abs. 1 S. 3 EFZG). Einen Befund enthält die Bescheinigung hingegen nicht. 51

2. Die Bescheinigung muss, wenn der Arbeitnehmer gesetzlich versichert ist, einen Vermerk des behandelnden Arztes darüber enthalten, dass der Krankenkasse unverzüglich eine Bescheinigung über die Arbeitsunfähigkeit mit Angaben über den Befund und die voraussichtliche Dauer der Arbeitsunfähigkeit übersandt wird (§ 5 Abs. 1 S. 5 EFZG). Kommt der Arzt dieser ihm obliegenden gesetzlichen Verpflichtung nicht nach, so bleibt dies für den Arbeitnehmer ohne Konsequenzen. Insbesondere kommt kein Leistungsverweigerungsrecht des Arbeitgebers nach § 7 Abs. 1 EFZG in Betracht. Fehlt der Hinweis nach § 5 Abs. 1 S. 5 EFZG – was angesichts der Verwendung standardmäßiger Vordrucke praktisch nie vorkommen dürfte –, darf der Arbeitgeber die Bescheinigung zurückweisen und den Arbeitnehmer auffordern, eine den gesetzlichen Anforderungen gerecht werdende Bescheinigung einzureichen. 52

3. Die Bescheinigung muss von einem approbierten Arzt unterschrieben sein; die Unterschrift etwa eines Heilpraktikers genügt nicht (*Lepke* NZA 1995, 1084, 1085). 53

4. Auskunftsverlangen Fortsetzungszusammenhang

▶ Muster – Auskunftsverlangen

[Briefkopf Arbeitgeber] 53.1

Herrn/Frau [Name und Anschrift des Mitarbeiters, ggf. auch »im Hause«]

[Datum]

Sehr geehrte(r) Frau/Herr [Name],

wir nehmen Ihre aktuelle Arbeitsunfähigkeit zum Anlass einer Überprüfung, ob angesichts Ihrer krankheitsbedingten Fehlzeiten in jüngerer Vergangenheit überhaupt noch eine Entgeltfortzahlung arbeitgeberseits geschuldet ist.

Zu diesem Zweck bitten wir Sie darum, uns in Übereinstimmung mit der Entscheidung des Bundesarbeitsgerichts vom 13. Juli 2005 – 5 AZR 389/04 ein ärztliches Attest vorzulegen, in Bezug auf das Sie den behandelnden Arzt von der Schweigepflicht zu entbinden haben und aus dem sich eindeutig ergibt, dass in Bezug auf das Ihrer aktuellen Arbeitsunfähigkeit zugrunde liegende Leiden nicht bereits innerhalb des in § 3 Abs. 1 S. 2 EFZG genannten Zeitraums eine sechswöchige Entgeltfortzahlung geleistet wurde. [1]

Wir weisen ausdrücklich darauf hin, dass ein ärztliches Attest, in dem ohne konkrete Benennung der jeweiligen Erkrankungen pauschal ausgeführt wird, dass ein Fortsetzungszusammenhang in Bezug auf frühere Krankheiten nicht vorliegt, nicht den Anforderungen der oben zitierten BAG-Rechtsprechung genügt. Wir weisen ebenfalls darauf hin, dass wir uns nicht auf eine Auskunft seitens Ihrer Krankenkasse verweisen lassen müssen. [2]

Wir bitten Sie um Verständnis dafür, dass wir bis zur abschließenden Klärung über das Bestehen bzw. Nichtbestehen eines Fortsetzungszusammenhangs keine Entgeltfortzahlung leisten werden. Sollte sich herausstellen, dass ein Fortsetzungszusammenhang nicht bestanden hat, werden wir unseren Zahlungspflichten selbstverständlich umgehend nachkommen. [3]

Mit freundlichen Grüßen

(Unterschrift des Arbeitgebers)

Erläuterungen

Schrifttum

Kühn Die Vermeidung prozessualer Risiken bei Zweifeln an der Arbeitsunfähigkeit NZA 2012, 1249; *Müller-Glöge* Aktuelle Rechtsprechung zum Recht der Entgeltfortzahlung im Krankheitsfall, RdA 2006, 105.

53.2 **1.** Ist dieselbe Krankheit Ursache für die erneute Arbeitsunfähigkeit, liegt eine Fortsetzungserkrankung vor. Eine wiederholte Arbeitsunfähigkeit infolge derselben Krankheit und damit eine Fortsetzungserkrankung ist gegeben, wenn die Krankheit, auf der die frühere Arbeitsunfähigkeit beruhte, in der Zeit zwischen dem Ende der vorausgegangenen und dem Beginn der neuen Arbeitsunfähigkeit medizinisch nicht vollständig ausgeheilt war, sondern als Grundleiden latent weiter bestanden hat, so dass die neue Erkrankung nur eine Fortsetzung der früheren Erkrankung darstellt. Die wiederholte Arbeitsunfähigkeit muss auf demselben nicht behobenen Grundleiden beruhen. Dies ist insofern relevant, da die Pflicht des Arbeitgebers zur Entgeltfortzahlung nicht mit jeder einzelnen Erkrankung von neuem entsteht. Nach § 3 Abs. 1 S. 2 EFZG besteht bei Fortsetzungserkrankungen ein neuer Entgeltfortzahlungsanspruch vielmehr nur dann, wenn der Arbeitnehmer vor der erneuten Arbeitsunfähigkeit mindestens sechs Monate nicht infolge derselben Krankheit arbeitsunfähig war (Nr. 1) oder seit Beginn der ersten Arbeitsunfähigkeit infolge derselben Krankheit eine Frist von zwölf Monaten abgelaufen ist (Nr. 2). Insoweit ist zu beachten, dass eine ärztliche Arbeitsunfähigkeitsbescheinigung entgegen landläufiger Meinung keine Aussagen zum Bestehen oder Nichtbestehen eines Fortsetzungszusammenhangs enthält, und zwar selbst dann nicht, wenn es sich um eine Folgebescheinigung handelt. Eine Folgebescheinigung besagt nämlich nur, dass eine Arbeitsunfähigkeit länger als zunächst bescheinigt fortdauert (§ 5 Abs. 1 S. 4 EFZG). Dass die Arbeitsunfähigkeit im Falle einer Folgebescheinigung auf derselben Erkrankung beruht, mag tatsächlich vielleicht der Regelfall sein; zwingend ist dies allerdings nicht.

53.3 **2.** Für das Vorliegen einer den Anspruch ausschließenden Fortsetzungserkrankung gilt eine abgestufte Darlegungslast. Da der Arbeitgeber zumeist keine Kenntnis von den Umständen der Krankheitsursache hat, hat zunächst der Arbeitnehmer darzulegen, dass keine Fortsetzungserkrankung vorliegt, wenn er innerhalb der Zeiträume des § 3 Abs. 1 S. 2 Nr. 1 und Nr. 2 EFZG länger als sechs Wochen arbeitsunfähig erkrankt ist. Bestreitet der Arbeitgeber das Vorliegen einer neuen Krankheit, obliegt dem Arbeitnehmer die Darlegung der Tatsachen, die den Schluss rechtfertigen, es habe keine Fortsetzungserkrankung vorgelegen. Entgegen allgemeiner Annahmen hat der Arbeitgeber ein originäres Recht zur Überprüfung, ob ein Fortsetzungszusammenhang besteht. Er muss sich daher insbesondere nicht auf die Auskünfte der Krankenkasse des Arbeitnehmers verweisen lassen, sondern kann die Auskünfte direkt beim Arbeitnehmer einholen. Das bedeutet auch, dass der Arbeitnehmer die ihn behandelnden Ärzte ggf. von der Schweigepflicht zu entbinden hat (BAG, Urt. v. 13.07.2005 – AZR 389/04, juris).

3. Solange der Arbeitnehmer keine ausreichenden Nachweise vorlegt bzw. sich aus den vorgelegten Unterlagen das Bestehen eines relevanten Fortsetzungszusammenhangs ergibt, braucht der Arbeitgeber keine Entgeltfortzahlung zu leisten. Er ist auch nicht verpflichtet, bis zur endgültigen Klärung der Frage finanziell in Vorleistung zu treten. Sollte der Arbeitgeber trotz nicht abschließender Klärung Entgeltfortzahlung leisten, ist dringend anzuraten, dass er sich gegenüber dem Arbeitnehmer eine spätere Rückforderung vorbehält. 53.4

III. Änderungen im Arbeitsverhältnis

Das Arbeitsverhältnis unterliegt als Dauerschuldverhältnis, welches mehrere Jahre, durchaus aber auch mehrere Jahrzehnte Bestand haben kann, naturgemäß Veränderungen. Das Gehalt entwickelt sich fort oder die Aufgabenbereiche des Mitarbeiters ändern sich. Insbesondere im letzteren Falle stellt sich die Frage, ob Änderungen bezüglich des Aufgabenbereichs, aber auch des Arbeitsorts oder der Arbeitszeit einseitig vom Arbeitgeber angeordnet werden können oder ob es hier der Zustimmung des Mitarbeiters bedarf. In diesem Zusammenhang sind stets auch die Beteiligungsrechte des Betriebsrats zu beachten. Dieser Unterabschnitt befasst sich mit genau diesen Themenkomplexen. 54

Änderungen im Arbeitsverhältnis können aber auch genauso gut aus der Sphäre des Arbeitnehmers stammen. Dieser mag Gründe dafür haben, künftig in Teilzeit arbeiten oder auch ein Jahr »Auszeit« nehmen zu wollen. Insoweit wird auf das Muster »Antrag auf Reduzierung der Arbeitszeit« (E Rdn. 88) bzw. auf das Muster »Sabbatical-Vereinbarung« (E Rdn. 166) verwiesen. 55

1. Versetzung

Vorbemerkung

Der **individualvertragliche Versetzungsbegriff** meint die Änderung des Aufgabenbereichs des Arbeitnehmers nach Art, Ort und Umfangs seiner Tätigkeit (§ 106 GewO), ohne dass dies mit einer gleichzeitigen Änderung in der Höhe des Arbeitslohns einhergeht. Je nach den konkreten Umständen des Einzelfalls kann eine solche Versetzung aber auch nur im Wege einer Änderungskündigung oder einvernehmlich möglich sein, nämlich wenn die Versetzung nicht (mehr) von der arbeitgeberseitigen Versetzungsbefugnis gedeckt ist. 56

Von dem individualvertraglichen Versetzungsbegriff, der sich mit der Frage beschäftigt, ob einem Arbeitnehmer eine andere Tätigkeit oder ein anderer Tätigkeitsort individualrechtlich zugewiesen werden darf, ist der **betriebsverfassungsrechtliche Versetzungsbegriff** zu unterscheiden. Gemäß § 95 Abs. 3 S. 1 BetrVG ist eine Versetzung im Sinne des BetrVG die Zuweisung eines anderen Arbeitsbereichs, die voraussichtlich die Dauer von einem Monat überschreitet oder die mit einer erheblichen Änderung der Umstände verbunden ist, unter denen die Arbeit zu leisten ist. Eine solche Versetzung im betriebsverfassungsrechtlichen Sinne bedarf nach § 99 Abs. 1 S. 1 BetrVG immer der Zustimmung des Betriebsrats, und zwar unabhängig davon, ob der Arbeitgeber einzelvertraglich dem Arbeitnehmer gegenüber zur Zuweisung eines anderen Arbeitsbereiches berechtigt ist, ob der Arbeitnehmer mit dieser Versetzung einverstanden ist oder ob es zuvor einer Änderung des Arbeitsvertrages, ggf. im Wege einer Änderungskündigung, bedarf (MünchArb/*Matthes* § 353 Rn. 3). Im letzteren Falle, also einer Versetzung im Wege einer Änderungskündigung, richtet sich die Mitbestimmung des Betriebsrats neben § 99 BetrVG zusätzlich auch nach § 102 BetrVG (BAG, Urt. v. 30.09.1993 – 2 AZR 283/93, AP Nr. 33 zu § 2 KSchG 1969). 57

J. Das laufende Arbeitsverhältnis

58 Ausgehend von den soeben gemachten Ausführungen wird im Folgenden die Versetzung im betriebsverfassungsrechtlichen Sinne dargestellt, also eine Versetzung, welche die Anforderungen des § 95 Abs. 3 BetrVG erfüllt.

▶ **Muster – Versetzung**

59 [Briefkopf Arbeitgeber] 1

Herrn/Frau [Name und Anschrift des Mitarbeiters, ggf. auch »im Hause«]

Betreff: Versetzung

[Datum]

Sehr geehrte(r) Frau/Herr _____[Name]_____,

wie Ihnen und der übrigen Belegschaft am Standort Lübeck bereits bekannt ist, hat sich die Geschäftsleitung dazu entschlossen, die Produktion von Stahlträgern zu zentralisieren und diese künftig ausschließlich an unserem 1,5 Kilometer entfernten Stammwerk in Bad Schwartau zu betreiben.

Aus diesem Grunde machen wir von unserem Versetzungsrecht [2] Gebrauch und versetzen [3] Sie mit Wirkung vom ____[Datum]____ an unser Stammwerk in Bad Schwartau. Im Übrigen bleibt Ihr Anstellungsvertrag vom ____[Datum]____, insbesondere in Hinblick auf Ihre wöchentliche Arbeitszeit, Ihr Arbeitsentgelt sowie den Inhalt Ihrer Tätigkeit, von der Versetzung unberührt.

Unter dem Sozialplan vom ____[Datum]____ stehen Ihnen im Zusammenhang mit Ihrer Versetzung folgende Arbeitgeberleistungen zu: [im Einzelnen auszuführen] . [4]

Vorsorglich weisen wir Sie darauf hin, dass der Betriebsrat im Betrieb Lübeck Ihrer Versetzung zugestimmt hat. [5] Den Betriebsrat an unserem Betrieb in Bad Schwartau haben wir über Ihre beabsichtigte Einstellung unterrichtet, ohne dass der Betriebsrat hiergegen Einwendungen erhoben hätte. [6]

Wir hoffen auf Ihr Verständnis für diese Maßnahme, welche zur dauerhaften Sicherung unserer Produktion in Deutschland unumgänglich ist, und setzen weiterhin auf eine gute und gemeinsame Zusammenarbeit.

Mit freundlichen Grüßen

_____
(Unterschrift des Arbeitgebers)

Zur Kenntnis genommen:

_____[Ort]_____, den _____[Datum]_____

_____
(Unterschrift des Mitarbeiters) [7]

Erläuterungen

Schrifttum
Bonnani/Gaul Betriebsübergreifende Sozialauswahl und die Bedeutung von Versetzungsklauseln, NZA 2006, 289; *Hromadka* Grenzen des Weisungsrechts, NZA 2012, 233; *Jensen* Arbeitsvertragsklauseln gegen betriebliche Übungen – was geht noch?, NZA-RR 2011, 225; *Lakies* Das Weisungsrecht des Arbeitgebers (§ 106 GewO) – Inhalt und Grenzen, BB 2003, 364; *Lingemann/Siemer* Grenzen des arbeitsrechtlichen Direktionsrechts bei Änderung von Inhalt und Ort der Tätigkeit, ArbRAktuell 2015, 494 (Teil 1) und 518 (Teil 2); *Preis* Unbillige Weisungsrechte und überflüssige Änderungskündigungen, NZA 2015, 1; *Reiserer* Der Versetzungsvorbehalt im Arbeitsvertrag – eine »Spielwiese« für Arbeitgeber?, BB 2016, 184.

1. Sofern eine Versetzung vom arbeitgeberseitigen Versetzungsrecht gedeckt ist, unterliegt sie keinem Formerfordernis und könnte daher dem Mitarbeiter genauso gut auch mündlich mitgeteilt werden. Gleichwohl ist es ratsam, die Versetzung schriftlich in Form eines Schreibens an den Mitarbeiter zu dokumentieren.

Beruht eine Versetzung hingegen auf einer Änderungskündigung, weil kein vertragliches Versetzungsrecht besteht oder die Versetzung nicht vom Direktionsrecht des Arbeitgebers gedeckt ist, so besteht nach § 623 BGB ein Schriftformzwang, der sich nicht nur auf die Änderungskündigung als solche, sondern auch auf das mit der Änderungskündigung verbundene Änderungsangebot bezieht (BAG, Urt. v. 16.09.2004 – 2 AZR 628/03, NZA 2005, 635).

Die **Angabe eines Versetzungsgrundes** ist nicht zwingend (*Hromadka* NZA 2012, 233, 237). In vielen Fällen wird ein entsprechender Hinweis aber zu einer erhöhten Akzeptanz der Versetzung führen. Statt des Hinweises kann genauso gut aber auch auf zuvor geführte Gespräche mit dem Mitarbeiter Bezug genommen werden.

2. Zu ihrer Wirksamkeit bedarf die Versetzung einer entsprechenden **Versetzungsbefugnis** des Arbeitgebers, die grundsätzlich auf der gesetzlich eingeräumten Weisungsbefugnis des Arbeitgebers aus § 106 GewO fußt. Dieser gesetzlichen Befugnis gehen jegliche anderweitigen Bestimmungen jedoch vor, so dass das allgemeine Weisungsrecht seine Grenzen in arbeitsvertraglichen und kollektivvertraglichen Regelungen, beispielsweise hinsichtlich einer Konkretisierung des Arbeitsortes, findet (LAG Rheinland-Pfalz, Urt. v. 21.10.2013 – 5 Sa 252/13, juris).

Darüber hinaus kann die Versetzungsbefugnis aufgrund eines Arbeits- oder Tarifvertrages nicht nur beschränkt, sondern auch ausgestaltet sein, so dass sich die Versetzungsbefugnis auch unmittelbar aus einer entsprechenden Regelung im Anstellungsvertrag ergeben oder aus einem Tarifvertrag resultieren kann (vgl. etwa BAG, Beschl. v. 21.01.2004 – 6 AZR 583/02, NZA 2005, 61).

Ein Versetzungsrecht kann sich zunächst aus der Auslegung des Anstellungsvertrags ergeben, wobei entscheidend ist, ob ein bestimmter Tätigkeitsinhalt oder Tätigkeitsort vertraglich wirksam festgelegt ist und welchen Inhalt ein ggf. vereinbarter Versetzungsvorbehalt hat. Grundsätzlich unterbindet ein im Vertrag benannter Ort der Arbeitsleistung die Versetzungsbefugnis des Arbeitgebers hinsichtlich des Ortes der Tätigkeit. Wird jedoch eine entsprechende Passage im Arbeitsvertrag mit »Beginn der Tätigkeit« überschrieben, so fixiert eine hierin benannte Ortsbezeichnung alleine die erstmalige Ausübung des Weisungsrechts und stellt keine vertragliche Festschreibung des Arbeitsortes dar (BAG, Urt. v. 28.08.2013 – 10 AZR 569/12, NZA-RR 2014, 181). Überraschende Klauseln werden gemäß § 305c Abs. 1 BGB nicht Vertragsbestandteil und Unklarheiten gehen gemäß § 305c Abs. 2 BGB zulasten des Verwenders. Enthält der Vertrag eine nähere Festlegung hinsichtlich Art und/oder Ort der Tätigkeit, findet lediglich eine Transparenzkontrolle gemäß § 307 Abs. 1 S. 2 BGB statt. Die Klausel unterliegt jedoch keiner Angemessenheitskontrolle i.S.v. § 307 Abs. 1 S. 1 BGB (BAG, Urt. v. 19.01.2011 – 10 AZR 738/09, NZA 2011, 631). Ist etwa ein Arbeitnehmer als »kaufmännischer Angestellter« ohne nähere Festlegung eines Aufgabengebiets angestellt worden, so kommt eine Zuweisung all solcher Tätigkeiten durch den Arbeitgeber in Betracht, die innerhalb des Rahmens der Verwendungsmöglichkeiten eines kaufmännischen Angestellten fallen (BAG, Urt. v. 27.03.1980 – 2 AZR 506/78, AP BGB § 611 Direktionsrecht Nr. 26). Ist umgekehrt, ohne dass wiederum der Anstellungsvertrag eine Versetzungsklausel beinhaltet, der Tätigkeitsbereich des Arbeitnehmers inhaltlich genau beschrieben, so führt jede Zuweisung einer anderen Tätigkeit zwangsläufig zu einer Änderung des Arbeitsvertrags, die nicht durch die Ausübung eines Weisungsrechts herbeigeführt werden, sondern nur einvernehmlich oder im Wege der Änderungskündigung erfolgen kann (vgl. AR/*Kolbe* § 106 GewO Rn. 16). Fehlt es an einer Festlegung des Inhalts oder Orts der Leistungspflicht im Arbeitsvertrag, ergibt sich der Umfang des Weisungsrechts aus § 106 GewO. Es kann dabei als Grundregel festgehalten werden, dass das Weisungsrecht des Arbeitgebers umso weiter ausfällt, je allgemeiner die Tätigkeit des Arbeitnehmers nach Inhalt, Ort und Zeit im Arbeitsvertrag festgeschrieben ist (BAG, Urt. v. 19.01.2011 – 10 AZR 738/09, NZA 2011, 631).

64 In diesem Zusammenhang wird sich der Arbeitgeber gerade bei langjährig Beschäftigten immer wieder mit der Frage auseinanderzusetzen haben, ob ein arbeitsvertraglich vorbehaltenes Recht betreffend die Zuweisung anderer Arbeitsaufgaben oder eines anderen Ortes nicht allein schon dadurch ausgeschlossen sein kann, dass der Mitarbeiter z.B. seit 25 Jahren in ein und demselben Betrieb auf derselben Stelle beschäftigt ist. Dies kann überhaupt nur dann gelten, wenn Anlass für die Annahme besteht, dass sich der Arbeitgeber verpflichten wollte, die bisherige Ausgestaltung des Arbeitsverhältnisses auf Dauer beizubehalten und auf die Ausübung seines Direktionsrechts künftig zu verzichten (vgl. ErfK/*Preis* § 611 BGB Rn. 229). Dieser **Direktionsrechtsverzicht** wird rechtlich wenig präzise als **Konkretisierung** bezeichnet und meint eine Änderung der ursprünglich vereinbarten Rechte und Pflichten aus dem Arbeitsvertrag hin zu einem einseitig nicht veränderbaren Vertragsinhalt (BAG, Urt. v. 11.02.1998 – 5 AZR 472/97, NZA 1998, 647). Da sich normalerweise kein Arbeitgeber eines so wichtigen Rechts wie des Direktionsrechts freiwillig – auch nicht partiell – begibt, stellt das BAG zu Recht sehr hohe Anforderungen an die Annahme eines solchen Verzichts (*Jensen* NZA-RR 2011, 225, 226). Da dieser praktisch nie ausdrücklich ausgesprochen, sondern vom Arbeitgeber allenfalls durch konkludentes Verhalten zum Ausdruck gebracht wird, fordert das BAG in ständiger Rechtsprechung neben einem Einsatz des Arbeitnehmers in derselben Weise über einen längeren Zeitraum hinweg (**Zeitmoment**) auch das Hinzutreten bestimmter Umstände, denen entnommen werden kann, dass der Arbeitnehmer künftig auch nicht in anderer Weise eingesetzt werden soll (**Umstandsmoment**) (BAG, Urt. v. 15.09.2009 – 9 AZR 757/08, NZA 2009, 1333). So ist etwa die Befugnis, kraft Direktionsrechts Ort und Zeit der Arbeitsleistung festzulegen, nicht dadurch eingeschränkt, dass der Arbeitgeber bei Abschluss des Arbeitsvertrags auf die für den Arbeitsbereich des Arbeitnehmers geltende betriebliche Regelung über Zeit und Ort des Beginns und Endes der täglichen Arbeit hingewiesen hat und über längere Zeit von seinem dahingehenden Direktionsrecht keinen Gebrauch macht (BAG, Urt. v. 07.12.2000 – 6 AZR 444/99, NZA 2001, 780). Der schlichten Nichtausübung eines Rechts kann kein Erklärungswert beigemessen werden (BAG Urt. v. 18.10.2012 – 6 AZR 86/11, AP GewO § 106 Nr. 23).

65 Eine fehlende Versetzungsbefugnis des Arbeitgebers wird nicht durch eine Zustimmung des Betriebsrats zu der Versetzung ersetzt.

66 **3.** Eine ihm zustehende (arbeitsvertragliche) Versetzungsbefugnis muss der Arbeitgeber in Bezug auf den konkreten Einzelfall ausüben, d.h. er darf sich nur innerhalb der Grenzen des billigen Ermessens i.S.v. § 106 Abs. 1 GewO, § 315 Abs. 1 BGB bewegen (sog. **Ausübungskontrolle**). Dies verlangt eine Abwägung der wechselseitigen Interessen nach verfassungsrechtlichen und gesetzlichen Wertentscheidungen, den Grundsätzen der Verhältnismäßigkeit und Angemessenheit sowie der Verkehrssitte und Zumutbarkeit.

67 Zur **Ausübung billigen Ermessens** gehört, dass der Arbeitgeber auch alle betrieblichen und persönlichen Interessen des Arbeitnehmers beachtet, insbesondere die familiären (BAG, Urt. v. 26.08.2015 – 3 Sa 157/15, BeckRS 2015, 72635; BAG Urt. v. 26.09.2012 – 10 AZR 311/11, NZA-RR 2013, 403), und nicht allein seine Interessen durchzusetzen versucht (BAG, Urt. v. 19.05.1992 – 1 AZR 418/91, NZA 1992, 978). Nach der höchstrichterlichen Rechtsprechung ist das Interesse eines Arbeitnehmers auf sein Ehe- und Familienleben verfassungsrechtlich geschützt. Ihm kommt herausragende Bedeutung zu (BAG, Urt. v. 17.08.2011 – 10 AZR 202/10, NJW 2012, 331 m.w.N.). Sofern eine Behinderung vorliegt, ist auf diese bei der Ausübung des Weisungsrechts ebenfalls Rücksicht zu nehmen, vgl. § 106 S. 3 GewO. Ist es ferner dem Arbeitgeber möglich und zumutbar, einem krankheitsbedingt nur eingeschränkt leistungsfähigen Arbeitnehmer leidensgerechte Arbeiten zuzuweisen, ist die Zuweisung anderer, nicht leidensgerechter Arbeiten unbillig (BAG, Urt. v. 27.08.2008 – 5 AZR 16/08, AP BGB § 615 Nr. 124). Hinsichtlich einer Versetzung an einen anderen Arbeitsort kann aus den sozialrechtlichen Regeln über die Zumutbarkeit einer Beschäftigung (§ 121 Abs. 4 S. 1 SGB III) kein belastbarer Maßstab für die arbeitsrechtliche Beurteilung des Ermessensgebrauchs abgeleitet werden (BAG, Urt. v. 17.08.2011 – 10 AZR 202/10, NJW 2012, 331).

Darüber hinaus sind bei der Bewertung die jeweiligen Vorteile aus einer vorhandenen Regelung, die Risikoverteilung, beiderseitige Bedürfnisse, sogar außervertragliche Vor- und Nachteile, Vermögens- und Einkommensverhältnisse sowie die sozialen Lebensverhältnisse einzubeziehen. Nicht zu erfolgen hat hingegen eine soziale Auswahl im Sinne des § 1 Abs. 3 KSchG (BAG, Urt. v. 26.09.2012 – 10 AZR 311/11, NZA-RR 2013, 403 m.w.N.). Auf Seiten des Arbeitgebers wird einer unternehmerischen Entscheidung, welche zur Versetzung führt, ein besonderes Gewicht beigemessen. Da die unternehmerische Entscheidung gerichtlich grundsätzlich nicht auf ihre Zweckmäßigkeit hin überprüft werden darf, ist eine hieraus resultierende Weisung oft schon gerechtfertigt, wenn sie nicht willkürlich oder missbräuchlich erscheint (BAG, Urt. v. 28.08.2013 – 10 AZR 569/12, DB 2014, 123). Einzubeziehen sind bei der Abwägung der wechselseitigen Interessen außerdem branchen- und berufsspezifische Besonderheiten. Beispielsweise ist bei der Beurteilung zur Neuordnung einer Stationierung von Flugbegleitern zum einen die unternehmerische Entscheidung zur Reorganisation und zum anderen die dem Berufsbild eines Flugbegleiters innewohnende Volatilität einzubeziehen, welche dazu führt, dass die Erwartung eines ortsfesten Arbeitseinsatzes zu unveränderten Zeiten von vornherein nicht vom Vertragszweck gedeckt ist. In Anbetracht dieser Besonderheiten kann eine Versetzung im Wege der Ausübung des Weisungsrechts selbst an einen 180 km entfernten Arbeitsort gerechtfertigt sein (BAG, Urt. v. 28.08.2013 – 10 AZR 569/12, DB 2014, 123).

68 Ob die Ausübung des Weisungsrechts unter Wahrung billigen Ermessens erfolgte, kann der Arbeitnehmer gerichtlich überprüfen lassen (vgl. nur ErfK/*Preis* § 106 GewO Rn. 6). Unzulässig ist etwa eine gegen den arbeitsrechtlichen Gleichbehandlungsgrundsatz verstoßende Versetzung, genauso aber auch eine Versetzung, welche der Disziplinierung eines Arbeitnehmers wegen Leistungsmängeln dienen soll (BAG, Urt. v. 30.10.1985 – 7 AZR 216/83, NZA 1986, 713). Vom Versetzungsrecht des Arbeitgebers ebenfalls nicht umfasst ist, einem Arbeitnehmer eine geringwertigere Tätigkeit als die arbeitsvertraglich vereinbarte zu übertragen (LAG Hamburg, Urt. v. 23.10.2013 – 6 Sa 29/13, LAGE § 52 HGB Nr. 1); dem Arbeitnehmer muss vielmehr eine gleichwertige Tätigkeit angeboten werden, welche sich mangels anderer Anhaltspunkte grundsätzlich aus der auf den Betrieb abgestellten Verkehrsauffassung und dem sich daraus ergebenden Sozialbild ergibt (AR/*Kolbe* § 106 GewO Rn. 15).

68.1 Nach der Rechtsprechung des BAG hat ein Arbeitnehmer auch unbillige und damit unwirksame Weisungen trotzdem zu befolgen (BAG, Urt. v. 22.02.2012 – 5 AZR 249/11, NZA 2012, 858; a.A. für eine örtliche Versetzung allerdings LAG Düsseldorf, Urt. v. 06.04.2016 – 12 Sa 1153/15, juris). Wegen der das Arbeitsverhältnis prägenden Weisungsgebundenheit ist der Arbeitnehmer an die durch die Ausübung des Direktionsrechts erfolgte Konkretisierung unter anderem des Inhalts der Arbeitsleistung selbst dann vorläufig gebunden, bis durch ein rechtskräftiges (!) Urteil die Rechtswidrigkeit der Leistungsbestimmung feststeht (vgl. § 313 Abs. 3 S. 2 BGB). Weigert sich der Arbeitnehmer, einer unbilligen Weisung Folge zu leisten, muss er gegebenenfalls mit einer Kündigung wegen Arbeitsverweigerung, jedenfalls aber mit dem Verlust möglicher Annahmeverzugslohnansprüche wegen böswilligen Unterlassens anderweitigen Erwerbs rechnen (BAG, Urt. v. 29.08.2013 – 2 AZR 273/12, NZA 2014, 533). Eine Möglichkeit, sich gegen eine unbillige Weisung gerichtlich zu wehren, stellt für den Arbeitnehmer der einstweilige Rechtsschutz dar. Dieser wird aber wegen Vorwegnahme der Hauptsache nur selten gewährt (vgl. *Preis* NZA 2015, 1 m.w.N.). Die für den Arbeitnehmer schwierige Position wird noch dadurch verschlechtert, wenn der Arbeitgeber zusätzlich zur Direktionsrechtsausübung eine – ggf. »überflüssige« – Änderungskündigung erklärt. Eine Änderungsschutzklage nach § 4 S. 2 KSchG ist in diesem Fall – notwendig – unbegründet. Sie ist es immer dann, wenn der Arbeitgeber rechtlich bereits in der Lage ist, die im »Änderungsangebot« genannten Beschäftigungsbedingungen durchzusetzen. Dabei kommt es nicht darauf an, ob er sein Direktionsrecht tatsächlich schon entsprechend (wirksam) ausgeübt hat. Es genügt, dass er es wahrnehmen könnte (BAG, Urt. v. 26.01.2012 – 2 AZR 102/11, NZA 2012, 858). Schon die bloße Möglichkeit des Arbeitgebers, das Direktionsrecht ausüben zu können, führt also nach der Rechtsprechung des BAG dazu, dass der Arbeitnehmer die Kündigungsschutzklage gegen die »überflüssige Änderungskündigung« verliert.

69 Soweit der Arbeitgeber einem Arbeitnehmer zeitlich befristet eine höherwertige Tätigkeit zuweist, ist im Rahmen des § 315 BGB nicht nur zu prüfen, ob der Inhalt der übertragenen Tätigkeit an sich, sondern ob auch der Umstand, dass die Zuweisung nur vorübergehend und nicht dauerhaft erfolgt, billigem Ermessen entspricht (BAG, Urt. v. 04.07.2012 – 4 AZR 759/10, FA 2013, 30; BAG, Urt. v. 17.04.2002 – 4 AZR 174/01, NZA 2003, 159).

70 **4.** Fällt die Versetzung in den Anwendungsbereich eines Sozialplans, unter welchem der Arbeitnehmer Leistungen wie z.B. Fahrtkostenzuschüsse oder Umzugskostenbeihilfen in Anspruch nehmen kann, so besteht keine Rechtspflicht, diese in dem Versetzungsschreiben zu erwähnen; zur Förderung der Akzeptanz der Versetzung beim Arbeitnehmer bietet sich dies aber allemal an.

71 **5.** Die hier in Rede stehende dauerhafte Versetzung erfüllt den betriebsverfassungsrechtlichen Versetzungsbegriff des § 95 Abs. 3 BetrVG und unterliegt deshalb der Mitbestimmung des Betriebsrats gemäß § 99 Abs. 1 S. 1 BetrVG, und zwar sowohl demjenigen des abgebenden Betriebs als auch – unter dem Aspekt der Einstellung – demjenigen des aufnehmenden Betriebs.

72 Das **Zustimmungserfordernis** zur Versetzung kommt dabei sogar auch dann zum Tragen, wenn zwischen dem Arbeitnehmer und dem Arbeitgeber Einvernehmen über die Versetzung besteht (und u.U. auch bestehen muss, weil keine bzw. eine unwirksame Versetzungsklausel im Arbeitsvertrag enthalten oder weil die Versetzung nicht mehr von der arbeitsvertraglichen Versetzungsklausel gedeckt ist). Die Zustimmung des Betriebsrats zu einer Versetzung führt zu keiner Ersetzung einer unwirksamen arbeitsvertraglichen Versetzungsklausel und dient auch nicht als Rechtsgrundlage in den Fällen, in denen es an einer individualrechtlichen Versetzungsbefugnis des Arbeitgebers insgesamt fehlt.

73 Obwohl sich aus dem BetrVG keine Pflicht des Arbeitgebers ergibt, den Mitarbeiter über die Beteiligung des Betriebsrats an der Versetzung zu unterrichten, ist ein dahingehender Hinweis in der Praxis oftmals geboten; die Akzeptanz des Mitarbeiters zu der Maßnahme dürfte in aller Regel nämlich deutlich höher sein, wenn er um die erfolgte Zustimmung des Betriebsrats weiß.

74 Soweit eine Versetzung nicht die Tatbestandsmerkmale des § 95 Abs. 3 BetrVG erfüllt, etwa weil ein Arbeitnehmer für zwei Wochen den Arbeitsplatz eines kranken Kollegen mit einem vergleichbaren Stellenprofil vertreten soll, so besteht kein Erfordernis einer vorherigen Zustimmung des Betriebsrats. Das Mitbestimmungsrecht setzt nämlich grundsätzlich erst dann ein, wenn die Zuweisung des anderen Arbeitsbereichs voraussichtlich die Dauer von einem Monat überschreiten wird, solange die Zuweisung eines anderen Arbeitsplatzes mit einer erheblichen Änderung der Umstände für den Arbeitnehmer verbunden ist (vgl. hierzu BAG, Beschl. v. 08.08.1989 – 1 ABR 63/88, NZA 1990, 198). Ziel der Regelung des § 95 Abs. 3 BetrVG ist es nämlich insbesondere, kurzfristige Krankheits- und Urlaubsvertretungen aus der Mitbestimmungspflicht herauszuhalten (ErfK/*Kania* § 99 BetrVG Rn. 16). In einem solchen Fall kann regelmäßig auch darauf verzichtet werden, die Ausübung des Versetzungsrechts schriftlich zu dokumentieren.

75 Ob die Maßnahme voraussichtlich nicht länger als einen Monat dauern wird, bestimmt sich nach den Umständen im Zeitpunkt der Zuweisung des anderen Arbeitsbereiches. Auch wenn sich später herausstellt, dass die Dauer von einem Monat geringfügig überschritten wird, ist dies unschädlich (MünchArbR/*Matthes* § 264 Rn. 19).

76 **6.** Es besteht keine Rechtspflicht, den Mitarbeiter darüber zu informieren, wie der Betriebsrat des aufnehmenden Betriebs in Bezug auf die betriebsverfassungsrechtliche »Einstellung« des Mitarbeiters in dem neuen Betrieb reagiert hat. Jedenfalls aber, wenn der Betriebsrat der Einstellung zugestimmt hat, sollte der Mitarbeiter hierüber entsprechend unterrichtet werden.

77 **7.** Für Zwecke der Dokumentation ist es geboten, sich den Erhalt des Versetzungsschreibens vom Mitarbeiter bestätigen zu lassen. Dies gilt jedenfalls dann, wenn Widerstände des Mitarbeiters zu der Maßnahme zu erwarten sind.

2. Zustimmung des Betriebsrats zur Versetzung

Vorbemerkung

Erfüllt eine geplante Versetzung den Tatbestand des § 95 Abs. 3 BetrVG, so ist die vorherige Zustimmung des Betriebsrats zu der Maßnahme einzuholen. Solange diese nicht vorliegt bzw. im Wege der Zustimmungsersetzung erstritten wird, ist die Versetzung auch dann unwirksam und braucht vom Arbeitnehmer nicht befolgt zu werden, wenn eine entsprechende individualrechtliche Versetzungsbefugnis besteht. Etwas anderes gilt nur für den Fall, dass eine Versetzung nicht die Tatbestandsmerkmale des § 95 Abs. 3 BetrVG erfüllt, etwa weil es sich um eine Versetzung von einer Dauer weniger als einem Monat handelt, ohne dass die Zuweisung eines anderen Arbeitsplatzes mit einer erheblichen Änderung der Umstände für den Arbeitnehmer verbunden ist. 78

Beruht die Versetzung hingegen auf einer Änderungskündigung, wird bezüglich der zusätzlich zu der Zustimmung nach § 99 BetrVG erforderlichen Anhörung des Betriebsrats nach § 102 Abs. 1 S. 1 BetrVG auf O Rdn. 778 verwiesen. 79

▶ **Muster – Zustimmung des Betriebsrats zur Versetzung**

[Briefkopf Arbeitgeber] 80

An den Betriebsrat

z.H. des Betriebsratsvorsitzenden

Betreff: Geplante Versetzung von [Name des Mitarbeiters]

[Datum]

Wir beabsichtigen, Frau/Herrn [Name Mitarbeiter], zur Zeit beschäftigt als [Funktion] in der Abteilung [Abteilungsbezeichnung] am Standort [Lübeck], mit Wirkung zum [Datum] an unser Stammwerk in [Bad Schwartau] zu versetzen. Dort soll Frau/Herr [Name Mitarbeiter] unverändert als [Funktion] eingesetzt werden. Eine Umgruppierung des Mitarbeiters ist mit der Versetzung also nicht verbunden. [1]

Die Versetzung erfolgt, weil [sich die Geschäftsleitung dazu entschlossen hat, die Produktion von Stahlträgern zu zentralisieren und diese künftig ausschließlich am Stammwerk in Bad Schwartau zu betreiben]. [2]

Der Mitarbeiter ist mit der Versetzung einverstanden. [3]

Um die Zustimmung des Betriebsrats zu dieser Maßnahme wird gebeten.

Mit freundlichen Grüßen

[Ort], den [Datum]

_____
(Unterschrift des Arbeitgebers)

Erhalten: [4]

[Ort], den [Datum]

_____
(Unterschrift des Betriebsrats)

J. Das laufende Arbeitsverhältnis

Erläuterungen

Schrifttum

Ehrich Die individualrechtlichen Auswirkungen der fehlenden Zustimmung des Betriebsrats i.S. von § 99 BetrVG auf die Versetzung des Arbeitnehmers, NZA 1992, 731; *Fliss/Hunold* Die Rechtsprechung zur Mitbestimmung des Betriebsrats bei Versetzungen, NZA-RR 2001, 617.

81 **1.** Um den Betriebsrat in die Lage zu versetzen, sein Beteiligungsrecht aus § 99 Abs. 1 BetrVG pflichtgemäß ausüben zu können, sollten ihm in gebotener Kürze die wesentlichen Informationen über die derzeitige und die künftige Situation des Mitarbeiters dargestellt werden. Gemäß § 99 Abs. 1 S. 2 BetrVG gehört eine Beschreibung des in Aussicht genommenen Arbeitsplatzes und die vorgesehene Eingruppierung zu den dem Betriebsrat zur Verfügung zu stellenden Pflichtangaben.

82 **2.** Sofern dem Betriebsrat der Hintergrund für die Versetzung nicht ohnehin bereits bekannt ist, sollte das Schreiben diesbezügliche Angaben enthalten, um auch auf Seiten des Betriebsrats möglichst für eine größere Akzeptanz bezüglich der Personalmaßnahme zu sorgen.

83 **3.** Sofern der Mitarbeiter seiner Versetzung bereits zugestimmt hat, sollte auch dies dem Betriebsrat mitgeteilt werden.

84 **4.** Verweigert der Betriebsrat seine Zustimmung, so hat er dies unter Angabe von Gründen innerhalb einer Woche nach Unterrichtung durch den Arbeitgeber diesem schriftlich mitzuteilen (§ 99 Abs. 3 S. 1 BetrVG). Indem sich der Arbeitgeber die Gegenzeichnung des Erhalts des Schreibens bestätigen lässt, kann ggf. zu einem späteren Zeitpunkt der Nachweis geführt werden, dass eine Zustimmung aufgrund der Fiktion des § 99 Abs. 3 S. 2 BetrVG eingetreten ist; teilt der Betriebsrat dem Arbeitgeber die Verweigerung seiner Zustimmung nämlich nicht innerhalb der Wochenfrist schriftlich mit, so gilt die Zustimmung als erteilt (§ 99 Abs. 3 S. 2 BetrVG). Hat der Betriebsrat seine Zustimmung verweigert, so ist Klage auf Zustimmungsersetzung zu erheben (vgl. X Rdn. 545), wenn der Arbeitgeber die personelle Maßnahme weiterhin durchführen möchte.

3. Versetzung durch Änderungskündigung

Vorbemerkung

85 Ist eine Versetzung auf eine andere Stelle oder an einen anderen Arbeitsplatz nicht (mehr) vom arbeitgeberseitigen Direktionsrecht gedeckt und hat der Arbeitnehmer einer einvernehmlichen Änderung seines Anstellungsvertrags nicht zugestimmt, so besteht die Möglichkeit, eine Versetzung im Wege der Änderungskündigung durchzusetzen.

86 Im Folgenden werden nur diejenigen Besonderheiten erläutert, welche sich bei einer Versetzung im Wege der Änderungskündigung ergeben. Zu den Voraussetzungen einer Änderungskündigung im Übrigen wird auf die umfassende Darstellung unter K Rdn. 107 ff. verwiesen.

▶ **Muster – Versetzung durch Änderungskündigung**

87 [Briefkopf Arbeitgeber]

[Name Arbeitnehmer]

(Privatanschrift des Arbeitnehmers, ggf. auch »im Hause«)

Betreff: Kündigung

[Datum]

Sehr geehrte(r) Frau/Herr ___[Name]___ ,

nachdem Sie eine einvernehmliche Änderung Ihres Anstellungsvertrags dahingehend, dass künftig Ihr Arbeitsort der Betrieb in [Berlin] ist, endgültig abgelehnt haben, kündigen wir hiermit Ihr Arbeitsverhältnis aus betrieblichen Gründen fristgemäß zum ___[Datum]___, hilfsweise zum nächst zulässigen Zeitpunkt. [1, 2]

Zugleich bieten wir Ihnen jedoch an, Ihr Anstellungsverhältnis zu im Übrigen unveränderten Bedingungen, insbesondere auch in Ihrer derzeitigen Tariflohngruppe, ab ___[Datum]___ in [Berlin] fortzusetzen. [3]

Unter dem Sozialplan vom ___[Datum]___ stehen Ihnen im Zusammenhang mit Ihrem Umzug nach [Berlin] folgende Arbeitgeberleistungen zu: ___[im Einzelnen auszuführen]___. [4]

Der Betriebsrat unseres Betriebs in [Lübeck] hat dieser Änderungskündigung zugestimmt. Dem Betriebsrat an unserem Betrieb in [Berlin] haben wir über Ihre beabsichtigte Einstellung unterrichtet, ohne dass der Betriebsrat hiergegen Einwendungen erhoben hätte. [5]

Bitte teilen Sie spätestens innerhalb von drei Wochen nach Erhalt dieses Schreibens mit, ob Sie mit der Fortführung Ihres Anstellungsverhältnisses in [Berlin] einverstanden sind. Sofern Sie das neue Vertragsangebot innerhalb von drei Wochen nicht annehmen, erlischt unser Angebot, Ihr Anstellungsverhältnis ab ___[Datum]___ in [Berlin] fortzuführen, und Ihr derzeitiges Arbeitsverhältnis endet nach Ablauf der ordentlichen Kündigungsfrist. [6]

Mit freundlichen Grüßen

___[Ort]___, den ___[Datum]___

_____
(Unterschrift des Arbeitgebers)

Erhalten und zur Kenntnis genommen:

___[Ort]___, den ___[Datum]___

_____
(Unterschrift des Mitarbeiters)

Erläuterungen

Schrifttum

Berkowsky Aktuelle Probleme der Versetzungs-Änderungskündigung: Der Arbeitgeber im Zangengriff von individuellem und kollektivem Arbeitsrecht, NZA 2010, 250; *Hromadka* Nochmals: Die »überflüssige« Änderungskündigung, NZA 2008, 1338; *Preis* Unbillige Weisungsrechte und überflüssige Änderungskündigungen, NZA 2015, 1.

1. Die dem Schriftformerfordernis des § 623 BGB unterliegende Änderungskündigung – das Formerfordernis bezieht sich dabei auch auf das Änderungsangebot (vgl. BAG, Urt. v. 16.09.2004 – 2 AZR 628/03, NZA 2005, 635) – muss sich wie jede andere Willenserklärung auch eindeutig als solche dem Erklärungsgehalt des Schreibens entnehmen lassen. Insofern gilt nichts anderes als im Falle einer Beendigungskündigung.

2. Ist es eindeutig, dass eine Versetzung nicht vom Direktionsrecht des Arbeitgebers gedeckt ist, etwa weil der Arbeitsort vertraglich fixiert wurde, so bleibt diesem, wenn der Mitarbeiter nicht zu seiner einvernehmlichen Versetzung bereit ist, oftmals nur das Mittel einer Änderungskündigung. Mit dieser versucht der Arbeitgeber letztlich, die nicht zustande gekommene einvernehmliche Änderung des Anstellungsvertrags zu erzwingen oder alternativ eine Beendigung des Anstellungsverhältnisses herbeizuführen.

Da im Einzelfall die Reichweite – und manchmal auch die Wirksamkeit – einer arbeitsvertraglichen Versetzungsklausel ungewiss ist, bleibt dem Arbeitgeber u.U. nichts anderes übrig, als jedenfalls hilfsweise eine Änderungskündigung auszusprechen. In diesen Fällen sollte etwa wie folgt formuliert werden (vgl. *Hromadka* NZA 2008, 1338, 1340):

J. Das laufende Arbeitsverhältnis

Alternative:

[Hiermit versetzen wir Sie ab ___[Datum]___ an unseren Betrieb in [Hamburg]. Für den Fall, dass diese Versetzung unwirksam sein sollte, kündigen wir das mit Ihnen bestehende Arbeitsverhältnis zum ___[Datum]___ und bieten Ihnen gleichzeitig an, Ihr Anstellungsverhältnis zu im Übrigen unveränderten Bedingungen ab ___[Datum]___ in [Hamburg] fortzusetzen.]

91 Durch eine solche Formulierung kann vermieden werden, dass eine zu Versetzungszwecken ausgesprochene Änderungskündigung als sozial ungerechtfertigt abgelehnt wird, weil nach Überzeugung des Arbeitsrichters eine Versetzung auch im Wege der Ausübung des Direktionsrechts – Stichwort: milderes Mittel – hätte herbeigeführt werden können (vgl. BAG, Urt. v. 06.09.2007 – 2 AZR 368/06, NZA-RR 2008, 291). Aufgrund der primär im Wege der Ausübung des Direktionsrechts ausgesprochenen Versetzung kann sich hier der Arbeitgeber die Vorschrift des § 4 S. 2 KSchG zunutze machen, welche voraussetzt, dass im Zeitpunkt der Aussprache der Änderungskündigung das Arbeitsverhältnis nicht ohnehin schon zu denjenigen Bedingungen besteht, die dem Arbeitnehmer mit der Kündigung angetragen werden. Ist zu diesem Zeitpunkt die entsprechende Änderung der Arbeitsbedingungen auf anderem Wege bereits eingetreten – allem voran aufgrund einer nach Überzeugung des Gerichts wirksamen Ausübung des Direktionsrechts durch den Arbeitgeber –, kann die Änderungsschutzklage keinen Erfolg haben (BAG, Urt. v. 19.07.2012 – 2 AZR 25/11, NZA 2012, 1038; BAG, Urt. v. 26.01.2012 – 2 AZR 102/11, NZA 2012, 856; BAG, Urt. v. 26.08.2008 – 1 AZR 353/07, NZA-RR 2009, 300). Zwar kann sich die Änderungskündigung in einem solchen Fall selbst bei Annahme durch den Arbeitnehmer unter Vorbehalt (§ 2 S. 1 KSchG) als überflüssig und damit wegen Verstoßes gegen den Verhältnismäßigkeitsgrundsatz als unwirksam erweisen; Streitgegenstand der Änderungsschutzklage ist aber nicht die Wirksamkeit der Kündigung als solcher, sondern der Inhalt der für das Arbeitsverhältnis geltenden Arbeitsbedingungen (BAG, Urt. v. 28.08.2013 – 10 AZR 569/12, NZA-RR 2014, 181; BAG, Urt. v. 26.08.2008 – 1 AZR 353/07, NZA-RR 2009, 300). Die Feststellung, dass die dem Arbeitnehmer mit der Änderungskündigung angetragenen neuen Arbeitsbedingungen nicht gelten, kann das Gericht nicht treffen, wenn sich das Arbeitsverhältnis bei Kündigungsausspruch aus anderen Gründen bereits nach den fraglichen Arbeitsbedingungen richtet (BAG Urt. v. 26.09.2012 – 10 AZR 311/11, NZA-RR 2013, 403; BAG, Urt. v. 26.08.2008 – 1 AZR 353/07, NZA-RR 2009, 300). Eine auf die Feststellung der Unwirksamkeit der Änderungen gerichtete Klage ist schlichtweg unbegründet, da keine eben solche Rechtsunwirksamkeit mangels Änderung der Arbeitsbedingungen festgestellt werden kann (LAG Köln, Urt. v. 09.10.2013 – 5 Sa 257/13, BeckRS 2014, 65327).

92 Schließlich wird darauf hingewiesen, dass bei einer Kombination aus primärer Versetzung aufgrund des arbeitgeberseitigen Direktionsrechts und einer bedingten Änderungskündigung keine zwangsläufige Parallelität in Bezug auf den Versetzungszeitpunkt besteht. Während eine Versetzung, die auf einer Änderungskündigung beruht, erst mit Ablauf der ordentlichen Kündigungsfrist der in der Änderungskündigung enthaltenen Beendigungskündigung herbeigeführt werden kann, sind derartige Fristen bei einer Versetzung aufgrund des arbeitgeberseitigen Direktionsrechts nicht zu beachten. Zeitliche Grenzen ergeben sich im letzten Fall jedoch aus der Ausübung billigen Ermessens (§ 315 BGB), so dass im Beispielsfall ein im Wege des Direktionsrechts herbeigeführter Wechsel des Arbeitsorts von Lübeck nach Hamburg sicherlich nicht »über Nacht« angeordnet werden kann (vgl. hierzu im Einzelnen J Rdn. 66 ff.). In dem Fall, dass der Versetzungszeitpunkt aufgrund des Direktionsrechts zeitlich vor demjenigen aufgrund der bedingten Änderungskündigung liegt, wird der Arbeitnehmer sorgfältig abzuwägen haben, ob er sich einer Versetzung zum früheren der beiden Zeitpunkte verweigert. Der Arbeitnehmer riskiert hier u.U. nämlich sogar die fristlose, verhaltensbedingte Kündigung seines Anstellungsverhältnisses, wenn sich herausstellt, dass die Versetzung noch vom Direktionsrecht des Arbeitgebers gedeckt und damit schon ab dem früheren Zeitpunkt zu befolgen war.

93 Auch wenn die Änderungskündigung vorliegend nur bedingt ausgesprochen wird, ist – neben der für die primäre Versetzung aufgrund des arbeitgeberseitigen Direktionsrechts erforderlichen Zu-

stimmung nach § 99 Abs. 1 S. 1 BetrVG – zusätzlich auch eine Anhörung des Betriebsrats nach § 102 Abs. 1 S. 1 BetrVG erforderlich (siehe hierzu O Rdn. 777). Stellt es sich nämlich heraus, dass die Versetzung nicht vom Direktionsrecht gedeckt ist, kommt es rechtlich zwangsläufig auf die Wirksamkeit der Änderungskündigung an; an dieser fehlt es allerdings bereits schon von vornherein, wenn eine Beteiligung des Betriebsrats unterblieben ist (§ 102 Abs. 1 S. 3 BetrVG).

3. Der Inhalt des dem Arbeitgeber neu angebotenen Anstellungsverhältnisses muss sich der Erklärung nach allgemeinen Vertragsgrundsätzen klar und eindeutig entnehmen lassen. Eine Bezugnahme auf die Bedingungen des bisherigen Anstellungsvertrags dürfte sich oftmals anbieten, da im Falle einer Versetzung die Vertragsbedingungen regelmäßig im Wesentlichen erhalten bleiben. Es brauchen dann nur noch diejenigen Punkte aufgezeigt zu werden, in denen sich der neue Anstellungsvertrag inhaltlich von dem bisherigen unterscheidet. 94

4. Auf die Ausführungen unter J Rdn. 70 wird verwiesen. 95

5. Im Falle einer Versetzung im Wege der Änderungskündigung sind sowohl § 99 Abs. 1 S. 1 BetrVG als auch § 102 Abs. 1 S. 1 BetrVG zu beachten. Beide **Beteiligungsrechte** bestehen nebeneinander, da § 99 BetrVG sich auf die tatsächliche Zuweisung eines anderen Arbeitsbereichs bezieht, während § 102 BetrVG die Änderungskündigung und damit die arbeitsvertragliche Ebene betrifft (BAG, Urt. v. 30.09.1993 – 2 AZR 283/93, AP Nr. 33 zu § 2 KSchG 1969). Wenn die Zustimmung des Betriebsrates zur Versetzung nach § 99 BetrVG fehlt, führt dies zwar nicht zu einer Unwirksamkeit der Änderungskündigung wegen Verletzung des Mitbestimmungsrechts des Betriebsrates nach § 99 BetrVG; der Arbeitgeber kann dann allerdings die Versetzung tatsächlich nicht durchführen (BAG, Urt. v. 30.09.1993 – 2 AZR 283/93, AP Nr. 33 zu § 2 KSchG 1969). 96

6. Die Drei-Wochen-Frist des § 2 S. 2 KSchG bildet die Untergrenze für ein vom Arbeitgeber gemachtes befristetes Änderungsangebot (BAG, Urt. v. 01.02.2007 – 2 AZR 44/06, NZA 2007, 925). Nach ständiger Rechtsprechung ist die **vorbehaltlose Annahme** eines in einer Änderungskündigung enthaltenen Änderungsangebots andererseits auch nicht an eine Höchstfrist von drei Wochen nach Zugang der Kündigung gebunden (vgl. BAG, Urt. v. 01.02.2007 – 2 AZR 44/06, NZA 2007, 925 m.w.N.). Das Änderungsangebot des Arbeitgebers soll nach Ansicht des BAG von einem Arbeitnehmer, der keine Kündigungsschutzklage erhoben hat, vielmehr regelmäßig jedenfalls bis zu dem Tag vorbehaltlos angenommen werden können, an dem der Arbeitgeber letztmalig unter Einhaltung der ordentlichen Kündigungsfrist hätte kündigen können (BAG Urt. v. 06.02.2003 – 2 AZR 674/01, NZA 2003, 659). Dieses vorausgeschickt ist es unbedingt ratsam, die Annahmefrist explizit auf den in § 2 S. 2 KSchG bestimmten Zeitraum zu begrenzen. Diese Frist gilt dann sowohl für die Annahme des Änderungsangebots unter Vorbehalt als auch für die vorbehaltlose Annahme. 97

4. Änderungsvertrag

Vorbemerkung

Das Arbeitsverhältnis unterliegt als Dauerschuldverhältnis, das sich in nicht seltenen Fällen über Jahre, wenn nicht sogar Jahrzehnte erstreckt, immer wieder Änderungen. Manche dieser Änderungen können ggf. einseitig herbeigeführt werden, wie z.B. eine Versetzung, sofern diese denn von einem entsprechenden Vorbehalt gedeckt ist (und der Betriebsrat zugestimmt hat), vgl. hierzu das Muster »Versetzung« (J Rdn. 59). Andere Änderungen können ggf. einseitig durch den Arbeitgeber im Wege der Änderungskündigung durchgesetzt werden (siehe hierzu K Rdn. 107 ff.), ohne dass es einer Zustimmung des Arbeitnehmers bedarf. Daneben gibt es jedoch auch viele Fälle einer einvernehmlichen Vertragsänderung. Dass es sich hierbei um eine Änderung des Anstellungsvertrags handelt, mag den Arbeitsvertragsparteien mitunter gar nicht bewusst sein. Ein klassisches Beispiel hierfür ist eine Gehaltserhöhung auf Veranlassung des Arbeitgebers, ohne dass 98

J. Das laufende Arbeitsverhältnis

diese Gehaltsanpassung auf Tarifvertrag oder anderweitigen Rechtsgrundlagen wie beispielsweise dem arbeitsrechtlichen Gleichbehandlungsgrundsatz beruht. Der Arbeitnehmer nimmt in diesem Fall die Gehaltserhöhung regelmäßig hin und hat damit konkludent einer dahingehenden Änderung seines Anstellungsvertrags zugestimmt, dass für die geschuldete Arbeitsleistung fortan dauerhaft ein höheres Gehalt zu zahlen ist.

99 Das im Folgenden dargestellte Muster bezieht sich auf den Standardarbeitsvertrag eines angestellten Arbeitnehmers (vgl. B Rdn. 4).

▶ **Muster – Änderungsvertrag**

100 **Änderungsvertrag zum Anstellungsvertrag**

zwischen

der ___[Anschrift des Unternehmens]___

und

Herrn/Frau ___[Name und Anschrift des Mitarbeiters]___

Präambel

Anlässlich der Absicht des Arbeitgebers, den Arbeitnehmer zum Abteilungsleiter zu befördern, vereinbaren die Parteien die nachfolgenden Änderungen zu dem zwischen ihnen geschlossenen Anstellungsvertrag vom ___[Datum]___:

§ 1
Änderungen des Anstellungsvertrages

(1) § 2 (1) Satz 1 lautet nunmehr wie folgt: »Der Mitarbeiter wird als Abteilungsleiter Personal beschäftigt«.[1]

(2) § 2 (1) Satz 2 lautet nunmehr wie folgt: »Dabei wird er in der ___[genaue Bezeichnung der neuen Dienststelle und der neuen Abteilung]___ eingesetzt.«

(3) § 6 Satz 1 lautet nunmehr wie folgt: »Der Mitarbeiter erhält eine Vergütung in Höhe von ___[neuer Betrag]___ € brutto pro Monat«

(4) § 6 wird um folgenden Satz 3 ergänzt: »Sofern der Arbeitnehmer Sonderzahlungen (z.B. Weihnachtsgeld, Urlaubsgeld, Prämien) erhält, handelt es sich hierbei um freiwillige Leistungen des Arbeitgebers, auf die auch nach wiederholter Gewährung kein Anspruch besteht.«[2]

§ 2
Schlussbestimmungen

(1) Die Änderungen des Anstellungsvertrages in § 1 treten zum ___[Datum]___ in Kraft.[3]

(2) Im Übrigen bleiben die Bestimmungen des Anstellungsvertrages vom ___[Datum]___ unberührt.[4]

___[Ort]___, den ___[Datum]___

(Unterschrift des Mitarbeiters)[5]

___[Ort]___, den ___[Datum]___

(Unterschrift des Arbeitgebers)[5]

Änderungsvertrag **J.III.4.**

Erläuterungen

Schrifttum

Bachner Die Mitbestimmung des Betriebsrats nach § 87 BetrVG bei der Gestaltung von Formulararbeitsverträgen, NZA 2007, 536; *Bloching/Ortolf* Schriftformklauseln in der Rechtsprechung von BGH und BAG – Zukunfts- oder Auslaufmodell, insbesondere beim Schutz gegen betriebliche Übungen?, NJW 2009, 3393.

1. Arbeitgeber nutzen, gerade wenn es um einseitig initiierte Änderungen des Anstellungsvertrags zugunsten des Arbeitnehmers geht (z.B. eine Beförderung), regelmäßig nicht die Chance, den Anstellungsvertrag gleichzeitig auch in Bezug auf weitere Bestimmungen zu ändern, obwohl der Arbeitnehmer – insbesondere in der Situation einer Gehaltserhöhung oder Beförderung – viel eher zu einer solchen anderweitigen Änderung bereit sein mag als es ansonsten der Fall ist. Zu beachten sind allerdings auch hier die allgemeinen arbeitsrechtlichen Regelungen wie die Mitbestimmung des Betriebsrats oder auch gesetzliche oder tarifvertragliche Mindestansprüche. 101

2. Der Arbeitgeber kann eine von ihm intendierte Änderung des Anstellungsvertrags zugunsten des Arbeitnehmers etwa nutzen, um den Vertrag an die neuere Rechtsprechung zur AGB-Kontrolle anzupassen, denn im Zweifel wird kein Vertragspartner eine ihm zustehende Rechtsposition ohne Gegenleistung aufgeben (BAG, Urt. v. 26.08.2009 – 5 AZR 616/08, AP BGB § 157 Nr. 37). Viele Klauseln in Altverträgen – also solchen Verträgen, die vor dem 01.01.2002 und damit noch unter der Bereichsausnahme des § 23 AGBG abgeschlossen worden sind – enthalten nämlich Klauseln, die vor allem den Anforderungen an die Transparenz- und Angemessenheitskontrolle nicht mehr gerecht werden mit der Folge, dass sich der Arbeitgeber auf diese Klauseln nicht mehr berufen kann und sich der Arbeitsvertrag nach den gesetzlichen Vorschriften richtet (§ 306 Abs. 2 BGB), was in der Regel zu Lasten des Arbeitgebers geht. An dieser Stelle sei exemplarisch nur an die weit reichende neuere Rechtsprechung des BAG zu Freiwilligkeitsvorbehalten hingewiesen (vgl. BAG, Urt. v. 20.02.2013 – 10 AZR 177/12, NZA 2013, 1015; BAG, Urt. v. 30.07.2008 – 10 AZR 606/07, NZA 2008, 1173). Anders als etwa im Falle von arbeitsvertraglichen Bezugnahmeklauseln (siehe hierzu BAG, Urt. v. 22.10.2008 – 4 AZR 793/07, NZA 2009, 323) gewährt das BAG bei Freiwilligkeitsvorbehalten nämlich keinen Vertrauensschutz in seine frühere Rechtsprechung, sofern es – was de facto stets der Fall sein dürfte – seit dem 01.01.2002 irgendeine Änderung des Arbeitsvertrags gegeben hat (BAG, Urt. v. 30.07.2008 – 10 AZR 606/07, NZA 2008, 1173). 102

Die Formulierung eines den Anforderungen des BAG entsprechenden Freiwilligkeitsvorbehalts ist hier nur exemplarisch erfolgt; der insoweit in Bezug genommene Anstellungsvertrag für angestellte Arbeitnehmer (B Rdn. 4) enthält in § 17 (2) bereits eine ähnliche Klausel. 103

3. Im Änderungsvertrag sollte keinesfalls eine Bestimmung darüber fehlen, ab wann die Änderungen wirksam werden. 104

4. Aus Transparenzgründen empfiehlt sich der Hinweis, dass diejenigen zu Beginn des Anstellungsverhältnisses vereinbarten Vertragsbedingungen, welche keine Änderung erfahren haben, unverändert fortgelten. Im Falle der wiederholten schriftlichen Änderung des Anstellungsvertrags ist es u.U. ratsam, den dann aktuellen Anstellungsvertrag im Volltext als Änderung zu vereinbaren, um zu verhindern, dass das Schicksal einzelner Klauseln umständlich nachvollzogen werden muss. 105

5. Ein gesetzlicher Formzwang für den Anstellungsvertrag und eventuelle sukzessive Änderungen besteht nicht. Dem Umstand, dass es sich bei einer reinen Gehaltserhöhung, welche keine anderweitigen Änderungen des Anstellungsverhältnisses nach sich zieht, eigentlich um eine schriftliche zu dokumentierende Änderung der wesentlichen Vertragsbedingungen handelt (§ 3 NachwG), mag regelmäßig keine besondere Beachtung geschenkt werden, weil sich eine entsprechende Dokumentation regelmäßig bereits aus der Gehaltsabrechnung ergibt. Ist die Gehaltserhöhung aber etwa mit einer Beförderung – auch hierbei handelt es sich regelmäßig um eine Vertragsänderung – einhergegangen, so erfasst die Dokumentationspflicht des § 3 NachwG auch die neue Position, ohne dass es in vielen Betrieben jedoch tatsächlich zu einer schriftlichen Mitteilung an den Arbeitneh- 106 mer kommt. Hiervon einmal ganz abgesehen empfiehlt sich aber schon allein aus Beweisgründen eine schriftliche Fixierung der Änderungen am Anstellungsverhältnis. Denn auch wenn die Tatsache eines höheren Gehalts und einer neuen Position zumeist problemlos beweisbar sein dürften, wird dies bei kleineren inhaltlichen Änderungen wie derjenigen in § 1 Ziffer 3 des Musters kaum der Fall sein, wenn sich eine der Parteien wahrheitswidrig darauf berufen sollte, dass eine solche Änderung nicht vereinbart worden ist. Im Übrigen sollte auf die Schriftform insbesondere nicht mit Blick auf eine eventuell im Anstellungsvertrag vereinbarte Schriftform für Vertragsänderungen verzichtet werden, auch wenn diesen oftmals nur deklaratorische Bedeutung zukommen wird (siehe hierzu *Bloching/Ortolf* NJW 2009, 3393).

5. Betriebliche Übung

Vorbemerkung

107 Das laufende Arbeitsverhältnis kann – außer durch die in diesem Abschnitt bereits beschriebenen Wege – seine weitere Ausgestaltung auch durch sog. betriebliche Übungen erfahren. Unter einer betrieblichen Übung versteht das BAG in ständiger Rechtsprechung die regelmäßige Wiederholung bestimmter Verhaltensweisen des Arbeitgebers, aus denen die Arbeitnehmer schließen dürfen, ihnen solle eine Leistung oder Vergünstigung auf Dauer gewährt werden (BAG, Urt. v. 29.08.2012 – 10 AZR 571/11, NZA 2013, 40; BAG, Urt. v. 17.11.2009 – 9 AZR 851/08, AP BGB § 242 Betriebliche Übung Nr. 89). Ihre Hauptanwendung findet die betriebliche Übung dabei im Bereich jährlich wiederkehrender **Sonderzahlungen**. So führt etwa bei Weihnachts- oder Urlaubsgeld die dreimalige vorbehaltlose Zahlung zum Entstehen einer betrieblichen Übung (BAG, Urt. v. 01.04.2009 – 10 AZR 393/08, AP BGB § 242 Betriebliche Übung Nr. 84).

Laut arbeitsrechtlicher Literatur soll eine betriebliche Übung darüber hinaus nahezu jeden Aspekt eines Arbeitsverhältnisses für die Zukunft verbindlich ausgestalten können. Sie soll Ansprüche der Arbeitnehmer beispielsweise auf eine private Nutzung des Internets (*Barton* NZA 2006, 460) und auf die Durchführung von Weihnachtsfeiern (*Vogt/Kossmann* NZA 2010, 1264) begründen können. Ein derart weites Verständnis der betrieblichen Übung ist freilich abzulehnen (siehe im Einzelnen *Jensen* NZA-RR 2011, 225, 226). Keine betriebliche Übung mangels arbeitnehmerseitigen berechtigten Vertrauens begründet beispielsweise das kostenfreie Zurverfügungstellen von Parkplätzen auf einem Klinikgelände. Die Erhebung einer Parkgebühr nach einer aufwendigen Umgestaltung ist zulässig (LAG Baden-Württemberg, Urt. v. 13.01.2014 – 1 Sa 17/13, BeckRS 2014, 65788).

108 Ein nach den Grundsätzen der betrieblichen Übung entstandener Rechtsanspruch ist kein Anspruch minderer Rechtsbeständigkeit (BAG, Urt. v. 25.11.2009 – 10 AZR 779/08, NZA 2010, 283). Ist eine Bindungswirkung infolge betrieblicher Übung erst einmal eingetreten, wird eine Beseitigung angesichts der extrem hohen Anforderungen, welche das BAG an eine Änderungskündigung allein zum Zweck der Entgeltabsenkung stellt (vgl. BAG, Urt. v. 01.03.2007 – 2 AZR 580/05, NZA 2007, 1445), in aller Regel nur im Einvernehmen mit dem einzelnen Mitarbeiter in Betracht kommen. Dies gilt umso mehr, als die jüngere Rechtsprechung den Arbeitgebern de facto auch die Möglichkeit versperrt, sich im Wege der negativen bzw. gegenläufigen betrieblichen Übung von Ansprüchen aus betrieblicher Übung loszusagen. Eine negative betriebliche Übung setzt nunmehr nämlich die vorherige Vereinbarung einer Klausel nach Maßgabe von § 308 Nr. 5 BGB voraus (BAG, Urt. v. 18.03.2009 – 10 AZR 281/08, NZA 2009, 601), an welche jedenfalls bislang kaum ein Arbeitgeber bei Abschluss des Anstellungsvertrags gedacht haben dürfte. Als Mittel zur Ablösung einer betrieblichen Übung kommt ggf. auch eine Betriebsvereinbarung in Betracht (*Gruber/Stumpf* BB 2014, 1205, 1209); ist diese Möglichkeit eröffnet, darf im Regelfall aber wohl kaum mit dem Abschluss einer Betriebsvereinbarung gerechnet werden, deren einziger Regelungsgehalt in der Ablösung der betrieblichen Übung ohne eine (teilweise) Kompensation für den Wegfall der von ihr erfassten Leistung besteht. Angesichts dieser mehr als begrenzten

Möglichkeiten zur Lösung von einer betrieblichen Übung empfiehlt es sich für Arbeitgeber, bereits zu einem früheren Zeitpunkt anzusetzen und durch die Vereinbarung geeigneter Klauseln im Anstellungsvertrag – allen voran durch einen Freiwilligkeitsvorbehalt – darauf hinzuwirken, dass den Arbeitnehmern Ansprüche gar nicht erst erwachsen können. Will der Arbeitgeber trotz Fehlen derartiger Klauseln im Anstellungsvertrag dennoch Sonderzahlungen an seine Mitarbeiter erbringen, ohne Gefahr zu laufen, eine betriebliche Übung zu begründen, so kann er einen Freiwilligkeitsvorbehalt auch anlässlich der jeweiligen Leistungsgewährung aussprechen (AR/*Löwisch* § 308 BGB Rn. 5; ErfK/*Preis* §§ 305–310 BGB Rn. 68). Die Wiederholung des Freiwilligkeitsvorbehalts bei jeder Leistungserbringung war früher dabei sogar die Regel (vgl. BAG, Urt. v. 06.09.1994 – 9 AZR 672/92, NZA 1995, 418).

▶ **Muster – Freiwilligkeitsvorbehalt**

[Briefkopf Arbeitgeber] 1

108.1

[Name Arbeitnehmer]

(Privatanschrift des Arbeitnehmers, ggf. auch »im Hause«)

Betreff: Weihnachtsgeld 2

[Datum]

Sehr geehrte(r) Frau/Herr ____[Name]____ ,

die Gesellschaft hat sich entschieden, Ihnen auch in diesem Jahr ein Weihnachtsgeld zu zahlen, welches mit dem anstehenden Gehaltslauf zur Auszahlung kommt. 3

Bitte beachten Sie, dass es sich bei dem Weihnachtsgeld um eine freiwillige Leistung handelt, die ohne Anerkennung einer Rechtspflicht erfolgt. Die wiederholte Gewährung eines Weihnachtsgelds begründet keinen Rechtsanspruch auf die Gewährung eines Weihnachtsgelds in der Zukunft. 4

Mit freundlichen Grüßen

____[Ort]____ , den ____[Datum]____

_____
(Unterschrift des Arbeitgebers)

Erläuterungen

Schrifttum

Gruber/Stumpf Ablösung einer betrieblichen Übung durch Betriebsvereinbarung – überlagernde oder ersetzende Rechtswirkung?, BB 2014, 1205; *Jensen* Der Freiwilligkeitsvorbehalt bei Entgeltleistungen, Dissertation 2010; *ders.* Arbeitsvertragsklauseln gegen betriebliche Übungen – was geht noch?, NZA-RR 2011, 225.

1. Grundsätzlich ist es dem Arbeitgeber überlassen, wie er seine Arbeitnehmer darauf hinweisen will, dass sie kein Vertrauen in die künftige Gewährung der in Rede stehenden Leistung aufbauen sollen. So kann ein Freiwilligkeitsvorbehalt nach allgemeiner Auffassung sowohl im Wege eines Aushangs im Betrieb als auch per Rundschreiben als auch mündlich bekannt gemacht werden oder – zum Zwecke der Minimierung von Nachweisproblemen vorzugswürdig – gegenüber dem einzelnen Arbeitnehmer durch gesonderte schriftliche Erklärung erfolgen (*Jensen* Der Freiwilligkeitsvorbehalt bei Entgeltleistungen, 167 f.).

109

2. Es ist zu beachten, dass Freiwilligkeitsvorbehalte im Vergütungsbereich in Abgrenzung zum laufenden Entgelt nur noch bei den so genannten Sonderzahlungen statthaft sind (BAG, Urt. v. 14.09.2011 – 10 AZR 526/10, NZA 2012, 81; BAG, Urt. v. 30.07.2008 – 10 AZR 606/07, NZA 2008, 1173). Eine rechtssichere Verwendung eines Freiwilligkeitsvorbehalts ist damit etwa

110

noch bei Weihnachts- oder Urlaubsgeld zulässig (BAG, Urt. v. 30.07.2008 – 10 AZR 606/07, NZA 2008, 1173) oder aber bei den vergleichsweise weniger relevanten Zuschüssen anlässlich Heirat (*Bayreuther* BB 2009, 102) oder Jubiläums des Arbeitnehmers (BAG, Urt. v. 28.05.2008 – 10 AZR 274/07, NZA 2008, 941). Ausgeschlossen sind Freiwilligkeitsvorbehalte hingegen, soweit es um die Gestellung eines Dienstwagens auch zu privaten Zwecken, um Fahrtkostenzuschüsse oder um jedwede Form von Zulagen geht (*Jensen* Der Freiwilligkeitsvorbehalt bei Entgeltleistungen, 108 ff.), In aller Regel wird ein Freiwilligkeitsvorbehalt zudem weder bei **Tantiemen** noch bei **Boni**, soweit diese auf Zielvorgaben oder Zielvereinbarungen beruhen und daher zumindest auch die Erbringung von Arbeit als Leistungszweck haben, zulässig sein (BAG, Urt. v. 13.05.2015 – 10 AZR 266/14, NZA 2015, 992; ebenso *Jensen* Der Freiwilligkeitsvorbehalt bei Entgeltleistungen, 108 ff.).

111   Die Aussprache eines Freiwilligkeitsvorbehalts geht ferner auch dann ins Leere, wenn die betreffende Leistung bereits anderweitig rechtlich geschuldet ist, sei es auf Grundlage einer entsprechenden individualvertraglichen Zusage im Anstellungsvertrag, sei es auf kollektivrechtlicher Grundlage wie beispielsweise Tarifvertrag, Betriebsvereinbarung oder auch Gesamtzusage (BAG, Urt. v. 25.11.2009 – 10 AZR 779/08, NZA 2010, 283). Sofern für eine Leistung unter Freiwilligkeitsvorbehalt im Anstellungsvertrag ein eindeutig anspruchsbegründender Wortlaut gewählt wurde (»*Der Arbeitnehmer erhält zusätzlich zum laufenden Gehalt ein Weihnachtsgeld in Höhe eines Bruttomonatsgehalts, das zusammen mit dem Dezember-Gehalt zur Auszahlung kommt. Hierbei handelt es sich um eine freiwillige Leistung, auf die auch nach wiederholter Gewährung kein Anspruch besteht.*«), so ist der Freiwilligkeitsvorbehalt im Anstellungsvertrag intransparent und deshalb unwirksam mit der Folge, dass der Arbeitnehmer einen vorbehaltlosen Anspruch auf die betreffende Leistung hat (BAG, Urt. v. 24.10.2007 – 10 AZR 825/06, NZA 2008, 40). Ebenso wurde die Weihnachtsgratifikation in *§ 5 Urlaub/Freiwillige Sozialleistungen Freiwillige Sozialleistungen richten sich nach dem betriebsüblichen Rahmen. Zur Zeit werden gewährt: _____ – Weihnachtsgeld in Höhe von (zeitanteilig) 40 % eines Monatsgehaltes im ersten Kalenderjahr der Beschäftigung. Es erhöht sich _____. Die Zahlung der betrieblichen Sondervergütungen (Weihnachtsgratifikation, Urlaubsgeld, Vermögenswirksame Leistungen) erfolgt in jedem Einzelfall freiwillig und ohne Begründung eines Rechtsanspruchs für die Zukunft.* als bindend qualifiziert (BAG, Urt. v. 20.02.2013 – 10 AZR 177/12, NZA 2013, 1015). Die Formulierung »gewährt« und die präzise Festlegung der Höhe sprechen für die Begründung eines Entgeltanspruchs. Der sich anschließende Freiwilligkeitsvorbehalt steht laut BAG im Widerspruch zur Gewährung und ist folglich wegen Intransparenz (§ 307 Abs. 1 S. 2 BGB) unwirksam. Auch ein bei Leistungserbringung zusätzlich ausgesprochener Freiwilligkeitsvorbehalt vermag hieran in den vorbezeichneten Fällen nichts zu ändern (vgl. *Jensen* Der Freiwilligkeitsvorbehalt bei Entgeltleistungen, 43). Der vertragliche Anspruch sei bereits entstanden, so dass die einseitige Erklärung des Arbeitgebers hieran nichts zu ändern vermag (BAG, Urt. v. 20.02.2013 – 10 AZR 177/12, NZA 2013, 1015). Zwischenzeitlich hat das BAG seine Rechtsprechung sogar noch verschärft und nimmt selbst in Fällen, in denen eine Leistung unter Freiwilligkeitsvorbehalt ausdrücklich nur in Aussicht gestellt wurde (»*Der Arbeitnehmer kann zusätzlich zum laufenden Gehalt einen Jahresbonus erhalten.*«), ggf. dem Grunde nach eine Leistungspflicht an (BAG, Urt. v. 19.03.2014 – 10 AZR 622/13, NZA 2014, 595). Selbst aber dann, wenn es an einer vertraglichen Abrede insgesamt fehlt, kann sich eine Verpflichtung des Arbeitgebers in Sachverhalten ohne kollektiven Bezug, also wenn nur ein einzelner Mitarbeiter begünstigt ist, aus der wiederholten Gewährung einer Leistung erbringen, wobei diese – anders als früher angenommen – noch nicht einmal mehr der Höhe nach gleichförmig sein muss (vgl. BAG, Urt. v. 13.05.2015 – 10 AZR 266/14, NZA 2015, 992).

112   **3.** Unabhängig von der Form seiner Bekanntmachung ist stets sicherzustellen, dass der Arbeitnehmer noch **vor Gewährung**, spätestens aber bei der betreffenden Leistung tatsächliche Kenntnis von dem Freiwilligkeitsvorbehalt erhält (vgl. BAG, Urt. v. 28.02.1996 – 10 AZR 516/95, NZA 1996, 758). Aus genau diesem Grunde sollte davon abgesehen werden, den Freiwilligkeitsvorbehalt lediglich auf der betreffenden Gehaltsmitteilung auszuweisen, da nicht sichergestellt ist, dass die Mitarbeiter diese tatsächlich auch vor Leistungsgewährung tatsächlich erhalten.

4. Diese Formulierung ist der Freiwilligkeitsvorbehalt. Er bezieht sich allein auf das in Rede stehende Weihnachtsgeld für das betreffende Jahr, nicht aber auf anderweitige Sonderzahlungen, die der Arbeitgeber in dem betreffenden Jahr oder in den Folgejahren vielleicht bereits erbracht hat bzw. vielleicht noch erbringen will. Zu empfehlen ist hierbei, eventuelle spätere Individualabreden i.S.v. § 305b BGB von dem Freiwilligkeitsvorbehalt auszunehmen, da auch nachträglich getroffene Individualabreden Vorrang vor kollidierenden Allgemeinen Geschäftsbedingungen haben, was zu deren Unwirksamkeit führt (BAG, Urt. v. 14.09.2011 – 10 AZR 526/10, NZA 2012, 81 Rn. 38 ff.; ebenso BAG, Urt. v. 19.03.2014 – 10 AZR 622/13, NZA 2014, 595, Rn. 51).

6. Gesamtzusage

Vorbemerkung

Die Gesamtzusage ist die an alle Arbeitnehmer des Betriebs oder einen nach abstrakten Merkmalen bestimmten Teil von ihnen in allgemeiner Form gerichtete Erklärung des Arbeitgebers, zusätzliche Leistungen zu erbringen (BAG, Urt. v. 17.11.2009 – 9 AZR 851/08, AP BGB § 242 Betriebliche Übung Nr. 89).

Im Gegensatz zur betrieblichen Übung, die ja auf bloßem Verhalten des Arbeitgebers beruht, ist die Gesamtzusage eine ausdrückliche Erklärung, die sich an die gesamte **Belegschaft** – und damit an jeden einzeln angesprochenen Arbeitnehmer – richtet und die das Versprechen einer bestimmten Leistung beinhaltet, die vom Vorliegen bestimmter Voraussetzungen abhängig gemacht werden kann. Ein weiterer Unterschied besteht darin, dass eine betriebliche Übung zwar einen kollektiven Charakter hat, weil sie mehrere Arbeitnehmer betrifft; die Notwendigkeit einer grundsätzlichen Erstreckung auf die gesamte Belegschaft oder auf abstrakt definierte Belegschaftsteile besteht im Falle einer betrieblichen Übung ebenfalls nicht.

Auf die konkrete Kenntnis des einzelnen Arbeitnehmers kommt es hierbei nicht an. Die Form der Gesamtzusage ist durch die Vereinfachung begründet. Nehmen die Arbeitnehmer das Angebot an, wobei es einer ausdrücklichen Annahmeerklärung gemäß § 151 BGB nicht bedarf, erwerben sie einen vertraglichen Anspruch auf die zugesagten Leistungen (BAG, Urt. v. 16.09.1986 – GS 1/82, NZA 1987, 168). Die Gesamtzusage gilt, sofern sich aus ihrem Inhalt nichts Gegenteiliges ergibt, auch gegenüber den nach Ausspruch der Zusage in den Betrieb eintretenden Arbeitnehmern; auch sie können dann das Angebot nach § 151 BGB annehmen (BAG, Urt. v. 23.09.2009 – 5 AZR 628/08, AP BGB § 157, Nr. 36). Sofern die Zusage weder Widerrufs- noch Änderungsvorbehalt enthält oder erkennbar nur eine einmalige Leistung versprochen wurde, kann sich der Arbeitgeber für die Zukunft nur durch Änderungskündigung von ihr lösen (BAG, Urt. v. 14.06.1995 – 5 AZR 126/94, NZA 1995, 1194), es sei denn, die Gesamtzusage wurde ausdrücklich oder konkludent **betriebsvereinbarungsoffen** formuliert (*Meinel/Kiehn* NZA 2014, 509, 511).

Wird mit der Gesamtzusage eine Sozialeinrichtung wie etwa eine Altersversorgung begründet, ist bei der konkreten Ausgestaltung das **Mitbestimmungsrecht des Betriebsrats** nach § 87 Abs. 1 Nr. 8 BetrVG zu beachten. Betrifft eine Gesamtzusage Gehaltsbestandteile, so ist in Betrieben mit Betriebsrat zuvor der Betriebsrat nach § 87 Abs. 1 Nr. 10 BetrVG zu beteiligen.

▶ **Muster – Gesamtzusage**

[Briefkopf Arbeitgeber]

An die Arbeitnehmer [1]

Im Hause

Betreff: Sonderzuwendung

[Datum]

J. Das laufende Arbeitsverhältnis

Sehr geehrte Mitarbeiterinnen und Mitarbeiter,

wir freuen uns Ihnen mitteilen zu dürfen, dass wir aufgrund der guten Ergebnisse und ihrer engagierten Mitarbeit ein erfolgreiches Geschäftsjahr hinter uns haben. Vor diesem Hintergrund werden wir Ihnen mit Zustimmung des Betriebsrats [2] zusammen mit dem März-Gehalt eine freiwillige Sonderprämie für das abgelaufene Geschäftsjahr ___[Jahreszahl]___ nach Maßgabe der folgenden Bestimmungen zahlen:

1. In dem Geschäftsjahr, für das die Sonderzahlung gewährt wird, hatten Sie Anspruch auf Entgelt oder Entgeltfortzahlung oder Sie befanden sich in der Freistellungsphase ihrer Altersteilzeit. Lagen diese Voraussetzungen während des abgelaufenen Geschäftsjahres nicht durchgängig vor, so wird die Höhe Ihrer Sonderprämie zeitanteilig ermittelt. [3]
2. Ihr Arbeitsverhältnis besteht zum ___[Auszahlungsdatum]___ ungekündigt fort. [4]
3. Bei der Sonderprämie handelt es sich um eine freiwillige Arbeitgeberleistung, auf die auch nach wiederholter Gewährung kein Anspruch besteht. [5]

Mit freundlichen Grüßen

___[Ort]___, den ___[Datum]___

_____
(Unterschrift des Arbeitgebers)

Erläuterungen

Schrifttum

Jensen Arbeitsvertragsklauseln gegen betriebliche Übungen – was geht noch?, NZA-RR 2011, 225; *Meinel/Kiehn* Kollektivvertragsoffene Allgemeine Geschäftsbedingungen, NZA 2014, 509.

118 **1.** Grundsätzlich erwerben die Arbeitnehmer, die im Zeitpunkt des Ausspruchs der Gesamtzusage beim Arbeitgeber beschäftigt sind, einen Anspruch mit arbeitsvertraglichem Charakter auf die versprochene Leistung. Dies geschieht durch Angebot und Annahme, wobei das arbeitgeberseitige Angebot bereits dann abgegeben ist, wenn die Arbeitnehmer in eine Lage versetzt werden, in der sie typischerweise von der Erklärung Kenntnis nehmen können. Eine Bekanntgabe ist also erforderlich (BAG, Urt. v. 22.12.2009 – 3 AZR 136/08, AP BetrAVG § 1 Auslegung Nr. 7). Insofern reicht aber der Aushang am schwarzen Brett (BAG, Urt. v. 21.01.2003, 9 AZR 546/01, NZA 2003, 879) oder das Einstellen in ein Intranet (BAG, Urt. v. 22.01.2003, AP BGB § 611 Gratifikation Nr. 247). Eine ausdrückliche Annahme ist nicht erforderlich, sie wird vielmehr regelmäßig nach § 151 BGB fingiert.

118.1 **2.** Mit diesem Zusatz wird die konkludente Betriebsvereinbarungsoffenheit ausreichend dokumentiert (vgl. BAG, Urt. v. 05.03.2013 – 1 AZR 417/12, NZA 2013, 916); diese spielt vor allem bei der dauerhaften Zusage von Leistungen eine Rolle, nicht aber unbedingt bei einer von vornherein zur einmaligen Zahlung wie vorliegend.

119 **3.** Eine Gesamtzusage bindet den Arbeitgeber grundsätzlich auch gegenüber den nach dem Ausspruch der Gesamtzusage hinzutretenden Arbeitnehmern, sofern nicht eine anderweitige Regelung in deren Arbeitsverträgen Gegenteiliges bereits deutlich zum Ausdruck bringt (BAG, Urt. v. 23.09.2009 – 5 AZR 628/08, AP BGB § 157 Nr. 36) oder – wie vorliegend infolge der Beschränkung auf das abgelaufene Geschäftsjahr geschehen – sich eine solche bereits unmittelbar aus dem Inhalt der Gesamtzusage ergibt.

Aufgrund der gewählten Formulierung haben Mitarbeiter, die nicht durchgängig während des gesamten Geschäftsjahrs, für das die Sonderprämie gewährt wird, beschäftigt waren (insbesondere Neueintritte und unterjährig ausgeschiedene Mitarbeiter), einen proratierlichen Anspruch auf die Prämie.

4. Vorsicht ist geboten, wenn die Prämie alternativ beispielsweise davon abhängig gemacht werden soll, dass das Anstellungsverhältnis im Auszahlungszeitpunkt noch ungekündigt besteht (sog. **Stichtagsklausel**). Insofern ist zu bedenken, dass Gesamtzusagen nicht unter § 310 Abs. 4 S. 1 BGB fallen und deshalb nicht bloß einer Billigkeitskontrolle nach § 75 BetrVG unterliegen, sondern einer Inhaltskontrolle nach den strikten Maßstäben der **AGB-Kontrolle** (ErfK/*Preis* § 611 BGB Rn. 218). Ob die Zahlung einer Sonderzuwendung unter die Bedingung des ungekündigten Bestehens des Arbeitsverhältnisses zum Auszahlungszeitpunkt gestellt werden kann, hängt deshalb von dem mit der Zuwendung verfolgten Zweck ab (BAG, Urt. v. 18.01.2012 – 10 AZR 667/10, NZA 2012, 620). Wenn – wie vorliegend geschehen – die Sonderprämie für das gute Geschäftsergebnis und die gute Mitarbeit in einem betreffenden Geschäftsjahr geleistet wird, ist nicht ohne Weiteres ersichtlich, warum ein Anspruch auf die Prämie nicht gegeben sein soll, wenn der Mitarbeiter sich über das ganze betreffende Geschäftsjahr hinweg für das Unternehmen engagiert hat und erst nach Ablauf des Geschäftsjahres eine Kündigung ausgesprochen wurde (BAG, Urt. vom 13.05.2015 – 10 AZR 266/14, NZA 2015, 992). Eine solche Klausel verstößt gegen den Grundgedanken des § 611 Abs. 1 BGB, wonach erarbeiteter Lohn zu gewähren ist (BAG, Urt. v. 14.11.2012 – 10 AZR 783/11, FA 2013, 85–86).

5. Ist nicht auszuschließen, dass auch künftig Erfolgsprämien an die Belegschaft gezahlt werden, so sollte trotz der ausdrücklichen Beschränkung der Gesamtzusage auf ein bestimmtes Geschäftsjahr vorsorglich ein **Freiwilligkeitsvorbehalt** ausgesprochen werden. Auf die Ausführungen zum Muster »Freiwilligkeitsvorbehalt« (J Rdn. 108.1 ff.) wird verwiesen.

IV. Urlaub

Die Gewährung des Urlaubs ist eine arbeitsvertragliche Pflicht, die dem Arbeitgeber nach § 1 BUrlG zukommt. Zu Sonderurlaub vgl. B Rdn. 293 ff.

1. Urlaubsantrag

Vorbemerkung

Der Arbeitnehmer kann nicht durch unangekündigtes Fernbleiben seinen Urlaub »nehmen«, vielmehr muss er vom Arbeitgeber von der Arbeitspflicht freigestellt werden. Dies geschieht durch die so genannte Freistellungserklärung, die formlos möglich ist. Aus Nachweisgründen empfiehlt sich hier jedoch die Schriftform.

▶ **Muster – Urlaubsantrag**

Name, Vorname: _____

Geb. am: _____

Personalnummer: _____

Betreff: Urlaubsantrag

[Datum]

Hiermit beantrage ich Urlaub vom ___[Datum]___ bis ___[Datum]___ 1

_____
(Unterschrift des Arbeitnehmers)

Der beantragte Urlaub wird bewilligt ²/abgelehnt, weil ___[Begründung]___ 3

_____
(Unterschrift des Arbeitgebers)

J. Das laufende Arbeitsverhältnis

Erläuterungen

125 **1.** Der Arbeitgeber kann nach § 7 Abs. 1 S. 1 BUrlG Wünsche des Arbeitnehmers hinsichtlich der zeitlichen Festlegung des Urlaubs berücksichtigen, muss diesen aber nicht entsprechen. Eine einseitige Festlegung des Urlaubs durch den Arbeitgeber auch ohne vorherige Beantragung des Arbeitnehmers ist zumindest möglich, wenn der Arbeitnehmer daraufhin keinen anderweitigen Urlaubswunsch äußert (BAG, Urt. v. 24.03.2009 – 9 AZR 983/07, NZA 2009, 538).

126 **2.** Zur wirksamen Erfüllung des Urlaubsanspruches muss der Arbeitgeber hinreichend deutlich erkennen lassen, dass er den Arbeitnehmer im entsprechenden Zeitraum von der Arbeitspflicht befreit. Erklärt der Arbeitgeber nicht ausdrücklich oder konkludent vor einer Freistellungsphase, dass er durch die Freistellung dem Arbeitnehmer Urlaub gewährt, kann er die Freistellungsphase nicht nachträglich auf den Urlaubsanspruch anrechnen (BAG, Urt. v. 24.03.2009 – 9 AZR 983/07, NZA 2009, 538).

127 **3.** Zwar muss der Arbeitgeber nach dem Wortlaut von § 7 Abs. 1 S. 1 BUrlG lediglich Wünsche des Arbeitnehmers bei der Urlaubsfestlegung berücksichtigen, allerdings darf er von diesen Wünschen nur abweichen, wenn dringende betriebliche Belange oder kollidierende Urlaubswünsche anderer Arbeitnehmer vorliegen.

2. Urlaubsbewilligung

128

▶ **Muster – Urlaubsbewilligung**

Sehr geehrter Herr/Frau _____[Name]_____,

entsprechend Ihrem Antrag vom _____[Datum]_____ bewillige ich Ihnen hiermit für den Zeitraum vom ____[Datum]____ bis ____[Datum]____ Erholungsurlaub.

Sollten Sie in diesem Zeitraum krank werden, müssen Sie uns die Erkrankung unverzüglich mitteilen sowie uns eine ärztliche Bescheinigung zukommen lassen. Für die Dauer der Erkrankung wird Ihr Erholungsurlaub unterbrochen. [1] Er verlängert sich nicht um den Zeitraum der Erkrankung.

Mit freundlichen Grüßen

_____
(Unterschrift des Arbeitgebers)

Erläuterungen

Schrifttum
Bauer/Arnold EuGH kippt deutsches Urlaubsrecht – Die Schultz-Hoff-Entscheidung und ihre Folgen, NJW 2009, 631; *Dornbusch/Ahner* Urlaubsanspruch und Urlaubsabgeltung bei fortdauernder Arbeitsunfähigkeit des Arbeitnehmers, NZA 2009, 180; *Gaul/Josten/Strauf* EuGH: Urlaubsanspruch trotz Dauerkrankheit, BB 2009, 497.

129 **1.** Nach § 9 BUrlG kann für Zeiträume krankheitsbedingter Arbeitsunfähigkeit kein Urlaub gewährt werden und der Urlaubsanspruch des Arbeitnehmers wird in entsprechende Höhe nicht erfüllt.

130 Zu beachten ist auch, dass der Urlaubsanspruch, der bis zum Ende des Jahres oder mit Ablauf des Übertragungszeitraumes gemäß § 7 Abs. 3 BUrlG wegen Krankheit nicht genommen werden konnte, zumindest in Höhe des gesetzlichen Mindesturlaubs nach § 3 Abs. 1 BUrlG, zunächst nicht erlischt (BAG, Urt. v. 24.03.2009 – 9 AZR 983/07, NZA 2009, 538; EuGH, Urt. v. 20.01.2009 – C-350/06, NZA 2009, 135). Der Urlaubsanspruch ist in diesem Fall sogar nach

§ 7 Abs. 4 BUrlG abzugelten, wenn der Arbeitnehmer bis zur Beendigung des Arbeitsverhältnisses nicht wieder arbeitsfähig wurde (BAG, Urt. v. 24.03.2009 – 9 AZR 983/07, NZA 2009, 538). Jedoch bei fortdauernder Arbeitsunfähigkeit erlöschen die Ansprüche mit Ablauf des 31. März des zweiten Folgejahres automatisch (BAG, Urt. v. 16.10.2012 – 9 AZR 63/11, NZA 2013, 326; BAG, Urt. v. 07.08.2012 – 9 AZR 353/10, NZA 2012, 1216).

3. Urlaubsanordnung

▶ **Muster – Urlaubsanordnung**

Sehr geehrter Herr/Frau _____[Name]_____,

hiermit weisen wir Ihnen für den Zeitraum vom _____[Datum]_____ bis _____[Datum]_____ Erholungsurlaub zu.

Sollten Sie in diesem Zeitraum krank werden, müssen Sie uns die Erkrankung unverzüglich mitteilen sowie uns eine ärztliche Bescheinigung zukommen lassen. Für die Dauer der Erkrankung wird Ihr Erholungsurlaub unterbrochen. [1] Er verlängert sich nicht um den Zeitraum der Erkrankung.

Mit freundlichen Grüßen

_____
(Unterschrift des Arbeitgebers)

Erläuterungen

Schrifttum
Küttner/Röller Personalbuch, Urlaubsgewährung; *Seitz/Reiche* Flexibilisierung von Arbeitsbedingungen in der Krise, BB 2009, 1862; *Suttner/Deeg* Die Zuweisung von Urlaub im Rahmen der ordentlichen Kündigung, ArbRAktuell 2011, 630.

Meldet der Arbeitnehmer (zunächst) keine Urlaubswünsche an, ist der Arbeitgeber berechtigt, aber nicht verpflichtet (BAG, Urteil v. 24.03.2009 – 9 AZR 983/07, NZA 2009, 538), den Urlaubszeitraum von sich aus zu bestimmen (BAG, Urt. v. 15.09.2011 – 8 AZR 846/09, NZA 2012, 377). Eine vorherige Meldung des Arbeitnehmers, eine »Inanspruchnahme« also, setzt das Gesetz nicht voraus (ErfK/*Gallner* § 7 BUrlG Rn. 11). Der Arbeitnehmer ist allerdings nicht gehalten, die Bestimmung des Urlaubszeitraums durch den Arbeitgeber hinzunehmen, wenn dieser nicht zunächst nach den Wünschen des Arbeitnehmers gefragt hat. In diesem Fall kann der Arbeitnehmer eine nicht ordnungsgemäße Konkretisierung rügen und ein Annahmeverweigerungsrecht geltend machen (BAG, Urt. 06.09.2006 – 5 AZR 703/05, NZA 2007, 36, 39; *Schiefer* NZA-Beil. 2012, 132, 137).

In der Mehrzahl der Fälle äußert sich der Arbeitnehmer vor der Erklärung des Arbeitgebers, wann er seinen Urlaub nehmen möchte. Das geschieht in der Praxis häufig durch Eintragung in eine zu Beginn des Jahres umlaufende, vom Arbeitgeber erstellte Urlaubsliste oder durch Urlaubsanträge der Arbeitnehmer. Der Arbeitgeber muss daraufhin dem Antrag des Arbeitnehmers entsprechend Urlaub gewähren, es sei denn, er kann sich darauf berufen, dass der Urlaubserteilung für den gewünschten Zeitraum dringende betriebliche Belange oder Urlaubswünsche anderer Arbeitnehmer, die unter sozialen Gesichtspunkten den Vorrang verdienen, entgegenstehen (ErfK/*Gallner* § 7 BUrlG Rn. 16; *Schiefer* NZA-Beil. 2012, 132, 137). Von dringenden betrieblichen Belangen ist nicht bereits bei Störungen im Betriebsablauf auszugehen. Solche treten regelmäßig bei Fehlen eines Arbeitnehmers auf und sind hinzunehmen bzw. durch entsprechende Personaldispositionen auszugleichen.

Dringend sind betriebliche Belange nur dann, wenn nicht vorhersehbare Umstände zu Personalmangel führen und dem Arbeitgeber eine zusätzliche Belastung durch urlaubsbedingte Ausfälle nicht zugemutet werden kann (HWK/*Schinz*, § 7 BUrlG Rn. 27). Es sind jeweils die Umstände des Einzelfalls zu bewerten. Die Unterbesetzung wegen eines besonders hohen Krankenstandes oder wegen der Kündigung anderer Arbeitnehmer sowie eine unerwartet große Menge an Arbeit durch einen zusätzlichen Auftrag oder eine besonders arbeitsintensive Zeit wegen der Eigenart der Branche (z.B. Schlussverkauf, Vorweihnachtszeit im Einzelhandel) können dringende betriebliche Gründe darstellen. Ferner ist jedenfalls von dringenden betrieblichen Gründen auszugehen, wenn dem Arbeitgeber durch die Urlaubsgewährung zum vom Arbeitnehmer gewünschten Termin ein nicht unerheblicher Schaden entsteht (vgl. zum Ganzen: ErfK/*Gallner* § 7 BUrlG Rn. 18).

135 *Alternative:*

[Hiermit weisen wir Ihnen in Abweichung von Ihrem Urlaubsantrag statt vom ____[Datum]____ bis ____[Datum]____ aus dringenden betrieblichen Gründen für den Zeitraum vom ____[Datum]____ bis ____[Datum]____ Erholungsurlaub zu. Wir bitten insoweit um Ihr Verständnis.]

K. Die Beendigung des Arbeitsverhältnisses

Inhaltsübersicht
Rdn.

I. **Kündigung durch den Arbeitnehmer**	1
1. Ordentliche Kündigung	1
Vorbemerkung	1
Muster: Ordentliche Kündigung (durch den Arbeitnehmer)	2
Erläuterungen	3
2. Außerordentliche Kündigung	15
Vorbemerkung	15
Muster: Außerordentliche Kündigung (durch den Arbeitnehmer)	16
Erläuterungen	17
II. **Beendigungskündigung durch den Arbeitgeber**	29
1. Anhörung des Betriebsrats	29
2. Ordentliche Kündigung	30
Vorbemerkung	30
Muster: Ordentliche Kündigung (durch den Arbeitgeber)	31
Erläuterungen	32
3. Außerordentliche, hilfsweise ordentliche Kündigung (durch den Arbeitgeber)	49
Vorbemerkung	49
Muster: Außerordentliche, hilfsweise ordentliche Kündigung (durch den Arbeitgeber)	50
Erläuterungen	51
4. Kündigung gemäß § 1a KSchG	69
Vorbemerkung	69
Muster: Kündigung gem. § 1a KSchG	70
Erläuterungen	71
5. Vollmacht zum Ausspruch von Kündigungen	84
Vorbemerkung	84
Muster: Vollmacht zum Ausspruch von Kündigungen	85
Erläuterungen	86
6. Zurückweisung der Kündigung wegen fehlender Vollmacht	88
Vorbemerkung	88
Muster: Zurückweisung der Kündigung wegen fehlender Vollmacht	89
Erläuterungen	90
7. Zustellung des Kündigungsschreibens durch Boten	98
Vorbemerkung	98
Muster: Zustellung des Kündigungsschreibens durch Boten	99
8. Zustellung des Kündigungsschreibens durch Gerichtsvollzieher	100
Vorbemerkung	100
Muster: Zustellung des Kündigungsschreibens durch Gerichtsvollzieher	102
Erläuterungen	103
III. **Änderungskündigung**	107
1. Änderungskündigung	107
Vorbemerkung	107
Muster: Änderungskündigung	108
Erläuterungen	109
2. Annahme des Änderungsangebots unter Vorbehalt	135
Muster: Annahme des Änderungsangebots unter Vorbehalt	135
Erläuterungen	136
IV. **Einvernehmliche Beendigung des Arbeitsverhältnisses**	139
1. Aufhebungsvertrag/Abwicklungsvertrag	139
Vorbemerkung	139
Muster: Aufhebungsvertrag/Abwicklungsvertrag	141
Erläuterungen	142
2. Anfechtung des Aufhebungsvertrags/Abwicklungsvertrags	186
Vorbemerkung	186

K. Die Beendigung des Arbeitsverhältnisses

	Rdn.
Muster: Anfechtung des Aufhebungsvertrags/Abwicklungsvertrags	187
Erläuterungen	188

V. Sonderkündigungsschutz mit behördlichem Zustimmungserfordernis ... 202
1. Zustimmungsantrag SGB IX ... 202
   Vorbemerkung ... 202
   Muster: Zustimmungsantrag SGB IX ... 204
   Erläuterungen ... 205
2. Zustimmungsantrag MuSchG, BEEG, PflegeZG, FPfZG ... 227
   Vorbemerkung ... 227
   Muster: Zustimmungsantrag MuSchG, BEEG, PflegeZG, FPfZG ... 233
   Erläuterungen ... 234

VI. Massenentlassung ... 267
1. Anzeige Massenentlassung ... 267
   Vorbemerkung ... 267
   Muster: Anzeige Massenentlassung ... 273
   Erläuterungen ... 274

VII. Anfechtung des Arbeitsvertrags ... 292
1. Anfechtung des Arbeitsvertrags ... 292
   Vorbemerkung ... 292
   Muster: Anfechtung des Arbeitsvertrags ... 293
   Erläuterungen ... 294

VIII. Zeugnisse/Abwicklung des Arbeitsverhältnisses ... 309
1. Einfaches Zeugnis ... 309
   Vorbemerkung ... 309
   Muster: Einfaches Zeugnis ... 316
   Erläuterungen ... 317
2. Qualifiziertes Zeugnis ... 325
   Vorbemerkung ... 325
   Muster: Qualifiziertes Zeugnis ... 327
   Erläuterungen ... 328
3. Zwischenzeugnis ... 342
   Vorbemerkung ... 342
   Muster: Zwischenzeugnis ... 343
   Erläuterungen ... 344
4. Aufforderung zur Rückgabe von Gegenständen nach Beendigung des Arbeitsverhältnisses ... 354
   Vorbemerkung ... 354
   Muster: Aufforderung zur Rückgabe von Gegenständen nach Beendigung des Arbeitsverhältnisses ... 355
   Erläuterungen ... 356
5. Ausgleichsquittung ... 360
   Vorbemerkung ... 360
   Muster: Ausgleichsquittung ... 361
   Erläuterungen ... 362
6. Bundesagentur für Arbeit Arbeitsbescheinigung ... 370
   Vorbemerkung ... 370
   Muster: Bundesagentur für Arbeit Arbeitsbescheinigung ... 372
   Erläuterungen ... 373

I. Kündigung durch den Arbeitnehmer

1. Ordentliche Kündigung

Vorbemerkung

1 Will der Arbeitnehmer das Arbeitsverhältnis ordentlich kündigen, hat er die Schriftform des § 623 BGB zu beachten sowie die einschlägige Kündigungsfrist einzuhalten. Im Übrigen unter-

liegt das ordentliche Kündigungsrecht des Arbeitnehmers grds. keinen Beschränkungen, insbesondere benötigt der Arbeitnehmer keinen Grund für die Beendigung des Arbeitsverhältnisses. Das Recht zur ordentlichen Kündigung kann jedoch ausnahmsweise ausgeschlossen sein, z.B. bei befristeten Arbeitsverhältnissen (§ 15 Abs. 3 TzBfG). Individualvertraglich wird mitunter vereinbart, dass eine Kündigung vor Arbeitsantritt ausgeschlossen sein soll (siehe hierzu K Rdn. 9).

▶ **Muster – Ordentliche Kündigung (durch den Arbeitnehmer)** [1]

[Briefkopf des Mitarbeiters]   2

[Name des Unternehmens]
z.H. der Geschäftsleitung
[Anschrift des Unternehmens]

[Ort, Datum]   2

Kündigung des Arbeitsverhältnisses

Sehr geehrte Damen und Herren,

hiermit kündige [3] ich das zwischen uns bestehende Arbeitsverhältnis ordentlich [4] und fristgerecht zum nächstmöglichen Termin;[5] dies ist nach meiner Berechnung der ___[Datum]___ . [6]

Mit freundlichen Grüßen

_____
(Unterschrift des Mitarbeiters) [7, 8]

Entgegengenommen am: ___[Ort, Datum]___ [9]

_____
(Unterschrift der entgegennehmenden Person)

Erläuterungen

Schrifttum
Bauer/Diller Kündigung durch Einwurf-Einschreiben – ein Kunstfehler!, NJW 1998, 2795; *Herbert/Oberrath* Rechtsprobleme des Nichtvollzugs eines abgeschlossenen Arbeitsvertrags, NZA 2004, 121; *Zundel* Die Entwicklung des Arbeitsrechts im Jahr 2012, NJW 2013, 579.

1. Die Kündigung des Arbeitsverhältnisses bedarf gem. § 623 BGB der **Schriftform** (§ 126 Abs. 1 BGB). Dieses Formerfordernis ist von Arbeitgeber und Arbeitnehmer gleichermaßen zu beachten. Die elektronische Form ist gem. § 623 BGB ausdrücklich ausgeschlossen. Ist durch Gesetz die schriftliche Form vorgeschrieben, so muss die Urkunde gem. § 126 BGB von dem Aussteller eigenhändig durch Namensunterschrift unterzeichnet werden. Durch das Erfordernis der eigenhändigen Unterschrift soll der Erklärungsempfänger die Möglichkeit zur Überprüfung erhalten, wer die Erklärung abgegeben hat und ob die Erklärung echt ist (BAG, Urt. v. 24.01.2008 – 6 AZR 519/07, NZA 2008, 251). Eine Kündigung per E-Mail-Schreiben oder SMS genügt daher nicht dem Formerfordernis (siehe zur Kündigung durch SMS LAG Hamm, Urt. v. 17.08.2007 – 10 Sa 512/07, MMR 2008, 252). Da empfangsbedürftige Willenserklärungen in der Form zugehen müssen, die für ihre Abgabe erforderlich ist (ErfK/*Preis* § 127 BGB Rn. 18), ist auch eine Übermittlung per Telefax unzureichend. Gleiches gilt für ein eingescanntes Kündigungsschreiben, welches per E-Mail übermittelt wird. In beiden Fällen ist die dem Empfänger zugehende Erklärung lediglich eine Kopie, während das Original beim Erklärenden verblieben ist (ArbG Düsseldorf, Urt. v. 20.12.2011 – 2 Ca 5676/11, BeckRS 2012, 66124). 3

K. Die Beendigung des Arbeitsverhältnisses

§ 623 BGB normiert zwingendes Recht, die Schriftform ist daher nicht durch Vereinbarung der Arbeitsvertragsparteien, Tarifvertrag oder Betriebsvereinbarung abdingbar. Tarifverträge oder Betriebsvereinbarungen können jedoch strengere Formvorschriften vorsehen (APS/*Greiner* § 623 BGB Rn. 11). Eine nicht dem Schriftformerfordernis genügende Kündigung ist nichtig (§ 125 BGB) und führt nicht zur Beendigung des Arbeitsverhältnisses. Hierauf kann sich der Arbeitnehmer auch nach Ablauf von drei Wochen seit Zustellung der formwidrigen Kündigung berufen. Die Frist in § 4 S. 2 KSchG, mit deren Ablauf eine Kündigung gem. § 7 KSchG als von Anfang an rechtswirksam gilt, beginnt nach dem eindeutigen Wortlaut in § 4 S. 2 KSchG erst mit Zugang einer schriftlichen Kündigung. Die mangelnde Schriftform gem. §§ 623, 125 BGB kann demnach regelmäßig auch noch nach Fristablauf geltend gemacht werden (BAG, Urt. v. 28.06.2007 – 6 AZR 873/06, NZA 2007, 972; ErfK/*Kiel* § 4 KSchG Rn. 8).

Lediglich in Ausnahmefällen kann die Berufung auf den Formmangel gegen Treu und Glauben (§ 242 BGB) verstoßen. Gesetzliche Schriftformzwänge wie in § 623 BGB sollen die Parteien vor Übereilung schützen und haben darüber hinaus eine Klarstellungs- und Beweisfunktion (BAG, Urt. v. 22.04.2010 – 6 AZR 828/08, NZA 2010, 1199; ErfK/*Preis* § 623 BGB Rn. 1). Es ist daher nicht allein deswegen treuwidrig, sich auf die fehlende Schriftform zu berufen, weil die Vertragsparteien das mündlich Vereinbarte bei Abgabe der mündlichen Erklärung ernst meinten und tatsächlich wollten (BAG, Urt. v. 22.04.2010 – 6 AZR 828/08, NZA 2010, 1199). Auch allein die Tatsache, dass der Erklärungsempfänger eine formnichtig erklärte Kündigung widerspruchslos entgegen nimmt und sich erst später auf die Nichtigkeit beruft, stellt noch keinen Verstoß gegen Treu und Glauben dar (ErfK/*Müller-Glöge* § 623 BGB Rn. 24). Ein Verstoß gegen § 242 BGB liegt nur dann vor, wenn das Scheitern des Rechtsgeschäfts an der Formnichtigkeit die Gegenseite nicht nur bloß hart träfe, sondern für sie schlechthin untragbar wäre (BAG, Urt. v. 22.04.2010 – 6 AZR 828/08, NZA 2010, 1199). Nach Ansicht des LAG Rheinland-Pfalz ist es treuwidrig, wenn ein Arbeitnehmer eine fristlose Kündigung mehrmals und ernsthaft und nicht nur einmalig spontan ausgesprochen hat und sich anschließend auf die Unwirksamkeit der eigenen Erklärung beruft (LAG Rheinland-Pfalz, Urt. v. 08.02.2012 – 8 Sa 318/11, JurionRS 2012, 16543, kritisch hierzu *Zundel* NJW 2013, 579, 581).

§ 623 BGB gilt seinem eindeutigen Wortlaut nach nur für Arbeitsverhältnisse, nicht hingegen für die Rechtsbeziehungen von arbeitnehmerähnlichen Personen, freien Mitarbeitern, AG-Vorständen und GmbH-Geschäftsführern (soweit diese nicht ausnahmsweise als Arbeitnehmer anzusehen sind). Aus Gründen der Rechtssicherheit und insbesondere zu Beweiszwecken empfiehlt es sich jedoch auch in Bezug auf diese Rechtsverhältnisse, die Kündigung schriftlich zu erklären. Siehe zur Schriftform auch K Rdn. 12.

4 **2.** Der Kündigende ist nicht verpflichtet, mit dem Ausspruch der Kündigung bis zum letzten Tag vor Beginn der Frist zum nächstmöglichen Termin zu warten; er kann die Kündigung auch schon vor diesem Zeitpunkt erklären. Ebenso ist es möglich, unter Einhaltung einer längeren als der einschlägigen Frist zu kündigen (sog. vorzeitige Kündigung; DLW/*Dörner* Kapitel 4 Rn. 229; APS/*Linck* § 622 BGB Rn. 67 f.).

5 **3.** Das Kündigungsschreiben braucht das Wort »Kündigung« bzw. »kündigen« nicht zu enthalten. Entscheidend ist, dass nach dem objektiven Empfängerhorizont (§ 133 BGB) der Wille des Erklärenden, das Arbeitsverhältnis durch einseitige Erklärung zu beenden, eindeutig aus dem Kündigungsschreiben hervorgeht (ErfK/*Müller-Glöge* § 623 BGB Rn. 15). Als rechtsgestaltende Willenserklärung ist die Kündigung grds. **bedingungsfeindlich**. Eine unter einer unzulässigen Bedingung erklärte Kündigung ist unwirksam (BAG, Urt. v. 15.03.2001 – 2 AZR 705/99, NJW 2001, 3355, 3356). Zulässig ist es allerdings, die Kündigung mit einer Bedingung zu verknüpfen, die allein vom Willen des Kündigungsempfängers abhängt, wenn also der Gekündigte sich im Zeitpunkt der Kündigung sofort entschließen kann, ob er die Bedingung erfüllen will oder nicht (sog. Potestativbedingung; APS/*Preis* 1. Teil Kapitel D.I.5. Rn. 14; wichtigster Fall in der Praxis ist die Änderungskündigung). Ebenfalls zulässig ist die Kündigung unter einer Rechtsbedingung (z.B. hilfsweise ordentliche Kündigung für den Fall der Unwirksamkeit der gleichzeitig erklärten außerordentli-

chen Kündigung – sog. Verbundkündigung) (ErfK/*Müller-Glöge* § 620 BGB Rn. 22). Von der bedingten Kündigung zu unterscheiden ist die vorsorgliche Kündigung für den Fall, dass das Arbeitsverhältnis nicht bereits durch einen anderen Beendigungstatbestand (z.B. auf Grund einer bereits zuvor erklärten Anfechtung oder Kündigung) sein Ende gefunden hat. Die vorsorgliche Kündigung ist als unbedingte Kündigung ohne Weiteres zulässig (APS/*Preis* 1. Teil Kapitel D.I.5. Rn. 17; ErfK/*Müller-Glöge* § 620 BGB Rn. 22).

4. Für die ordentliche Kündigung des Arbeitsverhältnisses benötigt der Arbeitnehmer keine Gründe. Er ist dementsprechend auch nicht gehalten, eine **Begründung** im Kündigungsschreiben anzugeben. Eine Ausnahme ergibt sich allerdings aus § 22 Abs. 3 BBiG für die durch einen Auszubildenden erklärte Kündigung. Nach dieser Vorschrift muss der Auszubildende – ebenso wie der Ausbildende – bei der **Kündigung des Berufsausbildungsverhältnisses** im Kündigungsschreiben die Kündigungsgründe angeben. Die fehlende oder nicht ausreichende Angabe der Kündigungsgründe führt zur Nichtigkeit der Kündigung (§ 125 BGB) (ErfK/*Schlachter* § 22 BBiG Rn. 7). Der Begründungszwang soll den Kündigenden vor Übereilung bewahren und den Kündigungsempfänger in die Lage versetzen, abzuwägen, ob er die Kündigung akzeptieren will oder ob es aussichtsreich wäre, dagegen vorzugehen (APS/*Biebl* § 22 BBiG Rn. 26). Der Kündigende muss konkret die Tatsachen mitteilen, die für den Kündigungsentschluss maßgebend sind. Gem. § 22 Abs. 2 Nr. 2 BBiG kann der Auszubildende das Berufsausbildungsverhältnis – außer aus wichtigem Grund, § 22 Abs. 2 Nr. 1 BBiG – mit einer Frist von vier Wochen kündigen, wenn er die Berufsausbildung aufgeben oder sich für eine andere Berufstätigkeit ausbilden lassen will. Die Ernsthaftigkeit dieser Erklärung lässt sich allerdings kaum nachprüfen (so auch ErfK/*Schlachter* § 22 BBiG Rn. 6)(!). Folgende Formulierung bietet sich in diesem Zusammenhang an: 6

Alternative:

[Kündigung des Berufsausbildungsverhältnisses

Sehr geehrte Damen und Herren,

leider habe ich feststellen müssen, für den Ausbildungsberuf ____[Bezeichnung]____ *nicht geeignet zu sein und beabsichtige daher, eine andere, für mich besser geeignete Ausbildung aufzunehmen. Daher kündige ich hiermit das zwischen uns bestehende Berufsausbildungsverhältnis ordentlich und fristgerecht zum nächstmöglichen Termin; dies ist nach meiner Berechnung der* ____[Datum]____ *.]*

Schließlich ist zu beachten, dass die Kündigungserklärung eines **minderjährigen Auszubildenden** zu ihrer Wirksamkeit der Einwilligung der gesetzlichen Vertreter bedarf (§§ 106, 111 BGB). Die Einwilligung muss bei der Kündigung in schriftlicher Form vorliegen, andernfalls kann der Erklärungsempfänger die Kündigung des Auszubildenden zurückweisen (§ 111 S. 2 BGB). Die Eltern als gesetzliche Vertreter sind berechtigt, das Berufsausbildungsverhältnis für den minderjährigen Auszubildenden zu kündigen. § 113 BGB findet auf Berufsausbildungsverhältnisse keine Anwendung (APS/*Biebl* § 22 BBiG Rn. 29). 7

5. Es ist nicht zwingend notwendig, das Datum des Ablaufs der Kündigungsfrist im Kündigungsschreiben zu benennen (ErfK/*Müller-Glöge* § 623 BGB Rn. 15). Eine Kündigung »zum nächstmöglichen Zeitpunkt« ist ausreichend bestimmt (Küttner/*Eisemann* Stichwort Kündigung, allgemein Rn. 40). Wird das Datum angegeben, aber falsch berechnet, führt dies nicht zur Unwirksamkeit der Kündigung; sie gilt dann als Kündigung zum nächstmöglichen Termin (BAG, Urt. v. 18.04.1985 – 2 AZR 197/84, AP BGB § 622 Nr. 20; vgl. auch BAG, Urt. v. 15.05.2013 – 5 AZR 130/12, NZA 2013, 1076, 1077), es sei denn, dass sich ausnahmsweise ein Wille des Erklärenden feststellen lässt, die Kündigung nur zum erklärten Zeitpunkt gegen sich gelten lassen zu wollen (BAG, Urt. v. 15.12.2005 – 2 AZR 148/05, NZA 2006, 791, 792 f.). Eine Kündigung ist allerdings nicht hinreichend bestimmt, wenn in der Erklärung mehrere Termine für die Beendigung des Arbeitsverhältnisses genannt werden und für den Erklärungsempfänger nicht erkennbar ist, welcher Termin gelten soll (vgl. BAG, Urt. v. 20.06.2013 – 6 AZR 805/11, NZA 2013, 1137, 1139). 8

K. Die Beendigung des Arbeitsverhältnisses

9   **6.** Die vom Arbeitnehmer zu beachtende **Kündigungsfrist** kann sich aus individualvertraglicher Vereinbarung, einer tarifvertraglichen Regelung oder den gesetzlichen Bestimmungen in § 622 BGB ergeben. § 622 Abs. 1 BGB sieht vor, dass das Arbeitsverhältnis vom Arbeitnehmer mit einer Frist von vier Wochen zum 15. oder zum Ende eines Kalendermonats gekündigt werden kann (sog. Grundkündigungsfrist). Durch Tarifvertrag kann diese Frist sowohl verkürzt als auch verlängert werden; ebenso ist die Vereinbarung von abweichenden Kündigungsterminen durch Tarifvertrag möglich (§ 622 Abs. 4 BGB). Individualvertraglich kann eine kürzere Kündigungsfrist nur unter den Voraussetzungen des § 622 Abs. 5 BGB vereinbart werden. Die verlängerten Kündigungsfristen des § 622 Abs. 2 BGB gelten grds. nur für den Arbeitgeber. Die Parteien können jedoch vereinbaren, dass auch der Arbeitnehmer diese verlängerten Fristen einzuhalten hat. Während einer vereinbarten Probezeit, längstens aber für die Dauer von sechs Monaten, kann das Arbeitsverhältnis – vorbehaltlich abweichender kollektivvertraglicher Regelungen – mit einer Frist von zwei Wochen gekündigt werden (§ 622 Abs. 3 BGB). Hält der Arbeitnehmer die Kündigungsfrist nicht ein, kommt ein Schadensersatzanspruch gem. § 280 Abs. 1 BGB in Betracht (LAG Rheinland-Pfalz, Urt. v. 30.01.2008 – 8 Sa 419/07, JurionRS 2008, 16147).

10 In bestimmten Situationen greifen besondere Kündigungsfristen ein. So kann eine Arbeitnehmerin während der **Schwangerschaft** und während der Schutzfrist nach der Entbindung gem. § 6 Abs. 1 MuSchG ihr Arbeitsverhältnis ohne Einhaltung einer Frist zum Ende der Schutzfrist nach der Entbindung kündigen (§ 10 Abs. 1 MuSchG). Arbeitnehmer in **Elternzeit** können das Arbeitsverhältnis zum Ende der Elternzeit nur unter Einhaltung einer Kündigungsfrist von drei Monaten kündigen (§ 19 BEEG). Ist auf Grund Gesetzes oder individual- oder tarifvertraglicher Vereinbarung eine längere Frist anwendbar, braucht der Arbeitnehmer diese nicht einzuhalten, wenn das Arbeitsverhältnis genau mit dem Tag enden soll, an dem die Elternzeit endet (ErfK/*Gallner* § 19 BEEG Rn. 1). Hält der Arbeitnehmer die dreimonatige Kündigungsfrist nicht ein, wird die Kündigung nicht zum Ende der Elternzeit wirksam, sondern wirkt bei in der Regel möglicher Auslegung der Kündigungserklärung zum nächsten nach dem vom Arbeitnehmer angegebenen Kündigungstermin, der sich nach der einschlägigen gesetzlichen oder individual- oder tarifvertraglichen Kündigungsfrist berechnet (ErfK/*Gallner* § 19 BEEG Rn. 3; APS/*Rolfs* § 19 BEEG Rn. 8). Das Recht des Arbeitnehmers, das Arbeitsverhältnis während der Elternzeit zu einem beliebigen Zeitpunkt unter Anwendung der einschlägigen gesetzlichen oder individual- oder tarifvertraglichen Kündigungsfrist zu kündigen, bleibt von § 19 BEEG unberührt (APS/*Rolfs* § 19 BEEG Rn. 8). Im Fall der **Insolvenz** des Arbeitgebers kann der Arbeitnehmer das Arbeitsverhältnis gem. § 113 S. 2 InsO mit einer Frist von drei Monaten zum Monatsende kündigen; ist auf Grund Gesetzes oder einer individual- oder tarifvertraglichen Regelung eine kürzere Kündigungsfrist einschlägig, gilt diese.

11 Haben die Parteien nichts anderes vereinbart, kann der Arbeitnehmer das Arbeitsverhältnis grds. auch **vor Arbeitsantritt kündigen**. In diesem Fall ist jedoch strittig, ab welchem Zeitpunkt die Kündigungsfrist zu laufen beginnt, falls die Parteien hierzu keine ausdrückliche Vereinbarung getroffen haben (siehe zum Meinungsstand *Herbert/Oberrath* NZA 2004, 121). Nach Ansicht des BAG ist zunächst im Wege der Vertragsauslegung zu ermitteln, ob die Parteien gewollt haben, dass bei einer vor Arbeitsantritt ausgesprochenen ordentlichen Kündigung die Kündigungsfrist bereits mit dem Zugang der Kündigung oder erst an dem Tage zu laufen beginnt, an dem die Arbeit vertragsgemäß aufgenommen werden soll. Typische Vertragsgestaltungen können dabei für oder gegen die Annahme sprechen, die Parteien hätten eine auf die Dauer der vereinbarten Kündigungsfrist beschränkte Realisierung des Vertrags gewollt. Vereinbaren die Parteien etwa die kürzeste zulässige Kündigungsfrist, so soll dies gegen die mutmaßliche Vereinbarung einer Realisierung des Arbeitsverhältnisses für diesen Zeitraum sprechen. Führt die Vertragsauslegung nicht zu einem eindeutigen Ergebnis, ist im Zweifel davon auszugehen, dass die Kündigungsfrist mit dem Zugang der Kündigungserklärung beginnt (BAG, Urt. v. 25.03.2004 – 2 AZR 324/03, NZA 2004, 1089, 1090; ErfK/*Müller-Glöge* § 620 BGB Rn. 71).

7. Die gesetzliche **Schriftform** gem. § 126 Abs. 1 BGB wird dadurch erfüllt, dass der Arbeitnehmer das Kündigungsschreiben eigenhändig durch Namensunterschrift oder mittels notariell beglaubigten Handzeichens unterzeichnet. Die Unterschrift muss unterhalb des Textes stehen und die Kündigungserklärung räumlich abschließen (vgl. BAG, Urt. v. 19.04.2007 – 2 AZR 208/06, NJW 2007, 1227, 1228; DLW/*Dörner* Kapitel 4 Rn. 18). Auf die Lesbarkeit der eigenhändigen Unterschrift kommt es nicht an (BAG, Urt. v. 20.09.2006 – 6 AZR 82/06, NZA 2007, 377, 383); es ist jedoch nicht ausreichend, wenn das »Gebilde« überhaupt keinen Bezug zu einem Namen hat (LAG Hessen, Urt. v. 22.03.2011 – 13 Sa 1593/10, FA 2011, 270).

8. Will der Arbeitnehmer das Arbeitsverhältnis kündigen, sollte er auch die **sozialversicherungsrechtlichen Folgen** bedenken, insbesondere wenn er nicht sofort nach Beendigung des Arbeitsverhältnisses eine Anschlussbeschäftigung antritt und evtl. vorübergehend auf den Bezug von Sozialleistungen angewiesen ist. Gem. § 159 Abs. 1 SGB III ruht der Anspruch auf Arbeitslosengeld für die Dauer einer Sperrzeit, wenn sich der Arbeitnehmer versicherungswidrig verhalten hat. Dies ist gem. § 159 Abs. 1 S. 2 Nr. 1 SGB III insbesondere dann der Fall, wenn der Arbeitnehmer das Beschäftigungsverhältnis gelöst oder durch ein arbeitsvertragswidriges Verhalten Anlass für die Lösung des Beschäftigungsverhältnisses gegeben und dadurch vorsätzlich oder grob fahrlässig die Arbeitslosigkeit herbeigeführt hat (**Sperrzeit bei Arbeitsaufgabe**). Eine Eigenkündigung des Arbeitnehmers stellt grds. ein Lösen des Beschäftigungsverhältnisses i.S. dieser Vorschrift dar und löst somit regelmäßig eine Sperrzeit gem. § 159 Abs. 1 S. 2 Nr. 1 SGB III aus. Dies gilt jedoch nicht, wenn ein wichtiger Grund zur Lösung des Beschäftigungsverhältnisses vorliegt. Insoweit ist anerkannt, dass jeder Grund, der schwer genug wiegt, um die außerordentliche Kündigung des Arbeitsverhältnisses durch den Arbeitnehmer gem. § 626 Abs. 1 BGB zu rechtfertigen, auch zugleich einen wichtigen Grund i.S.d. § 159 Abs. 1 SGB III darstellt (ErfK/*Rolfs* § 159 SGB III Rn. 28). Darüber hinaus können jedoch noch weitere, die fristlose Eigenkündigung nicht rechtfertigende Gründe, »wichtig« i.S.d. § 159 Abs. 1 SGB III sein, z.B. die Herstellung der ehelichen Lebensgemeinschaft (oder eingetragenen Lebenspartnerschaft nach dem LPartG), wenn der Arbeitnehmer seinen Arbeitsplatz von der gemeinsamen Wohnung aus nicht in zumutbarer Weise erreichen kann (siehe ausführlich DLW/*Hoß* Kapitel 8 Rn. 169 ff.; ErfK/*Rolfs* § 159 SGB III Rn. 27 ff.; Geschäftsanweisung der Bundesagentur für Arbeit zu § 159 SGB III [Stand: 08/2015] Ziffer 159.84 ff.). Schließlich hat der Arbeitnehmer auch die Meldepflicht des § 38 Abs. 1 S. 1 SGB III zu beachten. Danach ist der Arbeitnehmer verpflichtet, sich spätestens drei Monate vor Beendigung des Arbeitsverhältnisses bei der Agentur für Arbeit **als »arbeitssuchend« zu melden**. Liegen zwischen der Kenntnis des Beendigungszeitpunkts und der Beendigung des Arbeits- oder Ausbildungsverhältnisses weniger als drei Monate, hat die Meldung innerhalb von drei Tagen nach Kenntnis des Beendigungszeitpunkts zu erfolgen (§ 38 Abs. 1 S. 2 SGB III). Verstößt der Arbeitnehmer gegen diese Pflicht, muss er gem. § 159 Abs. 1 Nr. 7 SGB III mit einer Sperrzeit hinsichtlich des Arbeitslosengeldes rechnen, die gem. § 159 Abs. 6 SGB III eine Woche beträgt. Die Dauer des Anspruchs auf Arbeitslosengeld wird gem. § 148 Abs. 1 Nr. 3 SGB III um diesen Zeitraum gemindert.

9. Die Kündigung als einseitige, empfangsbedürftige Willenserklärung wird erst mit ihrem **Zugang** beim Erklärungsempfänger – im Fall der Kündigung durch den Arbeitnehmer also bei Zugang beim Arbeitgeber – wirksam. Der Arbeitnehmer muss im Streitfall den Zugang der Kündigung und – insbesondere wenn es um die Einhaltung der Kündigungsfrist geht – dessen Zeitpunkt darlegen und beweisen. Übergibt der Arbeitnehmer dem Arbeitgeber das Kündigungsschreiben persönlich, geht die Kündigungserklärung mit der Übergabe des Schreibens zu, unabhängig davon, ob und wann der Arbeitgeber dieses liest; entscheidend ist die Möglichkeit zur Kenntnisnahme (Küttner/*Eisemann* Stichwort Kündigung, allgemein Rn. 52). Zu Beweiszwecken sollte die persönliche Übergabe zweckmäßigerweise gegen **Empfangsbestätigung** auf einer zweiten Ausfertigung des Kündigungsschreibens geschehen. Es können auch **Zeugen** hinzugezogen werden; als Zeuge kommt beispielsweise ein Mitglied des Betriebsrats in Betracht. Kann oder will der Arbeitnehmer dem Arbeitgeber das Kündigungsschreiben nicht persönlich übergeben, empfiehlt es sich, den Zugang der Kündigung durch einen **Boten** bewirken zu lassen, der persönlich Kennt-

K. Die Beendigung des Arbeitsverhältnisses

nis vom Inhalt des zu überbringenden Schreibens genommen haben sollte. Es ist daher sicherzustellen, dass der Bote das Kündigungsschreiben gelesen hat und das Schreiben in seinem Beisein kuvertiert und der Umschlag verschlossen wird (DLW/*Dörner* Kapitel 4 Rn. 134). Der Bote kann dann im Streitfall nicht nur für die Art und Weise und den Zeitpunkt des Zugangs des Kündigungsschreibens, sondern auch für den Inhalt des Schreibens als Zeuge benannt werden (siehe hierzu K Rdn. 98). Einen verlässlichen – allerdings aufwändigen – Weg stellt auch die Beauftragung eines Gerichtsvollziehers dar (siehe hierzu K Rdn. 100). Eine Übersendung des Kündigungsschreibens auf dem **Postwege** ist demgegenüber nicht zu empfehlen. Wird das Kündigungsschreiben als einfacher Brief aufgegeben, wird der Erklärende nicht den Beweis führen können, dass die Erklärung dem Empfänger auch tatsächlich zugegangen ist. Nach der Rechtsprechung besteht kein Anscheinsbeweis, dass durch den Postdienst beförderte Briefe auch tatsächlich zugehen (so bereits BGH, Urt. v. 27.05.1957 – II ZR 132/56, NJW 1957, 1230, 1231). Bei einem Einschreiben treten hingegen folgende Schwierigkeiten auf: Handelt es sich um ein Übergabeeinschreiben, kommt es für den Zeitpunkt des Zugangs auf die tatsächliche Übergabe an den Empfänger an. Wird der Empfänger vom Postboten nicht angetroffen und lediglich ein Benachrichtigungszettel im Briefkasten hinterlassen, geht das Kündigungsschreiben daher erst zu, wenn es von dem Empfänger bei der Post abgeholt wird (DLW/*Dörner* Kapitel 4 Rn. 119). Das Einwurfeinschreiben – das wie ein einfacher Brief in den Briefkasten des Empfängers eingeworfen wird, wobei der Postbote Datum und Uhrzeit dokumentiert – geht dem Empfänger demgegenüber in dem Zeitpunkt zu, in dem üblicherweise mit der Leerung des Briefkastens durch ihn zu rechnen ist (vgl. DLW/*Dörner* Kapitel 4 Rn. 126). Mit dem Beweis der Auslieferung des Schreibens ist allerdings noch nicht der Beweis erbracht, dass sich in dem eingeworfenen Umschlag tatsächlich auch ein Kündigungsschreiben befand (DLW/*Dörner* Kapitel 4 Rn. 129; kritisch zum Einwurfeinschreiben auch *Bauer/Diller* NJW 1998, 2795). Um diesen Beweis führen zu können, müsste der Kündigende sicherstellen, dass der Postmitarbeiter das Kündigungsschreiben vor der Kuvertierung selbst liest und dass dieser ggf. als Zeuge zur Verfügung steht.

2. Außerordentliche Kündigung

Vorbemerkung

15 Das Recht des Arbeitnehmers – wie das des Arbeitgebers – zur außerordentlichen Kündigung des Arbeitsverhältnisses ist in § 626 BGB geregelt. Die Vorschrift ist für beide Vertragsparteien zwingendes Recht; d.h. das Recht zur außerordentlichen Kündigung kann weder individual- noch kollektivvertraglich ausgeschlossen, beschränkt oder erweitert werden. Eine entsprechende Vereinbarung ist nichtig (ErfK/*Müller-Glöge* § 626 BGB Rn. 194).

▶ **Muster – Außerordentliche Kündigung (durch den Arbeitnehmer)** [1]

16
[Briefkopf des Mitarbeiters]

[Name des Unternehmens]

z.H. der Geschäftsleitung

[Anschrift des Unternehmens]

[Ort, Datum] [2]

Sehr geehrte Damen und Herren,

hiermit kündige [3] ich das zwischen uns bestehende Arbeitsverhältnis außerordentlich und fristlos aus wichtigem Grund, [4] hilfsweise [5] ordentlich zum nächstmöglichen Termin;[6] dies ist nach meiner Berechnung der ___[Datum]___ . [7]

Mit freundlichen Grüßen

(Unterschrift des Mitarbeiters) 8, 9, 10

Entgegengenommen am: [Ort, Datum] 11

(Unterschrift der entgegennehmenden Person)

Erläuterungen

1. Siehe K Rdn. 3. 17

2. Der Arbeitnehmer, der das Arbeitsverhältnis außerordentlich kündigen will, muss die **Kündi-** 18
gungserklärungsfrist des § 626 Abs. 2 BGB einhalten (BAG, Urt. v. 12.03.2009 – 2 AZR 894/07, NZA 2009, 840, 841; BAG, Urt. v. 26.07.2007 – 8 AZR 796/06, NZA 2007, 1419, 1421). Die Kündigung kann daher nur innerhalb von zwei Wochen erfolgen, nachdem der Arbeitnehmer von den für die Kündigung maßgeblichen Tatsachen Kenntnis erlangt hat (zur Kündigungserklärungsfrist des § 626 Abs. 2 BGB siehe ausführlich DLW/*Dörner* Kapitel 4 Rn. 1086 ff.; APS/*Dörner/Vossen* § 626 BGB Rn. 116 ff.; ErfK/*Müller-Glöge* § 626 Rn. 200 ff.).

3. Siehe K Rdn. 5. 19

4. Die außerordentliche Kündigung des Arbeitsverhältnisses setzt das Vorliegen eines **wichtigen** 20
Grundes voraus. Die Wirksamkeit einer außerordentlichen Kündigung durch den Arbeitnehmer beurteilt sich nach den gleichen Maßstäben wie eine Arbeitgeberkündigung (BAG, Urt. v. 12.03.2009 – 2 AZR 894/07, NZA 2009, 840, 841). Ein wichtiger Grund für die Kündigung des Arbeitsverhältnisses kann z.B. bei erheblichen Lohnrückständen, Missachtung von zwingendem Arbeitsschutzrecht, Beleidigungen oder unberechtigtem Verweigern von Urlaub vorliegen. Ein beabsichtigter Stellenwechsel rechtfertigt hingegen keine außerordentliche Kündigung, da es dem Arbeitnehmer durchweg zumutbar ist, die Kündigungsfrist abzuwarten; dies gilt selbst dann, wenn der Arbeitnehmer bei dem neuen Arbeitgeber ein erheblich höheres Gehalt verdienen würde (BAG, Urt. v. 01.10.1970 – 2 AZR 542/69, AP BGB § 626 Nr. 59). Der Arbeitnehmer ist allerdings – außer im Fall der Kündigung eines Berufsausbildungsverhältnisses, § 22 Abs. 3 BBiG – nicht verpflichtet, den wichtigen Grund im Kündigungsschreiben mitzuteilen. Verlangt der Arbeitgeber die Mitteilung des Kündigungsgrundes, muss der Arbeitnehmer ihn dem Arbeitgeber gem. § 626 Abs. 2 S. 3 BGB unverzüglich, d.h. ohne schuldhaftes Zögern (§ 121 BGB), mitteilen. Tut er dies nicht, kann er sich schadensersatzpflichtig machen. Zu ersetzen ist der Vertrauensschaden, z.B. die in einem Rechtsstreit über die Wirksamkeit der Kündigung entstandenen Prozesskosten, wenn der Kündigungsempfänger bei ordnungsgemäßer oder rechtzeitiger Begründung nicht geklagt hätte (ErfK/*Müller-Glöge* § 626 BGB Rn. 244). Entsprechend dem Grundsatz der Verhältnismäßigkeit setzt auch die außerordentliche Kündigung seitens des Arbeitnehmers zu ihrer Wirksamkeit in der Regel eine vorherige **Abmahnung** des pflichtwidrigen Verhaltens des Arbeitgebers voraus. Eine Abmahnung ist jedoch ausnahmsweise dann entbehrlich, wenn keine Aussicht auf Rückkehr des Vertragspartners zum vertragskonformen Verhalten besteht (BAG, Urt. v. 26.07.2007 – 8 AZR 796/06, NZA 2007, 1419, 1420 f.).

Besonderheiten ergeben sich bei der **Kündigung eines Berufsausbildungsverhältnisses**. Will der 21
Auszubildende das Berufsausbildungsverhältnis gem. § 22 Abs. 2 Nr. 1 BBiG kündigen, muss er gem. § 22 Abs. 3 BBiG im Kündigungsschreiben die Kündigungsgründe angeben. Siehe hierzu K Rdn. 6.

5. Liegt kein wichtiger Grund für die Kündigung vor oder hat der Arbeitnehmer die Frist des 22
§ 626 Abs. 2 BGB versäumt, so zeitigt die außerordentliche Kündigung grds. keine Wirkung, kann aber unter Umständen in eine ordentliche Kündigung umgedeutet werden (BAG, Urt. v. 12.03.2009 – 2 AZR 894/07, NZA 2009, 840, 841). Eine Umdeutung ist nicht erforderlich, wenn – wie im Muster vorgesehen – hilfsweise die ordentliche Kündigung erklärt wird. Die

K. Die Beendigung des Arbeitsverhältnisses

grundsätzliche Bedingungsfeindlichkeit der Kündigung steht der Erklärung einer »hilfsweisen« ordentlichen Kündigung nicht entgegen, da es sich hierbei um eine zulässige Rechtsbedingung handelt (ErfK/*Müller-Glöge* § 620 BGB Rn. 22; siehe auch K Rdn. 5).

Zu beachten ist allerdings, dass die Geltendmachung der Unwirksamkeit einer schriftlich erklärten außerordentlichen Eigenkündigung durch den Arbeitnehmer regelmäßig treuwidrig ist. Zwar bedarf auch die vom Arbeitnehmer ausgesprochene außerordentliche Kündigung zu ihrer Wirksamkeit eines wichtigen Grundes i.S.d. § 626 Abs. 1 BGB und der Einhaltung der Kündigungserklärungsfrist des § 626 Abs. 2 BGB. Eine schriftlich ohne jedes Drängen des Arbeitgebers abgegebene Kündigungserklärung spricht jedoch für eine ernsthafte und endgültige Lösungsabsicht des Arbeitnehmers. Beruft er sich später auf das Nichtvorliegen eines wichtigen Grundes oder die Nichteinhaltung der 2-Wochen-Frist, steht dem in aller Regel das Verbot widersprüchlichen Verhaltens gem. § 242 BGB entgegen (BAG, Urt. v. 12.03.2009 – 2 AZR 894/07, NZA 2009, 840, 842).

23 **6.** Siehe K Rdn. 8.

24 **7.** Siehe K Rdn. 9.

25 **8.** Siehe K Rdn. 12.

26 **9.** Siehe K Rdn. 13.

27 **10.** Hat der Arbeitnehmer das Arbeitsverhältnis wirksam wegen Vorliegens eines wichtigen Grundes i.S.d. § 626 Abs. 1 BGB und unter Einhaltung der Frist des § 626 Abs. 2 BGB gekündigt, so kann ihm gegen den Arbeitgeber ein **Schadensersatzanspruch** gem. § 628 Abs. 2 BGB zustehen. Der Ersatz des sog. Auflösungsschadens umfasst grds. den entgangenen Verdienst bis zum Ablauf der ordentlichen Kündigungsfrist. Daneben kann ein Anspruch auf eine den Verlust des Bestandsschutzes des Arbeitsverhältnisses ausgleichende angemessene Entschädigung entsprechend §§ 9, 10, 13 KSchG hinzutreten. Voraussetzung hierfür ist aber, dass im Falle einer unberechtigten Arbeitgeberkündigung die §§ 9, 10 und/oder 13 KSchG überhaupt Anwendung fänden. Ein Entschädigungsanspruch nach § 628 Abs. 2 BGB wegen des Verlusts des Bestandsschutzes setzt daher neben der Anwendbarkeit des KSchG weiter voraus, dass der Arbeitgeber im Zeitpunkt der Arbeitnehmerkündigung das Arbeitsverhältnis seinerseits nicht selbst hätte kündigen dürfen. Es darf daher kein Kündigungsgrund i.S.d. § 1 Abs. 2 KSchG, § 626 Abs. 1 BGB oder §§ 15 Abs. 4, 5 KSchG bestanden haben (siehe hierzu im Einzelnen BAG, Urt. v. 21.05.2008 – 8 AZR 623/07, NZA-RR 2009, 75; ErfK/*Müller-Glöge* § 628 BGB Rn. 26 ff.).

28 **11.** Siehe K Rdn. 14.

II. Beendigungskündigung durch den Arbeitgeber

1. Anhörung des Betriebsrats

29 Siehe hierzu O Rdn. 777 ff.

2. Ordentliche Kündigung

Vorbemerkung

30 Das Recht des Arbeitgebers zur ordentlichen Kündigung unterliegt vielfältigen Einschränkungen. Findet das Kündigungsschutzgesetz gem. §§ 1 Abs. 1, 23 KSchG auf das Arbeitsverhältnis Anwendung, bestimmt sich die materiell-rechtliche Wirksamkeit der ordentlichen Kündigung nach § 1 KSchG (siehe hierzu umfassend DLW/*Dörner* Kapitel 4 Rn. 2006 ff.). Darüber hinaus hat der Arbeitgeber den für einige Arbeitnehmergruppen (z.B. Schwerbehinderte, Arbeitnehmer in

Eltern-, Pflege- oder Familienpflegezeit, Betriebsratsmitglieder) bestehenden Sonderkündigungsschutz zu beachten (siehe hierzu K Rdn. 202 ff.). Besteht ein Betriebsrat, setzt die Wirksamkeit der Kündigung zudem voraus, dass der Arbeitgeber diesen ordnungsgemäß gem. § 102 Abs. 1 BetrVG angehört hat (siehe hierzu O Rdn. 777 ff.).

▶ **Muster – Ordentliche Kündigung (durch den Arbeitgeber)** [1]

[Briefkopf des Unternehmens] [2]

31

[Name des Mitarbeiters] [3]

[Anschrift des Mitarbeiters]

[Ort, Datum] [4]

Kündigung Ihres Arbeitsverhältnisses

Sehr geehrte/r [Name des Mitarbeiters] ,

hiermit kündigen [5] wir das mit Ihnen bestehende Arbeitsverhältnis ordentlich [6] zum nächstmöglichen Termin. [7] Dies ist nach unserer Berechnung der ____[Datum]____ . [8]

Der Betriebsrat wurde ordnungsgemäß angehört. Er hat der Kündigung zugestimmt. [oder: Er hat der Kündigung nicht widersprochen.] [9]

Sämtlichen noch ausstehenden Erholungsurlaub gewähren wir Ihnen vom ____[Datum]____ bis zum ____[Datum]____ [oder: ab sofort] zusammenhängend und ununterbrochen. Anschließend stellen wir Sie bis zum rechtlichen Ende des Arbeitsverhältnisses widerruflich [oder: unwiderruflich] von Ihrer Pflicht zur Arbeitsleistung frei. Wir weisen Sie darauf hin, dass Sie während der Zeit der Freistellung weiterhin das vertragliche Wettbewerbsverbot [oder: das Wettbewerbsverbot gem. § 60 HGB] zu beachten haben. Außerdem weisen wir Sie darauf hin, dass Sie sich während der Zeit der Freistellung den Wert desjenigen anrechnen lassen müssen, was Sie infolge des Unterbleibens der Dienstleistung ersparen oder durch anderweitige Verwendung Ihrer Dienste erwerben oder zu erwerben böswillig unterlassen (§ 615 Satz 2 BGB). [10]

Wir fordern Sie hiermit auf, jegliches in Ihrem Besitz befindliches Eigentum der [Name des Unternehmens] und mit ihr verbundener Unternehmen sowie alle Ihnen von der [Name des Unternehmens] oder Dritten im Hinblick auf Ihr Arbeitsverhältnis überlassenen Gegenstände unverzüglich [oder: spätestens an Ihrem letzten Arbeitstag] an die [Name des Unternehmens] in [Ort des Betriebs] , z.H. [Name der empfangszuständigen Person] , zurückzugeben. Die Verpflichtung zur Rückgabe umfasst insbesondere auch _____ , _____ und _____ (z.B. Dienstwagen, Laptop, Mobiltelefon, Kreditkarten, Einlasskarten, Schlüssel etc.). [11]

Schließlich weisen wir Sie auf die Notwendigkeit eigener Aktivitäten bei der Suche nach einer anderen Beschäftigung sowie auf Ihre Verpflichtung zur Meldung nach § 38 Abs. 1 SGB III bei der Agentur für Arbeit hin. Eine verspätete Meldung führt zu Nachteilen beim Arbeitslosengeld (vgl. § 159 Abs. 1 Nr. 7, Abs. 6, § 148 Abs. 1 Nr. 3 SGB III). [12]

Mit freundlichen Grüßen

_____
(Name des Unternehmens)

_____
(Unterschrift der vertretungsberechtigten Person) [13]

Erhalten am: ____[Ort, Datum]____ [14]

_____
(Name des Mitarbeiters)

_____
(Unterschrift des Mitarbeiters)

K. Die Beendigung des Arbeitsverhältnisses

Erläuterungen

Schrifttum

Bauer »Spielregeln« für die Freistellung von Arbeitnehmern, NZA 2007, 409; *Bauer/Diller* Kündigung durch Einwurf-Einschreiben – ein Kunstfehler!, NJW 1998, 2795; *Diller* § 622 BGB und Quartalskündigungsfristen, NZA 2000, 293; *Lux* Ausschluss des Zurückweisungsrechts nach § 174 Satz 2 BGB wegen Eintragung im Handelsregister?, NZA-RR 2008, 393; *Nägele* Freistellung und anderweitiger Erwerb, NZA 2008, 1039; *Wackerbarth/Kreße* Das Verwerfungsmonopol des BVerfG – Überlegungen nach der Kücükdeveci-Entscheidung des EuGH, EuZW 2010, 252.

32 **1.** Die Kündigung des Arbeitsverhältnisses bedarf gem. § 623 BGB der **Schriftform** (§ 126 Abs. 1 BGB). Dieses Formerfordernis ist von Arbeitgeber und Arbeitnehmer gleichermaßen zu beachten. Die elektronische Form ist gem. § 623 BGB ausdrücklich ausgeschlossen. Ist durch Gesetz die schriftliche Form vorgeschrieben, so muss die Urkunde gem. § 126 BGB von dem Aussteller eigenhändig durch Namensunterschrift unterzeichnet werden. Durch das Erfordernis der eigenhändigen Unterschrift soll der Erklärungsempfänger die Möglichkeit zur Überprüfung erhalten, wer die Erklärung abgegeben hat und ob die Erklärung echt ist (BAG, Urt. v. 24.01.2008 – 6 AZR 519/07, NJW 2008, 2521). Eine Kündigung per E-Mail-Schreiben oder SMS genügt daher nicht dem Formerfordernis (siehe zur Kündigung durch SMS LAG Hamm, Urt. v. 17.08.2007 – 10 Sa 512/07, MMR 2008, 252). Da empfangsbedürftige Willenserklärungen in der Form zugehen müssen, die für ihre Abgabe erforderlich ist (ErfK/*Preis* § 127 BGB Rn. 18), ist auch eine Übermittlung per Telefax unzureichend. Gleiches gilt für ein eingescanntes Kündigungsschreiben, welches per E-Mail übermittelt wird. In beiden Fällen ist die dem Empfänger zugehende Erklärung lediglich eine Kopie, während das Original beim Erklärenden verblieben ist (ArbG Düsseldorf, Urt. v. 20.12.2011 – 2 Ca 5676/11, BeckRS 2012, 66124).

§ 623 BGB normiert zwingendes Recht, die Schriftform ist daher nicht durch Vereinbarung der Arbeitsvertragsparteien, Tarifvertrag oder Betriebsvereinbarung abdingbar. Tarifverträge oder Betriebsvereinbarungen können jedoch strengere Formvorschriften vorsehen (APS/*Greiner* § 623 BGB Rn. 11). In Formulararbeitsverträgen ist die Vereinbarung einer strengeren Form als der Schriftform oder das Aufstellen besonderer Zugangserfordernisse jedoch wegen § 309 Nr. 13 BGB unwirksam, sofern sie für die Kündigung durch den Arbeitnehmer gelten sollen (APS/*Greiner* § 623 BGB Rn. 11). Eine nicht dem Schriftformerfordernis genügende Kündigung ist nichtig (§ 125 BGB) und führt nicht zur Beendigung des Arbeitsverhältnisses. Hierauf kann sich der Arbeitnehmer auch nach Ablauf von drei Wochen seit Zustellung der formwidrigen Kündigung berufen. Die Frist in § 4 S. 2 KSchG, mit deren Ablauf eine Kündigung gem. § 7 KSchG als von Anfang an rechtswirksam gilt, beginnt nach dem eindeutigen Wortlaut in § 4 S. 2 KSchG erst mit Zugang einer schriftlichen Kündigung. Die mangelnde Schriftform gem. §§ 623, 125 BGB kann demnach regelmäßig auch noch nach Fristablauf geltend gemacht werden (BAG, Urt. v. 28.06.2007 – 6 AZR 873/06, NZA 2007, 972; ErfK/*Kiel* § 4 KSchG Rn. 8).

Lediglich in Ausnahmefällen kann die Berufung auf den Formmangel gegen Treu und Glauben (§ 242 BGB) verstoßen. Gesetzliche Schriftformzwänge wie in § 623 BGB sollen die Parteien vor Übereilung schützen und haben darüber hinaus eine Klarstellungs- und Beweisfunktion (BAG, Urt. v. 22.04.2010 – 6 AZR 828/08, NZA 2010, 1199; ErfK/*Preis* § 623 BGB Rn. 1). Es ist daher nicht allein deswegen treuwidrig, sich auf die fehlende Schriftform zu berufen, weil die Vertragsparteien das mündlich Vereinbarte bei Abgabe der mündlichen Erklärung ernst meinten und tatsächlich wollten (BAG, Urt. v. 22.04.2010 – 6 AZR 828/08, NZA 2010, 1199). Auch allein die Tatsache, dass der Erklärungsempfänger eine formnichtig erklärte Kündigung widerspruchslos entgegen nimmt und sich erst später auf die Nichtigkeit beruft, stellt noch keinen Verstoß gegen Treu und Glauben dar (ErfK/*Müller-Glöge* § 623 BGB Rn. 24). Ein Verstoß gegen § 242 BGB liegt nur dann vor, wenn das Scheitern des Rechtsgeschäfts an der Formnichtigkeit die Gegenseite nicht nur bloß hart träfe, sondern für sie schlechthin untragbar wäre (BAG, Urt. v. 22.04.2010 – 6 AZR 828/08, NZA 2010, 1199).

§ 623 BGB gilt seinem eindeutigen Wortlaut nach nur für Arbeitsverhältnisse, nicht hingegen für die Rechtsbeziehungen von arbeitnehmerähnlichen Personen, freien Mitarbeitern, AG-Vorständen und GmbH-Geschäftsführern (soweit diese nicht ausnahmsweise als Arbeitnehmer anzusehen sind). Aus Gründen der Rechtssicherheit und insbesondere zu Beweiszwecken empfiehlt es sich jedoch auch in Bezug auf diese Rechtsverhältnisse, die Kündigung schriftlich zu erklären. Siehe zur Schriftform auch Anmerkung 13 (K Rdn. 47).

2. Ist unklar, mit welchem Unternehmen ein Arbeitsverhältnis besteht bzw. bestehen möglicherweise mehrere Arbeitsverhältnisse mit verschiedenen Konzerngesellschaften nebeneinander (z.B. wenn der Arbeitnehmer zwischen mehreren Konzerngesellschaften im Rahmen konzerninterner Arbeitnehmerüberlassung hin- und hergewechselt ist oder es zu einer Rechtsnachfolge auf Arbeitgeberseite kam), sollte vorsorglich durch jedes Unternehmen, mit dem potentiell ein Arbeitsverhältnis besteht, eine Kündigung ausgesprochen werden. **33**

3. Soll das Berufsausbildungsverhältnis eines **minderjährigen Auszubildenden** gekündigt werden, ist das Kündigungsschreiben an den gesetzlichen Vertreter (i.d.R. die Eltern, § 1626 BGB) zu richten; es kommt auf den Zugang bei diesen an. Andernfalls ist die Kündigung unwirksam (§ 131 BGB; APS/*Biebl* § 22 BBiG Rn. 30). Nach Auffassung des BAG lässt zwar ein Kündigungsschreiben, das an den Auszubildenden, gesetzlich vertreten durch seine Eltern, adressiert ist, den Willen des Kündigenden, das Schreiben solle die Eltern als gesetzliche Vertreter erreichen, noch hinreichend erkennen. Der Arbeitgeber trägt jedoch bei einer solchen Adressierung das Risiko, dass bei postalischer Übermittlung der Zusteller ein solches Schreiben in einen eventuell vorhandenen eigenen Briefkasten des Minderjährigen einwirft. Will der Arbeitgeber ein solches Risiko vermeiden, muss er das Kündigungsschreiben an die Eltern als gesetzliche Vertreter des minderjährigen Auszubildenden richten (BAG, Urt. v. 08.12.2011 – 6 AZR 354/10, NZA 2012, 495, 497). **34**

4. Der Kündigende ist nicht verpflichtet, mit dem Ausspruch der Kündigung bis zum letzten Tag vor Beginn der Frist zum nächstmöglichen Termin zu warten; er kann die Kündigung auch schon vor diesem Zeitpunkt erklären. Ebenso ist es möglich, unter Einhaltung einer längeren als der einschlägigen Frist zu kündigen (sog. vorzeitige Kündigung; DLW/*Dörner* Kapitel 4 Rn. 229; APS/*Linck* § 622 BGB Rn. 67 f.). Kündigt allerdings der Arbeitgeber nur deswegen vorzeitig, um die Kündigung noch vor Ablauf der Wartezeit des § 1 KSchG aussprechen zu können, kann er unter Umständen nach dem Rechtsgedanken des § 162 BGB gehindert sein, sich auf den fehlenden Kündigungsschutz des Arbeitnehmers zu berufen (DLW/*Dörner*, Kapitel 4 Rn. 230, Rn. 1984 ff.). **35**

5. Das Kündigungsschreiben braucht das Wort »Kündigung« oder »kündigen« nicht zu enthalten. Entscheidend ist, dass nach dem objektiven Empfängerhorizont (§ 133 BGB) der Wille des Erklärenden, das Arbeitsverhältnis durch einseitige Erklärung zu beenden, eindeutig aus dem Kündigungsschreiben hervorgeht (ErfK/*Müller-Glöge* § 623 BGB Rn. 15). Als rechtsgestaltende Willenserklärung ist die Kündigung grds. **bedingungsfeindlich**. Eine unter einer unzulässigen Bedingung erklärte Kündigung ist unwirksam (BAG, Urt. v. 15.03.2001 – 2 AZR 705/99, NJW 2001, 3355, 3356). Zulässig ist es allerdings, die Kündigung mit einer Bedingung zu verknüpfen, die allein vom Willen des Kündigungsempfängers abhängt, wenn also der Gekündigte sich im Zeitpunkt der Kündigung sofort entschließen kann, ob er die Bedingung erfüllen will oder nicht (sog. Potestativbedingung; APS/*Preis* 1. Teil Kapitel D.I.5. Rn. 14; wichtigster Fall in der Praxis ist die Änderungskündigung). Von der bedingten Kündigung zu unterscheiden ist die vorsorgliche Kündigung für den Fall, dass eine bereits erklärte Kündigung unwirksam sein sollte. Die vorsorgliche Kündigung ist als unbedingte Kündigung ohne Weiteres zulässig (APS/*Preis* 1. Teil Kapitel D.I.5. Rn. 17; ErfK/*Müller-Glöge* § 620 BGB Rn. 22). **36**

6. Der Arbeitgeber ist grds. nicht verpflichtet, dem Arbeitnehmer im Kündigungsschreiben die **Gründe** für die Kündigung des Arbeitsverhältnisses mitzuteilen. Etwas anderes gilt jedoch gem. § 22 Abs. 3 BBiG für die Kündigung eines Berufsausbildungsverhältnisses nach Ablauf der Probezeit (die allerdings von Seiten des Arbeitgebers nur aus wichtigem Grund möglich ist, § 22 **37**

Abs. 2 Nr. 1 BBiG; siehe daher hierzu K Rdn. 58) sowie gem. § 9 Abs. 3 MuSchG für die Kündigung des Arbeitsverhältnisses einer Arbeitnehmerin während der Schwangerschaft und bis zu vier Wochen nach einer Entbindung. In diesen Fällen ist der Arbeitgeber zur Angabe der Kündigungsgründe im Kündigungsschreiben verpflichtet (siehe hierzu K Rdn. 266). Das Begründungserfordernis hat den Zweck, der Arbeitnehmerin bzw. dem Auszubildenden deutlich zu machen, auf Grund welchen Sachverhalts und welcher Erwägungen des Arbeitgebers das Arbeitsverhältnis bzw. Berufsausbildungsverhältnis gekündigt wurde. Der Arbeitgeber muss daher in dem Schreiben die Tatsachen mitteilen, die für den Kündigungsentschluss bedeutsam waren. Die Kündigungsgründe müssen dabei so genau bezeichnet sein, dass der Arbeitnehmer erkennen kann, um welche konkreten Umstände es sich handelt. Pauschale Schlagworte und Werturteile genügen regelmäßig nicht. Der Arbeitnehmer soll sich auf Grund der ihm mitgeteilten Gründe darüber klar werden können, ob er die ausgesprochene Kündigung anerkennen oder dagegen vorgehen will (BAG, Urt. v. 27.03.2003 – 2 AZR 173/02, AP BMT-G II § 54 Nr. 4; APS/*Rolfs* § 9 MuSchG Rn. 91; APS/*Biebl* § 22 BBiG Rn. 26). Im Fall der Kündigung einer schwangeren Arbeitnehmerin spricht dabei allerdings nichts dagegen, die Kündigungsgründe im Kündigungsschreiben zwar vollständig, aber eher knapp darzustellen und im Übrigen auf den Antrag an die für die Zulässigerklärung zuständige Behörde gem. § 9 MuSchG zu verweisen und diesen in Kopie beizulegen, sofern dort der Kündigungssachverhalt ausführlich dargestellt wurde. Folgende Formulierung bietet sich an:

Unserem Entschluss, das Anstellungsverhältnis zu kündigen, liegt folgender Sachverhalt zu Grunde: [vollständige Darstellung der Kündigungsgründe einschließlich Interessenabwägung] . *Im Übrigen verweisen wir auf die umfassende Darstellung des Kündigungssachverhalts in unserem Schreiben an* [zuständige Behörde] *vom* [Datum] *, das diesem Kündigungsschreiben als Anlage beigefügt ist.*

38 Auch tarifliche Regelungen können bestimmen, dass die Kündigungsgründe im Kündigungsschreiben angegeben werden müssen. Ferner kann dies im Arbeitsvertrag vereinbart sein (vgl. BAG, Urt. v. 25.10.2012 – 2 AZR 845/11, NZA 2013, 900).

39 **7.** Es ist nicht zwingend notwendig, das **Datum des Ablaufs der Kündigungsfrist** im Kündigungsschreiben zu benennen (ErfK/*Müller-Glöge* § 623 BGB Rn. 15). Eine Kündigung »zum nächstmöglichen Zeitpunkt« ist ausreichend bestimmt (Küttner/*Eisemann* Stichwort Kündigung, allgemein Rn. 40). Wird das Datum angegeben, aber falsch berechnet, führt dies nicht zur Unwirksamkeit der Kündigung; sie gilt dann als Kündigung zum nächstmöglichen Termin (BAG, Urt. v. 18.04.1985 – 2 AZR 197/84, AP BGB § 622 Nr. 20), es sei denn, dass sich ausnahmsweise ein Wille des Erklärenden feststellen lässt, die Kündigung nur zum erklärten Zeitpunkt gegen sich gelten lassen zu wollen (BAG, Urt. v. 15.12.2005 – 2 AZR 148/05, NZA 2006, 791, 792 f.). Eine Kündigung ist allerdings nicht hinreichend bestimmt, wenn in der Erklärung mehrere Termine für die Beendigung des Arbeitsverhältnisses genannt werden und für den Erklärungsempfänger nicht erkennbar ist, welcher Termin gelten soll (vgl. BAG, Urt. v. 20.06.2013 – 6 AZR 805/11, NZA 2013, 1137, 1139).

40 **8.** Die vom Arbeitgeber zu beachtende **Kündigungsfrist** kann sich aus individualvertraglicher Vereinbarung, Tarifvertrag oder der gesetzlichen Regelung in § 622 BGB ergeben. § 622 Abs. 1 BGB sieht vor, dass das Arbeitsverhältnis mit einer Frist von vier Wochen zum 15. oder zum Ende eines Kalendermonats gekündigt werden kann (sog. Grundkündigungsfrist). Durch Tarifvertrag kann diese Frist sowohl verkürzt als auch verlängert werden, auch die Vereinbarung von abweichenden Kündigungsterminen ist durch Tarifvertrag möglich (§ 622 Abs. 4 BGB). Die Mindestkündigungsfrist für schwerbehinderte Arbeitnehmer von vier Wochen gem. § 86 SGB IX ist jedoch auch dann einzuhalten, wenn tarifvertraglich eine kürzere als die gesetzliche Kündigungsfrist vereinbart wurde (Küttner/*Eisemann* Stichwort Kündigungsfristen, Rn. 6). Individualvertraglich kann eine kürzere Kündigungsfrist nur unter den Voraussetzungen des § 622 Abs. 5 BGB vereinbart werden. Gem. § 622 Abs. 2 BGB verlängert sich die vom Arbeitgeber einzuhaltende Kündigungsfrist, wenn das Arbeitsverhältnis im Betrieb oder Unternehmen

- zwei Jahre bestanden hat, auf einen Monat zum Ende eines Kalendermonats,
- fünf Jahre bestanden hat, auf zwei Monate zum Ende eines Kalendermonats,
- acht Jahre bestanden hat, auf drei Monate zum Ende eines Kalendermonats,
- zehn Jahre bestanden hat, auf vier Monate zum Ende eines Kalendermonats,
- zwölf Jahre bestanden hat, auf fünf Monate zum Ende eines Kalendermonats,
- 15 Jahre bestanden hat, auf sechs Monate zum Ende eines Kalendermonats,
- 20 Jahre bestanden hat, auf sieben Monate zum Ende eines Kalendermonats.

Gem. § 622 Abs. 2 S. 2 BGB sollen bei der Berechnung der Beschäftigungsdauer nach Satz 1 Zeiten, die **vor der Vollendung des 25. Lebensjahres** des Arbeitnehmers liegen, nicht berücksichtigt werden. Diese Regelung verstößt allerdings nach Ansicht des EuGH gegen die Antidiskriminierungsrichtlinie 2000/78/EG, da sie zu einer ungerechtfertigten Ungleichbehandlung wegen des Alters führt. Der EuGH rügt, § 622 Abs. 2 S. 2 BGB behandele Personen, die die gleiche Betriebszugehörigkeitsdauer aufweisen, unterschiedlich, je nachdem, in welchem Alter sie in den Betrieb eingetreten sind. Diese Ungleichbehandlung lasse sich auch nicht durch das mit § 622 Abs. 2 S. 2 BGB verfolgte Ziel rechtfertigen, dem Arbeitgeber eine größere personalwirtschaftliche Flexibilität zu verschaffen, indem die Entlassung jüngerer Arbeitnehmer, denen eine größere berufliche und persönliche Mobilität zumutbar sei, erleichtert werde. Solche beschäftigungs- und arbeitsmarktpolitischen Zwecke stellten zwar grds. legitime Ziele im Rahmen einer möglichen Rechtfertigung dar. Allerdings sei die in § 622 Abs. 2 S. 2 BGB enthaltene Regelung keine angemessene Maßnahme zur Erreichung dieser Ziele, denn sie gelte für alle Arbeitnehmer, die vor Vollendung des 25. Lebensjahrs in den Betrieb eingetreten sind, und zwar unabhängig davon, wie alt sie zum Zeitpunkt ihrer Entlassung sind (EuGH, Urt. v. 19.01.2010 – C-555/07, EuZW 2010, 177 [»Kücükdeveci«]). Der EuGH stellt in seiner Entscheidung weiterhin fest, die deutschen Gerichte müssten die europarechtswidrige Vorschrift des § 622 Abs. 2 S. 2 BGB in einem Rechtsstreit unangewendet lassen, und zwar ohne verpflichtet zu sein, zuvor den EuGH um Vorabentscheidung zu ersuchen (hierzu kritisch *Wackerbarth/Kreße* EuZW 2010, 252). Dementsprechend lässt auch das BAG mittlerweile § 622 Abs. 2 S. 2 BGB unangewendet (BAG, Urt. v. 15.05.2013 – 5 AZR 130/12, NZA 2013, 1076, 1077; BAG, Urt. v. 01.09.2010 – 5 AZR 700/09, NJW 2010, 3740, 3741). Vor diesem Hintergrund ist zu empfehlen, bei der Ermittlung der Kündigungsfristen die Beschäftigungszeiten vor Erreichen des 25. Lebensjahres zu berücksichtigen. Dies gilt jedenfalls solange, bis der Gesetzgeber das BGB an dieser Stelle »nachbessert«. Im Übrigen ist in der Regel eine Kündigung mit zu kurzer Kündigungsfrist nicht unwirksam, sondern ist als Kündigung mit verlängerter Kündigungsfrist auszulegen, es sei denn, dass sich ausnahmsweise ein Wille des Erklärenden feststellen lässt, die Kündigung nur zum erklärten Zeitpunkt gegen sich gelten lassen zu wollen (BAG, Urt. v. 15.12.2005 – 2 AZR 148/05, NZA 2006, 791, 792 f.). 41

Ist individualvertraglich eine Kündigungsfrist vereinbart, die von der Regelung des § 622 Abs. 2 BGB abweicht, so ist diejenige Frist anzuwenden, die für den Arbeitnehmer günstiger ist. Ist individualvertraglich auch ein abweichender Kündigungstermin (z.B. zum Ende eines Kalendervierteljahres) vereinbart worden, ist für die Frage, welche Regelung günstiger ist, ein Gesamtvergleich zwischen Kündigungstermin und -frist anzustellen, da die Vereinbarung von Kündigungsfrist und Kündigungstermin eine Einheit bzw. – so die Terminologie des BAG – ein »Ensemble« darstellt (BAG, Urt. v. 29.01.2015 – 2 AZR 280/14, NZA 2015, 673; BAG, Urt. v. 04.07.2001 – 2 AZR 469/00, NZA 2001, 380, 382). In dem Fall, dass eine vertragliche Kündigungsfrist von **drei Monaten zum Quartalsende** mit einer gesetzlichen Frist von sieben Monaten zum Monatsende gem. § 622 Abs. 2 Nr. 7 BGB kollidiert, ist daher die gesetzliche Kündigungsfrist anzuwenden, da sie in jedem Fall günstiger ist als die individualvertraglich vereinbarte (BAG, Urt. v. 04.07.2001 – 2 AZR 469/00, NZA 2001, 380, 382). Der Günstigkeitsvergleich hat **abstrakt** zu erfolgen, d.h. entweder schon im Zeitpunkt des Vertragsschlusses oder spätestens bei Eintritt des Arbeitnehmers in die jeweilige »Stufe« des § 622 Abs. 2 BGB. Es ist nicht auf die konkret ausgesprochene Kündigung abzustellen. Eine einzelvertragliche Abrede ist nur dann günstiger als die gesetzliche Regelung, wenn sie in jedem Fall zu einer späteren Beendigung des Arbeitsverhältnisses führt. Es ge- 42 nügt nicht, dass die vertragliche Regelung für die längere Zeit innerhalb eines Kalenderjahres den besseren Schutz bietet (BAG, Urt. v. 29.01.2015 – 2 AZR 280/14, NZA 2015, 673; noch offen gelassen in BAG, Urt. v. 04.07.2001 – 2 AZR 469/00, NZA 2001, 380; a.A. *Diller* NZA 2000, 293, 297). Kollidiert eine vertragliche Kündigungsfrist von **sechs Wochen zum Ende eines Kalendervierteljahres** mit einer gesetzlichen Frist von zwei Monaten zum Ende des Kalendermonats gem. § 622 Abs. 2 Nr. 2 BGB ist die gesetzliche Frist als günstiger anzusehen. Gleiches gilt, wenn eine vertraglich vereinbarte Frist von sechs Monaten zum 30.06. oder zum 31.12. mit einer gesetzlichen Frist von sieben Monaten zum Ende eines Kalendermonats gem. § 622 Abs. 2 Nr. 7 BGB kollidiert, auch wenn die vertragliche Regelung für die längere Zeit eines Kalenderjahres – nämlich in acht von zwölf Monaten – den besseren Schutz gewährt (BAG, Urt. v. 29.01.2015 – 2 AZR 280/14, NZA 2015, 673).

43   **9.**   Der Hinweis auf die Anhörung des Betriebsrats gem. § 102 Abs. 1 BetrVG und dessen Reaktion ist rechtlich nicht erforderlich, sondern eher aus psychologischen Gründen sinnvoll, insbesondere in den Fällen, in denen der Betriebsrat der Kündigung zugestimmt hat oder ihr – durch Verstreichenlassen der Frist – jedenfalls nicht widersprochen hat. Hat der Betriebsrat hingegen der Kündigung widersprochen, so empfiehlt es sich, lediglich den Hinweis darauf, dass der Betriebsrat angehört wurde, nicht jedoch die Tatsache des Widerspruchs in das Kündigungsschreiben aufzunehmen. Im Fall des Widerspruchs des Betriebsrats hat der Arbeitgeber dem Arbeitnehmer zwar gem. § 102 Abs. 4 BetrVG eine Abschrift der Stellungnahme des Betriebsrats mit der Kündigung zuzuleiten. Unterlässt er dies, hat dies jedoch nicht die Unwirksamkeit der Kündigung zur Folge. Aus taktischen Gründen kann es sinnvoll sein, auf das Zuleiten der Stellungnahme zu verzichten, um dem Arbeitnehmer keine »Munition« für einen Kündigungsschutzprozess in die Hand zu geben. Allerdings kann sich der Arbeitgeber bei einem Verstoß gegen § 102 Abs. 4 BetrVG schadensersatzpflichtig machen.

44   **10.**   In vielen Fällen wird der Arbeitgeber den Arbeitnehmer nach einer Kündigung bis zum Ablauf der Kündigungsfrist von der Arbeitsleistung **freistellen** wollen, z.B. um zu verhindern, dass der Arbeitnehmer die ihm noch verbleibende Zeit im Betrieb nutzt, um Betriebs- und Geschäftsgeheimnisse für eigene Zwecke zu verwenden. Insbesondere bei verhaltensbedingten Kündigungen empfiehlt es sich, den Arbeitnehmer freizustellen, um sich nicht zur Argumentation in Widerspruch zu setzen, dass dem Arbeitgeber die Fortsetzung des Arbeitsverhältnisses angesichts des Fehlverhaltens des Arbeitnehmers nicht weiter zumutbar ist. Auch für den Arbeitnehmer kann die Freistellung vorteilhaft sein, da er die Zeit ggf. zur Suche nach einer neuen Beschäftigung nutzen kann. Die Freistellung von der Arbeitsleistung kann unwiderruflich oder widerruflich erfolgen. Im Fall der widerruflichen Freistellung hat der Arbeitgeber die Möglichkeit, den Arbeitnehmer zur Arbeit »zurückzurufen«, wenn er ihn benötigt. Der Arbeitgeber sollte sich sorgfältig überlegen, ob er den Arbeitnehmer unter Umständen bis zum Beendigungszeitpunkt noch einmal braucht. Im Zweifel sollte die Freistellung nur widerruflich erfolgen. Folgendes ist in diesem Zusammenhang zu beachten:
– **Anrechnung von Urlaub:** Der Arbeitgeber, der den Arbeitnehmer von der Arbeitsleistung freistellt, wird vermeiden wollen, dass der Arbeitnehmer bei Beendigung des Arbeitsverhältnisses auch noch Urlaubsabgeltungsansprüche gem. § 7 Abs. 4 BUrlG geltend machen kann. In der bloßen Freistellung liegt keine Urlaubsgewährung, da für den Arbeitnehmer nicht klar ist, ob der Arbeitgeber als Schuldner des Urlaubsanspruchs die geschuldete Leistung bewirken will (§ 362 Abs. 1 BGB) oder ob er als Gläubiger der Arbeitsleistung auf deren Annahme verzichtet (§ 615 BGB) (BAG, Urt. v. 10.02.2015 – 9 AZR 455/13, NJW 2015, 2520, 2521; BAG, Urt. v. 14.03.2006 – 9 AZR 11/05, NJOZ 2006, 3100). Es ist daher eine ausdrückliche Regelung erforderlich. Die Erfüllung von Urlaubsansprüchen bedarf der unwiderruflichen Befreiung des Arbeitnehmers von der Arbeitspflicht, da die Möglichkeit des Arbeitnehmers, die ihm auf Grund des Urlaubsanspruchs zustehende Freizeit uneingeschränkt zu nutzen, nur dann besteht, wenn der Arbeitnehmer nicht damit rechnen muss, zur Arbeit gerufen zu werden (BAG, Urt. v. 14.03.2006 – 9 AZR 11/05, NJOZ 2006, 3100). Im Fall der widerruflichen Freistellung empfiehlt es sich daher, den Urlaub konkret zu gewähren, d.h. die

noch ausstehenden Urlaubstage konkret festzulegen und im Anschluss daran den Arbeitnehmer widerruflich freizustellen. Bei unwiderruflicher Freistellung ist eine Anrechnung von Urlaub möglich.

– **Anrechnung anderweitigen Erwerbs**: Nach der Rechtsprechung des BAG muss der Arbeitgeber sich die Anrechnung anderweitigen Erwerbs gem. § 615 S. 2 BGB während der Zeit der Freistellung ausdrücklich vorbehalten (BAG, Urt. v. 17.10.2012 – 10 AZR 809/11, NZA 2013, 207; BAG, Urt. v. 19.03.2002 – 9 AZR 16/01, NZA 2002, 1055; kritisch *Bauer* NZA 2007, 409, 411).

– **Enthaltung von Wettbewerb** während der Zeit der Freistellung: Erfolgt eine unwiderrufliche Freistellung unter dem Vorbehalt der Anrechnung etwaigen anderweitigen Verdienstes, kann der Arbeitnehmer regelmäßig davon ausgehen, in der Verwertung seiner Arbeitsleistung frei und nicht mehr an vertragliche oder gesetzliche (§ 60 HGB) Wettbewerbsverbote gebunden zu sein. Dies ergibt sich aus der bei der Auslegung der Freistellungserklärung zu berücksichtigenden beiderseitigen Interessenlage. Der Arbeitnehmer kann auf Grund seiner beruflichen Kenntnisse und Fähigkeiten oftmals einen Verdienst nur durch eine Tätigkeit erzielen, die im Wettbewerb zum Geschäftsfeld des Arbeitgebers steht. Wenn der Arbeitgeber gleichwohl durch die Freistellung den Annahmeverzug mit der Möglichkeit der Verdienstanrechnung herbeiführt, macht er deutlich, dass ihn Wettbewerbshandlungen des Arbeitnehmers in der Zeit der Freistellung nicht stören. Einen abweichenden Willen hat der Arbeitgeber in der Freistellungserklärung zum Ausdruck zu bringen (BAG, Urt. v. 06.09.2006 – 5 AZR 703/05, NZA 2007, 36). Dementsprechend sieht der vorgeschlagene Mustertext ausdrücklich das Fortbestehen der Pflicht zur Einhaltung des vertraglichen Wettbewerbsverbots vor. Geht der Arbeitnehmer während der Zeit der Freistellung einer wettbewerbswidrigen Tätigkeit nach und erfährt der Arbeitgeber hiervon, ist er in der Regel zur außerordentlichen Kündigung des Arbeitsverhältnisses berechtigt (BAG, Urt. v. 06.08.1987 – 2 AZR 226/87, AP BGB § 626 Nr. 97).

11. Nach Beendigung des Arbeitsverhältnisses ist der Arbeitnehmer verpflichtet, sämtliche ihm überlassenen **Arbeitsmittel an den Arbeitgeber herauszugeben**. Der Arbeitnehmer ist lediglich Besitzdiener (§ 855 BGB); ihm steht kein eigenes Besitzrecht zu. Auf Verlangen des Arbeitgebers hat der Arbeitnehmer daher jederzeit die ihm überlassenen Gegenstände herauszugeben (ErfK/*Preis* § 611 BGB Rn. 754). Ein Zurückbehaltungsrecht steht dem Arbeitnehmer regelmäßig nicht zu (ErfK/*Preis* § 611 BGB Rn. 754; DLW/*Dörner* Kapitel 9 Rn. 125). Die zurückzugebenden Gegenstände sollten möglichst vollständig aufgeführt und genau bezeichnet werden.

12. Der Arbeitnehmer ist gem. § 38 Abs. 1 S. 1 SGB III verpflichtet, sich spätestens drei Monate vor Beendigung des Arbeitsverhältnisses bei der Agentur für Arbeit **als »arbeitssuchend« zu melden**. Liegen zwischen der Kenntnis des Beendigungszeitpunktes und der Beendigung des Arbeits- oder Ausbildungsverhältnisses weniger als drei Monate, hat die Meldung innerhalb von drei Tagen nach Kenntnis des Beendigungszeitpunktes zu erfolgen (§ 38 Abs. 1 S. 2 SGB III). Verstößt der Arbeitnehmer gegen diese Pflicht, muss er gem. § 159 Abs. 1 Nr. 7 SGB III mit einer Sperrzeit hinsichtlich des Arbeitslosengeldes rechnen, die gem. § 159 Abs. 6 SGB III eine Woche beträgt; die Dauer des Anspruchs auf Arbeitslosengeld wird gem. § 148 Abs. 1 Nr. 3 SGB III um diesen Zeitraum gemindert. Der Arbeitgeber soll den Arbeitnehmer gem. § 2 Abs. 2 Nr. 3 SGB III vor der Beendigung des Arbeitsverhältnisses frühzeitig über die Notwendigkeit eigener Aktivitäten bei der Suche nach einer anderen Beschäftigung sowie über die Verpflichtung nach § 38 Abs. 1 SGB III zur Meldung bei der Agentur für Arbeit informieren. Verletzt der Arbeitgeber diese Hinweispflicht und wird dem Arbeitnehmer infolge der verspäteten Meldung das Arbeitslosengeld gekürzt, führt dies jedoch nicht zu einem Schadensersatzanspruch des Arbeitnehmers gegen den Arbeitgeber, da Zweck der Hinweispflicht eine Verbesserung des Zusammenwirkens von Arbeitgeber, Arbeitnehmer und den Agenturen für Arbeit ist, die Pflicht jedoch nicht dem Schutz des Vermögens des Arbeitnehmers dient (BAG, Urt. v. 29.09.2005 – 8 AZR 571/04, NZA 2005, 1406).

47 **13.** Die gesetzliche **Schriftform** des § 126 Abs. 1 BGB setzt voraus, dass der Kündigungsberechtigte das Kündigungsschreiben eigenhändig durch Namensunterschrift oder mittels notariell beglaubigten Handzeichens unterzeichnet. Die Unterschrift muss unterhalb des Textes stehen und die Kündigungserklärung räumlich abschließen (vgl. BAG, Urt. v. 19.04.2007 – 2 AZR 208/06, NJW 2007, 1227, 1228; DLW/*Dörner* Kapitel 4 Rn. 18). Auf die Lesbarkeit der eigenhändigen Unterschrift kommt es nicht an (BAG, Urt. v. 20.09.2006 – 6 AZR 82/06, NZA 2007, 377, 383); es ist jedoch nicht ausreichend, wenn das »Gebilde« überhaupt keinen Bezug zu einem Namen hat (LAG Hessen, Urt. v. 22.03.2011 – 13 Sa 1593/10, FA 2011, 270). Zur Kündigung berechtigt ist grds. der Arbeitgeber, bei einer juristischen Person also deren gesetzlicher Vertreter. Es empfiehlt sich, – durch Einsichtnahme in das Handelsregister – die Vertretungsmacht der unterzeichnenden Personen zu überprüfen, insbesondere im Hinblick darauf, ob eine Einzel- oder Gesamtvertretungsberechtigung vorliegt. Die Kündigung kann auch durch einen rechtsgeschäftlich Bevollmächtigten erklärt werden. Die Kündigung durch einen Vertreter ohne Vertretungsmacht ist dagegen gem. § 180 S. 1 BGB grds. unzulässig. Dies gilt jedenfalls dann, wenn der betreffende Arbeitnehmer die Kündigung gem. §§ 180 S. 2, 178 BGB beanstandet. Eine nachträgliche Genehmigung ist in diesem Fall nicht möglich (vgl. weitergehend *Meyer/Reufels* NZA 2011, 5). Wird die Erklärung der Kündigung durch den vollmachtlosen Vertreter nicht beanstandet, kann der Kündigungsberechtigte sie im Nachhinein genehmigen. In diesem Fall beginnt die Klagefrist des § 4 KSchG erst mit dem Zugang der Genehmigung beim Erklärungsempfänger zu laufen (BAG, Urt. v. 06.09.2012 – 2 AZR 858/11, NZA 2013, 525, 525 f.). Wird die **Kündigung durch einen rechtsgeschäftlich Bevollmächtigten** erklärt, sollte dem Kündigungsschreiben grds. eine entsprechende **Vollmachtsurkunde** (siehe hierzu K Rdn. 85) im Original beigefügt werden. Ansonsten kann der Arbeitnehmer die Kündigungserklärung gem. § 174 S. 1 BGB zurückweisen (siehe hierzu K Rdn. 89). Eine Zurückweisung kommt jedoch gem. § 174 S. 2 BGB dann nicht in Betracht, wenn der Arbeitgeber den Arbeitnehmer von der Bevollmächtigung in Kenntnis gesetzt hatte; in diesen Fällen ist daher die Vorlage einer Originalvollmacht nicht erforderlich (BAG, Urt. v. 29.10.1992 – 2 AZR 460/92, NZA 1993, 307). Dabei reicht es nicht aus, dass der Erklärende auf eine Stellung berufen ist, die üblicherweise mit Kündigungsvollmacht ausgestattet ist (z.B. Prokurist, Generalbevollmächtigter, Leiter der Personalabteilung; vgl. BAG, Urt. v. 25.09.2014 – 2 AZR 567/13, NJA 2014, 3595, 3596). Den Anforderungen des § 174 S. 2 BGB ist erst genügt, wenn der Erklärungsempfänger auch von der konkreten Person des Stelleninhabers in Kenntnis gesetzt ist. Erforderlich ist insoweit ein zusätzliches Handeln des Vertretenen zur Information des Erklärungsempfängers (vgl. BAG, Urt. v. 25.09.2014 – 2 AZR 567/13, NJA 2014, 3595, 3596; BAG, Urt. v. 08.12.2011 – 6 AZR 354/10, NZA 2012, 495, 497; BAG, Urt. v. 14.04.2011 – 6 AZR 727/09, NZA 2011, 683, 685). Davon ist wegen § 15 HGB auszugehen bei einem Prokuristen mit Einzelprokura, sofern diese im Handelsregister eingetragen ist und bekannt gemacht wurde (BAG, Urt. v. 11.07.1991 – 2 AZR 107/91, AP § 174 BGB Nr. 9, kritisch zur Begründung *Lux* NZA-RR 2008, 939); ebenso bei einem gegenüber der Belegschaft bekannt gemachten Personalabteilungsleiter, da dieser eine Stellung bekleidet, mit der das Kündigungsrecht üblicherweise verbunden ist. Dies gilt auch dann, wenn die Vollmacht des Personalabteilungsleiters im Innenverhältnis, z.B. aufgrund einer internen Geschäftsordnung, eingeschränkt ist (BAG, Urt. v. 29.10.1992 – 2 AZR 460/92, NZA 1993, 307, 308). Ein Personalabteilungsleiter, dem Prokura erteilt wurde, ist – in seiner Funktion als Personalabteilungsleiter – auch dann zur alleinigen Kündigung berechtigt, wenn ihm lediglich Gesamtprokura erteilt wurde. Die Beschränkung in seiner Funktion als Prokurist schlägt nicht auf die Ausübung der Befugnisse als Personalabteilungsleiter durch (BAG, Urt. v. 25.09.2014 – 2 AZR 567/13, NJW 2014, 3595). Dies gilt selbst dann, wenn der Personalabteilungsleiter das Kündigungsschreiben mit »ppa« unterzeichnet (BAG, Urt. v. 25.09.2014 – 2 AZR 567/13, NJW 2014, 3595). In der Literatur wird allerdings empfohlen, dass der Personalabteilungsleiter in einem solchen Fall – wenn er alleine handelt – auf den Zusatz »ppa« verzichten sollte (*Lingemann/Siemer* Anmerkung zu BAG, Urt. v. 25.09.2014 – 2 AZR 567/13, NJW 2014, 3595, 3597). Auf einen Sachbearbeiter oder den Referatsleiter einer Personalabteilung sind die vorstehenden Grundsätze nicht übertragbar, da diesem in der Regel die Bevollmächtigung zum

Ausspruch von Kündigungen fehlt (BAG, Urt. v. 30.05.1978 – 2 AZR 633/76, NJW 1979, 447; BAG, Urt. v. 20.08.1997 – 2 AZR 518/96, NZA 1997, 1343, 1345). Das In-Kenntnis-Setzen kann auch dadurch erfolgen, dass der Arbeitgeber anlässlich der Amtseinführung eines Angestellten, an der die Belegschaft teilnimmt, auf dessen Kündigungsbefugnis hinweist. Dies gilt selbst gegenüber solchen Arbeitnehmern, die bei der Amtseinführung nicht anwesend waren (LAG Köln, Urt. v. 07.07.1993 – 2 Sa 280/93, NZA 1994, 419, 420). Die Mitteilung der Bevollmächtigung zur Kündigung kann auch schon im Arbeitsvertrag enthalten sein (LAG Berlin, Urt. v. 25.07.2002 – 16 Sa 823/02, NZA-RR 2003, 538). Ein Aushang über die Bevollmächtigung für Kündigungen am schwarzen Brett ist jedoch nicht ohne Weiteres ausreichend für das In-Kenntnis-Setzen i.S.d. § 174 S. 2 BGB (LAG Köln, Urt. v. 03.05.2002 – 4 Sa 1285/01, NZA-RR 2003, 194, 195; BAG, Urt. v. 03.07.2003 – 2 AZR 235/02, NZA 2004, 427, 431). Wird das Kündigungsschreiben durch einen rechtsgeschäftlich Bevollmächtigten unterzeichnet, sollte das Vertretungsverhältnis im Kündigungsschreiben durch einen das Vertretungsverhältnis anzeigenden Zusatz hinreichend deutlich zum Ausdruck kommen, z.B. durch den Zusatz »i.V.«, bei Prokuristen durch »ppa«, beim Personalleiter durch die Angabe dieser Funktion.

14. Die Kündigung als empfangsbedürftige einseitige Willenserklärung wird erst mit ihrem **Zugang** beim Erklärungsempfänger (im Fall der Kündigung durch den Arbeitgeber also mit Zugang beim Arbeitnehmer) wirksam. Der Arbeitgeber muss im Streitfall den Zugang der Kündigung darlegen und beweisen (vgl. Fallkonstellationen bei *Eckert* BC 2012, 62). Im Idealfall sollte der Arbeitnehmer den Empfang des Kündigungsschreibens auf einer Kopie desselben durch Unterschrift bestätigen. In manchen Fällen wird sich der Arbeitnehmer jedoch weigern, den Empfang zu quittieren. Das Kündigungsschreiben sollte dem Arbeitnehmer daher grds. vor **Zeugen** übergeben werden. Zeuge kann z.B. ein vertrauenswürdiger Mitarbeiter sein. Nicht in Betracht kommen hingegen Personen, die in einem Kündigungsrechtsstreit nicht als Zeuge, sondern als Partei zu vernehmen wären, z.B. Organe der Gesellschaft. Lehnt der Arbeitnehmer die Übergabe eines Kündigungsschreibens in einem Personalgespräch ab, so kann dies den Tatbestand einer Zugangsvereitelung erfüllen, sodass der Arbeitnehmer sich so behandeln lassen muss, als sei ihm die Kündigung bereits während des Personalgesprächs zugegangen (ArbG Berlin, Urt. v. 30.10.2015 – 28 Ca 10591/15, BB 2016, 634). Kann das Kündigungsschreiben dem Arbeitnehmer nicht persönlich übergeben werden (z.B. weil er urlaubs- oder krankheitsbedingt nicht im Betrieb anwesend ist), empfiehlt es sich, den Zugang der Kündigung durch einen **Boten** bewirken zu lassen, der auch persönlich Kenntnis vom Inhalt des zu überbringenden Schreibens genommen hat. Es ist daher sicherzustellen, dass der Bote das Kündigungsschreiben liest und das Schreiben in seinem Beisein kuvertiert und der Umschlag verschlossen wird (DLW/*Dörner* Kapitel 4 Rn. 134). Der Bote kann dann im Streitfall nicht nur für die Art und Weise und den Zeitpunkt des Zugangs des Kündigungsschreibens, sondern auch für den Inhalt des Schreibens als Zeuge benannt werden (siehe hierzu K Rdn. 98). Einen verlässlichen – allerdings aufwändigen – Weg stellt auch die **Beauftragung eines Gerichtsvollziehers** dar (siehe hierzu Muster K Rdn. 100). Eine Übersendung des Kündigungsschreibens auf dem **Postwege** ist demgegenüber nicht zu empfehlen. Wird das Kündigungsschreiben als einfacher Brief aufgegeben, wird der Erklärende nicht den Beweis führen können, dass die Erklärung dem Empfänger auch tatsächlich zugegangen ist. Nach der Rechtsprechung besteht kein Anscheinsbeweis, dass durch den Postdienst beförderte Briefe auch zugehen (so bereits BGH, Urt. v. 27.05.1957 – II ZR 132/56, NJW 1957, 1230, 1231). Bei einem Einschreiben treten hingegen folgende Schwierigkeiten auf: Handelt es sich um ein Übergabeeinschreiben, kommt es für den Zeitpunkt des Zugangs auf die tatsächliche Übergabe an den Empfänger an. Wird der Empfänger vom Postboten nicht angetroffen und lediglich ein Benachrichtigungszettel im Briefkasten hinterlassen, geht das Kündigungsschreiben daher erst zu, wenn es von dem Empfänger bei der Post abgeholt wird (DLW/*Dörner* Kapitel 4 Rn. 119; LAG Hamburg, Urt. v. 08.04.2015 – 5 Sa 61/14, JurionRS 2015, 33714). Das Einwurfeinschreiben – das wie ein einfacher Brief in den Briefkasten des Empfängers eingeworfen wird, wobei der Postbote Datum und Uhrzeit dokumentiert – geht dem Empfänger demgegenüber in dem Zeitpunkt zu, in dem üblicherweise mit der Leerung des Briefkastens durch ihn zu rechnen ist (vgl. DLW/*Dörner* Kapitel 4 Rn. 126 f.). Mit dem Beweis der Auslieferung des Schreibens (typischerweise durch Vorlage eines sog. Auslieferungsbelegs) ist allerdings noch nicht der Beweis erbracht, dass das Kündigungsschreiben auch tatsächlich dem Empfänger zugegangen ist. So stellt der Zugang ordnungsgemäß aufgegebener Postsendungen vor dem Hintergrund eines gewissen Prozentsatzes verlorengehender Postsendungen keinen typischen Geschehensablauf dar (LAG Hamm, Urt. v. 16.11.2011 – 10 Sa 884/11, BeckRS 2012, 65793; LAG Köln, Urt. v. 14.08.2009 – 10 Sa 84/09, AuA 2010, 732). Ebenso könnte sich der betroffene Arbeitnehmer darauf berufen, dass sich in dem eingeworfenen Umschlag kein Kündigungsschreiben befand (DLW/*Dörner* Kapitel 4 Rn. 129; kritisch zum Einwurfeinschreiben auch *Bauer/Diller* NJW 1998, 2795). Um diesen Beweis führen zu können, müsste der Kündigende sicherstellen, dass der Postmitarbeiter das Kündigungsschreiben vor der Kuvertierung selbst liest und dass dieser ggf. als Zeuge zur Verfügung steht.

3. Außerordentliche, hilfsweise ordentliche Kündigung (durch den Arbeitgeber)

Vorbemerkung

49 Der Arbeitgeber kann das Arbeitsverhältnis jederzeit außerordentlich kündigen, sofern ein wichtiger Grund zur Kündigung vorliegt (§ 626 Abs. 1 BGB). Das Recht zur außerordentlichen Kündigung kann weder individual- noch kollektivvertraglich ausgeschlossen, beschränkt oder erweitert werden. Eine entsprechende Vereinbarung ist nichtig (ErfK/*Müller-Glöge* § 626 BGB Rn. 194).

▶ **Muster – Außerordentliche, hilfsweise ordentliche Kündigung (durch den Arbeitgeber)** [1]

50 [Briefkopf des Unternehmens] [2]

[Name des Mitarbeiters] [3]

[Anschrift des Mitarbeiters]

[Ort, Datum] [4]

Kündigung Ihres Arbeitsverhältnisses

Sehr geehrte/r [Name des Mitarbeiters] ,

hiermit kündigen [5] wir das mit Ihnen bestehende Arbeitsverhältnis außerordentlich und fristlos [6] aus wichtigem Grund, [7] hilfsweise [8] ordentlich zum nächstmöglichen Termin. [9] Dies ist nach unserer Berechnung der ____[Datum]____ . [1] Vorsorglich gewähren wir Ihnen ab sofort sämtlichen noch ausstehenden bezahlten Erholungsurlaub. [11]

Der Betriebsrat wurde ordnungsgemäß angehört. Er hat der Kündigung zugestimmt. [oder: Er hat der Kündigung nicht widersprochen.] [12]

Wir fordern Sie hiermit auf, jegliches in Ihrem Besitz befindliches Eigentum der [Name des Unternehmens] und mit ihr verbundener Unternehmen sowie alle Ihnen von der [Name des Unternehmens] oder Dritten im Hinblick auf Ihr Arbeitsverhältnis überlassenen Gegenstände unverzüglich an die [Name des Unternehmens] in [Ort des Betriebs] , z.H. [Name der empfangszuständigen Person] , zurückzugeben. [13]

Schließlich weisen wir Sie auf die Notwendigkeit eigener Aktivitäten bei der Suche nach einer anderen Beschäftigung sowie auf Ihre Verpflichtung zur Meldung nach § 38 Abs. 1 SGB III bei der Agentur für Arbeit hin. Eine verspätete Meldung führt zu Nachteilen beim Arbeitslosengeld (vgl. § 159 Abs. 1 Nr. 7, Abs. 6, § 148 Abs. 1 Nr. 3 SGB III). [14]

Mit freundlichen Grüßen
[Name des Unternehmens]
[Unterschrift der vertretungsberechtigten Person] 15, 16

Erhalten am: ___[Ort, Datum]___ 17
[Unterschrift des Mitarbeiters]

Erläuterungen

Schrifttum
Schulte Westenberg Die außerordentliche Kündigung im Spiegel der Rechtsprechung, NZA-RR 2012, 169.

1. Siehe K Rdn. 32. 51

2. Siehe K Rdn. 33. 52

3. Bei der Kündigung des Berufsausbildungsverhältnisses eines minderjährigen Auszubildenden ist das Kündigungsschreiben an die gesetzlichen Vertreter zu richten. Siehe Anmerkung 3 K Rdn. 34. 53

4. Die Kündigung muss innerhalb der **Kündigungserklärungsfrist** von zwei Wochen erfolgen, nachdem der Arbeitgeber von den für die Kündigung maßgeblichen Tatsachen Kenntnis erlangt hat (siehe ausführlich DLW/*Dörner* Kapitel 4 Rn. 1086 ff.; APS/*Dörner/Vossen* § 626 BGB Rn. 116 ff.; ErfK/*Müller-Glöge* § 626 BGB Rn. 200 ff.). 54

5. Siehe K Rdn. 36. 55

6. Die außerordentliche Kündigung erfolgt in aller Regel fristlos. Der Arbeitgeber kann jedoch auch eine außerordentliche Kündigung mit einer Frist erklären (sog. **außerordentliche Kündigung mit Auslauffrist**) (ErfK/*Müller-Glöge* § 626 BGB Rn. 188). In diesen Fällen ist jedoch besonders darauf zu achten, dass die Erklärung zweifelsfrei erkennen lässt, dass der Arbeitgeber von seinem Recht zur außerordentlichen Kündigung gem. § 626 Abs. 1 BGB Gebrauch macht. Ansonsten darf der Arbeitnehmer darauf vertrauen, dass nur eine ordentliche Kündigung erklärt wurde (ErfK/*Müller-Glöge* § 626 BGB Rn. 188; APS/*Linck* § 622 BGB Rn. 27). Entschließt sich der Arbeitgeber, z.B. aus sozialen Gründen oder im eigenen Interesse, die Kündigung mit einer Frist zu erklären, braucht eine derartige Auslauffrist der gesetzlichen, tarifvertraglichen oder individualvertraglichen Kündigungsfrist nicht zu entsprechen (ErfK/*Müller-Glöge* § 626 BGB Rn. 188). Ist die ordentliche Kündigung des Arbeitsverhältnisses tarifvertraglich oder gesetzlich ausgeschlossen (z.B. gem. § 15 Abs. 1 KSchG für Betriebsratsmitglieder), rechtfertigt der Sachverhalt jedoch – bei unterstellter ordentlicher Kündbarkeit des Arbeitnehmers – nur eine ordentliche, nicht jedoch eine außerordentliche Kündigung, so ist die Kündigungsfrist als Auslauffrist einzuhalten, die gelten würde, wenn die ordentliche Kündigung nicht ausgeschlossen wäre (fiktive Kündigungsfrist). Es widerspricht dem Sinn und Zweck des Ausschlusses des ordentlichen Kündigungsrechts, dem dadurch geschützten Arbeitnehmer eine der fiktiven Kündigungsfrist entsprechende Auslauffrist zu verweigern, wenn einem vergleichbaren Arbeitnehmer ohne gesteigerten Kündigungsschutz bei (theoretisch) gleichem Kündigungssachverhalt und Zumutbarkeit der Weiterbeschäftigung bis zum Ablauf der Kündigungsfrist nur fristgerecht gekündigt werden könnte (BAG, Urt. v. 11.03.1999 – 2 AZR 427/98, AP § 626 BGB Nr. 150). Der Arbeitgeber sollte allerdings darauf achten, dass er sich durch die Gewährung einer Auslauffrist nicht in Widerspruch zum Ausspruch einer außerordentlichen Kündigung setzt: Ist die ordentliche Kündigung nicht ausgeschlossen und wird der Arbeitnehmer nicht von der Arbeitsleistung freigestellt, kann die Einräumung einer Auslauffrist dahingehend verstanden werden, dass dem Arbeitgeber die Fortsetzung des Arbeitsverhältnisses jedenfalls für die Dauer der Auslauffrist nicht unzumutbar ist. Liegt in diesem Fall zwischen der eingeräumten Auslauffrist und der maßgeblichen ordentlichen Kün- 56 digungsfrist keine oder keine erhebliche Differenz, könnte die Interessenabwägung die Unwirksamkeit der außerordentlichen Kündigung ergeben; die Kündigung wäre in eine ordentliche Kündigung umzudeuten (ErfK/*Müller-Glöge* § 626 BGB Rn. 190).

57 **7.** Die außerordentliche Kündigung des Arbeitsverhältnisses setzt das Vorliegen eines **wichtigen Grundes** voraus (siehe hierzu ausführlich DLW/*Dörner* Kapitel 4 Rn. 1150 ff.; APS/*Dörner/Vossen* § 626 BGB Rn. 21 ff.; ErfK/*Müller-Glöge* § 626 BGB Rn. 14 ff.). Der Arbeitgeber ist allerdings – außer in den Fällen der Kündigung eines Berufsausbildungsverhältnisses (§ 22 Abs. 3 BBiG) oder des Arbeitsverhältnisses einer Schwangeren oder Wöchnerin (§ 9 Abs. 3 MuSchG), siehe hierzu auch K Rdn. 37 – nicht verpflichtet, diesen im Kündigungsschreiben mitzuteilen. Verlangt der Arbeitnehmer die **Mitteilung des Kündigungsgrundes**, muss der Arbeitgeber ihn dem Arbeitnehmer gem. § 626 Abs. 2 S. 3 BGB unverzüglich, d.h. ohne schuldhaftes Zögern (§ 121 BGB), mitteilen. Tut er dies nicht, kann er sich schadensersatzpflichtig machen. Zu ersetzen ist der Vertrauensschaden, z.B. die in einem Rechtsstreit über die Wirksamkeit der Kündigung entstandenen Prozesskosten, wenn der Kündigungsempfänger bei ordnungsgemäßer oder rechtzeitiger Begründung nicht geklagt hätte (ErfK/*Müller-Glöge* § 626 BGB Rn. 244). Allerdings sollte der Arbeitgeber bedenken, dass er dem Arbeitnehmer »Munition« für einen Kündigungsschutzprozess an die Hand gibt, wenn er ihm die Kündigungsgründe mitteilt. Es spricht daher in der Regel vieles dafür, dem Arbeitnehmer die Kündigungsgründe auch auf Verlangen nicht mitzuteilen und die eventuelle Schadensersatzpflicht in Kauf zu nehmen.

58 Soll ein **Berufsausbildungsverhältnis** aus wichtigem Grund gekündigt werden – die ordentliche Kündigung durch den Arbeitgeber ist nach Ablauf der Probezeit ausgeschlossen (vgl. § 22 Abs. 2 Nr. 1 BBiG) –, so ist zu beachten, dass für den »wichtigen Grund« ein besonders strenger Maßstab gilt. Voraussetzung für das Vorliegen eines wichtigen Grundes im Rahmen des § 22 Abs. 2 Nr. 1 BBiG ist, dass das Ausbildungsziel erheblich gefährdet ist und die Fortsetzung der Ausbildung unzumutbar ist (ErfK/*Schlachter* § 22 BBiG Rn. 3). Dies sollte in der Darstellung der Kündigungsgründe zum Ausdruck gebracht werden, etwa wie folgt:

Unserem Entschluss, das Berufsausbildungsverhältnis zu kündigen, liegt folgender Sachverhalt zu Grunde: [umfassende Darstellung des Sachverhalts] *. Vor diesem Hintergrund sehen wir den Sinn und Zweck der Berufsausbildung in Frage gestellt und das Erreichen des Ausbildungsziels erheblich gefährdet. Eine Fortsetzung des Ausbildungsverhältnisses ist uns angesichts Ihrer schwerwiegenden Pflichtverletzungen nicht zumutbar.*

59 **8.** Liegt kein wichtiger Grund für die Kündigung vor oder hat der Arbeitgeber die Frist des § 626 Abs. 2 BGB versäumt, so zeitigt die außerordentliche Kündigung keine Wirkung, kann aber unter Umständen in eine ordentliche Kündigung umgedeutet werden (BAG, Urt. v. 12.03.2009 – 2 AZR 894/07, NZA 2009, 840, 841). Eine **Umdeutung** ist nicht erforderlich, wenn – wie im Muster vorgesehen – hilfsweise die ordentliche Kündigung erklärt wird. Zu beachten ist hierbei auch, dass eine Umdeutung dann nicht in Betracht kommt, wenn der Betriebsrat gem. § 102 BetrVG nur zur außerordentlichen Kündigung angehört worden ist. Die grundsätzliche Bedingungsfeindlichkeit der Kündigung steht der Erklärung einer »hilfsweisen« ordentlichen Kündigung jedoch nicht entgegen, da es sich hierbei um eine zulässige Rechtsbedingung handelt (ErfK/*Müller-Glöge* § 620 BGB Rn. 22; siehe auch K Rdn. 36).

60 **9.** Siehe K Rdn. 39.

61 **10.** Siehe K Rdn. 40.

62 **11.** Eine Freistellung erfolgt bei einer außerordentlichen Kündigung nicht, da das Arbeitsverhältnis – die Wirksamkeit der Kündigung vorausgesetzt – mit Zugang beim Arbeitnehmer endet. Der Arbeitgeber kann (und sollte) jedoch den noch ausstehenden Erholungsurlaub vorsorglich für den Fall gewähren, dass die erklärte außerordentliche Kündigung das Arbeitsverhältnis nicht

auflöst. Die **vorsorgliche Urlaubsgewährung** liegt im wohlverstandenen Eigeninteresse des Arbeitgebers. Sie soll die Kumulation von Annahmeverzugs- und Urlaubsabgeltungsansprüchen verhindern (BAG, Urt. v. 14.08.2007 – 9 AZR 934/06, NZA 2008, 473, 474). Nach Ansicht des BAG gewährt der Arbeitgeber dem Arbeitnehmer jedoch nur dann wirksam Urlaub, wenn er dem Arbeitnehmer die Urlaubsvergütung vor Antritt des Urlaubs zahlt oder vorbehaltlos zusagt (BAG, Urt. v. 10.02.2015 – 9 AZR 455/13, NJW 2015, 2520, 2521). Vor diesem Hintergrund ist im Muster vorgesehen, dass dem Arbeitnehmer »bezahlter« Erholungsurlaub gewährt wird. Ob diese Formulierung den Anforderungen des BAG genügt, ist allerdings unklar.

12. Siehe K Rdn. 43. 63
13. Siehe K Rdn. 45. 64
14. Siehe K Rdn. 46. 65

15. Hat der Arbeitgeber das Arbeitsverhältnis wirksam wegen Vorliegens eines wichtigen Grundes i.S.d. § 626 Abs. 1 BGB und unter Einhaltung der Frist des § 626 Abs. 2 BGB gekündigt, so kann ihm gegen den Arbeitnehmer ein **Schadensersatzanspruch** gem. § 628 Abs. 2 BGB zustehen. Der Schaden kann beispielsweise darin bestehen, dass andere Arbeitnehmer die Arbeit des gekündigten Arbeitnehmers übernehmen müssen und der Arbeitgeber ihnen Überstundenvergütung zu zahlen hat. Allein die höhere Beanspruchung anderer Arbeitnehmer im Sinne einer Intensivierung der Arbeitsleistung ist jedoch kein ausgleichsfähiger Schaden des Arbeitgebers (siehe hierzu im Einzelnen ErfK/*Müller-Glöge* § 628 BGB Rn. 34 ff.). Hat der Arbeitgeber für einen bestimmten Zeitabschnitt die **Vergütung im Voraus entrichtet** und kommt es dann innerhalb dieses Zeitabschnitts zur Kündigung, so kann der Arbeitgeber den überzahlten Vergütungsanteil gem. § 628 Abs. 1 S. 3 BGB zurückfordern. 66

16. Siehe K Rdn. 47. 67
17. Siehe K Rdn. 48. 68

4. Kündigung gemäß § 1a KSchG

Vorbemerkung

Gem. § 1a KSchG kann der Arbeitgeber mit der Kündigung den Hinweis verbinden, dass die Kündigung auf dringende betriebliche Erfordernisse gestützt ist und der Arbeitnehmer bei Verstreichenlassen der Klagefrist des § 4 Abs. 1 KSchG eine Abfindung in Höhe von 0,5 Monatsverdiensten pro Jahr der Beschäftigung verlangen kann. Lässt der Arbeitnehmer die Klagefrist daraufhin verstreichen, entsteht ein gesetzlicher Abfindungsanspruch in der in § 1a Abs. 2 KSchG bestimmten Höhe. Vor dem Hintergrund, dass ein großer Teil von Kündigungsschutzverfahren mit einem Abfindungsvergleich endet, wollte der Gesetzgeber mit der Regelung des § 1a KSchG eine »einfach zu handhabende, moderne und unbürokratische Alternative zum Kündigungsschutzprozess« schaffen (BT-Drs. 15/1204, S. 12). Die Anwendbarkeit des § 1a KSchG setzt – wie sich bereits aus der systematischen Stellung der Vorschrift ergibt – voraus, dass das KSchG gem. §§ 1 Abs. 1, 23 KSchG auf das Arbeitsverhältnis Anwendung findet. Auch wenn die Vorschrift anwendbar ist, schließt sie jedoch andere Abfindungsvereinbarungen der Arbeitsvertragsparteien – auch im Zusammenhang mit betriebsbedingten Kündigungen – nicht aus. Es steht dem Arbeitgeber frei, nach § 1a KSchG zu verfahren oder nicht (BAG, Urt. v. 19.06.2007 – 1 AZR 340/06, AP KSchG 1969 § 1a Nr. 4). 69

K. Die Beendigung des Arbeitsverhältnisses

▶ **Muster – Kündigung gem. § 1a KSchG** [1]

70

[Briefkopf des Unternehmens] [2]

[Name des Mitarbeiters]

[Anschrift des Mitarbeiters]

[Ort, Datum] [3]

Kündigung Ihres Arbeitsverhältnisses

Sehr geehrte/r [Name des Mitarbeiters] ,

hiermit kündigen [4] wir das mit Ihnen bestehende Arbeitsverhältnis ordentlich [5] und fristgerecht zum nächstmöglichen Termin. [6] Dies ist nach unserer Berechnung der ___[Datum]___ . [7]

Die Kündigung ist auf dringende betriebliche Erfordernisse gestützt. [8] Bei Verstreichenlassen der Klagefrist [9] können Sie eine Abfindung gem. § 1a KSchG beanspruchen. Die Höhe der Abfindung beträgt 0,5 Monatsverdienste für jedes Jahr des Bestehens des Arbeitsverhältnisses; bei der Ermittlung der Dauer des Arbeitsverhältnisses ist ein Zeitraum von mehr als sechs Monaten auf ein volles Jahr aufzurunden (§ 1a Abs. 2 KSchG). [10]

Wir weisen Sie auf die Notwendigkeit eigener Aktivitäten bei der Suche nach einer anderen Beschäftigung sowie auf Ihre Verpflichtung zur Meldung nach § 38 Abs. 1 SGB III bei der Agentur für Arbeit hin. Eine verspätete Meldung führt zu Nachteilen beim Arbeitslosengeld (vgl. § 159 Abs. 1 Nr. 7, Abs. 6, § 148 Abs. 1 Nr. 3 SGB III). [11]

Mit freundlichen Grüßen

_____

(Name des Unternehmens)

_____

(Unterschrift der vertretungsberechtigten Person) [12]

Erhalten am: [Ort, Datum]

_____

(Unterschrift des Mitarbeiters) [13]

Erläuterungen

Schrifttum

Hergenröder/von Wickede Die Rechtsprechung zur Kündigung mit Abfindungsangebot (§ 1a KSchG), RdA 2008, 364; *Kögel* Der Abfindungsanspruch nach § 1a KSchG, RdA 2009, 358; *Quecke* Die Änderung des Kündigungsschutzgesetzes zum 01.01.2004, RdA 2004, 86.

71 **1.** Siehe zunächst K Rdn. 32. Bei der Kündigung gem. § 1a KSchG ist auch der Hinweis des Arbeitgebers darauf, dass die Kündigung auf dringende betriebliche Erfordernisse gestützt ist und der Arbeitnehmer bei Verstreichenlassen der Klagefrist des § 4 Abs. 1 KSchG eine Abfindung in Höhe von 0,5 Monatsverdiensten pro Jahr der Beschäftigung verlangen kann, vom **Schriftformerfordernis** des § 623 BGB umfasst (*Kögel* RdA 2009, 358, 363; *Hergenröder/von Wickede* RdA 2008, 65, 71; ErfK/*Oetker* § 1a KSchG Rn. 9). Bei mehreren Kündigungen muss der Hinweis für jede Kündigung wiederholt werden (ErfK/*Oetker* § 1a KSchG Rn. 3)(!).

72 **2.** Siehe K Rdn. 32.

73 **3.** Siehe K Rdn. 35.

74 **4.** Siehe K Rdn. 36.

5. § 1a KSchG ist – wie sich bereits aus seiner systematischen Stellung und zudem aus § 13 KSchG ergibt – grds. nur bei **ordentlichen**, nicht hingegen bei außerordentlichen Kündigungen anwendbar. Eine Ausnahme soll sich jedoch bei Arbeitnehmern ergeben, deren Arbeitsverhältnis – z.B. auf Grund tarifvertraglicher Regelung – ordentlich unkündbar ist (*Kögel* RdA 2009, 358, 361; *Hergenröder/von Wickede* RdA 2008, 65, 71; ErfK/*Oetker* § 1a KSchG Rn. 5). § 1a KSchG ist auch bei Änderungskündigungen anwendbar, wenn die Abfindung für den Fall versprochen wird, dass der Arbeitnehmer das Angebot vorbehaltlos ablehnt und es somit um die Beendigung des Arbeitsverhältnisses geht (BAG, Urt. v. 13.12.2007 – 2 AZR 663/06, AP KSchG 1969 § 1a Nr. 5).

6. Siehe K Rdn. 39.

7. Siehe K Rdn. 40.

8. Der Arbeitgeber muss die Kündigung auf **dringende betriebliche Erfordernisse** i.S.d. § 1 Abs. 2 S. 1 KSchG stützen und diese auch so bezeichnen. Dagegen ist wohl nicht erforderlich, dass dringende betriebliche Erfordernisse tatsächlich vorliegen und die Kündigung sozial rechtfertigen können (*Kögel* RdA 2009, 358, 362; *Quecke* RdA 2004, 86, 95).

9. Der Abfindungsanspruch setzt voraus, dass der Arbeitnehmer die **Klagefrist** des § 4 Abs. 1 KSchG **verstreichen lässt**, also keine prozessualen Schritte einleitet, um die Rechtswirksamkeit der Kündigung im Rahmen einer Kündigungsschutzklage überprüfen zu lassen. Die gesetzliche Regelung will gerichtliche Auseinandersetzungen der Arbeitsvertragsparteien vermeiden und ihnen eine einfache, effiziente und kostengünstige außergerichtliche Möglichkeit zu einem angemessenen Interessenausgleich zur Verfügung stellen. Daher ist einem Arbeitnehmer die Abfindung zu versagen, wenn er eine gerichtliche Auseinandersetzung über den Bestand des Arbeitsverhältnisses eingeleitet hat. Dies gilt auch dann, wenn der Arbeitnehmer zunächst die Klagefrist verstreichen lässt, dann aber einen Antrag auf nachträgliche Klagezulassung gem. § 5 KSchG stellt oder die Klage zunächst einreicht und später zurücknimmt. Zwar regelt § 1a Abs. 1 KSchG diesen Fall nicht ausdrücklich, aus Sinn und Zweck der Regelung folgt aber ein Entfallen des Abfindungsanspruchs in diesen Konstellationen (BAG, Urt. v. 20.08.2009 – 2 AZR 267/08, NZA 2009, 1197; BAG, Urt. v. 13.12.2007 – 2 AZR 971/06, AP KSchG 1969 § 1a Nr. 7).

Der Anspruch entsteht nicht bereits zum Zeitpunkt des Ablaufs der Klagefrist, sondern erst zum Zeitpunkt des Ablaufs der Kündigungsfrist (BAG, Urt. v. 10.05.2007 – 2 AZR 45/06, AP KSchG 1969 § 1a Nr. 3).

10. Die **Höhe der Abfindung** berechnet sich nach § 1a Abs. 2 KSchG und beträgt 0,5 Monatsverdienste pro Jahr der Beschäftigung, wobei ab einem Zeitraum von sechs Monaten auf ein volles Jahr aufzurunden ist. Der »Monatsverdienst« umfasst alle Bestandteile des Arbeitsentgelts, die Entgeltcharakter aufweisen, also auch Zulagen, Tantiemen und Sachbezüge (*Kögel* RdA 2009, 358, 363, 364). Strittig ist, ob auch Entgelte im weiteren Sinne, wie z.B. Gratifikationen, Urlaubsgeld etc. zu berücksichtigen sind (bejahend: *Kögel* RdA 2009, 358, 363, 364; a.A. *Lembke* BB 2009, 2594, 2596, der darauf abstellt, ob der Arbeitnehmer im maßgeblichen Zeitpunkt der rechtlichen Beendigung des Arbeitsverhältnisses einen Anspruch auf die entsprechende Leistung hat oder nicht). Die Höhe der Abfindung muss im Kündigungsschreiben nicht bereits betragsmäßig angegeben werden (BAG, Urt. v. 19.06.2007 – 1 AZR 340/06, AP KSchG 1969 § 1a Nr. 4). Mit Erfüllung der Voraussetzungen des § 1a Abs. 1 KSchG entsteht der Abfindungsanspruch ohne Weiteres in der von § 1a Abs. 2 KSchG vorgegebenen Höhe (BAG, Urt. v. 19.06.2007 – 1 AZR 340/06, AP KSchG 1969 § 1a Nr. 4). Hat der Arbeitgeber die Höhe der Abfindung angegeben und sie – bewusst oder unbewusst – falsch berechnet, so ist durch Auslegung zu ermitteln, ob der Arbeitgeber über die gesetzliche Regelung hinaus ein Angebot auf eine höhere oder niedrigere Abfindung unterbreiten oder ob er nur einen Hinweis auf die Berechnung nach § 1a Abs. 2 KSchG geben wollte (BAG, Urt. v. 19.06.2007 – 1 AZR 340/06, AP KSchG 1969 § 1a Nr. 4; BAG, Urt. v. 13.12.2007 – 2 AZR 807/06, AP KSchG 1969 § 1a Nr. 6; BAG, Urt. v. 10.07.2008 – 2 AZR

209/07, AP KSchG 1969 § 1a Nr. 8). Um solche Auslegungsstreitigkeiten zu vermeiden, ist anzuraten, auf die Berechnung zu verzichten und lediglich – wie im Muster vorgesehen – die Berechnungsformel anzugeben. Dies empfiehlt sich außerdem zur Vermeidung einer Sperrzeit (vgl. K Rdn. 83). Besteht ein Sozialplan, der Abfindungsansprüche bei betriebsbedingten Kündigungen vorsieht und keine Anrechnungsklausel erhält, sollte der Arbeitgeber bei Ausspruch einer Kündigung nach § 1a KSchG vorsichtig sein, um Doppelansprüche zu vermeiden. Zwischen einer Sozialplanabfindung und einer Abfindung nach § 1a KSchG besteht keine generelle Anspruchskonkurrenz (LAG Berlin-Brandenburg, Urt. v. 10.07.2015 – 8 Sa 531/15, BeckRS 2015, 72004).

81 **11.** Siehe K Rdn. 46.

82 **12.** Siehe zunächst K Rdn. 47. Da auch der »Hinweis« des Arbeitgebers vom Schriftformerfordernis des § 623 BGB umfasst ist, muss auch dieser von der Unterschrift gedeckt sein, d.h. die Unterschrift muss unterhalb des »Hinweises« stehen und diesen räumlich abschließen.

83 **13.** Lässt der Arbeitnehmer die Klagefrist des § 4 Abs. 1 KSchG verstreichen und erlangt er dadurch einen Abfindungsanspruch, so begründet dies **keinen Sperrzeittatbestand** in Bezug auf das Arbeitslosengeld, da insoweit kein Beteiligungstatbestand vorliegt (vgl. Geschäftsanweisung der Bundesagentur für Arbeit zu § 159 SGB III [Stand: 08/2015] Ziffer 159.13). In diesen Fällen wird ohne weitere Prüfung der Rechtmäßigkeit der Kündigung davon ausgegangen, dass ein Beteiligungstatbestand nicht gegeben ist. Diese Privilegierung besteht aber nur dann, wenn die Höhe der Abfindung der gesetzlichen Regelung in § 1a Abs. 2 KSchG entspricht (vgl. Geschäftsanweisung der Bundesagentur für Arbeit zu § 159 SGB III [Stand: 08/2015] Ziffer 159.13).

5. Vollmacht zum Ausspruch von Kündigungen

Vorbemerkung

84 Auf Arbeitgeberseite ist grds. der Arbeitgeber, bei einer juristischen Person also deren gesetzlicher Vertreter, zum Ausspruch der Kündigung berechtigt. In der Praxis wird sich der Arbeitgeber oft eines **rechtsgeschäftlichen Vertreters** bedienen. In diesem Fall sollte dem Kündigungsschreiben grds. eine entsprechende **Vollmachtsurkunde im Original** beigefügt werden, da der Arbeitnehmer die Kündigung ansonsten gem. § 174 S. 1 BGB **zurückweisen** kann (K Rdn. 88). Die Vorlage einer beglaubigten Abschrift, Fotokopie, Faxkopie oder einer E-Mail ist nicht ausreichend (*Lux* NZA-RR 2008, 393, 394). Die Zurückweisung führt zur Unwirksamkeit der Kündigung. Die Zurückweisung ist ausgeschlossen, wenn der Arbeitgeber den Arbeitnehmer von der Bevollmächtigung in Kenntnis gesetzt hatte (§ 174 S. 2 BGB); in diesen Fällen ist daher die Vorlage einer Originalvollmacht nicht erforderlich (siehe hierzu K Rdn. 47). In der Praxis empfiehlt sich eine umfassende Vollmacht, die – wie im Muster vorgesehen – auch den Ausspruch weiterer Kündigungen und den Abschluss von Aufhebungs- und Abwicklungsverträgen umfasst.

▶ **Muster – Vollmacht zum Ausspruch von Kündigungen**

85 [Briefkopf des Unternehmens]

Vollmacht

Hiermit bevollmächtige ich [Name des Bevollmächtigten], das zwischen [Name des Unternehmens] und [Name des Mitarbeiters] bestehende Arbeitsverhältnis ordentlich und fristgemäß [oder: außerordentlich und fristlos, hilfsweise ordentlich und fristgemäß] zu kündigen. Die Vollmacht umfasst auch den Ausspruch weiterer, insbesondere vorsorglicher oder [optional: weiterer] fristloser Kündigungen. Sie umfasst ferner den Abschluss von Aufhebungs- und Abwicklungsvereinbarungen mit [Name des Mitarbeiters].

Diese Vollmacht gilt zeitlich unbeschränkt bis zu ihrem Widerruf. [1]

[Ort, Datum]

(Unterschrift des Vollmachtgebers) 2

Erläuterungen

Schrifttum
Lux Ausschluss des Zurückweisungsrechts nach § 174 S. 2 BGB wegen Eintragung im Handelsregister?, NZA-RR 2008, 393.

1. Die Vollmacht ist vom Arbeitgeber selbst – bei einer juristischen Person also von deren gesetzlichem Vertreter – zu unterschreiben. Sind mehrere gesetzliche Vertreter bestellt, ist die Frage der Vertretungsbefugnis (Einzelvertretung/Gesamtvertretung) sorgfältig zu überprüfen. Soll das Dienstverhältnis eines Organvertreters gekündigt werden, ist nach Gesellschaftsrecht und ggf. anhand der Satzung der Gesellschaft zu bestimmen, wer zum Ausspruch der Kündigung berechtigt ist. So ist für die Kündigung des Dienstverhältnisses eines GmbH-Geschäftsführers die Gesellschafterversammlung zuständig (BGH, Urt. v. 08.09.1997 – II ZR 165/96, NJW 1998, 76). 86

2. Der Arbeitgeber kann die Vollmacht grds. jederzeit durch einseitige empfangsbedürftige Willenserklärung gegenüber dem Bevollmächtigten oder dem Dritten, gegenüber dem das Rechtsgeschäft vorzunehmen ist – also dem Arbeitnehmer – widerrufen. Bei einer Außenvollmacht wirkt der Widerruf gegenüber dem Bevollmächtigten jedoch nur nach §§ 170, 173 BGB (MüKo-BGB/*Schramm* § 168 Rn. 19). Die Vollmacht zur Vornahme bestimmter Rechtsgeschäfte ist außerdem »verbraucht«, d.h. gegenstandslos, wenn die entsprechenden Vertretergeschäfte abgeschlossen sind und der Zweck, für den sie erteilt wurde, erreicht ist (MüKo-BGB/*Schramm* § 168 Rn. 4; Erman/*Maier-Reimer* § 168 BGB Rn. 2). Dies ist vorliegend also mit Ausspruch der Kündigung(en) und/oder Abschluss eines Abwicklungs- oder Aufhebungsvertrags der Fall. 87

6. Zurückweisung der Kündigung wegen fehlender Vollmacht

Vorbemerkung

Bedient der Arbeitgeber sich zum Ausspruch der Kündigung eines **rechtsgeschäftlich Bevollmächtigten**, so kann der Arbeitnehmer die Kündigung gem. § 174 S. 1 BGB unverzüglich zurückweisen, wenn der Bevollmächtigte nicht zusammen mit dem Kündigungsschreiben eine entsprechende **Vollmachtsurkunde im Original** vorlegt. Im Fall einer wirksamen Zurückweisung ist die Kündigung unwirksam. Dem Arbeitgeber bleibt in diesem Fall nur, eine erneute Kündigung auszusprechen; allerdings mag dadurch eine Beendigung des Arbeitsverhältnisses zum gewünschten Zeitpunkt in Frage gestellt werden. Für den Arbeitnehmer ist die Zurückweisung daher ein taktisches Mittel, von dem er in jedem Fall Gebrauch machen sollte, wenn er nicht mit der Kündigung einverstanden ist. 88

▶ **Muster – Zurückweisung der Kündigung wegen fehlender Vollmacht** 1

[Briefkopf des Mitarbeiters] 89

[Name des Unternehmens] 2

[Anschrift des Unternehmens]

[Ort, Datum] 3

K. Die Beendigung des Arbeitsverhältnisses

Zurückweisung des Kündigungsschreibens vom [Datum des Kündigungsschreibens] **wegen fehlender Vollmacht** [4]

Sehr geehrte Damen und Herren,

hiermit weise ich die mir gegenüber durch [Name des angeblichen Bevollmächtigten] als angeblich Bevollmächtigten der [Name des Unternehmens] mit Schreiben vom [Datum des Kündigungsschreibens] ausgesprochene Kündigung mangels Vorlage einer Vollmacht gemäß § 174 BGB zurück. [5, 6]

[optional bei außerordentlicher Kündigung:

Gleichzeitig fordere ich Sie gemäß § 626 Abs. 2 Satz 2 BGB auf, mir unverzüglich den Kündigungsgrund schriftlich mitzuteilen.

Ich biete hiermit ausdrücklich weiterhin meine Arbeitsleistung an.]

Mit freundlichen Grüßen

_____
(Unterschrift des Mitarbeiters) [7]

Erläuterungen

Schrifttum

Diller Zurückweisung der Kündigung nach § 174 BGB – eine vergessene Waffe, FA 1999, 106; *Meyer/Reufels* Prozesstaktische Erwägungen bei Vollmachtsproblemen, NZA 2011, 5; *Lux* Ausschluss des Zurückweisungsrechts nach § 174 S. 2 BGB wegen Eintragung im Handelsregister?, NZA-RR 2008, 393; *Pusch* Vollmachtsnachweis bei Abberufung und Kündigung von Vorstandsmitgliedern, RdA 2005, 170; *Raif* Auf die Vollmacht kommt es an: Zurückweisung von Kündigungen nach § 174 BGB, ArbRAktuell 2013, 587.

90 **1.** Die Zurückweisung unterliegt keinen Formvorschriften. Aus Beweisgründen bietet es sich jedoch an, die Zurückweisung schriftlich zu erklären.

91 **2.** Die Zurückweisung kann gegenüber dem Vertreter oder gegenüber dem vermeintlich Vertretenen erklärt werden (Erman/*Maier-Reimer* § 174 BGB Rn. 10). Zur Sicherheit empfiehlt es sich, die Zurückweisung gegenüber beiden zu erklären.

92 **3.** § 174 S. 1 BGB setzt voraus, dass der Erklärungsempfänger das Rechtsgeschäft **unverzüglich**, d.h. ohne schuldhaftes Zögern, zurückweist. Die zu § 121 BGB aufgestellten Grundsätze gelten dabei entsprechend. Demnach muss die Zurückweisung nicht sofort erfolgen; vielmehr ist dem Erklärungsempfänger eine gewisse Zeit zur Überlegung und zur Einholung des Rates eines Rechtskundigen darüber einzuräumen, ob er das einseitige Rechtsgeschäft wegen fehlender Bevollmächtigung zurückweisen soll (BAG, Urt. v. 05.04.2001 – 2 AZR 159/00, AP BGB § 626 Nr. 171; BAG, Urt. v. 31.08.1979 – 7 AZR 674/77, AP BGB § 174 Nr. 3). Innerhalb welcher Zeitspanne der Erklärungsempfänger das Rechtsgeschäft wegen der fehlenden Bevollmächtigung zurückweisen muss, richtet sich nach den Umständen des Einzelfalls (BAG, Urt. v. 05.04.2001 – 2 AZR 159/00, AP BGB § 626 Nr. 171; in BAG, Urt. v. 25.09.2014 – 2 AZR 567/13, NJW 2014, 3595 wurde in einem Fall, in dem zwischen Kündigung und Zurückweisung fünf Tage einschließlich eines Wochenendes und eines Feiertags lagen, Unverzüglichkeit bejaht). Die Zurückweisung einer Kündigungserklärung nach einer Zeitspanne von mehr als **einer Woche** wird – ohne das Vorliegen besonderer Umstände – jedoch nicht mehr unverzüglich sein. Da die Rüge des § 174 S. 1 BGB keinerlei Nachforschungen über die wirklichen Vertretungs- und Vollmachtsverhältnisse und auch keinen schwierigen Abwägungsprozess erfordert, sondern regelmäßig rein formal und routinemäßig lediglich an das Fehlen der Vollmachtsurkunde anknüpft, ist die Zeitspanne von einer Woche für die Entscheidung über die Zurückweisung unter normalen Umständen ausreichend. Hierdurch wird auch das berechtigte Interesse des die Kündigung Erklärenden geschützt, alsbald zu erfahren, ob die Wirksamkeit der Kündigung unter formalen Gesichtspunkten in Frage gestellt wird (BAG, Urt. v. 08.12.2011 – 6 AZR 354/10, NZA 2012, 495, 497 f.). Zur Sicherheit sollte

die Zurückweisung daher so zeitig wie möglich erfolgen. Aus taktischen Gründen kann es jedoch angebracht sein, mit der Zurückweisung noch abzuwarten, wenn dadurch erreicht werden kann, dass der Arbeitgeber die Frist für eine erneute Kündigung zum selben Termin versäumt oder gar die Kündigungserklärungsfrist nach § 626 Abs. 2 BGB verstreicht (siehe auch *Raif* ArbRAktuell 2013, 587). Dies gilt jedoch selbstverständlich nur, wenn dadurch die »Unverzüglichkeit« nicht gefährdet wird.

4. Das Recht, ein Rechtsgeschäft gem. § 174 S. 1 BGB zurückzuweisen, besteht nicht nur, wenn überhaupt keine Vollmachtsurkunde vorgelegt wird, sondern auch dann, wenn zwar eine Urkunde vorgelegt wird, sich aus dieser die Bevollmächtigung des angeblichen Vertreters für das im konkreten Fall vorzunehmende Rechtsgeschäft – also die Kündigung – aber nicht ergibt (BAG, Urt. v. 31.08.1979 – 7 AZR 674/77, AP BGB § 174 Nr. 3). Dies folgt bereits aus dem Sinn und Zweck der Vorschrift des § 174 S. 1 BGB, die das Gewissheitsinteresse des Erklärungsempfängers schützt (MüKo-BGB/*Schramm* § 174 BGB Rn. 1). Demnach kann der Erklärungsempfänger ein einseitiges Rechtsgeschäft zurückweisen, wenn er keine Gewissheit hat, ob der Erklärende wirklich bevollmächtigt ist und der Vertretene die Erklärung gegen sich gelten lassen muss (BAG, Urt. v. 03.07.2003 – 2 AZR 235/02, NJW 2004, 1547, 1550; BAG, Urt. v. 22.01.1998 – 2 AZR 267/97, NZA 1998, 699). Die Vollmachtsurkunde muss im Interesse der Rechtssicherheit und Rechtsklarheit für den Erklärungsempfänger eindeutig den **Umfang der rechtsgeschäftlichen Vertretungsmacht** erkennen lassen, d.h. die Vollmachtsurkunde muss nach ihrem Inhalt zur Vornahme des betreffenden Rechtsgeschäfts geeignet sein (BAG, Urt. v. 31.08.1979 – 7 AZR 674/77, AP BGB § 174 Nr. 3). Bei der Zurückweisung in einem solchen Fall bietet sich folgende Formulierung an: 93

Alternative:

[Hiermit weise ich die mir gegenüber durch [Name des angeblichen Bevollmächtigten] als angeblich Bevollmächtigten der [Name des Unternehmens] mit Schreiben vom [Datum des Kündigungsschreibens] ausgesprochene Kündigung gemäß § 174 BGB zurück, da sich aus der vorgelegten Vollmachtsurkunde keine Berechtigung zum Ausspruch einer Kündigung ergibt.]

Der Arbeitnehmer kann hingegen bei einer eigenhändigen Unterschrift durch den gesetzlichen Vertreter die Kündigung nicht mit der Begründung zurückweisen, die Unterschrift sei unleserlich und er könne nicht nachvollziehen, ob es sich tatsächlich um das Organ des Unternehmens handele (vgl. BAG, Urt. v. 20.09.2006 – 6 AZR 82/06, NZA 2007, 377).

5. Die Kündigung muss gerade wegen der fehlenden Vorlage der Vollmachtsurkunde zurückgewiesen werden. Der **Grund der Zurückweisung** muss sich zumindest aus den Umständen eindeutig ergeben und für den Vertragspartner erkennbar sein (BAG, Urt. v. 18.12.1980 – 2 AZR 980/78, NJW 1981, 2374, 2375). Einer Zurückweisung gem. § 174 S. 1 BGB muss sich entnehmen lassen, dass sie auf die Nichtvorlage einer Vollmachtsurkunde gestützt wird (Erman/*Maier-Reimer* § 174 BGB Rn. 10). 94

6. Die Zurückweisung ist **ausgeschlossen**, wenn der Arbeitgeber den Arbeitnehmer von der Bevollmächtigung in Kenntnis gesetzt hatte (§ 174 S. 2 BGB). Das In-Kenntnis-Setzen i.S.d. § 174 Satz 2 BGB gegenüber Arbeitnehmern liegt in der Regel darin, dass der Arbeitgeber bestimmte Mitarbeiter – z.B. durch die Bestellung zum Prokuristen, Generalbevollmächtigten oder Leiter der Personalabteilung – in eine Stellung beruft, mit der das Kündigungsrecht verbunden zu sein pflegt. Hat der Arbeitnehmer, dem gegenüber eine Kündigung ausgesprochen wird, Kenntnis davon, dass der Erklärende eine solche Stellung inne hat, dann ist ihm zuzurechnen, dass er dessen Bevollmächtigung gekannt hat (BAG, Urt. v. 20.09.2006 – 6 AZR 82/06, NZA 2007, 377, 381). Siehe hierzu ausführlich K Rdn. 47. 95

Unter Umständen kann die Zurückweisung auch wegen Treu und Glauben (§ 242 BGB) ausgeschlossen sein, wenn der Zurückweisende die Vollmacht kennt oder wenn er während einer längeren Geschäftsbeziehung die Vertreterhandlung des anderen stets ohne Vorlage einer Vollmachtsurkunde als verbindlich anerkannt hat und kein Anhaltspunkt für die Annahme besteht, dass die 96

K. Die Beendigung des Arbeitsverhältnisses

Vollmacht nicht (mehr) besteht (MüKo-BGB/*Schramm* § 174 BGB Rn. 9; Erman/*Maier-Reimer* § 174 BGB Rn. 11).

97 **7.** Erfolgt die Zurückweisung nicht durch den Arbeitnehmer selbst, sondern durch seinen rechtsgeschäftlich Bevollmächtigten – z.B. einen Rechtsanwalt – so ist darauf zu achten, dass der Zurückweisungserklärung eine Vollmachtsurkunde im Original beigefügt wird, da die Zurückweisung als einseitiges Rechtsgeschäft sonst ihrerseits gem. § 174 S. 1 BGB zurückgewiesen werden kann (BAG, Urt. v. 08.12.2011 – 6 AZR 354/10, NZA 2012, 495, 497; KR/*Friedrich/Treber* § 13 KSchG Rn. 221).

7. Zustellung des Kündigungsschreibens durch Boten

Vorbemerkung

98 Die Kündigung als empfangsbedürftige einseitige Willenserklärung wird erst mit ihrem **Zugang** beim Erklärungsempfänger – im Fall der Kündigung durch den Arbeitgeber also mit Zugang beim Arbeitnehmer – wirksam. Der Kündigende muss im Streitfall den Zugang der Kündigung darlegen und beweisen. Kann das Kündigungsschreiben dem Arbeitnehmer nicht persönlich übergeben werden (z.B. weil er urlaubs- oder krankheitsbedingt nicht im Betrieb anwesend ist), empfiehlt es sich, den Zugang der Kündigung durch einen **Boten** bewirken zu lassen, der über die Übergabe des Schreibens ein **Protokoll** anfertigt. Der Arbeitgeber kann hierzu einen professionellen Botendienst beauftragen. Alternativ können auch ein – zur Sicherheit besser noch zwei – zuverlässige Mitarbeiter den Botengang ausführen. Der Bote sollte persönlich Kenntnis vom Inhalt des zu überbringenden Schreibens genommen haben, damit er im Streitfall nicht nur für die Art und Weise und den Zeitpunkt des Zugangs des Kündigungsschreibens, sondern auch für den Inhalt des Schreibens als Zeuge benannt werden kann. Es ist daher sicherzustellen, dass der Bote das Kündigungsschreiben liest und das Schreiben in seinem Beisein kuvertiert und der Umschlag verschlossen wird (DLW/*Dörner* Kapitel 4 Rn. 134).

▶ **Muster – Zustellung des Kündigungsschreibens durch Boten**

99 Übergabeprotokoll

Ich, [Name des Boten], wohnhaft [Adresse des Boten], habe das mir von [Name der übergebenden Person] übergebene, an [Name und Adresse des Empfängers] adressierte und von mir kuvertierte Schreiben [Bezeichnung des Schreibens, z.B. Kündigungsschreiben des Unternehmens] vom [Datum des Schreibens] am [Datum der Übergabe] um [Uhrzeit der Übergabe]

☐ an [Name des Empfängers] persönlich übergeben.

☐ an der angegebenen Adresse in den Briefkasten von [Name des Empfängers] mit der Aufschrift [Name o.ä.] eingeworfen.

_____
(Unterschrift des Boten)

8. Zustellung des Kündigungsschreibens durch Gerichtsvollzieher

Vorbemerkung

100 In der Regel stellt die Beauftragung eines Boten einen sicheren Weg dar, den Zugang der Kündigung zu bewirken und im Streitfall zu beweisen. Kann der Zugang durch den Boten nicht bewirkt werden – weil beispielsweise der Arbeitnehmer die Annahme des Kündigungsschreibens verweigert hat und ein Einwurf in den Briefkasten des Arbeitnehmers nicht möglich war (z.B. weil der Arbeitnehmer den Briefkasten abmontiert oder in einem Mehrparteienhaus die Namensschilder entfernt hat, so dass eine Zuordnung des Briefkastens nicht möglich ist; Fälle der **Zugangsvereitelung**) – bleibt dem Arbeitgeber in der Regel nichts anderes übrig, als einen Gerichtsvollzieher mit der Zustellung des Kündigungsschreibens zu beauftragen.

Die Zustellung durch den Gerichtsvollzieher gem. § 132 BGB, §§ 192 f. ZPO ist die sicherste aller Übermittlungsvarianten (*Benedict* NVwZ 2000, 167, 168). Selbst bei Verweigerung der Annahme und fehlender Empfangseinrichtung kann der Gerichtsvollzieher das Kündigungsschreiben wirksam zustellen (vgl. §§ 179 ff. ZPO). Die für den Absender ausgefertigte Zustellungsurkunde (§§ 182 ff. ZPO) ist im Prozess als öffentliche Urkunde (§ 418 ZPO) zu behandeln und erbringt den Beweis ihrer Echtheit und inhaltlichen Richtigkeit. Zugleich kann man den Inhalt der Erklärung beweisen, da eine Kopie des zuzustellenden Schreibens mit der Zustellungsurkunde fest verbunden ist.

101

▶ **Muster – Zustellung des Kündigungsschreibens durch Gerichtsvollzieher**

102

[Briefkopf des Unternehmens]

[Name des zuständigen Amtsgerichts] 1

– Gerichtsvollzieherverteilerstelle –

[Adresse des zuständigen Amtsgerichts]

[Datum]

In der Sache

[Name des Unternehmens]

[Adresse des Unternehmens]

– Arbeitgeber –

gegen

[Name des Mitarbeiters]

[Adresse des Mitarbeiters]

– Arbeitnehmer –

bitten wir darum,

das im Original als Anlage beigefügte 2 Kündigungsschreiben des Arbeitgebers vom [Datum] an den Arbeitnehmer, [Name des Mitarbeiters], [Beruf des Mitarbeiters], wohnhaft [Adresse des Mitarbeiters], 3 am heutigen [Datum] gemäß § 132 BGB zuzustellen.

Der Arbeitgeber hat versucht, das Kündigungsschreiben am [Datum] an den Arbeitnehmer zuzustellen [Darstellung der Gründe für die Erfolglosigkeit der Zustellung, z.B. Dabei wurde der Arbeitnehmer jedoch nicht in seiner Wohnung angetroffen. Der Briefkasten des Arbeitnehmers ist nicht klar markiert.]. Daher ist eine Zustellung durch Vermittlung eines Gerichtsvollziehers erforderlich.

Die Zustellung ist zur Wahrung der Kündigungserklärungsfrist gemäß § 626 Abs. 2 BGB [oder: zur Wahrung der Kündigungsfrist] extrem eilbedürftig. Wir bitten daher um sofortige Zustellung an den Arbeitnehmer. 4

_____

(Unterschrift der vertretungsberechtigten Person)

Erläuterungen

Schrifttum
Benedict Einschreiben und Zustellungen durch die Post – lauter Kunstfehler?, NVwZ 2000, 167.

K. Die Beendigung des Arbeitsverhältnisses

103 **1.** Der Auftrag kann auch direkt an den örtlich zuständigen Gerichtsvollzieher gerichtet werden. Die Gerichtsvollzieherverteilerstelle gibt Auskunft über die Zuständigkeit der Gerichtsvollzieher. Bevor der Gerichtsvollzieher direkt beauftragt wird, sollte jedoch sichergestellt werden, dass er nicht gerade – z.B. wegen Urlaubs – abwesend ist und den Auftrag daher nicht zeitnah ausführen kann. Im Zweifel ist der Auftrag an die Gerichtsvollzieherverteilerstelle zu richten, die dafür sorgt, dass der Auftrag an den zuständigen Gerichtsvollzieher – bzw. dessen Vertretung – weitergeleitet wird.

104 **2.** Das Kündigungsschreiben darf dem Gerichtsvollzieher keinesfalls in einem verschlossenen Umschlag übergeben werden, da der Gerichtsvollzieher gem. § 52 Nr. 2 GVGA die Zustellung von verschlossenen Sendungen im Parteiauftrag ablehnt.

105 **3.** Es ist Sache des Auftraggebers, Name, Beruf, Wohnort und Wohnung der Person, an die zugestellt werden soll, genau zu bezeichnen (§ 17 GVGA).

106 **4.** Der Gerichtsvollzieher entscheidet nach pflichtgemäßem Ermessen über die Reihenfolge, in der er seine Aufträge erledigt (§ 6 S. 1 GVGA). Aufträge, deren eilige Ausführung von der Partei verlangt wird, müssen den für die besondere Beschleunigung maßgebenden Grund erkennen lassen (§ 6 S. 5 GVGA).

III. Änderungskündigung

1. Änderungskündigung

Vorbemerkung

107 Möchte der Arbeitgeber eine Änderung von Arbeitsbedingungen herbeiführen, so ist zunächst zu prüfen, auf welche Weise dies arbeitsrechtlich geschehen kann. Ist die beabsichtigte Änderung nicht mehr vom Inhalt des Arbeitsvertrags gedeckt, kann sie also nicht vom Arbeitgeber einseitig im Wege des Direktionsrechts gemäß § 106 GewO durchgesetzt werden, so bedarf es einer Änderungskündigung, falls der Arbeitnehmer der vorgeschlagenen Änderung nicht zustimmt. Bei der Änderungskündigung handelt es sich um ein aus zwei Willenserklärungen **zusammengesetztes Rechtsgeschäft** (BAG, Urt. v. 16.09.2004 – 2 AZR 628/03, NZA 2005, 635): ein **Angebot** zur Änderung des Arbeitsvertrags sowie eine **(Beendigungs-)Kündigung** für den Fall, dass der Arbeitnehmer eine Änderung des Arbeitsvertrags ablehnt.

▶ Muster – Änderungskündigung

108

[Briefkopf des Unternehmens]

[Name des Mitarbeiters]

[Anschrift des Mitarbeiters]

[Ort, Datum] 1

Änderungskündigung und hilfsweise Versetzung wegen der Verlegung von Abteilungen der [Name des Unternehmens] GmbH nach _____ [Ort] _____ 2

Sehr geehrte/r [Name des Mitarbeiters],

wie bereits mitgeteilt, haben wir entschieden, mehrere Abteilungen der _____ [Name] _____ GmbH (nachfolgend »Gesellschaft«) zum _____ [Datum] _____ vom Standort in _____ [Ort] _____ an den neuen Standort der Gesellschaft in _____ [Ort] _____ zu verlegen. Davon ist auch Ihre Abteilung betroffen. Wir würden uns freuen, wenn Sie uns bei diesem Umzug begleiten und Ihr Arbeitsverhältnis mit uns auch am neuen Standort in _____ [Ort] _____ fortsetzen würden. 3

Änderungskündigung K.III.1.

Wir bieten Ihnen daher im Rahmen einer Änderungskündigung an, Ihr Arbeitsverhältnis ab dem ___[Datum]___ zu den wie folgt geänderten Arbeitsbedingungen fortzusetzen: Arbeitsort ist der Standort der Gesellschaft in ___[Ort]___ . Die übrigen Arbeitsbedingungen bleiben unverändert. [4]

Bitte teilen Sie uns baldmöglichst, spätestens jedoch innerhalb von drei Wochen nach Zugang dieses Schreibens mit, ob Sie das Angebot annehmen. Zu diesem Zweck verwenden Sie bitte das in der Anlage beigefügte Schreiben. [5]

Gleichzeitig kündigen wir das mit Ihnen bestehende Arbeitsverhältnis fristgerecht zum nächstmöglichen Termin; dies ist nach unserer Berechnung der ___[Datum]___ . Diese Kündigung steht jedoch unter der auflösenden Bedingung, dass Sie das obige Angebot fristgemäß annehmen, d.h. die Kündigung wird gegenstandslos, wenn Sie das Angebot rechtzeitig annehmen. [6]

Für den Fall der Beendigung Ihres Arbeitsverhältnisses weisen wir Sie bereits jetzt auf die Notwendigkeit eigener Aktivitäten bei der Suche nach einer anderen Beschäftigung sowie auf Ihre Verpflichtung zur Meldung nach § 38 Abs. 1 SGB III bei der Agentur für Arbeit hin. Eine verspätete Meldung führt zu Nachteilen beim Arbeitslosengeld (vgl. §§ 159 Abs. 1 Nr. 7, Abs. 6, 148 Abs. 1 Nr. 3 SGB III). [7]

Für den Fall, dass diese Änderungskündigung entgegen unserer Ansicht unwirksam sein sollte, versetzen wir Sie hiermit hilfsweise mit Wirkung ab dem ___[Datum]___ an den neuen Standort der Gesellschaft in ___[Ort]___ . Die übrigen Arbeitsbedingungen bleiben unverändert. [8]

Mit freundlichen Grüßen

_____
(Unterschrift des Unternehmens)

Anlage

Erhalten am: ___[Datum]___

[Name des Mitarbeiters]

Anlage [9]

An

[Name und Anschrift des Unternehmens]

z.H. ___[Name der zuständigen Person]___

Änderungskündigung und hilfsweise Versetzung wegen der Verlegung von Abteilungen der ___[Name des Unternehmens]___ GmbH nach ___[Ort]___

Sehr geehrte Damen und Herren,

Ihr Angebot im Schreiben vom ___[Datum]___ , mein Arbeitsverhältnis mit der ___[Name des Unternehmens]___ GmbH ab dem ___[Datum]___ am neuen Standort der Gesellschaft in ___[Ort]___ zu ansonsten unveränderten Arbeitsbedingungen fortzusetzen,

- ☐ nehme ich hiermit an.
- ☐ nehme ich hiermit unter dem Vorbehalt der sozialen Rechtfertigung der Änderung der Arbeitsbedingungen (§ 2 KSchG) an.
- ☐ nehme ich nicht an.

Der von Ihnen hilfsweise ausgesprochenen Versetzung an den neuen Standort in ___[Ort]___

- ☐ stimme ich zu.
- ☐ stimme ich nicht zu.

K. Die Beendigung des Arbeitsverhältnisses

Mit freundlichen Grüßen

__[Ort]__ , den __[Datum]__

_____
(Unterschrift des Arbeitnehmers)

Erläuterungen

Schrifttum

Bauer/Krets Auflösungsantrag im Rahmen einer Änderungsschutzklage, DB 2002, 1937; *Berkowsky* Möglichkeiten und Grenzen der Änderungskündigung, NZA-Beil. 2010, 50; *Berkowsky* Aktuelle Probleme der Versetzungs-Änderungskündigung: Der Arbeitgeber im Zangengriff von individuellem und kollektivem Arbeitsrecht, NZA 2010, 250; *Berkowsky* Aktuelle Entwicklungen im Recht der Änderungskündigung, NZA-RR 2008, 337; *Herbert/Oberrath* Die soziale Rechtfertigung der betriebsbedingten Änderungskündigung, NJW 2008, 3177; *Hertzfeld/Isenhardt* Vorrang der Änderungskündigung, DB 2011, 2034; *Hromadka* Neues zur überflüssigen Änderungskündigung, NZA 2012, 896; *Hunold* Die »überflüssige« Änderungskündigung, NZA 2008, 860; *Kühn* Die Auswahlentscheidung bei mehreren möglichen Änderungskündigungen, BB 2011, 1851; *Künzl/von der Ehe* Streitgegenstand und Antragstellung im Rahmen der Änderungsschutzklage, NZA 2015, 1217; *Lembke* Sozialversicherungsrechtliche Fragen bei der Beendigung von Beschäftigungsverhältnissen, BB 2009, 2594; *Nägele/Gertler* Der »neue« § 167 ZPO und seine Auswirkungen im Arbeitsrecht, NZA 2010, 1377; *Preis* Unbillige Weisungsrechte und überflüssige Änderungskündigungen, NZA 2015, 1; *Reuter/Sagan/Witschen* Die überflüssige Änderungskündigung – Eine überflüssige Kategorie in der Rechtsprechung des BAG, NZA 2013, 935; *Stoffels* Die Abänderung mehrerer Arbeitsbedingungen durch Änderungskündigung, NZA 2016, 581; *Verstege* Neues zur »überflüssigen« Änderungskündigung, RdA 2010, 302.

109 **1.** Die Änderungskündigung bedarf gem. § 623 BGB der **Schriftform**. Diese umfasst nicht nur die Kündigungserklärung, sondern auch das Änderungsangebot (BAG, Urt. v. 16.09.2004 – 2 AZR 628/03, NZA 2005, 635; BAG, Urt. v. 10.09.2009 – 2 AZR 822/07, NZA 2010, 333, 335 Rn. 16). Denn Kündigung und Angebot bilden eine Einheit, so dass es sich um ein einheitliches, die Schriftform erforderndes Rechtsgeschäft handelt.

110 **2.** Die Änderungskündigung ist **abzugrenzen** von der bloßen Ausübung des arbeitsrechtlichen **Direktionsrechts** gem. § 106 GewO, insbesondere von der Versetzung (zur Abgrenzung der Änderungskündigung von der Teilkündigung und vom Widerrufsrecht vgl. DLW/*Dörner* Kap. 4 Rn. 3229 ff.).

111 Die Abgrenzung der Änderungskündigung vom Direktionsrecht ist praktisch oft schwierig. Hält der Arbeitgeber sein Direktionsrecht irrtümlich für ausreichend zur Durchsetzung der beabsichtigten Änderungen der Arbeitsbedingungen, so ist eine entsprechende Weisung unwirksam und muss vom Arbeitnehmer nicht befolgt werden. Spricht dagegen der Arbeitgeber eine Änderungskündigung aus, obwohl die Ausübung seines Direktionsrechts zur Herbeiführung der beabsichtigten Änderung ausreichend wäre, ist diese **»überflüssige« Änderungskündigung** unwirksam (st. Rspr. BAG, Urt. v. 19.07.2012 – 2 AZR 25/11, NZA 2012, 1038, 1039 Rn. 17 ff.; BAG, Urt. v. 26.01.2012 – 2 AZR 102/11, NZA 2012, 856, 857 Rn. 11 ff.; BAG, Urt. v. 06.09.2007 – 2 AZR 368/06, NZA-RR 2008, 291, 292 f. Rn. 19 ff.; dazu *Hromadka* NZA 2012, 896; *Hunold* NZA 2008, 860; kritisch *Reuter/Sagan/Witschen* NZA 2013, 935; *Verstege* RdA 2010, 302; *Berkowsky* NZA-Beil. 2010, 50, 54 ff.). Dies gilt auch, wenn das Änderungsangebot unter Vorbehalt angenommen wurde (BAG, Urt. v. 26.08.2008 – 1 AZR 353/07, NZA-RR 2009, 300, 301 Rn. 17; BAG, Urt. v. 26.01.2012 – 2 AZR 102/11, NZA 2012, 856, 857 Rn. 11 ff.; noch offen gelassen durch BAG, Urt. v. 06.09.2007 – 2 AZR 368/06, NZA-RR 2008, 291, 292 f. Rn. 19 f.). Spricht der Arbeitgeber eine Änderungskündigung aus, obwohl die darin enthaltene **Änderung der Arbeitsbedingungen bereits anderweitig in Kraft** getreten ist (z.B. aufgrund der Ausübung des Direktionsrechts oder durch Betriebsvereinbarung), so ist zwar die Änderungskündigung unwirksam; jedoch hat eine gegen die Änderung der Arbeitsbedingungen gerichtete Klage des Arbeitnehmers, der das Änderungsangebot unter dem Vorbehalt der sozialen Rechtfertigung der Änderung der Arbeitsbedingungen angenommen hat (§ 2 KSchG), nach Auffassung des BAG gleich-

wohl keinen Erfolg, da diese auf Feststellung gerichtet ist, dass das Arbeitsverhältnis zu den bisherigen Bedingungen fortbesteht. Gerade das ist jedoch nicht der Fall, da das Arbeitsverhältnis zu (durch Direktionsrecht oder Betriebsvereinbarung) geänderten Arbeitsbedingungen fortbesteht (BAG, Urt. v. 26.01.2012 – 2 AZR 102/11, NZA 2012, 856, 857 Rn. 14; BAG, Urt. v. 29.09.2011 – 2 AZR 523/10, DB 2012, 1042; BAG, Urt. v. 26.08.2008 – 1 AZR 353/07, NZA-RR 2009, 300, 301 Rn. 17). Einer Klage gegen die Wirksamkeit einer Änderungskündigung ist allerdings trotz ihrer möglichen Überflüssigkeit bei einem »Fehler« in der Kündigungserklärung (etwa fehlende Beteiligung des Betriebsrats) stattzugeben. In einem solchen Fall wird nur festgestellt, dass die Änderungskündigung rechtsunwirksam ist. Diese Feststellung entsprechend der zweiten Alternative des § 4 S. 2 KSchG verhilft der Änderungsschutzklage zum Erfolg, ohne dass eine Aussage dazu getroffen würde, ob für eine Änderung der Arbeitsvertragsbedingungen i.S.d. ersten Alternative des § 4 S. 2 KSchG Raum gewesen wäre (BAG, Urt. v. 22.10.2015 – 2 AZR 124/14, NZA 2016, 225, 228 Rn. 32). Außerdem ist es dem Arbeitnehmer unbenommen, neben dem Antrag auf Feststellung, dass eine Änderung der Arbeitsbedingungen kraft Direktionsrechts unwirksam war, hilfsweise einen Änderungskündigungsschutzantrag zu stellen (BAG, 17.12.2015 – 2 AZR 304/15, NZA 2016, 568, 570 f. Rn. 22 ff.).

Die Ausübung des Direktionsrechts ist nur wirksam, wenn sie **billigem Ermessen** entspricht (§ 106 S. 1 GewO). Im Rahmen des billigen Ermessens ist z.B. im Fall einer Verlegung des Arbeitsorts zu berücksichtigen, ob und welche Entschädigungsleistungen gewährt werden (z.B. Erstattung von Umzugskosten oder Fahrtkosten). 112

Strittig und bisher nicht vom BAG entschieden ist, ob ein im Rahmen einer Änderungskündigung unterbreitetes unwirksames Änderungsangebot in eine vom Direktionsrecht gedeckte Weisung **umgedeutet** werden kann (vgl. BAG, Urt. v. 28.05.2009 – 2 AZR 844/07, NZA 2009, 954, 955 Rn. 18 m.w.N.). 113

In der Praxis empfiehlt sich in der Regel ein **gestuftes Vorgehen**: Denkbar ist die **Ausübung des Direktionsrechts** zusammen **mit dem hilfsweisen Ausspruch einer Änderungskündigung oder umgekehrt** der Ausspruch einer Änderungskündigung zusammen mit der hilfsweisen Ausübung des Direktionsrechts (dazu *Reuter/Sagan/Witschen* NZA 2013, 935, 940 f.). Dabei sollte in erster Linie (und nicht hilfsweise) dasjenige Gestaltungsrecht ausgeübt werden, das der Arbeitgeber eher für erfolgversprechend hält. Dies ergibt sich aus folgender Überlegung: Spricht der Arbeitgeber in erster Linie eine Versetzung und nur hilfsweise eine Änderungskündigung aus, obwohl er eine Änderungskündigung für erforderlich hält, und leistet der Arbeitnehmer der Versetzung keine Folge, müsste der Arbeitgeber das Arbeitsverhältnis konsequenterweise, ggf. nach vorheriger Abmahnung, wegen Arbeitsverweigerung kündigen und dann im Streitfall – entgegen der eigenen Überzeugung – die Auffassung vertreten, dass die Versetzung wirksam war und der Arbeitnehmer ihr hätte Folge leisten müssen. Spricht der Arbeitgeber hingegen in erster Linie eine Änderungskündigung und nur hilfsweise eine Versetzung aus, obwohl er letztere für ausreichend hält, müsste er im Streitfall gleichwohl die Auffassung vertreten, dass die Änderungskündigung erforderlich und daher wirksam war. 114

3. Um die Arbeitnehmer möglichst zu einer Annahme des Änderungsangebots zu bewegen und Streitigkeiten zu vermeiden, sollte der Arbeitgeber zu Beginn der Änderungskündigung kurz erklären (ggf. mit Verweis auf eine bereits mündliche Mitteilung), warum die Änderungskündigung erforderlich ist. Im Beispiel, das dem Muster zugrunde liegt, ist die beabsichtigte Änderung der Arbeitsbedingungen die Verlegung des Arbeitsortes, und der **Hintergrund** für die Änderungskündigung ist die Verlegung einzelner Abteilungen des Betriebs an einen neuen Standort. 115

4. Es gibt im Wesentlichen **zwei Möglichkeiten** für die rechtliche Gestaltung einer Änderungskündigung: Zum einen kann eine (**unbedingte**) **Kündigung** ausgesprochen **und** sodann die Fortsetzung des Arbeitsverhältnisses zu geänderten Bedingungen **angeboten** werden. Zum anderen kann – wie im Muster – die Änderung der Arbeitsbedingungen angeboten werden und gleichzeitig eine (Beendigungs-)Kündigung ausgesprochen werden, die unter der **auflösenden Bedingung** 116 steht, dass der Arbeitnehmer das Änderungsangebot annimmt. Zwar ist die Kündigung als einseitiges Gestaltungsrecht grds. bedingungsfeindlich. Hier liegt aber eine Potestativbedingung vor, deren Eintritt alleine vom Willen der anderen Seite abhängt. Eine derartige Bedingung ist auch bei einseitigen Rechtsgeschäften zulässig (APS/*Künzl* § 2 KSchG Rn. 12).

117 Der zweiten Variante (also dem **Angebot der Änderung der Arbeitsbedingungen und** dem Ausspruch einer **unter auflösender Bedingung** stehenden **Kündigung**) ist insbesondere dann der Vorzug zu geben, wenn ein Arbeitnehmer mit einem sachgrundlos befristeten Arbeitsvertrag von der Änderungskündigung betroffen ist. Denn wird sein Arbeitsverhältnis gem. der ersten Variante zunächst gekündigt und vereinbaren die Parteien bei der Fortsetzung des Arbeitsverhältnisses wieder eine sachgrundlose Befristung, besteht das Risiko, dass diese Befristung wegen des Vorbeschäftigungsverbots in § 14 Abs. 2 S. 2 TzBfG als unwirksam angesehen würde (vgl. BAG, Urt. v. 18.01.2006 – 7 AZR 178/05, NZA 2006, 605; BAG, Urt. v. 06.04.2011 – 7 AZR 716/09, NZA 2011, 905, Ls.; BAG, Urt. v. 21.09.2011 – 7 AZR 375/10, NZA 2012, 255, 257 ff.) und ein unbefristetes Arbeitsverhältnis entstünde, falls für die Befristung kein Sachgrund existiert (§ 16 S. 1 TzBfG).

118 Das **Änderungsangebot** ist ein Angebot i.S.d. § 145 BGB. Es muss also **bestimmt** oder jedenfalls **bestimmbar** sein, so dass dem gekündigten Arbeitnehmer ersichtlich ist, welche (wesentlichen) Arbeitsbedingungen künftig gelten sollen und welchen Inhalt das Arbeitsverhältnis zukünftig haben soll (BAG, Urt. v. 16.09.2004 – 2 AZR 628/03, NZA 2005, 635; BAG, Urt. v. 10.09.2009 – 2 AZR 822/07, NZA 2010, 333, 335 Rn. 15; BAG, Urt. v. 29.09.2011 – 2 AZR 523/10, DB 2012, 1042; BAG, Urt. v. 17.02.2016 – 2 AZR 613/14, BeckRS 2016, 67744). Denn nur so kann der Arbeitnehmer seine Entscheidung über das Angebot in Kenntnis aller wesentlichen Vertragsbedingungen bzw. -änderungen treffen. Unklarheiten gehen zu Lasten des Arbeitgebers und führen zur Unwirksamkeit der Änderungskündigung (BAG, Urt. v. 10.09.2009 – 2 AZR 822/07, NZA 2010, 333, 335 Rn. 15). Nicht ausdrücklich entschieden wurde bisher, ob der allgemeine Satz im Muster »Die übrigen Arbeitsbedingungen bleiben unverändert« dem Schriftformerfordernis genügt oder ob es einer schriftlichen Auflistung der »übrigen Arbeitsbedingungen« bedarf. In Anlehnung an die vom BAG vertretene »**Andeutungstheorie**« bei der konkludenten Aufhebung eines Arbeitsvertrags durch Abschluss eines Geschäftsführerdienstvertrags dürfte das Schriftformerfordernis durch den Hinweis auf die »übrigen Arbeitsbedingungen« gewahrt sein, da dadurch in der Änderungskündigung wenigstens andeutungsweise zum Ausdruck kommt, welche Arbeitsbedingungen künftig gelten sollen (vgl. BAG, Urt. v. 10.09.2009 – 2 AZR 822/07, NZA 2010, 334, 335; allgemein zur Andeutungstheorie BAG, Urt. v. 19.07.2007 – 6 AZR 774/06, NZA 2007, 1095, 1097 Rn. 21 ff.).

119 Die **Änderungen** dürfen zudem erst für die Zeit **nach Ablauf der** einschlägigen **Kündigungsfrist** angeboten werden. Eine Änderungskündigung, nach der die beabsichtigten Änderungen bereits vor Ablauf der Kündigungsfrist in Kraft treten sollen, ist unwirksam (BAG, Urt. v. 21.09.2006 – 2 AZR 120/07, NZA 2007, 435). Auch eine Auslegung oder Umdeutung dahingehend, dass die Änderungen erst nach Ablauf der Kündigungsfrist gelten sollen, scheidet nach dem BAG aus (BAG, Urt. v. 21.09.2006 – 2 AZR 120/07, NZA 2007, 435, 437 f.).

120 **5.** Der **Arbeitnehmer** hat **drei Möglichkeiten**, wie er auf die Änderungskündigung **reagieren** kann: Erstens kann er das in der Änderungskündigung enthaltene Angebot **vorbehaltlos annehmen**. Das Arbeitsverhältnis besteht dann nach Ablauf der Kündigungsfrist (oder zu einem im Änderungsangebot genannten späteren Zeitpunkt) zu den geänderten Bedingungen fort. Die Annahme muss rechtzeitig erklärt werden. Gem. § 148 BGB kann der Arbeitgeber – ausdrücklich oder konkludent – eine **Frist** für die Erklärung der Annahme bestimmen. Diese muss wegen § 2 S. 2 KSchG **mindestens drei Wochen** betragen. Bestimmt der Arbeitgeber eine kürzere Frist, so gilt gleichwohl die Dreiwochenfrist (BAG, Urt. v. 01.02.2007 – 2 AZR 44/06, NZA 2007, 925, 926 Rn. 15, 19 ff.; AR/*Kaiser* § 2 KSchG Rn. 11; ErfK/*Oetker* § 2 KSchG Rn. 30). Die Frist für eine vorbehaltlose Annahme des Änderungsangebots kann jedoch auch für einen längeren Zeitraum als drei Wochen bestimmt werden. Erklärt der Arbeitnehmer erst nach Ablauf der Frist die Annahme des Angebots, so ist darin gem. § 150 Abs. 2 BGB ein neues Angebot an den Arbeitgeber zu sehen (AR/*Kaiser* § 2 KSchG Rn. 11).

Zweitens kann der Arbeitnehmer das Änderungsangebot ausdrücklich **ablehnen** oder nicht innerhalb der vom Arbeitgeber gesetzten Frist (die mindestens drei Wochen betragen muss, s. K Rdn. 120) annehmen. In diesem Fall endet das Arbeitsverhältnis des Arbeitnehmers mit Ablauf der Kündigungsfrist, es sei denn, der Arbeitnehmer erhebt rechtzeitig innerhalb der Frist des § 4 S. 1 KSchG Kündigungsschutzklage und das Arbeitsgericht hält die Kündigung für unwirksam. 121

Drittens kann der Arbeitnehmer das Änderungsangebot gem. § 2 KSchG **unter** dem **Vorbehalt annehmen**, dass die Änderung der Arbeitsbedingungen nicht sozial ungerechtfertigt ist. Diesen Vorbehalt muss der Arbeitnehmer dem Arbeitgeber innerhalb der Kündigungsfrist, spätestens jedoch innerhalb von drei Wochen nach Zugang der Änderungskündigung erklären (§ 2 S. 2 KSchG). Die **Dreiwochenfrist** ist eine Höchstfrist, innerhalb derer dem Arbeitgeber die Annahme unter Vorbehalt zugehen muss (AR/*Kaiser* § 2 KSchG Rn. 16). Nach bisheriger h.M. reicht es daher nicht aus, wenn der Arbeitnehmer Kündigungsschutzklage erhebt, aus der sich seine Annahme unter Vorbehalt ergibt, und diese dem Arbeitgeber nicht mehr innerhalb der Dreiwochenfrist zugestellt wird (*Berkowsky* NZA-RR 2008, 337, 338; Thüsing/Laux/Lembke/*Rachor* § 2 KSchG Rn. 68, 69; AR/*Kaiser* § 2 KSchG Rn. 16). Nachdem der BGH am 17.07.2008 unter Aufgabe seiner früheren Rechtsprechung entschieden hat, dass § 167 ZPO grds. auch in den Fällen anwendbar ist, in denen durch die Zustellung eines Schriftsatzes eine Frist gewahrt werden soll, die auch durch außergerichtliche Geltendmachung gewahrt werden kann (BGH, Urt. v. 17.07.2008 – I ZR 109/05, NJW 2009, 765), ist daran wohl nicht mehr festzuhalten. Dies hat das BAG für die schriftliche Geltendmachung von Schadensersatz- und Entschädigungsansprüchen nach § 15 Abs. 1 und 2 AGG zwischenzeitlich auch entschieden (BAG, Urt. v. 22.05.2014 – 8 AZR 662/13, PM; anders wohl noch BAG, Urt. v. 21.06.2012 – 8 AZR 188/11, NZA 2012, 1211, 1213 Rn. 27). Die Dreiwochenfrist wird also gewahrt, wenn sich der Vorbehalt aus einer rechtzeitig erhobenen Kündigungsschutzklage ergibt, die dem Arbeitgeber gem. § 167 ZPO demnächst zugestellt wird – auch wenn die Zustellung bereits außerhalb der Drei-Wochen-Frist liegt (*Nägele/ Gertler* NZA 2010, 1377, 1378; ErfK/*Oetker* § 2 KSchG Rn. 35a). Gleichzeitig hat der Arbeitnehmer gem. § 4 S. 2 KSchG innerhalb von drei Wochen ab Zugang der Änderungskündigung Klage beim Arbeitsgericht auf Feststellung zu erheben, dass die Änderung der Arbeitsbedingungen sozial ungerechtfertigt oder aus anderen Gründen rechtsunwirksam ist. Versäumt der Arbeitnehmer im Fall einer Annahme unter Vorbehalt die rechtzeitige Klageerhebung, so erlischt der Vorbehalt (§ 7 Hs. 2 KSchG). Hat der Arbeitnehmer das Angebot unter Vorbehalt angenommen und fristgemäß Klage erhoben, geht es bei der Klage nicht um den Bestand des Arbeitsverhältnisses, sondern lediglich um die Frage, ob die vom Arbeitgeber im Wege der Änderungskündigung angebotenen Änderungen sozial gerechtfertigt sind (ErfK/*Oetker* § 2 KSchG Rn. 33; Thüsing/Laux/ Lembke/*Rachor* § 2 KSchG Rn. 79). Daher kann auch nicht die **Auflösung** des Arbeitsverhältnisses gem. § 9 KSchG beantragt werden (BAG, Urt. v. 24.10.2013 – 2 AZR 320/13, NZA 2014, 486, 487 f. Rn. 12 ff.; ErfK/*Oetker* § 2 KSchG Rn. 73; KR/*Kreft* § 2 KSchG Rn. 266 ff.; APS/*Biebl* § 9 KSchG Rn. 14; a.A. *Bauer/Krets* DB 2002, 1937). 122

Hat der Arbeitnehmer das Änderungsangebot unter Vorbehalt angenommen, hat er nach Ablauf der Kündigungsfrist während des Laufs des Kündigungsschutzprozesses vorerst zu den geänderten Bedingungen weiterzuarbeiten. Ein Weiterbeschäftigungsanspruch zu den alten Arbeitsbedingungen besteht auch nach einem klagestattgebenden erstinstanzlichen Urteil nicht (BAG, Urt. v. 18.01.1990 – 2 AZR 183/98, NZA 1990, 734, 736; BAG, Urt. v. 28.05.2009 – 2 AZR 844/07, NZA 2009, 954, 956 Rn. 26 f.; KR/*Kreft* § 2 KSchG Rn. 253 ff.; APS/*Künzl* § 2 KSchG Rn. 232; Thüsing/Laux/Lembke/*Rachor* § 2 KSchG Rn. 74; a.A. ArbG Hamburg, Urt. v. 17.09.2009 – 17 Ca 179/09, NZA-RR 2010, 139, 141 f.). 123

Der Arbeitnehmer kann nicht nachträglich auf den Vorbehalt verzichten und die bereits erhobene Klage als Kündigungsschutzklage gegen eine Beendigungskündigung fortführen (*v. Hoyningen-Huene/Linck* § 2 KSchG Rn. 103; KR/*Kreft* § 2 KSchG Rn. 110). **Nimmt** der Arbeitnehmer die gem. § 4 S. 2 KSchG erhobene **Änderungskündigungsschutzklage zurück**, so treten die Wirkungen des § 7 KSchG ein, d.h. dass ein vom Arbeitnehmer erklärter Vorbehalt erlischt und das Ar- 124 beitsverhältnis zu den geänderten Bedingungen fortbesteht (LAG Schleswig-Holstein, Urt. v. 20.01.2005 – 4 Sa 428/04, NZA-RR 2005, 248, 249 f.).

125 Um eine klare und eindeutige Reaktion des Arbeitnehmers zu erhalten, empfiehlt sich für die Praxis, der Änderungskündigung ein **vorgefertigtes Antwortschreiben** beizufügen, auf welchem der Arbeitnehmer lediglich ankreuzen muss, ob er das Änderungsangebot (ggf. unter Vorbehalt) annimmt und ob er mit der (hilfsweisen) Versetzung einverstanden ist.

126 **6.** Die in der Änderungskündigung enthaltene Beendigungskündigung unterliegt den kündigungsrechtlichen Vorschriften. So ist auch im Fall einer Änderungskündigung etwaiger **Sonderkündigungsschutz** zu beachten (z.B. § 9 Abs. 1 MuSchG, § 18 BEEG, § 5 PflegeZG, § 85 SGB IX, § 4f Abs. 3 S. 5 und 6 BDSG). Wird die Änderungskündigung also z.B. gegenüber einem schwerbehinderten Arbeitnehmer oder einer schwangeren Arbeitnehmerin oder einem Arbeitnehmer in Elternzeit ausgesprochen, so bedarf es zur Wirksamkeit der Änderungskündigung der Zustimmung des Integrationsamts bzw. der zuständigen Behörde (HWK/*Molkenbur* § 2 KSchG Rn. 5; AR/*Kaiser* § 2 KSchG Rn. 6; Thüsing/Laux/Lembke/*Rachor* § 2 KSchG Rn. 113).

127 Der **Betriebsrat** muss gem. § 102 BetrVG vor Ausspruch der Änderungskündigung **angehört** werden. Der Arbeitgeber hat dem Betriebsrat sowohl die Gründe für die Änderung der Arbeitsbedingungen als auch das Änderungsangebot mitzuteilen (BAG, Urt. v. 12.08.2010 – 2 AZR 945/08, NZA 2011, 460, 462 Rn. 18). Ist Gegenstand der Änderungskündigung eine **personelle Einzelmaßnahme** i.S.d. § 99 Abs. 1 BetrVG (z.B. eine Versetzung oder Umgruppierung), so ist der Betriebsrat vor der tatsächlichen Umsetzung der Maßnahme (nicht zwingend vor Ausspruch der Änderungskündigung) zusätzlich gem. § 99 BetrVG zu beteiligen (KR/*Kreft* § 2 KSchG Rn. 220; zu den Folgen einer Zustimmungsverweigerung des Betriebsrats *Berkowsky* NZA 2010, 250). Die Anhörung nach § 102 BetrVG und die Unterrichtung nach § 99 BetrVG können auch miteinander verbunden werden; dies muss für den Betriebsrat aber klar erkennbar sein (KR/*Kreft* § 2 KSchG Rn. 227; APS/*Künzl* § 2 KSchG Rn. 141; Thüsing/Laux/Lembke/*Rachor* § 2 KSchG Rn. 55).

128 Ist der Anwendungsbereich des KSchG eröffnet (vgl. § 1 Abs. 1 und § 23 KSchG), muss die Änderungskündigung gem. § 1 KSchG sozial gerechtfertigt sein. Die Änderungskündigung kann gem. § 1 Abs. 2 S. 1 KSchG aus Gründen in der Person oder im Verhalten des Arbeitnehmers oder durch dringende betriebliche Erfordernisse sozial gerechtfertigt sein (zu den einzelnen Kündigungsgründen s. DLW/*Dörner* Kap. 4 Rn. 2012 ff.).

129 In der Praxis werden Änderungskündigungen in den meisten Fällen aus **betriebsbedingten Gründen** ausgesprochen (zur sozialen Rechtfertigung der betriebsbedingten Änderungskündigung *Herbert/Oberrath* NJW 2008, 3177; zur personenbedingten Änderungskündigung vgl. z.B. BAG, Urt. v. 10.04.2014 – 2 AZR 812/12, NZA 2014, 653 f., 657 Rn. 25 ff.). Die Wirksamkeit einer betriebsbedingten Änderungskündigung hängt nach der ständigen Rechtsprechung des BAG davon ab, ob das Änderungsangebot durch dringende betriebliche Erfordernisse i.S.d. § 1 Abs. 2 KSchG bedingt ist und sich der Arbeitgeber darauf beschränkt hat, solche Änderungen anzubieten, die der Arbeitnehmer billigerweise hinnehmen muss (BAG, Urt. v. 08.10.2009 – 2 AZR 235/08, NZA 2010, 465, 466 Rn. 17; BAG, Urt. v. 12.08.2010 – 2 AZR 945/08, NZA 2011, 460, 463 Rn. 29; BAG, Urt. v. 29.09.2011 – 2 AZR 451/10, NZA-RR 2012, 158, 159 Rn. 17; BAG, Urt. v. 20.06.2013 – 2 AZR 396/12, NZA 2013, 1409, 1410 Rn. 16). Im Rahmen der (modifizierten) **Sozialauswahl** sind nur diejenigen Arbeitnehmer miteinander vergleichbar, die nach ihren bisherigen Tätigkeiten miteinander verglichen werden können und damit gegeneinander austauschbar sind und die für die Tätigkeit, die Gegenstand des Änderungsangebotes ist, wenigstens annähernd gleich geeignet sind (BAG, Urt. v. 18.01.2007 – 2 AZR 796/05, AP KSchG 1969 § 1 Soziale Auswahl Nr. 89 Rn. 26; *Herbert/Oberrath* NJW 2008, 3177, 3178, 3182). Bei mehreren vergleichbaren Arbeitnehmern ist die Änderungskündigung gegenüber demjenigen Arbeitnehmer auszusprechen, dem die angebotene Änderung der Arbeitsbedingungen am ehesten zumutbar ist (BAG, Urt. v. 18.01.2007 – 2 AZR 796/05, AP KSchG 1969 § 1 Soziale Auswahl Nr. 89 Rn. 27; BAG, Urt. v. 12.08.2010 – 2 AZR 945/08, NZA 2011, 460, 465 Rn. 46; BAG, Urt. v. 24.05.2012 – 2 AZR

163/11, NZA-RR 2013, 74, 77 Rn. 31 ff.; BAG, Urt. v. 29.01.2015 – 2 AZR 164/14, NZA 2015, 426, 427 Rn. 12; *Herbert/Oberrath* NJW 2008, 3177, 3178, 3182; kritisch *Berkowsky* NZA-Beil. 2010, 50, 58 f.). Auch bei einer Änderungskündigung darf sich die Sozialauswahl ausschließlich an den in § 1 Abs. 3 KSchG genannten Kriterien (Dauer der Betriebszugehörigkeit, Lebensalter, Unterhaltspflichten und Schwerbehinderung) ausrichten (BAG, Urt. v. 12.08.2010 – 2 AZR 945/08, NZA 2011, 460, 465 Rn. 46). Wird die Änderungskündigung aufgrund einer Betriebsänderung nach § 111 BetrVG ausgesprochen, so findet § 1 Abs. 5 KSchG Anwendung mit der Folge, dass hinsichtlich solcher Arbeitnehmer, die in einem zwischen Arbeitgeber und zuständigem Betriebsrat abgeschlossenen **Interessenausgleich mit Namensliste** namentlich bezeichnet sind, vermutet wird, dass die Änderungskündigung durch dringende betriebliche Erfordernisse bedingt ist. Die Reichweite der Vermutungen nach § 1 Abs. 5 S. 1 KSchG erstreckt sich auf den Wegfall des Beschäftigungsbedürfnisses zu den bisherigen Bedingungen einschließlich des Fehlens einer anderweitigen Beschäftigungsmöglichkeit im Betrieb (BAG, Urt. v. 19.06.2007 – 2 AZR 304/06, NZA 2008, 103, 105 Rn. 24; *Herbert/Oberrath* NJW 2008, 3177, 3178). Nur wenn die Betriebsparteien einzelne vorgesehene Änderungen ebenfalls in den Interessenausgleich aufgenommen haben, kann nach dem BAG eine Mitbeurteilung des im Interessenausgleich enthaltenen Teils des Änderungsangebots durch den Betriebsrat stattgefunden haben und die Vermutung des § 1 Abs. 5 KSchG sich auch auf die soziale Rechtfertigung des Änderungsangebots erstrecken (BAG, Urt. v. 19.06.2007 – 2 AZR 304/06, NZA 2008, 103, 105 Rn. 26; *Herbert/ Oberrath* NJW 2008, 3177, 3178). In diesem Fall wird vermutet, dass die vorgeschlagene Änderung vom Arbeitnehmer billigerweise hingenommen werden muss. Der Praxis ist daher zu raten, im Fall von Änderungskündigungen, die aufgrund einer Betriebsänderung ausgesprochen werden sollen, auch das Änderungsangebot in den Interessenausgleich mit Namensliste aufzunehmen.

Besteht ein personen-, verhaltens- oder betriebsbedingter Grund für die Änderungskündigung, so dürfen sich die **angebotenen Änderungen** nicht weiter vom Inhalt des bisherigen Arbeitsverhältnisses entfernen, als zur Erreichung des angestrebten Zieles **erforderlich** ist (BAG, Urt. v. 21.09.2006 – 2 AZR 120/07, NZA 2007, 435, 437 Rn. 24; BAG, Urt. v. 28.05.2009 – 2 AZR 844/07, NZA 2009, 954, 956 Rn. 21; BAG, Urt. v. 10.09.2009 – 2 AZR 822/07, NZA 2010, 333, 336 Rn. 24; BAG, Urt. v. 12.08.2010 – 2 AZR 945/08, NZA 2011, 460, 463 Rn. 29; BAG, Urt. v. 29.09.2011 – 2 AZR 451/10, NZA-RR 2012, 158, 159 Rn. 17; BAG, Urt. v. 10.04.2014 – 2 AZR 812/12, BeckRS 2014, 68969 Rn. 24, 45 ff.; kritisch *Berkowsky* NZA-Beil. 2010, 50, 53 f.; zur Problematik, dass es mehrere gleichwertige Möglichkeiten für ein Änderungsangebot gibt, *Kühn* BB 2011, 1851). Enthält die Änderungskündigung des Arbeitgebers die Änderungen der bisherigen Arbeitsbedingungen in mehreren Punkten, muss die soziale Rechtfertigung für jeden einzelnen Punkt geprüft werden (BAG, Urt. v. 21.09.2006 – 2 AZR 120/07, NZA 2007, 435, 437 Rn. 26; BAG, Urt. v. 10.09.2009 – 2 AZR 822/07, NZA 2010, 333, 335 Rn. 22). Dem kann der Arbeitgeber auch nicht dadurch entgehen, dass er hinsichtlich jeder der beabsichtigten einzelnen Änderungen eine eigene Änderungskündigung ausspricht und jeweils darauf hinweist, dass die sonstigen Arbeitsbedingungen unverändert bleiben, dass der Arbeitnehmer jedoch gleichzeitig weitere Änderungskündigungen erhält. Ein derartiger Hinweis ist nach dem BAG widersprüchlich und führt zur Unwirksamkeit der Änderungskündigung (BAG, Urt. v. 10.09.2009 – 2 AZR 822/07, NZA 2010, 333, 335 f. Rn. 22).

Problematisch ist in der Praxis der Fall, dass einem Arbeitnehmer, dessen Arbeitsplatz wegfällt, zur Vermeidung einer Beendigungskündigung ein anderer freier Arbeitsplatz angeboten wird, der jedoch geringerwertiger als der bisherige Arbeitsplatz ist (zum Vorrang der Änderungskündigung vor der Beendigungskündigung *Hertzfeld/Isenhardt* DB 2011, 2034). Der Arbeitgeber wird dem Arbeitnehmer auch ein **geringeres Gehalt** anbieten wollen und müssen. Findet kein (tarifliches) Vergütungssystem Anwendung, muss der Arbeitgeber das anzubietende Gehalt festlegen. Ist dieses jedoch zu niedrig bemessen, kann dies dazu führen, dass das Änderungsangebot insgesamt nicht mehr sozial gerechtfertigt ist. Insoweit ist ein stufenweises Vorgehen zu erwägen (dazu auch BAG, Urt. v. 10.04.2014 – 2 AZR 812/12, BeckRS 2014, 68969 Rn. 53): Der Arbeitgeber bietet in erster Linie die neue Stelle mit dem von ihm für angemessen erachteten niedrigsten Gehalt an.

K. Die Beendigung des Arbeitsverhältnisses

Hilfsweise für den Fall, dass diese angebotene Änderung der Arbeitsbedingungen sozial ungerechtfertigt ist, bietet er die neue Stelle mit einem etwas höheren Gehalt an usw. In praktischer Hinsicht besteht allerdings das Risiko, dass ein solches Vorgehen im Streitfall dazu führt, dass ein Gericht erst das hilfsweise Änderungsangebot mit dem höchsten Gehalt für sozial gerechtfertigt hält. Der Arbeitnehmer, der eine derartige **stufenweise Änderungskündigung** erhält und diese unter Vorbehalt annehmen möchte, muss zunächst das in erster Linie gemachte Änderungsangebot (also das mit dem niedrigsten Gehalt) annehmen. Hilfsweise für den Fall, dass dieses Änderungsangebot sozial ungerechtfertigt ist, nimmt er das hilfsweise gemachte Änderungsangebot mit dem zweithöchsten Gehalt an usw. Falsch wäre es hingegen, in erster Linie das (nur höchst hilfsweise) gemachte Änderungsangebot mit dem höchsten Gehalt anzunehmen. Sofern es im Einzelfall schwierig zu bestimmen ist, welches von mehreren möglichen Änderungsangeboten sich weniger weit vom bisherigen Vertragsinhalt entfernt, kann der Arbeitgeber, dem Arbeitnehmer die in Betracht kommenden Änderungen auch **alternativ** anbieten. Der Arbeitnehmer hat dann die Wahl, eines der Angebote vorbehaltlos oder unter Vorbehalt anzunehmen oder sämtliche Änderungsangebote abzulehnen. Auf eine abgelehnte Weiterbeschäftigungsmöglichkeit kann der Arbeitnehmer sich im Rechtsstreit nicht mehr widerspruchsfrei als eine den bisherigen Vertragsbedingungen näher kommende Alternative berufen (BAG, Urt. v. 10.04.2014 – 2 AZR 812/12, NZA 2014, 653, 657 Rn. 53, vgl. zum Meinungsstand zur Zulässigkeit von Alternativangeboten *Stoffels* NZA, 2016, 581, 585; *Wagner* NZA 2008, 1333; *v. Hoyningen-Huene/Linck* § 2 KSchG Rn. 87 ff.).

132 **7.** Gem. § 2 Abs. 2 Nr. 3 SGB III sollen Arbeitgeber Arbeitnehmer vor der Beendigung des Arbeitsverhältnisses frühzeitig über die Notwendigkeit eigener Aktivitäten bei der Suche nach einer anderen Beschäftigung sowie über die Verpflichtung zur Meldung nach § 38 Abs. 1 SGB III bei der Agentur für Arbeit informieren. Dabei handelt es sich nicht um eine echte Rechtspflicht, sondern um eine bloße **Obliegenheit** des Arbeitgebers, deren Nichterfüllung nicht zu Schadensersatzansprüchen führt (BAG, Urt. v. 29.09.2005 – 8 AZR 571/04, NZA 2005, 1406, 1407 f. Rn. 15 ff.; vgl. auch *Lembke* BB 2009, 2594, 2600). Durch das Gesetz zur Verbesserung der Eingliederungschancen am Arbeitsmarkt vom 20.12.2011 (BGBl. I, S. 2854) wurden die Regelungen über die Sanktionen beim Arbeitslosengeld im Falle der verspäteten Arbeitssuchendmeldung neu nummeriert. Die ehemals in §§ 144 Abs. 1 Nr. 7, 128 Abs. 1 Nr. 3 SGB III a.F. enthaltenen Regelungen befinden sich nun in §§ 159 Abs. 1 Nr. 7, 148 Abs. 1 Nr. 3 SGB III n.F.

133 **8.** Zur hilfsweisen Versetzung s. K Rdn. 110 ff.

134 **9.** Zum vorgefertigten Antwortschreiben s. K Rdn. 125.

2. Annahme des Änderungsangebots unter Vorbehalt

▶ Muster – Annahme des Änderungsangebots unter Vorbehalt

135 An
[Name und Anschrift des Unternehmens]

z.H. [Name der zuständigen Person]

Änderungskündigung wegen der Verlegung von Abteilungen der [Name des Unternehmens] GmbH nach ___[Ort]___ 1

Sehr geehrte Damen und Herren,

Ihr Angebot im Schreiben vom ___[Datum]___, mein Arbeitsverhältnis mit der [Name des Unternehmens] ab dem ___[Datum]___ am neuen Standort der Gesellschaft in ___[Ort]___ zu ansonsten unveränderten Arbeitsbedingungen fortzusetzen, nehme ich hiermit unter dem Vorbehalt der sozialen Rechtfertigung der Änderung der Arbeitsbedingungen (§ 2 KSchG) an. 2

Mit freundlichen Grüßen

__[Ort]__, den __[Datum]__

(Unterschrift des Arbeitnehmers)

Erläuterungen

1. Die **Annahme** des Änderungsangebots ist nicht formgebunden (ErfK/*Oetker* § 2 KSchG Rn. 29; KR/*Kreft* § 2 KSchG Rn. 114; APS/*Künzl* § 2 KSchG Rn. 212). Gleichwohl empfiehlt sich der Klarheit halber eine ausdrückliche und schriftliche Erklärung. In der Erhebung einer Klage mit dem Antrag auf Feststellung, dass die Änderung der Arbeitsbedingungen sozial ungerechtfertigt ist (vgl. § 2 S. 1 KSchG) ist eine schlüssige Annahme **unter Vorbehalt** zu sehen (ErfK/*Oetker* § 2 KSchG Rn. 37; KR/*Kreft* § 2 KSchG Rn. 122; APS/*Künzl* § 2 KSchG Rn. 219; Thüsing/Laux/Lembke/*Rachor* § 2 KSchG Rn. 68). Vgl. zum Ganzen auch K Rdn. 122.

2. Zu den Folgen einer Annahme unter Vorbehalt s. K Rdn. 123 f.

Die Annahme unter Vorbehalt muss dem Arbeitgeber innerhalb der Kündigungsfrist, spätestens jedoch innerhalb von drei Wochen nach Zugang der Änderungskündigung zugehen (§ 2 S. 2 KSchG). Die **Frist** berechnet sich nach den §§ 187 ff. BGB. Versäumt der Arbeitnehmer die fristgerechte Annahme unter Vorbehalt, kommt eine nachträgliche Zulassung entsprechend § 5 KSchG oder eine Wiedereinsetzung in den vorigen Stand (§§ 233 ff. ZPO) nicht in Betracht (KR/*Kreft* § 2 KSchG Rn. 126; APS/*Künzl* § 2 KSchG Rn. 225). Zur Fristeinhaltung bei schlüssiger Annahme unter Vorbehalt durch Klageerhebung s. K Rdn. 122.

IV. Einvernehmliche Beendigung des Arbeitsverhältnisses

1. Aufhebungsvertrag/Abwicklungsvertrag

Vorbemerkung

Der **Aufhebungsvertrag** ist eine Vereinbarung über das vorzeitige Ausscheiden eines Arbeitnehmers aus dem Dauerschuldverhältnis (BAG, Urt. v. 12.01.2000 – 7 AZR 48/99, AP BGB § 620 Aufhebungsvertrag Nr. 16). Nach dem Grundsatz der **Vertragsfreiheit** (§§ 241, 311 BGB i.V.m. Art. 2 Abs. 1 GG) können die Arbeitsvertragsparteien das Arbeitsverhältnis grds. jederzeit mit Wirkung für die Zukunft durch Abschluss eines Aufhebungsvertrags beenden (vgl. BAG, Urt. v. 17.12.2009 – 6 AZR 242/09, NZA 2010, 273; BAG, Urt. v. 12.01.2000 – 7 AZR 48/99, AP BGB § 620 Aufhebungsvertrag Nr. 16). Die einvernehmliche Beendigung des Arbeitsverhältnisses durch Aufhebungsvertrag hat gegenüber der Kündigung eine Reihe von **Vorteilen**: Für beide Parteien werden die Belastung durch einen Kündigungsschutzprozess und die damit verbundenen Risiken vermieden. Außerdem sind keine Kündigungsfristen einzuhalten (siehe aber K Rdn. 157). Für den Arbeitgeber ergibt sich zudem der Vorteil, dass er den Betriebsrat vor Abschluss eines Aufhebungsvertrags nicht gem. § 102 BetrVG anhören muss (BAG, Urt. v. 28.06.2005 – 1 ABR 25/04, NZA 2006, 48) und auch eine behördliche Zustimmung (z.B. gem. § 9 MuSchG, § 18 BEEG, §§ 85 ff. SGB IX) nicht erforderlich ist (siehe aber K Rdn. 153). Der Arbeitnehmer wird in der Regel durch den Aufhebungsvertrag eine Abfindung erlangen, auf die er bei einseitiger Beendigung des Arbeitsverhältnisses grds. keinen Anspruch hätte. Zudem ist die Beendigung nicht mit dem »Makel der Kündigung« verbunden, was insbesondere im Hinblick auf ein Arbeitszeugnis vorteilhaft sein kann. Diesen Vorteilen des Aufhebungsvertrags steht allerdings die **sozialversicherungsrechtliche Sperrzeit-Problematik** gegenüber, der durch eine entsprechende vertragliche Gestaltung Rechnung getragen werden muss (hierzu insbesondere K Rdn. 148 ff.).

Im Unterschied zum Aufhebungsvertrag, durch den das Arbeitsverhältnis gleichzeitig beendet und abgewickelt wird, enthält der **Abwicklungsvertrag** keine auf Beendigung des Arbeitsverhältnisses

K. Die Beendigung des Arbeitsverhältnisses

gerichteten Willenserklärungen, sondern regelt lediglich die Modalitäten der Abwicklung eines Arbeitsverhältnisses, das bereits durch einen anderen Beendigungstatbestand (i.d.R. durch Kündigung) beendet wurde (DLW/*Hoß* Kapitel 6 Rn. 17). Daher gilt für den Abwicklungsvertrag nicht das Schriftformerfordernis des § 623 BGB (BAG, Urt. v. 17.12.2015 – 6 AZR 709/14, BeckRS 2016, 66413). Geht dem Abschluss des Abwicklungsvertrags eine arbeitgeberseitige Kündigung voraus, ist der Betriebsrat zu dieser gem. § 102 BetrVG anzuhören (BAG, Urt. v. 28.06.2005 – 1 ABR 25/04, NZA 2006, 48).

▶ Muster – Aufhebungsvertrag/Abwicklungsvertrag [1, 2]

141

Aufhebungsvereinbarung [3]

zwischen

[Name des Unternehmens] [4]

[Adresse des Unternehmens]

vertreten durch [Name des Vertretungsberechtigten]

– nachfolgend »Unternehmen« genannt –

und

[Name des Mitarbeiters]

[Adresse des Mitarbeiters]

– nachfolgend »Mitarbeiter« genannt –

Präambel [5]

Der Mitarbeiter ist bei dem Unternehmen seit dem [Eintrittsdatum] angestellt, zuletzt auf Grundlage des Anstellungsvertrags vom [Datum des Anstellungsvertrags]. Sein Monatsverdienst i.S.d. §§ 1a Abs. 2 S. 2, 10 Abs. 3 KSchG betrug zuletzt € [Betrag] (in Worten: Euro [Betrag in Worten]) brutto. [optional: Ggf. kurze Darstellung zum Wegfall des Arbeitsplatzes, z.B.: »Der Arbeitsplatz des Mitarbeiters fällt auf Grund einer Einstellung der Geschäftsaktivitäten des Unternehmens im Bereich [Geschäftsbereich] weg.«]. Vor diesem Hintergrund einigen sich die Parteien auf Folgendes:

[oder bei Abwicklungsvereinbarungen:

Der Mitarbeiter ist bei dem Unternehmen seit dem [Eintrittsdatum] *angestellt, zuletzt auf Grundlage des Anstellungsvertrags vom* [Datum des Anstellungsvertrags]. *Sein Monatsverdienst i.S.d. §§ 1a Abs. 2 S. 2, 10 Abs. 3 KSchG betrug zuletzt €* [Betrag] *(in Worten: Euro* [Betrag in Worten]*) brutto. [optional: Ggf. kurze Darstellung zum Wegfall des Arbeitsplatzes, z.B.: »Da der Arbeitsplatz des Mitarbeiters auf Grund einer Einstellung der Geschäftsaktivitäten des Unternehmens im Bereich* [Geschäftsbereich] *wegfällt«,] hat das Unternehmen das Arbeitsverhältnis mit Schreiben vom* [Datum des Kündigungsschreibens] *ordnungs- und fristgemäß mit Wirkung zum* [Beendigungstermin] *gekündigt. Zur ordnungsgemäßen Abwicklung des Arbeitsverhältnisses einigen sich die Parteien auf Folgendes:]*

§ 1
Beendigung des Arbeitsverhältnisses

Die Parteien sind sich darüber einig, dass das zwischen ihnen bestehende Arbeitsverhältnis auf Veranlassung des Unternehmens [6] aus betrieblichen Gründen [7] mit Ablauf des [Datum] (nachfolgend: »Beendigungstermin«) enden wird. [8]

[oder bei Abwicklungsvereinbarungen:

Die Parteien sind sich darüber einig, dass das zwischen ihnen bestehende Arbeitsverhältnis auf Veranlassung des Unternehmens aufgrund der ordnungs- und fristgemäßen ordentlichen Kündi-

gung vom ___[Datum]___ aus dringenden betrieblichen Gründen mit Ablauf des ___[Datum]___ (nachfolgend »Beendigungstermin«) enden wird.]

§ 2
Urlaub; Freistellung von der Arbeitsleistung; Arbeitsentgelt; ordnungsgemäße Abrechnung

1. Der Mitarbeiter nimmt sämtliche noch ausstehenden Urlaub ab sofort [oder: in der Zeit vom ___[Datum]___ bis einschließlich zum ___[Datum]___] zusammenhängend und ununterbrochen in natura in Anspruch. Anschließend wird er von dem Unternehmen bis zum rechtlichen Ende des Arbeitsverhältnisses widerruflich von seiner Verpflichtung zur Arbeitsleistung freigestellt. Während der Zeit der Freistellung muss sich der Mitarbeiter den Wert desjenigen anrechnen lassen, was er infolge des Unterbleibens der Dienstleistung erspart oder durch anderweitige Verwendung seiner Dienste erwirbt oder zu erwerben böswillig unterlässt (§ 615 S. 2 BGB). Es besteht Einvernehmen, dass der Mitarbeiter keine sonstigen Ansprüche auf Freizeitausgleich mehr hat.

[oder:

Der Mitarbeiter wird ab sofort bis zum rechtlichen Ende des Arbeitsverhältnisses unter Anrechnung sämtlicher noch ausstehender Urlaubsansprüche unwiderruflich von seiner Verpflichtung zur Arbeitsleistung freigestellt. Während der Zeit der Freistellung hat der Mitarbeiter das Wettbewerbsverbot nach § 60 HGB weiterhin zu beachten und muss sich der Mitarbeiter den Wert desjenigen anrechnen lassen, was er infolge des Unterbleibens der Dienstleistung erspart oder durch anderweitige Verwendung seiner Dienste erwirbt oder zu erwerben böswillig unterlässt (§ 615 S. 2 BGB). Es besteht Einvernehmen, dass der Mitarbeiter keine sonstigen Ansprüche auf Freizeitausgleich mehr hat. [9]]

2. Bis zum rechtlichen Ende des Arbeitsverhältnisses zahlt das Unternehmen an den Mitarbeiter das Bruttomonatsfestgehalt in Höhe von € ___[Betrag]___ (in Worten: Euro [Betrag in Worten]) und ___[sonstige Vergütungsbestandteile (z.B. anteiliger Bonus, vermögenswirksame Leistungen etc.)]___ in Höhe von € ___[Betrag]___ (in Worten: Euro [Betrag in Worten]) brutto und rechnet ordnungsgemäß ab. Es besteht Einvernehmen, dass abgesehen von den in dieser Vereinbarung geregelten Ansprüchen keine weiteren Ansprüche des Mitarbeiters auf Arbeitsentgelt jedweder Art (z.B. Stock Options, Sonderleistungen) bestehen. [1] Bis einschließlich ___[Datum des Endes des letzten Lohnabrechnungszeitraums]___ hat das Unternehmen bereits sämtliche Entgeltansprüche erfüllt und das Arbeitsverhältnis ordnungsgemäß abgerechnet. [11]

3. Das Unternehmen schuldet Zahlungen nach dieser Vereinbarung (einschließlich der Abfindung) nur, soweit der jeweilige Zahlungsanspruch nicht gemäß § 115 SGB X auf einen Leistungsträger der Sozialversicherung übergegangen ist und sobald im Falle des Anspruchsübergangs durch schriftlichen Bescheid feststeht, welche Ansprüche in welcher Höhe übergegangen sind. [12]

§ 3
Zusage einer Abfindung; Fälligkeit; vorzeitige Beendigung

1. Als Entschädigung für den Verlust des Arbeitsplatzes zahlt das Unternehmen an den Mitarbeiter eine Abfindung in entsprechender Anwendung von §§ 9, 10 KSchG in Höhe von € ___[Betrag]___ (in Worten: Euro [Betrag in Worten]) brutto. [13]

2. Der Anspruch auf die Abfindung ist vererblich. [14] Der sich aus dem Abfindungsbetrag ergebende Nettobetrag wird mit dem letzten Tag des Arbeitsverhältnisses [oder: am ___[Datum]___] zur Zahlung fällig und auf das dem Unternehmen bekannte Konto des Mitarbeiters überwiesen. [15]

3. Der Mitarbeiter hat die Option, das Arbeitsverhältnis abweichend von der Regelung in § 1 unter Einhaltung einer Ankündigungsfrist von ___[z.B. zwei Wochen, ggf. zum Monatsende]___ vorzeitig zu beenden. Diese Option ist durch entsprechende Erklärung unter Beachtung der Schriftform im Sinne des § 623 BGB auszuüben; die elektronische Form sowie telekommunikative Übermittlung sind ausgeschlossen. Im Falle der vorzeitigen Beendigung zahlt das Unternehmen dem Mitarbeiter die bis zum ursprünglich vorgesehenen Beendigungstermin noch ausstehenden Bruttomonatsfestgehälter [optional: – ggf. zeitanteilig –] in Höhe von ___[Prozentsatz]___ % als zusätzliche Abfindung (brutto) mit der Maßgabe, dass die Gesamtabfindung im Zeitpunkt der vorzeitigen Beendigung

des Arbeitsverhältnisses fällig wird. Eine vorzeitige Beendigung des Arbeitsverhältnisses ist im Interesse des Unternehmens und entspricht seinem Wunsch. Macht der Mitarbeiter von der Möglichkeit zur vorzeitigen Beendigung Gebrauch, so gilt der Zeitpunkt, zu dem das Arbeitsverhältnis vorzeitig beendet wird, als Beendigungstermin im Sinne des § 1 dieser Vereinbarung. [16]

4. Sofern und soweit der Mitarbeiter sonstige Ansprüche auf Abfindungen, Nachteilsausgleich oder andere Entschädigungsleistungen hat, wird die in der vorliegenden Vereinbarung geregelte Abfindung vollständig hierauf angerechnet. [17]

§ 4
Firmenwagen

Der Mitarbeiter ist berechtigt, seinen derzeitigen Firmenwagen mit dem amtlichen Kennzeichen _[Kennzeichen]_ bis zum Beendigungstermin unter den bisherigen Bedingungen privat zu nutzen. Die Kosten für Kraftstoff werden während dieser Zeit von ihm getragen, soweit sie einen monatlichen Betrag von € _[Betrag]_ (in Worten: Euro _[Betrag in Worten]_) überschreiten. Der Mitarbeiter wird den Firmenwagen nebst vollständigem Zubehör, sämtlichen Schlüsseln und Fahrzeugpapieren spätestens am letzten Tag des Arbeitsverhältnisses in ordnungsgemäßem Zustand an das Unternehmen, z.H. Herrn/Frau _[Name und Adresse]_ , zurückgeben. [18] Ein Zurückbehaltungsrecht ist ausgeschlossen. [19]

§ 5
Betriebliche Altersversorgung

Die Parteien sind sich einig, dass der Mitarbeiter durch seine Tätigkeit für das Unternehmen keine unverfallbare Anwartschaft auf Leistungen der betrieblichen Altersversorgung erworben hat.

[oder:

Der Mitarbeiter hat durch seine Tätigkeit für das Unternehmen eine unverfallbare Anwartschaft auf Leistungen der betrieblichen Altersversorgung erworben. Auf Verlangen erteilt ihm das Unternehmen Auskunft über die betriebliche Altersversorgung gemäß § 4a des Betriebsrentengesetzes (BetrAVG). [2]*]*

§ 6
Übertragung einer Lebensversicherung

Das Unternehmen wird alle erforderlichen Erklärungen abgeben, um die bei der _[Name der Versicherung]_ (Versicherungsnummer: _[Nummer]_) auf das Leben des Mitarbeiters abgeschlossene Lebensversicherung mit allen Rechten und Pflichten mit Wirkung zum _[Datum]_ auf den Mitarbeiter zur Fortsetzung der Versicherung mit eigenen Beiträgen oder auf einen von ihm zu benennenden neuen Arbeitgeber zu übertragen, sofern die Versicherungsbedingungen dies zulassen und die _[Name der Versicherung]_ der Übertragung zustimmt. Soweit noch nicht geschehen, wird das Unternehmen alle bis zum rechtlichen Ende des Arbeitsverhältnisses geschuldeten [optional: und vom Mitarbeiter im Wege der Entgeltumwandlung finanzierten] Prämien fristgerecht einzahlen. Mit Ablauf des _[Datum]_ ist das Unternehmen aus diesem Versicherungsverhältnis weder berechtigt noch verpflichtet. [21]

§ 7
Zeugnis

Das Unternehmen verpflichtet sich, dem Mitarbeiter ein wohlwollendes qualifiziertes Zeugnis zu erteilen. [oder: Das Unternehmen verpflichtet sich, dem Mitarbeiter ein wohlwollendes qualifiziertes Zeugnis zu erteilen, das dem vom Mitarbeiter anzufertigenden Zeugnisentwurf entspricht, soweit nicht der Grundsatz der Zeugniswahrheit entgegensteht.] [22]

§ 8
Geheimhaltung

1. Der Mitarbeiter *ist verpflichtet*, über alle ihm während seiner Tätigkeit bekanntgewordenen vertraulichen und nicht offenkundigen betriebsinternen Angelegenheiten des Unternehmens und mit ihm verbundener Unternehmen – vor allem über Geschäfts- und Betriebsgeheimnisse, Inhalte

von Listen und Daten tatsächlicher oder potentieller Kunden und Lieferanten, Preisinformationen, technische und verfahrensbezogene Daten und Informationen, Geschäftsplanungen und -ergebnisse sowie strategische Planungen und Überlegungen – auch nach Beendigung des Arbeitsverhältnisses sowohl gegenüber Dritten wie auch gegenüber nicht berechtigten Mitarbeitern des Unternehmens und verbundener Unternehmen strengstes Stillschweigen zu bewahren. [23]

2. Die Parteien verpflichten sich, Stillschweigen über den Inhalt dieser Vereinbarung zu bewahren. Die Bekanntgabe des Inhalts dieser Vereinbarung oder von Teilen hiervon ist nur zulässig gegenüber Rechts- und Steuerberatern sowie Wirtschaftsprüfern und zur Geltendmachung oder Abwehr von Ansprüchen oder zur Erfüllung gesetzlicher Pflichten. Im Übrigen erfordert die Bekanntgabe die vorherige schriftliche Zustimmung der anderen Seite. [24]

§ 9
Rückgabe von Unterlagen und sonstigen Gegenständen; Löschen von Daten

1. Der Mitarbeiter wird jegliches in seinem Besitz befindliche Eigentum des Unternehmens und mit ihm verbundener Unternehmen sowie alle ihm von dem Unternehmen oder Dritten im Hinblick auf sein Arbeitsverhältnis überlassenen Gegenstände unverzüglich [oder: spätestens an seinem letzten Arbeitstag] an das Unternehmen, z.H. Herrn/Frau [Name und Adresse], zurückgeben. Gleiches gilt für alle Datenträger, Materialien und Unterlagen, die sich auf den Geschäftsbetrieb des Unternehmens oder mit ihm verbundener Unternehmen beziehen, sowie etwaige Kopien hiervon. Die Verpflichtung zur Rückgabe umfasst insbesondere auch _____, _____, und _____ (z.B. Dienstwagen, Laptop, Mobiltelefon, Kreditkarten, Einlasskarten, Schlüssel etc.). [25]

2. Der Mitarbeiter ist ferner verpflichtet, alle auf den von ihm privat genutzten Computern, anderen Datenverarbeitungsgeräten (z.B. Smartphones, Tablets) oder externen Speicherdiensten (z.B. Webmail, Cloud-Dienste) gespeicherten Daten und Programme, die ihm im Hinblick auf seine Tätigkeit überlassen bzw. wegen seiner Tätigkeit gespeichert wurden, dem Unternehmen auf Datenträger kopiert zur Verfügung zu stellen und anschließend auf den betreffenden Computern, anderen Datenverarbeitungsgeräten und externen Speicherdiensten zu löschen.

3. Der Mitarbeiter wird spätestens an seinem letzten Arbeitstag ausdrücklich schriftlich bestätigen, dass er zum Zeitpunkt der Bestätigung keine der zuvor beschriebenen Unterlagen und Gegenstände mehr in seinem Besitz und keine der genannten Daten und Programme mehr zur Verfügung hat.

4. Ein Zurückbehaltungsrecht hinsichtlich der in den Abs. 1 bis 3 genannten Verpflichtungen ist ausgeschlossen.

§ 10
Nachvertragliches Wettbewerbsverbot

Die Parteien heben einvernehmlich und mit sofortiger Wirkung das in § ____[Paragraf]____ des Anstellungsvertrags vom ____[Datum]____ enthaltene nachvertragliche Wettbewerbsverbot auf und sind sich darüber einig, dass ab sofort keine Partei mehr irgendwelche Rechte aus den Regelungen zum nachvertraglichen Wettbewerbsverbot gegenüber der anderen Partei herleiten kann. [26]

[oder:

Die Parteien sind sich einig, dass das in § ____[Paragraf]____ des Anstellungsvertrags vom ____[Datum]____ enthaltene nachvertragliche Wettbewerbsverbot von dieser Vereinbarung nicht berührt wird.]

§ 11
Auskunftspflicht nach Vertragsende

Der Mitarbeiter wird auch nach der Beendigung des Arbeitsverhältnisses Nachfragen des Unternehmens im Zusammenhang mit seiner bisherigen Tätigkeit beantworten und auf ausdrücklichen Wunsch schriftlich Auskunft über alle damit in Zusammenhang stehenden Geschäftsvorgänge erteilen. [27]

§ 12
Hinweis auf sozialversicherungsrechtliche Folgen

1. Das Unternehmen hat den Mitarbeiter auf die mit dem Abschluss dieser Vereinbarung eventuell verbundenen Nachteile in sozialversicherungsrechtlicher Hinsicht, insbesondere den Eintritt von Sperr- und/oder Ruhenszeiten bezüglich eines möglichen Arbeitslosengeldanspruchs, hingewiesen. Der Mitarbeiter hat sich darüber selbst bei den zuständigen Stellen, beispielsweise der Agentur für Arbeit, informiert oder wird dies noch tun und verzichtet daher auf eine nähere Aufklärung durch das Unternehmen. [28]

2. Der Mitarbeiter wurde von dem Unternehmen rechtzeitig über die Notwendigkeit eigener Aktivitäten bei der Suche nach einer anderen Beschäftigung und die Verpflichtung zur Meldung nach § 38 Abs. 1 SGB III bei der Agentur für Arbeit sowie über Nachteile beim Arbeitslosengeld im Falle verspäteter Meldung (vgl. § 159 Abs. 1 Nr. 7, Abs. 6, § 148 Abs. 1 Nr. 3 SGB III) informiert. [29]

§ 13
Ausgleichsklausel [optional: Verzicht auf Kündigungsschutzklage]

1. Mit der Erfüllung dieser Vereinbarung sind alle wechselseitigen Ansprüche aus und in Verbindung mit dem Arbeitsverhältnis und seiner Beendigung, gleich welchen Rechtsgrundes, ob bekannt oder unbekannt, abschließend erledigt. *[optional: Dies gilt auch für alle etwaigen sonstigen wechselseitigen Ansprüche zwischen dem Mitarbeiter und mit dem Unternehmen im Sinne der §§ 15 ff. AktG verbundenen Unternehmen im Hinblick auf die Beschäftigung des Mitarbeiters.]* Die Erledigung gilt jedoch nicht für Ansprüche, soweit ein Verzicht auf sie ausgeschlossen ist. [30]

2. Die Parteien sind sich darüber einig, dass der Mitarbeiter seinen Urlaub vollständig in natura in Anspruch genommen hat. [31]

3. Die Parteien sind sich ferner darüber einig, dass der Mitarbeiter im Zusammenhang mit seiner Beschäftigung und deren Beendigung keinerlei Benachteiligung (z.B. Benachteiligungen im Sinne des § 3 AGG) erfahren hat. [32]

[optional bei Abwicklungsvertrag:

4. Mit der Unterzeichnung dieser Abwicklungsvereinbarung erklärt der Mitarbeiter, auf die Erhebung einer Kündigungsschutzklage zu verzichten. Falls der Mitarbeiter zum Zeitpunkt der Unterzeichnung bereits eine Kündigungsschutzklage erhoben hat, verpflichtet er sich, die Klage unverzüglich zurückzunehmen.]

§ 14
Schriftform

Diese Vereinbarung enthält die vollständige Einigung zwischen den Parteien. Nebenabreden werden nicht getroffen. Abgesehen von individuellen Vertragsabreden (§ 305b BGB) bedürfen Änderungen und Ergänzungen dieses Vertrags zu ihrer Wirksamkeit der Schriftform; die elektronische Form, die Textform und die telekommunikative Übermittlung sind ausgeschlossen. Dies gilt auch für die Aufhebung, Änderung oder Ergänzung des vorstehenden Schriftformerfordernisses.

§ 15
Salvatorische Klausel

Sollten einzelne Bestimmungen dieser Vereinbarung unwirksam sein oder werden, wird die Wirksamkeit der übrigen Bestimmungen dieser Vereinbarung davon nicht berührt. Eine unwirksame Bestimmung ist durch eine Regelung zu ersetzen, die der mit der unwirksamen Bestimmung verfolgten wirtschaftlichen Zwecksetzung der Parteien am nächsten kommt. Dies gilt entsprechend im Fall einer Regelungslücke. [33]

_____
[Ort, Datum]

_____
(Unterschriften der Parteien)

Erläuterungen

Schrifttum

Bauer »Spielregeln« für die Freistellung von Arbeitnehmern, NZA 2007, 409; *Diller/Bauer* Allgemeine Erledigungsklausel und nachvertragliches Wettbewerbsverbot – eine unendliche Geschichte?, BB 2004, 1274; *Gaul/ Niklas* Neue Grundsätze zur Sperrzeit bei Aufhebungsvertrag, Abwicklungsvereinbarung und gerichtlichem Vergleich, NZA 2008, 137; *Hümmerich* Aufhebungs- und Abwicklungsvertrag in einem sich wandelnden Arbeitsrecht, NJW 2004, 2921; *Lembke* Sozialversicherungsrechtliche Fragen bei der Beendigung von Beschäftigungsverhältnissen, BB 2009, 2594; *Lembke* Aufhebungsverträge: Neues zur Sperrzeit, DB 2008, 293; *Lembke* Mindestlohngesetz – erste Rechtsprechung und praktische Erfahrungen, NZA 2016, 1; *Lingemann/ Groneberg* Der Aufhebungsvertrag (Teil 1), NJW 2010, 3496; Der Aufhebungsvertrag (Teil 2), NJW 2010, 3624; Der Aufhebungsvertrag (Teil 3), NJW 2011, 2028; Der Aufhebungsvertrag (Teil 4), NJW 2011, 2937; Der Aufhebungsvertrag (Teil 5), NJW 2011, 3629; *Nägele* Freistellung und anderweitiger Erwerb, NZA 2008, 1039; *Panzer* Sozialversicherungsrechtliche Auswirkungen der Beendigung von Arbeitsverhältnissen, NJW 2010, 11; *Pröpper* Die Übernahme der Rechtsanwaltskosten durch den Arbeitgeber, NZA 2011, 837; *Schmitt-Rolfes* Trennung ohne Kündigung, NZA-Beil. 2010, 81; *Schweiger* Arbeitsförderungsrechtliche Folgen der Freistellung des Arbeitnehmers von der Arbeitsleistung, NZS 2013, 767; *Schweiger* Die Systematik des wichtigen Grundes nach § 159 SGB III bei Abschluss eines Aufhebungsvertrags im Falle drohender betriebsbedingter Kündigung, NZS 2015, 328.

1. Der **Aufhebungsvertrag** bedarf gem. § 623 BGB zu seiner Wirksamkeit der **Schriftform** (§ 126 BGB) und ist daher von beiden Vertragsparteien eigenhändig oder mittels notariell beglaubigten Handzeichens zu unterzeichnen. Die Unterschriften müssen unterhalb des Vertragstextes stehen und diesen räumlich abschließen (DLW/*Hoß* Kapitel 6 Rn. 46). Auf die Lesbarkeit der eigenhändigen Unterschrift kommt es nicht an (BAG, Urt. v. 20.09.2006 – 6 AZR 82/06, NZA 2007, 377, 383). Das Schriftformerfordernis gilt auch für einen Vorvertrag, der die Parteien zum Abschluss eines Aufhebungsvertrags verpflichtet (BAG, Urt. v. 17.12.2009 – 6 AZR 242/09, NZA 2010, 273). 142

2. Vorformulierte Aufhebungsverträge unterliegen grds. der **AGB-Kontrolle** gem. §§ 305 ff. BGB (vgl. BAG, Urt. v. 08.05.2008 – 6 AZR 517/07, NZA 2008, 1148, 1149), wobei die arbeitsrechtlichen Besonderheiten gem. § 310 Abs. 4 S. 2 BGB angemessen zu berücksichtigen sind. 143

3. Das Vertragsmuster kann grds. entsprechend für eine Abwicklungsvereinbarung übernommen werden. Alternative Formulierungen sind im Muster (K Rdn. 141) enthalten. 144

4. Bestehen möglicherweise noch **andere Arbeits- oder ggf. Dienstverhältnisse** mit anderen, zur gleichen Unternehmensgruppe gehörenden Unternehmen, so ist – vorausgesetzt dass der Arbeitnehmer vollständig aus der Unternehmensgruppe ausscheiden soll – darauf zu achten, dass diese ebenfalls beendet werden. In einem solchen Fall empfiehlt es sich, dass auch die anderen Unternehmen als Vertragsparteien an der Aufhebungsvereinbarung beteiligt sind. Dies kann wie folgt geschehen: 145

Aufhebungsvereinbarung 146

zwischen

[Name des Unternehmens A]

[Adresse des Unternehmens A]

vertreten durch [Name des Vertretungsberechtigten A]

– *nachfolgend »Unternehmen« genannt* –

und

[Name des Unternehmens B]

[Adresse des Unternehmens B]

vertreten durch [Name des Vertretungsberechtigten B]

K. Die Beendigung des Arbeitsverhältnisses

und

[Name des Unternehmens C]

[Adresse des Unternehmens C]

vertreten durch [Name des Vertretungsberechtigten C]

sowie

[Name des Mitarbeiters]

[Adresse des Mitarbeiters]

– nachfolgend »Mitarbeiter« genannt –

Präambel

[Vertragshistorie innerhalb der Unternehmensgruppe]

§ 1
Beendigung des Arbeitsverhältnisses

1. Die Parteien sind sich darüber einig, dass zurzeit nur ein Arbeitsverhältnis zwischen dem Mitarbeiter und dem Unternehmen besteht. Dieses wird im gegenseitigen Einvernehmen mit Ablauf des ____[Datum]____ (nachfolgend: »Beendigungstermin« genannt) enden.

2. Etwaige weitere Arbeits- oder Dienstverhältnisse mit dem Unternehmen, [Name des Unternehmens B] , [Name des Unternehmens C] , und/oder anderen mit dem Unternehmen im Sinne der §§ 15 ff. AktG verbundenen Unternehmen bestehen nicht. Rein vorsorglich werden hiermit sämtliche etwa bestehenden Arbeits- oder Dienstverhältnisse ebenfalls mit Wirkung zum Beendigungstermin aufgehoben.

147 **5.** Die Aufnahme einer **Präambel** ist nicht unbedingt erforderlich, in den meisten Fällen jedoch empfehlenswert, um die Hintergründe des Vertragsschlusses darzustellen. So kann bereits in der Präambel klargestellt werden, welches Unternehmen Partei des Arbeitsvertrags ist. Ggf. kann ein Hinweis auf einen erfolgten Betriebsübergang gem. § 613a BGB aufgenommen werden, etwa durch folgende Formulierung:

Mit Wirkung ab dem ____[Datum]____ ist das Arbeitsverhältnis im Rahmen eines Betriebsübergangs gemäß § 613a Abs. 1 BGB mit allen Rechten und Pflichten von der [Name des vorherigen Arbeitgebers] auf das Unternehmen übergegangen. Der Mitarbeiter hat dem Übergang seines Arbeitsverhältnisses nach ordnungsgemäßer Unterrichtung i.S.d. § 613a Abs. 5 BGB innerhalb der gesetzlich vorgesehenen Monatsfrist nicht widersprochen.

148 Darüber hinaus kann die Präambel Formulierungen enthalten, die der »**sperrzeitneutralen**« **Gestaltung** des Aufhebungsvertrags dienen. Hierzu ist Folgendes festzuhalten:

Unterzeichnet der Arbeitnehmer einen Aufhebungsvertrag, führt er dadurch in der Regel – außer wenn er bereits eine Anschlussbeschäftigung gefunden hat – seine Arbeitslosigkeit herbei. Dies wird in sozialversicherungsrechtlicher Hinsicht regelmäßig durch die Verhängung einer **Sperrzeit** in Bezug auf das Arbeitslosengeld sanktioniert. Gem. § 159 Abs. 1 SGB III ruht der Anspruch auf Arbeitslosengeld für die Dauer einer Sperrzeit, wenn sich der Arbeitnehmer versicherungswidrig verhalten hat. Dies ist gem. § 159 Abs. 1 S. 2 Nr. 1 SGB III insbesondere dann der Fall, wenn der Arbeitslose – ohne dafür einen wichtigen Grund zu haben – das Beschäftigungsverhältnis gelöst oder durch ein arbeitsvertragswidriges Verhalten Anlass für die Lösung des Beschäftigungsverhältnisses gegeben und dadurch vorsätzlich oder grob fahrlässig die Arbeitslosigkeit herbeigeführt hat (Sperrzeit bei Arbeitsaufgabe). Sinn der Sperrzeit ist es, die Solidargemeinschaft der Versicherten davor zu schützen, dass Arbeitnehmer Leistungen in Anspruch nehmen, die ihre Arbeitslosigkeit selbst verschuldet haben (*Panzer* NJW 2010, 11, 14). Die Sperrzeit wegen Arbeitsaufgabe beträgt zwölf Wochen; eine Verkürzung auf drei Wochen bzw. sechs Wochen ist in Einzelfällen möglich (§ 159 Abs. 3 Nr. 1, Nr. 2 SGB III). Zu beachten ist, dass bei Verhängung der Sperrzeit nicht nur der Anspruch für die Dauer der Sperrzeit ruht, sondern sich darüber hinaus die Bezugsdauer des Arbeitslosengelds um die Länge der Sperrzeit, bei einer Sperrzeit von zwölf Wochen mindestens um ein Viertel der Anspruchsdauer, verkürzt (§ 148 Abs. 1 Nr. 4 SGB III).

Der Arbeitnehmer wird in der Regel nicht bereit sein, einen Aufhebungs- oder Abwicklungsvertrag zu unterzeichnen, wenn er dadurch Nachteile beim Bezug von Arbeitslosengeld erleidet. Bei der Gestaltung der Vereinbarung ist daher darauf zu achten, dass dieses Risiko für den Arbeitnehmer so weit wie möglich vermindert wird. Hierbei ist Folgendes zu beachten: 149

Nach den aktuellen Geschäftsanweisungen der Bundesagentur für Arbeit (Stand: 08/2015, Ziffer 159.102) wird ein – die Sperrzeit wegen Arbeitsaufgabe ausschließender – wichtiger Grund für die Lösung des Beschäftigungsverhältnisses insbesondere angenommen, wenn 150
– eine Kündigung durch den Arbeitgeber mit Bestimmtheit in Aussicht gestellt worden ist,
– die drohende Arbeitgeberkündigung auf betriebliche Gründe gestützt würde,
– die Arbeitgeberkündigung zu demselben Zeitpunkt, zu dem das Beschäftigungsverhältnis geendet hat, oder früher wirksam geworden wäre (bei einer einvernehmlichen Freistellung ist das fristgemäße Ende des Arbeitsverhältnisses maßgebend, wenn bis dahin Arbeitsentgelt gezahlt worden ist),
– im Falle der Arbeitgeberkündigung die Kündigungsfrist eingehalten würde, und
– der Arbeitnehmer nicht unkündbar war

und
– eine Abfindung von 0,5 Monatsgehältern, mindestens aber 0,25 (noch wesentlicher wirtschaftlicher Vorteil) für jedes Jahr des Arbeitsverhältnisses an den Arbeitnehmer gezahlt wird. § 1a KSchG gilt entsprechend. [...]

Für die »sperrzeitneutrale« Gestaltung von Aufhebungsverträgen ergibt sich hieraus Folgendes: 151
– Aus der Vereinbarung sollte hervorgehen, dass das Arbeitsverhältnis »**aus betrieblichen Gründen**« endet. Ggf. bietet es sich an, in der Präambel den Wegfall des Arbeitsplatzes aus betrieblichen Gründen kurz darzustellen.
– Bei der Bestimmung des Beendigungstermins sollte die **Kündigungsfrist** eingehalten werden (siehe hierzu K Rdn. 156).
– Die **Höhe der Abfindung** sollte zwischen 0,25 und 0,5 Monatsentgelten pro Beschäftigungsjahr betragen, wobei ab einem Zeitraum von sechs Monaten auf ein volles Jahr aufzurunden ist (vgl. § 1a Abs. 2 KSchG). Das Monatsentgelt berechnet sich nach dem, was dem Arbeitnehmer bei der für ihn maßgeblichen regelmäßigen Arbeitszeit in dem Monat, in dem das Arbeitsverhältnis endet, an Sach- und Geldbezügen zusteht (vgl. § 10 Abs. 3 KSchG). Darunter fallen auch Bezüge, die ein Arbeitnehmer für längere Zeiträume erhält, wie z.B. Boni, Tantiemen oder Provision. Sie sind zeitanteilig zu berechnen (*Lembke* BB 2009, 2594, 2596). Strittig ist, ob auch Entgelt im weiteren Sinne, wie z.B. Gratifikationen, Urlaubsgeld, etc., zu berücksichtigen sind (bejahend: *Kögel* RdA 2009, 358, 363, 364; a.A. *Lembke* BB 2009, 2594, 2596, der darauf abstellt, ob der Arbeitnehmer im maßgeblichen Zeitpunkt der rechtlichen Beendigung des Arbeitsverhältnisses einen Anspruch auf die entsprechende Leistung hat oder nicht). Beträgt die Abfindung unter 0,25 Monatsentgelten oder über 0,5 Monatsentgelten pro Beschäftigungsjahr, liegt nach den Geschäftsanweisungen nur dann ein wichtiger Grund vor, wenn die drohende Arbeitgeberkündigung sozial gerechtfertigt gewesen wäre (vgl. Geschäftsanweisungen der Bundesagentur für Arbeit [Stand: 08/2015] Ziffer 159.105). Steht bei den Verhandlungen über den Aufhebungsvertrag eine höhere Abfindung im Raum, kann überlegt werden, die Abfindung im »sperrzeitneutralen« Rahmen zu belassen und entweder den Beendigungstermin nach hinten zu verschieben oder die Abgeltung für Boni, etc. entsprechend zu erhöhen (so *Lembke* BB 2009, 2594, 2597; kritisch hierzu *Panzer* NJW 2010, 11, 15). Dieses Vorgehen hat allerdings den Nachteil, dass die Sozialversicherungsfreiheit und steuerliche Privilegierung der Abfindung insoweit nicht ausgenutzt werden können.

K. Die Beendigung des Arbeitsverhältnisses

– Es bietet sich an, bereits in der Präambel den Betrag des Monatsentgelts festzuhalten. So ergibt sich bereits aus dem Vertragswerk, dass die Höhe der Abfindung sich im »sperrzeitneutralen« Rahmen bewegt.

152 Früher wurde zur Vermeidung einer Sperrzeit dem Abschluss eines Aufhebungsvertrags oftmals der Ausspruch einer Kündigung mit nachfolgendem Abschluss eines **Abwicklungsvertrags** vorgezogen. Allerdings hatte das BSG am 18.12.2003 entschieden, dass eine Sperrzeit bei Arbeitsaufgabe auch dann eingreift, wenn ein Abwicklungsvertrag innerhalb der dreiwöchigen Klagefrist des § 4 KSchG abgeschlossen wird (BSG, Urt. v. 18.12.2003 – B 11 AL 35/03 R, NZA 2004, 661, 662 f.). Dadurch nahm die praktische Bedeutung des Abwicklungsvertrags als »sperrzeitneutrale« Alternative zum Aufhebungsvertrag stark ab. In einer Entscheidung vom 12.07.2006 kündigte das BSG sodann eine Änderung der Rechtsprechung an. Das Gericht führte aus, es erwäge, künftig jedenfalls dann einen die Sperrzeit ausschließenden wichtigen Grund bei Abschluss eines Aufhebungsvertrags anzunehmen und auf eine ausnahmslose Prüfung der Rechtmäßigkeit der Arbeitgeberkündigung zu verzichten, wenn die Abfindungshöhe die in § 1a Abs. 2 KSchG vorgesehene nicht überschreitet (BSG, Urt. v. 12.07.2006 – B 11a AL 47/05 R, NZA 2006, 1359, 1361). Diese Ankündigungsrechtsprechung hat das Gericht mittlerweile dahingehend weiterentwickelt, dass bei einem Aufhebungsvertrag mit Abfindungsvereinbarung in den Grenzen des § 1a Abs. 2 KSchG die Prüfung der Rechtmäßigkeit der drohenden Arbeitgeberkündigung entfällt und sich der Arbeitnehmer auf einen wichtigen Grund berufen kann, wenn keine Anhaltspunkte (z.B. offenkundig rechtswidrige Kündigung) für eine Gesetzesumgehung zulasten der Versichertengemeinschaft vorliegen (BSG, Urt. v. 02.05.2012 – B 11 AL 6/11 R, NZS 2012, 374). Die vorstehenden Ausführungen zur »sperrzeitneutralen« Gestaltung von Aufhebungsverträgen gelten für Abwicklungsverträge entsprechend. Insbesondere sollte aus der Vereinbarung hervorgehen, dass der Arbeitgeber das Arbeitsverhältnis aus betrieblichen Gründen durch Ausspruch einer fristgerechten ordentlichen Kündigung beendet hat.

153 Besonderheiten gelten, wenn das Arbeitsverhältnis von Seiten des Arbeitgebers nur nach vorheriger **Zustimmung der zuständigen Behörde** gekündigt werden kann, also in den Fällen der §§ 85 ff. SGB IX, § 9 MuSchG, § 18 BEEG, § 5 PflegeZG und § 2 Abs. 3 FPfZG i.V.m. § 5 PflegeZG. Für den Abschluss des Aufhebungsvertrags ist zwar die behördliche Zustimmung nicht erforderlich. Die Bundesagentur für Arbeit wird jedoch in der Regel eine Sperrzeit verhängen, wenn der Arbeitnehmer nicht nachweisen kann, dass im Fall der Arbeitgeberkündigung die zuständige Behörde der Kündigung zugestimmt hätte. Dies gilt selbst bei einem ansonsten »sperrzeitneutral« gestalteten Aufhebungsvertrag (vgl. Geschäftsanweisung der Bundesagentur für Arbeit zu § 159 SGB III [Stand: 08/2015] Ziffer 159.17). In diesen Fällen sollte daher die zuständige Behörde (siehe K Rdn. 206 zur Zuständigkeit bei Kündigungen gem. §§ 85 ff. SGB IX sowie K Rdn. 237 bei Kündigungen gem. § 9 MuSchG, § 18 BEEG, § 5 PflegeZG und § 2 Abs. 3 FPfZG i.V.m. § 5 PflegeZG) beim Abschluss des Aufhebungsvertrags beteiligt werden, indem der Arbeitgeber zunächst einen Antrag auf Zustimmung zur bzw. Zulässigerklärung der Kündigung stellt und die Arbeitsvertragsparteien anschließend »auf Anraten der Behörde« den Aufhebungsvertrag schließen. Dies kann in der Präambel etwa wie folgt dargestellt werden:

Alternative:

[Der mit einem Grad von __[Grad der Behinderung]__ schwerbehinderte Mitarbeiter ist seit dem __[Eintrittsdatum]__ bei dem Unternehmen angestellt, zuletzt auf Grundlage des Anstellungsvertrags vom __[Datum des Anstellungsvertrages]__ . Aufgrund einer Umstrukturierung des Betriebs, in dem der Mitarbeiter beschäftigt ist, ist das Beschäftigungsbedürfnis für den Mitarbeiter vollständig entfallen. Das Unternehmen hat beim zuständigen Integrationsamt mit Schreiben vom __[Datum]__ die Zustimmung zur ordentlichen betriebsbedingten Kündigung des Mitarbeiters beantragt. Auf Anraten des Integrationsamts schließen die Parteien die folgende Aufhebungsvereinbarung:]

154 6. Der Hinweis darauf, dass die Beendigung »**auf Veranlassung des Unternehmens**« erfolgt, dient dazu, gegenüber den Finanzbehörden zu dokumentieren, dass es sich bei der Abfindung um eine Entschädigung für die vom Arbeitgeber veranlasste, endgültige Beendigung des Arbeitsverhältnisses i.S.d. § 24 Nr. 1a, b EStG handelt und die hierauf entfallende **Einkommensteuer** nach der so genannten Fünftelungsregelung gem. § 34 Abs. 1 EStG zu berechnen ist. Bei der Fünftelungsregelung wird die Steuer so ermittelt, als sei die Abfindung dem Arbeitnehmer über fünf Jahre verteilt zugeflossen (siehe hierzu DLW/*Hoß* Kapitel 6 Rn. 172 ff., 188).

7. Diese Formulierung dient der »sperrzeitneutralen« Gestaltung des Aufhebungsvertrags (siehe K Rdn. 151). 155

8. Die Parteien müssen sich auf einen **Beendigungstermin** einigen, wobei sie grds. völlig frei und insbesondere nicht an Kündigungsfristen gebunden sind. Eine rückwirkende Auflösungsvereinbarung ist jedoch nur dann möglich, wenn das Arbeitsverhältnis bereits außer Vollzug gesetzt wurde (BAG, Urt. v. 17.12.2009 – 6 AZR 242/09, NZA 2010, 273). In diesem Fall darf die Aufhebung zu dem Zeitpunkt der tatsächlichen Einstellung des Dauerschuldverhältnisses geregelt werden (BAG, Urt. v. 10.12.1998 – 8 AZR 324/97, NZA 1999, 422). Der Rückabwicklung für einen Zeitraum, in dem das Arbeitsverhältnis noch vollzogen wurde, stehen hingegen die zum fehlerhaften Arbeitsverhältnis entwickelten Grundsätze entgegen. Die im Aufhebungsvertrag vereinbarte Hauptleistung – Beendigung des Arbeitsverhältnisses – unterliegt nicht der Angemessenheitskontrolle i.S.d. § 307 Abs. 1 BGB, da nur solche Regelungen kontrollfähig sind, in denen von Rechtsvorschriften abgewichen wird (§ 307 Abs. 3 S. 1 BGB; BAG, Urt. v. 08.05.2008 – 6 AZR 517/07, NZA 2008, 1148, 1149). 156

Bei der Wahl des Beendigungstermins ist jedoch zu beachten, dass dem Arbeitnehmer ein **Ruhen** seines **Anspruchs auf Arbeitslosengeld** droht, wenn die einschlägige ordentliche Kündigungsfrist nicht gewahrt ist, d.h. der vereinbarte Beendigungstermin zeitlich vor dem nächsten Termin liegt, zu dem das Arbeitsverhältnis durch eine ordentliche arbeitgeberseitige Kündigung hätte beendet werden können. Während des Ruhens besteht vorübergehend kein Anspruch auf Arbeitslosengeld. Gem. § 158 Abs. 1 S. 1 SGB III ruht der Anspruch auf Arbeitslosengeld von dem Ende des Arbeitsverhältnisses an bis zu dem Tag, an dem das Arbeitsverhältnis bei Einhaltung einer der ordentlichen Kündigungsfrist des Arbeitgebers entsprechenden Frist geendet hätte, wenn der Arbeitnehmer wegen der Beendigung des Arbeitsverhältnisses eine Abfindung, Entschädigung oder ähnliche Leistung (Entlassungsentschädigung) erhalten oder zu beanspruchen hat und das Arbeitsverhältnis ohne Einhaltung dieser Frist beendet wurde. Ist die ordentliche Kündigung des Arbeitsverhältnisses durch den Arbeitgeber – z.B. auf Grund individualvertraglicher Vereinbarung – vollständig ausgeschlossen, so gilt bei zeitlich unbegrenztem Ausschluss eine fiktive Kündigungsfrist von 18 Monaten (§ 158 Abs. 1 S. 3 Nr. 1 SGB III). Kommt im Fall der ordentlichen Unkündbarkeit eine außerordentliche Kündigung mit sozialer Auslauffrist in Betracht, so ist die theoretisch geltende ordentliche Kündigungsfrist einzuhalten (§ 158 Abs. 1 S. 3 Nr. 2 Alt. 2 SGB III). Ebenso ist die ordentliche Kündigungsfrist einzuhalten, wenn die Möglichkeit einer ordentlichen Kündigung nur zeitlich begrenzt ausgeschlossen ist (§ 158 Abs. 1 S. 3 Nr. 2 Alt. 1 SGB III), d.h. insbesondere in den Fällen des besonderen Kündigungsschutzes nach § 9 MuSchG, § 18 BEEG, § 5 PflegeZG, § 2 Abs. 3 FPfZG i.V.m. § 5 PflegeZG, §§ 85 ff. SGB IX oder § 15 KSchG (*Lembke* BB 2009, 2594, 2598). Kann dem Arbeitnehmer – z.B. auf Grund tarifvertraglicher Regelungen – nur bei Zahlung einer Entlassungsentschädigung ordentlich gekündigt werden, so gilt eine fiktive Kündigungsfrist von einem Jahr (§ 158 Abs. 1 S. 4 SGB III). Zur Vermeidung sozialversicherungsrechtlicher Nachteile für den Arbeitnehmer sollte bei der Festlegung des Beendigungstermins im Aufhebungsvertrag stets auf die Einhaltung der entsprechenden Fristen geachtet werden (siehe hierzu auch *Schweiger* NZS 2015, 328, 330; *Lembke* BB 2009, 2594, 2598). 157

9. In vielen Fällen wird der Arbeitgeber den Arbeitnehmer bis zum vereinbarten Beendigungstermin von der Arbeitsleitung **freistellen** wollen, z.B. um zu verhindern, dass der Arbeitnehmer die ihm noch verbleibende Zeit im Betrieb nutzt, um sich Betriebs- und Geschäftsgeheimnisse anzueignen. Auch für den Arbeitnehmer kann die Freistellung vorteilhaft sein, da er die Zeit ggf. zur Suche nach einer neuen Beschäftigung nutzen kann. Die Freistellung von der Arbeitsleistung kann unwiderruflich oder widerruflich erfolgen. Nur im Fall der widerruflichen Freistellung hat 158 der Arbeitgeber die Möglichkeit, den Arbeitnehmer zur Arbeit »zurückzurufen«, wenn er ihn benötigt. Der Arbeitgeber sollte sich daher stets sorgfältig überlegen, ob er den Arbeitnehmer unter Umständen bis zum Beendigungszeitpunkt noch einmal braucht. Im Zweifel sollte die Freistellung aus taktischen Gründen nur widerruflich erfolgen. Die früher bestehende Problematik, dass bei einvernehmlicher unwiderruflicher Freistellung das sozialversicherungspflichtige Beschäftigungsverhältnis enden sollte (BSG, Urt. v. 25.04.2002 – B 11 AL 65/01 R, NZA-RR 2003, 105, 107), besteht nach zwei Entscheidungen des BSG vom 24.09.2008 (B 12 KR 22/07 R, NZA-RR 2009, 272 und B 12 KR 27/07 R, NZA-RR 2009, 269) allerdings nicht mehr. Vielmehr ist davon auszugehen, dass auch bei einer einvernehmlichen unwiderruflichen Freistellung unter Fortzahlung der Vergütung die – die Sozialversicherungspflicht begründende – Beschäftigung im sozialversicherungsrechtlichen Sinne bis zum rechtlichen Ende des Arbeitsverhältnisses fortbesteht (vgl. *Lembke* BB 2009, 2594, 2598 f.; *Panzer* NJW 2010, 11, 13; *Schweiger* NZS 2013, 767, 771).

159 Im Zusammenhang mit der Freistellung ist Folgendes zu beachten:
– **Anrechnung von Urlaub**: Der Arbeitgeber, der den Arbeitnehmer von der Arbeitsleistung freistellt, wird vermeiden wollen, dass der Arbeitnehmer bei Beendigung des Arbeitsverhältnisses auch noch Urlaubsabgeltungsansprüche gem. § 7 Abs. 4 BUrlG geltend machen kann. In der bloßen Freistellung liegt keine Urlaubsgewährung, da für den Arbeitnehmer nicht klar ist, ob der Arbeitgeber als Schuldner des Urlaubsanspruchs die geschuldete Leistung bewirken will (§ 362 Abs. 1 BGB) oder ob er als Gläubiger der Arbeitsleistung auf deren Annahme verzichtet (§ 615 BGB) (BAG, Urt. v. 10.02.2015 – 9 AZR 455/13, NJW 2015, 2520, 2521; BAG, Urt. v. 14.03.2006 – 9 AZR 11/05, NJOZ 2006, 3100). Es ist daher eine ausdrückliche Regelung erforderlich. Die Erfüllung von Urlaubsansprüchen bedarf grds. der unwiderruflichen Befreiung des Arbeitnehmers von der Arbeitspflicht, da die Möglichkeit des Arbeitnehmers, die ihm auf Grund des Urlaubsanspruchs zustehende Freizeit uneingeschränkt zu nutzen, nur dann besteht, wenn der Arbeitnehmer nicht damit rechnen muss, zur Arbeit gerufen zu werden (BAG, Urt. v. 14.03.2006 – 9 AZR 11/05, NJOZ 2006, 3100). Eine Anrechnung von Urlaub kann daher nur bei der unwiderruflichen Freistellung erfolgen. Im Fall der widerruflichen Freistellung empfiehlt es sich hingegen, den Urlaub konkret zu gewähren, d.h. die noch ausstehenden Urlaubstage im Aufhebungsvertrag konkret festzulegen und im Übrigen die widerrufliche Freistellung zu vereinbaren. Alternativ kann auch vereinbart werden, dass der Urlaub sofort vollständig und zusammenhängend in Anspruch genommen und der Arbeitnehmer anschließend freigestellt wird. Liegt der Beendigungstermin erst im nächsten Kalenderjahr, so ist – da der Urlaubsanspruch zu Beginn des Kalenderjahres entsteht – auch der Urlaub für das nächste Kalenderjahr konkret festzulegen und für die übrigen Zeiträume die widerrufliche Freistellung zu vereinbaren.
– **Anrechnung anderweitigen Erwerbs**: Nach der Rechtsprechung des BAG muss der Arbeitgeber sich die Anrechnung anderweitigen Erwerbs gem. § 615 S. 2 BGB während der Zeit der Freistellung ausdrücklich vorbehalten (BAG, Urt. v. 17.10.2012 – 10 AZR 809/11, NZA 2013, 207; BAG, Urt. v. 19.03.2002 – 9 AZR 16/01, NZA 2002, 1055; kritisch *Bauer* NZA 2007, 409, 411).
– Enthaltung von **Wettbewerb** während der Zeit der Freistellung: Erfolgt eine unwiderrufliche Freistellung unter dem Vorbehalt der Anrechnung etwaigen anderweitigen Verdienstes, kann der Arbeitnehmer regelmäßig davon ausgehen, in der Verwertung seiner Arbeitsleistung frei und nicht mehr an vertragliche Wettbewerbsverbote (§ 60 HGB) gebunden zu sein. Dies ergibt sich aus der bei der Auslegung der Freistellungserklärung zu berücksichtigenden beiderseitigen Interessenlage. Der Arbeitnehmer kann auf Grund seiner beruflichen Kenntnisse und Fähigkeiten für den Arbeitgeber erkennbar oftmals einen Verdienst nur durch eine Tätigkeit erzielen, die im Wettbewerb zum Geschäftsfeld des Arbeitgebers steht. Wenn der Arbeitgeber gleichwohl durch die Freistellung den Annahmeverzug mit der Möglichkeit der Verdienstanrechnung herbeiführt, macht er deutlich, dass ihn Wettbewerbshandlungen des Arbeitnehmers in der Zeit der Freistellung nicht stören. Einen abweichenden Willen hat der Arbeitgeber in der Freistellungserklärung zum Ausdruck zu bringen (BAG, Urt. v. 06.09.2006 –

5 AZR 703/05, NZA 2007, 36). Dementsprechend sieht der vorgeschlagene Mustertext ausdrücklich das Fortbestehen der Pflicht zur Einhaltung des vertraglichen Wettbewerbsverbots vor.

10. Insbesondere im Hinblick darauf, dass ein Aufhebungsvertrag in der Regel eine allgemeine Erledigungsklausel enthält (siehe K Rdn. 180), ist ausdrücklich zu regeln, dass der Arbeitnehmer bis zum Beendigungszeitpunkt weiterhin die arbeitsvertraglich geschuldete **Vergütung** erhält. Hat der Arbeitnehmer zusätzlich zu seinem Festgehalt einen Anspruch auf eine variable Vergütung, die von der Erreichung bestimmter Ziele abhängt, welche er aber auf Grund einer Freistellung bis zum Beendigungstermin nicht erreichen kann (z.B. Tantiemen, Provision), so empfiehlt es sich, eine pauschale Regelung zu treffen. Möglich ist aber auch, den Anspruch auf variable Vergütung im Aufhebungsvertrag auszuschließen und zu vereinbaren, dass der Arbeitnehmer nur einen Anspruch auf Zahlung des Festgehalts hat. In jedem Fall sollte bezüglich aller variablen Vergütungsbestandteile eine explizite Regelung getroffen und die entsprechenden Beträge im Aufhebungsvertrag festgeschrieben werden, um Streitigkeiten zu vermeiden.

11. Diese Formulierung stellt klar, dass bis zu einem bestimmten Zeitpunkt eine **ordnungsgemäße Abrechnung** des Arbeitsverhältnisses durch den Arbeitgeber erfolgt ist. Der Arbeitnehmer kann sich dementsprechend nicht mehr darauf berufen, es sei bis zu diesem Zeitpunkt nicht ordnungsgemäß abgerechnet worden.

12. Beim Abschluss von Abwicklungsverträgen einigen sich die Parteien häufig auf einen Beendigungszeitpunkt, der zeitlich nach dem Zeitpunkt liegt, zu dem ursprünglich gekündigt wurde. Dies ist z.B. in der Regel der Fall, wenn der Arbeitgeber eine außerordentliche Kündigung ausgesprochen hat. In solchen Fällen wird man sich regelmäßig auf einen späteren Beendigungszeitpunkt verständigen, um das berufliche Fortkommen des Arbeitnehmers durch den Makel des »krummen« Beendigungszeitpunkts der außerordentlichen Kündigung nicht zu erschweren. Wenn der Abwicklungsvertrag zustande kommt, ist seit dem Zeitpunkt der ursprünglichen Beendigung oft schon eine gewisse Zeit vergangen, der Arbeitgeber hat die Lohnzahlung eingestellt und der Arbeitnehmer Arbeitslosengeld erhalten. Entstehen nun durch den Abwicklungsvertrag rückwirkend Gehaltsansprüche des Arbeitnehmers für einen Zeitraum, für den er bereits Arbeitslosengeld erhalten hat, kann die Bundesagentur für Arbeit das bereits gezahlte Arbeitslosengeld nicht vom Arbeitnehmer zurückfordern. Vielmehr geht der Anspruch des Arbeitnehmers auf Lohnzahlung in entsprechender Höhe auf die Bundesagentur für Arbeit über (§ 115 Abs. 1 SGB X). Die Klausel stellt klar, dass der Arbeitgeber insoweit keine Zahlungen an den Arbeitnehmer schuldet und dient damit der **Vermeidung von Doppelansprüchen**.

13. In der Regel wird der Arbeitnehmer nur gegen Zahlung einer **Abfindung** zum Abschluss eines Aufhebungsvertrags bereit sein. Etwas anderes kann gelten, wenn der Arbeitgeber das Arbeitsverhältnis ansonsten wegen eines gravierenden Fehlverhaltens des Arbeitnehmers kündigen würde und der Arbeitnehmer sich darüber im Klaren ist, dass die Vorwürfe zutreffend sind. Die Höhe der Abfindung ist zwischen den Parteien frei verhandelbar. Von den Arbeitsgerichten wird häufig die Faustformel »Bruttomonatsgehalt × Beschäftigungsjahre im Unternehmen × 0,5« zu Grunde gelegt; diese Formel kann für die Parteien eine erste Orientierungshilfe darstellen. Die Abfindung sollte als Bruttobetrag angegeben werden. Die Abfindung ist grds. sozialversicherungsfrei; für die Besteuerung gelten die privilegierenden Vorschriften der §§ 24 Ziffer 1, 34 EStG (siehe K Rdn. 154; DLW/*Hoß* Kapitel 6 Rn. 181 ff.).

Verpflichtet sich der Arbeitgeber in einem mit dem Arbeitnehmer zur Beendigung des Arbeitsverhältnisses geschlossenen Aufhebungsvertrag zur Zahlung einer Abfindung für den Verlust des Arbeitsplatzes, steht die Zustimmung des Arbeitnehmers zur Beendigung des Arbeitsverhältnisses in der Regel im Gegenseitigkeitsverhältnis zu der Abfindungszusage des Arbeitgebers. Der Arbeitnehmer kann deshalb nach § 323 Abs. 1 BGB grundsätzlich vom Aufhebungsvertrag zurücktreten, wenn der Arbeitgeber die Abfindung nicht zahlt, das Rücktrittsrecht nicht ausdrücklich oder konkludent abbedungen ist und dem Arbeitgeber ohne Erfolg eine angemessene Frist zur Zahlung der Abfindung gesetzt wurde. Das Rücktrittsrecht aus § 323 Abs. 1 BGB setzt allerdings die Durchsetzbarkeit der Forderung voraus. Daran fehlt es, wenn der Schuldner nicht leisten muss oder nicht leisten darf. Letzteres kann z.B. bei der nach Abschluss des Aufhebungsvertrags eingetretenen Insolvenz des Arbeitgebers der Fall sein (BAG, Urt. v. 10.11.2011 – 6 AZR 357/10, NZA 2012, 205).

164 **14.** Haben die Parteien keine ausdrückliche Vereinbarung zur **Vererblichkeit** des Anspruchs getroffen, entspricht es gleichwohl in der Regel dem Parteiwillen, dass der Anspruch auf die Erben übergehen soll, wenn der Arbeitnehmer vor dem vereinbarten Beendigungszeitpunkt verstirbt (BAG, Urt. v. 22.05.2003 – 2 AZR 250/02, NZA 2004, 1352). Etwas anderes kann gelten, wenn der Parteivereinbarung zu entnehmen ist, dass die Abfindung im Rahmen eines Frühpensionierungsprogramms eine Überbrückungsfunktion haben soll (BAG, Urt. v. 16.05.2000 – 9 AZR 277/99, NZA 2000, 1236). Um etwaige spätere Streitigkeiten zu vermeiden, empfiehlt sich die Aufnahme einer ausdrücklichen Regelung zur Vererblichkeit in der Aufhebungsvereinbarung.

165 **15.** Ist der Zeitpunkt der **Fälligkeit** der Abfindung nicht ausdrücklich vereinbart, wird die Abfindung am Beendigungstermin zur Zahlung fällig (BAG, Urt. v. 15.07.2004 – 2 AZR 630/03, DB 2004, 2430).

166 **16.** Die Einräumung eines **vorzeitigen Beendigungsrechts** für den Arbeitnehmer ist insbesondere dann sinnvoll, wenn der Arbeitgeber die Arbeitsleistung des Arbeitnehmers bis zum vereinbarten Beendigungstermin nicht mehr benötigt und der Arbeitnehmer auf der Suche nach einer Anschlussbeschäftigung ist, die er so ggf. kurzfristig antreten kann. Die Vereinbarung, dass der Arbeitnehmer bei einem solchen »vorzeitigen Ausstieg« die noch ausstehenden Gehälter ganz oder teilweise als zusätzliche Abfindung erhalten soll, ist nicht zwingend, mag jedoch für den Arbeitnehmer einen Anreiz darstellen, sich möglichst zügig um eine neue Beschäftigung zu bemühen und von der Option Gebrauch zu machen. Dies ist – unabhängig von dem Prozentsatz, um den die ausstehenden Gehälter abfindungserhöhend zu berücksichtigen sind – auch für den Arbeitgeber vorteilhaft, da er als Abfindung hierfür keine Sozialversicherungsbeiträge abzuführen hat (vgl. BSG, Urt. v. 21.02.1990 – 12 RK 20/88, NZA 1990, 751, 752). Die vorzeitige Beendigung bedarf selbst dann der Schriftform des § 623 BGB, wenn die Parteien dies nicht – wie im Muster vorgesehen – ausdrücklich vereinbaren (BAG, Urt. v. 17.12.2015 – 6 AZR 709/14).

167 **17.** Diese Klausel dient der **Vermeidung von Doppelansprüchen**, indem sie regelt, dass andere Ansprüche des Arbeitnehmers auf Entschädigungsleistungen, wie z.B. Abfindungsansprüche aus einem Sozialplan oder Nachteilsausgleichsansprüche, vollständig auf die sich aus dem Aufhebungsvertrag ergebenden Abfindungsansprüche **angerechnet** werden.

168 **18.** Hat der Arbeitgeber dem Arbeitnehmer einen **Dienstwagen** zur Verfügung gestellt, den dieser auch zu privaten Zwecken nutzen darf, so stellt die Möglichkeit der Privatnutzung für den Arbeitnehmer einen Vergütungsbestandteil (Sachbezug) dar, auf den dieser bis zur rechtlichen Beendigung des Arbeitsverhältnisses einen Anspruch hat. Der Arbeitgeber kann dem Arbeitnehmer den Dienstwagen daher – auch dann, wenn er den Arbeitnehmer freigestellt hat und dieser den Dienstwagen daher nicht mehr für betriebliche Zwecke benötigt – grds. nicht vor dem Beendigungstermin einseitig entziehen, ohne zur Zahlung einer Nutzungsentschädigung in Geld verpflichtet zu sein (DLW/*Hoß* Kapitel 6 Rn. 138 f.). Etwas anderes gilt, wenn die Parteien im Kfz-Überlassungsvertrag oder Arbeitsvertrag vereinbart haben, dass der Arbeitnehmer den Dienstwagen im Fall einer Freistellung an den Arbeitgeber herauszugeben hat (siehe zur Wirksamkeit einer solchen Klausel BAG, Urt. v. 19.12.2006 – 9 AZR 294/06, NZA 2007, 809). Es ist allerdings zu bedenken, dass der Dienstwagen für den Arbeitnehmer in der Regel ein wichtiges Statussymbol darstellt und manche Arbeitnehmer sich weigern werden, einen Aufhebungsvertrag zu unterschreiben, wenn dieser den sofortigen Entzug des Dienstwagens vorsieht. Vor diesem Hintergrund empfiehlt es sich in der Regel, im Aufhebungsvertrag zu vereinbaren, dass der Arbeitnehmer den Dienstwagen bis zum Beendigungszeitpunkt weiterhin privat nutzen kann. Hat der Arbeitgeber bisher alle Kosten für Betriebsmittel getragen, kann vereinbart werden, dass der Arbeitgeber diese Kosten wäh-

rend der Freistellung nur noch bis zu einem gewissen Betrag trägt. Diese Regelung erscheint sinnvoll vor dem Hintergrund, dass während der Freistellung ja keine betriebliche Nutzung des Dienstwagens mehr erfolgt und somit sämtliche anfallenden Kosten durch die private Nutzung verursacht werden. Ist der Arbeitnehmer nicht zur privaten Nutzung des Dienstwagens berechtigt, so ist der Dienstwagen – wie jedes andere Arbeitsmittel – jederzeit auf Verlangen des Arbeitgebers an diesen herauszugeben; der Arbeitnehmer ist insoweit lediglich Besitzdiener (*Becker-Schaffner* DB 1993, 2078). Der Termin für die Rückgabe ist im Aufhebungsvertrag genau zu bezeichnen, ebenso der Ort, an dem der Dienstwagen zurückzugeben ist, sowie die Person, die den Dienstwagen in Empfang nehmen wird. Zudem sollte sämtliches zusammen mit dem Dienstwagen herauszugebende Zubehör (z.B. Schlüssel, Tankkarte, Freisprechanlage, Navigationsgerät, Fahrzeugpapiere) so vollständig und genau wie möglich aufgeführt werden.

19. Der Ausschluss des **Zurückbehaltungsrechts** dürfte gem. § 309 Nr. 2b BGB unwirksam sein. Gleichwohl wird die Klausel in der Praxis häufig verwendet. 169

20. Die Unverfallbarkeit der **betrieblichen Altersversorgung** bestimmt sich nach den §§ 1b, 2 BetrAVG. Hat der Arbeitnehmer eine unverfallbare Anwartschaft erworben, kann er u.U. vom Arbeitgeber bzw. dem Versorgungsträger die Übertragung der Zusage auf einen neuen Arbeitgeber verlangen (§ 4 Abs. 3 BetrAVG). Der Arbeitgeber hat dem Arbeitnehmer auf Verlangen schriftlich mitzuteilen, in welcher Höhe aus der erworbenen unverfallbaren Anwartschaft bei Erreichen der in der Versorgungsregelung vorgesehenen Altersgrenze ein Anspruch auf Altersversorgung besteht und wie hoch bei einer Übertragung der Anwartschaft der Übertragungswert ist (§ 4a BetrVG). 170

21. Hat der Arbeitgeber für den Arbeitnehmer eine **Direktversicherung** abgeschlossen, so ist Versicherungsnehmer der Arbeitgeber. Die Versicherung muss daher ausdrücklich auf den Arbeitnehmer bzw. einen neuen Arbeitgeber übertragen werden (§ 2 Abs. 2 S. 2 ff. BetrAVG). 171

22. Aus Sicht des Arbeitgebers sollte der **Inhalt des Arbeitszeugnisses** nicht Gegenstand einer Diskussion mit dem Arbeitnehmer sein. Vielmehr sollte sich der Arbeitgeber in diesem Punkt entgegenkommend zeigen, da die Aussicht auf ein gutes Zeugnis den Arbeitnehmer vielfach zum Abschluss eines Aufhebungsvertrags zu motivieren vermag. Um Streitigkeiten zu vermeiden, empfiehlt es sich, den Inhalt des Zeugnisses vor der Erteilung – wenn möglich – mit dem Arbeitnehmer abzustimmen. Oft ist es sinnvoll, den Arbeitnehmer einen Entwurf erstellen zu lassen, den der Arbeitgeber übernimmt, soweit nicht der Grundsatz der Zeugniswahrheit entgegensteht. Siehe zu Arbeitszeugnissen K Rdn. 309 ff. und K Rdn. 325 ff. 172

23. Nach der Rechtsprechung des BAG ist der Arbeitnehmer grds. auch ohne eine entsprechende vertragliche Vereinbarung auch nach Beendigung des Arbeitsverhältnisses zur **Verschwiegenheit** über Betriebs- und Geschäftsgeheimnisse des Arbeitgebers verpflichtet (BAG, Urt. v. 15.12.1987 – 3 AZR 474/86, NZA 1988, 502, 503). Betriebs- und Geschäftsgeheimnisse sind Tatsachen, die im Zusammenhang mit einem Geschäftsbetrieb stehen, nur einem eng begrenzten Personenkreis bekannt sind und nach dem bekundeten Willen des Betriebsinhabers geheim zu halten sind. Betriebsgeheimnisse beziehen sich auf den technischen Betriebsablauf, insbesondere Herstellung und Herstellungsverfahren; Geschäftsgeheimnisse betreffen den allgemeinen Geschäftsverkehr des Unternehmens (BAG, Urt. v. 15.12.1987 – 3 AZR 474/86, NZA 1988, 502, 503). Die vorgeschlagene Klausel geht über die Geheimhaltung von Betriebs- und Geschäftsgeheimnissen hinaus und umfasst alle dem Arbeitnehmer während seiner Tätigkeit bekanntgewordenen vertraulichen und nicht offenkundigen betriebsinternen Angelegenheiten. Zu beachten ist allerdings, dass durch eine Geheimhaltungsverpflichtung, die dem Arbeitnehmer jede berufliche Verwertung seiner in diesem Geschäftsbereich erworbenen Kenntnisse verwehrt, die Grenze zum entschädigungspflichtigen und zeitlich auf höchstens zwei Jahre beschränkten Wettbewerbsverbot überschritten wird (BAG, Urt. v. 19.05.1998 – 9 AZR 394/97, NZA 1999, 200, 201). Eine entsprechende Klausel wäre dann mangels Vereinbarung einer Karenzentschädigungspflicht unwirksam. Die Grenze zwischen zulässiger Geheimhaltungsvereinbarung und unzulässigem Wettbewerbsverbot ist jedoch schwer zu ziehen und hängt vom jeweiligen Einzelfall ab. Auch wenn die vorgeschlagene Klausel im Einzelfall 173 unwirksam sein mag, empfiehlt sich ihre Verwendung dennoch wegen des damit verbundenen »Abschreckungseffekts«. Außerdem geht der Arbeitgeber durch die Verwendung der weiten Klausel kein Risiko ein, da der Arbeitnehmer – wie ausgeführt – selbst bei Unwirksamkeit der Klausel zur Wahrung von Betriebs- und Geschäftsgeheimnissen verpflichtet ist.

174 **24.** Die Vereinbarung zur **Geheimhaltung des Aufhebungsvertrags** selbst ist vor allem dann sinnvoll, wenn der Arbeitgeber verhindern möchte, dass die Höhe der vereinbarten Abfindung anderen Arbeitnehmern oder sonstigen Dritten bekannt wird. Allerdings ergibt sich für den Arbeitgeber auch der Nachteil, dass er ggf. selbst die Zustimmung des Arbeitnehmers einholen muss.

175 **25.** Nach Beendigung des Arbeitsverhältnisses ist der Arbeitnehmer verpflichtet, sämtliche ihm überlassenen Arbeitsmittel an den Arbeitgeber **herauszugeben**. Der Arbeitnehmer ist lediglich Besitzdiener (§ 855 BGB), ihm steht kein eigenes Besitzrecht zu (vgl. aber zur Herausgabe eines auch zur Privatnutzung überlassenen Dienstwagens K Rdn. 168). Auf Verlangen des Arbeitgebers hat der Arbeitnehmer daher jederzeit die ihm überlassenen Gegenstände herauszugeben (ErfK/ *Preis* § 611 BGB Rn. 754). Ein Zurückbehaltungsrecht steht dem Arbeitnehmer regelmäßig nicht zu (ErfK/*Preis* § 611 BGB Rn. 754; DLW/*Hoß* Kapitel 6 Rn. 265). Die zurückzugebenden Gegenstände sollten möglichst vollständig aufgeführt und genau bezeichnet werden. In der Vereinbarung sollte ferner genau bezeichnet werden, an welchem Ort und zu welchem Zeitpunkt die Gegenstände an welche Person zu übergeben sind. Bei einer Freistellung des Arbeitnehmers wird der Arbeitgeber in der Regel die Gegenstände unverzüglich zurückverlangen. Wird der Arbeitnehmer nicht freigestellt, sollte vereinbart werden, dass die Herausgabe spätestens an seinem letzten Arbeitstag zu erfolgen hat. Angesichts der Tatsache, dass viele Geschäftsunterlagen und andere Dokumente heutzutage nicht mehr in Papier- sondern nur noch in elektronischer Form existieren, empfiehlt sich zudem die in Abs. 2 enthaltene Klausel. Ferner ist anzuraten, den Arbeitnehmer schriftlich bestätigen zu lassen, dass er seinen Verpflichtungen zur Rückgabe und ggf. Löschung nachgekommen ist (Abs. 3). Versäumt es der Arbeitgeber, eine entsprechende Rückgabeverpflichtung in den Aufhebungsvertrag aufzunehmen, verliert er diesen Anspruch jedoch nicht. Dies gilt selbst dann, wenn gleichzeitig eine weitgehende Ausgleichsklausel im Aufhebungsvertrag enthalten ist, da der nach § 667 BGB bestehende Herausgabeanspruch hiervon regelmäßig nicht erfasst ist (BAG, Urt. v. 14.12.2011 – 10 AZR 283/10, NZA 2012, 501).

176 **26.** Haben die Parteien bei Begründung des Arbeitsverhältnisses oder währenddessen ein **nachvertragliches Wettbewerbsverbot** (§§ 74 ff. HGB) vereinbart, so ist zu überprüfen, ob es weiterhin Bestand haben soll. Der Arbeitgeber muss daher überlegen, ob für ihn die Einhaltung des Wettbewerbsverbots durch den Arbeitnehmer tatsächlich so wichtig ist, dass er die Verpflichtung zur Zahlung der Karenzentschädigung in Kauf nehmen will. Das Wettbewerbsverbot kann im Aufhebungsvertrag einvernehmlich aufgehoben werden (BAG, Urt. v. 08.03.2006 – 10 AZR 349/05, NZA 2006, 854, 856). Soll das Wettbewerbsverbot bestehen bleiben, so sollte dies im Aufhebungsvertrag klargestellt werden, da ansonsten das Wettbewerbsverbot von einer allgemeinen Erledigungsklausel erfasst sein kann (BAG, Urt. v. 24.06.2009 – 10 AZR 707/08, NZG 2009, 1197, 1199 ff.). Zusätzlich empfiehlt es sich, das Wettbewerbsverbot ausdrücklich von der Erledigungsklausel auszunehmen (siehe hierzu auch K Rdn. 182). Schließlich ist es auch möglich, erst im Aufhebungsvertrag ein nachvertragliches Wettbewerbsverbot zu vereinbaren (DLW/*Hoß* Kapitel 6 Rn. 236 ff.).

177 **27.** Diese Klausel ist in der Regel nur bei Arbeitnehmern in verantwortungsvollen Positionen und solchen mit Spezialkenntnissen sinnvoll.

178 **28.** Der Arbeitnehmer muss sich vor Abschluss eines Aufhebungsvertrags regelmäßig selbst über die Folgen der Beendigung seines Arbeitsverhältnisses Klarheit verschaffen. Den Arbeitgeber treffen jedoch erhöhte **Hinweis- und Aufklärungspflichten**, wenn er im betrieblichen Interesse den Abschluss eines Aufhebungsvertrags vorschlägt und dabei den Eindruck erweckt, er werde bei der vorzeitigen Beendigung des Arbeitsverhältnisses auch die Interessen des Arbeitnehmers wahren

und ihn nicht ohne ausreichende Aufklärung erheblichen Risiken für den Bestand seines Arbeitsverhältnisses aussetzen (BAG, Urt. v. 22.04.2004 – 2 AZR 281/03, AP BGB § 620 Aufhebungsvertrag Nr. 27; BAG, Urt. v. 21.02.2002 – 2 AZR 749/00, NZA 2002, 1416). Ist der Arbeitnehmer durch einen Rechtsanwalt vertreten, kann der Arbeitgeber jedoch davon ausgehen, dass dieser ihn hinreichend über die mit dem Abschluss eines Aufhebungsvertrags verbundenen Risiken informiert (vgl. LAG Berlin-Brandenburg, Urt. v. 13.01.2006 – 13 Sa 1957/05, NZA-RR 2006, 327, 328; HWK/*Kliemt* Anh. § 9 KSchG Rn. 19; *Lembke* BB 2009, 2594, 2600). Vor dem Hintergrund der Komplexität der mit dem Abschluss eines Aufhebungsvertrags eventuell verbundenen sozialversicherungsrechtlichen Nachteile ist die Gefahr einer »Falschberatung« durch den Arbeitgeber groß. Es empfiehlt sich daher, den Arbeitnehmer – wie im Muster vorgesehen – lediglich in allgemeiner Form auf möglicherweise bestehende Risiken hinzuweisen und im Übrigen auf eine Beratung durch fachkundige Stellen zu verweisen (so auch *Bauer* NZA 2007, 409, 412); der Verzicht des Arbeitnehmers auf eine nähere Aufklärung durch den Arbeitgeber sollte ausdrücklich festgehalten werden.

29. Der Arbeitnehmer ist gem. § 38 Abs. 1 S. 1 SGB III verpflichtet, sich spätestens drei Monate vor Beendigung des Arbeitsverhältnisses bei der Agentur für Arbeit **als »arbeitsuchend« zu melden**. Liegen zwischen der Kenntnis des Beendigungszeitpunktes und der Beendigung des Arbeitsverhältnisses weniger als drei Monate, hat die Meldung innerhalb von drei Tagen nach Kenntnis des Beendigungszeitpunkts zu erfolgen (§ 38 Abs. 1 S. 2 SGB III). Verstößt der Arbeitnehmer gegen diese Pflicht, muss er gem. § 159 Abs. 1 Nr. 7 SGB III mit einer Sperrzeit hinsichtlich des Arbeitslosengelds rechnen, die gem. § 159 Abs. 6 SGB III eine Woche beträgt; die Dauer des Anspruchs auf Arbeitslosengeld wird gem. § 148 Abs. 1 Nr. 3 SGB III um diesen Zeitraum gemindert. Der Arbeitgeber soll den Arbeitnehmer gem. § 2 Abs. 2 Nr. 3 SGB III vor der Beendigung des Arbeitsverhältnisses frühzeitig über die Notwendigkeit eigener Aktivitäten bei der Suche nach einer anderen Beschäftigung sowie über die Verpflichtung zur Meldung nach § 38 Abs. 1 SGB III bei der Agentur für Arbeit informieren. Verletzt der Arbeitgeber diese Hinweispflicht und wird dem Arbeitnehmer dann infolge der verspäteten Meldung das Arbeitslosengeld gekürzt, führt dies jedoch nicht zu einem Schadensersatzanspruch des Arbeitnehmers gegen den Arbeitgeber, da Zweck der Hinweispflicht des Arbeitgebers eine Verbesserung des Zusammenwirkens von Arbeitgeber, Arbeitnehmer und den Agenturen für Arbeit ist, die Pflicht jedoch nicht dem Schutz des Vermögens des Arbeitnehmers dient (BAG, Urt. v. 29.09.2005 – 8 AZR 571/04, NZA 2005, 1406).

30. Da Sinn und Zweck des Aufhebungsvertrags die abschließende Regelung der Beendigung des Arbeitsverhältnisses ist, sollte zur Verhinderung, dass es zu einem späteren Zeitpunkt doch noch zu einem Rechtsstreit über mögliche noch bestehende Ansprüche kommt, eine Ausgleichsklausel aufgenommen werden. Formularmäßig durch den Arbeitgeber formulierte Ausgleichsklauseln, die einseitig nur Ansprüche des Arbeitnehmers erfassen und dafür keine entsprechende Gegenleistung gewähren, sind unangemessen benachteiligend i.S.d. § 307 Abs. 1 S. 1 BGB. Eine derartige Regelung ist unwirksam, da hierdurch der Arbeitgeber missbräuchlich eigene Interessen auf Kosten des Arbeitnehmers durchzusetzen versucht, ohne ihm im Gegenzug einen angemessenen Ausgleich zu gewähren (BAG, Urt. v. 21.06.2011 – 9 AZR 203/10, NZA 2011, 1338; LAG Düsseldorf, Urt. v. 13.04.2005 – 12 Sa 154/05, DB 2005, 1463, 1465). Das Muster sieht daher eine beidseitige Erledigungsklausel vor, die auch Ansprüche des Arbeitgebers umfasst. Ausgleichsklauseln in Aufhebungs- und Abwicklungsverträgen, die ausdrücklich auch unbekannte Ansprüche erfassen sollen und auf diese Weise zu erkennen geben, dass die Parteien an die Möglichkeit des Bestehens ihnen nicht bewusster Ansprüche gedacht und auch sie in den gewollten Ausgleich einbezogen haben, sind regelmäßig als umfassender Anspruchsausschluss in Form eines konstitutiven negativen Schuldanerkenntnisses zu verstehen (BAG, Urt. v. 14.05.2013 – 9 AZR 844/11, NZA 2013, 1098, 1099). Sie sind grds. weit auszulegen, damit aus der Vertragsbeendigung bzw. -abwicklung nicht sogleich neuer Streit darüber entsteht, welche Ansprüche erledigt sind und welche nicht (vgl. BAG, Urt. v. 19.03.2009 – 6 AZR 557/07, NZA 2009, 896). Vor Aufnahme der Ausgleichsklausel sollte daher genau überprüft werden, ob ggf. Ansprüche bestehen, die von der

K. Die Beendigung des Arbeitsverhältnisses

Klausel umfasst wären, aber nicht erledigt sein sollen. Auf Seiten des Arbeitgebers ist hier beispielsweise an Schadensersatzansprüche gegen den Arbeitnehmer oder Rückzahlungsansprüche aus einem Arbeitgeberdarlehen zu denken (vgl. hierzu DLW/*Hoß* Kapitel 6 Rn. 294; BAG, Urt. v. 19.03.2009 – 6 AZR 557/07, NZA 2009, 896). Im Zweifel sollten solche Ansprüche ausdrücklich von der Erledigung ausgenommen werden, z.B. durch folgende Formulierung:

Alternative:

[Mit der Erfüllung dieser Vereinbarung sind alle wechselseitigen Ansprüche aus und in Verbindung mit dem Arbeitsverhältnis und seiner Beendigung, gleich welchen Rechtsgrunds, ob bekannt oder unbekannt, abschließend erledigt. Hiervon unberührt bleiben die Ansprüche des Unternehmens auf [z.B. Rückzahlung eines Darlehens] *.]*

181 Zu beachten ist, dass eine Ausgleichsklausel nur solche Ansprüche erfasst, auf die der Arbeitnehmer verzichten kann. Grds. unverzichtbar sind z.B. entstandene Mindestlohnansprüche (außer in einem gerichtlichen Vergleich; vgl. § 3 S. 2 MiLoG) sowie der Anspruch auf den gesetzlichen Mindesturlaub. Der Urlaubsabgeltungsanspruch ist demgegenüber nach Aufgabe der sog. »Surrogatstheorie« durch das BAG (BAG, Urt. v. 19.06.2012 – 9 AZR 652/10, NZA 2012, 1087) nicht mehr Surrogat des Urlaubsanspruchs, sondern eine reine Geldforderung, die im Rahmen einer Ausgleichs- und Erledigungsklausel zum Erlöschen gebracht werden kann. Schließt der Arbeitnehmer **nach dem Ende des Arbeitsverhältnisses** eine Auflösungsvereinbarung mit einer Ausgleichsklausel, der zufolge sämtliche Ansprüche aus dem Arbeitsverhältnis »erledigt« sind, erfasst diese daher grundsätzlich auch den Urlaubsabgeltungsanspruch (BAG, Urt. v. 14.05.2013 – 9 AZR 844/11, NZA 2013, 1098). Auf Ansprüche aus Tarifverträgen (§ 4 Abs. 4 TVG) und Ansprüche aus Betriebsvereinbarungen (§ 77 Abs. 4 BetrVG) kann nur mit Zustimmung der Tarif- bzw. Betriebsparteien verzichtet werden (vgl. DLW/*Hoß* Kapitel 6 Rn. 296 f.). Zur Vermeidung eines Verstoßes gegen das Transparenzgebot (§ 307 Abs. 1 S. 2 BGB) sollte vorsorglich geregelt werden, dass die Ausgleichsklausel nicht für Ansprüche gilt, soweit diese unverzichtbar sind (*Lembke* NZA 2016, 1, 9). Der nach § 667 BGB bestehende Herausgabeanspruch des Arbeitgebers im Hinblick auf Geschäftsunterlagen oder sonstige dem Arbeitnehmer überlassenen Arbeitsmittel ist regelmäßig nicht von der Ausgleichsklausel erfasst (BAG, Urt. v. 14.12.2011 – 10 AZR 283/10, NZA 2012, 501).

182 Zu beachten ist schließlich, dass eine allgemeine Erledigungsklausel – wie im Muster vorgesehen – grds. auch ein nachvertragliches Wettbewerbsverbot umfasst, sofern sich nicht durch Auslegung ein entgegenstehender Wille der Parteien ergibt (BAG, Urt. v. 24.06.2009 – 10 AZR 707/08, NZG 2009, 1197, 1199 ff.). Demnach erlischt grds. die Pflicht des Arbeitnehmers zur Einhaltung des Wettbewerbsverbots ebenso wie die Verpflichtung des Arbeitgebers zur Zahlung der Karenzentschädigung. Soll an dem nachvertraglichen Wettbewerbsverbot festgehalten werden, sollte daher eine entsprechende Vereinbarung im Aufhebungsvertrag getroffen und die Ansprüche aus dem Wettbewerbsverbot ausdrücklich von der Erledigung ausgenommen werden. Siehe auch K Rdn. 176.

183 **31.** Stehen dem Arbeitnehmer bei Beendigung des Arbeitsverhältnisses noch **Urlaubsansprüche** zu – insbesondere wenn er nicht unter Anrechnung seiner Urlaubsansprüche von der Arbeitsleistung freigestellt wurde (siehe K Rdn. 159) –, sind diese gem. § 7 Abs. 4 BUrlG abzugelten. Da der Arbeitnehmer auf den gesetzlichen Mindesturlaub nicht verzichten kann (§ 13 Abs. 1 BUrlG), sind solche Ansprüche auch nicht von einer Ausgleichsklausel erfasst. Zulässig ist aber die Aufnahme eines **Tatsachenvergleichs** wie im Muster vorgesehen (vgl. DLW/*Hoß* Kapitel 6 Rn. 300). Wird der Aufhebungs- oder Abwicklungsvertrag erst nach Beendigung des Arbeitsverhältnisses abgeschlossen, sind die Urlaubsabgeltungsansprüche – nach Aufgabe der sog. »Surrogatstheorie« durch das BAG – grds. von einer Ausgleichsklausel erfasst (siehe K Rdn. 181).

32. Auch die Ansprüche des Arbeitnehmers wegen **unzulässiger Benachteiligung oder Belästigung** (§ 15 AGG) sind unabdingbar (§ 31 AGG) und daher nicht von einer allgemeinen Ausgleichsklausel umfasst. Daher kommt auch insofern nur ein Tatsachenvergleich in Betracht.

33. Durch die Aufnahme einer **salvatorischen Klausel** wird sichergestellt, dass entgegen der Zweifelsregelung in § 139 BGB im Fall einer Unwirksamkeit einer einzelnen im Aufhebungsvertrag enthaltenen Regelung nicht der gesamte Aufhebungsvertrag als unwirksam anzusehen ist. Bei Formularverträgen ergibt sich dies aber auch bereits aus § 306 Abs. 1 BGB.

2. Anfechtung des Aufhebungsvertrags/Abwicklungsvertrags

Vorbemerkung

Jede Vertragspartei kann ihre auf den Abschluss eines Aufhebungs- oder Abwicklungsvertrags gerichtete Willenserklärung unter den Voraussetzungen der §§ 119, 120, 123 BGB anfechten. Hat der Anfechtungsberechtigte die Anfechtung fristgerecht erklärt, beseitigt sie seine Willenserklärung und damit den Aufhebungs- bzw. Abwicklungsvertrag rückwirkend (§ 142 Abs. 1 BGB). Wurde die Anfechtung eines Aufhebungsvertrags erklärt, besteht das Arbeitsverhältnis somit fort. Dies gilt jedoch nicht bei der Anfechtung eines Abwicklungsvertrags, da bei diesem das Arbeitsverhältnis nicht durch den Vertrag, sondern durch einen anderen Beendigungstatbestand – in der Regel eine Kündigung – beendet wird (siehe K Rdn. 140). Die Wirksamkeit der Beendigung des Arbeitsverhältnisses wird grds. durch die Anfechtung des Abwicklungsvertrags nicht berührt. Ergibt sich für den Arbeitnehmer ein Grund zur Anfechtung eines Abwicklungsvertrags, sollte er sich daher insbesondere dann sorgfältig überlegen, ob er von diesem Recht Gebrauch machen will, wenn die Drei-Wochen-Frist zur Erhebung einer Kündigungsschutzklage gem. § 4 KSchG verstrichen ist.

▶ **Muster – Anfechtung des Aufhebungsvertrags/Abwicklungsvertrags** [1]

[Briefkopf des Mitarbeiters]

[Name des Unternehmens] [2]

[Anschrift des Unternehmens]

[Ort, Datum] [3]

Anfechtung des Aufhebungsvertrags vom ___[Datum des Aufhebungsvertrags]___

Sehr geehrte Damen und Herren,

hiermit fechte ich den zwischen uns am ___[Datum des Aufhebungsvertrags]___ geschlossenen Aufhebungsvertrag gem. § 123 BGB an. [4, 5, 6]

Da das zwischen uns begründete Arbeitsverhältnis somit fortbesteht, biete ich hiermit ausdrücklich meine Arbeitsleistung an. [7]

Mit freundlichen Grüßen

_____
(Unterschrift des Mitarbeiters)

Entgegengenommen am: ___[Ort, Datum]___ [8]

_____
(Unterschrift der entgegennehmenden Person)

K. Die Beendigung des Arbeitsverhältnisses

Erläuterungen

Schrifttum

Benecke Der verständige Arbeitgeber, RdA 2004, 147; *Hümmerich* Aufhebungs- und Abwicklungsvertrag in einem sich wandelnden Arbeitsrecht, NJW 2004, 2921; *Lembke* Das »Aus« für das Widerrufsrecht des Arbeitnehmers bei arbeitsrechtlichen Aufhebungs- und Abwicklungsverträgen, NJW 2004, 2941; *Lingemann/Groneberg* Der Aufhebungsvertrag (Teil 1), NJW 2010, 3496; *Reinfelder* Der Rücktritt von Aufhebungsvertrag und Prozessvergleich, NZA 2013, 62; *Weber/Ehrich* Anfechtung eines Aufhebungsvertrags – Der verständig denkende Arbeitgeber, NZA 1994, 414.

188 1. Die Anfechtung bedarf nicht der Schriftform, sie kann auch mündlich erklärt werden. Aus Beweisgründen empfiehlt es sich jedoch, die Anfechtung schriftlich zu erklären.

189 2. Die Anfechtung ist gegenüber dem Erklärungsempfänger, d.h. gegenüber dem Vertragspartner zu erklären (§ 143 Abs. 1 BGB).

190 3. Die Anfechtung wegen **Täuschung oder Drohung** gem. § 123 BGB muss **innerhalb eines Jahres** ab dem Zeitpunkt, in dem der Anfechtungsberechtigte die Täuschung entdeckt bzw. – im Fall der Drohung – die Zwangslage aufhört, angefochten werden (§ 124 BGB). Das BAG hat eine analoge Anwendung der in § 2 S. 2 KSchG geregelten Drei-Wochen-Frist zur Annahme eines Änderungsangebots unter Vorbehalt ausdrücklich abgelehnt, da für eine solche angesichts der klaren Regelung in § 124 BGB kein Raum sei (BAG, Urt. v. 28.11.2007 – 6 AZR 1108/06, NZA 2008, 348, 352). Da jedoch eine Verwirkung des Anfechtungsrechts vor Ablauf der Jahresfrist in Betracht kommen kann – wenn auch nur in »ganz außergewöhnlichen Fällen« (BAG, Urt. v. 06.11.1997 – 2 AZR 162/97, NZA 1998, 374, 375) – ist dem Anfechtungsberechtigten anzuraten, die Anfechtung im eigenen Interesse möglichst zeitnah zu erklären.

191 Die Anfechtung wegen **Irrtums** gem. § 119 BGB muss der Anfechtungsberechtigte gem. § 121 Abs. 1 BGB **ohne schuldhaftes Zögern** (**unverzüglich**) nachdem er von dem Anfechtungsgrund Kenntnis erlangt hat, erklären. Vorsichtshalber sollte er die Erklärung so zeitig wie möglich anfechten.

192 4. Eine Anfechtbarkeit des Aufhebungsvertrags wegen **widerrechtlicher Drohung** gem. § 123 Abs. 1 BGB ist vor allem dann in Betracht zu ziehen, wenn der Arbeitgeber dem Arbeitnehmer eine (i.d.R. außerordentliche) **Kündigung angedroht** hat, um dadurch die Unterzeichnung des Aufhebungsvertrags zu erreichen. Die Androhung des Arbeitgebers, das Arbeitsverhältnis durch eine außerordentliche Kündigung beenden zu wollen, falls der Arbeitnehmer nicht selbst kündige oder einen Aufhebungsvertrag abschließe, stellt nach ständiger Rechtsprechung des BAG die Ankündigung eines zukünftigen empfindlichen Übels dar, dessen Verwirklichung in der Macht des ankündigenden Arbeitgebers liegt (BAG, Urt. v. 15.12.2005 – 6 AZR 197/05, NZA 2006, 841). Hinsichtlich der Frage der Widerrechtlichkeit kommt es in einem solchen Fall darauf an, ob ein verständiger Arbeitgeber eine solche Kündigung ernsthaft in Erwägung ziehen durfte. Nicht erforderlich ist hingegen, dass die angedrohte Kündigung, wenn sie ausgesprochen worden wäre, sich in einem Kündigungsschutzprozess als rechtswirksam erwiesen hätte (BAG, Urt. v. 15.12.2005 – 6 AZR 197/05, NZA 2006, 841; BAG, Urt. v. 27.11.2003 – 2 AZR 135/03, NZA 2004, 597). Nur wenn der Arbeitgeber unter Abwägung aller Umstände des Einzelfalls davon ausgehen muss, die angedrohte Kündigung werde im Falle ihres Ausspruchs einer arbeitsgerichtlichen Überprüfung mit hoher Wahrscheinlichkeit nicht standhalten, darf er die außerordentliche Kündigung nicht in Aussicht stellen, um damit den Arbeitnehmer zum Abschluss einer Beendigungsvereinbarung zu veranlassen (BAG, Urt. v. 28.11.2007 – 6 AZR 1108/06, NZA 2008, 348, 352; BAG, Urt. v. 15.12.2005 – *6 AZR 197/05*, NZA 2006, 841). Nach Ansicht des BAG soll es nicht darauf ankommen, ob die Person, durch die die Kündigung angedroht wurde, auch gegenüber dem Arbeitnehmer zur Kündigung des Arbeitsverhältnisses berechtigt gewesen wäre (BAG, Urt. v. 15.12.2005 – *6 AZR 197/05*, NZA 2006, 841).

Entsprechendes gilt für die Drohung des Arbeitgebers mit einer **Strafanzeige**. Auch hier besteht ein Anfechtungsrecht wegen widerrechtlicher Drohung nur dann, wenn ein verständiger Arbeitgeber eine Strafanzeige nicht in Erwägung ziehen konnte (BAG, Urt. v. 30.01.1986 – 2 AZR 196/85, NZA 1987, 91, 92). **193**

Äußert der Arbeitgeber, der Arbeitnehmer dürfe den Raum nicht verlassen, bevor ein Aufhebungsvertrag unterzeichnet sei, liegt darin – unabhängig davon, ob die Türen des Raums tatsächlich abgeschlossen sind – die widerrechtliche Drohung mit einer Freiheitsberaubung, sodass ein Anfechtungsrecht des Arbeitnehmers besteht (LAG Hessen, Urt. v. 25.08.2014 – 16 Sa 143/14, BeckRS 2015, 68416). **193.1**

Ein Anfechtungsrecht wegen widerrechtlicher Drohung kann sich auch daraus ergeben, dass der Arbeitgeber dem Arbeitnehmer bei fehlender Kooperationsbereitschaft hinsichtlich des Aufhebungsvertrags negative Erwähnungen im Arbeitszeugnis oder im Hinblick auf Arbeitsreferenzen in Aussicht stellt (ArbG Berlin, Urt. v. 30.01.2015 – 28 Ca 12971/14, BeckRS 2015, 66780). **193.2**

Eine Anfechtungsmöglichkeit wegen widerrechtlicher Drohung gem. § 123 Abs. 1 BGB ergibt sich nicht allein daraus, dass der Arbeitnehmer bei der Unterzeichnung des Aufhebungsvertrags unter **Zeitdruck** gesetzt wurde oder ihm kein Rücktritts- oder Widerrufsrecht eingeräumt wurde (DLW/*Hoß* Kapitel 6 Rn. 343 ff.). Der Arbeitgeber muss dem Arbeitnehmer keine Bedenkzeit einräumen (vgl. BAG, Urt. v. 22.04.2004 – 2 AZR 281/03, NJOZ 2004, 4096, 4100). **194**

Der Aufhebungsvertrag kann auch gem. § 123 Abs. 1 BGB wegen **arglistiger Täuschung** anfechtbar sein. Der Tatbestand der arglistigen Täuschung setzt in objektiver Hinsicht voraus, dass der Täuschende durch Vorspiegelung oder Entstellung von Tatsachen beim Erklärungsgegner einen Irrtum erregt und ihn dadurch zur Abgabe einer Willenserklärung veranlasst. Die Täuschung kann auch in einem Verschweigen von Tatsachen bestehen, wenn der Erklärende zur Offenbarung der entsprechenden Tatsache verpflichtet ist (BAG, Urt. v. 05.10.1995 – 2 AZR 923/94, NZA 1996, 371). Eine solche **Aufklärungspflicht** besteht seitens des Arbeitgebers, wenn die Abwägung der beiderseitigen Interessen unter Billigkeitsgesichtspunkten und unter Berücksichtigung aller Umstände des Einzelfalls ergibt, dass der Arbeitnehmer durch eine sachgerechte und vom Arbeitgeber üblicherweise zu erwartende Aufklärung vor der Aufhebung des Arbeitsverhältnisses bewahrt werden muss, weil er sich ansonsten aus Unkenntnis heraus selbst Schaden zufügen würde (BAG, Urt. v. 22.04.2004 – 2 AZR 281/03, AP BGB § 620 Aufhebungsvertrag Nr. 27; BAG, Urt. v. 13.11.1996 – 10 AZR 340/96, AP BGB § 620 Aufhebungsvertrag Nr. 4). Zwar muss sich der Arbeitnehmer vor Abschluss eines Aufhebungsvertrags regelmäßig selbst über die Folgen der Beendigung seines Arbeitsverhältnisses Klarheit verschaffen. Den Arbeitgeber treffen jedoch erhöhte Hinweis- und Aufklärungspflichten, wenn er im betrieblichen Interesse den Abschluss eines Aufhebungsvertrags vorschlägt und dabei den Eindruck erweckt, er werde bei der vorzeitigen Beendigung des Arbeitsverhältnisses auch die Interessen des Arbeitnehmers wahren und ihn nicht ohne ausreichende Aufklärung erheblichen Risiken für den Bestand seines Arbeitsverhältnisses aussetzen (BAG, Urt. v. 22.04.2004 – 2 AZR 281/03, AP BGB § 620 Aufhebungsvertrag Nr. 27; BAG, Urt. v. 21.02.2002 – 2 AZR 749/00, NZA 2002, 1416). Ein Arbeitgeber ist jedoch nicht verpflichtet, einen Arbeitnehmer bei Abschluss des Aufhebungsvertrags über noch nicht abgeschlossene Sozialplanverhandlungen zu unterrichten, wenn nicht absehbar ist, ob der Arbeitnehmer dem Sozialplan unterfallen und durch ein Ausscheiden auf Grund des Sozialplans besser gestellt wird (BAG, Urt. v. 22.04.2004 – 2 AZR 281/03, AP BGB § 620 Aufhebungsvertrag Nr. 27). Eine arglistige Täuschung kann auch dann in Betracht kommen, wenn der Arbeitgeber vorspiegelt, ein Betrieb werde geschlossen, während tatsächlich ein (Teil-)Betriebsübergang geplant ist (BAG, Urt. v. 23.11.2006 – 8 AZR 349/06, BB 2007, 1054). **195**

Nicht höchstrichterlich geklärt ist bislang, ob der Arbeitgeber den Aufhebungsvertrag bzw. einen gerichtlichen Vergleich anfechten kann, wenn der Arbeitnehmer im Rahmen von Vergleichsverhandlungen wahrheitswidrig erklärt, er habe noch keine **Anschlussbeschäftigung** gefunden. Eine solche Täuschung wird regelmäßig zumindest auf die Höhe der Abfindung Einfluss haben. Ein **196**

Anfechtungsrecht des Arbeitgebers soll dabei bestehen, wenn der Arbeitgeber oder das Gericht den Arbeitnehmer konkret nach einer Anschlussbeschäftigung gefragt und der Arbeitnehmer wahrheitswidrig geantwortet hat (LAG Hamm, Urt. v. 19.05.1994 – 16 (10) Sa 1545/93, BB 1995, 2117; zu dieser Thematik umfassend *Bauer/Krieger/Arnold* Arbeitsrechtliche Aufhebungsverträge, Kapitel A Rn. 227 ff.). Der Arbeitgeber sollte sich jedoch sorgfältig überlegen, ob er von seinem Anfechtungsrecht Gebrauch machen will, da in diesem Fall das Arbeitsverhältnis bzw. der Kündigungsschutzprozess fortzusetzen ist.

197 Schließt eine Schwangere in Unkenntnis ihrer **Schwangerschaft** einen Aufhebungsvertrag bzw. kündigt sie selbst, kommt mangels Irrtums über eine verkehrswesentliche Eigenschaft keine Anfechtung gem. § 119 Abs. 2 BGB in Betracht (BAG, Urt. v. 06.02.1992 – 2 AZR 408/91, AP BGB § 119 Nr. 13). Auch ein Irrtum über die mutterschutzrechtlichen Folgen begründet kein Anfechtungsrecht, da es sich hierbei um einen unbeachtlichen Rechtsfolgenirrtum handelt (BAG, Urt. v. 16.02.1983 – 7 AZR 134/81, NJW 1983, 2958, 2959).

198 **5.** Strittig ist, ob die **Angabe des Anfechtungsgrunds** erforderlich ist (vgl. MüKo-BGB/*Busche* § 143 Rn. 7 f.). Vorsorglich sollte der Anfechtungsgrund angegeben werden. Da ein Nachschieben von Anfechtungsgründen grds. nicht zulässig ist (vgl. MüKo-BGB/*Busche* § 143 Rn. 9 f.), sollte in Fällen, in denen mehrere Anfechtungsgründe in Betracht kommen, die Anfechtung aus allen in Betracht kommenden Gründen erklärt werden.

199 **6.** Von der Anfechtung zu unterscheiden ist der **Widerruf**. Nach Ansicht des BAG steht dem Arbeitnehmer bei Abschluss eines Aufhebungsvertrags kein Widerrufsrecht gem. §§ 312, 355 BGB zu, da der am Arbeitsplatz geschlossene Aufhebungsvertrag nicht als Haustürgeschäft i.S.d. § 312 BGB zu qualifizieren ist (BAG, Urt. v. 18.08.2005 – 8 AZR 523/04, NZA 2006, 938, 941; BAG, Urt. v. 27.11.2003 – 2 AZR 135/03, NZA 2004, 2401, 2403 ff. mit Anmerkung von *Lembke* NJW 2004, 2941). Dem Arbeitnehmer muss das Thema des beabsichtigten Gesprächs vorher nicht mitgeteilt werden, auch muss ihm keine Bedenkzeit oder ein Rücktritts- oder Widerrufsrecht vertraglich eingeräumt werden (*Lingemann/Groneberg* NJW 2010, 3496; DLW/*Hoß* Kapitel 6 Rn. 343; zum Rücktritt vom Aufhebungsvertrag siehe im Einzelnen *Reinfelder* NZA 2013, 62).

200 **7.** Ficht der **Arbeitgeber** den Aufhebungsvertrag an, sollte er das Arbeitsverhältnis gleichzeitig **vorsorglich kündigen** (vergleiche K Rdn. 293). In diesem Fall ist der Betriebsrat gem. § 102 Abs. 1 BetrVG zu der Kündigung anzuhören. Erklärt der Arbeitgeber die Anfechtung durch einen rechtsgeschäftlichen Vertreter, sollte er der Anfechtungserklärung eine **Vollmachtsurkunde** im Original beifügen, um eine Zurückweisung gem. § 174 S. 1 BGB zu vermeiden. Die Ausführungen zur Vorlage der Vollmachtsurkunde beim Ausspruch von Kündigungen gelten entsprechend (siehe K Rdn. 47).

201 **8.** Die Anfechtung als empfangsbedürftige Willenserklärung bedarf – ebenso wie die Kündigung – des **Zugangs** beim Empfänger. Im Zweifel hat der Anfechtende den Zugang zu beweisen. Die Ausführungen zum Nachweis des Zugangs von Kündigungen gelten entsprechend (siehe K Rdn. 14 bzw. K Rdn. 48).

V. Sonderkündigungsschutz mit behördlichem Zustimmungserfordernis

1. Zustimmungsantrag SGB IX

Vorbemerkung

202 Gem. § 85 Abs. 1 SGB IX bedarf die Kündigung des Arbeitsverhältnisses eines **schwerbehinderten Menschen** (§ 2 Abs. 2 SGB IX) oder des Arbeitsverhältnisses eines **einem schwerbehinderten Menschen gleichgestellten behinderten Menschen** (§ 2 Abs. 3 SGB IX) durch den Arbeitgeber grds. der **vorherigen Zustimmung des Integrationsamts** (siehe jedoch die Ausnahmetatbestände in § 90 SGB IX). Sinn und Zweck des Sonderkündigungsschutzes gem. §§ 85 ff. SGB IX ist es,

bereits im Vorfeld der Kündigung die spezifischen Schutzinteressen schwerbehinderter Arbeitnehmer zur Geltung zu bringen und eine mit den Schutzzwecken des Gesetzes unvereinbare Kündigung zu verhindern (VGH Mannheim, Beschl. v. 24.11.2005 – 9 S 2178/05, NZA-RR 2006, 183). Die aus der Behinderung des Arbeitnehmers resultierende Benachteiligung auf dem Arbeitsmarkt soll abgefedert und gleichzeitig verhindert werden, dass sich Arbeitgeber ihrer ihnen aus sozialpolitischen Gründen auferlegten Pflichten zur Eingliederung von schwerbehinderten Arbeitnehmern in den Arbeitsprozess (vgl. § 71 SGB IX) wieder entledigen (*Eylert/Sänger* NZA 2010, 24, 33).

§ 85 SGB IX normiert ein Kündigungsverbot mit Erlaubnisvorbehalt (BAG, Urt. v. 15.11.2012 – 8 AZR 827/11, NJW 2013, 1898, 1900; VGH Mannheim, Beschl. v. 24.11.2005 – 9 S 2178/05, NZA-RR 2006, 183). Folglich ist eine ohne die erforderliche Zustimmung ausgesprochene Kündigung nichtig (§ 134 BGB i.V.m. § 85 SGB IX); sie kann auch nicht durch eine nachträgliche Zustimmung wirksam werden. Hat der Arbeitgeber – z.B. wegen Unkenntnis von der Schwerbehinderteneigenschaft des Arbeitnehmers (siehe hierzu K Rdn. 211) – versäumt, die Zustimmung einzuholen, muss er nach Erteilung der Zustimmung eine erneute Kündigung aussprechen. 203

▶ **Muster – Zustimmungsantrag SGB IX** [1]

[Zuständiges Integrationsamt] [2]

[Adresse des zuständigen Integrationsamts]

[Ort, Datum] [3]

Antrag auf Zustimmung zur außerordentlichen, hilfsweise ordentlichen [oder: ordentlichen] Kündigung [4] des Arbeitsverhältnisses von [Name des Mitarbeiters], [5] geboren am [Geburtsdatum des Mitarbeiters] gem. § 85 SGB IX/§§ 85, 91 SGB IX [6]

Sehr geehrte Damen und Herren [oder: Sehr geehrter Herr/Frau [Name des Sachbearbeiters]] [7]

namens und in Vollmacht (beigefügt als Anlage 1) [8] der [Name, Anschrift des Unternehmens] stellen wir hiermit den Antrag, der außerordentlichen, hilfsweise ordentlichen [oder: ordentlichen] Kündigung des Arbeitsverhältnisses von [Name des Mitarbeiters], geboren am [Geburtsdatum des Mitarbeiters], wohnhaft [Wohnort des Mitarbeiters], zuzustimmen.

I.

1. Bei der Antragstellerin handelt es sich um ein Unternehmen, dessen Geschäftsgegenstand [kurze Beschreibung des Geschäftsgegenstands] ist. Die Antragstellerin unterhält einen Betrieb in [Ort] sowie einen Betrieb in [Ort]. Insgesamt sind bei der [Name des Unternehmens] derzeit [Anzahl der Mitarbeiter] Mitarbeiter beschäftigt, darunter [Anzahl der schwerbehinderten Menschen] schwerbehinderte Menschen und [Anzahl der gleichgestellten behinderten Menschen] schwerbehinderten Menschen gleichgestellte behinderte Menschen. Die Pflichtquote gemäß § 71 Abs. 1 S. 2 SGB IX ist damit erfüllt. [9] Im Betrieb der Antragstellerin in [Betrieb, in dem der Mitarbeiter beschäftigt ist] bestehen ein Betriebsrat und eine Schwerbehindertenvertretung.

2. [Name des Mitarbeiters] ist seit dem [Eintrittsdatum] [10] bei der Antragstellerin als [Stellenbezeichnung] beschäftigt. Laut Schwerbehindertenausweis, ausgestellt am [Ausstellungsdatum], ist [Name des Mitarbeiters] schwerbehindert; der Grad der Behinderung beträgt [Grad der Behinderung]. [Name des Mitarbeiters] ist [Lebensalter] Jahre alt (Geburtsdatum: [Geburtsdatum des Mitarbeiters]). Er/Sie ist [Familienstand] und hat [Anzahl der unterhaltsberechtigten Kinder] unterhaltsberechtigte Kinder. Das derzeitige monatliche Bruttogehalt beträgt EUR [Betrag].

3. Die Frist für die arbeitgeberseitige ordentliche Kündigung richtet sich nach Ziffer [Ziffer] des Arbeitsvertrags [oder: Ziffer [Ziffer] des Tarifvertrags] [oder: § 622 Abs. 1 BGB] [oder: § 622 Abs. 2 Ziffer [Ziffer] BGB] und beträgt [Kündigungsfrist] zum [Kündigungstermin]. [11]

204

4. Anlass für die auszusprechende außerordentliche, hilfsweise ordentliche [oder: ordentliche] Kündigung ist folgender Sachverhalt, von dem die Antragstellerin am ___[Datum]___ abschließend Kenntnis erlangt hat: _[Darstellung des Kündigungssachverhalts]_ . [12]

II.

1. Die auszusprechende Kündigung steht in keinem Zusammenhang mit der körperlichen Behinderung von ___[Name des Mitarbeiters]___ . Die Kündigung ist durch einen wichtigen Grund i.S.d. § 626 Abs. 1 BGB [oder: Gründe, die in der Person des Mitarbeiters liegen] [oder: Gründe, die im Verhalten des Mitarbeiters liegen] [oder: betriebsbedingte Gründe] gerechtfertigt _[rechtliche Würdigung des Sachverhalts]_ . Bei Ausübung pflichtgemäßen Ermessens wird das Integrationsamt daher der außerordentlichen und fristlosen, hilfsweise ordentlichen und fristgerechten [oder: ordentlichen und fristgerechten] Kündigung zuzustimmen haben. [13]

[optional:]

Bei Betriebsstilllegung:

2. Dabei ist das Ermessen des Integrationsamts aus unserer Sicht im vorliegenden Fall gemäß § 89 Absatz 1 S. 1 SGB IX eingeschränkt. Nach dieser Vorschrift ist die Zustimmung zwingend zu erteilen bei Kündigungen in Betrieben, die nicht nur vorübergehend eingestellt oder aufgelöst werden, wenn zwischen dem Tag der Kündigung und dem Tag, bis zu dem Gehalt gezahlt wird, mindestens drei Monate liegen. Diese Voraussetzungen sind in Bezug auf die anstehende Kündigung von _[Name des Mitarbeiters]_ gegeben: _[rechtliche Würdigung des Sachverhalts]_ .] [14]

[optional:]

Der Betriebsrat wurde am ___[Datum]___ gem. § 102 Abs. 1 BetrVG zur beabsichtigten außerordentlichen, hilfsweise ordentlichen [oder: ordentlichen] Kündigung des Arbeitsverhältnisses von _[Name des Mitarbeiters]_ angehört. Er hat der Kündigung zugestimmt (vgl. schriftliche Betriebsratsanhörung mit Stellungnahme des Betriebsrats, beigefügt als Anlage 2).] [15]

Um möglichst rasche antragsgemäße Entscheidung, jedenfalls aber innerhalb der Monatsfrist des § 88 Abs. 5 S. 1 i.V.m. Abs. 1 SGB IX [16] [oder: jedenfalls aber innerhalb der Zwei-Wochen-Frist des § 91 Abs. 3 SGB IX] [17] wird gebeten.

Die Kündigung soll unmittelbar nach Erteilung der Zustimmung ausgesprochen werden. [18, 19]

Für Rückfragen stehen wir Ihnen selbstverständlich jederzeit gerne zur Verfügung.

Mit freundlichen Grüßen

_____
(Unterschrift des Rechtsanwalts)

Erläuterungen

Schrifttum

Breitfeld/Strauß Stolperfallen bei der Begründung und Beendigung von Arbeitsverhältnissen mit schwerbehinderten Arbeitnehmern, BB 2012, 2817; _Eylert/Sänger_ Der Sonderkündigungsschutz im 21. Jahrhundert – Zur Entwicklung der Rechtsprechung des Bundesarbeitsgerichts zum Sonderkündigungsschutz, RdA 2010, 24; _Fuhlrott_ Das Zustimmungserteilungsverfahren zur Kündigung Schwerbehinderter, ArbRAktuell 2011, 317; _Gelhaar_ Neue Regeln für die Anzeige der Schwerbehinderung nach einer Kündigung, NZA 2011, 673; _Hertzfeld_ Kündigung, Sonderkündigungsschutz, Auflösungsantrag – ein disharmonischer Dreiklang, NZA-RR 2012, 1; _Schrader/Klagges_ Arbeitsrecht und schwerbehinderte Menschen, NZA-RR 2009, 169; _Schrader/Siebert_ Die Frage nach der Schwerbehinderung, ArbRAktuell 2012, 157.

205   **1.**   Der Antrag muss **schriftlich** gestellt werden; eine Antragstellung per Telefax ist nach herrschender Meinung ausreichend (_Schrader/Klagges_ NZA-RR 2009, 169, 174; APS/_Vossen_ § 87 SGB IX Rn. 4). Einige Integrationsämter stellen im Internet **Antragsformulare** bereit; ist dies der Fall, sollten diese auch – ggf. um einen ausführlichen Antrag nach dem vorgeschlagenen Muster ergänzt – benutzt werden, um die Arbeit der Behörde zu erleichtern und das Verfahren zu beschleunigen.

2. Der Antrag ist an das **Integrationsamt** zu richten, in dessen Bezirk der Betrieb seinen Sitz hat (§ 87 Abs. 1 SGB IX). Die Kontaktadressen der Integrationsämter sind abrufbar über: www.integrationsämter.de. **206**

3. Der Antrag auf Zustimmung zur **ordentlichen Kündigung** ist **nicht fristgebunden**. Der Antrag auf Zustimmung zur **außerordentlichen Kündigung** muss jedoch innerhalb von **zwei Wochen** ab dem Zeitpunkt, in dem der Arbeitgeber von den für den Kündigungsentschluss maßgebenden Tatsachen Kenntnis erlangt hat, gestellt werden. Maßgeblich für die Einhaltung der Frist ist der Zeitpunkt des Eingangs des Antrags beim Integrationsamt (§ 91 Abs. 2 SGB IX). Insoweit gelten die zu § 626 Abs. 2 BGB entwickelten Grundsätze entsprechend (ErfK/*Rolfs* § 91 SGB IX Rn. 3). Die Einhaltung der Frist wird vom Integrationsamt von Amts wegen überprüft und der Antrag im Fall der Nichteinhaltung der Frist als unzulässig zurückgewiesen (ErfK/*Rolfs* § 91 SGB IX Rn. 4). Der Arbeitgeber hat damit keine Möglichkeit mehr, das Arbeitsverhältnis wegen des zugrundeliegenden Sachverhalts außerordentlich zu kündigen, da zugleich auch die Frist des § 626 Abs. 2 BGB verstrichen sein wird. Ihm bleibt jedoch noch die Möglichkeit zur ordentlichen Kündigung. Auch aus diesem Grund empfiehlt es sich, bei Antragstellung auf Zustimmung zur außerordentlichen Kündigung zugleich hilfsweise die Zustimmung zur ordentlichen Kündigung zu beantragen. Dies muss ausdrücklich geschehen. In der Zustimmung des Integrationsamts zur außerordentlichen Kündigung ist weder konkludent eine Zustimmung auch zur ordentlichen Kündigung enthalten noch kann die Entscheidung nach § 43 Abs. 1 SGB X in eine Zustimmung zur ordentlichen Kündigung umgedeutet werden (BAG, Urt. v. 07.07.2011 – 2 AZR 355/10, NZA 2011, 1412, 1415 f.). **207**

4. Das Zustimmungserfordernis gilt für **jede Art von Kündigung**, auch für die Änderungskündigung und für die außerordentliche Kündigung, für die § 91 SGB IX Sonderregelungen enthält. Zu beachten ist, dass die Sonderregelung des § 91 SGB IX auch auf die außerordentliche Kündigung mit sozialer Auslauffrist Anwendung findet (BAG, Urt. v. 22.10.2015 – 2 AZR 381/14, BeckRS 2016, 66800; BAG, Urt. v. 12.05.2005 – 2 AZR 159/04, NZA 2005, 1173). Keiner Zustimmung bedürfen demgegenüber die Anfechtung des Arbeitsverhältnisses sowie der Abschluss eines befristeten Arbeitsvertrags oder eines Aufhebungsvertrags (siehe hierzu aber auch K Rdn. 153). Strittig ist, ob der arbeitgeberseitige Auflösungsantrag (§ 9 KSchG) der vorherigen Zustimmung des Integrationsamts bedarf (siehe hierzu *Hertzfeld* NZA-RR 2012, 1 ff.). **208**

5. Der Sonderkündigungsschutz gem. §§ 85 ff. SGB IX gilt grds. für alle schwerbehinderten **Arbeitnehmer**, unabhängig von der Größe des Betriebs (vgl. VGH Mannheim, Urt. v. 04.03.2002 – 7 S 1651/01, NZA-RR 2002, 417); er gilt auch für Auszubildende (BAG, Urt. v. 10.12.1987 – 2 AZR 385/87, NZA 1988, 428) und Heimarbeiter (§ 127 Abs. 2 S. 2 SGB IX). Auf Personen, die in einem freien Dienstverhältnis beschäftigt sind (z.B. Organmitglieder) finden die Regelungen jedoch keine Anwendung, selbst wenn sie Beschäftigte i.S.d. § 7 Abs. 1 SBG IV sind (ErfK/*Rolfs* § 85 SBG IX Rn. 3). Trotz der Rechtsprechung des EuGH in der sog. Danosa-Entscheidung (vgl. EuGH, Urt. v. 11.11.2010 – C-232/09, NZA 2011, 143) zum Mutterschutzrecht genießen schwerbehinderte GmbH-Geschäftsführer keinen Sonderkündigungsschutz, da § 85 SGB IX keine Maßnahme einer Umsetzung einer europäischen Richtlinie ist und daher nicht richtlinienkonform ausgelegt werden muss (OLG Düsseldorf, Urt. v. 18.10.2012 – I-6 U 47/12, BB 2012, 1403; ErfK/*Rolfs* § 85 SGB IX Rn. 3). Bestehen jedoch Zweifel, ob z.B. ein GmbH-Geschäftsführer oder Vorstandsmitglied ausnahmsweise als Arbeitnehmer anzusehen ist, empfiehlt es sich, rein vorsorglich einen Antrag auf Zustimmung beim Integrationsamt zu stellen. Ist nach Ansicht des Integrationsamts wegen fehlender Arbeitnehmereigenschaft keine Zustimmung erforderlich, wird dies dem Arbeitgeber durch sog. Negativattest bescheinigt (siehe hierzu APS/*Vossen* § 85 SGB IX Rn. 3). Ferner finden die Regelungen keine Anwendung auf arbeitnehmerähnliche Personen, selbst wenn sie Beschäftigte i.S.v. § 7 Abs. 1 SGB IV sind (ErfK/*Rolfs* § 85 SGB IX Rn. 3). **209**

Das Bestehen des Sonderkündigungsschutzes setzt gem. § 90 Abs. 2a SGB IX voraus, dass im Zeitpunkt des Zugangs der Kündigung eine der folgenden **Voraussetzungen** erfüllt ist: **210**

K. Die Beendigung des Arbeitsverhältnisses

- der Arbeitnehmer ist als schwerbehinderter Mensch **anerkannt** oder einem Schwerbehinderten **gleichgestellt** (§ 69 SGB IX);
- der Arbeitnehmer hat den **Antrag** auf Anerkennung oder Gleichstellung mindestens drei Wochen vor Zugang der Kündigung bei der Versorgungsbehörde oder bei der Agentur für Arbeit gestellt (BAG, Urt. v. 29.11.2007 – 2 AZR 613/06, NZA 2008, 361, 362; BAG, Urt. v. 01.03.2007 – 2 AZR 217/06, NZA 2008, 302, 304);
- der Arbeitnehmer ist **offenkundig** schwerbehindert (BT-Drs. 15/2357 S. 24; BAG, Urt. v. 13.02.2008 – 2 AZR 864/06, NZA 2008, 1055, 1057; BVerwG, Urt. v. 12.07.2012 – 5 C 16/11, NZA 2013, 97, 100), z.B. bei Blindheit, Verlust von Gliedmaßen (Neumann/Pahlen/Majerski-Pahlen/*Neumann* SGB IX § 85 Rn. 34), Taubstummheit (BAG, Urt. v. 13.02.2008 – 2 AZR 864/06, NZA 2008, 1055, 1057).

211 Nicht erforderlich ist dagegen, dass die Versorgungsbehörde den gestellten Antrag zum Zeitpunkt des Zugangs der Kündigung bereits beschieden hat. Auch die **Kenntnis des Arbeitgebers** von der Schwerbehinderteneigenschaft des Arbeitnehmers ist nicht entscheidend. Auch wenn der Arbeitgeber nicht wusste, dass der Arbeitnehmer schwerbehindert ist und daher vor Ausspruch der Kündigung nicht die Zustimmung des Integrationsamts eingeholt hat, ist die Kündigung nichtig. Dies gilt allerdings – außer wenn die Schwerbehinderung offensichtlich ist – nur dann, wenn der Arbeitnehmer dem Arbeitgeber seine festgestellte oder zur Feststellung beantragte Schwerbehinderteneigenschaft oder Gleichstellung innerhalb von **drei Wochen** nach Zugang der Kündigung mitteilt (BAG, Urt. v. 13.02.2008 – 2 AZR 864/06, NZA 2008, 1055, 1059). Näherer Angaben wie etwa der Mitteilung, wann der Antrag beim Versorgungsamt eingegangen ist, oder des Aktenzeichens des dortigen Vorgangs bedarf es dazu grds. nicht (BAG, Urt. v. 09.06.2011 – 2 AZR 703/09, NZA-RR 2011, 516). Versäumt der Arbeitnehmer es, den Arbeitgeber rechtzeitig zu informieren, kann er sich nach dem Grundgedanken der Verwirkung (§ 242 BGB) nicht mehr auf den Sonderkündigungsschutz berufen (BAG, Urt. v. 13.02.2008 – 2 AZR 864/06, NZA 2008, 1055, 1059; BAG, Urt. v. 09.06.2011 – 2 AZR 703/09, NZA-RR 2011, 516). Es soll allerdings ausreichend sein, dass die Schwerbehinderteneigenschaft erst in der Klageschrift zur Erhebung der Kündigungsschutzklage geltend gemacht wird, auch wenn die (rechtzeitig eingereichte) Klageschrift erst nach Ablauf von drei Wochen zugestellt wird (BAG, Urt. v. 23.02.2010 – 2 AZR 659/08, NZA 2011, 411, 412; hierzu kritisch *Gelhaar* NZA 2011, 673; siehe auch LAG Düsseldorf, Urt. v. 08.09.2011 – 5 Sa 672/11, BeckRS 2011, 77255). Teilt der Arbeitnehmer dem Arbeitgeber das Bestehen der Schwerbehinderung erst innerhalb der Drei-Wochen-Frist mit, ist bei einer beabsichtigten außerordentlichen Kündigung ungeklärt, ob der Arbeitgeber den Antrag unverzüglich stellen muss oder ob die zweiwöchige Ausschlussfrist des § 626 Abs. 2 BGB für die außerordentliche Kündigung mit der Kenntniserlangung des Arbeitgebers von der Schwerbehinderung erneut zu laufen beginnt (vgl. *Eylert/Sänger* NZA 2010, 24, 37; für erneuten Fristlauf plädieren *Bauer/Lingemann/Diller/Haussmann/Lingemann* Anwalts-Formular-Buch Arbeitsrecht, M.16.1 Fn. 4); vorsorglich sollte der Antrag in diesem Fall unverzüglich gestellt werden.

Nach der Rechtsprechung des BAG darf der Arbeitgeber im bestehenden Arbeitsverhältnis jedenfalls nach sechs Monaten – also nach dem Erwerb des Sonderkündigungsschutzes für schwerbehinderte Menschen – den Arbeitnehmer gezielt nach dem Vorliegen einer Schwerbehinderung oder Gleichstellung fragen. Die Frage wird als zulässig angesehen, um dem Arbeitgeber ein rechtstreues Verhalten zu ermöglichen (z.B. im Zusammenhang mit seinen Pflichten zur behinderungsgerechten Beschäftigung [§ 81 Abs. 4 S. 1 Nr. 1 SGB IX]), Zahlung einer Ausgleichsabgabe [§ 77 SGB IX] und Gewährung von Zusatzurlaub [§ 125 SGB IX]), insbesondere im Vorfeld einer beabsichtigten Kündigung (BAG, Urt. v. 16.02.2012 – 6 AZR 553/10, BeckRS 2012, 68156). Arbeitgebern ist anzuraten, von dieser Möglichkeit Gebrauch zu machen. Beantwortet der Arbeitnehmer die Frage unrichtig, kann er sich im Kündigungsschutzverfahren nicht mehr auf den Sonderkündigungsschutz berufen (BAG, Urt. v. 16.02.2012 – 6 AZR 553/10, BeckRS 2012, 68156; siehe zum Ganzen auch *Schrader/Siebert* ArbRAktuell 2012, 157).

212 **6.** Für den Antrag werden **keine Gebühren** erhoben, § 64 Abs. 1 SGB X.

7. Falls der zuständige Sachbearbeiter bekannt ist, empfiehlt es sich, diesen persönlich anzusprechen.

8. Bedient sich der Arbeitgeber eines Stellvertreters, so ist dem Antrag eine wirksame Vollmacht beizufügen (vgl. HWK/*Thies* § 87 SGB IX Rn. 3).

9. Gem. § 71 Abs. 1 SGB IX sind private und öffentliche Arbeitgeber mit jahresdurchschnittlich mindestens 20 Arbeitsplätzen i.S.d. § 73 SGB IX im Monat verpflichtet, auf mindestens 5 Prozent der Arbeitsplätze schwerbehinderte Menschen zu beschäftigen. Arbeitgeber mit jahresdurchschnittlich weniger als 40 Arbeitsplätzen im Monat haben jahresdurchschnittlich je Monat einen schwerbehinderten Menschen, Arbeitgeber mit jahresdurchschnittlich weniger als 60 Arbeitsplätzen im Monat haben jahresdurchschnittlich je Monat zwei schwerbehinderte Menschen zu beschäftigen (**Pflichtquote**).

10. Gem. § 90 Abs. 1 Nr. 1 SGB IX besteht kein Sonderkündigungsschutz gem. §§ 85 ff. SGB IX, wenn das Arbeitsverhältnis zum Zeitpunkt des Zugangs der Kündigung noch nicht länger als **sechs Monate** besteht (**Wartezeit**). Auf die Wartezeit sind (wie auch bei § 1 Abs. 1 KSchG) Zeiten eines früheren Arbeitsverhältnisses mit demselben Arbeitgeber anzurechnen, wenn das neue Arbeitsverhältnis in einem engen sachlichen Zusammenhang mit dem früheren Arbeitsverhältnis steht (BAG, Urt. v. 19.06.2007 – 2 AZR 94/06, NZA 2007, 1103, 1104). Bei noch nicht erfüllter Wartezeit ist der Arbeitgeber lediglich verpflichtet, die Beendigung des Arbeitsverhältnisses innerhalb von vier Tagen dem Integrationsamt anzuzeigen (§ 90 Abs. 3 SGB IX). Ein Verstoß gegen diese Anzeigepflicht führt zwar nicht zur Unwirksamkeit der Kündigung, kann jedoch Schadensersatzansprüche des schwerbehinderten Arbeitnehmers gem. § 280 Abs. 1 BGB auslösen (vgl. BAG, Urt. v. 21.03.1980 – 7 AZR 314/78, JurionRS 1980, 10134).

11. Gem. § 86 SGB IX beträgt die **Kündigungsfrist** für das Arbeitsverhältnis eines schwerbehinderten oder gleichgestellten Menschen mindestens vier Wochen; diese Regelung hat jedoch nur wenig praktische Bedeutung, da während der ersten sechs Monate des Arbeitsverhältnisses ohnehin kein Sonderkündigungsschutz gem. §§ 85 ff. SGB IX besteht (§ 90 Abs. 1 Nr. 1 SGB IX). Die Vorschrift kommt daher nur dann zum Tragen, wenn tarifvertraglich eine kürzere als die gesetzliche Kündigungsfrist vereinbart wurde (vgl. Küttner/*Eisemann* Stichwort Kündigungsfristen Rn. 6).

12. **Grundlage der Entscheidung** des Integrationsamts sind der vom Arbeitgeber vorgetragene Sachverhalt, die Anhörung des betroffenen Arbeitnehmers und ggf. die Stellungnahmen des Betriebsrats und der Schwerbehindertenvertretung. Im Antrag ist daher der die Kündigung begründende Sachverhalt so umfassend und ausführlich wie möglich zu schildern. Wenn möglich, sollten Beweismittel beigefügt bzw. benannt werden.

13. Das Integrationsamt trifft seine Entscheidung über den Antrag auf Zustimmung zur ordentlichen Kündigung nach **pflichtgemäßem Ermessen**. Im Ergebnis findet eine Abwägung der Interessen von Arbeitgeber und Arbeitnehmer statt, die das Ziel hat, durch die Behinderung bedingte Nachteile zu vermeiden (*Schrader/Klagges* NZA-RR 2009, 169, 175), wobei die Interessen des schwerbehinderten Arbeitnehmers umso mehr zurücktreten, als der Kündigungsgrund nicht mit der Behinderung in Zusammenhang steht (ErfK/*Rolfs* § 89 SGB IX Rn. 1). Umgekehrt werden an den Arbeitgeber besonders hohe Anforderungen an die Zumutbarkeit, am Arbeitsverhältnis mit einem schwerbehinderten Menschen festzuhalten, gestellt, wenn die Kündigung auf Gründen beruht, die in der Behinderung ihre Ursache haben, wenn also ein (zumindest mittelbarer) Zusammenhang zwischen Schwerbehinderung und Kündigungsgründen besteht (VG München, Urt. v. 08.02.2012 – M 18 K 11.4937, BeckRS 2012, 49564). Sinn und Zweck der §§ 85 ff. SGB IX ist nicht die Schaffung einer »zusätzlichen, zweiten Kontrolle der arbeitsrechtlichen Zulässigkeit der Kündigung«, sondern lediglich die Berücksichtigung von Erwägungen, die sich speziell aus der Schwerbehindertenfürsorge herleiten. Insbesondere wird nicht geprüft, ob die Kündigung sozial gerechtfertigt ist (*Fuhlrott* ArbRAktuell 2011, 317; VG München, Urt. v. 08.02.2012 – M 18 K 11.4937, BeckRS 2012, 49564).

220 **14.** Gem. § 89 SGB IX kann das **Ermessen** des Integrationsamts in bestimmten Fällen **eingeschränkt** sein, so im Fall der Einstellung, Auflösung oder Einschränkung eines Betriebs (§ 89 Abs. 1 SGB IX), im Fall der Sicherung eines anderen Arbeitsplatzes (§ 89 Abs. 2 SGB IX) und im Fall der Insolvenz des Arbeitgebers (§ 89 Abs. 3 SGB IX). Liegt ein solcher Fall vor, sollte in der Antragsbegründung darauf hingewiesen werden. Bei außerordentlichen Kündigungen soll das Integrationsamt die Zustimmung erteilen, wenn die Kündigung aus einem Grunde erfolgt, der nicht im Zusammenhang mit der Behinderung des Arbeitnehmers steht (§ 91 Abs. 4 SGB IX). Besteht kein solcher Zusammenhang, ist die Kündigung daher im Regelfall zu erteilen; nur in atypischen Fällen besteht ein Ermessen des Integrationsamts. Ein atypischer Fall liegt vor, wenn die außerordentliche Kündigung den Arbeitnehmer in einer den Schutzzwecken des SGB IX entgegenstehenden Weise besonders hart trifft (BVerwG, Urt. v. 02.07.1992 – 5 C 31/91, NZA 1993, 123, 124). Das Integrationsamt überprüft nicht die arbeitsrechtliche Wirksamkeit der Kündigung. Diese steht daher mit Erteilung der Zustimmung nicht fest; das Integrationsamt hat kein inzidentes Kündigungsschutzverfahren durchzuführen (ErfK/*Rolfs* § 89 SGB IX Rn. 2; a.A. offenbar OVG Bautzen, Beschl. v. 25.08.2003 – 5 BS 107/03, NZA-RR 2004, 408).

221 **15.** Die Beifügung von **Stellungnahmen des Betriebsrats und der Schwerbehindertenvertretung** ist keine Wirksamkeitsvoraussetzung des Antrags; diese werden aber ggf. vom Integrationsamt angefordert (§ 87 Abs. 2 SGB IX). Hat der Arbeitgeber den **Betriebsrat** bereits vor Antragstellung zu der beabsichtigten Kündigung gem. § 102 Abs. 1 BetrVG **angehört**, empfiehlt es sich, die Stellungnahme des Betriebsrats dem Antrag als Anlage beizufügen. Hat der Arbeitgeber den Betriebsrat noch nicht vor Erteilung der Zustimmung oder während des Zustimmungsverfahrens zu der beabsichtigten Kündigung angehört, muss er im Fall der ordentlichen Kündigung darauf achten, das Anhörungsverfahren so rechtzeitig einzuleiten, dass es vor Ablauf der Monatsfrist des § 88 Abs. 3 SGB IX abgeschlossen ist und er die Kündigung vor Fristablauf aussprechen kann. Im Fall der außerordentlichen Kündigung muss der Arbeitgeber den Betriebsrat unverzüglich, d.h. noch am ersten Arbeitstag nach Erteilung der Zustimmung bzw. Eintritt der Fiktionswirkung gem. § 91 Abs. 3 S. 2 SGB IX anhören und sodann wiederum unverzüglich nach Abschluss des Anhörungsverfahrens die Kündigung aussprechen (APS/*Vossen* § 91 SGB IX Rn. 22; *Schrader/Klagges* NZA-RR 2009, 169, 176). Um ein Fristversäumnis zu vermeiden, ist dringend anzuraten, den Betriebsrat – insbesondere bei einer außerordentlichen Kündigung – vor oder jedenfalls während des Zustimmungsverfahrens anzuhören.

Die **Schwerbehindertenvertretung** ist gem. § 95 Abs. 2 SGB IX vor dem Ausspruch der Kündigung unverzüglich und umfassend zu unterrichten und zur geplanten Kündigung anzuhören. Verletzt der Arbeitgeber diese Pflicht, führt dies allerdings nicht zur Unwirksamkeit der Kündigung, da diese Rechtsfolge in § 95 Abs. 2 SGB IX gerade nicht vorgesehen ist (BAG, Urt. v. 28.06.2007 – 6 AZR 750/06, NZA 2007, 1049, 1054).

222 **16.** Richtet sich der Antrag auf die Zustimmung zur **ordentlichen Kündigung**, soll das Integrationsamt den Antrag gem. § 88 Abs. 1 SGB IX **innerhalb eines Monats** vom Tag des Eingangs des Antrags an bescheiden. Liegt ein Fall des § 89 Abs. 1 S. 1 SGB IX (Betriebseinstellung oder -auflösung) oder des § 89 Abs. 3 SGB IX (Insolvenz des Arbeitgebers) vor, hat das Integrationsamt innerhalb eines Monats ab Eingang des Antrags zu entscheiden; wird innerhalb dieser Frist keine Entscheidung getroffen, gilt die Zustimmung als erteilt (Zustimmungsfiktion; § 88 Abs. 5 SGB IX). Die Entscheidung des Integrationsamts wird dem Arbeitgeber und dem Arbeitnehmer zugestellt (§ 88 Abs. 2 SGB IX). Liegt zwischen der Antragstellung und der Entscheidung ein Betriebsübergang, kann der Erwerber sich auf die Erteilung der Genehmigung nur berufen, wenn sie ihm zugestellt worden ist. Eine gegenüber dem Veräußerer zu einem Zeitpunkt erteilte Genehmigung, in welchem dieser nicht mehr Betriebsinhaber ist, geht »ins Leere« (BAG, Urt. v. 15.11.2012 – 8 AZR 827/11, NZA 2013, 505, 506). Da es sich bei den Integrationsämtern um Landesbehörden handelt, erfolgt die Zustellung gem. § 65 Abs. 2 SGB X nach den jeweiligen landesrechtlichen Vorschriften über das Zustellungsverfahren. Hier sind insbesondere die dem § 4 Abs. 2 S. 2 VwZG entsprechenden Vorschriften zu beachten, wonach im Fall der Zustellung durch die Post mittels Ein-

schreiben das Dokument als am dritten Tag nach Aufgabe zur Post als zugestellt gilt, es sei denn, dass es nicht oder zu einem späteren Zeitpunkt zugegangen ist. Kündigt der Arbeitgeber in diesem Fall vor dem dritten Tag nach Aufgabe des Schreibens zur Post, so soll die Kündigung unwirksam sein (LAG Baden-Württemberg, Urt. v. 22.09.2006 – 18 Sa 28/06, JurionRS 2006, 24619). Im Übrigen kann der Arbeitgeber die Kündigung aussprechen, sobald ihm die (ggf. auch mündlich oder fernmündlich erteilte, siehe K Rdn. 225) Zustimmung des Integrationsamts bekannt ist; er muss nicht erst die Zustellung an den Arbeitnehmer abwarten (ErfK/*Rolfs* § 88 SGB IX Rn. 2).

17. Das Integrationsamt hat die Entscheidung über die Zustimmung zur **außerordentlichen Kündigung** innerhalb von **zwei Wochen** vom Tag des Eingangs des Antrags an zu treffen (§ 91 Abs. 3 S. 1 SGB IX). Wird die Entscheidung nicht innerhalb dieser Frist getroffen, so gilt die Zustimmung als erteilt (**Zustimmungsfiktion**, § 91 Abs. 3 S. 2 SGB IX). Zu beachten ist, dass in der Zustimmung zur außerordentlichen Kündigung nicht zugleich die Zustimmung zur ordentlichen Kündigung liegt. Insbesondere kann die Entscheidung wegen der unterschiedlichen Prüfungsmaßstäbe (siehe Anmerkungen 13 K Rdn. 219 und 14 K Rdn. 220) unterschiedlich ausfallen (ErfK/*Rolfs* § 91 SGB IX Rn. 8). In der Zustimmung des Integrationsamts zur außerordentlichen Kündigung ist weder konkludent eine Zustimmung auch zur ordentlichen Kündigung enthalten noch kann die Entscheidung nach § 43 Abs. 1 SGB X in eine Zustimmung zur ordentlichen Kündigung umgedeutet werden (BAG, Urt. v. 23.01.2014 – 2 AZR 372/13, NZA 2014, 895, 897; BAG, Urt. v. 07.07.2011 – 2 AZR 355/10, NZA 2011, 1412, 1415 f.). Bei der außerordentlichen, hilfsweise ordentlichen Kündigung ist daher Folgendes zu beachten: Hat der Arbeitgeber die Zustimmung zur außerordentlichen, hilfsweise ordentlichen Kündigung beantragt, die Behörde jedoch innerhalb der Zwei-Wochen-Frist vorerst nur die Zustimmung zur außerordentlichen Kündigung erteilt und hinsichtlich der ordentlichen Kündigung noch keine Entscheidung getroffen, bzw. gilt die Zustimmung (nur) zur außerordentlichen Kündigung nach Ablauf der Zwei-Wochen-Frist gem. § 91 Abs. 3 S. 2 SGB IX als erteilt, so kann der Arbeitgeber nicht zugleich mit der außerordentlichen Kündigung die hilfsweise ordentliche Kündigung aussprechen. Vielmehr ist unverzüglich allein die außerordentliche Kündigung auszusprechen; die hilfsweise ordentliche Kündigung kann hingegen erst nach Erteilung der Zustimmung durch das Integrationsamt (bzw. nach Eintritt der Fiktion in Folge des Ablaufs der Monatsfrist des § 88 Abs. 5 SGB IX) ausgesprochen werden.

18. Der Arbeitgeber muss die **ordentliche Kündigung** innerhalb einer **Frist von einem Monat nach Zustellung der Entscheidung** aussprechen, wobei es auf den Zugang des Kündigungsschreibens beim Arbeitnehmer ankommt (§ 88 Abs. 3 SGB IX). Innerhalb der Monatsfrist kann der Arbeitgeber auch mehrere auf denselben Sachverhalt gestützte Kündigungen aussprechen, z.B. wenn er Bedenken hinsichtlich der Ordnungsmäßigkeit der zunächst durchgeführten Betriebsratsanhörung hat; es tritt kein »Verbrauch« des Kündigungsrechts ein (BAG, Urt. v. 08.11.2007 – 2 AZR 425/06, NZA 2008, 471, 473). Wird die Monatsfrist überschritten, verliert die Zustimmung des Integrationsamts zur Kündigung ihre Wirkung und die Kündigungssperre des § 85 SGB IX lebt wieder auf (ErfK/*Rolfs* § 88 SGB IX Rn. 3). Der Arbeitgeber muss dann erneut die Zustimmung des Integrationsamts beantragen; eine nach Ablauf der Frist ausgesprochene Kündigung ist unwirksam (*Schrader/Klagges* NZA-RR 2009, 169, 175).

19. Bei der **außerordentlichen Kündigung** wird die **Zwei-Wochen-Frist** des § 626 Abs. 2 BGB nicht durch die Zwei-Wochen-Frist des § 91 Abs. 2 SGB IX verdrängt (BAG, Urt. v. 02.03.2006 – 2 AZR 46/05, NZA 2006, 1211, 1212). Sofern die Zwei-Wochen-Frist des § 626 Abs. 2 BGB bei Erteilung der Zustimmung durch das Integrationsamt noch nicht verstrichen ist, darf der Arbeitgeber sie voll ausnutzen (BAG, Urt. v. 15.11.2001 – 2 AZR 380/00, NZA 2002, 970, 972 f.). Ist die Frist hingegen – was die Regel sein dürfte – bei Erteilung der Zustimmung bereits abgelaufen, muss der Arbeitgeber zur Fristwahrung die Kündigung unverzüglich, d.h. ohne schuldhaftes Zögern (vgl. § 121 BGB) aussprechen (§ 91 Abs. 5 SGB IX). Die Anforderungen der Rechtsprechung sind streng; ein dreitägiges Abwarten des Arbeitgebers soll schon zu lang sein (vgl. LAG Rheinland-Pfalz, Beschl. v. 05.10.2005 – 10 TaBV 22/05, NZA-RR 2006, 245, 246; vgl. hierzu auch LAG Hamm, Urt. v. 16.07.2009 – 15 Sa 242/09, BeckRS 2010, 65171, wonach eine Kündigung nach Fiktionseintritt an einem Freitag »in den ersten Tagen« der nächsten Kalenderwoche auszusprechen ist; ArbG Berlin, Urt. v. 28.10.2009 – 56 Ca 15400/09, BeckRS 2009, 57475, wonach ein Zugang der Kündigung am vierten Tag nach Eingang des Zustimmungsbescheids als nicht mehr unverzüglich anzusehen ist). Es ist daher dringend anzuraten, die Kündigung am Tag der Erteilung der Zustimmung oder am darauffolgenden Tag auszusprechen. Hierbei ist auch zu beachten, dass vom Arbeitgeber der unverzügliche Zugang des Kündigungsschreibens beim Arbeitnehmer gefordert ist; die bloß unverzügliche Absendung ist nicht ausreichend (BAG, Urt. v. 21.04.2005 – 2 AZR 255/04, NZA 2005, 991, 992 f.; ErfK/*Rolfs* § 91 SGB IX Rn. 7). Kommt eine persönliche Übergabe des Kündigungsschreibens an den Arbeitnehmer nicht in Betracht, sollte das Schreiben daher durch einen Boten zugestellt werden. Außerdem ist zu beachten, dass die Kündigungserklärungsfrist bereits mit der ggf. mündlichen oder fernmündlichen Bekanntgabe der Entscheidung beginnt, nicht erst mit der förmlichen Zustellung der schriftlichen Entscheidung (BAG, Urt. v. 19.06.2007 – 2 AZR 226/06, NZA 2007, 1153, 1154; BAG, Urt. v. 21.04.2005 – 2 AZR 255/04, NZA 2005, 991, 992). Hat das Integrationsamt die Zustimmung mündlich oder telefonisch erteilt, hat der Arbeitgeber sichere Kenntnis von der Entscheidung des Integrationsamts und der Beseitigung der Kündigungssperre. Er kann – und sollte – dann die Kündigung aussprechen; den Zugang des schriftlichen Bescheids braucht er nicht abzuwarten (*Eylert/Sänger* NZA 2010, 24, 37). Erforderlich ist jedoch, dass die Entscheidung durch das Integrationsamt tatsächlich »getroffen« wurde, die Ankündigung des Integrationsamts, die Frist verstreichen zu lassen, ist nicht ausreichend (BAG, Urt. v. 19.06.2007 – 2 AZR 226/06, NZA 2007, 1153, 1154).

226 Im Fall der Zustimmung kraft Fiktion gem. § 91 Abs. 3 S. 2 SGB IX beginnt die Überlegungsfrist am 15. Tag nach Eingang des Antrags beim Integrationsamt (APS/*Vossen* § 91 SGB IX Rn. 21a); der Arbeitgeber sollte die Kündigung daher wenn möglich an diesem oder am darauffolgenden Tag aussprechen. Dem Arbeitgeber ist dringend anzuraten, sich über den Tag des Eingangs des Antrags beim Integrationsamt und nach Ablauf von zwei Wochen über die etwa getroffene Entscheidung des Integrationsamts zu erkundigen (vgl. BAG, Urt. v. 19.04.2012 – 2 AZR 118/11, NZA 2013, 507, 508 f.; LAG Hamm, Urt. v. 16.07.2009 – 15 Sa 242/09, BeckRS 2010, 65171). Nur so kann der Arbeitgeber die erforderliche Gewissheit über den Fristbeginn und -ablauf erhalten. Kündigt der Arbeitgeber vor Eintritt der Zustimmungsfiktion, hat dies die Unwirksamkeit der Kündigung zur Folge; außerdem ist es möglich, dass das Integrationsamt innerhalb der Frist eine Entscheidung getroffen hat, die dem Arbeitgeber noch nicht zugegangen ist. Auch wenn das Integrationsamt angekündigt hat, die Frist des § 91 Abs. 3 S. 1 SGB IX verstreichen zu lassen, muss der Arbeitgeber den Fristablauf abwarten und darf nicht etwa vorher kündigen (BAG, Urt. v. 19.06.2007 – 2 AZR 226/06, NZA 2007, 1153, 1154).

2. Zustimmungsantrag MuSchG, BEEG, PflegeZG, FPfZG

Vorbemerkung

227 Gem. § 9 Abs. 1 S. 1 MuSchG besteht **Sonderkündigungsschutz für Frauen während der Schwangerschaft und bis zum Ablauf von vier Monaten nach der Entbindung**. Während dieses Zeitraums darf der Arbeitgeber das Arbeitsverhältnis grds. nicht kündigen. Der Arbeitgeber darf nur dann eine Kündigung aussprechen, wenn diese ausnahmsweise zuvor von der zuständigen obersten Landesbehörde für zulässig erklärt worden ist (§ 9 Abs. 3 MuSchG). Der Zweck des mutterschutzrechtlichen Kündigungsverbots besteht darin, der Arbeitnehmerin während der Mutterschutzzeiten den Arbeitsplatz und die wirtschaftliche Existenzgrundlage zu erhalten und Mutter und Kind vor seelischen Zusatzbelastungen durch einen Kündigungsschutzprozess zu schützen (ErfK/*Schlachter* § 9 MuSchG Rn. 1; *Kittner* NZA 2010, 198, 201). In der Praxis wird die Genehmigung nur äußerst restriktiv erteilt (APS/*Rolfs* § 9 MuSchG Rn. 66).

Mitarbeiter in **Elternzeit** genießen Sonderkündigungsschutz gem. § 18 Abs. 1 S. 1 BEEG. Der 228
Arbeitgeber darf das Arbeitsverhältnis ab dem Zeitpunkt, von dem an Elternzeit verlangt worden
ist, höchstens jedoch acht Wochen vor Beginn der Elternzeit, und während der Elternzeit nicht
kündigen. In besonderen Fällen kann ausnahmsweise eine Kündigung auf Antrag des Arbeitgebers von der zuständigen obersten Landesbehörde für zulässig erklärt werden (§ 18 Abs. 1 S. 2
BEEG). Sinn und Zweck des Sonderkündigungsschutzes gem. § 18 BEEG ist, dass dem Arbeitnehmer der Arbeitsplatz während der Elternzeit erhalten und er nicht auf Grund einer evtl. drohenden Kündigung von der Inanspruchnahme der Elternzeit abgehalten werden soll. Der Arbeitnehmer soll durch den starken Kündigungsschutz motiviert werden, die Elternzeit tatsächlich in
Anspruch zu nehmen (BAG, Urt. v. 02.02.2006 – 2 AZR 596/04, NZA 2006, 678, 679).

Beginnt eine Arbeitnehmerin unmittelbar nach der Geburt mit der Elternzeit oder wird sie wäh- 229
rend der Elternzeit erneut schwanger, muss der Arbeitgeber **sowohl die Zulässigerklärung nach
§ 9 Abs. 3 S. 1 MuSchG als auch die nach § 18 Abs. 1 S. 2 BEEG beantragen**. Keine der beiden
Zulässigerklärungen ist in der jeweils anderen enthalten, auch wenn in vielen Bundesländern
dieselbe Behörde zuständig ist (APS/*Rolfs* § 9 MuSchG Rn. 96; VG Frankfurt a.M., Urt. v.
16.11.2001 – 7 E 5031/99, NZA-RR 2002, 638, 640; LAG Berlin-Brandenburg, Urt. v.
06.04.2011 – 15 Sa 2454/10, BeckRS 2011, 72994). Je nachdem, wie weit fortgeschritten die
Schwangerschaft bereits ist, empfiehlt es sich daher, den Antrag nach § 9 Abs. 3 S. 1 MuSchG
gleich mit dem nach § 18 Abs. 1 S. 2 BEEG zu verbinden. Angesichts des oftmals langwierigen
behördlichen Zustimmungsverfahrens riskiert der Arbeitgeber ansonsten, dass die Mitarbeiterin
zwischenzeitlich das Kind zur Welt bringt und er damit das Rechtsschutzbedürfnis für den Antrag
nach § 9 Abs. 3 S. 1 MuSchG verliert und dann – im Hinblick auf die anschließende Elternzeit –
noch einmal »von vorn beginnen« muss (vgl. auch *Springer/Kamppeter* BB 2010, 2960, 2961).

Sonderkündigungsschutz besteht außerdem gem. § 5 Abs. 1 PflegeZG vom Zeitpunkt der An- 230
kündigung bis zur Beendigung einer **kurzzeitigen Arbeitsverhinderung** nach § 2 PflegeZG oder
einer **Pflegezeit** nach § 3 PflegeZG. Während dieser Zeit kann der Arbeitgeber das Arbeitsverhältnis nur dann kündigen, wenn die Kündigung zuvor von der für den Arbeitsschutz zuständigen
obersten Landesbehörde oder der von ihr bestimmten Stelle ausnahmsweise für zulässig erklärt
wurde (§ 5 Abs. 2 PflegeZG). Hintergrund der Regelung ist, den Beschäftigten durch den Kündigungsschutz die Sorge vor dem Verlust ihres Arbeitsplatzes zu nehmen, damit sie sich frei von dieser Angst für eine Pflege entscheiden können. Dadurch soll die bessere Vereinbarkeit von Beruf
und familiärer Pflege erreicht werden (BT-Drs. 16/7439 S. 93). Ein Zustimmungsantrag kommt
wohl wegen der Kurzfristigkeit einer kurzzeitigen Arbeitsverhinderung nach § 2 PflegeZG nur bei
einer Pflegezeit nach § 3 PflegeZG in Betracht.

Gem. § 2 Abs. 3 des FPfZG i.V.m. § 5 Abs. 1 PflegeZG darf der Arbeitgeber das Beschäftigungs- 231
verhältnis während der Inanspruchnahme der **Familienpflegezeit** nicht kündigen; in besonderen
Fällen kann eine Kündigung jedoch ausnahmsweise von der für den Arbeitsschutz zuständigen
obersten Landesbehörde oder der von ihr bestimmten Stelle für zulässig erklärt werden. Ausweislich der Gesetzesbegründung soll sichergestellt werden, dass den Beschäftigten aus der Inanspruchnahme der Familienpflegezeit keine Nachteile bei der Kündigung des Arbeitsverhältnisses
erwachsen.

Die Vorschriften des § 9 MuSchG, § 18 BEEG und § 5 PflegeZG (auf den § 2 Abs. 3 FPfZG für 232
die Familienpflegezeit verweist) normieren jeweils ein **Verbot mit Erlaubnisvorbehalt**. Eine ohne
die vorherige behördliche Zulässigkeitserklärung ausgesprochene Kündigung ist **unheilbar nichtig**
gem. § 134 BGB i.V.m. der jeweiligen Vorschrift (vgl. APS/*Rolfs* § 9 MuSchG Rn. 67).

K. Die Beendigung des Arbeitsverhältnisses

▶ Muster – Zustimmungsantrag MuSchG, BEEG, PflegeZG, FPfZG [1]

233

[Briefkopf des Arbeitgebers]

[Zuständige Oberste Landesbehörde oder von ihr bestimmte Stelle] [2]

[Adresse der zuständigen Obersten Landesbehörde oder von ihr bestimmten Stelle]

[Ort, Datum] [3]

Antrag auf Zustimmung zur außerordentlichen, hilfsweise ordentlichen [oder: ordentlichen] Kündigung [4] des Arbeitsverhältnisses von [Name des Mitarbeiters], geboren am [Geburtsdatum des Mitarbeiters], gem. § 9 Abs. 3 MuSchG [oder: § 18 Abs. 1 BEEG] [oder: § 5 Abs. 2 PflegeZG] [oder: § 2 Abs. 3 FPfZG i.V.m. § 5 Abs. 2 PflegeZG]

Sehr geehrte Damen und Herren [oder: Sehr geehrter Herr/Frau [Name des Sachbearbeiters]], [5]

Hiermit stellen wir den Antrag, die außerordentliche, hilfsweise ordentliche [oder: ordentliche] Kündigung des Arbeitsverhältnisses von [Name des Mitarbeiters], geboren am [Geburtsdatum des Mitarbeiters], wohnhaft [Wohnort des Mitarbeiters], für zulässig zu erklären.

I.

1. Bei der Antragstellerin handelt es sich um ein Unternehmen, dessen Geschäftsgegenstand [kurze Beschreibung des Geschäftsgegenstands] ist. Die Antragstellerin unterhält einen Betrieb in [Ort] sowie einen Betrieb in [Ort]. Im Betrieb der Antragstellerin in [Betrieb, in dem der Mitarbeiter beschäftigt ist] sind derzeit insgesamt [Anzahl der Mitarbeiter] Mitarbeiter beschäftigt, [6] darunter [Anzahl der weiblichen Mitarbeiter] weibliche Mitarbeiter und [Anzahl der männlichen Mitarbeiter] männliche Mitarbeiter. Es besteht ein Betriebsrat.

2. [Name des Mitarbeiters] ist seit dem [Eintrittsdatum] bei der Antragstellerin als [Stellenbezeichnung] beschäftigt. Seine/Ihre Tätigkeit umfasst [kurze Beschreibung der Tätigkeiten]. [Name des Mitarbeiters] ist [Lebensalter] Jahre alt (Geburtsdatum: [Geburtsdatum des Mitarbeiters]), [Familienstand] und hat [Anzahl der unterhaltsberechtigten Kinder] unterhaltsberechtigte Kinder. Das derzeitige monatliche Bruttogehalt beträgt EUR [Betrag]. Seine/ihre wöchentliche Arbeitszeit beträgt [oder: betrug vor Beginn der Mutterschutzfrist/oder Elternzeit/oder Pflegezeit] während der Elternzeit [oder: während der Familienpflegezeit] [Anzahl der Arbeitsstunden pro Woche].

3. Bei Antrag gem. § 9 Abs. 3 MuSchG:

[Name des Mitarbeiters] hat der Antragstellerin am [Datum] mitgeteilt, dass sie schwanger sei. Der voraussichtliche Tag der Entbindung ist laut einer von [Name und Adresse des ausstellenden Arztes] am [Datum] ausgestellten Bescheinigung der [Datum]. [optional: Die Mutterschutzfrist hat am [Datum] begonnen und dauert voraussichtlich bis zum [Datum].] [7]

Bei Antrag gem. § 18 Abs. 1 BEEG:

[Name des Mitarbeiters] hat am [Datum] bei der Antragstellerin Elternzeit beantragt. Die Elternzeit hat am [Datum] begonnen und dauert bis zum [Datum]. [8]

Bei Antrag gem. § 5 Abs. 2 PflegeZG:

[Name des Mitarbeiters] hat am [Datum] bei der Antragstellerin Pflegezeit beantragt. Die Pflegezeit hat am [Datum] begonnen und dauert bis zum [Datum]. [9]

Bei Antrag gem. § 2 Abs. 3 FPfZG i.V.m. § 5 Abs. 2 PflegeZG:

[Name des Mitarbeiters] hat am [Datum] bei der Antragstellerin Familienpflegezeit beantragt. Die Pflegezeit hat am [Datum] begonnen und dauert bis zum [Datum]. [10]

4. Die Frist für die arbeitgeberseitige ordentliche Kündigung richtet sich nach Ziffer [Ziffer] des Arbeitsvertrags [oder: Ziffer [Ziffer] des Tarifvertrags] [oder: § 622 Abs. 1 BGB] [oder: § 622 Abs. 2 Ziffer [Ziffer] BGB] und beträgt [Kündigungsfrist] zum [Kündigungstermin].

5. Anlass für die auszusprechende außerordentliche, hilfsweise ordentliche [oder: ordentliche] Kündigung ist folgender Sachverhalt: [Darstellung des Kündigungssachverhalts] 11

II.

Es liegt ein besonderer Fall vor, der ausnahmsweise die Kündigung des Anstellungsverhältnisses rechtfertigt. Bei Ausübung pflichtgemäßen Ermessens wird [zuständige Behörde] die außerordentliche, hilfsweise ordentliche [oder: ordentliche] Kündigung des Anstellungsverhältnisses für zulässig zu erklären haben.

Bei Antrag gem. § 9 Abs. 3 MuSchG:

Gemäß § 9 Abs. 1 MuSchG ist die Kündigung gegenüber einer Frau während der Schwangerschaft unzulässig, wenn dem Arbeitgeber zur Zeit der Kündigung die Schwangerschaft bekannt war. Die Kündigung kann jedoch gemäß § 9 Abs. 3 S. 1 MuSchG in besonderen Fällen, die nicht mit dem Zustand der Frau während der Schwangerschaft in Zusammenhang stehen, ausnahmsweise für zulässig erklärt werden. Ein solcher besonderer Fall liegt hier vor.

Nach der Rechtsprechung des Bundesverwaltungsgerichts kann ein besonderer Fall »ausnahmsweise« dann angenommen werden, wenn außergewöhnliche Umstände das Zurücktreten der vom Gesetzgeber als vorrangig angesehenen Interessen der Schwangeren hinter die des Arbeitgebers rechtfertigen (BVerwG, Urt. v. 29.10.1958 – V C 88/56, NJW 1959, 690, 691). Dies ist hier der Fall: [rechtliche Würdigung des Sachverhalts, ggf. Hinweis auf einschlägige Verwaltungsvorschriften] 12

Bei Antrag gem. § 18 Abs. 1 BEEG:

Gemäß § 18 Abs. 1 Satz 1 BEEG darf der Arbeitgeber das Arbeitsverhältnis während der Elternzeit nicht kündigen. Die Kündigung kann jedoch gemäß § 18 Abs. 1 S. 2 BEEG in besonderen Fällen ausnahmsweise für zulässig erklärt werden. Ein solcher besonderer Fall liegt hier vor.

Gemäß Ziffer 1 der nach § 18 Abs. 1 S. 4 BEEG erlassenen Allgemeinen Verwaltungsvorschrift zum Kündigungsschutz bei Elternzeit vom 3. Januar 2007 liegt ein besonderer Fall i.S.d. § 18 Abs. 1 Satz 2 BEEG vor, wenn es gerechtfertigt erscheint, dass das nach § 18 Abs. 1 S. 1 BEEG als vorrangig angesehene Interesse des Arbeitnehmers am Fortbestand des Arbeitsverhältnisses wegen außergewöhnlicher Umstände hinter die Interessen des Arbeitgebers zurücktritt.

Gemäß Ziffer 2 der Allgemeinen Verwaltungsvorschrift zum Kündigungsschutz bei Elternzeit hat die Behörde davon auszugehen, dass ein besonderer Fall i.S.d. § 18 Abs. 1 Satz 2 BEEG insbesondere dann gegeben ist, wenn [einschlägige Regelung der Allgemeinen Verwaltungsvorschrift] . Ein solcher Fall ist vorliegend gegeben: [rechtliche Würdigung des Sachverhalts] 13

Bei Antrag gem. § 5 Abs. 2 PflegeZG:

Gemäß § 5 Abs. 1 PflegeZG darf der Arbeitgeber das Beschäftigungsverhältnis von der Ankündigung, höchstens jedoch zwölf Wochen vor dem angekündigten Beginn, bis zur Beendigung der kurzzeitigen Arbeitsverhinderung nach § 2 PflegeZG oder der Pflegezeit nach § 3 PflegeZG nicht kündigen. Die Kündigung kann jedoch gemäß § 5 Abs. 1 PflegeZG in besonderen Fällen ausnahmsweise für zulässig erklärt werden. Ausweislich der Gesetzesbegründung liegt ein besonderer Fall insbesondere bei einer beabsichtigten Betriebsschließung vor. Ein solcher besonderer Fall ist vorliegend gegeben: [rechtliche Würdigung des Sachverhalts] 14

Bei Antrag gem. § 9 Abs. 3 FPfZG:

Gemäß § 2 Abs. 3 FPfZG i.V.m. § 5 Abs. 1 PflegeZG darf der Arbeitgeber das Beschäftigungsverhältnis von der Ankündigung, höchstens jedoch zwölf Wochen vor dem angekündigten Beginn, bis zur Beendigung der Familienpflegezeit nicht kündigen. Die Kündigung kann jedoch gemäß § 2 Abs. 3 FPfZG i.V.m. § 5 Abs. 2 PflegeZG in besonderen Fällen ausnahmsweise für zulässig erklärt werden. Ein solcher besonderer Fall ist vorliegend gegeben: [rechtliche Würdigung des Sachverhalts] . 15

[optional:

Der Betriebsrat wurde am ___[Datum]___ *gemäß § 102 Abs. 1 BetrVG zur beabsichtigten außerordentlichen, hilfsweise ordentlichen [oder: ordentlichen] Kündigung des Arbeitsverhältnisses von* [Name des Mitarbeiters] *angehört. Er hat der Kündigung zugestimmt (vgl. schriftliche Betriebsratsanhörung mit Stellungnahme des Betriebsrats, beigefügt als Anlage).]* [16]

Um möglichst rasche antragsgemäße Entscheidung wird gebeten. [17]

Die Kündigung soll unmittelbar nach Erteilung der Zustimmung [18] ausgesprochen werden. [19, 20]

Für Rückfragen stehen wir Ihnen selbstverständlich jederzeit gerne zur Verfügung.

Mit freundlichen Grüßen

_____
(Unterschrift des Arbeitgebers)

Erläuterungen

Schrifttum

Barkow von Creutz Das Familienpflegezeitgesetz, DStR 2012, 91; *Eylert/Sänger* Der Sonderkündigungsschutz im 21. Jahrhundert – Zur Entwicklung der Rechtsprechung des Bundesarbeitsgerichts zum Sonderkündigungsschutz, RdA 2010, 24; *Glatzel* Das neue Familienpflegezeitgesetz NJW 2012, 1175; *Göttling/Neumann* Das neue Familienpflegezeitgesetz, NZA 2012, 119; *Hertzfeld* Kündigung, Sonderkündigungsschutz, Auflösungsantrag – ein disharmonischer Dreiklang, NZA-RR 2012, 1; *Joussen* Streitfragen aus dem Pflegezeitgesetz, NZA 2009, 69; *Kittner* § 9 MuSchG, § 18 BEEG – Prüfungsumfang und Entscheidung bei betrieblich veranlassten Kündigungen, NZA 2010, 198; *Kalenbach* Neuregelungen bei der Elternzeit, öAT 2015, 114; *Kruse/Stenslik* Mutterschutz für Organe von Gesellschaften?, NZA 2013, 596; *Lembke* Die sachgrundlose Befristung von Arbeitsverträgen in der Praxis, NJW 2006, 325; *Novara* Sonderkündigungsschutz nach dem Pflegezeitgesetz, DB 2010, 503; *Preis/Nehring* Das Pflegezeitgesetz, NZA 2008, 729; *Schiefer/Worzalla* Familienpflegezeitgesetz, DB 2012, 516; *Springer/Kamppeter* Schwanger – und jetzt? Ein Leitfaden für Arbeitgeber BB 2010, 2960; *Stüben/Schwanenflügel* Die rechtliche Stärkung der Vereinbarkeit von Familie, Pflege und Beruf, NJW 2015, 577; *Wiebauer* Die Rechtsprechung zum besonderen Fall nach § 9 MuSchG und § 18 BEEG, BB 2013, 1784.

234 **1.** Für den Antrag gem. § 9 Abs. 3 MuSchG bestehen keine **Formvorschriften**, zweckmäßigerweise wird der Antrag schriftlich gestellt. Einige Behörden stellen im Internet Antragsformulare bereit; ist dies der Fall, sollten diese auch – ggf. um einen ausführlichen Antrag nach dem vorgeschlagenen Muster ergänzt – benutzt werden, um die Arbeit der Behörde zu erleichtern und das Verfahren zu beschleunigen.

235 § 18 Abs. 1 S. 4 BEEG enthält eine Verordnungsermächtigung, von welcher die Bundesregierung unmittelbar nach Inkrafttreten des BEEG Gebrauch gemacht hat. So wurde am 03.01.2007 die »Allgemeine Verwaltungsvorschrift zum Kündigungsschutz bei Elternzeit (§ 18 Abs. 1 S. 3 des Bundeselterngeld- und Elternzeitgesetzes)« erlassen (BAnz Nr. 5 v. 09.01.2007 S. 7; abgedruckt in APS/*Rolfs* § 18 BEEG Rn. 35). Gem. Ziffer 4 dieser Allgemeinen Verwaltungsvorschrift hat der Arbeitgeber die »Zulässigkeitserklärung der Kündigung bei der für den Sitz des Betriebes oder der Dienststelle zuständigen Behörde schriftlich oder zu Protokoll zu beantragen.« Zweckmäßigerweise ist auch hier der Antrag schriftlich – ggf. unter Verwendung der von der Behörde bereitgestellten Formulare – zu stellen.

236 Das PflegeZG und das FPfZG sehen keine Formvorschriften für den Antrag gem. § 5 Abs. 2 PflegeZG bzw. § 9 Abs. 3 FPfZG vor. Daher wird auf die Ausführungen zum Antrag gem. § 9 Abs. 3 MuSchG verwiesen.

237 **2. Zuständig** für den Antrag gem. § 9 Abs. 3 MuSchG, § 18 Abs. 1 BEEG, § 5 Abs. 2 PflegeZG und § 2 Abs. 3 FPfZG i.V.m. § 5 Abs. 2 PflegeZG ist jeweils die oberste Landesbehörde oder die von ihr bestimmte Stelle (§ 9 Abs. 3 MuSchG; § 18 Abs. 1 S. 3 BEEG; § 5 Abs. 2 S. 1 Pfle-

geZG); die Zuständigkeit bestimmt sich nach Landesrecht (vgl. § 20 MuSchG). In der Regel liegt die Zuständigkeit bei den Gewerbeaufsichtsämtern oder Regierungspräsidien. **Örtlich zuständig** ist regelmäßig die Behörde, in deren Bezirk der Betrieb seinen Sitz hat (ErfK/*Schlachter* § 20 MuSchG Rn. 1, s.a. § 4 der Allgemeinen Verwaltungsvorschrift zum Kündigungsschutz bei Elternzeit: »Die Zulässigkeitserklärung der Kündigung hat der Arbeitgeber bei der für den Sitz des Betriebs oder der Dienststelle zuständigen Behörde [...] zu beantragen.«). Die Kontaktadressen der zuständigen Behörden sind abrufbar über http://www.bmfsfj.de/BMFSFJ/familie,did=31058.html.

3. Der Antrag auf Zustimmung zur **ordentlichen Kündigung** gem. § 9 Abs. 3 MuSchG, § 18 Abs. 1 BEEG, § 5 Abs. 2 PflegeZG und § 2 Abs. 3 FPfZG i.V.m. § 5 Abs. 2 PflegeZG ist **nicht fristgebunden**. Bei **außerordentlichen Kündigungen** muss der Arbeitgeber den Antrag jedoch innerhalb der Zwei-Wochen-Frist des § 626 Abs. 2 BGB stellen. Erklärt die Behörde die Kündigung erst nach Ablauf der Zwei-Wochen-Frist des § 626 Abs. 2 BGB für zulässig, muss der Arbeitgeber die Kündigung – entsprechend dem Rechtsgedanken des § 91 Abs. 5 SGB IX – unverzüglich, d.h. ohne schuldhaftes Zögern (§ 121 BGB) erklären (APS/*Rolfs* § 9 MuSchG Rn. 71; ErfK/*Schlachter* § 9 MuSchG Rn. 14). 238

4. Der Sonderkündigungsschutz gem. § 9 Abs. 1 S. 1 MuSchG, § 18 Abs. 1 S. 1 BEEG, § 5 Abs. 1 PflegeZG und § 2 Abs. 3 FPfZG i.V.m. § 5 Abs. 1 PflegeZG gilt im Hinblick auf **jede arbeitgeberseitige Kündigung**, auch die Änderungskündigung und die außerordentliche Kündigung (ErfK/*Schlachter* § 9 MuSchG Rn. 4). Anderweitige Beendigungstatbestände wie Anfechtung, Ablauf einer Befristung, Abschluss eines Aufhebungsvertrags oder arbeitgeberseitiger Auflösungsantrag im Kündigungsschutzprozess werden hingegen nicht erfasst (ErfK/*Schlachter* § 9 MuSchG Rn. 16 ff.; APS/*Rolfs* § 18 BEEG Rn. 22; *Joussen* NZA 2009, 69, 73; *Lembke* NJW 2006, 325, 329; *Springer/Kamppeter* BB 2010, 2960, 2963; *Hertzfeld* NZA-RR 2012, 1, 4; *Schiefer/Worzalla* DB 2012, 516, 523; siehe zum Aufhebungsvertrag aber auch K Rdn. 153). Allerdings darf der Arbeitgeber nicht allein wegen der Schwangerschaft eine vorher in Aussicht gestellte Verlängerung des Arbeitsverhältnisses ablehnen (EuGH, Urt. v. 04.10.2001 – C-438/99, NZA 2001, 1243, 1246; BAG, Urt. v. 16.03.1989 – 2 AZR 325/88, NZA 1989, 719, 722). 239

5. Falls der zuständige Sachbearbeiter bekannt ist, empfiehlt es sich, diesen persönlich anzusprechen. 240

6. Das Kündigungsverbot gem. § 9 Abs. 1 S. 1 MuSchG gilt unabhängig von der **Betriebsgröße** (ErfK/*Schlachter* § 9 MuSchG Rn. 2). Gleiches gilt für das Kündigungsverbot gem. § 18 Abs. 1 S. 1 BEEG. 241

Ein Anspruch auf Pflegezeit gem. § 3 Abs. 1 PflegeZG besteht nicht gegenüber Arbeitgebern mit in der Regel 15 oder weniger Beschäftigten i.S.d. § 7 Abs. 1 PflegeZG. Daher kommt in Unternehmen mit 15 oder weniger regelmäßig Beschäftigten auch kein Sonderkündigungsschutz wegen Inanspruchnahme von Pflegezeit gem. § 5 Abs. 1 S. 1 Alt. 2 PflegeZG in Betracht. Im Fall der kurzzeitigen Arbeitsverhinderung gem. § 2 PflegeZG sieht das Gesetz jedoch keine Mindestbeschäftigtenzahl vor, so dass auch Beschäftigte in Klein- und Kleinstunternehmen das Recht haben, bei akutem Pflegebedarf bis zu zehn Tage von der Arbeit fernzubleiben, und vom Zeitpunkt der Ankündigung bis zur Beendigung der kurzzeitigen Arbeitsverhinderung Sonderkündigungsschutz gem. § 5 Abs. 1 S. 1 Alt. 1 PflegeZG genießen. 242

7. Das Kündigungsverbot des § 9 Abs. 1 S. 1 MuSchG gilt für Frauen in Arbeits- oder Ausbildungsverhältnissen und die in Heimarbeit Tätigen (ErfK/*Schlachter* § 9 MuSchG Rn. 2). Soweit sie dem unionsrechtlichen Begriff der »schwangeren Arbeitnehmerin« unterfallen, kann der Sonderkündigungsschutz auch zu Gunsten von Organmitgliedern juristischer Personen eingreifen (EuGH, Urt. v. 11.11.2011 – C-232/09, NZA 2011, 143 [»Danosa«], vgl. nur *Kruse/Stenslik* NZA 2013, 596, die von einer Anwendbarkeit des § 9 MuSchG nicht nur auf das Anstellungsverhältnis, sondern auch auf die Organstellung ausgehen). 243

Der Sonderkündigungsschutz besteht, wenn die Arbeitnehmerin im Zeitpunkt des Zugangs der Kündigungserklärung schwanger ist oder vor weniger als vier Monaten entbunden hat. Eine erst nach Ausspruch einer Kündigung, aber noch während der Kündigungsfrist beginnende Schwangerschaft begründet kein Kündigungsverbot (ErfK/*Schlachter* § 9 MuSchG Rn. 3).

244 Das Bestehen des Sonderkündigungsschutzes setzt voraus, dass der Arbeitgeber bei Ausspruch der Kündigung positive Kenntnis von der Schwangerschaft/Entbindung hatte oder ihm diese innerhalb von **zwei Wochen** nach Zugang der Kündigung **mitgeteilt** wird; das Überschreiten dieser Frist ist unschädlich, wenn es auf einem von der Arbeitnehmerin nicht zu vertretenden Grund beruht und die Mitteilung unverzüglich nachgeholt wird (§ 9 Abs. 1 S. 1 MuSchG). Das Gesetz verlangt lediglich eine »Mitteilung«, nicht etwa einen Nachweis der Schwangerschaft oder der Entbindung (APS/*Rolfs* § 9 MuSchG Rn. 35). Die Mitteilung muss dem Arbeitgeber innerhalb der Zwei-Wochen-Frist zugehen, eine rechtzeitige Absendung durch die Arbeitnehmerin ist nicht ausreichend (APS/*Rolfs* § 9 MuSchG Rn. 35). Es ist dabei ausreichend, wenn die werdende Mutter die Mitteilung durch Dritte – beispielsweise einen Kollegen, unabhängig von dessen personalrechtlicher Verantwortung – vornehmen lässt (LAG Sachsen-Anhalt, Urt. v. 09.12.2014 – 6 Sa 539/13, ArbR-Aktuell 2015, 231, 231). Hat die Arbeitnehmerin die Zwei-Wochen-Frist versäumt, kann sie sich nur dann auf den Sonderkündigungsschutz gem. § 9 Abs. 1 S. 1 MuSchG berufen, wenn sie das Fristversäumnis nicht zu vertreten hat und die Mitteilung unverzüglich nachholt; andernfalls bewirkt die Frist als Ausschlussfrist den endgültigen Verlust des Sonderkündigungsschutzes (ErfK/*Schlachter* § 9 MuSchG Rn. 7). Hatte die Arbeitnehmerin keine positive Kenntnis von ihrer Schwangerschaft, ist das Fristversäumnis grds. unverschuldet. Etwas anderes gilt nur, wenn zwingende Anhaltspunkte für das Bestehen einer Schwangerschaft vorlagen, die die Schwangere veranlassen konnten, sich Gewissheit zu verschaffen (ErfK/*Schlachter* § 9 MuSchG Rn. 7; LAG Düsseldorf, Beschl. v. 10.02.2005 – 15 Ta 26/05, NZA-RR 2005, 382, 383). Auch wenn die Arbeitnehmerin Kenntnis von ihrer Schwangerschaft hatte, kann sie unverschuldet an der rechtzeitigen Mitteilung verhindert gewesen sein, z.B. wenn sie bei Zugang der Kündigung urlaubsbedingt abwesend war; dies gilt selbst dann, wenn sie dem Arbeitgeber vor Urlaubsantritt die Schwangerschaft hätte mitteilen können (BAG, Urt. v. 13.06.1996 – 2 AZR 736/95, AP MuSchG 1968 § 9 Nr. 22). Die Beurteilung der Frage, wann die nachgeholte Mitteilung als unverzüglich anzusehen ist, richtet sich nach den Umständen des Einzelfalls (ErfK/*Schlachter* § 9 MuSchG Rn. 7); bei einem Zeitraum von einer Woche ab Kenntniserlangung von der Schwangerschaft wurde »Unverzüglichkeit« noch bejaht (BAG, Urt. v. 26.09.2002 – 2 AZR 392/01, AP MuSchG 1968 § 9 Nr. 31). Hat eine Arbeitnehmerin keine Kenntnis von ihrer Schwangerschaft bei Zugang der Kündigungserklärung, kann der Arbeitgeber an der Kündigung festhalten, ohne dass dies eine Benachteiligung wegen des Geschlechts darstellt (BAG, Urt. v. 17.10.2013 – 8 AZR 742/12, JurionRS 2013, 54293).

245 **8.** Der Sonderkündigungsschutz gem. § 18 Abs. 1 BEEG erfasst alle anspruchsberechtigten Arbeitnehmer einschließlich der zu ihrer Berufsbildung oder in Heimarbeit Beschäftigten und nach § 20 BEEG Gleichgestellten, wenn sie die Elternzeit bereits **wirksam verlangt oder angetreten** haben (§§ 15, 16 BEEG). Auch die »Großelternzeit« gem. § 15 Abs. 1a BEEG ist erfasst (ErfK/*Gallner* § 18 BEEG Rn. 3).

246 Der Kündigungsschutz nach § 18 Abs. 1 BEEG beginnt mit dem Tag, an dem die Elternzeit wirksam **verlangt** wurde, sofern dieser Zeitpunkt bei einer Elternzeit bis zum vollendeten dritten Lebensjahr nicht mehr als acht Wochen bzw. bei einer Elternzeit zwischen dem dritten Geburtstag und dem vollendeten achten Lebensjahr des Kindes nicht mehr als 14 Wochen vor dem Beginn der Elternzeit liegt. Wurde das Kind vor dem 01.07.2015 geboren, beginnt der Kündigungsschutz unabhängig davon, in welchem Zeitraum die Elternzeit genommen wird, frühestens jedoch acht Wochen vor dem Beginn der Elternzeit (§ 18 Abs. 1 BEEG a.F.). Verlangt der Arbeitnehmer die Elternzeit früher als acht bzw. 14 Wochen vor deren Beginn, besteht der Sonderkündigungsschutz erst acht bzw. 14 Wochen vor dem Beginn der Elternzeit (ErfK/*Gallner* § 18 BEEG Rn. 5). Bei der Berechnung des Endtermins der Acht-Wochen-Frist ist der Tag der ärztlich prognostizierten

Geburt maßgeblich, auch wenn dieser vor dem Tag der tatsächlichen Geburt liegt (BAG, Urt. v. 12.05.2011 – 2 AZR 384/10, NZA 2012, 208). Der Kündigungsschutz besteht während der gesamten Elternzeit, d.h. in der Regel bis einschließlich des Tages vor dem dritten Geburtstag des Kindes, für dessen Betreuung Elternzeit in Anspruch genommen wird. Wird die Elternzeit in mehrere Zeitabschnitte aufgeteilt, findet der um acht Wochen vorverlagerte Kündigungsschutz für sämtliche Abschnitte Anwendung (vgl. ErfK/*Gallner* § 18 BEEG Rn. 5). Wird Elternzeit nur unter der Bedingung beansprucht, dass der Arbeitgeber Elternteilzeit gewährt und lehnt der Arbeitgeber das Teilzeitbegehren vor dem prognostizierten Geburtstermin wirksam ab, so besteht kein Sonderkündigungsschutz, da die Vorschrift des § 18 BEEG voraussetzt, dass Elternzeit tatsächlich genommen wird (BAG, Urt. v. 12.05.2011 – 2 AZR 384/10, NZA 2012, 208).

Das Kündigungsverbot besteht auch dann, wenn der Arbeitnehmer während der Elternzeit in zulässigem Umfang, d.h. nicht mehr als 30 Wochenstunden (vgl. § 15 Abs. 4 S. 1 BEEG), bei demselben Arbeitgeber **in Teilzeit tätig ist** (§ 18 Abs. 2 Nr. 1 BEEG). Überschreitet der Umfang der Tätigkeit 30 Arbeitsstunden pro Woche, besteht grds. kein Sonderkündigungsschutz gem. § 18 BEEG (ErfK/*Gallner* § 18 BEEG Rn. 6). Arbeitgeber und Arbeitnehmer können jedoch vereinbaren, dass der Arbeitnehmer trotz einer Überschreitung der maximal zulässigen Arbeitszeit von 30 Wochenstunden während der Elternzeit Sonderkündigungsschutz genießen soll (ErfK/*Gallner* § 18 BEEG Rn. 6). Wird der Arbeitnehmer während der Elternzeit in Teilzeit bei einem anderen Arbeitgeber tätig, so lässt dies den Sonderkündigungsschutz im ursprünglichen Arbeitsverhältnis unberührt (ErfK/*Gallner* § 18 BEEG Rn. 6; APS/*Rolfs* § 18 BEEG Rn. 11); es besteht jedoch kein Sonderkündigungsschutz im Arbeitsverhältnis zum »anderen« Arbeitgeber (BAG, Urt. v. 02.02.2006 – 2 AZR 596/04, NZA 2006, 678, 679). Gem. § 18 Abs. 2 Nr. 2 BEEG sind auch Arbeitnehmer geschützt, die keine Elternzeit in Anspruch nehmen, sondern bei ihrem Arbeitgeber (unverändert) Teilzeitarbeit leisten und während des Bezugszeitraums (§ 4 Abs. 1 BEEG) Anspruch auf Elterngeld (§ 1 BEEG) haben. Hintergrund dieser Regelung ist, dass Arbeitnehmer, die von vornherein teilzeitbeschäftigt waren, nicht schlechter gestellt werden sollen als solche, die ihre Arbeitszeit vorübergehend reduzieren, um sich der Betreuung ihres Kindes zu widmen (BT-Drs. 10/4212 S. 6).

Wird die Elternzeit gem. § 16 Abs. 3 BEEG einvernehmlich **vorzeitig beendet**, so endet auch der Sonderkündigungsschutz zum vereinbarten Zeitpunkt. Beim Tod des Kindes, für dessen Betreuung Elternzeit in Anspruch genommen wird, endet die Elternzeit und damit auch der Sonderkündigungsschutz spätestens drei Wochen nach dem Tod des Kindes (§ 16 Abs. 4 BEEG).

9. Das Kündigungsverbot gem. § 5 PflegeZG schützt alle Beschäftigten i.S.d. § 7 Abs. 1 PflegeZG, also Arbeitnehmer, die zu ihrer Berufsbildung Beschäftigten, arbeitnehmerähnliche Personen einschließlich der in Heimarbeit Beschäftigten und der ihnen Gleichgestellten. In zeitlicher Hinsicht gilt der Sonderkündigungsschutz gem. § 5 Abs. 1 PflegeZG von dem Zeitpunkt der »**Ankündigung**« an, höchstens jedoch zwölf Wochen vor dem angekündigten Beginn der Pflegezeit. Die Ankündigung meint die Mitteilung im Rahmen der kurzzeitigen Arbeitsverhinderung nach § 2 Abs. 2 S. 1 PflegeZG bzw. die Ankündigung bei Inanspruchnahme der Pflegezeit nach § 3 Abs. 3 S. 1 PflegeZG. Gem. § 3 Abs. 3 S. 1 PflegeZG muss der Arbeitnehmer dem Arbeitgeber die Inanspruchnahme von Pflegezeit spätestens zehn Arbeitstage vor Beginn schriftlich ankündigen. Eine Wartezeit ist für das Eingreifen des Sonderkündigungsschutzes nicht vorgesehen (krit. hierzu *Preis/Nehring* NZA 2008, 729, 735). Der Sonderkündigungsschutz besteht bis zur Beendigung der Pflegezeit. Beim Eintritt veränderter Umstände (z.B. Wegfall der Pflegebedürftigkeit, Tod des Pflegebedürftigen) endet die Pflegezeit vier Wochen nach dem Eintritt der veränderten Umstände, über den der Arbeitnehmer den Arbeitgeber zu unterrichten hat (§ 4 Abs. 2 PflegeZG).

10. Das Kündigungsverbot des § 2 Abs. 3 FPfZG i.V.m. § 5 Abs. 1 PflegeZG gilt von der Ankündigung, höchstens jedoch zwölf Wochen vor dem angekündigten Beginn, bis zur Beendigung der – längstens zweijährigen – **Familienpflegezeit**. Ein Anspruch auf Familienpflegezeit besteht nicht gegenüber Arbeitgebern mit i.d.R. 25 oder weniger Beschäftigten (§ 2 Abs. 1 S. 4 FPfZG).

K. Die Beendigung des Arbeitsverhältnisses

Daher kommt in Unternehmen mit 25 oder weniger regelmäßig Beschäftigten auch kein Sonderkündigungsschutz wegen Inanspruchnahme von Familienpflegezeit in Betracht. Eine Wartezeit ist hinsichtlich des Sonderkündigungsschutzes nicht vorgesehen.

251 **11. Grundlage der behördlichen Entscheidung** sind der vom Arbeitgeber vorgetragene Sachverhalt, die Anhörung des betroffenen Arbeitnehmers und ggf. die Stellungnahme des Betriebsrats, die die Behörde im Regelfall während des Verfahrens einholt (vgl. § 5 Abs. 2 der Allgemeinen Verwaltungsvorschrift zum Kündigungsschutz bei Elternzeit: »Die Behörde hat vor ihrer Entscheidung dem betroffenen Arbeitnehmer sowie dem Betriebs- oder Personalrat Gelegenheit zu geben, sich mündlich oder schriftlich zu dem Antrag [...] zu äußern.«).

252 Für den Antrag gem. § 9 Abs. 3 MuSchG ist kein Mindestinhalt vorgeschrieben. Auch das PflegeZG und das FPfZG enthalten keine Angaben zum Mindestinhalt des Antrags. Gem. § 4 der Allgemeinen Verwaltungsvorschrift zum Kündigungsschutz bei Elternzeit hat der Arbeitgeber die »Zulässigkeitserklärung der Kündigung bei der für den Sitz des Betriebs oder der Dienststelle zuständigen Behörde schriftlich oder zu Protokoll zu beantragen. Im Antrag sind der Arbeitsort und die vollständige Anschrift des Arbeitnehmers, dem gekündigt werden soll, anzugeben. Der Antrag ist zu begründen; etwaige Beweismittel sind beizufügen oder zu benennen.«

253 Zweckmäßigerweise sollte der Antrag mindestens folgende Angaben enthalten:
- Angaben zum Unternehmen/Betrieb (Anzahl der beschäftigten Arbeitnehmer, Geschäftsgegenstand);
- Name und Anschrift des Arbeitnehmers;
- Sozialdaten (Alter und Geburtsdatum, Dauer der Betriebszugehörigkeit, Familienstand, Unterhaltspflichten, ggf. Schwerbehinderung);
- bei Antrag nach § 9 MuSchG: Tag der voraussichtlichen oder erfolgten Entbindung; bei Antrag nach § 18 BEEG, § 5 PflegeZG und § 2 Abs. 3 FPfZG i.V.m. § 5 PflegeZG: Angaben zu Beginn und Ende der Elternzeit/Pflegezeit/Familienpflegezeit bzw. Zeitpunkt des Verlangens oder der Ankündigung;
- Angaben zum Arbeitsverhältnis (Position, Tätigkeit, Vergütung, Arbeitsort);
- Art der beabsichtigten Kündigung (Beendigungs-/Änderungskündigung; außerordentliche/ordentliche Kündigung), Kündigungsfrist und beabsichtigter Kündigungszeitpunkt;
- möglichst umfassende Schilderung des Kündigungssachverhalts;
- ggf. zu erwartende Sozialplanabfindung.

254 Benötigt die Behörde weitere Informationen, werden diese in der Regel formlos angefordert. Um Verzögerungen zu vermeiden, empfiehlt es sich jedoch, den Sachverhalt möglichst umfassend bereits in der Antragstellung zu schildern und Beweismittel beizufügen bzw. zu benennen.

255 **12.** Gem. § 9 Abs. 3 S. 1 MuSchG setzt die Zulässigerklärung der Kündigung voraus, dass ein **besonderer Fall** vorliegt, der **nicht mit dem Zustand der Arbeitnehmerin** während der Schwangerschaft oder ihrer Lage bis zum Ablauf von vier Monaten nach der Entbindung **in Zusammenhang steht**. Liegen diese Voraussetzungen vor, ist der Behörde ein Ermessen eröffnet, das jedoch dahingehend eingeschränkt ist, dass es nur ausnahmsweise zur Zulässigerklärung der Kündigung führen darf. Nach der Rechtsprechung des BVerwG kann ein besonderer Fall »ausnahmsweise« dann angenommen werden, wenn außergewöhnliche Umstände das Zurücktreten der vom Gesetzgeber als vorrangig angesehenen Interessen der Schwangeren hinter die des Arbeitgebers rechtfertigen (BVerwG, Urt. v. 29.10.1958 – V C 88/56, NJW 1959, 690, 691). Der »besondere Fall« ist nicht identisch mit dem »wichtigen Grund« i.S.d. § 626 Abs. 1 BGB (APS/*Rolfs* § 9 MuSchG Rn. 74). Demnach gestattet nicht jeder zur fristlosen Kündigung berechtigende Grund die Zulässigerklärung der Kündigung (vgl. VG Ansbach, Beschl. v. 16.01.2012 – AN 14 K 11.02.02132, BeckRS 2012, 46753; zum strengen Maßstab siehe auch VG Düsseldorf, Urt. v. 16.12.2011 – 13 K 5101/11, BeckRS 2012, 46229); andererseits kann die Zulässigerklärung auch dann in Betracht kommen, wenn arbeitsrechtlich nur eine ordentliche Kündigung in Betracht kommt (APS/*Rolfs* § 9 MuSchG Rn. 74). Bei personenbedingten Gründen wird in der Regel kein besonderer Fall

vorliegen; etwas anderes kann gelten, wenn die wirtschaftliche Belastung den Arbeitgeber in die Nähe der Existenzgefährdung rückt (APS/*Rolfs* § 9 MuSchG Rn. 75). Verhaltensbedingte Gründe müssen so schwerwiegend sein, dass die Aufrechterhaltung des Arbeitsverhältnisses dem Arbeitgeber schlechthin nicht mehr zumutbar ist (vgl. VG Ansbach, Beschl. v. 16.01.2012 – AN 14 K 11.02.02132, BeckRS 2012, 46753). Bei betriebsbedingten Gründen kommt ein besonderer Fall in Betracht, wenn eine Betriebsstilllegung vorliegt und keine Möglichkeit der Weiterbeschäftigung der Arbeitnehmerin besteht (APS/*Rolfs* § 9 MuSchG Rn. 74, 77). Erforderlich ist stets eine Interessenabwägung, bei der sich die Behörde jedoch an dem mit dem Kündigungsverbot verfolgten gesetzgeberischen Zweck, der Arbeitnehmerin während der Schutzfristen des § 9 Abs. 1 S. 1 MuSchG die materielle Existenzgrundlage zu erhalten und die mit einer Kündigung in diesem Zeitraum verbundenen besonderen psychischen Belastungen zu vermeiden, zu orientieren hat (APS/*Rolfs* § 9 MuSchG Rn. 74). Manche Bundesländer haben Verwaltungsrichtlinien erlassen, die den Begriff des »besonderen Falls« näher konkretisieren (siehe z.B. Erlass des Ministers für Arbeit, Gesundheit und Soziales von Nordrhein-Westfalen vom 11.02.1981 – III A 4–8413 – [III Nr. 6/81], abgedruckt in APS/*Rolfs* § 9 MuSchG Rn. 101; Richtlinien für die Zulässigkeitserklärung von Kündigungen nach § 9 Abs. 3 des Mutterschutzgesetzes des Hessischen Ministers für Arbeit, Umwelt und Soziales vom 04.03.1985 [Hess. St. Anz. S. 630]). Ggf. sollte im Antrag darauf verwiesen werden, dass im konkreten Fall nach den Richtlinien ein »besonderer Fall« vorliegt.

13. Gem. § 18 Abs. 1 S. 2 BEEG kann die zuständige Behörde die Kündigung des Arbeitsverhältnisses in besonderen Fällen ausnahmsweise für zulässig erklären. Nach Ziffer 1 der Allgemeinen Verwaltungsvorschrift zum Kündigungsschutz bei Elternzeit vom 03.01.2007 liegt ein solcher besonderer Fall vor, wenn es gerechtfertigt erscheint, dass das nach § 18 Abs. 1 S. 1 BEEG als vorrangig angesehene Interesse des Arbeitnehmers am Fortbestand des Arbeitsverhältnisses wegen außergewöhnlicher Umstände hinter die Interessen des Arbeitgebers zurücktritt. 256

Gem. Ziffer 2.1 der Verwaltungsvorschrift ist vom Vorliegen eines **besonderen Falls** insbesondere auszugehen, wenn

2.1.1 der **Betrieb**, in dem der Arbeitnehmer beschäftigt ist, **stillgelegt** wird und der Arbeitnehmer nicht in einem anderen Betrieb des Unternehmens weiterbeschäftigt werden kann; beantragt ein Arbeitgeber die Kündigung für zulässig zu erklären, weil er seinen Betrieb stilllegt, darf die Behörde die Zulässigerklärung nicht mit der Begründung verweigern, es liege keine Betriebsstilllegung vor; diese Entscheidung ist den Arbeitsgerichten überlassen (BAG, Urt. v. 18.10.2012 – 6 AZR 41/11, BB 2013, 956, 957; siehe zur Kündigung bei beabsichtigter Betriebsstilllegung auch VG München, Urt. v. 21.09.2011 – M 18 K 10.5658, BeckRS 46468; *Wiebauer* NZA 2011, 177);
2.1.2 die **Betriebsabteilung**, in der der Arbeitnehmer beschäftigt ist, **stillgelegt** wird und der Arbeitnehmer nicht in einer anderen Betriebsabteilung des Betriebs oder in einem anderen Betrieb des Unternehmens weiterbeschäftigt werden kann;
2.1.3 der Betrieb oder die Betriebsabteilung, in denen der Arbeitnehmer beschäftigt ist, **verlagert** wird und der Arbeitnehmer an dem neuen Sitz des Betriebs oder der Betriebsabteilung und auch in einer anderen Betriebsabteilung oder in einem anderen Betrieb des Unternehmens nicht weiterbeschäftigt werden kann;
2.1.4 der Arbeitnehmer in den Fällen der Ziffern 2.1.1 bis 2.1.3 eine ihm vom Arbeitgeber angebotene zumutbare **Weiterbeschäftigung** auf einem anderen Arbeitsplatz **ablehnt**;
2.1.5 durch die Aufrechterhaltung des Arbeitsverhältnisses nach Beendigung der Elternzeit die **Existenz des Betriebs** oder die **wirtschaftliche Existenz** des Arbeitgebers **gefährdet** wird;
2.1.6 **besonders schwere Verstöße** des Arbeitnehmers gegen arbeitsvertragliche Pflichten oder **vorsätzliche strafbare Handlungen** des Arbeitnehmers dem Arbeitgeber die Aufrechterhaltung des Arbeitsverhältnisses unzumutbar machen.

Gem. Ziffer 2.1 der Verwaltungsvorschrift kann ein besonderer Fall auch dann gegeben sein, wenn die wirtschaftliche Existenz des Arbeitgebers durch die Aufrechterhaltung des Arbeitsverhältnisses nach Beendigung der Elternzeit unbillig erschwert wird, so dass er in die Nähe der **Existenzgefährdung** kommt. Eine solche unbillige Erschwerung kann auch dann angenommen werden, wenn der Arbeitgeber in die Nähe der Existenzgefährdung kommt, weil

2.2.1 der Arbeitnehmer in einem Betrieb mit in der Regel 5 oder weniger Arbeitnehmern und Arbeitnehmerinnen ausschließlich der zu ihrer Berufsbildung Beschäftigten beschäftigt ist und der Arbeitgeber zur Fortführung des Betriebes dringend auf eine entsprechend qualifizierte Ersatzkraft angewiesen ist, die er nur einstellen kann, wenn er mit ihr einen unbefristeten Arbeitsvertrag abschließt; bei der Feststellung der Zahl der beschäftigten Arbeitnehmerinnen und Arbeitnehmer sind teilzeitbeschäftige Arbeitnehmerinnen und Arbeitnehmer mit einer regelmäßigen wöchentlichen Arbeitszeit von nicht mehr als 20 Stunden mit 0,5 und nicht mehr als 30 Stunden mit 0,75 zu berücksichtigen, oder

2.2.2 der Arbeitgeber wegen der Aufrechterhaltung des Arbeitsverhältnisses nach Beendigung der Elternzeit keine entsprechend qualifizierte Ersatzkraft für einen nur befristeten Arbeitsvertrag findet und deshalb mehrere Arbeitsplätze wegfallen müssten.

Auch hier ist anzuraten, ggf. im Antrag darauf zu verweisen, dass im konkreten Fall nach der Verwaltungsvorschrift ein »besonderer Fall« vorliegt.

257 [Nicht belegt]

258 **14.** Gem. § 5 Abs. 2 S. 1 PflegeZG kann die zuständige Behörde die Kündigung **während der Pflegezeit** ausnahmsweise für zulässig erklären. Ein **besonderer Fall** liegt insbesondere bei einer beabsichtigten Betriebsschließung vor (BT-Drs. 16/7493 S. 93). Gem. § 5 Abs. 2 S. 2 PflegeZG ist die Bundesregierung mit Zustimmung des Bundesrats ermächtigt, allgemeine Verwaltungsvorschriften zur Zulässigerklärung einer Kündigung bei Inanspruchnahme von Pflegezeit zu erlassen. Bislang ist von dieser Ermächtigung kein Gebrauch gemacht worden. Bis zum Erlass einer solchen Verwaltungsvorschrift wird davon ausgegangen, dass die auf Grundlage des § 18 Abs. 1 BEEG erlassenen Allgemeinen Verwaltungsvorschriften zur Orientierung herangezogen werden können (Rolfs/Giesen/Kreikebohm/Udsching/*Joussen* Beck'scher Online-Kommentar § 5 PflegeZG Rn. 8).

259 **15.** Gem. § 2 Abs. 3 FPfZG gelten für die Familienpflegezeit die §§ 5 bis 8 PflegeZG entsprechend. Demnach gilt auch der Sonderkündigungsschutz gem. § 5 PflegeZG. Auf die entsprechenden Ausführungen wird daher verwiesen.

260 **16.** Es steht dem Arbeitgeber grds. frei, ob er den **Betriebsrat** gem. § 102 BetrVG zu der beabsichtigten Kündigung **anhört**, bevor oder nachdem die Behörde die Kündigung für zulässig erklärt hat. Im Fall der außerordentlichen Kündigung muss der Arbeitgeber jedoch darauf achten, die erste Verfahrensmaßnahme innerhalb der zweiwöchigen Ausschlussfrist des § 626 Abs. 2 BGB einzuleiten und – sobald die Frist verstrichen ist – jede weitere Verfahrensmaßnahme stets unverzüglich, d.h. ohne schuldhaftes Zögern (§ 121 BGB) nach Abschluss der vorangegangenen Maßnahme zu ergreifen. Hat er sich also entschieden, erst die Zulässigerklärung zu beantragen, muss er nach deren Bekanntgabe – vorausgesetzt, dass zu diesem Zeitpunkt die Zwei-Wochen-Frist des § 626 Abs. 2 BGB verstrichen ist, was in der Regel der Fall sein dürfte – **unverzüglich** den Betriebsrat anhören und nach Abschluss des Betriebsratsanhörungsverfahrens wiederum unverzüglich die Kündigung aussprechen (APS/*Rolfs* § 9 MuSchG Rn. 96). Um ein Fristversäumnis zu vermeiden, ist dringend anzuraten, den Betriebsrat zur außerordentlichen Kündigung vor oder jedenfalls während des behördlichen Verfahrens anzuhören.

261 **17.** Das MuSchG sieht keine **Frist** vor, innerhalb derer die Behörde über den Antrag zu **entscheiden** hat. Gleiches gilt für das PflegeZG und das FamPfZG. Gem. Ziffer 5.1 der Allgemeinen Verwaltungsvorschrift zum Kündigungsschutz bei Elternzeit vom 03.01.2007 hat die Behörde ihre Entscheidung unverzüglich zu treffen.

262 **18.** Für die Entscheidung der Behörde gem. § 9 Abs. 3 MuSchG ist keine förmliche **Zustellung** vorgesehen. Die Kündigung kann daher auch nach mündlicher oder fernmündlicher Bekanntgabe

der Entscheidung ausgesprochen werden. Wählt die Behörde die förmliche Zustellung nach den Regelungen des jeweiligen LandesVwZG, sind insbesondere die dem § 4 Abs. 2 S. 2 VwZG entsprechenden Vorschriften zu beachten, wonach im Fall der Zustellung durch die Post mittels Einschreiben das Dokument als am dritten Tag nach Aufgabe zur Post als zugestellt gilt, es sei denn, dass es nicht oder zu einem späteren Zeitpunkt zugegangen ist. Kündigt der Arbeitgeber in diesem Fall vor dem dritten Tag nach Aufgabe des Schreibens zur Post, so soll die Kündigung unwirksam sein (LAG Baden-Württemberg, Urt. v. 22.09.2006 – 18 Sa 28/06, JurionRS 2006, 24619).

Gem. § 7 der Verwaltungsvorschrift zum Kündigungsschutz bei Elternzeit hat die Behörde ihre Entscheidung schriftlich zu erlassen, schriftlich zu begründen, sowie dem Arbeitgeber und dem Arbeitnehmer zuzustellen. Dem Betriebs- oder Personalrat ist eine Abschrift zu übersenden. Auch wenn Verwaltungsvorschriften grds. nur die Behörde binden, ist dem Arbeitgeber anzuraten, mit dem Ausspruch der Kündigung zu warten, bis die förmliche Zustellung erfolgt ist. Falls jedoch die Frist des § 626 Abs. 2 BGB gewahrt werden muss oder eine Beendigung zu einem bestimmten Zeitpunkt gewünscht ist und bei späterem Kündigungsausspruch nicht mehr erreicht werden kann, empfiehlt es sich, die Kündigung nach mündlicher oder fernmündlicher Bekanntgabe auszusprechen und nach erfolgter förmlicher Zustellung der Entscheidung vorsorglich eine weitere Kündigung nachzuschieben.

263

Das PflegeZG (und damit auch das FPfZG) sehen keine förmliche Zustellung der Entscheidung vor, so dass auf die Ausführungen zum Antrag gem. § 9 Abs. 3 MuSchG verwiesen wird.

264

19. Die ordentliche Kündigung muss nicht innerhalb einer bestimmten **Frist** nach Zulässigerklärung der Kündigung durch die Behörde **ausgesprochen** werden. Insbesondere ist § 88 Abs. 3 SGB IX, der bestimmt, dass die Kündigung gegenüber einem schwerbehinderten Menschen innerhalb einer Frist von einem Monat nach Zugang der behördlichen Entscheidung auszusprechen ist – jedenfalls im Bereich der Elternzeit – nicht entsprechend anwendbar (BAG, Urt. v. 22.06.2011 – 8 AZR 107/10, JurionRS 2011, 23176). Demgegenüber ist zur Wahrung der Frist des § 626 Abs. 2 BGB die außerordentliche Kündigung – entsprechend dem Rechtsgedanken des § 91 Abs. 5 SGB IX – unverzüglich, d.h. ohne schuldhaftes Zögern (§ 121 BGB) nach Bekanntgabe der Entscheidung an den Arbeitgeber zu erklären (APS/*Rolfs* § 9 MuSchG Rn. 71; ErfK/*Schlachter* § 9 MuSchG Rn. 14).

265

20. Hat die zuständige Behörde die Kündigung des Arbeitsverhältnisses gem. § 9 Abs. 3 MuSchG für zulässig erklärt, so hat der Arbeitgeber bei der Kündigungserklärung § 9 Abs. 3 S. 2 MuSchG zu beachten, wonach die Kündigung der Schriftform bedarf und den zulässigen Kündigungsgrund angeben muss. Das Schriftformerfordernis ergibt sich bereits aus § 623 BGB; § 9 Abs. 3 S. 2 MuSchG ist insofern lex specialis (APS/*Rolfs* § 9 MuSchG Rn. 90). Das **Begründungserfordernis** hat den Zweck, der Arbeitnehmerin deutlich zu machen, auf Grund welchen Sachverhalts und welcher Erwägungen des Arbeitgebers das Arbeitsverhältnis gekündigt wurde. Der Arbeitgeber muss daher in dem Schreiben die Tatsachen mitteilen, die für den Kündigungsentschluss bedeutsam waren. Die Kündigungsgründe müssen dabei so genau bezeichnet sein, dass die Arbeitnehmerin erkennen kann, um welche konkreten Umstände es sich handelt. Pauschale Schlagworte und Werturteile genügen regelmäßig nicht. Die Arbeitnehmerin soll sich auf Grund der ihr mitgeteilten Gründe darüber klar werden können, ob sie die ausgesprochene Kündigung anerkennen oder dagegen vorgehen will (BAG, Urt. v. 27.03.2003 – 2 AZR 173/02, AP BMT-G II § 54 Nr. 4; APS/*Rolfs* § 9 MuSchG Rn. 91). Siehe hierzu auch K Rdn. 37. Für die Kündigung von Arbeitnehmern in Elternzeit, Pflegezeit oder Familienpflegezeit besteht kein gesetzliches Begründungserfordernis; das Schriftformerfordernis ergibt sich aus § 623 BGB.

266

K. Die Beendigung des Arbeitsverhältnisses

VI. Massenentlassung

1. Anzeige Massenentlassung

Vorbemerkung

267 Beabsichtigt der Arbeitgeber die **Entlassung** einer bestimmten Anzahl von Arbeitnehmern in einem Zeitraum von **30 Kalendertagen**, so hat er gem. § 17 Abs. 1 S. 1 KSchG der Agentur für Arbeit im Voraus Anzeige zu erstatten (sog. Massenentlassungsanzeige). Die Pflicht zur Erstattung einer Massenentlassungsanzeige ist in § 17 Abs. 1 S. 1 KSchG wie folgt geregelt: In Betrieben mit in der Regel bis zu 20 Arbeitnehmern muss eine Massenentlassungsanzeige nicht erstattet werden. In **Betrieben mit in der Regel mehr als 20 Arbeitnehmern** besteht eine **Anzeigepflicht** im Fall von Entlassungen von

– mehr als fünf Arbeitnehmern bei Betrieben mit in der Regel mehr als 20 und weniger als 60 Arbeitnehmern;
– 10 % der regelmäßig beschäftigten Arbeitnehmer des Betriebs oder mehr als 25 Arbeitnehmern in Betrieben mit in der Regel mindestens 60 und weniger als 500 Arbeitnehmern;
– mindestens 30 Arbeitnehmern in Betrieben mit in der Regel mindestens 500 Arbeitnehmern.

267.1 Maßgebliche Einheit, innerhalb derer der jeweilige Schwellenwert überschritten sein muss, ist der jeweilige Betrieb. Insoweit kann zunächst vom Betriebsbegriff in §§ 1 und 23 KSchG und §§ 1, 4 BetrVG ausgegangen werden. Zu beachten ist allerdings, dass der Betriebsbegriff europarechtskonform i.S.d. **autonomen unionsrechtlichen Betriebsbegriffs der Massenentlassungsrichtlinie** auszulegen ist. Danach ist – ähnlich wie bei § 613a BGB – auf die wirtschaftliche Einheit der Organisation abzustellen. Der EuGH versteht unter »Betrieb« i.S.d. Richtlinie diejenige Einheit, der die von der Entlassung betroffenen Arbeitnehmer zur Erfüllung ihrer Aufgabe angehören. Ob die fragliche Einheit eine Leitung hat, die selbstständig Massenentlassungen vornehmen kann, sei für die Definition des Betriebs nicht entscheidend (EuGH, Urt. v. 30.04.2015 – C-80/14, USDAW und Wilson, NZA 2015, 601, 602 Rn. 47). Ebenso wenig sei eine räumliche Trennung von anderen Einheiten und Einrichtungen des Unternehmens erforderlich. Ein Betrieb liege jedoch u.a. vor bei einer »unterscheidbaren Einheit von einer gewissen Dauerhaftigkeit und Stabilität, die zur Erledigung einer oder mehrerer bestimmter Aufgaben bestimmt ist und über eine Gesamtheit von Arbeitnehmern sowie über technische Mittel und eine organisatorische Struktur zur Erfüllung dieser Aufgaben verfügt«. Die fragliche Einheit müsse allerdings weder notwendigerweise rechtliche noch wirtschaftliche, finanzielle, verwaltungsmäßige oder technologische Autonomie besitzen, um als »Betrieb« qualifiziert werden zu können (EuGH, Urt. v. 13.05.2015 – C-182/13, Lyttle, NZA 2015, 731, 732 Rn. 30 ff.; EuGH, Urt. v. 13.05.2015 – C-392/13, Rabal Cañas, NZA 2015, 669, 671 Rn. 41 ff.; dazu *Forst* EWiR 14/2015, 459; EuGH, Urt. v. 30.04.2015 – C-80/14, USDAW und Wilson, NZA 2015, 601, 602 Rn. 49 ff.; dazu *Kleinebrink/Commandeur* NZA 2015, 853; *Mückl* EWiR 12/2015, 391). Anders als beim betriebsverfassungsrechtlichen Betriebsbegriff ist für den europarechtlichen Betriebsbegriff der Massenentlassungsrichtlinie also eine einheitliche Leitung in personellen und sozialen Angelegenheiten für das Vorliegen eines Betriebs nicht unbedingt erforderlich. Dennoch wird man im Regelfall davon ausgehen können, dass ein Betrieb im betriebsverfassungsrechtlichen Sinne auch eine wirtschaftliche Einheit i.S.d. unionsrechtlichen Betriebsbegriffs der Massenentlassungsrichtlinie darstellt (*Annuß/Lembke/Hangarter* Rn. 386; Thüsing/Laux/*Lembke/Oberwinter* § 17 KSchG Rn. 138 ff.).

268 Bei der Zahl der Arbeitnehmer **zählen** gem. § 17 Abs. 5 KSchG **Organmitglieder** juristischer Personen, zur Vertretung berufene Personen einer Personengesamtheit sowie Geschäftsführer, Betriebsleiter und ähnliche leitende Angestellte mit selbstständiger Einstellungs- oder Entlassungsbefugnis **nicht** mit. **§ 17 Abs. 5 KSchG** ist **nicht europarechtskonform**. Auf den Vorlagebeschluss des Arbeitsgerichts Verden (ArbG Verden, Beschl. v. 06.05.2014 – 1 Ca 35/13, NZA 2014, 665; dazu *Hohenstatt/Naber* NZA 2014, 637) hat der EuGH seine Rechtsprechung aus der Rechtssache

»Danosa« auf die Massenentlassungsrichtlinie übertragen und entschieden, dass ein Mitglied der Unternehmensleitung einer Kapitalgesellschaft, das gegen Entgelt Leistungen gegenüber der Gesellschaft erbringt, die es bestellt hat und in die es eingegliedert ist, das seine Tätigkeit nach der Weisung oder unter der Aufsicht eines anderen Organs dieser Gesellschaft ausübt und das jederzeit ohne Einschränkung von seinem Amt abberufen werden kann, die Voraussetzungen erfüllt, um als »Arbeitnehmer« i.S.d. Unionsrechts und der Massenentlassungsrichtlinie zu gelten (EuGH, Urt. v. 09.07.2015 – C-229/14, Balkaya, NZA 2015, 861, 862 Rn. 37 ff.; dazu *Hohenstatt/Naber* EuZA Bd. 9 (2016), 22; *Lunk/Hildebrand* NZA 2016, 129; *Lunk* NZA 2015, 917). Daher sind GmbH-Fremdgeschäftsführer bzw. Minderheitsgesellschafter-Geschäftsführer, die selbst keine Anteile an der GmbH im Sinne einer Sperrminorität besitzen und jederzeit abberufen werden können (vgl. § 38 Abs. 1 GmbHG), angesichts des grds. unbeschränkten Weisungsrechts der Gesellschafter (§ 37 Abs. 1 GmbHG) entgegen § 17 Abs. 5 Nr. 1 KSchG als Arbeitnehmer anzusehen. Etwas anderes gilt für GmbH-Geschäftsführer, die Gesellschafter der GmbH sind und mit solchen Rechten ausgestattet sind, dass sie Weisungen gegenüber dem Geschäftsführer erteilen oder dessen jederzeitige Abberufung verhindern können. Nicht Arbeitnehmer i.S.d. Unionsrechts sind auch Mitglieder des Vorstands einer Aktiengesellschaft, da sie gemäß § 76 Abs. 1 AktG weisungsfrei sind (*Annuß/Lembke/Hangarter* Rn. 440). Es fragt sich, ob deutsche Gerichte (und Behörden) § 17 Abs. 5 Nr. 1 KSchG außer Acht lassen können, soweit er nicht im Einklang mit der Richtlinie steht; dann wären GmbH-Fremdgeschäftsführer bei Anwendung der §§ 17 ff. KSchG als Arbeitnehmer zu behandeln. Richtigerweise ist dies jedoch zu verneinen, denn die Regelung des § 17 Abs. 5 Nr. 1 KSchG ist eindeutig und lässt keine richtlinienkonforme Auslegung zu. § 17 Abs. 5 KSchG ist in Rechtsstreitigkeiten zwischen Privaten daher trotz seiner partiellen Richtlinienwidrigkeit weiterhin anzuwenden (*Annuß/Lembke/Hangarter* Rn. 413). Obwohl die Regelung des § 17 Abs. 5 Nr. 1 KSchG eindeutig und einer richtlinienkonformen Auslegung nicht zugänglich ist, wird in der Literatur erwartet, dass das BAG dennoch zu einer Auslegung der Norm gelangt, dass jederzeit abrufbare Fremdgeschäftsführer bzw. Minderheitsgesellschafter-Geschäftsführer einer GmbH für die Anwendung der §§ 17 ff. KSchG als Arbeitnehmer zählen (*Lunk* NZA 2015, 917, 918). Vor dem Hintergrund dieser unklaren Rechtslage sollten in der Praxis nach dem Vorsichtsprinzip alle denkbaren Varianten (Berücksichtigung bzw. Nichtberücksichtigung der GmbH-Fremdgeschäftsführer) durchgespielt werden; ggf. sollte das Unternehmen vorsorglich das Konsultationsverfahren auch im Hinblick auf die Geschäftsführer durchführen und eine vorsorgliche Massenentlassungsanzeige erstatten (*Annuß/Lembke/Hangarter* Rn. 421).

Noch nicht geklärt ist, ob im Rahmen der Schwellenwerte des § 17 Abs. 1 S. 1 KSchG **Leiharbeitnehmer im Einsatzbetrieb des Entleihers** zu berücksichtigen sind (generell zur Berücksichtigung von Leiharbeitnehmern im Einsatzbetrieb des Entleihers vgl. I Rdn. 109 ff.). **Teilweise** – und bislang auch von der BA – wird dies **verneint** und ohne nähere Diskussion davon ausgegangen, Leiharbeitnehmer seien allein dem *Verleiherbetrieb* zuzuordnen (GA KSchG 17.1.5 Abs. 3; ErfK/*Kiel* § 17 KSchG Rn. 6). Allerdings hat das **BAG** für die Fälle des drittbezogenen Personaleinsatzes die früher vertretene **Zwei-Komponenten-Lehre** (BAG, Urt. v. 22.10.2003 – 7 ABR 3/03, NZA 2004, 1052, 1053 f.; BAG, Urt. v. 16.04.2003 – 7 ABR 53/02, NZA 2003, 1345, 1346) – wonach die Arbeitnehmereigenschaft i.S.d. BetrVG und der Schwellenwertnormen nicht nur die Eingliederung der jeweiligen Person in die Betriebsorganisation des Arbeitgebers, sondern auch das Vorliegen eines Arbeitsverhältnisses mit dem Betriebs- bzw. Unternehmensinhaber aufgrund eines mit diesem abgeschlossenen Arbeitsvertrags voraussetzt – mittlerweile **aufgegeben** (BAG, Urt. v. 05.12.2012 – 7 ABR 48/11, NZA 2013, 793; BAG, Urt. v. 13.03.2013 – 7 ABR 69/11, NZA 2013, 789, 790 f.) und zählt Leiharbeitnehmer im Entleiherbetrieb mit, sofern **Sinn und Zweck des jeweiligen gesetzlichen Schwellenwerts** dies gebieten (BAG, Urt. v. 18.10.2011 – 1 AZR 335/10, NZA 2012, 221 zu § 111 S. 1 BetrVG; BAG, Urt. v. 24.01.2013 – 2 AZR 140/12, NZA 2013, 726 zu § 23 Abs. 1 S. 3 KSchG; BAG, Urt. v. 13.03.2013 – 7 ABR 69/11, NZA 2013, 789 zu § 9 BetrVG; BAG, Urt. v. 04.11.2015 – 7 ABR 42/13, NZA 2016, 559 zu § 9 MitbestG). Vor diesem Hintergrund wird teilweise vertreten, regelmäßig im Entleiherbetrieb beschäftigte Leiharbeitnehmer im

Rahmen des § 17 Abs. 1 KSchG **mitzuzählen** (AR/*Leschnig* § 17 KSchG Rn. 9; in diese Richtung auch BAG, Urt. v. 18.10.2011 – 1 AZR 335/10, NZA 2012, 221, 222 Rn. 22). **Richtigerweise** sind **Leiharbeitnehmer** jedoch unter Berücksichtigung der ratio legis im Rahmen des § 17 Abs. 1 KSchG sowohl bei der Bestimmung der Betriebsgröße des Entleiherbetriebs als auch bei der Anzahl der geplanten Entlassungen **nicht zu berücksichtigen** (*Annuß/Lembke/Hangarter* Rn. 403 f.; *Lembke/Ludwig* FA 2015, 350, 352 f.). Der arbeitsmarktpolitische Zweck, die Arbeitsverwaltung durch die Anzeige der beabsichtigten Entlassungen in die Lage zu versetzen, sich auf die zu treffenden Maßnahmen vorzubereiten, gebietet nicht die Einbeziehung von Leiharbeitnehmern bei der Frage, ob es sich um eine anzeigepflichtige Entlassung handelt. Denn es ist nicht abzusehen, dass es bei einer Entlassungswelle im Entleiherbetrieb überhaupt zu einer Beendigung des Arbeitsverhältnisses des Leiharbeitnehmers mit dem Verleiher kommt (zutr. ArbG Hagen, Urt. v. 09.12.2009 – 3 Ca 1523/09, BeckRS 2012, 65555 unter II A c.). Selbst wenn im Rahmen des Stellenabbaus beim Entleiher der Einsatz des Leiharbeitnehmers beendet wird, besteht der Arbeitsvertrag zum Verleiher fort und kann nicht ohne Weiteres vom Verleiher betriebsbedingt gekündigt werden, da es gerade zum Betriebsrisiko des Verleihers gehört, für den Leiharbeitnehmer neue Einsatzmöglichkeiten zu finden. Der Leiharbeitnehmer gehört also nicht zu der von der Arbeitsverwaltung demnächst zu betreuenden Gruppe der entlassenen Arbeitnehmer. Da der Arbeitsvertrag des Leiharbeitnehmers mit dem Verleiher nicht zwingend wegen der Entlassungen beim Entleiher beendet wird (und bei Anwendbarkeit des KSchG auch nicht ohne Weiteres beendet werden kann), erfordert auch der individualschützende Zweck des § 17 Abs. 1 KSchG, den Schutz des einzelnen Arbeitnehmers bei Massenentlassungen zu verstärken, nicht die Berücksichtigung der Leiharbeitnehmer im Rahmen der Zahlenstaffeln des § 17 Abs. 1 KSchG. Auch der dritte, betriebsverfassungsrechtliche Schutzzweck des § 17 KSchG, die Einbindung der Arbeitnehmervertreter im Falle weitreichender Personalmaßnahmen sicherzustellen, damit sie die Möglichkeiten der Vermeidung oder Abmilderung von Entlassungen mit dem Arbeitgeber erörtern können, führt zu keinem anderen Ergebnis. »Entlassung« i.S.d. Massenentlassungsrichtlinie zielt auf die »Beendigung des Arbeitsvertrags« des betroffenen Arbeitnehmers ab (vgl. Art. 1 Abs. 1 letzter Abs. RL 98/59/EG). Wie gesagt kommt es jedoch bei Entlassungen im Entleiherbetrieb – selbst wenn der Personalabbau die Beendigung des Einsatzes von Leiharbeitnehmern umfasst – nicht zu einer Beendigung des Arbeitsvertrags des Leiharbeitnehmers. Die Arbeitnehmervertreter im Entleiherbetrieb müssen daher im Hinblick auf Leiharbeitnehmer nicht die Möglichkeiten der Vermeidung oder Abmilderung von Entlassungen mit dem Entleiher beraten. Dementsprechend ist der Entleiherbetriebsrat in wirtschaftlichen Angelegenheiten nicht für die Aufstellung eines Sozialplans zugunsten der Leiharbeitnehmer zuständig; diese Zuständigkeit hat alleine der Verleiherbetriebsrat (*Düwell/Dahl* NZA-RR 2011, 1, 8). Die Schutzzwecke des § 17 Abs. 1 KSchG erfordern die Berücksichtigung der Leiharbeitnehmer also weder bei der Bestimmung der Betriebsgröße des Entleiherbetriebs noch bei der Anzahl der geplanten Entlassungen. Solange die Frage der Berücksichtigung von Leiharbeitnehmern im Entleiherbetrieb bei den Schwellenwerten des § 17 Abs. 1 KSchG ungeklärt ist – was ggf. bis zu einer Entscheidung des EuGH der Fall sein mag –, sollten in der Praxis die drei möglichen Varianten der Einbeziehung von Leiharbeitnehmern durchgespielt und ggf. vorsorglich – in enger Abstimmung mit der zuständigen Agentur für Arbeit – eine Massenentlassungsanzeige abgegeben werden (*Annuß/Lembke/Hangarter* Rn. 403 f.; *Lembke/Ludwig* FA 2015, 350, 352 f.; *Lelley/Taterka* DB 2013, 2564). Denkbar sind folgende Varianten (vgl. *Lembke/Ludwig* FA 2015, 350, 353):

- völlige Nichtberücksichtigung von Leiharbeitnehmern (wie hier vertreten),
- Berücksichtigung der regelmäßig beschäftigten Leiharbeitnehmer nur bei der Betriebsgröße des Entleihers, nicht hingegen bei der Zahl der Entlassungen oder
- Berücksichtigung der regelmäßig beschäftigten Leiharbeitnehmer sowohl bei der Betriebsgröße des Entleihers als auch bei der Zahl der Entlassungen.

270 Entgegen dem früheren Verständnis ist unter dem Begriff »**Entlassung**« seit der sog. »Junk«-Entscheidung des EuGH vom 27.01.2005 (C-188/03, NZA 2005, 213) nicht mehr der Zeitpunkt

des tatsächlichen Ausscheidens zu verstehen, sondern die Kündigungserklärung des Arbeitgebers bzw. sonstige vom Arbeitgeber veranlasste Beendigungshandlungen (BAG, Urt. v. 28.05.2009 – 8 AZR 273/08, NZA 2009, 1267, 1271 Rn. 54; BAG, Urt. v. 22.03.2007 – 6 AZR 499/05, NZA 2007, 1101, 1102 Rn. 13; BAG, Urt. v. 13.07.2006 – 6 AZR 198/06, NZA 2007, 25, 27 Rn. 15 m. Anm. *Lembke* BB 2007, 161; BAG, Urt. v. 23.03.2006 – 2 AZR 343/05, NZA 2006, 971; zum Vertrauensschutz für Altfälle BAG, Urt. v. 22.03.2007 – 6 AZR 499/05, NZA 2007, 1101, 1102 Rn. 14 ff.; *Lembke/Oberwinter* NJW 2007, 721, 722 f.). Der Arbeitgeber muss also bereits vor Ausspruch der beabsichtigten **Kündigungen das Konsultationsverfahren** mit dem Betriebsrat nach § 17 Abs. 2 KSchG **abschließen und die Massenentlassungsanzeige** erstatten. Tut er dies nicht oder ist die Massenentlassungsanzeige fehlerhaft oder unvollständig, sind die ausgesprochenen Kündigungen **unwirksam** (BAG, Urt. v. 21.03.2013 – 2 AZR 60/12, NZA 2013, 966, BAG, Urt. v. 22.11.2012 – 2 AZR 371/11, NZA 2013, 845, 847 Rn. 31 ff.; BAG, Urt. v. 28.05.2008 – 8 AZR 273/08, NZA 2009, 1267, 1271 Rn. 54; ErfK/*Kiel* § 17 KSchG Rn. 35; Thüsing/Laux/ *Lembke/Oberwinter* § 17 KSchG Rn. 137 ff.; KR/*Weigand* § 17 Rn. 105; AR/*Leschnig* § 17 KSchG Rn. 45 ff.; *Lembke/Oberwinter* NJW 2007, 721, 727 f.; *Reinhard* RdA 2007, 207, 211 ff.; *Niklas/Koehler* NZA 2010, 913, 918; differenzierend zwischen fehlender und fehlerhafter Massenentlassungsanzeige *Ferme/Lipinski* NZA 2006, 937, 940). Die Unwirksamkeit muss innerhalb der Drei-Wochen-Frist des § 4 KSchG geltend gemacht werden (AR/*Leschnig* § 17 KSchG Rn. 51; *Reinhard* RdA 2007, 207, 215; zur Vereinbarkeit von § 4 KSchG mit Europarecht *Forst* NZA 2010, 144, 146). Sowohl aus der **Pflicht zur Konsultation des Betriebsrats** als auch aus der **Anzeigepflicht gegenüber der Agentur für Arbeit** kann sich ein eigenständiger Unwirksamkeitsgrund für die im Zusammenhang mit einer Massenentlassung erfolgte Kündigung ergeben. Darum ist der Arbeitnehmer, der erstinstanzlich lediglich Mängel hinsichtlich des einen Verfahrens rügt, bei ordnungsgemäß erteiltem Hinweis in zweiter Instanz mit Rügen von Mängeln hinsichtlich des anderen Verfahrens präkludiert (BAG, Urt. v. 20.01.2016 – 6 AZR 601/14, NZA 2016, 490, 492 Rn. 17). Kündigt der Arbeitgeber das nach einer Massenentlassungsanzeige gekündigte Arbeitsverhältnis ein zweites Mal, so ist vor Ausspruch der zweiten Kündigung das Konsultationsverfahren durchzuführen und eine erneute Massenentlassungsanzeige erforderlich, wenn die Voraussetzungen des § 17 Abs. 1 KSchG im Hinblick auf die zweite Kündigung erfüllt sind (BAG, Urt. v. 22.04.2010 – 6 AZR 948/08, NZA 2010, 1057).

Nach Erlass der »Junk«-Entscheidung des EuGH ist als **Zeitpunkt für die Prüfung der Schwellenwerte** auf den Zeitpunkt des Zugangs der Kündigungserklärung bzw. die Vornahme der sonstigen vom Arbeitgeber veranlassten Beendigungshandlung abzustellen (GA KSchG 17.1.7 Abs. 4 3; *Lembke/Oberwinter* NJW 2007, 721, 723). 271

Gem. § 17 Abs. 3a KSchG gelten die Auskunfts-, Beratungs- und Anzeigepflichten auch dann, wenn die Entscheidung über die Entlassungen von einem den Arbeitgeber beherrschenden Unternehmen getroffen wurde. Der Arbeitgeber kann sich nicht darauf berufen, dass das für die Entlassungen verantwortliche Unternehmen die notwendigen Auskünfte nicht übermittelt hat (in diesem Sinne auch EuGH, Urt. v. 10.09.2009 – C-44/08, Akavan, NZA 2009, 1083, 1086 Rn. 56 ff.). Allerdings entsteht die Pflicht zur Konsultation mit dem Betriebsrat (vgl. § 17 Abs. 2 KSchG) frühestens, wenn feststeht, in welchem Unternehmen es zu einer Massenentlassung kommen könnte, also welches Unternehmen die Pflichten aus § 17 KSchG treffen (EuGH, Urt. v. 10.09.2009 – C-44/08, Akavan, NZA 2009, 1083, 1086 Rn. 63; *Grau/Sittard* BB 2011, 1845, 1846; *Lindemann/Trebeck* ArbRAktuell 2011, 214).

Die Bundesagentur für Arbeit hat das als Muster abgebildete **Formular zur Anzeige einer Massenentlassung** entwickelt, das auf deren Homepage (www.arbeitsagentur.de) abrufbar ist. Die Verwendung dieses Formulars empfiehlt sich in der Praxis. 272

K. Die Beendigung des Arbeitsverhältnisses

▶ **Muster – Anzeige Massenentlassung**

273 Bitte Zutreffendes ausfüllen bzw. X ankreuzen

An die Agentur für Arbeit [1]	Anzeige von Entlassungen [2] gemäß § 17 Kündigungsschutzgesetz (KSchG)	Betriebsnummer	
1	Angaben zum Betrieb [3]	Wird von der Agentur für Arbeit ausgefüllt	
11	Firmenname	Eingangsstempel	
12	Anschrift		
13	Betriebsart		
14	Rückfragen beantwortet Name Tel.-Nr.		
15	Betriebsrat ist vorhanden [4] ☐ ja ☐ nein Wenn ja: Betriebsratsvorsitzender Name Tel.-Nr.	Lfd. Nr.	WKl. des Betriebes
16	Die Anzeige bezieht sich auf ☐ Hauptbetrieb ☐ Zweigbetrieb → Standort	Bitte beachten! Nr. 4.1 des Merkblattes	
2	Angaben zur Beschäftigungssituation [5]	Nr. 4.3 des Merkblattes	
21	Zahl der in der Regel beschäftigten Arbeitnehmer Insgesamt	Maßgebend ist die Zahl der beschäftigten Arbeitnehmer bei *normaler* Geschäftstätigkeit. Zu den Auszubildenden gehören auch Praktikanten und Volontäre.	

22	Zum Zeitpunkt der Anzeige werden beschäftigt
	Zahl der Arbeitnehmer:
	
	           Arbeiter Ange- Auszubil- Summe
	                         stellte dende
	              m w m w m w
	Insgesamt
	darunter:
	über 45jähr.
	ausl. Arbeitn.
	Schwb./
	Gleichg.
		Hier sind *alle* beschäftigte Arbeitnehmer anzugeben. Dazu zählen auch Arbeitnehmer, die nur vorübergehend aus Anlass einer außergewöhnlichen Arbeitshäufung oder als Ersatz für in Urlaub befindliche oder erkrankte Arbeitnehmer beschäftigt werden. Die Angabe dieser Zahlen ist jedoch ohne rechtliche Verpflichtung.	

3	*Angaben zu den Entlassungen* [6] Es sollen entlassen (gekündigt) werden	Nr. 4.5 des Merkblattes *Maßgeblich ist der Tag, an dem die Kündigung ausgesprochen werden soll.*

	Zahl der Arbeitnehmer								Nr. 3.1, 5.1 u. 5.3 des Merkblattes
		Arbeiter		Ange-stellte		Auszubil-dende		Summe	Voraussetzung für die Wirksamkeit der Anzeige sind die Angaben über die *Gesamtzahl* der zu entlassenden Arbeitnehmer und den *Zeitraum*, in dem die Kündigungen ausgesprochen werden sollen. Die übrigen Angaben können nachgereicht werden.
		m	w	m	w	m	w		
	Insgesamt								
	davon am								
	Datum								
	darunter:								
	über 45jähr.								
	ausl. Arbeitn.								
	Schwb./Gleichg.								

32	Entlassungsgründe [7]	Bitte eingehend erläutern; ggf. zusätzliches Blatt verwenden.
33	Vorgesehene Kriterien für die Auswahl der zu entlassenden Arbeitnehmer: [8]	
34	Eine im Einvernehmen mit dem Betriebsrat (soweit vorhanden) erstellte Liste mit Alters-, Berufs-, Staatsangehörigkeits- und sonstigen Angaben ☐ ist beigefügt ☐ wird nachgereicht *Erklärung* Die Aufgliederung der Zahl der Entlassungen unter Nr. 31 nach Geschlecht und Arbeitnehmereigenschaft sowie die Angaben in der Liste – falls beigefügt – stehen unter dem Vorbehalt etwaiger noch eintretender Änderungen ☐ ja ☐ nein	Nr. 3.2 des Merkblattes Vordruck KSchG 3 bitte verwenden.
35	In den letzten 30 Kalendertagen vor den angezeigten Entlassungen sind bereits Arbeitnehmer gekündigt worden [9] ☐ ja ☐ nein *Wenn ja:* Datum Zahl der AN Kündigungserklärung am _____ _____	Nr. 4.5 und 4.6 des Merkblattes Diese Angaben sind zur Prüfung der Anzeigepflicht erforderlich.

K. Die Beendigung des Arbeitsverhältnisses

4	*Antrag auf Abkürzung der Entlassungssperre* [10] Für die vor Ablauf der einmonatigen Entlassungssperre geplanten Entlassungen wird die Zustimmung zur Abkürzung nach § 18 Abs. 1 KSchG beantragt – siehe unter 31 – ☐ ja ☐ nein *Wenn ja:* Begründung:	Nr. 6.2 des Merkblattes Bitte eingehend erläutern; ggf. zusätzliches Blatt verwenden. Auf die Frage, weshalb die Entlassungen nicht früher angezeigt wurden, ist besonders einzugehen.
5	*Sonstige Angaben* Die Stellungnahme des Betriebsrates zu den angezeigten Entlassungen ist beigefügt [11] ☐ ja ☐ nein *Wenn nein:* Der Betriebsrat wurde gemäß § 17 Abs. 2 KSchG über die Entlassungen schriftlich unterrichtet ☐ ja ☐ nein *Wenn ja:* Eine Abschrift dieser Mitteilung wurde der Agentur für Arbeit zugeleitet ☐ ja ☐ nein *Wenn nein:* Eine Abschrift der Mitteilung ist beigefügt ☐ ja ☐ nein	Nr. 1.1, 1.2, 2.1 und 5.1 bis 5.3 des Merkblattes Bitte nur ausfüllen, soweit ein Betriebsrat vorhanden ist. Fehlt die Stellungnahme des Betriebsrates, sollten Sie mit der Anzeige auch den Stand der Beratungen darlegen.

Prüfen Sie bitte noch einmal, ob sie alle Felder ausgefüllt bzw. X angekreuzt und die erforderlichen Unterlagen beigefügt haben. Fehlen Angaben oder Unterlagen der unter 11, 12, 13, 21, 31, 32, 33 und 5 bezeichneten Art ganz oder teilweise, wird die Anzeige erst nach Eingang dieser vollständigen Angaben bzw. Unterlagen wirksam. Weitere Voraussetzungen für die Wirksamkeit der Anzeige sind die Angaben zu den Berufsgruppen der zu entlassenden und in der Regel beschäftigten Arbeitnehmer (siehe Vordruck »Anlage zur Anzeige von Entlassungen«).

Ort und Datum	Firmenstempel und Unterschrift	Anlagen ☐ Vordruck »Anlage zur Anzeige von Entlassungen« [12] ☐ Liste ☐ Stellungnahme des Betriebsrates ☐ Sonstige (bitte erläutern)

Anlage zur Anzeige von Entlassungen

gemäß § 17 Kündigungsschutzgesetz

Voraussetzung für die Wirksamkeit der Anzeige sind die Angaben zu 1. Angaben zu 2. können nachgereicht werden.

1. Berufsgruppen der zu entlassenden und der in der Regel beschäftigten Arbeitnehmer (AN) (bitte die Zahlen für die einzelne(n) Berufsgruppe(n) eintragen)

Berufsgruppe		zu entlassende Arbeitnehmer	in der Regel beschäftigte Arbeitnehmer
011	Offiziere		
012	Unteroffiziere mit Portopee		
013	Unteroffiziere ohne Portopee		
014	Angehörige der regulären Streitkräfte in sonstigen Rängen		
111	Landwirtschaft		
112	Tierwirtschaft		
113	Pferdewirtschaft		
114	Fischwirtschaft		
115	Tierpflege		
116	Weinbau		
117	Forst- & Jagdwirtschaft, Landschaftspflege		
121	Gartenbau		
122	Floristik		
211	Berg-, Tagebau & Sprengtechnik		
212	Naturstein- & Mineralaufbereitung & -verarbeitung & Baustoffherstellung		
213	Industrielle Glasherstellung & -verarbeitung		
214	Industrielle Keramikherstellung & -verarbeitung		
221	Kunststoff- & Kautschukherstellung & -verarbeitung		
222	Farb- & Lacktechnik		
223	Holzbe- & -verarbeitung		
231	Papier- & Verpackungstechnik		
232	Technische Mediengestaltung		
233	Fototechnik & Fotografie		
234	Drucktechnik & -weiterverarbeitung, Buchbinderei		
241	Metallerzeugung		
242	Metallbearbeitung		
243	Metalloberflächenbehandlung		
244	Metallbau & Schweißtechnik		
245	Feinwerk- & Werkzeugtechnik		

251	Maschinenbau- & Betriebstechnik	
252	Fahrzeug-, Luft-, Raumfahrt- & Schiffbautechnik	
261	Mechatronik & Automatisierungstechnik	
262	Energietechnik	
263	Elektrotechnik	
271	Technische Forschung & Entwicklung	
272	Technisches Zeichnen, Konstruktion & Modellbau	
273	Technische Produktionsplanung & -steuerung	
281	Textiltechnik & -produktion	
282	Textilverarbeitung	
283	Leder-, Pelzherstellung & -verarbeitung	
291	Getränkeherstellung	
292	Lebensmittel- & Genussmittelherstellung	
293	Speisenzubereitung	
311	Bauplanung & -überwachung, Architektur	
312	Vermessung & Kartografie	
321	Hochbau	
322	Tiefbau	
331	Bodenverlegung	
332	Tischler, Modellbauer	
332	Maler-, Lackierer-, Stuckateurarbeiten, Bauwerksabdichtung, Holz- & Bautenschutz	
333	Aus- & Trockenbau, Isolierung, Zimmerei, Glaserei, Rollladen- & Jalousiebau	
341	Gebäudetechnik	
342	Klempnerei, Sanitär-, Heizungs- & Klimatechnik	
343	Ver- & Entsorgung	
411	Mathematik & Statistik	
412	Biologie	
413	Chemie	
414	Physik	
421	Geologie, Geografie & Meteorologie	
422	Umweltschutztechnik	
423	Umweltmanagement & -beratung	

431	Informatik
432	IT-Systemanalyse, IT Anwendungsberatung & IT-Vertrieb
433	IT-Netzwerktechnik, IT-Koordination, IT-Administration & IT-Organisation
434	Softwareentwicklung & Programmierung
511	Technischer Betrieb des Eisenbahn-, Luft- & Schiffsverkehrs
512	Überwachung & Wartung der Verkehrsinfrastruktur
513	Lagerwirtschaft, Post & Zustellung, Güterumschlag
514	Servicekräfte im Personenverkehr
515	Überwachung & Steuerung des Verkehrsbetriebs
516	Kaufleute – Verkehr & Logistik
521	Fahrzeugführung im Straßenverkehr
522	Fahrzeugführung im Eisenbahnverkehr
523	Fahrzeugführung im Flugverkehr
524	Fahrzeugführung im Schiffsverkehr
525	Bau- & Transportgeräteführung
531	Objekt-, Personen-, Brandschutz, Arbeitssicherheit
532	Polizeivollzugs- & Kriminaldienst, Gerichts- & Justizvollzug
533	Gewerbe- & Gesundheitsaufsicht, Desinfektion
541	Reinigung
611	Einkauf & Vertrieb
612	Handel
613	Immobilienwirtschaft & Facility-Management
621	Verkauf (ohne Produktspezialisierung)
622	Verkauf von Bekleidung, Elektronik, Kraftfahrzeugen & Hartwaren
623	Verkauf von Lebensmitteln
624	Verkauf von drogerie- & apothekenüblichen Waren, Sanitäts- & Medizinbedarf
625	Buch-, Kunst-, Antiquitäten- & Musikfachhandel
631	Tourismus & Sport

632	Hotellerie
633	Gastronomie
634	Veranstaltungsservice & -management
711	Geschäftsführung & Vorstand
712	Angehörige gesetzgebender Körperschaften & leitende Bedienstete von Interessenorganisationen
713	Unternehmensorganisation & -strategie
714	Büro & Sekretariat
715	Personalwesen & -dienstleistung
721	Versicherungs- & Finanzdienstleistungen
722	Rechnungswesen, Controlling & Revision
723	Steuerberatung
731	Rechtsberatung, -sprechung & -ordnung
732	Verwaltung
733	Medien-, Dokumentations- & Informationsdienste
811	Arzt- & Praxishilfe
812	Medizinisches Laboratorium
813	Gesundheits- & Krankenpflege, Rettungsdienst & Geburtshilfe
814	Human- & Zahnmedizin
815	Tiermedizin & Tierheilkunde
816	Psychologie & nicht ärztliche Psychotherapie
817	Nicht ärztliche Therapie & Heilkunde
818	Pharmazie
821	Altenpflege
822	Ernährungs- & Gesundheitsberatung, Wellness
823	Körperpflege
824	Bestattungswesen
825	Medizin-, Orthopädie- & Rehatechnik
831	Erziehung, Sozialarbeit, Heilerziehungspflege
832	Hauswirtschaft & Verbraucherberatung
833	Theologie & Gemeindearbeit
841	Lehrtätigkeit an allgemeinbildenden Schulen
842	*Lehrtätigkeit für berufsbildende Fächer, betriebliche Ausbildung & Betriebspädagogik*

843	Lehr- & Forschungstätigkeit an Hochschulen		
844	Lehrtätigkeit an außerschulischen Bildungseinrichtungen		
845	Fahr- & Sportunterricht an außerschulischen Bildungseinrichtungen		
911	Sprach- & Literaturwissenschaften		
912	Geisteswissenschaften		
913	Gesellschaftswissenschaften		
914	Wirtschaftswissenschaften		
921	Werbung & Marketing		
922	Öffentlichkeitsarbeit		
923	Verlags- & Medienwirtschaft		
924	Redaktion & Journalismus		
931	Produkt- & Industriedesign		
932	Innenarchitektur, visuelles Marketing, Raumausstattung		
933	Kunsthandwerk & bildende Kunst		
934	Kunsthandwerkliche Keramik- & Glasgestaltung		
935	Kunsthandwerkliche Metallgestaltung		
936	Musikinstrumentenbau		
941	Musik-, Gesangs- & Dirigententätigkeit		
942	Schauspiel, Tanz & Bewegungskunst		
934	Moderation & Unterhaltung		
944	Theater-, Film- & Fernsehproduktion		
945	Veranstaltungs-, Kamera- & Tontechnik		
946	Bühnen- & Kostümbildnerei, Requisite		
947	Museumstechnik & -management		

2. Vorgesehene Kriterien für die Berechnung etwaiger Abfindungen

   (ggf. zusätzliches Blatt verwenden)

Erläuterungen

Schrifttum

Bauer/Krieger Die Sperrfrist bei der Massenentlassungsanzeige – Mindestkündigungsfrist oder zwingende Vorlaufzeit vor dem Ausspruch von Kündigungen?, NZA 2009, 174; *Dimsic* Fehler im Massenentlassungsverfahren, NJW 2016, 901; *Dzida/Hohenstatt* Beteiligungsverfahren bei Massenentlassungen: Welcher Betriebsrat ist zuständig?, NJW 2012, 27; *Ferme/Lipinski* Änderung der Rechtsprechung des BAG bei Massenentlassungen – Systemwandel im individuellen und kollektiven Arbeitsrecht?, NZA 2006, 937; *Forst* Neues aus Luxemburg zur Massenentlassung, NZA 2010, 144; *Forst* Informationspflichten bei der Massenentlassung, NZA 2009, 294; *Grau/Sittard* Neues zum Verfahren bei Massenentlassungen?, BB 2011, 1845; *Kleinebrink/*

K. Die Beendigung des Arbeitsverhältnisses

Commandeur Der »neue« Betriebsbegriff bei Massenentlassungen und dessen Folgen, NZA 2015, 853; *Krieger/Ludwig* Das Konsultationsverfahren bei Massenentlassungen – Praktischer Umgang mit einem weitgehend unbekannten Wesen, NZA 2010, 919; *Kühn* Die Anzeigepflicht bei standortübergreifendem Personalabbau, NZA 2010, 259; *Lelley* Anzeigepflichtige Entlassungen und Massenentlassungsanzeige – vom BAG neu justiert, DB 2013, 25, 64; *Lembke* Umstrukturierung in der Insolvenz unter Einschaltung einer Beschäftigungs- und Qualifizierungsgesellschaft, BB 2004, 773; *Lembke/Ludwig* Massenentlassung im Einsatzbetrieb: Zählen Leiharbeitnehmer mit?, FA 2015, 350; *Lembke/Oberwinter* Massenentlassung zwei Jahre nach »Junk« – Eine Bestandsaufnahme, NJW 2007, 721; *Lindemann/Trebeck* Aktuelles zur Massenentlassung im Konzern, ArbRAktuell 2011, 214; *Lunk* Der EuGH und die deutschen GmbH-Fremdgeschäftsführer – Auf dem Weg zum Arbeitnehmerstatus?, NZA 2015, 917; *Mückl* Unwirksam, weil auslegungsbedürftig? – Die Stellungnahme des Betriebsrats nach § 17 III 2 KSchG als Stolperstein für eine wirksame Massenentlassungsanzeige?, ArbRAktuell 2011, 238; *Niklas/Koehler* Vermeidung von Problemen bei Massenentlassungsanzeigen, NZA 2010, 913; *Reinhard* Rechtsfolgen fehlerhafter Massenentlassung, RdA 2007, 207; *Schramm/Kuhnke* Das Zusammenspiel von Interessenausgleichs- und Massenentlassungsanzeigeverfahren, NZA 2011, 1071; *Sittard/Knoll* Neujustierungen im Recht der Massenentlassung, BB 2013, 2037.

274 **1. Zuständig** ist die Agentur für Arbeit, in deren Bezirk der von der Massenentlassungsanzeige betroffene Betrieb liegt (Thüsing/Laux/*Lembke/Oberwinter* § 17 KSchG Rn. 110; ErfK/*Kiel* § 17 KSchG Rn. 28; AR/*Leschnig* § 17 KSchG Rn. 37; *Krieger/Ludwig* NZA 2010, 919, 924; zur Zuständigkeit bei standortübergreifendem Personalabbau *Kühn* NZA 2010, 259). Ausnahmsweise ist die Anzeige bei der Zentrale der Bundesagentur für Arbeit zu erstatten, wenn in Betrieben des Verkehrswesens oder der Post i.S.d. § 21 KSchG mehr als 500 Arbeitnehmer entlassen werden (§ 21 S. 3 KSchG).

275 Mit dem Eingang der Massenentlassungsanzeige bei der zuständigen Agentur für Arbeit beginnt der Lauf der **Sperrfrist** gem. § 18 Abs. 1 KSchG. Danach werden Entlassungen, die nach § 17 KSchG anzuzeigen sind, vor Ablauf eines Monats nach Eingang der Anzeige bei der Agentur für Arbeit nur mit deren Zustimmung wirksam. Kündigungen und andere Beendigungshandlungen können zwar auch vor Ablauf der Sperrfrist (allerdings nur *nach* Erstattung der Massenentlassungsanzeige) vorgenommen werden, die **Beendigungswirkung** tritt jedoch frühestens mit dem Ende der Sperrfrist ein (BAG, Urt. v. 28.05.2009 – 8 AZR 273/08, NZA 2009, 1267, 1272 Rn. 70; BAG, Urt. v. 06.11.2008 – 2 AZR 924/07, NZA 2009, 1013, 1015 Rn. 23 ff.; Thüsing/Laux/*Lembke/Oberwinter* § 17 KSchG Rn. 34; § 18 Rn. 7 f.; *Lembke/Oberwinter* NJW 2007, 721, 726; *Bauer/Krieger* NZA 2009, 174, 175; a.A. *Ferme/Lipinski* NZA 2006, 937, 939). Der Anwendungsbereich der Sperrzeit ist daher gering, da die meisten Arbeitsverhältnisse ohnehin wegen der anwendbaren Kündigungsfristen erst nach der Sperrzeit enden. Gilt aber z.B. für ein Arbeitsverhältnis eine tarifliche Kündigungsfrist von zwei Wochen und spricht der Arbeitgeber die Kündigung am Tag nach Eingang der Massenentlassungsanzeige bei der Agentur für Arbeit aus, so endet das Arbeitsverhältnis nicht bereits mit Ablauf von zwei Wochen nach Zugang der Kündigung, sondern erst mit Ablauf der Sperrfrist einen Monat nach Eingang der Massenentlassungsanzeige. Ausnahmsweise kann die Arbeitsagentur die Sperrfrist auf einen entsprechenden Antrag **bis auf 0 kürzen** (§ 18 Abs. 1 Hs. 2 KSchG) oder **auf bis zu zwei Monate verlängern** (§ 18 Abs. 2 KSchG).

276 Seit der Junk-Entscheidung des EuGH (EuGH, Urt. v. 27.01.2005 – C-188/03, NZA 2005, 213, s. K Rdn. 270) ist die in § 18 Abs. 4 KSchG geregelte **Freifrist** von 90 Tagen so zu verstehen, dass die beabsichtigten Kündigungen innerhalb von 90 Tagen nach Erstattung der Massenentlassungsanzeige auszusprechen sind. Nach § 18 Abs. 4 KSchG bedarf es »unter den Voraussetzungen des § 17 Abs. 1« einer erneuten Massenentlassungsanzeige, wenn die Entlassungen nicht innerhalb von 90 Tagen nach dem Zeitpunkt, zu dem sie nach § 18 Abs. 1 und 2 KSchG zulässig sind (also nach dem Ende der Sperrfrist), durchgeführt werden. Die Regelung hat den Sinn »Vorratsanzeigen« zu vermeiden (BAG, Urt. v. 23.02.2010 – 2 AZR 268/08, NZA 2010, 944, 947 Rn. 32 f.). Somit spielt die **Freifrist praktisch kaum noch eine Rolle**. Nach Auffassung des BAG ist § 18 Abs. 4 KSchG zwar auch bei dem – aufgrund der Junk-Entscheidung – gebotenen Verständnis von »Entlassung« als »Kündigung« weiterhin anwendbar. Die nach § 18 Abs. 4 KSchG erforderliche erneute Anzeige sei nach dem Gesetz nur »unter den Voraussetzungen des § 17 Abs. 1 KSchG« notwendig. Die »Voraussetzungen des § 17 Abs. 1 KSchG« seien nur gegeben, wenn der Arbeitgeber den Ausspruch einer Massenkündigung (oder die Durchführung von derartigen Entlassungen nach § 17 Abs. 1 S. 2 KSchG gleichstehenden Maßnahmen) beabsichtige. Habe der Arbeitgeber bereits nach Erstattung der Massenentlassungsanzeige Kündigungen ausgesprochen (oder sonstige auf die endgültige Beendigung des Arbeitsverhältnisses gerichtete Erklärungen abgegeben), beabsichtige er nach Ablauf der Freifrist nicht mehr den Ausspruch von Kündigungen, so dass es einer (erneuten) Anzeige nach § 17 Abs. 1 KSchG nicht bedürfe (BAG, Urt. v. 23.02.2010 – 2 AZR 268/08, NZA 2010, 944, 947 Rn. 32). Die Frage, ob unter »Durchführung der Entlassung« i.S.d. § 18 Abs. 4 KSchG die Abgabe der Kündigungserklärung oder die tatsächliche Beendigung des Arbeitsverhältnisses zu verstehen ist, lässt das BAG formell offen, spricht sich aber deutlich für die erstere Auslegung aus (BAG, Urt. v. 23.02.2010 – 2 AZR 268/08, NZA 2010, 944, 947 Rn. 32). Maßgeblich stellt das BAG auf den Wortlaut der in § 18 Abs. 4 KSchG geregelten Rechtsfolge ab, wonach es (nur) »unter den Voraussetzungen des § 17 Abs. 1 KSchG« einer erneuten Anzeige bedarf. Bei diesem Normverständnis bleibe für § 18 Abs. 4 KSchG ein zum System der §§ 17 ff. KSchG gut passender Anwendungsbereich: Der Arbeitgeber muss nach Ablauf der Freifrist dann eine **erneute Anzeige** erstatten, **wenn er von der Möglichkeit** des Ausspruchs der **Kündigung bis zum Ablauf der Freifrist keinen Gebrauch gemacht** hat (BAG, Urt. v. 23.02.2010 – 2 AZR 268/08, NZA 2010, 944, 947 Rn. 33). Auf diese Weise würden »Vorratsanzeigen« verhindert, die dem Zweck des Gesetzes zuwiderliefen, die Agentur für Arbeit über das tatsächliche Ausmaß der Beendigungen von Arbeitsverhältnissen ins Bild zu setzen (zum Ganzen Thüsing/Laux/*Lembke/ Oberwinter* § 17 Rn. 36 ff., § 18 Rn. 21 ff.; s. auch BAG, Urt. v. 22.04.2010 – 6 AZR 948/08, NZA 2010, 1057, 1059 Rn. 21).

2. Gem. § 17 Abs. 3 S. 2 KSchG bedarf die Massenentlassungsanzeige der **Schriftform**, muss also vom Arbeitgeber persönlich bzw. von seinem Vertreter eigenhändig durch Namensunterschrift oder mittels notariell beglaubigten Handzeichens unterzeichnet werden (§ 126 Abs. 1 BGB). Außerdem muss – in Betrieben mit Betriebsrat – die Stellungnahme des Betriebsrats beigefügt werden (s. dazu K Rdn. 281).

3. Bei den vorgesehenen Angaben zum **Namen des Arbeitgebers, zum Sitz und zur Art des Betriebs** handelt es sich um Pflichtangaben gem. § 17 Abs. 3 S. 4 KSchG.

4. Der Arbeitgeber ist nach § 17 Abs. 2 KSchG verpflichtet, dem zuständigen **Betriebsrat** rechtzeitig die zweckdienlichen Auskünfte zu erteilen und ihm schriftlich insbesondere die in § 17 Abs. 2 S. 1 Nr. 1 bis 6 KSchG genannten Informationen zukommen zu lassen (zu weiteren Informationspflichten bei Massenentlassungen *Forst* NZA 2009, 294; zu Veränderungen der Sachlage nach Einleitung des Konsultationsverfahrens *Grau/Sittard* BB 2011, 1845, 1846 f.). Soweit diese Pflichten mit denen aus § 102 BetrVG und § 111 BetrVG übereinstimmen, kann der Arbeitgeber sie gleichzeitig erfüllen. Er muss in diesem Fall hinreichend klarstellen, dass und welchen Pflichten er gleichzeitig nachkommen will (BAG, Urt. v. 26.02.2015 – 2 AZR 955/13, NZA 2015, 881, 882 Rn. 17). Die Pflicht zur Beratung gem. § 17 Abs. 2 S. 2 KSchG geht dabei über eine bloße Anhörung deutlich hinaus. Der Arbeitgeber muss mit dem Betriebsrat über die Entlassungen bzw. die Möglichkeiten ihrer Vermeidung verhandeln, ihm dies zumindest anbieten. Die ordnungsgemäße Einleitung der Konsultationspflicht setzt zwingend voraus, dass der Arbeitgeber die erkennbare Absicht besitzt, Arbeitsverhältnisse in anzeigepflichtigem Ausmaße zu beenden. Ohne Kenntnis von einer solchen Absicht des Arbeitgebers hat der Betriebsrat keine Veranlassung, von einer Initiative zur Beratung gemäß § 17 Abs. 2 KSchG auszugehen (BAG, Urt. v. 21.03.2013 – 2 AZR 62/12, BeckRS 2013, 71163 Rn. 16 ff.; dazu *Dimsic* Fehler im Massenentlassungsverfahren, NJW 2016, 901, 904). Zweck des **Konsultationsverfahrens** ist es, den Betriebsrat so rechtzeitig und umfassend über die beabsichtigten Entlassungen zu unterrichten, dass er konstruktive Vorschläge zur Vermeidung oder Beschränkung der Massenentlassung und zur Milderung der Folgen unterbreiten kann und dass eine Einigung mit dem Arbeitgeber insoweit möglich ist (EuGH, Urt. v. 10.09.2009 – C-44/08, Akavan, NZA 2009, 1083, 1084 f. Rn. 38, 46; Thüsing/Laux/*Lembke/ Oberwinter* § 17 KSchG Rn. 81; näher zum Konsultationsverfahren *Lelley* DB 2013, 2564; *Grau/*

K. Die Beendigung des Arbeitsverhältnisses

Sittard BB 2011, 1845; *Schramm/Kuhnke* NZA 2011, 1071, 1072 ff.; *Krieger/Ludwig* NZA 2010, 919, 920 ff.). Dementsprechend haben Arbeitgeber und Betriebsrat gem. § 17 Abs. 2 S. 2 KSchG insbesondere die Möglichkeit zu beraten, Entlassungen zu vermeiden oder einzuschränken und ihre Folgen zu mildern. Nicht erforderlich ist allerdings, dass diese Beratungen vor Erstattung der Massenentlassungsanzeige einen Abschluss in Form einer Einigung gefunden haben (BAG, Urt. v. 28.05.2009 – 8 AZR 273/08, NZA 2009, 1267, 1271 Rn. 58; ErfK/*Kiel* § 17 KSchG Rn. 25; Thüsing/Laux/*Lembke/Oberwinter* § 17 KSchG Rn. 21; *Grau/Sittard* BB 2011, 1845, 1846). Der Arbeitgeber wird im Rahmen der ihm zukommenden Beurteilungskompetenz den Beratungsanspruch des Betriebsrats erst dann als erfüllt ansehen dürfen, wenn entweder die Reaktion, die auf die »finale« – den Willen zu möglichen weiteren Verhandlungen erkennen lassende – Unterrichtung erboten worden war, nicht binnen zumutbarer Frist erfolgt oder sie aus Sicht des Arbeitgebers keinen Ansatz für weitere, zuführende Verhandlungen bietet (BAG, Urt. v. 26.02.2015 – 2 AZR 955/13, NZA 2015, 881, 883 Rn. 28; *Annuß/Lembke/Hangarter* Rn. 440).

§ 17 Abs. 2 KSchG bestimmt nicht, ob der örtliche Betriebsrat, der Gesamtbetriebsrat oder der Konzernbetriebsrat zuständig ist. Die Zuständigkeit richtet sich daher nach den allgemeinen Regelungen in §§ 50, 58 BetrVG (näher Thüsing/Laux/*Lembke/Oberwinter* § 17 KSchG Rn. 77 ff.; *Niklas/Koehler* NZA 2010, 913, 916; *Reinhard* RdA 2007, 207, 212; *Lembke/Oberwinter* NJW 2007, 721, 725; *Mückl* ArbRAktuell 2011, 238; so zur Zuständigkeit des Gesamtbetriebsrats auch BAG, Urt. v. 07.07.2011 – 6 AZR 248/10, NZA 2011, 1108, 1110 f. Rn. 20 ff.). Existiert kein (zuständiger) Betriebsrat (Gesamtbetriebsrat bzw. Konzernbetriebsrat), entfällt die Informations- und Beratungspflicht nach § 17 Abs. 2 KSchG (APS/*Moll* § 17 KSchG Rn. 58; *Lembke/Oberwinter* NJW 2007, 721, 725).

Wird der Betriebsrat nicht schriftlich oder nicht ordnungsgemäß i.S.d. § 17 Abs. 2 S. 1 Nr. 1 bis 5 KSchG unterrichtet oder führt der Arbeitgeber das Konsultationsverfahren nach § 17 Abs. 2 KSchG nicht ordnungsgemäß durch, hat dies die Unwirksamkeit der Arbeitgeberkündigung bzw. der sonstigen vom Arbeitgeber veranlassten Beendigungshandlung zur Folge (BAG, Urt. v. 21.03.2013 – 2 AZR 60/12, NZA 2013, 966; BAG, Urt. v. 13.12.2012 – 6 AZR 752/11, NJOZ 2013, 1232, 1238, Rn. 60 ff.; BAG, Urt. v. 21.03.2013 – 2 AZR 60/12, NZA 2013, 966, 967 Rn. 19 ff.; Thüsing/Laux/*Lembke/Oberwinter* § 17 KSchG Rn. 104 ff.; ErfK/*Kiel* § 17 KSchG Rn. 17, 27, 35 f.). Die Beratung mit dem Betriebsrat nach ordnungsgemäßer Unterrichtung ist Wirksamkeitsvoraussetzung für die Massenentlassungsanzeige. Ein erfolgreicher Abschluss des Beratungsverfahrens ist hingegen nicht erforderlich. Der Arbeitgeber ist nach § 17 Abs. 3 S. 3 KSchG am Ende nur verpflichtet, den »Stand der Beratungen« anzugeben. Die Pflicht zur Konsultation des Betriebsrats nach § 17 Abs. 2 KSchG und die in § 17 Abs. 1 und 3 geregelte Anzeigepflicht gegenüber der Agentur für Arbeit sind zwei getrennt durchzuführende Verfahren, die in unterschiedlicher Weise der Erreichung des mit dem Massenentlassungsschutz nach § 17 KSchG verfolgten Ziels dienen und jeweils eigene Wirksamkeitsvoraussetzungen enthalten. Aus jedem dieser beiden Verfahren kann sich ein eigenständiger Unwirksamkeitsgrund für die im Zusammenhang mit einer Massenentlassung erfolgte Kündigung ergeben (BAG, Urt. v. 20.01.2016 – 6 AZR 601/14, NZA 2016, 490, 491 Rn. 13 ff.).

280 Die in § 17 Abs. 2 S. 1 Nr. 1 bis 5 genannten Punkte sind auch Gegenstand der Massenentlassungsanzeige bei der Agentur für Arbeit (§ 17 Abs. 3 S. 4 KSchG). Daher kann der Arbeitgeber bei der schriftlichen Unterrichtung des Betriebsrats über diese Punkte einen Entwurf der Massenentlassungsanzeige auf dem Formular der Bundesagentur für Arbeit verwenden (Thüsing/Laux/*Lembke/Oberwinter* § 17 KSchG Rn. 85). Lediglich über die für die Berechnung etwaiger Abfindungen vorgesehenen Kriterien (§ 17 Abs. 2 Nr. 6 KSchG) muss der Arbeitgeber den Betriebsrat zusätzlich unterrichten. Insofern genügt ein Verweis auf den »noch abzuschließenden Sozialplan« (BAG, Urt. v. 28.05.2009 – 8 AZR 273/08, NZA 2009, 1267, 1271 Rn. 57).

281 *Die Stellungnahme des Betriebsrats* muss der Massenentlassungsanzeige **beigefügt** werden (§ 17 Abs. 3 S. 2 KSchG). Gem. § 17 Abs. 3 S. 3 KSchG kann die Massenentlassungsanzeige jedoch auch ohne Stellungnahme des Betriebsrats wirksam erstattet werden, wenn der Arbeitgeber glaub-

haft macht, dass er den Betriebsrat mindestens zwei Wochen vor Erstattung der Massenentlassungsanzeige unterrichtet hat, und er den Stand der Beratungen darlegt (BAG, Urt. v. 13.07.2006 – 6 AZR 198/06, NZA 2007, 25, 27 f. Rn. 21 ff.; AR/*Leschnig* § 17 KSchG Rn. 41; *Lembke/ Oberwinter* NJW 2007, 721, 725; *Reinhard* RdA 2007, 207, 212 ff.; *Ferme/Lipinski* NZA 2006, 937, 943; zurückhaltend wegen Fehlens einer entsprechenden Regelung in der europäischen Massenentlassungsrichtlinie *Grau/Sittard* BB 2011, 1845, 1849 f.). Für die Glaubhaftmachung genügt es, dass das Unterrichtungsschreiben nebst einem Empfangsbekenntnis des Betriebsratsvorsitzenden vorgelegt wird (BAG, Urt. v. 28.05.2009 – 8 AZR 273/08, NZA 2009, 1267, 1271 Rn. 61). Daneben muss aber über den Stand der Beratungen informiert werden. Insoweit kann der Arbeitgeber z.B. auf laufende Interessenausgleichs- und Sozialplanverhandlungen oder ein Einigungsstellenverfahren verweisen. Fehlt die Angabe zum Stand der Beratungen, ist die Anzeige unwirksam (BAG, Urt. v. 22.11.2012 – 2 AZR 371/11, NZA 2013, 845, 848; ErfK/*Kiel* § 17 KSchG Rn. 32) Die Beifügung der Stellungnahme des Betriebsrats zur Anzeige – ersatzweise das Vorbringen des Arbeitgebers nach § 17 Abs. 3 S. 3 KSchG – ist Wirksamkeitsvoraussetzung für die Massenentlassungsanzeige (BAG, Urt. v. 22.11.2012 – 2 AZR 371/11, NZA 2013, 845, 846 Rn. 20). Liegt eine Stellungnahme des Betriebsrats im Zeitpunkt der Erstattung der Anzeige vor, so ist diese der Anzeige als Anlage beizufügen (§ 17 Abs. 3 S. 2 KSchG), andernfalls ist die Anzeige unwirksam (BAG, Urt. v. 28.06.2012 – 6 AZR 780/10, NZA 2012, 1029, 1034). Liegt eine Stellungnahme des Betriebsrats vor, kann die Massenentlassungsanzeige auch schon vor Ablauf von zwei Wochen nach der Unterrichtung erstattet werden (*Grau/Sittard* BB 2011, 1845, 1850; *Schramm/Kuhnke* NZA 2011, 1071, 1073). Der Inhalt der Stellungnahme hat keinen Einfluss auf die Wirksamkeit der Massenentlassungsanzeige, da der Arbeitgeber darauf keinen Einfluss nehmen kann (*Mückl* ArbRAktuell 2011, 238).

Vereinbaren Arbeitgeber und Betriebsrat einen Interessenausgleich mit Namensliste, sollte die Massenentlassungsanzeige erst nach dessen Abschluss erstattet werden, da ein Interessenausgleich mit Namensliste gem. § 1 Abs. 5 S. 4 KSchG – nicht hingegen ein Einigungsstellenspruch über den Sozialplan (BAG, Urt. v. 13.12.2012 – 6 AZR 5/12, NZA 2013, 845, 846 Rn. 20) – die Stellungnahme des Betriebsrats nach § 17 Abs. 3 S. 2 KSchG ersetzt (vgl. auch § 125 Abs. 2 InsO; allgemein zum Zusammenspiel von Interessenausgleichs- und Massenentlassungsanzeigeverfahren *Schramm/ Kuhnke* NZA 2011, 1071; *Grau/Sittard* BB 2011, 1845). Dies gilt auch, wenn der Interessenausgleich mit Namensliste nicht mit dem örtlichen Betriebsrat, sondern mit dem zuständigen Gesamtbetriebsrat bzw. Konzernbetriebsrat abgeschlossen wurde. Eine (zusätzliche) Stellungnahme des örtlichen Betriebsrats ist dann nicht mehr erforderlich (BAG, Urt. v. 07.07.2011 – 6 AZR 248/10, NZA 2011, 1108, 1110 f. Rn. 21 ff.; dazu *Dzida/Hohenstatt* NJW 2012, 27). Es ist ausreichend, wenn der beigefügte Interessenausgleich mit Namensliste nur vom Betriebsrat unterschrieben wurde; Schriftform gem. § 112 Abs. 1 S. 1 BetrVG ist für Zwecke des § 17 Abs. 3 S. 2 KSchG i.V.m. § 1 Abs. 5 S. 4 KSchG bzw. § 125 Abs. 2 InsO nicht erforderlich (zu § 125 Abs. 2 InsO BAG, Urt. v. 18.01.2012 – 6 AZR 407/10, BeckRS 2012, 67611 Rn. 41 ff.).

Enthält ein Interessenausgleich ohne Namensliste die in dem Dokument integrierte abschließende Stellungnahme des Betriebsrats, die erkennen lässt, dass sie sich auf die angezeigten Kündigungen bezieht (z.B. durch folgende Regelung im Interessenausgleich: »*Die gem. § 17 Abs. (2) KSchG erforderlichen Auskünfte wurden dem Betriebsrat am 01.10.2009 von dem Insolvenzverwalter erteilt. Der Betriebsrat sieht abschließend keine Möglichkeiten, die beabsichtigten Entlassungen zu vermeiden. Das Konsultationsverfahren nach § 17 Abs. (2) KSchG ist somit abgeschlossen.*«), genügt der Arbeitgeber seiner Pflicht nach § 17 Abs. 3 S. 2 KSchG, wenn er der Massenentlassungsanzeige den Interessenausgleich beifügt (BAG, Urt. v. 21.03.2012 – 6 AZR 596/10, NZA 2012, 1058). Der Praxis ist daher zu raten, entweder dem Interessenausgleich eine separate Stellungnahme des Betriebsrats beizufügen oder in den Interessenausgleich eine ausdrückliche Regelung wie im Fall des BAG aufzunehmen (*Annuß/Lembke/Hangarter* Rn. 474).

5. Die Angaben zur **Beschäftigtenzahl** sind nur zum Teil Pflichtangaben, also Angaben, die zur Wirksamkeit der Massenentlassungsanzeige erforderlich sind. Gem. § 17 Abs. 2 S. 1 Nr. 3 i.V.m.

Abs. 3 S. 4 KSchG hat der Arbeitgeber die Zahl und die Berufsgruppen der in der Regel beschäftigten Arbeitnehmer anzugeben. Die Zahl der **in der Regel beschäftigten Arbeitnehmer** ist im Formular direkt anzugeben. Erfasst werden alle unter den allgemeinen Arbeitnehmerbegriff fallenden Personen, wie Arbeiter, Angestellte, Auszubildende und Volontäre (APS/*Moll* § 17 KSchG Rn. 12; Thüsing/Laux/*Lembke/Oberwinter* § 17 KSchG Rn. 56). Zu beachten ist allerdings, dass die Massenentlassungsrichtlinie angesichts ihres Harmonisierungszwecks von einem autonomen und einheitlich auszulegenden **unionsrechtlichen Arbeitnehmerbegriff** ausgeht. Darunter fällt beispielsweise auch eine Person, die im Rahmen eines Praktikums ohne Vergütung durch ihren Arbeitgeber, jedoch finanziell gefördert und anerkannt durch die für Arbeitsförderung zuständigen öffentlichen Stellen, in einem Unternehmen praktisch mitarbeitet, um Kenntnisse zu erwerben oder zu vertiefen oder eine Berufsausbildung zu absolvieren (EuGH, Urt. v. 09.07.2015 – C-229/14, Balkaya, NZA 2015, 861, 862 f. Rn. 33 f., 49 ff.; dazu *Lunk* NZA 2015, 917, 919). Bei der Feststellung der »in der Regel« beschäftigten Arbeitnehmer kommt es nicht auf die durchschnittliche Beschäftigtenzahl in einem bestimmten Zeitraum, sondern auf die normale Beschäftigtenzahl des Betriebes an, d.h. auf diejenige Personalstärke, die für den Betrieb im Allgemeinen kennzeichnend ist (Thüsing/Laux/*Lembke/Oberwinter* § 17 KSchG Rn. 65). Nur vorübergehend beschäftigte Arbeitnehmer sind nicht mitzuzählen (vgl. auch § 21 Abs. 7 BEEG, § 6 Abs. 4 PflegeZG). Die **Berufsgruppen** sind in der ebenfalls von der Bundesagentur für Arbeit erstellten »Anlage zur Anzeige von Entlassungen« anzugeben. Keine Wirksamkeitsvoraussetzung sind die darüber hinaus gehenden im Formular der Bundesagentur für Arbeit (Ziffer 22) vorgesehenen Angaben über Geschlecht, Alter, Beruf und Staatsangehörigkeit der zu entlassenden Arbeitnehmer (Thüsing/Laux/*Lembke/Oberwinter* § 17 KSchG Rn. 134; ErfK/*Kiel* § 17 KSchG Rn. 29; HWK/*Molkenbur* § 17 KSchG Rn. 35). Dabei handelt es sich lediglich um Soll-Angaben gem. § 17 Abs. 3 S. 5 KSchG. Die Berufsgruppen der zu entlassenden Arbeitnehmer sind – wie die Berufsgruppen der in der Regel beschäftigten Arbeitnehmer – in der von der Bundesagentur für Arbeit erstellten »Anlage zur Anzeige von Entlassungen« anzugeben.

284 **6.** Zu den Pflichtangaben gehören gem. § 17 Abs. 2 S. 1 Nr. 2 i.V.m. Abs. 3 S. 1 KSchG nur die **Gesamtzahl der zu entlassenden Arbeitnehmer** und deren Berufsgruppen. Ferner ist der **Zeitraum** anzugeben, **in dem die Entlassungen vorgenommen werden sollen** (§ 17 Abs. 2 S. 1 Nr. 4 i.V.m. Abs. 3 S. 1 KSchG). Anzugeben ist der Zeitpunkt des Ausspruchs der Arbeitgeberkündigung bzw. der Vornahme der sonstigen vom Arbeitgeber veranlassten Beendigungshandlung (Thüsing/Laux/*Lembke/Oberwinter* § 17 KSchG Rn. 91; *Schramm/Kuhnke* NZA 2011, 1071, 1073).

285 Anzeigepflichtig sind zunächst vom Arbeitgeber ausgesprochene Beendigungs- und Änderungskündigungen. Es kommt nicht darauf an, ob von einer Änderungskündigung betroffene Arbeitnehmer das ihnen unterbreitete Änderungsangebot bei oder nach Zugang der Kündigungserklärung abgelehnt oder – gegebenenfalls unter dem Vorbehalt des § 2 KSchG – angenommen haben (BAG, Urt. v. 20.02.2014 – 2 AZR 346/12, NZA 2014, 1069; vgl. auch EuGH, Urt. v. 11.11.2015 – C-422/14, Rivera, NZA 2015, 1441, dazu *Franzen* NZA 2016, 26). Auch andere **vom Arbeitgeber veranlasste Beendigungen** sind anzeigepflichtig (§ 17 Abs. 1 S. 2 KSchG). Dazu gehören vom Arbeitgeber veranlasste Aufhebungsverträge und Eigenkündigungen des Arbeitnehmers (AR/*Leschnig* § 17 KSchG Rn. 13 f.; *Lembke/Oberwinter* NJW 2007, 721, 722; zur Informationspflicht bei »sozialverträglichem« Personalabbau, z.B. durch ein Freiwilligenprogramm, *Schramm/Kuhnke* NZA 2011, 1071, 1072 f.), nicht jedoch außerordentliche Kündigungen (§ 17 Abs. 4 S. 2 KSchG) und Beendigungen aufgrund Befristung, auflösender Bedingung oder Anfechtung (*Lembke/Oberwinter* NJW 2007, 721, 722).

286 **7.** Gem. § 17 Abs. 2 S. 1 Nr. 2 i.V.m. Abs. 3 S. 1 KSchG hat der Arbeitgeber die **Gründe für die geplanten Entlassungen** anzugeben. Anzugeben sind die – in der Regel betriebsbedingten – Sachverhalte, die zu den geplanten Entlassungen führen. Nicht erforderlich ist eine ausführliche Darlegung der Kündigungsgründe wie z.B. im Rahmen der Betriebsratsanhörung gem. § 102 Abs. 1 BetrVG (Thüsing/Laux/*Lembke/Oberwinter* § 17 KSchG Rn. 89; *Krieger/Ludwig* NZA 2010, 919, 921). Der Arbeitgeber sollte kurz die unternehmerische Entscheidung, den darauf beru-

henden Arbeitsplatzwegfall und das Fehlen anderweitiger Beschäftigungsmöglichkeiten oder sonstiger milderer Mittel darlegen (Thüsing/Laux/*Lembke/Oberwinter* § 17 KSchG Rn. 89).

8. Zu den gem. § 17 Abs. 2 S. 1 Nr. 5 i.V.m. Abs. 3 S. 1 KSchG anzugebenden **Kriterien für** 287 **die Auswahl** der zu entlassenden Arbeitnehmer gehören die fachlichen, persönlichen, sozialen und betrieblichen Gesichtspunkte (Thüsing/Laux/*Lembke/Oberwinter* § 17 KSchG Rn. 92). Wird im Fall einer betriebsbedingten Kündigung eine Sozialauswahl gem. § 1 Abs. 3 bis 5 KSchG durchgeführt, so ist die Anwendung der dort aufgeführten Kriterien (Dauer der Betriebszugehörigkeit, Lebensalter, Unterhaltspflichten und Schwerbehinderung) darzulegen (Thüsing/Laux/ *Lembke/Oberwinter* § 17 KSchG Rn. 92). Nicht ausreichend hinsichtlich der Angabe der Kriterien für die Auswahl der zu entlassenden Arbeitnehmer ist nach Auffassung des LAG Düsseldorf die Beifügung einer zum Interessenausgleich gehörenden Namensliste, weil dies lediglich das Ergebnis der Sozialauswahl ist (LAG Düsseldorf, Urt. v. 26.09.2013 – 5 Sa 530/13, BB 2014, 125, 126 m. Anm. *Lelley/Gurevich*). Ist wegen einer Betriebsstilllegung keine Sozialauswahl vorzunehmen, so erübrigt sich eine konkrete Angabe zu Kriterien für die Auswahl der zu entlassenden Arbeitnehmer (BAG, Urt. v. 28.05.2009 – 8 AZR 273/08, NZA 2009, 1267, 1271 Rn. 57; *Schramm/Kuhnke* NZA 2011, 1071, 1073).

9. Im Vordruck der Bundesagentur für Arbeit ist anzugeben, ob Entlassungen während der **letz-** 288 **ten 30 Kalendertage** stattgefunden haben. Ist dies der Fall, sind die entsprechenden Kündigungen oder sonstigen Beendigungstatbestände unheilbar unwirksam, wenn innerhalb eines 30-Tage-Zeitraums die Schwellenwerte des § 17 Abs. 1 KSchG erreicht werden und nicht bereits zuvor die Massenentlassungsanzeige erstattet wurde (APS/*Moll* § 17 KSchG Rn. 126).

10. Auf Antrag des Arbeitgebers kann die Agentur für Arbeit einer **Abkürzung der Entlassungs-** 289 **sperre** zustimmen. Dies ist z.B. denkbar, wenn die auf die betroffenen Arbeitsverhältnisse anwendbaren Kündigungsfristen wesentlich kürzer sind als die Sperrfrist, wenn die Entlassungen trotz aller Sorgfalt bei der betrieblichen Planung nicht vorhersehbar waren oder wenn die Arbeitnehmer einen Anschlussarbeitsplatz haben (Thüsing/Laux/*Lembke/Oberwinter* § 18 KSchG Rn. 10; APS/*Moll* § 18 KSchG Rn. 15). In der Praxis ist ein Antrag auf Abkürzung der Sperrfrist insbesondere bei einem Wechsel von Arbeitnehmern in eine Transfergesellschaft unter Abkürzung der jeweiligen Kündigungsfristen zu empfehlen (vgl. *Lembke* BB 2004, 773). Ein bestandskräftiger Bescheid über die Verkürzung der Sperrfrist kann einen Formfehler der Massenentlassungsanzeige nicht heilen; diese bleibt unwirksam (BAG, Urt. v. 28.06.2012 – 6 AZR 780/10, NZA 2012, 1029, 1036).

11. Vgl. K Rdn. 279 ff. 290

12. Die Beifügung des **Vordrucks** »Anlage zur Anzeige von Entlassungen« ist Voraussetzung für 291 die Wirksamkeit der Massenentlassungsanzeige (vgl. K Rdn. 284).

VII. Anfechtung des Arbeitsvertrags

1. Anfechtung des Arbeitsvertrags

Vorbemerkung

Die Anfechtung ist, ebenso wie die Kündigung, auf die einseitige Beendigung des Arbeitsverhält- 292 nisses gerichtet. Anfechtung und Kündigung unterscheiden sich aber sowohl in ihren Voraussetzungen als auch in ihren Wirkungen. Als Gründe für eine Anfechtung des Arbeitsvertrags kommen in der Praxis insbesondere die arglistige Täuschung (§ 123 Abs. 1 BGB) und der Irrtum über eine verkehrswesentliche Eigenschaft (§ 119 Abs. 2 BGB) in Betracht. Insbesondere im Bereich der Täuschung oder Drohung sind jedoch Überschneidungen dergestalt denkbar, dass der zur Anfechtung berechtigende Sachverhalt unter Umständen auch einen (i.d.R. außerordentlichen) Kündigungsgrund zu begründen vermag. Daher ist in dem Muster neben der Anfechtung

K. Die Beendigung des Arbeitsverhältnisses

auch eine vorsorgliche Kündigung des Arbeitsverhältnisses vorgesehen. Diese entfaltet jedoch nur dann Wirkung, wenn nicht bereits die Anfechtung das Arbeitsverhältnis wirksam beseitigt hat. Daher hängt der Erfolg einer gegen diese Kündigung gerichteten Kündigungsschutzklage auch von der Wirksamkeit der Anfechtung ab, sodass deren Überprüfung auch Gegenstand des kündigungsschutzrechtlichen Verfahrens ist (BAG, Urt. v. 20.03.2014 – 2 AZR 1071/12, NZA 2014, 1131, 1132; BAG, Urt. v. 12.05.2011 – 2 AZR 479/09, NZA-RR 2012, 43, 44).

▶ Muster – Anfechtung des Arbeitsvertrags [1]

293

[Briefkopf des Unternehmens]

[Name des Mitarbeiters] [2]

[Anschrift des Mitarbeiters]

[Ort, Datum] [3]

Anfechtung Ihres Arbeitsvertrags

Sehr geehrte/r Frau/Herr [Name des Mitarbeiters],

hiermit fechten wir den mit Ihnen am [Datum des Arbeitsvertrags] geschlossenen Arbeitsvertrag gem. §§ 119, 123 BGB an. [4, 5, 6, 7, 8]

Vorsorglich kündigen wir das Arbeitsverhältnis außerordentlich und fristlos, hilfsweise ordentlich und fristgerecht zum nächstmöglichen Termin; dies ist nach unserer Berechnung der [Datum]. [9]

Wir fordern Sie hiermit auf, jegliches in Ihrem Besitz befindliche Eigentum der [Name des Unternehmens] und mit ihr verbundener Unternehmen sowie alle Ihnen von der [Name des Unternehmens] oder Dritten im Hinblick auf Ihr Arbeitsverhältnis überlassenen Gegenstände unverzüglich an die [Name des Unternehmens] in [Ort des Betriebs], z.H. [Name der empfangszuständigen Person], zurückzugeben. [10]

Wir weisen Sie auf die Notwendigkeit eigener Aktivitäten bei der Suche nach einer anderen Beschäftigung sowie auf Ihre Verpflichtung zur Meldung nach § 38 Abs. 1 SGB III bei der Agentur für Arbeit hin. Eine verspätete Meldung führt zu Nachteilen beim Arbeitslosengeld (vgl. § 159 Abs. 1 Nr. 7, Abs. 6, § 148 Abs. 1 Nr. 3 SGB III). [11]

Mit freundlichen Grüßen

_____
(Name des Unternehmens)

_____
(Unterschrift der vertretungsberechtigten Person) [12]

Erhalten am: [Ort, Datum]

_____
(Unterschrift des Mitarbeiters) [13]

Erläuterungen

Schrifttum
Joussen Schwerbehinderung, Fragerecht und positive Diskriminierung nach dem AGG, NZA 2007, 174; *Kania/Sansone* Möglichkeiten und Grenzen des Pre-Employment-Screenings, NZA 2012, 360; *Meyer* Fragerecht nach der Gewerkschaftsmitgliedschaft bei Arbeitsbeginn?, BB 2011, 2362; *Pallasch* Diskriminierungsverbot wegen Schwangerschaft bei der Einstellung, NZA 2007, 306; *Richardi/Annuß* Der neue § 623 BGB – Eine Falle im Arbeitsrecht?, NJW 2000, 1231; *Schrader/Klagges* Arbeitsrecht und schwerbehinderte Menschen, NZA-RR 2009, 169; *Schrader/Siebert* Die Frage nach der Schwerbehinderung, ArbRAktuell 2012, 157; *Söhl*

Anfechtung und Abänderung von Arbeitsverträgen, ArbRAktuell 2014, 166; *Strick* Die Anfechtung von Arbeitsverträgen durch den Arbeitgeber, NZA 2000, 695.

1. Die Anfechtungserklärung bedarf nicht – wie die Kündigung – der Schriftform, sie kann auch mündlich erklärt werden. § 623 BGB ist nicht entsprechend anwendbar (*Richardi/Annuß* NJW 2000, 1231, 1233). Aus Beweisgründen empfiehlt es sich jedoch, die Anfechtung schriftlich zu erklären. **294**

2. Die Anfechtung ist gegenüber dem Vertragspartner zu erklären (§ 143 Abs. 1 BGB). **295**

3. Die Anfechtung wegen **Täuschung oder Drohung** gem. § 123 BGB muss **innerhalb eines Jahres** ab dem Zeitpunkt, in dem der Anfechtungsberechtigte die Täuschung entdeckt bzw. – im Fall der Drohung – die Zwangslage aufhört, angefochten werden (§ 124 BGB). Die Zwei-Wochen-Frist des § 626 Abs. 2 BGB ist nicht, auch nicht analog, anzuwenden (BAG, Urt. v. 19.05.1983 – 2 AZR 171/81, AP BGB § 123 Nr. 25). Es ist dem Anfechtungsberechtigten aber dennoch anzuraten, die Anfechtung im eigenen Interesse möglichst zeitnah zu erklären. Wartet er eine erheblich längere Zeit ab und gibt er damit zu erkennen, dass die Verfehlungen nach seiner Wertung keine sofortige Beendigung des Arbeitsverhältnisses erforderlich machen, kann der Anfechtung der Grundsatz von Treu und Glauben entgegenstehen (BAG, Urt. v. 19.05.1983 – 2 AZR 171/81, AP BGB § 123 Nr. 25). Die Anfechtung wegen Irrtums gem. § 119 BGB muss der Anfechtungsberechtigte gem. § 121 Abs. 1 BGB **ohne schuldhaftes Zögern (unverzüglich)**, nachdem er von dem Anfechtungsgrund Kenntnis erlangt hat, erklären. Nach Ansicht des BAG soll hier eine Frist von maximal zwei Wochen maßgeblich sein (BAG, Urt. v. 21.02.1991 – 2 AZR 449/90, NZA 1991, 719, 721, 722). Vorsichtshalber sollte der Anfechtende die Erklärung jedoch so zeitig wie möglich anfechten. **296**

4. Der Anfechtungsgrund der **arglistigen Täuschung** setzt voraus, dass der Täuschende durch Vorspiegelung oder Entstellung von Tatsachen beim Erklärungsgegner einen Irrtum erregt und ihn hierdurch zur Abgabe einer Willenserklärung veranlasst hat. Die Täuschung muss sich auf objektiv nachprüfbare Umstände beziehen. Sie kann durch **aktives Tun**, also insbesondere durch Behaupten, Unterdrücken oder Entstellen von Tatsachen erfolgen. So kann ein Anfechtungsrecht bestehen, wenn der Arbeitnehmer bei seiner Bewerbung falsche Angaben zu seinen Qualifikationen gemacht und womöglich gefälschte Zeugnisse vorgelegt hat (LAG München, Urt. v. 28.06.2007 – 4 Sa 159/97, BeckRS 2009, 67962; LAG Baden-Württemberg, Urt. v. 13.10.2006 – 5 Sa 25/06, BeckRS 2006, 45117). Eine Täuschung durch **Unterlassen** setzt voraus, dass der Erklärende zur Offenbarung einer Tatsache verpflichtet ist. Bei der Anbahnung eines Arbeitsverhältnisses gelten insofern folgende Grundsätze: Wird der Bewerber hinsichtlich einer bestimmten Tatsache befragt, ist er zur wahrheitsgemäßen Beantwortung verpflichtet, es sei denn, die Frage ist nicht zulässig. Bei einer unzulässigen Frage hat der Bewerber ein »Recht zur Lüge«. Dabei wird dem Arbeitgeber ein **Fragerecht** nur insoweit zugestanden, als er ein berechtigtes, billigenswertes und schutzwürdiges Interesse an der Beantwortung seiner Frage hat (*Kania/Sansone* NZA 2012, 360). Hierbei ist insbesondere Folgendes zu beachten (vgl. zu weiteren Einzelfragen HWK/*Thüsing* § 123 BGB Rn. 9 ff.): **297**

– Die Frage nach der **Schwerbehinderteneigenschaft** eines Bewerbers wird nach wohl herrschender Auffassung in der Literatur für grds. unzulässig gehalten (*Schaub/Koch* § 179 Rn. 18a; ErfK/*Preis* § 611 BGB Rn. 274a). Teilweise wird danach differenziert, ob es dem Arbeitgeber um eine positive Maßnahme i.S.d. § 5 AGG geht (*Joussen* NZA 2007, 174). Das BAG hat die Frage früher für zulässig gehalten, jedoch seit Inkrafttreten des § 81 Abs. 2 SGB IX und des AGG nicht mehr geklärt (zuletzt offen gelassen in BAG, Urt. v. 07.07.2011 – 2 AZR 396/10, NZA 2012, 34). Im bestehenden Arbeitsverhältnis soll demgegenüber nach neuerer Rechtsprechung jedenfalls nach Ablauf von sechs Monaten die Frage nach der Schwerbehinderung oder Gleichstellung zulässig sein (BAG, Urt. v. 16.02.2012 – 6 AZR 553/10, NZA 2012, 555). Von der Frage nach der Schwerbehinderung oder Gleichstellung zu unterscheiden ist jedoch die Frage nach der gesundheitlichen Eignung des Bewerbers für den Arbeitsplatz. Insoweit wird allgemein ein Fragerecht angenommen (*Schrader/Siebert* ArbRAktuell 2012, 157). Allerdings ist zu beachten, dass bestimmte Erkrankungen bzw. Erscheinungen (wie z.B. die Neigung zu epileptischen Anfällen) nunmehr dem Behinderungsbegriff des AGG unterfallen können (vgl. hierzu ausführlich HWK/*Thüsing* § 123 BGB Rn. 19). Die in einem Bewerbungsgespräch gestellten Fragen nach näher bezeichneten gesundheitlichen Beeinträchtigungen können je nach den Umständen des Einzelfalls auf die indirekte Nachfrage, ob eine Behinderung vorliege, schließen lassen bzw. darauf, dass der Fragesteller eine solche Behinderung mutmaßt (BAG, Urt. v. 17.12.2009 – 8 AZR 670/08, NZA 2010, 383, 386). Insofern ist dem Arbeitgeber bei der Formulierung der Fragen zu höchster Vorsicht zu raten.

- Die Frage nach einer **Schwangerschaft** ist unzulässig (BAG, Urt. v. 06.02.2003 – 2 AZR 621/01, NZA 2003, 848). Dies gilt sogar dann, wenn die Arbeitnehmerin gleich zu Beginn des Arbeitsverhältnisses ihre Arbeit wegen eines gesetzlichen Beschäftigungsverbots nicht aufnehmen kann (BAG, Urt. v. 06.02.2003 – 2 AZR 621/01, NZA 2003, 848). Die Frage nach der Schwangerschaft ist selbst dann ausgeschlossen, wenn ein befristetes Arbeitsverhältnis begründet werden soll und feststeht, dass die Bewerberin während eines wesentlichen Teils der Vertragszeit nicht arbeiten kann (EuGH, Urt. v. 04.10.2001 – C-109/00, NZA 2001, 1241; LAG Köln, Urt. v. 11.10.2012 – 6 Sa 641/12, NZA-RR 2013, 232).

- Nach **Vorstrafen** darf der Arbeitgeber sich erkundigen, wenn die Vorstrafe für die Art des zu besetzenden Arbeitsplatzes von Bedeutung ist (z.B. Unterschlagung bei einer Kassiererin). Auch die Frage nach noch anhängigen Straf- oder Ermittlungsverfahren kann zulässig sein, wenn solche Verfahren Zweifel an der persönlichen Eignung begründen können (BAG, Urt. v. 06.09.2012 – 2 AZR 270/11, NZA 2013, 1087, 1089); die Frage nach bereits eingestellten Straf- oder Ermittlungsverfahren ist dagegen in der Regel unzulässig (BAG, Urt. v. 20.03.2014 – 2 AZR 1071/12, NZA 2014, 1131, 1135; BAG, Urt. v. 15.11.2012 – 6 AZR 339/11, NZA 2013, 429).

- Die Frage nach einer **Gewerkschaftszugehörigkeit** des Bewerbers ist unzulässig, da hierin ein Verstoß gegen die in Art. 9 Abs. 3 S. 2 GG verankerte Koalitionsfreiheit liegt (HWK/*Thüsing* § 123 BGB Rn. 14; strittig ist, ob der Arbeitgeber **nach** der Entscheidung über die Einstellung nach der Gewerkschaftszugehörigkeit fragen darf, siehe hierzu *Meyer* BB 2011, 2362). Soll der Bewerber bei einer Gewerkschaft oder einem Arbeitgeberverband gefragt werden, soll ausnahmsweise im Bewerbungsverfahren die Frage nach der Gewerkschaftszugehörigkeit zulässig sein (HWK/*Thüsing* § 123 BGB Rn. 14).

298 Ohne eine entsprechende Frage des Arbeitgebers muss der Bewerber von sich aus nur auf solche Tatsachen hinweisen, deren Mitteilung der Arbeitgeber nach Treu und Glauben erwarten darf. Eine Offenbarungspflicht besteht demnach nur dann, wenn die verschwiegenen Umstände dem Arbeitnehmer die Erfüllung der arbeitsvertraglichen Leistungspflicht unmöglich machen oder sonst für den in Betracht kommenden Arbeitsplatz von ausschlaggebender Bedeutung sind (BAG, Urt. v. 06.09.2012 – 2 AZR 270/11, NZA 2013, 1087).

299 Die Täuschung muss für den Abschluss des Arbeitsvertrags ursächlich gewesen sein. Erklärt der Arbeitgeber im Prozess, er hätte den Bewerber auch dann eingestellt, wenn dieser die Frage anders beantwortet hätte, ist keine Ursächlichkeit gegeben. In diesem Fall kann sich der Arbeitgeber regelmäßig auch nicht darauf berufen, er habe sich über die Ehrlichkeit des Bewerbers getäuscht, denn die Annahme, der Bewerber sei ehrlich, beruht in der Regel nicht auf der falschen Antwort (BAG, Urt. v. 07.07.2011 – 2 AZR 396/10, NZA 2012, 34, 35).

300 **5.** Eine Anfechtung des Arbeitsvertrags wegen **widerrechtlicher Drohung** setzt voraus, dass der Anfechtende durch Inaussichtstellen eines künftigen Übels, dessen Eintritt zumindest nach der Vorstellung des Anfechtenden vom Willen des Drohenden abhängt, zur Abgabe einer Willenserklärung bestimmt worden ist (HWK/*Thüsing* § 123 BGB Rn. 35). Die Anfechtung des Arbeitsvertrags wegen Drohung spielt in der Praxis – im Gegensatz zur Anfechtung eines Aufhebungsvertrags wegen Drohung – keine nennenswerte Rolle (Küttner/*Röller* Stichwort Arbeitsvertrag Rn. 74; *Strick* NZA 2000, 695, 698).

6. Zur Anfechtung einer Willenserklärung wegen **Irrtums** ist gem. § 119 Abs. 1 BGB berechtigt, wer bei Abgabe seiner Willenserklärung über deren Inhalt im Irrtum war (Inhaltsirrtum) oder eine Erklärung diesen Inhalts überhaupt nicht abgeben wollte (Erklärungsirrtum). Der Irrtum ist jedoch nur dann beachtlich, wenn der Erklärende die Erklärung so, wie er sie abgegeben hat, »bei Kenntnis der Sachlage und bei verständiger Würdigung des Falles nicht abgegeben haben würde«. Dem Inhalts- und Erklärungsirrtum gleichgestellt ist nach § 119 Abs. 2 BGB der Irrtum über eine verkehrswesentliche Eigenschaft einer Person oder Sache. In der Praxis ist der **Irrtum über eine verkehrswesentliche Eigenschaft** des Arbeitnehmers von Bedeutung. Anfechtungsgrund ist dabei der Irrtum des Arbeitgebers über eine Eigenschaft des Bewerbers als Voraussetzung für seine Beurteilung, ob der Bewerber für die zu erbringende Arbeitsleistung geeignet ist (Küttner/*Röller* Stichwort Arbeitsvertrag Rn. 68). Im Hinblick auf Frage, wann eine Eigenschaft als verkehrswesentlich anzusehen ist, sind die Grundsätze zum Fragerecht des Arbeitgebers zu berücksichtigen. Ist eine Frage nach diesen Grundsätzen zulässig und stellt der Arbeitgeber sie im Bewerbungsgespräch, so gibt er dadurch zu erkennen, dass die Eigenschaft für ihn wesentlich ist. Wird die zulässige Frage falsch beantwortet, berechtigt dies den Arbeitgeber regelmäßig zur Anfechtung. Im Einzelnen gilt folgendes:

– Die **Schwangerschaft** einer Bewerberin ist keine verkehrswesentliche Eigenschaft i.S.d. § 119 Abs. 2 BGB, da es sich hierbei nur um einen vorübergehenden Zustand handelt (BAG, Urt. v. 22.09.1961 – 1 AZR 241/60, NJW 1962, 74; Küttner/*Röller* Stichwort Arbeitsvertrag Rn. 71). Daher kann der Arbeitgeber den Arbeitsvertrag nicht nach § 119 Abs. 2 BGB anfechten, wenn sich nach der Begründung des Arbeitsverhältnisses die Schwangerschaft der Arbeitnehmerin herausstellt. Dies gilt auch für den Fall, dass die Arbeitnehmerin nur befristet eingestellt wurde und sie wegen eines Beschäftigungsverbots tatsächlich nicht beschäftigt werden kann (BAG, Urt. v. 06.02.2003 – 2 AZR 621/01, NZA 2003, 848). Die Frage nach einer bestehenden Schwangerschaft ist unzulässig (siehe K Rdn. 297).

– Eine **Vorstrafe** ist keine verkehrswesentliche Eigenschaft, sie erlaubt jedoch im Einzelfall Rückschlüsse auf **persönliche Eigenschaften** des Bewerbers (z.B. Ehrlichkeit, Zuverlässigkeit), so dass eine Anfechtung nach § 119 Abs. 2 BGB in Betracht kommen kann. Voraussetzung ist jedoch stets, dass die Vorstrafe einen Bezug zu der auszuübenden Tätigkeit hat. So kann eine Vorstrafe wegen Verkehrsdelikten zur Anfechtung des Arbeitsvertrags eines Kraftfahrers berechtigen; Vorstrafen wegen Vermögensdelikten können ein Indiz dafür sein, dass dem Bewerber die persönliche Eignung zum Kassierer fehlt (BAG, Urt. v. 05.12.1957 – 1 AZR 594/56, NJW 1958, 516). Auch wenn eine Vorstrafe im Bezug zum Arbeitsverhältnis steht, kann sie eine Anfechtung gem. § 119 Abs. 2 BGB nicht mehr begründen, wenn sie im Bundeszentralregister getilgt oder zu tilgen ist; in diesem Fall darf sich der Bewerber als »unbestraft« bezeichnen (vgl. § 53 Abs. 1 Nr. 2 BZRG).

– Die **Krankheit** eines Arbeitnehmers stellt dann eine verkehrswesentliche Eigenschaft dar, wenn dem Arbeitnehmer wegen eines nicht nur kurzfristigen Leidens (z.B. Epilepsie) die notwendige Fähigkeit fehlt oder er erheblich beeinträchtigt ist, die vertraglich übernommene Arbeit auszuführen (BAG, Urt. v. 28.03.1974 – 2 AZR 92/73, AP BGB § 119 Nr. 3). Demgegenüber berechtigt der Irrtum des Arbeitgebers über das (Nicht-)Vorliegen einer Behinderung – sofern sie sich nicht auf die vorgesehene Tätigkeit auswirkt – seit Inkrafttreten des AGG wohl nicht (mehr) zur Anfechtung gem. § 119 Abs. 2 BGB.

– Die **Gewerkschaftszugehörigkeit** ist keine verkehrswesentliche Eigenschaft i.S.d. § 119 Abs. 2 BGB.

– In Betracht kommt eine Anfechtung gem. § 119 Abs. 2 BGB z.B. bei einem Irrtum des Arbeitgebers über die **fachliche Vorbildung** des Arbeitnehmers.

7. Strittig ist, ob die **Angabe des Anfechtungsgrundes** erforderlich ist (vgl. MüKo-BGB/*Busche* § 143 Rn. 7 f.). Vorsorglich sollte der Anfechtungsgrund angegeben werden. Da ein Nachschieben von Anfechtungsgründen grds. nicht zulässig ist (vgl. MüKo-BGB/*Busche* § 143 Rn. 9 f.), sollte jedoch in Fällen, in denen mehrere Anfechtungsgründe in Betracht kommen, die Anfechtung aus allen in Betracht kommenden Gründen erklärt werden.

303 **8.** Will der Arbeitgeber den Arbeitsvertrag anfechten, muss er **nicht** – wie bei der Kündigung – zuvor gem. § 102 BetrVG den **Betriebsrat anhören**. Auch ein etwa bestehender **Sonderkündigungsschutz** (z.B. gem. §§ 85 ff. SGB IX, § 9 MuSchG, § 18 BEEG) spielt für die Anfechtung keine Rolle; die Anfechtungserklärung bedarf nicht – wie die Kündigung – einer behördlichen Zustimmung oder der Zustimmung des Betriebsrats. Wird gleichzeitig mit der Anfechtung vorsorglich eine Kündigung erklärt, so ist der Betriebsrat aber in Bezug auf die Kündigung gem. § 102 BetrVG anzuhören; etwa erforderliche Zustimmungen sind vor Ausspruch der Kündigung einzuholen.

304 **9.** Gem. § 142 Abs. 1 BGB führt die Anfechtung grds. zur rückwirkenden (ex tunc) **Nichtigkeit** des angefochtenen Rechtsgeschäfts. Dies gilt jedoch bei Arbeitsverhältnissen nur dann, wenn das Arbeitsverhältnis noch nicht in Vollzug gesetzt wurde. Hat der Arbeitnehmer hingegen bereits seine Arbeit aufgenommen, ist eine Anfechtung des Arbeitsvertrags nur noch mit Wirkung für die Zukunft (ex nunc) möglich (HWK/*Thüsing* § 119 BGB Rn. 15 spricht insoweit von einer Sonderentwicklung der Rechtsfolgen einer Anfechtung des Arbeitsvertrags im Gegensatz zur allgemeinen bürgerlich-rechtlichen Regelung). Wurde das Arbeitsverhältnis zunächst in Vollzug gesetzt, zwischenzeitlich jedoch wieder außer Funktion gesetzt, wirkt die Anfechtung auf den Zeitpunkt zurück, ab dem die Suspendierung der vertraglichen Hauptleistungspflichten bewirkt wurde (HWK/*Thüsing* § 119 BGB Rn. 16; *Söhl* ArbRAktuell 2014, 166, 167). Eine krankheitsbedingte Arbeitsunfähigkeit des Arbeitnehmers vor der Anfechtung setzt das Arbeitsverhältnis – wie die gesetzlichen Regelungen zur Entgeltfortzahlung im Krankheitsfall zeigen – nicht außer Funktion; die Anfechtung wirkt also auch in einem solchen Fall ex nunc (HWK/*Thüsing* § 119 BGB Rn. 17).

305 **10.** Siehe hierzu K Rdn. 45.

306 **11.** Siehe hierzu K Rdn. 46.

307 **12.** Wird die Anfechtung durch einen **rechtsgeschäftlichen Vertreter** erklärt, sollte dem Anfechtungsschreiben eine entsprechende **Vollmachtsurkunde** im Original beigefügt werden, um eine Zurückweisung der Anfechtungserklärung gem. § 174 S. 1 BGB (K Rdn. 88) zu vermeiden. Die Ausführungen zur Vorlage von Vollmachtsurkunden beim Ausspruch von Kündigungen gelten entsprechend (K Rdn. 47).

308 **13.** Die Anfechtung als empfangsbedürftige Willenserklärung bedarf – ebenso wie die Kündigung – des **Zugangs** beim Empfänger. Im Zweifel hat der Anfechtende den Zugang zu beweisen. Die Ausführungen zum Nachweis des Zugangs von Kündigungen gelten entsprechend (siehe K Rdn. 14 bzw. K Rdn. 48).

VIII. Zeugnisse/Abwicklung des Arbeitsverhältnisses

1. Einfaches Zeugnis

Vorbemerkung

309 Gem. § 109 Abs. 1 S. 1 GewO haben Arbeitnehmer bei Beendigung eines Arbeitsverhältnisses Anspruch auf Erteilung eines schriftlichen Zeugnisses. **Anspruchsberechtigt** sind voll- und teilzeitbeschäftigte Arbeitnehmer im Haupt- oder Nebenberuf einschließlich leitende Angestellte, Werkstudenten und Arbeitnehmer in einem Probe- oder Aushilfsarbeitsverhältnis (ErfK/*Müller-Glöge* § 109 GewO Rn. 2 ff.). Für Auszubildende enthält § 16 BBiG eine eigenständige Regelung, die gem. § 26 BBiG auch auf die Rechtsverhältnisse solcher Personen Anwendung findet, die zur Erlangung beruflicher Fertigkeiten, Kenntnisse, Fähigkeiten oder Erfahrungen eingestellt werden (z.B. Volontäre, Praktikanten). Für Umschüler ist § 16 BBiG nicht anwendbar, der Zeugnisanspruch ergibt sich aus § 630 BGB, sofern die Umschulung auf Grundlage eines Berufsbildungsvertrags und nicht eines Arbeitsvertrags (dann § 109 GewO) erfolgt ist (BAG, Urt. 12.02.2013 –

3 AZR 120/11, NZA 2014, 31). Für dauernde Dienstverhältnisse, die keine Arbeitsverhältnisse sind (z.B. arbeitnehmerähnliche Personen, Heimarbeiter, so genannte kleine Handelsvertreter i.S.d. § 84 Abs. 2 HGB), ergibt sich der Zeugnisanspruch aus § 630 BGB. Organvertreter ohne oder mit nur unwesentlichen Geschäftsanteilen haben ebenfalls Anspruch auf Erteilung eines Zeugnisses (KG Berlin, Urt. v. 06.11.1978 – 2 U 2290/78, BB 1979, 988). Darüber hinaus ergeben sich insbesondere für den öffentlichen Dienst Besonderheiten aus Tarifverträgen (vgl. § 35 TVöD; zum Zeugnis im öffentlichen Dienst eingehend *Bauschke* öAT 2011, 225) Auf die **Dauer** des Arbeitsverhältnisses kommt es nicht an; im Extremfall ist daher auch für ein nur eintägiges Arbeitsverhältnis ein Zeugnis zu erteilen. Andernfalls würde der Zweck von Arbeitszeugnissen, dem Arbeitnehmer den möglichst lückenlosen Nachweis seines beruflichen Werdegangs zu ermöglichen, nicht erreicht (Küttner/*Poeche* Stichwort Zeugnis Rn. 4). Das Zeugnis ist grds. nur auf **Verlangen des Arbeitnehmers** zu erteilen (Ausnahme: § 16 BBiG), der Arbeitnehmer muss dem Arbeitgeber jedoch eine Bearbeitungszeit zugestehen (*Kursawe* ArbRAktuell 2010, 643). In der Praxis erteilt der Arbeitgeber jedoch in der Regel das Zeugnis von sich aus (*Hunold* NZA-RR 2001, 113). Dem Arbeitnehmer steht ein Wahlrecht zwischen einem einfachen Zeugnis (§ 109 Abs. 1 S. 2 GewO) und einem qualifizierten Zeugnis (§ 109 Abs. 1 S. 2 GewO) zu. Nach allgemeinem Sprachgebrauch wird die Bitte des Arbeitnehmers, ihm ein »Zeugnis« zu erteilen, als Verlangen nach einem qualifizierten Zeugnis zu verstehen sein (ErfK/*Müller-Glöge* § 109 GewO Rn. 5; Küttner/*Poeche* Stichwort Zeugnis Rn. 9).

Der Anspruch auf die Erteilung des Zeugnisses ist grds. zum Zeitpunkt des rechtlichen Endes des Arbeitsverhältnisses fällig, bei einer ordentlichen Kündigung demnach spätestens nach Ablauf der Kündigungsfrist (BAG, Urt. v. 27.02.1987 – 5 AZR 710/85 BAG, AP BGB § 630 Nr. 16), bei außerordentlichen Kündigungen sofort (ErfK/*Müller-Glöge* § 109 GewO Rn. 9). Bei **befristeten Arbeitsverhältnissen** ist das Zeugnis innerhalb einer angemessenen Frist vor Beendigung zu erteilen (MüKo-BGB/*Henssler* § 630 Rn. 16; *Kursawe* ArbRAktuell 2010, 643; a.A. MünchArbR/*Wank* § 105 Rn. 6, wonach es auf den Zeitpunkt ankommt, zu dem bei Annahme eines unbefristeten Arbeitsverhältnisses hätte gekündigt werden müssen). 310

Das Zeugnis ist **schriftlich** zu erteilen; die Erteilung eines Zeugnisses in elektronischer Form ist gem. § 109 Abs. 3 GewO ausdrücklich ausgeschlossen. Das Zeugnis muss seiner **äußeren Form** nach so gestaltet sein, dass es nicht einen sinnentstellenden Inhalt gewinnt. Durch die äußere Form darf nicht der Eindruck erweckt werden, der ausstellende Arbeitgeber distanziere sich vom buchstäblichen Wortlaut seiner Erklärung. Es ist haltbares Papier von guter Qualität zu benutzen, das Zeugnis muss sauber und ordentlich geschrieben sein und darf keine Flecken, Radierungen, Verbesserungen, Durchstreichungen oder ähnliches enthalten (BAG, Urt. v. 03.03.1993 – 5 AZR 182/92, NZA 1993, 697). Das Zeugnis ist nach Ansicht des BAG auch dann ordnungsgemäß, wenn der Arbeitgeber es gefaltet hat, um es in einem Briefumschlage üblicher Größe unterzubringen, sofern es kopierfähig ist und sich die Knicke im Originalzeugnis nicht – z.B. durch Schwärzungen – auf den Kopien abzeichnen (BAG, Urt. v. 21.09.1999 – 9 AZR 893/98, NZA 2000, 257). Demgegenüber vertritt das LAG Hamburg (Beschl. v. 07.03.1993 – 7 Ta 7/93, NZA 1994, 890) die Auffassung, das Zeugnis sei dem Arbeitnehmer im ungefalteten Zustand zuzustellen. Um Streitigkeiten zu vermeiden, empfiehlt es sich, das Zeugnis ungefaltet zu übergeben bzw. zu versenden. 311

Das Zeugnis ist grds. in deutscher Sprache abzufassen (ErfK/*Müller-Glöge* § 109 GewO Rn. 10b; zum Anspruch auf ein fremdsprachiges (insb. englisches) Arbeitszeugnis *Kursawe* ArbRAktuell 2010, 643 ff.). Es muss »**klar und verständlich formuliert**« sein (§ 109 Abs. 2 S. 1 GewO) und darf keine Merkmale oder Formulierungen enthalten, die den Zweck haben, eine andere als aus der äußeren Form oder aus dem Wortlaut ersichtliche Aussage über den Arbeitnehmer zu treffen (§ 109 Abs. 2 S. 2 GewO). Demnach sind **Geheimzeichen**, wie z.B. die Verwendung besonderen Papiers, einer besonderen Farbe, einer bestimmten Schrift oder eines besonderen Stempels unzulässig. Gleiches gilt für die doppeldeutige Hervorhebung einzelner Textstellen, z.B. durch Unterstreichungen, oder die Benutzung von Anführungs-, Frage- oder Ausrufezeichen (ErfK/*Mül-* 312 ler-Glöge § 109 GewO Rn. 16, 39). Auch ein Smiley in der Unterschrift mit heruntergezogenem Mundwinkel enthält eine negative Aussage und muss vom Arbeitnehmer nicht hingenommen werden (ArbG Kiel, Urt. v. 18.04.2013 – 5 Ca 80b/13, JurionRS 2013, 44673). Aus § 109 Abs. 2 S. 2 GewO ergibt sich auch, dass das Zeugnis nicht den Hinweis enthalten darf, der Aussteller stehe für weitere Nachfragen zur Verfügung. Diese Aussage kann – auch wenn der Aussteller sie gut gemeint haben mag – von einem objektiven Dritten dahingehend ausgelegt werden, dass die im Zeugnis wiedergegebene Beurteilung die Wahrheit nicht vollständig wiedergibt und der Leser daher aufgefordert wird, beim Aussteller weitere Auskünfte einzuholen (vgl. ArbG Herford, Urt. v. 01.04.2009 – 2 Ca 1502/08, BeckRS 2009, 61514). Die Formulierung »Wir haben Herrn K. als einen sehr interessierten und hochmotivierten Mitarbeiter kennen gelernt« ist nach Ansicht des BAG hingegen keine dem Gebot der Zeugnisklarheit widersprechende verschlüsselte Formulierung; mit der Wendung »kennen gelernt« bringt der Arbeitgeber nicht zum Ausdruck, dass die angeführten Eigenschaften tatsächlich nicht vorliegen (BAG, Urt. v. 15.11.2011 – 9 AZR 386/10, BeckRS 2012, 67197).

313 Das Arbeitszeugnis ist eine **Holschuld** i.S.d. § 269 Abs. 1, 2 BGB. Der Arbeitgeber ist daher regelmäßig nicht verpflichtet, das Zeugnis an den Arbeitnehmer zu versenden. Seine Pflicht beschränkt sich darauf, das Arbeitszeugnis im Betrieb für den Arbeitnehmer zum Abholen bereit zu halten (BAG, Urt. v. 21.09.1999 – 9 AZR 893/98, NZA 2000, 257). Im Einzelfall kann sich jedoch eine Pflicht des Arbeitgebers, dem Arbeitnehmer das Zeugnis zuzuschicken, aus § 242 BGB ergeben (BAG, Urt. v. 08.03.1995 – 5 AZR 848/93, NZA 1995, 671), z.B. wenn der Arbeitnehmer die Erteilung des Zeugnisses rechtzeitig vor Beendigung des Arbeitsverhältnisses verlangt hat, es jedoch bis zur Beendigung des Arbeitsverhältnisses aus Gründen, die in der Sphäre des Arbeitgebers liegen, nicht zur Abholung bereitlag.

314 Der Anspruch auf Zeugniserteilung ist **nicht abdingbar**; jedenfalls vor Beendigung des Arbeitsverhältnisses soll der Arbeitnehmer nicht wirksam auf das Zeugnis verzichten können. Nach Beendigung wird ein Verzicht wohl möglich sein, zumal der Arbeitnehmer das Zeugnis verlangen und sein Wahlrecht ausüben muss (ErfK/*Müller-Glöge* § 109 GewO Rn. 52; offen gelassen in BAG, Urt. v. 16.09.1974 – 5 AZR 255/74, NJW 1975, 407). Nach Ansicht des LAG Berlin-Brandenburg erfasst eine Ausgleichsklausel in einem Prozessvergleich auch den Anspruch auf ein qualifiziertes Zeugnis (LAG Berlin-Brandenburg, Urt. v. 06.12.2011 – 3 Sa 1300/11, DB 2012, 412; a.A. BAG, Urt. v. 16.09.1974 – 5 AZR 255/74, NJW 1975, 407).

315 Entspricht das Zeugnis in formeller oder materieller Hinsicht nicht den Anforderungen an ein ordnungsgemäßes Zeugnis, kann der Arbeitnehmer einen **»Zeugnisberichtigungsanspruch«** geltend machen. Hierbei handelt es sich genau genommen um einen Erfüllungsanspruch, der inhaltlich auf die Erteilung eines ordnungsgemäßen Zeugnisses gerichtet ist (BAG, Urt. v. 17.02.1988 – 5 AZR 638/86, NZA 1988, 427). Der Arbeitgeber hat dann ein vollständig neues, inhaltlich berichtigtes Zeugnis auszustellen. Um (Rechts-)streitigkeiten über das Zeugnis von vornherein zu vermeiden, empfiehlt es sich, wenn möglich den Inhalt des Zeugnisses vor dessen Erteilung mit dem Arbeitnehmer abzustimmen.

▶ **Muster – Einfaches Zeugnis**

316
[Briefkopf des Unternehmens] 1

Herr/Frau 2 [Name des Mitarbeiters] 3 war vom [Eintrittsdatum] bis zum [Austrittsdatum] 4 bei uns als [Bezeichnung] beschäftigt. Seine/Ihre Tätigkeit umfasste [Beschreibung der Aufgaben des Mitarbeiters] . 5

Er/Sie verlässt uns heute auf eigenen Wunsch. 6

[Ort, Datum] 7

(Unterschrift des Ausstellers) [8]

Erläuterungen

Schrifttum

Adam Praxisprobleme des Zeugnisrechts, MDR 2005, 553; *Bauschke* Arbeitszeugnisse im öffentlichen Dienst – Bedeutung und Problematik, öAT 2011, 225; *Düwell/Dahl* Die Leistungs- und Verhaltensbeurteilung im Arbeitszeugnis, NZA 2011, 958; *Ecklebe* Das Arbeitszeugnis – Viel Lärm um Nichts oder ein Relikt aus vergangenen Tagen?, DB 2015, 923; *Höser* Rechtsprechungsübersicht zu Arbeitszeugnissen – insbesondere zur Bindungswirkung, NZA-RR 2012, 281; *Hunold* Die Rechtsprechung zum Zeugnisrecht, NZA-RR 2001, 113; *Jüchser* Auswirkungen des Betriebsübergangs auf den Zeugnisanspruch des Arbeitnehmers nach § 109 GewO, NZA 2012, 244; *Kolbe* Zeugnisberichtigung und Beweislast, NZA 2015, 582; *Kursawe* Der Anspruch auf ein englischsprachiges Arbeitszeugnis, ArbRAktuell 2010, 643; *Löw* Neues vom Arbeitszeugnis, NZA-RR 2008, 561; *Novak* Zeugnisgestaltung aus Arbeitgebersicht – Wahrheit oder Pflicht?, ArbRAktuell 2015, 443; *Novak* Prozessuale Aspekte im Rahmen der Zeugnisgestaltung, ArbRAktuell 2015, 520; *Popp* Die Bekanntgabe des Austrittsgrunds im Arbeitszeugnis, NZA 1997, 588; *Schleßmann* Zwei Fragen zum Arbeitszeugnis, BB 2015, 2421; *Stück* Das Arbeitszeugnis, MDR 2006, 791; *Weuster* Zeugnisgestaltung und Zeugnissprache zwischen Informationsfunktion und Werbefunktion, BB 1992, 58.

1. Das Zeugnis muss einen ordnungsgemäßen **Briefkopf** tragen, aus dem Name und Anschrift des Ausstellers erkennbar sind. Benutzt der Arbeitgeber im Geschäftsverkehr einen Firmenbriefbogen, hat er diesen auch für das Zeugnis zu benutzen, da ansonsten bei Dritten der Eindruck entstehen kann, der Arbeitgeber identifiziere sich nicht mit dem Inhalt des Zeugnisses (BAG, Urt. v. 03.03.1993 – 5 AZR 182/92, NZA 1993, 697).

2. Die **Anrede** lautet »Herr« bzw. »Frau«, es sei denn, die Bezeichnung »Fräulein« ist durch die Arbeitnehmerin ausdrücklich erwünscht (Küttner/*Poeche* Stichwort Zeugnis Rn. 18).

3. Die **Person des Arbeitnehmers** ist mit Vor- und Familiennamen, ggf. Geburtsnamen (a.A. *Kursawe* ArbRAktuell 2010, 643), zu bezeichnen. Dem Arbeitnehmer verliehene akademische Titel sind im Zeugnis korrekt anzugeben. Anschrift, Geburtsdatum und Geburtsort sind zur Identifikation regelmäßig nicht erforderlich und sollten – insbesondere vor dem Hintergrund des AGG – daher nur mit Einverständnis des Arbeitnehmers aufgenommen werden (Küttner/*Poeche* Stichwort Zeugnis Rn. 18; a.A. ErfK/*Müller-Glöge* § 109 GewO Rn. 13: auch ohne Einverständnis). Ferner sollte das Zeugnis keine Angabe der Adresse des Arbeitnehmers im für Briefe üblichen Adressfeld enthalten, weil dies den Eindruck erwecken könnte, das Zeugnis sei dem ausgeschiedenen Arbeitnehmer nach außergerichtlicher oder gerichtlicher Auseinandersetzung über den Inhalt postalisch zugestellt worden (LAG Hamm, Urt. v. 27.02.1997 – 4 Sa 1691/96, NZA-RR, 1998, 151).

4. Das einfache Zeugnis muss Angaben zur **Dauer** des Arbeitsverhältnisses enthalten. Unterbrechungen des Arbeitsverhältnisses durch Urlaub oder Krankheit dürfen grds. selbst bei längerer Dauer keine Erwähnung im Zeugnis finden. Nach teilweise vertretener Ansicht dürfen jedoch krankheitsbedingte Fehlzeiten dann erwähnt werden, wenn sie außer Verhältnis zur tatsächlichen Arbeitszeit stehen, also etwa die Hälfte der gesamten Dauer des Arbeitsverhältnisses ausmachen (LAG Chemnitz, Urt. v. 30.01.1996 – 5 Sa 996/95, NZA-RR 1997, 47). Nach Ansicht des BAG darf die Elternzeit des Arbeitnehmers nur erwähnt werden, wenn sich die Ausfallzeit als eine wesentliche tatsächliche Unterbrechung der Beschäftigung darstellt. Das ist dann der Fall, wenn diese nach Lage und Dauer erheblich ist und wenn bei ihrer Nichterwähnung für Dritte der falsche Eindruck entstünde, die Beurteilung des Arbeitnehmers beruhe auf einer der Dauer des rechtlichen Bestands des Arbeitsverhältnisses entsprechenden tatsächlichen Arbeitsleistung (BAG, Urt. v. 10.05.2005 – 9 AZR 261/04, NZA 2005, 1237; in diesem Fall wurde eine Ausfallzeit von 33,5 Monaten bei einem insgesamt 50 Monate dauernden Arbeitsverhältnis als erheblich angesehen; vgl. auch Elternzeit: LAG Köln, Urt. v. 04.05.2012 – 4 SA 114/12, NZA-RR 2012, 563;

zur vergleichbaren Problematik bei freigestellten Betriebsratsmitgliedern LAG Köln, Urt. v. 06.12.2012 – 7 Sa 583/12, JurionRS 2012, 39165).

321 5. Die von dem Arbeitnehmer ausgeübten **Tätigkeiten** sind so vollständig und genau aufzuführen, dass sich ein zukünftiger Arbeitgeber ein klares Bild machen kann. Die Angabe des Berufs allein ist nicht ausreichend. Ebenso wenig reichen Sammelbestimmungen von Aufgabengebieten aus, wenn der Arbeitnehmer innerhalb des allgemeinen Aufgabengebiets eine besondere, als solche in den einschlägigen Berufskreisen anerkannte Spezialaufgabe zu bewältigen hatte (LAG Hamm, Urt. v. 27.02.1997 – 4 Sa 1691/96, NZA-RR, 1998, 151, 156). Unerwähnt bleiben dürfen solche Tätigkeiten, denen bei einer Bewerbung des Arbeitnehmers keine Bedeutung zukommt (BAG, Urt. v. 12.08.1976 – 3 AZR 720/75, AP BGB § 630 Nr. 11). Die Tätigkeitsbeschreibung kann folgende Angaben enthalten: kurze Darstellung von Unternehmen und Branche, hierarchische Position bzw. Positionen des Arbeitnehmers, Berufsbild/Berufsbezeichnung, Beschreibung des Aufgabengebiets, Art der Tätigkeit, berufliche Entwicklung (vgl. *Hunold* NZA-RR 2001, 113, 119). Hilfreich für die Erstellung ist dabei – sofern vorhanden – eine aktuelle Stellenbeschreibung der von dem Arbeitnehmer besetzten Position. Wichtig ist auch die Angabe der dem Arbeitnehmer eingeräumten **Vollmachten** (z.B. Prokura, Generalvollmacht, Abschlussvollmacht), da sie Rückschlüsse auf seine Stellung im Betrieb und hierarchische Position zulassen. Bestand die Vollmacht nicht während der gesamten Dauer des Arbeitsverhältnisses, ist die Dauer in das Zeugnis aufzunehmen (ErfK/*Müller-Glöge* § 109 GewO Rn. 29). Das einfache Zeugnis enthält – im Unterschied zum qualifizierten Zeugnis – keine Bewertung der Leistung und des Verhaltens des Arbeitnehmers.

322 6. Angaben über die **Art und die Gründe des Ausscheidens** des Arbeitnehmers sind jedenfalls bei entsprechendem Verlangen des Arbeitnehmers in das Zeugnis aufzunehmen (ErfK/*Müller-Glöge* § 109 GewO Rn. 26). In der Praxis wird der Ausscheidensgrund jedoch insbesondere dann regelmäßig aufgenommen, wenn er nicht aus der Sphäre des Arbeitnehmers stammt, d.h. insbesondere im Fall der betriebsbedingten Kündigung, oder wenn der Arbeitnehmer auf eigenen Wunsch ausscheidet. In diesen Fällen wird man wohl einen entsprechenden Willen des Arbeitnehmers unterstellen können. Darüber hinaus ist strittig, ob Beendigungsmodalitäten und -gründe im Zeugnis Erwähnung finden dürfen (siehe zum Meinungsstand ErfK/*Müller-Glöge* § 109 GewO Rn. 26). Wurde das Arbeitsverhältnis durch fristlose Kündigung beendet, so wird sich nach Ansicht des LAG Düsseldorf dieser Umstand in der Regel schon aus dem »krummen« Beendigungsdatum herauslesen lassen, so dass es nicht erforderlich ist, die fristlose Kündigung darüber hinaus im Arbeitszeugnis zu erwähnen (LAG Düsseldorf, Urt. v. 22.01.1988 – 2 Sa 1654/87, NZA 1988, 399). Demgegenüber wird jedoch vertreten, die Erwähnung eines Vertragsbruchs des Arbeitnehmers (d.h. die rechtswidrige vorzeitige Beendigung des Vertragsverhältnisses) sei im Interesse der Zeugniswahrheit auch ohne dessen Zustimmung zulässig (ErfK/*Müller-Glöge* § 109 GewO Rn. 26 m.w.N.; differenzierend *Popp* NZA 1997, 588). Wird die einverständliche Aufhebung des Arbeitsverhältnisses erst vergleichsweise im Kündigungsschutzprozess vereinbart, darf im Zeugnis nicht auf den Prozessvergleich oder die Veranlassung des Ausscheidens durch den Arbeitgeber hingewiesen werden; vielmehr darf der Arbeitnehmer die Formulierung erwarten, das Arbeitsverhältnis sei »im beiderseitigen Einvernehmen aufgelöst« worden (LAG Berlin, Urt. v. 25.01.2007 – 5 Sa 1442/06, NZA-RR 2007, 373; ErfK/*Müller-Glöge* § 109 GewO Rn. 26a). Wurde das Arbeitsverhältnis auf den Auflösungsantrag des Arbeitnehmers gem. §§ 9, 10 KSchG hin durch Urteil aufgelöst, kann der Arbeitnehmer verlangen, dass in das Zeugnis aufgenommen wird, das Arbeitsverhältnis sei »auf seinen Wunsch beendet« worden (LAG Köln, Urt. v. 29.11.1990 – 10 Sa 801/90, BeckRS 1991, 40227).

323 7. Das Zeugnis muss ein **Ausstellungsdatum** tragen. Regelmäßig ist dies der Tag der tatsächlichen Erstellung des Zeugnisses (ErfK/*Müller-Glöge* § 109 GewO Rn. 12). Erstellt der Arbeitgeber das Zeugnis trotz rechtzeitigem Verlangen des Arbeitnehmers nicht zeitnah nach dessen Ausscheiden, hat er das Zeugnis auf den Tag der Beendigung des Arbeitsverhältnisses rückzudatieren (Küttner/*Poeche* Stichwort Zeugnis Rn. 20; a.A. ErfK/*Müller-Glöge* § 109 GewO Rn. 12). Wird ein bereits erteiltes Zeugnis nachträglich wegen formeller oder inhaltlicher Mängel – z.B. auf Grund eines gerichtlichen Vergleichs oder Urteils – durch Ausstellen eines neuen Zeugnisses nachträglich berichtigt, so ist das neue Zeugnis auf das Ausstellungsdatum des ursprünglich erteilten Zeugnisses rückzudatieren (BAG, Urt. v. 09.09.1992 – 5 AZR 509/91, NZA 1993, 698; ErfK/*Müller-Glöge* § 109 GewO Rn. 12). Denn wenn zwischen dem Zeitpunkt der Beendigung des Arbeitsverhältnisses und dem Ausstellungsdatum des Zeugnisses ein erheblicher Zeitraum liegt, könnte bei Dritten der Gedanke an eine Auseinandersetzung über die Beendigung des Arbeitsverhältnisses oder den Zeugnisinhalt erweckt werden. Ein solcher Eindruck entwertet das Zeugnis und ist geeignet, Misstrauen gegen den Inhalt des Zeugnisses zu erwecken und dadurch die Bewerbungschancen des Arbeitnehmers zu beeinträchtigen (BAG, Urt. v. 09.09.1992 – 5 AZR 509/91, NZA 1993, 698).

8. Das Zeugnis muss die eigenhändige **Unterschrift** des Ausstellers – mit Tinte oder Kugelschreiber, nicht mit Bleistift (HWK/*Gäntgen* § 109 GewO Rn. 14) – tragen; ein Faksimile oder eine fotokopierte Unterschrift sind nicht zulässig. Das Zeugnis muss nicht vom Arbeitgeber selbst oder seinem gesetzlichen Organ gefertigt und unterzeichnet werden. Er kann hiermit auch einen unternehmensangehörigen **Vertreter** als Erfüllungsgehilfen beauftragen, der das Zeugnis dann im Namen des Arbeitgebers erteilt und auch unterschreibt. Das Vertretungsverhältnis und die Funktion des Ausstellers im Betrieb sind regelmäßig anzugeben, weil die Person und der Rang des Unterzeichnenden Aufschluss über die Wertschätzung des Arbeitnehmers und die Kompetenz des Ausstellers zur Beurteilung des Arbeitnehmers und damit über die Richtigkeit der im Zeugnis getroffenen Aussagen gibt (BAG, Urt. v. 21.09.1999 – 9 AZR 893/98, NZA 2000, 257). Der Vertreter des Arbeitgebers, der das Zeugnis unterzeichnet, muss ranghöher sein als der beurteilte Arbeitnehmer. Im Zeugnis ist deutlich zu machen, dass der Vertreter dem beurteilten Arbeitnehmer gegenüber weisungsbefugt war (BAG, Urt. v. 26.06.2001 – 9 AZR 392/00, NZA 2002, 34; *Kursawe* ArbRAktuell 2010, 643). War der zu beurteilende Arbeitnehmer leitender Angestellter oder der Geschäftsleitung direkt unterstellt, ist das Zeugnis durch ein Mitglied der Geschäftsführung auszustellen, das auf seine Zugehörigkeit zur Geschäftsführungsebene hinweisen muss (BAG, Urt. v. 26.06.2001 – 9 AZR 392/00, NZA 2002, 34; Küttner/*Poeche* Stichwort Zeugnis Rn. 21; *Löw* NZA-RR 2008, 561, 562). Eine Vertretung in der Unterschrift (i.V.) ist nicht zulässig. Vielmehr ist sicherzustellen, dass derjenige das Zeugnis persönlich unterschreibt, welcher als Aussteller ausdrücklich genannt wird. Denn wer nach außen als Aussteller eines Zeugnisses auftritt, distanziert sich von seinem Inhalt, wenn er es von einem Dritten unterschreiben lässt (BAG, Urt. v. 21.09.1999 – 9 AZR 893/98, NZA 2000, 257). Das Zeugnis kann nicht durch einen freiberuflich, d.h. nicht im Betrieb tätigen Rechtsanwalt ausgestellt werden (*Löw* NZA-RR 2008, 561, 562; *Hunold* NZA-RR 2001, 113, 115).

2. Qualifiziertes Zeugnis

Vorbemerkung

Siehe zunächst K Rdn. 309 ff. Das qualifizierte Zeugnis enthält im Gegensatz zum einfachen Zeugnis eine **Beurteilung der Leistung und Führung** des Arbeitnehmers während des Arbeitsverhältnisses. Es ist für den Arbeitnehmer gleichsam eine »Visitenkarte« für seine Bewerbung, indem es dem künftigen Arbeitgeber eine Grundlage für die Einstellungsentscheidung bzw. die Entscheidung, den Bewerber zum Vorstellungsgespräch einzuladen, verschafft. Das Zeugnis hat daher eine **Doppelfunktion** zu erfüllen: einerseits muss es den zukünftigen Arbeitgeber über die bisherigen Tätigkeiten und Leistungen des Bewerbers vollständig und wahrheitsgemäß informieren (**Grundsatz der Zeugniswahrheit**, oft als »oberster Grundsatz der Zeugniserteilung« bezeichnet) (HWK/*Gäntgen* § 109 GewO Rn. 4), andererseits soll es das weitere berufliche Fortkommen des Arbeitnehmers nicht ungerechtfertigt erschweren und muss daher wohlwollend formuliert sein (**Grundsatz der wohlwollenden Beurteilung**) (HWK/*Gäntgen* § 109 GewO Rn. 5; kritisch zum Grundsatz der wohlwollenden Beurteilung *Schleßmann* BB 2015, 2421, 2422). Zwischen dem

Wahrheitsgrundsatz und dem Grundsatz des Wohlwollens besteht ein Spannungsverhältnis, dessen Auflösung in der Praxis mitunter erhebliche Schwierigkeiten bereiten kann (*Bauschke* öAT 2011, 225).

326 Die **konkrete Formulierung** des Zeugnisses ist Sache des Arbeitgebers. Der Arbeitnehmer hat keinen Anspruch auf ein Zeugnis mit einem bestimmten Wortlaut (*Novak* ArbRAktuell 2015, 443). Die Tätigkeit muss jedoch möglichst genau und in der branchenüblichen Weise dargestellt werden (LAG Rheinland-Pfalz, Urt. v. 15.02.2013 – 6 Sa 468/12, JurionRS 2013, 33544). Der Arbeitgeber hat bei der Bewertung der Leistungen einen Beurteilungsspielraum. Er ist in der Entscheidung frei, welche Leistungen und Eigenschaften des Arbeitnehmers er hervorheben oder zurücktreten lassen will (BAG, Urt. v. 29.07.1971 – 2 AZR 250/70, NJW 1971, 2325). Das Zeugnis muss jedoch insgesamt **ausgewogen** sein; werden z.B. die dem Arbeitnehmer übertragenen Tätigkeiten sehr ausführlich dargestellt, dürfen seine Leistungen nicht nur knapp in einem Satz abgehandelt werden, da andernfalls der Eindruck entsteht, der Arbeitnehmer habe nichts geleistet (BAG, Urt. v. 24.03.1977 – 3 AZR 232/76, AP BGB § 630 Nr. 12). Das Zeugnis darf insbesondere dort keine Auslassung enthalten, wo der Leser eine positive Hervorhebung erwartet (so genannte »Leerstellentechnik«), z.B. zur Ehrlichkeit eines Kassierers (BAG, Urt. v. 29.07.1971 – 2 AZR 250/70, NJW 1971, 2325). Nicht zu erwähnen sind – außer auf ausdrücklichen Wunsch des Arbeitnehmers – die Mitgliedschaft des Arbeitnehmers im Betriebsrat oder in einer Gewerkschaft. Etwas anderes kann gelten, wenn ein Betriebsratsmitglied längere Zeit freigestellt war und daher eine erhebliche Unterbrechung seiner beruflichen Tätigkeit vorliegt (ErfK/*Müller-Glöge* § 109 GewO Rn. 21; DLW/*Dörner* Kapitel 9 Rn. 54; LAG Köln, Urt. v. 06.12.2012 – 7 Sa 583/12, JurionRS 2012, 39165, 73873). Ein gegen den Arbeitnehmer eingeleitetes Ermittlungsverfahren ist nach Ansicht des LAG Düsseldorf (Urt. v. 03.05.2005 – 3 Sa 359/05, DB 2005, 1799) nicht im Zeugnis zu erwähnen, da es sich nicht um eine Tatsache, sondern nur um einen bloßen Verdacht handelt. Demgegenüber hat das BAG angenommen, dass ein eingeleitetes Ermittlungsverfahren in einem Zeugnis erwähnt werden darf, falls es sich um eine gravierende Straftat handelt, die dienstliche Auswirkungen hat (BAG, Urt. v. 05.08.1976 – 3 AZR 491/75, AP BGB § 630 Nr. 10). In einem solchen Fall sollte der Arbeitgeber die Erwähnung des Ermittlungsverfahrens schon vor dem Hintergrund der Haftung gegenüber neuen Arbeitgebern in Erwägung ziehen.

▶ **Muster – Qualifiziertes Zeugnis**

327
[Briefkopf des Unternehmens] [1]

Zeugnis [2]

Herr/Frau [3] [Name des Mitarbeiters] , [akademischer Titel des Mitarbeiters] , [4] trat am [Eintrittsdatum] in unser Unternehmen ein und war bis zum [Austrittsdatum] [5] bei uns beschäftigt.

Herr/Frau [Name des Mitarbeiters] war zunächst als [Bezeichnung der Funktion] in der Abteilung [Bezeichnung der Abteilung] für die Durchführung folgender Tätigkeiten zuständig: [Beschreibung der Aufgaben des Mitarbeiters] . [6]

Im [Zeitangabe] wurde Herr/Frau [Name des Mitarbeiters] auf eigenen Wunsch in die Abteilung [Bezeichnung der Abteilung] versetzt und war dort als [Bezeichnung der Funktion] tätig. Zu seinen/ihren Aufgaben gehörte [Beschreibung der Aufgaben des Mitarbeiters] .

Er/Sie verfügt über umfassende und vielseitige Fachkenntnisse, die er/sie jederzeit sicher und zielgerichtet in der Praxis einsetzte. Er/Sie überzeugte durch seinen/ihren hohen Leistungswillen und seine/ihre stetige Bereitschaft, auch zusätzliche Aufgaben zu übernehmen. Auch bei hoher Arbeitsbelastung arbeitete er/sie stets zuverlässig und genau.

Herr/Frau [Name des Mitarbeiters] hat die ihm/ihr übertragenen Aufgaben stets zu unserer vollen **Zufriedenheit** erledigt. [7]

Er/Sie war stets freundlich, offen und zuvorkommend. Sein/Ihr Verhalten gegenüber Vorgesetzten und Kollegen war stets einwandfrei. Bei Kunden war Herr/Frau [Name des Mitarbeiters] wegen seiner/ihrer freundlichen Art sehr beliebt. [8]

Herr/Frau [Name des Mitarbeiters] verlässt unser Unternehmen heute auf eigenen Wunsch, um eine neue Herausforderung anzunehmen.

[oder:

Das Arbeitsverhältnis endet heute aus betriebsbedingten Gründen.]

[oder:

Das Arbeitsverhältnis endet heute im beiderseitigen Einvernehmen.] [9]

Wir bedauern das Ausscheiden von Herrn/Frau [Name des Mitarbeiters] aus dem Unternehmen, danken ihm/ihr für seine/ihre Mitarbeit und wünschen ihm/ihr für seine/ihre Zukunft alles Gute und weiterhin Erfolg. [10]

_____[Ort, Datum]_____ [11]

_____
(Unterschrift des Unternehmens) [12]

Erläuterungen

Schrifttum
Adam Praxisprobleme des Zeugnisrechts, MDR 2005, 553; *Bauschke* Arbeitszeugnisse im öffentlichen Dienst – Bedeutung und Problematik, öAT 2011, 225; *Düwell/Dahl* Die leistungs- und Verhaltensbeurteilung im Arbeitszeugnis, NZA 2011, 958; *Ecklebe* Das Arbeitszeugnis – Viel Lärm um Nichts oder ein Relikt aus vergangenen Tagen?, DB 2015, 923; *Höser* Rechtsprechungsübersicht zu Arbeitszeugnissen – insbesondere zur Bindungswirkung, NZA-RR 2012, 281; *Hunold* Die Rechtsprechung zum Zeugnisrecht, NZA-RR 2001, 113; *Jüchser* Auswirkungen des Betriebsübergangs auf den Zeugnisanspruch des Arbeitnehmers nach § 109 GewO, NZA 2012, 244; *Kolbe* Zeugnisberichtigung und Beweislast, NZA 2015, 582; *Kursawe* Der Anspruch auf ein englischsprachiges Arbeitszeugnis, ArbRAktuell 2010, 643; *Löw* Neues vom Arbeitszeugnis, NZA-RR 2008, 561; *Popp* Die Bekanntgabe des Austrittsgrunds im Arbeitszeugnis, NZA 1997, 588; *Novak* Zeugnisgestaltung aus Arbeitgebersicht – Wahrheit oder Pflicht?, ArbRAktuell 2015, 443; *Novak* Prozessuale Aspekte im Rahmen der Zeugnisgestaltung, ArbRAktuell 2015, 520; *Schleßmann* Zwei Fragen zum Arbeitszeugnis, BB 2015, 2421; *Stück* Das Arbeitszeugnis, MDR 2006, 791; *Weuster* Zeugnisgestaltung und Zeugnissprache zwischen Informationsfunktion und Werbefunktion, BB 1992, 58.

1. Siehe K Rdn. 317.   **328**

2. Die Überschrift »Zeugnis« ist nicht unbedingt erforderlich (ErfK/*Müller-Glöge* § 109 GewO Rn. 13).   **329**

3. Siehe K Rdn. 318.   **330**

4. Siehe K Rdn. 319.   **331**

5. Siehe K Rdn. 320.   **332**

6. Siehe K Rdn. 321.   **333**

7. Das qualifizierte Zeugnis muss eine **Beurteilung der Leistungen** des Arbeitnehmers enthalten. Die Leistungsbeurteilung kann weiter untergliedert werden, z.B. in Arbeitsbefähigung (Fachwissen/Fachkönnen), Arbeitsbereitschaft, Arbeitsvermögen (Ausdauer, Belastbarkeit), Arbeitsweise (Einsatz), Arbeitsergebnis (Erfolg) und Arbeitserwartung (Potenzial) (vgl. *Hunold* NZA-RR 2001, 113, 119). Bei **Führungskräften** dürfen Angaben zur Führungsleistung nicht fehlen. Üblich sind hier Ausführungen dazu, wie sich das Verhalten der Führungskraft einerseits auf die Leistung der Mitarbeiter und andererseits auf deren Motivation ausgewirkt hat. Sehr gute Leistungen werden üblicherweise durch eine Betonung des Zeitmoments (»stets«) und nachfolgenden Superlativ (z.B.   **334**

K. Die Beendigung des Arbeitsverhältnisses

»äußerst gründlich«) gekennzeichnet; schlechtere Bewertungen durch eine entsprechende Einschränkung (z.B. »stets zuverlässig« bei einer Bewertung der Arbeitsweise als »gut«; »routiniert und selbstständig« bei Bewertung als »befriedigend«) (siehe hierzu im Einzelnen HWK/*Gäntgen* § 109 GewO Rn. 26). Neben den Einzelbeurteilungen hat das Zeugnis eine abschließende **Gesamtbewertung** der Leistung des Arbeitnehmers zu enthalten. Dabei ist zu beachten, dass Schlussnote und Einzelbewertungen sich decken müssen; das Zeugnis muss in sich stimmig sein (BAG, Urt. v. 14.10.2003 – 9 AZR 12/03, AP BGB § 630 Nr. 28). Werden z.B. sämtliche Einzelleistungen mit »sehr gut« bewertet, darf die Gesamtbewertung nicht lediglich »befriedigend« lauten. In Bezug auf diese Gesamtbeurteilung hat sich in der Praxis – angelehnt an Schulnoten – eine sechsstufige Notenskala zur Bewertung der Leistung herausgebildet, die von »sehr gut« bis »ungenügend« reicht. Folgende Formulierungen sind gebräuchlich (vgl. HWK/*Gäntgen* § 109 GewO Rn. 32):

Herr/Frau __[Name des Mitarbeiters]__ hat die ihm/ihr übertragenen Aufgaben

- »stets zu unserer vollsten Zufriedenheit« – Note »sehr gut«;

- »stets zu unserer vollen Zufriedenheit« – Note »gut«;

- »zu unserer vollen Zufriedenheit«/»stets zu unserer Zufriedenheit« – Note »befriedigend« (durchschnittliche Leistung);

- »zu unserer Zufriedenheit« – Note »ausreichend«;

- »im Großen und Ganzen/insgesamt zu unserer Zufriedenheit« – Note »mangelhaft«

erledigt.

Eine ungenügende Leistung kann durch folgende Formulierungen ausgedrückt werden: »Er/Sie hat sich bemüht, die ihm/ihr übertragenen Aufgaben zu unserer Zufriedenheit auszuführen.« oder »Er/Sie führte die ihm/ihr übertragene Aufgabe mit großem Fleiß und Interesse durch.« (vgl. HWK/*Gäntgen* § 109 GewO Rn. 32).

Der Arbeitgeber ist nicht verpflichtet, diese Formulierungen zu verwenden. Die Standardisierung der Formulierungen in Arbeitszeugnissen hat dazu geführt, dass ihre tatsächliche Aussagekraft teilweise erheblich in Zweifel gezogen wird (siehe z.B. *Bauscke* öAT 2011, 225; *Düwell/Dahl* NZA 2011, 958, 959). Daher wird teilweise empfohlen, als Arbeitgeber jedenfalls bei Arbeitnehmern in gehobener Stellung herausragende Leistungen dadurch zu kennzeichnen, dass man gerade nicht das Notensystem bemüht, sondern bewusst durch individuelle und persönliche Formulierungen vom Standard abweicht, um dem Zeugnis mehr Gewicht zu verleihen und die Leistungen des Arbeitnehmers entsprechend herauszuheben (so *Düwell/Dahl* NZA 2011, 958, 959). Allerdings könnte damit auch das Gegenteil erreicht werden, wenn der potentielle neue Arbeitgeber vergeblich nach den üblichen Standardsätzen sucht. In der Praxis empfiehlt es sich, ein solches Vorgehen mit dem betroffenen Arbeitnehmer abzustimmen.

335 Nach der Rechtsprechung des BAG trägt der Arbeitnehmer die **Beweislast**, wenn er geltend machen will, seine Leistungen rechtfertigen eine überdurchschnittliche, d.h. »sehr gute« oder »gute«, Beurteilung. Demgegenüber hat der Arbeitgeber die Tatsachen zu beweisen, die eine Bewertung der Leistung als unterdurchschnittlich, d.h. »ausreichend« oder »mangelhaft« begründen (BAG, Urt. v. 18.11.2014 – 9 AZR 584/13, NJW 2015, 1128, 1129; BAG, Urt. v. 14.10.2003 – 9 AZR 12/03, AP BGB § 630 Nr. 28; siehe zur Beweislast auch *Kolbe* NZA 2015, 582, 583 ff.; *Düwell/Dahl* NZA 2011, 958, 960).

336 **8.** Das qualifizierte Zeugnis hat ferner die **Charaktereigenschaften und Persönlichkeitszüge** des Arbeitnehmers darzustellen. Dabei ist allein das **dienstliche Verhalten** zu bewerten; das außerdienstliche Verhalten des Arbeitnehmers bleibt grds. außer Betracht (DLW/*Dörner* Kapitel 9 Rn. 52; ErfK/*Müller-Glöge* § 109 GewO Rn. 43). Bei Berufsgruppen, die sich durch ein **besonderes Vertrauensverhältnis** zum Arbeitgeber auszeichnen (z.B. Kassierer, Hausangestellte und sons-

tige Arbeitnehmer mit Zugriff auf das Vermögen des Arbeitgebers oder von Dritten, z.B. Kunden), ist die »Ehrlichkeit« zu erwähnen (BAG, Urt. v. 29.07.1971 – 2 AZR 250/70, NJW 1971, 2325); im Übrigen ist sie als Selbstverständlichkeit nicht in das Arbeitszeugnis aufzunehmen (ErfK/*Müller-Glöge* § 109 GewO Rn. 43). Das Verhalten im Arbeitsverhältnis umfasst auch den **Umgang mit verschiedenen Personengruppen.** In der Regel werden Angaben zum Verhalten des Arbeitnehmers gegenüber Vorgesetzten und Kollegen, bei Führungskräften darüber hinaus gegenüber den ihnen untergeordneten Mitarbeitern erforderlich sein. Bei Arbeitnehmern mit Außenkontakt ist auch das Verhalten gegenüber Kunden, Geschäftspartnern, Lieferanten etc. zu erwähnen. Hier ist auf Vollständigkeit zu achten: wird eine Personengruppe (z.B. Kollegen) unerwähnt gelassen, so kann dies den Eindruck erwecken, das Verhalten des Arbeitnehmers sei in diesem Bereich zu beanstanden gewesen (»beredtes Schweigen«). Folgende Formulierungen können für die Verhaltensbeurteilung in Bezug auf **Vorgesetzte, Kollegen und Mitarbeiter** verwendet werden (HWK/*Gäntgen* § 109 GewO Rn. 27):

- *»stets vorbildlich« – Note »sehr gut«;*
- *»vorbildlich/stets höflich und korrekt« – Note »gut«;*
- *»stets einwandfrei« – Note »befriedigend«;*
- *»höflich und korrekt« – Note »ausreichend«;*
- *»einwandfrei« – kleine Auffälligkeiten oder einmaliges Fehlverhalten;*
- *»im Großen und Ganzen zufriedenstellend« – Note »mangelhaft«.*

Bei der Beurteilung des Verhaltens gegenüber **Dritten** sind folgende Formulierungen gebräuchlich:

- *»immer sicher und zuvorkommend/wegen seiner/ihrer freundlichen Art sehr beliebt« – Note »sehr gut«;*
- *»beliebt und angesehen« – Note »gut«;*
- *»stets sicher und freundlich« – Note »befriedigend«;*
- *»gab keinen Anlass zu Beanstandungen« – Note »ausreichend«;*
- *»war um Freundlichkeit bemüht« – Note »mangelhaft«;*

9. Siehe K Rdn. 322.

10. Die Verwendung einer **Schlussformel**, in der der Arbeitgeber sein Bedauern über das Ausscheiden des Arbeitnehmers aus dem Unternehmen ausdrückt, ihm für die geleistete Arbeit dankt und ihm für die Zukunft alles Gute wünscht, ist in der Praxis weitgehend üblich. Nach bisheriger Ansicht des BAG hat der Arbeitnehmer jedoch keinen Anspruch auf eine solche Schlussformel; sie gehört nicht zum geschuldeten Zeugnisinhalt. Es liegt in der Gestaltungsfreiheit des Arbeitgebers, ein Arbeitszeugnis durch eine positive Schlussformel aufzuwerten. Daraus lässt sich aber nach Ansicht des BAG nicht im Umkehrschluss folgern, ein Zeugnis ohne jede Schlussformulierung werde in unzulässiger Weise »entwertet« (BAG, Urt. v. 20.02.2001 – 9 AZR 44/00, NZA 2001, 843, 844; a.A. LAG Düsseldorf, Urt. v. 03.11.2010 – 12 Sa 974/10, NZA-RR 2011, 123). In der Praxis wird das Fehlen einer Schlussformel allerdings häufig als negativ gewertet (vgl. *Weuster* BB 1992, 58, 59). Ein Anspruch des Arbeitnehmers auf eine Schlussformel besteht nicht. Ist er mit einer aufgenommenen Schlussformel nicht einverstanden, steht ihm kein Anspruch auf Ergänzung oder Umformulierung der Formel zu, sondern nur auf ein Zeugnis ohne Schlussformel (BAG, Urt. v, 11.12.2012 – 9 AZR 227/11, NZA 2013, 324). Verwendet der Arbeitgeber jedoch eine Schlussformel, muss sie mit dem übrigen Zeugnisinhalt in Einklang stehen (BAG, Urt. v. 20.02.2001 – 9 AZR 44/00, NZA 2001, 843, 844).

K. Die Beendigung des Arbeitsverhältnisses

340 **11.** Siehe K Rdn. 323.

341 **12.** Siehe K Rdn. 324.

3. Zwischenzeugnis

Vorbemerkung

342 Siehe auch zunächst K Rdn. 325 ff. Ein Zwischenzeugnis ist ein Zeugnis, das nicht bei Beendigung des Arbeitsverhältnisses, sondern noch **während des laufenden Arbeitsverhältnisses** erteilt wird. Es ist in § 109 GewO nicht ausdrücklich vorgesehen. Anspruchsgrundlagen finden sich jedoch teilweise in tariflichen Vorschriften, z.B. § 61 Abs. 2 BAT, § 35 Abs. 2 TVöD. Ansonsten ist der Arbeitgeber auf Grund der **arbeitsvertraglichen Fürsorgepflicht** auf Verlangen des Arbeitnehmers zur Erteilung eines Zwischenzeugnisses verpflichtet, wenn triftige Gründe dafür vorliegen. Dies wird in der Regel bei tatsächlichen oder rechtlichen Veränderungen im Arbeitsverhältnis der Fall sein. Als solche kommen in Betracht z.B. Bewerbung des Arbeitnehmers um eine neue Stelle (insbesondere wenn bereits eine Kündigung ausgesprochen wurde), Wechsel des Vorgesetzten, Versetzung, Zuweisung einer neuen Tätigkeit, bevorstehendes längeres Ruhen des Arbeitsverhältnisses (z.B. bei Elternzeit, Wehrdienst), Betriebsübergang, Notwendigkeit der Vorlage eines Zwischenzeugnisses, um an Fortbildungsmaßnahmen teilzunehmen, Notwendigkeit der Vorlage bei Behörden oder Gerichten oder zur Stellung eines Kreditantrags (DLW/*Dörner* Kapitel 9 Rn. 9; ErfK/*Müller-Glöge* § 109 GewO Rn. 50; HWK/*Gäntgen* § 109 GewO Rn. 34; zum Anspruch bei Betriebsübergang *Jüchser* NZA 2012, 244).

▶ **Muster – Zwischenzeugnis**

343
[Briefkopf des Unternehmens] 1

Zwischenzeugnis

Herr/Frau 2 [Name des Mitarbeiters] 3 ist seit dem [Eintrittsdatum] als [Bezeichnung der Funktion] in unserem Unternehmen tätig. 4

Herr/Frau [Name des Mitarbeiters] ist in der Abteilung [Bezeichnung der Abteilung] für die Durchführung folgender Tätigkeiten zuständig: [Beschreibung der Aufgaben des Mitarbeiters].

Herr/Frau [Name des Mitarbeiters] hat die ihm/ihr übertragenen Aufgaben stets zu unserer vollsten Zufriedenheit erledigt [Einzelbewertung der bisherigen Leistungen des Mitarbeiters].

Er/Sie zeichnet sich durch sein/ihr offenes, freundliches und zuvorkommendes Wesen aus. Sein/Ihr Verhalten gegenüber Vorgesetzten, Kollegen und Kunden ist stets einwandfrei. 5

Herr/Frau [Name des Mitarbeiters] wird ab dem [Datum] Elternzeit in Anspruch nehmen und hat daher um Erteilung eines Zwischenzeugnisses gebeten. 6 Wir hoffen auf eine weiterhin gute Zusammenarbeit nach der Rückkehr von Herrn/Frau [Name des Mitarbeiters] aus der Elternzeit. 7

[Ort, Datum] 8

(Unterschrift des Unternehmens) 9

Erläuterungen

Schrifttum
Adam Praxisprobleme des Zeugnisrechts, MDR 2005, 553; *Bauschke* Arbeitszeugnisse im öffentlichen Dienst – Bedeutung und Problematik, öAT 2011, 225; *Düwell/Dahl* Die Leistungs- und Verhaltensbeurteilung im Arbeitszeugnis, NZA 2011, 958; *Ecklebe* Das Arbeitszeugnis – Viel Lärm um Nichts oder ein Relikt aus vergangenen Tagen?, DB 2015, 923; *Höser* Rechtsprechungsübersicht zu Arbeitszeugnissen – insbesondere zur

Bindungswirkung, NZA-RR 2012, 281; *Hunold* Die Rechtsprechung zum Zeugnisrecht, NZA-RR 2001, 113; *Jüchser* Auswirkungen des Betriebsübergangs auf den Zeugnisanspruch des Arbeitnehmers nach § 109 GewO, NZA 2012, 244; *Kolbe* Zeugnisberichtigung und Beweislast, NZA 2015, 582; *Kursawe* Der Anspruch auf ein englischsprachiges Arbeitszeugnis, ArbRAktuell 2010, 643; *Löw* Neues vom Arbeitszeugnis, NZA-RR 2008, 561; *Novak* Zeugnisgestaltung aus Arbeitgebersicht – Wahrheit oder Pflicht?, ArbRAktuell 2015, 443; *Novak* Prozessuale Aspekte im Rahmen der Zeugnisgestaltung, ArbRAktuell 2015, 520; *Popp* Die Bekanntgabe des Austrittsgrunds im Arbeitszeugnis, NZA 1997, 588; *Schleßmann* Zwei Fragen zum Arbeitszeugnis, BB 2015, 2421; *Stück* Das Arbeitszeugnis, MDR 2006, 791; *Weuster* Zeugnisgestaltung und Zeugnissprache zwischen Informationsfunktion und Werbefunktion, BB 1992, 58.

1. Siehe K Rdn. 317.   344

2. Siehe K Rdn. 318.   345

3. Siehe K Rdn. 319.   346

4. Siehe K Rdn. 320.   347

5. Für den **Inhalt des Zwischenzeugnisses** gelten die gleichen Grundsätze wie für das Schlusszeugnis (K Rdn. 309 ff. und K Rdn. 325 ff.). Zu beachten ist, dass der Arbeitgeber hinsichtlich des Zeitraums, den das Zwischenzeugnis erfasst, in der Regel an dessen Inhalt **gebunden** ist, wenn er zu einem späteren Zeitpunkt ein Schlusszeugnis ausstellt. Schließt sich nach der Erteilung des Zwischenzeugnisses ein weiterer im Schlusszeugnis zu beurteilender Zeitraum an, darf der Arbeitgeber vom Inhalt des Zwischenzeugnisses nur abweichen, wenn die späteren Leistungen und das spätere Verhalten des Arbeitnehmers dies rechtfertigen. Diese Grundsätze gelten auch im Fall eines Betriebsübergangs, d.h. der Betriebserwerber, auf den das Arbeitsverhältnis übergegangen ist, bleibt an die Beurteilung im Zwischenzeugnis gebunden, auch wenn diese vom Betriebsveräußerer stammt (BAG, Urt. v. 16.10.2007 – 9 AZR 248/07, NZA 2008, 298; siehe zu den Auswirkungen eines Betriebsübergangs auf den Zeugnisanspruch eingehend *Jüchser* NZA 2012, 244; siehe ferner *Novak* ArbRAktuell 2015, 520).   348

Arbeitgeber sollten darauf achten, sich nicht durch ein Zwischenzeugnis in Widerspruch zu sonstigen Entscheidungen zu setzen. Dies könnte beispielsweise der Fall sein, wenn der Arbeitgeber dem Arbeitnehmer im Zwischenzeugnis überdurchschnittliche Leistungen bescheinigt, gleichzeitig aber einen leistungsabhängigen Bonus kürzen will. Ebenso dürfte aus taktischen Erwägungen die Erteilung eines Zwischenzeugnisses mit einer überdurchschnittlichen Leistungs- und Verhaltensbewertung im Rahmen eines Kündigungsschutzprozesses gegen eine verhaltensbedingte Kündigung bis zum Zeitpunkt einer vergleichsweisen Einigung ausscheiden.   349

6. In der Regel bestehen keine Bedenken, den **Ausstellungsgrund** in das Zwischenzeugnis aufzunehmen. Möglich und in der Praxis häufig anzutreffen ist die Formulierung, das Arbeitszeugnis werde »auf Wunsch des Mitarbeiters« ausgestellt. Eine genauere Angabe des Grundes wird jedoch für den Arbeitnehmer regelmäßig vorteilhaft sein, da der Verdacht zerstreut wird, Anlass für die Ausstellung des Zwischenzeugnisses sei eine Kündigung des Arbeitsverhältnisses gewesen.   350

7. Im Gegensatz zum Schlusszeugnis enthält das Zwischenzeugnis **keine Schlussformel**. Üblich ist jedoch die Formulierung, man hoffe auf eine weitere gute Zusammenarbeit.   351

8. Das Zwischenzeugnis ist in der Regel auf das **Datum** auszustellen, zu dem die tatsächliche oder rechtliche Veränderung eintritt, die den Grund für die Ausstellung des Zwischenzeugnisses darstellt. So wäre im Muster das Zeugnis auf den letzten Arbeitstag zu datieren, bevor der Mitarbeiter die Elternzeit antritt.   352

9. Siehe K Rdn. 324.   353

4. Aufforderung zur Rückgabe von Gegenständen nach Beendigung des Arbeitsverhältnisses

Vorbemerkung

354 Nach Beendigung des Arbeitsverhältnisses ist der Arbeitnehmer verpflichtet, sämtliche ihm überlassenen Arbeitsmittel an den Arbeitgeber herauszugeben. Der Arbeitnehmer ist grds. lediglich Besitzdiener (§ 855 BGB), ihm steht kein eigenes Besitzrecht zu. Auf Verlangen des Arbeitgebers hat der Arbeitnehmer daher jederzeit die ihm überlassenen Gegenstände herauszugeben (ErfK/*Preis* § 611 BGB Rn. 754). Ein Zurückbehaltungsrecht steht dem Arbeitnehmer regelmäßig nicht zu (BAG, Urt. v. 14.12.2011 – 10 AZR 283/10, NZA 2012, 501; ErfK/*Preis* § 611 BGB Rn. 754).

▶ **Muster – Aufforderung zur Rückgabe von Gegenständen nach Beendigung des Arbeitsverhältnisses**

355

[Briefkopf des Unternehmens]

[Name des Mitarbeiters]
[Anschrift des Mitarbeiters]

[Ort, Datum]

Rückgabe von überlassenen Gegenständen

Sehr geehrte/r Frau/Herr [Name des Mitarbeiters],

mit Schreiben vom ___[Datum]___ haben wir das mit Ihnen bestehende Arbeitsverhältnis ordentlich gekündigt und Sie gleichzeitig bis zum rechtlichen Ende des Arbeitsverhältnisses am ___[Datum]___ von Ihrer Pflicht zur Arbeitsleistung unwiderruflich freigestellt.

Wir fordern Sie hiermit auf, jegliches in Ihrem Besitz befindliches Eigentum der [Name des Unternehmens] und mit ihr verbundener Unternehmen sowie alle Ihnen von der [Name des Unternehmens] oder Dritten im Hinblick auf Ihr Arbeitsverhältnis überlassenen Gegenstände unverzüglich an die [Name des Unternehmens] in [Ort des Betriebs], z.H. [Name der empfangszuständigen Person], zurückzugeben. Gleiches gilt für alle Datenträger, Materialien und Unterlagen, die sich auf den Geschäftsbetrieb der [Name des Unternehmens] oder mit ihr verbundener Unternehmen beziehen, sowie etwaige Kopien hiervon. Die Verpflichtung zur Rückgabe umfasst insbesondere auch _____, und [genaue Bezeichnung; z.B. Dienstwagen [1], Laptop, Mobiltelefon, Kreditkarten, Einlasskarten, Schlüssel etc.] [2]

Außerdem fordern wir Sie auf, uns alle auf den von Ihnen privat genutzten Computern gespeicherten Daten und Programme, die Ihnen im Hinblick auf Ihre Tätigkeit überlassen bzw. wegen Ihrer Tätigkeit gespeichert wurden, auf Datenträger kopiert zur Verfügung zu stellen und anschließend auf den betreffenden Computern zu löschen. [3]

Sollten Sie diesen Aufforderungen nicht unverzüglich, spätestens bis zum ___[Datum]___, nachkommen, [4] sehen wir uns gezwungen, gerichtliche Schritte gegen Sie einzuleiten.

Mit freundlichen Grüßen

_____
(Name des Unternehmens)

_____
(Unterschrift)

Erläuterungen

1. Hat der Arbeitgeber dem Arbeitnehmer einen Dienstwagen zur Verfügung gestellt, den dieser auch zu privaten Zwecken nutzen darf, so stellt die Möglichkeit der Privatnutzung für den Arbeitgeber einen Vergütungsbestandteil (Sachbezug) dar, auf den dieser bis zur rechtlichen Beendigung des Arbeitsverhältnisses einen Anspruch hat. Der Arbeitgeber kann dem Arbeitnehmer den Dienstwagen daher – auch dann, wenn er den Arbeitnehmer freigestellt hat und dieser den Dienstwagen daher nicht mehr für betriebliche Zwecke benötigt – nicht vor dem Beendigungstermin einseitig entziehen, ohne zur Zahlung einer Nutzungsentschädigung in Geld verpflichtet zu sein (DLW/ *Hoß* Kapitel 6 Rn. 240 ff.). Möglicherweise werden die Parteien jedoch im Kfz-Überlassungsvertrag oder Arbeitsvertrag vereinbart haben, dass der Arbeitnehmer den Dienstwagen im Fall einer Freistellung an den Arbeitgeber herauszugeben hat (siehe zur Wirksamkeit einer solchen Klausel BAG, Urt. v. 21.03.2012 – 5 AZR 651/10, NZA 2012, 616; BAG, Urt. v. 19.12.2006 – 9 AZR 294/06, NZA 2007, 809). Ist der Arbeitnehmer nicht zur privaten Nutzung des Dienstwagens berechtigt, so ist der Dienstwagen – wie jedes andere Arbeitsmittel – jederzeit auf Verlangen des Arbeitgebers an diesen herauszugeben; der Arbeitnehmer ist insoweit lediglich Besitzdiener (*Becker-Schaffner* DB 1993, 2078). 356

2. Die zurückzugebenden Gegenstände sollten möglichst vollständig aufgeführt und genau bezeichnet werden. 357

3. Dieser Hinweis empfiehlt sich angesichts der Tatsache, dass viele Geschäftsunterlagen und andere Dokumente heutzutage nicht mehr in Papier-, sondern nur noch in elektronischer Form existieren. Allerdings besteht wohl keine Verpflichtung des Arbeitnehmers, dem Arbeitgeber Dateien auf Datenträger kopiert zur Verfügung zu stellen. 358

4. Es ist anzuraten, den Arbeitnehmer schriftlich bestätigen zu lassen, dass er seinen Verpflichtungen zur Rückgabe und ggf. Löschung nachgekommen ist. 359

5. Ausgleichsquittung

Vorbemerkung

Zweck der Ausgleichsquittung ist es, bei der Beendigung von Arbeitsverhältnissen **klare Verhältnisse zu schaffen** und künftige Streitigkeiten zu verhindern. Die Rechtsprechung versteht unter einer Ausgleichsquittung eine bei Beendigung des Arbeitsverhältnisses von dem Arbeitnehmer gegenüber dem Arbeitgeber abgegebene und von diesem angenommene Erklärung, dass dem Arbeitnehmer keine Ansprüche aus dem Arbeitsverhältnis mehr zustehen (so genannte »echte Ausgleichsquittung«). Damit geht die Ausgleichsquittung über die reine Quittung (§ 368 S. 1 BGB) hinaus, indem sie sie mit einer Ausgleichsklausel verbindet. Der Verwendung der »echten Ausgleichsquittung« steht in der Praxis jedoch regelmäßig entgegen, dass einseitige formularmäßige Verzichtserklärungen des Arbeitnehmers ohne kompensatorische Gegenleistung des Arbeitgebers einer AGB-Kontrolle gem. §§ 305 ff. BGB nicht standhalten (siehe hierzu K Rdn. 368). Das hier vorgeschlagene Muster verbindet daher eine Empfangsbestätigung mit einer beidseitigen Erledigungsklausel, die auch Ansprüche des Arbeitgebers gegen den Arbeitnehmer umfasst. 360

▶ **Muster – Ausgleichsquittung**

Ausgleichsquittung [1]

361

Hiermit bestätige ich, am _____[Datum]_____ folgende Dokumente ordnungsgemäß ausgefüllt erhalten zu haben:

1. Lohnsteuerbescheinigung für das Jahr _____[Jahr]_____ [2]
2. Arbeitsbescheinigung für die Agentur für Arbeit [3]

K. Die Beendigung des Arbeitsverhältnisses

3. Urlaubsbescheinigung [4]
4. Arbeitszeugnis [5]
5. Lohn/Gehaltsabrechnung

Der sich aus der Abrechnung ergebende Nettolohn wird auf mein Konto [Bankverbindung] überwiesen. Ich bestätige, dass die Lohnabrechnung zutreffend ist.

_____
(Unterschrift des Mitarbeiters) [6]

[Name des Unternehmens] und [Name des Mitarbeiters] sind sich darüber einig, dass zwischen ihnen keine wechselseitigen Ansprüche aus und in Verbindung mit dem Arbeitsverhältnis und seiner Beendigung mehr bestehen. [7, 8]

_____   _____
(Unterschrift des Mitarbeiters)   (Unterschrift des Unternehmens)

Erläuterungen

Schrifttum

Böhm Aus für Ausgleichsquittung/Ausgleichsklausel?, NZA 2008, 919; *Naumann/Mosch* Ausgleichsquittungen in der arbeitsrechtlichen Praxis – Vorsicht!, NJW-Spezial 2014, 50; *Preis/Bleser/Rauf* Die Inhaltskontrolle von Ausgleichsquittungen und Verzichtserklärungen, DB 2006, 2812.

362   1.   Die **Rechtsnatur** der Ausgleichsquittung ist durch Auslegung zu ermitteln, wobei es sich um
– ein deklaratorisches negatives Schuldanerkenntnis (wenn die Parteien davon ausgehen, dass keine Ansprüche mehr bestehen),
– ein konstitutives negatives Schuldanerkenntnis i.S.d. § 397 Abs. 2 BGB (wenn die Parteien alle bekannten oder unbekannten Ansprüche zum Erlöschen bringen wollen),
– einen Erlassvertrag i.S.d. § 397 Abs. 2 BGB (wenn die Parteien davon ausgehen, dass noch Ansprüche bestehen, diese aber erlassen werden sollen) oder
– einen Vergleich gem. § 779 BGB (wenn zwischen den Parteien Streit über das Bestehen oder die Höhe von Ansprüchen bestand)
handeln kann (BAG, Urt. v. 07.11.2007 – 5 AZR 880/06, NZA 2008, 355).

363   2.   Der Arbeitgeber muss bei Beendigung des Arbeitsverhältnisses dem Arbeitnehmer einen nach amtlich vorgeschriebenem Muster gefertigten Ausdruck der elektronischen Lohnsteuerbescheinigung aushändigen oder elektronisch bereitstellen (§ 41b Abs. 1 S. 3 EStG). Mit der Einführung der elektronischen Lohnsteuerabzugsmerkmale entfällt die bisherige Verpflichtung des Arbeitgebers zur Herausgabe der Lohnsteuerkarte. Die zuletzt für das Kalenderjahr 2010 ausgegebene Lohnsteuerkarte kann der Arbeitgeber nach Anwendung der elektronischen Lohnsteuerabzugsmerkmale vernichten (§ 52b Abs. 1 S. 4 EStG). Soweit der Arbeitgeber nicht verpflichtet ist, eine elektronische Lohnsteuerbescheinigung an die Finanzverwaltung zu übermitteln, hat er bei Beendigung des Arbeitsverhältnisses auf der vom Finanzamt ausgestellten Bescheinigung für den Lohnsteuerabzug (§ 39 Abs. 3 EStG, § 39e Abs. 7 EStG oder § 39e Abs. 8 EStG) eine Lohnsteuerbescheinigung auszustellen und sie dem Arbeitnehmer auszuhändigen (§ 41b Abs. 1 S. 4 und 5 EStG).

364   3.   Siehe hierzu K Rdn. 370 ff.

365   4.   Der Arbeitgeber ist gem. § 6 Abs. 2 BUrlG verpflichtet, bei Beendigung des Arbeitsverhältnisses dem Arbeitnehmer eine Bescheinigung über den im laufenden Kalenderjahr **gewährten oder abgegoltenen Urlaub** zu erteilen.

366   5.   Siehe hierzu K Rdn. 309 ff. und K Rdn. 325 ff.

6. Der Arbeitnehmer ist gem. § 368 S. 1 BGB lediglich verpflichtet, den Empfang der Arbeits- 367
papiere und des eventuell erhaltenen Restlohns zu bestätigen. Es besteht jedoch **keine** darüber hinausgehende **Pflicht zur Unterzeichnung einer Ausgleichsklausel**. Daher steht dem Arbeitgeber
auch kein Zurückbehaltungsrecht (z.B. bezüglich der Arbeitspapiere) zu, wenn der Arbeitnehmer
die Unterzeichnung der Ausgleichsquittung verweigert (MünchArbR/*Wank* § 104 Ausgleichsquittung Rn. 2).

7. Eine in einer vorformulierten Ausgleichsquittung enthaltene **einseitige Verzichtserklärung** 368
des Arbeitnehmers ohne kompensatorische Gegenleistung (z.B. die Formulierung, der Arbeitnehmer verzichte »auf Ansprüche gleich aus welchem Rechtsgrund« oder »auf alle Ansprüche aus
dem Arbeitsverhältnis und seiner Beendigung« sowie der formularmäßige Verzicht des Arbeitnehmers auf Erhebung einer Kündigungsschutzklage) wird regelmäßig eine unangemessene Benachteiligung des Arbeitnehmers begründen und daher gem. § 307 Abs. 1 S. 1 BGB unwirksam sein
(vgl. LAG Schleswig-Holstein, Urt. v. 24.09.2013 – 1 Sa 61/13, NZA-RR 2014, 10; LAG Düsseldorf, Urt. v. 13.04.2005 – 12 Sa 154/05, DB 2005, 1463, 1465; BAG, Urt. v. 25.09.2014 – 2
AZR 788/13, NJW 2015, 1038, 1039; BAG, Urt. v. 06.09.2007 – 2 AZR 722/06, NZA 2008,
219, 222). Eine Verzichtserklärung kann auch – je nach Erscheinungsbild – eine überraschende
Klausel i.S.d. § 305c Abs. 1 BGB darstellen (BAG, Urt. v. 25.09.2014 – 2 AZR 788/13, NJW
2015, 1038, 1039; BAG, Urt. v. 23.02.2005 – 4 AZR 139/04, NZA 2005, 1193, 1198). Mangels
verständlicher und klarer Darstellung der wirtschaftlichen Folgen kann die Verzichtserklärung
auch gegen das Transparenzgebot des § 307 Abs. 1 S. 2 BGB verstoßen (vgl. LAG Düsseldorf,
Urt. v. 13.04.2005 – 12 Sa 154/05, DB 2005, 1463, 1465). Aus diesem Grund sollten einseitige
Ausgleichsklauseln, die nur die Ansprüche des Arbeitnehmers betreffen, in vorformulierten Ausgleichsquittungen nicht verwendet werden. Vorzugswürdig ist eine – im Muster vorgeschlagene –
beidseitige Erledigungsklausel, die dementsprechend nicht nur der Unterzeichnung durch den Arbeitnehmer, sondern auch durch den Arbeitgeber bedarf. Um das Risiko, dass die Klausel als Über-
raschungsklausel qualifiziert wird, zu vermindern, sollte die Ausgleichsklausel – z.B. durch Fettdruck – **drucktechnisch hervorgehoben** und vom restlichen Text abgesetzt sein. Ferner sollte der
Arbeitnehmer die Klausel gesondert unterschreiben. Da die beidseitige Erledigungsklausel auch
Ansprüche des Arbeitgebers umfasst, sollte dieser sorgsam überprüfen, ob ggf. noch Ansprüche gegen den Arbeitnehmer bestehen, die nicht erledigt sein sollen. Zu denken ist hier beispielsweise
an Schadensersatzansprüche oder Rückzahlungsansprüche aus einem Arbeitgeberdarlehen (vgl.
hierzu DLW/*Hoß* Kapitel 6 Rn. 294; BAG, Urt. v. 19.03.2009 – 6 AZR 557/07, NZA 2009,
896).

8. Zu beachten ist, dass eine Ausgleichsklausel nur solche Ansprüche erfasst, auf die der Arbeit- 369
nehmer verzichten kann. Grds. unverzichtbar sind z.B. Ansprüche auf betriebliche Altersversorgung und der Anspruch auf den gesetzlichen Mindesturlaub. Auf Ansprüche aus Tarifverträgen
(§ 4 Abs. 4 TVG) und Ansprüche aus Betriebsvereinbarungen (§ 77 Abs. 4 BetrVG) kann nur
mit Zustimmung der Tarif- bzw. Betriebsparteien verzichtet werden (vgl. DLW/*Pfeiffer* Kapitel 11
Rn. 294, DLW/*Wildschütz* Kapitel 13 Rn. 1528 ff.). Dies hat insbesondere Bedeutung bei einem
etwaigen Anspruch auf Sozialplanabfindung.

6. Bundesagentur für Arbeit Arbeitsbescheinigung

Vorbemerkung

Der Arbeitgeber ist gem. § 312 SGB III verpflichtet, bei Beendigung des Beschäftigungsverhältnis- 370
ses eine sog. Arbeitsbescheinigung auszustellen. Diese dient dazu, die für den **Bezug von Arbeits-**
losengeld maßgeblichen Daten im Interesse des Arbeitnehmers möglichst zeitnah festzustellen. Die
Arbeitsbescheinigung stellt keine Kündigung dar (Küttner/*Kreitner* Stichwort Arbeitsbescheinigung
Rn. 1).

Seit dem 1. Januar 2014 kann eine Arbeitsbescheinigung auch elektronisch abgegeben werden (vgl. § 313a SGB III). Es besteht keine Verpflichtung des Arbeitgebers, die Form der elektronischen Übermittlung zu verwenden. Sofern sich der Arbeitgeber hierfür – aus Zeit- und Kostengründen – entscheidet, sind die Beschäftigten darüber zu informieren und auf ihr Widerspruchsrecht hinzuweisen (§ 313a Abs. 1 S. 1 SGB III). Bei einer elektronischen Übermittlung wird dem Arbeitnehmer von der Arbeitsagentur unverzüglich ein Ausdruck der Bescheinigung übermittelt.

371 Die Verpflichtung des Arbeitgebers besteht – als arbeitsvertragliche Nebenpflicht – zum einen gegenüber dem ausscheidenden Arbeitnehmer. Bei unrichtiger oder verspäteter Erteilung sowie bei Nichterteilung der Arbeitsbescheinigung kann der Arbeitgeber sich gegenüber dem Arbeitnehmer schadensersatzpflichtig machen (§ 280 BGB). Zum anderen besteht eine öffentlich-rechtliche Verpflichtung gegenüber der Agentur für Arbeit, die durch Verwaltungsakt erzwungen werden kann. Die Nichterteilung oder nicht rechtzeitige Erteilung der Arbeitsbescheinigung kann als **Ordnungswidrigkeit** geahndet werden (§ 404 Abs. 2 Nr. 19 SGB III). Zudem können sich **Schadensersatzverpflichtungen** gegenüber der Agentur für Arbeit ergeben (§ 321 Nr. 1 SGB III), wenn der Arbeitgeber die Arbeitsbescheinigung vorsätzlich oder fahrlässig nicht, nicht richtig oder nicht vollständig ausfüllt. Bei vorsätzlichem Handeln kann ggf. sogar eine Beihilfe des Arbeitgebers zu einem Betrug zu Lasten der Agentur für Arbeit in Betracht kommen.

▶ **Muster – Bundesagentur für Arbeit Arbeitsbescheinigung** [1]

372 Nach § 312 Drittes Buch Sozialgesetzbuch (SGB III)

Kundennummer _____

Bitte beachten Sie:

Diese Bescheinigung ist eine Urkunde, zu deren Ausstellung der Arbeitgeber auf Verlangen der Arbeitnehmerin/des Arbeitnehmers oder der Agentur für Arbeit verpflichtet ist (§ 312 SGB III). Dies trifft selbst dann zu, wenn noch ein Arbeitsgerichtsverfahren anhängig ist. Die Arbeitsbescheinigung ist grundsätzlich der Arbeitnehmerin/dem Arbeitnehmer auszuhändigen oder auf elektronischem Weg direkt an die Agentur für Arbeit zu übermitteln (eService BEA). Die Arbeitnehmerin/der Arbeitnehmer kann der elektronischen Übermittlung widersprechen. Nähere Informationen finden Sie unter »www.arbeitsagentur.de«.

Wer eine Tatsache nicht, nicht richtig, nicht vollständig oder nicht rechtzeitig bescheinigt oder eine Arbeitsbescheinigung nicht oder nicht rechtzeitig aushändigt, handelt ordnungswidrig (§ 404 Abs. 2 Nr. 19 SGB III). Außerdem ist sie/er der Bundesagentur für Arbeit zum Ersatz des daraus entstandenen Schadens verpflichtet (§ 321 SGB III). Die Bundesagentur für Arbeit ist berechtigt, zur Überprüfung der Angaben Grundstücke und Geschäftsräume des Arbeitgebers während der Geschäftszeit zu betreten und Einsicht in die Lohn-, Melde- oder vergleichbare Unterlagen des Arbeitgebers zu nehmen (§ 319 SGB III). *Eine unvollständig ausgefüllte Arbeitsbescheinigung erfordert Rückfragen oder eine Rückgabe zur Ergänzung.* Achten Sie deshalb bitte darauf, dass alle Felder ausgefüllt werden. Die Hinweise bei den Fragen sollen Ihnen das Ausfüllen erleichtern. Etwaige Änderungen oder Ergänzungen der Eintragungen bestätigen Sie bitte mit Unterschrift. *Informationen zur Erstellung der Bescheinigung per EDV erhalten Sie bei der Agentur für Arbeit.* Diese Bescheinigung ist auch in das Internet eingestellt (www.arbeitsagentur.de).

1. Angaben zu den betrieblichen Daten des Arbeitgebers

   Name: _____

   Straße: _____

   Anschriftenzusatz: _____ Hausnummer: _____

   Postleitzahl: _____ Ort: _____

Bundesagentur für Arbeit Arbeitsbescheinigung K.VIII.6.

Ansprechpartner Entgelt: _____

Telefonnr.: _____ E-Mail: _____

Ansprechpartner Personal (wenn vom Ansprechpartner Entgelt abweichend): _____

Telefonnr.: _____ E-Mail: _____

2. Angaben zu den persönlichen Daten der Arbeitnehmerin/des Arbeitnehmers

Familienname: _____

Vorname: _____

Straße: _____ Hausnummer: _____

Anschriftenzusatz: _____

Postleitzahl: _____ Wohnort: _____

Rentenversicherungsnummer (wenn nicht bekannt, Geburtsdatum): _____

2.1 Lohnsteuerabzugsmerkmale im Lohnsteuerabzugsverfahren zu Beginn des Jahres, in dem das Beschäftigungsverhältnis endete

Jahr: _____ Lohnsteuerklasse: _____ ggf. Faktor: _____
Zahl der Kinderfreibeträge: _____

Hinweis: Hat das Arbeitsverhältnis im laufenden Jahr begonnen, bitte Eintragungen bezogen auf den Beginn des Arbeitsverhältnisses vornehmen.

Erfolgten später Änderungen? ☐ Ja ☐ Nein

Wenn ja: mit Wirkung ab: _____ Lohnsteuerklasse: _____
ggf. Faktor: _____
Zahl der Kinderfreibeträge: _____

3. Angaben zum Beschäftigungsverhältnis

(bei den Fragen 3.1–3.3 sind Angaben für die letzten 5 Jahre vor dem Ende des Beschäftigungsverhältnisses erforderlich)

3.1 Die Arbeitnehmerin/der Arbeitnehmer war innerhalb der letzten 5 Jahre beschäftigt

Von: _____ bis: _____ zuletzt als: _____ [2]

letzter Beschäftigungsort: _____

3.2. Das Arbeitsverhältnis hat geendet zum: _____

3.3 Hat die Arbeitnehmerin/der Arbeitnehmer für eine Zeit
kein Arbeitsentgelt erhalten? ☐ Ja ☐ Nein

Wenn ja: Für jeden der folgenden Zeiträume wurde die Zahlung von Arbeitsentgelt unterbrochen (bitte jeweils gesamten Unterbrechungszeitraum eintragen).

von: _____ bis: _____ Gründe: _____
von: _____ bis: _____ Gründe: _____
von: _____ bis: _____ Gründe: _____
von: _____ bis: _____ Gründe: _____

Gründe: Krankheit ohne Lohnfortzahlung, Krankheit des Kindes, Mutterschaft, Pflegezeit nach § 2 oder § 3 Abs. 1 S. 1 PflegeZG, Pflegeunterstützungsgeld, Elternzeit, Erwerbsminderungs-Rente auf Zeit, Zivildienst, Wehrdienst, Wehrübung, freiwilliger Wehrdienst nach dem 30.06.2011, unbezahlter Urlaub, sonstige unbezahlte Fehlzeit, Aussteuerung, Freistellung seitens des Arbeitgebers oder wegen Insolvenz.

K. Die Beendigung des Arbeitsverhältnisses

    Hinweis: Freistellungen, für die versicherungspflichtiges Wertguthaben ausbezahlt wird, sind nicht als Unterbrechungszeit einzutragen.

4. Angaben zur Beitragspflicht

4.1 Wurde die/der Beschäftigte als arbeitslosenversicherungsfreie/r Arbeitnehmerin/Arbeitnehmer geführt? ☐ Ja ☐ Nein

    Wenn ja: von: _____ bis: _____
                  von: _____ bis: _____

4.2 War die Arbeitnehmerin/der Arbeitnehmer zuletzt in der gesetzlichen Rentenversicherung versichert? ☐ Ja ☐ Nein

    Wenn ja: Die Arbeitnehmerin/der Arbeitnehmer gehörte wegen ihrer/seiner Beschäftigung der Knappschaftlichen Rentenversicherung an (knappschaftlicher Beitragssatz). ☐ Ja ☐ Nein

5. Angaben zur Beendigung des Beschäftigungs-/Arbeitsverhältnisses

(Angaben sind auch erforderlich, wenn ein befristetes Arbeitsverhältnis vorzeitig beendet wurde)

5.1 ☐ Das Arbeitsverhältnis wurde gekündigt/beendet am _____ zum _____ durch ☐ den Arbeitgeber ☐ Aufhebungsvertrag ☐ die Arbeitnehmerin/den Arbeitnehmer ☐ Tarifvertrag oder kraft Gesetzes

Wenn durch den Arbeitgeber:

– Die Kündigung/Beendigung erfolgte schriftlich. ☐ Ja ☐ Nein

– Wie wurde die Kündigung zugestellt? _____

– Es handelt sich um eine betriebsbedingte Kündigung gem. § 1a KSchG mit Abfindungsangebot: ☐ Ja ☐ Nein

Hinweis: Im Kündigungsschreiben muss angegeben sein, dass die Kündigung auf dringende betriebliche Erfordernisse gestützt wird und die Arbeitnehmerin/der Arbeitnehmer bei Verstreichen lassen der Klagefrist eine Abfindung beanspruchen kann.

– Die Arbeitnehmerin/der Arbeitnehmer hat Kündigungsschutzklage innerhalb der Frist gem. § 4 KSchG erhoben: ☐ Ja ☐ Nein

– Vertragswidriges Verhalten der Arbeitnehmerin/des Arbeitnehmers war Anlass: ☐ Ja ☐ Nein

Wenn ja: Die Arbeitnehmerin/der Arbeitnehmer war wegen desselben Verhaltens bereits abgemahnt worden: ☐ Ja ☐ Nein

               Datum der Abmahnung: _____

– Vor oder nach der Kündigung wurden zusätzliche Vereinbarungen getroffen (z.B. Abwicklungsvertrag): ☐ Ja ☐ Nein

– Eine Sozialauswahl wurde vorgenommen: ☐ Ja ☐ Nein

      ☐ entfällt bei personenbedingter Kündigung

Hinweis: *Diese Tatsachenerklärung durch den Arbeitgeber bewertet nicht, ob eine Sozialauswahl vorzunehmen war oder die Sozialauswahl den Vorschriften des KSchG entspricht.*

Wenn ja: Die Sozialauswahl wurde von der Agentur für Arbeit geprüft (Sammelentscheidung). ☐ Ja ☐ Nein

Wenn ja: von der Agentur für Arbeit _____

Bei Lösung des Arbeitsverhältnisses durch Aufhebungsvertrag oder Kündigung durch die Arbeitnehmerin/den Arbeitnehmer:

Der Arbeitgeber hätte das Arbeitsverhältnis gekündigt: ☐ Ja ☐ Nein

Wenn ja: am _____ zum _____

        betriebsbedingt: ☐ Ja ☐ Nein

        wegen vertragswidrigen Verhaltens: ☐ Ja ☐ Nein

5.2 Das Arbeitsverhältnis war befristet: ☐ Ja ☐ Nein

Das Arbeitsverhältnis war bei Abschluss des Arbeitsvertrages befristet bis zum: _____

Der befristete Arbeitsvertrag wurde abgeschlossen am: _____

– Wurde der befristete Arbeitsvertrag verlängert: ☐ Ja ☐ Nein

Wenn ja: Verlängerung am: _____   Die Befristung erfolgte schriftlich: ☐ Ja ☐ Nein

        Verlängerung bis: _____

Die befristete Beschäftigung war für mindestens 2 Monate vorgesehen und eine Möglichkeit der Weiterbeschäftigung wurde durch den Arbeitgeber bei Abschluss des Vertrages in Aussicht gestellt. ☐ Ja ☐ Nein

5.3 Es handelt sich um eine unwiderrufliche Freistellung durch den Arbeitgeber mit tatsächlicher Weiterzahlung des Arbeitsentgelts: ☐ Ja ☐ Nein

Wenn ja: Die Freistellung erfolgte einvernehmlich: _____ ☐ Ja ☐ Nein

        ab: _____

6. Angaben zur wöchentlichen Arbeitszeit [3]

Die vereinbarte durchschnittliche regelmäßige Arbeitszeit betrug: _____ Stunden/Woche.

Die vereinbarte durchschnittliche regelmäßige Arbeitszeit hat sich in den letzten 42 Monaten des Beschäftigungsverhältnisses geändert: ☐ Ja ☐ Nein

Wenn ja, (s. Hinweise zum Vordruck »Arbeitsbescheinigung«):

Grund für eine Änderung der regelmäßigen wöchentlichen Arbeitszeit: _____

Beginn der Arbeitszeitänderung: _____ geänderte wöchentliche Arbeitszeit: _____ Stunden/Woche

Wenn nochmalige Änderung innerhalb der letzten 42 Monate:

Grund für eine Änderung der regelmäßigen Wochenarbeitszeit: _____

Beginn der Arbeitszeitänderung: _____ geänderte wöchentliche Arbeitszeit: _____ Stunden/Woche

Die durchschnittliche Arbeitszeit einer/eines vergleichbaren Vollzeitbeschäftigten betrug: _____ Stunden/Woche

K. Die Beendigung des Arbeitsverhältnisses

7. Angaben zum Arbeitsentgelt [4]

Abrechnungszeiträume der letzten 12 Monate (Teilmonate zu Beginn oder am Ende des Beschäftigungsverhältnisses – sofern beim Ausscheiden abgerechnet)	Das Entgelt wurde in folgendem Rechtskreis erzielt (ohne Entsendung) West = alte BL u. ehem. Westteil Berlins Ost = neue BL u ehem. Ostteil Berlins	Sozialversicherungspflichtiges Bruttoarbeitsentgelt – Betrag in EUR –	Fiktives Bruttoarbeitsentgelt, das ohne Berücksichtigung von Sonderregelungen beitragspflichtig gewesen wäre (mit Einmalzahlungen) – Betrag in EUR –

8. Zusätzliche Angaben zum oben bescheinigten Arbeitsentgelt [5]

8.1 Wurden zusätzlich zum bescheinigten Arbeitsentgelt beitragspflichtige Einmalzahlungen geleistet? ☐ Ja ☐ Nein

Einmalig gezahltes Sozialversicherungsbruttoentgelt – Betrag in EUR –	im Abrechnungszeitraum

8.2 Zusatzangaben nur für Heimarbeiterinnen/Heimarbeiter für die bescheinigten Abrechnungszeiträume

Anzahl der zu beanspruchenden Urlaubstage je Kalenderjahr: _____ Anzahl der bescheinigten tatsächlichen Urlaubstage: _____

Im bescheinigten Bruttoarbeitsentgelt enthaltenes Urlaubsentgelt:
Betrag EUR _____

zuletzt gezahlt: ☐ bei Urlaubsantritt   ☐ als lfd. Entgeltzuschlag

8.3 Wurde das Arbeitsentgelt wegen einer Vereinbarung gem. § 3 Abs. 1 Satz 1 des PflegeZG oder aufgrund von Zeiten nach dem Familienpflegezeitgesetz vermindert: ☐ Ja   ☐ Nein

Wenn ja: von _____ bis _____
           von _____ bis _____

9. Leistungen im Zusammenhang mit der Beendigung des Arbeits-/Beschäftigungs- bzw. Heimarbeitsverhältnisses [6]

9.1 Wurden Leistungen im Zusammenhang mit der Beendigung des Arbeits-/Beschäftigungs- bzw. Heimarbeitsverhältnisses gezahlt oder besteht hierauf noch ein Anspruch: ☐ Ja   ☐ Nein

☐ ist ungewiss, Grund: _____

Hinweis: Wenn Frage 9.1 mit »nein« beantwortet, dann sind unter den Fragen 9.2 bis 9.5 keine Angaben zu machen.

9.2 Wurde das Arbeitsentgelt über das Ende des Beschäftigungsverhältnisses hinaus gezahlt bzw. ist noch zu zahlen: ☐ Ja   ☐ Nein

Wenn ja: für die Zeit bis einschließlich: _____

9.3 Wurde eine Urlaubsabgeltung wegen der Beendigung des Beschäftigungs-/Arbeits-/Heimarbeitsverhältnisses gezahlt bzw. ist noch zu zahlen: ☐ Ja   ☐ Nein

Wenn ja: Wäre der noch zustehende Urlaub im Anschluss an das Arbeits-/Beschäftigungsverhältnis genommen worden, hätte er nach den gesetzlichen/(tarif-)vertraglichen Bestimmungen gedauert bis einschließlich: _____

9.4 Wurde eine Abfindung, Entschädigung oder ähnliche Leistung wegen der Beendigung des Beschäftigungs-/Arbeits- bzw. Heimarbeitsverhältnisses gezahlt bzw. ist noch zu bezahlen: ☐ Ja   ☐ Nein

Wenn ja: Höhe der Leistung: _____

(Höhe Brutto – auch bei Nettoabfindung – ohne Beträge, die der Arbeitgeber für die Rentenversicherung der Arbeitnehmerin/des Arbeitnehmers nach § 187a Abs. 1 SGB VI oder vergleichbare Beiträge für berufsständische Versorgungseinrichtungen aufwendet, wenn das Arbeitsverhältnis frühestens mit Vollendung des 55. Lebensjahres der Arbeitnehmerin/des Arbeitnehmers beendet worden ist.)

Dauer der Betriebs-/Unternehmenszugehörigkeit: _____ Jahre

(auf volle Jahre nach unten abgerundet)

Im Falle eines Aufhebungsvertrages oder der Arbeitnehmerkündigung:

Wäre die Abfindung auch gezahlt worden, wenn die Kündigung durch den Arbeitgeber erfolgt wäre: ☐ Ja   ☐ Nein

Beträgt die Abfindung bis zu 0,5 Monatsentgelte für jedes Jahr des Arbeitsverhältnisses (§ 1a Abs. 2 KSchG):   ☐ Ja   ☐ Nein

9.5 Wird/Wurde eine Vorruhestandsleistung oder eine vergleichbare Leistung bei Beendigung des Arbeitsverhältnisses gezahlt: ☐ Ja   ☐ Nein

Wenn ja: ab _____ in v.H. des Bruttoarbeitsentgelts _____ v.H.

K. Die Beendigung des Arbeitsverhältnisses

10. Angaben zur Kündigungsfrist [7]

10.1 Die maßgebende (gesetzliche, tarifvertragliche oder vertragliche) Kündigungsfrist des Arbeitgebers beträgt

_____ Kalendertage _____ Werktage _____ Wochen
_____ Monate

zum ☐ Ende der Woche ☐ 15. des Monats ☐ Monatsende ☐ Ende des Vierteljahres

☐ Ende des Halbjahres ☐ Jahresschluss ☐ ohne festes Ende

10.2 War die ordentliche Kündigung des Arbeitsverhältnisses (zeitlich begrenzt/ unbegrenzt) durch den Arbeitgeber/Auftraggeber/Zwischenmeister gesetzlich oder (tarif-)vertraglich ausgeschlossen? ☐ Ja ☐ Nein

War die ordentliche Kündigung zeitlich unbegrenzt ausgeschlossen: ☐ Ja ☐ Nein

Wenn ja: Wurde die fristgebundene Kündigung aus wichtigem Grund ausgesprochen, obwohl die ordentliche Kündigung zeitlich unbegrenzt ausgeschlossen war: ☐ Ja ☐ Nein

10.3 War die ordentliche Kündigung (tarif-)vertraglich nur bei einer Abfindung, Entschädigung oder ähnlichen Leistung zulässig: ☐ Ja ☐ Nein

Wenn ja: Liegen gleichzeitig die Voraussetzungen für eine fristgebundene Kündigung aus wichtigem Grund vor oder wären diese ohne besondere (tarif-)vertragliche Kündigungsregelung gegeben gewesen: ☐ Ja ☐ Nein

11. Firmenstempel, Unterschrift [8]

_____ _____
Firmenstempel (mit Name und Anschrift) Datum/Unterschrift des Arbeitgebers
  (für Heimarbeiterinnen/Heimarbeiter auch
  des Zwischenmeisters oder seiner/seines
  Beauftragten)

Erläuterungen

373 **1.** Der Arbeitgeber hat für die Arbeitsbescheinigung den **Vordruck der Bundesagentur für Arbeit** zu benutzen. Dieses Muster gibt den aktuellen Vordruck (Stand: 12/2015) wieder. Der Vordruck kann von der Website der Bundesagentur für Arbeit (www.arbeitsagentur.de) heruntergeladen werden. Auf der Website sind außerdem Hinweise zum Vordruck »Arbeitsbescheinigung« erhältlich, die beim Ausfüllen der Arbeitsbescheinigung unbedingt beachtet werden sollten und auf die im Folgenden verwiesen wird.

374 **2.** Die Tätigkeit des Arbeitnehmers ist möglichst genau zu beschreiben, wobei entsprechend aussagekräftige Berufsbezeichnungen genügen (z.B. »Verkäufer«, »Elektriker«). Pauschale Bezeichnungen, z.B. »kaufmännischer Angestellter«, sind nicht ausreichend (Küttner/*Kreitner* Stichwort Arbeitsbescheinigung Rn. 7).

375 **3.** Siehe hierzu die Hinweise der Bundesagentur für Arbeit zum Vordruck »Arbeitsbescheinigung«, Ziffer 6.

376 **4.** Siehe hierzu die Hinweise der Bundesagentur für Arbeit zum Vordruck »Arbeitsbescheinigung«, Ziffer 7.

377 **5.** Siehe hierzu die Hinweise der Bundesagentur für Arbeit zum Vordruck »Arbeitsbescheinigung«, Ziffer 8.

378 **6.** Siehe hierzu die Hinweise der Bundesagentur für Arbeit zum Vordruck »Arbeitsbescheinigung«, Ziffer 9.

7. Siehe hierzu die Hinweise der Bundesagentur für Arbeit zum Vordruck »Arbeitsbescheinigung«, Ziffer 10.

8. Die Arbeitsbescheinigung ist mit Firmenstempel und Unterschrift des Arbeitgebers zu versehen. Im Hinblick auf den Urkundencharakter der Arbeitsbescheinigung sind – sofern nicht die elektronische Übermittlung gewählt wurde – die einzelnen Seiten zusammenzuheften und alle Seiten der Bescheinigung – inklusive eventueller Zusatzblätter – mit dem Firmenstempel zu versehen. Im Übrigen siehe die Hinweise der Bundesagentur für Arbeit zum Vordruck »Arbeitsbescheinigung«, Ziff. 11.

L. Betriebliche Altersversorgung

Inhaltsübersicht

	Rdn.
I. Zusageerteilung	1
1. Beitragsorientierte Leistungszusage	1
1.1 Kapitalzusage	1
Vorbemerkung	1
Muster: Kapitalzusage	2
Erläuterungen	3
1.2 Rentenzusage	97
Vorbemerkung	97
1.3 Betriebsvereinbarung	100
Muster: Betriebsvereinbarung	100
Erläuterungen	101
2. Leistungszusage als Rentenzusage – Einzelzusage, z.B. für leitende Angestellte	106
Vorbemerkung	106
2.1 Einzelzusage, z.B. für leitende Angestellte	110
Muster: Einzelzusage, z.B. für leitende Angestellte	110
Erläuterungen	111
2.2 Organpersonen	152
Vorbemerkung	152
Muster: Leistungszusage als Rentenzusage bei Organpersonen	154
Erläuterungen	
3. Beitragszusage mit Mindestleistung (Direktversicherung)	161
Vorbemerkung	161
Muster: Beitragszusage mit Mindestleistung (Direktversicherung)	162
Erläuterungen	163
4. Verpfändungsvereinbarung für eine Rückdeckungsversicherung	185
Vorbemerkung	185
Muster: Verpfändungsvereinbarung für Rückdeckungsversicherung	192
Erläuterungen	193
5. Entgeltumwandlung	221
Vorbemerkung	221
Muster: Entgeltumwandlung	226
Erläuterungen	227
II. Ausscheiden aus dem Arbeitsverhältnis	250
1. Unverfallbarkeitsmitteilung	250
Vorbemerkung	250
Muster: Unverfallbarkeitsmitteilung	251
Erläuterungen	252
2. Unverfallbarkeitsmitteilung mit Besitzstandsregelung	263
Muster: Unverfallbarkeitsmitteilung mit Besitzstandsregelung	263
Erläuterungen	264
3. Unverfallbarkeitsmitteilung bei einer beitragsorientierten Leistungszusage	272
Muster: Unverfallbarkeitsmitteilung bei einer beitragsorientierten Leistungszusage	272
Erläuterungen	273
4. Unverfallbarkeitsmitteilung bei einer Direktversicherung mit versicherungsförmiger Lösung	277
Vorbemerkung	277
Muster: Unverfallbarkeitsmitteilung bei einer Direktversicherung mit versicherungsförmiger Lösung	278
Erläuterungen	279
5. Abfindungsschreiben an unverfallbar ausgeschiedene Arbeitnehmer	292
Vorbemerkung	292
Muster: Abfindungsschreiben an unverfallbar ausgeschiedene Arbeitnehmer	293
Erläuterungen	294
6. Abfindung bei Rentnern	301
Vorbemerkung	301

		Rdn.
	Muster: Abfindung bei Rentnern	303
	Erläuterungen	304
7.	Mitnahmeanspruch	310
	Vorbemerkung	310
	Muster: Mitnahmeanspruch	317
	Erläuterungen	318
8.	Übernahme der Zusage	323
	Vorbemerkung	323
	Muster: Übernahme der Zusage	327
	Erläuterungen	328
III.	Betriebsübergang	335
1.	Information zum Anspruch auf Entgeltumwandlung	338
	Vorbemerkung	338
	Muster: Information zum Anspruch auf Entgeltumwandlung	341
	Erläuterungen	342
2.	Zusicherung der Vollständigkeit	357
	Vorbemerkung	357
	Muster: Zusicherung der Vollständigkeit	359
	Erläuterungen	360
IV.	Wechsel des Durchführungsweges	394
1.	Bei Versorgungsempfängern	400
	Muster: Wechsel des Durchführungsweges bei Versorgungsempfängern	400
	Erläuterungen	401
2.	Partieller Wechsel des Durchführungsweges bei Versorgungsanwärtern	408
	Muster: Partieller Wechsel Durchführungsweg bei Versorgungsanwärtern	408
	Erläuterungen	409

I. Zusageerteilung

1. Beitragsorientierte Leistungszusage

1.1 Kapitalzusage

Vorbemerkung

Für den Durchführungsweg der unmittelbaren Versorgungszusage (§ 1b Abs. 1 BetrAVG) wird eine beitragsorientierte Leistungszusage dargestellt. Ein solcher Leistungsplan kann nicht ohne Anpassung in anderen Durchführungswegen verwendet werden. Da er für eine Vielzahl von Mitarbeitern gedacht ist, ist er für eine individuelle Zusage, die auf die Bedürfnisse einer Einzelperson abstellt, nicht geeignet. Das Muster zeigt aber die Grundkonstruktion eines solchen Versorgungsversprechens auf. 1

▶ **Muster – Kapitalzusage**

Präambel [1]

2

Mit diesem Leistungsplan sagt die Firma

 [Name des Arbeitgebers] (nachfolgend [Firma]) ihren Arbeitnehmern und Arbeitnehmerinnen (nachfolgend einheitlich Arbeitnehmer) [2] Leistungen der betrieblichen Altersversorgung zu. Der Leistungsplan ist Bestandteil [3] der Betriebsvereinbarung [4] vom [Datum der Betriebsvereinbarung] .

Bei dem Leistungsplan handelt es sich um eine beitragsorientierte Leistungszusage, [5] bei der nach den nachgenannten Regeln für jeden Arbeitnehmer ein Beitrag und daraus eine Leistung in Form eines jährlichen Versorgungsbausteins ermittelt wird. So wird über die Jahre der aktiven Tätigkeit

Jahr für Jahr die Versorgungsleistung aufgebaut. Bei Eintritt des Versorgungsfalls wird ein Kapital ausgezahlt. [6]

Es handelt sich um ausschließlich vom Arbeitgeber finanzierte Versorgungsleistungen.

§ 1
Versorgungsanwärter [7]

(1) Begünstigte sind alle Arbeitnehmer, die bei oder nach Inkrafttreten der Betriebsvereinbarung in einem Arbeitsverhältnis [8] zur Firma stehen bzw. ein solches begründen.

(2) Nicht begünstigt ist, wer [9]

- Auszubildender ist,
- im Rahmen des Arbeitsverhältnisses zur Firma nur eine geringfügige Beschäftigung ausübt (§ 8 Abs. 1 SGB IV); Arbeitsentgelt aus Arbeitsverhältnissen zu anderen Firmen bleibt abweichend von § 8 Abs. 2 S. 1 SGB IV bei der Prüfung der geringfügigen Beschäftigung unberücksichtigt,
- befristet beschäftigt ist,
- bei Begründung des Arbeitsverhältnisses das 52. Lebensjahr vollendet hat, [9a]
- zur Firma in einem anderen Rechtsverhältnis als einem Arbeitsverhältnis steht, wie z.B. Organmitglieder, Heimarbeiter und Handelsvertreter,
- eine individuelle Versorgungszusage von der Firma erhalten hat,
- nach Inkrafttreten der Betriebsvereinbarung im Rahmen einer Einzelrechtsnachfolge (z.B. Betriebserwerb i.S.v. § 613a BGB) oder einer Gesamtrechtsnachfolge (z.B. Verschmelzung) ein Arbeitsverhältnis zur Firma begründet.

§ 2
Versorgungsleistungen [10]

Die Firma zahlt ein

- Alterskapital [11]
- vorzeitiges Alterskapital [12]
- Invaliditätskapital [13]
- Hinterbliebenenkapital [14] an die Witwe, den Witwer oder den eingetragenen Lebenspartner bzw. an Waisen, wenn kein Alters-, vorzeitiges Alters- oder Invaliditätskapital ausgelöst wurde. [15]

Auf die zugesagten Versorgungsleistungen besteht ein Rechtsanspruch.

§ 3
Allgemeine Leistungsvoraussetzungen [16]

Die allgemeinen und die speziellen Leistungsvoraussetzungen müssen kumulativ erfüllt sein.

Allgemeine Voraussetzung für die Zahlung von Versorgungsleistungen ist, dass der Arbeitnehmer bei Beendigung des Arbeitsverhältnisses die Wartezeit von fünf vollen versorgungsfähigen Dienstjahren erfüllt hat und ein Antrag gestellt wird.

§ 4
Spezielle Leistungsvoraussetzungen

(1) Anspruchsvoraussetzung für die Zahlung von Alterskapital ist, dass das Arbeitsverhältnis mit oder nach Erreichen der festen Altersgrenze endet. Feste Altersgrenze ist die Vollendung des 67. Lebensjahres. [17]

(2) Anspruchsvoraussetzung für die Zahlung von vorzeitigem Alterskapital ist, dass das Arbeitsverhältnis vor Erreichen der festen Altersgrenze endet und der Arbeitnehmer eine Altersrente aus

der gesetzlichen Rentenversicherung als Vollrente (§ 6 BetrAVG) tatsächlich in Anspruch nimmt. Dies ist durch die Vorlage des Bescheides der Deutschen Rentenversicherung Bund nachzuweisen. [18]

(3) Anspruchsvoraussetzung für die Zahlung von Invaliditätskapital ist, dass das Arbeitsverhältnis vor Erreichen der festen Altersgrenze endet und spätestens ab dann Invalidität auf Dauer vorliegt. Invalidität im Sinne des Leistungsplanes ist die volle Erwerbsminderung (§ 43 Abs. 2 SGB VI). Sie ist durch die Vorlage des Bescheides der Deutschen Rentenversicherung Bund nachzuweisen.

Kein Anspruch entsteht, wenn der Arbeitnehmer die Invalidität absichtlich herbeigeführt hat oder wenn er bei Beginn des letzten Arbeitsverhältnisses zur Firma bereits berufs- oder erwerbsunfähig bzw. teilweise oder voll erwerbsgemindert i.S. der für die gesetzliche Rentenversicherung geltenden Vorschriften war. [19]

(4) Anspruchsvoraussetzung für die Zahlung von Witwen- bzw. Witwerkapital ist, dass der Begünstigte während des bestehenden Arbeitsverhältnisses verstirbt und einen Ehegatten hinterlässt. Die Ehe muss im Zeitpunkt des Todes seit mindestens zwei Jahren bestanden haben und vor dem Ausscheiden aus dem Arbeitsverhältnis geschlossen worden sein. [20] Entsprechendes gilt für eingetragene Lebenspartner.

(5) Anspruchsvoraussetzung für die Zahlung von Waisenkapital ist, dass der Begünstigte während des bestehenden Arbeitsverhältnisses verstirbt und keinen Ehegatten, aber Kinder im Sinne des § 32 Abs. 3 und Abs. 4 S. 1 Nr. 1 bis 3 und Abs. 5 EStG hat. [21]

§ 5
Leistungshöhe [22]

(1) Alterskapital und vorzeitiges Alterskapital

Das Alterskapital ist die Summe der während des Arbeitsverhältnisses zugeteilten Versorgungsbausteine.

Das vorzeitige Alterskapital ist Summe der zugeteilten Versorgungsbausteine multipliziert mit dem altersabhängigen Zugangsfaktor gemäß der Transformationstabelle. Dabei wird die Differenz zwischen dem Geburtsjahr und dem Jahr der Inanspruchnahme der Versorgungsleistung angewendet.

Wird das Alterskapital erst nach Vollendung der festen Altersgrenze fällig, wird es mit __[Prozentsatz]__ % pro Jahr verzinst.

(2) Invaliditätskapital

Das Invaliditätskapital wird gem. Abs. 1 wie das vorzeitige Alterskapital berechnet.

(3) Hinterbliebenenkapital

Das Witwen- bzw. Witwerkapital beträgt 100 % der nachgenannten Bemessungsgrundlage. Gleiches gilt für eingetragene Lebenspartner.

Das Waisenkapital beträgt 100 % der nachgenannten Bemessungsgrundlage und wird zu gleichen Teilen an die Kinder des Verstorbenen ausgezahlt, welche die Voraussetzung nach § 4 Abs. 5 erfüllen.

Bemessungsgrundlage ist das Invaliditätskapital, das dem Begünstigten gezahlt worden wäre, wenn sein Arbeitsverhältnis unmittelbar vor seinem Tod wegen voller Erwerbsminderung geendet hätte.

(4) Versorgungsbeiträge und Versorgungsbausteine

a) Die Verpflichtung der Firma, im Rahmen dieses Leistungsplans unbefristet Versorgungsbeiträge zuzuteilen, beginnt mit dem 01.12.2016 (Beitragszeit) und endet mit dem 01.12., der der Beendigung des Arbeitsverhältnisses vorangeht.

b) Während der Beitragszeit wird an jedem 1. Dezember (Zuteilungsstichtag) innerhalb der versorgungsfähigen Dienstzeit ein Versorgungsbeitrag dem Begünstigten zugeteilt. [23]

L. Betriebliche Altersversorgung

c) Der Versorgungsbeitrag beträgt 1.000 € in der Gehaltsgruppe A, 1.100 € in der Gehaltsgruppe B _____. Maßgeblich ist die Gehaltsgruppe am Zuteilungsstichtag.[23a] Bei einer Teilzeitbeschäftigung ist der vorgenannte Betrag mit dem Teilzeitgrad zu gewichten, der über das vorangegangene Jahr zu berechnen ist.

d) Der Versorgungsbaustein ergibt sich in Abhängigkeit vom Alter des Begünstigten bei Zuteilung durch Multiplikation des zugeteilten Versorgungsbeitrages mit dem jeweiligen Altersfaktor gemäß der nachfolgenden Transformationstabelle. Als Alter wird die Differenz zwischen dem Kalenderjahr der Zuteilung und dem Geburtsjahr des Begünstigten zugrunde gelegt.

Transformationstabelle
(mit fiktiven Zahlen)

Alter	Altersfaktor	Zugangsfaktor
20	4,5	0,21
25	3,9	0,26
30	3,3	0,31
35	2,8	0,36
40	2,3	0,41
50	1,6	0,58
60	1,1	0,85
67	1,0	1,0

e) Der Arbeitnehmer erhält jährlich eine Mitteilung über den Stand des Versorgungskontos. Diese ist für die Höhe einer späteren Versorgungsleistung verbindlich, wenn der Arbeitnehmer nicht innerhalb von drei Monaten ab Zugang der Mitteilung schriftlich widerspricht.[24] Bei den in der Mitteilung genannten Beträgen handelt es sich um Bruttobeträge.

(5) Versorgungsfähige Dienstzeit

Versorgungsfähig ist die Zeit, während der bis zum Eintritt des Versorgungsfalles das Arbeitsverhältnis ununterbrochen bestanden hat. Als versorgungsfähig gelten nicht Zeiten, die nach dem 31. Dezember des Jahres liegen, in dem das 67. Lebensjahr vollendet wird. Zeiten, in denen das Arbeitsverhältnis ruhte und für die kein Arbeitsentgelt gezahlt wurde, sind herauszurechnen. Dabei wird das Jahr mit 365 Tagen angesetzt.

§ 6
Zahlung des Versorgungskapitals

(1) Die Versorgungsleistungen werden am 31. Januar[26] des Kalenderjahres als Bruttobetrag fällig, das auf den Eintritt des Versorgungsfalles folgt. Das Kapital wird einmalig ausgezahlt. Übersteigt das zu zahlende Kapital den Betrag von ___[Betrag]___ Euro, wird es in drei gleich hohen Raten ausgezahlt. Auszahlungsstichtag ist ebenfalls der 31.01. des jeweiligen Folgejahres. Noch nicht ausgezahlte Raten werden mit ___[Prozentsatz]___ % p.a. verzinst.

(2) Die fälligen Versorgungsleistungen werden nach Abzug der Steuern, Sozialversicherungsbeiträge und anderer gesetzlicher Abgaben ausgezahlt. Die Auszahlung erfolgt bargeldlos auf das vom Versorgungsempfänger benannte Konto.[27]

(3) Nach dem Tode des Versorgungsempfängers vor Auszahlung der gesamten Versorgungsleistung wird diese gezahlt

– an den überlebenden Ehegatten/eingetragenen Lebenspartner oder,

– falls ein überlebender Ehegatte/eingetragener Lebenspartner nicht vorhanden ist, an die überlebenden Kinder i.S.v. § 4 Abs. 5 zu gleichen Teilen. Sind keine Kinder vorhanden, verfällt die Versorgungsleistung.[28]

§ 7
Mitwirkungspflichten [29]

(1) Der Versorgungsempfänger hat die vorgenannten Nachweise zu führen, die für die Zahlung der Versorgungsleistung notwendigen Angaben zu machen, die erforderlichen Unterlagen zu beschaffen und einen Lebensnachweis beizubringen.

(2) Der Versorgungsempfänger hat der Firma seine Steuer-Identifikationsnummer und den Tag seiner Geburt mitzuteilen.

(3) Änderungen des Namens, des Familienstandes, des Wohnsitzes, der Postanschrift und der Bankverbindung des Versorgungsempfängers sind unaufgefordert und unverzüglich beim Personalbüro anzuzeigen.

(4) Die Versorgungsleistungen dürfen, vorbehaltlich zwingender gesetzlicher Vorschriften, nicht abgetreten oder verpfändet werden. Entgegenstehende Vereinbarungen mit Dritten sind der Firma gegenüber unwirksam.

(5) Schadenersatzansprüche des Leistungsempfängers gegen Personen, deren Verhalten die Zahlung von Versorgungsleistungen ausgelöst hat, sind, soweit rechtlich zulässig, bis zur Höhe des Wertes der Versorgungsleistungen an die Firma abzutreten.

(6) Eine Verletzung der vorgenannten Pflichten führt zu einem Ruhen der Versorgungsleistung.

(7) Ohne Rechtsgrund gezahlte Versorgungsleistungen sind in Höhe ihrer Bruttobeträge an die Firma zurückzuzahlen.

§ 8
Insolvenzsicherung [30]

Versorgungsleistungen sowie gesetzlich unverfallbare Anwartschaften sind gegen die Folgen einer Insolvenz der Firma nach Maßgabe des BetrAVG gesichert. Hierfür zahlt die Firma Beiträge an den Pensions-Sicherungs-Verein Versicherungsverein auf Gegenseitigkeit (PSVaG), Köln, den Träger der gesetzlichen Insolvenzsicherung der betrieblichen Altersversorgung.

§ 9
Versorgungsausgleich [31]

Die Firma wird bei einer Scheidung des ausgleichspflichtigen Arbeitnehmers von der externen Teilung im Rahmen des gesetzlich vorgegebenen Umfangs Gebrauch machen. Die Firma behält sich vor, auf die interne Teilung ab einem bestimmten Stichtag überzuwechseln, wenn der Umfang der mit den Scheidungsverfahren verbundenen Kapitalabflüsse – bezogen auf alle Scheidungsfälle – in einem Geschäftsjahr [Prozentsatz] % der gebildeten Pensionsrückstellungen übersteigt.

§ 10
Datenschutz [32]

In Fragen der betrieblichen Altersversorgung wird die Firma von einem an die Bestimmungen des Bundesdatenschutzgesetzes (BDSG) gebundenen Sachverständigen (Gutachter) beraten und betreut. Er speichert die zur Erfüllung seines Auftrages benötigten personenbezogenen Daten der Anwärter und Versorgungsempfänger und hat sich vertraglich zur vertraulichen Behandlung dieser Daten und zur Einhaltung aller gesetzlichen Vorgaben verpflichtet.

§ 11
Vorbehalte [33]

(1) Die Firma behält sich vor, den Leistungsplan zu ändern bzw. die Versorgungsleistungen zu kürzen oder einzustellen, wenn

- die wirtschaftliche Lage der Firma sich nachhaltig so wesentlich verschlechtert hat, dass ihr die Einhaltung der zugesagten Versorgungsleistungen nicht mehr zugemutet werden kann, oder

- der Personenkreis, die Beiträge, die Leistungen oder das Pensionierungsalter bei der gesetzlichen Rentenversicherung oder anderen Versorgungseinrichtungen mit Rechtsanspruch sich wesentlich ändern oder

- die rechtliche, insbesondere die steuerrechtliche Behandlung der Aufwendungen, die zur planmäßigen Finanzierung der Versorgungsleistungen von der Firma gemacht werden oder gemacht worden sind, sich so wesentlich ändert, dass der Firma die Einhaltung der zugesagten Versorgungsleistungen nicht mehr zugemutet werden kann, oder

- der Anwärter oder Versorgungsempfänger Handlungen begeht, die in grober Weise gegen Treu und Glauben verstoßen oder zu einer fristlosen Entlassung berechtigen würden.

(2) Im Übrigen behält sich die Firma vor, den Leistungsplan zu ändern bzw. die Versorgungsleistungen zu kürzen oder einzustellen, wenn die bei Inkrafttreten des Leistungsplanes maßgebenden Verhältnisse sich nachhaltig so wesentlich geändert haben, dass der Firma die Einhaltung der zugesagten Versorgungsleistungen auch unter objektiver Beachtung der Belange der Anwärter und Versorgungsempfänger nicht mehr zugemutet werden kann.

(3) Wird die Firma künftig durch Gesetz, Tarifvertrag oder auf andere Weise verpflichtet, erstmals oder über den beim Inkrafttreten des Leistungsplanes bestehenden Umfang hinaus zusätzliche Versorgungsleistungen zu gewähren oder Beiträge für solche Versorgungsleistungen aufzubringen, so werden diese auf die sich aus dem Leistungsplan ergebenden Versorgungsleistungen angerechnet. Das Anrechnungsverfahren wird dann geregelt.

§ 12
Unverfallbarkeit [34]

(1) Die Unverfallbarkeit bei einem Ausscheiden aus dem Arbeitsverhältnis vor Eintritt des Versorgungsfalles richtet sich dem Grunde und der Höhe nach nach den Bestimmungen des Betriebsrentengesetzes in seiner jeweiligen Fassung (zzt. § 1b Abs. 1 und § 2 Abs. 5a BetrAVG).

(2) Auskünfte gem. § 4a BetrAVG werden nur auf Verlangen erteilt.

(3) Ein Mitnahmeanspruch gem. § 4 Abs. 3 BetrAVG besteht nicht.

Erläuterungen

Schrifttum

Ahrend/Förster/Rößler Steuerrecht der betrieblichen Altersversorgung; *Andresen/Förster/Rößler/Rühmann* Arbeitsrecht der betrieblichen Altersversorgung, seit der 14. Aufl.: *Schlewing/Henssler/Schipp/Schnitker* Arbeitsrecht der betrieblichen Altersversorgung und Zeitwertkonten; *Blomeyer/Rolfs/Otto* Betriebsrentengesetz; *Förster/Cisch/Karst* Betriebsrentengesetz: BetrAVG; *Höfer/Reinhard/Reich* Gesetz zur Verbesserung der betrieblichen Altersversorgung; *Kemper/Kisters-Kölkes/Berenz/Huber* BetrAVG; *Langohr-Plato* Betriebliche Altersversorgung; *Hanau/Arteaga/Rieble/Veit* Entgeltumwandlung; *aba* (Hrsg.) Handbuch der betrieblichen Altersversorgung H-BetrAV.

3 **1.** Eine Präambel ist möglich, nicht aber zwingend erforderlich. Sie dient häufig dazu, die Versorgungsziele und/oder die Gestaltung der Zusage zu erläutern.

4 **2.** Es wird einmalig von »Arbeitnehmerinnen und Arbeitnehmern« gesprochen, später nur noch der Begriff des Arbeitnehmers/Versorgungsempfängers verwendet. Dies geschieht aus Gründen der Lesbarkeit und stellt keine Geschlechterdiskriminierung dar (BAG, Urt. v. 11.11.1986 – 3 AZR 74/85, DB 1987, 994, EzA § 1 BetrAVG Gleichberechtigung Nr. 2). Auch wenn der Gesetzgeber schon teilweise dazu übergegangen ist, explizit Arbeitnehmerinnen und Arbeitnehmer in einer Norm anzusprechen (z.B. § 212 VVG), ist dies heute noch die Ausnahme und nicht die Regel. Ob man als Kompromiss die z.T. verwendete Abkürzung ArbeitnehmerInnen wählt, ist Geschmackssache.

5 **3.** Das vorgestellte Muster sieht vor, dass der Leistungsplan ein Anhang zu einer Betriebsvereinbarung ist. Der Leistungsplananhang könnte auch direkt in die Betriebsvereinbarung integriert werden. Die Umsetzung mittels eines Anhangs bietet sich insbesondere dann an, wenn Bestand-

teil einer Betriebsvereinbarung mehrere Leistungspläne sind. So wäre es möglich, einen Leistungsplan 1 für solche Arbeitnehmer zu schaffen, die vor einem bestimmten Stichtag eingetreten sind, und einen Leistungsplan 2, der für Mitarbeiter gilt, die ab einem Stichtag eingetreten sind.

Vielfach wird auch dann mit Anhängen gearbeitet, wenn z.B. Auszüge aus Gesetzen (insbesondere aus dem Betriebsrentengesetz), aus Betriebsordnungen oder Ähnliches beigefügt werden sollen.

4. Eine Betriebsvereinbarung ist seit 1986 üblicherweise die Rechtsgrundlage für ein Versorgungsversprechen (Zusageerteilung), weil nach der Entscheidung des Großen Senats des BAG vom 16.09.1986 (GS 1/82, DB 1987, 383, EzA § 77 BetrVG 1972 Nr. 17) Gesamtzusagen und vertragliche Einheitsregelungen nur ausnahmsweise mittels Betriebsvereinbarung später abgeändert werden können. Ist eine Betriebsvereinbarung Rechtsbegründungsakt, gilt das Ablösungsprinzip (BAG, Urt. v. 17.03.1987 – 3 AZR 65/84, DB 1987, 1639, EzA § 1 BetrAVG Nr. 48). Dies bedeutet, dass jederzeit mittels einer neuen Betriebsvereinbarung eine Reduzierung oder Umstrukturierung vorgenommen werden kann. Zu den Änderungsmöglichkeiten AR/*Kisters-Kölkes* § 1b BetrAVG Rn. 64 ff.

In jüngerer Zeit wendet das BAG den Begriff der Betriebsvereinbarungsoffenheit erweitert an mit dem Ergebnis, dass nahezu jede Gesamtzusage betriebsvereinbarungsoffen ist und mittels Betriebsvereinbarung geändert werden kann (zuletzt BAG, Urt. v. 23.02.2016 – 3 AZR 960/13, DB 2016, 126, BB 2016, 947).

5. Die beitragsorientierte Leistungszusage ist in § 1 Abs. 2 Nr. 1 BetrAVG seit dem 01.01.1999 geregelt. In der Praxis wurde sie bereits vor diesem Stichtag verwandt (BAG, Urt. v. 18.09.2001 – 3 AZR 728/00, DB 2002, 1114, EzA § 1 BetrAVG Ablösung Nr. 31). Sie unterscheidet sich von einer reinen Leistungszusage dadurch, dass ein Beitrag definiert wird, der dann in eine Leistung umgewandelt wird. Beide Komponenten müssen von Anfang an Bestandteil der Zusage sein, so dass es sich letztlich bei der beitragsorientierten Leistungszusage um eine besondere Form der Leistungszusage handelt. Die Leistung, die der Arbeitgeber verspricht, ist von ihm auch zu erbringen. Dies bedeutet, dass der Arbeitgeber das volle Finanzierungsrisiko trägt.

Beitragsorientierte Leistungszusagen werden üblicherweise entweder im Versicherungsprinzip oder im Sparprinzip gestaltet (*Huber* in Kemper/Kisters-Kölkes/Berenz/Huber § 1 BetrAVG Rn. 449 ff.). Bei Verwendung des Versicherungsprinzips wird der dem Arbeitnehmer zugesagte Beitrag nach versicherungsmathematischen Grundsätzen in eine Versorgungsleistung umgewandelt. Hierfür werden Transformationstabellen erstellt, die die Biometrie und eine Verzinsung berücksichtigen. Nach diesem Prinzip ist die als Muster vorgestellte Zusage gestaltet. Bei Verwendung des Sparprinzips wird der dem Arbeitnehmer zugesagte Beitrag von Jahr zu Jahr aufaddiert und verzinst. Der bei Eintritt des Versorgungsfalles vorhandene Betrag wird dann entweder als Kapital ausgezahlt oder verrentet.

Die Verwendung des Versicherungsprinzips bedeutet nicht, dass auch tatsächlich eine Lebensversicherung abgeschlossen werden muss. Es kann z.B. eine Rückdeckungsversicherung abgeschlossen werden, es kann aber auch fiktiv ein Versicherungstarif in Form der Transformationstabelle nachgebildet werden.

Beitragsorientierte Leistungszusagen sind in allen fünf Durchführungswegen der betrieblichen Altersversorgung möglich. Das Muster geht von einer unmittelbaren Versorgungszusage aus. Würde eine Direktversicherung abgeschlossen, wäre diese immer nach dem Versicherungsprinzip als beitragsorientierte Leistungszusage gestaltet, weil sich aus dem Beitrag und der Beitragszahlungsdauer die versicherte Leistung ergibt, die mit dem Garantiezins (zzt. 1,25 %, ab 01.01.2017 0,9 %) verzinst wird. Eine Direktversicherung ist allerdings dann keine beitragsorientierte Leistungszusage, wenn eine fondsgebundene Versicherung ohne Garantieleistung abgeschlossen wird. Eine solche Versicherung ist als Muster 3 als Beitragszusage mit Mindestleistung dargestellt. Insbesondere rückgedeckte Unterstützungskassen verwenden beitragsorientierte Leistungszusagen, weil sich die

L. Betriebliche Altersversorgung

Leistung für den Arbeitnehmer aus dem abgeschlossenen Rückdeckungsversicherungsvertrag ergibt.

12 Wird eine beitragsorientierte Leistungszusage in einem externen Durchführungsweg verwendet, sind die jeweiligen Besonderheiten des Durchführungsweges zu berücksichtigen. So ist es bei einer Unterstützungskasse zwingend erforderlich, den Rechtsanspruch auf die Leistung auszuschließen (§ 1b Abs. 4 BetrAVG), weil sonst die Unterstützungskasse der Aufsichtspflicht durch die Bundesanstalt für Finanzdienstleistungsaufsicht (BaFin) unterliegen würde. Folglich sollten Formulierungen wie Anspruchsberechtigte, Versorgungsberechtigte etc. vermieden werden.

13 **6.** Es wird ein Kapital und nicht eine Rente zugesagt. Dies hat Vorteile, aber auch Nachteile.

Von Vorteil ist, dass bei der Rückstellungsbildung in der Handelsbilanz gem. § 253 HGB kein Rententrend zu berücksichtigen ist und dadurch die Pensionsrückstellungen geringer ausfallen als bei einer Rentenzusage. Von Vorteil ist auch, dass das Langlebigkeitsrisiko nicht vom Arbeitgeber zu tragen ist und der mit der Rentenauszahlung verbundene Verwaltungsaufwand entfällt. Zudem entfällt die Verpflichtung nach § 16 BetrAVG.

14 Von Nachteil ist der einmalige Kapitalabfluss bei Fälligkeit. Dies kann jedoch gesteuert werden, indem Ratenzahlungen vorgesehen werden. Über wie viele Jahre die Ratenzahlung gestreckt werden kann, ist in der Literatur umstritten. Grundsätzlich ist es vorstellbar, eine Ratenzahlung über fünf, zehn oder 20 Jahre zu strecken. Je länger jedoch der Auszahlungszeitraum ist, umso eher stellt sich die Frage, ob gem. § 16 BetrAVG eine Anpassung wie bei laufenden Leistungen vorzunehmen ist.

15 Von Nachteil ist auch, dass die Kapitalzahlung beim Versorgungsempfänger im Zeitpunkt des Zuflusses zu versteuern ist. Dies wird besonders deutlich, wenn eine einmalige Zahlung erfolgt. Diese sollte zumindest so gesteuert werden, dass die Fälligkeit nicht in dasselbe Jahr fällt, in dem noch Aktivenbezüge bezogen werden. Deshalb wird häufig vorgesehen, dass der Zufluss und die Fälligkeit der Leistung erst am 31.01. des Jahres eintritt, das dem Jahr folgt, in dem der Versorgungsfall eingetreten ist (BFH, Urt. v. 11.11.2009 – IX R 1/09). Bei einmaliger Auszahlung des Kapitals kann gem. § 34 EStG die sog. Fünftelungsregelung angewandt werden. Bei Ratenzahlungen ist dies nicht möglich (BMF-Schreiben vom 24.07.2013, BStBl. I 2013, 1022, Rn. 371).

16 **7.** § 1 beschreibt den Kreis der Versorgungsanwärter. Anwärter wird man mit Zusageerteilung und bleibt dies so lange, bis man mit verfallbarer Anwartschaft vorzeitig ausscheidet oder mit Eintritt des Versorgungsfalles zum Versorgungsempfänger wird. Die Arbeitnehmer, die bereits im Unternehmen tätig sind, erhalten mit Abschluss der Betriebsvereinbarung eine Versorgungszusage, wenn sie in das Versorgungswerk aufgenommen sind. Arbeitnehmer, die erst später ein Arbeitsverhältnis begründen, sind ab dem Zeitpunkt aufgenommen, zu dem das Arbeitsverhältnis beginnt und die Aufnahmevoraussetzungen erfüllt sind.

17 Der Aufnahmezeitpunkt ist auch der Zeitpunkt, zu dem die Zusage erteilt wird. Von diesem Stichtag an muss die Zusage fünf Jahre bestanden haben, um bei einem vorzeitigen Ausscheiden die gesetzliche Unverfallbarkeit eintreten zu lassen (§ 1b Abs. 1 BetrAVG). Zum 01.01.2018 wird der Zusagebestand auf drei Jahre und das Mindestalter auf 21 Jahre herabgesetzt (BGBl. I 2015, S. 2553).

18 **8.** Es wird auf das Arbeitsverhältnis abgestellt. Damit sind alle Personen von dem Versorgungswerk ausgeschlossen, die nicht Arbeitnehmer sind. Dies hat einen sachlichen Grund. Handelsvertreter, Freiberufler, Geschäftsführer, Vorstände und andere Personen, die für ein fremdes Unternehmen tätig sind, fallen nach § 17 Abs. 1 S. 2 BetrAVG unter den persönlichen Geltungsbereich des Betriebsrentengesetzes, wenn ihnen eine Zusage aus Anlass ihrer Tätigkeit für das Unternehmen erteilt worden ist (zur Abgrenzung *PSV*-Merkblatt 300/M1, Stand: 6.14). Arbeitnehmer i.S.d. *Betriebsrentengesetzes* sind nach § 17 Abs. 1 S. 1 Arbeiter, Angestellte und zur Berufsausbildung Beschäftigte, wenn ihnen eine betriebliche Altersversorgung zugesagt worden ist. Würde man den Begriff des Mitarbeiters verwenden, könnten auch die Nichtarbeitnehmergruppen Begünstigte

sein, obwohl vielleicht das Vergütungsgefüge gar nicht dem vergleichbar ist, das für Arbeitnehmer besteht. In solchen Fällen muss nicht zwingend eine Altersversorgung zugesagt werden (so z.B. zu Auslandsmitarbeitern BAG, Urt. v. 21.08.2007 – 3 AZR 269/06, DB 2008, 71, EzA § 1 BetrAVG Gleichbehandlung Nr. 29).

9. Bei der Abgrenzung des begünstigten Personenkreises vom nicht begünstigten Personenkreis ist immer der allgemeine arbeitsrechtliche Gleichbehandlungsgrundsatz zu berücksichtigen. Deshalb muss vor Zusageerteilung unternehmensbezogen geprüft werden, ob sachliche Gründe für die Begünstigung einerseits und die Ausgrenzung von einer Begünstigung andererseits vorliegen. Der Gleichbehandlungsgrundsatz ist immer zu berücksichtigen, wenn nach einem bestimmten System Zusagen erteilt werden (BAG, Urt. v. 25.05.2004 – 3 AZR 15/03, EzA § 1 BetrAVG Gleichbehandlung Nr. 1, BetrAV 2005, 199; Urt. v. 19.08.2008 – 3 AZR 194/07, DB 2009, 463, EzA § 1 BetrAVG Gleichbehandlung Nr. 32). 19

Von der Versorgung ausgeschlossen werden Auszubildende, befristet Beschäftigte (BAG, Urt. v. 15.01.2013 – 3 AZR 4/11), Arbeitnehmer ab Alter 53 (BAG, Urt. v. 12.02.2013 – 3 AZR 100/11, EzA § 10 AGG Nr. 7, DB 2013, 1245) Nichtarbeitnehmer, geringfügig Beschäftigte, Personen, die eine individuelle Versorgungszusage erhalten haben, und solche Arbeitnehmer, die im Rahmen eines Betriebsübergangs oder einer Gesamtrechtsnachfolge zu Arbeitnehmern des Unternehmens werden (BAG, Beschl. v. 19.01.2010 – 3 ABR 19/08, EzA § 1 BetrAVG Betriebsvereinbarung Nr. 7, DB 2010, 1131). 20

Auszubildende sind nicht begünstigt, weil sie im Rahmen des Ausbildungsverhältnisses die gesetzliche Unverfallbarkeit nicht erfüllen können, weil ein Ausbildungsverhältnis in der Regel keine fünf Jahre (ab 01.01.2018 drei Jahre) besteht. Es würde bei Zusageerteilung Versorgungsaufwand betrieben, obwohl man weiß, dass hieraus nie eine Versorgungsleistung entstehen wird. Dies ist unwirtschaftlich. Hinzu kommt, dass im Steuerrecht für unmittelbare Versorgungszusagen und für Unterstützungskassenzusagen ein Finanzierungsbeginnalter von zzt. 27 Jahren vorgegeben ist (§§ 6a, 4d EStG). Dies würde z.B. bei einer unmittelbaren Versorgungszusage dazu führen, dass in der Handelsbilanz eine Rückstellung gebildet werden muss, die in der Steuerbilanz nicht gebildet werden darf. Wird der Auszubildende nach Abschluss der Ausbildung in ein Arbeitsverhältnis übernommen, hat er ab Beginn des Arbeitsverhältnisses eine Zusage nach diesem Leistungsplan. 21

Ähnliche Überlegungen gelten für befristet Beschäftigte (BAG, Urt. v. 13.12.1994 – 3 AZR 367/94, DB 1995, 931, EzA § 1 BetrAVG Gleichbehandlung Nr. 5). Bei einer Befristung für eine Urlaubs- oder Krankheitsvertretung liegt es auf der Hand, dass die gesetzlichen Unverfallbarkeitsvoraussetzungen nicht erfüllt werden können. Gleiches gilt, wenn ein auf zwei Jahre befristeter Vertrag abgeschlossen wird. Sind im Unternehmen Arbeitnehmer vorhanden oder könnten sie eingestellt werden, deren Arbeitsverhältnis zweckbefristet ist, muss geprüft werden, ob die Unverfallbarkeitsvoraussetzungen während des bestehenden Arbeitsverhältnisses erfüllt werden könnten. In diesem Fall ist es nicht gerechtfertigt, einen befristet beschäftigten Arbeitnehmer von einer betrieblichen Altersversorgung auszuschließen (Beispiel: Bauleiter eines großen Bauprojektes mit einer von Anfang an vorhersehbaren Bauzeit von acht Jahren). Das BAG ist der Auffassung, dass befristet Beschäftigte schon deshalb von dem begünstigten Personenkreis ausgeschlossen werden dürfen, weil der Arbeitgeber diese Arbeitnehmer nicht an den Betrieb binden will (Urt. v. 15.01.2013 – 3 AZR 4/11, JurionRS 2013, 34764). 22

Es wird eine Höchstaltersgrenze für die Aufnahme in das Versorgungswerk von 15 Jahren vorgesehen. Eine solche Ausgrenzung ist keine Altersdiskriminierung, weil gem. § 10 AGG solche Ausnahmen ausdrücklich zugelassen werden (BAG, Urt. v. 12.02.2013 – 3 AZR 100/11, EzA § 10 AGG Nr. 7, DB 2013, 1245).

Manchmal ist im Zusammenhang mit befristet beschäftigten Arbeitnehmern auch von »aushilfsweise beschäftigten« Arbeitnehmern die Rede. Die beim Muster verwendete Terminologie richtet sich nach dem Teilzeit- und Befristungsgesetz (TzBfG). Ist der Begriff »Aushilfe« im Unternehmen üblich und definiert, könnte auch er verwendet werden. 23

24 Nach § 2 Abs. 2 TzBfG sind geringfügig Beschäftigte den Teilzeitbeschäftigten gleichgestellt. Teilzeitbeschäftigte Arbeitnehmer dürfen unabhängig vom Teilzeitgrad nicht von einer betrieblichen Altersversorgung ausgeschlossen werden, weil dies nach der ständigen Rechtsprechung des EuGH und des BAG geschlechterdiskriminierend ist und gegen Art. 157 AEUV (früher Art. 141/119 EU-Vertrag)/Art. 3 GG verstößt (EuGH, Urt. v. 13.05.1986, 170/84, DB 1986, 1525, BetrAV 1986, 195; BAG, Urt. v. 25.10.1994 – 3 AZR 149/94, EzA § 2 BeschFG 1985 Nr. 38). Auch wenn hierzu noch keine Entscheidung vorliegt, ergibt sich ein Verstoß auch aus § 1 des Allgemeinen Gleichbehandlungsgesetzes (AGG). Deshalb ist es ausgesprochen fraglich, ob geringfügig Beschäftigte von einer betrieblichen Altersversorgung ausgenommen werden dürfen. Da dies bisher höchstgerichtlich nicht entschieden ist, wird ein Ausschluss versucht. Begründung kann hierfür nur sein, dass hoher Verwaltungsaufwand entstehen würde, der in keinem Verhältnis zur Versorgungsleistung steht. Von diesem Gedanken hat sich auch der Gesetzgeber leiten lassen, als er bei Schaffung des Anspruchs auf Entgeltumwandlung in § 1a Abs. 1 S. 4 BetrAVG einen Mindestbetrag für die Umwandlung verlangt (1/160 der Bezugsgröße nach § 18 Abs. 1 SGB IV; in 2016: 217,88 Euro).

25 Zu den Nichtarbeitnehmern wurde bereits unter Anm. 8 (L Rdn. 18) ausgeführt.

26 Wer eine individuelle Versorgungszusage mit dem Unternehmen ausgehandelt hat, hat bereits ein Versorgungsversprechen, das seine persönliche Versorgungssituation berücksichtigt. Eine »Doppelversorgung« muss deshalb ausgeschlossen werden, zumal individuelle Versorgungszusagen in der Regel deutlich günstiger sind als allgemeine Versorgungsversprechen an eine Vielzahl von Arbeitnehmern.

27 Wer über einen Betriebsübergang oder eine Gesamtrechtsnachfolge zum Arbeitnehmer des Unternehmens wird, kann eine schon bestehende Versorgung mitbringen, aber auch unversorgt sein. Um zu vermeiden, dass schon versorgte Mitarbeiter doppelt versorgt werden, indem sie in das Versorgungswerk aufgenommen werden, wurde diese Ausschlussklausel formuliert. Dies bedeutet nicht, dass diese Arbeitnehmer auf Dauer von einer Versorgung ausgeschlossen werden müssen. Insoweit richtet es sich nach dem allgemeinen Gleichbehandlungsgrundsatz, ob sie in dieses Versorgungswerk aufgenommen werden oder ihre bestehende und übergegangene Versorgung fortgeführt wird (hierzu im Einzelnen: AR/*Kisters-Kölkes* § 1b BetrAVG Rn. 99 ff.). Ein Verstoß gegen den Gleichbehandlungsgrundsatz liegt nicht vor, wenn übergangene Arbeitnehmer von einer betrieblichen Altersversorgung ausgeschlossen werden (BAG, Urt. v. 19.01.2010 – 3 ABR 19/08, EzA § 1 BetrAVG Betriebsvereinbarung Nr. 7, DB 2010, 1131).

28 **10.** In § 1 Abs. 1 S. 1 BetrAVG wird die betriebliche Altersversorgung definiert als ein Versorgungsversprechen aus Anlass eines Arbeitsverhältnisses (zur Abgrenzung zu Unternehmerzusagen BAG, Urt. v. 19.01.2010 – 3 AZR 42/08, EzA § 17 BetrAVG Nr. 11, DB 2010, 1411; Urt. v. 19.01.2010 – 3 AZR 409/09, juris; 11.11.2014 – 3 AZR 404/13, EzA § 17 BetrAVG Nr. 14, DB 2015, 564), bei dem der Arbeitgeber dem Arbeitnehmer Leistungen der Alters-, Invaliditäts- und/oder Hinterbliebenenversorgung zusagt. Damit liegt eine betriebliche Altersversorgung auch dann vor, wenn nur eine Altersleistung oder nur eine Hinterbliebenenversorgung versprochen wird. Altersleistungen können mit Invaliditätsleistungen, aber auch mit Hinterbliebenenleistungen kombiniert werden. Je umfassender das Versorgungsversprechen ist, umso interessanter ist es für den Mitarbeiter, umso teurer ist es aber auch für den Arbeitgeber. Von der Zielsetzung hängt es ab, welche Leistungen der Arbeitgeber vorsieht. Er ist vollkommen frei, nur eine Altersleistung vorzusehen, auch bei einer betrieblichen Altersversorgung, die über eine Entgeltumwandlung finanziert wird (BAG, Urt. v. 12.06.2007 – 3 AZR 14/06, DB 2007, 2722, EzA § 1a BetrAVG Nr. 2).

29 Der Gesetzgeber hat nicht vorgeschrieben, was eine Altersleistung und was eine Invaliditätsleistung ist. Das Gesetz gibt auch nicht vor, wer Hinterbliebener ist. Insoweit besteht grundsätzlich Gestaltungsfreiheit. Hierbei sind jedoch die von der Rechtsprechung und von der Finanzverwal-

tung (BMF-Schreiben vom 24.07.2013, BStBl. I 2013, 1022, Rn. 284 ff.) aufgestellten Rahmenbedingungen zu berücksichtigen.

Das Muster deckt das gesamte Leistungsspektrum ab. Dies bedeutet nicht, dass auch tatsächlich alle Leistungen zugesagt werden müssen. Werden Leistungen nur in eingeschränktem Umfang zugesagt, muss der Leistungsplan entsprechend angepasst werden. So würde z.B. in dem Fall, in dem nur eine Altersleistung zugesagt wird, die Wartezeit entfallen. Diese ist nur von Bedeutung für vorzeitige Leistungsfälle. 30

Der Rechtsanspruch wird wegen § 6a EStG eingeräumt. 31

11. Die Altersleistung ist die Leistung, die vom Unternehmen zu zahlen ist, wenn die feste Altersgrenze erreicht wird (BAG, Urt. v. 17.09.2008 – 3 AZR 865/06, BB 2009, 840, EzA § 1 BetrAVG Nr. 91). Dies ist in Anlehnung an die Regelaltersgrenze in der gesetzlichen Rentenversicherung (§ 35 SGB VI) im Muster das vollendete 67. Lebensjahr. Zu diesem Zeitpunkt ist der höchstmögliche Anspruch erreicht. Kürzungen wegen eines vorzeitigen Bezuges kommen nicht in Betracht. 32

Bei einer beitragsorientierten Leistungszusage ist es nicht zwingend erforderlich, eine feste Altersgrenze zu bestimmen. Es wäre durchaus vorstellbar, dass es im Interesse des Unternehmens liegt, auch solche Arbeitnehmer weiter zu begünstigen, die nach Erreichen der Altersgrenze weiterarbeiten. Dies muss unternehmensbezogen geprüft und entschieden werden. 33

Es muss nicht auf die Regelaltersgrenze in der gesetzlichen Rentenversicherung abgestellt werden. Auch eine Altersgrenze von 65, 62 oder 60 Jahren ist möglich. Eine Altersleistung für Personen, die noch nicht mindestens 60 Jahre alt sind, wird nicht durch das Betriebsrentengesetz geschützt. Derartige Zahlungen, die vor dem 60. Lebensjahr einsetzen, sind nach der ständigen Rechtsprechung des BAG Übergangsgelder, die aus verschiedensten Motiven gezahlt werden können (BAG, Urt. v. 28.10.2008 – 3 AZR 317/07, DB 2009, 844, EzA § 1 BetrAVG Nr. 92). Lediglich für besondere Berufsgruppen, bei denen ein Ausscheiden aus dem Erwerbsleben durch Gesetz, Tarifvertrag oder Betriebsvereinbarung vor dem 60. Lebensjahr vorgegeben wird, wird seitens der Finanzverwaltung der Finanzierungsaufwand steuerlich anerkannt. Die Finanzverwaltung gibt für die steuerliche Behandlung auch vor, dass Zusagen, die ab dem 01.01.2012 erteilt werden, frühestens mit Alter 62 als Altersleistung anerkannt werden (BMF-Schreiben vom 24.07.2013, BStBl. I 2013, 1022, Rn. 286). 34

Bei der Bestimmung einer Altersgrenze sollte immer auf das vollendete Lebensjahr abgestellt werden. 35

Zur Kapitalleistung vgl. auch Anm. 6 (L Rdn. 13 ff.). 36

12. Nach § 6 BetrAVG ist ein Arbeitgeber verpflichtet, eine vorzeitige Altersleistung zu zahlen, wenn ihm der Arbeitnehmer nachweist, dass er eine vorzeitige Altersleistung aus der gesetzlichen Rentenversicherung bezieht. Da in § 6 BetrAVG nur geregelt ist, unter welchen Voraussetzungen eine vorzeitige Altersleistung zu zahlen ist, nicht aber die Höhe der Leistung, wird fast immer in Versorgungsregelungen die vorzeitige Altersleistung ausdrücklich angesprochen, um in diesem Zusammenhang die Kürzungsmodalitäten wegen des vorgezogenen Bezuges zu regeln. Hierfür können versicherungsmathematische Abschläge vorgesehen werden, aber auch eine Kürzung über einen versicherungsmathematischen Zugangsfaktor. Dieser berücksichtigt bei einer Kapitalzusage, dass das Kapital früher fällig wird als ursprünglich mit Vollendung der festen Altersgrenze angenommen. 37

Die Möglichkeit, aus der gesetzlichen Rentenversicherung eine vorzeitige Altersleistung zu beziehen, bestand früher ab dem 60. Lebensjahr. Durch die Anhebung der Altersgrenzen für vorzeitige Altersleistungen verschiebt sich die erstmögliche Inanspruchnahme auf das 62. Lebensjahr. Hierzu wird auf § 36 i.V.m. § 236 SGB VI verwiesen. Die Große Koalition hat mit Gesetz v. 23.06.2014 (BGBl. I, S. 787) beschlossen, dass ab dem 01.07.2014 besonders langjährig Versicherte eine Al- 38 tersrente ab Alter 63 abschlagfrei in Anspruch nehmen können, wobei jedoch die Altersgrenze in 2-Monats-Schritten auf das Alter 65 angehoben wird, § 236b SGB VI.

39   Wer nicht in der gesetzlichen Rentenversicherung versichert ist, hat keinen Anspruch auf eine vorzeitige Altersleistung (z.B. in einem berufsständischen Versorgungswerk Versicherte). Sie können auf freiwilliger Grundlage eine vorzeitige Altersleistung erhalten, wenn dies zugesagt ist. Beim Muster wurde darauf verzichtet.

40   **13.** Der Gesetzgeber spricht in § 1 Abs. 1 S. 1 BetrAVG von der Invaliditätsversorgung, definiert diese aber nicht. Der Arbeitgeber ist frei, eine solche Versorgungsleistung vorzusehen, wenn er bereit ist, entsprechende Risiken zu übernehmen. Wie er die Invalidität definiert, ist ihm überlassen. Wird durch Berufsunfähigkeitsversicherungen das Risiko auf den Versicherer ausgelagert, ist die Übernahme der Versicherungsdefinitionen sinnvoll und zweckmäßig. Wird keine Rückdeckungsversicherung abgeschlossen, kann man sich an den gesetzlichen Rahmenbedingungen orientieren, die für eine volle oder teilweise Erwerbsminderungsrente in § 43 SGB VI vorgesehen sind. Hierbei ist jedoch zu berücksichtigen, dass in der gesetzlichen Rentenversicherung üblicherweise Invaliditätsleistungen nur zeitlich befristet gezahlt werden. Deshalb muss bei einer Kapitalzusage einschränkend vorgesehen werden, dass die Kapitalleistung nur dann und erst dann ausgezahlt wird, wenn ein Rentenbescheid des Rentenversicherungsträgers vorgelegt wird, aus dem sich eine unbefristete Rentenzahlung ergibt.

41   Im Muster wird auf die volle Erwerbsminderung abgestellt.

42   **14.** Wird eine Hinterbliebenenleistung für den Ehegatten des verstorbenen Arbeitnehmers vorgesehen, muss unter den gleichen Voraussetzungen und in gleicher Höhe auch eine Witwerversorgung vorgesehen sein (BAG, Urt. v. 05.09.1989 – 3 AZR 575/88, DB 1989, 259, EzA Art. 3 GG Nr. 25). Ist eine solche Hinterbliebenenversorgung vorgesehen, müssen seit dem 01.01.2005 unter den gleichen Versorgungsbedingungen auch eingetragene Lebenspartner versorgt werden (BAG, Urt. v. 15.09.2009 – 3 AZR 294/09, EzA § 2 AGG Nr. 5; Urt. v. 15.09.2009 – 3 AZR 797/08, DB 2010, 231, EzA § 2 AGG Nr. 4; Urt. v. 14.01.2009 – 3 AZR 20/07, DB 2009, 1545, EzA § 2 AGG Nr. 3; EuGH, Urt. v. 10.05.2011 – C-147/08, EzA Richtlinie 2000/78 EG-Vertrag 1999 Nr. 19, DB 2011, 1169).

43   Weil eine Kapitalleistung zugesagt wird, gibt es ein Hinterbliebenenkapital nur für den Fall, dass der Arbeitnehmer im aktiven Arbeitsverhältnis und damit vor Auszahlung des Alters- oder Invaliditätskapitals verstirbt. Damit werden Doppelzahlungen verhindert. Bei Rentenzahlungen ist es üblich, dass sowohl beim Anwärter- als auch beim Rentnertod eine Hinterbliebenenrente gezahlt wird, wenn sie vorgesehen ist.

44   Eine Hinterbliebenenleistung kann auch an Lebensgefährten oder ehemalige Ehegatten gezahlt werden. Der Lebensgefährte ist die Person, mit der der Verstorbene in einer eheähnlichen Gemeinschaft zusammengelebt hat. Das BAG spricht von einer Zweierbeziehung, die auf Ausschließlichkeit angelegt ist. Deshalb hat es eine Schwester, die verheiratet war, nicht als Lebensgefährten angesehen (BAG, Urt. v. 18.11.2008 – 3 AZR 277/07, DB 2009, 294, EzA § 1 BetrAVG Hinterbliebenenversorgung Nr. 13). Der Einbezug von Lebensgefährten/geschiedenen Ehegatten ist gut zu überlegen. Ein besonderes Versorgungsbedürfnis besteht nicht. Der Gleichbehandlungsgrundsatz wird nicht verletzt, wenn diese Personen ausgeschlossen werden. Zur steuerlichen Behandlung wird auf die BMF-Schreiben vom 24.07.2013 (BStBl. I 2013, 1022, Rn. 287) und 25.07.2002 (BStBl. I 2002, 706) verwiesen.

45   Vom BAG wird problematisiert, ob der sachliche Anwendungsbereich des Betriebsrentengesetzes – noch – gegeben ist, wenn eine Hinterbliebenenversorgung nicht nur für Personen vorgesehen ist, die nach dem Recht der gesetzlichen Rentenversicherung eine »Rente wegen Todes« erhalten können, sondern – wie früher für Direktversicherungen üblich – in abgestufter Folge eine Hinterbliebenenleistung für Eltern oder Erben vorsehen. Im Ergebnis konnte dies das BAG offenlassen (Urt. v. 19.01.2010 – 3 AZR 660/09, BB 2010, 243, BetrAV 2010, 177). Zur steuerlichen Be-

handlung dieser Personenkreise vgl. BMF-Schreiben vom 24.07.2013, BStBl. I 2013, 1022, Rn. 288 und 290.

15. Eine Waisenleistung kann, muss aber nicht vorgesehen sein. Wird eine Waisenleistung vorgesehen, sind hierfür die steuerlichen Rahmenbedingungen zu berücksichtigen (BMF-Schreiben vom 24.07.2013, BStBl. I 2013, 1022, Rn. 287). 46

16. Eine Wartezeit dient der Risikobegrenzung. Sie sollte immer leistungsausschließend und nicht leistungsaufschiebend formuliert sein. Tritt der Versorgungsfall vor Ablauf der Wartezeit ein, gibt es keine Invaliditäts- oder Hinterbliebenenleistung. 47

Wartezeiten sind in der betrieblichen Altersversorgung zulässig (§ 1b Abs. 1 S. 5 BetrAVG). Sie haben nichts mit der gesetzlichen Unverfallbarkeit zu tun. Ist z.B. eine Wartezeit von zehn Jahren vorgesehen und scheidet der Arbeitnehmer mit gesetzlich unverfallbarer Anwartschaft nach fünfjährigem Zusagebestand aus, erhält er eine Versorgungsleistung aus der unverfallbaren Anwartschaft, wenn der Versorgungsfall im 11. Jahr nach Zusageerteilung eintritt. Würde er im 9. Jahr eintreten, würde er keine Leistung erhalten. 48

Die Länge der Wartezeit wird in der Versorgungszusage vorgegeben. Sie kann zwei, fünf, zehn oder gar 20 Jahre betragen (BAG, Urt. v. 09.03.1982 – 3 AZR 389/79, DB 1982, 2089, EzA § 1 BetrAVG Nr. 18). Die Rechtsprechung hat es auch anerkannt, eine Wartezeit mit einer Altersgrenze zu verknüpfen (BAG, Urt. v. 20.10.1987 – 3 AZR 208/86, DB 1988, 815, EzA § 1 BetrAVG Nr. 50). Dies ist auch nach Inkrafttreten des Allgemeinen Gleichbehandlungsgesetzes weiterhin zulässig, da § 10 AGG derartige Abgrenzungen zulässt. Wird für die Invaliditätsleistung gefordert, dass der Arbeitnehmer bei Eintritt der Invalidität mindestens 50 Jahre alt sein muss, ist dies keine Diskriminierung wegen des Alters (BAG, 10.12.2013 – 3 AZR 796/11, EzA § 10 AGG Nr. 8, DB 2014, 1626). 49

17. Die Beendigung des Arbeitsverhältnisses als Leistungsvoraussetzung kann vorgesehen werden, muss aber nicht vorgesehen sein. Hintergrund dieser Vorgabe ist, dass Doppelleistungen vermieden werden sollen, zum einen die Fortzahlung des Arbeitsentgelts, zum anderen aber auch die Zahlung der Versorgungsleistung. Aus steuerlichen Gründen ist jedoch die Beendigung des Arbeitsverhältnisses als Anspruchsvoraussetzung zu empfehlen (BMF-Schreiben vom 24.07.2013, BStBl. I 2013, 1022, Rn. 286). 50

Auf welche Art und Weise die Beendigung des Arbeitsverhältnisses erfolgt, ist ohne Bedeutung. 51

18. Abweichend vom Wortlaut des § 6 BetrAVG wird betont, dass der Rentenbescheid eines deutschen Rentenversicherungsträgers vorzulegen ist. Zum EU-Grundsatz der Freizügigkeit und zum Allgemeinen Gleichbehandlungsgrundsatz vgl. AR/*Kisters-Kölkes* § 6 BetrAVG Rn. 3. 52

19. Für die Zahlung einer Invaliditätsleistung ist es besonders wichtig, das Arbeitsverhältnis zu beenden. Nach dem Muster wird eine dauerhafte Invalidität gefordert und eine Leistung nur erbracht, wenn die volle Erwerbsminderung i.S.d. SGB VI vorliegt. Dies ist eine sehr eingeschränkte Zahlungsverpflichtung. 53

Der Nachweis, dass absichtlich die Invalidität herbeigeführt wurde, wird nur selten zu erbringen sein. Auch dürfte es so gut wie ausgeschlossen sein, dass jemand eingestellt wird, der bereits invalide ist. Deshalb könnte überlegt werden, auf eine solche Klausel zu verzichten. 54

20. Die Leistung nur bei Aktiventod erklärt sich damit, dass beim Tod eines Versorgungsempfängers bereits in dessen Person der Anspruch auf das Alters- oder Invaliditätskapital entstanden ist. Es werden folglich Doppelzahlungen verhindert. 55

Die Leistungspflicht ist durch eine Spätehenklausel und eine Ehedauerklausel (BAG, Urt. v. 11.08.1987 – 3 AZR 6/86, DB 1988, 347, EzA § 1 BetrAVG Hinterbliebenenversorgung Nr. 2) eingeschränkt. Wird die Ehe erst nach Beendigung des Arbeitsverhältnisses geschlossen, entsteht kein Versorgungsanspruch. Derartige Spätehenklauseln hat das BAG auch unter der Geltung des 56

AGG gebilligt (BAG, Urt. v. 15.09.2009 – 3 AZR 797/08, DB 2010, 231; BAG, Urt. v. 15.10.2013 – 3 AZR 653/11, EzA § 1 BetrAVG Hinterbliebenenversorgung Nr. 16, DB 2014, 846). Unzulässig ist eine Klausel, die auf eine Altersgrenze abstellt (BAG, Urt. v. 04.08.2015 – 3 AZR 137/13, EzA § 10 AGG Nr. 12, DB 2015, 3015).

57 Mit der Ehedauerklausel soll verhindert werden, dass kurz vor dem Tod noch eine Versorgungsbelastung auf den Arbeitgeber abgewälzt wird.

58 **21.** Anders als in Anm. 15 (L Rdn. 46) aufgeführt, wird nicht allen potentiellen »Waisen« ein Versorgungskapital zugesagt, sondern nur den Waisen, die sich in einer Schul- oder Berufsausbildung befinden und die die steuerlichen Voraussetzungen erfüllen.

59 **22.** Die Leistungshöhe wird beitragsorientiert festgelegt. Dies bedeutet, dass zunächst vorgegeben werden muss, wie der Versorgungsbeitrag ermittelt wird. Im Rahmen einer Transformationstabelle wird dann mit der Höhe des Beitrags und dem Tabellenwert die Versorgungsleistung durch Multiplikation bestimmt. Im Muster wird davon ausgegangen, dass das Unternehmen jährlich für jeden Arbeitnehmer einen Versorgungsbeitrag zuwenden will, also eine auf Dauer und unbestimmte Zeit eingegangene Verpflichtung besteht. Ist ein Unternehmen nicht bereit, sich langfristig zu binden, ist es ohne Weiteres arbeitsrechtlich zulässig, z.B. nur für die nächsten fünf oder zehn Jahre eine Dotierungspflicht einzugehen.

60 Da es sich um eine unmittelbare Versorgungszusage handelt, ist die Bestimmung des Beitrags eine fiktive Rechengröße. Es fließt kein Beitrag an einen externen Versorgungsträger ab. Würde man im Durchführungsweg der Unterstützungskasse einen Beitrag formulieren, wäre dies der Betrag, den der Arbeitgeber der Unterstützungskasse zuwendet, um damit die Rückdeckungsversicherung zu finanzieren.

61 Der Beitrag wird im Muster nach Vergütungsgruppen vorgegeben. Hiermit wird auf die ab dem 01.01.2018 geltende Dynamisierung von Anwartschaften ausgeschiedener Arbeitnehmer reagiert (§ 2a BetrAVG).

62 Es wird geregelt, zu welchem Zeitpunkt erstmals ein Versorgungsbaustein zugeteilt wird. Es wird auch geregelt, zu welchem Folgetermin die Zuteilung erfolgt. Eine solche Festlegung ist zwingend erforderlich.

63 Um den Versorgungsbedarf von höher verdienenden Arbeitnehmern besser abzudecken, ist in vielen Versorgungswerken vorgesehen, dass ein höherer Beitrag des Arbeitgebers aufgewandt wird, wenn die Bezüge des Arbeitnehmers die Beitragsbemessungsgrenze in der gesetzlichen Rentenversicherung übersteigen. Im Muster wird von einer solchen gespaltenen Berechnungsformel abgesehen. (Zur gespaltenen Rentenformel auch BAG, Urt. v. 23.04.2013 – 3 AZR 512/11, BetrAV 2013, 362; Urt. v. 23.04.2013 – 3 AZR 475/11, EzA § 1 BetrAVG Auslegung Nr. 2, DB 2013, 2157; 18.03.2014 – 3 AZR 952/11, EzA § 1 BetrAVG Auslegung Nr. 4, BetrAV 2014, 483).

64 Es wird nur das Schema einer Transformationstabelle mit fiktiven Zahlen dargestellt, nicht aber Zahlenbeispiele vorgegeben. Die eingestellten Zahlen können also nicht übernommen werden. Das System einer solchen Transformationstabelle besteht darin, dass sie altersabhängig ausgestaltet ist und der pro Jahr zugeteilte Versorgungsbaustein umso höher ist, je jünger der Arbeitnehmer ist. Dies liegt an der Biometrie und dem Zinseszinseffekt. Beispiele für Transformationstabellen sind zu finden bei *Schlewing/Henssler/Schipp/Schnitker*, Teil 6 A Rn. 126; *Höfer* § 1 Rn. 2524; *Huber* in Kemper/Kisters-Kölkes/Berenz/Huber § 1 Rn. 449 ff. Derartige Transformationstabellen gibt es auch für Rentenzusagen.

65 Mit Urteil vom 01.03.2011 hat der EuGH (C-236/09, EzA Richtlinie 2004/113 EG-Vertrag 1999 Nr. 1, DB 2011, 821) für private Lebensversicherungen die Ausnahmevorschrift aufgehoben, mit der geschlechtsspezifische Tarifkalkulationen möglich waren. Diese Ausnahme war in § 20 Abs. 2 S. 1 AGG in deutsches Recht übernommen worden. Unterschiedliche Tarife waren danach nur noch bei Versicherungsabschlüssen bis zum 20.12.2012 zulässig. Die Europäische

Kommission hat in ihren Leitlinien vom 22.12.2011 (K[2011] 9497, Leitlinien zur Anwendung der Richtlinie 2004/113/EG des Rates auf das Versicherungswesen im Anschluss an das Urteil des Gerichtshofs der Europäischen Union in der Rechtssache C-236/09 [Test-Achats]) die Auffassung vertreten, dass die betriebliche Altersversorgung von dieser Rechtsprechung nicht tangiert werde. Dennoch sollten auch für die betriebliche Altersversorgung Transformationstabellen verwendet werden, die nicht zwischen Männern und Frauen unterscheiden. Denn Art. 23 der Europäischen Grundrechtscharta schreibt vor, dass nicht zwischen Männern und Frauen differenziert werden darf, auch nicht im Arbeitsverhältnis. Dies gilt gleichermaßen für die versicherungsförmigen Durchführungswege.

Für Zeiten, in denen das Arbeitsverhältnis ruht, ist von einem Arbeitseinkommen von null auszugehen (BAG, Urt. v. 15.02.1994 – 3 AZR 708/93, DB 1994, 1479, EzA § 1 BetrAVG Gleichberechtigung Nr. 9). Sollte es tarifvertragliche Regelungen geben, nach denen diese Zeiten mit Vergütung belegt sind oder diese Zeiten als versorgungsfähige Dienstzeit zu berücksichtigen sind, muss nach Maßgabe der Vorgaben eine eigenständige Regelung geschaffen werden. 66

Je nach dem Zeitpunkt des Eintritts des Versorgungsfalles werden die bis dahin aufsummierten Bausteine als Versorgungskapital gezahlt. Mit dem Zugangsfaktor wird bei der vorzeitigen Altersleistung und bei der Invaliditätsleistung, mittelbar auch bei der Hinterbliebenenleistung die vorzeitige Inanspruchnahme berücksichtigt, indem über diesen Faktor das Kapital gemindert wird. Dies bedeutet, dass die zugeteilten Versorgungsbausteine sich auf die Altersleistung beziehen, nicht auf die vorzeitigen Leistungsfälle. 67

23. Bausteine werden in der versorgungsfähigen Dienstzeit zugeteilt. Dies ist die Zeit, in der das Arbeitsverhältnis bestanden hat. Werden Vordienstzeiten angerechnet, muss ausdrücklich bestimmt werden, mit welchen Bausteinen sie belegt werden. Soweit nach Erreichen der Altersgrenze das Arbeitsverhältnis fortbesteht, werden keine Bausteine mehr zugeteilt. Deshalb ist in § 5 Abs. 1 vorgesehen, dass dann eine Verzinsung vorgenommen wird. Möglich ist auch, diese Zeiten leistungserhöhend über fortgeführte Tabellenwerte zu berücksichtigen. Auf eine Verzinsung kann dann verzichtet werden. 68

23a. Der Beitrag für teilzeitbeschäftigte Mitarbeiter ergibt sich aus der Vergütungsgruppe mit der entsprechenden Kürzung auf Grund des Teilzeitgrades. 68.1

24. Abweichend von § 4a BetrAVG verpflichtet sich die Firma, einmal jährlich über die Höhe der bis dahin zugeteilten Bausteine den Arbeitnehmer zu unterrichten. Damit wird der Arbeitnehmer bessergestellt, denn nach § 4a BetrAVG müsste er die Auskunft verlangen. 69

Nach der ständigen Rechtsprechung des BAG ist die Auskunft nach § 4a BetrAVG eine Wissenserklärung, keine Willenserklärung (BAG, Urt. v. 08.11.1983 – 3 AZR 511/81, DB 1984, 836, EzA § 2 BetrAVG Nr. 4; Urt. v. 17.06.2003 – 3 AZR 462/02, EzA § 2 BetrAVG Nr. 20; Urt. v. 23.08.2011 – 3 AZR 669/09, DB 2012, 527). Ist die Auskunft fehlerhaft, kann sie korrigiert werden. Es können auch Schadensersatzansprüche des Arbeitnehmers bestehen (z.B. LAG Frankfurt, Urt. v. 22.08.2001 – 8 Sa 146/00, BB 2002, 416, FA 2002, 186). 70

Im Muster wird der Versuch unternommen, der Auskunft verbindlichen Charakter zukommen zu lassen. Rechtsprechung zu einer solchen, den Arbeitnehmer benachteiligenden Formulierung liegt nicht vor. 71

25. Beim versorgungsfähigen Arbeitsverdienst sind der Zeitpunkt und die Höhe festzulegen, wenn abweichend vom Muster ein endgehaltsabhängiger Beitrag gewählt wird. Es ist dann auf die konkrete Ermittlung des Jahresgehalts und solche Bezügebestandteile einzugehen, die nicht versorgungsfähig sein sollen (z.B. Tantieme, PKW-Nutzung, Weihnachts- und Urlaubsgeld usw.; BAG, Urt. v. 14.08.1990 – 3 AZR 321/89, DB 1991, 343, EzA § 1 BetrAVG Nr. 58; Urt. v. 20.07.1993 – 3 AZR 706/92; LAG Frankfurt, Urt. v. 12.11.2008 – 8 Sa 188/08, BetrAV 2009, 475). Dies kann nur im Hinblick auf das Vergütungssystem des konkreten Unternehmens definiert werden. 72

73 [unbelegt]

74 Wichtig ist es, genau zu definieren, welche Bezügebestandteile zum versorgungsfähigen Einkommen gehören und welche Bezügebestandteile nicht zu berücksichtigen sind.

75 **26.** Da es sich um eine Kapitalleistung handelt, ist es möglich, einen einzigen Zahlungsstichtag vorzugeben. Dies kann der letzte Tag des Monats sein, der dem Monat folgt, in dem der Versorgungsfall eingetreten ist. Dies kann aber auch – wie im Muster – der 31.01. des Folgejahres sein, um die steuerliche Belastung zu begrenzen (vgl. Anm. 6, L Rdn. 15).

76 Im Muster wird auch ein Vorschlag zu einer Ratenzahlung unterbreitet. Diese vermindert den Liquiditätsabfluss. Es wird auf drei Ratenzahlungen abgestellt, um auf jeden Fall die Anwendung von § 16 BetrAVG zu vermeiden.

77 **27.** Steuern und Sozialabgaben sind vom Arbeitnehmer zu tragen. Die Zahlung erfolgt im Wege der Überweisung.

78 **28.** Ist der Versorgungsfall in der Person des Arbeitnehmers eingetreten, ist der Versorgungsanspruch entstanden. Lediglich der Zeitpunkt der Fälligkeit und Verfügungsmöglichkeiten kann hinausgeschoben werden.

79 Da im Muster Ratenzahlungen vorgesehen sind, erhöht sich das Risiko, dass der Versorgungsempfänger verstirbt, bevor sämtliche Raten ausgezahlt wurden. Um für die noch ausstehenden Raten den gesetzlichen Insolvenzschutz zu erhalten, ist vorgesehen, ausstehende Raten nur an solche Personen zu zahlen, die zu den Hinterbliebenen i.S.d. Leistungsplanes gehören. Höchstgerichtlich ist nicht geklärt, ob dieses Ziel tatsächlich erreicht wird. Sind keine Hinterbliebenen vorhanden, verfällt die Versorgungsleistung (BAG, Urt. v. 18.11.2008 – 3 AZR 277/07, DB 2009, 294, BetrAV 2009, 167, EzA § 1 BetrAVG Hinterbliebenenversorgung Nr. 13).

80 **29.** Die Pflichten des Leistungsempfängers sind im Einzelnen aufgeführt. Auch wenn die Pflicht formuliert wurde, ohne Rechtsgrund gezahlte Versorgungsleistungen zurückzahlen zu müssen, dürfte dies nur nach den Grundsätzen der ungerechtfertigten Bereicherung in Betracht kommen.

81 Für Veranlagungszeiträume ab 2013 hat der Versorgungsempfänger dem Arbeitgeber seine Steuer-Identifikationsnummer sowie den Tag seiner Geburt mitzuteilen, damit der Arbeitgeber die Lohnsteuerabzugsmerkmale beim Bundeszentralamt für Steuern durch Datenfernübertragung abrufen kann. Das papierlose elektronische Verfahren heißt ELStAM (Elektronische Lohnsteuerabzugsmerkmale).

82 **30.** Eine Regelung zum gesetzlichen Insolvenzschutz ist nicht erforderlich, da sich dieser nach den gesetzlichen Bestimmungen richtet. Vielfach werden dennoch Klauseln zur Insolvenzsicherung aufgenommen, um den Arbeitnehmern zu verdeutlichen, dass sie abgesichert sind. Zum Umfang des gesetzlichen Insolvenzschutzes insbesondere *Berenz* in Kemper/Kisters-Kölkes/Berenz/Huber § 7 ff. BetrAVG.

83 **31.** Der Versorgungsausgleich ist seit dem 01.09.2009 neu geregelt (hierzu näher *Huber/Kisters-Kölkes* in Kemper/Kisters-Kölkes/Berenz/Huber, Anhang I). Während nach dem bis dahin geltenden Recht Kapitalleistungen nicht in den Versorgungsausgleich einbezogen wurden, werden sie seit der Neuregelung ebenso wie Rentenleistungen berücksichtigt (§ 2 Abs. 4 VersAusglG).

Grundsätzlich hat das Unternehmen die Wahl zwischen der internen und der externen Teilung. Die interne Teilung ist der Regelfall, die externe Teilung wird nur in Ausnahmefällen zugelassen. Der Arbeitgeber als Versorgungsträger bestimmt bei einer unmittelbaren Versorgungszusage, welche Vorgehensweise anzuwenden ist. Bei externen Durchführungswegen hat der Arbeitgeber nicht das Bestimmungsrecht.

84 Im *Muster* wird der externen Teilung Vorrang eingeräumt, soweit sie möglich ist. Damit wird verhindert, dass der Arbeitgeber über Jahre und Jahrzehnte eine Versorgungsberechtigung für den ausgleichsberechtigten Ehegatten führen muss. Nachteil einer solchen Regelung ist, dass beim

Vorversterben des ausgleichsberechtigten Ehegatten der Ausgleichsbetrag an den externen Versorgungsträger ausgezahlt wurde und nicht zurückgefordert werden kann. Deshalb ist im Vorfeld der Zusageerteilung zu entscheiden, ob man sich auf diese Art und Weise festlegen will. Es könnte auch eine Teilungsordnung geschaffen werden, in der die externe Teilung von der Höhe des Zahlbetrages abhängig gemacht wird.

Im Muster wird formuliert, dass der Arbeitgeber von der externen Teilung auf die interne Teilung überwechseln kann, wenn die Summe der an externe Versorgungsträger zu zahlenden Ausgleichswerte eine bestimmte Größenordnung überschreitet. Maßgröße hierfür kann die Höhe der Pensionsrückstellungen sein, aber auch z.B. die Lohn- und Gehaltssumme gem. HGB. 85

Jedes Unternehmen sollte bezogen auf die jährlich anfallenden Scheidungsfälle prüfen, ob es opportun ist, sich im Leistungsplan festzulegen oder im Rahmen einer Teilungsordnung. Eine Festlegung im Leistungsplan zieht Mitbestimmungsrechte des Betriebsrates nach sich. Ob Mitbestimmungsrechte bei einer Teilungsordnung bestehen, ist offen. 86

32. Regelungen zum Datenschutz sind üblich. Sie werden deshalb besonders aufgeführt, weil die versicherungsmathematischen Berechnungen bei unmittelbaren Versorgungszusagen immer von einem Sachverständigen vorgenommen werden müssen, dem die Daten vom Arbeitgeber zur Verfügung gestellt werden. 87

33. Obwohl den sog. steuerunschädlichen Vorbehalten keine rechtliche Bedeutung zukommt, wurden sie in das Muster aufgenommen. Viele Unternehmen legen auf diese Formulierungen Wert, weil sie meinen, sich dann leichter von den Versorgungsverpflichtungen lösen zu können. Dies ist ein Trugschluss. 88

Ein Widerruf wegen wirtschaftlicher Notlage ist nach der ständigen Rechtsprechung des BAG nicht zulässig (BAG, Urt. v. 31.07.2007 – 3 AZR 373/06, DB 2007, 2849, EzA § 7 BetrAVG Nr. 72). 89

Ein Widerruf wegen geänderter rechtlicher Rahmenbedingungen ist höchstgerichtlich nicht entschieden. Es ist aber zu vermuten, dass gesetzliche Änderungen nicht zur Störung der Geschäftsgrundlage führen können und deswegen kein Anpassungsrecht besteht, zumal gesetzliche Änderungen bei ablösenden Betriebsvereinbarungen im Einzelnen darauf zu prüfen sind, ob sie einen Eingriff in Versorgungsanwartschaften rechtfertigen (BAG, Urt. v. 22.04.1986 – 3 AZR 496/83, DB 1986, 1526, EzA § 1 BetrAVG Unterstützungskassen Nr. 3). 90

Ein Widerruf wegen Treupflichtverletzung wird von der Rechtsprechung nur ausnahmsweise gebilligt. Dies ist insbesondere dann der Fall, wenn sich ein Arbeitnehmer eine gesetzlich unverfallbare Anwartschaft erschlichen hat (BAG, Urt. v. 22.04.1986 – 3 AZR 496/83, DB 1986, 1526, EzA § 1 BetrAVG Unterstützungskassen Nr. 3; BAG, Urt. v. 13.11.2012 – 3 AZR 444/10, EzA § 1 BetrAVG Rechtsmissbrauch Nr. 6, BetrAV 2013, 242; zum Teilwiderruf BAG, Urt. v. 12.11.2013 – 3 AZR 274/12, BetrAV 2014, 289, FA 2014, 119). 91

34. Die Unverfallbarkeit dem Grunde und der Höhe nach richtet sich nach dem Betriebsrentengesetz in seiner jeweiligen Fassung. Die Unverfallbarkeit dem Grunde nach ist in § 1b Abs. 1 BetrAVG dahingehend zzt. geregelt, dass eine Anwartschaft erhalten bleibt, wenn der vor Eintritt des Versorgungsfalles ausscheidende Arbeitnehmer im Ausscheidezeitpunkt das 25. Lebensjahr vollendet hat und seine Zusage fünf Jahre bestanden hat. Diese Unverfallbarkeitsregel ist anzuwenden auf alle Versorgungszusagen, die ab dem 01.01.2009 erteilt wurden und erteilt werden. Die Altersgrenze von 25 Jahren verstößt nicht gegen das Allgemeine Gleichbehandlungsgesetz. Denn die Bestimmungen des Betriebsrentengesetzes sind lex speciales (BAG, Urt. v. 11.12.2007 – 3 AZR 249/06, DB 2008, 766, EzA § 2 AGG Nr. 1; zur Altersgrenze 35: BAG, Urt. v. 15.10.2013 – 3 AZR 10/12, FA 2014, 24 und zur Altersgrenze 30: BAG, Urt. v. 28.05.2013 – 3 AZR 210/11, FA 2013, 314). Ab dem 01.01.2018 werden die Unverfallbarkeitsfristen verkürzt (BGBl. I 2015, 2553). 92

L. Betriebliche Altersversorgung

93 Die Höhe der unverfallbaren Anwartschaft richtet sich nach § 2 Abs. 5a BetrAVG. Dies bedeutet, dass der Arbeitnehmer, der mit unverfallbarer Anwartschaft ausscheidet, die bis zum Ausscheiden zugeteilten Bausteine behält.

94 Da bei einer beitragsorientierten Leistungszusage die Betriebszugehörigkeitsdauer keine Bedeutung hat, sind weder vertraglich noch gesetzlich zu berücksichtigende Vordienstzeiten bei der Unverfallbarkeit zu beachten.

95 Auf Verlangen des Arbeitnehmers ist der Arbeitgeber verpflichtet, Auskunft gem. § 4a BetrAVG zu erteilen.

96 Der Mitnahmeanspruch ist auf die versicherungsförmigen Durchführungswege beschränkt. Folglich kann er bei einer unmittelbaren Versorgungszusage nicht ausgeübt werden.

1.2 Rentenzusage

Vorbemerkung

97 Der Regelungsbedarf für eine beitragsorientierte Rentenzusage ist größer als bei einer Kapitalzusage. Auf ein Muster wird verzichtet, insbesondere weil Rentenzusagen als Neuzusagen im Durchführungsweg der unmittelbaren Versorgungszusage an Bedeutung verlieren dürften. Denn bei der Bewertung der Verpflichtung im handelsrechtlichen Jahresabschluss ist ein Rententrend in die Rückstellungshöhe einzurechnen. Damit ist der bilanzielle Ausweis höher als in der Steuerbilanz. Statt der unmittelbaren Versorgungszusage könnte z.B. eine Finanzierung über eine rückgedeckte Unterstützungskasse in Betracht kommen.

98 Wer eine unmittelbare Versorgungszusage umsetzen will, der muss sich fachkundig beraten lassen und wird entsprechende Formulierungsvorschläge z.B. von seinem versicherungsmathematischen Gutachter erhalten.

99 Zur Ausgestaltung einer Rentenzusage als Leistungszusage vgl. L Rdn. 106 ff.

1.3 Betriebsvereinbarung

▶ **Muster – Betriebsvereinbarung**

100 **Betriebsvereinbarung**

zwischen der _____[Name]_____ GmbH, diese vertreten durch _____[Name]_____

und

dem Betriebsrat der _____[Name]_____ GmbH, dieser vertreten durch _____[Name]_____

wird zur betrieblichen Altersversorgung Folgendes vereinbart:

1) Der als Anlage beigefügte Leistungsplan ist Bestandteil dieser Betriebsvereinbarung und tritt am _____[Datum]_____ in Kraft.

2) Diese Betriebsvereinbarung ist erstmals zum _____[Datum]_____ mit einer Frist von 3 Monaten kündbar.[1] Nach Ablauf der Kündigungsfrist ist das Versorgungswerk für neu eintretende Arbeitnehmer geschlossen.[2]

3) Wird die Betriebsvereinbarung gekündigt, um in die Anwartschaften der schon begünstigten Arbeitnehmer einzugreifen,[3] haben die Betriebspartner auf Verlangen einer Seite innerhalb eines Monats Verhandlungen mit dem Ziel aufzunehmen, eine neue Betriebsvereinbarung abzuschließen. Der Grund für den Eingriff ist bei Kündigung mitzuteilen und so weit wie möglich zu belegen.[4]

[Ort, Datum]

(Unterschriften)

Erläuterungen

1. Auch Betriebsvereinbarungen zur betrieblichen Altersversorgung sind gem. § 77 Abs. 5 BetrVG kündbar. Im Muster wird davon ausgegangen, dass eine gewisse Bestandsdauer vorgegeben wird. Eine sofortige Kündbarkeit, wie sie nach § 77 Abs. 5 BetrVG möglich wäre, gibt in der langfristig angelegten betrieblichen Altersversorgung keinen Sinn. 101

2. Schließung des Versorgungswerkes bedeutet, dass neu in das Unternehmen eintretende Mitarbeiter nach Ablauf der Kündigungsfrist keine Versorgungszusage mehr erhalten und damit keine neuen Anwartschaften entstehen. Für diesen Personenkreis gibt es die Betriebsvereinbarung nicht mehr als Rechtsgrundlage (BAG, Urt. v. 11.05.1999 – 3 AZR 21/98, DB 2000, 421, EzA § 1 BetrAVG Ablösung Nr. 20; Urt. v. 17.08.2004 – 3 AZR 189/03, EzA § 1 BetrAVG Betriebsvereinbarung Nr. 5). 102

3. Für die Kündigung einer Betriebsvereinbarung zur betrieblichen Altersversorgung ist eine Begründung nicht erforderlich. Soll jedoch in die Besitzstände der bereits begünstigten Arbeitnehmer eingegriffen werden, gelten die Grundsätze des Vertrauensschutzes und der Verhältnismäßigkeit. Da Betriebsvereinbarungen zur betrieblichen Altersversorgung nur teilmitbestimmt sind, findet keine Nachwirkung statt. Der Besitzstandsschutz der bisher begünstigten Mitarbeiter ist genauso gegeben wie bei einer ablösenden Betriebsvereinbarung. Je stärker mit der Kündigung in Besitzstände eingegriffen werden soll, umso gewichtiger müssen die Gründe des kündigenden Arbeitgebers für diesen Eingriff sein. Insoweit wendet das BAG seine Rechtsprechung zum dreistufigen Besitzstand an (hierzu AR/*Kisters-Kölkes* § 1b BetrAVG Rn. 72 ff.). 103

Hat der Arbeitgeber von seinem Kündigungsrecht Gebrauch gemacht, hat der Betriebsrat das Recht, im Beschlussverfahren klären zu lassen, ob Kündigungsgründe vorliegen und ob diese den Eingriff rechtfertigen (BAG, Beschl. v. 17.08.1999 – 3 ABR 55/98, DB 2000, 774, EzA § 1 BetrAVG Betriebsvereinbarung Nr. 2). Um ein solches Gerichtsverfahren zu vermeiden, wird in dem Muster eine Verhandlungspflicht vereinbart. Eine solche Regelung ist nicht zwingend erforderlich. 104

4. Die Pflicht zur Begründung des Eingriffes soll es dem Betriebsrat ermöglichen, eine eigene Bewertung vorzunehmen und gegebenenfalls sachverständige Unterstützung einzuholen. 105

2. Leistungszusage als Rentenzusage – Einzelzusage, z.B. für leitende Angestellte

Vorbemerkung

Am Beispiel einer unmittelbaren Versorgungszusage wird eine Rentenzusage als klassische Leistungszusage dargestellt. Dabei wird unterstellt, dass mit einer Einzelperson oder mit einer kleinen Anzahl z.B. von Führungskräften eine Vereinbarung abgeschlossen wird. 106

Soll in einem anderen Durchführungsweg eine Leistungszusage eingesetzt werden, sind die Formulierungen anzupassen. 107

Das Muster kann nicht ohne Änderungen/Ergänzungen z.B. für beherrschende Gesellschafter-Geschäftsführer übernommen werden. Bei diesem Personenkreis sind zivilrechtliche, aber auch insbesondere steuerliche Besonderheiten zu berücksichtigen. Ein Muster für eine solche Zusage ist z.B. bei *Doetsch/Lenz*, S. 211 ff. und *Keil/Prost*, S. 173 ff. zu finden. 108

Für Organpersonen sind unter L Rdn. 152 f. ergänzende Formulierungsvorschläge zu finden. 109

L. Betriebliche Altersversorgung

2.1 Einzelzusage, z.B. für leitende Angestellte

▶ Muster – Einzelzusage, z.B. für leitende Angestellte

Vereinbarung [1]

zwischen der ___[Name des Arbeitgebers]___ (nachfolgend [X]) GmbH, diese vertreten durch ___[Name]___

und

Herrn/Frau ___[Name des Arbeitnehmers/der Arbeitnehmerin]___ (nachfolgend [Y])

zur betrieblichen Altersversorgung

In Ergänzung zu Ihrem Arbeits-/Dienstvertrag vom ___[Datum des Vertrages]___ [2] sagen wir Ihnen Leistungen der betrieblichen Altersversorgung zu. Diese unmittelbare Versorgungszusage tritt am Tag ihrer Unterzeichnung in Kraft.

§ 1
Versorgungsleistung [3]

(1) Bei Eintritt des Versorgungsfalles zahlen wir Ihnen oder Ihren Hinterbliebenen eine Altersrente, eine vorzeitige Altersrente, vorbehaltlich von § 3 Abs. 3 eine Berufsunfähigkeitsrente, eine Witwen-/Witwerrente oder eine Waisenrente.

(2) Der Versorgungsfall tritt ein, wenn die allgemeinen und speziellen Leistungsvoraussetzungen kumulativ erfüllt sind und Sie einen Antrag stellen.

(3) Auf die Versorgungsleistung besteht ein Rechtsanspruch. [4]

§ 2
Allgemeine Leistungsvoraussetzung

Bei Eintritt des Versorgungsfalles muss diese Versorgungszusage mindestens fünf Jahre bestanden haben (Wartezeit).

§ 3
Spezielle Leistungsvoraussetzungen

(1) Eine Altersrente wird gezahlt, wenn Ihr Arbeits-/Dienstverhältnis mit oder nach Erreichen der festen Altersgrenze endet. Feste Altersgrenze ist die Vollendung des 67. Lebensjahres. [5]

(2) Eine vorzeitige Altersrente wird gezahlt, wenn Ihr Arbeits-/Dienstverhältnis mit oder nach Erreichen des 62. Lebensjahres endet. Weitere Voraussetzung ist, dass Sie aus der gesetzlichen Rentenversicherung eine vorzeitige Altersleistung tatsächlich als Vollrente beziehen (§ 6 BetrAVG). [6]

(3) Voraussetzung für die Zahlung einer Berufsunfähigkeitsrente ist, dass Ihr Arbeits-/Dienstverhältnis vor Erreichen der festen Altersgrenze endet und von der ___[Name]___ Versicherung AG eine Berufsunfähigkeitsrente auf Zeit oder auf Dauer wegen Ihrer Berufsunfähigkeit an uns tatsächlich gezahlt wird. Voraussetzung hierfür ist, dass der Versicherungsvertrag wirksam zustande kommt. Sie sind verpflichtet, alle Auskünfte zu erteilen und bei allen geforderten Untersuchungen mitzuwirken. Kommt der Versicherungsvertrag nicht zustande, ist auch keine Berufsunfähigkeitsleistung zugesagt. [7]

(4) Im Falle Ihres Todes während Ihrer aktiven Dienstzeit oder nach Rentenbeginn zahlen wir Ihrer Ehefrau/Ihrem Ehemann ___[Name]___, geboren am ___[Datum]___, eine Witwen-/Witwerrente. Voraussetzung ist, dass die Ehe im Zeitpunkt des Todes besteht. [8]

(5) Im Falle Ihres Todes während Ihrer aktiven Dienstzeit oder nach Rentenbeginn zahlen wir einem waisenrentenberechtigten Kind eine Waisenrente, wenn das Kind das 18. Lebensjahr noch nicht vollendet hat. Befindet es sich in der Schul- oder Berufsausbildung, wird, wenn die Voraussetzungen gem. § 32 Abs. 3, 4 S. 1 Nr. 1 bis 3 und Abs. 5 EStG erfüllt sind, längstens bis zum 25. Lebensjahr eine Waisenrente gezahlt. [9]

§ 4
Leistungshöhe [10]

(1) Die Altersrente beträgt für jedes volle versorgungsfähige Dienstjahr ____[Betrag]____ Euro.

[optional:

(1) Die Altersrente beträgt bei Inkrafttreten dieses Vertrages ____[Betrag]____ Euro. Für jedes danach abgeleistete volle Dienstjahr steigt sie um ____[Betrag]____ Euro.]

[optional:

(1) Für jedes versorgungsfähige Dienstjahr beträgt die Altersrente 0,5 % des versorgungsfähigen Arbeitsverdienstes bis zur Beitragsbemessungsgrenze in der gesetzlichen Rentenversicherung zuzüglich 1 % des versorgungsfähigen Arbeitsverdienstes, der die Beitragsbemessungsgrenze übersteigt (bei dieser Gestaltung ist § 2a BetrAVG zu beachten).]

(2) Bei der vorzeitigen Altersrente [11] werden die Dienstjahre bis zum Eintritt des Versorgungsfalles gerechnet. Der sich so ergebende Betrag wird für jeden Monat des vorzeitigen Leistungsbezuges um 0,5 % lebenslänglich reduziert. Dabei werden die vollen Monate vom Rentenbeginn bis zur festen Altersgrenze berücksichtigt.

(3) Kommt der Versicherungsvertrag für die Berufsunfähigkeitsrente zustande, wird (abweichend von den vorstehenden Regelungen) eine Festrente in Höhe von monatlich ____[Betrag]____ Euro längstens bis zum ____[Datum]____ gezahlt. Danach wird gem. Abs. 2 die vorzeitige Altersrente gezahlt. [12]

(4) Die Witwen-/Witwerrente beträgt 60 % der Rente, die Sie vor Ihrem Tod bezogen haben. Tritt der Todesfall während der aktiven Dienstzeit ein, wird die Bemessungsgrundlage nach den Regeln berechnet, die für die Altersrente gelten, jedoch mit der Maßgabe, dass nur die Dienstjahre bis zum Tod zählen. Von dieser Bemessungsgrundlage werden 60 % gezahlt. [13]

(5) Die Waisenrente wird gem. Abs. 4 ermittelt und beträgt 20 % der Bemessungsgrundlage. [14]

(6) Wird gleichzeitig eine Witwen-/Witwerrente neben einer Waisenrente gezahlt, dürfen alle Renten zusammengerechnet 100 % der Bemessungsgrundlage nicht übersteigen. Solange mehrere Renten gezahlt werden, werden sie anteilig gekürzt. [15]

§ 5
Versorgungsfähiges Einkommen [16]

Das versorgungsfähige Einkommen ist das Arbeitsentgelt, das gem. § ____[Paragraf]____ des Arbeits-/Dienstvertrages bei Eintritt des Versorgungsfalles vereinbart ist. Die in § ____[Paragraf]____ genannten Vergütungsbestandteile sind nicht versorgungsfähig.

§ 6
Versorgungsfähige Dienstzeit

Versorgungsfähig ist die Zeit ab dem ____[Datum]____. Es werden nur vollendete Dienstjahre bis zum Eintritt des Versorgungsfalles berücksichtigt. [17]

§ 7
Zahlung der Rente

(1) Die Rente wird jeweils am Ende des Kalendermonats fällig, und zwar erstmals für den Monat, der dem Eintritt des Versorgungsfalles folgt. [18]

(2) Es handelt sich bei der Rente um Bruttobeträge. Die Rente wird nach Abzug von Steuern, Sozialversicherungsbeiträgen und gegebenenfalls weiterer Abgaben ausgezahlt.

(3) Die Altersrente wird lebenslänglich gezahlt. Die Berufsunfähigkeitsrente wird so lange gezahlt, wie der Versicherer seinerseits zur Zahlung verpflichtet ist. [19] Die Witwen-/Witwerrente wird lebenslänglich gezahlt. Verheiratet sich die Witwe/der Witwer wieder, entfällt der Anspruch. [20] Ein Wiederaufleben des Anspruchs auf Witwen-/Witwerrente ist ausgeschlossen. Waisenrenten werden so lange gezahlt, wie die Anspruchsvoraussetzungen erfüllt sind.

§ 8
Mitwirkungspflichten [21]

(1) Der Versorgungsempfänger hat die vorgenannten Nachweise zu führen, die für die Zahlung der Versorgungsleistung notwendigen Angaben zu machen, die erforderlichen Unterlagen zu beschaffen und einen Lebensnachweis beizubringen.

(2) Der Versorgungsempfänger hat [X] seine Steuer-Identifikationsnummer und den Tag seiner Geburt mitzuteilen.

(3) Änderungen des Namens, des Familienstandes, des Wohnsitzes, der Postanschrift und der Bankverbindung des Versorgungsempfängers sind unaufgefordert und unverzüglich beim Personalbüro anzuzeigen.

(4) Die Versorgungsleistungen dürfen, vorbehaltlich zwingender gesetzlicher Vorschriften, nicht abgetreten oder verpfändet werden. Entgegenstehende Vereinbarungen mit Dritten sind der Firma gegenüber unwirksam.

(5) Schadenersatzansprüche des Versorgungsempfängers gegen Personen, deren Verhalten die Zahlung von Versorgungsleistungen ausgelöst hat, sind, soweit rechtlich zulässig, bis zur Höhe des Wertes der Versorgungsleistungen an [X] abzutreten.

(6) Eine Verletzung der vorgenannten Pflichten führt zu einem Ruhen der Versorgungsleistung.

(7) Ohne Rechtsgrund gezahlte Versorgungsleistungen sind in Höhe ihrer Bruttobeträge an [X] zurückzuzahlen.

§ 9
Rückdeckungsversicherung [22]

(1) Wir behalten uns vor, bei einem Lebensversicherungsunternehmen eine Rückdeckungsversicherung abzuschließen. Diese dient der Finanzierung der Versorgungsansprüche und wir haben daran das alleinige Bezugsrecht. Sie sind versicherte Person und verpflichtet, gem. § 150 VVG die Einwilligung zu geben.

(2) Sie sind verpflichtet, alle Auskünfte zu erteilen und an allen Untersuchungen mitzuwirken, die das Lebensversicherungsunternehmen verlangt.

(3) Für die Berufsunfähigkeitsversicherung nach § ___[Paragraf]___ haben wir bei der Z-Lebensversicherung AG einen Antrag zum Abschluss einer Rückdeckungsversicherung gestellt. Nach den uns gegenüber abgegebenen Erklärungen soll der Versicherungsvertrag zum ___[Datum]___ zustande kommen und entsprechend policiert werden.

§ 10
Anpassung [23]

Laufende Renten werden gem. § 16 Abs. 3 Nr. 1 BetrAVG zum 01.07. eines Jahres um 1 % angepasst. Maßgröße ist die zuletzt vor dem Stichtag gezahlte Bruttorente. Hat gem. § 4 Abs. 6 eine Kürzung stattgefunden, ist die ungekürzte Rente zugrunde zu legen und ggf. wieder auf 100 % zu kürzen.

§ 11
Insolvenzsicherung [24]

Versorgungsleistungen sowie gesetzlich unverfallbare Anwartschaften sind gegen die Folgen einer Insolvenz der Firma nach Maßgabe des BetrAVG gesichert. Hierfür zahlt die Firma Beiträge an den Pensions-Sicherungs-Verein Versicherungsverein auf Gegenseitigkeit (PSVaG), Köln, den Träger der gesetzlichen Insolvenzsicherung der betrieblichen Altersversorgung.

§ 12
Versorgungsausgleich [25]

Wir werden bei einer Scheidung von der externen Teilung im Rahmen des gesetzlich vorgegebenen Umfangs Gebrauch machen.

§ 13
Datenschutz [26]

In Fragen der betrieblichen Altersversorgung werden wir von einem an die Bestimmungen des Bundesdatenschutzgesetzes (BDSG) gebundenen Sachverständigen (Gutachter) beraten und betreut. Er speichert die zur Erfüllung seines Auftrages benötigten personenbezogenen Daten der Anwärter und Versorgungsempfänger und hat sich vertraglich zur vertraulichen Behandlung dieser Daten und zur Einhaltung aller gesetzlichen Vorgaben verpflichtet.

§ 14
Vorbehalte [27]

(1) Die Firma behält sich vor, die Versorgungszusage zu ändern bzw. die Versorgungsleistungen zu kürzen oder einzustellen, wenn

– die wirtschaftliche Lage der Firma sich nachhaltig so wesentlich verschlechtert hat, dass ihr die Einhaltung der zugesagten Versorgungsleistungen nicht mehr zugemutet werden kann, oder

– der Personenkreis, die Beiträge, die Leistungen oder das Pensionierungsalter bei der gesetzlichen Rentenversicherung oder anderen Versorgungseinrichtungen mit Rechtsanspruch sich wesentlich ändern oder

– die rechtliche, insbesondere die steuerrechtliche Behandlung der Aufwendungen, die zur planmäßigen Finanzierung der Versorgungsleistungen von der Firma gemacht werden oder gemacht worden sind, sich so wesentlich ändert, dass der Firma die Einhaltung der zugesagten Versorgungsleistungen nicht mehr zugemutet werden kann, oder

– der Anwärter oder Versorgungsempfänger Handlungen begeht, die in grober Weise gegen Treu und Glauben verstoßen oder zu einer fristlosen Entlassung berechtigen würden.

(2) Im Übrigen behält sich die Firma vor, den Leistungsplan zu ändern bzw. die Versorgungsleistungen zu kürzen oder einzustellen, wenn die bei Inkrafttreten des Leistungsplanes maßgebenden Verhältnisse sich nachhaltig so wesentlich geändert haben, dass der Firma die Einhaltung der zugesagten Versorgungsleistungen auch unter objektiver Beachtung der Belange der Anwärter und Versorgungsempfänger nicht mehr zugemutet werden kann.

(3) Wird die Firma künftig durch Gesetz, Tarifvertrag oder auf andere Weise verpflichtet, erstmals oder über den beim Inkrafttreten des Leistungsplanes bestehenden Umfang hinaus zusätzliche Versorgungsleistungen zu gewähren oder Beiträge für solche Versorgungsleistungen aufzubringen, so werden diese auf die sich aus dem Leistungsplan ergebenden Versorgungsleistungen angerechnet. Das Anrechnungsverfahren wird dann geregelt.

§ 15
Schlussbestimmungen [28]

(1) Mündliche Abreden bestehen nicht. Jede Änderung oder Ergänzung bedarf, um Gültigkeit zu erlangen, der Schriftform.

(2) Sofern einzelne Bestimmungen dieses Vertrages ungültig oder unwirksam werden, wird die Gültigkeit der übrigen Vereinbarung hierdurch nicht berührt. Die angestrebte Rechtsfolge ist durch Umdeutung der unwirksamen Bestimmung und/oder Auslegung des Vertrages vorzunehmen.

(3) Im Übrigen gilt das Betriebsrentengesetz in seiner jeweiligen Fassung.

[Ort, Datum]

(Unterschriften)

L. Betriebliche Altersversorgung

Erläuterungen

Schrifttum

Ahrend/Förster/Rößler Steuerrecht der betrieblichen Altersversorgung; *Andresen/Förster/Rößler/Rühmann* Arbeitsrecht der betrieblichen Altersversorgung, seit der 14. Aufl.: *Schlewing/Henssler/Schipp/Schnitker* Arbeitsrecht der betrieblichen Altersversorgung und Zeitwertkonten; *Blomeyer/Rolfs/Otto* Betriebsrentengesetz; *Doetsch/Lenz* Versorgungszusagen an Gesellschafter-Geschäftsführer und -Vorstände; *Höfer/Reinhard/Reich* Gesetz zur Verbesserung der betrieblichen Altersversorgung; *Kemper/Kisters-Kölkes/Berenz/Huber* BetrAVG; *Keil/Prost* Pensions- und Unterstützungskassenzusagen an Gesellschafter-Geschäftsführer von Kapitalgesellschaften; *Langohr-Plato* Betriebliche Altersversorgung; *aba* (Hrsg.) Handbuch der betrieblichen Altersversorgung H-BetrAV.

111 **1.** Wird das Vertragsmuster nicht in einem Einzelfall verwendet, sondern für eine bestimmte Arbeitnehmergruppe, die nicht unter § 5 Abs. 3 BetrVG fällt, ist eine Klausel aufzunehmen, nach der mittels Betriebsvereinbarung Änderungen vorgenommen werden können. Hierzu wird auf AR/*Kisters-Kölkes* § 1b BetrAVG Rn. 82 f. verwiesen.

112 **2.** Regelungen zur betrieblichen Altersversorgung können auch in den Arbeits-/Dienstvertrag integriert werden.

113 **3.** Es wird das gesamte Leistungsspektrum abgedeckt. Die Zusage einer Invaliditätsleistung sollte immer einzelfallbezogen geprüft werden. Wird eine Invaliditätsleistung zugesagt, die sich z.B. nach der teilweisen oder vollen Erwerbsminderung in der gesetzlichen Rentenversicherung richtet, ist bei Eintritt der Invalidität in der Handels- und Steuerbilanz der Teilwert der Verpflichtung auf den Barwert der Verpflichtung zu erhöhen. Dieser Bilanzsprung kann deutliche Auswirkungen auf das Jahresergebnis haben und insbesondere bei kleineren Unternehmen mit hohen Einzelrisiken den Jahresüberschuss aufzehren, möglicherweise auch das Eigenkapital beeinträchtigen. Ein solcher Bilanzsprung tritt auch ein, wenn eine Hinterbliebenenleistung zu zahlen ist. Allerdings wirkt sich dieser nicht so sehr aus, weil nicht 100 % der zugesagten Leistung, sondern nur 60 % als Hinterbliebenenleistung üblicherweise gezahlt werden.

114 Das Muster macht die Zahlung einer Berufsunfähigkeitsleistung davon abhängig, dass ein entsprechender Versicherungsvertrag zustande kommt. In diesem Beispiel wird das Risiko auf den Versicherer ausgelagert. Eine solche Vorgehensweise setzt die Zahlung von Versicherungsprämien voraus, die nicht unerheblich sein können.

115 **4.** Vgl. hierzu § 6a EStG.

116 **5.** Zur Altersleistung vgl. Anm. 11 zu Muster L.I.1.1 (L Rdn. 32 ff.).

117 **6.** Zur vorzeitigen Altersleistung vgl. Anm. 12 zu Muster L.I.1.1 (L Rdn. 37 ff.).

118 **7.** Zur Invaliditätsleistung vgl. Anm. 13 zu Muster L.I.1.1 (L Rdn. 40 f.).

119 Eine solche Berufsunfähigkeitszusage sollte immer nur abgegeben werden, wenn bereits eine Versicherung signalisiert hat, dass sie bereit ist, zu konkret benannten Bedingungen eine Berufsunfähigkeitsversicherung abzuschließen. Auch muss geprüft werden, welche Leistungen der Versicherer erbringt. Eine bloße Beitragsfreistellung reicht nicht aus. Zudem muss darauf geachtet werden, dass die Berufsunfähigkeitsversicherung im Falle eines Falles so lange gezahlt wird, bis die Leistungen aus der Versorgungszusage einsetzen. Im Muster würde dies voraussetzen, dass die Berufsunfähigkeitsrente bis zum 67. Lebensjahr gezahlt werden müsste. Da hiervon fast nie ausgegangen werden kann, weil z.B. Prämien für eine Berufsunfähigkeitsversicherung exorbitant hoch wären, sollte z.B. bei einer Laufzeit bis zum 62. Lebensjahr anschließend die vorzeitige Altersrente einsetzen. In diesem Fall wäre § 4 Abs. 3 S. 2 wie folgt zu formulieren: Danach wird gem. Abs. 2 die vorzeitige Altersrente gezahlt. Ist zu diesem Zeitpunkt ein Bezug einer gesetzlichen vorzeitigen Altersrente noch *nicht möglich*, wird für die Zeit bis zum erstmöglichen Bezugszeitpunkt auf die Vorlage des Rentenbescheides verzichtet.

Eine selbständige Berufsunfähigkeitsversicherung, wie sie der Formulierung zugrunde liegt, ist kein Produkt, das nach einheitlichen Kriterien im Markt vertrieben wird. Deshalb ist es dringend zu empfehlen, über einen fachkundigen Makler eine Ausschreibung durchführen zu lassen, um keine eigenen Haftungsrisiken einzugehen. 120

8. Anders als bei der beitragsorientierten Leistungszusage ist nicht einfach der Ehegatte begünstigt, sondern der namentlich benannte Ehegatte. Wird nur eine bestimmte Person begünstigt, wird das Risiko des Unternehmens eingeschränkt. Spätehenklauseln, Altersdifferenzklauseln und Ehedauerklauseln sind nicht notwendig, da das Unternehmen bei Zusageerteilung weiß, ob zwischen den Ehegatten z.B. eine deutliche Altersdifferenz besteht. Zu derartigen Klauseln vgl. auch Anm. 20 zu Muster L.I.1.1 (L Rdn. 56 f.). 121

Eine Altersdifferenzklausel kann in zwei Arten formuliert werden. Zunächst ist es denkbar, dass bei einer erheblichen Altersdifferenz zwischen den Ehegatten für den deutlich jüngeren jede Versorgungsleistung ausgeschlossen wird, wenn die Altersdifferenz zehn, 15 oder 20 Jahre beträgt. Sie kann aber auch so formuliert sein, dass bei einer erheblichen Altersdifferenz die Hinterbliebenenleistung gekürzt wird. Solche Klauseln sind wichtig bei Rentenzusagen, nicht bei Kapitalzusagen. Allerdings ist zzt. offen, ob Altersdifferenzklauseln altersdiskriminierend i.S.d. AGG wirken (BAG, Vorlagebeschl. v. 27.06.2006 – 3 AZR 352/05 [A], DB 2006, 2524, EzA Richtlinie 2000/78 EG-Vertrag 1999 Nr. 2; EuGH, Urt. v. 23.09.2008 – C-427/06, EzA Richtlinie 2000/78 EG-Vertrag 1999 Nr. 7, Rücknahme der Klage beim BAG). 122

Zum Hinterbliebenenbegriff vgl. Anm. 14 zu Muster L.I.1.1 (L Rdn. 42 ff.) und BMF-Schreiben vom 24.07.2013 (BStBl. I 2013, 1022, Rn. 287). 123

9. Zur Waisenleistung vgl. Anm. 15 zu Muster L.I.1.1 (L Rdn. 46). 124

10. Zur Leistungshöhe werden unterschiedliche Varianten vorgestellt. Die 1. Variante sieht ein dienstzeitabhängiges Festbetragssystem vor, in dem z.B. pro Dienstjahr 20 Euro zugesagt werden. 125

Die 2. Variante arbeitet ebenfalls mit einem Festbetragssystem. Es wird ein Sockelbetrag zugesagt, der von Jahr zu Jahr mit einem Festbetrag angehoben wird. 126

Die 3. Alternative sieht eine dienstzeit- und gehaltsabhängige Altersversorgung vor, die mit einer gespaltenen Rentenformel arbeitet (hierzu auch L Rdn. 63). Bei derartigen Zusagegestaltungen ist die Dynamisierung von Anwartschaften ausgeschiedener Arbeitnehmer zu beachten (§ 2a BetrAVG). 127

Festbetragssysteme haben den Vorteil, dass das Verpflichtungsvolumen kalkulierbar ist und es ausschließlich in der Hand des Unternehmens liegt, ob während der Dienstzeit Erhöhungen vorgenommen werden oder nicht. Gehaltsabhängige Versorgungssysteme sind bedarfsgerechter, aber auch schlechter zu kalkulieren, da niemand künftige Gehaltssteigerungen vorhersehen kann. Zudem werden sie gesetzgeberischen Maßnahmen ausgeliefert, weil die BBG durch Gesetz vorgegeben wird. Zur gespaltenen Rentenformel vgl. auch Anm. 22 zu Muster L.I.1.1 (L Rdn. 63). 128

Aus der Altersleistung werden die vorzeitige Altersleistung und die Hinterbliebenenleistung abgeleitet. 129

11. Für die vorzeitige Altersleistung ist ein versicherungsmathematischer Abschlag von 0,5 % je Vorgriffsmonat vorgesehen. Ein geringerer versicherungsmathematischer Abschlag ist unproblematisch, ein höherer muss im Einzelfall gerechtfertigt werden (BAG, Urt. v. 29.04.2008 – 3 AZR 266/08, EzA § 2 BetrAVG Nr. 30, NZA 2008, 1417). 130

12. Für die Berufsunfähigkeit stellt das Muster auf einen Festbetrag ab, der dem Betrag entspricht, der versichert wird. Wird keine Versicherung abgeschlossen, würde die Invaliditätsleistung aus der Altersleistung abgeleitet, indem z.B. nur die Dienstjahre bis zum Eintritt des Versorgungsfalles berücksichtigt werden. Von einer Zurechnungszeit ist wegen des Bilanzsprungrisikos abzuraten. Eine Zurechnungszeit liegt dann vor, wenn fiktiv z.B. die Dienstjahre bis zum 60. Lebensjahr 131

hochgerechnet werden. Dies würde bei einem 45-Jährigen, bei dem die Invalidität eintritt, dazu führen, dass 15 Jahre ohne Gegenleistung versorgungsfähig gemacht würden.

132 **13.** Ob die Witwen-/Witwerrente 50 % oder 60 % der Rente des Versorgungsberechtigten beträgt, ist vom Unternehmen zu entscheiden. Diese Größenordnung ist aus den früher in der gesetzlichen Rentenversicherung verwendeten Prozentsätzen abgeleitet. Da in der gesetzlichen Rentenversicherung nicht mehr nur eine Regel für die Hinterbliebenenversorgung maßgeblich ist, sondern verschiedene Hinterbliebenenleistungen existieren, ist zu prüfen, ob überhaupt eine Hinterbliebenenleistung vorgesehen werden soll und wenn ja, ob gegebenenfalls Einschränkungen vorgenommen werden sollen, so dass z.B. eine Hinterbliebenenrente nur gezahlt wird, wenn schulpflichtige Kinder (gegebenenfalls bis zu einer Altersgrenze) vorhanden sind.

133 **14.** Bei Waisenrenten wird z.T. danach differenziert, ob es sich um eine Teilwaise oder eine Vollwaise handelt. Auf diese Differenzierung wurde verzichtet, weil im Regelfall Versorgungsleistungen für Teilwaisen zu zahlen sind. Sind 20 % ein zu hoher Ansatz, verspricht man nur 10 % oder 15 %.

134 **15.** Die Renten werden gekürzt, wenn sie 100 % der Leistung übersteigen, die der Versorgungsberechtigte bekommen würde. Eine solche Begrenzung ist möglich, aber nicht zwingend.

135 Die Kürzung erfolgt nur so lange, wie mehrere Renten gleichzeitig gezahlt werden müssen. Entfällt eine Waisenrente, weil das Kind das 25. Lebensjahr vollendet hat, erhöhen sich die anderen Renten.

136 **16.** Diese Regelung ist nur erforderlich bei der 3. Variante zur Altersleistung. Dabei wird davon ausgegangen, dass im Arbeits-/Dienstvertrag die Bezüge präzise geregelt sind. Jede Gehaltserhöhung führt zur Ausweitung des Verpflichtungsvolumens. Dies gilt nicht nur für die zukünftigen Dienstjahre, sondern bei dem Muster auch für die in der Vergangenheit abgeleisteten Dienstjahre. Soll dies vermieden werden, ist auf den versorgungsfähigen Arbeitsverdienst des jeweiligen Jahres abzustellen.

137 **17.** Es wird offengelassen, ab wann die versorgungsfähige Dienstzeit berücksichtigt wird. Dies kann der Beginn des Arbeits-/Dienstverhältnisses sein, dies kann aber auch der Zeitpunkt der Zusageerteilung sein. Eine Entscheidung hierzu kann nur einzelfallbezogen getroffen werden. Es könnte ja z.B. zu berücksichtigen sein, ob der nunmehr zum leitenden Angestellten gewordene Arbeitnehmer bereits als »normaler« Angestellter versorgt war.

138 **18.** Die Zahlungsmodalitäten sollten sich nach der im Unternehmen üblichen Zahlungsweise richten.

139 **19.** Die Berufsunfähigkeitsrente wird aus dem Versicherungsvertrag abgeleitet. Insoweit ist auf Kongruenz zu achten.

140 **20.** Wiederverheiratungsklauseln sind üblich. Es kann die Versorgungsleistung bei Wiederverheiratung ganz entfallen (BAG, Urt. v. 16.04.1997 – 3 AZR 28/96, DB 1997, 1575, EzA § 1 BetrAVG Hinterbliebenenversorgung Nr. 5). Manchmal werden Wiederverheiratungsklauseln mit der Zahlung einer Abfindung verbunden, um einen Anreiz zu schaffen, sich wieder zu verheiraten. Da für Versorgungsfälle, die nach dem 31.12.2004 eintreten, gem. § 3 i.V.m. § 30g Abs. 2 BetrAVG ein Abfindungsverbot besteht, wurde auf eine solche Klausel verzichtet.

141 **21.** Zu den Mitwirkungspflichten wird auf Anm. 29 zu Muster L.I.1.1 (L Rdn. 80) verwiesen.

142 **22.** Rückdeckungsversicherungen sind eine Finanzierungsmöglichkeit (BAG, Urt. v. 14.07.1972 – 3 AZR 63/72, DB 1972, 2068, EzA § 242 Ruhegehalt – Lebensversicherung; Urt. v. 17.01.2012 – 3 AZR 10/10, BB 2012, 1099). Der Arbeitgeber kann, muss aber nicht eine Rückdeckungsversicherung abschließen. Wird eine Rückdeckungsversicherung abgeschlossen, muss die versicherte Person gem. § 150 VVG die Einwilligung geben. Soll eine Rückdeckungsversicherung abgeschlos-

sen werden, sollte geprüft werden, ob nicht auch die Zusage beitragsorientiert gestaltet werden soll, indem auf die versicherte Leistung abgestellt wird.

23. Bei Versorgungszusagen, die ab dem 01.01.1999 erteilt werden (§ 30c Abs. 1 BetrAVG), kann mit einer Garantieanpassung der laufenden Rente von mindestens 1 % die Prüfungspflicht nach § 16 Abs. 1 BetrAVG abbedungen werden. Damit werden Auseinandersetzungen zur wirtschaftlichen Leistungsfähigkeit vermieden. Allerdings besteht bei einer garantierten Anpassung auch die Pflicht, eine Anpassung vorzunehmen, wenn die wirtschaftliche Lage des Unternehmens nicht gut ist. 143

Wird eine Anpassung garantiert, wird sie bereits in der Anwartschaftsphase vorfinanziert, indem diese Verpflichtung in die Höhe der zu bildenden Rückstellung einfließt (BFH, Urt. v. 17.05.1995 – I R 105/94, BStBl. II 1996, 423). Dies gilt gleichermaßen für die Handels- als auch für die Steuerbilanz. Wird keine Garantieanpassung zugesagt, ist in der Handelsbilanz dennoch ein künftiger Rententrend in der Rückstellungshöhe auszuweisen (§ 253 HGB), während eine Berücksichtigung in der Steuerbilanz unterbleiben muss. 144

Steuerlich werden Garantieanpassungen bis zu 3 % anerkannt (BFH, Urt. v. 31.03.2004 – I R 79/03, BStBl. II 2004, 940). Aus arbeitsrechtlicher Sicht ist zu beobachten, dass bei Arbeitnehmern die 1 %ige Anpassungsgarantie üblich ist. 145

24. Zur Insolvenzsicherung vgl. Anm. 30 zu Muster L.I.1.1 (L Rdn. 82). 146

25. Zum Versorgungsausgleich vgl. Anm. 31 zu Muster L.I.1.1 (L Rdn. 83 ff.). Ein Vorbehalt, von der externen Teilung in die interne Teilung überzuwechseln, ist bei einer Einzelverpflichtung nicht erforderlich und auch nicht sinnvoll. 147

26. Zum Datenschutz vgl. Anm. 32 zu Muster L.I.1.1 (L Rdn. 87). 148

27. Zu den steuerunschädlichen Vorbehalten vgl. Anm. 33 zu Muster L.I.1.1 (L Rdn. 88 ff.). 149

28. Auf die Schlussbestimmungen könnte auch verzichtet werden. Die Schriftformklausel wird gewählt, weil Änderungen der Schriftform gem. § 6a EStG bedürfen. Salvatorische Klauseln sind üblich. Die Anwendung des Betriebsrentengesetzes versteht sich von selbst. Dies bedeutet, dass gem. § 1b Abs. 1 BetrAVG die Unverfallbarkeit nach 5-jährigem Zusagebestand (ab 01.01.2018 drei Jahre Zusagebestand) eintritt. Hinsichtlich der Höhe einer unverfallbaren Anwartschaft kommt gem. § 2 Abs. 1 BetrAVG das Quotierungsverfahren zur Anwendung. Insoweit wäre zu berücksichtigen, dass hierfür auf die Betriebszugehörigkeit abzustellen ist. Würde bei der versorgungsfähigen Dienstzeit auf den Zeitpunkt der Zusageerteilung abgestellt, hat der Arbeitnehmer aber bereits zuvor für das Unternehmen gearbeitet, wäre bei der Quotierung die frühere Zeit mit zu berücksichtigen. Vgl. hierzu auch die Ausführungen nachfolgend unter L Rdn. 154 ff. 150

Würde die Versorgungszusage in Anlehnung an das Muster für einen beherrschenden Gesellschafter-Geschäftsführer verwendet, wäre der Verweis auf das Betriebsrentengesetz ausgesprochen gefährlich. Beherrschende Gesellschafter-Geschäftsführer fallen nicht unter den persönlichen Geltungsbereich dieses Gesetzes. Würden sie sich den Regelungen des Betriebsrentengesetzes unterwerfen, könnte nach der Rechtsprechung des BFH z.B. keine Abfindung/kein Verzicht vorgenommen werden, wenn die Voraussetzungen des § 3 BetrAVG nicht vorliegen (BFH, Urt. v. 14.03.2006 – I R 38/05, DStR 2006, 1172, GmbHR 2006, 822; Urt. v. 28.04.2010 – I R 78/08, BB 2010, 2167, BetrAV 2010, 1145). Für die Unverfallbarkeit dem Grunde nach kann das Betriebsrentengesetz vereinbart werden, es kann aber auch eine sofortige Unverfallbarkeit bei einem Gesellschafter-Geschäftsführer vorgesehen werden. Für die Höhe der aufrechtzuerhaltenden Leistungen ist jedoch nicht § 2 Abs. 1 BetrAVG anwendbar, sondern nur die Zeit ab Zusageerteilung maßgeblich (BMF-Schreiben vom 09.12.2002, BStBl. I 2002, 1393). 151

2.2 Organpersonen

Vorbemerkung

152 Mit Urteil vom 21.04.2009 (3 AZR 285/07, EzTöD 100 § 25 TVöD-AT – Beamtenrechtliche Versorgung Nr. 3, FA 2009, 389) hat das BAG entschieden, dass Organpersonen vertragliche Abweichungen vom Betriebsrentenrecht bei Erteilung der Zusage vereinbaren können, und zwar in dem Maße, in dem auch den Tarifvertragsparteien Abweichungen erlaubt sind. Die Abweichungsmöglichkeiten sind im § 17 Abs. 3 S. 1 BetrAVG geregelt.

153 Danach kann insbesondere von § 2, § 3, § 4 und § 16 BetrAVG abgewichen werden.

▶ **Muster – Leistungszusage als Rentenzusage bei Organpersonen** [1]

154
§ 14a
Unverfallbarkeit [2]

(1) Für die Unverfallbarkeit dem Grunde nach gilt § 1b Abs. 1 BetrAVG.

(2) Abweichend von § 2 Abs. 1 BetrAVG wird die mit dieser Versorgungszusage zugesagte Leistung im Verhältnis der in § ___[Paragraf]___ bis zum genannten Stichtag abgeleisteten Dienstzeit bei der tatsächlichen und bei der möglichen Betriebszugehörigkeitsdauer berücksichtigt. Die vor dem ___[Datum]___ abgeleistete Dienstzeit bleibt unberücksichtigt.

§ 14b
Abfindung [3]

(1) Abweichend von § 3 BetrAVG haben wir das Recht, einseitig eine Abfindung auch dann vorzunehmen, wenn die Anwartschaft oder die laufende Leistung die 1 %-Grenze übersteigt.

(2) Der Abfindungsbetrag wird nach Maßgabe von ___[Rechengrundlage]___ ermittelt.

(3) Ein Abfindungsrecht besteht auch in den in § 4 Abs. 4 BetrAVG genannten Fällen. Insoweit wird von dieser Vorschrift ausdrücklich abgewichen.

§ 14c
Anpassung [4]

Laufende Renten werden gem. § 16 Abs. 3 Nr. 1 BetrAVG zum 01.07. eines Jahres um 1 % angepasst.

Erläuterungen

1. Für alle Versorgungszusagen, die einer Organperson erteilt werden, muss ein Gesellschafterbeschluss vorliegen, unabhängig davon, ob die Organperson Gesellschafter ist oder nicht. Wird zur Sicherung eine Rückdeckungsversicherung verpfändet, gilt dies auch für die Verpfändung (OLG Düsseldorf, Urt. v. 23.04.2009 – I-6 U 58/08). Zu den besonderen Anforderungen für die Saldierung gem. § 246 HGB vgl. Rn. 24 der IDW Stellungnahme RS HFA 30.

155 **2.** Da von § 1b Abs. 1 BetrAVG nicht abgewichen werden kann, bleibt es insoweit bei der gesetzlichen Regelung. Eine Abweichung von § 2 BetrAVG ist einzelfallbezogen zu prüfen. Sie sollte insbesondere dann erwogen werden, wenn die Altersleistung gehaltsabhängig gestaltet wird.

156 Die Bedeutung dieser Abweichung soll an einem Beispiel dargestellt werden:

Ein Arbeitnehmer, geb. am 01.07.1973, ist am 01.07.2003 in ein Unternehmen eingetreten. Zum 01.07.2013 wird er zum Geschäftsführer bestellt. Er erhält eine gehaltsabhängige Versorgungszusage. Sein Gehalt steigt von 5.000 Euro zum 01.07.2013 auf 10.000 Euro. Zum 01.07.2014 wird das *Dienstverhältnis* einvernehmlich beendet. Die BBG für 2014 beträgt 5.950 Euro) gerechnet: 37 × 0,5 % × 5.950 Euro = 1.100,75 Euro, 37 × 1 % × 4.050 Euro = 1.498,50 Euro, insgesamt 2.599,25 Euro. Würde man auf die gesamte Betriebszugehörigkeit gem. § 2 Abs. 1 BetrAVG abstellen, wäre diese Altersleistung im Verhältnis von 132 tatsächlichen zu 444 möglichen Dienstjahren zu kürzen. Dies ergäbe einen Betrag von 772,75 Euro. Wird nur die Zeit ab Zusageerteilung berücksichtigt, sind im Ausscheidezeitpunkt zwölf Monate tatsächlich abgeleistet worden. Möglich wären bis zum 67. Lebensjahr 324 Monate. Es ergibt sich folglich für das eine Dienstjahr als Geschäftsführer eine aufrechtzuerhaltende Anwartschaft von 70,25 Euro. Hinzu kämen noch 290,54 Euro aus dem Arbeitsverhältnis.

Eine abweichende Regelung für Organpersonen ist nur erforderlich, wenn Leistungszusagen verwendet werden. Wird eine beitragsorientierte Leistungszusage gewählt, ist eine solche Regelung nicht erforderlich, weil sich die Leistungshöhe aus § 2 Abs. 5a BetrAVG ergibt. Es werden dabei nur die Bausteine berücksichtigt, die von der Zusageerteilung bis zum Ausscheiden angesammelt wurden. 157

3. Abfindungsklauseln sind gefährlich, weil sie die steuerliche Anerkennung von Pensionsrückstellungen gefährden können. So hat der BFH mit Urteil vom 10.11.1998 (– I R 49/97, BStBl. II 2005, 261; bestätigt durch BFH, Urt. v. 28.04.2010 – I R 78/08, DB 2010, 1145, BB 2010, 2167) entschieden, dass die dem Arbeitgeber vorbehaltene Möglichkeit, Pensionsverpflichtungen jederzeit in Höhe des Teilwertes nach § 6a Abs. 3 EStG abfinden zu können, einen steuerschädlichen Vorbehalt i.S.d. § 6a EStG darstellt und deshalb Pensionsrückstellungen nicht anzuerkennen sind. Mit BMF-Schreiben vom 06.04.2005 (IV B 2 – 2176 – 10/05, BStBl. I 2005, 619) hat der BMF vorgegeben, welche Abfindungsklauseln steuerlich anzuerkennen sind. Danach sind Abfindungsklauseln unschädlich, wenn sich der Abfindungsbetrag »für aktive Anwärter nach dem Barwert der künftigen Pensionsleistungen i.S.v. § 6a Abs. 3 S. 2 Nr. 1 EStG (d.h. der volle, unquotierte Anspruch) zum Zeitpunkt der Abfindung bemisst ...«. Gleiches gelte »für die Abfindung von laufenden Versorgungsleistungen und unverfallbaren Ansprüchen gegenüber ausgeschiedenen Anwärtern (sofern arbeitsrechtlich zulässig), wenn vertraglich als Abfindungsbetrag der Barwert der künftigen Pensionsleistungen gem. § 6a Abs. 3 S. 2 Nr. 2 EStG vorgesehen ist«. Die Finanzverwaltung verlangt auch, dass das Berechnungsverfahren zur Ermittlung der Abfindungshöhe eindeutig und präzise schriftlich fixiert sein muss. Rechtsprechung, die sich mit Abfindungsklauseln befasst, die nach dem 31.12.2005 verwendet wurden, liegt nicht vor. Deshalb wird im Formulierungsvorschlag auf eine Regelung zur Höhe verzichtet. Sie ist einzelfallbezogen zu gestalten. Ggf. ist über eine verbindliche Auskunft nach § 89 Abs. 2 AO zu klären, ob die beabsichtigte Formulierung steuerlich anerkannt würde. 158

Der Verweis auf § 4 Abs. 4 BetrAVG bedeutet, dass auch im Falle der Betriebsstilllegung und Liquidation ein einseitiges Abfindungsrecht des Dienstgebers bestehen soll. Bei »normalen« Arbeitnehmern würde dies i.d.R. an der 1 %-Grenze scheitern. Diese soll im formulierten Beispiel nicht gelten. 159

4. Zur Anpassung wird vorstehend auf Anm. 23 (L Rdn. 143 ff.) verwiesen. Bei Organpersonen besteht die Möglichkeit, die Garantieanpassung auch in Altzusagen einvernehmlich aufzunehmen, also in Versorgungszusagen, die vor dem 01.01.1999 erteilt wurden. 160

3. Beitragszusage mit Mindestleistung (Direktversicherung)

Vorbemerkung

Eine Beitragszusage mit Mindestleistung ist gem. § 1 Abs. 2 Nr. 2 BetrAVG nur in den Durchführungswegen Pensionsfonds, Pensionskasse und Direktversicherung möglich. Die Besonderheit besteht darin, dass für den Eintritt des Versorgungsfalles keine feststehende Leistung zugesagt wird, sondern erst im Leistungsfall aus dem dann vorhandenen Kapital die Leistung ermittelt wird, indem eine Verrentung stattfindet (§ 3 Nr. 63 EStG). Im Folgenden wird am Beispiel der Direktversicherung diese Zusage dargestellt. Hintergrund ist ein Versicherungsvertrag, den der 161

L. Betriebliche Altersversorgung

Arbeitgeber auf das Leben des Arbeitnehmers abschließt (§ 1b Abs. 2 BetrAVG). Es handelt sich hier um eine fondsgebundene Lebensversicherung.

▶ Muster – Beitragszusage mit Mindestleistung (Direktversicherung)

162

[Briefkopf des derzeitigen Unternehmens]

[Ort, Datum]

1.

Die Firma [Name des Arbeitgebers] (nachfolgend [X]) schließt [1] auf das Leben von Frau/Herrn [Name des Arbeitnehmers] (nachfolgend [A]) [2] bei der [Lebensversicherungsgesellschaft] (nachfolgend [L]) mit Wirkung ab dem [Datum des Versicherungsabschlusses] eine Lebensversicherung (Direktversicherung gem. § 1b Abs. 2 BetrAVG) ab. Maßgeblich für diesen Direktversicherungsvertrag ist der von der [L] ausgestellte Versicherungsschein mit der Nummer [Nr.] und die von der Versicherungsgesellschaft dem Versicherungsschein beigefügten Versicherungsbedingungen. [3]

Es handelt sich um eine Versicherung mit einer Todes- und Erlebensleistung in Form einer Rente mit Kapitalwahlrecht. [4] Bezugsberechtigt für die Altersrente ist Frau/Herr [A] ab Vollendung des 67. Lebensjahres. [5] Eine vorzeitige Altersleistung kann gem. § 6 BetrAVG verlangt werden. [6] Bezugsberechtigt für die Todesfallleistung sind die Hinterbliebenen. Dies ist der Ehegatte, mit dem Frau/Herr [A] im Zeitpunkt ihres/seines Todes verheiratet ist. [7] Sind keine Hinterbliebenen vorhanden, ist eine Bezugsberechtigung ausgeschlossen. Eine Invaliditätsleistung ist nicht versichert. [8]

2.

Die versicherten Versorgungsleistungen beruhen auf einer Beitragszusage mit Mindestleistung i.S.v. § 1 Abs. 2 Nr. 2 BetrAVG. Bei der Direktversicherung handelt es sich um eine fondsgebundene Versicherung, bei der erst bei Eintritt des Versicherungsfalles aufgrund der dann vorhandenen Fondswerte festgestellt werden kann, welche Leistungen ausgezahlt werden können. Dafür wird nach den Vorgaben im Versicherungsvertrag die Leistung ermittelt. Bei einer guten Fondsentwicklung ergeben sich höhere Versorgungsleistungen als bei einer schlechten Fondsentwicklung. Hinsichtlich der Fondsentwicklung trägt der Arbeitnehmer das Anlagerisiko. Als Mindestleistung steht die Summe der eingezahlten Beiträge – ohne Zins und Zinseszins – zur Verfügung. [9] Für die Zeit des Leistungsbezuges ist nach § 16 Abs. 3 Nr. 3 BetrAVG keine Anpassung vorzunehmen. [10]

3.

Auf die Direktversicherung sind die Vorschriften des Betriebsrentengesetzes in seiner jeweiligen Fassung anwendbar. [11] Dies gilt gleichermaßen für die steuerlichen Rahmenbedingungen. Für die gesetzliche Unverfallbarkeit gilt Abschnitt [Y] der allgemeinen Versicherungsbedingungen. Dies bedeutet, dass aus dem widerruflichen Bezugsrecht ein unwiderrufliches Bezugsrecht wird, wenn Frau/Herr [A] die gesetzlichen Unverfallbarkeitsvoraussetzungen mit Ausnahme des Ausscheidens aus dem Arbeitsverhältnis erfüllen würde. [12] Wird das Arbeitsverhältnis vor Eintritt eines Versorgungsfalles beendet und ist die Versorgungsanwartschaft gesetzlich unverfallbar, richtet sich die Höhe der unverfallbaren Anwartschaft nach § 2 Abs. 5b BetrAVG.

4.

Die Direktversicherung wird ausschließlich durch Arbeitgeberbeiträge finanziert. Der monatliche Beitrag beträgt [Finanzierungsbetrag] Euro brutto und wird zusätzlich zum Arbeitseinkommen gezahlt. [13] Für Zeiten, in denen kein Anspruch auf Arbeitsentgelt besteht, ist die Firma [X] nicht zur Beitragszahlung verpflichtet. [14] Die Versicherung wird mit Ablauf des Monats, für den kein Vergütungsanspruch mehr besteht, beitragsfrei gestellt. Die Beitragszahlung wird wieder aufgenommen zum 1. des Monats, der dem Monat folgt, in dem wieder ein Entgeltanspruch entstanden ist.

5.

Das Kapitalwahlrecht für die Altersleistung kann frühestens 1 Jahr vor Vollendung des 67. Lebensjahres geltend gemacht werden. Wird eine vorzeitige Altersleistung in Anspruch genommen, kann es frühestens 1 Jahr vor der möglichen Inanspruchnahme ausgeübt werden. Für die Todesfallleistung besteht nach Maßgabe des BMF-Schreibens vom 24.07.2013 _[Datum gültige Fassung BMF-Schreiben]_ ein Kapitalwahlrecht für den bezugsberechtigten Hinterbliebenen in engem zeitlichem Zusammenhang mit dem Eintritt des Todes. [15]

6.

Die ausgezahlten Versorgungsleistungen sind voll steuerpflichtig. [16] Wegen der steuerlichen Behandlung wird auf die Informationen verwiesen, die _____[L]_____ zur Verfügung gestellt hat. Unabhängig davon, ob eine Rente oder ein Kapital ausgezahlt wird, sind hierfür nach derzeitigem Stand Kranken- und Pflegeversicherungsbeiträge vom Leistungsberechtigten zu zahlen. [17]

7.

Diese Versorgungszusage steht unter dem Vorbehalt der Betriebsvereinbarungsoffenheit. Die Firma ____[X]____ behält sich vor, dieses Versorgungsversprechen mittels einer Betriebsvereinbarung abändern zu können, auch zum Nachteil der Arbeitnehmerin/des Arbeitnehmers. [18] Einer individuellen Abänderungsvereinbarung bedarf es nicht. Frau/Herr ____[Name]____ erkennt die Betriebsvereinbarungsoffenheit an, indem sie/er diesen Vertrag unterzeichnet. Nach Abschluss einer Betriebsvereinbarung ist Rechtsgrundlage die Betriebsvereinbarung.

[Ort, Datum]

(Unterschriften)

Erläuterungen

Schrifttum

Ahrend/Förster/Rößler Steuerrecht der betrieblichen Altersversorgung; *Andresen/Förster/Rößler/Rühmann* Arbeitsrecht der betrieblichen Altersversorgung, seit der 14. Aufl.: *Schlewing/Henssler/Schipp/Schnitker* Arbeitsrecht der betrieblichen Altersversorgung und Zeitwertkonten; *Blomeyer/Rolfs/Otto* Betriebsrentengesetz; *Blumenstein* Vergleichende Darstellung der beitragsorientierten Leistungszusage und der Beitragszusage mit Mindestleistung, Festschrift für Kurt Kemper, 25; *Förster/Cisch/Karst* Betriebsrentengesetz; *Höfer/Reinhard/Reich* Gesetz zur Verbesserung der betrieblichen Altersversorgung; *Kemper/Kisters-Kölkes/Berenz/Huber* BetrAVG; *Langohr-Plato* Betriebliche Altersversorgung; *aba* (Hrsg.) Handbuch der betrieblichen Altersversorgung H-BetrAV; *Langohr-Plato/Teslau* Die Beitragszusage mit Mindestleistung, DB 2003, 661; *Pophal* Wie ist die Beitragszusage mit Mindestleistung von der beitragsorientierten Leistungszusage abzugrenzen?, Festschrift für Kurt Kemper, 335; *Rolfs* Beitragszusage mit Mindestleistung – die große Unbekannte, BetrAV 2015, 198; *Uebelhack* Beitragszusage mit Mindestleistung, Gedenkschrift Blomeyer, S. 467.

1. Bei der Direktversicherung muss der Arbeitgeber Versicherungsnehmer sein. Wäre der Arbeitnehmer Versicherungsnehmer, würde eine private Lebensversicherung vorliegen. 163

2. Der Arbeitnehmer ist immer versicherte Person. Erfolgt der Abschluss im Rahmen eines Kollektivlebensversicherungsvertrages, ist die Einwilligung des Arbeitnehmers nach § 150 VVG nicht erforderlich, wohl aber bei einer Einzelversicherung. Da der Arbeitnehmer die »Vereinbarung« mit unterschreibt, hat er Kenntnis vom Abschluss des Versicherungsvertrages und erteilt seine Einwilligung. 164

3. Es sollte darauf geachtet werden, dass die richtigen Versicherungsbedingungen beigefügt sind. Ist – wie im Muster vorgesehen – keine Invaliditätsleistung versichert, dürfen z.B. keine Versicherungsbedingungen für eine Berufsunfähigkeitszusatzversicherung an den Arbeitnehmer ausgehändigt werden. 165

166 **4.** Vgl. hierzu BMF-Schreiben vom 24.07.2013, BStBl. I 2013, 1022, Rn. 312 und § 3 Nr. 63 EStG.

167 **5.** Dem Arbeitnehmer muss das Bezugsrecht zustehen. Steht das Bezugsrecht ganz oder teilweise dem Arbeitgeber zu, handelt es sich um eine Rückdeckungsversicherung oder um eine Direktversicherung mit gespaltenem Bezugsrecht.

168 **6.** Für die vorzeitige Altersleistung kann es erforderlich sein, auf etwaige Kürzungen hinzuweisen, die sich aus dem Versicherungsvertrag ergeben. Für die Beitragszusage mit Mindestleistung ist zzt. noch nicht geklärt, ob auf die Mindestleistung im Alter 67 abzustellen ist oder auf die bis zur Inanspruchnahme erreichte Mindestleistung. Hierzu ist eine Abstimmung mit dem Versicherer zu empfehlen, um Haftungsrisiken auszuschließen.

169 **7.** Obwohl es möglich ist, auch andere Hinterbliebene vorzusehen, wurde darauf verzichtet.

170 **8.** Diese Aussage dient der Klarstellung.

171 **9.** Die Beitragszusage mit Mindestleistung gibt es erst seit dem 01.01.2002. Rechtsprechung hierzu liegt nicht vor. Deshalb ist jeder Arbeitgeber gut beraten, sich vom Versicherer erläutern zu lassen, wie die Versorgungsleistung ermittelt wird. Aus haftungsrechtlichen Gründen ist für den Arbeitgeber auch von Bedeutung, ob ein sog. Hybridtarif verwendet wird, bei dem der Versicherer dem Arbeitgeber fest zusagt, die Mindestleistung zur Verfügung stellen zu können. Ist dies nicht der Fall, muss der Arbeitgeber für die Mindestleistung selbst eintreten, wenn der Wert der Fondsanteile die Mindestleistung nicht abdeckt.

172 Bei einer Beitragszusage mit Mindestleistung hat der Arbeitgeber allenfalls für die Mindestleistung einzustehen, nicht für die Ertragsentwicklung. Das Anlagerisiko hinsichtlich der Erträge der Fondsanteile trägt ausschließlich der Arbeitnehmer, auch bei einer arbeitgeberfinanzierten Zusage.

173 **10.** Auch wenn die Versorgungsleistung als Rente vom Versicherer ausgezahlt wird, ist keine Anpassung der laufenden Leistung vorzunehmen.

174 **11.** Der Verweis auf das Betriebsrentengesetz bedeutet, dass die Unverfallbarkeit dem Grunde nach gem. § 1b Abs. 2 BetrAVG eintritt, d.h., bei einem Ausscheiden vor Eintritt des Versorgungsfalles muss der Arbeitnehmer das 25. Lebensjahr (ab 01.01.2018: 21. Lebensjahr) vollendet haben und die Direktversicherung muss fünf Jahre (ab 01.01.2018: drei Jahre) bestanden haben. Wird die Direktversicherung erst abgeschlossen, nachdem das Arbeitsverhältnis bereits begonnen hat, ist in der Literatur umstritten, ob auf den Versicherungsbeginn oder auf den Beginn des Arbeitsverhältnisses abzustellen ist.

175 Für die Unverfallbarkeit der Höhe nach ist § 2 Abs. 5b BetrAVG maßgeblich, der die ansonsten für Direktversicherungen geltenden Regelungen nach Abs. 2 verdrängt. Damit ist auch die versicherungsförmige Lösung bei einem vorzeitigen Ausscheiden nicht anwendbar, die in der Praxis dazu führt, dass die Versicherungsnehmerstellung auf den Arbeitnehmer übertragen wird und der Arbeitnehmer auf die Leistung verwiesen wird, die sich aus dem Versicherungsvertrag ergibt, wenn die sozialen Auflagen erfüllt sind. Wird der Arbeitnehmer bei der versicherungsförmigen Lösung Versicherungsnehmer, ordnet das Gesetz an, dass die Versicherung zwar gekündigt werden kann, ein Rückkauf aber ausgeschlossen ist. Gründe der Verwaltungsvereinfachung (z.B. Korrespondenzführung mit dem Arbeitnehmer) sprechen dafür, eine solche Vorgehensweise auch bei der Beitragszusage mit Mindestleistung zu wählen. Will der Versicherer eine solche Vereinfachung, muss ausgeschlossen werden, dass der Arbeitnehmer vorzeitig über die Direktversicherung verfügt. Insoweit ist zu berücksichtigen, dass das Kündigungsrecht aus § 168 i.V.m. § 171 VVG nicht ausgeschlossen werden kann. Es gilt jedoch das Abfindungsverbot gem. § 3 BetrAVG.

176 **12.** Dem Arbeitnehmer kann auch von Anfang an ein unwiderrufliches Bezugsrecht eingeräumt werden. Eine Klausel, nach der automatisch nach fünfjährigem (ab 01.01.2018: dreijährigem)

Versicherungsbestand aus dem widerruflichen Bezugsrecht ein unwiderrufliches Bezugsrecht wird, ist üblich.

13. Im Rahmen von § 3 Nr. 63 EStG sind Beiträge steuerfrei. Werden die dort genannten Grenzen überschritten, ist der übersteigende Beitrag mit dem individuellen Steuersatz des Arbeitnehmers zu versteuern. Soweit Beiträge steuerfrei sind, ist im vollen Umfang die spätere Versorgungsleistung bei Zufluss zu versteuern. In der Praxis ist es üblich, nur im Rahmen von § 3 Nr. 63 EStG Beiträge zur Finanzierung aufzuwenden.

14. Üblicherweise werden Beiträge nur für solche Zeiten aufgewandt, in denen auch ein Vergütungsanspruch besteht (BAG, Urt. v. 15.02.1994 – 3 AZR 798/93, EzA § 1 BetrAVG Gleichberechtigung Nr. 9, DB 1994, 1479; Urt. v. 20.04.2010 – 3 AZR 370/08, EzA Art. 3 GG Nr. 109, DB 2010, 2734).

Im vorliegen Fall ist eine Invaliditätsleistung nicht zugesagt, so dass eine Beitragsfreistellung sich z.B. nicht auf eine Berufsunfähigkeitszusatzversicherung auswirken kann. Wären solche Leistungen mitversichert, sollte vor Beitragsfreistellung beim Versicherer geklärt werden, welche Konsequenzen mit einer Beitragsfreistellung verbunden sind. Es kann z.B. der Versicherungsschutz insoweit entfallen.

Da es sich im Muster um eine arbeitgeberfinanzierte Direktversicherung handelt, kommt den Sonderregelungen, die für die Entgeltumwandlung geschaffen wurden, keine Bedeutung zu. Für Zeiten ohne Vergütungsanspruch sind bei einer durch Entgeltumwandlung finanzierten Direktversicherung § 1a Abs. 4 BetrAVG und § 212 VVG von Bedeutung.

15. Würde das Kapitalwahlrecht früher ausgeübt werden, wären die Beiträge nicht mehr nach § 3 Nr. 63 EStG steuerfrei (vgl. hierzu BMF-Schreiben vom 24.07.2013, BStBl. I 2013, 1022, Rn. 312).

16. Die Besteuerung richtet sich nach § 22 Nr. 5 EStG.

17. Zur Sozialversicherungspflicht vgl. § 1 SvEV.

18. Wegen der nur eingeschränkten Änderungsmöglichkeiten bei Gesamtzusagen und vertraglichen Einheitsregelungen aufgrund der Entscheidung des Großen Senats des BAG vom 16.09.1986 (GS 1/82, EzA § 77 BetrAVG 1972 Nr. 17, DB 1987, 383) wurde der Vorbehalt der Betriebsvereinbarungsoffenheit aufgenommen. Allerdings hat das BAG in jüngster Zeit die Anforderungen an die Betriebsvereinbarungsoffenheit gelockert (BAG, Urt. v. 23.02.2016 – 3 AZR 960/13, BetrAV 2016, 251, NZA 2016, 642).

4. Verpfändungsvereinbarung für eine Rückdeckungsversicherung

Vorbemerkung

Wegen des gesetzlichen Insolvenzschutzes gem. §§ 7 ff. BetrAVG sind Verpfändungsvereinbarungen nur sinnvoll, wenn bzw. soweit kein gesetzlicher Insolvenzschutz besteht. Dies gilt für Personen, die nicht unter den persönlichen Geltungsbereich des Betriebsrentengesetzes fallen, z.B. beherrschende Gesellschafter-Geschäftsführer. Dies gilt aber auch für Personen, die aufgrund ihrer Gesellschafterstellung eine Versorgungszusage erhalten haben (BAG, Urt. v. 11.11.2014 – 3 AZR 404/13, EzA § 17 BetrAVG Nr. 14, DB 2015, 564). Soweit Personen unter den persönlichen Geltungsbereich des Betriebsrentengesetzes fallen, ist eine Verpfändung nur sinnvoll, wenn die Versorgungsleistung die Höchstgrenze gem. § 7 Abs. 3 BetrAVG übersteigt. Wird bei Personen, die vom persönlichen Geltungsbereich des Betriebsrentengesetzes erfasst werden, eine Verpfändung der Rückdeckungsversicherung vorgenommen, ohne dass die vorgenannte Grenze überschritten wird, geht bei Eintritt eines Sicherungsfalles i.S.v. § 7 BetrAVG das Forderungsrecht aus dem Pfandrecht gem. § 9 Abs. 2 BetrAVG auf den PSVaG über. Hierzu wird im Einzelnen auf

L. Betriebliche Altersversorgung

die Ausführungen bei *Berenz* in Kemper/Kisters-Kölkes/Berenz/Huber §§ 7 ff. BetrAVG verwiesen.

186 Als Alternative zur Verpfändung einer Rückdeckungsversicherung kommt eine Verpfändung eines Wertpapierdepots oder eine Treuhandlösung (CTA, Contractual Trust Arrangement in Form einer doppelseitigen Treuhand) in Betracht. Während sich der BGH zur Verpfändung einer Rückdeckungsversicherung in seinem Urteil vom 07.04.2005 (– IX ZR 138/04, DB 2005, 1453) bereits geäußert hat, liegen Entscheidungen zu verpfändeten Wertpapierdepots und zu CTA-Modellen bisher nicht vor. Nach der Entscheidung des BGH kann der Insolvenzverwalter die Rückdeckungsversicherung zwar kündigen, muss den Rückkaufswert bei fehlender Pfandreife aber hinterlegen.

187 Wenn auch im Zusammenhang mit der Beitragspflicht gem. § 10 BetrAVG, äußert zumindest das VerwG Hamburg (Urt. v. 06.07.2011 – 10 K 527/10; Urt. v. 21.01.2011 – 4 K 881/10) Bedenken hinsichtlich der Insolvenzsicherheit bei CTA-Lösungen. Das BAG hat für Verpflichtungen aus Altersteilzeitverträgen die doppelseitige Treuhand als insolvenzfest angesehen (BAG, Urt. v. 18.07.2013 – 6 AZR 47/12, FA 2013, 378, DB 2013, 2395).

188 Es liegt auf der Hand, dass die Modalitäten der Verpfändung auf das jeweilige Sicherungsmodell abzustellen sind. Das Muster geht von der Verpfändung einer Rückdeckungsversicherung aus, weil es hierzu Rechtsprechung gibt.

189 Der Verpfändung einer Rückdeckungsversicherung kommt auch im Zusammenhang mit der Handelsbilanz eine Bedeutung zu, da nach § 246 HGB die Verpfändung zur Saldierung führen kann, wenn eine unmittelbare Versorgungszusage erteilt wurde (hierzu auch Stellungnahme der Wirtschaftsprüfer vom 10.06.2011, IDW RS HFH 30).

190 Verpfändungen sind nicht nur bei unmittelbaren Versorgungszusagen vorzufinden, sondern auch bei rückgedeckten Unterstützungskassen. Da bei der Wahl dieses Durchführungsweges nicht der Arbeitgeber Versicherungsnehmer ist, sondern die Unterstützungskasse, müssen die entsprechenden Formulierungen hierauf abstellen.

191 Vor dem 01.01.2002 wurden häufig Verpfändungen im Zusammenhang mit einer betrieblichen Altersversorgung aus Entgeltumwandlung vorgenommen. Dies geschah vor dem Hintergrund, dass in den ersten zwei Jahren kein gesetzlicher Insolvenzschutz bestand. Seit dem 01.01.2002 ist dies wegen § 7 Abs. 5 S. 3 BetrAVG nicht mehr erforderlich. Gleiches gilt für Übertragungen, wenn der Übertragungswert die Beitragsbemessungsgrenze in der gesetzlichen Rentenversicherung nicht übersteigt (§ 4 Abs. 2 Nr. 2 und Abs. 3 BetrAVG; BAG, Urt. v. 24.02.2011 – 6 AZR 626/09, EzA § 611 BGB 2002 Aufhebungsvertrag Nr. 8, DB 2011, 1456).

▶ Muster – Verpfändungsvereinbarung für Rückdeckungsversicherung

192 Verpfändungsvereinbarung

zwischen der Firma ___[Name]___ (nachfolgend Firma), diese vertreten durch ___[Name]___
und

1. Herrn/Frau ___[Name des Arbeitnehmers]___ (nachfolgend Arbeitnehmer)
2. dem Ehegatten von Herrn/Frau ___[Name des Arbeitnehmers]___ ___[genaue Namensangabe des/der Hinterbliebenen; Geburtsdaten]___ 1) (nachfolgend Hinterbliebene)
3. den waisengeldberechtigten Kindern des Herrn/der Frau ___[Name des Arbeitnehmers]___ ___[genaue Namensangabe des/der Hinterbliebenen; Geburtsdaten]___ 2 (nachfolgend Hinterbliebene)

zur Verpfändung der auf das Leben 3 von Herrn/Frau ___[Name des Arbeitnehmers]___ abgeschlossenen Rückdeckungsversicherung.

1. Die Firma hat Herrn/Frau [Name des Arbeitnehmers] am [Datum] eine Zusage auf Leistungen der betrieblichen Altersversorgung erteilt, aus der sie selbst verpflichtet ist. [4] Zur Finanzierung der zugesagten Leistungen hat sie bei der [Name und Anschrift der Lebensversicherungsgesellschaft] [5] eine Rückdeckungsversicherung abgeschlossen, wobei sich der Versicherungsumfang aus dem als Anlage 1 beigefügten Versicherungsschein mit der Nummer [Nummer] ergibt. [6] Alle Rechte und Ansprüche, aber auch alle Verpflichtungen aus dem Versicherungsvertrag stehen der Firma zu und sind von dieser zu erfüllen. [7]

2. Zur Sicherung aller Ansprüche von Herrn/Frau [Name des Arbeitnehmers] aus der Versorgungszusage vom [Datum] räumt die Firma ihm/ihr ein erstrangiges Pfandrecht an der am [Datum] unter der Versicherungsnummer [Versicherungsnummer] bei der [Name der Lebensversicherung] abgeschlossenen Rückdeckungsversicherung ein. Das Pfandrecht umfasst alle im Versicherungsschein genannten Leistungen einschl. der Überschussbeteiligungen sowie künftige Leistungserhöhungen. [8]

Dem Ehegatten und den versorgungsberechtigten Kindern werden Pfandrechte auf die Todesfallleistungen aus der vorgenannten Lebensversicherung zur Sicherung ihrer Ansprüche aus der Versorgungszusage eingeräumt. Das Pfandrecht des Ehegatten erlischt mit der Rechtskraft eines Scheidungsurteils, unabhängig davon, ob ein Versorgungsausgleich durchgeführt wurde oder noch durchzuführen ist. Das Pfandrecht der Kinder erlischt automatisch bei Wegfall der Voraussetzungen für den Bezug einer Waisenleistung. Die Pfandrechte der Hinterbliebenen sind dem Pfandrecht von Herrn/Frau [Name des Arbeitnehmers] gegenüber nachrangig. [9]

Das Pfandrecht umfasst auch alle Verfügungen der Firma, die ihr versicherungsrechtlich möglich sind. Für jedwede Verfügung ist die Einwilligung von Herrn/Frau [Name des Arbeitnehmers] einzuholen. Insbesondere hat die Firma kein einseitiges Verwertungsrecht.

3. Ist die Firma mit der fälligen Leistung aus der Versorgungszusage länger als vier Wochen im Verzug, so tritt die Pfandreife ein. Der oder die Pfandgläubiger sind nach Maßgabe der §§ 1282 und 1283 BGB berechtigt, vom Versicherer die fällige Leistung unmittelbar zu verlangen. Die Auszahlung erfolgt nach Abzug etwaiger Steuern und Abgaben. [10]

4. Die Firma verpflichtet sich, die Verpfändung dem Versicherer unverzüglich anzuzeigen. Der Versicherer hat zu bestätigen, dass ihm die Verpfändungsanzeige zugegangen ist. Nach Rücksendung dieser Bestätigung wird eine Kopie dieses Schreibens diesem Vertrag als Anlage 2 beigefügt. [11]

5. Die Firma verpflichtet sich, die Versicherungsbeiträge laufend zu zahlen, damit das Pfandrecht werthaltig ist und bleibt. Die Firma wird den Versicherer auffordern, dem Pfandgläubiger eine Beitragseinstellung oder Beitragszahlungsverzögerung unverzüglich anzuzeigen, damit Herr/Frau [Name des Arbeitnehmers] die Möglichkeit erhält, die Beiträge selbst zu entrichten. Eine Kopie dieser Mitteilung wird diesem Vertrag als Anlage 3 beigefügt. [12]

6. Änderungen und Ergänzungen dieser Vereinbarung bedürfen zu ihrer Wirksamkeit der Schriftform.

Sollten einzelne Bestimmungen dieser Vereinbarung unwirksam sein bzw. nicht durchgeführt werden können, bleibt die Vereinbarung im Übrigen wirksam.

[Ort, Datum]

(Unterschriften) [13]

Erläuterungen

1. Es empfiehlt sich eine genaue Namensangabe mit dem konkreten Geburtsdatum.

2. Eine namentliche Aufzählung ist erforderlich. Sie sollte um die Geburtsdaten ergänzt werden, damit anhand derer geprüft werden kann, wann das Pfandrecht erlischt. Für nachgeborene Kinder ist eine Ergänzungsvereinbarung erforderlich.

195 **3.** Bei einer Rückdeckungsversicherung ist der Arbeitgeber Versicherungsnehmer, wenn eine unmittelbare Versorgungszusage vorliegt. Versicherte Person muss der Arbeitnehmer sein, so dass die Versicherung auf sein Leben abgeschlossen wird. Das Bezugsrecht aus dem Versicherungsvertrag steht dem Arbeitgeber zu. Damit ist die Rückdeckungsversicherung ein reines Finanzierungsinstrument, mit dem der Arbeitgeber die Versorgungsleistungen ganz (kongruent, BAG, Urt. v. 17.01.2012 – 3 AZR 10/10, BB 2012, 1099) oder teilweise (nicht kongruent) bei einem Versicherungsunternehmen rückversichert.

196 Für Versicherungsverträge, die vor dem 01.01.2008 abgeschlossen wurden, musste der Arbeitnehmer seine Einwilligung gem. § 159 VVG erteilen. Für Verträge, die ab dem 01.01.2008 abgeschlossen werden, ist danach zu unterscheiden, ob es sich um eine Einzelversicherung handelt oder ob die Versicherung im Rahmen eines Kollektivlebensversicherungsvertrages abgeschlossen wurde. Im erstgenannten Fall ist die Einwilligung einzuholen, im letztgenannten Fall ist dies wegen der Sonderregelung in § 150 Abs. 2 VVG nicht erforderlich.

197 Die Einwilligung wird eingeholt, bevor der Versicherungsvertrag abgeschlossen wird. Eine Verpfändung hat mit dieser Einwilligung nichts zu tun. Erst wenn wirksam ein Versicherungsvertrag abgeschlossen wurde, können die Leistungen hieraus zu Gunsten des Arbeitnehmers und seiner Hinterbliebenen verpfändet werden. Für die Verpfändung gelten die Vorschriften des BGB.

198 **4.** Der Verpfändung liegt eine unmittelbare Versorgungszusage zu Grunde. Dabei ist darauf zu achten, dass diese wirksam erteilt wurde, weil ansonsten wegen der Akzessorietät die Verpfändung ins Leere laufen würde. Im vorliegenden Fall wird unterstellt, dass dem Arbeitnehmer eine Einzelzusage erteilt wurde. Für die Verpfändung ist ohne Bedeutung, auf welcher Rechtsgrundlage das Versorgungsversprechen beruht. Auch bei Gesamtzusagen und vertraglichen Einheitsregelungen kann eine Verpfändung vorgenommen werden. Gleiches gilt für Versorgungsversprechen aufgrund einer Betriebsvereinbarung (zu den Rechtsbegründungsakten auch AR/*Kisters-Kölkes* § 1 BetrAVG Rn. 10 ff.

199 **5.** Um dem Bestimmtheitsgrundsatz Rechnung zu tragen, ist der Name der Lebensversicherungsgesellschaft, bei der die Rückdeckungsversicherung abgeschlossen wurde, aufzunehmen, möglichst auch mit Anschrift. Werden mehrere Rückdeckungsversicherungen abgeschlossen, sollte zwischen den Versicherungsgesellschaften differenziert werden, wenn Rückdeckungsversicherungen bei mehreren Lebensversicherungsunternehmen abgeschlossen wurden. Hierfür können jeweils Verpfändungsvereinbarungen abgeschlossen werden, die aufeinander abgestimmt werden müssen. Die Erklärungen können aber auch in einem Vertrag zusammengefasst werden, wobei genau anzugeben ist, welcher Teil der Versorgung durch die jeweilige Rückdeckungsversicherung abgesichert wird. Werden Renten- und Kapitalrückdeckungsversicherungen abgeschlossen, sollte die Formulierung versicherungstechnisch begleitet werden.

200 **6.** Es wird empfohlen, den Versicherungsschein – ggf. ergänzt um die Versicherungsbedingungen – der Verpfändungsvereinbarung beizufügen. Dies schafft Klarheit und vermittelt dem Arbeitnehmer einen Eindruck von dem Versicherungsschutz. Zudem sind die Fälligkeit der Leistungen und die garantierte Leistungshöhe angegeben. Es lässt sich damit auch für den Arbeitnehmer sehr leicht erkennen, ob eine gewisse Kongruenz gegeben ist. Ist mit der unmittelbaren Versorgungszusage eine Rente zugesagt, setzt die Kongruenz der Rückdeckungsversicherung und damit auch der Verpfändung eine Rentenrückdeckungsversicherung voraus. Wird eine Rentenzusage mit einer Kapitalversicherung rückgedeckt, liegt keine Kongruenz vor. In diesem Fall muss bei Fälligwerden der Versicherungsleistung, d.h. bei Eintritt des Versicherungsfalles, sichergestellt werden, dass für die Leistungsbezugsphase das Pfandrecht fortgesetzt wird. Insoweit kommt eine Vielzahl von Gestaltungsmöglichkeiten in Betracht. Häufig wird in der Praxis der ausgezahlte Betrag auf einem Bankkonto oder in einem Wertpapierdepot angelegt und hieran dem Arbeitnehmer ein Pfandrecht bestellt. Ob dieses Pfandrecht nachrangig ist, ist mit Hilfe der Allgemeinen Geschäftsbedingungen der Bank zu klären.

Die Rückdeckung einer Rentenzusage mit einer Rentenversicherung ist bei einer unmittelbaren Versorgungszusage relativ selten. Dies ergibt sich aus steuerlichen Gründen, weil der Aktivwert der Rückdeckungsversicherung als Firmenbetriebsvermögen zu aktivieren ist und nach einer gewissen Zeit den Passivposten »Pensionsrückstellung« übersteigt. Bei rückgedeckten Unterstützungskassen sind dagegen kongruente Rentenrückdeckungsversicherungen wesentlich häufiger. 201

7. Die Rückdeckungsversicherung gehört zum Betriebsvermögen des Arbeitgebers. Folglich stehen ihm alle Rechte und Pflichten zu. Die Verpfändung wirkt sich erst dann aus, wenn Pfandreife eintritt. Dies ist mit oder nach Entstehung des Versorgungsanspruchs der Fall. In der Anwartschaftszeit besteht noch keine Pfandreife. Das Pfandrecht wirkt sich i.d.R. dann aus, wenn das Unternehmen insolvent wird. Allerdings bewirkt das Pfandrecht auch, dass der Arbeitgeber nicht beliebig über den Versicherungsvertrag verfügen kann (hierzu auch Stellungnahme der Wirtschaftsprüfer vom 10.06.2011, IDW RS HFH 30). 202

8. Es ist zwingend darauf zu achten, dass in der Verpfändungsvereinbarung nicht mehr zugesichert wird, als über den Versicherungsvertrag auch tatsächlich bedeckt ist. Da in dem Beispiel unterstellt wird, dass die zugesagten Leistungen kongruent rückgedeckt sind, kann davon gesprochen werden, dass alle Ansprüche aus der Versorgungszusage gesichert sind. Dies muss jedoch im Einzelfall geprüft werden. Nicht selten kommt es in der Praxis vor, dass z.B. eine Invaliditätsleistung zugesagt wurde, aus der Rückdeckungsversicherung aber keine Berufsunfähigkeitsrente gezahlt wird, sondern lediglich eine Beitragsfreistellung vereinbart wurde. In diesem Fall wäre die Besicherung auf die Alters- und Hinterbliebenenleistung zu beschränken. 203

Die Überschussbeteiligungen können in die Verpfändung einbezogen werden. Sind sie nicht einbezogen, weil z.B. die Bardividende gewählt wird, muss dieser Formulierungszusatz entfallen. 204

In der Praxis kommt es nicht selten vor, dass sich im Laufe der Zeit Versorgungszusagen erhöhen, sei es, indem entsprechende Erhöhungsvereinbarungen abgeschlossen werden, sei es, indem eine dynamische Zusage erteilt wird. In diesen Fällen müsste bei einer angestrebten Kongruenz auch jeweils eine neue Rückdeckungsversicherung zur Bedeckung des Erhöhungsteils abgeschlossen werden. Damit diese auch in die Verpfändung einbezogen ist, ist von »künftigen Leistungserhöhungen« die Rede. Dies darf nicht darüber hinwegtäuschen, dass beim Abschluss einer neuen Rückdeckungsversicherung hierfür eine eigenständige Verpfändungsvereinbarung abgeschlossen werden muss. 205

Weil in der betrieblichen Altersversorgung üblicherweise mehrere Pfandrechte eingeräumt werden, wird zwischen der Erstrangigkeit und der Nachrangigkeit differenziert. Primär soll sich der Arbeitnehmer aus dem Pfandrecht bei Pfandreife befriedigen können. Sekundär sind die Hinterbliebenen geschützt. 206

Das Pfandrecht sollte der Höhe nach eingeschränkt werden, wenn eine Versorgungsleistung besichert werden soll, die den Grenzwert nach § 7 Abs. 3 BetrAVG übersteigen würde. Da die Grenzen jährlich angepasst werden, ist dies in der Regel nicht passgenau möglich. Dennoch sollte eine Annäherung versucht werden. 207

Auch eine zeitliche Beschränkung des Pfandrechts kann im Einzelfall erwogen werden. Soll eine Verpfändung bei einer arbeitgeberfinanzierten Versorgungszusage vorgenommen werden, weil gem. § 7 Abs. 5 S. 2 BetrAVG in den ersten zwei Jahren nach Zusageerteilung kein gesetzlicher Insolvenzschutz besteht, ist eine solche Befristung zu prüfen. Bei einer betrieblichen Altersversorgung, die durch Entgeltumwandlung finanziert wird, ist zu prüfen, ob die im Gesetz genannten Grenzen überschritten sind. Ist dies der Fall, empfiehlt sich innerhalb der 2-Jahresfrist der privatrechtliche Insolvenzschutz. 208

Bei den vorstehenden Ausführungen wird unterstellt, dass der Arbeitnehmer vom persönlichen Geltungsbereich des Betriebsrentengesetzes erfasst wird (zum Gesellschafterbeschluss bei Geschäftsführern OLG Düsseldorf, Urt. v. 23.04.2009 – I-6 U 58/08). Für Personen, die nicht oder nur zeitweise zum beschützten Personenkreis gehören, sind andere Kriterien maßgeblich. Bei ei- 209 nem beherrschenden Gesellschafter-Geschäftsführer ist weder der Höhe nach noch zeitlich befristet eine Einschränkung opportun. Bei Personen, die zeitweise unter den Geltungsbereich des Betriebsrentengesetzes fallen, zeitweise aber nicht, muss im Einzelfall geprüft werden, inwieweit privatrechtlicher Insolvenzschutz erforderlich ist (vgl. hierzu auch *Huber* in Kemper/Kisters-Kölkes/Berenz/Huber § 17 Rn. 2 ff.).

210 Da bei solchen Personen, die nicht unter den persönlichen Geltungsbereich des Betriebsrentengesetzes fallen, häufig auch steuerliche Kriterien zu berücksichtigen sind, ist bei der Gestaltung einer Versorgungszusage mit Verpfändungsvereinbarung besondere Sachkunde erforderlich.

211 9. Den potentiellen Hinterbliebenen wird ein nachrangiges Pfandrecht eingeräumt. Dies kann natürlich nur geschehen, wenn auch tatsächlich Hinterbliebenenleistungen in Form einer Witwen-/Witwerleistung und in Form von Waisenleistungen vorgesehen sind. Sind derartige Leistungen nicht zugesagt, würde eine Verpfändung ins Leere gehen.

212 Das Pfandrecht des Ehegatten erlischt mit der Rechtskraft des Scheidungsurteils, weil er ab diesem Zeitpunkt nicht mehr Ehegatte ist und folglich keine Leistung aus einer Versorgungszusage zu erwarten hat, es sei denn, dass ausnahmsweise auch der geschiedene Ehegatte begünstigt wäre. Der Wegfall dieses Pfandrechts erklärt sich aus der Akzessorietät.

213 Von diesem Pfandrecht des Ehegatten ist das Pfandrecht des ausgleichsberechtigten Ehegatten bei der internen Teilung von Versorgungsanwartschaften/Versorgungsrechten zu unterscheiden. Wird die interne Teilung durchgeführt, ist der ausgleichsberechtigte Ehegatte nach § 11 Abs. 1 Nr. 1 VersAusglG ebenso zu besichern wie der ausgleichspflichtige Arbeitnehmer. Dies führt bei einer – wenn auch unsinnigen – Verpfändung dazu, dass auch dem ausgleichsberechtigten Ehegatten ein Pfandrecht für seine Versorgungsleistungen einzuräumen ist. Dies löst komplizierte versicherungstechnische und versicherungsrechtliche Fragen aus, die nur im Zusammenwirken mit dem Rückdeckungsversicherer einzelfallbezogen geklärt werden können. Jedenfalls reicht das für den Ehegatten bestellte Pfandrecht nicht aus, um den Anforderungen des § 11 VersAusglG zu genügen. Im Einzelfall ist zudem zu klären, ob im Rahmen einer Teilungsordnung gem. § 11 Abs. 2 VersAusglG Regelungen zur Teilung und zur Verpfändung geschaffen wurden.

214 Auch für das Pfandrecht der Kinder gilt der Grundsatz der Akzessorietät. Da Waisenleistungen nur befristet erbracht werden, erlischt das Pfandrecht automatisch, wenn die Leistungsvoraussetzungen nicht mehr vorliegen. Für die Bestellung des Pfandrechts zu Gunsten der Waisen ist danach zu unterscheiden, ob das versorgungsberechtigte Kind im Zeitpunkt der Verpfändung volljährig ist und selbst die Verpfändungsvereinbarung unterzeichnen kann oder ob mangels Volljährigkeit z.B. die Eltern im eigenen Namen, aber auch für das Kind unterzeichnen müssen. Zu beachten ist, dass bei minderjährigen Kindern die richtigen Unterschriften eingeholt werden, wenn z.B. Stiefkinder, Pflegekinder etc. versorgungsberechtigt sind.

215 Das Pfandrecht der Hinterbliebenen ist nachrangig. Bei nur teilweiser Kongruenz wäre zu prüfen, ob auch innerhalb der Gruppe der Hinterbliebenen noch ein Rangverhältnis sinnvoll ist.

216 10. Die Pfandreife wird nicht auf den Sicherungsfall i.S.v. § 7 Abs. 1 BetrAVG beschränkt, sondern soll bereits einsetzen, wenn die Firma in Leistungsverzug ist. Dabei wird wiederum von der Kongruenz ausgegangen, auch in der Leistungsphase.

217 11. Die Verpfändungsanzeige ist Wirksamkeitsvoraussetzung (§ 1280 BGB). Die Formulierung geht davon aus, dass der Versicherer in einem besonderen Schreiben bestätigt, dass er die Verpfändungsanzeige erhalten hat und beachten wird. Wird dieses Schreiben an den Arbeitgeber zurückgesandt, soll eine Kopie des Schreibens der Verpfändungsvereinbarung beigefügt werden. Damit wird dem Arbeitnehmer die Möglichkeit eingeräumt, ohne große Nachforschungen die erfolgte Anzeige nachzuweisen. Dies ist von besonderer Bedeutung, wenn zwischen dem Abschluss der Verpfändungsvereinbarung und dem Eintritt eines Versorgungsfalles ein längerer Zeitraum liegt. Dies ist aber auch von besonderer Bedeutung für den Fall, dass sich der Arbeitnehmer nicht wegen Zahlungsverzugs aus dem Pfandrecht befriedigt, sondern wegen Insolvenz des Unternehmens.

12. Mit diesem Vertragsbestandteil wird § 166 Abs. 4 VVG nachgebildet. Ob sich der Versicherer auf eine derartige Mitteilungspflicht einlässt, ist im Einzelfall zu prüfen. Erreicht werden soll mit dieser Formulierung, dass der Versicherungsschutz und damit der Verpfändungsschutz für den Arbeitnehmer und seine Hinterbliebenen erhalten bleiben kann. 218

Die Beifügung einer Kopie der Verpflichtungserklärung dient wiederum der Beweiserleichterung. 219

13. Zu den Unterschriften wird auf Anm. 28 (L Rdn. 150) verwiesen. Diese sind den Bedürfnissen des konkreten Falles anzupassen. 220

5. Entgeltumwandlung

Vorbemerkung

Die Möglichkeit, eine betriebliche Altersversorgung durch Entgeltumwandlung zu finanzieren, besteht seit Jahrzehnten. Diese freiwillige Entgeltumwandlung wird seit dem 01.01.2002 durch den Anspruch auf Entgeltumwandlung gem. § 1a BetrAVG ergänzt, den alle in der gesetzlichen Rentenversicherung pflichtversicherten Arbeitnehmer haben (§ 17 Abs. 1 S. 3 BetrAVG). 221

Für die letztgenannte Form der Entgeltumwandlung wird ein Muster für eine Vereinbarung vorgestellt, die den jeweiligen Besonderheiten des Arbeitsverhältnisses angepasst werden muss. Insbesondere bei Arbeitnehmern, die tarifgebunden sind, sind tarifliche Regelungen zu beachten (§ 17 Abs. 5 BetrAVG). 222

Das »Grundmuster« kann für alle Durchführungswege verwendet werden, muss jedoch in Teilbereichen dem jeweiligen Durchführungsweg angepasst werden. So kann in den Durchführungswegen unmittelbare Versorgungszusage und Unterstützungskasse keine »Riesterförderung« in Anspruch genommen werden. 223

Selbstverständlich muss die Vereinbarung dem bei dem jeweiligen Arbeitgeber bestehenden Vergütungssystem angepasst werden. Dies gilt nicht nur für die umwandelbaren Vergütungsbestandteile, sondern auch für den jeweiligen Fälligkeitsstichtag. 224

Das Beispiel geht davon aus, dass der Arbeitgeber die »Entgeltumwandlung« für den Abschluss einer Direktversicherung zu Gunsten des Arbeitnehmers verwendet. Würde z.B. statt dieses Durchführungsweges eine rückgedeckte Unterstützungskasse ausgewählt worden sein, sollte der Arbeitnehmer darauf hingewiesen werden, dass er auch bei der Entgeltumwandlung keinen Mitnahmeanspruch gem. § 4 Abs. 3 BetrAVG hat. 225

▶ **Muster – Entgeltumwandlung**

Vereinbarung 226

zwischen dem Arbeitgeber ___[Arbeitgeber]___, nachfolgend Firma, dieser vertreten durch Herrn/Frau ___[Name]___

und

Herrn/Frau ___[Name Arbeitnehmer, nachfolgend [Y]]___

zur betrieblichen Altersversorgung aus Entgeltumwandlung.

1. In Abänderung von § ___[Paragraf]___ des Arbeitsvertrages¹ vom ___[Datum]___ vereinbaren die Parteien, dass das laufende Gehalt in Höhe von zurzeit monatlich ___[Betrag]___ Euro brutto mit Wirkung ab dem ___[Datum]___ um monatlich ___[Betrag]___ Euro brutto herabgesetzt wird. Dieser laufende Gehaltsverzicht wird von dem Arbeitgeber verwendet, um auf das Leben des Arbeitnehmers bei der ___[Name und Anschrift der Lebensversicherungsgesellschaft]___ mit

L. Betriebliche Altersversorgung

Wirkung ab dem ___[Datum]___ eine Direktversicherung abzuschließen, bei der der Arbeitnehmer von Anfang an ein unwiderrufliches Bezugsrecht hat. Der Umwandlungsbetrag in Höhe von monatlich ___[Betrag]___ Euro brutto wird dabei im vollen Umfang [2] gem. § 3 Nr. 63 EStG [3] steuerfrei an den Versicherer weitergeleitet.

[optional: Sonderzahlung

2. In Abänderung von § ___[Paragraf]___ des Arbeitsvertrages vom ___[Datum]___ vereinbaren die Parteien, dass das Weihnachtsgeld in Höhe von ___[Betrag]___ Euro brutto mit Wirkung ab dem Jahr 2016 um ___[Betrag]___ Euro brutto herabgesetzt wird. Dieser jährliche Gehaltsverzicht wird von dem Arbeitgeber verwendet, um auf das Leben des Arbeitnehmers bei der ___[Name und Anschrift der Lebensversicherungsgesellschaft]___ mit Wirkung ab dem ___[Datum]___ eine Direktversicherung abzuschließen. Der Umwandlungsbetrag in Höhe von jährlich ___[Betrag]___ Euro brutto wird dabei im vollen Umfang gem. § 3 Nr. 63 EStG steuerfrei an den Versicherer weitergeleitet.]

Der Arbeitnehmer kann vom Arbeitgeber verlangen, dass der Entgeltverzicht gem. Ziffer 1 erhöht, herabgesetzt oder eingestellt wird, erstmals zum ___[Datum]___ . [4]

[optional

Sonderzahlung bei Dauerverzicht:

wie vor

bei Einmalverzicht:

keine Regelung]

3. Der Arbeitnehmer erklärt ausdrücklich, dass die Entgeltumwandlung aus dem Bruttogehalt und nicht aus dem Nettogehalt erfolgen soll. Er will die steuerfreie Finanzierung nach § 3 Nr. 63 EStG nutzen. Auf die sog. Riesterförderung wird ausdrücklich verzichtet. [5]

4. Dem Arbeitnehmer ist bekannt, dass sich durch die Entgeltumwandlung Sozialversicherungsansprüche und andere Leistungen mindern können. Die Minderung kann insoweit eintreten, als durch den Entgeltverzicht das sozialversicherungspflichtige Einkommen reduziert wird. Der Arbeitnehmer nimmt diese Folgen in Kauf. [6]

5. Das in Ziffer 1 genannte ungekürzte Gehalt in Höhe von monatlich ___[Betrag]___ Euro brutto bleibt weiterhin Bemessungsgrundlage für künftige Gehaltserhöhungen. [7]

6. Der Arbeitgeber ist nur verpflichtet, in dem Umfang und so lange Versicherungsbeiträge an die Lebensversicherungsgesellschaft zu zahlen, wie auch tatsächlich gem. Ziffer 1 ein Entgeltverzicht durchgeführt werden kann. In Zeiten, in denen der Arbeitnehmer keinen oder einen geminderten Entgeltanspruch hat, wird der Arbeitgeber die Direktversicherung beitragsfrei stellen und erst wieder die Beitragszahlung fortsetzen, wenn wieder eine Entgeltumwandlung in der gemäß Ziffer 1 vereinbarten Höhe möglich ist. In entgeltlosen Zeiten hat der Arbeitnehmer jedoch gem. § 1a Abs. 4 BetrAVG das Recht, die Versicherung mit eigenen Beiträgen fortzusetzen, die aus seinem Vermögen zu leisten sind. [8]

7. Die Herrn/Frau ___[Name des Arbeitnehmers]___ nach Maßgabe der Versorgungsordnung vom ___[Datum]___ zugesagten Leistungen der betrieblichen Altersversorgung, die ausschließlich durch den Arbeitgeber finanziert werden, bleiben von dieser Vereinbarung unberührt. Es bestehen damit unabhängig voneinander zwei Versorgungsanwartschaften, die rechtlich und wirtschaftlich voneinander getrennt sind. [9]

8. Für die Direktversicherung wird auf das Produktinformationsblatt verwiesen. Dem Arbeitnehmer ist bekannt, dass nur eine Alters- und Hinterbliebenenleistung versichert wird, eine Hinterbliebenenleistung nur für den Ehegatten und die Kinder i.S.v. § 32 Abs. 3 und 4 S. 1 Nr. 1–3 und Abs. 5 EStG. [10]

9. Im Übrigen gelten die Vorschriften des Betriebsrentengesetzes für eine betriebliche Altersversorgung aus Entgeltumwandlung. [11, 12]

[Ort, Datum]

(Unterschriften)

Erläuterungen

1. Eine Entgeltumwandlung ist ein Entgeltverzicht. Dieser kann laufende Bezügebestandteile erfassen, aber auch Sonderzahlungen. Diese Vergütungsbestandteile müssen im Zeitpunkt des Abschlusses der Vereinbarung bereits vereinbart sein. Wird an Stelle einer Gehaltserhöhung eine betriebliche Altersversorgung zugesagt, handelt es sich nicht um eine Entgeltumwandlung (BAG, Urt. v. 08.06.1999 – 3 AZR 136/98, EzA § 1 BetrAVG Lebensversicherung Nr. 8, DB 1999, 2069).

Der vereinbarte Vergütungsanspruch wird herabgesetzt. Insoweit wird ein Erlassvertrag abgeschlossen. Dabei ist darauf zu achten, dass nur auf künftige Bezügebestandteile verzichtet werden kann. Künftig sind solche Bezügebestandteile, die dem Arbeitnehmer noch nicht zugeflossen sind (§ 11 EStG). Dabei stellt die Finanzverwaltung auf die Fälligkeit ab (BMF-Schreiben vom 24.07.2013, BStBl. I 2013, 1022, Rn. 294).

Wird – wie im Beispiel – auf einen Teil der laufenden Vergütung verzichtet, empfiehlt sich der Abschluss einer Entgeltumwandlungsvereinbarung spätestens einen Monat vor dem Beginn der Entgeltumwandlung (Beispiel: Vereinbarung im November 2016 soll für Bezügebestandteile gelten, die ab Dezember 2016 fällig würden). Ggf. muss auch mit einer längeren Vorlaufzeit die Vereinbarung abgeschlossen werden, weil dies ansonsten nicht in den Verwaltungsablauf eingespeist werden könnte. Insoweit ist auf die konkreten Verhältnisse des Einzelfalles abzustellen.

2. Nach § 1 Abs. 2 Nr. 3 BetrAVG ist der Arbeitgeber verpflichtet, eine wertgleiche betriebliche Altersversorgung zu verschaffen. Wann dies der Fall ist, ist noch nicht in allen Facetten geklärt. Jedoch geht das BAG (Urt. v. 15.09.2009 – 3 AZR 17/09, DB 2010, 61, EzA § 1b BetrAVG Entgeltumwandlung Nr. 4) davon aus, dass jedenfalls bei einer Direktversicherung der Arbeitgeber seine Verpflichtung erfüllt, wenn er die vollen Beiträge an den Versicherer weiterleitet.

3. Die steuerliche Behandlung von Beiträgen richtet sich nach § 3 Nr. 63 EStG. Dieser verlangt, dass der Arbeitgeber an ein Versicherungsunternehmen einen Beitrag zahlt, der bis zu 4 % der Jahresbeitragsbemessungsgrenze in der gesetzlichen Rentenversicherung (2016: 2.976 Euro als Jahresbetrag bzw. 248 Euro als Monatsbetrag) beträgt und lohnsteuerfrei (auch sozialversicherungsfrei) bleibt (BMF-Schreiben vom 24.07.2013, BStBl. I 2013, 1022, Rn. 307; maßgeblich ist die Beitragsbemessungsgrenze West). Dabei werden Beträge, die der Arbeitgeber finanziert und die durch Entgeltumwandlung finanziert werden, zusammengerechnet. Eine arbeitgeberfinanzierte Versicherung hat bei der Steuerfreistellung Vorrang vor einer arbeitnehmerfinanzierten Versicherung.

Weitere Voraussetzung ist, dass der Arbeitnehmer in einem ersten Dienstverhältnis zum Arbeitgeber steht. Es darf keine Besteuerung mit der Steuerklasse VI vorliegen (BMF-Schreiben vom 24.07.2013, BStBl. I 2013, 1022, Rn. 302). Zum Lohnsteuerabzugsverfahren vgl. L Rdn. 81.

Wird die 4 %-Grenze überschritten, sind die an das Versicherungsunternehmen gezahlten übersteigenden Beiträge voll steuerpflichtig und mit dem individuellen Steuersatz des Arbeitnehmers zu versteuern und zu verbeitragen. Für Versorgungszusagen, die die 4 %-Grenze überschreiten und die ab dem 01.01.2005 erteilt wurden, gibt es einen zusätzlichen steuerfreien Betrag in Höhe von 1.800 Euro jährlich. Dieser Betrag ist jedoch nicht sozialversicherungsfrei.

Für die steuerliche Behandlung ist ohne Bedeutung, ob die Versicherungsbeiträge monatlich gezahlt werden oder als Jahresbeitrag.

235 Pauschalversteuerte Direktversicherungen, wie sie vor dem 01.01.2005 abgeschlossen werden konnten, gibt es heute nicht mehr. Lediglich der Altbestand kann weitergeführt werden. Weil die Entgeltumwandlungsvereinbarung voraussetzt, dass künftige Entgeltbestandteile umgewandelt werden, bezieht sich dieser Text nur auf neu abzuschließende Vereinbarungen, nicht auf bestehende Vereinbarungen.

236 4. Nach § 1a Abs. 1 S. 5 BetrAVG kann der Arbeitgeber verlangen, dass während eines laufenden Kalenderjahres gleich bleibende monatliche Beträge verwendet werden, wenn regelmäßig wiederkehrende Bezügebestandteile umgewandelt werden. Damit soll der Verwaltungsaufwand für den Arbeitgeber eingeschränkt werden. Die Regelung bedeutet, dass der Arbeitnehmer maximal für ein Jahr an seine Entscheidung zur Entgeltumwandlung gebunden ist, er mit anderen Worten nach Ablauf des Kalenderjahres neu entscheiden kann, ob es bei dem bisherigen Entgeltumwandlungsbetrag bleibt, dieser erhöht oder herabgesetzt oder ganz eingestellt werden soll. Der Arbeitgeber kann auf diese Regelung verzichten wie auf den Mindestumwandlungsbetrag gem. § 1a Abs. 1 S. 4 BetrAVG (Mindestumwandlung in 2016: 217,88 Euro als Jahresbetrag).

237 5. Die sog. »Riesterförderung« ist in § 1a Abs. 3 BetrAVG geregelt. Danach kann der Arbeitnehmer diese verlangen, muss dies aber nicht tun. Eine Riesterförderung kann immer nur aus versteuertem und verbeitragtem Einkommen finanziert werden. Sie hat in der betrieblichen Altersversorgung den Nachteil, dass die später ausgezahlten Versorgungsleistungen sozialversicherungsbeitragspflichtig sind. Derartige Beitragszahlungspflichten entstehen nicht, wenn die Riesterförderung privat durchgeführt wird. Deshalb kommt der Riesterförderung in der betrieblichen Altersversorgung keine große Bedeutung zu.

238 6. Da die Möglichkeit, die Entgeltumwandlung zu nutzen, von jedem Arbeitnehmer ausgeübt werden kann, der in der gesetzlichen Rentenversicherung versicherungspflichtig ist, kann eine Reduzierung des Einkommens zu einer Minderung der gesetzlichen Rente führen, aber auch z.B. Arbeitslosengeldzahlungen einschränken. Auf diese Konsequenzen wird der Mitarbeiter hingewiesen.

239 7. An dieser Stelle wird ein sog. Schattengehalt geregelt. Die Fortführung des Schattengehaltes ist aus Gründen der Gleichbehandlung erforderlich. Es würde gegen den arbeitsrechtlichen Gleichbehandlungsgrundsatz verstoßen, wenn ein Arbeitnehmer mit einem monatlichen Entgelt von 2.000 Euro, der keine Entgeltumwandlung betreibt, im Folgejahr eine Gehaltserhöhung von 2 % = 40 Euro bekommen würde, dagegen der Arbeitnehmer nur 2 % von 1.800 Euro = 36 Euro, der 200 Euro für die betriebliche Altersversorgung aufwendet (zum Schattengehalt vgl. auch BMF-Schreiben vom 24.07.2013, BStBl. I 2013, 1022, Rn. 295).

240 Im Text wird nur das laufende Entgelt angesprochen, nicht etwaige andere Zahlungen des Arbeitgebers. So kann z.B. auch ein Jubiläumsgeld oder die vom Arbeitgeber zugesagte betriebliche Altersversorgung etc. gehaltsabhängig sein. In diesem Fall ist diese Regelung entsprechend zu ergänzen.

241 8. Bei einem ruhenden Arbeitsverhältnis ist eine Entgeltumwandlung nicht möglich. Folglich ist der Arbeitgeber auch nicht verpflichtet, die Direktversicherung fortzufinanzieren. Der Arbeitnehmer hat aber die Möglichkeit, aus seinem Vermögen Beiträge gem. § 1a Abs. 4 BetrAVG zur Fortführung des Versicherungsschutzes aufzuwenden. Dies kann besonders wichtig sein, wenn eine Berufsunfähigkeitszusatzversicherung abgeschlossen wurde. Bei einer bloßen Beitragsfreistellung könnte dieser Versicherungsschutz verloren gehen.

242 Die Regelung ist nicht gedacht für den Fall, dass der Arbeitnehmer von einer Vollzeitbeschäftigung in eine Teilzeitbeschäftigung überwechselt. In diesem Fall sollte eine ergänzende Vereinbarung abgeschlossen werden. Mit der Verminderung der Vergütung sind solche Fälle gemeint, in denen z.B. für einen Monat kein voller Gehaltsanspruch besteht, sondern nur ein reduzierter Anspruch, weil z.B. das Krankengeld einsetzt.

9. Es wird unterstellt, dass auch eine arbeitgeberfinanzierte betriebliche Altersversorgung vorliegt. In diesem Fall sollen beide Versorgungszusagen nebeneinander bestehen und unabhängig voneinander ihre rechtlichen Wirkungen entfalten. Da zwischenzeitlich der Gesetzgeber für die betriebliche Altersversorgung aus Entgeltumwandlung eigenständige Unverfallbarkeitsregeln geschaffen hat, dürfte in diesem Zusammenhang der Entscheidung des BAG vom 28.04.1992 (– 3 AZR 354/91, BetrAV 1992, 229) keine Bedeutung (mehr) zukommen. 243

10. Zeitlich muss die Entgeltumwandlung vor dem Versicherungsabschluss liegen, weil künftige Entgeltbestandteile umgewandelt werden müssen. Dies bedeutet, dass vom zeitlichen Ablauf her erst die Entgeltumwandlungsvereinbarung vorliegen muss, die für einen späteren Zeitpunkt den Beginn der Entgeltumwandlung regelt. Auf diesen Zeitpunkt muss die Direktversicherung abgeschlossen werden, da § 1b Abs. 5 BetrAVG verlangt, dass mit der Entgeltumwandlung dem Arbeitnehmer auch ein unwiderrufliches Bezugsrecht an den Direktversicherungsleistungen zustehen muss. Damit dieser zeitliche Ablauf eingehalten werden kann, sollte bereits vor Abschluss der Entgeltumwandlungsvereinbarung mit dem Versicherer der Versicherungsumfang geklärt sein. Da zum Zeitpunkt des Abschlusses der Entgeltumwandlungsvereinbarung folglich nur ein Produktinformationsblatt (zum Produktinformationsblatt vgl. *Reinecke* RdA 2009, 13) vorliegen kann, wird auf dieses verwiesen. Eine Kopie des Versicherungsscheins, aus dem sich auch die konkrete Versicherungsnummer ergibt, sowie die entsprechenden Versicherungsbedingungen und sonstige Informationen müssen dem Arbeitnehmer später nachgereicht werden und im Rahmen der Versorgungszusage formuliert werden. Es wird folglich zweistufig vorgegangen: Erst wird die Entgeltumwandlung vereinbart, dann die Direktversicherung abgeschlossen und damit die Versorgungszusage erteilt. In der Praxis könnte man auch beide Vorgänge in einer Vereinbarung zusammenfassen, insbesondere wenn ein Gruppenlebensversicherungsvertrag schon besteht und der Verwaltungsablauf eingespielt ist. 244

11. Für die betriebliche Altersversorgung aus Entgeltumwandlung hat der Gesetzgeber eigenständige Unverfallbarkeitsregelungen, einen eigenständigen Insolvenzschutz und eigenständige Anpassungsregeln geschaffen. 245

Die Unverfallbarkeit dem Grunde nach richtet sich nach § 1b Abs. 5 BetrAVG. Danach besteht eine sofortige gesetzliche Unverfallbarkeit. Diese ist unabhängig von dem Zusagebestand und von dem Alter des Arbeitnehmers bei einem vorzeitigen Ausscheiden. 246

Für die Unverfallbarkeit der Höhe nach gilt grundsätzlich § 2 Abs. 5a BetrAVG. Da für Direktversicherungen keine besonderen Regelungen in dieser Vorschrift enthalten sind, ist die versicherungsförmige Lösung bei einem vorzeitigen Ausscheiden anzuwenden. Aufgrund der Vorgaben in § 1b Abs. 5 BetrAVG sind alle Auflagen erfüllt, die § 2 Abs. 2 S. 2 ff. BetrAVG vorgibt (zur versicherungsförmigen Lösung vgl. auch L Rdn. 175). 247

Bei einer Direktversicherung mit einem unwiderruflichen Bezugsrecht ist kein gesetzlicher Insolvenzschutz durch den PSVaG gegeben, da im Fall der Insolvenz des Arbeitgebers der Arbeitnehmer ausreichend versicherungsrechtlich geschützt ist. Ansonsten gilt für die betriebliche Altersversorgung aus Entgeltumwandlung § 7 Abs. 5 S. 3 BetrAVG. 248

Für die Anpassung laufender Leistungen verweist § 16 Abs. 5 BetrAVG auf die Garantieanpassung gem. § 16 Abs. 3 Nr. 1 BetrAVG oder auf die Anpassung durch Überschussbeteiligung gem. § 16 Abs. 3 Nr. 2 BetrAVG. Bei einer Direktversicherung hat folglich der Arbeitnehmer das Recht auf eine Anpassung aus Überschussbeteiligung. 249

12. Es wird seit geraumer Zeit diskutiert, ob Arbeitnehmer, die neu eingestellt werden, über ein sog. opting-out Modell automatisch in eine betriebliche Altersversorgung aus Entgeltumwandlung einbezogen werden sollen. Es wird dabei bereits bei Abschluss des Arbeitsvertrages vereinbart, dass nach Ablauf einer angemessenen Frist für den Arbeitnehmer z.B. eine Direktversicherung abgeschlossen wird und das vereinbarte Gehalt entsprechend gekürzt wird. Wenn der

L. Betriebliche Altersversorgung

Arbeitnehmer dies nicht will oder nicht mehr will, kann er jederzeit seinen Ausstieg erklären. Solche opting-out Lösungen müssen auf die Verhältnisse im Einzelfall abgestellt werden.

II. Ausscheiden aus dem Arbeitsverhältnis

1. Unverfallbarkeitsmitteilung

Vorbemerkung

250   Nach § 4a BetrAVG hat jeder Arbeitnehmer das Recht, bei einem Ausscheiden mit einer gesetzlich unverfallbaren Anwartschaft Auskünfte über die Höhe der Altersanwartschaft zu verlangen.

▶ **Muster – Unverfallbarkeitsmitteilung**

251   [Auf Briefkopf des Arbeitgebers] (nachfolgend [X])

Herrn/Frau
[Name des Anwärters] (nachfolgend [Y])
[Adresse von [Y]]

Auskunft über Ihre unverfallbare Anwartschaft auf betriebliche Altersversorgung der [X]

Sehr geehrte/r Frau/Herr _____ [Y] _____,

entsprechend unserer Versorgungsordnung vom [Datum der Versorgungsordnung] [1] haben wir nach Ihrem Ausscheiden am [Datum des Ausscheidens von [Y]] die Anwartschaft auf eine Altersleistung [2] ermittelt.

Aus dem beigefügten Datenblatt [3] können Sie die Berechnungsgrundlagen und die Höhe der ermittelten Altersleistung entnehmen. Bitte prüfen Sie die Richtigkeit der verwendeten Daten und reklamieren Sie diese unverzüglich, falls etwas nicht richtig sein sollte. [4] Wir werden dies dann prüfen.

Die unverfallbare Altersleistung ist auf das 67. Lebensjahr gerechnet. [5] Dabei wurde gem. § 2 Abs. 1 BetrAVG das Quotierungsverfahren angewandt, indem die tatsächliche Betriebszugehörigkeitsdauer ins Verhältnis zur möglichen Betriebszugehörigkeitsdauer (Vollendung des 67. Lebensjahres) gesetzt wurde. [6]

Sollten Sie vor diesem Stichtag eine vorzeitige Leistung in Anspruch nehmen, wird diese nach der Versorgungsordnung neu berechnet und anschließend quotiert. [7] Der genannte Betrag ist folglich die höchstmögliche Leistung. Alle vorzeitigen Leistungen sind geringer und werden bei Eintritt des Versorgungsfalles neu berechnet.

Mit freundlichen Grüßen

[Ort, Datum]

(Unterschriften)

Erläuterungen

Schrifttum

Ahrend/Förster/Rößler Steuerrecht der betrieblichen Altersversorgung; *Andresen/Förster/Rößler/Rühmann* Arbeitsrecht der betrieblichen Altersversorgung, seit der 14. Aufl.: *Schlewing/Henssler/Schipp/Schnitker* Arbeitsrecht der betrieblichen Altersversorgung und Zeitwertkonten; *Blomeyer/Rolfs/Otto* Betriebsrentengesetz; *Förster/Cisch/Karst* Betriebsrentengesetz; *Höfer/Reinhard/Reich* Gesetz zur Verbesserung der betrieblichen Altersversorgung; *Kemper/Kisters-Kölkes/Berenz/Huber* BetrAVG; *Langohr-Plato* Betriebliche Altersversorgung; *aba* (Hrsg.) Handbuch der betrieblichen Altersversorgung H-BetrAV.

1. Es ist die Bezeichnung zu wählen, die das Versorgungsversprechen hat: Leistungsplan, Leistungsrichtlinien, Ruhegeldordnung, Versorgungszusage usw.

2. I.d.R. kann nur die Altersleistung bestimmt werden. Vorzeitige Leistungen, insbesondere bei dienstzeitabhängigen Versorgungszusagen, können deshalb nicht berechnet werden, weil nicht vorhersehbar ist, wann der Leistungsfall eintritt.

3. Es muss nicht zwingend ein Datenblatt beigefügt werden. Möglich ist es auch, alle maßgeblichen Daten und Berechnungen in das Schreiben zu integrieren.

4. Mit der Auskunft gem. § 4a BetrAVG, die nur auf Verlangen zu erteilen ist, soll dem Arbeitnehmer die Möglichkeit eingeräumt werden zu prüfen, ob z.B. das Gehalt richtig ermittelt wurde, seine Dienstzeit zutreffend angesetzt wurde (z.B. Berücksichtigung von Wehrdienstzeiten) oder das richtige Geburtsdatum verwendet wurde. Zwar handelt es sich bei der Auskunft um eine reine Wissens- und nicht um eine Willenserklärung (BAG, Urt. v. 08.11.1983 – 3 AZR 511/81, DB 1984, 75, EzA § 2 BetrAVG Nr. 4; Urt. v. 17.06.2003 – 3 AZR 426/02, DB 2004, 608, EzA § 2 BetrAVG Nr. 20; Urt. v. 23.08.2011 – 3 AZR 669/09, FA 2012, 56, DB 2012, 527), d.h. die Auskunft kann später korrigiert werden. Dennoch ist eine zeitnahe Prüfung angebracht, weil noch Fragen geklärt werden können, z.B. zu Gehaltsabrechnungen. Viele Jahre später könnte dies schwieriger sein.

Erteilt der Arbeitgeber eine unzutreffende Auskunft, kann er sich schadensersatzpflichtig machen, wenn eine zu hohe Anwartschaft mitgeteilt wurde und der Arbeitnehmer im Vertrauen darauf keine oder eine zu geringe Vorsorge betrieben hat. Hierzu z.B. LAG Frankfurt, Urt. v. 22.08.2001 – 8 Sa 146/90, BB 2002, 416, FA 2002, 186.

5. Es ist auf die feste Altersgrenze abzustellen, die in der Versorgungsordnung vorgesehen ist. Die Altersgrenze kann zwischen dem 62. und 67. Lebensjahr liegen. Stellt die Versorgungszusage auf eine Altersgrenze von 67 Jahren ab, wird die mögliche Betriebszugehörigkeitsdauer bis zu ihr ermittelt. Ist eine Altersgrenze von 65 Jahren vorgesehen und stammt die Versorgungsregelung, die für eine Vielzahl von Arbeitnehmern geschaffen wurde, aus der Zeit vor dem 01.01.2008, ist nach der Rechtsprechung des BAG (Urt. v. 15.05.2012 – 3 AZR 11/10, DB 2012, 1756) auf die Regelaltersgrenze gem. § 235 SGB VI abzustellen. Hierzu Anm. 11 zu Muster L.I.1. (L Rdn. 32 ff.).

6. Das Quotierungsverfahren ist auf Leistungszusagen anzuwenden. Dies gilt für alle Durchführungswege, wobei bei Direktversicherungen und Pensionskassen üblicherweise von der versicherungsförmigen Lösung Gebrauch gemacht wird (§ 2 Abs. 2 Satz 2 ff. und Abs. 3 BetrAVG). Auch bei Pensionsfondszusagen wird diese Berechnung wohl kaum angewandt werden. Zur Mitteilung bei einer beitragsorientierten Leistungszusage vgl. Muster L.II.3. (L Rdn. 272).

Beim Quotierungsverfahren werden zwei Rechenschritte in § 2 Abs. 1 BetrAVG vorgegeben: Im ersten Schritt ist die Versorgungsleistung nach Maßgabe des Versorgungsversprechens zu ermitteln. In einem zweiten Schritt ist diese Leistung zu quotieren. Es gilt die Formel

$$V = m/n$$

V = Versorgungsleistung
m = tatsächliche Betriebszugehörigkeitszeit
n = mögliche Betriebszugehörigkeitszeit

Bei der Betriebszugehörigkeit ist zwingend zu prüfen, ob gesetzliche Zeiten anzurechnen sind. Dies muss dann bei »m« und bei »n« erfolgen.

7. Ist nicht nur eine Altersleistung zugesagt, sondern auch eine Invaliditäts- oder Hinterbliebenenleistung, kann ein vorzeitiger Versorgungsfall eintreten. Gleiches gilt für die vorzeitige Altersleistung, die nach § 6 BetrAVG in Anspruch genommen werden kann. In diesen Fällen ist eine Neuberechnung der Leistung vorzunehmen. Bei der Unverfallbarkeitsquote tritt keine Änderung ein, weil die mögliche Betriebszugehörigkeitsdauer auf die feste Altersgrenze und nicht auf den

Eintritt des Versorgungsfalles zu berechnen ist (BAG, Urt. v. 15.02.2005 – 3 AZR 298/04, EzBAT § 46 BAT Nr. 58, FA 2005, 119).

262 Die tatsächliche und die mögliche Betriebszugehörigkeitsdauer ist nach Tagen oder Monaten zu berechnen, nicht nach Jahren (BAG, Urt. v. 04.10.1994 – 3 AZR 215/94, EzA § 2 BetrAVG Nr. 14, BB 1995, 881).

2. Unverfallbarkeitsmitteilung mit Besitzstandsregelung

▶ Muster – Unverfallbarkeitsmitteilung mit Besitzstandsregelung

263 [Auf Briefkopf des Arbeitgebers] (nachfolgend [X])

Herrn/Frau

[Name des Anwärters] (nachfolgend [Y])

[Adresse von [Y]]

Auskunft über Ihre unverfallbare Anwartschaft auf betriebliche Altersversorgung der _____[X]_____ [1]

Sehr geehrte/r Frau/Herr _____[Y]_____,

entsprechend unserer Versorgungsordnung vom [Datum der Versorgungsordnung] haben wir die Anwartschaft auf eine Altersleistung ermittelt.

Da zum [Änderungsdatum der Versorgungsordnung] unsere betriebliche Altersversorgung geändert wurde, [2] ist bei der Festlegung Ihrer unverfallbaren Ansprüche sowohl der erworbene Besitzstand als auch der Anspruch nach dem Betriebsrentengesetz gemäß der neuen Versorgungsordnung zu ermitteln. [3]

Aus dem beigefügten Datenblatt können Sie die Berechnungsgrundlagen und die Höhe der ermittelten Altersleistung entnehmen. Bitte prüfen Sie die Richtigkeit der verwendeten Daten und reklamieren Sie diese unverzüglich, falls etwas nicht richtig sein sollte. Wir werden dies dann prüfen.

Die Berechnung nach der alten Versorgungsordnung ist der Leistungsteil 1, der in den Leistungsteil 2 als Sockelbetrag integriert wurde. Der Leistungsteil 2 wurde nach der neuen Versorgungsordnung ermittelt und beide Teile gem. § 2 Abs. 1 BetrAVG im Verhältnis der tatsächlichen Betriebszugehörigkeitsdauer zu der möglichen Betriebszugehörigkeitsdauer gekürzt. [4]

Die unverfallbare Altersleistung ist auf das 67. Lebensjahr gerechnet. Sollten Sie vor diesem Stichtag eine vorzeitige Leistung in Anspruch nehmen, wird diese nach der Versorgungsordnung neu berechnet und anschließend quotiert. Der genannte Betrag ist folglich die höchstmögliche Leistung. Alle vorzeitigen Leistungen sind geringer und werden bei Eintritt des Versorgungsfalles neu berechnet.

Mit freundlichen Grüßen

[Ort, Datum]

_____

(Unterschriften)

Erläuterungen

264 1. Zunächst ist auf die Ausführungen unter L Rdn. 250 ff. zu verweisen. Es wird nur auf die Besonderheiten eingegangen, die sich aus der Änderung und Besitzstandswahrung ergeben.

265 2. Betriebliche Versorgungszusagen können durch Änderungsvertrag oder Betriebsvereinbarung (ausnahmsweise Tarifvertrag) geändert werden.

Wurde im Einvernehmen zwischen Arbeitgeber und Arbeitnehmer eine Änderung vereinbart, ist diese in aller Regel wirksam, auch wenn Eingriffe in den Besitzstand vorgenommen wurden (BAG, Urt. v. 21.01.2003 – 3 AZR 30/02, EzA § 3 BetrAVG Nr. 9, DB 2003, 782). Auf Anfechtungsmöglichkeiten oder sittenwidrige Vereinbarungen wird nicht eingegangen. Beruht die Zusage auf einer Betriebsvereinbarung, ist § 77 Abs. 4 BetrVG zu beachten (BAG, Urt. v. 03.06.1997 – 3 AZR 25/96, EzA § 77 BetrVG 1972 Nr. 59, DB 1998, 267). 266

Erfolgte die Änderung mittels einer Betriebsvereinbarung, ist eine zweistufige Prüfung erforderlich: 1. Stufe: Wurde eine Betriebsvereinbarung durch eine Betriebsvereinbarung abgelöst? Wenn ja, gilt das Ablösungsprinzip, wonach die jüngere Betriebsvereinbarung die ältere ersetzt. In der zweiten Stufe wird dann geprüft, ob dem Grundsatz des Vertrauensschutzes und dem Grundsatz der Verhältnismäßigkeit ausreichend Rechnung getragen wurde. Bei dieser Rechtskontrolle ist nach der ständigen Rechtsprechung des BAG ein dreistufiger Besitzstand zu berücksichtigen. Wurde in den bis zum Änderungsstichtag erdienten Teil der Versorgungsanwartschaft eingegriffen, müssen zwingende Gründe vorliegen. Wurde eine dynamische Zusage abgeändert, ist in der 2. Besitzstandsstufe zu prüfen, ob Eingriffe in die Dynamik vorgenommen wurden. Hierfür müssen triftige Gründe vorliegen. Für die 3. Stufe, den nach dem Änderungsstichtag erst zu erdienenden Teil der Versorgungsanwartschaft, genügen sachlich-proportionale Gründe (hierzu im Einzelnen AR/*Kisters-Kölkes* § 1b BetrAVG Rn. 76 ff.). Nur durch einen Vergleich der Versorgungszusage alt mit der Versorgungszusage neu kann geprüft werden, ob und in welchem Umfang Eingriffe in den Besitzstand vorgenommen wurden. Liegen Eingriffe vor, ist die sachliche Berechtigung zu prüfen. Lagen keine Gründe für den Eingriff vor, ist die neue Betriebsvereinbarung unwirksam und damit die unverfallbare Anwartschaft ausschließlich nach der alten Betriebsvereinbarung zu ermitteln. Dies ist ggf. gerichtlich zu klären. Wie die Entscheidung des BAG vom 20.11.1990 (– 3 AZR 573/89, EzA § 77 BetrVG 1972 Nr. 38, DB 1991, 915) zeigt, kann auch noch Jahre bzw. Jahrzehnte nach dem Ausscheiden mit unverfallbarer Anwartschaft eine solche gerichtliche Klärung herbeigeführt werden. Dies gilt auch für den Fall, dass eine ursprünglich zugesagte Rente mittels Betriebsvereinbarung in eine Kapitalleistung überführt wurde. In diesem Fall muss die Umstellung durch besondere Gründe gerechtfertigt werden. Eine Überprüfung anhand des dreistufigen Besitzstandes scheidet aus (BAG, Urt. v. 15.05.2012 – 3 AZR 11/10, EzA § 2 BetrAVG Nr. 33, DB 2012, 1756). 267

Eine Änderung mittels Betriebsvereinbarung kann auch erfolgt sein, wenn ursprüngliche Rechtsgrundlage eine vertragliche Einheitsregelung oder eine Gesamtzusage war. Hierzu vertritt das BAG in jüngerer Zeit die Auffassung, dass diese Rechtsbegründungsakte i.d.R. betriebsvereinbarungsoffen ausgestaltet sind (BAG, 23.02.2016 – 3 AZR 960/13, BetrAV 2016, 251, NZA 2016, 642). Es ist dann lediglich der dreistufige Besitzstand zu prüfen. 268

3. Liegt eine wirksame Änderung vor, kann es einen Leistungsteil 1 aus der alten Besitzstandsregelung geben und einen Leistungsteil 2 aus der neuen Versorgungszusage. Der Besitzstand kann allerdings auch in das neue Versorgungsversprechen integriert worden sein. 269

4. Im Muster wurde der Leistungsteil 1 in den Leistungsteil 2 integriert, ohne dass eine Kürzung in analoger Anwendung von § 2 BetrAVG erfolgte. Deshalb ist es möglich, den sich so ergebenden Betrag über die gesamte Betriebszugehörigkeitsdauer zu quotieren. Nach der Quotierung hat eine Vergleichsberechnung stattzufinden. Ist die sich so ergebende quotierte Altersleistung höher als der Besitzstand gem. alter Versorgungsregelung? Wenn ja, ist zu prüfen, ob und in welche Besitzstandsstufe eingriffen wurde und ob dies gerechtfertigt war. Wird der ursprüngliche Besitzstand unterschritten, ist mit ziemlicher Sicherheit der Eingriff unwirksam und die Ablösung misslungen. 270

Nach der ständigen Rechtsprechung des BAG ist unabhängig davon, wie die Besitzstandsregelung gestaltet wurde, immer zu prüfen, ob bei der Anwendung des Quotierungsverfahrens in den erdienten Besitzstand eingegriffen wurde (BAG, Urt. v. 15.07.2008 – 3 AZR 669/06, FA 2009, 271

216; Urt. v. 16.12.2003 – 3 AZR 39/03, EzA § 1 BetrAVG Ablösung Nr. 41, DB 2004, 1051; Urt. v. 18.03.2003 – 3 AZR 221/02, EzA § 2 BetrAVG Nr. 19, DB 2003, 2625).

3. Unverfallbarkeitsmitteilung bei einer beitragsorientierten Leistungszusage

▶ Muster – Unverfallbarkeitsmitteilung bei einer beitragsorientierten Leistungszusage

272 [Auf Briefkopf des Arbeitgebers] (nachfolgend [X])

Herrn/Frau

[Name des Anwärters] (nachfolgend [Y])

[Adresse von [Y]]

Auskunft über Ihre unverfallbare Anwartschaft auf betriebliche Altersversorgung der [X]

Sehr geehrte/r Frau/Herr [Y],

Ihre Anwartschaft auf Leistungen der betrieblichen Altersversorgung gem. § [Paragraf] (z.B. Betriebsvereinbarung vom [Datum]) ist anlässlich Ihres Ausscheidens am [Datum] gem. § 1b Abs. 1 BetrAVG kraft Gesetzes unverfallbar geworden. [1]

In der Zeit von der Zusageerteilung am [01.01.2011] bis zu Ihrem Ausscheiden am [31.07.2016] wurden Ihnen folgende Alters-Kapitalbausteine zugeteilt:

2011: [2.000,00 Euro]

2012: [1.800,00 Euro]

2013: [1.600,00 Euro]

2014: [1.400,00 Euro]

2015: [1.200,00 Euro]

insgesamt: [8.000,00 Euro]

Für das Jahr 2016 ist noch keine Zuteilung erfolgt, weil Zuteilungsstichtag der [01.12.2016] ist. Nach Maßgabe Ihrer Bezüge zum Ausscheidezeitpunkt wird sich der Zuteilungsbetrag für [2016] auf

[500,00 Euro]

belaufen, so dass sich eine Altersanwartschaft in Höhe von insgesamt

[8.500,00 Euro]

ergibt. [2] Diese Anwartschaft auf eine Kapitalleistung im Alter 67 wurde gem. § 2 Abs. 5a BetrAVG [3] ermittelt.

Sollten Sie vor Vollendung des 67. Lebensjahres eine vorzeitige Leistung in Anspruch nehmen, wird diese neu berechnet, indem der Zugangsfaktor angewandt wird. Dies führt zu einer Kürzung der Leistung. Wegen der Hinterbliebenenleistungen verweisen wir auf die Berechnungsregeln gem.

Bitte vergleichen Sie die vorgenannten Jahresbausteine mit den Mitteilungen über die Leistungshöhe, die wir Ihnen jährlich ausgehändigt haben. Sollten sich Abweichungen ergeben, reklamieren Sie dies bitte unverzüglich. [4]

Mit freundlichen Grüßen

[Ort, Datum]

(Unterschriften)

Erläuterungen

1. Vgl. zur beitragsorientierten Leistungszusage L Rdn. 2 ff.

Die gesetzliche Unverfallbarkeit dem Grunde nach ergibt sich aus § 1b BetrAVG, der Höhe nach aus § 2 BetrAVG.

2. Das Alterskapital ist bei Ausscheiden zu ermitteln, kann aber nur in Aussicht gestellt werden, weil es stichtagsbezogen erst künftig zugeteilt wird.

3. Die Zusage wurde in 2011 erteilt. Folglich richtet sich bei der verwendeten beitragsorientierten Leistungszusage die Höhe der unverfallbaren Anwartschaft ausschließlich nach § 2 Abs. 5a BetrAVG. Bei Direktversicherungs- oder Pensionskassenzusagen kann gem. § 2 Abs. 2 oder Abs. 3 BetrAVG die versicherungsförmige Lösung angewendet werden. Zur Anhebung der Altersgrenze vgl. L Rdn. 257. Ob diese Rechtsprechung auch für beitragsorientierte Leistungszusagen gilt, ist offen, aber nicht auszuschließen. Es wird deshalb im Beispiel auf das Alter 67 abgestellt.

4. In dem maßgeblichen Versorgungsversprechen kann eine regelmäßige Mitteilungspflicht enthalten sein (hierzu Anm. 24, L Rdn. 69). Ist dies der Fall, können Unstimmigkeiten relativ einfach und zeitnah nach dem Ausscheiden geklärt werden.

4. Unverfallbarkeitsmitteilung bei einer Direktversicherung mit versicherungsförmiger Lösung

Vorbemerkung

Die versicherungsförmige Lösung ist nur vorgesehen bei Direktversicherungen und Pensionskassen. Im Falle des Ausscheidens mit unverfallbarer Anwartschaft gibt es in diesen beiden Durchführungswegen zwei Berechnungsalternativen zur Höhe der Anwartschaft: das Quotierungsverfahren und die versicherungsförmige Lösung. Zum Quotierungsverfahren vgl. Anm. 6, L Rdn. 258 ff.).

▶ **Muster – Unverfallbarkeitsmitteilung bei einer Direktversicherung mit versicherungsförmiger Lösung**

[Auf Briefkopf des Arbeitgebers] (nachfolgend [X])

Herrn/Frau

[Name des Anwärters] (nachfolgend [Y])

[Adresse von [Y]]

Mitteilung zur Wahl der versicherungsförmigen Lösung

Sehr geehrte/r Frau/Herr _____[Y]_____,

nach Maßgabe von § 2 Abs. 2 S. 2 ff. BetrAVG [1] und des mit der [Name der Versicherungsgesellschaft] (nachfolgend [Z]) bestehenden Gruppenversicherungsvertrages [2] haben wir uns bereits bei Abschluss Ihrer Direktversicherung entschlossen, bei einem vorzeitigen Ausscheiden mit einer gesetzlich unverfallbaren Anwartschaft von der versicherungsförmigen Lösung Gebrauch zu machen. [3] Hiermit üben wir fristgemäß unser Verlangen aus und teilen Ihnen dies mit. [4] Mit gleicher Post wurde eine entsprechende Erklärung auch gegenüber dem Versicherer abgegeben.

Die ____[Z]____ wird sich mit Ihnen in Verbindung setzen, insbesondere um zu klären, ob Sie von dem Ihnen eingeräumten Recht Gebrauch machen wollen, die Versicherung mit eigenen Beiträgen fortzusetzen. [5]

L. Betriebliche Altersversorgung

Die Wahl der versicherungsförmigen Lösung bedeutet, dass Sie alle Leistungen aus dem Versicherungsvertrag erhalten. [6]

Nur vorsorglich weisen wir Sie darauf hin, dass Sie über den Versicherungsvertrag nicht frei verfügen können. Eine Kündigung, Beleihung oder Abtretung ist ausgeschlossen. [7] Sollte der Wert der aufrechtzuerhaltenden Anwartschaft gem. § 3 BetrAVG abfindbar sein, haben wir den Versicherer bevollmächtigt, eine Abfindung vornehmen zu können. [8] Eine Abfindungspflicht ist damit nicht verbunden. [9]

Mit freundlichen Grüßen

[Ort, Datum]

(Unterschriften)

Erläuterungen

279 1. Bei einer Pensionskassenzusage wäre auf § 2 Abs. 3 S. 2 ff. BetrAVG zu verweisen.

280 2. Es ist üblich, Gruppenversicherungsverträge (Kollektivlebensversicherungsverträge) abzuschließen, wenn eine Mehrzahl von Arbeitnehmern erfasst werden soll. Derartige Verträge räumen dem Arbeitgeber als Versicherungsnehmer günstigere Konditionen ein und sehen häufig vor, dass keine Gesundheitsprüfung erforderlich ist. Scheidet der Arbeitnehmer mit unverfallbarer Anwartschaft aus, kann er nicht mehr über den Gruppenversicherungsvertrag versichert bleiben, weil dies die BaFin untersagt hat. Die Direktversicherung wird in eine Einzelversicherung umgewandelt. Diese verursacht in der Verwaltung höhere Kosten. Das BAG (Urt. v. 15.09.2009 – 3 AZR 17/09, EzA § 1b BetrAVG Entgeltumwandlung Nr. 1, DB 2010, 61) verlangt, das keine überhöhten Kosten in Rechnung gestellt werden dürfen.

281 3. Zunächst kann das Quotierungsverfahren angewandt werden. Dieses kann dazu führen, dass die quotierte Leistung höher ist als die versicherte Leistung aus der beitragsfreien Versicherung. In diesem Fall hat der Arbeitnehmer gegenüber dem ehemaligen Arbeitgeber einen Auffüllanspruch (BAG, Urt. v. 18.02.2014 – 3 AZR 542/13, BB 2014,1203). Um diese fortwährende Haftung zu vermeiden, kann der Arbeitgeber den ausgeschiedenen Arbeitnehmer auf den Versicherungswert verweisen. Er kann die versicherungsförmige Lösung wählen. Das Wahlrecht hat ausschließlich der Arbeitgeber. Er kann dieses auch zum Nachteil des Arbeitnehmers ausüben (BAG, Urt. v. 12.03.2013 – 3 AZR 99/11, AP Nr. 67 zu § 2 BetrAVG).

282 Diese Wahl setzt voraus, dass innerhalb von 3 Monaten seit dem Ausscheiden jede Verfügung des Arbeitgebers rückgängig gemacht wird (Aufhebung einer Abtretung oder Beleihung, Ausgleich von Beitragsrückständen) und nicht nur arbeitsrechtlich, sondern auch versicherungsrechtlich ein unwiderrufliches Bezugsrecht besteht. Weitere zwingende Voraussetzung ist, dass vom Versicherungsbeginn an alle Überschussanteile nur zur Verbesserung der Versicherungsleistung verwendet wurden. Dritte Voraussetzung ist, dass dem Arbeitnehmer nach dem Versicherungsvertrag das Recht zusteht, die Versicherung mit eigenen Beiträgen fortzusetzen. Diese Erklärung ist innerhalb von 3 Monaten nach dem Ausscheiden des Mitarbeiters gegenüber diesem und dem Versicherer abzugeben.

283 Eine vollständige Enthaftung des ehemaligen Arbeitgebers ist mit der Wahl der versicherungsförmigen Lösung nicht verbunden. Soweit Verpflichtungen aus dem arbeitsrechtlichen Grundverhältnis nicht durch den Versicherungsvertrag abgedeckt sind, z.B. Verletzungen des Gleichbehandlungsgrundsatzes, richten sich diese nach wie vor gegen den ehemaligen Arbeitgeber.

284 Häufig ist mit der versicherungsförmigen Lösung verbunden, dass der Versicherer die Versicherungsnehmereigenschaft auf den Arbeitnehmer überträgt. Dies ist unproblematisch, weil der Gesetzgeber anordnet, dass bei Kündigung der Versicherung durch den Arbeitnehmer der Versicherungsvertrag lediglich beitragsfrei gestellt wird. Ein Rückkauf ist ausgeschlossen. Der Arbeitnehmer

kann folglich nicht vorzeitig über die Versicherungsleistung verfügen, auch nicht durch Abtretung oder Beleihung.

In anderen Durchführungswegen gibt es keine versicherungsförmige Lösung. Überträgt eine rückgedeckte Unterstützungskasse die Rückdeckungsversicherung auf den Arbeitnehmer, ist dies nicht die – auch nicht die analoge – Anwendung der versicherungsförmigen Lösung. Die Abtretung der Rückdeckungsversicherung an den Arbeitnehmer ist eine Abfindung, die nur in den Grenzen des § 3 BetrAVG zulässig ist. Gleiches würde gelten, wenn bei einer unmittelbaren Versorgungszusage die bestehende Rückdeckungsversicherung an den Arbeitnehmer abgetreten wird. Die Abtretung ist dem Versicherer anzuzeigen (BAG, Urt. v. 17.01.2012 – 3 AZR 10/10, BB 2012, 1099, BetrAV 2012, 368). 285

4. Innerhalb der Dreimonatsfrist, siehe Anm. 3 (L Rdn. 282). 286

5. Vgl. hierzu auch BMF-Schreiben vom 24.07.2013, BStBl. I 2013, 1022, Rn. 349 ff. für den Erhalt der Pauschalversteuerung gem. § 40b EStG a.F. bei Direktversicherungen, die vor dem 01.01.2005 abgeschlossen wurden. 287

6. Bei der versicherungsförmigen Lösung müssen ab Versicherungsbeginn alle Überschüsse dem Arbeitnehmer zustehen. Dies bedeutet, dass er die garantierte Leistung und die Leistung aus Überschüssen erhält. 288

7. Vgl. § 2 Abs. 2 S. 4 ff. BetrAVG. 289

8. Die Abfindungsmöglichkeiten nach § 3 BetrAVG sind eingeschränkt (hierzu AR/*Kisters-Kölkes* § 3 BetrAVG Rn. 12 ff.). Da nur der Arbeitgeber in den vom Gesetzgeber vorgegebenen Grenzen ein Abfindungsrecht hat, muss er den Versicherer bevollmächtigen. Insoweit reicht allein der Verweis in § 2 Abs. 2 S. 7 BetrAVG nicht aus. 290

9. Der Arbeitnehmer hat unter keinem rechtlichen Gesichtspunkt das Recht, eine Abfindung zu verlangen (Ausnahme § 3 Abs. 3 BetrAVG). 291

5. Abfindungsschreiben an unverfallbar ausgeschiedene Arbeitnehmer

Vorbemerkung

Abfindungen bei Anwärtern sind nur in den Grenzen von § 3 BetrAVG möglich, d.h. nur bei einer Altersrentenanwartschaft bis zu einem Rentenbetrag von 29,05 Euro brutto (2016; 1 % der Bezugsgröße gem. § 18 SGB IV West, die sich i.d.R. von Jahr zu Jahr etwas erhöht). Unklar ist, ob in den neuen Bundesländern auf die SGB-Ost-Grenze (25,20 Euro) abzustellen ist. Dies ist in der Literatur umstritten und gerichtlich nicht geklärt. Übersteigt die Altersrentenanwartschaft den Grenzbetrag, sind Abfindungen nicht zulässig, auch nicht im Einvernehmen mit dem ehemaligen Arbeitnehmer. Sind mehrere Zusagen erteilt, sind sie bei der Ermittlung des Grenzbetrages zusammenzurechnen. Bei Überschreiten des Grenzbetrages liegt ein Verstoß gegen ein gesetzliches Verbot vor. Die Abfindung ist nichtig. Der ehemalige Arbeitgeber wird nicht von seiner Leistungspflicht frei und muss bei Eintritt des Versorgungsfalles die zugesagte Leistung erbringen. Ob nach den Grundsätzen der ungerechtfertigten Bereicherung eine Rückzahlung des Abfindungsbetrages gefordert werden könnte, ist einzelfallabhängig. 292

Für Abfindungen in den externen Durchführungswegen sind deren Besonderheiten zu berücksichtigen.

L. Betriebliche Altersversorgung

▶ **Muster – Abfindungsschreiben an unverfallbar ausgeschiedene Arbeitnehmer**

293 [Briefkopf des ehemaligen Arbeitgebers]

[Name des ehemaligen Arbeitnehmers]

[Privatanschrift des ehemaligen Arbeitnehmers]

[Ort, Datum]

Ihre betriebliche Altersversorgung

Sehr geehrte/r Frau/Herr [Titel, Name],

am [Ausscheidedatum] sind Sie mit einer gesetzlich unverfallbaren Anwartschaft ausgeschieden. Wie die beigefügte Berechnung der unverfallbaren Anwartschaft zeigt, beträgt die Altersleistung weniger als 1 % der monatlichen Bezugsgröße nach § 18 SGB IV. Dies sind im Jahr 2016 29,05 Euro monatlich. [1] Da sich Ihre Altersrentenanwartschaft auf nur 20 Euro monatlich beläuft, machen wir von unserem Abfindungsrecht gem. § 3 BetrAVG Gebrauch. [2] Dieses Recht besteht, ohne dass Sie einverstanden sein müssen. [3]

Wir werden zum [Datum für Abfindung] die Abfindung vornehmen und Ihnen auf Ihr Konto einmalig einen Betrag von [Abfindungsbetrag] Euro brutto überweisen, wenn Sie am [Abfindungsstichtag] leben. [4] Damit gehen alle Rechte und Pflichten aus der Ihnen erteilten Versorgungszusage unter und sind endgültig abgegolten. Dies gilt auch für eine etwaige Hinterbliebenenleistung. [5]

Der Abfindungsbetrag wurde gem. § 3 Abs. 5 i.V.m. § 4 Abs. 5 BetrAVG von einem versicherungsmathematischen Gutachter ermittelt. [6] Der Abfindungsbetrag ist bei Zufluss gem. § 19 EStG zu versteuern. Wir werden diese Steuern unter Berücksichtigung der Fünftelungsregelung einbehalten. [7]

Sollten Sie noch Fragen haben, steht Ihnen hierfür die Personalabteilung zur Verfügung.

Mit freundlichen Grüßen

(Unterschriften ehemaliger Arbeitgeber)

Erläuterungen

294 **1.** Eine Ausnahme besteht nur für Organpersonen, die zwar unter den Geltungsbereich des Gesetzes fallen, aber nicht besonders schutzbedürftig sind (BAG, Urt. v. 21.04.2009 – 3 AZR 285/07, FA 2009, 389, EzTöD 100 § 25 TVöD-AT Beamtenrechtliche Versorgung Nr. 3). Insoweit können von § 3 BetrAVG abweichende Abfindungsklauseln bei Erteilung der Zusage vereinbart werden. Dabei sind die steuerlichen Rahmenbedingungen zu berücksichtigen (BMF-Schreiben vom 06.04.2005, BStBl. I 2005, 619).

295 **2.** Das einseitige Abfindungsrecht hat nur der Arbeitgeber, nicht der externe Versorgungsträger (a.A. *Schlewing/Henssler/Schipp/Schnitker*, Teil 11 Rn. 58). Will dieser abfinden, um Verwaltungskosten zu sparen, muss er mit Vollmacht des Arbeitgebers handeln. Diese kann im Einzelfall eingeholt werden, aber auch für alle Fälle vorab, z.B. beim Abschluss eines Gruppenversicherungsvertrages erfolgen.

296 **3.** Das Einverständnis des einzelnen Arbeitnehmers ist nicht erforderlich. Letztlich wird der Arbeitgeber von Verwaltungskosten bei »Minianwartschaften« freigestellt.

297 **4.** Die Bedingung, dass der Versorgungsanwärter den Abfindungsstichtag erleben muss, verhindert, dass bei Tod vor dem Stichtag ein Anspruch entsteht und damit keine Zahlung fällig wird. Dies ist besonders von Bedeutung, wenn zwischen dem Absenden des Briefes und dem Abfindungsstichtag ein längerer Zeitraum liegt.

5. Bei wirksamer Abfindung geht der Anspruch auf die zugesagten Versorgungsleistungen unter. 298
Dies gilt für alle Leistungen, aber auch für Anwartschaften auf Hinterbliebenenleistungen. Die
Hinterbliebenen sind nicht zu informieren, da sie nur abgeleitete Rechte haben.

6. § 3 Abs. 5 BetrAVG legt mit Verweis auf § 4 Abs. 5 BetrAVG die Abfindungshöhe zwingend 299
fest. Eine Abweichung nach oben ist möglich, nicht aber nach unten (§ 17 Abs. 3 S. 3 BetrAVG).
Das Risiko, eine zu geringe Abfindung zu zahlen, trägt der Arbeitgeber. Da § 3 BetrAVG Teilabfindungen nicht erlaubt, müsste eine zu geringe Abfindung zur Unwirksamkeit der gesamten
Abfindung führen. Rechtsprechung hierzu liegt nicht vor. Bei der Ermittlung des Abfindungsbetrages kommt es auf den Durchführungsweg an, in dem die Leistung zugesagt wurde. Bei unmittelbaren Versorgungszusagen und Unterstützungskassenzusagen ist der Barwert maßgeblich,
bei Direktversicherungen, Pensionskasse und Pensionsfonds das gebildete Kapital. Wird eine unmittelbare Zusage abgefunden, wird ein versicherungsmathematischer Gutachter den Betrag ermitteln müssen.

7. Ebenso wie Arbeitslohn sind Ruhegelder zu versteuern, bei unmittelbaren Versorgungszusagen 300
gem. § 19 EStG. Bei Abfindung von Ruhegeldern/Anwartschaften erfolgt eine Milderung der
steuerlichen Progression durch § 34 EStG (Fünftelungsregelung). Hierzu auch BMF-Schreiben
vom 24.07.2013, BStBl. I 2013, 1022, Rn. 371.

6. Abfindung bei Rentnern

Vorbemerkung

Abfindungen bei Rentnern, deren Rentenbeginn nach dem 31.12.2004 liegt, sind nur in den 301
Grenzen von § 3 BetrAVG möglich (§ 30g BetrAVG), d.h. nur bei einer Rente bis zu einem Rentenbetrag von 29,05 Euro brutto (2016; 1 % der Bezugsgröße gem. § 18 SGB IV, die sich i.d.R.
von Jahr zu Jahr etwas erhöht). Im Übrigen vgl. L Rdn. 292 ff.

Bei einem Rentenbeginn vor dem 01.01.2005 sind Abfindungsvereinbarungen zulässig, wobei die 302
Höhe der Abfindung Verhandlungssache ist. Eine Obergrenze für die Rentenhöhe besteht nicht.

▶ **Muster – Abfindung bei Rentnern**

[Briefkopf des ehemaligen Arbeitgebers] 303

[Name des ehemaligen Arbeitnehmers]

[Privatanschrift des ehemaligen Arbeitnehmers]

[Ort, Datum]

Ihre betriebliche Altersversorgung

Sehr geehrte/r Frau/Herr [Titel, Name] ,

seit dem [Datum des Rentenbeginns] beziehen Sie von uns eine betriebliche Altersrente [1] in Höhe
von [Betrag] Euro monatlich. Renten, die 1 % der monatlichen Bezugsgröße gem. § 18
SGB IV nicht übersteigen, können nach Maßgabe von § 3 BetrAVG abgefunden werden, ohne
dass Sie damit einverstanden sein müssen. [2]

Wir werden zum [Datum für Abfindung] eine solche Abfindung vornehmen und Ihnen auf Ihr Konto
einmalig einen Betrag von [Abfindungsbetrag] Euro brutto überweisen, wenn Sie am [Abfindungsstichtag] leben. [3] Damit gehen alle Rechte und Pflichten aus der Ihnen erteilten Versorgungszusage unter und sind endgültig abgegolten. Dies gilt auch für eine etwaige Hinterbliebenenleistung. [4]

Der Abfindungsbetrag wurde gem. § 3 Abs. 5 i.V.m. § 4 Abs. 5 BetrAVG von einem versicherungsmathematischen Gutachter ermittelt. [5] Der Abfindungsbetrag ist bei Zufluss gem. § 19 EStG zu versteuern. Wir werden diese Steuern unter Berücksichtigung der Fünftelungsregelung einbehalten. [6]

Ebenso wie auf die bisher gezahlte Rente sind auch auf abgefundene Renten Kranken- und Pflegeversicherungsbeiträge zu zahlen. Hierbei wird davon ausgegangen, dass der Zahlungszeitraum insgesamt 120 Monate beträgt. Folglich wird der Abfindungsbetrag durch 120 geteilt. Setzen Sie sich bitte mit Ihrer Krankenkasse diesbezüglich in Verbindung.

Sollten Sie noch Fragen haben, steht Ihnen hierfür die Personalabteilung zur Verfügung.

Mit freundlichen Grüßen

_____

(Unterschriften ehemaliger Arbeitgeber)

Erläuterungen

304 **1.** Im Formulierungsvorschlag wird auf die Altersrente abgestellt. Auch Invaliditäts- und Hinterbliebenenrenten sind abfindbar i.R.v. § 3 BetrAVG. Bei Invalidenrenten sollte aber beachtet werden, dass sie häufig nur zeitlich befristet gezahlt werden, also eine Abfindung mit dem vollen Barwert auch der Altersrentenanwartschaft zu hoch sein dürfte. Bei der Hinterbliebenenrente sollten Wiederverheiratungsklauseln oder sonstige Klauseln (z.B. Spätehenklauseln) berücksichtigt werden.

305 **2.** Das einseitige Abfindungsrecht gem. § 3 BetrAVG hat nur der Arbeitgeber, nicht der externe Versorgungsträger (a.A. *Schlewing/Henssler/Schipp/Schnitker* Teil 11 Rn. 58). Will dieser abfinden, um Verwaltungskosten zu sparen, muss er mit Vollmacht des Arbeitgebers handeln. Diese kann im Einzelfall eingeholt werden, aber auch für alle Fälle vorab, z.B. beim Abschluss eines Gruppenversicherungsvertrages erfolgen.

306 **3.** Die Bedingung, dass der Versorgungsempfänger den Abfindungsstichtag erleben muss, verhindert, dass bei Tod vor dem Stichtag ein Anspruch entsteht und damit keine Zahlung fällig wird. Dies ist besonders von Bedeutung, wenn zwischen dem Absenden des Briefes und dem Abfindungsstichtag ein längerer Zeitraum liegt.

307 **4.** Bei wirksamer Abfindung geht der Anspruch auf die Rente unter. Dies gilt für alle gezahlten Renten, aber auch für Anwartschaften auf Hinterbliebenenleistungen. Die Hinterbliebenen sind nicht zu informieren, da sie nur abgeleitete Rechte haben.

308 **5.** Zur Abfindungshöhe vgl. Anm. 6 zu L Rdn. 299.

309 **6.** Renten sind nachträgliche Einkünfte aus dem Arbeitsverhältnis, die bei Zufluss zu versteuern sind. § 19 EStG ist bei unmittelbaren Zusagen und bei Unterstützungskassenzusagen anzuwenden. § 34 EStG regelt für die Zusagen die Minderung der Progression (hierzu BMF-Schreiben v. 24.07.2013, BStBl. I 2013, 1022, Rn. 371).

7. Mitnahmeanspruch

Vorbemerkung

310 Für Versorgungszusagen, die seit dem 01.01.2005 erteilt wurden (§ 30b BetrAVG), hat der Gesetzgeber einen Mitnahmeanspruch geschaffen, um dem Arbeitnehmer die Portabilität beim Arbeitgeberwechsel zu ermöglichen. Dieser Mitnahmeanspruch aus § 4 Abs. 3 BetrAVG ist auf die Durchführungswege Direktversicherung, Pensionskasse und Pensionsfonds beschränkt. Er ist sowohl bei einer arbeitgeber- als auch bei einer arbeitnehmerfinanzierten betrieblichen Altersversorgung gegeben. In den Durchführungswegen unmittelbare Versorgungszusage und Unterstützungs-

kasse (auch rückgedeckte Unterstützungskasse) gibt es keinen Mitnahmeanspruch, auch nicht bei einer arbeitnehmerfinanzierten betrieblichen Altersversorgung.

Das Mitnahmerecht besteht nur dann, wenn der Arbeitnehmer mit einer gesetzlich unverfallbaren Anwartschaft aus dem Arbeitsverhältnis ausgeschieden ist. Der Arbeitnehmer muss dieses Recht durch Verlangen geltend machen. Dies bedeutet, dass der Arbeitgeber oder der Versorgungsträger des Arbeitgebers abwarten kann, ob der Arbeitnehmer dieses Recht in Anspruch nimmt. 311

Das Recht kann nur innerhalb eines Jahres nach dem Ausscheiden beim ehemaligen Arbeitgeber geltend gemacht werden. Der Höhe nach ist der Anspruch beschränkt auf einen Ausgleichswert bis zur jeweiligen Jahresbeitragsbemessungsgrenze in der gesetzlichen Rentenversicherung (2016: 74.400 Euro). Ob dabei zwischen der Beitragsbemessungsgrenze West und der Beitragsbemessungsgrenze Ost zu differenzieren ist, ist offen. Wird der Grenzwert auch nur um 1 Euro überschritten, besteht kein Mitnahmerecht. 312

Damit der Arbeitnehmer von seinem Entscheidungsrecht Gebrauch machen kann, wird ihm über § 4a BetrAVG ein Auskunftsanspruch gegenüber dem alten Arbeitgeber eingeräumt. Der Arbeitgeber oder der Versorgungsträger des Arbeitgebers muss Auskunft darüber erteilen, wie hoch der Ausgleichswert ist. Dieser ist nach § 4 Abs. 5 BetrAVG zu berechnen. 313

Auch gegenüber dem neuen Arbeitgeber bestehen Auskunftsansprüche. Der neue Arbeitgeber hat gem. § 4a Abs. 2 BetrAVG auf Verlangen mitzuteilen, welche Leistung bei Übertragung des Übertragungswertes aus einem neuen Versorgungsversprechen bei dem neuen Arbeitgeber/dessen Versorgungsträger entstehen würde. Dabei ist nur Auskunft zu erteilen über die Höhe der Altersleistung. Hinsichtlich einer etwaigen Invaliditäts- und Hinterbliebenenversorgung beschränkt sich das Auskunftsrecht auf die Frage, ob derartige Leistungen überhaupt vorgesehen sind. 314

Macht der Arbeitnehmer von seinem Mitnahmeanspruch Gebrauch, zahlt der Arbeitgeber oder der Versorgungsträger des Arbeitgebers den Übertragungswert an den neuen Arbeitgeber bzw. dessen Versorgungsträger. Dort entsteht eine neue Anwartschaft, die wie eine Anwartschaft aus Entgeltumwandlung behandelt wird. Sie ist sofort gesetzlich unverfallbar und insolvenzgeschützt (§ 7 Abs. 5 S. 3 BetrAVG). Die Anpassung richtet sich nach § 16 Abs. 5 BetrAVG. 315

Für den Berater enthält der Mitnahmeanspruch ein nicht unerhebliches Haftungspotential. Da der Mitnahmeanspruch nur in den versicherungsförmigen Durchführungswegen besteht, wird die beim alten Arbeitgeber bestehende Versicherung/Versorgung aufgelöst (zurückgekauft) und beim neuen Arbeitgeber ein neuer Versicherungsvertrag bzw. bei einem Pensionsfonds eine neue Versorgung eingerichtet. Es können dann neue Abschluss- und Vertriebskosten entstehen. Auch ist zu berücksichtigen, dass der Arbeitnehmer im Vergleich zum ursprünglichen Vertragsschluss älter geworden ist und damit andere biometrische Risiken sowie eine verkürzte Vertragslaufzeit bei einem Neuabschluss eintreten werden. Auch kann sich der Garantiezins geändert haben (zzt. 1,25 %; ab 01.01.2017: 0,9 %). Vielfach ist es günstiger, wenn die ursprüngliche Versicherung/Versorgung beim ursprünglichen Versorgungsträger fortgeführt wird oder mittels des Übertragungsabkommens der Versicherungswirtschaft eine Versorgung durch den neuen Arbeitgeber bei »seinem« Versorgungsträger eingerichtet wird. Dabei ist darauf zu achten, dass nicht ungewollt eine Übernahme der Zusage gem. § 4 Abs. 2 Nr. 1 BetrAVG durch den neuen Arbeitgeber eintritt. 316

▶ **Muster – Mitnahmeanspruch**

Betr.: Ihre betriebliche Altersversorgung und Ihr Schreiben vom ___[Datum]___ 317

Sehr geehrte/r Frau/Herr ___[Name]___,

mit Schreiben vom ___[Datum]___ haben Sie uns mitgeteilt, dass Sie von Ihrem Recht Gebrauch machen wollen, Ihre betriebliche Direktversicherung (Vers.-Nr. ___[Nummer]___ bei der L-Lebens-

L. Betriebliche Altersversorgung

versicherung AG) mitzunehmen, nachdem Sie aus unserem Unternehmen mit einer gesetzlich unverfallbaren Anwartschaft ausgeschieden sind.

Wir haben vom Versicherer die Mitteilung erhalten, dass gem. § 4 Abs. 5 BetrAVG das gebildete Kapital ____[Betrag]____ Euro beträgt. [1]

Der Versicherer wird diesen Betrag an Ihren neuen Arbeitgeber oder dessen Versorgungseinrichtung auszahlen, wenn Sie ihm Name, Anschrift und Bankverbindung mitteilen. [2]

Vorsorglich weisen wir darauf hin, dass die Ausübung des Mitnahmeanspruchs gem. § 4 Abs. 3 BetrAVG für Sie deshalb ungünstig ist, weil die bestehende Direktversicherung zurückgekauft werden muss und eine neue Versicherung bei einem Lebensversicherungsunternehmen oder einer Pensionskasse oder eine Versorgung bei einem Pensionsfonds eingerichtet werden muss, die erneut Abschluss- und Vertriebskosten enthalten kann. Bitte klären Sie dies mit Ihrem neuen Arbeitgeber. [3]

Unsere Versicherungsgesellschaft, bei der Ihre Direktversicherung besteht, ist dem Übertragungsabkommen der Versicherungsgesellschaften gem. [Vorschrift/Paragraf] [4] beigetreten, so dass Sie auch die Möglichkeit haben, entweder durch den neuen Arbeitgeber diese bestehende Direktversicherung fortführen zu lassen oder aber die bestehende Direktversicherung auf den Versicherer Ihres neuen Arbeitgebers überführen zu lassen. Dies ist in der Regel günstiger, weil keine neuen Abschluss- und Vertriebskosten entstehen. [5]

Bitte teilen Sie uns Ihre Entscheidung mit. Wir werden dann alles Erforderliche veranlassen.

Mit freundlichen Grüßen

_____
(Unterschrift)

Erläuterungen

318 **1.** Die Höhe des Übertragungswertes richtet sich nach § 4 Abs. 5 BetrAVG. Der Gesetzgeber spricht vom »gebildeten Kapital«. Auch wenn noch nicht durch die Rechtsprechung geklärt ist, wie das gebildete Kapital zu bemessen ist, wird doch allgemein davon ausgegangen, dass es sich um das Deckungskapital/den Rückkaufswert handelt. Dieser ergibt sich für Versicherungen, die seit dem 01.01.2008 abgeschlossen wurden, aus § 169 VVG.

319 **2.** Diese Informationen benötigt der ehemalige Arbeitgeber, um die Zahlung veranlassen zu können. Auch wenn gesetzlich diese Mitwirkungspflichten nicht geregelt sind, ergeben sie sich aus dem Sinn und Zweck des Gesetzes.

320 **3.** Der Hinweis auf die wirtschaftlichen Konsequenzen der Ausübung des Mitnahmeanspruchs erfolgt lediglich vorsorglich. Eine Aufklärungs- oder Informationspflicht dürfte nicht bestehen.

321 **4.** Das jeweils aktuelle Übertragungsabkommen ist auf der Homepage des GDV unter www.gdv.de/Themen/LebensversicherungAltersvorsorge/Altersvorsorgepolitik/Lebensversicherung_Altersvorsorge/Inhaltsseite15991.html und dann rechts im Site-Service abrufbar.

322 **5.** Auch dieser Hinweis erfolgt lediglich vorsorglich. Es ist Aufgabe des ausgeschiedenen Arbeitnehmers, selbst zu prüfen, welche Vorgehensweise für ihn wirtschaftlich sinnvoll ist.

8. Übernahme der Zusage

Vorbemerkung

323 Die Übernahme der Versorgungszusage ist in § 4 Abs. 2 Nr. 1 BetrAVG in der Form geregelt, dass der mit einer gesetzlich unverfallbaren Anwartschaft ausgeschiedene Arbeitnehmer mit seinem ehemaligen Arbeitgeber und seinem neuen Arbeitgeber eine Vereinbarung dahingehend treffen kann, dass der neue Arbeitgeber vom ehemaligen Arbeitgeber mit befreiender Wirkung die

Zusage übernimmt. Kommt eine solche Vereinbarung zustande, wird der ehemalige Arbeitgeber von jeglicher Leistungspflicht befreit und einziger Schuldner ist der neue Arbeitgeber.

Die Zusage ist mit allen Rechten und Pflichten zu übernehmen einschließlich der Pflichten aus dem arbeitsrechtlichen Grundverhältnis und auch der Verpflichtung, die Zusage fortzuführen.

324

Die Praxis zeigt, dass nur in Einzelfällen eine Übernahme der Versorgungszusage vereinbart wird, weil neue Arbeitgeber in der Regel nicht bereit sind, ihnen »unbekannte« Versorgungszusagen zu übernehmen. Sie kommt in Betracht bei Konzernunternehmen, in denen einheitliche Versorgungsregelungen bestehen. Sie kommt einzelfallbezogen in Betracht, wenn Führungspersonen mit entsprechender Verhandlungsposition einen Arbeitgeberwechsel nur in Betracht ziehen, wenn der neue Arbeitgeber die ursprüngliche Versorgungszusage mit allen Rechten und Pflichten übernimmt.

325

Eine Übernahme der Versorgungszusage sollte nur in Erwägung gezogen werden, wenn alle rechtlichen Risiken aus der bestehenden Zusage zuvor abgeklärt und die entsprechenden wirtschaftlichen Auswirkungen geprüft wurden. Hierzu gehören die steuerlichen Rahmenbedingungen, die Auswirkungen auf Handels- und Steuerbilanz, Risiken aus einer Gehalts- und Rentendynamik, Risiken aus dem AGG usw.

326

▶ Muster – Übernahme der Zusage

Vereinbarung zwischen

327

1. der Firma [Name; nachfolgend [X]] (ehemaliger Arbeitgeber)
2. der Firma [Name; nachfolgend [Y]] (neuer Arbeitgeber) und
3. Herrn/Frau [Name]

zur betrieblichen Altersversorgung.

1. Vorbemerkung

Die Firma [X] hat Herrn/Frau [Name] am [Datum] die als Anlage 1 beigefügte unmittelbare Versorgungszusage erteilt. Herr/Frau [Name] ist am [Datum] mit einer gesetzlich unverfallbaren Anwartschaft aus dem Arbeitsverhältnis bei [X] ausgeschieden. Die Höhe der Altersrentenanwartschaft ergibt sich aus der als Anlage 2 beigefügten Auskunft. Herr/Frau [Name] bestätigt, dass die Höhe der Anwartschaft richtig berechnet wurde. [1]

2. Übernahme

Seit dem [Datum] ist Herr/Frau [Name] bei der Firma [Y] beschäftigt. Die drei vorgenannten Beteiligten sind übereingekommen, dass [Y] von [X] die unter Ziff. 1 genannte unmittelbare Versorgungszusage mit befreiender Wirkung übernimmt und diese uneingeschränkt fortführt. Diese Übernahme erfolgt zum [Datum] . Mit der Übernahme der Zusage wird [X] von allen Leistungspflichten frei und ausschließlich [Y] verpflichtet. [2]

3. Zahlungsverpflichtung

Für die befreiende Übernahme der Versorgungszusage zahlt [X] an [Y] einmalig einen Betrag in Höhe von [Betrag] (brutto). [3] Dieser Betrag ist fällig am [Datum] und zu zahlen auf das Konto [IBAN] bei der [Name] Bank (BIC [Nummer]).

Der vorgenannte Betrag wurde zwischen [X] und [Y] ausgehandelt. Unabhängig davon, ob dieser Wert richtig bemessen wurde, kann weder [X] noch [Y] im Verhältnis zu Herrn/Frau [Name] Einwendungen erheben. [4]

[Ort, Datum]

(Unterschriften)

L. Betriebliche Altersversorgung

Erläuterungen

328 **1.** Die Versorgungszusage konkret zu benennen und als Anlage beizufügen dient der Präzisierung. Ist Rechtsgrundlage eine Einzelzusage, ist der Inhalt der übernommenen Rechte und Pflichten daraus ableitbar. Ggf. ist darauf hinzuweisen, dass die Zusage zu irgendeinem Zeitpunkt einvernehmlich geändert wurde.

329 Ist Rechtsgrundlage eine Betriebsvereinbarung, sind ggf. weitergehende Regelungen erforderlich, z.B. des Inhalts, dass der Arbeitnehmer unter den in Ziffer X genannten Personenkreis fällt.

330 Die Übernahme einer unmittelbaren Versorgungszusage hat beim Arbeitnehmer keine steuerlichen Auswirkungen, insbesondere findet kein Zufluss von Arbeitslohn statt. Erst die später ausgezahlten Versorgungsleistungen sind bei Zufluss zu versteuern (§ 19 EStG).

331 **2.** Wird nicht eine unmittelbare Versorgungszusage übernommen, sondern z.B. eine Unterstützungskassenzusage, sind weitergehende Regelungen erforderlich. Bei einer Unterstützungskasse muss der alte Arbeitgeber entsprechende Vereinbarungen mit der Unterstützungskasse treffen und der neue Arbeitgeber muss Trägerunternehmen dieser Unterstützungskasse werden. Bevor eine solche z.T. weitreichende Entscheidung getroffen wird, müssen die wirtschaftlichen Konsequenzen geprüft werden. Hier ist insbesondere an die Verwaltungskosten zu denken, die die Unterstützungskasse pro Jahr und zu verwaltende Zusage verlangt. Eine Übertragung auf eine andere Unterstützungskasse scheitert an den steuerlichen Rahmenbedingungen (BFH, Urt. v. 26.11.2014 – I R 37/13, BetrAV 2015, 689).

332 **3.** Eine Zahlungspflicht kann, muss aber nicht vereinbart werden. Es gibt keine gesetzliche Regelung, die eine Ausgleichszahlung vorsieht. Dennoch ist es in der Praxis üblich, dass der ehemalige Arbeitgeber an den neuen Arbeitgeber einen Betrag zahlt, der frei vereinbart werden kann. Einen richtigen oder einen unrichtigen Betrag gibt es nicht. Unvorteilhaft aus der Sicht des Übernehmers ist eine Zahlung in Höhe der gebildeten Rückstellung gem. § 6a EStG. Der Rückstellungswert ist ein rein fiskalischer Wert, der das Verpflichtungsvolumen nicht wirklich darstellt. Besser wäre es, wenn der Wert gem. § 253 HGB in der Fassung des BilMoG zu Grunde gelegt wird. Eine andere Bewertungsmethode könnte sich aus IFRS ergeben.

333 Der Teilbetrag ist im vollen Umfang beim ehemaligen Arbeitgeber Betriebsausgabe. Deshalb wird lediglich vorsorglich auf die Bruttozahlung abgestellt, denn eine Nettozahlung im eigentlichen Sinne gibt es nicht. Wird die Verpflichtung aus einem externen Durchführungsweg übernommen, ist im Einzelfall zu überprüfen, ob z.B. das Deckungskapital der Rückdeckungsversicherung oder der Direktversicherung aus der Sicht des Übernehmers ausreichend ist. Auch hier ist der Wert letztlich Verhandlungssache.

334 **4.** Für den Arbeitnehmer ist alleine entscheidend, dass eine schuldbefreiende Übernahme stattfindet. Ohne Bedeutung ist für ihn, ob überhaupt eine Zahlung vereinbart wird. Deswegen kann es auch keine rechtlichen Auswirkungen für den Arbeitnehmer haben, ob im Verhältnis zwischen dem abgebenden und dem aufnehmenden Unternehmen die Zahlungsverpflichtung richtig ermittelt wurde.

III. Betriebsübergang

335 Das BAG hat mit Urteilen vom 22.05.2007 (– 3 AZR 834/05, EzA § 2 BetrAVG Nr. 29, DB 2008, 191; – 3 AZR 357/06, FA 2007, 217, DB 2008, 192) entschieden, dass in der betrieblichen Altersversorgung keine Aufklärungspflichten i.S.v. § 613a Abs. 5 BGB bestehen. Ob dies schon abschließende Entscheidungen sind, ist offen. Möglicherweise sind noch Ergänzungen zu erwarten, wenn z.B. eine Betriebsvereinbarung des Erwerbers die Betriebsvereinbarung des Veräußerers verdrängt (hierzu BAG, Urt. v. 24.07.2001 – 3 AZR 660/00, EzA § 613a BGB Nr. 204, DB 2002, 955).

Im Mustertext wird deshalb lediglich über die betriebliche Altersversorgung aus Entgeltumwandlung informiert.

Zudem wird ein Vorschlag für eine zusichernde Erklärung für die Berücksichtigung einer betrieblichen Altersversorgung bei der Kaufpreisfindung dargestellt.

1. Information zum Anspruch auf Entgeltumwandlung

Vorbemerkung

Einen Anspruch auf Entgeltumwandlung gem. § 1a BetrAVG haben alle Arbeitnehmer, die in der gesetzlichen Rentenversicherung pflichtversichert sind (§ 17 Abs. 1 S. 3 BetrAVG). Soweit Arbeitnehmer vor dem Betriebsübergang bereits von ihrem Recht Gebrauch gemacht haben, eine Entgeltumwandlung zu verlangen, gehen die mit dem Veräußerer getroffenen Vereinbarungen auf den Erwerber über. Für solche Arbeitnehmer, die diesen Anspruch noch nicht geltend gemacht haben, hat der neue Arbeitgeber das Vorgaberecht gem. § 1a Abs. 1 BetrAVG. Bei dem Formulierungsvorschlag wird unterstellt, dass der neue Arbeitgeber als Durchführungsweg die Direktversicherung vorgibt und hierzu mit einem Versicherungsunternehmen einen Rahmenvertrag abgeschlossen hat.

Für tarifgebundene Arbeitnehmer sind besondere Rahmenbedingungen zu berücksichtigen. Hierzu wird auf § 17 Abs. 5 BetrAVG verwiesen. Der Formulierungsvorschlag geht davon aus, dass keine Tarifbindung besteht und folglich auch keine tarifrechtlichen Rahmenbedingungen zu berücksichtigen sind.

Zum Anspruch auf Entgeltumwandlung wird auf AR/*Kisters-Kölkes* § 1a BetrAVG verwiesen. Eine ausführliche Darstellung ist auch bei *Kemper/Kisters-Kölkes* Grundzüge, Rn. 515 ff. zu finden. Noch ausführlicher sind die Darstellungen bei *Hanau/Arteaga/Rieble/Veit* Entgeltumwandlung.

▶ **Muster – Information zum Anspruch auf Entgeltumwandlung**

[Briefbogen des neuen Arbeitgebers]

Betr.: Informationen zum Anspruch auf Entgeltumwandlung

Sehr geehrte/r Frau/Herr _____[Name]_____,

zum ___[Datum]___ ist Ihr Arbeitsverhältnis gem. § 613a BGB von der [alter Arbeitgeber] auf uns mit allen Rechten und Pflichten übergegangen. Da unser Versorgungswerk seit dem ___[Datum]___ geschlossen ist, erwerben Sie keine Anwartschaften auf Leistungen der betrieblichen Altersversorgung, die durch den Arbeitgeber finanziert sind. [1] Es besteht keine Absicht, das Versorgungswerk wieder zu öffnen. [2]

Deshalb legen wir Ihnen nahe, eine betriebliche Altersversorgung durch Entgeltumwandlung gem. § 1a BetrAVG aufzubauen, indem Sie auf künftige Bezügebestandteile zugunsten einer betrieblichen Altersversorgung verzichten. [3] Diese Altersversorgung ist vielfach dringend erforderlich, weil die Leistungen der gesetzlichen Rentenversicherung in aller Regel nicht ausreichen, um später im Ruhestand den Lebensstandard zu erhalten. [4]

Für eine betriebliche Altersversorgung aus Entgeltumwandlung haben wir bei der ___[Name]___ Lebensversicherung AG einen Kollektivlebensversicherungsvertrag abgeschlossen. [5] Dieser Vertrag sieht Alters- und Hinterbliebenenleistungen in Form einer Rente mit einem Kapitalwahlrecht vor. [6] Der Arbeitnehmer hat die Möglichkeit, auch eine Berufsunfähigkeitszusatzversicherung zu wählen. [7]

Der Jahresbeitrag ist auf 4 % der jeweiligen Beitragsbemessungsgrenze in der gesetzlichen Rentenversicherung beschränkt. Als Regelfall sieht der Gruppenversicherungsvertrag vor, dass mit dem jährlichen Anstieg der Beitragsbemessungsgrenze auch automatisch der Entgeltumwandlungsbetrag und damit der Beitrag steigt. Ein Einfrieren des Beitrags ist aber auch möglich. Sie können auch einen geringeren Betrag wählen. [8]

Wenn Sie nähere Informationen wünschen, insbesondere auch zur Höhe der Leistung, setzen Sie sich bitte mit __[z.B. Personalbüro]__ in Verbindung. [9]

Wir hoffen, dass Sie sich für eine Direktversicherung aus Entgeltumwandlung entscheiden werden.

Mit freundlichen Grüßen

_____

(Unterschrift)

Erläuterungen

Schrifttum

Ahrend/Förster/Rößler Steuerrecht der betrieblichen Altersversorgung; *Andresen/Förster/Rößler/Rühmann* Arbeitsrecht der betrieblichen Altersversorgung, seit der 14. Aufl.: *Schlewing/Henssler/Schipp/Schnitker* Arbeitsrecht der betrieblichen Altersversorgung und Zeitwertkonten; *Blomeyer/Rolfs/Otto* Betriebsrentengesetz; *Förster/Cisch/Karst* Betriebsrentengesetz; *Höfer/Reinhard/Reich* Gesetz zur Verbesserung der betrieblichen Altersversorgung; *Kemper/Kisters-Kölkes/Berenz/Huber* BetrAVG; *Langohr-Plato* Betriebliche Altersversorgung; *aba* (Hrsg.) Handbuch der betrieblichen Altersversorgung H-BetrAV.

342 **1.** Es wird von einem geschlossenen Versorgungswerk ausgegangen, d.h. beim Erwerber werden keine Versorgungsanwartschaften künftig erworben. Ein geschlossenes Versorgungswerk bedeutet, dass bis zu einem Stichtag eine arbeitgeberfinanzierte betriebliche Altersversorgung bestanden hat, die für neu in das Unternehmen eintretende Arbeitnehmer ab einem Stichtag geschlossen wurde. Auf welche Art und Weise die Schließung umgesetzt wurde, ist ohne Bedeutung. Entscheidend ist alleine, dass die Schließung wirksam vorgenommen wurde.

343 **2.** Sollte die Absicht bestehen, das Versorgungswerk wieder zu öffnen, könnte an dieser Stelle eine entsprechende Formulierung aufgenommen werden. Diese könnte in etwa wie folgt lauten:

Alternative:

[Es werden zzt. Gespräche mit dem Betriebsrat geführt, ob mit abgesenktem Versorgungsniveau das Versorgungswerk wieder geöffnet werden kann. Das Ergebnis dieser Gespräche ist offen, so dass zzt. in keiner Weise absehbar ist, ob Ihnen nach Abschluss einer Betriebsvereinbarung eine Versorgungszusage erteilt werden würde.]

344 Mit dieser Formulierung wird noch nicht einmal eine Versorgungszusage in Aussicht gestellt. Es bleibt vollkommen offen, ob es zum Abschluss einer Betriebsvereinbarung kommen wird. Dennoch sollte eine solche Formulierung vermieden werden, weil dadurch eine Erwartung ausgelöst wird. Erwartungen können in Richtung Vertrauensschutz führen, wenn z.B. durch die Umstände im Einzelfall oder durch weitergehende Erklärungen seitens der Geschäftsleitung der Eindruck vermittelt wird, der Abschluss einer Betriebsvereinbarung stehe demnächst bevor.

345 Vermieden werden sollten Formulierungen, die nicht nur eine mögliche Versorgung in Aussicht stellen, sondern bereits den Einbezug in ein künftiges Regelwerk versprechen. Eine solche Formulierung könnte in etwa wie folgt lauten:

Alternative:

[Sollte das Versorgungswerk rückwirkend für die ab dem 01.01. __[Jahreszahl]__ eingetretenen Mitarbeiter eine Versorgung vorsehen, wird Ihnen nach Maßgabe der neuen Betriebsvereinbarung eine Zusage auf Leistungen der betrieblichen Altersversorgung erteilt.]

346 Wenn das Versorgungswerk geschlossen ist, sollte dies auch im Arbeitsvertrag jedes einzelnen Mitarbeiters Ausdruck gefunden haben, indem ausdrücklich jegliche Anwartschaft auf Leistungen der

betrieblichen Altersversorgung ausgeschlossen wird und lediglich dem Mitarbeiter die Möglichkeit eingeräumt wird, seinen Anspruch auf Entgeltumwandlung gem. § 1a BetrAVG geltend zu machen.

3. Der Arbeitgeber kann eine Entgeltumwandlung nur anregen, der Arbeitnehmer muss sie verlangen.

Es werden die in § 1 Abs. 2 Nr. 3 BetrAVG verwendeten Formulierungen präzisiert. Was der Gesetzgeber als »Umwandlung« beschreibt, ist ein Verzicht auf künftige Bezügebestandteile, also eine Herabsetzung der schon vereinbarten Vergütung durch Verzicht, wobei sich der Arbeitgeber verpflichtet, in Höhe des Verzichtsbetrages eine wertgleiche Altersversorgung zu verschaffen. Verwendet werden können nur künftige Bezügebestandteile, da schon versteuertes und verbeitragtes Einkommen nicht mehr umgewandelt werden kann, weil es der Vermögenssphäre des Arbeitnehmers zuzurechnen ist. Die Finanzverwaltung geht davon aus, dass auch erdiente, aber noch nicht fällige Bezügebestandteile umgewandelt werden können (BMF-Schreiben vom 24.07.2013, BStBl. I 2013, 1022, Rn. 294).

4. Der Anspruch auf Entgeltumwandlung wurde u.a. geschaffen, um Kürzungen in der gesetzlichen Rentenversicherung durch betriebliche Altersversorgung auszugleichen. Dies wird deutlich durch die Regelung in § 17 Abs. 1 S. 3 BetrAVG. Danach haben nur solche Arbeitnehmer den Anspruch auf Entgeltumwandlung gem. § 1a BetrAVG, die in der gesetzlichen Rentenversicherung pflichtversichert sind. Arbeitnehmer, die nicht pflichtversichert sind, haben in der Regel keine Versorgungseinbußen im Grundsicherungssystem.

5. Der Arbeitgeber gibt vor, in welchem Durchführungsweg zu welchen Modalitäten der Anspruch auf Entgeltumwandlung umgesetzt wird. In der Regel schließt er hierzu einen Kollektivlebensversicherungsvertrag ab, weil dieser günstigere Konditionen verschafft. Der Arbeitnehmer hat kein Recht, den Abschluss einer Direktversicherung bei einem von ihm ausgewählten Versicherungsunternehmen zu verlangen (BAG, Urt. v. 19.07.2005 – 3 AZR 502/04 [A], EzA § 1a BetrAVG Nr. 1, DB 2005, 2252).

6. Bei der betrieblichen Altersversorgung aus Entgeltumwandlung hat der Arbeitgeber das Recht, die Versorgungsleistungen auf eine Altersleistung zu beschränken (BAG, Urt. v. 12.06.2007 – 3 AZR 14/06, EzA § 1a BetrAVG Nr. 2, DB 2007, 2722). Hierfür sind Haftungsgründe maßgeblich. Im Formulierungsvorschlag wird neben einer Altersleistung auch eine Hinterbliebenenleistung vorgesehen, weil dies in der Regel für den Arbeitnehmer attraktiver ist. Für die Hinterbliebenenleistung wird im Versicherungsvertrag vorgegeben, wer Hinterbliebener ist. Zum Hinterbliebenenbegriff vgl. Anm. 14 zu L Rdn. 42 ff.

Im Formulierungsvorschlag wird ein Versicherungstarif gewählt, der eine Rentenleistung vorsieht, jedoch mit der Option für den Arbeitnehmer, statt der Rente eine einmalige Kapitalzahlung zu wählen. Dies kann, muss aber nicht so sein (zum Kapitalwahlrecht vgl. BMF-Schreiben vom 24.07.2013, BStBl. I 2013, 1022, Rn. 312). Allerdings ist zu beachten, dass gem. § 3 Nr. 63 EStG nur Rententarife gefördert werden.

7. Im vorliegenden Formulierungsvorschlag soll dem Arbeitnehmer das Recht eingeräumt werden, neben der Alters- und Hinterbliebenenleistung eine Berufsunfähigkeitsleistung wählen zu können. Ob ein solches Angebot unterbreitet wird, ist im Einzelfall zu prüfen. Insbesondere muss geklärt werden, welche Berufsunfähigkeitsleistungen vorgesehen sind und ob eine Anwartschaft auch aufrechterhalten wird, wenn der Mitarbeiter mit unverfallbarer Anwartschaft ausscheidet. Eine reine Beitragsfreistellung oder eine Finanzierung der Berufsunfähigkeitsleistungen durch laufende Einmalprämien sind nicht geeignet, um einen Berufsunfähigkeitsschutz zu gewährleisten. Ein Berufsunfähigkeitsschutz ist aber von großer Bedeutung, zumindest für Arbeitnehmer, die ab dem 02.01.1961 geboren sind, da sie keinen Berufsunfähigkeitsschutz in der gesetzlichen Rentenversicherung haben. Sind dem Arbeitgeber die Risiken zu groß, die mit einer Berufsunfähigkeitszusatzversicherung verbunden sind, kann er für die Mitarbeiter mit einem Versicherer das Angebot aushandeln, dass die Arbeitnehmer private Berufsunfähigkeitsversicherungen abschließen können, die nicht über den Betrieb finanziert werden, sondern aus dem versteuerten Einkommen der Arbeitnehmer.

354 Werden solche Wahlrechte eingeräumt, sind besonders die Informationspflichten des Arbeitgebers zu berücksichtigen. Hierzu wird auf die Ausführungen bei *Reinecke* RdA 2009, 13 verwiesen. Allerdings ist der Arbeitgeber nicht verpflichtet, allgemein über den Anspruch auf Entgeltumwandlung aufzuklären (BAG, Urt. v. 21.01.2014 – 3 AZR 807/11, BetrAV 2014, 90, FA 2014, 85).

355 8. Der Anspruch auf Entgeltumwandlung ist gem. § 1a Abs. 1 BetrAVG auf 4 % der Jahresbeitragsbemessungsgrenze in der gesetzlichen Rentenversicherung (2016: 74.400 Euro = 2.976 Euro) beschränkt. Die Jahresbeitragsbemessungsgrenze steigt in der Regel jährlich, so dass in dem Gruppenversicherungsvertrag vorgesehen ist, dass automatisch mit dem Anstieg der Beitragsbemessungsgrenze auch der Entgeltumwandlungsbetrag steigen soll. Damit wird der Schutz der Arbeitnehmer letztlich auch in gewisser Weise der Inflation angepasst. Der Mitarbeiter hat jederzeit die Möglichkeit, den Betrag einzufrieren oder herabzusetzen. Weitere Details sind im Gruppenversicherungsvertrag und in einer etwaigen Betriebsvereinbarung zu regeln, die der Entgeltumwandlung zugrunde liegen. Im Hinblick auf § 2a BetrAVG, der ab dem 01.01.2018 gilt, sollte geprüft werden, ob man an dieser Dynamisierung festhalten will oder ob nicht der Arbeitnehmer von Jahr zu Jahr neu über die Höhe des Umwandlungsbetrages entscheiden muss. Damit steigt der Verwaltungsaufwand.

356 9. Es ist wichtig, einen Ansprechpartner zu benennen. In welchem Umfang Berechnungen zur Verfügung gestellt werden sollen oder können, sollte der Arbeitgeber mit dem Versicherer klären.

2. Zusicherung der Vollständigkeit

Vorbemerkung

357 Dieses Formulierungsbeispiel erhebt keinen Anspruch auf Vollständigkeit. In Abhängigkeit von der jeweiligen Situation ist z.B. in einem Kauf- oder Pachtvertrag eine auf den Einzelfall abstellende Formulierung aufzunehmen.

358 Der Formulierungsvorschlag geht davon aus, dass eine arbeitgeberfinanzierte betriebliche Altersversorgung im Durchführungsweg der unmittelbaren Versorgungszusage besteht und eine Direktversicherung durch Entgeltumwandlung für einzelne Mitarbeiter abgeschlossen wurde.

Der Formulierungsvorschlag unterstellt, dass zu keinem Zeitpunkt in der Vergangenheit eine Änderung des Versorgungsversprechens vorgenommen wurde. Wurden Änderungen vorgenommen, ist einzelfallbezogen zu prüfen, ob die Änderungen wirksam sind und sie den Anforderungen genügen, die die Rechtsprechung zur Änderung von Versorgungszusagen aufgestellt hat (AR/*Kisters-Kölkes* § 1b BetrAVG Rn. 64 ff.).

Wird die betriebliche Altersversorgung in einem mittelbaren Durchführungsweg umgesetzt, bedarf das Muster in Abhängigkeit vom Durchführungsweg ergänzender bzw. abweichender Regelungen. So wäre z.B. bei einer Unterstützungskassenzusage danach zu unterscheiden, ob es sich um eine reservepolsterdotierte Unterstützungskasse, eine kongruent rückgedeckte Unterstützungskasse oder um eine nicht kongruent rückgedeckte Unterstützungskasse handelt. Ergänzend wäre danach zu differenzieren, ob der neue Arbeitgeber als Trägerunternehmen der Unterstützungskasse beitreten oder ob er für die künftige Durchführung hinsichtlich zukünftig zu erdienender Anwartschaften eine eigene Unterstützungskasse wählen will (zu den steuerlichen Restriktionen BFH, Urt. v. 26.11.2014 – I R 37/13, BetrAV 2015, 284).

▶ **Muster – Zusicherung der Vollständigkeit**

§ _____[X]_____ 359

1. Die Verkäuferin/Verpächterin hat ihren bis zum ____[Datum]____ eingetretenen Arbeitnehmern gem. der als Anlage 1 beigefügten Betriebsvereinbarung Leistungen der betrieblichen Altersversorgung unmittelbar zugesagt. Aus diesem Versorgungsversprechen sind die in der Anlage 2 aufgeführten aktiven Mitarbeiter begünstigt. Die Höhe der jeweiligen Altersanwartschaft ist in der Liste aufgeführt. [1]

2. Die Verkäuferin/Verpächterin sichert zu, dass keine weiteren Versorgungsverpflichtungen bestehen, insbesondere keine Einzelzusagen. [2] Die übergegangenen leitenden Angestellten sind durch eine gleichlautende Jeweiligkeitsklausel, die im Arbeitsvertrag vereinbart wurde, dem Regelungsbereich der Betriebsvereinbarung vom ____[Datum]____ unterworfen. Die Jeweiligkeitsklausel ist als Anlage 3 beigefügt. [3]

3. Im Vorvertrag haben die Parteien festgelegt, mit welchen Parametern das Verpflichtungsvolumen gem. Abs. 1 von einem versicherungsmathematischen Gutachter berechnet werden soll. Ausweislich des als Anlage 4 beigefügten Gutachtens vom ____[Datum]____ ergibt sich zum Stichtag ____[Datum]____ ein Verpflichtungsvolumen in Höhe von ____[Betrag]____ Euro. Um diesen Betrag wird der in § ____[Paragraph]____ genannte Kaufpreis gemindert. Für die Richtigkeit der Berechnungen haftet der versicherungsmathematische Gutachter sowohl dem Verkäufer/Verpächter als auch dem Käufer/Pächter gegenüber unbeschränkt. Der versicherungsmathematische Gutachter hat in Abweichung von seinen allgemeinen Geschäftsbedingungen ausdrücklich diese unbeschränkte Haftung erklärt. [4]

4. Sollte sich zukünftig herausstellen, dass die Berechnungen des versicherungsmathematischen Gutachters nicht richtig oder nicht vollständig waren, wird der Kaufpreis korrigiert. Dies gilt auch dann, wenn sich im Nachhinein herausstellen sollte, dass das in Abs. 1 und 2 genannte Verpflichtungsvolumen unzutreffend war, weil z.B. aufgrund einer Verletzung des Gleichbehandlungsgrundsatzes die dort genannten Personenkreise größer sind als in der Anlage 2 [5] wiedergegeben.

5. Für den in der Anlage 5 benannten Personenkreis bestehen bei der L-Lebensversicherung AG Direktversicherungen, die durch Entgeltumwandlung finanziert wurden. Z.T. wird in den Verträgen auch von Gehaltsumwandlungsversicherungen gesprochen. [6] Der jeweilige Versicherungsbeginn, die Versicherungs-Nr. und die Beitragszahlung sind in der Anlage 5 aufgeführt. Die Verkäuferin/Verpächterin versichert, dass bis zum Übergangsstichtag alle fällig gewordenen Versicherungsprämien fristgerecht gezahlt worden sind und keinerlei Beitragsrückstände bestehen. Es wurden keine Verfügungen gleich welcher Art vorgenommen. [7] Beide Parteien werden durch entsprechende Erklärungen den Versicherungsnehmerwechsel beim Versicherer beantragen. Alle Versicherungsunterlagen einschließlich der geführten Korrespondenz werden dem Käufer/Pächter ausgehändigt. Die Verkäuferin/Verpächterin versichert, dass keine weiteren Direktversicherungen bestehen.

6. Die Verkäuferin/Verpächterin weist darauf hin, dass den in der Anlage 5 genannten Versicherungsverträgen, die vor dem 01.01.2008 abgeschlossen wurden, sog. gezillmerte Tarife zugrunde lagen. Mit Urteil des BAG vom 15.09.2009 (– 3 AZR 17/09, Anlage 7) hat das Gericht entschieden, dass derartige Tarife in der betrieblichen Altersversorgung zulässig sind und insbesondere nicht gegen das Wertgleichheitsgebot verstoßen. Die Käuferin/Pächterin nimmt diese Entscheidung zur Kenntnis [8] und stellt die Verkäuferin/Verpächterin von etwaigen Regressansprüchen frei.

Erläuterungen

Schrifttum

Ahrend/Förster/Rößler Steuerrecht der betrieblichen Altersversorgung; *Andresen/Förster/Rößler/Rühmann* Arbeitsrecht der betrieblichen Altersversorgung, seit der 14. Aufl.: *Schlewing/Henssler/Schipp/Schnitker* Arbeitsrecht der betrieblichen Altersversorgung und Zeitwertkonten; *Blomeyer/Rolfs/Otto* Betriebsrentengesetz; *Förster/Cisch/Karst* Betriebsrentengesetz; *Höfer/Reinhard/Reich* Gesetz zur Verbesserung der betrieblichen Altersversorgung; *Kemper/Kisters-Kölkes/Berenz/Huber* BetrAVG; *Langohr-Plato* Betriebliche Altersversorgung; *aba* (Hrsg.) Handbuch der betrieblichen Altersversorgung H-BetrAV.

360 **1.** Gem. § 613a BGB gehen alle Arbeitsverhältnisse aktiver Mitarbeiter auf den neuen Inhaber über. Die betriebliche Altersversorgung ist uneingeschränkt fortzuführen. Ist – wie im Beispiel – eine Betriebsvereinbarung Rechtsgrundlage, ist § 613a Abs. 1 S. 2 oder S. 3 BGB zu beachten. Ggf. bleibt auch die Identität des Betriebes erhalten (hierzu im Einzelnen AR/*Kisters-Kölkes* § 1b BetrAVG Rn. 100 ff.). In diesem Fall muss die Betriebsvereinbarung gekündigt werden, um zu verhindern, dass neu in diesen Betrieb eintretende Arbeitnehmer eine Zusage erhalten. Dies gilt jedenfalls für neu gegründete Betriebe (BAG, Urt. v. 05.05.2015 – 1 AZR 763/13, EzA § 613a BGB 2002 Nr. 164, DB 2015, 2096).

361 Es wird empfohlen, in einer Liste konkret die Arbeitnehmer zu benennen, die von der Betriebsvereinbarung erfasst werden und damit auch von Abs. 1 des Formulierungsvorschlags. Dies hat den Vorteil, dass beiden Parteien vor Augen geführt wird, welche Verpflichtungen bestehen. Es hat insbesondere auch bei geschlossenen Versorgungswerken den Vorteil, dass der begünstigte Personenkreis vom nicht begünstigten Personenkreis namentlich abgegrenzt wird.

362 Sind zeitlich hintereinander Betriebsvereinbarungen abgeschlossen worden, die jeweils für Neueintritte ab einem bestimmten Stichtag galten, ist für jeden Personenkreis die Betriebsvereinbarung aufzuführen und in der Anlage der jeweils erfasste Personenkreis zu benennen.

363 Im vorliegenden Fall wurde bei dem Formulierungsvorschlag unterstellt, dass in der Vergangenheit keine Änderungen der Versorgungsversprechen vorgenommen wurden. Dies ist eher die Ausnahme als die Regel. In der Praxis werden immer wieder Änderungen vorgenommen und dann Besitzstände formuliert, denen bei der Übernahme von Arbeitnehmern große Aufmerksamkeit vom Erwerber gewidmet werden muss. War nämlich die Ablösung als solche unzulässig, ist die Neuregelung unwirksam und es gilt weiter die alte Regelung, auch wenn bei der Bewertung des Verpflichtungsvolumens für die Handels- und Steuerbilanz auf die neue Regelung abgestellt wurde. Dies würde zu Lasten des Erwerbers gehen.

364 War die Ablösung zulässig, wurde aber rechtswidrig in Besitzstände eingegriffen (AR/*Kisters-Kölkes* § 1b BetrAVG Rn. 72 ff.), ist die Neuregelung unwirksam. Auch dies geht zu Lasten des Erwerbers.

365 Es liegt folglich im Interesse des Erwerbers, die Vergangenheit auf ihre rechtlichen und wirtschaftlichen Folgen abzuprüfen. Erkennen kann man in der Vergangenheit vorgenommene Änderungen an Formulierungen wie:

»Diese Betriebsvereinbarung ersetzt die Betriebsvereinbarung vom ...«

366 Übergangsregelungen sind häufig auch am Ende des Leistungsplans oder gar in einem Anhang zu diesem zu finden. Manchmal werden auch eigene Betriebsvereinbarungen für den Personenkreis geschlossen, der unter die Besitzstandsregelung fällt.

367 **2.** Einzelzusagen sind Versorgungsvereinbarungen, die in einem konkreten Einzelfall zwischen Arbeitgeber und Arbeitnehmer ausgehandelt wurden. Sie sind von vertraglichen Einheitsregelungen zu unterscheiden, die für eine Mehrzahl/Vielzahl von Arbeitnehmern gelten. Damit keine Missverständnisse entstehen, sollte dies vor Abschluss der Vereinbarung geklärt sein.

368 Da Geschäftsführer nicht von § 613a BGB erfasst werden, sind sie nicht berücksichtigt. Sollten auch Organpersonen »übergehen«, wird unterstellt, dass diesbezüglich eigenständige Regelungen vereinbart werden, die auch die betriebliche Altersversorgung erfassen.

369 **3.** Leitende Angestellte (§ 5 Abs. 3 BetrVG) werden nicht von Betriebsvereinbarungen erfasst. Deshalb haben sie häufig individuelle Zusagen. Im vorliegenden Mustertext wird von einer Jeweiligkeitsklausel ausgegangen, die mit jedem einzelnen leitenden Angestellten im Arbeitsvertrag vereinbart wurde. Eine solche Klausel ist insbesondere für die betriebliche Altersversorgung von Bedeutung, weil damit auch künftige Änderungen der Betriebsvereinbarung auch für diesen Personenkreis gelten.

4. Das Verpflichtungsvolumen bei unmittelbaren Versorgungszusagen wird durch versicherungsmathematische Bewertungen ermittelt. Diese werden i.d.R. von einem versicherungsmathematischen Gutachter vorgenommen, der die entsprechende Fachkenntnis hat. Es gibt unterschiedliche Bewertungsmethoden. Üblicherweise werden die Richttafeln von Heubeck den Bewertungen zu Grunde gelegt. Verwendet werden können aber auch die DAV-Sterbetafeln. Wichtig ist auch der Zinsfuß, mit dem das Verpflichtungsvolumen auf einen Stichtag abgezinst wird.

Es ist hilfreich, wenn sich die Parteien vor Abschluss eines Vertrages auf die Bewertungsparameter verständigen. Damit wird im Vorfeld geklärt, welche Methode maßgeblich sein soll. Es kann nur beiden Seiten empfohlen werden, hierfür sachkundige Unterstützung in Anspruch zu nehmen.

Insbesondere sollte vorab geklärt werden, ob z.B. Verpflichtungen aus betrieblicher Übung, dem Gleichbehandlungs-/Gleichberechtigungsgrundsatz zu berücksichtigen sind, also Verpflichtungen, die nicht schriftlich niedergelegt sind, die aber vom Erwerber zu erfüllen sind. Auch Regelungen im Leistungsplan, die diskriminierend wirken könnten, sind zu beachten (z.B. AGG).

Im Formulierungsvorschlag wird das vom versicherungsmathematischen Gutachter ermittelte Volumen vom Kaufpreis abgezogen. Dies kann natürlich auch an anderer Stelle formuliert werden und ist hier nur als Merkposten angesprochen.

Besonders ist darauf zu achten, wer für die Richtigkeit der Berechnungen haftet. Dies können weder der Veräußerer noch der Erwerber sein, da ihnen die Fachkunde fehlt. Es müsste selbstverständlich sein, dass nur der Sachverständige, d.h. der versicherungsmathematische Gutachter, haften kann. Um Kollisionen mit von diesem verwendeten Allgemeinen Geschäftsbedingungen zu vermeiden, geht der Formulierungsvorschlag davon aus, dass in Abweichung von etwa bestehenden Allgemeinen Geschäftsbedingungen mit dem versicherungsmathematischen Sachverständigen dessen Haftung vereinbart wird. Insoweit sind ausdrückliche Vereinbarungen zu treffen, die nicht Gegenstand des Vertrages zwischen Veräußerer und Erwerber sind. Zwischen den Parteien ist zu klären, wer Auftraggeber ist und wer die Kosten trägt.

Sollte sich im Nachhinein herausstellen, dass die Berechnungen nicht richtig oder nicht vollständig waren, ist zu regeln, in wessen Verantwortungsbereich dies fällt. Beim Formulierungsmuster wird davon ausgegangen, dass Veräußerer und Erwerber dem versicherungsmathematischen Gutachter alle erforderlichen Informationen zur Verfügung gestellt haben, alle Fragen beantwortet und alle Mitwirkungspflichten erfüllt wurden. Stellt sich in einem solchen Fall später eine Unrichtigkeit heraus, müsste dies in den Verantwortungsbereich des Sachverständigen fallen, so dass unterstellt wird, ihm gegenüber könnten Schadensersatzansprüche geltend gemacht werden.

Zu regeln ist hinsichtlich der betrieblichen Altersversorgungsverpflichtungen eine Korrektur des Kaufpreises, wenn sich die Verpflichtungen kaufpreismindernd ausgewirkt haben. Will man keine Korrektur, sollte auch dies ausdrücklich geregelt werden.

5. In der betrieblichen Altersversorgung kommt dem Gleichbehandlungs-/Gleichberechtigungsgrundsatz eine erhebliche Bedeutung zu. Soweit durch das BAG bereits entschieden ist, welche Differenzierungen zulässig sind, kann dies bereits bei Beauftragung des versicherungsmathematischen Gutachtens berücksichtigt werden. Da einige Abgrenzungsfragen noch nicht höchstgerichtlich entschieden sind, könnte nach Abschluss der Vereinbarung eine gerichtliche Klärung erfolgen, die bei den Berechnungen nicht berücksichtigt wurde oder nicht berücksichtigt werden konnte. Folglich ist für diesen Fall eine Nachbesserung vorgesehen.

Das am 18.08.2006 in Kraft getretene Allgemeine Gleichbehandlungsgesetz verbietet Diskriminierungen wegen des Alters, des Geschlechts, einer Behinderung und der sexuellen Identität, soweit dies für die betriebliche Altersversorgung von Bedeutung sein könnte.

Zur Geschlechterdiskriminierung besteht eine langjährige Rechtsprechung, die sowohl die unmittelbare wie auch die mittelbare Diskriminierung verbietet. Sollten in der Versorgungsregelung derartige Diskriminierungen vorhanden sein, müssen sie bei der Beauftragung des versicherungs-

L. Betriebliche Altersversorgung

mathematischen Gutachters bereits berücksichtigt werden (z.B. unterschiedliche Altersgrenzen bei Männern und Frauen, hierzu EuGH, Urt. v. 17.05.1990, C-262/88, EzA Art. 119 EWG-Vertrag Nr. 4, DB 1990, 1824; aber auch BAG, Urt. v. 30.09.2014, 3 AZR 998/12, EzA § 2 BetrAVG Nr. 37, DB 2015, 1052).

380 Sind in dem Regelwerk geringfügig Beschäftigte von einer betrieblichen Altersversorgung ausgeschlossen (während teilzeitbeschäftigte Arbeitnehmer von einer betrieblichen Altersversorgung nicht ausgeschlossen werden dürfen, ist – obwohl § 2 Abs. 2 TzBfG geringfügig Beschäftigte den Teilzeitbeschäftigten gleichstellt – bisher ungeklärt, ob es in der betrieblichen Altersversorgung einen sachlichen Grund für einen Ausschluss gibt; hierzu auch L Rdn. 19 ff.), kann dies bei den Berechnungen berücksichtigt werden, aber auch einer künftigen Entscheidung durch das BAG vorbehalten und anschließend bewertet werden. Insoweit kommt es auf die Umstände des Einzelfalles an. Handelt es sich um ein Unternehmen mit wenigen geringfügig Beschäftigten, wirkt sich eine mögliche Diskriminierung geringer aus als bei einem Unternehmen, bei dem viele oder sogar die Mehrheit der Arbeitnehmer geringfügig beschäftigt sind.

381 Diskriminierungen wegen der sexuellen Identität sind weitgehend durch die Rechtsprechung des BAG geklärt. Danach sind eingetragene Lebenspartner bei der Hinterbliebenenversorgung den Witwen/Witwern gleichzustellen, und zwar für die Zeit ab dem 01.01.2005. Dies gilt gleichermaßen für aktive Arbeitnehmer wie auch für Versorgungsempfänger und mit unverfallbarer Anwartschaft ausgeschiedene Arbeitnehmer (BAG, Urt. v. 14.01.2009 – 3 AZR 20/07, DB 2009, 1545, EzA § 2 AGG Nr. 3; Urt. v. 15.09.2009 – 3 AZR 294/09, EzA § 2 AGG Nr. 5, BB 2010, 179; Urt. v. 15.09.2009 – 3 AZR 797/08, EzA § 2 AGG Nr. 4, DB 2010, 231).

382 Soweit Altersbestimmungen in jeder Form zu einer Diskriminierung führen können, ist zunächst die Entscheidung des BAG vom 11.12.2007 (– 3 AZR 249/06, DB 2008, 766, EzA § 2 AGG Nr. 1) zu berücksichtigen. Danach sind die Vorschriften des Betriebsrentengesetzes lex specialis im Verhältnis zum AGG. Dies bedeutet, dass z.B. die an das Alter anknüpfende gesetzliche Unverfallbarkeit nicht an den Maßstäben des AGG zu messen ist. Soweit im Betriebsrentengesetz keine Altersbestimmungen enthalten sind, können gem. § 10 Satz 3 Nr. 4 AGG Ausnahmen gerechtfertigt sein. In welchem Umfang dies der Fall ist, welche Rechtfertigungsgründe darüber hinaus bestehen und wann eine Altersdiskriminierung vorliegt, ist höchstrichterlich erst z.T. entschieden. So ist z.B. offen, ob bei der Hinterbliebenenversorgung Altersdifferenzklauseln weiterhin zulässig sind (zu Spätehenklauseln BAG, Urt. v. 15.10.2013 – 3 AZR 653/11, EzA § 1 BetrAVG Hinterbliebenenversorgung Nr. 16, DB 2014, 846; Urt. v. 04.08.2015 – 3 AZR 137/13, EzA § 10 AGG Nr. 12, DB 2015, 3015). Sollte sich nach Abschluss der Vereinbarung herausstellen, dass die Rechtsprechung bestimmte Klauseln nicht mehr billigt, muss eine Nachbesserungsmöglichkeit bestehen, da die Ursache für den Anspruch auf Gleichbehandlung in der Zeit gelegt wurde, in der der Veräußerer für das Versorgungswerk verantwortlich war.

383 Diskriminierungen wegen einer Behinderung waren noch nicht Gegenstand der Rechtsprechung. Behinderung und Invalidität sind nicht gleichzusetzen. Dennoch ist nicht ausgeschlossen, dass es Invaliditätsregelungen in einem Versorgungswerk geben könnte, die Behinderte diskriminiert. Auch für diese Fälle sollte eine Nachbesserungsmöglichkeit vereinbart werden.

384 Der Gleichbehandlungsgrundsatz ist nur ein Beispiel. Auch die betriebliche Übung kann ein Gesichtspunkt sein. Insoweit ist jedoch zu differenzieren: Hat der Veräußerer eine betriebliche Übung geschaffen und versucht diese wieder »einzustellen«, kann dies bereits vor Beauftragung des versicherungsmathematischen Gutachters berücksichtigt werden, denn die Rechtsprechung hat zwischenzeitlich geklärt, dass eine solche »Korrektur« nicht möglich ist (BAG, Urt. v. 25.11.2009 – 10 AZR 779/08, EzA § 242 BGB 2002 Betriebliche Übung Nr. 11, NZA 2010, 283; Urt. v. 16.02.2010 – 3 AZR 123/08, EzA-SD 2010, Nr. 4, 9–10).

385 Insbesondere bei gehaltsabhängigen Versorgungszusagen kann sich das Problem ergeben, dass im Nachhinein durch die Gerichte festgestellt wird, dass das versorgungsfähige Entgelt nicht richtig berücksichtigt wurde. Die von dem Veräußerer verwendeten Bemessungsgrundlagen stimmen nicht

mit dem überein, was später von einem Gericht als maßgeblich angesehen wird. Auch für diese Fälle sollte eine Nachbesserung vorgesehen werden. Allerdings sollte bereits vor Beauftragung des versicherungsmathematischen Gutachtens präzise geprüft werden, ob die bisher verwendeten Bezügebestandteile mit dem Wortlaut der Versorgungsregelung in Einklang stehen. Besondere Probleme bestehen in diesem Zusammenhang, wenn nach Schaffung eines betrieblichen Versorgungswerkes im abgebenden Unternehmen die Vergütungsstruktur geändert wurde. Es zeigt sich immer wieder in der Praxis, dass das Verhältnis von Festgehalt zu variablen Bezügen verschoben wird, ohne dass die Auswirkungen auf die betriebliche Altersversorgung geprüft wurden. Dadurch könnten Eingriffe in Besitzstände vorgenommen worden sein, die bei der Bewertung nicht berücksichtigt wurden. Dies muss bereits vor Abschluss der Vereinbarung geprüft werden.

6. Eine betriebliche Altersversorgung aus Entgeltumwandlung ist seit dem 01.01.1999 gesetzlich geregelt. Diese sog. freiwillige Entgeltumwandlung wurde zum 01.01.2002 um den Anspruch auf Entgeltumwandlung gem. § 1a BetrAVG erweitert. Auch aus der Zeit vor dem 01.01.1999 sind Entgeltumwandlungsvereinbarungen bekannt. Dabei wurden insbesondere Direktversicherungen abgeschlossen, die man auch Gehaltsumwandlungsversicherungen nannte. Gemeint ist immer derselbe Sachverhalt. Der Arbeitnehmer hat durch einen Verzicht auf zukünftige Entgeltbestandteile seine betriebliche Altersversorgung wirtschaftlich finanziert. Auch bei diesen Direktversicherungen ist der Arbeitgeber Versicherungsnehmer, der Arbeitnehmer versicherte Person. 386

Es wird davon ausgegangen, dass einzelne Mitarbeiter die Möglichkeit genutzt haben, Direktversicherungen gegen Entgeltumwandlung zu erhalten. Auch diese Verpflichtungen hat der Erwerber zu übernehmen. Wenn keine Beitragsrückstände bestehen, ist die »Übernahme« i.d.R. für den Erwerber unproblematisch. Es ist lediglich ein Versicherungsnehmerwechsel vorzunehmen. 387

Es liegt kein Anwendungsfall des § 4 BetrAVG vor, da diese Vorschrift nicht bei § 613a BGB von Bedeutung ist (BT-Drs. 15/2150, 53). Sie regelt die Übertragung einer Versorgungsanwartschaft für den Fall, dass ein einzelner Arbeitnehmer den Arbeitgeber wechselt. 388

Die Übergabe der geführten Korrespondenz ist nicht selbstverständlich, hier aber vorgesehen, damit der Erwerber eine lückenlose Dokumentation hat. Sollen keine Originale herausgegeben werden, bestehen ausreichend Möglichkeiten, eine Ersatzdokumentation zu erstellen. 389

Auch für diesen Personenkreis wird eine Auflistung empfohlen. Sollten bei mehreren Versicherungsunternehmen Direktversicherungen bestehen, ist der Vertrag entsprechend zu ergänzen. 390

7. Für Direktversicherungen aus Entgeltumwandlung, die ab dem 01.01.2001 abgeschlossen wurden, sind jegliche Verfügungen des Arbeitgebers gem. § 1b Abs. 5 BetrAVG ausgeschlossen. Folglich kann sich dieser Formulierungsvorschlag nur auf Direktversicherungen beziehen, die vor diesem Stichtag abgeschlossen wurden. Existieren solche Versicherungen nicht, sollte auf diese Passage dennoch nicht verzichtet werden, damit etwaige Verstöße gegen § 1b Abs. 5 BetrAVG erfasst sind. 391

8. Bei Direktversicherungen, die vor dem 01.01.2008 abgeschlossen wurden, wurden in aller Regel sog. gezillmerte Tarife verwendet. Für die Zeit ab dem 01.01.2008 werden Tarife verwendet, bei denen die Abschluss- und Vertriebskosten gem. § 169 Abs. 3 VVG über fünf Jahre verteilt werden. In der genannten Entscheidung hat das BAG für vor dem 01.01.2008 abgeschlossene Verträge angedeutet, dass bei einem zu geringen Verhältnis zwischen Umwandlungsbetrag und Rückkaufswert eine Auffüllung in Betracht kommen kann, die sich an der Verteilung der Abschluss- und Vertriebskosten nach § 169 Abs. 3 VVG orientiert. 392

Die Verkäuferin/Verpächterin will mit dieser Formulierung über die Tatsache, dass gezillmerte Tarife verwendet wurden, aufklären. Etwaige Auffüllansprüche der betroffenen Arbeitnehmer richten sich nach dem Formulierungsvorschlag gegen den Erwerber. 393

IV. Wechsel des Durchführungsweges

394 Ein Wechsel des Durchführungsweges ist immer unter arbeits- und steuerrechtlichen Rahmenbedingungen zu prüfen. Kein Wechsel des Durchführungsweges liegt vor, wenn für neu in das Unternehmen eintretende Arbeitnehmer ein neuer Durchführungsweg gewählt wird, es für die bestehenden Zusagen aber beim bisherigen Durchführungsweg bleibt. Bei der Bestimmung eines neuen Durchführungsweges für neu eintretende Arbeitnehmer sind keine Besonderheiten zu berücksichtigen.

395 Soll für die bestehenden Versorgungszusagen ein Wechsel des Durchführungsweges vorgenommen werden, ist zunächst danach zu unterscheiden, welcher Personenkreis betroffen sein soll. In Betracht kommt ein Wechsel des Durchführungsweges nur für Versorgungsempfänger. Von einem Wechsel des Durchführungsweges können aber auch Versorgungsanwärter betroffen sein.

396 Häufig wird ein Wechsel des Durchführungsweges für einen der beiden Personenkreise oder für beide Personenkreise in Erwägung gezogen, wenn bisher die betriebliche Altersversorgung über eine unmittelbare Versorgungszusage erteilt war. Wegen des neu bewerteten Verpflichtungsausweises aufgrund des BilMoG (z.B. § 253 HGB i.V.m. Art. 67 EG-HGB) kann z.B. ein solcher vollständiger oder partieller Wechsel des Durchführungsweges erwogen werden.

397 Ein Wechsel des Durchführungsweges ist nicht uneingeschränkt möglich. Hat sich der Arbeitgeber verpflichtet, die betriebliche Altersversorgung in einem bestimmten, mit dem Arbeitnehmer vereinbarten Durchführungsweg durchzuführen, ist er an diesen Durchführungsweg gebunden (BAG, Urt. v. 12.06.2007 – 3 AZR 186/06, DB 2008, 2034, EzA § 1 BetrAVG Nr. 90). Ein Wechsel ist dann nur einvernehmlich möglich. Besteht eine solche Bindung nicht, ist der Arbeitgeber grundsätzlich frei, nicht nur bei Erteilung der Versorgungszusage den Durchführungsweg mitbestimmungsfrei vorzugeben, sondern auch für einen Wechsel des Durchführungsweges. Dies ist allerdings nur möglich, wenn keine Änderungen im Leistungsplan vorgenommen werden. Verändert sich der Leistungsplan, der Zusageinhalt, die Leistungshöhe etc., sind die zwingenden Mitbestimmungsrechte des Betriebsrates zur Änderung von Versorgungszusagen zu beachten (AR/*Kisters-Kölkes* § 1 BetrAVG Rn. 31 ff., § 1b BetrAVG Rn. 64 ff.).

398 Steuerliche Restriktionen schränken die Möglichkeit des Wechsels des Durchführungsweges ein. Ein vollständiger Wechsel des Durchführungsweges ist nur für Versorgungsempfänger möglich, nicht ohne Weiteres für Versorgungsanwärter. Dies liegt an den Restriktionen des § 4d EStG und der Rechtsauffassung der Finanzverwaltung zu § 3 Nr. 66 EStG (BMF-Schreiben vom 24.07.2013, BStBl. I 2013, 1022, Rn. 322; 10.07.2015, BStBl. I 2015, 544). § 4d EStG lässt bei einer rückgedeckten Unterstützungskasse Einmalbeiträge nur für Versorgungsempfänger zu, nicht für Versorgungsanwärter. Folglich müssen Anwartschaften über laufende gleich bleibende oder steigende Rückdeckungsversicherungsbeiträge finanziert werden. Dies bedeutet, dass grundsätzlich nur zukünftig zu erwerbende Anwartschaften der Anwärter mittels einer rückgedeckten Unterstützungskasse finanziert werden können. Soweit ein Wechsel des Durchführungsweges zum Pensionsfonds erwogen wird, ist hierzu die vom Bundesfinanzministerium geäußerte Rechtsauffassung zu beachten: Danach soll eine Finanzierung durch Einmalbeiträge nur für den sog. past-service möglich sein, nicht für den future-service. Dies bedeutet, dass nur Versorgungsempfänger mit ihrem gesamten past-service auf den Pensionsfonds ausgelagert werden können, während bei Versorgungsanwärtern der past-service durch § 3 Nr. 66 EStG finanziert werden würde, nicht aber der future-service. Nach Auffassung der Finanzverwaltung muss der future-service über § 3 Nr. 63 EStG finanziert werden, so dass die Beschränkung auf die 4 %-Grenze dazu führen kann, dass das Finanzierungsvolumen nicht ausreicht. In diesen Fällen wird in der Praxis eine Kombination von Durchführungswegen erwogen, indem der past-service auf den Pensionsfonds und der future-service in eine rückgedeckte Unterstützungskasse ausgelagert wird. Bei rückgedeckten Unterstützungskassen gibt es für den future-service keine Einschränkung in der Finanzierungshöhe.

Der Wechsel des Durchführungsweges führt zu einem Liquiditätsabfluss. Er hat den Vorteil, dass durch ihn mit Wirkung für die Zukunft die Beitragszahlungspflicht an den PSVaG reduziert werden kann (§ 10 Abs. 2 Nr. 4 BetrAVG; BVerwG, Urt. v. 31.01.2008 – 6 C 19/07, DB 2008, 1441, BetrAV 2008, 717).

1. Bei Versorgungsempfängern

▶ Muster – Wechsel des Durchführungsweges bei Versorgungsempfängern

Ihre betriebliche Altersversorgung

Sehr geehrte/r Frau/Herr ____[Name]____,

seit dem ___[Datum]___ beziehen Sie von uns eine Altersrente in Höhe von monatlich ___[Betrag]___ Euro. Aus den verschiedensten Gründen haben wir uns entschlossen, die vom Gesetzgeber eingeräumte Möglichkeit zu nutzen, diese Zahlungsverpflichtung auf den X-Pensionsfonds zu übertragen, so dass Sie ab dem ___[Datum]___ von dem Pensionsfonds Ihre Rente in unveränderter Höhe erhalten werden. [1]

Wir zahlen für die Übernahme der Versorgungsverpflichtung einen Einmalbeitrag an den Pensionsfonds, damit dieser in der Lage ist, Ihre Rente zu zahlen. Die Zahlung des Einmalbeitrags wird durch § 3 Nr. 66 EStG steuerlich gefördert, indem der Einmalbeitrag für Sie steuerfrei bleibt. [2]

Ihnen entstehen durch den Wechsel des Durchführungsweges keine Nachteile. Gem. § 22 Nr. 5 Satz 11 EStG werden Sie hinsichtlich der Besteuerung Ihrer Rente so gestellt, als habe kein Wechsel des Durchführungsweges stattgefunden. Die Sozialversicherungsabgaben richten sich nach wie vor nach der Höhe der Ihnen gezahlten Rente. [3]

Wir gehen davon aus, dass Sie mit diesem Wechsel des Durchführungsweges einverstanden sind, wenn Sie nicht bis zum ___[Datum]___ widersprechen. [4]

Sollten Sie Fragen haben, steht Ihnen hierfür ___[z.B. Personalabteilung]___ zur Verfügung.

Der Betriebsrat begrüßt diesen Wechsel des Durchführungsweges, weil er das Unternehmen hinsichtlich des PSV-Beitrages wirtschaftlich entlastet und damit der Erhalt von Arbeitsplätzen gefördert wird. [5]

Mit freundlichen Grüßen

(Unterschrift)

Erläuterungen

Schrifttum

Ahrend/Förster/Rößler Steuerrecht der betrieblichen Altersversorgung; *Andresen/Förster/Rößler/Rühmann* Arbeitsrecht der betrieblichen Altersversorgung, seit der 14. Aufl.: *Schlewing/Henssler/Schipp/Schnitker* Arbeitsrecht der betrieblichen Altersversorgung und Zeitwertkonten; *Blomeyer/Rolfs/Otto* Betriebsrentengesetz; *Förster/Cisch/Karst* Betriebsrentengesetz; *Höfer/Reinhard/Reich* Gesetz zur Verbesserung der betrieblichen Altersversorgung; *Kemper/Kisters-Kölkes/Berenz/Huber* BetrAVG; *Langohr-Plato* Betriebliche Altersversorgung; *aba* (Hrsg.) Handbuch der betrieblichen Altersversorgung H-BetrAV.

1. Mit dem Wechsel des Durchführungsweges ändert sich nicht das Verpflichtungsvolumen. Aus einer unmittelbaren Versorgungszusage wird lediglich eine mittelbare Versorgungszusage, wobei der externe Versorgungsträger »Pensionsfonds« künftig die Versorgungszahlungen erbringt. Damit wird der Arbeitgeber von dieser Zahlungspflicht freigestellt.

Der Wechsel des Durchführungsweges ist keine schuldbefreiende Übernahme. Der Arbeitgeber bleibt in der Haftung nach § 1 Abs. 1 BetrAVG. Aus der Sicht des Arbeitgebers hat der Wechsel des Durchführungsweges allerdings den Vorteil, dass er für die Verpflichtungen in der Handels-

L. Betriebliche Altersversorgung

und Steuerbilanz keine Pensionsrückstellungen bilden muss, wenn – wie im Formulierungsvorschlag – die Verpflichtung im vollen Umfang übernommen wurde. Die Finanzierung des Pensionsfonds erfolgt durch eine Einmalzahlung gem. § 3 Nr. 66 EStG, wobei insoweit der lohnsteuerliche Zufluss steuerfrei gestellt wird, wenn der Arbeitgeber einen verbindlichen Antrag gem. § 4e EStG gestellt hat. Steuerlich werden die gebildeten Pensionsrückstellungen erfolgsneutral in dem Umfang aufgelöst, in dem ein Einmalbeitrag an den Pensionsfonds abfließt. Da in aller Regel der Einmalbeitrag deutlich höher ist als die in der Steuerbilanz gebildeten Pensionsrückstellungen, ordnet das Gesetz an, dass der übersteigende Zahlbetrag erst in den zehn folgenden Wirtschaftsjahren als Betriebsausgabe abgezogen werden kann. Die steuerlichen Konsequenzen sind in jedem Einzelfall zu prüfen und zu berücksichtigen.

403 **2.** Für den Versorgungsempfänger ist die steuerliche Behandlung beim Arbeitgeber ohne Bedeutung. Für ihn wird weiterhin die Rente im Zeitpunkt des Zuflusses nachgelagert versteuert. Auch wenn jetzt die Besteuerung nach § 22 Nr. 5 EStG erfolgt, ändert sich für den Versorgungsempfänger in der Leistungshöhe nichts.

404 **3.** Im BMF-Schreiben vom 24.07.2013 (BStBl. I 2013, 1022, Rn. 330) wird erlaubt, dass in dem gleichen Monat, in dem erstmals ein Versorgungsanspruch entsteht, auch eine Auslagerung dieser Verpflichtung auf den Pensionsfonds vorgenommen werden kann, so dass der Arbeitgeber gar nicht die Zahlung der Versorgungsleistung aufnehmen muss.

405 Der Formulierungsvorschlag geht davon aus, dass die Rente bereits seit längerer Zeit gezahlt wird. Bei gleichzeitigem Rentenbeginn und gleichzeitiger Auslagerung ist die Formulierung entsprechend anzupassen.

406 **4.** Da der Versorgungsempfänger durch den Wechsel des Durchführungsweges in keiner Weise benachteiligt wird, wird davon ausgegangen, dass er nicht zustimmen muss. Dies ist in der Literatur umstritten, wobei die Meinungen z.T. von einer Zustimmungsverpflichtung ausgehen. Im Formulierungsvorschlag wird der Versuch unternommen, über ein Widerspruchsrecht die Vorgehensweise zu vereinfachen. Die Praxis zeigt, dass der Wechsel zum Pensionsfonds von den betroffenen Versorgungsempfängern positiv aufgenommen wird, weil damit auch die Auslagerung von Finanzierungsmitteln verbunden ist, was als »Sicherheit« empfunden wird.

407 **5.** Auch wenn von der Rechtsprechung seit geraumer Zeit offengelassen wird, ob der Betriebsrat auch für Versorgungsempfänger zuständig sein könnte, wird bei dem Formulierungsvorschlag noch von der Rechtsprechung des BAG ausgegangen, wonach der Betriebsrat Versorgungsempfänger nicht vertritt (BAG, Urt. v. 25.10.1988 – 3 AZR 483/86, DB 1989, 1195, EzA § 77 BetrVG 1972 Nr. 26). Deswegen kann ein solcher Wechsel des Durchführungsweges bei Versorgungsempfängern nicht mittels Betriebsvereinbarung erfolgen. Dennoch zeigt die Praxis, dass in vielen Fällen der Betriebsrat hinter einem solchen Wechsel des Durchführungsweges steht, weil das Unternehmen durch die Reduzierung des PSV-Beitrages von 100 % auf 20 % langfristig Geld spart, was der Sicherung der Arbeitsplätze dient. Dies kann bei Unternehmen einer gewissen Größenordnung in die Millionenhöhe gehen.

2. Partieller Wechsel des Durchführungsweges bei Versorgungsanwärtern

▶ Muster – Partieller Wechsel Durchführungsweg bei Versorgungsanwärtern

408 Ihre betriebliche Altersversorgung

Sehr geehrte/r Frau/Herr _____[Name]_____,

mit dem Betriebsrat haben wir am _____[Datum]_____ eine Betriebsvereinbarung abgeschlossen, die *einen partiellen Wechsel des Durchführungsweges vorsieht*.[1]

Partieller Wechsel des Durchführungsweges bei Versorgungsanwärtern L.IV.2.

Den Teil Ihrer Versorgungsanwartschaft, den Sie erst durch Ihre zukünftige Betriebszugehörigkeit erdienen werden, [2] werden wir künftig über eine Direktversicherung finanzieren, die zum ___[Datum]___ gegen laufende Beitragszahlung abgeschlossen wurde. Der Versicherungsvertrag, der hierfür auf Ihr Leben von uns bei der ___[Name der Lebensversicherung]___ abgeschlossen wurde, sieht im Pensionsalter eine Altersrente in Höhe von monatlich ___[Betrag]___ Euro vor. Diese Leistung ist durch den Versicherer garantiert. Erhöht wird die Leistung durch Überschüsse, die nicht garantiert sind. Nach den Prognosen des Versicherers könnte die Altersrente unter Berücksichtigung der derzeitigen Gewinndeklaration auf ___[Betrag]___ Euro steigen. [3] Eine Kopie des Versicherungsscheins mit der Versicherungs-Nr. ___[Nummer]___ ist diesem Schreiben als Anlage 1 beigefügt. Zudem erhalten Sie als Anlage 2 das von der Versicherungsgesellschaft erstellte Produktinformationsblatt. [4]

Dieser partielle Wechsel des Durchführungsweges wurde mit dem Betriebsrat vereinbart, [5] weil wir künftig die bisher unmittelbar zugesagten Versorgungsleistungen sukzessive immer mehr extern finanzieren wollen. [6] So wurden für alle neu eingestellten Mitarbeiter ausschließlich Direktversicherungen abgeschlossen. [7]

Wegen weiterer Einzelheiten verweisen wir auf die Betriebsvereinbarung vom ___[Datum]___. Fragen können Sie an den Betriebsrat oder die Personalabteilung richten.

Mit freundlichen Grüßen

_____
(Unterschrift)

Erläuterungen

Schrifttum

Ahrend/Förster/Rößler Steuerrecht der betrieblichen Altersversorgung; *Andresen/Förster/Rößler/Rühmann* Arbeitsrecht der betrieblichen Altersversorgung, seit der 14. Aufl.: *Schlewing/Henssler/Schipp/Schnitker*, Arbeitsrecht der betrieblichen Altersversorgung und Zeitwertkonten; *Blomeyer/Rolfs/Otto* Betriebsrentengesetz; *Förster/Cisch/Karst* Betriebsrentengesetz; *Höfer/Reinhard/Reich* Gesetz zur Verbesserung der betrieblichen Altersversorgung; *Kemper/Kisters-Kölkes/Berenz/Huber* BetrAVG; *Langohr-Plato* Betriebliche Altersversorgung; *aba* (Hrsg.) Handbuch der betrieblichen Altersversorgung H-BetrAV.

1. Bei dem Formulierungsvorschlag handelt es sich um ein Informationsschreiben, nicht um den rechtsgestaltenden Akt. Die Rechtsgestaltung wird durch die Betriebsvereinbarung vorgenommen, die unmittelbar und zwingend gilt (§ 77 Abs. 4 S. 1 BetrVG). Dies bedeutet, dass in der Betriebsvereinbarung geregelt wird, welche Versicherungen abgeschlossen werden, welche Leistungen vorgesehen sind und wie diese Leistungen auf die bestehenden unmittelbaren Zusagen angerechnet werden. Da nur eine Altersrente versichert wird, wird davon ausgegangen, dass etwa zugesagte Invaliditäts- und Hinterbliebenenleistungen weiterhin unmittelbar von der Firma erbracht werden. Insoweit kommt es auf die Gegebenheiten des Einzelfalles an, wobei insbesondere vor Einleitung derartiger Maßnahmen geprüft werden muss, für welchen Anwärterkreis sinnvoll noch Direktversicherungen abgeschlossen werden können und inwieweit das Unternehmen hierdurch handels- und steuerbilanziell entlastet wird. Vielfach ist es sinnvoll, derartige Direktversicherungen nur für jüngere Arbeitnehmer abzuschließen, weil durch einen entsprechend langen Finanzierungszeitraum auch entsprechende Altersleistungen extern finanziert werden können.

Von den Gegebenheiten jedes Einzelfalles hängt es ab, ob Mitbestimmungsrechte des Betriebsrates nach § 87 Abs. 1 Nr. 10 BetrVG bestehen. Da zwischen den mitbestimmungsfreien Entscheidungen des Arbeitgebers und der mitbestimmungspflichtigen Leistungsplangestaltung des Betriebsrates zu unterscheiden ist, würde man bei einem bloßen partiellen Wechsel des Durchführungsweges auch zu dem Ergebnis gelangen können, dass keine Mitbestimmungsrechte bestehen. Im vorliegenden Fall wird aber auch das Anrechnungsverfahren und damit ein Element der Leistungsplangestaltung in die Neuregelung einbezogen, so dass der Abschluss einer Betriebsvereinbarung nicht nur naheliegt, sondern auch geboten ist.

L. Betriebliche Altersversorgung

411 **2.** Aufgrund des in § 3 Nr. 63 EStG vorgegebenen Finanzierungsverfahrens kann nur mit einer Jahresprämie von max. 4 % der Beitragsbemessungsgrenze (2016: 2.976 Euro als Jahresbetrag) die externe Versorgung finanziert werden. Deswegen ist es in vielen Fällen nicht möglich, auch den in der Vergangenheit erdienten Teil der Versorgungsanwartschaft auf eine Direktversicherung auszulagern, so dass bei dem Formulierungsvorschlag davon ausgegangen wird, dass nur der future-service extern finanziert werden kann. Damit ist der Teil der Versorgungsanwartschaft gemeint, der noch zukünftig zu erdienen ist. Der in der Vergangenheit erdiente Teil der Anwartschaft bleibt als unmittelbare Versorgungszusage erhalten und richtet sich nach den in der Betriebsvereinbarung festgelegten Regeln. Insgesamt wird davon ausgegangen, dass sich die Höhe der zugesagten Altersleistung nicht verändert und die Direktversicherung so gestaltet ist, dass die vorgesehenen Leistungen jeweils zu den Stichtagen fällig werden, wie sie auch in der bisherigen unmittelbaren Versorgungszusage vorgesehen waren. Es liegt auf der Hand, dass hierzu eine Feinabstimmung erforderlich ist.

412 **3.** Bei einer Direktversicherung ist zwischen den garantierten Leistungen und den Leistungen aus der Überschussbeteiligung zu unterscheiden. Im Formulierungsvorschlag wird davon ausgegangen, dass nicht nur die garantierte Altersrente auf die unmittelbare Versorgungszusage angerechnet wird, sondern auch die Rente, die sich aus künftigen Überschüssen ergibt. Damit handelt es sich um eine Direktversicherung, bei der die Gewinnanteile angesammelt werden. Gewinnanteile sind nicht vorausberechenbar, so dass nur eine geschätzte Leistung angegeben werden kann. Wegen der Niedrigzinsphase müssen Überschussbeteiligungen vorsichtig angesetzt werden.

413 Ob die Garantierente und die Rente aus Überschussbeteiligung ausreichen werden, um den future-service abzudecken, muss im Einzelfall geprüft werden. Dies hat entsprechende Auswirkungen auf die Handels- und Steuerbilanz.

414 **4.** Aus dem Versicherungsschein ergibt sich, welche Leistungen konkret auf das Leben dieses Arbeitnehmers abgeschlossen wurden. Das Produktinformationsblatt dient der weiteren Information. In der Betriebsvereinbarung könnte geregelt werden, welche weiteren Informationen der einzelne Arbeitnehmer erhält, insbesondere auch, ob ihm die Allgemeinen Versicherungsbedingungen auszuhändigen sind.

415 **5.** Für einen partiellen Wechsel des Durchführungsweges kann der Abschluss einer Direktversicherung gewählt werden, aber auch eine Versorgung bei einer Pensionskasse eingerichtet werden. Auch kommt ein partieller Wechsel des Durchführungsweges zu einer rückgedeckten Unterstützungskasse in Betracht. Es wird davon ausgegangen, dass die unterschiedlichen Gestaltungsmöglichkeiten im Vorfeld geprüft wurden und Gegenstand der abgeschlossenen Betriebsvereinbarung der partielle Wechsel zur Direktversicherung ist mit den jeweiligen Regeln, die bei den Durchführungswegen erforderlich sind. So müsste z.B. bei einer Direktversicherung geregelt werden, wie die Überschussanteile ab Rentenbeginn verwendet werden, insbesondere ob sie auf die unmittelbar zugesagten Leistungen angerechnet werden. Insoweit ist zu berücksichtigen, dass bei Versorgungszusagen, die vor dem 01.01.1999 erteilt wurden, eine Anpassungsprüfungspflicht gem. § 16 Abs. 1 BetrAVG besteht. Ob insoweit weitergehender Regelungsbedarf besteht, hängt davon ab, für welchen Personenkreis der partielle Wechsel des Durchführungsweges vorgenommen wird.

416 **6.** Ein sukzessiver Wechsel des Durchführungsweges über externe Versorgungsträger kann verschiedene Gründe haben. Einer der Gründe kann sein, eine bilanzielle Entlastung herbeizuführen, um die Relation zwischen Eigen- und Fremdkapital zu verbessern.

417 **7.** Grundsätzlich ist es für die bestehenden Versorgungsanwartschaften ohne Bedeutung, welcher Durchführungsweg für neu eintretende Mitarbeiter gewählt wird. Mit diesem Zusatz soll deutlich gemacht werden, dass hinter dem Vorgehen eine Strategie steht, die nicht nur einzelne Arbeitnehmer betrifft, sondern eine Grundsatzentscheidung des Unternehmens darstellt.

Teil 2 Dienstverträge

M. Organverträge

Inhaltsübersicht

	Rdn.
I. **Geschäftsführer**	1
1. Geschäftsführer-Anstellungsvertrag	1
Vorbemerkung	1
Muster: Geschäftsführer-Anstellungsvertrag	7
Erläuterungen	8
2. Geschäftsführer-Dienstvertrag (Englische Fassung)	32
Vorbemerkung	32
Muster: Geschäftsführer-Dienstvertrag (Englische Fassung)	34
Erläuterungen	35
3. Vereinbarung Wettbewerbsverbot	37
Vorbemerkung	37
Muster: Vereinbarung Wettbewerbsverbot	39
Erläuterungen	40
4. Gesellschafterbeschluss: Bestellung	50
Vorbemerkung	50
Muster: Gesellschafterbeschluss: Bestellung	56
Erläuterungen	57
5. Anmeldung Handelsregister	63
Vorbemerkung	63
Muster: Anmeldung Handelsregister	68
Erläuterungen	69
6. Geschäftsordnung für die Geschäftsführung	77
Vorbemerkung	77
Muster: Geschäftsordnung für die Geschäftsführung	81
Erläuterungen	82
7. Gesellschafterbeschluss: Abberufung	88
Vorbemerkung	88
Muster: Gesellschafterbeschluss: Abberufung	95
Erläuterungen	96
8. Kündigung Geschäftsführer-Anstellungsvertrag	104
Vorbemerkung	104
Muster: Kündigung Geschäftsführer-Anstellungsvertrag	109
Erläuterungen	110
9. Aufhebungsvereinbarung	120
Vorbemerkung	120
Muster: Aufhebungsvereinbarung	123
Erläuterungen	124
10. Gesellschafterbeschluss: Entlastung	137
Vorbemerkung	137
Muster: Gesellschafterbeschluss: Entlastung	142
Erläuterungen	143
II. **Vorstandsmitglied**	148
1. Vorstands-Dienstvertrag	148
Vorbemerkung	148
Muster: Vorstands-Dienstvertrag	152
Erläuterungen	153
2. Pensionsvereinbarung	223
Vorbemerkung	223
Muster: Pensionsvereinbarung	227
Erläuterungen	228
3. Aufsichtsratsbeschluss Bestellung	243
Vorbemerkung	243
Muster: Aufsichtsratsbeschluss	246
Erläuterungen	247

M. Organverträge

		Rdn.
4.	Anmeldung Handelsregister Bestellung/Ausscheiden	262
	Vorbemerkung	262
	Muster: Anmeldung Handelsregister Bestellung/Ausscheiden	264
	Erläuterungen	265
5.	Aufsichtsratsbeschluss Abberufung	275
	Vorbemerkung	275
	Muster: Aufsichtsratsbeschluss Abberufung	279
	Erläuterungen	280
6.	Amtsniederlegung	290
	Vorbemerkung	290
	Muster: Amtsniederlegung	292
	Erläuterungen	293
7.	Aufhebungsvereinbarung	297
	Vorbemerkung	297
	Muster: Aufhebungsvereinbarung	298
	Erläuterungen	299
8.	Kündigung Dienstvertrag aus wichtigem Grund	317
	Vorbemerkung	317
	Muster: Kündigung Dienstvertrag aus wichtigem Grund	318
	Erläuterungen	319
9.	Geschäftsordnung für den Vorstand nach DCGK	335
	Vorbemerkung	335
	Muster: Geschäftsordnung für den Vorstand nach DCGK	339
	Erläuterungen	340
10.	Vergleichsvereinbarung Haftungsansprüche	361
	Vorbemerkung	361
	Muster: Vergleichsvereinbarung Haftungsansprüche	366
	Erläuterungen	367

I. Geschäftsführer

1. Geschäftsführer-Anstellungsvertrag

Vorbemerkung

1 Der Geschäftsführer-Anstellungsvertrag (auch GF-Vertrag genannt) ist als **Geschäftsbesorgungsvertrag** nach §§ 675, 611 BGB (gerichtet auf die Führung der Geschäfte der GmbH) ein freier Dienstvertrag, kein Arbeitsvertrag (Lutter/Hommelhoff/*Kleindiek* Anh. zu § 6 Rn. 3; Baumbach/Hueck/*Zöllner/Noack* § 35 Rn. 172 ff.). Der GF ist in aller Regel kein AN. Europarechtlich kann es allerdings geboten sein, bestimmte Schutzvorschriften, die auf europäischen Richtlinien beruhen, auf einen Fremd-GF anzuwenden, weil das Gemeinschaftsrecht einen weiteren AN-Begriff hat als das nationale Recht (Lutter/Hommelhoff/*Kleindiek*, Anh. zu § 6 Rn. 47a; vgl. auch *Reiserer* BB 2016, 1141 zu den Auswirkungen der Rechtsprechung von EuGH und BAG auf die Stellung des GF als Arbeitnehmer).

2 Vertragspartner des GF-Vertrags sind in der Regel die Gesellschaft auf der einen und der GF auf der anderen Seite (zur **Drittanstellung** Lutter/Hommelhoff/*Kleindiek* Anh. zu § 6 Rn. 9). Vorbehaltlich der Delegierung an ein anderes Organ (Beirat oder AR), wird die Gesellschaft beim Abschluss des GF-Vertrags als Annexkompetenz zur Bestellungskompetenz aus § 46 Nr. 5 GmbHG durch die **Gesellschafter** (und nicht durch die übrigen Geschäftsführer) vertreten. Handelt es sich um eine mitbestimmte Gesellschaft im Sinn des MitbestG, liegt die Kompetenz zum Vertragsschluss nach § 31 MitbestG zwingend beim AR (BGH, Urt. v. 14.11.1983 – II ZR 33/83, BGHZ 89, 48).

Inhaltlich werden im GF-Vertrag die Rechte und Pflichten des GF sowie dessen Aufgabenbereich 3
geregelt und konkretisiert. Hierbei kann es zur **Kollision** mit anders lautendem gesetzlichem Organisationsrecht, Regelungen des Gesellschaftsvertrags und der Geschäftsordnung sowie mit expliziten Einzelweisungen der Gesellschafter kommen. Bei der Auflösung dieses Spannungsverhältnisses muss unterschieden werden: Anstellungsbedingungen, die im Widerspruch zu *zwingendem* Gesetzesrecht stehen, sind grundsätzlich nach § 134 BGB nichtig; solche, die nur gegen *dispositives* Recht verstoßen, sind zwar schuldrechtlich wirksam, können aber durch eine anders lautende bindende Weisung der Gesellschafter an den GF gegenstandslos werden (Lutter/Hommelhoff/ *Kleindiek* Anh. zu § 6 Rn. 11). Regelungen des GF-Vertrags, die im Widerspruch zum Gesellschaftsvertrag stehen, entfalten organisationsrechtlich keine Wirkung; hiervon zu unterscheiden ist die Frage der Wirksamkeit auf schuldrechtlicher Ebene (Lutter/Hommelhoff/*Kleindiek* Anh. zu § 6 Rn. 12, 15 f.).

Auch der GF-Vertrag kann bei formularhafter Verwendung einer **AGB-Kontrolle** nach §§ 305 ff. 4
BGB unterliegen. Besonders kritisch sind überraschende Freistellungs-, Kopplungs- und Vertragsstrafeklauseln, auch Regelungen zum Wegfall bestimmter (variabler) Vergütungselemente bei Beendigung der Organstellung (dazu BAG, Urt. v. 19.05.2010 – 5 AZR 253/09, NJW 2010, 2827; vgl. zu Kopplungsklauseln in GF-Dienstverträgen *Werner* NZA 2015, 1234).

War der zum Geschäftsführer Berufene **zuvor als Arbeitnehmer** für die GmbH tätig, so kann der 5
diesem Rechtsverhältnis regelmäßig zugrunde liegende Arbeitsvertrag auch die schuldrechtliche Grundlage für dessen Tätigkeit als GF bilden (Lutter/Hommelhoff/*Kleindiek* Anh. zu § 6 Rn. 4). Wenn ein GF-Vertrag geschlossen wird, stellt sich bei Beendigung des GF-Vertrags die Frage, ob das ursprüngliche Arbeitsverhältnis im ruhenden Zustand weiterbestand, was indes nur bei Vorliegen besonderer Umstände anzunehmen ist (BAG, Urt. v. 05.06.2008 – 2 AZR 754/06, GmbHR 2008, 1259; BAG, Urt. v. 03.02.2009 – 5 AZB 100/08, GmbHR 2009, 651; Lutter/Hommelhoff/ *Kleindiek* Anh. zu § 6 Rn. 4). Ein schriftlicher Geschäftsführer-Dienstvertrag, den eine von der Arbeitgeberin verschiedene Gesellschaft mit dem Arbeitnehmer schließt, wahrt freilich nicht das Formerfordernis gemäß § 623 BGB für eine Vereinbarung über die Auflösung des Arbeitsverhältnisses, weil es dann nach Auffassung des BAG an einem schriftlichen Rechtsgeschäft zwischen Arbeitgeber und Arbeitnehmer fehlt (BAG, Urt. v. 24.10.2013 – 2 AZR 1078/12, NZA 2014, 540). Zur Frage des Rechtswegs zu den Arbeitsgerichten BAG, Urt. v. 26.10.2012 – 10 AZB 55/12, GmbHR 2013, 253; und BAG, Beschl. v. 04.02.2013 – 10 AZB 78/12, AG 2013, 390: Solange der GF im Zeitpunkt der Klage noch gesetzlicher Vertreter ist, sind immer die ordentlichen Gerichte zuständig, auch wenn materiell ein Arbeitsvertrag vorliegt.

Der GF-Vertrag bedarf keiner besonderen Form und kann konkludent abgeschlossen werden. In 6
der Praxis empfiehlt sich der Abschluss in **Schriftform**, zumal bei Gesellschafter-GF, um eine steuerliche Qualifizierung der Bezüge als verdeckte Gewinnausschüttung zu vermeiden. Eine etwaige Fehlerhaftigkeit des GF-Vertrags kann ab Aufnahme der Geschäftsführertätigkeit nur mit ex-nunc-Wirkung geltend gemacht werden (BGH, Urt. v. 06.04.1964 – II ZR 75/62, BGHZ 41, 282).

▶ **Muster – Geschäftsführer-Anstellungsvertrag**

Geschäftsführer-Anstellungsvertrag 7

zwischen

der __[Name, Adresse der GmbH]__ ,

vertreten durch den Beirat, dieser vertreten durch seine[n] Vorsitzende[n], [1]

und

Herrn/Frau __[Name, Adresse]__

M. Organverträge

§ 1 Aufgaben und Pflichten

(1) Herr/Frau ____[Name]____ ist durch Beschluss des Beirats vom ____[Datum]____ mit Wirkung ab dem ____[Datum]____ zum Geschäftsführer der __[Name der GmbH]__ (im Folgenden als »Gesellschaft« bezeichnet) bestellt worden. [2]

(2) Herr/Frau ____[Name]____ führt die Geschäfte nach Maßgabe der Gesetze, des Gesellschaftsvertrags der Gesellschaft, dieses Anstellungsvertrags, der Geschäftsordnung für die Geschäftsführung und der vom Beirat erteilten Weisungen. [3] Herr/Frau ____[Name]____ hat die Aufgaben des Geschäftsbereichs [Vertrieb] wahrzunehmen. Der Beirat kann die Aufgabenzuweisung jederzeit ändern. [4]

(3) Herr/Frau ____[Name]____ wird seine/ihre Arbeitskraft ausschließlich der Gesellschaft widmen. Jede anderweitige Tätigkeit im beruflichen Bereich, insbesondere auch die Übernahme von Aufsichtsrats- oder ähnlichen Mandaten, bedarf der vorherigen Zustimmung des Beirats. Auf Wunsch des Beirats übernimmt Herr/Frau ____[Name]____ Aufsichtsratsmandate und ähnliche Ämter in Gesellschaften, an denen die Gesellschaft beteiligt ist, sowie eine Tätigkeit in Verbänden, denen die Gesellschaft angehört.

(4) Herr/Frau ____[Name]____ darf während der Dauer dieses Anstellungsvertrags im Geschäftszweig der Gesellschaft weder für eigene noch für fremde Rechnung Geschäfte machen. Er/Sie wird sich während der Dauer dieses Anstellungsvertrags nicht an einem Unternehmen beteiligen, das mit der Gesellschaft oder einem mit ihr verbundenen Unternehmen in Wettbewerb steht oder in wesentlichem Umfang Geschäftsbeziehungen mit ihr unterhält. [5] Anteilsbesitz, der keinen Einfluss auf die Organe des betreffenden Unternehmens ermöglicht, gilt nicht als Beteiligung.

(5) Bei Diensterfindungen, die Herr/Frau ____[Name]____ während der Dauer dieses Anstellungsvertrags macht, gelten die Vorschriften des Gesetzes über Arbeitnehmererfindungen entsprechend. Die Verwertung von technischen oder organisatorischen Verbesserungsvorschlägen von Herrn/Frau ____[Name]____ steht ohne besondere Vergütung ausschließlich der Gesellschaft zu. [6]

(6) Herr/Frau ____[Name]____ ist verpflichtet, innerhalb von drei Monaten nach Beginn dieses Anstellungsvertrags seinen/ihren ersten Wohnsitz am Sitz der Gesellschaft zu nehmen. [7]

(7) Die regelmäßigen Dienstzeiten von Herrn/Frau ____[Name]____ sind von ____[Uhrzeit]____ bis ____[Uhrzeit]____. Herr/Frau ____[Name]____ wird ohne Mehrvergütung auch außerhalb dieser Dienstzeiten zur Verfügung stehen, wenn es die Führung der Geschäfte erfordert. [8]

(8) Herr/Frau ____[Name]____ hat Anspruch auf einen Jahresurlaub von 30 Arbeitstagen. Der Urlaub ist im Einvernehmen mit dem Vorsitzenden des Beirats festzulegen. [9] Der Geschäftsführer ist nicht verpflichtet, im Urlaub kurzfristig erreichbar zu sein, es sei denn, es ist absehbar, dass bestimmte Entscheidungen gefällt werden müssen. Falls der Jahresurlaub in einem Kalenderjahr nicht ausgeschöpft wird, wird der Urlaubsanspruch auf das Folgejahr übertragen. In diesem Fall ist der Urlaub in den ersten drei Monaten des Folgejahres zu nehmen; danach verfällt der Urlaubsanspruch.

§ 2 Bezüge [10]

(1) Herr/Frau ____[Name]____ erhält als Vergütung für seine/ihre Tätigkeit:

a) ein festes Jahresgehalt von brutto EUR ____[Betrag]____, das in zwölf gleichen Raten am Ende eines jeden Monats gezahlt wird,

b) eine jährliche Tantieme, die von dem Beirat nach Feststellung des Jahresabschlusses unter Berücksichtigung des im Konzernabschluss der __[Name der GmbH]__ für das jeweilige Geschäftsjahr ausgewiesenen Konzernergebnisses und der Leistungen von Herrn/Frau ____[Name]____ nach billigem Ermessen festgesetzt wird. Die jährliche Zieltantieme beträgt EUR ____[Betrag]____ und soll bei Erreichen der vom Beirat zu Jahresbeginn ausgegebenen Ziele gezahlt werden. Die jährliche Tantieme ist auf 200 % der Zieltantieme begrenzt. Die jährliche Tantieme wird in den beiden ersten Jahren der Laufzeit dieses Anstellungsvertrags zu 50 % der Zieltantieme als Mindesttantieme garantiert.

(2) Einkünfte aus Ämtern, die Herr/Frau ____[Name]____ im Interesse oder im Auftrag der Gesellschaft übernommen hat, werden auf die in Absatz 1 genannte Vergütung angerechnet.

(3) Die Gesellschaft stellt Herrn/Frau ____[Name]____ für die Dauer seiner/ihrer Bestellung einen Dienstwagen _[z.B.: Audi A6 oder entsprechende Baureihe eines anderen Herstellers]_ zur dienstlichen und privaten Nutzung zur Verfügung. Herr/Frau ____[Name]____ trägt die Steuer auf den geldwerten Vorteil der privaten Nutzung. [11]

(4) Mehr-, Sonntags- und Feiertagsarbeit ist mit dem festen Jahresgehalt mit abgegolten.

(5) Bei einer vorübergehenden Arbeitsunfähigkeit werden die Bezüge gemäß Absatz 1 Buchstabe a) (festes Jahresgehalt) abzüglich Krankengeld für die Dauer von drei Monaten, längstens bis zum Ende dieses Anstellungsvertrags, weitergezahlt. [12]

(6) Stirbt Herr/Frau ____[Name]____ während der Dauer dieses Anstellungsvertrags, so haben seine Witwe/ihr Witwer und seine/ihre ehelichen Kinder, soweit diese das 25. Lebensjahr noch nicht vollendet haben und noch in der Berufsausbildung stehen, als Gesamtgläubiger Anspruch auf Fortzahlung des Gehalts gemäß Absatz 1 Buchstabe a) (festes Jahresgehalt) für den Sterbemonat und die drei folgenden Monate.

(7) Herr/Frau ____[Name]____ hat Anspruch auf Ersatz der Kosten, die im Zusammenhang mit der Geschäftsführung entstehen.

(8) Die Gesellschaft wird Herrn/Frau ____[Name]____ für die Dauer dieses Anstellungsvertrags gegen Unfall versichern, und zwar mit EUR ____[Betrag]____ für den Invaliditätsfall und EUR ____[Betrag]____ für den Todesfall.

(9) Die Gesellschaft verpflichtet sich, eine angemessene Vermögensschadenhaftpflichtversicherung für Unternehmensleiter (D&O-Versicherung) abzuschließen. Herr/Frau ____[Name]____ hat _[keinen/einen üblichen]_ Selbstbehalt zu tragen. [13]

§ 3 Altersversorgung [14]

Die Gesellschaft zahlt an Herrn/Frau ____[Name]____ für die Dauer seiner/ihrer Bestellung zum Geschäftsführer zum Aufbau einer Altersversorgung einen Betrag von monatlich brutto EUR ____[Betrag]____ .

§ 4 Laufzeit

(1) Dieser Vertrag beginnt am ____[Datum]____ und ist vorbehaltlich einer Kündigung nach Absatz 2 auf unbestimmte Zeit, längstens jedoch bis zur Vollendung des ____[65.]____ Lebensjahrs von Herrn/Frau ____[Name]____ geschlossen. Er ersetzt den bisherigen Arbeitsvertrag von Herrn/Frau ____[Name]____ mit der Gesellschaft sowie alle sonstigen schriftlichen oder mündlichen Vereinbarungen von Herrn/Frau ____[Name]____ mit der Gesellschaft oder ihren verbundenen Unternehmen. [15]

(2) Die Vertrag kann mit einer Frist von mindestens sechs Monaten, erstmals jedoch zum ____[Datum]____ gekündigt werden. [16] Eine Kündigung aus wichtigem Grund ist jederzeit zulässig. Die Kündigung bedarf der Schriftform. [17] Die Kündigung durch die Gesellschaft wird von ____[dem/der]____ Vorsitzende[n] des Beirats erklärt. Die Kündigung durch Herr/Frau ____[Name]____ ist an ____[den/die]____ Vorsitzende[n] des Beirats zu richten.

(3) Die Bestellung von Herrn/Frau ____[Name]____ zum Geschäftsführer kann durch Beschluss des Beirats jederzeit widerrufen werden. [18] Der Widerruf gilt als Kündigung dieses Anstellungsvertrags zum nächsten zulässigen Zeitpunkt.

(4) Nach einer Kündigung des Vertrags ist die Gesellschaft berechtigt, Herrn/Frau ____[Name]____ von seiner/ihrer Verpflichtung zur Arbeitsleistung freizustellen. [19] Für die Zeit der Freistellung gilt § 615 Satz 2 BGB entsprechend.

(5) Herr/Frau ____[Name]____ ist verpflichtet, unverzüglich nach Beendigung des Vertragsverhältnisses oder nach Freistellung gemäß Absatz 4 alle bei ihm/ihr befindlichen Schriftstücke, Unterlagen, Datenträger und dergleichen, die Angelegenheiten der Gesellschaft betreffen, der Gesellschaft zu übergeben. Die Ausübung von Zurückbehaltungsrechten ist ausgeschlossen.

§ 5 Schlussbestimmungen

(1) Sollte eine Bestimmung dieses Anstellungsvertrags ganz oder teilweise unwirksam sein oder ihre Rechtswirksamkeit später verlieren, so soll hierdurch die Gültigkeit der übrigen Bestimmungen nicht berührt werden. Das Gleiche gilt, soweit dieser Anstellungsvertrag eine Lücke aufweisen sollte. Anstelle der unwirksamen Bestimmung oder zur Ausfüllung der Lücke soll, soweit rechtlich zulässig, eine andere angemessene Regelung gelten, die wirtschaftlich dem am nächsten kommt, was die Vertragsparteien gewollt haben oder gewollt haben würden, wenn sie die Unwirksamkeit der Regelung bedacht hätten.

(2) Änderungen oder Ergänzungen dieses Anstellungsvertrags bedürfen der Schriftform.

_____ [Ort] _____, den _____ [Datum] _____

_____
(Unterschriften)

Erläuterungen

Schrifttum
Habersack VorstAG und mitbestimmte GmbH – eine unglückliche Beziehung!, ZHR 2010, 2; *Hoffmann/Liebs* Der GmbH-Geschäftsführer, 3. Aufl. 2009; *Jaeger* Der Anstellungsvertrag des GmbH-Geschäftsführers, 6. Aufl. 2016; *Tillmann/Mohr* GmbH-Geschäftsführer, 10. Aufl. 2013.

8 **1.** Das Muster geht davon aus, dass die GmbH einen Beirat hat, auf den aufgrund von Regelung im Gesellschaftsvertrag die **Kompetenz** zur Bestellung und zum Abschluss des GF-Vertrags übertragen worden ist. Ohne gesellschaftsvertragliche Regelung obliegt die Kompetenz der Gesellschafterversammlung. Auch bei Vertragsänderungen ist nur das kompetente Organ zuständig, nicht die Mitgeschäftsführer (s. zur Abschlusskompetenz *Tillmann/Mohr* Rn. 29). Zum **Stimmrecht** des Gesellschafter-GF Baumbach/Hueck/*Zöllner* § 47 Rn. 86.

9 **2.** Der Anstellungsvertrag ist von der **Bestellung zum Geschäftsführer** zu unterscheiden (s. zur Bestellung Muster M Rdn. 56 und zu den Bestellungsvoraussetzungen *Tillmann/Mohr* Rn. 33 ff.). Durch die Regelung in § 4 Abs. 3 Satz 2 des Musters wird eine Verknüpfung von Bestellung und Anstellungsvertrag hergestellt.

10 **3.** Die Gesellschafter können dem GF in der GmbH, anders als beim Vorstand der AG, auch in einzelnen Fragen der Geschäftsführung **Weisungen** erteilen (§ 37 GmbHG). Die Kompetenz kann an ein anderes Organ delegiert werden, wie im Muster an den Beirat. S. zu den Schranken des Weisungsrechts Baumbach/Hueck/*Zöllner/Noack* § 37 Rn. 20.

11 **4.** Üblicherweise wird das **Ressort**, in dem der Geschäftsführer tätig werden soll, im Anstellungsvertrag umschrieben. Es empfiehlt sich aus Sicht der Gesellschaft, dem Bestellungsorgan das Recht und die Freiheit zu geben, die Ressortzuteilung zu ändern.

12 Von der Wiedergabe der sich regelmäßig aus dem Gesellschaftsvertrag ergebenden **Vertretungsregeln** sollte abgesehen werden, sofern nicht dem Geschäftsführer damit eine bestimmte Art der Vertretungsregelung vertraglich zugesichert werden soll (vgl. zum Verhältnis von Anstellungsvertrag zu Gesetz und Satzung auch Scholz/ *Uwe H. Schneider/Hohenstatt* GmbHG, § 35 Rn. 294 ff.).

13 **5.** Der GF unterliegt auch ohne vertragliche Regelung **während der Geschäftsführertätigkeit** einem **Wettbewerbsverbot** (s. Lutter/Hommelhoff/*Kleindiek* Anh. zu § 6 Rn. 20 ff.). Das Muster stellt klar, dass das Wettbewerbsverbot unabhängig von der Bestellung während der Laufzeit des GF-Vertrags gilt. Zum nachvertraglichen Wettbewerbsverbot s. Muster M Rdn. 39.

14 **6.** Das **Gesetz über Arbeitnehmererfindungen** findet keine Anwendung, wenn es nicht dienstvertraglich zum *Bestandteil des Anstellungsverhältnisses* gemacht wird (BGH, Urt. v. 26.09.2006 – X ZR 181/03, NJW-RR 2007, 103; *Friemel/Kamlah* BB 2008, 613). Ergänzt wird die Bezugnahme auf das ArbnErfG im Muster durch eine Klausel, wonach die Verwertung von technischen

und organisatorischen Verbesserungsvorschlägen des GF ohne besondere Vergütung der Gesellschaft zusteht. Andernfalls könnte der GF hierfür gegebenenfalls eine Vergütung nach § 612 BGB einfordern.

7. Zur örtlichen Versetzung des GF *Röhrborn* BB 2013, 693. 15

8. Das Muster regelt die Dienstzeit ausdrücklich. Mangels dienstvertraglicher Regelung hat der GF, der seine gesamte Arbeitskraft ausschließlich der Gesellschaft widmen soll, als **Dienstzeit** auf jeden Fall von Montag bis Freitag einer jeden Woche, also an den fünf üblichen Wochenarbeitstagen, während der in dem jeweiligen Unternehmen üblichen Tagesarbeitszeiten zur Verfügung zu stehen (BGH, Urt. v. 07.12.1987 – II ZR 206/87, WM 1988, 298, 299). Das **ArbeitszeitG** findet auf den GF keine Anwendung (§ 2 Abs. 2 ArbZG). 16

9. Das BUrlG gilt ohne ausdrückliche Vereinbarung für GF nicht, weshalb sich dienstvertragliche Regelung empfiehlt (Lutter/Hommelhoff/*Kleindiek* Anh. zu § 6 Rn. 20). 17

10. Die Festsetzung der **Bezüge** bildet den Kern des GF-Vertrags. Die Parteien sind grundsätzlich frei in der Festsetzung, weil das Angemessenheitsgebot des § 87 AktG nicht, auch nicht entsprechend, anzuwenden ist. In der mitbestimmten GmbH ist der AR zuständig für die Festsetzung der Bezüge, und zwar seit dem VorstAG 2009 das Plenum des AR (strittig, s. dazu *Hoffmann-Becking/Krieger* NZG 2009, Beilage Heft 26 Rn. 76 ff.; *Habersack* ZHR 2010, 4 ff.). 18

Üblich ist es, dass der GF **feste** und **variable Bezüge** sowie **Sachbezüge**, insbesondere einen Dienstwagen, erhält. Die variablen Bezüge werden – anders als beim Vorstand der AG – zumeist als **Jahrestantieme** ausgestaltet, seltener mit langfristigen Anreizprogrammen. Die Höhe und Berechnungsgrundlage sollte so konkret als möglich vereinbart werden, wobei im Zweifel § 315 BGB Anwendung findet (Lutter/Hommelhoff/*Kleindiek* Anh. zu § 6 Rn. 32). 19

Bei Gesellschafter-GF ist insbesondere auf die **Vermeidung einer verdeckten Gewinnausschüttung** zu achten (*Tillmann/Mohr* Rn. 238 ff.). Die Finanzverwaltung ist insoweit befugt, eine Angemessenheitsprüfung durchzuführen. 20

11. Der GF erhält als Sachbezug oft einen **Dienstwagen**, der auch privat genutzt werden kann. Im Muster ist der Fahrzeugtyp zwischen den Parteien festgelegt. Auch ohne ausdrückliche vertragliche Regelung ist die Gesellschaft jedenfalls bei einer überwiegenden betrieblichen Nutzung verpflichtet, alle aus der Inanspruchnahme entstehenden Betriebskosten zu übernehmen (BGH, Urt. v. 28.10.2002 – II ZR 535/00, ZIP 2002, 2254, 2255). 21

Die **private Nutzung des Dienstwagens** ist ein geldwerter Vorteil und damit aus Sicht des GF **einkommensteuerpflichtig**. Zur Berechnung des steuerpflichtigen Anteils gibt es zwei Möglichkeiten der Vorteilsberechnung: Der Privatanteil ist entweder durch ein Fahrtenbuch nachzuweisen (§ 8 Abs. 2 Satz 4 EStG). Oder ohne einen solchen Nachweis der Privatfahrten wird als zu versteuerndes Einkommen pauschal ein monatlicher Betrag von einem Prozent des inländischen Listenpreises im Zeitpunkt der Erstzulassung zuzüglich der Kosten für Sonderausstattung einschließlich Umsatzsteuer angesetzt (§ 8 Abs. 2 Satz 2 in Verbindung mit § 6 Abs. 1 Nr. 4 Satz 2 EStG). Generell ist aus Sicht des GF die steuerliche Vorteilsermittlung durch Fahrtenbuch dann günstiger, wenn der Listenpreis sehr hoch und die Privatnutzung niedrig ist (Schmidt/*Krüger* EStG, § 8 Rn. 50). 22

12. Der GF hat keinen Anspruch auf Entgeltfortzahlung im Krankheitsfall, weil das EFZG nur auf AN Anwendung findet (ErfK/*Dörner* § 1 EFZG Rn. 2). Es gilt grundsätzlich **§ 616 BGB**, wonach der GF im Krankheitsfall für eine »verhältnismäßig nicht erhebliche Zeit« seine Vergütung verlangen kann. Das Muster sieht eine **ausdrücklich Regelung** zur Fortzahlung der Bezüge bei einer vorübergehenden, nicht verschuldeten Arbeitsunfähigkeit des GF vor. Der Fortzahlungszeitraum schwankt in der Praxis, bewegt sich aber vielfach zwischen **drei und sechs Monaten**. 23

13. Angesichts der Haftungsgefahren ist es aus Sicht des GF anzustreben, dass die Gesellschaft als Versicherungsnehmerin eine Vermögensschaden-Haftpflichtversicherung zugunsten ihrer Ge- 24

schäftsleiter abschließt (s. Lutter/Hommelhoff/*Kleindiek* § 43 Rn. 4). Das Muster verpflichtet die Gesellschaft zum Abschluss einer **D&O-Versicherung**. Die Versicherung gewährt dem GF in aller Regel Abwehrdeckungsschutz sowie im Fall einer erfolgreichen Inanspruchnahme die Übernahme des Schadensersatzes bis zu einer bestimmten Höhe. Anders als für Vorstandsmitglieder in der AG sieht das GmbHG nicht zwingend einen Selbstbehalt des GF vor.

25 **14.** Der GF, jedenfalls der Fremd-GF unterliegt grundsätzlich der **Renten-, Kranken-, Unfall- und Arbeitslosenversicherung** (Lutter/Hommelhoff/*Kleindiek* Anh. zu § 6 Rn. 40). Ein Anspruch auf **betriebliche Altersversorgung** besteht dagegen nur bei ausdrücklicher vertraglicher Regelung. Versorgungszusagen an abhängige GF sind durch § 17 Abs. 1 Satz 2 BetrAVG geschützt. Zu unterscheiden sind echte betriebliche Pensionszusagen, von der Gesellschaft abgeschlossene Direktversicherungen oder andere Formen beitragsorientierter Versorgungszusagen (*Tillmann/Mohr* Rn. 333 ff.). Problematisch sind Versorgungszusagen, die das Unternehmen auch in die Zukunft hinein belasten. Das Muster enthält dagegen nur ein »verkapptes Festgehalt«, das vom GF zum Aufbau der Altersversorgung verwandt werden soll.

26 **15.** Wenn der GF schon vorher mit der Gesellschaft oder einer ihrer verbundenen Unternehmen in einem Rechtsverhältnis stand, empfiehlt sich eine ausdrückliche Regelung, dass die Beziehung der Parteien fortan ausschließlich durch den GF-Vertrag bestimmt wird. Aus Sicht des GF ist darauf zu achten, dass etwaige Versorgungsansprüche aus früheren Dienstverhältnissen nicht untergehen.

27 **16.** Das Recht zur **ordentlichen Kündigung** besteht bei unbefristeten GF-Verträgen. Das **KSchG** findet keine Anwendung, aber die Parteien können vereinbaren, dass seine materiellen Regelungen zu Gunsten des GF gelten sollen (BGH, Urt. v. 10.05.2010 – II ZR 70/09, DStR 2010, 1390). Bei einer ordentlichen Kündigung bedarf es keines Rechtfertigungsgrundes. Alternativ zur ordentlichen Kündigung ist es auch zulässig, die Laufzeit des GF-Vertrags an die Organstellung zu binden (**Kopplungsklausel**), vgl. dazu OLG Saarbrücken, Urt. v. 08.05.2013 – 1 U 154/12-43, DStR 2013, 1393.

28 Als Kündigungsfrist gilt mangels einer Vereinbarung im GF-Vertrag § 622 BGB analog (Lutter/Hommelhoff/*Kleindiek* Anh. zu § 6 Rn. 53). Zu den sonstigen Einzelheiten der **Kündigung** des Geschäftsführer-Dienstvertrags s. Muster M Rdn. 109.

29 **17.** Die Vorschrift des § 623 BGB gilt nicht (Lutter/Hommelhoff/*Kleindiek* Anh. zu § 6 Rn. 47), weshalb sich die Vereinbarung der **Schriftform** empfiehlt.

30 **18.** Trotz der Deckungsgleichheit mit § 38 Abs. 1 GmbHG ist eine klarstellende Übernahme dieser Formulierung in den GF-Vertrag empfehlenswert.

31 **19.** Aus Sicht der Gesellschaft empfiehlt sich dringend eine Regelung zur **Freistellung** im Fall der Kündigung.

2. Geschäftsführer-Dienstvertrag (Englische Fassung)

Vorbemerkung

32 Es ist im Prinzip ohne Weiteres zulässig, Ausländer zu GF einer GmbH zu bestellen. Wohnsitz oder ständiger Aufenthalt im Inland, Arbeits- oder Gewerbeerlaubnis in Deutschland sind dafür nicht Voraussetzung (Baumbach/Hueck/*Fastrich* § 6 Rn. 9). Für die Eintragung des Ausländers im HR kann nicht ständige Einreisemöglichkeit nach Deutschland verlangt werden (OLG Düsseldorf, Beschl. v. 16.04.2009 – 3 Wx 85/09, NZG 2009, 678, früher str.).

33 Auch die Beherrschung der deutschen Sprache ist nicht zwingend Voraussetzung der Bestellung zum GF. In der Praxis wird der GF-Vertrag daher oft zwar deutschem Recht unterstellt, aber in

englischer Sprache verfasst. Wenn in einem Vertrag deutsche und englische Vertragsfassung in zwei Spalten parallel enthalten sind, muss klargestellt werden, welche Fassung bindend ist.

▶ **Muster – Geschäftsführer-Dienstvertrag (Englische Fassung)**

Service Agreement [1]

between

[name, address of GmbH] ,

represented by its Advisory Board which is represented by its Chairperson,

and

Mr/Ms, _____[address]_____

§ 1 Management Functions and Duties

(1) By resolution of the Advisory Board dated ____[date]____ Mr/Ms was appointed Managing Director of ____[name]____ GmbH (»Company«) effective ____[date]____ .

(2) Mr/Ms shall conduct the Company's business in accordance with applicable law, the company's Articles of Association as amended over time, the provisions of this Service Agreement, any applicable management rules of procedure as amended over time and in accordance with directives given by the Advisory Board. Mr/Ms is to execute his/her management functions subject to amendment and directives by the Advisory Board.

(3) Mr/Ms shall devote his/her entire working capacity and professional knowledge and expertise to the Company. Acceptance of any other paid or unpaid secondary employment including, but not limited to, any appointment as member of a supervisory board, advisory board or similar body shall only be permissible if the prior written consent of the Advisory Board is given. At the request of the Advisory Board, Mr/Ms shall join the supervisory board of companies in which the Company holds direct or indirect equity or assume senior management or similar positions in such companies and shall participate in associations and similar federations to which the Company belongs.

(4) Mr/Ms agrees not to work for a company that is in competition with the Company or its affiliates. Furthermore, Mr/Ms is prohibited from establishing, purchasing or (directly or indirectly) participating in a company that is in competition with or has substantial commercial relations to the Company or its affiliates. Holdings that do not facilitate influence on a company's boards are not considered participation for the purposes of this Service Agreement.

(5) Inventions by a Managing Director shall be handled in accordance with the applicable provisions of the German Employee Invention Act (*Gesetz über Arbeitnehmererfindungen*). The Company has the exclusive right to implement technical or organizational improvements proposed by Mr/Ms without further remuneration.

(6) Mr/Ms shall conform his primary residence to that of the Company's primary headquarter within three months beginning employment under this Service Agreement.

(7) The regular working hours of Mr/Ms are from ____[time]____ to ____[time]____ . Mr/Ms shall be available outside of these hours without further remuneration when fulfilment of management functions and duties so requires.

(8) Mr/Ms shall be entitled to [30] working days of paid vacation per year. The timing of each vacation period shall be agreed upon with the Chairperson of the Advisory Board. Mr/Ms is not obliged to be accessible on short notice during his/her vacation time unless it is to be expected that certain decisions must be taken during the vacation time by Mr/Ms. If the vacation cannot be taken in a certain calendar year, such vacation time can be taken in the first quarter of the next calendar year; after the first quarter of such next calendar year Mr/Ms is not entitled to the respective vacation.

M. Organverträge

§ 2 Remuneration

(1) As compensation for his/her services, Mr/Ms shall receive

a) a fixed annual salary in the gross amount of EUR ____[amount]____ payable in 12 equal instalments at the end of each month

b) an annual bonus payment which shall be determined by the Advisory Board upon approval of the annual accounts, taking into consideration the operational result of the fiscal year and Mr/Ms's performance. The yearly target bonus payment shall be in the amount of EUR ____[amount]____, payable upon the achievement of yearly goals determined by the Advisory Board. The yearly bonus is capped at 200 % of the target bonus. During the first two years of employment under this Service Agreement a minimum yearly bonus of 50 % of the target bonus is guaranteed.

(2) Remunerations for offices and functions taken in the interest or on behalf of the Company count towards the compensation laid down in § 2 (1).

(3) For the time of his/her appointment, the Company shall provide Mr/Ms with a company car (Audi A6 or the equivalent from another manufacturer) for official and private use. Any taxes payable on such benefit in kind granted in the form of private use of the company car shall be borne exclusively by Mr/Ms.

(4) The compensations provided in § 2 (1) cover all rights to compensation for the performance of duties, including night, Sunday, and holiday work, additional work and overtime hours.

(5) Should Mr/Ms be temporarily unable to attend work due to illness, he/she will continue to receive remuneration as specified in § 2 (1)(a) (fixed salary) less sickness benefits for the shorter of a three month period or the remainder of the term of this Service Agreement.

(6) Should Mr/Ms die during the period of his/her appointment, his/her surviving spouse and the children of his/her marriage, unless they are older than 25 years and/or have completed their education, shall enjoy a joint right to receive the salary stipulated in § 2 (1)(a) (fixed salary) for the month of the death and the subsequent three months.

(7) Mr/Ms is entitled to have costs incurred during the fulfilment of his/her management functions and duties fully reimbursed.

(8) For the term hereof, the Company shall take out an occupational and non-occupational accident insurance policy for the benefit of Mr/Ms, insuring him/her for total amount of EUR ____[amount]____ in the case of invalidity and EUR ____[amount]____ in case of death.

(9) The Company commits itself to open a suitable pecuniary loss liability insurance policy for managing directors (D&O Insurance). Mr/Ms is/is not to pay for the policy's deductible.

§ 3 Retirement

For the duration of Mr/Ms's appointment, the Company will pay him/her a monthly gross amount of EUR ____[amount]____ to build a pension plan.

§ 4 Term

(1) Mr/Ms shall take up his/her function on ____[date]____. This Service Agreement is to continue until terminated pursuant to § 4 (2). This Service Agreement terminates at the latest when Mr/Ms reaches ____[age f.e. 65]____ years of age. This Service Agreement replaces all previous employment contracts between the parties as well as all other written and/or verbal agreements between the parties or their associated businesses.

(2) This Service Agreement can be terminated with six months notice starting ____[date]____. Termination for good cause is always permitted. Termination of this Service Agreement must be made in writing. Termination by the Company is to be declared by the Chairperson of the Advisory Board. Termination by Mr/Ms has to be addressed to the Chairperson of the Advisory Board.

(3) The Advisory Board may decide to revoke Mr/Ms's appointment as Managing Director at any point in time. Upon revocation of Mr/Ms's appointment functions this Service Agreement is terminated at the next possible date.

(4) After termination of this Service Agreement, the Company shall be entitled to release Mr/Ms from his/her service obligations established hereunder. During the time of the release of obligations (*Freistellung*) Section 615 sentence 2 of the German Civil Code applies mutatis mutandis.

(5) At the end of this Service Agreement or after being released from his/her obligations pursuant to § 4 (4), Mr/Ms shall return to the Company all work and business documents including electronically saved data as well as his/her own notes and copies, which concern issues of the Company. Mr/Ms forfeits all rights to such data upon termination of this Service Agreement.

§ 5 Miscellaneous

(1) In the event that any provisions hereof are ineffective or incomplete or will lose their validity at a later date, the effectiveness of the remaining provisions shall not be affected thereby. The invalid provision shall be replaced or any gap shall be filled with a reasonable provision that comes closest to what the contracting parties intended in setting their economic goals or would have intended if they were aware of the invalidity or the gap in the provisions.

(2) Any ancillary agreements and amendments to this Service Agreement must be made in writing. The same shall apply to any modification of the present requirement as to written form.

(3) This Service Agreement shall be governed by the laws of Germany. Exclusive Place of Jurisdiction is the seat of the Company. [2]

_____[place]_____ , _____[date]_____

_____
(signatures)

Erläuterungen

Schrifttum
Rosengarten/Burmeister/Klein The German Limited Liability Company, 8. Aufl. 2015; *Müller, Klaus J.* The GmbH, 3. Aufl. 2015.

1. Der englische Dienstvertrag entspricht im Wesentlichen dem Muster M Rdn. 7, weshalb die Anmerkungen entsprechend gelten. Generell sind bei der Beratung zur GmbH mit internationalem Hintergrund die beiden im Schrifttum zitierten englischen Einführungen zu empfehlen.   35

2. Bei einem Vertrag mit einem ausländischen GF empfiehlt sich in jedem Fall **Rechtswahl- und Gerichtsstandsklausel** (fehlt insoweit in Muster M Rdn. 7).   36

3. Vereinbarung Wettbewerbsverbot

Vorbemerkung

Unabhängig von einer ausdrücklichen Regelung im Gesellschaftsvertrag, im GF-Vertrag oder einer sonstigen Vereinbarung unterliegt der GF zumindest **während der Dauer seiner Organstellung** einem umfassenden Wettbewerbsverbot. Dieses ist im Gegensatz zum Komplementär (§§ 112, 113 HGB) und Vorstandsmitglied einer AG (§ 88 AktG) im Gesetz nicht ausdrücklich geregelt, ergibt sich jedoch aus der Organstellung des GF und der damit verbundenen **Treuepflicht** gegenüber der Gesellschaft (Lutter/Hommelhoff/*Kleindiek* Anh. zu § 6 Rn. 20 m.w.N.). Aufgrund des Wettbewerbsverbots ist es dem GF untersagt, die Organstellung zu seinen Gunsten auf Kosten der Gesellschaft auszunutzen. Der GF darf keine Geschäfte im eigenen oder fremden Namen tätigen, die er auch für die Gesellschaft wahrnehmen könnte oder die mit den Geschäften der Gesellschaft in Konflikt geraten könnten. Dies gilt zunächst für alle Geschäftsbereiche, die in   37

M. Organverträge

der Satzung als Unternehmensgegenstand ausgewiesen sind, unabhängig davon, ob sie tatsächlich ausgeübt werden oder nicht. Des Weiteren werden sämtliche darüber hinausgehende tatsächlich ausgeübten Geschäftsfelder erfasst sowie solche, in denen die Gesellschaft möglicherweise in der Zukunft einmal tätig werden könnte (Baumbach/Hueck/*Zöllner*/*Noack* § 35 Rn. 41 f.). Trotz dieses umfassenden gesetzlich begründeten Wettbewerbsverbots für den GF während der Dauer seiner Organstellung kann ein **vertragliches** Wettbewerbsverbot aus Klarstellungsgründen und zur zeitlichen Ausdehnung des Verbots sinnvoll sein. Üblicherweise wird es dann in den GF-Vertrag aufgenommen. Es kann jedoch auch (wie hier) in einer gesonderten Vereinbarung niedergelegt werden.

38 Ein **nachvertragliches Wettbewerbsverbot** für die Zeit nach der Beendigung der Organstellung folgt aus den gesetzlichen Vorschriften nicht und ergibt sich nur aufgrund ausdrücklicher Vereinbarung. Da die Kenntnisse des GF über die internen Angelegenheiten der Gesellschaft in der Regel auch nach seinem Ausscheiden aus dem Amt nicht unmittelbar gegenstandslos werden, ist die Vereinbarung eines nachvertraglichen Wettbewerbsverbots im Einzelfall sorgfältig zu prüfen. Die Vorschriften über das nachvertragliche Wettbewerbsverbot für einen Handlungsgehilfen (§§ 74 ff. HGB) sind dabei zwar nicht unmittelbar anwendbar, deren Wertmaßstäbe über § 138 BGB jedoch im Wesentlichen auch bei nachvertraglichen Wettbewerbsverboten mit GF zu berücksichtigen. Da nachvertragliche Wettbewerbsverbote beschränkten Tätigkeitsverboten gleichkommen, müssen sie einem berechtigten Interesse der Gesellschaft dienen und dürfen darüber hinaus die Berufsausübung und wirtschaftliche Betätigung des GF örtlich, zeitlich und gegenständlich nicht unbillig erschweren (Scholz/*Uwe H. Schneider* § 43 Rn. 175 zur »Zwei-Stufenprüfung«). Zudem müssen sie als Ausgleich in der Regel auch als angemessene Entschädigung die Zahlung eines »**Karenzgeldes**« vorsehen (MüKo GmbHG/*Jaeger* § 35 Rn. 379).

▶ Muster – Vereinbarung Wettbewerbsverbot

39 Vereinbarung eines Wettbewerbsverbots [1]

zwischen der ___[Name, Adresse der GmbH]___ ,

vertreten durch die Gesellschafterversammlung, diese vertreten durch ___[Name der zuständigen Person]___

und Herrn/Frau ___[Name, Adresse]___ ,

§ 1 Wettbewerbsverbot

Während der Dauer seines/ihres Anstellungsverhältnisses [2] bei der ___[Name der GmbH]___ darf Herr/Frau ___[Name]___ in den Geschäftsfeldern der Gesellschaft [3] weder für eigene noch für fremde Rechnung Geschäfte machen. Er/Sie darf in dieser Zeit nicht für ein Unternehmen tätig werden, das mit der Gesellschaft oder einem mit ihr verbundenen Unternehmen in Wettbewerb steht oder mit denen die Gesellschaft Geschäftsbeziehungen unterhält, und sich weder unmittelbar noch mittelbar an einem solchen Unternehmen beteiligen oder ein solches errichten. Der Besitz von Anteilen, der keinen Einfluss auf die Organe des betreffenden Unternehmens ermöglicht, gilt nicht als Beteiligung.

§ 2 Nachvertragliches Wettbewerbsverbot

(1) Herr/Frau ___[Name]___ verpflichtet sich, für die Dauer von ___[Anzahl z.B. zwölf]___ Monaten [4] nach Beendigung seines/ihres Anstellungsvertrags bei der ___[Name der GmbH]___ nicht für ein Unternehmen tätig zu werden, das mit der Gesellschaft oder einem mit ihr verbundenen Unternehmen in Wettbewerb steht, und sich weder unmittelbar noch mittelbar an einem solchen Unternehmen zu beteiligen oder ein solches zu errichten. [5] Als Wettbewerbsunternehmen gelten insbesondere folgende Unternehmen (einschließlich ihrer jeweiligen verbundenen Unternehmen): ___[Name/n der Unternehmen]___ . § 1 Satz 3 gilt entsprechend. Das nachvertragliche Wettbewerbsverbot gilt räumlich für die folgenden Gebiete: ___[Bezeichnung der Gebiete]___ [6]

(2) Für die Dauer des nachvertraglichen Wettbewerbsverbots zahlt die Gesellschaft Herrn/ Frau ____[Name]____ eine Entschädigung in Höhe von __[Prozentsatz z.B. 50]__ % des zuletzt von ihm/ ihr bezogenen festen Monatsgehalts. [7] Die Entschädigung ist jeweils am Ende eines Monats fällig. Auf die Entschädigung werden Einkünfte angerechnet, die Herr/Frau ____[Name]____ während der Dauer des Wettbewerbsverbots durch anderweitige Verwendung seiner/ihrer Arbeitskraft bezieht, soweit diese Einkünfte und die Entschädigung das zuletzt bezogene feste Monatsgehalt übersteigen. [8]

(3) Die Gesellschaft kann jederzeit, auch vor Beendigung des Anstellungsverhältnisses, mit einer Ankündigungsfrist von ____[Anzahl]____ Monaten auf das Wettbewerbsverbot verzichten mit der Folge, dass sie nach Ablauf der Frist von der Zahlung der Entschädigung befreit ist. Endet der Anstellungsvertrag, weil die Regelaltersgrenze in der gesetzlichen Rentenversicherung erreicht wird oder Dienstunfähigkeit eintritt, kann der Verzicht mit sofortiger Wirkung erklärt werden. [9]

(4) Herr/Frau ____[Name]____ verpflichtet sich, für jeden Fall der Zuwiderhandlung gegen das Wettbewerbsverbot eine Vertragsstrafe in Höhe des _[dreifachen Betrags des zuletzt bezogenen Monatsgehalts]_ an die Gesellschaft zu zahlen. Bei Fortsetzung der Zuwiderhandlung trotz Abmahnung wird die Vertragsstrafe für jeden angefangenen Monat geschuldet. Weitergehende Ansprüche der Gesellschaft aufgrund der Zuwiderhandlung auf Unterlassung und Schadensersatz bleiben durch die vorstehende Regelung unberührt. [10]

_____[Ort]_____, den _____[Datum]_____

_____
(Unterschriften)

Erläuterungen

Schrifttum
Bauer/Diller Nachvertragliche Wettbewerbsverbote mit GmbH-Geschäftsführern, GmbHR 1999, 885; *Bauer/von Medem* Rechtliche und taktische Hinweise zu Wettbewerbsverboten mit Vorständen und Geschäftsführern, GWR 2011, 435; *Bergwitz* Befreiung der GmbH von der Karenzentschädigungspflicht beim nachvertraglichen Wettbewerbsverbot des abberufenen Geschäftsführers, GmbHR 2007, 523; *Hoffmann-Becking* Nachvertragliche Wettbewerbsverbote für Vorstandsmitglieder und Geschäftsführer, FS Quack S. 273; *Kielkowski* Zur Problematik von nachträglichen Wettbewerbsverboten für Geschäftsführer, NZG 2015, 900; *Kukat* Vorsicht ist besser als Nachsicht – Praktische Hinweise zur Vereinbarung nachvertraglicher Wettbewerbsverbote für Geschäftsführer und zur Anrechnung anderweitigen Erwerbs, BB 2001, 951; *Röhricht* Das Wettbewerbsverbot des Gesellschafters und des Geschäftsführers, WPg 1992, 766; *Thüsing* Nachorganschaftliche Wettbewerbsverbote bei Vorständen und Geschäftsführern, NZG 2004, 9.

1. Die **gesonderte Vereinbarung** eines Wettbewerbsverbots für den GF ist nur in solchen Fällen erforderlich, in denen ein solches nicht bereits im GF-Vertrag vereinbart wurde.

2. Die Vereinbarung eines Wettbewerbsverbots für den GF **während der Dauer seiner Organstellung** hat grundsätzlich lediglich deklaratorische Bedeutung, da sich aus Treuepflicht des GF gegenüber der Gesellschaft bereits ein umfassendes Wettbewerbsverbot ergibt (s. Vorbemerkung). Ob das gesetzliche Wettbewerbsverbot allerdings auch gilt, wenn der der GF bereits aus der Organstellung ausgeschieden ist, das Anstellungsverhältnis aber – etwa nach einer ordentlichen Kündigung – noch fortdauert, ist umstritten (vgl. Lutter/Hommelhoff/*Kleindiek* Anh. zu § 6 Rn. 21 m.w.N.), so dass sich eine Vereinbarung empfiehlt, die ein Wettbewerbsverbot für die Dauer des Anstellungsverhältnisses vorsieht.

3. Zum **Umfang der erfassten Geschäftsfelder** s. *Röhricht* WPg 1992, 766, 769.

4. In **zeitlicher Hinsicht** wird ein Wettbewerbsverbot bis zu einer Dauer von **zwei Jahren** je nach Sensibilität und Vergänglichkeit des geschützten Wissens in aller Regel noch angemessen sein (vgl. BGH, Urt. v. 19.10.1993 – KZR 3/92, AG 1994, 130, 131; *Kielkowski* NZG 2015, 900). Wird eine zu lange Dauer vereinbart, erfolgt eine geltungserhaltende Reduktion auf die im

Einzelfall zulässige Dauer (Scholz/*Uwe H. Schneider* § 43 Rn. 184). In der Praxis finden sich bei GF oft Regelungen von **sechs Monaten bis zu einem Jahr**.

44 5. In **sachlicher Hinsicht** ist grundsätzlich darauf zu achten, dass zwischen der nachvertraglich verbotenen Geschäftstätigkeit und den während der Amtszeit erworbenen Kenntnissen ein unmittelbarer Zusammenhang besteht. Klauseln, die generell die Tätigkeit für ein »Konkurrenzunternehmen« verbieten sind daher problematisch. Für eine angemessene Zeit muss die Ausschaltung als Wettbewerber aber auch vollständig möglich sein, da die teilweise Zulässigkeit von Wettbewerb wohl nicht immer sinnvoll abgegrenzt werden kann (so Baumbach/Hueck/*Zöllner/Noack* § 35 Rn. 198; vgl. auch *Thüsing* NZG 2004, 9, 10).

45 6. Auch in **räumlicher Hinsicht** muss das Wettbewerbsverbot den berechtigten Interessen der Gesellschaft dienen. Daher ist ein nachvertragliches Wettbewerbsverbot in der Regel unbillig, wenn dessen räumlicher Umfang über den räumlichen Tätigkeitsbereich der Gesellschaft hinausgeht. Der BGH lehnt bei einer Überschreitung der gegenständlichen und räumlichen Grenzen des Wettbewerbsverbots eine geltungserhaltende Reduktion ab und geht dann von einer Nichtigkeit des Verbots aus (BGH, Urt. v. 18.07.2005 – II ZR 159/03, ZIP 2005, 1778, 1780; anders Baumbach/Hueck/*Zöllner/Noack* § 35 Rn. 201).

46 7. § 74 Abs. 2 HGB, der eine Karenzentschädigung für nachvertragliche Wettbewerbsverbote von Handlungsgehilfen vorsieht, ist auf nachvertragliche Wettbewerbsverbote für GF nicht unmittelbar anwendbar. Jedoch ist auch für deren Wirksamkeit in aller Regel die Gewährung einer **angemessenen Entschädigung** erforderlich. Eine Entschädigung in Höhe der Hälfte der zuletzt gewährten Bezüge sollte dabei angesichts der Regelung in § 74 Abs. 2 HGB grundsätzlich angemessen sein (*Hoffmann-Becking* FS Quack S. 273, 277; auf den konkreten Einzelfall abstellend *Bauer/Diller* GmbHR 1999, 885, 891).

47 8. Gegebenenfalls ist auch die Anrechnung von Versorgungsbezügen, die der GF von der Gesellschaft erhält, zu regeln.

48 9. Der BGH gewährt der Gesellschaft auch ohne entsprechende vertragliche Regelung analog § 75a HGB die Möglichkeit, vor Beendigung des Anstellungsverhältnisses einseitig auf das nachvertragliche Wettbewerbsverbot zu **verzichten** (BGH, Urt. v. 14.05.1990 – II ZR 122/89, GmbHR 1990, 389, 390). Vertragliche Vereinbarungen, die kürzere Fristen als die Jahresfrist vorsehen in der die Entschädigung weitergezahlt wird, sind grundsätzlich zulässig (dazu Lutter/Hommelhoff/*Kleindiek* Anh. zu § 6 Rn. 25a). Gleiches gilt für Vereinbarungen, die die Möglichkeit eines Verzichts auch nach Beendigung des Anstellungsverhältnisses ermöglichen. In jedem Fall sollte dem GF aber eine im Einzelfall angemessene Dispositionsfrist gewährt werden, in der die Entschädigung weitergezahlt wird (vgl. *Bergwitz* GmbHR 2007, 523, 525 f.).

49 10. Im Fall eines Verstoßes des GF gegen das Wettbewerbsverbot, kann die Gesellschaft **Unterlassen und Schadensersatz** verlangen. Ein Anspruch auf Herausgabe der Vergütung analog § 113 Abs. 1 HGB besteht dagegen nicht, kann sich im Einzelfall jedoch aus §§ 687 Abs. 2, 681, 667 BGB ergeben. Darüber hinausgehende Vereinbarungen von **Vertragsstrafen** sind grundsätzlich zulässig und auch sinnvoll (*Kukat* BB 2001, 951, 954).

4. Gesellschafterbeschluss: Bestellung

Vorbemerkung

50 Die Bestellung des GF einer GmbH ist der körperschaftliche Akt, durch den dieser in sein Amt berufen wird. Sie begründet gleichzeitig die hiermit verbundenen Rechte und Pflichten des GF sowie dessen Vertretungsmacht. Die Bestellung ist von der Anstellung zu trennen (Trennungstheorie). Sie bedarf der **Annahme** des GF (Baumbach/Hueck/*Fastrich* § 6 Rn. 25).

Gesellschafterbeschluss: Bestellung M.I.4.

Die Bestellung erfolgt grundsätzlich durch **Beschluss der Gesellschafter** nach §§ 46 Nr. 5, 47 ff. GmbHG. Die Bestellungskompetenz kann durch Gesellschaftsvertrag auf ein anderes Organ, etwa einen **Beirat** oder einen fakultativen AR, übertragen werden. In der **mitbestimmten GmbH** ist nach § 31 MitbestG zwingend der AR zuständig, der mit ⅔-Mehrheit entscheidet. 51

Die Bestellung des GF kann theoretisch im Gesellschaftsvertrag erfolgen und ist gemäß § 8 Abs. 1 Nr. 2 GmbHG bei der Anmeldung der GmbH in das HR nachzuweisen. Um eine etwaige Satzungsänderung bei der Abberufung eines GF zu vermeiden (OLG Nürnberg, Urt. v. 10.11.1999 – 12 U 813/99, BB 2000, 468), empfiehlt sich in der Praxis die Bestellung durch Beschluss. Es reicht einfache Schriftform. Gemäß § 39 Abs. 1 GmbHG müssen Änderungen in der Person und der Vertretungsbefugnis des GF im HR vermerkt werden (s. Muster M Rdn. 68). 52

GF kann nach § 6 Abs. 2 Satz 1 GmbHG nur eine **natürliche, unbeschränkt geschäftsfähige Person** sein. Der GF darf sich innerhalb von fünf Jahren vor Bestellung nicht einer der in § 6 Abs. 2 Satz 2 GmbHG aufgelisteten Straftaten strafbar gemacht haben. Der Gesellschaftsvertrag kann weitere Eignungsvoraussetzungen aufstellen. Das **AGG** ist bei der Bestellung zu beachten (Lutter/Hommelhoff/*Kleindiek* § 6 Rn. 34 ff.; BGH, Urt. v. 23.04.2012 – II ZR 163/10). 53

§ 6 Abs. 3 GmbHG ermöglicht ausdrücklich die sog. **Fremdorganschaft**, so dass sowohl Gesellschafter als auch Nichtgesellschafter zu GF bestellt werden können. Bestellen Gesellschafter sich selbst zum Geschäftsführer, ist das in § 181 Alt. 1 BGB zum Ausdruck kommende Verbot des Insichgeschäfts nicht anwendbar (*Götze* GmbHR 2001, 217). 54

Die Bestellung kann **zeitlich befristet oder für unbegrenzte Dauer** erfolgen. Unterliegt die GmbH der paritätischen **Mitbestimmung**, ist die Geschäftsführertätigkeit auf **fünf Jahre** begrenzt, eine wiederholte Bestellung jedoch zulässig (§ 31 Abs. 1 MitbestG i.V.m. § 84 Abs. 1 AktG). Der Geschäftsführer kann grundsätzlich jederzeit abberufen werden (s. Muster M Rdn. 95). Grundsätzlich kann die Bestellung auch unter einer Bedingung erfolgen, sofern dadurch die Bestellungskompetenz nicht auf ein anderes Organ oder einen Dritten verlagert wird (z.B. als Bedingung das Wirksamwerden einer Umwandlung, vgl. auch MüKo GmbHG/*Stephan/Tieves* § 35 Rn. 51). 55

▶ **Muster – Gesellschafterbeschluss: Bestellung**

Niederschrift über die Gesellschafterversammlung der [Name der GmbH] vom _____[Datum]_____ ¹ 56

Wir, die unterzeichneten alleinigen Gesellschafter der [Name der GmbH], halten hiermit unter Verzicht auf alle durch Gesetz und Gesellschaftsvertrag vorgeschriebenen Formen und Fristen der Einberufung und Ankündigung eine Gesellschafterversammlung der [Name der GmbH] ab und beschließen: ²

1. Herr/Frau _____[Name]_____, geb. am _____[Datum]_____, wird mit Wirkung ab dem _____[Datum]_____ zu(m/r) Geschäftsführer(in) bestellt. ³

2. Herr/Frau _____[Name]_____ vertritt die Gesellschaft [allein/gemeinsam mit einem anderen Geschäftsführer oder einem Prokuristen]. ⁴ Herr/Frau _____[Name]_____ ist von den Beschränkungen des § 181 BGB in vollem Umfang befreit.

3. Die/Der Vorsitzende der Gesellschafterversammlung wird hiermit von allen Gesellschaftern ermächtigt, die gefassten Beschlüsse Herrn/Frau _____[Name]_____ mitzuteilen [und mit Herrn/Frau _____[Name]_____ den in der Anlage beigefügten Dienstvertrag abzuschließen]. ⁵

_____[Ort]_____, den _____[Datum]_____

_____
(Unterschriften)

M. Organverträge

Erläuterungen

Schrifttum

Götze »Selbstkontrahieren« bei der Geschäftsführerbestellung in der GmbH, GmbHR 2001, 217; *Tillmann/Mohr* GmbH-Geschäftsführer, 10. Aufl. 2013.

57 1. Bei der Einberufung der Gesellschafterversammlung sind § 51 GmbHG und die gesellschaftsvertraglichen Regelungen oder im Fall seiner Zuständigkeit die Geschäftsordnung des Beirats/AR zu beachten. Der **Tagesordnungspunkt** der Bestellung eines GF muss klar und deutlich angekündigt werden. Den Mitgliedern des zuständigen Gremiums bleibt es stets unbenommen, einstimmig – wie im Muster – auf die Einberufungsformalitäten zu verzichten.

58 2. Grundsätzlich entscheiden die Gesellschafter mit der **einfachen Mehrheit** der abgegebenen Stimmen über die Geschäftsführerbestellung. Dies kann auch geschehen, wenn die Gesellschaft noch nicht eingetragen ist (BGH, Urt. v. 23.03.1981 – II ZR 27/80, NJW 1981, 2125). Der Gesellschaftsvertrag kann eine andere Mehrheit vorsehen, etwa zum Schutz eines Minderheitsgesellschafters. Bei einer **Einmann-GmbH** kann sich der alleinige Gesellschafter gemäß § 48 Abs. 3 GmbHG selbst zum GF bestellen.

59 3. Beim Beschluss ist darauf zu achten, dass der Beginn der Amtszeit genau bestimmt ist.

Sofern es sich nicht um die Erstbestellung von GF handelt und der neue GF einen anderen abzuberufenden GF ersetzen soll, wird der Bestellungsbeschluss in der Praxis häufig mit dem **Abberufungsbeschluss** (siehe Muster M Rdn. 95) verknüpft.

60 4. Sofern der Gesellschaftsvertrag eine entsprechende Regelung vorsieht, kann die Gesellschafterversammlung in Abweichung von den allgemeinen Regelungen die Art der **Vertretungsbefugnis** (Einzel- oder Gesamtvertretung) frei bestimmen (Baumbach/Hueck/*Zöllner/Noack* § 35 Rn. 106). Prokura kann auch dergestalt erteilt werden, dass der Prokurist berechtigt ist, die GmbH in Gemeinschaft mit einem **einzelvertretungsberechtigten** Geschäftsführer zu vertreten (BGH, Beschl. v. 06.11.1986 – V ZB 8/86, NJW 1987, 841). Zu entscheiden ist ggf. auch, ob von den Beschränkungen des § 181 BGB befreit werden soll.

61 5. Da es sich bei dem Beschluss um einen rein **gesellschaftsinternen Vorgang** handelt, bedarf es noch der rechtsgeschäftlichen Umsetzung gegenüber dem Bestellten. Die hier enthaltene Ermächtigungsklausel ist nicht zwingend und kann insbesondere entfallen, wenn der oder die Bestellte bei der Beschlussfassung zugegen war.

62 Wegen der Trennung des Anstellungsverhältnisses von der Bestellung ist stets zu prüfen, ob das zuständige Organ zugleich mit der Bestellung über den **Anstellungsvertrag** entscheidet.

5. Anmeldung Handelsregister

Vorbemerkung

63 Gemäß **§ 39 Abs. 1 GmbHG** ist jede Änderung in den Personen der GF sowie die Beendigung der Vertretungsbefugnis eines GF zur Eintragung in das Handelsregister (HR) anzumelden. Auch Änderungen in der Vertretungsbefugnis (Alleinvertretungsbefugnisse, Gesamtprokura) sowie Neubestellungen von GF, Vertretern (§ 44 GmbHG) oder Notgeschäftsführern sind anzumelden (MünchHdb GmbH/*Diekmann/Marsch-Barner* § 42 Rn. 78). Erteilung und Erlöschen der Prokura sind ebenfalls anzumelden (§ 53 HGB). Ergibt sich die Änderung der Vertretungsbefugnis hingegen unmittelbar aus einer Satzungsänderung, bedarf es keiner gesonderten Anmeldung (Baumbach/Hueck/*Zöllner/Noack* § 39 Rn. 5). Sofern das Amt des Anzumeldenden nicht sofort beginnt, ist des Weiteren der relevante Zeitpunkt zur Eintragung anzumelden. Die Funktion als Vorsitzender oder Sprecher der Geschäftsführung einer GmbH ist keine eintragungsfähige Tatsache (OLG München, Beschl. v. 05.03.2012 – 31 Wx 47/12, DB 2012, 1095).

Einen wichtigen Teil der Anmeldung bildet die nach § 39 Abs. 3 GmbHG erforderliche **Versiche-** 64
rung der Geschäftsführer, dass eine Umstände vorliegen, die ihrer Bestellung entgegenstehen könnten. Zu versichern ist, dass keine Umstände vorliegen, die in § 6 Abs. 2 Satz 2 Nr. 2 und 3 sowie Satz 3 GmbHG normiert sind. Außerdem haben die GF zu versichern, dass sie über ihre unbeschränkte Auskunftspflicht belehrt worden sind. Jeder GF kann die erforderliche Versicherung nur für seine Person abgeben und somit nicht auch für einen Mitgeschäftsführer (Baumbach/Hueck/ *Fastrich* § 8 Rn. 11).

Der HR-Anmeldung müssen als **Anlagen** die Urkunden über die Bestellung des GF oder über die 65
Beendigung der Vertretungsbefugnis (insbesondere ein Protokollauszug des beschließenden Gremiums) in Urschrift oder öffentlich beglaubigter Abschrift beigefügt werden (§ 39 Abs. 2 GmbHG).

Die Anmeldung erfolgt durch die Gesellschaft, vertreten durch die GF. Es genügt eine Anmel- 66
dung durch die **GF in vertretungsberechtigter Zahl**. Die Vertretungsmacht muss bereits im Zeitpunkt der Anmeldung vorliegen. Zur Anmeldung bei ausgeschiedenem GF Lutter/Hommelhoff/ *Kleindiek* § 39 Rn. 7. Ein Prokurist kann das Ausscheiden eines GF nur anmelden, wenn er hierfür eine besondere Vollmacht hat; der allgemeine gesetzliche Umfang von Prokura und Handlungsvollmacht reicht als Bevollmächtigung nicht aus (OLG Düsseldorf, Beschl. v. 16.03.2012 – I-3 Wx 296/11, ZIP 2012, 969).

Die Eintragung nach § 39 GmbHG ist **nicht konstitutiv** für die Bestellung oder Abberufung eines 67
GF (Lutter/Hommelhoff/*Kleindiek* § 39 Rn. 1). Trotzdem sollte in der Praxis gerade mit Blick auf die Rechtssicherheit und § 15 HGB die Anmeldung unbedingt rechtzeitig erfolgen.

▶ **Muster – Anmeldung Handelsregister**

An das 68
Amtsgericht ___[Name des Gerichts]___
– Registergericht – [1]

___[Anschrift]___

Betr.: ___[Name der GmbH]___ – _____[HRB]_____

I. Hiermit melden wir als gemeinsam zur Vertretung der Gesellschaft berechtigte Geschäftsführer zur Eintragung in das Handelsregister an:

1. Herr/Frau _____[Name]_____ ist nicht mehr Geschäftsführer.

2. Herr/Frau _____[Name]_____ Herr/Frau _____[Name]_____ ___[Geburtsdatum [2], Privatanschrift]___ , ist zum Geschäftsführer bestellt worden. Er/Sie vertritt die Gesellschaft gemeinsam mit einem anderen Geschäftsführer oder einem Prokuristen.

3. Wir überreichen als *Anlage* Niederschrift der Gesellschafterversammlung vom _____[Datum]_____ in beglaubigter Abschrift. [3]

4. Versicherung: [4] Ich, _____[der/die]_____ Geschäftsführer[in] _____[Name]_____ , versichere, dass mir die Ausübung eines ganz oder teilweise mit dem Unternehmensgegenstand der Gesellschaft übereinstimmenden Berufs, Berufszweiges, Gewerbes oder Gewerbezweiges weder durch gerichtliches Urteil noch durch vollziehbare Entscheidung einer Verwaltungsbehörde untersagt ist. Ich versichere ferner, dass ich noch nie, weder im Inland noch im Ausland, wegen einer Straftat verurteilt worden bin. [5] Schließlich versichere ich, dass ich über meine unbeschränkte Auskunftspflicht gegenüber dem Gericht durch den beglaubigenden Notar belehrt worden bin. [6]

_____[Ort]_____ , den _____[Datum]_____

_____
(Unterschriften) [7]

___[Beglaubigungsvermerk]___

M. Organverträge

Erläuterungen

Schrifttum
Gustavus Handelsregister-Anmeldungen, 8. Aufl. 2013.

69 **1.** Die Anmeldung erfolgt zum Amtsgericht – Handelsregister – am Sitz der Gesellschaft. Wie jede HR-Anmeldung ist die Anmeldung **elektronisch in öffentlich beglaubigter Form** einzureichen (§ 12 Abs. 1 HGB).

70 **2.** Die Angabe des **Geburtsdatums** ist in § 24 Abs. 1 HRV vorgeschrieben. Die Zeichnung der Unterschrift des GF zur Aufbewahrung bei dem Gericht ist seit 2006 nicht mehr erforderlich.

71 **3.** Dazu § 39 Abs. 2 GmbHG. Aufgrund der eingereichten Unterlagen prüft das Registergericht die **Ordnungsmäßigkeit** der Beschlussfassung.

72 Die Vorlage von Unterlagen über den **Zugang der Abberufung** beim GF ist nicht erforderlich (ungeachtet des Umstands, dass der Zugang für die Beendigung der Bestellung materiell-rechtlich erforderlich ist). Entsprechendes gilt für die Bestellung.

73 **4.** Die Versicherung ist nach **§ 39 Abs. 3 GmbHG** erforderlich. Sie muss bei der Anmeldung mehrerer GF von jedem GF persönlich abgegeben werden.

74 **5.** Es wurde lange in der Rechtsprechung und im Schrifttum vertreten, der GF müsse in der Versicherung die in § 6 Abs. 2 Satz 2 Nr. 3 GmbHG aufgeführten Straftaten im Einzelnen aufführen. Nach BGH, Beschl. v. 17.05.2010 – II ZB 5/10, ZIP 2010, 1337 steht fest, dass das nicht erforderlich ist. Auch die Aufzählung der vergleichbaren Bestimmungen des ausländischen Rechts ist nicht erforderlich. Es reicht nach **BGH** die Versicherung, bislang »noch nie, weder im Inland noch im Ausland, wegen einer Straftat verurteilt worden zu sein«. Unzureichend ist dagegen eine Versicherung, es habe während der letzten fünf Jahre keine Verurteilung wegen einer Straftat gegeben, weil die Fünf-Jahres-Frist nicht auf den Zeitpunkt der Verurteilung, sondern auf den späteren Zeitpunkt des Eintritts der Rechtskraft einer Verurteilung abstellt (vgl. BGH, Beschl. v. 07.06.2011 – II ZB 24/10, ZIP 2011, 1305).

75 **6.** Zur Belehrung gilt nach § 39 Abs. 3 Satz 2 GmbHG die Vorschrift des § 8 Abs. 3 Satz 2 GmbHG entsprechend. Danach kann die Belehrung unter anderem von einem **Notar** im In- oder Ausland vorgenommen werden. Sie kann auch durch einen Vertreter eines vergleichbaren rechtsberatenden Berufs oder einen Konsularbeamten erfolgen, also insbesondere auch durch einen Rechtsanwalt. Die Belehrung kann zudem schriftlich erfolgen, was insbesondere bei einem GF im Ausland Relevanz hat.

76 **7.** Grundsätzlich erfolgt die Anmeldung durch GF in vertretungsberechtigter Zahl. Der neu bestellte GF kann mitwirken. Bei **unechter Gesamtvertretung** kann die Anmeldung auch durch GF mit einem Prokuristen erfolgen.

6. Geschäftsordnung für die Geschäftsführung

Vorbemerkung

77 Regelungen zur Geschäftsführung einer GmbH können zunächst in dem Gesellschaftsvertrag getroffen werden. Sofern dies nicht der Fall ist oder die dortigen Bestimmungen unvollständig sind, können sie auch im Rahmen einer Geschäftsordnung (GO) für die Geschäftsführung festgelegt werden (Scholz/*Uwe H. Schneider/Sven H. Schneider* § 37 Rn. 69; Baumbach/Hueck/*Zöllner/Noack* § 37 Rn. 29). Eine solche ist insbesondere dann sinnvoll, wenn eine Gesellschaft mehrere GF hat, denen verschiedene Zuständigkeits- und Verantwortungsbereiche zugeteilt werden sollen.

78 Die **Zuständigkeit** für den Erlass einer solchen GO liegt in erster Linie bei der Gesellschafterversammlung, die grundsätzlich gemäß § 47 Abs. 1 GmbHG mit einfacher Mehrheit beschließen

kann (Lutter/Hommelhoff/*Kleindiek* § 37 Rn. 36; a.A. Scholz/*Uwe H. Schneider/Sven H. Schneider* § 37 Rn. 71, die analog § 53 Abs. 2 Satz 1 GmbHG eine ¾-Mehrheit verlangen). Vorbehaltlich einer anderslautenden Ermächtigung im Gesellschaftsvertrag besteht diese Kompetenz auch dann, wenn die GmbH über einen AR oder einen Beirat verfügt und zwar nach herrschender Meinung auch in der mitbestimmten GmbH (Baumbach/Hueck/*Zöllner/Noack* § 37 Rn. 29 m.w.N.). Hat die Gesellschafterversammlung von ihrer Erlasskompetenz keinen Gebrauch gemacht und weist der Gesellschaftsvertrag die Kompetenz auch keinem anderen Organ zu, können sich die GF auch selbst eine GO geben. Dafür ist analog § 77 Abs. 2 Satz 3 AktG auch dann ein einstimmiger Beschluss sämtlicher GF erforderlich, wenn ansonsten für Geschäftsführungsentscheidungen das Mehrheitsprinzip gilt. An die Vorgaben von Gesetz und Gesellschaftsvertrag bleiben die GF in jedem Fall gebunden, mit der Folge, dass sie keine Regelungen treffen können, die außerhalb ihrer Gestaltungsmacht liegen, insbesondere keine Einzelgeschäftsführungsbefugnis anordnen (Baumbach/Hueck/*Zöllner/Noack* § 37 Rn. 30; Scholz/*Uwe H. Schneider/Sven H. Schneider* § 37 Rn. 76).

Der Erlass der GO ist grundsätzlich formfrei möglich, sollte aus Beweiszwecken jedoch schriftlich erfolgen (str. MünchHdb GmbH/*Marsch-Barner/Diekmann* § 44 Rn. 87; a.A. Scholz/*Uwe H. Schneider/Sven H. Schneider* § 37 Rn. 69, die zwingend einfache Schriftform fordern). 79

Inhalt einer GO für die Geschäftsführung können insbesondere Regelungen über die Verteilung der Geschäftsbereiche und zu Einzelheiten der Geschäftsführungsbefugnis sein. Darüber hinaus sind Bestimmungen über die Zusammenarbeit der Geschäftsführer (z.B. Sitzungsmodalitäten, Beschlussmehrheit, Vertretungsfragen, Rechte und Pflichten des Vorsitzenden der Geschäftsführung) sowie über die Berichterstattung der Geschäftsführung an die Gesellschafterversammlung möglich und sinnvoll. Häufig ist auch ein Katalog von Maßnahmen und Geschäften enthalten, die der Zustimmung der Gesellschafterversammlung bedürfen. 80

▶ **Muster – Geschäftsordnung für die Geschäftsführung**

Geschäftsordnung für die Geschäftsführung [1] 81

Die Gesellschafterversammlung der ___[Name der GmbH]___ erlässt durch Gesellschafterbeschluss vom ___[Datum]___ folgende Geschäftsordnung für die Geschäftsführer der Gesellschaft, die ab dem ___[Datum]___ gilt:

§ 1 Allgemeines

Die Geschäftsführer führen die Geschäfte der Gesellschaft nach Maßgabe der Gesetze, des Gesellschaftsvertrags, dieser Geschäftsordnung sowie den Beschlüssen und Weisungen der Gesellschafterversammlung im Interesse der Gesellschaft und mit der Sorgfalt eines ordentlichen Geschäftsmanns.

§ 2 Geschäftsverteilung und Führung der Geschäftsbereiche [2]

(1) Die einzelnen Geschäftsführer übernehmen die Geschäftsbereiche entsprechend dem als *Anlage* beigefügten Geschäftsverteilungsplan, der Bestandteil dieser Geschäftsordnung ist. Der Geschäftsverteilungsplan kann jederzeit durch Gesellschafterbeschluss geändert werden.

(2) Die Geschäftsführer führen – unbeschadet ihrer jeweils geltenden Vertretungsbefugnis – die ihnen zugewiesenen Geschäftsbereiche im Rahmen der Gesellschafterbeschlüsse in eigener Verantwortung und mit Einzelgeschäftsführungsbefugnis. Berühren Maßnahmen innerhalb eines Geschäftsbereichs ersichtlich zugleich einen oder mehrere andere Geschäftsbereiche, muss sich der Geschäftsführer zuvor mit den Geschäftsführern, denen die berührten Geschäftsbereiche zugewiesen sind, abstimmen. Kommt eine Einigung nicht zustande, ist eine Beschlussfassung der Gesamtgeschäftsführung herbeizuführen. Die in Frage stehende Maßnahme hat in diesem Fall bis zur Entscheidung der Gesamtgeschäftsführung zu unterbleiben.

(3) Sind Maßnahmen und Geschäfte eines Geschäftsbereichs für die Gesellschaft von außergewöhnlicher Bedeutung oder ist mit ihnen ein außergewöhnliches wirtschaftliches Risiko verbun-

den, so bedürfen sie der vorherigen Beschlussfassung der Gesamtgeschäftsführung. Das gilt auch für solche Maßnahmen und Geschäfte, für die der Vorsitzende der Geschäftsführung die vorherige Beschlussfassung der Gesamtgeschäftsführung verlangt.

(4) Maßnahmen und Geschäfte der in Absatz 2 Satz 2 und Absatz 3 bezeichneten Art darf ein einzelner Geschäftsführer ohne die erforderliche Beschlussfassung der Gesamtgeschäftsführung oder die Abstimmung mit den Geschäftsführern, denen die berührten Geschäftsbereiche zugewiesen sind, vornehmen, wenn dies nach seinem pflichtgemäßen Ermessen zur Vermeidung unmittelbar drohender schwerer Nachteile für die Gesellschaft erforderlich ist. Der Geschäftsführer soll in diesem Fall versuchen, eine Verständigung mit dem Vorsitzenden der Geschäftsführung herbeizuführen (mündlich oder auf elektronischem Weg) und hat die Gesamtgeschäftsführung jedenfalls unverzüglich über den Vorgang zu unterrichten.

(5) Die Gesamtgeschäftsführung bestimmt die Regeln, nach denen sich die Geschäftsführer bei Abwesenheit vertreten. Die Geschäftsführer stimmen sich mit ihrem Urlaub untereinander ab und sorgen für ihre Erreichbarkeit auch während ihrer Abwesenheit.

§ 3 Gesamtverantwortung [3]

(1) Die Geschäftsführer tragen die Verantwortung für die gesamte Geschäftsführung gemeinsam. Sie arbeiten kollegial zusammen und informieren sich gegenseitig laufend über wichtige Maßnahmen und Vorgänge in ihren Geschäftsbereichen.

(2) Ergeben sich Bedenken bezüglich einer Angelegenheit eines anderen Geschäftsbereichs, so ist jeder Geschäftsführer verpflichtet, eine Entscheidung der Gesamtgeschäftsführung über diese Angelegenheit herbeizuführen, sofern die Bedenken nicht durch eine Aussprache mit dem für den Geschäftsbereich zuständigen Geschäftsführer behoben werden können. Im Fall einer Beschlussfassung durch die Gesamtgeschäftsführung hat der verantwortliche Geschäftsführer Maßnahmen in Bezug auf die umstrittene Angelegenheit bis zu der Entscheidung der Gesamtgeschäftsführung zu unterlassen.

§ 4 Gesamtgeschäftsführung [4]

(1) Eine Beschlussfassung der Gesamtgeschäftsführung ist erforderlich in allen Angelegenheiten, in denen das Gesetz, der Gesellschaftervertrag oder diese Geschäftsordnung eine Beschlussfassung durch alle Geschäftsführer vorschreibt.

(2) Die Zuständigkeit der Gesamtgeschäftsführung gilt insbesondere

a) für die Aufstellung des Jahresabschlusses der Gesellschaft mit dem Lagebericht,

b) für die Einberufung der Gesellschafterversammlung und die Vorschläge zur Beschlussfassung der Gesellschafterversammlung,

c) für die Unternehmensplanung der Gesellschaft,

d) in allen Angelegenheiten, die der Zustimmung der Gesellschafterversammlung bedürfen,

e) in allen Angelegenheiten, die der Vorsitzende der Geschäftsführung oder ein Geschäftsführer der Gesamtgeschäftsführung zur Beschlussfassung vorgelegt.

§ 5 Vorsitzender der Geschäftsführung

(1) _____[Der/Die]_____ Vorsitzende der Geschäftsführung repräsentiert die Gesellschaft und die Geschäftsführung gegenüber der Öffentlichkeit, insbesondere gegenüber Behörden, Verbänden, Wirtschaftsorganisationen und der Presse. Für bestimmte Angelegenheiten oder im Einzelfall kann er/sie diese Aufgabe auf ein anderes Mitglied der Geschäftsführung übertragen.

(2) _____[Dem/Der]_____ Vorsitzenden der Geschäftsführung obliegt die Koordination und Überwachung sämtlicher Geschäftsbereiche. Er/Sie hat darauf hinzuwirken, dass die einzelnen Geschäftsbereiche auf die Erreichung der durch die Beschlüsse der Gesellschafterversammlung und der Gesamtgeschäftsführung festgelegten Ziele ausgerichtet werden. Er/Sie ist berechtigt, von den Geschäftsführern jederzeit Auskünfte über einzelne Angelegenheiten ihrer Geschäftsbereiche zu verlangen und kann bestimmen, über bestimmte Arten von Geschäften im Vorhinein unterrichtet zu werden.

(3) Im Fall einer Verhinderung nimmt ____[der/die]____ stellvertretende Vorsitzende die Rechte und Pflichten des Vorsitzenden wahr. Dies gilt nicht für das Recht zum Stichentscheid nach § 7 Abs. 3 Satz 2.

§ 6 Sitzungen

(1) Die Geschäftsführer stimmen sich über die Leitung der Gesellschaft in Sitzungen ab. An den Sitzungen haben grundsätzlich alle Geschäftsführer teilzunehmen. Im Fall ihrer Abwesenheit sollen sie sich rechtzeitig entschuldigen und gegebenenfalls einen anderen Geschäftsführer mit den notwendigen Informationen versorgen.

(2) Die Sitzungen sollen in der Regel wenigstens ____[zweimal im Monat]____ stattfinden. Sie haben darüber hinaus stattzufinden, wenn das Wohl der Gesellschaft dies erfordert oder wenn ein Geschäftsführer dies verlangt.

(3) Die Sitzungen werden durch ____[den/die]____ Vorsitzende[n] der Geschäftsführung einberufen und geleitet. Die Einberufung soll mit einer angemessenen Frist erfolgen und die die Tagesordnung enthalten. Jeder Geschäftsführer kann verlangen, dass bestimmte Punkte auf die Tagesordnung gesetzt werden.

(4) Über jede Sitzung ist eine Niederschrift anzufertigen, aus der sich Tag der Sitzung, die Teilnehmer, die Tagesordnung und der Wortlaut der gefassten Beschlüsse ergeben. In der Regel soll auch der wesentliche Inhalt Beratung wiedergegeben werden. Die Niederschrift wird von dem Vorsitzenden der Geschäftsführung unterzeichnet und allen Geschäftsführern in Abschrift übermittelt. Wird der Niederschrift in der nächsten, dem Zugang der Niederschrift folgenden Sitzung durch keinen Geschäftsführer widersprochen, gilt die Niederschrift als genehmigt. Im Fall eines Widerspruchs wird der Widerspruch zur Niederschrift protokolliert, wenn aus Sicht der anderen Geschäftsführer die Niederschrift zutreffend ist. Beschlüsse der Gesamtgeschäftsführung, die außerhalb einer Sitzung gefasst worden sind, sind in die Niederschrift über die nächste Sitzung der Gesamtgeschäftsführung aufzunehmen.

§ 7 Beschlüsse der Geschäftsführung

(1) Die Geschäftsführung fasst ihre Beschlüsse in der Regel in Sitzungen. Auf Anordnung des Vorsitzenden der Geschäftsführung können Beschlüsse auch in einer Telefon- oder Videokonferenz oder außerhalb einer Sitzung durch schriftliche, in Textform übermittelte, mündliche oder fernmündliche Stimmabgabe gefasst werden.

(2) Die Geschäftsführung ist beschlussfähig, wenn mindestens zwei Geschäftsführer in der Sitzung anwesend sind, wobei Geschäftsführer, die durch Telefon- oder Videokonferenz oder mittels anderer Kommunikationsformen zugeschaltet sind, als anwesend gelten. Abwesende Geschäftsführer können ihre Stimme schriftlich, in Textform oder fernmündlich abgeben. Sie sind über die in ihrer Abwesenheit gefassten Beschlüsse unverzüglich zu unterrichten. Über Angelegenheiten aus dem Geschäftsbereich eines abwesenden Geschäftsführers soll nur mit dessen Einverständnis beraten und beschlossen werden, es sei denn, es liegt ein dringender Fall vor. Bei Beschlüssen, die außerhalb einer Sitzung gefasst werden, ist die Geschäftsführung beschlussfähig, wenn mindestens zwei Mitglieder an der Beschlussfassung teilnehmen.

(3) Sofern sich aus dem Gesetz oder dem Gesellschaftsvertrag nichts anderes ergibt, fasst die Geschäftsführung ihre Beschlüsse mit der einfachen Mehrheit aller Geschäftsführer. Liegt Stimmengleichheit vor, gibt die Stimme des Vorsitzenden der Geschäftsführung den Ausschlag. [5]

§ 8 Unternehmensplanung und Berichterstattung an die Gesellschafterversammlung

(1) Die Geschäftsführung legt der Gesellschafterversammlung vor dem Ende jedes Geschäftsjahres die Unternehmensplanung für das kommende Geschäftsjahr zur Zustimmung vor.

(2) Der Vorsitzende der Geschäftsführung berichtet der Gesellschafterversammlung regelmäßig über den Lauf der Geschäfte und die Lage der Gesellschaft. Bei wichtigen Anlässen und bei geschäftlichen Angelegenheiten, die auf die Lage der Gesellschaft von erheblichem Einfluss sein können, hat er die Gesellschafterversammlung unverzüglich zu unterrichten.

M. Organverträge

(3) Berichte an die Gesellschafterversammlung haben in der Regel in Textform zu erfolgen. Entscheidungsnotwendige Unterlagen sind den Gesellschaftern möglichst rechtzeitig vor deren Sitzungen zuzuleiten. Schriftliche Berichte und Vorlagen für mündliche Berichterstattung sollen aussagekräftig sowie aus sich heraus verständlich sein und sich nicht lediglich auf stichpunktartige Präsentationen beschränken.

(4) Die Gesellschafterversammlung kann von jedem Geschäftsführer jederzeit Auskunft über sämtliche Angelegenheiten seines Geschäftsbereichs verlangen.

§ 9 Zustimmungsbedürftige Geschäfte [6]

(1) Folgende Geschäfte und Maßnahmen darf die Geschäftsführung nur mit vorheriger Zustimmung der Gesellschafterversammlung vornehmen, sofern die Zustimmung nicht bereits ausdrücklich im Rahmen der Zustimmung zur Unternehmensplanung erteilt worden ist:

a) Festlegung und Änderung der Unternehmensplanung,

b) Erwerb und Veräußerung von Unternehmen und Anteilen an Unternehmen, sofern der Wert im Einzelfall EUR _____[Betrag]_____ übersteigt,

c) Erwerb und Veräußerung von Gegenständen des Anlagevermögens, sofern der Wert im Einzelfall EUR _____[Betrag]_____ übersteigt,

d) Erwerb, Veräußerung und Belastung von Grundstücken und grundstücksgleichen Rechten, sofern der Wert im Einzelfall EUR _____[Betrag]_____ übersteigt,

e) Kreditaufnahmen und ähnliche Rechtsgeschäfte, sofern der einzelne Kredit den Betrag von EUR _____[Betrag]_____ übersteigt,

f) Gewährung von Krediten und Übernahme von Bürgschaften, Garantien oder ähnlichen Haftungen außerhalb des gewöhnlichen Geschäftsbetriebs, sofern der Wert im Einzelfall EUR _____[Betrag]_____ übersteigt,

g) Abschluss von Verträgen, die die Gesellschaft länger als ein Jahr binden oder zu Leistungen von mehr als EUR _____[Betrag]_____ verpflichten,

h) Abschluss von Arbeits- und Dienstverträgen, bei denen die Kündigungsfrist sechs Monate bzw. die Jahresvergütung EUR _____[Betrag]_____ überschreitet,

i) wesentliche Änderungen des Produktions- oder Vertriebsprogramms,

j) wesentliche Änderung der Markenstrategie des Unternehmens,

k) Abschluss, Änderung oder Beendigung von Unternehmensverträgen.

(2) Die Geschäftsführung benötigt die Zustimmung der Gesellschafterversammlung auch dann, wenn sie durch Weisung, Zustimmung, Stimmabgabe oder in anderer Weise bei einem von der Gesellschaft abhängigen Unternehmen

a) an Geschäften der in Absatz 1 bestimmten Art

b) an Änderungen des Gesellschaftsvertrages o.ä.

mitwirkt.

§ 10 Zeichnungsberechtigung

Verträge von besonderer Bedeutung für die Gesellschaft sind von dem Vorsitzenden der Geschäftsführung und dem zuständigen Geschäftsführer zu unterzeichnen.

_____[Ort]_____, den _____[Datum]_____

_____
(Unterschrift)

(Sprecher der) Gesellschafter der [Name der GmbH]

Erläuterungen

Schrifttum
Fleischer Vertrauen von Geschäftsleitern und Aufsichtsmitgliedern auf Informationen Dritter, ZIP 2009, 1397.

1. Das Muster geht von einer GmbH aus, die über keinen AR oder Beirat verfügt und mehrere GF hat. Im Gesellschaftsvertrag sind keine Regelungen zur Geschäftsführungsbefugnis der GF enthalten.

2. Bei mehreren GF steht die Geschäftsführungsbefugnis nach ganz herrschender Ansicht entsprechend dem für das Außenverhältnis in § 35 Abs. 2 Satz 1 GmbHG niedergelegten Grundsatz der Gesamtvertretung – auch ohne ausdrückliche gesetzliche Regelung – diesen grundsätzlich nur gemeinschaftlich zu (**Gesamtgeschäftsführung**). Geschäftsführungsbeschlüsse müssen in diesem Fall analog § 77 Abs. 1 AktG einstimmig getroffen werden (Baumbach/Hueck/*Zöllner*/*Noack* § 37 Rn. 29). Der Gesellschaftsvertrag kann die Geschäftsführungsbefugnis jedoch abweichend regeln und Einzelgeschäftsführung, Mehrheitsentscheidung oder beliebige sachliche Abstufungen und Mischformen, insbesondere auch eine Ressortverteilung vorsehen. Ebenso kann – wie im Muster – die GO das Prinzip der Einstimmigkeit aufweichen.

3. Nach dem Grundsatz der Gesamtverantwortung tragen alle GF die Verantwortung für die gesamte Geschäftsführung grundsätzlich gemeinsam. Daran ändert auch eine Verteilung der Geschäftsbereiche grundsätzlich nichts. Sie führt jedoch zu einer Zweiteilung der Verantwortung: In den einzelnen Geschäftsbereichen trifft die volle Handlungsverantwortung allein den GF, dem der jeweilige Geschäftsbereich übertragen wurde (**Ressortverantwortung**). Jedoch entbindet dies die übrigen GF nicht von jedweder Verantwortung für die fremden Geschäftsbereiche (**Restverantwortung**). Wegen ihrer Verantwortung für die gesamte GF sind sie vielmehr im Rahmen einer allgemeinen Aufsichts- und Überwachungspflicht verpflichtet, die Tätigkeit des zuständigen GF und den Lauf der dortigen Geschäfte zu beobachten (*Fleischer* ZIP 2009, 1397, 1399).

4. Bestimmte Entscheidungen mit besonderem Gewicht für die Gesellschaft müssen auch bei einer Aufteilung der Geschäftsbereiche von allen GF zusammen getroffen werden (vgl. Lutter/Hommelhoff/*Kleindiek* § 37 Rn. 31; MünchHdb GmbH/*Marsch-Barner*/*Diekmann* § 44 Rn. 80). Es empfiehlt sich, diese Aufgaben in der GO aufzuzählen.

5. Nach allgemeiner Ansicht ist es zulässig, einzelnen Mitgliedern und insbesondere einem Vorsitzenden der Geschäftsführung weitergehende Befugnisse einzuräumen, etwa ein Recht zum **Stichentscheid** bei Stimmengleichheit, ein **Vetorecht** und sogar ein Alleinentscheidungsrecht gegenüber den anderen Geschäftsführern (letzteres str., Scholz/*Uwe H. Schneider*/*Sven H. Schneider* § 37 Rn. 29; teilweise a.A. Baumbach/Hueck/*Zöllner*/*Noack* § 37 Rn. 30). In einer **mitbestimmten GmbH** ist ein Vetorecht zugunsten des Vorsitzenden unzulässig (BGH, Urt. v. 14.11.1983 – II ZR 33/83, BGHZ 89, 48).

6. Aus dem **Weisungsrecht** der Gesellschafter aus § 37 Abs. 1 GmbHG folgt, dass diese im Rahmen der Bestimmungen im Gesellschaftsvertrag auch vorab Zustimmungsvorbehalte für bestimmte Maßnahmen und Geschäfte festlegen können. Dadurch ist es den Gesellschaftern möglich, Maßnahmen der GF im Vorhinein zu kontrollieren und gegebenenfalls zu unterbinden, was angesichts der Unbeschränkbarkeit der Vertretungsmacht der GF im Außenverhältnis von besonderer Bedeutung ist. Verweigert die Gesellschafterversammlung die Zustimmung, muss die fragliche Maßnahme unterbleiben. Die Zustimmungsvorbehalte sollten sorgfältig an die Anforderungen der einzelnen Gesellschaft angepasst werden.

M. Organverträge

7. Gesellschafterbeschluss: Abberufung

Vorbemerkung

88 Die Bestellung zum GF ist nach **§ 38 Abs. 1 GmbHG** grundsätzlich jederzeit widerruflich. Anders als beim Widerruf der Bestellung eines Vorstandsmitglieds (§ 84 Abs. 3 AktG) verlangt das Gesetz keinen wichtigen Grund. Im Gesellschaftsvertrag kann die Zulässigkeit des Widerrufs indes an das Vorliegen eines **wichtigen Grundes** geknüpft werden, wobei das Gesetz insbesondere grobe Pflichtverletzung und Unfähigkeit zur ordnungsgemäßen Geschäftsführung als wichtigen Grund ansieht (§ 38 Abs. 2 GmbHG). Durch die Abberufung wird der GF des Amtes enthoben. Es handelt sich somit um die Kehrseite der Geschäftsführerbestellung (vgl. Muster M Rdn. 56). Ein Weiterbeschäftigungsanspruch des GF nach erfolgter Abberufung wird vielfach abgelehnt, aber die Rechtslage ist insoweit nicht eindeutig und eine Würdigung der Umstände des Einzelfalls stets erforderlich (vgl. dazu *Lunk/Rodenbusch* NZA 2011, 497).

89 Die **Kompetenz** zur Abberufung liegt grundsätzlich bei der **Gesellschafterversammlung** (§ 46 Nr. 5 GmbHG). Vorbehaltlich anderweitiger gesellschaftsvertraglicher Regelungen genügt die einfache Mehrheit. Gesellschaftsvertrag kann auch Einstimmigkeit verlangen. Ob bei einer Abberufung aus wichtigem Grund (§ 38 Abs. 2 GmbHG) der Gesellschaftsvertrag eine größere Mehrheit anordnen darf, ist umstritten, wird von der wohl h.M. jedoch abgelehnt (BGH, Urt. v. 20.12.1982 – II ZR 110/82, BGHZ 86, 177, 179; anders als BGH etwa Baumbach/Hueck/*Zöllner/Noack* § 38 Rn. 30).

90 Im Gesellschaftsvertrag kann die Abberufungszuständigkeit der Gesellschafterversammlung entzogen (vgl. MünchHdb GmbH/*Wolff* § 37 Rn. 38) und einem **Beirat** oder **fakultativen AR** zugeordnet werden. In der **mitbestimmten GmbH** ist nach § 31 Abs. 5 MitbestG zwingend der AR zuständig, der mit ⅔-Mehrheit entscheidet und an § 84 Abs. 3 AktG gebunden ist. § 38 GmbHG gilt in der mitbestimmten GmbH nicht. Bei Geltung des DrittelbG verbleibt es bei § 38 GmbHG.

91 Ein **wichtiger Grund** ist immer dann gegeben, wenn ein Verbleib des GF in seiner bisherigen Geschäftsführerposition für die Gesellschaft unzumutbar ist (Lutter/Hommelhoff/*Kleindiek* § 38 Rn. 20). Sofern aus wichtigem Grund abberufen wird, muss dies innerhalb angemessenen Zeitraums geschehen; die Zwei-Wochen-Frist des § 626 Abs. 2 BGB ist nicht anwendbar (Lutter/Hommelhoff/*Kleindiek* § 38 Rn. 18).

92 Eine Abberufung aus **offensichtlich unsachlichen Gründen** ist trotz der grundsätzlicher Entscheidungsfreiheit der Gesellschafter nicht zulässig (Baumbach/Hueck/*Zöllner/Noack* § 38 Rn. 3). Schuldrechtliche Einschränkungen der freien Abberufungskompetenz im GF-Vertrag entfalten keine Wirkung (Lutter/Hommelhoff/*Kleindiek* § 38 Rn. 13).

93 Ist der abzuberufende GF gleichzeitig Mitgesellschafter ist, hat er **Stimmrecht** bei der Beschlussfassung, sofern diese nicht aus wichtigem Grund erfolgt (MünchHdb GmbH/*Wolff* § 38 Rn. 45).

94 Der GF muss vor seiner Abberufung **nicht angehört** werden. Beachtet werden muss jedoch eine mögliche Verwirkung (MünchHdb GmbH/*Diekmann/Marsch-Barner* § 42 Rn. 56).

▶ **Muster – Gesellschafterbeschluss: Abberufung**

95   Niederschrift über die Gesellschafterversammlung der [Name der GmbH]
                            vom [Datum]

Wir, die unterzeichneten alleinigen Gesellschafter der [Name der GmbH], halten hiermit unter Verzicht auf alle durch Gesetz und Gesellschaftsvertrag vorgeschriebenen Formen und Fristen der Einberufung und Ankündigung eine Gesellschafterversammlung der [Name der GmbH] ab und beschließen: [1]

Die Bestellung von Herrn/Frau ____[Name]____ zu[m/r] Geschäftsführer[in] wird mit sofortiger Wirkung widerrufen. ² [optional: Der Anstellungsvertrag von Herrn/Frau ____[Name]____ wird mit sofortiger Wirkung aus wichtigem Grund gekündigt.] ³ Herrn/Frau ____[Name]____ wird die Entlastung für das Geschäftsjahr _[verweigert/erteilt]_ . ⁴

___[Der/Die]___ Vorsitzende der Gesellschafterversammlung wird hiermit von allen Gesellschaftern ermächtigt, Herrn/Frau ____[Name]____ den Widerruf der Bestellung [optional: sowie die fristlose Kündigung des Anstellungsvertrags] mitzuteilen. ⁵, ⁶, ⁷

____[Ort]____ , den ___[Datum]___

_____
(Unterschriften)

Erläuterungen

Schrifttum

Bauer/Krieger Formale Fehler bei Abberufung und Kündigung vertretungsberechtigter Organmitglieder, ZIP 2004, 1247; *Fischer* Der Rechtsstreit über die Abberufung des GmbH-Geschäftsführers, BB 2013, 2819; *Grunewald* Die Abberufung von Gesellschafter-Geschäftsführern in der GmbH, FS Zöllner 1998, S. 177; *Haertlein* Abberufung eines GmbH-Geschäftsführers aus wichtigem Grund durch die Gesellschafter, FS Schwark 2009, 157; *Reiserer/Peters* Die anwaltliche Vertretung von Geschäftsführern und Vorständen bei Abberufung und Kündigung, DB 2008, 167.

1. Bei der Einberufung der Gesellschafterversammlung sind § 51 GmbHG und die gesellschaftsvertraglichen Regelungen oder im Fall seiner Zuständigkeit die Geschäftsordnung des Beirats/AR zu beachten. Der **Tagesordnungspunkt** der Abberufung eines GF muss klar und deutlich angekündigt werden (*Bauer/Krieger* ZIP 2004, 1247, 1249). Den Mitgliedern des zuständigen Gremiums bleibt es stets unbenommen, einstimmig – wie im Muster – auf die Einberufungsformalitäten zu verzichten. 96

In der Praxis wird ein Abberufungsbeschluss häufig mit dem **Bestellungsbeschluss** hinsichtlich eines neuen GF verknüpft (s. zur Bestellung Muster M Rdn. 56). Das ist ohne Weiteres zulässig. Das Muster enthält indes nur den Beschluss über die Abberufung. 97

2. Der Beschluss sollte den Zeitpunkt des Widerrufs der Bestellung genau bestimmen. Die Abberufung kann mit einer Frist zum Wirksamwerden erfolgen, aber eine aufschiebende **Bedingung ist nicht zulässig** (Baumbach/Hueck/*Zöllner/Noack* § 38 Rn. 3). 98

3. Der Widerruf der Bestellung führt nicht automatisch zur Beendigung des **Anstellungsvertrags** (Trennungstheorie), es sei denn Bestellung und Dienstverhältnis sind durch eine Koppelungsklausel verknüpft. Es ist daher stets zu prüfen, ob eine Kündigung möglich oder angezeigt ist (s. dazu auch Muster M Rdn. 109). 99

4. Näheres zur **Entlastung** eines GmbH-Geschäftsführers in Muster M Rdn. 142. 100

5. Der Abberufungsbeschluss wird erst im Moment des Zugangs beim Geschäftsführer wirksam. Er muss dem GF **mitgeteilt werden**, wobei eine zufällige Kenntniserlangung nicht genügt. War der Betroffene bei der Beschlussfassung jedoch anwesend, entfällt die Mitteilungspflicht (MünchHdb GmbH/*Diekmann/Marsch-Barner* § 42 Rn. 64). Mit Blick auf § 174 **BGB** empfiehlt sich die ausdrückliche Ermächtigung einer Person zur Erklärung der Abberufung dem GF gegenüber (*Bauer/Krieger* ZIP 2004, 1247, 1248). 101

6. Alle Änderungen in den Personen der Geschäftsführer sind nach § 39 Abs. 1 GmbHG zum **Handelsregister** anzumelden (s. zur Anmeldung der Bestellung Muster M Rdn. 68). Die Eintragung im HR hat keine konstitutive Wirkung (Lutter/Hommelhoff/*Kleindiek* § 39 Rn. 1). 102

7. Zum **Rechtsschutz** gegen die Abberufung s. Baumbach/Hueck/*Zöllner/Noack* § 38 Rn. 60 ff. Zuständig ist das Landgericht, nicht das Arbeitsgericht (§ 5 Abs. 1 Satz 3 ArbGG). 103

M. Organverträge

8. Kündigung Geschäftsführer-Anstellungsvertrag

Vorbemerkung

104 Bei der Kündigung des GF-Vertrags ist die **ordentliche Kündigung** von der **außerordentlichen Kündigung** aus wichtigem Grund zu trennen. Die ordentliche Kündigung ist nur bei einem unbefristeten GF-Vertrag zulässig (Lutter/Hommelhoff/*Kleindiek* Anh. zu § 6 Rn. 51). Bei einem befristeten Anstellungsvertrag muss wegen § 620 Abs. 2 BGB das Recht zur ordentlichen Kündigung eigens vereinbart werden (OLG Hamm, Urt. v. 11.02.2008 – I-8 U 155/07, GmbHR 2008, 542, 543).

105 In den Grenzen des § 622 Abs. 5 BGB, der entsprechend gilt, kann die Kündigungsfrist vereinbart werden. Mangels vertraglicher Regelung gilt für die **ordentliche Kündigungsfrist** § 622 BGB entsprechend (Lutter/Hommelhoff/*Kleindiek* Anh. zu § 6 Rn. 53), nicht § 621 BGB (str. s. Baumbach/Hueck/*Zöllner*/*Noack* § 35 Rn. 243). Der GF kann demgemäß nach § 622 Abs. 1 BGB mit vierwöchiger Frist kündigen, was regelmäßig zu kurz ist und im GF-Vertrag verlängert werden sollte; § 622 Abs. 6 BGB findet keine Anwendung. Die Kündigungsfrist der Gesellschaft richtet sich mangels vertraglicher Regelung nach § 622 Abs. 2 BGB. Das **KSchG** findet nach § 14 Abs. 1 Nr. 1 KSchG **keine Anwendung**. § 623 BGB gilt nach h.M. (freilich nicht überzeugend) nicht, und in Praxis sollte die Kündigung in jedem Fall schriftlich erfolgen.

106 Die Kompetenz zur (ordentlichen und außerordentlichen) Kündigung liegt im Grundsatz bei der **Gesellschafterversammlung**, kann aber durch den Gesellschaftsvertrag auf einen Beirat oder fakultativen AR delegiert werden. Die Kündigungskompetenz kann auch durch einfachen Gesellschafterbeschluss auf eine andere Stelle übertragen werden (Lutter/Hommelhoff/*Kleindiek* Anh. zu § 6 Rn. 51). In der **mitbestimmten GmbH** ist zwingend der AR zuständig. Kündigt der GF, kann er seine Kündigungserklärung gegenüber einem anderen GF erklären (§ 35 Abs. 2 Satz 2 GmbHG).

107 Rechtsgrundlage für die **außerordentliche Kündigung** ist § 626 BGB. Der GF-Vertrag darf die Kündigungsvoraussetzungen nicht erschweren. Die Beweis- und Darlegungslast liegt beim Kündigenden. Aus Sicht der Gesellschaft ist nicht erforderlich, dass der GF schuldhaft oder zwingend pflichtwidrig gehandelt hat, wobei das zumeist einer Kündigung aus wichtigem Grund zugrunde liegt (s. zu den wichtigen Gründen Lutter/Hommelhoff/*Kleindiek* Anh. zu § 6 Rn. 59). An sich können im GF-Vertrag wichtige Gründe definiert werden, aber der Widerruf der Bestellung kann nur ordentliche Kündigung mit Kündigungsfristen auslösen. Eine **Abmahnung** des GF ist nicht erforderlich (BGH, Beschl. v. 02.07.2007 – II ZR 71/06, WM 2007, 1613).

108 Besondere Bedeutung hat die **Zwei-Wochen-Frist des § 626 Abs. 2 BGB**, die zwingend vor einer Kündigung zu beachten ist. Die Frist beginnt mit Kenntnis und Zusammenkunft der Gesellschafterversammlung (oder des Beirats oder des AR), wobei im Interesse des GF das Beschlussgremium einberufen werden muss, wenn ein zur Einberufung Befugter Kenntnis von den Kündigungsumständen hat (BGH, Urt. v. 10.01.2000 – II ZR 251/98, NJW 2000, 1864, 1866; Lutter/Hommelhoff/*Kleindiek* Anh. zu § 6 Rn. 64).

▶ **Muster – Kündigung Geschäftsführer-Anstellungsvertrag**

109 Kündigung Geschäftsführer-Anstellungsvertrag [1]
Niederschrift über die Gesellschafterversammlung [2] der [Name der GmbH] vom ___[Datum]___

Wir, die unterzeichneten alleinigen Gesellschafter der [Name der GmbH], halten hiermit unter Verzicht auf alle durch Gesetz und Gesellschaftsvertrag vorgeschriebenen Formen und Fristen der Einberufung und Ankündigung eine Gesellschafterversammlung der [Name der GmbH] ab und beschließen: [3]

Die dienstvertragliche Situation des ehemaligen Mitglieds der Geschäftsführung der [Name der GmbH], Herrn/Frau ___[Name]___, dessen/deren Bestellung durch Widerruf der Gesellschafterversammlung bereits am ____[Datum]____ endete, wurde eingehend erörtert. Der/Die Sprecher[in] der Gesellschafterversammlung berichtete über die Erkenntnisse, die im Rahmen der von der Gesellschaft veranlassten und am ____[Datum]____ abgeschlossenen Untersuchungen zutage getreten sind. [4] Es wurden folgende Beschlüsse gefasst:

1. Der Geschäftsführer-Anstellungsvertrag von Herrn/Frau ____[Name]____ mit der [Name der GmbH] vom ____[Datum]____ wird ohne Einhaltung einer Kündigungsfrist mit sofortiger Wirkung aus wichtigem Grund gekündigt.

2. Der/Die Sprecher[in] der Gesellschafterversammlung wird ermächtigt, die fristlose Kündigung aus wichtigem Grund gegenüber Herrn/Frau ____[Name]____ auszusprechen. [5] Der/Die Sprecher[in] der Gesellschafterversammlung wird ferner ermächtigt, alle Erklärungen abzugeben, die gegebenenfalls im Zusammenhang mit der Durchsetzung der fristlosen Kündigung aus wichtigem Grund notwendig oder sinnvoll sind.

3. Die Gesellschafterversammlung behält sich vor, die fristlose Kündigung gegebenenfalls noch auf weitere Umstände zu stützen, die im Zuge der weiteren Aufklärung bekannt werden. [6]

____[Ort]____, den ____[Datum]____

_____
(Unterschrift)

(Seite 1)

[Briefkopf der GmbH – Sprecher der Gesellschafterversammlung]

An

Herrn/Frau ____[Name]____
____[Adresse]____

– Per Boten gegen Empfangsbekenntnis – [7]

____[Ort]____, den ____[Datum]____

Geschäftsführer-Anstellungsvertrag

Sehr geehrte/r Frau/Herrn ____[Name]____,

die [Name der GmbH] kündigt hiermit aufgrund eines Beschlusses der Gesellschafterversammlung das mit Ihnen aufgrund des Geschäftsführer-Anstellungsvertrags bestehende Anstellungsverhältnis aus wichtigem Grund ohne Einhaltung einer Kündigungsfrist mit sofortiger Wirkung.

Eine Fortsetzung des Dienstverhältnisses ist der Gesellschaft nicht zumutbar. [8] Sie haben mehrfach inkorrekte Spesenabrechnungen eingereicht und sich darüber hinaus entgegen den Richtlinien der Gesellschaft ungenehmigt Spesenvorschüsse auszahlen lassen. [9]

Wir behalten uns vor, die fristlose Kündigung auf weitere Umstände zu stützen und den entstandenen Schaden gegen Sie geltend zu machen.

Wir fordern Sie auf, unverzüglich den Dienstwagen sowie sämtliche noch in Ihrem Besitz befindlichen Gegenstände und Unterlagen der Gesellschaft zurückzugeben.

Als Anlage fügen wir eine Ausfertigung des vollständigen Beschlusses der Gesellschafterversammlung vom ____[Datum]____ bei. [10]

Mit vorzüglicher Hochachtung

_____
(Unterschrift Sprecher der Gesellschafterversammlung)

(Seite 2)

M. Organverträge

Erläuterungen

Schrifttum

Bauer/Krieger Formale Fehler bei Abberufung und Kündigung vertretungsberechtigter Organmitglieder, ZIP 2004, 1247; *Reiserer* Kündigung des Dienstvertrages des GmbH-Geschäftsführers, DB 2006, 1787; *Reiserer/Peters* Die anwaltliche Vertretung von Geschäftsführern und Vorständen bei Abberufung und Kündigung, DB 2008, 167; *Tschöppe/Wortmann* Der wichtige Grund bei Abberufungen und außerordentlichen Kündigungen von geschäftsführenden Organmitgliedern, NZG 2009, 161.

110 **1.** Das Muster geht von einer außerordentlichen Kündigung aus, nachdem die Bestellung schon widerrufen ist. Es ist zulässig, den Widerruf der Bestellung und eine außerordentliche Kündigung in einem Beschluss zu fassen.

111 **2.** Auch bei der außerordentlichen Kündigung liegt die **Kündigungskompetenz** im Prinzip wie bei der ordentlichen Kündigung bei der Gesellschafterversammlung, wobei der von der Kündigung betroffene Gesellschafter-GF von der Beschlussfassung nach § 47 Abs. 4 GmbHG ausgeschlossen ist. Der Gesellschaftsvertrag kann die Kompetenz einem Beirat oder fakultativen AR übertragen. In der mitbestimmten GmbH ist nach § 31 MitbestG zwingend der AR zuständig.

112 **3.** Bei der Einberufung der Gesellschafterversammlung sind § 51 GmbHG und die gesellschaftsvertraglichen Regelungen oder im Fall seiner Zuständigkeit die Geschäftsordnung des Beirats/AR zu beachten. Der **Tagesordnungspunkt** der außerordentlichen Kündigung eines GF sollte klar und deutlich angekündigt werden (*Bauer/Krieger* ZIP 2004, 1247, 1249).

113 **4.** Eine solche Feststellung in der Niederschrift kann sich mit Blick auf die **Zwei-Wochen-Frist des § 626 Abs. 2 BGB** empfehlen.

114 **5.** Es ist zulässig, die Ausführung eines Kündigungsbeschlusses einem Dritten zu überlassen (*Reiserer/Peters* DB 2008, 167, 170).

115 **6.** Ein **Nachschieben von Gründen** im Rechtsstreit um die Wirksamkeit der Kündigung ist unter Beachtung der Frist des § 626 Abs. 2 BGB grundsätzlich zulässig, sofern diese Gründe zum Zeitpunkt der Kündigungserklärung bereits vorlagen. Ein sachlicher Grund zwischen ursprünglichen und nachgeschobenen Gründen ist nicht erforderlich, wohl aber ein neuer Beschluss des Kündigungsorgans (Baumbach/Hueck/*Zöllner/Noack* § 35 Rn. 235).

116 **7.** Aus Beweiszwecken empfiehlt es sich, den **Zugang der fristlosen Kündigung** ordentlich zu dokumentieren, durch Einschreiben oder durch eine Empfangsbestätigung des GF. Wirksam wird die fristlose Kündigung erst mit Zugang beim GF nach § 130 Abs. 1 BGB.

117 **8.** Der von § 626 Abs. 1 BGB vorausgesetzte **wichtige Grund** liegt vor, wenn unter Berücksichtigung aller relevanten Umstände und nach Abwägung der Interessen beider Parteien dem Kündigenden (hier: der Gesellschaft) die Fortsetzung des Dienstverhältnisses unzumutbar ist (s. *Tschöpel/Wortmann* NZG 2009, 161). Die im Muster angedeuteten Verfehlungen (Spesenbetrug) dürften in aller Regel einen wichtigen Grund darstellen (KG, Urt. v. 10.11.2000 – 14 U 9587/99, NZG 2001, 325).

118 **9.** Die Wirksamkeit der Kündigung hängt nicht von der **Mitteilung der Kündigungsgründe** ab (Lutter/Hommelhoff/*Kleindiek* Anh. zu § 6 Rn. 61), aber der GF kann nach § 626 Abs. 2 Satz 3 BGB die schriftliche Mitteilung der Kündigungsgründe verlangen.

119 **10.** Mit Blick auf OLG Düsseldorf, Urt. v. 17.11.2003 – I-15 U 225/02, NZG 2004, 141, wonach ein Vorstandsmitglied die Kündigungserklärung entsprechend **§ 174 BGB** zurückweisen können soll, wenn die Kündigungserklärung durch den Vorsitzenden des AR erfolge und sich seine Vertretungsbefugnis nicht aus der Satzung oder Geschäftsordnung ergebe (was nicht überzeugt!), empfiehlt sich vorsorglich *im Beschluss* des Kündigungsorgans eine ausdrückliche Ermächtigung einer Person zur Kundgabe der Kündigung und Übergabe einer Ausfertigung des Beschlusses.

9. Aufhebungsvereinbarung

Vorbemerkung

Im Unterschied zur *einseitigen* Kündigung handelt es sich bei der Aufhebungsvereinbarung um einen *zweiseitigen* Vertrag zur Beendigung des GF-Vertrags. Er kommt **in der Praxis häufig** vor. Relevant wird die Aufhebungsvereinbarung vor allem dann, wenn kein wichtiger Grund für eine außerordentliche Kündigung des GF-Vertrags besteht (dazu Muster M Rdn. 109) und einerseits eine lange ordentliche Kündigungsfrist besteht (die Gesellschaft sich also von dem Vertrag »lösen« will), andererseits der GF zu neuen Ufern aufbrechen will, also ebenfalls kein Interesse hat, das Vertragsverhältnis »auszusitzen«. Bei der Aufhebung eines GF-Vertrags sind anders als bei der Aufhebung von Arbeitsverträgen Bedenken gegen die Freiwilligkeit regelmäßig nicht angezeigt (Baumbach/Hueck/*Zöllner/Noack* § 35 Rn. 256). 120

Zuständig für den Abschluss ist auf Seiten der Gesellschaft das **Bestellungsorgan**, also regelmäßig die Gesellschafterversammlung oder bei einer entsprechenden Delegierung der Beirat oder fakultative AR. Bei einer mitbestimmten GmbH liegt die Kompetenz bei AR. 121

Inhaltlich sollte die Vereinbarung insbesondere den Zeitpunkt der Beendigung, etwaige Restansprüche des GF sowie sonstige, die Modalitäten des GF-Vertrags betreffende Fragen klären, z.B. Freistellung, Urlaubsansprüche, ggf. auch noch ein nachvertragliches Wettbewerbsverbot (s. auch zum Vorstandsmitglied Muster M Rdn. 298). Üblicherweise wird dem ausscheidenden GF als Kompensation für die vorzeitige Amtsniederlegung im Rahmen der Aufhebungsvereinbarung eine **Abfindung** zugebilligt, die indes unter dem Betrag liegt, den die Gesellschaft bei Abgeltung der Restbezüge zahlen müsste. 122

▶ **Muster – Aufhebungsvereinbarung**

Aufhebungsvereinbarung 123

zwischen

der [Name der GmbH] , vertreten durch ihre Gesellschafterversammlung,
die vertreten durch ihre[n] Sprecher[in], [1]

und

Herrn/Frau _____ [Name] _____ , _____ [Ort] _____

Herr/Frau _____[Name]_____ war durch Widerruf seiner/ihrer Bestellung mit Ablauf des _____[Datum]_____ aus seinem/ihrem Amt als Geschäftsführer[in] der [Name der GmbH] ausgeschieden. [2] Die Parteien regeln zur Beendigung des Anstellungsverhältnisses Folgendes:

§ 1 Der Geschäftsführer-Anstellungsvertrag zwischen der Gesellschaft und Herrn/Frau _____[Name]_____ vom _____[Datum]_____ (einschließlich aller nachträglichen Änderungsvereinbarungen und Ergänzungen) endet mit Ablauf des _____[Datum]_____. Für die Zeit bis zum Ablauf des _____[Datum]_____ bleiben die vertraglichen Ansprüche von Herrn/Frau _____[Name]_____ aus dem Anstellungsvertrag – bis auf den Anspruch auf zeitanteilige jahresbezogene Tantieme für das Geschäftsjahr _____[Jahr]_____ – unberührt. [3] Herr/Frau _____[Name]_____ ist mit sofortiger Wirkung unter Anrechnung seiner/ihrer Urlaubsansprüche widerruflich bis zum _____[Datum]_____ von der Erbringung der Arbeitsleistung befreit. [4]

§ 2 Die Gesellschaft zahlt Herrn/Frau _____[Name]_____ als Ersatz für alle Einnahmen, die er/sie bei Fortbestand des Anstellungsvertrags nach dem _____[Datum]_____ erhalten würde, eine Abfindung in Höhe von EUR _____[Betrag]_____. [5] Die Abfindung ist am _____[Datum]_____ zur Zahlung fällig. Mit der Zahlung der Abfindung ist auch der Anspruch von Herrn/Frau _____[Name]_____ auf Zahlung einer zeitanteiligen Tantieme für das Geschäftsjahr _____[Jahr]_____ abgegolten. Mit Wirksamwerden dieser Vereinbarung ist der Anspruch entstanden und vererblich.

M. Organverträge

§ 3 Die Gesellschaft und Herr/Frau ____[Name]____ sind der Ansicht, dass für die in Ziffer 2 vereinbarte Entschädigung die Tarifglättung nach §§ 34, 24 Nr. 1 EStG in Anspruch genommen werden kann. [6] Eine etwaige Versagung der Tarifglättung lässt die Höhe der Entschädigung unberührt.

§ 4 Herr/Frau ____[Name]____ wird den ihm/ihr überlassenen Dienstwagen und alle Gegenstände der Gesellschaft, die ihm/ihr aus dienstlichen Gründen zur Verfügung stehen, bis spätestens ____[Datum]____ zurückgeben. [7] Während der Freistellung ist Herr/Frau ____[Name]____ nicht befugt, den Dienstwagen und die ihm überlassenen Kommunikationsmittel (Mobiltelefon) weiter zu nutzen.

§ 5 Herr/Frau ____[Name]____ erhält ein qualifiziertes Zeugnis. [8]

§ 6 Die Parteien vereinbaren folgende Sprachregelung: ____[Formulierung der Sprachregelung]____

§ 7 Herr/Frau ____[Name]____ wird die Aufsichtsratsmandate und ähnlichen Mandate, die er/sie in verbundenen Unternehmen wahrnimmt, unverzüglich, spätestens bis zum ____[Datum]____ niederlegen. [9]

§ 8 Herr/Frau ____[Name]____ wird der Gesellschaft bei seinem/ihrem Ausscheiden alle geschäftlichen Unterlagen und Schriftstücke einschließlich aller persönlicher Aufzeichnungen und Kopien mit der schriftlichen Versicherung der Vollständigkeit aushändigen. Ein Zurückbehaltungsrecht von Herrn/Frau ____[Name]____ gegenüber der Pflicht zur Herausgabe ist ausgeschlossen. [10]

§ 9 Herr/Frau ____[Name]____ unterliegt auch nach seinem/ihrem Ausscheiden als Geschäftsführer der Pflicht zur Verschwiegenheit über vertrauliche Angaben sowie über Betriebs- und Geschäftsgeheimnisse der Gesellschaft und der mit ihr verbundenen Unternehmen, von denen er/sie auf Grund seiner Tätigkeit für die Gesellschaft erfahren hat. Die Gesellschaft und Herr/Frau ____[Name]____ werden auch den Inhalt dieser Vereinbarung vertraulich behandeln.

§ 10 Die Regelungen der Pensionsvereinbarung zwischen Herrn/Frau ____[Name]____ und der Gesellschaft bleiben unberührt. [11]

§ 11 Die Vertragspartner sichern sich für die Zeit nach dem Ausscheiden von Herrn/Frau ____[Name]____ gegenseitig strikte Loyalität zu. Sie werden alle Handlungen unterlassen, die für das Ansehen des Vertragspartners abträglich sein können und nicht in Wahrnehmung berechtigter Interessen erfolgen. Der Aufsichtsrat wird darauf hinwirken, dass die Gesellschaft auch in der unternehmensinternen Kommunikation keine abträglichen Erklärungen über Herrn/Frau ____[Name]____ abgibt.

§ 12 Die Gesellschaft trägt die Kosten der anwaltlichen Beratung von Herrn/Frau ____[Name]____ bis zu einer Höhe von EUR ____[Betrag]____. Im Übrigen tragen die Parteien ihre im Zusammenhang mit dieser Vereinbarung entstandenen Kosten jeweils selbst. [12]

§ 13 Mit Erfüllung dieser Vereinbarung sind – abgesehen von den in dieser Vereinbarung begründeten oder aufrechterhaltenen Regelungen – alle Ansprüche und Verpflichtungen der Vertragspartner aus dem Anstellungsverhältnis ausgeglichen und erledigt. [13]

____[Ort]____, den ____[Datum]____

(Herr/Frau ____[Name des/der Sprechers/in]____ für die Gesellschafterversammlung)

Erläuterungen

Schrifttum
Lohr Die Gestaltung von Aufhebungsverträgen mit GmbH-Geschäftsführern, ZNotP 2004, 82.

124 **1.** Zuständigkeit ist anhand des Gesellschaftsvertrags zu prüfen. Bei der mitbestimmten GmbH ist der AR zuständig.

125 **2.** Neben dem Widerruf der Bestellung und der **einvernehmlichen Beendigung** ist auch eine **Amtsniederlegung** durch den GF denkbar. Nicht selten wird die Aufhebungsvereinbarung später

als die Mandatsbeendigung geschlossen, insbesondere (wovon das Muster ausgeht) nach einem Widerruf der Bestellung (s. zum Widerruf der Bestellung Muster M Rdn. 95).

3. Die laufenden (Fest-)Bezüge werden i.d.R. bis zum Zeitpunkt der vorzeitigen Vertragsbeendigung weiter bezahlt. Es muss klar sein, ob ein etwaiger (zeitanteiliger) Tantiemeanspruch noch ausgezahlt wird, oder, wie im Muster vorgesehen, in die Abfindung einfließt. 126

4. Es empfiehlt sich eine ausdrückliche Regelung zur **Freistellung** unter Anrechnung von ausstehenden Urlaubsansprüchen. 127

5. Die hier umschriebene **Abfindung** stellt eine Kompensation dar für alle bis zum ursprünglichen Vertragsende anfallenden Restbezüge sowie für variable Bezüge und Sachbezüge. Während Festbezüge und Sachbezüge in aller Regel relativ einfach zu rechnen sind, kann es über die Abgeltung der variablen Bezüge zum Streit kommen. Typischerweise wird von den insgesamt ausstehenden Bezügen ein **Abzug nach dem Rechtsgedanken des § 615 Satz 2 BGB** für die Möglichkeit anderweitigen Verdienstes gemacht, jedenfalls wenn der GF-Vertrag keine feste Abfindung festschreibt. Die Höhe des Abzugs hängt von der Länge der Restlaufzeit, dem Alter des GF und weiteren individuellen Faktoren ab. 128

6. Nach §§ 34 Abs. 1 und Abs. 2 Nr. 2, 24 Nr. 1 EStG wird die »Entschädigung« als Ersatz für entgangene oder entgehende Einnahmen mittels einer Glättung der Progression durch Verteilung auf fünf Jahre geringfügig steuerlich begünstigt. Wenn der GF nach dem Ausscheiden weiterhin Einkünfte hat, ist ein Effekt nicht spürbar. Gegebenenfalls kann eine Fälligkeit der Entschädigung in verschiedenen Veranlagungszeiträumen aus Sicht des GF interessant sein. 129

7. Die **Rückgabepflicht** ergibt sich zumeist schon aus dem GF-Vertrag. In der Praxis erhält der GF bisweilen die Möglichkeit, seinen Dienstwagen zum Zeitwert durch Übernahme des Leasing-Vertrags zu erwerben. 130

8. Der **Zeugnisanspruch** besteht entsprechend von § 630 BGB (Lutter/Hommelhoff/*Kleindiek* Anh. zu § 6 Rn. 29). Den Inhalt des Zeugnisses bestimmt das für die Anstellung zuständige Organ, nicht ein anderer GF. 131

9. Es sollte darauf geachtet werden, dass der GF alle **Mandate** niederlegt, die er nur im Interesse der Gesellschaft wahrgenommen hat. Falls der GF eine besondere Funktion ausübt, die auch im öffentlichen Interesse steht, ist auf eine ordnungsgemäße Beendigung zu achten. 132

10. Die Pflicht zur **Herausgabe von Unterlagen** ergibt sich häufig aus dem GF-Vertrag. Aus Sicht des GF empfiehlt sich jedenfalls dann, wenn Haftungsansprüche drohen, eine ausdrückliche Regelung zum Zugriff auf die Unterlagen der Gesellschaft, auch wenn ein entsprechender Anspruch sich ohnehin aus § 810 BGB ergibt (s. dazu Formulierung in Muster M Rdn. 298). 133

11. Bei einer Aufhebungsvereinbarung ist stets sorgfältig zu prüfen, ob **Pensionsansprüche** bestehen und welche Auswirkungen sich aus der vorzeitigen Vertragsbeendigung auf die Pensionsansprüche ergeben. Zumeist verständigen sich die Parteien dahingehend, dass die Pensionsansprüche unberührt bleiben. 134

12. Falls es dem GF gelingt, dass die Gesellschaft einen Teil der Anwaltskosten übernimmt, sollte die Kostentragungspflicht der Gesellschaft der Höhe nach begrenzt sein. 135

13. Es ist stets sorgfältig zu prüfen, ob noch Ansprüche aus früheren Rechtsverhältnissen aufrecht erhalten bleiben sollen, insbesondere Versorgungsansprüche. Die Notwendigkeit stellt sich bei GF einer GmbH oft noch dringlicher als bei Vorstandsmitgliedern. 136

10. Gesellschafterbeschluss: Entlastung

Vorbemerkung

137 Unter der Entlastung eines Geschäftsführers versteht man die **Billigung der vergangenen Geschäftsführung**, die grundsätzlich gleichzeitig auch einen Vertrauensbeweis für die Zukunft enthält (Scholz/*K. Schmidt* § 46 Rn. 89).

138 Gemäß § 46 Nr. 5 GmbHG fällt die Entlastung grundsätzlich in die **Zuständigkeit der Gesellschafter**, die nach den allgemeinen Regeln durch Gesellschafterbeschluss entscheiden. Sie kann jedoch auch einem anderen Gesellschaftsorgan zugewiesen werden. Da die Entlastung Rechenschaftslegung voraussetzt, wird sie regelmäßig in der **ordentlichen Gesellschafterversammlung** im Zusammenhang mit der Feststellung des Jahresabschlusses für das abgelaufene Geschäftsjahr erteilt. Den Gesellschaftern steht dabei ein breites, jedoch gebundenes Ermessen zu, weshalb sie im Rahmen der Beurteilung der Zweck- und Rechtmäßigkeit der Geschäftsführung sachgerecht entscheiden müssen (Baumbach/Hueck/*Zöllner* § 46 Rn. 43).

139 Anders als im Aktienrecht (§ 120 Abs. 2 Satz 2 AktG) hat die Entlastung in der GmbH **Präklusionswirkung**, wirkt also aus Sicht des GF haftungsbefreiend. Die Gesellschaft kann sich nach erfolgter Entlastung im Rahmen eines Organhaftungsanspruchs nicht mehr auf Umstände berufen, die im Zeitpunkt der Beschlussfassung bei sorgfältiger Prüfung des Rechenschaftsberichts und der vorgelegten Unterlagen erkennbar waren. Gleiches gilt für Tatsachen, die zwar nicht aus der Rechenschaftslegung erkennbar, aber sämtlichen Gesellschaftern im Zeitpunkt der Beschlussfassung tatsächlich bekannt waren. Andernfalls würde sich die Gesellschaft dem Vorwurf widersprüchlichen Verhaltens aussetzen (§ 242 BGB). Dies hat vor allem Bedeutung für die Möglichkeit der Gesellschaft, Schadensersatzansprüche gegen den GF geltend zu machen, aber auch für Abberufung und Kündigung. Wurde die Entlastung durch Irreführung oder Verschleierung erschlichen, scheidet eine Präklusionswirkung aus. Gleiches gilt für Ansprüche, die einem gesetzlichen Verzichtsverbot unterliegen. Ob die Präklusionswirkung bereits mit wirksamer Beschlussfassung oder erst nach Mitteilung gegenüber dem Entlasteten eintritt, ist umstritten (vgl. Baumbach/Hueck/*Zöllner* § 46 Rn. 41 m.w.N.).

140 Erfolgt die Verweigerung der Entlastung grundlos, kann der GF sein Amt niederlegen und aus wichtigem Grund kündigen (*Roth*/Altmeppen § 46 Rn. 42). Ob der GF einen mittels einer Leistungsklage durchsetzbaren **Anspruch auf Entlastung** hat, wird unterschiedlich beurteilt (verneinend die wohl h.M., insb.: BGH, Urt. v. 20.05.1985 – II ZR 165/84, BGHZ 94, 324; a.A. etwa: Baumbach/Hueck/*Zöllner* § 46 Rn. 46).

141 Eine Entlastung trotz schwerer Pflichtverletzungen des GF ist grundsätzlich **rechtswidrig** und anfechtbar. In Ausnahmefällen kann der Entlastungsbeschluss wegen Sittenwidrigkeit sogar nichtig sein (Baumbach/Hueck/*Zöllner* § 46 Rn. 44).

▶ **Muster – Gesellschafterbeschluss: Entlastung**

142 Gesellschafterbeschluss Entlastung [1]

Niederschrift über Gesellschafterversammlung [2] der [Name der GmbH] vom ____[Datum]____

Wir, die unterzeichneten alleinigen Gesellschafter der [Name der GmbH], halten hiermit unter Verzicht auf alle durch Gesetz und Gesellschaftsvertrag vorgeschriebenen Formen und Fristen der Einberufung und Ankündigung eine Gesellschafterversammlung der [Name der GmbH] ab und beschließen: [3]

Herrn/Frau ____[Name]____ wird für das Geschäftsjahr ____[Jahr]____ die Entlastung [verweigert/erteilt.]

Weitere Beschlüsse werden nicht gefasst. [4]

[Ort]_____, den ___[Datum]___

(Unterschriften)

Erläuterungen

Schrifttum

Lorenz Die richterliche Überprüfung unternehmerischer Entscheidungen des Vorstands bei Anfechtungsklagen gegen Entlastungsbeschlüsse, NZG 2009, 1138; *Nägele/Nestel* Entlastung des GmbH-Geschäftsführers und des AG-Vorstands – Chancen und Risiken der Praxis, BB 2000, 1253.

1. Das Muster sieht – eher ungewöhnlich – einen Beschluss nur über die Entlastung vor. In der Praxis wird der Beschluss über die Entlastung der GF zumeist im Rahmen der ordentlichen Gesellschafterversammlung gefasst. 143

Hat die Gesellschaft mehrere GF, erfolgt die Entlastung in der ordentlichen Gesellschafterversammlung regelmäßig für die **gesamte Geschäftsführung**. Liegen hinsichtlich eines oder mehrere GF allerdings Differenzierungsgründe vor, muss über die Entlastung jeweils einzeln beschlossen werden (Baumbach/Hueck/*Zöllner* § 46 Rn. 42). 144

2. Es ist stets zu prüfen, ob die **Kompetenz zur Entlastung** auf einen Beirat oder fakultativen AR übertragen worden ist. Auch in der **mitbestimmten GmbH** bleibt die Gesellschafterversammlung grundsätzlich zuständig, weil § 31 MitbestG die Entlastung nicht erfasst (*Ulmer/Habersack/Henssler* Mitbestimmungsrecht, § 31 Rn. 5). Bei der Einberufung sind § 51 GmbHG sowie die gesellschaftsvertraglichen Vorgaben oder Regelungen der GO des zuständigen Organs zu beachten. 145

3. Ist ein Gesellschafter gleichzeitig GF, kann er bei seiner eigenen Entlastung nicht mitstimmen (§ 47 Abs. 4 Satz 1 GmbHG). Ob darüber hinaus auch im Rahmen der (Einzel-)Entlastung anderer GF ein **Stimmverbot** besteht, ist umstritten (vgl. Scholz/*K. Schmidt* § 46 Rn. 97 m.w.N.). 146

4. Der Entlastungsbeschluss kann auch mit einem entsprechenden **Abberufungsbeschluss verbunden** werden. Es ist zudem möglich, dass die Entlastung **konkludent** in einem anders bezeichneten Beschluss enthalten ist (vgl. Scholz/*K. Schmidt* § 46 Rn. 92). 147

II. Vorstandsmitglied

1. Vorstands-Dienstvertrag

Vorbemerkung

Der Vorstands-Dienstvertrag regelt das Anstellungsverhältnis der Vorstandsmitglieder mit der Aktiengesellschaft. Das Anstellungsverhältnis ist nach der **Trennungstheorie** rechtlich unabhängig von der Bestellung, durch welche die Organstellung des Vorstandsmitglieds begründet wird (BGH, Urt. v. 14.11.1983 – II ZR 33/83, BGHZ 89, 48; *Hüffer/Koch* § 84 Rn. 2). Normativ hat die Trennungstheorie in § 84 Abs. 1 Satz 5 AktG ihre Grundlage. Bestellung und Anstellung bilden kein einheitliches Rechtsgeschäft im Sinn des § 139 BGB (Kölner Komm AktG/*Mertens/Cahn* § 84 Rn. 4). Sowohl Beginn als auch Beendigung von Bestellung und Dienstvertrag sind daher grundsätzlich unabhängig voneinander. Das wirkt sich in der Praxis vor allem darin aus, dass vielfach die Bestellung zum Vorstandsmitglied rechtmäßig widerrufen werden kann (§ 84 Abs. 3 Satz 1 AktG), während die Voraussetzungen für eine sofortige Kündigung des Dienstvertrags nach § 626 Abs. 1 BGB nicht vorliegen. 148

Gegenstand des Anstellungsverhältnisses sind nicht die organschaftlichen Rechte und Pflichten des Vorstandsmitglieds, welche durch Gesetz, Satzung und Geschäftsordnungen begründet werden. Vielmehr werden auf schuldvertraglicher Basis bestimmte Rechte und Pflichten von Vor- 149 standsmitglied und Gesellschaft festgelegt. Von besonderer praktischer Bedeutung ist die **Vergütungsvereinbarung**, die den Kern des Vorstands-Dienstvertrags ausmacht. Es gibt in Deutschland einen allgemeinen Standard von Vorstands-Dienstverträgen, weshalb sich die Vertragsverhandlungen im Wesentlichen auf Laufzeit, Vergütung und Ansprüche auf Ruhegeld konzentrieren (s. zur Pensionsvereinbarung Muster M Rdn. 227). Vorstandsmitglieder sind **keine AN** und unterfallen daher in aller Regel auch nicht den arbeitsrechtlichen Schutzvorschriften vor Diskriminierung (*Kort* NZG 2013, 601).

150 Das Vorstandsmitglied hat einen **Anspruch auf Abschluss eines Dienstvertrags**, weil es niemand zugemutet werden kann, die Funktion eines Vorstandsmitglieds ohne dienstvertragliche Absicherung wahrzunehmen (BGH, Urt. v. 14.11.1983 – II ZR 33/83, BGHZ 89, 48, 53). In der Praxis verständigen sich der AR, der in den Gesprächen zumeist von seinem Vorsitzenden vertreten wird, und das Vorstandsmitglied in aller Regel vor einer Bestellung auf die Vertragskonditionen. Ohnehin können zwingende korporationsrechtliche Vorgaben, die sich aus Gesetz, Satzung oder Geschäftsordnung ergeben, durch den Dienstvertrag nicht geändert werden (Großkomm AktG/*Kort* § 84 Rn. 283 ff.).

151 Der Vorstands-Dienstvertrag wird in aller Regel mit der Gesellschaft geschlossen, in der die betreffende Person als Vorstandsmitglied fungiert. In größeren Konzernen gibt es auch Vorstandsmitglieder, die in mehreren Gesellschaften Organverantwortung tragen. Der BGH hat das **Vorstandsdoppelmandat** grundsätzlich anerkannt (BGH, Urt. v. 09.03.2009 – II ZR 170/07, DB 2009, 1283). Umstritten sind dagegen sog. **Drittanstellungsverträge** und Konzernanstellungsverträge, bei denen das Vorstandsmitglied den Dienstvertrag nicht mit »seiner« Gesellschaft schließt, sondern mit einer anderen Konzerngesellschaft, insbesondere der Konzernobergesellschaft (*Fonk* NZG 2010, 368). Die Kompetenz zum Abschluss des Drittanstellungsdienstvertrags liegt auch beim AR (BGH, Urt. v. 28.04.2015 – II ZR 63/14, NZG 2015, 792; dazu *E. Vetter* NZG 2015, 889; *Kort* AG 2015, 531).

▶ Muster – Vorstands-Dienstvertrag

152

Vorstands-Dienstvertrag [1]

zwischen der

[Name der AG]

vertreten durch den Aufsichtsrat, [2]

dieser vertreten durch ____[die/den]____ Vorsitzenden des Aufsichtsrats,

und

Herrn/Frau [Name, Adresse]

§ 1 Bestellung und Ressortverantwortung

(1) Herr/Frau ____[Name]____ (im Folgenden als »das Vorstandsmitglied« bezeichnet) ist durch Beschluss des Aufsichtsrats vom ____[Datum]____ für die Zeit vom ____[Datum]____ bis zum Ablauf des ____[Datum]____ zum Mitglied des Vorstands der ____[Name der AG]____ (im Folgenden als »Gesellschaft« bezeichnet) bestellt worden. [3]

(2) Das Vorstandsmitglied ist als ____[»Chief Financial Officer« für das Finanzressort]____ verantwortlich. [4] Der Aufsichtsrat hat das Recht, die Ressortverteilung zu ändern. [5]

§ 2 Aufgaben und Pflichten

(1) Das Vorstandsmitglied führt die Geschäfte nach Maßgabe der Gesetze, der Satzung der Gesellschaft und der Geschäftsordnung für den Vorstand. Das Vorstandsmitglied wird die Empfehlungen des Deutschen Corporate Governance Kodex beachten, soweit nicht der Vorstand eine Abweichung von den Empfehlungen beschlossen hat. [6] Das Vorstandsmitglied wird seine/ihre

Arbeitskraft ausschließlich der Gesellschaft widmen. [7] Die Übernahme einer anderweitigen Tätigkeit im beruflichen Bereich – gleichgültig, ob sie entgeltlich oder ehrenamtlich erfolgt – bedarf der vorherigen Zustimmung des Aufsichtsrats. Das gilt insbesondere für die Annahme von Aufsichtsratsmandaten und ähnlichen Ämtern sowie, wenn die Interessen der Gesellschaft berührt werden können, für Gutachten, Veröffentlichungen und Vorträge oder andere öffentliche Stellungnahmen.

(2) Auf Wunsch des Vorstands wird das Vorstandsmitglied Aufsichtsratsmandate und ähnliche Ämter in Gesellschaften, an denen die Gesellschaft unmittelbar oder mittelbar beteiligt ist, sowie eine Tätigkeit in Verbänden und ähnlichen Zusammenschlüssen, denen die Gesellschaft auf Grund ihrer geschäftlichen Betätigung angehört, übernehmen. Das Vorstandsmitglied ist verpflichtet, Ämter der vorgenannten Art, die er/sie im Interesse der Gesellschaft wahrnimmt, bei Beendigung der Vorstandstätigkeit oder, wenn der Vorstand es wünscht, schon vorher niederzulegen. [8]

(3) Das Vorstandsmitglied wird während der Dauer dieses Vorstands-Dienstvertrags nicht für ein Unternehmen tätig werden oder an einem Unternehmen beteiligt sein, das mit der Gesellschaft oder einem mit ihr verbundenen Unternehmen im Wettbewerb steht oder in wesentlichem Umfang Geschäftsbeziehungen zu der Gesellschaft oder einem mit ihr verbundenen Unternehmen unterhält. [9] Unzulässig ist auch eine freiberufliche oder beratende Tätigkeit für ein solches Unternehmen. Das Vorstandsmitglied wird die/den Aufsichtsratsvorsitzenden unterrichten, falls ein Mitglied seiner/ihrer Familie (Angehöriger im Sinn von § 15 AO) eine Beteiligung an einem solchen Unternehmen hält. Anteilsbesitz im Rahmen der privaten Vermögensverwaltung, der keinen Einfluss auf die Organe des betreffenden Unternehmens ermöglicht, gilt nicht als Beteiligung im Sinn dieser Bestimmungen.

(4) Bei Erfindungen, die das Vorstandsmitglied während der Dauer des Anstellungsvertrags macht, gelten die Vorschriften des Gesetzes über Arbeitnehmererfindungen entsprechend. [10] Die Verwertung von technischen und organisatorischen Verbesserungsvorschlägen des Vorstandsmitglieds steht ohne besondere Vergütung ausschließlich der Gesellschaft zu.

(5) Das Vorstandsmitglied verpflichtet sich, über Betriebs- und Geschäftsgeheimnisse der Gesellschaft und ihrer verbundenen Unternehmen sowie über alle sonstigen vertraulichen Angelegenheiten aus und im Zusammenhang mit [seiner/ihrer] Vorstandstätigkeit Stillschweigen zu bewahren. Die Pflicht zur Verschwiegenheit besteht auch über die Laufzeit dieses Vorstands-Dienstvertrags hinaus. [11]

(6) Das Vorstandsmitglied ist verpflichtet, innerhalb von sechs Monaten nach Beginn dieses Vorstands-Dienstvertrags seinen ersten Wohnsitz im Umkreis von 50 km seines Dienstsitzes in ____[Ort]____ zu nehmen. [12] Die Gesellschaft trägt die Kosten des Umzugs. Das Vorstandsmitglied ist nicht verpflichtet, einen Dienstsitz zu nehmen, der weiter als 100 km von seinem ersten Wohnsitz entfernt liegt. [13]

(7) Das Vorstandsmitglied verpflichtet sich, die in seinem/ihrem Besitz befindlichen Unterlagen, Schriftstücke und Datenträger bei Beendigung der Vorstandstätigkeit dem Vorstand oder einem Beauftragten des Vorstands zu übergeben. [14] Ein Zurückbehaltungsrecht des Vorstandsmitglieds gegenüber der Pflicht zur Herausgabe ist ausgeschlossen.

§ 3 Bezüge [15]

(1) Das Vorstandsmitglied erhält ein festes Jahresgehalt (»Festgehalt«) und variable Bezüge. Die variablen Bezüge sollen bei Erreichen der vom Aufsichtsrat festgelegten Ziele jährlich EUR ____[Betrag]____ betragen (»Variables Zielgehalt«). Die variablen Bezüge sind insgesamt auf 200 % des variablen Zielgehalts, also auf einen Betrag von jährlich EUR ____[Betrag]____ begrenzt. [16] Sie werden zu einem Drittel in Form einer jahresbezogenen Tantieme und zu zwei Drittel in Form eines Mehrjahresbonus gewährt. [17] Daneben hat das Vorstandsmitglied die Möglichkeit, an dem Aktienoptionsprogramm der Gesellschaft [18] teilzunehmen.

(2) Das Festgehalt beträgt jährlich EUR ____[Betrag]____. Es wird in zwölf gleichen Teilbeträgen am Schluss eines Monats gezahlt, und zwar letztmalig für den vollen Monat, in dem der Vorstands-Dienstvertrag endet. Die Angemessenheit des Festgehalts wird regelmäßig im Abstand von jeweils zwei Jahren überprüft.

M. Organverträge

(3) Das Vorstandsmitglied erhält eine jahresbezogene Tantieme für das abgelaufene Geschäftsjahr in Abhängigkeit des Ergebnisses und der wirtschaftlichen Lage der Gesellschaft und der Leistungen des Vorstandsmitglieds. [19] Die Tantieme beträgt bei vollständiger Zielerreichung (100 %) EUR ___[Betrag]___ (»Zieltantieme«). Sie kann, wenn das Vorstandsmitglied die Ziele übertrifft, bis zu 200 % der Zieltantieme erreichen. Die Tantieme wird im Anschluss an die ordentliche Hauptversammlung für das jeweils vorangegangene Geschäftsjahr gezahlt. Die maßgeblichen Ziele werden vom Aufsichtsrat nach pflichtgemäßem Ermessen jeweils in den ersten drei Monaten eines Geschäftsjahrs festgelegt und sollen vorab mit dem Vorstandsmitglied abgestimmt werden. [20] Für das ___[erste Geschäftsjahr]___ wird eine Tantieme in Höhe von EUR ___[Betrag]___ garantiert. [21] Falls der Vorstands-Dienstvertrag während des Geschäftsjahrs begann oder endete, wird die Tantieme zeitanteilig ermittelt. Absatz 1 Satz 3 bleibt unberührt.

(4) Das Vorstandsmitglied erhält in Abhängigkeit der Ergebnisse der Gesellschaft in einem Bemessungszeitraum von drei Jahren einen Mehrjahresbonus (»LTI«). [22] Der Mehrjahresbonus beträgt bei vollständiger Zielerreichung (100 %) für jedes Jahr des jeweils relevanten Bemessungszeitraums EUR ___[Betrag]___ (»Ziel-LTI«). Er kann, wenn das Vorstandsmitglied die Ziele übertrifft, bis zu 200 % des Ziel-LTI erreichen. Der LTI wird im Anschluss an die ordentliche Hauptversammlung für den jeweils vorangegangenen Bemessungszeitraum, erstmals im Anschluss an die Hauptversammlung im Jahr ___[Jahr]___ gezahlt. Die maßgeblichen Ziele und Einzelheiten des LTI werden vom Aufsichtsrat nach pflichtgemäßem Ermessen gemeinsam mit den Zielen der Tantieme jeweils für den neu beginnenden Bemessungszeitraum festgesetzt. Sie sollen vorab mit dem Vorstandsmitglied abgestimmt werden. Bei einem Ausscheiden des Vorstandsmitglieds verfällt ein Anspruch auf einen LTI für einen Bemessungszeitraum, der noch nicht beendet ist. [23] Absatz 1 Satz 3 bleibt unberührt.

(5) Das Vorstandsmitglied hat das Recht, an einem Aktienoptionsprogramm der Gesellschaft gemäß dem jeweils gültigen Aktienoptionsplan teilzunehmen. [24] Das Recht besteht nicht, wenn die Gesellschaft beschließt, kein Aktienoptionsprogramm aufzulegen. Die Anzahl der zuzuteilenden Aktienoptionen setzt der Aufsichtsrat jeweils in den ersten drei Monaten eines Geschäftsjahrs für das jeweilige Geschäftsjahr fest.

(6) Bezüge aus Aufsichtsratsmandaten und ähnlichen Ämtern sowie aus der Wahrnehmung von Leitungsfunktionen, die das Vorstandsmitglied in verbundenen Unternehmen wahrnimmt, werden auf die Bezüge gemäß Absatz 1 angerechnet, und zwar zunächst auf die Tantieme und sodann auf das Festgehalt.

(7) Die Gesellschaft stellt dem Vorstandsmitglied für die Dauer seiner/ihrer Vorstandstätigkeit einen angemessenen Personenkraftwagen einschließlich der Betriebskosten zur dienstlichen und privaten Nutzung zur Verfügung. [25] Das Vorstandsmitglied hat den Wert der privaten Nutzung als Sachbezug zu versteuern.

(8) Der Aufsichtsrat hat das Recht, dem Vorstandsmitglied eine Sondervergütung für eine außerordentliche Leistung zu gewähren. Die Entscheidung steht im freien Ermessen des Aufsichtsrats. [26]

(9) Die Gesellschaft verpflichtet sich, eine angemessene Vermögensschadenhaftpflichtversicherung für Unternehmensleiter (D&O-Versicherung) abzuschließen. [27] Die Gesellschaft verpflichtet sich, den Versicherungsschutz auch nach dem Ausscheiden des Vorstandsmitglieds aus dem Vorstand für die Zeit der Verjährungsfrist im Sinne des § 93 Abs. 6 AktG im angemessenen Umfang aufrechtzuerhalten. Das Vorstandsmitglied hat das Recht, mit einem Selbstbehalt in der in § 93 Abs. 2 Satz 3 AktG vorgeschriebenen Mindesthöhe in den Versicherungsschutz eingeschlossen zu werden. [28]

(10) Das Vorstandsmitglied hat Anspruch auf Ersatz seiner Kosten, die im Zusammenhang mit der Vorstandstätigkeit entstehen. [29]

§ 4 Urlaub

Das Vorstandsmitglied hat Anspruch auf einen Jahresurlaub von ___[Anzahl; z.B. 25]___ Arbeitstagen, der in Teilabschnitten genommen werden soll. [30] Die Urlaubszeiten sind im Einvernehmen mit den anderen Mitgliedern des Vorstands festzulegen. Der Urlaub ist grundsätzlich im jeweiligen

Kalenderjahr zu nehmen und verfällt, wenn er nicht spätestens in den ersten drei Monaten des folgenden Kalenderjahrs angetreten wird.

§ 5 Bezüge bei Krankheit, Unfall, Tod

(1) Bei einer vorübergehenden Arbeitsunfähigkeit, die durch Krankheit, Unfall oder aus einem anderen von dem Vorstandsmitglied nicht verschuldeten Grund eintritt, werden die Bezüge gemäß § 3 Absatz 2 und 3 für die Dauer von sechs Monaten, längstens bis zu dem nach § 6 Absatz 1 bestimmten Endtermin dieses Vorstands-Dienstvertrags, in unveränderter Höhe weitergewährt. [31] Für weitere sechs Monate einer vorübergehenden Arbeitsunfähigkeit, längstens bis zu dem nach § 6 Absatz 1 bestimmten Endtermin dieses Vorstands-Dienstvertrags, erhält das Vorstandsmitglied 80 % des Festgehalts gemäß § 3 Absatz 2.

(2) Stirbt das Vorstandsmitglied während der Dauer dieses Vorstands-Dienstvertrags, so hat seine Ehefrau/ihr Ehemann Anspruch auf unverminderte Gewährung des Festgehalts gemäß § 3 Absatz 2 für den Sterbemonat und die drei folgenden Monate, längstens bis zu dem nach § 6 Absatz 1 bestimmten Endtermin dieses Vorstands-Dienstvertrags. [32]

(3) Die Gesellschaft wird das Vorstandsmitglied für die Dauer des Anstellungsvertrags gegen Unfall versichern, und zwar mit EUR _____[Betrag]_____ für den Todesfall und EUR _____[Betrag]_____ für den Invaliditätsfall.

(4) Das Vorstandsmitglied ist bereit, sich einmal jährlich auf Kosten der Gesellschaft einer gründlichen ärztlichen Untersuchung zu unterziehen und den Vorsitzenden des Aufsichtsrats über das Ergebnis dieser Untersuchung zu unterrichten. [33]

§ 6 Vertragsdauer

(1) Dieses Vorstands-Dienstvertrag wird für die Zeit vom _____[Datum]_____ bis zum Ablauf des _____[Datum]_____ geschlossen. [34] Er verlängert sich jeweils für die Zeit, für die das Vorstandsmitglied wieder zum Vorstandsmitglied bestellt wird. [35] Über die Wiederbestellung soll spätestens neun Monate vor Ablauf der Amtszeit entschieden werden. [36]

(2) Wird das Vorstandsmitglied während der Laufzeit dieses Vorstands-Dienstvertrags dauernd arbeitsunfähig, so endet der Anstellungsvertrag, falls er nicht nach Absatz 1 schon früher endet, drei Monate nach dem Ende des Monats, in dem die dauernde Arbeitsunfähigkeit festgestellt worden ist. Dauernde Arbeitsunfähigkeit im Sinn dieses Vorstands-Dienstvertrags liegt vor, wenn das Vorstandsmitglied aus gesundheitlichen Gründen voraussichtlich auf Dauer nicht in der Lage ist, die ihm/ihr obliegenden Aufgaben zu erfüllen. Die dauernde Arbeitsunfähigkeit wird im Zweifel durch das Gutachten eines vom Aufsichtsrat und Vorstandsmitglied einvernehmlich benannten Arztes festgestellt. Falls das Vorstandsmitglied seit zwölf Monaten ununterbrochen arbeitsunfähig ist, gilt die dauernde Arbeitsunfähigkeit als festgestellt. [37]

(3) In jedem Fall der vorzeitigen Beendigung der Bestellung des Vorstandsmitglieds zum Mitglied des Vorstands – sei es insbesondere einvernehmlich, durch Widerruf oder durch Amtsniederlegung –, ist die Gesellschaft – unbeschadet des Rechts zur außerordentlichen Kündigung dieses Vorstands-Dienstvertrags aus wichtigem Grund – berechtigt, den Vorstands-Dienstvertrag durch ordentliche Kündigung unter Beachtung der in § 622 Abs. 2 BGB bestimmten Frist vorzeitig zu beenden. [38] Bei der Berechnung der Frist ist die gesamte Dauer des Anstellungsverhältnisses mit der Gesellschaft einschließlich einer Anstellung vor dem Eintritt in den Vorstand zu berücksichtigen. Falls der Vorstands-Dienstvertrag durch eine ordentliche Kündigung nach Satz 1 und 2 vorzeitig endet, hat das Vorstandsmitglied Anspruch auf eine Abfindung nach Maßgabe von Absatz 4. [39] Das Vorstandsmitglied hat keinen Anspruch auf Abfindung im Fall einer außerordentlichen Kündigung dieses Vorstands-Dienstvertrags durch die Gesellschaft aus wichtigem Grund. § 5 Abs. 2 bleibt unberührt.

(4) Als Abfindung nach Absatz 3 Satz 3 erhält das Vorstandsmitglied zur Abgeltung seiner Bezüge (einschließlich etwaiger Nebenleistungen) zwei Jahresvergütungen. [40] Wenn die Restlaufzeit dieses Vorstands-Dienstvertrags weniger als zwei Jahre beträgt, reduziert sich die Abfindung und ist entsprechend zeitanteilig zu berechnen. Die Höhe der Jahresvergütung bestimmt sich nach der Summe aus Festgehalt (§ 3 Absatz 2) und der Ziel-Tantieme (§ 3 Absatz 3) ohne Sachbezüge und

sonstige Nebenleistungen für das letzte volle Geschäftsjahr vor dem Ende dieses Vorstands-Dienstvertrags. [41]

(5) Falls dieser Vorstands-Dienstvertrag endet, weil der Aufsichtsrat das Vorstandsmitglied nicht für eine weitere Amtszeit zum Mitglied des Vorstands bestellt, erhält das Vorstandsmitglied eine Abfindung in Höhe eines Festgehalts nach § 3 Absatz 2. [42] Die Abfindung nach Satz 1 setzt voraus, dass das Vorstandsmitglied bei Ende dieses Vorstands-Dienstvertrags seit mindestens zehn Jahren dem Vorstand angehörte und das 60. Lebensjahr vollendet hat, aber keine Versorgungsansprüche der Gesellschaft oder ihrer verbundenen Unternehmen bezieht. Die Abfindung nach Satz 1 entfällt, wenn das Vorstandsmitglied eine ihm/ihr angebotene Wiederbestellung und Verlängerung dieses Vorstands-Dienstvertrags zu gleichen oder für ihn/sie günstigeren Bedingungen abgelehnt hat oder die Nichtverlängerung auf einem von dem Vorstandsmitglied verschuldeten wichtigen Grund beruht.

(6) Im Fall eines Kontrollwechsels hat das Vorstandsmitglied das Recht, innerhalb eines Zeitraums von [sechs] Monaten seit dem Kontrollwechsel mit einer Frist von [drei] Monaten zum Monatsende sein Amt als Mitglied des Vorstands aus wichtigem Grund niederzulegen und diesen Vorstands-Dienstvertrag zu kündigen (Sonderkündigungsrecht). Ein Kontrollwechsel gemäß Satz 1 liegt vor, wenn entweder (i) ein Aktionär durch das Halten von mindestens 30 % der Stimmrechte an der Gesellschaft die Kontrolle im Sinne von § 29 Wertpapiererwerbs- und Übernahmegesetz (WpÜG) erworben hat oder (ii) mit der Gesellschaft als abhängigem Unternehmen ein Unternehmensvertrag nach § 291 AktG geschlossen wurde, oder (iii) die Gesellschaft gemäß § 2 Umwandlungsgesetz (UmwG) mit einem anderen Rechtsträger verschmolzen wurde, es sei denn, der Wert des anderen Rechtsträgers beträgt ausweislich des vereinbarten Umtauschverhältnisses weniger als 50 % des Werts der Gesellschaft. Falls dieser Vorstands-Dienstvertrag endet, weil (i) Herr/Frau ___[Name]___ entweder von seinem/ihrem Sonderkündigungsrecht gemäß Satz 1 Gebrauch gemacht hat oder (ii) der Vorstands-Dienstvertrag innerhalb eines Zeitraums von ___[sechs]___ Monaten seit dem Kontrollwechsel einvernehmlich aufgehoben wurde oder (iii) der Dienstvertrag im Zeitpunkt des Kontrollerwerbs nur noch eine Laufzeit von weniger als ___[sechs]___ Monaten hatte und innerhalb dieser Restlaufzeit nicht verlängert wurde, erhält das Vorstandsmitglied die für die Restlaufzeit der Bestellung zum Vorstandsmitglied bestehenden vertraglichen Ansprüche in Form einer einmaligen, im Zeitpunkt des Ausscheidens fälligen Vergütung ausgezahlt, wobei sich die Höhe dieser Vergütung nach seinen Bezügen gemäß § 3 Absatz 2 (Festgehalt) und § 3 Absatz 3 (Ziel-Tantieme) dieses Vorstands-Dienstvertrags im letzten vollen Kalenderjahr vor Ausscheiden aus dem Vorstand richtet, höchstens jedoch zwei Jahresvergütungen beträgt. [42.1]

§ 7 Nachvertragliches Wettbewerbsverbot [43]

(1) Das Vorstandsmitglied verpflichtet sich, für die Dauer von einem Jahr [44] nach Beendigung dieses Vorstands-Dienstvertrags weder unmittelbar noch mittelbar (auch nicht freiberuflich oder beratend) für ein Unternehmen tätig zu werden, das mit der Gesellschaft oder ihren verbundenen Unternehmen in Wettbewerb steht (»Konkurrenzunternehmen«).

(2) Als Konkurrenzunternehmen gelten folgende Unternehmen: ___[Namen]___ (einschließlich ihrer Rechtsnachfolger oder verbundenen Unternehmen). [45]

(3) Die Gesellschaft zahlt dem Vorstandsmitglied während der Dauer des nachvertraglichen Wettbewerbsverbots monatlich EUR ___[Betrag]___ als Entschädigung. [46] Die Entschädigung ist am Ende eines Monats fällig. Auf die Entschädigung werden andere Einkünfte des Vorstandsmitglieds angerechnet, wenn und soweit die Entschädigung und der anderweitige Verdienst das monatliche Festgehalt nach § 3 Absatz 2 übersteigen.

(4) Die Gesellschaft hat das Recht, bis zur Beendigung dieses Vorstands-Dienstvertrags auf die Einhaltung des nachvertraglichen Wettbewerbsverbots zu verzichten, und zwar mit der Wirkung, dass sie nach sechs Monaten ab Zugang der Verzichtserklärung nicht mehr zur Zahlung einer Entschädigung nach Absatz 3 verpflichtet ist. [47]

(5) Im Fall der Zuwiderhandlung kann die Gesellschaft Unterlassung und Schadenersatz verlangen. Sie ist bereits im Fall einer einmaligen Zuwiderhandlung von der Pflicht zur Zahlung der Entschädigung nach Absatz 3 befreit.

§ 8 Datenschutzrechtliche Einwilligung/Persönliche Daten

(1) Die Gesellschaft wird personenbezogene Daten des Vorstandsmitglieds, die in einem engen Zusammenhang mit seinem/ihrem Anstellungs- und Mandatsverhältnis stehen (wie z.B. Personalnummer, Name, Nationalität, Eintrittsdatum, Gehalt), zum Zwecke des Anstellungsverhältnisses und, wenn keine schutzwürdigen Interessen von Herrn/Frau _____[Name]_____ überwiegen, auch bei sonstigen berechtigten Interessen der Gesellschaft, verarbeiten und nutzen. Die personenbezogenen Daten werden in einer gesonderten Datenbank, auf die ausschließlich ein enger Kreis ausgewählter Mitarbeiter der Personalabteilung der Gesellschaft Zugriff hat, gespeichert. Sie können im Rahmen der genannten Zweckbestimmung und unter Wahrung der Verhältnismäßigkeit auch Mitarbeitern der Gesellschaft sowie ihrer verbundenen Unternehmen innerhalb und außerhalb der Europäischen Union zur Verfügung gestellt werden. Die Gesellschaft behält sich das Recht vor, für die Verarbeitung dieser Daten Auftragsdatenverarbeiter einzusetzen. Auf Wunsch des Vorstandsmitglieds erhält er/sie Einsicht in die über ihn/sie gespeicherten Daten. [48]

(2) Zur Abwehr schwerer Schäden für die Gesellschaft, insbesondere bei Verdacht auf Straftaten, Compliance-Verstöße oder wettbewerbsrechtliche Verstöße oder zur Prüfung und Geltendmachung zivilrechtlicher Ansprüche gegen Dritte oder Organmitglieder der Gesellschaft kann es im Einzelfall erforderlich sein, Dateien einschließlich E-Mails auf den von dem Vorstandsmitglied genutzten Rechnern der Gesellschaft zu durchsuchen und auszuwerten sowie die Ergebnisse gegenüber dem Aufsichtsrat oder vor Gericht zu nutzen oder mit der Aufklärung der Vorwürfe befassten Behörden zugänglich zu machen. Die Notwendigkeit der Durchsuchung und Auswertung kann auch solche E-Mails betreffen, die im dem Posteingangsserver der Gesellschaft gespeichert sind. Sofern auf E-Mails, die noch im Posteingangsserver gespeichert sind, zugegriffen werden soll, wird die Gesellschaft zunächst eine Kopie dieser E-Mails auf einer gesonderten Festplatte erstellen und nur diese Kopie durchsuchen, wobei – soweit möglich – erkennbar private Dateien von der Durchsuchung ausgeschlossen werden. Maßnahmen nach diesem Absatz werden vorab mit dem zuständigen betrieblichen Datenschutzbeauftragten abgestimmt und dem Vorstandsmitglied entweder vor der Durchsuchung oder unmittelbar danach zur Kenntnis gegeben. Das Vorstandsmitglied erteilt der Gesellschaft zu den genannten Maßnahmen freiwillig seine Einwilligung [optional: die er jederzeit mit Wirkung für die Zukunft widerrufen kann]. [49]

(3) Das Vorstandsmitglied wird bei Beendigung dieses Vorstands-Dienstvertrags alle ihm/ihr bekannten auf firmeneigenen Speichermedien gespeicherten privaten E-Mails nebst Anhängen, sonstige private Dateien/Daten sowie darüber hinaus private Sprachaufzeichnungen z.B. auf dem firmeneigenen Anrufbeantworter des Festnetzes sowie der Mailbox des firmeneigenen Mobiltelefons (nachfolgend insgesamt »private Daten«) löschen. Falls bewusst oder unbewusst private Daten nicht gelöscht wurden oder nach dem Ende der Tätigkeit für die Gesellschaft noch eingehen, erklärt das Vorstandsmitglied sich damit einverstanden, dass die Gesellschaft Einblick in die privaten Daten nimmt (oder sie im Fall einer Sprachaufzeichnung abhört) und sie löscht, nachdem die Gesellschaft zu der Überzeugung gelangt ist, dass es sich um private und nicht geschäftliche Daten handelt.

§ 9 Schlussbestimmungen

(1) Sollte eine Bestimmung dieses Vorstands-Dienstvertrags ganz oder teilweise unwirksam sein oder ihre Rechtswirksamkeit später verlieren, so soll hierdurch die Gültigkeit der übrigen Bestimmungen nicht berührt werden. Anstelle der unwirksamen Bestimmung soll, soweit rechtlich zulässig, eine andere angemessene Regelung gelten, die wirtschaftlich dem am nächsten kommt, was die Vertragspartner gewollt haben oder gewollt hätten, wenn sie die Unwirksamkeit der Regelung bedacht hätten. Dies gilt auch, wenn die Unwirksamkeit einer Bestimmung auf einem in diesem Vorstands-Dienstvertrag vorgeschriebenen Maß der Leistung oder Zeit beruht; es soll dann ein dem gewollten möglichst nahekommendes rechtlich zulässiges Maß der Leistung oder Zeit als vereinbart gelten.

(2) Änderungen dieses Vorstands-Dienstvertrags bedürfen der Schriftform. Das gilt auch für eine Änderung dieses Absatzes.

M. Organverträge

(3) Erfüllungsort für alle Leistungen aus diesem Vorstands-Dienstvertrag ist der Sitz der Gesellschaft. Der Sitz der Gesellschaft wird für den Fall des § 38 Abs. 3 Nr. 2 ZPO als Gerichtsstand vereinbart. 50

_____ [Ort] , den _____ [Datum]

Herr/Frau _____ [Name]

_____
(Unterschrift Vorsitzender des Aufsichtsrats)

Erläuterungen

Schrifttum

Bauer/Arnold AGB-Kontrolle von Vorstandsverträgen, ZIP 2006, 2337; *Bauer/Arnold* AGG-Probleme bei vertretungsberechtigten Organmitgliedern, ZIP 2008, 993; *Bauer/Arnold* Altersdiskriminierung von Organmitgliedern, ZIP 2012, 597; *Beiner /Braun* Der Vorstandsvertrag, 2014; *Dann/Gastell* Geheime Mitarbeiterkontrollen: Straf- und arbeitsrechtliche Risiken bei unternehmensinterner Aufklärung, NJW 2008, 2945; *Dauner-Lieb/Tettinger* Vorstandshaftung, D&O-Versicherung, Selbstbehalt, ZIP 2009, 1555; *Dörrwächter/Trafkowski* Anmerkungen zum Abfindungs-Cap in Nummer 4.2.3 n.F. des Deutschen Corporate Governance Kodex, NZG 2007, 846; *Fleischer* Gesundheitsprobleme eines Vorstandsmitglieds im Lichte des Aktien- und Kapitalmarktrechts, NZG 2010, 561; *Fonk* Die Zulässigkeit von Vorstandsvergütungen dem Grunde nach, NZG 2006, 813; *Fonk* Altersversorgung von Organmitgliedern im Umbruch, ZGR 2009, 413; *Fonk* Zur Vertragsgestaltung bei Vorstandsdoppelmandaten, NZG 2010, 368; *Friemel/Kamlah* Der Geschäftsführer als Erfinder, BB 2008, 613; *Herresthal* Die Wirksamkeit von Schiedsabreden mit Vorständen und Geschäftsführern bei Organhaftungsstreitigkeiten, ZIP 2014, 345; *Hoffmann-Becking* Rechtliche Anmerkungen zur Vorstands- und Aufsichtsratsvergütung, ZHR 2005, 155; *Hoffmann-Becking* Abfindungsleistungen an ausscheidende Vorstandsmitglieder, ZIP 2007, 2101; *Hoffmann-Becking* Deutscher Corporate Governance Kodex – Anmerkungen zu Zulässigkeit, Inhalt und Verfahren, FS Hüffer, 2010, 337; *Hoffmann-Becking/Krieger* Leitfaden zur Anwendung des Gesetzes zur Angemessenheit der Vorstandsvergütung (VorstAG), NZG 2009, Beilage Heft 26; *Hohenstatt* Das Gesetz zur Angemessenheit der Vorstandsvergütung, ZIP 2009, 1349; *Kort* Sind GmbH-Geschäftsführer und Vorstandsmitglieder diskriminierungsschutzrechtlich Arbeitnehmer?, NZG 2013, 601; *Korts* Die Vereinbarung von Kontrollwechselklauseln in Vorstandsverträgen, BB 2009, 1876; *Thüsing* Auf der Suche nach dem iustum pretium – zur Angemessenheit von Vorstandsvergütungen iS des § 87 AktG, ZGR 2003, 457; *Thüsing* Das Gesetz zur Angemessenheit der Vorstandsvergütung, AG 2009, 517; *von Westphalen* Unwirksame Schiedsvereinbarungen mit Verbrauchern – notwendiger Schutz von Vorständen und Geschäftsführern, ZIP 2013, 2184; *Zöllner* Lohn ohne Arbeit bei Vorstandsmitgliedern, FS Koppensteiner, 2001, S. 291.

153 **1.** Das Anstellungsverhältnis der Vorstandsmitglieder wird in aller Regel durch einen **Dienstvertrag in der Form eines Geschäftsbesorgungsvertrags** begründet. Auf den Dienstvertrag der Vorstandsmitglieder finden die §§ 611 ff., 675 BGB Anwendung (MünchGesR IV/*Wiesner* § 21 Rn. 1; MüKo AktG/*Spindler* § 84 Rn. 56).

154 Vorstandsmitglieder sind **keine Arbeitnehmer** (MünchGesR IV/*Wiesner* § 21 Rn. 7; *Seyfarth* Vorstandsrecht, § 4 Rn. 7). Konstituierendes Merkmal des arbeitsrechtlichen Arbeitnehmerbegriffs ist die persönliche Weisungsabhängigkeit im Rahmen der auszuführenden Tätigkeiten, welche bei Vorstandsmitgliedern schon mit Blick auf die in § 76 Abs. 1 AktG normierte unabhängige Leitungsbefugnis nicht gegeben ist. Vielmehr üben Vorstandsmitglieder aufgrund ihrer Organstellung im Unternehmen **Arbeitgeberfunktion** aus (*Hüffer/Koch* § 84 AktG Rn. 14). Auch einer analogen Anwendung arbeitsrechtlicher Vorschriften sollte mit Vorsicht begegnet werden. Ausdrücklich ausgeschlossen aus dem Anwendungsbereich arbeitsrechtlicher Vorschriften sind die Vorstandsmitglieder im Rahmen des KSchG (§§ 14 Abs. 1 Nr. 1, 17 Abs. 5 Nr. 1 KSchG), des BetrVG (§ 5 Abs. 2 Nr. 1 BetrVG), des MitbestG (§ 3 Abs. 1 Satz 2 MitbestG), des Vermögensbeteiligungsgesetzes (§ 1 Abs. 3 lit. a Nr. 5 VermBG) und des ArbGG (§ 5 Abs. 1 ArbGG). Nach der Rechtsprechung findet auch der besondere Kündigungsschutz für Schwerbehinderte bei Vorstandsmitgliedern keine Anwendung (BGH, Urt. v. 09.02.1978 – II ZR 189/76, NJW 1978, 1435, 1437). Auch die **§§ 74 ff. HGB** zum Wettbewerbsverbot mit Karenzentschädigung finden

auf Vorstandsmitglieder keine unmittelbare Anwendung (s. Anmerkung 43 – M Rdn. 213). Das AGG findet dagegen nach § 6 Abs. 3 AGG entsprechende Anwendung, soweit es die Bedingungen für den Zugang zur Erwerbstätigkeit sowie den beruflichen Aufstieg regelt (*Bauer/Arnold* ZIP 2008, 993).

§§ 305 ff. BGB sind grundsätzlich auch auf die Dienstverträge von Vorstandsmitgliedern anzuwenden (*Bauer/Arnold* ZIP 2006, 2337, 2338). Es ist daher im Einzelfall zu prüfen, ob **AGB** vorliegen und welche Beschränkungen sich hieraus ergeben. Bei der Prüfung einzelner Klauseln des Dienstvertrags der Vorstandsmitglieder sind neben den Klauselverboten der §§ 308, 309 BGB, die allerdings im Wesentlichen für etwaige Änderungsvorbehalte (§ 308 Nr. 4 BGB) oder Vertragsstrafeklauseln eine Rolle spielen (§ 309 Nr. 6 BGB), vor allem das **Transparenzgebot des § 307 Abs. 1 Satz 2 BGB** sowie die **Benachteiligungskontrolle nach § 307 Abs. 2 BGB** zu beachten. Etwa die Formulierung einer – an sich zulässigen – sog. Koppelungsklausel (s. Anmerkung 38 – M Rdn. 206) muss klar und verständlich sein. 155

Der Dienstvertrag von Vorstandsmitgliedern kann formfrei geschlossen werden. In der Praxis finden sich freilich **fast ausnahmslos schriftliche** Dienstverträge. Nicht unüblich ist die Vereinbarung eines Schriftformerfordernisses für Änderungen und Ergänzungen des Dienstvertrags. 156

2. Nach § 84 Abs. 1 Satz 5 AktG gelten für den Anstellungsvertrag der Vorstandsmitglieder die Regelungen in § 84 Abs. 1 Satz 1 bis 4 AktG sinngemäß. Demgemäß liegt die Kompetenz für die inhaltliche Ausgestaltung und den Abschluss des Dienstvertrags mit dem Vorstandsmitglied **ausschließlich und zwingend beim Aufsichtsrat**, der die Gesellschaft gegenüber den Vorstandsmitgliedern vertritt (§ 112 AktG). Der AR muss einen ausdrücklichen Beschluss gemäß § 108 AktG über den Abschluss und Inhalt des Dienstvertrags fassen. 157

Nach § 107 Abs. 3 Satz 3 AktG können die Aufgaben nach § 87 Abs. 1 und Abs. 2 Satz 1 und 2 AktG nicht auf einen Ausschuss delegiert werden, sondern die Festsetzung der angemessenen Vergütung muss im **Plenum des Aufsichtsrats** erfolgen. Das schließt es theoretisch nicht aus, den Vertrag im Übrigen von einem Ausschuss entscheiden zu lassen, aber vielfach wird in der Praxis mittlerweile der gesamte Vertrag im Plenum behandelt. 158

3. Es empfiehlt sich, den genauen Zeitraum der Bestellung im Vorstands-Dienstvertrag anzugeben (s. zur Bestellung Muster M Rdn. 246) 159

4. Oft wird das Vorstandsmitglied für eine bestimmte Funktion oder Aufgabe in den Vorstand berufen, die im Dienstvertrag beschrieben wird. Der Vertrag enthält die zumeist deskriptiv gehaltene Formulierung, dass das Vorstandsmitglied die Funktion als Vorsitzender des Vorstands oder etwa als CFO wahrnimmt. Rechtlich ist das zulässig, wenn die Kompetenzordnung eingehalten wird, ein Ausschuss insoweit dem Plenum, das nach § 107 Abs. 3 Satz 3 AktG iVm § 77 Abs. 2 Satz 1 AktG allein über die Geschäftsordnung entscheiden kann, nicht vorgreift (*Lutter/Krieger/Verse* Rechte und Pflichten des AR, § 7 Rn. 455). 160

Korporationsrechtlich führt die Ressortzuweisung zunächst dazu, dass der Vorstand gemäß § 77 Abs. 2 Satz 1 AktG die Geschäftsordnungsautonomie verliert und an die im Dienstvertrag enthaltene Regelung gebunden ist. Fraglich ist, welchen Schutz eine vertragliche Ressortzuweisung oder Aufgabenbeschreibung auf der **dienstvertraglichen Ebene** für das Vorstandsmitglied entfaltet. Es wird vertreten, das Vorstandsmitglied könne bei erheblichen Änderungen der Anstellungsbedingungen seinerseits den Dienstvertrag aus wichtigem Grund kündigen und sein Mandat berechtigter Weise niederlegen (MüKo AktG/*Spindler* § 77 Rn. 38). 161

Die Bestellung zum **Vorstandsvorsitzenden** wird ebenfalls zumeist im Dienstvertrag ausdrücklich festgehalten. Sie bedarf eines besonderen Beschlusses des AR (§ 84 Abs. 2 AktG). 162

5. Eine solche Regelung ist aus Sicht des AR günstig, wenn von der Aufgabenbeschreibung keine schützende Wirkung ausgehen soll. Aus Sicht des Vorstandsmitglieds sollte sie vermieden werden. 163

164 6. Der **Deutsche Corporate Governance Kodex** (DCGK) gilt für börsennotierte Gesellschaften. Er wird von einer Regierungskommission veröffentlicht und gewinnt über die Pflicht der Gesellschaften zur **Entsprechenserklärung nach § 161 AktG** Bedeutung (*Hoffmann-Becking* FS Hüffer, S. 337). Der DCGK enthält Empfehlungen (»soll«), deren Nichteinhaltung die Gesellschaft erklären muss (comply or explain). Von daher kann es sich empfehlen, das einzelne Vorstandsmitglied vorbehaltlich eines ausdrücklichen Vorstandsbeschlusses dienstvertraglich auf die Einhaltung der Empfehlung zu verpflichten.

165 7. Vorstandsmitglieder unterliegen während ihrer Amtszeit einem gesetzlichen Tätigkeits- und Wettbewerbsverbot (§ 88 AktG). Nach § 88 Abs. 1 Satz 2 AktG dürfen Vorstandsmitglieder zudem nicht Mitglied des Vorstands oder Geschäftsführer oder persönlich haftender Gesellschafter einer anderen Handelsgesellschaft sein. Trotz dieser schon gesetzlich bestehenden Tätigkeitsverbote ist eine dienstvertragliche Regelung zur Tätigkeitspflicht sinnvoll und üblich.

166 Mangels dienstvertraglicher Regelung hat das Vorstandsmitglied, das seine gesamte Arbeitskraft ausschließlich der Gesellschaft widmen soll, als **Dienstzeit** auf jeden Fall von Montag bis Freitag einer jeden Woche, also an den fünf üblichen Wochenarbeitstagen, während der in dem jeweiligen Unternehmen üblichen Tagesarbeitszeiten zur Verfügung zu stehen (BGH, Urt. v. 07.12.1987 – II ZR 206/87, WM 1988, 298, 299). Das ArbeitszeitG findet auf Vorstandsmitglieder keine Anwendung.

167 8. Vorstandsmitglieder sind nicht verpflichtet, kraft ihrer organschaftlichen Stellung auch Beirats- und Aufsichtsratsmandate in konzernverbundenen Gesellschaften wahrzunehmen. Vielfach besteht aber aus Sicht der Konzernobergesellschaft ein Interesse daran, dass ihre Vorstandsmitglieder **Aufsichtsratsfunktionen in den konzernabhängigen Gesellschaften** wahrnehmen (gegebenenfalls auch ein Vorstandsmandat). Es ist sinnvoll, dienstvertraglich mit den Vorstandsmitgliedern zu vereinbaren, dass diese zur Übernahme von Beirats- und Aufsichtsratsmandaten in verbundenen Unternehmen bereit und bei einem Ausscheiden aus dem Vorstand zur Mandatsniederlegung verpflichtet sind. Soweit es um konzernverbundene Unternehmen geht, besteht die Verpflichtung zur Niederlegung bei einem Ausscheiden aus dem Vorstand der Konzernobergesellschaft auch ohne ausdrückliche vertragliche Vereinbarung.

168 9. § 88 Abs. 1 Satz 1, Alt. 1 AktG verbietet den Vorstandsmitgliedern zunächst den **Betrieb eines Handelsgewerbes**. Es ist umstritten ist, ob auch **freiberufliche, wissenschaftliche oder künstlerische Tätigkeiten** unter den Begriff des »Handelsgewerbes« fallen (*Hüffer/Koch* § 88 AktG Rn. 3). Es empfiehlt sich daher eine Regelung wie im Muster. Vorstandsmitglieder dürfen gemäß § 88 Abs. 1 Satz 1, Alt. 2 AktG im Geschäftszweig der Gesellschaft weder für eigene noch für fremde Rechnung Geschäfte machen. Damit wird die Gesellschaft gegen eine **Konkurrenztätigkeit** der Vorstandsmitglieder geschützt. Der Schutz greift nicht ein, wenn die umstrittene Tätigkeit des Vorstandsmitglieds der Gesellschaft aus rechtlichen oder tatsächlichen Gründen nicht möglich wäre oder außerhalb ihres Geschäftszweigs liegt (BGH, Urt. v. 02.04.2001 – II ZR 217/99, ZIP 2001, 958, 959). Unabhängig von der gesetzlichen Regelung sind dienstvertragliche Regelungen üblich und sinnvoll.

169 10. Jedenfalls in kleineren Gesellschaften gibt es Vorstandsmitglieder, die nicht nur administrativ agieren, sondern selbst noch operativ oder in der Forschung tätig sind. Das **Gesetz über Arbeitnehmererfindungen** findet keine Anwendung, wenn es nicht dienstvertraglich zum Bestandteil des Anstellungsverhältnisses gemacht wird (BGH, Urt. v. 26.09.2006 – X ZR 181/03, NJW-RR 2007, 103; *Friemel/Kamlah* BB 2008, 613). Ergänzt wird die Bezugnahme auf das ArbnErfG manchmal durch eine Klausel, wonach die Verwertung von technischen und organisatorischen Verbesserungsvorschlägen des Vorstandsmitglieds ohne besondere Vergütung der Gesellschaft zusteht.

170 11. Nach § 93 Abs. 1 Satz 3 AktG haben Vorstandsmitglieder (nach § 404 Abs. 1 Nr. 1 AktG strafbewehrt) über vertrauliche Angaben und Geheimnisse der Gesellschaft, namentlich Betriebs- oder Geschäftsgeheimnisse, die ihnen durch ihre Tätigkeit im Vorstand bekannt geworden sind,

Stillschweigen zu bewahren. Aufgrund der organschaftlichen Treuepflicht ist das Vorstandsmitglied – selbst ohne dienstvertragliche Regelung – auch nach einem Ausscheiden aus dem Amt zur Verschwiegenheit verpflichtet (Großkomm AktG/*Hopt* § 93 Rn. 216). Wegen der Bedeutung der Verschwiegenheit empfiehlt sich eine ausdrückliche Regelung.

12. Vereinbarungen über eine **Residenzpflicht** des Vorstandsmitglieds am Sitz der Gesellschaft oder der Hauptverwaltung sind in der Praxis zwar nicht durchgängig zu finden, empfehlen sich aber dann, wenn das Vorstandsmitglied nicht am oder in der Nähe des Gesellschaftssitzes wohnt, insbesondere mit Blick auf Vorstandsmitglieder aus dem Ausland (vgl. dazu *Röhrborn* BB 2013, 693). 171

13. Grundsätzlich sind sog. **Versetzungsklauseln**, wonach ein Vorstandsmitglied seine Tätigkeit an einem anderen Ort als dem ursprünglichen Einsatzort erbringen muss, zulässig, soweit der andere Ort jedenfalls in Alternativen konkret oder bestimmbar benannt ist. Unzulässig und auch nicht mehr von dem aus § 77 Abs. 2 Satz 1 AktG folgenden Recht des AR zum Erlass einer Geschäftsordnung gedeckt wären Klauseln, wonach der AR den Dienstort des Vorstandsmitglieds gänzlich frei bestimmen darf, weil das die Unabhängigkeit des Vorstandsmitglieds über Gebühr einengen würde. Das Muster sieht zum Schutz des Vorstandsmitglieds eine Klausel vor, wonach eine Versetzung nur eingeschränkt zulässig ist. Vgl. zur Rechtslage, falls der Dienstvertrag hierzu schweigt: *Röhrborn* BB 2013, 693. 172

14. Während der Amtszeit sind die Vorstandsmitglieder aufgrund ihrer organschaftlichen Pflichten gegenüber der Hauptversammlung nach § 131 AktG und gegenüber dem AR nach § 90 AktG auskunftspflichtig. Eine Herausgabepflicht von Unterlagen gegenüber dem AR ergibt sich aus § 111 Abs. 2 Satz 1 AktG. Ohnehin gilt die allgemeine **Herausgabepflicht nach § 667 BGB**. 173

Auch **nach Beendigung der Vorstandstätigkeit** bleiben die Vorstandsmitglieder auf dienstvertraglicher Grundlage nach § 675 Abs. 1 BGB i.V.m. §§ 666 und 667 BGB auskunfts-, rechenschafts- und herausgabepflichtig. Die Klausel im Muster entspricht somit der Gesetzeslage. Zum Teil wird die Auffassung vertreten, das Herausgabeverlangen der Gesellschaft könne missbräuchlich sein, wenn das ausgeschiedene Vorstandsmitglied Unterlagen habe, die zur Geltendmachung bestrittener Ansprüche gegen die Gesellschaft erforderlich seien (Fleischer/*Thüsing* § 4 Rn. 130). Der richtige Weg ist aber, dem Vorstandsmitglied die Anfertigung einer Kopie zu erlauben oder ihm Einsicht bei der Gesellschaft entsprechend **§ 810 BGB** zu gewähren. Der BGH hat entschieden, dass das Vorstandsmitglied die Herausgabe der Unterlagen nicht »prophylaktisch« bis zum Ende der Verjährung einer etwaigen Inanspruchnahme verweigern kann (BGH, Urt. v. 07.07.2008 – II ZR 71/07, NZG 2008, 834). Organhaftungsansprüche verjähren nach § 93 Abs. 6 AktG. 174

15. Der **Vergütungsanspruch** eines Vorstandsmitglieds folgt in aller Regel aus dem Dienstvertrag. Fehlt es ausnahmsweise an einer dienstvertraglichen Regelung, ergibt sich ein Vergütungsanspruch nicht aus § 87 Abs. 1 AktG, der auch keine untere Vergütungsgrenze zum Schutz der Vorstandsmitglieder festsetzt (*Hoffmann-Becking* ZHR 2005, 155, 157). In aller Regel folgt der Vergütungsanspruch in einer solchen Situation aus **§ 612 Abs. 1 BGB**. 175

Die Festsetzung der Vergütung von Vorstandsmitgliedern obliegt **ausschließlich und zwingend dem Aufsichtsrat**, dem die Kompetenz in § 84 Abs. 1 Satz 5 AktG zugewiesen ist. Die Ausschließlichkeit der Kompetenz des AR folgt daraus, dass die Vergütung Teil des Anstellungsverhältnisses und mit der Bestellungskompetenz untrennbar verbunden ist. Auch § 87 Abs. 1 AktG setzt die Kompetenz des AR voraus. Daran hat auch das 2009 in Kraft getretene **Gesetz zur Angemessenheit der Vorstandsvergütung** (**VorstAG**) nichts geändert. Zwar kann seitdem nach § 120 Abs. 4 Satz 1 AktG die Hauptversammlung einer börsennotierten Gesellschaft über die Billigung des Systems zur Vergütung der Vorstandsmitglieder beschließen, aber dieser Beschluss lässt, wie das Gesetz in Satz 2 ausdrücklich klarstellt, die Kompetenz und die Pflichten des AR unberührt. 176

Nach § 107 Abs. 3 Satz 3 AktG idF seit dem VorstAG kann der AR die Aufgaben nach § 87 Abs. 1 und Abs. 2 Satz 1 und 2 AktG nicht mehr einem Ausschuss anstelle des AR zur Beschluss- 177 fassung überweisen. Die Festsetzung der angemessenen Vorstandsvergütung ist mithin **zwingend im Plenum** des AR zu beschließen. Das Delegationsverbot des § 107 Abs. 3 Satz 3 AktG ist grundsätzlich weit zu verstehen.

178 Nach **§ 87 Abs. 1 Satz 1 AktG** hat der AR bei der Festsetzung der Gesamtbezüge des einzelnen Vorstandsmitglieds dafür zu sorgen, dass diese in einem **angemessenen Verhältnis** zu den Aufgaben und Leistungen des Vorstandsmitglieds sowie zur Lage der Gesellschaft stehen und die übliche Vergütung nicht ohne besondere Gründe übersteigen. Zu den Gesamtbezügen zählen Gehalt, Gewinnbeteiligungen, Aufwandsentschädigungen, Versicherungsentgelte, Provisionen, anreizorientierte Vergütungszusagen wie zum Beispiel Aktienbezugsrechte und Nebenleistungen jeder Art. Die Vorschrift ist durch das VorstAG geändert worden, was vielfach die Anpassung der Dienstverträge erforderlich macht (*Hohenstatt* ZIP 2009, 1349). Zur Angemessenheit gehört auch, dass die Vorstandsvergütung im Vergleich zu anderen Unternehmen und auch innerhalb eines Unternehmens nicht ohne besondere Gründe abweicht (*Hüffer/Koch* § 87 AktG Rn. 3; *Hoffmann-Becking/ Krieger* NZG 2009, Beilage Heft 26 Rn. 4).

179 **16.** Bei börsennotierten Gesellschaften ist die Vergütungsstruktur auf eine nachhaltige Unternehmensentwicklung auszurichten. Variable Vergütungsbestandteile sollen daher eine mehrjährige Bemessungsgrundlage haben; für außerordentliche Entwicklungen soll der Aufsichtsrat eine Begrenzungsmöglichkeit vereinbaren (§ 87 Abs. 1 Satz 2 und 3 AktG). Dem trägt das Muster durch einen **Cap** auf die variablen Bezüge Rechnung. Alternativ kommt auch ein allgemein gehaltener Vorbehalt in Betracht (*Hoffmann-Becking/Krieger* NZG 2009, Beilage Heft 26 Rn. 26).

180 **17.** Die variable Vergütung kann neben langfristigen auch kurzfristige Erfolgsparameter in Form eines Jahresbonus enthalten (*Hohenstatt* ZIP 2009, 1349, 1351). Dem Erfordernis einer Ausrichtung auf eine **nachhaltige Unternehmensentwicklung** der variablen Bezüge bei börsennotierten Gesellschaften ist Rechnung getragen, wenn die langfristigen Vergütungselemente mindestens die Hälfte aller variablen Bezüge innerhalb eines Jahres ausmachen (*Hoffmann-Becking/Krieger* NZG 2009, Beilage Heft 26 Rn. 13).

181 **18.** In börsennotierten Gesellschaften bekommen Vorstandsmitglieder als Vergütungsbestandteil vielfach Aktien (Stock Options) der Gesellschaften im Rahmen von **Aktienoptionsplänen** (*Hüffer/Koch* § 87 Rn. 19). Oft werden solche Aktienoptionen nicht nur für Vorstandsmitglieder, sondern auch für leitende Angestellte und weitere AN ausgegeben. Die Zulässigkeit von Aktienoptionen als Bestandteil variabler Vorstandsvergütung ergibt sich aus § 192 Abs. 2 Nr. 3 AktG und spätestens seit dem VorstAG auch aus § 87 Abs. 1 Satz 1 AktG, in dem anreizorientierte Vergütungszusagen wie zB Aktienbezugsrechte ausdrücklich erwähnt sind. Die Aktien zur Bedienung eines Aktienoptionsplans kann die Gesellschaft durch den Rückkauf eigener Aktien nach § 71 Nr. 8 AktG beschaffen, zum anderen durch eine bedingte Kapitalerhöhung gemäß § 192 Abs. 2 Nr. 3 AktG (*Hüffer/Koch* § 192 AktG Rn. 15 ff.). Neben echten Aktienoptionen können auch virtuelle Aktienbezugsrechte (Stock Appreciation Rights, Phantom Stocks, Virtual Stock Options) ausgegeben werden (*Fleischer/Thüsing* § 6 Rn. 60).

182 Als **Erfolgsziel** im Sinn des § 193 Abs. 2 Nr. 4 AktG kommen bestimmte Kursziele und andere Erfolgszielbestimmungen in Betracht. Es ist grundsätzlich zulässig, eine rein börsenkursorientierte Erfolgszielbestimmung vorzunehmen (*Thüsing* ZGR 2003, 457, 478). Seit dem VorstAG müssen die Erwerbs- und Ausübungszeiträume und Wartezeit für die erstmalige Ausübung **mindestens vier Jahre** betragen.

183 **19.** Auch nach Inkrafttreten des VorstAG bleibt der **Jahresbonus** zulässig, wenn er mit langfristigen Vergütungselementen kombiniert wird (dazu grundlegend *Hoffmann-Becking/Krieger* NZG 2009, Beilage Heft 26 Rn. 11).

184 **20.** Vielfach wird in der Praxis versäumt, die Tantieme-Ziele rechtzeitig festzulegen. Aus Sicht des Vorstandsmitglieds ist eine vertragliche Klausel daher empfehlenswert.

21. Eine **Garantietantieme** findet sich insbesondere bei einer ersten Tätigkeit, wenn das Vorstandsmitglied für eine Tätigkeit in der Gesellschaft incentiviert werden soll. Sachlich handelt es sich um ein verkapptes Festgehalt. An der Zulässigkeit bestehen keine Zweifel.

22. Nach § 87 Abs. 1 Satz 3 AktG müssen variable Vergütungsbestandteile eine **mehrjährige Bemessungsgrundlage** haben. Die Regelung gilt nur für börsennotierte Gesellschaften. Auch schon zwei Jahre sind »mehrjährig« (*Hoffmann-Becking/Krieger* NZG 2009, Beilage Heft 26 Rn. 11). Es ist aber strittig, ob nicht mindestens drei oder vier Jahre als Bemessungsgrundlage herangezogen werden müssen (*Hüffer/Koch* § 87 AktG Rn. 12). Nach der Änderung durch das VorstAG darf nicht nur die Fälligkeit hinausgeschoben werden, sondern der LTI muss so gestaltet sein, dass das Vorstandsmitglied auch an negativen Entwicklungen teilnimmt.

23. Es ist in der Ausgestaltung des LTI schwierig, wie im Rahmen eines mehrjährigen Bemessungszeitraums die Periode nach einem Ausscheiden aus dem Amt oder Beendigung des Dienstvertrags abgebildet werden soll. Das Muster sieht eine gesellschaftsfreundliche Regelung vor. Wichtig ist in jedem Fall eine klare Regelung, wie der LTI bei der Beendigung des Vorstands-Dienstvertrags, aber vor Ablauf einer Bemessungsperiode behandelt wird.

24. Die Klausel im Muster bedarf der Abstimmung mit einem etwaigen konkreten Aktienoptionsplan, weil der AR sich nicht im Dienstvertrag über den Beschluss der HV hinwegsetzen kann. In der Praxis sehen Aktienoptionspläne teilweise vor, dass ein bestimmter Prozentsatz der Aktienoptionen für den Vorstand zur Verfügung steht. Nicht selten wird die konkrete Zuteilung von Aktienoptionen in das freie Ermessen des AR gestellt.

25. Gesellschaften stellen ihren Vorstandsmitgliedern oft einen Dienstwagen (vielfach auch mit Fahrer) zur Verfügung. Der Dienstwagen kann regelmäßig auch privat genutzt werden. **Dienstwagenrichtlinien** regeln zumeist, welche Fahrzeugtypen mit welcher Ausstattung den Vorstandsmitgliedern zustehen sowie die Tragung der Betriebskosten durch die Gesellschaft. Auch ohne ausdrückliche vertragliche Regelung ist die Gesellschaft jedenfalls bei einer überwiegenden betrieblichen Nutzung verpflichtet, alle aus der Inanspruchnahme entstehenden Betriebskosten zu übernehmen (BGH, Urt. v. 28.10.2002 – II ZR 535/00, ZIP 2002, 2254, 2255).

Die **private Nutzung des Dienstwagens** ist ein geldwerter Vorteil und damit aus Sicht des Vorstandsmitglieds **einkommensteuerpflichtig**. Zur Berechnung des steuerpflichtigen Anteils gibt es zwei Möglichkeiten der Vorteilsberechnung: Der Privatanteil ist entweder durch ein Fahrtenbuch nachzuweisen (§ 8 Abs. 2 Satz 4 EStG). Oder ohne einen solchen Nachweis der Privatfahrten wird als zu versteuerndes Einkommen pauschal ein monatlicher Betrag von einem Prozent des inländischen Listenpreises im Zeitpunkt der Erstzulassung zuzüglich der Kosten für Sonderausstattung einschließlich Umsatzsteuer angesetzt (§ 8 Abs. 2 Satz 2 in Verbindung mit § 6 Abs. 1 Nr. 4 Satz 2 EStG). Generell ist aus Sicht des Vorstandsmitglieds die steuerliche Vorteilsermittlung durch Fahrtenbuch dann günstiger, wenn der Listenpreis sehr hoch und die Privatnutzung niedrig ist (*Schmidt/Krüger* EStG, § 8 Rn. 47).

26. Bei dieser Klausel im Muster handelt sich um die sog. »**Mannesmann-Klausel**«. Im Mannesmann-Urteil hatte der BGH entschieden, der AR dürfe dem Vorstandsmitglied keine »kompensationslose Anerkennungsprämie« zahlen (BGH, Urt. v. 21.12.2005, NZG 2006, 72). Problematisch sind danach Zahlungen, die u.a. keine vertragliche Grundlage haben. Mit der Klausel im Vertrag schafft sich der AR die Möglichkeit, ggf. außergewöhnliche Leistungen zu belohnen (*Fonk* NZG 2006, 813, 815).

27. Es ist weithin üblich, dass die Gesellschaft als Versicherungsnehmerin eine Vermögensschaden-Haftpflichtversicherung zugunsten ihrer Geschäftsleiter abschließt. Das Muster verpflichtet die Gesellschaft zum Abschluss einer **D&O-Versicherung**. An der Zulässigkeit der D&O-Versicherung besteht kein Zweifel (K. Schmidt/Lutter/*Krieger/Sailer-Coceani* § 93 Rn. 38). Die Versicherung gewährt dem Vorstandsmitglied in aller Regel Abwehrdeckungsschutz sowie im Fall einer erfolgreichen Inanspruchnahme die Übernahme des Schadensersatzes bis zu einer bestimmten

M. Organverträge

Höhe. Das Muster enthält darüber hinaus die vorstandsfreundliche, in der Praxis aber noch nicht übliche Klausel, dass die Gesellschaft verpflichtet ist, den Versicherungsschutz auch über die Amtszeit des Vorstandsmitglieds aufrechtzuerhalten und reagiert damit auf die Probleme des »claims-made-Prinzips«.

193 **28.** Seit dem VorstAG verlangt § 93 Abs. 2 Satz 3 AktG für Vorstandsmitglieder einen zwingenden **Selbstbehalt** von mindestens 10 % des Schadens bis mindestens zur Höhe des Eineinhalbfachen der festen jährlichen Vergütung (*Dauner-Lieb/ Tettinger* ZIP 2009, 1555).

194 **29.** Das Vorstandsmitglied hat nach allgemeinem **Auftragsrecht** (§§ 670, 675 BGB) einen Anspruch auf Ersatz der Aufwendungen, die es den Umständen nach bei der Ausführung seiner Vorstandstätigkeit für erforderlich halten durfte. Nach § 669 BGB kann das Vorstandsmitglied Vorschuss verlangen und in den (seltenen) Fällen einer fehlenden auftragsrechtlichen Grundlage kann der Anspruch auf Aufwendungsersatz auf § 683 BGB gestützt werden. Zu den typischen ersatzfähigen Kosten gehören **Reisekosten, Spesen, Repräsentationskosten**, auch wenn sie gegebenenfalls zugleich einen Vorteil für das Vorstandsmitglied darstellen (BGH, Urt. v. 09.04.1990 – II ZR 1/89, WM 1990, 1025, 1026; Semler/von Schenk/*Fonk* ArbeitsHdB für AR-Mitglieder, § 10 Rn. 169).

195 Der Auslagenersatz stellt **steuerlich** kein Einkommen dar und ist daher eine steuerfreie Leistung, unabhängig davon ob es sich um sog. »durchlaufende Gelder« oder um Beträge handelt, durch die Auslagen des Vorstandsmitglieds für die Gesellschaft ersetzt werden (§ 3 Nr. 50 EStG).

196 **30.** Vorstandsmitglieder haben **Anspruch auf angemessenen bezahlten Urlaub**, der sich allerdings nicht aus dem BundesurlaubsG ergibt, welches nur für AN gilt, sondern Ausfluss der Treue- und Fürsorgepflicht der Gesellschaft gegenüber ihren Vorstandsmitgliedern ist (*Beiner/Braun* Vorstandsvertrag, Rn. 576). In der Praxis werden **25 oder 30 Kalendertage pro Kalenderjahr** vereinbart. Bei einer Nicht-Verlängerung oder Beendigung des Dienstvertrags hat das Vorstandsmitglied entsprechend § 629 BGB urlaubsgleich Anspruch auf eine »angemessene Zeit zum Aufsuchen eines anderen Dienstverhältnisses«.

197 Der Urlaub ist grundsätzlich während eines Kalenderjahres anzutreten und erlischt, wenn er nicht genommen wird. Aus betrieblichen oder in der Person des Vorstandsmitglieds liegenden Gründen kann der Urlaub aber auch ohne ausdrückliche vertragliche Regelung in das Folgejahr übertragen werden (OLG Düsseldorf, Urt. v. 23.12.1999 – 6 U 119/99, NJW-RR 2000, 768, 769). Entsprechend § 7 Abs. 3 Satz 3 BundesurlaubsG muss der übertragene Urlaub aber spätestens in den ersten drei Monaten des Folgejahres genommen werden.

198 **31.** Das Vorstandsmitglied hat keinen Anspruch auf Entgeltfortzahlung im Krankheitsfall, weil das EFZG nur auf AN Anwendung findet (ErfK/*Dörner* § 1 EFZG Rn. 2; *Beiner/Braun* Vorstandsvertrag, Rn. 243; K. Schmidt/Lutter/*Seibt* § 84 Rn. 30). Es gilt grundsätzlich **§ 616 BGB**, wonach das Vorstandsmitglied im Krankheitsfall für eine »verhältnismäßig nicht erhebliche Zeit« seine Vergütung verlangen kann. Wie lange das Vorstandsmitglied danach noch vergütungsberechtigt ist, dürfte sich anhand der Gesamtumstände des Einzelfalls bemessen (*Zöllner* FS Koppensteiner, S. 291, 293). Kriterien sind insoweit die bisherige Amtsdauer des Vorstandsmitglieds und die Gesamtdauer des Dienstvertrags. Unter Treue- und **Fürsorgegesichtspunkten** der Gesellschaft gegenüber dem Vorstandsmitglied ist aber in aller Regel jedenfalls bei einem fünfjährigen Dienstvertrag in Anlehnung an § 3 Abs. 1 Satz 1 EFZG eine sechswöchige Fortzahlung der Vergütung noch als »nicht erheblicher Zeitraum« im Sinn des § 616 BGB anzusehen.

199 Das Muster sieht eine **ausdrücklich Regelung** zur Fortzahlung der Bezüge bei einer vorübergehenden, nicht verschuldeten Arbeitsunfähigkeit des Vorstandsmitglieds vor. Der Fortzahlungszeitraum schwankt in der Praxis, bewegt sich aber vielfach zwischen **drei und sechs Monaten**.

200 **32.** Neben der eigentlichen Rentenzusage für Witwen und Waisen (s. zur Hinterbliebenenversorgung Muster M Rdn. 227) enthalten viele Dienstverträge Regelungen, wonach nach dem Tod des Vorstandsmitglieds während der Laufzeit des Dienstvertrags die **Witwe** oder der Witwer das

Festgehalt noch für einen bestimmten Zeitraum (oft drei Monate) weiter erhält. Hintergrund dieser Regelung ist der Gedanke, dass es den Hinterbliebenen ermöglicht werden soll, Zeit für die Umstellung ihres Lebensstils zu haben.

33. Die Klausel im Muster soll das Vorstandsmitglied anregen, auf seine **Gesundheit** zu achten und Vorsorge zu treffen. An der Zulässigkeit der Klausel bestehen wenig Zweifel (*Fleischer* NZG 2010, 561, 563).

34. Der Dienstvertrag kann nach § 84 Abs. 1 Satz 5 i.V.m. Satz 1 AktG für die Dauer von **höchstens fünf Jahren** geschlossen werden. Die Dauer des Dienstvertrags muss nicht zwingend mit der Bestellungsdauer identisch sein, auch wenn das in der Praxis der Regelfall ist. Zumeist ist die Vertragsdauer ausdrücklich geregelt oder jedenfalls eindeutig bestimmbar. Für die erste Bestellung sind oft drei Jahre vorgesehen, später fünf Jahre (s. auch Ziff. 5.1.2 Abs. 2 DCGK).

35. Zulässig sind gemäß § 84 Abs. 1 Satz 5, zweiter Halbsatz AktG automatische **Verlängerungsklauseln** für den Fall, dass die Bestellung verlängert wird (*Hüffer/Koch* § 84 AktG Rn. 20). Ohne Regelung ist ein ausdrücklicher Aufsichtsratsbeschluss (oder Beschluss des Personalausschusses) für eine Verlängerung des Dienstvertrags erforderlich, wobei die Beschlussfassung frühestens **ein Jahr vor Ablauf des Vertrags** erfolgen darf (§ 84 Abs. 1 Satz 5 i.V.m. Satz 3 AktG). Die Fortsetzung der Vorstandstätigkeit nach dem Ablauf der im Dienstvertrag vorgesehenen Dienstzeit gilt nach zutreffender, allerdings im Schrifttum umstrittener Ansicht entsprechend § 625 BGB für die Dauer der Bestellung als Verlängerung des Dienstvertrags (OLG Karlsruhe, Urt. v. 13.10.1995 – 10 U 51/95, AG 1996, 224, 227; anders *Hüffer/Koch* § 84 AktG Rn. 25). Über die Bestellung hinaus findet § 625 BGB keine Anwendung.

36. Zweck der **Wiederbefassungsklausel** ist es, dem Vorstandsmitglied rechtzeitig vor dem Vertragsende Gewissheit darüber zu verschaffen, ob er mit einer erneuten Bestellung rechnen darf oder sich beruflich neu orientieren muss. Die Wiederbestellungsklauseln führen dazu, dass das Vorstandsmitglied mit einem gewissen Nachdruck eine Entscheidung des AR anmahnen kann. Rechtlich entfalten sie dagegen nur eine geringe Wirkung, denn keinesfalls verpflichten sie den AR zu einer positiven Bestellungsentscheidung oder auch nur zu einer definitiven Entscheidung, sondern stellen lediglich eine Obliegenheit dar.

37. S. zum Begriff der »**dauernden Arbeitsunfähigkeit**« *Hoffmann-Becking* Beck'sches Formularbuch, Bürgerliches, Handels- und Wirtschaftsrecht, 2013, Anm. 20 zu Muster X.13.

38. Die Bindung der Laufzeit des Vorstands-Dienstvertrags an das Bestellungsverhältnis durch eine sog. **Koppelungsklausel** ist zulässig (BGH, Urt. v. 29.05.1989 – II ZR 220/88, NJW 1989, 2683, 2684; Münchener HdB AG/*Wiesner* § 21 Rn. 28). Allerdings endet der Dienstvertrag in diesem Fall ungeachtet der vertraglichen Koppelungsklausel nicht mit dem Ende der Bestellung, sondern erst nach Ablauf der Kündigungsfrist nach § 622 Abs. 1 und 2 BGB. Auch unter AGB-rechtlichen Gesichtspunkten sind Koppelungsklauseln grundsätzlich als zulässig anzusehen, müssen aber eindeutig formuliert werden. Das Muster sieht keine automatische Beendigung des Vorstands-Dienstvertrags vor, sondern räumt der Gesellschaft ein ordentliches Kündigungsrecht ein.

Aus Sicht des Vorstandsmitglieds kann sich noch die Aufnahme einer »**Change-of-Control-Klausel**« wie im Muster in § 6 Abs. 6 empfehlen, die dem Vorstandsmitglied ein Sonderkündigungsrecht einräumt, falls die »Kontrolle« über die Gesellschaft wechselt (K. Schmidt/Lutter/*Seibt* § 84 Rn. 73 sowie M Rdn. 212).

39. Es ist üblich und angemessen, angesichts der relativ kurzen Vertragslaufzeit dem Vorstandsmitglied im Fall einer vorzeitigen Vertragsbeendigung eine **Abfindung** zu zahlen. Andernfalls würde die Koppelungsklausel wie ein Damoklesschwert wirken, das unter Umständen sogar die eigenverantwortliche Leitung der Gesellschaft nach § 76 AktG beeinträchtigen könnte.

40. Nach Ziff. 4.2.3 DCGK soll beim Abschluss von Vorstandsverträgen darauf geachtet werden, dass Zahlungen an ein Vorstandsmitglied bei vorzeitiger Beendigung der Vorstandstätigkeit ohne wichtigen Grund einschließlich Nebenleistungen den Wert von **zwei Jahresvergütungen** nicht überschreiten (**Abfindungs-Cap**) und nicht mehr als die Restlaufzeit des Vertrags vergüten. Das lässt sich durch die »modifizierte Koppelungsklausel« – wie im Muster vorgesehen – umsetzen (*Seyfarth* Vorstandsrecht, § 21 Rn. 43; *Hoffmann-Becking* ZIP 2007, 2101; *Dörrwächter/Trafkowski* NZG 2007, 846).

210 **41.** Der Vorstands-Dienstvertrag sollte klar und unmissverständlich regeln, was mit »**Jahresvergütungen**« gemeint ist. Das Muster enthält eine Regelung, die um der Rechtssicherheit willen nicht auf variable Vergütungsbestandteile abstellt. Es gibt in der Praxis auch Verträge, welche auf die tatsächlich gezahlten Bezüge im Jahr vor der Vertragsbeendigung abstellen.

211 **42.** Die Zahlung einer Abfindung im Fall der Nicht-Verlängerung ist nicht zwingend. Es handelt sich der Sache nach um eine Art des **Überbrückungsgelds**, das früher den Vorstandsmitgliedern häufig gewährt wurde, heute aber kritischer gesehen wird (*Fonk* ZGR 2009, 413, 428). Die Abfindung muss in jedem Fall so bemessen sein, dass von ihr kein unbotmäßiger Druck auf den AR zur Vertragsverlängerung ausgeht, und auch im Übrigen dem Angemessenheitsgebot des § 87 Abs. 1 AktG genügen. Dem trägt das Muster durch relativ strenge Anspruchsvoraussetzungen Rechnung.

212 **42.1.** In börsennotierten Gesellschaften finden sich bisweilen sog. »Change-of-Control«-Klauseln, die der Absicherung des Vorstandsmitglieds gegen eine Beeinträchtigung der Stellung nach einer Übernahme dienen. Sie werden weithin als zulässig erachtet, wenn sie in Einklang mit dem Angemessenheitsgebot des § 87 Abs. 1 AktG stehen (*Korts* BB 2009, 1876/1877). Durch die CoC-Klausel soll das Vorstandsmitglied in die Lage versetzt werden, eine Übernahme frei von der Sorge um persönliche Folgen allein im Interesse der Aktionäre und des Unternehmens zu beurteilen. Die vorliegende Klausel geht auf der Tatbestands-Seite allein von einem Kontrollwechsel aus und verzichtet auf weitere subjektive Elemente, z.B. Beeinträchtigung der Stellung des Vorstandsmitglieds. Auf der Rechtsfolgenseite erhält das Vorstandsmitglied ein Sonderkündigungsrecht mit einer auf zwei Jahresvergütungen gedeckelten Abgeltung der ausstehenden Bezüge.

213 **43.** Für das nachvertragliche Wettbewerbsverbot der Vorstandsmitglieder gelten die **Regelungen der §§ 74 ff. HGB weder unmittelbar noch entsprechend** (BGH, Urt. v. 26.03.1984 – II ZR 229/83, BGHZ 91, 1; Kölner Komm AktG/*Mertens/Cahn* § 88 Rn. 37; *Hüffer/Koch* § 88 AktG Rn. 10; *Thüsing* NZG 2004, 9). Ungeachtet davon sind enge Grenzen zu beachten (MünchGesR IV/*Wiesner* § 21 Rn. 99). Jedenfalls nach verbreiteter Auffassung im Schrifttum ist ein Wettbewerbsverbot nach § 138 BGB regelmäßig nichtig, wenn der Ausgeschiedene als Kompensation für die Einschränkung seines beruflichen Fortkommens überhaupt keine Gegenleistung (Karenzentschädigung) erhält (Nachweise bei *Seyfarth* Vorstandsrecht, § 10 Rn. 44).

214 **44.** Das nachvertragliche Wettbewerbsverbot ist nur dann zulässig, wenn das ausgeschiedene Vorstandsmitglied zeitlich, räumlich und gegenständlich nicht übermäßig beschränkt wird (Kölner Komm AktG/*Mertens/Cahn* § 88 Rn. 35). In **zeitlicher Hinsicht** dürften mit Blick auf die Wertung des § 74a Abs. 1 Satz 3 HGB Wettbewerbsverbote, welche zwei Jahre überschreiten, unzulässig sein (BGH, Urt. v. 08.05.2000 – II ZR 308/98, ZIP 2000, 1337, 1139; *Bauer/Diller* Wettbewerbsverbote, Rn. 729; *Hoffmann-Becking* FS Quack, S. 273, 279 f.).

215 Das Muster sieht eine nachvertragliche Verbotsdauer von einem Jahr vor. In aller Regel dürfte das aus Sicht der Gesellschaft reichen, weil die »Halbwertzeit« des geschützten Wissens schnell nachlässt.

216 **45.** In **sachlicher Hinsicht** ist darauf zu achten, dass zwischen der nachvertraglich verbotenen Geschäftstätigkeit und den während der Amtszeit erworbenen Kenntnissen ein unmittelbarer Zusammenhang besteht. Das ist in aller Regel bei sog. **Kunden- oder Mandantenschutzklauseln** der Fall, jedenfalls wenn sie auf die Kunden der letzten zwei oder drei Jahre beschränkt sind (*Bauer/Diller* Wettbewerbsverbote, Rn. 722). Problematisch sind Klauseln, die generell die Tätigkeit für

ein »Konkurrenzunternehmen« verbieten. Das Muster empfiehlt daher die konkrete Aufzählung bestimmter Konkurrenzunternehmen.

46. Vorstands-Dienstverträge enthalten vielfach Regelungen, die sich an **§ 74 Abs. 2 HGB** anlehnen, wonach ein verbindliches Wettbewerbsverbot voraussetzt, dass der Prinzipal für die Dauer des Wettbewerbsverbots eine Entschädigung zahlt, die für jedes Jahr des Verbots mindestens die Hälfte der vom Handlungsgehilfen zuletzt bezogenen vertragsmäßigen Leistungen erreicht. Fehlt eine solche Bezugnahme, kommt eine analoge Anwendung der §§ 74 Abs. 2, 74b HGB wegen des geringen Schutzbedürfnisses des Vorstandsmitglieds nach herrschender Auffassung nicht in Betracht (*Bauer/Diller* Wettbewerbsverbote, Rn. 742).

47. Die Gesellschaft kann **analog § 75a HGB** bis zur Beendigung des Anstellungsverhältnisses durch schriftliche Erklärung auf das Wettbewerbsverbot mit der Wirkung verzichten, dass sie mit Ablauf eines Jahres seit der Erklärung von der Verpflichtung zur Zahlung der Karenzentschädigung frei wird (BGH, Urt. v. 17.02.1992 – II ZR 140/91, NJW 1992, 1892; *Bauer/Diller* Wettbewerbsverbote, Rn. 754; *Fleischer/Thüsing* § 4 Rn. 116). Allerdings hat der BGH in Bezug auf einen freigestellten Geschäftsführer ohne Erwähnung von § 75a HGB entschieden, ein Verzicht mit Wirkung zum Vertragsende sei treuwidrig, wenn sich der Geschäftsführer darauf eingestellt habe, nach Vertragsende von der Karenzentschädigung zu leben und von dem Unternehmen in diesem Glauben belassen worden sei; vielmehr hätte das Unternehmen den Verzicht bei Ausspruch der Kündigung erklären müssen (BGH, Urt. v. 04.03.2002 – II ZR 77/00, NZG 2002, 475, 476).

48. Vorstands-Dienstverträge enthalten nicht häufig, aber mit steigender Tendenz Regelungen zum **Datenschutz**. Die im Muster in Absatz 1 enthaltene Regelung hat gegenüber der Gesetzeslage (§ 28 BDSG) keinen eigenständigen Regelungsgehalt, dient aber der Transparenz. Auch die Zulässigkeit der Einbeziehung eines Auftragsdatenverarbeiters ist bereits in § 11 BDSG angelegt. Das Vorstandsmitglied ist kein Beschäftigter i.S.d. § 32 BDSG.

49. Die Klausel dient dazu, der Gesellschaft mit der Einwilligung des Vorstandsmitglieds auf sicherer Rechtsgrundlage im Fall von Compliance-Vorfällen auf das **E-Mail-Account** des Vorstandsmitglieds zuzugreifen. Allerdings besteht insoweit noch erhebliche Rechtsunsicherheit, ob und inwieweit eine solche antizipierte Einwilligung im konkreten Fall hilft (s. allgemein *Dann/Gastell* NJW 2008, 2945).

50. Der allgemeine Gerichtsstand des Vorstandsmitglieds wird durch den Wohnsitz bestimmt (§§ 12, 13 ZPO). Darüber hinaus besteht am Sitz der Gesellschaft der Gerichtsstand des Erfüllungsorts (§ 29 ZPO), weil dort die Verpflichtungen aus dem Dienstvertrag auch ohne vertragliche Regelung zu erfüllen sind (BGH, Urt. v. 26.11.1984 – II ZR 20/84, ZIP 1985, 157). Vielfach enthält der Dienstvertrag zusätzlich die ausdrückliche Bestimmung, wonach der Sitz der Gesellschaft **Erfüllungsort** für alle Leistungen aus dem Dienstvertrag ist. Die Gesellschaft kann das Vorstandsmitglied daher nach § 35 ZPO wahlweise an seinem Wohnsitz oder am Sitz der Gesellschaft verklagen. Im Übrigen kann der Sitz der Gesellschaft auch ausdrücklich nach § 38 Abs. 3 Nr. 2 ZPO als Gerichtsstand vereinbart werden, wie es das Muster vorsieht. Empfehlenswert ist die ausdrückliche Vereinbarung eines Gerichtsstands bei Dienstverträgen mit ausländischen Vorstandsmitgliedern.

Bisweilen finden sich auch **Schiedsvereinbarungen** in Dienstverträgen von Vorstandsmitgliedern; dazu bedarf es der Beachtung der Formvorschriften des § 1031 Abs. 5 ZPO (eigenhändige Unterzeichnung einer separaten Urkunde), weil Vorstandsmitglieder als »Verbraucher« im Sinn des § 13 BGB einzuordnen sind (OLG Hamm, Beschl. v. 18.07.2008 – 8 Sch 2/07, AG 2007, 910). Die Wirksamkeit von Schiedsabreden ist umstritten (vgl. dazu einerseits *von Westphalen* ZIP 2013, 2184; andererseits *Herresthal* ZIP 2014, 345).

2. Pensionsvereinbarung

Vorbemerkung

223 Im Rahmen des Anstellungsverhältnisses erhalten Vorstandsmitglieder vielfach Versorgungszusagen unterschiedlicher Art, insbesondere einen Anspruch auf Ruhegeld oder Beiträge zum Aufbau einer Altersversorgung. Die wirtschaftlich, praktisch und rechtlich größte Bedeutung im Rahmen der Versorgungszusagen hat der **Anspruch auf Ruhegeld**. Daneben enthalten die Dienstverträge der Vorstandsmitglieder vielfach auch Regelungen zu einer **Invaliditätsrente** sowie zu einer Versorgung der Angehörigen im Todesfall des Vorstandsmitglieds (**Witwen- und Waisenrente**). Schließlich gehört in den Bereich der Versorgungszusagen für Vorstandsmitglieder auch das früher übliche, heute aber immer seltenere **Überbrückungsgeld**, bei dem das Vorstandsmitglied Leistungen der Gesellschaft für den Zeitraum zwischen Beendigung der aktiven Tätigkeit mit entsprechenden Aktivbezügen und dem Eintritt des Pensionsfalls erhält (das Muster verzichtet auf ein Überbrückungsgeld).

224 Die Gesellschaften sehen zunehmend davon ab, leistungsorientierte Zusagen (»**Defined Benefits**«) zu machen, und wechseln stattdessen zu beitragsorientierten Leistungszusagen (»**Defined Contributions**«). Statt eines Anspruchs auf Rentenzahlung im Pensionsfall gewährt die Gesellschaft während der aktiven Vorstandstätigkeit Beiträge zum Aufbau der Altersversorgung. Die Defined Contributions sind vielfach auf eine Geldzahlung gerichtet, die in verschiedener Form optimiert werden kann (s. *Fonk* ZGR 2009, 413). Das Muster sieht eine »klassische« Versorgungszusage mit Defined Benefits vor.

225 Versorgungszusagen stellen eine besondere Vergütung zur Abgeltung erbrachter und künftiger Betriebstreue dar und besitzen insoweit **Entgeltcharakter** (BGH, Urt. v. 24.11.1988 – IX ZR 210/87, NJW-RR 1989, 286, 290). Wegen dieser rechtlichen Einordnung als Entgelt für die gesamte Diensttätigkeit des Vorstandsmitglieds spielt es regelmäßig keine Rolle, ob die Versorgungszusage vor Beginn, während oder nach Beendigung des Dienstverhältnisses erteilt wurde. Oft wird die Versorgungszusage in den Vorstands-Dienstvertrag integriert, aber sie kann – wie im Muster – separat geregelt werden.

226 Nach § 17 Abs. 1 Satz 2 BetrAVG gelten die §§ 1 bis 16 BetrAVG entsprechend für Personen, die nicht Arbeitnehmer sind, wenn ihnen Leistungen der Alters-, Invaliditäts- oder Hinterbliebenenversorgung aus Anlass ihrer Tätigkeit für ein Unternehmen zugesagt worden sind. Damit finden die wesentlichen Vorschriften des **BetrAVG** auch für Vorstandsmitglieder Anwendung (*Blomeyer/Rolfs/Otto* BetrAVG, § 17 Rn. 90). Das BetrAVG gilt nicht für das Überbrückungsgeld (BGH, Urt. v. 03.07.2000 – II ZR 381/98, AG 2001, 46). Nach § 17 Abs. 3 Satz 3 BetrAVG kann vom BetrAVG durch vertragliche Vereinbarung nicht zu Ungunsten des AN abgewichen werden. Es ist umstritten, ob Vorstandsmitglieder als AN anzusehen sind. Nach dem – an sich für Organmitglieder nicht zuständigen – BAG sind in Vereinbarungen mit Organmitgliedern Abweichungen vom BetrAVG insoweit zulässig, als den Tarifvertragsparteien nach § 17 Abs. 3 Satz 1 BetrAVG die Abweichung erlaubt ist (BAG, Urt. v. 21.04.2009 – 3 AZR 285/07, AP Nr. 20 zu § 1 BetrAVG Rn. 44; s. *Diller/Arnold/Kern* GmbHR 2010, 281).

▶ **Muster – Pensionsvereinbarung**

227

Versorgungsvereinbarung

zwischen der

[Name der AG]

vertreten durch den Aufsichtsrat, [1]

dieser vertreten durch _____ [die/den] _____ Vorsitzenden des Aufsichtsrats,

Pensionsvereinbarung M.II.2.

und

Herrn/Frau ____[Name]____, geb. am __[Geburtsdatum]__, __[Adresse]__

§ 1 Ruhegeld

(1) Herr/Frau ____[Name]____ (im Folgenden als »das Vorstandsmitglied« bezeichnet) hat im Pensionsfall Anspruch auf ein lebenslanges Ruhegeld.

(2) Der Pensionsfall tritt mit Vollendung des ___[63.]___ Lebensjahrs [2] des Vorstandsmitglieds ein.

(3) Der Pensionsfall tritt ferner ein, wenn der Vorstands-Dienstvertrag des Vorstandsmitglieds vor Vollendung des ___[63.]___ Lebensjahrs wegen dauernder Arbeitsunfähigkeit endet. [3] Dauernde Arbeitsunfähigkeit im Sinn dieser Vereinbarung liegt vor, wenn das Vorstandsmitglied aus gesundheitlichen Gründen voraussichtlich auf Dauer nicht in der Lage ist, die ihm/ihr obliegenden Aufgaben zu erfüllen. Die dauernde Arbeitsunfähigkeit wird im Zweifelsfall durch das Gutachten eines vom Aufsichtsrat und Vorstandsmitglied einvernehmlich benannten Arztes festgestellt. Falls das Vorstandsmitglied seit zwölf Monaten ununterbrochen arbeitsunfähig ist, gilt die dauernde Arbeitsunfähigkeit als festgestellt. [4]

(4) Der Pensionsfall nach Absatz 2 tritt unbeschadet der Vollendung des ___[63.]___ Lebensjahrs des Vorstandsmitglieds solange nicht ein, wie das Vorstandsmitglied nach der Vollendung des ___[63.]___ Lebensjahrs des Vorstandsmitglieds noch in einem Anstellungsverhältnis mit der Gesellschaft oder einem ihrer verbundenen Unternehmen steht. Ebenso wenig tritt der Pensionsfall nach Absatz 2 ein, falls und solange wie das Vorstandsmitglied im Rahmen einer Abfindungszahlung noch für einen Zeitraum, der nach der Vollendung des ___[63.]___ Lebensjahrs über die Laufzeit eines Anstellungsverhältnisses hinausgeht, Bezüge oder Leistungen (laufend oder in Form einer Einmalzahlung) erhält. [5]

(5) Wenn das Anstellungsverhältnis vor Vollendung des ___[63.]___ Lebensjahrs endet, ohne dass der Pensionsfall nach Absatz 3 eintritt, behält Herr/Frau ___[Name]___ eine Anwartschaft auf Zahlung des Ruhegeldes nach Absatz 2 in der gesetzlich vorgeschriebenen Höhe, falls er/sie eine Amtszeit von mindestens fünf Jahren als Mitglied des Vorstands der Gesellschaft absolviert hat. [6]

(6) Die Höhe des jährlichen Ruhegeldes beträgt 30 % des im Zeitpunkt des Pensionsfalls zuletzt von dem Vorstandsmitglied bezogenen Festgehalts. Sie steigert sich nach Vollendung von zehn Dienstjahren als Mitglied des Vorstands der Gesellschaft auf 35 %, und nach 15 Dienstjahren auf 40 %. [7] Das Ruhegeld wird in zwölf gleichen Teilbeträgen jeweils am Monatsende gezahlt, und zwar erstmalig für den Monat, der auf den Eintritt des Pensionsfalls folgt. Etwaige Karenzentschädigungen oder Abfindungsleistungen, die das Vorstandsmitglied von der Gesellschaft erhält, werden auf das Ruhegeld angerechnet.

(7) Im Pensionsfall der dauernden Arbeitsunfähigkeit (Absatz 3) ist das Ruhegeld so zu berechnen, als hätte Herr/Frau ___[Name]___ bereits zehn Dienstjahre als Mitglied des Vorstands verbracht. Herr/Frau ___[Name]___ muss sich im Pensionsfall der dauernden Arbeitsunfähigkeit bis zur Vollendung des ___[63.]___ Lebensjahres anderweitige Einkünfte aus selbständiger und unselbständiger Arbeit auf das Ruhegeld anrechnen lassen, wenn und soweit das Ruhegeld zusammen mit diesen Einkünften das zuletzt geltende Festgehalt überschreiten würde. Herr/Frau ___[Name]___ wird zu diesem Zweck jeweils nach Ablauf eines Kalenderjahres über seine/ihre anderweitigen Einkünfte Rechnung legen. Absatz 6 Satz 3 und 4 gelten entsprechend.

(8) Erhöht oder ermäßigt sich der Verbraucherpreisindex für Deutschland – bezogen auf das jeweils neueste Basisjahr – nach der erstmaligen Fälligkeit des Ruhegelds um mehr als 10 %, so wird das Ruhegeld um denselben Prozentsatz erhöht oder ermäßigt. Die Anpassung gilt erstmals für den Monat, für den der um mehr als 10 % veränderte Preisindex festgestellt wurde. Eine erneute Anpassung nach Satz 1 und 2 erfolgt jeweils dann, wenn sich der Preisindex gegenüber dem für die letzte Anpassung maßgeblichen Preisindex wiederum um mehr als 10 % erhöht oder ermäßigt hat. Nach- oder Rückzahlungen, die durch die Anpassung erforderlich werden, erfolgen ohne Berechnung von Zinsen unverzüglich nach der Bekanntmachung des für die Anpassung maßgeblichen Preisindex. [8]

(9) Eine Abtretung oder Verpfändung des Ruhegeldanspruchs durch das Vorstandsmitglied ist ausgeschlossen. Die Befugnis der Gesellschaft zur Kürzung oder Einstellung der Ruhegeldzahlungen bestimmt sich nach den allgemeinen Vorschriften. [9]

§ 2 Witwen- und Waisenversorgung

(1) Nach dem Tod eines Vorstandsmitglieds nach der Vollendung des ____[63.]____ Lebensjahrs hat dessen Ehefrau/Ehemann Anspruch auf ein lebenslanges Witwengeld/Witwergeld, falls die Ehe vor der Beendigung der Bestellung als Vorstandsmitglied geschlossen wurde. [10] Stirbt das Vorstandsmitglied vor Vollendung des ____[63.]____ Lebensjahrs, entsteht der Anspruch auf Witwengeld/Witwergeld erst dann, wenn das Vorstandsmitglied das ____[63.]____ Lebensjahr vollendet hätte. Das Witwengeld/Witwergeld beträgt 50 % des Ruhegeldes, welches das Vorstandsmitglied am Todestag bezog oder bezogen hätte, wenn an diesem Tag der Pensionsfall wegen dauernder Arbeitsunfähigkeit eingetreten wäre. Die Witwe/der Witwer muss sich anderweitige Einkünfte aus selbständiger und unselbständiger Arbeit sowie auf Grund unselbständiger Arbeit erworbene Versorgungsansprüche anrechnen lassen, soweit die Einkünfte und Versorgungsbezüge das Witwengeld/Witwergeld übersteigen. Die Witwe/der Witwer ist insoweit rechenschaftspflichtig. Das Witwengeld/Witwergeld entfällt bei Wiederheirat, und zwar beginnend mit dem auf die Wiederheirat folgenden Monat. [11]

(2) Nach dem Tode des Vorstandsmitglieds hat jedes unterhaltsberechtigte Kind des Vorstandsmitglieds, das vor der Beendigung der Bestellung als Vorstandsmitglied geboren wurde, Anspruch auf ein Kindergeld in Höhe von 10 % des Ruhegeldes, welches das Vorstandsmitglied am Todestag bezog oder bezogen hätte, wenn an diesem Tag der Pensionsfall wegen dauernder Arbeitsunfähigkeit eingetreten wäre. Das Kindergeld wird bis zum vollendeten 21. Lebensjahr, darüber hinaus für die weitere Zeit der Schul- und Berufsausbildung, längstens jedoch bis zum vollendeten 25. Lebensjahr gewährt. [12] Die Versorgung der Witwen/Witwer und Waisen darf den Betrag des Ruhegeldes nicht übersteigen; andernfalls werden die Ansprüche verhältnismäßig gekürzt.

(3) Die Witwen/Witwer- und Waisengelder werden in gleichen monatlichen Teilbeträgen jeweils am Monatsende gezahlt, und zwar letztmalig für den vollen Monat, in dem die Anspruchsvoraussetzungen entfallen sind. § 1 Abs. 8 und 9 gilt entsprechend.

§ 3 Schlussbestimmungen

(1) Sollte eine Bestimmung dieser Vereinbarung ganz oder teilweise unwirksam sein oder ihre Rechtswirksamkeit später verlieren, so soll hierdurch die Gültigkeit der übrigen Bestimmungen nicht berührt werden. Anstelle der unwirksamen Bestimmung soll, soweit nur rechtlich zulässig, eine andere angemessene Regelung gelten, die wirtschaftlich dem am nächsten kommt, was die Vertragspartner gewollt haben oder gewollt hätten, wenn sie die Unwirksamkeit der Regelung bedacht hätten. Dies gilt auch, wenn die Unwirksamkeit einer Bestimmung auf einem in diesem Vertrag vorgeschriebenen Maß der Leistung oder Zeit beruht; es soll dann ein dem gewollten möglichst nahekommendes rechtlich zulässiges Maß der Leistung oder Zeit als vereinbart gelten.

(2) Änderungen dieser Vereinbarung bedürfen der Schriftform. Das gilt auch für eine Änderung dieses Absatzes.

(3) Erfüllungsort für alle Leistungen aus dieser Vereinbarung ist der Sitz der Gesellschaft. Der Sitz der Gesellschaft wird für den Fall des § 38 Abs. 3 Nr. 2 ZPO als Gerichtsstand vereinbart.

____[Ort]____, den ____[Datum]____

Herr/Frau ____[Name]____

_____
(Unterschrift Vorsitzender des Aufsichtsrats)

Erläuterungen

Schrifttum

Boemke Wirtschaftliche Notlage und Widerruf von Zusagen der betrieblichen Altersversorgung, NJW 2009, 2491; *Diller* Nachträgliche Herabsetzung von Vorstandsvergütungen und -ruhegeldern nach dem VorstAG, NZG 2009, 1006; *Diller/Arnold/Kern* Abdingbarkeit des Betriebsrentengesetzes für Organmitglieder, GmbHR 2010, 281; *Fonk* Altersversorgung von Organmitgliedern im Umbruch, ZGR 2009, 413; *Thüsing/Granetzny* Zur Abdingbarkeit des BetrAVG bei Organmitgliedern, NZG 2010, 449.

1. Auf Seiten der Gesellschaft liegt die Kompetenz für die Zusage, Änderung und Widerruf von Versorgungsansprüchen gemäß § 112 AktG ausschließlich beim AR. Die Vertretungskompetenz des AR gilt auch gegenüber **ausgeschiedenen Vorstandsmitgliedern**. Die Kompetenz des AR erstreckt sich auch auf die Vertretung gegenüber **Witwen/Witwern und Waisen** (BGH, Urt. v. 16.10.2006 – II ZR 7/05, DB 2006, 2805).

2. Das Muster geht von einem relativ jungen **Renteneintrittsalter** aus. Üblich ist ein Anspruch auf Ruhegeld, wenn der Dienstvertrag mit oder nach Vollendung des 63. oder 65. Lebensjahres endet, manchmal auch mit Vollendung des 62. Lebensjahres (seltener schon ab dem 60. Lebensjahr). Es bleibt abzuwarten, ob sich durch die Erhöhung des gesetzlichen Renteneintrittsalters (§ 35 Satz 2 SGB VI) auf die Vollendung des 67. Lebensjahres auch die Usancen für Vorstandsmitglieder ändern werden.

3. Die Regelung gewährt eine **Invaliditätsrente**. Regelungstechnisch ist darauf zu achten, dass die Voraussetzungen der »dauernden Dienstunfähigkeit« im Dienstvertrag und in der Pensionsvereinbarung nicht divergieren. Das kann auch durch einen Verweis auf die Regelung zur Beendigung des Vorstands-Dienstvertrags geschehen.

4. S. zur »dauernden Arbeitsunfähigkeit« Muster M Rdn. 152 (dort § 6 Abs. 2 mit Anm. 37 – M Rdn. 205).

5. Das Vorstandsmitglied soll nicht gleichzeitig noch Aktivbezüge und Ruhegeld erhalten. Falls das Vorstandsmitglied noch nach dem Renteneintrittsalter in einem Dienstverhältnis steht, beginnt die Zahlung des Ruhegeldes nicht. Falls es in der letzten Bestellungsperiode zu einer vorzeitigen Vertragsauflösung mit Abfindungszahlung kommt, ist es ebenfalls nicht angezeigt, dass der Pensionsfall schon eintritt.

6. Gesetzlich entsteht eine **unverfallbare Anwartschaft**, wenn das Dienstverhältnis vor Eintritt des Versorgungsfalls, jedoch nach Vollendung des 30. Lebensjahres endet und die Versorgungszusage mindestens **fünf Jahre** bestanden hat (§ 1b Abs. 1 BetrAVG). Daran orientiert sich die vertragliche Regelung zur Unverfallbarkeit.

Die Unverfallbarkeit führt nicht automatisch dazu, dass das Vorstandsmitglied einen »vollen« Versorgungsanspruch erhält. Nach **§ 2 Abs. 1 BetrAVG** (worauf das Muster Bezug nimmt) ist das Ruhegeld grundsätzlich zeitratierlich zu kürzen, wenn ein Vorstandsmitglied mit einer unverfallbaren Versorgungsanwartschaft vor Eintritt des Versorgungsfalls aus dem Amt ausscheidet. Im Rahmen der sog. **m/n-tel-Rechnung** berechnet sich die unverfallbare Versorgungsanwartschaft nach dem Verhältnis der Dauer der Betriebszugehörigkeit zu der Zeit vom Beginn der Betriebszugehörigkeit bis zum Erreichen der vertraglich vereinbarten Altersgrenze (oder spätestens Vollendung des 67. Lebensjahres) auf Basis der zum Zeitpunkt des Ausscheidens vereinbarten Versorgungsregelung (Teilanspruch T = Vollanspruch V × m/n).

S. generell zur **Geltung des BetrAVG** im Zusammenhang mit Versorgungszusagen von Vorstandsmitgliedern *Thüsing/Granetzny* NZG 2010, 449.

7. Die Verpflichtung des AR nach § 87 Abs. 1 Satz 1 AktG, bei der Festsetzung der Gesamtbezüge des einzelnen Vorstandsmitglieds dafür zu sorgen, dass diese in einem angemessenen Verhältnis zu den Aufgaben und Leistungen des Vorstandsmitglieds sowie zur Lage der Gesellschaft stehen und die übliche Vergütung nicht ohne besondere Gründe übersteigen, gilt **sinngemäß für**

Ruhegehalt, Hinterbliebenenbezüge und Leistungen verwandter Art (§ 87 Abs. 1 Satz 4 AktG). Die Regelung im Muster koppelt das Ruhegeld an die Höhe des Festgehalts und sieht überdies eine Staffelung nach der Dauer der Vorstandstätigkeit vor. Denkbar ist auch eine lineare Staffelung.

237 Nach § 87 Abs. 2 Satz 2 AktG können Ruhegehalt, Hinterbliebenenbezüge und Leistungen verwandter Art allerdings in den **ersten drei Jahren nach Ausscheiden** aus der Gesellschaft entsprechend Satz 1 von § 87 Abs. 2 AktG herabgesetzt werden. Diese Regelung ist durch das VorstAG 2009 eingeführt worden (*Diller* NZG 2009, 1006) und äußerst problematisch und gegebenenfalls sogar verfassungswidrig (s. dazu auch *Hüffer/Koch* § 87 AktG Rn. 24).

238 **8.** Nach Eintritt des Versorgungsfalls gilt § 16 BetrAVG. Die Anpassungspflicht gilt nach § 16 Abs. 2 BetrAVG erfüllt, wenn die Anpassung – wie im Muster vorgesehen – nicht geringer ist als der Anstieg des Verbraucherpreisindexes für Deutschland. Preisklauseln in Verträgen über wiederkehrende Zahlungen, die auf die Lebenszeit des Gläubigers zu erbringen sind, sind nach § 3 Abs. 1 PrKG zulässig, wenn der geschuldete Betrag durch die Änderung eines amtlich ermittelten Preisindexes für die Gesamtlebenshaltung oder eines Verbraucherpreisindexes bestimmt werden soll. Wertsicherungsklauseln in Dienstverträgen von Vorstandsmitgliedern, die etwa – wie das Muster – auf den VPI Bezug nehmen, sind danach zulässig. Es besteht **keine Genehmigungspflicht** durch das Bundesamt für Wirtschaft und Ausfuhrkontrolle (BAFA).

239 **9.** Der Widerruf einer Versorgungszusage ist nur unter **äußerst engen Voraussetzungen** zulässig (MünchGesR IV/*Wiesner* § 21 Rn. 82; *Boemke* NJW 2009, 2491). Daran hat sich auch durch die Änderung von § 87 Abs. 2 AktG durch das VorstAG nichts geändert.

240 **10.** Die Regelung adressiert das aus Sicht der Gesellschaft missliche Problem der »**Spätehe**« einer Heirat nach dem Ausscheiden aus dem Vorstandsamt. Es gibt auch Regelungen, welche die Witwen- und Witwerversorgung ausschließen oder kürzen, wenn das Vorstandsmitglied noch zu Amtszeiten die Ehe mit einer sehr viel jüngeren Ehegattin oder Ehegatten eingeht.

241 **11.** Die im Muster vorgesehene »**Wiederverheiratungsklausel**« ist zulässig (*Beiner/Braun* Vorstandsvertrag, Rn. 543). Vorbehaltlich einer ausdrücklichen Regelung lebt der Versorgungsanspruch nicht wieder auf, wenn die neue Ehe wieder durch Tod oder Scheidung endet (MünchGesR IV/*Wiesner* § 21 Rn. 87).

242 **12.** Denkbar ist auch eine Regelung, wonach die Waisenversorgung prozentual steigt, wenn nach dem Tod des Vorstandsmitglieds auch noch die Witwe oder der Witwer verstirbt, die Kinder also **Vollwaise** werden.

3. Aufsichtsratsbeschluss Bestellung

Vorbemerkung

243 Die Bestellung ist der korporationsrechtliche Akt, durch den eine Person zum Mitglied des Vorstands wird. Sie erfordert die Bestellungsentscheidung des AR (oder im Ausnahmefall des Gerichts gemäß § 85 AktG), die Kundgabe des Bestellungsbeschlusses gegenüber der bestellten Person sowie deren Zustimmung (Annahme der Bestellung).

244 Der AR muss bei seiner Bestellungsentscheidung die gesetzlichen Anforderungen, insbesondere die **Bestellungshindernisse**, beachten. Mitglied des Vorstands kann nur eine natürliche, unbeschränkt geschäftsfähige Person sein (§ 76 Abs. 3 Satz 1 AktG). Juristische Personen, Personenhandelsgesellschaften und andere Gesamthandgemeinschaften können nicht als Vorstand fungieren, auch nicht im Konzern. § 76 Abs. 3 Satz 2 AktG enthält einen Katalog von Bestellungshindernissen. Die Bestellungshindernisse wirken von Rechts wegen, weshalb eine unter Missachtung eines gesetzlichen Bestellungshindernisses erfolgte Bestellung **nichtig** ist (§ 134 BGB) und keine Rechtswirkung entfaltet (*Hüffer/Koch* § 76 AktG Rn. 62). Daneben gibt es **Inkompatibilitäten und Genehmigungserfordernisse**. Abgesehen von dem Fall einer vorübergehenden und zeitlich be-

schränkten Bestellung nach § 105 Abs. 2 AktG kann ein Aufsichtsratsmitglied nicht zugleich Vorstandsmitglied sein (§ 105 Abs. 1 Satz 1 AktG).

Gemäß § 111 Abs. 5 Satz 1 AktG legt der Aufsichtsrat von Gesellschaften, die börsennotiert sind oder der Mitbestimmung unterliegen, für den Frauenanteil im Vorstand (und im Aufsichtsrat) Zielgrößen fest. Die Festlegung muss auch dann stattfinden, wenn der Vorstand bereits gleichberechtigt von Frauen und Männern besetzt ist oder die Frauen sogar in der Überzahl sind. Liegt der Frauenanteil im Vorstand bei der Festlegung der Zielgrößen unter 30 %, so darf gemäß § 111 Abs. 5 Satz 2 AktG die Zielgröße den jeweils erreichten Anteil nicht mehr unterschreiten. Bei dieser 30 %-Schwelle handelt es sich um ein »Verschlechterungsverbot«. Diese Regelungen zur **Frauenquote** sind 2015 als Teil der gesetzlichen Bemühungen über eine gleichberechtigte Teilhabe von Frauen und Männern an Führungspositionen in das AktG aufgenommen worden (dazu *Seibt* ZIP 2015, 1193; *Junker/Schmidt-Pfitzner* NZG 2015, 929). 244.1

Rechtlich unproblematisch ist die Bestellung von **Ausländern** zu Vorstandsmitgliedern. Das Gesetz stellt keine Anforderungen an Staatsangehörigkeit, Wohnsitz oder gewöhnlichen Aufenthaltsort. Die **Satzung** kann nur äußerst eingeschränkt Vorgaben in Bezug auf das Anforderungsprofil der Vorstandsmitglieder machen. Schranken für statutarische Regelungen ergeben sich auch aus dem **AGG**, das Diskriminierungen nach dem Geschlecht, Alter, Nationalität oder Rasse verbietet und, soweit es um die Bedingungen für den Zugang zur Erwerbstätigkeit sowie den beruflichen Aufstieg geht, nach § 6 Abs. 3 AGG grundsätzlich auf Organmitglieder Anwendung findet. Der **DCGK** enthält in Ziff. 5.1.2 Satz 2 die Empfehlung, dass der AR bei der Zusammensetzung des Vorstands auch auf Vielfalt (**Diversity**) achten soll. 245

▶ Muster – Aufsichtsratsbeschluss

Der Aufsichtsrat [1] fasst in seiner Sitzung am ___[Datum]___ einstimmig [2] folgenden Beschluss [3]: 246
Herr/Frau ___[Name]___ wird für die Zeit [4] vom ___[Datum]___ bis zum Ablauf des ___[Datum]___ zum Mitglied des Vorstands der ___[Name der AG]___ bestellt. [5] Herr/Frau ___[Name]___ wird zugleich ___[zum/zur]___ Vorsitzenden des Vorstands ernannt. [6]

_____
(Unterschrift Vorsitzender des Aufsichtsrats) [7]

Erläuterungen

Schrifttum
Fleischer Bestellungsdauer und Widerruf der Bestellung von Vorstandsmitgliedern im in- und ausländischen Aktienrecht, AG 2006, 429; *Fleischer* Vorzeitige Wiederbestellung von Vorstandsmitgliedern: Zulässige Gestaltungsmöglichkeit oder unzulässige Umgehung des § 84 Abs. 1 Satz 3 AktG?, ZIP 2011, 861; *Hölters/Weber* Vorzeitige Wiederbestellung von Vorstandsmitgliedern, AG 2005, 629.

1. Nach § 84 Abs. 1 Satz 1 AktG bestellt der AR die Vorstandsmitglieder. Das AktG weist die Kompetenz **zwingend dem AR** zu (BGH, Urt. v. 09.03.2009 – II ZR 170/07, ZIP 2009, 1162, 1163). Die ausschließliche Personalkompetenz kann dem Aufsichtsrat auch nicht durch die Satzung entzogen werden, da es sich um eine zwingende aktienrechtliche Regelung handelt (*Hüffer/Koch* § 84 AktG Rn. 1). Auch während des Insolvenzverfahrens bleibt die Bestellungskompetenz beim AR (Kölner Komm AktG/*Mertens/Cahn*, § 84 Rn. 7). Der AR hat nicht nur das Recht, sondern auch die Pflicht, seine Bestellungskompetenz wahrzunehmen (BGH, Urt. v. 12.11.2001 – II ZR 225/99, ZIP 2002, 172). Die Mitglieder des Aufsichtsrats dürfen diese Aufgabe nicht delegieren (§ 111 Abs. 5 AktG). 247

Die Entscheidung des AR über die Bestellung der Vorstandsmitglieder muss **zwingend vom Plenum** getroffen werden und kann nicht an einen Ausschuss anstelle des AR zur Beschlussfassung überwiesen werden (§ 107 Abs. 3 Satz 3 AktG). Allerdings bleibt es dem AR unbenommen, ein- 248 zelne Mitglieder oder einen Ausschuss (Personalausschuss oder Präsidialausschuss) damit zu beauftragen, die Bestellungsentscheidung für das Plenum des AR vorzubereiten.

249 **2.** Der AR entscheidet über die Bestellung der Vorstandsmitglieder durch Beschluss, welcher – soweit nicht die Besonderheiten des MitbestG greifen – der **einfachen Mehrheit** bedarf. Die Satzung kann das Mehrheitserfordernis nicht verschärfen (*Hüffer/Koch* § 108 AktG Rn. 8).

250 Besonderheiten gelten für Gesellschaften, deren AR nach dem **MitbestG** zusammengesetzt ist. Nach § 31 Abs. 2 MitbestG bestellt der AR die Mitglieder des Vorstands mit einer Mehrheit, die mindestens **zwei Drittel** der Stimmen seiner Mitglieder umfasst. Wenn die Mehrheit nicht zustande kommt, greift das besondere dreistufige mitbestimmungsrechtliche Verfahren des § 31 MitbestG.

251 **3.** Der Aufsichtsrat muss die Entscheidung über die Bestellung des Vorstandsmitglieds ausdrücklich fassen. Eine stillschweigende oder konkludente Bestellung von Vorstandsmitgliedern gibt es nicht (OLG Dresden, Urt. v. 31.08.1999 – 13 U 1215/99, AG 2000, 43, 44). Bei der Bestellung mehrerer Vorstandsmitglieder in einer AR-Sitzung sind getrennte Abstimmungsvorgänge und Beschlüsse erforderlich (K. Schmidt/Lutter/*Seibt* AktG, § 84 Rn. 9).

252 Zulässig ist eine **geheime Abstimmung** und kann bei Personalentscheidungen sogar geboten sein (s. dazu *Lutter/Krieger/Verse* Rechte und Pflichten des AR, § 11 Rn. 722).

253 Neben einer Beschlussfassung in einer Sitzung des AR ist auch eine Abstimmung im **Umlaufverfahren** möglich. Allerdings sind vorbehaltlich einer näheren Regelung durch die Satzung oder eine Geschäftsordnung des AR schriftliche, fernmündliche oder andere vergleichbare Formen der Beschlussfassung des AR nur zulässig, wenn kein Mitglied diesem Verfahren widerspricht (§ 108 Abs. 4 AktG). Es gelten insoweit auch für die Beschlussfassung über die Bestellung von Vorstandsmitgliedern die allgemeinen Regeln (*Lutter/Krieger/Verse* Rechte und Pflichten des AR, § 11 Rn. 728). Auch über die Beschlussfassung im Umlaufverfahren ist wie über eine Sitzung des AR gemäß § 107 Abs. 2 AktG eine vom Vorsitzenden des AR zu unterzeichnende Niederschrift anzufertigen, die dann gemäß § 81 Abs. 2 AktG in Urschrift oder öffentlich beglaubigter Abschrift dem Handelsregister bei der Anmeldung der Eintragung des neuen Vorstandsmitglieds beizufügen ist (s. zur HR-Anmeldung Muster M Rdn. 264).

254 **4.** Der AR bestimmt die **Amtszeit** des Vorstandsmitglieds bei seiner Bestellungsentscheidung und muss sie mit Anfangs- und Enddatum genau festlegen. Fehlt es an einer genauen Festlegung, bleibt der Bestellungsbeschluss gleichwohl wirksam, wenn er deutlich zum Ausdruck bringt, dass der AR die betroffene Person zum Vorstandsmitglied bestellen wollte. Im Zweifel ist dann davon auszugehen, dass das Vorstandsmitglied mit sofortiger Wirkung (ab dem Tag der Beschlussfassung) bestellt werden sollte, und zwar für eine Amtsperiode von fünf Jahren (*Hüffer/Koch* § 84 AktG Rn. 7; Münchener HdB AG/*Wiesner* § 20 Rn. 34).

255 In § 84 Abs. 1 Satz 1 AktG sieht das Gesetz eine **Höchstdauer** für die Bestellung von **fünf Jahren** vor. Eine **Mindestdauer der Bestellung** sieht das Gesetz nicht vor. Oft wird eine Bestellung von mindestens einem Jahr für erforderlich gehalten (*Fleischer* AG 2006, 429, 435).

256 Nach § 84 Abs. 1 Satz 2 AktG ist eine auch **mehrfach wiederholte Bestellung** des Vorstandsmitglieds oder Verlängerung der Amtszeit, jeweils für höchstens fünf Jahre, zulässig. Sie bedarf eines erneuten Aufsichtsratsbeschlusses, der **frühestens ein Jahr** vor Ablauf der bisherigen Amtszeit gefasst werden kann (§ 84 Abs. 1 Satz 3 AktG). Vielfach wird das Vorstandsmitglied während des letzten Jahres der laufenden Amtsperiode mit Wirkung ab dem Ende der laufenden Amtszeit für die neue Periode (von bis zu fünf Jahren) bestellt. Bisweilen wird eine Verlängerung auch schon vor der Jahresfrist angestrebt. In der Praxis wird dies durch eine einvernehmliche Beendigung der laufenden Bestellung mit anschließender Neubestellung erreicht; allerdings ist diese Praxis als Umgehung von § 84 Abs. 1 Satz 3 AktG rechtlich umstritten (ablehnend OLG Zweibrücken, Urt. v. 03.02.2011 – 4 U 76/10, ZIP 2011, 617; *Hölters/Weber* AG 2005, 629; *Fleischer* DB 2011, 861).

5. Inhalt der Bestellung ist die Berufung zum Vorstandsmitglied, nicht zwingend eine bestimmte Ressortzuweisung (Kölner Komm AktG/*Mertens*/*Cahn*, § 84 Rn. 3). Der AR kann dem Vorstandsmitglied zwar im Rahmen der Bestellungsentscheidung ein bestimmtes Ressort zuweisen, muss darüber aber nicht beschließen.

Die Bestellungsentscheidung muss mit hinreichender Deutlichkeit zum Ausdruck bringen, dass die betroffene Person zum Vorstandsmitglied bestellt werden soll. Eine **Bestellung unter aufschiebenden Bedingungen** ist zulässig, soweit es sich um eine Bedingung handelt, deren Eintritt eindeutig feststellbar ist und die nicht dazu führt, dass die Bestellungskompetenz faktisch auf ein anderes Gremium oder eine andere Person verschoben wird (Großkomm AktG/*Kort* § 84 Rn. 37).

6. Die – im Muster enthaltene – Ernennung zum **Vorsitzenden des Vorstands** ist ein rechtlich eigenständiger korporationsrechtlicher Akt, der von der Bestellungsentscheidung zu trennen ist. Das folgt aus § 84 Abs. 3 Satz 1 AktG, der einen isolierten Widerruf der Ernennung zum Vorstandsvorsitzenden ermöglicht. In der Praxis fallen die Bestellung zum Vorstandsmitglied und die Ernennung zum Vorstandsvorsitzenden allerdings häufig in einer Beschlussfassung des AR zusammen. Dabei ist die Ernennung zum Vorstandsvorsitzenden zwingend dem AR zugewiesen und muss vom Plenum getroffen werden (§ 107 Abs. 3 Satz 3 AktG).

Keine Besonderheiten gelten für die Bestellung des **Arbeitsdirektors**, soweit nicht noch die Besonderheiten nach § 13 Montan-MitbestG eingreifen. Er wird vom Plenum des AR nach den §§ 84 AktG, 31 MitBestG bestellt. Die Bestellung zum Arbeitsdirektor muss allerdings ausdrücklich erfolgen und mit hinreichender Deutlichkeit aus dem Beschluss hervorgehen.

7. Vgl. zur Unterzeichnung der Niederschrift § 107 Abs. 2 Satz 1 AktG.

4. Anmeldung Handelsregister Bestellung/Ausscheiden

Vorbemerkung

Jede Änderung des Vorstands (auch eines stellvertretenden Vorstandsmitglieds) oder der Vertretungsbefugnis eines Vorstandsmitglieds hat der Vorstand zur Eintragung in das Handelsregister anzumelden (§ 81 Abs. 1 AktG). Die Anmeldung hat – wie jede HR-Anmeldung – elektronisch in öffentlich beglaubigter Form zu erfolgen (§ 12 HGB). In der Praxis erfolgt die Anmeldung zumeist über Notariate. Die Anmeldung kann durch Festsetzung eines Zwangsgeldes von bis zu EUR 5.000 gemäß § 14 HGB erzwungen werden.

Die Anmeldung und die darauf beruhende Eintragung haben keine konstitutive, sondern allein **deklaratorische Bedeutung**. Die mit der Bestellung verbundenen Rechtswirkungen entstehen mit der Annahme der Bestellung, nicht erst mit der Eintragung im Handelsregister. Das Gleiche gilt für die Beendigung des Vorstandsmandats (zu § 15 HGB Spindler/Stilz/*Fleischer* § 81 Rn. 20 ff.).

▶ Muster – Anmeldung Handelsregister Bestellung/Ausscheiden

[Briefbogen der __[Name der AG]__ 1]

An das
Amtsgericht _[Name, Adresse]_
Registergericht 2

_____[Ort]_____, den _____[Datum]_____

[Name der AG] – _[HRB]_

Wir melden als gemeinsam zur Vertretung der __[Name der AG]__ (»Gesellschaft«) berechtigte Vorstandsmitglieder 3 hiermit an:

M. Organverträge

1. Herr/Frau ____[Name]____ ist mit Wirkung zum Ablauf des ____[Datum]____ aus dem Vorstand der _[Name der AG]_ ausgeschieden.

2. Herr/Frau ____[Name]____, wohnhaft in ____[Ort]____, geb. am _[Geburtsdatum]_ ,[4] ist seit dem ____[Datum]____ Mitglied des Vorstands der Gesellschaft. Er/Sie ist berechtigt, die Gesellschaft allein zu vertreten.[5]

3. Herr/Frau ____[Name]____ versichert hiermit,[6] dass keine Umstände vorliegen, die seiner/ihrer Bestellung nach § 76 Abs. 3 Satz 2 Nr. 2 und 3, Satz 3 AktG entgegenstehen. Weder ist ihm/ihr

- aufgrund eines gerichtlichen Urteils oder einer vollziehbaren Entscheidung einer Verwaltungsbehörde untersagt, einen Beruf, einen Berufszweig, ein Gewerbe oder einen Gewerbezweig auszuüben, sofern der Unternehmensgegenstand ganz oder teilweise mit dem Gegenstand des Verbots übereinstimmt, noch ist er/sie
- des Unterlassens der Stellung des Antrags auf Eröffnung des Insolvenzverfahrens (Insolvenzschleppung),
- einer Straftat nach den §§ 283 bis 283d StGB (Insolvenzstraftaten),
- der falschen Angaben nach § 82 GmbHG oder § 399 AktG,
- der unrichtigen Darstellung nach § 400 AktG, § 331 HGB, § 313 UmwG oder § 17 des Publizitätsgesetzes oder
- nach den §§ 263 bis 264a oder den §§ 265b bis 266a StGB zu einer Freiheitsstrafe von mindestens einem Jahr

im Inland (oder wegen einer oder mehrerer mit den genannten Straftaten vergleichbarer Taten im Ausland) verurteilt worden. Er/Sie versichert weiter, dass er/sie über seine/ihre unbeschränkte Auskunftspflicht gegenüber dem Gericht belehrt worden ist.[7]

Als Anlagen[8] überreichen wir eine notariell beglaubigte Abschrift der Erklärung von Herr/Frau ____[Name]____ zu seiner/ihrer Amtsniederlegung sowie eine notariell beglaubigte Abschrift des Beschlusses des Aufsichtsrats vom ____[Datum]____ in bezug auf die Bestellung von Herr/Frau ____[Name]____ .

_____
(Unterschrift der Vorstandsmitglieder in vertretungsberechtigter Zahl)[9]

Erläuterungen

Schrifttum
Fleischer Organpublizität im Aktien-, Bilanz- und Kapitalmarktrecht, NZG 2006, 561.

265 **1.** Die Anmeldepflicht trifft den Vorstand, der daher die Anmeldung zur Eintragung für die Gesellschaft vornimmt.

266 **2.** Zuständig ist das Amtsgericht/Registergericht am Sitz der Gesellschaft.

267 **3.** Die HR-Anmeldung muss nicht von allen Vorstandsmitgliedern unterzeichnet werden, sondern eine Anmeldung durch Vorstandsmitglieder in vertretungsberechtigter Zahl genügt, ebenso wie eine Anmeldung in unechter Gesamtvertretung durch ein Vorstandsmitglied und einen Prokuristen (*Hüffer/Koch* § 81 AktG Rn. 5).

268 Die Anmeldung als solche ist – anders als die Erklärung nach § 81 Abs. 3 AktG – keine höchstpersönliche Erklärung, weshalb sich das Vorstandsmitglied auf Grund einer öffentlich beglaubigten Vollmacht (§ 12 Abs. 1 Satz 2 HGB) bei der Anmeldung auch vertreten lassen kann, wobei die Vollmacht vom Vorstand erteilt werden muss. Wenn nur ein Vorstandsmitglied existiert, meldet es seine Bestellung ebenso wie sein Ausscheiden auch allein an.

269 **4.** Nach Ziff. 43 Nr. 4 der Handelsregisterverordnung sind die Mitglieder des Vorstands mit Vornamen, Familiennamen, Geburtsdatum und Wohnort einzutragen, weshalb diese Angaben

auch in der HR-Anmeldung enthalten sein müssen. Schon aus Gründen des Persönlichkeitsschutzes genügt zur Angabe des Wohnortes die politische Gemeinde, in der das Vorstandsmitglied wohnt. Ebenso ist im Handelsregister der **Vorsitzende des Vorstands** besonders zu bezeichnen (Ziff. 43 Nr. 4 HRV), weshalb auch die Ernennung zum Vorstandsvorsitzenden anzumelden ist.

5. Die Vertretungsbefugnis ist nach § 81 Abs. 1 AktG anzugeben. Wenn der Bestellungsbeschluss keine besondere Regelung enthält, gilt die allgemeine **Vertretungsregelung** nach der Satzung, die dann ebenfalls anzugeben ist. 270

6. Die **Versicherungspflicht** folgt aus § 81 Abs. 3 Satz 1 AktG. Eine pauschale Versicherung unter Hinweis auf die Bestellungshindernisse des § 76 AktG reicht nicht aus (MünchGesR IV/*Wiesner* § 20 Rn. 78; zur Aufzählung der einzelnen Straftatbestände siehe BGH, Beschl. v. 17.05.2010 – II ZB 5/10, ZIP 2010, 1337 und Muster M Rdn. 74). 271

7. Es handelt sich um die Belehrung nach § 53 BZRG. Die **Belehrung** kann durch einen **Notar** erfolgen (§ 81 Abs. 3 Satz 2 i.V.m. § 37 Abs. 2 Satz 2 AktG). 272

8. Der Anmeldung sind die **Urkunden** über die Änderung in Urschrift oder öffentlich beglaubigter Abschrift als Anlage beizufügen (§ 81 Abs. 2 AktG). 273

9. Seit dem Wegfall der §§ 79 und 81 Abs. 4 AktG ist die Pflicht zur Hinterlegung einer Namenszeichnung des neu eintretenden Vorstandsmitglieds weggefallen. 274

5. Aufsichtsratsbeschluss Abberufung

Vorbemerkung

Die Beendigung der Bestellung ist – spiegelbildlich zur Bestellung – der korporationsrechtliche Akt, durch den das Amt einer Person als Mitglied des Vorstands endet. Die Beendigung der Bestellung kann automatisch durch Ablauf der Amtszeit, vorzeitig durch einen Widerruf der Bestellung gemäß **§ 84 Abs. 3 Satz 1 AktG** oder durch sonstige Beendigungsgründe (Amtsniederlegung, einvernehmliche Beendigung) erfolgen. Der vorzeitige Widerruf der Bestellung erfordert die Widerrufsentscheidung des AR und deren Kundgabe gegenüber dem Vorstandsmitglied. Eine »Annahme« des Vorstandsmitglieds ist nicht erforderlich. 275

Die Abberufung eines Vorstandsmitglieds ist ein scharfes Schwert, das in der Praxis aus Gründen der Gesichtswahrung vermieden wird. Wenn sich der AR von einem Vorstandsmitglied trennen will, geschieht das zumeist im Wege der **einvernehmlichen Trennung** (*Hoffmann-Becking* FS Stimpel, S. 589). Die Drohung mit einem vorzeitigen Widerruf der Bestellung kann aber wichtig sein im Rahmen der Verhandlung einer Abfindung (s. zur Aufhebungsvereinbarung Muster M Rdn. 298). Wenn dem Vorstandsmitglied schwere Verfehlungen vorzuwerfen sind, wird der AR bei Gesellschaften, die im Fokus der Öffentlichkeit stehen, vor einem Widerruf der Bestellung indes nicht zurückschrecken. 276

Der Widerruf der Bestellung durch den AR bedarf **weder einer vorherigen Anhörung noch einer Abmahnung** des Vorstandsmitglieds. Die Vorstandsmitglieder als organschaftliche Vertreter der AG nehmen ihrerseits Arbeitgeberfunktionen wahr. Die arbeitsrechtlichen Grundsätze zur Abmahnung vor dem Ausspruch einer außerordentlichen Kündigung des Dienstvertrags finden daher keine Anwendung. Entsprechendes gilt für den Widerruf der Bestellung. Eine andere Wertung ergibt sich auch nicht aus § 314 Abs. 2 BGB (BGH, Beschl. v. 02.07.2007 – II ZR 71/06, WM 2007, 1613). 277

Wegen der **Trennungstheorie** beendet der vorzeitige Widerruf der Bestellung nicht automatisch den Vorstands-Dienstvertrag. Bei gravierenden Pflichtverletzungen ist der Vertrag gesondert aus wichtigem Grund nach § 626 BGB zu kündigen (s. Muster M Rdn. 318). 278

▶ Muster – Aufsichtsratsbeschluss Abberufung

279 Der Aufsichtsrat [1] fasst in seiner Sitzung [2] am ___[Datum]___ mit ___[10]___ Ja-Stimmen und ___[2]___ Nein-Stimmen [3] folgenden Beschluss: [4]

Die Bestellung von Herrn/Frau ___[Name]___ zum Mitglied des Vorstands der ___[Name der AG]___ wird mit sofortiger Wirkung widerrufen. [5] Der Vorsitzende des Aufsichtsrats wird ermächtigt, Herrn/Frau ___[Name]___ gegenüber den Widerruf der Bestellung zu erklären. [6]

___[Ort]___ , den ___[Datum]___

(Unterschrift Vorsitzender des Aufsichtsrats) [7]

Erläuterungen

Schrifttum

Grumann/Gillmann Abberufung und Kündigung von Vorstandsmitgliedern einer Aktiengesellschaft, DB 2003, 770; *Hoffmann-Becking* Zum einvernehmlichen Ausscheiden von Vorstandsmitgliedern, FS Stimpel, 1985, S. 589; *Janzen* Vorzeitige Beendigung von Vorstandsamt und -vertrag, NZG 2003, 468; *Tschöpe/Wortmann* Abberufung und außerordentliche Kündigung von geschäftsführenden Organvertretern – Grundlagen und Verfahrensfragen, NZG 2009, 85; *Tschöpe/Wortmann* Der wichtige Grund bei Abberufungen und außerordentlichen Kündigungen von geschäftsführenden Organvertretern, NZG 2009, 161.

280 **1.** Nach § 84 Abs. 3 Satz 1 AktG kann der AR die Bestellung zum Vorstandsmitglied und die Ernennung zum Vorsitzenden des Vorstands widerrufen, wenn ein **wichtiger Grund** vorliegt. Die Kompetenz zum Widerruf der Bestellung liegt damit – nicht anders als die Kompetenz zur Bestellung – **ausschließlich beim Aufsichtsrat**. Erforderlich ist ein **Beschluss des Plenums**. Die Widerrufskompetenz kann nicht an einen Ausschuss überwiesen werden (§ 107 Abs. 3 Satz 2 AktG).

281 Die Abberufung setzt gemäß § 84 Abs. 3 Satz 1 AktG einen **wichtigen Grund** voraus. Der AR hat – anders als im gesetzlichen Normalfall die Gesellschafter einer nicht-mitbestimmten GmbH gegenüber dem GmbH-Geschäftsführer (§ 38 Abs. 1 GmbHG) – kein freies Abberufungsermessen. Ein wichtiger Grund zur Abberufung liegt nach allgemeiner Auffassung und gängiger Definition vor, wenn die **Fortsetzung des Organverhältnisses** der Gesellschaft mit dem Vorstandsmitglied bis zum Ende der laufenden Amtszeit **unzumutbar** ist (*Hüffer/Koch* § 84 AktG Rn. 34). Dabei sind grundsätzlich alle Umstände des Einzelfalls zu berücksichtigen und in die Entscheidung des AR einzubeziehen. Das Gesetz bestimmt die grobe Pflichtverletzung und die Unfähigkeit zur ordnungsgemäßen Geschäftsführung, ferner den nicht unsachlichen Vertrauensentzug durch die Hauptversammlung als wichtige Gründe für eine vorzeitige Abberufung (§ 84 Abs. 3 Satz 2 AktG). Diese Aufzählung ist nicht abschließend. Es gibt zahlreiches Fallmaterial zum wichtigen Grund (*Hüffer/Koch* § 84 AktG Rn. 36 ff.; *Tschöpe/Wortmann* NZG 2009, 161).

282 Für das Vorliegen eines wichtigen Grundes sind **weder ein Verschulden noch eine Pflichtverletzung des Vorstandsmitglieds** erforderlich (*Grumann/Gillmann* DB 2003, 770, 771). Der »wichtige Grund« gemäß § 84 Abs. 3 Satz 1 AktG ist nicht deckungsgleich mit dem gleichen Begriff in **§ 626 Abs. 1 BGB** oder § 15 Abs. 1 KSchG.

283 Gemäß § 84 Abs. 3 Satz 2 AktG gilt als »wichtiger Grund« auch der **Vertrauensentzug durch die Hauptversammlung**, es sei denn, dass das Vertrauen aus offenbar unsachlichen Gründen entzogen worden ist. Auch beim Vertrauensentzug durch die HV erfolgt die Abberufung letztlich durch den AR. Sie kommt sowohl bei der mitbestimmten als auch bei der nicht mitbestimmten Aktiengesellschaft in Betracht. Die Abberufung wegen Vertrauensentzugs setzt nach zutreffender herrschender Auffassung einen **ausdrücklichen formalen Beschluss der Hauptversammlung** voraus (K. Schmidt/Lutter/*Seibt* AktG, § 84 Rn. 51).

284 **2.** Die Entscheidung des AR über eine vorzeitige Abberufung des Vorstandsmitglieds ist nicht fristgebunden, insbesondere die Zwei-Wochen-Frist des § 626 Abs. 2 Satz 1 BGB findet keine

Anwendung. In Betracht kommt allenfalls eine **Verwirkung** des Abberufungsrechts (*Janzen* NZG 2003, 468, 469).

3. Der AR entscheidet über den Widerruf durch Beschluss, welcher – soweit nicht die Besonderheiten des Mitbestimmungsgesetzes greifen – der **einfacher Mehrheit** bedarf. Nach § 31 Abs. 5 MitbestG gilt das im MitbestG vorgesehene dreistufige Verfahren für die Bestellung im Fall der Abberufung entsprechend: Der Widerruf der Bestellung, der auch in der mitbestimmten Gesellschaft nur aus wichtigem Grund nach § 84 Abs. 3 AktG zulässig ist, bedarf daher grundsätzlich einer **Zwei-Drittel-Mehrheit** im mitbestimmten AR im ersten Wahlgang (§ 31 Abs. 2 MitBestG). 285

4. Die Beschlussfassung des AR erfordert die ordnungsgemäße **Einberufung einer Aufsichtsratssitzung**. Mit der Einberufung ist neben Ort und Zeit der Sitzung auch die Tagesordnung bekannt zu geben, wobei es nicht genügt, wenn die Einladung einfach nur den Punkt »Vorstandsangelegenheiten« enthält (BGH, Urt. v. 29.05.2000 – II ZR 47/99, WM 2000, 1543, 1544). Auch eine Beschlussfassung im Umlaufverfahren ist nach allgemeinen Regeln möglich. 286

5. Nach **§ 84 Abs. 3 Satz 4 AktG** ist der Widerruf wirksam, bis seine Rechtswidrigkeit rechtskräftig festgestellt ist. Das Vorstandsmitglied kann sich gegen seine vermeintlich unberechtigte Abberufung mit einer gegen die Gesellschaft gerichteten Klage wehren. Die Gesellschaft wird dabei gemäß § 112 AktG vom AR vertreten. Das Vorstandsmitglied kann gegen den Abberufungsbeschluss auch im Wege der **einstweiligen Verfügung** (§§ 935, 940 ZPO) vorgehen. In bezug auf einen Verfügungsanspruch kann sich das Vorstandsmitglied wegen § 84 Abs. 3 Satz 4 AktG indes nicht allein auf das Fehlen eines wichtigen Grundes für die Abberufung stützen (LG Frankfurt, Urt. v. 17.12.2013 – 3-05 O 239/13, AG 2014, 509; *Hüffer/Koch* § 84 AktG Rn. 40; *Seyfarth* Vorstandsrecht, § 19 Rn. 65.). 287

6. Der Widerruf wird wirksam, wenn er dem Vorstandsmitglied mitgeteilt worden ist, was den Zugang der Mitteilung bei dem Vorstandsmitglied voraussetzt (§ 130 Abs. 1 Satz 1 BGB). Das geschieht in aller Regel durch den Vorsitzenden des AR oder einen Bevollmächtigten. Fraglich ist, ob **§ 174 BGB** auf die Mitteilung des Widerrufs der Bestellung Anwendung findet (*Beiner/Braun* Vorstandsvertrag, Rn. 142). Ungeachtet der Streitfrage (*Tschöpe/Wortmann* NZG 2009, 85, 89 f.) mag es in der Praxis – wenn sich die Ermächtigung des AR-Vorsitzenden nicht aus Satzung oder Geschäftsordnung ohnehin ergibt – aus Gründen äußerster Vorsicht sinnvoll sein, im Beschluss über den Widerruf den AR-Vorsitzenden ausdrücklich zur Verkündung zu ermächtigen und dem Vorstandsmitglied das Original der Niederschrift über die Beschlussfassung des AR zu zeigen (OLG Düsseldorf, Urt. v. 17.11.2003 – I-15 U 225/02, NZG 2004, 141). 288

7. Zur Unterzeichnung der Niederschrift § 107 Abs. 2 Satz 1 AktG. 289

6. Amtsniederlegung

Vorbemerkung

Die Beendigung der Bestellung kann automatisch durch Ablauf der Amtszeit, vorzeitig durch einen Widerruf der Bestellung gemäß § 84 Abs. 3 Satz 1 AktG oder durch sonstige Beendigungsgründe (Amtsniederlegung, einvernehmliche Beendigung) erfolgen. Umstritten ist die Frage, ob das Vorstandsmitglied seinerseits eines »wichtigen Grundes« zur Amtsniederlegung bedarf. Das wird im Schrifttum bisweilen gefordert. Nach zunehmender und zutreffender Auffassung kann das Vorstandsmitglied indes schon in Hinblick auf die mit der Mandatstätigkeit verbundenen Haftungsrisiken sein **Mandat jederzeit niederlegen**, ohne dass es auf einen »wichtigen Grund« ankäme (s. dazu MünchGesR IV/*Wiesner* § 20 Rn. 67). Das hat der Bundesgerichtshof für den GmbH-Geschäftsführer ausdrücklich anerkannt (BGH, Urt. v. 08.02.1993 – II ZR 58/92, BGHZ 121, 257). 290

Das Vorstandsmitglied muss im Zusammenhang mit der Amtsniederlegung nicht gleichzeitig seinen **Dienstvertrag** kündigen (K. Schmidt/Lutter/*Seibt* § 84 Rn. 56). Sofern er einen wichtigen 291

Grund für die Amtsniederlegung hat, verletzt er seine Dienstpflicht aus dem Dienstvertrag nicht, wenn er sein Amt niederlegt (etwa, weil er keine Bezüge mehr erhält). Wenn allerdings ein wichtiger Grund für die Amtsniederlegung nicht vorliegt, verletzt das Vorstandsmitglied seine Pflichten aus dem Dienstvertrag und macht sich ggf. schadensersatzpflichtig.

▶ **Muster – Amtsniederlegung**

292 [Briefkopf des Vorstandsmitglieds] 1

An den
Aufsichtsrat der [Name der AG] 2
zu Händen [des/der] [Name des Vorsitzenden des Aufsichtsrats]

_____[Ort]_____, den _____[Datum]_____

Hiermit lege ich [mit sofortiger Wirkung/mit Wirkung zum Ablauf des ...] mein Amt als Mitglied des Vorstands der [Name der AG] nieder. 3

_____
(Unterschrift des Vorstandsmitglieds)

Erläuterungen

Schrifttum
Fleischer Ad-hoc-Publizität beim einvernehmlichen vorzeitigen Ausscheiden des Vorstandsvorsitzenden, NZG 2007, 401; *Grobys/Littger* Amtsniederlegung durch das Vorstandsmitglied einer AG, BB 2002, 2292; *Wilsing/Goslar* »Daimler, die Dritte« – Insiderinformationen i.S.d. § 13 Abs. 1 WpHG bei zeitlich gestreckten Vorgängen, DStR 2013, 1610.

293 **1.** Die Amtsniederlegung muss nicht zwingend schriftlich erfolgen. Aus Gründen der Rechtssicherheit ist **Schriftlichkeit** aber dringend zu empfehlen.

294 **2.** Das Vorstandmitglied kann sein Mandat **einseitig** durch Amtsniederlegung beenden. Hierzu bedarf es einer ausdrücklichen und unmissverständlichen Erklärung des Vorstandsmitglieds, welche an die Aktiengesellschaft, vertreten durch den Aufsichtsrat (§ 112 AktG), zu richten ist. Der Zugang bei einem **einzigen Aufsichtsratmitglied**, etwa dem Aufsichtsratsvorsitzenden, genügt (OLG Stuttgart, Beschl. v. 15.02.2007 – 901 Kap. 1/06, ZIP 2007, 481, 482).

295 Es bedarf **keiner** »**Annahme**« der Amtsniederlegung durch den Aufsichtsrat. Das Vorstandsmitglied braucht sich nicht auf einen »wichtigen Grund« zu berufen. Das Amt endet mit dem vom Vorstandsmitglied angegebenen Zeitpunkt.

296 **3.** Die Amtsniederlegung kann bei börsennotierten Gesellschaften eine Pflicht zur **Ad-hoc-Mitteilung** nach § 15 Abs. 1 Satz 1 WpHG auslösen (BGH, Beschl. v. 23.04.2013 – II ZB 7/09, ZIP 2013, 1165; *Fleischer* NZG 2007, 401, 403; *Wilsing/Goslar* DStR 2013, 1610). Das wird etwa dann in Betracht kommen, wenn es sich um ein für die Gesellschaft wichtiges Vorstandsmitglied handelt, und die Amtsniederlegung überraschend kommt. Die Frage der Ad-hoc Publizität bedarf daher bei Vorstandswechseln in börsennotierten Gesellschaften immer der sorgfältigen Prüfung.

7. Aufhebungsvereinbarung

Vorbemerkung

297 Wenn es sich abzeichnet, dass die Bestellung des Vorstandsmitglieds (aus welchen Gründen auch immer) vorzeitig endet, aber kein Grund für eine Kündigung des Vorstands-Dienstvertrags aus wichtigem Grund (s. Muster M Rdn. 318) vorliegt, bestehen theoretisch zwei Möglichkeiten:

Zum einen kann der Dienstvertrag bis zum Ablauf der Vertragsdauer weiterlaufen. Das Vorstandsmitglied bekommt dann die Bezüge und ist in aller Regel von der Pflicht zur Dienstleistung frei gestellt. Das entspricht indes oft nicht den Interessen der Parteien, weil die Gesellschaft nicht mehr die vollen Bezüge bis zum Vertragsende zahlen will, das Vorstandsmitglied andererseits frei sein möchte, eine neue Tätigkeit aufzunehmen. Zum anderen kommt daher eine **vorzeitige Vertragsaufhebung** in Betracht. Die Modalitäten hierzu werden in der Aufhebungsvereinbarung geregelt.

▶ Muster – Aufhebungsvereinbarung

Aufhebungsvereinbarung

zwischen der

[Name der AG]

vertreten durch den Aufsichtsrat, [1]

dieser vertreten durch ____[die/den]____ Vorsitzenden des Aufsichtsrats,

und

Herrn/Frau [Name, Adresse]

Der Präsidialausschuss [2] des Aufsichtsrats der ____[Name der AG]____ schlägt dem Plenum des Aufsichtsrats in Abstimmung mit Herrn/Frau ____[Name]____ vor, einer einvernehmlichen Beendigung der Bestellung [3] von Herrn/Frau ____[Name]____ als Mitglied des Vorstands der ____[Name der AG]____ mit Wirkung zum Ablauf des ____[Datum]____ zuzustimmen. Unter dem Vorbehalt, dass das Plenum des Aufsichtsrats der vorgeschlagenen einvernehmlichen Beendigung der Bestellung und dieser Aufhebungsvereinbarung zustimmt, vereinbart der Präsidialausschuss des Aufsichtsrats mit Herrn/Frau ____[Name]____ die folgenden Regelungen zur Beendigung seines Anstellungsverhältnisses:

1. Der zwischen der Gesellschaft und Herrn/Frau ____[Name]____ bestehende Vorstands-Dienstvertrag vom ____[Datum]____ (einschließlich der nachfolgenden Ergänzungen und Änderungsvereinbarungen), der zuletzt für die Zeit bis zum ____[Datum]____ abgeschlossen wurde, wird mit Wirkung zum Ablauf des ____[Datum]____ vorzeitig beendet.

2. Für die Zeit bis zum Ablauf des ____[Datum]____ bleiben die vertraglichen Ansprüche von Herrn/Frau ____[Name]____ aus dem Vorstands-Dienstvertrag – bis auf den Anspruch auf zeitanteilige jahresbezogene Tantieme [und den Anspruch auf zeitanteiligen LTI] für das Geschäftsjahr ____[Jahr]____ – unberührt. [4]

3. Die Gesellschaft zahlt Herrn/Frau ____[Name]____ als Ersatz für alle Einnahmen, die er/sie bei Fortbestand des Vertrages nach dem ____[Datum]____ erhalten würde, sowie zum Ausgleich aller Nachteile, die ihm/ihr durch die Aufgabe seiner/ihrer Tätigkeit entstehen, eine Entschädigung in Höhe von EUR ____[Betrag]____. [5] Die Entschädigung ist am ____[Datum]____ zur Zahlung fällig. Mit der Zahlung der Entschädigung ist auch der Anspruch von Herrn/Frau ____[Name]____ auf Zahlung einer zeitanteiligen Tantieme für das Geschäftsjahr ____[Jahr]____ [sowie der Anspruch auf zeitanteiligen LTI] abgegolten. [6] Mit Wirksamwerden dieser Vereinbarung ist der Anspruch entstanden und vererblich. [7]

4. Die Gesellschaft und Herrn/Frau ____[Name]____ sind der Ansicht, dass für die in Ziffer 3 vereinbarte Entschädigung die Tarifglättung nach §§ 34, 24 Nr. 1 EStG in Anspruch genommen werden kann. [8] Eine etwaige Versagung der Tarifglättung lässt die Höhe der Entschädigung unberührt.

5. Die Regelungen des Aktienoptionsprogramms der Gesellschaft bleiben unberührt. [9] Herrn/Frau ____[Name]____ gilt als »Good Leaver« im Sinn des Aktienoptionsplans. Herrn/Frau ____[Name]____ hat keinen Anspruch auf Zuteilung weiterer Aktienoptionen.

6. Herrn/Frau ___[Name]___ wird den ihm/ihr überlassenen Dienstwagen und alle weiteren Gegenstände der Gesellschaft, die ihm/ihr aus dienstlichen Gründen zur Verfügung stehen, bis spätestens ___[Datum]___ zurückgeben. [10]

7. Herrn/Frau ___[Name]___ wird die Aufsichtsratsmandate und ähnlichen Mandate, die er/sie in verbundenen Unternehmen wahrnimmt, unverzüglich, spätestens bis zum ___[Datum]___ niederlegen. Die Gesellschaft wird unverzüglich der zuständigen Behörde das Ausscheiden von Herrn/Frau ___[Name]___ aus seiner/ihrer Funktion als »Strahlenschutzbeauftragter« der Gesellschaft mit sofortiger Wirkung mitteilen. [11]

8. Herrn/Frau ___[Name]___ wird der Gesellschaft bei seinem/ihrem Ausscheiden aus dem Vorstand alle geschäftlichen Unterlagen und Schriftstücke einschließlich aller persönlicher Aufzeichnungen und Kopien mit der schriftlichen Versicherung der Vollständigkeit aushändigen. Ein Zurückbehaltungsrecht von Herrn/Frau ___[Name]___ gegenüber der Pflicht zur Herausgabe ist ausgeschlossen. Die Gesellschaft wird Herrn/Frau ___[Name]___ Zugang zu sämtlichen Unterlagen gewähren, die er/sie in Wahrnehmung berechtigter Interessen zur Abwehr von Ansprüchen, die gegen ___[ihn/sie]___ im Zusammenhang mit seiner Vorstandstätigkeit geltend gemacht werden, benötigt und Kopien davon zur Verfügung stellen. [12]

9. Herrn/Frau ___[Name]___ unterliegt auch nach seinem/ihrem Ausscheiden aus dem Vorstand der Pflicht zur Verschwiegenheit über vertrauliche Angaben sowie über Betriebs- und Geschäftsgeheimnisse der Gesellschaft und der mit ihr verbundenen Unternehmen, von denen er/sie auf Grund seiner Tätigkeit für die Gesellschaft erfahren hat. Die Gesellschaft und Herrn/Frau ___[Name]___ werden auch den Inhalt dieser Vereinbarung vertraulich behandeln.

10. Die Regelungen der Pensionsvereinbarung zwischen Herrn/Frau ___[Name]___ und der Gesellschaft bleiben unberührt. Herrn/Frau ___[Name]___ hat ab dem ___[Datum]___ Anspruch auf die in ___[Fundstelle]___ der Pensionsvereinbarung vereinbarte Pension. [13] Die Höhe der jährlichen Pension beträgt EUR ___[Betrag]___, vorbehaltlich einer Anrechnung anderweitiger Einkünfte nach ___[Fundstelle]___ der Pensionsvereinbarung.

11. Über das Ausscheiden von Herrn/Frau ___[Name]___ aus den Diensten der Gesellschaft wird im Anschluss an die Zustimmung des Aufsichtsrats zu der Beendigung der Bestellung und dieser Aufhebungsvereinbarung nach innen und außen folgende Verlautbarung herausgegeben: [14]

»Herrn/Frau ___[Name]___, Mitglied des Vorstands der ___[Name der AG]___, scheidet zum ___[Datum]___ im Einvernehmen mit dem Aufsichtsrat aus den Diensten der Gesellschaft aus. Der Aufsichtsrat hat der vorzeitigen Beendigung der Vorstandsbestellung von Herrn/Frau ___[Name]___ zugestimmt und dankt Herrn/Frau ___[Name]___ für die geleisteten Dienst.«

12. Die Vertragspartner sichern sich für die Zeit nach dem Ausscheiden von Herrn/Frau ___[Name]___ gegenseitig strikte Loyalität zu. Sie werden alle Handlungen unterlassen, die für das Ansehen des Vertragspartners abträglich sein können und nicht in Wahrnehmung berechtigter Interessen erfolgen. Der Aufsichtsrat darauf hinwirken, dass die Gesellschaft auch in der unternehmensinternen Kommunikation keine abträglichen Erklärungen über Herrn/Frau ___[Name]___ abgibt.

13. Die Gesellschaft und Herrn/Frau ___[Name]___ tragen jeweils ihre eigenen im Zusammenhang mit dieser Vereinbarung entstandenen Kosten (einschließlich der Kosten für anwaltliche Beratung). [15]

14. Mit Erfüllung dieser Vereinbarung sind – soweit gesetzlich zulässig und abgesehen von den in dieser Vereinbarung begründeten oder aufrechterhaltenen Regelungen – alle Ansprüche und Verpflichtungen der Vertragspartner aus dem Anstellungsverhältnis ausgeglichen und erledigt. [16]

___[Ort]___, den ___[Datum]___

Herrn/Frau ___[Name]___

_____

(Unterschrift Vorsitzender des Aufsichtsrats)

Erläuterungen

Schrifttum
Bauer/Diller Allgemeine Erledigungsklausel und nachvertragliches Wettbewerbsverbot – Eine unendliche Geschichte, BB 2004, 1274; *Boemke/Danko* Vererblichkeit von Abfindungsansprüchen, DB 2006, 2461; *Hoffmann-Becking* Zum einvernehmlichen Ausscheiden von Vorstandsmitgliedern, FS Stimpel, 1985, 589; *Hoffmann-Becking* Abfindungsleistungen an ausscheidende Vorstandsmitglieder, ZIP 2007, 2101; *Hohenstatt/ Willemsen* Abfindungsobergrenzen in Vorstandsverträgen, NJW 2008, 3462; *Lutter* Das Abfindungs-Cap in Ziff. 4.2.3 Abs. 3 und 4 des Deutschen Corporate Governance Kodex, BB 2009, 1874.

1. Die Gesellschaft wird beim Abschluss der Aufhebungsvereinbarung zwingend vom AR vertreten (§ 112 AktG).   **299**

2. Vor dem einvernehmlichen Ausscheiden eines Vorstandsmitglieds werden die Konditionen der Vertragsaufhebung in der Regel von dem Vorsitzenden des AR mit dem Vorstandsmitglied verhandelt und dann einem Personal- oder Präsidialausschuss abgestimmt. Die Kompetenz zum Abschluss der Aufhebungsvereinbarung liegt seit dem VorstAG 2009 aber zwingend beim **Plenum des AR**, weil es der Sache nach um die »Festsetzung der Gesamtbezüge« geht (in Form der Abfindungszahlung), welche nach § 107 Abs. 3 Satz 3 AktG nicht auf einen Ausschuss delegiert werden kann (*Hoffmann-Becking/Krieger* NZG 2009 Beilage Heft 26 Rn. 75).   **300**

3. Neben der **einvernehmlichen Beendigung** der Bestellung kommt auch eine **Amtsniederlegung** in Betracht (s. zur Amtsniederlegung Muster M Rdn. 292). Wichtig aus Sicht beider Parteien der Aufhebungsvereinbarung ist, dass Mandatsende und Aufhebungsvereinbarung »Hand in Hand« gehen. Das kann, wie im Muster vorgesehen, dadurch erfolgen, dass die Beendigung der Bestellung und die Aufhebungsvereinbarung unter dem Vorbehalt der Zustimmung des AR geschlossen werden (s. *Hoffmann-Becking* FS Stimpel, 589, 599).   **301**

4. In aller Regel werden laufende (Fest-)Bezüge bis zum Zeitpunkt der vorzeitigen Vertragsbeendigung weiter bezahlt. Es muss klar sein, ob ein etwaiger (zeitanteiliger) Tantiemeanspruch noch ausgezahlt wird, oder, wie im Muster vorgesehen, in die Abfindung einfließt.   **302**

5. Die Entschädigungszahlung (**Abfindung**) umfasst in aller Regel die Abgeltung der Restbezüge bis zum ursprünglich vorgesehenen Ende der Vertragslaufzeit sowie eine Abgeltung der variablen Bezüge und Sachbezüge. Während Festbezüge und Sachbezüge in aller Regel relativ einfach zu rechnen sind, kann es über die Abgeltung der variablen Bezüge zum Streit kommen. Typischerweise wird von den insgesamt ausstehenden Bezügen ein Abzug nach dem Rechtsgedanken des § 615 Satz 2 BGB für die Möglichkeit anderweitigen Verdienstes gemacht, jedenfalls wenn der Dienstvertrag keine feste Abfindung festschreibt. Die Höhe des Abzuges hängt von der Länge der Restlaufzeit, dem Alter des Vorstandsmitglieds und weiteren individuellen Faktoren ab (s. insgesamt *Hoffmann-Becking* ZIP 2007, 2101, 2104).   **303**

Seit der Einführung des **Abfindungs-Cap** im Deutschen Corporate Governance Kodex enthalten Vorstands-Dienstverträge vielfach einen sog. **modifizierte Koppelungsklausel** (s. Muster M Rdn. 152, dort § 6 Abs. 4 mit Anm. 40 M Rdn. 209). Die modifizierte Koppelungsklausel soll dazu führen, dass die Abfindung auf zwei Jahresvergütungen beschränkt ist (*Hohenstatt/Willemsen* NJW 2008, 3462; *Lutter* BB 2009, 1874). Im Übrigen hat der Aufsichtsrat bei der Festlegung der Abfindung in jedem Fall die Vorgaben des **Mannesmann-Urteils** des BGH zu beachten (BGH, Urt. v. 21.12.2005, NZG 2006, 72).   **304**

Weiterer Regelungsgegenstand kann ein **nachvertragliches Wettbewerbsverbot** sein. Insofern ist zunächst zu prüfen, ob der Vorstands-Dienstvertrag eine Regelung enthält (s. Muster M Rdn. 152, dort § 7 mit Anm. 43 ff. M Rdn. 213 ff.). Das nachvertragliche Wettbewerbsverbot kann auch in der Aufhebungsvereinbarung vereinbart werden und im Rahmen der Entschädigung kompensiert werden, wenn aus Sicht der Gesellschaft ein Interesse daran besteht.   **305**

306 6. Es ist theoretisch möglich, die Bestimmung der variablen Bezüge in die Zukunft hinein offen zu lassen und nach dem tatsächlichen Geschäftsverlauf zu bestimmen. In der Trennungssituation empfiehlt es sich aber zumeist, die Verhältnisse insgesamt zu bereinigen und daher auch die variablen Bezüge (Jahrestantieme und gegebenenfalls auch einen LTI) mit abzufinden.

307 7. Eine Regelung zur **Vererblichkeit der Abfindungsansprüche** empfiehlt sich aus Sicht des Vorstandsmitglieds, weil es nach BAG, Urt. v. 26.08.1997 – 9 AZR 227/96, NZA 1998, 643 fraglich sein kann, ob der Abfindungsanspruch erst mit dem Ende der ursprünglichen Vertragslaufzeit vererblich ist (s. auch *Boemke/Danko* DB 2006, 2461).

308 8. Nach §§ 34, 24 Nr. 1 EStG wird die »Entschädigung« als Ersatz für entgangene oder entgehende Einnahmen mittels einer Glättung der Progression durch Verteilung auf fünf Jahre geringfügig **steuerlich** begünstigt. Wenn das Vorstandsmitglied nach dem Ausscheiden weiterhin Einkünfte hat, ist ein Effekt nicht spürbar. Gegebenenfalls kann eine Fälligkeit der Entschädigung in verschiedenen Veranlagungszeiträumen aus Sicht des Vorstandsmitglieds interessant sein.

309 9. Es ist zu prüfen, ob das ausscheidende Vorstandsmitglied an einem **Aktienoptionsprogramm** teilgenommen hat. Ob in der Abfindungsvereinbarung Regelungsbedarf ist, hängt vom Inhalt des Aktienoptionsprogramms ab. Aus Sicht des Vorstandsmitglieds empfiehlt es sich gegebenenfalls festzuhalten, dass ein Ausscheiden als »Good Leaver« vorliegt. Bisweilen werden Aktienoptionsprogramme auch insgesamt abgelöst.

310 10. Die **Rückgabepflicht** ergibt sich zumeist schon aus dem Vorstands-Dienstvertrag. In der Praxis erhält das Vorstandsmitglied bisweilen die Möglichkeit, seinen Dienstwagen zum Zeitwert durch Übernahme des Leasing-Vertrags zu erwerben.

311 11. Falls das Vorstandsmitglied eine besondere Funktion ausübt, die auch im öffentlichen Interesse steht, ist auf eine ordnungsgemäße Beendigung zu achten.

312 12. Die Pflicht zur **Herausgabe von Unterlagen** ergibt sich in aller Regel ausdrücklich aus dem Vorstands-Dienstvertrag (s. Muster M.II.1 – M Rdn. 152, dort § 2 Abs. 7). Aus Sicht des Vorstandsmitglieds empfiehlt sich jedenfalls dann, wenn Haftungsansprüche drohen, eine ausdrückliche Regelung zum Zugriff auf die Unterlagen der Gesellschaft, auch wenn ein entsprechender Anspruch sich ohnehin aus § 810 BGB ergibt.

313 13. Bei einer Aufhebungsvereinbarung ist stets sorgfältig zu prüfen, ob **Pensionsansprüche** bestehen und welche Auswirkungen sich aus der vorzeitigen Vertragsbeendigung auf die Pensionsansprüche ergeben. Zumeist verständigen sich die Parteien dahingehend, dass die Pensionsansprüche unberührt bleiben. Das Muster schreibt die Höhe der Pension und den Zeitpunkt ihres Eintritts im Interesse der Klarheit fest.

314 14. Die »Sprachregelung« ist oft für das Vorstandsmitglied von Bedeutung und sollte daher in der Aufhebungsvereinbarung geregelt werden. Bei börsennotierten Gesellschaften ist überdies an die **Ad hoc-Publizität nach § 15 WpHG** zu denken. Eine etwaige Ad hoc-Publizität und die übrige Kommunikation sind aufeinander abzustimmen (vgl. dazu BGH, Beschl. v. 23.04.2013 – II ZB 7/09, ZIP 2013, 1165).

315 15. Falls es dem Vorstandsmitglied gelingt, dass die Gesellschaft einen Teil der Anwaltskosten übernimmt, sollte die Kostentragungspflicht der Gesellschaft der Höhe nach begrenzt sein.

316 16. Die Ausgleichs- und Erledigungserklärung umfasst nicht etwaige Regressansprüche der Gesellschaft aus § 93 AktG, weil die Gesellschaft sich hierüber erst drei Jahre nach Entstehung des Anspruchs und nur mit Zustimmung der Hauptversammlung vergleichen kann (§ 93 Abs. 4 AktG). Besonderer Aufmerksamkeit bedarf es, wenn das Vorstandsmitglied noch einem Wettbewerbsverbot bis zum Ende der ursprünglichen Laufzeit des Vorstands-Dienstvertrags unterliegen soll (*Bauer/Diller* BB 2004, 1274).

8. Kündigung Dienstvertrag aus wichtigem Grund

Vorbemerkung

Das Anstellungsverhältnis des Vorstandsmitglieds ist von der Bestellung zu trennen. Nicht jede Abberufung aus wichtigem Grund (s. Muster M.II.5 – M Rdn. 279) rechtfertigt auch eine fristlose Kündigung des Vorstands-Dienstvertrags. Das Recht zur Kündigung des Dienstvertrags aus wichtigem Grund richtet sich nach § 626 BGB. In der Praxis beschließt der Aufsichtsrat bisweilen zeitgleich über die Abberufung und die Kündigung aus wichtigem Grund, bei einem sich »entwickelnden Sachverhalt« aber auch nacheinander. Davon geht das Muster aus.

317

▶ **Muster – Kündigung Dienstvertrag aus wichtigem Grund** [1]

Niederschrift über die Beschlussfassung [2] des Präsidialausschusses des Aufsichtsrats der ___[Name der AG]___ am ___[Datum]___

318

Der Präsidialausschuss des Aufsichtsrats [3] der ___[Name der AG]___ hat in seiner ordnungsgemäß einberufenen Sitzung am ___[Datum]___, an der alle Mitglieder des Präsidialausschusses persönlich oder durch telefonische Zuschaltung teilgenommen und sich mit einer Teilnahme der telefonisch zugeschalteten Mitglieder sowie der abgekürzten Einladungsfrist einverstanden erklärt haben, die dienstvertragsrechtliche Situation des ehemaligen Mitglieds des Vorstands der ___[Name der AG]___, Herrn/Frau ___[Name]___, dessen/deren Bestellung durch Widerruf des Aufsichtsrats bereits am ___[Datum]___ endete, eingehend erörtert. Es wurden folgende Beschlüsse gefasst: [4]

1. Der Dienstvertrag von Herrn/Frau ___[Name]___ mit der ___[Name der AG]___ vom ___[Datum]___, der aufgrund der Wiederbestellungen von Herrn/Frau ___[Name]___ noch eine Laufzeit bis zum ___[Datum]___ hat, wird ohne Einhaltung einer Kündigungsfrist mit sofortiger Wirkung aus wichtigem Grund gekündigt.

2. Der/Die Vorsitzende des Aufsichtsrats wird ermächtigt, die fristlose Kündigung aus wichtigem Grund gegenüber Herrn/Frau ___[Name]___ auszusprechen. [5] Der/Die Vorsitzende des Aufsichtsrats wird ferner ermächtigt, alle Erklärungen abzugeben, die gegebenenfalls im Zusammenhang mit der Durchsetzung der fristlosen Kündigung aus wichtigem Grund notwendig oder sinnvoll sind.

3. Der Aufsichtsrat behält sich vor, die fristlose Kündigung gegebenenfalls noch auf weitere Umstände zu stützen, die im Zuge der weiteren Aufklärung bekannt werden. [6]

___[Ort]___, den ___[Datum]___

_____
(Unterschrift Vorsitzender des Aufsichtsrats) [7]

(Seite 1)

[Briefkopf der AG – Vorsitzender des Aufsichtsrats]

An
Herrn/Frau ___[Name]___ [8]
___[Adresse]___

– Per Boten gegen Empfangsbekenntnis – [9]

___[Ort]___, den ___[Datum]___

Vorstands-Dienstvertrag

Sehr geehrte/r Frau/Herr ___[Name]___,

die [Name der AG] kündigt hiermit aufgrund einer entsprechenden Beschlussfassung des Aufsichtsrats vom ___[Datum]___ [fristgerecht] [10] das mit Ihnen aufgrund des Vorstands-Dienstver-

M. Organverträge

trags vom ___[Datum]___ (einschließlich seiner Ergänzungen und Nachträge) bestehende Anstellungsverhältnis aus wichtigem Grund ohne Einhaltung einer Kündigungsfrist mit sofortiger Wirkung.

Eine Fortsetzung des Dienstverhältnisses ist der ___[Name der AG]___ nicht zumutbar. [11] Durch die Vorgänge in dem von Ihnen verantwortlich geleiteten Ressort ___[Name des Ressorts]___, insbesondere im Zusammenhang mit den bislang bekannt gewordenen Verstößen gegen die Compliance-Richtlinien der Gesellschaft durch Bestechungen von öffentlichen Amtsträgern in ___[Ort]___ und damit zusammenhängenden Verletzungen von Bilanzierungsvorschriften, ist die ___[Name der AG]___ in eine existenzielle Krise geraten und jedenfalls drohen ihr erhebliche Schäden. Es besteht auch der Verdacht, dass Sie den Aufsichtsrat und die zuständigen Behörden über die Vorgänge und Risiken im Ressort ___[Name des Ressorts]___ unvollständig und unrichtig informiert haben. [12]

Der Aufsichtsrat behält sich vor, die fristlose Kündigung auf weitere Umstände zu stützen, die im Zuge der weiteren Aufklärung bekannt werden. Der Aufsichtsrat behält sich vor, den bereits entstandenen und weiter entstehenden Schaden gegen Sie geltend zu machen.

Der Aufsichtsrat fordert Sie auf, unverzüglich den Dienstwagen sowie sämtliche noch in Ihrem Besitz befindlichen Gegenstände und Unterlagen der Gesellschaft zurückzugeben.

Als Anlage fügen wir eine Ausfertigung des vollständigen Beschlusses des Aufsichtsrats vom ___[Datum]___ bei. [13]

Mit vorzüglicher Hochachtung

(Unterschrift Vorsitzender des Aufsichtsrats)

(Seite 2)

Erläuterungen

Schrifttum

Bauer/Krets Gesellschaftsrechtliche Sonderregeln bei der Beendigung von Vorstands- und Geschäftsführerverträgen, DB 2003, 811; *Bednarz* Die Kundgabe von Beschlüssen des Aufsichtsrats durch den Aufsichtsratsvorsitzenden – ein Fall des § 174 Satz 1 BGB?, NZG 2005, 418; *Grumann/Gillmann* Abberufung und Kündigung von Vorstandsmitgliedern einer Aktiengesellschaft, DB 2003, 770; *Koch* Das Abmahnungserfordernis bei der außerordentlichen Kündigung von Organmitgliedern einer Kapitalgesellschaft, ZIP 2005, 1621; *Tschöpe/Wortmann* Abberufung und außerordentliche Kündigung von geschäftsführenden Organvertretern – Grundlagen und Verfahrensfragen, NZG 2009, 85.

319 **1.** Das Muster enthält zum einen den notwendigen Beschluss des AR, zum anderen die Kündigungserklärung im engeren Sinn.

320 **2.** Die fristlose Kündigung setzt zwingend einen **Beschluss des AR** voraus. Eine Kündigung ohne Beschluss des AR ist unwirksam, auch wenn sie von dem Vorsitzenden erklärt würde (BGH, Urt. v. 17.03.2008 – II ZR 239/06, AG 2008, 894, 895).

321 **3.** Die Beschlussfassung kann einem **Ausschuss** überwiesen werden, weil § 84 Abs. 3 Satz 5 AktG nicht vom Delegationsverbot des § 107 Abs. 3 Satz 3 AktG erfasst ist (*Tschöpe/Wortmann* NZG 2009, 85, 88). Allerdings darf der Ausschuss nicht durch fristlose Kündigung des Dienstvertrags einer Entscheidung des Plenums über das Bestellungsverhältnis vorgreifen. Das heißt in der Praxis, dass bei noch laufender Bestellung immer das Plenum entscheiden sollte.

322 **4.** Eine **Anhörung** ist zur Wirksamkeit der fristlosen Kündigung keine Voraussetzung (K. Schmidt/Lutter/*Seibt* § 84 Rn. 65). Nur in den Fällen einer Verdachtskündigung ist eine Anhörung geboten, die dann den Ablauf der Verwirkungsfrist hemmt. Der AR kann daher nach entsprechender Erörterung des Falls in Ansehung klarer Fakten auch ohne Anhörung die Beschlüsse zur *fristlosen* Kündigung direkt fassen. Mit Blick auf das organschaftliche Treueverhältnis zum Vorstandsmitglied kann aber eine Anhörung angezeigt sein, jedenfalls bei unklarem Sachverhalt.

Auch eine **Abmahnung** ist keine Wirksamkeitsvoraussetzung der fristlosen Kündigung (BGH, Beschl. v. 02.07.2007 – II ZR 71/06, NZG 2007, 674; OLG Hamm, Urt. v. 25.11.2009 – 8 U 61/09, GmbHR 2010, 477, 481; anders, aber nicht überzeugend *Koch* ZIP 2005, 1621). 323

5. Zumeist ergibt sich die Ermächtigung des Vorsitzenden zur Kundgabe von Beschlüssen und damit auch zur **Abgabe der Kündigungserklärung** schon aus der GO des AR oder sogar aus der Satzung der Gesellschaft und kann auch aus der Stellung des Vorsitzenden abgeleitet werden (*Bednarz* NZG 2005, 418; MünchGesR IV/*Hoffmann-Becking* § 31 Rn. 102). Mit Blick auf OLG Düsseldorf (Urt. v. 17.11.2003 – I-15 U 225/02, NZG 2004, 141), wonach ein Vorstandsmitglied die Kündigungserklärung entsprechend § 174 BGB zurückweisen können soll, wenn die Kündigungserklärung durch den Vorsitzenden des AR erfolge und sich seine Vertretungsbefugnis nicht aus der Satzung oder Geschäftsordnung ergebe (was nicht überzeugt!), empfiehlt sich vorsorglich eine ausdrückliche Ermächtigung im Beschluss des AR. 324

6. Zum »Nachschieben« eines Kündigungsgrundes gilt, dass die Frist des § 626 Abs. 2 BGB nicht greift, solange der AR diese Gründe nicht schon länger als zwei Wochen vor der ursprünglichen Kündigung gekannt hat (OLG Celle, Urt. v. 11.11.2009 – 9 U 31/09, AG 2010, 210, 211). 325

7. Niederschrift ist nach § 107 Abs. 2 Satz 1 AktG vom Vorsitzenden zu unterzeichnen. 326

8. Aus Sicht des Kündigungsgegners (Vorstandsmitglied) gilt mit Blick auf die **Rechtsfolgen** der Kündigung zunächst § 628 BGB. Das Vorstandsmitglied kann ferner vor dem LG auf Unwirksamkeit der fristlosen Kündigung klagen. Das KSchG gilt – bis auf wenige Ausnahmen – nicht (Fleischer/*Thüsing* § 5 Rn. 68). Die Gesellschaft ist darlegungs- und beweispflichtig für die Unzumutbarkeit der Weiterbeschäftigung und die Einhaltung der Zwei-Wochen-Frist (Spindler/Stilz/ *Fleischer* § 84 Rn. 166). 327

9. Die Kündigung des Dienstvertrags aus wichtigem Grund bedarf gemäß § 623 BGB der **Schriftform** (*Seyfarth* Vorstandsrecht, § 20 Rn. 44; anders Spindler/Stilz/*Fleischer* § 84 Rn. 162 und h.M.). Aus Beweiszwecken empfiehlt es sich, den **Zugang der fristlosen Kündigung** ordentlich zu dokumentieren, durch Einschreiben oder durch eine Empfangsbestätigung des Vorstandsmitglieds. Wirksam wird die fristlose Kündigung erst mit Zugang beim Vorstandsmitglied nach § 130 Abs. 1 BGB (*Hüffer*/Koch § 84 AktG Rn. 48). 328

10. Auch für die Kündigung des Vorstands-Dienstvertrags gilt die **Zwei-Wochen-Frist** des § 626 Abs. 2 Satz 1 BGB. Die Frist kann nicht verlängert werden. Sie beginnt mit Kenntnis des AR als »Kündigungsberechtigtem« von den für die Kündigung maßgebenden Tatsachen (§ 626 Abs. 2 Satz 1 BGB). Erforderlich ist grundsätzlich die Kenntnis des Organs, also eine Information aller Mitglieder. Allein die Kenntnis eines einzelnen Mitglieds oder auch des Vorsitzenden des AR reicht nicht (Spindler/Stilz/*Fleischer* § 84 Rn. 159; *Hüffer*/Koch § 84 AktG Rn. 54; *Tschöpe*/*Wortmann* NZG 2009, 85, 90). Das kenntnistragende Mitglied des AR muss aber unverzüglich nach Kenntniserlangung den Vorsitzenden des AR informieren, der seinerseits unverzüglich eine Sitzung entsprechend § 110 Abs. 1 AktG einberufen muss (*Beiner*/Braun Vorstandsvertrag, Rn. 720). 329

Kenntnis bedeutet umfassendes und sicheres Wissen über den Sachverhalt (Fleischer/*Thüsing* § 5 Rn. 66). Der AR muss und darf den Sachverhalt daher erst ermitteln, ist hierzu aber bei Verdachtsmomenten auch verpflichtet. Er darf die Aufklärung nicht absichtlich verzögern. 330

Es ist unschädlich, wenn der im Muster in eckigen Klammern enthaltene Hinweis auf die Fristwahrung weggelassen wird. 331

11. Der von § 626 Abs. 1 BGB vorausgesetzte **wichtige Grund** liegt vor, wenn unter Berücksichtigung aller relevanten Umstände und nach Abwägung der Interessen beider Parteien dem Kündigenden (hier: der Gesellschaft) die Fortsetzung des Dienstverhältnisses unzumutbar ist (s. *Grumann*/Gillmann DB 2003, 770; Fleischer/*Thüsing* § 5 Rn. 56 ff.). Die im Muster angedeute- 332 ten Verfehlungen (Korruptionsdelikte, Bilanzfälschungen, Informationsdefizite) dürften in aller Regel einen wichtigen Grund darstellen.

333 **12.** Eine **Begründung** der Kündigung ist nicht zwingend notwendig. Der AR muss dem Vorstandsmitglied aber auf Verlangen den Kündigungsgrund unverzüglich schriftlich mitteilen (§ 626 Abs. 2 Satz 3 BGB). In der Praxis empfiehlt es sich, in dem Kündigungsschreiben den Kündigungsgrund jedenfalls schon grob anzudeuten.

334 **13.** S. dazu oben Anm. 5 M Rdn. 324.

9. Geschäftsordnung für den Vorstand nach DCGK

Vorbemerkung

335 § 77 Abs. 2 AktG sieht die Möglichkeit einer Geschäftsordnung (GO) für den Vorstand ausdrücklich vor und regelt die Zuständigkeit für deren Erlass. Das Gesetz verlangt den Erlass einer Geschäftsordnung aber nicht zwingend, trotz § 33 Abs. 2 MitbestG auch nicht in der mitbestimmten Gesellschaft (Kölner Komm AktG/*Mertens*/*Cahn* § 77 Rn. 68). Es gibt kleinere Aktiengesellschaften mit einem Vorstand aus einer oder zwei Personen, die keine GO für den Vorstand haben.

336 Für **börsennotierte Gesellschaften** wird der Erlass einer GO für den Vorstand in Ziff. 4.2.1. Satz 2 zum Deutschen Corporate Governance Kodex (DCGK) empfohlen, mit der Folge, dass in der Entsprechens-Erklärung zum DCGK gemäß § 161 Abs. 1 AktG offengelegt und begründet werden muss, wenn keine GO erlassen wird. Eine GO für den Vorstand ist in aller Regel zweckmäßig, weil sie die Zusammenarbeit zwischen den einzelnen Vorstandsmitgliedern untereinander und zwischen dem Vorstand und dem AR auf eine sichere Grundlage stellt und zugleich die haftungsrechtlichen Risiken der einzelnen Vorstandsmitglieder mindert (Spindler/Stilz/*Fleischer* § 77 Rn. 59). Dazu muss die GO schriftlich niedergelegt sein.

337 Zuständig für den Erlass einer GO des Vorstands ist gemäß § 77 Abs. 2 AktG vorrangig der AR, der im Plenum durch einfachen Beschluss entscheidet. Der Vorstand selbst kann sich nur dann eine GO geben, wenn der AR von seiner **Erlasskompetenz** keinen Gebrauch macht und die Satzung den Erlass auch nicht zwingend dem AR übertragen hat. § 77 Abs. 2 Satz 3 AktG verlangt dann einen einstimmigen Beschluss des Vorstands. Nach § 77 Abs. 2 Satz 2 AktG können Einzelfragen der GO auch von der Hauptversammlung im Rahmen der Satzung geregelt werden. Die Kompetenz von Vorstand und AR zur Regelung der Vorstandsorganisation darf durch Satzungsbestimmungen jedoch nicht unterhöhlt werden (MüKo AktG/*Spindler* § 77 Rn. 49).

338 Der **Inhalt einer GO** des Vorstands wird im Gesetz nicht weiter konkretisiert. Die gesetzlich vorgegebenen Zuständigkeiten und Kompetenzen der verschiedenen Organe dürfen durch die GO nicht geändert werden. Es können jedoch Regelungen im Hinblick auf die Arbeit und die Aufgabenverteilung innerhalb des Vorstands sowie die Zusammenarbeit des Vorstands mit dem AR getroffen werden. In Ziff. 4.2.1 DCGK werden als Beispiele Bestimmungen zur Ressortzuständigkeit einzelner Vorstandsmitglieder, zu den dem Gesamtvorstand vorbehaltenen Angelegenheiten sowie der erforderlichen Beschlussmehrheit bei Vorstandsbeschlüssen genannt. Darüber hinaus sind insbesondere auch Regelungen über die vorstandsinterne Zusammenarbeit (z.B. Sitzungsmodalitäten, Vertretungsfragen, Bildung von Ausschüssen, Regeln über den Vorstandsvorsitzenden oder den Vorstandssprecher) und zum Informationsaustausch zwischen den Vorstandsmitgliedern untereinander sowie zwischen dem Vorstand und dem AR üblich. Sofern der AR die GO erlässt, enthält sie wegen § 111 Abs. 4 Satz 2 AktG und Ziff. 3.3 DCKG oft auch einen Katalog zustimmungspflichtiger Geschäfte.

▶ Muster – Geschäftsordnung für den Vorstand nach DCGK

Geschäftsordnung für den Vorstand [1]

Der Aufsichtsrat erlässt durch Beschluss vom ___[Datum]___ folgende Geschäftsordnung für den Vorstand, die ab dem ___[Datum]___ gilt: [2]

§ 1 Allgemeines

Der Vorstand leitet die Gesellschaft in eigener Verantwortung im Unternehmensinteresse mit dem Ziel nachhaltiger Wertschöpfung. [3] Er führt die Geschäfte der Gesellschaft in Übereinstimmung mit den Gesetzen, der Satzung und dieser Geschäftsordnung. Der Vorstand beachtet in besonderem Maß die Compliance-Richtlinien der Gesellschaft und sorgt für deren Beachtung in der Gesellschaft sowie den mit ihr verbundenen Unternehmen. Zum Wohl des Unternehmens arbeitet der Vorstand eng mit dem Aufsichtsrat der Gesellschaft und den Vertretungen der Belegschaft zusammen. [4]

§ 2 Geschäftsverteilung [5]

(1) Die einzelnen Mitglieder des Vorstands übernehmen die Geschäftsbereiche (Ressorts) entsprechend dem als Anlage beigefügten Geschäftsverteilungsplan. Dieser ist Bestandteil dieser Geschäftsordnung. Der Vorstand soll dem Aufsichtsrat jeweils zu Beginn eines Geschäftsjahres mitteilen, ob aus seiner Sicht eine Änderung des Geschäftsverteilungsplans angezeigt ist. Eine Änderung des Geschäftsverteilungsplans bedarf eines Beschlusses des Aufsichtsrats.

(2) Die Mitglieder des Vorstands führen die ihnen jeweils zugewiesenen Ressorts im Rahmen der Vorstandsbeschlüsse in eigener Verantwortung. Berühren Maßnahmen innerhalb eines Ressorts ersichtlich zugleich ein oder mehrere andere Ressorts, muss sich das Mitglied des Vorstands zuvor mit den anderen Mitgliedern des Vorstands, denen die berührten Ressorts zugewiesen sind, abstimmen. Kommt eine Einigung nicht zustande, ist jedes beteiligte Mitglied des Vorstands verpflichtet, eine Beschlussfassung des Vorstands als Gesamtgremium herbeizuführen. Die in Frage stehende Maßnahme hat in diesem Fall bis zur Entscheidung des Vorstands zu unterbleiben.

(3) Sind Maßnahmen und Geschäfte eines Ressorts für die Gesellschaft von außergewöhnlicher Bedeutung oder ist mit ihnen ein außergewöhnliches wirtschaftliches Risiko verbunden, so bedürfen sie der vorherigen Zustimmung durch den Gesamtvorstand. Das gilt auch für solche Maßnahmen und Geschäfte, für die der Vorsitzende des Vorstands die vorherige Beschlussfassung des Vorstands verlangt, sowie für Maßnahmen und Geschäfte, welche eine Ad-hoc-Publizitätspflicht der Gesellschaft auslösen.

(4) Maßnahmen und Geschäfte der in Absatz 2 Satz 2 und Absatz 3 bezeichneten Art darf das Mitglied des Vorstands ohne die erforderliche Zustimmung des Gesamtvorstands oder Abstimmung mit den anderen beteiligten Mitgliedern vornehmen, wenn dies nach seinem pflichtgemäßen Ermessen zur Vermeidung andernfalls drohender schwerer Nachteile für die Gesellschaft erforderlich ist. Das Vorstandsmitglied soll in diesem Fall versuchen, jedenfalls eine Verständigung mit dem Vorsitzenden des Vorstands herbeizuführen (mündlich oder auf elektronischem Weg). Der Vorstand ist in diesem Fall unverzüglich über den Vorgang zu unterrichten.

(5) Der Vorstand bestimmt die Regeln, nach denen sich die Mitglieder des Vorstands bei Abwesenheit vertreten. Jedes Vorstandsmitglied soll für seine Erreichbarkeit auch während einer Abwesenheit sorgen.

§ 3 Gesamtverantwortung [6]

(1) Die Mitglieder des Vorstands tragen die Verantwortung für die gesamte Geschäftsführung gemeinsam. Sie arbeiten vertrauensvoll zusammen und informieren sich gegenseitig laufend über wichtige Maßnahmen und Vorgänge in ihren Ressorts. Jedes Mitglied des Vorstands hat das Recht, sämtliche Unterlagen auch aus einem Ressort, das einem anderen Vorstandsmitglied zugewiesen ist, einzusehen und gegebenenfalls zu erhalten.

(2) Ergeben sich Bedenken bezüglich einer Angelegenheit eines anderen Ressorts, so ist jedes Mitglied des Vorstands verpflichtet, eine Beschlussfassung des Gesamtvorstands über diese Angele-

genheit herbeizuführen, sofern die Bedenken nicht durch eine Aussprache mit dem für das Ressort zuständigen Mitglied des Vorstands behoben werden können. Im Fall einer Beschlussfassung durch den Vorstand hat das ressortverantwortliche Vorstandsmitglied Maßnahmen in Bezug auf die umstrittene Angelegenheit bis zu der Entscheidung des Vorstands zu unterlassen.

§ 4 Beschlussfassung durch den Gesamtvorstand [7]

(1) Eine Beschlussfassung des Gesamtvorstands ist erforderlich in allen Angelegenheiten, in denen das Gesetz, die Satzung oder diese Geschäftsordnung eine Beschlussfassung durch den (Gesamt-)Vorstand vorschreibt.

(2) Die Zuständigkeit des Gesamtvorstands gilt insbesondere für

a) die Aufstellung des Jahresabschlusses und des Konzernabschlusses mit dem Lagebericht und dem Konzernlagebericht,

b) die Einberufung der Hauptversammlung und die Vorschläge zur Beschlussfassung der Hauptversammlung,

c) die Vorbereitung und Ausführung von Hauptversammlungsbeschlüssen,

d) eine Verlustanzeige nach § 92 Abs. 1 AktG,

e) die periodische Berichterstattung an den Aufsichtsrat,

f) die Geschäfte, die der Zustimmung des Aufsichtsrats bedürfen,

g) die Jahres- und Mehrjahresplanung für die Gesellschaft und den Konzern,

h) alle Angelegenheiten, die dem Vorstand durch den Vorsitzenden oder ein Mitglied des Vorstands zur Beschlussfassung vorgelegt werden.

(3) Unbeschadet von § 15 Abs. 1 Satz 1 InsO soll grundsätzlich der Gesamtvorstand über den Antrag auf Eröffnung eines Insolvenzverfahrens entscheiden.

§ 5 Vorsitzender des Vorstands [8]

(1) Der Vorsitzende des Vorstands repräsentiert den Vorstand und die Gesellschaft gegenüber der Öffentlichkeit, insbesondere gegenüber der Presse, politischen Entscheidungsträgern und Organisationen, Behörden, Verbänden und Wirtschaftsorganisationen. Für bestimmte Angelegenheiten oder im Einzelfall kann er diese Aufgabe auf ein anderes Mitglied des Vorstands übertragen. Die Kommunikation gegenüber der Finanzöffentlichkeit (Bilanzpressekonferenzen, Analysten) obliegt dem für das Finanzressort zuständigen Vorstandsmitglied.

(2) Dem Vorsitzenden des Vorstands obliegt die vorstandsinterne Koordination. Er hat die Gesamtstrategie des Vorstands vorzubereiten und darauf hinzuwirken, dass die einzelnen Ressorts auf die Erreichung der durch die Beschlüsse des Vorstands festgelegten Ziele ausgerichtet werden. Ungeachtet der allgemeinen Überwachungspflicht aller Vorstandsmitglieder kommt dem Vorsitzenden des Vorstands eine besondere Verantwortung für die Überwachung und Abstimmung aller Ressorts zu. Er ist berechtigt von den Mitgliedern des Vorstands jederzeit Auskünfte über einzelne Angelegenheiten ihrer Ressorts zu verlangen. Er kann bestimmen, über bestimmte Arten von Geschäften im Vorhinein unterrichtet zu werden. [9]

(3) Der Vorsitzende des Vorstands organisiert die Zusammenarbeit des Vorstands mit dem Aufsichtsrat und fungiert als direkter Ansprechpartner des Aufsichtsrats. Im Rahmen der Informations- und Berichtspflichten des Vorstands gegenüber dem Aufsichtsrat obliegt ihm die Übermittlung und Weitergabe der Informationen. [10]

(4) Im Fall einer Verhinderung nimmt der stellvertretende Vorsitzende die Rechte und Pflichten des Vorsitzenden des Vorstands wahr. Dies gilt nicht für das Recht zum Stichentscheid nach § 7 Absatz 4 Satz 2.

§ 6 Vorstandssitzungen [11]

(1) Der Vorstand stimmt sich über die Leitung der Gesellschaft in Vorstandssitzungen ab. Alle Vorstandsmitglieder haben grundsätzlich an den Vorstandssitzungen teilzunehmen. Im Fall ihrer Ab-

wesenheit sollen sie sich rechtzeitig entschuldigen und gegebenenfalls ein anderes Vorstandsmitglied mit den notwendigen Informationen versorgen. Die Vorstandssitzungen sollen – abgesehen von Sondersitzungen und Verschiebungen aufgrund von Ferien sowie anderen Anlässen – regelmäßig [zweimal im Monat] stattfinden.

(2) Die Einberufung erfolgt durch den Vorsitzenden des Vorstands und soll nicht später als drei Tage vor der Sitzung erfolgen. Mit der Einberufung ist die Tagesordnung mitzuteilen und sollen die Beschlussvorschläge zu den Punkten der Tagesordnung übermittelt werden. Jedes Mitglied des Vorstands kann unter Mitteilung des Beratungsgegenstands jederzeit die Einberufung einer Sitzung verlangen.

(3) Der Vorsitzende des Vorstands leitet die Sitzungen und bestimmt die Reihenfolge, in der die Gegenstände der Tagesordnung behandelt werden, sowie die Art und Folge der Abstimmungen. Er hat das Recht, die Beratung und Beschlussfassung zu einzelnen Punkten der Tagesordnung zu vertagen. Er kann bestimmen, dass zum Zwecke der Protokollierung sowie zur Beratung über einzelne Beschlussgegenstände Personen hinzugezogen werden, die nicht dem Vorstand angehören.

(4) Über jede Vorstandssitzung ist eine Niederschrift anzufertigen, aus der sich zumindest Ort und Tag der Sitzung, die Teilnehmer, die Tagesordnung und der Wortlaut der gefassten Beschlüsse ergeben. In der Regel soll auch der wesentliche Inhalt der Diskussion im Vorstand wiedergegeben werden. Die Niederschrift wird von dem Vorsitzenden der Sitzung unterzeichnet und allen Mitgliedern des Vorstands in Abschrift übermittelt. [12] Wird der Niederschrift in der nächsten, dem Zugang der Niederschrift folgenden Sitzung durch kein Mitglied des Vorstands widersprochen, gilt die Niederschrift als genehmigt. Im Fall eines Widerspruchs wird der Widerspruch zur Niederschrift protokolliert, wenn aus Sicht der anderen Vorstandsmitglieder die Niederschrift zutreffend ist. Beschlüsse des Vorstands, die außerhalb einer Sitzung gefasst worden sind, sind in die Niederschrift über die nächste Sitzung des Vorstands aufzunehmen.

§ 7 Vorstandsbeschlüsse

(1) Der Vorstand fasst seine Beschlüsse in der Regel in den Vorstandssitzungen.

(2) Der Vorstand ist beschlussfähig, wenn mindestens die Hälfte der Mitglieder in der Sitzung anwesend ist, wobei Mitglieder, die durch Telefon- oder Videokonferenz zugeschaltet sind, als anwesend gelten. Abwesende Mitglieder können ihre Stimme im Vorfeld der Sitzung schriftlich, in Textform oder fernmündlich abgeben. [13] Sie sind über die in ihrer Abwesenheit gefassten Beschlüsse unverzüglich zu unterrichten. Über Angelegenheiten aus dem Ressort eines abwesenden Mitglieds soll nur mit dessen Einverständnis beraten und beschlossen werden, es sei denn, es liegt ein dringender Fall vor.

(3) Auf Anordnung des Vorsitzenden des Vorstands können Beschlüsse auch in einer Telefon- oder Videokonferenz oder außerhalb einer Sitzung durch schriftliche, in Textform übermittelte, mündliche oder fernmündliche Stimmabgabe gefasst werden. Bei Beschlüssen, die außerhalb einer Sitzung gefasst werden, ist der Vorstand beschlussfähig, wenn mindestens die Hälfte der Mitglieder an der Beschlussfassung teilnimmt.

(4) Der Vorstand fasst seine Beschlüsse mit der einfachen Mehrheit seiner Mitglieder. Liegt Stimmengleichheit vor, gibt die Stimme des Vorsitzenden des Vorstands den Ausschlag. [14]

§ 8 Informationspflichten des Vorstands gegenüber dem Aufsichtsrat [15]

(1) Der Vorstand berichtet dem Aufsichtsrat entsprechend den gesetzlichen Pflichten, insbesondere gemäß § 90 AktG, regelmäßig, zeitnah und umfassend über alle für die Gesellschaft relevanten Fragen der Strategie, der Planung, der Geschäftsentwicklung, der Risikolage und des Risikomanagements sowie der Compliance.

(2) Bei wichtigen Anlässen und geschäftlichen Angelegenheiten, die auf die Lage der Gesellschaft von erheblichem Einfluss sein können, hat der Vorstand unverzüglich dem Vorsitzenden des Aufsichtsrats zu berichten.

(3) Berichte des Vorstands an den Aufsichtsrat haben in der Regel schriftlich zu erfolgen. Entscheidungsnotwendige Unterlagen sind den Mitgliedern des Aufsichtsrats möglichst rechtzeitig

vor deren Sitzungen zuzuleiten. Schriftliche Berichte und Vorlagen für mündliche Berichterstattung sollen aussagekräftig und aus sich heraus verständlich sein und sich nicht lediglich auf stichpunktartige Präsentationen beschränken. [16]

§ 9 Zustimmungsvorbehalte des Aufsichtsrats [17]

(1) Folgende Geschäfte und Maßnahmen darf der Vorstand nur mit vorheriger Zustimmung des Aufsichtsrats [18] vornehmen:

a) Festlegung der Jahres- und Mehrjahresplanung,

b) Erwerb und Veräußerung von Unternehmen und Anteilen an Unternehmen, sofern der Wert im Einzelfall EUR ____[Betrag]____ übersteigt,

c) Übernahme eines börsennotierten Unternehmens,

d) Erwerb und Veräußerung von Gegenständen des Anlagevermögens, sofern der Wert im Einzelfall EUR ____[Betrag]____ übersteigt,

e) Erwerb, Veräußerung und Bebauung von Grundstücken und grundstücksgleichen Rechten, sofern der Wert im Einzelfall EUR ____[Betrag]____ übersteigt,

f) wesentliche Änderungen des Produktions- oder Vertriebsprogramms,

g) wesentliche Änderung der Markenstrategie des Unternehmens,

h) Kreditaufnahmen und ähnliche Rechtsgeschäfte, sofern der einzelne Kredit den Betrag von EUR ____[Betrag]____ übersteigt,

i) Übernahme von Bürgschaften, Garantien oder ähnlichen Haftungen sowie Bestellung von Sicherheiten für fremde Verbindlichkeiten außerhalb des gewöhnlichen Geschäftsbetriebs, sofern der Wert im Einzelfall EUR ____[Betrag]____ übersteigt,

j) Abschluss, Änderung oder Beendigung von Unternehmensverträgen,

k) Geschäfte nach § 10 Absatz 4 Satz 3.

(2) Der Vorstand benötigt die Zustimmung des Aufsichtsrats auch dann, wenn er durch Weisung, Zustimmung, Stimmabgabe oder in anderer Weise bei einem von der Gesellschaft abhängigen Unternehmen [19]

a) an Geschäften der in Absatz 1 bestimmten Arten,

b) an Kapitalerhöhungen, sofern die Einlage der Gesellschaft oder eines Dritten EUR ____[Betrag]____ übersteigt,

c) an dem Abschluss, der Änderung oder der Beendigung von Unternehmensverträgen mitwirkt.

§ 10 Interessenkonflikte [20]

(1) Die Mitglieder des Vorstands unterliegen während ihrer Vorstandszugehörigkeit und der Dauer ihres Vorstands-Dienstvertrags einem über den Regelungsgehalt des § 88 AktG hinausgehenden, umfassenden Wettbewerbsverbot.

(2) Die Mitglieder des Vorstands dürfen im Zusammenhang mit ihrer Tätigkeit weder für sich noch für andere Personen von Dritten Zuwendungen oder sonstige Vorteile fordern oder annehmen oder Dritten ungerechtfertigte Vorteile gewähren.

(3) Die Vorstandsmitglieder sind dem Unternehmensinteresse verpflichtet. Kein Mitglied des Vorstands darf bei seinen Entscheidungen persönliche Interessen verfolgen und Geschäftschancen, die der Gesellschaft oder einem von ihr abhängigen Unternehmen zustehen, für sich nutzen.

(4) Jedes Vorstandsmitglied muss Interessenkonflikte unverzüglich gegenüber dem Aufsichtsrat offenlegen und die anderen Vorstandsmitglieder hierüber informieren. Alle Geschäfte zwischen der Gesellschaft oder einem von der Gesellschaft abhängigen Unternehmen einerseits und den Vorstandsmitgliedern oder ihnen nahe stehenden Personen, Unternehmen oder Vereinigungen andererseits haben den Standards zu entsprechen, die auch bei sonstigen Geschäften maßgeblich

wären. Sie bedürfen, soweit nicht ohnehin die Mitwirkung des Aufsichtsrats nach § 112 AktG erforderlich ist, der Zustimmung des Aufsichtsrats, sofern der Wert im Einzelfall EUR ___[Betrag]___ übersteigt.

___[Ort]___, den ___[Datum]___

_____
(Unterschrift Vorsitzender des Aufsichtsrats)

Erläuterungen

Schrifttum

Fleischer Zum Grundsatz der Gesamtverantwortung im Aktienrecht, NZG 2003, 449; *Fonk* Zustimmungsvorbehalte des Aufsichtsrats, ZGR 2006, 841; *Hoffmann-Becking* Zur rechtlichen Organisation der Zusammenarbeit im Vorstand der AG, ZGR 1998, 497.

1. Das Muster geht von einem börsennotierten Unternehmen mit einem mehrköpfigen Vorstand aus. Die Vorgaben des DCGK sind weitgehend in der GO reflektiert. 340

2. Der AR hat zwingend die vorrangige **Erlasskompetenz** für die GO für den Vorstand (§ 77 Abs. 2 Satz 1 AktG). Der AR entscheidet hierüber gemäß § 107 Abs. 3 Satz 3 AktG im **Plenum**. Es empfiehlt sich, den Geltungsbeginn einer neuen GO genau zu bestimmen. Sie gilt grundsätzlich, bis sie geändert oder aufgehoben wird; der Eintritt eines neuen Vorstandsmitglieds in den Vorstand lässt die Geltung unberührt (*Hüffer/Koch* § 77 AktG Rn. 22). Eine vom Vorstand erlassene GO kann der AR nicht ändern, sondern nur durch eine neue GO ersetzen (Kölner Komm AktG/*Mertens/Cahn* § 77 Rn. 36). 341

3. Diese allgemeine Eingangsbestimmung wiederholt lediglich die Rechtslage des § 76 AktG. Die Vorgabe einer »nachhaltigen Wertschöpfung« kommt aus Ziff. 4.1.1 DCGK. Das **Unternehmensinteresse** ist nach dem DCGK an den Belangen der Aktionäre, der Arbeitnehmer sowie der sonstigen mit dem Unternehmen verbundenen Gruppen (Stakeholder) zu orientieren (MüKo AktG/*Spindler* § 76 Rn. 63 ff.). 342

4. Ziff. 3.1 DCGK zur engen Zusammenarbeit von Vorstand und AR. 343

5. Eine Verteilung der Geschäftsbereiche (**Ressorts**) des Vorstands auf einzelne Mitglieder ist als abweichende Bestimmung i.S.d. § 77 Abs. 1 Satz 2 AktG möglich und vor allem bei größeren Gesellschaften nahezu unerlässlich. Durch Bildung einzelner Ressorts lässt sich je nach der Art des Unternehmens eine sinnvolle Arbeitsteilung innerhalb des Vorstands verwirklichen. In Betracht kommt z.B. eine funktionale Aufteilung (Vertrieb, Finanzen, Forschung), eine Aufteilung nach Geschäftsfeldern des Unternehmens, oder eine Matrix-Struktur, bisweilen noch kombiniert mit einer Aufteilung der Verantwortung für bestimmte Länder/Regionen. Wichtig ist die klare Beschreibung der Ressortaufteilung und -abgrenzung in dem **Geschäftsverteilungsplan**. 344

6. Die **Gesamtverantwortung** der Vorstandsmitglieder folgt aus § 77 Abs. 1 Satz 1 AktG. Eine vorstandsinterne Verteilung der Ressorts ändert an der Verantwortung jedes einzelnen Vorstandsmitglieds für die gesamte Geschäftsführung (Gesamtverantwortung) grundsätzlich nichts. Sie führt jedoch zu einer abgeschichteten Verantwortung: In den einzelnen Ressorts trifft die volle Handlungsverantwortung allein das Vorstandsmitglied, dem der jeweilige Geschäftsbereich übertragen wurde (Ressortverantwortung). Das folgt schon daraus, dass die übrigen Vorstandsmitglieder nicht ohne Weiteres in einen fremden Geschäftsbereich eingreifen dürfen. Jedoch entbindet dies die übrigen Vorstandsmitglieder nicht von einer Überwachungspflicht für die fremden Geschäftsbereiche (Überwachungsverantwortung). Wegen ihrer Verantwortung für die gesamte Geschäftsführung sind alle Vorstandsmitglieder im Rahmen einer allgemeinen Aufsichts- und Überwachungspflicht verpflichtet, die Tätigkeit des zuständigen Vorstandsmitglieds und den Lauf der dortigen Geschäfte zu beobachten (*Fleischer* NZG 2003, 449, 452). 345

346 **7.** Es gibt delegationsfeste Aufgaben, die im Rahmen der Gesamtleitung dem **Gesamtvorstand** vorbehalten sind (*Fleischer* NZG 2003, 449, 450). Es empfiehlt sich, diese Aufgaben allgemein und auch beispielhaft in der GO zu erwähnen.

347 **8.** Nach Ziff. 4.2.1 DCGK »soll« der Vorstand einen **Vorsitzenden** oder einen Sprecher haben (zur Unterscheidung s. *Hoffmann-Becking* ZGR 1998, 497, 517). Die durch die GO vorgegebene Vorstandsorganisation kann den Vorsitzenden eher stark oder schwach ausgestalten (dazu und zu den Aufgaben *Seyfarth* Vorstandsrecht, § 9 Rn. 11 ff.). Das Muster geht von einer relativ starken Stellung des Vorsitzenden aus. Die Ernennungskompetenz liegt nach § 84 Abs. 2 AktG beim Plenum des AR.

348 **9.** Soweit der Vorstandsvorsitzende innerhalb eines ihm zugewiesenen Geschäftsbereiches tätig wird, unterscheidet sich seine Stellung nicht von der der übrigen Vorstandsmitglieder.

349 **10.** Die **Informations- und Berichtspflichten des Vorstands nach § 90 AktG** fallen zwar zwingend in die Zuständigkeit des Gesamtvorstands, jedoch hindert dies nicht, dem Vorstandsvorsitzenden die Übermittlung und Weitergabe der Informationen zu übertragen (vgl. zur Rechtslage bei Meinungsverschiedenheiten innerhalb des Vorstands über den Berichtsinhalt Kölner Komm AktG/*Mertens/Cahn* § 90 Rn. 20 ff.).

350 **11.** Die **Vorstandssitzung** sollte der zentrale Ort zur Koordination der Leitung der Gesellschaft sein. Das Muster sieht daher – im Grundsatz – eine Teilnahmepflicht vor.

351 **12.** Denkbar wäre auch eine Regelung, nach der neben den Mitgliedern des Vorstands auch der Vorsitzende des AR eine Abschrift der Sitzungsprotokolle erhält.

352 **13.** Da die Mitglieder des Vorstands ihre Entscheidungen persönlich zu treffen haben, ist eine Stellvertretung abwesender Mitglieder des Vorstands ausgeschlossen (vgl. Kölner Komm AktG/*Mertens/Cahn* § 77 Rn. 36; Spindler/Stilz/*Fleischer* § 77 Rn. 24).

353 **14.** Das Muster sieht im Einklang mit der allgemeinen Praxis einfache Mehrheit vor. Es empfiehlt sich, in Ansehung der konkreten Umstände zu prüfen, ob für bestimmte Beschlussgegenstände qualifizierte Mehrheit sinnvoll ist. Der **Stichentscheid des Vorsitzenden** bei Stimmengleichheit stellt nach allgemeiner Ansicht keinen Verstoß gegen § 77 Abs. 1 Satz 2 AktG dar, da nicht gegen eine »Mehrheit« entschieden wird (MüKo AktG/*Spindler* § 77 Rn. 13; *Hoffmann-Becking* ZGR 1998, 497, 518). Nur bei einem zweiköpfigen Vorstand ist eine solche Regelung unzulässig (BGH, Urt. v. 14.11.1983 – II ZR 33/83, BGHZ 89, 48, 59). Ob dem Vorsitzenden auch ein Vetorecht gegen Mehrheitsbeschlüsse eingeräumt werden kann, ist umstritten (s. *Hüffer/Koch* § 77 AktG Rn. 12; für Zulässigkeit eines Vetorechts *Seyfarth* Vorstandsrecht, § 2 Rn. 17). Ein Vetorecht des Vorsitzenden in einer mitbestimmten AG, welches auch den Zuständigkeitsbereich Arbeitsdirektors umfasst, ist unstreitig unzulässig (BGH, Urt. v. 14.11.1983 – II ZR 33/83, BGHZ 89, 48, 59).

354 **15.** Nach Ziff. 3.4 Absatz 3 Satz 3 DCGK soll der AR die Informations- und Berichtspflichten des Vorstands, die aktienrechtlich in § **90 AktG** geregelt sind, näher festlegen. Diese Regelungen kann er im Rahmen der GO für den Vorstand treffen.

355 **16.** Die Regelung im Muster ist zwar in gewisser Weise eine »Leerformel«, adressiert aber das häufige Problem, dass Vorstandsberichte entweder unvollständig und zu kurz oder dermaßen mit Informationen überfrachtet sind, dass die »eigentliche Botschaft« beim AR nicht ankommt (»PowerPoint-Problem«). Gegebenenfalls kann der AR das Berichtsformat auch noch genauer vorgehen.

356 **17.** Gemäß § 111 Abs. 4 Satz 2 AktG hat die Satzung oder der AR zu bestimmen, dass bestimmte Geschäfte nur mit der **Zustimmung des AR** vorgenommen werden dürfen. Erlässt der AR die GO für den Vorstand, enthält diese häufig einen Katalog zustimmungspflichtiger Geschäfte. *Ein verbindlicher Umfang des Zustimmungskatalogs wird vom Gesetz nicht festgelegt.* Nach Ziff. 3.3 DCGK sollen Geschäfte von grundlegender Bedeutung, und zwar insbesondere Entscheidungen und Maßnahmen, welche die Vermögens-, Finanz- oder Ertragslage des Unterneh-

mens grundlegend verändern, in den Zustimmungskatalog aufgenommen werden. Die Schwellenwerte sind unter Berücksichtigung der spezifischen Charakteristika des Unternehmens festzulegen.

Zustimmungskataloge enthalten of noch eine allgemeine Klausel für Geschäfte von »besonderer Bedeutung« für die Gesellschaft (oder ähnliche allgemeine Formulierungen). Das Muster verzichtet auf eine solche »catch all-Klausel«, weil sie in der Praxis zumeist Unsicherheit hervorruft. 357

18. Der AR kann intern die **Zustimmungskompetenz** auf einen Ausschuss delegieren, da sie nicht von dem Delegationsverbot des § 107 Abs. 3 Satz 3 AktG erfasst ist. 358

19. Zur Möglichkeit von **konzernweiten Zustimmungsvorbehalten** und deren Wirkung s. *Fonk* ZGR 2006, 841, 852 ff. Darüber hinaus geht die wohl hM davon aus, dass auch allgemeine Zustimmungsvorbehalte konzernweit ausgelegt werden können (sog. konzerndimensionale Wirkung von Zustimmungsvorbehalten; MüKo-AktG/*Habersack* § 111 Rn. 119). 359

20. Ziff. 4.3 DCGK enthält Regelungen zur Begegnung von Interessenskonflikten von Vorstandsmitgliedern. Die aufgenommenen Bestimmungen entsprechen diesen weitgehend. 360

10. Vergleichsvereinbarung Haftungsansprüche

Vorbemerkung

Vorstandsmitglieder haften gegenüber der Gesellschaft im Rahmen der **Organinnenhaftung**. Zentrale Norm ist § 93 Abs. 2 Satz 1 AktG, wonach Vorstandsmitglieder, die Pflichten verletzten, der Gesellschaft zum Ersatz des daraus entstehenden Schadens verpflichtet sind. Dieser Haftungsmaßstab ist zwingende gesetzliche Vorgabe, die weder in der Satzung der Gesellschaft noch im Vorstands-Dienstvertrag gemildert oder verschärft werden kann (K. Schmidt/Lutter/*Krieger/Sailer-Coceani* § 93 Rn. 3). 361

Der Anspruch auf Schadensersatz aus § 93 Abs. 2 AktG steht der Gesellschaft zu, die Zahlung an sich selbst verlangen kann und dabei regelmäßig vom AR vertreten wird (§ 112 AktG). Wenn der AR nach sorgfältiger Prüfung zu dem Ergebnis kommt, dass eine Rechtsverfolgung Erfolgsaussichten hat, muss der AR nach dem Urteil des BGH im Fall **ARAG-Garmenbeck** den Anspruch gegen das Vorstandsmitglied regelmäßig geltend machen und kann hiervon nur im Ausnahmefall absehen (BGH, Urt. v. 21.04.1997 – II ZR 175/95, BGHZ 135, 244). 362

Das Aktienrecht setzt in **§ 93 Abs. 4 Satz 3 AktG** zum Schutz des Gesellschaftsvermögens und der Minderheitsaktionäre einem Verzicht auf Ansprüche durch die Gesellschaft oder einem Vergleich über sie Grenzen: Zum einen kann die Gesellschaft zeitlich erst **drei Jahre** nach der Entstehung des Anspruchs auf Ersatzansprüche verzichten oder sich über sie vergleichen, zum anderen muss die **Hauptversammlung** dem Verzicht oder Vergleich zustimmen und es darf keinen Widerspruch gegen diesen Beschluss von einer Minderheit von 10 % des Grundkapitals gegeben haben. Die zeitliche Begrenzung gilt gemäß § 93 Abs. 4 Satz 4 AktG nicht, wenn der Ersatzpflichtige zahlungsunfähig ist und sich zur Abwendung des Insolvenzverfahrens mit seinen Gläubigern vergleicht oder wenn die Ersatzpflicht in einem Insolvenzplan geregelt wird. 363

Von diesen Beschränkungen erfasst sind alle Ansprüche der Gesellschaft gegen ihre Organmitglieder (unabhängig vom Rechtsgrund). Betroffene Rechtshandlungen sind alle Erlassverträge und negativen Schuldanerkenntnisse (§ 397 BGB), gerichtliche Prozessvergleiche und außergerichtliche Vergleiche (§ 779 BGB), auch Vergleiche im Schiedsverfahren, und alle Handlungen, die einem Verzicht oder Vergleich wirtschaftlich entsprechen, einschließlich von Teilverzichten und -vergleichen bis hin zu einer Stundung des Ersatzanspruchs (*Fleischer* WM 2005, 909, 918). Auch die vielfach in der Praxis in Abfindungsvereinbarungen vorzufindenden **Ausgleichs- und Erledigungsklauseln** unterfallen den Beschränkungen des § 93 Abs. 4 Satz 3 AktG (*Seyfarth* Vorstandsrecht, § 23 Rn. 129). 364

365 Ungeachtet der Anforderungen der Rechtsprechung zur Geltendmachung sowie der gesetzlichen Beschränkungen kann es im Interesse der Gesellschaft und des Vorstandsmitglieds liegen, einen Vergleich zu schließen. Problematisch ist zumeist, dass das Vorstandsmitglied eine **D&O-Versicherung** hat und die Versicherungsbedingungen die Zustimmung der Versicherung zu einem Vergleich vorsehen. Praktisch bedarf es daher sowohl eines Haftungsvergleichs als auch eines Deckungsvergleichs, die aufeinander abgestimmt sein müssen.

▶ Muster – Vergleichsvereinbarung Haftungsansprüche

366   Vergleich [1]

zwischen der ___[Name der AG]___ (im Folgenden als »Gesellschaft« bezeichnet), vertreten durch Aufsichtsrat,

und

Herrn/Frau ___[Name]___ , ___[Adresse]___

Präambel

1. Herr/Frau ___[Name]___ war vom ___[Datum]___ bis zum ___[Datum]___ Mitglied des Vorstands der Gesellschaft.

2. Die Gesellschaft ist der Auffassung, dass Herr/Frau ___[Name]___ in den Jahren ___[2]___ durch Verstöße gegen die Compliance-Richtlinien der Gesellschaft im Zusammenhang mit Bestechungen von öffentlichen Amtsträgern in den Ländern ___[Ländernamen]___ und damit zusammenhängenden Verletzungen von Bilanzierungsvorschriften sowie durch eine unzureichende Information gegenüber dem Aufsichtsrat seine Organpflichten verletzt hat und der Gesellschaft dadurch ein erheblicher Schaden entstanden ist. Die Gesellschaft hat daher Herrn/Frau ___[Name]___ mit Schreiben des Vorsitzenden des Aufsichtsrats vom ___[Datum]___ auf Schadensersatz in Höhe von mindestens EURO ___[Betrag]___ in Anspruch genommen.

3. Herr/Frau ___[Name]___ ist der Auffassung, dass er/sie sich pflichtgemäß verhalten hat.

4. Herr/Frau ___[Name]___ gehört zu den versicherten Personen einer von der Gesellschaft als Versicherungsnehmerin abgeschlossenen D&O-Versicherung mit der _____ («Versicherer«) über eine Versicherungssumme von insgesamt EUR ___[Betrag]___ Mio. (»D&O-Versicherung«). Die Gesellschaft hat mit dem Versicherer am ___[Datum]___ einen Vergleich über die Deckungsansprüche geschlossen (»Deckungsvergleich«). Gemäß dem Deckungsvergleich zahlt der Versicherer der Gesellschaft eine Summe in Höhe von EUR ___[Betrag]___ Mio., wenn die Gesellschaft und das Vorstandsmitglied den vorliegenden Vergleich wirksam schließen. Der Deckungsvergleich steht unter dem Vorbehalt der Zustimmung der Hauptversammlung der Gesellschaft. [3]

5. Die Gesellschaft und Herr/Frau ___[Name]___ wollen eine gerichtliche Auseinandersetzung über die geltend gemachten Ansprüche im Interesse beider Parteien vermeiden und vereinbaren daher was folgt:

§ 1 Zahlung des Vorstandsmitglieds

(1) Herr/Frau ___[Name]___ verpflichtet sich zu einer Zahlung an die Gesellschaft in Höhe von EUR ___[Betrag]___ . Er/Sie übernimmt diese Zahlungspflicht ohne Anerkennung einer Rechtspflicht. Mit ihr verbindet sich insbesondere kein Anerkenntnis einer Schadensersatzpflicht und kein Anerkenntnis der seitens der Gesellschaft dem Vorstandsmitglied zur Last gelegten Pflichtverletzungen.

(2) Die Zahlung ist am ___[Datum]___ fällig. Wird eine Klage gegen die Wirksamkeit des Hauptversammlungsbeschlusses über die Zustimmung zu diesem Vergleich erhoben, tritt die Fälligkeit erst ein, wenn die Klage rechtskräftig abgewiesen oder zurückgenommen worden ist. In diesem Fall ist der geschuldete Betrag für die Zeit ab dem ___[Datum]___ mit [2] % über dem jeweiligen Basiszins p.a. zu verzinsen.

(3) Mit der vollständigen Zahlung durch das Vorstandsmitglied sind – abgesehen von der Aufrechterhaltung des Haftpflichtanspruchs in der Höhe und zum Zweck der Erlangung der Leistung des Versicherers gemäß § 2 Absatz 1 – sämtliche darüber hinausgehenden gegenwärtigen und künftigen, bekannten oder unbekannten Ansprüche der Gesellschaft gegen das Vorstandsmitglied aus oder im Zusammenhang mit den in der Präambel aufgeführten Vorgängen gleich aus welchem Rechtsgrund abgegolten und erledigt. [4]

§ 2 D&O-Versicherung [5]

(1) Die von dem Versicherer erbrachten [6] und noch zu erbringenden Leistungen bestimmen sich nach dem Versicherungsvertrag und dem Deckungsvergleich zwischen der Gesellschaft und dem Versicherer.

(2) Nach den Regelungen des Deckungsvergleichs wird der Versicherer Abwehrkosten des Vorstandsmitglieds bis zum Wirksamwerden des Deckungsvergleichs weiter nach Maßgabe des Versicherungsvertrags tragen und nur zurückfordern, falls aufgrund einer rechtskräftigen gerichtlichen Verurteilung feststehen sollte, dass das Vorstandsmitglied im Zusammenhang mit den in der Präambel aufgeführten Vorgängen seine Pflichten absichtlich oder wissentlich verletzt hat. Auch für solche Abwehrkosten, die nach dem Wirksamwerden des Deckungsvergleichs im Zusammenhang mit den in der Präambel aufgeführten Vorgängen oder ohne einen solchen Zusammenhang zur Abwehr von Ansprüchen Dritter (»Drittansprüche«) anfallen, wird das Vorstandsmitglied von dem Versicherer weiterhin unter den vorgenannten Voraussetzungen Versicherungsschutz nach Maßgabe des Deckungsvergleichs bis zu einer Höhe von EUR ___[Betrag]___ gewährt. Falls dieser Betrag vollständig verbraucht sein sollte, wird die Gesellschaft das Vorstandsmitglied von darüber hinausgehenden Kosten für die Abwehr von Drittansprüchen freistellen; dies gilt allerdings, soweit nicht die weitergehende Freistellung nach § 3 Absatz 1 eingreift, unter dem Vorbehalt der Rückforderung für den Fall der rechtskräftigen Feststellung einer fahrlässigen oder vorsätzlichen Pflichtverletzung des Vorstandsmitglieds im Zusammenhang mit dem geltend gemachten Drittanspruch.

(3) Für den Fall, dass die Hauptversammlung die Zustimmung zum Deckungsvergleich verweigert oder ein Zustimmungsbeschluss auf Grund einer Klage rechtskräftig für nichtig erklärt werden sollte, behält sich die Gesellschaft vor, das Vorstandsmitglied als Beklagten im Haftpflichtprozess in Anspruch zu nehmen, wenn und soweit dies zur Durchsetzung der Deckungsansprüche gegen den Versicherer erforderlich ist. Die von dem Vorstandsmitglied persönlich zu erbringende Leistung bleibt dabei jedoch wirtschaftlich in jedem Fall auf den § 1 Absatz 1 Satz 1 festgelegten Betrag beschränkt, insbesondere wird die Gesellschaft aus einem Urteil im Haftpflichtprozess gegen das Vorstandsmitglied weder wegen der Hauptforderung noch wegen Zinsen und Kosten vollstrecken, und insoweit auch nicht gegen Ansprüche aufrechnen, die dem Vorstandsmitglied gegen die Gesellschaft zustehen, oder gegen solche Ansprüche ein Zurückbehaltungsrecht ausüben. Die Gesellschaft wird das Vorstandsmitglied von den im Zusammenhang mit dem Haftpflichtprozess entstehenden Kosten freistellen.

§ 3 Freistellung, Gegenansprüche [7]

(1) Die Gesellschaft stellt das Vorstandsmitglied frei von

a) etwaigen Ansprüchen, die anderen – auch ehemaligen – Organmitgliedern oder Mitarbeitern der Gesellschaft oder mit der Gesellschaft verbundener Unternehmen aus oder im Zusammenhang mit den in der Präambel aufgeführten Vorgängen gegen das Vorstandsmitglied zustehen sollten, [8]

b) etwaigen im In- oder Ausland durch Aktionäre der ___[Name der AG]___ gegen das Vorstandsmitglied geltend gemachten Ansprüchen aus oder im Zusammenhang mit den in der Präambel aufgeführten Vorgängen, [9]

c) etwaigen Ansprüchen von mit der Gesellschaft verbundenen Unternehmen sowie von Kunden oder Wettbewerbern der ___[Name der AG]___ gegen das Vorstandsmitglied aus oder im Zusammenhang mit den in der Präambel aufgeführten Vorgängen [10] und

d) etwaigen Ansprüchen des Versicherers gegen das Vorstandsmitglied wegen angeblicher Verletzung von Obliegenheiten durch die Verhandlungen über und/oder den Abschluss dieses Vergleichs.

(2) Das Vorstandsmitglied wird der Gesellschaft jede durch Absatz 1 erfasste Inanspruchnahme durch Dritte sowie jede Ankündigung einer solchen Inanspruchnahme unverzüglich schriftlich anzeigen. Das Vorstandsmitglied verpflichtet sich, ohne Zustimmung der Gesellschaft keinen Verzicht, Vergleich oder eine sonstige bindende Regelung bezüglich einer solchen Inanspruchnahme einzugehen. Die Gesellschaft ist berechtigt, im Namen des Vorstandsmitglieds unter Wahrung [seiner/ihrer] Interessen alle rechtlich zulässigen Maßnahmen zu ergreifen, um eine Inanspruchnahme abzuwehren oder in sonstiger Weise zu erledigen. Das Vorstandsmitglied wird die Gesellschaft bei der Abwehr oder Erledigung unterstützen.

(3) Das Vorstandsmitglied wird etwaige Ansprüche, die ihm/ihr gegen Dritte (insbesondere andere – auch ehemalige – Organmitglieder oder Mitarbeiter der Gesellschaft) aus oder im Zusammenhang mit den in der Präambel aufgeführten Vorgängen zustehen sollten, nur mit Zustimmung der Gesellschaft geltend machen. [11]

(4) Die Gesellschaft wird ausstehende Vergütungs- oder sonstige Ansprüche des Vorstandsmitglieds gegen die Gesellschaft, bezüglich derer sie ein Zurückbehaltungsrecht ausgeübt hat, nach Wirksamwerden dieses Vergleichs Zug-um-Zug gegen die von dem Vorstandsmitglied gemäß § 1 Absatz 1 Satz 1 geschuldete Leistung erfüllen. Die Gesellschaft behält sich vor, im Falle einer Klage gegen die Wirksamkeit des Hauptversammlungsbeschlusses über die Zustimmung zu diesem Vergleich bis zur rechtskräftigen Abweisung oder Rücknahme der Klage weiterhin Zurückbehaltungs- oder sonstige Sicherungsrechte geltend zu machen, wenn und soweit dies aus Sicht des Aufsichtsrats der Gesellschaft sachgerecht erscheint.

§ 4 Wirksamwerden

(1) Dieser Vergleich der ___[Name der AG]___ wird wirksam (aufschiebende Bedingung), wenn die Hauptversammlung ihr zustimmt und nicht eine Minderheit, deren Anteile zusammen 10 % des Grundkapitals der Gesellschaft erreichen, zur Niederschrift Widerspruch erhebt (§ 93 Abs. 4 Satz 3 AktG). [12] Die aufschiebende Bedingung gilt als ausgefallen, wenn sie nicht bis zum ___[Datum]___ eingetreten ist.

(2) Die Wirksamkeit dieses Vergleichs ist nicht abhängig von der Wirksamkeit des Deckungsvergleichs mit dem Versicherer.

§ 5 Sonstiges

(1) Nebenabreden zu diesem Vergleich bestehen nicht. Änderungen dieses Vergleichs einschließlich dieses Schriftformerfordernisses bedürfen der Schriftform.

(2) Für alle Streitigkeiten aus oder im Zusammenhang mit diesem Vergleich gilt deutsches Recht. Erfüllungsort und Gerichtsstand ist der Sitz der Gesellschaft.

(3) Sollte eine Bestimmung dieses Vergleichs ganz oder teilweise unwirksam oder undurchführbar sein oder werden oder sollte sich bei Durchführung dieses Vergleichs eine Lücke herausstellen, so bleibt die Wirksamkeit der übrigen Bestimmungen hiervon unberührt. Anstelle der unwirksamen, undurchführbaren oder fehlenden Bestimmung soll eine angemessene und rechtlich gültige Bestimmung treten, die wirtschaftlich dem am nächsten kommt, was die Beteiligten gewollt haben oder gewollt hätten, wenn sie die Unwirksamkeit, Undurchführbarkeit oder Lücke bedacht hätten.

_____[Ort]_____, den _____[Datum]_____

Herr/Frau _____[Name]_____

_____

(Unterschrift Vorsitzender des Aufsichtsrats)

Erläuterungen

Schrifttum

Fleischer Haftungsfreistellung, Prozeßkostenersatz und Versicherung für Vorstandsmitglieder, WM 2005, 909; *Hasselbach* Der Verzicht auf Schadenersatzansprüche gegen Organmitglieder, DB 2010, 2037; *Mertens* Die gesetzlichen Einschränkungen der Disposition über Ersatzansprüche der Gesellschaft durch Verzicht und Vergleich in der aktien- und konzernrechtlichen Organhaftung, FS Fleck 1988, S. 209.

1. Das vorliegende Muster geht davon aus, dass Verhandlungen zwischen Gesellschaft, Vorstandsmitglied und dem D&O-Versicherer stattgefunden haben, in denen alle Parteien nachgegeben haben. Das Vorstandsmitglied erhält also nicht vollen Versicherungsschutz, sondern muss tatsächlich etwas selbst bezahlen. Das wird im **Haftungsvergleich** geregelt, der im Muster enthalten ist. Die Einigung mit der D&O-Versicherung ist im **Deckungsvergleich** enthalten, der nach dem Muster parallel geschlossen wurde. Zur Rolle der D&O-Versicherung in Vergleichssituationen *Hemeling* in: FS Hoffmann-Becking 2013, S. 491/503. 367

2. Bei einem Haftungsvergleich ist die **Dreijahresfrist** des § 93 Abs. 4 Satz 3 AktG zu beachten. Die Frist beginnt mit dem Entstehen des Anspruchs. Mit Entstehen des Anspruchs ist die Möglichkeit einer gerichtlichen Durchsetzung zumindest in Form einer Feststellungsklage gemeint (*Hüffer/Koch* § 93 AktG Rn. 76). 368

3. Auch der **Deckungsvergleich**, mit dem die Gesellschaft typischer Weise auf einen Teil des Deckungsschutzes verzichtet, unterfällt für sich genommen, jedenfalls aber im Sachzusammenhang mit dem Haftungsvergleich den Beschränkungen des § 93 Abs. 4 Satz 3 AktG. 369

4. Diese Regelung im Muster enthält die eigentliche Erledigungs- und Verzichtsklausel. Es ist darauf zu achten, dass der Tatbestandskomplex, der vom Verzicht erfasst sein soll, möglichst konkret beschrieben ist (im Muster durch Verweis auf die Präambel). 370

5. Vgl. zur D&O-Versicherung einführend Spindler/Stilz/*Fleischer* § 93 Rn. 225 ff. 371

6. In aller Regel hat die D&O-Versicherung zum Zeitpunkt eines Vergleichsbeschlusses bereits Leistungen erbracht, und zwar im Zusammenhang mit dem Abwehrkosten-Deckungsschutz. 372

7. Aus Sicht des Vorstandsmitglieds ist darauf zu achten, dass der Vergleich dazu führt, dass das Vorstandsmitglied wirklich in jeder Hinsicht die Ansprüche erledigt und nicht von dritter Seite in Anspruch genommen werden kann. Daher sind **Freistellungsansprüche** für das Vorstandsmitglied von besonderer Bedeutung. 373

8. Mit dieser Regelung schützt sich das Vorstandsmitglied gegen den **Innenregress aus § 426 BGB** aus der gesamtschuldnerischen Haftung mit den anderen Vorstandsmitgliedern (zum Ausgleich im Innenverhältnis s. Spindler/Stilz/*Fleischer* § 93 Rn. 263). 374

9. Diese Regelung dient dem Schutz gegen echte Drittansprüche, z.B. von Aktionären. Eigene Ansprüche können Dritte (Aktionäre und sonstige Dritte) im Rahmen der **Organaußenhaftung** haben. In Betracht kommen insoweit vertragliche Anspruchsgrundlagen, vor allem aber deliktische Anspruchsgrundlagen (*Hüffer/Koch* § 93 AktG Rn. 60 ff.). 375

10. Gläubiger der Gesellschaft können den Ersatzanspruch der Gesellschaft theoretisch nach § 93 Abs. 5 AktG geltend machen. 376

11. Diese Regelung kommt (nur) dann in Betracht, wenn die Gesellschaft aus einem Sachverhaltskomplex mehrere Vorstandsmitglieder in Anspruch nimmt oder es jedenfalls andere Vorstandsmitglieder gibt, die theoretisch auch noch (gesamtschuldnerisch) haften. Sie stellt sicher, dass das Vorstandsmitglied seinen bzw. ihren Beitrag auch tatsächlich leistet. 377

12. Der Haftungsvergleich ist in der Einberufung vor der **Hauptversammlung** nach § 124 Abs. 2 Satz 2 AktG mit seinem wesentlichen Inhalt bekanntzumachen. Im Übrigen zur Hauptversammlung s. *Mertens* FS Fleck, S. 215 f. 378

N. Freie Mitarbeiter und Handelsvertreter

Inhaltsübersicht

	Rdn.
I. Freie Mitarbeit und Beraterverträge	1
1. Vertrag über freie Mitarbeit	1
Vorbemerkung	1
Muster: Vertrag über freie Mitarbeit	2
Erläuterungen	3
2. Beratervertrag	16
Vorbemerkung	16
Muster: Beratervertrag	17
Erläuterungen	18
II. Handelsvertreter	22
1. Handelsvertretervertrag	22
Vorbemerkung	22
Muster: Handelsvertretervertrag	23
Erläuterungen	24
2. Vorauszahlung auf Ausgleichsanspruch	44
Vorbemerkung	44
Muster: Vorauszahlung auf Ausgleichsanspruch	45
Erläuterungen	46
3. Vermittler-/Maklervertrag	49
Vorbemerkung	49
Muster: Vermittler-/Maklervertrag	50
Erläuterungen	51

I. Freie Mitarbeit und Beraterverträge

1. Vertrag über freie Mitarbeit

Vorbemerkung

1 Bei der Gestaltung von Verträgen über freie Mitarbeit und Beraterverträgen steht aus rechtlicher Sicht meist die Vermeidung der Scheinselbständigkeit im Mittelpunkt. Die Abgrenzung zwischen Arbeitsverhältnissen bzw. abhängiger Beschäftigung einerseits und selbständigen Dienstverhältnissen andererseits hängt nach der Rechtsprechung neben dem Vertragswortlaut zwar maßgeblich auch von der praktischen Durchführung des Vertragsverhältnisses ab. Dennoch ist streng darauf zu achten, dass der Vertragstext die typischen Merkmale eines selbständigen Dienstvertrags und nicht die eines Arbeitsvertrags enthält.

▶ **Muster – Vertrag über freie Mitarbeit**

2 Zwischen

der ___[Firma und Anschrift des Auftraggebers]___

(im Folgenden: »Unternehmen«)

und

Herrn/Frau ___[Name und Anschrift des freien Mitarbeiters]___

(im Folgenden: »freier Mitarbeiter«)

wird folgender Vertrag über freie Mitarbeit geschlossen:

§ 1
Vertragsgegenstand

(1) Der freie Mitarbeiter wird ab dem ___[Anfangsdatum]___ für das Unternehmen folgende Dienstleistungen erbringen: ___[Beschreibung der geschuldeten Dienstleistungen, die nach Möglichkeit auch hinsichtlich des Leistungsumfangs detailliert dargestellt werden sollten]___ .

(2) Der freie Mitarbeiter ist in der Bestimmung seines Arbeitsortes und seiner Arbeitszeit frei. Das Unternehmen ist nicht berechtigt, ihm Weisungen hinsichtlich Ort, Zeit und Dauer der Tätigkeit oder der Art und Weise der Durchführung seiner Tätigkeit zu erteilen. Der freie Mitarbeiter ist seinerseits gegenüber Arbeitnehmern des Unternehmens nicht weisungsbefugt. [1]

(3) Es unterliegt der freien Entscheidung des freien Mitarbeiters, ob er einzelne Anfragen und Aufträge des Unternehmens annimmt oder ablehnt. [2]

(4) Der freie Mitarbeiter ist berechtigt, zur Erfüllung der übernommenen vertraglichen Verpflichtungen eigene Mitarbeiter einzusetzen. Er bleibt jedoch für die ordnungsgemäße Vertragserfüllung im Verhältnis zum Unternehmen verantwortlich. [3]

§ 2
Vergütung [4]

(1) Der freie Mitarbeiter erhält für seine Dienstleistungen eine Pauschalvergütung in Höhe von ___[Betrag]___ € zzgl. gesetzlicher MwSt.

(2) Die Vergütung ist 10 Tage nach Rechnungseingang zur Zahlung fällig.

(3) Für die ordnungsgemäße Versteuerung sowie eventuelle sozialversicherungsrechtliche Belange ist der freie Mitarbeiter selbst verantwortlich. [5]

(4) Ansprüche auf bezahlten Urlaub und Vergütungsfortzahlung bei Krankheit bestehen nicht.

§ 3
Aufwendungsersatz

Das Unternehmen ersetzt dem freien Mitarbeiter die erforderlichen und nachgewiesenen Aufwendungen für Reisen, Telefon und Porto, die in Ausübung seiner Dienstleistungen im Rahmen dieses Vertrages entstehen, bis zu einer Höhe von ___[Betrag]___ € monatlich. Die Erforderlichkeit größerer Reisen ist vor Reiseantritt mit dem Unternehmen abzustimmen. [6]

§ 4
Anderweitige Tätigkeiten [7]

Der freie Mitarbeiter ist berechtigt, auch für andere Auftraggeber tätig zu sein. Er verpflichtet sich jedoch, nicht für einen Auftraggeber tätig zu sein, der mit dem Unternehmen oder einem verbundenen Unternehmen in Wettbewerb steht.

§ 5
Verschwiegenheit

Der freie Mitarbeiter verpflichtet sich, über alle ihm während seiner Tätigkeit für das Unternehmen bekannt gewordenen Geschäfts- und Betriebsgeheimnisse, auch solche verbundener Unternehmen und von Vertragspartnern des Unternehmens, während und nach Beendigung dieses Vertragsverhältnisses Stillschweigen zu bewahren.

§ 6
Vertragsdauer

(1) Der Vertrag kann jederzeit ohne Angabe von Gründen mit einer Frist von ___[Anzahl]___ Monaten zum Ende eines Kalendermonats gekündigt werden. [8]

(2) Das Recht zur außerordentlichen Kündigung aus wichtigem Grund bleibt unberührt.

(3) Jede Kündigung bedarf der Schriftform.

§ 7
Aufbewahrung und Rückgabe von Unterlagen

(1) Der freie Mitarbeiter verpflichtet sich, alle ihm zur Verfügung gestellten Unterlagen sowie sämtliche selbst angefertigten Schriftstücke oder andere Aufzeichnungen und Konzepte, die sich in seinem Besitz befinden und die Angelegenheiten des Unternehmens betreffen, ordnungsgemäß aufzubewahren und insbesondere dafür zu sorgen, dass Dritte nicht Einsicht nehmen können.

(2) Unterlagen und Aufzeichnungen im Sinne des Abs. 1 sind während der Dauer des Vertragsverhältnisses auf Anforderung, nach Beendigung des Vertragsverhältnisses unverzüglich und unaufgefordert an das Unternehmen herauszugeben. Dasselbe gilt für sämtliche Gegenstände, die Eigentum des Unternehmens oder verbundener Unternehmen sind und an denen der freie Mitarbeiter im Rahmen dieses Vertragsverhältnisses Besitz erlangt.

(3) Dem freien Mitarbeiter steht an Unterlagen, Aufzeichnungen und Gegenständen im Sinne dieses § 7 kein Zurückbehaltungsrecht zu.

§ 8
Schlussbestimmungen

(1) Sollten einzelne Bestimmungen dieser Vereinbarung ungültig oder unwirksam sein, werden die übrigen Bestimmungen dieser Vereinbarung dadurch nicht berührt. Die ungültige oder unwirksame Bestimmung ist durch eine andere gültige Bestimmung zu ersetzen, die dem Willen der Parteien so nahe wie möglich kommt.

(2) Sonstige Vereinbarungen bestehen nicht.

(3) Änderungen oder Ergänzungen sowie die Aufhebung dieser Vereinbarung bedürfen zu ihrer Wirksamkeit der Schriftform. Das gilt auch für die Änderung des Schriftformerfordernisses. Mündliche Vereinbarungen über die Aufhebung des Schriftformerfordernisses sind nichtig [9]. Die elektronische Form ist ausgeschlossen.

(4) Gerichtsstand ist _____ [Ort] _____ .

_____ [Datum] _____

(Unterschriften)

Erläuterungen

Schrifttum
Hochrathner Die Statusrechtsprechung des 5. Senats des BAG seit 1994, NZA-RR 2001, 561; *Reiserer* Wege aus dem Arbeitsverhältnis in die Selbständigkeit – Freie Mitarbeit richtig gestalten, FS 25 Jahre ARGE Arbeitsrecht im DAV, 2006, 545; *dies.* Die freie Mitarbeit ist wieder hoffähig, BB 2003, 1557.

3   **1.** Die Abgrenzung zwischen Arbeitnehmern und Selbständigen ist nach der Rechtsprechung aufgrund einer typisierenden Betrachtungsweise vorzunehmen (ausführlich dazu: DLW/*Dörner* Kapitel 1 Rn. 38 ff.; *Bauer/Baeck/Schuster* Scheinselbständigkeit, S. 19 ff.; *Reiserer/Freckmann* Freie Mitarbeit und Mini-Jobs nach der Hartz-Reform, S. 9 ff.). Arbeitnehmer ist, wer auf einer privatrechtlichen Grundlage im Dienste eines anderen in persönlicher Abhängigkeit zur Arbeit verpflichtet ist (BAG, Urt. v. 20.01.2010 – 5 AZR 99/09, DB 2010, 788). Hingegen ist nach ständiger Rechtsprechung eine eventuelle wirtschaftliche Abhängigkeit des Dienstnehmers unerheblich. Sie ist weder erforderlich noch ausreichend, um ein Arbeits- bzw. Beschäftigungsverhältnis zu begründen (BAG, Urt. v. 13.03.2008 – 2 AZR 1037/06, NJW 2008, 2872; BSG, Urt. v. 11.08.1966 – 3 RK 57/63, AP Nr. 5 zu § 611 BGB Abhängigkeit). Die persönliche Abhängigkeit wird aufgrund verschiedener Indizien festgestellt. Wesentliche Kriterien sind eine weisungsgebundene Tätigkeit und die Eingliederung in die Arbeitsorganisation des Weisungsgebers (vgl. § 7 Abs. 1 Satz 2 SGB IV). Die **Weisungsgebundenheit** muss sich auf Ort, Zeit, Dauer und Art der Tätigkeit beziehen (BAG, Urt. v. 30.09.1998 – 5 AZR 563/97, EzA § 611 BGB Arbeitnehmerbegriff

Nr. 74; BAG, Urt. v. 19.11.1997 – 5 AZR 653/97, AP Nr. 90 zu § 611 BGB Abhängigkeit; BSG, Urt. v. 21.04.1993 – 11 RAr 67/92, AP Nr. 67 zu § 611 BGB Abhängigkeit). Eine Eingliederung in eine fremde Arbeitsorganisation kann sich aber nicht nur an der Weisungsgebundenheit des Dienstleisters zeigen, sondern auch daran, dass er seinerseits Mitarbeitern des Auftraggebers Weisungen erteilen kann. Daher sollte im Vertrag über freie Mitarbeit festgehalten werden, dass der Auftragnehmer weder weisungsgebunden noch weisungsbefugt ist.

Ob ein Vertragsverhältnis als freies Dienstverhältnis oder als Arbeits- bzw. abhängiges Beschäftigungsverhältnis anzusehen ist, hängt nicht allein von der Formulierung des Dienstvertrags ab. Die Rechtsprechung stellt sowohl auf dem Vertragswortlaut als auch auf die **tatsächliche Durchführung des Vertragsverhältnisses** ab. Widersprechen sich schriftlicher Vertrag und tatsächliche Durchführung, ist die praktische Durchführung maßgebend (BAG, Urt. v. 09.06.2010 – 5 AZR 332/09, EzA § 611 BGB Arbeitnehmerbegriff Nr. 18; BAG, Urt. v. 03.04.1990 – 3 AZR 258/88, AP Nr. 11 zu § 2 HAG). Wichtig ist daher, dass die Weisungsfreiheit des Auftragnehmers nicht nur vertraglich vereinbart wird, sondern auch in der tatsächlichen Handhabung des Vertragsverhältnisses keine Weisungen erteilt werden. Eine ausdrückliche Regelung im Vertrag, dass kein Weisungsrecht des Auftraggebers besteht, erscheint dennoch sinnvoll: Zum einen verlagert sich in gewissem Umfang die Darlegungs- und Beweislast. Der Arbeitnehmer bzw. der Sozialversicherungsträger, der sich auf ein abhängiges Beschäftigungsverhältnis beruft, muss zunächst eine dem Vertragswortlaut widersprechende Handhabung – also die tatsächliche Erteilung von Weisungen – darlegen. Zum anderen kann den vertraglichen Vereinbarungen im Rahmen der vorzunehmenden Gesamtschau ausschlaggebende Bedeutung zukommen, wenn die tatsächliche Ausgestaltung der Tätigkeit in etwa gleichermaßen für eine Selbständigkeit oder eine Abhängigkeit sprechen kann, also keine eindeutige Beurteilung zulässt (vgl. BSG, Urt. v. 24.10.1978 – 12 RK 58/76, SozR 2200, § 1227 RVO Nr. 19).

2. Die Verpflichtung, angebotene Aufträge anzunehmen, ist ein wichtiges Indiz für ein Arbeits- bzw. Beschäftigungsverhältnis (BAG, Beschl. v. 16.06.1998 – 5 AZN 154/98, EzA § 611 BGB Arbeitnehmerbegriff Nr. 65; BAG, Urt. v. 30.09.1998 – 5 AZR 563/97, EzA § 611 BGB Arbeitnehmerbegriff Nr. 74). Die Indizwirkung ist auch dann gegeben, wenn der Auftragnehmer zwar rechtlich nicht zur Annahme von Aufträgen verpflichtet ist, ihm aber im Fall der Ablehnung Sanktionen drohen, z.B. indem er zukünftig nicht mehr beauftragt wird.

3. Ein wesentliches Merkmal einer selbständigen Tätigkeit ist es, dass der Auftragnehmer nicht zur persönlichen Leistung verpflichtet ist, sondern dazu Dritte (etwa eigene Arbeitnehmer oder Subunternehmer) einschalten darf (BAG, Urt. v. 11.08.2015 – 9 AZR 98/14, EzA § 611 BGB 2002 Arbeitnehmerbegriff Nr. 28; BAG, Urt. v. 16.07.1997 – 5 AZR 312/96, EzA § 611 BGB Arbeitnehmerbegriff Nr. 61). Hingegen wird die Verpflichtung zur persönlichen Leistung eher als typisch für ein Arbeitsverhältnis angesehen. Der Einsatz Dritter sollte daher nach Möglichkeit vertraglich gestattet werden, sofern sich dies mit den Gegebenheiten des Vertragsverhältnisses vereinbaren lässt. In Fällen, in denen die Fähigkeiten und Kenntnisse des freien Mitarbeiters von wesentlicher Bedeutung sind, wird dies in der Praxis nicht immer umsetzbar sein.

4. Auch die Art und Weise der Vergütung stellt ein – wenn auch untergeordnetes – Abgrenzungsmerkmal zwischen selbständiger Tätigkeit und abhängiger Beschäftigung dar. Typisch für ein Arbeitsverhältnis ist die Vereinbarung einer monatlich feststehenden Vergütung oder eines Stundenlohns, während ein – vom Umfang der Arbeitszeit unabhängiges – Pauschalhonorar für eine selbständige Tätigkeit spricht. Falls ein Pauschalhonorar im Einzelfall nicht geeignet erscheint, kann als Alternative auch eine nach Stunden oder Tagen bemessene Vergütung vereinbart werden, z.B. wie folgt:

N. Freie Mitarbeiter und Handelsvertreter

Alternative:

[Der freie Mitarbeiter erhält für seine Dienstleistungen eine Stundenvergütung von ___[Betrag]___ € zzgl. gesetzlicher MwSt. Die Vergütung wird jeweils bis zum ___[Datum]___ eines Monats für den vorangegangenen Monat abgerechnet.]

8   Als formales Merkmal eines abhängigen Beschäftigungsverhältnisses wird auch bewertet, wenn der Auftraggeber Lohnsteuer und Sozialversicherungsbeiträge abführt oder wenn während Urlaub und Krankheit des Auftragnehmers die Vergütung weiter gezahlt wird. Daher sollte im Vertrag festgehalten werden, dass der freie Mitarbeiter für die Versteuerung der Vergütung sowie sozialversicherungsrechtliche Belange selbst verantwortlich ist, dass Rechnungen unter Ausweis der gesetzlichen Mehrwertsteuer gestellt werden und dass ein Anspruch auf Vergütungsfortzahlung bei Urlaub und Krankheit nicht besteht.

9   **5.** Die Vermeidung sog. Scheinselbständigkeit ist insbesondere aus sozialversicherungsrechtlichen Gründen von Bedeutung. Kommen die Sozialversicherungsträger zu dem Ergebnis, dass ein (vermeintlich) freier Mitarbeiter in Wahrheit abhängig Beschäftigter ist, so **haftet der Auftraggeber** als Arbeitgeber **für die Sozialversicherungsbeiträge** (Arbeitgeber- und Arbeitnehmeranteile). Die Sozialversicherungsträger können die Beiträge für bis zu vier Jahre, bei vorsätzlicher Vorenthaltung von Beiträgen sogar bis zu 30 Jahren rückwirkend geltend machen (§ 25 SGB IV). Ein Rückgriff gegenüber dem Mitarbeiter wegen der Arbeitnehmeranteile zur Sozialversicherung ist nur in sehr engen Grenzen, nämlich durch Einbehalt bei den folgenden drei monatlichen Vergütungszahlungen zulässig (§ 28g S. 3 SGB IV).

10 Auch wenn der freie Mitarbeiter tatsächlich selbständig ist, kann er dennoch **in der gesetzlichen Rentenversicherung beitragspflichtig** sein. Gemäß § 2 Satz 1 Nr. 9 SGB VI unterliegen Selbständige der gesetzlichen Rentenversicherung, wenn sie im Wesentlichen für nur einen Auftraggeber tätig sind und dabei keine eigenen Arbeitnehmer beschäftigen. Eine Tätigkeit »im Wesentlichen« für nur einen Auftraggeber wird von den Sozialversicherungsträgern angenommen, wenn der Betreffende mindestens ⅚ seines Einkommens von einem Auftraggeber erzielt. Ist der freie Mitarbeiter nach § 2 Nr. 9 SGB VI rentenversicherungspflichtig, hat er die Rentenversicherungsbeiträge allein aufzubringen. Eine Aufteilung der Beiträge in Arbeitgeber- und Arbeitnehmeranteile ist für rentenversicherungspflichtige Selbständige nicht vorgesehen. Das Risiko der Rentenversicherungspflicht liegt demnach nicht beim Auftraggeber, sondern allein beim freien Mitarbeiter.

11 **6.** Soll ein gesonderter Aufwendungsersatz nicht geleistet werden, kann stattdessen als § 3 Folgendes vereinbart werden:

Alternative:

[Mit der Vergütung gemäß § 2 sind sämtliche Aufwendungen des freien Mitarbeiters abgegolten.]

12 **7.** Für eine selbständige Tätigkeit ist es typisch, dass der Auftragnehmer auch für andere Auftraggeber tätig werden, also am Markt auftreten kann. Wird die Tätigkeit für andere Auftraggeber vertraglich ausgeschlossen und somit eine Exklusivität für den Auftraggeber vereinbart, stellt dies ein wesentliches Indiz für ein Arbeits- bzw. Beschäftigungsverhältnis dar (vgl. BAG, Urt. v. 30.09.1998 – 5 AZR 563/97, EzA § 611 BGB Arbeitnehmerbegriff Nr. 74). Unschädlich ist hingegen die Vereinbarung eines Wettbewerbsverbots. Auch bei selbständigen Dienstleistungen ist es nicht unüblich, dass eine gleichzeitige Tätigkeit des Auftragnehmers für Konkurrenten des Auftraggebers vertraglich ausgeschlossen wird. Ein bloßer Ausschluss von Tätigkeiten für Wettbewerber des Auftraggebers während der Dauer des Vertragsverhältnisses spricht daher nicht für die persönliche Abhängigkeit des Auftragnehmers.

13 **8.** Die Dauer der **Kündigungsfrist** kann **bei selbständigen Dienstverhältnissen** grundsätzlich frei vereinbart werden. Bei Formularverträgen sind die Einschränkungen des § 309 Nr. 9 BGB zu

beachten. Ist keine Kündigungsfrist vereinbart, gilt § 621 BGB. Danach kann bei einer nach Monaten bemessenen Vergütung spätestens am 15. eines jeden Monats zum Schluss des Kalendermonats gekündigt werden (§ 621 Nr. 3 BGB). Ist die Vergütung nicht nach Zeitabschnitten bemessen, ist die Kündigung jederzeit zulässig. Bei einem die Erwerbstätigkeit des Dienstnehmers vollständig oder hauptsächlich in Anspruch nehmenden Dienstverhältnis ist jedoch eine Kündigungsfrist von zwei Wochen einzuhalten (§ 621 Nr. 5 BGB).

Im Fall der **Scheinselbständigkeit** sind hingegen die für Arbeitsverhältnisse geltenden, zum Teil wesentlich längeren Kündigungsfristen des § 622 BGB zu beachten. Außerdem kann sich der Mitarbeiter auf den allgemeinen Kündigungsschutz berufen, wenn das Dienstverhältnis länger als sechs Monate bestand (§ 1 Abs. 1 KSchG) und im Betrieb mehr als zehn Arbeitnehmer beschäftigt werden (§ 23 Abs. 1 S. 3 KSchG). Die Kündigung ist dann nur aus betriebsbedingten, personenbedingten oder verhaltensbedingten Gründen im Sinne des § 1 Abs. 2 KSchG wirksam möglich. Auch insoweit kommt der Vermeidung der Scheinselbständigkeit eine erhebliche Bedeutung zu.

9. In Formularverträgen ist die doppelte Schriftformklausel in dieser Fassung gemäß § 307 Abs. 1 BGB nicht wirksam, da der Vorrang der Individualabrede (§ 305b BGB) nicht zum Ausdruck kommt (vgl. BAG, Urt. v. 20.05.2008 – 9 AZR 382/07, EzA § 307 BGB 2002 Nr. 37). Sofern in der AGB-Kontrolle unterliegenden Formularverträgen eine doppelte Schriftformklausel verwendet werden soll, ist auf den Vorrang der Individualabrede ausdrücklich hinzuweisen (siehe dazu B Rdn. 4, § 17 nebst Anmerkung 32, 33 – B Rdn. 55 f.).

2. Beratervertrag

Vorbemerkung

Der Beratervertrag unterscheidet sich vom Vertrag über freie Mitarbeit vor allem dadurch, dass meist kein Pauschalhonorar vereinbart wird. Dies wäre insbesondere bei unbefristeten Verträgen häufig nicht praktikabel. Stattdessen ist eine Vergütung auf Basis von Stunden- oder Tagessätzen üblich. Da dies eher ein Indiz für eine abhängige Beschäftigung ist (siehe dazu Anm. 4 zu Muster N Rdn. 7), sollte das Vertragsverhältnis im Übrigen deutliche Kriterien einer selbständigen Tätigkeit aufweisen, die diese Indizwirkung entkräften.

▶ Muster – Beratervertrag

Zwischen

der [Firma und Anschrift des Unternehmens]

(im Folgenden: »Unternehmen«)

und

Herrn/Frau [Name und Anschrift des Beraters]

(im Folgenden: »Berater«)

wird hiermit folgender Beratervertrag geschlossen:

§ 1
Vertragsgegenstand

(1) Der Berater wird das Unternehmen ab [Anfangsdatum] auf selbständiger Basis im Bereich [möglichst genaue Beschreibung] beraten.

(2) Der Berater ist in der Bestimmung seines Arbeitsortes und seiner Arbeitszeit frei. Das Unternehmen ist nicht berechtigt, ihm Weisungen hinsichtlich Ort, Zeit und Dauer der Tätigkeit

oder der Art und Weise der Durchführung seiner Tätigkeit zu erteilen. Der Berater ist seinerseits gegenüber Arbeitnehmern des Unternehmens nicht weisungsbefugt. [1]

(3) Die Parteien gehen derzeit davon aus, dass der Berater dem Unternehmen in der Regel an einem Tag pro Woche für Beratungsleistungen zur Verfügung stehen wird.

§ 2
Vergütung [2]

(1) Der Berater erhält für seine Beratungsleistungen ein Stundenhonorar in Höhe von ___[Betrag]___ € zzgl. gesetzlicher MwSt. Der Berater wird die Leistungen des jeweiligen Vormonats bis spätestens ___[Datum]___ eines jeden Monats in Rechnung stellen. Das Honorar ist 10 Tage nach Zugang der Rechnung zur Zahlung fällig.

(2) Für die ordnungsgemäße Versteuerung sowie eventuelle sozialversicherungsrechtliche Belange ist der Berater selbst verantwortlich.

(3) Ansprüche auf bezahlten Urlaub und Vergütungsfortzahlung bei Krankheit bestehen nicht.

§ 3
Aufwendungsersatz

Das Unternehmen ersetzt dem Berater die erforderlichen und nachgewiesenen Aufwendungen für Reisen, Telefon und Porto, die in Ausübung seiner Dienstleistungen im Rahmen dieses Vertrages entstehen, bis zu einer Höhe von ___[Betrag]___ € monatlich. Die Erforderlichkeit größerer Reisen ist vor Reiseantritt mit dem Unternehmen abzustimmen. [3]

§ 4
Anderweitige Tätigkeiten

Der Berater ist berechtigt, auch für andere Auftraggeber tätig zu sein. Er verpflichtet sich jedoch, nicht für einen Auftraggeber tätig zu sein, der mit dem Unternehmen oder einem verbundenen Unternehmen in Wettbewerb steht.

§ 5
Verschwiegenheit

Der Berater verpflichtet sich, über alle ihm während seiner Tätigkeit für das Unternehmen bekannt gewordenen Geschäfts- und Betriebsgeheimnisse, auch solche verbundener Unternehmen und von Vertragspartnern des Unternehmens, während und nach Beendigung dieses Vertragsverhältnisses Stillschweigen zu bewahren.

§ 6
Vertragsdauer

(1) Das Vertragsverhältnis ist befristet. Es endet mit Ablauf des ___[Enddatum]___, ohne dass es einer Kündigung bedarf.

(2) Das Vertragsverhältnis kann von jeder Partei auch vor Ablauf der Vertragslaufzeit gemäß Abs. 1 jederzeit unter Einhaltung einer Frist von einem Monat zum Monatsende gekündigt werden.

(3) Das Recht zur außerordentlichen Kündigung aus wichtigem Grund bleibt unberührt.

(4) Jede Kündigung bedarf der Schriftform.

§ 7
Aufbewahrung und Rückgabe von Unterlagen

(1) Der Berater verpflichtet sich, alle ihm zur Verfügung gestellten Unterlagen sowie sämtliche selbst angefertigten Schriftstücke oder andere Aufzeichnungen und Konzepte, die sich in seinem Besitz befinden und die Angelegenheiten des Unternehmens betreffen, ordnungsgemäß aufzubewahren und insbesondere dafür zu sorgen, dass Dritte nicht Einsicht nehmen können.

(2) Unterlagen und Aufzeichnungen im Sinne des Abs. 1 sind während der Dauer des Vertragsverhältnisses auf Anforderung, nach Beendigung des Vertragsverhältnisses unverzüglich und unaufgefordert an das Unternehmen herauszugeben. Dasselbe gilt für sämtliche Gegenstände, die Eigentum des Unternehmens oder verbundener Unternehmen sind und an denen der Berater im Rahmen dieses Vertragsverhältnisses Besitz erlangt.

(3) Dem Berater steht an Unterlagen, Aufzeichnungen und Gegenständen im Sinne dieses § 7 kein Zurückbehaltungsrecht zu.

§ 8
Schlussbestimmungen

(1) Sollten einzelne Bestimmungen dieser Vereinbarung ungültig oder unwirksam sein, werden die übrigen Bestimmungen dieser Vereinbarung dadurch nicht berührt. Die ungültige oder unwirksame Bestimmung ist durch eine andere gültige Bestimmung zu ersetzen, die dem Willen der Parteien so nahe wie möglich kommt.

(2) Sonstige Vereinbarungen bestehen nicht.

(3) Änderungen oder Ergänzungen sowie die Aufhebung dieser Vereinbarung bedürfen zu ihrer Wirksamkeit der Schriftform. Das gilt auch für die Änderung des Schriftformerfordernisses. Mündliche Vereinbarungen über die Aufhebung des Schriftformerfordernisses sind nichtig. [4] Die elektronische Form ist ausgeschlossen.

(4) Gerichtsstand ist _____[Ort]_____.

_____[Datum]_____

(Unterschriften)

Erläuterungen

1. Auch bei Beraterverträgen gilt das Hauptaugenmerk der Vermeidung der Scheinselbständigkeit. Insofern wird auf die Anmerkungen zum Vertrag über freie Mitarbeit (N Rdn. 3 ff.) verwiesen. 18

2. Bei der Gestaltung des Beratervertrags sind in besonderem Maße die von den Parteien verfolgten Interessen zu berücksichtigen. So kann anstelle des hier vorgesehenen Stundenhonorars ein Honorar auf der Basis von Tagessätzen vereinbart werden, insbesondere wenn der Berater an den Beratungstagen ganztägig tätig ist. Ebenso kann ein Mindestberatungsumfang (s. § 1 Abs. 3) oder eine – unabhängig von tatsächlichen Beratungsleistungen zu entrichtende – Mindestvergütung vorgesehen werden, wenn eine entsprechende wirtschaftliche Absicherung des Beraters gewünscht ist. 19

3. Soll ein gesonderter Aufwendungsersatz nicht geleistet werden, kann stattdessen als § 3 Folgendes vereinbart werden: 20

Alternative:

[Mit der Vergütung gemäß § 2 sind sämtliche Aufwendungen des Beraters abgegolten.]

4. In Formularverträgen ist die doppelte Schriftformklausel in dieser Fassung gemäß § 307 Abs. 1 BGB nicht wirksam, da der Vorrang der Individualabrede (§ 305b BGB) nicht zum Ausdruck kommt (vgl. BAG, Urt. v. 20.05.2008 – 9 AZR 382/07, EzA § 307 BGB 2002 Nr. 37). Sofern in der AGB-Kontrolle unterliegenden Formularverträgen eine doppelte Schriftformklausel verwendet werden soll, ist auf den Vorrang der Individualabrede ausdrücklich hinzuweisen (siehe dazu B Rdn. 4, § 17 nebst Anmerkungen 32, 33 – B Rdn. 55 f.). 21

II. Handelsvertreter

1. Handelsvertretervertrag

Vorbemerkung

22 Für Handelsvertreterverträge enthalten die §§ 74 bis 92c HGB umfangreiche Regelungen (u.a. über Provisionen und Kündigungsfristen), die teilweise zu Gunsten des Handelsvertreters zwingend sind. Zu beachten ist insbesondere der Ausgleichsanspruch des Handelsvertreters bei Beendigung des Vertragsverhältnisses gemäß § 89b HGB, der nicht im Voraus ausgeschlossen werden kann (§ 89b Abs. 4 Satz 1 HGB).

▶ **Muster – Handelsvertretervertrag**

23 Zwischen

der [Firma und Anschrift des Unternehmens]

(im Folgenden: »Unternehmen«)

und

[Name bzw. Firma und Anschrift des Handelsvertreters]

(im Folgenden: »Handelsvertreter«)

wird hiermit folgender Handelsvertretervertrag geschlossen:

§ 1
Gegenstand der Vertretung

(1) Das Unternehmen überträgt dem Handelsvertreter mit Wirkung ab ___[Datum]___ die Vertretung für die in Anlage 1 aufgeführten Produkte des Unternehmens in dem in Abs. 2 festgelegten Vertriebsgebiet. Nimmt das Unternehmen zukünftig andere Erzeugnisse in seinen Vertrieb auf, so kann es verlangen, dass der Handelsvertreter auch für diese Produkte die Vertretung übernimmt. Das Recht des Unternehmens im Vertriebsgebiet des Handelsvertreters selbst oder durch Dritte tätig zu werden, bleibt unberührt.

(2) Dem Handelsvertreter wird das in Anlage 2 markierte Vertriebsgebiet zugewiesen. Liegen Tatsachen vor, die den Schluss rechtfertigen, dass durch eine Veränderung, ggf. auch eine Verkleinerung des Vertriebsgebiets eine erhebliche Verbesserung der Absatzchancen des Unternehmens erreicht werden kann, so kann das Unternehmen nach Anhörung des Handelsvertreters und unter angemessener Berücksichtigung der von ihm eingebrachten Vorschläge das Vertriebsgebiet neu festlegen. [1]

(3) Der Handelsvertreter übernimmt den in seinem Vertriebsgebiet vorhandenen Kundenstamm, der aus dem als Anlage 3 beigefügten Kundenverzeichnis ersichtlich ist. [2]

§ 2
Aufgaben und Befugnisse des Handelsvertreters

(1) Der Handelsvertreter hat die Aufgabe, im Vertriebsgebiet neue Kunden anzuwerben, Verkaufsgeschäfte zu vermitteln und die Kunden zu betreuen. [3] Er ist nicht zum Inkasso berechtigt und darf das Unternehmen nicht rechtsgeschäftlich vertreten. Es steht dem Unternehmen frei, einen vom Handelsvertreter vermittelten Vertrag anzunehmen oder abzulehnen.

(2) Der Handelsvertreter hat dem Unternehmen monatlich schriftlich über seine Tätigkeit und die allgemeine Marktentwicklung zu berichten, insbesondere über die Konkurrenzsituation und ggf. über die besonderen Verhältnisse einzelner Kunden und Interessenten, namentlich über deren Anforderungen an die Produkte des Unternehmens und die Kreditwürdigkeit von Abnehmern und Kunden. [4]

(3) Der Handelsvertreter verpflichtet sich, an der jährlich stattfindenden Vertriebstagung der Handelsvertreter des Unternehmens teilzunehmen.

§ 3
Persönliche Leistung/Verhinderung

(1) Der Handelsvertreter hat seine Dienste grundsätzlich persönlich zu leisten. Er darf jedoch Hilfspersonen heranziehen. [5] Dabei hat der Handelsvertreter sicherzustellen, dass diese zur Durchführung der vertraglichen Leistungen qualifiziert sind und die Verpflichtungen, denen der Handelsvertreter unterliegt, ebenfalls einhalten. Soweit die Hilfspersonen in direkten Kontakt mit Kunden des Unternehmens bzw. Interessenten treten, hat der Handelsvertreter dem Unternehmen die Hilfspersonen namentlich bekannt zu geben.

(2) Der Handelsvertreter hat das Unternehmen unverzüglich zu unterrichten, wenn er aufgrund Urlaubs, einer Erkrankung oder aus anderen Gründen voraussichtlich länger als eine Woche an der Ausübung seiner Tätigkeit gehindert ist.

(3) Sollte die Verhinderung des Handelsvertreters sechs Monate überschreiten, so können beide Vertragspartner eine angemessene Änderung dieses Vertrags zur Anpassung an die geänderten Verhältnisse verlangen. Dies gilt auch, wenn sich der Handelsvertreter durch Hilfspersonen vertreten lässt.

§ 4
Wettbewerb/Andere Vertretungen

(1) Der Handelsvertreter ist berechtigt, jederzeit für andere Auftraggeber tätig zu werden und insoweit auch andere Vertretungen zu übernehmen. Der Handelsvertreter wird das Unternehmen über die Aufnahme von Tätigkeiten für andere Unternehmen vorab informieren. Die Tätigkeit des Handelsvertreters für _[Bezeichnung des anderen Unternehmens]_ im Bereich _[Bezeichnung des Bereichs]_ ist dem Unternehmen bekannt.

(2) Der Handelsvertreter hat gegenwärtig keine Vertretung für ein Konkurrenzunternehmen inne. Er darf für die Dauer des Vertragsverhältnisses nicht ohne vorherige, schriftliche Einwilligung des Unternehmens für ein Konkurrenzunternehmen tätig werden, sich an einem Konkurrenzunternehmen direkt oder indirekt beteiligen oder dieses sonst unterstützen. [6]

§ 5
Vertraulichkeit

Der Handelsvertreter ist während des Vertragsverhältnisses und nach seiner Beendigung verpflichtet, über die ihm zur Verfügung gestellten oder sonst bekannt gewordenen geschäftlichen und technischen Informationen, Unterlagen und Daten – auch soweit diese auf Datenträgern verkörpert sind – gegenüber Dritten strengstes Stillschweigen zu bewahren. Dies gilt insbesondere für die Betriebsorganisation und -struktur sowie die Kunden des Unternehmens. Der Handelsvertreter wird entsprechende Informationen, Unterlagen und Daten nur im Rahmen seiner Tätigkeit nutzen. Er wird diese nicht zu anderen Zwecken, insbesondere nicht zu Wettbewerbszwecken verwenden. Der Handelsvertreter gewährleistet, dass diese Verpflichtungen auch von seinen Hilfspersonen beachtet werden. Das Recht des Handelsvertreters zur Ausübung von Wettbewerbstätigkeiten nach Beendigung dieses Vertragsverhältnisses bleibt hiervon unberührt. [7]

§ 6
Unterstützung und Information des Handelsvertreters

(1) Das Unternehmen stellt dem Handelsvertreter die für die Ausübung seiner Tätigkeit erforderlichen Preislisten, allgemeine Geschäftsbedingungen und Werbematerial zur Verfügung. [8] Diese und sonstige Gegenstände, die dem Handelsvertreter vom Unternehmen zur Unterstützung seiner Tätigkeit ausgehändigt werden, bleiben im Eigentum des Unternehmens. Sie sind nach Beendigung des Vertragsverhältnisses unverzüglich herauszugeben, soweit sie nicht bestimmungsgemäß verbraucht wurden. Dies gilt auch für Kopien jeder Art der in Satz 1 und 2 genannten Gegenstände und Unterlagen.

(2) Das Unternehmen unterstützt den Handelsvertreter darüber hinaus, indem es ihn über die Verhältnisse des Unternehmens unterrichtet hält und ihm insbesondere bevorstehende Preis- oder Produktänderungen mitteilt.

§ 7
Provisionen und Vorschüsse

(1) Der Handelsvertreter erhält Provisionen nur für die mit Kunden abgeschlossenen Geschäfte, die auf seine Tätigkeit zurückzuführen sind. [9] § 87 Abs. 2 HGB wird hiermit ausdrücklich ausgeschlossen. Der Handelsvertreter hat daher keinen Anspruch auf Provisionen für Geschäfte, die ohne seine Mitwirkung mit Kunden in seinem Vertriebsgebiet abgeschlossen werden. [10] Der Provisionssatz beträgt ___[Prozentsatz]___ % aus dem Netto-Rechnungsbetrag.

(2) Sieht sich das Unternehmen in Einzelfällen, insbesondere aus Wettbewerbsgründen, veranlasst einen niedrigeren Preis zu akzeptieren, so kann es die dem Handelsvertreter für dieses Geschäft zustehende Provision angemessen kürzen, höchstens jedoch auf die Hälfte.

(3) Der Anspruch auf Zahlung der Provision entsteht, sobald und soweit der Kunde das Entgelt für das provisionspflichtige Geschäft entrichtet hat. [11] Bei Scheck- oder Wechselzahlung gilt das Entgelt in dem Zeitpunkt als entrichtet, zu dem das Unternehmen über den Zahlungsbetrag endgültig frei verfügen kann.

(4) Der Handelsvertreter hat Anspruch auf Zahlung eines Provisionsvorschusses, wenn das Unternehmen das Geschäft ausgeführt hat. Der Provisionsvorschuss beträgt 50 % der Provision, die dem Handelsvertreter aus diesem Geschäft voraussichtlich insgesamt zusteht.

(5) Der Anspruch auf Provision entfällt, wenn und soweit feststeht, dass der Kunde trotz ordnungsgemäßer Ausführung des Geschäfts nicht leistet. [12] Das Unternehmen ist zur gerichtlichen Geltendmachung und Vollstreckung des Zahlungsanspruchs nur auf ausdrückliches, schriftliches Verlangen des Handelsvertreters und nur dann verpflichtet, wenn diese Maßnahmen hinreichende Aussicht auf Erfolg versprechen. Lehnt das Unternehmen mangels Erfolgsaussichten die gerichtliche Geltendmachung bzw. Vollstreckung des Zahlungsanspruchs ab, so kann der Handelsvertreter verlangen, dass das Unternehmen ihm den Anspruch zur Geltendmachung in eigenem Namen und auf eigene Kosten abtritt.

(6) Geleistete Provisionsvorschüsse sind zurückzuzahlen, wenn feststeht, dass der Kunde nicht leistet. Gleiches gilt, wenn die Ausführung eines Auftrags aus Gründen, die nicht von dem Unternehmen zu vertreten sind, unmöglich ist oder wird oder dem Unternehmen nicht zuzumuten ist.

§ 8
Abrechnung und Fälligkeit der Provision

(1) Das Unternehmen hat bis spätestens zum ___[Datum]___ eines jeden Monats eine Abrechnung über die im vorangegangenen Monat entstandenen Ansprüche auf Provisionszahlung zu erteilen. [13] Der Handelsvertreter hat die Abrechnungen unverzüglich zu prüfen und etwaige Einwände spätestens innerhalb eines Monats nach Erhalt der Abrechnung schriftlich gegenüber dem Unternehmen geltend zu machen. [14]

(2) Die Provisionen und Provisionsvorschüsse sind jeweils mit der Abrechnung fällig. [15]

§ 9
Vertragsdauer und -beendigung

(1) Dieser Vertrag wird auf unbestimmte Zeit geschlossen. Er kann von beiden Parteien jederzeit ordentlich unter Einhaltung der gesetzlichen Fristen des § 89 Abs. 1 HGB gekündigt werden. [16] Der Vertrag endet auch im Fall des Todes des Handelsvertreters.

(2) Das Recht zur außerordentlichen Kündigung dieses Vertrags aus wichtigem Grund (§ 89a Abs. 1 HGB) bleibt unberührt. [16.1]

(3) Jede Kündigung bedarf zu ihrer Wirksamkeit der Schriftform.

§ 10
Abtretung und Verpfändung von Ansprüchen

Der Handelsvertreter darf Ansprüche aus diesem Vertragsverhältnis nur mit vorheriger, schriftlicher Einwilligung des Unternehmens abtreten oder verpfänden.

§ 11
Verjährung

Alle Ansprüche aus diesem Vertrag verjähren nach zwölf Monaten. Die Frist beginnt mit dem Ende des Monats, in dem der Anspruch fällig geworden ist, jedoch nicht bevor der Anspruchsberechtigte Kenntnis von der Fälligkeit der Forderung erlangt hat. [17]

§ 12
Schlussbestimmungen

(1) Die diesem Vertrag beigefügten Anlagen sind wesentlicher Bestandteil dieser Vereinbarung. Mündliche Nebenabreden zu diesem Vertrag sind nicht getroffen. Änderungen oder Ergänzungen bedürfen zu ihrer Rechtswirksamkeit der Schriftform. Dies gilt auch für die Aufhebung des Schriftformerfordernisses. Mündlich getroffene Vereinbarungen sind nichtig. [18]

(2) Im Fall der Unwirksamkeit einer oder mehrerer Bestimmungen dieses Vertrags bleibt die Wirksamkeit der übrigen Bestimmungen unberührt. Die Parteien verpflichten sich, im Fall der Unwirksamkeit einer oder mehrerer Bestimmungen dieses Vertrags eine der unwirksamen Regelung wirtschaftlich möglichst nahekommende wirksame Regelung zu treffen.

(3) Gerichtsstand für alle Streitigkeiten aus diesem Vertrag oder im Zusammenhang damit ist der Sitz des Unternehmens. Jeder Vertragspartner ist auch berechtigt, den anderen an dem für diesen geltenden allgemeinen Gerichtsstand zu verklagen.

[Datum]

(Unterschriften)

Erläuterungen

Schrifttum

Bälz Der Ausschluss des Ausgleichsanspruchs in internationalen Handelsvertreterverträgen, NJW 2003, 1559; *Behrend* Aktuelle handelsvertreterrechtliche Fragen in Rechtsprechung und Praxis, NJW 2003, 1563; *Emde* Handelsvertreterrecht – Relevante Vorschriften bei nationalen und internationalen Verträgen, MDR 2002, 190; *Kindler/Menges* Die Entwicklung des Handelsvertreter- und Vertragshändlerrechts seit 2005, DB 2010, 1109; *Roth* Zur unentgeltlichen Überlassung von Unterlagen an den Handelsvertreter, BB 2010, 2000; *Thume* Der Provisionsanspruch des Handelsvertreters: Grenzen der Vertragsgestaltung, BB 2012, 975; *Wauschkuhn/Meese* Die standardvertragliche Abdingbarkeit zwingender Vorschriften des Handelsvertreterrechts, RIW 2002, 301.

1. Häufig werden Handelsvertreterverträge standardmäßig für mehrere Handelsvertreter verwendet und unterliegen daher der AGB-Kontrolle. Ist dies der Fall, muss eine Klausel über die **einseitige Änderung des Vertretungsgebiets** angemessen sein (§ 307 Abs. 1, § 308 Nr. 4 BGB). Die vorgeschlagene Klausel trägt dem in verschiedener Hinsicht Rechnung: Unter dem Gesichtspunkt der Transparenz werden die möglichen Gründe für eine Ausübung des Änderungsvorbehalts genannt. Dem Handelsvertreter wird außerdem ein Anhörungsrecht eingeräumt. Dies wird zwar vom AGB-Recht nicht zwingend gefordert; wird dem Handelsvertreter die Möglichkeit eingeräumt, Einwendungen gegen die beabsichtigte Änderung vorzubringen, ist dies jedoch ein zusätzliches Indiz für die Angemessenheit der Regelung. Sofern dem Handelsvertreter durch die Änderung des Vertriebsgebiets bzw. des Kundenkreises Kunden verloren gehen, kann ihm ein Ausgleichsanspruch entsprechend § 89b HGB unter dem Gesichtspunkt einer »Teilbeendigung« des Handelsvertretervertrags zustehen (offen gelassen von BGH, Urt. v. 27.10.1993 – VIII ZR

24

46/93, BGHZ 124, 10; ausführlich dazu *Küstner/Thume* Handbuch des gesamten Außendienstrechts, Band 2, Rn. 58 ff.).

25 **2.** In die Berechnung des Ausgleichsanspruchs, der dem Handelsvertreter bei Beendigung des Vertragsverhältnisses zustehen kann, fließen grundsätzlich nur die Geschäfte mit vom Handelsvertreter geworbenen Kunden ein (vgl. § 89b Abs. 1 Satz 1 Nr. 1 und 2 sowie Satz 2 HGB). Bei Auseinandersetzungen um den Ausgleichsanspruch ist häufig streitig, welche Kunden der Handelsvertreter geworben und welche er bei Vertragsbeginn bereits übernommen hat. Die Beweisführung kann im Einzelfall schwierig sein. Es ist deshalb dringend zu empfehlen, bei Vertragsbeginn in einer Anlage zum Handelsvertretervertrag schriftlich festzuhalten, welche Kunden bereits vorhanden sind.

26 **3.** Nach § 86 Abs. 1 HGB hat der Handelsvertreter sich um die Vermittlung oder den Abschluss von Geschäften zu bemühen und dabei das Interesse des Unternehmers wahrzunehmen. Die Pflichten des Handelsvertreters können vertraglich ausgeweitet und konkretisiert werden. Dabei ist das Problem der **Scheinselbständigkeit** zu beachten (siehe dazu die Anmerkungen zum Vertrag über freie Mitarbeit – N Rdn. 3 ff.). Nach der gesetzlichen Wertung in § 84 Abs. 1 Satz 2 HGB liegt eine selbständige Tätigkeit insbesondere dann vor, wenn der Vertreter im Wesentlichen frei seine Tätigkeit gestalten und seine Arbeitszeit bestimmen kann. Im Umkehrschluss kann ein Arbeitsverhältnis und in sozialversicherungsrechtlicher Hinsicht ein abhängiges Beschäftigungsverhältnis vorliegen, wenn der Vertreter engen Weisungen des Unternehmers hinsichtlich der Art und Weise seiner Tätigkeit und seiner Arbeitszeit unterliegt. Weisungen im Einzelfall sind unschädlich, solange das Selbstbestimmungsrecht des Handelsvertreters »im Wesentlichen« (vgl. § 84 Abs. 1 Satz 2 HGB) bestehen bleibt (BAG, Urt. v. 15.12.1999 – 5 AZR 3/99, EzA § 611 BGB Arbeitnehmerbegriff Nr. 80). Eine weitgehende Weisungsgebundenheit des Vertreters ist sowohl im Handelsvertretervertrag wie auch in der praktischen Durchführung des Vertragsverhältnisses strikt zu vermeiden.

27 **4.** Die Verpflichtung zu regelmäßigen Berichten schränkt zwar die freie Gestaltung der Tätigkeit des Handelsvertreters ein. Dies ist jedoch kein Indiz für ein abhängiges Beschäftigungsverhältnis, da auch den selbständigen Handelsvertreter gemäß § 86 Abs. 2 HGB umfangreiche Berichtspflichten treffen. Berichtspflichten lassen den selbständigen Status des Handelsvertreters unberührt, solange sie sich nicht zu einer umfassenden Kontrolle des Handelsvertreters verdichten und damit seine Freiheit zur ungestörten Gestaltung seiner Tätigkeit beeinträchtigen (BAG, Urt. v. 15.12.1999 – 5 AZR 3/99, EzA § 611 BGB Arbeitnehmerbegriff Nr. 80).

28 **5.** Die Zulässigkeit des Einsatzes Dritter zur Erfüllung der vertraglichen Pflichten ist ein typisches Merkmal selbständiger Tätigkeit (siehe dazu die Erläuterungen zu Muster N Rdn. 3 ff.). Die Befugnis zur Heranziehung von Hilfspersonen (Arbeitnehmern, Subunternehmern oder Untervertretern) sollte daher nach Möglichkeit vertraglich nicht eingeschränkt werden.

29 **6.** Auch das Recht eines Tätigwerdens für andere Auftraggeber sollte zur Vermeidung der Scheinselbständigkeit möglichst nicht eingeschränkt werden (siehe dazu die Anmerkungen zu Muster N Rdn. 12). Eine gleichzeitige Tätigkeit für Wettbewerber kann jedoch ausgeschlossen werden, zumal eine Verpflichtung zur Wettbewerbsenthaltung bereits aus den gesetzlichen Pflichten des Handelsvertreters (vgl. § 86 Abs. 1 HGB) folgt (BAG, Urt. v. 15.12.1999 – 5 AZR 3/99, EzA § 611 BGB Arbeitnehmerbegriff Nr. 80).

30 **7.** Je nach den Umständen des Einzelfalls kann nicht ausgeschlossen werden, dass ein nachvertragliches Verbot der Verwertung der im Rahmen des Handelsvertreterverhältnisses erlangten Informationen faktisch die Wirkung eines **nachvertraglichen Wettbewerbsverbots** haben kann. Die Abgrenzung zwischen strengen Vertraulichkeitsregelungen und Wettbewerbsverboten kann daher fließend sein. Anders als bei Arbeitsverhältnissen, bei denen die Karenzentschädigung ausdrücklich vereinbart werden muss (§ 74 Abs. 2 HGB), steht dem Handelsvertreter bei Vereinbarung einer nachvertraglichen Wettbewerbsabrede kraft Gesetzes eine angemessene Karenzentschädigung zu (§ 90a Abs. 1 Satz 3 HGB). Daher sollte zur Vermeidung finanzieller Ansprüche des Handels-

vertreters streng darauf geachtet werden, dass nicht unbedacht Regelungen getroffen werden, die als nachvertragliche Wettbewerbsabrede ausgelegt werden könnten. Soll der Handelsvertreter hingegen einem nachvertraglichen Wettbewerbsverbot unterworfen werden, sollte dies ausdrücklich im Handelsvertretervertrag vereinbart und zugleich die Höhe der dafür vorgesehenen Entschädigung vereinbart werden.

8. Die Verpflichtung des Unternehmers, dem Handelsvertreter die zur Ausübung seiner Tätigkeit erforderlichen Unterlagen (wie Muster, Zeichnungen, Preislisten, Werbedrucksachen und Geschäftsbedingungen) zur Verfügung zu stellen, ergibt sich bereits aus § 86a Abs. 1 HGB. Die Aufzählung der Unterlagen ist nur beispielhaft und nicht abschließend. Der Handelsvertreter hat einen gesetzlichen Anspruch auf eine kostenlose Bereitstellung aller Unterlagen, auf die er angewiesen ist, um seine Tätigkeit auszuüben. Welche Unterlagen darunter fallen, ist eine Frage des Einzelfalls und richtet sich nach der konkreten Aufgabe des Handelsvertreters und der Branchenüblichkeit (OLG Bremen, Urt. v. 27.06.2011 – 2 U 21/11, NJW-RR 2011, 1542). Die Erforderlichkeit wurde bejaht für ein Softwarepaket, wenn es für die Tätigkeit des Handelsvertreters unverzichtbar ist (BGH, Urt. v. 04.05.2011 – VIII ZR 11/10, NJW 2011, 2423). Auf die kostenlose Bereitstellung von Werbegeschenken und anderen für die Tätigkeit des Handelsvertreters bloß nützlichen oder seiner Büroausstattung zuzuordnenden Artikeln (z.B. Briefpapier oder Visitenkarten) besteht hingegen kein gesetzlicher Anspruch (BGH, Urt. v. 04.05.2011 – VIII ZR 11/10, NJW 2011, 2423).

Der Unternehmer ist zudem gesetzlich verpflichtet, dem Handelsvertreter die für seine Tätigkeit erforderlichen Nachrichten zu geben (§ 86a Abs. 2 Satz 1 HGB). Diese Verpflichtung wird in § 6 Abs. 2 des Vertragsmusters näher konkretisiert.

9. In zeitlicher Hinsicht hat der Handelsvertreter Anspruch auf Provision für alle während des Vertragsverhältnisses abgeschlossenen Geschäfte (§ 87 Abs. 1 Satz 1 HGB). Werden Geschäfte zwar vor Beendigung des Handelsvertretervertrags abgeschlossen, aber erst danach ausgeführt, sind diese noch provisionspflichtig (sog. Überhangprovisionen). Auch nach Vertragsende abgeschlossene Geschäfte können unter den besonderen Voraussetzungen des § 87 Abs. 3 HGB noch provisionspflichtig sein. Diese **nachvertraglichen Provisionsansprüche** des Handelsvertreters können zwar grundsätzlich ausgeschlossen werden. Ob der Ausschluss auch in Allgemeinen Geschäftsbedingungen erfolgen kann, hat der BGH aber mehrfach ausdrücklich offen gelassen. Ein Ausschluss nachvertraglicher Provisionen in Allgemeinen Geschäftsbedingungen ist jedenfalls dann unwirksam, wenn er auch solche Provisionen erfasst, die erst dadurch zu Überhangprovisionen werden, dass der Unternehmer das vermittelte Geschäft nicht oder verspätet ausführt. Denn in diesen Fällen sieht § 87a Abs. 3 HGB zwingend (§ 87a Abs. 5 HGB) einen Provisionsanspruch des Handelsvertreters vor. Erfasst der vertragliche Provisionsausschluss auch diese, dem Handelsvertreter zwingend zustehenden Provisionen, ist die Klausel wegen unangemessener Benachteiligung des Handelsvertreters unwirksam (BGH, Urt. v. 21.10.2009 – VIII ZR 286/07, NJW 2010, 298; BGH, Urt. v. 10.12.1997 – VIII ZR 107/97, NJW-RR 1998, 629).

10. Sofern dem Handelsvertreter ein bestimmter Bezirk oder Kundenkreis zugewiesen ist, hat er nach der (dispositiven) Regelung in § 87 Abs. 2 Satz 1 HGB grundsätzlich Anspruch auf Provision auch für die Geschäfte, die ohne seine Mitwirkung in seinem Bezirk bzw. Kundenkreis geschlossen werden (sog. **Gebietsprovision**). Soll dem Handelsvertreter eine Provision nur für von ihm vermittelte Geschäfte zustehen, muss dies eindeutig geregelt werden.

11. Nach § 87a Abs. 1 Satz 1 HGB hat der Handelsvertreter Anspruch auf Provision, sobald und soweit der Unternehmer das Geschäft ausgeführt hat. Von dieser gesetzlichen Regelung weicht § 7 Abs. 3 des Musters ab, indem die Entstehung des Anspruchs auf den Zeitpunkt verschoben wird, zu dem der Kunde das Entgelt für das provisionspflichtige Geschäft entrichtet hat. Eine von § 87a Abs. 1 Satz 1 HGB abweichende Vereinbarung ist zulässig. Der Handelsvertreter hat dann jedoch mit der Ausführung des Geschäfts durch den Unternehmer Anspruch auf einen angemessenen **Provisionsvorschuss** (§ 87a Abs. 1 Satz 2 HGB). Daher sieht § 7 Abs. 4 des Musters einen Provisionsvorschuss in Höhe von 50 % der zu erwartenden Provision vor.

35 12. Diese Regelung entspricht der gesetzlichen Vorschrift in § 87a Abs. 2 HGB.

36 13. Nach § 87c Abs. 1 HGB hat der Unternehmer über die Provisionen des Handelsvertreters monatlich abzurechnen. Der Abrechnungszeitraum kann auf höchstens drei Monate verlängert werden.

37 Als weitere **Kontrollrechte** neben der regelmäßigen **Abrechnung** gewährt das Gesetz dem Handelsvertreter einen Anspruch auf Erteilung eines **Buchauszugs** über alle provisionspflichtigen Geschäfte (§ 87c Abs. 2 HGB) und einen **Auskunftsanspruch** über alle Umstände, die für den Provisionsanspruch, seine Fälligkeit und seine Berechnung wesentlich sind (§ 87c Abs. 3 HGB). Diese Kontrollrechte können vertraglich nicht ausgeschlossen oder eingeschränkt werden (§ 87c Abs. 5 HGB).

38 14. In der widerspruchslosen Hinnahme der Provisionsabrechnung ist regelmäßig kein Verzicht des Handelsvertreters auf weitergehende Provisionsansprüche zu sehen. Auch eine Vertragsbestimmung, nach der eine Provisionsabrechnung bei Untätigkeit des Handelsvertreters als genehmigt gelten soll, wäre gemäß § 87c Abs. 5 HGB unwirksam (vgl. BGH, Urt. v. 20.02.1964 – VII ZR 147/62, BB 1964, 409; BGH, Urt. v. 20.09.2006 – VIII ZR 100/05, NJW-RR 2007, 246). Eine vertragliche Genehmigungsfiktion kann auch nicht die Rechte des Handelsvertreters beschränken, gemäß § 87c Abs. 2 HGB einen Buchauszug über die provisionspflichtigen Geschäfte zu verlangen oder den Auskunftsanspruch gemäß § 87c Abs. 3 HGB geltend zu machen (BAG, Urt. v. 23.03.1982 – 3 AZR 637/79, EzA § 87c HGB Nr. 4; BGH, Urt. v. 29.11.1995 – VIII ZR 293/94, NJW 1996, 588). Erhebt der Handelsvertreter entgegen der Regelung in § 8 Abs. 1 Satz 2 Einwände nicht fristgerecht, führt dies somit nicht zum Verlust weitergehender Ansprüche.

39 15. Gemäß § 87a Abs. 4 HGB wird der Anspruch auf Provision am letzten Tag des Monats fällig, in dem nach § 87c Abs. 1 HGB über den Anspruch abzurechnen ist. Die Abrechnung hat spätestens bis zum Ende des nächsten Monats zu erfolgen (§ 87c Abs. 1 Satz 2 HGB). Von dieser gesetzlichen Vorschrift weicht § 8 Abs. 2 des Musters zugunsten des Handelsvertreters ab, da die Provisionsansprüche unmittelbar mit der Abrechnung fällig werden.

40 16. Für unbefristete Vertragsverhältnisse gilt im ersten Jahr eine **Kündigungsfrist** von einem Monat, im zweiten Jahr eine Frist von zwei Monaten und im dritten bis fünften Jahr eine Frist von drei Monaten zum Monatsende. Nach einer Vertragsdauer von fünf Jahren kann das Vertragsverhältnis nur noch mit einer Frist von sechs Monaten zum Monatsende gekündigt werden (§ 89 Abs. 1 HGB). Die gesetzlichen Kündigungsfristen können vertraglich verlängert werden, dürfen jedoch für den Unternehmer nicht kürzer als für den Handelsvertreter sein (§ 89 Abs. 2 HGB). In AGB kann u.U. auch eine zu lange Kündigungsfrist als unangemessene Benachteiligung des Handelsvertreters angesehen werden. So hat der BGH eine Kündigungsfrist von zwölf Monaten zum Ende eines Kalenderjahres für nebenberufliche Handelsvertreter als unwirksam erachtet (BGH, Urt. v. 21.03.2013 – VII ZR 224/12, NJW 2013, 2111).

41 16.1. Als wichtige Gründe, die eine außerordentliche Kündigung rechtfertigen, werden insbesondere vorsätzliche oder grob fahrlässige Verletzungen einer wesentlichen Vertragspflicht angesehen. Ein Verstoß gegen vertragliche Wettbewerbsklauseln stellt etwa einen wichtigen Grund dar. Vor Ausspruch einer außerordentlichen Kündigung ist in der Regel eine Abmahnung erforderlich. Dies soll selbst dann gelten, wenn der Verstoß gegen ein vertraglich vereinbartes Wettbewerbsverbot ausdrücklich als wichtiger Grund für eine fristlose Kündigung im Handelsvertretervertrag benannt ist (BGH, Urt. v. 10.11.2010 – VIII ZR 327/09, DB 2011, 233). Nur bei schwerwiegenden Vertragsverletzungen des Handelsvertreters, bei denen eine Abmahnung die Vertrauensbasis nicht wiederherstellen könnte, kann auf eine Abmahnung verzichtet werden und sofort eine außerordentliche Kündigung ausgesprochen werden.

42 17. Ansprüche aus dem Handelsvertretervertrag verjähren grundsätzlich nach drei Jahren (§ 195 BGB). § 88 HGB a.F., der eine vierjährige Verjährungsfrist vorsah, wurde mit Wirkung zum 15.12.2004 aufgehoben. Die Vereinbarung einer kürzeren Verjährungsfrist als drei Jahre ist

grundsätzlich zulässig (vgl. § 202 BGB). Unter der Geltung des § 88 HGB a.F. wurde die **Abkürzung der Verjährungsfrist** auf zwölf Monate in Allgemeinen Geschäftsbedingungen als unwirksam erachtet, wenn die Frist unabhängig von der Kenntnis des Anspruchsinhabers von der Anspruchsentstehung beginnen sollte (so BGH, Urt. v. 03.04.1996 – VIII ZR 3/95, NJW 1996, 2097). Hingegen wurde die Abkürzung der Verjährungsfrist auf nur sechs Monate bei kenntnisabhängigem Fristbeginn als wirksam angesehen (BGH, Urt. v. 10.05.1990 – I ZR 175/88, NJW-RR 1991, 35). Auch nach der Aufhebung des § 88 HGB a.F. dürften diese Grundsätze wohl weiterhin Geltung beanspruchen. Die Vereinbarung einer kürzeren Verjährungsfrist als drei Jahre sollte daher kenntnisabhängig ausgestaltet werden. Unter dieser Voraussetzung ist eine Abkürzung der Frist auf zwölf Monate (wie in § 11 des Musters) oder sogar auf sechs Monate zulässig.

18. Die doppelte Schriftformklausel ist in dieser Fassung in Formularverträgen gemäß § 307 Abs. 1 BGB nicht wirksam, da der Vorrang der Individualabrede (§ 305b BGB) nicht zum Ausdruck kommt (vgl. BAG, Urt. v. 20.05.2008 – 9 AZR 382/07, EzA § 307 BGB 2002 Nr. 37). Sofern in der AGB-Kontrolle unterliegenden Formularverträgen eine doppelte Schriftformklausel verwendet werden soll, ist auf den Vorrang der Individualabrede ausdrücklich hinzuweisen (siehe dazu B Rdn. 4, § 17 nebst Anmerkung 32, 33 – B Rdn. 55 f.). 43

2. Vorauszahlung auf Ausgleichsanspruch

Vorbemerkung

Der Handelsvertreter kann im Voraus nicht wirksam auf den Ausgleichsanspruch verzichten (§ 89b Abs. 4 Satz 1 HGB). Um dennoch bei Beendigung des Vertragsverhältnisses nicht mit allzu hohen Ausgleichsforderungen des Handelsvertreters konfrontiert zu werden, kann der Unternehmer während der Vertragsdauer Vorauszahlungen auf den Ausgleich an den Handelsvertreter leisten. Um eine Umgehung der zwingenden Vorschrift des § 89b HGB zu vermeiden, hat der BGH (Urt. v. 13.01.1972 – VII ZR 81/70, NJW 1972, 477) für eine solche Gestaltung enge Voraussetzungen geschaffen. 44

▶ **Muster – Vorauszahlung auf Ausgleichsanspruch**

Zwischen 45

der __[Firma und Anschrift des Unternehmens]__

(im Folgenden: »Unternehmen«)

und

__[Name bzw. Firma und Anschrift des Handelsvertreters]__

(im Folgenden: »Handelsvertreter«)

wird hiermit ergänzend zum Handelsvertretervertrag vom ___[Datum]___ Folgendes vereinbart:

§ 1

Das Unternehmen verpflichtet sich, dem Handelsvertreter über die im Handelsvertretervertrag vereinbarte Provision hinaus als Vorauszahlung auf den eventuellen künftigen Ausgleichsanspruch gemäß § 89b HGB monatlich einen Betrag in Höhe von ___[Betrag]___ € zzgl. gesetzlicher MwSt zu bezahlen, sofern der Handelsvertreter in dem betreffenden Monat eine Provision in Höhe von mindestens ___[Betrag]___ € erarbeitet hat. [1]

§ 2

Das Unternehmen rechnet die gemäß § 1 zu leistenden Zahlungen bis spätestens zum ___[Datum]___ eines jeden Monats für den jeweils vorangegangenen Monat ab. Die Zahlung gemäß § 1 wird jeweils mit der Abrechnung fällig.

§ 3

Sämtliche Zahlungen gemäß § 1 dieser Zusatzvereinbarung stellen Vorauszahlungen auf einen eventuellen zukünftigen Ausgleichsanspruch des Handelsvertreters bei Beendigung des Vertragsverhältnisses dar. Sollte das Unternehmen bei Beendigung des Vertragsverhältnisses zur Zahlung eines Ausgleichs an den Handelsvertreter verpflichtet sein, werden die gemäß dieser Zusatzvereinbarung geleisteten Zahlungen auf diesen Ausgleichsanspruch in voller Höhe angerechnet. [2] Sollte dem Handelsvertreter bei Beendigung des Vertragsverhältnisses kein Ausgleichsanspruch zustehen oder sollte der Ausgleichsanspruch geringer sein als die insgesamt aufgrund dieser Zusatzvereinbarung vom Unternehmen geleisteten Zahlungen, so hat der Handelsvertreter dem Unternehmen den Differenzbetrag zurückzuerstatten. [3]

_____
[Datum]

_____
(Unterschriften)

Erläuterungen

Schrifttum
Rietschel LM Nr. 42 zu § 89b HGB.

46 **1.** Eine vertragliche Regelung über die Anrechnung bestimmter Zahlungen auf den späteren Ausgleichsanspruch ist nur dann wirksam, wenn sich feststellen lässt, dass die Parteien auch ohne die Verrechnungsabrede keine höhere Provision vereinbart hätten, als dies dem nicht verrechenbaren Anteil an der Gesamtvergütung entspricht (BGH, Urt. v. 13.01.1972 – VII ZR 81/70, NJW 1972, 477). Der Anteil der Vergütung, der auf den Ausgleichsanspruch angerechnet werden soll, muss demnach als **echte Zusatzleistung** vereinbart sein, die zusätzlich zu der Provision gezahlt wird. Die dem Handelsvertreter nach der Anrechnung verbleibende Provision muss also angemessen sein. Im Streitfall trifft den Unternehmer die Darlegungs- und Beweislast, dass die Parteien, hätten sie keine Verrechnungsabrede getroffen, keine höhere Vergütung als die nicht anrechenbare Provision vereinbart hätten. Nach dem vorliegenden Vertragsmuster erhält der Handelsvertreter eine anrechenbare zusätzliche Zahlung, wenn er monatlich eine bestimmte Provisionshöhe erreicht.

47 **2.** Eine wirksame Vereinbarung über die Anrechnung von Vergütungsbestandteilen auf den Ausgleichsanspruch setzt voraus, dass die Anrechnung **eindeutig vereinbart** ist. Die Sonderzahlung sollte am Besten ausdrücklich als Vorauszahlung für den Ausgleich gekennzeichnet sein (MüKoHGB/*von Hoyningen-Huene* § 89b HGB Rn. 201).

48 **3.** Weiter verlangt der BGH (Urt. v. 13.01.1972, VII ZR 81/70, NJW 1972, 477), dass die zusätzliche Vergütung vom Handelsvertreter **zurückgezahlt werden muss**, wenn sie den späteren Ausgleichsanspruch des Handelsvertreters übersteigt. Verzichtet der Unternehmer auf die Rückzahlung des den Ausgleichsanspruch übersteigenden Teils der Zusatzvergütung bzw. Vorauszahlung, so spricht dies nach Ansicht des BGH zwingend dafür, dass es sich gerade nicht um eine vorweggenommene Zahlung auf den Ausgleichsanspruch handelt, sondern dass unzulässigerweise Provisionsanteile mit dem Ausgleich verrechnet werden sollen. Die Verpflichtung des Handelsvertreters, ggf. den Ausgleichsanspruch übersteigende Beträge zurückzuerstatten, ist daher zwingende Voraussetzung für die Wirksamkeit der Anrechnungsvereinbarung.

3. Vermittler-/Maklervertrag

Vorbemerkung

49 Um die strengen Regelungen des Handelsvertreterrechts (insbesondere den Ausgleichsanspruch gemäß § 89b HGB) zu vermeiden, kann es sich u.U. anbieten, die im Vertrieb tätigen Personen auf anderer vertraglicher Grundlage tätig werden zu lassen. So werden in der Praxis Vertriebsmitarbeiter gelegentlich auf Basis von Vermittler- oder Maklerverträgen eingesetzt. Die Anwendung

der Bestimmungen des Handelsvertreterrechts wird damit jedoch nur dann wirksam ausgeschlossen, wenn sich das Vertragsverhältnis nach den gesamten vertraglichen Regelungen und der tatsächlichen Vertragsdurchführung nicht als Handelsvertretervertrag darstellt. Insbesondere darf der Vermittler bzw. Makler nicht »ständig damit betraut« sein, für den Unternehmer Geschäfte zu vermitteln (vgl. § 84 Abs. 1 Satz 1 HGB).

▶ Muster – Vermittler-/Maklervertrag

Zwischen

der [Firma und Anschrift des Unternehmens]

(im Folgenden: »Unternehmen«)

und

[Name bzw. Firma und Anschrift des Vermittlers]

(im Folgenden: »Vermittler«)

wird hiermit folgende Vereinbarung getroffen:

§ 1

Der Vermittler vermittelt für das Unternehmen von Zeit zu Zeit einzelne Geschäfte. Er ist nicht ständig mit der Vermittlung von Geschäften betraut, insbesondere wird kein Handelsvertretervertrag geschlossen. Eine Verpflichtung des Vermittlers zum Tätigwerden besteht nicht. [1]

§ 2

Der Vermittler ist nicht zum Inkasso berechtigt und darf das Unternehmen nicht rechtsgeschäftlich vertreten. Eigengeschäfte mit den Produkten des Unternehmens wird der Vermittler nicht ohne vorherige, schriftliche Einwilligung des Unternehmens tätigen.

§ 3

(1) Für die gelegentliche Vermittlung von Geschäften für das Unternehmen erhält der Vermittler eine Provision, wenn das von ihm vermittelte Geschäft tatsächlich ausgeführt wird. Das Unternehmen behält sich die Entscheidung darüber vor, ob ein Geschäft ausgeführt wird oder nicht. Der Provisionssatz beträgt [Prozentsatz] % aus dem Netto-Rechnungsbetrag zzgl. ggf. anfallender gesetzlicher Mehrwertsteuer.

(2) Der Anspruch auf Zahlung der Provision entsteht, sobald und soweit der Kunde das Entgelt für das provisionspflichtige Geschäft entrichtet hat. Nachträgliche Minderungen des Entgelts, zu denen sich das Unternehmen ggf. veranlasst sieht, muss der Vermittler gegen sich gelten lassen. Das Unternehmen ist nur dann zur gerichtlichen Geltendmachung von Ansprüchen gegenüber dem Kunden verpflichtet, wenn diese Maßnahme hinreichende Aussicht auf Erfolg verspricht. Lehnt das Unternehmen mangels Erfolgsaussichten die gerichtliche Geltendmachung ab, so kann der Vermittler verlangen, dass ihm der Anspruch zur Geltendmachung auf eigene Rechnung und eigene Kosten abgetreten wird.

(3) Das Unternehmen wird dem Vermittler spätestens zum 15. eines jeden Monats eine Abrechnung über die im vorangegangenen Monat vermittelten Geschäfte erteilen. Die Provisionen werden mit Erteilung der Abrechnung zur Zahlung fällig.

§ 4

(1) Mündliche Nebenabreden zu diesem Vertrag sind nicht getroffen. Änderungen oder Ergänzungen bedürfen zu ihrer Rechtswirksamkeit der Schriftform. Dies gilt auch für die Aufhebung des Schriftformerfordernisses. Mündlich getroffene Vereinbarungen sind nichtig. [2]

(2) Im Fall der Unwirksamkeit einer oder mehrerer Bestimmungen dieses Vertrags bleibt die Wirksamkeit der übrigen Bestimmungen unberührt. Die Parteien verpflichten sich, im Fall der

Unwirksamkeit einer oder mehrerer Bestimmungen dieses Vertrags eine der unwirksamen Regelung wirtschaftlich möglichst nahekommende wirksame Regelung zu treffen.

(3) Gerichtsstand für alle Streitigkeiten aus diesem Vertrag oder im Zusammenhang damit ist der Sitz des Unternehmens. Jeder Vertragspartner ist auch berechtigt, den anderen an dem für diesen geltenden allgemeinen Gerichtsstand zu verklagen.

_____
[Datum]

_____
(Unterschriften)

Erläuterungen

51 **1.** Typisch für einen Handelsvertreter ist es, dass er »ständig damit betraut ist«, für den Unternehmer Geschäfte zu vermitteln oder abzuschließen (§ 84 Abs. 1 Satz 1 HGB). Fehlt es an der ständigen Betrauung bzw. einer Pflicht zum Tätigwerden des Handelsvertreters für das Unternehmen, so liegt kein Handelsvertreter-, sondern ein **Maklervertrag** vor (*Hopt* in: Baumbach/Hopt, HGB, 36. Aufl. 2014, § 84 Rn. 20). Maßgebend für die Abgrenzung ist indes nicht die Wortwahl im Vertrag, sondern das Gesamtbild der tatsächlichen Handhabung. Entscheidend ist daher, dass die Pflicht zum Tätigwerden nicht nur formal im Vertrag ausgeschlossen wird, sondern die tatsächliche Vertragspraxis dem entspricht. Damit wird es sich beispielsweise nicht vertragen, wenn dem Vermittler das Recht zur exklusiven Vertretung in einem bestimmten Gebiet eingeräumt wird, da damit in der Regel die Erwartung verbunden sein wird, dass dieses Gebiet vom Vermittler intensiv und nicht nur gelegentlich bearbeitet wird. Auch die Vereinbarung von Mindestumsätzen würde gegen das Vorliegen eines Maklervertrags sprechen.

52 **2.** Die doppelte Schriftformklausel ist in dieser Fassung in Formularverträgen gemäß § 307 Abs. 1 BGB nicht wirksam, da der Vorrang der Individualabrede (§ 305b BGB) nicht zum Ausdruck kommt (vgl. BAG, Urt. v. 20.05.2008 – 9 AZR 382/07, EzA § 307 BGB 2002 Nr. 37). Sofern in den der AGB-Kontrolle unterliegenden Formularverträgen eine doppelte Schriftformklausel verwendet werden soll, ist auf den Vorrang der Individualabrede ausdrücklich hinzuweisen (siehe B Rdn. 4, § 17 nebst Anmerkung 32, 33 – B Rdn. 55 f.).

Teil 3 Kollektives Arbeitsrecht

O. Betriebsverfassungsrecht

Inhaltsübersicht

		Rdn.
I.	**Betriebsratswahl**	1
1.	Einladung zur Betriebsversammlung	1
	Vorbemerkung	1
	Muster: Einladung zur Betriebsversammlung	2
	Erläuterungen	3
2.	Antrag auf Bestellung des Wahlvorstands	19
	Vorbemerkung	19
	Muster: Antrag auf Bestellung des Wahlvorstands	20
	Erläuterungen	21
3.	Antrag auf Ersetzung des Wahlvorstands	39
	Vorbemerkung	39
	Muster: Antrag auf Ersetzung des Wahlvorstands	40
	Erläuterungen	41
4.	Wahlausschreiben zur Betriebsratswahl	47
	Vorbemerkung	47
	Muster: Wahlausschreiben zur Betriebsratswahl	48
	Erläuterungen	49
5.	Feststellungsantrag gemäß § 18 Abs. 2 BetrVG	74
	Vorbemerkung	74
	Muster: Feststellungsantrag gem. § 18 Abs. 2 BetrVG	75
	Erläuterungen	76
6.	Anfechtung der Betriebsratswahl	95
	Vorbemerkung	95
	Muster: Anfechtung der Betriebsratswahl	96
	Erläuterungen	97
7.	Antrag auf einstweilige Verfügung gegen Durchführung der Betriebsratswahl	117
	Vorbemerkung	117
	Muster: Antrag auf einstweilige Verfügung gegen Durchführung der Betriebsratswahl	118
	Erläuterungen	119
II.	**Soziale Angelegenheiten (Betriebsvereinbarungen)**	133
1.	Arbeitsordnung	138
	Vorbemerkung	138
	Muster: Arbeitsordnung	142
	Erläuterungen	143
2.	Flexible Arbeitszeit	229
	Vorbemerkung	229
	Muster: Flexible Arbeitszeit	233
	Erläuterungen	234
3.	Telearbeit	270
	Vorbemerkung	270
	Muster: Telearbeit	276
	Erläuterungen	277
4.	Konjunkturelle Kurzarbeit	333
	Vorbemerkung	333
	Muster: Konjunkturelle Kurzarbeit	337
	Erläuterungen	338
5.	Sabbatical	385
	Vorbemerkung	385
	Muster: Sabbatical	391
	Erläuterungen	392
6.	Nutzung von betrieblichen Kommunikationseinrichtungen	445
	Vorbemerkung	445
	Muster: Nutzung von betrieblichen Kommunikationseinrichtungen	450
	Erläuterungen	451

O. Betriebsverfassungsrecht

		Rdn.
7.	Videoüberwachung	512
	Vorbemerkung	512
	Muster: Videoüberwachung	517
	Erläuterungen	518
8.	Arbeits- und Gesundheitsschutz	559
	Vorbemerkung	559
	Muster: Muster	564
	Erläuterungen	565
9.	Bonussystem	640
	Vorbemerkung	640
	Muster: Bonussystem	646
	Erläuterungen	647
10.	Freiwillige Sozialleistungen	704
	Vorbemerkung	704
	Muster: Freiwillige Sozialleistungen	707
	Erläuterungen	708
III.	**Personelle Maßnahmen**	745
1.	Auswahlrichtlinie	745
	Vorbemerkung	745
	Muster: Auswahlrichtlinie für betriebsbedingte Kündigungen	747
	Erläuterungen	748
2.	Antrag auf Zustimmung zur Einstellung und Eingruppierung (mit Unterrichtung über vorläufige Maßnahme)	759
	Vorbemerkung	759
	Muster: Antrag auf Zustimmung zur Einstellung und Eingruppierung (mit Unterrichtung über vorläufige Maßnahme)	760
	Erläuterungen	761
3.	Verweigerung der Zustimmung zu personeller Maßnahme	771
	Vorbemerkung	771
	Muster: Verweigerung der Zustimmung zu personeller Maßnahme	772
	Erläuterungen	773
4.	Anhörung zu ordentlicher Kündigung, § 102 BetrVG	777
	Vorbemerkung	777
	Muster: Anhörung zu ordentlicher Kündigung, § 102 BetrVG	778
	Erläuterungen	779
5.	Geltendmachung eines vorläufigen Weiterbeschäftigungsanspruchs gemäß § 102 Abs. 5 BetrVG	787
	Vorbemerkung	787
	Muster: Geltendmachung eines vorläufigen Weiterbeschäftigungsanspruchs gemäß § 102 Abs. 5 BetrVG	788
	Erläuterungen	789
6.	Antrag auf Zustimmung zu außerordentlicher Kündigung eines Betriebsratsmitglieds, § 103 BetrVG	793
	Vorbemerkung	793
	Muster: Antrag auf Zustimmung zu außerordentlicher Kündigung eines Betriebsratsmitglieds, § 103 BetrVG	794
	Erläuterungen	795
IV.	**Wirtschaftliche Angelegenheiten**	801
1.	Information des Wirtschaftsausschusses	802
	Vorbemerkung	802
	Muster: Information des Wirtschaftsausschusses	803
	Erläuterungen	804
2.	Geheimhaltungsverpflichtung	815
	Vorbemerkung	815
	Muster: Geheimhaltungsverpflichtung	816
	Erläuterungen	817

		Rdn.
3.	Interessenausgleich	823
	Vorbemerkung	823
	Muster: Interessenausgleich	826
	Erläuterungen	827
4.	Sozialplan	852
	Vorbemerkung	852
	Muster: Sozialplan	857
	Erläuterungen	858
5.	Transferleistungsvertrag mit Transfergesellschaft	904
	Vorbemerkung	904
	Muster: Transferleistungsvertrag mit Transfergesellschaft	910
	Erläuterungen	911
6.	Dreiseitiger Vertrag zur Überleitung eines Arbeitnehmers in eine Transfergesellschaft	936
	Vorbemerkung	936
	Muster: Dreiseitiger Vertrag zur Überleitung eines Arbeitnehmers in eine Transfergesellschaft	937
	Erläuterungen	
7.	Betriebsvereinbarung »Turboprämie«	958
	Vorbemerkung	958
	Muster: Betriebsvereinbarung »Turboprämie«	959
	Erläuterungen	960
V.	Einigungsstellenverfahren	968
1.	Antrag auf Errichtung einer Einigungsstelle	969
	Vorbemerkung	969
	Muster: Antrag auf Errichtung einer Einigungsstelle	970
	Erläuterungen	971
2.	Antrag auf Errichtung einer Einigungsstelle	982
	Vorbemerkung	982
3.	Betriebsvereinbarung über die Errichtung einer ständigen Einigungsstelle	984
	Vorbemerkung	984
	Muster: Betriebsvereinbarung über die Errichtung einer ständigen Einigungsstelle	985
	Erläuterungen	986
4.	Einigungsstellenspruch	1005
	Vorbemerkung	1005
	Muster: Einigungsstellenspruch	1006
	Erläuterungen	1007
5.	Anfechtung eines Einigungsstellenspruchs	1015
	Vorbemerkung	1015

I. Betriebsratswahl

1. Einladung zur Betriebsversammlung

Vorbemerkung

In Betrieben, in denen bereits ein Betriebsrat besteht, ist es gem. § 16 Abs. 1 BetrVG dessen Aufgabe, spätestens zehn Wochen vor Ablauf der Amtszeit einen aus drei Wahlberechtigten bestehenden Wahlvorstand zu bestellen. Existiert in einem Betrieb, der die Voraussetzungen des § 1 Abs. 1 S. 1 BetrVG erfüllt, bislang kein Betriebsrat und wird der Wahlvorstand auch nicht durch den Konzern- oder den Gesamtbetriebsrat bestimmt, obliegt seine Wahl den Beschäftigten nach Maßgabe von §§ 17 Abs. 2, 16 Abs. 1 BetrVG. Zu diesem Zweck ist eine **Betriebsversammlung** durchzuführen, zu der gem. § 17 Abs. 3 BetrVG drei wahlberechtigte Arbeitnehmer des Betriebs oder eine im Betrieb vertretene Gewerkschaft einladen und Vorschläge für die Zusammensetzung des Wahlvorstands machen können.

1

O. Betriebsverfassungsrecht

▶ **Muster – Einladung zur Betriebsversammlung**

2
<u>[Namen der wahlberechtigten Arbeitnehmer, die zu der Betriebsversammlung einladen und/oder Bezeichnung der Gewerkschaft]</u> 1

<u>[Ort, Datum]</u> 2

An alle im Betrieb Beschäftigten 3

Einladung zu einer Betriebsversammlung zur Wahl eines Wahlvorstands

Sehr geehrte Damen und Herren,

bislang besteht in unserem Betrieb kein Betriebsrat, der die Interessen der Belegschaft vertreten könnte. Wir wollen dies ändern und laden Sie daher zu einer Betriebsversammlung am

<u>[Datum]</u>

<u>[Uhrzeit]</u>

<u>[Ort]</u>

ein.

In der Betriebsversammlung soll – entsprechend den Vorgaben aus §§ 17 Abs. 2, 16 Abs. 1 BetrVG – ein Wahlvorstand gewählt werden, dessen Aufgabe die unverzügliche Einleitung, Vorbereitung und Durchführung der Betriebsratswahlen sein wird. Die in dem Betrieb vertretenen Gewerkschaften können auf Anfrage des Wahlvorstands beratend hinzugezogen werden und an den Sitzungen des Wahlvorstands teilnehmen. 4

Folgende Tagesordnung ist vorgesehen:

1. Eröffnung der Versammlung durch die Unterzeichner, Begrüßung der Anwesenden
2. Wahl eines Versammlungsleiters
3. Erläuterung des Verfahrens zur Wahl des Wahlvorstands und zur Wahl eines Betriebsrats
4. Durchführung der Wahlen des Wahlvorstands 5

Wichtige Hinweise:

Der zu wählende Wahlvorstand muss aus drei Mitgliedern bestehen, von denen eines von der Versammlung zum Vorsitzenden des Wahlvorstands gewählt wird. Dem Wahlvorstand sollten Männer und Frauen angehören. Jede volljährige Arbeitnehmerin und jeder volljährige Arbeitnehmer des Betriebs (mit Ausnahme der leitenden Angestellten) kann sich für die Wahl zum Wahlvorstand zur Verfügung stellen. Die Mitglieder werden einzeln gewählt. Gewählt ist, wer die Mehrheit der Stimmen der anwesenden Arbeitnehmer auf sich vereinen kann. 6 Für jedes Mitglied des Wahlvorstands kann für den Fall seiner Verhinderung ein Ersatzmitglied gewählt werden. Bisher haben sich folgende Personen bereit erklärt, für die Wahl in den Wahlvorstand zur Verfügung zu stehen:

<u>[Name, ggf. auch Tätigkeit/Funktion der Personen]</u> 7

Weitere Vorschläge können in der Versammlung aus dem Kreis der Beschäftigten und von den im Betrieb vertretenen Gewerkschaften eingebracht werden. 8 Die Betriebsversammlung ist ohne Rücksicht auf die Anzahl der erschienenen Arbeitnehmer beschlussfähig. 9

Ein Wahlvorschlag von Seiten der Arbeitnehmer für die Wahl zum Betriebsrat kann nur zugelassen werden, wenn er von <u>[Anzahl]</u> 10 weiteren Arbeitnehmern unterstützt wird. Die Unterstützung muss schriftlich erklärt werden. 11 Jeder Wahlvorschlag der Gewerkschaft ist von zwei Beauftragten zu unterzeichnen.

Die Teilnahme an der Betriebsversammlung darf gem. § 20 BetrVG von niemandem behindert werden. Der Arbeitgeber hat gem. § 17 i.V.m. § 44 Abs. 1 BetrVG die Kosten der Versammlung zu tragen. 12 Die Zeit, in der Arbeitnehmer an der Betriebsversammlung teilnehmen, ist zu vergüten. Fahrtkosten, die durch die Teilnahme entstehen, müssen vom Arbeitgeber erstattet werden.

Wir hoffen auf möglichst zahlreiches Erscheinen und eine erfolgreiche Versammlung.

Mit freundlichen Grüßen

_____

(Unterschriften der Arbeitnehmer) [13]

Erläuterungen

Schrifttum

Burgmer/Richter Rechtsprechungsübersicht zu den Betriebsratswahlen – Ein Querschnitt aus den letzten vier Jahren, NZA-RR 2006, 1; *dies.* Rechtsprechungsübersicht zu den Betriebsratswahlen – Ein Querschnitt aus den letzten vier Jahren (in Anknüpfung an NZA-RR 2006, 1), NZA-RR 2010, 57; *Eckert* Betriebsratswahl in Kleinbetrieben – Novellierung des Betriebsverfassungsrechts, BC 2001, 259; *Richter* »Trotz Einladung« – Hat die Reform des BetrVG Auswirkungen auf die Auslegung des § 17 IV BetrVG?, NZA 2002, 1069; *Schiefer/Korte* Die Durchführung der Betriebsratswahlen nach neuem Recht – Teil 1, NZA 2002, 57; *Schiefer/Korte* Die Durchführung der Betriebsratswahlen nach neuem Recht – Teil 2, NZA 2002, 113.

1. Trotz des Wortlauts von § 17 Abs. 3 BetrVG geht die überwiegende Ansicht davon aus, dass **auch der Arbeitgeber berechtigt ist**, zu der Betriebsversammlung einzuladen (*Besgen* in Rolfs/Giesen/Kreikebohm/Udsching § 17 BetrVG Rn. 7; DLW/*Wildschütz* Kapitel 13 Rn. 329; Richardi/*Thüsing* § 17 Rn. 11; a.A. ErfK/*Koch* § 17 BetrVG Rn. 2). 3

Eine Verpflichtung der nach § 17 Abs. 3 BetrVG Einladungsberechtigten, sich zuvor bei einem bestehenden Konzern- bzw. Gesamtbetriebsrat zu informieren, ob diese noch beabsichtigen, einen Wahlvorstand zu bestellen, besteht nicht. Es greift das Prioritätsprinzip (LAG Düsseldorf, Beschl. v. 25.06.2003 – 12 TaBV 34/03, juris, Rn. 13; *Besgen* in Rolfs/Giesen/Kreikebohm/Udsching, § 17 BetrVG Rn. 7; Richardi/*Thüsing* § 17 Rn. 24a). 4

2. Formvorschriften für die Einladung zu der Betriebsversammlung enthält das BetrVG für den Fall des § 17 BetrVG ebenso wenig wie eine Einladungsfrist. § 28 Abs. 1 S. 2 WO, wonach die Einladung mindestens sieben Tage vor dem Tag der Wahlversammlung erfolgen muss, bezieht sich explizit lediglich auf die Wahlversammlung, in der der Wahlvorstand nach §§ 17a Nr. 3, 14a Abs. 1 BetrVG gewählt wird, mithin auf das vereinfachte Wahlverfahren bei Kleinbetrieben (siehe dazu eingehend: *Eckert* BC 2001, 259). Für die Einladung zur Betriebsversammlung i.S.d. § 17 BetrVG folgt indes aus dem Grundsatz der Allgemeinheit der Wahl, dass sie **so rechtzeitig** erteilt werden muss, **dass die Arbeitnehmer von dem Termin Kenntnis nehmen können** und jedenfalls abstrakt die Möglichkeit zur Teilnahme haben (BAG, Beschl. v. 19.11.2003 – 7 ABR 24/03, NZA 2004, 395, 396; LAG Düsseldorf, Beschl. v. 25.06.2003 – 12 TaBV 34/03, juris, Rn. 11 ff.). Eine Frist von einer Woche ist – in Anlehnung an § 28 WO (siehe auch BAG, Beschl. v. 19.11.2003 – 7 ABR 24/03, NZA 2004, 395, 396; LAG Baden-Württemberg, Beschl. v. 20.02.2009 – 5 TaBVGa 1/09, juris) – jedenfalls hinreichend, drei Tage sind es in aller Regel nicht (Richardi/*Thüsing* § 17 Rn. 12). Von Bedeutung für die erforderliche Frist ist insbesondere auch die Größe des Betriebs (siehe auch ArbG Essen, Beschl. v. 22.06.2004 – 2 BV 17/04, NZA-RR 2005, 258, 260). 5

Erfolgte die Einladung zu kurzfristig oder wurde sie nicht ausreichend bekannt gemacht und haben die Arbeitnehmer deshalb nicht von der Versammlung erfahren, ist die Wahl des Wahlvorstands nichtig, wenn das Fernbleiben der nicht unterrichteten Arbeitnehmer das Wahlergebnis beeinflussen konnte (BAG, Urt. v. 07.05.1986 – 2 AZR 349/85, NZA 1986, 753, 754; LAG Düsseldorf, Beschl. v. 25.06.2003 – 12 TaBV 34/03, juris). Hierfür reicht es indes nicht aus, dass statt des Regelverfahrens i.S.d. §§ 14 ff. BetrVG das vereinfachte Verfahren nach § 14a BetrVG durchgeführt worden ist (BAG, Beschl. v. 19.11.2003 – 7 ABR 24/03, NZA 2004, 395, 396 f.). 6

7 **3.** Der **Aushang der Einladung** an einer gut zugänglichen Stelle im Betrieb reicht aus (BAG, Beschl. v. 19.11.2003 – 7 ABR 24/03, NZA 2004, 395, 396; siehe auch BAG, Beschl. v. 22.04.1997 – 7 ABR 37/91, NZA 1992, 942, 943 f. und für das vereinfachte Verfahren in Kleinbetrieben ausdrücklich: § 28 Abs. 1 S. 3 WO).

8 Teilnahmeberechtigt sind alle Arbeitnehmer des Betriebs, auch die nicht wahlberechtigten. Ausgeschlossen sind lediglich Beschäftigte i.S.d. § 5 Abs. 2 BetrVG sowie leitende Angestellte gem. § 5 Abs. 3 BetrVG (DLW/*Wildschütz* Kapitel 13 Rn. 333; ErfK/*Koch* § 17 BetrVG Rn. 2; Richardi/*Thüsing* § 17 Rn. 14).

9 **4.** Gewerkschaften, die im Betrieb vertreten sind, haben darüber hinaus gem. § 17 Abs. 2 S. 1 i.V.m. § 16 Abs. 1 S. 6 BetrVG das Recht, einen nicht stimmberechtigten Beauftragten in den Wahlvorstand zu entsenden, sofern nicht eines der gewählten Mitglieder des Wahlvorstands Mitglied der Gewerkschaft ist. Es ist nicht Voraussetzung des Entsendungsrechts, dass die Gewerkschaft für den Betrieb oder das Unternehmen des Arbeitgebers tarifzuständig ist. Es genügt vielmehr, dass ein Arbeitnehmer des Betriebs der Gewerkschaft angehört und dieser nach der Satzung nicht offensichtlich zu Unrecht als Mitglied aufgenommen wurde (ErfK/*Koch* § 17 BetrVG Rn. 2; siehe auch BAG, Beschl. v. 10.11.2004 – 7 ABR 19/04, NZA 2005, 426, 427; LAG Baden-Württemberg, Beschl. v. 18.02.2009 – 13 TaBV 10/08, juris).

10 **5.** Handelt es sich um eine Wahlversammlung im vereinfachten Wahlverfahren (§ 14a BetrVG), so ist darüber hinaus die Prüfung und Bekanntgabe der gültigen Vorschläge der Bewerber für die Betriebsratswahlen als Tagesordnungspunkt aufzunehmen.

11 **6.** Ausreichend ist die Mehrheit der abgegebenen Stimmen der anwesenden Arbeitnehmer. Eine geheime Wahl ist nicht erforderlich (DLW/*Wildschütz* Kapitel 13 Rn. 335).

12 **7.** Die Benennung ist nicht zwingend erforderlich, sie dient der Information der Arbeitnehmer.

13 **8.** Bei der Einladung zur Wahlversammlung im Rahmen des vereinfachten Verfahrens nach §§ 17a Nr. 3, 14a Abs. 1 BetrVG ist diese Angabe zudem gem. § 28 Abs. 1 S. 5 lit. b) WO um den Hinweis zu ergänzen, dass Wahlvorschläge zur Wahl des Betriebsrats bis zum Ende der Wahlversammlung zur Wahl des Wahlvorstands gemacht werden können.

14 **9.** Die Betriebsversammlung ist **ohne Rücksicht auf die Anzahl der erschienen Arbeitnehmer beschlussfähig.** Solange gewährleistet ist, dass alle Arbeitnehmer in zumutbarer Weise von dem Termin Kenntnis erlangen konnten und die Möglichkeit zur Teilnahme hatten, kann die Wahl auch durch eine Minderheit erfolgen (LAG Baden-Württemberg, Beschl. v. 20.02.2009 – 5 TaBVGa 1/09, juris, Rn. 30 ff.; *Besgen* in Rolfs/Giesen/Kreikebohm/Udsching, § 17 BetrVG Rn. 14).

15 **10.** Der Hinweis erfolgt hier nur zur weiteren Information der Beschäftigten. Gem. § 14 Abs. 4 BetrVG muss jeder Wahlvorschlag der Arbeitnehmer von mindestens einem Zwanzigstel der wahlberechtigten Arbeitnehmer, mindestens jedoch von drei Wahlberechtigten unterzeichnet sein; in Betrieben mit in der Regel bis zu zwanzig wahlberechtigten Arbeitnehmern genügt die Unterzeichnung durch zwei Wahlberechtigte. In jedem Fall genügt die Unterzeichnung durch fünfzig wahlberechtigte Arbeitnehmer. Anzugeben ist eine konkrete Zahl. Bei Kleinbetrieben, auf die das vereinfachte Wahlverfahren nach § 14a BetrAVG Anwendung findet, handelt es sich gem. § 28 Abs. 1 S. 5 lit. c) WO um eine Pflichtangabe.

16 **11.** Handelt es sich bei der Betriebsversammlung um eine Wahlversammlung im vereinfachten Wahlverfahren (§ 14a BetrVG), so muss gem. § 28 Abs. 1 S. 5 lit. d) WO ferner in der Einladung darauf hingewiesen werden, dass Wahlvorschläge zur Wahl des Betriebsrats, die erst in der Wahlversammlung gemacht werden, nach § 14a Abs. 2 BetrVG nicht der Schriftform bedürfen.

17 **12.** Gleiches gilt für die Kosten der Einladung (BAG, Beschl. v. 22.04.1997 – 7 ABR 37/91, NZA 1992, 942, 944).

13. Eine Unterzeichnung der Einladung durch die Einladenden ist nicht erforderlich (ErfK/ *Koch* § 17 BetrVG Rn. 2; Richardi/*Thüsing* § 17 Rn. 12). Der **Versand per E-Mail ist möglich** (BAG, Beschl. v. 19.11.2003 – 7 ABR 24/03, NZA 2004, 395, 396).

2. Antrag auf Bestellung des Wahlvorstands

Vorbemerkung

Der Wahlvorstand wird grundsätzlich durch den bestehenden Betriebsrat bestellt (§ 16 Abs. 1 BetrVG), ggf. können auch Konzern- oder Gesamtbetriebsrat nach Maßgabe von §§ 16 Abs. 3, 17 Abs. 1 BetrVG bzw. die Betriebsversammlung gem. § 17 Abs. 2, 3 BetrVG die Bestellung vornehmen. Kommt der Betriebsrat seiner Pflicht aus § 16 Abs. 1 BetrVG nicht nach (§ 16 Abs. 2 BetrVG), findet die Betriebsversammlung nicht statt oder wird auf ihr kein Wahlvorstand gewählt (§ 17 Abs. 4 i.V.m. § 16 Abs. 2 BetrVG) – gleiches gilt im vereinfachten Verfahren hinsichtlich der Wahlversammlung, § 17a Nr. 1, 4 i.V.m. §§ 17 Abs. 4, 16 Abs. 2 BetrVG – oder wird der Betriebsrat wegen grober Verletzung gesetzlicher Pflichten i.S.d. § 23 BetrVG aufgelöst (§ 23 Abs. 2 i.V.m. § 16 Abs. 2 BetrVG), so wird der Wahlvorstand auf Antrag durch das Arbeitsgericht bestellt (näher dazu: DLW/*Wildschütz* Kapitel 13 Rn. 337 ff.).

▶ **Muster – Antrag auf Bestellung des Wahlvorstands**

_____[Ort]_____, den _____[Datum]_____ 1

An das
Arbeitsgericht _[Ort und Anschrift]_ 2

In dem Beschlussverfahren 3 mit den Beteiligten 4

1. _[Name, Anschrift und gesetzliche Vertreter der antragstellenden Gewerkschaft]_ 5

Prozessbevollmächtigte: Rechtsanwälte _____[Name]_____

– Antragstellerin, Beteiligte Ziff. 1 –

2. Betriebsrat der/des _[Firma; hier z.B. im Folgenden V-GmbH]_, vertreten durch die/den Betriebsratsvorsitzende/n _____[Name]_____, _[Anschrift des Arbeitgebers]_ 6

– Antragsgegner, Beteiligter Ziff. 2 –

3. V-GmbH, _[Anschrift und gesetzliche Vertreter des Arbeitgebers]_ 7

– Beteiligte Ziff. 3 –

wegen Bestellung eines Wahlvorstands

vertreten wir die Antragstellerin. Namens und in Vollmacht der Antragstellerin leiten wir ein Beschlussverfahren ein und beantragen:

Zur Leitung und Durchführung der Betriebsratswahlen wird im Betrieb der Beteiligten Ziff. 3 in _____[Ort]_____ ein Wahlvorstand, bestehend aus Frau/Herrn _____[Name]_____, wohnhaft _____[Adresse]_____, als Wahlvorstandsvorsitzende/r sowie als weiteren Mitgliedern Frau/Herrn _____[Name]_____, wohnhaft _____[Adresse]_____, und Frau/Herrn _____[Name]_____, wohnhaft _____[Adresse]_____, bestellt. 8

Begründung:

Der Betrieb der Beteiligten Ziff. 3 in _____[Ort]_____ erfüllt die Voraussetzungen des § 1 Abs. 1 Satz 1 BetrVG, in ihm sind ständig _[konkrete Anzahl]_ 9 nach § 7 BetrVG wahlberechtigte Arbeitnehmer beschäftigt, von denen mehr als drei wählbar i.S.d. § 8 BetrVG sind. 10 Die Antragstellerin ist in diesem Betrieb vertreten, 11 da ihr mindestens ein Arbeitnehmer des Betriebs, der nicht leitender Angestellter i.S.d. § 5 Abs. 3 BetrVG ist, angehört. 12

Der Antragsgegner ist der bisher bestehende Betriebsrat.[13] Seine Amtszeit begann am ___ [Datum] ___ und endet folglich gem. § 21 BetrVG am ___ [Datum] ___ . Entgegen seiner Verpflichtung aus § 16 Abs. 2 BetrVG hat es der Antragsgegner bisher unterlassen, für die Durchführung der Betriebsratswahlen einen Wahlvorstand i.S.d. § 16 Abs. 1 BetrVG zu bestellen.

Die in dem Antrag genannten Personen sind wahlberechtigte Arbeitnehmer i.S.d. §§ 16 Abs. 1, 7 BetrVG[14] und für das Amt der Wahlvorstandsmitglieder geeignet. Sie haben sich zur Übernahme des Amtes bereit erklärt.

Beweis: [Zeugnis der entsprechenden Personen und/oder schriftliche Erklärungen]

(Unterschrift Rechtsanwalt)

Erläuterungen

Schrifttum

Otto/Schmidt Bestellung des Wahlvorstands – Grenzen des Beurteilungsspielraums des Betriebsrats und Rechtsschutzmöglichkeiten des Arbeitgebers, NZA 2014, 169; *Richter* »Trotz Einladung« – Hat die Reform des BetrVG Auswirkungen auf die Auslegung des § 17 IV BetrVG?, NZA 2002, 1069.

21 **1.** Das Recht zur Anrufung des Arbeitsgerichts besteht nach § 16 Abs. 2 BetrVG **erst acht Wochen vor Ablauf der Amtszeit des Betriebsrats**. Es ist subsidiär zum Bestellungsrecht des Betriebsrats nach § 16 Abs. 1 BetrVG bzw. des Konzern- oder Gesamtbetriebsrats nach §§ 16 Abs. 3, 17 Abs. 1 BetrVG sowie gegenüber einer Bestellung durch die Betriebsversammlung (DLW/*Wildschütz* Kapitel 13 Rn. 342, 343; *Besgen* in Rolfs/Giesen/Kreikebohm/Udsching, § 16 BetrVG Rn. 17). Wird während des gerichtlichen Verfahrens ein Wahlvorstand durch den (Gesamt-/Konzern-)Betriebsrat bestellt, so wird der Antrag unbegründet (vgl. LAG Hamm, Urt. v. 02.10.2009 – 10 TaBV 17/09, juris) und das Verfahren ist einzustellen.

22 **2.** Der Antrag ist gem. § 81 ArbGG schriftlich oder zu Protokoll der Geschäftsstelle des Arbeitsgerichts zu stellen. Ausschließlich zuständig ist das Arbeitsgericht am Sitz des Betriebs, § 82 Abs. 1 S. 1 ArbGG.

23 **3.** Der Antrag kann auch im **einstweiligen Verfügungsverfahren** gestellt werden (vgl. LAG München, Beschl. v. 20.04.2004 – 5 TaBV 18/04, juris; *Diller* in: Bauer/Lingemann/Diller/Haußmann, M 26.1). Dies setzt freilich voraus, dass ein Verfügungsanspruch und ein Verfügungsgrund (also die besondere Dringlichkeit der gerichtlichen Entscheidung) glaubhaft gemacht werden (dazu im Einzelnen Muster O.I.7. – O Rdn. 118).

24 **4.** Berechtigt, den Antrag i.S.d. § 16 Abs. 2 S. 1 BetrVG **zu stellen** (gleiches gilt für die Fälle der §§ 17 Abs. 4, 17a Nr. 4 BetrVG) sind **mindestens drei wahlberechtigte Arbeitnehmer des Betriebs** gemeinsam **oder eine im Betrieb vertretene Gewerkschaft**. Ob die drei Arbeitnehmer den Antrag auf gerichtliche Bestellung nicht nur stellen, sondern das Verfahren auch betreiben müssen, damit die gerichtliche Bestellung möglich ist, ist umstritten (vgl. DLW/*Wildschütz* Kapitel 13 Rn. 344; siehe auch BAG, Beschl. v. 21.11.1975 – 1 ABR 12/75, AP § 118 BetrVG 1972 Nr. 6). Das LAG Hamm tendiert dazu die Antragsbefugnis bei Antragstellung ausreichen zu lassen (LAG Hamm, Urt. v. 02.10.2009 – 10 TaBV 27/09, ArbR 2010, 103: erst das Ausscheiden sämtlicher antragsberechtigter Arbeitnehmer aus dem Betrieb führe zur Unzulässigkeit des Antrags; im Ergebnis ebenso BAG, Beschluss vom 04.12.1986 – 6 ABR 48/85, AP § 19 BetrVG 1972 Nr. 13). Das LAG München verlangt hingegen, dass die Antragsberechtigung mindestens dreier Antragsteller bis zum Schluss der mündlichen Verhandlung in der Rechtsbeschwerdeinstanz vorliegt (LAG München, Beschl. v. 07.12.2011 – 11 TaBV 74/11, juris).

25 Der **Arbeitgeber** hat von Gesetzes wegen nur dann ein Antragsrecht, wenn die Bestellung des Wahlvorstands in Folge einer Auflösung des Betriebsrats nach § 23 BetrVG erforderlich ist. Da er aber nach überwiegender Ansicht berechtigt ist, zur Betriebsversammlung nach § 17 BetrVG ein-

zuladen (*Besgen* in Rolfs/Giesen/Kreikebohm/Udsching § 17 BetrVG Rn. 7; DLW/*Wildschütz* Kapitel 13 Rn. 329; Richardi/*Thüsing* § 17 Rn. 11), kann er indes auch den Antrag nach § 17 Abs. 4 i.V.m. § 16 Abs. 2 BetrVG stellen.

Wurde der vorherige Betriebsrat durch gerichtlichen Beschluss nach § 23 Abs. 1 BetrVG aufgelöst, so ist das Arbeitsgericht von Amts wegen dazu verpflichtet, unverzüglich einen Wahlvorstand für die Neuwahl nach § 23 Abs. 2 i.V.m. § 16 Abs. 2 BetrVG zu bestellen. Eines besonderen Antrags bedarf es daher nicht (ErfK/*Koch* § 23 BetrVG Rn. 16; Richardi/*Thüsing* § 23 Rn. 69 ff.; *Besgen* in Rolfs/Giesen/Kreikebohm/Udsching, § 23 BetrVG Rn. 23 f.). 26

Das vorliegende Muster bezieht sich auf den Antrag nach § 16 Abs. 2 BetrVG durch eine im Betrieb vertretene Gewerkschaft, folglich auf den Fall, dass ein bestehender Betriebsrat seiner Pflicht zur Bestellung des Wahlvorstands nicht nachkommt. Besonderheiten, die bei der Formulierung der Anträge nach § 17 Abs. 4 i.V.m. § 16 Abs. 2 BetrVG bzw. nach § 17a Nr. 1, 4 i.V.m. §§ 17 Abs. 4, 16 Abs. 2 BetrVG zu beachten sind, sind in Form entsprechender Anmerkungen berücksichtigt. 27

5. Antragsberechtigt sind gem. § 16 Abs. 2 BetrVG auch drei wahlberechtigte Arbeitnehmer, die als Antragsteller mit Namen und Anschrift konkret bezeichnet werden müssen. 28

6. In der Literatur ist umstritten, ob der untätige Betriebsrat oder der Arbeitgeber Antragsgegner des Antrags nach § 16 Abs. 2 BetrVG ist (vgl. *Diller* in: Bauer/Lingemann/Diller/Haussmann, M 26.1). Nach richtiger Ansicht ist dies der Betriebsrat. 29

7. Der Arbeitgeber ist gem. § 83 Abs. 3 ArbGG zu beteiligen (vgl. BAG, Beschl. v. 04.12.1986 – 6 ABR 48/85, AP § 19 BetrVG 1972 Nr. 13; LAG Hamm, Urt. v. 02.10.2009 – 10 TaBV 17/09, juris). 30

8. Der **Vorschlag geeigneter Personen** für den Wahlvorstand ist nicht zwingend erforderlich (vgl. § 16 Abs. 2 S. 2 BetrVG), in der Praxis aber durchaus sinnvoll. Das Arbeitsgericht ist an die Vorschläge bei der Bestellung **nicht gebunden** (AR/*Maschmann* § 16 BetrVG Rn. 5). Zu beachten ist § 16 Abs. 1 S. 5 BetrVG, wonach dem Wahlvorstand in Betrieben mit männlichen und weiblichen Arbeitnehmern auch Frauen angehören sollen. Ersatzmitglieder können ebenfalls benannt werden. 31

9. Erforderlich sind gem. § 1 Abs. 1 S. 1 BetrVG i.d.R. mindestens fünf wahlberechtigte Arbeitnehmer. 32

10. Findet auf den Betrieb das vereinfachte Wahlverfahren nach § 14a BetrVG Anwendung, so sollte ergänzt werden, dass die entsprechenden gesetzlichen Voraussetzungen gegeben sind, namentlich dass dem Betrieb bis zu 50 wahlberechtigte Arbeitnehmer angehören. 33

11. Ausreichend ist, dass ein Arbeitnehmer des Betriebs der Gewerkschaft angehört und nach der Satzung nicht offensichtlich zu Unrecht als Mitglied aufgenommen wurde. Tarifzuständigkeit für den Betrieb oder das Unternehmen muss nicht bestehen (BAG, Beschl. v. 10.11.2004 – 7 ABR 19/04, NZA 2005, 426, 427; LAG Baden-Württemberg, Beschl. v. 18.02.2009 – 13 TaBV 10/08, juris). 34

12. Wird der Antrag durch drei wahlberechtigte Arbeitnehmer gestellt, so ist der Satz durch folgenden zu ersetzen: 35

Alternative:

[Die Antragsteller sind wahlberechtigte Arbeitnehmer im Betrieb.]

13. Bestand in dem Betrieb bislang kein Betriebsrat, so empfiehlt es sich, dies ausdrücklich festzustellen. Ferner sind Ausführungen dazu erforderlich, wenn trotz Einladung auf der Betriebsversammlung kein Wahlvorstand gewählt bzw. die Betriebsversammlung nicht zu Stande gekommen 36

O. Betriebsverfassungsrecht

ist (§ 17 Abs. 4 BetrVG) bzw. wenn bei Anwendung des vereinfachten Wahlverfahrens nach § 14a BetrVG die Wahlversammlung nicht stattgefunden oder auf ihr kein Wahlvorstand gewählt worden ist (§ 17a Nr. 4 BetrVG). Da die vorherige ordnungsgemäße Einladung zur Betriebsversammlung Voraussetzung für die gerichtliche Wahlvorstandsbestellung ist (BAG, Beschl. v. 26.02.1992 – 7 ABR 37/92, NZA 1992, 942, 943 f.), bietet es sich an, diese dem Antrag **in Kopie beizufügen**.

37 **14.** Für Betriebe mit in der Regel mehr als 20 wahlberechtigten Arbeitnehmern kann das Arbeitsgericht gem. § 16 Abs. 2 S. 3 BetrVG auch **Mitglieder einer im Betrieb vertretenen Gewerkschaft, die nicht Arbeitnehmer des Betriebs sind**, zu Mitgliedern des Wahlvorstands bestellen, wenn dies zur ordnungsgemäßen Durchführung der Wahl erforderlich ist. Dies kommt aber nur in Betracht, wenn sich nicht in ausreichender Zahl Arbeitnehmer des Betriebs finden lassen, die bereit und/oder dazu in der Lage sind, im Wahlvorstand mitzuwirken. Bloße Zweckmäßigkeitserwägungen sind nicht ausreichend (ErfK/*Koch* § 16 BetrVG Rn. 9; *Besgen* in Rolfs/Giesen/Kreikebohm/Udsching, § 16 BetrVG Rn. 17). Das Mitglied einer im Betrieb vertretenen Gewerkschaft muss im Übrigen über die für die Aufgaben des Wahlvorstands erforderliche Sachkunde verfügen (vgl. LAG Düsseldorf, Beschl. v. 07.11.1974 – 7 TaBV 87/74, DB 1975, 260, 261).

38 Im Antrag sollte in diesem Fall zum Ausdruck gebracht werden, dass die betreffende Person als Gewerkschaftsmitglied vorgeschlagen wird. In der Begründung empfiehlt sich folgende Ergänzung:

Alternative:

[Frau/Herr ___[Name]___ ist Mitglied der im Betrieb vertretenen Gewerkschaft [Name der Gewerkschaft] . Sie/Er ist als externes Mitglied in den Wahlvorstand zu bestellen, da nicht in ausreichender Zahl wahlberechtigte Arbeitnehmer der Beteiligten Ziff. 3 bereit sind, das Amt des Wahlvorstandsmitglieds zu übernehmen.]

3. Antrag auf Ersetzung des Wahlvorstands

Vorbemerkung

39 Gemäß § 18 Abs. 1 S. 2 BetrVG ersetzt das Arbeitsgericht auf Antrag des Betriebsrats, von mindestens drei wahlberechtigten Arbeitnehmern oder einer im Betrieb vertretenen Gewerkschaft den Wahlvorstand, wenn dieser seiner Verpflichtung nicht nachkommt, die Wahl unverzüglich einzuleiten, sie durchzuführen und das Wahlergebnis festzustellen. Das folgende Muster betrifft den Antrag einer Gewerkschaft.

▶ **Muster – Antrag auf Ersetzung des Wahlvorstands**

40 [Ort, Datum]

An das
Arbeitsgericht [Ort, Anschrift] 1

In dem Beschlussverfahren mit den Beteiligten 2

1. [Name, Anschrift und gesetzliche Vertreter der antragstellenden Gewerkschaft]

– Antragstellerin/Beteiligte Ziff. 1 –

2. Wahlvorstand der [Firma; hier im Folgenden z.B. W-GmbH] , bestehend aus [Namen des Vorsitzenden sowie der weiteren Mitglieder des Wahlvorstands] , [Anschrift des Arbeitgebers]

– Antragsgegner/Beteiligter Ziff. 2 –

3. W-GmbH, [Anschrift und gesetzliche Vertreter des Arbeitgebers]

– Beteiligte Ziff. 3 –

Antrag auf Ersetzung des Wahlvorstands O.I.3.

beantragen wir:

1. Der Wahlvorstand zur Durchführung einer Betriebsratswahl bei der Beteiligten Ziff. 3 bestehend aus _[Namen der Mitglieder des Wahlvorstands]_ wird ersetzt. [3]

2. Zu Mitgliedern des Wahlvorstands zur Durchführung der Betriebsratswahl werden _[Namen und Anschriften der neu zu bestellenden Mitglieder des Wahlvorstands]_ bestellt. [4]

Begründung

Die Beteiligte Ziff. 3 unterhält in _[Ort]_ einen Betrieb mit _[Anzahl]_ Arbeitnehmern. Die Antragstellerin ist eine im Betrieb mit Arbeitnehmern vertretene Gewerkschaft.

Im Rahmen einer Betriebsversammlung am _[Datum]_ wurde ein Wahlvorstand gewählt, bestehend aus den Mitgliedern _[Name des Vorsitzenden]_ (Vorsitzender) und _[Namen der weiteren Mitglieder des Wahlvorstands]_. Seitdem sind mehr als drei Monate vergangen. Der Wahlvorstand hat weder eine Wählerliste erstellt noch ein Wahlausschreiben erlassen, obwohl ihm dies ohne Weiteres möglich gewesen wäre. Der Wahlvorstand verletzt somit seine Verpflichtung die Wahl unverzüglich durchzuführen [5]. Er ist deshalb gemäß § 18 Abs. 1 Satz 2 BetrVG zu ersetzen.

Die in Antrag Ziff. 2 genannten Personen sind Arbeitnehmer der Beteiligten Ziff. 3. Sie haben sich bereit erklärt, das Amt des Wahlvorstands zu übernehmen. [6]

_____
(Unterschrift)

Erläuterungen

1. Der Antrag ist gem. § 81 ArbGG schriftlich oder zu Protokoll der Geschäftsstelle des Arbeitsgerichts zu stellen. Ausschließlich zuständig ist das Arbeitsgericht am Sitz des Betriebs, § 82 Abs. 1 S. 1 ArbGG.

2. Neben dem **Wahlvorstand** als **Antragsgegner** ist auch der Arbeitgeber an dem Verfahren zu beteiligen (Richardi/*Thüsing* § 18 Rn. 14).

3. Das Gesetz sieht nur die Ersetzung des **gesamten** Wahlvorstands vor, nicht aber den Ausschluss einzelner Mitglieder.

4. Gibt das Arbeitsgericht dem Antrag statt, hat es die Mitglieder des neuen Wahlvorstands und dessen Vorsitzenden zu bestimmen. Werden mit dem Antrag **Vorschläge** für die Neubesetzung des Wahlvorstands gemacht, ist das Arbeitsgericht daran **nicht gebunden** (vgl. § 18 Abs. 1 S. 3 i.V.m. § 16 Abs. 2 S. 2 BetrVG).

5. Die Ersetzung des Wahlvorstands setzt die Nichterfüllung der Pflichten des Wahlvorstands voraus. Ein **Verschulden** der Mitglieder des Wahlvorstands ist **nicht erforderlich** (Richardi/*Thüsing* § 18 Rn. 11). Ein objektiv pflichtwidriges Verhalten genügt.

6. Zu Mitgliedern des Wahlvorstands können – auch im Verfahren nach § 18 Abs. 1 S. 2 BetrVG – grundsätzlich nur wahlberechtigte Personen, also **betriebsangehörige Arbeitnehmer**, bestellt werden. In Betrieben mit in der Regel mehr als 20 wahlberechtigten Arbeitnehmern können auch **Mitglieder einer im Betrieb vertretenen Gewerkschaft**, die nicht Arbeitnehmer des Betriebs sind, zu Mitgliedern des Wahlvorstands bestellt werden, wenn dies zur ordnungsgemäßen Durchführung der Wahl erforderlich ist (§ 18 Abs. 1 S. 3 i.V.m. § 16 Abs. 2 S. 3 BetrVG). Die Bestellung Betriebsfremder zu Mitgliedern des Wahlvorstands kommt insbesondere dann in Betracht, wenn nicht mindestens drei wahlberechtigte Arbeitnehmer des Betriebs bereit oder in der Lage sind, das Amt zu übernehmen. Die Besetzung des Wahlvorstands mehrheitlich mit betriebsexternen Mitgliedern kommt nur ausnahmsweise in Betracht, etwa wenn die Mitglieder des zunächst gebildeten Wahlvorstands die ordnungsgemäße Durchführung der Wahl vereitelt haben (vgl. LAG Thüringen, Beschl. v. 20.01.2005 – 1 TaBV 1/04, juris). Das Mitglied einer im Betrieb vertretenen Gewerkschaft muss im Übrigen über die für die Aufgaben des Wahlvorstands erfor-

O. Betriebsverfassungsrecht

derliche Sachkunde verfügen (vgl. LAG Düsseldorf, Beschl. v. 07.11.1974 – 7 TaBV 87/74, DB 1975, 260, 261).

4. Wahlausschreiben zur Betriebsratswahl

Vorbemerkung

47 Zentrale Aufgabe des Wahlvorstands ist es, die Betriebsratswahlen zu leiten und durchzuführen. Die Einleitung des Verfahrens zur Wahl des Betriebsrats erfolgt durch den Erlass des Wahlausschreibens, § 3 Abs. 1 WO. Damit beginnt die Einspruchsfrist gegen die Wählerliste (§ 4 Abs. 1 WO) und die Frist für die Einreichung der Vorschlagslisten (§ 6 Abs. 1 S. 2 WO). Das Ausschreiben muss gem. § 3 Abs. 1 S. 1 WO spätestens sechs Wochen vor dem ersten Tag der Stimmabgabe erlassen werden. Wird diese Frist nicht gewahrt, kann die Wahl wegen der Verletzung wesentlicher Verfahrensvorschriften gem. § 19 BetrVG angefochten werden.

▶ Muster – Wahlausschreiben zur Betriebsratswahl

48 ausgehängt am ____[Datum]____ [1]

abgenommen am ____[Datum]____

Wahlausschreiben für die Betriebsratswahl

Nach dem Betriebsverfassungsgesetz (BetrVG) ist im Betrieb der Firma ____[Name]____ ein Betriebsrat zu wählen. Der Betriebsrat wird gemäß § 9 BetrVG aus ____[Anzahl]____ Mitgliedern bestehen. Zur Durchführung der Betriebsratswahl hat der Wahlvorstand in seiner Sitzung vom ____[Datum]____ den Erlass dieses Wahlausschreibens beschlossen.

Die Betriebsratswahl findet am ____[Datum]____ in der Zeit von ____[Uhrzeit]____ bis ____[Uhrzeit]____ Uhr in ____[Gebäude, Raum]____ statt. [2]

1. Wahlberechtigung

Bei der Wahl zum Betriebsrat sind alle Arbeitnehmer wahlberechtigt, die das 18. Lebensjahr vollendet haben. Wahlberechtigt sind auch Arbeitnehmer eines anderen Arbeitgebers, die zur Arbeitsleistung überlassen worden und bereits seit mindestens drei Monaten im Betrieb eingesetzt sind. [3]

2. Wählbarkeit

Wählbar sind alle gem. § 7 BetrVG Wahlberechtigten, die sechs Monate dem Betrieb angehören oder als in Heimarbeit Beschäftigte in der Hauptsache für den Betrieb gearbeitet haben. Auf die sechsmonatige Betriebszugehörigkeit werden Zeiten angerechnet, in denen der Arbeitnehmer unmittelbar vorher einem anderen Betrieb desselben Unternehmens oder Konzerns (i.S.d. § 18 Abs. 1 AktG) angehört hat. Nicht wählbar ist, wer infolge strafgerichtlicher Verurteilung die Fähigkeit, Rechte aus öffentlichen Wahlen zu erlangen, nicht besitzt (§ 8 BetrVG).

3. Wählerlisten

Sowohl für die Wahlberechtigung als auch für die Wählbarkeit ist es zwingende Voraussetzung, dass die Arbeitnehmer in die Wählerliste eingetragen sind, § 2 Abs. 3 WO. [4]

Die Wählerliste und die Wahlordnung liegen im ____[Gebäude, Raum]____ aus und können arbeitstäglich von ____[Uhrzeit]____ bis ____[Uhrzeit]____ Uhr eingesehen werden. [5] Sie können auch elektronisch unter ____[Homepage]____ abgerufen werden. [6]

Einsprüche gegen die Richtigkeit der Wählerliste können nur bis zum Ablauf von zwei Wochen [7] *ab Erlass dieses Wahlausschreibens schriftlich beim Wahlvorstand unter der Betriebsadresse* ____[vollständige Adresse des Wahlvorstands]____ *eingelegt werden; der letzte Tag der Frist ist somit der* ____[konkrete

Benennung des Tages] . Ein verspäteter oder nur mündlich eingelegter Einspruch kann nicht berücksichtigt werden.

Arbeitnehmer, die nach Ablauf der Einspruchsfrist, aber vor dem Termin der Stimmabgabe aus dem Betrieb ausscheiden oder in den Betrieb eintreten, werden durch den Wahlvorstand aus der Wählerliste gestrichen bzw. ergänzt, ohne dass es hierfür eines Einspruchs bedarf. [8]

4. Vorschlagslisten

Gewählt werden kann ferner nur, wer ordnungsgemäß vorgeschlagen worden ist. Die wahlberechtigten Arbeitnehmer dieses Betriebs werden hiermit aufgefordert, dem Wahlvorstand innerhalb von zwei Wochen ab Erlass dieses Ausschreibens, also bis zum ___[Datum]___ [9] schriftlich [10] Wahlvorschläge in Form von Vorschlagslisten [11] zu unterbreiten.

Ein ordnungsgemäßer Wahlvorschlag von Seiten der Arbeitnehmer i.S.d. § 14 Abs. 4 BetrVG liegt nur vor, wenn er von ___[konkretes Mindestquorum]___ Personen unterzeichnet worden ist. [12] Jeder Wahlberechtigte kann nur einen Vorschlag unterstützen. [13]

Vorschläge der Gewerkschaft müssen von zwei Beauftragten unterschrieben sein, § 14 Abs. 5 BetrVG.

Die Stimmabgabe ist an die eingereichten Wahlvorschlagslisten gebunden.

Bei den Vorschlägen ist zu berücksichtigen, dass sich der Betriebsrat möglichst aus Arbeitnehmern der einzelnen Organisationsbereiche und der verschiedenen Beschäftigungsarten der im Betrieb tätigen Arbeitnehmer zusammensetzen soll, § 15 Abs. 1 BetrVG. [14] Das Geschlecht, das in der Belegschaft des Betriebs in der Minderheit ist, muss gem. § 15 Abs. 2 BetrVG mindestens entsprechend seinem zahlenmäßigen Anteil an der Belegschaft im Betriebsrat vertreten sein. Da in unserem Betrieb ___[Anzahl]___ Frauen und ___[Anzahl]___ Männer beschäftigt sind, beträgt der Mindestanteil der Frauen im Betriebsrat ___[Zahl]___ . [15]

Zudem sollte jeder Wahlvorschlag mindestens doppelte so viele Bewerber ausweisen, wie Betriebsratsmitglieder zu wählen sind.

Die einzelnen Bewerber sind in erkennbarer Reihenfolge unter fortlaufender Nummer mit Familiennamen, Vornamen, Geburtsdatum, Art der Beschäftigung und Geschlecht aufzuführen. [16] Die schriftliche Zustimmung der Bewerber zur Aufnahme in die Vorschlagsliste ist beizufügen. [17] Wenn kein anderer Unterzeichner der Vorschlagsliste ausdrücklich als Listenvertreter bezeichnet ist, wird die oder der an erster Stelle Unterzeichnete als Listenvertreterin oder Listenvertreter angesehen. [18]

Die form- und fristgerecht eingereichten Wahlvorschläge werden ab ___[Datum]___ bis zum Abschluss der Stimmabgabe an folgenden Plätzen ausgehängt: ___[Beschreibung des Ortes]___ [19]

5. Stimmabgabe zur Betriebsratswahl

Die Stimmabgabe erfolgt am ___[Datum]___ in ___[Gebäude, Raum]___ in der Zeit von ___[Uhrzeit]___ bis ___[Uhrzeit]___ Uhr. Es wird geheim und unmittelbar gewählt.

Bei mehreren Vorschlagslisten erfolgt die Wahl nach den Grundsätzen der Verhältniswahl, der Wahlberechtigte muss sich für eine Liste entscheiden. Liegt nur eine einzige gültige Vorschlagsliste vor, so wird nach den Grundsätzen der Mehrheitswahl gewählt. In diesem Fall sind die Bewerber einzeln zu wählen, wobei nicht mehr Stimmen vergeben werden dürfen als zu wählende Betriebsratsmitglieder. [20]

Wahlberechtigte, die am Wahltag nicht im Betrieb anwesend sein werden und daher ihre Stimme nicht persönlich abgeben können, haben die Möglichkeit, eine schriftliche Stimmabgabe (Briefwahl) beim Wahlvorstand zu beantragen. [21] Beruht die Abwesenheit auf der Art des Beschäftigungsverhältnisses, so erhalten sie die erforderlichen Unterlagen ohne Antrag zugeschickt. Für folgende Betriebsteile/Kleinbetriebe hat der Wahlvorstand die schriftliche Stimmabgabe beschlossen: ___[Bezeichnung der Betriebsteile/Kleinbetriebe]___

6. Stimmauszählung

Die abgegebenen Stimmen werden am ___[Datum]___ öffentlich in ___[Gebäude, Raum]___ um ___[Uhrzeit]___ Uhr ausgezählt. ²²

___[Ort, Datum]___

Für Rückfragen stehen wir Ihnen gerne zur Verfügung. ²³

(Unterschrift des Wahlvorstandsvorsitzenden)

(Unterschrift _[Name mindestens eines weiteren stimmberechtigten Wahlvorstandsmitglieds]_ **)** ²⁴

Erläuterungen

Schrifttum

Boemke Das Wahlausschreiben zur Betriebsratswahl (§ 3 WO), BB 2009, 2758; ArbRAktuell 2010, 57; _Franke_ Zur Berechnung des Minderheitengeschlechts nach § 15 II BetrVG, NZA 2005, 34; _Heinze_ Mängel der Vorschlagslisten in der Betriebsratswahl, NZA 1988, 568; _Jansen_ Elektronische Kommunikation bei Betriebsratswahlen, DB 2006, 334; _Maschmann_ Welchen Einfluss darf der Arbeitgeber auf die Betriebsratswahl nehmen?, BB 2010, 245; _Meik_ Zur Form eines Wahlvorschlags in der Betriebsratswahl, NZA 1988, 193; _Raif_ Berücksichtigung von Leiharbeitnehmern bei der Betriebsratswahl, ArbRAktuell 2010, 55; _Schiefer/Korte_ Die Durchführung der Betriebsratswahlen nach neuem Recht – Teil 1, NZA 2002, 57; _dies._ Die Durchführung der Betriebsratswahlen nach neuem Recht – Teil 2, NZA 2002, 113; _Schiefer/Worzalla_ 10 Jahre novelliertes Betriebsverfassungsgesetz – Eine Bestandsaufnahme, NZA 2011, 1396; _Weller/Ubber_ Ist der Schutz des Minderheitsgeschlechts nach dem Betriebsverfassungsgesetz und der Wahlordnung 2001 verfassungswidrig?, NZA 2004, 893; _Zumkeller/Karwatzki_ Die Neutralitätspflicht von Wahlvorstand und Mitgliedern des Wahlvorstands nach dem BetrVG, BB 2011, 2101.

49 **1.** Das Wahlausschreiben ist gem. §§ 3 Abs. 4, 31 Abs. 2 S. 3 WO grundsätzlich in gedruckter Form (vgl. § 2 Abs. 4 S. 4 WO) vom Tage seines Erlasses bis zum letzten Tage der Stimmabgabe an einer oder mehreren geeigneten, den Wahlberechtigten zugänglichen Stelle(n) vom Wahlvorstand **auszuhängen** und in gut lesbarem Zustand zu erhalten. In einem Betrieb mit mehreren Betriebsstätten ist ein Aushang in jeder Betriebsstätte geboten (BAG, Beschl. v. 21.01.2009 – 7 ABR 65/07, NZA-RR 2009, 481, 483 f.; BAG, Beschl. v. 05.05.2004 – 7 ABR 44/03, NZA 2004, 1285, 1286; DLW/_Wildschütz_ Kapitel 13 Rn. 376). Wird das Ausschreiben gem. § 3 Abs. 4 S. 3 i.V.m. § 2 Abs. 4 S. 4 WO elektronisch bekannt gemacht, so ist technisch (z.B. mit Hilfe eines Passworts) sicherzustellen, dass ausschließlich die Mitglieder des Wahlvorstands Zugriffs- und Änderungsrechte für die Intranet-Seite haben, auf der die Bekanntmachung erfolgt (BAG, Beschl. v. 21.01.2009 – 7 ABR 65/07, EzA § 19 BetrVG 2001 Nr. 7).

50 **2.** Der Raum muss exakt benannt werden (LAG Düsseldorf, Beschl. v. 03.08.2007 – 9 TaBV 41/07, juris). Ist es zum Zeitpunkt des Aushangs des Wahlausschreibens organisatorisch noch nicht möglich, den konkreten Ort und Zeitpunkt der Wahl zu benennen, dann kann in das Ausschreiben der Hinweis aufgenommen werden, dass sie später – durch Aushang an entsprechender Stelle – gesondert bekannt gegeben werden (_Boemke_ BB 2009, 2758, 2760). Handelt es sich um einen **Kleinbetrieb**, auf den gem. § 14a BetrVG das vereinfachte Verfahren – kraft Gesetzes oder kraft Vereinbarung i.S.d. § 14a Abs. 5 BetrVG – Anwendung findet (zu dem Ablauf des Verfahrens: AR/_Maschmann_ § 14a BetrVG Rn. 2 ff.), ist ein klarstellender **Hinweis** einzufügen, dass die **Betriebsratswahl »auf einer Wahlversammlung«** stattfindet.

51 **3.** Wahlberechtigten Leiharbeitnehmern i.S.d. § 14 Abs. 2 S. 1 AÜG steht nur das aktive Wahlrecht zu, vgl. § 7 S. 2 BetrVG, § 2 Abs. 3 S. 2 WO.

52 **4.** Da das Wahlausschreiben nach § 3 Abs. 2 Nr. 5 WO u.a. die Zahl der zu wählenden Betriebsratsmitglieder und die dem Geschlecht in der Minderheit zustehenden Mindestsitze angeben muss (zur maßgeblichen Arbeitnehmerzahl s. W Rdn. 25 ff.), hat der Wahlvorstand vorher nicht nur die Wählerlisten i.S.d. § 2 WO anzufertigen, sondern auch die Anzahl der dem Betrieb in der Regel angehörenden Arbeitnehmer festzustellen und zu klären, welche Unternehmenseinheiten als Betrieb anzusehen sind (DLW/*Wildschütz* Kapitel 13 Rn. 377; Richardi/*Thüsing* § 3 WO Rn. 2). Änderungen der Arbeitnehmerzahl nach Erlass des Wahlausschreibens sind für die Rechtmäßigkeit des Ausschreibens unbeachtlich, Fehler bei der Feststellung führen zur Anfechtbarkeit (BAG, Beschl. v. 12.10.1976 – 1 ABR 14/76, AP § 19 BetrVG 1972 Nr. 5).

Der Arbeitgeber muss dem Wahlvorstand gem. § 2 Abs. 2 S. 1 WO alle für die Aufstellung erforderlichen Auskünfte erteilen und die notwendigen Unterlagen zur Verfügung zu stellen. 53

5. Die Auslegung im Geschäftszimmer des Wahlvorstands ist ausreichend, die Möglichkeit zur Einsichtnahme muss während der gesamten regulären Arbeitszeit bestehen (LAG Hamm, Beschl. v. 12.01.2009 – 10 TaBV 17/07, juris). 54

6. Siehe § 2 Abs. 4 S. 3, 4 WO. 55

7. Im vereinfachten Verfahren beträgt die Frist gem. § 30 Abs. 2 WO nur **drei Tage** (kritisch zur Rechtmäßigkeit der Verkürzung: Richardi/*Thüsing* § 30 WO Rn. 6). 56

8. Detaillierte Vorgaben dazu, wie mit Einsprüchen umzugehen ist, finden sich in § 4 WO. Insbesondere ist der Wahlvorstand zur unverzüglichen Entscheidung verpflichtet, § 4 Abs. 2 S. 1 WO. Nach Ablauf der Einspruchsfrist soll der Wahlvorstand gem. § 4 Abs. 3 WO die Wählerliste nochmals auf Vollständigkeit hin prüfen. Eine nachträgliche Korrektur ist nur bei Schreibfehlern, offenbaren Unrichtigkeiten, in Erledigung rechtzeitig eingelegter Einsprüche oder dann möglich, wenn Wahlberechtigte noch in den Betrieb eintreten oder ausscheiden. 57

9. Vgl. §§ 3 Abs. 2 Nr. 8, 6 Abs. 1 WO, der Wahlvorstand hat keinen Entscheidungsspielraum (BAG, Beschl. v. 09.12.1992 – 7 ABR 27/92, NZA 1993, 765, 766). Vorschlagslisten, die erst nach diesem Zeitpunkt eingereicht werden, müssen vom Wahlvorstand als ungültig zurückgewiesen werden, ansonsten ist die Betriebsratswahl anfechtbar (LAG Hamm, Beschl. v. 26.11.2010 – 13 TaBV 54/10, BB 2010, 3148). **In Kleinbetrieben** ist im Wahlausschreiben **ferner darauf hinzuweisen**, dass nach §§ 17a Nr. 3, 14a Abs. 1 BetrVG die **Möglichkeit** besteht, **Wahlvorschläge bis zum Ende der Wahlversammlung** zur Wahl des Wahlvorstands zu unterbreiten. 58

10. Das **Schriftformerfordernis entfällt**, wenn die Wahlvorschläge im Rahmen einer Wahlversammlung i.S.d. § 14a BetrVG im vereinfachten Wahlverfahren gemacht werden. Hierauf ist im Wahlausschreiben **hinzuweisen**. 59

11. Voraussetzung dafür, dass die Wahl über Vorschlagslisten erfolgt, ist gem. § 6 Abs. 1 WO, dass mehr als drei Betriebsratsmitglieder zu wählen sind. Der Wahlvorstand hat gem. § 7 WO den Zeitpunkt ihres Eingangs schriftlich zu bestätigen, die Liste unverzüglich zu prüfen und bei Ungültigkeit oder Beanstandungen den Listenvertreter (siehe Anmerkung 18 – O Rdn. 67) zu unterrichten, siehe auch §§ 8, 9 WO. Kommt der Vorstand seiner **Prüfungspflicht** nicht nach, so kann dies die Anfechtbarkeit der Betriebsratswahl begründen (BAG, Beschl. v. 17.07.2012 – 7 ABR 21/11, EzA § 19 BetrVG 2001 Nr. 9; BAG, Beschl. v. 21.01.2009 – 7 ABR 65/07, NZA-RR 2009, 481, 484 f.; BAG, Beschl. v. 25.05.2005 – 7 ABR 39/04, NZA 2006, 116, 117 f.). 60

12. Siehe § 14 Abs. 4 BetrVG: Jeder Wahlvorschlag der Arbeitnehmer muss von mindestens einem Zwanzigstel der wahlberechtigten Arbeitnehmer, mindestens jedoch von drei Wahlberechtigten unterzeichnet sein; in Betrieben mit in der Regel bis zu 20 wahlberechtigten Arbeitnehmern genügt die Unterzeichnung durch zwei Wahlberechtigte. In jedem Fall genügt die Unterzeichnung durch 50 wahlberechtigte Arbeitnehmer. Die Bewerberliste und die Liste mit den Stützunterschriften müssen eine einheitliche Urkunde bilden (BAG, Beschl. v. 25.05.2005 – 7 ABR 39/04, NZA 2006, 116, 117). Auch Wahlbewerber können den Wahlvorschlag, auf dem sie selbst als Kandidaten benannt sind, i.S.v. § 14 Abs. 4 BetrVG unterzeichnen und damit stützen (BAG, Beschl. v. 06.11.2013 – 7 ABR 65/11, EzA § 14 BetrVG 2001 Nr. 4). Die fehlerhafte Angabe 61 der erforderlichen Stützunterschriften im Wahlausschreiben führt zur Anfechtbarkeit der Wahl (LAG Hessen, Beschl. v. 22.03.2007 – 9 TaBV 199/06, juris; AR/*Maschmann* § 14 BetrVG Rn. 7, 9). Die Stützunterschriften müssen im Original dem Wahlvorstand innerhalb der Einreichungsfrist vorgelegt werden. Die Einreichung von Telekopien ist zur Wahrung der vorgeschriebenen Form nicht ausreichend (vgl. BAG, Beschl. v. 20.01.2010 – 7 ABR 39/08, NZA 2010, 1435 für die Wahl der Schwerbehindertenvertretung).

62 **13.** Dieser Hinweis ist rechtlich nicht zwingend geboten, zur Information der Arbeitnehmer indes sinnvoll (siehe auch *Boemke* BB 2009, 2758, 2759).

63 **14.** Gesetzlich vorgesehen ist dieser Hinweis gem. § 3 Abs. 3 WO nur, sofern es nach Größe, Eigenart oder Zusammensetzung der Arbeitnehmerschaft des Betriebs zweckmäßig ist. Angesichts der Ausgestaltung als bloße Sollvorschrift rechtfertigt ihre Verletzung nicht die Anfechtung der Betriebsratswahl gem. § 19 BetrVG (a.A. *Boemke* BB 2009, 2758, 2761).

64 **15.** Während die Sollvorschrift des § 15 Abs. 1 BetrVG stets Anwendung findet, greift das Mindestquorum für die Vertreter des Geschlechts, das in der Belegschaft des Betriebs weniger stark vertreten ist, erst ab einer Betriebsratsgröße von drei Mitgliedern ein, was nach § 9 BetrVG mindestens 21 wahlberechtigte Arbeitnehmer i.S.d. § 5 Abs. 1 BetrVG voraussetzt. Die genauen Anforderungen an die Angaben in dem Wahlausschreiben richten sich nach § 5 WO, es sind konkrete Zahlen anzugeben (für das vereinfachte Verfahren siehe § 32 WO).

65 **16.** Eine Auflistung in tabellarischer Reihenfolge genügt den Anforderungen des § 6 Abs. 3 WO (LAG Mecklenburg-Vorpommern, Beschl. v. 30.03.2006 – 1 TaBV 2/06, juris).

66 **17.** Die Unterschrift zählt nur auf einer Vorschlagsliste, ggf. muss der Bewerber sich für eine Liste entscheiden, siehe § 6 Abs. 5 und 7 WO.

67 **18.** Der **Listenvertreter** ist gem. § 6 Abs. 4 S. 2 WO berechtigt und verpflichtet, dem Wahlvorstand die zur Beseitigung von Beanstandungen erforderlichen Erklärungen abzugeben sowie Erklärungen und Entscheidungen des Wahlvorstands entgegenzunehmen.

68 **19.** Vgl. §§ 10 Abs. 2, 3 Abs. 4, 2 Abs. 4 S. 4 WO, erforderlich ist grundsätzlich ein **Aushang** an der Stelle, an der auch das Wahlausschreiben ausgehängt worden ist (siehe auch *Boemke* BB 2009, 2758, 2760). Die Bekanntgabe ausschließlich in elektronischer Form ist nur zulässig, wenn alle Arbeitnehmerinnen und Arbeitnehmer von der Bekanntmachung Kenntnis erlangen können und Vorkehrungen getroffen werden, dass Änderungen der Bekanntmachung nur vom Wahlvorstand vorgenommen werden können (BAG, Beschl. v. 21.01.2009 – 7 ABR 65/07, EzA § 19 BetrVG 2001 Nr. 7). Bei dem Aushang bzw. der Auslegung ist zu bedenken, dass die Geburtsdaten der wahlberechtigten Arbeitnehmer in der für diese Zwecke bestimmten Wählerliste gem. § 2 Abs. 4 S. 2 WO nicht enthalten sein sollen.

69 **20.** Die Wahlverfahren sind in §§ 11 ff. WO dezidiert geregelt. Angaben dazu sind nicht obligatorisch i.S.d. § 3 Abs. 2 WO und können somit auch weggelassen werden.

70 **21.** Wird der Betriebsrat **im vereinfachten Verfahren** gewählt, so besteht gem. § 14a Abs. 4 BetrVG, § 35 WO auch noch **nachträglich die Möglichkeit zur schriftlichen Stimmabgabe**. Hierauf muss in dem Wahlausschreiben gem. § 31 Abs. 1 S. 2 Nr. 12, 13 WO hingewiesen werden. Es empfiehlt sich folgender Passus:

Alternative:

[Wahlberechtigte, die an der Wahlversammlung zur Wahl des Betriebsrats nicht teilnehmen können, haben die Gelegenheit zur schriftlichen Stimmabgabe gem. § 14a Abs. 4 BetrVG; das Verlangen auf schriftliche Stimmabgabe muss spätestens drei Tage vor dem Tag der Wahlversammlung, also spätestens bis zum _____[Datum]_____ dem Wahlvorstand schriftlich mitgeteilt werden. Die Stimmzettel der Wahlberechtigten, die von dieser Möglichkeit Gebrauch machen, müssen

Feststellungsantrag gemäß § 18 Abs. 2 BetrVG **O.I.5.**

spätestens bis zum ___[Datum]___, ___[Uhrzeit]___ *Uhr beim Wahlvorstand unter der Betriebsadresse eingehen.]*

22. Eine gegenüber dem in dem Wahlausschreiben angegebenen Termin zeitlich vorgezogene Stimmauszählung, ohne dass vorher Ort und Zeitpunkt dieser Stimmauszählung öffentlich im Betrieb bekannt gemacht worden sind, rechtfertigt die Wahlanfechtung (LAG München, Beschl. v. 10.03.2008 – 6 TaBV 87/07, juris). 71

23. Dieser Hinweis ist insbesondere dann von Bedeutung, wenn die Besorgnis von Verständnisschwierigkeiten besteht. Durch § 2 Abs. 5 WO werden dem Wahlvorstand hinsichtlich ausländischer Arbeitnehmer **besondere Informationspflichten** auferlegt. Zu beachten ist, dass es für deren Erfüllung nicht ausreicht, dass sich der Wahlvorstand für Rückfragen zur Verfügung stellt. § 2 Abs. 5 WO verlangt aktive Aufklärungsmaßnahmen, ggf. auch die Übersetzung des Ausschreibens in andere Sprachen, wenn davon ausgegangen werden muss, dass die Arbeitnehmer anderenfalls keine Kenntnis vom Inhalt erlangen können. Der Verstoß berechtigt zur Anfechtung der Betriebsratswahl (BAG, Beschl. v. 13.10.2004 – 7 ABR 5/04, AP § 2 WahlO BetrVG 1972 Nr. 1). 72

24. §§ 3 Abs. 1 S. 1, 31 Abs. 1 S. 1 WO verlangen die Unterschrift des Wahlvorstandsvorsitzenden und mindestens eines weiteren stimmberechtigten Mitglieds. Freilich spricht nichts dagegen, dass auch das dritte Mitglied das Ausschreiben mit unterzeichnet. 73

5. Feststellungsantrag gemäß § 18 Abs. 2 BetrVG

Vorbemerkung

§ 18 Abs. 2 BetrVG ermöglicht dem Arbeitgeber, jedem betroffenen Betriebsrat, den Mitgliedern des Wahlvorstands und jeder in dem Betrieb vertretenen Gewerkschaft, im arbeitsgerichtlichen Beschlussverfahren (§§ 2a Abs. 1 Nr. 1, Abs. 2, 80 ff. ArbGG) durch das Arbeitsgericht klären zu lassen, ob eine betriebsratsfähige Organisationseinheit vorliegt. Klassische Anwendungsfälle für den Feststellungsantrag sind die Zuordnung eines Nebenbetriebs oder Betriebsteils zum Hauptbetrieb i.S.d. § 4 BetrVG, die Wahl eines Betriebsrats in Unternehmen mit mehreren Betrieben gem. § 3 Abs. 1 Nrn. 1–3, Abs. 2, 5 BetrVG sowie die Frage, ob mehrere Unternehmen einen gemeinsamen Betrieb gem. § 1 Abs. 1 S. 2, Abs. 2 BetrVG unterhalten. 74

▶ **Muster – Feststellungsantrag gem. § 18 Abs. 2 BetrVG**

An das
Arbeitsgericht ___[Ort, Anschrift]___ 1 75

In dem Beschlussverfahren mit den Beteiligten 2

1. ___[Firma, hier im Folgenden z.B. F-AG, Anschrift und gesetzliche Vertreter des Arbeitgebers]___

Prozessbevollmächtigte: Rechtsanwälte ___[Name]___

– Antragsteller/in, Beteiligte Ziff. 1 –

2. Wahlvorstand zur Durchführung der Betriebsratswahl in dem Betrieb der F-AG, vertreten durch die/den Vorsitzende/n ___[Name]___, ___[Anschrift]___

– Antragsgegner, Beteiligter Ziff. 2 –

3. Betriebsrat der F-AG, vertreten durch die/den Betriebsratsvorsitzende/n ___[Name]___, ___[Anschrift]___ 3

– Beteiligter Ziff. 3 –

wegen Feststellung des Vorliegens eines selbständigen Betriebs gem. § 4 Abs. 1 BetrVG 4 vertreten wir die Antragstellerin. Namens und im Auftrag der Antragstellerin leiten wir ein Beschlussverfahren ein und beantragen:

Es wird festgestellt, dass die Betriebsstätte der Antragstellerin in _____[Ort]_____ ein selbständiger Betrieb i.S.d. § 4 Abs. 1 BetrVG ist. [5]

Begründung: [6]

Die Antragstellerin betreibt ___[Betrieb]___ mit insgesamt ___[Anzahl]___ Mitarbeitern [Beschreibung der Tätigkeit]. Ihren Stammsitz hat die Antragstellerin in ___[Ort]___, dort [Beschreibung der Tätigkeit vor Ort, ggf. auch Anzahl der dort beschäftigten Arbeitnehmer].

In der Betriebsstätte in ___[Ort]___ werden [Beschreibung der Tätigkeit in der Betriebsstätte]. Dort sind __[Anzahl]__ Arbeitnehmer beschäftigt. Die Verwaltung erfolgt [Beschreibung der organisatorischen und administrativen Struktur, insbesondere eigenständige Personalführung/Weisungsbefugnisse [7]].

Die Betriebsstätte ist vom Hauptsitz ___[Anzahl]___ km entfernt. Die Fahrzeit von dem Stammsitz in die Betriebsstätte beträgt pro Fahrt [Fahrdauer, ggf. gesondert die Fahrdauer mit öffentlichen Nahverkehrsmitteln angeben, wenn deutlich höher]. [8]

Bisher war für den Stammsitz in ___[Ort]___ und die Betriebsstätte in ___[Ort]___ ein einheitlicher Betriebsrat gewählt. Zwischenzeitlich haben sich jedoch folgende Änderungen der betrieblichen Organisationsstruktur ergeben [ausführen, warum die organisatorische Einheit durch die Umstrukturierung entfallen ist]. [9]

Die Betriebsstätte in ___[Ort]___ stellt nunmehr einen selbstständigen Betrieb i.S.d. § 1 Abs. 1 Satz 1 BetrVG dar.

Daher verstößt die vom Wahlvorstand angekündigte Durchführung einer gemeinsamen Betriebsratswahl für die Zentrale und die Betriebsstätte in ___[Ort]___ gegen die Vorgaben des Betriebsverfassungsgesetzes. Die Durchführung der Betriebsratswahlen steht unmittelbar bevor, so dass eine zeitnahe Klärung der Betriebsratsfähigkeit der Betriebsstätte in ___[Ort]___ geboten ist. [10]

(Unterschrift Rechtsanwalt)

Erläuterungen

Schrifttum

Bayreuther Betriebsverfassungsrechtliche Konsequenzen eines Zuordnungsbeschlusses nach § 4 I 2 BetrVG, NZA 2011, 727; *Friese* Die Bildung von Spartenbetriebsräten nach § 3 Abs. 1 Nr. 2 BetrVG, RdA 2003, 92; *Gaul* Beteiligungsrechte des Betriebsrats aus §§ 111, 112 BetrVG bei der Spaltung eines gemeinsamen Betriebs mehrerer Unternehmen, NZA 2003, 695; *Haas/Salamon* Betrieb, Betriebsteil und Hauptbetrieb – die Zuordnung und die Reichweite des Leitungsapparates, NZA 2009, 299; *Koehler/Mückl* Rechtsfolgen unwirksamer Vereinbarungen über die Organisation der Betriebsverfassung, NZA-RR 2009, 513; *Maschmann* Betriebsrat und Betriebsvereinbarung nach einer Umstrukturierung, NZA-Beilage 2009, 32; *Preis* Legitimation und Grenzen des Betriebsbegriffes im Arbeitsrechts, RdA 2000, 257; *Rieble/Gistel* Konzernpersonaldienstleister und Gemeinschaftsbetrieb, NZA 2005, 242; *Salamon* Anbindung des Gesamtbetriebsrats an das Unternehmen – Insbesondere: Mitbestimmung im gemeinsamen Betrieb mehrerer Unternehmen, RdA 2008, 24; *ders.* Fortbestand der Betriebsratsidentität trotz Entstehung betrieblicher Organisationseinheiten nach § 3 BetrVG?, NZA 2009, 74; *ders* Betriebsratswahlen bei Veränderungen oder unter Verkennung der Betriebsstruktur, NZA 2013, 1124; *ders.* Betriebsratswahlen unter Verkennung des Betriebsbegriffs, NZA 2014, 175; *Schmädicke/Altmüller/Glaser* Die Rechtsprechung zum gemeinsamen Betrieb mehrere Unternehmen in den Jahren 2001 bis 2004, NZA-RR 2005, 393; *Teusch* Organisationstarifverträge nach § 3 BetrVG, NZA 2007, 124.

76 1. Örtlich zuständig i.S.d. § 82 ArbGG ist das Arbeitsgericht, in dessen Bezirk der (Haupt-)Betrieb liegt. Zuständig ist aber auch das Gericht, in dessen Bezirk der Nebenbetrieb bzw. Betriebsteil liegt, soweit dessen betriebsverfassungsrechtliche Selbständigkeit geltend gemacht wird (Richardi/*Thüsing* § 18 Rn. 24).

2. Das vorliegende Muster bezieht sich auf den Fall, dass der Arbeitgeber die Feststellung beantragt, dass es sich – auf Grund von Änderungen der Organisationsstruktur, die seit der letzten Betriebsratswahl vorgenommen worden sind – bei den auswärtigen Betriebsstätten um betriebsratsfähige Organisationseinheiten handle und der Wahlvorstand daher verpflichtet sei, von der Durchführung einer einheitlichen Betriebsratswahl für alle Betriebsstätten abzusehen (dies entspricht der Konstellation, die dem Beschluss des BAG v. 07.05.2008 – 7 ABR 15/07, NZA 2009, 328 und dem Beschluss v. 13.08.2008 – 7 ABR 21/07, NZA-RR 2009, 255 zu Grunde gelegen hat).

Arbeitnehmer des Betriebs sind **nicht antragsberechtigt**, § 19 Abs. 2 BetrVG kann mangels Regelungslücke nicht entsprechend angewendet werden (AR/*Maschmann* § 18 BetrVG Rn. 8; Richardi/*Thüsing* § 18 Rn. 26).

Antragsberechtigt bzw. an dem Verfahren **zu beteiligen** ist auch der **Betriebsteil**, der bisher als selbständiger Betrieb angesehen wurde oder in Zukunft als solcher angesehen werden soll (BAG, Beschl. v. 29.01.1987 – 6 ABR 23/85, AP § 1 BetrVG 1972 Nr. 6).

3. Stellt der **Betriebsrat** nicht selbst den Antrag i.S.d. § 18 Abs. 2 BetrVG, so ist er gem. § 83 Abs. 3 BetrVG **Verfahrensbeteiligter**.

4. Die Rechtsgrundlage muss nicht zwingend genannt werden, die Benennung erfolgt hier aus Gründen der Verständlichkeit.

5. Ist das Rechtsschutzziel darauf gerichtet, dass es sich bei den Betriebsstätten um einen einheitlichen Betrieb handelt, so ist zu beantragen:

Alternative:

[Es wird festgestellt, dass die Betriebsstätte der Antragstellerin in _____[Ort]_____ und die Betriebsstätte in _____[Ort]_____ einen gemeinsamen Betrieb im Sinne des Betriebsverfassungsgesetzes bilden.]

Alternativ kann auch formuliert werden:

[Es wird festgestellt, dass die Betriebsstätte der Antragstellerin in _____[Ort]_____ kein selbständiger Betrieb im Sinne des Betriebsverfassungsgesetzes ist.]

§ 18 Abs. 2 BetrVG lässt sowohl die positive als auch die negative Feststellung zu (siehe auch BAG, Beschl. v. 13.08.2008 – 7 ABR 21/07, NZA-RR 2009, 255, 256).

6. In der Begründung ist einzelfallbezogen darzulegen, weshalb es sich im konkreten Fall bei der Außenstelle um einen eigenständigen Betrieb handelt bzw. auf Grund welcher Tatsachen mehrere Unternehmen einen gemeinsamen Betrieb unterhalten. Zwar gilt im arbeitsgerichtlichen Beschlussverfahren der Untersuchungsgrundsatz, § 83 Abs. 1 S. 1 ArbGG. Der Umfang der von Amts wegen zu tätigenden Ermittlungen wird jedoch durch den Sachvortrag der Beteiligten bestimmt, siehe § 83 Abs. 1 S. 2 ArbGG (ErfK/*Koch* § 83 ArbGG Rn. 1).

7. Nach der ständigen Rechtsprechung des BAG ist ein **Betrieb** i.S.d. § 1 Abs. 1 S. 1 BetrVG eine organisatorische Einheit, innerhalb derer der Arbeitgeber alleine oder mit seinen Arbeitnehmern mit Hilfe von sächlichen oder immateriellen Mitteln bestimmte arbeitstechnische Zwecke fortgesetzt verfolgt, die sich nicht in der Befriedigung des Eigenbedarfs erschöpfen (BAG, Beschl. v. 13.08.2008 – 7 ABR 21/07, NZA-RR 2009, 255, 256; BAG, Beschl. v. 11.02.2004 – 7 ABR 27/03, NZA 2004, 618, 618). Das Fehlen einer gesetzlichen Definition und die Abstraktheit dieser Begriffsbestimmung verlangen eine wertende Betrachtung des Einzelfalls, innerhalb derer den Arbeitsgerichten ein weiter Beurteilungsspielraum zuerkannt wird (BAG, Beschl. v. 09.12.2009 – 7 ABR 38/08, juris; BAG, Beschl. v. 29.01.1992 – 7 ABR 27/91, NZA 1992, 894, 898). In der Antragsbegründung sollte somit das Ziel verfolgt werden, dem Gericht möglichst viele konkrete Anhaltspunkte für seine Ermittlungen zu geben.

86 Die Kriterien, die typischerweise für die Bestimmung und Abgrenzung betriebsratsfähiger Einheiten herangezogen werden, sind: das Vorliegen einer organisatorischen Einheit der Gestalt, dass die vorhandenen materiellen und immateriellen Betriebsmittel für arbeitstechnische Zwecke zusammengefasst, geordnet und gezielt eingesetzt werden und der Einsatz der menschlichen Arbeitskraft durch einen **einheitlichen Leitungsapparat** gesteuert wird (BAG, Beschl. v. 14.09.1988 – 7 ABR 10/87, NZA 1989, 190, 190 f.), das Verfolgen eines einheitlichen arbeitstechnischen Zwecks unter gemeinsamer technischer Leitung, siehe auch § 1 Abs. 2 Nr. 1 BetrVG, ergänzend auch die räumliche Einheitlichkeit oder Nähe der Betriebsstätten (vgl. auch § 4 Abs. 1 S. 1 BetrVG; BAG, Beschl. v. 23.09.1982 – 6 ABR 42/81, AP § 4 BetrVG 1972 Nr. 3; DLW/*Wildschütz* Kapitel 13 Rn. 102). Für die Eigenständigkeit eines Betriebs(-teils) spricht es, wenn in ihm die für die Arbeitsbedingungen maßgeblichen Entscheidungen selbstständig getroffen werden (BAG, Beschl. v. 29.01.1992 – 7 ABR 27/91, NZA 1992, 894, 897 ff.).

87 Diese tatsachenbezogene Bewertung wird flankiert durch **Vermutungsregelungen des BetrVG**. Mehrere Unternehmen bilden einen gemeinsamen Betrieb, § 1 Abs. 1 S. 2, Abs. 2 BetrVG, wenn die Betriebsmittel auf Grund einer wenigstens stillschweigend getroffenen Vereinbarung für einen einheitlichen arbeitstechnischen Zweck zusammengefasst, geordnet und gezielt eingesetzt werden und der Einsatz der menschlichen Arbeitskraft von einem einheitlichen Leitungsapparat gesteuert wird (BAG, Beschl. v. 13.08.2008 – 7 ABR 21/07, NZA-RR 2009, 255, 257 f.; BAG, Beschl. v. 07.05.2008 – 7 ABR 15/07, NZA 2009, 328, 330; BAG, Beschl. v. 11.02.2004 – 7 ABR 27/03, NZA 2004, 618 f.; BAG, Beschl. v. 14.09.1988 – 7 ABR 10/87, NZA 1989, 190 ff.; BAG, Beschl. v. 07.08.1986 – 6 ABR 57/85, NZA 1987, 131, 132 f.). Ein gemeinsamer Betrieb wird gem. § 1 Abs. 2 Nr. 2 BetrVG ferner vermutet, wenn eine Unternehmensspaltung zur Folge hat, dass von einem Betrieb ein oder mehrere Betriebsteile einem an der Spaltung beteiligten anderen Unternehmen zugeordnet werden, ohne dass sich dabei die Organisation des betroffenen Betriebes wesentlich ändert.

88 Für Betriebsteile, d.h. Untergliederungen des Betriebes, die räumlich und institutionell von dem Hauptbetrieb abgegrenzt werden können und deren Leitung zur Ausübung des arbeitsvertraglichen Weisungsrechts gegenüber den Arbeitnehmern befugt ist, die aber auf den Zweck des Hauptbetriebs ausgerichtet und auch in seine Organisation eingegliedert sind – was insbesondere daran deutlich wird, dass sie wesentliche Entscheidungen in personellen und sozialen Entscheidungen nicht selbstständig treffen können –, gilt § 4 BetrVG. Danach stellen die Betriebsteile eigenständige betriebsratsfähige Organisationen dar, wenn sie die Voraussetzungen des § 1 Abs. 1 S. 1 BetrVG erfüllen und vom Hauptbetrieb räumlich weit entfernt sind oder nach Aufgabenstellung und Organisation selbständig sind. Maßgeblich ist wiederum eine Beurteilung im Einzelfall. Für die Selbständigkeit nach Aufgabenbereich und Organisation i.S.d. § 4 Abs. 1 Nr. 2 BetrVG reicht nach der Rechtsprechung des BAG eine sog. relative Eigenständigkeit aus (näher: DLW/*Wildschütz* Kapitel 13 Rn. 113 ff.).

89 Zu beachten ist, dass die Arbeitnehmer des Betriebsteils nach Maßgabe von § 4 Abs. 1 S. 2 BetrVG beschließen können, an der Betriebsratswahl des Hauptbetriebes teilzunehmen. Betriebsteile, die die Voraussetzungen des § 4 Abs. 1 BetrVG nicht erfüllen (sog. Kleinstbetriebe), sind gem. § 4 Abs. 2 BetrVG dem Hauptbetrieb zuzuordnen (vgl. BAG, Beschl. v. 17.01.2007 – 7 ABR 63/05, NZA 2007, 703, 704).

90 Vereinbarungen über die Bestimmung betriebsratsfähiger Organisationseinheiten sind ferner durch Tarifvertrag oder Betriebsvereinbarung in den Fällen des § 3 BetrVG möglich (zu den Voraussetzungen im Einzelnen: *Friese* RdA 2003, 92; *Teusch* NZA 2007, 124).

91 **8.** Die **räumliche Entfernung** richtet sich nicht allein nach der Kilometerdistanz, sondern auch nach der Verkehrsverbindung zwischen Betriebsteil und Hauptbetrieb. Verfügen nicht alle Arbeitnehmer über die Möglichkeit einen PKW zu nutzen, sind die Fahrzeiten bei Benutzung des öffentlichen Personennahverkehrs maßgebend (LAG Schleswig-Holstein, Beschl. v. 20.01.2010 – 6 TaBV 39/09, juris). Bei einer Fahrzeit von mehr als zwei Stunden liegt jedenfalls eine räumlich

weite Entfernung i.S.d. § 4 Abs. 1 Nr. 1 BetrVG vor (BAG, Beschl. v. 07.05.2008 – 7 ABR 15/07, NZA 2009, 328, 331; siehe auch *Haas/Salamon* NZA 2009, 299, 300).

9. Nicht jede Änderung der tatsächlichen Verhältnisse führt zum Wegfall des Betriebs, entscheidend ist der Fortbestand bzw. Entfall der Organisationseinheit (ErfK/*Koch* § 1 BetrVG Rn. 12). In der Begründung sind die entsprechenden Tatsachen vorzutragen. 92

10. Die Entscheidung des Arbeitsgerichts hat für spätere Verfahren präjudizielle Wirkung (BAG, Beschl. v. 01.12.2004 – 7 ABR 27/04, NJOZ 2005, 4748, 4749 f.; ErfK/*Koch* § 18 BetrVG Rn. 5). Sie kann losgelöst von einer konkreten Wahl beantragt werden (BAG, Beschl. v. 13.08.2008 – 7 ABR 21/07, NZA-RR 2009, 255, 256). Stellt das Arbeitsgericht vor Abschluss des Wahlverfahrens rechtskräftig eine andere Betriebsstruktur fest, ist die Wahl abzubrechen und ein neues Wahlverfahren einzuleiten (BAG, Beschl. v. 01.12.2004 – 7 ABR 27/04, NJOZ 2005, 4748, 4749). Während der Amtszeit eines Betriebsrats kann die gerichtliche Entscheidung indes im Ergebnis nur dann zur Anfechtbarkeit der Betriebsratswahl führen, wenn sie innerhalb der Frist des § 19 Abs. 2 BetrVG geltend gemacht wird (siehe auch Muster O.I.6.). Im Übrigen wirkt sich die Feststellung erst auf die nächste Wahl aus, die ggf. analog § 13 Abs. 2 Nr. 1 BetrVG vorzuziehen ist (AR/*Maschmann* § 18 BetrVG Rn. 9; ErfK/*Koch* § 18 BetrVG Rn. 5; *Fitting* § 18 Rn. 62 ff.; siehe auch Vorbemerkung zu Muster O.I.7. – O Rdn. 117). 93

Hat der Wahlvorstand mit der Durchführung der Betriebsratswahl bereits begonnen und ist zu erwarten, dass die gerichtliche Entscheidung nach § 18 Abs. 2 BetrVG erst nach Abschluss der Wahl ergehen wird, so stellt sich die Frage des einstweiligen Rechtsschutzes. Der Antrag auf einstweilige Aussetzung, Korrektur oder gar den Abbruch des Verfahrens kann neben dem Antrag nach § 18 Abs. 2 BetrVG gestellt werden (im Einzelnen ist hier vieles umstritten, siehe Anm. 5 zu Muster O.I.7. – O Rdn. 125). 94

6. Anfechtung der Betriebsratswahl

Vorbemerkung

Wurde bei Betriebsratswahlen gegen wesentliche Vorschriften über das Wahlrecht, die Wählbarkeit oder das Wahlverfahren verstoßen und ist eine Berichtigung nicht bereits im Rahmen des Wahlverfahrens erfolgt, kann die Wahl beim Arbeitsgericht angefochten werden. Voraussetzung einer (erfolgreichen) Wahlanfechtung ist, dass durch den Verstoß das Wahlergebnis geändert oder beeinflusst werden konnte (§ 19 Abs. 1 BetrVG). 95

▶ **Muster – Anfechtung der Betriebsratswahl**

[Ort, Datum] 1   96

An das
Arbeitsgericht ___[Ort, Anschrift]___   2

In dem Beschlussverfahren mit den Beteiligten 3

1. ___[Firma; hier z.B. im Folgenden B-GmbH]___, vertreten durch ___[Namen der gesetzlichen Vertreter und Anschrift]___

Prozessbevollmächtigte: Rechtsanwälte ___[Name]___

– Antragsteller/in/Beteiligte Ziff. 1 –

2. Betriebsrat der B-GmbH, vertreten durch die/den Betriebsratsvorsitzende/n ___[Name der/des Betriebsratsvorsitzenden und Anschrift der Firma]___

– Antragsgegner/Beteiligter Ziff. 2 –

wegen Anfechtung der Betriebsratswahl

vertreten wir die Antragstellerin. Namens und im Auftrag der Antragstellerin leiten wir ein Beschlussverfahren ein und beantragen:

> Die Betriebsratswahl im Betrieb der B-GmbH in ___[Anschrift]___ vom ___[Datum]___ wird für unwirksam erklärt. [4]

Begründung:

Die Antragstellerin betreibt in ___[Ort]___ einen Betrieb mit ___[Anzahl]___ Arbeitnehmern. [5] Dort sind am ___[Datum]___ Betriebsratswahlen durchgeführt worden. Das Wahlergebnis ist am ___[Datum]___ durch den Wahlvorstand mittels Aushang am ___[Ort]___ bekannt gemacht worden. [6] Die zweiwöchige Anfechtungsfrist nach § 19 Abs. 2 BetrVG ist mithin gewahrt. [7]

Bei der Betriebsratswahl ist gegen wesentliche Vorschriften über das Wahlrecht, die Wählbarkeit und das Wahlverfahren verstoßen worden. [8]

Die Wahl fand im regulären Wahlverfahren, mithin unter Anwendung des Verhältniswahlrechts, nach § 14 Abs. 2 Satz 1 BetrVG statt. Die Verteilung der Betriebsratssitze auf die Vorschlagslisten richtete sich folglich nach § 15 WO.

Der Wahlvorstand hat die Auffassung vertreten, nachfolgende Bewerber seien gewählt worden:

1. ___[Name]___
2. ___[Name]___
...

Dies ist unzutreffend. Bei richtiger Anwendung des Höchstzahlverfahrens nach d'Hondt gem. § 15 Abs. 1–3 WO ist/sind folgende Bewerberinnen/Bewerber gewählt worden:

1. ___[Name]___
2. ___[Name]___ [9]
...

Eine Berichtigung i.S.d. § 19 Abs. 1, 2. Alt. BetrVG ist nicht erfolgt. [10]

Die Anfechtung ist nicht nach § 19 Abs. 1, 3. Hs. BetrVG ausgeschlossen. Ein Einfluss des Verfahrensfehlers auf das Wahlergebnis ist zumindest möglich. Das Wahlergebnis hätte anders ausfallen können, wenn der Wahlvorstand die Bestimmungen des ___[Vorschriften, gegen die verstoßen worden ist]___ pflichtgemäß beachtet hätte. [11]

(Unterschrift Rechtsanwalt)

Erläuterungen

Schrifttum

Berg/Heilmann So läuft's von Anfang an richtig! Tipps zur Betriebsratswahl, AiB 2009, 363; *Bonanni/Mückl* Betriebsratswahlen 2010 – Was tun, wenn die Wahl falsch läuft?, BB 2010, 437; *Burgmer/Richter* Rechtsprechungsübersicht zu den Betriebsratswahlen – Ein Querschnitt aus den letzten vier Jahren, NZA-RR 2006, 1; *dies.* Rechtsprechungsübersicht zu den Betriebsratswahlen – Ein Querschnitt aus den letzten vier Jahren (in Anknüpfung an NZA-RR 2006, 1), NZA-RR 2010, 57; *Heinze* Mängel der Vorschlagsliste in der Betriebsratswahl, NZA 1988, 568; *Koehler/Mückl* Rechtsfolgen unwirksamer Vereinbarungen über die Organisation der Betriebsverfassung, NZA-RR 2009, 513; *Kornhuber* Anfechtbarkeit und Nichtigkeit der Betriebsratswahl, FA 2006, 68; *Lerch/Sparchholz* Wahlanfechtung und nachwirkender Kündigungsschutz, AiB 2007, 594; *Lunk/Schnelle/Witten* Betriebsratswahl 2014 – Aktuelle Rechtsprechung seit der letzten Wahl, NZA 2014, 57; *Nägele* Die Anfechtung der Betriebsratswahl, ArbRB 2006, 58; *Steiner* Anfechtung einer Betriebsratswahl, AiB 2002, 631; *Schiefer/Korte* Die Durchführung der Betriebsratswahlen nach neuem Recht – Teil 1, NZA 2002, 57; *dies.* Die Durchführung der Betriebsratswahlen nach neuem Recht – Teil 2, NZA 2002, 113; *Schrader/Straube* Taktische Überlegungen zur Anfechtung einer Betriebsratswahl, ArbRAktuell 2010, 159; *Wiesner* Korrekturen von Fehlern der Betriebsratswahl, FA 2007, 38.

1. Für die Anfechtung gilt eine **Frist von zwei Wochen**, gerechnet ab der Bekanntgabe des Wahlergebnisses (§ 19 Abs. 2 S. 2 BetrVG). Zur Wahrung der Anfechtungsfrist muss der Anfechtungsantrag mit Begründung fristgerecht beim Arbeitsgericht eingehen. Die Einreichung der Anfechtung bei einem örtlich unzuständigen Gericht schadet nicht (AR/*Maschmann* § 19 BetrVG Rn. 6). Lässt sich der Arbeitgeber gem. § 11 Abs. 2 S. 2 Nr. 1 ArbGG durch einen Beschäftigten vertreten, ist die Anfechtungsfrist auch dann gewahrt, wenn der Antrag rechtzeitig eingereicht, aber erst nach Fristablauf eine vom Arbeitgeber ausgestellte schriftliche Vollmacht bei Gericht nachgereicht wird (LAG Baden-Württemberg, Beschl. v. 21.11.2008 – 7 TaBV 3/08, NZA-RR 2009, 373, 374). Da es sich bei der Zwei-Wochen-Frist um eine **materiell-rechtliche Ausschlussfrist** handelt, kommt eine Wiedereinsetzung in den vorherigen Stand nicht in Betracht (LAG Baden-Württemberg, Beschl. v. 21.11.2008 – 7 TaBV 3/08, NZA-RR 2009, 373, 374; Richardi/*Thüsing* § 19 Rn. 47). Nach Fristende ist lediglich noch der Antrag auf gerichtliche Entscheidung über die Feststellung der Nichtwählbarkeit nach § 24 Abs. 1 Nr. 6 BetrVG möglich.

Die Zwei-Wochen-Frist gilt allerdings **nicht**, wenn die Betriebsratswahl nicht nur anfechtbar, sondern **nichtig** ist. Die Nichtigkeit der Wahl ist ipso iure gegeben, so dass sie jederzeit ohne Bindung an eine Frist geltend gemacht werden kann. Der gerichtlichen Feststellung kommt nur deklaratorische Wirkung zu (AR/*Maschmann* § 19 BetrVG Rn. 9). Nichtigkeit liegt aber nach der Rechtsprechung des BAG nur in »ganz besonderen Ausnahmefällen« vor, in denen gegen allgemeine Grundsätze jeder ordnungsgemäßen Wahl in so hohem Maße verstoßen worden ist, dass auch der Anschein einer dem Gesetz entsprechenden Wahl nicht mehr gegeben ist (BAG, Beschl. v. 19.11.2003 – 7 ABR 24/03, NZA 2004, 395, 397). Dies kann beispielsweise der Fall sein, wenn der Wahl entgegen § 14 Abs. 3–5 BetrVG keine schriftlichen oder unterzeichneten Wahlvorschläge zu Grunde gelegen haben, bei willkürlichem Ausschluss von Wahlberechtigten, wenn nicht schriftlich gewählt wird, wenn die Wahlurne vor Abschluss der Wahl geöffnet wird oder wenn der Betrieb offensichtlich nicht den Vorschriften des BetrVG unterliegt (siehe im Einzelnen *Bonanni/Mückl*, BB 2010, 437, 442; AR/*Maschmann* § 19 BetrVG Rn. 10; Richardi/*Thüsing* § 19 Rn. 73 ff.; DLW/*Wildschütz* Kapitel 13 Rn. 502 ff.). Hingegen führt die Überschreitung der durch § 3 BetrVG verliehenen Regelungsmacht in der Regel nur zur Anfechtbarkeit, nicht zur Nichtigkeit (LAG Niedersachsen, Beschl. v. 22.08.2008 – 12 TaBV 14/08, juris). Mehrere erhebliche Verstöße gegen die Vorgaben des BetrVG, die jeweils zur Anfechtbarkeit der Wahl führen, sollen nach neuerer Rechtsprechung nicht in Summe die Nichtigkeit begründen können (BAG, Beschl. v. 19.11.2003 – 7 ABR 24/03, NZA 2004, 395, 397 f.).

2. Der Antrag ist gemäß § 81 ArbGG schriftlich oder zu Protokoll der Geschäftsstelle des Arbeitsgerichts zu stellen. Ausschließlich zuständig ist das Arbeitsgericht am Sitz des Betriebs, § 82 Abs. 1 S. 1 ArbGG.

3. Anfechtungsberechtigt sind gem. § 19 Abs. 2 S. 1 BetrVG drei wahlberechtigte Arbeitnehmer, jede im Betrieb vertretene Gewerkschaft sowie der Arbeitgeber. Bei der Anfechtung durch drei Arbeitnehmer reicht es nach h.M. aus, wenn im Zeitpunkt des letzten gerichtlichen Anhörungstermin mindestens noch ein anfechtungsberechtigter Arbeitnehmer dem Betrieb angehört (vgl. LAG Hamm, Beschl. v. 02.10.2009 – 10 TaBV 27/09, ArbR 2010, 103; siehe auch BAG, Beschl. v. 04.12.1986 – 6 ABR 48/85, AP § 19 BetrVG 1972 Nr. 13). Gewerkschaften sind im Betrieb vertreten und damit anfechtungsberechtigt, wenn mindestens ein Arbeitnehmer des Betriebs der Gewerkschaft angehört und nicht offensichtlich zu Unrecht als Mitglied aufgenommen wurde (BAG, Beschl. v. 10.11.2004 – 7 ABR 19/04, NZA 2005, 426, 427; siehe auch LAG Baden-Württemberg, Beschl. v. 18.02.2009 – 13 TaBV 10/08, juris). Der Betriebsrat hat kein Anfechtungsrecht (AR/*Maschmann* § 19 BetrVG Rn. 5).

Der **Betriebsrat** als Gremium ist unabhängig davon, welcher der Anfechtungsberechtigten den Antrag stellt, stets **Antragsgegner**. Etwas anderes gilt allein bei der Teilanfechtung der Wahl, die nur gegen einzelne Betriebsratsmitglieder gerichtet werden kann (vgl. BAG, Beschl. v. 28.11.1977 – 1 ABR 40/76, AP § 8 BetrVG 1972 Nr. 2). Ob eine solche Beschränkung indes sinnvoll ist, sollte kritisch geprüft werden. Es ist zu bedenken, dass das Arbeitsgericht an die gestellten Anträge

O. Betriebsverfassungsrecht

gem. § 83 Abs. 1 S. 1 ArbGG gebunden ist und dementsprechend das Verfahren nicht von Amts wegen auf Betriebsratsmitglieder ausdehnen darf, gegen die sich die Anfechtung nicht richtet.

102 Der **Arbeitgeber** ist gemäß § 83 Abs. 3 ArbGG **Beteiligter** des Anfechtungsverfahrens, auch wenn er den Anfechtungsantrag nicht selbst stellt; es empfiehlt sich, dies bereits im Rubrum des Anfechtungsschriftsatzes zu berücksichtigen.

103 **4.** Unwirksam kann die Betriebsratswahl sowohl im Falle der Anfechtbarkeit als auch der Nichtigkeit sein. Kommt das Arbeitsgericht zu dem Ergebnis, dass die Wahl nicht nur anfechtbar, sondern sogar nichtig ist, ist dem Anfechtungsantrag stattzugeben. Auch wenn der Antrag seinem Wortlaut nach nur auf die Nichtigkeit der Wahl gerichtet ist, wird im Zweifel davon auszugehen sein, dass das Rechtsschutzbegehren des Antragstellers auch die Feststellung der Unwirksamkeit der Betriebsratswahl wegen Anfechtbarkeit umfasst (LAG Hamm, Beschl. v. 12.10.2007 – 10 TaBV 9/09, BeckRS 2008, 50097). Eventuelle Auslegungszweifel in dieser Hinsicht, die durch eine zu enge Formulierung des Antrags verursacht werden können, sollte man jedoch möglichst ausschließen.

104 Wird die Betriebsratswahl mit Erfolg angefochten, hat dies grundsätzlich das Ende der Amtszeit des Betriebsrats zur Folge, es sind Neuwahlen durchzuführen (§ 13 Abs. 2 Nr. 4 BetrVG).

105 Soll (nur) beanstandet werden, dass die Verteilung der Sitze im Betriebsrat nicht ordnungsgemäß erfolgt ist, so ist das Betriebsratsmitglied, das fälschlicherweise einen Sitz erhalten hat, an dem Verfahren zu beteiligen und alternativ folgender Antrag denkbar:

Alternative:

[Es wird festgestellt, dass anstelle des Beteiligten Ziff. __[entsprechend der vorherigen Nummerierung]__ *Frau/Herr* ____[Name]____ *in den Betriebsrat gewählt worden ist.]*

106 **5.** Wird der Antrag durch drei wahlberechtigte Arbeitnehmer oder durch eine Gewerkschaft gestellt, so empfiehlt es sich, in der Antragsbegründung kurze Ausführungen zu ihrer Antragsbefugnis zu machen, z.B.:

Alternative:

[Die Antragsteller sind wahlberechtigte Arbeitnehmer i.S.d. § 7 BetrVG und daher antragsberechtigt gem. § 19 Abs. 2 S. 1 BetrVG.]

oder

Alternative:

[Die Antragstellerin ist eine in dem Betrieb vertretene Gewerkschaft i.S.d. § 19 Abs. 2 Satz 1 BetrVG. Ihr gehört Frau __[Name des Gewerkschaftsmitglieds]__ *an, die als Arbeitnehmerin der B-GmbH im Betrieb* __[Ort]__ *beschäftigt ist.]*

107 **6.** Die Anfechtungsfrist von zwei Wochen (siehe dazu Anmerkung 1 – O Rdn. 97) beginnt mit Bekanntgabe des Wahlergebnisses (vgl. § 18 Abs. 3 S. 1 BetrVG). Deshalb sollte in der Begründung des Antrags der Tag der Bekanntgabe des Wahlergebnisses mitgeteilt werden, um dem Gericht die Prüfung der Frist zu ermöglichen.

108 **7.** Soll nicht die Anfechtbarkeit der Betriebsratswahl, sondern allein die Nichtigkeit geltend gemacht werden (näher dazu unter Anmerkung 1 – O Rdn. 98), so gilt keine Anfechtungsfrist. Hierauf kann insbesondere bei einem nach Ablauf von zwei Wochen eingereichten Antrag klarstellend hingewiesen werden.

109 **8.** Hier ist einzelfallbezogen darzulegen, gegen welche rechtlichen Anforderungen verstoßen worden ist. **Wesentliche Vorschriften i.S.d. § 19 Abs. 1 BetrVG** sind solche, die tragende Prinzi-

pien der Betriebsratswahl enthalten (AR/*Maschmann* § 19 BetrVG Rn. 2). Dies trifft auf zwingende Normen des BetrVG in aller Regel zu, auf bloße Sollvorschriften hingegen nicht (BAG, Beschl. v. 14.09.1988 – 7 ABR 93/87, NZA 1989, 360, 361; DLW/*Wildschütz* Kapitel 13 Rn. 464 ff.).

Vorschriften des Wahlrechts sind beispielsweise dann nicht eingehalten, wenn ein nicht Wahlberechtigter zur Wahl zugelassen oder ein Wahlberechtigter zu Unrecht von der Wahl ausgeschlossen wurde. Ein Verstoß gegen **Vorschriften über die Wählbarkeit** ist gegeben, wenn eine nicht wählbare Person gewählt wurde oder eine Person, die die Voraussetzungen des § 8 BetrVG erfüllt, nicht zugelassen wurde. In der Praxis wird die Anfechtung zumeist auf eine **Verletzung von Vorschriften über das Wahlverfahren** gestützt. Das Feld möglicher Fehler ist weit (wegen der Vielzahl der möglichen Konstellationen siehe im Einzelnen AR/*Maschmann* § 19 BetrVG Rn. 3; DLW/*Wildschütz* Kapitel 13 Rn. 470 ff.). Es reicht von einem fehlerhaften und/oder nicht ordnungsgemäß bekanntgegeben Wahlausschreiben (siehe dazu Muster O.I.4. – O Rdn. 47) über die Anwendung des vereinfachten Wahlverfahrens an Stelle des einschlägigen regulären Verfahrens – und umgekehrt –, die fehlerhafte Besetzung des Wahlvorstands, die falsche Ermittlung der auf das Minderheitengeschlecht entfallenden Betriebsratssitze (siehe dazu Anmerkung 9 – O Rdn. 111 ff.), die Verkennung des Betriebsbegriffs (vgl. Muster O.I.5 – O Rdn. 75) bis hin zu der Nichtzulassung ordnungsgemäßer oder der Berücksichtigung fehlerhafter Vorschlagslisten, der fehlerhaften Durchführung der Stimmabgabe und der fehlerhaften Auszählung und/oder Feststellung des Wahlergebnisses. Anfechtbar ist die Betriebsratswahl ferner dann, wenn sie entgegen § 20 Abs. 1, 2 BetrVG behindert oder beeinflusst worden ist. Wesentliche Vorschriften i.S.d. § 19 Abs. 1 BetrVG sind auch die ungeschriebenen Grundsätze der freien Wahl und der Chancengleichheit (BAG, Beschl. v. 06.12.2000 – 7 ABR 34/99, AP § 19 BetrVG 1972 Nr. 48).

9. Wird die Anfechtung – wie in dem vorliegenden Muster – darauf gestützt, dass der Wahlvorstand die Sitzverteilung nicht korrekt vorgenommen hat, so ist in der Begründung dezidiert auszuführen, nach welchen Regeln verteilt werden musste. Dies richtet sich danach, ob eine oder mehrere Vorschlagslisten eingereicht wurden bzw. ob das vereinfachte Wahlverfahren für Kleinbetriebe nach § 14a BetrVG zur Anwendung gelangte, vgl. § 14 Abs. 2 BetrVG (zu beiden Verfahren mit Beispielen für die Ermittlung der gewählten Personen: *Schiefer/Korte* NZA 2002, 113; DLW/*Wildschütz* Kapitel 13 Rn. 420 ff.). Entsprechend ist zu differenzieren.

Hatte die Wahl nach den Grundsätzen der Mehrheitswahl zu erfolgen, da nur eine Vorschlagsliste eingereicht worden war (§ 14 Abs. 2 S. 2, 1. Alt. BetrVG), kann die Formulierung wie folgt angepasst werden:

Alternative:

[Es war nur ein gültiger Wahlvorschlag eingereicht worden, so dass die Verteilung der Betriebsratssitze gem. § 14 Abs. 2 Satz 2, 1. Alt. BetrVG i.V.m. §§ 22, 23 WO nach den Grundsätzen des Mehrheitswahlrechts zu erfolgen hatte.

Der Wahlvorstand hat die Auffassung vertreten, nachfolgende Bewerber seien gewählt worden:

1. _____[Name]_____
2. _____[Name]_____

   ...

Diese Ansicht ist rechtsirrig. Bei richtiger Anwendung von § 22 Abs. 2 WO sind folgende Bewerber gewählt worden:

1. _____[Name]_____
2. _____[Name]_____

   ...

113 Ist gem. § 14 Abs. 2, 2. Alt. BetrVG das Mehrheitswahlrecht im vereinfachten Wahlverfahren anzuwenden, empfiehlt sich folgende Variante:

Alternative:

[Die Wahl fand im vereinfachten Wahlverfahren, mithin unter Anwendung des Mehrheitswahlrechts, nach § 14 Abs. 2 Satz 2, 2. Alt. BetrVG statt. Die Verteilung der Betriebsratssitze auf die einzelnen Bewerber richtete sich folglich nach §§ 34, 22, 23 WO.
Der Wahlvorstand hat die Auffassung vertreten, nachfolgende Bewerber seien gewählt worden:

1. ___[Name]___
2. ___[Name]___
...

Diese Ansicht ist rechtsirrig. Bei richtiger Anwendung von §§ 34 Abs. 5, 22 Abs. 2 WO ist/sind jedoch folgende Bewerberinnen/Bewerber gewählt worden:

1. ___[Name]___
2. ___[Name]___
...

114 Die Anfechtbarkeit der Wahl kann sich ferner daraus ergeben, dass der Wahlvorstand eine nach § 15 Abs. 2 BetrVG gebotene Korrektur des Wahlergebnisses pflichtwidrig nicht vorgenommen hat (eingehend zu der Errechnung der Anzahl der Mindestsitze gem. § 5 WO: DLW/*Wildschütz* Kapitel 13 Rn. 390 ff.). Dies kann z.B. wie folgt gerügt werden:

Alternative:

[Die Betriebsratswahl ist gem. § 19 Abs. 1 BetrVG anfechtbar, da sie unter Missachtung der wesentlichen Verfahrensvorschrift des § 15 Abs. 2 BetrVG erfolgt ist. In dem Betrieb der Beteiligten Ziff. 1 in ___[Ort]___ sind ___[Anzahl]___ [männliche bzw. weibliche – je nach Geschlecht in der zahlenmäßigen Minderheit] Arbeitnehmer beschäftigt. Nach den Grundsätzen der Verhältnismäßigkeitswahl stehen ihnen bei richtiger Anwendung des Höchstzahlverfahrens nach d'Hondt gem. § 5 WO ___[Anzahl]___ Mindestsitze zu.
Der gewählte Betriebsrat besteht aus ___[Anzahl]___ Mitgliedern, von denen lediglich ___[Anzahl]___ ___[Minderheitsgeschlecht]___ sind. Der Wahlvorstand hat die nach § 5 Abs. 2 WO gebotene Korrektur des Wahlergebnisses pflichtwidrig nicht vorgenommen, obwohl Frau/Herrn ___[Name]___ ein Sitz im Betriebsrat zusteht.]

115 **10.** Grundsätzlich sind (nahezu) alle **Verfahrensfehler berichtigungsfähig**. Ggf. ist der erneute Erlass des Wahlausschreibens erforderlich, wenn beispielsweise die Anzahl der zu wählenden Betriebsratsmitglieder falsch angegeben wurde (ErfK/*Koch* § 19 BetrVG Rn. 5). Rechtzeitig ist eine Berichtigung, wenn die Wahl danach trotz des Verstoßes noch ordnungsgemäß durchgeführt werden kann (zu den Einzelheiten: DLW/*Wildschütz* Kapitel 13 Rn. 474 f.). Eine Berichtigung der Wählerliste ist auf Grund eines Beschlusses des Wahlvorstands möglich (vgl. LAG Hamm, Beschl. v. 12.10.2007 – 10 TaBV 9/09, BeckRS 2008, 50097). Nach Ablauf der Einspruchsfrist darf die Wählerliste, soweit es sich nicht um die Erledigung rechtzeitig eingelegter Einsprüche handelt, gem. § 4 Abs. 3 S. 2 WO nur noch in Bezug auf Schreibfehler, offenbare Unrichtigkeiten oder bei Eintritt oder Ausscheiden eines Arbeitnehmers in den bzw. aus dem Betrieb berichtigt werden.

116 **11.** Eine Anfechtung der Wahl ist ausgeschlossen, wenn durch den Verstoß das **Wahlergebnis nicht geändert oder beeinflusst** werden konnte (§ 19 Abs. 1, 3. Halbsatz BetrVG). Daher sollte die (mögliche) Kausalität zwischen Wahlfehler und Wahlergebnis in der Antragsbegründung dargelegt werden. Ein Einfluss auf das Wahlergebnis ist nur dann ausgeschlossen, wenn bei einer hy-

pothetischen Betrachtungsweise eine Wahl ohne den Verstoß unter Berücksichtigung der konkreten Umstände **zwingend** zu demselben Wahlergebnis geführt hätte. Nicht gegeben ist die Anfechtbarkeit danach insbesondere in Fallgestaltungen, in denen die Teilnahme nicht wahlberechtigter Arbeitnehmer an der Wahl oder der Ausschluss wahlberechtigter Arbeitnehmer von der Stimmabgabe rechnerisch die Reihenfolge der Gewählten nicht ändern kann. Für eine mögliche Änderung des Wahlergebnisses reichen z.B. auch Fehler bei der Bestellung des Wahlvorstands aus, da ein Wahlvorstand Ermessensentscheidungen zu treffen hat, die je nach seiner personellen Zusammensetzung unterschiedlich ausfallen und sich somit auf das Wahlergebnis auswirken können (BAG, Beschl. v. 14.09.1988 – 7 ABR 93/87, NZA 1989, 360, 361 f.; BAG, Beschl. v. 31.05.2000 – 7 ABR 78/98, NZA 2000, 1350, 1355). Bleibt unklar, ob sich ein Verstoß auf das Wahlergebnis ausgewirkt haben kann, so ist die Wahl anfechtbar (AR/*Maschmann* § 19 BetrVG Rn. 2).

7. Antrag auf einstweilige Verfügung gegen Durchführung der Betriebsratswahl

Vorbemerkung

Eine erfolgreiche Anfechtung der Betriebsratswahl nach § 19 BetrVG hat zur Folge, dass der fehlerhaft gewählte Betriebsrat sein Amt verliert. Der Amtsverlust tritt jedoch erst mit Rechtskraft der gerichtlichen Entscheidung ein. Diese wirkt nur für Zukunft, sie hat keine Rückwirkung (BAG, Beschl. v. 13.03.1991 – 7 ABR 5/90, EzA § 19 BetrVG 1972 Nr. 29). Alle bis dahin vorgenommenen Handlungen des Betriebsrats bleiben (von den seltenen Fällen der Nichtigkeit der Wahl abgesehen) wirksam (AR/*Maschmann* § 19 BetrVG Rn. 8). Während der Dauer des Anfechtungsverfahrens, das sich – insbesondere wenn es über zwei oder gar drei Instanzen geführt wird – über mehrere Jahre hinziehen kann, wird die Belegschaft durch den fehlerhaft gewählten und damit nicht ordnungsgemäß legitimierten Betriebsrat vertreten. Diesem oftmals als unbefriedigend empfundenen Zustand kann nur entgegengewirkt werden, indem bereits während der Durchführung der Wahl mit gerichtlicher Hilfe in das laufende Wahlverfahren eingegriffen wird. Im Hinblick darauf, dass ein präventives Eingreifen wirtschaftlicher erscheint, wenn bereits abzusehen ist, dass die zukünftige Wahl anfechtbar oder gar nichtig sein wird, erkennen Rechtsprechung und Literatur insofern die Zulässigkeit von Maßnahmen des einstweiligen Rechtsschutzes nach § 62 Abs. 2 i.V.m. § 85 Abs. 2 S. 1 ArbGG an, um fehlerhafte Maßnahmen und Entscheidungen schon vor Abschluss des Wahlverfahrens gerichtlich geltend zu machen. Sehr umstritten sind allerdings Voraussetzungen und Reichweite des einstweiligen Rechtsschutzes (siehe Anmerkung 5 – O Rdn. 125).

117

▶ **Muster – Antrag auf einstweilige Verfügung gegen Durchführung der Betriebsratswahl**

118

An das
Arbeitsgericht ___[Ort, Anschrift]___

In dem Beschlussverfahren mit den Beteiligten

1. ___[Firma; hier z.B. im Folgenden: B-GmbH]___, vertreten durch ___[Namen der gesetzlichen Vertreter und Anschrift]___

Prozessbevollmächtigte: Rechtsanwälte ___[Name]___

– Antragsteller/in/Beteiligte Ziff. 1 – [1]

2. Wahlvorstand zur Durchführung der Betriebsratswahl in dem Betrieb der B-GmbH in ___[Ort]___, vertreten durch die/den Vorsitzende/n ___[Name]___, ___[Anschrift des Arbeitgebers]___

– Antragsgegner, Beteiligter Ziff. 2 – [2]

3. Betriebsrat der Firma ___[Name]___, vertreten durch die/den Betriebsratsvorsitzende/n ___[Name]___, ___[Anschrift]___

– Beteiligter Ziff. 3 – [3]

4. [Firma; hier z.B. im Folgenden: C-GmbH], vertreten durch [Namen der gesetzlichen Vertreter und Anschrift]

– Beteiligte Ziff. 4 –

wegen Erlass einer einstweiligen Verfügung gegen die Durchführung der laufenden Betriebsratswahl

vertreten wir die Antragstellerin. Namens und in Vollmacht der Antragstellerin leiten wir ein Beschlussverfahren ein und beantragen – wegen der besonderen Dringlichkeit des Falles ohne mündliche Anhörung der Beteiligten und durch den Vorsitzenden allein – im Wege der einstweiligen Verfügung

1. dem Antragsgegner aufzugeben, die bereits eingeleitete Betriebsratswahl abzubrechen. [4]
2. hilfsweise: die beantragte einstweilige Verfügung nach Anhörung der Beteiligten unter größtmöglicher Abkürzung der Ladungs- und Einlassungsfristen zu erlassen.

Begründung: [5]

Der Antragstellerin hat einen Anspruch auf Abbruch der durch Wahlausschreiben vom [Datum] bekannt gemachten Betriebsratswahl auf der Grundlage der §§ 1004 Abs. 1 Satz 2, 823 BGB sowie des § 2 Abs. 1 BetrVG, zu dessen Durchsetzung der Erlass einer einstweiligen Verfügung erforderlich ist. [6]

1. Verfügungsanspruch

Eine nichtige Betriebsratswahl greift wegen der damit verbundenen und möglicherweise nutzlos aufgewendeten Kosten in die Eigentumsrechte der Antragstellerin ein, die gem. § 20 Abs. 3 BetrVG die Kosten der Wahl zu tragen hat. Die weitere Durchführung der Wahl ist vorliegend auf Grund Verstoßes gegen § 1 Abs. 1 BetrVG nichtig.

Die Antragstellerin betreibt am Standort [Ort] einen Betrieb mit insgesamt ca. [Anzahl] Arbeitnehmern. Der bisherige Betriebsrat, dessen Amtszeit am [Datum] gem. § 21 BetrVG endete, hat unter dem [Datum] einen Wahlvorstand, bestehend aus [Namen der Personen] unter der Leitung von Frau/Herrn [Name] bestellt. Entsprechend dem Beschluss des Wahlvorstands vom [Datum] ist die Durchführung der Betriebsratswahl im Betrieb durch Aushang des Wahlausschreibens ab dem [Datum] bekannt gegeben worden. Ausweislich des Ausschreibens soll die Betriebsratswahl gemeinsam für die Antragstellerin und die Beteiligte Ziff. 4 erfolgen.

Glaubhaftmachung: Wahlausschreiben, in Kopie beigefügt als Anlage 1 [7]

Beide sind Tochterunternehmen der [Firma der Muttergesellschaft, ggf. nähere Darlegung der tatsächlichen und rechtlichen Beziehungen]. Der bisherige Betriebsrat, der Beteiligte Ziff. 3, war nur für den Betrieb der Antragstellerin gewählt. Die Unternehmensleitungen handeln jeweils eigenständig. Personelle und soziale Angelegenheiten werden für die Antragstellerin einerseits und die Beteiligte Ziff. 4 andererseits durch unterschiedliche Entscheidungsträger eigenständig entschieden [Ausführung der tatsächlichen Situation]

Glaubhaftmachung: Eidesstattliche Versicherung der/des Frau/Herrn [Name], im Original beigefügt als Anlage 2

Die geplante Betriebsratswahl wäre auf Grund der dargelegten Umstände nicht nur anfechtbar, sondern nichtig [8], da ihre Gesetzeswidrigkeit derart offensichtlich ist, dass sie den Stempel der Gesetzeswidrigkeit quasi auf der Stirn tragen würde. Sachliche Anzeichen dafür, dass die Antragstellerin und die Beteiligte zu Ziff. 4 einen gemeinsamen Betrieb unterhalten, sind nicht einmal im Ansatz erkennbar.

2. Verfügungsgrund

Die Untersagung der weiteren Durchführung des Wahlverfahrens ist zur Abwendung wesentlicher Nachteile nötig i.S.d. § 85 Abs. 2 ArbGG i.V.m. §§ 940, 935 ZPO. Die Abwägung der der Antragstellerin drohenden Nachteile mit denen, die durch den Abbruch der Wahl entstehen können, fällt zu Gunsten der Antragstellerin aus. Eine erhebliche betriebsratslose Zeit droht nicht [ggf. nähere tatsächliche Ausführungen] ⁹. Die auf Grund der dargestellten Fehler sicher zu erwartende Wahlwiederholung wäre mit erheblichen zusätzlichen Kosten für die Beteiligte Ziff. 1 als Arbeitgeberin verbunden. ¹⁰

(Unterschrift Rechtsanwalt)

Erläuterungen

Schrifttum
Bonanni/Mückl Betriebsratswahlen 2010 – Was tun, wenn die Wahl falsch läuft?, BB 2010, 437; *Bram* Wahlstop im Eilbeschlussverfahren, FA 2006, 66; *Burgmer/Richter* Rechtsprechungsübersicht zu den Betriebsratswahlen – Ein Querschnitt aus den letzten vier Jahren, NZA-RR 2006, 1; *dies.* Rechtsprechungsübersicht zu den Betriebsratswahlen – Ein Querschnitt aus den letzten vier Jahren (in Anknüpfung an NZA-RR 2006, 1), NZA-RR 2010, 57; *Dzida/Hohenstatt* Einstweilige Verfügung auf Abbruch der Betriebsratswahl, BB-Special 2005, Nr. 14, S. 1; *Heider* Der Eilantrag auf Abbruch von Betriebsratswahlen, NZA 2010, 488; *Lunk/Schnelle/Witten* Betriebsratswahl 2014 – Aktuelle Rechtsprechung seit der letzten Wahl, NZA 2014, 57; *Rieble/Trisketis* Vorläufiger Rechtsschutz im Betriebsratswahlverfahren, NZA 2006, 233; *Veit/Wichert* Betriebsratswahlen – Einstweilige Verfügung gegen rechtswidrige Maßnahmen des Wahlvorstands, DB 2006, 390; *Wichert* Einstweiliger Rechtsschutz bei Betriebsratswahlen, AuA 2010, 148.

1. Antragberechtigt im Rahmen des einstweiligen Verfügungsverfahrens ist zunächst jeder, der auch zur Anfechtung der Wahl berechtigt wäre. Das Antragsrecht des Arbeitgebers ergibt sich somit zum einen aus der entsprechenden Anwendung des § 19 Abs. 2 S. 1 BetrVG, zum anderen aber auch daraus, dass er gem. § 20 Abs. 3 BetrVG verpflichtet ist, die Kosten des Verfahrens zu tragen (siehe auch LAG Sachsen-Anhalt, Beschl. v. 19.04.2006 – 8 TaBV 10/06, juris). Arbeitnehmer sind analog § 19 Abs. 2 S. 1 BetrVG in Personenmehrheit antragsberechtigt. Darüber hinaus billigen indes Rechtsprechung und Literatur jedem ein Antragsrecht zu, der durch die beanstandeten Maßnahmen in seinem aktiven oder passiven Wahlrecht betroffen sein kann (LAG Hamburg, Beschl. v. 06.05.1996 – 4 TaBV 3/96, NZA-RR 1997, 136, 137; *Fitting* § 18 Rn. 43), konkret also etwa dem Wahlvorstand oder Wahlbewerbern. Daher spricht einiges dafür, dass auch einzelne Arbeitnehmer einstweiligen Rechtsschutz beantragen können (ebenso *Rieble/Trisketis* NZA 2006, 233, 236 f.).

2. Anfechtungsgegner ist in der Regel der Wahlvorstand, vertreten durch den Vorsitzenden, bzw. der Arbeitgeber, wenn durch die einstweilige Verfügung dessen unzulässige Wahlbeeinflussung oder Wahlbehinderung beseitigt werden sollen.

3. Der **Betriebsrat** wird durch das einstweilige Verfügungsverfahren nicht in seiner betriebsverfassungsrechtlichen Stellung berührt und muss daher grundsätzlich **nicht beteiligt** werden (LAG Berlin, Beschl. v. 07.02.2006 – 4 TaBV 214/06, NZA 2006, 509, 510). In der Praxis erfolgt dessen ungeachtet häufig eine Einbeziehung aus Klarstellungsgründen (vgl. LAG Hamburg, Beschl. v. 06.05.1996 – 4 TaBV 3/96, NZA-RR 1997, 136, 137 f.; ArbG Darmstadt, Beschl. v. 09.07.2009 – 7 BVGa 17/09, BeckRS 2010, 68230; ArbG Hamburg, Beschl. v. 05.04.2006 – 11 GaBV 1/06, NZA-RR 2006, 361, 363 ff.).

4. Diese Formulierung ist gerichtet auf den einstweiligen **Abbruch des Wahlverfahrens**. Das Arbeitsgericht wird diesem weitreichenden Antrag nur stattgeben, wenn die **Berichtigung des Fehlers** im laufenden Wahlverfahren nicht mehr möglich ist (zu den Anforderungen an die Zulässigkeit einer Abbruchverfügung sogleich unter Anmerkung 5 – O Rdn. 125). Soweit möglich ist daher in erster Linie die Korrektur des Fehlers als milderes Mittel zu beantragen. Typische Fälle sind etwa die Verpflichtung des Wahlvorstands, einen bestimmten Wahlvorschlag zuzulassen oder das Wahlausschreiben hinsichtlich der Zahl der zu wählenden Betriebsratsmitglieder zu korrigieren (näher DLW/*Wildschütz* Kapitel 13 Rn. 499 f.). Beispielsantrag für eine Korrektur des Fehlers im Wahlverfahren:

O. Betriebsverfassungsrecht

Alternative:

[Dem Antragsgegner wird aufgegeben, das Wahlausschreiben vom ___[Datum]___ dahingehend zu korrigieren, dass nicht neun, sondern nur sieben Betriebsratsmitglieder zu wählen sind.]

123 Eine Berichtigung kommt nicht nur bei Fehlern, deren Folge die Nichtigkeit der Betriebsratswahl wäre, in Betracht, sondern auch bei Rechtsverstößen, die lediglich zur Anfechtbarkeit führen (*Heider* NZA 2010, 488, 489; zur Abgrenzung siehe Anm. 1 zu Muster O.I.6. – O Rdn. 98). Ist zweifelhaft, ob die Korrektur noch möglich ist, so kann der Hauptantrag auf den Abbruch der Wahl gerichtet und hilfsweise beantragt werden, den Wahlvorstand zu der Berichtigungshandlung zu verpflichten.

124 Die einstweilige **Aussetzung des Wahlverfahrens** kommt – angesichts der drohenden Betriebsratslosigkeit – nur dann in Frage, wenn die begründete Aussicht besteht, dass ein bereits angestrengtes Beschlussverfahren (etwa zur Feststellung der betriebsratsfähigen Organisationseinheit gem. § 18 Abs. 2 BetrVG, vgl. Muster O.I.5. – O Rdn. 75) kurz vor dem Abschluss steht und alsbald mit einer endgültigen Klärung der Rechtslage gerechnet werden kann (*Bonanni/Mückl* BB 2010, 437, 438; *Fitting* § 18 Rn. 37; ErfK/*Koch* § 18 BetrVG Rn. 7). In diesem Fall wäre folgender Antrag denkbar:

Alternative:

[Dem Antragsgegner wird bis zum Abschluss des bei dem Arbeitsgericht ___[Ort]___ unter Aktenzeichen ___[Az.]___ anhängigen Beschlussverfahrens die weitere Durchführung der Betriebsratswahlen untersagt.]

125 **5.** Die **Voraussetzungen** für den Erlass einer auf den Abbruch der Wahl gerichteten einstweiligen Verfügung sind **äußerst umstritten**. Während der überwiegende Teil der Lehre es grundsätzlich im Hinblick auf das Gebot effektiven Rechtsschutzes und auf Wirtschaftlichkeitsgesichtspunkte für geboten hält, einstweilig auch den Abbruch des laufenden Wahlverfahrens zuzulassen (*Rieble/Trisketis* NZA 2006, 233, 234 f.), ist die Rechtsprechung deutlich zurückhaltender. Sie argumentiert häufig mit dem Vorrang der Wahlanfechtung nach § 19 BetrVG und dem Verbot der Vorwegnahme der Hauptsache. Einige Landesarbeitsgerichte lassen den Abbruch oder die Untersagung der weiteren Durchführung des Verfahrens nur zu, wenn das Gericht bereits zuverlässig feststellen kann, dass die vorgesehene Wahl **nichtig** sein wird (LAG Sachsen, Beschl. v. 22.04.2010 – 2 TaBVGa 2/10, ZBVR online 2010, Nr. 7/8, 16; LAG Baden-Württemberg, Beschl. v. 09.03.2010 – 15 TaBVGa 1/10, ArbRAktuell 2010, 328; LAG Berlin, Beschl. v. 07.02.2006 – 4 TaBV 214/06, NZA 2006, 509, 510 f.). Andere sind großzügiger und lassen die **Anfechtbarkeit** der Betriebsratswahl genügen, wenn die Wahlanfechtung wegen unkorrigierbarer, feststehender Wahlfehler **mit Sicherheit erfolgreich** wäre (LAG Schleswig-Holstein, Beschl. v. 07.04.2011 – 4 TaBVGa 1/11, BeckRS 2011, 73471; LAG Hamburg, Beschl. v. 19.04.2010 – 7 TaBVGa 2/10, NZA-RR 2010, 585; LAG Baden-Württemberg, Beschl. v. 16.09.1996 – 15 TaBV 10/96, NZA-RR 1997, 141, 142 f.; LAG Sachsen-Anhalt, Beschl. v. 19.04.2006 – 8 TaBV 10/06, juris; siehe auch die Übersicht bei *Bonanni/Mückl* BB 2010, 437, 439). Das BAG hat im Rahmen eines Hauptsacheverfahrens entschieden, dass der Arbeitgeber nur dann den Abbruch einer laufenden Betriebsratswahl verlangen könne, wenn die eingeleitete Betriebsratswahl mit Sicherheit nichtig sein würde. Die voraussichtliche Anfechtbarkeit der Wahl genüge nicht (BAG, Beschl. v. 27.07.2011 – 7 ABR 61/10, DB 2012, 184). Daran wird sich die Praxis künftig auch für den Bereich des vorläufigen Rechtsschutzes zu orientieren haben. Auch die bloße Wahrscheinlichkeit eines Verstoßes gegen wesentliche Wahlvorschriften reicht nicht aus. An dem entsprechenden Grad an Sicherheit soll es u.a. auch dann fehlen, wenn die Ordnungsmäßigkeit der Wahl von einer schwierigen und ungeklärten Rechtsfrage abhängt (ErfK/*Koch* § 18 BetrVG Rn. 7). Dies ist zumindest zweifelhaft, da das Verfahren der einstweiligen Verfügung nur hinsichtlich der Sachverhaltsermittlung ein summarisches Verfahren vorsieht, die Rechtslage aber detailliert zu prüfen ist.

In jedem Fall empfiehlt es sich, in der Antragsbegründung deutlich zu machen, dass die Gesetzes- 126
widrigkeit in dem konkreten Fall bereits feststeht und derart erheblich ist, dass sie zur Nichtigkeit
der Wahl führen würde (zu möglichen Fehlern, den Folgen und den entsprechenden Verfügungsmöglichkeiten: *Rieble/Trisketis* NZA 2006, 233, 238 ff.).

6. Die im Einzelfall in Betracht kommenden Wahlfehler sind ebenso vielgestaltig wie die An- 127
fechtungsgründe (siehe dazu Anm. 8 zu Muster O.I.6. – O Rdn. 109 f.). Der Arbeitgeber kann
sich beispielsweise darauf berufen, dass der Wahlvorstand die Zahl der zu wählenden Betriebsratsmitglieder entgegen § 9 BetrVG falsch ermittelt habe (vgl. LAG Hamburg, Beschl. v. 26.04.2006
– 6 TaBV 6/06, NZA-RR 2006, 413, 414 f.). Der Wahlvorstand oder eine im Betrieb vertretene
Gewerkschaft können bei unzulässiger Behinderung oder Beeinflussung der Betriebsratswahl einen Verfügungsanspruch aus § 20 Abs. 1 BetrVG herleiten (vgl. dazu *Fitting* § 20 Rn. 12). Im
einstweiligen Verfügungsverfahren kann § 20 Abs. 1 BetrVG sowohl einen korrigierenden Eingriff als auch den vollständigen Abbruch eines begonnenen Wahlverfahrens bewirken (LAG Köln,
Beschl. v. 10.03.2000 – 13 TaBV 9/00, NZA-RR 2001, 423, 423). Möglich ist auch die Durchsetzung des Anspruchs des Wahlvorstands aus § 2 Abs. 2 S. 1 WO gegen den Arbeitgeber auf Unterstützung bei der Aufstellung der Wählerliste mittels einstweiliger Verfügung (LAG Hamm,
Beschl. v. 14.03.2005 – 10 TaBV 31/05, NZA-RR 2005, 373, 373).

7. Verfügungsanspruch und Verfügungsgrund müssen gem. § 85 Abs. 2 ArbGG i.V.m. §§ 935, 128
936, 920 Abs. 2 ZPO **glaubhaft gemacht** werden, wobei auch die eidesstattliche Versicherung
nach § 294 Abs. 1 ZPO als Mittel der Glaubhaftmachung in Betracht kommt. Im Übrigen gilt
zwar im arbeitsgerichtlichen Beschlussverfahren i.S.d. §§ 80 ff. ArbGG auch für den einstweiligen
Rechtsschutz nach § 83 Abs. 1 S. 1 ArbGG der Untersuchungsgrundsatz; angesichts der gebotenen Eile und des hier gestellten Antrags auf Entscheidung ohne Anhörung der Parteien empfiehlt
es sich jedoch, die Tatsachen möglichst umfassend vorzutragen (siehe auch *Heider* NZA 2010,
488, 489).

8. Angesichts der unter Anmerkung 5 (O Rdn. 125 f.) dargestellten höchstrichterlichen Recht- 129
sprechung zu den Voraussetzungen des Abbruchs einer Betriebsratswahl ist das Beispiel für das
Formulierungsmuster bewusst so gewählt, dass die Verstöße gegen die Wahlvorschriften derart erheblich und offenkundig sind, dass sie nicht allein die Anfechtbarkeit, sondern die Nichtigkeit der
Betriebsratswahl zur Folge haben.

9. Das Arbeitsgericht nimmt eine **umfassende Interessenabwägung** unter Berücksichtigung des 130
angestrebten Verfügungsinhalts, der Schwere des Eingriffs und dem zu erwartenden Ausgang des
Hauptverfahrens vor. Zu Lasten des Antragstellers kann dabei ins Gewicht fallen, dass bei Erlass
der begehrten einstweiligen Verfügung eine längere betriebsratslose Zeit droht (LAG Berlin,
Beschl. v. 07.02.2006 – 4 TaBV 214/06, NZA 2006, 509, 511; LAG Sachsen-Anhalt, Beschl. v.
19.04.2006 – 8 TaBV 10/06, juris; ArbG Hamburg, Beschl. v. 05.04.2006 – 11 GaBV 1/06,
NZA-RR 2006, 361, 364). Die Betriebsratslosigkeit ist aber kein absoluter Hinderungsgrund für
den Erlass einer einstweiligen Verfügung, im Rahmen der Interessenabwägung ist stets auch das
Gewicht eines etwaigen Pflichtverstoßes des Wahlvorstands zu berücksichtigen (LAG Hamburg,
Beschl. v. 26.04.2006 – 6 TaBV 6/06, NZA-RR 2006, 413, 414 f.; *Heider* NZA 2010, 488, 490).
Im Fall des Wahlabbruchs ist besonders zu beachten, dass dieser nicht nur einstweiligen Charakter
hat, sondern eine endgültige Regelung herbeiführt, weil eine Klärung des Wahlabbruchbegehrens,
falls es bereits im Verfahren des einstweiligen Rechtsschutzes Erfolg hat, im Hauptsacheverfahren
nicht mehr möglich ist. Es sind daher strenge Anforderungen zu stellen (ArbG Hamburg, Beschl.
v 05.04.2006 – 11 GaBV 1/06, NZA-RR 2006, 361, 364).

Ungeachtet dessen, dass in der Literatur teilweise angenommen wird, die besondere Dringlichkeit 131
der Entscheidung sei indiziert, so dass es nur in Ausnahmefällen einer Glaubhaftmachung des
Verfügungsgrunds bedürfe (*Bonanni/Mückl* BB 2010, 437, 440; *Heider* NZA 2010, 488, 490),
gebietet es schon die anwaltliche Vorsicht, die Tatsachen, die die Eilbedürftigkeit begründen, konkret zu benennen und nach Möglichkeit auch glaubhaft zu machen.

132 10. Die vom Arbeitgeber zu tragenden Kosten für Neuwahlen werden in der Rechtsprechung als wesentliches Kriterium für den Erlass einer einstweiligen Verfügung zu Gunsten des Arbeitgebers angesehen (vgl. LAG Köln, Beschl. v. 10.03.2000 – 13 TaBV 9/00, NZA-RR 2001, 423, 425 f.; ArbG Hamburg, Beschl. v. 05.04.2006 – 11 GaBV 1/06, NZA-RR 2006, 361, 364 f.). Es empfiehlt sich die Kosten (ggf. durch Schätzung) möglichst konkret zu beziffern, hilfsweise kann auf allgemein ermittelte Durchschnittswerte zurückgegriffen werden (vgl. *Rieble/Trisketis* NZA 2006, 233, 234: bereits 2006 wurden die vom Arbeitgeber zu tragenden Kosten für Neuwahlen mit 18,83 € pro Mitarbeiter beziffert).

II. Soziale Angelegenheiten (Betriebsvereinbarungen)

133 Dem Betriebsrat steht im Bereich der sozialen Angelegenheiten i.S.d. § 87 Abs. 1 BetrVG die stärkste Form der Beteiligung, ein echtes erzwingbares Mitbestimmungsrecht, zu. Regelungen und Maßnahmen in diesem Bereich können von den Betriebsparteien nur gemeinsam getroffen werden, je nach Mitbestimmungstatbestand auch auf Initiative des Betriebsrates. Kommt eine Einigung über eine Angelegenheit nach § 87 Abs. 1 BetrVG nicht zustande, entscheidet hierüber die Einigungsstelle, deren Spruch die Einigung von Arbeitgeber und Betriebsrat ersetzt (§ 87 Abs. 2 BetrVG).

134 Die Aufzählung der mitbestimmungspflichtigen Angelegenheiten in § 87 Abs. 1 BetrVG ist abschließend. Der Katalog kann grundsätzlich nur durch Gesetz oder Tarifvertrag (vgl. BAG, Beschl. v. 18.08.1987 – 1 ABR 30/86, NZA 1987, 779) erweitert werden. Ob ein Mitbestimmungsrecht auch durch eine Betriebsvereinbarung geschaffen werden kann, ist umstritten.

135 Vorgaben, wie das Mitbestimmungsrecht nach § 87 Abs. 1 BetrVG auszuüben ist, bestehen grundsätzlich nicht. Neben dem Abschluss einer Betriebsvereinbarung i.S.d. § 77 Abs. 2 BetrVG ist auch die Vereinbarung einer formlosen Regelungsabrede möglich (vgl. BAG, Urt. v. 24.04.2001 – 1 AZR 583/00, EzA § 87 BetrVG 1972 Betriebliche Lohngestaltung Nr. 71). Auch der Spruch der Einigungsstelle kann als Betriebsvereinbarung oder als Regelungsabrede ergehen. Die Entscheidung für die eine oder andere Form hängt davon ab, ob für Arbeitnehmer unmittelbar Rechte und Pflichten begründet werden sollen. In diesem Fall ist zweckmäßigerweise die Betriebsvereinbarung wegen ihrer normativen Wirkung nach § 77 Abs. 4 BetrVG zu wählen.

136 Inhaltlich haben die Betriebspartner einen großen Gestaltungsspielraum. Sie können etwa alle Einzelheiten der sozialen Angelegenheit regeln oder sich auf eine abstrakte Rahmenregelung beschränken und die Ausfüllung im Einzelfall dem Arbeitgeber überlassen. Möglich ist auch, dass die Betriebspartner mit der Regelung warten, bis ein mitbestimmungspflichtiger Tatbestand eingetreten ist. Sie können allerdings auch Regelungen bereits im Voraus treffen. Die Regelungen und vereinbarte Maßnahmen dürfen dabei nicht gegen höherrangiges Recht verstoßen. Zudem haben die Betriebsparteien gemäß § 75 Abs. 2 BetrVG die allgemeine Handlungsfreiheit und das Persönlichkeitsrecht der Arbeitnehmer sowie den betriebsverfassungsrechtlichen Gleichbehandlungsgrundsatz zu beachten (siehe hierzu ausführlich DLW/*Wildschütz* Kap. 13 Rn. 1473 ff.).

137 Das Mitbestimmungsrecht und die Regelbefugnis der Betriebsparteien entfallen, wenn und soweit bereits eine gesetzliche oder tarifliche Regelung über die jeweilige Angelegenheit besteht (§ 87 Abs. 1 S. 1 BetrVG). Siehe zum Gesetzes- und Tarifvorrang im Rahmen des § 87 BetrVG näher AR/*Rieble* § 87 BetrVG Rn. 11 f.

1. Arbeitsordnung

Vorbemerkung

138 In vielen Unternehmen hat sich die Arbeitsordnung (oft auch »Betriebsordnung« genannt) als zentrale Betriebsvereinbarung über Fragen der Ordnung des Betriebes und des Verhaltens der Ar-

beitnehmer im Betrieb bewährt. Die Arbeitnehmer werden hierdurch umfassend über ihre wesentlichen Pflichten an und im Zusammenhang mit ihrem Arbeitsplatz in Kenntnis gesetzt. Im Rahmen der Arbeitsordnung aufgestellte klare, allgemeingültige Regelungen fördern das Pflichtbewusstsein der Belegschaft und erleichtern die Feststellung von vertragswidrigem Verhalten einzelner Arbeitnehmer sowie die Durchsetzung individueller arbeitsrechtlicher Maßnahmen.

Darüber hinaus kann die Vereinbarung von materiellen Arbeitsbedingungen mit dem Betriebsrat im Rahmen einer Betriebsvereinbarung auch deshalb ratsam sein, weil die Inhaltskontrolle nach §§ 307 ff. BGB – im Gegensatz zu Regelungen in Formulararbeitsverträgen – auf Betriebsvereinbarungen keine Anwendung findet. Allerdings dürfen die Betriebsparteien mit ihren Vereinbarungen nicht gegen höherrangiges Recht verstoßen und haben den Tarifvorrang nach § 87 Abs. 1 BetrVG und § 77 Abs. 3 BetrVG zu beachten.

Oftmals enthält die Arbeitsordnung nur eine Zusammenfassung oder Ergänzung ohnehin schon aufgrund zwingender gesetzlicher Vorgaben und arbeits- oder tarifvertraglicher Vereinbarungen geltender Regelungen. Sie kann aber auch weitere Regelungsmaterien behandeln, wie z.B. Regeln zum Arbeitsschutz, Zugangsregelungen, Einführung von Ethikregeln, Rauch- und oder Alkoholverbote oder Kleiderordnungen. Für besondere Bereiche mit umfangreichem Regelungsbedarf oder sich von Zeit zu Zeit ändernden Inhalten (z.B. elektronische Zeiterfassungssysteme, Nutzung betrieblicher Kommunikationsmittel, besondere Kontrollmaßnahmen o.ä.) empfiehlt sich in aller Regel jeweils der Abschluss gesonderter Betriebsvereinbarungen.

Ein erzwingbares Mitbestimmungsrecht des Betriebsrates nach § 87 Abs. 1 Nr. 1 BetrVG besteht hinsichtlich aller Maßnahmen, die darauf gerichtet sind, die Ordnung des Betriebes zu gewährleisten und aufrechtzuerhalten (DLW/*Wildschütz* Kap. 13 Rn. 1667). Davon zu trennen sind mitbestimmungsfreie Bereiche zum Arbeits- und Leistungsverhalten der Arbeitnehmer, die sich ohne Bezug zur betrieblichen Ordnung ausschließlich auf die vertraglich geschuldete Leistungspflicht beziehen (BAG, Urt. v. 22.07.2008 – 1 ABR 40/07, NZA 2008, 1248). Siehe zur Abgrenzung ausführlich AR/*Rieble* § 87 BetrVG Rn. 17 ff.

▶ **Muster – Arbeitsordnung**

Zwischen der _____[Name]_____ GmbH (im Folgenden: »Unternehmen«)

und

dem Betriebsrat [1] der _____[Name]_____ GmbH (im Folgenden: »Betriebsrat«)

wird folgende Betriebsvereinbarung zur Regelung der Arbeitsordnung getroffen:

Präambel [2]

Es ist das Ziel dieser Arbeitsordnung, Regelungen festzulegen, die eine reibungslose und erfolgreiche Zusammenarbeit zwischen Geschäftsleitung und Mitarbeitern zum Nutzen des Betriebes und aller Betriebsangehörigen sicherstellen. Wesentliche Elemente hierzu sind die Wahrung des Betriebsfriedens sowie die Achtung des Gebots der gegenseitigen Rücksichtnahme. Soweit im Folgenden personenbezogene Bezeichnungen in männlicher Form angeführt sind, beziehen sie sich auf Mitarbeiter jeden Geschlechts.

§ 1 Geltungsbereich [3]

(1) Diese Betriebsvereinbarung gilt für alle Arbeitnehmer des Unternehmens einschließlich der zu ihrer Berufsausbildung Beschäftigten (»Mitarbeiter«).

(2) Das Unternehmen wirkt darauf hin, dass der Inhalt dieser Betriebsvereinbarung auch für alle Praktikanten, duale Studenten, Leiharbeitnehmer und leitende Angestellte i.S.d. § 5 Abs. 3 BetrVG sowie alle sonst im Unternehmen tätigen Personen entsprechend zur Anwendung kommt.

O. Betriebsverfassungsrecht

§ 2 Allgemeine Verhaltenspflichten [4]

(1) Die Mitarbeiter haben die ihnen übertragenen Aufgaben zügig, sorgfältig, konzentriert und unter angemessener Ausschöpfung der persönlichen Leistungsfähigkeit auszuführen. [5]

(2) Die Mitarbeiter haben den Weisungen des Unternehmens und der vom Unternehmen bestellten Vorgesetzten im Rahmen des bestehenden Direktionsrechtes Folge zu leisten.

(3) Die Mitarbeiter sind verpflichtet, durch ihr Verhalten zur Aufrechterhaltung der betrieblichen Ordnung und des Betriebsfriedens beizutragen und alles zu unterlassen, was den Betriebsablauf, den Betriebsfrieden oder die Betriebssicherheit stören könnte.

(4) Zur Wahrung des Betriebsfriedens ist auf dem Betriebsgelände jedwede parteipolitische Betätigung (z.B. Verteilen von Flugzetteln, Schriften, Plakaten, Teilnahme und Durchführung von Versammlungen) untersagt. Gleiches gilt auch für eine nicht politische Betätigung, sofern diese nicht im Zusammenhang mit betrieblichen Belangen steht (z.B. eigene gewerbliche Tätigkeit, Ein- und Verkauf von Waren, Durchführung von Sammlungen jeder Art, Verteilen von Fragebögen). Ausnahmen von diesem Verbot sind nur mit ausdrücklicher vorheriger Zustimmung der Geschäftsführung möglich. [6]

(5) Die Mitarbeiter dürfen von Kunden, Lieferanten, aber auch potentiellen Geschäftspartnern oder solchen Personen, die Einfluss auf Geschäftsentscheidungen nehmen könnten bzw. möchten, keine Gefälligkeiten oder Wertgegenstände, Geschenke oder sonstige Zuwendungen für sich oder einen Dritten annehmen. Dies gilt nicht für einmalige Zuwendungen mit einem Wert von weniger als 10 €. Diese sind vom jeweiligen Mitarbeiter unverzüglich seinem zuständigen Vorgesetzten anzuzeigen. [7]

(6) Die Mitarbeiter sind verpflichtet, sich auch außerdienstlich so zu verhalten, dass der Ruf des Unternehmens keine Beeinträchtigung erfährt. [8]

§ 3 Arbeitsplatzkonflikte und Beschwerderecht [9]

(1) Alle Mitarbeiter haben sich kollegial zu verhalten und die Persönlichkeitsrechte jedes Vorgesetzten, Kollegen, Mitarbeiters oder sonstigen Dritten (Kunden, Lieferanten etc.) zu respektieren sowie sämtliche Verhaltensweisen zu unterlassen, die diese belästigen, herabwürdigen oder diskriminieren. Unter Diskriminierung verstehen die Betriebsparteien in diesem Zusammenhang vor allem eine Benachteiligung aus Gründen der Rasse oder der ethnischen Herkunft, des Geschlechts, der Religion oder Weltanschauung, einer Behinderung, des Alters oder der sexuellen Identität.

(2) Die Betriebsparteien verpflichten sich, die Mitarbeiter durch geeignete, erforderliche und angemessene Maßnahmen vor solchen Belästigungen, Herabwürdigungen und Diskriminierungen durch andere Mitarbeiter oder sonstige Dritte zu schützen, diese zu verhindern und zu unterbinden. Hierzu werden Vorgesetzte, Mitarbeiter und die Betriebsratsmitglieder im Umgang mit schädigenden Verhaltensweisen und Konflikten am Arbeitsplatz nach § 12 Abs. 2 AGG geschult.

(3) Jeder Mitarbeiter, der sich i.S.d. Abs. 1 beeinträchtigt fühlt, hat das Recht, sich zu beschweren. Hierzu wird eine betriebliche Beschwerdestelle nach § 13 Abs. 1 Satz 1 AGG eingerichtet. Unternehmen und Betriebsrat benennen jeweils ein Mitglied und ein Ersatzmitglied der Beschwerdestelle. Den Vorsitz hat das vom Unternehmen benannte Mitglied. Die Beschwerdestelle hat die Beschwerden vertraulich zu behandeln und sorgfältig zu prüfen. Das Ergebnis wird der Personalabteilung und dem beschwerdeführenden Mitarbeiter umgehend mitgeteilt. Soweit erforderlich werden der Personalabteilung Handlungsmaßnahmen empfohlen, um die Beeinträchtigung zu beseitigen. [10]

(4) Das Unternehmen wird bei belästigenden, herabwürdigenden oder diskriminierenden Verhaltensweisen einzelner oder mehrerer Mitarbeiter die im Einzelfall geeignete, erforderliche und angemessene betriebliche und/oder arbeitsrechtliche Maßnahme zur Unterbindung der Beeinträchtigung ergreifen. [11] An die von der Beschwerdestelle nach Abs. 3 empfohlenen Maßnahmen ist das Unternehmen dabei nicht gebunden.

§ 4 Arbeitszeit

(1) Die Dauer der regelmäßigen Wochenarbeitszeit richtet sich nach den jeweils einschlägigen arbeits- und tarifvertraglichen Vorschriften. Hinsichtlich Beginn und Ende der täglichen Arbeitszeit einschließlich der Pausen sowie der Verteilung der Arbeitszeit auf die einzelnen Wochentage findet die Betriebsvereinbarung »Arbeitszeit« in ihrer jeweils gültigen Fassung Anwendung. Die Mitarbeiter sind zur Einhaltung der darin festgelegten Arbeitszeiten verpflichtet. Abweichungen sind nur mit Zustimmung des Vorgesetzten zulässig. [12]

(2) Auf Anordnung des Unternehmens haben die Mitarbeiter Überstunden sowie Nacht-, Sonntags- und Feiertagsarbeit zu leisten, soweit dies gesetzlich zulässig ist. Überstunden in diesem Sinne sind Arbeitsstunden, die über die regelmäßige Wochenarbeitszeit nach Abs. 1 hinausgehend vom Unternehmen ausdrücklich angeordnet werden. Das Mitbestimmungsrecht des Betriebsrats nach § 87 Abs. 1 Nr. 3 BetrVG bleibt hiervon unberührt. [13]

(3) Mitarbeiter, die an der elektronischen Zeiterfassung teilnehmen, sind verpflichtet, die entsprechenden Zeiterfassungsgeräte zum Nachweis der Arbeitszeit persönlich zu benutzen. Näheres hierzu regelt die Betriebsvereinbarung »Arbeitszeiterfassung« in ihrer jeweils geltenden Fassung.

(4) Die Mitarbeiter haben sich so rechtzeitig an ihrem Arbeitsplatz einzufinden, dass sie pünktlich die Arbeit aufnehmen können. Bei Verspätungen oder vorzeitigem Verlassen des Arbeitsplatzes ist der Vorgesetzte umgehend zu informieren.

(5) Soweit dies erforderlich ist, werden Mitarbeiter für notwendige und termingebundene Arztbesuche und Behördengänge unter Fortzahlung der Vergütung freigestellt. [14] Die Mitarbeiter haben die Arztbesuche bzw. Behördengänge so früh wie möglich ihrem Vorgesetzten anzuzeigen und deren Erforderlichkeit während der Arbeitszeit sowie deren tatsächliche Wahrnehmung auf Verlangen des Unternehmens durch Vorlage geeigneter Dokumente schriftlich nachzuweisen.

§ 5 Arbeitsverhinderung [15]

(1) Die Mitarbeiter sind verpflichtet, jede Verhinderung an der Arbeitsleistung sowie deren Gründe (z.B. Krankheit, nicht dagegen die Krankheitsursache) und voraussichtliche Dauer ihrem Vorgesetzten unverzüglich mitzuteilen. Die Mitteilung hat telefonisch spätestens am selben Tag noch vor Beginn der regelmäßigen Arbeitszeit zu erfolgen. Soweit der zuständige Vorgesetzte nicht erreichbar ist, hat der betroffene Mitarbeiter die Personalabteilung entsprechend zu unterrichten.

(2) Die Mitarbeiter haben die Art der Verhinderung nachzuweisen. Im Falle der Arbeitsunfähigkeit durch Erkrankung ist eine ärztliche Arbeitsunfähigkeitsbescheinigung spätestens am dritten Tag der Arbeitsunfähigkeit der Personalabteilung vorzulegen. Das Unternehmen ist berechtigt, die Vorlage der Arbeitsunfähigkeitsbescheinigung bereits ab dem ersten Tag der Arbeitsunfähigkeit zu verlangen. Dies gilt insbesondere im Falle wiederholter Kurzerkrankungen unmittelbar vor und nach arbeitsfreien Tagen (z.B. Wochenenden oder Feiertagen) sowie im Falle von Verstößen gegen die Anzeige- und Nachweispflichten nach Abs. 1 bis Abs. 4.

(3) Dauert die Arbeitsunfähigkeit länger als in der Arbeitsunfähigkeitsbescheinigung angegeben, ist der Mitarbeiter verpflichtet, dies entsprechend Abs. 1 unverzüglich anzuzeigen und spätestens am darauffolgenden Werktag eine ärztliche Folgebescheinigung einzureichen. Dies gilt auch, wenn die Arbeitsunfähigkeit über den Entgeltfortzahlungszeitraum hinaus fortbesteht.

(4) Der genaue Zeitpunkt der Wiederaufnahme der Arbeit nach einer Verhinderung an der Arbeitsleistung ist dem Vorgesetzten frühzeitig, spätestens jedoch am Vortag, anzuzeigen.

(5) Das Unternehmen ist bei begründeter Veranlassung berechtigt, eine betriebsärztliche Untersuchung zur Feststellung der Arbeitsfähigkeit anzuordnen. Dies gilt insbesondere beim Vorliegen von Umständen, welche die ernsthafte Besorgnis eines Alkohol- oder Drogenmissbrauchs begründen. Die Kosten dieser Untersuchung trägt das Unternehmen. [16]

(6) Die Mitarbeiter haben der Personalabteilung unverzüglich anzuzeigen, sofern sie eine Maßnahme der medizinischen Vorsorge oder Rehabilitation (Heilverfahren oder Kur) beantragt haben und ihnen diese von einem Sozialleistungsträger bewilligt wird. Die Personalabteilung ist dabei über den Zeitpunkt des Antritts der Maßnahme, deren voraussichtliche Dauer und eine gegebe-

nenfalls erforderliche Verlängerung zu unterrichten. Bei Bewilligung der Maßnahme ist die entsprechende Bescheinigung des Sozialleistungsträgers vorzulegen.

(7) Arbeits- und Wegeunfälle sowie daraus resultierende gesundheitliche Spätfolgen sind von den Mitarbeitern unverzüglich und unter genauer Schilderung des Unfallhergangs der Personalabteilung zu melden.

§ 6 Urlaub [17]

(1) Die Dauer des den Mitarbeitern zustehenden bezahlten Erholungsurlaubs richtet sich nach den einschlägigen gesetzlichen (z.B. BUrlG und § 125 SGB IX), arbeits- und tarifvertraglichen Regelungen in ihrer jeweils geltenden Fassung.

(2) Die zeitliche Lage des Erholungsurlaubs ist rechtzeitig, spätestens jedoch sechs Wochen vor Beginn des beabsichtigten Urlaubsantritts schriftlich beim zuständigen Vorgesetzten zu beantragen, damit dieser die für einen reibungslosen Arbeitsablauf erforderlichen Dispositionen treffen kann. Die Mitarbeiter haben hierzu das Formular »Urlaubsantrag« zu verwenden, welches in der Personalabteilung und im Intranet erhältlich ist.

(3) Bei der Festlegung des Erholungsurlaubs sind die Wünsche der Mitarbeiter zu berücksichtigen, sofern und soweit, ihnen nicht dringende betriebliche Belange (z.B. bereits genehmigter Urlaub anderer Mitarbeiter für denselben Zeitraum) oder Urlaubswünsche anderer Mitarbeiter entgegenstehen, die unter sozialen Gesichtspunkten den Vorrang verdienen (z.B. Mitarbeiter mit schulpflichtigen Kindern oder an die Schulferien gebundenen Ehe- bzw. Lebenspartnern).

(4) Der Vorgesetzte soll innerhalb einer Frist von drei Wochen nach Zugang des vollständig ausgefüllten und unterzeichneten Formulars über den Urlaubsantrag entscheiden. Eine Verkürzung der Fristen nach Abs. 2 und Abs. 4 Satz 1 ist im Einzelfall im beiderseitigen Einvernehmen zwischen Mitarbeiter und Vorgesetztem möglich.

(5) Kann über die zeitliche Lage des Erholungsurlaubs zwischen Mitarbeiter und Vorgesetztem innerhalb der Frist des Abs. 4 Satz 1 keine Einigung erzielt werden, erfolgt eine Entscheidung des Unternehmens im Zusammenwirken mit dem Betriebsrat nach § 87 Abs. 1 Nr. 5 BetrVG. Der eigenmächtige Antritt eines nicht genehmigten Erholungsurlaubs gilt als unentschuldigtes Fehlen und kann das Unternehmen zu arbeitsrechtlichen Maßnahmen bis hin zur Kündigung des Arbeitsverhältnisses berechtigten. [18]

(6) Während des Erholungsurlaubs ist es den Mitarbeitern untersagt, eine dem Urlaubszweck widersprechende Erwerbstätigkeit zu leisten. [19]

§ 7 Zahlung der Vergütung

(1) Die Höhe der individuellen Arbeitsvergütung richtet sich nach den jeweils geltenden individual- und tarifvertraglichen Regelungen.

(2) Die Vergütung wird nachträglich gezahlt. Abrechnungszeitraum ist der Kalendermonat. Die Zahlung erfolgt bargeldlos durch Überweisung auf ein vom Mitarbeiter zu benennendes Bankkonto jeweils am letzten Arbeitstag vor dem Monatsende (Valutadatum Abbuchung Arbeitgeber).

(3) Zeitgleich mit der Vergütung bekommen die Mitarbeiter eine Gehaltsabrechnung. Diese weist mindestens die Berechnung der Bruttovergütung, die einzelnen Abzüge sowie die ausbezahlte Nettovergütung aus. Einwände gegen die Richtigkeit der Abrechnung sind umgehend bei der Personalabteilung geltend zu machen.

(4) Die Mitarbeiter sind verpflichtet, die ihnen erteilten Gehaltsabrechnungen zu überprüfen und das Unternehmen unverzüglich darauf hinzuweisen, sofern fehlerhafte Überzahlungen erfolgt sind. Hat ein Mitarbeiter zu viel Vergütung oder sonstige Geldleistungen erhalten, auf die er keinen Anspruch hat, kann er sich auf den Wegfall der Bereicherung nach § 818 Abs. 3 BGB nicht berufen, wenn er die rechtsgrundlose Überzahlung selbst zu vertreten hat oder diese bei pflichtgemäßer Überprüfung der Gehaltsabrechnung hätte erkennen müssen. [20]

(5) Die Abtretung oder Verpfändung der Vergütungsansprüche an Dritte ohne vorherige schriftliche Zustimmung des Unternehmens ist nicht gestattet.

§ 8 Nebentätigkeit/Veröffentlichungen [21]

(1) Die Aufnahme jeder entgeltlichen Nebentätigkeit ist nur nach vorheriger Anzeige beim Unternehmen zulässig. Der Mitarbeiter hat dem Unternehmen hierzu die beabsichtigte Nebentätigkeit schriftlich unter Angabe von Art und Umfang sowie des Auftraggebers mitzuteilen. Das Unternehmen kann dem Mitarbeiter die Aufnahme der Nebentätigkeit untersagen, wenn und soweit seine berechtigten Interessen beeinträchtigt werden. Dies ist insbesondere der Fall, wenn

- die geschuldete Arbeitsleistung unter der Nebentätigkeit leidet.
- die Nebentätigkeit Wettbewerbsinteressen des Unternehmens entgegensteht.
- die Nebentätigkeit gegen gesetzliche Bestimmungen verstößt.

(2) Der Mitarbeiter ist verpflichtet, Änderungen der Nebentätigkeit anzuzeigen, die zu einem Interessenkonflikt mit dem Hauptarbeitsverhältnis führen könnten. Das Unternehmen ist berechtigt, die Nebentätigkeit zu untersagen, wenn ein solcher Konflikt vorliegt bzw. die Voraussetzungen einer Untersagung nach Abs. 1 vorliegen.

(3) Die Pflichten nach Abs. 1 und Abs. 2 bestehen auch, wenn der Mitarbeiter sich an einem anderen Unternehmen beteiligen will. Ausgenommen sind Beteiligungen in Form von Aktien im Umfang einer üblichen privaten Vermögensanlage.

(4) Veröffentlichungen und Vorträge des Mitarbeiters, die das Geschäftsgebiet des Unternehmens und seine betrieblichen Interessen berühren, bedürfen der vorherigen schriftlichen Zustimmung.

§ 9 Wettbewerbsverbot [22]

Mitarbeitern ist es während des bestehenden Arbeitsverhältnisses mit dem Unternehmen untersagt, in selbständiger, unselbständiger oder sonstiger Art und Weise für eine andere Gesellschaft tätig zu werden, welche mit dem Unternehmen im direkten oder indirekten Wettbewerb steht oder mit einem Wettbewerber verbunden ist. Gleiches gilt für die Errichtung und den Erwerb eines Konkurrenzunternehmens beziehungsweise einer unmittelbaren oder mittelbaren Beteiligung hieran.

§ 10 Anzeigepflichten

(1) Mitarbeiter, die einen erheblichen Verstoß gegen die Vorschriften dieser Arbeitsordnung oder ein anderes unrechtmäßiges Verhalten feststellen bzw. einen entsprechenden Verdacht haben, müssen unverzüglich ihren Vorgesetzten oder einen Mitarbeiter der Personalabteilung hierüber informieren, es sei denn, der Anzeige stehen im Einzelfall berechtigte Interessen entgegen. [23]

(2) Die Mitarbeiter haben ohne besondere Aufforderung alle Veränderungen ihrer persönlichen Verhältnisse, die für das Arbeitsverhältnis von Bedeutung sind, unverzüglich der Personalabteilung mitzuteilen und auf Verlangen des Unternehmens durch die Vorlage geeigneter Unterlagen nachzuweisen. [24]

(3) Von Bedeutung für das Arbeitsverhältnis i.S.d. Abs. 2 sind insbesondere

- Veränderungen, die zum Erwerb oder Verlust von sozialen Sonderrechten nach dem SGB IX oder Mutterschutzgesetz führen können (z.B. Feststellung einer Schwangerschaft oder Antragstellung auf Feststellung der Schwerbehinderung beziehungsweise Gleichstellung), [25]
- Wohnungs- bzw. Anschriftenwechsel,
- Eheschließung, Scheidung oder Todesfall des Ehegatten/eingetragenen Lebenspartners,
- Geburts- oder Sterbefälle von unterhaltsberechtigten Personen,
- Namenswechsel oder Wechsel der Krankenkassenmitgliedschaft,
- Änderung der Bankverbindung.

§ 11 Beendigung des Arbeitsverhältnisses

(1) Kündigungen können neben der Geschäftsführung nur vom Personalleiter oder einem hierzu gesondert Bevollmächtigten ausgesprochen oder entgegengenommen werden. Sie bedürfen zu

ihrer Wirksamkeit der Schriftform. Der Inhaber der Position des Personalleiters ist am Schwarzen Brett und im Intranet einsehbar. [26]

(2) Nach Ausspruch der Kündigung ist das Unternehmen berechtigt, den Mitarbeiter unter Fortzahlung der Vergütung bis zum Ablauf der Kündigungsfrist von der Arbeitsleistung freizustellen, soweit hierzu ein sachlicher Grund vorliegt. Dies ist insbesondere anzunehmen, wenn keine Beschäftigungsmöglichkeit mehr für den Mitarbeiter besteht oder dieser einen groben Vertragsvertragsverstoß begangen hat, der die Vertrauensgrundlage beeinträchtigt (z.B. Geheimnisverrat, Konkurrenztätigkeit). Die Freistellung kann unter Anrechnung etwaiger dem betroffenen Mitarbeiter noch zustehender Urlaubs- oder anderweitiger Freizeitausgleichsansprüche erfolgen.

(3) Bei Beendigung des Arbeitsverhältnisses haben die Mitarbeiter alle in ihrem Besitz befindlichen Gegenstände, Unterlagen und dienstlichen Daten des Unternehmens unverzüglich, unaufgefordert sowie vollständig an das Unternehmen herauszugeben. Eine Rückgabe hat spätestens am letzten Arbeitstag zu erfolgen und ist im Vorfeld mit der Personalabteilung terminlich abzustimmen. Ein Zurückbehaltungsrecht des Mitarbeiters ist ausgeschlossen. Der Mitarbeiter hat schriftlich zu versichern, sämtliche Gegenstände, Unterlagen und dienstliche Daten vollständig herausgegeben und insbesondere keine Abschriften, Kopien, Mehrstücke oder andere Dateien behalten zu haben.

(4) Die Mitarbeiter erhalten nach Beendigung des Arbeitsverhältnisses die Arbeitspapiere, bestehend aus der elektronischen Lohnsteuerbescheinigung des Austrittsjahres, dem Sozialversicherungsnachweis, einer Urlaubsbescheinigung sowie der Arbeitsbescheinigung gemäß § 312 SGB III ausgehändigt.

§ 12   Verschwiegenheitspflicht [27]

(1) Die Mitarbeiter sind während des Arbeitsverhältnisses und nach seiner Beendigung verpflichtet, über alle nicht allgemein bekannten geschäftlichen Angelegenheiten des Unternehmens, insbesondere alle als vertraulich gekennzeichneten Informationen sowie alle Betriebs- und Geschäftsgeheimnisse strenge Verschwiegenheit gegenüber Dritten zu wahren.

(2) Die Verpflichtung nach Abs. 1 gilt auch gegenüber allen Mitarbeitern des Unternehmens, die mit dem betreffenden Sachgebiet nicht unmittelbar befasst sind. Im Übrigen sind die Mitarbeiter auch nach den Bestimmungen des Bundesdatenschutzgesetzes zur Verschwiegenheit verpflichtet.

(3) Mitarbeiter dürfen ohne vorherige Zustimmung der Geschäftsführung oder der Abteilung Unternehmenskommunikation nicht im Namen des Unternehmens Stellungnahmen gegenüber den Medien abgeben. Sie sind verpflichtet, bei entsprechenden Anfragen auf die Zuständigkeit der Abteilung Unternehmenskommunikation zu verweisen und diese über die Anfragen zu unterrichten.

(4) Fotografieren sowie die Herstellung von Film- und Tonaufnahmen im Unternehmen sind nur mit vorheriger schriftlicher Zustimmung des Unternehmens gestattet.

§ 13   Zutritt/Mitarbeiterausweis [28]

(1) Im Unternehmen wird ein elektronisches Zutrittskontrollsystem eingesetzt. Es besteht aus der Zutrittskontrollhardware und der dazugehörigen Software. Eine umfassende Beschreibung der Systemkomponenten und der Funktionsweise ist als Anlage 1 dieser Betriebsvereinbarung beigefügt. Das Zutrittskontrollsystem dient ausschließlich der Regelung des Zutritts zu den Räumlichkeiten des Unternehmens und besonderen definierten Unternehmensbereichen. Es wird nicht zur Leistungskontrolle oder zum Leistungsvergleich genutzt.

(2) Die elektronische Zutrittskontrolle erfolgt über einen Mitarbeiterausweis und entsprechende Kartenlesegeräte. Die Kartenlesegeräte sind an den in der Anlage 2 aufgeführten Standorten angebracht. Auf dem Mitarbeiterausweis ist als einzige computerlesbare Information eine Ausweisnummer gespeichert. Diese Nummer wird innerhalb des Systems der Personalnummer des Mitarbeiters zugeordnet. Auf der Karte werden keine persönlichen Daten gespeichert. An den Kartenlesegeräten wird nur die Ausweisnummer erfasst.

(3) Das Zutrittskontrollsystem ist technisch mit der Alarmanlage gekoppelt. Dabei werden nur Befehle zur Scharf- beziehungsweise Unscharfschaltung vom Kontrollsystem an die Alarmanlage übermittelt. Weitere Schnittstellen gibt es nicht.

(4) Der Mitarbeiterausweis ist personengebunden. Er darf nur vom jeweiligen Mitarbeiter genutzt und nicht an Dritte weitergegeben werden. Er ist Eigentum des Unternehmens und verbleibt nur während der Dauer des Arbeitsverhältnisses beim jeweiligen Mitarbeiter. Der Ausweis ist sorgfältig zu verwahren und pfleglich zu behandeln. Die Kosten der Erstellung trägt das Unternehmen. Bei Verlust oder Unbrauchbarkeit des Ausweises ist die Personalabteilung unverzüglich zu informieren. Die Kosten der Ersatzbeschaffung trägt der betroffene Mitarbeiter soweit dieser den Verlust grob fahrlässig oder vorsätzlich verursacht hat. Bei Beendigung des Arbeitsverhältnisses oder nach entsprechender Aufforderung durch das Unternehmen ist der Ausweis unverzüglich zurückzugeben.

(5) Alle Mitarbeiter sind verpflichtet, bei Betreten des Unternehmens das elektronische Zutrittskontrollsystem zu bedienen. Das Unternehmen darf nur über die hierfür vorgesehenen Zugänge betreten und verlassen werden. Der Mitarbeiterausweis ist in den Räumlichkeiten des Unternehmens sichtbar mit sich zu führen.

(6) Betriebsfremde Personen dürfen lediglich nach vorheriger Anmeldung am Empfang Zutritt erhalten. Sie müssen am Empfang bzw. dem jeweiligen Eingangsbereich abgeholt und beim Verlassen dorthin zurück begleitet werden. Es ist sicherzustellen, dass sich Besucher nicht ohne Begleitung von Mitarbeitern im Unternehmen aufhalten.

(7) Alle Mitarbeiter werden vor ihrer ersten Arbeitsaufnahme über die Funktionsweise und Bedienung des Zutrittskontrollsystems unterrichtet. Ihnen wird hierzu ein zwischen den Betriebsparteien abgestimmtes Merkblatt ausgehändigt, in dem die wesentlichen Informationen zusammengefasst sind.

§ 14 Allgemeine Verhaltenspflichten am Arbeitsplatz

(1) Es ist die Pflicht aller Mitarbeiter, bei ihrer Tätigkeit am Arbeitsplatz die geltenden Unfallverhütungsvorschriften, Brandschutzbestimmungen und betrieblichen Anordnungen für den Arbeitsschutz zu beachten. Sicherheitseinrichtungen des Unternehmens dürfen nicht aufgehoben oder umgangen werden. Die Mitarbeiter haben bei allen Arbeiten darauf zu achten, dass die Umwelt so wenig wie möglich beeinträchtigt wird.

(2) Soweit es die Tätigkeit erfordert, hat jeder Mitarbeiter eine unfallsichere Arbeitskleidung einschließlich Schuhwerk zu tragen. Im Übrigen sind die Mitarbeiter gehalten, am Arbeitsplatz saubere, der jeweiligen Tätigkeit angemessene Kleidung zu tragen. [28.1]

(3) Mobiliar, Computerhardware und sonstige Betriebseinrichtungen und Arbeitsgeräte sind sachgerecht und schonend zu behandeln, vor Beschädigungen zu schützen und an dem für sie bestimmten Platz aufzubewahren. Mit Materialen, Rohstoffen und Energie ist sparsam zu umzugehen. Fehler und Mängel am Material und den Betriebseinrichtungen oder deren Verlust sind ebenso wie vermutete oder festgestellte Gesundheits- bzw. Unfallgefahren unverzüglich dem zuständigen Vorgesetzten zu melden. [29]

(4) Die Beleuchtung ist in Räumen, die nicht genutzt werden, auszuschalten. Das gilt insbesondere für die Aufenthalts- und Sozialräume sowie die Toiletten. Beim Verlassen des Arbeitsplatzes sind darüber hinaus insbesondere der PC, Bildschirm, Drucker etc. auszuschalten und die Fenster zu schließen. Die abschließbaren Fenster müssen vollständig verschlossen sein.

(5) Die Arbeitsplätze sind von den Mitarbeitern in einem ordentlichen Zustand und sauber zu halten und müssen vor dem Verlassen aufgeräumt werden. Mitarbeiter, die während der individuellen Arbeitszeit für längere Zeit ihren Arbeitsplatz verlassen, haben sich vorher bei ihrem Vorgesetzten abzumelden.

(6) Akten und sonstige Unterlagen und Gegenstände dürfen nicht aus den Räumlichkeiten des Unternehmens entfernt und mitgenommen werden. Ausnahmen bedürfen der ausdrücklichen Zustimmung des Vorgesetzten.

(7) Die Mitarbeiter haben alle Aufzeichnungen, Entwürfe, Korrespondenzen, Materialien, Muster, Notizen, Personalunterlagen, Pläne und Unterlagen sowie Dateien jeder Art sowie davon etwa gefertigte Abschriften oder Kopien oder Mehrstücke sowie Disketten auf denen Daten des Unternehmens gespeichert sind, ordnungsgemäß aufzubewahren und dafür Sorge zu tragen, dass Dritte nicht Einsicht nehmen können. Jede Anfertigung von Abschriften, von Kopien oder Mehrstücken für andere als dienstliche Zwecke ist untersagt. [30]

§ 15 Alkoholverbot [31]

(1) Es ist aus Gründen der persönlichen und betrieblichen Sicherheit verboten, alkoholische Getränke auf das Betriebsgelände mitzubringen, sich im Unternehmen zu verschaffen, weiterzugeben oder zu konsumieren. Das Betreten des Betriebsgeländes in alkoholisiertem Zustand ist gleichfalls untersagt.

(2) Das Alkoholverbot besteht während der gesamten Arbeitszeit sowie der Pausen. Es gilt innerhalb und außerhalb des Unternehmens und grundsätzlich auch für dienstlich veranlasste Feiern jeder Art. Der Geschäftsführung bleibt es vorbehalten, aus besonderem Anlass Ausnahmen von dem Alkoholverbot zuzulassen, insbesondere bei der Bewirtung von Geschäftspartnern, Jubiläen oder der betrieblichen Weihnachtsfeier.

(3) Alle Vorgesetzten sind angewiesen, Alkoholgenuss im Betrieb zu unterbinden. Sie haben darüber hinaus darauf hinzuwirken, dass auch keine alkoholischen Getränke am Arbeitsplatz oder in Aufenthaltsräumen vorrätig gehalten werden.

(4) Besteht gegen einen Mitarbeiter der konkrete Verdacht, dass dieser unter Alkoholeinfluss steht, hat der jeweilige Vorgesetzte den Mitarbeiter unter Hinzuziehung des Betriebsarztes und eines Mitglieds des Betriebsrates unverzüglich zur Durchführung eines Alkoholtests mit einem Atem-Alkohol-Prüfgerät aufzufordern. Der Mitarbeiter kann verlangen, dass stattdessen eine ärztliche Blutentnahme zur Feststellung des Promillegehaltes durch den Betriebsarzt vorgenommen wird. [32]

(5) Mitarbeiter, die wegen nach Abs. 4 nachgewiesener oder offensichtlicher Alkoholeinwirkung nicht mehr beschäftigt werden können oder den Alkoholtest verweigern, sind vom Arbeitsplatz zu verweisen und auf ihre eigenen Kosten nach Hause zu befördern. Für die Zeit eines alkoholbedingten Arbeitsausfalls entfällt die Vergütungspflicht des Unternehmens. Die Möglichkeit weiterer arbeitsrechtlicher Maßnahmen durch das Unternehmen bleibt hiervon unberührt.

(6) Die Regelungen in Abs. 1 bis Abs. 5 gelten entsprechend für alle Arten von Suchtmitteln und Drogen, insbesondere für alle Stoffe, die in den Anwendungsbereich des Betäubungsmittelgesetzes fallen.

§ 16 Rauchverbot [33]

(1) In allen Anlagen, Gebäuden und Räumen auf dem Betriebsgelände (insbesondere Büros, Konferenz-, Sitzungs- und Besprechungsräume, Flure, Gänge, Treppenhäuser, Toiletten, Aufzüge, Zugangsbereiche, Aufenthalts- und Pausenräume) sowie in allen Dienstfahrzeugen gilt ein generelles Rauchverbot.

(2) Das Rauchen ist nur in den hierfür vorgesehenen und besonders gekennzeichneten Raucherzonen gestattet. Dabei handelt es sich im Einzelnen um folgende Freiflächen und Räumlichkeiten:

– ____[Standort]____ und
– ____[Standort]____ .

(3) Raucherpausen sind keine Arbeitszeit. Die Pausenzeit ist im Rahmen der Arbeitszeiterfassung zu dokumentieren.

§ 17 Privatgegenstände [34]

(1) Allen Mitarbeitern wird zur Unterbringung ihrer Garderobe ein abschließbarer Garderobenschrank zur Verfügung gestellt. Die Mitarbeiter sind verpflichtet, ihre während der Arbeit nicht benötigten Privatgegenstände in dem Garderobenschrank aufzubewahren und diesen stets verschlossen zu halten.

(2) Das Mitbringen und Verwenden von privaten Hörfunk- oder Fernsehgeräten sowie anderen Empfangs- und Wiedergabegeräten (z.B. MP3-Player, CD-Player, DVD-Player) ist am Arbeitsplatz nicht gestattet. Private Mobiltelefone dürfen nur im Ausnahmefall und im Rahmen ihrer Telefonfunktion genutzt werden.

(3) Das Unternehmen haftet für abhanden gekommene Privatsachen nur, soweit es die ihm obliegenden Pflichten nicht erfüllt hat. Für den Verlust von Geld, Schmuck oder sonstigen Wertsachen haftet das Unternehmen nicht. Im Übrigen erstreckt sich die Haftung nur auf Vorsatz und grobe Fahrlässigkeit.

§ 18 Privatarbeiten [35]

(1) Mitarbeiter dürfen ihre Position im Unternehmen sowie die sächlichen Betriebsmittel und das Vermögen des Unternehmens grundsätzlich nicht für ihren persönlichen Nutzen oder den von Dritten einsetzen. Das Ausleihen von Geräten, Maschinen und sonstigen Gegenständen des Unternehmens zum privaten Gebrauch ist nicht gestattet.

(2) Vorbehaltlich anderweitiger Regelungen der Betriebsparteien in separaten Betriebsvereinbarungen darf der betriebliche Telefonanschluss, der Internetzugang sowie das dienstliche E-Mail-System ausschließlich für dienstliche Zwecke verwendet werden. Eine private Nutzung ist nicht erlaubt. [36]

(3) Private Angelegenheiten dürfen am Arbeitsplatz während der Arbeitszeit nicht erledigt werden. Eine Ausnahme ist in Eil- bzw. Notfällen nur mit ausdrücklicher Zustimmung des Vorgesetzten zulässig und soll sich auf Zeiten außerhalb der individuellen Arbeitszeit – insbesondere auf Pausenzeiten – beschränken.

§ 19 Arbeitsschutz [37]

(1) Die Betriebsparteien verpflichten sich, in enger Zusammenarbeit alle erforderlichen Maßnahmen zu ergreifen, um unter Berücksichtigung von technischer und wirtschaftlicher Effizienz ein Höchstmaß an Arbeitsschutz für die im Betrieb tätigen Mitarbeiter zu gewährleisten.

(2) Bei der Auswahl und Umsetzung der erforderlichen Maßnahmen sind der jeweilige Stand der Technik, der Arbeitsmedizin, der Hygiene sowie sonstiger gesicherter arbeitswissenschaftlicher Erkenntnisse zu berücksichtigen und auch im Übrigen die allgemeinen Grundsätze des § 4 ArbSchG einzuhalten. Das Unternehmen hat insbesondere, die hierfür erforderlichen sachlichen und finanziellen Mittel bereit zu stellen.

(3) Die getroffenen Maßnahmen sind regelmäßig auf ihre Wirksamkeit hin zu überprüfen und erforderlichenfalls an sich ändernde Gegebenheiten anzupassen.

(4) Zur Unterstützung bei der Erfüllung der Verpflichtungen aus Abs. 1 bis Abs. 3 sowie der bestehenden gesetzlichen Vorgaben beim Arbeitsschutz und bei der Unverfallverhütung bestellt das Unternehmen jeweils mit Zustimmung des Betriebsrates die nach den einschlägigen Unfallverhütungsvorschriften erforderliche Anzahl von Betriebsärzten, Fachkräften für Arbeitssicherheit und Sicherheitsbeauftragten. Zudem wird ein Arbeitsschutzausschuss i.S.d. § 11 ASiG gebildet.

(5) Die Mitarbeiter sind durch das Unternehmen über Sicherheit und Gesundheitsschutz bei der Arbeit entsprechend § 12 Abs. 1 ArbSchG sowie bei einer Arbeitnehmerüberlassung entsprechend § 12 Abs. 2 ArbSchG umfassend zu unterweisen. Die Mitarbeiter sollen dabei insbesondere über alle Gesundheitsgefahren an ihrem Arbeitsplatz oder bei den von ihnen ausgeführten Tätigkeiten sowie die Maßnahmen zu ihrer Verhütung informiert sowie über ihre Rechte und Pflichten aus §§ 15 bis 17 ArbSchG unterrichtet werden.

§ 20 Parkplatz [38]

(1) Jeder Mitarbeiter darf sein für die Fahrt zur Arbeitsstätte oder dienstliche Aufgaben genutztes Fahrzeug während der Arbeitszeit auf dem unternehmenseigenen Parkplatz am Standort [Standortbezeichnung] abstellen. Ein Rechtsanspruch auf einen Parkplatz besteht nicht.

(2) Das Parken ist nur innerhalb der markierten Flächen erlaubt. Außerhalb der markierten Flächen besteht ein generelles Parkverbot. Alle Verkehrswege müssen jederzeit für Rettungsfahrzeuge befahrbar sein.

(3) Für gehbehinderte Mitarbeiter werden in der Nähe zum Personaleingang personenbezogene Sonderparkplätze ausgewiesen. Weitere Sonderparkplätze werden für Besucher und Kunden eingerichtet. Diese besonders gekennzeichneten Parkplätze dürfen von den übrigen Mitarbeitern nicht genutzt werden.

(4) Auf dem Parkplatz gilt eine Höchstgeschwindigkeit von 15 km/h. Im Übrigen finden die Vorschriften der Straßenverkehrsordnung (StVO) und der Straßenverkehrs-Zulassungsordnung (StVZO) entsprechende Anwendung.

(5) Das Unternehmen ist berechtigt, Fahrzeuge auf Kosten und Risiko des betreffenden Mitarbeiters beziehungsweise Halters abzuschleppen, wenn diese unter Verletzung der vorgenannten Regelungen vorschriftswidrig abgestellt werden. Das gilt insbesondere, wenn durch falsches Parken Rettungswege versperrt, andere Parkplatzbenutzer behindert oder Besucher- oder Sonderparkplätze blockiert werden. [39]

(6) Bei wiederholten Verstößen gegen Park- und Verkehrsbestimmungen kann das Unternehmen dem betroffenen Mitarbeiter das Recht zum Parken auf dem Betriebsgelände entziehen.

(7) Das Unternehmen haftet für die auf dem Parkplatz eintretenden Schäden nur bei grober Verletzung seiner Fürsorge- und Verkehrspflichten.

§ 21 Sanktionen bei Verstößen [40]

(1) Die Betriebsparteien stimmen darin überein, dass Verstöße gegen diese Betriebsvereinbarung und die gesetzlichen Verhaltenspflichten am Arbeitsplatz nicht toleriert werden und daher arbeitsrechtliche Sanktionen nach sich ziehen können.

(2) Arbeitsrechtliche Sanktionen können je nach Schwere des Verstoßes von der Abmahnung bis zur fristlosen Kündigung reichen. Die diesbezüglichen Mitbestimmungsrechte werden gewahrt.

§ 22 Bekanntmachungen des Arbeitgebers [41]

(1) Alle betrieblichen Bekanntmachungen werden am Schwarzen Brett und im Intranet veröffentlicht. Das Schwarze Brett befindet sich derzeit am ____[Standort]____ . Darüber hinaus können die Mitarbeiter über den Umstand der Bekanntmachung per elektronischer Nachricht über das dienstliche E-Mail-System informiert werden.

(2) Alle aushangpflichtigen Gesetze, die einschlägigen Tarifverträge sowie die Betriebsvereinbarungen, deren Bekanntmachung länger als vier Wochen zurückliegt, können im Intranet oder im Büro des Betriebsrates eingesehen werden.

§ 23 Inkrafttreten, Geltung und Kündigung

(1) Diese Betriebsvereinbarung tritt zum ____[Datum]____ in Kraft und ersetzt in ihrem Geltungsbereich alle bestehenden Regelungen zur Arbeitsordnung. [42] Dies gilt insbesondere im Hinblick auf die frühere Betriebsvereinbarung zur Arbeitsordnung vom ____[Datum]____ , die keine Anwendung mehr findet und aus der keine Ansprüche mehr hergeleitet werden können. [43]

(2) Die Betriebsvereinbarung kann von beiden Vertragsparteien mit einer Frist von sechs Monaten zum Jahresende gekündigt werden, erstmals zum ____[Datum]____ . Die Kündigung bedarf der Schriftform. Nach Eingang der Kündigung beim jeweils anderen Vertragsteil sind unverzüglich Verhandlungen über eine neue Betriebsvereinbarung aufzunehmen. [44]

(3) Eine Nachwirkung der Betriebsvereinbarung ist ausgeschlossen. [45]

§ 24 Schlussbestimmungen

(1) Änderungen oder Ergänzungen dieser Vereinbarung bedürfen zu ihrer Wirksamkeit der Schriftform.

(2) Sollten eine oder mehrere der vorgenannten Bestimmungen aus formalen oder gesetzlichen Gründen unwirksam sein oder werden oder sollte die Durchführung der Betriebsvereinbarung an dem Fehlen einer Bestimmung scheitern, werden die Parteien die unwirksame oder fehlende Bestimmung einvernehmlich ersetzen/ergänzen. Davon bleiben die anderen Bestimmungen unberührt. [46]

(3) Jeder Mitarbeiter erhält einen Abdruck der Arbeitsordnung ausgehändigt und muss sich mit dem Inhalt der Regelung vertraut machen. Erhalt und Kenntnisnahme hat er schriftlich auf einem beigefügten Formblatt zu bestätigen.

_____[Ort]_____, den _____[Datum]_____

_____
(Unterschrift Geschäftsführer/in) [47]

_____
(Unterschrift Betriebsratsvorsitzende/r)

Erläuterungen

Schrifttum

Bengelsdorf Das Alkohol- und Drogenverbot der Betriebsparteien, Festschrift für Herbert Buchner zum 70. Geburtstag 2009, 108; *Bengelsdorf* Die Freiheitsethik und das allgemeinverbindliche absolute Alkohol-/Drogenverbot durch Weisung, Festschrift für Dieter Reuter zum 70. Geburtstag 2010, 1227; *Besgen* Karneval und Arbeitsrecht, BB 2008, 274; *Borgmann* Ethikrichtlinien und Arbeitsrecht, NZA 2003, 352; *Brose/Greiner/Preis* Kleidung im Arbeitsverhältnis, NZA 2010, 369; *Diller/Powietzka* Drogenscreenings und Arbeitsrecht, NZA 2001, 1227; *Dzida* Die Mitbestimmung des Konzernbetriebsrats bei Ethik-Richtlinien, NZA 2008, 1265; *Fahrig* Verhaltenskodex und Whistleblowing im Arbeitsrecht, NJOZ 2010, 975; *Fahrig* Die Zulässigkeit von Whistleblowing aus arbeits- und datenschutzrechtlicher Sicht, NZA 2010, 1223; *Fischer* Mitbestimmung bei der Dienstbekleidung, NZA-RR 2015, 169; *Gaul/Khanian* Zulässigkeit und Grenzen arbeitsrechtlicher Regelungen zur Beschränkung von Nebentätigkeiten, MDR 2006, 68; *Grobys* Organisationsmaßnahmen des Arbeitgebers nach dem neuen Allgemeinen Gleichbehandlungsgesetz, NJW 2006, 2950; *Hoppe/Fuhlrott* Alkohol und Suchtmittel im Betrieb: Präventionsmaßnahmen und Reaktionsmöglichkeiten des Arbeitgebers, ArbR 2010, 464; *Iraschko-Luscher/Kiekenbeck* Welche Krankheitsdaten darf der Arbeitgeber von seinem Mitarbeiter abfragen?, NZA 2009, 1239; *Joussen* Die Zulässigkeit von vorbeugenden Torkontrollen nach dem neuen BDSG, NZA 2010, 254; *Kleinebrink* Inhalt und Gestaltung von Arbeits- und Betriebsordnungen – Trennung einzelner Regelungsbestandteile als Strategie, ArbRB 2010, 161; *Klinkhammer/Schlicht* Dienstkleidungsvorschriften in Betriebsvereinbarungen – Mitbestimmungsrecht und Gleichbehandlungsgrundsatz, ArbRAktuell 2015, 68; *Kort* Ethik-Richtlinien im Spannungsfeld zwischen US-amerikanischer Compliance und deutschem Konzernbetriebsverfassungsrecht, NJW 2009, 129; *Kreßel* Parkplätze für Betriebsangehörige, RdA 1992, 169; *Laber/Römer* Alkohol im Betrieb, ArbRB 2013, 378; *Leist/Koschker* Social Media Guidelines: Chancen und Risiken des Mitmach-Webs im Betrieb verbindlich regeln, BB 2013, 2229; *Mengel/Hagemeister* Compliance und Arbeitsrecht, BB 2006, 2466; *Moll/Roebers* Beteiligungsrechte des Betriebsrats bei Personalumfragen im Unternehmen, DB 2011, 1862; *Müller/Deeg* Unternehmenseinheitliche Sprachregelungen. Eine Frage der betrieblichen Ordnung im Sinne des § 87 I Nr. 1 BetrVG?, ArbR 2009, 9; *Neufeld/Knitter* Mitbestimmung des Betriebsrats bei Compliance-Systemen, BB 2013, 821; *Raif/Böttcher* Nichtraucherschutz, ArbuR 2009, 289; *Raif* Verhaltensregeln für fußballbegeisterte Arbeitnehmer; AuA 2010, 346; *Rasche* Die Beteiligungsrechte von Betriebs- und Personalrat bei der Aufklärung von Compliance-Verstößen, öAT 2016, 7; *Salamon* Strategien im Zusammenhang mit der Zuständigkeitsverteilung zwischen Betriebs-, Gesamtbetriebs- sowie Konzernbetriebsrat, NZA 2013, 708; *Scheicht/Loy* Arbeitsrechtliche Aspekte des Whistleblowings, DB 2015, 803; *Schneider* Die arbeitsrechtliche Implementierung von Compliance- und Ethikrichtlinien, 2009; *Schneider/Sitthard* Ethikrichtlinien als Präventivmaßnahmen i.S. des § 12 AGG?, NZA 2007, 654; *Schröder/Schreier* Arbeitsrechtliche Sanktionierung innerbetrieblicher Verhaltensverstöße, BB 2010, 2565; *Schulze-Osterloh* Öffentlich-rechtlicher Nichtraucherschutz am Arbeitsplatz, Festschrift für Peter Kreutz zum 70. Geburtstag 2010, 463; *Stück* Compliance und Mitbestimmung, ArbRAktuell 2015, 337; *Stück* Nichtraucherschutz, AuA 2009, 140; *Vogt* Compliance und Investigations – Zehn Fragen aus Sicht der arbeitsrechtlichen Praxis, NJOZ 2009, 4206; *Waltermann* »Umfassende Regelungskompetenz« der Betriebsparteien zur Gestaltung durch Betriebsvereinbarung?, RdA 2007, 257; *Weinbrenner* Arbeitskleidung und Mitbestimmungsrechte des Betriebsrates, ArbRAktuell 2010, 260.

143　**1.** Im Bereich der zwingenden Mitbestimmung gilt der sog. **Grundsatz der Zuständigkeitstrennung** (BAG, Beschl. v. 17.03.2015 – 1 ABR 48/13, NZA 2015, 885, 889). Für die Regelung einer bestimmten Angelegenheit sind entweder ausschließlich die örtlichen Betriebsräte oder der Gesamtbetriebsrat oder der Konzernbetriebsrat zuständig. Die originären Zuständigkeiten schließen sich wechselseitig aus und können abweichend nicht wirksam vereinbart werden.

144　Grundsätzlich ist für eine betriebsbezogene Regelung der jeweilige örtliche Betriebsrat zuständig. Nur bei Vorliegen der besonderen gesetzlichen Voraussetzungen des § 50 Abs. 1 BetrVG beziehungsweise § 58 Abs. 1 BetrVG tritt an seine Stelle der Gesamt- beziehungsweise Konzernbetriebsrat (siehe hierzu ausführlich AR/*Maschmann* § 50 BetrVG Rn. 1 ff.; § 58 BetrVG Rn. 1 ff.). Bei Zweifeln über die Zuständigkeit muss der Arbeitgeber die in Betracht kommenden Gremien zur Klärung über ihre Zuständigkeit auffordern (BAG, Urt. v. 24.01.1996 – 1 AZR 542/95, NZA 1996, 1107). Möglich ist eine Delegation einzelner Angelegenheiten nach § 50 Abs. 2 BetrVG vom örtlichen Betriebsrat auf den Gesamtbetriebsrat beziehungsweise gemäß § 58 Abs. 2 BetrVG vom Gesamtbetriebsrat auf den Konzernbetriebsrat.

145　**2.** Die Aufnahme einer Präambel im Rahmen der Betriebsvereinbarung dient vor allem der Klarstellung und der Vermeidung von Missverständnissen und Konflikten. Sie kann im Streitfall als **Auslegungshilfe** herangezogen werden. Mit der Darstellung der wesentlichen Beweggründe für den Abschluss der Betriebsvereinbarung kann zudem die Akzeptanz der Regelungen innerhalb der Belegschaft erhöht werden.

146　**3.** Die Betriebsvereinbarung gilt **räumlich** – vorbehaltlich einer anderslautenden ausdrücklichen Regelung – jeweils für den gesamten Betrieb, dessen Betriebsrat sie abgeschlossen hat (DLW/*Wildschütz* Kap. 13 Rn. 1507). Gesamt- und Konzernbetriebsvereinbarungen, die vom Gesamt- oder Konzernbetriebsrat in dessen originärer Zuständigkeit und nicht nur Kraft Delegation eines Betriebsrates abgeschlossen wurden, erstrecken sich auch auf die Betriebe des Unternehmens beziehungsweise des Konzerns ohne Betriebsrat (§§ 50 Abs. 1, 58 Abs. 1 BetrVG).

147　Der **persönliche Anwendungsbereich** einer Betriebsvereinbarung umfasst grundsätzlich alle im jeweiligen Betrieb beschäftigten Arbeitnehmer i.S.v. § 5 Abs. 1 BetrVG, auch wenn diese erst nach Abschluss der Betriebsvereinbarung eingestellt werden (AR/*Rieble* § 77 BetrVG Rn. 9). Die Betriebsparteien können den persönlichen Geltungsbereich auch auf bestimmte Arbeitnehmergruppen (z.B. einzelne Abteilungen) beschränken oder einzelne Arbeitnehmergruppen hiervon ausdrücklich ausnehmen. Hierbei haben die Betriebsparteien allerdings nach § 75 Abs. 1 BetrVG den Gleichbehandlungsgrundsatz zu beachten, weshalb eine Beschränkung oder Ausnahme eines sachlichen Grundes bedarf. Ebenfalls vom persönlichen Anwendungsbereich umfasst können die im jeweiligen Betrieb beschäftigten Leiharbeitnehmer sein, soweit in der Betriebsvereinbarung Angelegenheiten geregelt sind, bei denen die Leiharbeitnehmer den Weisungen des Entleihers unterliegen (vgl. LAG Berlin-Brandenburg, Beschl. v. 09.08.2012 – 5 TaBV 770/12, JurionRS 2012, 29540; GK-BetrVG/*Kreutz* § 77 Rn. 195).

148　Nicht erfasst vom persönlichen Geltungsbereich werden **leitende Angestellte** i.S.v. § 5 Abs. 3 BetrVG. Es ist allerdings üblich und aus Gründen der Rechtseinheit im Betrieb sowie der Akzeptanz des Regelwerkes in der Belegschaft ratsam, dass die Regeln der Arbeitsordnung auch für leitende Angestellte und alle übrigen im Unternehmen tätigen Beschäftigten, die keine Arbeitnehmer nach § 5 Abs. 1 BetrVG sind, gelten. Dies kann nur über eine individualvertragliche Inbezugnahme erreicht werden. Für leitende Angestellte kommt darüber hinaus der Abschluss einer entsprechenden Vereinbarung mit dem **Sprecherausschuss** in Betracht.

149　**4.** Die im Muster unter § 2 aufgeführten allgemeinen Verhaltenspflichten geben im Wesentlichen Verpflichtungen der Arbeitnehmer wieder oder konkretisieren solche, die ohnehin bereits aufgrund gesetzlicher oder arbeitsvertraglicher Regelungen bestehen. Dennoch ist ihre Aufnahme in die Betriebsvereinbarung schon wegen des Appellcharakters zu empfehlen.

Zu beachten ist, dass hinsichtlich der Frage der Mitbestimmung streng zwischen mitbestimmungsfreien **Regelungen zum Arbeitsverhalten** (Maßnahmen, mit denen die Arbeitspflicht unmittelbar konkretisiert wird) und mitbestimmungspflichtigen **Regelungen zum Ordnungsverhalten** im Betrieb zu unterscheiden ist (siehe hierzu DLW/*Wildschütz* Kap. 13 Rn. 1667 ff.). Wirkt sich eine Maßnahme zugleich auf Arbeits- und Ordnungsverhalten aus, kommt es darauf an, welcher Regelungszweck überwiegt (AR/*Rieble* § 87 BetrVG Rn. 17). Die Mitbestimmungspflicht hinsichtlich einzelner Regelungen begründet nicht notwendig eine Mitbestimmungspflicht hinsichtlich des Gesamtwerkes (BAG, Beschl. v. 22.07.2008 – 1 ABR 40/07, NZA 2008, 1248). Gibt es eine zwingende gesetzliche Regelung zu dem in der Betriebsvereinbarung behandelten Gegenstand, ist ein Mitbestimmungsrecht des Betriebsrates grundsätzlich ausgeschlossen. 150

5. Die vom Arbeitnehmer geschuldete Arbeitsquantität und -qualität richtet sich nach der Rechtsprechung des BAG nicht nach einem objektiven Maßstab, sondern nach der individuellen subjektiven Leistungsfähigkeit des Arbeitnehmers. Kurzgefasst: Der Arbeitnehmer muss tun, was er soll, und zwar so gut, wie er kann. Der Arbeitnehmer ist daher verpflichtet, unter angemessener Ausschöpfung seiner persönlichen Leistungsfähigkeit zu arbeiten (BAG, Urt. v. 17.01.2008 – 2 AZR 536/06, NZA 2008, 693). 151

6. Die Pflicht des Arbeitnehmers zur **Wahrung des Betriebsfriedens** und zu einem ordnungsgemäßen Verhalten innerhalb des Betriebs folgt bereits aus der dem Arbeitsverhältnis immanenten Rücksichts- beziehungsweise Schutzpflicht nach § 241 Abs. 2 BGB bzw. § 242 BGB (DLW/*Dörner* Kap. 3 Rn. 444). 152

Auch ohne eine ausdrückliche Regelung hat der Arbeitnehmer daher eine provozierende parteipolitische Betätigung im Betrieb zu unterlassen, durch die sich andere Belegschaftsangehörige belästigt fühlen und die damit zu einer Störung des Betriebsfriedens oder des Betriebsablaufs führt (BAG, Urt. v. 09.12.1982 – 2 AZR 620/80, NJW 1984, 1142). Um Streitigkeiten in diesem Zusammenhang zu vermeiden, sollte sie daher grundsätzlich untersagt oder zumindest von der Zustimmung der Geschäftsführung abhängig gemacht werden. 153

7. Bei dieser Regelung handelt es sich um eine Konkretisierung der arbeitsvertraglichen Nebenpflicht im Zusammenhang mit §§ 299, 331 ff. StGB (sog. **Schmiergeldverbot**). Der Arbeitnehmer darf sich bei der Ausübung seiner Tätigkeit keine Vorteile für sich oder einen Dritten versprechen lassen oder entgegennehmen, die dazu bestimmt oder auch nur geeignet sind, ihn in seinem geschäftlichen Verhalten zugunsten Dritter und zum Nachteil des Arbeitgebers zu beeinflussen (BAG, Urt. v. 21.06.2001 – 2 AZR 30/00, ZTR 2002, 45). Die üblichen Werbegeschenke wie Kugelschreiber, einfache Kalender, Feuerzeuge usw. sind jedoch in aller Regel keine Schmiergelder. Diese darf der Arbeitnehmer im Rahmen der Verkehrssitte annehmen (AR/*Kamanabrou* § 611 BGB Rn. 395). Aus Arbeitgebersicht sollte jedoch zumindest auf einer Anzeige solcher Geschenke bestanden werden. 154

Bei der Normierung eines Schmiergeldverbots besteht grundsätzlich kein Mitbestimmungsrecht des Betriebsrates. Eine Ausnahme hiervon kann jedoch gegeben sein, wenn auch »übliche« Zuwendungen verboten und Verfahrensregelungen über die Zurückweisung von Geschenken und eine Anzeigepflicht des Arbeitnehmers vereinbart werden sollen (LAG Düsseldorf, Beschl. v. 14.11.2005 – 10 TaBV 46/05, NZA-RR 2006, 81). 155

8. Außerdienstliches Verhalten des Arbeitnehmers ist dem Einfluss des Arbeitgebers grundsätzlich entzogen. Deshalb bestehen eigentlich keine Verhaltensanforderungen für den privaten Lebensbereich außerhalb des Dienstes. Die vertragliche Rücksichtnahmepflicht nach § 241 Abs. 2 BGB kann nur insoweit eingreifen, als sich ausnahmsweise ein außerdienstliches Verhalten negativ auf die Erfüllung der Pflichten aus dem Arbeitsvertrag auswirkt und im betrieblichen Bereich zu Störungen führt (AR/*Kamanabrou* § 611 BGB Rn. 389). Der Arbeitnehmer hat daher etwa auch außerhalb des Dienstes Aussagen zu unterlassen, die den Ruf des Unternehmens schädigen. In Tendenzbetrieben, insbesondere im kirchlichen Bereich, können sich Loyalitätspflichten ergeben, die auch in den außerdienstlichen Bereich hineinreichen (AR/*Kamanabrou* § 611 BGB Rn. 391). 156

157 9. Zur Erfüllung der gesetzlichen Verpflichtungen aus § 12 AGG und wegen des besonderen Appellcharakters sollte in die Betriebsvereinbarung eine Regelung gegen Diskriminierungen und Persönlichkeitsrechtsverletzungen am Arbeitsplatz aufgenommen werden. Nach § 12 Abs. 1 AGG ist der Arbeitgeber verpflichtet, die erforderlichen Maßnahmen zum Schutz von Arbeitnehmern vor Benachteiligungen zu treffen. Neben Schulungen der Mitarbeiter im Umgang mit diesem Thema gehört hierzu auch die Aufstellung klarer Verhaltensregeln und ausdrücklicher Verbote.

158 Sowohl § 13 Abs. 1 AGG als auch § 84 Abs. 1 BetrVG geben den Arbeitnehmern das Recht, sich bei der zuständigen Stelle zu beschweren, wenn sie sich vom Arbeitgeber oder anderen Arbeitnehmern benachteiligt oder ungerecht behandelt fühlen.

159 Der Betriebsrat hat nach § 87 Abs. 1 Nr. 1 BetrVG mitzubestimmen bei der Einführung und Ausgestaltung des Verfahrens, in dem Arbeitnehmer ihr Beschwerderecht nach § 13 Abs. 1 S. 1 AGG wahrnehmen können. Er hat insoweit auch ein **Initiativrecht**. Dagegen besteht kein Mitbestimmungsrecht bei der Frage, wo der Arbeitgeber die Beschwerdestelle errichtet und wie er diese personell besetzt (BAG, Beschl. v. 21.07.2009 – 1 ABR 42/08, NZA 2009, 1049).

160 10. Zur ausführlichen Regelung einer Beschwerdestelle nach § 13 Abs. 1 AGG siehe Muster Q.II.3. – Q Rdn. 272.

161 11. Die Regelung im Muster entspricht der gesetzlichen Verpflichtung des Arbeitgebers nach § 13 Abs. 3 AGG.

162 12. Hinsichtlich der Dauer der Arbeitszeit besteht kein Mitbestimmungsrecht des Betriebsrates. Der Umfang der im Synallagma stehenden Arbeitsverpflichtung des Arbeitnehmers ist in aller Regel Gegenstand des Arbeitsvertrages oder eines einschlägigen Tarifvertrages (AR/*Rieble* § 87 BetrVG Rn. 20).

163 13. Der Arbeitgeber kann vom Arbeitnehmer die Leistung von Überstunden verlangen, wenn er dazu aufgrund einer ausdrücklichen Regelung im Arbeits- oder einschlägigen Tarifvertrag berechtigt ist. Auch eine Betriebsvereinbarung kann Ermächtigungsgrundlage für die Anordnung von Überstunden sein, wenn diese zwischen den Arbeitsvertragsparteien nicht ausdrücklich vertraglich ausgeschlossen wurden (BAG, Urt. v. 03.06.2003 – 1 AZR 349/02, NZA 2003, 1155).

164 Macht der Arbeitgeber von der Ermächtigungsgrundlage zur Anordnung von Überstunden Gebrauch, ist das zwingende Mitbestimmungsrecht des Betriebsrates nach § 87 Abs. 1 Nr. 3 BetrVG zu beachten. Ein im Voraus erklärter Verzicht des Betriebsrates auf das Mitbestimmungsrecht wäre unwirksam. So ist etwa auch die pauschale und unbeschränkte Einräumung einer Anordnungsbefugnis für den Arbeitgeber durch den Betriebsrat unzulässig (AR/*Rieble* § 87 BetrVG Rn. 33).

165 14. Die Regelung stellt eine Konkretisierung von § 616 BGB dar. Diese gesetzliche Vorschrift kann alternativ auch abbedungen werden. So kann der Arbeitgeber die Pflicht zur Fortzahlung der Vergütung im Falle einer vorübergehenden Verhinderung an der Arbeitsleistung ausschließen (vgl. BAG, Urt. v. 07.02.2007 – 5 AZR 270/06, NZA 2007, 1072). Dies ist allerdings im Rahmen einer Betriebsvereinbarung nur bei Beachtung des Tarifvorrangs nach § 77 Abs. 3 BetrVG sowie einer fehlenden Regelung im Arbeitsvertrag möglich.

166 15. Die **Anzeige- und Nachweispflichten** im Falle der Verhinderung wegen Arbeitsunfähigkeit ergeben sich bereits aus dem Gesetz (§ 5 EFZG). Aus Sicht des Arbeitgebers empfiehlt es sich jedoch, diese Pflichten der Arbeitnehmer weiter zu konkretisieren und klare Verfahrensregeln darüber aufzustellen, wann, bei wem und in welcher Form sich die Arbeitnehmer abzumelden beziehungsweise ihre Verhinderung anzuzeigen haben.

167 Der Arbeitgeber sollte darauf achten, sein ihm gesetzlich zustehendes Recht aus § 5 Abs. 1 S. 3 EFZG mit in die Betriebsvereinbarung aufzunehmen und näher zu konkretisieren, wonach er die Vorlage einer Arbeitsunfähigkeitsbescheinigung auch vor Ablauf des dritten Kalendertages der Arbeitsunfähigkeit verlangen kann. Ein Mitbestimmungsrecht steht dem Betriebsrat insoweit nach § 87 Abs. 1 Nr. 1 BetrVG zu, wenn der Arbeitgeber generell anweisen will, Zeiten einer Arbeits-

unfähigkeit schon vor Ablauf des dritten Kalendertages der Arbeitsunfähigkeit durch ärztliches Attest nachzuweisen (BAG, Beschl. v. 25.01.2000 – 1 ABR 3/99, NZA 2000, 665). Dagegen bedarf die Anordnung des Arbeitgebers nach § 5 Abs. 1 S. 3 EFZG im Einzelfall grundsätzlich weder einer Zustimmung des Betriebsrates noch einer besonderen Begründung oder gar besonderer Verdachtsmomente auf Vortäuschung einer Erkrankung in der Vergangenheit. Die Ausübung des Rechts aus § 5 Abs. 2 Satz 3 EFZG steht im nicht gebundenen Ermessen des Arbeitgebers. Das Verlangen darf jedoch nicht schikanös oder willkürlich sein und weder gegen den allgemeinen Gleichbehandlungsgrundsatz noch gegen Diskriminierungsverbote verstoßen (BAG, Urt. v. 14.11.2012 – 5 AZR 886/11, NZA 2013, 322, 323).

16. Die Durchführung einer ärztlichen Untersuchung stellt stets einen Eingriff in das Grundrecht des Arbeitnehmers auf Unverletzlichkeit seiner körperlichen Unversehrtheit und seiner Freiheit nach Art. 2 Abs. 2 GG dar. Sie ist daher grundsätzlich nur mit **Einwilligung** des Arbeitnehmers zulässig (DLW/*Dörner* Kap. 3 Rn. 457). Allerdings kann der Arbeitgeber verlangen, dass sich der Arbeitnehmer zu einer ärztlichen Untersuchung bereiterklärt, wenn hierfür ein ausreichend begründeter Anlass bzw. ein berechtigtes Interesse besteht, etwa, wenn begründete Zweifel an der gesundheitlichen Tauglichkeit des Arbeitnehmers für die arbeitsvertraglich geschuldete Tätigkeit bestehen (AR/*Kamanabrou* § 611 BGB Rn. 392). 168

Das Interesse des Arbeitgebers an der geforderten Untersuchung ist abzuwägen gegen das Interesse des Arbeitnehmers an der Wahrung seiner Intimsphäre und körperlichen Unversehrtheit. Es bedarf insoweit einer Verhältnismäßigkeitsprüfung. Das anzuerkennende berechtigte Interesse des Arbeitgebers ist in aller Regel beschränkt auf die Feststellung der gesundheitlichen Eignung bezogen auf die jeweils konkret ausgeübte Tätigkeit (ErfK/*Preis* § 611 Rn. 746). Zur Duldung einer Blutentnahme ist der Arbeitnehmer dabei regelmäßig nicht verpflichtet (BAG, Urt. v. 12.08.1999 – 2 AZR 55/99, NZA 1999, 1209). 169

17. Bei der Regelung von Urlaubsfragen ist das zwingende Mitbestimmungsrecht des Betriebsrates nach § 87 Abs. 1 Nr. 5 BetrVG zu beachten. Danach ist der Betriebsrat bei der Aufstellung allgemeiner Urlaubsgrundsätze und des Urlaubsplans zu beteiligen. Ferner ist eine Mitwirkung des Betriebsrates erforderlich, wenn hinsichtlich der Festsetzung der zeitlichen Lage des Urlaubs für einzelne Arbeitnehmer zwischen diesen und dem Arbeitgeber kein Einverständnis erzielt wird. 170

Das Mitbestimmungsrecht bezieht sich dabei auf jede Form des Urlaubs. Neben dem Erholungsurlaub findet es auch bei Bildungs- und Sonderurlaub, Sonderurlaub für schwerbehinderte Menschen nach § 125 SGB IX sowie jeder anderen Form von bezahlter und unbezahlter Freistellung Anwendung (DLW/*Wildschütz* Kap. 13 Rn. 1750).

Keine Regelungsbefugnis haben die Betriebsparteien hinsichtlich der Dauer des Erholungsurlaubs (AR/*Rieble* § 87 BetrVG Rn. 37). Inhaltlich haben die Betriebsparteien bei ihrer Regelung insbesondere die zwingenden Vorgaben des BUrlG zu beachten. 171

18. Das Mitbestimmungsrecht des Betriebsrates bei Streit über die zeitliche Lage des Urlaubs zwischen Arbeitgeber und Arbeitnehmer besteht in jedem Einzelfall. Es kommt nicht auf einen kollektiven Bezug an (AR/*Rieble* § 87 BetrVG Rn. 38). Der Betriebsrat kann auf das Mitbestimmungsrecht auch nicht im Vorhinein einseitig verzichten und dem Arbeitgeber die alleinige Entscheidungsbefugnis einräumen. 172

19. Die Regelung im Muster entspricht dem Wortlaut von § 8 BUrlG. Siehe zum Umfang des Verbots ausführlich AR/*Gutzeit* § 8 BUrlG Rn. 1 ff. 173

20. Der Arbeitnehmer ist im Rahmen der **vertraglichen Rücksichtnahmepflicht** gemäß § 241 Abs. 2 BGB gehalten, drohende Schäden vom Arbeitgeber abzuwenden beziehungsweise zu beseitigen, soweit ihm dies möglich und zumutbar ist. Daneben hat der Arbeitnehmer dem Arbeitgeber bemerkbare oder voraussehbare Schäden oder Gefahren unverzüglich anzuzeigen. Insoweit kann es dem Arbeitnehmer auch obliegen, eine von ihm bemerkte, offenkundige Gehaltsüberzah- 174

lung gegenüber dem Arbeitgeber anzuzeigen (BAG, Urt. v. 28.08.2008 – 2 AZR 15/07, NZA 2009, 193).

175 Zur Klarstellung und wegen ihres Appellcharakters sollte die entsprechende Verpflichtung auch ausdrücklich in die Betriebsvereinbarung aufgenommen werden. Hinsichtlich der Rückforderung von Überzahlungen ist seitens des Arbeitgebers darauf zu achten, dass eine für das jeweilige Arbeitsverhältnis bestehende tarifliche, betriebliche oder arbeitsvertragliche Ausschlussfrist an die Fälligkeit des Anspruchs anknüpft und bei einem vermeidbaren Abrechnungsfehler daher in der Regel schon im Zeitpunkt der Überzahlung zu laufen beginnt. Dies kann selbst in Fällen offenkundiger Überzahlungen schnell zu einem Verfall der Rückforderungsansprüche führen (BAG, Urt. v. 16.11.1989 – 6 AZR 114/88, DB 1990, 1194).

176 **21.** Dem Arbeitnehmer kann grundsätzlich nicht generell untersagt werden, neben seiner Hauptbeschäftigung einer weiteren Tätigkeit nachzugehen. Dies folgt bereits aus dem Grundrecht der Berufsfreiheit nach Art. 12 GG (AR/*Kamanabrou* § 611 BGB Rn. 382). Ohne besondere gesetzliche oder vertragliche Beschränkung ist daher die Ausübung einer Nebentätigkeit, sei sie entgeltlich oder unentgeltlich, selbständig oder unselbständig, grundsätzlich zulässig.

177 Allerdings kann der Arbeitgeber die Unterlassung einer Nebentätigkeit verlangen, wenn er hieran ein berechtigtes Interesse hat. In der Rechtsprechung ist insoweit anerkannt, dass eine Nebentätigkeit mit der Arbeitspflicht aus dem Hauptarbeitsverhältnis unvereinbar ist, wenn die geschuldete Arbeitsleistung darunter leidet (BAG, Urt. v. 18.01.1996 – 6 AZR 314/95, NZA 1997, 41, 42), berechtigte Wettbewerbsinteressen des Arbeitgebers entgegenstehen (BAG, Urt. v. 21.09.1999 – 9 AZR 759/98, NZA 2000, 723) oder die Nebentätigkeit gegen gesetzliche Bestimmungen (z.B. ArbZG, § 8 BUrlG) verstößt (LAG Rheinland-Pfalz, Urt. v. 30.01.1997 – 5 Sa 1055/96).

178 Ob die im Muster vorgesehene Anzeigpflicht wirksam durch eine Betriebsvereinbarung eingeführt werden kann, ist allerdings umstritten. Nach der herrschenden Auffassung in der Literatur ist jedenfalls die **Vereinbarung eines Nebentätigkeitsverbots** durch die Betriebsparteien nicht möglich, da dieses zum Nachteil der Arbeitnehmer in die Gestaltung ihrer arbeitsfreien Zeit eingreift und hauptsächlich den außerbetrieblichen privaten Bereich betrifft (GK-BetrVG/*Kreuz* § 77 BetrVG Rn. 360; *Fitting* § 77 BetrVG Rn. 56; a.A. HWGNRH/*Worzalla* § 77 BetrVG Rn. 69). Aus Gründen der Rechtssicherheit sollte der Arbeitgeber daher darauf achten, dass eine entsprechende Anzeigpflicht auch Bestandteil der Individualarbeitsverträge ist.

179 Alternativ zur Anzeigpflicht kann die Aufnahme einer Nebentätigkeit grundsätzlich auch von der vorherigen Zustimmung des Arbeitgebers abhängig gemacht werden. Zu beachten ist, dass sich die Anzeigpflicht im Muster lediglich auf die Aufnahme entgeltlicher Nebentätigkeiten erstreckt. Insoweit ist eine weitergehende Ausdehnung des Anwendungsbereiches auch auf unentgeltliche oder ehrenamtliche Tätigkeiten denkbar.

180 **22.** Das **Wettbewerbsverbot** während des bestehenden Arbeitsverhältnisses gilt für Arbeitnehmer schon kraft Gesetzes gemäß § 60 Abs. 1 HGB (siehe hierzu ausführlich AR/*Reinfelder* § 60 HGB Rn. 1 ff.). Die Aufnahme und Konkretisierung der Regelung in die Betriebsvereinbarung empfiehlt sich dennoch schon mit Blick auf die Appellfunktion.

181 Aus Sicht des Arbeitgebers kann sich zur Schaffung von mehr Rechtssicherheit ergänzend empfehlen, den Begriff des Konkurrenzunternehmens näher zu definieren und etwa auf eine bestimmte Branche oder bestimmte Tätigkeiten einzuschränken.

182 **23.** Die aus dem Arbeitsvertrag resultierende Rücksichtnahmepflicht des Arbeitnehmers gemäß § 241 Abs. 2 BGB verpflichtet ihn, dem Arbeitgeber drohende Schäden anzuzeigen. Insoweit ist von der Rechtsprechung anerkannt, dass Arbeitnehmer dem Arbeitgeber zumindest dann auch **schädigende Handlungen von Arbeitskollegen** anzeigen müssen, wenn sie sich in ihrem Aufgabenbereich abspielen (BAG, Urt. v. 18.06.1970 – 1 AZR 520/69, NJW 1970, 1861).

Die Normierung einer Anzeigepflicht für Verstöße gegen die Arbeitsordnung oder anderes unrechtmäßiges Verhalten von Arbeitnehmern unterliegt der Mitbestimmungspflicht nach § 87 Abs. 1 Nr. 1 BetrVG, sofern sie über eine bloße Schadensmeldepflicht hinausgeht und das Verhalten der Mitarbeiter untereinander betrifft (BAG, Beschl. v. 22.07.2008 – 1 ABR 40/07, NZA 2008, 1248, 1255).

24. Bei dieser Regelung handelt es sich im Wesentlichen um die Konkretisierung einer ohnehin schon aus dem Arbeitsverhältnis resultierenden Nebenpflicht des Arbeitnehmers. Aus § 242 BGB folgt ein **Auskunftsanspruch** des Arbeitgebers, wenn dieser in entschuldbarer Weise über Bestehen und Umfang seines Rechts im Ungewissen ist, während der Arbeitnehmer unschwer Auskunft erteilen kann (ErfK/*Preis* § 611 BGB Rn. 736). Der Arbeitnehmer ist grundsätzlich zur Auskunft verpflichtet, wenn der Arbeitgeber ein berechtigtes, billigenswertes und schützenswertes Interesse an der Beantwortung der Fragen geltend machen kann (AR/*Kamanabrou* § 611 BGB Rn. 370).

Bei der Regelung von Auskunfts- und Anzeigepflichten haben die Betriebsparteien die allgemeinen Grundsätze zum Fragerecht des Arbeitgebers zu beachten (siehe hierzu ausführlich DLW/*Dörner* Kap. 2 Rn. 318 ff.) und insbesondere das Persönlichkeitsrecht des Arbeitnehmers zu wahren.

25. Der Arbeitnehmer kann mit Blick auf die in § 81 Abs. 2 SGB IX und dem AGG enthaltenen ausdrücklichen Diskriminierungsverbote grundsätzlich nicht verbindlich dazu verpflichtet werden, dem Arbeitgeber eine anerkannte Schwerbehinderung oder Gleichstellung zu offenbaren. Gegen die Wirksamkeit der Regelung im Muster bestehen daher Bedenken. Allerdings erscheint die Aufnahme in die Betriebsvereinbarung dennoch sinnvoll, um die Bereitschaft der Belegschaft zur Anzeige entsprechender Umstände zu erhöhen. Zudem ist mittlerweile vom BAG anerkannt, dass die ausdrückliche Nachfrage des Arbeitgebers nach einer Schwerbehinderung im laufenden Arbeitsverhältnis nach Ablauf der sechsmonatigen Wartezeit des § 90 Abs. 1 Nr. 1 SGB IX zulässig ist und die wahrheitswidrige Beantwortung dieser Frage dazu führt, dass der Arbeitnehmer sich im Kündigungsschutzverfahren auf seine Schwerbehinderteneigenschaft nicht berufen kann (BAG, Urt. v. 16.02.2012 – 6 AZR 553/10, NZA 2012, 255).

26. Die Darstellung der Befugnisse zum Ausspruch von Kündigungen im Rahmen der Betriebsvereinbarung dient der Rechtsklarheit und der Vermeidung von Missverständnissen. Sie schränkt die Möglichkeit zur Zurückweisung von Kündigungserklärungen durch Arbeitnehmer nach § 174 BGB ein. Allerdings reicht für ein Inkenntnissetzen i.S.d. § 174 S. 2 BGB in der Regel die bloße Mitteilung, dass der jeweilige Inhaber einer bestimmten Position kündigen darf, nicht aus. Nach der Rechtsprechung des BAG ist vielmehr zudem erforderlich, dass der Empfänger der Kündigungserklärung der ihm genannten Funktion auch die natürliche Person des jeweiligen Stelleninhabers zuordnen kann (BAG, Urt. v. 25.09.2014 – 2 AZR 567/13, NZA 2015, 159).

27. Der Arbeitnehmer ist bereits aus dem Arbeitsvertrag heraus verpflichtet, **Betriebs- und Geschäftsgeheimnisse** des Arbeitgebers zu wahren. Hierunter sind grundsätzlich alle Tatsachen zu verstehen, die im Zusammenhang mit dem Geschäftsbetrieb stehen, nicht offenkundig sind und nach dem Willen des Arbeitgebers im Rahmen eines berechtigten wirtschaftlichen Interesses geheim gehalten werden sollen (AR/*Kamanabrou* § 611 BGB Rn. 372).

Diese allgemeine vertragliche Verschwiegenheitspflicht kann innerhalb der Grenzen der §§ 134, 138 BGB und des Verhältnismäßigkeitsprinzips von den Betriebsparteien erweitert werden. Erforderlich ist jedoch stets, dass die Regelung durch ein anerkanntes berechtigtes Interesse des Arbeitgebers gedeckt ist (DLW/*Dörner* Kap. 3 Rn. 481).

28. Die Einführung eines elektronischen Zutrittssystems unterliegt nicht der Mitbestimmung des Betriebsrates nach § 87 Abs. 1 Nr. 6 BetrVG, wenn keinerlei zusätzliche personalisierte Daten erhoben beziehungsweise verarbeitet werden, also der Arbeitnehmer lediglich die Türen zu den Betriebsräumen statt mit einem Schlüssel durch Verwendung einer codierten Ausweiskarte öffnen können soll (GK-BetrVG/*Wiese* § 87 BetrVG Rn. 523).

191 Die im Muster vorgesehene Regelung sieht dagegen die Verwendung eines personalisierten Mitarbeiterausweises vor, der gerade zur Identifikation des einzelnen Mitarbeiters dienen soll. Insoweit ist von einer Mitbestimmungspflicht nach § 87 Abs. 1 Nr. 6 BetrVG auszugehen. Zudem besteht hinsichtlich der Einführung, Ausgestaltung und Nutzung von Mitarbeiterausweisen ein Mitbestimmungsrecht nach § 87 Abs. 1 Nr. 1 BetrVG (GK-BetrVG/*Wiese* § 87 BetrVG Rn. 213).

192 Bei der Ausgestaltung des Systems sollten die Betriebsparteien hinsichtlich der **automatisierten Datenerfassung** zur Wahrung der Verhältnismäßigkeit der Regelung die Grundsätze des BDSG beachten (siehe allgemein zum Datenschutz im Arbeitsverhältnis DLW/*Deutsch* Kap. 3 Rn. 3032 ff.). Insoweit ist insbesondere sicherzustellen, dass die Sicherheit personenbezogener Daten gewährleistet (§ 9 BDSG) und ihre Verwendung auf den mit der Maßnahme beabsichtigten Zweck beschränkt ist.

193 Es empfiehlt sich, die einzelnen Systemkomponenten einschließlich etwaiger Schnittstellen zu anderen Systemen sowie eine Beschreibung der Funktionsweise des Systems als Anlage zur Betriebsvereinbarung zu nehmen.

194 **28.1.** Die Ausgestaltung einer Dienstkleidungspflicht unterliegt dann der Mitbestimmung des Betriebsrates gemäß § 87 Abs. 1 Nr. 1 BetrVG, wenn sie dazu dient, das äußere Erscheinungsbild des Unternehmens zu fördern. Dagegen liegt grundsätzlich kein Recht zur Mitbestimmung des Betriebsrates vor, wenn das Tragen von Dienstkleidung notwendige Voraussetzung für die Erbringung der geschuldeten Arbeitsleistung der betroffenen Arbeitnehmer ist. In diesem Fall ist allein das Arbeits- und nicht das Ordnungsverhalten der Arbeitnehmer berührt (vgl. BAG, Beschl. v. 17.01.2012 – 1 ABR 45/10, NZA 2012, 687). Ungeachtet der Frage eines Mitbestimmungsrechtes können Arbeitnehmern im Rahmen einer Betriebsvereinbarung keine Kosten für die vorgeschriebene Arbeitskleidung auferlegt werden (BAG, Beschl. v. 13.02.2007 – 1 ABR 18/06, NZA 2007, 640).

195 **29.** Die in S. 3 normierte Anzeigepflicht der Arbeitnehmer besteht bereits als arbeitsvertragliche Nebenpflicht aus § 241 Abs. 2 BGB. Danach hat der Arbeitnehmer dem Arbeitgeber alle drohenden Schäden anzuzeigen. Zudem sind die Arbeitnehmer nach § 16 Abs. 1 ArbSchG verpflichtet, dem Arbeitgeber jede festgestellte unmittelbare erhebliche Gefahr für die Sicherheit und Gesundheit unverzüglich zu melden.

196 **30.** Die Aufnahme dieser Regelung dient der Sicherstellung der Datensicherheit im Unternehmen und damit auch der gesetzlichen Verpflichtung des Arbeitgebers aus § 9 BDSG, alle technisch und organisatorisch erforderlichen Maßnahmen zur Gewährleistung der Datensicherheit zu ergreifen.

197 **31.** Der Erlass eines absoluten **Alkoholverbots** auf dem Betriebsgelände unterliegt der Mitbestimmung des Betriebsrates nach § 87 Abs. 1 Nr. 1 BetrVG sowie § 87 Abs. 1 Nr. 7 BetrVG (BAG, Urt. v. 23.09.1986 – 1 AZR 83/85, NZA 1987, 250).

198 Bei der Ausgestaltung des Alkoholverbots haben die Betriebsparteien gemäß § 75 Abs. 1 S. 1 BetrVG die grundrechtlich geschützten Freiheitsrechte der Arbeitnehmer zu wahren und dabei insbesondere auch die durch Art. 2 Abs. 1 GG geschützte allgemeine Handlungsfreiheit zu beachten. Das zulässige Ausmaß einer Beschränkung der allgemeinen Handlungsfreiheit bestimmt sich nach dem Grundsatz der Verhältnismäßigkeit. Die von den Betriebsparteien getroffene Regelung muss geeignet, erforderlich und unter Berücksichtigung der gewährleisteten Freiheitsrechte angemessen sein, um den erstrebten Zweck zu erreichen (LAG Schleswig-Holstein, Beschl. v. 20.11.2007 – 5 TaBV 23/07, NZA-RR 2008, 184, 185).

199 Die Abwägung von Arbeitgeber- und Arbeitnehmerinteressen im Hinblick auf Gefährdungen der Arbeitssicherheit und zu erwartenden Leistungsbeeinträchtigungen führt in der Regel zur Zulässigkeit eines absoluten Alkoholverbotes (DLW/*Dörner* Kap. 3 Rn. 465).

32. Es ist umstritten, ob Arbeitnehmer durch Regelungen in einer Betriebsvereinbarung zur Teilnahme an Alkoholkontrollen verpflichtet werden können oder ob insoweit jeweils zusätzlich die Einwilligung des betroffenen Arbeitnehmers im Einzelfall erforderlich ist (siehe hierzu auch DLW/*Dörner* Kap. 3 Rn. 465). Nach der Rechtsprechung des BAG ist ein Arbeitnehmer zumindest nicht verpflichtet, im laufenden Arbeitsverhältnis routinemäßigen Blutuntersuchungen zur Klärung, ob er alkohol- oder drogenabhängig ist, zuzustimmen (BAG, Urt. v. 12.08.1999 – 2 AZR 55/99, NZA 1999, 1209). In einer Entscheidung aus dem Jahr 1995 hat das BAG zudem festgestellt, dass der Arbeitnehmer grundsätzlich angesichts des verfassungsmäßig garantierten **Grundrechts auf körperliche Integrität** weder zu einer Untersuchung seines Blutalkoholwertes noch zur Mitwirkung an einer Atemalkoholanalyse gezwungen werden könne (BAG, Urt. v. 26.01.1995 – 2 AZR 649/94, NZA 1995, 517, 519). 200

Vor diesem Hintergrund sieht die Regelung im Muster nur eine Pflicht des jeweiligen Vorgesetzten vor, den Arbeitnehmer zu einem Alkoholtest aufzufordern. Verweigert der Arbeitnehmer diesen Test trotz des Bestehens konkreter Anhaltspunkte für eine alkoholbedingte Beeinträchtigung der Leistungsfähigkeit (z.B. Alkoholfahne, lallende Sprache, schwankender Gang, aggressives Verhalten), ist der Arbeitgeber zu arbeitsrechtlichen Konsequenzen, insbesondere zum Ausspruch einer Abmahnung, berechtigt (BAG, Urt. v. 26.01.1995 – 2 AZR 649/94, NZA 1995, 517, 519). 201

33. Die Einführung von **Rauchverboten** unterliegt nicht der Mitbestimmung nach § 87 Abs. 1 Nr. 1 BetrVG, soweit einschlägige Rechtsvorschriften eine abschließende zwingende Regelung enthalten (GK-BetrVG/*Wiese* § 87 BetrVG Rn. 214). So ist der Arbeitgeber etwa unter den Voraussetzungen des § 5 ArbStättV verpflichtet, ein für den gesamten Betrieb oder auf einzelne Teile beschränktes Rauchverbot zu erlassen, um Nichtraucher vor Gesundheitsgefahren und Belästigungen durch Tabakrauch zu schützen. Da es sich insoweit um eine Maßnahme des Gesundheitsschutzes handelt, hat der Betriebsrat über die jeweils zu treffenden einzelnen Maßnahmen nach § 87 Abs. 1 Nr. 7 BetrVG mitzubestimmen, soweit bei der Wahl und Ausgestaltung der Maßnahmen für den Arbeitgeber ein Spielraum/Ermessen besteht. 202

Da es sich bei einem Rauchverbot um einen Eingriff in das Persönlichkeitsrecht und in die Handlungsfreiheit der betroffenen Arbeitnehmer handelt, haben die Betriebsparteien gemäß § 75 Abs. 2 BetrVG bei der Ausgestaltung der Regelung insbesondere den Grundsatz der Verhältnismäßigkeit zu achten (siehe auch Anmerkung 31 – O Rdn. 198). Ein absolutes Rauchverbot ist daher in der Regel unzulässig, es sei denn besondere zwingende betriebliche Gegebenheiten wie Brand- und Explosionsgefahren machen es erforderlich (DLW/*Dörner* Kap. 3 Rn. 467, 469). Auch ein Rauchverbot mit dem Ziel, Arbeitnehmer von gesundheitsschädlichen Gewohnheiten abzubringen, überschreitet die Regelungskompetenz der Betriebsparteien (BAG, Urt. v. 19.01.1999 – 1 AZR 499/98, NZA 1999, 546). Das Muster beschränkt daher die Möglichkeit zum Rauchen auf besonders ausgewiesene Räumlichkeiten und Freiflächen, verbietet es aber nicht grundsätzlich. 203

34. Den Arbeitgeber treffen aufgrund seiner vertraglichen Fürsorgepflicht aus § 241 Abs. 2 BGB **Obhuts- und Verwahrungspflichten** hinsichtlich der Privatgegenstände, welche die Arbeitnehmer zur Arbeit mit in den Betrieb bringen. Der Arbeitgeber hat zulässigerweise eingebrachtes Arbeitnehmereigentum vor Verlust oder Beschädigung zu schützen (AR/*Kamanabrou* § 611 BGB Rn. 330). Regelungen, die es den Arbeitnehmern verbieten, bestimmte private Gegenstände an den Arbeitsplatz mitzunehmen, unterliegen ebenso der Mitbestimmungspflicht des Betriebsrates (vgl. LAG Hessen, Beschl. v. 15.01.2004 – 5 TaBV 49/03, NZA-RR 2004, 411) wie Regelungen zur Sicherung eingebrachter Sachen der Arbeitnehmer (*Fitting* § 87 BetrVG Rn. 71). Mitbestimmungspflichtig ist auch das generelle Verbot der Nutzung von TV-, Video- und DVD-Geräten in den Räumen des Betriebes (LAG Köln, Beschl. v. 12.04.2006 7 TaBV 68/05, NZA-RR 2007, 80). Nach Ansicht des Arbeitsgerichts München besteht eine Mitbestimmungspflicht nach § 87 Abs. 1 Nr. 1 BetrVG auch bei Erlass eines generellen Verbots der Benutzung privater Mobiltelefone zu privaten Zwecken während der Arbeitszeit (ArbG München, Beschl. v. 15.11.2015 – 9 BVGa 52/15, Beschwerde eingelegt beim LAG München AZ: 10 TaBVGa 18/15). 204

205 Aus Sicht des Arbeitgebers sollten die Arbeitnehmer ausdrücklich angehalten werden, ihre Privatgegenstände in verschlossenen Behältnissen aufzubewahren. Zur Reduzierung der **Haftungsrisiken** ist zudem der Umfang der Gegenstände, welche die Arbeitnehmer zulässigerweise mit in das Unternehmen bringen können, zu beschränken und ein ausdrücklicher Haftungsausschluss für den Verlust von Geld, Schmuck oder sonstigen Wertsachen aufzunehmen.

206 **35.** Der Arbeitgeber kann als Inhaber der Betriebsmittel frei darüber entscheiden, ob und in welchem Umfang er eine private Nutzung zulässt. Dem Betriebsrat steht ein Mitbestimmungsrecht lediglich hinsichtlich der Ausgestaltung einer erlaubten privaten Nutzung zu (GK-BetrVG/ *Wiese* § 87 BetrVG Rn. 185 ff.).

207 **36.** Hinsichtlich einer detaillierten Regelung zur Nutzung betrieblicher Kommunikationseinrichtungen siehe Muster O.II.6 – O Rdn. 450.

208 **37.** Die Regelungen zum Arbeitsschutz in § 19 des Musters entsprechen den zwingenden gesetzlichen Regelungen des ArbSchG sowie des ASiG (siehe hierzu zusammenfassend MünchArbR/ *Kothe* § 292 Rn. 1 ff.). Eine Mitbestimmungspflicht des Betriebsrats nach § 87 Abs. 1 Nr. 7 BetrVG besteht insoweit nur dort, wo die gesetzlichen Vorgaben dem Arbeitgeber einen Regelungs- und Handlungsspielraum lassen (*Fitting* § 87 BetrVG Rn. 270 ff.). Hinsichtlich einer umfassenden Regelung zum Arbeits- und Gesundheitsschutz siehe Muster O.II.8 – O Rdn. 564.

209 **38.** Der Arbeitgeber ist grundsätzlich nicht verpflichtet, für die bei ihm beschäftigten Arbeitnehmer Parkplätze bereitzuhalten. Ein Anspruch auf die kostenlose Nutzung eines Betriebsparkplatzes tritt in der Regel auch nicht kraft betrieblicher Übung ein (vgl. LAG Baden-Württemberg, Urt. v. 13.01.2014 – 1 Sa 17/13, BB 2014, 690).

210 Ohne besondere Verpflichtung des Arbeitgebers kann der Betriebsrat nicht im Mitbestimmungsverfahren erzwingen, dass der Arbeitgeber Parkplätze zur Verfügung stellt (*Richardi* § 87 BetrVG Rn. 204). Grundsätzlich mitbestimmungsfrei sind auch Regelungen zur Lage, Umfang und Nutzungsdauer der freiwillig vom Arbeitgeber zur Verfügung gestellten Parkplätze. Der Arbeitgeber kann auch frei einen bestimmten Kreis von Parkplatzberechtigten festlegen und damit von vornherein bestimmte Parkplätze etwa für leitende Angestellte oder die Geschäftsführung reservieren (LAG Düsseldorf, Beschl. v. 20.06.1978 – 5 TaBV 90/77, DB 1979, 115). Dagegen unterfällt dem Mitbestimmungstatbestand des § 87 Abs. 1 Nr. 1 BetrVG eine Regelung zu den konkreten Nutzungsbedingungen eines Parkplatzes, den der Arbeitgeber seinen Arbeitnehmern für das Abstellen ihrer Privat-Pkw zur Verfügung stellt (BAG, Beschl. v. 07.02.2012 – 1 ABR 63/10, NZA 2012, 685). Danach ist auch mitbestimmungspflichtig, wenn der Arbeitgeber die Verteilung der Parkplätze auf die nutzungsberechtigten Personen aus dem zuvor festgelegten Personenkreis in einer abstrakten Ordnung regeln will (LAG Köln, Beschl. v. 12.05.2010 – 8 TaBV 4/10, NZA-RR 2011, 26 sowie nachgehend BAG, Beschl. v. 07.02.2012 – 1 ABR 63/10, NZA 2012, 685).

211 Aus Sicht des Arbeitgebers ist zu beachten, dass sofern er seinen Arbeitnehmern einen Parkplatz zur Verfügung stellt, er diesen auch verkehrssicher gestalten muss, selbst dann, wenn er zur Bereitstellung des Parkplatzes nicht verpflichtet ist (BAG, Urt. v. 25.05.2000 – 8 AZR 518/99, NZA 2000, 1052). Der Arbeitgeber muss daher unter anderem dafür sorgen, dass keine Schlaglöcher vorhanden sind und die Parkplätze ausreichend beleuchtet sind (AR/*Kamanabrou* § 611 BGB Rn. 331). Auch trifft ihn im Rahmen der **Verkehrssicherungspflicht** eine Streupflicht, wobei es insoweit ausreicht, wenn die Fahrbahnen gestreut werden (LAG Hessen, Urt. v. 21.07.2000 – 2 Sa 1032/99).

212 **39.** Der Arbeitgeber kann das Fahrzeug eines Arbeitnehmers, das ordnungswidrig auf dem Betriebsparkplatz abgestellt wurde, nur dann auf Kosten des Arbeitnehmers abschleppen lassen, wenn Dritte behindert oder Rettungswege versperrt werden oder eine Betriebsvereinbarung das Abschleppen falsch geparkter Fahrzeuge ausdrücklich vorsieht (LAG Frankfurt, Urt. v. 15.01.1979 – 11 Sa 738/78, DB 1979, 1851).

40. Der Hinweis auf mögliche arbeitsrechtliche Sanktionen bei Verstößen gegen die Arbeitsordnung ist aufgrund seiner Appellfunktion aufzunehmen. Zudem wird auf diese Weise ein gemeinsames Bewusstsein zwischen Arbeitgeber und Betriebsrat darüber hergestellt, dass entsprechende Verstöße im Grundsatz eine schwerwiegende Vertragspflichtverletzung darstellen.

41. Der Arbeitgeber ist aufgrund gesetzlicher Vorschriften zum **Aushang bestimmter Arbeitnehmerschutzgesetze** verpflichtet. Hierzu gehören etwa Allgemeines Gleichbehandlungsgesetz (AGG), Arbeitszeitgesetz (ArbZG), Jugendarbeitsschutzgesetz (JArbSchG), Ladenschlussgesetz (LadSchlG) und das Mutterschutzgesetz (MuSchG) sowie auch die einschlägigen Unfallverhütungsvorschriften (UVV).

Nach § 77 Abs. 2 S. 3 BetrVG sind auch Betriebsvereinbarungen vom Arbeitgeber an geeigneter Stelle im Betrieb auszulegen. Dies ist allerdings keine Wirksamkeitsvoraussetzung für die Betriebsvereinbarung (BAG, Urt. v. 17.04.2012 – 3 AZR 400/10, BB 2013, 57). Arbeitnehmer können sich jedoch auf die fehlende Kenntnis von Regelungen berufen, was unter Umständen bei Ausschlussfristen von Bedeutung sein kann (*Fitting* § 77 BetrVG Rn. 26).

Sowohl aushangpflichtige Gesetze als auch die Betriebsvereinbarungen sollten für die Arbeitnehmer leicht zugänglich und lesbar sein. Insoweit bietet sich ein Aushang am »Schwarzen Brett« oder eine Veröffentlichung im Intranet an.

42. Sofern die Betriebsparteien keine ausdrückliche Regelung zum Inkrafttreten in die Betriebsvereinbarung aufnehmen, gilt sie vom Tage ihres Abschlusses an (*Fitting* § 77 BetrVG Rn. 40). Die Betriebspartner können vereinbaren, dass die Betriebsvereinbarung erst zu einem späteren Zeitpunkt in Kraft treten soll.

Grundsätzlich ist es ebenfalls zulässig, **rückwirkende Betriebsvereinbarungen** abzuschließen (BAG, Urt. v. 19.09.1995 – 1 AZR 208/95, NZA 1996, 386). Allerdings können rückwirkende Betriebsvereinbarungen wegen des Vertrauensschutzes keine Rechte und Pflichten begründen, die für die in der Vergangenheit liegenden Zeiträume nicht mehr erfüllt werden können. Regelungen über die Ordnung des Betriebs und das Verhalten der Arbeitnehmer können damit keine rückwirkende Wirkung entfalten.

43. Schließen die Betriebsparteien über denselben Regelungsgegenstand eine neue Betriebsvereinbarung, endet die alte mit dem Inkrafttreten der neuen Betriebsvereinbarung (BAG, Beschl. v. 10.08.1994 – 10 ABR 61/93, NZA 1995, 314). Aus Gründen der Rechtssicherheit und Rechtsklarheit sollten die Betriebsparteien ausdrücklich angeben, welche vorangegangene Betriebsvereinbarung ersetzt werden soll.

44. Beide Betriebsparteien können erzwingbare und freiwillige Betriebsvereinbarungen durch **Kündigung mit einer Frist von drei Monaten** beenden, sofern nichts anderes zwischen ihnen vereinbart ist (§ 77 Abs. 5 BetrVG). Die Ausübung der Kündigungsmöglichkeit muss grundsätzlich nicht begründet werden, bedarf keines sachlichen Grundes und unterliegt keiner gerichtlichen Kontrolle (BAG, Urt. v. 26.04.1990 – 6 AZR 278/88, NZA 1990, 814).

Die Betriebsparteien können alternativ hierzu auch längere und kürzere Kündigungsfristen vereinbaren oder die ordentliche Kündigungsmöglichkeit gänzlich ausschließen. Nicht abdingbar ist jedoch das Recht zur außerordentlichen, fristlosen Kündigung der Betriebsvereinbarung aus wichtigem Grund (AR/*Rieble* § 77 BetrVG Rn. 17) und die Möglichkeit zur einvernehmlichen Aufhebung der Betriebsvereinbarung durch die Betriebsparteien. Diese sollte aus Gründen der Rechtssicherheit unbedingt schriftlich erfolgen.

Auch die **Teilkündigung** einer Betriebsvereinbarung ist regelmäßig zulässig, wenn der gekündigte Teil einen selbständigen Regelungskomplex betrifft, der ebenso in einer eigenständigen Betriebsvereinbarung hätte geregelt werden können. Wollen die Betriebsparteien in einem solchen Fall die Teilkündigung ausschließen, müssen sie dies in der Betriebsvereinbarung deutlich zum Ausdruck bringen (BAG, Urt. v. 06.11.2007 – 1 AZR 826/06, NZA 2008, 422).

223 Ist die Betriebsvereinbarung befristet, endet sie mit dem Ablauf der Zeit, für die sie abgeschlossen wurde, ohne dass es einer Kündigung bedarf. Die Vereinbarung einer Befristung ist an keine Voraussetzungen gebunden (*Fitting* § 77 BetrVG Rn. 142). Soll eine befristete Regelung darüber hinaus auch ordentlich kündbar sein, müssen die Betriebsparteien dies ausdrücklich vereinbaren.

224 **45.** Erzwingbare Betriebsvereinbarungen in mitbestimmungspflichtigen Angelegenheiten, gleichgültig ob durch Vereinbarung zwischen Arbeitgeber und Betriebsrat oder durch Spruch der Einigungsstelle begründet, wirken nach, bis sie durch eine andere Abmachung ersetzt werden (§ 77 Abs. 6 BetrVG). Freiwillige Betriebsvereinbarungen entfalten dagegen nur dann eine **Nachwirkung**, wenn dies ausdrücklich vereinbart worden ist. Zur Nachwirkung und ihren Rechtsfolgen siehe ausführlich AR/*Rieble* § 77 BetrVG Rn. 21 ff.

225 Bei Betriebsvereinbarungen, die sowohl mitbestimmungspflichtige als auch mitbestimmungsfreie Regelungsgegenstände haben, erstreckt sich die Nachwirkung grundsätzlich nur auf den mitbestimmungspflichtigen Teil, sofern dieser eine eigenständige, in sich geschlossene Regelung enthält (GK-BetrVG/*Kreutz* § 77 BetrVG Rn. 433 ff.). Die Nachwirkung kann jedoch auch im Rahmen der erzwingbaren Mitbestimmung von den Betriebsparteien ausgeschlossen oder zeitlich beschränkt werden (BAG, Beschl. v. 17.01.1995 – 1 ABR 29/94, NZA 1995, 1010).

226 **46.** Die Aufnahme einer **salvatorischen Klausel** in die Betriebsvereinbarung ist erforderlich, um so gut wie möglich sicherzustellen, dass auch bei einer Unwirksamkeit einzelner Regelungen die Betriebsvereinbarung im Übrigen wirksam bleibt. § 139 BGB findet auf Betriebsvereinbarungen keine Anwendung. Für die Frage der **Teilnichtigkeit** kommt es darauf an, ob die Betriebsvereinbarung auch ohne die unwirksamen Bestimmungen noch eine sinnvolle, in sich geschlossene Regelung enthält (BAG, Beschl. v. 22.07.2003 – 1 ABR 28/02, NZA 2004, 507).

227 **47.** Gemäß § 77 Abs. 2 S. 1 BetrVG ist die Schriftform gesetzliche Wirksamkeitsvoraussetzung für eine Betriebsvereinbarung. Dabei müssen Arbeitgeber und Betriebsrat (im Rahmen des vorhandenen Betriebsratsbeschlusses nach § 26 BetrVG) auf derselben Vertragsurkunde unterzeichnen (AR/*Rieble* § 77 BetrVG Rn. 5).

228 Die Betriebsvereinbarung ist seitens des Arbeitgebers durch die Geschäftsführung oder eine andere mit der Verhandlung bevollmächtigte Person zu unterzeichnen. Seitens des Betriebsrats muss die Betriebsvereinbarung durch den Vorsitzenden, im Falle seiner Verhinderung durch seinen Stellvertreter, erfolgen. Beruht die Betriebsvereinbarung auf dem Spruch einer Einigungsstelle, so hat sie gemäß § 76 Abs. 3 S. 3 BetrVG der Vorsitzende der Einigungsstelle zu unterzeichnen (BAG, Beschl. v. 05.10.2010 – 1 ABR 31/09, NZA 2011, 420, 421 f.).

2. Flexible Arbeitszeit

Vorbemerkung

229 In immer mehr Unternehmen setzen sich flexible Arbeitszeitformen durch und lösen alte, oftmals »starre« Systeme mit festen, immer gleichen Arbeitszeiten ab. Das Hauptziel auf Arbeitgeberseite ist dabei, unproduktive bezahlte Anwesenheitszeiten zu minimieren und dadurch insgesamt die Produktivität des Unternehmens zu erhöhen. Es gilt, einen möglichst flexiblen Ausgleich zwischen den auftretenden Unterschieden im Arbeitsanfall und Arbeitskräftebedarf zu finden und die Präsenzzeiten der Arbeitnehmer entsprechend anzupassen. Weit verbreitete flexible Arbeitszeitmodelle sind Zeitkonten, Schicht- und Teilzeitmodelle sowie die Gleitzeit. Alle flexiblen Arbeitszeitmodelle führen im Ergebnis dazu, dass den Arbeitnehmern ein höheres Maß an Zeitsouveränität übertragen wird und dadurch der selbstbestimmte Arbeitseinsatz und die Eigenmotivation gefördert werden.

230 Das nachstehende Muster regelt exemplarisch die Einführung einer »Vertrauensarbeitszeit« im Außendienst. Das Modell der Vertrauensarbeitszeit beruht auf dem Grundprinzip der kompletten zeitlichen Eigengestaltung des Arbeitnehmers. Der Arbeitnehmer wird ermächtigt, seine individu-

elle Arbeitszeit (Lage und Verteilung auf die Wochentage) im Grundsatz selbst und frei zu wählen. Entsprechend bedeutet die Vereinbarung von Vertrauensarbeitszeit aus Sicht des BAG, dass der Arbeitgeber auf die Festlegung von Beginn und Ende der täglichen Arbeitszeit verzichte und darauf vertraue, der betreffende Arbeitnehmer werde seine Arbeitspflicht in zeitlicher Hinsicht auch ohne Kontrolle erfüllen (BAG, Urt. v. 23.09.2015 – 5 AZR 767/13, NZA 2016, 295, 298). Die Einführung von Vertrauensarbeitszeit geht üblicherweise einher mit der Abschaffung der klassischen Zeiterfassung und Arbeitszeitkonten. Bedingt durch die freie Zeitgestaltung kann der Arbeitnehmer private Interessen, insbesondere Familienaufgaben, einerseits und berufliche Arbeiten andererseits, besser kombinieren. Diese Gestaltungsfreiheit erhöht die Motivation des Arbeitnehmers und verbessert die Qualität der Arbeitsergebnisse (*Compensis* NJW 2007, 3089, 3090). Aus Sicht des Arbeitgebers führt eine effizient umgesetzte Vertrauensarbeitszeit in der Regel zu einer höheren Arbeitsproduktivität und betriebswirtschaftlich zu einer Kostenentlastung durch den Verzicht auf eine aufwendige Zeiterfassung.

Da mit der Einführung eines neuen Arbeitszeitsystems auch eine Entscheidung über Lage und Dauer der täglichen Arbeitszeit sowie die Verteilung der wöchentlichen Arbeitszeit auf die einzelnen Arbeitnehmer verbunden ist, steht dem Betriebsrat – vorbehaltlich abschließender tarifvertraglicher Regelungen – insoweit ein erzwingbares Mitbestimmungsrecht nach § 87 Abs. 1 Nr. 2 BetrVG zu. Bei der Ausgestaltung haben die Betriebsparteien die Sperrwirkung des § 77 Abs. 3 BetrVG und zwingende gesetzliche Vorgaben, insbesondere des Arbeitszeitgesetzes (ArbZG), zu beachten (siehe hierzu ausführlich DLW/*Dörner* Kapitel 3 Rn. 32 ff.). 231

Daneben treten gerade bei der Vertrauensarbeitszeit eine Reihe von speziellen rechtlichen Fragestellungen auf, die aus Sicht des Arbeitgebers einer ausdrücklichen Regelung innerhalb der Betriebsvereinbarung bedürfen, wie etwa der Umfang der vergütungspflichtigen Arbeitszeit, die Definition eines Arbeitszeitrahmens, die Verpflichtung zu Überstunden und deren Ausgleich, der Umgang mit den gesetzlichen Zeiterfassungspflichten (§ 16 Abs. 2 ArbZG) oder Inhalt und Umfang des gesetzlichen Auskunftsanspruchs des Betriebsrates zur Wahrnehmung seiner Überwachungspflicht (siehe hierzu auch BAG, Urt. v. 06.05.2003 – 1 ABR 13/02, NZA 2003, 1348). 232

▶ **Muster – Flexible Arbeitszeit**

Zwischen der _____[Name]_____ GmbH (im Folgenden: »Unternehmen«) 233

und

dem Betriebsrat der _____[Name]_____ GmbH (im Folgenden: »Betriebsrat«) [1]

wird folgende Betriebsvereinbarung zur Regelung der Arbeitszeit im Außendienst vereinbart:

Präambel

Aufgrund der spezifischen Aufgabenstellungen und Anforderungen an den Außendienstmitarbeiter wird die vertragliche Arbeitszeit im Außendienst in einem flexiblen Arbeitszeitsystem erbracht. Die Außendienstmitarbeiter sollen ihre Arbeitszeit selbständig und eigenverantwortlich an die von ihnen zu erfüllenden Aufgaben anpassen können. Zugleich haben sie die Möglichkeit, sich zeitliche Freiräume zu schaffen, um eine bessere Vereinbarkeit von Familie und Beruf erreichen zu können. Die Betriebsparteien stimmen darin überein, dass die Einräumung dieser Arbeitszeitautonomie ein erhebliches Vertrauen des Unternehmens gegenüber seinen Mitarbeitern voraussetzt und ein verantwortungsbewusstes, am Ergebnis orientiertes Arbeitsverhalten der Mitarbeiter erfordert.

§ 1 Geltungsbereich [2]

(1) Die Betriebsvereinbarung gilt für alle im Außendienst tätigen Arbeitnehmer des Unternehmens (»Außendienstmitarbeiter«), soweit sie nicht leitende Angestellte i.S.v. § 5 Abs. 3 BetrVG sind. Ausgenommen sind die zu ihrer Berufsausbildung Beschäftigten.

(2) Für Außendienstmitarbeiter, die in Teilzeit tätig sind, gelten die Regelungen dieser Betriebsvereinbarung entsprechend, soweit nachfolgend nicht ausdrücklich etwas anderes vereinbart ist.

§ 2 Definition der Arbeitszeit [3]

(1) Zur vergütungspflichtigen Arbeitszeit zählen:

- Anwesenheitszeiten bei Kunden zum Zwecke der Produktbesprechung und Produktpräsentation, Verkaufsverhandlungen, Serviceleistungen sowie unvermeidbare Wartezeiten beim Kunden.
- Anwesenheitszeiten bei Schulungen, Tagungen, Seminaren und Messen.
- Reisezeiten, also Zeiten, die für Fahrten von einem Kunden zum nächsten sowie für An- und Abfahrten zu Schulungen, Tagungen, Seminaren und Messen aufgewendet werden.
- Administrative und logistische Aufgaben, sofern diese für die Erbringung der Arbeitsleistung erforderlich sind.

(2) Nicht zur vergütungspflichtigen Arbeitszeit zählen:

- Zeiten der telefonischen Erreichbarkeit, die außerhalb der individuell gewählten Arbeitszeit des Außendienstmitarbeiters nach § 4 liegen. Etwas anderes gilt nur dann, wenn tatsächlich Anrufe von Kunden oder vom Unternehmen entgegen genommen werden. [4]
- Wegezeiten, also Zeiten, die für die Anreise vom Wohnort zum ersten Kunden bzw. zur ersten Einsatzstelle sowie für die Abreise vom letzten Kunden bzw. von der letzten Einsatzstelle zum Wohnort anfallen bis zu einer Dauer von 60 Minuten pro Fahrt. [5]
- Heimfahrten während der Woche bei mehrtägigen Einsätzen am selben Einsatzort.
- Hotelaufenthalte bei Übernachtungstouren, d.h. der Zeitraum von der Ankunft im geeigneten Hotel bis zur morgendlichen Abfahrt zum ersten Kunden des nächsten Tages. [6]
- Zeiten, die an Wochenenden oder außerhalb des Arbeitszeitrahmens gemäß § 4 Abs. 2 S. 3 ohne ausdrückliche Anordnung des Vorgesetzten nach § 4 Abs. 6 aufgewendet werden.

(3) Von der vergütungspflichtigen Arbeitszeit ist die Arbeitszeit i.S.d. Arbeitszeitgesetzes zu unterscheiden. [7] Das Unternehmen verpflichtet sich zur Einhaltung der zwingenden Vorschriften des Arbeitszeitgesetzes. Die Betriebsparteien appellieren an die Außendienstmitarbeiter, durch sachgerechte Tourenplanung und Einplanung von auswärtigen Übernachtungen Konflikte mit dem Arbeitszeitgesetz zu vermeiden. [8]

§ 3 Regelmäßige Wochenarbeitszeit [9]

(1) Die regelmäßige Wochenarbeitszeit im Außendienst richtet sich nach den einschlägigen tarifvertraglichen Vorschriften in der jeweils geltenden Fassung und beträgt gemäß [Benennung der konkreten Regelung im Tarifvertrag] derzeit 38,5 Stunden (ohne Pausen). Diese Arbeitszeit verteilt sich regelmäßig auf die Wochentage Montag bis Freitag.

(2) Für Außendienstmitarbeiter in Teilzeit richtet sich die regelmäßige Wochenarbeitszeit nach den jeweiligen Regelungen des Arbeitsvertrages.

§ 4 Verteilung der Arbeitszeit

(1) Der Außendienstmitarbeiter bestimmt Beginn und Ende der täglichen Arbeitszeit, die Lage der Pausen und die Verteilung der wöchentlichen Arbeitszeit auf die Wochentage unter Berücksichtigung betrieblicher Belange grundsätzlich selbst (»individuell gewählte Arbeitszeit«). [10]

(2) Bei der Bestimmung der individuell gewählten Arbeitszeit ist der Außendienstmitarbeiter verpflichtet, den täglichen Arbeitszeitrahmen einzuhalten und die regelmäßige Wochenarbeitszeit nach § 3 zu erbringen. Der tägliche Arbeitszeitrahmen erstreckt sich von montags bis freitags auf den Zeitraum zwischen 6.00 Uhr und 22.00 Uhr. [11]

(3) Die tägliche Pausenzeit richtet sich nach den Bestimmungen des Arbeitszeitgesetzes, beträgt aber mindestens 45 Minuten. [12]

(4) Ungeachtet der individuell gewählten Arbeitszeit ist vom Außendienstmitarbeiter seine telefonische Erreichbarkeit für Kunden und das Unternehmen an Wochentagen zwischen 10.00 Uhr und 16.00 Uhr zu gewährleisten. Die Betriebsparteien gehen dabei davon aus, dass die Zeiten der telefonischen Erreichbarkeit in der Regel mit der individuell gewählten Arbeitszeit übereinstimmen und daher keine zusätzliche Belastung der Außendienstmitarbeiter darstellen. [13]

(5) Außendienstmitarbeiter in Teilzeit haben abweichend von § 4 Abs. 4 eine tägliche telefonische Erreichbarkeit zwischen 10.00 Uhr und 13.00 Uhr zu gewährleisten.

(6) Der Außendienstmitarbeiter ist verpflichtet, in Einzelfällen auch nachts oder am Wochenende sowie an Feiertagen seine Arbeitsleistung zu erbringen und Überstunden zu leisten, sofern dies vom Vorgesetzten ausdrücklich angeordnet wird. [14] Der jeweilige Vorgesetzte hat dabei darauf zu achten, dass Sonn- und Feiertagsarbeit soweit wie möglich vermieden wird und auf die gesetzlich zulässigen Ausnahmen beschränkt bleibt. Zudem sind die Vorschriften des Arbeitszeitgesetzes einzuhalten. Insbesondere darf eine wöchentliche Höchstarbeitszeit von 60 Stunden auch in Einzelfällen nicht überschritten werden. Das Anordnungserfordernis für Nacht-, Wochenend- und Feiertagsarbeit gilt auch für administrative und logistische Aufgaben des Außendienstmitarbeiters.

§ 5 Erfassung der Arbeitszeit [15]

(1) Auf eine Erfassung der täglichen Arbeitszeit (Beginn/Ende/Pausen) seitens des Arbeitgebers wird grundsätzlich verzichtet. Ausgenommen hiervon sind:

- Aufzeichnungen des Außendienstmitarbeiters für die Berechnung des Verpflegungsmehraufwandes im Rahmen der Reisekostenabrechnung.
- Aufzeichnungen des Außendienstmitarbeiters nach § 16 Abs. 2 ArbZG, sofern seine werktägliche Arbeitszeit acht Stunden überschreitet, wobei die Einzelheiten hierzu in § 8 geregelt sind.

(2) Der Arbeitgeber ist berechtigt, im Einzelfall unter Wahrung billigen Ermessens eine vollständige Erfassung der Arbeitszeit anzuordnen. [16]

(3) Für den Fall der Anordnung der Arbeitszeiterfassung nach Abs. 2 erfolgt diese durch den Außendienstmitarbeiter wahrheitsgemäß und eigenverantwortlich auf hierzu von der Personalabteilung zur Verfügung gestellten Formularen entsprechend der Anlage 1 zu dieser Vereinbarung. Zu erfassen ist jeweils Beginn, Ende und Umfang der täglich geleisteten Arbeitszeit ohne Pausen. Kopien der ausgefüllten und vom Außendienstmitarbeiter unterzeichneten Aufzeichnungen sind dem Vorgesetzten monatlich vorzulegen und von diesem zu überprüfen.

(4) Zur Ausgestaltung des Überwachungsrechts nach § 80 Abs. 1 Nr. 1 BetrVG vereinbaren die Betriebsparteien im Hinblick auf die Arbeitszeit, dass dem Betriebsrat zur Erfüllung seines Auskunftsanspruches nach § 80 Abs. 2 BetrVG auf sein Verlangen folgende Informationen vom Unternehmen zur Verfügung gestellt werden: [17]

- Aufzeichnungen der Außendienstmitarbeiter nach § 8 und § 5 Abs. 2.
- Überlastungsanzeigen der Außendienstmitarbeiter nach § 7 und die zur Bewältigung der Überlastung getroffenen Maßnahmen.
- Festgestellte Stör- bzw. Missbrauchsfälle.
- Inhalt und Teilnehmer von Mitarbeiterschulungen zum Arbeitszeitgesetz.

§ 6 Zeitausgleich [18]

(1) Als pauschalen Ausgleich für die flexible Arbeitszeit und die Gewährleistung der telefonischen Erreichbarkeit auch außerhalb der individuell gewählten Arbeitszeit erhalten die Außendienstmitarbeiter für jeden vollen Kalendermonat des Arbeitsverhältnisses einen Freistellungstag. Die Freistellungstage sind bis zum Ende des jeweiligen Kalenderjahres vom Außendienstmitarbeiter in Anspruch zu nehmen, sonst verfallen sie oder sind unter den Voraussetzungen des Abs. 4 abzugelten.

(2) Der Außendienstmitarbeiter muss den Freizeitausgleich nach Abs. 1 rechtzeitig im Voraus bei der auch für die Urlaubsgewährung zuständigen Stelle im Unternehmen beantragen. Dem Wunsch des Außendienstmitarbeiters auf Freizeitausgleich kann nur aus dringenden betrieblichen Belangen widersprochen werden. Beantragte Freistellungstage gelten als genehmigt, wenn sie nicht binnen einer Woche nach Antragstellung abgelehnt werden. Genehmigte Freistellungstage sind wie genehmigter Urlaub zu behandeln und können nur in Ausnahmefällen aus wichtigen betrieblichen Gründen widerrufen werden.

(3) Nach vorheriger Genehmigung durch den jeweiligen Vorgesetzten ist die zusammenhängende Inanspruchnahme von maximal drei Freistellungstagen oder die Verbindung von Freistellungstagen mit Urlaubstagen möglich.

(4) Die Betriebsparteien sind sich darin einig, dass die Ausgleichstage vornehmlich durch die tatsächliche Gewährung und Inanspruchnahme von Freizeit ausgeglichen werden sollen. Eine Abgeltung der Freistellungstage in Geld kommt ausnahmsweise nur dann in Betracht, wenn die tatsächliche Gewährung und Inanspruchnahme dem Außendienstmitarbeiter aus betrieblichen oder vom ihm selbst nicht zu vertretenden persönlichen Gründen innerhalb des Kalenderjahres nicht möglich ist.

(5) Im Fall der finanziellen Abgeltung nach Abs. 4 hat der Außendienstmitarbeiter für jeden vollen Freistellungstag Anspruch auf 1/21 seiner durchschnittlichen Bruttomonatsvergütung, errechnet auf Basis der Bruttojahresvergütung des jeweiligen Kalenderjahres, jedoch mindestens ____ [Betrag] € brutto.

(6) Der Abgeltungsanspruch nach Abs. 5 ist vom Arbeitnehmer schriftlich bis Ende März des Folgejahres bei der Personalabteilung geltend zu machen. Andernfalls verfällt er. Abrechnung und Auszahlung des Anspruchs erfolgen jeweils mit dem Gehaltslauf des auf die Geltendmachung folgenden Monats.

(7) Bei Ausscheiden eines Außendienstmitarbeiters hat dieser bis zum Tag der rechtlichen Beendigung seines Arbeitsverhältnisses mit dem Unternehmen sämtliche ihm zustehenden Freistellungstage in Anspruch zu nehmen. Ist dies nicht möglich, sind sie entsprechend Abs. 5 mit der Gehaltszahlung für den Austrittsmonat finanziell abzugelten.

§ 7 Überstunden [19]

(1) Auf Anordnung des Vorgesetzten geleistete Überstunden sind vom Außendienstmitarbeiter eigenverantwortlich innerhalb eines Zeitraums von zwölf Monaten mit Freizeit auszugleichen. Eine finanzielle Abgeltung von Überstunden kommt grundsätzlich nur bei Beendigung des Arbeitsverhältnisses in Betracht oder wenn der Ausgleich der Überstunden aus Gründen, die in der Sphäre des Unternehmens liegen, nicht innerhalb des zuvor genannten Zeitraumes möglich ist.

(2) Kann ein Außendienstmitarbeiter trotz Berücksichtigung vorheriger und zukünftiger Freizeitausgleichsmöglichkeiten die ihm obliegenden Aufgaben nicht innerhalb der Wochenarbeitszeit erledigen (»Überlastungssituation«), hat er dies unverzüglich seinem unmittelbaren Vorgesetzten schriftlich anzuzeigen. Dieser hat die Anzeige an die Personalabteilung weiterzuleiten und umgehend Maßnahmen zur Entlastung des Außendienstmitarbeiters zu ergreifen.

(3) Für vom Vorgesetzten ausdrücklich angeordnete Arbeitszeiten an Wochenend- und Feiertagen mit Ausnahme von Abendveranstaltungen i.S.d. nachfolgenden Abs. 4 erhält der Außendienstmitarbeiter auf Antrag Zuschläge in folgender Höhe gewährt:

– 15 % für Arbeitszeit an Wochenend- und Feiertagen im Zusammenhang mit Schulungen, Tagungen und Seminaren.

– 25 % für Arbeitszeit beim Kunden oder auf Messen an Samstagen.

– 50 % für Arbeitszeit beim Kunden oder auf Messen an Sonn- und Feiertagen.

Dem Antrag sind eine vollständige Aufstellung der zuschlagspflichtigen Arbeitszeiten an Wochenend- und Feiertagen sowie die schriftlichen Anordnungen des jeweiligen Vorgesetzten beizufügen.

(4) Mit dem Vorgesetzten abgestimmte Arbeitszeiten aus Anlass von Abendveranstaltungen, die werktags nach 22.00 Uhr und am Wochenende bzw. an einem Feiertag liegen, werden auf Antrag wie folgt vergütet:

- Für die ersten vier Abendveranstaltungen im Kalenderjahr jeweils pauschal ____[Betrag]____ € brutto.
- Für die folgenden Abendveranstaltungen jeweils pauschal ____[Betrag]____ € brutto.

(5) Die Auszahlung der Zuschläge und der Vergütung für Abendveranstaltungen erfolgt jeweils mit dem üblichen Gehaltslauf des auf den Antrag folgenden Kalendermonats.

§ 8 Aufzeichnungspflicht nach § 16 Abs. 2 ArbZG [20]

(1) Die gesetzliche Aufzeichnungspflicht gemäß § 16 Abs. 2 ArbZG für die werktäglich über acht Stunden hinausgehende Arbeitszeit wird auf die Außendienstmitarbeiter übertragen. Die Art und Weise der Aufzeichnungen kann das Unternehmen im Einzelnen festlegen, in jedem Fall sind vom Außendienstmitarbeiter jedoch Datum und Stundenzahl der geleisteten Arbeitszeit sowie eine Begründung hierfür aufzuführen.

(2) Die Aufzeichnungen müssen über einen Zeitraum von 24 Kalendermonaten aufbewahrt werden. Das Unternehmen ist berechtigt, eine längere Aufbewahrungsdauer festzulegen. Kopien der Aufzeichnungen hat der Außendienstmitarbeiter dem Arbeitgeber zumindest quartalsweise auszuhändigen. Das Unternehmen ist berechtigt, diese Aufzeichnungen jederzeit zu überprüfen.

(3) Die Betriebsparteien weisen auf Folgendes hin: Nach § 3 Satz 1 ArbZG beträgt die werktägliche Höchstarbeitszeit acht Stunden. Gemäß § 3 Satz 2 ArbZG darf die werktägliche Arbeitszeit auf bis zu zehn Stunden verlängert werden, wenn innerhalb von sechs Kalendermonaten oder innerhalb von 24 Wochen im Durchschnitt acht Stunden werktäglich nicht überschritten werden.

(4) Die Außendienstmitarbeiter sind verpflichtet, einen – aus welchen Gründen auch immer – drohenden Konflikt mit den Vorgaben des ArbZG dem Arbeitgeber unverzüglich anzuzeigen, damit gemeinsam Abhilfe geschaffen werden kann.

§ 9 Inkrafttreten und Beendigung [21]

(1) Diese Betriebsvereinbarung ersetzt die Betriebsvereinbarung »__[Bezeichnung]__« vom ____[Datum]____ und tritt mit sofortiger Wirkung in Kraft.

(2) Sie kann mit einer Frist von drei Monaten zum 31. Dezember eines jeden Jahres gekündigt werden, erstmals zum 31. Dezember ____[Jahresangabe]____. Die Kündigung hat schriftlich zu erfolgen. Nach Ablauf der Kündigungsfrist findet die Betriebsvereinbarung bis zum Abschluss einer neuen Betriebsvereinbarung weiter Anwendung.

§ 10 Schlussbestimmungen [22]

(1) Änderungen oder Ergänzungen dieser Betriebsvereinbarungen bedürfen der Schriftform.

(2) Sollte eine Vorschrift dieser Vereinbarung nicht mit geltendem Recht im Einklang stehen und deshalb ganz oder teilweise unwirksam sein, behalten die anderen Regelungen dieser Vereinbarung ihre Gültigkeit. Die unwirksame Regelung ist rechtskonform so auszulegen, dass sie dem beiderseitigen Willen der Parteien entspricht. Ist dies nicht möglich, haben die Betriebsparteien die unwirksame Regelung durch eine gesetzlich zulässige Regelung zu ersetzen, die ihrem Willen wirtschaftlich am nächsten kommt. Dasselbe gilt für den Fall einer vertraglichen Regelungslücke.

____[Ort]____, den ____[Datum]____

_____
(Unterschrift Geschäftsführer/in)

_____
(Unterschrift Betriebsratsvorsitzende/r)

Erläuterungen

Schrifttum

Adamski Vertrauensarbeitszeit, AuA 1999, 154; *Bepler* Mitbestimmung des Betriebsrates bei der Regelung der Arbeitszeit, NZA Beilage 2006, Nr. 1, 45; *Bissels/Wisskirchen* BlackBerry & Co.: Was ist heute Arbeitszeit?, DB 2010, 2052; *Bonanni/Hahne* Mindestlohn und Arbeitszeit, ArbRB 2014, 343; *Compensis* Vertrauensarbeitszeit – arbeitnehmerbestimmte Arbeitszeit (auch) im Arbeitgeberinteresse, NJW 2007, 3089; *Franzen* Entkoppelung der Arbeitszeit vom Arbeitsentgelt, RdA 2014, 1; *Franzen* Umkleidezeiten und Arbeitszeit, NZA 2016, 136; *Gerdom* Reisezeiten im Arbeitsrecht des öffentlichen Dienstes, ÖAT 2011, 103; *Groeger/Sadtler* Möglichkeiten und Grenzen der flexiblen Gestaltung des Umfangs der Arbeitszeit, ArbRB 2009, 117; *Haas/Salamon* Erhöhten Arbeitskraftbedarf flexibel bewältigen, AuA 2009, 22; *Haas/Salamon* Flexible Gestaltung durch BV?, AuA 2009, 218; *Hahn* Arbeitszeitkonten und Arbeitszeitflexibilisierung im öffentlichen Dienst, öAT 2013, 177; *Hahn* Flexible Arbeitszeit 2011; *Hanau/Hoff* Annahmeverzug bei flexibler Arbeitszeit, insbesondere bei Arbeitszeitkonten, NZA 2015, 1169; *Heins/Leder* Die arbeitsrechtliche Behandlung von Wegezeiten bei Dienstreisen, NZA 2007, 249; *Hunold* Arbeitsrecht im Außendienst 2. Auflage 2006; *Hunold* Arbeitszeit, insbesondere Reisezeit, im Außendienst, NZA 1993, 10; *Lindemann* Flexibilisierung der Arbeitszeit und ihre Grenzen, ArbRAktuell 2013, 561; *Loritz* Die Dienstreise des Arbeitnehmers, NZA 1997, 1188; *Mayer* Mitarbeiter im Außendienst 3. Auflage 2010; *Ohlendorf/Fabritius* Aspekte der Arbeitszeit, AuA 2009, 642; *Paschke* Zeitsouveränität durch Anpassung der Arbeitszeitlage an die persönlichen Bedürfnisse, ArbuR 2012, 11; *Preis* Unangemessene Benachteiligung des Arbeitnehmers durch Vereinbarung einer Durchschnittsarbeitszeit, RdA 2012, 101; *Reinecke* Flexibilisierung der Arbeitszeit im Arbeitgeber- und Arbeitnehmerinteresse – ein Rechtsprechungsbericht, BB-Spezial 2008, Nr. 4, 21; *Reiserer* Atmendes Entgelt, atmende Arbeitszeit, NZA Beilage 2010, Nr. 2, 39; *Rolfs/Witschen* Beschäftigung und Freistellung bei flexibler Arbeitszeit – der neue § 7 Abs. 1a Satz 2 SGB IV, NZS 2012, 241; *Salamon/Gatz* Arbeitgeberseitige Gestaltungsspielräume im Rahmen der mitbestimmten Personaleinsatzplanung, NZA 2016, 197; *Schlegel* Grenzenlose Arbeit, NZA-Beilage 2014, 16; *Schlottfeldt/Hoff* »Vertrauensarbeitszeit« und arbeitszeitrechtliche Aufzeichnungspflicht nach § 16 II ArbZG, NZA 2001, 530; *Schoof* Mitbestimmen bei der Arbeitszeit, AiB 2011, 721; *Steffan* Arbeitszeit(recht) auf dem Weg zu 4.0, NZA 2015, 1409; *Thüsing/Hütter* Was ist Arbeit? – Oder: Warum Bereitschaftsdienst keine Arbeitszeit im Sinne des MiLoG ist, NZA 2015, 970; *Trittin* Umbruch des Arbeitsvertrags: Von der Arbeitszeit zum Arbeitsergebnis, NZA 2001, 1003; *Wank* Facetten der Arbeitszeit, RdA 2014, 285; *Weinbrenner* Der Auskunftsanspruch von Betriebs- und Personalräten im Hinblick auf die Arbeitszeit der Beschäftigten, öAT 2014, 197; *Winiger* Praxishandbuch für flexible Arbeitszeitmodelle 2011.

234 **1.** Siehe O Rdn. 143.

235 **2.** Bei der Bestimmung des Geltungsbereichs ist stets zu überlegen, welche Arbeitnehmer von den Regelungen der Betriebsvereinbarung erfasst beziehungsweise welche Arbeitnehmer i.S.v. § 5 BetrVG ausgenommen sein sollen. Dabei haben die Betriebsparteien gemäß § 75 BetrVG insbesondere die **Diskriminierungsverbote** und den **arbeitsrechtlichen Gleichbehandlungsgrundsatz** zu beachten. Gerade bei der Einführung einer flexiblen Arbeitszeit ist zu berücksichtigen, dass sich hierfür nicht alle Arbeitnehmergruppen beziehungsweise Tätigkeitsbereiche im Unternehmen eignen. Vertrauensarbeitszeit setzt eine extrem hohe Eigenverantwortung der Arbeitnehmer voraus. Der Arbeitgeber verzichtet auf nahezu alle Kontrollmöglichkeiten und kann eine Leistungsbeurteilung letztlich nur anhand der Arbeitsergebnisse vornehmen (*Compensis* NJW 2007, 3089). Vor diesem Hintergrund bietet sich eine Beschränkung des Arbeitszeitmodells auf eine bestimmte abgrenzbare Arbeitnehmergruppe, hier die Außendienstmitarbeiter (z.B. Vertrieb oder technischer Kundenservice), an.

236 **3.** Insbesondere im Bereich des Außendienstes sollte zur Klarstellung ausdrücklich geregelt werden, welche Tätigkeiten zur **vergütungspflichtigen Arbeitszeit** zählen, also als Erfüllung der arbeitsvertraglichen Hauptleistungspflicht anzusehen sind. Ohne entsprechende ausdrückliche Regelungen ergeben sich in der Praxis häufig Probleme und Streitfälle bei der Behandlung von Wegezeiten (Fahrten vom Wohnort zum ersten Kunden und vom letzten Kunden zum Wohnort zurück), Reisezeiten, Messebesuche, Rufbereitschaft sowie der Teilnahme an Kunden- oder Fortbildungsveranstaltungen, *insbesondere am Abend oder Wochenende* (vgl. *Hunold* Rn. 395).

4. Das Muster nimmt Zeiten bloßer telefonischer Erreichbarkeit aus der vergütungspflichtigen Arbeitszeit aus. Rechtlich handelt es sich bei diesen Zeiten um eine sog. **Rufbereitschaft** (zum Begriff siehe DLW/*Dörner* Kap. 3 Rn. 57). Nach öffentlich-rechtlichem Arbeitszeitrecht stellt Rufbereitschaft keine Arbeitszeit, sondern Ruhezeit i.S.v. § 5 ArbZG dar (Küttner/*Poeche* Rufbereitschaft Rn. 2). Umstritten ist, ob Arbeitnehmern für Zeiten der Rufbereitschaft – ohne eine ausdrückliche Regelung – ein Anspruch auf Bezahlung zusteht. Teilweise wird vertreten, eine Vergütung falle nur bei tatsächlicher Erbringung von Arbeitsleistungen während der Rufbereitschaft an (AR/*Krauss* § 2 ArbZG Rn. 8). Nach anderer Auffassung ist die Rufbereitschaft dagegen als besondere Leistung des Arbeitnehmers stets zu vergüten (Küttner/*Reinecke* Rufbereitschaft Rn. 5; Baeck/*Deutsch* ArbZG § 2 Rn. 53). Tarifverträge sehen häufig eine eingeschränkte Vergütungspflicht beziehungsweise eine pauschale Abgeltung für Rufbereitschaft vor (z.B. § 8 TVöD). 237

Der Ausschluss von Zeiten der Rufbereitschaft aus der Vergütungspflicht wird im vorliegenden Muster durch die **Gewährung von pauschalen Ausgleichstagen** abgemildert und sollte so eine angemessene und verhältnismäßige Regelung sicherstellen. 238

5. Auch bei **Wegezeiten** ist umstritten, ob diese einen Teil der vergütungspflichtigen Arbeitsleistung des Arbeitnehmers darstellen oder nicht. Grundsätzlich ist die An- und Abfahrt des Arbeitnehmers zum und vom Betrieb des Arbeitgebers keine Arbeitsleistung und daher auch nicht zu vergüten (BAG, Urt. v. 20.03.2012 – 9 AZR 518/10, ZTR 2012, 390; DLW/*Dörner* Kap. 3 Rn. 64). Bei Außendienstmitarbeitern gehört dagegen die Reisetätigkeit zu den vertraglichen Hauptleistungspflichten. Mangels festen Arbeitsortes gilt dies nicht nur für Fahrten zwischen den Kunden, sondern auch für die Fahrten zum ersten Kunden und vom letzten Kunden zurück (EuGH, Urt. v. 10.09.2015 – C-266/14, NZA 2015, 1177; BAG, Urt. v. 22.04.2009 – 5 AZR 292/08, DB 2009, 1602; für angeordnete Fahrten vom Betrieb zu einer auswärtigen Arbeitsstelle siehe BAG, Urt. v. 12.12.2012 – 5 AZR 355/12, NZA 2013, 1158). Ohne eine ausdrückliche entgegenstehende Regelung ist daher grundsätzlich von einer Vergütungspflicht des Arbeitgebers auch für Wegezeiten auszugehen. 239

Die Formulierung im Muster orientiert sich an einer vom BAG als wirksam anerkannten Regelung im Rahmen einer Gesamtbetriebsvereinbarung (BAG, Urt. v. 10.10.2006 – 1 ABR 59/05, NZA 2007, 523). Danach können Wegezeiten zumindest im Umfang von jeweils 70 Minuten pro Fahrt zu Lasten des Arbeitnehmers gehen. Die darüber hinausgehende Zeit ist zur Wahrung der Angemessenheit der Regelung als Arbeitszeit zu vergüten. Bei der Aufnahme einer entsprechenden Klausel ist allerdings zu beachten, dass die Regelung in der Betriebsvereinbarung keine Anwendung auf Arbeitnehmer findet, deren Arbeitsvertrag eine günstigere Regelung vorsieht, weil sie die Anfahrts- und Rückfahrzeiten in vollem Umfang in die vergütungspflichtige Arbeitszeit einbezieht und auch nicht betriebsvereinbarungsoffen gestaltet ist (BAG, Urt. v. 22.04.2009 – 5 AZR 292/08, DB 2009, 1602). 240

6. Erhält ein Arbeitnehmer für die Reise eine Vergütung, bezieht sich die objektive Vergütungserwartung nicht auf die Zeiten, in denen er im Verlauf der Reise nachts schläft. Solche Zeiten werden auch zu Hause nicht vergütet. Dies kann auf Reisen nicht anders sein (*Loritz* NZA 1997, 1188, 1193). 241

7. Von dem Begriff der vergütungspflichtigen Arbeitszeit ist der **Arbeitszeitbegriff des öffentlich-rechtlichen Arbeitszeitrechts** (insbesondere ArbZG) zu unterscheiden (siehe zur Unterscheidung auch BAG, Beschl. v. 14.11.2006 – 1 ABR 5/06, NZA 2007, 458). Die Tatsache, dass eine bestimmte Zeit als Arbeitszeit i.S.d. ArbZG zu behandeln ist, gibt keine Auskunft darüber, inwieweit hierfür eine bestimmte Vergütung geschuldet ist (BAG, Urt. v. 12.12.2012 – 5 AZR 355/12, NZA 2013, 1158, 1159). Das ArbZG bezweckt die Sicherheit und den Gesundheitsschutz des Arbeitnehmers und macht deshalb verbindliche Vorgaben für die zulässige Höchstarbeitszeit und verpflichtet zu Ruhepausen und Ruhezeiten (Küttner/*Poeche* Arbeitszeit Rn. 2). 242

8. Die werktägliche Arbeit (Montag bis Samstag) darf gemäß § 3 ArbZG acht Stunden nicht überschreiten. Hieraus folgt eine gesetzliche Höchstgrenze für die Wochenarbeitszeit von 48 Stun- 243

den. Sie kann auf maximal zehn Stunden werktäglich und 60 Stunden in der Woche (bei sechs Arbeitstagen) verlängert werden, wenn innerhalb von sechs Kalendermonaten oder innerhalb von 24 Wochen im Durchschnitt acht Stunden werktäglich nicht überschritten werden.

244 Eine über diese **gesetzliche Höchstarbeitszeit** hinausgehende Arbeitszeit kann weder einseitig durch den Arbeitgeber angeordnet noch mit dem Arbeitnehmer individualvertraglich vereinbart werden (siehe auch DLW/*Dörner* Kap. 3 Rn. 79 ff.). Lediglich die Tarifvertragsparteien haben nach § 7 ArbZG eine eingeschränkte Abänderungsbefugnis, die sie auf die Betriebsparteien übertragen können, wovon jedoch nur in seltenen Fällen Gebrauch gemacht wird (siehe hierzu AR/*Krauss* § 7 ArbZG Rn. 1 ff.).

245 Die Beschäftigung an Sonn- und Feiertagen ist nach § 9 Abs. 1 ArbZG grundsätzlich verboten. Allerdings sehen § 9 Abs. 2 und § 10 ArbZG zahlreiche Ausnahmen von diesem Verbot vor. Eine entsprechende Verpflichtung zur Sonn- und Feiertagsarbeit außerhalb der gesetzlichen Ausnahmefälle verstößt gegen § 134 BGB und ist nichtig (AR/*Krauss* § 9 ArbZG Rn. 1).

246 Adressat der Vorschriften des ArbZG ist grundsätzlich allein der Arbeitgeber. Er trägt die Verantwortung für die Einhaltung der gesetzlichen Vorgaben und begeht schon bei einem fahrlässigen Verstoß gegen § 3 ArbZG oder das Verbot des § 9 ArbZG eine Ordnungswidrigkeit (§ 22 Abs. 1 Nr. 1 ArbZG). Im Fall einer beharrlichen Wiederholung des Verstoßes macht er sich sogar strafbar (§ 23 ArbZG).

247 **9.** Der Betriebsrat hat kein Mitbestimmungsrecht hinsichtlich der Festlegung der Dauer der Arbeitszeit. Diese ist allein den Arbeits- und Tarifvertragsparteien vorbehalten (AR/*Krauss* § 3 ArbZG Rn. 9). Dementsprechend ist der Umfang der Arbeitszeit in der Regel abschließend individualvertraglich oder durch einen einschlägigen beziehungsweise in Bezug genommenen Tarifvertrag festgelegt. Zur Klarstellung und Vermeidung von Missverständnissen sollte die regelmäßige Wochenarbeitszeit dennoch ausdrücklich in den Text der Betriebsvereinbarung aufgenommen werden. Das Muster sieht insoweit den Verweis auf die maßgebliche Vorschrift eines bestimmten Tarifvertrages in der jeweiligen Fassung vor. Durch die Vereinbarung von Vertrauensarbeitszeit entfällt nicht die Verpflichtung der betroffenen Arbeitnehmer, Arbeitszeit in einem nach Stunden bemessenen bestimmten Umfang abzuleisten (BAG, Urt. v. 15.05.2013 – 10 AZR 325/12, NZA-RR 2014, 519, 521).

248 **10.** Die Übertragung der **Arbeitszeitsouveränität** auf die Arbeitnehmer ist die Kernvorschrift zur Einführung der Vertrauensarbeitszeit. Dem Arbeitnehmer wird innerhalb eines gewissen Rahmens ermöglicht, frei über die Lage der Arbeitszeit und der Pausen sowie die Verteilung der Arbeitszeit auf die einzelnen Wochentage zu entscheiden. Als Korrektiv ist in der Musterregelung ausdrücklich aufgenommen, dass die Wahl der Arbeitszeit unter Berücksichtigung betrieblicher Belange und daher insbesondere unter Sicherstellung einer ordnungsgemäßen Aufgabenerfüllung zu erfolgen hat.

249 **11.** Die Ausgestaltung des **Arbeitszeitrahmens** gibt letztlich vor, wie frei der Arbeitnehmer in der Wahl seiner Arbeitszeit tatsächlich ist. Aus Sicht des Arbeitgebers sollte der Rahmen grundsätzlich so weit wie möglich gefasst sein, insbesondere wenn die Arbeitnehmer häufig Abendtermine wahrnehmen müssen. Der Betriebsrat wird dagegen in der Regel auf einen engeren Rahmen drängen, um einer möglichen Belastung der Arbeitnehmer durch ungewöhnliche Arbeitszeiten vorzubeugen.

250 Neben der Regelung eines Arbeitszeitrahmens ist auch die **Aufnahme einer Kernarbeitszeit** – etwa wie bei einem klassischen Gleitzeitmodell – denkbar, innerhalb derer die Arbeitnehmer in jedem Fall ihrer Arbeit nachgehen müssen. Dies kommt insbesondere dort in Betracht, wo Aufgaben regelmäßig innerhalb eines bestimmten Zeitraums erledigt werden müssen. Hierzu bietet sich etwa folgende Formulierung an:

Alternative:

[Der Außendienstmitarbeiter ist bei der Bestimmung seiner individuell gewählten Arbeitszeit verpflichtet, die tägliche Kernarbeitszeit einzuhalten und die regelmäßige Wochenarbeitszeit nach § 3 zu erbringen. Die tägliche Kernarbeitszeit erstreckt sich auf den Zeitraum von 10.00 Uhr bis 15.00 Uhr. Sie ist vornehmlich für Kundenbesuche zu nutzen. Im Übrigen muss die individuell gewählte Arbeitszeit montags bis donnerstags in einem Arbeitszeitrahmen zwischen 6.00 Uhr und 22.00 Uhr und freitags zwischen 6.00 Uhr und 18.00 Uhr liegen.]

12. Nach § 4 ArbZG ist zwingend vorgeschrieben, dass die Arbeit bei einer Arbeitszeit von mehr als sechs bis zu neun Stunden durch im Voraus festgelegte Ruhepausen von mindestens 30 Minuten unterbrochen werden muss. Bei einer Arbeitszeit von über neun Stunden beträgt die minimale Pausendauer 45 Minuten. Um Verstöße gegen das Arbeitszeitgesetz auszuschließen, sollte die Pausenzeit von vornherein jedenfalls auf das Mindestmaß für Arbeitszeiten von über neun Stunden festgelegt werden. Die Anordnung von Rufbereitschaft (wie in § 4 Abs. 4 des Musters) steht einer Pause i.S.v. § 4 ArbZG nicht entgegen (AR/*Krauss* § 4 ArbZG Rn. 1). Hinsichtlich der Lage der Pausen steht dem Betriebsrat grundsätzlich ein Mitbestimmungsrecht nach § 87 Abs. 1 Nr. 2 BetrVG zu. 251

13. Die Regelung im Muster ordnet eine **Rufbereitschaft** für Arbeitnehmer innerhalb eines bestimmten Zeitrahmens an (siehe hierzu auch O Rdn. 237). Dies kann sich insbesondere dann anbieten, wenn neben dem allgemeinen Arbeitszeitrahmen keine zusätzliche Kernarbeitszeit geregelt ist. Hierdurch wird sowohl für Externe, aber auch für Kollegen oder Vorgesetzte sichergestellt, den Arbeitnehmer innerhalb eines bestimmten Zeitfensters im Bedarfsfall zu erreichen. Dem Betriebsrat steht insoweit ein Mitbestimmungsrecht nach § 87 Abs. 1 Nr. 2 BetrVG zur Festlegung der zeitlichen Lage der Rufbereitschaft zu. Soweit die Rufbereitschaft außerhalb der regelmäßigen Arbeitszeit eingeführt werden soll, kann der Betriebsrat auch über das »Ob« der Rufbereitschaft mitbestimmen (Küttner/*Poeche* Rufbereitschaft Rn. 7). 252

14. Arbeitnehmer müssen grundsätzlich nur dann über die vertraglich vereinbarte oder tarifliche Arbeitszeit hinaus tätig werden, wenn es hierfür eine besondere Rechtsgrundlage gibt. Eine entsprechende Verpflichtung kann mit einer Betriebsvereinbarung eingeführt werden (Schaub/*Link* § 45 Rn. 45). Die erforderliche rechtliche Ermächtigung hierzu folgt unmittelbar aus § 87 Abs. 1 Nr. 3 BetrVG. Ist zwischen den Arbeitsvertragsparteien die **Leistung des Arbeitnehmers von Überstunden** nicht ausgeschlossen, ist der Arbeitsvertrag in diesem Punkt für Betriebsvereinbarungen offen (BAG, Urt. v. 03.06.2003 – 1 AZR 349/02, NZA 2003, 1155). Auch wenn sich eine entsprechende Verpflichtung zur Leistung von Überstunden bereits in den Arbeitsverträgen der betroffenen Arbeitnehmer oder einem einschlägigen Tarifvertrag findet, sollte die Klausel dennoch in die Betriebsvereinbarung aufgenommen werden. Ihr kommt dann jedenfalls eine klarstellende Funktion mit Appellcharakter zu, auch wenn sie mit Blick auf den Tarifvorrang nach § 87 Abs. 1 S. 1 BetrVG nicht wirksam ist. 253

Der Arbeitgeber muss vor der Anordnung von Überstunden grundsätzlich die Zustimmung des Betriebsrats nach § 87 Abs. 1 Nr. 3 BetrVG einholen. Es handelt sich insoweit um eine Verlängerung der betriebsüblichen Arbeitszeit. Ein Verzicht des Betriebsrates auf sein Mitbestimmungsrecht ist im Voraus nicht möglich. Dem Arbeitgeber kann daher im Rahmen einer Betriebsvereinbarung nicht die alleinige Befugnis zur Anordnung von Überstunden übertragen werden (BAG, Urt. v. 03.06.2003 – 1 AZR 349/02, NZA 2003, 1155, 1158). Dies ist allenfalls für eng eingegrenzte und konkret bezeichnete Fallkonstellationen wie bestimmte regelmäßig wiederkehrende Eil- und Notfälle denkbar (BAG, Urt. v. 03.06.2003 – 1 AZR 349/02, NZA 2003, 1155, 1158 f.). 254

Im Rahmen der im Muster vorgesehenen Vertrauensarbeitszeit ist das Mitbestimmungsrecht des Betriebsrates wegen der auf den einzelnen Arbeitnehmer übertragenen Arbeitszeitsouveränität erheblich eingeschränkt und dürfte in der Regel nicht zur Anwendung kommen. Dies gilt insbesondere, wenn Überstunden vollständig durch Freizeit ausgeglichen werden können, wie dies grund- 255 sätzlich im Rahmen der Vertrauensarbeitszeit möglich ist. Solche sog. »Überstunden mit vollem Freizeitausgleich« stellen keine Überstunden i.S.d. § 87 Abs. 1 Nr. 3 BetrVG dar, weil durch sie nur die Lage der Arbeitszeit geändert wird (GK-BetrVG/*Wiese* BetrVG § 87 Rn. 398; a.A. MünchArbR/*Matthes* § 245 Rn. 14). Allerdings steht dem Betriebsrat insoweit ein Mitbestimmungsrecht gem. § 87 Abs. 1 Nr. 2 BetrVG zu.

256 **15.** Wesentlicher Bestandteil der Einführung der Vertrauensarbeit ist das **Absehen von einer genauen Erfassung der täglichen Arbeitszeit** der Arbeitnehmer. Der hiermit verbundene Wegfall eines aufwendigen Zeiterfassungssystems und der anfallenden Verwaltungsarbeit stellt aus Arbeitgebersicht einen – durchaus beachtlichen – finanziellen Vorteil dieses Arbeitszeitsystems dar. Ein gänzlicher Verzicht auf eine Zeiterfassung ist allerdings auch bei der Vertrauensarbeitszeit nicht möglich. So verlangt § 16 Abs. 2 ArbZG vom Arbeitgeber zwingend die Aufzeichnung der täglichen Arbeitszeit, die über die Höchstarbeitszeit nach § 3 S. 1 ArbZG hinausgeht. Das Muster sieht insoweit die Übertragung der Aufzeichnung auf die Arbeitnehmer vor (siehe hierzu im Detail O Rdn. 266 f.). Die Vereinbarung von Vertrauensarbeitszeit steht aber nicht grundsätzlich der Führung eines Arbeitszeitkontos entgegen oder schließt die Abgeltung eines aus Mehrarbeit des Arbeitnehmers resultierenden Zeitguthabens aus (BAG, Urt. v. 23.09.2015 – 5 AZR 767/13, NZA 2016, 295, 298).

257 **16.** Die Übertragung der Arbeitszeitautonomie auf die Arbeitnehmer birgt eine erhebliche **Missbrauchsgefahr**. Um etwaigen Missbrauchsfällen vorzubeugen und sie aufklären zu können, sollte sich der Arbeitgeber vorbehalten, Arbeitnehmern die vollständige Erfassung ihrer Arbeitszeit auferlegen zu können. Insoweit kann neben der im Muster gewählten händischen Aufzeichnung auch auf ein bestehendes (elektronisches) Zeiterfassungssystem verwiesen werden. Denkbar ist zudem, in konkreten Verdachtsfällen einzelne Arbeitnehmer von der Teilnahme an der Vertrauensarbeitszeit ganz oder zumindest vorübergehend auszuschließen.

258 **17.** Auch im Rahmen der Vertrauensarbeitszeit hat der Betriebsrat grundsätzlich zur **Wahrnehmung seiner Überwachungsaufgabe nach § 80 Abs. 1 Nr. 1 BetrVG** das Recht, vom Arbeitgeber Auskunft über Beginn und Ende der täglichen Arbeitszeit sowie den Umfang der tatsächlich geleisteten wöchentlichen Arbeitszeit der Arbeitnehmer zu verlangen (BAG, Beschl. v. 06.05.2003 – 1 ABR 13/02, NZA 2003, 1348; LAG Köln, Beschl. v. 06.09.2010 – 5 TaBV 14/10, JurionRS 2010, 31337). Der Arbeitgeber hat daher diese Daten zu beschaffen und dem Betriebsrat darüber Auskunft zu geben. Er kann sich der gesetzlichen Kontrollpflicht nicht dadurch entziehen, dass er auf die Kenntnisnahme der tatsächlichen Arbeitszeit der Arbeitnehmer verzichtet (BAG, Beschl. v. 06.05.2003 – 1 ABR 13/02, NZA 2003, 1348). Auch die Zustimmung des Betriebsrates zur Vertrauensarbeit hindert diesen nicht daran, seinen Auskunftsanspruch nach § 80 Abs. 2 BetrVG durchzusetzen. Macht der Betriebsrat von seinem Auskunftsanspruch Gebrauch, muss der Arbeitgeber die Arbeitnehmer daher anhalten, zumindest Beginn und Ende der täglichen Arbeitszeit zu notieren.

259 Ein genereller Verzicht des Betriebsrats auf seinen Auskunftsanspruch nach § 80 Abs. 2 BetrVG ist ebenso wie ein Verzicht auf Mitbestimmungsrechte aus § 87 BetrVG rechtlich nicht zulässig. Schließlich normiert § 80 Abs. 1 Nr. 1 BetrVG nicht nur ein Recht des Betriebsrats gegenüber dem Arbeitgeber, sondern eine Pflicht gegenüber den Arbeitnehmern. Daher ist im Ergebnis die **Durchführung von Vertrauensarbeit ohne konkrete Zeiterfassung nur im Einvernehmen mit dem Betriebsrat möglich**. Die im Muster vorgesehene Regelung soll den erforderlichen Konsens der Betriebsparteien auch im Hinblick auf den Umfang des Auskunftsanspruchs dokumentieren und dem Betriebsrat auch ohne Zeiterfassung eine größtmögliche Transparenz gewährleisten. Im Streitfall eröffnet die Formulierung dem Arbeitgeber zudem die Möglichkeit, sich auf den rechtlichen Standpunkt zu stellen, die Betriebsparteien hätten den Umfang des Auskunftsanspruchs abschließend definiert.

260 Nach Auffassung des LAG Köln verringert sich der Umfang des Unterrichtungsanspruchs des Betriebsrates durch die Festlegung eines Arbeitszeitrahmens sowie eines verbindlichen Pausenrah-

mens, wenn hierdurch strukturell gesichert sei, dass die gesetzlichen Ruhezeiten und Ruhepausen eingehalten werden. Werde beispielsweise der Arbeitszeitrahmen innerhalb der Vertrauensarbeitszeit auf einen Zeitraum von 13 Stunden begrenzt, etwa von 7.00 Uhr bis 20.00 Uhr, sei strukturell gesichert, dass die Arbeitnehmer die 11-stündige Ruhezeit nach § 5 Abs. 1 AZG einhielten (LAG Köln, Beschl. v. 06.09.2010 – 5 TaBV 14/10, JurionRS 2010, 31337).

18. Um die mit der Verpflichtung zur Rufbereitschaft einhergehenden Mehrbelastungen der Arbeitnehmer auszugleichen (siehe hierzu auch O Rdn. 237), sieht das Muster die Gewährung von insgesamt zwölf Freistellungstagen pro Kalenderjahr vor und orientiert sich dabei an den Regeln zur Gewährung und Inanspruchnahme von Erholungsurlaub. Aus Sicht des Arbeitgebers ist sicherzustellen, dass der Arbeitnehmer die Freistellungstage nicht endlos aufsummieren kann, sondern sie innerhalb eines bestimmten Zeitraumes auch tatsächlich in Anspruch nehmen muss. Da eine finanzielle Abgeltung Sinn und Zweck der Freistellungstage widerspricht, sollte sie auf die Fälle beschränkt werden, in denen ein Freizeitausgleich unmöglich ist. 261

Darüber hinaus sieht das Muster für einen etwaigen Abgeltungsanspruch eine dreimonatige Ausschlussfrist vor, binnen derer der Anspruch vom Arbeitnehmer schriftlich geltend gemacht werden muss. 262

19. Mit der Befugnis zur Anordnung der Überstunden in § 4 Abs. 6 des Musters ist auch eine Regelung zur Vergütung beziehungsweise zum **Ausgleich der Überstunden** erforderlich. Auch insoweit gilt, dass den Betriebsparteien hierzu nur dann eine Regelungsbefugnis zusteht, wenn eine Regelung nicht bereits Bestandteil eines einschlägigen Tarifvertrages ist (§ 87 Abs. 1 S. 1 BetrVG). Keine Anwendung findet die Regelung der Betriebsvereinbarung auch für Arbeitnehmer, mit denen eine für sie günstigere individualvertragliche Vereinbarung getroffen wurde. 263

Im Rahmen eines Vertrauensarbeitszeitmodells sollte es den Arbeitnehmern grundsätzlich möglich sein, etwaige Überstunden über einen gewissen Zeitraum hinweg durch Freizeit auszugleichen. Diese Möglichkeit wird im Muster dadurch sichergestellt, dass Abs. 2 die Verpflichtung des Arbeitnehmers vorsieht, Überlastungssituationen, also Zeiträume in denen ein Ausgleich anfallender Überstunden nicht möglich ist, bei seinem Vorgesetzten anzuzeigen. Damit kann einer Anhäufung von abzugeltenden Überstunden frühzeitig entgegengewirkt werden. 264

Kommt der Arbeitnehmer seiner Verpflichtung, selbst für den Ausgleich der Überstunden zu sorgen, schuldhaft nicht nach, ist ein Anspruch auf Überstundenvergütung ausgeschlossen (BAG, Urt. v. 04.05.1994 – 4 AZR 445/93, NZA 1994, 1035). 265

20. § 16 Abs. 2 S. 1 ArbZG verlangt vom Arbeitgeber eine Aufzeichnung der Arbeitszeitmengen, die über die werktägliche Arbeitszeit des § 3 S. 1 ArbZG von acht Stunden hinausgehen. Darüber hinaus ist jegliche Arbeitszeit an Sonn- und Feiertagen festzuhalten (AR/*Krauss* § 16 ArbZG Rn. 2). Es ist allgemein anerkannt, dass der Arbeitgeber zur Erfüllung dieser gesetzlichen Verpflichtung die Aufzeichnung der Arbeitszeiten dem Arbeitnehmer übertragen kann. Allerdings muss der Arbeitgeber dann sicherstellen, dass die Arbeitnehmer die Aufzeichnungen auch tatsächlich anfertigen, etwa durch stichprobenartige Kontrollen, regelmäßige Hinweise auf die Aufzeichnungspflicht und/oder Auswertungen der überlassenen Aufzeichnungen (*Schlottfeldt/Hoff* NZA 2001, 530, 532). § 16 Abs. 2 S. 2 ArbZG schreibt vor, dass die entsprechenden Nachweise mindestens zwei Jahre lang aufbewahrt werden müssen. 266

Neben den Anforderungen des Arbeitszeitgesetzes bestehen für bestimmte Gruppen von Arbeitnehmern auch darüber hinausgehende Aufzeichnungspflichten nach § 17 MiLoG, § 19 AEntG und § 17c AÜG. 266.1

Sinnvoll ist an dieser Stelle auch ein expliziter Hinweis auf die gesetzlichen Arbeitszeitvorgaben des Arbeitszeitgesetzes. Zusätzlich kann sich eine arbeitszeitrechtliche Schulung der Mitarbeiter anbieten. 267

21. Siehe O Rdn. 217 ff. 268

269 **22.** Siehe O Rdn. 226.

3. Telearbeit

Vorbemerkung

270 In Zeiten moderner Kommunikationssysteme setzten sich in Unternehmen immer mehr dezentrale Arbeitsformen durch. Stetig größerer Beliebtheit erfreut sich hierbei auch die sog. Telearbeit.

271 Der Begriff »Telearbeit« umfasst eine Tätigkeit, die für den Arbeitgeber ausschließlich oder teilweise außerhalb des Unternehmens beziehungsweise der zentralen betrieblichen Arbeitsstätte durch die Nutzung von Informations- und Telekommunikationstechniken verrichtet wird, wobei der dezentrale Arbeitsplatz mit der zentralen betrieblichen Arbeitsstätte durch elektronische Kommunikationsmittel vernetzt ist (Preis/*Genenger* Telearbeit S. 1058).

272 Neben der klassischen Teleheimarbeit finden sich in der Praxis eine Reihe weiterer Ausprägungen der Telearbeit. Sie wird etwa in sog. Satelliten- und/oder Nachbarschaftsbüros, im Rahmen eines Teleservicecenters oder in Form der mobilen Telearbeit praktiziert (siehe zu den einzelnen Formen der Telearbeit auch Schaub/*Vogelsang* § 164 Rn. 3).

273 Das nachstehende Muster behandelt die Einführung der in der Praxis am weitest verbreiteten Form der Telearbeit, der sog. alternierenden Telearbeit, bei welcher der Arbeitnehmer teilweise im Betrieb des Arbeitgebers und teilweise in der häuslichen Arbeitsstätte tätig wird.

274 Da die geschuldete Arbeitsleistung – zumindest in Teilen – in den Bereich der Privatsphäre des Arbeitnehmers verlagert wird, ergeben sich bei der Telearbeit zwangsläufig Probleme hinsichtlich des Schutzes der Persönlichkeitsinteressen des Telearbeitnehmers. So stellt sich in der Praxis insbesondere die Frage nach Überwachungs- und Kontrollmöglichkeiten des Arbeitgebers am häuslichen Arbeitsplatz (siehe hierzu umfassend *Wiese* RdA 2009, 344). Weitere Problempunkte sind die Kostentragung für die Ausrüstung des Arbeitsplatzes und die eingesetzten Arbeitsmittel, die Verteilung der Arbeitszeit, die Einhaltung von Geheimhaltungs- und datenschutzrechtlichen Pflichten sowie die Haftung für eintretende Schäden am Eigentum des Arbeitgebers.

275 Dem Betriebsrat stehen bei der Einführung von Telearbeit umfangreiche Beteiligungs- und Unterrichtungsrechte nach § 80 Abs. 2 S. 1, § 90 BetrVG sowie gegebenenfalls nach § 95 und § 111 BetrVG zu (siehe hierzu ausführlich *Schmechel* NZA 2004, 237). Im Rahmen der Durchführung der Telearbeit sind zwingende Mitbestimmungsrechte nach § 87 Abs. 1 Nr. 2, Nr. 3 BetrVG (Beginn und Ende der täglichen Arbeitszeit, Verteilung der Arbeitszeit, vorübergehende Verkürzung oder Veränderung der betriebsüblichen Arbeitszeit), § 87 Abs. 1 Nr. 6 BetrVG (Technische Kontrolleinrichtungen), § 87 Abs. 1 Nr. 7 BetrVG (Unfallverhütung) und hinsichtlich Lohnfragen nach § 87 Abs. 1 Nr. 10, Nr. 11 BetrVG zu beachten (LAG Hamm, Beschl. v. 17.10.2011 – 10 TaBV 69/11, JurionRS 2011, 33783). Dementsprechend sollten bei der Einführung von Telearbeit die betriebsspezifisch notwendigen Erfordernisse möglichst vollständig in einer Betriebsvereinbarung geregelt werden. Die so erzielte Transparenz der Regelungen wird die Akzeptanz der Telearbeit bei den Arbeitnehmern erhöhen.

▶ **Muster – Telearbeit**

276 Zwischen der ____[Name]____ GmbH (im Folgenden: »Unternehmen«)

und

dem Betriebsrat der ____[Name]____ GmbH (im Folgenden: »Betriebsrat«)

wird folgende Betriebsvereinbarung zur Telearbeit geschlossen:

Präambel [1]

Mit der Einführung von Telearbeit verfolgen die Betriebsparteien das Ziel, eine attraktive flexible Arbeitsform für Mitarbeiter zu schaffen, um die Produktivität und Wettbewerbsfähigkeit des Unternehmens zu erhöhen. Telearbeit soll eine bessere Vereinbarkeit von Familie, Beruf und individueller Lebensführung ermöglichen und dadurch die Arbeitsmotivation und Leistungsfähigkeit der Mitarbeiter erhöhen. Zugleich werden Arbeitsbedingungen insbesondere für behinderte Menschen, die in ihrer Mobilität eingeschränkt sind, verbessert und damit ihre Integration in das Berufsleben und den betrieblichen Ablauf des Unternehmens gefördert.

§ 1 Geltungsbereich [2]

Die Vereinbarung gilt für alle Arbeitnehmer des Unternehmens (»Mitarbeiter«) am Standort _[Ort und Anschrift]_ mit Ausnahme der zur Berufsausbildung Beschäftigten und der leitenden Angestellten i.S.v. § 5 Abs. 3 BetrVG.

§ 2 Begriffsdefinition [3]

Der Begriff Telearbeit im Sinne dieser Betriebsvereinbarung umfasst eine auf Informations- und Kommunikationstechnik gestützte Tätigkeit, welcher der Mitarbeiter im Rahmen seiner regelmäßigen Arbeitszeit alternierend sowohl in den Räumlichkeiten des Unternehmens als auch im eigenen häuslichen Bereich der privaten Wohnung (»häuslicher Telearbeitsplatz«) nachgeht. Der häusliche Telearbeitsplatz ist dabei mit den zentralen Systemen in der Betriebsstätte des Unternehmens durch elektronische Kommunikationsmittel verbunden.

§ 3 Teilnahmevoraussetzungen

(1) Die Teilnahme an Telearbeit ist für die Mitarbeiter freiwillig. Ein Anspruch hierauf besteht nicht. Die Zahl der Telearbeitsplätze ist pro Abteilung auf maximal _[maximale Anzahl der zu besetzenden Telearbeitsplätze]_ beschränkt. [4]

(2) Die Vereinbarung von Telearbeit kommt nur in Betracht, wenn die vom jeweiligen Mitarbeiter zu bewältigenden Aufgaben aus betrieblicher Sicht auch für die Telearbeit geeignet sind. Die Betriebsparteien stimmen darin überein, dass Aufgaben, die im Rahmen von Telearbeit erledigt werden können, insbesondere nachfolgende Merkmale aufweisen müssen: [5]

- Sinnvolle Bewältigung der Aufgaben durch Einsatz von Informations- und Kommunikationstechnologie,
- keine Gefahr der Beeinträchtigung der Arbeitsqualität und -produktivität,
- klare Ziel- und Zeitdefinition der Aufgaben,
- geringer Anteil nicht planbarer Eilsachen, welche die kurzfristige Anwesenheit im Unternehmen erfordern,
- geringer, jedenfalls aber zeitlich im Voraus planbarer Bedarf an nicht IT-gestützten Ressourcen (Bücher, Zeitschriften, Texte, nicht digitale Datenbestände, Präsenzunterlagen),
- hoher Anteil an Bildschirmarbeit,
- geringer Bedarf an persönlicher Kommunikation und Abstimmung mit anderen Mitarbeitern.

(4) Die Betriebsparteien stimmen ferner darin überein, dass die Teilnahme an Telearbeit besondere fachliche und persönliche Voraussetzungen des jeweiligen Mitarbeiters erfordert. [6] Dies sind insbesondere:

- Selbstständigkeit und gute Selbstorganisation,
- effiziente Kommunikation und gutes Zeitmanagement,
- Technikverständnis im Umgang mit Informations- und Kommunikationstechnologien.

(5) Telearbeit ist zudem nur möglich, wenn die Einrichtung eines häuslichen Telearbeitsplatzes wirtschaftlich sinnvoll ist und dieser die zwingenden inhaltlichen und technischen Vorgaben nach § 6 erfüllt. [7]

O. Betriebsverfassungsrecht

(6) Vor Aufnahme der Telearbeit hat der jeweilige Mitarbeiter in angemessenem Umfang Anspruch auf Schulung und Ausbildung zum Thema Telearbeit, die ihn insbesondere auf eine effiziente und sachgerechte Nutzung der Hard- und Software vorbereitet.

§ 4 Antrags- und Auswahlverfahren

(1) Die Einrichtung eines Telearbeitsplatzes erfolgt aufgrund einer schriftlichen Nebenabrede zum bestehenden Arbeitsvertrag zwischen Unternehmen und Mitarbeiter (»Telearbeitsvertrag«) entsprechend den Vorgaben dieser Betriebsvereinbarung. [8]

(2) Die Initiative zum Abschluss des Telearbeitsvertrages kann dabei sowohl vom Unternehmen als auch vom Mitarbeiter ausgehen. [9]

(3) Interessierte Mitarbeiter haben die Möglichkeit, unter Verwendung des als Anlage 1 dieser Betriebsvereinbarung beigefügten Formulars einen schriftlichen Antrag auf Teilnahme an der Telearbeit in der Personalabteilung zu stellen. [10] Zu dem Antrag ist stets eine Stellungnahme des jeweiligen Vorgesetzten einzuholen. [11] Die Personalabteilung prüft anschließend das Vorliegen der formalen Teilnahmevoraussetzungen nach § 3. Sie soll innerhalb von einem Monat über den Antrag entscheiden.

(4) Bei der Auswahl der für Telearbeit vorgesehenen Mitarbeiter sollen auch soziale Gesichtspunkte wie das Vorliegen einer Behinderung, einer Betreuungs- und/oder Pflegeaufgabe für Angehörige und die Entfernung zwischen Wohn- und Dienstort angemessen berücksichtigt werden.

(5) Die Ablehnung eines Antrags hat schriftlich und unter Angabe von Gründen zu erfolgen. [12]

(6) Die betriebliche Eingliederung bleibt durch die Vereinbarung eines Telearbeitsvertrages unberührt. Alle einschlägigen gesetzlichen, tariflichen und betrieblichen Bestimmungen finden auch weiterhin Anwendung, sofern nachfolgend nichts Abweichendes geregelt ist. [13]

(7) Dem Mitarbeiter darf durch die Teilnahme an der Telearbeit ebenso wie durch die Ablehnung eines entsprechenden Angebots des Unternehmens kein Nachteil in seinem beruflichen Fortkommen entstehen.

(8) Betriebsrat und – soweit erforderlich – Schwerbehindertenvertretung sind beim Wechsel des Mitarbeiters auf einen Telearbeitsplatz entsprechend der gesetzlichen Regelungen zu beteiligen. [14]

§ 5 Arbeitszeit

(1) Hinsichtlich der Dauer der regelmäßigen wöchentlichen Arbeitszeit gelten auch im Rahmen der Telearbeit die einschlägigen tarif- oder individualvertraglichen Vorschriften.

(2) Die Verteilung der Gesamtarbeitszeit auf die Tätigkeit am häuslichen Telearbeitsplatz und an der betrieblichen Arbeitsstätte wird unter Berücksichtigung der jeweiligen Arbeitsaufgabe zwischen Unternehmen und Mitarbeiter individuell im Telearbeitsvertrag vereinbart. Dabei sollen die Zeitanteile der in der betrieblichen Arbeitsstätte zu erbringenden Tätigkeiten regelmäßig nicht die Zeiten der häuslichen Telearbeit übersteigen. [15]

(3) Der Mitarbeiter ist auf Anordnung des Unternehmens kraft Direktionsrechts verpflichtet, seiner Arbeitsleistung in der betrieblichen Arbeitsstätte auch an Tagen nachzugehen, an denen er üblicherweise in seiner häuslichen Arbeitsstätte gearbeitet hätte, soweit dies aus betrieblichen Gründen erforderlich und dem Mitarbeiter bei Abwägung der beiderseitigen Interessen zumutbar ist. [16]

(4) Während der Tätigkeit am häuslichen Telearbeitsplatz bestimmt der Mitarbeiter abweichend von der »BV Arbeitszeit« Beginn und Ende der täglichen Arbeitszeit und die Lage der Pausen unter Berücksichtigung betrieblicher Belange und der Bestimmungen des Arbeitszeitgesetzes grundsätzlich selbst. Er hat dabei jedoch seine Erreichbarkeit an Wochentagen zwischen 9.00 Uhr und 15.00 Uhr zu gewährleisten. Im Übrigen muss die individuell gewählte Arbeitszeit montags bis freitags in einem Arbeitszeitrahmen zwischen 7.00 Uhr und 20.00 liegen. Für Tätigkeiten in der betrieblichen Arbeitsstätte gelten die Arbeitszeitvorgaben der »BV Arbeitszeit«. [17]

(5) Überstunden sowie Arbeit an Wochenend- und Feiertagen werden nur im Rahmen der allgemeinen Bestimmungen bei entsprechender ausdrücklicher Anordnung des Vorgesetzten vergütet. Das Mitbestimmungsrecht des Betriebsrats nach § 87 Abs. 1 Nr. 3 BetrVG bleibt unberührt. [18]

(6) Fahrzeiten zwischen der betrieblichen Arbeitsstätte und dem häuslichen Telearbeitsplatz sind keine vergütungspflichtige Arbeitszeit. [19]

(7) Die Erfassung der täglichen Arbeitszeit am häuslichen Telearbeitsplatz erfolgt im Wege der Eigendokumentation durch den Mitarbeiter auf hierzu von der Personalabteilung zur Verfügung gestellten Formularen. Die ausgefüllten Formulare sind monatlich der Personalabteilung zu übergeben. [20]

(8) Die Zeiterfassung in der betrieblichen Arbeitsstätte richtet sich nach den insoweit einschlägigen Bestimmungen in der »BV Zeiterfassung«.

§ 6 Häuslicher Telearbeitsplatz [21]

(1) Der häusliche Telearbeitsplatz muss in einem, vom übrigen Wohnbereich abgetrennten, separaten abschließbaren Raum der privaten Wohnung des Mitarbeiters eingerichtet werden, der für einen dauerhaften Aufenthalt zugelassen und vorgesehen sowie für die Aufgabenerledigung unter Berücksichtigung der allgemeinen Arbeitsplatzanforderungen geeignet ist.

(2) Bei der Gestaltung des häuslichen Telearbeitsplatzes finden die jeweiligen gesetzlichen Bestimmungen des Arbeitsschutzes und der Arbeitssicherheit Anwendung und sind vom Unternehmen und dem Mitarbeiter zu beachten.

(3) Das Unternehmen und der Betriebsrat können vor Einrichtung des Telearbeitsplatzes und während der Laufzeit des Telearbeitsvertrages die Eignung der häuslichen Arbeitsstätte nach Zustimmung des Mitarbeiters unter Beachtung von § 9 vor Ort überprüfen. [22]

(4) Die Aufgabe bzw. Kündigung der häuslichen Wohnung ist dem Unternehmen unverzüglich anzuzeigen.

§ 7 Arbeitsmittel

(1) Das Unternehmen stellt die erforderlichen Arbeitsmittel für den Telearbeitsplatz einschließlich der gesamten technischen Ausstattung, Anschlüsse und Verbrauchmaterialien kostenlos zur Nutzung zur Verfügung. Die übergebenen Arbeitsmittel sind in einer Anlage zum Telearbeitsvertrag vollständig unter genauer Bezeichnung der einzelnen Gegenstände aufzuführen. Sie verbleiben im Eigentum des Unternehmens. Der Mitarbeiter hat den Erhalt schriftlich zu bestätigen. [23]

(2) Das Unternehmen übernimmt ferner die Installation, Konfiguration, Wartung und Unterhaltung der gestellten Arbeitsmittel.

(3) Die Nutzung von privater Hard- und Software für dienstliche Zwecke ist nicht gestattet. Auf Wunsch des Mitarbeiters können private Büromöbel am häuslichen Telearbeitsplatz eingesetzt werden, sofern diese den Arbeitsschutzbestimmungen entsprechen. Der Einsatz privater Büromöbel erfolgt auf Kosten und Risiko des Mitarbeiters.

(4) Notwendige Auslagen des Mitarbeiters für den Telearbeitsplatz sind diesem – soweit nicht abweichend geregelt – gegen Vorlage entsprechender Belege monatlich zu erstatten.

(5) Für die auf den Telearbeitsplatz entfallenden Miet-, Heiz-, Energie- und sonstigen Betriebskosten erhält der Mitarbeiter eine pauschale monatliche Entschädigung in Höhe von ____ [Betrag] €. [24] Ein darüber hinausgehender Ersatzanspruch des Mitarbeiters für Betriebskosten besteht nicht.

(6) Kosten für Fahrten zwischen dem häuslichen Telearbeitsplatz und der betrieblichen Arbeitsstätte werden nicht erstattet. [25]

(7) Technische Störungen im Bereich des häuslichen Telearbeitsplatzes und sonstige Schäden an den gestellten Arbeitsmitteln hat der Mitarbeiter unverzüglich anzuzeigen.

(8) Dem Mitarbeiter ist nicht gestattet, die vom Unternehmen gestellten Arbeitsmittel für private Zwecke zu verwenden oder unberechtigten Dritten zur Verwendung zu überlassen. [26]

§ 8 Geheimhaltung und Datenschutz [27]

(1) Die Betriebsparteien stimmen darin überein, dass dem Schutz von Daten und Informationen des Unternehmens am Telearbeitsplatz, insbesondere in der häuslichen Arbeitsstätte, besondere Bedeutung zukommt.

(2) Der Mitarbeiter ist verpflichtet, alle vertraulichen Angelegenheiten des Unternehmens, insbesondere Betriebs- und Geschäftsgeheimnisse, streng geheim zu halten. Die Geheimhaltungspflicht umfasst auch alle im Rahmen seiner Tätigkeit erlangten Kenntnisse über Geschäfts- und Betriebsgeheimnisse von Kunden und Geschäftspartnern des Unternehmens.

(3) Vertrauliche Daten und Informationen sind vom Mitarbeiter so zu schützen, dass unberechtigte Dritte (auch Familienangehörige) weder Einsicht noch Zugriff hierauf nehmen können. Hierzu ist bei häuslicher Abwesenheit die am Telearbeitsplatz verwendete Hardware zu deaktivieren und mit einem Passwortschutz gegen einen unberechtigten Zugriff zu sichern. Ferner sind Unterlagen und mobile Datenträger in einem verschlossenen Behältnis zu verwahren.

(4) Etwaig zu vernichtende dienstliche Unterlagen dürfen nicht über den privaten Haus- oder Papiermüll, sondern ausschließlich in der betrieblichen Arbeitsstätte entsorgt werden.

(5) Für Mitarbeiter in Telearbeit gelten im Übrigen die einschlägigen gesetzlichen und betrieblichen Regelungen zum Arbeitsschutz, Datenschutz, der Arbeitsordnung, Nutzung der betrieblichen Kommunikationsmittel sowie der EDV-Betriebsvereinbarung im selben Maße wie für Mitarbeiter an Arbeitsplätzen im Unternehmen.

(6) Das Unternehmen stellt sicher, dass die Mitarbeiter in geeigneter Weise über die gesetzlichen und betrieblichen Regelungen i.S.d. Abs. 5 unterrichtet werden.

§ 9 Zugangsrecht [28]

(1) Der Mitarbeiter ist verpflichtet, den Betriebsparteien bei Vorliegen eines berechtigten Interesses Zugang zu dem häuslichen Telearbeitsplatz zu gewähren. Dies gilt auch für Personen, die aufgrund gesetzlicher Verpflichtungen Zutritt zum häuslichen Telearbeitsplatz haben müssen (z.B. betrieblicher Datenschutzbeauftragter, Fachkraft für Arbeitssicherheit, Mitarbeiter der Arbeitsschutzbehörde). Ein berechtigtes Interesse liegt insbesondere vor,

– bei der notwendigen Durchführung von Installations- und Wartungsarbeiten nach § 7 Abs. 2,

– bei der Überprüfung der Einhaltung von arbeits- und datenschutzrechtlichen Bestimmungen sowie der Bestimmungen nach § 6 und § 8.

(2) Der Zugang ist dem Mitarbeiter jeweils vorab mit einer Frist von drei Werktagen unter Benennung der beteiligten Personen anzukündigen und mit diesem – soweit möglich – zeitlich abzustimmen. Der Zugang ist auf die Zeiten der Erreichbarkeit nach § 5 Abs. 4 zu beschränken und darf insbesondere nicht zur Unzeit erfolgen.

(3) Der Mitarbeiter hat sicherzustellen, dass die mit ihm in häuslicher Gemeinschaft lebenden volljährigen Personen vor der Einrichtung des Telearbeitsplatzes gegenüber dem Unternehmen schriftlich ihr Einverständnis mit dem Zugang nach Abs. 1 erklären.

§ 10 Haftung [29]

(1) Die Haftung des Mitarbeiters sowie seiner mit ihm in häuslicher Gemeinschaft lebenden Personen und berechtigter Besucher für Schäden im Zusammenhang mit dem häuslichen Telearbeitsplatz richtet sich nach den allgemeinen Regeln.

(2) Die Mitarbeiter fallen während ihrer dienstlichen Tätigkeit am häuslichen Telearbeitsplatz sowie auf dem Weg von und zur betrieblichen Arbeitsstätte nach den gesetzlichen Voraussetzungen unter den Schutz der gesetzlichen Unfallversicherung.

§ 11 Beendigung der Telearbeit [30]

(1) *Der Telearbeitsvertrag* kann sowohl vom Unternehmen als auch vom Mitarbeiter mit einer Ankündigungsfrist von drei Monaten zum Monatsende durch schriftliche Erklärung gegenüber dem jeweils anderen Vertragsteil widerrufen werden. Ein Widerruf des Unternehmens ist nur zulässig,

wenn dieser aus sachlichen Gründen gerechtfertigt ist und die Ausübung billigem Ermessen entspricht.

(2) Bei Vorliegen eines wichtigen Grundes ist der Widerruf des Telearbeitsvertrages jederzeit auch ohne Einhaltung der Ankündigungsfrist durch schriftliche Erklärung möglich. Ein wichtiger Grund seitens des Unternehmens stellt etwa eine schwerwiegende Pflichtverletzung des betroffenen Mitarbeiters, insbesondere ein Verstoß gegen die Verpflichtungen aus § 5, § 8 und § 9 oder der Wegfall der Teilnahmevoraussetzungen nach § 3, insbesondere einer geeigneten häuslichen Arbeitsstätte i.S.d. § 6, dar.

(3) Mit Beendigung der Telearbeit hat der Mitarbeiter die ihm zur Verfügung gestellten und im Eigentum des Unternehmens stehenden Arbeitsmittel und Unterlagen unverzüglich und unaufgefordert herauszugeben. Die Arbeitsmittel sind dem Unternehmen hierzu an der häuslichen Arbeitsstelle abholbereit zur Verfügung zu stellen. Das Unternehmen trägt die erforderlichen Kosten des Abbaus und Rücktransports.

§ 12 Inkrafttreten/Kündigung [31]

(1) Die Betriebsvereinbarung tritt mit dem Datum ihrer Unterzeichnung in Kraft und kann mit einer Frist von drei Monaten zum Jahresende gekündigt werden.

(2) Sie entfaltet Nachwirkung nur für alle auf Basis dieser Betriebsvereinbarung abgeschlossenen und über den Zeitpunkt ihrer Beendigung hinaus fortdauernden Telearbeitsverträge. Im Übrigen ist eine Nachwirkung ausgeschlossen.

§ 13 Schlussbestimmungen [32]

(1) Mündliche Nebenabreden zu dieser Betriebsvereinbarung bestehen nicht. Änderungen oder Ergänzungen bedürfen der Schriftform.

(2) Sollte eine Vorschrift dieser Vereinbarung nicht mit geltendem Recht im Einklang stehen und deshalb ganz oder teilweise unwirksam sein, behalten die anderen Regelungen dieser Vereinbarung ihre Gültigkeit. Die unwirksame Regelung ist rechtskonform so auszulegen, dass sie dem beiderseitigen Willen der Parteien entspricht. Ist dies nicht möglich, haben die Betriebsparteien die unwirksame Regelung durch eine gesetzlich zulässige Regelung zu ersetzen, die ihrem Willen wirtschaftlich am nächsten kommt. Dasselbe gilt für den Fall einer vertraglichen Regelungslücke.

_____ [Ort] _____, den _____ [Datum] _____

_____
(Unterschrift Geschäftsführer/in)

_____
(Unterschrift Betriebsratsvorsitzende/r)

Erläuterungen

Schrifttum

Albrecht Die Einrichtung von Tele- und Außenarbeitsplätzen – Rechtliche und personalpolitische Anforderungen, NZA 1996, 1240; *Aligbe* Arbeitsschutzrechtliche Bestimmungen bei Telearbeitsplätzen, ArbRAktuell 2016, 132; *Besgen/Prinz* Handbuch Internet.Arbeitsrecht, 3. Aufl. 2012; *Boemke* Das Telearbeitsverhältnis, BB 2000, 147; *Boemke/Ankersen* Das Telearbeitsverhältnis – Arbeitsschutz, Datenschutz und Sozialversicherungsrecht, BB 2000, 1570; *Bongers/Hoppe* Konfliktfeld Homeoffice, AuA 2014, 148; *Bonanni/Kamps* Daten- und arbeitsschutzrechtliche Anforderungen an Home-Office-Vereinbarungen, ArbRB 2014, 83; *Brachmann* Arbeiten von zuhause, AuA 2015, 396; *Buchholz* »Bring your own Device« – Rechtliche Hürden beim Einsatz privater mobiler Endgeräte zu Unternehmenszwecken, DSRITB 2012, 841; *Dietz* Steuerliche Fragen rund um Telearbeitsplätze, PersF 2010, 82; *Fauth-Herkner* Modelle für Ihr Unternehmen, AuA 2002, 196; *Grobys* Besondere Beschäftigungsformen im Arbeitsrecht, NJW-Spezial 2006, 33; *Kamann* Arbeitsvertragliche Gestaltung von Telearbeitsverhältnissen, ArbRAktuell 2016, 75; *Kramer* Gestaltung arbeitsvertraglicher Regelungen zur Telearbeit, DB 2000, 1329; *Leube* Häusliche Telearbeit und gesetzliche Unfallversicherung, SGb 2012, 380; *Nägele* Der Telearbeitsvertrag, ArbRB 2002, 313; *Oberthür* Die Arbeitssicherheit im Mobile Office, NZA 2013, 246; *Preis* Innovative Arbeitsformen, 2005; *Rieble/Picker* Arbeitsschutz und Mitbestimmung bei häuslicher Telearbeit, ZfA 2014, 383; *Schmechel* Die Rolle des Betriebsrats bei der Einführung und Durchführung von Telearbeit, NZA 2004, 237; *Schulze/Ratzesberger* Telearbeit: Fluch oder Segen? – Mitbestimmung des Betriebsrats bei mobiler Arbeit, ArbRAktuell 2016, 109; *Schwiering/Zurel* Das Homeoffice in der Arbeitswelt 2.0 – Rechtliche Rahmenbedingungen für Telearbeit, ZD 2016, 17; *Wedde* Telearbeit, 2002; *Wiese* Personale Aspekte und Überwachung der häuslichen Telearbeit, RdA 2009, 344.

277 **1.** Siehe O Rdn. 145.

278 **2.** Siehe O Rdn. 146 ff.

279 **3.** Der in der Betriebsvereinbarung verwendete Begriff der »Telearbeit« sollte vorab zur Klarstellung und zur Vermeidung von Missverständnissen eindeutig definiert werden. Dabei gilt es insbesondere, die gewünschte Form der Telearbeit von anderen denkbaren Formen abzugrenzen. Das vorstehende Muster beschränkt sich dabei auf die sog. **alternierende Telearbeit**. Denkbar ist aber auch die Einführung von **häuslicher Telearbeit**, innerhalb derer die Arbeitnehmer ausschließlich in ihrer Wohnung oder an einem anderen selbst eingerichteten Arbeitsplatz außerhalb des Unternehmens tätig sind, oder von **mobiler Telearbeit**, bei der die Arbeitnehmer ihre Tätigkeit an ständig wechselnden Arbeitsstätten erbringen (vgl. Küttner/*Röller* Telearbeit Rn. 1).

280 **4.** Soll ein schon bestehendes Arbeitsverhältnis auf Telearbeit umgestellt werden, kann dies nur einvernehmlich durch eine entsprechende Änderung und Ergänzung des Arbeitsvertrages geschehen, also nicht ohne Zustimmung des Arbeitnehmers. Dieser ist auch nicht zur Zustimmung verpflichtet. Selbst wenn der Arbeitsvertrag eine wirksame Versetzungsklausel enthält, kann der Arbeitgeber im Wege seines **Direktionsrechts** nicht verlangen, dass der Arbeitnehmer künftig in der privaten Wohnung arbeitet (Preis/*Genenger* Telearbeit S. 1082). Schon aus diesem Grund sollte und kann die Teilnahme an der Telearbeit nur eine **freiwillige Angelegenheit** sein.

281 Aus Sicht des Arbeitgebers ist bei der Ausgestaltung der Betriebsvereinbarung darauf zu achten, dass der Arbeitnehmer **keinen Anspruch auf Telearbeit** erhält. Die Begründung eines Anspruchs sollte daher ausdrücklich ausgeschlossen werden.

282 Zudem bietet sich die Aufnahme einer Beschränkung der Telearbeitsplätze auf eine maximale Anzahl bzw. einen bestimmten Prozentsatz im Unternehmen und/oder den einzelnen Abteilungen an. Denkbar ist insoweit auch, die Zahl der Telearbeitsplätze für einzelne Abteilungen unterschiedlich hoch festzusetzen beziehungsweise für bestimmte Abteilungen gänzlich auszuschließen, je nachdem wie sich die dort anfallenden Tätigkeiten für Telearbeit eignen.

283 **5.** Die Möglichkeit von Telearbeit sollte von vornherein auf Arbeitnehmer beschränkt werden, deren vertraglich geschuldete Tätigkeiten und zu erfüllenden Aufgaben sich für diese besondere Arbeitsform eignen. Das Muster sieht insoweit die Definition bestimmter **Mindestkriterien** vor, die ein einheitliches Verständnis der Betriebsparteien von den Voraussetzungen der Telearbeit gewährleisten sollen.

284 **6.** Die Durchführung von Telearbeit erfordert neben der Eignung der Tätigkeiten und Aufgaben hierfür auch **besondere fachliche und persönliche Kompetenzen** des konkret betroffenen Arbeitnehmers.

285 **7.** Telearbeit macht aus Sicht des Arbeitgebers keinen Sinn, wenn die mit der Einrichtung des häuslichen Telearbeitsplatzes verbundenen Kosten so hoch sind, dass sie die mit der Einführung der Telearbeit verfolgten betriebswirtschaftlichen und personalpolitischen Vorteile überdecken. Es muss zudem sichergestellt sein, dass der häusliche Telearbeitsplatz die notwendigen inhaltlichen und technischen Voraussetzungen erfüllt.

286 **8.** Die verpflichtende Einführung von Telearbeit kann nur auf individualvertraglicher Basis mit den einzelnen Arbeitnehmern erfolgen. Es bedarf hierzu einer Umgestaltung der bestehenden Arbeitsverträge (Schaub/*Vogelsang* § 164 Rn. 14). Das Muster sieht daher den entsprechenden Ab-

schluss von schriftlichen Telearbeitsverträgen als Nebenabrede zum jeweiligen Arbeitsvertrag vor (siehe hierzu auch Muster C.I.7 – C Rdn. 92).

9. Der Arbeitgeber sollte sich aus Klarstellungsgründen ausdrücklich die Möglichkeit vorbehalten, Arbeitnehmern von sich aus den Übergang in die Telearbeit anbieten zu können.

10. Das Verfahren, wie Arbeitnehmer sich um einen Telearbeitsplatz bewerben können, sollte vereinheitlicht und als Bestandteil in die Betriebsvereinbarung aufgenommen werden. Es bietet sich insoweit an, für Anträge der Arbeitnehmer die Verwendung mit dem Betriebsrat abgestimmter **Standardformulare** aufzunehmen. Damit kann sichergestellt werden, dass mit dem Antrag sofort auch alle wesentlichen Informationen vorliegen, die der Arbeitgeber für eine Entscheidung über den Antrag benötigt.

11. Das Erfordernis einer Stellungnahme des jeweiligen Vorgesetzten des Arbeitnehmers zu dessen Antrag auf Telearbeit ist im Muster vorgesehen, um dem Arbeitgeber die Prüfung zu erleichtern, ob die Voraussetzungen für die Teilnahme an der Telearbeit gemäß § 3 vorliegen, der Arbeitnehmer insbesondere über die persönliche und fachliche Eignung verfügt.

12. Die schriftliche Ablehnung des Antrags auf Teilnahme an der Telearbeit unter Angabe von konkreten Gründen macht die Entscheidung des Arbeitgebers für den betroffenen Arbeitnehmer transparent und fördert in der Regel dessen Akzeptanz. Der Arbeitgeber hat im Rahmen des Ablehnungsschreibens allerdings darauf zu achten, **keine Indizien für eine Benachteiligung** des Arbeitnehmers i.S.v. § 7 Abs. 1 i.V.m. § 1 AGG zu schaffen.

13. Auch im Rahmen der häuslichen Telearbeit ist der Arbeitnehmer in den Betrieb des Arbeitgebers eingegliedert und diesem zugeordnet. Der Betriebsbegriff des BetrVG ist nicht räumlich, sondern funktional zu verstehen und daher auch nicht auf die eigentliche Betriebsstätte beschränkt (BAG, Beschl. v. 27.01.2004 – 1 ABR 7/03, NZA 2004, 556). Dies sollte zur Klarstellung auch in die Betriebsvereinbarung aufgenommen werden.

14. Für die Durchführung der Telearbeit ist das Beteiligungsrecht des Betriebsrates nach § 99 BetrVG nicht nur zu beachten, wenn Telearbeitnehmer neu eingestellt werden, sondern auch dann, wenn eine Besetzung von Telearbeitsplätzen mit unternehmensangehörigen Arbeitnehmern erfolgen soll. Aufgrund des Wechsels des Arbeitsortes handelt es sich regelmäßig um eine Versetzung (*Schmechel* NZA 2004, 237, 241). Entsprechend geht das Landesarbeitsgericht Düsseldorf auch im Fall der Beendigung einer Telearbeit von einer Versetzung i.S.v. § 99 Abs. 1 S. 1 i.V.m. § 95 Abs. 3 BetrVG aus (LAG Düsseldorf, Urt. v. 10.09.2014 – 12 Sa 505/14, Rn. 97 ff.).

Nach § 95 Abs. 2 S. 1 SGB IX ist die **Schwerbehindertenvertretung** in allen Angelegenheiten, die einen schwerbehinderten Menschen betreffen unverzüglich und umfassend zu unterrichten und vor einer Entscheidung anzuhören. Kommt der Arbeitgeber dieser Beteiligungspflicht nicht nach, bleibt die getroffene Maßnahme dennoch wirksam (AR/*Dornbusch*/*Link* § 84 SGB IX Rn. 4; Konssens/von der Heide/Maaß/*Konssens* § 95 SGB IX Rn. 24). Allerdings kann die Verletzung der Anhörungspflicht nach § 156 Abs. 1 Nr. 9 SGB IX als Ordnungswidrigkeit verfolgt werden.

15. Im Rahmen alternierender Telearbeit sollte eine ausdrückliche Vereinbarung mit dem Arbeitnehmer darüber getroffen werden, in welchem Umfang und zu welchen Zeiten die Arbeitsleistungen in den Räumen des Arbeitgebers stattfinden sollen. Nicht ratsam ist, die Verteilung der Arbeitszeit bereits in der Betriebsvereinbarung detailliert festzulegen. Dies würde den Gestaltungsspielraum des Arbeitgebers und eine Anpassung der Verteilung der Arbeitszeiten an die besonderen Umstände des jeweiligen Einzelfalls unnötig einschränken. Grundsätzlich ist bei der Verteilung der Arbeitszeiten darauf zu achten, dass die Zusammenarbeit mit Vorgesetzten und Kollegen im erforderlichen Umfang erhalten bleibt.

16. Aus Sicht des Arbeitgebers ist es ratsam, sich vorzubehalten, den Arbeitnehmer aus betrieblichen Gründen jederzeit Arbeit in der betrieblichen Arbeitsstätte zuweisen zu können. Dies gilt insbesondere vor dem Hintergrund, dass der Arbeitgeber das Betriebsrisiko für etwaige Störungen am häuslichen Telearbeitsplatz trägt. Der Arbeitgeber schuldet auch dann Vergütung, wenn der Arbeitnehmer etwa infolge Stromausfalls, Schäden am Computer oder Störung der Internetverbindung nicht arbeiten kann (Schaub/*Vogelsang* § 164 Rn. 32).

296 **17.** Für Zeiten der häuslichen Telearbeit empfiehlt es sich, den Arbeitnehmer grundsätzlich selbst über Beginn und Ende der täglichen Arbeitszeit sowie die Lage der Pausen entscheiden zu lassen. Allerdings sollten zumindest bestimmte tägliche Zeitfenster festgelegt werden, in denen der Arbeitnehmer an seinem Telearbeitsplatz erreichbar ist, um einen reibungslosen betrieblichen Ablauf gewährleisten zu können. Das Muster sieht zudem einen verbindlichen Arbeitszeitrahmen vor.

297 Der Betriebsrat hat nach § 87 Abs. 1 Nr. 2 BetrVG über Beginn und Ende der täglichen Arbeitszeit mitzubestimmen. Dies gilt in jedem Fall für Arbeitszeiten, die den Arbeitnehmern betrieblich vorgegeben werden. Sollen Telearbeitnehmer ihre Arbeitszeit selbst festlegen, so ist eine Mitbestimmung des Betriebsrates über die Verteilung im Einzelnen notwendigerweise ausgeschlossen. Das Mitbestimmungsrecht bezieht sich insoweit aber auf die Selbstbestimmungsregelung selbst (*Albrecht* NZA 1996, 1240, 1244).

298 **18.** Auch bei der Telearbeit kann es erforderlich sein, dass der Arbeitnehmer Überstunden leistet. Zur **Anordnung von Überstunden** bedarf es einer gesonderten **vertraglichen Rechtsgrundlage**. Diese kann auch mittels einer Betriebsvereinbarung eingeführt werden (BAG, Urt. v. 03.06.2003 – 1 AZR 349/02, NZA 2003, 1155; siehe hierzu auch O Rdn. 253 f.). In der Regel findet sich eine entsprechende Rechtgrundlage zur Anordnung von Überstunden bereits im Arbeits- und/oder einschlägigen Tarifvertrag. Das vorstehende Muster verzichtet daher auf eine solche Regelung. Aus Klarstellungsgründen ist lediglich der – deklaratorische – Hinweis aufgenommen, dass Überstunden nur bei vorheriger Anordnung durch den Arbeitgeber vergütet werden.

299 **19.** Die Ausnahme der Fahrzeiten zwischen der betrieblichen Arbeitsstätte und dem häuslichen Telearbeitsplatz aus der vergütungspflichtigen Arbeitszeit korrespondiert mit der Regelung in § 7 Abs. 6 des Musters zur Kostentragungspflicht für entsprechende Fahrten.

300 **20.** Da der Arbeitgeber auch für Telearbeitsplätze zur Einhaltung der Arbeitszeitvorschriften des ArbZG verpflichtet ist, hat er sicherzustellen, dass der Telearbeitnehmer sich auch bei seiner **selbstbestimmten Arbeitszeitgestaltung** an die gesetzlichen Vorgaben, insbesondere zur täglichen Höchstarbeitszeit, Ruhepausen, Ruhezeit sowie den Beschränkungen der Sonntags-, Feiertags- und Nachtarbeit, hält (zu den Folgen eines Verstoßes gegen das ArbZG siehe AR/*Krauss* § 22 ArbZG Rn. 1 f.). Daher kommt der **Frage der Zeiterfassung** eine besondere Bedeutung zu.

301 Ein gänzlicher Verzicht auf die Zeiterfassung im Rahmen häuslicher Telearbeit ist schon mit Blick auf die gesetzliche Aufzeichnungspflicht des § 16 Abs. 2 ArbZG nicht möglich (zu den Anforderungen von § 16 Abs. 2 ArbZG siehe AR/*Krauss* § 16 ArbZG Rn. 2 ff.). Darüber hinaus steht dem Betriebsrat zur Wahrnehmung seiner Überwachungsaufgabe nach § 80 Abs. 1 Nr. 1 BetrVG ein **Auskunftsanspruch gegenüber dem Arbeitgeber** auf Mitteilung von Beginn und Ende der täglichen Arbeitszeit sowie des Umfangs der tatsächlich geleisteten wöchentlichen Arbeitszeit zu (*Wiese* RdA 2009, 344, 349). Der Arbeitgeber ist verpflichtet, diese Daten zu beschaffen (BAG, Beschl. v. 06.05.2003 – 1 ABR 13/02, NZA 2003, 1348).

302 Das Muster sieht deshalb für Zeiten der häuslichen Telearbeit eine Arbeitszeiterfassung durch den Arbeitnehmer vor. Da die Selbstaufzeichnung durch den Arbeitnehmer naturgemäß eine nicht unerhebliche Missbrauchsgefahr birgt, empfiehlt es sich bei Vorliegen der technischen Voraussetzungen, die Arbeitszeit mittels einer entsprechenden Software über die bestehende Online-Verbindung zum Unternehmen elektronisch zu erfassen. Hinsichtlich der Ausgestaltung einer solchen elektronischen Zeiterfassung hat der Betriebsrat ein erzwingbares Mitbestimmungsrecht nach § 87 Abs. 1 Nr. 6 BetrVG.

21. Dem Arbeitgeber obliegt auch hinsichtlich des häuslichen Telearbeitsplatzes die **Verantwortung für den Arbeits- und Gesundheitsschutz** gemäß § 618 Abs. 1 BGB sowie § 3 Abs. 1, Abs. 2 ArbSchG. Er ist daher verpflichtet, Räume, Vorrichtungen und Gerätschaften so einzurichten und zu unterhalten, dass der Telearbeitnehmer gegen Gefahren für Leben oder Gesundheit geschützt ist (Schaub/*Vogelsang* § 164 Rn. 36). Insbesondere sind die zwingenden Vorgaben der Arbeitsstättenverordnung (ArbStättV) und der Bildschirmarbeitsverordnung (BildscharbV) sowie der jeweils einschlägigen Unfallverhütungsvorschriften der zuständigen Berufsgenossenschaft einzuhalten (ausführlich zu Schutzpflichten für Leben und Gesundheit des Arbeitnehmers DLW/*Dörner* Kap. 3 Rn. 2724 ff.; ausführlich zum Arbeitsschutz bei der Telearbeit *Rieble/Picker* ZfA 2014, 383 ff.). 303

22. Um seiner Verantwortung im Bereich des Arbeitsschutzes gerecht zu werden, ist es aus Sicht des Arbeitgebers zwingend erforderlich, den häuslichen Telearbeitsplatz regelmäßig auf die Einhaltung der gesetzlichen Bestimmungen und Vorgaben zu kontrollieren. Auch dem Betriebsrat sollte zur Ausübung seiner Überwachungsfunktion nach § 80 Abs. 1 Nr. 1 BetrVG ein entsprechendes **Begehungsrecht** eingeräumt werden (zur Wirksamkeit einer solchen Regelung siehe O Rdn. 318 f.). 304

23. Schon zur Sicherstellung der Einhaltungen der gesetzlichen und betrieblichen Bestimmungen zum Arbeitsschutz sollte der Arbeitgeber darauf bedacht sein, alle erforderlichen Arbeitsmittel selbst dem Arbeitnehmer kostenlos zur Verfügung zu stellen. Diese bleiben dann auch in seinem Eigentum, so dass der Arbeitgeber bestimmen kann, wie der Arbeitnehmer die Arbeitsmittel einzusetzen hat (Besgen/Prinz/*Ricken* § 7 Rn. 58). Aus Klarstellungsgründen sollte dies ausdrücklich in die Betriebsvereinbarung aufgenommen werden. 305

Dem Arbeitnehmer steht ein **Erstattungsanspruch** für von ihm getätigte Aufwendungen im Zusammenhang mit dem Telearbeitsplatz gemäß §§ 675, 670 BGB analog zu (Schaub/*Vogelsang* § 164 Rn. 33). Zu den zu erstattenden Kosten zählen insbesondere alle Aufwendungen für die Anschaffung der erforderlichen Arbeitsausstattung einschließlich Büroeinrichtung, technischer Geräte, Verbrauchsmaterialien, Wartung und Pflege der Kommunikationseinrichtungen, Kosten für die genutzten Räumlichkeiten nebst Betriebskosten für Energie, Heizung, Telefon, Internet oder Reinigung. Eine vollständige Übertragung dieser zusätzlichen Kosten des Telearbeitsplatzes auf den Arbeitnehmer – ohne Ausgleich etwa über die Vergütung – dürfte sowohl individualvertraglich als auch im Rahmen einer Betriebsvereinbarung unzulässig sein. 306

Um Beweisschwierigkeiten bei etwaigen Streitigkeiten über die Frage, welche Gegenstände dem Arbeitnehmer in welchem Zustand überlassen wurden, zu verhindern, sollten die einzelnen zur Verfügung gestellten Arbeitsmittel aufgelistet und diese Aufstellung als Bestandteil zum Telearbeitsvertrag aufgenommen werden. 307

24. Der Arbeitgeber hat neben der Anschaffung der Arbeitsmittel auch die Aufwendungen für die Einrichtung beziehungsweise Installation sowie die laufenden Kosten des Telearbeitsplatzes zu übernehmen. Da sich die genaue Berechnung der durch die Telearbeit am häuslichen Arbeitsplatz entstandenen anteiligen Betriebskosten oftmals schwierig gestaltet, bietet sich hier die Festlegung eines pauschalen Entschädigungsbetrages an (*Albrecht* NZA 1996, 1240, 1243). 308

Alternativ zum Ausschluss einer weitergehenden Erstattung ist denkbar, dem Arbeitnehmer den Nachweis höherer Kosten zu ermöglichen. 309

Alternative:

[Sofern dem Mitarbeiter tatsächlich ein höherer monatlicher Aufwand entstanden ist, hat das Unternehmen diesen gegen einen entsprechenden Nachweis durch den Mitarbeiter zu erstatten.]

310 **25.** Aus Gründen der Rechtsklarheit sollte in die Betriebsvereinbarung auch eine ausdrückliche Regelung zur Kostentragung für Fahrten zwischen dem häuslichen Telearbeitsplatz und den Betriebsräumen des Arbeitgebers aufgenommen werden.

311 Für Tage, an denen der Arbeitnehmer ohnehin zur Arbeitsleistung in den Räumen des Arbeitgebers verpflichtet ist, scheidet ein Erstattungsanspruch für die insoweit entstehenden Fahrtkosten bereits aus allgemeinen Erwägungen aus (siehe auch Schaub/*Vogelsang* § 164 Rn. 34).

312 Dagegen wird dem Arbeitnehmer von Teilen der Literatur für Tage, an denen er eigentlich hätte zu Hause arbeiten sollen, es kurzfristig aber erforderlich wurde, die Betriebsstätte des Arbeitgebers aufzusuchen, ein entsprechender Fahrtkostenerstattungsanspruch zugebilligt (*Wedde* Rn. 372). Da es jedoch insbesondere bei der im Muster behandelten alternierenden Telearbeit zu den allgemeinen arbeitsvertraglichen Pflichten des Arbeitnehmers gehört, auf Weisung des Vorgesetzten in den Räumen des Arbeitgebers zu erscheinen, ist der Telearbeitnehmer nicht anders zu behandeln, als die in der Betriebsstätte des Arbeitgebers beschäftigten Personen, die keinen Erstattungsanspruch für Fahrtkosten haben (Besgen/Prinz/*Ricken* § 7 Rn. 61).

313 **26.** Schon aus datenschutzrechtlichen Gesichtspunkten sollte dem Telearbeitnehmer die private Nutzung der vom Arbeitgeber zur Verfügung gestellten Arbeitsmittel, insbesondere der EDV-Anlage sowie des Internet- und Telefonanschlusses, untersagt werden. Anderenfalls unterfiele der Arbeitgeber hinsichtlich der betrieblichen Kommunikationseinrichtungen wie Internet- und Telefonanschluss nach (noch) herrschender Auffassung den strengen **Vorgaben des Telekommunikationsgesetzes (TKG) sowie des Telemediengesetzes (TMG)** und den damit verbundenen erheblichen Einschränkungen der Datenerfassung und Kontrollbefugnisse (siehe hierzu ausführlich O Rdn. 457). Durch ein Verbot der privaten Verwendung werden zudem etwaige steuerliche Probleme im Zusammenhang mit der Gewährung eines geldwerten Vorteils vermieden.

314 Der Arbeitgeber kann grundsätzlich frei darüber entscheiden, ob und ggf. in welchem Rahmen er seinen Mitarbeitern eine private Nutzung gestatten will. Dem Betriebsrat steht insoweit kein Mitbestimmungsrecht zu (LAG Hamm, Beschl. v. 07.04.2006 – 10 TaBV 1/06, NZA-RR 2007, 20). Allerdings ist insoweit der arbeitsrechtliche Gleichbehandlungsgrundsatz zu beachten.

315 **27.** Gesonderter Regelungsbedarf ergibt sich bei einem Telearbeitsplatz im Hinblick auf den **Datenschutz** wie auch bei der **Festlegung besonderer Verschwiegenheits- und Geheimhaltungspflichten**. Durch die Tätigkeit außerhalb der betrieblichen Arbeitsstätte gelangen zwangsläufig auch vertrauliche Unterlagen und personenbezogene Daten außerhalb des Betriebs (Preis/*Preis* II T 20 Rn. 61). Am häuslichen Arbeitsplatz bestehen insoweit Zugriffsmöglichkeiten durch unberechtigte Dritte, die verhindert werden müssen.

316 Der Arbeitgeber trifft dabei nach § 9 BDSG die gesetzliche Pflicht, die technischen und organisatorischen Maßnahmen zu treffen, die zur Einhaltung der datenschutzrechtlichen Bestimmungen erforderlich sind.

317 Besondere Vorsicht ist auch bei der Entsorgung betrieblicher Unterlagen durch den Arbeitnehmer geboten. Das Muster sieht daher die Verpflichtung vor, dienstliche Unterlagen allein in der betrieblichen Arbeitsstätte zu vernichten.

318 **28.** Der Arbeitgeber hat ein berechtigtes und schützenswertes Interesse daran, den häuslichen Telearbeitsplatz des Arbeitnehmers zu betreten, um sich dort von vertragsgemäßer Eignung und Zustand des Arbeitsplatzes einschließlich der Arbeitsmittel zu überzeugen. Dem Arbeitgeber ist es nur durch eine entsprechende Besichtigung möglich, seinen arbeitsschutzrechtlichen Verpflichtungen nachzukommen (*Wiese* RdA 2009, 344, 349). Auch der Betriebsrat hat mit Blick auf seine Verpflichtung aus § 80 Abs. 1 BetrVG ein Interesse an einer **Zugangsmöglichkeit** zum häuslichen Telearbeitsplatz.

319 Wegen des Grundrechtsschutzes aus Art. 13 Abs. 1 GG ist dem Arbeitgeber ein Betreten der Wohnung des Arbeitnehmers jedoch nicht ohne dessen Zustimmung möglich (Schaub/*Vogelsang*

§ 164 Rn. 28). Dem Telearbeitnehmer steht insoweit das Hausrecht zu. Er alleine kann entscheiden, ob jemand die Wohnung beziehungsweise einzelne Räume betreten darf oder nicht (*Wiese* RdA 2009, 344, 349). Dies gilt auch für die Räume des häuslichen Telearbeitsplatzes. Zu beachten ist insoweit auch, dass das Hausrecht auch Dritten zusteht, die mit dem Arbeitnehmer zusammen in häuslicher Gemeinschaft leben.

Die Regelung eines Zutrittsrechtes ist daher notwendiger Bestandteil einer Betriebsvereinbarung über Telearbeit. Die Vereinbarung eines unbegrenzten und jederzeitigen Zutrittsrechts dürfte allerdings unverhältnismäßig und damit unzulässig sein. Das Muster sieht daher ein Zutrittsrecht nur bei Vorliegen eines berechtigten Interesses vor. Zudem beschränkt es den Zutritt auf die Zeiten, in denen der Arbeitnehmer ohnehin zur Erreichbarkeit am Telearbeitsplatz verpflichtet ist. 320

Zu beachten ist allerdings, dass trotz des ausdrücklichen Zutrittsrechts die Wohnung des Telearbeitnehmers im jeweiligen Einzelfall nicht gegen den ausdrücklichen Willen des Arbeitnehmers betreten werden darf (Besgen/Prinz/*Ricken* § 7 Rn. 55). Der Anspruch ist vielmehr gerichtlich durchzusetzen. Allerdings begeht der Arbeitnehmer im Falle einer ungerechtfertigten Weigerung eine Vertragspflichtverletzung (*Wiese* RdA 2009, 344, 350). 321

29. Eine besondere Relevanz im Bereich der Telearbeit haben **Haftungsfragen** für Schäden an Rechtsgütern des Arbeitgebers, insbesondere den zur Verfügung gestellten Arbeitsmitteln. Anders als in der betrieblichen Arbeitsstätte hat der Arbeitgeber beim häuslichen Telearbeitsplatz wenig Möglichkeiten, sein Eigentum vor schädigenden Eingriffen zu schützen. Zudem besteht die erhöhte Gefahr von Schäden durch Dritte, etwa Mitbewohner oder Besucher des Arbeitnehmers. Vor diesem Hintergrund sollte zumindest aus Klarstellungsgründen eine ausdrückliche Regelung zur Haftung für im Zusammenhang mit der Telearbeit eintretende Schäden in die Betriebsvereinbarung aufgenommen werden. 322

Das Muster sieht insoweit einen Verweis auf die allgemeinen Regeln vor. Hinsichtlich der Haftung des Arbeitnehmers im Innenverhältnis gelten für betrieblich veranlasste Tätigkeiten auch im Bereich der Telearbeit die allgemeinen Grundsätze des »innerbetrieblicher Schadensausgleichs« (siehe zur Haftung des Arbeitnehmers ausführlich DLW/*Dörner* Kap. 3 Rn. 651 ff.). Danach haftet der Arbeitnehmer nicht bei leichter Fahrlässigkeit und nur anteilig bei mittlerer Fahrlässigkeit. Dagegen besteht in der Regel eine volle Haftung bei grober Fahrlässigkeit und Vorsatz (BAG, Urt. v. 18.04.2002 – 8 AZR 348/01, NZA 2003, 37). Von diesen Grundsätzen kann zu Lasten des Arbeitnehmers nicht abgewichen werden (BAG, Urt. v. 05.02.2004 – 8 AZR 91/03, NZA 2004, 649). 323

Sofern Schäden durch Dritte verursacht werden, ist die Haftungsfolge umstritten. Zum Teil wird vertreten, die Haftungserleichterungen des Arbeitnehmers wirken jedenfalls bei Schäden im Zusammenhang mit der Telearbeit auch zugunsten von Dritten (Schaub/*Vogelsang* § 164 Rn. 31). Nach anderer Auffassung kommt eine Haftungsprivilegierung für Dritte nicht in Betracht (*Boemke* BB 2000, 147, 153). 324

Der Telearbeitnehmer ist wie alle Arbeitnehmer in der gesetzlichen Unfallversicherung versichert. Der im Muster vorgesehene Hinweis in § 10 Abs. 2 hat daher lediglich deklaratorische Funktion. 325

30. Sowohl Arbeitgeber als auch Arbeitnehmer haben ein Interesse daran, die Telearbeit beenden und wieder zu den alten vertraglichen Strukturen zurückkehren zu können. Ein entsprechendes Gestaltungsrecht sollte daher ausdrücklich in die Betriebsvereinbarung und die diese umsetzende individualvertragliche Zusatzabrede aufgenommen werden. 326

Für Arbeitnehmer wird das Bestehen eines entsprechenden Lösungsrechts teilweise bereits aus dem Grundrechtsschutz der Wohnung nach Art. 13 Abs. 1 GG hergeleitet. Der Arbeitnehmer müsse die Möglichkeit haben, den häuslichen Telearbeitsplatz aufzugeben, ohne gleich das gesamte Arbeitsverhältnis beenden zu müssen (*Kramer* DB 2000, 1329, 1333; Preis/*Preis* II T 20 Rn. 69). 327

328 Für den Arbeitgeber ist die Einräumung eines **einseitigen Lösungsrechts** dagegen rechtlich problematisch. Die Arbeitsvertragsparteien haben sich mit dem Telearbeitsvertrag auf eine Änderung der Arbeitsbedingungen geeinigt. Ohne eine ausdrückliche Ermächtigung kann der Arbeitgeber nicht kraft seines Direktionsrechtes dem Arbeitnehmer gegen dessen Willen dauerhaft eine Tätigkeit in der betrieblichen Arbeitsstätte zuweisen (so auch Besgen/Prinz/*Ricken* § 7 Rn. 69).

329 Das Muster sieht daher die **Einräumung eines Widerrufsrechts** vor. Da die Betriebsparteien – vorbehaltlich abschließender tarifvertraglichen Regelungen – grundsätzlich befugt sind, sämtliche formellen und materiellen Arbeitsbedingungen zu regeln, ist auch die Normierung eines solchen Widerrufsrechts im Rahmen einer Betriebsvereinbarung möglich. Im Gegensatz zu individualvertraglichen Abreden ist der Widerrufsvorbehalt in einer Betriebsvereinbarung der Inhaltskontrolle nach §§ 305 ff. BGB entzogen. Allerdings unterliegt die Regelung einer **Billigkeitskontrolle nach § 75 BetrVG** (BAG, Urt. v. 01.02.2006 – 5 AZR 187/05, NZA 2006, 563, 565). Sie muss also verhältnismäßig sein, darf den Arbeitnehmer insbesondere nicht unangemessen einschränken. Dem trägt die Klausel im vorstehenden Muster dadurch Rechnung, dass sie die Möglichkeit des Widerrufs in Anlehnung an die Rechtsprechung des BAG für den individualvertraglichen Widerrufsvorbehalt (siehe hierzu ausführlich DLW/*Baeck/Winzer* Kap. 2 Rn. 660 ff.) auf Fälle einschränkt, in denen der Arbeitgeber einen sachlichen Grund zur Beendigung der Telearbeit hat und eine Ankündigungsfrist von drei Monaten zum Monatsende vorsieht. Nach Auffassung des LAG Düsseldorf (Urt. v. 10.09.2014 – 12 Sa 505/14, Rn. 88) muss eine einseitige Beendigungsmöglichkeit der Telearbeit zumindest dem materiellen Gehalt des § 106 GewO entsprechen. Danach darf die Ausübung durch den Arbeitgeber nur unter Wahrung billigen Ermessens erfolgen. Auch diesen Anforderungen wird die verwendete Formulierung gerecht.

330 Darüber hinaus sollte für besondere Fälle auch eine sofortige Lösungsmöglichkeit vorgesehen werden. Die jeweilige Wahrnehmung des Widerrufsrechts durch den Arbeitgeber unterliegt einer gerichtlichen Ausübungskontrolle nach § 315 Abs. 3 BGB (Richardi/*Richardi* § 77 BetrVG Rn. 125).

331 **31.** Siehe O Rdn. 217 ff.

332 **32.** Siehe O Rdn. 226.

4. Konjunkturelle Kurzarbeit

Vorbemerkung

333 Der Begriff »Kurzarbeit« beschreibt die vorübergehende Absenkung der betriebsüblichen normalen Arbeitszeit aufgrund eines konkreten Arbeitsausfalls und die entsprechende Kürzung der geschuldeten Vergütung (ErfK/*Preis* BGB § 611 Rn. 657). Mit Kurzarbeit kann also das Arbeitszeitvolumen in Krisenzeiten vorübergehend reduziert und an den verringerten Beschäftigungsbedarf angepasst werden. Dies führt zu einer wirtschaftlichen Entlastung des Unternehmens durch Senkung der Personalkosten unter gleichzeitiger Erhaltung der, zum Teil mit hoch spezialisierten und eingearbeiteten Mitarbeitern besetzten Arbeitsplätze. Kurzarbeit kann dabei nicht nur in einer anteiligen Reduzierung der Arbeitszeit, sondern auch in einer vorübergehenden vollständigen Einstellung der Arbeit bestehen. Sie kann sich auf den gesamten Betrieb erstrecken, oder auch nur bestimmte organisatorisch abgrenzbare Teile eines Betriebes (Betriebsabteilungen) betreffen.

334 Die rechtmäßige Einführung der Kurzarbeit führt zu einer Suspendierung der beiderseitigen Hauptleistungspflichten. Der Arbeitnehmer wird ganz oder teilweise von seiner Verpflichtung zur Arbeitsleistung befreit und verliert gleichzeitig seinen Vergütungsanspruch maximal entsprechend des jeweiligen Umfangs der Arbeitszeitreduzierung. Da die Kurzarbeit somit in die synallagmatisch verknüpften Hauptleistungspflichten des Arbeitsverhältnisses eingreift, ist ihre Einführung nicht vom arbeitgeberseitigen Direktionsrecht nach § 106 GewO gedeckt (BAG, Urt. v. 16.12.2008 – 9 AZR 164/08, NZA 2009, 689, 691), sondern bedarf einer besonderen Rechtsgrundlage durch Tarifvertrag, Betriebsvereinbarung oder Arbeitsvertrag (BAG, Urt. v. 12.10.1994 – 7 AZR

398/93, NZA 1995, 641, 642). Der Abschluss einer Regelungsabrede reicht dagegen für den erforderlichen Eingriff in den Arbeitsvertrag nicht aus (LAG Hamm, Urt. v. 01.08.2012 – 5 Sa 27/12, NZA-RR 2013, 244, 246).

Die Einführung von Kurzarbeit unterliegt – vorbehaltlich einer abschließenden anwendbaren tariflichen Regelung – der Mitbestimmung des Betriebsrates nach § 87 Abs. 1 Nr. 3 BetrVG. Der Betriebsrat muss daher bei den Entscheidungen des Arbeitgebers, ob überhaupt und in welchem Umfang Kurzarbeit geleistet wird und welche Arbeitnehmer von der Kurzarbeit betroffen sind, einbezogen werden (BAG, Urt. v. 25.11.1981 – 4 AZR 274/79, DB 1982, 909). Nach der Rechtsprechung des Bundesarbeitsgerichts steht dem Betriebsrat sogar ein Initiativrecht zur Einführung von Kurzarbeit zu (BAG, Urt. v. 04.03.1986 – 1 ABR 15/84, NZA 1986, 432). Er kann also die Kurzarbeit seinerseits anregen und im Streitfalle auch eine Entscheidung der Einigungsstelle hierüber herbeiführen. Die Beachtung des Mitbestimmungsrechts ist Wirksamkeitsvoraussetzung für die Einführung von Kurzarbeit.

335

Wird ohne die Berücksichtigung des Mitbestimmungsrechts Kurzarbeit angeordnet, hat der Arbeitgeber weiterhin das volle Arbeitsentgelt nach § 615 BGB fortzuzahlen (BAG, Urt. v. 14.02.1991 – 2 AZR 415/90, NZA 1991, 607). Der Staat fördert die konjunkturelle Kurzarbeit über die Bundesagentur für Arbeit durch die Gewährung von Kurzarbeitergeld nach den §§ 95 ff. SGB III (zu den konkreten Anspruchsvoraussetzungen siehe AR/*Lauterbach* §§ 95 ff. SGB III).

336

▶ **Muster – Konjunkturelle Kurzarbeit**

Zwischen der _____[Name]_____ GmbH (im Folgenden: »Unternehmen«)

337

und

dem Betriebsrat ¹ der _____[Name]_____ GmbH (im Folgenden: »Betriebsrat«)

wird folgende Betriebsvereinbarung zur Einführung von konjunktureller Kurzarbeit vereinbart:

Präambel ²

Aufgrund der weltweiten Konjunkturabschwächung infolge der Finanzmarktkrise sind der Umsatz und der Auftragseingang des [betroffener Geschäftszweig] -Bereichs im Unternehmen stark zurückgegangen. Eine kurzfristige Besserung der Geschäftslage ist derzeit nicht absehbar. Dem Unternehmen ist daher zurzeit eine Weiterbeschäftigung der Mitarbeiter im Bereich [betroffener Geschäftszweig] im bisherigen zeitlichen Umfang nicht möglich. Um betriebsbedingte Kündigungen soweit wie möglich zu vermeiden, sind sich die Betriebsparteien darin einig, dass für die vom vorläufigen Wegfall des Arbeitsbedarfs vorrangig betroffenen Mitarbeiter Kurzarbeit eingeführt und die regelmäßige wöchentliche Arbeitszeit reduziert werden soll. Die Betriebsparteien gehen davon aus, dass durch diese Maßnahme die Arbeitsplätze der betroffenen Mitarbeiter langfristig erhalten bleiben.

§ 1 Geltungsbereich

(1) Der räumliche Geltungsbereich dieser Betriebsvereinbarung ist beschränkt auf die Abteilung [betroffene Abteilung] in der Niederlassung des Unternehmens in [Ort und Anschrift] . ³

(2) Der persönliche Geltungsbereich der Betriebsvereinbarung erfasst die Arbeitnehmer des Unternehmens (»Mitarbeiter«), die in der als Anlage 1 zu dieser Betriebsvereinbarung genommenen Namensliste aufgeführt sind. ⁴

(3) Keine Anwendung findet die Betriebsvereinbarung auf folgende Personengruppen:

– leitende Angestellte i.S.d. § 5 Abs. 3 BetrVG. ⁵
– Leiharbeitnehmer.
– Auszubildende.

– Mitarbeiter, die sich in einem gekündigten Arbeitsverhältnis befinden beziehungsweise eine Auflösungsvereinbarung mit dem Unternehmen abgeschlossen haben. [6]

– Mitarbeiter, die sich in einem Altersteilzeitarbeitsverhältnis befinden oder mit dem Unternehmen ein solches begründen.

(4) Der sachliche Geltungsbereich der Betriebsvereinbarung erfasst die Einführung von Kurzarbeit für die in der Namensliste benannten Mitarbeiter.

§ 2 Einführung von Kurzarbeit [7]

(1) Zum ____[Datum]____ wird in der Abteilung ____[betroffene Abteilung]____ im Unternehmen Kurzarbeit eingeführt. [8] Die regelmäßige wöchentliche Arbeitszeit der betroffenen Mitarbeiter wird ab diesem Zeitpunkt um 40 % der individuellen Arbeitszeit reduziert (24 Stunden im Rahmen einer Vollzeitstelle). [9]

(2) Die verbleibende Arbeitszeit der Mitarbeiter wird vom Unternehmen abweichend von der »BV Arbeitszeit« unter Berücksichtigung der betrieblichen Erfordernisse so verteilt, dass grundsätzlich entweder an Tagen vor oder nach dem Wochenende Arbeitsruhe herrscht. Soweit es dringende betriebliche Gründe erfordern, kann das Unternehmen in Einzelfällen eine abweichende Verteilung der Arbeitszeit auf die Wochentage festlegen. Der Betriebsrat ist hierüber vorab zu informieren.

(3) Eine weitere Reduzierung der regelmäßigen wöchentlichen Arbeitszeit während der Geltungsdauer dieser Betriebsvereinbarung ist nur mit Zustimmung des Betriebsrates und unter Einhaltung einer Ankündigungsfrist von fünf Werktagen zulässig.

§ 3 Ende der Kurzarbeit

(1) Die Kurzarbeit endet spätestens am ____[Datum]____. [10] Sollte sich die Auftragslage unvorhergesehen nachhaltig verbessern, kann das Unternehmen die Kurzarbeit einseitig ohne vorherige Zustimmung des Betriebsrates vorzeitig beenden. [11]

(2) Die Verlängerung der Kurzarbeit bedarf einer gesonderten Vereinbarung zwischen den Betriebsparteien.

(3) Die Betriebsparteien verpflichten sich, die betroffenen Mitarbeiter von dem vorzeitigen Ende oder einer Verlängerung der Kurzarbeit unverzüglich zu unterrichten.

§ 4 Information des Betriebsrates [12]

Die Geschäftsführung unterrichtet den Betriebsrat wöchentlich über die Entwicklung des Auftragsbestandes, der Auslastung sowie der weiteren Geschäfte.

§ 5 Kurzarbeitergeld [13]

(1) Das Unternehmen zeigt unverzüglich nach Inkrafttreten dieser Vereinbarung den Arbeitsausfall schriftlich bei der zuständigen Agentur für Arbeit an [14] und stellt die erforderlichen Anträge [15] zur Gewährung von Kurzarbeitergeld gemäß Sozialgesetzbuch III (SGB III). Es weist auf Verlangen der Agentur für Arbeit die Voraussetzungen für die Erbringung von Kurzarbeitergeld entsprechend § 320 SGB III nach. [16]

(2) Der Betriebsrat wird unverzüglich die zur Anzeige des Arbeitsausfalls und Beantragung des Kurzarbeitergeldes erforderlichen Stellungnahmen an die Agentur für Arbeit fertigen und dem Unternehmen zur Weitergabe an die Agentur für Arbeit zur Verfügung stellen. [17]

§ 6 Außerordentliches Kündigungsrecht [18]

Sollte während der Laufzeit dieser Betriebsvereinbarung die Bundesagentur für Arbeit die Gewährung von Kurzarbeitergeld für alle oder einzelne Mitarbeiter ganz oder teilweise ablehnen oder einstellen oder gewährtes Kurzarbeitergeld zurückfordern, ist das Unternehmen zur Kündigung dieser Betriebsvereinbarung mit sofortiger Wirkung berechtigt. Für die Mitarbeiter gilt im Falle der Kündigung individualarbeitsrechtlich wieder der vorher bestehende Zustand. Die Betriebsparteien werden in diesem Fall unverzüglich Gespräche über eine neue Regelung aufnehmen.

§ 7 Zuschuss zum Kurzarbeitergeld [19]

(1) Mitarbeiter, die Kurzarbeitergeld beziehen, erhalten vom Unternehmen einen Zuschuss zum Kurzarbeitergeld, der brutto zu gewähren ist. Die Höhe des Zuschusses errechnet sich aus dem Unterschiedsbetrag zwischen der infolge des Arbeitsausfalls verminderten Nettoarbeitsvergütung zuzüglich dem Kurzarbeitergeld und – je nach Höhe des jeweiligen Leistungssatzes beim Kurzarbeitergeld – 77 % bzw. 70 % der monatlichen Nettonormalvergütung, die der Mitarbeiter ohne Kurzarbeit im Abrechnungszeitraum erzielt hätte. [20]

(2) Für die Berechnung der maßgeblichen Nettomonatsvergütung gilt § 106 SGB III entsprechend mit der Maßgabe, dass die Vorschriften zur Beitragsbemessungsgrenze keine Anwendung finden. Die monatliche Nettonormalvergütung beinhaltet:

- (tarifliches) monatliches Grundentgelt.
- individuelle tarifliche Leistungszulage.
- individuelle außer-/übertarifliche Zulage.

Vorstehend nicht genannte Vergütungsbestandteile, insbesondere sonstige einmalige Sonderzahlungen beziehungsweise Boni, Mehrarbeitsvergütungen sowie Zuschläge für Mehrarbeit, Nacht-, Sonn- und Feiertagsarbeit bleiben bei der Berechnung der Bruttomonatsvergütung außer Betracht.

(4) Für die Berechnung des Zuschusses wird die zum Zeitpunkt des Abschlusses dieser Betriebsvereinbarung geltende Höhe der Leistungssätze des Kurzarbeitergeldes nach § 105 SGB III von 67 % bzw. 60 % der Nettovergütungsdifferenz zugrunde gelegt. Änderungen der gesetzlichen Zulagen für den Bezug von Kurzarbeitergeld gehen nicht zu Lasten des Unternehmens.

(5) Zur Erläuterung der Berechnung des Zuschusses wird dieser Betriebsvereinbarung als Anlage 2 ein Berechnungsbeispiel beigefügt. [21]

§ 8 Zahlung und Ausweisung

(1) Das Kurzarbeitergeld und der Zuschuss nach § 7 werden jeweils für den laufenden Kalendermonat ermittelt und im Folgemonat mit dem regulären Gehaltslauf abgerechnet und ausgezahlt. [22] In der Entgeltabrechnung werden Arbeitsvergütung, Kurzarbeitergeld und der Zuschuss gesondert ausgewiesen. Die Personalabteilung und der Betriebsrat stehen den Mitarbeitern für eventuell erforderliche Erläuterungen zur Verfügung.

(2) Während der Kurzarbeit werden folgende Vergütungsbestandteile so berechnet und ausgezahlt, als wäre normal gearbeitet worden: [23]

- Urlaubsentgelt und Urlaubsgeld.
- Entgeltfortzahlung an gesetzlichen Feiertagen.
- tarifliche Sonderzahlung (Weihnachtsgeld).

§ 9 Urlaub

(1) Bestehender, noch nicht genehmigter beziehungsweise zeitlich noch nicht festgelegter Urlaub aus dem vorangegangenen Urlaubsjahr ist von den Mitarbeitern soweit wie möglich vor Beginn der Kurzarbeitsphase in Anspruch zu nehmen. [24]

(2) Mitarbeiter, deren Urlaub zum Zeitpunkt des Inkrafttretens dieser Vereinbarung bereits beantragt, genehmigt und zeitlich innerhalb der Kurzarbeitsphase festgelegt wurde, sind von der Kurzarbeit während des Urlaubs ausgenommen. [25]

(3) Im Übrigen können Mitarbeiter auch während der Kurzarbeitsphase Urlaub nehmen. Ein entsprechender Antrag ist zu genehmigen, wenn keine dringenden betrieblichen Belange entgegenstehen und er mindestens vier Wochen vor Urlaubsbeginn bei der Personalabteilung schriftlich eingereicht wurde. Für den Zeitraum der Urlaubsgewährung werden die Mitarbeiter von der Kurzarbeit ausgenommen. [26]

§ 10 Überstunden

(1) Überstunden werden während der gesamten Dauer der Kurzarbeit grundsätzlich weder angeordnet noch vergütet. Ausnahmen hiervon für einzelne oder mehrere Mitarbeiter sind nur in dringenden Sonderfällen auf ausdrückliche Anordnung der Geschäftsführung möglich. Die Mitbestimmungsrechte des Betriebsrates nach § 87 Abs. 1 Nr. 3 BetrVG bleiben unberührt. [27]

(2) Zeitguthaben auf Arbeitszeitkonten sind vor Beginn der Kurzarbeit abzubauen. Dies gilt ausdrücklich nicht für die in § 96 Abs. 4 Satz 3 SGB III genannten Guthaben. [28]

§ 11 Betriebsbedingte Kündigungen [29]

(1) Im Geltungsbereich dieser Vereinbarung ist eine Kündigung von Arbeitsverhältnissen während der Kurzarbeit aus betriebsbedingten Gründen wegen des teilweisen Wegfalls der Beschäftigungsmöglichkeit ausgeschlossen.

(2) Ausnahmen von Abs. 1 sind mit ausdrücklicher Zustimmung des Betriebsrates möglich, wenn zu den äußeren Umständen, die zur Einführung der Kurzarbeit geführt haben, weitere Umstände hinzutreten, die zu einem dauerhaften Wegfall der Beschäftigungsmöglichkeit führen.

(3) Unbeschadet hiervon bleibt das Recht des Unternehmens zur Kündigung aus verhaltens- und personenbedingten Gründen.

§ 12 Einstellungen [30]

Einstellungen im Bereich ____[Abteilung]____ sind während der Laufzeit dieser Betriebsvereinbarung grundsätzlich ausgeschlossen. Dies gilt auch für Aushilfen und Leiharbeitskräfte. Ausnahmen hiervon bedürfen der Zustimmung des Betriebsrates.

§ 13 Ausschluss des Entreicherungseinwandes

Bei Überzahlung im Zusammenhang mit der Gewährung von Leistungen aus dieser Betriebsvereinbarung ist der Einwand der Entreicherung i.S.v. § 818 Abs. 3 BGB ausgeschlossen.

§ 14 Schlussbestimmungen

(1) Diese Betriebsvereinbarung tritt mit Unterzeichnung in Kraft und endet mit Ablauf der Kurzarbeitsphase nach § 3 Abs. 1 dieser Vereinbarung. Eine ordentliche Kündigung ist ausgeschlossen. [31]

(2) Eine Nachwirkung oder eine sonstige Ausdehnung des zeitlichen Geltungsbereichs ist ausgeschlossen. Während der Laufzeit dieser Betriebsvereinbarung werden frühere Vereinbarungen, sofern sie dieser Vereinbarung entgegenstehen, außer Kraft gesetzt.

(3) Sollten eine oder mehrere Bestimmungen dieser Betriebsvereinbarung ganz oder teilweise rechtsunwirksam sein, so wird dadurch die Gültigkeit der übrigen Bestimmungen nicht berührt. Die Parteien verpflichten sich, an Stelle der unwirksamen Bestimmungen eine dem Sinn und Zweck entsprechende Nachfolgeregelung zu vereinbaren. [32]

____[Ort]____, den ____[Datum]____

_____
(Unterschrift Geschäftsführer/in)

_____
(Unterschrift Betriebsratsvorsitzende/r)

Erläuterungen

Schrifttum

Bauer/Günther Ungelöste Probleme bei Einführung von Kurzarbeit, BB 2009, 662; *Bauer/Kern* Wechselwirkung zwischen Kurzarbeit und Urlaub, NZA 2009, 925; *Bayreuther* Kurzarbeit, Urlaub und der EuGH, DB 2012, 2748; *Bieback* Kein Kurzarbeitergeld für »Kurzarbeit-Null«?, NZS 2011, 241; *Bonanni/Neumann* Konjunkturelle Kurzarbeit: Arbeits- und sozialversicherungsrechtliche Voraussetzungen und Konsequenzen, DStR

2009, 1375; *Bonanni/Naumann* Neue Rahmenbedingungen für konjunkturelle Kurzarbeit, ArbRB 2009, 172; *Cohnen/Röger* Kurzarbeit als Antwort auf kurzfristig auftretende Konjunkturschwächen, BB 2009, 46; *Fahrig* Kurzarbeit und möglicher Annahmeverzugslohn, PersF 2011, 88; *Gebel* Kurzarbeit bei Personalabbau, BB 2015, 2485; *Kleinebrink* In der Krise: Arbeitsrechtliche Möglichkeiten zur Verringerung des Volumens der Arbeitszeit, DB 2009, 342; *Köhler* Einführung von Kurzarbeit, DB 2013, 232; *Lindemann/Simon* Arbeitsrechtliche Instrumente in der Finanz- und Wirtschaftskrise, BB 2008, 2795; *Oberthür* Neues zur konjunkturellen Kurzarbeit, ArbRB 2010, 148; *Petrak* Kurzarbeit, NZA-Beil. 2010, 44; *Rolf/Riechwald* Personalabbau im kurzarbeitenden Betrieb, BB 2010, 1597; *Rudkowski* Die Umrechnung des Urlaubsanspruchs bei Kurzarbeit und ihre Vereinbarkeit mit der Arbeitszeitrichtlinie, NZA 2012, 74; *Schwarz* Urlaub – Betriebsvereinbarung über Kurzarbeit – Ersatzurlaub als Schadensersatz, AP Nr. 40 zu § 7 BUrlG; *Schindele* Japan-Krise: Kurzarbeit oder unternehmerisches Risiko, ArbR 2011, 183; *Schütte* Mitbestimmungsrechte bei Kurzarbeit, FS für Jobst-Hubertus Bauer zum 65. Geburtstag 2010 S. 989; *Seel/Raabe* Die Kurzarbeit im öffentlichen Dienst, öAT 2011, 171; *Stiebert* Vorlagen an den EuGH – Anspruch eines Arbeitnehmers in »Kurzarbeit Null« auf bezahlten Jahresurlaub, ZESAR 2011, 480; *Uhl/Polloczek* Ohne Entlassungen durch die Krise? – Initiativrecht Kurzarbeit versus freie Unternehmerentscheidung, BB 2010, 2173; *von Steinau-Steinrück/Mosch* Kurzarbeit zur Überbrückung der Unternehmenskrise, NJW-Spezial 2009, 18.

1. Eine Zuständigkeit des **Gesamtbetriebsrates** für die Einführung von Kurzarbeit kommt nur im Ausnahmefall in Betracht, etwa wenn mehrere Produktionsbetriebe so eng miteinander verbunden sind, dass Kurzarbeit in einem Betrieb zwangsläufig auch eine Produktionseinschränkung in den anderen Betrieben zur Folge hat (*Fitting* § 50 BetrVG Rn. 38). 338

2. Die zusammenfassende Darstellung der betrieblichen Notwendigkeiten zur Einführung von Kurzarbeit im Rahmen einer **Präambel** empfiehlt sich, um das Vorliegen der gesetzlichen Voraussetzungen für die Gewährung von Kurzarbeitergeld nach §§ 95 ff. SGB III zu dokumentieren. Zudem dient die Präambel im Streitfall mit dem Betriebsrat oder einzelnen Arbeitnehmern als Auslegungshilfe für die Regelungen der Betriebsvereinbarung. 339

3. Auch unter Berücksichtigung der gesetzlichen Voraussetzungen für die Gewährung von Kurzarbeitergeld durch die Agentur für Arbeit ist es nicht zwingend erforderlich, die Kurzarbeit für einen ganzen Betrieb einzuführen. Die betrieblichen Voraussetzungen nach § 97 SGB III sind vielmehr auch dann erfüllt, wenn die Kurzarbeit auf eine oder mehrere **Betriebsabteilungen** beschränkt wird und hier ein erheblicher Arbeitsausfall i.S.d. § 96 Abs. 1 SGB III vorliegt, insbesondere die Voraussetzungen des § 96 Abs. 1 Nr. 4 SGB III (mindestens $^3/_3$ der Arbeitnehmer mit mehr als 10 % Arbeits-/Entgeltausfall) erfüllt sind. Unter Betriebsabteilung ist dabei in der Regel ein räumlich, personell und organisatorisch vom Gesamtbetrieb abgegrenzter Betriebsteil, der mit eigenen technischen Betriebsmitteln einen eigenen Betriebszweck erfüllt, zu verstehen (Brand/*Kühl* SGB III § 97 Rn. 7). 340

4. Es empfiehlt sich, die von der Kurzarbeit persönlich betroffenen Arbeitnehmer in eine **Namensliste** als Anlage zur Betriebsvereinbarung aufzunehmen. Die Auswahl durch die Betriebsparteien darf dabei jedoch nicht willkürlich erfolgen. Sie sollte sich zumindest an dem in der Präambel genannten sachlichen Kriterium – vorläufiger Wegfall des Arbeitskräftebedarfs – orientieren. Erfasst werden sollten also nur Arbeitnehmer, die ausgehend von ihrer arbeitsvertraglich geschuldeten Tätigkeit tatsächlich von dem vorläufigen Wegfall des Arbeitskräftebedarfs inhaltlich betroffen sind. Allerdings steht Arbeitgeber und Betriebsrat insoweit ein weiter Beurteilungsspielraum zu. Einvernehmlich getroffene betriebskollektive Entscheidungen bieten nach allgemeiner Auffassung eine besondere Richtigkeitsgewähr, so dass es einem betroffenen Arbeitnehmer im Streitfall schwerfallen wird, eine willkürliche Auswahl seiner Person durch die Betriebsparteien zu begründen. 341

5. Da **leitende Angestellte** i.S.v. § 5 Abs. 3 BetrVG vom persönlichen Geltungsbereich einer Betriebsvereinbarung nicht erfasst werden, bedarf die Einführung von Kurzarbeit für diese Personengruppe einer entsprechenden Regelung mit dem Sprecherausschuss beziehungsweise einer ergänzenden einzelvertraglichen Vereinbarung mit dem jeweiligen Arbeitnehmer. 342

343 6. Die Ausnahme von gekündigten Arbeitnehmern beziehungsweise solchen, mit denen ein Aufhebungsvertrag geschlossen wurde, ist erforderlich, weil sie nach § 98 Abs. 1 Nr. 2 SGB III nicht anspruchsberechtigt für die Gewährung von Kurzarbeitergeld sind.

344 7. In der Rechtsprechung war lange umstritten, welche inhaltlichen Anforderungen an eine Betriebsvereinbarung zur Einführung der Kurzarbeit zu stellen sind. So wurde teilweise vertreten, dass im Rahmen einer Betriebsvereinbarung die bloß abstrakte Möglichkeit der Einführung von Kurzarbeit aus einem bestimmten Anlass geregelt werden kann, ohne nähere Vorgaben zur Durchführung der Kurzarbeit zu machen, wie etwa die Festlegung des betroffenen Personenkreises (LAG Thüringen, Urt. v. 07.10.1999 – 2 Sa 404/98). Das Bundesarbeitsgericht hat nunmehr klargestellt, dass eine Betriebsvereinbarung zur Einführung von Kurzarbeit die sich daraus ergebenden Rechte und Pflichten so deutlich regeln muss, dass diese für die Arbeitnehmer zuverlässig zu erkennen sind. Erforderlich sind daher mindestens die Bestimmung von Beginn und Dauer der Kurzarbeit, die Regelung der Lage und Verteilung der Arbeitszeit sowie die Auswahl der betroffenen Arbeitnehmer (BAG, Urt. v. 18.11.2015 – 5 AZR 491/14, NZA 2016, 565, 566).

345 Vor diesem Hintergrund sollte in der Praxis stets auf eine schriftliche Einigung mit dem Betriebsrat über alle wesentlichen Details zur Einführung der Kurzarbeit gedrängt werden. Damit kann auch wirksam dem Vorwurf begegnet werden, der Betriebsrat habe auf sein Mitbestimmungsrecht im Hinblick auf einzelne Regelungstatbestände verzichtet beziehungsweise es noch gar nicht ausgeübt (*Bonanni/Naumann* DStR 2009, 1374).

346 8. Bei der Festlegung des Beginns der Kurzarbeit haben die Betriebsparteien wegen des Tarifvorrangs nach § 87 Abs. 1 S. 1 BetrVG oftmals inhaltliche Vorgaben aus einem anwendbaren Tarifvertrag zu beachten, wie etwa die Einhaltung bestimmter Ankündigungsfristen.

347 9. Die Betriebsparteien sind grundsätzlich frei darin zu vereinbaren, in welchem Umfang die Arbeitszeit der betroffenen Arbeitnehmer während der Kurzarbeitsphase reduziert werden soll. Die Regelung im vorstehenden Muster sieht beispielhaft eine Verringerung der Arbeitszeit um 40 % auf Basis einer regelmäßigen wöchentlichen Arbeitszeit von 40 Stunden vor.

348 In Betracht kommt etwa auch die Vereinbarung eines vollständigen Arbeitsausfalls für einen bestimmten Zeitraum (»**Kurzarbeit null**«). Dies könnte wie folgt formuliert werden:

Alternative:

[Zum ___[Datum]___ wird bei dem Unternehmen Kurzarbeit null als regelmäßige Form der Kurzarbeit eingeführt. Die Arbeitszeit der betroffenen Mitarbeiter wird ab diesem Zeitpunkt auf null reduziert.]

349 Zur Sicherstellung der Förderung der Kurzarbeit durch die Agentur für Arbeit in Form von Kurzarbeitergeld sind beim Umfang der Arbeitszeitverringerung die gesetzlichen Mindestvoraussetzungen des § 96 SGB III zu beachten. Danach muss der eingetretene Arbeitsausfall im jeweiligen Anspruchszeitraum bei ⅓ der Arbeitnehmer im betroffenen Betrieb/Betriebsteil zu einem Entgeltausfall von mehr als 10 % führen (§ 96 Abs. 1 Nr. 4 SGB III). Ist diese Mindestanforderung für den Betrieb/Betriebsteil erfüllt, kann Kurzarbeitergeld auch für Arbeitnehmer gewährt werden, bei denen der persönliche Entgeltausfall geringer ist als 10 % (AR/*Lauterbach* § 96 SGB III Rn. 6). Mittlerweile hat der Gesetzgeber in § 96 Abs. 1 Nr. 4 SGB III ausdrücklich klargestellt, dass auch »Kurzarbeit null« einen Anspruch auf Kurzarbeitergeld begründen kann. Dies war zwischenzeitlich durch das Bundessozialgericht in Zweifel gezogen worden (BSG, Urt. v. 14.09.2010 – B 7 AL 21/09 R, NZA-RR 2011, 319 f.).

350 10. Mit Wirkung zum 01.01.2016 wurde die gesetzliche Bezugsdauer für das konjunkturelle Kurzarbeitergeld gemäß § 104 Abs. 1 S. 1 SGB III von zuvor sechs auf nunmehr längstens zwölf *Monate* hochgesetzt. Das Bundesministerium für Arbeit und Soziales kann zudem bei außergewöhnlichen Verhältnissen auf dem gesamten Arbeitsmarkt diese Bezugsfrist auf bis zu 24 Monate

verlängern (§ 109 SGB III). Zuletzt war die Bezugsdauer für alle bis zum 31.12.2015 entstandenen Ansprüche durch die Zweite Verordnung zur Änderung der Verordnung über die Bezugsdauer für das Kurzarbeitergeld vom 13.11.2014 (BGBl. I S. 1749) bereits auf längstens 12 Monate verlängert worden.

11. Nach Auffassung des BAG (Urt. v. 21.11.1978 – 1 ABR 67/76, EzA § 87 BetrVG 1972 Arbeitszeit Nr. 7) unterliegt die Entscheidung des Arbeitgebers über eine **vorzeitige Beendigung** der Kurzarbeit und die Rückkehr zur normalen Arbeitszeit nicht der Mitbestimmung des Betriebsrates (a.A. ErfK/*Kania* BetrVG § 87 Rn. 35, wobei selbst nach dieser Auffassung das Mitbestimmungsrecht bei der Rückkehr zur Normalarbeitszeit jedenfalls dann entfalle, wenn der Zeitraum der Anordnung von Kurzarbeit von vornherein befristet oder auflösend bedingt festgelegt war, da insofern das Einverständnis des Betriebsrates bereits vorweggenommen sei).

12. Die Aufnahme einer entsprechenden Informationsverpflichtung des Arbeitgebers soll als vertrauensbildende Maßnahme die Bereitschaft des Betriebsrates zum Abschluss der Betriebsvereinbarung erhöhen.

13. Für die Gewährung von Kurzarbeitergeld ist ein zweistufiges Verfahren einzuhalten. Der Agentur für Arbeit ist gemäß § 99 Abs. 1 SGB III der durch die Kurzarbeit im Betrieb/Betriebsteil eintretende Arbeitsausfall **schriftlich anzuzeigen**. Zudem ist ein **fristgerechter Antrag** auf Gewährung von Kurzarbeitergeld für die einzelnen Arbeitnehmer zu stellen. Dabei wird der Antrag nicht durch die Anzeige ersetzt (BSG, Urt. v. 06.04.2000 – B 11 AL 81/99 R, NZA-RR 2001, 609). Diese kann aber im Einzelfall als Antrag auszulegen sein (Brand/*Hassel* SGB III § 323 Rn. 23). Sowohl Anzeige als auch Antrag sind zwingende Voraussetzungen für die Gewährung von Kurzarbeitergeld.

14. Die Anzeige des Arbeitsausfalls nach § 99 Abs. 1 SGB III hat schriftlich entweder durch den Arbeitgeber oder den Betriebsrat bei der zuständigen Agentur für Arbeit zu erfolgen. Dabei erscheint es zweckmäßig, die von der Agentur für Arbeit zur Verfügung gestellten Vordrucke zu verwenden (abrufbar unter www.arbeitsagentur.de). Der Anzeige ist eine Stellungnahme des Betriebsrates beizufügen.

15. Weitere zwingende Voraussetzung für die Gewährung von Kurzarbeitergeld durch die Agentur für Arbeit ist ein entsprechender **schriftlicher Antrag des Unternehmens** unter Beifügung einer Stellungnahme des Betriebsrates (§ 323 Abs. 2 SGB III). Auch insoweit sollten die auf der Internetseite der Agentur für Arbeit (www.arbeitsagentur.de) abrufbaren Vordrucke verwendet werden. Antragsberechtigt ist neben dem Arbeitgeber grundsätzlich auch der Betriebsrat (§ 323 Abs. 2 S. 2 SGB III), nicht dagegen die von der Kurzarbeit betroffenen Arbeitnehmer. Der Antrag muss jeweils innerhalb einer Frist von drei Monaten gestellt werden, beginnend mit dem Ablauf des Monats, in dem die Tage liegen, für die Leistungen beantragt werden können (§ 325 Abs. 3 SGB III).

16. Der Arbeitgeber hat als Verfahrensbeteiligter bei der Beantragung von Kurzarbeitergeld die Voraussetzungen für die Leistungsgewährung gegenüber der Agentur für Arbeit nachzuweisen. § 320 SGB III fasst die dem Arbeitgeber insoweit obliegenden Pflichten zusammen. Durch die Aufnahme dieser Verpflichtung in die Betriebsvereinbarung dokumentiert der Arbeitgeber sein Bestreben, die Förderung der Kurzarbeit durch die Agentur für Arbeit sicherzustellen und erhöht damit die Bereitschaft des Betriebsrates zum Abschluss der Vereinbarung.

17. Sowohl der Anzeige des Arbeitsausfalls nach § 99 Abs. 1 SGB III als auch dem Antrag auf Gewährung von Kurzarbeitergeld nach § 323 Abs. 2 SGB III ist jeweils eine schriftliche Stellungnahme des Betriebsrats beizufügen. Allerdings führt das Fehlen der Stellungnahme nicht zur Unwirksamkeit der Maßnahmen (Gagel/*Kallert* SGB III § 323 Rn. 95).

Dennoch sollte eine entsprechende Verpflichtung des Betriebsrates ausdrücklich in die Vereinbarung aufgenommen werden, um dem Betriebsrat seine Rolle als aktiver Verfahrensbeteiligter bei der Gewährung von Kurzarbeitergeld mit entsprechenden Mitwirkungspflichten vor Augen zu führen und ihm eine gewisse Mitverantwortung zu übertragen, was die Akzeptanz in der Belegschaft erhöht.

359 **18.** Der Arbeitgeber sollte sich für den Fall der **Nichtgewährung, Einstellung oder Rückforderung von Kurzarbeitergeld** durch die Agentur für Arbeit ein Recht zur außerordentlichen Kündigung der Betriebsvereinbarung vorbehalten. Andernfalls läuft er Gefahr, dass erhebliche Mehrkosten für ihn entstehen. Durch die rechtmäßige Einführung von Kurzarbeit wird die Arbeitspflicht des Arbeitnehmers unabhängig davon beschränkt, ob die Agentur für Arbeit Kurzarbeitergeld bewilligt oder nicht. Der Arbeitnehmer behält jedoch in jedem Fall einen Vergütungsanspruch in Höhe des Kurzarbeitergeldes. Wird dieser nicht von der Agentur für Arbeit übernommen, muss ihn der Arbeitgeber aus eigenen Mitteln erfüllen. **Der Arbeitgeber trägt also das wirtschaftliche Risiko**, dass die Agentur für Arbeit keine Förderung der Kurzarbeit bewilligt (BAG, Urt. v. 22.04.2009 – 5 AZR 310/08, NZA 2009, 913, 914).

360 Gleiches gilt, wenn eine zunächst erteilte Bewilligung von Kurzarbeitergeld rückwirkend von der Agentur für Arbeit widerrufen wird. Auch in diesem Fall ist der Arbeitgeber zur Zahlung eines Verdienstausfalles in Höhe des Kurzarbeitergeldes an den Arbeitnehmer verpflichtet (BAG, Urt. v. 11.07.1990 – 5 AZR 557/89, NZA 1991, 67).

361 Zudem macht sich der Arbeitgeber **schadensersatzpflichtig**, wenn das Kurzarbeitergeld allein aufgrund seines Verschuldens von der Agentur für Arbeit nicht gewährt wird. Es ist zu empfehlen, bereits im Vorfeld einen Antrag auf eine vorläufige Entscheidung gemäß § 328 Abs. 1 Nr. 3 SGB III bei der Agentur für Arbeit zu stellen.

362 **19.** Wenn die Verpflichtung zur Zahlung eines Zuschusses zum Kurzarbeitergeld nicht Bestandteil einer einschlägigen tarifvertraglichen Regelung ist, handelt es sich insoweit um eine **freiwillige Leistung** des Unternehmens, mit deren Zusage im Grundsatz zurückhaltend umgegangen werden sollte. Durch die Gewährung des Zuschusses sinkt die finanzielle Entlastung des Arbeitgebers und sie beeinträchtigt damit das mit der Einführung der Kurzarbeit angestrebte Ziel.

363 Ob und wenn ja in welcher Höhe ein Zuschuss gezahlt werden soll, ist daher jeweils im Einzelfall unter Berücksichtigung der konkreten Umstände und Ursachen für die Kurzarbeit zu entscheiden. Allerdings wird die Bereitschaft des Betriebsrates zum Abschluss einer entsprechenden Vereinbarung deutlich erhöht, wenn der Arbeitgeber sich bereit erklärt, die Arbeitnehmer während der Kurzarbeitsphase überobligatorisch zu vergüten. Ein Mitbestimmungsrecht besteht insofern aber nicht. Auch die Akzeptanz der Einführung von Kurzarbeit seitens der einzelnen Arbeitnehmer steigt signifikant.

364 **20.** Die unterschiedlich hohen Sätze der bei der Berechnung des Zuschusses zu berücksichtigenden monatlichen Nettonormalvergütung ergeben sich aus den **unterschiedlich hohen Leistungssätzen des Kurzarbeitergeldes** nach § 105 SGB III. Danach beträgt das Kurzarbeitergeld für Arbeitnehmer, die beim Arbeitslosengeld die Voraussetzungen für den erhöhten Leistungssatz erfüllen (mindestens ein berücksichtigungsfähiges Kind nach § 149 Nr. 1 SGB III) 67 % und für die übrigen Arbeitnehmer 60 %. Um allen Arbeitnehmern einen im Verhältnis gleich hohen Zuschuss zu gewähren, ist daher die im Muster vorgesehene Differenzierung erforderlich.

365 **21.** In Anbetracht der relativ komplexen Berechnung des Zuschusses zum Kurzarbeitergeld empfiehlt es sich, der Betriebsvereinbarung als Anlage ein Berechnungsbeispiel beizufügen. Durch die Umsetzung des Regelungsgehalts mit konkreten Zahlen wird der Berechnungsvorgang dem Betriebsrat und den betroffenen Mitarbeitern noch einmal verdeutlicht und insoweit Missverständnissen vorgebeugt. Auch aus Arbeitgebersicht erscheint es sinnvoll, sich mit der Erstellung der Beispielrechnung die finanziellen Auswirkungen des angedachten Zuschusses nochmals konkret vor Augen zu führen.

366 **22.** Das Kurzarbeitergeld wird von der Agentur für Arbeit jeweils nachträglich für den Zeitraum an den Arbeitgeber ausgezahlt, für den es beantragt wurde, also in der Regel monatlich. Den Arbeitgeber trifft nach § 320 Abs. 1 S. 2 SGB III die Pflicht, die Leistungen kostenlos zu errechnen

und in Höhe der von der Agentur für Arbeit zur Verfügung gestellten Beiträge an die Arbeitnehmer auszuzahlen.

Es besteht grundsätzlich – vorbehaltlich anderslautender tariflicher Regelungen – **keine Verpflichtung** des Arbeitgebers, das **Kurzarbeitergeld vorzustrecken** (Brand/*Kühl* SGB III § 320 Rn. 6). Der Arbeitgeber ist jedoch zur unverzüglichen Weiterleitung an die Arbeitnehmer verpflichtet. Verstöße des Arbeitgebers gegen seine Pflichten zur Berechnung und Auszahlung des Kurzarbeitergeldes führen bereits bei einem leicht fahrlässigen Verhalten zu einer **Schadensersatzpflicht** gegenüber der Agentur für Arbeit (§ 321 Nr. 3 SGB III).

367

Die vorstehende Regelung im Muster gewährleistet zumindest für den Regelfall, dass der Arbeitgeber keine Leistungen vorfinanzieren muss. Soll dieses Risiko gänzlich ausgeschlossen werden, ist folgende alternative Formulierung möglich:

368

Alternative:

[Das Kurzarbeitergeld und der Zuschuss nach § 7 dieser Vereinbarung werden jeweils für den laufenden Kalendermonat ermittelt und mit dem regulären Gehaltslauf des Monats abgerechnet und ausgezahlt, der auf die Erstattung der Leistungen für den betreffenden Kalendermonat durch die Agentur für Arbeit folgt.]

23. Da die wirksame Einführung der Kurzarbeit zu einer (teilweisen) **Suspendierung der Hauptleistungspflichten** aus dem Arbeitsverhältnis führt, verliert der Arbeitnehmer auch ohne die Aufnahme einer ausdrücklichen Regelung seinen Anspruch auf die laufende monatliche Vergütung anteilig entsprechend der Verkürzung der Arbeitszeit.

369

Im Falle einer **Erkrankung** des Arbeitnehmers während der Kurzarbeitsphase folgt aus § 4 Abs. 3 EFZG, dass sich das fortzuzahlende Arbeitsentgelt auf Grundlage der verkürzten Arbeitszeit berechnet. Bei der Durchführung von Kurzarbeit »null« besteht für den erkrankten Arbeitnehmer folglich kein Anspruch auf Entgeltfortzahlung. Er erhält lediglich Krankengeld in Höhe des Kurzarbeitergeldes (*Bonanni/Neumann* DStR 2009, 1374, 1376).

370

Besonderheiten gelten auch für Zeiten des **Erholungsurlaubs** während der Kurzarbeitsphase. Gemäß § 11 Abs. 1 S. 3 BUrlG haben Verdienstkürzungen infolge von Kurzarbeit bei der Berechnung des Urlaubsentgelts außer Betracht zu bleiben. Soweit Arbeitszeit gleichzeitig wegen eines gesetzlichen Feiertags und infolge von Kurzarbeit ausfällt, normiert § 2 Abs. 2 EFZG zwingend, dass der Ausfall dann allein auf den Feiertag zurückzuführen ist. Die Vergütung bemisst sich daher nach den Regeln zur Entgeltfortzahlung an Feiertagen. Der Anspruch auf Feiertagsvergütung besteht dabei allerdings nur in Höhe des Betrages, den der Arbeitnehmer von der Agentur für Arbeit als Kurzarbeitergeld bezogen hätte, wenn kein Feiertag gewesen wäre, zuzüglich eines etwaig garantierten Zuschusses des Arbeitgebers (AR/*Vossen* § 2 EZFG Rn. 21).

371

Trotz dieser bestehenden gesetzlichen Regelungen sollte die Behandlung der vorgenannten Fälle während der Kurzarbeitsphase zur Vorbeugung von Missverständnissen und Streitfällen ausdrücklich festgehalten werden. Dies gilt insbesondere hinsichtlich etwaiger freiwilliger Vergütungsbestandteile wie **Weihnachtsgeld, Urlaubsgeld oder sonstiger Sonderzahlungen**. Im Rahmen der Verhandlungen mit dem Betriebsrat über die Einführung von Kurzarbeit bietet sich hier für den Arbeitgeber zudem eine gute Möglichkeit, durch die Ausnahme einzelner Leistungen von der anteiligen Kürzung weitere Anreize für den Abschluss der Betriebsvereinbarung über Kurzarbeit zu setzen.

372

24. Nach § 96 Abs. 4 S. 2 Nr. 2 SGB III gilt ein Arbeitsausfall als vermeidbar und damit nicht förderungsfähig durch die Agentur für Arbeit, wenn er bei Gewährung von bezahltem Erholungsurlaub ganz oder teilweise hätte verhindert werden können und vorrangige Urlaubswünsche der Arbeitnehmer dieser Urlaubsgewährung nicht entgegengestanden hätten. Für die Gewährung von Kurzarbeitergeld ist daher grundsätzlich Voraussetzung, dass Arbeitnehmer ohne einen vorrangigen Urlaubswunsch zunächst ihre noch vorhandenen Urlaubstage in Anspruch nehmen müssen.

373

In der Praxis haben allerdings fast alle Arbeitnehmer eigene Urlaubswünsche, so dass die Urlaubsgewährung vor Einführung von Kurzarbeit nur in Sonderfällen zwingend notwendig ist (*Bauer/Kern* NZA 2009, 925, 926).

374 Nach der Geschäftsanweisung zum konjunkturellen Kurzarbeitergeld der Agentur für Arbeit (Stand Juni 2013, abrufbar unter www.arbeitsagentur.de) sollen Arbeitgeber die Inanspruchnahme von vorhandenem Urlaub jedoch dann anordnen, wenn die Kurzarbeit gegen Ende des Urlaubsjahres eingeführt werden soll oder noch übertragene Urlaubsansprüche aus dem vorangegangenen Urlaubsjahr bestehen. Unterlässt der Arbeitgeber eine entsprechende Anordnung, obwohl abweichende Urlaubswünsche der betroffenen Arbeitnehmer/innen nicht bestehen, liege insoweit kein unvermeidbarer Arbeitsausfall vor. Das Kurzarbeitergeld sei in diesen Fällen für den Entgeltausfall zu versagen, der dem Urlaubsanspruch entspreche.

375 **25.** Entfällt durch die Einführung der Kurzarbeit die Verpflichtung zur Arbeitsleistung für volle Arbeitstage oder sogar ganz (Kurzarbeit »null«), kann für diese Tage der mit der Festsetzung des Urlaubs bezweckte Leistungserfolg, die Befreiung des Arbeitnehmers von der Leistungspflicht, für die Dauer des Urlaubs nicht mehr eintreten. Die Arbeitspflicht ist schon aufgrund betriebsverfassungsrechtlicher Normen aufgehoben, die **Vorrang vor der individuellen Befreiung von der Arbeitspflicht durch die Urlaubserteilung** des Arbeitgebers haben (BAG, Urt. v. 16.12.2008 – 9 AZR 164/08, NZA 2009, 689). Das gilt selbst dann, wenn der Urlaub schon vor Abschluss der Betriebsvereinbarung zeitlich festgelegt und genehmigt war. Der mit der Festlegung des Urlaubs bezweckte Freistellungserfolg wird dann nachträglich unmöglich.

376 Arbeitgeber müssen daher darauf achten, dass die Betriebsvereinbarung zur Einführung von Kurzarbeit die Arbeitnehmer während ihres Urlaubs nicht erfasst. Anderenfalls sind Sie verpflichtet, den Urlaub im Wege des **Schadensersatzes** nach §§ 283 S. 1, 280 Abs. 1, 275 Abs. 1, 249 Abs. 1 BGB nachzugewähren.

377 **26.** Wird infolge der Kurzarbeit an einzelnen Tagen der Woche überhaupt nicht gearbeitet, sollte der Arbeitgeber Anträgen auf **Stückelung des Erholungsurlaubs** zwischen den Ausfalltagen nicht nachkommen, sondern darauf hinwirken, dass auch die Ausfalltage in den Urlaub einbezogen und die betreffenden Arbeitnehmer insoweit von der Kurzarbeit ausgenommen werden. Er liefe andernfalls Gefahr, dass die Förderung der Ausfallzeiten durch die Agentur für Arbeit entfällt (*Bauer/Kern* NZA 2009, 925, 927). Nach Ziffer 2.8.2 Abs. 3 der Geschäftsanweisung zum konjunkturellen Kurzarbeitergeld der Agentur für Arbeit (Stand Juni 2013) ist ein erheblicher Arbeitsausfall i.S.d. § 96 SGB III grundsätzlich zu verneinen, wenn der vom Arbeitnehmer in Anspruch genommene Urlaub nur von Ausfalltagen unterbrochen wird. Allerdings wird diese strikte Bewertung durch die Anweisung in Ziffer 2.8.2 Abs. 7 relativiert, wonach die tageweise Einbringung von Urlaub während der Kurzarbeit, die den Wünschen der Arbeitnehmer/innen (z.B. die Kombination Kurzarbeit von Montag bis Mittwoch und Urlaub am Donnerstag und Freitag) entspreche, mit Blick auf die Voraussetzungen für das Kurzarbeitergeld nicht zu beanstanden sei.

378 **27.** Auch während einer Kurzarbeitsphase kann sich in Einzelfällen das Erfordernis von Überstunden beziehungsweise Mehrarbeit ergeben. Allerdings gefährdet die Anordnung von Überstunden eine Förderung der Kurzarbeit durch die Agentur für Arbeit, da unter Umständen die Voraussetzungen eines erheblichen Arbeitsausfalls nach § 96 SGB III nicht mehr vorliegen.

Generell ist bei der Durchführung von Mehrarbeit das Mitbestimmungsrecht des Betriebsrates nach § 87 Abs. 1 Nr. 3 BetrVG zu beachten.

379 **28.** Der für die Gewährung von Kurzarbeitergeld notwendige erhebliche Arbeitsausfall nach § 96 SGB III gilt gemäß § 96 Abs. 4 S. 2 Nr. 3 SGB III grundsätzlich als vermeidbar und somit nicht förderungsfähig, wenn er durch die Auflösung von bestehenden Arbeitszeitguthaben überbrückt werden kann. Von einer bestehenden Möglichkeit, Minusstunden im Rahmen eines Arbeitszeitkontos aufzubauen, musste gemäß § 419 Abs. 2 Nr. 2 SGB III jedenfalls bis zum 31. Dezember 2011 kein vorrangiger Gebrauch gemacht werden. Nach § 96 Abs. 4 S. 4 SGB III sind

von der vorrangigen Pflicht zur Auflösung bestimmte Arbeitszeitguthaben ausdrücklich ausgenommen.

29. Grundsätzlich ist der Arbeitgeber auch während der Durchführung von Kurzarbeit berechtigt, **betriebsbedingte Kündigungen** auszusprechen. Allerdings indiziert die Einführung von Kurzarbeit nach der Rechtsprechung des BAG, dass der zugrundeliegende Arbeitsmangel nur vorübergehend ist und daher eine betriebsbedingte Kündigung nicht rechtfertigen kann. Der Arbeitgeber muss daher im Falle einer Kündigung darlegen und beweisen, dass die Beschäftigungsmöglichkeit für einzelne von der Kurzarbeit betroffene Arbeitnehmer auf Dauer entfallen ist (BAG, Urt. v. 26.06.1997 – 2 AZR 494/96, NZA 1997, 1286). Dies wird ihm in der Regel nur gelingen, wenn er über die Gründe für die Einführung der Kurzarbeit hinaus weitere (ggf. später eingetretene) Umstände vortragen kann, die zu einem dauerhaften Wegfall der Beschäftigungsmöglichkeit geführt haben. Zudem muss der Arbeitgeber vor Ausspruch einer Kündigung die Möglichkeiten zur Reduzierung der geschuldeten Arbeitszeit, die ihm die Regelungen zur Kurzarbeit bieten, in vollem Umfang ausgeschöpft haben (BAG, Urt. v. 23.02.2012 – 2 AZR 548/10, NZA 2012, 852; Küttner/*Kreitner* Kurzarbeit Rn. 17). 380

Insoweit gibt die Reglung im vorstehenden Muster nur die Anforderungen der Rechtsprechung wieder. Die Aufnahme eines Zustimmungsvorbehalts des Betriebsrates für betriebsbedingte Kündigungen kann sich im Rahmen der Verhandlungen über den Abschluss der Betriebsvereinbarung als ein mögliches Entgegenkommen für andere Regelungspunkte anbieten und dient als vertrauensbildende Maßnahme. 381

30. Die Einstellung von neuen Arbeitnehmern in dem von der Kurzarbeit betroffenen Betrieb oder Betriebsbereich kann die Förderung durch die Agentur für Arbeit gefährden, da hierdurch gegebenenfalls die Voraussetzungen eines erheblichen Arbeitsausfalls nach § 96 Abs. 4 SGB III beeinträchtigt werden. Der Zustimmungsvorbehalt des Betriebsrates besteht für Einstellungen bei Vorliegen der gesetzlichen Voraussetzungen des § 99 Abs. 1 BetrVG schon nach dem Gesetz und stellt daher keine Mehrbelastung des Arbeitgebers dar. 382

31. Siehe O Rdn. 217 ff. 383

32. Siehe O Rdn. 226. 384

5. Sabbatical

Vorbemerkung

Unter dem aus den USA stammenden Begriff des »Sabbatical« (auch Sabbatjahr) wird klassischerweise eine besondere Form des Langzeiturlaubs verstanden. Der Arbeitnehmer wird dabei über einen längeren Zeitraum von der Arbeit mit der Möglichkeit freigestellt, anschließend wieder auf seinen Arbeitsplatz im Unternehmen zurückzukehren. 385

Sabbaticals dienen vornehmlich dazu, den Arbeitnehmern einen längeren befristeten Ausstieg aus dem Beruf zu ermöglichen. Aus Arbeitgebersicht kann die Vereinbarung eines Sabbaticals mit Arbeitnehmern auch ein ergänzendes Personalinstrument in Krisenzeiten darstellen, um einen bestehenden vorübergehenden Arbeitskräfteüberhang zu überbrücken (*Hock/Hock* ZTR 2010, 222). 386

In der Praxis haben sich verschiedene Ausgestaltungen einer solchen »Auszeit« des Arbeitnehmers entwickelt (siehe hierzu auch Preis/*Necati* Sabbatical S. 260 f.). Dabei ist jedoch festzustellen, dass die Gewährung eines längerfristigen unbezahlten Sonderurlaubs für die Arbeitnehmer in der Regel unattraktiv ist und daher nur selten wahrgenommen wird, denn die Arbeitnehmer sind häufig nicht in der Lage, eine Auszeit vollständig selbst zu finanzieren und haben zudem ein hohes Interesse daran, auch während der Freistellung Sozialversicherungsschutz zu genießen (*Seel* DB 2009, 2210). 387

388 Insoweit sind die sozialversicherungsrechtlichen Vorgaben, insbesondere des § 7 Abs. 1a SGB IV, zu beachten. Danach setzt das Fortbestehen eines sozialversicherungspflichtigen Beschäftigungsverhältnisses während der Freistellung von über einem Monat grundsätzlich voraus, dass der Arbeitnehmer ein Arbeitsentgelt aus einem Wertguthaben i.S.v. § 7b SGB IV erzielt und dieses der Höhe nach nicht unangemessen von dem Arbeitsentgelt für die der Freistellung vorausgegangenen zwölf Monate abweicht. Gemäß § 7 Abs. 1a S. 2 SGB IV besteht bei Freistellungen bis zu einer Dauer von maximal drei Monaten ein sozialversicherungspflichtiges Beschäftigungsverhältnis auch dann, wenn das Arbeitsentgelt nicht aus einem »richtigen« Wertguthaben i.S.d. § 7b SGB IV, sondern aus einer Vereinbarung zur flexiblen Gestaltung der werktäglichen und wöchentlichen Arbeitszeit oder dem Ausgleich betrieblichen Produktions- und Arbeitszyklen fällig ist (siehe hierzu Witschen/Rolfs NZS 2012, 241 ff.).

389 Vor diesem sozialversicherungsrechtlichen Hintergrund sieht das nachstehende Muster ein Sabbatical in Form einer befristeten Teilzeitbeschäftigung vor, die sich aus einer Arbeits- und einer Freistellungsphase zusammensetzt. In Anlehnung an das sog. Blockmodell der Altersteilzeit (§ 2 Abs. 2 ATZG) werden dabei zwischen Arbeitgeber und Arbeitnehmer eine befristete Reduzierung der Arbeitszeit und eine entsprechende Anpassung der Vergütung vereinbart, die es dem Arbeitnehmer ermöglicht, durch Mehrarbeit im ersten »Block« ein entsprechendes Zeitguthaben für die Freistellung innerhalb des zweiten »Blocks« aufzubauen.

390 Bei der Umsetzung und Durchführung eines Sabbaticals sind insbesondere die Mitbestimmungsrechte des Betriebsrates nach § 87 Abs. 1 Nr. 2 BetrVG (Beginn und Ende der täglichen Arbeitszeit sowie Verteilung der Arbeitszeit auf die Wochentage) und § 87 Abs. 1 Nr. 3 BetrVG (vorübergehende Verkürzung oder Verlängerung der betriebsüblichen Arbeitszeit) zu beachten.

▶ Muster – Sabbatical

391 Zwischen der ____[Name]____ GmbH (im Folgenden: »Unternehmen«)

und

dem Betriebsrat der ____[Name]____ GmbH (im Folgenden: »Betriebsrat«)

wird folgende Betriebsvereinbarung zur Möglichkeit eines bezahlten Sabbaticals vereinbart:

Präambel

Den Mitarbeitern des Unternehmens soll die Möglichkeit eröffnet werden, auf ihren Wunsch von der Arbeitspflicht unter Fortbestand des Arbeits- und Beschäftigungsverhältnisses und Fortzahlung einer Vergütung für eine Dauer von maximal zwölf Monaten freigestellt werden zu können («Sabbatical«). Vorrangiges Ziel dieser Betriebsvereinbarung ist dabei nicht die Flexibilisierung der Arbeitszeit, sondern den Mitarbeitern einen längeren bezahlten Ausstieg aus dem Berufsleben zu ermöglichen. Hierdurch soll die Motivation der Mitarbeiter erhöht und insbesondere Burnout-Syndromen vorgebeugt werden. Die Betriebsparteien verstehen das Sabbatical als wichtiges Instrument zur Steigerung der Wettbewerbsfähigkeit des Unternehmens.

§ 1 Geltungsbereich [1]

(1) Diese Betriebsvereinbarung gilt persönlich für alle Arbeitnehmer des Unternehmens (»Mitarbeiter«), die in einem ungekündigten und unbefristeten Arbeitsverhältnis stehen, das seit mindestens drei Jahren Bestand hat. Ausgenommen sind

- geringfügig Beschäftigte i.S.d. § 8 Abs. 1 SGB IV,
- Auszubildende sowie
- leitende Angestellte i.S.v. § 5 Abs. 3 BetrVG.

(2) Räumlich gilt diese Betriebsvereinbarung für alle Mitarbeiter des Unternehmens am Standort [Ort und Anschrift] .

(3) Sachlich gilt diese Betriebsvereinbarung zur Festlegung von Bedingungen, unter denen Mitarbeiter unter Fortbestand des Arbeitsverhältnisses für einen bestimmten Zeitraum bezahlt von der Arbeit freigestellt werden können.

§ 2 Sabbatical-Vertrag

(1) Mitarbeiter im Geltungsbereich dieser Betriebsvereinbarung haben die Möglichkeit, mit dem Unternehmen einen Vertrag über eine bezahlte Freistellung von der Arbeit für einen Zeitraum von mindestens drei bis maximal zwölf Monaten zu vereinbaren (»Sabbatical-Vertrag«). [2]

(2) Für die Laufzeit des Sabbatical-Vertrages wird zusätzlich zum ansonsten unverändert bestehenden Arbeitsvertrag zwischen Mitarbeiter und Unternehmen eine befristete Reduzierung der Arbeitszeit und der Vergütung vereinbart. Die regelmäßige individuelle Arbeitszeit des Mitarbeiters und entsprechend die Vergütung sind dabei wahlweise um ein Viertel oder die Hälfte zu reduzieren. [3]

(3) Die Arbeitszeit wird über die Dauer des Sabbatical-Vertrages so verteilt, dass der Mitarbeiter zunächst weiterhin im bisherigen zeitlichen Umfang der individuellen Arbeitszeit eingesetzt (»Ansparphase«) und anschließend aufgrund des erworbenen Guthabens von der Arbeit freigestellt wird (»Freistellungsphase«).

§ 3 Ansparphase

(1) Die Ansparphase dauert unabhängig vom Umfang der vereinbarten Arbeitszeitverringerung längstens 36 Monate.

(2) Das Unternehmen verpflichtet sich, dem Mitarbeiter in der Ansparphase zu ermöglichen, die zum Aufbau des notwendigen Guthabens erforderliche wöchentliche Mehrarbeit zu leisten, soweit dem keine besonderen betrieblichen Belange entgegenstehen. [4]

(3) Reicht am Ende der vereinbarten Ansparphase das erworbene Guthaben aufgrund vom Mitarbeiter nicht zu vertretender Umstände nicht aus, die gesamte Zeit der beabsichtigten Freistellungsphase abzudecken, kann nach Wunsch des Mitarbeiters entweder die Freistellungsphase entsprechend des fehlenden Guthabens verkürzt oder die Ansparphase um den Zeitraum verlängert werden, der zum Erwerb des fehlenden Guthabens erforderlich ist. [5]

(4) Der Mitarbeiter hat dem Unternehmen bei Vorliegen der Voraussetzungen des Abs. 3 unverzüglich mitzuteilen, ob er die Freistellungsphase verkürzen oder die Ansparphase verlängern möchte. Die Arbeitsvertragsparteien haben anschließend eine entsprechende schriftliche Abänderung des Sabbatical-Vertrages zu vereinbaren.

§ 4 Sabbatical-Konto

(1) Das durch die Überschreitung der nach § 2 Abs. 2 reduzierten Arbeitszeit während der Ansparphase erworbene Guthaben wird anhand der individuellen Bruttovergütung des Mitarbeiters pro Stunde (einschließlich des darauf entfallenden Arbeitgeberanteils am Gesamtsozialversicherungsbeitrag) in einen Geldwert umgerechnet und auf einem gesondert geführten Konto zeitgleich mit der Abrechnung und Auszahlung der monatlichen Vergütung gutgeschrieben (»Sabbatical-Konto«). Der Mitarbeiter wird über seinen Kontostand monatlich mit der Gehaltsabrechnung in Textform informiert. [6]

(2) Das Wertguthaben auf dem Sabbatical-Konto ist vom Unternehmen mit der ersten Gutschrift anzulegen und gegen Insolvenz zu sichern. [7] Dazu schließt das Unternehmen für den jeweiligen Mitarbeiter einen speziellen Einzelvertrag zur Rückdeckung des Wertguthabens mit einer Garantieverzinsung bei einem Versicherungsunternehmen seiner Wahl ab.

(3) Zum Zwecke der Insolvenzsicherung werden die Ansprüche aus dem Rückdeckungsvertrag an den jeweiligen Mitarbeiter verpfändet. Die Kosten für die Anlage des Wertguthabens und des Insolvenzsicherungsschutzes werden durch das Unternehmen getragen. Im Gegenzug stehen dem Unternehmen die Erträge aus der Rückdeckung zu. [8]

(4) Das Unternehmen überlässt dem Mitarbeiter Abschriften der regelmäßigen Abrechnungsschreiben des Rückdeckungsvertrages in Kopie.

(5) Das Guthaben auf dem Sabbatical-Konto ist zum Geldwert vererblich.

§ 5 Freistellungsphase und Rückkehr

(1) Die Freistellungsphase schließt sich unmittelbar an die Ansparphase an und endet spätestens, wenn das Guthaben auf dem Sabbatical-Konto aufgebraucht ist. [9]

(2) Während der Freistellungsphase ist der Mitarbeiter von seiner Pflicht zur Arbeitsleistung unwiderruflich freigestellt. Der Bestand des Arbeitsverhältnisses und aller daraus resultierenden Nebenpflichten bleiben hiervon unberührt. [10]

(3) Auch die Zeit der Freistellungsphase wird auf die Betriebszugehörigkeit angerechnet. Dies gilt insbesondere hinsichtlich tarif-, kollektiv-, individualrechtlicher oder sonstiger Ansprüche, die dem Grunde oder der Höhe nach von der Dauer der Betriebszugehörigkeit abhängen, einschließlich der betrieblichen Altersversorgung. [11]

(4) Nach dem Ende der Freistellungsphase wird das Arbeitsverhältnis wieder gemäß des ursprünglichen Arbeitsvertrages mit der darin vereinbarten Arbeitszeit und Vergütung fortgeführt. Der Mitarbeiter hat keinen Anspruch auf Beschäftigung auf demselben Arbeitsplatz, den er vor Beginn des Sabbatical-Vertrages und/oder während der Ansparphase innegehabt hatte. Das Unternehmen ist berechtigt, dem Mitarbeiter unter Wahrung des Direktionsrechtes nach § 106 GewO andere Aufgaben und Tätigkeiten zuzuweisen. [12]

§ 6 Vergütung

(1) Während der Gesamtdauer des Sabbatical-Vertrages erhält der Mitarbeiter eine entsprechend der verringerten Arbeitszeit anteilige monatliche Vergütung in Höhe von 75 % beziehungsweise 50 % der ursprünglich vertraglich geschuldeten Bruttomonatsvergütung. Dem Mitarbeiter muss mindestens eine monatliche Bruttovergütung verbleiben, welche die gesetzliche Grenze der geringfügigen Beschäftigung (zur Zeit: 450,00 €) übersteigt. [13]

(2) Die in der Zeit der Freistellungsphase geschuldete Vergütung wird dem Wertguthaben auf dem Sabbatical-Konto entnommen. Die Auszahlung erfolgt monatlich mit dem üblichen Gehaltslauf nach Abzug von Steuern und Sozialversicherungsbeiträgen. [14]

(3) Sonderzuwendungen und Einmalzahlungen (z.B. Weihnachtsgeld) stehen dem Mitarbeiter jeweils anteilig entsprechend der verringerten Arbeitszeit zu und sind zum jeweiligen Fälligkeitszeitpunkt auszuzahlen.

(4) Der Mitarbeiter hat in der Freistellungsphase keinen Anspruch auf Vergütung, die das auf dem Sabbatical-Konto befindliche Guthaben übersteigt. [15]

(5) Bei etwaigen Überzahlungen ist der Mitarbeiter mit der Einrede nach § 818 Abs. 3 BGB ausgeschlossen.

§ 7 Arbeitsunfähigkeit

(1) Im Falle krankheitsbedingter Arbeitsunfähigkeit während der Ansparphase ist das Unternehmen verpflichtet, Entgeltfortzahlung nach den jeweils geltenden Bestimmungen auf Grundlage der Vergütung nach § 6 Abs. 1 zu leisten. Der Mitarbeiter ist innerhalb des Entgeltfortzahlungszeitraums hinsichtlich der geleisteten Arbeitszeit so zu stellen, als hätte er im bisherigen zeitlichen Umfang seines Arbeitsvertrages i.S.v. § 2 Abs. 3 gearbeitet. [16]

(2) Soweit der Mitarbeiter wegen einer über den Entgeltfortzahlungszeitraum hinausgehenden Arbeitsunfähigkeit während der Ansparphase kein ausreichendes Guthaben zur Abdeckung der Freistellungsphase erworben hat, finden § 3 Abs. 3 und Abs. 4 Anwendung. [17]

(3) Im Falle einer Arbeitsunfähigkeit in der Freistellungsphase hat der Mitarbeiter keinen Anspruch auf Entgeltfortzahlung. Er erhält weiterhin die Vergütung nach § 6 Abs. 1 aus dem Wertguthaben. Die Freistellungsphase wird durch Zeiten der Arbeitsunfähigkeit nicht verlängert. [18]

§ 8 Urlaub

(1) Der Urlaubsanspruch des Mitarbeiters während der Laufzeit des Sabbatical-Vertrages richtet sich nach den geltenden tarif- bzw. individualvertraglichen Regelungen. [19] Er ist im laufenden Kalenderjahr vor Beginn der Freistellungsphase zu nehmen. [20] Während der Freistellungsphase ist eine Urlaubsgewährung nicht möglich. [21]

(2) Der Mitarbeiter erhält während des Urlaubs ein Urlaubsentgelt in Höhe der Vergütung nach § 6 Abs. 1. Er ist hinsichtlich der Arbeitszeit so zu stellen, als hätte er im bisherigen zeitlichen Umfang seines Arbeitsvertrages i.S.v. § 2 Abs. 3 gearbeitet.

§ 9 Antragsverfahren und Vertragsschluss [22]

(1) Der Antrag auf einen Sabbatical-Vertrag ist mindestens drei Monate vor dessen beabsichtigtem Beginn schriftlich an die Personalabteilung zu richten. [23] Der Mitarbeiter hat darin Beginn und Dauer der gewünschten Freistellungsphase sowie den Umfang der beabsichtigten Arbeitszeitverringerung anzugeben.

(2) Arbeitnehmer und Unternehmen sollen sich innerhalb von vier Wochen nach Antragstellung über den Abschluss des beantragten Sabbatical-Vertrages einigen.

(3) Das Unternehmen ist verpflichtet, den Antrag unter Berücksichtigung der betrieblichen und personellen Gegebenheiten wohlwollend zu prüfen und mit dem Mitarbeiter zu erörtern. Er kann insbesondere abgelehnt werden, wenn der begehrten Freistellung dringende betriebliche Gründe entgegenstehen. Dies ist in der Regel der Fall, wenn und solange 5 % der Mitarbeiter des Unternehmens von einer Sabbatical-Regelung Gebrauch machen oder diese Grenze durch den Abschluss eines Sabbatical-Vertrages mit dem Mitarbeiter überschritten werden würde. [24]

(4) Die Ablehnung des Antrags auf einen Sabbatical-Vertrag hat dem Mitarbeiter gegenüber schriftlich und unter Angabe der Gründe zu erfolgen. [25]

(5) Der Sabbatical-Vertrag bedarf der Schriftform [26] und muss mindestens Regelungen über nachfolgende Punkte enthalten:

- Umfang der Arbeitszeitverringerung,
- Beginn und Dauer der Ansparphase,
- Beginn und Dauer der Freistellungsphase und
- Aufklärung über Rechte und Pflichten der Vertragsparteien entsprechend dieser Betriebsvereinbarung.

(6) Eine Änderung oder vorzeitige Beendigung des Sabbatical-Vertrages ist nur einvernehmlich möglich. Im Falle der vorzeitigen Beendigung gelten § 5 Abs. 3 und Abs. 4 sowie nachfolgender § 10 Abs. 3 entsprechend. [27]

(7) Der Abschluss eines weiteren Sabbatical-Vertrages ist frühestens fünf Jahre nach dem Ende der letzten Freistellungsphase möglich. [28]

§ 10 Beendigung des Arbeitsverhältnisses

(1) Das Recht zur Kündigung des Arbeitsverhältnisses für Mitarbeiter und Unternehmen bleibt während der Laufzeit des Sabbatical-Vertrages unberührt. [29]

(2) Wird das Arbeitsverhältnis gekündigt, ist das Unternehmen in der Ansparphase berechtigt, den Mitarbeiter während der Kündigungsfrist auch zum Abbau eines etwaigen Guthabens auf dem Sabbatical-Konto von der Pflicht zur Arbeitsleistung freizustellen. [30]

(3) Besteht im Zeitpunkt der Beendigung des Arbeitsverhältnisses noch ein Guthaben auf dem Sabbatical-Konto, wird dieses dem Mitarbeiter mit der Gehaltszahlung des Austrittsmonats unter Abzug von Steuern und Sozialversicherungsbeiträgen ausgezahlt. [31]

(4) Alternativ zur Auszahlung nach Abs. 3 können Guthaben auf dem Sabbatical-Konto auf schriftlichen Antrag des Mitarbeiters unter den gesetzlichen Voraussetzungen des SGB IV auch auf die Deutsche Rentenversicherung Bund oder einen neuen Arbeitgeber übertragen werden, so-

weit bei diesem eine vergleichbare Wertguthabenregelung besteht und der neue Arbeitgeber einer Übertragung schriftlich zustimmt. [32]

§ 11 Salvatorische Klausel [33]

Sollten eine oder mehrere Bestimmungen dieser Betriebsvereinbarung ganz oder teilweise rechtsunwirksam sein, so wird dadurch die Gültigkeit der übrigen Bestimmungen nicht berührt. Die Parteien verpflichten sich, an Stelle der unwirksamen Bestimmungen eine dem Sinn und Zweck entsprechende Nachfolgeregelung zu vereinbaren.

§ 12 Schlussbestimmungen [34]

(1) Diese Betriebsvereinbarung tritt zum _____[Datum]_____ in Kraft und endet, ohne dass es einer Kündigung bedarf, zum _____[Datum]_____. Die Nachwirkung ist ausgeschlossen.

(2) Auf Mitarbeiter, die sich über den zuvor genannten Zeitraum hinaus in der Anspar- oder Freistellungsphase befinden, finden die Regeln bis zum Ende des Sabbatical-Vertrages beziehungsweise ihrer Rückkehr auf einen Arbeitsplatz im Unternehmen weiter Anwendung.

(3) Änderungen oder Ergänzungen dieser Vereinbarung bedürfen zu ihrer Wirksamkeit der Schriftform.

_____[Ort]_____, den _____[Datum]_____

_____
(Unterschrift Geschäftsführer/in)

_____
(Unterschrift Betriebsratsvorsitzende/r)

Erläuterungen

Schrifttum

Besgen Und es geht doch: Keine Arbeit – kein Urlaub!, FA 2015, 5; *Böhm* Sabbatical-Vereinbarung, ArbRB 2010, 289; *Böhm* Langzeitarbeitszeitkonten auf dem Prüfstand, ArbRB 2015, 19; *Frank* Regelungsbedarf und Haftungsfallen in Wertkontenmodellen, NZA 2008, 152; *Hanau/Veit* Neues Gesetz zur Verbesserung der Rahmenbedingungen für die Absicherung flexibler Arbeitszeitregelungen und zur Änderung anderer Gesetze, NJW 2009, 182; *Hanau/Veit/Hoff* Recht und Praxis der Arbeitszeitkonten, 2. Aufl. 2015; *Heinze* Flexible Arbeitszeitmodelle, NZA 1997, 681; *Hock/Hock* Die Umsetzung des Sabbatical-Modells im TVöD/TV-L, ZTR 2010, 222; *Klemm* Lebensarbeitszeitkonten – ein Modell für die Zukunft, NZA 2006, 946; *Kolvenbach/Sprick* Zeitwertkonten und Flexi II, AuA 2014, 173; *Preis* Innovative Arbeitsformen, 2005; *Rolfs/Witschen* Neue Regeln für Wertguthaben, NZS 2009, 295; *Rolfs/Witschen* Keine Beschäftigung ohne Arbeit?, NZA 2011, 881; *Salaw-Hanselmaier* Sabbatical und Elterngeld – geht das zusammen?, ZRP 2009, 179; *Schaller* Durchführung von Sabbatjahrmodellen im Kommunalbereich, KommunalPraxis BY 2011, 99; *Seel* Auszeit auf Zeit als Personalinstrument in der Krise – Worauf ist bei »Sabbaticals« zu achten? DB 2009, 2210; *Sterzinger* Steuerliche Behandlung von Zeitwertkonten BB 2012, 2728; *Waltermann* Alternde Arbeitswelt – Welche arbeits- und sozialrechtlichen Regelungen empfehlen sich?, NJW 2008, 2529; *Westphal* Zeitwertkonten – Wertguthabenvereinbarung und Freistellungsphase, BB 2011, 1781; *Wisskirchen/Bissels* Arbeiten, wenn Arbeit da ist – Möglichkeiten und Grenzen der Vereinbarungsbefugnis zur Lage der Arbeitszeit, NZA-Beilage 2006, Nr. 1, 24; *Witschen/Rolfs* Beschäftigung und Freistellung bei flexibler Arbeitszeit – der neue § 7 Abs. 1a Satz 2 SGB IV, NZS 2012, 241; *Zetl* Hinweise zur Durchführung so genannter Sabbatjahrmodelle, ZMV 2011, 28; *Zumkeller* Sabbatical & Co. im Unternehmen, AuA 2015, 707.

392   **1.** Die Betriebsparteien können den persönlichen Geltungsbereich einer Betriebsvereinbarung auf bestimmte Arbeitnehmergruppen beschränken beziehungsweise bestimmte Arbeitnehmergruppen ausdrücklich aus der Anwendung der Betriebsvereinbarung ausnehmen. Dabei haben sie jedoch den arbeitsrechtlichen Gleichbehandlungsgrundsatz zu beachten (Richardi/*Richardi* § 77 BetrVG Rn. 103).

393   Insoweit bestehen gegen die Ausnahme von ausscheidenden und zeitlich befristeten Arbeitnehmern keine Bedenken, da das Sabbatical-Modell in diesen Fällen überhaupt nicht durchführbar

ist. Auch die Ausnahme von Auszubildenden ist vor dem Hintergrund des mit dem Sabbatical verfolgten Zwecks sachlich geboten.

2. Für die Dauer einer möglichen Freistellungsphase gibt es grundsätzlich keine rechtlichen Grenzen. In der Praxis bewegen sich Sabbatical-Zeiten oftmals zwischen sechs und zwölf Monaten (*Seel* DB 2009, 2210, 2211). Denkbar sind aber auch Freistellungsphasen von 24 Monaten oder mehr. Allerdings sollte aus Gründen der Planbarkeit für Arbeitgeber und Arbeitnehmer darauf geachtet werden, dass sich die Gesamtlaufzeit des Sabbatical-Vertrages, also der Anspar- und Freistellungsphase, in einer überschaubaren Zeitspanne hält.

Das Muster beschränkt die Freistellungsphase auf maximal zwölf Monate. Im Zusammenspiel mit der Regelung in § 3 Abs. 1 wird dadurch sichergestellt, dass der Sabbatical-Vertrag längstens 48 Monate dauert.

3. Das Kernelement des Sabbatical-Modells ist die zeitlich **befristete Reduzierung der geschuldeten Arbeitszeit** und entsprechend anteilig der Vergütung des Arbeitnehmers. Arbeitgeber und Arbeitnehmer vereinbaren für die Dauer des Sabbatical-Vertrages auf individualvertraglicher Ebene durchgehend eine **Teilzeitbeschäftigung**. Die Verteilung der Arbeitszeit erfolgt im Anschluss vergleichbar dem Blockmodell in Rahmen der Altersteilzeit. Während der Ansparphase arbeitet der Arbeitnehmer weiter im bisherigen Umfang. Die hieraus entstehende Mehrarbeit wird nicht vergütet, sondern einem Arbeitszeitkonto gutgeschrieben. Das so erworbene Arbeitszeitguthaben wird anschließend in der Freistellungsphase wieder abgebaut. Der Arbeitnehmer erhält dabei durchgehend die Vergütung auf Basis der reduzierten Stundenzahl.

4. Die individualvertragliche Reduzierung der Arbeitszeit ist für den Arbeitnehmer verbindlich. Er kann also vom Arbeitgeber grundsätzlich nicht verlangen, Mehrarbeit beziehungsweise Überstunden zu leisten (Preis/*Necati* Sabbatical S. 268). Auf der anderen Seite ist ausschließlicher Sinn und Zweck der Arbeitszeitverringerung, dem Arbeitnehmer den Aufbau eines Zeitguthabens für die Freistellungsphase zu ermöglichen. Vor diesem Hintergrund wäre es aus Sicht des Arbeitgebers wohl pflichtwidrig, den Arbeitnehmer zumindest nicht im Rahmen der bestehenden Möglichkeiten überobligatorisch einzusetzen.

Die im Muster gewählte Formulierung normiert daher zwar eine grundsätzliche Verpflichtung des Arbeitgebers, dem Arbeitnehmer die erforderlichen Überstunden zu ermöglichen. Gleichzeitig wird die Pflicht aber auf Fälle beschränkt, in denen der Mehrarbeit keine besonderen betrieblichen Belange entgegenstehen. Der Arbeitgeber behält sich somit die Möglichkeit vor, insbesondere in Zeiten eines konjunkturell bedingten Arbeitskräfteüberhangs, den Arbeitnehmer nur entsprechend der individualvertraglich geschuldeten reduzierten Stundenzahl zu beschäftigen.

5. Für den Fall, dass der Arbeitnehmer nicht in der Lage ist, während der Ansparphase ein für die beabsichtigte Dauer der Freistellungsphase ausreichendes Wertguthaben zu erarbeiten, bedarf es einer ausdrücklichen Regelung für den Eintritt eines solchen Störfalls. Aus Arbeitgebersicht sollte dabei darauf geachtet werden, dass der Arbeitnehmer nicht mehr Freistellungszeit in Anspruch nehmen kann, als er sich im Vorfeld an Wertguthaben angespart hat. Anderenfalls müsste der Arbeitgeber mit Teilen der Vergütung in Vorleistung treten.

Das Muster sieht insoweit ein **Wahlrecht des Arbeitnehmers** vor, entweder die Freistellungsphase entsprechend des fehlenden Guthabens zu verkürzen oder die Ansparphase entsprechend zu verlängern. Aufgrund des gesetzlichen Schriftformerfordernisses für Wertguthabenvereinbarungen ist die Änderung des Sabbatical-Vertrages schriftlich zwischen Arbeitgeber und Arbeitnehmer zu vereinbaren.

6. Aus Sicht des Arbeitnehmers ist ein Sabbatical in der Regel nur dann wirklich attraktiv, wenn auch während der Freistellungsphase der **Fortbestand der bestehenden gesetzlichen Sozialversicherungen** (Renten-, Kranken-, Pflege- und Arbeitslosenversicherung) gewährleistet ist. Nach § 7 Abs. 1a S. 1 Nr. 1 SGB IV ist hierfür bei einer Freistellung von drei und/oder mehr Monaten zwingende Voraussetzung, dass während der Freistellung Arbeitsentgelt aus einem Wertguthaben nach § 7b SGB IV fällig ist (zur Neuregelung in § 7 Abs. 1a S. 2 SGB IV für Freistellungen bis zu drei Monaten siehe im Einzelnen Witschen/Rolfs, NZS 2012, 241).

402 Ein **Wertguthaben** in diesem Sinne liegt nur vor, wenn der Aufbau des Guthabens aufgrund einer **schriftlichen Vereinbarung** erfolgt. Diese Vereinbarung darf jedoch nicht mit dem Ziel geschlossen werden, eine flexible Gestaltung der werktäglichen oder wöchentlichen Arbeitszeit oder den Ausgleich von betrieblichen Produktions- und Arbeitszyklen zu erreichen. Vielmehr soll das Wertguthaben nur für Zeiten der Freistellung von der Arbeitsleistung oder für eine Verringerung der vertraglich vereinbarten Arbeitszeit verwendet werden dürfen. Zugleich soll es durch eine vor oder nach der Freistellung beziehungsweise Verringerung der Arbeitszeit erbrachte Arbeitsleistung erwirtschaftet worden sein. Das aus dem Wertguthaben fällige Arbeitsentgelt muss dabei während der Freistellungsphase stets € 450 brutto monatlich übersteigen (zu den Voraussetzungen des § 7b SGB IV ausführlich *Rolfs/Witschen* NZS 2009, 295 ff. sowie *Hanau/Veit* NJW 2009, 183 ff.).

403 Hinsichtlich der Führung und Verwaltung von Wertguthaben gibt § 7d Abs. 1 S. 2 SGB IV vor, dass Wertguthaben einschließlich des Arbeitgeberanteils am Gesamtsozialversicherungsbeitrag als Arbeitsentgeltguthaben zu führen sind. Dementsprechend sind Arbeitszeitguthaben stets in Arbeitsentgelt umzurechnen.

404 Die Arbeitnehmer müssen mindestens einmal jährlich in Textform über die Höhe ihres im Wertguthaben enthaltenen Arbeitsentgeltguthabens unterrichtet werden (§ 7d Abs. 2 SGB IV). Aus personalpolitischen Gründen und um fehlendes Guthaben für die Freistellungsphase möglichst frühzeitig zu erkennen, sieht das Muster eine monatliche Information des Arbeitnehmers vor.

405 **7.** § 7e Abs. 1 SGB IV verpflichtet den Arbeitgeber, Maßnahmen zur **Insolvenzsicherung des Wertguthabens** einschließlich des darin enthaltenen Gesamtsozialversicherungsbeitrags zu veranlassen, soweit der Bruttowert des Guthabens die Höhe der monatlichen Bezugsgröße i.S.d. § 18 Abs. 1 SGB IV übersteigt. Dabei ist sicherzustellen, dass das Wertguthaben von dem in die Insolvenzmasse fallenden Vermögen des Arbeitgebers getrennt wird und vom Arbeitnehmer im Insolvenzfall nach § 47 InsO vollständig ausgesondert werden könnte (*Rolfs/Witschen* NZS 2009, 295, 301).

406 Neben dem in § 7e Abs. 2 S. 1 SGB IV aufgeführten Treuhändermodell können auch andere, gleichwertige Sicherungsmittel gewählt werden. Denkbar sind insbesondere Versicherungs-, schuldrechtliche Verpfändungs- und Bürgschaftsmodelle mit ausreichendem Schutz gegen Kündigungen (§ 7e Abs. 2 S. 2 SGB IV).

407 Das Muster sieht als Mittel der Insolvenzsicherung das **Versicherungsmodell einer Zeitkontenrückdeckung** vor. Der Arbeitgeber zahlt hierbei die zur Absicherung des Wertguthabens erforderlichen finanziellen Mittel zuzüglich seines Anteils am Gesamtsozialversicherungsbeitrag in einen »Zeitkontenrückdeckungsversicherungsvertrag« ein. Die eingezahlten Mittel erhalten eine bestimmte Garantieverzinsung. Zur Insolvenzsicherung des Arbeitnehmers wird das Konto an diesen verpfändet. Wechselt der Arbeitnehmer in die Freistellungsphase, kann der Arbeitgeber unter Berücksichtigung des Pfandrechts Mittel zur Finanzierung des laufenden Entgelts zurückfordern.

408 **8.** Wem die Rendite aus der Wertguthabenanlage zusteht, kann frei vereinbart werden (*Küttner/Schlegel* Wertguthaben/Zeitguthaben Rn. 24). Das Muster sieht vor, dass der Ertrag dem Arbeitgeber zusteht als Ausgleich für den mit der Kontenführung und der Insolvenzsicherung verbundenen Verwaltungs- und Kostenaufwand.

409 Denkbar ist auch, die Zinserträge an den Arbeitnehmer auszuzahlen.

Alternative:

[Die Erträge aus der Rückdeckung stehen dem Mitarbeiter zu. Das Zinsguthaben ist mit dem üblichen Gehaltslauf des Monats abzurechnen und auszuzahlen, in dem die Freistellungsphase endet.]

9. Die Freistellung sollte zeitlich auf den Umfang des positiven Wertguthabens beschränkt bleiben, um zu verhindern, dass der Arbeitgeber mit der Vergütung in Vorleistung treten muss. Ein negatives Wertguthaben ist daher bereits in der Betriebsvereinbarung auszuschließen.

10. Die Regelung soll klarstellen, dass der Arbeitnehmer auch während der Freistellungsphase an die arbeitsvertraglichen Nebenpflichten wie das vertragliche **Wettbewerbsverbot**, einen etwaigen Zustimmungsvorbehalt oder eine Anzeigenpflicht bei der Aufnahme von **Nebentätigkeiten** sowie **Verschwiegenheits- und Geheimhaltungspflichten** gebunden ist. Dies sollte auch ausdrücklich in den Sabbatical-Vertrag aufgenommen werden, um Konflikte zu vermeiden.

11. Der Arbeitnehmer bleibt auch während der bezahlten Freistellungsphase Angehöriger des Betriebs (Preis/*Necati* Sabbatical S. 265 f.). Er ist daher etwa auch aktiv und passiv wahlberechtigt im Sinne der §§ 7 ff. BetrVG.

12. Das ursprüngliche (Vollzeit-)Arbeitsverhältnis lebt nach dem Ende des befristeten Sabbatical-Vertrages wieder auf. Der Arbeitnehmer hat grundsätzlich Anspruch auf vertragsgemäße Beschäftigung und Vergütung auf seinem bisherigen Arbeitsplatz. Allerdings kann der Arbeitgeber dem Arbeitnehmer kraft seines arbeitsvertraglichen Direktionsrechtes auch andere Aufgaben und Tätigkeiten übertragen (*Seel* DB 2009, 2210, 2211).

13. § 7b Nr. 5 SGB IV schreibt zwingend vor, dass das aus dem Wertguthaben fällige Arbeitsentgelt während der Freistellungsphase € 450 brutto im Monat übersteigen muss. Damit soll vermieden werden, dass der Sozialversicherungsschutz des Arbeitnehmers wegen des Absinkens unter die Geringfügigkeitsschwelle des § 8 Abs. 1 SGB IV gefährdet wird (ErfK/*Rolfs* § 7b SGB IV Rn. 6). Eine Ausnahme von diesem Grundsatz gestattet das Gesetz nur für den Fall, dass der Arbeitnehmer bereits vor der Freistellungsphase unterhalb der Geringfügigkeitsgrenze beschäftigt wurde.

14. Auch im Rahmen von Wertkonten entsteht die **Lohnsteuerschuld** erst im Zeitpunkt des Lohnzuflusses. Weder die Wertguthabenvereinbarung im Sabbatical-Vertrag noch die jeweilige Wertgutschrift auf dem Sabbatical-Konto führen zum Zufluss von Arbeitslohn und damit einer Besteuerung (*Seel* DB 2009, 2210, 2211, Fn. 5). Dies ist vielmehr erst im Zeitpunkt der tatsächlichen Entnahme, also der Auszahlung an den Arbeitnehmer der Fall (Küttner/*Seidel* Wertguthaben/Zeitguthaben Rn. 7).

Auch aus sozialversicherungsrechtlicher Sicht werden die **Gesamtsozialversicherungsbeiträge aus dem Wertguthaben** erst fällig, wenn dieses aufgelöst, also an den Arbeitnehmer ausgezahlt wird. Die Beträge sind aus der dem Arbeitnehmer jeweils zustehenden Rate zu zahlen (§ 23b Abs. 1 SGB IV). Während der Ansparphase sind die Beiträge auf Grundlage der jeweils zur Zahlung fälligen (reduzierten) Arbeitsvergütung zu entrichten (Küttner/*Schlegel* Wertguthaben/Zeitguthaben Rn. 36). Siehe zur lohn- und einkommensteuerlichen Behandlung im Einzelnen BMF-Schreiben v. 17.06.2009 – IV C 5 – S 2332/07/004 (BStBl. I S. 1286 sowie Abrufbar unter www.bundesfinanzministerium.de).

15. Siehe O Rdn. 410.

16. Einer ausdrücklichen Regelung bedürfen die Auswirkungen von Arbeitsunfähigkeitszeiten des Arbeitnehmers insbesondere während der Ansparphase.

Im Entgeltfortzahlungszeitraum ist der Arbeitgeber zur Leistung der Vergütung verpflichtet, die bei der individuellen regelmäßigen Arbeitszeit des betroffenen Arbeitnehmers angefallen wäre (§ 4 Abs. 1 EFZG). Bei der Bestimmung der regelmäßigen individuellen Arbeitszeit haben Überstunden gemäß § 4 Abs. 1a EFZG ohne Berücksichtigung zu bleiben, so dass die Entgeltfortzahlung eigentlich auf Basis der reduzierten Teilzeitvergütung zu erfolgen hat (zum Begriff der »maßgebenden regelmäßigen Arbeitszeit« siehe ausführlich AR/*Vossen* § 4 EFZG Rn. 21 ff.).

420 Um der gesetzlichen Risikoverteilung bei Erkrankungen innerhalb des Entgeltfortzahlungszeitraumes gerecht zu werden, darf der Arbeitnehmer allerdings bei der Höhe der Wertgutschrift seiner Arbeitszeit durch die Arbeitsunfähigkeit keine Nachteile erleiden. Er ist daher auf dem Sabbatical-Konto so zu stellen, als hätte er die durchschnittlich erforderliche Mehrarbeit geleistet.

421 **17.** Nach Ablauf des Entgeltfortzahlungszeitraumes verliert der Arbeitnehmer seinen Anspruch auf Vergütung gegenüber dem Arbeitgeber und erhält gemäß § 44 SGB V Krankengeld von der zuständigen Krankenkasse. Das Krankengeld bemisst sich dabei nach der ausgezahlten (anteiligen) Arbeitsvergütung (*Hock/Hock* ZTR 2010, 222, 224). Ein Aufbau von Wertguthaben ist dem Arbeitnehmer daher in dieser Zeit nicht möglich.

422 Das Muster sieht in Anbetracht der identischen Interessenlage einen Verweis auf die Störfallregelung in § 3 Abs. 3 vor (siehe hierzu O Rdn. 399 f.). Auf Wunsch des Arbeitnehmers kann die Freistellungsphase also entsprechend verkürzt oder die Ansparphase entsprechend verlängert werden.

423 **18.** Die **Arbeitsunfähigkeit** des Arbeitnehmers während der Freistellungsphase ist – jedenfalls aus Sicht des Arbeitgebers – weitgehend unproblematisch. Dem Arbeitnehmer steht kein Anspruch auf Entgeltfortzahlung zu, da die Arbeitsleistung nicht infolge der Krankheit, sondern aufgrund der Freistellung entfällt (*Frank* NZA 2008, 152, 154). Auch steht dem Arbeitnehmer kein Anspruch auf Krankengeld zu. Er erhält dafür sowohl innerhalb als auch nach Ablauf des Entgeltfortzahlungszeitraumes das (reduzierte) Arbeitsentgelt aus dem angesparten Wertguthaben.

424 Gerade bei Langzeiterkrankungen stellt sich für den Arbeitnehmer das Problem, dass er die Freistellungsphase faktisch nicht in Anspruch nehmen kann. Er trägt das volle Risiko einer Erkrankung in der Freistellungsphase (Preis/*Necati* S. 270). Insoweit kommt eine unmittelbare oder analoge Anwendung des § 9 BUrlG jedoch nicht in Betracht.

425 **19.** Allein aufgrund der Umwandlung in ein befristetes Teilzeitarbeitsverhältnis ergeben sich für den Urlaubsanspruch des Arbeitnehmers keine Besonderheiten.

426 Es gilt grundsätzlich der Urlaubsanspruch für Vollzeitbeschäftigte. Maßgeblich für die Urlaubsdauer ist – vorbehaltlich anderslautender Regelungen im Arbeits- oder Tarifvertrag – an wie vielen Tagen der Arbeitnehmer in der Woche tatsächlich beschäftigt wird. Die Zahl der Wochenarbeitstage ist ins Verhältnis zu den Wochenarbeitstagen eines Vollzeitmitarbeiters zu setzen. Ist etwa der Erholungsurlaub vertraglich auf 30 Arbeitstage bei einer Verteilung der Arbeitszeit auf fünf Wochentage festgelegt, hat der an nur drei Tagen in der Woche arbeitende teilzeitbeschäftigte Arbeitnehmer einen Urlaubsanspruch von 18 Tagen (siehe hierzu DLW/*Dörner* Kap. 3 Rn. 2254 ff.).

427 Aufgrund der Blockbildung bei der Arbeitszeit ist für die Umrechnung während des Sabbatical jeweils das gesamte Kalenderjahr zugrunde zu legen. Dies ist bei unregelmäßiger Verteilung der Arbeitszeit allgemein anerkannt (ErfK/*Gallner* § 3 BUrlG Rn. 19). Für die Berechnung ist folgende Formel anzuwenden: Tarifliche/gesetzliche Urlaubsdauer geteilt durch die Jahresarbeits- bzw. Jahreswerktage (260 bei einer 5-Tage-Woche; 312 bei einer 6-Tage-Woche) multipliziert mit den Tagen, an denen der Arbeitnehmer während des Jahres zur Arbeit verpflichtet ist (siehe hierzu ausführlich mit Berechnungsbeispielen *Hock/Hock* ZTR 2010, 222, 227).

428 **20.** Der Arbeitnehmer sollte verpflichtet werden, den ihm zustehenden Jahresurlaub – soweit wie möglich – vor Beginn der Freistellungsphase in Anspruch zu nehmen. Dies ist auch aus Sicht des Arbeitnehmers sinnvoll, da ein am Ende der Ansparphase noch bestehender Urlaubsanspruch je nach Länge und zeitlicher Lage der Freistellungsphase gemäß § 7 Abs. 3 BUrlG beziehungsweise den einschlägigen individual- oder kollektivrechtlichen Regelungen verfallen kann (*Hock/Hock* ZTR 2010, 222, 227).

21. Eine Urlaubsgewährung in der Freistellungsphase scheidet aus, da der Arbeitnehmer bereits aufgrund der Freistellung nicht mehr zur Arbeit verpflichtet ist. Der Freistellungserfolg des Urlaubs kann daher nicht mehr eintreten (vgl. BAG, Urt. v. 16.12.2008 9 AZR 164/08, NZA 2009, 689 zur vergleichbaren Konstellation bei Kurzarbeit »null«). Zu beachten ist, dass grundsätzlich auch für den Zeitraum einer vereinbarten Freistellung der gesetzliche Urlaubsanspruch in ungekürzter Höhe entsteht (vgl. BAG, Urt. v. 06.05.2014 – 9 AZR 678/12, NZA 2014, 959; siehe hierzu aber auch *Besgen* FA 2015, 5 und die Umrechnung nach O Rdn. 425 ff.).

22. Für Arbeitnehmer existiert **kein gesetzlicher Anspruch auf ein Sabbatical** oder eine andere Form einer vorübergehenden »Auszeit« im Arbeitsverhältnis. Ein solcher Anspruch sollte aus Sicht des Arbeitgebers deshalb auch nicht auf betrieblicher Ebene geschaffen werden. Vielmehr muss der Arbeitgeber unter Beachtung des Gleichbehandlungsgrundsatzes und Berücksichtigung betrieblicher Belange frei entscheiden können, mit wem er einen Sabbatical-Vertrag schließen möchte und mit wem nicht.

23. Das Muster sieht daher die Ausgestaltung eines Antragsverfahrens vor, innerhalb dessen sich Arbeitgeber und Arbeitnehmer einvernehmlich auf den Abschluss eines Sabbatical-Vertrages einigen müssen.

23. Da die Planung und Durchführung eines Sabbatical einer gewissen Vorbereitungszeit bedarf, ist in die Betriebsvereinbarung eine ausreichend lange Antragsfrist aufzunehmen.

24. Die Formulierung ist an die gesetzliche Regelung in § 3 Abs. 1 Nr. 3 Altersteilzeitgesetz (ATZG) angelehnt und soll sicherstellen, dass der Arbeitgeber nicht durch eine übermäßige Inanspruchnahme von Sabbatical-Verträgen überfordert wird (siehe zur Regelung im ATZG ausführlich AR/*Klose* § 3 ATZG Rn. 22 ff.). Zwar besteht – anders als im Rahmen der Altersteilzeit – kein Anspruch des Arbeitnehmers auf eine entsprechende Änderung seines Arbeitsvertrages (siehe hierzu O Rdn. 430). Die Aufnahme der Regelung erscheint aber dennoch sinnvoll, um mit dem Betriebsrat Einigkeit darüber herzustellen, dass die Zahl der Sabbatical-Verträge auf ein bestimmtes Höchstmaß begrenzt ist. Zudem eröffnet die Regelung ein auch für den betroffenen Arbeitnehmer transparentes Entscheidungskriterium und erhöht damit die Akzeptanz einer etwaigen Ablehnung eines Antrags.

25. Durch die schriftliche Begründung einer ablehnenden Entscheidung des Arbeitgebers wird die Akzeptanz des betroffenen Arbeitnehmers gefördert. Der Arbeitgeber hat allerdings darauf zu achten, im Ablehnungsschreiben keine Indizien für eine etwaige Benachteiligung des Arbeitnehmers i.S.d. AGG zu schaffen.

26. Der Sabbatical-Vertrag muss vor dem Hintergrund des **gesetzlichen Formerfordernisses aus § 7b Nr. 1 SGB IV** in jedem Fall schriftlich geschlossen werden. Nur so wird der Fortbestand eines sozialversicherungspflichtigen Beschäftigungsverhältnisses sichergestellt (zum Sabbatical-Vertrag siehe auch Muster E Rdn. 166).

27. Einer ausdrücklichen Regelung bedarf die Frage nach einer **vorzeitigen Beendigungsmöglichkeit des Sabbatical-Vertrages**. Da Grundlage des Sabbatical eine individualvertragliche befristete Änderung des Arbeitsvertrages ist, dürfte die Einräumung eines einseitigen Kündigungsrechts – jedenfalls für den Arbeitgeber – rechtlich nicht zulässig sein. Aus Arbeitgebersicht sollte aber auch ein einseitiges Lösungsrecht für den Arbeitnehmer vermieden werden. Dies wäre angesichts der notwendigen Vorbereitungshandlungen und Aufwendungen des Arbeitgebers (z.B. Umorganisation des betrieblichen Arbeitsablaufs, Einstellung einer Ersatzkraft, Insolvenzsicherung des Wertguthabens) mit einem unkalkulierbaren Risiko und rechtlichen Problemen verbunden.

Das Muster sieht daher vor, dass eine Abänderung lediglich einvernehmlich erfolgen kann. Nicht ausgeschlossen werden kann allerdings, dass dem Arbeitnehmer in Sonderkonstellationen ein Anspruch auf Anpassung des Arbeitsvertrages nach den Grundsätzen des § 313 Abs. 1 BGB zusteht. Um dies soweit wie möglich zu vermeiden, sollte der vom Arbeitnehmer angestrebte Zweck der Freistellung nicht Vertragsinhalt werden (Preis/*Necati* Sabbatical S. 269 f.).

438 **28.** Es ist ratsam, von vornherein festzulegen, wie groß die Zeitspanne zwischen zwei möglichen Sabbatical-Zeiträumen mindestens sein muss. Dies bietet sowohl für Arbeitnehmer als auch Arbeitgeber eine bessere Planbarkeit.

439 **29.** Der Abschluss des Sabbatical-Vertrages führt grundsätzlich zu keiner Einschränkung des Kündigungsrechts, weder für Arbeitgeber noch für Arbeitnehmer. Eine Kündigung des Arbeitsverhältnisses ist daher auch innerhalb der Freistellungsphase möglich. Hinsichtlich einer betriebsbedingten Kündigung ist allerdings zu beachten, dass diese regelmäßig erst zum Ende der Freistellungsphase zulässig sein dürfte, da vorher keine Beschäftigungspflicht des Arbeitgebers besteht und sich somit der Wegfall des Arbeitsplatzes nicht auf das Arbeitsverhältnis mit dem freigestellten Arbeitnehmer auswirkt.

440 **30.** Im Fall der Kündigung des Arbeitsverhältnisses sollte sich der Arbeitgeber das Recht vorbehalten, den Arbeitnehmer während der Kündigungsfrist unter Anrechnung des bestehenden Wertguthabens freistellen zu können, um eine Auszahlung des Guthabens zu vermeiden.

441 **31.** Ein bei Beendigung des Arbeitsverhältnisses bestehendes Wertguthaben ist aufzulösen. Es wird dem Arbeitnehmer als Einmalzahlung nach Abzug von Steuern und Sozialversicherungsbeiträgen gewährt. Es handelt sich sozialversicherungsrechtlich um einen Störfall i.S.d. § 23b Abs. 2 S. 1 SGB IV.

442 **32.** Nach § 7f Abs. 1 SGB IV kann der Arbeitnehmer verlangen, dass ein zum Zeitpunkt der Beendigung des Arbeitsverhältnisses bestehendes Wertguthaben i.S.v. § 7b SGB IV auf einen neuen Arbeitgeber oder die Deutsche Rentenversicherung Bund übertragen wird. Dem Arbeitnehmer steht bei Vorliegen der gesetzlichen Voraussetzung ein Anspruch auf eine entsprechende Übertragung des Wertguthabens zu (ErfK/*Rolfs* § 7f SGB IV Rn. 1). Die früher bestehende Möglichkeit der Verwendung von Wertguthaben für die betriebliche Altersversorgung ist nach § 23b Abs. 3a S. 2 SGB IV für Vereinbarungen, die nach dem 13.11.2008 getroffen werden, ausgeschlossen (ErfK/*Rolfs* § 7c SGB IV Rn. 3). Zu den steuerrechtlichen Besonderheiten siehe BMF-Schreiben vom 17.06.2009 (BStBl. I S. 1286).

443 **33.** Siehe O Rdn. 226.

444 **34.** Siehe O Rdn. 217 ff.

6. Nutzung von betrieblichen Kommunikationseinrichtungen

Vorbemerkung

445 Die Bereitstellung von elektronischen Kommunikationseinrichtungen wie Internet, E-Mail und Telefon ist heute für nahezu jedes Unternehmen selbstverständlich. Die damit verbundenen Vorteile der Arbeitsvereinfachung und Zeiteinsparung liegen auf der Hand.

446 Neben dem betrieblichen Nutzen sind mit dem Einsatz von Kommunikationseinrichtungen auch stets spezifische Gefahren für das Unternehmen verbunden. Beispielhaft seien nur die Kosten durch die Inanspruchnahme von Kommunikationsdienstleistungen, die Reduzierung der Nettoarbeitszeit durch eine (übermäßige) private Nutzung, das Einschleppen von Computerviren oder anderer Schadsoftware und ein hierdurch bedingter Datenverlust sowie die mögliche Verbreitung rufschädigender Äußerungen über die Kontaktadresse des Unternehmens genannt. Einige dieser Gefahren können durch den Einsatz technischer Hilfsmittel (z.B. Virenschutzprogramme und sog. Firewalls) gebannt werden. Zur weitergehenden Vermeidung unerwünschter Beeinträchtigungen ist es jedoch unerlässlich, die Nutzung der betrieblichen Kommunikationseinrichtungen durch die Mitarbeiter des Unternehmens zu regeln und zu kontrollieren.

447 *Eine Regelung kann dabei durch Richtlinien, Betriebsvereinbarungen oder im Arbeitsvertrag erfolgen.* Hierbei ist auf die speziellen Belange des Unternehmens und die konkreten Kommunika-

tionsmittel und -dienste sowie auf die Anwendung von Schutz- und Kontrollsystemen detailliert einzugehen.

Neben arbeitsrechtlichen Grundsätzen und datenschutz- bzw. telekommunikationsrechtlichen Bestimmungen (BDSG, TKG, TMD) gilt es bei der Einführung von generellen Regelungen zur Nutzung betrieblicher Kommunikationseinrichtungen die zwingenden Mitbestimmungsrechte des Betriebsrats nach § 87 Abs. 1 Nr. 1 und Nr. 6 BetrVG (Fragen der Ordnung des Betriebs und des Verhaltens der Arbeitnehmer im Betrieb, technische Kontrolleinrichtungen) zu beachten. Dementsprechend empfiehlt es sich, die notwendigen Erfordernisse bei der Nutzung von betrieblichen Kommunikationseinrichtungen möglichst vollständig in einer Betriebsvereinbarung zu regeln. Die so erzielte Transparenz der Regelungen vermag nicht nur die Akzeptanz der Vorgaben durch die Mitarbeiter zu erhöhen, sondern auch die notwendige Rechtssicherheit im Umgang mit den betrieblichen Kommunikationseinrichtungen zu schaffen.

448

Die Regelungen einer privaten Nutzung der elektronischen Kommunikationsmittel unterliegen besonderen Anforderungen. Da die betriebliche Einflussnahme auf ein Verhalten, das der Privatsphäre des Mitarbeiters zuzuordnen ist, eine besondere Begrenzung durch das Persönlichkeitsrecht des Mitarbeiters erfährt, kommt der Unterscheidung zwischen einer privaten und einer betrieblichen Nutzung erhebliche Bedeutung zu.

449

▶ **Muster – Nutzung von betrieblichen Kommunikationseinrichtungen**

Zwischen der _____[Name]_____ GmbH (im Folgenden: »Unternehmen«)

450

und

dem Betriebsrat der _____[Name]_____ GmbH (im Folgenden: »Betriebsrat«)

wird folgende Betriebsvereinbarung zur Regelung der Nutzung von betrieblichen Kommunikationseinrichtungen (Internet, E-Mail und Telefon) vereinbart:

§ 1 Geltungsbereich

(1) Die Betriebsvereinbarung erfasst persönlich und räumlich alle Arbeitnehmer des Unternehmens einschließlich der zu ihrer Berufsausbildung Beschäftigten (»Mitarbeiter«).

(2) Das Unternehmen wirkt darauf hin, dass der Inhalt dieser Betriebsvereinbarung auch für alle Praktikanten, duale Studenten und leitende Angestellte i.S.d. § 5 Abs. 3 BetrVG entsprechend zur Anwendung kommt. [1]

(3) Die Betriebsvereinbarung regelt sachlich die Nutzung der betrieblichen Kommunikationseinrichtungen und -systeme am Arbeitsplatz sowie die arbeitgeberseitige Kontrolle dieser Nutzung und die Verwendung der hieraus gewonnenen personenbezogenen Daten.

§ 2 Allgemeine Grundsätze der Internetnutzung

(1) Zur Nutzung des Internets erhält jeder Mitarbeiter eine persönliche Zugangsberechtigung (User-ID) mit einem dazugehörigen Passwort. User-ID und Passwort unterliegen strengster Geheimhaltung und dürfen Dritten – auch anderen unberechtigten Mitarbeitern des Unternehmens – nicht mitgeteilt oder zugänglich gemacht werden. [2]

(2) Die Nutzung des betrieblichen Internetzugangs darf nur über den hierfür am jeweiligen Arbeitsplatz vorgesehenen und zur Verfügung gestellte Hardware unter Verwendung der persönlichen User-ID nach Abs. 1 sowie der auf dem Rechner installierten Anwendungen (»Software«) erfolgen.

(3) Dem Mitarbeiter ist untersagt, Sicherheitsmaßnahmen des Unternehmens oder Dritter zu umgehen. Insbesondere darf die auf der jeweiligen Hardware installierte Firewall nicht deaktiviert oder in ihren Einstellungen verändert werden. Auch eine eigenmächtige Änderung anderer sicherheitsrelevanter Einstellungen an der Hardware oder der hierauf installierten Software ist nicht zulässig. Dem Mitarbeiter ist ferner untersagt, betriebsfremde Software zu installieren. [3]

(4) Generell unzulässig ist die Nutzung sog. Tauschbörsen (Peer-to-Peer-Netzen) sowie das Herunterladen von netzwerkbelastenden Datenmengen (z.B. Video-/Audio-Streaming, Spielfilme und Musikstücke im MP3-Format oder vergleichbaren Dateiformate). Ebenfalls unzulässig ist das Aufrufen, Abrufen und Herunterladen von kostenpflichtigen Inhalten.

(5) Unzulässig ist jede Nutzung des Internets, die potentiell dazu geeignet ist, berechtigte Interessen des Unternehmens zu beeinträchtigen oder das Unternehmen in seinem öffentlichen Ruf zu schädigen. Insbesondere ist den Mitarbeitern das Aufrufen, Abrufen, Herunterladen oder Verbreiten von Inhalten untersagt, die gegen persönlichkeits-, datenschutz-, urheber- oder strafrechtliche Bestimmungen verstoßen oder beleidigender, verleumderischer, rassistischer, sexistischer, pornografischer, Gewalt verherrlichender oder verfassungsfeindlicher Art sind. [4]

(6) Besonders vertrauliche Informationen (z.B. geplante Unternehmensaktivitäten) oder personenbezogene Daten (z.B. Mitarbeiterdaten) dürfen grundsätzlich nicht bzw. nur nach Einholung der Genehmigung der verantwortlichen Stelle im Internet veröffentlicht werden.

§ 3 Dienstliche Nutzung des Internets [5]

Die Mitarbeiter dürfen das Internet während ihrer Arbeitszeit ausschließlich für dienstliche Zwecke unter Wahrung der allgemeinen Grundsätze nach § 2 nutzen. Eine private Nutzung ist nur innerhalb der Grenzen des § 4 zulässig. [6]

§ 4 Private Nutzung des Internets [7]

(1) Den Mitarbeitern wird freiwillig und ohne Begründung eines Rechtsanspruchs gestattet, den betrieblichen Internetzugang am Arbeitsplatz außerhalb der individuellen Arbeitszeit – insbesondere in den Pausenzeiten – und unter Wahrung der allgemeinen Grundsätze nach § 2 privat zu nutzen. Die private Nutzung ist auf gelegentliche Ausnahmen zu beschränken und darf einen Zeitraum von 30 Minuten täglich nicht überschreiten. [8]

(2) Die private Nutzungsmöglichkeit nach Abs. 1 wird nur Mitarbeitern eingeräumt, die sich vorab gegenüber dem Unternehmer schriftlich damit einverstanden erklären, dass das Unternehmen zur Erhebung und Verarbeitung der Verbindungsdaten der privaten Nutzung der betrieblichen Kommunikationsmittel im Rahmen der Regelungen dieser Betriebsvereinbarung berechtigt ist. [9]

(3) Das Unternehmen ist bei begründeter Veranlassung im Einzelfall, insbesondere bei Verstößen gegen die Nutzungsgrundsätze oder sonstigem missbräuchlichem Verhalten berechtigt, die private Nutzung zu untersagen. [10]

§ 5 Grundsätze zur Nutzung des betrieblichen E-Mail-Systems

(1) Jedem Mitarbeiter wird zur Erfüllung seiner arbeitsvertraglichen Aufgaben ein personalisierter betrieblicher E-Mail-Account mit einer eigenen dienstlichen E-Mail-Adresse eingerichtet. Eine Nutzung ist nur unter Verwendung der persönlichen User-ID und des dazugehörigen Passwortes nach § 2 Abs. 1 gestattet. Die allgemeinen Grundsätze aus § 2 gelten im Übrigen bei der Nutzung des betrieblichen E-Mail-Systems entsprechend.

(2) Dienstliche E-Mails dürfen ausschließlich – auch im innerbetrieblichen Bereich – über den betrieblichen E-Mail-Account versendet und empfangen werden. Das Versenden und Empfangen von dienstlichen E-Mails an/von einem privaten E-Mail-Account ist nicht gestattet.

(3) Zu Dokumentationszwecken und Erfüllung gesetzlicher Aufbewahrungspflichten werden alle ein- und ausgehenden E-Mails automatisch nach zwei Wochen in einem separaten Unterverzeichnis gespeichert und archiviert. Das Unternehmen kann die Mitarbeiter darüber hinaus anweisen, ein- und ausgehende E-Mails auszudrucken, diese wie Schriftstücke aufzubewahren und bei Bedarf der verantwortlichen Stelle zugänglich zu machen. Nicht mehr benötigte Dokumente sind in Absprache mit der verantwortlichen Stelle zu vernichten. [11]

(4) Empfangene und versendete E-Mails werden jeweils mit Anhängen automatisch durch Sicherheitssoftware auf schädliche und sicherheitsgefährdende Funktionen (z.B. Viren, Trojaner, E-Mail-Würmer) sowie unerwünschte werbende E-Mails (»SPAM«) untersucht. Infizierte Dateien werden jeweils sofort automatisch gelöscht. Als SPAM klassifizierte E-Mails werden in einem separaten Unterverzeichnis gespeichert und sind vom Mitarbeiter regelmäßig anhand des Adressaten und

des Betreffs auf eine fehlerhafte Zuordnung zu überprüfen. Die eingesetzte Sicherheitssoftware und ihre Funktionsweise sind in Anlage 1 zu dieser Betriebsvereinbarung dargestellt. [12]

(5) Empfangene E-Mails und insbesondere Anhänge, deren Adressat und Herkunft nicht eindeutig feststellbar sind, dürfen wegen der Gefahr einer Virenbeschädigung vom Mitarbeiter nicht ohne vorherige Rücksprache mit der IT-Abteilung geöffnet werden. [13]

(6) Enthält eine E-Mail vertrauliche Informationen und Daten, darf diese nur verschlüsselt und gegebenenfalls mit einem Vertraulichkeitsvermerk an Personen versendet werden, die zum Empfang berechtigt und zum Lesen verschlüsselter E-Mails in der Lage sind. [14] Sowohl die Anzeige als auch der Ausdruck einer solchen E-Mail sind vor der unbefugten Einsichtnahme und Nutzung durch Dritte mittels entsprechender Sicherheitsvorkehrungen (z.B. PC-Sperrung beim Verlassen des Arbeitsplatzes; Verwahrung der Ausdrucke in einem verschlossenen Behältnis) zu schützen.

(7) Im Falle einer voraussehbaren Abwesenheit von mehr als zwei Arbeitstagen hat der Mitarbeiter sicherzustellen, dass der Absender einer eingehenden E-Mail durch eine automatisch generierte Nachricht unverzüglich über die Abwesenheit informiert und gleichzeitig die eingehende E-Mail an die dienstliche E-Mail-Adresse des jeweiligen Vertreters weitergeleitet wird. In Fällen unvorhersehbarer Abwesenheit wird die automatische Abwesenheitsnotiz und die Weiterleitung eingehender Nachrichten auf Verlangen des Vorgesetzten durch den Systemadministrator eingerichtet. [15]

(8) Diese Grundsätze gelten auch, wenn der Mitarbeiter das betriebliche E-Mail-System über ein mobiles Endgerät (z.B. Notebook, Smartphone, Tablet PC) nutzt.

§ 6 Private E-Mails

(1) Eine private Nutzung des betrieblichen E-Mail-Systems ist ohne jede Ausnahme unzulässig. Mitarbeiter dürfen private E-Mails nicht vom betrieblichen E-Mail-Account versenden oder auf diesem empfangen. Auch eine automatische Weiterleitung von Daten des betrieblichen E-Mail-Accounts an externe E-Mail-Accounts ist nicht gestattet. [16]

(2) Das Unternehmen bietet dem Mitarbeiter unter Nutzung des betrieblichen Internetzugangs die Möglichkeit, außerhalb seiner individuellen Arbeitszeit private E-Mails über die Web-Browser-Oberfläche von seinem privaten E-Mail-Account (z.B. Freemail-Konten wie Yahoo, GMX oder Web.de) abzurufen beziehungsweise zu versenden. Hierbei handelt es sich um eine private Nutzung des Internets i.S.d. § 4 Abs. 1. Unter keinen Umständen dürfen unternehmensinterne Daten in einer privaten E-Mail versendet oder Daten aus dem privaten E-Mail-Account auf der betrieblichen Hardware oder unter deren Verwendung auf externen Speichermedien gespeichert werden. [17]

§ 7 Telefon [18]

(1) Die Nutzung betrieblicher Telefonanschlüsse am Arbeitsplatz ist grundsätzlich dienstlichen Belangen vorbehalten. Private Gespräche sind nur ausnahmsweise und in einem eingeschränkten zeitlichen Rahmen zulässig, soweit betriebliche Belange hierdurch nicht beeinträchtigt werden. Eine private Nutzung soll vornehmlich außerhalb der individuellen Arbeitszeit erfolgen und darf zehn Minuten täglich nicht überschreiten. Unzulässig ist die Nutzung von kostenpflichtigen Telefonsonderdiensten.

(2) Der Mitarbeiter hat ein privates Telefonat durch Eingabe der Vorwahl »09« zu kennzeichnen. [19]

(3) Das Unternehmen übernimmt die Kosten für private Inlandsgespräche innerhalb des deutschen Festnetzes. Die Kosten für private Telefonate von einem betrieblichen Telefonanschluss in ein Mobilfunknetz sowie ins Ausland trägt der jeweilige Mitarbeiter selbst. [20]

(4) Die Kosten für private Gespräche werden im Anschluss an die Rechnungserteilung des Telefonanbieters bargeldlos mit der Vergütung des Folgemonats verrechnet. Der Mitarbeiter erhält monatlich eine separate Abrechnung über die entstandenen Telefonkosten und auf Wunsch einen Einzelverbindungsnachweis. Ist eine Verrechnung nach Satz 1 nicht möglich, hat der Mitarbeiter den offenen Betrag spätestens zwei Wochen nach Rechnungserteilung unter Angabe der Rechnungsnummer auf das Konto des Unternehmens zu überweisen.

(5) Das Unternehmen ist bei begründeter Veranlassung im Einzelfall, insbesondere bei missbräuchlichem Verhalten, berechtigt, die private Nutzung zu untersagen.

§ 8 Datenerfassung [21]

(1) Das Unternehmen ist berechtigt, Verbindungsdaten des betrieblichen Internetzugangs und des betrieblichen E-Mail-Systems automatisch zu erfassen und zu speichern. Die Datenerfassung bezieht sich auf Datum, Uhrzeit, Dauer der Verbindung, Benutzerkennung, Empfänger/Zieladresse, Art des in Anspruch genommenen Dienstes, übertragene Datenmenge und die entstandenen Kosten. Sie erstreckt sich dabei auch auf den Bereich der privaten Nutzung des betrieblichen Internetzugangs nach § 4.

(2) Daneben werden alle ausgehenden Telefonate und Faxe registriert. Hierbei werden die Nummer der Nebenstelle, Kennung Dienst-/Privatgespräch, Vorwahl und Rufnummer des angewählten Teilnehmers, Datum, Uhrzeit, Dauer des Gesprächs, Anzahl der Gebühreneinheiten und die entstandenen Kosten automatisch erfasst und bis zu drei Monate gespeichert. Bei als privat gekennzeichneten Telefonaten wird entgegen Satz 1 von der Rufnummer des angewählten Teilnehmers nur die Ortsvorwahl erfasst. Eine inhaltliche Aufzeichnung von Gesprächen findet nicht statt. [22]

(3) Die Datenerfassung dient zur Gewährleistung der Systemsicherheit und Leistungsfähigkeit, insbesondere zur Analyse und Korrektur technischer Fehler sowie zur statistischen Feststellung des Gesamtnutzungsvolumens. Die nach Abs. 2 erfassten Daten aus der Nutzung der Telefonanlage werden ausschließlich zur Feststellung der entstandenen Kosten für private Gespräche verwendet. Unter den Voraussetzungen des § 10 ist daneben eine Verwendung der erfassten Daten zur Verhinderung und Aufklärung einer missbräuchlichen Nutzung und der Begehung von Straftaten zulässig. [23]

(4) Eine entgegen Abs. 3 zweckwidrige Verwendung der Daten, insbesondere zu weitergehenden Leistungs- und Verhaltenskontrollen der Arbeitnehmer, findet nicht statt.

(5) Nach Ablauf von drei Monaten seit der Erfassung und Speicherung werden die Daten jeweils automatisch gelöscht, es sei denn, das Gesetz schreibt eine längere Aufbewahrungszeit vor. [24]

(6) In Fällen von § 10 Abs. 2 können die betroffenen Daten zur Auswertung und Beweissicherung auch über drei Monate hinaus auf einem separaten Datenträger gespeichert werden. Hierüber sind der betriebliche Datenschutzbeauftragte und der Betriebsrat umgehend zu informieren. Die Daten sind unverzüglich nach ihrer Auswertung beziehungsweise nachdem sie nicht mehr zur Beweissicherung benötigt werden, spätestens jedoch zwei Monate danach zu löschen, es sei denn, das Gesetz schreibt eine längere Aufbewahrungszeit vor. [25]

§ 9 Zugriffsberechtigung [26]

(1) Zugriff auf die erfassten Daten haben ausschließlich die in Anlage 2 zu dieser Betriebsvereinbarung mit Namen und Funktionsbezeichnung aufgelisteten Mitarbeiter, der Systemadministrator und sein Stellvertreter sowie der betriebliche Datenschutzbeauftragte.

(2) Das Unternehmen stellt durch technische und organisatorische Maßnahmen (z.B. Passwortschutz) sicher, dass die erfassten Daten sicher verwahrt und vor dem unberechtigten Zugriff Dritter geschützt sind.

(3) Die zugriffsberechtigten Personen haben sich zur Einhaltung der einschlägigen gesetzlichen Bestimmungen, insbesondere des Bundesdatenschutzgesetzes ausdrücklich durch schriftliche Erklärung gegenüber dem Unternehmen zu verpflichten und sind dabei auch auf die möglichen strafrechtlichen Konsequenzen etwaiger Verstöße hinzuweisen. [27]

§ 10 Kontrolle und personenbezogene Auswertung [28]

(1) Das Unternehmen ist unter Hinzuziehung des Datenschutzbeauftragten berechtigt, stichprobenartige Kontrollen zur Einhaltung der Nutzungsgrundsätze gemäß den §§ 2 bis 7 dieser Vereinbarung durchzuführen. Die entsprechende Sichtung und Auswertung der Daten durch einen zugriffsberechtigten Mitarbeiter nach § 9 Abs. 1 und den jeweiligen Systemadministrator erfolgt –

soweit technisch möglich – anonymisiert, so dass keine Rückschlüsse auf einzelne Mitarbeiter möglich sind.

(2) Soweit gegen einzelne Mitarbeiter aufgrund der stichprobenartigen Auswertung der anonymisierten Daten nach Abs. 1 ein begründeter Verdacht auf eine konkrete missbräuchliche beziehungsweise unerlaubte Nutzung der betrieblichen Kommunikationsmittel entgegen der vorstehenden Regelungen dieser Betriebsvereinbarung oder der Verdacht einer Straftat besteht, können die gespeicherten Verbindungsdaten personenbezogen ausgewertet werden. [29]

(3) Die personenbezogene Auswertung erfolgt durch ein Gremium, bestehend aus dem jeweiligen Systemadministrator, dem Datenschutzbeauftragten, einem zugriffsberechtigten Mitarbeiter nach § 9 Abs. 1 und einem beauftragten Mitglied des Betriebsrates.

(4) Jede personenbezogene Auswertung der Daten ist schriftlich zu dokumentieren und von den an der Auswertung teilnehmenden Personen zu unterzeichnen. Die Dokumentation ist in Kopie dem Betriebsrat und dem betrieblichen Datenschutzbeauftragten zur Verfügung zu stellen. [30]

(5) Soweit der Verdacht auch nach der personenbezogenen Auswertung der Verbindungsdaten beziehungsweise der weitergehenden Untersuchungsmaßnahmen noch besteht oder sich sogar erhärtet hat, ist der betroffene Mitarbeiter hierüber schriftlich zu unterrichten. Ihm ist Gelegenheit zu geben, zu den Vorwürfen Stellung zu nehmen. Die Zulässigkeit arbeitsrechtlicher Maßnahmen bleibt hiervon unberührt.

§ 11 Sanktionen bei Verstößen [31]

(1) Die Betriebsparteien stimmen darin überein, dass Verstöße gegen diese Betriebsvereinbarung und die gesetzlichen Bestimmungen durch missbräuchliches Verhalten am Arbeitsplatz nicht toleriert werden und daher arbeitsrechtliche Konsequenzen nach sich ziehen und unter Umständen sogar strafrechtliche Konsequenzen haben können.

(2) Arbeitsrechtliche Sanktionen können je nach Schwere des Verstoßes von der Ermahnung bis zur fristlosen Kündigung reichen. Bestehende Mitbestimmungsrechte werden gewahrt.

§ 12 Information und Schulung der Mitarbeiter [32]

(1) Die Mitarbeiter werden über die Regelungen dieser Betriebsvereinbarung, insbesondere die Voraussetzungen einer ordnungsgemäßen Nutzung der betrieblichen Kommunikationseinrichtungen und die mit ihnen verbundenen besonderen Gefahrenquellen informiert und durch Mitarbeiter der IT-Abteilung intern geschult.

(2) Die Mitarbeiter werden darüber hinaus auch auf die besonderen datenschutzrechtlichen Probleme im Umgang mit elektronischen Kommunikationssystemen hingewiesen und über die einschlägigen Rechtsvorschriften informiert.

(3) Das Unternehmen stellt sicher, dass die Mitarbeiter fortlaufend über geänderte Rahmenbedingungen unterrichtet werden, die sich aus der technischen Fortentwicklung der betrieblichen Kommunikationsmittel ergeben.

§ 13 Inkrafttreten und Kündigung [33]

(1) Die Betriebsvereinbarung tritt am ____[Datum]____ in Kraft. Sie kann von beiden Seiten jeweils mit einer Frist von sechs Monaten zum 31. Dezember eines Kalenderjahrs, erstmals jedoch zum 31. Dezember __[Jahresangabe]__ schriftlich gekündigt werden. Nach Eingang der Kündigung sind unverzüglich Verhandlungen über eine neue Betriebsvereinbarung aufzunehmen.

(2) Mit Inkrafttreten werden alle vorherigen Betriebsvereinbarungen über die Nutzung von betrieblichen Kommunikationsmitteln (Internet, E-Mail, Telefon) abgelöst.

§ 14 Schlussbestimmungen [34]

(1) Änderungen oder Ergänzungen dieser Vereinbarung bedürfen zu ihrer Wirksamkeit der Schriftform.

(2) Sollten einzelne Bestimmungen dieser Betriebsvereinbarung unwirksam sein oder werden, bleibt die Betriebsvereinbarung im Übrigen wirksam. Unwirksame Bestimmungen sind durch solche Bestimmungen zu ersetzen, die der vom Betriebsrat und Unternehmen verfolgten Zielsetzung am Nächsten kommen.

_____ [Ort], den _____ [Datum]

_____
(Unterschrift Geschäftsführer/in)

_____
(Unterschrift Betriebsratsvorsitzende/r)

Erläuterungen

Schrifttum

Bachner/Rupp Die originäre Zuständigkeit des Konzernbetriebsrats bei der Einführung technischer Einrichtungen, NZA 2016, 207; *Beckschulze* Internet-, Intranet- und E-Mail-Einsatz am Arbeitsplatz, DB 2003, 2777; *Beckschulze* Internet-, Intranet- und E-Mail-Einsatz am Arbeitsplatz, DB 2007, 1526; *Beckschulze* Internet- und E-Mail-Einsatz am Arbeitsplatz, DB 2009, 2097; *Bertram* Offline – Verbot privater Internetnutzung am Arbeitsplatz jederzeit möglich?, GWR 2012, 388; *Besgen* Kündigung und Abmahnung bei unzulässiger Nutzung von Internet und E-Mail, MDR 2007, 1; *Besgen/Prinz* Handbuch Internet.Arbeitsrecht 3. Auflage 2012; *Bloesinger* Grundlagen und Grenzen privater Internetnutzung am Arbeitsplatz, BB 2007, 2177; *Brink* Datenschutzgerechte Nutzung von Informations- und Kommunikationstechnik im Unternehmen, RDV 2015, 171; *Brink* Empfehlungen zur IuK-Nutzung am Arbeitsplatz, ZD 2015, 295; *Buschbaum/Rosak* Der Zugriff des Arbeitgebers auf den E-Mail-Account des Arbeitnehmers, DB 2014, 2530; *Deiters* Betriebsvereinbarung Kommunikation, ZD 2012, 109; *Determann* Soziale Netzwerke in der Arbeitswelt – Ein Leitfaden für die Praxis, BB 2013, 181; *de Wolf* Kollidierende Pflichten: zwischen Schutz von E-Mails und »Compliance« im Unternehmen, NZA 2010, 1206; *Dzida/Klopp* Zugriff des Arbeitgebers auf E-Mails ausgeschiedener Mitarbeiter, ArbRB 2015, 83; *Ernst* Der Arbeitgeber, die E-Mail und das Internet, NZA 2002, 585; *Fülbier/Splittgerber* Keine (Fernmelde-)Geheimnisse vor dem Arbeitgeber?, NJW 2012, 1995; *Günther/Nolde* Außerordentliche Kündigung wegen privater Nutzung eines Diensthandys, ArbRAktuell 2012, 599; *Günther/Böglmüller* Arbeitsrecht 4.0 – Arbeitsrechtliche Herausforderungen in der vierten industriellen Revolution, NZA 2015, 1025; *Hartmann/Pröpper* Internet und E-Mail am Arbeitsplatz – Mustervereinbarung für den dienstlichen und privaten Zugang, BB 2009, 1300; *Haussmann/Krets* EDV-Betriebsvereinbarungen im Praxistest, NZA 2005, 259; *Heins* Überwachung von E-Mails am Arbeitsplatz, FA 2009, 341; *Holzner* BB-Forum: Private Nutzung von E-Mail und Internet am Arbeitsplatz, BB 2009, 2148; *Howald* Kündigung bei privater Nutzung von Handy und Internet, öAT 2014, 49; *Jandt* Fernmeldegeheimnis im Arbeitsverhältnis bei erlaubter E-Mail-Nutzung zu privaten Zwecken, K&R 2011, 631; *Joussen* Mitarbeiterkontrolle: Was muss, was darf das Unternehmen wissen?, NZA Beilage 2011, Nr. 1, 35; *Kaumanns/Böhm* Arbeitsrecht & Neue Medien, K&R 2015, 18; *Keilich/Witteler* Kontrolle von Arbeitnehmern, AuA 2011, 280; *Kania/Ruch* Anspruch auf private Internetnutzung kraft betrieblicher Übung?, ArbRB 2010, 352; *Koch* Rechtsprobleme privater Nutzung betrieblicher elektronischer Kommunikationsmittel, NZA 2008, 911; *Kömpf/Kunz* Kontrolle der Nutzung von Internet und E-Mail am Arbeitsplatz in Frankreich und in Deutschland, NZA 2007, 1341; *Kort* Einsatz von IT-Sicherheitsmaßnahmen durch den Arbeitgeber: Konsequenzen einer Anwendung des Telekommunikationsgesetzes (TKG), DB 2011, 2092; *Kort* Betriebliche Übung bei der privaten E-Mail- und Internetnutzung am Arbeitsplatz, Festschrift für Rolf Wank Moderne Arbeitswelt 2014, S. 249; *Kramer* Gestaltung betrieblicher Regelungen zur IT-Nutzung, ArbR 2010, 164; *Kramer* Einsicht in das E-Mail-Postfach des Beschäftigten, DSB 2012, 38; *Kramer* Kündigung eines leitenden Angestellten wegen privater Internetnutzung, NZA 2013, 311; *Kratz/Gubbels* Beweisverwertungsverbote bei privater Internetnutzung am Arbeitsplatz, NZA 2009, 652; *Löwisch* Fernmeldegeheimnis und Datenschutz bei der Mitarbeiterkontrolle; DB 2009, 2782; *Maschmann* Mitarbeiterkontrolle in Theorie und Praxis, Festschrift für Wolfgang Hromadka zum 70. Geburtstag 2008, 233; *Mengel* Kontrolle der E-Mail- und Internetkommunikation am Arbeitsplatz, BB 2004, 2014; *Möller* Betriebsvereinbarungen zur Internetnutzung, ITRB 2009, 44; *Nägele/Mayer* Internet und E-Mail am Arbeitsplatz: Rechtliche Rahmenbedingungen der Nutzung und Kontrolle sowie der Reaktion auf Missbrauch, K&R 2004, 312; *Ostmann/Kappel* Arbeitnehmerdatenschutz, AuA 2008, 656; *Polenz/Thomsen* Internet- und E-Mail-Nutzung, DuD 2010, 614; *Pröpper/Römmermann* Nutzung von Internet und E-Mail am Arbeitsplatz (Mustervereinbarung), MMR 2008, 514; *Rath/Karner* Internetnutzung und Datenschutz am Arbeitsplatz, K&R 2010, 469; *Reiners* E-Mail Compliance fordert E-Mail Richtlinie, DuD 2010,

630; *Röhrborn/Lang* Zunehmend sorgloser Umgang mit mobilen Geräten – ein unbeherrschbares Risiko für den Arbeitgeber?, BB 2015, 2357; *Rübenstahl/Debus* Strafbarkeit verdachtsabhängiger E-Mail- und EDV-Kontrollen bei Internal Investigations?, NZWiSt 2012, 129; *Sassenberg/Mantz* Die (private) E-Mail-Nutzung im Unternehmen BB 2013, 889; *Schmitt-Rolfes* Kontrolle von Internet- und E-Mail-Nutzung am Arbeitsplatz, AuA 2008, 391; *Trappehl/Schmidl* Arbeitsrechtliche Konsequenzen von IT-Sicherheitsverstößen, NZA 2009, 985; *v. Steinau-Steinrück/Glanz* Grenzen der Mitarbeiterüberwachung, NJW-Spezial 2008, 402; *von Brühl/Sepperer* E-Mail-Überwachung am Arbeitsplatz, ZD 2015, 415; *Waltermann* Anspruch auf private Internetnutzung durch betriebliche Übung?, NZA 2007, 29; *Walther/Zimmer* Mehr Rechtssicherheit für Compliance-Ermittlungen, BB 2013, 2933; *Wellhöner/Byers* Datenschutz im Betrieb – Alltägliche Herausforderung für den Arbeitgeber?!, BB 2009, 2310; *Wiese* Internet und Meinungsfreiheit des Arbeitgebers, Arbeitnehmers und Betriebsrats, NZA 2012, 1; *Wisskirchen/Schiller* Aktuelle Problemstellungen im Zusammenhang mit »Bring your own device«, DB 2015, 1163; *Wybitul* Machen sich Arbeitgeber strafbar, wenn sie betriebliche E-Mail-Zugänge ihrer Beschäftigten kontrollieren?, BB 2011, Heft 37, I; *Wybitul* E-Mail-Auswertung in der betrieblichen Praxis, NJW 2014, 3605; *Wybitul/Böhm* E-Mail-Kontrollen für Compliance-Zwecke und bei internen Ermittlungen, CCZ 2015, 133; *Zöll/Kielkowski* Arbeitsrechtliche Umsetzung von »Bring Your Own Device« (BYOD), BB 2012, 2625; *Zumkeller* Arbeitsrecht 4.0: Mittendrin statt nur dabei!, BB 2015, Heft 30, I.

1. Es ist ratsam, die Regeln zur Nutzung der betrieblichen Kommunikationseinrichtungen auf alle im Unternehmen tätigen Personen auszudehnen. Da den Betriebsparteien nur hinsichtlich der Arbeitnehmer i.S.d. § 5 Abs. 1 BetrVG eine Regelungsbefugnis zusteht, kann eine **Bindung der übrigen Beschäftigten** an die Normen der Betriebsvereinbarung nur über eine individualvertragliche Inbezugnahme erreicht werden. Für leitende Angestellte i.S.d. § 5 Abs. 3 BetrVG kommt darüber hinaus der Abschluss einer entsprechenden Vereinbarung mit dem Sprecherausschuss in Betracht. 451

2. Der Arbeitgeber ist nach § 9 BDSG und im Anwendungsbereich des TKG nach § 109 Abs. 1 Nr. 1 TKG verpflichtet, alle technischen und organisatorischen Maßnahmen zu treffen, die erforderlich sind, um die **Datensicherheit** beziehungsweise die **Einhaltung des Fernmeldegeheimnisses** zu gewährleisten. Hierzu gehört auch, das Netzwerk des Unternehmens vor Zugriffen Dritter über das Internet zu schützen. Es empfiehlt sich daher, den Zugang zum Internet an die Verwendung einer persönlichen Nutzerkennung mit dazugehörigem Passwort zu binden. 452

3. Zur Gewährleistung der Datensicherheit und des Datenbestandes sind allgemeine Sicherheitsbestimmungen, die den einzelnen Arbeitnehmer etwa zur Anwendung von Virenschutzprogrammen verpflichten oder diesem untersagen, sicherheitsrelevante Einstellungen zu verändern, unentbehrlich. 453

4. Diese Regelung im Muster stellt wie die Klauseln in § 2 Abs. 4 und Abs. 5 eine bloße Konkretisierung der ohnehin bestehenden arbeitsvertraglichen Nebenpflicht des Arbeitnehmers dar, jede Handlung zu unterlassen, die den betrieblichen oder vermögensrechtlichen Interessen des Arbeitgebers zuwiderläuft. Vor diesem Hintergrund stellt eine Nutzung des Internets oder anderer betrieblicher Kommunikationsmittel, die zu einem Schaden an einem Betriebsmittel des Arbeitgebers (z.B. Funktionsbeeinträchtigung des Servers durch übermäßigen Download von Daten) oder zur Gefährdung anderweitiger Rechtsgüter des Arbeitgebers (z.B. Rufschädigung infolge des Besuchs von Internetseiten mit pornografischem Inhalt) führt, auch ohne ausdrückliche Regelung ein missbräuchliches und damit vertragswidriges Verhalten dar, welches den Arbeitgeber zu entsprechenden arbeitsrechtlichen Maßnahmen wie Abmahnung oder Kündigung berechtigt (BAG, Urt. v. 31.05.2007 – 2 AZR 200/06, NZA 2007, 922; *Kratz/Gubbels* NZA 2009, 652, 653). Eine Aufnahme der Regelungen empfiehlt sich aber dennoch schon allein aufgrund ihres Appellcharakters und der präventiven Klarstellungsfunktion. 454

5. Als Inhaber der Betriebsmittel kann der Arbeitgeber grundsätzlich frei darüber entscheiden, ob und in welchem Umfang er die Nutzung von betrieblichen Kommunikationseinrichtungen am Arbeitsplatz – auch zu privaten Zwecken – zulässt. Dem Betriebsrat steht hinsichtlich des »Ob« der privaten Nutzung kein Mitbestimmungsrecht nach § 87 Abs. 1 BetrVG zu (LAG Hamm, Beschl. v. 07.04.2006 – 10 TaBV 1/06, NZA 2007, 168). Das Verbot der privaten Nutzung konkretisiert die Arbeitspflicht der Arbeitnehmer und damit das Direktionsrecht des Arbeitgebers. 455

O. Betriebsverfassungsrecht

456 Der Arbeitnehmer hat grundsätzlich auch keinen Anspruch darauf, betriebliche Kommunikationseinrichtungen privat nutzen zu dürfen (BAG, Urt. v. 07.07.2005 – 2 AZR 581/04, NZA 2006, 98). Umstritten in diesem Zusammenhang ist allerdings, ob sich in Einzelfällen ein Nutzungsanspruch aus einer **betrieblichen Übung** ergeben kann, wenn die private Nutzung über einen längeren Zeitraum hinweg vom Arbeitgeber zur Kenntnis genommen und geduldet wurde. Dies wird von der herrschenden Auffassung in der Literatur jedoch zu Recht abgelehnt (*Waltermann* NZA 2007, 529, 532; *Beckschulze* DB 2009, 2097; *Bertram* GWR 2012, 388, 391 ff.).

457 Das Muster sieht kein Verbot privater Internetnutzung vor, sondern schränkt diese nur ein. Die Gestattung der privaten Nutzung des Internets bringt allerdings erhebliche datenschutzrechtliche Konsequenzen mit sich, da der Arbeitgeber insoweit nach wohl herrschender Auffassung als **Anbieter von Telemedien und Telekommunikationsdienstleistungen** i.S.d. Telemediengesetzes (TMG) und des Telekommunikationsgesetzes (TKG) einzustufen ist (vgl. *Gola/Wronka*, Handbuch zum Arbeitnehmerdatenschutz, 7. Aufl. 2013, Rn. 1133 ff., 1147 ff.; Gola/Schomerus-*Klug/Gola/Körffer* BDSG § 4a Rn. 18; *Brink* Empfehlungen zur IuK-Nutzung am Arbeitsplatz, ZD 2015, 295, 296; a.A. LAG Berlin-Brandenburg, Urt. v. 14.01.2016 – 5 Sa 657/15, BB 2016, 891; LAG Niedersachsen v. 31.05.2010 – 12 Sa 875/09, NZA-RR 2010, 406, *Walther/Zimmer* BB 2013, 2933 ff. m.w.N.). Vor einer Gestattung der privaten Nutzung sollte sich der Arbeitgeber daher stets überlegen, ob er die hiermit einhergehenden Vorgaben, insbesondere hinsichtlich der **Einschränkung seiner Kontrollmöglichkeiten**, einhalten kann und will (siehe hierzu ausführlich O Rdn. 464). In der Praxis ist der gänzliche Ausschluss einer privaten Nutzung, insbesondere von Internet und Telefon, oftmals nicht umsetzbar und auch personalpolitisch nicht gewünscht. Es bedarf dann aber zumindest detaillierter Regelungen über die Grenzen der Nutzung und eine Missbrauchskontrolle.

458 **6.** Von einer dienstlichen Nutzung des Internets ist immer dann auszugehen, wenn ein Bezug zu den dienstlichen Aufgaben des Arbeitnehmers besteht. Dabei spielt es keine Rolle, ob der Einsatz des Internets im konkreten Fall zweckmäßig ist oder nicht (*Dickmann* NZA 2003, 1009). Selbst wenn der Versuch, über das Internet bestimmte dienstlich nutzbare Informationen zu erlangen, fehlschlägt, ist hierin eine dienstliche und damit zulässige Nutzung zu sehen, außer dem Arbeitnehmer war von vornherein klar, dass die Suche nicht erfolgreich sein wird. Eine in diesem Sinne zulässige Nutzung ist in der Regel auch bei einer Vermischung von dienstlichem und privatem Anlass gegeben, etwa, wenn sich ein betrieblicher Umstand auf den privaten Lebensbereich des Arbeitnehmers auswirkt, wie die Mitteilung der verspäteten Heimkehr an den Lebenspartner per E-Mail oder Telefon oder die Verabredung mit einem Kollegen zur Mittagspause (*Gola/Wronka* Kap. 6 Rn. 737).

459 **7.** Bei der Gestattung der privaten Internetnutzung handelt es sich grundsätzlich um eine freiwillige Leistung des Arbeitgebers. Dies sollte auch im Rahmen der Betriebsvereinbarung zum Ausdruck kommen, sodass die Nutzungsmöglichkeit ausdrücklich unter den Vorbehalt der Freiwilligkeit zu stellen ist. Ein andernfalls begründeter Anspruch des Arbeitnehmers kann nicht einseitig vom Arbeitgeber zurückgenommen werden, sondern bedarf einer entsprechenden einvernehmlichen Änderung der Betriebsvereinbarung, also damit auch der Zustimmung des Betriebsrates. Durch den Freiwilligkeitsvorbehalt ist die Rücknahme der Gestattung der Privatnutzung dagegen nicht mitbestimmungspflichtig (*Gola/Wronka* Kap. 6 Rn. 746).

460 Die einseitige Rücknahmemöglichkeit sollte sich der Arbeitgeber insbesondere vor dem Hintergrund der möglichen Restriktionen des TKG und des TMG sowie der sich im Fluss befindlichen, nicht absehbaren Gesetzgebung zum Arbeitnehmerdatenschutz vorbehalten, um auf etwaige Konfliktfälle und Änderungen der Gesetzeslage flexibel reagieren zu können.

461 **8.** Sofern die private Nutzung des betrieblichen Internetanschlusses gestattet ist, hat der Arbeitgeber darauf zu achten, dass der Umfang und die Voraussetzungen der erlaubten privaten Nutzung so genau wie möglich festgelegt sind. Dabei genügt allein der Hinweis auf eine »angemessene« Nutzung in der Regel nicht aus, um im Streitfall einen Missbrauch des Arbeitnehmers darlegen und beweisen zu können (zu den Anforderungen siehe auch BAG, Urt. v. 07.07.2005 – 2 AZR 581/04,

NZA 2006, 98; BAG, Urt. v. 31.05.2007 – 2 AZR 200/06, NZA 2007, 922 oder BAG, Urt. v. 19.04.2012 – 2 AZR 186/11, NZA 2013, 27). Die Privatnutzung ist daher insbesondere in zeitlicher Hinsicht konkret zu beschränken.

Das Muster sieht ein Verbot der privaten Nutzung des betrieblichen Internetzugangs während der Arbeitszeit vor, beschränkt die Erlaubnis damit auf die Arbeitspausen sowie die Zeiten vor Arbeitsbeginn und nach dem Arbeitsende. Auf diese Weise wird sichergestellt, dass der Arbeitnehmer in der Zeit, für die er eine Vergütung erhält, seiner Arbeitsleistung nachgeht und es durch die private Nutzung nicht zu betrieblichen Störungen beziehungsweise einer realen Arbeitszeitverkürzung auf Kosten des Arbeitgebers kommt. Darüber hinaus wird dem Arbeitnehmer ein konkret bezifferter zeitlicher Umfang für die tägliche private Nutzung vorgegeben. Denkbar ist auch die Festlegung eines täglichen Zeitfensters für die private Nutzung (vgl. *Pröpper/Römermann* MMR 2008, 514, 515). 462

Die Entscheidung, in welchem Umfang eine Privatnutzung des betrieblichen Internetzugangs gestattet wird, kann der Arbeitgeber, anders als die Frage, ob der betriebliche Internetzugang nur zu dienstlichen oder auch zu privaten Zwecken genutzt werden darf, nicht ohne die Mitbestimmung des Betriebsrats vornehmen. Die konkrete Ausgestaltung der Nutzung von Betriebsmitteln betrifft eine Frage der Ordnung des Betriebes i.S.d. § 87 Abs. 1 Nr. 1 BetrVG (LAG Hamm, Beschl. v. 07.04.2006 – 10 TaBV 1/06, NZA 2007, 168). 463

9. Mit der Einräumung der privaten Nutzungsmöglichkeit des betrieblichen Internetanschlusses wird der Arbeitgeber nach (noch) herrschender Auffassung »Anbieter« von Telemedien i.S.d. TMG und Telekommunikationsdienstleistungen i.S.d. TKG (§ 3 Nrn. 6, 10, 24 TKG und § 88 Abs. 2 TKG; Küttner/*Kreitner* Internet-/Telefonnutzung Rn. 7). Anderer Auffassung war insoweit zuletzt insbesondere das LAG Berlin-Brandenburg. Danach sei ein Arbeitgeber, der seinen Arbeitnehmern lediglich auch die private Nutzung des dienstlichen E-Mail-Accounts gestatte, kein Dienstanbieter i.S.d. TKG. Er erbringe weder geschäftsmäßig Telekommunikationsleistungen noch wirke er an diesen mit (LAG Berlin-Brandenburg, Urt. v. 14.01.2016 – 5 Sa 657/15, Rn. 116; LAG Berlin-Brandenburg, Urt. v. 16.02.2011 – 4 Sa 2132/10, NZA-RR 2011, 342). Da eine höchstrichterliche Entscheidung dieser Frage jedoch bisher aussteht, bleiben für Arbeitgeber die nachfolgenden datenschutzrechtlichen Risiken bestehen (zum Streitstand siehe auch Gola/Schomerus-*Klug/Gola/Körffer* BDSG § 4a Rn. 18; *Kort* DB 2011, 2092 sowie *Walther/Zimmer* BB 2013, 2933 ff. m.w.N.). 464

In Bezug auf die äußeren Daten der privaten Internetnutzung (besuchte Seiten im Internet, Verweildauer, Uhrzeiten) legt das TMG fest, dass der Arbeitgeber personenbezogene Daten eines Nutzers nur insoweit erheben und verwenden darf, soweit dies erforderlich ist, um die Inanspruchnahme von Telemedien zu ermöglichen und abzurechnen. Erlaubt ist demnach nur eine Datenerhebung zu Abrechnungszwecken oder zur Sicherung der Dienstleistung beziehungsweise für die Fehlersuche und -behebung. Nach § 15 Abs. 6 TMG darf eine Abrechnung aber nicht Zeitpunkt, Dauer, Art, Inhalt und Häufigkeit bestimmter, von einem Nutzer in Anspruch genommener Telemedien erkennen lassen. 465

Darüber hinaus ist der Arbeitgeber verpflichtet, für alle Inhalte und näheren Umstände der privaten Kommunikation das auch **strafrechtlich geschützte Fernmeldegeheimnis** nach § 88 Abs. 1 TKG zu wahren (zu den Folgen von IT-Sicherheitsverstößen siehe ausführlich *Trappehl/Schmidl* NZA 2009, 985). Lassen sich – wie bei der Internetnutzung in der Regel der Fall – die Daten der betrieblichen und der privaten Nutzung nicht voneinander trennen, unterliegen alle Daten dem besonderen gesetzlichen Schutz (*Gola/Wronka* Kap. 6 Rn. 744). Die Anwendung des § 88 Abs. 1 TKG führt zu einem generellen **Kontroll- und Erhebungsverbot** hinsichtlich der privaten Nutzungsdaten der Arbeitnehmer (*Kratz/Gubbels* NZA 2009, 652, 655). Ausnahmen sind nach § 100 TKG allenfalls zum Zweck der Störungsbeseitigung oder Sicherstellung eines geregelten Kommunikationsablaufes zulässig. Der Arbeitgeber hat jedoch keine Zugriffs- und Kontrollmöglichkeiten hinsichtlich eines etwaigen missbräuchlichen und arbeitsvertragswidrigen Verhaltens des 466

Arbeitnehmers (*Wellhöner/Byers* BB 2009, 2310, 2311). Bei einem vorsätzlichen rechtswidrigen Verstoß gegen das Fernmeldegeheimnis macht sich der Arbeitgeber nach § 206 StGB womöglich strafbar.

467 Anders als nach § 4 BDSG kann von den Vorgaben des Telekommunikationsgesetzes auch nicht mittels einer Betriebsvereinbarung abgewichen werden (*Kort* DB 2011, 2092, 2093). Vor diesem Hintergrund ist erforderlich, dass der Arbeitgeber die Gestattung der privaten Nutzungsmöglichkeit von dem individualvertraglichen Einverständnis des Arbeitnehmers zu einer Erhebung und Auswertung der Kommunikationsdaten abhängig macht. Das Einverständnis sollte mangels einer speziellen Regelung im TKG zumindest den Anforderungen von § 4a BSDG entsprechen (siehe hierzu *Brink* ZD 2015, 295, 297). Das Muster sieht insoweit den Verweis auf die Regelungen zur Datenerhebung und -auswertung vor. Nach *Sassenberg/Mantz* BB 2013, 889, 891 bestehen Bedenken gegen die Wirksamkeit einer solchen Einwilligungserklärung des Mitarbeiters im Rahmen eines Arbeitsverhältnisses, weil mit Blick auf das bestehende Über-/Unterordnungsverhältnis nicht von einer Freiwilligkeit der Erklärung ausgegangen werden könne.

468 **10.** Ungeachtet der generellen Möglichkeit des Arbeitgebers, die freiwillige private Nutzungsmöglichkeit für alle Arbeitnehmer zu untersagen, sollte er sich in jedem Fall das Recht vorbehalten, einzelnen Arbeitnehmern die private Nutzungsmöglichkeit bei entsprechender Veranlassung zu entziehen. Die Ausübung dieses Rechts hat jeweils unter **Wahrung billigen Ermessens nach § 315 Abs. 1 BGB** zu erfolgen und darf insbesondere nicht gegen den arbeitsrechtlichen Gleichbehandlungsgrundsatz verstoßen. Es bedarf eines sachlichen Grundes.

469 Vor diesem Hintergrund sieht das Muster eine Entzugsmöglichkeit nur bei begründeter Veranlassung, insbesondere einem Verstoß gegen die Nutzungsgrundsätze oder missbräuchlichem Verhalten, vor.

470 **11.** Viele ein- und ausgehende E-Mails enthalten Informationen, die langfristig zu **Beweis- oder Dokumentationszwecken** oder entsprechend gesetzlichen Vorgaben (z.B. § 257 HGB, § 147 AO) gespeichert bzw. aufbewahrt werden müssen.

471 Das Muster sieht insoweit eine automatische digitale Archivierung aller ein- und ausgehenden E-Mails vor. Um die Informationen vor einem Verlust etwa infolge technischer Störungen zu schützen, kann zudem ein Ausdruck der E-Mails angeordnet werden, der dann einem klassischen Papiervorgang beizufügen ist.

472 Zu beachten ist allerdings, dass eine solche Regelung rechtlich nur dann unproblematisch möglich ist, wenn die Nutzung des betrieblichen E-Mail-Accounts für private Nachrichten nicht gestattet ist. Jede Archivierung stellt gleichzeitig eine Kontrolle der erlaubten Nutzung dar, sodass sich für private E-Mails eine nach § 206 StGB strafbewehrte Kollision mit dem Fernmeldegeheimnis gemäß § 88 TKG ergeben könnte (*Beckschulze* DB 2009, 2097). Nach Auffassung des Hessischen Verwaltungsgerichtshofes umfasst das Fernmeldegeheimnis jedoch nur den Zeitraum des Übertragungsvorgangs bei E-Mails und damit nicht mehr solche elektronischen Nachrichten, die vom Arbeitnehmer bereits abgerufen und auf dem Rechner gespeichert wurden (Hess. VGH, Beschl. v. 19.05.2009 – 6 A 2672/08.Z, NJW 2009, 2470; so im Ergebnis auch VG Karlsruhe, Urt. v. 27.05.2013 – 2 K 3249/12, NVWZ-RR 2013, 797; LAG Berlin-Brandenburg, Urt. v. 14.01.2016 – 5 Sa 657/15, Rn. 116). Demnach wäre es mit Blick auf § 88 TKG nur verboten, E-Mails während des laufenden Kommunikationsvorgangs abzufangen und auszuwerten beziehungsweise zu archivieren. Dagegen wäre eine Archivierung von auf dem Rechner gespeicherten E-Mails auch bei erlaubter privater Nutzung des betrieblichen E-Mail-Accounts zulässig (*Beckschulze* DB 2009, 209; *Sassenberg/Mantz* BB 2013, 889, 890; LAG Berlin-Brandenburg, Urt. v. 14.01.2016 – 5 Sa 657/15, Rn. 116 sowie im Ergebnis auch LAG Niedersachsen, Urt. v. 31.05.2010 – 12 Sa 875/09, NZA-RR 2010, 406). Eine höchstrichterliche Entscheidung zu dieser Frage liegt bisher noch nicht vor.

12. Aus Sicht des Arbeitgebers ist der Einsatz von Virenfiltern und anderen Sicherheitsprogrammen unerlässlich, um die Datensicherheit des Unternehmens zu gewährleisten und damit auch der gesetzlichen **Verpflichtung zur Datensicherheit nach § 9 BDSG** nachzukommen. 473

Würde die private Nutzung des betrieblichen E-Mail-Accounts zugelassen, stellt sich das Problem eines möglichen Verstoßes gegen das Fernmeldegeheimnis nach § 88 TKG, wenn private E-Mails gelöscht und dem Empfänger nicht mehr zugestellt werden. Hierin kann nach den Umständen des Einzelfalls sogar eine **strafbare Unterdrückung** i.S.d. § 206 StGB liegen (OLG Karlsruhe, Urt. v. 10.01.2005 – 1 Ws 152/04, MMR 2005, 178). In der Regel ist der Einsatz eines Virenfilters aber gerade wegen der gesetzlichen Verpflichtung des Arbeitgebers nach § 9 BDSG gerechtfertigt i.S.v. § 88 Abs. 3 i.V.m. § 109 Abs. 1 Nr. 2 TKG (*Beckschulze* DB 2007, 1526, 1527). 474

Im Grundsatz das gleiche Problem stellt sich auch beim Einsatz sog. Spam-Filter, wenn dem Arbeitnehmer die private Nutzung des betrieblichen E-Mail-Accounts gestattet ist. Zur Umgehung von Strafbarkeitsrisiken für den Arbeitgeber empfiehlt sich, das im Muster vorgesehene System zu verwenden, wonach als Spam klassifizierte E-Mails nicht sofort gelöscht, sondern in einem separaten Unterverzeichnis gespeichert werden, auf das der jeweilige Arbeitnehmer Zugriff hat (siehe hierzu auch *Sassenberg/Mantz* BB 2013, 889, 892). 475

Die Einführung und Verwendung von Viren- und Spam-Filtern unterliegt der Mitbestimmung des Betriebsrats nach § 87 Abs. 1 Nr. 6 BetrVG. 476

13. Auch der Einsatz aufwendiger Viren- und Spamfilter kann nicht verhindern, dass im Einzelfall dennoch E-Mails und Anhänge übersandt werden, die eine Bedrohung des Computersystems und/oder der Datensicherheit darstellen. Aus Sicht des Arbeitgebers sollten daher zur Klarstellung konkrete Verhaltenspflichten für Arbeitnehmer im Umgang mit nicht vertrauenswürdigen E-Mails und Datei-Anhängen in die Betriebsvereinbarung aufgenommen werden. 477

14. Die Verschlüsselung bzw. die Bereitstellung eines E-Mail-Systems mit Verschlüsselungsfunktion ist aus Sicht des Arbeitgebers eine wichtige Maßnahme zum Schutz von Betriebs- und Geschäftsgeheimnissen, zur Gewährleistung der Datensicherheit gemäß § 9 BDSG sowie – im Falle der Gestattung einer privaten Nutzung – zur Wahrung des Fernmeldegeheimnisses nach § 88 TKG während der Übermittlung. Welche Inhalte im Einzelfall vertraulich und daher nur verschlüsselt zu übermitteln sind, sollte nicht Gegenstand der Betriebsvereinbarung, sondern entsprechender Weisungen des Arbeitgebers sein. 478

15. Die Regelung des Umgangs mit dienstlichen E-Mails im Abwesenheitsfall dient der Sicherstellung einer möglichst reibungslosen Kommunikation innerhalb und außerhalb des Unternehmens. Da der Zugriff unberechtigter Dritter auf den E-Mail-Account des jeweiligen Arbeitnehmers durch den Passwortschutz ausgeschlossen ist, sieht das Muster die Pflicht zur Einrichtung einer automatischen Weiterleitung der eingehenden E-Mails an den jeweiligen Stellvertreter vor. 479

Sofern die private Nutzung des betrieblichen E-Mail-Accounts gestattet ist, sollte zur Wahrung des Datenschutzes und des Fernmeldegeheimnisses auf eine solche Weiterleitung verzichtet und stattdessen lediglich eine automatische Abwesenheitsnachricht vorgeschrieben werden. In dieser sind neben der Dauer der Ortsabwesenheit für eilige Angelegenheiten auch der Name und die dienstlichen Kontaktdaten eines Ansprechpartners im Unternehmen anzugeben. 480

16. Dem Arbeitgeber steht es grundsätzlich frei, eine Privatnutzung des betrieblichen E-Mail-Systems zu untersagen. Diese unternehmerische Entscheidung über das »Ob« der Nutzung ist wie bei den anderen betrieblichen Kommunikationseinrichtungen mitbestimmungsfrei (*Dickmann* NZA 2003, 1009, 1010). Auch von einem umfassenden Verbot der Privatnutzung sind allerdings die dienstlich motivierte Privatnutzung des betrieblichen E-Mail-Systems und der private Austausch der Arbeitnehmer am Arbeitsplatz in aller Regel ausgenommen (*Ernst* NZA 2002, 585; siehe hierzu auch O Rdn. 458). 481

482 Wird die private Nutzung des betrieblichen E-Mail-Systems gestattet, ist der Arbeitgeber nach der (noch) herrschenden Auffassung Anbieter von Telemedien- und Telekommunikationsdiensten i.S.d. TMG und TKG und als solcher insbesondere verpflichtet, das Fernmeldegeheimnis nach § 88 Abs. 1 TKG zu wahren. In Ergänzung hierzu schreibt § 109 Abs. 1 Nr. 1 TKG zwingend vor, dass der Diensteanbieter angemessene technische Vorkehrungen oder sonstige Maßnahmen zum Schutze des Fernmeldegeheimnisses und personenbezogener Daten sowie der Telekommunikations- und Datenverarbeitungssysteme gegen unerlaubte Zugriffe zu treffen hat.

483 Dies erfordert von Seiten des Arbeitgebers schon zur Vermeidung einer strafrechtlichen Verantwortung nach § 206 StGB eine strikte **Trennung von betrieblichen und privaten E-Mails beziehungsweise sonstigen Kommunikationsinhalten und Verkehrsdaten** (*Koch* NZA 2008, 911, 913). Trennt der Arbeitgeber die erlaubte private Kommunikation nicht von der dienstlichen, erstreckt sich das Fernmeldegeheimnis auch auf die dienstlichen E-Mails. In diesem Fall ist dem Arbeitgeber der freie Zugriff auf sämtliche, also auch die betrieblichen E-Mails verwehrt.

484 Vor diesem Hintergrund bietet sich bei zugelassener Privatnutzung die Einrichtung einer zweiten E-Mail-Adresse für die Arbeitnehmer an, über welche die gesamte private elektronische Post vom Arbeitnehmer abzuwickeln ist. Alternativ sollte aus Sicht des Arbeitgebers zumindest dafür gesorgt werden, dass private E-Mails als solche im Betreff bezeichnet und in einem separaten Unterordner gespeichert werden und dieser vor dem unberechtigten Zugriff Dritter umfassend (z.B. durch Passwortschutz) gesichert ist.

485 **17.** Das Muster sieht die Möglichkeit eines privaten E-Mail-Versands und -Empfangs ausschließlich über webbasierte Internetplattformen vor und koppelt die private E-Mail-Nutzung damit an die Voraussetzungen und Vorgaben für die private Internetnutzung, insbesondere den damit verbundenen Freiwilligkeitsvorbehalt und das **Erfordernis einer Einverständniserklärung** nach § 4 Abs. 2 (siehe hierzu O Rdn. 464 ff.).

486 **18.** Auch hinsichtlich der Nutzung der betrieblichen Telefonanlage steht dem Arbeitgeber das alleinige Entscheidungsrecht zu, ob er den Arbeitnehmern die private Nutzung gestatten will oder nicht (*Mengel* BB 2004, 1445, 1446). Ein Mitbestimmungsrecht des Betriebsrates besteht insoweit nicht. Erlaubt der Arbeitgeber die Privatnutzung des Telefons, finden auch insoweit nach (noch) herrschender Auffassung die Vorschriften des TKG Anwendung (vgl. hierzu O Rdn. 464).

487 Zur Vermeidung von Missverständnissen und Konfliktfällen sollte der zeitliche Umfang der erlaubten Privatnutzung von vornherein auf ein bestimmtes Höchstmaß beschränkt werden. Neben der im Muster vorgesehenen Festlegung einer bezifferten Maximaldauer ist auch die ausschließliche Beschränkung privater Telefonate auf die Pausenzeiten denkbar.

488 **19.** Um die Wahrung des Fernmeldegeheimnisses nach § 88 Abs. 1 TKG sicherzustellen und eine etwaige Beteiligung des Arbeitnehmers an den Kosten der privaten Telefongespräche praktisch umsetzen zu können, empfiehlt es sich, die Mitarbeiter dazu zu verpflichten, private Gespräche durch eine Vorwahl zu kennzeichnen. Dies kann durch die Zuteilung persönlicher Code- beziehungsweise Nutzerkennnummern ergänzt werden.

489 Hierdurch ist es dem Arbeitgeber technisch möglich, die Verbindungsdaten der dienstlichen und privaten Kommunikation strikt voneinander zu trennen.

490 **20.** Die Frage der Kostenbeteiligung der Arbeitnehmer an den durch die Privatnutzung entstandenen Verbindungsentgelten ist grundsätzlich mitbestimmungsfrei (*Ernst* NZA 2001, 585, 586). Allerdings ist eine Kostenbeteiligung nur dort wirklich sinnvoll, wo die einzelnen Kosten auch tatsächlich messbar sind (*Dickmann* NZA 2003, 1009, 1111). Dies dürfte in der Regel dort ausscheiden, wo der Arbeitgeber – wie heute allgemein üblich – eine Flatrate mit seinem Telefonanbieter vereinbart hat, also einen bestimmten Festpreis für sämtliche anfallenden Gesprächskosten zahlt.

Ausgenommen von dem Festpreis sind jedoch häufig Gespräche ins Mobilfunknetz oder ins Ausland, so dass das Muster für diese Fälle eine Kostenerstattung durch den Arbeitnehmer vorsieht.

21. Die Zulässigkeit einer Dokumentation und Kontrolle der Nutzung der betrieblichen Kommunikationsmittel hängt maßgeblich davon ab, ob und inwieweit den Arbeitnehmern auch die private Nutzung gestattet ist.

Ist die private Nutzung ausdrücklich ausgeschlossen, hat sich die Datenerhebung und Datenverarbeitung im Wesentlichen nur an den Vorgaben des BDSG (insbesondere § 32 BDSG) und dem allgemeinen Persönlichkeitsrecht der betroffenen Arbeitnehmer zu messen (*Beckschulze* DB 2007, 1526, 1529). Zudem ist der **Grundsatz der Datenvermeidung und Datensparsamkeit** nach § 3a BDSG zu beachten. Bei einer erlaubten privaten Nutzungsmöglichkeit finden dagegen nach herrschender Auffassung auch die Vorschriften des TKG und des TMG Anwendung. Der Arbeitgeber hat dann insbesondere das Fernmeldegeheimnis nach § 88 Abs. 1 TKG zu beachten (siehe hierzu O Rdn. 464).

Im Anwendungsbereich des BDSG kann mittels einer Betriebsvereinbarung von den gesetzlichen Vorgaben abgewichen werden. Es handelt sich bei einer Betriebsvereinbarung insoweit um »eine andere Rechtsvorschrift« i.S.d. § 4 BDSG. Die inhaltliche Gestaltungsfreiheit der Betriebsparteien bei der Regelung der Kontrollrechte des Arbeitgebers ist allerdings durch § 75 Abs. 2 BetrVG eingeschränkt, wonach die freie Entfaltung der Persönlichkeit des Arbeitnehmers zu schützen und zu fördern ist. Eine Vereinbarung über Dokumentations- und Kontrollmöglichkeiten des Arbeitgebers kann daher nur so weit gehen, wie es das Recht des Arbeitnehmers aus Art. 2 Abs. 1 GG gestattet. Die Regelung muss verhältnismäßig, also geeignet, erforderlich und angemessen sein. Im Rahmen der Angemessenheit bedarf es insbesondere einer Gesamtabwägung der Intensität des Eingriffs und des Gewichts der ihn rechtfertigenden Gründe (*Beckschulze* DB 2009, 2097, 2098). Zur Sicherstellung einer wirksamen Regelung ist es ratsam, sich bei der Ausgestaltung der Betriebsvereinbarung an den gesetzlichen Wertungen des BDSG zu orientieren.

Eine systematische und lückenlose Kontrolle der Nutzung von Internet, E-Mail und Telefon über einen längeren Zeitraum ist in aller Regel unzulässig (*Wellhöner/Byers* BB 2009, 2310, 2311). Dagegen sollte nach diesseitiger Auffassung – jedenfalls für den Fall einer ausschließlich dienstlichen Nutzung von Internet, E-Mail und Telefon beziehungsweise eines Einverständnisses des Arbeitnehmers nach § 4 Abs. 2 des Musters – die Erhebung und stichprobenartige Kontrolle der Verbindungsdaten rechtmäßig und möglich sein (vgl. zur Telefondatenerfassung BAG, Urt. v. 27.05.1986 – 1 ABR 48/84, NZA 1986, 643).

22. Bei der automatischen Erhebung der Verbindungsdaten von Telefonaten werden Datum, Beginn und Ende des Telefonats, gewählte Rufnummer sowie das Nutzungsentgelt erfasst, nicht aber konkrete Gesprächsinhalte. Damit erfolgt kein Eingriff in das aus Art. 2 Abs. 1 i.V.m. Art. 1 GG geschützte Recht am eigenen Wort. Wegen des Interesses des Arbeitgebers an der Kostenkontrolle liegt auch kein unzulässiger Eingriff in das Recht auf informationelle Selbstbestimmung vor. Die Zulässigkeit der vollständigen Erfassung der Zielrufnummer bei dienstlichen Gesprächen ist umstritten, wurde aber in früheren Entscheidungen des BAG als zulässig anerkannt (BAG, Urt. v. 27.05.1986 – 1 ABR 48/84, NZA 1986, 643, ablehnend bei besonderes schutzwürdigen Interessen Dritter BAG, Urt. v. 13.01.1987 – 1 AZR 267/85, NZA 1987, 515). Um Probleme mit der Rechtmäßigkeit der Datenerfassung gänzlich zu vermeiden, ist denkbar, nur die Vorwahl und einen Teil der Rufnummer zu speichern (ErfK/*Franzen* § 32 BDSG Rn. 25; *Gola/Wronka* Kap. 6 Rn. 755).

Bei als privat gekennzeichneten Telefonaten ist daher eine vollständige Zielnummernerfassung in aller Regel unzulässig. Insoweit muss sich die Erfassung im Grundsatz auf die für die Abrechnung des Telefonats erforderlichen Daten beschränken (*Wellhöner/Byers* BB 2009, 2310, 2312). Hierzu genügt die Orts- beziehungsweise Netzvorwahl.

498 23. Sowohl aus Arbeitgebersicht als auch aus Sicht des Betriebsrates ist darauf zu achten, dass der **Verwendungszweck der erhobenen Daten** in der Betriebsvereinbarung ausdrücklich festgeschrieben wird. Dieser ist Ausgangspunkt und Maßstab der bei zur Überprüfung der Zulässigkeit der Regelung anzustellenden Verhältnismäßigkeitsprüfung.

499 Während der Betriebsrat üblicherweise eine Leistungs- und Verhaltenskontrolle der Arbeitnehmer gänzlich ausschließen wollen wird, muss der Arbeitgeber sicherstellen, dass ihm jedenfalls auch stichprobenartige Kontrollen zur Einhaltung der Regeln der Betriebsvereinbarung und des Datenschutzes möglich sind.

500 24. Aus Gründen der Verhältnismäßigkeit sollten die erhobenen Daten nicht länger als erforderlich gespeichert beziehungsweise aufbewahrt werden. In Anlehnung an den Grundsatz des § 35 Abs. 2 S. 1 BDSG sind personenbezogene Daten zu löschen, sobald ihre Kenntnis für die Erfüllung des Zwecks der Speicherung nicht mehr erforderlich ist.

501 25. Um die Möglichkeit einer Auswertung und Verwendung der Daten bei Verdachtsfällen sicherzustellen, sollte eine ausdrückliche Regelung in die Betriebsvereinbarung darüber aufgenommen werden, dass die Daten auch über die in § 8 Abs. 5 genannte Frist hinaus gespeichert werden können, soweit dies erforderlich ist. Auch hinsichtlich dieser Daten muss allerdings eine unverzügliche Löschung nach dem Entfallen des Zwecks der Datenerhebung gewährleistet werden.

502 26. Der Kreis der zugriffsberechtigten Personen für die erhobenen Daten ist zur Wahrung der Verhältnismäßigkeit der Kontrollmaßnahme und zur Erfüllung der gesetzlichen Verpflichtung aus § 9 BDSG von vornherein stark einzugrenzen. Insoweit bietet sich ergänzend an, den Personenkreis abschließend in einer Anlage zur Betriebsvereinbarung konkret zu benennen.

503 27. Da die zugriffsberechtigten Arbeitnehmer für personenbezogene Daten eine besonders vertrauensvolle Aufgabe wahrnehmen, müssen sie mit allen zum Schutz der Arbeitnehmerdaten dienenden Regelungen und Vorschriften vertraut sein. Sie sind insbesondere nach § 5 BDSG schriftlich auf das Datengeheimnis zu verpflichten.

504 28. Das Muster sieht ein **zweistufiges Kontrollsystem** vor. Danach ist das Unternehmen zunächst zu stichprobenartigen Kontrollen der erhobenen Daten befugt. Zur Wahrung der Transparenz der Kontrollmaßnahme und Sicherung des Datenschutzes sollte der betriebliche Datenschutzbeauftragte hieran beteiligt werden. Die Kontrolle sollte zunächst nicht personenbezogen erfolgen. Erst bei Vorliegen konkreter Verdachtsmomente für einen Missbrauch beziehungsweise einen Verstoß gegen die Nutzungsregeln der Betriebsvereinbarung oder die Begehung einer Straftat kann im zweiten Schritt eine personenbezogene Auswertung der Daten unter Beteiligung des Betriebsrates vorgenommen werden.

505 29. Um die Intensität des Eingriffs in das Persönlichkeitsrecht der betroffenen Arbeitnehmer so gering wie möglich zu halten und damit die Schutzpflicht der Betriebsparteien aus § 75 Abs. 2 BetrVG zu wahren, beschränkt das Muster die personenbezogene Auswertung der erhobenen Daten auf Fälle eines konkreten Verdachts der missbräuchlichen Nutzung der betrieblichen Kommunikationseinrichtungen und der Begehung von Straftaten. Die Kontrolle darf sich dabei nicht auf die gesamte Belegschaft erstrecken, sondern ist auf den in Verdacht stehenden Arbeitnehmer zu beschränken. Bringt die Art der anfallenden Protokolldaten eine Offenlegung der Nutzungsdaten aller Arbeitnehmer mit sich, ist eine Auswertung der Daten nur des verdächtigen Arbeitnehmers vorzunehmen.

506 30. Der Kreis der an der Auswertung zu beteiligenden Personen sollte in der Betriebsvereinbarung konkret benannt werden. Anders als bei der stichprobenartigen Kontrolle sollte insoweit auch der Betriebsrat aktiv an der Auswertung beteiligt werden. Jedenfalls ist ihm die Teilnahme am Auswertungsprozess durch ein beauftragtes Mitglied zu gestatten, damit er seiner gesetzlichen Überwachungspflicht nach § 80 Abs. 1 Nr. 1 BetrVG nachkommen kann.

Die personenbezogene Auswertung der Daten ist schriftlich zu protokollieren, um die Ordnungsgemäßheit der Maßnahme zu dokumentieren und eine Verwertbarkeit der gewonnenen Ergebnisse sicherzustellen.

31. Der Hinweis auf mögliche arbeitsrechtliche Sanktionen bei Verstößen gegen die Regeln zur Nutzung der betrieblichen Kommunikationseinrichtungen sollte wegen seiner Appellfunktion in die Betriebsvereinbarung aufgenommen werden. Zudem wird auf diese Weise Einigkeit zwischen Arbeitgeber und Betriebsrat darüber hergestellt, dass entsprechende Verstöße im Grundsatz eine schwerwiegende Vertragspflichtverletzung darstellen.

32. Schon aus Gründen der Sensibilisierung und Prävention sind alle Mitarbeiter über die rechtlichen Rahmenbedingungen der Nutzung von Kommunikationseinrichtungen aufzuklären. Darüber hinaus ist die umfassende Unterrichtung insbesondere hinsichtlich der Erfassung und Auswertung der Verbindungsdaten auch für die Verhältnismäßigkeit der Regelung wichtig.

33. Siehe O Rdn. 217 ff.

34. Siehe O Rdn. 226.

7. Videoüberwachung

Vorbemerkung

Die Überwachung von Arbeitnehmern ist rechtlich nur in eingeschränktem Umfang zulässig. Mit ihr einher geht in aller Regel eine Beeinträchtigung des Persönlichkeitsrechts der betroffenen Arbeitnehmer, sodass eine Einführung von Kontrollmaßnahmen durch den Arbeitgeber ohne Einvernehmen mit den Arbeitnehmern oder deren Interessenvertretung regelmäßig ausscheidet (Küttner/*Kreitner* Kontrolle des Arbeitnehmers Rn. 2). Siehe zum Schutz des Persönlichkeitsrechts des Arbeitnehmers allgemein DLW/*Dörner* Kap. 3 Rn. 2856 ff.

Einen besonderen Schwerpunkt der Arbeitnehmerkontrolle bildet in den letzten Jahren die Videoüberwachung am beziehungsweise im Zusammenhang mit dem Arbeitsplatz. Hierzu hat das Bundesarbeitsgericht seit dem Jahr 2003 fünf Leitentscheidungen getroffen, die dem Arbeitgeber und dem Betriebsrat den rechtlichen Rahmen vorgeben (BAG, Urt. v. 27.03.2003 – 2 AZR 51/02, NZA 2003, 1193; BAG, Beschl. v. 29.06.2004 – 1 ABR 21/03, NZA 2004, 1278; BAG, Beschl. v. 14.12.2004 – 1 ABR 34/03, RDV 2005, 216; BAG, Beschl. v. 26.08.2008 – 1 ABR 16/07, NZA 2008, 1187; BAG, Urt. v. 21.06.2012 – 2 AZR 153/11, NZA 2012, 1025).

Das Bundesarbeitsgericht hat festgestellt, dass die Einführung eines Videosystems, mit dem die Betriebsstätte des Arbeitgebers oder auch nur einzelne Teile davon überwacht werden sollen, einen erheblichen Eingriff in die Persönlichkeitsrechte der dort beschäftigten Arbeitnehmer darstellt. Dieser Eingriff muss, wenn er nicht durch eine ausdrückliche gesetzliche Regelung zugelassen ist, durch schutzwürdige Belange des Arbeitgebers oder anderer Grundrechtsträger gerechtfertigt sein (AR/*Kamanabrou* § 611 BGB Rn. 325; BAG, Urt. v. 27.03.2003 – 2 AZR 51/02, NZA 2003, 1193). Das zulässige Maß einer Beschränkung des allgemeinen Persönlichkeitsrechts bestimmt sich nach dem Grundsatz der Verhältnismäßigkeit. Die Überwachung muss demgemäß unter Berücksichtigung der Umstände des Einzelfalls geeignet, erforderlich und angemessen sein, um den erstrebten Zweck zu erreichen (BAG, Beschl. v. 14.12.2004 – 1 ABR 34/03, RDV 2005, 216). Diese Grundsätze haben die Betriebsparteien über § 75 Abs. 2 S. 1 BetrVG bei der Ausgestaltung einer Betriebsvereinbarung zur Videoüberwachung zu berücksichtigen. Die Betriebsparteien können die Grenzen eines rechtlich zulässigen Eingriffs nicht zulasten der Arbeitnehmer durch eine Betriebsvereinbarung verschieben (BAG, Urt. v. 21.06.2012 – 2 AZR 153/11, NZA 2012, 1025, 1028).

Die wichtigsten gesetzlichen Vorgaben für eine Videoüberwachung sind im BDSG geregelt, das gemäß § 1 Abs. 2 Nr. 3 BDSG auch auf private Arbeitgeber Anwendung findet. In § 6b BDSG ist eine spezielle Erlaubnisnorm für die Videoüberwachung in öffentlich zugänglichen Räumen enthalten. Außerhalb des Anwendungsbereichs des § 6b BDSG stellt sich die Frage nach der Anwendbarkeit der Generalklauseln der §§ 32, 28 BDSG (siehe hierzu näher *Grimm/Schiefer* RdA 2009, 329, 335 ff.). Bei der Ausgestaltung des Videoüberwachungssystems sind zudem die Vorgaben des § 9 BDSG zur Datensicherheit sowie das in § 3a BDSG statuierte Prinzip der Datenvermeidung und -sparsamkeit zu berücksichtigen.

516 Dem Betriebsrat steht bei der Einführung eines Videoüberwachungssystems ein Mitbestimmungsrecht nach § 87 Abs. 1 Nr. 6 BetrVG zu. Dabei ist nicht entscheidend, ob der Arbeitgeber die erfassten Daten tatsächlich auch im Hinblick auf Leistung und Verhalten der Arbeitnehmer auswerten will, sondern nur, dass dies technisch möglich ist (AR/*Rieble* § 87 BetrVG Rn. 41). Das Mitbestimmungsrecht ist ausgeschlossen oder eingeschränkt, wenn der Arbeitgeber mit der Überwachung nur eine behördliche Anweisung erfüllt (BAG, Beschl. v. 11.12.2012 – 1 ABR 78/11, NZA 2013, 913).

▶ **Muster – Videoüberwachung**

517 Zwischen der ____[Name]____ GmbH (im Folgenden: »Unternehmen«)

und

dem Betriebsrat der ____[Name]____ GmbH (im Folgenden: »Betriebsrat«) [1]

wird folgende Betriebsvereinbarung zur Regelung einer Videoüberwachung des Eingangs- und Außenbereiches des Bürogebäudes und Warenlagers __[Ort und Anschrift]__ vereinbart:

§ 1 Geltungsbereich [2]

(1) Die Betriebsvereinbarung gilt für alle Arbeitnehmer des Unternehmens am Standort __[Ort und Anschrift]__ , soweit sie nicht leitende Angestellte i.S.v. § 5 Abs. 3 BetrVG sind (»Mitarbeiter«).

(2) Das Unternehmen wirkt darauf hin, dass der Inhalt dieser Betriebsvereinbarung auch für Praktikanten, duale Studenten und leitende Angestellte i.S.d. § 5 Abs. 3 BetrVG entsprechend zur Anwendung kommt.

(3) Sie erfasst sachlich die Einführung und Anwendung eines Videoüberwachungssystems für das Bürogebäude und Warenlager __[Ort und Anschrift]__ .

§ 2 Zweckbindung [3]

(1) Das Videoüberwachungssystem dient der Wahrung des Hausrechts, insbesondere der Zugangskontrolle unbefugter Personen sowie der Verhinderung, Verringerung und Aufklärung von Straftaten, insbesondere von Einbrüchen und Diebstahlsfällen. [4]

(2) Die Betriebsparteien stimmen darin überein, dass keine außerhalb dieses Zwecks liegende Verwertung des Videoüberwachungssystems beziehungsweise der hierdurch erhobenen Daten erfolgt. Insbesondere ist eine zweckwidrige Leistungs- und Verhaltenskontrolle der Mitarbeiter ausgeschlossen. [5]

(3) Die Betriebsparteien stimmen ferner darin überein, dass lediglich bei Vorliegen konkreter Verdachtsmomente für die Begehung von Straftaten oder für unbefugtes Betreten eine personenbezogene Auswertung der gewonnenen Daten erfolgen kann. Näheres hierzu ist in § 6 geregelt. [6]

§ 3 Technische Ausstattung und Funktionsweise

(1) Eine Beschreibung des Videoüberwachungssystems und seiner Funktionsweise einschließlich der Bezeichnung der einzelnen Komponenten und technischen Geräte, der genauen Position und dem Beobachtungsbereich der eingesetzten Videokameras sowie einer Darstellung des *Vernetzungskonzepts ergibt sich aus Anlage 1 zu dieser Betriebsvereinbarung. Die Anlage ist Bestandteil dieser Betriebsvereinbarung.* [7]

(2) Die Mitarbeiter werden bei Betreten der überwachten Bereiche durch Hinweisschilder mit dem Piktogramm »Videoüberwachung« nach DIN 33450 über die Videoüberwachung informiert. [8]

(3) Änderungen und Erweiterungen der Funktionsweise des Videoüberwachungssystems, insbesondere der Standorte und Beobachtungsbereiche der Kameras, sind nur mit Zustimmung des Betriebsrates möglich. [9]

(4) Die Betriebsparteien stimmen darin überein, dass der Betriebsrat bereits im Planungsstadium über die beabsichtigten Änderungen oder Erweiterungen unterrichtet werden soll, um zu gewährleisten, dass etwaigen Vorschlägen und Bedenken des Betriebsrates an den Plänen ausreichend Rechnung getragen werden kann.

§ 4 Umfang der Überwachung

(1) Das Videoüberwachungssystem ist ganztägig von 0 bis 24 Uhr an sieben Tagen in der Woche in allen Wochen des Jahres aktiv. Eine Aufzeichnung der Bilddaten mit Datum und Uhrzeit erfolgt, sofern Bewegungen im Beobachtungsbereich der Kameras stattfinden. Eine akustische Aufzeichnung findet nicht statt. [10]

(2) Eine heimliche Überwachung mit Hilfe dieses Videoüberwachungssystems ist ebenso unzulässig wie eine laufende Überwachung der erhobenen Bilddaten an einem Kontrollmonitor. [11]

§ 5 Übertragung der Daten

(1) Die von den Videokameras erhobenen digitalen Bilddaten werden ausschließlich in dem eigenständigen Überwachungssystem des Unternehmens verarbeitet und auf einem digitalen Festplattenrekorder aufgezeichnet. Eine Schnittstelle mit anderen technischen Systemen des Unternehmens oder Dritter besteht nicht. Die Daten werden nicht in ein anderes internes oder externes System übermittelt. [12]

(2) Eine Weitergabe der Daten an Dritte ist grundsätzlich unzulässig. Sie kann einzig nach vorheriger Anhörung des Betriebsrates an die zuständige Staatsanwaltschaft oder Polizeibehörde erfolgen, wenn nach der personenbezogenen Auswertung gemäß § 6 Abs. 1 der dringende Verdacht der Begehung von Straftaten besteht. [13] Der Betriebsrat kann verlangen, dass die Daten nur zusammen mit seiner schriftlichen Stellungnahme weitergegeben werden.

§ 6 Personenbezogene Auswertung der Daten

(1) Soweit konkrete Anhaltspunkte für strafbare Handlungen und/oder unbefugtes Betreten der Räumlichkeiten bestehen, kann das Unternehmen nach vorheriger Unterrichtung des Betriebsrates und des betrieblichen Datenschutzbeauftragten auf die jeweiligen Daten zugreifen und durch zwei zugriffsberechtigte Mitarbeiter i.S.d. nachfolgenden § 7 Abs. 1 personenbezogen auswerten. [14]

(2) Die Betriebsparteien stimmen darin überein, dass konkrete Anhaltspunkte i.S.v. Abs. 1 insbesondere bei festgestellten Sachbeschädigungen und/oder Warenschwund sowie bei ausdrücklichen Hinweisen von Mitarbeitern auf ein strafbares Verhalten oder unbefugtes Betreten vorliegen.

(3) Der Betriebsrat hat das Recht, an der Auswertung mit zwei beauftragten Mitgliedern teilzunehmen. Der betriebliche Datenschutzbeauftragte ist zur Auswertung hinzuzuziehen. [15]

(4) Die Auswertung der Daten erfolgt durch visuelles Betrachten am Monitor und Verwendung der technischen Unterstützungsfunktionen des Systems wie etwa das Vergrößern von Bildausschnitten oder das Anfertigen und Ausdrucken von Standbildern.

(5) Jede Datenauswertung ist schriftlich zu dokumentieren. Aufzunehmen sind insbesondere Datum und Uhrzeit der Auswertung, ihr Anlass, die teilnehmenden Personen, eine Bezeichnung der ausgewerteten Daten sowie die gewonnenen Erkenntnisse. Die Dokumentation ist von den an der Auswertung teilnehmenden Personen zu unterzeichnen und in Kopie dem Betriebsrat und dem betrieblichen Datenschutzbeauftragten zur Verfügung zu stellen. Der Betriebsrat hat das Recht, eine schriftliche Stellungnahme hierzu abzugeben.

§ 7 Zugriffsberechtigung [16]

(1) Zugriff auf das Videoüberwachungssystem, einschließlich der einzelnen technischen Geräte und der gewonnenen Daten haben ausschließlich die in Anlage 2 zu dieser Betriebsvereinbarung mit Namen und Funktionsbezeichnung aufgelisteten Mitarbeiter, der Systemadministrator und sein Stellvertreter sowie der betriebliche Datenschutzbeauftragte.

(2) Die zugriffsberechtigten Mitarbeiter sind über den Inhalt dieser Betriebsvereinbarung besonders zu belehren und schriftlich auf das Datengeheimnis nach § 5 BDSG zu verpflichten.

§ 8 Datensicherung und Löschung

(1) Das Unternehmen stellt sicher, dass das gesamte Videoüberwachungssystem und die gewonnenen Daten sicher verwahrt und vor dem unberechtigten Zugriff Dritter geschützt sind. Hierzu sind die Aufzeichnungsgeräte, die Bedienelemente des Systems und die Datenträger unter Verschluss zu halten und nach technischer Möglichkeit mit einem Passwort zu sichern. [17]

(2) Die aufgezeichneten Daten werden automatisch nach dem First-in-first-out-Prinzip mit Überschreiten der Kapazität des Festplattenrekorders, spätestens jedoch nach zwei Monaten, überschrieben beziehungsweise gelöscht. [18]

(3) In Fällen von § 6 Abs. 1 können die betroffenen Daten zur Auswertung und Beweissicherung auch über zwei Monate hinaus auf einem separaten Datenträger gespeichert werden. Hierüber sind der betriebliche Datenschutzbeauftragte und der Betriebsrat umgehend zu informieren. Die Daten sind unverzüglich nach ihrer Auswertung beziehungsweise nachdem sie nicht mehr zur Beweissicherung benötigt werden, spätestens jedoch zwei Monate danach zu löschen, es sei denn, das Gesetz schreibt eine längere Aufbewahrungszeit vor. [19]

§ 9 Informationsrecht des Betriebsrates [20]

Der Betriebsrat hat im Rahmen seiner gesetzlichen Überwachungspflicht nach § 80 Abs. 1 Nr. 1 BetrVG das Recht, sich mit maximal zwei beauftragten Mitgliedern stichprobenartig von der ordnungsgemäßen Funktionsfähigkeit und Verwendung der Komponenten des Videoüberwachungssystems einschließlich der Aufzeichnungsgeräte, Bedienelemente und Datenträger zu überzeugen. Die Kontrolle des Videoüberwachungssystems durch den Betriebsrat kann ausschließlich im Beisein von mindestens zwei zugriffsberechtigten Mitarbeitern nach § 7 Abs. 1 erfolgen.

§ 10 Information der Mitarbeiter [21]

Das Unternehmen stellt sicher, dass die Mitarbeiter vor der ersten Inbetriebnahme über den Einsatz und die Verwendung des Videoüberwachungssystems sowie die Regelungen dieser Betriebsvereinbarung informiert und auf ihre Rechte und Pflichten hingewiesen werden. Bei neu eingestellten Mitarbeitern hat die Unterrichtung zu Beginn des Arbeitsverhältnisses zu erfolgen.

§ 11 Inkrafttreten und Kündigung [22]

(1) Diese Betriebsvereinbarung tritt mit ihrer Unterzeichnung in Kraft und ist mit einer Frist von drei Monaten zum Monatsende kündbar, erstmals zum ___[Datum]___. Mit Ablauf der Kündigungsfrist ist das Video- und Kameraüberwachungssystem abzuschalten. Eine Aufzeichnung weiterer Daten ist unzulässig.

(2) Die Betriebsvereinbarung entfaltet keine Nachwirkung.

§ 12 Schlussbestimmungen [23]

(1) Änderungen oder Ergänzungen dieser Vereinbarung bedürfen zu ihrer Wirksamkeit der Schriftform.

(2) Sollten eine oder mehrere Bestimmungen dieser Betriebsvereinbarung ganz oder teilweise rechtsunwirksam sein, so wird dadurch die Gültigkeit der übrigen Bestimmungen nicht berührt. Die Betriebsparteien verpflichten sich, an Stelle der unwirksamen Bestimmungen eine dem Sinn und Zweck entsprechende Nachfolgeregelung zu vereinbaren.

_____[Ort]_____, den _____[Datum]_____

(Unterschrift Geschäftsführer/in)

(Unterschrift Betriebsratsvorsitzende/r)

Erläuterungen

Schrifttum

Alter Rechtsprobleme betrieblicher Videoüberwachung, NJW 2015, 237; *Bachner/Rupp* Die originäre Zuständigkeit des Konzernbetriebsrats bei der Einführung technischer Einrichtungen, NZA 2016, 207; *Bauer/Schansker* (Heimliche) Videoüberwachung durch den Arbeitgeber, NJW 2012, 3537; *Bayreuther* Videoüberwachung am Arbeitsplatz, NZA 2005, 1038; *Bayreuther* Zulässigkeit und Verwertbarkeit heimlicher Videoaufzeichnungen am Arbeitsplatz, DB 2012, 2222; *Bergwitz* Prozessuale Verwertungsverbote bei unzulässiger Videoüberwachung, NZA 2012, 353; *Bergwitz* Verdeckte Videoüberwachung weiterhin zulässig, NZA 2012, 1205; *Byers* Die Videoüberwachung am Arbeitsplatz, 1. Auflage 2011; *Byers/Pracka* Die Zulässigkeit der Videoüberwachung am Arbeitsplatz, BB 2013, 760; *Byers* Initiativrecht des Betriebsrats bei technischer Überwachung am Arbeitsplatz, RdA 2014, 37; *Bissels* Videoüberwachung von Arbeitnehmern: Bei Anwendung bestehender Regelungen ist kein Arbeitnehmerdatenschutzgesetz nötig! DB 2008, Heft 39, I; *Dann/Gastell* Geheime Mitarbeiterkontrollen: Straf- und arbeitsrechtliche Risiken bei unternehmensinterner Aufklärung, NJW 2008, 2945; *Eylert* Kündigung nach heimlicher Arbeitnehmerüberwachung, NZA-Beilage 2015, 100; *Forst* Videoüberwachung am Arbeitsplatz und der neue § 32 BDSG, RDV 2009, 204; *Freckmann/Wahl* Überwachung am Arbeitsplatz, BB 2008, 1904; *Ganz* Augen auf bei der Videoüberwachung, ArbRAktuell 2015, 565; *Gola* Datenschutz bei der Kontrolle »mobiler« Arbeitnehmer – Zulässigkeit und Transparenz, NZA 2007, 1139; *Grimm/Schiefer* Videoüberwachung am Arbeitsplatz, RdA 2009, 329; *Grimm/Brock/Windeln* Video-Überwachung am Arbeitsplatz, ArbRB 2006, 179; *Joussen* Die Zulässigkeit von vorbeugenden Torkontrollen nach dem neuen BDSG, NZA 2010, 254; *Joussen* Mitarbeiterkontrolle: Was muss, was darf das Unternehmen wissen?, NZA-Beilage 2011, 35; *Kirsch* Die datenschutzrechtliche Beurteilung von Kamera-Attrappen im Betrieb, MMR 2011, Nr. 7 VIII–IX; *Klein* Videoüberwachung: Kostspielige Folgen für den Arbeitgeber?, ZD 2016, 65; *Kort* Betriebsrat und Arbeitnehmerdatenschutz, ZD 2016, 3; *Linsenmaier* Normsetzung der Betriebsparteien und Individualrechte der Arbeitnehmer, RdA 2008, 1; *Maschmann* Mitarbeiterkontrolle in Theorie und Praxis, Festschrift für Wolfgang Hromadka zum 70. Geburtstag 2008, 233; *Maties* Arbeitnehmerüberwachung mittels Kamera? NJW 2008, 2219; *Oberwetter* Arbeitnehmerrechte bei Lidl, Aldi & Co., NZA 2008, 609; *Oberwetter* Überwachung und Ausspähung von Arbeitnehmern am Arbeitsplatz – alles ohne Entschädigung? NZA 2009, 1120; *Richardi/Kortstock* Videoüberwachung am Arbeitsplatz – Allgemeines Persönlichkeitsrecht – Grundsatz der Verhältnismäßigkeit, RdA 2005, 381; *Schlewing* Prozessuales Verwertungsverbot für mitbestimmungswidrig erlangte Erkenntnisse aus einer heimlichen Videoüberwachung? NZA 2004, 1071; *Schrader/Mahler* Interne Ermittlungen des Arbeitgebers und Auskunftsgrenzen des Arbeitnehmers, NZA-RR 2016, 57; *Schulze/Greve* Videoüberwachung – Mitbestimmung des Betriebsrats und Schmerzensgeld, ArbRAktuell 2014, 245; *Steinkühler/Raif* Arbeitnehmerüberwachung, AuA 2009, 213; *Vietmeyer/Byers* Zulässige heimliche Videoüberwachung an öffentlichen Arbeitsplätzen, DB 2011, 1462; *Vogt* Compliance und Investigations – Zehn Fragen aus Sicht der arbeitsrechtlichen Praxis, NJW 2009, 3755; *v. Steinau-Steinrück/Glanz* Grenzen der Mitarbeiterüberwachung, NJW-Spezial 2008, 402; *Wybitul* Neue Spielregeln bei Betriebsvereinbarungen und Datenschutz, NZA 2014, 225; *Wybitul/Pötters* BAG definiert Beschäftigtendatenschutz neu, BB 2014, 437.

1. Nach Entscheidung des Bundesarbeitsgerichts ist für Regelungen zur Anwendung von Überwachungseinrichtungen der lokale Betriebsrat grundsätzlich auch dann zuständig, wenn Beschäftigte mehrerer Konzernunternehmen bei dem vorgesehenen Betriebsablauf von den Einrichtungen erfasst werden könnten. Dies gilt jedenfalls in dem Fall, dass das Überwachungssystem nicht unternehmensübergreifend eingesetzt, sondern nur durch Mitarbeiter eines Betriebes bzw. Unternehmens bedient wird und die erhobenen Daten auch nicht weitergegeben werden (BAG, Beschl. v. 26.01.2016 – 1 ABR 68/13, NZA 2016, 498).

2. Siehe O Rdn. 146 ff.

520 **3.** Ausgangspunkt und Maßstab der bei der Frage der Zulässigkeit einer Videoüberwachung von Arbeitnehmern anzustellenden **Verhältnismäßigkeitsprüfung** ist der festgelegte Zweck der Überwachung (*Grimm/Schiefer* RdA 2009, 329, 331). Er sollte daher unbedingt ausdrücklich in die Betriebsvereinbarung aufgenommen und Bestandteil der Regelung außerhalb einer sonst üblichen Präambel werden.

521 **4.** Der im Muster vorgesehene Zweck der Überwachung orientiert sich an der gesetzlichen Grundlage des § 6b BDSG für die Videoüberwachung von öffentlich zugänglichen Räumen. Danach ist eine Beobachtung durch private Arbeitgeber nur zulässig, wenn sie zur **Wahrnehmung des Hausrechts** sowie zur **Erfüllung berechtigter Interessen für konkret festgelegte Zwecke** erforderlich ist.

522 In den Schutzbereich dieser Norm fallen alle öffentlich zugänglichen Bereiche, unabhängig davon, ob diese umschlossen oder überdacht sind. Sie müssen dem öffentlichen Verkehr gewidmet sein oder nach dem Willen des Berechtigten von jedermann betreten werden können (*Byers/Pracka* BB 2013, 760, 761). Bei einem nicht für den Publikumsverkehr geöffneten Firmengelände ist grundsätzlich nicht von einem öffentlich zugänglichen Raum in diesem Sinne auszugehen, selbst wenn wegen einer fehlenden Kontrolle jeder das Gelände betreten könnte (*Gola/Schomerus* § 6b BDSG Rn. 9). § 6b BDSG findet somit unmittelbar nur auf eine Videoüberwachung Anwendung, die sich auf Räumlichkeiten und Bereiche mit Publikumsverkehr erstreckt (z.B. Supermärkte). Eine analoge Anwendung des § 6b BDSG für die Überwachung nicht öffentlicher Räume wird überwiegend abgelehnt (BAG, Beschl. v. 29.06.2004 – 1 ABR 21/03, NZA 2004, 1278, 1282). Es bedarf insoweit eines Rückgriffs auf §§ 32, 28 BDSG (AR/*Scholz* § 6b BDSG Rn. 1).

523 Die Betriebsparteien können eine **eigene Ermächtigungsgrundlage für eine Videoüberwachung** schaffen und dabei grundsätzlich auch von den datenschutzrechtlichen Vorschriften abweichen (BAG, Beschl. v. 27.06.1986 – 1 ABR 48/84, NZA 1986, 643). Bei einer Betriebsvereinbarung handelt es sich um eine vorrangige Erlaubnisnorm i.S.d. § 4 Abs. 1 BDSG (*Gola/Schomerus* § 4 BDSG Rn. 10). Allerdings dürfte eine den Grundsätzen des § 6b BDSG und §§ 32, 28 BDSG widersprechende Vereinbarung in aller Regel eine unverhältnismäßige **Verletzung des Persönlichkeitsrechts** der betroffenen Arbeitnehmer darstellen und damit gegen § 75 Abs. 2 BetrVG verstoßen (*Grimm/Schiefer* RdA 2009, 329, 338). Daher sollten die Betriebsparteien die inhaltlichen Vorgaben des BDSG bei der Ausgestaltung ihrer Betriebsvereinbarung stets beachten.

524 **5.** Die Durchführung einer Videoüberwachung für eine verdachtsunabhängige umfassende **Leistungs- und Verhaltenskontrolle** der Arbeitnehmer ist in aller Regel unzulässig. Sie stellt einen ungerechtfertigten Eingriff in das allgemeine Persönlichkeitsrecht der Arbeitnehmer dar. Die Arbeitnehmer werden hierdurch einem ständigen **Überwachungsdruck** ausgesetzt und müssen stets damit rechnen, gefilmt zu werden. Dem stehen keine überwiegenden Schutzinteressen des Arbeitgebers entgegen. Um die Verfolgung eines legitimen Ziels mit der Videoüberwachung nicht zu gefährden, sollte daher eine zweckwidrige Leistungs- und Verhaltenskontrolle der Arbeitnehmer ausdrücklich ausgeschlossen werden.

525 Eine **gezielte Arbeitnehmerüberwachung** setzt stets konkrete Anhaltspunkte für den Verdacht einer Straftat oder eines sonstigen schwerwiegenden Fehlverhaltens des Arbeitnehmers voraus (BAG, Urt. v. 27.03.2003 – 2 AZR 51/02, NZA 2003, 1193; BAG, Beschl. v. 26.08.2008 – 1 ABR 16/07, NZA 2008, 1187; BAG, Urt. v. 21.11.2013 – 2 AZR 797/11, NZA 2014, 243, 248).

526 **6.** Die Auswertung und Nutzung der erhobenen Daten sollte in Anlehnung an den Grundsatz des § 6b Abs. 3 BDSG darauf beschränkt werden, den mit der Videoüberwachung verfolgten Zweck zu erreichen. Insoweit sieht das Muster eine Einschränkung der personenbezogenen Auswertung der Bilddaten auf Fälle vor, in denen konkrete Verdachtsmomente für die Begehung von Straftaten oder für unbefugtes Betreten vorliegen.

527 **7.** Es ist ratsam, eine umfassende technische Beschreibung und Darstellung der Funktionsweise des eingesetzten Videosystems einschließlich einer abschließenden Auflistung der einzelnen Kom-

ponenten zum Bestandteil der Betriebsvereinbarung zu machen. Damit wird Konflikten und Missverständnissen im Rahmen der Durchführung der Videoüberwachung vorgebeugt und die notwendige Transparenz des Systems – auch gegenüber den Arbeitnehmern – geschaffen. Dabei ist darauf zu achten, dass insbesondere Standort und Beobachtungsbereich der Videokameras genau erfasst und für Betriebsrat und Arbeitnehmer nachvollziehbar sind (LAG Niedersachsen, Beschl. v. 20.01.2005 – 7 TaBV 40/04, AiB 2005, 687).

Durch die schriftliche Dokumentation des Videosystems wird auch die vollständige Ausübung des dem Betriebsrat zustehenden Mitbestimmungsrechts nach § 87 Abs. 1 Nr. 6 BetrVG sichergestellt. Dieser hat neben der Entscheidung über das »ob« auch über die Modalitäten der Überwachung mitzubestimmen, wie etwa die Art der Installation, Art und Anzahl einzelner Komponenten sowie den Ort und die Wirkungsweise der Verwendung (GK-BetrVG/*Wiese* § 87 Rn. 568 f.). 528

Eine detaillierte und abschließende Beschreibung der eingesetzten Technik ist auch zur Wahrung der Verhältnismäßigkeit der Videoüberwachung erforderlich. Nach Ansicht des BAG wird die Gefahr besonders intensiver Persönlichkeitsrechtsverletzungen erhöht, wenn die Betriebsvereinbarung keine Begrenzung der zu verwendenden Technik enthält. Insbesondere zwischen digitaler und analoger Aufzeichnungstechnik bestünden hinsichtlich der **Eingriffsintensität** erhebliche qualitative Unterschiede (BAG, Beschl. v. 29.06.2004 – 1 ABR 21/03, NZA 2004, 1278, 1284). 529

8. In Anlehnung an die Hinweispflicht des § 6b Abs. 2 BDSG sollte in der Betriebsvereinbarung eine entsprechende Kenntlichmachung der Videoüberwachung in den betroffenen Bereichen aufgenommen werden. Soweit nicht ersichtlich sollten auch Angaben über Namen und Postanschrift der für die Überwachung verantwortlichen Stelle gemacht werden. 530

Eine heimliche (verdeckte) Überwachung kommt – wenn überhaupt – nur bei konkreten Anhaltspunkten für ein strafbares Verhalten oder einer schweren Verfehlung zu Lasten des Arbeitgebers in Betracht (BAG, Urt. v. 21.11.2013 – 2 AZR 797/11, NZA 2014, 243, 248; BAG, Urt. v. 21.06.2012 – 2 AZR 153/11, NZA 2012, 1025, 1028). Noch strenger sind die Anforderungen an eine heimliche Überwachung des Arbeitnehmers außerhalb des Arbeitsplatzes in seiner Freizeit (siehe hierzu BAG, Urt. v. 19.02.2015 – 8 AZR 1007/13, NZA 2015, 994). 531

9. Änderungen an der Funktionsweise und Leistungsfähigkeit des Videosystems (z.B. Installation weiterer Kameras, Änderung des Beobachtungsbereiches) unterliegen einem erneuten Mitbestimmungsrecht des Betriebsrates nach § 87 Abs. 1 Nr. 6 BetrVG (*Fitting* § 87 BetrVG Rn. 249). Ein Verzicht des Betriebsrates im Voraus auf dieses Mitbestimmungsrecht ist rechtlich unzulässig (*Joussen* RdA 2005, 31, 39). 532

10. Der zeitliche Umfang der Überwachung ist nach der Rechtsprechung des BAG eines der maßgeblichen Kriterien für die Intensität des Eingriffs in das Persönlichkeitsrecht des Arbeitnehmers (BAG, Urt. v. 29.06.2004 – 1 ABR 21/03, NZA 2004, 1278, 1280). Dieser ist daher unbedingt auf das für die Zweckerreichung erforderliche Mindestmaß einzuschränken. Insoweit ist auch der **Grundsatz der Datenvermeidung und Datensparsamkeit** nach § 3a BDSG zu beachten. 533

Es gibt keine pauschalen zeitlichen Grenzen einer Videoüberwachung von Arbeitnehmern. Die Zulässigkeit der Maßnahme hängt vielmehr von der jeweils vorzunehmenden Interessenabwägung unter Berücksichtigung der im jeweiligen Einzelfall vorliegenden besonderen Umstände ab. Weitere zu berücksichtigende Kriterien sind etwa der Ort, an dem die Videoüberwachung stattfindet und die Anzahl der von der Überwachung betroffenen Personen. 534

Eine zeitlich völlig unbeschränkte gezielte Überwachung von Arbeitnehmern ohne besondere Verdachtsmomente dürfte stets unzulässig sein. Etwas anderes gilt jedoch, soweit primärer Anlass der Videokontrolle nicht die Überwachung der Mitarbeiter, sondern die Überwachung von betriebsfremden Dritten, des Firmengeländes sowie der Gebäude und Anlagen des Arbeitgebers ist (*Grimm/Schiefer* RdA 2009, 329, 333). 535

536 So hat das BAG hinsichtlich der im Muster zum Teil vorgesehenen Überwachung des Außenbereichs der Betriebsstätte etwa für ein Briefverteilungszentrum eine durchgehende Videoüberwachung als zulässig erachtet, obwohl dort regelmäßig auch Arbeitnehmer bei ihrer Tätigkeit von der Videoaufzeichnung erfasst werden (BAG, Urt. v. 26.08.2008 – 1 ABR 16/07, NZA 2008, 1187, 1193).

537 Vor diesem Hintergrund stellt auch die im vorstehenden Muster gewählte dauerhafte Überwachung des Eingangs- und Außenbereichs der Betriebsstätte eine zulässige Maßnahme dar, insbesondere, soweit von dem Beobachtungsbereich der Kameras nicht dauerhaft Arbeitsplätze von Arbeitnehmern erfasst werden.

538 **11.** Zwar schreibt § 6b Abs. 2 BDSG grundsätzlich die Kenntlichmachung der Überwachung vor. Nach Auffassung des BAG ist aber auch im Anwendungsbereich des § 6b BDSG eine **heimliche Videoüberwachung** in Ausnahmefällen möglich. Es hat stets eine Abwägung der gegenläufigen Grundrechtspositionen unter Wahrung des Grundsatzes der Verhältnismäßigkeit im Einzelfall zu erfolgen (BAG, Urt. v. 21.06.2012 – 2 AZR 153/11, NZA 2012, 1025, 1029).

539 Ungeachtet dessen ist zwingende Voraussetzung einer heimlichen Überwachung auch in nicht öffentlich zugänglichen Räumen das Vorliegen **konkreter Anhaltspunkte für eine Straftat oder anderer schwerwiegender Verfehlungen zu Lasten des Arbeitgebers** (BAG, Urt. v. 21.06.2012 – 2 AZR 153/11, NZA 2012, 1025, 1028). Insoweit bedarf es im Rahmen einer Betriebsvereinbarung über eine heimliche Videoüberwachung konkreter Regelungen zu den tatbestandlichen Voraussetzungen einer Inbetriebnahme, insbesondere eine Beschränkung auf konkrete Verdachtsfälle. Darüber hinaus kann eine heimliche Überwachungsmaßnahme stets nur »Ultima Ratio« sein. Dieses Mittel muss also die einzige Möglichkeit darstellen, berechtigte schutzwürdige Interessen des Arbeitgebers zu wahren (*Gola/Wronka* Kap. 6 Rn. 826; vgl. BAG, Urt. v. 21.11.2013 – 2 AZR 797/11, NZA 2014, 243, 248). Dementsprechend sollten anderweitige im Vorfeld der Videoüberwachung unternommene Aufklärungsmaßnahmen umfassend dokumentiert werden. Welche Aufklärungsmaßnahmen sinnvoll sind und vor einer heimlichen Videoüberwachung ergriffen werden sollten, hängt von den jeweiligen Umständen des Einzelfalls ab (siehe hierzu *Freckmann/Wahl* BB 2008, 1904, 1905)

540 **12.** Um die Verhältnismäßigkeit der Videoüberwachung sicherzustellen, ist die Möglichkeit zur Verarbeitung (zum Begriff siehe § 3 Abs. 4 BDSG) der erhobenen Daten in Anlehnung an § 6b Abs. 3 BDSG auf das erforderliche Maß zu beschränken. Dies schließt insbesondere die Übermittlung der Daten an Dritte ein.

541 Das Muster sieht daher ausdrücklich die Verwendung einer Videoanlage vor, die mit keinem anderen technischen System des Unternehmens vernetzt ist, um von vornherein die Zugriffsmöglichkeit auf die erhobenen Daten zu minimieren.

542 Zu beachten bei der im Muster vorgesehenen digitalen Aufnahmetechnik ist, dass es sich insoweit um ein Verfahren automatisierter Verarbeitung i.S.d. § 3 Abs. 2 S. 1 BDSG handelt, was nach § 4d Abs. 1 BDSG eine Meldepflicht gegenüber der Aufsichtsbehörde auslöst und gemäß § 4d Abs. 5 BDSG zu einer Vorabkontrolle vor Beginn der Verarbeitung durch den Datenschutzbeauftragen verpflichten kann.

543 **13.** In Ergänzung zur Regelung in § 5 Abs. 1 ist auch die Weitergabe der Daten an Dritte auf die mit der Videoüberwachung verfolgten Zwecke zu beschränken. Das Muster sieht daher lediglich die Weitergabe von Daten an die zuständige Staatsanwaltschaft oder Polizeistelle vor und verlangt vorab eine Anhörung des Betriebsrates. Solche sog. verfahrensrechtlichen Sicherungen dienen der Beschränkung der freien Verwertbarkeit der erhobenen Daten und sind nach der Rechtsprechung des BAG bei der vorzunehmenden Interessenabwägung zu berücksichtigen (BAG, Urt. v. 26.08.2008 – 1 ABR 16/07, NZA 2008, 1187, 1191).

544 **14.** Um die Intensität des Eingriffs in das Persönlichkeitsrecht der betroffenen Arbeitnehmer so gering wie möglich zu halten und damit die Schutzpflicht der Betriebsparteien aus § 75 Abs. 2

BetrVG zu wahren, beschränkt das Muster die personenbezogene Auswertung der Bilddaten auf Fälle des Verdachts eines strafbaren Verhaltens beziehungsweise unbefugten Betretens.

Zur Vermeidung von Konflikten und zur Schaffung von Rechtssicherheit für den Arbeitgeber sollte in der Betriebsvereinbarung definiert werden, was die Betriebsparteien unter ausreichenden Verdachtsmomenten beziehungsweise Anhaltspunkten für eine personenbezogene Auswertung verstehen (siehe im Muster § 6 Abs. 2). 545

15. Der Betriebsrat sollte an der Auswertung der Bilddaten beteiligt werden, um die erforderliche Transparenz des Verfahrens zu gewährleisten und nach außen erkennbar die Möglichkeit eines Missbrauchs auszuschließen. 546

16. Ein wichtiges Kriterium für die Verhältnismäßigkeit der Videoüberwachung ist die Frage, welche Personen **Zugriff auf das Videosystem**, insbesondere auf die erhobenen Bilddaten, haben. Der Personenkreis sollte so klein wie möglich gehalten und in der Betriebsvereinbarung konkret benannt werden. Hierzu empfiehlt es sich, eine Liste der Namen als Anlage zur Betriebsvereinbarung zu nehmen. 547

17. Das Videosystem sollte so installiert und untergebracht sein, dass ein unberechtigter Zugriff von Dritten ausgeschlossen ist. Eine besondere Absicherung ist insbesondere für die gespeicherten Daten erforderlich. Den Arbeitgeber trifft insoweit die Verpflichtung aus § 9 BDSG, alle technischen und organisatorischen Maßnahmen zu treffen, um den Schutz der erhobenen Daten sicherzustellen. 548

Denkbar ist insoweit auch, den Zugriff von vornherein von einer Mitwirkung des Betriebsrates abhängig zu machen, etwa durch die Einführung eines sog. **Zwei-Schlüssel-Systems** für den Zugang zur Videoanlage. Dabei befinden sich die wesentlichen Systemkomponenten, insbesondere Bedienelemente und die Datenträger in einem Behältnis, das nur mit zwei Schlüsseln geöffnet werden kann, wobei einen hiervon der Betriebsrat erhält. Das BAG hat eine solche Vorgehensweise als Abmilderung des Eingriffs in das Persönlichkeitsrecht der Arbeitnehmer im Rahmen der Interessenabwägung berücksichtigt (BAG, Urt. v. 26.08.2008 – 1 ABR 16/07, NZA 2008, 1187, 1191). 549

18. Der Arbeitgeber muss in Anlehnung an den Rechtsgedanken des § 6b Abs. 5 BDSG bzw. des § 35 Abs. 2 BDSG sicherstellen, dass die erhobenen **Daten unverzüglich gelöscht** werden, sofern sie für den mit der Videoüberwachung verfolgten Zweck nicht mehr benötigt werden. Sobald der die Speicherung legitimierende Zweck entfallen ist, ist diese unzulässig (*Gola/Schomerus* § 6b BDSG Rn. 30). 550

Das Muster sieht die Löschung der Daten im Rahmen eines automatisierten Prozesses vor. Das Zeitintervall für die Löschung sollte dabei so kurz wie möglich gewählt werden. Allerdings muss es dem Arbeitgeber in dem verbleibenden Zeitraum möglich sein, Verdachtsmomente für vertragswidriges oder strafbares Verhalten festzustellen und ihnen nachzugehen sowie in diesem Zusammenhang über die Erforderlichkeit einer Auswertung und weitergehenden Speicherung der Daten zu entscheiden. 551

19. Um die Möglichkeit einer Auswertung und Verwendung der Daten bei Verdachtsfällen sicherzustellen, sollte eine ausdrückliche Regelung darüber aufgenommen werden, dass die Daten auch über die in § 8 Abs. 2 genannte Frist hinaus gespeichert werden können, soweit dies erforderlich ist. 552

Auch hinsichtlich dieser Daten muss eine unverzügliche Löschung nach dem Entfallen des Zwecks der Datenerhebung gewährleistet werden. Die im Muster gewählte Formulierung ist an die Ausführungen des BAG in der Entscheidung vom 26.08.2008 (BAG, Urt. v. 26.08.2008 – 1 ABR 16/07, NZA 2008, 1187) angelehnt. 553

20. Dem Betriebsrat obliegt nach § 80 Abs. 1 Nr. 1 BetrVG eine **unabdingbare Überwachungspflicht** hinsichtlich der Einhaltung der gesetzlichen Vorgaben sowie der Regelungen der geschlossenen Betriebsvereinbarungen. Insoweit hat er gegenüber dem Arbeitgeber einen Anspruch auf eine 554 umfassende Unterrichtung sowie auf die Zurverfügungstellung aller zur Wahrnehmung seiner Aufgaben erforderlichen Unterlagen. Das Muster schafft daher kein zusätzliches Informationsrecht des Betriebsrates, sondern regelt vielmehr die Modalitäten der Überprüfung nach § 80 Abs. 1 Nr. 1 BetrVG.

555 **21.** Auch die im Muster vorgesehene ausführliche Information der Mitarbeiter über den Umfang und die Wirkungsweise der Videoüberwachung einschließlich der Möglichkeit zur Auswertung der erhobenen Daten und des hierzu einzuhaltenden Verfahrens dient der Wahrung der Verhältnismäßigkeit der Gesamtregelung. Damit soll insbesondere auch der Entstehung des Eindrucks einer heimlichen Videoüberwachung vorgebeugt werden.

556 **22.** Die Beendigung der Betriebsvereinbarung unter Ausschluss einer Nachwirkung ist betriebsratsfreundlich ausgestaltet. Damit soll die Bereitschaft zum Abschluss der Betriebsvereinbarung erhöht werden. Sie dient zudem der Wahrung der Verhältnismäßigkeit der Regelung, da andernfalls über die Nachwirkung eine faktisch zeitlich unbefristete Überwachung eingeführt würde. Schließlich schafft die Klausel Rechtssicherheit und erspart Konflikte über die Frage der Verwertbarkeit erhobener Daten. Aus Sicht des Arbeitgebers ist jedoch zu beachten, dass damit eine Videoüberwachung nach Ablauf der Kündigungsfrist unzulässig ist.

557 Ob Videoaufnahmen bei einer mitbestimmungswidrigen Überwachung im Rahmen eines gerichtlichen Verfahrens gegenüber Arbeitnehmern als Beweismittel verwertbar sind, ist bisher höchstrichterlich noch nicht entschieden (zum Streitstand siehe *Maschmann* S. 246 f.). Allerdings hat das BAG festgestellt, dass jedenfalls dann kein prozessuales Beweisverwertungsverbot bestehe, wenn der Betriebsrat einer auf die mitbestimmungswidrig gewonnenen Aufnahmen gestützten Kündigung zustimme (BAG, Urt. v. 27.03.2003 – 2 AZR 51/02, NZA 2003, 1193, 1196). Zu möglichen Beweis- und Sachverhaltsverwertungsverboten bei heimlicher Videoüberwachung siehe *Eylert* NZA-Beilage 2015, 100, 105 ff.).

558 **23.** Siehe O Rdn. 226.

8. Arbeits- und Gesundheitsschutz

Vorbemerkung

559 Dem Betriebsrat steht nach § 87 Abs. 1 Nr. 7 BetrVG ein Mitbestimmungsrecht bei Regelungen über die Verhütung von Arbeitsunfällen und Berufskrankheiten sowie über den Gesundheitsschutz im Rahmen der gesetzlichen Vorschriften oder der Unfallverhütungsvorschriften zu.

560 Kernvorschriften des öffentlich-rechtlichen Arbeitsschutzrechts sind das Arbeitsschutzgesetz (ArbSchG) und das Arbeitssicherheitsgesetz (ASiG). Diese werden durch zahlreiche staatliche, auf Grundlage von §§ 18, 19 ArbSchG erlassene Verordnungen, wie etwa die Strahlenschutzverordnung (StrlSchV), die Störfallverordnung (12. BImSchV), die Gefahrstoffverordnung (GefStoffV), die Arbeitsstättenverordnung (ArbStättV) und die Bildschirmarbeitsplatzverordnung (BildScharbV), ausgefüllt. Daneben wird der öffentlich-rechtliche Arbeitsschutz durch das autonome Verbandsrecht der Berufsgenossenschaften ergänzt (sog. duale Konzeption), die für die Arbeitgeber verbindliche Unfallverhütungsvorschriften (UVV), Richtlinien, Merkblätter und Einzelanordnungen zum Arbeits- und Gesundheitsschutz erlassen haben. Siehe zu den verschiedenen normativen Grundlagen des Arbeits- und Gesundheitsschutzes im Arbeitsverhältnis DLW/*Dörner* Kap. 3 Rn. 2647 ff.

561 Die Normen des öffentlich-rechtlichen Arbeitsschutzes konkretisieren den Inhalt der Fürsorgepflichten, die dem Arbeitgeber nach § 618 BGB im Hinblick auf die Sicherheit und das Leben der Arbeitnehmer obliegen. (BAG, Urt. v. 12.08.2008 – 9 AZR 1117/06, NZA 2009, 102, 103).

562 Das Mitbestimmungsrecht des Betriebsrates nach § 87 Abs. 1 Nr. 7 BetrVG setzt überall da ein, wo die gesetzlichen Vorschriften des öffentlich-rechtlichen Arbeitsschutzes oder der Unfallver-

hütungsvorschriften dem Arbeitgeber einen Handlungsspielraum bei der Umsetzung und damit einen Regelungsbedarf lassen (BAG, Beschl. v. 15.01.2002 – 1 ABR 13/01, NZA 2002, 995). Die Mitbestimmung betrifft dabei grundsätzlich nicht das »ob«, sondern nur das »wie« der Umsetzung (AR/*Rieble* § 87 BetrVG Rn. 45). Über die gesetzlichen Verpflichtungen hinausgehende Arbeitsschutzmaßnahmen können im Rahmen von freiwilligen Betriebsvereinbarungen nach § 88 Nr. 1 BetrVG geregelt werden. Neben der Mitbestimmungsbefugnis nach § 87 BetrVG kommen dem Betriebsrat weitere Beteiligungsrechte im Zusammenhang mit dem Arbeitsschutz unmittelbar aus den öffentlich-rechtlichen Vorschriften (z.B. § 9 ASiG), nach § 89 BetrVG sowie bei der Gestaltung von Arbeitsplatz, Arbeitsablauf und Arbeitsumgebung nach §§ 90 ff. BetrVG zu.

Das nachstehende Muster behandelt wesentliche mitbestimmungsrelevante Themen im Zusammenhang mit dem ArbSchG (insb. Gefährdungsbeurteilung und Unterweisung) und dem ASiG (Betriebsarzt, Fachkraft für Arbeitssicherheit und Arbeitsschutzausschuss) und orientiert sich dabei an den gesetzlichen Vorgaben.

▶ Muster – Muster

Zwischen der _____ GmbH (im Folgenden: »Unternehmen«)

und

dem Betriebsrat [1] der _____ GmbH (im Folgenden: »Betriebsrat«)

wird folgende Betriebsvereinbarung zur Ausgestaltung des Arbeits- und Gesundheitsschutzes im Betrieb vereinbart:

Präambel

Die Betriebsparteien beabsichtigen mit dieser Vereinbarung im Hinblick auf Sicherheit und Gesundheit der Mitarbeiter bei der Arbeit die Schaffung und Sicherstellung möglichst optimaler Arbeitsbedingungen entsprechend der gesetzlichen Anforderungen des öffentlich-rechtlichen Arbeitsschutzrechts. Die Vereinbarung soll insbesondere helfen, zur Verhütung von Unfällen bei der Arbeit beizutragen, unnötige gesundheitliche Belastungen der Mitarbeiter durch eine menschengerechte Gestaltung der Arbeit zu vermeiden und arbeitsbedingte Gesundheitsgefährdungen frühzeitig zu erkennen und zu beseitigen.

§ 1 Geltungsbereich

Diese Betriebsvereinbarung gilt für alle Arbeitnehmer des Unternehmens in der Niederlassung _____ i.S.d. Betriebsverfassungsgesetzes einschließlich der zu ihrer Berufsausbildung Beschäftigten (»Mitarbeiter«).

§ 2 Grundsätze [2]

(1) Das Unternehmen wird in enger Zusammenarbeit mit dem Betriebsrat sowie den weiteren für Arbeitsschutz und Unfallverhütung verantwortlichen Personen und Gremien nach dieser Betriebsvereinbarung alle erforderlichen Maßnahmen des Arbeitsschutzes ergreifen, um unter Berücksichtigung der Umstände ein Höchstmaß an Sicherheit und Gesundheit für die im Betrieb beschäftigten Mitarbeiter zu gewährleisten und die Vorgaben des Arbeitsschutzrechts bestmöglich umzusetzen.

(2) Bei der Auswahl und Umsetzung der erforderlichen Maßnahmen des Arbeitsschutzes sind die allgemeinen Grundsätze des § 4 ArbSchG einzuhalten und insbesondere der Stand von Technik, Arbeitsmedizin und Hygiene sowie sonstige gesicherte arbeitswissenschaftliche Erkenntnisse zu berücksichtigen. Das Unternehmen hat die hierfür erforderlichen sachlichen und finanziellen Mittel bereit zu stellen. [3]

(3) Die getroffenen Maßnahmen sind regelmäßig auf ihre Wirksamkeit hin zu überprüfen und erforderlichenfalls an sich ändernde Gegebenheiten anzupassen. [4]

(4) Die Mitarbeiter haben das Recht, von sich aus Vorschläge für eine Verbesserung der Arbeitssicherheit und des Gesundheitsschutzes zu machen. Hierzu stehen Ihnen als Ansprechpartner sowohl die Geschäftsführung, der jeweilige Vorgesetzte, der Betriebsrat als auch alle weiteren für Arbeitsschutz und Unfallverhütung verantwortlichen Personen und Gremien im Sinne dieser Vereinbarung zur Verfügung. [5]

§ 3 Betriebsärztlicher Dienst [6]

(1) Das Unternehmen hat die nach der konkreten Beschäftigungssituation im Betrieb notwendige betriebsärztliche Betreuung entsprechend der geltenden Unfallverhütungsvorschriften in ihrer jeweiligen gültigen Fassung sicherzustellen.

(2) Die Betriebsparteien stimmen darin überein, dass mit der betriebsärztlichen Betreuung ein überbetrieblicher betriebsärztlicher Dienst unter Beachtung der Anforderungen des § 4 ASiG im erforderlichen Umfang beauftragt wird. [7] Vor Auswahl und Verpflichtung sowie Entpflichtung eines betriebsärztlichen Dienstes ist der Betriebsrates zu unterrichten und anzuhören. [8]

(3) Dem verpflichteten betriebsärztlichen Dienst werden die sich aus § 3 ASiG und den einschlägigen Unfallverhütungsvorschriften ergebenden Aufgaben und Verantwortlichkeiten übertragen. Er hat insbesondere die Betriebsparteien sowie alle sonst für Arbeitsschutz und Unfallverhütung verantwortlichen Personen des Unternehmens in allen Fragen des Gesundheitsschutzes zu unterstützen und zu beraten. [9]

(4) Hinsichtlich der Anwendung der arbeitsmedizinischen Fachkenntnisse ist der betriebsärztliche Dienst weisungsfrei und die für ihn handelnden Ärzte nur ihrem ärztlichen Gewissen unterworfen. Der betriebsärztliche Dienst berichtet direkt an die Geschäftsführung und hat die Regeln der ärztlichen Schweigepflicht zu beachten. [10]

(5) Namen und Kontaktdaten des betriebsärztlichen Dienstes sowie der für ihn handelnden Ärzte werden durch Aushang am schwarzen Brett sowie einer Veröffentlichung im Intranet bekanntgegeben.

§ 4 Fachkraft für Arbeitssicherheit [11]

(1) Das Unternehmen hat sicherzustellen, dass die entsprechend der konkreten Beschäftigungssituation nach den Vorgaben der anwendbaren Unfallverhütungsvorschriften notwendige Anzahl von Fachkräften für Arbeitssicherheit im Betrieb bestellt ist. In jedem Fall ist für nachfolgende Bereiche jeweils eine Fachkraft für Arbeitssicherheit zu bestellen:

- [Bezeichnung] ,
- [Bezeichnung] und
- [Bezeichnung] .

Die für den Bereich [Bezeichnung] bestellte Fachkraft für Arbeitssicherheit übernimmt die Funktion der leitenden Fachkraft für Arbeitssicherheit.

(2) Die Funktion einer Fachkraft für Arbeitssicherheit soll grundsätzlich mit einem als Arbeitnehmer angestellten Sicherheitsingenieur besetzt werden. Ausnahmen hiervon sind im Einzelfall unter Berücksichtigung der Anforderungen des § 7 ASiG durch eine entsprechende Vereinbarung der Betriebsparteien möglich. [12] Die konkrete Auswahl und schriftliche Bestellung hat stets mit Zustimmung des Betriebsrates zu erfolgen. Dies gilt auch für die Abberufung. [13]

(3) Den Fachkräften für Arbeitssicherheit werden die sich aus § 6 ASiG und den einschlägigen Unfallverhütungsvorschriften ergebenden Aufgaben und Verantwortlichkeiten übertragen. Sie haben insbesondere die Betriebsparteien sowie alle sonst für Arbeitsschutz und Unfallverhütung verantwortlichen Personen des Unternehmens in allen Fragen der Arbeitssicherheit einschließlich der menschengerechten Gestaltung der Arbeit zu unterstützen und zu beraten. [14]

(4) Fachkräfte für Arbeitssicherheit unterstehen im Rahmen ihrer Aufgabenerfüllung unmittelbar der Geschäftsführung und sind hinsichtlich der Anwendung ihrer sicherheitstechnischen Fachkunde weisungsfrei. Ihnen dürfen wegen der Erfüllung der ihr obliegenden Aufgaben keine Nachteile entstehen. [15]

(5) Das Unternehmen wird die bestellten Fachkräfte für Arbeitssicherheit bei der Erfüllung der ihnen obliegenden Aufgaben unterstützen, ihnen insbesondere bei begründetem Bedarf erforderliches Hilfspersonal, Einrichtungen, Geräte und sonstige – auch finanzielle – Mittel zur Verfügung stellen. [16]

(6) Fachkräften für Arbeitssicherheit wird die Teilnahme an erforderlichen Fortbildungsmaßnahmen unter Berücksichtigung der betrieblichen Belange durch eine bezahlte Freistellung von der Arbeit ermöglicht. Das Unternehmen übernimmt die erforderlichen Kosten der jeweiligen Maßnahme. [17]

(7) Die Namen der bestellten Fachkräfte für Arbeitssicherheit werden durch Aushang am schwarzen Brett sowie einer Veröffentlichung im Intranet bekanntgegeben.

§ 5 Sicherheitsbeauftragte [18]

(1) In Umsetzung der Vorgaben von § 22 SGB VII sowie der einschlägigen Unfallverhütungsvorschriften sind vom Unternehmen für nachfolgende Bereiche aus der Belegschaft jeweils ein Sicherheitsbeauftragter nebst Stellvertreter zu bestellen: [19]

– ___[Bezeichnung]___ ,

– ___[Bezeichnung]___ und

– ___[Bezeichnung]___ .

(2) Das Unternehmen hat vor der Bestellung und Abberufung eines Sicherheitsbeauftragten und/oder eines Stellvertreters den Betriebsrat hierüber zu unterrichten und die Auswahl mit ihm zu beraten. Die Betriebsparteien stimmen darin überein, dass als Sicherheitsbeauftragter wegen der erforderlichen Sach- und Betriebskenntnisse nur Mitarbeiter des jeweiligen Bereiches bestellt werden können, die unbefristet und seit mindestens einem Jahr ununterbrochen im Unternehmen beschäftigt werden. [20]

(3) Den Sicherheitsbeauftragten werden die sich aus § 22 Abs. 2 SGB VII und den einschlägigen Unfallverhütungsvorschriften ergebenden Aufgaben und Verantwortlichkeiten übertragen. [21] Sie sollen insbesondere im unmittelbaren Kontakt zu ihren Kollegen als Vorbild bei der täglichen Arbeit in Sachen Arbeitssicherheit wirken und erster Ansprechpartner bei Fragen zu diesem Themenkomplex sein. Die Sicherheitsbeauftragten haben die jeweils verantwortlichen Vorgesetzten im Betrieb und den Betriebsrat in ihrem Bemühen um Arbeitssicherheit und Gesundheitsschutz zu unterstützen, beraten und entsprechend Auskunft zu erteilen. Sie haben insbesondere darauf zu achten, dass

– die für die jeweiligen Arbeitsplätze vorgeschriebenen Schutzeinrichtungen und persönlichen Schutzausrüstungen vorhanden sind, ordnungsgemäß verwendet werden und sich in einem sicheren Zustand befinden;

– Verkehrswege und Fluchtwege freigehalten werden;

– Gefahrstellen und Mängel erkannt, gemeldet und unverzüglich beseitigt werden.

(3) Sicherheitsbeauftragte sind grundsätzlich in dieser Funktion nicht weisungsbefugt und haben etwaig festgestellte Gefahrstellen und Mängel dem jeweils zuständigen Vorgesetzten anzuzeigen. [22]

(4) Für die Wahrnehmung ihrer Aufgaben sind Sicherheitsbeauftragte im erforderlichen zeitlichen Umfang von ihrer arbeitsvertraglich geschuldeten Tätigkeit unter Fortzahlung der Vergütung freizustellen. Ihnen dürfen wegen der Erfüllung der ihnen übertragenen Aufgaben keine Nachteile entstehen. [23]

(5) Zur Sicherstellung der notwendigen fachlichen Eignung verpflichtet sich das Unternehmen, Sicherheitsbeauftragten regelmäßig die erforderlichen Fortbildungs- und Schulungsmaßnahmen der Unfallversicherungsträger zukommen zu lassen. Die Betriebsparteien stimmen darin überein, dass die innerbetriebliche Fortbildung und Schulung in erster Linie durch Unterweisungen der Fachkräfte für Arbeitssicherheit (§ 4) erfolgen soll. [24]

(6) Die Namen der Sicherheitsbeauftragten werden durch Aushang am schwarzen Brett sowie einer Veröffentlichung im Intranet bekanntgegeben.

§ 6 Arbeitsschutzausschuss [25]

(1) Für den Betrieb wird ein Arbeitsschutzausschuss (»ASA«) i.S.d. § 11 ASiG gebildet. Er setzt sich aus einem Vertreter des Unternehmens, sowie je zwei Vertretern des Betriebsrates, des betriebsärztlichen Dienstes, der Fachkräfte für Arbeitssicherheit und der Sicherheitsbeauftragten zusammen. [26]

(2) Der ASA berät über alle Angelegenheiten des Arbeitsschutzes und der Unfallverhütung im Betrieb (§§ 3 und 6 ASiG). [27] Er hat das Unternehmen bei der Festlegung von konkreten Maßnahmen zu beraten, geeignete Vorschläge für die Verbesserung des Arbeitsschutzes zu machen sowie die zu treffenden Entscheidungen inhaltlich vorzubereiten.

(3) Der ASA tagt unter dem Vorsitz des Vertreters des Unternehmens mindestens einmal im Vierteljahr, bei entsprechendem Bedarf auch häufiger. [28] Insbesondere nach erheblichen Betriebsstörungen und schwerwiegenden Arbeitsunfällen ist der Ausschuss unverzüglich vom Vorsitzenden einzuberufen und über die jeweiligen Vorfälle zu informieren. Die Einladung zu den Sitzungen hat schriftlich unter Angabe der Tagesordnungspunkte zu erfolgen.

(4) Bei Bedarf können auf Beschluss des ASA zu den Sitzungen auch Vertreter der Schwerbehinderten- und der Jugendauszubildendenvertretung, Fachleute aus den einzelnen Abteilungen sowie mit Zustimmung der Geschäftsführung auch externe Berater hinzugezogen werden.

(5) Beschlüsse des ASA werden mit einfacher Mehrheit gefasst. Bei Stimmengleichheit entscheidet der Vorsitzende. Die Betriebsparteien stimmen darin überein, dass Beschlüsse des Arbeitsschutzausschusses nicht bindend sind, sondern lediglich eine Handlungsempfehlung für das Unternehmen darstellen. [29]

(6) Über jede Sitzung des ASA ist ein schriftliches Protokoll zu führen, in welches mindestens der Wortlaut der getroffenen Beschlüsse und die Stimmenmehrheit, mit der sie gefasst wurden, aufzunehmen sind. Dem Protokoll ist zudem eine Anwesenheitsliste beizufügen, in die sich jeder Teilnehmer eigenständig einzutragen hat. Das Protokoll ist vom Vorsitzenden und einem Vertreter des Betriebsrates zu unterzeichnen. Die Teilnehmer, die Geschäftsführung und der Betriebsrat erhalten je eine Kopie des Protokolls.

§ 7 Gefährdungsbeurteilung [30, 31]

(1) Das Unternehmen ist zur Beurteilung der für die Mitarbeiter mit ihrer Arbeit verbundenen Gefährdungen der Gesundheit verpflichtet (»Gefährdungsbeurteilung«).

(2) Die Betriebsparteien stimmen darin überein, dass die Gefährdungsbeurteilung sämtliche im Zusammenhang mit der jeweils zu beurteilenden Tätigkeit vorhandenen Gefährdungspotentiale und Gefahrenquellen einschließlich etwaiger psychischer Belastungen bei der Arbeit erfassen soll. Sie hat sich insbesondere zu erstrecken auf: [32]

- die Gestaltung und die Einrichtung der Arbeitsstätte (einschließlich der Verkehrs- und Rettungswege sowie aller Arbeits-, Lager-, Aufenthalts- und Sanitärräume), des Arbeitsplatzes (z.B. Raumbedarf, Abmessungen) sowie die Bedingungen der Arbeitsumgebung (z.B. Klima, Beleuchtung, Lärm, Strahlung, Vibration);
- die Arbeitsmittel (z.B. Maschinen, Geräte, Anlagen, Werkzeuge, Software) und Arbeitsstoffe (z.B. biologische Arbeitsstoffe, besondere Gefahrstoffe) sowie den Umgang damit;
- die Arbeitsverfahren, Arbeitsabläufe sowie die Arbeitsorganisation (z.B. Arbeitszeit, Pausen, Arbeitsmenge, Verantwortung, Führung, Stress, Monotonie etc.) und deren Zusammenwirken;
- die Qualifikation, Fähigkeiten und Fertigkeiten der einzelnen Mitarbeiter im Hinblick auf die zu erfüllenden Arbeitsaufgaben sowie die Unterweisung der Mitarbeiter im Hinblick auf mögliche Gefährdungen der Sicherheit und Gesundheit.

(3) Eine Gefährdungsbeurteilung ist bei bestehenden Arbeitsplätzen unmittelbar nach Inkrafttreten dieser Betriebsvereinbarung durchzuführen (»Erstbeurteilung«). Im Übrigen erfolgt die Gefährdungsbeurteilung anlassbezogen [33]

- vor Aufnahme der Tätigkeit eines Mitarbeiters an einem neu eingerichteten Arbeitsplatz;
- bei wesentlichen Änderungen des Arbeitsplatzes, des Arbeitsverfahrens, der Arbeitsumgebung, der eingesetzten Arbeitsmittel und der Arbeitsorganisation (z.B. Produktumstellungen oder Prozessänderungen, Modernisierungs- bzw. Umbaumaßnahmen, Erweiterung der Aufgabenbereiche von Mitarbeitern);
- nach einem signifikanten Ansteigen von Arbeitsunfällen, Gefahrensituationen, arbeitsbedingten Erkrankungen sowie körperlichen Beschwerden von Mitarbeitern, die auf die Arbeit zurückgeführt werden können;
- bei wesentlichen für den jeweiligen Arbeitsplatz relevanten Veränderungen des Standes der Technik, Arbeitsmedizin und Hygiene sowie sonstigen gesicherten arbeitswissenschaftlichen Erkenntnissen (z.B. bei Veränderungen von Grenzwerten, Einstufung von Stoffen) sowie der Einführung neuer und Änderung bestehender tätigkeitsrelevanter Arbeitsschutzvorschriften.

(4) Die Betriebsparteien stimmen darin überein, dass bei gleichartigen Arbeitsbedingungen die Beurteilung eines Arbeitsplatzes oder einer Tätigkeit ausreichend ist. [34] Gleichartige Arbeitsbedingungen liegen dabei in der Regel vor, wenn die Art der ausführten Tätigkeiten und Arbeitsabläufe und die Art der eingesetzten Arbeitsmittel im Wesentlichen übereinstimmen und sich die räumlichen Verhältnisse und die Arbeitsplatzgestaltung nicht oder nur unwesentlich voneinander unterscheiden.

(5) Das Unternehmen hat nachfolgende Schritte bei der Gefährdungsbeurteilung einzuhalten: [35]

- Festlegung der zu beurteilenden Arbeitsbereiche und Tätigkeiten;
- Ermittlung der Gefährdungen und Risiken;
- Bewertung der Gefährdungen und Risiken (nach dem Stand der Technik, Arbeitsmedizin, Hygiene und gesicherten arbeitswissenschaftlichen Erkenntnissen);
- Ableitung von Lösungsvorschlägen und Festlegung von Maßnahmen zur Beseitigung von festgestellten Gefährdungen und Erreichung des erforderlichen Schutzniveaus unter besonderer Berücksichtigung individueller Belange schutzbedürftiger Personen (z.B. Jugendliche, Schwangere, behinderte Menschen) sowie der allgemeinen Grundsätze nach § 4 ArbSchG;
- Umsetzung der festgelegten Maßnahmen sowie Überprüfung der Wirksamkeit der Maßnahmen und Vornahme gegebenenfalls erforderlicher Anpassungen.

(6) Die konkrete Durchführung der Gefährdungsbeurteilung entsprechend der vorgenannten Grundsätze erfolgt nach dem in Anlage 1 zu dieser Betriebsvereinbarung geregelten Verfahren. [36] Die einzelnen zu beurteilenden Arbeitsbereiche und Tätigkeitsgruppen mit gleichartigen Arbeitsbedingungen i.S.d. Abs. 4 sowie die Reihenfolge der Prüfung sind in Anlage 2 aufgeführt.

(7) Die betroffenen Mitarbeiter sind mindestens zwei Wochen vor der Durchführung der Gefährdungsbeurteilung während der Arbeitszeit über Art, Ziel und Umfang der Maßnahme sowie den Umgang mit den gewonnenen Erkenntnissen zu informieren.

(8) Die Ergebnisse der Gefährdungsbeurteilung, die festgelegten Maßnahmen, die Ergebnisse der Überprüfung der Wirksamkeit der Maßnahmen sowie etwaig festgestellter Anpassungsbedarf werden schriftlich dokumentiert. Die Unterlagen werden im Original von der Geschäftsführung aufbewahrt. Eine Kopie der Unterlagen wird bei Bedarf den Fachkräften für Arbeitssicherheit, dem betriebsärztlichen Dienst und dem Betriebsrat zur Verfügung gestellt. [37]

§ 8 Unterweisung der Mitarbeiter [38]

(1) Die Mitarbeiter sind durch das Unternehmen über Sicherheit und Gesundheitsschutz bei der Arbeit entsprechend § 12 Abs. 1 ArbSchG sowie im Falle von Leiharbeitnehmern entsprechend § 12 Abs. 2 ArbSchG umfassend zu unterweisen.

(2) Die Unterweisung soll dabei insbesondere die auf Grundlage der Gefährdungsbeurteilung nach § 7 ermittelten Gesundheitsgefahren und Risiken am jeweiligen Arbeitsplatz sowie bei den auszuführenden Tätigkeiten umfassen. Die Mitarbeiter sind zudem auf die getroffenen und zu beachtenden Sicherheitsmaßnahmen hinzuweisen sowie über ihre Rechte und Pflichten aus §§ 15 bis 17 ArbSchG zu unterrichten.

(3) Das Unternehmen hat den Mitarbeitern daneben die für ihre Tätigkeit relevanten Inhalte der geltenden gesetzlichen Regelungen sowie Unfallverhütungsvorschriften und diese Betriebsvereinbarung in verständlicher Weise zu vermitteln und an geeigneter Stelle zugänglich zu machen.

(4) Die Unterweisungen erfolgen während der Arbeitszeit und sollen in der Regel durch die leitende Fachkraft für Arbeitssicherheit vorgenommen werden. Im Verhinderungsfall ist das Unternehmen berechtigt, eine andere zuverlässige und fachkundige Person mit der Unterweisung schriftlich zu beauftragen. Der Betriebsrat und der Arbeitsschutzausschuss sind hierüber umgehend zu unterrichten.

(5) Die Unterweisung ist mindestens einmal jährlich oder anlassbezogen bei Neueinstellungen, Veränderungen im Aufgabenbereich, der Einführung neuer Arbeitsmittel oder neuer Technologien vor Aufnahme der Tätigkeit der betroffenen Mitarbeiter zu wiederholen. Sie muss schriftlich dokumentiert werden, wobei sich zumindest der Gegenstand der Unterweisung, der Durchführende und die Teilnehmer sowie Zeitpunkt und Dauer der Unterweisung aus den Aufzeichnungen ergeben müssen. [39]

§ 9 Inkrafttreten und Kündigung [40]

Die Betriebsvereinbarung tritt am _____[Datum]_____ in Kraft. Sie kann von beiden Seiten jeweils mit einer Frist von sechs Monaten zum Ende des Kalenderjahres, erstmals jedoch zum 31. Dezember ___[Jahresangabe]___ schriftlich gekündigt werden. Die Regelungen der Betriebsvereinbarung wirken nach. Nach Eingang der Kündigung sind unverzüglich Verhandlungen über eine neue Betriebsvereinbarung aufzunehmen.

§ 10 Schlussbestimmungen [41]

(1) Änderungen oder Ergänzungen dieser Vereinbarung bedürfen zu ihrer Wirksamkeit der Schriftform.

(2) Sollten einzelne Bestimmungen dieser Betriebsvereinbarung unwirksam sein oder werden, bleibt die Betriebsvereinbarung im Übrigen wirksam. Unwirksame Bestimmungen sind durch solche Bestimmungen zu ersetzen, die der vom Betriebsrat und Unternehmen verfolgten Zielsetzung am Nächsten kommen.

_____[Ort]_____, den _____[Datum]_____

_____
(Unterschrift Geschäftsführer/in)

_____
(Unterschrift Betriebsratsvorsitzende/r)

Erläuterungen

Schrifttum

Albrod Kooperation im betrieblichen Gesundheitsschutz, AiB 2010, 526; *Arnold/von Medem* Betriebliche Regelungen für sommerliche Hitzewellen – die neue ASR A3.5, ArbR 2010, 435; *Balikcioglu* Psychische Erkrankungen am Arbeitsplatz, NZA 2015, 1424; *Bartels* Die Beteiligungsrechte der Mitarbeitervertretung bei Arbeitsschutz und Arbeitssicherheit, ZMV 2007, 239; *Bloesinger* Die Auswirkungen eines Verstoßes gegen § 9 Absatz III 1 ASiG auf Kündigungen des Arbeitgebers, NZA 2004, 467; *Dipold* Arbeitssicherheit und Arbeitsschutz, AuA 2014, 154; *Elhöft* Gefährdungsbeurteilung, AuA 2013, 578; *Faber* Die arbeitsschutzrechtlichen Grundpflichten, 1. Auflage 2004; *Fritsche/Meckle* Employability 2.0 – Psychische Gefährdungsbeurteilung: Von der gesetzlichen Pflicht zum Wettbewerbsvorteil, BB 2015, 821; *Fröhlich/Hartmann* Gesundheitsschutz am Arbeitsplatz – Die Durchführung einer Gefährdungsbeurteilung, ArbRB 2009, 336; *Gastell* Die Gefährdungsbeurteilung, AuA 2013, 464; *Gaul* Leistungsdruck, psychische Belastung & Stress, DB 2013, 60; *Ginal/*

Reif Das »Burn-Out-Syndrom« – Präventions- und Reaktionsmöglichkeiten des Arbeitgebers, ArbRAktuell 2012, 472; *Goepfert/Rottmeier* Prophylaktische medizinische Untersuchungen im laufenden Arbeitsverhältnis – Praxishinweise, BB 2015, 1912; *Grimm* Heiße Tage am Arbeitsplatz, DB 2004, 1666; *Grimm* Raumtemperaturen am Arbeitsplatz, DB 2010, 1588; *Gutjahr/Hampe* Gefährdungsbeurteilung von psychischen Belastungen aus arbeitsrechtlicher Sicht, DB 2012, 1208; *Kolbe* Arbeitsschutz in der Hitzewelle, BB 2010, 2762; *Kollmer/Klindt* Arbeitsschutzgesetz, Kommentar, 2. Auflage 2011; *Kothe/Faber* Novellierung des Arbeitsstättenrechts – Risiken und Nebenwirkungen einer legislativen Schlankheitskur, DB 2005, 224; *Kothe* Arbeitsschutz in der digitalen Arbeitswelt, NZA 2015, 1417; *Laber/Schmidt* Mitbestimmung des Betriebsrats bei der Gefährdungsbeurteilung nach § 5 ArbSchG, ArbRB 2012, 347; *Lüders/Weller* Erzwingbare Mitbestimmungsrechte des Betriebsrates bei Fragen des Gesundheitsschutzes und der Gesundheitsprävention, BB 2016, 116; *Lützeler* Die Gefährdungsunterweisung, AuA 2011, 586; *Lützeler* Betriebliche Mitbestimmung: Zum Verhältnis zwischen Gefährdungsunterweisung und -beurteilung nach dem ArbSchG, BB 2012, 2756; *Lützeler* Herausforderung für Arbeitgeber: Die psychische Gesundheit im Arbeitsverhältnis, BB 2014, 309; *Lützeler* Mitbestimmung bei Maßnahmen des Arbeitsschutzes nach § 3 ArbSchG?, ArbRAktuell 2015, 545; *Mehle/Neumann* Die Bestellung von Betriebsbeauftragten, NJW 2011, 360; *Oberthür* Die Arbeitssicherheit im Mobile Office, NZA 2013, 246; *Podehl* Haftung des Arbeitgebers wegen Stress am Arbeitsplatz? DB 2007, 2090; *Pulte* Beteiligungsrechte des Betriebsrats außerhalb der Betriebsverfassung, NZA-RR 2008, 113; *Rossa/Salamon* Reichweite und Grenzen – Mitbestimmung bei der Gesundheit, AuA 2012, 278; *Sasse* Burn-out als arbeitsrechtliches Problem, BB 2013, 1717; *Stück* Gefährdungsbeurteilung psychischer Belastungen – Stress für die Personalabteilung, AuA 2013, 44; *Stück* Gefährdungsbeurteilung psychischer Belastungen in Recht und Praxis, ArbRAktuell 2015, 515; *Thewes* Anforderungen und Potentiale der Gefährdungsbeurteilung nach § 5 ArbSchG, BB 2013, 1141; *Rey* Unfallverhütung – DGUV V-2 – hilfreiche Idee oder Problem für Unternehmen?, DB 2014, 1617; *Urban* Neuerungen im Arbeitsschutzgesetz?, ArbRAktuell 2013, 256; *Wilrich* Verantwortlichkeit und Haftung im Arbeitsschutz, DB 2008, 182; *Windeln* Nichtraucherschutz am Arbeitsplatz, ArbRB 2016, 50.

1. Für die Ausübung der Mitbestimmung beim betrieblichen **Arbeits- und Gesundheitsschutz** ist grundsätzlich der **örtliche Betriebsrat** zuständig. Es kommt insoweit stets auf die konkreten Verhältnisse im Betrieb an, so dass die originäre Kompetenz eines Gesamt- oder Konzernbetriebsrats für die Mitbestimmung im Regelfall ausscheidet (*Richardi* § 87 BetrVG Rn. 565). 565

2. Die Regelung im Muster orientiert sich an den gesetzlichen Bestimmungen von §§ 3, 4 ArbSchG. Danach ist grundsätzlich der Arbeitgeber für die Sicherheit und Gesundheit der Beschäftigten verantwortlich sowie **Adressat der Pflichten** des ArbSchG und der weiteren Vorschriften zum Arbeitsschutz (BT-Drs. 13/3540, 12, 13). Ihn trifft sowohl die Verpflichtung, die gesetzlich vorgeschriebenen Maßnahmen zum Arbeitsschutz durchzuführen, als auch eine umfassende **präventive Handlungspflicht** zur Abwehr von Gefahren und Gefährdungen der Arbeitnehmer, die nicht durch spezielle Normen erfasst sind (siehe hierzu auch Kollmer/Klindt/*Kothe* § 3 ArbSchG Rn. 14 ff.). 566

Der Arbeitgeber hat darüber hinaus für eine unter Berücksichtigung der Art der Tätigkeiten und der Zahl der Beschäftigten **geeignete Organisation des Arbeitsschutzes** zu sorgen (§ 3 Abs. 2 Nr. 1 ArbSchG). Dies betrifft im Wesentlichen Festlegungen zur Aufbau- und Ablauforganisation hinsichtlich der Planung und Durchführung der Maßnahmen zum Arbeitsschutz i.S.d. § 3 Abs. 1 S. 1 ArbSchG (*Pieper* § 3 ArbSchG Rn. 6). Soweit der Arbeitgeber zur Planung und Durchführung erforderlicher Maßnahmen eine geeignete Organisation aufbauen und ausgewählten Arbeitnehmern hierzu näher bezeichnete Aufgaben und Unternehmerpflichten übertragen möchte, hat der Betriebsrat hierbei nach § 87 Abs. 1 Nr. 7 BetrVG mitzubestimmen (BAG, Urt. v. 18.03.2014 – 1 ABR 73/12, NZA 2014, 855). 567

3. § 4 ArbSchG schreibt dem Arbeitgeber die Einhaltung bestimmter **Schutzgrundsätze** bei Maßnahmen des Arbeitsschutzes vor. Die Grundsätze geben dem Arbeitgeber insbesondere verpflichtend vor, nach welchen Maßstäben und Maßgaben er die zu treffenden Arbeitsschutzmaßnahmen zu planen und durchzuführen hat. Die Grundsätze sind dabei kumulativ zu beachten (MünchArbR/*Kothe* § 292 Rn. 13). 568

569 Der Arbeitgeber ist gemäß § 3 Abs. 2 Nr. 1 ArbSchG verpflichtet, die für die Planung und Durchführung der Arbeitsschutzmaßnahmen erforderlichen Mittel bereitzustellen. Hierzu gehören neben sächlichen und personellen auch alle erforderlichen finanziellen Mittel (MünchArbR/ *Kothe* § 292 Rn. 41). Der Arbeitgeber trägt dabei die Verantwortung dafür, dass die für den Arbeitsschutz erforderlichen Mittel im Bedarfsfall vorhanden sind bzw. erforderlichenfalls beschafft werden (siehe zu etwaigen **strafrechtlichen Folgen** einer Verletzung der Pflicht zur Bereitstellung von persönlicher Schutzausrüstung OLG Naumburg, Beschl. v. 25.03.1996 – 2 Ss 27/96, NStZ-RR 1996, 229). Hiermit einher geht auch das **gesetzliche Verbot** nach § 3 Abs. 2 Nr. 3 ArbSchG, wonach Kosten für die Maßnahmen zum Arbeitsschutz nicht den Beschäftigten auferlegt werden dürfen sowie die Regelung in § 618 BGB, die den Arbeitgeber verpflichtet, die in seinem Betrieb anfallenden Kosten für den Arbeits- und Gesundheitsschutz zu tragen (Kollmer/Klindt/*Kothe* § 3 ArbSchG Rn. 91).

570 **4.** Die Regelung im Muster entspricht der in § 3 Abs. 1 ArbSchG normierten **dreistufigen Vorgehensweise**, mit welcher der Arbeitgeber die Fragen des Arbeits- und Gesundheitsschutzes im Betrieb anzugehen hat. Danach hat der Arbeitgeber zunächst die erforderlichen Maßnahmen zu treffen (§ 3 Abs. 1 S. 1 ArbSchG), anschließend deren Wirksamkeit zu überprüfen (§ 3 Abs. 1 S. 1 1. Halbsatz ArbSchG) und schließlich etwaige Anpassungsmaßnahmen festzulegen (§ 3 Abs. 1 S. 1 2. Halbsatz ArbSchG).

571 **5.** Das **Vorschlagsrecht für Arbeitnehmer** ergibt sich aus § 17 Abs. 1 ArbSchG. Es beschränkt sich auf ein reines Anhörungsrecht. Arbeitnehmer haben insbesondere keinen Anspruch auf Berücksichtigung ihres Vorschlags. Der Arbeitgeber muss den Vorschlag lediglich ordnungsgemäß entgegennehmen, einer Prüfung unterziehen und den Arbeitnehmer, falls von diesem ausdrücklich gewünscht, über die weitere Behandlung des Vorschlags unterrichten (Kollmer/Klindt/*Butz* § 17 ArbSchG Rn. 30).

572 **6.** Der Arbeitgeber ist nach § 2 ASiG verpflichtet, **Betriebsärzte** zu bestellen, die ihn beim Arbeitsschutz und der Unfallverhütung unterstützen sollen, soweit dies im Hinblick auf die Betriebsart und die damit verbundenen Unfall- und Gesundheitsgefahren, die Zahl der beschäftigten Arbeitnehmer und die Zusammensetzung der Belegschaft sowie die Betriebsorganisation, erforderlich ist (siehe hierzu ausführlich *Anzinger/Bieneck* ASiG § 2 Rn. 27 ff.).

573 Einzelheiten zur Frage der Erforderlichkeit der Bestellung von Betriebsärzten und Fachkräften für Arbeitssicherheit ergeben sich aus den von den Berufsgenossenschaften auf Grundlage von § 15 SGB VII erlassenen branchenbezogenen **Unfallverhütungsvorschriften** (seit dem 01.01.2011 gibt es für Berufsgenossenschaften und Unfallversicherungsträger der öffentlichen Hand mit der »DGUV Vorschrift 2« eine einheitliche und gleichlautende Vorgabe zur Konkretisierung des ASiG; Berufsgenossenschaften und Unfallkassen haben mittlerweile auch die Unfallverhütungsvorschriften BGV A1 und GUV-V A1, die inhaltlich nahezu gleich waren, zu der einheitlichen Unfallverhütungsvorschrift »Grundsätze der Prävention – DGUV Vorschrift 1« vereint). Der konkrete Bedarf wird hierbei mit einem Zahlenschlüssel errechnet, der Einsatzzeiten von Betriebsärzten bzw. Fachkräften für Arbeitssicherheit gemessenen in Stunden pro Jahr je Arbeitnehmer, gestaffelt nach der Größe des Betriebes, vorsieht.

574 Soweit die Vorgaben der Unfallverhütungsvorschriften hinsichtlich der Anzahl der Betriebsärzte oder Fachkräfte für Arbeitssicherheit einen **Regelungsspielraum** einräumen, steht dem Betriebsrat bei dessen Ausfüllung ein **Mitbestimmungsrecht** nach § 87 Abs. 1 Nr. 7 BetrVG zu (*Fitting* § 87 BetrVG Rn. 325; a.A. GK-BetrVG/*Wiese* § 87 Rn. 649). Arbeitgeber und Betriebsrat sind frei darin, eine über die Vorgaben der Unfallverhütungsvorschriften hinausgehende Anzahl von Betriebsärzten und/oder Fachkräften für Arbeitssicherheit festzulegen (*Fitting* § 87 BetrVG Rn. 318; GK-BetrVG/*Wiese* § 87 Rn. 648).

575 **7.** Bei der Frage, wie der Arbeitgeber die erforderliche betriebsärztliche Versorgung sicherstellt, hat er grundsätzlich ein **Wahlrecht**. Er kann einen Betriebsarzt auf arbeitsvertraglicher Grundlage haupt- oder nebenberuflich einstellen, ihn im Rahmen eines freien Dienstverhältnisses beschäfti-

gen oder einen **überbetrieblichen Dienst** von Betriebsärzten beauftragen (vgl. § 19 ASiG). Dabei gilt es zu beachten, dass die Berufsgenossenschaften ermächtigt sind, den Anschluss des Arbeitgebers an einen bestimmten überbetrieblichen Dienst von Betriebsärzten verbindlich vorzuschreiben (Küttner/*Poeche* Betriebsarzt Rn. 4).

Der Betriebsrat hat ein **Mitbestimmungsrecht** nach § 87 Abs. 1 Nr. 7 BetrVG bei der Frage, ob hauptberufliche oder freiberufliche Ärzte bestellt, oder ob ein überbetrieblicher Dienst beauftragt werden soll (BAG, Beschl. v. 10.04.1979 – 1 ABR 34/77, NJW 1979, 2362). Die Mitbestimmung beschränkt sich dabei nicht nur auf ein Zustimmungsrecht. Vielmehr steht dem Betriebsrat auch ein entsprechendes **Initiativrecht** zu. Er kann vom Arbeitgeber verlangen, die erforderliche Organisationsentscheidung unter seiner Mitbestimmung zu treffen (*Richardi* § 87 BetrVG Rn. 574). 576

Bestellt werden darf grundsätzlich nur Personal, das zur Ausübung des ärztlichen Berufes berechtigt ist und über die notwendige **arbeitsmedizinische Fachkunde** verfügt (§ 4 ASiG). Nähere Vorgaben hierzu enthalten die einschlägigen Unfallverhütungsvorschriften. 577

8. § 9 Abs. 3 ASiG schreibt vor, dass die **Bestellung und Abberufung** von Betriebsärzten und Fachkräften für Arbeitssicherheit nur mit **Zustimmung des Betriebsrates** zulässig ist. Vor der Verpflichtung oder Entpflichtung von freiberuflich tätigen Betriebsärzten, Fachkräften für Arbeitssicherheit oder eines überbetrieblichen Dienstes ist der Betriebsrat dagegen nur anzuhören. Der Betriebsrat hat hier entsprechend § 102 BetrVG lediglich ein Recht zur Stellungnahme. Die Verletzung des Anhörungsrechts berührt nicht die Rechtswirksamkeit der Verpflichtung oder Entpflichtung eines freiberuflich tätigen Arztes oder eines überbetrieblichen Dienstes (*Fitting* § 87 BetrVG Rn. 320.). 578

Haben sich Arbeitgeber und Betriebsrat auf die Berufung eines freiberuflich tätigen Betriebsarztes oder auf den Anschluss an einen überbetrieblichen Dienst geeinigt, obliegt es dem Arbeitgeber, den Dienst bzw. den freiberuflich tätigen Arzt auszuwählen. Der Betriebsrat kann nicht verlangen, dass nur mit einem bestimmten Dienst oder mit einem von ihm zu bestimmenden freiberuflich tätigen Betriebsarzt zusammengearbeitet wird (LAG Hamm, Beschl. v. 07.01.2008 – 10 TaBV 125/07, juris). 579

9. Die wesentlichen **Aufgaben des Betriebsarztes** sind in § 3 ASiG aufgeführt. Hierbei handelt es sich jedoch nicht um eine abschließende Auflistung. Die Aufgaben und Zuständigkeiten können je nach den betrieblichen Gegebenheiten angepasst, erweitert oder eingeschränkt werden. Hierbei steht dem Betriebsrat gemäß § 9 Abs. 3 ASiG grundsätzlich ein Mitbestimmungsrecht zu. Im Fall der Beauftragung eines freiberuflichen Arztes oder eines überbetrieblichen Dienstes soll sich die Beteiligung des Betriebsrates jedoch auch bei der Änderung des Aufgabenbereiches auf eine Pflicht zur Anhörung beschränken (*Richardi* § 87 BetrVG Rn. 592.). 580

Der Arbeitgeber hat nach den Regelungen in der **Unfallverhütungsvorschrift »DGUV Vorschrift 2«** die bestellten Betriebsärzte und Fachkräfte für Arbeitssicherheit zu verpflichten, über die Erfüllung der übertragenen Aufgaben regelmäßig schriftlich zu berichten. Die Berichte sollen auch über die Zusammenarbeit der Betriebsärzte und Fachkräfte für Arbeitssicherheit Auskunft geben. 581

10. Die Regelung im Muster gibt die gesetzlichen Vorgaben von § 8 ASiG wieder. Ein auf Grundlage eines Arbeitsvertrages beschäftigter Betriebsarzt ist fachlich und disziplinarisch zwingend unmittelbar dem Leiter des Betriebes zu unterstellen. Diese **herausgehobene Einordnung** in der betrieblichen Hierarchie gehört zu den strukturprägenden Grundsätzen des ASiG (BAG, Urt. v. 15.12.2009 – 9 AZR 769/08, NZA 2010, 506). 582

Ungeachtet der **Weisungsfreiheit** hinsichtlich der arbeitsmedizinischen und sicherheitstechnischen Fachkunde sind Betriebsarzt und/oder Fachkraft für Arbeitssicherheit nicht befugt, gegen den Willen des Arbeitgebers die aus ihrer Sicht arbeitsmedizinisch gebotenen oder sinnvollen Maßnahmen durchzusetzen (§ 8 Abs. 3 ASiG). Kommt es zu keiner Einigung über einen von ihnen unterbreiteten Vorschlag, hat der Arbeitgeber diesen schriftlich und mit einer Begründung abzulehnen. Dem Betriebsrat ist eine Durchschrift zuzuleiten (Küttner/*Poeche* Betriebsarzt Rn. 11). 583

O. Betriebsverfassungsrecht

584 **11.** Die Pflicht des Arbeitgebers zur Bestellung von **Fachkräften für Arbeitssicherheit** ergibt sich aus § 6 ASiG. Die Erforderlichkeit einer Bestellung richtet nach der jeweiligen Betriebsart und den damit verbundenen Unfall- und Gesundheitsgefahren, der Zahl der beschäftigten Arbeitnehmer und der Zusammensetzung der Belegschaft, der Betriebsorganisation sowie der Kenntnisse und Schulung des Arbeitgebers in Fragen des Arbeitsschutzes.

585 Ebenso wie hinsichtlich der Bestellung von Betriebsärzten haben die Berufsgenossenschaften in den jeweils einschlägigen Unfallverhütungsvorschriften (DGUV Vorschrift 2) die Voraussetzungen für die Bestellung und die erforderliche Anzahl von Fachkräften für Arbeitssicherheit branchenbezogen konkretisiert. Siehe ergänzend unter O Rdn. 573.

586 **12.** Die **Bestellung** einer Fachkraft für Arbeitssicherheit kann sowohl in Form einer Anstellung im Rahmen eines Arbeitsverhältnisses, als auch in der Beauftragung einer freiberuflich tätigen Person oder in der Beauftragung eines überbetrieblich organisierten Dienstes erfolgen. Ausschlaggebend für die **Wahl der Beschäftigungsform** ist in der Regel insbesondere die Größe des jeweiligen Betriebes und die daraus resultierende notwendige Einsatzzeit einer Fachkraft (*Pieper* ASiG Rn. 33).

587 Die Entscheidung über die Form der Anstellung bzw. Beschäftigung unterliegt dem **Mitbestimmungsrecht** des Betriebsrates nach § 87 Abs. 1 Nr. 7 BetrVG, auch in Form eines Initiativrechts (BAG, Beschl. v. BAG, 10.04.1979 – 1 ABR 34/77, NJW 1979, 2362).

588 Zur Sicherstellung der notwendigen Flexibilität ist in die Regelung im Muster ausdrücklich aufgenommen worden, dass in Einzelfällen die Bestellung und Beschäftigung einer Fachkraft für Arbeitssicherheit auch außerhalb eines Arbeitsverhältnisses möglich ist. Zur Wahrung des vorgenannten Mitbestimmungsrechtes ist hierzu jedoch stets eine separate Vereinbarung mit dem Betriebsrat erforderlich.

589 **13.** Das Muster sieht grundsätzlich die Bestellung der Fachkräfte für Arbeitssicherheit als Arbeitnehmer vor. In diesem Fall bedarf der Arbeitgeber für die förmliche Bestellung nach § 9 Abs. 3 ASiG im jeweiligen Einzelfall der **vorherigen Zustimmung** des Betriebsrates. Das Gleiche gilt für die **Abberufung** sowie die Erweiterung oder Einschränkung der Aufgaben einer Fachkraft für Arbeitssicherheit. Verweigert der Betriebsrat seine Zustimmung zur Bestellung und/oder Abberufung, entscheidet insoweit die Einigungsstelle (Küttner/*Griese* Betriebsbeauftragte Rn. 7).

590 Nach überwiegender Auffassung in der Literatur hat der Betriebsrat nach Sinn und Zweck der Bestimmung des § 9 Abs. 3 ASiG ein **Initiativrecht** für die Abberufung einer ungeeigneten Fachkraft für Arbeitssicherheit bzw. eines ungeeigneten Betriebsarztes sowie hinsichtlich der Erweiterung oder Beschränkung des Aufgabenbereiches (GK-BetrVG/*Wiese* § 87 Rn. 674).

591 Bei der Ver- oder Entpflichtung von freiberuflichen Fachkräften für Arbeitssicherheit oder überbetrieblichen Diensten ist der Betriebsrat lediglich anzuhören. Insoweit wird verwiesen auf die Ausführungen unter O Rdn. 578 f.

592 Aus Arbeitgebersicht ist in jedem Fall darauf zu achten, dass hinsichtlich der Mitbestimmung und Beteiligung des Betriebsrates zwischen Bestellung und Abberufung i.S.d. § 9 Abs. 3 ASiG einerseits sowie Einstellung, Versetzung, Eingruppierung und Kündigung i.S.d. § 99 Abs. 1 BetrVG bzw. § 102 Abs. 1 BetrVG andererseits zu unterscheiden ist (BAG, Urt. v. 24.03.1988 – 2 AZR 369/87, NZA 1989, 60). Insbesondere bei der Abberufung einer Fachkraft für Arbeitssicherheit verliert der Betriebsrat trotz erteilter Zustimmung nach § 9 Abs. 3 ASiG nicht das Recht, einer beabsichtigten Kündigung des Arbeitsverhältnisses zu widersprechen (GK-BetrVG/*Wiese* § 87 Rn. 655). Nach Auffassung des LAG Niedersachsen führt die fehlende ausdrückliche Zustimmung des Betriebsrates zur Abberufung nicht zwangsläufig zur Rechtsunwirksamkeit der Kündigung des Arbeitsverhältnisses einer Fachkraft für Arbeitssicherheit (LAG Niedersachsen, Urt. v. 29.10.2015 – 4 Sa 951/14, NZA-RR 2016, 186, Revision anhängig beim BAG unter dem AZ: 2 AZR 1/16).

14. Als Fachkraft für Arbeitssicherheit dürfen nur Personen bestellt werden, die über die erforderliche **sicherheitstechnische Fachkunde** verfügen (§ 7 ASiG). Der Kreis der in Betracht kommenden Personen ist dabei von vornherein grundsätzlich auf die Berufsgruppen des **Sicherheitsingenieurs, Sicherheitsfachtechnikers und Sicherheitsmeisters** beschränkt. Die Anforderungen an die erforderliche sicherheitstechnische Fachkunde werden durch die einschlägigen Unfallverhütungsvorschriften näher konkretisiert.

15. Die wesentlichen **Aufgaben** einer Fachkraft für Arbeitssicherheit ergeben sich aus § 6 ASiG. Die Auflistung ist jedoch nicht abschließend. Bei der **Erweiterung oder Einschränkung** von Aufgaben einer als Arbeitnehmer eingestellten Fachkraft für Arbeitssicherheit hat der Betriebsrat ein **Mitbestimmungsrecht** nach § 9 Abs. 3 ASiG einschließlich eines entsprechenden Initiativrechtes (GK-BetrVG/*Wiese* § 87 Rn. 674).

16. Siehe insoweit unter O Rdn. 569.

17. Die Regelung entspricht der gesetzlichen Verpflichtung des Arbeitgebers nach § 5 Abs. 2 S. 1 ASiG.

18. Der Arbeitgeber hat den Fachkräften für Arbeitssicherheit gemäß § 5 Abs. 3 ASiG die zur Erfüllung ihrer Aufgaben erforderliche **Fortbildung** zu ermöglichen. Als Arbeitnehmer angestellte Fachkräfte für Arbeitssicherheit sind hierzu von ihrer Arbeitspflicht unter Fortzahlung der Vergütung zu befreien. Zudem hat der Arbeitgeber die **Kosten** der Fortbildungsmaßnahmen zu tragen.

19. Gemäß § 22 SGB VII haben Unternehmen mit mehr als 20 Beschäftigten **Sicherheitsbeauftragte** zu bestellen. Es handelt sich um Arbeitnehmer des Unternehmens, die sich zusätzlich zu ihrer beruflichen Tätigkeit während der Arbeitszeit auch um den Unfall- und Gesundheitsschutz in ihrem engeren Arbeitsbereich zu kümmern haben (MünchArbR/*Kothe* § 292 Rn. 60).

In Unternehmen mit besonderen Gefahren für Leben und Gesundheit kann der Unfallversicherungsträger anordnen, dass Sicherheitsbeauftragte auch dann zu bestellen sind, wenn die Mindestbeschäftigtenzahl nicht erreicht wird, wie er umgekehrt für Unternehmen mit geringen Gefahren für Leben und Gesundheit die Mindestbeschäftigtenzahl erhöhen kann (§ 22 Abs. 1 S. 3 und S. 4 SGB VII).

Die jeweils **erforderliche Anzahl** von Sicherheitsbeauftragten ist unter Berücksichtigung der im Unternehmen für die Beschäftigten bestehenden Unfall- und Gesundheitsgefahren und der Zahl der Beschäftigten zu ermitteln. Die Anforderungen sind von den Berufsgenossenschaften branchenspezifisch in den **Unfallverhütungsvorschriften** konkretisiert worden.

20. Die **Bestellung** von Sicherheitsbeauftragten hat unter **Beteiligung des Betriebsrates** zu erfolgen (§ 22 Abs. 1 S. 1 SGB VII). Das Beteiligungsrecht bezieht sich auf die personelle Auswahlentscheidung des Arbeitgebers, einschließlich der Anzahl der Beauftragten (soweit diese nicht durch die einschlägigen Unfallverhütungsvorschriften abschließend bestimmt ist) und deren Zuteilung zu den Betriebsbereichen (*Fitting* § 89 BetrVG Rn. 34). Es handelt sich insoweit jedoch nicht um ein echtes Mitbestimmungsrecht. Der Arbeitgeber hat die beabsichtigte Bestellung bzw. Abberufung eines Sicherheitsbeauftragten lediglich rechtzeitig und eingehend mit dem Betriebsrat zu **beraten** (*Fitting* § 89 BetrVG Rn. 34.). Nach zutreffender Auffassung bezieht sich das Beteiligungsrecht des Betriebsrates auch auf die **Abberufung** eines Sicherheitsbeauftragten (GK-BetrVG/*Wiese* § 89 Rn. 78).

Ein Verstoß gegen die Pflicht zur Beteiligung des Betriebsrates führt nicht zur Unwirksamkeit von Bestellung bzw. Abberufung (GK-BetrVG/*Wiese* § 89 Rn. 78).

21. Die wesentlichen **Aufgaben** eines Sicherheitsbeauftragten ergeben sich aus § 22 Abs. 2 SGB VII sowie den Vorgaben in den Unfallverhütungsvorschriften der Berufsgenossenschaften. Sicherheitsbeauftragten kommt insbesondere eine **umfassende Beratungsfunktion** gegenüber dem Arbeitgeber zu, der jedoch in seinen Entscheidungen frei bleibt und nicht verpflichtet ist, Vorschlägen oder Anregungen des Sicherheitsbeauftragten nachzukommen (HWGNRH/*Worzalla* § 89 BetrVG Rn. 35).

604 **22.** Sicherheitsbeauftragte haben zwar ihre Arbeitskollegen auf Unfallgefahren aufmerksam zu machen, zu beraten und aufzuklären. Ihnen kommt jedoch gegenüber den Mitarbeitern grundsätzlich **keine Weisungsbefugnis** zu, außer diese wurde ausdrücklich vom Unternehmen übertragen.

605 **23.** Die Regelung entspricht den Vorgaben aus § 22 Abs. 3 SGB VII.

606 **24.** Für die **Aus- und Fortbildung** von Sicherheitsbeauftragten hat grundsätzlich der Unfallversicherungsträger zu sorgen und auch die entsprechenden Kosten zu tragen (§ 23 Abs. 1 S. 1 und Abs. 2 S. 1 SGB VII). Für die Zeit der jeweiligen Maßnahme ist der Sicherheitsbeauftragte von seiner Arbeitspflicht unter Fortzahlung der Vergütung freizustellen (§ 23 Abs. 3 SGB VII). Es gehört zu den gesetzlichen Aufgaben von Fachkräften für Arbeitssicherheit (§ 6 S. 2 Nr. 4 ASiG), an der Schulung von Sicherheitsbeauftragten mitzuwirken.

607 **25.** In Betrieben mit mehr als 20 Beschäftigten hat der Arbeitgeber einen **Arbeitsschutzausschuss** zu bilden (§ 11 S. 1 ASiG). Hierdurch soll die Zusammenarbeit der für den Arbeitsschutz im Betrieb Verantwortlichen gesichert werden. Der Ausschuss ist auch dann zu bilden, wenn ein überbetrieblicher Dienst vom Arbeitgeber beauftragt worden ist (*Fitting* § 87 BetrVG Rn. 327).

608 Der Betriebsrat hat **kein Initiativrecht** zur Bildung eines Arbeitsschutzausschusses. Er kann lediglich nach § 89 Abs. 1 S. 2 BetrVG die zuständige Arbeitsschutzbehörde ersuchen, gegenüber dem Arbeitgeber die Verpflichtungen aus § 11 ASiG im Wege einer Anordnung nach § 12 Abs. 1 ASiG durchzusetzen. Einen unmittelbar gegen den Arbeitgeber gerichteten Anspruch des Betriebsrats auf Errichtung eines Arbeitsschutzausschusses enthält das Arbeitssicherheitsgesetz dagegen nicht (BAG, Beschl. v. 15.04.2014 – 1 ABR 82/12, NZA 2014, 1094).

609 **26.** Die **Zusammensetzung** des Ausschusses ist in § 11 S. 2 ASiG gesetzlich vorgeschrieben. Neben einem Vertreter des Arbeitgebers gehören dem Ausschuss zwei Betriebsratsmitglieder, die Betriebsärzte und Fachkräfte für Arbeitssicherheit sowie die Sicherheitsbeauftragten nach § 22 SGB VII an. Die Hinzuziehung weiterer Personen mit beratender Funktion ist zulässig (GK-BetrVG/*Wiese* § 87 Rn. 669).

610 Hinsichtlich der **Festlegung der genauen Anzahl** der beteiligten Betriebsärzte, Fachkräfte für Arbeitssicherheit und der Sicherheitsbeauftragten hat der Betriebsrat ein **Mitbestimmungsrecht** nach § 87 Abs. 1 Nr. 7 BetrVG (*Fitting* § 87 BetrVG Rn. 328). Dieses erstreckt sich jedoch nicht auf die Entscheidung des Arbeitgebers, wen er von den Betriebsärzten, Fachkräften für Arbeitssicherheit und Sicherheitsbeauftragten in den Arbeitsschutzausschuss entsendet (*Richardi* § 87 BetrVG Rn. 597 m.w.N.). Der Arbeitgeber kann diese Personen daher wie auch ein von ihm beauftragtes Mitglied jederzeit mitbestimmungsfrei wieder abberufen, ohne dass es hierzu eines wichtigen Grundes bedarf (GK-BetrVG/*Wiese* § 87 Rn. 671). Dem Betriebsrat steht auch kein Mitbestimmungsrecht bezüglich der tatsächlichen Anwesenheit oder Teilnahmepflicht der Mitglieder des Arbeitsschutzausschusses bei dessen Sitzungen zu (BAG, Beschl. v. 08.12.2015 – 1 ABR 83/13, NZA 2016, 504).

611 **27.** Die **Aufgabenbeschreibung** entspricht der gesetzlichen Vorgabe in § 11 S. 3 ASiG. Sie ist am Zweck des Arbeitsschutzausschusses ausgerichtet, die Hauptbeteiligten der betrieblichen Arbeitsschutzorganisation regelmäßig zusammenzuführen, um Erfahrungen auszutauschen, gemeinsame Anliegen zu beraten und insgesamt eine Diskussion über die konkreten Probleme des Arbeitsschutzes und der Unfallverhütung im Betrieb zu fördern (MünchArbR/*Kothe* § 292 Rn. 61).

612 Hinsichtlich der konkreten Ausgestaltung der Aufgabenwahrnehmung steht dem Betriebsrat ein Mitbestimmungsrecht nach § 87 Abs. 1 Nr. 7 BetrVG zu.

28. Gemäß § 11 S. 4 ASiG hat der Arbeitsschutzausschuss mindestens **einmal vierteljährlich** zusammen zu treten. 613

29. Regelungen über die **Geschäftsführung** des Arbeitsschutzausschusses unterfallen dem Mitbestimmungsrecht des § 87 Abs. 1 Nr. 7 BetrVG (*Richardi* § 87 BetrVG Rn. 598). 614

30. Um die erforderlichen Maßnahmen des Arbeitsschutzes ermitteln zu können, ist der Arbeitgeber nach § 5 ArbSchG zur Beurteilung der für die Beschäftigten mit ihrer Arbeit verbundenen Gefährdungen verpflichtet (»Gefährdungsbeurteilung«). Die **Gefährdungsbeurteilung** ist **zentrales Element** des technischen Arbeitsschutzes und dient damit auch dem individuellen Schutz des Arbeitnehmers. Je genauer und wirklichkeitsnäher die Gefährdungen im Betrieb ermittelt und beurteilt werden, desto zielsicherer können konkrete Maßnahmen des Arbeitsschutzes getroffen werden (BAG, Beschl. v. 11.01.2011 – 1 ABR 104/09, NZA 2011, 651, 652). 615

Der Grundtatbestand der Gefährdungsbeurteilung nach § 5 ArbSchG hat **zahlreiche Konkretisierungen** in den auf Basis der Ermächtigungsnorm des § 18 ArbSchG erlassenen Rechtsverordnungen erfahren, die der Arbeitgeber je nach den betrieblichen Gegebenheiten zu berücksichtigen hat, so z.B. in § 7 GefStoffV, §§ 5 ff. BioStoffeV oder § 1 MuSchArbV. Siehe hierzu Kollmer/Klindt/*Kreizberg* § 5 ArbSchG Rn. 8 ff. 616

Zur Gefährdungsbeurteilung ist jeder Arbeitgeber verpflichtet, unabhängig von der Zahl der Beschäftigten. Sofern der Arbeitgeber Leiharbeitnehmer beschäftigt, ist er als Entleiher auch ihnen gegenüber verpflichtet, die mit ihrer Arbeit verbundenen Gefährdungen zu beurteilen und das Ergebnis sowie die getroffenen Arbeitsschutzmaßnahmen zu dokumentieren (§ 11 Abs. 4 AÜG). Die Rechtspflicht zur Durchführung der Gefährdungsbeurteilung ist als solche mitbestimmungsfrei (GK-BetrVG/*Wiese* § 87 Rn. 609). 617

Der einzelne Arbeitnehmer hat nach § 5 ArbSchG i.V.m. § 618 BGB einen individuellen **Anspruch auf Durchführung** einer Gefährdungsbeurteilung für seinen Arbeitsplatz. Er kann dem Arbeitgeber aber nicht vorgeben, nach welchen Kriterien die Gefährdungsbeurteilung durchzuführen ist (BAG, Urt. v. 12.08.2008 – 9 AZR 1117/06, NZA 2009, 102). 618

31. Zu der Frage, wie der Arbeitgeber die Gefährdungsbeurteilung vorzunehmen hat, macht § 5 Abs. 2 ArbSchG keine zwingenden Vorgaben. Der Gesetzgeber wollte durch den hohen Abstraktionsgrad der Vorschriften und weitgefasste Formulierungen bewusst **Spielraum** für an die Situation der Betriebe und an die konkrete Gefährdungssituation angepasste und kostengünstige Arbeitsschutzmaßnahmen belassen (BT-Drs. 13/3540 Ziffer 2). 619

Hinsichtlich der inhaltlichen **Ausgestaltung der Gefährdungsbeurteilung** enthält § 5 ArbSchG somit eine ausfüllungsbedürftige Rahmenvorschrift. Dem Betriebsrat steht bei der Ausfüllung dieses Handlungsspielraums ein umfassendes Mitbestimmungsrecht nach § 87 Abs. 1 Nr. 7 BetrVG zu (BAG, Beschl. v. 08.06.2004 – 1 ABR 4/03, NZA 2005, 227, 229 f.; BAG, Urt. v. 12.08.2008 – 9 AZR 1117/06, NZA 2009, 102; BAG, Beschl. v. 11.02.2014 – 1 ABR 72/12, NZA 2014, 989). Es umfasst insbesondere die Frage, welche Tätigkeiten auf welche Gefährdung hin anhand welcher Kriterien beurteilt werden müssen (*Rossa/Salamon*, AuA 2012, 278, 279). Kommt zwischen Arbeitgeber und Betriebsrat keine Vereinbarung über die Durchführung von Gefährdungsbeurteilungen zustande, hat gemäß § 87 Abs. 2 BetrVG die Einigungsstelle zu entscheiden. Das Verfahren vor der Einigungsstelle dient dazu, die regelungsbedürftige Angelegenheit im Rahmen der gestellten Anträge vollständig zu lösen. Ein Einigungsstellenspruch ist demzufolge unwirksam, wenn die Einigungsstelle ihrem Regelungsauftrag nicht ausreichend nachkommt und keine abschließende Regelung trifft (BAG, Beschl. v. 11.02.2014 – 1 ABR 72/12, NZA 2014, 989). Im Bereich des Personalvertretungsrechts ist die Gefährdungsbeurteilung dagegen keine Maßnahme, die der Mitbestimmung nach § 75 Abs. 3 Nr. 11 BPersVG unterfällt (BVerwG, Beschl. v. 05.03.2012 – 6 PB 25/11, NZA-RR 2012, 447). 620

32. Nach § 5 Abs. 1 ArbSchG ist die Pflicht zur Beurteilung ausschließlich auf Gefährdungen beschränkt, die mit der Arbeit der Beschäftigten verbunden sind, also mit ihr in einem direkten 621

Zusammenhang stehen. Dies gilt beispielsweise nicht für Gefährdungen auf dem Weg zur Arbeitsstätte (Kollmer/Klindt/*Kreizberg* § 5 ArbSchG Rn. 51.). Die Regelung im Muster orientiert sich an der beispielhaften Aufzählung von Gefährdungen in § 5 Abs. 3 ArbSchG. Die Aufzählung ist nicht abschließend. Im Rahmen einer gesetzlichen Neuregelung vom 19.10.2013 (BUK-Neuorganisationsgesetz – BUK-NOG, BGBl. I S. 3836) wurde durch Aufnahme von Nr. 6 in die Auflistung des § 5 Abs. 3 ArbSchG explizit klargestellt, dass sich die Gefährdungsbeurteilung auch über »psychische Belastungen bei der Arbeit« verhalten soll. Die **Unfallversicherungsträger** haben **Checklisten** für branchentypische und tätigkeitsspezifische Gefährdungen zusammengestellt, die gerade in kleineren und mittleren Betrieben eine praxisgerechte Beurteilung ermöglichen.

622 **33.** Die Regelung im Muster trägt dem Umstand Rechnung, dass die Gefährdungsbeurteilung kein einmaliger Akt, sondern wie der gesamte Arbeitsschutz eine **Daueraufgabe** ist. Dies folgt bereits aus der Grundpflicht des Arbeitgebers nach § 3 Abs. 1 S. ArbSchG, wonach er die von ihm ergriffenen Maßnahmen des Arbeitsschutzes auf ihre Wirksamkeit zu überprüfen und erforderlichenfalls sich ändernden Gegebenheiten anzupassen hat. Eine Erneuerung der Gefährdungsbeurteilung ist daher regelmäßig spätestens dann erforderlich, wenn sich wesentliche Änderungen bei den Arbeitsbedingungen ergeben.

623 **34.** Entsprechend § 5 Abs. 2 ArbSchG muss die Gefährdungsbeurteilung nicht zwingend für jeden einzelnen Arbeitsplatz vorgenommen werden. Bei **gleichartigen Arbeitsbedingungen** ist vielmehr die Beurteilung nur eines Arbeitsplatzes oder einer Tätigkeit ausreichend.

624 Aus Sicht des Arbeitgebers gilt es daher, **sachgerechte Tätigkeitsgruppen** zu bilden, anhand derer die Gefährdungsbeurteilung für alle Arbeitsplätze im Betrieb effizient durchgeführt werden kann.

625 Über die Frage der Gleichartigkeit von Arbeitsbedingungen und Tätigkeiten hat der Arbeitgeber Einvernehmen mit dem Betriebsrat herzustellen. Insoweit bietet sich auch die konkrete Festlegung der zu beurteilenden Arbeitsbereiche und Tätigkeiten im Rahmen einer Anlage zur Betriebsvereinbarung an. Siehe insoweit die Regelung in § 7 Abs. 6 S. 2 des Musters.

626 **35.** Die Darstellung der notwendigen **Prozessschritte** einer Gefährdungsbeurteilung orientiert sich an der »**Leitlinie Gefährdungsbeurteilung** und Dokumentation« der nationalen Arbeitsschutzkonferenz (Stand 05.05.2015). Die Leitlinien beschreiben gemäß § 20 Abs. 1 SGB VII und § 21 Abs. 3 Nr. 1 ArbSchG methodische Vorgehensweisen der für den Arbeitsschutz zuständigen Landesbehörden und der Unfallversicherungsträger für die Beratung und Überwachung der Betriebe. Sie ist abrufbar unter www.dguv.de.

627 **36.** Das Gesetz enthält keine Vorgaben dazu, wie genau der Arbeitgeber eine Gefährdungsbeurteilung vorzunehmen hat. Da die Gefährdungsbeurteilung vorrangig der Einschätzung der betrieblichen Gefährdungssituationen dient, hängt es letztlich immer von den besonderen Gegebenheiten und der jeweiligen Art des Betriebes ab, wie sie konkret ausgestaltet werden muss und wie umfangreich sie ausfällt. In einfachen Fällen reicht in der Regel ein sog. »**Soll-Ist-Vergleich**« aus, also die Prüfung, ob der aktuelle Ist-Zustand dem durch die einschlägigen Arbeitsschutzvorschriften und Sicherheitsregeln definierten sicheren und gesundheitsgerechtem Sollzustand entspricht (Kollmer/Klindt/*Kreizberg* § 5 ArbSchG Rn. 57).

628 Bundesministerien, Unfallversicherungsträger, Verbände und Wirtschaftsorganisationen haben teils branchenspezifische, teils arbeitsplatzbezogene **Hilfestellungen** für Gefährdungsbeurteilung veröffentlicht, an denen sich Arbeitgeber für die Durchführung von Gefährdungsbeurteilungen orientieren können (Kollmer/Klindt/*Kreizberg* § 5 ArbSchG Rn. 60). Eine Vielzahl dieser Handlungshilfen findet sich etwa auf der von der Bundesanstalt für Arbeitsschutz und Arbeitsmedizin (BAuA) betriebenen Internetseite www.gefaehrdungsbeurteilung.de.

629 Gefährdungsbeurteilungen können rein innerbetrieblich oder durch die Beauftragung bzw. **Hinzuziehung externer Dienstleister** durchgeführt werden. Da der Arbeitgeber in der Regel nicht über die erforderliche Sachkunde zur Durchführung einer Gefährdungsbeurteilung verfügt, kom-

men für die Aufgabe betriebsintern insbesondere die Fachkraft für Arbeitssicherheit, der Sicherheitsbeauftragte und der Betriebsarzt in Betracht. Bei der Beauftragung externer Personen oder Stellen im Rahmen des § 13 Abs. 2 ArbSchG steht dem Betriebsrat kein Mitbestimmungsrecht zu (BAG, Beschl. v. 18.08.2009 – 1 ABR 43/08, NZA 2009, 1434). Allerdings schließt die nach § 13 Abs. 2 ArbSchG mögliche, an bestimmte Anforderungen geknüpfte Beauftragung von Dritten mit der Durchführung der Gefährdungsbeurteilung und der Beschäftigtenunterweisung nicht das bei der Durchführung dieser Aufgaben nach § 87 Abs. 1 Nr. 7 BetrVG bestehende Mitbestimmungsrecht des Betriebsrats aus (BAG, Beschl. v. 30.09.2014 – 1 ABR 106/12, NZA 2015, 314).

Zur Wahrung des Mitbestimmungsrechts nach § 87 Abs. 1 Nr. 7 BetrVG bei der Ausgestaltung der Gefährdungsbeurteilung sollte mit dem Betriebsrat in jedem Fall **Einigkeit über den konkreten Verfahrensablauf** der Gefährdungsbeurteilung hergestellt werden. Hierbei gilt es insbesondere auch, die an den jeweiligen Verfahrensschritten beteiligten Personen festzulegen. Sofern mehrere Personen gleichzeitig die Beurteilung durchführen, ist auch festzulegen, wer für die Leistungs- und Koordinierungsaufgaben verantwortlich ist. Es bietet sich an, eine Beschreibung des Verfahrens als Anlage zu Betriebsvereinbarung zu nehmen. 630

37. Arbeitgeber sind nach § 6 ArbSchG zur **Dokumentation** des Ergebnisses der Gefährdungsbeurteilung, den festgelegten Maßnahmen des Arbeitsschutzes sowie der Ergebnisse der Überprüfungen der Maßnahmen verpflichtet. Die frühere Beschränkung der Dokumentationspflicht auf Arbeitgeber mit regelmäßig mehr als zehn Arbeitnehmern wurde durch das BUK-Neuorganisationsgesetz vom 19.10.2013 (BGBl. I S. 3836) aufgehoben. 631

Die **allgemeine Dokumentationspflicht** nach § 6 ArbSchG hat im Rahmen der verschiedenen auf Grundlage von § 18 ArbSchG erlassenen Verordnungen weitere **Konkretisierungen** erfahren, die vom Arbeitgeber jeweils zu beachten sind. Siehe hierzu ausführlich Kollmer/Klindt/*Kreizberg* § 6 ArSchG Rn. 7 ff. 632

Grundsätzlich bleibt dem Arbeitgeber überlassen, wie er seiner Dokumentationsverpflichtung nachkommen will. Hinsichtlich der Modalitäten steht dem Betriebsrat **kein Mitbestimmungsrecht** zu (GK-BetrVG/*Wiese* § 87 Rn. 610; a.A. LAG Hamburg, Beschl. v. 21.09.2000 – 7 TaBV 3/98; NZA-RR 2001, 190). Allerdings hat der Arbeitgeber dem Betriebsrat die Dokumentation zur Erfüllung seiner Verpflichtungen aus § 80 Abs. 2 S. 2 BetrVG und § 89 Abs. 5 BetrVG zur Verfügung zu stellen. 633

38. Gemäß § 12 ArbSchG trifft den Arbeitgeber die Pflicht, seine Arbeitnehmer über Sicherheit und Gesundheitsschutz bei der Arbeit ausreichend und angemessen zu unterweisen. Spezielle Unterweisungspflichten ergeben sich auch aus §§ 8 und 9 ArbSchG sowie verschiedenen Spezialvorschriften. Siehe hierzu ausführlich Kollmer/Klindt/*Steffek* § 12 ArbSchG Rn. 11 ff. 634

Dem Betriebsrat steht bei der Ausgestaltung der **Unterweisung** ein **Mitbestimmungsrecht** nach § 87 Abs. 1 Nr. 7 BetrVG zu (BAG, Beschl. v. 11.01.2011 – 1 ABR 104/09, NZA 2011, 651, 652). Einigen sich die Betriebsparteien nicht über Art und Inhalt der Unterweisung, hat das die Einigungsstelle zu regeln. 635

Die Regelung im Muster beschränkt sich im Wesentlichen auf die Wiedergabe der gesetzlichen Vorgaben. Zu achten ist darauf, dass sich die Unterweisung nicht in allgemeinen Fragestellungen des Arbeitsschutzes erschöpfen darf, sondern gerade die **konkreten Gefährdungen** zum Gegenstand haben muss, welchen die Arbeitnehmer an den jeweiligen Arbeitsplätzen im Einzelnen ausgesetzt sind. Hierzu sind die **Erkenntnisse der Gefährdungsbeurteilung** zu berücksichtigen und die Unterweisung entsprechend konkret arbeitsplatz- oder aufgabenbezogen auszurichten (BAG, Beschl. v. 11.01.2011 – 1 ABR 104/09, NZA 2011, 651, 652). Eine konkrete Ausgestaltung der Inhalte der Unterweisung ist daher erst möglich, wenn das Ergebnis der Gefährdungsbeurteilung vorliegt. 636

637 **39.** Auf eine umfassende Dokumentation der Unterrichtung sollte der Arbeitgeber schon deshalb achten, um die Erfüllung seiner gesetzlichen Verpflichtungen im Bedarfsfall nachweisen zu können.

638 **40.** Siehe O Rdn. 217 ff.

639 **41.** Siehe O Rdn. 226.

9. Bonussystem

Vorbemerkung

640 Variable Vergütungsbestandteile dienen in erster Linie als Anreiz und Motivation für Arbeitnehmer zur individuellen Leistungserhöhung und einer damit einhergehenden Steigerung des Unternehmensergebnisses. Den Arbeitnehmern soll auf diese Weise ihr Beitrag an der unternehmerischen Gesamtleistung vergütet werden.

641 Die Einführung einer erfolgs- und leistungsorientierten variablen Vergütung ist aufwendig und zeitintensiv. Sie muss an die individuellen Bedürfnisse und Anforderungen des Unternehmens angepasst, um ihrer Funktion als effektives Steuerungsinstrument gerecht zu werden. Dabei gilt es insbesondere zu analysieren, welche konkreten Ziele mit der variablen Vergütung erreicht werden sollen und welches System hierzu im jeweiligen Einzelfall mit Art, Organisation und Philosophie des Unternehmens bestmöglich übereinstimmt.

642 Mit Blick auf den Tarifvorrang nach § 87 Abs. 1 S. 1 BetrVG sind dabei gegebenenfalls spezielle Beschränkungen und Vorgaben eines sachlich und räumlich anwendbaren Tarifvertrages für die Vergütungsregeln zu beachten.

643 Vor diesem Hintergrund kann das nachfolgende Muster nur als Beispiel für eine betriebliche Regelung dienen und soll ein Bewusstsein für mögliche Problemfelder schaffen. Inhalt des Musters ist die Einführung eines in der Praxis immer häufiger anzutreffenden Zielbonussystems. Darin wird einem ausgewählten Kreis von Arbeitnehmern eine finanzielle Zusatzleistung für den Fall zugesagt, dass bestimmte Zielvorgaben ganz oder teilweise erreicht werden. Die Arbeitnehmer können dabei eigenverantwortlich über den Weg zur Zielerreichung entscheiden. Dem Unternehmen wird auf diese Weise ermöglicht, jährlich neue Ziele entsprechend der konkreten Bedürfnisse vorzugeben (DLW/*Diller* Kap. 3 Rn. 1060).

644 Die Ausgestaltung eines entsprechenden Bonussystems kann nur in enger Abstimmung mit dem Betriebsrat erfolgen. Nach § 87 Abs. 1 Nr. 10 BetrVG unterliegt die betriebliche Lohngestaltung – vorbehaltlich einer abschließenden tariflichen Regelung – einem umfassenden Mitbestimmungsrecht des Betriebsrates. Als Gegenstand dieser Lohngestaltung nennt § 87 Abs. 1 Nr. 10 BetrVG insbesondere die Aufstellung von Entlohnungsgrundsätzen und die Einführung und Anwendung von neuen Entlohnungsmethoden sowie deren Änderung. Grundsätzlich nicht vom Mitbestimmungsrecht erfasst wird dabei die Entscheidung über die Höhe des Arbeitsentgeltes selbst (BAG, Beschl. v. 30.10.2012 – 1 ABR 61/11, NZA 2013, 522; AR/*Rieble* § 87 BetrVG Rn. 59). Dem Arbeitgeber bleibt vorbehalten, zu bestimmen, welchen »Topf« er für das Bonussystem zur Verfügung stellen möchte (zum Umfang des Mitbestimmungsrechts siehe auch *Fitting* § 87 Rn. 438 ff.).

645 Umstritten ist, ob bei Zielvereinbarungsvergütungen darüber hinaus das erweiterte Mitbestimmungsrecht nach § 87 Abs. 1 Nr. 11 BetrVG eröffnet ist, mit der Folge, dass der Betriebsrat dann nicht nur hinsichtlich der Verteilungsgrundsätze, sondern auch bezüglich der Höhe der Zielboni ein Mitbestimmungsrecht hätte. Während das BAG die Frage bisher ausdrücklich offengelassen hat (BAG, Urt. v. 21.10.2003 – 1 ABR 39/02, NZA 2004, 936, 939), geht die Literatur überwiegend davon aus, dass § 87 Abs. 1 Nr. 11 BetrVG auf Zielbonussysteme keine Anwendung findet (AR/*Rieble* § 87 BetrVG Rn. 76; ErfK/*Kania* § 87 BetrVG Rn. 127; *Annuß* NZA 2007, 290, 296).

▶ Muster – Bonussystem

Zwischen der _____[Name]_____ GmbH (nachfolgend »Unternehmen«)

und

dem Betriebsrat der _____[Name]_____ GmbH (nachfolgend »Betriebsrat«) [1]

wird folgende Betriebsvereinbarung zur Einführung eines erfolgs- und leistungsorientierten Bonussystems vereinbart:

Präambel [2]

Die Betriebsparteien stimmen darin überein, dass die Einführung eines Zielbonussystems und eine damit verbundene Stärkung der erfolgs- und leistungsabhängigen Komponente der Vergütung notwendig ist, um die Wettbewerbsfähigkeit des Unternehmens zu erhöhen und Leistungsträger an das Unternehmen zu binden. Als Anreiz und Motivation soll den Mitarbeitern daher die zielgerechte Erbringung ihrer Arbeitsleistung sowie ihr Beitrag am Erfolg des Unternehmens zusätzlich zum vereinbarten Gehalt mit Gewährung einer jährlichen Bonuszahlung (»Bonus«) honoriert werden.

§ 1 Geltungsbereich [3]

(1) Die Betriebsvereinbarung gilt für alle Arbeitnehmer des Unternehmens (»Mitarbeiter«), die folgende Funktionen innehaben:

– ___[Funktionsbezeichnung]___,
– ___[Funktionsbezeichnung]___,
– ___[Funktionsbezeichnung]___ und
– ___[Funktionsbezeichnung]___.

(2) Ausgenommen vom Anwendungsbereich sind leitende Angestellte i.S.d. § 5 Abs. 3 BetrVG sowie Auszubildende, im Unternehmen beschäftigte Leiharbeitnehmer und Mitarbeiter in Altersteilzeit, die sich in der Freistellungsphase befinden. [4]

§ 2 Bonusanspruch

(1) Mitarbeiter im Geltungsbereich dieser Vereinbarung haben jährlich Anspruch auf Zahlung eines erfolgs- und leistungsabhängigen Bonus in Höhe von 10 % [5] des jeweiligen individuellen Jahresgrundgehalts [6] bei vollständiger (100 %) Zielerreichung (»Zielbonus«).

(2) Der Bonus hängt von der Erreichung bestimmter auf das Jahresergebnis des Unternehmens bezogener Ziele (»Unternehmensziele«) nach § 4 und der Erreichung persönlicher Ziele nach § 5 innerhalb eines bestimmten Zeitraumes ab. [7]

(3) Der für die Zielerreichung maßgebliche Zeitraum (»Bonuszeitraum«) ist das gesamte Kalenderjahr/Geschäftsjahr des Unternehmens (vom 1. Januar bis 31. Dezember).

(4) Bei der Bestimmung des für die Berechnung des Bonus maßgeblichen individuellen Jahresgrundgehalts bleiben Provisionen, Prämien aller Art und sonstige Einmalzahlungen wie Weihnachts- und Urlaubsgeld sowie geldwerte Vorteile außer Betracht. [8]

(5) Im Ein- [9] und Austrittsjahr [10] erhalten Mitarbeiter den Bonus zeitanteilig in Höhe von jeweils 1/12 für jeden vollendeten Kalendermonat der Beschäftigung. Ein Anspruch entsteht nicht, wenn das Arbeitsverhältnis während der Probezeit endet oder gekündigt wird. [11]

(6) Für Fehlzeiten, in denen keine Entgeltfortzahlungspflicht besteht, kürzt sich der Bonus pro rata temporis. [12] Gleiches gilt für Zeiten, in denen das Arbeitsverhältnis zwischen Unternehmen und Mitarbeiter (z.B. wegen Elternzeit) mit Ausnahme des Mutterschutzes ruht oder der Mitarbeiter rechtmäßig von der Erbringung der Arbeitsleistung freigestellt ist. [13]

§ 3 Grundlagen der Zielfestsetzung [15]

(1) Die jeweiligen Zielvorgaben für den kommenden Bonuszeitraum sowie ihre Gewichtung untereinander sollen vom Unternehmen jeweils bis zum 30. September des laufenden Kalenderjahres, spätestens jedoch bis zum Ende des laufenden Kalenderjahres nach billigem Ermessen festgesetzt werden.

(2) Zielvorgaben und Gewichtung sind dabei im Rahmen eines Zielfestsetzungsgesprächs zwischen dem jeweiligen Vorgesetzten und dem einzelnen Mitarbeiter zu erörtern und in einer schriftlichen Zielfestsetzung zu dokumentieren. Dem Mitarbeiter soll dabei konkret verdeutlicht werden, welchen Beitrag er zur Erreichung der Abteilungs- und Unternehmensziele leistet. Berechtigte Einwände und Hinweise des Mitarbeiters sollen so weit wie möglich bei der Zielfestsetzung berücksichtigt werden. Dem Mitarbeiter ist eine Abschrift der Zielfestsetzung auszuhändigen. [16]

(3) Auch nach wiederholter Festsetzung gleicher oder ähnlicher Vorgaben in aufeinanderfolgenden Bonuszeiträumen hat der Mitarbeiter keinen Anspruch auf die Festsetzung bestimmter Zielvorgaben oder einer bestimmten Gewichtung der Ziele untereinander. [17]

(4) Bei Mitarbeitern, die ihre Tätigkeit im Unternehmen unterjährig aufgenommen haben, erfolgt die Zielfestsetzung für den laufenden Bonuszeitraum innerhalb eines Monats nach Beginn der Beschäftigung. Im Falle eines Arbeitsbeginns nach dem 30. September ist auch die Zielfestsetzung für den kommenden Bonuszeitraum innerhalb der vorgenannten Frist vorzunehmen. [18]

(5) Erfolgt bis zum Ende des laufenden Kalenderjahres keine Festsetzung der zu erreichenden Ziele, findet die bisherige Zielfestsetzung auch für den kommenden Bonuszeitraum Anwendung. Das Unternehmen ist jedoch berechtigt, jederzeit mit Wirkung für die Zukunft neue Ziele entsprechend Abs. 2 festzusetzen. In diesem Fall gelten die bis dahin maßgeblichen Ziele als voll erreicht (100 %). [19]

(6) Wird die Erreichung der festgesetzten persönlichen Ziele nachträglich durch eine Änderung wesentlicher Umstände unmöglich, ohne dass der Mitarbeiter dies zu vertreten hat, ist das Unternehmen berechtigt, mit Wirkung für die Zukunft neue Ziele entsprechend Abs. 2 für den laufenden Bonuszeitraum festzusetzen. Abs. 5 Satz 3 gilt entsprechend. [20]

§ 4 Unternehmensziele [21]

Die jährlich zu konkretisierenden Unternehmensziele bestehen aus dem Erreichen eines bestimmten Jahresgewinns des Unternehmens vor Zinsen und Steuern (EBIT) sowie dem Erreichen bestimmter Umsatzergebnisse des Betriebs und/oder der Abteilung, in welcher der jeweilige Mitarbeiter tätig ist.

§ 5 Persönliche Ziele

(1) Vom Unternehmen werden mindestens drei jedoch maximal sieben persönliche Ziele bestimmt. Es kann sich dabei sowohl um quantitative als auch qualitative Ziele handeln. Der Mitarbeiter soll eigene Vorstellungen einbringen können. Über die genaue Anzahl und Art der persönlichen Ziele entscheidet das Unternehmen. [22]

(2) Die persönlichen Ziele haben sich inhaltlich an den Zielen der jeweiligen Abteilung, in welcher der Mitarbeiter tätig ist, und denen des gesamten Unternehmens zu orientieren.

(3) Die Betriebsparteien stimmen darin überein, dass die persönlichen Ziele unter Beachtung folgender Kriterien festgelegt werden sollen: [23]

- Konkrete, eindeutige und präzise Zielformulierung, die auf den jeweiligen Mitarbeiter und seinen spezifischen Arbeitsplatz zugeschnitten ist,
- messbarer Zielerreichungsgrad, entweder in quantitativen Einheiten oder qualitativ als Ergebnis mit konkreten Qualitätsmerkmalen,
- Akzeptanz der Ziele beim betroffenen Mitarbeiter,
- *Zielerreichung* darf weder eine Über- noch eine Unterforderung darstellen, sondern muss innerhalb des Anforderungsprofils des Mitarbeiters liegen und daher möglich sein,
- Festlegung eines konkreten Endtermins, an dem das jeweilige Ziel erreicht sein soll.

(4) Die Zielfestsetzung umfasst, soweit dies erforderlich ist, auch die Klärung darüber, welche Ressourcen oder Hilfestellungen zur Zielerreichung zur Verfügung stehen (z.B. Unterstützung durch Kollegen, technische Hilfsmittel, bestimmtes Budget, Zuhilfenahme externer Leistungen oder anderer Bereiche etc.).

§ 6 Ermittlung der Zielerreichung [24]

(1) Die Ermittlung der Zielerreichung durch das Unternehmen soll im Rahmen eines Zielerreichungsgesprächs mit dem jeweiligen Mitarbeiter innerhalb des ersten Quartals des auf den Bonuszeitraum folgenden Kalenderjahres erfolgen, spätestens jedoch innerhalb von vier Wochen nach Vorliegen aller erforderlichen Kennzahlen einschließlich des handelsrechtlichen Jahresabschlusses.

(2) Zuständig für die Ermittlung der Zielerreichung ist grundsätzlich der direkte Vorgesetzte des Mitarbeiters.

(3) Die Erreichung der Unternehmensziele ist für jede einzelne Vorgabe mit dem Prozentsatz zu bewerten, der sich aus dem Verhältnis der tatsächlich erzielten Ergebnisse zu den vorab festgesetzten Zielvorgaben ergibt. Aus den einzelnen Werten ist anschließend der Gesamtzielerreichungsgrad anhand der festgelegten Gewichtung der Ziele untereinander zu errechnen. Die Einzelwerte und der Gesamtwert sind auf einem Ergebnisblatt [25] zu verzeichnen.

(4) Der Grad der Zielerreichung bei den persönlichen Zielen ist für jede einzelne Zielvorgabe in einer Notenskala [26] von 1 bis 5 zu bewerten, und zwar

1 = nicht ausreichend (unter 80 %)

2 = nur zum Teil erreicht (81 % bis 94 %),

3 = erreicht (95 % bis 104 %),

4 = übertroffen (105 % bis 114 %) und

5 = hervorragend (ab 115 %).

Die Gesamtbewertung der persönlichen Zielerreichung hat anschließend anhand der in der Zielfestsetzung vorgegebenen Gewichtung der einzelnen Ziele untereinander zu erfolgen. Der Notenwert ist bis auf eine Stelle hinter dem Komma genau zu ermitteln und wie die Einzelbenotungen auf dem Ergebnisblatt zu notieren.

§ 7 Berechnung des Bonus [27]

(1) Die Berechnung und Feststellung der Höhe des Bonusanspruchs erfolgt durch das Unternehmen in Anwendung der Formel

Bonus = Unternehmens-Faktor × Zielbonus × Faktor individuelle Leistung.

(2) Der Unternehmensfaktor ist abhängig vom festgestellten Grad der Erreichung der Unternehmensziele und wird wie folgt berechnet:

Gesamtzielerreichungsgrad	Unternehmens-Faktor
80 % oder weniger	0,1
81 % bis 89 %	0,25
90 bis 94 %	0,8
95 bis 99 %	0,9
100 bis 104 %	1,0
105 bis 109 %	1,1
110 % und mehr	1,2

(3) Der persönliche Faktor richtet sich nach der Gesamtbewertung der persönlichen Zielerreichung und bestimmt sich wie folgt:

Gesamtbewertung	Persönlicher Faktor
1,0 bis 1,9	0,0
2,0 bis 2,9	0,75
3,0 bis 3,9	1,0
4,0 bis 4,5	1,25
ab 4,6	1,5

(4) Der Bonusanspruch ist auf maximal 25 % des jeweiligen individuellen Jahresgrundgehalts begrenzt. [28]

§ 8 Fälligkeit und Auszahlungszeitpunkt [29]

Die Auszahlung des Bonus erfolgt mit der regelmäßigen Vergütung für den Monat, der auf die Ermittlung der Zielerreichung folgt, frühestens jedoch mit dem Gehaltslauf des Monats April des auf den jeweiligen Bonuszeitraum folgenden Jahres.

§ 9 Datenschutz [30]

Die Inhalte und Ergebnisse des Zielfestsetzungs- und des Zielerreichungsgesprächs sind vertraulich und unterliegen dem Datenschutz. Das vollständig ausgefüllte und vom jeweiligen Vorgesetzten unterzeichnete Ergebnisblatt ist von diesem nach Abschluss der Ermittlung der Zielerreichung in einem verschlossenen Umschlag zusammen mit der schriftlichen Zielfestsetzung an die Personalabteilung zu übergeben und dort in der Personalakte abzulegen. Bis dahin hat der jeweilige Vorgesetzte die Unterlagen ordnungsgemäß aufzubewahren und dafür Sorge zu tragen, dass Dritte nicht Einsicht nehmen können. Bei einem Vorgesetztenwechsel wird die aktuelle schriftliche Zielfestsetzung vom alten an den neuen Vorgesetzten weitergegeben. Die Unterlagen werden für die Dauer von drei Jahren aufbewahrt.

§ 10 Inkrafttreten und Kündigung

(1) Diese Betriebsvereinbarung tritt am ____[Datum]____ in Kraft. Sie kann von beiden Seiten jeweils mit einer Frist von sechs Monaten zum 31. Dezember, erstmals jedoch zum 31. Dezember ____[Jahresangabe]____ schriftlich gekündigt werden.

(2) Im Falle der Kündigung wird der laufende Bonuszeitraum noch nach den Regeln dieser Betriebsvereinbarung behandelt. Ansonsten ist eine Nachwirkung ausgeschlossen. [31]

(3) Derzeit bestehen im Unternehmen die in Anlage 1 aufgeführten Regelungen zur variablen Vergütung der Mitarbeiter. Diese werden zum Zeitpunkt des Inkrafttretens dieser Betriebsvereinbarung einvernehmlich aufgehoben. [32]

§ 11 Schlussbestimmungen [33]

Sollten einzelne Bestimmungen dieser Betriebsvereinbarung unwirksam sein oder werden, bleibt die Betriebsvereinbarung im Übrigen wirksam. Unwirksame Bestimmungen sind durch solche Bestimmungen zu ersetzen, die den vom Betriebsrat und Arbeitgeber verfolgten Zielsetzungen am nächsten kommen.

____[Ort]____, den ____[Datum]____

_____
(Unterschrift Geschäftsführer/in)

_____
(Unterschrift Betriebsratsvorsitzende/r)

Erläuterungen

Schrifttum

Annuß Arbeitsrechtliche Aspekte von Zielvereinbarungen in der Praxis, NZA 2007, 290; *Bauer/Diller/Göpfert* Zielvereinbarungen auf dem arbeitsrechtlichen Prüfstand, BB 2002, 882; *Behrens/Rinsdorf* Beweislast für die Zielerreichung bei Vergütungsansprüchen aus Zielvereinbarungen, NZA 2003, 364; *Benecke* Kollektivrechtliche Fragen der Flexibilisierung des Arbeitsentgelts, ArbuR 2015, 306; *Bittmann/Mujan* Variable Vergütung, AuA 2010, 366; *Bordet/Raif* Arbeitsvertragliche Gestaltung von Zielvereinbarungen, ArbR 2011, 607; *Brors* Neue Wege zum Ziel? – Die Rechtsprechung zu »vergessenen« Zielvereinbarungen, RdA 2010, 179; *Butz/ Preedy* Boni trotz Fehlzeiten?, AuA 2010, 578; *Däubler* Zielvereinbarungen als Mitbestimmungsproblem, NZA 2005, 793; *Deich* Arbeitsvertragliche Gestaltung von Zielvereinbarungen, 2006; *Dzida/Naber* Risikosteuerung durch variable Vergütung, BB 2011, 2613; *Fischer/Döring* Variable Vergütung, AuA 2008, 684; *Freckmann/Grillo* Das Ende der Stichtagsklauseln bei leistungsbezogenen Sonderzahlungen – was nun?, BB 2014, 1914; *Gaul/Rauf* Bonusanspruch trotz unterlassener Zielvereinbarung – oder: von Risiken arbeitgeberseitiger Untätigkeit, DB 2008, 869; *Gelhaar* Rechtsfolgen unterbliebener Zielvereinbarungen und Zielvorgaben – eine Übersicht NZA-RR 2007, 113; *Grimm/Windeln* Zielvereinbarungen, 2. Auflage 2011; *Günther/ Biedrzynska* Nach dem Fest der Streit? – Die jüngste Entwicklung der Rechtsprechung zu Stichtagsklauseln bei Weihnachtsgeld und sonstigen Sonderzahlungen, ArbRAktuell 2014, 66; *Heiden* Entgeltvariabilisierung durch Zielvereinbarungen, DB 2009, 1705; *Heiden* Unterjährige Zielanpassung und Feststellung der Zielerreichung bei entgeltrelevanten Zielvereinbarungen, DB 2009, 2714; *Heins/Leder* Stichtagsklauseln und Bonuszusagen – unvereinbar?, NZA 2014, 520; *Hümmerich* Zielvereinbarungen in der Praxis, NJW 2006, 2294; *Hitzelberger-Kijima* Implementierung des betrieblichen Systems zum Leistungsentgelt bei Fehlen einer Arbeitnehmervertretung, öAt 2012, 3; *Lakies* Begrenzte Vertragsfreiheit bei der Gewährung von Sonderzahlungen, DB 2014, 659; *Leder* Aktuelles zur Flexibilisierung von Arbeitsbedingungen, RdA 2010, 93; *Lembke* Die Gestaltung von Vergütungsvereinbarungen, NJW 2010, 257 und NJW 2010, 321; *Lindemann/Simon* Flexible Bonusregelungen im Arbeitsvertrag, BB 2002, 1807; *Lingemann/Pfister/Otte* Ermessen bei Gratifikation und Vergütung als Alternative zum Freiwilligkeitsvorbehalt, NZA 2015, 65; *Lischka* Führen und Entlohnen mit Zielvereinbarungen, BB 2007, 552; *Mauer* Zielbonusvereinbarungen als Vergütungsgrundlage im Arbeitsverhältnis, NZA 2002, 540; *Löw/Kuhn* Variable Vergütung und Bonuszahlungen, AuA 2012, 103; *Otto/Walk* Entgeltflexibilisierung als Weg aus der Krise; BB 2010, 373; *Reinfelder* Leistungsgerechtes Entgelt – Gestaltung und Umgestaltung, NZA-Beilage 2014, 10; *Reiserer* Zielvereinbarung – ein Instrument der Mitarbeiterführung, NJW 2008, 609; *Reiserer* Atmendes Entgelt, atmende Arbeitszeit, NZA Beilage 2010, Nr. 2, 39; *Reiserer/Fallenstein* Mitarbeiterbindung und leistungsabhängige Bonussysteme: ein Widerspruch oder zulässige Praxis?, DStR 2011, 1572 und DStR 2011, 1624; *Riesenhuber/v. Steinau-Steinrück* Zielvereinbarungen, NZA 2005, 785; *Roggel/Neumann* Sonderzahlungen mit Stichtagsklauseln – Grenzen der Rechtsprechung und Gestaltungsmöglichkeiten, BB 2014, 1909; *Salamon* Bestandsabhängige Vergütungsgestaltung, NZA 2013, 590; *Salamon* Einseitige Leistungsbestimmungsrechte bei variablen Entgelten, NZA 2014, 465; *Salamon* Variable Vergütung: Anpassung von Zielen während des Bezugszeitraums, NZA 2015, 1089; *Schmitt-Rolfes* Zielvorgabe und Zielvereinbarung, AuA 2009, 70; *Schönhöft* Zur Frage der Initiativlast bei unterbliebenen Zielvereinbarungen, BB 2013, 1529; *Simon/Hidalgo/Koschker* Flexibilisierung von Bonusregelungen – eine unlösbare Aufgabe?, NZA 2012, 1071.

1. Die Betriebsvereinbarung kann grundsätzlich durch den lokalen Betriebsrat abgeschlossen werden. Soweit jedoch der Arbeitgeber beabsichtigt, im Unternehmen mit mehreren Betrieben oder im gesamten Konzern ein einheitliches Vergütungsmodell einzuführen, ist der **Gesamt- bzw. Konzernbetriebsrat** zuständig. 647

2. In der Präambel sollten die mit der Einführung des Bonussystems verfolgten Ziele dargestellt werden. Sie kann im Streitfall als **Auslegungshilfe** für die einzelnen Regelungsgehalte dienen. Neben Honorierung der erbrachten Leistung kann mit der Bonuszahlung auch ein Anreiz für künftige Betriebstreue bezweckt werden. 648

3. Die Bestimmung des Geltungsbereichs, also insbesondere die Entscheidung darüber, wer eine variable Vergütung nach dem Bonussystem erhält, bildet regelmäßig einen Schwerpunkt der Verhandlungen mit dem Betriebsrat. Allerdings steht diesem insoweit kein Mitbestimmungsrecht zu (AR/*Rieble* § 87 BetrVG Rn. 66), so dass eine Ausweitung der Leistungen gegen den Willen des Arbeitgebers auch in einem Einigungsstellenverfahren nicht erzwungen werden kann. Handelt es sich bei den Bonuszahlungen um Leistungen, zu deren Gewährung der Arbeitgeber weder durch Gesetz noch Vertrag verpflichtet ist, ist dieser frei in der Entscheidung darüber, ob er diese Leistungen erbringt, welche Mittel er hierfür zur Verfügung stellt, welchen abstrakten Zweck er mit ihr verfolgt und wie der danach begünstigte Personenkreis abstrakt bestimmt werden soll (BAG v. 13.12.2011 – 1 AZR 508/10, NZA 2012, 876, 877). 649

650 Die Festlegung des Geltungsbereiches darf nach § 75 BetrVG nicht gegen den arbeitsrechtlichen **Gleichbehandlungsgrundsatz** verstoßen. Arbeitnehmer dürfen demnach nicht völlig willkürlich oder aus sachfremden Motiven von dem Bezug einer variablen Vergütung ausgenommen werden. Der Gleichbehandlungsgrundsatz verbietet dabei nicht nur die willkürliche Schlechterstellung einzelner Arbeitnehmer innerhalb einer Gruppe, sondern auch eine sachfremde Gruppenbildung (vgl. BAG, Urt. v. 15.07.2009 – 5 AZR 486/08, NZA 1202, 1202). Die im vorliegenden Muster gewählte Begrenzung des Bonusanspruchs auf hinter Funktionen stehende klar abgrenzbare Hierarchieebenen im Unternehmen oder alternativ auf abgrenzbare Tätigkeitsbereiche (z.B. Außendienst oder Vertrieb und Einkauf) ist jedoch grundsätzlich möglich. Soll der Bonus nur Führungskräften bestimmter Hierarchieebenen gewährt werden, muss sich die Gruppe der Bezugsberechtigten allerdings klar von der Gruppe der Ausgenommenen abgrenzen lassen, damit eine willkürliche Auswahl der Bonusberechtigten ausgeschlossen ist (vgl. BAG, Urt. v. 21.10.2009 – 10 AZR 664/08, NZA 2010, 289, 292).

Je nach der mit der Einführung der variablen Vergütung verfolgten Zielrichtung ist es sinnvoll, für die unterschiedlichen Tätigkeitsbereiche im Unternehmen jeweils separate Betriebsvereinbarungen zu schließen. Damit kann das Bonussystem noch präziser auf die jeweiligen Besonderheiten des einzelnen Bereichs abgestimmt und optimiert werden. Zudem ist eine flexiblere Anpassung des Systems an die sich jeweils ergebenden Umstände möglich.

651 **4.** Bei der Definition des Geltungsbereiches ist zur Vermeidung von Missverständnissen und Streitfällen darauf zu achten, dass sich aus dem Wortlaut eindeutig ergibt, wer Anspruch auf eine variable Vergütung aus der Betriebsvereinbarung herleiten kann und wer nicht. Aus Klarstellungsgründen empfiehlt sich daher, die vom Geltungsbereich nicht erfassten Mitarbeiter im Unternehmen ausdrücklich auszunehmen, selbst wenn sie schon aufgrund der fehlenden Regelungskompetenz des Betriebsrates nicht in den Anwendungsbereich der Betriebsvereinbarung fallen.

652 Die Ausnahme von Altersteilzeitmitarbeitern, die sich in der Freistellungsphase befinden, verstößt nicht gegen den allgemeinen Gleichbehandlungsgrundsatz, wenn die gewährte Leistung wie bei einem erfolgs- und leistungsorientierten Bonus die tatsächliche Erbringung der Arbeitsleistung voraussetzt (LAG Niedersachsen, Urt. v. 22.06.2009 – 6 Sa 389/09, AuA 2010, 49).

653 **5.** Schon aus Transparenzgesichtspunkten sollte die Höhe der erreichbaren variablen Vergütung so konkret wie möglich festgelegt werden. Ziel- und Maximalbonus müssen für die betroffenen Arbeitnehmer erkennbar und nachvollziehbar sein.

654 Aus Sicht des Arbeitgebers ist insbesondere die Begrenzung des Bonus auf einen bestimmten Maximalbetrag erforderlich, um die möglichen finanziellen Belastungen vorhersehbar und kalkulierbar zu machen. Das Muster sieht insoweit die Kopplung der Bonushöhe an die jeweilige Jahresgrundvergütung des Arbeitnehmers vor. Alternativ hierzu kommt auch die Bezifferung eines konkreten Betrages in Betracht, der beispielsweise gestaffelt nach Hierarchieebene auch unterschiedlich hoch ausfallen kann.

655 Das Gesamtvolumen der vom Arbeitgeber für die variable Vergütung zur Verfügung gestellten finanziellen Mittel unterliegt – wie allgemein die Frage der Lohnhöhe – nicht der Mitbestimmung des Betriebsrates nach § 87 Abs. 1 Nr. 10 BetrVG, sondern kann vom Arbeitgeber frei gewählt werden (BAG, Urt. v. 13.12.2011 – 1 AZR 508/10, NZA 2012, 876, 877; AR/*Rieble* § 87 BetrVG Rn. 66).

656 **6.** Durch die Anknüpfung der Bonushöhe an das individuelle Jahresgrundgehalt des Arbeitnehmers führt jede Gehaltserhöhung auch zu einer Erhöhung der variablen Vergütung. Diese Automatik ist aus Arbeitgebersicht praktikabel, jedoch bei Verhandlungen mit dem Arbeitnehmer über individuelle Gehaltsanpassungen zu berücksichtigen.

657 **7.** Im Muster ist der Bonusanspruch sowohl von der Erreichung bestimmter Unternehmensergebnisse als auch von der individuellen persönlichen Leistung des einzelnen Arbeitnehmers abhängig. Diese Kombination aus erfolgs- und leistungsorientierten Faktoren stellt für den Arbeit-

geber sicher, dass die anfallenden Bonuszahlungen in keinem Missverhältnis zur aktuellen wirtschaftlichen Leistungsfähigkeit des Unternehmens stehen. Im Gegensatz hierzu kann sich bei einer rein leistungsorientierten variablen Vergütung das Problem ergeben, dass die Arbeitnehmer zwar ihre individuellen persönlichen Ziele erreicht oder sogar übererfüllt haben und daher hohe Bonuszahlungen beanspruchen können, dies jedoch – etwa aufgrund einer konjunkturellen Abschwächung der wirtschaftlichen Lage – nicht zu einem entsprechend positiven Unternehmensergebnis geführt hat und der Umfang der geschuldeten Bonusleistungen so zu einer erheblichen Belastung des Unternehmens wird.

8. Um Streitigkeiten über die Berechnung des Bonusanspruchs zu vermeiden, ist es erforderlich, die gewählte Bezugsgröße – hier das individuelle Jahresgrundgehalt – so genau wie möglich zu definieren. Insoweit ist es letztlich reine Verhandlungssache, welche Vergütungsbestandteile berücksichtigt werden sollen und welche nicht.

9. Einer ausdrücklichen Regelung bedarf die Frage, ob und wenn ja, in welchem Umfang Arbeitnehmer einen Bonusanspruch haben, die erst im laufenden Bonuszeitraum ihre Beschäftigung im Unternehmen beginnen. Neben der im Muster gewählten zeitanteiligen Berechnung ist auch denkbar, den Arbeitnehmern erst für den folgenden Bonuszeitraum einen entsprechenden Anspruch auf die variable Vergütung einzuräumen.

Insoweit bietet sich folgende Formulierung an:

Alternative:

[Mitarbeiter, die erst während des laufenden Bonuszeitraums in das Unternehmen treten, haben nach Ablauf der Probezeit erstmalig für den darauffolgenden Bonuszeitraum einen Bonusanspruch.]

Die Ausnahme von **unterjährig eintretenden Arbeitnehmern** bietet sich insbesondere vor dem Hintergrund an, dass eine sinnvolle Vorgabe von persönliche Zielen für einen – je nach Zeitpunkt des Eintritts – nur sehr kurzen Zeitraum und die anschließende Feststellung der Zielerreichung oftmals mit großen Schwierigkeiten verbunden und praktisch kaum umsetzbar ist. Bisher ist höchstrichterlich jedoch nicht entschieden, inwieweit der Ausschluss vom Bonussystem im Einstellungsjahr mit dem von den Betriebsparteien nach § 75 Abs. 1 BetrVG zu wahrenden **Gleichbehandlungsgrundsatz** vereinbar, also aus sachlichen Gründen gerechtfertigt ist.

Um insoweit den Interessen der eintretenden Arbeitnehmer eher gerecht zu werden, ist ergänzend die Festsetzung einer garantierten Mindestzahlung möglich.

Alternative:

[Als Ausgleich erhalten die Mitarbeiter im Eintrittsjahr eine einmalige garantierte Sonderzahlung in Höhe von _____[Betrag]_____ € brutto zum Fälligkeits- und Auszahlungszeitpunkt nach § 8.]

10. Ebenso wie beim unterjährigen Eintritt sieht das Muster auch im Fall des Ausscheidens während des laufenden Bonuszeitraumes eine anteilige Kürzung des Bonus vor. Denkbar ist grundsätzlich auch die Vereinbarung eines vollständigen Ausschlusses der Bonuszahlung für **unterjährig ausscheidende Arbeitsnehmer**, etwa mit folgender Formulierung:

Alternative:

[Mitarbeiter, deren Arbeitsverhältnis vor Ablauf des Bonuszeitraums endet, haben für diesen keinen Anspruch auf eine Bonuszahlung. Dies gilt nicht bei einer berechtigten außerordentlichen Eigenkündigung des Mitarbeiters aus wichtigem Grund oder wenn der Arbeitnehmer aus Gründen, die er nicht zu vertreten hat, insbesondere aus dringenden betrieblichen Erfordernissen, durch Kündigung oder einen zur Vermeidung einer ansonsten erfolgenden Kündigung geschlossenen Aufhebungsvertrag ausscheidet. In diesen Fällen besteht der Bonusanspruch zeitanteilig in Höhe von jeweils 1/12 für jeden vollendeten Kalendermonat der Beschäftigung im Austrittsjahr.]

O. Betriebsverfassungsrecht

664 Gegen die Wirksamkeit der vorstehenden Klausel bestehen unter Berücksichtigung der neueren Rechtsprechung des BAG Bedenken. So hat das BAG für individualvertragliche Vereinbarungen mittlerweile ausdrücklich festgestellt, dass eine Sonderzahlung, die zumindest auch Vergütung für bereits erbrachte Arbeitsleistung darstellt, in allgemeinen Geschäftsbedingungen regelmäßig nicht vom Bestand des Arbeitsverhältnisses am 31.12. des Jahres abhängig gemacht werden kann, in dem die Arbeitsleistung erbracht wurde (BAG, Urt. v. 13.11.2013 – 10 AZR 848/12, DB 2014, 486). Es ist davon auszugehen, dass diese Grundsätze über die Wertungen des § 75 Abs. 1 und Abs. 2 BetrVG auch für Betriebsvereinbarungen gelten. Allerdings weist das BAG in seinen Entscheidungsgründen darauf hin, dass eine stichtagsbezogene Betrachtung bei Bonusleistungen nicht zu beanstanden sei, wenn die Sonderzahlung an bis zu bestimmten Zeitpunkten eintretende Unternehmenserfolge anknüpfe (BAG, Urt. v. 13.11.2013 – 10 AZR 848/12, DB 2014, 486). Ein Bonus, der auf das Geschäftsergebnis bezogen ist, könne erst dann verdient sein, wenn das Geschäftsjahr bzw. der jeweilige Leistungszeitraum abgeschlossen sei (BAG, Urt. v. 18.01.2012 – 10 AZR 667/10, NZA 2012, 620). Auch komme eine Stichtagsregelung ggf. dann in Betracht, wenn die zu vergütende Arbeitsleistung gerade in einem bestimmten Zeitraum vor dem Stichtag besonderen Wert habe (BAG, Urt. v. 13.11.2013 – 10 AZR 848/12, DB 2014, 486). Sie hierzu *Heins/Leder*, NZA 2014, 520, die eine Stichtagsregelung wie im vorliegenden Muster jedenfalls dann für wirksam halten, wenn eine Jahresgesamtleistung honoriert werden soll, indem die Höhe des Bonus erst auf Grund einer Gesamtabwägung aller Ziele am Ende des Jahres ermittelt wird.

665 Generell unzulässig ist eine **Stichtagsregelung** der Betriebsparteien, die für den Bonusanspruch das Bestehen eines ungekündigten Arbeitsverhältnis zu einem Stichtag **nach Ablauf des Bonus-/Leistungszeitraumes** voraussetzt, wenn der Bonus auch die im Bezugszeitraum **erbrachte Arbeitsleistung** honorieren und nicht ausschließlich Anreiz für **künftige Betriebstreue** setzen soll (BAG, Urt. v. 07.06.2011 – 1 AZR 807/09, NZA 2011, 1234; BAG, Urt. v. 12.04.2011 – 1 AZR 412/09, NZA 2011, 989; für entsprechende Regelungen im Arbeitsvertrag BAG, Urt. v. 18.01.2012 – 10 AZR 667/10, NZA 2012, 620). Nach Auffassung des BAG sind Vergütungsbestandteile, die vom Erreichen von persönlichen Zielen und dem Unternehmenserfolg abhängen, in der Regel eine unmittelbare Gegenleistung für eine vom Arbeitnehmer zu erbringende Leistung, die dieser als Arbeitsentgelt für den vereinbarten Zeitraum erhalte. Entstandene Ansprüche auf Arbeitsentgelt für eine bereits erbrachte Arbeitsleistung könnten von den Betriebsparteien nicht unter die auflösende Bedingung des Bestehens eines ungekündigten Arbeitsverhältnisses zu einem Stichtag nach Ablauf des Leistungszeitraums gestellt werden (BAG, Urt. v. 12.04.2011 – 1 AZR 412/09, NZA 2011, 989, 991). Soweit sich der Ausschluss des Anspruchs auf den Fall einer ordentlichen Eigenkündigung des Arbeitnehmers erstreckt, liege hierin zudem eine unzulässige Beschränkung des Kündigungsrechts des Arbeitnehmers und seiner durch Art. 12 GG geschützten Berufsfreiheit (BAG, Urt. v. 07.06.2011 – 1 AZR 807/09, NZA 2011, 1234, 1238; vgl. für individualvertragliche Regelungen *Reiserer* NJW 2008, 609; *Riesenhuber/v. Steinau-Steinrück* NZA 2005, 785). Grundsätzlich zulässig sind dagegen weiterhin Stichtagsregelungen innerhalb und außerhalb des Bezugszeitraumes bei sog. »echten« Gratifikationen oder Halteprämien ohne jeden Entgeltcharakter, die ausschließlich vergangene oder künftige Betriebstreue honorieren sollen (BAG, Urt. v. 18.01.2012 – 10 AZR 667/10, NZA 2012, 620). Der fehlende Vergütungscharakter muss sich aber deutlich aus den Anspruchsvoraussetzungen ergeben.

666 Die vorstehende Musterformulierung trägt den aufgezeigten Grundsätzen der Rechtsprechung insoweit Rechnung, als dass sich der **Ausschluss** des Anspruchs auf den auch vom Unternehmenserfolg abhängigen Bonus auf die Fälle beschränkt, in denen die Beendigung des Arbeitsverhältnisses im Verantwortungsbereich des Arbeitnehmers liegt. Siehe aber auch LAG München, Urt. v. 14.08.2014 – 4 Sa 549/13, Rn. 43 und Hessisches LAG, Urt. v. 12.09.2014 – 7 Sa 518/13, Rn. 58, die eine Stichtagsklausel in Bezug auf eine dem Muster vergleichbare leistungsbezogene Vergütung für unwirksam halten. Angesichts der neuen Rechtsprechung des BAG sollten Sonderzuwendungen künftig idealerweise nach ihrem Zweck strikt getrennt geregelt werden (vgl. *Günther/Biedrzynska* ArbRAktuell 2014, 66).

11. Bei individualvertraglichen Bonusregelungen ist allgemein anerkannt, dass der Ausschluss eines Arbeitnehmers, dessen Arbeitsverhältnis bereits im Rahmen der **Probezeit** endet oder gekündigt wird, zulässig ist (*Reiserer* NJW 2008, 609, 612). Auch im Rahmen einer Betriebsvereinbarung sollte hierin kein Verstoß gegen den **Gleichbehandlungsgrundsatz** liegen. Die Probezeit dient gerade dazu, die Leistungsfähigkeit des Arbeitnehmers zu erproben und sich ein Bild von dessen Fähigkeiten zu machen (*Maurer* NZA 2002, 540, 546), so dass eine Differenzierung im Verhältnis zu anderen Arbeitnehmern sachlich gerechtfertigt und nicht willkürlich ist.

12. Für Zeiten außerhalb der gesetzlichen Entgeltfortzahlungspflicht ist eine zeitanteilige Kürzung des Bonusanspruchs zulässig und sollte daher auch in die Vereinbarung aufgenommen werden.

Dagegen ist eine Kürzung der Bonuszahlung für die Dauer des sechswöchigen Entgeltfortzahlungszeitraumes nicht möglich, soweit der variablen Vergütung ein reiner Entgeltcharakter für erbrachte Leistungen zukommt (*Maurer* NZA 2002, 540). Eine solche arbeitsleistungsbezogene Sondervergütung ist dem Arbeitnehmer in Höhe seines auf den Entgeltfortzahlungszeitraum entfallenden Teils im **Krankheitsfall** nach § 3 Abs. 1 EFZG gesichert (AR/*Vossen* § 4 EFZG Rn. 7). Eine zum Nachteil des Arbeitnehmers hiervon abweichende Regelung ist nach § 12 EFZG unzulässig. Auch eine Kürzung gemäß § 4a EFZG scheidet insoweit aus. Die Vorschrift findet auf arbeitsleistungsbezogene Sonderzahlungen keine Anwendung (AR/*Vossen* § 4a EFZG Rn. 3). Dies gilt auch für einen Bonusanspruch, der maßgeblich an die Leistung des Arbeitnehmers anknüpft (ErfK/*Reinhard* § 4a EFZG Rn. 8; *Annuß* NZA 2007, 290, 293).

13. Da ein erfolgs- und leistungsabhängiger Bonus vornehmlich Motivation und Anreiz für erbrachte Arbeitsleistung darstellt, sollte der Anspruch für Zeiten, in denen der Arbeitnehmer nicht arbeitet, entsprechend gekürzt werden. Ob dies auch bei einer einseitig vom Arbeitgeber erklärten Freistellung zulässig ist, wurde bisher nicht höchstrichterlich entschieden und ist umstritten (DLW/*Diller* Kap. 3 Rn. 1072). Nach überwiegender Auffassung in der Literatur wird eine Kürzungsmöglichkeit aber jedenfalls dann angenommen, wenn die Freistellung rechtmäßig erfolgt, etwa aufgrund einer wirksamen Freistellungsregelung im Arbeitsvertrag oder einer entsprechenden Vereinbarung mit dem Arbeitnehmer (*Reiserer* NJW 2008, 609, 611; *Maurer* NZA 2002, 540, 545). Zeiten des Mutterschutzes können dagegen nicht zu einer Kürzung des Anspruchs führen, da hierin eine unzulässige Ungleichbehandlung wegen des Geschlechts liegt (BAG, Urt. v. 02.08.2006 – 10 AZR 425/05, NZA 2006, 1411).

14. [Nicht belegt]

15. Das Muster sieht sowohl hinsichtlich der am Unternehmens-/Abteilungserfolg orientierten Faktoren als auch für die persönlichen Ziele eine einseitige Festlegung durch den Arbeitgeber vor. Der Arbeitgeber hat insoweit eine einseitige Leistungsbestimmung im Rahmen seines Direktionsrechtes nach § 106 GewO vorzunehmen. Seine Zielvorgabe ist daher zwingend an billiges Ermessen i.S.v. § 315 Abs. 1 BGB geknüpft und unterliegt einer gerichtlichen Billigkeitskontrolle (BAG, Urt. v. 12.12.2007 – 10 AZR 97/07, NZA 2008, 409, 411). Die jeweilige Leistungsbestimmung muss unter Abwägung der Interessen des Arbeitnehmers einerseits und der betrieblichen Interessen des Arbeitgebers andererseits sowie unter Wahrung des arbeitsrechtlichen Gleichbehandlungsgrundsatzes erfolgen. Allerdings steht dem Arbeitgeber insoweit ein durchaus weiter Beurteilungsspielraum zu. Die betroffenen Arbeitnehmer können im Streitfall die Zielvorgaben mittels einer Feststellungsklage gerichtlich überprüfen lassen. Der Arbeitgeber trägt dann die Darlegungs- und Beweislast dafür, dass die Leistungsbestimmung im Rahmen billigen Ermessens erfolgt ist. Er muss im Einzelnen darlegen, welche Faktoren er seiner Ermessensentscheidung zu Grunde gelegt und wie er diese gewichtet hat (BAG, Urt. v. 14.11.2012 – 10 AZR 783/11, NZA 2013, 1150, 1156). In jedem Fall sollten jedoch Ziele vorgegeben werden, die erreichbar sind und die es dem Arbeitnehmer ermöglichen, das vereinbarte Zieleinkommen zu generieren.

Nach der Rechtsprechung des BAG ist es anerkannt, dass in einer Vereinbarung lediglich der Anspruch auf eine variable Vergütung dem Grunde nach festgelegt wird, sich der Arbeitgeber aber die (abschließende) Entscheidung über die tatsächliche Leistungshöhe nach billigem Ermessen (§ 315 BGB) unter Beachtung bestimmter Faktoren und/oder der Erreichung vereinbarter Ziele vorbehält (BAG, Urt. v. 14.11.2012 – 10 AZR 783/11, NZA 2013, 1150). Eine solche Regelung ist nicht intransparent, wenn der Arbeitnehmer aus den vertraglichen Regelungen erkennen kann, dass und gegebenenfalls unter Berücksichtigung welcher Faktoren der Arbeitgeber über die Festsetzung der Sonderzahlung zu entscheiden hat (BAG, Urt. v. 29.08.2012 – 10 AZR 385/11, NZA 2013, 148, 150).

674 Zu beachten ist, dass der Arbeitgeber von gemachten Zielvorgaben im Grundsatz nicht mehr einseitig abrücken darf. Auch muss er sich an vorab vereinbarte Faktoren für die Leistungsbestimmung oder entsprechende Festlegungen in Zielvereinbarungen halten. Zielvorgaben sind ab Zugang der Erklärung des Arbeitgebers über die Ausübung des einseitigen Leistungsbestimmungsrechts grundsätzlich verbindlich. Eine einseitige Änderung des Leistungsprogramms scheidet grundsätzlich aus (BAG, Urt. v. 14.11.2012 – 10 AZR 783/11, NZA 2013, 1150, 1154 f.; BAG, Urt. v. 29.08.2012 – 10 AZR 385/11, NZA 2013, 148, 151; BAG, Urt. v. 17.10.2012 – 10 AZR 620/11, JurionRS 2012, 31055).

675 Der Betriebsrat wird im Rahmen der Verhandlungen über die Einführung eines Bonussystems erfahrungsgemäß ein **Zielvereinbarungsmodell** anstreben, den Bonus also an eine einvernehmliche Bestimmung der zu erreichenden Ziele durch die Arbeitsvertragsparteien knüpfen wollen. Dabei wird sich der Betriebsrat aller Voraussicht nach auf den vertretbaren Standpunkt stellen, dass die Entscheidung über die einseitige Vorgabe oder die einvernehmliche Festlegung der Ziele Bestandteil des Mitbestimmungsrechts nach § 87 Abs. 1 Nr. 10 BetrVG ist (DLW/*Diller* Kap. 3 Rn. 1075).

676 Aus Sicht des Arbeitgebers hat die Regelung von Zielvereinbarungen zwar den Vorteil, dass diese als Individualvertrag grundsätzlich keiner allgemeinen Billigkeits- oder Inhaltskontrolle nach §§ 307 ff. BGB, sondern lediglich dem Transparenzgebot unterliegen (BAG, Urt. v. 12.12.2007 – 10 AZR 97/07, NZA 2008, 409, 411). Allerdings ist ein solches System wegen der zwingend erforderlichen Einigung zwischen Arbeitgeber und Arbeitnehmer in der Umsetzung häufig mit Problemen und einem erhöhten administrativen Aufwand verbunden. Es bedarf insbesondere der Regelung einer effizienten und praktikablen innerbetrieblichen Konfliktlösung für den – nicht seltenen – Fall der Nicht-Einigung (DLW/*Diller* Kap. 3 Rn. 1066 f.). In der Praxis ist für Streitfälle häufig die Einrichtung einer betriebsinternen Clearing- oder Schlichtungsstelle vorgesehen, die faktisch zu einer aus Arbeitgebersicht ungewollten Einflussmöglichkeit des Betriebsrates auf die Leistungsbestimmung für einzelne Mitarbeiter führt.

677 **16.** Damit das Bonussystem seine Funktion als Unternehmens- und Personalführungsinstrument erfüllen kann, ist die Akzeptanz der Zielvorgabe durch die Arbeitnehmer eine wesentliche Voraussetzung. Auch bei der im vorliegenden Muster gewählten einseitigen Vorgabe der zu erreichenden Ziele ist es daher wichtig, den Arbeitnehmern die Zielvorgaben nicht nur einfach schriftlich mitzuteilen oder bekanntzugeben. Vielmehr sollten sie im Rahmen eines eigens hierfür vorgesehenen Zielfestsetzungsgespräches zwischen dem direkten Vorgesetzten als Bezugsperson und dem jeweiligen Arbeitnehmer besprochen und erörtert werden. Bei der Formulierung der Betriebsvereinbarung ist allerdings darauf zu achten, dass dem Arbeitnehmer kein Anspruch auf die Berücksichtigung seiner Anmerkungen und Vorschläge zusteht.

678 Soweit die Zielsetzung und das weitere Procedere per elektronischer Datenverarbeitung erfolgen sollen, hat der Betriebsrat ein Mitbestimmungsrecht nach § 87 Abs. 1 Nr. 6 BetrVG. Dieses umfasst nicht nur das »Ob« eines Einsatzes technischer Einrichtungen, sondern auch die Frage, wie diese konkret genutzt werden soll, also insbesondere auch Fragen der Auswertung erhobener Daten (*Annuß* NZA 2007, 290, 296).

679 **17.** Mit dieser Regelung soll die Gefahr einer unfreiwilligen Bindung des Arbeitgebers an bestimmte Zielarten oder konkrete einzelne Zielvorgaben sowie deren Gewichtung durch betriebliche Übung verhindert werden (*Mauer* NZA 2002, 540, 543).

18. Sofern unterjährig eintretende Arbeitnehmer nicht vom Bonusanspruch für den laufenden Bonuszeitraum ausgenommen werden (siehe O Rdn. 659 ff.), muss eine Regelung darüber getroffen werden, wann die erforderliche Zielfestsetzung sowohl für den laufenden als auch für den kommenden Bonuszeitraum erfolgt.

19. Einer der häufigsten Streitfälle in der Praxis im Zusammenhang mit auf Zielvorgaben/Zielvereinbarungen basierenden variablen Vergütungssystemen entsteht, wenn entgegen der getroffenen Vereinbarung die Festlegung konkreter Ziele für den Bonuszeitraum unterblieben ist. In der Literatur und unter den Instanzgerichten ist umstritten, unter welchen Voraussetzungen und in welcher Höhe dem Arbeitnehmer insoweit ein Bonus zusteht oder dieser Anspruch auf Schadensersatz hat (siehe zu den verschiedenen Lösungsansätzen DLW/*Diller* Kap. 3 Rn. 1074).

Für den Fall einer nicht vorgenommenen Zielvereinbarung hat das BAG mittlerweile entschieden, dass sich der Arbeitgeber gegenüber dem Arbeitnehmer schadensersatzpflichtig macht, wenn die Zielvereinbarung aus von ihm zu vertretenden Umständen unterbleibt (BAG, Urt. v. 12.05.2010 – 10 AZR 390/09, NZA 2010, 1009; BAG, Urt v. 10.12.2008 – 10 AZR 889/07, NZA 2009, 256; BAG, Urt. v. 12.12.2007 – 10 AZR 97/07, NZA 2008, 409). Der zu ersetzende Schaden besteht dabei im Verlust der Bonuszahlung, die für den Fall der Zielvereinbarung erreicht worden wäre. Dabei ist grundsätzlich davon auszugehen, dass der Arbeitnehmer die vereinbarten Ziele erreicht hätte, wenn nicht besondere Umstände diese Annahme ausschließen (BAG, Urt. v. 10.12.2008 – 10 AZR 889/07, NZA 2009, 256, 258). Dies führt in der Regel zu einem Schadensersatzanspruch auf Basis von 100 % Zielerreichung. Allerdings kann den Arbeitnehmer am Nichtzustandekommen der Zielvereinbarung ein Mitverschulden treffen, das im Rahmen des Schadensersatzanspruches nach § 254 BGB mindernd zu berücksichtigen ist (*Schönhöft* BB 2013, 1529, 1530 ff.).

Diese vom BAG aufgestellten Grundsätze dürften auch auf Boni entsprechende Anwendung finden, die von der Erreichung einseitiger Zielvorgaben abhängig sind (so im Ergebnis auch LAG Köln, Urt. v. 15.12.2014 – 5 Sa 580/14, NZA-RR 2015, 294 und LAG Rheinland-Pfalz, Urt. v. 15.12.2015 – 8 Sa 201/15, JurionRS 2015, 36235). Anders als bei einer unterlassenen Zielvereinbarung ist dem Arbeitgeber jedoch der Einwand des Mitverschuldens verwehrt, da allein ihm die Initiativlast für die Festlegung der Ziele obliegt und es keiner diesbezüglichen Mitwirkung des Arbeitnehmers bedarf (BAG, Urt. v. 12.12.2007 – 10 AZR 97/07, NZA 2008, 409, 411; LAG Köln, Urt. v. 15.12.2014 – 5 Sa 580/14, NZA-RR 2015, 294).

Vor dem Hintergrund der drohenden Schadensersatzpflicht wegen verspäteter oder gänzlich unterlassener Zielfestsetzung ist es empfehlenswert, eine Auffangregelung für diese Fälle vorzusehen. Das Muster sieht insoweit die Fortgeltung der Zielfestsetzung des vorangegangenen Bonuszeitraums vor. Dabei ist allerdings zu beachten, dass sich die Rahmenbedingungen der Leistungserbringung durch inner- oder außerbetriebliche Einflüsse geändert haben können und die bisherigen Ziele vom Arbeitnehmer nicht mehr zu erreichen sind oder einfach nicht mehr passen. Daher sollte der Arbeitgeber sich das unbedingt das Recht vorbehalten, die Ziele neu festzulegen. Dies dürfte einseitig jedoch nur mit Wirkung für die Zukunft zulässig sein. Ohne einen solchen ausdrücklichen Vorbehalt ist eine einseitige Anpassung der Zielvorgabe nur in Ausnahmekonstellationen unten engen Voraussetzungen denkbar (siehe hierzu *Salamon* NZA 2015, 1089, 1093; BAG, Urt. v. 29.08.2012 – 10 AZR 385/11, NZA 2013, 148).

Soll eine Zielvereinbarung bis zum Abschluss einer Folgevereinbarung fortgelten, bleibt die Verpflichtung des Arbeitgebers, für das Folgejahr dem Arbeitnehmer ein neues Angebot zu unterbreiten und über eine neue Zielvereinbarung zu verhandeln, regelmäßig bestehen (BAG, Urt. v. 12.05.2010 – 10 AZR 390/09, NZA 2010, 1009).

20. Regelungsbedürftig ist auch der Fall, dass die ursprünglich festgesetzten persönlichen Ziele aufgrund besonderer Umstände (z.B. Projekte, an denen der Mitarbeiter arbeiten sollte, werden von der Geschäftsführung aufgegeben) nicht mehr erreicht werden können (siehe hierzu auch O Rdn. 684). Eine Anpassung der Unternehmensziele ist dagegen grundsätzlich nicht erforderlich, sofern diese aus wirtschaftlichen Gründen nicht erreicht werden können, da das Bonussystem insoweit eine zulässige Verteilung des wirtschaftlichen Risikos zwischen Arbeitgeber und Arbeitnehmer vorsieht (vgl. LAG Düsseldorf, Urt. v. 21.04.2009 – 17 Sa 119/09, juris; siehe DLW/*Diller* Kap. 3 Rn. 1070).

687 **21.** Aus Gründen der Transparenz und der Messbarkeit der Zielerreichung ist es besonders bei Zielvorgaben, die sich am Erfolg des Unternehmens und/oder der Abteilung orientieren, sinnvoll, klar definierte »harte« Unternehmens- bzw. Abteilungskennzahlen zu wählen, die nicht eigens für die Feststellung der Zielerreichung im Rahmen des Bonussystems ermittelt werden müssen, sondern sich etwa bereits aus dem handelsrechtlichen Jahresabschluss ergeben. Zudem ist darauf zu achten, dass es zur Wahrung des allgemeinen Gleichbehandlungsgrundsatzes in der Regel erforderlich sein wird, Unternehmens- und Abteilungsziele einheitlich für die dort tätigen Arbeitnehmer vorzugeben.

688 **22.** Die Anzahl der möglichen persönlichen Zielvorgaben sollte von vornherein auf ein bestimmtes Mindestmaß beschränkt werden, um die Ziele für den Arbeitnehmer überschaubar zu halten und ihn nicht zu demotivieren (*Deich* Rn. 44). Darüber hinaus ist es denkbar, die in Betracht kommenden Zielarten bereits in der Betriebsvereinbarung näher zu bezeichnen und damit für den Arbeitnehmer vorhersehbarer zu machen. Dies schränkt allerdings die Flexibilität bei der Zielsetzung ein.

689 **23.** Bei der Auswahl und Formulierung der Zielvorgaben sollte sich der Arbeitgeber schon aus eigenem Interesse zur Vermeidung von Streitfällen an die sog. **SMART-Formel** halten. Danach sollen Ziele **s**pezifisch (hinreichend konkret und widerspruchsfrei), **m**essbar (Zielerreichung nachvollziehbar und nachprüfbar), **a**kzeptiert (Verstehen des Ziels und Identifikation des betroffenen Mitarbeiters mit dem Ziel), **r**ealistisch (Zielerreichung mit Kompetenz, Befugnis und Ressourcen des Mitarbeiters möglich) und **t**erminiert (klar definierte Zeitangaben, insbesondere Endpunkt) sein. Bei der konkreten Zielfestsetzung ist insbesondere darauf zu achten, dass möglichst auch die qualitativen Ziele an messbare Faktoren geknüpft werden. Dies bereitet in der Praxis allerdings oftmals große Schwierigkeiten. Vornehmlich sollten daher sog. »harte« Ziele ausgewählt werden, bei denen der Grad der Zielerreichung anhand objektiver Kriterien bestimmt werden kann, anderenfalls droht die Gefahr, dass die Frage der Zielerreichung zwischen den Arbeitsvertragsparteien streitig wird.

690 **24.** Ungeachtet der Frage, ob die einzelnen Ziele durch eine einseitige Vorgabe des Arbeitgebers oder eine einvernehmliche Regelung festgelegt wurden, sollte sich der Arbeitgeber in jedem Fall eine **Letztentscheidungsbefugnis** hinsichtlich der Feststellung der Zielerreichung vorbehalten. Das vorliegende Muster sieht dementsprechend vor, dass die Zielerreichung vom direkten Vorgesetzten des jeweiligen Mitarbeiters im Rahmen eines Zielerreichungsgespräches vorgenommen wird.

691 Sofern die Zielerreichung eindeutig messbar ist, hat der Arbeitgeber insoweit keinen Beurteilungsspielraum. Die Zielerreichung ist dann vollumfänglich gerichtlich überprüfbar (*Deich* Rn. 267; *Reinfelder* NZA-Beilage 2014, 10, 15). Ist die Feststellung des Zielerreichungsgrads dagegen bei sog. »weichen« Zielen nicht objektiv bestimmbar, hat sie vom Arbeitgeber im Rahmen billigen Ermessens gemäß § 315 BGB zu erfolgen und ist demnach nur eingeschränkt gerichtlich überprüfbar. Eine gerichtliche Überprüfung des Grades der Zielerreichung kann seitens des Arbeitgebers nicht gänzlich ausgeschlossen werden (Küttner/*Griese* Zielvereinbarung Rn. 15).

692 Nutzt der Arbeitgeber ein offenes Zielvereinbarungsmodell, bei dem er sich eine eigene Ermessensentscheidung über die Zielerreichung vorbehält, so trägt er die Darlegungs- und Beweislast dafür, dass seine Beurteilung als Teil der Leistungsbestimmung auch richtig ist (*Reinfelder* NZA-Beilage 2014, 10, 15). Es gilt dabei ein abgestuftes System der Darlegungslast. Maßgeblich sind zunächst die Beurteilungen in der Zielvereinbarung. Erst wenn der Arbeitnehmer bestimmte Bewertungen bestreitet, ist der Arbeitgeber verpflichtet, diese unter Vortrag von Tatsachen substantiiert zu begründen. Bestreitet der Arbeitnehmer solchen Vortrag substantiiert auf Grundlage der ihm zur

Verfügung stehenden Informationen, so hat der Arbeitgeber die Richtigkeit der Beurteilung zu beweisen (BAG, Urt. v. 14.11.2012 – 10 AZR 783/11, NZA 2013, 1150, 1156).

Geht es um die Erreichung so genannter harter (quantitativer) Ziele wie z.B. Umsatz- oder Kundenzahlen, die Durchführung bestimmter Veranstaltungen etc., so ist konkreter Vortrag des Arbeitgebers möglich und erforderlich. Geht es hingegen um das Erreichen so genannter weicher (qualitativer) Ziele, wie z.B. das Führungsverhalten, muss der Arbeitgeber seine Wertungen auf entsprechendes Bestreiten (nur) soweit wie möglich konkretisieren und plausibel machen. Soweit solche Wertungen auf bestimmte Einzelvorkommnisse oder Bewertungen anderer Mitarbeiter gestützt werden, sind diese konkret zu benennen (BAG, Urt. v. 14.11.2012 – 10 AZR 783/11, NZA 2013, 1150, 1157).

Wie die Darlegungs- und Beweislast für die Zielerreichung in den Fällen verteilt ist, in denen in der Zielvereinbarung abschließend alle Faktoren und deren finanzielle Auswirkungen bestimmt sind, ohne dass dem Arbeitgeber noch ein Ermessensspielraum i.S.v. § 315 BGB verbleibt, wurde vom BAG zuletzt ausdrücklich offengelassen (BAG, Urt. v. 14.11.2012 – 10 AZR 783/11, NZA 2013, 1150, 1157).

25. Sowohl bei der schriftlichen Dokumentation der Zielvorgaben als auch bei der Erfassung der Zielerreichung empfiehlt sich die Verwendung einheitlicher, auf die jeweiligen Besonderheiten des konkreten Bonussystems angepasster Vorlagen. Diese können auch als Anlage der Betriebsvereinbarung beigefügt werden.

26. Die Erreichung der bei den persönlichen Vorgaben oftmals verwendeten »weichen« Ziele lässt sich in der Regel nicht durch genaue Prozentangaben messen. Daher hat sich in der Praxis die Bewertung der Zielerreichung anhand einer **Notenskala** bewährt.

27. Die im Muster gewählte Berechnungsformel zur Bestimmung der Bonushöhe setzt die Zielerreichung von Unternehmenszielen und persönlichen Zielen zueinander in Bezug. Damit wird sichergestellt, dass sich der mit den Bonuszahlungen verbundene Kostenaufwand des Arbeitgebers an die wirtschaftliche Lage des Unternehmens anpasst und in schlechten Zeiten keine übermäßige Belastung darstellt (siehe hierzu auch O Rdn. 657). Die Definition der Berechnungsfaktoren ist dabei so gewählt, dass dem Arbeitnehmer ab einem bestimmten Grad der Unterschreitung der persönlichen Zielvorgaben kein Bonusanspruch mehr zusteht. Der Bonus wird somit an bestimmte **Mindestvoraussetzungen** geknüpft. Diese für den Arbeitnehmer schwerwiegende Folge eines **Anspruchsausschlusses** hat der Arbeitgeber bei der Ausübung seines Ermessens im Rahmen der Zielfestsetzung und Feststellung der Zielerreichung zu berücksichtigen. Im Gegensatz dazu führt auch das erhebliche Unterschreiten vorgegebener Unternehmensziele nur zu einer entsprechenden Kürzung des Bonusanspruchs. Dadurch wird auch in schlechten wirtschaftlichen Zeiten die gute individuelle Leistung eines Arbeitnehmers im Rahmen der Leistungsfähigkeit des Unternehmens belohnt. Ohne eine entsprechend definierte Verknüpfung müssen zur Wahrung billigen Ermessens bei Festlegung einer variablen Vergütung, deren Höhe gleichermaßen auf der Ertragslage des Unternehmens wie auf der persönlichen Zielerreichung des Arbeitnehmers beruht, grundsätzlich die vereinbarten und erreichten persönliche Ziele ihren angemessenen Ausdruck finden. Deshalb kommt, wenn der Arbeitnehmer seine persönlichen Ziele erreicht hat, nur in Ausnahmefällen eine Festsetzung auf »Null« in Betracht (BAG, Urt. v. 19.03.2014 – 10 AZR 622/13, NZA 2014, 595).

28. Bestandteil der Betriebsvereinbarung sollte unbedingt auch die Festlegung einer **Obergrenze** für den Bonusanspruch sein (siehe hierzu O Rdn. 654).

29. Hinsichtlich der Fälligkeitsregelung ist darauf zu achten, dass sich der Arbeitgeber nicht zu einer Auszahlung des Bonus verpflichtet, wenn die zur Feststellung der Zielerreichung erforderlichen Kennzahlen noch gar nicht vorliegen.

30. Regelungsgegenstand der Betriebsvereinbarung sollte auch sein, wie mit den schriftlichen Unterlagen über Zielfestsetzung und Feststellung der Zielerreichung umzugehen ist beziehungsweise wo und wie lange sie aufbewahrt werden und wer hierauf Zugriff hat. Wird – wie dies künftig immer häufiger üblich sein wird – das Verfahren zur Zielvorgabe und Feststellung der Zielerreichung elektronisch durchgeführt, sollte an dieser Stelle auch eine Regelung zur (fehlenden) leistungsbezogenen Auswertung der Daten aufgenommen werden. Hierauf wird der Betriebsrat mit Blick auf sein Mitbestimmungsrecht nach § 87 Abs. 1 Nr. 6 BetrVG drängen.

701 **31.** Um sich von den Bonusverpflichtungen rechtssicher lösen zu können, sollte der Arbeitgeber unbedingt darauf achten, eine Nachwirkung der Betriebsvereinbarung ausdrücklich auszuschließen.

702 **32.** Häufig bestehen in einem Unternehmen bereits verschiedenste kollektivrechtliche Regelungen über Bonusleistungen bzw. eine leistungsabhängige variable Vergütung, die bei der Einführung eines neuen Bonussystems aufgehoben werden müssen. Die Betriebsparteien haben darüber hinaus zu prüfen, inwieweit andere bestehende Betriebsvereinbarungen Bezugspunkte zur variablen Vergütung aufweisen und dementsprechend an das neue System angepasst werden müssen. Schließlich muss auf entgegenstehende individualvertragliche Vereinbarungen mit betroffenen Arbeitnehmern oder womöglich bestehende betriebliche Übungen geachtet werden. Insoweit können wegen des Günstigkeitsprinzips individualvertragliche Änderungsvereinbarungen erforderlich sein, die unternehmensweit nur mit Unterstützung des Betriebsrates zu erreichen sein dürften.

703 **33.** Siehe O Rdn. 226.

10. Freiwillige Sozialleistungen

Vorbemerkung

704 Bei der Gewährung von freiwilligen sozialen Leistungen hat der Arbeitgeber verschiedene Mitbestimmungsrechte des Betriebsrates zu beachten. Im Hinblick auf geld- bzw. vermögenswerte Leistungen, die der Arbeitgeber mit Rücksicht auf das Arbeitsverhältnis erbringt, kommt stets das Mitbestimmungsrecht nach § 87 Abs. 1 Nr. 10 BetrVG (Fragen der betrieblichen Lohngestaltung) in Betracht. Es handelt sich insoweit um einen Auffangtatbestand (*Fitting* § 87 BetrVG Rn. 349). Werden geldwerte Sozialleistungen dagegen von einem zweckgebundenen Sondervermögen des Arbeitgebers erbracht, kann das Mitbestimmungsrecht nach § 87 Abs. 1 Nr. 8 BetrVG (Sozialeinrichtungen) betroffen sein. Die Annahme einer mitbestimmungspflichtigen Sozialeinrichtung setzt eine gewisse Institutionalisierung voraus. Sie erfordert eine abgrenzbare, auf Dauer gerichtete Organisation und muss einer gesonderten Verwaltung bedürfen (AR/*Rieble* § 87 BetrVG Rn. 47 m.w.N.). Der Wirkungsbereich der Einrichtung muss dabei auf den Betrieb, das Unternehmen oder den Konzern des Arbeitgebers beschränkt sein und darf keinem unbeschränkten Nutzerkreis zur Verfügung stehen (BAG, Beschl. v. 10.02.2009 – 1 ABR 94/07, NZA 2009, 562). Klassische Beispiele für Sozialeinrichtungen sind Werksküchen, Kantinen, Werksbibliotheken, Kindergärten, unternehmenseigene Sportanlagen und Freizeiteinrichtungen sowie Pensions- und Unterstützungskassen (siehe hierzu DLW/*Wildschütz* Kap. 13 Rn. 1802.).

705 Die Mitbestimmungstatbestände des § 87 Abs. 1 Nr. 8 und Nr. 10 BetrVG stehen in einem engen sachlichen Zusammenhang. Im Hinblick auf den Umfang des Mitbestimmungsrechts bestehen nur geringe Unterschiede. Weder nach § 87 Abs. 1 Nr. 8 BetrVG noch nach § 87 Abs. 1 Nr. 10 BetrVG kann der Betriebsrat bei der grundsätzlichen Frage über das »ob« der Sozialleistung mitbestimmen. Die Einführung oder Streichung von Sozialleistungen gegen den Willen des Arbeitgebers kann daher grundsätzlich nicht erzwungen bzw. verhindert werden. Der Arbeitgeber ist darüber hinaus auch grundsätzlich frei in der Entscheidung, mit welchen finanziellen Mitteln er die jeweilige Sozialleistung ausstatten, also welchen Topf er hierfür zur Verfügung stellen will sowie welchen Arbeitnehmerkreis er begünstigen möchte (vgl. AR/*Rieble* § 87 BetrVG Rn. 66; BAG, Beschl. v. 13.12.2011 – 1 AZR 508/10, NZA 2012, 876).

Das nachfolgende Muster enthält eine beispielhafte Sammlung verschiedener, in der betrieblichen Praxis üblicher freiwilliger sozialer Leistungen unter besonderer Berücksichtigung der steuerrechtlichen Behandlung. Je nach den betrieblichen Gegebenheiten und der Komplexität der jeweiligen Regelungsmaterie kann es sich anbieten, einzelne freiwillige soziale Leistungen in gesonderten Betriebsvereinbarungen zu regeln. Der Abschluss gesonderter Vereinbarungen macht es dem Arbeitgeber auch einfacher, sich wieder von einzelnen Leistungen zu lösen. Da freiwillige soziale Leistungen oftmals Regelungsgegenstand von Tarifverträgen sind, ist für den jeweiligen Einzelfall im besonderen Maße auf die Sperrwirkung nach § 77 Abs. 3 BetrVG und den Tarifvorrang nach § 87 Abs. 1 S. 1 BetrVG zu achten.

▶ **Muster – Freiwillige Sozialleistungen**

Zwischen der _____[Name]_____ GmbH (im Folgenden: »Unternehmen«)

und

dem Betriebsrat der _____[Name]_____ GmbH (im Folgenden: »Betriebsrat«)

wird folgende Betriebsvereinbarung zu freiwilligen sozialen Leistungen des Unternehmens geschlossen:

§ 1 Geltungsbereich [1]

Die Vereinbarung gilt für alle Arbeitnehmer des Unternehmens einschließlich der zur Berufsausbildung Beschäftigten (»Mitarbeiter«) mit Ausnahme der leitenden Angestellten i.S.v. § 5 Abs. 3 BetrVG.

§ 2 Vermögenswirksame Leistungen [2]

(1) Das Unternehmen gewährt allen Mitarbeitern ab dem siebten Monat der ununterbrochenen Unternehmenszugehörigkeit zusätzlich zur Vergütung mit dem üblichen Gehaltslauf vermögenswirksame Leistungen nach den gesetzlichen Bestimmungen des Fünften Gesetzes zur Förderung der Vermögensbildung (5. VermBG) in seiner jeweils geltenden Fassung

– in Höhe von monatlich 27,00 € brutto für jeden in Vollzeit beschäftigten Mitarbeiter;

– in Höhe von monatlich 13,50 € brutto für jeden zur Berufsausbildung Beschäftigten.

In Teilzeit beschäftigte Mitarbeiter erhalten die Leistung anteilig entsprechend dem Verhältnis zwischen ihrer individuellen vertraglichen Arbeitszeit zu der regelmäßigen Arbeitszeit eines in Vollzeit beschäftigten Mitarbeiters von derzeit 39 Stunden pro Woche. Ausgenommen sind geringfügig beschäftigte Mitarbeiter. [3]

(2) Voraussetzung für die Gewährung ist die Anlage der Leistung in einer der im 5. VermBG benannten Anlageformen. Die Mitarbeiter können die Art der vermögenswirksamen Anlage und die Gesellschaft oder das Institut, bei dem diese erfolgen soll, im Rahmen der gesetzlichen Bestimmungen frei wählen. Eine Anlage im Unternehmen ist nicht zulässig. [4]

(3) Die Mitarbeiter teilen dem Unternehmen die Art der gewählten Anlage schriftlich mit entsprechenden urkundlichen Nachweisen mit und geben die Gesellschaft oder das Institut mit der Nummer des Kontos an, auf das die Leistungen eingezahlt werden sollen.

(4) Der Anspruch auf vermögenswirksame Leistungen entsteht frühestens für den Kalendermonat, in dem der Mitarbeiter dem Unternehmen die nach Abs. 3 erforderlichen Angaben vollständig mitgeteilt hat und wird erstmals fällig mit dem üblichen Gehaltslauf des darauffolgenden Kalendermonats.

(5) Die Mitarbeiter können während des Kalenderjahres die Art der vermögenswirksamen Anlage nach dieser Betriebsvereinbarung und die Gesellschaft oder das Institut, bei dem sie erfolgen soll, nur mit Zustimmung des Unternehmens wechseln.

(6) Die vermögenswirksamen Leistungen des Unternehmens werden nicht für Zeiten gewährt, in denen der Mitarbeiter keinen Vergütungsanspruch hat, also insbesondere für Zeiten des Ruhens des Arbeitsverhältnisses oder außerhalb des Entgeltfortzahlungszeitraumes. [5]

(7) Der Anspruch nach Abs. 1 ist ferner in der Höhe ausgeschlossen, in welcher der Mitarbeiter für denselben Zeitraum vermögenswirksame Leistungen von einem anderen Arbeitgeber erhält beziehungsweise zu beanspruchen hat.

(8) Das Unternehmen kann auf die nach Abs. 1 zu erbringenden vermögenswirksamen Leistungen andere von ihm aufgrund von individual- oder tarifvertraglichen Regelungen erbrachte Leistungen i.S.d. 5. VermBG anrechnen.

§ 3 Jubiläumszahlungen [6]

(1) Als Anerkennung für die in der Vergangenheit geleisteten Dienste und als Motivation für die weitere Mitarbeit in der Zukunft haben Mitarbeiter Anspruch auf eine Jubiläumszahlung nach Vollendung einer ununterbrochenen Unternehmenszugehörigkeit von

- 10 Jahren in Höhe von 1.000 € brutto,
- 15 Jahren in Höhe von 1.250 € brutto,
- 20 Jahren in Höhe von 1.500 € brutto,
- 25 Jahren in Höhe von 1.750 € brutto,
- 30 Jahren in Höhe von 2.000 € brutto,
- 40 Jahren in Höhe von 2.500 € brutto,
- 50 Jahren in Höhe von 3.000 € brutto.

Der Anspruch setzt den Bestand eines Arbeitsverhältnisses zum Zeitpunkt des Jubiläums voraus. Ausgeschlossen ist der Anspruch für Mitarbeiter, deren Arbeitsverhältnis zum Zeitpunkt des Jubiläums bereits gekündigt ist oder die bereits einen Vertrag über die Beendigung des Arbeitsverhältnisses mit dem Unternehmen vereinbart haben. [7]

(2) Maßgeblich für den Beginn der Unternehmenszugehörigkeit ist der Zeitpunkt der vertraglich vereinbarten Arbeitsaufnahme.

(3) Als Zeiten der Unternehmenszugehörigkeit i.S.v. Abs. 1 zählen auch Zeiten der Berufsausbildung i.S.d. Berufsausbildungsgesetzes, der Ableistung des Zivil- oder Wehrdienstes sowie Zeiten, in denen die Pflichten aus dem Arbeitsverhältnis kraft Gesetzes, Tarifvertrages oder einvernehmlicher Regelung ruhen. [8]

(4) Keine Anrechnung auf die Unternehmenszugehörigkeit finden Beschäftigungszeiten beim Unternehmen ohne das Bestehen eines Arbeitsverhältnisses, etwa im Rahmen eines Praktikums, als freier Mitarbeiter oder als unternehmensfremder Leiharbeitnehmer.

(5) Von einer Unterbrechung der Unternehmenszugehörigkeit i.S.v. Abs. 1 ist nicht auszugehen, wenn zwischen der Beendigung des alten und dem Beginn des neuen Arbeitsverhältnisses nicht mehr als zwei Monate liegen.

(6) Die Auszahlung erfolgt mit dem üblichen Gehaltslauf des auf das Jubiläum folgenden Kalendermonats.

§ 4 Sonderzahlungen aus besonderem Anlass [9]

(1) Mitarbeiter haben ab dem siebten Monat der ununterbrochenen Unternehmenszugehörigkeit Anspruch auf Gewährung einer einmaligen Sonderzahlung aus Anlass

- der Geburt oder Adoption eines Kindes in Höhe von 300 € brutto, [10]
- der Eheschließung oder Eingehung einer eingetragenen Lebenspartnerschaft in Höhe von 300 € brutto, [11]

- des erfolgreichen Abschlusses eines berufsbegleitenden (Fach-)Hochschulstudiums in Höhe von 500 € brutto,
- der Verleihung eines Doktortitels in Höhe von 1.000 € brutto.

(2) Der anspruchsberechtigte Mitarbeiter hat den jeweiligen Anlass i.S.d. Abs. 1 unter Vorlage geeigneter schriftlicher Nachweise dem Unternehmen anzuzeigen. Die Leistung der Sonderzahlung erfolgt mit dem üblichen Gehaltslauf des auf die Anzeige folgenden Kalendermonats.

(3) Sonderzahlungen wegen der Geburt eines Kindes und der Eheschließung werden für den Fall, dass beide Elternteile beziehungsweise Ehepartner Mitarbeiter des Unternehmens sind, nur einmal für jedes Ereignis gewährt und an beide Elternteile/Ehepartner je zur Hälfte ausbezahlt.

§ 5 Sterbegeld [12]

(1) Hinterlässt der Mitarbeiter im Todesfall einen Ehegatten, einen Partner in eingetragener Lebensgemeinschaft (nach dem Lebenspartnerschaftsgesetz) oder unterhaltsberechtigte Kinder, so erhalten diese Hinterbliebenen für die restlichen Tage des Sterbemonats die Vergütung, die dem verstorbenen Mitarbeiter ohne den Todesfall zugestanden hätte, als Sterbegeld. [13]

(2) Bei einer ununterbrochenen Betriebszugehörigkeit des verstorbenen Mitarbeiters von mehr als einem Jahr wird seine vertragsgemäße Vergütung auch für den Folgemonat, oder bei einer Betriebszugehörigkeit mehr als fünf Jahren für die beiden Folgemonate an die Hinterbliebenen als Sterbegeld gezahlt. Maßgeblich für die Berechnung des verlängerten Sterbegelds ist der vertragliche Anspruch auf Grundvergütung, den der Mitarbeiter am Todestag hatte. [14]

(3) Kommen für das Sterbegeld nach Abs. 1 und Abs. 2 mehrere Personen als Empfänger in Betracht, so wird die Verpflichtung des Arbeitgebers durch Leistungen an eine von ihnen vollständig erfüllt.

§ 6 Betreuungskostenzuschuss [15]

(1) Das Unternehmen gewährt jedem Mitarbeiter für nicht schulpflichtige Kinder, denen der Mitarbeiter zum Unterhalt verpflichtet ist, zu den tatsächlich entrichteten Beiträgen für

- Kindergärten oder
- anderen vergleichbaren Einrichtungen, in denen nicht schulpflichtige Kinder tagsüber außerhalb des elterlichen Haushalts betreut und versorgt werden, [16]

gemäß den Voraussetzungen des § 3 Nr. 33 EStG einen steuer- und sozialversicherungsfreien Zuschuss in Höhe von monatlich 50 €.

(2) Der Mitarbeiter hat den Zuschuss schriftlich bei der Personalabteilung zu beantragen und dabei die Höhe der tatsächlich entstandenen Beiträge durch Vorlage geeigneter Unterlagen nachzuweisen. Die Nachweise werden vom Unternehmen als Belege zum Lohnkonto aufbewahrt. [17]

(3) Der Zuschuss wird monatlich mit dem üblichen Gehaltslauf ab dem Kalendermonat, in dem der schriftliche Antrag beim Unternehmen eingeht, ausgezahlt, erstmals in dem auf den Antrag folgenden Kalendermonat.

(4) Der Anspruch auf den Zuschuss besteht solange, wie der Mitarbeiter einen Anspruch auf seine arbeitsvertragliche Vergütung hat, also insbesondere nicht während des Ruhens des Arbeitsverhältnisses. Im Falle der Arbeitsunfähigkeit endet der Anspruch auf die Zuschusszahlung mit dem Ablauf des Entgeltfortzahlungszeitraums.

(5) Haben mehrere Mitarbeiter des Unternehmens Anspruch auf den Betreuungskostenzuschuss für dasselbe Kind, wird der Zuschuss nur einmal gewährt. Die betroffenen Mitarbeiter haben bei der schriftlichen Beantragung des Zuschusses verbindlich mitzuteilen, an welchen Mitarbeiter die Leistung erfolgen soll.

(6) Das Unternehmen ist bei begründeter Veranlassung im Einzelfall, insbesondere bei missbräuchlichem Verhalten oder wiederholten Verstößen des Mitarbeiters gegen die Nachweispflichten nach Abs. 2, berechtigt, die Leistung mit Wirkung für die Zukunft zu widerrufen.

(7) Die Betriebsparteien stimmen darin überein, dass Grundlage der Gewährung des monatlichen Zuschusses die Befreiung dieser finanziellen Leistung von der Steuer- und Sozialversicherungsabgabepflicht ist. Sollte diese in Zukunft entfallen, ist das Unternehmen berechtigt, die Zuschüsse entsprechend der gesetzlichen Vorgabe auf das abgabenfreie Maß zu kürzen oder die Zahlung gänzlich einzustellen.

§ 7 Zuschuss zum ÖPNV [18]

(1) Das Unternehmen bietet jedem Mitarbeiter ab dem 7. Monat der Unternehmenszugehörigkeit die Möglichkeit, ein Job-Ticket des Verkehrsverbundes ___[Name]___ auf Basis einer Abo-Monatskarte entsprechend den dafür geltenden Tarifbestimmungen und Beförderungsbedingungen des Verkehrsverbundes ___[Name]___ zu beziehen. An den hiermit verbundenen Aufwendungen des Mitarbeiters beteiligt sich das Unternehmen monatlich mit € 25,00 brutto zusätzlich zur Vergütung.

(2) Die Mitarbeiter haben das Job-Ticket mit dem dieser Betriebsvereinbarung als Anlage 1 beigefügten Formular bei der Personalabteilung schriftlich zu beantragen. Soll das Job-Ticket bereits ab dem ersten des auf den Antrag folgenden Kalendermonats bezogen werden, muss der Antrag spätestens bis zum 5. des Monats eingereicht werden. Mit dem Antrag erkennen die Mitarbeiter die Beförderungsbedingungen und Tarifbestimmungen des Verkehrsverbundes ___[Name]___ in der jeweils gültigen Fassung an.

(3) Das Job-Ticket wird auf die Person des jeweiligen Mitarbeiters ausgestellt und ist nicht übertragbar. Das Fahrgeld wird abzüglich des Kostenzuschusses monatlich vom Gehalt in Abzug gebracht.

(4) Die Inanspruchnahme des Job-Tickets kann durch schriftliche Erklärung gegenüber der Personalabteilung mit einer Frist von vier Wochen zum Monatsende gekündigt werden. Ohne Kündigung endet das Recht auf Inanspruchnahme des Job-Tickets spätestens mit der Beendigung des Arbeitsverhältnisses.

(5) Das Job-Ticket ist mit Beendigung der Inanspruchnahme und/oder des Arbeitsverhältnisses unverzüglich an das Unternehmen zurückzugeben. Der Verlust oder die Zerstörung des Tickets sind unverzüglich der Personalabteilung anzuzeigen. Die mit Ausgabe eines Ersatztickets verbundenen Kosten sind vom jeweiligen Mitarbeiter zu tragen.

§ 8 Personalrabatt [19]

(1) Mitarbeiter erhalten beim Einkauf von unternehmenseigenen Produkten für Endverbraucher, die sie für sich und ihre nächsten Angehörigen (Ehepartner, eingetragener Lebenspartner, unterhaltsberechtigte Kinder) erwerben, auf den Endkundenpreis einen Rabatt in Höhe von 25 %. Dieser Rabatt gilt nicht bei Sonderverkäufen beziehungsweise einem reduzierten Verkaufspreis.

(2) Der genannte Rabatt wird maximal bis zu einem Gesamtbetrag in Höhe von 1.080,00 € pro Kalenderjahr steuer- und sozialversicherungsfrei erstattet.

(3) Begünstigt ist nur der Einkauf von unternehmenseigenen Produkten in folgenden Verkaufsstellen des Unternehmens:

- [Name der Verkaufsstelle]
- [Name der Verkaufsstelle]
- [Name der Verkaufsstelle]

(4) Der Mitarbeiter hat zunächst den ausgezeichneten Ladenverkaufspreis an der Ladenkasse zu zahlen. Die Rabattgewährung erfolgt im Anschluss nach der Vorlage des originalen Kaufbelegs in der Personalabteilung durch die Gutschrift des jeweiligen Rabattbetrages mit der monatlichen Gehaltsabrechnung des darauffolgenden Monats. [20]

(5) Die Betriebsparteien stimmen darin überein, dass Grundlage der Gewährung des Personalrabattes die Befreiung dieser finanziellen Leistung von der Steuer- und Sozialversicherungsabgabepflicht ist. Sollte diese in Zukunft entfallen, ist das Unternehmen berechtigt, die Rabattleistungen

der gesetzlichen Vorgabe auf das abgabenfreie Maß zu kürzen oder die Gewährung gänzlich einzustellen.

§ 9 Inkrafttreten und Kündigung [21]

(1) Diese Betriebsvereinbarung tritt zum ____[Datum]____ in Kraft und ersetzt alle bisherigen bestehenden Regelungen zu den freiwilligen Sozialleistungen. Dies gilt insbesondere im Hinblick auf die frühere Betriebsvereinbarung über soziale Leistungen vom ____[Datum]____ . Die Betriebsparteien stimmen darin überein, dass die ersetzten Betriebsvereinbarungen keine Anwendung mehr finden und auch keine Ansprüche hieraus mehr hergeleitet werden können.

(2) Diese Betriebsvereinbarung kann insgesamt oder in Teilen von beiden Vertragsparteien mit einer Frist von drei Monaten zum 31. Dezember, erstmals zum 31. Dezember ____[Jahreszahl]____ gekündigt werden. [22] Dabei besteht Einvernehmen, dass die vorstehend geregelten sozialen Leistungen unabhängig nebeneinander stehen und nicht Bestandteil eines einheitlichen Gesamtbudgets für freiwillige Leistungen sind. Nach Ablauf der Kündigungsfrist ist eine Nachwirkung der Betriebsvereinbarung bzw. des gekündigten Teils der Vereinbarung ausgeschlossen. [23] Dies gilt nicht, soweit es um Ansprüche aus den zurückliegenden Kalenderjahren geht.

§ 10 Schlussbestimmungen [24]

(1) Mündliche Nebenabreden zu dieser Betriebsvereinbarung bestehen nicht. Änderungen oder Ergänzungen bedürfen der Schriftform.

(2) Sollte eine Vorschrift dieser Betriebsvereinbarung nicht mit geltendem Recht im Einklang stehen und deshalb ganz oder teilweise unwirksam sein, behalten die anderen Regelungen dieser Vereinbarung ihre Gültigkeit. Die unwirksame Regelung ist rechtskonform so auszulegen, dass sie dem beiderseitigen Willen der Parteien entspricht. Ist dies nicht möglich, haben die Betriebsparteien die unwirksame Regelung durch eine gesetzlich zulässige Regelung zu ersetzen, die ihrem Willen wirtschaftlich am nächsten kommt. Dasselbe gilt für den Fall einer vertraglichen Regelungslücke.

____[Ort]____ , den ____[Datum]____

_____
(Unterschrift Geschäftsführer/in)

_____
(Unterschrift Betriebsratsvorsitzende/r)

Erläuterungen

Schrifttum

Freitag Gewährung und Abbau von Sonderzahlungen, Festschrift für Reinhard Richardi zum 70. Geburtstag 2007, S. 232; *Fuchs* Betriebliche Sozialleistungen beim Betriebsübergang, 1. Auflage 2000; *Lembke* Das Mindestlohngesetz und seine Auswirkungen auf die arbeitsrechtliche Praxis, NZA 2015, 70; *Lunk/Leder* Mitbestimmung der Betriebsräte bei freiwilligen Leistungen, NZA 2011, 249; *Maaß* Die Zulässigkeit der Teilkündigung einer Betriebsvereinbarung, ArbR 2010, 338; *Meyer* Untergang von Sozialleistungen beim Betriebsübergang, SAE 2006, 264; *Mölders* Arbeitsrechtliche Rahmenbedingungen für Cafeteria-Systeme, DB 1996, 213; *Otto/Mückl* Grenzen der Mitbestimmung des Betriebsrats bei Aktienoptionsplänen, DB 2009, 1594; *Reinecke* Neue Regeln für Sonderzahlungen, BB 2013, 437; *Salamon* Nachwirkung bei Betriebsvereinbarungen über freiwillige Sozialleistungen, NZA 2010, 745; *Salamon* Das kurze Gastspiel einer betriebsverfassungsrechtlich freiwilligen Gesamtvergütung, NZA 2011, 549; *Salamon* Bestandsabhängige Vergütungsgestaltung, NZA 2013, 590; *Schlewing* Fortgeltung oder Nachwirkung gekündigter Betriebsvereinbarungen über Leistungen der betrieblichen Altersversorgung?, NZA 2010, 529; *Ulber* Die Erfüllung von Mindestlohnansprüchen, RdA 2014, 176; *Yakhloufi/Klingenberg* Die Mitbestimmung des Betriebsrates bei Firmenwagen, BB 2013, 2102.

1. Siehe O Rdn. 145 ff.

2. Vermögenswirksame Leistungen sind in § 2 des 5. Gesetzes zur Förderung der Vermögensbildung der Arbeitnehmer (5. VermBG) definiert. Es handelt sich hierbei um Geldleistungen, die der Arbeitgeber für den Arbeitnehmer oder für dessen Angehörige in einer der im 5. VermBG genannten Anlageformen anlegt. Sie sind arbeitsrechtlich Bestandteil des Lohns oder Gehalts (§ 2 Abs. 6 5. VermBG) und somit auch steuerpflichtige Einnahmen i.S.d. Einkommensteuergesetzes und Arbeitsentgelt im Sinne der Sozialversicherung und des SGB III (§ 2 Abs. 5 5. VermBG). Die auf diese Weise vermögenswirksam angelegten Geldleistungen werden bei Vorliegen der gesetzlichen Voraussetzungen (§ 13 5. VermBG) durch die Gewährung einer **Arbeitnehmer-Sparzulage** staatlich gefördert (zu den einzelnen Voraussetzungen siehe (Küttner/*Röller* Vermögenswirksame Leistungen Rn. 4 ff.). Vermögenswirksame Leistungen können allerdings nicht auf den Mindestlohnanspruch des Arbeitnehmers angerechnet werden (BAG, Urt. v. 16.04.2014 – 4 AZR 802/11, NZA 2014, 1277).

710 Die Vereinbarung von vermögenswirksamen Leistungen aus dem Vermögen des Arbeitgebers ist nach § 10 Abs. 1 5. VermBG in Individualverträgen mit den Arbeitnehmern, in Betriebsvereinbarungen, in Tarifverträgen sowie in bindenden Festsetzungen (§ 19 Heimarbeitsgesetz) zulässig. Entsprechend sieht auch § 88 Ziffer 3. BetrVG ausdrücklich die Befugnis der Betriebsparteien zur Regelung von Maßnahmen zur Vermögensbildung vor. Sie können aber nicht vom Betriebsrat über die Einigungsstelle erzwungen werden.

711 Umstritten ist, ob trotz der in § 88 Ziffer 3. BetrVG zum Ausdruck kommenden Zielsetzung, die Vermögensbildung der Arbeitnehmer auch durch Betriebsvereinbarungen zu fördern, bei Vorliegen einer tariflichen Regelung über vermögenswirksame Leistungen oder einer entsprechenden Tarifüblichkeit die Sperrwirkung des § 77 Abs. 3 BetrVG eingreift (siehe zum Streitstand HWGNRH/*Worzalla* § 88 BetrVG Rn. 12 m.w.N.).

712 **3.** Da es sich bei vermögenswirksamen Leistungen schon nach der gesetzlichen Definition um Arbeitsentgelt handelt, erfolgt eine Differenzierung hinsichtlich der gewährten Höhe zwischen voll- und teilzeitbeschäftigten Arbeitnehmern und Auszubildenden sowie die Ausnahme von geringfügig Beschäftigten aus sachlichen Gründen. Dies stellt keinen Verstoß gegen den arbeitsrechtlichen Gleichbehandlungsgrundsatz dar.

713 **4.** Die staatliche Förderung vermögenswirksamer Leistungen setzt die freie Wahl des Arbeitnehmers voraus, in welcher der Anlageformen des § 2 Abs. 1 5. VermBG und bei welchem Unternehmen, Institut oder Gläubiger (§ 12 5. VermBG) der Arbeitgeber die vermögenswirksamen Leistungen anlegen soll. Die Verwendung der Mittel darf dem Arbeitnehmer daher weder vom Arbeitgeber noch durch eine Betriebsvereinbarung oder einen Tarifvertrag vorgeschrieben werden (Küttner/*Seidel* Vermögenswirksame Leistungen Rn. 31).

714 Grundsätzlich in Betracht kommt dabei auch eine **Anlage im Unternehmen** des Arbeitgebers. Diese ist jedoch nur mit dessen ausdrücklicher Zustimmung zulässig (§ 12 S. 3 5. VermBG) und bedarf grundsätzlich einer **Insolvenzsicherung** (2 Abs. 5a 5. VermBG). Die Insolvenzsicherung ist jedoch nicht Voraussetzung für den Anspruch des Arbeitnehmers auf die Arbeitnehmer-Sparzulage (BMF-Schreiben v. 09.08.2004, Abschnitt 8, BStBl. I S. 717).

715 **5.** Um Rechtsicherheit zu schaffen, dass vermögenswirksame Leistungen nur dann geschuldet sind, wenn der Arbeitnehmer einen Vergütungsanspruch hat, sollte dies ausdrücklich in die Betriebsvereinbarung aufgenommen werden. Es gibt keinen allgemeinen Grundsatz aus dem folgt, dass alle geldwerten Leistungen nur gekürzt zu zahlen sind, wenn Ruhenstatbestände vorliegen und keine ausdrückliche gesetzliche, kollektivrechtliche oder arbeitsvertragliche Regelung über die Aufrechterhaltung dieser Leistung besteht (LAG München, Urt. v. 20.05.2009 – 3 Sa 1089/08, juris).

716 **6.** Die **Jubiläumszahlung** ist eine klassische Einmalzahlung des Arbeitgebers, auf die kein gesetzlicher Anspruch besteht. In der betrieblichen Praxis werden Jubiläumszahlungen sowohl aus Anlass eines Dienstjubiläums des Arbeitnehmers, als auch aus Anlass eines Betriebs- und/oder Unternehmensjubiläums gewährt. Dem Betriebsrat steht insoweit ein Mitbestimmungsrecht ge-

mäß § 87 Abs. 1 Nr. 10 BetrVG zu. Dieses beschränkt sich jedoch auf die Verteilung und die Verteilungsgrundsätze der Jubiläumszahlungen.

Mit einer Betriebsvereinbarung können die Voraussetzungen für Jubiläumszahlungen, die der Arbeitgeber bisher in Form einer betrieblichen Übung, einer Gesamtzusage oder einer arbeitsvertraglichen Einheitsregelung festgelegt hat, verändert und grundsätzlich auch verschlechtert werden, wenn die Neuregelung insgesamt bei kollektiver Betrachtung nicht ungünstiger ist oder der Arbeitgeber die Streichung oder Kürzung der Sozialleistung wegen eines vorbehaltenen Widerrufs oder Wegfalls der Geschäftsgrundlage verlangen kann (vgl. BAG, Urt. v. 16.11.2011 – 10 AZR 60/11, NZA 2012, 349; BAG, Urt. v. 16.09.1986 – GS 1/82, NZA 1987, 168). Eine **Ablösung** der vorausgegangenen **vertraglichen Einheitsregelungen** durch eine Betriebsvereinbarung kommt auch in Betracht, wenn diese »betriebsvereinbarungsoffen« sind, also auf kollektive Regelungen verwiesen wird oder sie unter dem ausdrücklichen Vorbehalt einer späteren Abänderung durch die Betriebsparteien stehen (vgl. LAG Rheinland-Pfalz, Urt. v. 24.07.2012 – 3 Sa 82/12, NZA-RR 2012, 639, 640; BAG, Urt. v. 17.06.2008 – 3 AZR 254/07, AP Nr. 53 zu § 1 BetrAVG). 717

7. Vornehmlicher **Zweck** der Jubiläumszahlung ist in der Regel die **Honorierung der erbrachten Treue** zum Unternehmen und/oder dem Betrieb (vgl. BAG, Urt. v. 22.05.1996 – 10 AZR 618/95, NZA 1996, 938). Die Vergütung erbrachter Arbeitsleistung spielt dagegen grundsätzlich keine Rolle. Vor diesem Hintergrund ist es zulässig, den Anspruch an ein bestehendes Arbeitsverhältnis zum Jubiläumszeitpunkt zu knüpfen und – auch nur kurz vorher – ausscheidende Arbeitnehmer von einem Anspruch auszuschließen (vgl. BAG, Urt. v. 13.11.2013, 10 AZR 848/12, DB 2014, 486). 718

Das Muster sieht darüber hinaus einen Anspruchsausschluss auch für Arbeitnehmer vor, deren Arbeitsverhältnis zum Jubiläumszeitpunkt zwar noch besteht, aber bereits gekündigt ist beziehungsweise durch einen Aufhebungsvertrag enden wird. Dies dürfte jedenfalls dann zulässig sein, wenn als Zweck der Leistung auch der Anreiz zu **künftiger Betriebstreue** gesehen wird (vgl. BAG, Urt. v. 14.02.2007 – 10 AZR 181/06, NZA 2007, 558, 560; BAG, Urt. v. 18.01.2012 – 10 AZR 667/10, NZA 2012, 620). 719

Nicht ausgenommen von einem Anspruch auf Jubiläumszahlungen dürfen unter Berücksichtigung des nach § 75 Abs. 1 BetrVG von den Betriebsparteien zu beachtenden arbeitsgerichtlichen Gleichbehandlungsgrundsatzes Teilzeitbeschäftigte oder geringfügig Beschäftigte sein (BAG, Urt. v. 22.05.1996 – 10 AZR 618/95, NZA 1996, 938). 720

8. Aus Gründen der Rechtsklarheit sollte der Begriff der Unternehmenszugehörigkeit als wesentliche Anspruchsvoraussetzung so genau wie möglich definiert werden. Mit Blick auf den Zweck der Jubiläumszahlung dürfen sich dabei krankheitsbedingte Fehlzeiten auch außerhalb des Entgeltfortzahlungszeitraumes sowie Zeiträume, in denen das Arbeitsverhältnis ruht, nicht mindernd auswirken oder einer Auszahlung entgegenstehen. Insoweit kommt es allein auf den rechtlichen ununterbrochenen Bestand des Arbeitsverhältnisses an. 721

9. Ein Mitbestimmungsrecht des Betriebsrates kann für **Sonderzahlungen aus besonderem Anlass** aus § 87 Abs. 1 Nr. 10 BetrVG folgen. Der Arbeitgeber bleibt jedoch wie bei allen freiwilligen Vergütungsbestandteilen grundsätzlich in seiner Entscheidung über das »Ob« der Gewährung, den Dotierungsrahmen, die Bestimmung des Leistungszwecks und die abstrakte Bestimmung des berechtigten Personenkreises frei (vgl. AR/*Rieble* § 87 BetrVG Rn. 66). 722

10. Die Steuerfreiheit sog. **Geburtsbeihilfen** in Form von einmaligen oder laufenden Geld- bzw. Sachleistungen im Wert von maximal 315,00 € ist durch das Gesetz zum Einstieg in ein steuerliches Sofortprogramm zum 01.01.2006 weggefallen. Die seit diesem Zeitpunkt geleisteten Geburtsbeihilfen sind somit grundsätzlich oberhalb der allgemeinen **Freigrenze für Sachzuwendungen** aus Anlass eines besonderen persönlichen Ereignisses (Aufmerksamkeiten) von derzeit 60,00 € (R 19.6 Abs. 1 S. 2 LStR) voll lohnsteuer- und beitragspflichtig. 723

724	**11.** Auch sog. **Heiratsbeihilfen** sind seit dem 01.01.2006 im Grundsatz voll steuer- und sozialversicherungspflichtig. Insoweit wird auf die Ausführungen in O Rdn. 723 verwiesen.
725	**12.** Die Pflicht zur Zahlung von **Sterbegeld** bzw. **Leistungen im Todesfall** ist vielfach Regelungsgegenstand von Tarifverträgen. Daher ist vor dem Abschluss einer entsprechenden Betriebsvereinbarung im besonderen Maße auf die Sperrwirkung des § 77 Abs. 3 BetrVG zu achten. Zur lohnsteuerrechtlichen Behandlung von Sterbegeld siehe Küttner/*Seidel* Sterbegeld Rn. 4 ff.
726	**13.** Aus Sicht des Arbeitgebers gilt es, ein besonderes Augenmerk auf die genaue Bestimmung des Kreises der Anspruchsberechtigten zu legen. Hierbei ist insbesondere der **arbeitsrechtliche Gleichbehandlungsgrundsatz** zu beachten. Nicht zulässig wäre etwa eine Differenzierung beim Anspruch auf Sterbegeld zwischen ehelichen und nichtehelichen Kindern (BAG, Urt. v. 20.08.2002 – 3 AZR 463/01, NZA 2003, 1044). Ohne Beanstandung durch das BAG ist dagegen eine Regelung geblieben, die den Kreis der Empfangsberechtigten auf unterhaltsberechtigte Kinder beschränkt hat, die mit dem Verstorbenen in einem Haushalt lebten und für die er das Sorgerecht innehatte (BAG, Urt. v. 20.08.2002 – 3 AZR 463/01, NZA 2003, 1044).
727	**14.** Regelungsgegenstand der Betriebsvereinbarung sollte eine klar **definierte Berechnungsgrundlage** für die Höhe des Sterbegelds sein. Insoweit bietet sich die im Muster verwendete Stichtagsregelung an. Hierdurch wird gewährleistet, dass die Hinterbliebenen genau den Betrag als Sterbegeld erhalten, der dem zuletzt bezogenen Arbeitsentgelt des Arbeitnehmers entspricht. Denkbar ist auch, das Sterbegeld auf Grundlage eines Durchschnittsverdienstes, etwa der letzten zwölf Monate, zu gewähren. Dies bietet sich insbesondere für Arbeitnehmer mit einem hohen Anteil variabler Bezüge an.
728	**15.** Es besteht keine Verpflichtung des Arbeitgebers zur Zahlung eines **Betreuungszuschusses** an seine Arbeitnehmer. Gegen seinen Willen kann ein solcher Zuschuss auch nicht durch den Betriebsrat erzwungen werden. Es handelt sich vielmehr um einen Regelungsgegenstand einer freiwilligen Betriebsvereinbarung i.S.v. § 88 BetrVG.
729	Nach § 3 Nr. 33 EStG sind zusätzlich zum ohnehin geschuldeten Arbeitslohn erbrachte Leistungen des Arbeitgebers zur Unterbringung und Betreuung von nicht schulpflichtigen Kindern der Arbeitnehmer in **Kindergärten** oder vergleichbaren Einrichtungen grundsätzlich **steuerfrei**. Hierbei kann es sich sowohl um Aufwendungen für betriebseigene Kindergärten als auch Barzuschüsse zu Beiträgen für fremde Einrichtungen handeln (Küttner/*Thomas* Betriebskindergarten Rn. 5).
730	Einer Steuerfreiheit der Zuschüsse steht nicht entgegen, wenn nicht der beim Arbeitgeber beschäftigte Elternteil die erstatteten Aufwendungen tatsächlich wirtschaftlich getragen hat (R 3.33 Abs. 1 S. 2 LStR).
731	**16.** Vergleichbare Einrichtungen i.S.d. § 3 Nr. 33 EStG sind beispielsweise Schulkindergärten, Kinderkrippen, Tagesmütter, Wochenmütter oder Ganztagespflegstellen. Die Einrichtung muss **gleichzeitig** zur **Unterbringung** und **Betreuung** von Kindern geeignet sein. Die alleinige Betreuung im Haushalt, z.B. durch Kinderpflegerinnen, Hausgehilfinnen oder Familienangehörige, genügt nicht (R 3.33 Abs. 2 LStR). Auch Internate können vergleichbare Einrichtungen im vorgenannten Sinne sein, wenn sie auch nicht schulpflichtige Kinder aufnehmen. Die **Steuerfreiheit der Zuschüsse** bezieht sich in diesem Fall jedoch nicht auf Aufwendungen, die auf den Unterricht des Kindes entfallen (R 3.33 Abs. 2 S. 5 LStR).
732	**17.** Bei **Barzuschüssen** des Arbeitgebers zu den Kinderbetreuungskosten des Arbeitnehmers ist Voraussetzung für eine **Steuer- und Sozialversicherungsfreiheit**, dass der Arbeitnehmer dem Arbeitgeber die zweckentsprechende Verwendung der Zuschüsse nachweist. Der Arbeitgeber hat die Nachweise im Original als Belege zum Lohnkonto aufzubewahren (R 3.33 Abs. 4 S. 2 und 3 LStR).
733	**18.** In der betrieblichen Praxis bieten Arbeitgeber ihren Beschäftigten zunehmend so genannte »**Job-Tickets**« für Fahrten zwischen Wohnung und regelmäßiger Arbeitsstätte an. Hierbei handelt

es sich um verbilligte Monats- oder Jahreskarten für den öffentlichen Personennahverkehr auf der Grundlage einer vertraglichen Vereinbarung zwischen dem Arbeitgeber und dem örtlichen Nahverkehrsverbund.

Zuschüsse oder Ersatzleistungen des Arbeitgebers für Fahrten des Arbeitnehmers zwischen der Wohnung und der Arbeitsstätte sind grundsätzlich ohne Rücksicht auf das benutzte Verkehrsmittel **steuer- und sozialversicherungspflichtig**. Die nach § 3 Nr. 34 EStG a.F. geltende Steuerfreiheit für Fahrtkostenzuschüsse und Job-Tickets wurde zum 01.01.2004 aufgehoben. Allerdings entsteht kein steuerpflichtiger geldwerter Vorteil, wenn der Arbeitgeber das Jobticket zu dem (ermäßigten) Preis an den Arbeitnehmer weitergibt, zu dem er das Ticket selbst von dem Nahverkehrsunternehmen im Rahmen des Rahmenvertrages erworben hat (BMF-Schreiben v. 27.01.2004 – IV C 5 – S 2000 – 2/04, BStBl. 2004 I S. 173). 734

Das Muster sieht neben der reinen Überlassung des Job-Tickets auch eine **Kostenbeteiligung** des Arbeitgebers zu Gunsten der Arbeitnehmer vor. Hierauf findet grundsätzlich die Regelung des § 8 Abs. 2 S. 11 EStG Anwendung. Danach bleiben **Sachbezüge** außer Ansatz, wenn die sich nach Anrechnung der vom Arbeitnehmer gezahlten Entgelte ergebenden Vorteile insgesamt 44,00 € im Kalendermonat nicht übersteigen. Gilt das Job-Ticket jedoch für einen längeren Zeitraum (z.B. Jahresticket), so fließt der Vorteil insgesamt bereits im Zeitpunkt der Überlassung des Job-Tickets zu (BFH, Urt. v. 12.04.2007 – VI 89/04, DStR 2007, 1204). Die **monatliche Freigrenze** kommt dann nicht zur Anwendung. Dieses nachteilige Ergebnis kann vermieden werden, wenn das Jahresticket aus einzelnen monatlichen Fahrberechtigungen besteht, die vom Arbeitgeber jeweils nur Monat für Monat ausgehändigt bzw. bei dem Einsatz von Chipkarten »freigeschaltet« werden (vgl. R 8.1 Abs. 3 S. 5 LStR). 735

19. Das unentgeltliche oder verbilligte **Überlassen von Wirtschaftsgütern** an den Arbeitnehmer stellt grundsätzlich einen geldwerten Vorteil dar, der steuer- und sozialversicherungspflichtig ist. Dabei ist es gleichgültig, ob es sich um Gegenstände aus dem Privatvermögen des Arbeitgebers oder um Wirtschaftsgüter des Betriebsvermögens handelt. § 8 Abs. 3 S. 2 EStG sieht insoweit jedoch einen **Freibetrag** in Höhe von 1.080,00 € pro Kalenderjahr für die unentgeltliche oder verbilligte Überlassung von Waren vor, die vom Arbeitgeber selbst hergestellt oder vertrieben werden und deren Bezug nicht nach § 40 EStG pauschal versteuert wird. In diesem Umfang gewährte **steuerfreie Rabatte** unterliegen auch nicht der Sozialversicherungspflicht (§ 1 Abs. 1 Nr. 1 Sozialversicherungsentgeltverordnung (SvEV)). 736

Der so genannte **Rabattfreibetrag** findet keine Anwendung für Waren, die der Arbeitgeber nur für den Bedarf seiner Arbeitnehmer herstellt (z.B. Kantinenessen) oder die dem Arbeitnehmer durch einen Dritten (z.B. ein mit dem Arbeitgeber verbundenes Konzernunternehmen) überlassen werden. 737

Für die Bewertung der Sachbezüge sind die Endpreise (einschließlich Umsatzsteuer) maßgeblich, zu denen der Arbeitgeber oder der nächstansässige Abnehmer die Waren oder Dienstleistungen fremden Letztverbrauchern im allgemeinen Geschäftsverkehr anbietet (§ 8 Abs. 3 EStG). Im Einzelhandel sind dies die Preise, mit denen die Ware ausgezeichnet wird. Dieser Wert ist um den in § 8 Abs. 3 EStG festgelegten pauschalen Preisabschlag von 4 % zu mindern. 738

20. Einer Anwendung des Rabattfreibetrages steht es nicht entgegen, wenn der Arbeitgeber die Waren zunächst zu normalen Endverbraucherkonditionen abrechnet und die **Mitarbeiterrabatte** erst nachträglich in Form von Gutschriften gewährt. In diesem Fall muss lediglich sichergestellt sein, dass die Rabattkonditionen, die zu den späteren Gutschriften führen, bereits im Zeitpunkt der Überlassung der Ware ausdrücklich und konkret festgelegt sind. 739

21. Siehe O Rdn. 217. 740

741 **22.** Eine Betriebsvereinbarung kann die Möglichkeit einer **Teilkündigung** vorsehen. Dies bietet sich insbesondere in Fällen wie dem vorliegenden Muster an, in dem die Betriebsvereinbarung viele verschiedene, abgrenzbare Regelungskomplexe enthält.

742 Auch ohne die ausdrückliche Aufnahme eines Rechtes zur Teilkündigung ist diese regelmäßig zulässig, wenn der gekündigte Teil einen **selbständigen Regelungskomplex** betrifft, der ebenso in einer eigenständigen Betriebsvereinbarung geregelt werden könnte. Wollen die Betriebsparteien eine Teilkündigung von selbständigen Regelungen zu unterschiedlichen Angelegenheiten in einer Betriebsvereinbarung verhindern, müssen sie dies in der Betriebsvereinbarung deutlich zum Ausdruck bringen (BAG, Urt. v. 06.11.2007 – 1 AZR 826/06, NZA 2008, 422). Die Betonung der Selbständigkeit der geregelten freiwilligen Leistungen soll den Anforderungen der Rechtsprechung zur Möglichkeit der mitbestimmungsfreien Einstellung von freiwilligen Leistungen Rechnung tragen (siehe hierzu LAG Hamm, Beschl. v. 23.06.2015 – 7 TaBV 21/15, JurionRS 2015, 21420; BAG, Beschl. v. 23.01.2008 – 1 ABR 82/06, NZA 2008, 774) und hierdurch ein Teilkündigungsrecht für einzelne Leistungen ohne Nachwirkung rechtlich absichern.

743 **23.** Aus Sicht des Arbeitgebers sollte unbedingt darauf geachtet werden, die **Nachwirkung** der Betriebsvereinbarung ausdrücklich auszuschließen. Nur so kann er sich rechtssicher und risikofrei von den eigentlich »freiwilligen« Leistungen wieder lösen. Zum Problem der Nachwirkung von Betriebsvereinbarungen über freiwillige Sozialleistungen siehe ausführlich *Salamon* NZA 2011, 549 ff. sowie *Fitting* § 77 BetrVG Rn. 189 ff.

744 **24.** Siehe O Rdn. 226.

III. Personelle Maßnahmen

1. Auswahlrichtlinie

Vorbemerkung

745 Auswahlrichtlinien über die personelle Auswahlentscheidung bei Einstellungen, Versetzungen, Umgruppierungen und Kündigungen finden ihre gesetzliche Grundlage in § 95 Abs. 1 und 2 BetrVG. Ziel ist, die personelle Entscheidung des Arbeitgebers transparenter zu machen und die jeweilige Auswahl zu versachlichen (vgl. Regierungsentwurf, BT-Drucks. VI/1786, S. 50.). Daneben sollen der Betriebsfrieden und eine gerechte Behandlung der Arbeitnehmer gesichert werden.

746 Unter einer Auswahlrichtlinie ist eine abstrakte Regelung zu verstehen, die durch die Aufstellung von Auswahlkriterien der Entscheidungsfindung bei personellen Entscheidungen dient, die potentiell mehrere Arbeitnehmer betreffen (BAG, Beschl. v. 27.10.1992 – 1 ABR 4/92, NZA 1993, 607). In der Praxis sind Auswahlrichtlinien insb. in Form von Punkteschemata bei betriebsbedingten Kündigungen von großer Bedeutung. Häufig lässt es sich trefflich darüber streiten, welche der miteinander vergleichbaren Arbeitnehmer aufgrund Ihrer Sozialdaten (Dauer der Betriebszugehörigkeit, Lebensalter, Unterhaltspflichten und Schwerbehinderung) sozial schutzwürdiger sind. Um trotz dieser heterogenen Kriterien eine rechtssichere Sozialauswahl durchführen zu können, bietet sich die Verwendung von Punkteschemata an.

▶ **Muster – Auswahlrichtlinie für betriebsbedingte Kündigungen**

747 Arbeitgeber und Betriebsrat beschließen die folgende Betriebsvereinbarung zur Sozialauswahl bei betriebsbedingten Kündigungen: [1]

§ 1 Geltungsbereich

Diese Betriebsvereinbarung gilt für alle Arbeitnehmer des Betriebs i.S.d. § 5 BetrVG. [2]

§ 2 Anhörungsverfahren

Nachdem der Arbeitgeber seinen Kündigungsentschluss getroffen hat, hat er das Anhörungsverfahren nach § 102 BetrVG einzuleiten. Das Anhörungsverfahren wird schriftlich durchgeführt. Dem Betriebsrat ist insbesondere mitzuteilen,

- wie die Auswahl vorgenommen wurde und zu welchen Ergebnissen sie geführt hat,
- ob Leistungsträger aus der Sozialauswahl ausgenommen wurden,
- warum die ausgenommenen Mitarbeiter Leistungsträger sind.

§ 3 Sozialauswahl

Vor der Kündigung hat der Arbeitgeber zu ermitteln, welche der in Betracht kommenden Arbeitnehmer die Kündigung am wenigsten hart treffen wird. Diese hat er zu entlassen.

Kriterien sind das Lebensalter, die Betriebszugehörigkeit, Unterhaltspflichten und eine etwaige Schwerbehinderung. [3]

Der Arbeitgeber nimmt die Sozialauswahl dabei nach folgendem Punkteschema vor: [4]

Kriterium:	Punkte:
pro Lebensjahr bis zum vollendeten 55. Lebensjahr [5]	1 Punkt
pro Jahr der Beschäftigung [6] – bis 10 Dienstjahre – ab dem 11. Dienstjahr (Berücksichtigung nur bis zum vollendeten 55. Lebensjahr und max. 70 Punkte)	1 Punkt 2 Punkte
unterhaltsberechtigte Ehepartner [7]	4 Punkte
unterhaltsberechtigtes Kind	4 Punkte
Schwerbehinderung bis GdB von 50 [8]	5 Punkte
Schwerbehinderung über GdB 50, pro 10 GdB	1 Punkt

Bei der Anwendung des Punkteschemas behalten sich die Betriebsparteien eine abschließende Abwägung unter Berücksichtigung aller Umstände des Einzelfalls vor. [9]

§ 4 In-Kraft-Treten

Diese Betriebsvereinbarung tritt am Tage Ihrer Unterzeichnung in Kraft.

_____[Ort]_____, den _____[Datum]_____

(Unterschriften)

Erläuterungen

Schrifttum

Bauer/Powietzka Kündigung schwerbehinderter Arbeitnehmer – Nachweis, Sozialauswahl, Klagefrist und Reformbedarf, NZA-RR 2004, 505; *Fuhlrott* Auswahlrichtlinien und Punkteschemata bei betriebsbedingten Kündigungen, ArbRAktuell 2012, 108; *Gaul/Lunk* Gestaltungsspielraum bei Punkteschemata zur betriebsbedingten Kündigung, NZA 2004, 184; *Kempter* Namensliste, Auswahlrichtlinie, Altersgruppen – Chancen und Risiken bei der Sozialauswahl, BB 2013, 3061; *Lingemann/Beck* Auswahlrichtlinie, Namensliste, Altersgruppenbildung und Altersdiskriminierung, NZA 2009, 557; *Powietzka* Eingetragene Lebenspartnerschaft und Arbeitsrecht, BB 2002, 146.

1. Gemäß § 95 BetrVG kann in einem Tarifvertrag, einer Betriebsvereinbarung oder in einer Richtlinie nach dem Personalvertretungsgesetz festgelegt werden, wie die Kriterien der Sozialauswahl im Verhältnis zueinander zu bewerten sind. In der Praxis existieren allerdings kaum tarifvertragliche Regelungen, Betriebsvereinbarungen sind die Regel (*Kempter* BB 2013, 3062). Für den Arbeitgeber liegt der Vorteil einer Betriebsvereinbarung darin, dass die gerichtliche Überprüfung der Sozialauswahl hinsichtlich ihrer Kriterien nur noch auf grobe Fehlerhaftigkeit erfolgt, § 1 Abs. 4 KSchG. **Grobe Fehlerhaftigkeit** liegt vor, wenn »tragende Gesichtspunkte nicht in die Bewertung einbezogen worden sind, sodass die Bewertung evident unzulänglich ist und jede Ausgewogenheit vermissen lässt« (ErfK/*Oetker* § 1 KSchG Rn. 358). Dies wird vom BAG etwa bejaht, wenn einzelne Sozialdaten überhaupt nicht, eindeutig unzureichend oder mit offensichtlich überhöhter Bedeutung berücksichtigt worden sind (BAG, Urt. v. 18.10.2006 – 2 AZR 473/05, NZA 2007, 504). Allerdings geht der Arbeitgeber mit einem Punkteschema in der Betriebsvereinbarung auch eine gewisse Bindungswirkung ein – denn klagende Arbeitnehmer können sich auf einen Verstoß gegen den Berechnungsmodus berufen.

749 Rechtstechnisch sind alle Auswahlrichtlinien, die schriftlich und unter den Voraussetzungen der §§ 95, 97 BetrVG geschlossen wurden, als Betriebsvereinbarungen einzuordnen. Diese Schriftform ist jedoch nicht zwingend: Denn auch eine mündliche Vereinbarung über die Kriterien der Sozialauswahl ist grundsätzlich möglich (sog. Regelungsabrede), wenn auch die Vermutungswirkung des § 1 Abs. 4 KSchG in diesem Fall nicht eintritt (*Kempter* BB 2013, 3063).

750 **2.** Eine konkret bevorstehende Betriebsänderung oder ein Interessenausgleich ist als Voraussetzung einer Auswahlrichtlinie nicht erforderlich (*Kempter* BB 2013, 3062), sie kann also auch zur »Vorsorge« für zukünftige personelle Einzelmaßnahmen wie etwa betriebsbedingte Kündigungen vereinbart werden. Dabei ist aber zu beachten, dass sich die Auswahlrichtlinie grundsätzlich auf allgemeine Personalmaßnahmen bezieht. Es reicht nach dem BAG jedoch aus, wenn bei einem Bezug auf konkrete zukünftige Personalmaßnahmen eine »gewisse Generalisierung« vorhanden ist – die auch bei der Anwendbarkeit auf nur einen Fall gegeben sein kann (BAG, Beschl. v. 26.07.2005 – 1 ABR 29/04, NZA 2005, 1372). Eine solche Generalisierung wird durch einen kollektiven Bezug erreicht, etwa wenn aus einer Mehrzahl vergleichbarer, für die Kündigung(en) in Betracht kommender Arbeitnehmer eine Auswahl getroffen werden muss (Grobys/Panzer/*Ziai-Ruttkamp* SWK ArbR, Auswahlrichtlinie Rn. 4). Auswahlrichtlinien sind nur bei betriebsbedingten Kündigungen vorstellbar, da bei der personen- bzw. verhaltensbedingten Kündigung eine Auswahl zwischen mehreren Arbeitnehmern nicht möglich ist (BAG, Beschl. v. 18.04.2000 – 1 ABR 28/99, NZA 2001, 167). In Betrieben bis zu 500 Arbeitnehmern kann der Arbeitgeber Auswahlrichtlinien über die Einigungsstelle erzwingen, § 95 Abs. 1 BetrVG. In Betrieben über 500 Arbeitnehmern gilt dies auch für den Betriebsrat, der auf diese Weise beispielsweise eine Personalmaßnahme verzögern kann (*Fuhlrott* ArbRAktuell 2012, 108).

751 **3.** Die Auswahlrichtlinie beinhaltet die Festlegung der materiellen Merkmale für die Auswahl der zu kündigenden Personen sowie das Verfahren zur jeweiligen Feststellung der Auswahlkriterien (Richardi/*Thüsing* BetrVG, § 95 Rn. 10). Die Betriebspartner müssen die vier sozialen Grunddaten (Betriebszugehörigkeit, Lebensalter, Unterhaltsverpflichtungen, Schwerbehinderung) in einem angemessenen Verhältnis zueinander berücksichtigen, da § 1 Abs. 4 KSchG die Kriterien der Sozialauswahl nach § 1 Abs. 3 KSchG nicht verdrängt. Dabei darf keinem der genannten Faktoren absoluter Vorrang eingeräumt werden (LAG Niedersachsen, Urt. v. 23.05.2005 – 5 Sa 198/05, NZA-RR 2005, 584). Wegen der gesetzlichen Begrenzung der Sozialauswahl auf Alter, Betriebszugehörigkeit, Unterhaltspflichten und Schwerbehinderung ist es nicht zulässig, durch eine Vereinbarung nach § 1 Abs. 4 KSchG eine weitere Begrenzung der Sozialauswahl auf bestimmte Kriterien vorzunehmen (*Gaul/Lunk* NZA 2004, 184).

752 **4.** In der Praxis ist es verbreitet, durch die Vergabe von Punkten die vier sozialen Grunddaten zu bewerten und nach einer Gegenüberstellung aller vergleichbaren Arbeitnehmer diejenigen mit den wenigstens Sozialpunkten zu kündigen. Welches der in § 1 Abs. 3 KSchG genannten Kriterien die Betriebsparteien wie stark gewichten möchten, steht ihnen im Grundsatz frei – jedenfalls solange der gewählte Maßstab nicht dazu führt, dass ein Kriterium keine bzw. nur noch eine minimale Berücksichtigung erfährt. Obwohl die Betriebsparteien grundsätzlich in der (angemessenen) Gewichtung der Sozialdaten zueinander frei sind, bietet sich in der Praxis die Verwendung von bislang

durch die Rechtsprechung bereits für zulässig angesehenen Punkteschemata an (ebenfalls für zulässig erachtete Punkteschemata: BAG, Urt. v. 06.07.2006 – 2 AZR 443/05, NZA 2007, 197 und LAG Baden-Württemberg, Urt. v. 25.03.2011 – 18 Sa 77/10, NZA-RR 2011, 407). Im Muster wurde auf BAG, Urt. v. 09.11.2006 – 2 AZR 812/05, NZA 2007, 549 Bezug genommen.

5. Die Regelung, dass an Arbeitnehmer mit steigendem **Lebensalter** mehr Punkte vergeben werden, stellt eine an das Alter anknüpfende unterschiedliche Behandlung i.S.v. § 1 AGG dar. Ein solches Punkteschema bevorzugt ältere und benachteiligt jüngere Arbeitnehmer (BAG, Urt. v. 13.10.2009 – 9 AZR 722/08, NZA 2010, 327). Denn mit an das steigende Lebensalter anknüpfender höherer Punktezahl verringert sich die Wahrscheinlichkeit, im Falle betriebsbedingter Kündigungen gekündigt zu werden. Eine solche unterschiedliche Behandlung kann durch ein legitimes Ziel gemäß § 10 Satz 1 AGG gerechtfertigt sein. Dafür muss die Ungleichbehandlung wegen des Alters objektiv gerechtfertigt und angemessen sein. Verfolgt eine Betriebsvereinbarung und die Umsetzung eines Punkteschemas das Ziel, ältere Arbeitnehmer, die wegen ihres Alters typischerweise schlechtere Chancen auf dem Arbeitsmarkt haben, besser zu schützen, stellt dies zunächst ein legitimes sozialpolitisches Ziel dar. Dabei reicht eine typisierende Betrachtung der Arbeitsmarktchancen aus, die individuellen Vermittlungschancen müssen nicht bei jeder Sozialauswahl gesondert ermittelt und berücksichtigt werden (BAG, Urt. v. 06.09.2007 – 2 AZR 387/06, NZA 2008, 405; BAG Urt. v. 06.11.2008 – 2 AZR 523/07, NZA 2009, 361). Im Rahmen der Angemessenheit der Punktevergabe ist jedoch zu berücksichtigen, dass jedes der Abwägungselemente den Ausschlag geben können muss – nicht nur das Lebensalter. Das Lebensalter darf also gegenüber den anderen Kriterien nicht überbewertet werden (*Lingemann/Beck* NZA 2009, 578). Ein Ausgleich kann hier beispielsweise durch die Gewichtung der Betriebszugehörigkeit erfolgen. Zwar bevorzugt auch diese tendenziell ältere Arbeitnehmer; sie kann aber auch das Kriterium Lebensalter relativieren, wenn jüngere Arbeitnehmer zumindest dann bei der Sozialauswahl gegenüber älteren Arbeitnehmern nicht benachteiligt sind, wenn sie über eine längere Betriebszugehörigkeit verfügen. Es bietet sich daher an, die Betriebszugehörigkeit (zumindest ab einer bestimmten Dauer) stärker als das Lebensalter zu gewichten (vgl. BAG, Urt. v. 06.11.2008 – 2 AZR 523/07, NZA 2009, 361).

Ebenfalls unsicher war, ob die bis zur Einführung des AGG übliche lineare Punktevergabe – also ein Punkt pro Lebensjahr – weiterhin zulässig ist. Hier hat das BAG zwischenzeitlich aber deutlich gemacht, dass auch unter Geltung des AGG eine lineare Punkteverteilung zulässig ist (BAG, Urt. v. 06.11.2008 – 2 AZR 523/07, NZA 2009, 361). Zweifel bei der Feststellung des **Lebensalters** dürften in der Praxis nur im Ausnahmefall bei älteren oder ausländischen Arbeitnehmern bestehen. Sollte es hier etwa Zweifel an einem genauen Geburtsdatum geben, ist entsprechend § 33a SGB I auf das Geburtsdatum abzustellen, das sich aus der ersten Angabe des Arbeitnehmers gegenüber einem Sozialleistungsträger ergibt (*Gaul/Lunk* NZA 2004, 184).

6. Für die Dauer der **Betriebszugehörigkeit** ist nicht lediglich die Zeitspanne ausschlaggebend, in der ein Arbeitnehmer in demselben Betrieb arbeitet. Vielmehr kommt es auf die Beschäftigung bei demselben Arbeitgeber an – auch wenn sie in verschiedenen Betrieben erfolgt (BAG, Urt. v. 10.10.2002 – 2 AZR 418/01, NZA 2003, 1295). Dabei sind u.U. auch frühere Beschäftigungen bei demselben Arbeitgeber anzurechnen, wenn das neue Arbeitsverhältnis in engem sachlichen Zusammenhang mit dem früheren Arbeitsverhältnis steht (BAG, Urt. v. 23.05.2013 – 2 AZR 54/12, EzA § 23 KSchG Nr. 39; BAG, Urt. v. 27.06.2002 – 2 AZR 270/01, NZA 2003, 145; Grobys/Panzer/*Powietzka* SWK ArbR, Kündigung, allgemein Rn. 28).

7. Bei der Einbeziehung der **Unterhaltspflichten** ist auf bestehende gesetzliche Pflichten abzustellen. Hierzu zählen nicht nur Unterhaltspflichten gegenüber dem Ehegatten und den Kindern, sondern auch solche gegenüber pflegebedürftigen Eltern (§§ 1601 ff. BGB) sowie die gesetzlichen Unterhaltspflichten einer eingetragenen gleichgeschlechtlichen Lebenspartnerschaft (*Powietzka* BB 2002, 146). Unterhaltsleistungen in einer nichtehelichen Lebensgemeinschaft sind dagegen nicht zu berücksichtigen. Dies gilt auch für künftige Unterhaltspflichten, selbst wenn die Geburt oder Adoption noch vor dem Ablauf der Kündigungsfrist zu erwarten ist (*v. Hoyningen-Huene/Linck* KSchG, § 1 Rn. 468a).

757 **8.** In Bezug auf eine etwaige **Schwerbehinderung** gilt die Besonderheit, dass der Arbeitgeber zwar zu einer angemessenen Berücksichtigung verpflichtet ist, er aber Mitarbeiter mit Sonderkündigungsschutz schon nicht zwingend in die Sozialauswahl einbeziehen muss: Denn mangels behördlicher Genehmigung des Integrationsamts kann er sich auf eine fehlende Kündigungsmöglichkeit berufen (in diesem Fall bezieht man Beschäftigte mit Sonderkündigungsschutz nicht in den Kreis der vergleichbaren Beschäftigten mit ein, vgl. *v. Hoyningen-Huene/Linck* KSchG, § 1 Rn. 946 ff.; APS/*Kiel* § 1 KSchG Rn. 655). Sofern der Arbeitgeber hiervon keinen Gebrauch macht, kommt es für die Schwerbehinderung auf die Begriffsbestimmung des § 2 Abs. 2 SGB IX an. Auch wenn der Wortlaut des § 1 Abs. 3 KSchG insoweit keine klare Aussage trifft, müssen behinderte Menschen, die Schwerbehinderten gemäß §§ 2 Abs. 3, 68 Abs. 2 SGB IX gleichgestellt sind, entsprechend behandelt werden. Voraussetzung ist jedoch, dass die behördliche Feststellung nach §§ 2 Abs. 3, 68 Abs. 2 SGB IX zum Zeitpunkt des Kündigungszugangs bereits vorliegt (*Bauer/Powietzka* NZA-RR 2004, 508). Dass die Begriffsbestimmung in § 2 Abs. 2, Abs. 3 SGB IX an sich nur für das SGB IX bedeutsam ist, steht der Einbindung mit Blick auf eine am Zweck von § 1 Abs. 3 KSchG orientierte Auslegung nicht entgegen. Darüber hinaus lässt auch die im Diskriminierungsverbot des Art. 3 Abs. 3 Satz 2 GG begründete Schutzpflicht des Gesetzgebers eine Differenzierung nach Art der Behinderung nicht erkennen. Maßgeblich ist also – wie auch bei den anderen Kriterien – die tatsächliche Sachlage (*Gaul/Lunk* NZA 2004, 185).

758 **9.** In jedem Fall empfiehlt es sich, in die Auswahlrichtlinie mit aufzunehmen, dass sich die Betriebsparteien eine abschließende Abwägung unter Berücksichtigung aller Umstände des Einzelfalls vorbehalten (*Kempter* BB 2013, 3064). Diese abschließende Einzelfallprüfung wird zwar nicht als zwingend erforderlich angesehen (BAG, Urt. v. 09.11.2006 – 2 AZR 812/05, NZA 2007, 549; ErfK/*Oetker* § 1 KSchG Rn. 356) vermeidet aber eine allzu schematische Anwendung des Punkteschemas und gewährt den Betriebsparteien Flexibilität – sodass im Einzelfall auch eine Kündigung gegenüber einem Arbeitnehmer mit höherer Sozialpunktezahl ausgesprochen werden kann.

2. Antrag auf Zustimmung zur Einstellung und Eingruppierung (mit Unterrichtung über vorläufige Maßnahme)

Vorbemerkung

759 In Unternehmen mit in der Regel mehr als 20 wahlberechtigten Arbeitnehmern hat der Arbeitgeber den Betriebsrat vor jeder Einstellung, Eingruppierung, Umgruppierung und Versetzung zu unterrichten und die Zustimmung des Betriebsrats zu der geplanten Maßnahme einzuholen. Der Betriebsrat darf die Zustimmung nur aus den in § 99 Abs. 2 BetrVG aufgeführten Gründen verweigern. Verweigert der Betriebsrat die Zustimmung, darf die personelle Maßnahme grundsätzlich nicht umgesetzt werden. In dringenden Fällen kann der Arbeitgeber unter den Voraussetzungen des § 100 BetrVG die Maßnahme ausnahmsweise vorläufig auch ohne Zustimmung des Betriebsrats durchführen.

▶ **Muster – Antrag auf Zustimmung zur Einstellung und Eingruppierung (mit Unterrichtung über vorläufige Maßnahme)**

760 [Briefkopf Arbeitgeber]

[Ort, Datum]

An den
Betriebsrat
zu Händen des/der Vorsitzenden
Frau/Herrn ___[Name]___
– im Hause –

Antrag auf Zustimmung zur Einstellung und Eingruppierung   O.III.2.

Antrag auf Zustimmung zur Einstellung und Eingruppierung nach § 99 BetrVG und Unterrichtung über die vorläufige Durchführung der Maßnahme

Sehr geehrte Frau ___[Name]___/sehr geehrter Herr ___[Name]___,

wir beabsichtigen, Frau/Herrn ___[Name, Anschrift, Geburtsdatum, Familienstand des Bewerbers]___ ab dem ___[Datum]___ als ___[Position/Tätigkeitsbezeichnung]___ in der Abteilung ___[Spezifizierung]___ einzustellen. [1] Sie/Er soll dort die Position von Frau/Herrn ___[Name]___ übernehmen, die/der bekanntlich kurzfristig ihr/sein Arbeitsverhältnis gekündigt hat.

Frau/Herr ___[Name des Bewerbers]___ war zuletzt bei ___[Unternehmen]___ tätig. Dort hat sie/er insbesondere ___[ggf. Aufführung besonderer Tätigkeiten]___. Die Bewerberin/Der Bewerber ist mit einem GdB von _____ als schwerbehinderter Mensch anerkannt. [2]

Frau/Herr ___[Name des Bewerbers]___ soll in die tarifliche Lohngruppe ___[Spezifizierung]___ eingruppiert werden/soll eine monatliche Vergütung in Höhe von ___[Betrag]___ € brutto erhalten.

Um die Position haben sich außerdem folgende Personen beworben:

1. ___[Name]___
2. ___[Aufzählung der weiteren Bewerber]___.

Unsere Wahl ist auf Frau/Herrn ___[Name]___ gefallen, weil ___[Begründung]___ [Erläuterung der fachlichen und persönlichen Eignung der Bewerberin/des Bewerbers, z.B.: dass sie/er aufgrund ihrer/seiner fachlichen Qualifikationen, insbesondere aufgrund der fast vierjährigen leitenden Position an vergleichbarer Stelle im Unternehmen ___[Name]___ über die erforderliche praktische Erfahrung für die Ausübung der zu besetzenden Position verfügt; weil sie/er neben der hervorragenden fachlichen Qualifikation, die sich nicht zuletzt aus den Zeugnissen ergibt, auch durch ihre/seine Führungskompetenz überzeugt hat, die sich nicht zuletzt im Zuge der beiden Bewerbungsgespräche [3] am ___[Datum]___ und ___[Datum]___ gezeigt hat].

Die Einstellung von Frau/Herrn ___[Name des Bewerbers]___ wird sich nicht nachteilig auf die übrigen Arbeitnehmer des Unternehmens auswirken. Denn sie/er übernimmt lediglich die bisher von Frau/Herrn ___[Name]___ besetzte Position in der Abteilung ___[Name]___, die durch deren/dessen Ausscheiden vakant geworden ist. Es wird kein zusätzlicher Arbeitsplatz neu geschaffen. Die bisherige Organisationsstruktur bleibt ebenso erhalten. [4]

Beigefügt überlassen wir Ihnen eine Kopie des Personalfragebogens, welchen der die Bewerberin/der Bewerber anlässlich des Vorstellungstermins am ___[Datum]___ ausgefüllt hat, sowie die Bewerbungsunterlagen sämtlicher Bewerber. [5] Wir dürfen Sie bitten, diese bis spätestens zum ___[Datum mindestens eine Woche nach Unterrichtung]___ im Personalbüro zurückzugeben.

Wir dürfen Sie nochmals auf Ihre Verpflichtung hinweisen, über die Ihnen im Rahmen dieser personellen Maßnahme bekannt werdenden persönlichen Verhältnisse der Bewerber Stillschweigen zu bewahren (vgl. § 99 Abs. 1 Satz 3, § 79 BetrVG).

Wir bitten Sie, der beabsichtigten Einstellung und Eingruppierung von Frau/Herrn ___[Name des Bewerbers]___ zuzustimmen.

Ferner unterrichten wir Sie hiermit bereits über die vorläufige Durchführung der personellen Maßnahme. [6]

Diese ist aus sachlichen Gründen dringend erforderlich, weil mit dem unerwarteten und kurzfristigen Ausscheiden von Frau/Herrn ___[Name]___ eine wichtige Position in der Abteilung ___[Name]___ vakant geworden ist und die schnellstmögliche Neubesetzung dieser Stelle mit einer fachlich wie persönlich qualifizierten Person dringend erforderlich ist um einen ordnungsgemäßen Arbeits- und Betriebsablauf in der Abteilung ___[Name]___ aufrecht zu erhalten. [optional: Derzeit wird die Position stellvertretend von Frau/Herrn ___[Name]___ besetzt, die/der zwar die entsprechende fachliche Qualifikation aufweist, jedoch eine dauerhafte Vertretung nicht übernehmen kann, da sie/er sonst an seiner eigentlichen Stelle im Unternehmen, auf der Position ___[Name]___, fehlt und dort nur schwerlich zu ersetzen ist.]

_____
(Unterschrift)

Empfangsbestätigung

Der Antrag auf Zustimmung zur Einstellung und Eingruppierung von Frau/Herrn _____[Name]_____ sowie die Information über die vorläufige Durchführung dieser personellen Maßnahme habe ich am _____[Datum]_____ erhalten.

_____
(Unterschrift der/des Betriebsratsvorsitzenden)

Erläuterungen

Schrifttum

Bengelsdorf Die Umdeutung des Einstellungsbegriffs in § 99 Abs. 1 BetrVG, FA 2009, 70; *Ebert* Zustimmungsverweigerung nach § 99 Abs. 3 BetrVG – Zustimmungsersetzungsverfahren und vorläufige personelle Maßnahmen, ArbRB 2005, 157; *Fliss* Die örtliche Versetzung – Neue Regeln seit dem 11.04.2006?, NZA-RR 2008, 225; *Gillen/Vahle* Vorläufige Personalmaßnahmen nach § 100 BetrVG, BB 2010, 761; *Hexel/Lüders* Mitbestimmung bei personellen Einzelmaßnahmen – BAG weist die Betriebsparteien in ihre Schranken bei Vertragsstrafenvereinbarungen, NZA 2010, 613; *Hunold* Wichtige Rechtsprechung zum Versetzungsbegriff (§ 95 Abs. 3 BetrVG), FS Hromadka 2008, 157; *Reinhard* Mitbestimmung in personellen Angelegenheiten, ArbRB 2008, 157; *Richardi* Die Mitbestimmung bei Einstellungen als Generalklausel einer Beteiligung an Änderungen des Arbeitsvertrags, NZA 2009, 1.

761 **1.** Personelle Einzelmaßnahmen, die der Zustimmung des Betriebsrats bedürfen, sind gemäß § 99 Abs. 1 S. 1 BetrVG die Einstellung, die Ein- und Umgruppierung sowie die Versetzung. Unter der **Einstellung** in diesem Sinne ist nicht der Abschluss des Arbeitsvertrags zu verstehen, sondern die Zuweisung eines Arbeitsbereichs im Unternehmen, mithin die Eingliederung in den Betrieb (vgl. AR/*Rieble* § 99 BetrVG Rn. 5; Richardi/*Thüsing* § 99 BetrVG Rn. 29).

762 **2.** Der Arbeitgeber muss den Betriebsrat im Rahmen seiner Unterrichtungspflicht nach § 99 Abs. 1 BetrVG so vollständig unterrichten, dass dieser Klarheit über die zu besetzende Stelle, die Identität sowie die persönlichen und fachlichen Voraussetzungen des Bewerbers hat und eine Entscheidung über das Vorhandensein oder Nichtvorhandensein eines Zustimmungsverweigerungsrechts treffen kann (vgl. Richardi/*Thüsing* § 99 Rn. 139). Auch vor der Einstellung eines Leiharbeitnehmers ist der Arbeitgeber verpflichtet dem Betriebsrat dessen Namen mitzuteilen. Er kann sich nach Ansicht des BAG nicht auf seine eigene Unkenntnis berufen (BAG, Beschl. v. 09.03.2011 – 7 ABR 137/09, NZA 2011, 871).

763 **3.** Sofern sich die Auswahlentscheidung zugunsten eines Bewerbers maßgeblich aus den geführten Vorstellungsgesprächen ergeben hat, muss der Arbeitgeber den Betriebsrat auch über die Inhalte dieser **Vorstellungsgespräche** unterrichten (BAG, Beschl. v. 14.04.2015 – 1 ABR 58/13, EzA § 99 BetrVG 2001 Nr. 26; vgl. auch BAG, Beschl. v. 28.06.2005 – 1 ABR 26/04, EzA § 99 BetrVG 2001 Nr. 8). Der Betriebsrat hat aber kein Recht, an Vorstellungsgesprächen teilzunehmen (BAG, Beschl. v. 14.04.2015 – 1 ABR 58/13, EzA § 99 BetrVG 2001 Nr. 26). Er kann auch nicht verlangen, dass sich ein Bewerber bei ihm vorstellt (vgl. AR/*Rieble* § 99 BetrVG Rn. 36).

764 **4.** Der Arbeitgeber muss den Betriebsrat nach § 99 Abs. 1 S. 1 BetrVG über die **Auswirkungen** der geplanten Maßnahme informieren. Er muss also beispielsweise mitteilen, ob durch die Einstellung auf Dauer ein zusätzlicher Arbeitsplatz geschaffen wird. Zu den Auswirkungen der Einstellung eines Arbeitnehmers können etwa auch Auswirkungen auf den Überstundenabbau zählen.

765 **5.** Dem Betriebsrat sind die **Bewerbungsunterlagen** vorzulegen. Diese haben sich nicht nur auf den ausgewählten Bewerber zu beschränken, sondern es müssen die Bewerbungsunterlagen aller Personen vorgelegt werden, die sich auf die zu besetzende Stelle beworben haben (BAG, Beschl. v. 21.10.2014 – 1 ABR 10/13, EzA § 99 BetrVG 2001 Einstellung Nr. 21). Zu den Bewerbungsunterlagen zählen u.a. das Bewerbungsschreiben, Arbeitszeugnisse, der Lebenslauf usw. Der Arbeitgeber ist grundsätzlich nicht dazu verpflichtet, weitere Unterlagen zu beschaffen als diejeni-

gen, die ihm durch den Bewerber zur Verfügung gestellt werden (vgl. AR/*Rieble* § 99 BetrVG Rn. 35, 36). Den Arbeitsvertrag muss der Arbeitgeber nicht vorlegen. Auch muss über die Regelungen des Arbeitsvertrags keine Information erteilt werden. Das Mitbestimmungsrecht des Betriebsrats bei Einstellungen ist kein Instrument zur umfassenden Vertragsinhaltskontrolle. Daher erstreckt sich der Unterrichtungsanspruch des Betriebsrats nicht auf die vertraglichen Arbeitsbedingungen des neu eingestellten Arbeitnehmers (BAG, Beschl. v. 27.10.2010 – 7 ABR 36/09, NZA 2011, 527).

6. Grundsätzlich darf der Arbeitgeber die personelle Maßnahme nicht ohne die vorherige Zustimmung des Betriebsrats umsetzen. Liegt zum beabsichtigten Einstellungszeitpunkt die Zustimmung (noch) nicht vor und gilt die Zustimmung auch nicht deshalb als erteilt, weil sich der Betriebsrat innerhalb einer Woche nach ordnungsgemäßer Unterrichtung nicht schriftlich geäußert hat (§ 99 Abs. 3 S. 2 BetrVG), darf die Maßnahme daher nicht vollzogen werden. Gemäß § 100 Abs. 1 BetrVG darf der Arbeitgeber die personelle Maßnahme ausnahmsweise **vorläufig durchführen**. Eine vorläufige Maßnahme ist nur aus **dringenden sachlichen Gründen** zulässig. Weitere Voraussetzung der vorläufigen Maßnahme ist, dass der Arbeitgeber den Betriebsrat gemäß § 100 Abs. 2 BetrVG **unverzüglich unterrichtet**. Die Besetzung eines Arbeitsplatzes zur Sicherung eines ordnungsgemäßen betrieblichen Ablaufs kann als sachlicher Grund herangezogen werden. Nicht ausreichend ist das allgemeine Interesse des Arbeitgebers, dass der Arbeitnehmer seine Arbeit zum vereinbarten Zeitpunkt antritt (vgl. Richardi/*Thüsing* § 100 Rn. 7).

766

In der Praxis wird die Unterrichtung des Betriebsrats über die vorläufige personelle Maßnahme in der Regel nicht bereits mit dem Zustimmungsantrag gemäß § 99 Abs. 1 BetrVG verbunden, sondern erfolgt erst dann, wenn der Betriebsrat die Zustimmung verweigert hat. Es sind jedoch Fallgestaltungen denkbar, in denen die Unterrichtung des Betriebsrats über die vorläufige Maßnahme dann nicht mehr unverzüglich im Sinne des § 100 Abs. 2 S. 1 BetrVG wäre, z.B. wenn der Zustimmungsantrag gemäß § 99 Abs. 1 BetrVG weniger als eine Woche vor dem Einstellungstermin erfolgt und für den Arbeitgeber bereits feststeht, dass er die Maßnahme auch ohne die (rechtzeitige) Zustimmung des Betriebsrats vorläufig durchführen wird. Zumindest in diesen Fällen ist zu empfehlen, den Zustimmungsantrag und die Unterrichtung über die vorläufige personelle Maßnahme zu verbinden.

767

Von besonderer Bedeutung ist bei vorläufigen personellen Maßnahmen die Beachtung der gesetzlichen Fristen. Bestreitet der Betriebsrat die dringende Erforderlichkeit der Maßnahme, hat er dies dem Arbeitgeber **unverzüglich** nach Unterrichtung über die vorläufige Maßnahme mitzuteilen (§ 100 Abs. 2 S. 2 BetrVG). Der Arbeitgeber darf dann die vorläufige Maßnahme nur aufrechterhalten, wenn er **innerhalb von drei Tagen** beim Arbeitsgericht die Ersetzung der Zustimmung des Betriebsrats und zugleich die Feststellung beantragt, dass die Maßnahme aus sachlichen Gründen dringend erforderlich war (§ 100 Abs. 2 S. 3 BetrVG).

768

Die Einhaltung dieser knapp bemessenen Frist bereitet in der Praxis gelegentlich Probleme, da der Arbeitgeber einen vollständig begründeten Zustimmungsersetzungsantrag gemäß § 99 Abs. 4 BetrVG stellen und darüber hinaus die besondere Dringlichkeit der Maßnahme gegenüber dem Arbeitsgericht begründen muss. Unter besonderem Zeitdruck steht der Arbeitgeber, wenn das Bestreiten der Dringlichkeit der vorläufigen Maßnahme durch den Betriebsrat dem Arbeitgeber an einem Freitag zugeht und die 3-Tage-Frist somit am darauffolgenden Montag endet. Die Frist zur Anrufung des Arbeitsgerichts verlängert sich in diesem Fall nicht (vgl. *Fitting* § 100 Rn. 11).

769

Zu beachten ist in diesem Zusammenhang die Verpflichtung des Arbeitgebers, den **Arbeitnehmer** über die Sach- und Rechtslage **aufzuklären** (§ 100 Abs. 1 S. 2 BetrVG).

770

O. Betriebsverfassungsrecht

3. Verweigerung der Zustimmung zu personeller Maßnahme

Vorbemerkung

771 Der Betriebsrat kann seine Zustimmung zu einer geplanten personellen Maßnahme nach Maßgabe von § 99 Abs. 2 BetrVG verweigern. Die Zustimmungsverweigerung muss innerhalb einer Woche nach Unterrichtung durch den Arbeitgeber schriftlich erklärt werden (§ 99 Abs. 3 S. 1 BetrVG). Andernfalls gilt nach Ablauf der Wochenfrist die Zustimmung als erteilt (§ 99 Abs. 3 S. 2 BetrVG). Teilt der Betriebsrat die Auffassung des Arbeitgebers über die Notwendigkeit einer vorläufigen personellen Maßnahme nicht, so muss er dies gegenüber dem Arbeitgeber unverzüglich bestreiten, § 100 Abs. 2 S. 2 BetrVG.

▶ **Muster – Verweigerung der Zustimmung zu personeller Maßnahme**

772   [Ort, Datum]

An die Personalleiterin/den Personalleiter
Frau/Herrn ____[Name]____
– im Hause –

Ihr Antrag auf Zustimmung zur Einstellung und Eingruppierung gemäß § 99 BetrVG sowie Mitteilung über vorläufige personelle Maßnahme vom ____[Datum]____ [1]

Sehr geehrte Frau ____[Name]____/geehrter Herr ____[Name]____,

wir verweigern die Zustimmung zu der beabsichtigten Einstellung des Frau/Herrn ____[Name]____ nach § 99 BetrVG aus folgenden Gründen [2]:

1. Für die zu besetzende Stelle hat keine innerbetriebliche Ausschreibung stattgefunden. Obwohl der Betriebsrat das Verlangen geäußert hatte, eine innerbetriebliche Stellenausschreibung vorzunehmen, hat die Geschäftsführung auf eine innerbetriebliche Ausschreibung verzichtet. Die Zustimmungsverweigerung wird demnach auf § 99 Abs. 2 Ziff. 5 BetrVG gestützt, weil die nach § 93 BetrVG erforderliche Ausschreibung im Betrieb unterblieben ist.

2. Überdies verstößt die Einstellung von Frau/Herrn ____[Name]____ gegen die Vorschriften der Betriebsvereinbarung Nr. 8/2008. Nach § ____[Paragraf]____ der Betriebsvereinbarung vom ____[Datum]____ sind bei der Besetzung von Stellen vorrangig innerbetriebliche Fachkräfte zu berücksichtigen. Indem die Geschäftsführung weder eine innerbetriebliche Stellenausschreibung vorgenommen hat, noch bereits vorhandene innerbetriebliche Fachkräfte für die Besetzung der Stelle von Frau/Herrn ____[Name]____ in Erwägung gezogen hat, hat sie gegen die Betriebsvereinbarung verstoßen. Die Verweigerung der Zustimmung stützt sich damit auch auf § 99 Abs. 2 Ziff. 1 BetrVG. [3]

Es wird ferner bestritten, dass die vorläufige Durchführung der Einstellung nach Maßgabe von § 100 Abs. 1 BetrVG dringend erforderlich ist. [4] Die vakante Stelle von Frau/Herrn ____[Name]____ wird derzeit hervorragend durch Frau/Herrn ____[Name]____ mit ausgefüllt. Es kommt hierdurch weder zu einer Mehrbelastung von Frau/Herrn ____[Name]____ noch zu einer irgendwie gearteten Beeinträchtigung der sonstigen betrieblichen Abläufe. Eine Neueinstellung ist demnach nicht dringend erforderlich. Derzeit ist für den Betriebsrat auch nicht ersichtlich, dass Frau/Herr ____[Name]____ mit der Doppelbelastung für beide Positionen auf Dauer überfordert wäre. Vielmehr ist nach Ansicht des Betriebsrats die Erfüllung der Aufgaben beider Positionen möglich.

Mit freundlichen Grüßen

_____
(Unterschrift)

Erläuterungen

1. Gemäß § 99 Abs. 3 S. 1 BetrVG muss die Zustimmungsverweigerung des Betriebsrats **innerhalb einer Woche** nach der Unterrichtung **schriftlich** erklärt werden. Nach Ansicht des BAG genügt dem Schriftlichkeitsgebot nach § 99 Abs. 3 S. 1 BetrVG auch die Mitteilung per **E-Mail**, wenn diese den Erfordernissen der Textform des § 126b BGB entspricht. Dadurch wird nach Ansicht des BAG auch ohne eine eigenhändige Unterschrift sichergestellt, dass die Identitäts- und Dokumentationsfunktion gewahrt ist. Bei der Textform des § 126b BGB muss die Erklärung in einer Urkunde oder auf andere zur dauerhaften Wiedergabe in Schriftzeichen geeignete Weise abgegeben werden, die Person des Erklärenden muss genannt werden und der Abschluss der Erklärung muss durch eine Nachbildung der Namensunterschrift oder anders erkennbar gemacht werden (vgl. BAG, Beschl. v. 10.03.2009 – 1 ABR 93/07, NZA 2009, 622, 625).

773

2. Nach § 99 BetrVG muss der Betriebsrat **ausdrücklich seine Zustimmung verweigern**. Es reicht nicht aus, Bedenken zu äußern. Ferner muss der Betriebsrat beachten, dass die Verweigerung unter der **Angabe von Gründen** zu erfolgen hat. Eine Zustimmungsverweigerung, die keine Begründung enthält, ist unbeachtlich und löst daher die **Zustimmungsfiktion** des § 99 Abs. 3 S. 2 BetrVG aus (BAG, Beschl. v. 13.05.2014 – 1 ABR 9/12, EzA § 99 BetrVG 2001 Nr. 24). Als Gründe für die Zustimmungsverweigerung erkennt § 99 BetrVG nur die in § 99 Abs. 2 BetrVG ausdrücklich genannten Tatbestände an. Dabei genügt es nicht, wenn der Betriebsrat lediglich den dort enthaltenen Wortlaut des Gesetzes wiedergibt. Er muss Tatsachen dartun, aus denen sich ein Ablehnungsgrund aus dem Katalog des § 99 Abs. 2 BetrVG ergibt. Ein Nachschieben von Zustimmungsverweigerungsgründen nach Ablauf der Wochenfrist ist im Verfahren nach § 99 Abs. 4 BetrVG grundsätzlich unzulässig, da die gewählte Begründung der Zustimmungsverweigerung den Gegenstand des von der Arbeitgeberin einzuleitenden Zustimmungsersetzungsverfahrens konkretisiert (BAG, Beschl. v. 17.11.2010 – 7 ABR 120/09, NZA-RR 2011, 415).

774

3. Das hier vorliegende Muster enthält zwei Möglichkeiten, auf die der Betriebsrat seine Verweigerung stützen könnte. Die gewählten Beispiele zeigen, dass der Arbeitgeber bei seiner Einstellungsentscheidung stets auch die innerbetrieblichen Regelungen, beispielsweise Regelungen zu einer **internen Stellenausschreibung**, zu beachten hat. Die Ausschreibungspflicht nach § 93 BetrVG besteht auch für Arbeitsplätze, die der Arbeitgeber dauerhaft oder zumindest für eine Einsatzzeit von vier Wochen mit Leiharbeitnehmern zu besetzen beabsichtigt (BAG, Beschl. v. 01.02.2011 – 1 ABR 79/09, DB 2011, 1282; BAG, Beschl. v. 15.10.2013 – 1 ABR 25/12, EzA § 93 BetrVG 2001 Nr. 2).

775

4. Will der Arbeitgeber, wie im Muster O.III.2. vorgesehen, eine personelle Maßnahme vorläufig durchführen und hat er den Betriebsrat hierüber nach Maßgabe von § 100 Abs. 2 S. 1 BetrVG unverzüglich unterrichtet, so hat der Betriebsrat, wenn er die dringende Erforderlichkeit dieser Maßnahme aus sachlichen Gründen bestreitet, dies dem Arbeitgeber **unverzüglich** mitzuteilen. Andernfalls gilt seine Zustimmung zur vorläufigen Maßnahme als erteilt (siehe dazu Anm. 6 zu Muster O.III.2. – O Rdn. 768).

776

4. Anhörung zu ordentlicher Kündigung, § 102 BetrVG

Vorbemerkung

Nach § 102 Abs. 1 BetrVG ist der Betriebsrat vor jeder Kündigung anzuhören. Der Arbeitgeber hat ihn über die Person des betroffenen Arbeitnehmers und die Kündigungsgründe zu unterrichten. Eine inhaltlich unzutreffende oder unvollständige Unterrichtung des Betriebsrats kann zur Unwirksamkeit der Kündigung führen. Außerdem kann sich der Arbeitgeber im Kündigungsschutzprozess grundsätzlich nur auf diejenigen Kündigungsgründe berufen, die er im Anhörungsverfahren gegenüber dem Betriebsrat vorgebracht hat. Diese Kündigungsgründe können im arbeitsgerichtlichen Verfahren konkretisiert und vertieft werden. Dem Arbeitgeber ist es jedoch

777

O. Betriebsverfassungsrecht

verwehrt, sich auf einen anderen als den dem Betriebsrat mitgeteilten Sachverhalt als Kündigungsgrund zu berufen. Da die Betriebsratsanhörung somit das Prüfprogramm des Kündigungsschutzprozesses vorgibt, bedarf die Erstellung des Anhörungsschreibens besonderer Sorgfalt und einer guten Vorbereitung.

▶ **Muster – Anhörung zu ordentlicher Kündigung, § 102 BetrVG**

778

[Ort, Datum]

An den
Betriebsrat
Frau/Herrn Betriebsratsvorsitzende/n
___[Name]___
– im Hause –

Anhörung gemäß § 102 BetrVG [1]

Sehr geehrte Damen und Herren,
sehr geehrte Frau/sehr geehrter Herr ___[Name]___,

wir beabsichtigen, gegenüber Frau/Herrn ___[Name]___, ___[Anschrift]___, eine ordentliche Kündigung wegen dringender betrieblicher Erfordernisse unter Einhaltung der tariflichen Kündigungsfrist von drei Monaten zum Monatsende mit Wirkung zum ___[voraussichtliches Beendigungsdatum]___ auszusprechen. [2] Frau/Herr, ___[Name]___, geboren am ___[Datum]___, ist seit dem ___[Datum]___ als ___[Funktion]___ in einem tariflichen Arbeitsverhältnis (Tarifgruppe ___[Bezeichnung]___) beschäftigt. Die regelmäßige wöchentliche Arbeitszeit beträgt 35 Stunden. Nach unserer Kenntnis ist Frau/Herr ___[Name]___ nicht verheiratet. Gemäß der uns vorliegenden Lohnsteuerkarte hat Frau/Herr ___[Name]___ keine Unterhaltspflichten. [3]

Kündigungsgründe [4]:

Unser Auftragseingang ist im ersten Halbjahr 2010 gegenüber dem entsprechenden Vorjahreszeitraum um 20 % zurückgegangen. Eine Verbesserung der Auftragslage ist nicht absehbar. Vor dem Hintergrund dieser wirtschaftlichen Entwicklung hat die Geschäftsführung am ___[Datum]___ die unternehmerische Entscheidung getroffen, den Personalbestand an ___[Funktion; z.B. Montageschlossern]___ in der Produktionsabteilung mit Wirkung zum ___[Datum – spätestens mit Ablauf der Kündigungsfrist]___ dauerhaft um eine Stelle zu reduzieren und künftig nur noch ___[Anzahl; z.B. 14]___ anstelle der bislang ___[Anzahl, z.B. 15]___ Vollzeitkräfte zu beschäftigen. Der Beschäftigungsbedarf für einen Montageschlosser in dieser Abteilung wird daher vollständig entfallen. Seine bisherigen Aufgaben werden auf die anderen ___[Funktion; z.B. Montageschlosser]___ der Produktionsabteilung aufgeteilt. Diese können die zu erwartende Arbeit aufgrund des massiven Auftragsrückgangs ohne überobligatorische Leistungen bewältigen. Der Beschäftigungsbedarf für einen ___[Funktion; z.B. Montageschlosser]___ wird somit spätestens zum ___[Datum]___ (mit Ablauf der Kündigungsfrist) vollständig entfallen.

Frau/Herr ___[Name]___ ist im Rahmen der Sozialauswahl mit folgenden Mitarbeitern des Betriebs vergleichbar:

[Liste der vergleichbaren Arbeitnehmer mit Namen, Geburts- und Eintrittsdatum, Angaben zu bestehenden Unterhaltspflichten und zu einer ggf. bestehenden Schwerbehinderung]

Unter den vergleichbaren Arbeitnehmern weist Frau/Herr ___[Name]___ die geringste soziale Schutzwürdigkeit auf. Sie/Er weist das geringste Lebensalter auf und hat keine Unterhaltspflichten. Die im Vergleich zu Frau/Herrn ___[Name]___ und Frau/Herrn ___[Name]___ geringfügig längere Dauer der Betriebszugehörigkeit kann dies nicht aufwiegen. Ihm ist daher vorrangig vor den sozial schutzwürdigeren Arbeitnehmern zu kündigen.

Anderweitige Beschäftigungsmöglichkeiten, d.h. freie Arbeitsplätze, auf denen Frau/Herr ___[Name]___ in zumutbarer Weise weiterbeschäftigt werden könnte, sind im Unternehmen nicht vorhanden.

Das mit Frau/Herrn ____[Name]____ bestehende Arbeitsverhältnis soll daher fristgerecht zum ____[Datum]____ aus betriebsbedingten Gründen gekündigt werden. Wir bitten Sie, der beabsichtigten Kündigung zuzustimmen.

(Unterschriften)

Erläuterungen

Schrifttum
Bader Die Anhörung des Betriebsrats bei Kündigungen – Eine Darstellung anhand der neueren Rechtsprechung, NZA-RR 2000, 57; *Hümmerich* Verfestigte Rechtsprechung zur Betriebsratsanhörung nach § 102 BetrVG, RdA 2000, 345; *Hunold* § 102 BetrVG: Abschließende Stellungnahme des Betriebsrats, NZA 2010, 797; *Kirsch/Strybny* »Tücken« bei der Betriebsratsanhörung im Zusammenhang mit Kündigungen, BB-Spezial 2005 Nr. 14, 10; *Reiter* Kündigung vor Ablauf der Anhörungsfrist nach § 102 BetrVG, NZA 2003, 954; *Sasse/Freihube* Die Anhörung bei der Verdachtskündigung, ArbRB 2006, 15; *Schütte* Pflichten des Betriebsrats und des Arbeitgebers im Anhörungsverfahren nach § 102 II 4 BetrVG und § 102 IV BetrVG, NZA 2011, 263.

1. Das Gesetz schreibt für die Anhörung des Betriebsrats keine bestimmte **Form** vor. Die Anhörung muss daher nicht schriftlich, sondern kann auch mündlich erfolgen. Da die zutreffende und vollständige Unterrichtung des Betriebsrats Wirksamkeitsvoraussetzung der Kündigung ist, ist jedoch aus Beweisgründen eine schriftliche Anhörung dringend zu empfehlen. 779

2. Hinsichtlich der zeitlichen Planung ist zu berücksichtigen, dass dem Betriebsrat eine **Frist zur Stellungnahme von einer Woche** zusteht (§ 102 Abs. 2 S. 1 BetrVG). Vor Ablauf der Wochenfrist kann die Kündigung nur wirksam ausgesprochen werden, wenn der Betriebsrat abschließend Stellung genommen hat. Die Kündigung darf innerhalb der Wochenfrist nicht ausgesprochen bzw. auf den Weg gebracht werden, bevor die Stellungnahme des Betriebsrats vorliegt (BAG, Urt. v. 08.04.2003 – 2 AZR 515/02, NZA 2003, 961). 780

3. Grundsätzlich sind Informationen über die Person des betroffenen Arbeitnehmers, seine Sozialdaten (soweit für die Beurteilung der Kündigung von Bedeutung), die Art der Kündigung (ordentlich oder außerordentlich), die Kündigungsfrist und den voraussichtlichen Kündigungstermin erforderlich. Hinsichtlich der **Unterhaltsverpflichtungen** des Arbeitnehmers kann sich der Arbeitgeber auf die Mitteilung der Daten beschränken, die ihm aus der vorliegenden Lohnsteuerkarte des Arbeitnehmers bekannt sind. Eine Erkundigungspflicht besteht grundsätzlich nicht. Der Arbeitgeber ist auch nicht verpflichtet, die Richtigkeit dokumentierter Daten im Rahmen der Betriebsratsanhörung zu überprüfen. Mangels anderweitiger Kenntnisse kann er von den Eintragungen in der Lohnsteuerkarte ausgehen, hat dies aber dann gegenüber dem Betriebsrat zu kennzeichnen (BAG, Urt. v. 24.11.2005 – 2 AZR 514/04, NZA 2006, 665, 666; BAG, Urt. v. 06.07.2006 – 2 AZR 520/05, NZA 2007, 266, 268). 781

Bei **leitenden Angestellten** bedarf es keiner Anhörung des Betriebsrats gemäß § 102 BetrVG. Dem Betriebsrat ist eine beabsichtigte Kündigung lediglich mitzuteilen (§ 105 BetrVG). Diese Mitteilung ist keine Wirksamkeitsvoraussetzung der Kündigung. Besteht aber ein Sprecherausschuss, ist dieser gemäß § 31 Abs. 2 SprAuG anzuhören. 782

4. Bei der Angabe der **Kündigungsgründe** genügen bloße Werturteile oder stichwortartige Angaben nicht. Vielmehr sind die konkreten Tatsachen darzulegen, die für die Beurteilung der Kündigung von Bedeutung sind. Der Arbeitgeber muss alle Kündigungsgründe mitteilen, die ihm bekannt sind und auf die er die Kündigung stützen will. 783

Dementsprechend sind **bei betriebsbedingter Kündigung** Ausführungen zum Wegfall des Beschäftigungsbedarfs (z.B. Erläuterung, wer wann eine unternehmerische Entscheidung welchen Inhalts getroffen hat und weshalb die Umsetzung dieser Entscheidung zum Wegfall von Beschäftigungsmöglichkeiten führt), zum Fehlen anderweitiger Beschäftigungsmöglichkeiten (freier Ar- 784 beitsplätze) und zur Sozialauswahl erforderlich, soweit der Sachverhalt dazu Anlass gibt. Zur Sozialauswahl genügt der Arbeitgeber seiner Informationspflicht, wenn er diejenigen Arbeitnehmer (mit Namen und Sozialdaten) benennt, die er subjektiv für vergleichbar hält und deshalb in die Auswahlentscheidung einbezogen hat. Die Mitteilung, dass und ggf. aus welchen Gründen andere Arbeitnehmer nicht für vergleichbar gehalten wurden, ist in der Regel nicht notwendig. Hält der Arbeitgeber eine Sozialauswahl nicht für erforderlich, weil es nach seiner Auffassung keine vergleichbaren Arbeitnehmer im Betrieb gibt, braucht er die Sozialdaten anderer Arbeitnehmer auch nicht vorsorglich mitzuteilen (BAG, Urt. v. 24.02.2000 – 8 AZR 167/99, EzA § 102 BetrVG 1972 Nr. 104). Zu erläutern ist es jedoch, wenn der Arbeitgeber bestimmte Arbeitnehmer gemäß § 1 Abs. 3 S. 2 KSchG aus berechtigten betrieblichen Interessen aus der Sozialauswahl ausgenommen hat. So sind z.B. die besonderen Kenntnisse, Fähigkeiten und Leistungen der nicht in die Sozialauswahl einbezogenen Arbeitnehmer anzugeben. Hat der Arbeitgeber eine Sozialauswahl vorgenommen, soll er verpflichtet sein, auch die Auswahlkriterien und den Bewertungsmaßstab anzugeben (BAG, Urt. v. 12.08.2010 – 2 AZR 945/08, DB 2011, 597), also beispielsweise ein etwa verwendetes Punkteschema mitzuteilen. Bei **verhaltensbedingten Kündigungen** sind die Pflichtverletzungen mitzuteilen, die zum Anlass der Kündigung genommen werden. Bei der **Verdachtskündigung** sind die tatsächlichen Umstände zu beschreiben, aus denen sich der Tatverdacht ergibt; außerdem sind die zur Aufklärung des Sachverhalts vorgenommenen Maßnahmen (insbesondere die Anhörung des betroffenen Arbeitnehmers) darzustellen. Bei der **krankheitsbedingten Kündigung** sind die Umstände mitzuteilen, aus denen sich die negative Gesundheitsprognose ergibt (bei häufigen Kurzerkrankungen also insbesondere die Fehlzeiten in der Vergangenheit). Darüber hinaus sind in der Regel Angaben über die betrieblichen Beeinträchtigungen erforderlich (z.B. Höhe der angefallenen Entgeltfortzahlungskosten) sowie zu denjenigen Umständen, die für die Interessenabwägung von Bedeutung sind. Neben der Dauer der Betriebszugehörigkeit, dem Lebensalter und den bestehenden Unterhaltspflichten des Arbeitnehmers kann z.B. der Umstand relevant sein, dass die Erkrankung des Mitarbeiters auf einem Arbeitsunfall beruht. Auch Angaben über Durchführung und Verlauf des betrieblichen Eingliederungsmanagements (§ 84 Abs. 2 SGB IX) werden in der Regel zumindest sinnvoll sein.

785 Die Anhörung des Betriebsrats ist auch in Fällen erforderlich, in denen die Kündigung noch während der sechsmonatigen **Wartezeit** des § 1 Abs. 1 KSchG erfolgen soll (BAG, Urt. v. 16.09.2004 – 2 AZR 511/03, AP Nr. 142 zu § 102 BetrVG 1972). Dem Betriebsrat sind die Gründe für die Kündigung mitzuteilen, auch wenn die Kündigung keiner sozialen Rechtfertigung bedarf. Der Arbeitgeber muss also über alle Gesichtspunkte informieren, die ihn zur Kündigung des Arbeitsverhältnisses veranlasst haben. Diese Gründe sind nicht nur schlagwortartig, sondern unter Angabe des entsprechenden Sachverhalts so vollständig mitzuteilen, dass sich der Betriebsrat ohne eigene Nachforschungen eine Meinung über die beabsichtigte Kündigung und über seine Stellungnahme dazu bilden kann (BAG, Urt. v. 12.09.2013 – 6 AZR 121/12, NZA 2013, 1412). Die Rechtsprechung des BAG unterscheidet zwischen Kündigungen, die auf substantiierte Tatsachen gestützt werden, und Kündigungen, die auf personenbezogenen Werturteilen beruhen. Im ersten Fall sind die Tatsachen mitzuteilen; im zweiten Fall reicht dagegen die Mitteilung allein des Werturteils aus, ohne dass der Arbeitgeber sein Urteil näher begründen oder substantiieren müsste. Daher genügt etwa die Mitteilung, der Arbeitnehmer habe sich »während der Probezeit nicht bewährt« oder habe die »in ihn gesetzten Erwartungen nicht erfüllt« (für eine ordnungsgemäße Anhörung BAG, Urt. v. 12.09.2013 – 6 AZR 121/12, NZA 2013, 1412; BAG, Urt. v. 22.04.2010 – 6 AZR 828/08, AP Art. 77 LPVG Bayern Nr. 2; BAG, Urt. v. 22.09.2005 – 6 AZR 607/04, NZA 2006, 429).

786 Es gilt der **Grundsatz der subjektiven Determination**. Der Arbeitgeber genügt seiner Anhörungspflicht, wenn er diejenigen Umstände mitteilt, auf die er die Kündigung stützen will und die aus seiner subjektiven Sicht die Kündigung rechtfertigen. Teilt der Arbeitgeber dem Betriebsrat objektiv erhebliche Tatsachen nicht mit, weil er die Kündigung darauf nicht stützen will, ist die Anhörung gleichwohl ordnungsgemäß. Eine fehlerhafte Anhörung des Betriebsrats, die zur Unwirksamkeit der Kündigung führt, liegt nur dann vor, wenn der Arbeitgeber dem Betriebsrat bewusst

eine unrichtige oder unvollständige Sachdarstellung unterbreitet oder einen wesentlichen Umstand verschweigt.

5. Geltendmachung eines vorläufigen Weiterbeschäftigungsanspruchs gemäß § 102 Abs. 5 BetrVG

Vorbemerkung

Hat der Betriebsrat einer ordentlichen Kündigung fristgerecht und formal ordnungsgemäß widersprochen, so steht dem Arbeitnehmer im Fall der Erhebung einer Kündigungsschutzklage ein Anspruch auf vorläufige Weiterbeschäftigung bis zum rechtskräftigen Abschluss des Rechtsstreits zu (§ 102 Abs. 5 S. 1 BetrVG). Nach dem ausdrücklichen Gesetzeswortlaut setzt der Anspruch ein »Verlangen« des Arbeitnehmers voraus.

▶ **Muster – Geltendmachung eines vorläufigen Weiterbeschäftigungsanspruchs gemäß § 102 Abs. 5 BetrVG**

[Ort, Datum]

Sehr geehrte Damen und Herren,

gegen Ihre Kündigung meines Arbeitsverhältnisses vom [Datum] habe ich Klage beim zuständigen Arbeitsgericht erhoben. Der Betriebsrat hat der Kündigung gemäß § 102 BetrVG widersprochen. Gemäß § 102 Abs. 5 BetrVG sind Sie demnach verpflichtet, mich nach Ablauf der Kündigungsfrist bis zum rechtskräftigen Abschluss des Rechtsstreits bei unveränderten Arbeitsbedingungen weiter zu beschäftigen. [1]

Ich fordere Sie hiermit auf [2], mich über den [Datum des Ablaufs der Kündigungsfrist] hinaus weiter zu beschäftigen und mir dies bis spätestens [Datum] schriftlich zu bestätigen. Sollte ich Ihre Bestätigung nicht rechtzeitig erhalten, werde ich meinen Weiterbeschäftigungsanspruch gerichtlich – ggf. auch im Wege der einstweiligen Verfügung [3] – geltend machen.

Mit freundlichen Grüßen

_____
(Unterschrift)

Erläuterungen

Schrifttum
Brinkmeier Ende des Weiterbeschäftigungsanspruchs nach § 102 Abs. 5 BetrVG bei nachfolgender Kündigung ohne Widerspruch des Betriebsrats?, AuR 2005, 46; *Haas* Der vorläufige Weiterbeschäftigungsanspruch des Arbeitnehmers nach § 102 BetrVG im Lichte der Rechtsprechung, NZA-RR 2008, 57; *Reidel* Die einstweilige Verfügung auf (Weiter-)Beschäftigung – eine vom Verschwinden bedrohte Rechtsschutzform?, NZA 2000, 454.

1. Der Anspruch auf vorläufige Weiterbeschäftigung gemäß § 102 Abs. 5 BetrVG ist nur bei der **ordentlichen Kündigung**, nicht aber bei der außerordentlichen Kündigung gegeben. Eine Weiterbeschäftigungspflicht entsteht auch dann nicht, wenn der Arbeitgeber mit der außerordentlichen Kündigung vorsorglich eine ordentliche Kündigung verbindet (LAG Rheinland-Pfalz, Urt. v. 08.06.2011 – 8 SaGa 7/10, str.). Der Weiterbeschäftigungsanspruch setzt einen **fristgerechten und ordnungsgemäßen Widerspruch** des Betriebsrats voraus. Der Betriebsrat muss also innerhalb einer Woche seit der Mitteilung durch den Arbeitgeber der Kündigung widersprochen und die Gründe für den Widerspruch dem Arbeitgeber schriftlich mitgeteilt haben (§ 102 Abs. 2 S. 1 BetrVG). Unerheblich ist, ob die vom Betriebsrat geltend gemachten Widerspruchsgründe tatsächlich vorliegen. Ein ordnungsgemäßer Widerspruch setzt aber voraus, dass der Betriebsrat in seiner Stellungnahme Gründe angibt, die es als möglich erscheinen lassen, dass ein Widerspruchsgrund im Sinne des § 102 Abs. 3 BetrVG vorliegt (BAG, Urt. v. 11.05.2000 – 2 AZR 54/99, EzA § 102 BetrVG 1972 Beschäftigungspflicht Nr. 11). Es bedarf einer konkreten, auf den Einzelfall bezogenen Begründung des Widerspruchs durch den Betriebsrat (Richardi/*Thüsing* § 102 Rn. 184). Wird der Widerspruch beispielsweise auf eine nicht ausreichende Berücksichtigung sozialer Gesichtspunkte bei der Auswahl des zu kündigenden Arbeitnehmers (§ 102 Abs. 3 Nr. 1 BetrVG) gestützt, muss der Betriebsrat aufzeigen, welcher Arbeitnehmer sozial weniger schutzwürdig ist. Dieser Arbeitnehmer muss vom Betriebsrat entweder konkret benannt oder anhand abstrakter Merkmale aus dem Widerspruchsschreiben bestimmbar sein (BAG, Urt. v. 09.07.2003 – 5 AZR 305/02, NZA 2003, 1191, 1192). Beruft sich der Betriebsrat auf anderweitige Beschäftigungsmöglichkeiten (§ 102 Abs. 3 Nr. 3 BetrVG), muss er konkret darlegen, auf welchem freien Arbeitsplatz eine Weiterbeschäftigung des Arbeitnehmers in Betracht kommt. Der Arbeitsplatz muss zumindest in bestimmbarer Weise angegeben und der Bereich bezeichnet werden, in dem der Arbeitnehmer anderweitig beschäftigt werden kann (BAG, Urt. v. 11.05.2000 – 2 AZR 54/99, EzA § 102 BetrVG 1972 Beschäftigungspflicht Nr. 11).

790 Ein vorläufiger Weiterbeschäftigungsanspruch gemäß § 102 Abs. 5 BetrVG setzt schließlich voraus, dass der Arbeitnehmer **rechtzeitig** gemäß § 4 S. 1 KSchG **Kündigungsschutzklage** zum Arbeitsgericht erhoben hat.

791 2. Das »Verlangen« des Arbeitnehmers nach vorläufiger Weiterbeschäftigung (§ 102 Abs. 5 S. 1 BetrVG) muss nach der Rechtsprechung des BAG (Urt. v. 11.05.2000 – 2 AZR 54/99, EzA § 102 BetrVG 1972 Beschäftigungspflicht Nr. 11) spätestens am ersten Tag nach Ablauf der Kündigungsfrist gestellt werden.

792 3. Zu den Anforderungen an eine einstweilige Verfügung auf vorläufige Weiterbeschäftigung siehe X.X.2. – X Rdn. 726.

6. Antrag auf Zustimmung zu außerordentlicher Kündigung eines Betriebsratsmitglieds, § 103 BetrVG

Vorbemerkung

793 Nach § 103 Abs. 1 BetrVG bedarf die außerordentliche Kündigung von Mitgliedern u.a. des Betriebsrats, der Jugend- und Auszubildendenvertretung, des Wahlvorstands sowie von Wahlbewerbern der Zustimmung des Betriebsrats. Anders als beim Anhörungsverfahren gemäß § 102 BetrVG kann die Kündigung in diesen Fällen nur wirksam ausgesprochen werden, wenn zuvor der Betriebsrat zugestimmt hat oder das Arbeitsgericht die Zustimmung ersetzt hat (§ 103 Abs. 2 BetrVG – zum Zustimmungsersetzungsverfahren siehe X.VII.6. – X Rdn. 602 ff.).

▶ **Muster – Antrag auf Zustimmung zu außerordentlicher Kündigung eines Betriebsratsmitglieds, § 103 BetrVG**

794 [Ort, Datum]

An den
Betriebsrat
zu Händen der Betriebsratsvorsitzenden/des Betriebsratsvorsitzenden
Frau/Herrn _____[Name]_____
– im Hause –

Antrag auf Zustimmung zur außerordentlichen Kündigung gemäß § 103 Abs. 1 BetrVG

Sehr geehrte Damen und Herren,
sehr geehrte Frau/sehr geehrter Herr _____[Name]_____,

Antrag auf Zustimmung zu außerordentlicher Kündigung eines BR-Mitglieds O.III.6.

wir beabsichtigen gegenüber Frau/Herrn ____[Name]____ eine außerordentliche und fristlose Kündigung auszusprechen.

Frau/Herr ____[Name]____, geb. am ____[Datum]____, ist seit ____[Datum]____ bei uns als ____[Funktion]____ beschäftigt. Frau/Herr ____[Name]____ ist nach unserer Kenntnis ledig und hat keine Unterhaltspflichten. Wie Sie wissen, ist Frau/Herr ____[Name]____ Mitglied des Betriebsrats. Der mit Frau/Herrn ____[Name]____ bestehende Arbeitsvertrag sieht eine Kündigungsfrist von drei Monaten zum Quartalsende vor.

Die Kündigung soll aus folgenden Gründen ausgesprochen werden [1]:

Frau/Herr ____[Name; Darstellung Gründe wie im nachfolgenden Beispiel:]____ war aufgrund einer Arbeitsunfähigkeitsbescheinigung vom 15.02.2010 bis einschließlich Sonntag, den 28.02.2010, krankgeschrieben. Am Montag, den 01.03.2010, ist Frau/Herr ____[Name]____ nicht zur Arbeit erschienen. Eine Mitteilung, dass und aus welchen Gründen sie/er die Arbeit nicht wieder aufgenommen hat, ist nicht erfolgt. Erst am Mittwoch, den 03.03.2010 ist bei uns per Post eine weitere Arbeitsunfähigkeitsbescheinigung von Frau/Herrn ____[Name]____ eingegangen. Die Arbeitsunfähigkeitsbescheinigung datiert vom Freitag, den 26.02.2010. Danach ist Frau/Herr ____[Name]____ voraussichtlich bis 12.03.2010 weiterhin arbeitsunfähig krank. Eine Kopie der Arbeitsunfähigkeitsbescheinigung vom 26.02.2010 fügen wir als Anlage 1 bei. Da die Folgebescheinigung bereits vom Freitag, den 26.02.2010, datiert, hätte Frau/Herr ____[Name]____ bereits an diesem Tag, spätestens aber am Montagmorgen (01.03.2010) die Fortdauer seiner Arbeitsunfähigkeit mitteilen können und müssen. Gemäß § 5 Abs. 1 Satz 1 EFZG ist der Arbeitnehmer verpflichtet, dem Arbeitgeber die Arbeitsunfähigkeit und deren voraussichtliche Dauer unverzüglich mitzuteilen. Diese Verpflichtung hat Frau/Herr ____[Name]____ verletzt.

Die Verpflichtung zur unverzüglichen Mitteilung der fortdauernden Arbeitsunfähigkeit war Frau/Herrn ____[Name]____ bekannt. Erst mit Schreiben vom 18.02.2010, Frau/Herrn ____[Name]____ zugegangen am 19.02.2010, hatten wir ihm wegen Verletzung dieser Verpflichtung eine Abmahnung erteilt. In diesem Abmahnungsschreiben hatten wir Frau/Herrn ____[Name]____ nachdrücklich darauf hingewiesen, dass die Fortdauer der Arbeitsunfähigkeit möglichst frühzeitig mitgeteilt werden muss. Eine Kopie des Abmahnungsschreibens vom 18.02.2010 fügen wir als Anlage 2 bei. Grund für die Abmahnung war, dass Frau/Herr ____[Name]____ eine Arbeitsunfähigkeitsbescheinigung bis einschließlich 12.02.2010 vorgelegt hatte. Am Montag, den 15.02.2010, war er unentschuldigt nicht zum Dienst erschienen. Trotz der erst am 19.02.2010 zugegangenen Abmahnung mit der ausdrücklichen Aufforderung, zukünftig die Fortdauer einer Arbeitsunfähigkeit schnellstmöglich mitzuteilen, hat Frau/Herr ____[Name]____ diese Verpflichtung schon am 01.03.2010 erneut verletzt.

Bereits früher hatte das Verhalten des Frau/Herrn ____[Name]____ wegen ähnlicher Pflichtverletzungen Anlass zu Beanstandungen gegeben: ____[Darstellung einschlägiger Abmahnungen und des jeweils zugrunde liegenden Sachverhalts]____.

Aufgrund der verspäteten Mitteilung der über den 28.02.2010 hinaus fortdauernden Arbeitsunfähigkeit hat Frau/Herr ____[Name]____ erneut gegen seine Verpflichtungen aus dem Arbeitsverhältnis (§ 5 Abs. 1 Satz 1 EFZG) verstoßen. Da sie/er in der Vergangenheit mehrfach ausdrücklich darauf hingewiesen wurde, dass sie/er eine krankheitsbedingte Arbeitsunfähigkeit bzw. deren Fortdauer unverzüglich mitzuteilen hat, müssen wir von einer vorsätzlichen Pflichtverletzung ausgehen. Dies gilt insbesondere vor dem Hintergrund, dass Frau/Herr ____[Name]____ gerade am 19.02.2010 eine weitere Abmahnung wegen Verletzung dieser Verpflichtung erhalten hatte. Obwohl ihr/ihm daher deutlich vor Augen geführt wurde, dass eine fortdauernde Arbeitsunfähigkeit unverzüglich mitgeteilt werden muss, hat er weder am Montag, den 01.03.2010, noch am Dienstag, den 02.03.2010, mitgeteilt, dass sie/er weiterhin krankgeschrieben ist. Eine kurze telefonische Benachrichtigung hierüber wäre ohne Weiteres möglich und zumutbar gewesen.

Da Frau/Herr ____[Name]____ trotz mehrfacher Abmahnungen wegen gleichgelagerter Pflichtverletzungen nicht bereit ist, seinen Mitteilungspflichten uns gegenüber nachzukommen, ist eine weitere Fortsetzung des Arbeitsverhältnisses nicht mehr zumutbar. Dabei ist auch zu berücksichtigen, dass die pflichtwidrig nicht rechtzeitig mitgeteilten Ausfälle des Frau/Herrn ____[Name]____ in jedem Einzelfall zusätzliche Kosten für uns verursachen. Zudem wird durch die unterlassene

Mitteilung verhindert, dass wir rechtzeitig entsprechende Dispositionen (z.B. durch Anpassung der Dienstpläne) treffen könnten.

Wir beabsichtigen deshalb, das mit Frau/Herrn ___[Name]___ bestehende Arbeitsverhältnis außerordentlich und fristlos zu kündigen. Wir bitten Sie der Kündigung gemäß § 103 Abs. 1 BetrVG innerhalb von drei Tagen ab Zugang dieses Schreibens zuzustimmen. [2]

Mit freundlichen Grüßen

_____
(Unterschrift)

Erläuterungen

Schrifttum

Besgen Besonderheiten des Zustimmungsersetzungsverfahrens nach § 103 BetrVG, NZA 2011, 133; *Diller* § 103 BetrVG – Der Wahnsinn hat Methode – Aus dem Alltag eines frustrierten Arbeitgeberanwalts, NZA 1998, 1163; *ders.* Der Wahnsinn hat Methode (Teil II) – Über die Unmöglichkeit, ein Verfahren nach § 103 BetrVG erfolgreich zu beenden, NZA 2004, 579; *Laber* Fallstricke beim Zustimmungsverfahren gemäß § 103 BetrVG, ArbRB 2005, 314; *Uhmann* Kündigungsschutz von Ersatzmitgliedern des Betriebsrats, NZA 2000, 576; *Zumkeller* Die Anhörung des Betriebsrats bei Kündigung von Ersatzmitgliedern, NZA 2001, 823.

795 1. Die formalen Anforderungen an den Zustimmungsantrag gemäß § 103 Abs. 1 BetrVG sind dieselben wie bei der Anhörung zur Kündigung nach § 102 BetrVG. Dem Betriebsrat sind die **Person des** betroffenen **Arbeitnehmers** und die wesentlichen **Kündigungsgründe** mitzuteilen. Da gegenüber dem durch § 103 Abs. 1 BetrVG geschützten Personenkreis regelmäßig nur eine außerordentliche Kündigung zulässig ist (vgl. § 15 KSchG), wird es in der Regel um verhaltensbedingte Gründe gehen. In Ausnahmefällen ist eine außerordentliche Kündigung aus betriebsbedingten oder personenbedingten Gründen unter Einhaltung einer der Kündigungsfrist entsprechenden Auslauffrist denkbar. Nach Ansicht des BAG kommt hingegen eine außerordentliche Kündigung mit Auslauffrist bei verhaltensbedingten Kündigungsgründen nicht in Betracht (BAG, Beschl. v. 17.01.2008 – 2 AZR 821/06, AP Nr. 62 zu § 15 KSchG 1969).

796 Dem Betriebsrat sind die aus Sicht des Arbeitgebers (Grundsatz der subjektiven Determination) maßgebenden Kündigungsgründe so detailliert mitzuteilen, dass der Betriebsrat sich ohne weitere Nachforschungen ein eigenes Bild von der Berechtigung der Kündigung machen kann. Dazu gehört bei verhaltensbedingten Kündigungsgründen eine Darstellung der Pflichtverletzungen, die dem Arbeitnehmer vorgeworfen werden. Bei einer Verdachtskündigung sind die den Verdacht begründenden Tatsachen sowie die zur Aufklärung des Sachverhalts vorgenommenen Maßnahmen (insbesondere die Anhörung des Arbeitnehmers) darzustellen. Außerdem müssen dem Betriebsrat die Umstände mitgeteilt werden, aus denen sich die Einhaltung der Zwei-Wochen-Frist (§ 626 Abs. 2 BGB) ergibt. Dazu ist mitzuteilen, wann der Arbeitgeber bzw. ein kündigungsberechtigter Vertreter von den relevanten Sachverhalten Kenntnis erlangt hat.

797 Die Kündigung gegenüber betriebsverfassungsrechtlichen Mandatsträgern kommt nur dann in Betracht, wenn diese (zumindest auch) ihre **arbeitsvertraglichen Pflichten** verletzt haben. Die Verletzung **betriebsverfassungsrechtlicher Amtspflichten** vermag dagegen eine Kündigung des Arbeitsverhältnisses nicht zu rechtfertigen, sondern kann nur mit den betriebsverfassungsrechtlichen Maßnahmen (z.B. Ausschluss aus dem Betriebsrat, § 23 Abs. 1 BetrVG) sanktioniert werden. Die Abgrenzung zwischen der Verletzung von Amtspflichten und arbeitsvertraglichen Pflichten ist in der Praxis häufig schwierig. Nach der Rechtsprechung (»Simultantheorie«) kommt eine Kündigung in Betracht, wenn in dem Verhalten (ggf. neben einer Amtspflichtverletzung) zugleich eine Vertragspflichtverletzung zu sehen ist (BAG, Urt. v. 05.11.2009 – 2 AZR 487/08, NZA-RR 2010, 236).

Ebenso wie beim Anhörungsverfahren nach § 102 BetrVG führt die (bewusst) unzutreffende oder unvollständige Unterrichtung des Betriebsrats zur Unwirksamkeit der Kündigung. Wurde der Betriebsrat nicht ordnungsgemäß unterrichtet und damit das Zustimmungsverfahren nicht wirksam eingeleitet, ist die seitens des Betriebsrats erteilte Zustimmung unbeachtlich (Richardi/*Thüsing* § 103 Rn. 53). 798

2. Die Zustimmung des Betriebsrats ist in den Fällen des § 103 Abs. 1 BetrVG Wirksamkeitsvoraussetzung der Kündigung. Es bedarf daher grundsätzlich eines **wirksamen Beschlusses** des Betriebsrats über die Zustimmung. Verfahrensfehler in der Sphäre des Betriebsrats, die zur Nichtigkeit des Beschlusses über die Zustimmung führen, haben daher grundsätzlich die Unwirksamkeit der Kündigung zur Folge. Der Arbeitgeber darf aber nach den Grundsätzen des Vertrauensschutzes auf die Wirksamkeit eines Zustimmungsbeschlusses vertrauen, wenn ihm der Betriebsratsvorsitzende oder sein Vertreter mitteilt, der Betriebsrat habe die beantragte Zustimmung erteilt. Dies gilt nur dann nicht, wenn der Arbeitgeber Tatsachen kennt oder kennen muss, aus denen die Unwirksamkeit des Beschlusses folgt. Eine Erkundigungspflicht des Arbeitgebers besteht insoweit nicht (BAG, Urt. v. 23.08.1984 – 2 AZR 391/83, NZA 1985, 254). 799

Die Zustimmung des Betriebsrats nach § 103 BetrVG ist keine Zustimmung im Sinne der §§ 182 ff. BGB. Der gekündigte Arbeitnehmer kann daher die Kündigung nicht gemäß § 182 Abs. 3 BGB i.V.m. § 111 S. 2 und 3 BGB mit der Begründung zurückweisen, der Arbeitgeber habe die Zustimmungserklärung des Betriebsrats nicht in schriftlicher Form vorgelegt (BAG, Urt. v. 04.03.2004 – 2 AZR 147/03, NZA 2004, 717). Es ist deshalb nicht erforderlich, dem Kündigungsschreiben die Zustimmungserklärung des Betriebsrats beizufügen. 800

IV. Wirtschaftliche Angelegenheiten

Aufgrund der grundrechtlich geschützten unternehmerischen Entscheidungsfreiheit sind die Beteiligungsrechte des Betriebsrats in wirtschaftlichen Angelegenheiten schwächer ausgeprägt als in sozialen und personellen Angelegenheiten. In wirtschaftlichen Angelegenheiten bestehen allerdings umfangreiche Unterrichtungspflichten gegenüber dem Wirtschaftsausschuss gem. § 106 BetrVG sowie die Verpflichtung zur Verhandlung eines Interessenausgleichs und zum Abschluss eines Sozialplans im Falle einer Betriebsänderung. Zudem gibt es in wirtschaftlichen Angelegenheiten spezialgesetzliche Unterrichtungs- und Informationspflichten gegenüber dem Betriebsrat. Zu nennen sind insbesondere die Pflicht zur rechtzeitigen Zuleitung von Umwandlungsverträgen nach dem Umwandlungsgesetz (s. § 5 Abs. 3 UmwG für Verschmelzungen, § 126 Abs. 3 UmwG für Auf- und Abspaltungen sowie Ausgliederungen und § 194 Abs. 2 UmwG für Formwechsel), die Pflicht zur Information über die Planung einer grenzüberschreitenden Verschmelzung gem. § 6 MgVG, die Pflicht zur Information über die Planung der Gründung einer SE gem. § 4 SEBG und die Pflicht, den Betriebsrat gem. § 10 Abs. 5 S. 2 WpÜG über das Übernahmeangebot eines Dritten zu unterrichten und dem Betriebsrat gem. § 14 Abs. 4 WpÜG die Angebotsunterlage zu übermitteln. 801

1. Information des Wirtschaftsausschusses

Vorbemerkung

§ 106 Abs. 3 BetrVG enthält einen umfangreichen Katalog von wirtschaftlichen Angelegenheiten, über die der Wirtschaftsausschuss unter Vorlage der erforderlichen Unterlagen zu unterrichten ist (siehe Muster V.I.2. – V Rdn. 32, Muster V.II.3. – V Rdn. 213, Muster V.III.5. – V Rdn. 302, Muster V.IV.3. – V Rdn. 396, Muster V.V.2. – V Rdn. 415 sowie Muster V.VII.2. – V Rdn. 450 für weitere Muster von Unterrichtungen des Wirtschaftsausschusses gem. § 106 BetrVG). § 106 Abs. 3 Nr. 10 BetrVG bildet dabei einen generalklauselartigen Auffangtatbestand, aufgrund dessen der Wirtschaftsausschuss über alle Vorgänge und Vorhaben unterrichtet werden muss, die die Interessen der Arbeitnehmer des Unternehmens wesentlich berühren können. Die Unterrichtung 802

O. Betriebsverfassungsrecht

des Wirtschaftsausschusses gem. § 106 BetrVG muss »rechtzeitig und umfassend« erfolgen. Der Meinungsstreit darüber, in welchem Verhältnis die Unterrichtungspflicht zu dem Schutz von Betriebs- und Geschäftsgeheimnissen steht, ist nach der Einführung der §§ 106 Abs. 3 Nr. 9a, 109a BetrVG durch das Risikobegrenzungsgesetz neu entfacht worden (vgl. hierzu ausführlich *Liebers/Erren/Weiß* NZA 2009, 1063 ff. sowie *Nagel/Hopfe* ZIP 2010, 817 ff.).

▶ **Muster – Information des Wirtschaftsausschusses**

803 [Briefkopf der Gesellschaft]

[Ort, Datum]

An den
Wirtschaftsausschuss der [Name der Gesellschaft]
z. Hd. des Vorsitzenden [Name]

Unterrichtung nach § 106 Abs. 2 BetrVG [1]

Sehr geehrter [Name des Vorsitzenden] ,
sehr geehrte Mitglieder des Wirtschaftsausschusses,

mit diesem Schreiben möchten wir den Wirtschaftsausschuss [2] gem. § 106 Abs. 2, Abs. 3 Nr. 6 BetrVG [3] über die geplante [4] Stilllegung unseres Betriebs [5] in [Ort] unterrichten. [6]

Wie Sie bereits aus früheren Informationen zu der wirtschaftlichen und finanziellen Lage des Unternehmens und zu der Produktions- und Absatzlage wissen [7], gibt es in dem Markt für [Beschreibung des in dem Betrieb hergestellten Produkts] seit längerer Zeit erhebliche Überkapazitäten auf dem Weltmarkt, was zu einem massiven Preisverfall geführt hat. Eine Analyse der auf dem Weltmarkt bestehenden Überkapazitäten sowie eine Illustration des Preisverfalls in den letzten [Zeitangabe] sind diesem Schreiben als Anlage beigefügt. [8]

Aufgrund des gravierenden Preisverfalls hat die Produktion in dem Betrieb in [Ort] in den vergangenen [Zeitangabe] zu Verlusten in Höhe von etwa EUR [Betrag] geführt. Anhaltspunkte für eine Erholung der Preissituation gibt es nicht. Wir müssen vielmehr davon ausgehen, dass eine Fortsetzung der Produktion auch zukünftig zu erheblichen Verlusten führen würde. Da die Produktionsanlagen in dem Betrieb in [Ort] veraltet sind und der Standort verkehrstechnisch ungünstig liegt, sehen wir auch keine Möglichkeit, in dem Betrieb gewinnbringend [Beschreibung eines anderen Produktes] oder ein anderes Produkt herzustellen. Daher plant die Gesellschaft, die Produktion in dem Betrieb in [Ort] einzustellen und den Betrieb stillzulegen. Aufgrund der Einstellung der Produktion soll auch die Anzahl der Vertriebsmitarbeiter um [50]% reduziert werden, da die Vertriebsmitarbeiter zukünftig nur noch für den Vertrieb von [Produktbeschreibung 2] zuständig sind, die von der Gesellschaft in [Ungarn] hergestellt werden.

Die Betriebsstilllegung soll unter Beachtung der Mitbestimmungsrechte des Betriebsrats [9] mit Wirkung zum [Datum] erfolgen. Wir möchten dem Wirtschaftsausschuss [sowie dem Betriebsrat des Betriebs in [Ort]] weitere Einzelheiten der geplanten Betriebsstilllegung in der Sitzung des Wirtschaftsausschusses am [Datum] erläutern. [10] Dabei werden wir auch zu etwaigen Fragen des Wirtschaftsausschusses [und des Betriebsrats] Stellung nehmen.

Mit freundlichen Grüßen

(Unterschriften von Vertretern der Gesellschaft) [11]

Anlage: Kapazitäts- und Preisanalyse

Erläuterungen

Schrifttum

Fleischer Reichweite und Grenzen der Unterrichtungspflicht des Unternehmers gegenüber dem Wirtschaftsausschuss nach §§ 106 Abs. 2 S. 2, Abs. 3 Nr. 9a, 109a BetrVG, ZfA 2009, 787; *Liebers/Erren/Weiß* Die Unterrichtungspflichten des Risikobegrenzungsgesetzes und der Geheimnisgefährdungstatbestand im transaktionsbegleitenden Arbeitsrecht, NZA 2009, 1063; *Löw* Arbeitsrechtliche Regeln im Risikobegrenzungsgesetz, DB 2008, 758; *Maiß/Röhrborn* Unterrichtungspflicht des Unternehmers gegenüber dem Wirtschaftsausschuss gemäß § 106 BetrVG, ArbRAktuell 2011, 341; *Nagel/Hopfe* Informationspflichten beim Kontrollerwerb an nicht-börsennotierten Gesellschaften und Schutz von Betriebsgeheimnissen, ZIP 2010, 817; *Schröder/Falter* Die Unterrichtung des Wirtschaftsausschusses bei Unternehmensübernahmen nach Inkrafttreten des Risikobegrenzungsgesetzes, NZA 2008, 1097; *Simon/Dobel* Das Risikobegrenzungsgesetz – neue Unterrichtungspflichten bei Unternehmensübernahmen, BB 2008, 1955; *Stück/Wein* Informationspflicht des Wirtschaftsausschusses über Preisgestaltung und Kalkulationsgrundlage?, DB 2005, 334; *Thüsing* Beteiligungsrechte von Wirtschaftsausschuss und Betriebsrat bei Unternehmensübernahmen, ZIP 2008, 106; *Vogt/Bedkowski* Risikobegrenzungsgesetz – Arbeitsrechtliche Auswirkungen auf M&A-Transaktionen –, NZG 2008, 725.

1. Die Unterrichtung des Wirtschaftsausschusses hat nach § 106 Abs. 2 S. 1 BetrVG umfassend und unter Vorlage der erforderlichen Unterlagen zu erfolgen. Die dem Wirtschaftsausschuss zur Verfügung gestellten Informationen müssen es dem Wirtschaftsausschuss ermöglichen, sich ein genaues Bild von der jeweiligen Angelegenheit zu machen. Der Unternehmer ist allerdings nicht verpflichtet, dem Wirtschaftsausschuss Kopien der relevanten Unterlagen auszuhändigen, sondern es ist ausreichend, wenn der Unternehmer den Mitgliedern des Wirtschaftsausschusses gem. § 108 Abs. 3 BetrVG Einsicht in die Unterlagen gewährt (BAG, Beschl. v. 20.11.1984 – 1 ABR 64/82, NZA 1985, 432, 434). Es steht den Mitgliedern des Wirtschaftsausschusses frei, sich Notizen zu den ihnen vorgelegten Unterlagen zu machen (BAG, Beschl. v. 20.11.1984 – 1 ABR 64/82, NZA 1985, 432, 434). **804**

2. Die Unterrichtungspflicht aus § 106 BetrVG besteht gegenüber dem Wirtschaftsausschuss, nicht gegenüber dem Betriebsrat. Vor Inkrafttreten des Risikobegrenzungsgesetzes war umstritten, ob in Unternehmen, in denen kein Wirtschaftsausschuss besteht, eine Unterrichtung des Betriebsrats gem. § 80 Abs. 2 BetrVG über die in dem Katalog des § 106 Abs. 3 BetrVG genannten Angelegenheiten erforderlich ist (ablehnend BAG, Beschl. v. 05.02.1991 – 1 ABR 24/90, NZA 1991, 644, 645 ff.; für eine Unterrichtungspflicht gegenüber dem Betriebsrat *Fitting* § 80 BetrVG Rn. 52). Mit der Einführung des § 109a BetrVG durch das Risikobegrenzungsgesetz ist nunmehr klar, dass eine Unterrichtungspflicht gegenüber dem Betriebsrat bei Nichtbestehen eines Wirtschaftsausschusses nur im Falle einer Unternehmensübernahme gem. § 106 Abs. 3 Nr. 9a BetrVG besteht. Noch nicht höchstrichterlich geklärt ist, ob § 109a BetrVG auch in Unternehmen anwendbar ist, in denen trotz Überschreiten des Schwellenwertes in § 106 Abs. 1 Satz 1 BetrVG kein Wirtschaftsausschuss errichtet wurde (dagegen AR/*Rieble* § 109a BetrVG Rn. 1; dafür ErfK/*Kania* § 109a BetrVG Rn. 1). Mangels Ausdehnung des § 109a BetrVG auf andere Tatbestände des § 106 Abs. 3 BetrVG besteht bei den anderen Tatbeständen des § 106 Abs. 3 BetrVG keine Pflicht zur Unterrichtung des Betriebsrats, wenn in dem Unternehmen kein Wirtschaftsausschuss errichtet worden ist. **805**

3. Zur Vermeidung von Unklarheiten empfiehlt es sich, den Gegenstand der Unterrichtung einem der Tatbestände des § 106 Abs. 3 BetrVG konkret zuzuordnen. Rechtlich erforderlich für eine ordnungsgemäße Unterrichtung ist eine solche Zuordnung allerdings nicht. **806**

4. Die Unterrichtung des Wirtschaftsausschusses muss gem. § 106 Abs. 2 BetrVG rechtzeitig erfolgen. Der Unternehmer muss den Wirtschaftsausschuss daher grundsätzlich vor geplanten unternehmerischen Entscheidungen und sonstigen Vorhaben frühzeitig informieren, so dass der Wirtschaftsausschuss (und der Betriebsrat oder Gesamtbetriebsrat) durch eine Stellungnahme und etwaige eigene Vorschläge noch Einfluss auf die Planung nehmen kann (BAG, Beschl. v. 11.07.2000 – 1 ABR 43/99, NZA 2001, 402, 404 f.). Gem. § 106 Abs. 2 BetrVG ist jedoch eine Unterrichtung des Wirtschaftsausschusses ausnahmsweise nicht (oder jedenfalls noch nicht) erfor- **807**

derlich, soweit durch die Unterrichtung Betriebs- oder Geschäftsgeheimnisse des Unternehmens gefährdet werden. Die Unterrichtung kann verweigert werden, wenn objektiv ein sachliches Interesse an der Geheimhaltung bestimmter Tatsachen besteht (insbesondere, wenn sonst der Bestand oder die Entwicklung des Unternehmens gefährdet wird) und die konkrete Befürchtung begründet ist, dass Mitglieder des Wirtschaftsausschusses trotz der ihnen auferlegten Verschwiegenheitspflicht Informationen weitergeben (BAG, Beschl. v. 11.07.2000 – 1 ABR 43/99, NZA 2001, 402, 405 f.). Von großer Bedeutung ist die Einschränkung der Unterrichtungspflicht aufgrund der Geheimhaltungsbedürftigkeit der zugrunde liegenden Informationen insbesondere bei der geplanten Veräußerung von Unternehmen, Betrieben oder Betriebsteilen (s. hierzu ausführlich *Liebers/Erren/Weiß* NZA 2009, 1063 ff. sowie *Nagel/Hopfe* ZIP 2010, 817 ff.). In der Rechtsprechung wird jedoch vertreten, dass ein interessenausgleichspflichtiger Personalabbau und sein Umfang nicht per se zu einem geheimhaltungsbedürftigen Betriebs- oder Geschäftsgeheimnis erklärt werden kann (LAG Schleswig-Holstein, Beschl. v. 20.05.2015 – 3 TaBV 35/14, NZA-RR 2016, 77 ff. mit Anm. *Brammsen/Schmitt*). Ob eine konkrete Gefährdung eines Betriebs- oder Geschäftsgeheimnisses vorliegt, ist von dem Unternehmer selbst nach pflichtgemäßem Ermessen zu entscheiden, da anderenfalls sein Geheimhaltungsinteresse nicht ausreichend gewahrt wäre (vgl. ErfK/*Kania* § 106 BetrVG Rn. 6 sowie Richardi/*Annuß* § 106 BetrVG Rn. 35).

808 **5.** Die Pflicht zur Unterrichtung des Wirtschaftsausschusses über die Stilllegung von Betrieben gem. § 106 Abs. 3 Nr. 6 BetrVG besteht auch im Falle der Stilllegung eines betriebsratslosen Betriebs (BAG, Beschl. v. 09.05.1995 – 1 ABR 61/94, NZA 1996, 55, 56).

809 **6.** Kommt der Unternehmer seiner Unterrichtungspflicht nach § 106 Abs. 2 BetrVG nicht, wahrheitswidrig, unvollständig oder verspätet nach, handelt er ordnungswidrig gem. § 121 Abs. 1 BetrVG. Diese Ordnungswidrigkeit kann gem. § 121 Abs. 2 BetrVG mit einer Geldbuße von bis zu EUR 10.000 geahndet werden. Darüber hinaus kann der Betriebsrat (für den selbst nicht antragsbefugten Wirtschaftsausschuss) gem. § 109 S. 1 BetrVG die Einigungsstelle anrufen, wenn eine Auskunft über wirtschaftliche Angelegenheiten des Unternehmens im Sinne von § 106 BetrVG entgegen dem Verlangen des Wirtschaftsausschusses nicht, nicht rechtzeitig oder ungenügend erteilt wird und sich der Betriebsrat und der Unternehmer hierüber nicht einigen können. Die Entscheidung der Einigungsstelle kann sowohl der Betriebsrat als auch der Arbeitgeber im Rahmen eines arbeitsgerichtlichen Beschlussverfahrens angreifen. Die Entscheidung der Einigungsstelle gem. § 109 BetrVG über die Unterrichtungspflicht des Unternehmers unterliegt der vollen Rechtskontrolle des Arbeitsgerichts (BAG, Beschl. v. 11.07.2000 – 1 ABR 43/99, NZA 2001, 402, 405).

810 **7.** Die Verpflichtung zur Unterrichtung des Wirtschaftsausschusses über die wirtschaftliche und finanzielle Lage des Unternehmens (vgl. hierzu *Stück/Wein* DB 2005, 334 f.) sowie über die Produktions- und Absatzlage folgt aus § 106 Abs. 3 Nr. 1 und Nr. 2 BetrVG. Für die Glaubwürdigkeit des Unternehmens und die Überzeugung des Wirtschaftsausschusses von der Notwendigkeit der Maßnahme ist es hilfreich, wenn an den Inhalt früherer Unterrichtungen angeknüpft werden kann.

811 **8.** Der Begriff der bei der Unterrichtung des Wirtschaftsausschusses gem. § 106 Abs. 2 S. 1 BetrVG vorzulegenden Unterlagen wird von der Rechtsprechung weit verstanden. Erfasst werden z.B. Rentabilitätsberechnungen und ähnliche Analysen (BAG, Beschl. v. 17.09.1991 – 1 ABR 74/90, NZA 1992, 418, 419), Managementreporte und Mittelfristplanungen (LAG Köln, Beschl. v. 14.01.2004 – 8 TaBV 73/03, NZA-RR 2005, 32, 33) sowie Benchmarkdaten zum Vergleich bestimmter Einheiten innerhalb eines Konzerns (LAG Köln, Beschl. v. 05.10.2011 – 9 TaBV 94/10, BeckRS 2012, 66873). Wenn konkrete Kapazitäts- oder Preisanalysen im Unternehmen erstellt werden oder vorhanden sind, müssen sie dem Wirtschaftsausschuss gem. § 106 Abs. 2 BetrVG vorgelegt werden, soweit die Vorlage nicht ein Betriebs- und Geschäftsgeheimnis des Unternehmens gefährdet.

9. Der Hinweis auf die Beachtung der Mitbestimmungsrechte des Betriebsrats kann der »Beruhigung« des Wirtschaftsausschusses dienen und zu dem Beginn eines Interessenausgleichsverfahrens oder eines sonst erforderlichen Mitbestimmungsverfahrens überleiten. 812

10. Jedenfalls bei Maßnahmen, die erhebliche Auswirkungen auf die Arbeitnehmer haben, empfiehlt sich das Angebot einer zusätzlichen mündlichen Erörterung mit dem Wirtschaftsausschuss, zumal der Unternehmer oder sein Vertreter ohnehin gem. § 108 Abs. 2 BetrVG an den Sitzungen des Wirtschaftsausschusses teilnehmen muss. Bezieht sich die Unterrichtung auf eine interessenausgleichspflichtige Betriebsänderung, bietet sich eine Verbindung der Unterrichtung des Wirtschaftsausschusses mit der Unterrichtung des Betriebsrats gem. § 111 S. 1 BetrVG an, um das Interessenausgleichsverfahren möglichst schnell zu beginnen und eine Dopplung bzw. Wiederholung von Informationsveranstaltungen zu vermeiden. Obwohl einige Stimmen in der Literatur fordern, dass der Wirtschaftsausschuss vor dem Betriebsrat unterrichtet werden müsse (vgl. ErfK/*Kania* § 106 BetrVG Rn. 4 sowie *Fitting* § 106 BetrVG Rn. 30), ist eine gemeinsame Unterrichtung in der Praxis üblich und auch rechtlich unbedenklich, da das Gesetz eine derartige Reihenfolge nicht zwingend vorgibt (ebenso GK-BetrVG/*Oetker* § 106 BetrVG Rn. 117). 813

11. Die Unterrichtung des Wirtschaftsausschusses gem. § 106 BetrVG muss nicht zwingend schriftlich erfolgen. Es genügt auch eine mündliche Unterrichtung (GK-BetrVG/*Oetker* § 106 BetrVG Rn. 125; *Maiß/Röhrborn* ArbRAktuell 2011, 341, 342), insbesondere im Rahmen der Sitzungen des Wirtschaftsausschusses gem. § 108 BetrVG. Jedenfalls bei bedeutenderen Angelegenheiten empfiehlt sich jedoch regelmäßig eine schriftliche Unterrichtung, auch um späteren Streit über Zeitpunkt und Inhalt der Unterrichtung zu vermeiden. 814

2. Geheimhaltungsverpflichtung

Vorbemerkung

Gem. § 79 Abs. 1 S. 1, Abs. 2 BetrVG haben die Mitglieder des Betriebsrats (ebenso wie Mitglieder der Jugend- und Auszubildendenvertretung) Betriebs- und Geschäftsgeheimnisse, die ihnen in ihrer Eigenschaft als Betriebsrat bekannt werden, geheim zu halten und nicht zu verwerten. Dies gilt jedoch nicht per se, sondern nur, wenn der Arbeitgeber diese Geheimnisse dem Betriebsrat gegenüber ausdrücklich als geheimhaltungsbedürftig bezeichnet hat. Für Mitglieder des Wirtschaftsausschusses, die nicht Betriebsratsmitglieder sind, gilt dies gem. § 107 Abs. 3 S. 4 i.V.m. § 79 BetrVG entsprechend. Für die Vertrauenspersonen der schwerbehinderten Menschen ergibt sich eine entsprechende Verpflichtung aus § 96 Abs. 7 SGB IX. Darüber hinaus enthält das Betriebsverfassungsgesetz besondere Geheimhaltungsverpflichtungen für bestimmte personenbezogene Informationen (vgl. z.B. §§ 99 Abs. 1 S. 3, 102 Abs. 2 S. 5 BetrVG sowie §§ 82 Abs. 2 S. 3, 83 Abs. 1 S. 3 BetrVG). Um geheimhaltungsbedürftige Informationen möglichst weitgehend vor Weitergabe an die Presse, an Wettbewerber und an sonstige Dritte zu schützen, empfiehlt es sich regelmäßig, die Mitglieder des Betriebsrats bzw. des Wirtschaftsausschusses vor der Weiterleitung von sensiblen Informationen schriftlich auf deren Geheimhaltungsbedürftigkeit hinzuweisen. 815

▶ **Muster – Geheimhaltungsverpflichtung**

[Briefkopf der Gesellschaft] 816

An den Betriebsrat der [Gesellschaft]
z.Hd. des Betriebsratsvorsitzenden
  [Name des Betriebsratsvorsitzenden]

– im Hause –

O. Betriebsverfassungsrecht

Geheimhaltungsbedürftigkeit von Informationen

Sehr geehrter Herr ___[Name des Betriebsratsvorsitzenden]___ ,
sehr geehrte Damen und Herren,

wir beabsichtigen, Sie als Mitglieder des Betriebsrats [1] unserer Gesellschaft über die beabsichtigte Veräußerung der Geschäftsanteile an unserer Tochtergesellschaft ___[Bezeichnung]___ zu informieren.

Wir weisen Sie hiermit darauf hin, dass sämtliche Informationen, die Sie im Zusammenhang mit der beabsichtigten Veräußerung der Geschäftsanteile an der Gesellschaft erhalten, Betriebs- und Geschäftsgeheimnisse [2] im Sinne des § 79 Abs. 1 BetrVG darstellen und als solche geheimhaltungsbedürftig [3] sind. Sie sind verpflichtet, diese Informationen unter allen Umständen vertraulich zu behandeln und sie weder Dritten zu offenbaren noch anderweitig zu verwerten. [4]

Der guten Ordnung halber weisen wir darauf hin, dass eine Verletzung der Geheimhaltungspflicht und des Verwertungsverbots neben weiteren Folgen Schadenersatzansprüche nach sich ziehen kann und gem. § 120 Abs. 1 Nr. 1, Abs. 3 BetrVG eine Straftat darstellt. [5]

Wir bitten alle Mitglieder des Betriebsrats, durch Unterzeichnung auf der beigefügten Kopie dieses Schreibens zu bestätigen, dass Sie vom Inhalt dieses Schreibens Kenntnis genommen haben. [6]

Mit freundlichen Grüßen

_____

(Unterschrift/en der Geschäftsführer in vertretungsberechtigter Anzahl)

Geschäftsführer

Erläuterungen

Schrifttum

Depel/Raif Geheimhaltungspflicht des Betriebsrats, BuW 2004, 523; *Lange/Schlegel* § 79 BetrVG – zwischen Pflichterfüllung und Geheimhaltung, ArbRAktuell 2015, 595; *Müller* Die Geheimhaltungspflicht des Betriebsrats und seiner (Ersatz-)Mitglieder nach § 79 Abs. 1 BetrVG, BB 2013, 2293; *Schwipper* Öffentliche Meinungsäußerungen des Betriebsrats und seiner Mitglieder – Zulässigkeit und Grenzen, Hamburg 2012.

817 1. Im Falle der Weitergabe von Informationen an den Wirtschaftsausschuss ist das Schreiben entsprechend anzupassen. **Rechtsgrundlage** für die Verschwiegenheitspflicht der in den Wirtschaftsausschuss entsandten Betriebsratsmitglieder ist ebenfalls § 79 Abs. 1 BetrVG. Für nicht dem Betriebsrat angehörende Arbeitnehmer, die in den Wirtschaftsausschuss entsandt sind, gilt die Verschwiegenheitspflicht gem. § 107 Abs. 3 S. 4 i.V.m. § 79 BetrVG. Während das vorliegende Schreiben allein der Umsetzung der gesetzlichen Pflichten aus § 79 BetrVG dient, ist auch der Abschluss einer weitergehenden Vertraulichkeitsvereinbarung mit den Betriebsratsmitgliedern möglich. Eine Verpflichtung der Betriebsratsmitglieder zum Abschluss einer über § 79 BetrVG hinausgehenden Vertraulichkeitsvereinbarung besteht jedoch nicht (*Lange/Schlegel* ArbRAktuell 2015, 595, 597 f.).

818 2. Bei den fraglichen Informationen muss es sich um Betriebs- oder Geschäftsgeheimnisse im Sinne des § 79 Abs. 1 BetrVG handeln. Ein **Betriebs- oder Geschäftsgeheimnis** liegt vor, wenn Tatsachen im Zusammenhang mit dem Geschäftsbetrieb, die nur einem engen Personenkreis bekannt und nicht offenkundig sind, nach dem Willen des Arbeitgebers und im Rahmen eines berechtigten wirtschaftlichen Interesses (insbesondere vor Konkurrenten) geheim gehalten werden sollen (BAG, Urt. v. 26.02.1987 – 6 ABR 46/84, NZA 1988, 63; *Müller* BB 2013, 2293 ff.). Ein Betriebsgeheimnis liegt vor, wenn die Information im Zusammenhang mit den technischen Betriebsabläufen steht, z.B. also Informationen zu technischen Geräten oder Maschinen, Fertigungsverfahren und Konstruktionen oder Software (vgl. *Depel/Raif* BuW 2004, 523). Ein Geschäftsgeheimnis meint hingegen Informationen, die sich auf den allgemeinen Geschäftsverkehr des Unternehmens beziehen, wie etwa Kunden- und Lieferantenlisten, Preise und ähnliche Kalkulationen, im Einzelfall auch Lohn- und Gehaltsdaten (vgl. DLW/*Wildschütz* Kapitel 13 Rn. 859).

Ein interessenausgleichspflichtiger Personalabbau und sein Umfang sollen jedoch nicht per se ein geheimhaltungsbedürftiges Betriebs- oder Geschäftsgeheimnis darstellen (LAG Schleswig-Holstein, Beschl. v. 20.05.2015 – 3 TaBV 35/14, NZA-RR 2016, 77 ff. mit Anm. *Brammsen/Schmitt*). Handelt es sich bei den jeweiligen Informationen **nicht** um ein Betriebs- oder Geschäftsgeheimnis, greift § 79 BetrVG nicht, und zwar auch dann nicht, wenn der Arbeitgeber die fraglichen Tatsachen gegenüber dem Betriebsrat als geheimhaltungsbedürftig bezeichnet hat (BAG, Urt. v. 26.02.1987 – 6 ABR 46/84, NZA 1988, 63, 64). Der Arbeitgeber kann also den besonderen Schutz des § 79 BetrVG nicht für jede beliebige Information herbeiführen, sondern es muss sich um ein Betriebs- oder Geschäftsgeheimnis handeln.

3. **Voraussetzung** für das Eingreifen der Geheimhaltungspflicht aus § 79 Abs. 1 BetrVG ist neben dem Vorliegen eines Betriebs- oder Geschäftsgeheimnisses, dass der Arbeitgeber die Materie ausdrücklich als geheimhaltungsbedürftig bezeichnet hat. Der ausdrückliche Hinweis auf die Geheimhaltungsbedürftigkeit ist zwingend erforderlich, allein die Bezeichnung einer bestimmten Tatsache als Betriebs- oder Geschäftsgeheimnis genügt nicht (*Depel/Raif* BuW 2004, 523; AR/*Rieble* § 79 BetrVG Rn. 4). Der Hinweis ist nicht formbedürftig, kann also auch mündlich erfolgen (*Müller* BB 2013, 2293, 2294; *Lange/Schlegel* ArbRAktuell 2015, 595, 596). Aus Nachweisgründen ist die Schriftform jedoch regelmäßig vorzuziehen. Einer Begründung des Arbeitgebers, warum die Information geheimhaltungsbedürftig ist, bedarf es nicht (*Müller* BB 2013, 2293, 2295).

4. § 79 Abs. 1 BetrVG untersagt sowohl das Offenbaren der Information, d.h. deren Weitergabe an andere (nicht berechtigte) Personen, als auch ihre Verwertung, nämlich die Nutzung für eigene oder fremde Zwecke (offenbar enger ErfK/*Kania* § 79 BetrVG Rn. 14, der als Verwertung nur die Nutzung für Zwecke der eigenen Gewinnerzielung ansieht). Die Geheimhaltungspflicht besteht jedoch gem. § 79 Abs. 1 Satz 3 und 4 BetrVG **nicht** gegenüber anderen betrieblichen Arbeitnehmervertretern und auch nicht gegenüber Behörden und Gerichten, soweit eine gesetzliche Offenbarungspflicht besteht (DLW/*Wildschütz* Kapitel 13 Rn. 863). Demgegenüber sind die Betriebsratsmitglieder gegenüber Vertretern der Gewerkschaft zur Geheimhaltung verpflichtet (vgl. LAG Hamm, Urt. v. 22.07.2011 – 10 Sa 381/11, BeckRS 2011, 77605). Die Geheimhaltungspflicht endet, wenn die jeweilige Tatsache kein Betriebs- oder Geschäftsgeheimnis mehr ist (z.B. weil sie öffentlich bekannt wird oder veraltet ist und daher keinen Wert mehr hat) oder vom Arbeitgeber als nicht mehr geheimhaltungsbedürftig bezeichnet wird (AR/*Rieble* § 79 BetrVG Rn. 4).

5. Dem Arbeitgeber steht auch ein Anspruch auf **Unterlassung** der Offenbarung und Verwertung von Betriebs- und Geschäftsgeheimnissen gegen die Betriebsratsmitglieder zu (BAG, Urt. v. 26.02.1987 – 6 ABR 46/84, NZA 1988, 63). Darüber hinaus kann ein Betriebsratsmitglied im Falle grober Verletzung der Verschwiegenheitspflicht gem. § 23 Abs. 1 BetrVG auf Antrag des Arbeitgebers durch das Arbeitsgericht aus dem Betriebsrat ausgeschlossen werden (vgl. z.B. ArbG Wesel, Beschl. v. 16.10.2008 – 5 BV 34/08, NZA-RR 2009, 21, 22 sowie LAG Düsseldorf, Beschl. v. 23.01.2015 – 6 TaBV 48/14, NZA-RR 2015, 299, 301 f.). Eine gerichtliche Auflösung des gesamten Betriebsrats gem. § 23 Abs. 1 BetrVG kommt in Betracht, wenn die grobe Verletzung der Verschwiegenheitspflicht nicht nur einzelnen Betriebsratsmitgliedern, sondern dem Betriebsrat als Ganzem zuzurechnen ist (*Depel/Raif* BuW 2004, 523, 524; GK-BetrVG/*Oetker* § 79 BetrVG Rn 65; zu den Erfordernissen für die Auflösung eines Betriebsrats gem. § 23 Abs. 1 BetrVG vgl. BAG, Beschl. v. 22.06.1993 – 1 ABR 62/92, NZA 1994, 184 ff.). Das Muster verzichtet auf die ausdrückliche Nennung dieser denkbaren Konsequenzen ebenso wie auf die Darstellung weiterer möglicher Folgen (wie etwa eine Kündigung des Arbeitsvertrags eines Betriebsratsmitglieds aus wichtigem Grund, vgl. LAG Hamm, Urt. v. 22.07.2011 – 10 Sa 381/11, BeckRS 2011, 77605 sowie LAG Hessen, Beschl. v. 12.03.2015 – 9 TaBV 188/14, ArbRAktuell 2016, 124), um zu vermeiden, dass das Schreiben einen konfrontativen Charakter bekommt. Ob überhaupt die Folgen einer Verletzung der Verschwiegenheitspflicht genannt werden sollen, ist

Geschmacksfrage. Für die Wirkung des Schreibens als Auslöser der Verschwiegenheitspflicht des § 79 Abs. 1 BetrVG ist eine Darstellung der möglichen Folgen nicht erforderlich.

822 **6.** Die **Gegenzeichnung** durch die Betriebsratsmitglieder dient der einfacheren Nachweisbarkeit, dass die Betriebsratsmitglieder auf die Geheimhaltungsbedürftigkeit ausdrücklich hingewiesen wurden.

3. Interessenausgleich

Vorbemerkung

823 Gem. § 111 BetrVG hat der Arbeitgeber in Unternehmen mit in der Regel mehr als 20 wahlberechtigten Arbeitnehmern den Betriebsrat über geplante Betriebsänderungen, die wesentliche Nachteile für die Belegschaft oder erhebliche Teile der Belegschaft zur Folge haben können, rechtzeitig und umfassend zu unterrichten und die geplante Betriebsänderung mit dem Betriebsrat zu beraten. Wann eine Betriebsänderung vorliegt, ist in § 111 S. 3 BetrVG definiert. Die in der Praxis wichtigsten Fälle einer Betriebsänderung sind die Betriebsschließung, die Massenentlassung (maßgeblich sind die Schwellenwerte des § 17 Abs. 1 KSchG, mit der Maßgabe, dass in Kleinbetrieben mit bis zu 20 Arbeitnehmern mindestens sechs Arbeitnehmer (BAG, Urt. v. 09.11.2010 – 1 AZR 708/09, NZA 2011, 466, 467 f.) und in größeren Betrieben zusätzlich zu den Schwellenwerten des § 17 Abs. 1 KSchG mindestens 5 % der Belegschaft betroffen sein müssen, BAG, Beschl. v. 28.03.2006 – 1 ABR 5/05, NZA 2006, 932, 933 f.; AR/*Rieble* § 111 BetrVG Rn. 12), die Verlegung von Betrieben oder Betriebsteilen, der Zusammenschluss oder die Spaltung von Betrieben sowie grundlegende Änderungen der Betriebsorganisation (s. zu den Fällen einer Betriebsänderung im Einzelnen DLW/*Wildschütz* Kapitel 13 Rn. 2234 ff. sowie Moll/*Liebers* MAH Arbeitsrecht, § 56 Rn. 41 ff.).

824 In der Praxis werden Interessenausgleiche typischerweise gemeinsam mit einem Sozialplan gem. §§ 112, 112a BetrVG abgeschlossen. Während Gegenstand eines Sozialplans (vgl. O Rdn. 857) der Ausgleich oder die Milderung der wirtschaftlichen Nachteile ist, die den Arbeitnehmern aufgrund der Betriebsänderung entstehen, regelt der Interessenausgleich das Ob, Wann und Wie der geplanten Betriebsänderung. Vor Abschluss des Interessenausgleichsverfahrens darf der Arbeitgeber nicht mit der Durchführung der geplanten Betriebsänderung beginnen. Der Arbeitgeber beginnt allerdings erst dann mit der Durchführung einer Betriebsänderung, wenn er unumkehrbare Maßnahmen zur Auflösung der betrieblichen Organisation ergreift. Die Anhörung des Betriebsrats gem. § 102 BetrVG, die Massenentlassungsanzeige gem. § 17 KSchG, die tatsächliche Einstellung der betrieblichen Tätigkeit sowie die Nichtbeschäftigung bzw. widerrufliche Freistellung der Arbeitnehmer sind keine solchen unumkehrbaren Maßnahmen und sind daher bereits vor Abschluss des Interessenausgleichsverfahrens möglich (BAG, Urt. v. 14.04.2015 – 1 AZR 794/13, NZA 2015, 1147, 1149; *Salamon/von Stechow* NZA 2016, 85 ff.). Nach richtiger Ansicht steht dem Betriebsrat allerdings kein Anspruch auf Unterlassung einer Betriebsänderung bis zum Abschluss des Interessenausgleichsverfahrens zu, so dass der Betriebsrat eine vorzeitige Umsetzung der Betriebsänderung nicht per einstweiliger Verfügung verhindern kann (sehr str., vgl. zum Meinungsstand ErfK/*Kania* § 111 BetrVG Rn. 27 sowie die detaillierte Darstellung von Moll/*Liebers* MAH Arbeitsrecht, § 57 Rn. 110 ff. jeweils m.w.N.). Konsequenz eines nicht oder nicht ordnungsgemäß durchgeführten Interessenausgleichsverfahrens ist vielmehr ein Anspruch der betroffenen Arbeitnehmer auf Nachteilsausgleich gem. § 113 BetrVG sowie ggf. ein Bußgeld wegen einer Ordnungswidrigkeit gem. § 121 BetrVG. Da die Möglichkeit des Erlasses einer einstweiligen Verfügung auf Unterlassung einer Betriebsänderung vor Abschluss des Interessenausgleichsverfahrens jedoch sehr umstritten ist und von Landesarbeitsgerichtsbezirk zu Landesarbeitsgerichtsbezirk unterschiedlich gehandhabt wird, ist dem Arbeitgeber dringend zu raten, sich im Vorfeld einer *möglichen Betriebsänderung* über die Handhabung in dem für den jeweiligen Betrieb zuständigen

Landesarbeitsgerichtsbezirk zu erkundigen (vgl. z.B. die zahlreichen Rechtsprechungsnachweise bei ErfK/*Kania* § 111 BetrVG Rn. 27a und Moll/*Liebers* MAH Arbeitsrecht, § 57 Rn. 110).

Abgeschlossen ist das Interessenausgleichsverfahren, wenn entweder ein Interessenausgleich zwischen Arbeitgeber und Betriebsrat vereinbart worden ist oder das Verfahren zur Herbeiführung eines Interessenausgleichs nach Einschaltung der Einigungsstelle endgültig gescheitert ist (BAG, Urt. v. 18.12.1984 – 1 AZR 176/82, NZA 1985, 400, 401 ff.; *Göpfert/Krieger* NZA 2005, 254, 255). Nicht erforderlich ist der Versuch eines Interessenausgleichs gem. § 118 Abs. 1 BetrVG vor einer beabsichtigten Betriebsänderung in einem Tendenzbetrieb (BAG, Urt. v. 18.11.2003 – 1 AZR 637/02, NZA 2004, 741, 742 f.; vgl. generell zu Betriebsänderungen in Tendenzbetrieben *Gillen/Hörle* NZA 2003, 1225 ff.). Zahlreiche Besonderheiten sind auch bei der Durchführung eines Interessenausgleichsverfahrens in der Insolvenz eines Unternehmens zu beachten (vgl. zu den Besonderheiten im Einzelnen *Oetker/Friese* DZWiR 2001, 133 ff. und 177 ff.). Neben dem in §§ 111, 112 BetrVG gesetzlich vorgeschriebenen Interessenausgleich kommt auch der Abschluss eines freiwilligen Interessenausgleichs zwischen Arbeitgeber und Betriebsrat in Betracht, wenn die Voraussetzungen der §§ 111, 112 BetrVG nicht vorliegen, sei es, weil das Unternehmen den Schwellenwert von in der Regel mehr als 20 wahlberechtigten Arbeitnehmern nicht erreicht oder weil der Tatbestand einer Betriebsänderung nicht erfüllt ist.

825

▶ **Muster – Interessenausgleich**

Interessenausgleich [1]

826

zwischen der

__[Name und Anschrift des Arbeitgebers]__ (die »Gesellschaft«)

und dem

Betriebsrat des Betriebs der Gesellschaft in ____[Ort 1]____ (der »Betriebsrat«) [2]

Präambel

Die Gesellschaft stellt in ihrem Betrieb in ____[Ort 1]____ bislang __[Produktbeschreibung 1]__ her und vertreibt diese mit eigenen Mitarbeitern. In dem Markt für __[Produktbeschreibung 1]__ gibt es jedoch seit längerer Zeit erhebliche Überkapazitäten auf dem Weltmarkt, was zu einem massiven Preisverfall geführt hat. Da die Produktionsanlagen in dem Betrieb in ____[Ort 1]____ veraltet sind und der Standort verkehrstechnisch ungünstig liegt, hat sich die Gesellschaft entschieden, die Produktion in dem Betrieb in ____[Ort 1]____ einzustellen und den Betrieb stillzulegen. [3] Aufgrund der Einstellung der Produktion ist auch die Anzahl der dem Betrieb in ____[Ort 1]____ zugeordneten Vertriebsmitarbeiter um [50]% zu reduzieren, da die Vertriebsmitarbeiter zukünftig nur noch für den Vertrieb von __[Produktbeschreibung 2]__ zuständig sind, die von der Gesellschaft in [Ungarn] hergestellt werden. Der Betriebsrat nimmt diese Entscheidung der Gesellschaft zur Kenntnis. [4]

Während die Arbeitsverhältnisse der in der Produktion beschäftigten Arbeitnehmer und von [50]% der Vertriebsmitarbeiter aufgrund der Betriebsschließung beendet werden müssen, wird die Gesellschaft den in der Verwaltung beschäftigten Arbeitnehmern eine Fortsetzung ihrer Tätigkeit in dem Betrieb in ____[Ort 2]____ der Gesellschaft anbieten.

Dies vorausgeschickt, vereinbaren [5] die Parteien folgenden Interessenausgleich:

§ 1 Geltungsbereich

(1) Der räumliche Geltungsbereich dieses Interessenausgleichs erstreckt sich auf den Betrieb der Gesellschaft in ____[Ort 1]____ .

(2) In persönlicher Hinsicht gilt dieser Interessenausgleich für alle vom räumlichen Geltungsbereich erfassten Arbeitnehmer i.S.v. § 5 Abs. 1 BetrVG. [6]

O. Betriebsverfassungsrecht

§ 2 Stilllegung des Betriebs

(1) Der Betrieb in ____[Ort 1]____ wird mit Wirkung zum ____[Datum]____ stillgelegt. [7] Bis zu diesem Zeitpunkt sind die Arbeitnehmer der Gesellschaft zur Erbringung ihrer Arbeitsleistung verpflichtet, soweit sie nicht zu einem früheren Zeitpunkt von der Gesellschaft von der Verpflichtung zur aktiven Erbringung ihrer Arbeitsleistung freigestellt werden.

(2) Die Produktion wird noch bis zum ____[Datum]____ aufrechterhalten. Die verbleibende Zeit bis zum Datum der Stilllegung wird zur Demontage und Verschrottung der Betriebsanlagen sowie zur Räumung und Reinigung des Betriebsgeländes genutzt.

§ 3 Umsetzung der Maßnahme

(1) Die Arbeitsverhältnisse aller in der Produktion in dem Betrieb in ____[Ort 1]____ beschäftigten Arbeitnehmer werden unverzüglich nach Unterzeichnung dieses Interessenausgleichs unter Beachtung der jeweils geltenden Kündigungsfrist ordentlich aufgrund dringender betrieblicher Erfordernisse i.S.v. § 1 Abs. 2 KSchG gekündigt. [8] Die betroffenen, in der Produktion beschäftigten Arbeitnehmer sind auf der als Anlage beigefügten Namensliste i.S.v. § 1 Abs. 5 KSchG namentlich genannt. [9] Den auf der Namensliste genannten Arbeitnehmern wird nach näherer Maßgabe des Sozialplans vom heutigen Tag mit Wirkung zum ____[Datum]____ der Wechsel in eine Transfergesellschaft angeboten. [10]

(2) Unter Anwendung der Kriterien der Sozialauswahl gem. § 1 Abs. 3 KSchG haben die Parteien diejenigen Vertriebsmitarbeiter des Betriebs in ____[Ort 1]____ ermittelt, deren Arbeitsverhältnisse aufgrund dringender betrieblicher Erfordernisse i.S.v. § 1 Abs. 2 KSchG beendet werden müssen. [11] Die betriebsbedingt zu kündigenden Vertriebsmitarbeiter sind ebenfalls auf der als Anlage beigefügten Namensliste i.S.v. § 1 Abs. 5 KSchG namentlich genannt. Den auf der Namensliste genannten Vertriebsmitarbeitern wird ebenfalls nach näherer Maßgabe des Sozialplans vom heutigen Tag mit Wirkung zum ____[Datum]____ der Wechsel in eine Transfergesellschaft angeboten. Die nicht auf der Namensliste genannten Vertriebsmitarbeiter arbeiten weiterhin in ihren Home Offices. Mit Wirkung ab dem Stilllegungsdatum sind sie jedoch nicht mehr dem Betrieb in ____[Ort 1]____ zugeordnet, sondern dem Betrieb in ____[Ort 2]____ der Gesellschaft.

(3) Den in der Verwaltung in dem Betrieb in ____[Ort 1]____ beschäftigten Arbeitnehmern wird unverzüglich nach Unterzeichnung dieses Interessenausgleichs eine Fortsetzung ihrer Tätigkeit in dem Betrieb in ____[Ort 2]____ der Gesellschaft zu ansonsten unveränderten Bedingungen angeboten. [12] Sollte ein Arbeitnehmer dieses Angebot nicht binnen [zwei] Wochen annehmen, erhält er eine betriebsbedingte Änderungskündigung zum Zwecke der Versetzung in den Betrieb in ____[Ort 2]____ der Gesellschaft zu ansonsten unveränderten Bedingungen. [13]

(4) Die Gesellschaft wird sich in Kooperation mit der Agentur für Arbeit bemühen, den in dem Betrieb in ____[Ort 1]____ beschäftigten Auszubildenden eine Fortsetzung der Ausbildung in einem anderen Betrieb der Gesellschaft oder bei einem anderen Arbeitgeber zu ermöglichen. [14]

(5) Die vorstehenden Regelungen schränken die Möglichkeiten der Gesellschaft zum Ausspruch von Kündigungen aus wichtigem Grund oder aus personen- oder verhaltensbedingten Gründen nicht ein. [15]

§ 4 Sozialplan

Zum Ausgleich oder zur Milderung der wirtschaftlichen Nachteile, die den Arbeitnehmern aufgrund der in diesem Interessenausgleich niedergelegten Maßnahme entstehen, vereinbaren die Parteien parallel zum Abschluss dieses Interessenausgleichs einen Sozialplan. [16]

§ 5 Abschluss des Verfahrens gem. §§ 111, 112 BetrVG

Mit Unterzeichnung dieses Interessenausgleichs ist das Verfahren zur Herbeiführung eines Interessenausgleichs gem. §§ 111, 112 BetrVG abgeschlossen. [17]

§ 6 Weitere Beteiligungsrechte des Betriebsrats

(1) Aufgrund der beabsichtigten Stilllegung des Betriebs und den damit verbundenen Entlassungen ist die Gesellschaft zur Erstattung einer Massenentlassungsanzeige gem. § 17 Abs. 1 KSchG bei der Agentur für Arbeit verpflichtet.

(2) Der Betriebsrat nimmt zu den Entlassungen gem. § 17 Abs. 3 S. 2 KSchG wie folgt Stellung: Die gem. § 17 Abs. 2 Satz 1 KSchG erforderlichen Auskünfte wurden dem Betriebsrat rechtzeitig und umfassend schriftlich erteilt und die Gesellschaft und der Betriebsrat haben gem. § 17 Abs. 2 Satz 2 KSchG die Möglichkeiten beraten, Entlassungen zu vermeiden oder einzuschränken und ihre Folgen zu mildern. Die Ergebnisse der Beratung sind in diesen Interessenausgleich eingeflossen. Das Konsultationsverfahren gem. § 17 Abs. 2 KSchG ist somit abgeschlossen. [18]

(3) Die bei der Umsetzung der Maßnahme bestehenden weiteren Beteiligungsrechte [19] des Betriebsrats, insbesondere aus § 99 BetrVG und aus § 102 BetrVG [20], werden gewahrt. Der Betriebsrat wird keinen Widerspruch gegen die geplanten Kündigungen und Versetzungen erheben. [21]

§ 7 Schlussbestimmungen

(1) Dieser Interessenausgleich tritt mit seiner Unterzeichnung in Kraft. [22] Er endet ohne Nachwirkung mit Abschluss der in diesem Interessenausgleich beschriebenen Maßnahme.

(2) Sollten einzelne Bestimmungen dieses Interessenausgleichs unwirksam sein oder unwirksam werden, hat dies auf die Wirksamkeit der übrigen Bestimmungen dieses Interessenausgleichs keinen Einfluss. Die Parteien verpflichten sich, anstelle der unwirksamen Bestimmung eine Regelung zu treffen, die der unwirksamen Bestimmung wirtschaftlich so nahe wie möglich kommt.

Anlage: Namensliste gem. § 1 Abs. 5 KSchG [23]

_____ [Ort, Datum]

_____ [Ort, Datum]

(Unterschriften der Gesellschaft)   (Unterschriften des Betriebsrats)

Erläuterungen

Schrifttum

Berscheid Interessenausgleich mit Namensliste, MDR 1998, 942; *Fiene* Abschluss und Umsetzung von Transfersozialplänen, 2013; *Fischer* Unternehmensbezogener Interessenausgleich und Namensliste nach § 1 Abs. 5 KSchG, BB 2004, 1001; *Freckmann* Interessenausgleich und Sozialplan, Überblick und Verfahrensablauf, DStR 2006, 1842; *Gaul* Betriebsbedingte Kündigung mit Namensliste nach § 1 Abs. 5 KSchG, BB 2004, 2686; *Gillen/Hörle* Betriebsänderungen in Tendenzbetrieben, NZA 2003, 1225; *Göpfert/Krieger* Wann ist die Anrufung der Einigungsstelle bei Interessenausgleichs- und Sozialplanverhandlungen zulässig?, NZA 2005, 254; *Hunold* Die Rechtsprechung zu Interessenausgleich, Nachteilsausgleich und Sozialplan, §§ 112–113 BetrVG – Teil 1, NZA-RR 2004, 561; *Kania/Joppich* Der Interessenausgleichsversuch und sein Scheitern, NZA 2005, 749; *Lerch/Weinbrenner* Einigungsstelleneinsetzungsverfahren bei Betriebsänderungen, NZA 2015, 1228; *Meyer* Bindungswirkung eines Interessenausgleichs, BB 2001, 882; *Meyer/Röger* Freiwillige vor? Rechtliche und strategische Aspekte von Freiwilligenprogrammen beim Personalabbau, NZA-RR 2011, 393; *Moll/Katerndahl* Zum Verhältnis zwischen Interessenausgleichs- und Massenentlassungsverfahren, RdA 2013, 159; *Oetker/Friese* Der Interessenausgleich in der Insolvenz (I) und (II), DZWiR 2001, 133 und 177; *Ohlendorf/Salamon* Interessenausgleich mit Namensliste im Zuständigkeitsbereich des Gesamtbetriebsrats, NZA 2006, 131; *Röder/Baeck* Interessenausgleich und Sozialplan, 5. Aufl. 2016; *Salamon/von Stechow* Planung und Durchführung einer Betriebsänderung während der Beteiligung des Betriebsrats, NZA 2016, 85; *Schramm/Kuhnke* Das Zusammenspiel von Interessenausgleichs- und Massenentlassungsanzeigeverfahren, NZA 2011, 1071; *Thüsing/Wege* Freiwilliger Interessenausgleich und Sozialauswahl, BB 2005, 213; *Trittin/Fütterer* Interessenausgleich und Sozialplan in Kleinbetrieben, NZA 2009, 1305; *Willemsen/Hohenstatt* Zur umstrittenen Bindungs- und Normwirkung des Interessenausgleichs, NZA 1997, 345.

1. Nach der gesetzlichen Konzeption ist ein Interessenausgleich – anders als ein Sozialplan – keine Betriebsvereinbarung. Der Arbeitgeber ist nicht verpflichtet, die Betriebsänderung wie in dem Interessenausgleich geregelt durchzuführen, und der Betriebsrat kann eine Einhaltung des Interessenausgleichs nicht erzwingen (BAG, Beschl. v. 28.08.1991 – 7 ABR 72/90, NZA 1992, 41, 42; Moll/*Liebers* MAH Arbeitsrecht, § 57 Rn. 103 ff.; *Willemsen/Hohenstatt* NZA 1997, 345, 346 ff.; a.A. MüArbR/*Matthes* § 269 Rn. 34). Weicht der Arbeitgeber von dem Interessenausgleich ab, kann den Arbeitnehmern allerdings ein Anspruch auf Nachteilsausgleich gem. § 113 BetrVG zustehen.

828 Es ist allerdings auch möglich und kommt in der Praxis immer wieder vor, dass Arbeitgeber und Betriebsrat einen Interessenausgleich bewusst als Betriebsvereinbarung abschließen. Mit der Vereinbarung eines Interessenausgleichs als Betriebsvereinbarung kann beabsichtigt sein, dem Betriebsrat ausnahmsweise einen Anspruch auf Durchführung der Regelungen des Interessenausgleichs einzuräumen (*Meyer* BB 2001, 882, 885 f.; generell ablehnend *Willemsen/Hohenstatt* NZA 1997, 345, 351 f.). Ob dem Betriebsrat tatsächlich ein Durchführungsanspruch eingeräumt werden soll, ist eine Frage des Einzelfalls und bedarf einer genauen Auslegung des jeweiligen Interessenausgleichs.

829 **2.** Ist wie im vorliegenden Muster nur ein Betrieb von der Betriebsänderung betroffen, ist der örtliche Betriebsrat für die Verhandlung des Interessenausgleichs zuständig. Probleme kann die Feststellung des zuständigen Betriebsrats bereiten, wenn die Betriebsänderung mehr als einen Betrieb oder sogar mehr als ein Unternehmen eines Konzerns erfasst und neben dem Betriebsrat auch ein Gesamtbetriebsrat und/oder Konzernbetriebsrat existiert. Bestehen Zweifel, welcher Betriebsrat für die Verhandlung des Interessenausgleichs zuständig ist, sollte der Arbeitgeber die Betriebsräte zur Klärung der Zuständigkeitsfrage auffordern (BAG, Urt. v. 24.01.1996 – 1 AZR 542/95, NZA 1996, 1107, 1109; *Freckmann* DStR 2006, 1842, 1844). Anderenfalls trägt der Arbeitgeber das Risiko der Verhandlung mit einem unzuständigen Betriebsrat, was von der Rechtsprechung mit dem Unterlassen des Versuchs eines Interessenausgleichs gleichgesetzt wird (BAG, Urt. v. 24.01.1996 – 1 AZR 542/95, NZA 1996, 1107, 1109). In einem solchen Fall müsste der Arbeitgeber die Verhandlungen mit dem zuständigen Betriebsrat noch einmal von vorne beginnen, was zu einer erheblichen Verzögerung der Umsetzung der Betriebsänderung führen kann. Zu beachten ist auch, dass nach Ansicht des Bundesarbeitsgerichts auf Seiten der Betriebsratsgremien unterschiedliche Zuständigkeiten für den Abschluss von Interessenausgleich einerseits und Sozialplan andererseits gegeben sein können (BAG, Beschl. v. 03.05.2006 – 1 ABR 15/05, NZA 2007, 1245).

830 **3.** Obwohl gesetzlich nicht erforderlich, empfiehlt es sich regelmäßig, die (wirtschaftlichen) Gründe für die Betriebsänderung in der Präambel des Interessenausgleichs kurz zu skizzieren, um sowohl dem Betriebsrat als auch den Arbeitnehmern und etwa mit dem Interessenausgleich befassten Dritten (vor allem der Agentur für Arbeit und dem Arbeitsgericht) die Hintergründe der Maßnahme aufzuzeigen.

831 **4.** Der Betriebsrat hat auch die Möglichkeit, der Betriebsänderung zuzustimmen oder ihr zu widersprechen. In der Praxis wird als Kompromiss häufig eine Formulierung wie im vorliegenden Muster verwendet, mit der der Betriebsrat nicht inhaltlich zu der Betriebsänderung Stellung nimmt.

832 **5.** Können die Parteien keine Einigung über den Interessenausgleich erzielen, kann jede Partei gem. § 112 Abs. 2 S. 1 BetrVG den Vorstand der Bundesagentur für Arbeit um Vermittlung ersuchen, was jedoch in der Praxis nur selten geschieht. Anstelle eines solchen Vermittlungsersuchens oder bei Erfolglosigkeit des Vermittlungsversuchs kann jede Partei gem. § 112 Abs. 2 S. 2 BetrVG die Einigungsstelle anrufen (vgl. zu der Frage, ab wann die Einigungsstelle bei Verhandlungen über einen Interessenausgleich und Sozialplan angerufen werden kann *Göpfert/Krieger* NZA 2005, 254 ff., *Lerch/Weinbrenner* NZA 2015, 1228, 1231 sowie Moll/*Liebers* MAH Arbeitsrecht, § 57 Rn. 59 ff.). Anders als beim Sozialplan kann die Einigungsstelle nicht verbindlich über die Festlegung eines Interessenausgleichs entscheiden. Gelingt es der Einigungsstelle nicht, eine Einigung zwischen den Parteien herbeizuführen, muss sie vielmehr das endgültige Scheitern der Verhand-

lungen feststellen. Eines formellen Beschlusses der Einigungsstelle zum Scheitern der Verhandlungen bedarf es nicht (BAG, Urt. v. 16.08.2011 – 1 AZR 44/10, NJOZ 2012, 498, 499). Sind die Verhandlungen objektiv gescheitert, bedarf es nach richtiger Ansicht nicht zwingend einer entsprechenden Feststellung durch die Einigungsstelle oder ihren Vorsitzenden, sondern der Arbeitgeber kann die Verhandlungen für gescheitert erklären (so zutreffend *Kania/Joppich* NZA 2005, 749, 751 f.; a.A. DKKW/*Däubler* §§ 112, 112a BetrVG Rn. 14 f.). Nach dem Scheitern der Verhandlungen ist der Arbeitgeber zur Durchführung der Betriebsänderung berechtigt.

6. Während es bei Sozialplänen häufig darum geht, den Geltungsbereich so einzuschränken, dass nur die Arbeitnehmer erfasst werden, die tatsächlich aufgrund der Betriebsänderung Nachteile erleiden, muss sich der Geltungsbereich des Interessenausgleichs auf alle Arbeitnehmer erstrecken, die von der Betriebsänderung betroffen sind. 833

7. Die Betriebsänderung ist in dem Interessenausgleich inhaltlich und zeitlich genau zu beschreiben. 834

8. Auch wenn der Arbeitgeber ohnehin gegenüber den Arbeitnehmern zur Einhaltung der maßgeblichen Kündigungsfrist verpflichtet ist, wird die Einhaltung der ordentlichen Kündigungsfrist regelmäßig im Interessenausgleich festgehalten. 835

9. Wenn im Rahmen einer Betriebsänderung nur ein Teil der Arbeitnehmer eines Betriebs entlassen wird, kann es für den Arbeitgeber von großem Vorteil sein, sich mit dem Betriebsrat im Interessenausgleich auf die Namen der zu entlassenden Arbeitnehmer zu einigen (vgl. auch BAG, Urt. v. 26.03.2009 – 2 AZR 296/07, NZA 2009, 1151 ff., wonach auch eine zeitnahe einvernehmliche Ergänzung des Interessenausgleichs um eine Namensliste nach Abschluss des Interessenausgleichs genügt, um die Wirkungen des § 1 Abs. 5 KSchG auszulösen). Wenn die zu kündigenden Arbeitnehmer in dem Interessenausgleich namentlich bezeichnet sind, wird gem. § 1 Abs. 5 KSchG vermutet, dass die Kündigungen durch dringende betriebliche Erfordernisse i.S.v. § 1 Abs. 2 KSchG bedingt sind, und die Sozialauswahl zwischen den Arbeitnehmern kann in einem Kündigungsschutzprozess vom Arbeitsgericht nur auf grobe Fehlerhaftigkeit überprüft werden (vgl. BAG, Urt. v. 27.09.2012 – 2 AZR 516/11, NZA 2012, 559 ff.; zu den Wirkungen des § 1 Abs. 5 KSchG im Einzelnen DLW/*Dörner* Kapitel 4 Rn. 2910 ff. und *Gaul* BB 2004, 2686, 2689 f.). Voraussetzung für die Wirkungen des § 1 Abs. 5 KSchG ist, dass tatsächlich eine Betriebsänderung im Sinne des § 111 BetrVG vorliegt und der Interessenausgleich wirksam zustande gekommen ist (BAG, Urt. v. 03.04.2008 – 2 AZR 879/06, NZA 2008, 1060, 1062; AR/*Kaiser* § 1 KSchG Rn. 236; weitergehend *Thüsing/Wege* BB 2005, 213, 214 f., nach deren Ansicht das Vorliegen einer Betriebsänderung im Rahmen von § 1 Abs. 5 KSchG nur einer eingeschränkten gerichtlichen Kontrolle zugänglich sein soll). Ist der Gesamtbetriebsrat für den Abschluss des Interessenausgleichs gem. § 50 Abs. 1 BetrVG originär zuständig, erstreckt sich seine Zuständigkeit auch auf die Vereinbarung der Namensliste i.S.v. § 1 Abs. 5 KSchG (BAG, Urt. v. 19.07.2012 – 2 AZR 386/11, NZA 2013, 333, 335; *Gaul* BB 2004, 2686, 2687; *Ohlendorf/Salamon* NZA 2006, 131 ff.; a.A. ohne überzeugende Begründung *Fischer* BB 2004, 1001, 1002 f.). Mit einer von Arbeitgeber und Betriebsrat vereinbarten Namensliste kann auch von einer zuvor oder gleichzeitig vereinbarten Auswahlrichtlinie i.S.v. § 1 Abs. 4 KSchG abgewichen werden (BAG, Urt. v. 24.10.2013 – 6 AZR 854/11, NZA 2014, 46, 49). Quasi das Gegenteil von Namenslisten sind so genannte Freiwilligenprogramme, die in der Praxis insbesondere bei Personalabbaumaßnahmen in Großunternehmen eine erhebliche Rolle spielen (vgl. hierzu *Meyer/Röger* NZA-RR 2011, 393 ff.). 836

Bislang nicht abschließend geklärt ist, ob auch eine »Teil-Namensliste«, auf der nur ein Teil der betriebsbedingt zu kündigenden Arbeitnehmer namentlich genannt ist, geeignet ist, die Rechtsfolgen des § 1 Abs. 5 KSchG auszulösen (s. ohne endgültige Entscheidung BAG, Urt. v. 26.03.2009 – 2 AZR 296/07, NZA 2009, 1151, 1153 f.). 837

10. Bei dem Angebot des Wechsels in eine Transfergesellschaft und der genauen Ausgestaltung der Transfergesellschaft handelt es sich grundsätzlich um einen Regelungsgegenstand des Sozial- 838 plans, da es um den Ausgleich bzw. die Milderung der den Arbeitnehmern durch den Verlust des Arbeitsplatzes entstehenden Nachteile geht. Wenn der Wechsel in die Transfergesellschaft – wie in den meisten Fällen – bereits vor Ablauf der jeweiligen Kündigungsfrist erfolgen soll, hat das damit verbundene vorzeitige einvernehmliche Ausscheiden der Arbeitnehmer aus dem bisherigen Arbeitsverhältnis jedoch Auswirkungen auf das Wann und Wie der Betriebsänderung, so dass eine Regelung im Interessenausgleich zu empfehlen ist. Die einmonatige Sperrfrist des § 18 Abs. 1 KSchG steht einer Aufhebung des bisherigen Arbeitsverhältnisses mit gleichzeitigem Wechsel in die Transfergesellschaft bereits vor Ablauf der Monatsfrist nicht entgegen, da in der Transfergesellschaft eine sofortige Anschlussbeschäftigung besteht (*Fiene* S. 98).

839 **11.** Mit dieser Regelung wird nicht näher offengelegt, wie die Parteien die Sozialauswahl getroffen haben. Eine Darlegung der für die Sozialauswahl maßgeblichen Kriterien im Interessenausgleich ist auch nicht erforderlich, um die Wirkungen des § 1 Abs. 5 KSchG auszulösen. Alles andere stünde im Widerspruch zum klaren Wortlaut des § 1 Abs. 5 KSchG, der lediglich eine namentliche Benennung der zu kündigenden Arbeitnehmer fordert. Alternativ ist es möglich, dass sich Arbeitgeber und Betriebsrat für die Durchführung der Sozialauswahl auf eine Auswahlrichtlinie gem. § 95 Abs. 1 BetrVG für die personelle Auswahl der zu kündigenden Arbeitnehmer einigen, in der Regel in der Form eines Punkteschemas, anhand dessen die Sozialauswahl durchgeführt wird. Ein solches Punkteschema darf jedoch nicht »sklavisch« verwendet werden, sondern muss Raum für eine Berücksichtigung der Besonderheiten des Einzelfalls lassen (ErfK/*Oetker* § 1 KSchG Rn. 337).

840 **12.** In der Praxis ist es üblich, den Arbeitnehmern zuerst einen freiwilligen Wechsel des Arbeitsplatzes anzubieten, bevor eine Änderungskündigung ausgesprochen wird. Rechtlich erforderlich ist ein solches vorheriges Angebot vor Ausspruch einer Änderungskündigung jedoch nicht.

841 **13.** Wichtig sind das Angebot eines anderen Arbeitsplatzes und der Ausspruch einer Änderungskündigung für die Bestimmung der dem Arbeitnehmer zustehenden Ansprüche aus dem Sozialplan im Vergleich zu Arbeitnehmern, denen kein anderer Arbeitsplatz angeboten wird.

842 **14.** Berufsausbildungsverträge können nach Ablauf der Probezeit gem. § 22 BBiG vom Arbeitgeber nur aus wichtigem Grund gekündigt werden. Zwar ist anerkannt, dass eine Betriebsstilllegung einen wichtigen Grund i.S.d. § 22 BBiG darstellt (ErfK/*Schlachter* § 22 BBiG Rn. 4). Die Betriebsparteien versuchen jedoch aufgrund der besonderen Schutzbedürftigkeit von Auszubildenden häufig, Möglichkeiten zu finden, dass die Auszubildenden ihre Ausbildung ordnungsgemäß beenden können.

843 **15.** Diese Regelung hat lediglich klarstellenden Charakter. Auch ohne eine solche Regelung wäre der Arbeitgeber berechtigt, vorzeitig Kündigungen aus anderen Gründen auszusprechen.

844 **16.** Nach der gesetzlichen Konzeption sind Interessenausgleich und Sozialplan voneinander unabhängig und können getrennt verhandelt und abgeschlossen werden. In der Praxis ist es jedoch absolut üblich, dass beide Vereinbarungen gemeinsam verhandelt und abgeschlossen werden, da der Betriebsrat die Umsetzung der Betriebsänderung regelmäßig nur ermöglichen wird, wenn eine Einigung über die Konditionen des Sozialplans erzielt worden ist.

845 **17.** Aus Sicht des Arbeitgebers ist es wichtig, in dem Interessenausgleich festzuhalten, dass das Interessenausgleichsverfahren gem. §§ 111, 112 BetrVG mit Unterzeichnung des Interessenausgleichs beendet ist, damit der Arbeitgeber mit der Umsetzung der Betriebsänderung beginnen kann. Zwar wird sich dies regelmäßig auch ohne ausdrückliche Regelung durch Auslegung des Interessenausgleichs ergeben. Zur Vermeidung von Streitigkeiten empfiehlt sich jedoch eine klare Regelung.

846 **18.** Mit dieser Formulierung wird gewährleistet, dass der Interessenausgleich auch als Stellungnahme des Betriebsrats gem. § 17 Abs. 3 KSchG dient. Das ist gem. § 1 Abs. 5 Satz 4 KSchG ohnehin der Fall, wenn der Interessenausgleich die zu kündigenden Arbeitnehmer namentlich bezeichnet. Eine Stellungnahme im Sinne des § 17 Abs. 3 KSchG kann aber auch in einen Interes-

senausgleich ohne Namensliste integriert werden (BAG, Urt. v. 21.03.2012 – 6 AZR 596/10, NZA 2012, 1058, 1059; BAG, Urt. v. 28.06.2012 – 6 AZR 780/10, NZA 2012, 1029, 1035). Eine § 17 Abs. 3 KSchG genügende Stellungnahme erfordert nach Auffassung des BAG, (i) dass zum Ausdruck gebracht wird, dass der Betriebsrat seine Beteiligungsrechte als gewahrt ansieht, (ii) eine eindeutige Meinungsäußerung zu den beabsichtigten Entlassungen und (iii) die Erklärung, dass es sich um eine abschließende Stellungnahme handelt (BAG, Urt. v. 21.03.2012 – 6 AZR 596/10, NZA 2012, 1058, 1060; vgl. auch *Moll/Katerndahl* RdA 2013, 159 ff.). Im Hinblick auf die erforderliche Meinungsäußerung ist je nach Einzelfall ebenso denkbar, dass der Betriebsrat der Erforderlichkeit von Massenentlassungen ausdrücklich zustimmt oder widerspricht.

Das Interessenausgleichsverfahren kann mit der Unterrichtung nach § 17 Abs. 2 Satz 1 KSchG verbunden werden, wenn der Arbeitgeber hinreichend klarstellt, dass und welche Verfahren gleichzeitig durchgeführt werden (BAG, Urt. v. 18.01.2012 – 6 AZR 407/10, NZA 2012, 817, 821; BAG, Urt. v. 20.09.2012 – 6 AZR 155/11, NZA 2012, 32, 35). Die dem Betriebsrat nach § 17 Abs. 2 Satz 1 KSchG zu übermittelnden Informationen können entweder als Anlage in den Interessenausgleich aufgenommen oder in einem separaten Dokument zur Verfügung gestellt werden (BAG, Urt. v. 20.09.2012 – 6 AZR 155/11, NZA 2012, 32, 35). Die Informationen müssen dem Betriebsrat aber tatsächlich zur Verfügung gestellt werden, die bloße Erklärung des Betriebsrats, rechtzeitig und umfassend unterrichtet worden zu sein, genügt nicht (BAG, Urt. v. 20.09.2012 – 6 AZR 155/11, NZA 2013, 32, 35). Ein vor Ausspruch der Kündigungen abgeschlossener Interessenausgleich erfüllt dann die Pflicht des Arbeitgebers zur Beratung mit dem Betriebsrat gem. § 17 Abs. 2 S. 2 KSchG (BAG, Urt. v. 21.05.2008 – 8 AZR 84/07, NZA 2008, 753, 757; vgl. auch *Schramm/Kuhnke* NZA 2011, 1071 ff.), wobei für den Interessenausgleich und die Stellungnahme zu der Massenentlassungsanzeige einheitlich zu beurteilen ist, welcher Betriebsrat zuständig ist (BAG, Urt. v. 07.07.2011 – 6 AZR 248/10, NZA 2011, 1108, 1110 ff.; *Schramm/Kuhnke* NZA 2011, 1071 ff.).

19. Im Falle einer Betriebsänderung bestehen neben der Pflicht zur Verhandlung eines Interessenausgleichs und, soweit es auszugleichende oder zu mildernde wirtschaftliche Nachteile gibt, dem Abschluss eines Sozialplans in der Regel weitere Beteiligungsrechte des Betriebsrats, insbesondere aus § 99 BetrVG und § 102 BetrVG, unter Umständen aber auch z.B. aus §§ 90, 92, 95 BetrVG. Ob derartige weitere Beteiligungsrechte durch den Abschluss des Interessenausgleichs mit erfüllt sind oder noch separat erfüllt werden müssen, sollte zur Vermeidung späteren Streits in dem Interessenausgleich geregelt werden.

20. Das Interessenausgleichsverfahren und die Anhörung des Betriebsrats gem. § 102 BetrVG können auch miteinander verbunden werden, soweit dieselbe Arbeitnehmervertretung zu beteiligen ist (BAG, Urt. v. 18.01.2012 – 6 AZR 407/10, NZA 2012, 817, 821; BAG, Urt. v. 20.09.2012 – 6 AZR 155/11, NZA 2013, 35)). Handelt es sich um ein Interessenausgleichsverfahren mit dem Gesamtbetriebsrat oder dem Konzernbetriebsrat als Verhandlungspartner, ist allerdings zu beachten, dass für die Anhörung nach § 102 BetrVG im Regelfall der örtliche Betriebsrat zuständig ist (ErfK/*Kiel* § 17 KSchG Rn. 26). Eine Verbindung beider Verfahren setzt voraus, dass der Arbeitgeber möglichst frühzeitig in dem Interessenausgleichsverfahren klarstellt, dass es bei dem Verfahren auch um die Anhörung des Betriebsrats gem. § 102 BetrVG zu konkreten Kündigungen geht, und dem Betriebsrat alle erforderlichen Informationen zu den zu kündigenden Arbeitnehmern und etwaigen, im Rahmen einer Sozialauswahl vergleichbaren Arbeitnehmern zur Verfügung stellt. In dem Interessenausgleich ist dann klar zu regeln, dass die Anhörung des Betriebsrats gem. § 102 BetrVG mit Abschluss des Interessenausgleichs ebenfalls erledigt ist. Demgegenüber genügt der einfache Abschluss eines Interessenausgleichs mit Namensliste nicht, um die Pflicht zur Anhörung des Betriebsrats gem. § 102 BetrVG zu erfüllen (BAG, Urt. v. 20.05.1999 – 2 AZR 532/98, NZA 1999, 1101, 1102; *Gaul* BB 2004, 2686, 2691).

21. Ob ein solcher »Widerspruchsverzicht« des Betriebsrats möglich ist, ist bislang nicht abschließend geklärt. Jedenfalls wenn dem Betriebsrat alle zur Ausübung des Beteiligungsrechts erforderlichen Informationen vorliegen, muss ein solcher Verzicht jedoch möglich sein, da anerkannt ist, dass die Verfahren gem. § 99 BetrVG und § 102 BetrVG auch komplett mit der Verhandlung und dem Abschluss des Interessenausgleichs verbunden werden können (BAG, Urt. v. 18.01.2012 – 6 AZR 407/10, NZA 2012, 817, 821; BAG, Urt. v. 20.09.2012 – 6 AZR 155/11, NZA 2013, 35).

850 **22.** Gem. § 112 Abs. 1 S. 1 BetrVG besteht für den Abschluss eines Interessenausgleichs ein Schriftformerfordernis.

851 **23.** Um die Wirkungen des § 1 Abs. 5 KSchG auszulösen, müssen die zu kündigenden Arbeitnehmer in dem Interessenausgleich namentlich bezeichnet werden. Dafür genügt es zum einen, wenn in dem Interessenausgleich auf die Namensliste Bezug genommen und die Namensliste separat von den Betriebsparteien unterzeichnet wird. Zum anderen genügt es auch, wenn nur der Interessenausgleich unterschrieben ist, in dem Interessenausgleich auf die Namensliste Bezug genommen wird und die Namensliste mit dem Interessenausgleich mittels Heftmaschine körperlich derart zu einer Urkunde verbunden ist, dass eine Lösung nur durch Gewaltanwendung (Lösen der Heftklammer) möglich ist (BAG, Urt. v. 06.07.2006 – 2 AZR 520/05, NZA 2007, 266 ff.; BAG, Urt. v. 12.05.2010 – 2 AZR 551/08, NZA 2011, 114, 115; *Gaul* BB 2004, 2686, 2687). Eine Zusammenfügung von Interessenausgleich und Namensliste erst nach der Unterzeichnung des Interessenausgleichs genügt demgegenüber zur Wahrung des Schriftformerfordernisses nicht (BAG, Urt. v. 06.07.2006 – 2 AZR 520/05, NZA 2007, 266 ff.).

4. Sozialplan

Vorbemerkung

852 Mit einem Sozialplan sollen die den Arbeitnehmern aufgrund einer Betriebsänderung entstehenden wirtschaftlichen Nachteile ausgeglichen oder zumindest abgemildert werden. Anders als ein Interessenausgleich kann der Abschluss eines Sozialplans grundsätzlich vom Betriebsrat gem. § 112 Abs. 4 BetrVG über eine Einigungsstelle erzwungen werden, wenn sich die Betriebsparteien nicht auf einen Sozialplan einigen können. Die Erzwingbarkeit des Sozialplans birgt für den Arbeitgeber das Risiko, dass die Einigungsstelle einen Sozialplan festlegen kann, der unter Umständen weit über das vom Arbeitgeber vorgesehene Budget für die Betriebsänderung hinausgeht und damit zu erheblichen wirtschaftlichen Mehrbelastungen führt. Zwar hat die Einigungsstelle gem. § 112 Abs. 5 S. 1 BetrVG bei ihrer Entscheidung auch die wirtschaftliche Vertretbarkeit ihrer Entscheidung für das Unternehmen zu beachten, was gem. § 112 Abs. 5 S. 2 Nr. 3 BetrVG insbesondere bedeutet, dass der Fortbestand des Unternehmens und die nach der Durchführung der Betriebsänderung verbleibenden Arbeitsplätze durch den Gesamtbetrag der Sozialplanleistungen nicht gefährdet werden dürfen. Nach der Rechtsprechung des Bundesarbeitsgerichts bedeutet dies aber, dass bei wirtschaftlich schwachen Unternehmen auch einschneidende Belastungen bis an den Rand der Bestandsgefährdung zulässig sein können (BAG, Beschl. v. 06.05.2003 – 1 ABR 11/02, NZA 2004, 108 ff.; vgl. zur Dotierung von Sozialplänen durch die Einigungsstelle auch *Hohenstatt/Stamer* DB 2005, 2410 ff. und *Scholz* BB 2006, 1498 ff.).

853 Ausnahmsweise nicht erzwingbar ist ein Sozialplan gem. § 112a Abs. 1 BetrVG, wenn die geplante Betriebsänderung allein in der Entlassung von Arbeitnehmern besteht und die Mindestanzahl von zu entlassenden Arbeitnehmern gem. § 112a Abs. 1 BetrVG nicht erreicht wird. Vollständig von der Erzwingbarkeit eines Sozialplans befreit sind gem. § 112a Abs. 2 BetrVG neu gegründete Unternehmen in den ersten vier Jahren nach ihrer Gründung, sofern es sich nicht um eine Neugründung im Zusammenhang mit der rechtlichen Umstrukturierung von Unternehmen und Konzernen handelt. Dieses Neugründungsprivileg gilt auch, wenn das neu gegründete Unternehmen einen schon länger bestehenden Betrieb übernimmt. Die Befreiung kann allerdings aufgrund Rechtsmissbrauchs an § 242 BGB scheitern, wenn ein Betrieb auf einen »Totengräber« übertragen wird, damit dieser den Betrieb stilllegt (BAG, Beschl. v. 13.06.1989 – 1 ABR 14/88, NZA 1989, 974, 975 f.; AR/*Rieble* § 112a BetrVG Rn. 13).

Nach der Konzeption des BetrVG ist ein Sozialplan vor der Durchführung einer Betriebsänderung zu vereinbaren. Auch ein erst nach der Betriebsänderung abgeschlossener Sozialplan ist aber wirksam und begründet Ansprüche der Arbeitnehmer, da sich der Arbeitgeber anderenfalls durch schnelles Handeln und Umsetzen der Betriebsänderung der Sozialplanpflicht entziehen könnte (BAG, Beschl. v. 20.04.1982 – 1 ABR 3/80, AP BetrVG 1972 § 112 Nr. 15). Der Betriebsrat behält für den Abschluss des Sozialplanes ein Restmandat gem. § 21b BetrVG, wenn sein Amt aufgrund einer bereits durchgeführten Betriebsänderung vor Abschluss des Sozialplans endet (BAG, Urt. v. 05.10.2000 – 1 AZR 48/00, NZA 2001, 849, 851; AR/*Rieble* § 112a BetrVG Rn. 14).

854

Besonderheiten gelten für Sozialpläne, die erst nach der Eröffnung des Insolvenzverfahrens über das Vermögen des Arbeitgebers abgeschlossen werden (vgl. hierzu DLW/*Wildschütz* Kapitel 13 Rn. 2398 ff.; GK-BetrVG/*Oetker* §§ 112, 112a BetrVG Rn. 337 ff. und 395 ff.; *Oetker/Friese* DZWiR 2001, 265 ff.). Neben Verfahrensbesonderheiten, die zu einer erheblichen Beschleunigung der Verhandlungen führen, ist insbesondere hervorzuheben, dass das Sozialplanvolumen gem. § 123 InsO doppelt begrenzt ist, und zwar erstens auf einen Gesamtbetrag von maximal 2,5 Monatsverdiensten für die von der Entlassung betroffenen Arbeitnehmer und zweitens auf höchstens ein Drittel der Masse.

855

Die Erstellung eines Sozialplans bedarf besonderer Sorgfalt. Wird ein Arbeitnehmer z.B. bei einer Abfindung zu Unrecht schlechter behandelt als andere Arbeitnehmer, soll ihm nach zum Teil vertretener Ansicht ein Anspruch auf »Anpassung nach oben« zustehen (sehr streitig, vgl. *Mohr* RdA 2010, 44, 54; *Oelkers* NJW 2008, 614; *Zange* NZA 2013, 601, 604). Generell ist eine Tendenz der Arbeitsgerichte zu beachten, etwaige Unklarheiten in Sozialplänen zu Lasten des Arbeitgebers auszulegen. Dies kann zur Folge haben, dass das vom Arbeitgeber eingeplante Sozialplanbudget erheblich überschritten wird.

856

▶ **Muster – Sozialplan**

Sozialplan [1]

857

Zwischen der

__[Name und Anschrift des Arbeitgebers]__ (die »Gesellschaft«)

und dem

Betriebsrat des Betriebs ____[Name]____ der Gesellschaft ____[Name]____ (der »Betriebsrat«) [2]

wird folgender Sozialplan gem. § 112 BetrVG vereinbart: [3]

Präambel

Dieser Sozialplan regelt Leistungen zum Ausgleich und zur Milderung der wirtschaftlichen Nachteile, [4] die den betroffenen Mitarbeitern aufgrund der im Interessenausgleich vom ____[Datum]____ beschriebenen Maßnahme (im Folgenden »Betriebsänderung [5]«) entstehen. Die Parteien haben sich vor Abschluss dieses Sozialplans gem. § 111 Abs. 1 Nr. 4 SGB III von der Agentur für Arbeit beraten lassen.

§ 1 Geltungsbereich

(1) Dieser Sozialplan gilt räumlich für den Betrieb __[Bezeichnung des von der Maßnahme betroffenen Betriebes]__ .

(2) Personell gilt dieser Sozialplan für alle Mitarbeiter i.S.v. § 5 Abs. 1 BetrVG, die von dem räumlichen Geltungsbereich erfasst werden, zum Zeitpunkt des Abschlusses des Interessenausgleiches [6] in einem ungekündigten Arbeitsverhältnis mit der Gesellschaft stehen und aufgrund der Betriebsänderung betriebsbedingt entlassen werden oder sonst unmittelbar durch eine Maßnahme im Zusammenhang mit der Betriebsänderung negativ betroffen sind.

Vom persönlichen Geltungsbereich ausgenommen sind [7]

- leitende Angestellte gem. § 5 Abs. 3 und 4 BetrVG,
- Auszubildende, es sei denn für einzelne Regelungen des Sozialplans ist die Anwendbarkeit für Auszubildende ausdrücklich festgelegt,
- Mitarbeiter, die in einem befristeten Arbeitsverhältnis stehen,
- Mitarbeiter, die in unmittelbarem Anschluss an die Beendigung des Arbeitsverhältnisses übergangslos Altersrente in ungekürzter Höhe oder unbefristet Rente wegen Erwerbsminderung beziehen können, [8]
- Mitarbeiter, die sich in der passiven Phase der Altersteilzeit befinden,
- Mitarbeiter, die aufgrund einer nicht arbeitgeberseitig aus Anlass der Betriebsänderung veranlassten Eigenkündigung aus dem Arbeitsverhältnis ausscheiden, [9]
- Mitarbeiter, die aufgrund eines nicht arbeitgeberseitig aus Anlass der Betriebsänderung veranlassten Aufhebungsvertrages aus dem Arbeitsverhältnis ausscheiden, [10]
- Mitarbeiter, deren Arbeitsverhältnis durch eine während der Probezeit ausgesprochene Kündigung beendet wird und
- Mitarbeiter, deren Arbeitsverhältnis aus einem in ihrer Person [11] oder ihrem Verhalten liegenden Grund beendet wird.

§ 2 Begriffsbestimmungen

(1) Der Sozialplan differenziert zwischen

- Leistungen bei Entlassungen,
- Leistungen bei Versetzungen,
- Leistungen für rentennahe Mitarbeiter [oder: bei Abschluss von Altersteilzeitverträgen] sowie
- Leistungen bei Wechsel in eine Transfergesellschaft.

(2) Als Entlassungen im Sinne dieses Sozialplanes gelten

- eine betriebsbedingte Beendigungskündigung aufgrund der Betriebsänderung,
- eine betriebsbedingte Änderungskündigung aufgrund der Betriebsänderung, mit der dem Arbeitnehmer ein unzumutbarer anderer Arbeitsplatz angeboten wird, den der Arbeitnehmer ablehnt,
- ein durch die Betriebsänderung veranlasstes freiwilliges Ausscheiden durch Abschluss eines Aufhebungsvertrages, und
- eine durch die Betriebsänderung arbeitgeberseitig veranlasste Eigenkündigung,

vorausgesetzt, die Kündigung bzw. das freiwillige Ausscheiden beruhen nicht auf der Ablehnung eines zumutbaren Arbeitsplatzes.

(3) Zumutbar ist ein Arbeitsplatz, der kumulativ folgende Voraussetzungen erfüllt: [12]

- die Anforderungen des angebotenen Arbeitsplatzes entsprechen der Qualifikation des Mitarbeiters mindestens in demselben Umfang, wie die Anforderungen des bisherigen Arbeitsplatzes (funktionelle Zumutbarkeit),
- der Mitarbeiter erhält weiterhin mindestens die effektive Vergütung, die er an seinem früheren Arbeitsplatz erhalten hat (wirtschaftliche Zumutbarkeit),
- die tägliche Wegezeit von der Wohnung des Mitarbeiters zur Arbeitsstätte und zurück verlängert sich um höchstens _____[Dauer]_____ (regionale Zumutbarkeit), [13] und
- dem Mitarbeiter ist drei Wochen vor Beginn der Tätigkeit auf der neuen Position seitens der Gesellschaft ein schriftliches Arbeitsplatzangebot nebst Stellenbeschreibung unterbreitet worden (formelle Zumutbarkeit). Äußert sich der betroffene Mitarbeiter nicht innerhalb von

zwei Wochen nach Erhalt dieses Angebots schriftlich oder mündlich verbindlich bei der Personalabteilung, ob er das Angebot annimmt, gilt dies als Ablehnung.

Für die Zumutbarkeit des Arbeitsplatzes kommt es nicht darauf an, ob es sich um einen Arbeitsplatz bei der Gesellschaft oder bei einem Dritten (sei es im Wege eines Betriebsübergangs gem. § 613a BGB [14] oder durch Vermittlung des Arbeitsplatzes bei dem Dritten durch die Gesellschaft [15]) handelt.

(4) Sämtliche in diesem Sozialplan aufgeführten Beträge sind Bruttobeträge.

§ 3 Leistungen bei Entlassungen

(1) Mitarbeiter, die entlassen werden, erhalten, sofern sie nicht von § 4, § 5 oder § 6 dieses Sozialplans erfasst werden, eine Abfindung, deren Betrag sich nach folgender Formel [16] ergibt:

$$\frac{\text{Lebensalter} \times \text{Betriebszugehörigkeit} \times \text{Bruttomonatsgehalt}}{[\text{Divisor}]}$$

Als Lebensalter [17] gilt das vollendete Lebensjahr zum Zeitpunkt der rechtlichen Beendigung des Anstellungsverhältnisses.

Stichtag für die Ermittlung der Betriebszugehörigkeit [18] ist der Kalendermonat, in welchem das Arbeitsverhältnis mit dem Mitarbeiter endet. Die Betriebszugehörigkeit bemisst sich in Jahren und anteiligen Monaten (1/12). Für die Dauer der Betriebszugehörigkeit werden auch die Zeiten berücksichtigt, in denen sich Mitarbeiter in Mutterschutz und Elternzeit [19] befunden haben, nicht aber sonstige Zeiten des Ruhens des Arbeitsverhältnisses.

Bruttomonatsgehalt ist das Bruttomonatsgehalt im Monat der rechtlichen Beendigung des Arbeitsverhältnisses. Maßgeblich ist das Grundgehalt. Vermögenswirksame Leistungen, Gratifikationen, Boni, geldwerte Vorteile aus der Überlassung eines Dienstwagens, BVV-Beiträge sowie sonstige Leistungen finden keine Berücksichtigung bei der Ermittlung des Bruttomonatsgehalts. Für Mitarbeiter in Elternzeit ist das letzte Bruttomonatsgehalt vor Eintritt in den Mutterschutz bzw. die Elternzeit maßgeblich, und zwar unabhängig davon, ob der Mitarbeiter während der Elternzeit keine Arbeitsleistung erbringt oder in Teilzeit tätig ist. [20]

(2) Zusätzlich zu dem Betrag gem. Abs. 1 erhalten die Mitarbeiter für jedes bei Abschluss dieses Sozialplans auf der Lohnsteuerkarte für das laufende Jahr eingetragene unterhaltspflichtige Kind einen Abfindungsbetrag in Höhe von EUR ____[Betrag]____. Ist der Mitarbeiter alleinerziehend, erhält er zusätzlich für jedes auf der Lohnsteuerkarte eingetragene Kind, welches unter die Voraussetzungen des Satzes 1 fällt, einen Abfindungsbetrag in Höhe von EUR ____[Betrag]____. Ist ein Kind auf der Lohnsteuerkarte nur mit 0,5 eingetragen, reduzieren sich die vorgenannten Beträge auf die Hälfte. [21]

(3) Anerkannte schwerbehinderte Menschen und ihnen Gleichgestellte erhalten zusätzlich zu dem Betrag gem. Abs. 1 einen Abfindungsbetrag in Höhe von EUR ____[Betrag]____. [22]

(4) Mitarbeiter, die innerhalb eines Jahres nach ihrem Ausscheiden ein Dienstjubiläum im Sinne der Betriebsvereinbarung Dienstjubiläen vom ____[Datum]____ begehen würden, erhalten die dafür vorgesehene Leistung mit dem Zeitpunkt ihres Ausscheidens.

(5) Arbeitgeberdarlehen zu Mitarbeiterkonditionen werden nach der rechtlichen Beendigung des Arbeitsverhältnisses für ____[Zeitraum]____ zu unveränderten Konditionen weitergeführt.

(6) Die Mindestabfindung für Mitarbeiter, die im Zeitpunkt der Kündigung bzw. des Abschlusses des Aufhebungsvertrages mindestens ein Jahr bei der Gesellschaft beschäftigt sind, beträgt EUR ____[Betrag]____. Mitarbeiter mit einer Betriebszugehörigkeit unter einem Jahr erhalten eine Abfindung nach (1) bis (4).

(7) Die Abfindungssumme pro Mitarbeiter ist beschränkt auf einen Höchstbetrag von EUR ____[Betrag]____. [23]

(8) Der rechnerisch ermittelte Abfindungsbetrag wird auf volle EUR [10,00] aufgerundet.

§ 4 Leistungen bei Angebot eines anderen Arbeitsplatzes

(1) Keinen Anspruch auf Abfindung nach diesem Sozialplan haben Mitarbeiter, die vor ihrer Entlassung einen zumutbaren anderen Arbeitsplatz bei der Gesellschaft oder bei einem Dritten abgelehnt haben. [24]

(2) Nimmt ein Mitarbeiter das Angebot eines anderen Arbeitsplatzes bei der Gesellschaft an, der mehr als _[Anzahl der Kilometer]_ Km von seinem bisherigen regelmäßigen Arbeitsort entfernt liegt, erhält er eine einmalige Zahlung i.H.v. EUR ___[Betrag]___ . Diese Zahlung soll pauschal höhere Fahrtkosten und Kosten für einen etwa erforderlichen Umzug abgelten. [25]

§ 5 Leistungen für rentennahe Mitarbeiter [26] [oder: Vereinbarung von Altersteilzeit [27]]

Mitarbeiter, die zum Zeitpunkt der rechtlichen Beendigung ihres Arbeitsverhältnisses mindestens _[Alter in Jahren und Monaten]_ alt sind, erhalten abweichend von § 3 eine Abfindung, die sich wie folgt errechnet:

- Die betreffenden Mitarbeiter erhalten – zuzüglich zu einem Sockelbetrag von EUR ___[Betrag]___ – einen individuell errechneten Abfindungsbetrag, der sich aus der Differenz zwischen dem monatlichen Arbeitslosengeld und [75] % des letzten maßgeblichen monatlichen Nettoeinkommens bis zum frühest möglichen Bezug einer gesetzlichen Altersrente, längstens jedoch für _[Anzahl der Monate]_ Monate, errechnet.

- Die Feststellung der maßgeblichen Differenz erfolgt einmalig zum frühest möglichen Zeitpunkt nach Vorlage des ersten rechtskräftigen Bewilligungsbescheides der Agentur für Arbeit über die Höhe des Arbeitslosengeldes durch den Mitarbeiter. Eine spätere Anpassung erfolgt nicht. Der monatliche Differenzbetrag wird multipliziert mit der Anzahl der Monate bis zum Zeitpunkt des frühest möglichen Bezugs einer gesetzlichen Altersrente, maximal mit _[Anzahl der Monate wie im vorangegangenen Absatz]_ Monaten, und als Einmalbetrag (Abfindung) wegen Verlustes des Arbeitsplatzes gezahlt.

- Wenn und solange Mitarbeiter kein Arbeitslosengeld erhalten, wird für die Berechnung des Differenzbetrages ein fiktives Arbeitslosengeld in Höhe von 60 % (ohne Kind auf der Lohnsteuerkarte) oder 67 % (mit Kind auf der Lohnsteuerkarte) des letzten monatlichen Nettoeinkommens zu Grunde gelegt.

- Für Mitarbeiter, die auf Grund vorgezogenen Rentenbeginns eine im Vergleich zu der Rente, die sie bei Erreichen der Regelaltersgrenze in der gesetzlichen Rentenversicherung erhalten würden, verringerte Rente erhalten, wird die Abfindung um folgende Ausgleichszahlungen erhöht:

    Bei einem Rentenverlust

    von 0,3 % bis 6 % EUR ___[Betrag]___ ;

    von 6,1 % bis 12 % EUR ___[Betrag]___ ;

    von 12,1 % bis 18 % EUR ___[Betrag]___ .

Bei der Berechnung gemäß diesem § 5 bleiben die Möglichkeit des Bezugs von Altersrente aufgrund Schwerbehinderung gem. § 236a SGB VI sowie die Sonderregelung für Frauen gem. § 237a SGB VI außer Betracht.

§ 6 Leistungen bei Wechsel in eine Transfergesellschaft [28]

(1) Den von einer Entlassung bedrohten Mitarbeitern wird unabhängig von ihrer individuellen Kündigungsfrist der Übergang in eine Transfergesellschaft mit Wirkung zum ___[Datum]___ angeboten, vorausgesetzt, der Mitarbeiter meldet sich bei der zuständigen Agentur für Arbeit arbeitsuchend und die zuständige Agentur für Arbeit bewilligt dem Grunde nach die Zahlung von Transferkurzarbeitergeld.

(2) Die von einer Entlassung bedrohten Mitarbeiter erhalten spätestens am ___[Datum]___ ein verbindliches Angebot zum Abschluss eines dreiseitigen Vertrages mit der Gesellschaft und der Transfergesellschaft zur einvernehmlichen Aufhebung ihres Arbeitsvertrages mit der Gesellschaft und zur Begründung eines auf einen Zeitraum von [zwölf] Monaten befristeten Arbeitsvertrages

mit der Transfergesellschaft. Den Mitarbeitern steht eine Frist von ____[Zeitraum]____ nach Zugang des Angebots zur Verfügung, dieses anzunehmen oder abzulehnen. Äußert sich der Mitarbeiter innerhalb dieser Frist nicht, gilt dies als Ablehnung.

(3) Die Transfergesellschaft wird von der Gesellschaft mit den erforderlichen Mitteln ausgestattet, um an die Mitarbeiter

- einmalig nach Unterzeichnung des Vertrages und Eintritt in die Transfergesellschaft eine Wechselprämie [29] in Höhe von EUR ____[Betrag]____ ,
- für die Verweildauer in der Transfergesellschaft monatlich einen Aufstockungsbetrag [30] zum Transferkurzarbeitergeld auf [80]% des Nettoentgeltes, das bei der Berechnung des Transferkurzarbeitergeldes gem. § 111 SGB III durch die Agentur für Arbeit zugrunde gelegt wird sowie
- eine einmalige Sprinterprämie [31] wenn der Mitarbeiter mindestens drei Monate vor Ablauf des Arbeitsvertrages mit der Transfergesellschaft dieses Arbeitsverhältnis endgültig beendet, in Höhe von EUR ____[Betrag]____ pro vollem nicht in der Transfergesellschaft in Anspruch genommenen Monat

zu zahlen.

(4) Mitarbeiter, die in die Transfergesellschaft wechseln, haben keinen Anspruch auf Abfindung nach diesem Sozialplan.

(5) Mitarbeiter, die trotz eines entsprechenden Angebotes nicht in die Transfergesellschaft wechseln, werden entlassen. [32]

§ 7 Vorzeitiges Ausscheiden

Mitarbeiter, die entlassen werden, können ihr Arbeitsverhältnis mit der Gesellschaft innerhalb ihrer Kündigungsfrist mit einer Ankündigungsfrist von zwei Wochen zum Monatsende vorzeitig beenden, soweit dem nicht ein dringendes betriebliches Bedürfnis entgegensteht. In diesem Fall erhöht sich die Abfindung des Arbeitnehmers um [50]% der noch ausstehenden Gehaltszahlung (ohne Arbeitgeberbeiträge zur Sozialversicherung) zwischen dem gewünschten vorzeitigen Beendigungszeitpunkt und dem Ablauf der Kündigungsfrist bzw. dem vereinbarten Termin der Beendigung des Arbeitsverhältnisses.

§ 8 Härtefälle [33]

In besonderen Härtefällen, die in diesem Sozialplan keine Regelung erfahren haben, werden die Gesellschaft und der Betriebsrat über die Möglichkeit einer Sonderleistung an den betroffenen Mitarbeiter beraten.

§ 9 Fälligkeit, Auszahlung und Anrechnung von Abfindungsansprüchen [34]

(1) Abfindungsansprüche entstehen mit dem Ausspruch der Kündigung bzw. dem Abschluss eines Aufhebungsvertrages und werden mit dem rechtlichen Ende des Arbeitsverhältnisses zur Zahlung fällig.

(2) Erhebt ein Mitarbeiter Klage auf Feststellung der Unwirksamkeit der Kündigung oder wehrt er sich in sonstiger rechtlicher Weise gegen die Beendigung des Arbeitsverhältnisses, so werden Ansprüche aus dem Sozialplan auf Abfindung erst fällig, wenn dieses Verfahren rechtskräftig abgeschlossen ist und feststeht, dass das Arbeitsverhältnis aufgrund betriebsbedingter Kündigung beendet ist. [35]

(3) Auf Leistungen aus diesem Sozialplan sind etwaige gesetzliche, tarifvertragliche oder individualvertragliche Abfindungen oder sonstige Entschädigungsleistungen (z.B. nach §§ 9, 10 KSchG) für den Verlust des Arbeitsplatzes anzurechnen.

(4) Die Gesellschaft ist berechtigt, eigene unstreitige Ansprüche (z.B. Rückerstattungsansprüche wegen Gehaltsüberzahlung, Ansprüche aus Arbeitgeberdarlehen, usw.) gegen Leistungen aus diesem Sozialplan aufzurechnen.

§ 10 Zwischenzeugnis

Ausscheidenden Mitarbeitern ist auf Wunsch innerhalb von [vier Wochen nach Abschluss dieses Sozialplans] ein wohlwollendes, qualifiziertes Zwischenzeugnis zu erteilen. [36]

§ 11 Wiedereinstellung

Die Gesellschaft wird Mitarbeiter, die aufgrund der im Interessenausgleich vom ___[Datum]___ beschriebenen Maßnahme aus dem Arbeitsverhältnis ausgeschieden sind, die sich im Zeitraum bis zum ___[Datum]___ auf etwaige zukünftig freie Stellen bei der Gesellschaft bewerben, vorrangig vor nicht zuvor bei der Gesellschaft beschäftigten Dritten einstellen, wenn sie für die jeweilige Stelle genauso geeignet sind und die jeweilige Stelle mit der früheren Tätigkeit des Mitarbeiters vergleichbar ist. [37]

§ 12 Schlussbestimmungen

(1) Mitarbeiter, die Ansprüche aus diesem Sozialplan haben, sind verpflichtet, jede tatsächliche Änderung in ihren persönlichen Verhältnissen, die Bedeutung für die Leistungen nach diesem Sozialplan haben kann, unverzüglich schriftlich der Personalabteilung mitzuteilen.

(2) Sollten einzelne Bestimmungen dieses Sozialplanes ganz oder teilweise unwirksam sein oder unwirksam werden, wird die Gültigkeit der übrigen Bestimmungen hiervon nicht berührt. Die Parteien verpflichten sich, anstelle einer etwaigen unwirksamen Bestimmung eine dieser möglichst nahekommende, wirksame Bestimmung zu vereinbaren. Dasselbe gilt für den Fall einer unbeabsichtigten vertraglichen Lücke.

(3) Nebenabreden zu diesem Sozialplan bestehen nicht. Änderungen [38] und Ergänzungen dieses Sozialplans bedürfen zu ihrer Wirksamkeit der Schriftform. Dies gilt auch für diese Schriftformklausel.

(4) Dieser Sozialplan tritt mit seiner Unterzeichnung durch die Gesellschaft und den Betriebsrat in Kraft und endet [39] mit Umsetzung der im Interessenausgleich vom ___[Datum]___ beschriebenen Maßnahme, spätestens jedoch am ___[Datum]___ ohne Nachwirkung. [40]

___[Ort, Datum]___   ___[Ort, Datum]___

_____   _____
(Unterschriften der Gesellschaft) [41]   (Unterschriften des Betriebsrats)

Erläuterungen

Schrifttum

Bayreuther Altersgrenzen, Altersgruppenbildung und der Ausschluss rentennaher Arbeitnehmer aus Sozialplänen – Konsequenzen der Urteile des EuGH in Sachen Rosenbladt, Andersen, Georgiev und Kleist, NJW 2011, 19; *Boemke/Tietze* Insolvenzarbeitsrecht und Sozialplan, DB 1999, 1389; *Fiene* Abschluss und Umsetzung von Transfersozialplänen, 2013; *Freckmann* Interessenausgleich und Sozialplan – Überblick und Verfahrensablauf, DStR 2006, 1842; *Gehlhaar* Die Änderung von Sozialplan-Ansprüchen mit Wirkung für die Zukunft – ein »vergessenes« Problem, BB 2007, 2805; *Hohenstatt/Stamer* Die Dotierung von Sozialplänen: »Alle Macht den Einigungsstellen«?, DB 2005, 2410; *Hunold* Die Rechtsprechung zu Interessenausgleich, Nachteilsausgleich und Sozialplan, §§ 112–113 BetrVG – Teil 1 und Teil 2, NZA-RR 2004, 561 sowie NZA-RR 2005, 57; *Kraushaar* Sozialpläne müssen nicht immer so viel Geld kosten!, BB 2000, 1622; *Krieger/Arnold* Rente statt Abfindung: Zulässigkeit des Ausschlusses älterer Arbeitnehmer von Sozialplanleistungen, NZA 2008, 1153; *Krieger/Terhorst* Absprachen zwischen Arbeitgeber und Betriebsrat über künftige Betriebsänderungen, NZA 2014, 689; *Meyer* Die Dauersozialpläne als neuartige Regelungsform des Sozialplans, NZA 1996, 239; *ders.* Die Nachwirkung von Sozialplänen gem. § 77 VI BetrVG, NZA 1997, 289; *Mohr* Altersdifferenzierungen im Sozialplan nach deutschem und europäischem Recht, RdA 2010, 44; *Müller* Zum Ausschluss personenbedingt gekündigter Arbeitnehmer aus dem Geltungsbereich von Sozialplänen, BB 2001, 255; *Oelkers* Altersdiskriminierung bei Sozialplänen – Viel Lärm um nichts, NJW 2008, 614; *Oetker/Friese* Der Sozialplan in der Insolvenz, DZWiR 2001, 265; *Röder/Baeck* Interessenausgleich und Sozialplan, 5. Aufl. 2016; *Scholz* Dotierung eines Sozialplans durch die Einigungsstelle, BB 2006, 1498; *Schütte* Transfergesellschaft und Einigungsstelle, NZA 2013, 249; *Seel* Betriebsänderung – Inhalt und Abschluss eines Sozialplans,

MDR 2010, 241; *Steffan* Die Rechtsprechung des BAG zur Mitbestimmung bei Betriebsänderungen nach §§ 111 ff. BetrVG, NZA-RR 2000, 337; *Temming* Für einen Paradigmenwechsel in der Sozialplanrechtsprechung – Konsequenzen des Verbots der Altersdiskriminierung, RdA 2008, 205; *Trittin/Fütterer* Interessenausgleich und Sozialplan in Kleinbetrieben, NZA 2009, 1305; *Willemsen* Sinn und Grenzen des gesetzlichen Sozialplans – Zugleich Besprechung des EuGH-Urteils v. 06.12.2012 – Rs. C-152/11 (; *Odar*), RdA 2013, 166; *Zange* Diskriminierung bei Berechnung einer Sozialplanabfindung – Nicht wegen des Alters, wohl aber wegen Schwerbehinderung, NZA 2013, 601; *Zimmermann* Sozialplanabfindung bei Eigenkündigung ArbRAktuell 2011, 476.

1. Ein Sozialplan hat gem. § 112 Abs. 1 S. 3 BetrVG die Wirkung einer Betriebsvereinbarung, auf die allerdings gem. § 112 Abs. 1 S. 4 BetrVG der Tarifvorrang des § 77 Abs. 3 BetrVG keine Anwendung findet. Sozialpläne werden daher in Rechtsprechung und Literatur als Betriebsvereinbarungen besonderer Art angesehen (BAG, Urt. v. 16.03.1994 – 10 AZR 606/93, NZA 1994, 1147, 1148; *Fitting* §§ 112, 112a BetrVG Rn. 174). **858**

2. Grundsätzlich liegt die Zuständigkeit zum Abschluss eines Sozialplans bei dem lokalen Betriebsrat des betroffenen Betriebs. Betrifft die Betriebsänderung mehrere Betriebe, kommt auch eine Zuständigkeit des Gesamtbetriebsrats in Betracht. Die Zuständigkeit des Gesamtbetriebsrats zum Abschluss eines Interessenausgleichs hat jedoch nicht zwangsläufig zur Folge, dass der Gesamtbetriebsrat auch zum Abschluss des sich auf die entsprechende Betriebsänderung beziehenden Sozialplans zuständig ist. Eine Zuständigkeit des Gesamtbetriebsrats zum Abschluss des Sozialplans soll vielmehr nur bestehen, wenn die im Interessenausgleich vereinbarte Betriebsänderung von einer betriebsübergreifenden Kompensationsregelung abhängig ist (BAG, Urt. v. 11.12.2001 – 1 AZR 193/01, NZA 2002, 688, 690; BAG, Beschl. v. 23.10.2002 – 7 ABR 55/01, AP § 50 BetrVG 1972 Nr. 26; BAG, Beschl. v. 03.05.2006 – 1 ABR 15/05, NZA 2007, 1245, 1248). Wenn die geplante Betriebsänderung konzernweit Betriebe betrifft, kann sich bei Anwendung dieser Kriterien auch eine Zuständigkeit des Konzernbetriebsrats zum Abschluss eines Sozialplans ergeben (*Freckmann* DStR 2006, 1842, 1844 f.). **859**

3. Die Betriebsparteien haben nach der stetigen Rechtsprechung des Bundesarbeitsgerichts einen weiten Regelungsspielraum bezüglich der Entscheidung, welchen Arbeitnehmern in welchem Umfang welche Nachteile ausgeglichen werden sollen (BAG, Urt. v. 11.08.1993 – 10 AZR 558/92, NZA 1994, 139, 140; BAG, Urt. v. 09.11.1994 – 10 AZR 281/94, NZA 1995, 644, 645; BAG, Urt. v. 31.07.1996 – 10 AZR 45/96, NZA 1997, 165, 166). Eine Grenze für den Regelungsspielraum der Betriebsparteien ergibt sich aus dem betriebsverfassungsrechtlichen Gleichbehandlungsgrundsatz des § 75 Abs. 1 BetrVG (vgl. ausführlich zur Beachtung des betriebsverfassungsrechtlichen Gleichbehandlungsgrundsatzes in Sozialplänen BAG, Urt. v. 11.11.2008 – 1 AZR 475/07, NZA 2009, 210, 212 f. sowie BAG, Urt. v. 26.03.2013 – 1 AZR 813/11, NZA 2013, 921, 922 ff.). **860**

4. Der Inhalt eines Sozialplans muss dem Normzweck von § 112 Abs. 1 S. 2 BetrVG entsprechen, muss also dazu dienen, die den Arbeitnehmern infolge der Betriebsänderung entstehenden wirtschaftlichen Nachteile auszugleichen oder wenigstens zu mildern (BAG, Urt. v. 11.08.1993 – 10 AZR 558/92, NZA 1994, 139, 140). Sozialpläne haben nach der ständigen Rechtsprechung des Bundesarbeitsgerichts eine zukunftsgerichtete Ausgleichs- und Überbrückungsfunktion; Abfindungen und andere Leistungen aus Sozialplänen stellen kein zusätzliches Entgelt für die in der Vergangenheit erbrachten Dienste dar (BAG, Urt. v. 11.11.2008 – 1 AZR 475/07, NZA 2009, 210, 212; BAG, Urt. v. 26.03.2013 – 1 AZR 813/11, NZA 2013, 921, 923; zustimmend *Mohr* RdA 2010, 44, 46; a.A. *Temming*, RdA 2008, 205, 209 ff.). Sieht ein Sozialplan zusätzlich zu Abfindungsleistungen auch eine Treueprämie für diejenigen Arbeitnehmer vor, die ihre Arbeitsleistung bis zur Stilllegung des Betriebes fortsetzen, handelt es sich dabei nicht um eine Sozialplanleistung, sondern um den Gegenstand einer freiwilligen Betriebsvereinbarung, von der befristet Beschäftigte nicht ausgenommen werden dürfen (BAG, Urt. v. 09.12.2014 – 1 AZR 406/13, NZA 2015, 557, 558 f.). **861**

862 Der Begriff der wirtschaftlichen Nachteile, die den Arbeitnehmern infolge der Betriebsänderung entstehen, wird weit verstanden und umfasst z.B. den Verlust des Arbeitsplatzes, Einkommensnachteile, Wegfall von Sonderleistungen, Umzugskosten oder erhöhte Fahrtkosten (*Fitting* §§ 112, 112a BetrVG Rn. 118). Nicht zu den auszugleichenden Nachteilen zählen eine etwaige Verringerung der Haftungsmasse bei einem Betriebserwerber sowie der Umstand, dass der Betriebserwerber gem. § 112a Abs. 2 BetrVG für einen befristeten Zeitraum von der Sozialplanpflicht befreit ist (BAG, Beschl. v. 10.12.1996 – 1 ABR 32/96, NZA 1997, 898, 899 f.).

863 Ein Sozialplan darf keine Regelungen enthalten, die ausschließlich zum Nachteil der Arbeitnehmer gehen. Solche Regelungen wären nicht mit dem Zweck eines Sozialplans, durch eine Betriebsänderung hervorgerufene wirtschaftliche Nachteile der Arbeitnehmer auszugleichen oder abzumildern, zu vereinbaren (ErfK/*Kania* § 112a BetrVG Rn. 23). So ist beispielsweise die Kürzung entstandener Lohnansprüche (*Fitting* §§ 112, 112a BetrVG Rn. 124) oder die Aufhebung unverfallbarer Versorgungsanwartschaften (ErfK/*Kania* § 112a BetrVG Rn. 23) nicht möglich.

864 **5.** Vgl. zum Begriff der Betriebsänderung DLW/*Wildschütz* Kapitel 13 Rn. 2234 ff. sowie Moll/*Liebers* MAH Arbeitsrecht, § 56 Rn. 41 ff. Ein Sozialplan muss nicht zwingend aus Anlass einer Betriebsänderung abgeschlossen werden. Anerkannt ist vielmehr, dass die Parteien auch einen freiwilligen (Rahmen-)Sozialplan für eine möglicherweise bevorstehende Betriebsänderung oder auch generell für einen bestimmten Zeitraum abschließen können (vgl. *Meyer* NZA 1996, 239 ff. sowie *Krieger/Terhorst* NZA 2014, 689 ff. zu der Differenzierung zwischen vorsorglichem Sozialplan und Dauersozialplan). Aus Sicht des Arbeitgebers bietet ein Rahmensozialplan jedoch in der Regel in rechtlicher Hinsicht keine Vorteile. Denn dem Betriebsrat bleibt es unbenommen, später bei den Verhandlungen über einen Interessenausgleich zu einer konkreten Betriebsänderung weitere Sozialplanleistungen zu verlangen, die über die Regelungen des Rahmensozialplans hinausgehen.

865 **6.** Derartige »Stichtagsklauseln« sind zulässig, wenn die Wahl des Stichtages sachlich gerechtfertigt ist (BAG, Urt. v. 19.02.2008 – 1 AZR 1004/06, NZA 2008, 719, 721 ff.; DLW/*Wildschütz* Kapitel 13 Rn. 2358; *Fitting* §§ 112, 112a BetrVG Rn. 164). Sachlich gerechtfertigt sein kann neben dem Zeitpunkt des Abschlusses des Interessenausgleichs oder Sozialplans (BAG, Urt. v. 14.12.2010 – 1 AZR 279/09, NZA-RR 2011, 182, 183) auch ein Abstellen auf den Zeitpunkt des Scheiterns der Interessenausgleichsverhandlungen (BAG, Urt. v. 30.11.1994 – 10 AZR 578/93, NZA 1995, 492 f.; BAG, Urt. v. 12.04.2011 – 1 AZR 505/09, NZA 2011, 1302, 1303) oder den Zeitpunkt der Bekanntgabe des Stilllegungsbeschlusses an den Betriebsrat (BAG, Urt. v. 13.11.1996 – 10 AZR 340/96, NZA 1997, 390, 392 f.; *Zimmermann* ArbRAktuell 2011, 476, 478).

866 **7.** Je nach individuellem Sachverhalt können aufgrund des weiten Gestaltungsspielraums der Betriebsparteien verschiedene Arbeitnehmergruppen vom **personellen Geltungsbereich** des Sozialplans ausgenommen werden, wenn die Ausnahme sachlich gerechtfertigt ist.

867 **8.** Es ist zulässig, Arbeitnehmer von Sozialplanleistungen auszunehmen, die zum Zeitpunkt der Auflösung des Arbeitsverhältnisses die Voraussetzungen für den übergangslosen Rentenbezug erfüllen, und zwar auch, wenn dies erst nach Beendigung des Bezuges von Arbeitslosengeld der Fall ist (BAG, Urt. v. 31.07.1996 – 10 AZR 45/96, NZA 1997, 165, 166 f.). Diese Rechtsprechung ist gem. § 10 S. 3 Nr. 6 AGG mittlerweile auch gesetzlich verankert. Nach Auffassung des BAG ist es zulässig, Arbeitnehmer, die Anspruch auf vorzeitige, gekürzte Inanspruchnahme von Altersrente haben (BAG, Urt. v. 30.09.2008 – 1 AZR 684/07, NZA 2009, 386, Os. 5) sowie Arbeitnehmer, die zum Bezug einer vollen Erwerbsminderungsrente berechtigt sind (BAG, Urt. v. 07.06.2011 – 1 AZR 34/10, NZA 2011, 1370, 1372 f.; BVerfG, Beschl. v. 25.03.2015 – 1 BvR 2803/11, NZA 2015, 1248 f.), vollständig von dem Abfindungsanspruch auszuschließen. Auch wenn dieses Ergebnis unter arbeitsmarktpolitischen Gesichtspunkten und Gerechtigkeitserwägungen zu begrüßen ist, bleibt abzuwarten, ob diese Rechtsprechung fortgeführt oder vor dem Hintergrund der Rechtsprechung des EuGH zur Altersdiskriminierung korrigiert wird (vgl. EuGH, Urt. v. 12.10.2010 – C-499/08, NZA 2010, 1341 ff.; EuGH, Urt. v. 06.12.2012 – C-152/11, NZA

2012, 1435 ff.; *Bayreuther* NJW 2011, 19, 21 f.). Die Möglichkeit des Bezugs einer vorzeitigen Altersrente wegen einer Behinderung darf nicht zu einem Nachteil für einen behinderten Arbeitnehmer im Vergleich zu einem nicht behinderten Arbeitnehmer führen (EuGH, Urt. v. 06.12.2012 – C-152/11, NZA 2012, 1435, 1439 f.; ErfK/*Kania* §§ 112, 112a BetrVG Rn. 24a; vgl. aber auch BAG, Urt. v. 23.04.2013 – 1 AZR 916/11, NZA 2013, 980 ff.).

9. Arbeitnehmer, die ihr Arbeitsverhältnis selbst kündigen, ohne hierzu durch den Arbeitgeber im Hinblick auf eine konkrete Betriebsänderung veranlasst worden zu sein, können zulässigerweise vom Geltungsbereich eines Sozialplans ausgenommen werden (BAG, Urt. v. 19.07.1995 – 10 AZR 885/94, NZA 1996, 271, 272 f.; vgl. auch BAG, Urt. v. 15.03.2011 – 1 AZR 808/09, BeckRS 2011, 73924). Ob ein Arbeitnehmer von der Gesellschaft in diesem Sinne zur Kündigung veranlasst wurde, ist eine Frage des Einzelfalls. Kündigt ein Arbeitnehmer z.B. aufgrund eines allgemeinen Hinweises auf die unsichere Lage des Unternehmens, auf notwendig werdende Betriebsänderungen oder aufgrund des Rats, sich eine neue Stelle zu suchen, ist die Kündigung des Arbeitnehmers nicht von der Gesellschaft im Hinblick auf eine konkrete Betriebsänderung veranlasst (BAG, Urt. v. 19.07.1995 – 10 AZR 885/94, NZA 1996, 271, 272 f.; kritisch ErfK/*Kania* § 112a BetrVG Rn. 20). 868

Ein Arbeitnehmer, der aufgrund der Betriebsänderung von seinem Arbeitgeber zum Ausspruch einer Eigenkündigung veranlasst wurde, kann demgegenüber nicht wirksam von den Leistungen aus einem Sozialplan ausgeschlossen werden (BAG, Urt. v. 13.02.2007 – 1 AZR 163/06, NZA 2007, 756, 757). Ein solcher Fall liegt z.B. vor, wenn ein Arbeitnehmer kündigt, nachdem ihm vom Arbeitgeber mitgeteilt worden ist, dass nach Durchführung der Betriebsänderung keine Beschäftigungsmöglichkeit mehr für ihn bestehe (BAG, Urt. v. 15.05.2007 – 1 AZR 370/06, AP BetrVG 1972 § 112 Nr. 188; BAG, Urt. v. 15.03.2011 – 1 AZR 808/09, JurionRS 2011, 19029; *Zimmermann* ArbRAktuell 2011, 476, 477). 869

10. Für nicht durch die Gesellschaft im Hinblick auf eine konkrete Betriebsänderung veranlasste Aufhebungsverträge gelten die Ausführungen zu nicht von der Gesellschaft veranlassten Eigenkündigungen entsprechend (vgl. BAG, Urt. v. 20.04.1994 – 10 AZR 323/93, NZA 1995, 489, 490 f.). 870

11. Der Ausschluss personen- und verhaltensbedingt gekündigter Arbeitnehmer aus dem Geltungsbereich eines Sozialplans ist in der Praxis die absolute Regel. Ein solcher Ausschluss ist rechtlich nicht zu beanstanden (kritisch zum generellen Ausschluss personenbedingter Kündigungen *Müller* BB 2001, 255, 256 f., allerdings ohne zwingende Begründung). 871

12. Die Betriebsparteien können im Sozialplan definieren, unter welchen Voraussetzungen ein anderer Arbeitsplatz zumutbar ist (BAG, Beschl. v. 28.09.1988 – 1 ABR 23/87, NZA 1989, 186). Nach Ansicht des LAG Bremen soll allerdings das bloße, zeitlich befristete Angebot eines Arbeitsplatzes bei einer Transfergesellschaft kein zumutbares Arbeitsplatzangebot sein, das den vollständigen Ausschluss eines Abfindungsanspruchs rechtfertigt (LAG Bremen, Urt. v. 22.01.2009 – 3 Sa 153/08, BeckRS 2009, 66015). Es erscheint jedoch zweifelhaft, ob diese Entscheidung verallgemeinerungsfähig ist. 872

13. Eine solche Einschränkung der regionalen Zumutbarkeit ist nicht zwingend erforderlich. Vielmehr zeigt § 112 Abs. 5 S. 2 Nr. 2 BetrVG, dass nach der Vorstellung des Gesetzgebers allein eine örtliche Veränderung nicht zur Unzumutbarkeit eines anderen Arbeitsplatzes führt. Auch das Bundesarbeitsgericht hat beispielsweise einen mehr als 80 Km entfernt liegenden Arbeitsort nicht als unzumutbar angesehen (BAG, Urt. v. 12.07.2007 – 2 AZR 448/05, NZA 2008, 425, 428). 873

14. Grundsätzlich zulässig ist es, Arbeitnehmer von Sozialplanleistungen auszunehmen, die per Betriebsübergang gem. § 613a BGB einen Arbeitsplatz bei einem Dritten erhalten oder einem solchen Betriebsübergang widersprechen (BAG, Urt. v. 12.07.2007 – 2 AZR 448/05, NZA 2008, 425, 427 f.). 874

875 **15.** Auch Arbeitnehmer, denen vom Arbeitgeber ein zumutbarer Arbeitsplatz bei einem Dritten vermittelt wird, können aus dem Kreis der anspruchsberechtigten Arbeitnehmer ausgenommen werden (BAG, Urt. v. 08.12.2009 – 1 AZR 801/08, NZA 2010, 351, 353; LAG Berlin-Brandenburg, Urt. v. 19.02.2015 – 26 Sa 1671/14, BeckRS 2015, 68953; DLW/*Wildschütz* Kapitel 13 Rn. 2352). Gelingt es dem Arbeitgeber, vielen Mitarbeitern einen neuen Arbeitsplatz bei anderen Arbeitgebern zu verschaffen, kann dies zu einer erheblichen Verringerung der mit einem Sozialplan verbundenen Kosten führen (vgl. auch *Kraushaar* BB 2000, 1622 ff., der ein alternatives, auf Vermittlung anderer Arbeitsplätze aufbauendes Sozialplanmodel propagiert).

876 **16.** Es spricht vieles dafür, dass es mit dem Gleichbehandlungsgrundsatz regelmäßig unvereinbar wäre, wenn alle aufgrund der Betriebsänderung entlassenen Arbeitnehmer eine einheitlich hohe Abfindung erhielten (so auch ErfK/*Kania* § 112a Rn. 26). Die Betriebsparteien müssen die grundsätzlichen Unterschiede der ausscheidenden Arbeitnehmer, insbesondere im Hinblick auf ihre zukünftigen Chancen auf dem Arbeitsmarkt, berücksichtigen. Üblich, aber nicht zwingend, ist es, die Höhe der Abfindung von einer Formel abhängig zu machen. Im Muster abgebildet ist die in **Sozialplänen gängigste Formel**. Die Höhe des **Divisors** ist dabei ebenso Verhandlungssache wie die konkrete Bestimmung des maßgeblichen Lebensalters und der Dauer der Betriebszugehörigkeit. Alternativ wird teilweise auch ein »Budget-Modell« gewählt, bei dem vom Arbeitgeber ein festes Sozialplanbudget zur Verfügung gestellt wird, das nach bestimmten Bemessungskriterien auf die betroffenen Arbeitnehmer aufgeteilt wird.

877 **17.** Die Berücksichtigung des **Lebensalters** in der Abfindungsformel ist auch nach Inkrafttreten des AGG zulässig (ausführlich *Oelkers* NJW 2008, 614 ff.). Das Bundesarbeitsgericht fordert allerdings für die Zulässigkeit einer Altersstaffelung von Sozialplanabfindungen gem. § 10 S. 3 Nr. 6 AGG, dass die Interessen der benachteiligten (Alters-)Gruppe nicht unverhältnismäßig stark vernachlässigt werden (BAG, Urt. v. 23.03.2010 – 1 AZR 832/08, NZA 2010, 774, 775). Alterszuschläge sowie die Bildung von Altersgruppen bei Sozialplanabfindungen sind – vorbehaltlich der genauen Ausgestaltung im Einzelfall – in der Regel ebenfalls gem. § 10 S. 3 Nr. 6 AGG zulässig, da sie dem Umstand Rechnung tragen, dass ältere Arbeitnehmer auf dem Arbeitsmarkt typischerweise größere Schwierigkeiten haben als jüngere Arbeitnehmer (vgl. BAG, Urt. v. 12.04.2011 – 1 AZR 743/09, NZA 2011, 985, 986 f. zur Gewährung von Alterszuschlägen sowie BAG, Urt. v. 12.04.2011 – 1 AZR 764/09, NZA 2011, 988 f. zur Bildung von Altersgruppen).

878 **18.** Die Betriebsparteien sind nicht verpflichtet, die **Länge der Betriebszugehörigkeit** bei der Ermittlung der Höhe des Abfindungsbetrages zu berücksichtigen, da die Abfindung nicht Entschädigung, sondern Ausgleichs- und Überbrückungshilfe sein soll (BAG, Urt. v. 09.11.1994 – 10 AZR 281/94, NZA 1995, 644, 646). In der Praxis ist es allerdings die absolute Regel, dass die Dauer der Betriebszugehörigkeit bei der Bemessung der Abfindungen berücksichtigt wird. Diese Berücksichtigung der Dauer der Betriebszugehörigkeit ist zulässig. Die damit verbundene mittelbare Benachteiligung jüngerer Arbeitnehmer ist durch § 10 S. 3 Nr. 6 AGG gedeckt (BAG, Urt. v. 26.05.2009 – 1 AZR 198/08, NZA 2009, 849, 852 ff.). Der Berücksichtigung der Betriebszugehörigkeit steht auch nicht die zukunftsgerichtete Überbrückungsfunktion von Sozialplänen entgegen, da mit der Dauer der Betriebszugehörigkeit die Qualifikation des Arbeitnehmers zunehmend auf die spezifischen Bedürfnisse des bisherigen Beschäftigungsbetriebs verengt wird und damit die Chancen des Arbeitnehmers auf dem Arbeitsmarkt abnehmen (BAG, Urt. v. 26.05.2009 – 1 AZR 198/08, NZA 2009, 849, 851; zustimmend *Mohr* RdA 2010, 44, 47; a.A. *Temming* RdA 2008, 205, 219).

879 **19.** Eine Nichtberücksichtigung der Zeiten von Mutterschutz und Elternzeit bei der Ermittlung der Dauer der Betriebszugehörigkeit ist unzulässig. Eine Regelung in einem Sozialplan, mit der solche Zeiten ausgenommen werden, ist unwirksam (BAG, Urt. v. 12.11.2002 – 1 AZR 58/02, NZA 2003, 1287, 1289 f.).

880 **20.** Es ist zulässig, auf die Vergütung im letzten Monat der Beschäftigung abzustellen, und zwar auch für Teilzeitbeschäftigte, die früher vollzeitbeschäftigt waren. Allerdings darf es nicht zu einer

Diskriminierung von Mitarbeitern in Elternzeit kommen, die während der Elternzeit in Teilzeit tätig sind (LAG Niedersachsen, Urt. v. 27.06.2013 – 7 Sa 696/12, JurionRS 2013, 47843; vgl. aber auch BAG, Urt. v. 05.05.2015 – 1 AZR 826/13, BeckRS 2015, 71662 sowie LAG München, Urt. v. 13.10.2015 – 6 Sa 577/14, BeckRS 2015, 73628). Alternativ zum Abstellen auf die Vergütung im letzten Monat der Beschäftigung kann für Arbeitnehmer, deren individuelle Arbeitszeit sich im Laufe des Arbeitsverhältnisses geändert hat, auch eine Durchschnittsberechnung vorgesehen werden (BAG, Urt. v. 22.09.2009 – 1 AZR 316/08, BB 2010, 640, 641 mit zustimmender Anm. *Mohnke*). Ob Sonderzahlungen wie Boni oder Weihnachtsgeld in die Berechnung einbezogen werden, hängt von der Vereinbarung zwischen Arbeitgeber und Betriebsrat ab. Wichtig ist in jedem Fall eine klare Festlegung der in die Berechnung einzubeziehenden Vergütungsbestandteile, um späteren Streit zu vermeiden. Formuliert werden kann zum Beispiel:

Alternative:

[Bruttomonatsgehalt ist das Bruttomonatsgehalt im Monat der rechtlichen Beendigung des Arbeitsverhältnisses zuzüglich eines Zwölftels des Urlaubs- und Weihnachtsgeldes für das Jahr __[Jahreszahl]__ sowie zuzüglich eines Zwölftels des Bonus für das Jahr __[Jahreszahl]__. Vermögenswirksame Leistungen, geldwerte Vorteile aus der Überlassung eines Dienstwagens, BVV-Beiträge sowie sonstige Leistungen finden keine Berücksichtigung bei der Ermittlung des Bruttomonatsgehalts.]

21. Die Regelung zusätzlicher Abfindungen für Arbeitnehmer mit Kindern ist in der Praxis weit verbreitet. Rechtlich erforderlich sind solche zusätzlichen Abfindungen jedoch nicht, da der Arbeitgeber nicht verpflichtet ist, Arbeitnehmer mit Kindern gegenüber kinderlosen Arbeitnehmern zu bevorzugen (vgl. auch BAG, Urt. v. 06.11.2007 – 1 AZR 960/06, NZA 2008, 232, 235 mit der Feststellung, dass die Betriebsparteien nicht verpflichtet sind, bei der Zumutbarkeit eines anderen Arbeitsplatzes die familiären Bindungen eines Arbeitnehmers zu berücksichtigen). Lediglich die auf der Lohnsteuerkarte eingetragenen Kinder zu berücksichtigen, stellt keine unzulässige Ungleichbehandlung dar, sondern ist durch Vereinfachungs- und Nachweisbarkeitsgründe gerechtfertigt (BAG, Urt. v. 12.03.1997 – 10 AZR 648/96, NZA 1997, 1058, 1059; LAG Baden-Württemberg, Urt. v. 21.02.2013 – 11 Sa 130/12, JurionRS 2013, 33910, a.A. LAG Düsseldorf, Urt. v. 02.09.2015 – 12 Sa 543/15, BeckRS 2015, 72657). 881

22. Möglich ist auch eine Staffelung der Höhe der zusätzlichen Abfindung nach dem Grad der Behinderung des jeweiligen Mitarbeiters. 882

23. Es ist mit dem Gleichbehandlungsgebot vereinbar und zulässig, wenn ein Sozialplan die Abfindung je Arbeitnehmer auf eine bestimmte Höchstsumme begrenzt (BAG, Beschluss vom 02.10.2007 – 1 AZN 793/07, AP § 75 BetrVG 1972 Nr. 52; BAG, Urt. v. 21.07.2009 – 1 AZR 566/08, NZA 2009, 1107, 1108 f.; LAG Nürnberg, Urt. v. 12.11.2014 – 2 Sa 317/14, BeckRS 2015, 65218; *Krieger/Arnold* NZA 2008, 1153, 1154; *Willemsen* RdA 2013, 166, 170 f.). Es findet insbesondere keine verbotene Benachteiligung älterer Arbeitnehmer statt, da durch die Anwendung einer Höchstbetragsklausel keine Differenzierung nach dem Alter erfolgt, sondern nur die Folgen begrenzt werden, die sich aus einer das höhere Lebensalter begünstigenden Abfindungsregel ergeben. Auch die Einbeziehung von zusätzlichen Abfindungsleistungen für schwerbehinderte Menschen in die allgemeine Höchstbegrenzung ist rechtlich nicht zu beanstanden (LAG Schleswig-Holstein. Urt. v. 28.02.2012 – 3 Sa 473/11, JurionRS 2012, 12461). 883

24. Gem. § 112 Abs. 5 S. 2 Nr. 2 BetrVG soll eine Einigungsstelle, die einen Sozialplan festlegt, Arbeitnehmer von Leistungen ausschließen, die in einem zumutbaren Arbeitsverhältnis bei demselben Unternehmen oder in einem anderen Konzernunternehmen weiterbeschäftigt werden können, eine solche Weiterbeschäftigung aber ablehnen. Daran anknüpfend können auch die Betriebsparteien in einem Sozialplan vereinbaren, Arbeitnehmer, die einen zumutbaren anderen Arbeitsplatz ablehnen, von den Abfindungszahlungen auszuschließen (BAG, Beschl. v. 28.09.1988 – 1 ABR 23/87, NZA 1989, 186; ErfK/*Kania* § 112a BetrVG Rn. 25). 884

O. Betriebsverfassungsrecht

885 **25.** Die finanzielle Unterstützung für Umzüge oder erhöhte Fahrtkosten in Folge einer Versetzung an einen anderen Arbeitsort kann auch differenzierter geregelt werden. Ein Sozialplan kann z.B. bestimmen:

Alternative:

[Mitarbeiter, die auf Veranlassung der Gesellschaft an einen anderen Standort wechseln, aber ihren bisherigen Wohnsitz beibehalten, erhalten ab dem Zeitpunkt der Versetzung für einen Zeitraum von [12] Monaten für jeden Beschäftigungstag einen pauschalen Fahrtkostenzuschuss in Höhe von EUR [0,30] brutto pro Entfernungskilometer, um den sich der Weg vom Wohnort zum Arbeitsort durch den Standortwechsel verlängert.

Entschließen sich die Mitarbeiter aufgrund des Wechsels des Arbeitsortes zu einem Umzug an den neuen Arbeitsort, der mindestens __[Anzahl der Kilometer]__ Kilometer von dem bisherigen Arbeitsort entfernt ist, erstattet die Gesellschaft dem Mitarbeiter unter Beachtung der nachfolgenden Vorgaben Umzugskosten bis zu einem Betrag in Höhe von maximal EUR _____[Betrag]_____. Die Mitarbeiter sind verpflichtet, der Gesellschaft mindestens ___[Zeitraum]___ vor dem Umzug den Kostenvoranschlag für die Umzugskosten zu übermitteln. Die Gesellschaft kann entweder den Kostenvoranschlag genehmigen oder statt der Kostenerstattung einen anderen Spediteur ihrer Wahl mit der Durchführung des Umzugs beauftragen. Hiermit sind sämtliche mit dem Umzug verbundenen Kosten, insbesondere Transport- und Speditionskosten, Kosten für Umzugsunternehmen sowie Kosten für Umschreibungen abgegolten. Die Umzugskosten werden nur gezahlt, wenn der Umzug innerhalb von [12] Monaten seit der Arbeitsaufnahme am neuen Arbeitsort erfolgt. Ab dem Umzug endet der Fahrtkostenzuschuss.

Für den Umzug wird der Mitarbeiter _____[Anzahl]_____ Arbeitstage von seiner Arbeit bei Fortzahlung der Bezüge freigestellt.

Fahrtkosten und Umzugskosten werden nach den jeweils gültigen steuerrechtlichen Bestimmungen abgerechnet. Der Mitarbeiter ist für die hierauf anfallenden Steuern verantwortlich. Alle erstattungsfähigen Kosten sind durch ordentliche Belege nachzuweisen.]

886 **26.** Arbeitnehmer, die zum Zeitpunkt der Auflösung des Arbeitsverhältnisses die Voraussetzungen für den Rentenbezug – u.U. auch erst nach Beendigung des Anspruches auf Arbeitslosengeld – erfüllen, können von Sozialplanleistungen ausgenommen werden (vgl. § 1 (2) des Musters sowie O Rdn. 867).

887 Ebenfalls zulässig ist es, für Arbeitnehmer, die in **absehbarer Zeit** nach der Beendigung des Arbeitsverhältnisses das **Rentenalter** erreichen, in einem Sozialplan eine geringere Abfindung vorzusehen (BAG, Urt. v. 11.11.2008 – 1 AZR 475/07, NZA 2009, 210, 211 ff.; BAG, Urt. v. 26.05.2009 – 1 AZR 198/08, NZA 2009, 849, 854 f.; BAG, Urt. v. 26.03.2013 – 1 AZR 813/11, NZA 2013, 921, 923). Es ist auch nicht erforderlich, dass rentennahe Arbeitnehmer mindestens die Hälfte der Abfindung rentenferner Arbeitnehmer erhalten (BAG, Urt. v. 26.03.2013 – 1 AZR 813/11, NZA 2013, 921, 924). Da die Möglichkeit des Bezugs einer vorzeitigen Altersrente wegen einer Behinderung nicht zu einem Nachteil für einen behinderten Arbeitnehmer im Vergleich zu einem nicht behinderten Arbeitnehmer führen darf (EuGH, Urt. v. 06.12.2012 – C-152/11, NZA 2012, 1435, 1439 f.; *Willemsen* RdA 2013, 166, 170), ist vorgesehen, dass die Möglichkeit der Altersrente für schwerbehinderte Menschen gem. § 236a SGB VI für die Berechnung der Abfindung nicht berücksichtigt wird. Zur Vermeidung einer Diskriminierung von Frauen wird auch die besondere Altersrentenregelung des § 237a SGB VI ausgenommen (vgl. hierzu *Willemsen* RdA 2013, 166, 170 sowie *Zange* NZA 2013, 601, 603).

888 **27.** Alternativ zu gekürzten Abfindungen kann in einem Sozialplan für ältere Arbeitnehmer auch der Abschluss von Altersteilzeitvereinbarungen vorgesehen werden, auch wenn die Altersteilzeit aufgrund der Beendigung der staatlichen Förderung für nach dem 31.12.2009 abgeschlossene Altersteilzeitvereinbarungen deutlich an Attraktivität verloren hat.

28. Die Vereinbarung zur Errichtung einer Transfergesellschaft für von der Betriebsänderung betroffene Arbeitnehmer im Sozialplan kann sehr verschieden ausgestaltet werden. Je nachdem, wie weit die Vorbereitung zur Errichtung der Transfergesellschaft gediehen ist, können im Sozialplan lediglich Eckdaten oder aber auch detailliert alle Einzelheiten vereinbart werden. Im Idealfall kann dem Sozialplan bereits ein Transferleistungsvertrag (vgl. Muster O.IV.5. – O Rdn. 910) und/oder ein Muster für einen dreiseitigen Vertrag zwischen Gesellschaft, Transfergesellschaft und Arbeitnehmer (vgl. Muster O.IV.6. – O Rdn. 937) als Anlage beigefügt werden. Zwingende Voraussetzung für die Gewährung von Transferkurzarbeitergeld ist gem. § 111 Abs. 1 Nr. 4 SGB III, dass sich die Betriebsparteien im Rahmen der Verhandlungen über den Interessenausgleich und Sozialplan von der Agentur für Arbeit haben beraten lassen. Ob die Errichtung einer Transfergesellschaft auch über eine Einigungsstelle erzwungen werden kann, ist umstritten (vgl. zum Meinungsstand *Schütte* NZA 2013, 249 ff.). Die besseren Argumente sprechen jedoch gegen die Erzwingbarkeit einer Transfergesellschaft. 889

29. Vgl. zur Wechselprämie Muster O.IV.6. – O Rdn. 955. 890

30. Zu Aufstockungsbeträgen vgl. Muster O.IV.6. – O Rdn. 948. 891

31. Zu Sprinterprämien vgl. Muster O.IV.6. – O Rdn. 953. 892

32. Nach dem Konzept des vorliegenden Sozialplans erhalten Arbeitnehmer, die einen Wechsel in die Transfergesellschaft ablehnen, grundsätzlich die volle Abfindung nach dem Sozialplan. Bislang nicht abschließend geklärt ist, ob es zulässig ist, den Abfindungsanspruch von Arbeitnehmern, die den Wechsel in eine Transfergesellschaft ablehnen, zu kürzen oder vollständig zu streichen (gegen die Zulässigkeit einer vollständigen Streichung LAG Bremen, Urt. v. 22.01.2009 – 3 Sa 153/08, JurionRS 2009, 16591 sowie ArbG Herford, Urt. v. 02.12.2012 – 1 Ca 69/13, JurionRS 2013, 51109). 893

33. Alternativ möglich ist auch die Vereinbarung eines Härtefonds: 894

Alternative:

[(1) Zum Ausgleich besonderer Härtefälle stellt die Gesellschaft einen Härtefonds in Höhe von EUR _____[Betrag]_____ zur Verfügung. Leistungen aus dem Härtefonds dürfen pro Mitarbeiter einen Betrag von EUR _____[Betrag]_____ nicht überschreiten. Ein Anspruch auf Leistungen aus dem Härtefonds steht den Mitarbeitern nicht zu.

(2) Der Antrag auf Gewährung von Mitteln aus dem Härtefonds ist von dem Mitarbeiter schriftlich und unter Angabe von Gründen beim Betriebsrat zu stellen.

(3) Die Gewährung von Mitteln aus dem Härtefonds erfolgt im Einvernehmen zwischen der Gesellschaft und dem Betriebsrat. Können sich die Parteien nicht über eine Auszahlung einigen, entscheidet die Einigungsstelle.

(4) Als Härtefälle können, nach freiem Ermessen, insbesondere gelten:

- *Verlust des Arbeitsplatzes des Ehegatten innerhalb von drei Monaten vor oder nach dem Ausscheiden des Mitarbeiters,*

- *finanzielle Notlagen bei Tod oder Invalidität des Mitarbeiters oder Ehegatten oder*

- *sonstige unverschuldete finanzielle Notlagen.*

(5) Zum _____[Datum]_____ wird der Härtefonds aufgelöst. Bis zu diesem Zeitpunkt nicht verwendete Mittel werden vom Betriebsrat nach Konsultation mit der Gesellschaft an die Mitarbeiter ausgeschüttet, die von Maßnahmen unter dem Interessenausgleich vom _____[Datum]_____ betroffen sind.]

Ohne eine Regelung, dass etwa verbleibende Mittel aus dem Härtefonds an die Arbeitnehmer ausgeschüttet werden, würden die verbleibenden Mittel an den Arbeitgeber zurückfallen (LAG 895

Bremen, Urt. v. 15.06.1990 – 4 Sa 353/89, BeckRS 1990, 30456977; *Hunold* NZA-RR 2004, 561, 566).

896 **34.** Werden die Zeitpunkte **des Entstehens und der Fälligkeit der Ansprüche** aus dem Sozialplan nicht ausdrücklich geregelt, sind sie im Wege der Auslegung zu ermitteln. Es ist grundsätzlich davon auszugehen, dass sowohl Entstehen als auch Fälligkeit des Anspruchs mit dem betriebsbedingten Ausscheiden des Arbeitnehmers aus dem Arbeitsverhältnis zusammenfallen. Möglich ist jedoch auch, Abweichendes zu regeln (*Fitting* §§ 112, 112a BetrVG Rn. 193 f.). Insbesondere kann die Fälligkeit auf einen späteren Zeitpunkt hinausgeschoben werden (ErfK/*Kania* § 112a BetrVG Rn. 30).

897 **35.** Nicht zulässig ist es, die Zahlung einer Abfindung davon abhängig zu machen, dass ein Arbeitnehmer keine Kündigungsschutzklage erhebt bzw. eine bereits erhobene Klage wieder zurücknimmt (BAG, Urt. v. 31.05.2005 – 1 AZR 254/04, NZA 2005, 997, 998 f.). Zulässig ist es aber, die Fälligkeit der Abfindungsansprüche bis zum Abschluss des Kündigungsschutzverfahrens (BAG, Urt. v. 20.06.1985 – 2 AZR 427/84, NZA 1986, 258 f.) oder bis zur Klagerücknahme hinauszuschieben. Ebenfalls zulässig ist es, die Anrechnung einer Abfindung nach §§ 9, 10 KSchG auf die Sozialplanabfindung vorzusehen (BAG, Urt. v. 20.06.1985 – 2 AZR 427/84, NZA 1986, 258 f.). Vgl. Muster O.IV.7. – O Rdn. 959 zum Abschluss einer Betriebsvereinbarung, mit der Mitarbeitern, die auf die Erhebung einer Kündigungsschutzklage verzichten, eine zusätzliche Turboprämie gezahlt wird.

898 **36.** Zwar ist in Rechtsprechung und Literatur anerkannt, dass Mitarbeiter einen Anspruch auf ein Zwischenzeugnis haben, wenn sie einen triftigen Grund für ein Zwischenzeugnis geltend machen können (vgl. AR/*Kolbe* § 109 GewO Rn. 12), was bei einer bevorstehenden Beendigung des Arbeitsverhältnisses in aller Regel der Fall sein wird. Zur Vermeidung unnötiger Diskussionen hierüber wird jedoch in Sozialplänen häufig die Erteilung von Zwischenzeugnissen geregelt.

899 **37.** Wiedereinstellungszusagen sind auch ohne ausdrückliche Beschränkung auf solche Arbeitsplätze beschränkt, die mit der früheren Beschäftigung vergleichbar sind (LAG Hamm, Urt. v. 28.11.1996 – 8 Sa 1286/96, NZA-RR 1997, 175, 176 f.; *Hunold* NZA-RR 2004, 561, 566). Zur Vermeidung von Streitigkeiten empfiehlt es sich jedoch, diese Beschränkung ausdrücklich zu regeln.

900 **38.** Die Betriebsparteien können den **Sozialplan** grundsätzlich **jederzeit** für die Zukunft, auch zum Nachteil der betroffenen Arbeitnehmer, **abändern**. Dabei haben sich die Betriebsparteien jedoch an die Grenzen des Vertrauensschutzes und der Verhältnismäßigkeit zu halten (ausführlich BAG, Urt. v. 05.10.2000 – 1 AZR 48/00, NZA 2001, 849, 852 f.; *Seel* MDR 2010, 241, 244; kritisch *Gehlhaar* BB 2007, 2805, 2806 ff.).

901 **39.** In der Praxis unüblich, aber rechtlich zulässig ist auch die Vereinbarung eines Kündigungsrechts (ErfK/*Kania* § 112a BetrVG Rn. 40). Ohne eine entsprechende Vereinbarung ist die ordentliche Kündigung eines Sozialplanes aber nicht möglich (*Seel* MDR 2010, 241, 244; *Steffen* NZA-RR 2000, 337, 347; vgl. zur Möglichkeit der außerordentlichen Kündigung eines Sozialplans ErfK/*Kania* § 112a BetrVG Rn. 40).

902 **40.** Vgl. zur eventuellen Nachwirkung von Sozialplänen *Meyer* NZA 1997, 289, 291 ff.

903 **41.** Kommt der Sozialplan durch Einigung der Betriebsparteien zustande, so ist dieser schriftlich niederzulegen und von beiden Seiten zu unterschreiben (§ 112 Abs. 2 S. 1, 2 BetrVG). Es gilt § 126 BGB. Die Schriftform ist Wirksamkeitserfordernis.

5. Transferleistungsvertrag mit Transfergesellschaft

Vorbemerkung

Ist ein Unternehmen gezwungen, im Rahmen einer Restrukturierung betriebsbedingte Entlassungen durchzuführen, hat dies nicht nur negative Folgen für die Arbeitnehmer dieses Unternehmens, sondern auch der Arbeitsmarkt ist betroffen. Der Staat leistet unter bestimmten Voraussetzungen finanzielle Unterstützung für Maßnahmen zur Eingliederung der von Arbeitslosigkeit bedrohten Arbeitnehmer in den Arbeitsmarkt (Transferleistungen), um den Arbeitnehmern den Eintritt in ein neues Arbeitsverhältnis zu erleichtern und Arbeitslosigkeit zu verhindern. Die vom Staat angebotenen Transferleistungen bestehen aus der Förderung der Teilnahme der Arbeitnehmer an Transfermaßnahmen gem. § 110 SGB III (ggf. zuzüglich einer erfolgsabhängigen Pauschale gem. § 134 SGB III) und der Gewährung von Transferkurzarbeitergeld gem. § 111 SGB III. Leistungen nach § 110 SGB III und § 111 SGB III können gem. § 110 Abs. 4 SGB III nicht gleichzeitig (vgl. auch Brand/*Kühl* SGB III § 111 Rn. 2), aber nacheinander gewährt werden.

904

Bei der Förderung der Teilnahme der Arbeitnehmer an Transfermaßnahmen gem. § 110 SGB III werden den Arbeitnehmern im Rahmen ihres Arbeitsverhältnisses Maßnahmen angeboten, die ihre Chancen auf dem Arbeitsmarkt erhöhen sollen. An den Kosten beteiligt sich die Bundesagentur für Arbeit mit 50 % der erforderlichen und angemessenen Maßnahmekosten, bis zu einem Maximalbetrag von EUR 2.500 je Arbeitnehmer (vgl. ausführlich DLW/*Wildschütz* Kapitel 13 Rn. 2415 ff.; *Gaul/Bonanni/Otto* DB 2003, 2386, 2386 ff.; *Mengel/Ullrich* BB 2005, 1109, 1110 ff.). Vorgaben zur Erforderlichkeit und Angemessenheit der Kosten verschiedener Maßnahmen finden sich in den Geschäftsanweisungen Kurzarbeitergeld der Bundesagentur für Arbeit vom 24.06.2013 *(Bundesagentur für Arbeit Nürnberg (Hrsg.)* Geschäftsanweisungen Kurzarbeitergeld, S. 197 ff.).

905

Die Zahlung von **Transferkurzarbeitergeld** richtet sich nach § 111 SGB III. Die Arbeitnehmer scheiden, um in den Genuss des Transferkurzarbeitergeldes zu kommen, aus ihrem alten Arbeitsverhältnis oder Tätigkeitsbereich aus und erbringen als Arbeitsleistung einzig die Teilnahme an Maßnahmen, die ihrem Eintritt in ein neues Arbeitsverhältnis dienen sollen. Die Arbeitnehmer werden hierzu entweder beim Arbeitgeber in betriebsorganisatorisch eigenständigen Einheiten zusammengefasst oder – in der Praxis die Regel – unter Beendigung ihres Arbeitsverhältnisses beim alten Arbeitgeber in einer separaten **Transfergesellschaft** angestellt.

906

Wird eine externe Transfergesellschaft eingeschaltet, schließt der Arbeitgeber mit dieser Transfergesellschaft einen **Transferleistungsvertrag** über die von der Transfergesellschaft zu erbringenden Leistungen. Im Anschluss daran schließen Arbeitnehmer, die sich für die Transfermaßnahme entscheiden, einen Aufhebungsvertrag mit dem alten Arbeitgeber und einen befristeten Arbeitsvertrag mit der Transfergesellschaft. Regelmäßig, aber nicht zwingend, werden beide Rechtsgeschäfte in einem **dreiseitigen Vertrag** zwischen Arbeitnehmer, altem Arbeitgeber und der Transfergesellschaft zusammengefasst (vgl. Muster O.IV.6. – O Rdn. 937).

907

Für den Arbeitgeber hat die Einschaltung einer Transfergesellschaft Vorteile, insbesondere weil er Kündigungsschutzklagen vermeiden und unter Umständen eine Abkürzung der Kündigungsfristen erreichen kann. Darüber hinaus ergeben sich aufgrund der Förderung durch den Staat häufig finanzielle Vorteile im Vergleich zu einer Entlassung der Arbeitnehmer ohne Einschaltung einer Transfergesellschaft, jedenfalls wenn eine größere Zahl von Arbeitnehmern entlassen werden muss.

908

Für die Arbeitnehmer liegen die Vorteile einer Transfergesellschaft auf der Hand: Sie erhalten eine intensive Unterstützung zur Verbesserung ihrer Chancen auf dem Arbeitsmarkt, was insbesondere für Arbeitnehmer interessant ist, die aufgrund hohen Alters oder schlechter Ausbildung Schwierigkeiten haben, einen neuen Arbeitsplatz zu finden. Zudem ist die Zeit, in der die Arbeitnehmer in der Transfergesellschaft beschäftigt sind, regelmäßig länger als die Kündigungsfrist ihres alten Arbeitsvertrages, so dass die Zeit der Beschäftigung verlängert wird. Darüber hinaus entfallen so-

909

zialversicherungsrechtliche Nachteile wie Sperr- und Ruhenszeiten (vgl. zu den Vorteilen einer Transfergesellschaft für Arbeitnehmer *Bissels/Jordan/Wisskirchen* NZI 2009, 865, 869 f.; *Gaul/Otto* NZA 2004, 1301, 1304; *Mengel/Ullrich* BB 2005, 1109, 1110).

▶ Muster – Transferleistungsvertrag mit Transfergesellschaft

910

Transferleistungsvertrag [1]

zwischen

der Firma ___[Unternehmen]___
___[Adresse]___

– nachstehend »A-GmbH« genannt –

und

der Firma ___[Transfergesellschaft]___
___[Adresse]___

– nachstehend »T-GmbH« genannt –

zur Übernahme von Arbeitnehmern der A-GmbH durch die T-GmbH [2]

§ 1 Vertragszweck

(1) Durch die Schließung des Betriebes der A-GmbH in ___[Ort]___ fallen sämtliche Arbeitsplätze dieses Betriebes weg. Im Interessenausgleich und Sozialplan vom ___[Datum]___ hat die A-GmbH mit ihrem Betriebsrat vereinbart, dass die von der Betriebsänderung [3] betroffenen Arbeitnehmer die Möglichkeit erhalten sollen, ihre Chancen auf dem Arbeitsmarkt durch den Eintritt in eine Transfergesellschaft zu erhöhen.

(2) Zweck dieses Vertrages ist die Regelung

– der Überleitung der überleitungswilligen Arbeitnehmer der A-GmbH in die T-GmbH,

– der Qualifizierung dieser Arbeitnehmer zur Verbesserung ihrer Vermittlungsaussichten auf dem Arbeitsmarkt sowie

– der Vermittlung dieser Arbeitnehmer auf dem Arbeitsmarkt

unter Inanspruchnahme von Transferkurzarbeitergeld [4] gem. § 111 SGB III.

§ 2 Betriebsorganisatorisch eigenständige Einheit

(1) Die T-GmbH richtet ab dem ___[Datum]___ [5] für die Dauer von zwölf Monaten [6] eine betriebsorganisatorisch eigenständige Einheit (beE) in ihrem Unternehmen ein.

(2) Die in die T-GmbH wechselnden Arbeitnehmer der A-GmbH werden in dieser beE, getrennt von allen übrigen Arbeitnehmern der T-GmbH, zusammengefasst.

(3) Die A-GmbH stellt der T-GmbH für die beE Räumlichkeiten auf dem Betriebsgelände in ___[Ort]___ zur Verfügung. [7]

§ 3 Arbeitsvertragsangebote

Die A-GmbH und die T-GmbH werden den Arbeitnehmern des Betriebes in ___[Ort]___ der A-GmbH bis zum ___[Datum]___ den Abschluss des diesem Transferleistungsvertrag als Anlage 1 beigefügten dreiseitigen Vertrages anbieten und mit den zum Wechsel bereiten Arbeitnehmern entsprechende Verträge bis spätestens zum ___[Datum]___ abschließen.

§ 4 Weitere Pflichten der T-GmbH

(1) Die T-GmbH wird den Arbeitnehmern der beE geeignete Maßnahmen zur Verbesserung ihrer Eingliederungsaussichten in den Arbeitsmarkt anbieten. [8] Diese Maßnahmen werden unter anderem sein:

- Qualifizierungsmaßnahmen und Schulungen,
- Praktika,
- Beschäftigung zum Zwecke der Qualifizierung bei einem anderen Arbeitgeber,
- [weitere Maßnahmen] .

Die dem einzelnen Arbeitnehmer anzubietenden Maßnahmen richten sich nach den individuellen Fähigkeiten und Qualifizierungsbedürfnissen.

(2) Die T-GmbH wird den Arbeitnehmern der beE Vorschläge zur Vermittlung in andere Arbeitsverhältnisse unterbreiten. [9]

(3) Die T-GmbH wird sämtliche im Zusammenhang mit diesem Vertrag und seiner Durchführung erforderlichen antrags-, finanz- und abrechnungstechnischen Verfahren durchführen. [10] Insbesondere wird die T-GmbH

- die Anzeige über Arbeitsausfall gem. § 111 Abs. 1 Ziff. 5, Abs. 6 SGB III bei der zuständigen Agentur für Arbeit erstatten, [11]
- Transferkurzarbeitergeld gem. § 111 SGB III i.V.m. § 323 Abs. 2 SGB III für die Arbeitnehmer der beE bei der zuständigen Agentur für Arbeit beantragen,
- jeweils monatlich der zuständigen Agentur für Arbeit unverzüglich die in § 111 Abs. 9 SGB III genannten Daten und Angaben zuleiten [12],
- spätestens sechs Monate nach Beendigung der Maßnahmen der zuständigen Agentur für Arbeit und der A-GmbH eine zusammenfassende Dokumentation zum Maßnahmeerfolg (mit einer Zusammenfassung der Beratungsinhalte, der Aktivitäten, der Vermittlungserfolge und der Verbleibsquote) übermitteln sowie
- der zuständigen Agentur für Arbeit alle darüber hinaus notwendigen Unterlagen form- und fristgerecht zur Verfügung stellen, um die ordnungsgemäße monatliche Auszahlung des Transferkurzarbeitergeldes sicherzustellen. [13]

(4) Die T-GmbH besitzt die gem. §§ 176 ff. SGB III erforderliche Zulassung als Träger. Eine Kopie der entsprechenden Zertifizierung ist diesem Vertrag als Anlage 2 beigefügt. Die T-GmbH wird die beE im Einklang mit den gesetzlichen Bestimmungen einrichten und durchführen. Die T-GmbH verpflichtet sich, eine Organisation und Mittelausstattung der beE sicherzustellen, die den angestrebten Integrationserfolg erwarten lässt. Weiterhin verpflichtet sich die T-GmbH, ein System zur Sicherung der Qualität anzuwenden und für jeden Mitarbeiter eine TransferMappe in der von der Agentur für Arbeit konzipierten Form zu führen. Die T-GmbH wird sicherstellen, dass pro [40] Arbeitnehmern, die von der A-GmbH in die T-GmbH wechseln, mindestens ein Vollzeit-Betreuer der T-GmbH für die Erfüllung der Verpflichtungen der T-GmbH aus § 4 Abs. 1 und Abs. 2 dieses Vertrages tätig ist. [14]

(5) Die T-GmbH wird die von der A-GmbH und der Agentur für Arbeit bereitgestellten Mittel nur im Rahmen der Zweckbestimmung dieses Vertrages verwenden.

(6) Die T-GmbH haftet der A-GmbH für Schäden, die dadurch entstehen, dass die T-GmbH ihre Verpflichtungen aus diesem Vertrag nicht ordnungsgemäß erfüllt.

§ 5 Profiling

Die T-GmbH wird im Auftrag der A-GmbH mit allen Arbeitnehmern, die ihre Bereitschaft zum Wechsel in die T-GmbH erklärt haben, vor der Überleitung in die T-GmbH ein Profiling [15] durchführen. Der Inhalt des Profiling ist in dem als Anlage 3 beigefügten Profiling-Konzept beschrieben. Die von der A-GmbH zu tragenden Kosten des Profiling betragen EUR [Betrag] zzgl. MwSt. pro Arbeitnehmer, wobei die Parteien übereinstimmend davon ausgehen, dass die

A-GmbH von der Agentur für Arbeit einen Zuschuss in Höhe von 50 % dieses Betrages gem. § 110 Abs. 2 SGB III erhalten wird.

§ 6 Finanzierung [16]

(1) Die A-GmbH zahlt der T-GmbH binnen [14] Tagen nach Unterzeichnung dieses Vertrages:

- für die Dienstleistungen der T-GmbH und den Verwaltungsaufwand der T-GmbH pro Arbeitnehmer, der tatsächlich in die T-GmbH wechselt, einen Betrag in Höhe von EUR _____ [Betrag] zzgl. MwSt. und
- für Schulungen und sonstige Qualifizierungsmaßnahmen pro Arbeitnehmer, der tatsächlich in die T-GmbH wechselt, einen Betrag in Höhe von EUR _____ [Betrag] .

(2) Die A-GmbH zahlt der T-GmbH spätestens [5] Tage vor Beginn des jeweiligen Monats die folgenden, auf Basis der dreiseitigen Verträge geschuldeten Beträge für jeden Arbeitnehmer, der von der A-GmbH in die T-GmbH wechselt und in dem jeweiligen Monat bei der T-GmbH beschäftigt ist:

- die Aufstockungsbeträge zum Transferkurzarbeitergeld auf [80]% des Nettoentgeltes, das bei der Berechnung des Transferkurzarbeitergeldes gem. § 111 SGB III durch die Agentur für Arbeit zugrunde gelegt wird, [17]
- die von der T-GmbH für die Beschäftigung der Arbeitnehmer geschuldeten Sozialversicherungsbeiträge (Arbeitgeber- und Arbeitnehmeranteil), [18]
- die Entgeltfortzahlung an Urlaubs- und Feiertagen, [19]
- [Urlaubs- und Weihnachtsgeld,] [20]
- Wechsel- und Sprinterprämie, wobei die Sprinterprämie für die im Vormonat endgültig ausgeschiedenen Arbeitnehmer abgerechnet wird. [21]

Die A-GmbH wird ausschließlich diejenigen Kosten tragen, die nicht aus öffentlichen Mitteln finanziert werden können.

(3) Die T-GmbH wird der A-GmbH jeweils spätestens bis zum 15. des Folgemonats eine monatliche Abrechnung über die getätigten Zahlungen und angefallenen Kosten übersenden. Etwaige Abweichungen zu dem Vorschuss gem. vorstehendem Absatz 2 werden die Parteien innerhalb von [5] Tagen nach Erhalt der Abrechnung durch eine entsprechende Zahlung ausgleichen.

[optional:

(4) Die A-GmbH besichert [22] die in Absatz 2 genannten finanziellen Verpflichtungen mit einer unwiderruflichen Bürgschaft einer Europäischen Großbank in Höhe von EUR _____ [Betrag] , die der T-GmbH spätestens am _____ [Datum] zur Verfügung gestellt wird. Die T-GmbH verpflichtet sich, monatlich jeweils spätestens am Monatsletzten der Bank den Betrag mitzuteilen, um den der durch die Bürgschaft gesicherte Betrag für die Folgemonate reduziert werden kann. Nach Beendigung dieses Vertrages hat die T-GmbH die Bürgschaftsurkunde unverzüglich an die A-GmbH herauszugeben.]

§ 7 Aufschiebende Bedingung/Vertragsdauer

(1) Die Wirksamkeit dieses Vertrages steht unter der aufschiebenden Bedingung, dass die Agentur für Arbeit für die von der Schließung des Betriebes in _____ [Ort] der A-GmbH betroffenen Arbeitnehmer Transferkurzarbeitergeld dem Grunde nach bewilligt. [23]

(2) Jede Partei ist berechtigt, diesen Vertrag fristlos gegenüber der anderen Partei zu kündigen, wenn die andere Partei nachweislich und wiederholt trotz schriftlicher Abmahnung wesentliche Vertragspflichten verletzt. Die Kündigung bedarf der Schriftform. Im Übrigen bleibt das Recht zur außerordentlichen Kündigung aus wichtigem Grund für beide Parteien unberührt.

(3) Wird dieser Vertrag nicht gekündigt, so endet er automatisch mit vollständiger Vertragsdurchführung.

§ 8 Schlussbestimmungen

(1) Dieser Vertrag enthält alle Vereinbarungen zwischen den Parteien. Änderungen und Ergänzungen dieses Vertrages bedürfen zu ihrer Wirksamkeit der Schriftform. Dies gilt auch für diese Schriftformklausel.

(2) Sollten eine oder mehrere Bestimmungen dieses Vertrages unwirksam sein oder werden, bleibt die Wirksamkeit des Vertrages im Übrigen unberührt. Die Parteien werden die unwirksame Bestimmung durch eine solche wirksame Bestimmung ersetzen, die dem mit der unwirksamen Bestimmung wirtschaftlich Gewollten am nächsten kommt.

Anlagen: 1. Dreiseitiger Vertrag
2. Zertifizierung
3. Profiling-Konzept

[Ort, Datum]

(Unterschrift A-GmbH)

(Unterschrift T-GmbH)

Erläuterungen

Schrifttum

Bissels/Jordan/Wisskirchen Sozialverträglicher Personalabbau durch den Einsatz von Transfergesellschaften, NZI 2009, 865; Bundesagentur für Arbeit Nürnberg (Hrsg.) Geschäftsanweisungen Kurzarbeitergeld vom 24.06.2013, Stand Juni 2013; *Fiene* Abschluss und Umsetzung von Transfersozialplänen, 2013; *Gaul/Bonanni/Otto* Hartz III: Veränderte Rahmenbedingungen für Kurzarbeit, Sozialplanzuschüsse und Transfermaßnahmen, DB 2003, 2386; *Gaul/Otto* Aktuelle Aspekte einer Zusammenarbeit mit Beschäftigungsgesellschaften, NZA 2004, 1301; *Krieger/Fischinger* Umstrukturierung mit Hilfe von Beschäftigungs- und Qualifizierungsgesellschaften, NJW 2007, 2289; *Mengel/Ullrich* Erste praktische Erfahrungen mit dem neuen Recht der Beschäftigungs- und Qualifizierungsgesellschaften, BB 2005, 1109; *Raif* Personalabbau und Transfergesellschaft, ArbRAktuell 2009, 225; *Ries* Sanierung über Beschäftigungs- und Qualifizierungsgesellschaften – Kosten, Nutzen, Risiken, NZI 2002, 521; *Rolf/Riechwald* Transfergesellschaften nach neuem Recht, BB 2011, 2805; *Schindele* Grundsätzliches zum Transfersozialplan, ArbRAktuell 2013, 512; *Schnitzler* Betriebsverlagerung – Sozialrechtliche Flankierung durch die Bundesagentur für Arbeit (BA), NZA-Beil. 2012, 17; *Welkoborsky* Transferleistungen für betriebliche Restrukturierungen – veränderte Bedingungen durch Hartz III –, NZS 2004, 509.

1. Für den **Vertrag** zwischen der Transfergesellschaft und dem alten Arbeitgeber gibt es keine einheitliche Bezeichnung. In der Literatur werden zum Beispiel die **Begriffe** »Transfer- und Kooperationsvertrag« (*Mengel/Ullrich* BB 2005, 1109, 1116) oder »Dienstleistungs- und Kooperationsvertrag« (*Fiene* S. 346 ff.; *Ries* NZI 2002, 521, 525) verwendet. Rechtlich ist der Vertrag als Dienstleistungsvertrag zu qualifizieren (*Bissels/Jordan/Wisskirchen* NZI 2009, 865, 866).

2. Gem. § 111 Abs. 3 Ziff. 2 SGB III sind die betroffenen Arbeitnehmer in einer **betriebsorganisatorisch eigenständigen Einheit** (beE) zusammenzufassen (vgl. ausführlich *Bissels/Jordan/Wisskirchen* NZI 2009, 865, 865 f.). Dies kann beim alten Arbeitgeber geschehen, wenn dort eine entsprechende organisatorisch und abrechnungstechnisch eigenständige Einheit gebildet wird (vgl. zu den Voraussetzungen der Eigenständigkeit der Einheit *Bissels/Jordan/Wisskirchen* NZI 2009, 865, 866; Brand/*Kühl* SGB III § 111 Rn. 10; *Ries* NZI 2002, 521, 525). In der ganz überwiegenden Zahl der Fälle einigen sich die Betriebsparteien jedoch darauf, den Weg über eine externe Transfergesellschaft zu gehen (vgl. zu den Vorteilen der Einschaltung einer externen Transfergesellschaft *Gaul/Otto* NZA 2004, 1301, 1303 f.). **Transfergesellschaften** sind eigenständige juristische Personen – meist GmbHs – an denen der Arbeitgeber als Gesellschafter beteiligt sein kann (*Gaul/Bonanni/Otto* DB 2003, 2386, 2388; *Gaul/Otto* NZA 2004, 1301, 1302), aber nicht muss.

Transfergesellschaften können für den Einzelfall gegründet werden. In der Regel wird jedoch auf einen der zahlreichen professionellen Anbieter von Transfergesellschaften zurückgegriffen.

913 **3.** Transferkurzarbeitergeld wird nur gewährt, wenn der Arbeitnehmer von einem **dauerhaften** unvermeidbaren **Arbeitsausfall** mit Entgeltausfall betroffen ist (§ 111 Abs. 1 Ziff. 1, Abs. 2 SGB III). Infolge einer **Betriebsänderung** i.S.d. § 110 Abs. 1 S. 3 SGB III i.V.m. § 111 BetrVG muss die Beschäftigungsmöglichkeit für die betroffenen Arbeitnehmer nicht nur vorübergehend entfallen. Aus § 110 Abs. 1 S. 3 SGB III folgt, dass es auf die Größe des Unternehmens und die Anwendbarkeit des Betriebsverfassungsgesetzes im jeweiligen Betrieb nicht ankommt. **Dauerhaft** ist der Arbeitsausfall, wenn unter Berücksichtigung der Gesamtumstände des Einzelfalles davon auszugehen ist, dass der betroffene Betrieb in absehbarer Zeit die aufgebauten Arbeitskapazitäten nicht mehr im bisherigen Umfang benötigt (BT-Drucks. 15/1515 S. 92). Für die Prognose, ob der Arbeitsausfall dauerhaft ist, ist auf den Zeitpunkt der Entscheidung der Agentur für Arbeit über die Gewährung von Transferkurzarbeitergeld abzustellen (Brand/*Kühl* SGB III § 111 Rn. 5). Von Arbeitslosigkeit bedroht ist auch ein ordentlich unkündbarer Arbeitnehmer, wenn die Voraussetzungen für die außerordentliche Kündigung eines ordentlich unkündbaren Arbeitnehmers vorliegen (*Gaul/Bonnani/Otto* DB 2003, 2386, 2386; *Schindele* ArbRAktuell 2013, 512, 514), nicht jedoch, wenn eine Kündigung gar nicht möglich ist (*Schnitzler* NZA-Beil. 2012, 17, 18 f.; vgl. auch *Bundesagentur für Arbeit Nürnberg (Hrsg.)* Geschäftsanweisungen Kurzarbeitergeld, S. 223 ff.).

914 Zusätzliche Voraussetzung für die Gewährung von Transferkurzarbeitergeld ist gem. § 111 Abs. 1 Nr. 4 SGB III, dass sich die Betriebsparteien im Vorfeld der Entscheidung über die Inanspruchnahme von Transferkurzarbeitergeld von der Agentur für Arbeit haben beraten lassen, insbesondere im Rahmen der Verhandlungen über einen Interessenausgleich und Sozialplan (vgl. *Fiene* S. 20 f. sowie *Rolf/Riechwald* BB 2011, 2805 f. zu den Einzelheiten der Beratungspflicht und der Bindungswirkung des Beratungsergebnisses). Nach den Geschäftsanweisungen der Bundesagentur für Arbeit soll das auch in Betrieben ohne Betriebsrat gelten, z.B. im Wege von Informationsveranstaltungen der Agentur für Arbeit anlässlich einer Betriebsversammlung (*Bundesagentur für Arbeit Nürnberg (Hrsg.)* Geschäftsanweisungen Kurzarbeitergeld, S. 186).

915 **4. Transferkurzarbeit** ist eine Sonderform der **Kurzarbeit**, die sich in ihrer Zielsetzung von der allgemeinen Kurzarbeit unterscheidet. Ziel der Kurzarbeit ist, den Arbeitsplatz langfristig zu erhalten und einen lediglich vorübergehenden Arbeitsausfall zu kompensieren. Transferkurzarbeitergeld setzt demgegenüber voraus, dass der Arbeitsplatz komplett und dauerhaft wegfällt. Ziel der Transferkurzarbeit ist die Verbesserung der Chancen des Arbeitnehmers auf dem Arbeitsmarkt. Während der Transferkurzarbeit erhalten die Arbeitnehmer Transferkurzarbeitergeld gem. § 111 SGB III, dessen Berechnung sich nach den allgemeinen, für Kurzarbeit geltenden Regelungen richtet. Die Arbeitnehmer erhalten also, vereinfacht dargestellt, 60 % bzw. 67 % (für Arbeitnehmer mit mindestens einem Kind) ihres letzten Nettogehaltes, wobei die Berechnung begrenzt ist auf die Beitragsbemessungsgrenze in der gesetzlichen Rentenversicherung.

916 **5.** Die **maximale Bezugsdauer von Transferkurzarbeitergeld** beträgt **zwölf Monate** (§ 111 Abs. 1 S. 2 SGB III). Die Laufzeit beginnt bereits mit Einrichtung der beE und nicht erst mit dem Eintritt des einzelnen Arbeitnehmers in die Transfergesellschaft (*Mengel/Ullrich* BB 2005, 1109, 1113 f.). Dementsprechend ist das Datum der Einrichtung der beE sorgfältig zu bestimmen. Es darf keinesfalls zu früh liegen, um die Bezugsdauer für die einzelnen Arbeitnehmer nicht zu verkürzen. Scheiden die Arbeitnehmer aus organisatorischen Gründen zu verschiedenen Zeitpunkten aus ihrem Arbeitsverhältnis beim alten Arbeitgeber aus, können und sollten mehrere betriebsorganisatorisch eigenständige Einheiten gegründet werden, um möglichst vielen Arbeitnehmern eine möglichst lange Bezugsdauer des Transferkurzarbeitergeldes zu ermöglichen (*Mengel/Ullrich* BB 2005, 1109, 1114).

917 **6.** Wegen der Begrenzung des Transferkurzarbeitergeldes auf längstens zwölf Monate wird in aller Regel auch die Einrichtung der beE auf diesen Zeitraum beschränkt.

7. Eine Unterbringung der beE auf dem bisherigen Betriebsgelände ist rechtlich nicht erforderlich, führt aber regelmäßig zu einer Kostenersparnis für den bisherigen Arbeitgeber. Zu der gem. § 111 Abs. 3 S. 1 Nr. 3 SGB III geforderten Mittelausstattung der beE gehört auch, dass Räumlichkeiten mit geeigneter technischer Ausstattung vorhanden sind (*Bundesagentur für Arbeit Nürnberg (Hrsg.)* Geschäftsanweisungen Kurzarbeitergeld, S. 220 f.). 918

8. Gem. § 111 Abs. 7 S. 2 SGB III soll der Arbeitgeber geeignete **Maßnahmen zur Verbesserung der Eingliederungsaussichten** der Arbeitnehmer anbieten. Hiermit ist gemeint, dass der Arbeitgeber Qualifizierungsangebote unterbreiten soll (*Bundesagentur für Arbeit Nürnberg (Hrsg.)* Geschäftsanweisungen Kurzarbeitergeld, S. 228 ff.). Wie die Qualifizierungsangebote auszusehen haben, ist eine Frage des Einzelfalls und orientiert sich an dem Qualifizierungsdefizit des jeweiligen Arbeitnehmers (*Bundesagentur für Arbeit Nürnberg (Hrsg.)* Geschäftsanweisungen Kurzarbeitergeld, S. 229; Brand/*Kühl* SGB III § 111 Rn. 25). Unterlässt es der Arbeitgeber, geeignete Maßnahmen zur Verbesserung der Eingliederungsaussichten anzubieten, kann dies zur vorübergehenden oder dauerhaften Einstellung der Zahlung von Transferkurzarbeitergeld führen (s. zu diesen leistungsrechtlichen Konsequenzen *Bundesagentur für Arbeit Nürnberg (Hrsg.)* Geschäftsanweisungen Kurzarbeitergeld, S. 229). 919

9. Gem. § 111 Abs. 7 S. 1 SGB III hat der Arbeitgeber den geförderten Arbeitnehmern **Vermittlungsvorschläge zu unterbreiten**. Auf diesem Wege sollen Arbeitsplatzangebote akquiriert werden, die der Bundesagentur für Arbeit nicht gemeldet worden sind. Unterlässt der Arbeitgeber das Unterbreiten von Vermittlungsvorschlägen, kann dies zur vorübergehenden oder dauerhaften Einstellung der Zahlung von Transferkurzarbeitergeld führen (s. zu diesen leistungsrechtlichen Konsequenzen *Bundesagentur für Arbeit Nürnberg (Hrsg.)* Geschäftsanweisungen Kurzarbeitergeld, S. 229). Aus diesem Grund sollte die Transfergesellschaft im Transferleistungsvertrag zur Unterbreitung von Vermittlungsangeboten verpflichtet werden. 920

10. Vgl. zu den erforderlichen antrags-, finanz- und abrechnungstechnischen Verfahren *Gaul/ Otto* NZA 2004, 1301, 1305. 921

11. Gem. § 111 Abs. 1 Ziff. 5, Abs. 6 SGB III ist Voraussetzung für die Gewährung des Transferkurzarbeitergeldes, dass der Agentur für Arbeit der dauerhafte Arbeitsausfall angezeigt worden ist. Aufgrund des Verweises des § 111 Abs. 6 SGB III auf § 99 SGB III ist der **Arbeitgeber** für diese **Anzeige zuständig**. Dementsprechend hat jeweils derjenige Rechtsträger die Anzeige zu machen, der im Zeitpunkt der Einreichung Arbeitgeber der betroffenen Arbeitnehmer ist. Dies ist regelmäßig die Transfergesellschaft (ohne überzeugende Begründung für eine Anzeige nur durch den alten Arbeitgeber *Mengel/Ullrich* BB 2005, 1109, 1113). Der dauerhafte Arbeitsausfall ist in der Anzeige glaubhaft zu machen (§ 99 Abs. 1 S. 4 SBG III). Dies kann zum Beispiel durch die Vorlage der dreiseitigen Verträge erfolgen, mit denen die Arbeitnehmer in die Transfergesellschaft übergeleitet werden (ErfK/*Rolfs* § 111 SGB III Rn. 24; Brand/*Kühl* SGB III § 111 Rn. 22). 922

12. Gem. § 111 Abs. 9 SGB III hat der Arbeitgeber der Agentur für Arbeit monatlich mit dem Antrag auf Transferkurzarbeitergeld die Namen und die Sozialversicherungsnummern der Bezieher von Transferkurzarbeitergeld, die bisherige Dauer des Bezugs sowie Daten über die Altersstruktur und die Abgänge in Erwerbstätigkeit zu übermitteln. Mit der ersten Übermittlung sind zusätzlich Daten über die Struktur der beE sowie die Größe und die Betriebsnummer des personalabgebenden Betriebs mitzuteilen. Da nach der Überleitung der Arbeitnehmer die Transfergesellschaft Arbeitgeber ist, obliegt ihr diese Meldepflicht schon kraft Gesetzes. Dennoch ist es sinnvoll, die Verpflichtung ausdrücklich in den Transferleistungsvertrag aufzunehmen und so zum Gegenstand des Vertrages und zur Verpflichtung der Transfergesellschaft gegenüber dem alten Arbeitgeber zu machen. 923

13. Es besteht u.a. die allgemeine **Informations- und Aufzeichnungspflicht** nach § 320 Abs. 1 SGB III (vgl. Brand/*Kühl* SGB III § 111 Rn. 31) sowie die spezielle Nachweis- und Mitteilungspflicht für Transfermaßnahmen aus § 320 Abs. 4a SGB III. 924

925 **14.** Anbieter von Transfergesellschaften bedürfen einer Zertifizierung gem. § 176 ff. SGB III, wodurch ein Mindeststandard gewährleistet werden soll. Auch die Festlegung einer Mindestzahl von Betreuern in Abhängigkeit von der Zahl der in die Transfergesellschaft gewechselten Arbeitnehmer soll eine Mindestqualität der Betreuung der Mitarbeiter sicherstellen (vgl. auch die Gesetzesbegründung zum Beschäftigungschancengesetz, in der ein Betreuungsschlüssel von 1:50 als angemessen erachtet wird, abgedruckt bei *Bundesagentur für Arbeit Nürnberg (Hrsg.)* Geschäftsanweisung Kurzarbeitergeld, S. 232). Die Regelung bezweckt auch, die für die Gewährung von Kurzarbeitergeld gem. § 111 Abs. 3 Nr. 3, 4 SGB III erforderlichen Anforderungen an Organisation, Mittelausstattung und Qualitätssicherung in der Transfergesellschaft sicherzustellen (*Rolfs/ Riechwald* BB 2011, 2805, 2807). Das Muster einer »TransferMappe« ist den Geschäftsanweisungen Kurzarbeitergeld der Bundesagentur für Arbeit als Anlage beigefügt.

926 **15.** Gem. § 111 Abs. 4 Ziff. 4b) SGB III ist es für die Gewährung von Transferkurzarbeitergeld erforderlich, dass der Arbeitnehmer vor der Überleitung in die Transfergesellschaft an einer arbeitsmarktlich zweckmäßigen Maßnahme zur Feststellung der Eingliederungsaussichten teilnimmt. Nur in berechtigten Ausnahmefällen kann dieses sog. **Profiling** auch noch innerhalb eines Monats nach der Überleitung durchgeführt werden (§ 111 Abs. 4 Ziff. 4 SGB III). Ziel des Profiling ist, dass die Arbeitnehmer ihre Perspektiven auf dem Arbeitsmarkt einzuschätzen lernen und danach handeln können. Dies geschieht z.B. durch das Ausfüllen eines Profilingbogens (abgedruckt bei *Bundesagentur für Arbeit Nürnberg (Hrsg.)* Geschäftsanweisung Kurzarbeitergeld, Anlage 4), Berufsfeldtests, Intelligenztests, Strukturtests und Einzelgespräche (vgl. *Gaul/Otto* NZA 2004, 1301, 1307). Wird das Profiling vor der Überleitung der Arbeitnehmer in die Transfergesellschaft durchgeführt, können die Kosten nach § 110 SGB III gefördert werden (*Bissels/Jordan/Wisskirchen* NZI 2009, 865, 867; ErfK/*Rolfs* § 111 SGB III Rn. 21; *Mengel/Ullrich* BB 2005, 1109, 1110). Gem. § 320 Abs. 4a SGB III ist der Arbeitgeber verpflichtet, der Agentur für Arbeit auf Anforderung das Ergebnis der Maßnahmen zur Feststellung der Eingliederungsaussichten mitzuteilen.

927 **16.** Die **Finanzierung** der Transfergesellschaft wird auf verschiedene Schultern verteilt (vgl. *Bissels/Jordan/Wisskirchen* NZI 2009, 865, 867; *Gaul/Otto* NZA 2004, 1301, 1306; *Mengel/Ullrich* BB 2005, 1105, 1115):

- Die **Agentur für Arbeit** leistet für jeden anspruchsberechtigten Arbeitnehmer bis zu zwölf Monate lang **Transferkurzarbeitergeld**. Die Höhe des Anspruchs beträgt gem. §§ 111 Abs. 10, 105 SGB III bei einem erhöhten Leistungssatz 67 % (Arbeitnehmer mit mindestens einem Kind), ansonsten 60 % der Nettoentgeltdifferenz. Der Begriff der Nettoentgeltdifferenz wird in § 106 SGB III definiert und entspricht bei Kurzarbeit Null, vereinfacht ausgedrückt, dem pauschalisierten Nettoentgelt, das der Arbeitnehmer ohne den Arbeitsausfall verdient hätte, begrenzt auf die Beitragsbemessungsgrenze in der gesetzlichen Rentenversicherung (vgl. zu der Berechnung Küttner/*Voelzke* »Kurzarbeit« Rn. 54).
- Auch die Arbeitnehmer tragen in der Regel zur Finanzierung der Kosten der Transfergesellschaft bei, indem sie durch Abschluss kurzfristiger Aufhebungsverträge ganz oder teilweise auf ihre Kündigungsfrist verzichten. Darüber hinaus wird häufig die Zahlung einer Abfindung gar nicht oder lediglich in Gestalt einer Sprinter- oder Wechselprämie vereinbart (vgl. *Mengel/Ullrich* BB 2005, 1109, 1115; Moll/*Liebers* MAH Arbeitsrecht, § 58 Rn. 103).
- Der alte Arbeitgeber finanziert die verbleibenden Kosten der Transfergesellschaft, die im Einzelnen durch den Transferleistungsvertrag geregelt werden. In der Summe entstehen für den alten Arbeitgeber typischerweise Kosten von ungefähr 50 bis 60 % der vorherigen Personalkosten pro Arbeitnehmer und Beschäftigungsmonat in der Transfergesellschaft (*Bissels/Jordan/ Wisskirchen* NZI 2009, 865, 867).
- Für Qualifizierungsmaßnahmen können unter Umständen zusätzlich Mittel aus dem Europäischen Sozialfonds (ESF) bezogen werden (vgl. hierzu näher die Informationen unter www.esf.de).

928 In der Praxis wird häufig der Begriff »**Remanenzkosten**« im Zusammenhang mit den vom alten Arbeitgeber an die Transfergesellschaft zu zahlenden Beträgen verwendet. Unter diesen Begriff werden jedoch zum Teil unterschiedliche Kosten subsumiert. So wird vertreten, dass Sozialversicherungsbeiträge und Entgeltfortzahlung für Urlaubs- und Feiertage darunter zu fassen sind (vgl. *Mengel/Ullrich* BB 2005, 1109, 1115; *Ries* NZI 2002, 521, 525). Teilweise werden zusätzlich Weihnachtsgeld und andere Sonderzahlungen (*Bissels/Jordan/Wisskirchen* NZI 2009, 865, 867), die Aufstockungsbeträge (so *Mengel/Ullrich* BB 2005, 1109, 1115) oder die Kosten der Transfergesellschaft für die Beratung und Verwaltung (so *Bissels/Jordan/Wisskirchen* NZI 2009, 865, 867) unter die Remanenzkosten definiert. Um Unklarheiten zu vermeiden, sollte der Begriff »Remanenzkosten« im Vertrag entweder nicht verwendet oder konkret definiert werden.

17. Regelmäßig stockt der Arbeitgeber das Transferkurzarbeitergeld auf 70 oder 80 % des ursprünglichen Nettogehalts (begrenzt auf die Beitragsbemessungsgrenze in der gesetzlichen Rentenversicherung) auf (**Aufstockungsbetrag**) (vgl. *Bissels/Jordan/Wisskirchen* NZI 2009, 865, 867; *Ries* NZI 2002, 521, 525). Häufig wird der Eintritt in die Transfergesellschaft für die Arbeitnehmer vor allem aufgrund der Aufstockungsbeträge interessant. Allerdings sollte der Aufstockungsbetrag nicht zu hoch sein, um einen Anreiz für die Arbeitnehmer zu schaffen, sich um einen anderen Arbeitsplatz zu bemühen (*Bissels/Jordan/Wisskirchen* NZI 2009, 865, 867). Zudem besteht die Gefahr, dass die Agentur für Arbeit eine zu großzügige Aufstockung als vermittlungshemmend ansieht. Aufstockungen, die über 80 % hinausgehen, sollten daher in jedem Fall zuvor mit der Agentur für Arbeit abgestimmt werden (*Rolff/Riechwald* BB 2011, 2805, 2806; *Schindele* ArbRAktuell 2013, 512, 514). Außerdem kann es sinnvoll sein, die Aufstockung degressiv zu gestalten, also mit längerer Verweildauer in der Transfergesellschaft zu reduzieren (*Rolff/Riechwald* BB 2011, 2805, 2806). 929

18. Der Arbeitgeber schuldet während des Bezugs von Transferkurzarbeitergeld den Arbeitgeber- und den Arbeitnehmeranteil der **Sozialversicherungsbeiträge**, basierend auf 80 % des Soll-Bruttoentgeltes (begrenzt durch die jeweilige Beitragsbemessungsgrenze), vgl. §§ 232a Abs. 2, 249 Abs. 2 SGB V (gesetzliche Krankenversicherung), §§ 57 Abs. 1, 58 Abs. 5 SGB XI (gesetzliche Pflegeversicherung) und §§ 163 Abs. 6, 168 Nr. 1a SGB VI (gesetzliche Rentenversicherung). Beiträge zur Arbeitslosenversicherung müssen nicht gezahlt werden. 930

19. Nach bisheriger Praxis zahlt die Agentur für Arbeit kein Transferkurzarbeitergeld für **Urlaubstage** und **gesetzliche Feiertage**, mit der Begründung, dass an diesen Tagen kein »unvermeidbarer Arbeitsausfall« vorliege. Das Landessozialgericht Rheinland-Pfalz hat jedoch mit überzeugender Begründung entschieden, dass der Anspruch auf Zahlung von Transferkurzarbeitergeld auch für die Dauer des Urlaubs gilt (LSG Rheinland-Pfalz, Urt. v. 25.08.2009 – L 1 AL 103/08, JurionRS 2009, 26247; ausdrücklich offen gelassen in der Revision, BSG, Urt. v. 14.09.2010 – B 7 AL 29/09 R, JurionRS 2010, 26468). Es bleibt abzuwarten, ob das Bundessozialgericht diese Auslegung des Landessozialgerichts Rheinland-Pfalz bei anderer Gelegenheit bestätigt, so dass die Agentur für Arbeit ihre bisherige Praxis ändern müsste. 931

20. Ob Urlaubs- und Weihnachtsgeld oder weitere Vergütungsbestandteile geschuldet werden, hängt von den Vereinbarungen in dem zugrundeliegenden Sozialplan und den dreiseitigen Verträgen zur Überleitung der Arbeitnehmer in die Transfergesellschaft ab. Daran anknüpfend sind die Zahlungspflichten des alten Arbeitgebers an die Transfergesellschaft in dem Transferleistungsvertrag festzulegen. 932

21. Vereinbaren die Parteien des dreiseitigen Vertrages (Muster O.IV.6. – O Rdn. 937), dass Arbeitnehmer, die in die Transfergesellschaft eintreten (»**Wechselprämie**«) und solche, die dort vor Vertragsende ausscheiden (»**Sprinterprämie**«) Zahlungen erhalten, so sind diese ebenfalls vom Arbeitgeber zu finanzieren. 933

22. Ob eine Sicherheitsleistung erforderlich ist, hängt von den Umständen des Einzelfalles ab. Aus Sicht der Transfergesellschaft kann ein Sicherungsbedürfnis vor allem dann bestehen, wenn ihr Vertragspartner eine Betriebsschließung durchführt und seinen Geschäftsbetrieb vollständig einstellt oder wenn das Risiko der Insolvenz des Vertragspartners besteht (anders *Schindele* Ar- 934

bRAktuell 2013, 512, 513, der offenbar generell eine Sicherheitsleistung für erforderlich hält, was aber im Widerspruch zu BAG, Urt. v. 24.01.2013 – 2 AZR 453/11, NZA 2013, 959 ff. steht).

935 **23.** Da die wirtschaftliche Grundlage des Transferleistungsvertrages maßgeblich von der Gewährung von Transferkurzarbeitergeld abhängt, ist die Aufnahme einer entsprechenden aufschiebenden Bedingung zu empfehlen.

6. Dreiseitiger Vertrag zur Überleitung eines Arbeitnehmers in eine Transfergesellschaft

Vorbemerkung

936 Wenn der Arbeitgeber – regelmäßig auf Basis einer entsprechenden Regelung in einem Sozialplan – mit einer Transfergesellschaft einen Transferleistungsvertrag abgeschlossen hat (Muster O.IV.5. – O Rdn. 910), sind in einem nächsten Schritt die **Arbeitnehmer in die Transfergesellschaft überzuleiten**. Jeder Arbeitnehmer kann frei entscheiden, ob er von dem Angebot, in die Transfergesellschaft zu wechseln, Gebrauch macht. Weder kann der Arbeitnehmer in die Transfergesellschaft versetzt noch sonst gegen seinen Willen in die Transfergesellschaft übergeleitet werden (*Bissels/Jordan/Wisskirchen* NZI 2009, 865, 868; *Gaul*/Otto NZA 2004, 1301, 1302). Der Arbeitgeber kann jedoch verschiedene Anreize setzen, damit möglichst viele Arbeitnehmer sich zu einem Wechsel in die Transfergesellschaft entschließen. Solche Anreize sind z.B. die Zahlung eines hohen Aufstockungsbetrages (vgl. dazu O Rdn. 948), einer Wechselprämie (vgl. dazu O Rdn. 955) oder die Festlegung einer geringeren Abfindung im Sozialplan für die Arbeitnehmer, die nicht zu einem Wechsel in die Transfergesellschaft bereit sind (vgl. auch *Bissels/Jordan/Wisskirchen* NZI 2009, 865, 868).

▶ **Muster – Dreiseitiger Vertrag zur Überleitung eines Arbeitnehmers in eine Transfergesellschaft**

937

Dreiseitiger Vertrag [1]

zwischen

Herrn/Frau _____
[Adresse]

– nachstehend Arbeitnehmer genannt –

und

der Firma _____[Unternehmen]_____
[Adresse]

– nachstehend »A-GmbH« genannt –

und

der Firma _____[Transfergesellschaft]_____
[Adresse]

– nachstehend »T-GmbH« genannt –

– alle zusammen als »Parteien« bezeichnet –

Präambel

Die A-GmbH hat sich aus wirtschaftlichen Gründen entschlossen, ihren Betrieb in ____[Ort]____ zu schließen. Im Rahmen dieser Betriebsänderung haben die A-GmbH und der Betriebsrat am ____[Datum]____ einen Interessenausgleich und Sozialplan abgeschlossen. Im Sozialplan wurde vereinbart, dass allen unter den Geltungsbereich des Interessenausgleichs und Sozialplans fallen-

Dreiseitiger Vertrag zur Überleitung eines Arbeitnehmers in eine Transfergesellschaft O.IV.6.

den und von einer betriebsbedingten Kündigung bedrohten Arbeitnehmern ein Angebot zum Übertritt [2] in eine Transfergesellschaft unterbreitet werden soll. Die Beschäftigung der Arbeitnehmer in der Transfergesellschaft soll erfolgen, um den Arbeitnehmern Qualifizierungsmöglichkeiten zu bieten und ihre Chancen auf dem Arbeitsmarkt zu verbessern.

Der Arbeitnehmer wurde über die Betriebsänderung sowie die im Interessenausgleich und Sozialplan getroffenen Regelungen informiert. [3]

Dies vorausgeschickt, vereinbaren die Parteien folgenden Aufhebungsvertrag mit der A-GmbH verbunden mit dem Abschluss eines neuen, befristeten Arbeitsverhältnisses mit der T-GmbH:

A. Aufhebungsvertrag zwischen dem Arbeitnehmer und der A-GmbH

§ 1 Beendigung des Arbeitsverhältnisses

Das zwischen dem Arbeitnehmer und der A-GmbH bestehende Arbeitsverhältnis wird einvernehmlich aus betriebsbedingten Gründen mit Ablauf des ____[Datum]____ [4] beendet. Bis zu diesem Zeitpunkt wird das Arbeitsverhältnis ordnungsgemäß abgerechnet.

§ 2 Urlaub

Der Arbeitnehmer wird sämtlichen ihm noch zustehenden Urlaub in der Zeit bis zur Beendigung des Arbeitsverhältnisses nehmen. Soweit der Urlaub aus betrieblichen Gründen nicht mehr gewährt werden kann, wird er abgegolten.

§ 3 Zeugnis

Der Arbeitnehmer erhält spätestens innerhalb [eines Monats] nach der Beendigung des Arbeitsverhältnisses ein wohlwollendes, qualifiziertes Zeugnis.

§ 4 Ausgleichsklausel

Mit Erfüllung dieser Vereinbarung sind alle wechselseitigen Ansprüche aus und im Zusammenhang mit dem Arbeitsverhältnis und seiner Beendigung erledigt, soweit nicht dieser Vertrag oder der Interessenausgleich und Sozialplan zur Einrichtung einer Transfergesellschaft etwas anderes regeln. [5]

B. Befristeter Arbeitsvertrag zwischen dem Arbeitnehmer und der T-GmbH

§ 1 Begründung eines befristeten Arbeitsverhältnisses [6]

(1) Der Arbeitnehmer schließt mit der T-GmbH ein befristetes Arbeitsverhältnis für die Zeit vom ____[Datum]____ bis längstens zum ____[Datum]____ [7] ab. Das Arbeitsverhältnis endet spätestens mit dem vorgenannten Datum, ohne dass es einer Kündigung bedarf, wenn es nicht zu einer vorzeitigen Beendigung des Arbeitsverhältnisses gem. § 8 dieses Vertrages kommt.

(2) Es gelten die bisherigen Arbeitsbedingungen des Arbeitsvertrages zwischen dem Arbeitnehmer und der A-GmbH fort, soweit nicht in diesem Vertrag etwas anderes geregelt ist. [8]

(3) Der Arbeitnehmer wird vor Beginn des Arbeitsverhältnisses an einer Maßnahme zur Feststellung der Eingliederungsaussichten (»Profiling«) [9] teilnehmen.

(4) In der T-GmbH wird Kurzarbeit Null [10] gem. § 111 SGB III angeordnet. Der Arbeitnehmer verzichtet ausdrücklich auf seinen Beschäftigungsanspruch.

§ 2 Transferkurzarbeitergeld und Aufstockungsbetrag (Vergütung) [11]

(1) Der Arbeitnehmer erhält Transferkurzarbeitergeld gem. § 111 SGB III in Höhe des gesetzlich geregelten Anspruchs.

(2) Das Transferkurzarbeitergeld wird auf [80]% des Nettoentgelts, das bei der Berechnung des Transferkurzarbeitergeldes gem. § 111 SGB III durch die Agentur für Arbeit zugrunde gelegt wird, aufgestockt.

(3) Der Arbeitnehmer erhält die Vergütung jeweils zum Monatsende.

(4) Die Abtretung des Vergütungsanspruchs ist ausgeschlossen.

§ 3 Pflichten des Arbeitnehmers

(1) Der Arbeitnehmer wird an allen ihm von der T-GmbH angebotenen Qualifizierungs- und Eingliederungsmaßnahmen teilnehmen. Darüber hinaus ist der Arbeitnehmer verpflichtet, sich der Arbeitsvermittlung der T-GmbH und der Agentur für Arbeit zur Verfügung zu stellen. Verweigert der Arbeitnehmer die Teilnahme an angebotenen Maßnahmen oder die Mitwirkung an Vermittlungsversuchen der T-GmbH oder der Agentur für Arbeit, so erhält er für den Zeitraum der Weigerung keine Vergütung. [12]

(2) Der Arbeitnehmer hat der T-GmbH Änderungen in den persönlichen Verhältnissen unverzüglich schriftlich mitzuteilen, soweit sie für das Arbeitsverhältnis bedeutsam sind. Etwaige aufgrund verspäteter oder unterbliebener Mitteilung entstehende Rückforderungsansprüche der Agentur für Arbeit gehen zu Lasten des Arbeitnehmers.

§ 4 Urlaub

Der Arbeitnehmer hat einen Urlaubsanspruch von 20 Arbeitstagen pro Kalenderjahr. [13]

§ 5 Arbeitsunfähigkeit

Der Arbeitnehmer ist verpflichtet, der T-GmbH jede Arbeitsunfähigkeit unverzüglich anzuzeigen. Im Falle einer länger als drei Kalendertage andauernden Arbeitsunfähigkeit ist der Arbeitnehmer verpflichtet, der T-GmbH eine ärztliche Bescheinigung über die Arbeitsunfähigkeit sowie deren voraussichtliche Dauer spätestens am darauf folgenden Arbeitstag vorzulegen. Dauert die Arbeitsunfähigkeit länger als in der ärztlichen Bescheinigung angegeben, ist der Arbeitnehmer verpflichtet, dem Arbeitgeber spätestens nach Ablauf von drei Kalendertagen eine neue ärztliche Bescheinigung vorzulegen. Die T-GmbH ist jeweils berechtigt, bereits zu einem früheren Zeitpunkt eine ärztliche Bescheinigung zu verlangen.

§ 6 Nebentätigkeiten

(1) Der Arbeitnehmer darf eine Nebentätigkeit nur mit vorheriger schriftlicher Genehmigung der T-GmbH übernehmen. Eine Nebentätigkeitsgenehmigung wird nicht erteilt, wenn durch die Nebentätigkeit der Bezug des Transferkurzarbeitergeldes gefährdet wird.

(2) Aus der Nebentätigkeit erzielte Entgelte werden ungekürzt auf das Transferkurzarbeitergeld angerechnet.

§ 7 Freistellung für Zweitarbeitsverhältnis

Die T-GmbH stellt den Arbeitnehmer auf Wunsch für maximal sechs Monate für eine Beschäftigung zum Zweck der Qualifizierung bei einem anderen Arbeitgeber frei. Die Rechte und Pflichten aus diesem Vertrag ruhen für die Dauer eines solchen Zweitarbeitsverhältnisses und leben nach Beendigung des Zweitarbeitsverhältnisses wieder auf. [14]

§ 8 Beendigung des Arbeitsvertrages

(1) Das Arbeitsverhältnis endet am ____[Datum]____ , [15] ohne dass es einer Kündigung bedarf (befristetes Arbeitsverhältnis).

(2) Der Arbeitnehmer kann das Arbeitsverhältnis jederzeit vorzeitig mit einer Frist von [einer Woche] kündigen.

(3) Der T-GmbH steht das Recht zur vorzeitigen ordentlichen Kündigung des Arbeitsverhältnisses mit einer Frist gem. § 622 Abs. 1 BGB zu, wenn in der Person oder dem Verhalten des Arbeitnehmers Gründe liegen, die die Gewährung des Transferkurzarbeitergeldes nachträglich entfallen lässt. Hierzu zählt insbesondere die Nichtteilnahme an einer dem Arbeitnehmer angebotenen Maßnahme.

(4) Das Recht der Parteien zur außerordentlichen Kündigung aus wichtigem Grund nach § 626 BGB bleibt unberührt.

(5) Kündigungen bedürfen zu ihrer Wirksamkeit der Schriftform.

§ 9 Abfindung bei vorzeitiger Beendigung [16]

Sollte der Arbeitnehmer mindestens [drei] Monate vor Ablauf dieses Arbeitsvertrages sein Arbeitsverhältnis mit der T-GmbH endgültig gem. § 8 Abs. 2 dieses Vertrages beenden, erhält er eine einmalige Sprinterprämie in Höhe von EUR ____[Betrag]____ brutto pro vollem nicht in der T-GmbH in Anspruch genommenen Monat. Die Prämie ist binnen ____[Zeitraum]____ nach Beendigung des Arbeitsverhältnisses fällig. Für Tätigkeitszeiten im Sinne des § 7 dieses Vertrages besteht kein Anspruch auf eine solche Prämie.

§ 10 Hinweise

(1) Der Arbeitnehmer wird darauf hingewiesen, dass er sich zur Aufrechterhaltung ungekürzter Ansprüche auf Arbeitslosengeld spätestens drei Monate vor Ablauf des Vertragsverhältnisses mit der T-GmbH persönlich bei der Agentur für Arbeit arbeitsuchend zu melden hat (§ 38 Abs. 1 SGB III). Darüber hinaus wird er auf die Notwendigkeit eigener Aktivitäten bei der Suche nach einer Beschäftigung hingewiesen. [17]

(2) Der Arbeitnehmer wird darüber hinaus darauf hingewiesen, dass aus diesem Vertrag arbeits-, sozialversicherungs- und steuerrechtliche Konsequenzen resultieren können. Dem Arbeitnehmer ist bekannt, dass nicht der Arbeitgeber, sondern nur die dafür zuständigen Stellen verbindliche Auskünfte über die Auswirkungen dieses Vertrages geben können.

C. Gemeinsame Bestimmungen

§ 1 Wechselprämie [18]

Der Arbeitnehmer erhält nach Unterzeichnung dieses Vertrages und Eintritt in die Transfergesellschaft eine Wechselprämie in Form einer Abfindung in Höhe von EUR ____[Betrag]____ brutto. Die Abfindung wird gemeinsam mit der Zahlung der ersten Vergütung durch die T-GmbH fällig.

§ 2 Aufschiebende Bedingung

Dieser Vertrag wird unter der aufschiebenden Bedingung geschlossen, dass der Arbeitnehmer sich bei der für ihn zuständigen Agentur für Arbeit arbeitsuchend meldet und die Agentur für Arbeit Transferkurzarbeitergeld gem. § 111 SGB III für den Arbeitnehmer bewilligt. [19]

§ 3 Personalstammdaten

Der Arbeitnehmer stimmt zu, dass der T-GmbH alle zur Gehaltsabrechnung und zur Feststellung des Bildungsstandes erforderlichen Daten des Arbeitnehmers von der A-GmbH zur Verfügung gestellt werden. Der Arbeitnehmer ist ferner damit einverstanden, dass die vorgenannten Daten im Einklang mit dem Bundesdatenschutzgesetz bei der T-GmbH gespeichert, verarbeitet und zu den genannten Zwecken an Dritte weitergegeben werden können.

§ 4 Sonstige Bestimmungen

(1) Dieser Vertrag enthält alle Vereinbarungen zwischen den Parteien. Änderungen und Ergänzungen dieses Vertrages bedürfen zu ihrer Wirksamkeit der Schriftform. Dies gilt auch für diese Schriftformklausel. Individualvereinbarungen zwischen den Parteien haben Vorrang (§ 305b BGB). [20]

(2) Sollten eine oder mehrere Bestimmungen dieses Vertrages unwirksam sein oder werden, bleibt die Wirksamkeit des Vertrages im Übrigen unberührt. Die Parteien werden die unwirksame Bestimmung durch eine solche wirksame Bestimmung ersetzen, die dem mit der unwirksamen Bestimmung wirtschaftlich Gewollten am nächsten kommt.

O. Betriebsverfassungsrecht

[Ort, Datum]

(Unterschrift Arbeitnehmer)

(Unterschrift A-GmbH)

(Unterschrift T-GmbH)

Erläuterungen

Schrifttum S. die allgemeinen Literaturangaben zu *Muster* O.IV.5. – O Rdn. 910.

938 1. Die Überleitung der Arbeitnehmer in die Transfergesellschaft erfolgt regelmäßig durch einen dreiseitigen Vertrag zwischen dem alten Arbeitgeber, der Transfergesellschaft und dem Arbeitnehmer (vgl. LAG Hamburg, Urt. v. 07.09.2005 – 5 Sa 41/05, NZA-RR 2005, 658, 659; *Bundesagentur für Arbeit Nürnberg* (Hrsg.) Geschäftsanweisungen Kurzarbeitergeld, S. 14; *Gaul/Bonanni/Otto* DB 2003, 2386, 2388). Rechtlich möglich ist aber auch, dass der Arbeitnehmer separat mit dem alten Arbeitgeber einen Aufhebungsvertrag und mit der Transfergesellschaft einen neuen Arbeitsvertrag abschließt.

939 2. Selbst wenn die überwiegende Anzahl der Arbeitnehmer in die Transfergesellschaft wechselt, ist hierin kein **Betriebsübergang** gem. § 613a BGB in die Transfergesellschaft zu sehen, da der ursprüngliche Betrieb von der Transfergesellschaft nicht fortgeführt (*Bissels/Jordan/Wisskirchen* NZI 2009, 865, 868) und der Betriebszweck geändert wird (*Mengel/Ullrich* BB 2005, 1109, 1109; *Ries* NZI 2002, 521, 528; *Gaul/Otto* NZA 2004, 1301, 1302 f.). Wenn Arbeitnehmer aus einem Betrieb in eine Transfergesellschaft überführt werden sollen, um anschließend den Betrieb ohne Arbeitnehmer (oder mit einer reduzierten Arbeitnehmerzahl) auf einen Dritten zu übertragen, sind jedoch bestimmte Vorgaben zu beachten, damit die Einschaltung der Transfergesellschaft nicht als Umgehung von § 613a BGB gewertet wird (vgl. dazu *Pils* NZA 2013, 125 ff.; *Thum* BB 2013, 1525 ff.). Insbesondere darf dem Arbeitnehmer nicht bereits bei Abschluss des Aufhebungsvertrages ein neues Arbeitsverhältnis mit dem späteren Betriebserwerber angeboten oder verbindlich bzw. so gut wie verbindlich in Aussicht gestellt werden, sondern der Wechsel in die Transfergesellschaft muss sich für den Arbeitnehmer als Risikogeschäft darstellen (vgl. hierzu im Einzelnen BAG, Urt. v. 23.11.2006 – 8 AZR 349/06, NZA 2007, 866 ff.; BAG, Urt. v. 18.08.2011 – 8 AZR 312/10, NZA 2012, 152, 154 f.; BAG, Urt. v. 25.10.2012 – 8 AZR 575/11, NZA 2013, 203, 206; *Krieger/Fischinger* NJW 2007, 2289 ff.; *Lindemann* ZInsO 2012, 605 ff. jeweils m.w.N.).

940 3. Eine entsprechende Information, z.B. in einer Betriebsversammlung, im Vorfeld des Vertragsangebotes ist sinnvoll, um die Bereitschaft der Arbeitnehmer zu erhöhen, in die Transfergesellschaft zu wechseln. Eine Verpflichtung des Arbeitgebers zu einer solchen Information besteht jedoch nicht.

941 4. Regelmäßig wird das Datum des Vertragsendes vor **dem Ablauf der Kündigungsfrist** des jeweiligen Arbeitnehmers liegen. Durch diese verkürzte Kündigungsfrist und die damit eingesparten Lohnkosten des alten Arbeitgebers wird ein Teil der vom alten Arbeitgeber zu tragenden Kosten für die Finanzierung der Transfergesellschaft aufgefangen bzw. von den Arbeitnehmern getragen (hierzu ausführlich *Mengel/Ullrich* BB 2005, 1109, 1115).

942 5. Soweit erforderlich, sind in den Aufhebungsvertrag weitere Regelungen aufzunehmen, z.B. eine Verpflichtung des Arbeitnehmers zur Herausgabe von Unternehmenseigentum oder eine Verschwiegenheitsverpflichtung. Vgl. insofern den allgemeinen Aufhebungsvertrag in Muster K.IV.1. – K Rdn. 141 ff.

943 6. Die in der Transfergesellschaft begründeten Arbeitsverhältnisse sind **reguläre Arbeitsverhältnisse** (BAG, Urt. v. 24.01.2013 – 2 AZR 453/11, NZA 2013, 959, 960), die sozialversicherungs-

pflichtig sind (Brand/*Kühl* SGB III § 111 Rn. 12), wobei jedoch die Überleitung in eine Transfergesellschaft aufgrund der reduzierten Vergütung zu einer Beendigung der Versicherungsfreiheit in der gesetzlichen Krankenversicherung führt (so SG Dresden, Beschl. v. 27.05.2009 – S 18 KR 285/09 ER, NZA 2009, 774). Die Zulässigkeit der Befristung des Arbeitsverhältnisses folgt unabhängig davon, ob die Voraussetzungen des § 14 Abs. 1 S. 2 Nr. 6 TzBfG vorliegen, jedenfalls aus § 14 Abs. 2 S. 1 TzBfG. Für Rechtsstreitigkeiten zwischen einem Arbeitnehmer und einer Transfergesellschaft sind die Arbeitsgerichte zuständig (LAG Rheinland-Pfalz, Beschl. v. 30.11.2010 – 6 Ta 215/10, BeckRS 2011, 68019). Eine vorzeitige außerordentliche Kündigung des Arbeitsverhältnisses durch die Transfergesellschaft wegen Wegfalls ihrer Refinanzierungsmöglichkeiten ist nicht möglich (BAG, Urt. v. 24.01.2013 – 2 AZR 453/11, NZA 2013, 959 ff.).

7. Der Termin für den Beginn des Arbeitsverhältnisses bei der Transfergesellschaft ist so zu wählen, dass das Arbeitsverhältnis bei der Transfergesellschaft nahtlos an das Arbeitsverhältnis beim alten Arbeitgeber anschließt. Es darf zwischen beiden Arbeitsverhältnissen **keine Arbeitslosigkeit** eingetreten sein (*Gaul/Otto* NZA 2004, 1301, 1306; *Ries* NZI 2002, 521, 525).

8. Da es sich bei dem Arbeitsvertrag mit der Transfergesellschaft um ein von dem alten Arbeitsvertrag rechtlich unabhängiges Rechtsverhältnis handelt, müssen die **Arbeitsbedingungen** des alten Arbeitsvertrages nicht übernommen werden. Abweichungen können auch zuungunsten der Arbeitnehmer vereinbart werden (vgl. nur *Gaul/Otto* NZA 2004, 1301, 1303). In der Praxis wird der Arbeitsvertrag mit der Transfergesellschaft häufig im Wesentlichen mit den Arbeitsbedingungen geschlossen, die auch der Arbeitsvertrag mit dem alten Arbeitgeber enthalten hat. Die entscheidenden Unterschiede bestehen darin, dass der Arbeitsvertrag mit der Transfergesellschaft zeitlich befristet, die Arbeitszeit auf »null« reduziert ist und die Transfergesellschaft sich mit der Aufnahme einer Beschäftigung bei einem anderen Arbeitgeber einverstanden erklärt (vgl. *Gaul/Bonanni/Otto* DB 2003, 2386, 2388). Wenn dem Arbeitnehmer in seinem ursprünglichen Arbeitsverhältnis eine betriebliche Altersversorgung zugesagt worden ist, sollte geregelt werden, dass die betriebliche Altersversorgung nicht durch die Transfergesellschaft fortgeführt wird.

9. Vgl. zum Profiling Muster O.IV.5. – O Rdn. 926. Ist die Durchführung eines **Profilings** vor Beginn des Arbeitsverhältnisses mit der T-GmbH ausnahmsweise aus zeitlichen Gründen nicht möglich, muss das Profiling gem. § 111 Abs. 4 S. 1 Nr. 4b) SGB III im unmittelbaren Anschluss an die Überleitung in die Transfergesellschaft spätestens innerhalb eines Monats nachgeholt werden. In diesem Fall sollte in den Vertrag folgender Passus aufgenommen werden:

Alternative:

[Der Arbeitnehmer verpflichtet sich, innerhalb eines Monats nach Beginn des Anstellungsverhältnisses an einer Maßnahme zur Feststellung der Eingliederungsaussichten (»Profiling«) teilzunehmen.]

10. Die Arbeitnehmer erbringen im Rahmen ihres Arbeitsverhältnisses mit der Transfergesellschaft keine Arbeitsleistung im eigentlichen Sinn. Die Fortbildung und Vorbereitung auf einen neuen Arbeitsplatz ist rechtlich als **»Kurzarbeit Null«** zu qualifizieren.

11. Aufgrund der Kurzarbeit Null hat der Arbeitnehmer keinen Anspruch auf Lohn im eigentlichen Sinn. Er erhält stattdessen als Lohnersatzleistung Transferkurzarbeitergeld gem. § 111 SGB III und, je nach vertraglicher Vereinbarung, einen Aufstockungsbetrag (vgl. *Gaul/Otto* NZA 2004, 1301, 1305). Der Aufstockungsbetrag ist gem. § 1 Abs. 1 Nr. 8 SvEV sozialversicherungsfrei, soweit er zusammen mit dem Transferkurzarbeitergeld 80 % des Unterschiedsbetrages zwischen dem Sollentgelt und dem Istentgelt nach § 106 SGB III nicht übersteigt. Zusätzlich können weitere Zahlungen vorgesehen werden, z.B. Sonderzahlungen wie Urlaubs- oder Weihnachtsgeld.

12. Für die Dauer der Weigerung zahlt die Agentur für Arbeit kein Transferkurzarbeitergeld für den Arbeitnehmer (§§ 111 Abs. 4 S. 2, 98 Abs. 4 SGB III).

O. Betriebsverfassungsrecht

950 **13.** Da der Arbeitnehmer aufgrund der angeordneten Kurzarbeit Null ohnehin keine Arbeitsleistung erbringt, ist nur der gesetzliche Mindesturlaub von 20 Arbeitstagen bei einer Fünf-Tage-Woche gem. § 3 BUrlG vorgesehen.

951 **14.** Die Regelung dient der Umsetzung von § 111 Abs. 7 SGB III, der eine maximal sechsmonatige Qualifizierungstätigkeit bei einem anderen Arbeitgeber während der Dauer des Arbeitsverhältnisses mit der Transfergesellschaft ermöglicht.

952 **15.** Die **Laufzeit des Arbeitsvertrages** mit der Transfergesellschaft ist grundsätzlich frei vereinbar. Sie beträgt typischerweise zwölf Monate, weil dies gem. § 111 Abs. 1 S. 2 SGB III die maximale Bezugsdauer für Transferkurzarbeitergeld ist. Die zwölfmonatige Bezugsdauer für Transferkurzarbeitergeld beginnt mit der Errichtung der betriebsorganisatorisch eigenständigen Einheit und nicht erst mit dem Eintritt des einzelnen Arbeitnehmers in die Transfergesellschaft (*Mengel/Ullrich* BB 2005, 1109, 1114), was bei der Regelung der Laufzeit des Arbeitsvertrages in jedem Fall beachtet werden muss. Häufig werden in Sozialplänen unterschiedliche Laufzeiten des Arbeitsverhältnisses in der Transfergesellschaft für Arbeitnehmer mit unterschiedlicher Kündigungsfrist oder gestaffelt nach der Dauer der Betriebszugehörigkeit vorgesehen.

953 **16.** Eine solche »Renn- oder Sprinterprämie« (*Bissels/Jordan/Wisskirchen* NZI 2009, 865, 867) kann angeboten werden, um die Arbeitnehmer zu motivieren, sich möglichst aktiv und schnell um einen neuen Arbeitsplatz zu kümmern und so die Kosten für den alten Arbeitgeber bzw. die Transfergesellschaft zu verringern. Sie stellen ein beschäftigungswirksames Anreizsystem dar, das auch von der Agentur für Arbeit empfohlen wird (*Bundesagentur für Arbeit Nürnberg (Hrsg.)* Geschäftsanweisungen Kurzarbeitergeld, S. 16). Derartige »Renn- oder Sprinterprämien« sind keine Entlassungsentschädigungen i.S.v. § 158 SGB III und führen nicht zu einem Ruhen des Anspruchs auf Arbeitslosengeld (*Giesen/Ricken* NZA 2009, 1252).

954 **17.** Die Hinweispflicht des Arbeitgebers ergibt sich aus § 2 Abs. 2 Nr. 3 SGB III.

955 **18. Wechselprämien** sind ein Gestaltungsmittel für den Arbeitgeber, um die Arbeitnehmer zu motivieren, möglichst frühzeitig und unter Abkürzung ihrer Kündigungsfrist in die Transfergesellschaft zu wechseln. Mit den auf diese Weise ersparten Gehältern kann ein Teil der Kosten für die Transfergesellschaft finanziert werden. Alternativ kann die Höhe der Wechselprämie variieren, je nachdem zu welchem Zeitpunkt der Arbeitnehmer in die Transfergesellschaft wechselt. Je früher der Wechsel erfolgt, desto höher sollte die Wechselprämie sein.

956 **19.** Rechtlich zulässig ist es, den dreiseitigen Vertrag unter die **aufschiebende Bedingung** zu stellen, dass die Agentur für Arbeit Transferkurzarbeitergeld bewilligt (LAG Hamburg, Urt. v. 07.09.2005 – 5 Sa 41/05 NZA-RR 2005, 658, 659; *Gaul/Otto* NZA 2004, 1301, 1302; *Moll/Liebers* MAH Arbeitsrecht, § 58 Rn. 103). Da Voraussetzung für die Gewährung von Transferkurzarbeitergeld gem. § 111 Abs. 4 Nr. 4a) SGB III ist, dass der Arbeitnehmer sich bei der Agentur für Arbeit arbeitsuchend meldet, muss eine entsprechende aufschiebende Bedingung ebenfalls zulässig sein. Zwingend erforderlich ist die Aufnahme solcher Bedingungen aber nicht.

957 **20.** Zur doppelten Schriftformklausel vgl. Muster B.I.1. – B Rdn. 55 f.

7. Betriebsvereinbarung »Turboprämie«

Vorbemerkung

958 Nach der Rechtsprechung des Bundesarbeitsgerichts ist die Vereinbarung eines Verzichts auf die Erhebung einer Kündigungsschutzklage als Voraussetzung für den Erhalt von Sozialplanleistungen unzulässig (BAG, Urt. v. 20.12.1983 – 1 AZR 442/82, NZA 1984, 53, 54; BAG, Urt. v. 31.05.2005 – 1 AZR 254/04, NZA 2005, 997, 998 f.; zustimmend LAG Köln, Urt. v. 18.02.2009 – 3 Sa 715/08, BeckRS 2009, 66869). Jedoch ist es unter bestimmten Voraussetzungen zulässig, neben einem Sozialplan eine freiwillige Betriebsvereinbarung abzuschließen, auf deren Grundlage

Arbeitnehmer, die auf die Erhebung einer Kündigungsschutzklage verzichten, zusätzliche Leistungen erhalten (BAG, Urt. v. 31.05.2005 – 1 AZR 254/04, NZA 2005, 997, 999 ff.; BAG, Urt. v. 09.12.2014 – 1 AZR 146/13, NZA 2015, 438, 441 f.). Das folgende Muster stellt eine solche freiwillige Betriebsvereinbarung zur Regelung einer so genannten »Turboprämie« dar:

▶ Muster – Betriebsvereinbarung »Turboprämie«

Betriebsvereinbarung Turboprämie [1]

zwischen

___[Name und Anschrift des Arbeitgebers]___ (die »Gesellschaft«)

und

dem Betriebsrat des Betriebs ___[Bezeichnung des Betriebes]___ der Gesellschaft [2]

Präambel

Im Zusammenhang mit der im Interessenausgleich vom ___[Datum]___ geregelten Umstrukturierung sind Entlassungen von Arbeitnehmern aus betriebsbedingten Gründen unvermeidlich. Die Betriebsparteien haben in diesem Zusammenhang am ___[Datum]___ [3] einen Sozialplan abgeschlossen. Der Sozialplan sieht unter anderem Abfindungen für Arbeitnehmer vor, deren Arbeitsverhältnis wegen der Umstrukturierung betriebsbedingt gekündigt wird.

Die Gesellschaft ist daran interessiert, die mit dem Ausspruch von betriebsbedingten Kündigungen regelmäßig verbundenen Prozessrisiken zu vermeiden und möglichst frühzeitig Planungssicherheit über das Ausscheiden der Arbeitnehmer zu erreichen. [4] Vor diesem Hintergrund ist die Gesellschaft bereit, Arbeitnehmern, die im Zusammenhang mit der Umstrukturierung eine betriebsbedingte Kündigung erhalten und darauf verzichten, gegen die Beendigung ihres Arbeitsverhältnisses gerichtlich vorzugehen, neben der im Sozialplan vorgesehenen Abfindung eine zusätzliche Prämie und ein Gruppen-Outplacement anzubieten.

Dies vorausgeschickt, schließen die Parteien folgende Betriebsvereinbarung Turboprämie:

§ 1 Geltungsbereich

Diese Betriebsvereinbarung hat denselben Geltungsbereich wie der Sozialplan vom ___[Datum]___.

§ 2 Turboprämie

(1) Die Gesellschaft zahlt jedem Arbeitnehmer, dessen Arbeitsverhältnis im Zusammenhang mit der im Interessenausgleich vom ___[Datum]___ geregelten Umstrukturierung betriebsbedingt gekündigt wird, eine Prämie in Höhe von ___[z.B. einem Brutto-Monatsgehalt]___ [5] brutto als zusätzliche Abfindung, wenn der Arbeitnehmer keine Kündigungsschutzklage gegen die Kündigung erhebt und binnen drei Wochen ab Zugang der Kündigungserklärung [6] gegenüber der Gesellschaft schriftlich erklärt, dass er gegen die Kündigung keine Kündigungsschutzklage erheben und auch sonst nicht gerichtlich gegen die Beendigung seines Arbeitsverhältnisses vorgehen wird. [7]

(2) Die Prämie ist am ___[Datum]___ zahlbar und fällig. Die Zahlung erfolgt bargeldlos auf das von dem Arbeitnehmer für Zwecke seiner Gehaltszahlungen angegebene Konto.

§ 3 Gruppen-Outplacement

Arbeitnehmern, die Anspruch auf die Prämie gem. § 2.1 dieser Betriebsvereinbarung haben, wird zusätzlich die Teilnahme an einem von der Gesellschaft organisierten Gruppen-Outplacement angeboten. [8]

§ 4 Schlussbestimmungen

(1) Diese Betriebsvereinbarung tritt mit ihrer Unterzeichnung in Kraft. Sie gilt für die Dauer der in der Präambel genannten Umstrukturierungsmaßnahme, längstens jedoch bis zum ___[Datum]___ und endet ohne Nachwirkung.

(2) Sollte eine Bestimmung dieser Betriebsvereinbarung ganz oder teilweise unwirksam sein oder werden, so wird hiervon die Wirksamkeit der übrigen Bestimmungen nicht berührt. Das Gleiche gilt, wenn und soweit sich in dieser Betriebsvereinbarung eine Lücke zeigen sollte. Anstelle der unwirksamen oder undurchführbaren Bestimmung oder zur Ausfüllung der Lücke soll eine angemessene Regelung gelten, die, soweit rechtlich möglich, dem am nächsten kommt, was die Betriebsparteien wirtschaftlich gewollt haben oder nach dem Sinn und Zweck dieser Betriebsvereinbarung gewollt hätten, sofern sie den Punkt bedacht hätten.

___[Ort, Datum]___

_____
(Unterschriften der Gesellschaft)

_____
(Unterschrift des Betriebsratsvorsitzenden)

Erläuterungen

Schrifttum

Annuß Sozialplanabfindung nur bei Verzicht auf Kündigungsschutz, Besprechung des Urteils des BAG vom 31.05.2005 – 1 AZR 254/04, RdA 2006, 378; *Benecke* Sozialplanleistungen und Verzicht auf Kündigungsschutz: die neue Rechtsprechung des BAG zu Funktionen und Grenzen des Sozialplans, BB 2006, 938; *Geyer* Die »Turboprämie« als zusätzliche Leistung zum Sozialplan, FA 2005, 326; *Löwisch* Tariflicher Sozialplan – Abfindungsausschluss, Besprechung des Urteils des BAG vom 06.12.2006 – 4 AZR 798/05, RdA 2009, 253; *Riesenhuber* Turboprämien – Abfindung bei Verzicht auf Kündigungsschutzklage in Sozialplan und Betriebsvereinbarung, NZA 2005, 1100; *von Steinau-Steinrück* »Turboprämie« – wer nicht klagt wird belohnt, NJW-Spezial 2005, 420; *Thüsing/Wege* Sozialplanabfindung: Turboprämie ausgebremst?, DB 2005, 2634; *Wissmann* Kurzkommentar zum Urteil des BAG vom 31.05.2005 – 1 AZR 254/04, EWiR 2005, 653.

960 **1.** Nach der Rechtsprechung des Bundesarbeitsgerichts ist die Vereinbarung einer zusätzlichen Prämie für den Verzicht auf die Erhebung einer Kündigungsschutzklage in einer freiwilligen Betriebsvereinbarung gem. § 88 BetrVG – anders als in einem Sozialplan – zulässig, wenn folgende Voraussetzungen eingehalten werden: Der Sozialplan und die freiwillige Betriebsvereinbarung gem. § 88 BetrVG müssen separat abgeschlossen werden. Zudem darf die freiwillige Betriebsvereinbarung über die Turboprämie nicht zu einer Umgehung des Verbots der Verknüpfung von Sozialplanleistungen mit dem Verzicht auf eine Kündigungsschutzklage führen. Wann eine solche Umgehung vorliegt, bedarf einer Prüfung im Einzelfall. Eine Umgehung soll insbesondere in Betracht kommen, wenn der Sozialplan nicht angemessen dotiert ist (vgl. zur Bandbreite von Sozialplandotierungen BAG, Beschl. v. 06.05.2003 – 1 ABR 11/02, NZA 2004, 108, 110 ff. sowie BAG, Beschl. v. 24.08.2004 – 1 ABR 23/03, NZA 2005, 302, 304 ff.) oder andere Anhaltspunkte für die Annahme bestehen, dass dem »an sich« für den Sozialplan zur Verfügung stehenden Budget Mittel für die Finanzierung der Turboprämien-Vereinbarung entzogen worden sind (BAG, Urt. v. 31.05.2005 – 1 AZR 254/04, NZA 2005, 997, 1000 f.).

961 **2.** Anstelle einer Betriebsvereinbarung kann eine Turboprämie auch in einem mit der zuständigen Gewerkschaft abgeschlossenen Tarifsozialplan geregelt werden. Auch in einem Tarifsozialplan ist es zulässig, den Abfindungsanspruch für den Fall der Erhebung einer Kündigungsschutzklage durch den Arbeitnehmer auszuschließen (BAG, Urt. v. 06.12.2006 – 4 AZR 798/05, NZA 2007, 821, 823 f.).

962 **3.** Der Sozialplan und die Turboprämien-Betriebsvereinbarung können am selben Tag abgeschlossen werden. Das Bundesarbeitsgericht nahm daran in seinen Entscheidungen zur Turboprämie keinen Anstoß (BAG, Urt. v. 31.05.2005 – 1 AZR 254/04, NZA 2005, 997, 1001; BAG,

Urt. v. 09.12.2014 – 1 AZR 146/13, NZA 2015, 438 ff.). Auch die Formulierung, dass die Turboprämien-Vereinbarung »ergänzend zu dem Interessenausgleich und Sozialplan« abgeschlossen wurde, hat das Bundesarbeitsgericht nicht beanstandet. Dennoch ist Vorsicht geboten: Wegen des Umgehungsverbots sollten Arbeitgeber Verhandlungen über eine Turboprämien-Vereinbarung erst aufnehmen, wenn der Sozialplan und insbesondere dessen Budget weitgehend oder ganz ausverhandelt sind. Anderenfalls könnte der Eindruck entstehen, dass Mittel zweckentfremdet wurden oder das Umgehungsverbot in anderer Weise missachtet wurde (vgl. *v. Steinau-Steinrück* NJW-Spezial 2005, 420, 421).

4. In dieser vom Arbeitgeber angestrebten Planungssicherheit sieht das Bundesarbeitsgericht den zentralen Grund für die Zulässigkeit einer freiwilligen Betriebsvereinbarung zur Gewährung einer Turboprämie. Insbesondere wegen dieses sachlichen Grundes stellt die Gewährung einer Turboprämie in einer freiwilligen Betriebsvereinbarung weder einen Verstoß gegen den Gleichbehandlungsgrundsatz des § 75 Abs. 1 BetrVG noch einen Verstoß gegen das Maßregelungsverbot des § 612a BGB dar, zumal die Regelung des § 1a KSchG zeigt, dass der Arbeitgeber ein berechtigtes Interesse an der von ihm erstrebten Planungssicherheit hat (BAG, Urt. v. 31.05.2005 – 1 AZR 254/04, NZA 2005, 997, 999 und 1001; BAG, Urt. v. 09.12.2014 – 1 AZR 146/13, NZA 2015, 438, 441 f.; vgl. auch BAG, Urt. v. 06.12.2006 – 4 AZR 798/05, NZA 2007, 821, 823 mit parallelen Erwägungen für die Verknüpfung von Abfindungsanspruch und Verzicht auf eine Kündigungsschutzklage in einem Tarifsozialplan sowie BAG, Urt. v. 18.05.2010 – 1 AZR 187/09, NZA 2010, 1304, 1306 zum Abschluss einer Betriebsvereinbarung gem. § 88 BetrVG, mit der zusätzlich zu einem Sozialplan finanzielle Anreize zum Abschluss von Aufhebungsverträgen vereinbart werden). Vor diesem Hintergrund empfiehlt es sich, die Motivationslage des Arbeitgebers in der Präambel darzustellen.

5. Bei der Festlegung der Höhe der Turboprämie ist darauf zu achten, dass anhand des (potentiellen) Gesamtvolumens der Turboprämien-Betriebsvereinbarung nicht der Eindruck entsteht, dass Mittel, die »an sich« für den Sozialplan zur Verfügung gestanden hätten, zugunsten des Interesses des Arbeitgebers an der Erzielung von Planungssicherheit »zweckentfremdet« wurden. Konsequenz einer solchen Zweckentfremdung wäre die Unwirksamkeit der Turboprämien-Vereinbarung wegen Umgehung des Verbots, Sozialplanabfindungen von einem Verzicht auf die Erhebung einer Kündigungsschutzklage abhängig zu machen. Ungeklärt ist die Konsequenz einer solchen Unwirksamkeit: Nach richtiger Ansicht hätten nicht etwa alle Arbeitnehmer (also auch diejenigen, die eine Kündigungsschutzklage erheben) Anspruch auf die Turboprämie, sondern die Betriebsvereinbarung wäre insgesamt unwirksam. Im entschiedenen Fall diente dem Bundesarbeitsgericht die Tatsache, dass das Volumen der Turboprämien-Betriebsvereinbarung »ganz deutlich« hinter dem des Sozialplans zurückblieb, als tragendes Indiz gegen eine Umgehung (*Thüsing/Wege* DB 2005, 2634, 2637 f.; *Benecke* BB 2006, 938, 942 empfiehlt, die Sozialplanleistung solle mindestens das 2,5 bis 3-fache der Klageverzichtsprämie betragen).

6. Ob auch eine kürzere Frist zulässig wäre, hat das Bundesarbeitsgericht noch nicht entschieden. In seinem grundlegenden Urteil zur Turboprämie deutete das Bundesarbeitsgericht allerdings in einem *obiter dictum* an, dass eine Frist von einer Woche zu kurz sein könnte. Weiter deutete es an, dass es im Falle einer zu kurzen Frist »geboten und zulässig« sei, diese geltungserhaltend zu verlängern, z.B. auf drei Wochen (BAG, Urt. v. 31.05.2005 – 1 AZR 254/04, NZA 2005, 997, 1001; vgl. auch *Annuß* RdA 2006, 378, 380).

7. Für den Arbeitnehmer muss erkennbar sein, dass er die Wahl zwischen einer Klageerhebung und dem Abfindungsanspruch hat. Ist dieses Wahlrecht für den Arbeitnehmer nicht klar erkennbar, führt die Erhebung einer Kündigungsschutzklage nicht zum Erlöschen des Abfindungsanspruchs (BAG, Urt. v. 03.05.2006 – 4 AZR 189/05, NZA 2006, 1420, 1421 f.).

8. Das Versprechen einer Sachleistung, z.B. ein Gruppen-Outplacement, für den Fall des Verzichts auf die Erhebung einer Kündigungsschutzklage ist ebenfalls möglich. Zulässig wäre es auch, die zusätzliche Abfindung dieser Sachleistung für den Fall der Nichtteilnahme an dem Gruppen-

Outplacement vorzusehen (s. auch *Geyer* FA 2005, 326, 327). Auch eine Kombination von Abfindung und Sachleistungen wie einem Gruppen-Outplacement ist möglich. Dabei ist jedoch darauf zu achten, dass die Höhe der insgesamt auf Basis der Betriebsvereinbarung Turboprämie erbrachten Leistungen deutlich hinter der Sozialplanleistung zurückbleibt.

V. Einigungsstellenverfahren

968 Die **Einigungsstelle** ist eine selbständige Schlichtungsstelle des Betriebsverfassungsrechts zur Beilegung von Meinungsverschiedenheiten zwischen Arbeitgeber und Betriebsrat. In den Fällen, in denen der Spruch der Einigungsstelle die Einigung von Arbeitgeber und Betriebsrat ersetzt (Angelegenheiten der erzwingbaren Mitbestimmung) können die Einsetzung einer Einigungsstelle und ihre Zusammensetzung in einem speziellen arbeitsgerichtlichen Verfahren gem. § 76 Abs. 2 BetrVG i.V.m. § 100 ArbGG erzwungen werden. In der Regel wird eine Einigungsstelle bei Bedarf für einen konkreten Einzelfall gebildet. Einigungsstellen sind jedoch nicht auf konkrete Einzelfälle beschränkt, sondern es ist auch möglich, durch Betriebsvereinbarung eine ständige Einigungsstelle einzurichten, § 76 Abs. 1 S. 2 BetrVG. Die Einigungsstelle entscheidet durch einen Einigungsstellenspruch, der nur einer eingeschränkten gerichtlichen Kontrolle unterliegt.

1. Antrag auf Errichtung einer Einigungsstelle

Vorbemerkung

969 In den Angelegenheiten der erzwingbaren Mitbestimmung wird die Einigungsstelle nach § 76 Abs. 5 BetrVG auf Antrag einer Seite tätig und entscheidet verbindlich. In den übrigen Fällen wird die Einigungsstelle nach § 76 Abs. 6 BetrVG nur tätig, wenn beide Seiten es beantragen oder mit dem Tätigwerden der Einigungsstelle einverstanden sind (freiwilliges Einigungsstellenverfahren). In jedem Fall setzt die Errichtung einer Einigungsstelle einen an die andere Partei gerichteten Antrag voraus, sich an der Bildung der Einigungsstelle zu beteiligen.

▶ **Muster – Antrag auf Errichtung einer Einigungsstelle**

970
[Briefkopf der Gesellschaft]

An den Betriebsrat
z.Hd. des Betriebsratsvorsitzenden
[Name des Betriebsratsvorsitzenden]
– im Hause –

Antrag [1] auf Errichtung einer Einigungsstelle wegen der Einführung und der Anwendung einer Videoüberwachungsanlage [2]

Sehr geehrte Damen und Herren,

wie wir Ihnen bereits am _____[Datum]_____ erläutert haben, ist die Einführung und der Betrieb einer Videoüberwachungsanlage in der Produktionsstätte [Name der Produktionsstätte] gemäß Skizze A unerlässlich. Wie Ihnen bekannt ist, hat die Anzahl der Diebstähle in dieser Produktionsstätte in den letzten Monaten erheblich zugenommen. Hierdurch ist der Gesellschaft zuletzt ein monatlicher Schaden in Höhe von EUR _____[Betrag]_____ entstanden, der nicht länger hinnehmbar ist. Da die in Abstimmung mit dem Betriebsrat erfolgten bisherigen Maßnahmen das Problem nicht beseitigen konnten, sieht die Gesellschaft die Einführung und den Betrieb einer Videoüberwachungsanlage als einzige Möglichkeit an, die Diebstähle in Zukunft wirksam zu verhindern.

Da die Einführung und Anwendung der Videoüberwachungsanlage nach § 87 Abs. 1 Nr. 6 BetrVG der Mitbestimmung des Betriebsrats bedarf, haben wir den Betriebsrat unter Vorlage des Entwurfs einer entsprechenden Betriebsvereinbarung um Zustimmung zu der Einführung und Anwendung der Videoüberwachungsanlage gebeten. Die am ___[Datum]___, am ___[Datum]___ und am ___[Datum]___ geführten Verhandlungen haben nicht zum Erfolg geführt. Da der Betriebsrat auch nach der letzten Verhandlungsrunde die Einführung und die Anwendung der Videoüberwachungsanlage abgelehnt hat, sind die Verhandlungen aus unserer Sicht gescheitert.[3] Weitere Verhandlungen haben unserer Auffassung nach keine Aussicht auf Erfolg.

Wir rufen daher hiermit die Einigungsstelle [4] an und schlagen vor, die Einigungsstelle mit je zwei Beisitzern [5] zu besetzen und als Vorsitzenden [6] den Richter [7] am ___[Name des Gerichts]___ ___[Name]___ zu bestellen. ___[Name]___ ist ein erfahrener Richter, der bereits häufig als Vorsitzender von Einigungsstellen tätig war. Sollte Richter ___[Name]___ verhindert sein, schlagen wir alternativ den Richter am ___[Name des Gerichts]___ ___[Name]___ als Vorsitzenden der Einigungsstelle [8] vor.

Bitte teilen Sie uns möglichst kurzfristig, spätestens innerhalb von ___[Anzahl]___ Tagen [9] mit, ob Sie mit diesem Vorschlag einverstanden sind. Anderenfalls werden wir nach § 76 Abs. 2 BetrVG in Verbindung mit § 100 ArbGG beim Arbeitsgericht beantragen, über die Besetzung der Einigungsstelle zu entscheiden. [10]

Mit freundlichen Grüßen

_____
(Unterschrift der Gesellschaft)

Erläuterungen

Schrifttum

Bauer Einigungsstellen, Ein ständiges Ärgernis!, NZA 1992, 433; *Bauer/Diller* Der Befangenheitsantrag gegen den Einigungsstellenvorsitzenden, DB 1996, 137; *Bengelsdorf* Rechtliche Möglichkeiten zur Beschleunigung des erzwingbaren Einigungsstellenverfahrens, BB 1991, 613; *Deeg* Die Besorgnis der Befangenheit des Einigungsstellenvorsitzenden: Bestellungsverfahren, Einigungsstelle und gerichtliche Kontrolle, RdA 2011, 221; *Dusny* Aktuelle Rechtsprechung zum Einigungsstellenverfahren, ArbRAktuell 2015, 447; *Ehler* Verhandlungen und Einigungsstellen optimieren, BB 2010, 702; *Faulenbach* Ausgewählte Fragen des Einigungsstellenverfahrens, NZA 2012, 953; *Feudner* Die betriebliche Einigungsstelle – ein unkalkulierbares Risiko, DB 1997, 826; *Francken* Streitiger Einigungsstellenvorsitz als richterliche Dienstaufgabe, NZA 2008, 750; *Göpfert/Krieger* Wann ist die Anrufung der Einigungsstelle bei Interessenausgleichs- und Sozialplanverhandlungen zulässig?, NZA 2005, 254; *Gruber* Die Einigungsstellen nach dem BetrVG, die Arbeitsrichter und ihre Nebentätigkeiten, ZRP 2011, 178; *Hinrichs/Boltze* Verhinderung des Beisitzers in der Einigungsstelle wegen Teilnahme an Arbeitskampfmaßnahmen, DB 2013, 814; *Kempter/Merkel* Grundzüge und Fallstricke im Einigungsstellenverfahren, DB 2014, 1807; *Kramer* Mediation als Alternative zur Einigungsstelle im Arbeitsrecht?, NZA 2005, 135; *Nett/Ocker/Bischoff* Die Einigungsstelle im Betriebsverfassungsrecht, 2. Aufl. 1995; *Sasse* Die gerichtliche Einsetzung einer Einigungsstelle, DB 2015, 2817; *Schaub* Die Bestellung und Abberufung der Vorsitzenden von Einigungsstellen, NZA 2000, 1087; *Schulze* Die Einigungsstelle – Voraussetzungen und Ablauf, ArbRAktuell 2013, 321; *Tschöpe* Die Bestellung der Einigungsstelle – Rechtliche und taktische Fragen, NZA 2004, 945; *Wenning-Morgenthaler* Die Einigungsstelle, 6. Aufl. 2012.

1. Der Antrag stellt die **Aufforderung** an den Betriebsrat dar, sich zur Beilegung der Meinungsverschiedenheiten an der Bildung einer Einigungsstelle zu beteiligen. Bei dem hier verwendeten Beispiel von Einführung und Betrieb einer Videoüberwachungsanlage handelt es sich um einen Fall der erzwingbaren Mitbestimmung gem. § 87 Abs. 1 Nr. 6 BetrVG. Der Antrag auf Anrufung einer Einigungsstelle bedarf keiner besonderen Form. Fristen sind mit Ausnahme von besonderen Fällen (z.B. § 38 Abs. 2 S. 4 BetrVG) nicht zu beachten.

2. Der Gegenstand der Meinungsverschiedenheit, über die die Einigungsstelle zu entscheiden hat, ist möglichst genau zu bezeichnen (vgl. auch *Faulenbach* NZA 2012, 953; *Kempter/Merkel* DB 2014, 1807, 1809 f.). Eine nachträgliche Änderung oder Erweiterung des Verfahrensgegenstandes bedarf des Einvernehmens beider Betriebspartner (BAG, Beschl. v. 27.10.1992 – 1 ABR 4/92, NZA 1993, 607, 609) oder der Anrufung einer neuen Einigungsstelle.

973 **3.** 3. Die Einigungsstelle ist nach § 76 Abs. 1 BetrVG bei Bedarf zur Beilegung von Meinungsverschiedenheiten zu errichten. Gem. § 74 Abs. 1 S. 2 BetrVG haben Arbeitgeber und Betriebsrat über strittige Fragen mit dem ernsten Willen zur Einigung zu verhandeln und Vorschläge für die Beilegung von Meinungsverschiedenheiten zu machen. Inwieweit das Fehlen vorheriger Verhandlungen ein Kriterium für die Zulässigkeit der Anrufung der Einigungsstelle darstellt, ist umstritten. Richtigerweise ist davon auszugehen, dass das Fehlen einer vorherigen Verhandlung keine zwingende Voraussetzung für die Anrufung der Einigungsstelle ist, jedenfalls dann nicht, wenn die betroffene Partei ernsthaft versucht hat, mit der anderen Partei Verhandlungen aufzunehmen (ähnlich LAG Hessen, Beschl. v. 30.09.2014 – 4 TaBV 157/14, BeckRS 2015, 70688 sowie DLW/*Eisenbeis* Kapitel 13 Rn. 1350 ff.; nach *Tschöpe* NZA 2004, 945, 946, soll es bereits genügen, wenn eine Partei die Aufnahme von Verhandlungen für aussichtslos hält; ähnlich auch LAG Rheinland-Pfalz, Beschl. v. 02.11.2012 – 9 TaBV 34/12, JurionRS 2012, 29597). Ist in einer Betriebsvereinbarung als Vorstufe zur Einigungsstelle die Durchführung eines innerbetrieblichen Schlichtungsverfahrens vorgesehen, muss zunächst das innerbetriebliche Schlichtungsverfahren durchgeführt werden, bevor die Einigungsstelle angerufen werden kann (BAG, Beschl. v. 11.02.2014 – 1 ABR 76/12, NZA-RR 2015, 26, 27).

974 **4.** Sämtliche **Kosten** der Einigungsstelle trägt nach § 76a Abs. 1 BetrVG der Arbeitgeber. Der Vorsitzende und die (betriebsfremden) Beisitzer haben gem. § 76a Abs. 3 BetrVG Anspruch auf Vergütung. Die betriebsangehörigen Beisitzer erhalten gem. § 76a Abs. 2 BetrVG lediglich bezahlte Freistellung von ihrer Arbeit. Gem. § 76a Abs. 4 BetrVG ist das Bundesministerium für Arbeit und Soziales ermächtigt, die Vergütung des Vorsitzenden und der Beisitzer der Einigungsstellen durch Rechtsverordnung zu regeln. Eine entsprechende Rechtsverordnung existiert bislang jedoch nicht, und es sind derzeit auch keine Pläne zum Erlass einer solchen Rechtsverordnung bekannt. Die Vergütung des Vorsitzenden sowie etwaiger betriebsfremder Beisitzer der Einigungsstelle ist daher grundsätzlich vertraglich mit dem Arbeitgeber festzulegen. Kommt eine vertragliche Absprache nicht zustande, entscheiden die anspruchsberechtigten Mitglieder der Einigungsstelle selbst nach billigem Ermessen gem. §§ 315, 316 BGB unter Beachtung der Grundsätze des § 76a Abs. 4, S. 3–5 BetrVG über die Höhe ihrer Vergütung (BAG, Beschl. v. 12.02.1992 – 7 ABR 20/91, NZA 1993, 605, 606). Voraussetzung des Vergütungsanspruchs ist dabei allein die rechtswirksame Bestellung zum Beisitzer bzw. Vorsitzenden und das Tätigwerden der Einigungsstelle (BAG, Beschl. v. 20.02.1991 – 7 ABR 6/90, NZA 1991, 651 f.). Für die vom Betriebsrat zu bestellenden Beisitzer setzt dies einen wirksamen Betriebsratsbeschluss voraus (BAG, Beschl. v. 24.04.1996 – 7 ABR 40/95, NZA 1996, 1171, 1172). Eine Einigung mit der Gesellschaft ist hingegen nicht erforderlich. Die Vergütung der Beisitzer ist gem. § 76a Abs. 4 S. 4 BetrVG niedriger zu bemessen als die des Vorsitzenden. Dabei soll für die Beisitzer grundsätzlich eine Vergütung in Höhe von 70 % des Honorars des Vorsitzenden dem billigen Ermessen entsprechen (BAG, Beschl. v. 14.02.1996 – 7 ABR 24/95, NZA 1996, 1225 f.; LAG Hessen, Beschl. v. 11.06.2012 – 16 TaBV 203/11, JurionRS 2012, 21605; AR/*Rieble* § 76a BetrVG Rn. 4). Mit diesem Honorar sind auch etwaige Vorbereitungs- und Beratungstätigkeiten abgegolten, die nicht gesondert abgerechnet werden können (LAG Köln, Beschl. v. 29.10.2014 – 11 TaBV 30/14, BeckRS 2015, 67351). Soweit dies erforderlich ist, kann der Betriebsrat allerdings einen Rechtsanwalt seines Vertrauens mit der Wahrnehmung seiner Interessen vor der Einigungsstelle zu beauftragen, wenn der Regelungsgegenstand der Einigungsstelle schwierige Rechtsfragen aufwirft, die zwischen den Betriebspartnern umstritten sind, und kein Betriebsratsmitglied über den zur sachgerechten Interessenwahrnehmung notwendigen juristischen Sachverstand verfügt. Einem derart als Verfahrensbevollmächtigter des Betriebsrats in der Einigungsstelle auftretenden Rechtsanwalt steht jedoch maximal ein Vergütungsanspruch in Höhe der Vergütung eines betriebsfremden Beisitzers der Einigungsstelle zu (BAG, Beschl. v. 21.06.1989 – 7 ABR 78/87, NZA 1990, 107 ff.; LAG Schleswig-Holstein, Beschl. v. 16.01.2014 – 4 TaBV 30/13, BeckRS 2014, 67631). Streitigkeiten über die Kosten der Einigungsstelle sind im arbeitsgerichtlichen Beschlussverfahren auszutragen.

975 **5.** **Besetzt** wird die Einigungsstelle gem. § 76 Abs. 2 S. 1 BetrVG mit einem unparteiischen Vorsitzenden und einer gleichen Anzahl von Beisitzern der Arbeitgeber- und der Betriebsratsseite.

Kommt eine Einigung über den Vorsitzenden und/oder die Anzahl der Beisitzer der Einigungsstelle nicht zustande, kann unter den Voraussetzungen des § 100 ArbGG eine Entscheidung des Arbeitsgerichts über die Person des Vorsitzenden und die Anzahl der Beisitzer herbeigeführt werden (s. X Rdn. 564 ff. – für ein Muster eines Antrags auf Einleitung eines Beschlussverfahrens gem. § 100 ArbGG).

Im Hinblick auf die Beisitzer haben sich die Parteien lediglich über deren Anzahl zu verständigen. Im Verfahren nach § 100 ArbGG hängt die Entscheidung über die Anzahl der Beisitzer von der Schwierigkeit und Bedeutung des konkreten Falls ab. In der überwiegenden Zahl der Fälle werden zwei Beisitzer für jede Partei als erforderlich und ausreichend erachtet. In einfachen Fällen kann sich die Zahl auf einen Beisitzer pro Partei reduzieren, bei sehr komplexen und umfangreichen Streitigkeiten auf drei Beisitzer für jede Partei erhöhen (ähnlich ErfK/*Kania* § 76 BetrVG Rn. 8 m.w.N.). Die **konkreten** Personen können einseitig durch den Arbeitgeber bzw. den Betriebsrat festgelegt werden. Besondere Voraussetzungen für die Personen der Beisitzer gibt es nicht (*Faulenbach* NZA 2012, 953, 954). Lediglich Personen, die hinsichtlich ihrer Kenntnisse und Erfahrungen oder in sonstiger Weise offensichtlich ungeeignet sind, dürfen nicht als Beisitzer einer Einigungsstelle benannt werden (BAG, Beschl. v. 28.05.2014 – 7 ABR 36/12, NZA 2014, 1213, 1216; *Dusny* ArbRAktuell 2015, 447, 449). Nach Ansicht des Bundesarbeitsgerichts ist der Betriebsrat auch nicht aus Kostengründen verpflichtet, möglichst nur betriebsangehörige Beisitzer zu bestimmen (BAG, Beschl. v. 24.04.1996 – 7 ABR 40/95, NZA 1996, 1171, 1172 f.; a.A. zu Recht AR/*Rieble* § 76 BetrVG Rn. 6). Daher steht auch der Benennung eines Betriebsratsmitglieds eines anderen Betriebes als Beisitzer einer Einigungsstelle nichts entgegen (BAG, Beschl. v. 13.05.2015 – 2 ABR 38/14, NZA 2016, 116, 120). Ein Beisitzer kann auch nicht wegen Besorgnis der Befangenheit abgelehnt werden (BAG, Beschl. v. 28.05.2014 – 7 ABR 36/12, NZA 2014, 1213, 1215 f.). 976

6. Um eine möglichst schnelle Einsetzung der Einigungsstelle zu erreichen, ist es aus Sicht des Antragstellers ratsam, in dem Antrag an die Gegenseite bereits (mindestens) einen konkreten Vorsitzenden vorzuschlagen. Der **Vorsitzende** muss unparteiisch sein, ansonsten aber keine besonderen Voraussetzungen erfüllen (AR/*Rieble* § 76 BetrVG Rn. 4). Ein bloßes partei- oder gesellschaftspolitisches Engagement steht der Unparteilichkeit grundsätzlich nicht entgegen (*Sasse* DB 2015, 2817, 2820). Lehnt die andere Partei den vorgeschlagenen Vorsitzenden ab und können die Parteien eine Einigung über die Person des Vorsitzenden nicht erzielen, wird der Vorsitzende in dem Verfahren nach § 100 ArbGG durch das Arbeitsgericht bestimmt. Im Rahmen dieses Verfahrens ist das Arbeitsgericht nach herrschender Auffassung nicht an den Antrag des Antragstellers gebunden, sondern kann einen ihm als geeignet erscheinenden Vorsitzenden bestimmen (*Deeg* RdA 2011, 221, 222; AR/*Rieble* § 76 BetrVG Rn. 4; vgl. auch *Francken* NZA 2008, 750 ff. mit genereller Kritik zu dem Bestellungsverfahren). Einige Landesarbeitsgerichte wenden jedoch das so genannte »Windhundprinzip« an, wonach grundsätzlich der zuerst vorgeschlagene Vorsitzende als Vorsitzender der Einigungsstelle eingesetzt wird, es sei denn, die andere Partei zeigt konkrete und objektiv nachvollziehbare Gründe gegen diese Person auf (LAG Nürnberg, Beschl. v. 02.07.2004 – 7 TaBV 19/04, NZA-RR 2005, 100 f.; LAG Berlin-Brandenburg, Beschl. v. 22.01.2010 – 10 TaBV 2829/09, BeckRS 2010, 68396). Um dem Verfahren vor der Einigungsstelle eine möglichst hohe Akzeptanz auf Seiten beider Parteien zu sichern, sollte das Arbeitsgericht nicht dem »Windhundprinzip« folgen, sondern auch subjektiven Bedenken einer Partei, die gegen die Bestellung eines bestimmten Vorsitzenden vorgebracht werden, Rechnung tragen (so auch LAG Baden-Württemberg, Beschl. v. 26.06.2002 – 9 TaBV 3/02, NZA-RR 2002, 523; LAG Rheinland-Pfalz, Beschl. v. 15.05.2009 – 9 TaBV 10/09, BeckRS 2009, 69095; LAG Düsseldorf, Beschl. v. 25.08.2014 – 9 TaBV 39/14, NZA-RR 2014, 647, 649 f.; DLW/*Eisenbeis* Kapitel 13 Rn. 1344 f.; *Sasse* DB 2015, 2817, 2820). 977

7. In der Praxis werden in den allermeisten Fällen Richter am Arbeitsgericht als Einigungsstellenvorsitzende eingesetzt. Zwingend ist dies allerdings nicht. Gem. § 100 Abs. 1 S. 5 ArbGG darf ein **Richter** nur als Vorsitzender einer Einigungsstelle tätig werden, wenn aufgrund der Geschäfts- 978 verteilung ausgeschlossen ist, dass er in seiner Eigenschaft als Richter mit der vor der Einigungsstelle verhandelten Angelegenheit befasst wird. Danach kann auch ein Richter aus dem jeweiligen Arbeitsgerichtsbezirk den Vorsitz der Einigungsstelle übernehmen, wenn die Geschäftsverteilung des Arbeitsgerichts ausschließt, dass er später mit der Sache befasst wird (LAG Hessen, Beschl. v. 23.06.1988 – 12 TaBV 66/88, DB 1988, 2520). Um zeitliche Engpässe zu vermeiden und da Richter für das Tätigwerden als Einigungsstellenvorsitzende gem. § 40 DRiG eine Nebentätigkeitsgenehmigung bedürfen (vgl. auch *Gruber*, ZRP 2011, 178 f., der für eine restriktivere Vergabe von Nebentätigkeitsgenehmigungen plädiert), ist zu empfehlen, zunächst die Verfügbarkeit eines Richters zu klären, bevor er als Einigungsstellenvorsitzender vorgeschlagen wird (*Kempter/Merkel* DB 2014, 1807).

979 **8.** Das Verfahren der Einrichtung einer Einigungsstelle wird insofern kritisiert, als es der Partei, die eine von der Gegenseite angestrebte Maßnahme oder Entscheidung verhindern will, weitreichende Möglichkeiten zur **Verzögerung** des Verfahrens einräumt. Insbesondere können der vorgeschlagene Einigungsstellenvorsitzende und/oder die Anzahl der Beisitzer abgelehnt und das Verfahren zur Einrichtung der Einigungsstelle über zwei Instanzen geführt werden. Zudem ist in dem Verfahren vor der Einigungsstelle nach herrschender Meinung jederzeit ein Befangenheitsantrag gegen den Einigungsstellenvorsitzenden analog § 1036 Abs. 2 i.V.m. § 42 Abs. 1, 2 ZPO möglich (BAG, Beschl. v. 09.05.1995 – 1 ABR 56/94, NZA 1996, 156, 159; BAG, Beschl. v. 17.11.2010 – 7 ABR 100/09, NZA 2011, 940, 941 f.; *Schaub* NZA 2000, 1087, 1088 f.; vgl. auch *Deeg* RdA 2011, 221, 224 ff., nach dessen Ansicht der Befangenheitsantrag nach anderen Maßstäben zu beurteilen sein soll). Die Möglichkeit der Errichtung einer Einigungsstelle im Wege einstweiligen Rechtsschutzes besteht nach herrschender Meinung nicht (*Bengelsdorf* BB 1991, 613, 614 ff.; DLW/*Eisenbeis* Kapitel 13 Rn. 1336).

980 **9.** Da das Gesetz keine bestimmte **Frist** für die Reaktion auf den Antrag auf Einrichtung der Einigungsstelle vorsieht, muss der Antragsteller selbst je nach Eilbedürftigkeit der Angelegenheit eine angemessene Frist bestimmen. Äußert sich die Gegenseite innerhalb der gesetzten Frist nicht, gilt der Besetzungsvorschlag als abgelehnt, so dass das Verfahren nach § 100 ArbGG eingeleitet werden kann, wenn die Voraussetzungen dieses Verfahrens im Übrigen vorliegen.

981 **10.** Als Alternative zur Errichtung einer Einigungsstelle kann auch eine Streitbeilegung im Wege der **Mediation** erwogen werden (s. zur Mediation im Arbeitsrecht Teil V. sowie zum Verhältnis von Mediation und Einigungsstelle *Ehler* BB 2010, 702 ff. und *Kramer* NZA 2005, 135 ff.).

2. Antrag auf Errichtung einer Einigungsstelle

Vorbemerkung

982 In den Fällen, in denen der Spruch der Einigungsstelle die Einigung von Arbeitgeber und Betriebsrat ersetzt (Angelegenheiten der erzwingbaren Mitbestimmung) können die Einsetzung einer Einigungsstelle und ihre **Zusammensetzung** in einem speziellen arbeitsgerichtlichen Verfahren gem. § 76 Abs. 2 BetrVG i.V.m. § 100 ArbGG erzwungen werden, wenn sich Arbeitgeber und Betriebsrat nicht auf die Einsetzung und Zusammensetzung der Einigungsstelle einigen können.

983 Siehe Muster X.VI.3. – X Rdn. 564 ff. – für ein Muster eines Antrags auf Einleitung eines Beschlussverfahrens gem. § 100 ArbGG.

3. Betriebsvereinbarung über die Errichtung einer ständigen Einigungsstelle

Vorbemerkung

984 Gem. § 76 Abs. 1 S. 2 BetrVG ist es nicht nur möglich, bei aktuellem Bedarf eine Einigungsstelle zu bilden, sondern durch Betriebsvereinbarung kann auch eine **ständige Einigungsstelle** errichtet

werden. Die Errichtung einer ständigen Einigungsstelle ist insbesondere zweckmäßig, wenn aufgrund einer in Aussicht genommenen Umstrukturierung oder sonstiger grundlegender Maßnahmen davon auszugehen ist, dass vermehrt Meinungsverschiedenheiten zwischen Arbeitgeber und Betriebsrat zu mitbestimmungspflichtigen Angelegenheiten auftreten werden, zu deren Beilegung eine Einigungsstelle erforderlich werden kann. Die Errichtung ständiger Einigungsstellen dient u.a. der Vermeidung einer möglichen Verzögerungstaktik einer Partei durch ein langwieriges Bestellungsverfahren gem. § 100 ArbGG (s. zu diesem Risiko auch *Bauer/Diller* ZIP 1995, 95, 100). Möglich ist es auch, eine Einigungsstelle für alle künftig auftretenden Meinungsverschiedenheiten zwischen Arbeitgeber und Betriebsrat einzurichten. Die in der betrieblichen Praxis vorkommenden ständigen Einigungsstellen sind jedoch üblicherweise zur Behandlung bestimmter Themenkomplexe errichtet, allgemeine Einigungsstellen gibt es (anders als im Bereich der Personalvertretung) nur selten.

▶ **Muster – Betriebsvereinbarung über die Errichtung einer ständigen Einigungsstelle**

Betriebsvereinbarung über die Errichtung einer ständigen Einigungsstelle   985

zwischen

__[Name und Anschrift des Arbeitgebers]__ (die »Gesellschaft«)

und

Betriebsrat des Betriebes __[Name des Betriebes]__ der __[Name des Arbeitgebers]__ (der »Betriebsrat«)

Präambel

Im Nachgang zu der Zusammenlegung der Betriebe X und Y der Gesellschaft zu einem Betrieb werden weitere grundlegende Änderungen in der Organisationsstruktur und den Arbeitsabläufen erforderlich. Betriebsrat und Gesellschaft sind sich darüber einig, dass in diesem Zusammenhang stehende, regelungsbedürftige Angelegenheiten, die der Mitbestimmung unterliegen, möglichst zeitnah und ohne Verzögerung beigelegt werden sollen. Sie errichten zu diesem Zweck gem. § 76 Abs. 1 Satz 2 BetrVG eine ständige Einigungsstelle gemäß den nachfolgenden Bestimmungen:

§ 1 Zuständigkeit

Die Zuständigkeit der Einigungsstelle [1] erstreckt sich auf die Beilegung von Meinungsverschiedenheiten zwischen der Gesellschaft und dem Betriebsrat in sämtlichen Angelegenheiten i.S.v. § 76 Abs. 5 Satz 1 BetrVG, [2] die im Zusammenhang mit den im Nachgang zu der Zusammenlegung der Betriebe stehenden Änderungen in der Organisationsstruktur und den Arbeitsabläufen auftreten.

§ 2 Errichtung der ständigen Einigungsstelle

(1) Gesellschaft und Betriebsrat errichten hiermit eine ständige Einigungsstelle i.S.v. § 76 Abs. 1 Satz 2 BetrVG zur Beilegung von Meinungsverschiedenheiten. Die Einigungsstelle besteht aus zwei von der Gesellschaft und zwei vom Betriebsrat bestellten Beisitzern [3] sowie einem unparteiischen Vorsitzenden. [4] Daneben bestellen die Betriebsparteien einen stellvertretenden Vorsitzenden, der im Fall der Verhinderung des Vorsitzenden der Einigungsstelle den Vorsitz übernimmt. Ferner benennt jede Betriebspartei zwei stellvertretende Beisitzer, die einen Beisitzer im Fall seiner Verhinderung vertreten. Der Einsatz der Beisitzer erfolgt in der bei der Benennung festzulegenden Reihenfolge. Mindestens einer der für eine Betriebspartei handelnden Beisitzer muss Betriebsangehöriger sein. [5]

(2) Vorsitzender der Einigungsstelle ist zunächst Richter am Arbeitsgericht Dr. ___[Name]___ Zur stellvertretenden Vorsitzenden wird Richterin am Arbeitsgericht Dr. ___[Name]___ benannt. [6] Die stellvertretende Vorsitzende übernimmt den Vorsitz der Einigungsstelle, wenn es dem Vorsitzenden nicht möglich ist, binnen [zwei Wochen] nach Anrufung der Einigungsstelle einen Sit-

zungstermin anzuberaumen, sowie bei einer während laufender Verhandlungen der Einigungsstelle eintretenden, voraussichtlich länger, d.h. über einen Zeitraum von mindestens [zwei Wochen], anhaltenden Verhinderung des Vorsitzenden. In solchen Fällen wird der Vorsitzende die Betriebsparteien sowie die stellvertretende Vorsitzende unverzüglich schriftlich benachrichtigen: Die stellvertretende Vorsitzende übernimmt mit Erhalt des Schreibens den Vorsitz. Sollte auch die stellvertretende Vorsitzende verhindert sein, einigen sich die Betriebsparteien binnen einer Woche ab Anzeige der Verhinderung durch die stellvertretende Vorsitzende auf eine neue Person des Vorsitzenden. Scheitert die Einigung, benennt der Vorsitzende eine weitere Person zur Übernahme des Vorsitzes der Einigungsstelle. Diese Person wird unverzüglich von den Parteien zum Vorsitzenden der Einigungsstelle bestellt. Die Bestellung kann durch eine Betriebspartei nur aus wichtigem Grund abgelehnt werden. [7] Kann auf diese Weise kein Vorsitzender benannt werden, wird er auf Antrag einer Betriebspartei gem. § 100 ArbGG vom Arbeitsgericht benannt.

(3) Die Betriebsparteien bestellen hiermit die folgenden Beisitzer und stellvertretenden Beisitzer der ständigen Einigungsstelle:

Gesellschaft: Betriebsrat:

(a) Beisitzer
    1. ___[Name]___   1. ___[Name]___
    2. ___[Name]___   2. ___[Name]___

(b) Stellvertretende Beisitzer
    1. ___[Name]___   1. ___[Name]___
    2. ___[Name]___   2. ___[Name]___

Die stellvertretenden Beisitzer übernehmen den Beisitz in der Reihenfolge ihrer Benennung soweit nicht wegen § 2 Abs. 1 Satz 6 dieser Betriebsvereinbarung eine andere Reihenfolge geboten ist.

Die Betriebsparteien sind berechtigt, anstelle der genannten Personen andere Beisitzer zu bestellen, sofern dies keine Verzögerung im Verfahren der Einigungsstelle verursacht. Die Benennung eines anderen Beisitzers erfolgt durch schriftliche, an den Vorsitzenden der Einigungsstelle gerichtete Benennung des abzulösenden und des neu benannten Beisitzers in dem Anrufungsschreiben an die ständige Einigungsstelle bzw. binnen [drei Tagen] nach Kenntnis von der Anrufung der Einigungsstelle durch schriftliche Erklärung an den Vorsitzenden der Einigungsstelle. Sofern keine Benennung neuer Beisitzer erfolgt, bleiben die benannten Beisitzer jeweils im Amt. [8]

(4) Die Amtszeit der Mitglieder der Einigungsstelle beträgt [zwei Jahre], endet jedoch spätestens mit dem Ende der Laufzeit dieser Betriebsvereinbarung. [9] Eine Wiederbenennung ist möglich. Gesellschaft und Betriebsrat werden sich vor dem Ende der Amtszeit des Vorsitzenden sowie der stellvertretenden Vorsitzenden sowie im Falle einer Amtsniederlegung auf einen Nachfolger für die jeweilige Person einigen. Kommt eine Einigung bis zum Ende der Amtszeit nicht zustande, so werden die jeweiligen Nachfolger durch schriftliche Erklärung des bisherigen Vorsitzenden benannt und unverzüglich von den Betriebsparteien bestellt. Eine Betriebspartei kann die Bestellung nur aus wichtigem Grund ablehnen. In einem solchen Fall erfolgt eine gerichtliche Bestellung gem. § 100 ArbGG. Jede Partei bestellt die Nachfolger für die von ihr benannten Beisitzer bei Ende der Amtszeit sowie im Falle der Amtsniederlegung nach billigem Ermessen und unter Beachtung des § 2 Abs. 1 Satz 6 dieser Betriebsvereinbarung durch schriftliche Erklärung gegenüber dem Vorsitzenden der Einigungsstelle. Erfolgt keine Neubenennung, gelten die bisherigen Beisitzer als erneut benannt und bestellt.

§ 3 Verfahren

(1) Die Anrufung der Einigungsstelle erfolgt in Schriftform an den Vorsitzenden sowie in Kopie an die andere Betriebspartei binnen [einer Woche] nach Scheitern der Verhandlungen der Betriebsparteien über eine in die Zuständigkeit der Einigungsstelle fallende Angelegenheit. In der Anrufung sind der streitgegenständliche Sachverhalt und das Begehren der anrufenden Betriebspartei darzustellen. Sachdienliche Dokumente sollen beigefügt und etwaige Zeugen benannt werden. Der Vorsitzende bzw. im Verhinderungsfalle die stellvertretende Vorsitzende beraumt binnen [zwei Wochen] ab Erhalt der Anrufung eine erste Sitzung der Einigungsstelle an und setzt der anderen Betriebspartei eine Frist für ihre schriftliche Einlassung zum Streitgegenstand. Weitere

schriftliche Einlassungen holt die Einigungsstelle nach billigem Ermessen mit angemessener Fristsetzung durch ihren Vorsitzenden ein.

(2) Sitzungen werden jeweils vom Vorsitzenden der Einigungsstelle nach Terminkoordination mit den Beisitzern schriftlich einberufen. In der Einberufung sind der Ort und die Zeit der Sitzung zu nennen. Ort der Sitzungen der Einigungsstelle ist jeweils ein von der Gesellschaft zur Verfügung gestellter Raum am Sitz der Gesellschaft, sofern sich die Parteien nicht im Voraus auf einen anderen Ort einigen. [10] Die Einigungsstelle kann nach billigem Ermessen Personen hinzubitten und Zeugen vernehmen, soweit ihr dies sachdienlich erscheint. Beratungen und die Entscheidung der Einigungsstelle im Rahmen der Sitzung sind nicht öffentlich. [11] Der Vorsitzende fertigt ein schriftliches Protokoll jeder Sitzung an und verteilt es zeitnah nach der Sitzung an die Mitglieder der Einigungsstelle.

(3) Die Einigungsstelle ist beschlussfähig, wenn eine Sitzung ordnungsgemäß einberufen wurde und mehr als die Hälfte ihrer Mitglieder anwesend sind. Beschlüsse der Einigungsstelle werden unter Beachtung des § 76 Abs. 3 Satz 2, 3 BetrVG mit Stimmenmehrheit gefasst. [12] Bei der Stimmauszählung sind etwaige Enthaltungen nicht zu berücksichtigen. [13]

(4) Beschlüsse der Einigungsstelle sind schriftlich niederzulegen und vom Vorsitzenden zu unterzeichnen; sie sollen mit einer schriftlichen Begründung versehen werden. [14] Sie sind den Betriebsparteien in einer Weise zuzustellen, bei der der Nachweis über das Ob und den Zeitpunkt der Zustellung sichergestellt wird. [15]

(5) Entscheidungen der Einigungsstelle sind für beide Betriebsparteien verbindlich, es sei denn, es handelt sich um eine Angelegenheit des freiwilligen Einigungsstellenverfahrens (§ 76 Abs. 6 BetrVG) und eine Betriebspartei hat bei Anrufung der Einigungsstelle oder binnen drei Tagen nach Erhalt des Anrufungsschreibens der anderen Betriebspartei schriftlich erklärt, dass sie sich die Ablehnung der Entscheidung der Einigungsstelle vorbehält. Eine solche Ablehnung der Entscheidung der Einigungsstelle muss spätestens binnen [zwei] Wochen nach Zustellung des Spruchs der Einigungsstelle erfolgen. [16]

§ 4 Kosten

(1) Die Kosten der ständigen Einigungsstelle trägt die Gesellschaft. [17]

(2) Betriebsangehörigen Beisitzern der ständigen Einigungsstelle wird für die Dauer von Sitzungen der Einigungsstelle ihr Arbeitsentgelt fortgezahlt. Ist die Tätigkeit der Beisitzer für die Einigungsstelle außerhalb der Arbeitszeit erforderlich, wird ihnen für die aufgewandte Zeit ein Ausgleich in Form von bezahlter Freizeit gewährt. Im Übrigen wird betriebsangehörigen Beisitzern keine Vergütung oder Entschädigung gewährt. [18]

(3) Nicht betriebsangehörige Beisitzer erhalten für ihre Tätigkeit in der Einigungsstelle eine Vergütung von EUR ___[Betrag]___ je Sitzungsstunde der Einigungsstelle, sofern für die Einigungsstelle über eine bestimmte Angelegenheit nicht ein Pauschalentgelt zwischen dem Beisitzer und der Gesellschaft vereinbart worden ist. Der Vorsitzende bzw. im Falle seiner Verhinderung die den Vorsitz wahrnehmende stellvertretende Vorsitzende erhält je Sitzungsstunde der Einigungsstelle eine Vergütung i.H.v. EUR ___[Betrag]___, sofern für die streitbefangene Angelegenheit kein Pauschalentgelt mit der Gesellschaft vereinbart wurde. [19]

§ 5 Inkrafttreten, Beendigung

(1) Diese Betriebsvereinbarung tritt mit Unterzeichnung in Kraft. Sie kann mit einer Frist von [drei Monaten zum Ende eines Kalenderjahres] ohne Nachwirkung gekündigt werden.

(2) Die Kündigung bedarf der Schriftform.

§ 6 Schlussbestimmungen

(1) Änderungen oder Ergänzungen dieser Betriebsvereinbarung bedürfen der Schriftform.

(2) Sollte eine Bestimmung dieser Betriebsvereinbarung ganz oder teilweise unwirksam sein oder werden, so wird hiervon die Wirksamkeit der übrigen Bestimmungen nicht berührt. Das Gleiche gilt, wenn und soweit diese Betriebsvereinbarung eine Regelungslücke aufweisen sollte. Anstelle

der unwirksamen oder undurchführbaren Bestimmung oder zur Ausfüllung der Regelungslücke soll eine angemessene Regelung gelten, die, soweit rechtlich möglich, dem am nächsten kommt, was die Betriebsparteien wirtschaftlich gewollt haben oder nach dem Sinn und Zweck dieser Betriebsvereinbarung gewollt hätten, sofern sie diesen Punkt bedacht hätten.

[Ort, Datum]   [Ort, Datum]

(Unterschrift der Gesellschaft)   (Unterschrift des Betriebsrats)

Erläuterungen

Schrifttum

S. die allgemeinen Literaturangaben zu Muster O.V.1. sowie *Kühn* Die Einrichtung ständiger Einigungsstellen durch Einigungsstellenentscheidung, BB 2009, 2651.

986 **1. Ständige Einigungsstellen** werden durch freiwillige Betriebsvereinbarung errichtet, § 76 Abs. 1 S. 2 BetrVG. Demgegenüber ist die Bildung einer ständigen Einigungsstelle durch Einigungsstellenspruch nicht möglich (BAG, Beschl. v. 26.08.2008 – 1 ABR 16/07, NZA 2008, 1187, 1193; LAG Berlin-Brandenburg, Beschl. v. 23.06.2008 – 10 TaBV 303/08, veröffentlicht in juris; AR/ *Rieble* § 76 BetrVG Rn. 2). Die Betriebsparteien entscheiden, für welchen Regelungsgegenstand eine Einigungsstelle gebildet wird (BAG, Beschl. v. 15.05.2001 – 1 ABR 39/00, NZA 2001, 1154, 1156 f.). Daran ist die Einigungsstelle gebunden. Soll die Einigungsstelle darüber hinaus weitere Angelegenheiten verhandeln, setzt dies eine entsprechende Einigung der Betriebsparteien voraus. Bei einer durch Betriebsvereinbarung errichteten ständigen Einigungsstelle ist dementsprechend eine Änderung der Betriebsvereinbarung erforderlich. Der sachliche Geltungsbereich der Musterbetriebsvereinbarung ist bewusst weit gefasst, um Streitigkeiten über die Zuständigkeit der Einigungsstelle möglichst zu vermeiden.

987 **2.** Mit dieser Regelung wird die **Zuständigkeit** der Einigungsstelle abschließend festgelegt. Die Einigungsstelle hat vor Einstieg in die materielle Behandlung der Sache ihre Zuständigkeit zu prüfen (BAG, Beschl. v. 22.01.1980 – 1 ABR 46/77, NJW 1981, 75, 76). Hält sie sich für unzuständig, stellt sie die weitere Tätigkeit durch Beschluss ein. Dieser Beschluss kann vom Arbeitsgericht uneingeschränkt überprüft werden (BAG, Beschl. v. 30.01.1990 – 1 ABR 2/89, NZA 1990, 571, 572); die Zwei-Wochen-Frist des § 76 Abs. 5 S. 4 BetrVG ist insofern nicht anzuwenden. Hält das Arbeitsgericht die Einigungsstelle für zuständig, muss die Einigungsstelle das Verfahren fortsetzen (BAG, Beschl. v. 30.01.1990 – 1 ABR 2/89, NZA 1990, 571, 575; ErfK/*Kania* § 76 BetrVG Rn. 22).

988 **3.** Zu Anzahl und persönlichen Voraussetzungen der zu bestellenden Beisitzer, s. Muster O.V.1. – O Rdn. 975 ff. Die Benennung der für den Betriebsrat handelnden Beisitzer erfolgt durch Beschluss des Betriebsrats gem. § 33 BetrVG.

989 **4.** Gem. § 76 Abs. 2 S. 1 BetrVG muss der **Vorsitzende** der Einigungsstelle unparteiisch sein. Angesichts der zentralen Rolle des Vorsitzenden in der Gestaltung des Verfahrens und der Verhandlungsführung im Rahmen der Einigungsstelle ist es sinnvoll, einen Vorsitzenden zu bestellen, der sowohl arbeitsrechtliche Fachkenntnisse als auch Verhandlungsgeschick mitbringt. In der Praxis werden deshalb meistens Berufsrichter der Arbeitsgerichtsbarkeit zu Vorsitzenden von Einigungsstellen bestellt. Bei der Bestellung eines Arbeitsrichters zum Vorsitzenden ist weitere Voraussetzung, dass angesichts der Geschäftsverteilung eine spätere dienstliche Befassung des Richters mit der von der Einigungsstelle behandelten Angelegenheit ausgeschlossen ist (§ 100 Abs. 1 S. 5 ArbGG) und der Richter eine Nebentätigkeitsgenehmigung gem. § 40 DRiG besitzt. Neben Arbeitsrichtern kommen insbesondere Anwälte mit Fachkenntnissen im Bereich des Arbeitsrechts oder berufsmäßige Einigungsstellenvorsitzende als Vorsitzende von Einigungsstellen in Betracht.

5. Bei der **Bestellung** von Beisitzern sind die Parteien nach Ansicht des Bundesarbeitsgerichts frei, auch nicht betriebsangehörige Personen zu bestellen, und zwar trotz der entgegenstehenden Kostengesichtspunkte (BAG, Beschl. v. 24.04.1996 – 7 ABR 40/95, NZA 1996, 1171, 1172 f.; a.A. zu Recht AR/*Rieble* § 76 BetrVG Rn. 6). Die Parteien können sich aber darauf einigen, ausschließlich betriebsangehörige Beisitzer zu bestellen. Die Besetzung mit mindestens einem betriebsangehörigen Beisitzer je Partei hat den Vorteil, dass die erforderlichen Betriebskenntnisse vorhanden sind. Externe Beisitzer können je nach Gegenstand der Meinungsverschiedenheit zusätzliche Sachkunde einbringen und unter Umständen zur Steigerung der Objektivität beitragen. Es besteht keine Verpflichtung, bei einem laufenden Insolvenzverfahren Vertreter der Gläubiger zu Mitgliedern der Einigungsstelle zu bestellen (BAG, Urt. v. 06.05.1986 – 1 AZR 553/84, NZA 1986, 800, 801) 990

6. Die Bestellung eines **stellvertretenden Vorsitzenden** der Einigungsstelle ist gesetzlich nicht vorgeschrieben. Anders als bei einer gerichtlichen Bestellung einer Einigungsstelle, bei der die Bestellung eines Ersatz-Einigungsstellenvorsitzenden unzulässig sein soll (*Kempter/Merkel* DB 2014, 1807, 1810), sind die Betriebsparteien jedoch berechtigt, sich auf einen stellvertretenden Vorsitzenden zu einigen, falls der eigentliche Vorsitzende verhindert ist. Damit werden zeitliche Verzögerungen vermieden, die dadurch entstehen, dass sich die Parteien bei Verhinderung des Vorsitzenden der Einigungsstelle auf einen neuen Vorsitzenden einigen müssen, bevor die Einigungsstelle tätig werden kann. Ist schon bei Errichtung der ständigen Einigungsstelle davon auszugehen, dass diese häufig tätig werden wird, kann sich auch die Benennung weiterer stellvertretender Vorsitzender empfehlen. Vor dem Hintergrund der Vermeidung von Verzögerungen sieht das Muster in § 2 Abs. 3 auch die Benennung stellvertretender Beisitzer vor. 991

7. Gelegentlich wird in vergleichbaren Mustern vorgesehen, dass ein neuer Vorsitzender im Falle der Verhinderung des bisherigen Vorsitzenden vom **bisherigen Vorsitzenden** der Einigungsstelle bestellt wird. Systematisch müsste eine solche Bestellung des Vorsitzenden der Einigungsstelle durch den bisherigen Vorsitzenden zulässig und verbindlich sein, wenn die Parteien die entsprechende Entscheidungsbefugnis zuvor auf den Vorsitzenden delegiert haben. Soweit ersichtlich, haben bislang jedoch weder das Bundesarbeitsgericht noch die Landesarbeitsgerichte über eine solche Fallkonstellation entschieden. In anderem Zusammenhang hat das Bundesarbeitsgericht erklärt, dass die Einigungsstelle nicht durch Spruch gegen den Willen einer Betriebspartei die Besetzung einer ständigen oder künftig für bestimmte Gegenstände zuständigen Einigungsstelle festlegen kann (BAG, Beschl. v. 26.08.2008 – 1 ABR 16/07, NZA 2008, 1187, 1193; s. dazu auch LAG Berlin-Brandenburg, Beschl. v. 23.06.2008 – 10 TaBV 303/08, juris). Im Muster erfolgt deshalb nur die Benennung eines geeigneten Vorsitzenden durch den verhinderten Vorsitzenden, seine Bestellung nehmen die Betriebsparteien vor. Auch diese Art des Vorgehens birgt die Gefahr weiterer Verzögerung durch eine der Betriebsparteien. Um diese möglichst gering zu halten, ist vorgesehen, dass die Nichtbestellung des vorgeschlagenen Vorsitzenden nur bei Vorliegen eines wichtigen Grundes möglich ist. 992

8. Diese Gestaltung dient ebenfalls der Verhinderung von Verzögerungen. 993

9. Die Festlegung einer **Amtszeit** der Mitglieder der Einigungsstelle erfolgt zur Sicherung der Kontinuität. Werden die von der Einigungsstelle zu behandelnden Meinungsverschiedenheiten voraussichtlich nur während eines kurzen Zeitraums auftreten, ist eine solche Regelung entbehrlich. 994

10. **Ort und Zeitpunkt** von Sitzungen der Einigungsstelle werden üblicherweise zwischen sämtlichen Mitgliedern abgesprochen. Ist dies nicht möglich, bestimmt der Vorsitzende Ort und Zeit und sorgt für die ordnungsgemäße Ladung der Beisitzer. Bei der Ladung hat der Vorsitzende begründete Hinderungsgründe der Beisitzer zu beachten, aber dennoch für den zügigen Fortgang des Einigungsstellenverfahrens zu sorgen (*Hinrichs/Boltze* DB 2013, 814, 815 ff.; *Schulze* ArbRAktuell 2013, 321, 323). Sind im Unternehmen geeignete Räume für die Abhaltung einer Einigungsstelle vorhanden, bietet es sich für den Arbeitgeber als Kostenträger der Einigungsstelle 995 an, diese zur Verfügung zu stellen. Der Vorsitzende der Einigungsstelle hat die angebotenen Räumlichkeiten, sofern sie geeignet sind, aus Gründen der Kostenersparnis in der Regel zu akzeptieren (ErfK/*Kania* § 76 BetrVG Rn. 16).

996 **11.** Um eine etwaige Unwirksamkeit des Spruchs der Einigungsstelle zu vermeiden, muss jedenfalls die abschließende mündliche Beratung und Beschlussfassung der Einigungsstelle **nicht-öffentlich**, insbesondere ohne weitere Vertreter der Betriebsparteien, erfolgen (BAG, Beschl. v. 18.01.1994 – 1 ABR 43/93, NZA 1994, 571 f.; DLW/*Eisenbeis* Kapitel 13 Rn. 1374).

997 **12.** Die Regelung zur **Beschlussfähigkeit** entspricht im Ergebnis der Regelung des § 76 Abs. 5 S. 2 BetrVG. Bei der Abstimmung hat sich der Vorsitzende gem. § 76 Abs. 3 S. 3 BetrVG zunächst zu enthalten und erst bei einer weiteren Abstimmung teilzunehmen, wenn sich bei der ersten Abstimmung keine Stimmenmehrheit ergeben hat.

998 **13.** Die Regelung zur Behandlung etwaiger **Enthaltungen** dient der Rechtssicherheit, da die Behandlung von Enthaltungen ohne eine klare Vereinbarung umstritten ist (s. DLW/*Eisenbeis* Kapitel 13 Rn. 1383 zu den verschiedenen Ansichten).

999 **14.** Das Erfordernis der **Schriftform** und Unterzeichnung durch den Vorsitzenden folgt aus § 76 Abs. 3 S. 4 BetrVG. Eine Begründung des Beschlusses der Einigungsstelle ist gesetzlich nicht vorgeschrieben. Sie ist allerdings für Zwecke der (gerichtlichen) Prüfung und der Akzeptanz üblich und zweckmäßig (ErfK/*Kania* § 76 BetrVG Rn. 21). Eine fehlende Begründung führt jedoch nicht zur Unwirksamkeit des Spruchs der Einigungsstelle (BAG, Beschl. v. 30.10.1979 – 1 ABR 112/77, NJW 1980, 1542, 1543).

1000 **15.** Das Gesetz stellt für die **Zustellung** des Spruchs der Einigungsstelle keine besonderen Anforderungen auf. Erforderlich ist nach Auffassung des BAG allerdings, dass das unterschriebene Original zugestellt wird, weshalb die Zuleitung eines Einigungsstellenspruchs in Form einer pdf-Datei nicht ausreichend ist (BAG, Beschl. v. 13.03.2012 – 1 ABR 78/10, NZA 2012, 748, 750; *Dusny* ArbRAktuell 2015, 447, 449). Da die Frist für die Einleitung einer gerichtlichen Überprüfung des Spruchs gem. § 76 Abs. 5 S. 4 BetrVG ab dem Tag der Zustellung berechnet wird, sollte die Zustellung so erfolgen, dass sie zweifelsfrei nachzuweisen ist (ErfK/*Kania* § 76 BetrVG Rn. 21).

1001 **16.** Entscheidungen der Einigungsstelle im Verfahren gem. § 76 Abs. 5 BetrVG, d.h. Entscheidungen in Angelegenheiten der zwingenden Mitbestimmung, sind für die Betriebsparteien **verbindlich**. In Angelegenheiten der freiwilligen Mitbestimmung ist der Spruch der Einigungsstelle nur verbindlich, wenn sich die Betriebsparteien dem Spruch im Voraus oder im Nachhinein unterworfen haben, § 76 Abs. 6 S. 2 BetrVG.

1002 **17.** Die Pflicht der Gesellschaft zur **Kostentragung** ergibt sich aus § 76a Abs. 1 BetrVG.

1003 **18.** § 76a Abs. 2 BetrVG regelt, dass betriebsangehörigen Beisitzern für ihre Tätigkeit als Beisitzer der Einigungsstelle kein **Vergütungsanspruch** zusteht. Gem. § 76a Abs. 2 S. 1 i.V.m. § 37 Abs. 2, 3 BetrVG sind sie jedoch zum Ausgleich von der Arbeit zu befreien.

1004 **19.** Zum Vergütungsanspruch des **Vorsitzenden** und betriebsfremder Beisitzer s. Muster O.V.1. – O Rdn. 974. Eine Festlegung der Höhe der Vergütung in der Betriebsvereinbarung ist nicht zwingend erforderlich, kann aber späteren Streit über die Vergütung vermeiden. Üblich ist eine Vergütung nach Stunden- oder Tagessätzen (*Kühn* BB 2009, 2651, 2652). Das Bundesarbeitsgericht hielt 1996 einen Stundensatz von DM 300 bei einer Angelegenheit von mittlerer Schwierigkeit für nicht unangemessen (BAG, Beschl. v. 28.08.1996 – 7 ABR 42/95, NZA 1997, 222, 223). Heute wird ein Stundensatz von ca. EUR 150 – EUR 300 bzw. eine Tagespauschale zwischen ca. EUR 1.500 und 3.000 für angemessen gehalten (vgl. zu verschiedenen Angaben innerhalb dieser Größenordnung ErfK/*Kania* § 76a BetrVG Rn. 5; GK-BetrVG/*Kreutz* § 76a BetrVG Rn. 46 ff.; *Kempter/Merkel* DB 2014, 1807, 1808; *Kühn* BB 2009, 2651, 2652). Das BetrVG schreibt in dieser Hinsicht nur vor, dass das Honorar der Beisitzer niedriger als dasjenige des Vorsitzenden sein muss (§ 76a Abs. 4 S. 4 BetrVG). Das Bundesarbeitsgericht hat ein Beisitzerhonorar in Höhe von 7/10 des Honorars des Vorsitzenden als im Allgemeinen sachgerecht und dem billigen Ermessen entsprechend angesehen (BAG, Beschl. v. 14.02.1996 – 7 ABR 24/95, NZA 1996, 1225 f.; AR/*Rieble* § 76a BetrVG Rn. 4). Ausnahmen sind aufgrund besonderer Umstände des Einzelfalls zulässig (ErfK/*Kania* § 76a BetrVG Rn. 6). Mit diesem Honorar sind auch etwaige Vorbereitungs- und Beratungstätigkeiten abgegolten, die nicht gesondert abgerechnet werden können (LAG Köln, Beschl. v. 29.10.2014 – 11 TaBV 30/14, BeckRS 2015, 67351). Vergütungsvorschriften für Einigungsstellen können auch durch Tarifvertrag geregelt sein, § 76a Abs. 5 BetrVG.

4. Einigungsstellenspruch

Vorbemerkung

Die in § 76 BetrVG normierte Einigungsstelle kann im Rahmen ihrer Zuständigkeit sowohl über Regelungs- als auch über Rechtsstreitigkeiten entscheiden. Erlässt die Einigungsstelle einen Spruch in Angelegenheiten zwingender Mitbestimmung gem. § 76 Abs. 5 BetrVG, ist dieser für die Parteien verbindlich. Dagegen hat ein Spruch im freiwilligen Einigungsstellenverfahren nach § 76 Abs. 6 BetrVG nur bindende Wirkung, wenn die Parteien sich im Voraus mit dem Spruch einverstanden erklären oder ihn nachträglich annehmen.

1005

▶ Muster – Einigungsstellenspruch

Spruch der Einigungsstelle vom _____[Datum]_____ [1]

1006

Die Parteien streiten über die Einführung und den Betrieb einer Videoüberwachungsanlage in der Produktionsstätte [Bezeichnung der Produktionsstätte] ab dem _____[Datum]_____.

Der Arbeitgeber hat beantragt, die fehlende Zustimmung des Betriebsrats zu der Einführung und dem Betrieb der Videoüberwachungsanlage gemäß Anhang A zu ersetzen. In der Produktionsstätte [Bezeichnung der Produktionsstätte] sei es in den letzten Monaten zu Diebstählen in erheblichem Umfang gekommen, die der Gesellschaft einen beträchtlichen wirtschaftlichen Schaden im Umfang von zuletzt monatlich EUR _____[Betrag]_____ zugefügt hätten. Sämtliche anderen Maßnahmen zur Unterbindung von Diebstählen, die in der Vergangenheit in Zusammenarbeit mit dem Betriebsrat versucht wurden, seien ohne Erfolg geblieben. Die Einführung der Videoüberwachungsanlage sei daher zur Verhinderung zukünftiger Diebstähle unverzichtbar.

Der Betriebsrat hat beantragt, den Antrag des Arbeitgebers zurückzuweisen. Er vertritt die Auffassung, die Einführung und der Betrieb einer Videoüberwachungsanlage mit dem Ziel der Beobachtung aller Arbeitnehmer, die sich in der Produktionsstätte aufhalten, stelle einen nicht hinnehmbaren Eingriff in die Persönlichkeitsrechte der Arbeitnehmer dar. Überdies erziele die Gesellschaft trotz der Diebstähle erhebliche Gewinne, so dass das Interesse der Gesellschaft hinter den Persönlichkeitsrechten der Arbeitnehmer zurückzutreten habe.

Eine Einigung der Parteien konnte nicht erzielt werden. Der unparteiische Vorsitzende stellte am _____[Datum]_____ nach mündlicher Beratung der Einigungsstelle den Antrag des Arbeitgebers zur Abstimmung [2]. Diese Abstimmung, bei der sich der Vorsitzende zunächst der Stimme enthielt, führte zu einem Stimmenergebnis von 2:2. Nach erneuter Beratung wurde noch einmal über den Antrag des Arbeitgebers abgestimmt, nunmehr unter Beteiligung des Vorsitzenden. Bei dieser erneuten Abstimmung wurde dem Antrag des Arbeitgebers mit einer Mehrheit von 3:2 Stimmen stattgegeben. [3] Hiernach verkündete der unparteiische Vorsitzende den folgenden Spruch:

Die vom Betriebsrat verweigerte Zustimmung zu der Einführung und dem Betrieb der Videoüberwachungsanlage in der Produktionsstätte [Bezeichnung der Produktionsstätte] gemäß Anhang A ab dem _____[Datum]_____ wird durch diesen Einigungsstellenspruch ersetzt. [4]

Gründe:

[auszuführen]

O. Betriebsverfassungsrecht

_____[Ort]_____, den _____[Datum]_____

(Unterschrift des Vorsitzenden)

Erläuterungen

Schrifttum

S. die allgemeinen Literaturangaben zu Muster O.V.1. sowie *Fischer* Der Spruch der Einigungsstelle – Folgen einer Teilunwirksamkeit, NZA 1997, 1017; *Hunold* Die Sorgfaltspflichten des Einigungsstellenvorsitzenden, insbesondere im Verfahren über einen Sozialplan, NZA 1999, 785; *Rieble* Die Kontrolle der Einigungsstelle in Rechtsstreitigkeiten, BB 1991, 471; *Schipp* Die Haftung der Einigungsstelle aus fehlerhaften Einigungsstellensprüchen, NZA 2011, 271; *Sprenger* Wofür haftet der Einigungsstellenvorsitzende, BB 2010, 2110; *Tschöpe/Geißler* Formerfordernisse des Einigungsstellenspruchs, NZA 2011, 545.

1007 **1.** Der Spruch der Einigungsstelle ersetzt die Einigung der Betriebsparteien, ist nach § 76 Abs. 3 S. 4 BetrVG schriftlich niederzulegen, vom Vorsitzenden handschriftlich zu unterschreiben und Arbeitgeber und Betriebsrat zuzuleiten. Ein nicht vom Vorsitzenden unterschriebener Einigungsstellenspruch ist unwirksam. Es genügt nicht, wenn der Vorsitzende eine unterschriebene Fassung des Einigungsstellenspruchs zu seinen Akten nimmt und den Parteien lediglich eine nicht unterschriebene Fassung zuleitet (BAG, Beschl. v. 14.09.2010 – 1 ABR 30/09, NZA-RR 2011, 526, 528). Nach Ansicht des BAG soll eine fehlende Unterschrift nach Zuleitung des Spruchs an die Parteien nicht mehr nachholbar sein, so dass der Einigungsstellenspruch unheilbar unwirksam ist (BAG, Beschl. v. 05.10.2010 – 1 ABR 31/09, NZA 2011, 420, 422; a.A. *Tschöpe/Geißler* NZA 2011, 545, 547 f., die zu Recht auch noch eine nachträgliche Unterzeichnung für möglich halten). Eine schriftliche Begründung des Einigungsstellenspruchs ist zwar gesetzlich nicht vorgeschrieben, jedoch zur Erleichterung einer gerichtlichen Überprüfung geboten (ähnlich *Hunold* NZA 1999, 785, 790; AR/*Rieble* § 76 BetrVG Rn. 15) und üblich. Auch im Hinblick auf die Art und Weise der Zuleitung der Entscheidung an die Parteien enthält das Gesetz keine Regelung. Eine bloße Zuleitung durch Email und PDF-Datei soll jedoch nicht genügen, da damit dem Erfordernis der Zuleitung einer vom Vorsitzenden eigenhändig unterschriebenen Fassung des Einigungsstellenspruchs nicht genügt wird (BAG, Beschl. v. 13.03.2012 – 1 ABR 78/10, NZA 2012, 748, 750). Da die Überprüfung des Spruchs durch das Arbeitsgericht auf eine mögliche Überschreitung der Grenzen des Ermessens gem. § 76 Abs. 5 S. 4 BetrVG vom Tage der Zuleitung des Beschlusses an gerechnet nur innerhalb einer Frist von zwei Wochen beim Arbeitsgericht geltend gemacht werden kann, empfiehlt es sich, eine Form der Zuleitung zu wählen, die den Zeitpunkt der Zuleitung eindeutig feststellbar macht.

1008 **2.** Das Verfahren der Beschlussfassung der Einigungsstelle ist in § 76 Abs. 3 BetrVG geregelt. Dort ist vorgesehen, dass die Beschlussfassung der Einigungsstelle nach mündlicher Beratung mit Stimmenmehrheit erfolgt. Gemeint ist mit dieser »mündlichen Beratung« die abschließende Beratung der Mitglieder der Einigungsstelle vor Beschlussfassung, die in Abwesenheit anderer Personen zu erfolgen hat, da anderenfalls die Unwirksamkeit des Einigungsstellenspruchs droht (BAG, Beschl. v. 18.01.1994 – 1 ABR 43/93, NZA 1994, 571 f.). Eine »mündliche Verhandlung« der Einigungsstelle mit Arbeitgeber und Betriebsrat ist demgegenüber nach herrschender Meinung nicht zwingend erforderlich (AR/*Rieble* § 76 BetrVG Rn. 12; a.A. HWK/*Kliemt* § 76 BetrVG Rn. 43), jedoch sowohl zum Zwecke des Versuchs einer Einigung der Parteien als auch zur umfassenden Erörterung des Streitgegenstandes empfehlenswert. Die Beschlussfassung selbst erfolgt nach § 76 Abs. 3 S. 3 BetrVG dergestalt, dass sich der Vorsitzende bei der ersten Abstimmung der Stimme enthält. Kommt eine Stimmenmehrheit auf diese Weise nicht zustande, hat die Einigungsstelle die Beratungen fortzusetzen, um anschließend erneut – diesmal unter Mitwirkung des Vorsitzenden – abzustimmen. Im Falle einer Stimmenthaltung eines Beisitzers wird dessen Stimme nach richtiger Ansicht nicht berücksichtigt (vgl. zum Meinungsstand DLW/*Eisenbeis* Kapitel 13 Rn. 1383). Führt die Enthaltung eines Beisitzers zu einer Pattsituation im zweiten Abstimmungsdurchgang, ist das Verfahren aufgrund des Fehlens einer das Verfahren beendenden

Sachentscheidung fortzusetzen. Eine Stimmenthaltung durch den Vorsitzenden im zweiten Abstimmungsdurchgang ist nicht möglich (*Fitting* § 76 BetrVG Rn. 86; GK-BetrVG/*Kreutz/Jacobs* § 76 BetrVG Rn. 114).

3. Möglich ist es auch, dass die Einigungsstelle zunächst eine vorläufige Regelung trifft, mit der die Zeit bis zur endgültigen Entscheidung überbrückt werden soll (*Bengelsdorf* BB 1991, 613, 618; DLW/*Eisenbeis* Kapitel 13 Rn. 1392). 1009

4. Die Einigungsstelle ist in ihrer Entscheidung weder an inhaltliche Vorgaben der Betriebsparteien gebunden (BAG, Beschl. v. 17.09.2013 – 1 ABR 24/12, JurionRS 2013, 48413) noch an deren Anträge, sondern kann auch eine von den Anträgen abweichende Lösung des Konflikts beschließen (BAG, Beschl. v. 30.01.1990 – 1 ABR 2/89, NZA 1990, 571, 574). Sie hat sich dabei jedoch im Rahmen des Regelungsgegenstandes zu halten, der in den Anträgen zum Ausdruck kommt. 1010

Der Einigungsstellenspruch unterliegt der Rechtskontrolle der Arbeitsgerichte. Diese Rechtskontrolle findet überwiegend im Wege des arbeitsgerichtlichen Beschlussverfahrens nach §§ 2a Abs. 2, 80 ArbGG statt, kann jedoch auch inzidenter als Vorfrage in einem arbeitsgerichtlichen Urteilsverfahren erfolgen. 1011

Die Entscheidung der Einigungsstelle über eine Rechtsfrage unterliegt zeitlich unbefristet und in vollem Umfang der gerichtlichen Kontrolle (BAG, Beschl. v. 11.07.2000 – 1 ABR 43/99, NZA 2001, 402, 404 f.). Steht der Einigungsstelle ein Beurteilungsspielraum bei der Auslegung eines unbestimmten Rechtsbegriffes zu, ist der Spruch jedoch nur im Hinblick darauf zu überprüfen, ob bei der Auslegung die Grenzen des Beurteilungsspielraums eingehalten wurden (*Fitting* BetrVG § 76 BetrVG Rn. 149; a.A. GK-BetrVG/*Kreutz/Jacobs* § 76 BetrVG Rn. 152). 1012

Auch Entscheidungen der Einigungsstelle über Regelungsstreitigkeiten unterliegen der arbeitsgerichtlichen Kontrolle. So ist sowohl die Einhaltung der wesentlichen Verfahrensvorschriften durch die Einigungsstelle als auch ihre Zuständigkeit und die Vereinbarkeit des Spruchs mit höherrangigem Recht überprüfbar (AR/*Rieble* § 76 BetrVG Rn. 19; GK-BetrVG/*Kreutz/Jacobs* § 76 BetrVG Rn. 154). Dagegen ist die Ausübung des Ermessens nur eingeschränkt der Rechtskontrolle unterworfen: Das Arbeitsgericht kann nur den Spruch der Einigungsstelle, d.h. das endgültige Ergebnis der Interessenabwägung, daraufhin überprüfen, ob die Einigungsstelle die Grenzen des ihr eingeräumten Ermessens überschritten hat, (BAG, Beschl. v. 22.01.2013 – 1 ABR 85/11, NZA-RR 2013, 409, 410; ErfK/*Kania* § 76 BetrVG Rn. 32; *Fitting* § 76 BetrVG Rn. 153 f.). Es ist hingegen unerheblich und nicht Gegenstand gerichtlicher Kontrolle, welche Erwägungen der Entscheidung der Einigungsstelle zugrunde liegen (BAG, Beschl. v. 22.01.2013 – 1 ABR 85/11, NZA-RR 2013, 409, 410). Die Überschreitung der Grenzen des Ermessens kann nach § 76 Abs. 5 S. 4 BetrVG nur binnen einer Frist von zwei Wochen ab dem Tag der Zuleitung des Beschlusses der Einigungsstelle beim Arbeitsgericht geltend gemacht werden. 1013

Neben der Überprüfung der Rechtmäßigkeit eines Einigungsstellenspruchs durch die Arbeitsgerichte kann der Einigungsstellenvorsitzende im Falle eines von ihm zu vertretenden fehlerhaften Einigungsstellenspruchs auch nach §§ 280 ff. BGB auf Schadensersatz in Anspruch genommen werden. Ein besonderes Haftungsprivileg des Einigungsstellenvorsitzenden besteht nicht (*Schipp* NZA 2011, 271, 272 ff.; *Sprenger* BB 2010, 2110, 2112). 1014

5. Anfechtung eines Einigungsstellenspruchs

Vorbemerkung

Für die gerichtliche **Anfechtung** eines Einigungsstellenspruchs ist nach der Art des Grundes der Anfechtung zu unterscheiden: Während die gerichtliche Anfechtung wegen vermeintlicher Rechtsverstöße, also die allgemeine Rechtskontrolle, grundsätzlich zeitlich unbefristet möglich ist, kommt 1015 eine gerichtliche Anfechtung wegen vermeintlicher Überschreitung der Grenzen des Ermessens gem. § 76 Abs. 5 S. 4 BetrVG nur binnen einer Frist von zwei Wochen ab dem Tag der Zuleitung des Beschlusses in Betracht (s. AR/*Rieble* § 76 BetrVG Rn. 19 ff. zur Abgrenzung im Einzelnen).

1016 Siehe Muster X.VI.4. – X Rdn. 578 ff. für ein Muster der gerichtlichen Anfechtung eines Einigungsstellenspruchs.

P. Abweichende Betriebsratsstruktur

Inhaltsübersicht

	Rdn.
Einführung	1
I. Abweichende Vereinbarungen gem. § 3 BetrVG	2
1. Tarifvertrag zur Bildung eines unternehmenseinheitlichen Betriebsrates	3
Vorbemerkung	3
Muster: Tarifvertrag zur Bildung eines unternehmenseinheitlichen Betriebsrates	4
Erläuterungen	5
2. Tarifvertrag zur Errichtung von Spartenbetriebsräten	28
Vorbemerkung	28
Muster: Tarifvertrag zur Errichtung von Spartenbetriebsräten	29
Erläuterungen	30
3. Tarifvertrag über andere Arbeitnehmervertretungsstrukturen	52
Vorbemerkung	52
Muster: Tarifvertrag über andere Arbeitnehmervertretungsstrukturen	53
Erläuterungen	54
4. Tarifvertrag zur Bildung einer Arbeitsgemeinschaft	84
Vorbemerkung	84
Muster: Tarifvertrag zur Bildung einer Arbeitsgemeinschaft	85
Erläuterungen	86
5. Tarifvertrag zur Bildung einer zusätzlichen betriebsverfassungsrechtlichen Vertretung	103
Vorbemerkung	103
Muster: Tarifvertrag zur Bildung einer zusätzlichen betriebsverfassungsrechtlichen Vertretung	104
Erläuterungen	105
II. Gemeinschaftsbetrieb	126
1. Führungsvereinbarung	126
Vorbemerkung	126
Muster: Führungsvereinbarung	128
Erläuterungen	129
2. Kündigung einer Führungsvereinbarung	145
Vorbemerkung	145
Muster: Kündigung einer Führungsvereinbarung	146
Erläuterungen	147
3. Negative Führungsvereinbarung	150
Vorbemerkung	150
Muster: Negative Führungsvereinbarung	151
Erläuterungen	152

Einführung

Es gibt zwei verschiedene Möglichkeiten, wie es zu Betriebsratsstrukturen kommen kann, die von der gesetzlichen Regelung des BetrVG abweichen. Zum einen können abweichende Betriebsratsstrukturen gem. § 3 BetrVG durch Tarifvertrag oder Betriebsvereinbarung vereinbart werden. Zum anderen können zwei oder mehr Unternehmen eine Vereinbarung zur Führung eines Gemeinschaftsbetriebes schließen, was zu einer unternehmensübergreifenden Zuständigkeit des Betriebsrates des Gemeinschaftsbetriebes führt.

I. Abweichende Vereinbarungen gem. § 3 BetrVG

Während es in § 3 Abs. 1 Nr. 1 – Nr. 3 BetrVG um Vertretungsstrukturen geht, die von den Vertretungsstrukturen des BetrVG abweichen, sehen § 3 Abs. 1 Nr. 4 und Nr. 5 BetrVG die Bildung zusätzlicher betriebsverfassungsrechtlicher Gremien und Vertretungen vor. Mit Ausnahme von anderen Arbeitnehmervertretungsstrukturen gem. § 3 Abs. 1 Nr. 3 BetrVG, die ausschließlich tarif-

P. Abwechende Betriebsratsstruktur

vertraglich vereinbart werden können, sind Vereinbarungen gem. § 3 BetrVG auch per Betriebsvereinbarung möglich, wenn nicht der sehr weit gefasste Tarifvorrang des § 3 Abs. 2 BetrVG entgegensteht.

1. Tarifvertrag zur Bildung eines unternehmenseinheitlichen Betriebsrates

Vorbemerkung

3   Gem. § 3 Abs. 1 Nr. 1 BetrVG besteht die Möglichkeit, für Unternehmen mit mehreren Betrieben einen unternehmenseinheitlichen Betriebsrat zu bilden oder zumindest mehrere Betriebe betriebsverfassungsrechtlich zusammenzufassen. Im Folgenden wird ein Tarifvertrag zur Bildung eines unternehmenseinheitlichen Betriebsrates dargestellt, aus dem jedoch mit geringfügigen Veränderungen auch ein Tarifvertrag zur betriebsverfassungsrechtlichen Zusammenfassung mehrerer Betriebe gemacht werden kann.

▶ **Muster – Tarifvertrag zur Bildung eines unternehmenseinheitlichen Betriebsrates**

4   Tarifvertrag [1] zur Bildung eines unternehmenseinheitlichen Betriebsrates

zwischen

__[Name und Anschrift des Arbeitgebers]__ (»Gesellschaft«),

und

der Gewerkschaft __[Name und Anschrift der Gewerkschaft]__ (»Gewerkschaft«) [2]

Präambel

Die Gesellschaft hat ____[Anzahl]____ Betriebe in ____[Ort]____, ____[Ort]____ und ____[Ort]____. Die Arbeitnehmer der Gesellschaft werden in allen Betrieben zu im Wesentlichen gleichen Beschäftigungsbedingungen beschäftigt. Die Entscheidungen der Gesellschaft in den wesentlichen arbeitnehmerbezogenen Angelegenheiten erfolgen einheitlich für alle Betriebe.

Mit diesem Tarifvertrag soll dafür Sorge getragen werden, dass die Vertretungsgremien der Beschäftigten auf der Ebene bestehen, auf der die mitbestimmungsrelevanten Entscheidungen getroffen werden. Dieser Tarifvertrag dient damit der sachgerechten Wahrnehmung der Interessen der Arbeitnehmer. [3]

Dies vorausgeschickt, vereinbaren [4] die Parteien auf der Grundlage von § 3 Abs. 1 Nr. 1a BetrVG folgenden Tarifvertrag zur Bildung eines unternehmenseinheitlichen Betriebsrates:

§ 1 Geltungsbereich

(1) Dieser Tarifvertrag gilt in räumlicher Hinsicht für das Gebiet __[Beschreibung des räumlichen Geltungsbereichs, z.B. Bundesrepublik Deutschland]__

(2) Dieser Tarifvertrag gilt in persönlicher Hinsicht für alle Beschäftigten der Gesellschaft i.S.v. § 5 Abs. 1 BetrVG mit Ausnahme leitender Angestellter gem. § 5 Abs. 3 BetrVG. [5]

§ 2 Unternehmenseinheitlicher Betriebsrat

(1) Für die Gesellschaft wird ein unternehmenseinheitlicher Betriebsrat gebildet. Neben diesem unternehmenseinheitlichen Betriebsrat kann kein Betriebsrat auf der Grundlage des Betriebsverfassungsgesetzes gebildet werden. [6]

(2) Der unternehmenseinheitliche Betriebsrat nimmt die Aufgaben eines (örtlichen) Betriebsrates nach dem Betriebsverfassungsgesetz für alle Beschäftigten der Gesellschaft wahr. Wahlberechtigt sind die nach Maßgabe des Betriebsverfassungsgesetzes wahlberechtigten Beschäftigten der Gesellschaft.

(3) Die Anzahl der Mitglieder des unternehmenseinheitlichen Betriebsrates wird entsprechend § 9 BetrVG ermittelt [7], die Anzahl der Freistellungen entsprechend § 38 BetrVG. [8]

(4) Der unternehmenseinheitliche Betriebsrat hat seinen Sitz in __[Angabe des Sitzes]__ . [9]

§ 3 Schwerbehindertenvertretung sowie Jugend- und Auszubildendenvertretung

Die Schwerbehindertenvertretung gem. § 94 SGB IX sowie die Jugend- und Auszubildendenvertretung gem. § 60 BetrVG sind ebenso wie der Betriebsrat unternehmenseinheitlich zu bilden. [10] Die Schwerbehindertenvertretung und die Jugend- und Auszubildendenvertretung haben ihren Sitz am Sitz des unternehmenseinheitlichen Betriebsrates.

§ 4 Gesamtbetriebsrat und weitere Vertretungen

Aufgrund der Errichtung eines unternehmenseinheitlichen Betriebsrates, der die Interessen aller Beschäftigten der Gesellschaft wahrnimmt, wird kein Gesamtbetriebsrat gebildet. [Mit der Konstituierung des unternehmenseinheitlichen Betriebsrates hört der bislang bei der Gesellschaft bestehende Gesamtbetriebsrat auf zu existieren.] [11] Gleiches gilt für die Gesamtschwerbehindertenvertretung und die Gesamt-Jugend- und Auszubildendenvertretung.

§ 5 Fortgeltung von Betriebsvereinbarungen

Die in den bislang bestehenden Betrieben [12] geltenden Gesamtbetriebsvereinbarungen und Betriebsvereinbarungen gelten für die bislang von dem Geltungsbereich der jeweiligen Vereinbarung erfassten Beschäftigten unverändert kollektivrechtlich fort. [13] Für die Abgabe und den Empfang von Kündigungserklärungen oder sonstigen rechtserheblichen Erklärungen mit Blick auf die Gesamtbetriebsvereinbarungen und Betriebsvereinbarungen ist der unternehmenseinheitliche Betriebsrat zuständig.

§ 6 Inkrafttreten und Geltungsdauer

(1) Dieser Tarifvertrag tritt mit seiner Unterzeichnung in Kraft. Die Wahl des unternehmenseinheitlichen Betriebsrates ist __[Zeitangabe]__ einzuleiten. [14] Für die Bestellung der Wahlvorstände für die erstmalige Wahl des unternehmenseinheitlichen Betriebsrates ist der derzeitige Gesamtbetriebsrat der Gesellschaft zuständig. [15] Sollte die Amtszeit der derzeit im Amt befindlichen Betriebsratsgremien bereits vor Abschluss der Neuwahlen enden, steht ihnen bis zum Abschluss der Neuwahlen [, längstens jedoch bis zum __[Datum]__ ,] ein Übergangsmandat analog § 21a Abs. 1 BetrVG zu. [16]

(2) Dieser Tarifvertrag kann mit einer Frist von __[Anzahl]__ Monaten zum __[Angabe des maßgeblichen Kündigungstermins]__ ordentlich gekündigt werden. Für die Wirksamkeit einer solchen ordentlichen Kündigung bedarf es weder eines Kündigungsgrundes noch der Durchführung eines Interessenausgleichs- und Sozialplanverfahrens gem. §§ 111, 112 BetrVG.

(3) Das Recht zur vorzeitigen außerordentlichen Kündigung aus wichtigem Grund bleibt unberührt. Ein wichtiger Grund liegt beispielsweise vor, wenn die Gesellschaft einen Betrieb oder Betriebsteil veräußern will. Auch im Falle einer außerordentlichen Kündigung bedarf es nicht der Durchführung eines Interessenausgleichs- und Sozialplanverfahrens gem. §§ 111, 112 BetrVG. [17]

(4) Nach dem Wirksamwerden einer Kündigung gilt – vorbehaltlich einer anderweitigen Regelung gem. § 3 BetrVG – die vom Betriebsverfassungsgesetz vorgesehene Betriebs- und Betriebsratsstruktur. Dem unternehmenseinheitlichen Betriebsrat steht jedoch ein Übergangsmandat analog § 21a Abs. 1 BetrVG zu. [18] Mit dem Ende des Übergangsmandats endet dieser Tarifvertrag ohne Nachwirkung. [19]

§ 7 Schlussbestimmungen

(1) Soweit in diesem Tarifvertrag nichts anderes geregelt ist, gelten die Vorschriften des Betriebsverfassungsgesetzes für die Betriebsratsgremien und ihre Rechte und Pflichten entsprechend.

(2) Für den Fall, dass die Gesellschaft einen neuen Betrieb oder Betriebsteil aufnehmen sollte, fallen auch der neu aufgenommene Betrieb oder Betriebsteil und die dort beschäftigten Arbeitnehmer i.S.v. § 5 Abs. 1 BetrVG in den Geltungsbereich dieses Tarifvertrages. [20]

(3) Die Regelungen dieses Tarifvertrages stehen der Zulässigkeit von Betriebsänderungen sowie der Veräußerung von Betrieben und Betriebsteilen nicht entgegen. [21]

(4) Nebenabreden zu diesem Tarifvertrag bestehen nicht.

(5) Änderungen und Ergänzungen dieses Tarifvertrages sowie eine etwaige Beendigung dieses Tarifvertrages bedürfen der Schriftform. [22]

(6) Sollte eine Bestimmung dieses Tarifvertrages ganz oder teilweise unwirksam sein oder unwirksam werden, wird die Gültigkeit der übrigen Bestimmungen hiervon nicht berührt. Die Parteien verpflichten sich, anstelle einer etwaigen unwirksamen Bestimmung eine dieser möglichst nahe kommende, wirksame Bestimmung zu vereinbaren. Dasselbe gilt für den Fall einer unbeabsichtigten vertraglichen Lücke.

[Ort, Datum]   [Ort, Datum]

(Unterschriften der Gesellschaft)   (Unterschriften der Gewerkschaft)

Erläuterungen

Schrifttum

Däubler Tarifliche Betriebsverfassung und Betriebsübergang, DB 2005, 666; *Dzida* Maßgeschneiderte Betriebsratsstruktur bei konkurrierenden Gewerkschaften: Ein Mitglied reicht aus, NZA 2010, 80; *Frahm* Der Betriebsbegriff bei der Wahl des Betriebsrates, ArbRAktuell 2010, 57; *Friese* Tarifverträge nach § 3 BetrVG im System des geltenden Tarif- und Arbeitskampfrechts, ZfA 2003, 237; *Gaul/Mückl* Vereinbarte Betriebsverfassung – Was ist möglich, was sinnvoll?, NZA 2011, 657; *Giesen* Betriebsersetzung durch Tarifvertrag?, BB 2002, 1480; *Hanau/Wackerbarth* Der Konzernrat nach § 3 BetrVG n.F., FS für Peter Ulmer zum 70. Geburtstag, 1303; *Hohenstatt/Dzida* Die »maßgeschneiderte« Betriebsverfassung, DB 2001, 2498; *Kort* Betriebsverfassungsrecht als Unternehmensrecht? – Das Verhältnis von § 3 BetrVG n.F. zum Gesellschaftsrecht, AG 2003, 13; *Mückl/Koehler* Rechtsfolgen unwirksamer Vereinbarungen über die Organisation der Betriebsverfassung, NZA-RR 2009, 513; *Plander* Der Betrieb als Verhandlungsobjekt im Betriebsverfassungs- und sonstigen Arbeitsrecht, NZA 2002, 483; *Rieble* Das Übergangsmandat nach § 21a BetrVG, NZA 2002, 233; *Salamon* Fortbestand der Betriebsidentität trotz Entstehung betrieblicher Organisationseinheiten nach § 3 BetrVG?, NZA 2009, 74; *Schmeisser/Frahm* Bildung vom Gesetz abweichender Betriebsratsstrukturen nach § 3 I Nr. 1 BetrVG durch die Betriebspartner, ArbRAktuell 2014, 218; *Sprenger* Freiräume und Grenzen für Zuordnungstarifverträge aus § 3 BetrVG: Gut gemeint und schlecht(-)gemacht?, NZA 2013, 990; *Teusch* Organisationstarifverträge nach § 3 BetrVG, NZA 2007, 124; *ders.* Die Organisation der Betriebsverfassung durch Tarifvertrag; *Thüsing* Vereinbarte Betriebsratsstrukturen, ZIP 2003, 693; *Trappehl/Zimmer* Unternehmenseinheitlicher Betriebsrat bei Verschmelzung, BB 2008, 778; *Trebeck/Kania* Betriebsspaltungen nach §§ 111, 112 BetrVG im Geltungsbereich eines Strukturtarifvertrages nach § 3 BetrVG, BB 2014, 1595.

5   **1.** Gem. § 3 Abs. 2 BetrVG ist auch eine Regelung per Betriebsvereinbarung möglich, wenn in den Betrieben kein Tarifvertrag gilt, also weder ein Tarifvertrag gem. § 3 BetrVG noch ein Tarifvertrag zu irgendeinem anderen Regelungsgegenstand (DLW/*Wildschütz* Kapitel 13 Rn. 156). Die bloße einzelvertragliche Bezugnahme auf einen Tarifvertrag steht jedoch dem Abschluss einer Betriebsvereinbarung gem. § 3 Abs. 1 BetrVG nicht entgegen (BAG, Beschl. v. 24.04.2013 – 7 ABR 71/11, AP Nr. 11 zu § 3 BetrVG 1972; *Schmeisser/Frahm* ArbRAktuell 2014, 218). Wenn vor Abschluss einer Betriebsvereinbarung über einen unternehmenseinheitlichen Betriebsrat ein Gesamtbetriebsrat besteht, ist dieser gem. § 50 Abs. 1 BetrVG für den Abschluss der Betriebsvereinbarung gem. § 3 Abs. 1 Nr. 1 BetrVG zuständig, ohne dass einzelnen Betriebsräten, die aufgrund der Bildung eines unternehmenseinheitlichen Betriebsrats untergehen, ein Vetorecht zustünde (BAG, Beschl. v. 24.04.2013 – 7 ABR 71/11, AP Nr. 11 zu § 3 BetrVG 1972; *Schmeisser/Frahm* ArbRAktuell 2014, 218, 219; a.A. *Richardi* BetrVG § 3 Rn. 81). Gem. § 3 Abs. 3 BetrVG kann die Wahl eines unternehmenseinheitlichen Betriebsrates gem. § 3 Abs. 1 Nr. 1a BetrVG auch durch einen Beschluss der Arbeitnehmer des Unternehmens mit Stimmenmehrheit herbeigeführt werden, wenn es keine tarifliche Regelung gibt und in dem Unternehmen kein Betriebsrat besteht. Nach überwiegender Ansicht bedarf der Beschluss der Arbeitnehmer nicht der absoluten Mehr-

heit, sondern die relative Mehrheit der an der Abstimmung teilnehmenden Arbeitnehmer genügt (LAG Düsseldorf, Beschl. v. 16.10.2008 – 11 TaBV 105/08, BeckRS 2009, 68704; *Gaul/Mückl* NZA 2011, 657, 658; a.A. ArbG Darmstadt, Beschl. v. 12.06.2008 – 6 BV 58/08, BeckRS 2009, 50421).

2. Ein Tarifvertrag gem. § 3 Abs. 1 Nr. 1 BetrVG kann nur mit einer im Betrieb vertretenen Gewerkschaft abgeschlossen werden, die satzungsmäßig für alle Arbeitsverhältnisse der im Betrieb vertretenen Arbeitnehmer zuständig ist (BAG, Beschl. v. 29.07.2009 – 7 ABR 27/08, NZA 2009, 1424, 1427 f.). Wenn mehrere Gewerkschaften in dem Betrieb vertreten und satzungsmäßig für alle Arbeitnehmer zuständig sind, muss der Arbeitgeber den Tarifvertrag nicht mit allen in Betracht kommenden Gewerkschaften gemeinsam abschließen, sondern der Abschluss eines Tarifvertrages gem. § 3 Abs. 1 Nr. 1 BetrVG mit nur einer der Gewerkschaften ist möglich (BAG, Beschl. v. 29.07.2009 – 7 ABR 27/08, NZA 2009, 1424, 1428 ff.; zustimmend *Dzida* NZA 2010, 80, 81 f.).

3. Gem. § 3 Abs. 1 Nr. 1 BetrVG ist die Bildung eines unternehmenseinheitlichen Betriebsrates nur zulässig, wenn dies die Bildung von Betriebsräten erleichtert oder einer sachgerechten Wahrnehmung der Interessen der Arbeitnehmer dient. Dabei ist nach zutreffender Ansicht eine tatsächliche Verbesserung der Interessenvertretung nicht erforderlich, sondern es genügt, wenn eine solche Verbesserung angestrebt wird und der Erfolg nicht ausgeschlossen ist (*Gaul/Mückl* NZA 2011, 657, 660). Zu einer **Erleichterung der Bildung** eines Betriebsrates kommt es insbesondere in den Fällen, in denen anderenfalls die Gefahr besteht, dass in bestimmten (kleinen) Betrieben überhaupt kein Betriebsrat gewählt wird (*Fitting* § 3 BetrVG Rn. 29). Nach Ansicht des BAG soll die Bildung eines unternehmenseinheitlichen Betriebsrats zum Zweck der Erleichterung der Bildung eines Betriebsrats allerdings nicht möglich sein, wenn der Zweck der Erleichterung der Bildung eines Betriebsrats ohne weiteres bereits durch eine Zusammenlegung von Betrieben gem. § 3 Abs. 1 Nr. 1b BetrVG erreicht werden kann und die Bildung eines unternehmenseinheitlichen Betriebsrats die ersichtlich weniger sachgerechte Lösung darstellt (BAG, Beschl. v. 24.04.2013 – 7 ABR 71/11, AP Nr. 11 zu § 3 BetrVG 1972; *Schmeisser/Frahm* ArbRAktuell 2014, 218, 219 f.). Das BAG scheint also § 3 Abs. 1 Nr. 1a BetrVG insofern als subsidiäre Lösung im Vergleich zu § 3 Abs. 1 Nr. 1b BetrVG anzusehen. Der **sachgerechten Wahrnehmung der Interessen** der Arbeitnehmer dient ein unternehmenseinheitlicher Betriebsrat insbesondere, wenn die Entscheidungen in den beteiligungspflichtigen Angelegenheiten zentral auf Unternehmensebene erfolgen (BAG, Beschl. v. 24.04.2013 – 7 ABR 71/11, AP Nr. 11 zu § 3 BetrVG 1972; *Fitting* § 3 BetrVG Rn. 30; *Kort* AG 2003, 13, 18; vgl. auch LAG Schleswig-Holstein, Beschl. v. 09.07.2008 – 3 TaBV 4/08, DB 2009, 71, sowie LAG Berlin-Brandenburg, Beschl. v. 24.09.2009 – 20 TaBV 949/09, BeckRS 2011, 67141 wonach auch bei der Zusammenlegung von Betrieben keine hohen Anforderungen an die Dienlichkeit zur sachgerechten Wahrnehmung der Arbeitnehmerinteressen bestehen, sondern es z.B. genügt, wenn die Zusammenfassung von Betrieben die Bildung von Betriebsratsgremien in einer Größenordnung erlaubt, die ein Mindestmaß an Professionalität durch Aufgabenteilung, Spezialisierung und Freistellung gem. § 38 BetrVG ermöglicht). Nach der Rechtsprechung des BAG dient es einer sachgerechten Wahrnehmung der Interessen der Arbeitnehmer, wenn die Interessenvertretungen dort errichtet werden, wo unternehmerische Leitungsmacht konkret ausgeübt wird und die mitbestimmungsrechtlich relevanten Entscheidungen getroffen werden (BAG, Beschl. v. 21.09.2011 – 7 ABR 54/10, NZA-RR 2012, 186, 191; BAG, Beschl. v. 24.04.2013 – 7 ABR 71/11, AP Nr. 11 zu § 3 BetrVG 1972; vgl. zu weiteren Kriterien *Sprenger*, NZA 2013, 990, 993). Andererseits dürfen die Betriebsparteien nach Ansicht des BAG nicht ausschließlich auf den Umstand zentralisierter unternehmerischer Entscheidungen abstellen, sondern müssen auch den Grundsatz der Ortsnähe berücksichtigen. Die Errichtung eines unternehmenseinheitlichen Betriebsrats darf also nicht den Kontakt zwischen den Arbeitnehmern und dem Betriebsrat aufgrund größerer räumlicher Entfernungen unangemessen erschweren (BAG, Beschl. v. 24.04.2013 – 7 ABR 71/11, AP Nr. 11 zu § 3 BetrVG 1972). Den Betriebsparteien steht allerdings ein Einschätzungsspielraum hinsichtlich des Vorliegens der gesetzlichen Voraussetzungen sowie ein Beurteilungs- und Ermessensspielraum hinsichtlich der inhaltlichen Gestaltung der Regelung zu, was bei der Kontrolle durch die Arbeitsgerichte zu berücksichtigen ist (BAG, Beschl. v. 24.04.2013 – 7 ABR 71/11, AP Nr. 11 zu § 3 BetrVG 1972). Eine auf der Grundlage einer unwirksamen Vereinbarung gem. § 3 Abs. 1 BetrVG durchgeführte Betriebsratswahl ist nicht nichtig, sondern lediglich anfechtbar gem. § 19 BetrVG (BAG, Beschl. v. 13.03.2013 – 7 ABR 70/11, NZA 2013, 738, 740; ErfK/*Koch* § 3 BetrVG Rn. 13; *Fitting* § 3 BetrVG Rn. 23; GK-BetrVG/*Franzen* § 3 BetrVG Rn. 74).

8 Andere Gründe wie z.B. das Interesse des Unternehmens an einer Kosteneinsparung durch eine Verringerung der Anzahl der Betriebsratsgremien oder der Anzahl der Betriebsratsmitglieder können den Abschluss einer Vereinbarung zur Errichtung eines unternehmenseinheitlichen Betriebsrates nicht rechtfertigen (*Fitting* § 3 BetrVG Rn. 31).

9 **4.** Nach der Rechtsprechung des BAG ist es neben dem freiwilligen Abschluss einer Vereinbarung gem. § 3 Abs. 1 Nr. 1 BetrVG auch zulässig, einen Tarifvertrag gem. § 3 Abs. 1 Nr. 1 BetrVG zu erstreiken (BAG, Beschl. v. 29.07.2009 – 7 ABR 27/08, NZA 2009, 1424, 1429; ErfK/*Koch* § 3 BetrVG Rn. 2; ablehnend AR/*Maschmann* § 3 BetrVG Rn. 9; *Friese* ZfA 2003, 237, 270).

10 **5.** Ein Tarifvertrag gem. § 3 Abs. 1 BetrVG enthält Rechtsnormen über betriebsverfassungsrechtliche Fragen i.S.v. § 3 Abs. 2 TVG und gilt daher auch gegenüber nicht tarifgebundenen Arbeitnehmern (AR/*Maschmann* § 3 BetrVG Rn. 9; *Giesen* BB 2002, 1480, 1482).

11 **6.** Der unternehmenseinheitliche Betriebsrat ersetzt die Betriebsräte, die nach dem BetrVG zu bilden wären. § 3 Abs. 1 Nr. 1a BetrVG ermöglicht lediglich die Bildung eines unternehmenseinheitlichen Betriebsrates. Wenn darüber hinausgehend ein konzernweit einheitlicher Betriebsrat gebildet werden soll, ist dies nur auf Grundlage von § 3 Abs. 1 Nr. 3 BetrVG möglich. Der auf Basis einer Vereinbarung gem. § 3 BetrVG gebildete Betriebsrat ist Funktionsnachfolger des vormaligen Betriebsrats, tritt also insb. auch in dessen Beteiligtenstellung in einem arbeitsgerichtlichen Beschlussverfahren ein (BAG, Beschl. v. 24.08.2011 – 7 ABR 8/10, NZA 2012, 223, 224).

12 **7.** Die Regelung der Anzahl der Mitglieder des Betriebsrates gem. § 9 BetrVG ist zwingend. Eine Abweichung ist weder durch Tarifvertrag noch durch Betriebsvereinbarung möglich, und zwar auch nicht zugunsten der Arbeitnehmer, indem die Anzahl der Betriebsratsmitglieder erhöht wird (AR/*Maschmann* § 9 BetrVG Rn. 1; ErfK/*Koch* § 9 BetrVG Rn. 1; vgl. auch BAG, Beschl. v. 07.05.2008 – 7 ABR 17/07, NZA 2008, 1142, 1144). Wenn zusätzliche »Posten« für Arbeitnehmer geschaffen werden sollen, kommt die Errichtung zusätzlicher betriebsverfassungsrechtlicher Vertretungen durch eine Vereinbarung gem. § 3 Abs. 1 Nr. 5 BetrVG in Betracht (AR/*Maschmann* § 9 BetrVG Rn. 1; s. dazu auch P Rdn. 103 ff.).

13 **8.** Gem. § 38 Abs. 1 S. 5 BetrVG können durch Tarifvertrag oder Betriebsvereinbarung auch abweichende Regelungen zu Freistellungen vereinbart werden. Dabei ist nicht nur eine Erhöhung der Anzahl der Freistellungen, sondern auch eine Reduzierung möglich (BAG, Beschl. v. 11.06.1997 – 7 ABR 5/96, NZA 1997, 1301, 1302). Die Möglichkeit anderweitiger Vereinbarungen bezieht sich allerdings nach richtiger Ansicht nur auf die Anzahl von Freistellungen und die Modalitäten etwaiger Teilfreistellungen, nicht auf das Freistellungsverfahren gem. § 38 Abs. 2 BetrVG (ErfK/*Koch* § 38 BetrVG Rn. 5).

14 **9.** Die Regelung eines Sitzes empfiehlt sich aus Sicht des Arbeitgebers unter anderem, um den Aufwand für die Erstattung von Reisekosten kontrollierbar zu halten.

15 **10.** Für die Schwerbehindertenvertretung hat das BAG ausdrücklich entschieden, dass aufgrund einer Vereinbarung gem. § 3 Abs. 1 BetrVG gebildete Organisationseinheiten auch für die Wahl der Schwerbehindertenvertretung maßgeblich sind (BAG, Beschl. v. 10.11.2004 – 7 ABR 17/04, AP Nr. 4 zu § 3 BetrVG 1972; ebenso für Schwerbehindertenvertretung sowie Jugend- und Auszubildendenvertretung GK-BetrVG/*Franzen* § 3 BetrVG Rn. 59; vgl. jedoch auch ArbG Köln, Beschl. v. 27.04.2015 – 15 BV 315/14, BeckRS 2015, 71354, wonach die Struktur der Jugend-

und Auszubildendenvertretung nicht notwendigerweise der Struktur des Betriebsrats folgen muss).

11. Wesentliche Vorteile eines unternehmenseinheitlichen Betriebsrates aus Sicht des Arbeitgebers sind der Wegfall des Erfordernisses der Bildung eines Gesamtbetriebsrates (*Kort* AG 2003, 13, 18; Willemsen/*Hohenstatt* Unternehmensumstrukturierung, Teil D Rn. 153) und die Verringerung der Anzahl der Betriebsratsgremien, die aufgrund der degressiven Staffelungen in § 9 BetrVG bzw. § 38 BetrVG i.d.R. auch zu einer Verringerung der Anzahl der Betriebsratsmitglieder und Freistellungen führt (*Gaul/Mückl* NZA 2011, 657, 658). Vom BetrVG abweichende Regelungen zur Zuständigkeit der Betriebsräte sind in einer Vereinbarung gem. § 3 BetrVG aber nicht möglich (BAG, Beschl. v. 18.11.2014 – 1 ABR 21/13, NZA 2015, 694, 696).

12. Mit dem Wirksamwerden des Tarifvertrages gilt die vereinbarte Organisationseinheit gem. § 3 Abs. 5 BetrVG als Betrieb i.S.d. BetrVG. Im Fall eines unternehmenseinheitlichen Betriebsrates bedeutet dies, dass alle Betriebsstätten des Unternehmens in Deutschland als ein Betrieb gelten. Nach ganz herrschender Meinung ist die Fiktion eines Betriebes auf das BetrVG beschränkt und hat keine Auswirkung auf die Anwendung anderer Gesetze, insbesondere nicht auf das Kündigungsschutzgesetz und die vor einer betriebsbedingten Kündigung durchzuführende Sozialauswahl (so zutreffend DKKW/*Trümner* § 3 BetrVG Rn. 210; *Fitting* § 3 BetrVG Rn. 76; GK-BetrVG/*Franzen* § 3 BetrVG Rn. 68; *Thüsing* ZIP 2003, 693, 705). Zum Teil wird allerdings angenommen, Vereinbarungen nach § 3 Abs. 1 BetrVG würden die Organisationseinheiten beschreiben, die für den Sonderkündigungsschutz der Betriebsratsmitglieder gem. § 15 Abs. 4, 5 KSchG (so LAG Rheinland-Pfalz, Urt. v. 25.01.2007 – 4 Sa 797/06, BeckRS 2007, 45582) sowie für das Erfordernis der Massenentlassungsanzeige gem. § 17 KSchG (so *Gaul/Mückl* NZA 2011, 657, 659 sowie KDZ/*Deinert* § 17 KSchG Rn. 8; a.A. APS/*Moll* § 17 KSchG Rn. 7 sowie KR/*Weigand* § 17 KSchG Rn. 17) maßgeblich sind.

13. Ob und in welchem Umfang Betriebsvereinbarungen bei Veränderungen auf betrieblicher Ebene kollektivrechtlich oder individualrechtlich fortgelten, unterliegt nicht der Regelungsbefugnis der Tarifvertragsparteien. Die Darstellung in dem Tarifvertrag hat daher keinen konstitutiven, sondern nur deklaratorischen Charakter. Für den Fall der Zusammenfassung zuvor eigenständiger Betriebe zu einem einheitlichen Betrieb durch eine Vereinbarung gem. § 3 Abs. 1 BetrVG hat das BAG aber anerkannt, dass bestehende Betriebsvereinbarungen in dem fingierten Einheitsbetrieb beschränkt auf ihren bisherigen Geltungsbereich weiter gelten, jedenfalls wenn die Vereinbarung gem. § 3 Abs. 1 BetrVG nicht mit tatsächlichen Veränderungen der bisherigen Betriebsorganisation verbunden ist (BAG, Beschl. v. 18.03.2008 – 1 ABR 3/07, NZA 2008, 1259, 1262; BAG, Beschl. v. 07.06.2011 – 1 ABR 110/09, NZA 2012, 110, 111; *Gaul/Mückl* NZA 2011, 657, 658; im Ergebnis ebenso, aber mit anderer Begründung *Salamon* NZA 2009, 74, 75 ff.).

14. Die Parteien können frei vereinbaren, wann erstmalig eine Betriebsratswahl auf Basis des Tarifvertrages erfolgen soll. Die abweichende Ansicht, wonach eine vorzeitige Neuwahl nur zulässig sein soll, wenn eine sachgerechte Wahrnehmung der Aufgaben durch das amtierende Gremium unmöglich geworden ist (so *Frahm* ArbRAktuell 2010, 57 ff.), steht im klaren Widerspruch zu § 3 Abs. 4 BetrVG und ist sachlich nicht begründbar. Soweit möglich, sollte versucht werden, den Wahlzyklus in Einklang mit den Terminen der regelmäßigen Betriebsratswahlen gem. § 13 Abs. 1 BetrVG zu bringen (*Hohenstatt/Dzida* DB 2001, 2498, 2502; vgl. aber auch LAG Hessen, Beschl. v. 07.10.2010 – 9 TaBV 86/10, BeckRS 2011, 73469, wonach eine über § 3 Abs. 4 S. 2 BetrVG hinausgehende Regelung von Wahlterminen und -fristen in einer Vereinbarung gem. § 3 BetrVG unwirksam sein soll). Treffen die Parteien keine Regelung, bestimmt § 3 Abs. 4 BetrVG, dass die Vereinbarung erstmals bei der nächsten regelmäßigen Betriebsratswahl anzuwenden ist, es sei denn, es besteht bislang kein Betriebsrat oder eine Neuwahl ist aus anderen Gründen erforderlich.

15. Gem. § 17 Abs. 1 BetrVG ist der Gesamtbetriebsrat für die Bestellung des Wahlvorstandes zuständig, wenn in einem Betrieb bislang kein Betriebsrat besteht. Da in dem durch den Tarifver-

P. Abweichende Betriebsratsstruktur

trag gebildeten neuen Betrieb i.S.v. § 3 Abs. 5 BetrVG bislang kein Betriebsrat besteht, spricht viel dafür, dem Gesamtbetriebsrat die Bestellung des Wahlvorstandes zuzuweisen, zumal die Bestellung durch einen der bislang bestehenden örtlichen Betriebsräte regelmäßig wenig sachgerecht erscheint.

21 **16.** Mit der Regelung des Übergangsmandats soll eine durchgehende betriebsverfassungsrechtliche Vertretung sichergestellt werden. Ob eine solche tarifvertragliche Schaffung oder Ausdehnung eines Übergangsmandats zulässig ist, ist bislang nicht geklärt.

22 **17.** In Rechtsprechung und Literatur ist bislang ungeklärt, unter welchen Voraussetzungen ein Teil eines gem. § 3 Abs. 5 BetrVG fingierten Betriebes veräußert und von dem fingierten Betrieb abgespalten werden kann (s. hierzu *Trebeck/Kania* BB 2014, 1595, 1596 ff. sowie *Willemsen/Hohenstatt* Unternehmensumstrukturierung, Teil D Rn. 192 ff.). Nach richtiger Ansicht ist eine solche betriebliche Spaltung jedenfalls dann ohne Durchführung eines Interessenausgleichsverfahrens gem. §§ 111 ff. BetrVG möglich, wenn es um die Abtrennung eines vor Abschluss des Tarifvertrages auf der Grundlage des BetrVG selbständigen Betriebes geht. Da in einem solchen Fall die Begründung eines unternehmenseinheitlichen Betriebsrates ohne Interessenausgleich durch Abschluss eines Tarifvertrages gem. § 3 Abs. 1 BetrVG möglich ist, muss auch die Abtrennung der Einheit als *actus contrarius* ohne Interessenausgleich möglich sein (s. im Ergebnis auch *Hohenstatt/Dzida* DB 2001, 2498, 2502; a.A. *Trebeck/Kania* BB 2014, 1595, 1597). Um dies sicherzustellen, ist in dem vorliegenden Muster ein außerordentliches Kündigungsrecht für den Fall der Veräußerung eines Betriebes oder Betriebsteils vorgesehen (für die Regelung einer kurzfristigen Kündigungsmöglichkeit auch *Willemsen/Hohenstatt* Unternehmensumstrukturierung, Teil D Rn. 192).

23 **18.** Mit der Vereinbarung eines solchen Übergangsmandats soll eine betriebsratslose Zeit vermieden werden (für eine entsprechende Anwendung von § 21a BetrVG bei Beendigung eines Tarifvertrages gem. § 3 Abs. 1 BetrVG auch LAG München, Beschl. v. 29.06.2011 – 11 TaBV 4/11, juris; *Thüsing* ZIP 2003, 693, 704 sowie *Willemsen/Hohenstatt* Unternehmensumstrukturierung, Teil D Rn. 192; kritisch *Rieble* NZA 2002, 233, 238 ff., der eine Regelung durch die Tarifvertragsparteien empfiehlt). Vgl. zur Unwirksamkeit einer Betriebsratswahl, die nach ordentlicher Kündigung einer Vereinbarung gem. § 3 BetrVG, aber vor Auslaufen der Kündigungsfrist erfolgte LAG Köln, Beschl. v. 04.05.2011 – 9 TaBV 78/10, BeckRS 2012, 66764.

24 **19.** Ob ein Tarifvertrag im Sinne des § 3 Abs. 1 BetrVG gem. § 4 Abs. 5 TVG nachwirkt, ist umstritten (für eine Nachwirkung z.B. *Teusch* NZA 2007, 124, 129 f.; gegen eine Nachwirkung z.B. GK-BetrVG/*Franzen* § 3 BetrVG Rn. 35 m.w.N. sowie *Hanau/Wackerbarth* FS Ulmer, 1303, 1311 f.). Zur Vermeidung der mit diesem Meinungsstreit verbundenen Rechtsunsicherheit empfiehlt sich eine klare Regelung, ob eine Nachwirkung des Tarifvertrages gewollt ist oder nicht (so auch Willemsen/*Hohenstatt* Unternehmensumstrukturierung, Teil D Rn. 201).

25 **20.** Zweck dieser Regelung ist, dass der unternehmenseinheitliche Betriebsrat unabhängig von dem Erwerb von Betrieben oder Betriebsteilen durch das Unternehmen bestehen bleibt und auch für einen neu erworbenen Betrieb oder Betriebsteil zuständig ist (für die Zulässigkeit einer solchen Erstreckung auf nach Abschluss des Tarifvertrages hinzukommende Betriebe oder Betriebsteile LAG Schleswig-Holstein, Beschl. v. 09.07.2008 – 3 TaBV 4/08, BeckRS 2008, 57777; LAG Mecklenburg-Vorpommern, Beschl. v. 08.10.2008 – 2 TaBV 6/08, BeckRS 2009, 50308; LAG Köln, Beschl. v. 18.12.2012 – 7 TaBV 44/12, BeckRS 2013, 73876; zustimmend GK-BetrVG/*Franzen* § 3 BetrVG Rn. 63; offen gelassen vom ArbG Hamburg, Beschl. v. 13.06.2006 – 19 BV 16/06, NZA-RR 2006, 645, 646).

26 **21.** Mit dieser Regelung soll zur Vermeidung von Missverständnissen festgehalten werden, dass der Tarifvertrag gem. § 3 Abs. 1 BetrVG nichts daran ändert, dass der Arbeitgeber (unter Beachtung der §§ 111 ff. BetrVG) zur Durchführung von Betriebsänderungen berechtigt ist. Spätere Umorganisationen des Arbeitgebers führen nicht automatisch zu einer Unwirksamkeit der Vereinbarung nach § 3 BetrVG, jedenfalls nicht, wenn es um eine bloße Änderung der Personalverant-

wortung für Teilbereiche geht (vgl. LAG Köln, Beschl. v. 28.07.2011 – 7 TaBV 31/11, BeckRS 2011, 78958).

22. Tarifverträge gem. § 3 Abs. 1 BetrVG unterliegen dem gesetzlichen Schriftformerfordernis des § 1 Abs. 2 TVG (BAG, Beschl. v. 29.07.2009 – 7 ABR 27/08, NZA 2009, 1424, 1427), so dass die Regelung nur deklaratorischen Charakter hat.

2. Tarifvertrag zur Errichtung von Spartenbetriebsräten

Vorbemerkung

§ 3 Abs. 1 Nr. 2 BetrVG ermöglicht es in Unternehmen und Konzernen, die nach produkt- oder projektbezogenen Geschäftsbereichen organisiert sind, Spartenbetriebsräte zu errichten. Anders als auf Basis von § 3 Abs. 1 Nr. 1 BetrVG ist also nicht nur eine unternehmensweite, sondern auch eine konzernweite Regelung möglich.

▶ **Muster – Tarifvertrag zur Errichtung von Spartenbetriebsräten**

Tarifvertrag [1] zur Errichtung von Spartenbetriebsräten

zwischen

[Name und Anschrift des Arbeitgebers]   (»Gesellschaft«),

und

der Gewerkschaft   [Name und Anschrift der Gewerkschaft]   (»Gewerkschaft«) [2]

Präambel

Die Gesellschaft ist in produktbezogenen Geschäftsbereichen organisiert. Während eine Sparte für die Herstellung und den Vertrieb von   [Bezeichnung des Produkts]   (»Sparte A«) zuständig ist, ist die andere Sparte für die Herstellung und den Vertrieb von   [Bezeichnung des Produkts]   (»Sparte B«) zuständig. Für beide Sparten gibt es separate Spartengeschäftsleitungen. Zwar sind die Arbeitnehmer der beiden Sparten an verschiedenen Standorten in Deutschland gemeinsam untergebracht. Aufgrund der spartenbezogenen Organisation und Geschäftsleitung der Gesellschaft werden die die Arbeitnehmer betreffenden Entscheidungen jedoch regelmäßig nicht standortbezogen, sondern spartenbezogen von der jeweiligen Spartengeschäftsleitung getroffen.

Mit diesem Tarifvertrag soll dafür Sorge getragen werden, dass die Vertretungsgremien der Beschäftigten an die Entscheidungsstrukturen der Gesellschaft angelehnt sind und auf der Entscheidungsebene bestehen, auf der die wesentlichen mitbestimmungsrelevanten Entscheidungen getroffen werden. Dieser Tarifvertrag dient damit der sachgerechten Wahrnehmung der Interessen der Arbeitnehmer. [3]

Dies vorausgeschickt, vereinbaren [4] die Parteien auf der Grundlage von § 3 Abs. 1 Nr. 2 BetrVG folgenden Tarifvertrag zur Errichtung von Spartenbetriebsräten:

§ 1 Geltungsbereich

(1) Dieser Tarifvertrag gilt in räumlicher Hinsicht für das Gebiet   [Beschreibung des räumlichen Geltungsbereichs, z.B. Bundesrepublik Deutschland] .

(2) Dieser Tarifvertrag gilt in persönlicher Hinsicht für alle Beschäftigten der Gesellschaft i.S.v. § 5 Abs. 1 BetrVG mit Ausnahme leitender Angestellter gem. § 5 Abs. 3 BetrVG. [5]

§ 2 Spartenbetriebsräte

(1) Für die Sparte A und für die Sparte B wird jeweils ein Spartenbetriebsrat gebildet. Neben den Spartenbetriebsräten können keine Betriebsräte auf der Grundlage des Betriebsverfassungsgesetzes gebildet werden. [6]

(2) Die Spartenbetriebsräte nehmen jeweils die Aufgaben eines (örtlichen) Betriebsrates nach dem Betriebsverfassungsgesetz für alle Beschäftigten der jeweiligen Sparte wahr. Wahlberechtigt sind die nach Maßgabe des Betriebsverfassungsgesetzes wahlberechtigten Beschäftigten der jeweiligen Sparte. Alle Beschäftigten werden einer der Sparten zugeordnet. Die Zuordnung der Beschäftigten zu den beiden Sparten ergibt sich aus der als Anlage 1 beigefügten Zuordnungsliste. [7] Bei zukünftigen Einstellungen von Beschäftigten wird die Gesellschaft bei der Einstellungsinformation gem. § 99 BetrVG angeben, welcher der beiden Sparten der Beschäftigte zugeordnet wird.

(3) Die Anzahl der Mitglieder der Spartenbetriebsräte wird entsprechend § 9 BetrVG ermittelt, die Anzahl der Freistellungen entsprechend § 38 BetrVG. [8]

(4) Der Spartenbetriebsrat der Sparte A hat seinen Sitz in __[Angabe des Sitzes]__, der Spartenbetriebsrat der Sparte B in __[Angabe des Sitzes]__ . [9]

§ 3 Schwerbehindertenvertretung sowie Jugend- und Auszubildendenvertretung

Für jede der beiden Sparten wird je eine Schwerbehindertenvertretung gem. § 94 SGB IX und eine Jugend- und Auszubildendenvertretung gem. § 60 BetrVG gebildet. [10] Die Schwerbehindertenvertretung und die Jugend- und Auszubildendenvertretung haben ihren Sitz am Sitz des jeweiligen Spartenbetriebsrates.

§ 4 Gesamtbetriebsrat

(1) Die beiden Spartenbetriebsräte bilden einen Gesamtbetriebsrat. [11] Die Bestimmungen des Betriebsverfassungsgesetzes zu Gesamtbetriebsräten, insbesondere zur Frage der Zuständigkeit des Gesamtbetriebsrates, gelten entsprechend.

(2) Die Anzahl der von den Spartenbetriebsräten in den Gesamtbetriebsrat zu entsendenden Mitglieder ist entsprechend § 47 Abs. 2 BetrVG zu ermitteln.

(3) Der Gesamtbetriebsrat hat seinen Sitz in __[Angabe des Sitzes]__ .

§ 5 Fortgeltung von Betriebsvereinbarungen

(1) Die bislang geltenden Gesamtbetriebsvereinbarungen gelten unverändert kollektivrechtlich fort.

(2) Die in den bislang bestehenden Betrieben [12] geltenden Betriebsvereinbarungen gelten für die bislang von dem Geltungsbereich der jeweiligen Vereinbarung erfassten Beschäftigten unverändert kollektivrechtlich fort. [13] Für die Abgabe und den Empfang von Kündigungserklärungen oder sonstigen rechtserheblichen Erklärungen mit Blick auf die Betriebsvereinbarungen ist der jeweilige Spartenbetriebsrat für die von ihm vertretenen Beschäftigten zuständig.

§ 6 Inkrafttreten und Geltungsdauer

(1) Dieser Tarifvertrag tritt mit seiner Unterzeichnung in Kraft. Die Wahl der Spartenbetriebsräte ist __[Zeitangabe]__ einzuleiten. [14] Für die Bestellung der Wahlvorstände für die erstmalige Wahl der Spartenbetriebsräte ist der Gesamtbetriebsrat der Gesellschaft zuständig. [15] Sollte die Amtszeit der derzeit im Amt befindlichen Betriebsratsgremien bereits vor Abschluss der Neuwahlen enden, steht ihnen bis zum Abschluss der Neuwahlen [, längstens jedoch bis zum __[Datum]__ ,] ein Übergangsmandat analog § 21a Abs. 1 BetrVG zu. [16]

(2) Dieser Tarifvertrag kann mit einer Frist von __[Anzahl]__ Monaten zum __[Angabe des maßgeblichen Kündigungstermins]__ ordentlich gekündigt werden. Für die Wirksamkeit einer solchen ordentlichen Kündigung bedarf es weder eines Kündigungsgrundes noch der Durchführung eines Interessenausgleichs- und Sozialplanverfahrens gem. §§ 111, 112 BetrVG.

(3) Das Recht zur vorzeitigen außerordentlichen Kündigung aus wichtigem Grund bleibt unberührt. Ein wichtiger Grund liegt beispielsweise vor, wenn die Gesellschaft einen Betrieb oder Betriebsteil veräußern will. Auch im Falle einer außerordentlichen Kündigung bedarf es nicht der Durchführung eines Interessenausgleichs- und Sozialplanverfahrens gem. §§ 111, 112 BetrVG. [17]

(4) Nach dem Wirksamwerden einer Kündigung gilt – vorbehaltlich einer anderweitigen Regelung gem. § 3 BetrVG – die vom Betriebsverfassungsgesetz vorgesehene Betriebs- und Betriebsratsstruktur. Den Spartenbetriebsräten steht jedoch für die von ihnen vertretenen Beschäftigten ein Übergangsmandat analog § 21a Abs. 1 BetrVG zu. [18] Mit dem Ende der Übergangsmandate endet dieser Tarifvertrag ohne Nachwirkung. [19]

§ 7 Schlussbestimmungen

(1) Soweit in diesem Tarifvertrag nichts anderes geregelt ist, gelten die Vorschriften des Betriebsverfassungsgesetzes für die Betriebsratsgremien und ihre Rechte und Pflichten entsprechend.

(2) Für den Fall, dass die Gesellschaft einen neuen Betrieb oder Betriebsteil aufnehmen sollte, fallen auch der neu aufgenommene Betrieb oder Betriebsteil und die dort beschäftigten Arbeitnehmer i.S.v. § 5 Abs. 1 BetrVG in den Geltungsbereich dieses Tarifvertrages. Die Gesellschaft und das zuständige Betriebsratsgremium sollen sich vor der Aufnahme eines neuen Betriebes oder Betriebsteils über die Spartenzuordnung der hinzukommenden Beschäftigten verständigen. Falls eine Verständigung nicht möglich ist, trifft die Gesellschaft eine Zuordnungsentscheidung, über die sie das zuständige Betriebsratsgremium unverzüglich schriftlich informiert. [20]

(3) Die Regelungen dieses Tarifvertrages stehen der Zulässigkeit von Betriebsänderungen sowie der Veräußerung von Betrieben und Betriebsteilen nicht entgegen. [21]

(4) Nebenabreden zu diesem Tarifvertrag bestehen nicht.

(5) Änderungen und Ergänzungen dieses Tarifvertrages sowie eine etwaige Beendigung dieses Tarifvertrages bedürfen der Schriftform. [22]

(6) Sollte eine Bestimmung dieses Tarifvertrages ganz oder teilweise unwirksam sein oder unwirksam werden, wird die Gültigkeit der übrigen Bestimmungen hiervon nicht berührt. Die Parteien verpflichten sich, anstelle einer etwaigen unwirksamen Bestimmung eine dieser möglichst nahe kommende, wirksame Bestimmung zu vereinbaren. Dasselbe gilt für den Fall einer unbeabsichtigten vertraglichen Lücke.

Anlage 1: Zuordnungsliste

[Ort, Datum]   [Ort, Datum]

(Unterschriften der Gesellschaft)   (Unterschriften der Gewerkschaft)

Erläuterungen

Schrifttum

S. die allgemeinen Literaturangaben zu Muster P.I.1. sowie *Friese* Die Bildung von Spartenbetriebsräten nach § 3 Abs. 1 Nr. 2 BetrVG, RdA 2003, 92; *Moll/Ersfeld* Betriebsratsstruktur nach Betriebsübergang, DB 2011, 1108.

1. S. Muster P.I.1. (P Rdn. 5) zur Möglichkeit einer Regelung per Betriebsvereinbarung. Anders als ein unternehmenseinheitlicher Betriebsrat können Spartenbetriebsräte nicht gem. § 3 Abs. 3 BetrVG durch einfache Abstimmung der Arbeitnehmer errichtet werden.

2. Vgl. zur Tarifzuständigkeit Muster P.I.1 (P Rdn. 6).

3. Gem. § 3 Abs. 1 Nr. 2 BetrVG kommt die Bildung von Spartenbetriebsräten in Betracht, wenn ein Unternehmen oder ein Konzern nach produkt- oder projektbezogenen Geschäftsbereichen organisiert ist. Wichtig ist also, dass ein Produkt- oder Projektbezug des Geschäftsbereichs vorliegt (DLW/*Wildschütz* Kapitel 13 Rn. 142; kritisch zu dieser Beschränkung *Friese* RdA 2003, 92). Hat ein Unternehmen demgegenüber z.B. regionale oder kundenbezogene Geschäftsbereiche, ist die Vereinbarung eines Spartenbetriebsrates gem. § 3 Abs. 1 Nr. 2 BetrVG nicht möglich (*Gaul/Mückl* NZA 2011, 657, 660). In einem solchen Fall kommt aber der Abschluss eines Tarifvertrages zur Vereinbarung anderer Arbeitnehmervertretungsstrukturen i.S.v. § 3 Abs. 1 Nr. 3 BetrVG in Betracht (s. dazu Muster P.I.3., P Rdn. 53). Weiterhin setzt § 3 Abs. 1 Nr. 2 BetrVG voraus, dass die Leitung der Sparte auch Entscheidungen in beteiligungspflichtigen Angelegenheiten trifft und die Bildung der Spartenbetriebsräte der sachgerechten Wahrnehmung der Aufgaben des Betriebsrates dient. Wenn die Entscheidungen in den (wesentlichen) beteiligungspflichtigen Angelegenheiten von der jeweiligen Spartenleitung unabhängig von den Entscheidungen der anderen Spartenleitungen erfolgen, dürfte die Errichtung von Spartenbetriebsräten in aller Regel der sachgerechten Wahrnehmung der Aufgaben des Betriebsrates dienen (kritisch hierzu *Friese* RdA 2002, 92, 100).

33 **4.** Zur Erstreikbarkeit von Tarifverträgen gem. § 3 Abs. 1 Nr. 2 BetrVG s. Muster P.I.1 (P Rdn. 9).

34 **5.** S. Muster P.I.1. (P Rdn. 10) zur Geltung von Tarifverträgen gem. § 3 Abs. 1 BetrVG gegenüber nicht tarifgebundenen Arbeitnehmern.

35 **6.** Das Verhältnis von Spartenbetriebsräten zu Betriebsräten auf der Grundlage des BetrVG ist umstritten. Nach richtiger Ansicht kommt die Bildung von Betriebsräten auf der Grundlage des BetrVG neben Spartenbetriebsräten nicht in Betracht, jedenfalls dann nicht, wenn sämtliche betroffenen Arbeitnehmer einer der Sparten zugeordnet sind (im Ergebnis auch LAG Hessen, Beschl. v. 06.07.2005 – 9/5 TaBV 115/04, BeckRS 2008, 54608; *Teusch* NZA 2007, 124, 126; a.A. z.B. *Friese* RdA 2003, 92, 96 sowie *Kort* AG 2003, 13, 19 f., die ein Nebeneinander von Spartenbetriebsräten und Betriebsräten nach dem BetrVG für möglich halten).

36 **7.** Um sicherzustellen, dass die Vereinbarung der Spartenbetriebsräte wirksam ist und nicht noch weitere Betriebsräte neben den Spartenbetriebsräten gebildet werden können, ist es wichtig, dass alle Beschäftigten einer Sparte zugeordnet werden. Schwierigkeiten kann das insbesondere bei Mitarbeitern in sog. Zentralfunktionen (z.B. Mitarbeitern der Personalabteilung, der Rechtsabteilung oder des Controllings) bereiten, da diese Mitarbeiter häufig Leistungen für alle Sparten erbringen. Zur Lösung dieses Problems ist zu erwägen, eine eigene Sparte »Zentrale Dienste« zu schaffen, der die in den Zentralfunktionen beschäftigten Mitarbeiter zugeordnet werden und für die es eine eigene Spartenleitung mit Entscheidungsbefugnis in den beteiligungspflichtigen Angelegenheiten gibt.

37 **8.** Vgl. Muster P.I.1. (P Rdn. 12) zum zwingenden Charakter von § 9 BetrVG sowie Muster P.I.1. (P Rdn. 13) zu der gem. § 38 Abs. 1 S. 5 BetrVG bestehenden Möglichkeit, durch Tarifvertrag oder Betriebsvereinbarung abweichende Regelungen zu Freistellungen zu vereinbaren.

38 **9.** Vgl. Muster P.I.1. (P Rdn. 14).

39 **10.** S. Muster P.I.1. (P Rdn. 15) für die Bildung der Schwerbehindertenvertretung sowie der Jugend- und Auszubildendenvertretung auf der Ebene der gem. § 3 Abs. 1 BetrVG vereinbarten Organisationsstrukturen.

40 **11.** Wenn mehrere Gesellschaften einen Tarifvertrag über eine gemeinsame Spartenorganisation abschließen, kann auch ein unternehmensübergreifender Spartengesamtbetriebsrat vorgesehen werden (str., s. ArbG Frankfurt a.M., Beschl. v. 24.05.2006 – 14 BV 518/04, NJOZ 2007, 22 ff.; *Fitting* § 3 BetrVG Rn. 45 m.w.N.; *Gaul/Mückl* NZA 2011, 657, 660 f.; *Richardi* BetrVG § 3 Rn. 32). Nicht möglich sein soll die Bildung eines Spartengesamtbetriebsrates allerdings, wenn auf betrieblicher Ebene keine Spartenbetriebsräte, sondern reguläre, spartenunabhängige Betriebsräte bestehen (LAG Hessen, Beschl. v. 06.07.2005 – 9/5 TaBV 115/04, BeckRS 2008, 54608; *Richardi* BetrVG § 3 Rn. 32). Vgl. zum umgekehrten Fall der Einbeziehung eines unternehmensübergreifenden Spartenbetriebsrats in den Gesamtbetriebsrat eines beteiligten Unternehmens *Moll/Ersfeld* DB 2011, 1108, 1110.

41 **12.** Vgl. Muster P.I.1. (P Rdn. 17) zur Betriebsfiktion des § 3 Abs. 5 BetrVG.

13. Ob und in welchem Umfang Betriebsvereinbarungen bei Veränderungen auf betrieblicher Ebene kollektivrechtlich oder individualrechtlich fortgelten, unterliegt nicht der Regelungsbefugnis der Tarifvertragsparteien. Die Darstellung in dem Tarifvertrag hat daher keinen konstitutiven, sondern nur deklaratorischen Charakter.

14. S. Muster P.I.1. (P Rdn. 19) zu den Regelungsmöglichkeiten für die Einleitung der ersten Betriebsratswahlen in der neuen Organisationsstruktur.

15. Gem. § 17 Abs. 1 BetrVG ist der Gesamtbetriebsrat für die Bestellung des Wahlvorstandes zuständig, wenn in einem Betrieb bislang kein Betriebsrat besteht. Da in den durch den Tarifvertrag gebildeten neuen Spartenbetrieben, die als Betriebe i.S.v. § 3 Abs. 5 BetrVG anzusehen sind, bislang kein Betriebsrat besteht, spricht viel dafür, dem Gesamtbetriebsrat die Bestellung des Wahlvorstandes zuzuweisen.

16. Vgl. zur Regelung des Übergangsmandats vor Abschluss der Wahlen für die neuen Vertretungsstrukturen Muster P.I.1. (P Rdn. 21).

17. Vgl. Muster P.I.1. (P Rdn. 22) zu den Voraussetzungen der Veräußerung und Abtrennung von Betrieben oder Betriebsteilen von einem gem. § 3 Abs. 5 BetrVG fingierten Betrieb.

18. Vgl. zur Regelung eines Übergangsmandats bei Beendigung des Tarifvertrages gem. § 3 Abs. 1 BetrVG Muster P.I.1. (P Rdn. 23).

19. Vgl. Muster P.I.1. (P Rdn. 24) zur Nachwirkung von Tarifverträgen gem. § 3 Abs. 1 BetrVG.

20. Diese Regelung soll eine Aufnahme weiterer Betriebe oder Betriebsteile in die Spartenorganisation ermöglichen. Über die Regelung bei Schaffung eines unternehmenseinheitlichen Betriebsrates hinaus bedarf es beim Bestehen von Spartenbetriebsräten zusätzlich einer Regelung der Zuordnung der neu hinzukommenden Arbeitnehmer zu den Sparten. Das vorliegende Muster stellt darauf ab, dass die Zuordnungsentscheidung der unternehmerischen Entscheidungsfreiheit des Arbeitgebers unterliegt. Alternativ kann erwogen werden, für den Fall, dass keine Einigung zwischen Arbeitgeber und Betriebsrat über die Zuordnung zustande kommt, eine Einigungsstelle einzurichten. In einem solchen Fall müssten allerdings kurze Fristen für die Entscheidung der Einigungsstelle vorgesehen werden, um die Aufnahme der neu hinzukommenden Arbeitnehmer nicht zu verzögern.

21. Vgl. Muster P.I.1. (P Rdn. 26).

22. S. Muster P.I.1. (P Rdn. 27) zum Schriftformerfordernis für Tarifverträge gem. § 3 Abs. 1 BetrVG.

3. Tarifvertrag über andere Arbeitnehmervertretungsstrukturen

Vorbemerkung

Gem. § 3 Abs. 1 Nr. 3 BetrVG besteht die Möglichkeit, gänzlich andere Arbeitnehmervertretungsstrukturen zu vereinbaren. Anders als für die anderen Fallgruppen des § 3 Abs. 1 BetrVG können solche gänzlich anderen Arbeitnehmervertretungsstrukturen ausschließlich per Tarifvertrag und nicht per Betriebsvereinbarung vereinbart werden. Hintergrund dieser Beschränkung ist, dass § 3 Abs. 1 Nr. 3 BetrVG besonders weitgehende, von der Grundkonzeption des BetrVG abweichende Gestaltungsmöglichkeiten eröffnet (s. die Begründung des Gesetzesentwurfs der Bundesregierung, BT-Drs. 14/5741, S. 34).

P. Abweichende Betriebsratsstruktur

▶ **Muster – Tarifvertrag über andere Arbeitnehmervertretungsstrukturen**

53 Tarifvertrag [1] über andere Arbeitnehmervertretungsstrukturen

zwischen

[Name und Anschrift des 1. Arbeitgebers] (»Gesellschaft A«),

[Name und Anschrift des 2. Arbeitgebers] (»Gesellschaft B«),

[Name und Anschrift des 3. Arbeitgebers] (»Gesellschaft C«),

[Name und Anschrift des 4. Arbeitgebers] (»Gesellschaft D«), und

[Name und Anschrift des 5. Arbeitgebers] (»Gesellschaft E«)

(zusammen die »Gesellschaften«)

und

der Gewerkschaft [Name und Anschrift der Gewerkschaft] (»Gewerkschaft«) [2]

Präambel

Alle Gesellschaften sind Teil des [Bezeichnung des Konzerns] (»A-Konzern«). Die Gesellschaften A und B vertreiben bundesweit in einer Vielzahl von Filialen [Bezeichnung der von den Gesellschaften vertriebenen Produkte]. Die Gesellschaften C und D sind demgegenüber im Bereich der Entwicklung und des Vertriebs von [Bezeichnung der Produktart] tätig. Bei der ebenfalls konzernzugehörigen Gesellschaft E handelt es sich um ein [Bezeichnung der Geschäftätigkeit] mit einem Betrieb in [Ort], der unabhängig von den Betrieben der anderen Gesellschaften geführt wird. Eine Übersicht über die Konzern- und Betriebsstruktur ist diesem Tarifvertrag zu Illustrationszwecken als *Anlage 1* beigefügt.

Da die Geschäftätigkeiten der Gesellschaften A und B nahezu identisch sind, sollen ihre Arbeitnehmer künftig betriebsverfassungsrechtlich gemeinsam durch Regionalbetriebsräte in [Anzahl der Regionen] Regionen vertreten werden, zumal die Geschäftsführungen der Gesellschaften A und B seit geraumer Zeit personenidentisch besetzt sind. Für die Gesellschaften C und D, deren Geschäftätigkeiten ähnlich, aber nicht mit den Geschäftätigkeiten der Gesellschaften A und B vergleichbar sind, soll demgegenüber ein einheitlicher Spartenbetriebsrat eingerichtet werden. Für die Gesellschaft E soll weiterhin ein Betriebsrat nach den Vorschriften des Betriebsverfassungsgesetzes gebildet werden.

Mit diesem Tarifvertrag wird dafür Sorge getragen, dass die Vertretungsgremien der Beschäftigten jeweils auf der Ebene bestehen, auf der unternehmensübergreifend regional bzw. spartenbezogen die mitbestimmungsrelevanten Entscheidungen getroffen werden. Dieser Tarifvertrag gewährleistet somit, dass innerhalb des A-Konzerns effektive Beteiligungsstrukturen bestehen, die der wirksamen und zweckmäßigen Interessenvertretung der Beschäftigten dienen. [3]

Dies vorausgeschickt, vereinbaren [4] die Parteien auf der Grundlage von § 3 Abs. 1 Nr. 3 BetrVG folgenden Tarifvertrag über andere Arbeitnehmervertretungsstrukturen [5]:

§ 1 Geltungsbereich

(1) Dieser Tarifvertrag gilt in räumlicher Hinsicht für das Gebiet [Beschreibung des räumlichen Geltungsbereichs, z.B. Bundesrepublik Deutschland].

(2) Dieser Tarifvertrag gilt in persönlicher Hinsicht für alle Beschäftigten der Gesellschaften i.S.v. § 5 Abs. 1 BetrVG mit Ausnahme leitender Angestellter gem. § 5 Abs. 3 BetrVG. [6]

§ 2 Regionalbetriebsräte

(1) Die Tätigkeiten und die Beschäftigten der Gesellschaften A und B sind in die Regionen [Bezeichnung der Regionen] aufgeteilt. Die Zuordnung der Betriebsstätten zu den Regionen ergibt sich *aus der als Anlage 2 beigefügten Übersicht*. Für jede der [Anzahl] Regionen wird ein Regionalbetriebsrat gebildet. Neben den Regionalbetriebsräten können bei den Gesellschaften A und B keine Betriebsräte auf der Grundlage des Betriebsverfassungsgesetzes gebildet werden. [7]

(2) Die Regionalbetriebsräte nehmen jeweils die Aufgaben eines (örtlichen) Betriebsrates nach dem Betriebsverfassungsgesetz für alle Beschäftigten der Gesellschaften A und B in der jeweiligen Region wahr. Wahlberechtigt sind die nach Maßgabe des Betriebsverfassungsgesetzes wahlberechtigten Beschäftigten in der jeweiligen Region.

(3) Die Regionalbetriebsräte haben jeweils ____[Anzahl]____ Mitglieder. [8]

(4) Die Regionalbetriebsräte haben ihre Sitze in folgenden Orten: __[Angabe der Sitze der verschiedenen Regionalbetriebsräte]__ . [9]

§ 3 Spartenbetriebsrat

(1) Für die Gesellschaften C und D wird ein Spartenbetriebsrat gebildet. [10] Neben dem Spartenbetriebsrat können bei den Gesellschaften C und D keine Betriebsräte auf der Grundlage des Betriebsverfassungsgesetzes gebildet werden.

(2) Der Spartenbetriebsrat nimmt die Aufgaben eines (örtlichen) Betriebsrates nach dem Betriebsverfassungsgesetz für alle Beschäftigten der Gesellschaften C und D wahr. Wahlberechtigt sind die nach Maßgabe des Betriebsverfassungsgesetzes wahlberechtigten Beschäftigten der Gesellschaften C und D.

(3) Die Anzahl der Mitglieder des Spartenbetriebsrates bestimmt sich entsprechend § 9 BetrVG.

(4) Der Spartenbetriebsrat hat seinen Sitz in __[Angabe des Sitzes]__ .

(5) Aufgrund der Bildung eines einheitlichen Spartenbetriebsrates bei den Gesellschaften C und D erfolgt bei den Gesellschaften C und D keine Bildung eines Gesamtbetriebsrates.

§ 4 Betriebsrat der Gesellschaft E

Der bei der Gesellschaft E nach Maßgabe des Betriebsverfassungsgesetzes gebildete Betriebsrat bleibt von der vorliegenden Vereinbarung unberührt. Die Wahlen eines Betriebsrates bei der Gesellschaft E richten sich auch zukünftig ausschließlich nach den Vorschriften des Betriebsverfassungsgesetzes. [11]

§ 5 Unternehmensübergreifender Gesamtbetriebsrat der Gesellschaften A und B

(1) Die ____[Anzahl]____ Regionalbetriebsräte der Gesellschaften A und B bilden einen unternehmensübergreifenden Gesamtbetriebsrat für die Beschäftigten der Gesellschaften A und B. [12]

(2) Im Hinblick auf die Regionalbetriebsräte und den Konzernbetriebsrat nimmt der unternehmensübergreifende Gesamtbetriebsrat die Funktion eines Gesamtbetriebsrates nach dem Betriebsverfassungsgesetz wahr. Die Bestimmungen des Betriebsverfassungsgesetzes zu Gesamtbetriebsräten, insbesondere zur Frage der Zuständigkeit des Gesamtbetriebsrates, gelten entsprechend, soweit in diesem Tarifvertrag nichts anderes geregelt ist.

(3) Jeder Regionalbetriebsrat entsendet ____[Anzahl]____ Mitglieder in den unternehmensübergreifenden Gesamtbetriebsrat. [13]

(4) Der unternehmensübergreifende Gesamtbetriebsrat hat seinen Sitz in __[Angabe des Sitzes]__ .

§ 6 Konzernbetriebsrat

(1) Für die Beschäftigten des A-Konzerns wird ein Konzernbetriebsrat gebildet.

(2) Die Bestimmungen des Betriebsverfassungsgesetzes zu Konzernbetriebsräten, insbesondere zur Frage der Zuständigkeit des Konzernbetriebsrates, gelten entsprechend, soweit in diesem Tarifvertrag nichts anderes geregelt ist.

(3) In den Konzernbetriebsrat entsenden der unternehmensübergreifende Gesamtbetriebsrat ____[Anzahl]____ Mitglieder, der Spartenbetriebsrat ____[Anzahl]____ Mitglieder und der Betriebsrat der Gesellschaft E ____[Anzahl]____ Mitglieder. [14]

(4) Der Konzernbetriebsrat hat seinen Sitz in __[Angabe des Sitzes]__ .

P. Abweichende Betriebsratsstruktur

§ 7 Wirtschaftsausschuss

(1) Für den A-Konzern wird ein einheitlicher Wirtschaftsausschuss auf Konzernebene gebildet. Die Bildung weiterer Wirtschaftsausschüsse in den einzelnen Gesellschaften des A-Konzerns erfolgt nicht. [15]

(2) Die Bestimmungen des Betriebsverfassungsgesetzes zu Wirtschaftsausschüssen, insbesondere zur Frage der Zuständigkeit des Wirtschaftsausschusses, gelten entsprechend, soweit in diesem Tarifvertrag nichts anderes geregelt ist.

(3) Der Wirtschaftsausschuss besteht aus ___[Anzahl]___ Mitgliedern, [16] die vom Konzernbetriebsrat bestimmt werden. Zudem sind ___[Namen oder Funktionsbezeichnung, z.B. Vorsitzender des Spartenbetriebsrates]___ berechtigt, an den Sitzungen des Wirtschaftsausschusses teilzunehmen.

(4) Der Wirtschaftsausschuss hat seinen Sitz in ___[Angabe des Sitzes]___ .

§ 8 Jugend- und Auszubildendenvertretung

(1) Für den A-Konzern wird eine einheitliche Jugend- und Auszubildendenvertretung auf Konzernebene gebildet. Die Bildung weiterer Jugend- und Auszubildendenvertretungen in den einzelnen Betrieben und Gesellschaften des A-Konzerns ist nicht möglich. [17]

(2) Die Bestimmungen des Betriebsverfassungsgesetzes zu Jugend- und Auszubildendenvertretungen, insbesondere zur Frage der Zuständigkeit der Jugend- und Auszubildendenvertretung, gelten entsprechend, soweit in diesem Tarifvertrag nichts anderes geregelt ist.

(3) Die Jugend- und Auszubildendenvertretung besteht aus ___[Anzahl]___ Mitgliedern. [18]

(4) Die Jugend- und Auszubildendenvertretung hat ihren Sitz in ___[Angabe des Sitzes]___ .

§ 9 Freistellungen

Die Betriebsratsgremien erhalten maximal ___[Anzahl]___ Freistellungen. Das Freistellungsvolumen kann in Form von Teilfreistellungen verteilt werden. [19]

§ 10 Fortgeltung von Betriebsvereinbarungen

(1) Die bestehenden Konzernbetriebsvereinbarungen gelten unverändert kollektivrechtlich fort.

(2) Die in den bislang bestehenden Betrieben geltenden Gesamtbetriebsvereinbarungen und Betriebsvereinbarungen gelten für die bislang von dem Geltungsbereich der jeweiligen Vereinbarung erfassten Beschäftigten unverändert kollektivrechtlich fort. [20] Für die Abgabe und den Empfang von Kündigungserklärungen oder sonstigen rechtserheblichen Erklärungen mit Blick auf die Vereinbarungen ist derjenige Betriebsrat (bzw. diejenigen Betriebsräte) zuständig, der die von der Vereinbarung erfassten Beschäftigten nach Maßgabe dieses Tarifvertrages vertritt.

§ 11 Inkrafttreten und Geltungsdauer

(1) Dieser Tarifvertrag tritt mit seiner Unterzeichnung in Kraft. Die Wahlen der Regionalbetriebsräte und des Spartenbetriebsrates sind ___[Zeitangabe]___ einzuleiten. [21] Für die Bestellung der Wahlvorstände für die erstmalige Wahl der Regionalbetriebsräte und des Spartenbetriebsrates ist der derzeitige Konzernbetriebsrat des A-Konzerns zuständig. [22] Sollte die Amtszeit der derzeit im Amt befindlichen Betriebsratsgremien bereits vor Abschluss der Neuwahlen enden, steht ihnen bis zum Abschluss der Neuwahlen [, längstens jedoch bis zum ___[Datum]___ ,] ein Übergangsmandat analog § 21a Abs. 1 BetrVG zu. [23]

(2) Dieser Tarifvertrag kann mit einer Frist von ___[Anzahl]___ Monaten zum ___[Angabe des maßgeblichen Kündigungstermins]___ ordentlich gekündigt werden. Für die Wirksamkeit einer solchen ordentlichen Kündigung bedarf es weder eines Kündigungsgrundes noch der Durchführung eines Interessenausgleichs- und Sozialplanverfahrens gem. §§ 111, 112 BetrVG.

(3) Das Recht zur vorzeitigen außerordentlichen Kündigung aus wichtigem Grund bleibt unberührt. *Ein wichtiger Grund* liegt beispielsweise vor, wenn eine Gesellschaft einen Betrieb oder Betriebsteil veräußern will oder wenn eine Gesellschaft aus dem A-Konzern ausscheidet. Auch im

Falle einer außerordentlichen Kündigung bedarf es nicht der Durchführung eines Interessenausgleichs- und Sozialplanverfahrens gem. §§ 111, 112 BetrVG. [24]

(4) Nach dem Wirksamwerden einer Kündigung gilt – vorbehaltlich einer anderweitigen Regelung gem. § 3 BetrVG – die vom Betriebsverfassungsgesetz vorgesehene Betriebs- und Betriebsratsstruktur. Den Regionalbetriebsräten und dem Spartenbetriebsrat steht jedoch jeweils ein Übergangsmandat analog § 21a Abs. 1 BetrVG zu. [25] Mit dem Ende der Übergangsmandate endet dieser Tarifvertrag ohne Nachwirkung. [26]

§ 12 Schlussbestimmungen

(1) Soweit in diesem Tarifvertrag nichts anderes geregelt ist, gelten die Vorschriften des Betriebsverfassungsgesetzes für die Betriebsratsgremien und ihre Rechte und Pflichten entsprechend. [27]

(2) Für den Fall, dass eine der vertragsschließenden Gesellschaften einen neuen Betrieb oder Betriebsteil aufnehmen sollte, fallen auch der neu aufgenommene Betrieb oder Betriebsteil und die dort beschäftigten Arbeitnehmer i.S.v. § 5 Abs. 1 BetrVG in den Geltungsbereich dieses Tarifvertrages. Die Gesellschaften und das zuständige Betriebsratsgremium sollen sich vor der Aufnahme eines neuen Betriebes oder Betriebsteils darüber verständigen, ob eine Zuordnung der hinzukommenden Beschäftigten zu einem der Regionalbetriebsräte oder dem Spartenbetriebsrat erfolgt oder für die neu hinzukommenden Beschäftigten ein eigenständiger Betriebsrat auf der Grundlage des BetrVG zuständig sein soll. Falls eine Verständigung nicht möglich ist, trifft die Gesellschaft eine Zuordnungsentscheidung, über die sie das zuständige Betriebsratsgremium unverzüglich schriftlich informiert. [28]

(3) Die Regelungen dieses Tarifvertrages stehen der Zulässigkeit von Betriebsänderungen sowie der Veräußerung von Gesellschaften, Betrieben und Betriebsteilen nicht entgegen. [29]

(4) Nebenabreden zu diesem Tarifvertrag bestehen nicht.

(5) Änderungen und Ergänzungen dieses Tarifvertrages sowie eine etwaige Beendigung dieses Tarifvertrages bedürfen der Schriftform. [30]

(6) Sollte eine Bestimmung dieses Tarifvertrages ganz oder teilweise unwirksam sein oder unwirksam werden, wird die Gültigkeit der übrigen Bestimmungen hiervon nicht berührt. Die Parteien verpflichten sich, anstelle einer etwaigen unwirksamen Bestimmung eine dieser möglichst nahe kommende, wirksame Bestimmung zu vereinbaren. Dasselbe gilt für den Fall einer unbeabsichtigten vertraglichen Lücke.

Anlagen: 1. Übersicht über die Konzern- und Betriebsstruktur;
2. Zuordnung der Betriebsstätten zu den Regionen.

[Ort, Datum]   [Ort, Datum]

_____   _____
(Unterschriften der Gesellschaften)   (Unterschriften der Gewerkschaft)

Erläuterungen

Schrifttum
S. die allgemeinen Literaturangaben zu Muster P.I.1. sowie *Annuß* Schwierigkeiten mit § 3 I Nr. 3 BetrVG?, NZA 2002, 290; *Kania/Klemm* Möglichkeiten und Grenzen der Schaffung anderer Arbeitnehmervertretungsstrukturen nach § 3 Abs. 1 Nr. 3 BetrVG, RdA 2006, 22.

1. Abweichend von § 3 Abs. 1 Nr. 1 und Nr. 2 BetrVG können andere Arbeitnehmervertretungsstrukturen gem. § 3 Abs. 1 Nr. 3 BetrVG aufgrund des besonders großen Gestaltungsspielraums nur durch Tarifvertrag, nicht gem. § 3 Abs. 2 BetrVG durch Betriebsvereinbarung (oder wie im Falle des unternehmenseinheitlichen Betriebsrates gem. § 3 Abs. 3 BetrVG durch Beschluss der Arbeitnehmer) vereinbart werden. Auch eine Delegation der Rechte auf die Betriebsparteien oder eine Öffnungsklausel zugunsten von Betriebsvereinbarungen sind nach richtiger An-   54 sicht nicht möglich (so auch *Annuß* NZA 2002, 290, 293; *Thüsing* ZIP 2003, 693, 701; a.A. offenbar *Hohenstatt/Dzida* DB 2001, 2498, 2501, ohne dabei allerdings ausdrücklich den Fall des § 3 Abs. 1 Nr. 3 BetrVG zu nennen).

55 **2.** Vgl. zur Tarifzuständigkeit Muster P.I.1 (P Rdn. 6).

56 **3.** Andere Arbeitnehmervertretungsstrukturen können gem. § 3 Abs. 1 Nr. 3 BetrVG vereinbart werden, soweit dies einer wirksamen und zweckmäßigen Interessenvertretung der Arbeitnehmer dient. Diese Voraussetzung soll nach Auffassung des BAG nur erfüllt sein, wenn die vereinbarten Arbeitnehmervertretungsstrukturen zur Verwirklichung der mit dem BetrVG verfolgten Zwecke besser geeignet sind als die vom BetrVG vorgesehenen Vertretungsstrukturen (BAG, Beschl. v. 13.03.2013 – 7 ABR 70/11, NZA 2013, 738, 742; vgl. dazu *Sprenger*, NZA 2013, 990 ff.; ebenso *Annuß* NZA 2002, 290, 292 sowie ErfK/*Koch* § 3 BetrVG Rn. 6). Bei dem Vergleich können u.a. folgende Aspekte eine Rolle spielen: Einbeziehung möglichst vieler Arbeitnehmer in die Arbeitnehmervertretungsstruktur; effektive Ausgestaltung der Mitbestimmung durch Überschreiten von Schwellenwerten; Professionalisierung der Arbeitnehmervertretung; Nähe zu den tatsächlichen Entscheidungsträgern (vgl. DLW/*Wildschütz* Kapitel 13 Rn. 150; *Kania/Klemm* RdA 2006, 22, 23). Dabei ist den Tarifvertragsparteien ein Beurteilungs- und Gestaltungsspielraum einzuräumen (BAG, Beschl. v. 13.03.2013 – 7 ABR 70/11, NZA 2013, 738, 742; DKKW/*Trümner* § 3 BetrVG Rn. 118; *Kania/Klemm* RdA 2006, 22, 23; zweifelnd *Annuß* NZA 2002, 290, 292).

57 **4.** Zur Erstreikbarkeit von Tarifverträgen gem. § 3 Abs. 1 Nr. 3 BetrVG s. Muster P.I.1. (P Rdn. 9).

58 **5.** Den Tarifvertragsparteien steht eine weite Gestaltungsfreiheit zu, wie die anderweitigen Arbeitnehmervertretungen ausgestaltet werden. Die Gesetzesbegründung nennt als Beispiele u.a. Arbeitnehmervertretungen für die just-in-time-Produktion, für fraktale Fabriken oder shop-in-shop-Konzepte (Begründung des Gesetzesentwurfs der Bundesregierung, BT-Drs. 14/5741, S. 34; s. zu den verschiedenen Beispielen *Kort* AG 2003, 13, 21 ff.). Weitere Beispiele sind die Zergliederung von Betrieben sowie die betriebsübergreifende Zusammenfassung von Betriebsteilen (vgl. *Gaul/Mückl* NZA 2011, 657, 662 ff.). In dem Tarifvertrag muss klar geregelt sein, auf welche Gesellschaften und Organisationseinheiten sich die Vereinbarung und die gebildeten Betriebsräte beziehen, anderenfalls ist der Tarifvertrag unwirksam (LAG Hessen, Beschl. v. 07.10.2010 – 9 TaBV 86/10, BeckRS 2011, 73469; obiter dictum auch BAG, Beschl. v. 13.03.2013 – 7 ABR 70/11, NZA 2013, 738, 743). Vom BetrVG abweichende Regelungen zur Zuständigkeit der Betriebsräte sind in einer Vereinbarung gem. § 3 BetrVG aber nicht möglich (BAG, Beschl. v. 18.11.2014 – 1 ABR 21/13, NZA 2015, 694, 696).

59 **6.** S. Muster P.I.1. (P Rdn. 10) zur Geltung von Tarifverträgen gem. § 3 Abs. 1 BetrVG gegenüber nicht tarifgebundenen Arbeitnehmern.

60 **7.** Mit dieser Regelung wird klargestellt, dass mit dem Tarifvertrag eine abschließende Regelung beabsichtigt ist, neben der kein Raum für die Errichtung von Betriebsräten auf der Grundlage des BetrVG besteht.

61 **8.** Ob auf Basis eines Tarifvertrages gem. § 3 Abs. 1 Nr. 3 BetrVG eine von § 9 BetrVG abweichende Zahl von Mitgliedern der Arbeitnehmervertretungsgremien vereinbart werden kann, ist umstritten (dafür *Gaul/Mückl* NZA 2011, 657, 663 f.; dagegen ErfK/*Koch* § 3 BetrVG Rn. 6; *Friese* RdA 2003, 92, 101; *Thüsing* ZIP 2003, 693, 704 und wohl auch BAG, Beschl. v. 07.05.2008 – 7 ABR 17/07, NZA 2008, 1142, 1144). Für die Möglichkeit einer Abweichung spricht die weitgehende Gestaltungsfreiheit, die der Gesetzgeber den Tarifvertragsparteien durch § 3 Abs. 1 Nr. 3 BetrVG einräumen wollte. Je nach Ausgestaltung der anderen Arbeitnehmervertretungsstrukturen kann es zudem unzweckmäßig sein, an den starren Vorgaben des § 9 BetrVG festzuhalten. Eine etwaige Unwirksamkeit der Vereinbarung über die Anzahl der Mitglieder des Arbeitnehmervertretungsgremiums würde nicht zwangsläufig zur Unwirksamkeit des gesamten

Tarifvertrages führen, da es sich bei der Arbeitnehmervertretungsstruktur als solcher und der Anzahl der Mitglieder der Arbeitnehmervertretung um voneinander trennbare Regelungen handelt, die auch unabhängig voneinander aufrecht erhalten werden können (a.A. *Hohenstatt/Dzida* DB 2001, 2498, 2503).

9. Vgl. Muster P.I.1. (P Rdn. 14). 62

10. Zwar ist die Regelung eines »Spartenbetriebsrates« an sich in § 3 Abs. 1 Nr. 2 BetrVG vorgesehen (s. dazu Muster P.I.2.). Möglich ist die Schaffung eines »Spartenbetriebsrates«, der im vorliegenden Sinn auch als »unternehmensübergreifender Betriebsrat« bezeichnet werden könnte, jedoch auch im Rahmen des § 3 Abs. 1 Nr. 3 BetrVG, insbesondere um dieses Gremium in die konzernbezogenen Regelungen des Tarifvertrages einzubeziehen. 63

11. Auch wenn diese Regelung für eine Gesellschaft schlicht die Beibehaltung eines Betriebsrates nach Maßgabe des BetrVG vorsieht, ist die Aufnahme der Regelung in den Tarifvertrag gem. § 3 Abs. 1 Nr. 3 BetrVG erforderlich, um die Gesellschaft in die konzernbezogenen Regelungen des Tarifvertrages einbeziehen zu können. 64

12. § 3 Abs. 1 Nr. 3 BetrVG eröffnet nach ganz überwiegender Ansicht den Tarifvertragsparteien auch Gestaltungsbefugnisse mit Blick auf die Arbeitnehmervertretungen höherer Stufe, also auf der Ebene von Gesamt- und Konzernbetriebsräten oder ähnlichen Vertretungsgremien (*Annuß* NZA 2002, 290, 292; *Kania/Klemm* RdA 2006, 22, 23 f.). Eine der Gestaltungsmöglichkeiten ist die Schaffung eines unternehmensübergreifenden Gesamtbetriebsrates (BAG, Urt. v. 17.03.2010 – 7 AZR 706/08, AP Nr. 18 zu § 47 BetrVG 1972; BAG, Beschl. v. 13.03.2013 – 7 ABR 70/11, NZA 2013, 738, 742; *Gaul/Mückl* NZA 2011, 657, 663; *Kania/Klemm* RdA 2006, 22, 24). Die Rechtsprechung des BAG, nach der ein unternehmensübergreifender Gesamtbetriebsrat auf Basis des BetrVG grundsätzlich nicht möglich ist (BAG, Urt. v. 13.02.2007 – 1 AZR 184/06, NZA 2007, 825 ff.; kritisch hierzu *Schönhöft/Wertz* RdA 2010, 100 ff.), steht dem nicht entgegen, da mit einem Tarifvertrag gem. § 3 Abs. 1 Nr. 3 BetrVG bewusst eine vom BetrVG abweichende Regelung getroffen wird. 65

13. Gem. § 47 Abs. 4 BetrVG ist es zulässig, die Mitgliederzahl des Gesamtbetriebsrates durch Tarifvertrag oder Betriebsvereinbarung abweichend von § 47 Abs. 2 BetrVG zu regeln. Dies gilt auch im Rahmen anderer Arbeitnehmervertretungsstrukturen gem. § 3 Abs. 1 Nr. 3 BetrVG. 66

14. Gem. § 55 Abs. 4 BetrVG ist es zulässig, die Mitgliederzahl des Konzernbetriebsrates durch Tarifvertrag oder Betriebsvereinbarung abweichend von § 55 Abs. 1 BetrVG zu regeln. Dies gilt auch im Rahmen anderer Arbeitnehmervertretungsstrukturen gem. § 3 Abs. 1 Nr. 3 BetrVG. 67

15. Ob eine derartige, von den §§ 106 ff. BetrVG abweichende Regelung, mit der ein Konzernwirtschaftsausschuss unter Verzicht auf Wirtschaftsausschüsse in den einzelnen Gesellschaften vereinbart wird, möglich ist, ist bislang nicht geklärt. Für die Zulässigkeit spricht insbesondere der weite Gestaltungsspielraum, den der Gesetzgeber den Tarifvertragsparteien durch § 3 Abs. 1 Nr. 3 BetrVG einräumen wollte. 68

16. Um zusätzliche Wirksamkeitsbedenken zu vermeiden, sollte im Einklang mit § 107 Abs. 1 S. 1 BetrVG eine Zahl von mindestens drei und höchstens sieben Mitgliedern des Wirtschaftsausschusses festgelegt werden, auch wenn die gesetzliche Regelung von einem Unternehmenswirtschaftsausschuss und nicht von einem Konzernwirtschaftsausschuss ausgeht. 69

17. Die Zulässigkeit der Etablierung einer Jugend- und Auszubildendenvertretung ausschließlich auf Konzernebene ist bislang nicht geklärt. Auch insofern spricht für die Zulässigkeit der Regelung der weite Gestaltungsspielraum, den der Gesetzgeber den Tarifvertragsparteien durch § 3 Abs. 1 Nr. 3 BetrVG einräumen wollte. 70

P. Abweichende Betriebsratsstruktur

71 **18.** Zur Vermeidung von weiteren Wirksamkeitsbedenken empfiehlt sich eine Anknüpfung der Mitgliederzahl an § 62 Abs. 1 BetrVG.

72 **19.** Vgl. Muster P.I.1. (P Rdn. 13) zu der gem. § 38 Abs. 1 S. 5 BetrVG bestehenden Möglichkeit, durch Tarifvertrag oder Betriebsvereinbarung abweichende Regelungen zu Freistellungen zu vereinbaren.

73 **20.** Ob und in welchem Umfang Betriebsvereinbarungen bei Veränderungen auf betrieblicher Ebene kollektivrechtlich oder individualrechtlich fortgelten, unterliegt nicht der Regelungsbefugnis der Tarifvertragsparteien. Die Darstellung in dem Tarifvertrag hat daher keinen konstitutiven, sondern nur deklaratorischen Charakter.

74 **21.** S. Muster P.I.1. (P Rdn. 19) zu den Regelungsmöglichkeiten für die Einleitung der ersten Betriebsratswahlen in der neuen Organisationsstruktur.

75 **22.** § 17 Abs. 1 BetrVG sieht eine Bestellung des Wahlvorstandes durch den Konzernbetriebsrat an sich nur vor, wenn für den jeweiligen Betrieb kein Betriebsrat und kein Gesamtbetriebsrat besteht. Aufgrund der weitgehenden Gestaltungsfreiheit im Rahmen des § 3 Abs. 1 Nr. 3 BetrVG spricht jedoch nichts gegen eine tarifvertragliche Zuweisung des Rechts zur Bestellung der Wahlvorstände an den Konzernbetriebsrat.

76 **23.** Vgl. zur Regelung des Übergangsmandates vor Abschluss der Wahlen für die neuen Vertretungsstrukturen Muster P.I.1. (P Rdn. 21).

77 **24.** Vgl. Muster P.I.1. (P Rdn. 22) zu den Voraussetzungen der Veräußerung und Abtrennung von Betrieben oder Betriebsteilen von einem gem. § 3 Abs. 5 BetrVG fingierten Betrieb. Zusätzlich sollte das Ausscheiden einer der beteiligten Gesellschaften aus dem Konzern als weiterer Grund zur außerordentlichen Kündigung des Tarifvertrages vorgesehen werden.

78 **25.** Vgl. zur Regelung eines Übergangsmandats bei Beendigung des Tarifvertrages gem. § 3 Abs. 1 BetrVG Muster P.I.1. (P Rdn. 23).

79 **26.** Vgl. Muster P.I.1. (P Rdn. 24) zur Nachwirkung von Tarifverträgen gem. § 3 Abs. 1 BetrVG.

80 **27.** Umstritten ist, ob die Tarifvertragsparteien statt eines solchen Verweises auf das BetrVG auch Regelungen zur Wahl, Amtszeit, Mitgliedschaft und der Geschäftsführung der Arbeitnehmervertretungsgremien treffen können (vgl. dazu P Rdn. 61; dafür hinsichtlich Arbeitnehmervertretungen oberhalb der Betriebsräte auch *Kania/Klemm* RdA 2006, 22, 24; dagegen z.B. ErfK/ *Koch* § 3 BetrVG Rn. 6; *Friese* RdA 2003, 92, 101 und *Thüsing* ZIP 2003, 693, 704).

81 **28.** Vgl. Muster P.I.2. (P Rdn. 25).

82 **29.** Vgl. Muster P.I.1. (P Rdn. 26).

83 **30.** S. Muster P.I.1. (P Rdn. 27) zum Schriftformerfordernis für Tarifverträge gem. § 3 Abs. 1 BetrVG.

4. Tarifvertrag zur Bildung einer Arbeitsgemeinschaft

Vorbemerkung

84 Anders als bei Vereinbarungen gem. § 3 Abs. 1 Nr. 1 – Nr. 3 BetrVG geht es bei Vereinbarungen gem. § 3 Abs. 1 Nr. 4 und Nr. 5 BetrVG nicht um eine Verdrängung der gesetzlich vorgesehenen Arbeitnehmervertretungen, sondern um die Schaffung zusätzlicher Gremien oder Vertretungen.

Muster – Tarifvertrag zur Bildung einer Arbeitsgemeinschaft

Tarifvertrag [1] zur Bildung einer Arbeitsgemeinschaft

zwischen

[Name und Anschrift des 1. Arbeitgebers] (»Gesellschaft A«),

[Name und Anschrift des 2. Arbeitgebers] (»Gesellschaft B«)

und

der Gewerkschaft [Name und Anschrift der Gewerkschaft] (»Gewerkschaft«) [2]

Präambel

Die Gesellschaften A und B sind häufig in denselben Projekten gemeinsam tätig. Während die Gesellschaft A mit ihren Arbeitnehmern für [Beschreibung der Aufgaben] zuständig ist, übernimmt die Gesellschaft B mit ihren Arbeitnehmern [Beschreibung der Aufgaben]. Zur rechtzeitigen und ordnungsgemäßen Fertigstellung der Projekte ist oft ein koordinierter Einsatz der Arbeitnehmer beider Gesellschaften erforderlich, insbesondere dergestalt, dass zu derselben Zeit Überstunden geleistet oder Wochenendarbeit erbracht wird. Dies kann eine koordinierte Ausübung der Mitbestimmungsrechte insbesondere aus § 87 BetrVG durch die Betriebsräte der Gesellschaften A und B erforderlich machen.

Mit diesem Tarifvertrag soll dafür Sorge getragen werden, dass den Betriebsräten der Gesellschaften A und B eine koordinierte Ausübung der Mitbestimmungsrechte ermöglicht wird, soweit dies für die projektbezogene Zusammenarbeit der Gesellschaften A und B erforderlich ist. Dieser Tarifvertrag dient damit der unternehmensübergreifenden Zusammenarbeit der Betriebsräte der Gesellschaften A und B. [3]

Dies vorausgeschickt, vereinbaren [4] die Parteien auf der Grundlage von § 3 Abs. 1 Nr. 4 BetrVG folgenden Tarifvertrag zur Bildung einer Arbeitsgemeinschaft zwischen dem Betriebsrat der Gesellschaft A und dem Betriebsrat der Gesellschaft B:

§ 1 Geltungsbereich

(1) Dieser Tarifvertrag gilt in räumlicher Hinsicht für das Gebiet [Beschreibung des räumlichen Geltungsbereichs, z.B. Bundesrepublik Deutschland].

(2) Dieser Tarifvertrag gilt in persönlicher Hinsicht für alle Beschäftigten der Gesellschaften A und B i.S.v. § 5 Abs. 1 BetrVG mit Ausnahme leitender Angestellter gem. § 5 Abs. 3 BetrVG. [5]

§ 2 Arbeitsgemeinschaft

(1) Der Betriebsrat der Gesellschaft A und der Betriebsrat der Gesellschaft B bilden eine Arbeitsgemeinschaft. [6]

(2) Jeder Betriebsrat entsendet [Anzahl] seiner Mitglieder in die Arbeitsgemeinschaft. [7] Die konkreten Personen bestimmt jeder Betriebsrat durch Beschluss gem. § 33 BetrVG. Eine Entsendung [8] von Personen, die nicht Mitglied des Betriebsrates sind, in die Arbeitsgemeinschaft ist nicht möglich. [9] Die Betriebsräte können die Mitglieder der Arbeitsgemeinschaft jederzeit abberufen und durch andere Personen ersetzen.

(3) Die Arbeitsgemeinschaft wird den Gesellschaften unmittelbar nach ihrer Konstituierung zwei Ansprechpartner benennen, denen die zur Erfüllung der Aufgaben der Arbeitsgemeinschaft erforderlichen Informationen übermittelt werden sollen. Im Übrigen kann sich die Arbeitsgemeinschaft selbst eine Geschäftsordnung geben.

(4) Die Arbeitsgemeinschaft hat ihren Sitz in [Angabe des Sitzes]. [10]

(5) Für die Tätigkeit der Mitglieder der Arbeitsgemeinschaft gelten dieselben Grundsätze wie für ihre Tätigkeit als Betriebsratsmitglieder. Insbesondere gelten die für Betriebsratsmitglieder geltenden Regelungen des Betriebsverfassungsrechts zur Ehrenamtlichkeit und Unentgeltlichkeit der Tä-

tigkeit, zum Benachteiligungsverbot sowie die Verpflichtung zur Vertraulichkeit und zur Friedenspflicht entsprechend. [11]

§ 3 Aufgaben der Arbeitsgemeinschaft

(1) Aufgabe der Arbeitsgemeinschaft ist eine Koordinierung der Ausübung der Mitbestimmungsrechte, soweit dies für die projektbezogene Zusammenarbeit der Gesellschaften A und B erforderlich ist. Zur Erfüllung dieser Aufgabe werden die Gesellschaften die Arbeitsgemeinschaft möglichst frühzeitig über Angelegenheiten informieren, in denen aus Sicht der Gesellschaften eine koordinierte Ausübung der Mitbestimmungsrechte erforderlich ist (z.B. bei der Anordnung von Überstunden oder Wochenendarbeit, bei der Einführung von Kurzarbeit oder bei der Aufstellung etwaiger projektbezogener Urlaubspläne).

(2) Die Arbeitsgemeinschaft wird die mitbestimmungsrelevanten Angelegenheiten in gemeinsamen Projekten der Gesellschaften A und B mit den Betriebsräten der Gesellschaften A und B erörtern, mit dem Ziel, ein einheitliches, den Erfordernissen des gemeinsamen Projektes Rechnung tragendes Vorgehen der Betriebsräte abzustimmen. Soweit eine kurzfristige Entscheidung der Betriebsräte erforderlich ist (wie z.B. bei der kurzfristig erforderlich werdenden Anordnung von Überstunden oder Wochenendarbeit), wird die Arbeitsgemeinschaft eine zeitnahe Entscheidung durch die Betriebsräte herbeiführen. [12]

§ 4 Kosten der Arbeitsgemeinschaft

(1) Für die Kosten der Arbeitsgemeinschaft gilt § 40 BetrVG entsprechend. [13]

(2) Die Kosten der Arbeitsgemeinschaft teilen die Gesellschaften wie folgt untereinander auf: Die personenbezogenen Kosten der Mitglieder der Arbeitsgemeinschaft (insbesondere deren Vergütung und persönlichen Aufwendungen) trägt allein die jeweilige Anstellungsgesellschaft. Die Sachkosten der Arbeitsgemeinschaft tragen die beiden Gesellschaften zu gleichen Teilen als Teilschuldner. [14]

§ 5 Inkrafttreten und Geltungsdauer

(1) Dieser Tarifvertrag tritt mit seiner Unterzeichnung in Kraft. Die Betriebsräte werden die Mitglieder der Arbeitsgemeinschaft spätestens bis zum ____[Datum]____ ernennen. Die Konstituierung der Arbeitsgemeinschaft wird spätestens bis zum ____[Datum]____ erfolgen. [15]

(2) Dieser Tarifvertrag kann mit einer Frist von ____[Anzahl]____ Monaten zum ____[Angabe des maßgeblichen Kündigungstermins]____ ordentlich gekündigt werden. Für die Wirksamkeit einer solchen ordentlichen Kündigung bedarf es keines Kündigungsgrundes. Das Recht zur vorzeitigen außerordentlichen Kündigung aus wichtigem Grund bleibt unberührt. Mit Wirksamwerden der Kündigung endet dieser Tarifvertrag ohne Nachwirkung. [16]

§ 6 Schlussbestimmungen

(1) Nebenabreden zu diesem Tarifvertrag bestehen nicht.

(2) Änderungen und Ergänzungen dieses Tarifvertrages sowie eine etwaige Beendigung dieses Tarifvertrages bedürfen der Schriftform. [17]

(3) Sollte eine Bestimmung dieses Tarifvertrages ganz oder teilweise unwirksam sein oder unwirksam werden, wird die Gültigkeit der übrigen Bestimmungen hiervon nicht berührt. Die Parteien verpflichten sich, anstelle einer etwaigen unwirksamen Bestimmung eine dieser möglichst nahe kommende, wirksame Bestimmung zu vereinbaren. Dasselbe gilt für den Fall einer unbeabsichtigten vertraglichen Lücke.

[Ort, Datum]   [Ort, Datum]

_____   _____
(Unterschriften der Gesellschaften)   (Unterschriften der Gewerkschaft)

Erläuterungen

Schrifttum
S. die allgemeinen Literaturangaben zu Muster P.I.1.

1. S. Muster P.I.1. (P Rdn. 5) zur Möglichkeit einer Regelung per Betriebsvereinbarung. 86

2. Vgl. zur Tarifzuständigkeit Muster P.I.1. (P Rdn. 6). 87

3. Die Vereinbarung einer Arbeitsgemeinschaft setzt gem. § 3 Abs. 1 Nr. 4 BetrVG voraus, dass das Gremium der unternehmensübergreifenden Zusammenarbeit von Arbeitnehmervertretungen dient. An diese Voraussetzung sind keine hohen Anforderungen zu stellen. 88

4. Das BAG hat bislang nur entschieden, dass Tarifverträge gem. § 3 Abs. 1 Nr. 1 – Nr. 3 BetrVG erstreikt werden können (BAG, Beschl. v. 29.07.2009 – 7 ABR 27/08, NZA 2009, 1424, 1429; ablehnend z.B. *Friese* ZfA 2003, 237, 270 sowie GK-BetrVG/*Franzen* § 3 BetrVG Rn. 32 m.w.N.). Ob dies auch für Tarifverträge gem. § 3 Abs. 1 Nr. 4 BetrVG gilt, ist zumindest zweifelhaft. 89

5. S. Muster P.I.1. (P Rdn. 10) zur Geltung von Tarifverträgen gem. § 3 Abs. 1 BetrVG gegenüber nicht tarifgebundenen Arbeitnehmern. 90

6. Bei der Arbeitsgemeinschaft handelt es sich um ein zusätzliches betriebsverfassungsrechtliches Gremium, das neben die nach dem BetrVG gebildeten Arbeitnehmervertretungen tritt (DKKW/*Trümner* § 3 BetrVG Rn. 121; *Fitting* § 3 BetrVG Rn. 53). Zweck der Arbeitsgemeinschaft ist die Zusammenarbeit von bestehenden Arbeitnehmervertretungen. Bei einer Arbeitsgemeinschaft handelt es sich damit nicht um ein Organ zur Vertretung der Arbeitnehmer. 91

7. Die Art und Weise der Errichtung der Arbeitsgemeinschaft kann ebenso wie die Anzahl der Mitglieder der Arbeitsgemeinschaft frei vereinbart werden (*Fitting* § 3 BetrVG Rn. 56). 92

8. An Stelle einer Entsendung wäre auch eine Wahl der Mitglieder der Arbeitsgemeinschaft denkbar, was jedoch aufwendiger und in der Regel nicht erforderlich ist. Der Umstand, dass die Mitglieder von Arbeitsgemeinschaften gem. § 3 Abs. 1 Nr. 4 BetrVG anders als die Mitglieder der auf Grundlage der anderen Tatbestände des § 3 Abs. 1 BetrVG errichteten Arbeitnehmervertretungen nicht in den Wahlschutz des § 119 Abs. 1 Nr. 1 BetrVG einbezogen sind, spricht zudem dafür, dass auch der Gesetzgeber eher von einer Entsendung von Mitgliedern in die Arbeitsgemeinschaft als von deren Wahl ausgegangen ist (*Fitting* § 3 BetrVG Rn. 54; für das Erfordernis einer Wahl plädieren hingegen DKKW/*Trümner* § 3 BetrVG Rn. 125 f. sowie ErfK/*Koch* § 3 BetrVG Rn. 7). 93

9. Nach überwiegender Ansicht in der Literatur können nur Betriebsratsmitglieder (oder Mitglieder einer nach § 3 Abs. 1 Nr. 1 – Nr. 3 BetrVG errichteten Arbeitnehmervertretung) Mitglieder einer Arbeitsgemeinschaft gem. § 3 Abs. 1 Nr. 4 BetrVG sein (*Fitting* § 3 BetrVG Rn. 56; GK-BetrVG/*Franzen* § 3 BetrVG Rn. 24). Mit der Beschränkung auf Mitglieder des Betriebsrats wird zudem eine Ausweitung der Anzahl der betriebsverfassungsrechtlichen Funktionsträger und weiterer Regelungsaufwand vermieden, insbesondere zu Fragen des Kündigungsschutzes und der sonstigen Rechtsstellung etwaiger Mitglieder einer Arbeitsgemeinschaft, die nicht zugleich Mitglied eines Betriebsrats sind. 94

10. Vgl. Muster P.I.1. (P Rdn. 14). 95

11. Da sämtliche Mitglieder der Arbeitsgemeinschaft Betriebsratsmitglieder sind, würde dies auch ohne entsprechende Regelung in dem Tarifvertrag gelten (AR/*Maschmann* § 3 BetrVG Rn. 7; *Fitting* § 3 BetrVG Rn. 56; GK-BetrVG/*Franzen* § 3 BetrVG Rn. 24; a.A. offenbar DKKW/*Trümner* § 3 BetrVG Rn. 122 Fn. 324). Die Regelung in dem Tarifvertrag soll etwaige Zweifel in dieser Hinsicht vermeiden. 96

P. Abweichende Betriebsratsstruktur

97 **12.** Einer Arbeitsgemeinschaft können unterschiedliche, auf die unternehmensübergreifende Zusammenarbeit von Arbeitnehmervertretungen bezogene Aufgaben zugewiesen werden. Vorliegend geht es um die Koordinierung der Mitbestimmung bei projektbezogenen Angelegenheiten, die beide Arbeitgeber gleichermaßen betreffen.

98 **13.** Denkbar wäre auch eine Kostenregelung in Form eines festen Budgets oder eine im Vergleich zum BetrVG konkretisierte Pflicht zur vorherigen Abstimmung von Ausgaben mit dem Arbeitgeber. Die einfachste und am wenigsten Diskussionsbedarf auslösende Regelung ist jedoch eine entsprechende Anwendung von § 40 BetrVG (für eine entsprechende Anwendung von § 40 BetrVG auch ohne entsprechende Regelung in der Vereinbarung gem. § 3 Abs. 1 Nr. 4 BetrVG AR/*Maschmann* § 3 BetrVG Rn. 7 und *Fitting* § 3 BetrVG Rn. 57; dagegen *Teusch* NZA 2007, 124, 128).

99 **14.** Typischerweise dürfte eine hälftige Teilung der Kosten zwischen den beiden beteiligten Arbeitgebern sinnvoll sein. Mit der Unterscheidung zwischen Sach- und Personalkosten soll vermieden werden, dass ein Arbeitgeber dadurch benachteiligt wird, dass die Betriebsratsmitglieder des anderen Arbeitgebers höher vergütet werden.

100 **15.** Inkrafttreten und Geltungsdauer einer Vereinbarung gem. § 3 Abs. 1 Nr. 4 BetrVG können frei zwischen den Parteien vereinbart werden. Mit der vorliegenden Regelung soll sichergestellt werden, dass die Arbeitsgemeinschaft zu einem bestimmten Zeitpunkt tatsächlich errichtet und funktionsfähig ist.

101 **16.** Vgl. Muster P.I.1. (P Rdn. 24) zur Nachwirkung von Tarifverträgen gem. § 3 Abs. 1 BetrVG.

102 **17.** S. Muster P.I.1. (P Rdn. 27) zum Schriftformerfordernis für Tarifverträge gem. § 3 Abs. 1 BetrVG.

5. Tarifvertrag zur Bildung einer zusätzlichen betriebsverfassungsrechtlichen Vertretung

Vorbemerkung

103 § 3 Abs. 1 Nr. 5 BetrVG ermöglicht die Bildung von zusätzlichen betriebsverfassungsrechtlichen Vertretungen. Anders als bei Arbeitsgemeinschaften gem. § 3 Abs. 1 Nr. 4 BetrVG geht es also nicht um ein Gremium zur Förderung der Zusammenarbeit zwischen bestehenden Arbeitnehmervertretungen, sondern um ein zusätzliches Vertretungsorgan für die Arbeitnehmer.

▶ **Muster – Tarifvertrag zur Bildung einer zusätzlichen betriebsverfassungsrechtlichen Vertretung**

104 Tarifvertrag [1] zur Bildung einer zusätzlichen betriebsverfassungsrechtlichen Vertretung

zwischen

___[Name und Anschrift des Arbeitgebers]___ (»Gesellschaft«)

und

der Gewerkschaft ___[Name und Anschrift der Gewerkschaft]___ (»Gewerkschaft«) [2]

Präambel

Die Gesellschaft produziert in ihrem Werk in ___[Ort]___ ___[Bezeichnung der Produkte]___. Zusätzlich zu den in dem Werk beschäftigten Produktionsmitarbeitern beschäftigt die Gesellschaft eine Vielzahl von *Vertriebsmitarbeitern*, die die Produkte der Gesellschaft bundesweit vertreiben. Diese Vertriebsmitarbeiter sind überwiegend reisend tätig und arbeiten im Übrigen in ihrem jeweiligen Home Office.

Der Betriebsrat des Werkes ist neben der Vertretung der Produktionsmitarbeiter auch für die Vertretung der Vertriebsmitarbeiter zuständig. Da die Vertriebsmitarbeiter jedoch nur selten in dem Werk sind und überwiegend von dem Werk weit entfernt wohnen, ist eine sachgerechte Vertretung der Interessen der Vertriebsmitarbeiter durch den Betriebsrat schwierig. Mit diesem Tarifvertrag soll durch die Bildung einer zusätzlichen betriebsverfassungsrechtlichen Vertretung für die Vertriebsmitarbeiter dafür Sorge getragen werden, dass die Zusammenarbeit zwischen dem Betriebsrat und den Vertriebsmitarbeitern erleichtert wird. [3]

Dies vorausgeschickt, vereinbaren [4] die Parteien auf der Grundlage von § 3 Abs. 1 Nr. 5 BetrVG folgenden Tarifvertrag zur Bildung einer zusätzlichen betriebsverfassungsrechtlichen Vertretung:

§ 1 Geltungsbereich

(1) Dieser Tarifvertrag gilt in räumlicher Hinsicht für das Gebiet __[Beschreibung des räumlichen Geltungsbereichs, z.B. Bundesrepublik Deutschland]__ .

(2) Dieser Tarifvertrag gilt in persönlicher Hinsicht für alle Beschäftigten der Gesellschaft i.S.v. § 5 Abs. 1 BetrVG mit Ausnahme leitender Angestellter gem. § 5 Abs. 3 BetrVG. [5]

§ 2 Sonderbeauftragtenrat für Vertriebsmitarbeiter

(1) Der Betriebsrat der Gesellschaft wird die Vertriebsmitarbeiter zur Wahl eines Wahlvorstandes für die Wahl von ___[Anzahl]___ [6] Sonderbeauftragten für die Vertriebsmitarbeiter einladen. Für die Wahl der Sonderbeauftragten gelten die Vorschriften des vereinfachten Wahlverfahrens für Kleinbetriebe gem. § 14a BetrVG entsprechend. [7] Die Sonderbeauftragten für die Vertriebsmitarbeiter bilden zusammen den Sonderbeauftragtenrat, der eine zusätzliche betriebsverfassungsrechtliche Vertretung i.S.v. § 3 Abs. 1 Nr. 5 BetrVG darstellt. [8] Die Amtszeit des Sonderbeauftragtenrates ist an die Amtszeit des Betriebsrates geknüpft. Nach Ablauf der Amtszeit des Betriebsrates wird parallel zur Neuwahl des Betriebsrates eine Neuwahl des Sonderbeauftragtenrates erfolgen. [9]

(2) Der Sonderbeauftragtenrat hat keinen festen Sitz, sondern kann an einem jeweils zweckmäßig erscheinenden Ort innerhalb der Bundesrepublik Deutschland zusammenkommen. [10]

(3) Für die Tätigkeit der Mitglieder des Sonderbeauftragtenrates gelten dieselben Grundsätze wie für die Tätigkeit der Betriebsratsmitglieder, soweit in diesem Tarifvertrag nicht etwas anderes geregelt ist. Insbesondere gelten die für Betriebsratsmitglieder anwendbaren Regelungen des Betriebsverfassungsrechts zur Ehrenamtlichkeit und Unentgeltlichkeit der Tätigkeit, zum Benachteiligungsverbot sowie die Verpflichtung zur Vertraulichkeit und zur Friedenspflicht entsprechend. [11] Den Mitgliedern des Sonderbeauftragtenrates steht jedoch anders als den Mitgliedern des Betriebsrates kein besonderer Kündigungsschutz gem. §§ 15 KSchG, 103 BetrVG zu. [12] Anspruch auf Freistellung gem. § 38 BetrVG sowie Anspruch auf Teilnahme an Schulungs- und Bildungsveranstaltungen steht den Mitgliedern des Sonderbeauftragtenrates ebenfalls nicht zu. [13]

§ 3 Aufgaben des Sonderbeauftragtenrates

(1) Aufgabe des Sonderbeauftragtenrates ist es sicherzustellen, dass die Interessen der Vertriebsmitarbeiter bei den Entscheidungen des Betriebsrates angemessen berücksichtigt werden. Der Betriebsrat soll den Sonderbeauftragtenrat in sämtlichen mitbestimmungspflichtigen Angelegenheiten hinzuziehen, die einen oder mehrere Vertriebsmitarbeiter der Gesellschaft betreffen. [14]

(2) Die Mitglieder des Sonderbeauftragtenrates sind zur Teilnahme an den Sitzungen des Betriebsrates berechtigt. [15] Hierbei steht den Mitgliedern des Sonderbeauftragtenrates ein Rederecht, aber kein Stimmrecht zu. [16]

(3) Eine etwaige nicht ordnungsgemäße Einbindung des Sonderbeauftragtenrates durch den Betriebsrat hat keinen Einfluss auf die Wirksamkeit der Ausübung der Mitbestimmungsrechte des Betriebsrates gegenüber der Gesellschaft. [17]

§ 4 Kosten des Sonderbeauftragtenrates

Für die Kosten des Sonderbeauftragtenrates gilt § 40 BetrVG entsprechend. [18]

P. Abweichende Betriebsratsstruktur

§ 5 Inkrafttreten und Geltungsdauer

(1) Dieser Tarifvertrag tritt mit seiner Unterzeichnung in Kraft. Die Betriebsräte werden die Wahl der Mitglieder des Sonderbeauftragtenrates spätestens bis zum ___[Datum]___ einleiten. [19]

(2) Dieser Tarifvertrag kann mit einer Frist von ___[Anzahl]___ Monaten zum ___[Angabe des maßgeblichen Kündigungstermins]___ ordentlich gekündigt werden. Für die Wirksamkeit einer solchen ordentlichen Kündigung bedarf es keines Kündigungsgrundes. Das Recht zur vorzeitigen außerordentlichen Kündigung aus wichtigem Grund bleibt unberührt. Mit Wirksamwerden der Kündigung endet dieser Tarifvertrag ohne Nachwirkung. [20]

§ 6 Schlussbestimmungen

(1) Nebenabreden zu diesem Tarifvertrag bestehen nicht.

(2) Änderungen und Ergänzungen dieses Tarifvertrages sowie eine etwaige Beendigung dieses Tarifvertrages bedürfen der Schriftform. [21]

(3) Sollte eine Bestimmung dieses Tarifvertrages ganz oder teilweise unwirksam sein oder unwirksam werden, wird die Gültigkeit der übrigen Bestimmungen hiervon nicht berührt. Die Parteien verpflichten sich, anstelle einer etwaigen unwirksamen Bestimmung eine dieser möglichst nahe kommende, wirksame Bestimmung zu vereinbaren. Dasselbe gilt für den Fall einer unbeabsichtigten vertraglichen Lücke.

[Ort, Datum]   [Ort, Datum]

_____   _____
Unterschriften der Gesellschaft   Unterschriften der Gewerkschaft

Erläuterungen

Schrifttum
S. die allgemeinen Literaturangaben zu Muster P.I.1.

105 **1.** S. Muster P.I.1. (P Rdn. 5) zur Möglichkeit einer Regelung per Betriebsvereinbarung.

106 **2.** Vgl. zur Tarifzuständigkeit Muster P.I.1. (P Rdn. 6).

107 **3.** Gem. § 3 Abs. 1 Nr. 5 BetrVG können zusätzliche betriebsverfassungsrechtliche Vertretungen der Arbeitnehmer errichtet werden (z.B. zusätzliche Vertrauensleute in verschiedenen Filialen, die von einem gemeinsamen Regionalbetriebsrat vertreten werden), wenn sie die Zusammenarbeit zwischen Betriebsrat und Arbeitnehmern erleichtern. Voraussetzung einer Vereinbarung nach § 3 Abs. 1 Nr. 5 BetrVG ist, dass überhaupt ein Betriebsrat oder eine aufgrund von § 3 Abs. 1 Nr. 1 – Nr. 3 BetrVG gebildete Arbeitnehmervertretung besteht (AR/*Maschmann* § 3 BetrVG Rn. 8; ErfK/*Koch* § 3 BetrVG Rn. 8). Eine Erleichterung der Zusammenarbeit zwischen Betriebsrat und Arbeitnehmern durch eine zusätzliche betriebsverfassungsrechtliche Vertretung kommt insbesondere in Betracht, wenn die Zusammenarbeit zwischen Betriebsrat und Arbeitnehmern aufgrund von räumlicher Entfernung, Sprachbarrieren oder ähnlichen Gründen schwierig ist (*Fitting* § 3 BetrVG Rn. 61; GK-BetrVG/*Franzen* § 3 BetrVG Rn. 28). Weitere Voraussetzung für eine zusätzliche betriebsverfassungsrechtliche Vertretung i.S.d. § 3 Abs. 1 Nr. 5 BetrVG ist, dass die Vertretung eine Organstruktur hat, was zumindest regelmäßige Sitzungen und generelle Organisationsregelungen erfordert (BAG, Beschl. v. 29.04.2015 – 7 ABR 102/12, NZA 2015, 1397, 1400).

108 **4.** Das BAG hat bislang nur entschieden, dass Tarifverträge gem. § 3 Abs. 1 Nr. 1 – Nr. 3 BetrVG erstreikt werden können (BAG, Beschl. v. 29.07.2009 – 7 ABR 27/08, NZA 2009, 1424, 1429; ablehnend z.B. *Friese* ZfA 2003, 237, 270 sowie GK-BetrVG/*Franzen* § 3 BetrVG Rn. 32 m.w.N.). Ob dies auch für Tarifverträge gem. § 3 Abs. 1 Nr. 5 BetrVG gilt, ist zumindest zweifelhaft.

5. S. Muster P.I.1. (P Rdn. 10) zur Geltung von Tarifverträgen gem. § 3 Abs. 1 BetrVG gegenüber nicht tarifgebundenen Arbeitnehmern. 109

6. Die Anzahl der Mitglieder der zusätzlichen betriebsverfassungsrechtlichen Vertretung kann von den Parteien frei vereinbart werden. 110

7. Die Mitglieder der zusätzlichen betriebsverfassungsrechtlichen Vertretung müssen von den von ihnen zu vertretenden Beschäftigten nach demokratischen Grundsätzen gewählt werden (BAG, Beschl. v. 29.04.2015 – 7 ABR 102/12, NZA 2015, 1397, 1400; ErfK/*Koch* § 3 BetrVG Rn. 8). Um in der Vereinbarung gem. § 3 Abs. 1 Nr. 5 BetrVG nicht umfangreiche Wahlregelungen treffen zu müssen, wird sich regelmäßig eine entsprechende Anwendung des vereinfachten Wahlverfahrens für Kleinbetriebe gem. § 14a BetrVG empfehlen. 111

8. Die zusätzliche betriebsverfassungsrechtliche Vertretung gem. § 3 Abs. 1 Nr. 5 BetrVG tritt neben die nach dem BetrVG errichteten Arbeitnehmervertretungen, ersetzt diese also anders als die gem. § 3 Abs. 1 Nr. 1 – Nr. 3 BetrVG errichteten Arbeitnehmervertretungen nicht. Zum Verhältnis von zusätzlichen betriebsverfassungsrechtlichen Vertretungen gem. § 3 Abs. 1 Nr. 5 BetrVG zu Arbeitsgruppen des Betriebsrates gem. § 28a BetrVG vgl. GK-BetrVG/*Franzen* § 3 BetrVG Rn. 27 sowie DKKW/*Trümner* § 3 BetrVG Rn. 151 ff. Vgl. zur Abgrenzung einer zusätzlichen betriebsverfassungsrechtlichen Vertretung gem. § 3 Abs. 1 Nr. 5 BetrVG von bloßen Beauftragten des Betriebsrats, die durch Mehrheitsbeschluss des Betriebsrats gem. § 33 BetrVG bestellt werden können BAG, Beschl. v. 29.04.2015 – 7 ABR 102/12, NZA 2015, 1397, 1400 ff. sowie LAG Baden-Württemberg, Beschl. v. 26.07.2010 – 20 TaBV 3/09, BeckRS 2010, 75338. 112

9. Eine Parallelität der Betriebsratswahl und der Wahl der zusätzlichen betriebsverfassungsrechtlichen Vertretung wird sich in der Regel empfehlen, um den Wahlaufwand so gering wie möglich zu halten und eine möglichst hohe Wahlbeteiligung zu erreichen. 113

10. Mit dieser Regelung, die zu einer Kostenerhöhung für den Arbeitgeber führen kann, soll den Mitgliedern der zusätzlichen betriebsverfassungsrechtlichen Vertretung eine möglichst effektive Wahrnehmung ihrer Aufgaben ermöglicht werden. 114

11. Vgl. zur entsprechenden Anwendung dieser allgemeinen betriebsverfassungsrechtlichen Grundsätze *Fitting* § 3 BetrVG Rn. 64 sowie GK-BetrVG/*Franzen* § 3 BetrVG Rn. 67. 115

12. Es entspricht der ganz überwiegenden Meinung in der arbeitsrechtlichen Literatur, dass Mitglieder einer zusätzlichen betriebsverfassungsrechtlichen Vertretung i.S.v. § 3 Abs. 1 Nr. 5 BetrVG keinen besonderen Kündigungsschutz gem. §§ 15 KSchG, 103 BetrVG genießen (ErfK/*Koch* § 3 BetrVG Rn. 8; *Fitting* § 3 BetrVG Rn. 64; GK-BetrVG/*Franzen* § 3 BetrVG Rn. 67; *Richardi* BetrVG § 3 Rn. 71). 116

13. Ob den Mitgliedern der zusätzlichen betriebsverfassungsrechtlichen Vertretung die Teilnahme an Schulungs- und Bildungsveranstaltungen ermöglicht werden soll, ist für den Arbeitgeber im Wesentlichen eine Kostenfrage. Zur Vermeidung von Streit empfiehlt sich eine klare Regelung. Erfolgt keine Regelung, besteht nach überwiegender Ansicht in der arbeitsrechtlichen Literatur kein Anspruch der Mitglieder einer zusätzlichen betriebsverfassungsrechtlichen Vertretung auf Teilnahme an Schulungs- und Bildungsveranstaltungen (GK-BetrVG/*Franzen* § 3 BetrVG Rn. 67; *Richardi* BetrVG § 3 Rn. 70). 117

14. Eine sachgerechte Wahrnehmung der Aufgaben ist nur möglich, wenn der Betriebsrat die zusätzliche betriebsverfassungsrechtliche Vertretung auch tatsächlich einbindet, wenn es um Angelegenheiten geht, die die von der zusätzlichen betriebsverfassungsrechtlichen Vertretung vertretenen Beschäftigten betreffen. Eigenständige Mitbestimmungsrechte stehen der zusätzlichen betriebsverfassungsrechtlichen Vertretung jedoch nicht zu (*Fitting* § 3 BetrVG Rn. 58). 118

15. Ob den Mitgliedern einer zusätzlichen betriebsverfassungsrechtlichen Vertretung ein Recht zur Teilnahme an den Sitzungen des Betriebsrates eingeräumt werden kann, ist umstritten (dafür 119

P. Abweichende Betriebsratsstruktur

DKKW/*Trümner* § 3 BetrVG Rn. 149; dagegen AR/*Maschmann* § 3 BetrVG Rn. 8; *Fitting* § 3 BetrVG Rn. 61.

120 **16.** Ein Stimmrecht bei Abstimmung des Betriebsrates kann den Mitgliedern der zusätzlichen betriebsverfassungsrechtlichen Vertretung nicht eingeräumt werden, da § 3 Abs. 1 Nr. 5 BetrVG die Schaffung einer zusätzlichen betriebsverfassungsrechtlichen Vertretung regelt, nicht aber eine Änderung der Stimmverhältnisse im Betriebsrat (vgl. AR/*Maschmann* § 3 BetrVG Rn. 8; *Fitting* § 3 BetrVG Rn. 61).

121 **17.** Mit dieser Regelung wird klargestellt, dass es bei der Einbeziehung der zusätzlichen betriebsverfassungsrechtlichen Vertretung um eine Angelegenheit im Innenverhältnis zwischen dem Betriebsrat und der zusätzlichen betriebsverfassungsrechtlichen Vertretung geht, die nicht auf die Ausübung der Mitbestimmungsrechte durch den Betriebsrat gegenüber dem Arbeitgeber ausstrahlt. Eine etwaige nicht ordnungsgemäße Einbindung der zusätzlichen betriebsverfassungsrechtlichen Vertretung durch den Betriebsrat kann nicht zur Unwirksamkeit der Ausübung der Mitbestimmungsrechte gegenüber dem Arbeitgeber führen.

122 **18.** Denkbar wäre auch eine Kostenregelung in Form eines festen Budgets oder eine im Vergleich zum BetrVG konkretisierte Pflicht zur vorherigen Abstimmung von Ausgaben mit dem Arbeitgeber. Die einfachste und am wenigsten Diskussionsbedarf auslösende Regelung ist jedoch eine entsprechende Anwendung von § 40 BetrVG (für eine entsprechende Anwendung von § 40 BetrVG auch ohne entsprechende Regelung in der Vereinbarung gem. § 3 Abs. 1 Nr. 5 BetrVG AR/*Maschmann* § 3 BetrVG Rn. 8 und *Fitting* § 3 BetrVG Rn. 64).

123 **19.** Inkrafttreten und Geltungsdauer einer Vereinbarung gem. § 3 Abs. 1 Nr. 5 BetrVG können frei zwischen den Parteien vereinbart werden.

124 **20.** Vgl. Muster P.I.1. (P Rdn. 24) zur Nachwirkung von Tarifverträgen gem. § 3 Abs. 1 BetrVG.

125 **21.** S. Muster P.I.1. (P Rdn. 27) zum Schriftformerfordernis für Tarifverträge gem. § 3 Abs. 1 BetrVG.

II. Gemeinschaftsbetrieb

1. Führungsvereinbarung

Vorbemerkung

126 Ein **Gemeinschaftsbetrieb** liegt vor, wenn zwei oder mehr Unternehmen die in einer Betriebsstätte vorhandenen materiellen und immateriellen Mittel für einen oder mehrere einheitliche arbeitstechnische Zwecke zusammenfassen und gezielt einsetzen und der Einsatz der menschlichen Arbeitskraft von einem einheitlichen Leitungsapparat gesteuert wird. Diese einheitliche Steuerung setzt voraus, dass sich die beteiligten Unternehmen ausdrücklich oder stillschweigend zur gemeinsamen Führung des Betriebes verbunden haben. Das Vorliegen eines gemeinsamen Betriebes wird gem. § 1 Abs. 2 Nr. 1 BetrVG vermutet, wenn sowohl die Betriebsmittel als auch die Arbeitnehmer von den Unternehmen gemeinsam zur Verfolgung arbeitstechnischer Zwecke eingesetzt werden.

127 Obwohl das Bestehen einer ausdrücklichen Führungsvereinbarung nicht Voraussetzung für das Vorliegen eines Gemeinschaftsbetriebes ist, ist der Abschluss einer solchen Vereinbarung für die beteiligten Unternehmen vorteilhaft, wenn ein Gemeinschaftsbetrieb geführt werden soll. Zum einen schafft eine ausdrückliche Führungsvereinbarung Rechtssicherheit über das Bestehen des *Gemeinschaftsbetriebes, die im Hinblick auf die vielfältigen Folgen eines Gemeinschaftsbetriebes* (z.B. erstreckt sich bei einer betriebsbedingten Kündigung die Sozialauswahl auf den gesamten Gemeinschaftsbetrieb und bei der Frage der Weiterbeschäftigungsmöglichkeit ist ebenfalls auf

den Gemeinschaftsbetrieb abzustellen) erstrebenswert ist. Zum anderen eröffnet der Abschluss einer Führungsvereinbarung für die beteiligten Unternehmen die Möglichkeit, die jeweiligen mit der Führung des Gemeinschaftsbetriebes verbundenen Rechte und Pflichten klar zu regeln und Streit hierüber zu vermeiden. Die Bildung von Gemeinschaftsbetrieben kann in Konzernen ein probates Mittel sein, um eine Vereinfachung der Mitbestimmungsstrukturen und eine Reduzierung der Anzahl der Betriebsratsgremien herbeizuführen (vgl. dazu *Schönhöft/Schönleber* BB 2013, 2485 ff.).

▶ **Muster – Führungsvereinbarung**

Führungsvereinbarung zur Führung eines gemeinsamen Betriebes [1]

zwischen der

[Name und Anschrift der Gesellschaft]

und der

[Name und Anschrift der Gesellschaft]

[ggf. Aufnahme weiterer an dem gemeinsamen Betrieb beteiligter Unternehmen]

(zusammen im Folgenden die »Parteien«)

1. Bildung eines gemeinsamen Betriebes

Die Parteien schließen sich zur Führung eines gemeinsamen Betriebes im Sinne des Betriebsverfassungsgesetzes zusammen, [2] um den Betrieb in den wesentlichen personellen und sozialen Angelegenheiten einheitlich zu führen. Dem gemeinsamen Betrieb gehören alle Mitarbeiter und Mitarbeiterinnen der Parteien an, die der Betriebsstätte/den Betriebsstätten [Bezeichnung der Betriebsstätte/n] zugeordnet sind. [3]

Die Parteien sind sich einig, dass durch diese Vereinbarung und die gemeinsame Führung des Betriebes eine Gesellschaft bürgerlichen Rechts im Sinne der §§ 705 ff. BGB zwischen den Parteien begründet wird. [4] Soweit in dieser Führungsvereinbarung [und der weiteren Vereinbarung zwischen den Parteien vom ____] [5] nichts Abweichendes geregelt ist, bestimmen sich die Rechte und Pflichten bezüglich des Gemeinschaftsbetriebes im Verhältnis zwischen den Parteien nach den §§ 705 ff. BGB. [6]

2. Führung des gemeinsamen Betriebes

Die Parteien vereinbaren die Einrichtung einer gemeinsamen Personalabteilung. Diese wird sich zusammensetzen aus [Anzahl der Mitarbeiter] Mitarbeitern der [Name der Gesellschaft] und [Anzahl der Mitarbeiter] Mitarbeitern der [Name der Gesellschaft]. Die gemeinsame Personalabteilung trifft die Entscheidungen über die personellen und sozialen Angelegenheiten der Mitarbeiter und Mitarbeiterinnen der Betriebsstätte [Bezeichnung der Betriebsstätte] in einheitlicher Form.

[Name der Gesellschaft] und [Name der Gesellschaft] bevollmächtigen folgende Mitarbeiter [Namen der Mitarbeiter], sie gegenüber sämtlichen Mitarbeitern des Gemeinschaftsbetriebes zu vertreten. [7]

3. Betriebsrat

Der für die Betriebsstätte in [Name der Betriebsstätte oder Bezeichnung des Betriebes] gewählte Betriebsrat wird für den Gemeinschaftsbetrieb ein Übergangsmandat gem. § 21a Abs. 2 in Verbindung mit § 21a Abs. 1 BetrVG wahrnehmen. [8]

[optional:

Alternativ für den Fall, dass von einer Wahrung der Betriebsidentität ausgegangen wird:

Da die Betriebsidentität der [Name der Betriebsstätte oder Bezeichnung des Betriebes] *auch nach der Bildung des Gemeinschaftsbetriebes gewahrt bleibt, wird der gewählte Betriebsrat der* [Name der

Betriebsstätte oder Bezeichnung des Betriebes] die Interessen aller Mitarbeiter und Mitarbeiterinnen des Gemeinschaftsbetriebes wahrnehmen.]

Die Rechte des Betriebsrats nach dem Betriebsverfassungsgesetz werden beachtet. [9]

4. Individualarbeitsverhältnisse

Die Parteien bleiben im Verhältnis zu ihren jeweiligen Arbeitnehmern alleinige Arbeitgeber und alleinige Vertragspartei der jeweiligen Arbeitsverträge. Die Parteien übernehmen keine Haftung für Ansprüche der Arbeitnehmer der anderen Parteien aus oder im Zusammenhang mit dem Arbeitsverhältnis. [10]

5. Kooperation und wechselseitige Rücksichtnahme

Die Parteien verpflichten sich bei der Planung und Durchführung von arbeitnehmerbezogenen Maßnahmen zu kooperieren und die Interessen der anderen Partei angemessen zu berücksichtigen. Dies gilt insbesondere im Fall von etwa erforderlichen Personalabbaumaßnahmen. [11]

6. Schlussbestimmungen

Dieser Vertrag tritt mit seiner Unterzeichnung durch die Parteien in Kraft. [12] Jede Partei ist berechtigt, diesen Vertrag mit einer Frist von ____[Dauer]____ zum Ende eines [Kalendermonats/Quartals] zu kündigen. Mit Wirksamwerden der Kündigung tritt die Beendigung der gemeinschaftlichen Betriebsführung ein. [13] Dies führt zur Spaltung des gemeinsamen Betriebes.

Änderungen und Ergänzungen dieses Vertrages bedürfen zu ihrer Wirksamkeit der Schriftform.

Sollten eine oder mehrere Bestimmungen dieses Vertrages unwirksam sein oder werden, bleibt die Wirksamkeit des Vertrages im Übrigen unberührt. Die Parteien werden die unwirksame Bestimmung durch eine solche wirksame Bestimmung ersetzen, die dem mit der unwirksamen Bestimmung wirtschaftlich Gewollten am nächsten kommt.

_____
(Unterschriften [A])

_____
(Unterschriften [B])

Erläuterungen

Schrifttum

Bonanni Der gemeinsame Betrieb mehrerer Unternehmen, Köln 2003; *Fuhlrott/Hoppe* Besonderheiten bei der Sozialauswahl bzw. Weiterbeschäftigungspflicht in Gemeinschaftsbetrieb und Konzern, BB 2012, 253; *Lunk* Der Tendenzgemeinschaftsbetrieb, NZA 2005, 841; *Rieble/Gistel* Konzernpersonaldienstleister und Gemeinschaftsbetrieb, NZA 2005, 242; *Schönhöft/Brahmstaedt* Betriebsvereinbarungen und Gemeinschaftsbetrieb, NZA 2010, 851; *Schönhöft/Lermen* Der Gemeinschaftsbetrieb im Vergleich zur Arbeitnehmerüberlassung – eine Alternative zur Personalkostensenkung?, BB 2008, 2515; *Schönhöft/Oelze* Der gewillkürte Gemeinschaftsbetrieb – Möglichkeiten des drittbezogenen Personaleinsatzes unter Beteiligung einer Personalführungsgesellschaft, BB 2016, 565; *Schönhöft/Schönleber* Zur Frage der Reduzierung von Mitbestimmungsgremien durch einen Gemeinschaftsbetrieb, BB 2013, 2485.

129 1. Ein **gemeinsamer Betrieb** mehrerer Unternehmen liegt vor, wenn mindestens zwei Unternehmen die materiellen und immateriellen Betriebsmittel für einen einheitlichen arbeitstechnischen Zweck zusammenfassen, ordnen und gezielt einsetzen und der Einsatz der menschlichen Arbeitskraft von einem einheitlichen Leitungsapparat gesteuert wird (vgl. z.B. BAG, Beschl. v. 14.09.1988 – 7 ABR 10/87, NZA 1989, 190, 191; BAG, Beschl. v. 13.08.2008 – 7 ABR 21/07, NZA-RR 2009, 255, 256 ff.). Die einheitliche Leitung im Gemeinschaftsbetrieb muss sich auf die wesentlichen Entscheidungen des Arbeitgebers im Bereich der personellen und sozialen Angelegenheiten beziehen, wobei die Funktionen des Arbeitgebers institutionell einheitlich für die beteiligten Unternehmen wahrgenommen werden müssen (BAG, Beschl. v. 13.08.2008 – 7 ABR

21/07, NZA-RR 2009, 255, 256 f.). Entscheidend ist, dass dem Betriebsrat ein zentraler Ansprechpartner zur Verfügung steht. Kennzeichnend für eine solche institutionalisierte Leitung ist unter anderem der wechselseitige arbeitgeberübergreifende Personaleinsatz (BAG, Beschl. v. 16.04.2008 – 7 ABR 4/07, NZA-RR 2008, 583, 585). Erfolgt die Steuerung des Personaleinsatzes und der Betriebsmittel demgegenüber lediglich durch eines der Unternehmen für sich und das andere Unternehmen (also einseitig und nicht wechselseitig), liegt kein Gemeinschaftsbetrieb vor (BAG, Urt. v. 29.04.1999 – 2 AZR 352/98, NZA 1999, 932, 933; ähnlich *Schönhöft/Oelze* BB 2016, 565, 567). Auch eine bloße unternehmerische Zusammenarbeit genügt nicht, um das Bestehen eines Gemeinschaftsbetriebes zu begründen (BAG, Beschl. v. 25.05.2005 – 7 ABR 38/04, AP BetrVG 1972 Gemeinsamer Betrieb Nr. 28; LAG Hamburg, Beschl. v. 02.11.2010 – 2 TaBV 12/09, juris; LAG Hamm, Beschl. v. 14.10.2011 – 10 TaBV 29/11, juris; *Schönhöft/Oelze* BB 2016, 565, 566).

2. Der Abschluss einer ausdrücklichen **Führungsvereinbarung** ist keine zwingende Voraussetzung eines Gemeinschaftsbetriebes, sondern es genügt auch eine konkludente Führungsvereinbarung (BAG, Beschl. v. 31.05.2000 – 7 ABR 78/98, NZA 2000, 1350, 1352). Aus Gründen der Rechtssicherheit und zur Vereinfachung des Nachweises ist jedoch in der Regel der Abschluss einer ausdrücklichen, schriftlichen Führungsvereinbarung zu empfehlen, wenn die Führung eines Gemeinschaftsbetriebes beabsichtigt ist (so auch *Schönhöft/Lermen* BB 2008, 2515, 2516). Unabhängig von dem Bestehen einer ausdrücklichen Führungsvereinbarung wird ein gemeinsamer Betrieb mehrerer Unternehmen gem. § 1 Abs. 2 Nr. 1 BetrVG vermutet, wenn zur Verfolgung arbeitstechnischer Zwecke die Betriebsmittel sowie die Arbeitnehmer von den Unternehmen gemeinsam eingesetzt werden. Als mögliche Indizien für einen Gemeinschaftsbetrieb kommen z.B. in Betracht die organisatorische, personelle und technische Verknüpfung der Arbeitsabläufe, eine gemeinsame, nicht getrennte räumliche Unterbringung der Arbeitnehmer (vgl. aber auch LAG Hamm, Beschl. v. 14.10.2011 – 10 TaBV 29/11, juris, wonach eine gemeinsame räumliche Unterbringung lediglich ein schwaches Indiz für einen Gemeinschaftsbetrieb ist; ähnlich BAG, Beschl. v. 25.05.2005 – 7 ABR 38/04, AP BetrVG 1972 Gemeinsamer Betrieb Nr. 28), die gemeinsame Nutzung zentraler Betriebseinrichtungen, ein wechselseitiger Austausch von Arbeitnehmern (auch, wenn dies zur Vertretung z.B. während Urlaubs- oder Krankheitszeiten erfolgt) sowie Personenidentität der Geschäftsführung (vgl. AR/*Maschmann* § 1 BetrVG Rn. 13; *Rieble/Gistel* NZA 2005, 242, 243; *Schönhöft/Lermen* BB 2008, 2515, 2516). Demgegenüber sind die Nutzung gemeinsamer Sozialeinrichtungen (z.B. Kantine, Betriebskrankenkasse, Pensionskasse und Betriebsarzt) sowie die übergreifende Wahrnehmung von Overhead- und Hilfsfunktionen (z.B. Buchhaltung, Controlling, IT, usw.) nach richtiger Ansicht allenfalls von untergeordneter Bedeutung und in der Regel nicht geeignet, einen Gemeinschaftsbetrieb zu begründen (BAG, Beschl. v. 25.05.2005 – 7 ABR 38/04, AP BetrVG 1972 Gemeinsamer Betrieb Nr. 28; HWK/*Gaul* § 1 BetrVG Rn. 16). Gleiches gilt für eine gemeinsame Telefonanlage und einen gemeinsamen Internetauftritt oder sonstigen Außenauftritt (LAG Hamburg, Beschl. v. 02.11.2010 – 2 TaBV 12/09, juris; LAG Hamm, Beschl. v. 14.10.2011 – 10 TaBV 29/11, juris), das Tragen gleicher T-Shirts oder Westen und die Ausrichtung gemeinsamer Betriebsfeiern (LAG Hamm, Urt. v. 10.06.2011 – 10 Sa 2127/10, juris) sowie für die gemeinsame Beschaffung und Unterbringung von Büromaterialien (LAG Hamm, Beschl. v. 13.04.2012 – 10 TaBV 55/11, JurionRS 2012, 19522). Der Abschluss eines Beherrschungsvertrages zwischen den beteiligten Unternehmen ist ebenfalls nicht geeignet, das Bestehen eines Gemeinschaftsbetriebes zu begründen (HWK/*Gaul* § 1 BetrVG Rn. 16; vgl. auch LAG Düsseldorf, Beschl. v. 20.12.2010 – 14 TaBV 24/10, BB 2011, 2428, 2430). Generell genügt die Erfüllung einzelner Indizien nicht für die Annahme eines Gemeinschaftsbetriebes, sondern es ist jeweils eine wertende Gesamtbetrachtung aller Umstände erforderlich. Gem. § 1 Abs. 2 Nr. 2 BetrVG wird ein Gemeinschaftsbetrieb auch vermutet, wenn die Spaltung eines Unternehmens zur Folge hat, dass ein Betriebsteil einem anderen Unternehmen zugeordnet wird, ohne dass sich die Organisation des betroffenen Betriebes wesentlich ändert.

Die Vermutung kann von den beteiligten Unternehmen mit dem Nachweis **widerlegt** werden, dass keine gemeinsame Leitung der organisatorischen Einheit in den personellen und sozialen Angelegenheiten erfolgt oder die Betriebsmittel nicht gemeinsam eingesetzt werden. Auch der Abschluss einer negativen Führungsvereinbarung kann geeignet sein, die Vermutung eines gemeinsamen Betriebes zu widerlegen (*Rieble/Gistel* NZA 2005, 242, 246; s. Muster P.II.3. (P Rdn. 151 ff.) für ein Beispiel einer negativen Führungsvereinbarung).

132 **3.** Für einen Gemeinschaftsbetrieb ist es nicht zwingend erforderlich, dass alle betroffenen Arbeitnehmer innerhalb einer Betriebsstätte beschäftigt werden. Vielmehr können auch mehrere, räumlich voneinander entfernte **Betriebsstätten** einen Gemeinschaftsbetrieb bilden, wenn die Arbeitnehmer der Betriebsstätten einer einheitlichen Leitung in den wesentlichen personellen und sozialen Angelegenheiten unterliegen. Für die Beantwortung der Frage, ob räumlich getrennte Betriebsstätten als ein Betrieb oder als mehrere Betriebe anzusehen sind, gelten für Gemeinschaftsbetriebe dieselben Kriterien wie für Betriebe nur eines Unternehmens (s. zu den allgemeinen Kriterien für die Abgrenzung von Betrieb und Betriebsteil sowie die Bedeutung der räumlichen Entfernung eines Betriebsteils vom Hauptbetrieb AR/*Maschmann* § 4 BetrVG Rn. 2 ff.).

133 **4.** Nach der Rechtsprechung des BAG vollzieht sich die Zusammenarbeit zwischen den an einem Gemeinschaftsbetrieb beteiligten Unternehmen regelmäßig in Form einer **Gesellschaft bürgerlichen Rechts**, sofern nicht erkennbar eine Zusammenarbeit in anderer Form gewollt ist (BAG, Beschl. v. 16.04.2008 – 7 ABR 4/07, NZA-RR 2008, 583, 585).

134 **5.** Wenn die beteiligten Unternehmen über die Führung des gemeinsamen Betriebes hinaus gemeinsame Ziele verfolgen (z.B. die Entwicklung eines gemeinsamen Produktes), sollte dies in einer separaten Vereinbarung (z.B. einer Joint Venture Vereinbarung) geregelt werden.

135 **6.** Vor Abschluss einer Führungsvereinbarung bedarf es einer sorgfältigen Prüfung, ob die Regelungen der §§ 705 ff. BGB den Interessen der Parteien gerecht werden oder ob abweichende Vereinbarungen getroffen werden sollen. Dies gilt insbesondere für die Beiträge der Unternehmen zu dem Gemeinschaftsbetrieb (gem. § 706 Abs. 1 BGB sind gleiche Beiträge zu leisten, wenn nichts anderes vereinbart ist), die Anteile an Gewinn und Verlust (§ 722 BGB), den Haftungsmaßstab (§ 708 BGB), sowie die Geschäftsführung (§ 709 BGB) und die Vertretungsmacht (§ 714 BGB).

136 **7.** Zur Umsetzung der einheitlichen **Leitung** gegenüber allen Arbeitnehmern der beteiligten Unternehmen sollten jedenfalls die Mitarbeiter der Personalabteilung (sowie ggf. weitere Mitarbeiter mit Vorgesetztenfunktion) bevollmächtigt werden, die maßgeblichen arbeitsrechtlichen Entscheidungen gegenüber allen Mitarbeitern des Gemeinschaftsbetriebes zu treffen.

137 **8.** Die Auswirkungen der Gründung eines Gemeinschaftsbetriebes auf die in den einzelnen Betrieben existierenden Betriebsräte sind abhängig von der konkreten Fallkonstellation: Verlieren die beteiligten Betriebe durch die Zusammenlegung zu einem Gemeinschaftsbetrieb ihre bisherige betriebliche Identität und werden zu einem neuen Betrieb mit eigener Identität zusammengefasst, findet § 21a Abs. 2 BetrVG Anwendung mit der Folge, dass der Betriebsrat des nach der Zahl der wahlberechtigten Arbeitnehmer größten Betriebes oder Betriebsteils ein Übergangsmandat wahrnimmt. Er repräsentiert für diesen Zeitraum alle Arbeitnehmer des Gemeinschaftsbetriebes und nimmt während des Übergangsmandates seine Beteiligungsrechte in vollem Umfang wahr (vgl. DLW/*Wildschütz* Kapitel 13 Rn. 528 m.w.N. zu dem Meinungsstreit, ob sich die Zuständigkeit des Betriebsrats auch auf Arbeitnehmer aus Betrieben erstreckt, in denen vor dem Zusammenschluss der Betriebe kein Betriebsrat bestand). Der Betriebsrat ist nach § 21a Abs. 1 S. 2 BetrVG verpflichtet, in der neuen Einheit unverzüglich Betriebsratswahlen einzuleiten. Erfolgt keine Wahl, läuft das Übergangsmandat nach sechs Monaten aus. Das Mandat der Betriebsräte der übrigen Betriebe bzw. Betriebsteile endet mit dem Zusammenschluss der Betriebe. Diesen Betriebsräten kann allerdings für Angelegenheiten des zuvor von ihnen betreuten Betriebes ein Restmandat gem. § 21b BetrVG zustehen.

138 Wird demgegenüber ein (wesentlich) kleinerer Betrieb in einen (wesentlich) größeren Betrieb eingegliedert, so dass der größere Betrieb seine **Identität** bewahrt, findet § 21a BetrVG als subsidiäre Schutzvorschrift zugunsten des Betriebsrats keine Anwendung, jedenfalls dann nicht, wenn in

dem aufnehmenden Betrieb ein Betriebsrat besteht (AR/*Maschmann* § 21a BetrVG Rn. 5; weitergehend Richardi/*Thüsing* BetrVG § 21a Rn. 13 m.w.N., nach dessen Ansicht ein Übergangsmandat gem. § 21a BetrVG bei einer Eingliederung generell nicht in Betracht kommt, also auch dann nicht, wenn es in dem aufnehmenden Betrieb keinen Betriebsrat gibt). Vielmehr bleibt der Betriebsrat des größeren Betriebes im Amt und vertritt künftig alle Arbeitnehmer, also auch die Arbeitnehmer des kleineren eingegliederten Betriebes. Die Abgrenzung der Fälle, in denen von der Identitätswahrung eines Betriebes ausgegangen werden kann, ist jedoch schwierig und hängt von den Umständen des Einzelfalls ab (Willemsen/*Hohenstatt* Unternehmensumstrukturierung, Teil D Rn. 68 ff.).

Die Regelung in dem Vertragsmuster hat lediglich den Zweck, das Verständnis der beteiligten Unternehmen festzuhalten. Eine verbindliche Regelung der Arbeitgeber, ob ein Fall der Zusammenlegung oder der Eingliederung vorliegt, ist nicht möglich. 139

9. Dem Betriebsrat des Gemeinschaftsbetriebes stehen die vollen Rechte aus dem Betriebsverfassungsrecht zu. Ob das jeweilige **Mitbestimmungsrecht** gegenüber der Betriebsleitung des Gemeinschaftsbetriebes oder gegenüber dem Vertragsarbeitgeber des betroffenen Arbeitnehmers besteht, hängt von dem Inhalt des jeweiligen Mitbestimmungsrechts ab (s. zum Meinungsstand und den Differenzierungen AR/*Maschmann* § 1 BetrVG Rn. 14 sowie *Fitting* § 1 BetrVG Rn. 104 ff.). Vgl. *Lunk* NZA 2005, 841 ff. zu den Besonderheiten, wenn ein an dem Gemeinschaftsbetrieb beteiligtes Unternehmen einen Tendenzbetrieb i.S.v. § 118 BetrVG führt. Vgl. zur Problematik der Fortgeltung von Betriebsvereinbarungen bei Begründung eines Gemeinschaftsbetriebes *Schönhöft/Brahmstaedt* NZA 2010, 851 ff. 140

10. Es entspricht der Rechtsprechung des BAG, dass sich die Ansprüche der Arbeitnehmer ausschließlich gegen ihren **Vertragsarbeitgeber** richten, nicht gegen andere an dem Gemeinschaftsbetrieb beteiligte Unternehmen, es sei denn, die an dem Gemeinschaftsbetrieb beteiligten Unternehmen haben eine gesamtschuldnerische Haftung vereinbart oder zugesagt (vgl. BAG, Urt. v. 12.11.2002 – 1 AZR 632/01, NZA 2003, 676, 677 f. zur Haftung für Abfindungsansprüche aus einem Sozialplan). Auch sind in einem neuen Arbeitsverhältnis Vordienstzeiten, die in dem Gemeinschaftsbetrieb bei einem anderen Unternehmen erbracht wurden, weder für Zwecke des § 1 KSchG noch sonst zu berücksichtigen, wenn zwischen den Parteien nichts anderes vereinbart ist (LAG Hamm, Urt. v. 25.08.2011 – 8 Sa 373/11, juris). Vgl. zur Ermittlung der Schwerbehindertenquote im Gemeinschaftsbetrieb *Schönhöft/Brahmstaedt* BB 2009, 1585 ff. 141

11. Die Durchführung von betriebsbedingten **Kündigungen** kann sich in einem Gemeinschaftsbetrieb schwierig gestalten. Insbesondere sind vor Ausspruch einer betriebsbedingten Kündigung freie Arbeitsplätze in allen an dem Gemeinschaftsbetrieb beteiligten Unternehmen zu berücksichtigen (ErfK/*Oetker* § 1 KSchG Rn. 247). Zudem ist eine Sozialauswahl zwischen allen vergleichbaren Arbeitnehmern des Gemeinschaftsbetriebes durchzuführen (BAG, Urt. v. 05.05.1994 – 2 AZR 917/93, NZA 1994, 1023, 1024; AR/*Kaiser* § 1 KSchG Rn. 172; *Fuhlrott/Hoppe* BB 2012, 253, 255 f.). Das kann zu erheblichen Schwierigkeiten bei der praktischen Umsetzung von betriebsbedingten Kündigungen führen, insbesondere, wenn einem Arbeitnehmer des Unternehmens A betriebsbedingt gekündigt werden muss, obwohl an sich das Unternehmen B Arbeitskräfte abbauen will. 142

12. Die Zusammenlegung von zwei zuvor separat geführten Betrieben zu einem Gemeinschaftsbetrieb stellt einen Zusammenschluss mit anderen Betrieben i.S.v. § 111 S. 3 Nr. 3 1. Alt. BetrVG dar (AR/*Rieble* § 111 BetrVG Rn. 15). Vor dem Wirksamwerden des Zusammenschlusses bedarf es daher der **Verhandlung** eines Interessenausgleichs und Sozialplans mit den Betriebsräten beider Betriebe, wenn die jeweiligen Unternehmen in der Regel mehr als 20 wahlberechtigte Mitarbeiter beschäftigen. 143

13. Der gemeinsame Betrieb wird **aufgelöst**, wenn eines der daran beteiligten Unternehmen die Vereinbarung über die gemeinsame Führung aufhebt (s. zur Aufhebung einer Führungsvereinbarung Muster P.II.2. – P Rdn. 145 ff.). Die Aufhebung eines Gemeinschaftsbetriebes stellt eine 144

P. Abweichende Betriebsratsstruktur

Betriebsspaltung i.S.v. § 111 S. 3 Nr. 3 2. Alt. BetrVG dar (*Gaul* NZA 2003, 695, 696; Richardi/ *Annuß* BetrVG § 111 Rn. 101), so dass es auch bei der Aufhebung des Gemeinschaftsbetriebes der Verhandlung von Interessenausgleich und Sozialplan mit dem Betriebsrat bedarf. Bleibt trotz der Auflösung des Gemeinschaftsbetriebes die Identität des Betriebes erhalten, bleibt der Betriebsrat im Amt (BAG, Urt. v. 19.11.2003 – 7 AZR 11/03, NZA 2004, 435, 436 f.); ggf. ist allerdings nach § 13 Abs. 2 Nr. 1 oder Nr. 2 BetrVG eine Neuwahl erforderlich. Geht demgegenüber die Identität des Betriebes infolge der Auflösung des Gemeinschaftsbetriebes und der damit verbundenen organisatorischen Veränderungen verloren, bleibt der Betriebsrat im Rahmen eines Übergangsmandats gem. § 21a Abs. 1 BetrVG für längstens sechs Monate im Amt, sofern es nicht nach der Auflösung des Gemeinschaftsbetriebes zu einer Integration oder Zusammenlegung mit einem anderen, größeren Betrieb kommt, in dem ebenfalls ein Betriebsrat besteht.

2. Kündigung einer Führungsvereinbarung

Vorbemerkung

145 Um einen Gemeinschaftsbetrieb aufzulösen, bedarf es zum einen der **Beendigung** der zwischen den Parteien bestehenden Führungsvereinbarung und zum anderen der tatsächlichen Beendigung der gemeinsamen Betriebsführung. Zudem sind bei der Auflösung eines Gemeinschaftsbetriebes die Beteiligungsrechte des Betriebsrats aus §§ 111, 112 BetrVG zu beachten.

▶ Muster – Kündigung einer Führungsvereinbarung

146 [Briefkopf der kündigenden Gesellschaft]

An
[Adresse der Gesellschaft, die die Kündigung empfängt]

Kündigung der Führungsvereinbarung [1]

Sehr geehrte Damen und Herren,

hiermit kündigen wir die zwischen uns und der ___[Name der Gesellschaft]___ bestehende Führungsvereinbarung zur gemeinsamen Führung des Betriebes in ___[Ort]___ unter Beachtung der vereinbarten Kündigungsfrist mit Wirkung zum ___[Datum]___.

Nach Ablauf der Kündigungsfrist werden wir mit unseren Arbeitnehmern in ___[Ort]___ wieder einen eigenständigen Betrieb führen, der nicht mit dem Betrieb der ___[Name der Gesellschaft]___ verbunden ist. [2] [Wir beabsichtigen, die zur Abgrenzung der Betriebe erforderlichen Umbaumaßnahmen [3] vor Ablauf der Kündigungsfrist im Zeitraum von ___[Datum]___ bis ___[Datum]___ durchzuführen. Zwecks näherer Abstimmung der Umbaumaßnahmen werden wir uns in den nächsten Tagen telefonisch mit Ihnen in Verbindung setzen.]

Mit freundlichen Grüßen

_____
(Unterschriften vertretungsberechtigter Personen)

Erläuterungen

Schrifttum
S. die allgemeinen Literaturangaben zu Muster P.II.1. sowie *Gaul* Beteiligungsrechte des Betriebsrats aus §§ 111, 112 BetrVG bei der Spaltung eines gemeinsamen Betriebs mehrerer Unternehmen, NZA 2003, 695.

147 **1.** Anstelle einer einseitigen Kündigung kommt auch eine **einvernehmliche Aufhebung** der Führungsvereinbarung im Wege eines Aufhebungsvertrages in Betracht. In der Rechtsprechung ist zudem anerkannt, dass auch eine konkludente Kündigung eines Gemeinschaftsbetriebes mög-

lich ist. Eine konkludente Kündigung eines Gemeinschaftsbetriebes kann z.B. dadurch erfolgen, dass eines der an dem Gemeinschaftsbetrieb beteiligten Unternehmen seine Liquidation beschließt, allen seinen Arbeitnehmer kündigt und die Liquidation tatsächlich einleitet (LAG Bremen, Urt. v. 17.10.2002 – 3 Sa 147/02, NZA-RR 2003, 189, 190; LAG Schleswig-Holstein, Urt. v. 08.05.2003 – 1 Sa 48/03, NZA-RR 2004, 79, 80). Aus Gründen der Rechtssicherheit empfiehlt sich jedoch in der Regel die Abgabe einer ausdrücklichen Kündigungserklärung.

2. Die Aufhebung eines Gemeinschaftsbetriebes stellt eine **Betriebsspaltung** i.S.v. § 111 S. 3 Nr. 3 2. Alt. BetrVG dar (*Gaul* NZA 2003, 695, 696; Richardi/*Annuß* BetrVG § 111 Rn. 101). Wenn in dem Gemeinschaftsbetrieb ein Betriebsrat besteht und in der Regel mehr als 20 wahlberechtigte Arbeitnehmer beschäftigt sind (vgl. ErfK/*Kania* § 111 BetrVG Rn. 5 sowie *Gaul* NZA 2003, 695 zu dem Meinungsstreit, ob auf die Anzahl der Beschäftigten in dem Gemeinschaftsbetrieb und/oder in dem jeweiligen Unternehmen abzustellen ist), bedarf es vor der Aufhebung des Gemeinschaftsbetriebes der Verhandlung eines Interessenausgleichs und Sozialplans gem. §§ 111, 112 BetrVG.

3. Neben der Kündigung der Führungsvereinbarung und der Verhandlung von Interessenausgleich und Sozialplan ist es für die Auflösung des Gemeinschaftsbetriebes erforderlich, dass nach Ablauf der Kündigungsfrist zwischen den beteiligten Unternehmen auch tatsächlich kein Gemeinschaftsbetrieb mehr geführt wird. Dies kann beispielsweise **Umbaumaßnahmen** erforderlich machen, um eine saubere räumliche Abgrenzung der Arbeitnehmer der verschiedenen Unternehmen sicherzustellen. In jedem Fall muss dafür gesorgt werden, dass die Unternehmen die wesentlichen Arbeitgeberfunktionen in personellen und sozialen Angelegenheiten nicht mehr einheitlich, sondern getrennt für die Arbeitnehmer des jeweiligen Unternehmens wahrnehmen.

3. Negative Führungsvereinbarung

Vorbemerkung

Wenn zwei Unternehmen auf demselben Betriebsgelände Mitarbeiter beschäftigen, kann schnell das Risiko entstehen, dass in Streitfällen (insbesondere im Fall von betriebsbedingten Kündigungen) vom Betriebsrat oder von betroffenen Arbeitnehmern behauptet wird, die Unternehmen würden einen Gemeinschaftsbetrieb führen. Zur Vermeidung oder zumindest zur Reduzierung dieses Risikos kann sich – neben Vorkehrungen in tatsächlicher Hinsicht, insbesondere einer klaren räumlichen Trennung der Mitarbeiter – der **Abschluss** einer negativen Führungsvereinbarung empfehlen, also einer Vereinbarung, in der die Unternehmen regeln, dass gerade kein Gemeinschaftsbetrieb geführt wird, sondern es sich um zwei voneinander unabhängige Betriebe handelt.

▶ **Muster – Negative Führungsvereinbarung**

Negative Führungsvereinbarung [1]

zwischen der

[Name und Anschrift der Gesellschaft]

und der

[Name und Anschrift der Gesellschaft]

(zusammen im Folgenden die »Parteien«)

Präambel

Beide Parteien beschäftigen auf dem Betriebsgrundstück in [Bezeichnung der Betriebsstätte] Arbeitnehmer. Es ist nicht im Interesse der Parteien, ihre Arbeitnehmer gemeinsam einzusetzen. Vielmehr wollen beide Parteien ihre Arbeitnehmer voneinander unabhängig einsetzen. Um auch ge-

P. Abweichende Betriebsratsstruktur

genüber Dritten zu manifestieren, dass die Parteien auf dem Betriebsgrundstück in ___[Bezeichnung der Betriebsstätte]___ keinen Gemeinschaftsbetrieb, sondern zwei voneinander unabhängige Betriebe führen, schließen die Parteien die folgende negative Führungsvereinbarung:

1. Führung von zwei getrennten Betrieben

Die Parteien sind sich einig, dass sie auf dem Betriebsgrundstück in ___[Bezeichnung der Betriebsstätte]___ zwei voneinander getrennte Betriebe führen. Jeder Partei stehen Weisungsrechte nur gegenüber ihren eigenen Arbeitnehmern zu, nicht gegenüber den Arbeitnehmern der anderen Partei. Die Parteien treffen sämtliche arbeitnehmerbezogenen Entscheidungen (insbesondere Entscheidungen über Einstellungen und Entlassungen sowie über die Arbeitsbedingungen) voneinander unabhängig und ohne jede Abstimmung untereinander. Eine gemeinschaftliche Willensbildung der Parteien in betriebsverfassungsrechtlichen Angelegenheiten und sonstigen arbeitnehmerbezogenen Angelegenheiten findet nicht statt. [2]

2. Betriebsrat

Die Parteien sind sich einig, dass für jeden der beiden Betriebe ein separater Betriebsrat eingerichtet werden kann. Die Bildung eines gemeinsamen Betriebsrats für beide Betriebe ist nicht möglich. [3] Ansprechpartner für den Betriebsrat des Unternehmens ___[Bezeichnung von Unternehmen A]___ ist der Personalleiter des Unternehmens, derzeit ___[Name]___. Ansprechpartner für den Betriebsrat des Unternehmens ___[Bezeichnung von Unternehmen B]___ ist der Personalleiter des Unternehmens, derzeit ___[Name]___. [4]

3. Kooperation und wechselseitige Unterstützung

Sollten Arbeitnehmer oder sonstige Dritte geltend machen, dass die Parteien auf dem Betriebsgrundstück in ___[Bezeichnung der Betriebsstätte]___ einen Gemeinschaftsbetrieb führen, werden die Parteien sich hierüber unverzüglich informieren und sich wechselseitig unterstützen, um zu belegen, dass sie keinen Gemeinschaftsbetrieb, sondern zwei separate Betriebe führen.

4. Schlussbestimmungen

Diese Vereinbarung tritt mit ihrer Unterzeichnung durch die Parteien in Kraft und gilt zeitlich unbefristet. Die Vereinbarung kann mit einer Frist von [sechs Monaten zum Jahresende] gekündigt werden. Eine Kündigung dieser Vereinbarung ändert jedoch nichts daran, dass die Parteien auf dem Betriebsgrundstück in ___[Bezeichnung der Betriebsstätte]___ zwei voneinander unabhängige Betriebe führen.

Änderungen und Ergänzungen dieser Vereinbarung bedürfen zu ihrer Wirksamkeit der Schriftform.

Sollten eine oder mehrere Bestimmungen dieser Vereinbarung unwirksam sein oder werden, bleibt die Wirksamkeit dieser Vereinbarung im Übrigen unberührt. Die Parteien werden die unwirksame Bestimmung durch eine solche wirksame Bestimmung ersetzen, die dem mit der unwirksamen Bestimmung wirtschaftlich gewollten am nächsten kommt.

_____
(Unterschriften ___[A]___)

_____
(Unterschriften ___[B]___)

Erläuterungen

Schrifttum
S. die Literaturangaben zu Muster P.II.1.

152 **1.** Zwar kann das Bestehen eines Gemeinschaftsbetriebes durch den Abschluss einer negativen Führungsvereinbarung nicht verhindert werden, wenn die Voraussetzungen eines Gemeinschaftsbetriebes entgegen der Darstellung in der negativen Führungsvereinbarung tatsächlich erfüllt sind.

Eine negative Führungsvereinbarung kann jedoch insbesondere in Streitfällen den **Nachweis** erleichtern, dass eine gemeinsame Betriebsführung nicht den Interessen der beteiligten Unternehmen entspricht. Eine negative Führungsvereinbarung kann damit geeignet sein, die Vermutung eines Gemeinschaftsbetriebes gem. § 1 Abs. 2 BetrVG zu widerlegen (so auch *Rieble/Gistel* NZA 2005, 242, 246).

2. Wichtig ist, dass nicht nur vertraglich vereinbart wird, dass keine gemeinsame Willensbildung der Parteien in betriebsverfassungsrechtlichen Angelegenheiten und sonstigen arbeitnehmerbezogenen Angelegenheiten erfolgt, sondern dass auch die tatsächliche Entscheidungsfindung voneinander unabhängig ist.

3. Neben der negativen Führungsvereinbarung ist es zur Vermeidung eines Gemeinschaftsbetriebes wichtig, sicherzustellen, dass keine oder möglichst wenige **Indizien** für das Bestehen eines Gemeinschaftsbetriebes bestehen. Insbesondere sollte sichergestellt sein, dass die Arbeitnehmer der beiden Unternehmen in voneinander getrennten Räumlichkeiten (möglichst unterschiedliche Gebäude oder zumindest unterschiedliche Stockwerke eines Gebäudes mit separaten Zugangscodes) arbeiten, dass die Arbeitsabläufe möglichst nicht miteinander verknüpft, sondern getrennt sind und dass kein wechselseitiger Personalaustausch zwischen den beiden Unternehmen stattfindet (auch nicht zur Urlaubs- oder Krankheitsvertretung). Wenn möglich, sollte auch keine gemeinsame Nutzung von Sozialeinrichtungen (z.B. Kantine) erfolgen, auch wenn allein die gemeinsame Nutzung von Sozialeinrichtungen nicht zur Bildung eines Gemeinschaftsbetriebes führt (vgl. allgemein zu den Indizien für einen Gemeinschaftsbetrieb AR/*Maschmann* § 1 BetrVG Rn. 13; *Rieble/Gistel* NZA 2005, 242, 243; *Schönhöft/Lermen* BB 2008, 2515, 2516).

4. Zur Vermeidung des Risikos eines Gemeinschaftsbetriebes ist es regelmäßig empfehlenswert, zwei separate **Personalverantwortliche** für die beiden Betriebe einzusetzen. Das BAG hat allerdings zu Recht entschieden, dass eine gemeinsame Personalabteilung kein Indiz für einen Gemeinschaftsbetrieb ist, wenn die Personalabteilung selbst keine Entscheidungen in mitbestimmungsrechtlich relevanten Angelegenheiten trifft, sondern sich im Wesentlichen auf Beratungs- und Unterstützungsleistungen beschränkt (BAG, Beschl. v. 13.08.2008 – 7 ABR 21/07, NZA-RR 2009, 255, 259; LAG Hamm, Beschl. v. 13.04.2012 – 10 TaBV 55/11, JurionRS 2012, 19522; AR/*Maschmann* § 1 BetrVG Rn. 13).

Q. Personalvertretungsrecht

Inhaltsübersicht

	Rdn.
Einführung	1
I. Personelle Angelegenheiten	5
1. Antrag auf Zustimmung zur Befristung eines Arbeitsvertrages	6
Vorbemerkung	6
Muster: Antrag auf Zustimmung zur Befristung eines Arbeitsvertrages	7
Erläuterungen	8
2. Antrag auf Zustimmung zu einer korrigierenden, rückwirkenden Höhergruppierung	26
Vorbemerkung	26
Muster: Antrag auf Zustimmung zu einer korrigierenden, rückwirkenden Höhergruppierung	30
Erläuterungen	31
3. Antrag auf Zustimmung zur Übertragung einer höher zu bewertenden Tätigkeit	42
Vorbemerkung	42
Muster: Antrag auf Zustimmung zur Übertragung einer höher zu bewertenden Tätigkeit	43
Erläuterungen	44
4. Antrag auf Zustimmung zu einer Versetzung	63
Vorbemerkung	63
Muster: Antrag auf Zustimmung zu einer Versetzung	64
Erläuterungen	65
5. Antrag auf Zustimmung zu einer Abordnung	78
Vorbemerkung	78
Muster: Antrag auf Zustimmung zu einer Abordnung	79
Erläuterungen	80
6. Antrag auf Zustimmung zur nachträglichen Untersagung einer Nebentätigkeit	94
Vorbemerkung	94
Muster: Antrag auf Zustimmung zur nachträglichen Untersagung einer Nebentätigkeit	95
Erläuterungen	96
7. Beteiligung des Personalrats bei verhaltensbedingten Kündigungen	117
Vorbemerkung	117
Muster: Beteiligung des Personalrats bei verhaltensbedingten Kündigungen	120
Erläuterungen	121
8. Beteiligung des Personalrats bei krankheitsbedingten Kündigungen	142
Vorbemerkung	142
Muster: Beteiligung des Personalrats bei krankheitsbedingten Kündigungen	145
Erläuterungen	146
II. Dienstvereinbarungen	167
1. Integrationsvereinbarung	172
Vorbemerkung	172
Muster: Integrationsvereinbarung	177
Erläuterungen	178
2. Betriebliches Eingliederungsmanagement (BEM)	224
Vorbemerkung	224
Muster: Betriebliches Eingliederungsmanagement (BEM) nach § 84 Abs. 2 SGB IX	227
Erläuterungen	228
3. Beschwerdeverfahren nach § 13 Abs. 1 AGG	269
Vorbemerkung	269
Muster: Beschwerdeverfahren nach § 13 Abs. 1 AGG	272
Erläuterungen	273

Einführung

1 Trotz der sich fortsetzenden Privatisierung öffentlicher Unternehmen unterfallen immer noch hunderttausende Arbeits- und Beamtenverhältnisse im öffentlichen Dienst den personalvertretungsrechtlichen Regelungen des Bundes oder der Länder.

Als Interessenvertretung sowohl der Beamten als auch der Arbeitnehmer im öffentlichen Dienst stehen dem Personalrat Mitbestimmungsrechte zu, die zum Teil den Rechten des Betriebsrats nach dem BetrVG ähneln, zum Teil aber auch darüber hinausgehen oder grundsätzlich anders strukturiert sind. Diese Rechte folgen dabei nicht einheitlich aus einem Personalvertretungsgesetz, sondern für die Beamten und Arbeitnehmer in den Verwaltungen des Bundes und der bundesunmittelbaren Körperschaften, Anstalten und Stiftungen des öffentlichen Rechts sowie in den Gerichten des Bundes aus dem BPersVG, in den Verwaltungen und Gerichten der Länder sowie in den Verwaltungen der ihrer Aufsicht unterstehenden juristischen Personen des öffentlichen Rechts aus dem jeweiligen Landespersonalvertretungsgesetz (in Schleswig-Holstein: Mitbestimmungsgesetz). Diese 17 Gesetze stimmen zwar in ihrer Grundstruktur überein. Im Detail, auch hinsichtlich einzelner Mitbestimmungsrechte, weichen sie aber durchaus voneinander ab. So kennen beispielsweise das PersVG Brandenburg in § 63 Abs. 1 Nr. 4, das LPersVG Rheinland-Pfalz in § 78 Abs. 2 Nr. 2 und das LPVG NW in § 72 Abs. 1 Nr. 1 ein ausdrückliches Mitbestimmungsrecht bei der Befristung von Arbeitsverhältnissen, welches den übrigen Personalvertretungsgesetzen fremd ist.

Die vorliegenden Muster orientieren sich grundsätzlich an den Mitbestimmungstatbeständen des BPersVG. Zugleich soll aber auch beispielhaft auf Besonderheiten des Landespersonalvertretungsrechts aufmerksam gemacht werden (s. Q Rdn. 6). Vor der Verwendung jedes Musters muss daher geprüft werden, ob sich aus dem jeweils anwendbaren Gesetz Besonderheiten ergeben.

Die Muster betreffen ausschließlich arbeitsrechtliche Sachverhalte. Beamtenrechtliche Konstellationen wurden nicht gebildet.

I. Personelle Angelegenheiten

In der arbeitsrechtlichen Beratungspraxis bestehen Berührungspunkte mit dem Personalvertretungsrecht in erster Linie im Zusammenhang mit den Mitbestimmungsrechten des Personalrats bei personellen Einzelmaßnahmen. Für eine wirksame Beteiligung des Personalrats an diesen Maßnahmen kommt es maßgeblich darauf an, dass die an den Personalrat gerichteten Schreiben mit der Bitte um Zustimmung zu der jeweiligen Maßnahme den Anforderungen des Personalvertretungsgesetzes genügen.

1. Antrag auf Zustimmung zur Befristung eines Arbeitsvertrages

Vorbemerkung

Das BPersVG sowie 13 der 16 Landespersonalvertretungsgesetze kennen ein Mitbestimmungsrecht des Personalrats bei der Befristung von Arbeitsverhältnissen nicht. Nur § 63 Abs. 1 Nr. 4 PersVG Brandenburg, § 78 Abs. 2 Nr. 2 LPersVG Rheinland-Pfalz und § 72 Abs. 1 Nr. 1 LPVG NW bestimmen ausdrücklich, dass der Personalrat bei der Befristung von Arbeitsverhältnissen mitzubestimmen hat. Die Systematik der Beteiligung des Personalrats kann aber an diesem Beispiel gut dargestellt und auf die Besonderheit des Personalvertretungsrechts als Landesrecht aufmerksam gemacht werden.

▶ **Muster – Antrag auf Zustimmung zur Befristung eines Arbeitsvertrages**

[Briefkopf der Dienststelle]

An den Personalrat
z.H. Frau [Personalratsvorsitzende] 1
– im Hause –

[Datum]

Q. Personalvertretungsrecht

Antrag auf Zustimmung zur befristeten Einstellung von Herrn ___[Name]___

Sehr geehrte Damen und Herren,

hiermit bitten wir um Zustimmung zu der befristeten Einstellung [2] von Herrn ___[Name]___. Die persönlichen Daten von Herrn ___[Name]___ entnehmen Sie bitte der folgenden Tabelle: [3]

Name: _____

Vorname: _____

Geburtsdatum: _____

Anschrift: _____

Familienstand: _____

Anzahl unterhaltsberechtigter Kinder: _____

Ausbildung: _____

Bisherige Stelle/Tätigkeit: _____

Herr ___[Name]___ soll zum ___[Datum]___ befristet für ___[Monate/Jahre]___, also bis zum ___[Datum]___ mit einer wöchentlichen Arbeitszeit von ___[Anzahl]___ Stunden eingestellt werden. [4]

Die Einstellung soll befristet erfolgen, da Herr ___[Name]___ die Vertretung von Frau ___[Name]___ übernehmen soll, die in der Zeit vom ___[Datum]___ bis ___[Datum]___ in Elternzeit sein wird. Eine unbefristete Einstellung kommt nicht in Betracht, da keine freie Planstelle zur Verfügung steht. [5]

Herr ___[Name]___ soll im Bereich ___[Abteilung/Dezernat]___ als ___[Stellenbezeichnung]___ [6] eingesetzt werden. Diese Tätigkeit ist der Entgeltgruppe ___[Gruppe/Tarifvertrag]___ zugeordnet. [7]

Die Einstellung ist erforderlich, da die Vertretung nicht durch vorhandenes Personal, insbesondere nicht durch die Verlängerung oder Entfristung bestehender Arbeitsverhältnisse, abgedeckt werden kann. Geeignete Mitarbeiter mit freien Kapazitäten sind nicht vorhanden. [8]

Mit freundlichen Grüßen

___[Ort]___, den ___[Datum]___ [9]

_____
(Unterschrift Dienststellenleitung) [10]

Erhalten:

___[Ort]___, den ___[Datum]___ [11]

_____
(Unterschrift Personalratsvorsitzende)

Erläuterungen

Schrifttum

Altvater Die Entwicklung der Landespersonalvertretungsgesetze im Jahr 2008, PersR 2009, 297; *Altvater* Die Entwicklung der Landespersonalvertretungsgesetze im Jahr 2010, PersR 2011, 309; *Büge* Rechtsprechung des Bundesverwaltungsgerichts zum Personalvertretungsrecht, PersR 2013, 23; *Hunold* Befristungen im öffentlichen Dienst, NZA-RR 2005, 449; *Kalenbach* Bewerberauswahl im öffentlichen Dienst, öAT 2013, 7; *Lorenzen/Etzel/Gerhold/Schlatmann/Rehak/Faber* Bundespersonalvertretungsgesetz, Online-Kommentar; *Vogelsang* Die Rechtsprechung des Bundesverwaltungsgerichts in Personalvertretungssachen im Jahr 2010, ZTR 2011, 472; *Vogelsang* Die höchstrichterliche Rechtsprechung zum Personalvertretungsrecht (und auch zum Betriebsverfassungsrecht) im Jahr 2011, ZTR 2012, 616.

1. Nach den jeweiligen landespersonalvertretungsrechtlichen Vorschriften vertritt das dem Vorstand vorsitzende Personalratsmitglied den Personalrat. Das Schreiben ist daher an den oder die Vorsitzende zu richten.

2. Nach § 63 Abs. 1 Nr. 4 PersVG Brandenburg, § 78 Abs. 2 Nr. 2 LPersVG Rheinland-Pfalz oder § 72 Abs. 1 Nr. 1 LPVG NW hat der Personalrat mitzubestimmen bei der Befristung von Arbeitsverhältnissen. Bei der befristeten Neueinstellung steht dem Personalrat daher ein **mehrfaches Mitbestimmungsrecht** einerseits für die Einstellung und zusätzlich hierzu andererseits für die Befristung zu. Außerdem hat der Personalrat bei der tariflichen Eingruppierung mitzubestimmen (§ 63 Abs. 1 Nr. 9 PersVG Brandenburg, § 78 Abs. 2 Nr. 1 LPersVG Rheinland-Pfalz oder § 72 Abs. 1 Nr. 4 LPVG NW). Diese Mitbestimmungsrechte, insbesondere hinsichtlich Einstellung und Befristung, sind getrennt zu betrachten und zu beachten. Das Mitbestimmungsrecht bei der Einstellung, welches auch in allen anderen Landespersonalvertretungsgesetzen und in § 75 Abs. 1 Nr. 1 BPersVG enthalten ist, umfasst die Frage, ob ein Arbeitsverhältnis befristet oder unbefristet abzuschließen ist, gerade nicht (st. Rspr. des BVerwG, vgl. BVerwG, Beschl. v. 30.09.1983 – 6 P 4/82, PersV 1985, 167; BVerwG, Beschl. v. 30.09.1983 – 6 P 11/83, PersV 1986, 466; Lorenzen/Etzel/Gerhold/Schlatmann/Rehak/Faber/*Rehak* § 75 Rn. 18a).

Wird ein Arbeitsverhältnis ohne die erforderliche Zustimmung des Personalrats befristet, so ist die Befristung nach der **Theorie der Wirksamkeitsvoraussetzung** unwirksam (BAG, Urt. v. 18.06.2008 – 7 AZR 214/07, NZA 2009, 35; BAG, Urt. v. 20.02.2002 – 7 AZR 707/00, NZA 2002, 811). Das Arbeitsverhältnis ist dann unbefristet zustande gekommen.

Bei der Vereinbarung einer Befristung sind neben dem TzBfG auch die besonderen tariflichen Vorschriften, z.B. in §§ 30 ff. TV-L zu berücksichtigen, die zusätzliche und zum Teil auch vom TzBfG abweichende Regelungen für die Befristung von Arbeitsverhältnissen im öffentlichen Dienst aufstellen.

3. Gemäß den jeweiligen landespersonalvertretungsrechtlichen Vorschriften muss der Dienststellenleiter den Personalrat bei der Beantragung der Zustimmung über die beabsichtigte Maßnahme unterrichten. Durch die Unterrichtung sollen dem Personalrat die Kenntnisse vermittelt werden, die er zu einer sachgerechten Entscheidung über den Gegenstand des Mitbestimmungsverfahrens und zur Wahrnehmung seiner Schutz- und Überwachungsaufgaben benötigt (vgl. Lorenzen/Etzel/Gerhold/Schlatmann/Rehak/Faber/*Gerhold* § 69 Rn. 33). Die Unterrichtung muss dabei so umfassend sein, dass der Personalrat anschließend alle entscheidenden Gesichtspunkte kennt, die für die Ausübung des Mitbestimmungsrechts von Bedeutung sein können (BVerwG, Beschl. v. 10.08.1987 – 6 P 22/84, BVerwGE 78, 65), und insbesondere über eine Zustimmung oder Zustimmungsverweigerung entscheiden kann. Hierfür können auch die **persönlichen Daten** des in Aussicht genommenen Bewerbers von Bedeutung sein, etwa zur Beurteilung der Eignung des Bewerbers oder einer drohenden Benachteiligung des Bewerbers oder anderer Beschäftigter. Vor dem Hintergrund, dass eine unzureichende Unterrichtung zur Folge hat, dass die Frist nach § 61 Abs. 3 Satz 3 PersVG Brandenburg, § 74 Abs. 2 LPersVG Rheinland-Pfalz bzw. § 66 Abs. 2 Satz 3 LPVG NW nicht zu laufen beginnt und eine Zustimmungsfiktion somit nicht eintritt (vgl. BVerwG, Beschl. v. 10.08.1987 – 6 P 22/84, BVerwGE 78, 65), empfiehlt es sich, die persönlichen Daten des Bewerbers umfassend mitzuteilen. Auch wenn der Personalrat verpflichtet ist, innerhalb der gesetzlichen Frist darauf hinzuweisen, wenn er die Unterrichtung für unzureichend hält (Lorenzen/Etzel/Gerhold/Schlatmann/Rehak/Faber/*Gerhold* § 69 Rn. 40), besteht die latente Gefahr des Abschlusses eines unwirksam befristeten Arbeitsvertrages, die vermieden werden sollte.

Die Darstellung in Tabellenform ermöglicht eine Vereinfachung und Standardisierung der Unterrichtung über die persönlichen Daten.

4. Für die Beurteilung der befristeten Einstellung bedarf der Personalrat auch der Informationen, ab wann, für wie lange und in welchem Umfang der betreffende Mitarbeiter eingestellt werden soll. Auch diese Informationen sind daher zu erteilen.

15 Hinsichtlich der Befristungsdauer sind die Vorgaben des TV-L zu beachten. Nach § 30 TV-L gibt es **Höchstgrenzen** für die Sachgrundbefristung und **Untergrenzen** für die sachgrundlos befristeten Arbeitsverhältnisse, die einzuhalten sind.

16 **5.** Die Kontrollfunktion des Personalrats umfasst nicht nur die Prüfung, ob die befristete Einstellung gesetzlichen und tarifvertraglichen Vorgaben genügt. Vielmehr soll der Personalrat auch darauf Einfluss nehmen können, ob im Interesse des Arbeitnehmers von einer Befristung des Arbeitsverhältnisses abgesehen und ein unbefristeter Arbeitsvertrag abgeschlossen werden kann (BAG, Urt. v. 08.07.1998 – 7 AZR 308/97, NZA 1998, 1296). Dem Personalrat müssen daher neben der Dauer der Befristung auch der **Befristungsgrund** sowie die Umstände mitgeteilt werden, aufgrund derer eine unbefristete Einstellung nicht in Betracht kommt.

17 Die rechtliche Zulässigkeit der Befristung richtet sich dabei in erster Linie nach § 14 TzBfG. Die hier im Beispiel gewählte Befristung wegen der Vertretung einer Arbeitnehmerin in Elternzeit ist nach § 14 Abs. 1 Satz 2 Nr. 3 TzBfG zulässig.

18 **6.** Die Stellenbezeichnung sollte sich mit der Bezeichnung in der vorgehaltenen Stellenbeschreibung, dem Anforderungsprofil und der Stellenausschreibung (vgl. Muster unter A Rdn. 7, 29 und 51), sofern vorhanden, decken. Nur so kann die Personalentscheidung später mit der Eignung des ausgewählten Bewerbers begründet werden. Macht ein Bewerber nur eine ausgeschriebene Stelle geltend, nach dem Grundsatz der Bestenauslese aus Art. 33 Abs. 2 GG habe er statt des ausgewählten Bewerbers eingestellt werden müssen, so kann das Fehlen eines Anforderungsprofils und einer ordnungsgemäßen Dokumentation der Auswahlentscheidung zu einer Darlegungs- und Beweislastumkehr zu Lasten des öffentlichen Dienstgebers führen (LAG Frankfurt/Main, Urt. v. 23.04.2010 – 19/3 Sa 47/09; vgl. auch *Kalenbach* öAT 2013, 7).

19 **7.** Nach § 63 Abs. 1 Nr. 9 PersVG Brandenburg, § 78 Abs. 2 Nr. 1 LPersVG Rheinland-Pfalz bzw. § 72 Abs. 1 Nr. 4 LPVG NW hat der Personalrat auch bei der **Eingruppierung** eines Mitarbeiters mitzubestimmen. Sofern die Eingruppierung nicht gesondert erfolgen und mitbestimmt werden soll, muss der Personalrat in der Einstellungsanhörung über die geplante Eingruppierung unterrichtet werden, so dass sich seine Entscheidung auch auf diesen Aspekt erstreckt.

20 Allerdings empfiehlt sich häufig die **Trennung der** verschiedenen **Mitbestimmungstatbestände** in getrennte Vorgänge. Werden selbständige Mitbestimmungsverfahren für die Einstellung, die Befristung des Arbeitsvertrages und die Eingruppierung eingeleitet, erleichtert dies dem Personalrat, seine Zustimmung zu einzelnen Maßnahmen zu erteilen und nur hinsichtlich einer anderen, aus seiner Sicht problematischen Maßnahme die Zustimmung zu verweigern. So kann der Personalrat etwa zu Einstellung und Befristung seine Zustimmung erteilen, der Eingruppierung aber die Zustimmung verweigern. Folge ist dann, dass der Arbeitnehmer befristet eingestellt und die Auseinandersetzung mit dem Personalrat über die richtige Eingruppierung gleichwohl geführt werden kann.

21 **8.** Damit der Personalrat seine Zustimmung zu der befristeten Einstellung, insbesondere hinsichtlich der Frage einer Benachteiligung anderer Beschäftigter, prüfen kann, sollte ihm auch mitgeteilt werden, warum der vorübergehende Bedarf nicht durch die weitere Beschäftigung eines bereits befristet beschäftigten Mitarbeiters oder durch andere Arbeitnehmer gedeckt werden kann. § 18 TzBfG und § 30 Abs. 2 Satz 2 TV-L verdeutlichen den Willen des Gesetzgebers bzw. der Tarifvertragsparteien, befristet beschäftigten Mitarbeitern bei der Vergabe freier Beschäftigungsmöglichkeiten Vorrang einzuräumen.

22 **9.** Eine bestimmte **Form** für die **Unterrichtung** sieht das Gesetz nicht vor. Der Antrag auf Zustimmung könnte daher auch mündlich gestellt werden (vgl. OVG Berlin, Beschl. v. 18.02.2002 – 4 S 41.02, PersR 2003, 163; Lorenzen/Etzel/Gerhold/Schlatmann/Rehak/Faber/*Gerhold* § 69 Rn. 31 für das BPersVG). Aus Beweiszwecken empfiehlt es sich aber unbedingt, die Unterrichtung schriftlich oder zumindest in Textform vorzunehmen. Für die **Zustimmungsverweigerung**

durch den Personalrat sieht § 61 Abs. 3 Satz 5 PersVG Brandenburg, § 74 Abs. 2 Satz 6 LPersVG Rheinland-Pfalz bzw. § 66 Abs. 2 Satz 5 LPVG NW die **Schriftform** vor.

Erst mit Zugang des Antrags und der Unterrichtung beginnt die gesetzliche Frist zu laufen, nach deren Ablauf die Fiktion der Zustimmung eintritt. Diese Frist ist in den verschiedenen Landesgesetzen unterschiedlich bemessen. Der Antrag sollte daher in jedem Fall **datiert** sein.

10. Die Unterrichtung des Personalrats erfolgt durch den Leiter der Dienststelle als deren gesetzlichen Vertreter. Entsprechende Vertretungsregelungen sind in den Personalvertretungsgesetzen enthalten. Eine weitere Vertretung ist nur im Rahmen dieser Normen zulässig.

11. Um Beginn und Ende der gesetzlichen Fristen präzise bemessen zu können, ist es sinnvoll, eine ausdrückliche, datierte **Zugangsbestätigung** durch den Personalratsvorsitzenden zu erbitten. Nach den personalvertretungsrechtlichen Vertretungsregelungen kommt es regelmäßig auf den Zugang bei diesem an. Mit Bestätigung des Zugangs auf einer Kopie kann der Fristbeginn sicher bestimmt werden, vorausgesetzt, die Unterrichtung ist inhaltlich hinreichend.

2. Antrag auf Zustimmung zu einer korrigierenden, rückwirkenden Höhergruppierung

Vorbemerkung

Der Personalrat hat – im Anwendungsbereich des BPersVG beispielsweise nach § 75 Abs. 1 Nr. 2 – auch mitzubestimmen bei der tariflichen Höher- oder Rückgruppierung und der Eingruppierung von Arbeitnehmern. Entsprechende Regelungen finden sich, bei unterschiedlicher Ausgestaltung im Detail, auch in den Personalvertretungsgesetzen der Länder.

Das Tarifwerk für den öffentlichen Dienst (TVöD, TV-L) enthält zwar bereits seit Reform der Tarifverträge 2005/2006 auch neue Entgelttabellen, welche die neuen Entgeltgruppen und Entgeltstufen abbilden, ein neues Eingruppierungssystem mit neuer Entgeltordnung ist aber im Anwendungsbereich des TV-L erst zum 01.01.2012 in Kraft getreten. Für den TVöD (Bund) ist die neue Entgeltordnung zum 01.01.2014 in Kraft getreten, während Gewerkschaften und kommunale Arbeitgeber sich noch nicht abschließend geeinigt haben. Während der fortgesetzten Verhandlungen kommen im Anwendungsbereich des TVöD (VKA) daher zunächst weiter die Übergangsregelungen zur Anwendung. Dies hat zur Folge, dass Eingruppierungen vorerst auf unterschiedlicher Grundlage erfolgen, je nachdem, ob sie im Anwendungsbereich des TVöD (Bund), TVöD (VKA) oder des TV-L erfolgen.

Das folgende Muster geht bereits einheitlich von einer unmittelbaren Eingruppierung in die neuen Entgelttabellen aus.

Aufgrund der geltenden Tarifautomatik, wonach der Angestellte automatisch in die Entgeltgruppe eingruppiert ist, deren Tätigkeitsmerkmale er erfüllt, kommt der Eingruppierung an sich nur deklaratorische Bedeutung zu. Stellt sich nachträglich heraus, dass die Eingruppierung fehlerhaft war, muss sie rückwirkend korrigiert werden.

▶ **Muster – Antrag auf Zustimmung zu einer korrigierenden, rückwirkenden Höhergruppierung**

[Briefkopf der Dienststelle]

An den Personalrat
z.H. Frau [Personalratsvorsitzende] 1
– im Hause –

[Datum]

Q. Personalvertretungsrecht

Antrag auf Zustimmung zur rückwirkenden Höhergruppierung von Herrn ___[Name]___

Sehr geehrte Damen und Herren,

hiermit bitten wir um Zustimmung zu der rückwirkenden Höhergruppierung ² ab ___[Datum]___ ³ von Herrn ___[Name]___ von der Entgeltgruppe ___[Gruppe]___ Stufe ___[Stufe]___ ³·¹ in die Entgeltgruppe ___[Gruppe]___ Stufe ___[Stufe]___. Die persönlichen Daten von Herrn ___[Name]___ entnehmen Sie bitte der folgenden Tabelle: ⁴

Name: _____

Vorname: _____

Geburtsdatum: _____

Anschrift: _____

Familienstand: _____

Anzahl unterhaltsberechtigter Kinder: _____

Ausbildung: _____

Stelle/Tätigkeit: _____

Herr ___[Name]___ wurde zum ___[Datum]___ auf die Stelle des ___[Stellenbezeichnung]___ befördert und unter Ihrer Beteiligung in die Entgeltgruppe ___[Gruppe]___ höhergruppiert. Mit Beschluss vom ___[Datum]___ hat das Bundesarbeitsgericht allerdings entschieden, dass ___[Stellenbezeichnung]___ in die Entgeltgruppe ___[Gruppe]___ einzugruppieren sind, wenn die jeweilige Funktion mit der Verantwortung für selbstständige Teil- oder Funktionsbereiche der Abteilung verknüpft und diese Verantwortung ausdrücklich übertragen worden ist. Dies ist bei Herrn ___[Name]___ der Fall. ⁵ Herr ___[Name]___ ist daher rückwirkend ab ___[Datum]___ in die Entgeltgruppe ___[Gruppe]___ Stufe ___[Stufe]___ höherzugruppieren. ⁵·¹

Mit freundlichen Grüßen

___[Ort]___, den ___[Datum]___ ⁶

(Unterschrift Dienststellenleitung) ⁷

Erhalten:

___[Ort]___, den ___[Datum]___ ⁸

(Unterschrift Personalratsvorsitzende)

Erläuterungen

Schrifttum

Altvater Die Entwicklung der Landespersonalvertretungsgesetze im Jahr 2008, PersR 2009, 297; *Altvater* Die Entwicklung der Landespersonalvertretungsgesetze im Jahr 2010, PersR 2011, 309; *Büge* Rechtsprechung des Bundesverwaltungsgerichts zum Personalvertretungsrecht, PersR 2013, 23; *Kalenbach* Bewerberauswahl im öffentlichen Dienst, öAT 2013, 7; *Lorenzen/Etzel/Gerhold/Schlatmann/Rehak/Faber* Bundespersonalvertretungsgesetz, Online-Kommentar; *Maurer* Eingruppierungskorrekturen nur durch Änderungskündigung?, NZA 1993, 721; *Seel* Fehlerhafte Eingruppierung – Welchen Voraussetzungen unterliegt eine Eingruppierungskorrektur?, öAT 2011, 97; *Vogelsang* Die Rechtsprechung des Bundesverwaltungsgerichts in Personalvertretungssachen im Jahr 2010, ZTR 2011, 472; *Vogelsang* Die höchstrichterliche Rechtsprechung zum Personalvertretungsrecht (und auch zum Betriebsverfassungsrecht) im Jahr 2011, ZTR 2012, 616.

31 **1.** S.o. Q Rdn. 8. Im BPersVG ist die Vertretung des Personalrats durch den Vorsitzenden oder die Vorsitzende in § 32 Abs. 3 geregelt.

2. Auch die korrigierende Höhergruppierung bedarf der Mitbestimmung des Personalrats, obwohl weder Dienststelle noch Personalrat aufgrund des geltenden Tarifrechts und der Tarifautomatik Einfluss auf die Entgeltgruppe nehmen können, in welche der Arbeitnehmer richtigerweise einzugruppieren ist (BVerwG, Beschl. v. 13.02.1976 – VII P 4.75, PersV 1977, 183; BVerwG, Beschl. v. 06.10.1992 – 6 P 22/90, PersR 1993, 75).

Zur Zulässigkeit korrigierender Rückgruppierungen vgl. MünchArbR/*Giesen* § 326 Rn. 64 f. und *Seel* öAT 2011, 97.

3. Wesentlicher Bestandteil einer Höhergruppierung ist auch der Zeitpunkt, ab welchem diese wirksam werden soll. Das Mitbestimmungsrecht des Personalrats erstreckt sich daher grundsätzlich auch auf diesen Zeitpunkt (BVerwG, Beschl. v. 06.10.1992 – 6 P 22/90, PersR 1993, 75), so dass der Personalrat auch über diesen Zeitpunkt unterrichtet werden muss.

3.1. Das Mitbestimmungsrecht bei Eingruppierungen erstreckt sich grundsätzlich auch auf die Zuordnung zu einer bestimmten Stufe innerhalb einer Vergütungs- oder Entgeltgruppe (BVerwG, Beschl. v. 27.08.2008 – 6 P 11/07, NZA-RR 2009, 108; BAG, Beschl. v. 06.04.2011 – 7 ABR 136/09, AP Nr. 135 zu § 99 BetrVG 1972). Von BVerwG und BAG unterschiedlich beurteilt wird die Frage, ob dies auch in den Fällen des »regulären« Stufenaufstiegs nach § 16 Abs. 5 Satz 3 TVöD (Bund) gilt, der allein durch Zeitablauf eine »automatische« Höherstufung zur Folge hat. Während das BVerwG hier ein Mitbestimmungsrecht verneint (BVerwG, Beschl. v. 13.10.2009 – 6 P 15/08, ZTR 2010, 41), wird es vom BAG bejaht (BAG, Beschl. v. 06.04.2011 – 7 ABR 136/09, AP Nr. 135 zu § 99 BetrVG 1972). Jedenfalls aber dann, wenn wie im vorliegenden Fall einer Höhergruppierung die neue Zuordnung zu einer Stufe in der höheren Entgeltgruppe erforderlich wird, besteht auch ein diesbezügliches Mitbestimmungsrecht des Personalrats.

4. S.o. Q Rdn. 12 f. Die Unterrichtungspflicht der Dienststelle bzw. des Dienststellenleiters folgt im Anwendungsbereich des BPersVG aus § 69 Abs. 2. Auch wenn ein fehlerhaftes Mitbestimmungsverfahren bei der Eingruppierung weniger gravierende Auswirkungen hat als bei der befristeten Einstellung eines Arbeitnehmers – aufgrund der Tarifautomatik ist der Arbeitnehmer in die entsprechende Entgeltgruppe eingruppiert, selbst wenn der Personalrat die Zustimmung verweigert (vgl. Lorenzen/Etzel/Gerhold/Schlatmann/Rehak/Faber/*Rehak* § 75 Rn. 37a) –, sollte die Unterrichtung vollständig und ordnungsgemäß erfolgen. Die persönlichen Daten des betroffenen Arbeitnehmers sind zwar nicht unmittelbar für die Umgruppierungsentscheidung von Bedeutung. Es sind aber durchaus tarifliche, betriebliche oder persönliche Konstellationen denkbar, in denen einzelne dieser Daten eine Rolle spielen können. Es spricht daher nichts dagegen, dem Personalrat diesen Datensatz mitzuteilen, zumal die standardmäßige Verwendung dieser Daten bei allen personellen Einzelmaßnahmen die Gefahr reduziert, dass in einem Einzelfall eine Unterrichtung unvollständig erfolgt. Dabei kann und sollte die Verwendung der tabellarischen Daten idealerweise jedes Mal Anlass zu deren Überprüfung sein. So kann sichergestellt werden, dass etwa hinsichtlich Familienstand, Anzahl der Kinder oder anderer sich möglicherweise verändernder Merkmale aktuelle Daten hinterlegt sind.

5. Der Sachverhalt, welcher die Höhergruppierung erforderlich macht, ist dem Personalrat so darzustellen, dass dieser anhand der erteilten Informationen in der Lage ist, über eine Zustimmung oder Zustimmungsverweigerung zu entscheiden (vgl. oben Q Rdn. 12).

5.1. Nach der bis Februar 2014 geltenden Fassung des § 17 Abs. 4 TVöD wurden die Beschäftigten bei einer Höhergruppierung der Stufe zugeordnet, in der sie mindestens ihr bisheriges Tabellenentgelt erhielten. Zusätzlich wurde durch die eventuelle Zahlung eines Garantiebetrages sichergestellt, dass die Höhergruppierung auch tatsächlich zu einer Gehaltserhöhung führte. Im Rahmen der Tarifeinigung 2014 für den TVöD (Bund) haben sich die Tarifvertragsparteien darauf verständigt, bei Höhergruppierungen ab dem 01.03.2014 die betragsmäßige Höhergruppierung abzulösen durch eine stufengleiche Zuordnung bei Höhergruppierungen. Auch auf kommunaler Ebene ist vereinbart, dass mit Inkrafttreten einer neuen Entgeltordnung zum TVöD (VKA) die stufengleiche Höhergruppierung umgesetzt werden soll. Da ein Ermessensspielraum

Q. Personalvertretungsrecht

des Arbeitgebers hier insoweit wohl nicht besteht, ist eine weitergehende Begründung nicht erforderlich.

39 **6.** S.o. Q Rdn. 22 f. Das Schriftformerfordernis für die Zustimmungsverweigerung des Personalrats folgt aus § 69 Abs. 2 Satz 5 BPersVG.

40 **7.** S.o. Q Rdn. 24. Die Vertretung der Dienststelle durch den Dienststellenleiter ist in § 7 BPersVG geregelt.

41 **8.** S.o. Q Rdn. 25.

3. Antrag auf Zustimmung zur Übertragung einer höher zu bewertenden Tätigkeit

Vorbemerkung

42 Von der Höhergruppierung zu unterscheiden ist die Übertragung einer höher zu bewertenden Tätigkeit. Auch diese ist nach § 75 Abs. 1 Nr. 2 BPersVG mitbestimmungspflichtig, aus der Formulierung der Norm geht allerdings bereits hervor, dass sie von der Ein- oder Höhergruppierung zu trennen ist (vgl. auch den Vortrag des Personalrats in BVerwG, Beschl. v. 13.02.1976 – VII P 4.75, PersV 1977, 183). Mit der Übertragung einer höher zu bewertenden Tätigkeit erfolgt zwar aufgrund der Tarifautomatik regelmäßig automatisch eine Höhergruppierung, die ebenfalls festzuhalten und mitzubestimmen ist (vgl. Lorenzen/Etzel/Gerhold/Schlatmann/Rehak/Faber/*Rehak* § 75 Rn. 32 f.). Hat die Übertragung der neuen Tätigkeit ausnahmsweise nicht »automatisch« eine Höhergruppierung zur Folge, eröffnet sie aber eine konkrete Chance auf eine spätere Höhergruppierung, so unterliegt bereits die weichenstellende Entscheidung über die Übertragung dieser Tätigkeit der Mitbestimmung (Lorenzen/Etzel/Gerhold/Schlatmann/Rehak/Faber/*Rehak* § 75 Rn. 32a).

▶ **Muster – Antrag auf Zustimmung zur Übertragung einer höher zu bewertenden Tätigkeit**

43 [Briefkopf der Dienststelle]

An den Personalrat
z.H. Frau [Personalratsvorsitzende] 1
– im Hause –

[Datum]

Antrag auf Zustimmung zur Übertragung einer höher zu bewertenden
Tätigkeit an Frau [Name]

Sehr geehrte Damen und Herren,

hiermit bitten wir um Zustimmung zur Übertragung einer höher zu bewertenden Tätigkeit 2 an Frau _____[Name]_____ . Die persönlichen Daten von Frau _____[Name]_____ entnehmen Sie bitte der folgenden Tabelle: 3

Name: _____
Vorname: _____
Geburtsdatum: _____
Anschrift: _____
Familienstand: _____
Anzahl unterhaltsberechtigter Kinder: _____
Ausbildung: _____

Antrag auf Zustimmung zur Übertragung einer höher zu bewertenden Tätigkeit Q.I.3.

Bisherige Tätigkeit/Stelle: _____

Zukünftige Tätigkeit/Stelle: _____

Frau ___[Name]___ soll zum ___[Datum]___ auf die Stelle des _[Stellenbezeichnung]_ befördert werden.

Diese Stelle wurde am ___[Datum]___ ausgeschrieben. [4] Sie war seit der Pensionierung des bisherigen Stelleninhabers zum ___[Datum]___ unbesetzt. Die Stelle ist der Entgeltgruppe __[Gruppe]__ zugeordnet. [5]

Dem Anforderungsprofil [6] nach erfordert die ausgeschriebene Stelle die Befähigung zur _____, vertiefte Kenntnisse und Erfahrungen im Bereich _____ sowie erste Erfahrungen in der Personalführung. Wünschenswert ist dabei die bereits erfolgreiche Absolvierung des Lehrgangs _____.

Auf die Ausschreibung sind ausschließlich interne Bewerbungen der folgenden Personen eingegangen: [7]

Herr ___[Name]___, [bisherige Stelle], [Abteilung/Dezernat]
Frau ___[Name]___, [bisherige Stelle], [Abteilung/Dezernat]
Frau ___[Name]___, [bisherige Stelle], [Abteilung/Dezernat]
Herr ___[Name]___, [bisherige Stelle], [Abteilung/Dezernat]

Die Bewerbungsunterlagen der Bewerber sind als Anlage beigefügt. [8]

Schwerbehinderte oder ihnen Gleichgestellte haben sich nicht beworben. [9]

Alle Bewerber erfüllten die formalen Voraussetzungen für die ausgeschriebene Stelle und wurden zu Bewerbungsgesprächen eingeladen. [10] Am Ende des Bewerbungsverfahrens ist die Entscheidung für die Bewerberin Frau ___[Name]___ gefallen.

Dieser Entscheidung lagen im Wesentlichen die folgenden Erwägungen zu Grunde:

Herr ___[Name]___ und Frau ___[Name]___ fielen bereits aufgrund ihrer schlechteren dienstlichen Beurteilungen [11] aus der engeren Auswahl heraus. Beide waren in ihren letzten dienstlichen Beurteilungen eine Notenstufe schlechter bewertet worden als Herr ___[Name]___ und Frau ___[Name]___. Darüber hinaus verfügten beide nur über wenige Monate praktischer Erfahrungen im Bereich _____. Der persönliche Eindruck im Rahmen der Bewerbungsgespräche hatte nicht zu einer anderen Einschätzung geführt.

Die nähere Auswahl war daher zu treffen zwischen Herrn ___[Name]___ und Frau __[Name]__. Beide Bewerber wurden in ihrer letzten dienstlichen Beurteilung gleich benotet. Beide verfügen über etwa vierjährige praktische Erfahrung im Bereich _____ und haben in ihren Abteilungen Leitungserfahrung durch die zeitweilige Vertretung des Abteilungsleiters erworben.

Die Entscheidung ist schließlich auf Frau ___[Name]___ gefallen, da diese den Lehrgang _____, anders als Herr ___[Name]___, bereits im vergangenen Jahr erfolgreich absolviert hat. Sie ist unserer Einschätzung nach daher für die ausgeschriebene Stelle die am besten geeignete Bewerberin. Diese Einschätzung wurde auch in den geführten Bewerbungsgesprächen bekräftigt, in welchen Frau ___[Name]___ durch fachliche und persönliche Kompetenz überzeugte. [12]

Wir bitten den Personalrat daher um Zustimmung zu der Übertragung dieser Tätigkeit auf Frau ___[Name]___.

Mit freundlichen Grüßen

___[Ort]___, den ___[Datum]___ [13]

_____
(Unterschrift Dienststellenleitung) [14]

Q. Personalvertretungsrecht

Erhalten:

_____[Ort]_____ , den _____[Datum]_____ 15

_____
(Unterschrift Personalratsvorsitzende)

Erläuterungen

Schrifttum

Altvater Die Entwicklung der Landespersonalvertretungsgesetze im Jahr 2008, PersR 2009, 297; *Altvater* Die Entwicklung der Landespersonalvertretungsgesetze im Jahr 2010, PersR 2011, 309; *Altvater/Baden/Berg/Kröll/Noll/Seulen* BPersVG, 9. Aufl. 2016; *Büge* Rechtsprechung des Bundesverwaltungsgerichts zum Personalvertretungsrecht, PersR 2013, 23; *Kalenbach* Bewerberauswahl im öffentlichen Dienst, öAT 2013, 7; *Lorenzen/Etzel/Gerhold/Schlatmann/Rehak/Faber* Bundespersonalvertretungsgesetz Kommentar; *Maurer* Eingruppierungskorrekturen nur durch Änderungskündigung?, NZA 1993, 721; *Vogelsang* Die Rechtsprechung des Bundesverwaltungsgerichts in Personalvertretungssachen im Jahr 2010, ZTR 2011, 472; *Vogelsang* Die höchstrichterliche Rechtsprechung zum Personalvertretungsrecht (und auch zum Betriebsverfassungsrecht) im Jahr 2011, ZTR 2012, 616.

44   **1.**   S.o. Q Rdn. 31.

45   **2.**   Die nach § 75 Abs. 1 Nr. 2 BPersVG mitbestimmungspflichtige Übertragung einer höherwertigen Tätigkeit liegt vor, wenn einem Arbeitnehmer eine Tätigkeit übertragen wird, die den Tätigkeitsmerkmalen einer höheren Entgeltgruppe bzw. (nach BAT oder MTArb) Vergütungs- oder Lohngruppe zuzuordnen ist als die bisherige Tätigkeit (BVerwG, Beschl. v. 28.08.2008 – 6 P 12/07, ZTR 2008, 692).

46   **3.**   S.o. Q Rdn. 36.

47   **4.**   Im Geltungsbereich des BPersVG ist die **Stellenausschreibung** selbst nicht mitbestimmungspflichtig. Lediglich die Entscheidung, zu besetzende Dienstposten nicht auszuschreiben, unterliegt der Mitbestimmung nach § 75 Abs. 3 Nr. 14 BPersVG.

48   In einigen Landespersonalvertretungsgesetzen ist allerdings auch eine Mitwirkung bei der Stellenausschreibung vorgesehen (z.B. § 73 Nr. 2 LPVG NW).

49   **5.**   In aller Regel fällt die Übertragung einer höherwertigen Tätigkeit mit der **Höhergruppierung** zusammen, bei welcher der Personalrat ebenfalls zu beteiligen ist. Möglich und in der Praxis weitgehend üblich ist die Zusammenfassung der Mitbestimmungsvorlage für die Übertragung höherwertiger Tätigkeit und die Höhergruppierung. Werden die Vorlagen getrennt, was insbesondere dann sinnvoll sein kann, wenn sich hinsichtlich des einen Vorgangs (häufig die Eingruppierung) Meinungsverschiedenheiten abzeichnen, während der Personalrat gegen den anderen Vorgang (häufig Übertragung höherwertiger Tätigkeit) keine Bedenken hat, so sollte die vorgesehene Eingruppierung gleichwohl vorsorglich in allen Vorlagen zumindest mitgeteilt werden.

50   **6.**   Insbesondere bei der Personalauswahl im öffentlichen Dienst kommt dem **Anforderungsprofil** eine besondere Bedeutung zu. Bei der Auswahl unter den Bewerbern um einen Beförderungsdienstposten hat der Dienstherr die Vorgaben des Art. 33 Abs. 2 GG zu beachten (BVerwG, Urt. v. 16.08.2001 – 2 A 3/00, ZTR 2001, 579). Die Eignung eines Bewerbers für einen bestimmten Posten richtet sich dabei nach den Anforderungen der Stelle. Das Anfertigen eines Anforderungsprofils ist daher jedenfalls im Vorfeld einer Auswahlentscheidung für den öffentlichen Arbeitgeber zwingend (vgl. BAG, Urt. v. 13.10.2011 – 8 AZR 608/10, ZTR 2012, 352). Bei der Erstellung dieses Anforderungsprofils ist der öffentliche Arbeitgeber nicht völlig frei. Die Festlegung des Anforderungsprofils muss im Hinblick auf die Anforderungen der zu besetzenden Stelle sachlich nachvollziehbar sein, d.h. es dürfen keine sachfremden Erwägungen zugrunde liegen. Insoweit unterliegt das Anforderungsprofil auch trotz eines dem Arbeitgeber des öffentlichen Dienstes von Verfassungs wegen gewährten Beurteilungsspielraums einer gerichtlichen Kontrolle (BAG, Urt. v.

10.02.2015 – 9 AZR 554/13, NZA-RR 2015, 441). Macht ein Bewerber um eine ausgeschriebene Stelle geltend, nach dem **Grundsatz der Bestenauslese** aus Art. 33 Abs. 2 GG habe er statt des ausgewählten Bewerbers eingestellt werden müssen, so kann das Fehlen eines Anforderungsprofils und einer ordnungsgemäßen Dokumentation der Auswahlentscheidung zu einer Darlegungs- und Beweislastumkehr zu Lasten des öffentlichen Dienstgebers führen (LAG Frankfurt/Main, Urt. v. 23.04.2010 – 19/3 Sa 47/09; vgl. auch *Kalenbach* öAT 2013, 7).

7. Damit der Personalrat die Entscheidung der Dienststelle, insbesondere die Auswahl der Bewerberin oder des Bewerbers, beurteilen kann, muss er über die Daten aller Bewerber verfügen. Wesentlicher Bestandteil der Prüfung durch den Personalrat wird die richtige, rechtmäßige Bewerberauswahl, gemessen an den Maßstäben des Art. 33 Abs. 2 GG, sein. Anders als in vielen Landespersonalvertretungsgesetzen sieht das BPersVG ähnlich dem BetrVG in § 77 Abs. 2 BPersVG einen **Versagungskatalog** vor, in welchem die Gründe, aus denen der Personalrat die Zustimmung verweigern darf, aufgeführt sind. Sowohl der Verstoß gegen ein Gesetz (z.B. Art. 33 Abs. 2 GG) als auch die durch Tatsachen begründete Besorgnis der Benachteiligung eines anderen Beschäftigten stellen danach zulässige Zustimmungsverweigerungsgründe dar. Bei Auswahlentscheidungen zwischen mehreren Bewerbern oder Beschäftigten muss der Personalrat daher auch über die fachlichen und persönlichen Verhältnisse der nicht Ausgewählten hinreichend unterrichtet werden (OVG Saarland, Beschl. v. 02.09.2005 – 5 P 2/04, PersR 2006, 392).

8. Dem Personalrat sind auch die **Bewerbungsunterlagen** und solche Dokumente vorzulegen, in denen vorhandene Erkenntnisse oder eingeholte Auskünfte zur Eignung, Befähigung und fachlichen Leistung der Bewerber zusammengestellt und abgewogen werden, wenn ihm diese Informationen sonst nicht zur Verfügung stehen (BVerwG, Beschl. v. 26.01.1994 – 6 P 21/92, PersV 1994, 539). Dies gilt jedenfalls dann, wenn der Personalrat dies verlangt. Erfahrungsgemäß wird der Personalrat ein solches Verlangen aber in jedem Fall äußern, so dass durch die sofortige Übermittlung der vollständigen Unterlagen eine Verzögerung des Verfahrens vermieden werden kann.

Vorzulegen sind dabei regelmäßig die vollständigen Bewerbungsunterlagen einschließlich aller Anlagen, sofern vorhanden. Regelmäßig ist die Dienststelle nicht berechtigt, die Unterlagen vorab zu filtern und dem Personalrat nur das zu überlassen, was sie für erforderlich hält. Andererseits besteht auch keine Verpflichtung, zusätzliche Unterlagen, die nicht vom Bewerber selbst eingereicht wurden, zu beschaffen.

Erstellt der Arbeitgeber selbst im Rahmen des Auswahlverfahrens zusätzliche Dokumente, etwa Protokolle von Auswahlgesprächen, Testergebnisse oder vergleichbares, so müssen auch diese dem Personalrat als Teil der Bewerbungsunterlagen im gesetzlichen Sinne vorgelegt werden, sofern sie bei der Auswahlentscheidung Verwendung gefunden haben (vgl. zu § 99 BetrVG: BAG, Beschl. v. 14.04.2015 – 1 ABR 58/13, NZA 2015, 1081).

Die **Personalakte** schließlich darf nur mit Zustimmung des Beschäftigten und nur von dem von ihm bestimmten Mitglied des Personalrats eingesehen werden (§ 68 Abs. 2 Satz 3 BPersVG).

9. Der Arbeitgeber im öffentlichen Dienst hat in besonderer Weise auf die Belange **schwerbehinderter Beschäftigter** Rücksicht zu nehmen (vgl. z.B. § 82 SGB IX). Für die Beurteilung des Auswahlverfahrens durch den Personalrat benötigt dieser daher auch die Information, ob sich ein Schwerbehinderter beworben hat oder nicht. Da der Personalrat auf die Schwerbehinderung eines Bewerbers hinzuweisen wäre, ist die Erklärung, dass sich keine Schwerbehinderten beworben haben, allerdings **nur klarstellend**.

10. Anders als teilweise nach Landesrecht (vgl. § 65 Abs. 2 LPVG NW) hat der Personalrat nach dem BPersVG keinen Anspruch auf die **Teilnahme an Vorstellungsgesprächen** (BVerwG, Beschl. v. 06.12.1978 – 6 P 2/78, BVerwGE 57, 151). Er ist dann aber im Rahmen der Unterrichtung an geeigneter Stelle über das Ergebnis der Vorstellungsgespräche zu informieren. Sofern ein Protokoll des Bewerbungsgesprächs mit einer anschließenden Bewertung durch die auf Arbeitgeberseite beteiligten Personen angefertigt wurde (vgl. oben A Rdn. 99 ff.), ist dieses mit zu den

Bewerbungsunterlagen zu nehmen und mit vorzulegen (vgl. zu § 99 BetrVG: BAG, Beschl. v. 14.04.2015 – 1 ABR 58/13, NZA 2015, 1081). Allerdings besteht keine Vorlagepflicht hinsichtlich Aktenvermerken über die interne Willensbildung der Dienststelle (VGH Baden-Württemberg, Beschl. v. 12.09.1989 – 15 S 146/89, RiA 1991, 203).

57 Der Personalrat kann aber im Einverständnis mit dem jeweiligen Bewerber freiwillig zu den Bewerbungsgesprächen eingeladen werden, wenn dies etwa zur Vereinfachung des Mitbestimmungsverfahrens sinnvoll erscheint.

58 **11.** Die **dienstliche Beurteilung** ist die wesentliche Grundlage für die am Leistungsprinzip orientierte Auswahl bei Personalentscheidungen im öffentlichen Dienst (st. Rspr. des BVerwG, vgl. BVerwG, Urt. v. 13.05.1965 – II C 146.62, DVBl. 1965, 650; BVerwG, Urt. v. 26.08.1993 – 2 C 37/91, DVBl. 1994, 112). Die Beurteilung selbst darf dem Personalrat zwar nur auf Verlangen des Beschäftigten zur Kenntnis gebracht werden (§ 68 Abs. 2 Satz 4 BPersVG). Die Dienststelle sollte aber in der Erläuterung ihrer Entscheidung erkennen lassen, dass sie diese wesentliche Grundlage der Personalauswahl nicht unberücksichtigt gelassen hat.

59 **12.** Der Personalrat kann eine schriftliche **Begründung** vom Dienststellenleiter in Personalangelegenheiten nicht verlangen (§ 69 Abs. 2 Satz 2 2. Hs. BPersVG; kritisch hierzu Lorenzen/Etzel/Gerhold/Schlatmann/Rehak/Faber/*Gerhold* § 69 Rn. 43). Allerdings hat der Dienststellenleiter auch die personelle Maßnahme auf Verlangen zu begründen. Sofern keine Bedenken hinsichtlich der Einhaltung der Schweigepflicht des Personalrats (§ 10 BPersVG) bestehen und Nachteile für den betroffenen Beschäftigten daher nicht zu befürchten sind (vgl. BT-Drucks. 11/4774, S. 10), bietet sich die Aufnahme einer schriftlichen Begründung, aus welcher die ausschlaggebenden Argumente und der Ablauf der Entscheidungsfindung ersichtlich sind, an. Die sorgfältig verfasste, schriftliche Begründung birgt weit weniger als die auf Verlangen des Personalrats mündlich erteilte Auskunft die Gefahr, eine Zustimmungsverweigerung zu provozieren.

60 **13.** S.o. Q Rdn. 39.

61 **14.** S.o. Q Rdn. 40.

62 **15.** S.o. Q Rdn. 41.

4. Antrag auf Zustimmung zu einer Versetzung

Vorbemerkung

63 Das Arbeitsrecht des öffentlichen Dienstes unterscheidet zwischen Versetzung, Umsetzung, Abordnung und Zuweisung (vgl. hierzu Sponer/Steinherr/*Steinherr* § 4 TVöD Rn. 1 ff.). Die Versetzung ist die Zuweisung einer auf Dauer bestimmten Beschäftigung bei einer anderen Dienststelle oder einem anderen Betrieb desselben Arbeitgebers unter Fortsetzung des bestehenden Arbeitsverhältnisses (Protokollerklärung Nr. 2 zu § 4 Abs. 1 TVöD). Auch die Versetzung ist nach § 75 Abs. 1 Nr. 3 BPersVG mitbestimmungspflichtig.

▶ Muster – Antrag auf Zustimmung zu einer Versetzung

64 [Briefkopf der Dienststelle]
An den Personalrat
z.H. Herrn [Personalratsvorsitzender] 1
– im Hause –

[Datum]

Antrag auf Zustimmung zu einer Versetzung **Q.I.4.**

Antrag auf Zustimmung zur Versetzung von Frau ____[Name]____

Sehr geehrte Damen und Herren,

hiermit bitten wir um Zustimmung zur Versetzung [2] von Frau ____[Name]____. Die persönlichen Daten von Frau ____[Name]____ entnehmen Sie bitte der folgenden Tabelle: [3]

Name: _____

Vorname: _____

Geburtsdatum: _____

Anschrift: _____

Familienstand: _____

Anzahl unterhaltsberechtigter Kinder: _____

Ausbildung: _____

Bisherige Stelle: _____

Zukünftige Stelle: _____

Frau ____[Name]____ soll zum ____[Datum]____ auf die Stelle ____[Stellenbezeichnung]____ in der ____[Dienststelle]____ versetzt werden. [4]

In der [neue Dienststelle] ist durch ____[Anlass]____ ein erheblicher zusätzlicher Arbeitsanfall entstanden, der auf unabsehbare Zeit fortbestehen wird. Es ist daher eine zusätzliche Stelle einer ____[Stellenbezeichnung]____ eingerichtet worden. [5]

Frau ____[Name]____ ist aufgrund Ihrer Qualifikation als ____[Bezeichnung]____ geeignet, die Tätigkeit auf dieser Stelle zu übernehmen. Tariflich sind die Tätigkeiten auf der bisherigen und der neuen Stelle gleichwertig. [6] Frau ____[Name]____ bleibt in Entgeltgruppe ____[Gruppe]____ Stufe ____[Stufe]____ eingruppiert.

In der [bisherige Dienststelle] wird die Versetzung von Frau ____[Name]____ durch eine Neuverteilung der Aufgaben und Zuständigkeiten kompensiert werden. Durch die Wiederbesetzung der vakanten Stelle ____[Stellenbezeichnung]____ zum ____[Datum]____ wird darüber hinaus eine Entlastung in der Abteilung ____[bisherige Abteilung]____ erfolgen. [7]

Frau ____[Name]____ ist am ____[Datum]____ zu der beabsichtigten Versetzung angehört worden. [8] Sie hat der Versetzung ausdrücklich zugestimmt.

Wir bitten daher um Zustimmung.

Mit freundlichen Grüßen

____[Ort]____, den ____[Datum]____ [9]

(Unterschrift Dienststellenleitung) [10]

Erhalten:

____[Ort]____, den ____[Datum]____

(Unterschrift Personalratsvorsitzender) [11]

Erläuterungen

Schrifttum

Altvater Die Entwicklung der Landespersonalvertretungsgesetze im Jahr 2008, PersR 2009, 297; *Altvater* Die Entwicklung der Landespersonalvertretungsgesetze im Jahr 2010, PersR 2011, 309; *Altvater/Baden/Berg/Kröll/Noll/Seulen* BPersVG, 9. Aufl. 2016; *Büge* Rechtsprechung des Bundesverwaltungsgerichts zum Personalvertretungsrecht, PersR 2013, 23; *Clemens/Scheuring/Steingen/Wiese* TVöD Kommentar; *Howald* Anmerkung zu

Q. Personalvertretungsrecht

BVerwG, Beschl. v. 08.11.2011 – 6 P 23/10, öAT 2012, 17; *Laber* Besonderheiten des Direktionsrechts im öffentlichen Dienst, ArbRB 2006, 364; *Lorenzen/Etzel/Gerhold/Schlatmann/Rehak/Faber* Bundespersonalvertretungsgesetz Kommentar; *Maurer* Eingruppierungskorrekturen nur durch Änderungskündigung?, NZA 1993, 721; *Sponer/Steinherr* Tarifvertrag für den öffentlichen Dienst, Kommentar; *Trebeck* Die »Versetzung« in den Stellenpool zur Vermeidung betriebsbedingter Kündigungen, NZA 2009, 513; *Vogelsang* Die Rechtsprechung des Bundesverwaltungsgerichts in Personalvertretungssachen im Jahr 2010, ZTR 2011, 472; *Vogelsang* Die höchstrichterliche Rechtsprechung zum Personalvertretungsrecht (und auch zum betriebsverfassungsrecht) im Jahr 2011, ZTR 2012, 616.

65 **1.** S.o. Q Rdn. 31.

66 **2.** Die Versetzung ist nach § 75 Abs. 1 Nr. 3 BPersVG mitbestimmungspflichtig. Die Zustimmung bzw. unterbliebene Zustimmungsverweigerung des Personalrats ist **Wirksamkeitsvoraussetzung** für die Versetzung (§ 69 Abs. 1 BPersVG). Dabei gilt der tarifrechtliche Versetzungsbegriff (Lorenzen/Etzel/Gerhold/Schlatmann/Rehak/Faber/*Rehak* § 75 Rn. 48), wobei wesentliches Merkmal der mitbestimmungspflichtigen Versetzung der Dienststellenwechsel ist (BVerwG, Beschl. v. 11.11.2009 – 6 PB 25.09, NZA-RR 2010, 165). Dienststelle ist dabei die Behörde im organisationsrechtlichen Sinn (Sponer/Steinherr/*Steinherr* § 4 TVöD Rn. 92; Lorenzen/Etzel/Gerhold/Schlatmann/Rehak/Faber/*Rehak* § 75 Rn. 48a), also die organisatorisch verselbständigte Verwaltungseinheit, die ein örtlich und sachlich bestimmtes Aufgabengebiet wahrnimmt (BAG, Beschl. v. 22.01.2004 – 1 AZR 495/01, ZTR 2004, 268).

67 **3.** S.o. Q Rdn. 36.

68 **4.** Nach § 69 Abs. 2 Satz 1 BPersVG ist der Personalrat über die beabsichtigte personelle Maßnahme zu unterrichten. Wesentlicher Gegenstand der Maßnahme und damit auch der Unterrichtung ist der Zeitpunkt der Vornahme der beabsichtigten Maßnahme sowie – im Fall der Versetzung – die in Aussicht genommene Stelle, auf welche die Versetzung erfolgen soll.

69 **5.** Die Versetzung eines Arbeitnehmers ist nach § 4 Abs. 1 Satz 1 TVöD als einseitige Maßnahme des Arbeitgebers nur zulässig, wenn sie aus dienstlichen oder betrieblichen Gründen **erforderlich** ist (BAG, Urt. v. 30.10.1985 – 7 AZR 216/83, NZA 1986, 713; Sponer/Steinherr/*Steinherr* § 4 TVöD Rn. 25). Dies ist der Fall, wenn die ordnungsgemäße Aufgabenerledigung in der Verwaltung unter Beachtung des Grundsatzes der Wirtschaftlichkeit den Einsatz eines Arbeitnehmers bei einer anderen Dienststelle erfordert (BAG, Urt. v. 30.10.1985 – 7 AZR 216/83, NZA 1986, 713). Häufigster Anlass für eine Versetzung im öffentlichen Dienst ist der Personalbedarf einer anderen Dienststelle, wobei unerheblich ist, ob der Mehrbedarf durch den Ausfall von Mitarbeitern oder durch zusätzlichen Arbeitsanfall verursacht worden ist oder auf einer verwaltungspolitischen Entscheidung des Arbeitgebers beruht (Sponer/Steinherr/*Steinherr* § 4 TVöD Rn. 28).

70 Die Versetzung darf nur nach einer umfassenden **Abwägung** der dienstlichen/betrieblichen und der persönlichen Interessen des Arbeitnehmers nach billigem Ermessen i.S.d. § 315 BGB erfolgen (BAG, Urt. v. 29.10.1997 – 5 AZR 455/96, ZTR 1998, 187).

71 **6.** Jedenfalls die einseitig angeordnete, nicht im Einvernehmen mit dem Arbeitnehmer beschlossene Versetzung ist nur zulässig, wenn hierdurch keine tariflich geringer zu bewertenden Tätigkeiten übertragen werden. Das Direktionsrecht des Arbeitgebers des öffentlichen Dienstes erlaubt es diesem nicht, dem Arbeitnehmer eine Tätigkeit zu übertragen, die geringerwertigen Merkmalen entspricht (BAG, Urt. v. 17.08.2011 – 10 AZR 322/10, NZA-RR 2012, 106; BAG, Urt. v. 24.04.1996 – 4 AZR 976/94, NZA 1997, 104). Mit einer solchen Übertragung geringerwertiger Tätigkeiten wären wohl auch Tatsachen gesetzt, welche die Besorgnis einer Benachteiligung des betroffenen Arbeitnehmers begründen und daher einen Zustimmungsverweigerungsgrund nach § 77 Abs. 2 Nr. 2 BPersVG darstellen können. Der Personalrat ist daher auf die tarifliche Einordnung der Stellen hinzuweisen.

72 Darüber hinaus ist der Personalrat bei Zuweisung eines neuen Arbeitsplatzes auch im Hinblick auf sein Mitbestimmungsrecht bei **Eingruppierung** zu beteiligen, selbst dann, wenn sich die Ein-

gruppierung des Arbeitnehmers nicht ändern soll und der neue Arbeitsplatz bereits früher unter Beteiligung des Personalrats bewertet worden war (BVerwG, Beschl. v. 08.11.2011, 6 P 23/10, NZA-RR 2012, 162). Auch hier können die Mitbestimmungsvorgänge verbunden werden, sollten aber dann, wenn Meinungsverschiedenheiten hinsichtlich nur eines Aktes zu erwarten sind, getrennt werden.

7. Zum Begründungserfordernis der personellen Maßnahme vgl. Q Rdn. 59.   73

8. Nach § 4 Abs. 1 Satz 2 TVöD ist der Beschäftigte vorab **anzuhören**, wenn er in eine Dienststelle oder einen Betrieb außerhalb des bisherigen Arbeitsortes versetzt werden soll. Für die Anhörung ist ein bestimmtes Verfahren nicht vorgesehen. Durch die Anhörung soll sichergestellt werden, dass der Arbeitgeber die belastenden Folgen der beabsichtigten Maßnahme für den Beschäftigten und seine Familie richtig einschätzen und seine Entscheidung aufgrund einer alle wesentlichen Umstände berücksichtigenden Interessenabwägung treffen kann (*Clemens/Scheuring/Steingen/Wiese* § 4 TVöD Rn. 20). Der Arbeitgeber hat daher dem Beschäftigten die beabsichtigte Maßnahme und die dafür maßgebenden Gründe zur Kenntnis zu bringen, Einwendungen des Beschäftigten zu würdigen und die dienstlichen bzw. betrieblichen Gründe abzuwägen. Eine Unterlassung der Anhörung führt allerdings nicht zur Nichtigkeit der Versetzung, stellt aber eine Verletzung der tariflichen Verpflichtungen dar, die bei Verschulden des Arbeitgebers zu Schadensersatzansprüchen führen kann (*Clemens/Scheuring/Steingen/Wiese* § 4 TVöD Rn. 20).   74

9. S.o. Q Rdn. 39.   75
10. S.o. Q Rdn. 40.   76
11. S.o. Q Rdn. 41.   77

5. Antrag auf Zustimmung zu einer Abordnung

Vorbemerkung

Im Unterschied zur Versetzung ist die Abordnung laut Protokollerklärung Nr. 1 zu § 4 Abs. 1 TVöD die Zuweisung einer vorübergehenden Beschäftigung bei einer anderen Dienststelle oder einem anderen Betrieb desselben oder eines anderen Arbeitgebers unter Fortsetzung des bestehenden Arbeitsverhältnisses. Auch die Abordnung kann nach § 75 Abs. 1 Nr. 4 BPersVG der Mitbestimmung durch den Personalrat unterliegen.   78

▶ Muster – Antrag auf Zustimmung zu einer Abordnung

[Briefkopf der Dienststelle]   79

An den Personalrat
z.H. Herrn [Personalratsvorsitzender] [1]
– im Hause –

[Datum]

Antrag auf Zustimmung zur Abordnung von Herrn _____ [Name] _____

Sehr geehrte Damen und Herren,

hiermit bitten wir um Zustimmung zur Abordnung [2] von Herrn _____ [Name] _____. Die persönlichen Daten von Herrn _____ [Name] _____ entnehmen Sie bitte der folgenden Tabelle: [3]

Name: _____

Vorname: _____

Geburtsdatum: _____

Q. Personalvertretungsrecht

Anschrift: _____

Familienstand: _____

Anzahl unterhaltsberechtigter Kinder: _____

Ausbildung: _____

Bisherige Stelle: _____

Abordnungsstelle: _____

Herr ___[Name]___ soll für die Zeit vom ___[Datum]___ bis ___[Datum]___ auf die Stelle ___[Stellenbezeichnung]___ in der ___[aufnehmende Dienststelle]___ abgeordnet werden. 4

Die Abordnung erfolgt auf eigenen Wunsch von Herrn ___[Name]___ 5. Herr ___[Name]___ erwägt eigener Aussage nach einen dauerhaften Wechsel in die ___[aufnehmende Dienststelle]___. Eine Versetzung kommt in diesem Haushaltsjahr allerdings nicht mehr in Betracht, da in der ___[aufnehmende Dienststelle]___ keine dauerhaft freien Planstellen zur Verfügung stehen. Nach derzeitigem Stand der Planungen spricht allerdings vieles dafür, dass im kommenden Haushaltsjahr mindestens eine zusätzliche Planstelle in diesem Bereich geschaffen wird. Die Abordnung kann daher sowohl für Herrn ___[Name]___ als auch für die ___[aufnehmende Dienststelle]___ zu Erprobungszwecken dienen. 6

Während der Dauer der Abordnung soll Herr ___[Name]___ die Stelle von Herrn ___[Name des Vertretenen]___ vertretungsweise ausfüllen. Herr ___[Name des Vertretenen]___ hat für die Zeit vom ___[Datum]___ bis zum ___[Datum]___ Pflegezeit nach § 3 PflegeZG beansprucht. Während dieser Zeit soll Herr ___[Name]___ vertretungsweise auf der Stelle eingesetzt werden. 7

Herr ___[Name]___ ist für diese Tätigkeit qualifiziert. Tariflich sind beide Tätigkeiten gleichwertig. 8 In der ___[abgebende Dienststelle]___ kann die vorübergehende Abwesenheit von Herrn ___[Name]___ durch die vorhandenen Mitarbeiter kompensiert werden, da die Arbeitsbelastung saisonal bedingt in dieser Zeit weniger hoch ist.

Wir bitten den Personalrat um entsprechende Zustimmung.

Mit freundlichen Grüßen

___[Ort]___, den ___[Datum]___ 9

_____
(Unterschrift Dienststellenleitung) 10

Erhalten:

___[Ort]___, den ___[Datum]___

_____
(Unterschrift Personalratsvorsitzender) 11

Erläuterungen

Schrifttum

Altvater Die Entwicklung der Landespersonalvertretungsgesetze im Jahr 2008, PersR 2009, 297; *Altvater* Die Entwicklung der Landespersonalvertretungsgesetze im Jahr 2010, PersR 2011, 309; *Altvater/Baden/Berg/Kröll/ Noll/Seulen* BPersVG, 9. Aufl. 2016; *Büge* Rechtsprechung des Bundesverwaltungsgerichts zum Personalvertretungsrecht, PersR 2013, 23; *Clemens/Scheuring/Steingen/Wiese* TVöD Kommentar; *Howald* Anmerkung zu BVerwG, Beschl. v. 08.11.2011 – 6 P 23/10, öAT 2012, 17; *Laber* Besonderheiten des Direktionsrechts im öffentlichen Dienst, ArbRB 2006, 364; *Lorenzen/Etzel/Gerhold/Schlatmann/Rehak/Faber* Bundespersonalvertretungsgesetz Kommentar; *Maurer* Eingruppierungskorrekturen nur durch Änderungskündigung?, NZA 1993, 721; *Sponer/Steinherr* Tarifvertrag für den öffentlichen Dienst, Kommentar; *Vogelsang* Die Rechtsprechung des Bundesverwaltungsgerichts in Personalvertretungssachen im Jahr 2010, ZTR 2011, 472; *Vogelsang* Die höchstrichterliche Rechtsprechung zum Personalvertretungsrecht (und auch zum betriebsverfassungsrecht) im Jahr 2011, ZTR 2012, 616.

1. S.o. Q Rdn. 31. 80

2. Die Abordnung ist nach § 75 Abs. 1 Nr. 4 BPersVG mitbestimmungspflichtig, soweit sie für 81
eine Dauer von mehr als drei Monaten erfolgt. Im Unterschied zu der Versetzung ist die Abordnung durch ihren vorübergehenden Charakter gekennzeichnet. Ein Mindest- oder Maximalzeitraum besteht nicht. Die Dauer der Abordnung muss auch nicht bereits im Vorfeld feststehen.

Auch für die Abordnung ist die Zustimmung des Personalrats **Wirksamkeitsvoraussetzung** (§ 69 82
Abs. 1 BPersVG).

Auch die Abordnung setzt den Wechsel der Dienststelle/des Betriebes, nicht aber des Arbeitgebers 83
voraus. Der abgeordnete Angestellte bleibt Arbeitnehmer der entsendenden Dienststelle/des entsendenden Betriebes. Im Gegensatz zur Versetzung ist die Abordnung zu einem **anderen Arbeitgeber** aber möglich, während das Arbeitsverhältnis zum bisherigen Arbeitgeber bestehen bleibt (Sponer/Steinherr/*Steinherr* § 4 TVöD Rn. 49).

3. S.o. Q Rdn. 36. 84

4. Mehr noch als bei der Versetzung beinhaltet der Informationsanspruch des Personalrats nach 85
§ 69 Abs. 2 Satz 1 BPersVG Angaben über die Stelle, auf welche die Abordnung stattfinden soll, sowie den Zeitpunkt und den Zeitraum der Abordnung, Letzteres jedenfalls, sofern dieser Zeitraum bereits feststeht. Denn das Vorliegen eines Mitbestimmungsrechts des Personalrats ist auch davon abhängig, ob die Abordnung für einen Zeitraum von mehr als drei Monaten erfolgt oder nicht.

5. Erfolgt die Abordnung auf ausdrücklichen Wunsch des Arbeitnehmers, so ist die eigentlich 86
bei Abordnungen von mehr als drei Monaten nach § 4 Abs. 1 Satz 2 TVöD erforderliche Anhörung des Arbeitnehmers entbehrlich.

6. Auch die Abordnung bedarf wie die Versetzung zu ihrer Zulässigkeit eines dienstlichen oder 87
betrieblichen Grundes (s.o. Q Rdn. 69). Neben den Gründen, die auch für eine Versetzung infrage kommen, kann die Abordnung insbesondere zur **Erprobung** für eine neue Tätigkeit in einer anderen Dienststelle gerechtfertigt sein (Sponer/Steinherr/*Steinherr* § 4 TVöD Rn. 61). Auch die Deckung eines vorübergehenden Bedarfs in einer anderen Dienststelle kann Grund für eine Abordnung sein.

Bei der auch hier erforderlichen umfassenden **Interessenabwägung** kann auch die vorgesehene 88
Dauer der Abordnung berücksichtigt werden. Eine Abordnung von wenigen Wochen oder Monaten beeinträchtigt die Interessen des Arbeitnehmers regelmäßig weniger als eine dauerhafte Versetzung.

7. Zum Begründungserfordernis der personellen Maßnahme vgl. Q Rdn. 59. 89

8. Anders als im Fall der Versetzung bleibt bei der vorübergehenden Abordnung die bei der bis- 90
herigen Beschäftigungsdienststelle dauerhaft zugewiesene Tätigkeit weiterhin die auszuübende Tätigkeit im Sinne der eingruppierungsrechtlichen Bestimmungen und damit für die Höhe der Vergütung maßgebend (Sponer/Steinherr/*Steinherr* § 4 TVöD Rn. 48).

9. S.o. Q Rdn. 39. 91
10. S.o. Q Rdn. 40. 92
11. S.o. Q Rdn. 41. 93

6. Antrag auf Zustimmung zur nachträglichen Untersagung einer Nebentätigkeit

Vorbemerkung

94 Nach § 75 Abs. 1 Nr. 7 BPersVG – und ebenso nach den Personalvertretungsgesetzen der Länder (vgl. z.B. § 72 Abs. 1 Nr. 12 LPVG NW, § 86 Abs. 3 Nr. 4 PersVG Berlin) – hat der Personalrat mitzubestimmen bei »Versagung oder Widerruf der Genehmigung einer Nebentätigkeit« (§ 75 Abs. 1 Nr. 7 BPersVG). Diese Formulierung geht noch von der früheren Tariflage aus, wonach die Aufnahme einer Nebentätigkeit grundsätzlich genehmigungspflichtig war. Mit der Reform der Tarifwerke im öffentlichen Dienst (TVöD/TV-L) ist diese Genehmigungspflicht entfallen. Das Mitbestimmungsrecht des Personalrats erfasst aber auch die Untersagung einer nicht genehmigungsbedürftigen Nebentätigkeit, da diese im Ergebnis die gleichen Folgen hat wie die Versagung oder der Widerruf einer erforderlichen Genehmigung. In zahlreichen Ländervorschriften ist die neue Tariflage inzwischen angepasst (vgl. § 63 Abs. 1 Nr. 20 PersVG Brandenburg: »Beschränkung oder Verbot einer Nebentätigkeit«).

▶ **Muster – Antrag auf Zustimmung zur nachträglichen Untersagung einer Nebentätigkeit**

95 [Briefkopf der Dienststelle]

An den Personalrat
z.H. Herrn ____[Personalratsvorsitzender]____ [1]
– im Hause –

____[Datum]____

Antrag auf Zustimmung zur Untersagung einer Nebentätigkeit [2] von Herrn ____[Name]____

Sehr geehrte Damen und Herren,

hiermit bitten wir um Zustimmung zu der Untersagung einer Nebentätigkeit [3] von Herrn ____[Name]____. Die persönlichen Daten von Herrn ____[Name]____ entnehmen Sie bitte der folgenden Tabelle: [4]

Name: _____
Vorname: _____
Geburtsdatum: _____
Anschrift: _____
Familienstand: _____
Anzahl unterhaltsberechtigter Kinder: _____
Stelle: _____
Nebentätigkeit: _____

Herr ____[Name]____ ist seit dem ____[Datum]____ als ____[Funktionsbezeichnung]____ für die Dienststelle tätig. Er ist mit 50 % der regelmäßigen Arbeitszeit teilzeitbeschäftigt.

Am ____[Datum]____ zeigte Herr ____[Name]____ an, [5] dass er beabsichtige, ab dem ____[Datum]____ eine Nebentätigkeit als ____[Funktionsbezeichnung]____ dergestalt aufzunehmen, dass er in Abstimmung mit seinem Dienstplan einige Stunden in der Woche bei ____[Name des weiteren Arbeitgebers]____ aushilfsweise tätig sein wolle.

Mit Schreiben vom ____[Datum]____ hatten wir Herrn ____[Name]____ mitgeteilt, dass gegen eine entsprechende Nebentätigkeit keine Einwände bestünden, sofern gewährleistet sei, dass diese

Antrag auf Zustimmung zur nachträglichen Untersagung einer Nebentätigkeit Q.I.6.

Tätigkeit keine Auswirkungen auf seine Arbeitsleistung hier im Hause habe und die arbeitszeitrechtlichen Vorgaben beachtet würden. [6]

Mit Schreiben vom ____[Datum]____ hat Herr ____[Name]____ nun mitgeteilt, dass einer der Kollegen bei __[Name des weiteren Arbeitgebers]__ ausscheiden werde und sich seine Tätigkeit daher zwingend derart erweitern werde, dass er zukünftig auch die bisherige Tätigkeit dieses Kollegen übernehmen müsse. Teil der erweiterten Tätigkeit sei darüber hinaus auch die zeitweise Tätigkeit an wechselnden Wochenenden sowie __[Bezeichnung weiterer Aufgaben]__. Eine Tätigkeit in geringerem Umfang sei nicht möglich, da __[Name des weiteren Arbeitgebers]__ die Erweiterung der Tätigkeit in dem beschriebenen Umfang zur Voraussetzung für die weitere Zusammenarbeit gemacht habe. [7]

Wir beabsichtigen, Herrn ____[Name]____ die Nebentätigkeit zu untersagen, da die Tätigkeit nach Art und Umfang, wie sie sich nun darstellen, auch unter Berücksichtigung der Teilzeittätigkeit, Herrn ____[Name]____ so stark in Anspruch nehmen wird, dass die ordnungsgemäße Erfüllung seiner dienstlichen Pflichten in unserem Hause behindert werden kann. [8]

Durch den beabsichtigten regelmäßigen Einsatz an Wochenenden ist selbst dann, wenn es gelänge, diese Einsätze mit den Wochenenddiensten in unserem Hause abzustimmen, nicht mehr gewährleistet, dass Herr ____[Name]____ die Wochenendfreizeit, die Ruhezeiten und die tägliche und wöchentliche Freizeit zur Erholung erhielte, die vom Tarifvertrag und von den gesetzlichen Arbeitszeitregelungen vorgesehen sind.

Gleiches gilt für die Nebentätigkeit unter der Woche. Mit der beabsichtigten Übernahme der Aufgaben des ausscheidenden Kollegen übernähme Herr ____[Name]____ Tätigkeiten, deren Ausübung durch den bisherigen Kollegen weit mehr als den Umfang einer halben Vollzeitstelle ausgemacht haben. Es ist daher zu befürchten, dass auch Herr ____[Name]____ für die Erledigung dieser Aufgaben mehr Zeit würde aufwenden müssen, als es einer halben Vollzeitstelle entspricht.

Eine Einschränkung der zukünftigen Nebentätigkeit ist nach eigenem Bekunden des Herrn ____[Name]____ nicht möglich, da ihm die Fortsetzung der Tätigkeit nur unter der Voraussetzung angeboten worden ist, dass er den Umfang seiner Tätigkeit wie beschrieben erweitert.

Im Ergebnis wird die Fortsetzung der Nebentätigkeit daher dazu führen, dass die Nebentätigkeit Herrn ____[Name]____ in einem Umfang von weit mehr als einer halben Vollzeitstelle und in nicht unerheblichem Umfang an Wochenenden in Anspruch nehmen wird, so dass nicht einmal gewährleistet ist, dass insgesamt die höchstzulässige wöchentliche Arbeitszeit von durchschnittlich 48 Stunden eingehalten werden wird. In jedem Fall wird die beabsichtigte Nebentätigkeit Herrn ____[Name]____ so stark in Anspruch nehmen, dass die ordnungsgemäße Erfüllung seiner dienstlichen Pflichten hier im Hause behindert werden kann. [9]

Die Nebentätigkeit muss [10] daher sowohl im Interesse der Dienststelle als auch, um Herrn ____[Name]____ vor einer Überbeanspruchung zu schützen, untersagt werden. Wir bitten um entsprechende Zustimmung.

Mit freundlichen Grüßen
____[Ort]____, den ____[Datum]____ [11]

_____
(Unterschrift Dienststellenleitung) [12]

Erhalten:
____[Ort]____, den ____[Datum]____

_____
(Unterschrift Personalratsvorsitzender) [13]

Erläuterungen

Schrifttum
Altvater/Baden/Berg/Kröll/Noll/Seulen BPersVG, 9. Aufl. 2016; *Breier/Dassau/Kiefer/Lang/Langenbrinck* TVöD Kommentar; *Stiller* Neues Nebentätigkeitsrecht nach dem TVöD, ZfPR 2006, 61; *Schlenzka* Prinzipienwech-

sel im Nebentätigkeitsrecht des öffentlichen Dienstes durch den TVöD, PersR 2006, 63; *Sponer/Steinherr* Tarifvertrag für den öffentlichen Dienst, Kommentar.

96 **1.** S.o. Q Rdn. 31.

97 **2.** Der **Begriff** der Nebentätigkeit ist nicht gesetzlich oder tarifvertraglich definiert. Er umfasst jede Tätigkeit, die außerhalb des Arbeitsverhältnisses beim gleichen Arbeitgeber, bei einem anderen Arbeitgeber oder auf andere Art in einem Werk-, Dienst- oder Arbeitsverhältnis oder in einem anderen Vertragsverhältnis ausgeübt wird (Sponer/Steinherr/*Steinherr* § 3 TVöD Rn. 113).

98 **3.** Die nachträgliche Untersagung einer Nebentätigkeit ist mitbestimmungspflichtig nach § 75 Abs. 1 Nr. 7 BPersVG, da der dort geregelte Sachverhalt der Versagung oder des Widerrufs einer Nebentätigkeitsgenehmigung die nachträgliche Untersagung einer Nebentätigkeit umfasst (Sponer/Steinherr/*Steinherr* § 3 TVöD Rn. 142). Das BPersVG hat die Veränderungen der tariflichen Vorschriften zur Zulässigkeit von Nebentätigkeiten noch nicht nachvollzogen.

99 **4.** S.o. Q Rdn. 36.

100 **5.** Jeder Arbeitnehmer ist grundsätzlich berechtigt, neben seiner Haupttätigkeit noch eine oder mehrere Nebentätigkeiten auszuüben. In Arbeits- oder Tarifverträgen kann vereinbart werden, dass für jede Nebentätigkeit die Zustimmung des Arbeitgebers erforderlich ist. Die Erteilung einer solchen Nebentätigkeitsgenehmigung darf dabei jedoch nicht einzig im Ermessen des Arbeitgebers stehen. Vielmehr muss der Arbeitgeber die Genehmigung erteilen, wenn der Nebentätigkeit keine beachtlichen Gründe entgegenstehen (vgl. DLW/*Baeck/Winzer* Kapitel 2 Rn. 710 ff.).

101 Anders als im BAT ist im TVöD ein solches Zustimmungserfordernis nicht mehr vorgesehen. Der TVöD macht die Zulässigkeit einer Nebentätigkeit nicht von der vorherigen Zustimmung des Arbeitgebers abhängig. § 3 Abs. 3 TVöD verpflichtet den Arbeitnehmer aber, jede bereits geplante Nebentätigkeit gegen Entgelt dem Arbeitgeber anzuzeigen. Diese **Anzeigepflicht** gilt für jede Form der **entgeltlichen Nebentätigkeit**, nicht aber für unentgeltliche Nebentätigkeiten (Sponer/Steinherr/*Steinherr* § 3 TVöD Rn. 114).

102 Die Anzeige hat **schriftlich** und so **rechtzeitig** vor der Aufnahme der Nebentätigkeit zu erfolgen, dass der Arbeitgeber noch prüfen kann, ob er diese untersagen oder mit Auflagen versehen kann oder muss (Sponer/Steinherr/*Steinherr* § 3 TVöD Rn. 117). In der Anzeige sind daher auch genaue Angaben über den Auftrag-, Dienst- oder Arbeitgeber, Art und Umfang der Nebentätigkeit und die Höhe der Vergütung zu machen (Sponer/Steinherr/*Steinherr* § 3 TVöD Rn. 119).

103 Eine Verletzung der Anzeigepflicht hat keinen Einfluss auf die Zulässigkeit der Nebentätigkeit, stellt aber eine arbeitsvertragliche Pflichtverletzung dar, die je nach Umständen des Einzelfalls zu Abmahnung und Kündigung berechtigen kann.

104 **6.** Der Arbeitgeber kann nach § 3 Abs. 3 Satz 2 TVöD eine angezeigte Nebentätigkeit mit **Auflagen** versehen, wenn hierdurch eine Kollision mit arbeitsvertraglichen Pflichten oder die Beeinträchtigung berechtigter Interessen vermieden werden kann.

105 Eine Rückäußerung des Arbeitgebers auf die Anzeige durch den Arbeitnehmer ist grundsätzlich nicht erforderlich. Da die Nebentätigkeit keinem Genehmigungsvorbehalt unterliegt, ist der Arbeitnehmer zu der Nebentätigkeit berechtigt, sofern der Arbeitgeber diese nicht ausdrücklich untersagt.

106 **7.** Auch wenn der TVöD nur die Anzeige der Aufnahme der Nebentätigkeit ausdrücklich vorsieht, ergibt sich aus dem Sinn und Zweck dieser Anzeigepflicht, dass auch **zwischenzeitliche Änderungen** der anzuzeigenden Umstände, insbesondere also von Art und Umfang der Nebentätigkeit, rechtzeitig mitzuteilen sind.

107 **8.** Der Arbeitgeber ist bei Vorliegen der Voraussetzungen des § 3 Abs. 3 Satz 2 TVöD nicht nur berechtigt, sondern unter Umständen auch verpflichtet, dem Arbeitnehmer die Aufnahme einer

Nebentätigkeit zu **untersagen** bzw. die Aufgabe einer bereits ausgeübten Nebentätigkeit zu verlangen.

Die Untersagung ist zulässig, wenn die Nebentätigkeit geeignet ist, »die Erfüllung der arbeitsvertraglichen Pflichten der Beschäftigten oder berechtigte Interessen des Arbeitgebers zu beeinträchtigen«. Dabei reicht es aus, wenn eine entsprechende Beeinträchtigung mit einiger Wahrscheinlichkeit nicht auszuschließen ist (*Breier/Dassau/Kiefer/Lang/Langenbrinck* § 3 TVöD Rn. 48; DLW/*Baeck/Winzer* Kapitel 2 Rn. 712). 108

Eine **Beeinträchtigung arbeitsvertraglicher Pflichten** ist insbesondere dann anzunehmen, wenn die Nebentätigkeit mit den Arbeitszeiten des Hauptbeschäftigungsverhältnisses kollidiert (vgl. BAG, Urt. v. 21.09.1999 – 9 AZR 759/98, NZA 2000, 723) oder zwar außerhalb dieser Arbeitszeit ausgeführt wird, aber Auswirkungen auf die Arbeitsleistung hat, etwa weil der Arbeitnehmer physisch, psychisch oder zeitlich überfordert wird (*Breier/Dassau/Kiefer/Lang/Langenbrinck* § 3 TVöD Rn. 51 f.). Darüber hinaus darf der Arbeitgeber Nebentätigkeiten verbieten, die gegen das Konkurrenzverbot (§ 60 HGB) verstoßen. 109

Die **Beeinträchtigung berechtigter Arbeitgeberinteressen** ist insbesondere zu befürchten, wenn sich die Nebentätigkeit negativ auf die Wahrnehmung des Arbeitgebers in der Öffentlichkeit auswirkt (vgl. BAG, Urt. v. 28.02.2002 – 6 AZR 357/01, ZTR 2002, 490 zur untersagten Nebentätigkeit eines Krankenpflegers als Leichenbestatter) oder wenn die Nebentätigkeit geeignet ist, das Vertrauen in die Arbeit und den Ruf des Arbeitgebers im Geschäftsverkehr zu gefährden (vgl. LAG Frankfurt/Main, Urt. v. 12.04.2007 – 11 Sa 404/06, JurionRS 2007, 57127). 110

Außerdem darf die Nebentätigkeit nicht zu einem Verstoß gegen **gesetzliche Vorschriften** führen. Dies betrifft in der Praxis vor allem die Vorschriften des ArbZG, aber auch des MuSchG, des JArbSchG oder des SchwarzArbG. 111

9. Nach § 69 Abs. 2 BPersVG ist der Personalrat rechtzeitig vor der Maßnahme zu beteiligen und über alle maßgeblichen Gesichtspunkte zu unterrichten (§ 68 Abs. 2 BPersVG). Zu dieser Unterrichtung gehört auch die Darstellung des Sachverhalts und der dieser Entscheidung zugrunde liegenden Erwägungen in einer Form, die es dem Personalrat ermöglicht, ein Zustimmungsverweigerungsrecht nach § 77 Abs. 2 BPersVG zu prüfen. 112

10. Dem Arbeitgeber steht bei seiner Entscheidung **kein Ermessensspielraum** zu. Er ist vielmehr verpflichtet, die Nebentätigkeit zu untersagen, wenn die tariflichen Voraussetzungen hierfür gegeben sind (*Breier/Dassau/Kiefer/Lang/Langenbrinck* § 3 TVöD Rn. 49). Ebenso ist er an einer Untersagung gehindert, wenn diese Voraussetzungen nicht vorliegen. 113

11. S.o. Q Rdn. 39. 114

12. S.o. Q Rdn. 40. 115

13. S.o. Q Rdn. 41. 116

7. Beteiligung des Personalrats bei verhaltensbedingten Kündigungen

Vorbemerkung

Das Beteiligungsrecht des Personalrats bei Kündigungen ähnelt im Geltungsbereich des BPersVG dem Verfahren nach § 102 BetrVG. Insofern kann auf die dortigen Ausführungen verwiesen werden (s.o. O Rdn. 777 ff.). § 79 BPersVG unterscheidet allerdings zwischen ordentlichen und außerordentlichen Kündigungen und sieht im Fall einer beabsichtigten ordentlichen Kündigung vor, dass Dienststellenleiter und Personalrat vor Ausspruch der Kündigung diese eingehend beraten und Argumente austauschen, um eine Einigung herbeizuführen, die notfalls auch durch eine übergeordnete Dienststelle mit der bei ihr bestehenden Stufenvertretung erzielt werden kann (Lorenzen/Etzel/Gerhold/Schlatmann/Rehak/Faber/*Etzel* § 79 Rn. 2). Insofern sind die Mitwir- 117

Q. Personalvertretungsrecht

kungsrechte des Personalrats bei ordentlichen Kündigungen stärker ausgestaltet als jene des Betriebsrats nach § 102 BetrVG.

118 Zu beachten ist, dass die Personalvertretungsgesetze der Länder hier teilweise erheblich weiter gehen. Das MBG Schleswig-Holstein sieht beispielsweise in § 51 MBG (ähnlich z.B. auch § 87 Nr. 8 PersVG Berlin, § 63 Abs. 1 Nr. 17 PersVG Brandenburg, § 65 Abs. 1 lit. c PersVertrG Bremen; vgl. den umfassenden Überblick zu den landesrechtlichen Regelungen bei APS/*Koch* § 108 BPersVG Rn. 6 ff.) ein Zustimmungserfordernis für Kündigungen vor, so dass jede Kündigung nicht nur der Anhörung und Erörterung, sondern der Zustimmung des Personalrats bedarf, die bei Verweigerung gegebenenfalls im Einigungsstellenverfahren ersetzt werden muss (vgl. zu der verfassungsrechtlichen Problematik bei Fehlen eines Letztentscheidungsrechts der Dienststelle APS/*Koch* § 108 BPersVG Rn. 4 f.; siehe auch den Beschluss des Bundesverfassungsgerichts zum MBG Schleswig-Holstein, BVerfG, Beschl. v. 24.05.1995 – 2 BvF 1/92, ZTR 1995, 566). Insbesondere bei Kündigungen sind daher die jeweils geltenden landesrechtlichen Vorschriften genau zu prüfen.

119 Da nicht nur die unterbliebene Beteiligung des Personalrats, sondern bereits die unzureichende oder fehlerhafte Unterrichtung des Personalrats unabhängig von dessen Reaktion zur Unwirksamkeit einer Kündigung führt (vgl. BAG, Urt. v. 05.02.1981 – 2 AZR 1135/78, DB 1982, 1171), bedarf die Beteiligung des Personalrats besonderer Sorgfalt.

▶ **Muster – Beteiligung des Personalrats bei verhaltensbedingten Kündigungen**

120 [Briefkopf der Dienststelle]

An den Personalrat
z.H. Herrn [Personalratsvorsitzender]
– im Hause –

[Datum]

Beteiligungsverfahren zu der außerordentlichen, hilfsweise ordentlichen [1] Tat-, hilfsweise Verdachtskündigung [2] von Herrn _____[Name]_____

Sehr geehrte Damen und Herren,

wir beabsichtigen,

Herrn _____[Name]_____ , [3]

geboren am _____[Datum]_____ ,

wohnhaft in _____[Anschrift]_____ ,

verheiratet, keine Kinder (laut Lohnsteuerkarte), [4]

beschäftigt seit _____[Datum]_____ ,

gegenwärtig beschäftigt als _____[Stellenbezeichnung]_____ ,

gegenwärtig vergütet nach Entgeltgruppe _____[Entgeltgruppe]_____ , Stufe _____[Stufe]_____ ,

mit einer arbeitsvertraglichen Kündigungsfrist von _____[Kündigungsfrist]_____ Monaten zum _____[Kündigungstermin]_____ ,

nach erfolgter Anhörung und Mitwirkung des Personalrates außerordentlich mit sofortiger Wirkung, hilfsweise ordentlich zum nächstmöglichen Termin, voraussichtlich dem _____[Datum]_____ zu kündigen.

Aufgrund der Ermittlungen, die wir nach der Anhörung [5] von Herrn _____[Name]_____ am _____[Datum]_____ als abgeschlossen ansehen, gehen wir davon aus, dass Herr _____[Name]_____ die nachfolgend erläuterten Pflichtverletzungen begangen hat.

Selbst wenn sich die Pflichtverletzungen nicht mit letzter Sicherheit nachweisen lassen sollten, verbliebe ein dringender Verdacht, der eine Fortsetzung der vertraglichen Beziehungen mit Herrn ____[Name]____ unzumutbar macht. Wir stützen die beabsichtigten Kündigungen somit vorsorglich auch auf den Verdacht der nachfolgend erläuterten Pflichtverletzungen. Die Kündigungen werden also in erster Linie als Tatkündigungen und hilfsweise als Verdachtskündigungen ausgesprochen. [6]

1. Kündigungsbegründender Sachverhalt [7]

Herr ____[Name]____ ist als ____[Funktionsbezeichnung]____ unter anderem zuständig für ____[Aufgabenbereich]____. Hierzu gehört die Kontrolle und Auswertung von ____[Beschreibung Tätigkeit]____. Ihm obliegt außerdem ____[Beschreibung besonderer Verantwortungsbereich]____.

Nach Abschluss der Ermittlungen gehen wir von folgendem Sachverhalt aus: ____[Umfassende Beschreibung des Sachverhalts]____.

2. Gang der Ermittlungen [8]

Dieser Personalratsanhörung sind die nachstehend erläuterten Ermittlungen vorausgegangen.

Am ____[Datum]____ fand ein Gespräch zwischen ____[Name]____ und den Zeugen ____[Name]____ und ____[Name]____ statt. Im Laufe dieses Gesprächs erhielt Herr ____[Name]____ erste Hinweise über das Fehlverhalten von Herrn ____[Name]____. Herr ____[Name]____ konnte sich dies nicht erklären und suchte noch am gleichen Tag das Gespräch mit Frau ____[Name]____. Auf Befragung durch Frau ____[Name]____ erklärten die Mitarbeiter ____[Name]____ und ____[Name]____, sie hätten beobachtet, wie Herr ____[Name]____ ____[Beschreibung Fehlverhalten]____.

Am ____[Datum]____ wurde Herr ____[Name]____ zu dem Vorfall angehört. Die Anhörung wurde von der Personalleiterin, Frau ____[Name]____ und Herrn Rechtsanwalt ____[Name]____ durchgeführt. Der Personalrat war durch Herrn ____[Name des Personalratsmitglieds]____ vertreten.

Im Verlauf der Anhörung räumte Herr ____[Name]____ ein, dass ____[eingeräumter Sachverhalt]____.

3. Rechtliche Wertung [9]

Nach dem Ergebnis der Anhörung vom ____[Datum]____ steht aus unserer Sicht fest, dass Herr ____[Name]____ ____[vorgeworfenes Verhalten]____. Vor diesem Hintergrund halten wir es für erwiesen, zumindest haben wir den begründeten Verdacht, dass sich Herr ____[Name]____ des ____[Bezeichnung der Straftat]____ oder einer anderen Straftat gegenüber dem Unternehmen schuldig gemacht hat.

Das Vertrauensverhältnis zu Herrn ____[Name]____ ist aufgrund der dargelegten arbeitsvertraglichen Pflichtverstöße derart zerstört, dass das Festhalten an dem Arbeitsverhältnis, selbst bis zum Ablauf der ordentlichen Kündigungsfrist, nicht zumutbar ist. Gerade von einem ____[Funktionsbezeichnung]____, der ____[Bezeichnung besonderer Verantwortungsbereich]____, muss die Geschäftsleitung erwarten können, dass er ____[Erwartetes Wohlverhalten]____. Herr ____[Name]____ wusste bzw. hätte wissen müssen, dass er mit einem derartigen Verhalten seinen Arbeitsplatz aufs Spiel setzt.

Auch unter Einbeziehung der Stellungnahmen des Herrn ____[Name]____ halten wir eine weitere Zusammenarbeit mit ihm für unmöglich. Selbst wenn sich die Pflichtverletzungen nicht mit letzter Sicherheit nachweisen lassen sollten, verbliebe ein schwerwiegender Verdacht, der die unabdingbare Vertrauensbeziehung zu Herrn ____[Name]____ unwiederbringlich zerstört hat.

Eine vorherige Abmahnung war im vorliegenden Fall entbehrlich, weil es sich bei den nachgewiesenen Verfehlungen des Herrn ____[Name]____ um derartig schwerwiegende Pflichtverletzungen handelt, deren Rechtswidrigkeit für ihn ohne weiteres erkennbar gewesen ist und bei denen eine Hinnahme durch das Unternehmen offensichtlich ausgeschlossen war (vgl. BAG, Urt. v. 26.08.1993 – 2 AZR 154/93, EzA § 626 BGB n.F. Nr. 148). Dies gilt erst recht, weil es sich hier um eine Pflichtverletzung im Vertrauensbereich handelt (vgl. BAG, Urt. v. 10.02.1999 – 2 ABR 31/98, NZA 1999, 708). Die Möglichkeit einer positiven Prognose ist für das Arbeitsverhältnis deshalb auszuschließen, weil auch durch eine etwaige künftige Vertragstreue die eingetretene Zerstörung des Vertrauensverhältnisses nicht mehr behoben werden kann.

Q. Personalvertretungsrecht

Im Rahmen der umfassenden Interessenabwägung spricht für Herrn ___[Name]___, dass sein Arbeitsverhältnis seit über ___[Anzahl]___ Jahren besteht. Andererseits ist er mit ___[Alter]___ Jahren noch verhältnismäßig jung, so dass es ihm nicht schwerfallen sollte, relativ schnell einen neuen Arbeitsplatz zu finden. Insbesondere die Schwere der Pflichtverletzung und die massive, irreparable Zerstörung des erforderlichen Vertrauensverhältnisses sowie die Uneinsichtigkeit, die er im Verlauf der Anhörung am ___[Datum]___ gezeigt hat, sprechen gegen Herrn ___[Name]___, so dass die abschließende Interessenabwägung zu seinen Ungunsten ausfällt.

Wir bitten den Personalrat daher um Zustimmung [10] zu der außerordentlichen, hilfsweise ordentlichen Tat-, hilfsweise Verdachtskündigung von Herrn ___[Name]___. [11]

Mit freundlichen Grüßen

___[Ort]___, den ___[Datum]___ [12]

_____
(Unterschrift Dienststellenleitung) [13]

Erhalten:

___[Ort]___, den ___[Datum]___ [14]

_____
(Unterschrift Personalratsvorsitzender)

Erläuterungen

Schrifttum
Altvater/Baden/Berg/Kröll/Noll/Seulen BPersVG, 9. Aufl. 2016; *Etzel* Beteiligung der Personalvertretung bei Kündigungen in den Ländern, Festgabe für Dr. Uwe Lorenzen zum 80. Geburtstag, Bonusbeilage zu Lorenzen u.a., BPersVG, 2007; *Kleinebrink* Ermittlungen von Unterhaltspflichten des Arbeitnehmers vor Sozialauswahl und Betriebsratsanhörung, DB 2005, 2522; *Lorenzen/Etzel/Gerhold/Schlatmann/Rehak/Faber* Bundespersonalvertretungsgesetz Kommentar; *Müller/Preis* Arbeitsrecht im öffentlichen Dienst, 7. Aufl. 2009; *Pawlak/Geißler* Die Verdachtskündigung im öffentlichen Dienst, öAT 2011, 129.

121 **1.** Das BPersVG gestaltet die Beteiligungsrechte des Personalrats für die ordentliche und die außerordentliche Kündigung unterschiedlich aus. Bei der ordentlichen Kündigung sieht § 79 Abs. 1 Satz 1 BPersVG die **Mitwirkung** des Personalrats vor, was bedeutet, dass die Maßnahme nach § 72 Abs. 1 BPersVG vor der Durchführung mit dem Ziel einer Verständigung rechtzeitig und eingehend mit ihm zu erörtern ist. Nicht ausdrücklich normiert, aber logisch zwingend geht der Erörterung die Unterrichtung des Personalrats über die beabsichtigte Kündigung und die zugrunde liegenden Umstände voraus (Lorenzen/Etzel/Gerhold/Schlatmann/Rehak/Faber/*Etzel* § 79 Rn. 33). Vor außerordentlichen Kündigungen ist der Personalrat dagegen nur **anzuhören** (§ 79 Abs. 3 Satz 1 BPersVG). Soll eine Kündigung als außerordentliche, hilfsweise als ordentliche Kündigung ausgesprochen werden, müssen auch beide Beteiligungsverfahren eingeleitet werden, wobei nichts dagegen spricht, Mitwirkungs- und Anhörungsverfahren zusammenzufassen und gemeinsam einzuleiten. Wurde der Personalrat dagegen nur angehört, kann eine unwirksame außerordentliche Kündigung nicht in eine ordentliche Kündigung umgedeutet werden, weil diese eine Mitwirkung des Personalrats erfordert (BAG, Urt. v. 12.02.1973 – 2 AZR 116/72, DB 1973, 1258). Die Durchführung des Mitwirkungsverfahrens wegen einer ordentlichen Kündigung wiederum ersetzt nicht die notwendige Anhörung zu einer außerordentlichen Kündigung (BAG, Urt. v. 12.08.1976 – 2 AZR 311/75, NJW 1976, 2366).

122 **2. Tatkündigung** und **Verdachtskündigung** stellen zwei unterschiedliche Beendigungstatbestände dar, da sie auf verschiedenen, eigenständigen Kündigungsgründen beruhen. Dies hat Bedeutung auch für die Beteiligung des Personalrats. Dieser sollte zu beiden Kündigungsbegründungen angehört bzw. beteiligt werden. Die Anhörung lediglich zu einer beabsichtigten Tatkündigung umfasst nicht automatisch auch die Anhörung zu einer Verdachtskündigung (vgl. BAG, Urt. v. 03.04.1986 – 2 AZR 324/85, NZA 1986, 677). Andererseits kann es ausreichen, wenn der Ar-

beitgeber ausschließlich zu einer beabsichtigten Verdachtskündigung angehört hat und sich später, etwa im gerichtlichen Verfahren, herausstellt, dass die Tat tatsächlich begangen wurde. Das Gericht ist in diesem Fall nicht gehindert, das Geschehen als erwiesene Tat zu berücksichtigen und die Wirksamkeit der Kündigung hierauf zu stützen, sofern es sich dabei auf Tatsachen stützt, die Gegenstand der Anhörung zur Verdachtskündigung waren (BAG, Urt. v. 27.01.2011 – 2 AZR 825/09, NZA 2011, 798; BAG, Urt. v. 10.06.2010 – 2 AZR 541/09, NZA 2010, 1227). Der Normzweck der Anhörungsvorschriften (in den entschiedenen Fällen § 102 BetrVG) wird auch in dieser Konstellation erfüllt. Gleichwohl empfiehlt es sich, ausdrücklich sowohl zur Verdachts- als auch zur Tatkündigung anzuhören bzw. zu beteiligen.

Auch insofern bedarf es keiner getrennten Beteiligungsverfahren, der Arbeitgeber muss aber gegenüber dem Personalrat ausdrücklich klarstellen, dass er sowohl zu einer Tat- wie zu einer Verdachtskündigung angehört wird (vgl. APS/*Koch* § 102 BetrVG Rn. 127 für die Anhörung des Betriebsrats).

3. Dem Personalrat sind mit der Mitteilung der Kündigungsabsicht auch die **personellen Daten** des betroffenen Arbeitnehmers, insbesondere also Alter, Familienstand, Unterhaltsverpflichtungen, Beschäftigungsdauer, gegebenenfalls die Umstände, aus denen ein besonderer Kündigungsschutz folgt, mitzuteilen (Lorenzen/Etzel/Gerhold/Schlatmann/Rehak/Faber/*Etzel* § 79 Rn. 31). Hinsichtlich dieser persönlichen Daten trifft den Arbeitgeber allerdings **keine Ermittlungspflicht** (*Kleinebrink* DB 2005, 2522, 2526). Grundsätzlich ist der Arbeitnehmer für die Unterrichtung des Arbeitgebers über Veränderungen seiner Personalien verantwortlich (BAG, Urt. v. 24.11.2005 – 2 AZR 514/04, NZA 2006, 665). 123

Neben den persönlichen Daten umfasst die Mitteilungspflicht des Arbeitgebers auch die Art der Kündigung, die geltende Kündigungsfrist, den Zeitpunkt, zu dem gekündigt werden soll, sowie die Kündigungsgründe (Lorenzen/Etzel/Gerhold/Schlatmann/Rehak/Faber/*Etzel* § 79 Rn. 31a). 124

4. Der Arbeitgeber darf sich bei der Unterrichtung des Personalrats auf die ihm bekannten, insbesondere auf die in der **Lohnsteuerkarte** angegebenen bzw. über die ELStAM-Datenbank abgerufenen Daten beziehen, hat dies dann aber gegenüber dem Personalrat zu kennzeichnen (BAG, Urt. v. 24.11.2005 – 2 AZR 514/04, NZA 2006, 665). Sind ihm aus anderem Zusammenhang allerdings abweichende Informationen positiv bekannt, wird er sich später nicht auf die Informationen etwa aus der Lohnsteuerkarte berufen können. 125

5. Im Falle der **Verdachtskündigung** ist die vorherige **Anhörung** des Arbeitnehmers Wirksamkeitsvoraussetzung für die Kündigung (BAG, Urt. v. 30.04.1987 – 2 AZR 283/86, NZA 1987, 699; vgl. ausführlich DLW/*Dörner* Kapitel 4 Rn. 1585 ff.; *Pawlak/Geißler* öAT 2011, 129). Der Personalrat ist daher von der Durchführung der Anhörung zu unterrichten. 126

6. S.o. Q Rdn. 122. 127

7. Der Arbeitgeber muss dem Personalrat die aus seiner Sicht die Kündigung begründenden Umstände (objektive Tatsachen und subjektive Vorstellungen) so genau und umfassend mitteilen, dass dieser ohne zusätzliche eigene Nachforschungen in der Lage ist, selbst die Stichhaltigkeit der Kündigungsgründe zu prüfen und sich über seine Stellungnahme schlüssig zu werden (BAG, Urt. v. 15.11.1995 – 2 AZR 974/94, NZA 1996, 419). Dabei reicht es allerdings aus, wenn sich die Unterrichtung auf die Umstände bezieht, die für den Arbeitgeber aus seiner subjektiven Sicht ausschlaggebend waren (sog. **subjektive Determination**, vgl. BAG, Urt. v. 06.02.1997 – 2 AZR 265/96, NZA 1997, 656). 128

Im Falle der **verhaltensbedingten Kündigung** bedeutet dies, dass der Arbeitgeber die Vorfälle genau bezeichnen muss, welche die Kündigung aus seiner Sicht rechtfertigen, und dem Personalrat gegebenenfalls auch mitzuteilen hat, dass und warum der Arbeitnehmer abgemahnt wurde. Will der Arbeitgeber die Kündigung (auch) als **Verdachtskündigung** aussprechen, muss er dem Personalrat darstellen, aus welchen Umständen er den Verdacht welcher strafbaren oder vertragswidrigen Handlung ableitet (Lorenzen/Etzel/Gerhold/Schlatmann/Rehak/Faber/*Etzel* § 79 Rn. 40). 129

Auch persönliche Umstände, die sich im Rahmen der Interessenabwägung entscheidend zu Gunsten des Arbeitnehmers auswirken können, dürfen dem Personalrat nicht vorenthalten werden (BAG, Urt. v. 06.10.2005 – 2 AZR 280/04, NZA 2006, 431).

130 Insgesamt sollte die Unterrichtung des Personalrats im Zweifel eher zu **ausführlich** und **detailliert** als zu kurz gefasst werden. Andernfalls droht eine an sich gerechtfertigte Kündigung allein aus formalen Gründen für unwirksam erklärt zu werden (vgl. z.B. LAG Schleswig-Holstein, Urt. v. 19.01.2010 – 5 Sa 210/09, JurionRS 2010, 14431, wo sich die Kammer unter Ziff. 2 der Entscheidungsgründe sogar zu dem Hinweis veranlasst sah, dass die außerordentliche Kündigung allein aufgrund der unzureichenden Personalratsanhörung unwirksam, materiell-rechtlich aber durchaus begründet war).

131 Dem Personalrat sind dabei auch alle Zeugen, Unterlagen oder sonstigen Beweismittel mitzuteilen und vorzulegen. Der Arbeitgeber kann grundsätzlich in einem späteren Kündigungsschutzverfahren keine Tatsachen mehr nachschieben, die nicht Gegenstand der Personalratsanhörung waren (BAG, Urt. v. 11.12.2003 – 2 AZR 536/02, AP Nr. 65 zu § 1 KSchG 1969 Soziale Auswahl; Lorenzen/Etzel/Gerhold/Schlatmann/Rehak/Faber/*Etzel* § 79 Rn. 44). Zwar reicht die Mitteilungspflicht des Arbeitgebers im Rahmen der Anhörung vor einer Kündigung nicht ganz so weit wie seine Darlegungslast in einem späteren Kündigungsschutzprozess (BAG, Urt. v. 23.10.2014 – 2 AZR 736/13, NZA 2015, 476). Gleichwohl muss in der Anhörung zumindest der gesamte spätere Vortrag angelegt sein.

132 **8.** Der Arbeitgeber hat dem Personalrat im Falle der verhaltensbedingten Kündigung mitzuteilen, welche **Nachforschungen** er angestellt hat und zu welchem Ergebnis diese geführt haben, insbesondere, auf welche Zeugenaussagen oder Ermittlungsmethoden zurückgegriffen wurde und wie der Tatvorwurf oder Tatverdacht bekannt geworden ist (Lorenzen/Etzel/Gerhold/Schlatmann/Rehak/Faber/*Etzel* § 79 Rn. 40). Dabei müssen auch solche Umstände, die den Arbeitnehmer entlasten können, vorgebracht werden, selbst dann, wenn sie dem Arbeitgeber noch nach Beginn des Beteiligungsverfahrens bekannt werden (LAG Schleswig-Holstein, Urt. v. 19.01.2010 – 5 Sa 210/09; LAG Baden-Württemberg, Urt. v. 11.08.2006 – 2 Sa 10/06, ArbuR 2006, 411). Auch das Ergebnis einer **Anhörung** des Arbeitnehmers ist darzustellen, ebenso eine **Gegendarstellung** des Arbeitnehmers (BAG, Urt. v. 17.02.1994 – 2 AZR 673/93).

133 **9.** Eine **rechtliche Bewertung** des Arbeitgebers im Rahmen der Unterrichtung ist nicht ausdrücklich vorgeschrieben. Wie dargestellt muss der Arbeitgeber aber über die objektiven Umstände und seine subjektive Bewertung sowie die Gründe, welche ihn zum Kündigungsentschluss bewogen haben, informieren. Zur Veranschaulichung dieser Erwägungen und um dem Personalrat zu verdeutlichen, dass die Kündigung nicht nur gewollt, sondern nach rechtlicher Prüfung auch berechtigt ist, bietet sich eine Subsumtion unter einem gesonderten Punkt »Rechtliche Würdigung« an.

134 **10.** Die Zustimmung des Personalrats ist nicht Wirksamkeitsvoraussetzung der Kündigung. Trotzdem sieht das Muster die Bitte um Zustimmung des Personalrats vor, da dieser der Kündigung jedenfalls zustimmen kann. Mit der ausdrücklichen **Zustimmung** ist das Mitwirkungsverfahren abgeschlossen und der Arbeitgeber kann die Kündigung noch vor Ablauf der Zehn-Tage-Frist aussprechen (Lorenzen/Etzel/Gerhold/Schlatmann/Rehak/Faber/*Etzel* § 79 Rn. 68).

135 **11.** Vor Ausspruch der Kündigung ist die beabsichtigte Kündigung zwischen Dienststellenleiter und Personalrat rechtzeitig und eingehend zu **erörtern** (§ 72 Abs. 1 BPersVG), sofern der Personalrat dies wünscht. Der Personalrat kann im Einzelfall aber auch auf eine Erörterung verzichten. Stimmt der Personalrat der Kündigung ausdrücklich zu, liegt auch darin ein wirksamer Verzicht auf die Erörterung (BAG, Urt. v. 27.02.1987 – 7 AZR 652/85, NZA 1987, 700).

136 Verlangt der Personalrat eine Erörterung, ausdrücklich oder konkludent, etwa durch das Erheben von Einwendungen, so ist eine ohne Erörterung erklärte Kündigung unwirksam (BAG, Urt. v. 20.01.2000 – 2 AZR 65/99, NZA 2000, 214). Die Erörterung muss auf Seiten des Arbeitgebers

durch den Dienststellenleiter oder seinen ständigen Vertreter nach § 7 BPersVG erfolgen (Lorenzen/Etzel/Gerhold/Schlatmann/Rehak/Faber/*Etzel* § 79 Rn. 53 ff.). Auf Seiten des Personalrats muss an der Erörterung der gesamte Personalrat, nicht nur dessen Vorsitzender oder einzelne Mitglieder teilnehmen. Eine bestimmte Form ist für die Erörterung nicht vorgesehen. Zweckmäßig ist aber eine mündliche Erörterung im Rahmen einer Besprechung, deren Verlauf protokolliert werden sollte. Verlangen kann der Personalrat diese Erörterung nur bis zum Ablauf seiner Stellungnahmefrist.

Innerhalb der Zehn-Tage-Frist muss der Personalrat auch seine **Stellungnahme** abgeben, unabhängig davon, wann die Erörterung stattgefunden hat. Äußert sich der Personalrat innerhalb der Stellungnahmefrist nicht, gilt die beabsichtigte Kündigung als gebilligt (§ 72 Abs. 2 BPersVG). Über die Stellungnahme berät der Personalrat als Gesamtgremium, während an der Beschlussfassung nur die Personalratsmitglieder der Gruppe der Arbeitnehmer teilnehmen dürfen (§ 38 Abs. 2 Satz 1 BPersVG). Der Personalrat kann der Kündigung entweder ausdrücklich zustimmen, auf eine Stellungnahme mit der Folge der Zustimmungsfiktion nach § 72 Abs. 2 BPersVG verzichten oder gegen die Kündigung **Einwendungen** erheben. Die Einwendungen müssen innerhalb der Stellungnahmefrist auch begründet werden, sofern die Gründe nicht offenkundig sind (Lorenzen/Etzel/Gerhold/Schlatmann/Rehak/Faber/*Etzel* § 79 Rn. 70). Entspricht die Dienststelle den Einwendungen nicht oder nicht in vollem Umfang, kann der Personalrat die Entscheidung einer **übergeordneten Dienststelle** nach § 72 Abs. 3 und 4 BPersVG beantragen, die dann nach Verhandlung mit der bei ihr bestehenden **Stufenvertretung** entscheidet. 137

Die Gründe, auf die der Personalrat die Einwendungen stützen kann, sind in § 79 Abs. 1 Satz 3 Nr. 1–5 BPersVG aufgeführt. Die dort normierten Gründe entsprechen weitestgehend den in § 102 Abs. 3 BetrVG enthaltenen Gründen. 138

12. Eine bestimmte **Form** ist für die Unterrichtung des Personalrats nicht vorgesehen, es empfiehlt sich aber bereits aus Beweisgründen die Schriftform. Eine mündliche Unterrichtung, die den dargestellten Anforderungen genügt, ist kaum möglich, im Streitfall jedenfalls nicht beweisbar. 139

13. Die Unterrichtung erfolgt durch den Dienststellenleiter oder einen seiner Vertreter nach § 7 BPersVG. Diese **Vertretungsregelungen** sind streng zu beachten, da die ordnungsgemäße Vertretung der Dienststelle Voraussetzung für die ordentliche Einleitung des Mitwirkungsverfahrens ist (vgl. Lorenzen/Etzel/Gerhold/Schlatmann/Rehak/Faber/*Faber* § 7 Rn. 14 ff.). 140

14. Die Fristen für die Stellungnahme des Personalrats von zehn Arbeitstagen (§ 72 Abs. 2 BPersVG für die ordentliche Kündigung) bzw. von maximal drei Arbeitstagen (§ 79 Abs. 3 Satz 3 BPersVG für die außerordentliche Kündigung) beginnen erst mit Zugang der Mitteilung beim Personalrat zu laufen. Um den Beginn der Fristen sicher bemessen zu können, empfiehlt sich eine datierte Zugangsbestätigung durch den Personalratsvorsitzenden. Bei diesem muss die Unterrichtung gemäß § 32 Abs. 3 BPersVG zugehen. 141

8. Beteiligung des Personalrats bei krankheitsbedingten Kündigungen

Vorbemerkung

Sowohl der im Bereich der öffentlichen Verwaltung stetig steigende Leistungs- und Kostendruck als auch die jüngeren Entwicklungen in der Rechtsprechung zur Abgeltung von Urlaubsansprüchen bei lang andauernder krankheitsbedingter Arbeitsunfähigkeit führen dazu, dass auch bei öffentlichen Arbeitgebern vermehrt krankheitsbedingte Kündigungen erwogen werden. 142

Insbesondere der Umstand, dass in einem späteren Kündigungsschutzverfahren nur die Tatsachen vorgebracht werden können, welche auch Gegenstand der Personalratsanhörung waren (BAG, Urt. v. 11.12.2003 – 2 AZR 536/02, AP Nr. 65 zu § 1 KSchG 1969 Soziale Auswahl; Lorenzen/ 143

Q. Personalvertretungsrecht

Etzel/Gerhold/Schlatmann/Rehak/Faber/*Etzel* § 79 Rn. 44), macht es erforderlich, die teilweise große Menge an Informationen zu den Fehlzeiten, den Auswirkungen auf den Arbeitsablauf und die Belastung mit Entgeltfortzahlungskosten, den Bemühungen um eine leidensgerechte Beschäftigung und die Suche nach alternativen Beschäftigungsmöglichkeiten zusammenzutragen und fehlerfrei in die Unterrichtung des Personalrats aufzunehmen.

144 Das vorliegende Muster geht von dem Fall einer personenbedingten Kündigung wegen häufiger Kurzzeiterkrankungen aus.

▶ **Muster – Beteiligung des Personalrats bei krankheitsbedingten Kündigungen**

145 [Briefkopf der Dienststelle]

An den Personalrat
z.H. Herrn [Personalratsvorsitzender] 1
– im Hause –

[Datum]

Beteiligungsverfahren zu der ordentlichen krankheitsbedingten Kündigung 2
von Herrn _____[Name]_____

Sehr geehrte Damen und Herren,

wir beabsichtigen,

Herrn _____[Name]_____ , 3

geboren am _____[Datum]_____ ,

wohnhaft in _____[Anschrift]_____ ,

verheiratet, keine Kinder (laut Lohnsteuerkarte), 4

Schwerbehinderung: [nicht bekannt/nein] gem. Auskunft vom _____[Datum]_____ , 5

beschäftigt seit _____[Datum]_____ ,

gegenwärtig beschäftigt als [Stellenbezeichnung] ,

gegenwärtig vergütet nach Entgeltgruppe [Entgeltgruppe] , Stufe [Stufe] ,

mit einer arbeitsvertraglichen Kündigungsfrist von [Kündigungsfrist] Monaten zum [Kündigungstermin] ,

nach erfolgter Mitwirkung des Personalrates ordentlich zum nächstmöglichen Termin, voraussichtlich dem _____[Datum]_____ , zu kündigen.

Die ordentliche Kündigung stützt sich auf personenbedingte, namentlich krankheitsbedingte Gründe. Es liegen objektive Tatsachen vor, die eine ernste Besorgnis weiterer Erkrankungen des Arbeitnehmers rechtfertigen. Dies führt zu einer erheblichen Beeinträchtigung der Interessen der Arbeitgeberin, weshalb auch nach abschließender Abwägung der beiderseitigen Interessen die beabsichtigte Kündigung sozial gerechtfertigt ist.

Der Arbeitnehmer ist seit dem _____[Datum]_____ als [Bezeichnung] im Umfang von zunächst [Wochenarbeitszeit] , seit _____[Datum]_____ in Vollzeit bei [Dienststelle] beschäftigt. Den Arbeitsvertrag vom _____[Datum]_____ überreichen wir in Kopie als Anlage 1.

Auf das Arbeitsverhältnis findet gemäß § 2 des Arbeitsvertrages (Anlage 1) der TV-L Anwendung. Der Arbeitnehmer ist in die Entgeltgruppe [Entgeltgruppe] Stufe [Stufe] TV-L eingruppiert. Sein durchschnittliches Bruttomonatsgehalt beträgt € _____[Betrag]_____ .

1. Fehlzeiten [6]

Der Arbeitnehmer weist zumindest seit dem Jahr ____[Jahr]____, also seit nunmehr über ____[Anzahl]____ Jahren, erhebliche Arbeitsunfähigkeitszeiten auf. Er hat

- im Jahr ____[Jahr]____ an ____[Anzahl]____ Arbeitstagen,
- im Jahr ____[Jahr]____ an ____[Anzahl]____ Arbeitstagen,
- im Jahr ____[Jahr]____ an ____[Anzahl]____ Arbeitstagen,
- im Jahr ____[Jahr]____ an ____[Anzahl]____ Arbeitstagen,
- im Jahr ____[Jahr]____ an ____[Anzahl]____ Arbeitstagen

gefehlt. Die genauen Daten und Zeiträume der Arbeitsunfähigkeitszeiten entnehmen Sie bitte den Übersichten, die wir als Anlagenkonvolut 2 überreichen. Die uns vorliegenden Arbeitsunfähigkeitsbescheinigungen seit dem ____[Datum]____, aus denen sich auch entnehmen lässt, ob es sich um Erst- oder Folgebescheinigungen handelt, fügen wir als Anlagenkonvolut 3 bei.

2. Personalärztliches Gutachten [7]

In einem personalärztlichen Gutachten vom ____[Datum]____, das wir als Anlage 4 beifügen, wurde festgestellt, dass der Arbeitnehmer gesundheitlich noch in der Lage ist, den arbeitsvertraglich geschuldeten Pflichten seines individuellen Arbeitsplatzes nachzukommen. Auch künftig könnten jedoch erhöhte krankheitsbedingte Ausfallzeiten nicht ausgeschlossen werden. Aus gutachterlicher Sicht ergäben sich keine Hinweise auf eine künftige Änderung des Krankenstandverhaltens.

3. Betriebliches Eingliederungsmanagement [8]

Ein betriebliches Eingliederungsmanagement (BEM) nach § 84 Abs. 2 SGB IX wurde dem Arbeitnehmer mehrfach angeboten und auch durchgeführt. Bereits am ____[Datum]____ wurde der Arbeitnehmer zu einem Gespräch eingeladen. Es erfolgte allerdings keine Rückmeldung durch den Arbeitnehmer. Das Einladungsschreiben vom ____[Datum]____ fügen wir bei als Anlage 5.

Auf Einladung vom ____[Datum]____ fand am ____[Datum]____ ein Gespräch zwischen der Dienststelle, dem Personalrat, dem personalärztlichen Dienst und dem Arbeitnehmer statt. Ergebnis des Gesprächs war, dass [Zusammenfassung des Gesprächsergebnisses]. Das Protokoll des Gespräches fügen wir bei als Anlage 6.

Die in diesem Gespräch vorgeschlagenen Maßnahmen wurden in der Folge umgesetzt. Insbesondere wurde [Beschreibung der Maßnahmen].

Auf Einladung vom ____[Datum]____ fand am ____[Datum]____ ein weiteres BEM-Gespräch zwischen der Dienststelle, dem Personalrat, dem personalärztlichen Dienst sowie dem Arbeitnehmer statt. Wie Sie dem als Anlage 7 beigefügten Protokoll dieses Gesprächs entnehmen können, wurde in diesem Gespräch festgehalten, dass die bisherigen Maßnahmen nicht zu einer Verbesserung der Fehlzeitensituation geführt haben, weitere Maßnahmen aber auch nicht ersichtlich sind. Insbesondere wurde festgehalten, dass eine leidensgerechte Umgestaltung des Arbeitsplatzes oder eine Beschäftigung auf einem anderen Arbeitsplatz keinem der Beteiligten möglich oder sinnvoll erschienen.

4. Dienstliche/Betriebliche Beeinträchtigungen [9]

Wir gehen aufgrund der Fehlzeiten der vergangenen Jahre und des Ergebnisses der personalärztlichen Begutachtung davon aus, dass die Gesundheitsprognose des Arbeitnehmers negativ ist. Es liegen objektive Tatsachen vor, welche die ernste Besorgnis weiterer Erkrankungen in erheblichem Umfang rechtfertigen. Es ist daher zu erwarten, dass auch in Zukunft mit erheblichen Fehlzeiten des Arbeitnehmers zu rechnen ist. Hieraus werden voraussichtlich auch zukünftig erhebliche Beeinträchtigungen der wirtschaftlichen und betrieblichen Interessen folgen.

Aus den Arbeitsunfähigkeitszeiten des Arbeitnehmers in der Vergangenheit ergibt sich ein erheblicher Umfang der Leistungsstörung. Wir überreichen als Anlage 8 Übersichten der sich aus den Arbeitsunfähigkeitszeiten seit ____[Datum]____ ergebenden Kosten. Aus den Übersichten wird deutlich, dass der Arbeitgeberin in dieser Zeit bereits über ____[Betrag]____ Euro Entgeltfortzahlungskosten entstanden sind. Im Verhältnis zu den Gesamtkosten machen die Krankheitskosten für den gesamten benannten Zeitraum über ____[Anteil]____ % aus. Aufgrund der negativen Gesundheitsprognose ist anzunehmen, dass diese Kosten auch in Zukunft anfallen werden.

Zusätzlich zu den wirtschaftlichen Interessen folgen aus den häufigen Fehlzeiten des Arbeitnehmers auch erhebliche betriebliche Beeinträchtigungen. Diese stellen sich insbesondere wie folgt dar: __[Beschreibung der betrieblichen Ablaufstörungen]__ .

5. Interessenabwägung [10]

Bei abschließender Abwägung der beiderseitigen Interessen ist die beabsichtigte Kündigung gerechtfertigt. Dabei ist zwar zugunsten des Arbeitnehmers zu berücksichtigen, dass __[Beschreibung]__ . Demgegenüber ist aber zu Lasten des Arbeitnehmers zu berücksichtigen, dass __[Beschreibung]__ . Im Ergebnis fällt die umfassende Interessenabwägung daher zu Lasten des Arbeitnehmers aus.

Wir bitten den Personalrat daher um Zustimmung [11] zu der ordentlichen Kündigung von Herrn ____[Name]____ . [12]

Mit freundlichen Grüßen

____[Ort]____, den ____[Datum]____ [13]

_____
(Unterschrift Dienststellenleitung) [14]

Erhalten:

____[Ort]____, den ____[Datum]____ [15]

_____
(Unterschrift Personalratsvorsitzender)

Erläuterungen

Schrifttum

Altvater/Baden/Berg/Kröll/Noll/Seulen BPersVG, 9. Aufl. 2016; *Deinert* Kündigungsprävention und betriebliches Eingliederungsmanagement, NZA 2010, 969; *Etzel* Beteiligung der Personalvertretung bei Kündigungen in den Ländern, Festgabe für Dr. Uwe Lorenzen zum 80. Geburtstag, Bonusbeilage zu Lorenzen u.a., BPersVG, 2007; *Lorenzen/Etzel/Gerhold/Schlatmann/Rehak/Faber* Bundespersonalvertretungsgesetz, Online-Kommentar; *Müller/Preis* Arbeitsrecht im öffentlichen Dienst, 7. Aufl. 2009.

146 **1.** S.o. Q Rdn. 31.

147 **2.** Regelmäßig können krankheitsbedingte Kündigungen nur als ordentliche, fristgemäße Kündigungen ausgesprochen werden. Nur in besonderen Fällen kann krankheitsbedingte Arbeitsunfähigkeit einen wichtigen Grund zur **außerordentlichen Kündigung** abgeben. Eine solche kommt in der Regel nur dann in Betracht, wenn eine ordentliche Kündigung tariflich oder vertraglich ausgeschlossen ist (vgl. BAG, Urt. v. 09.09.1992 – 2 AZR 190/92, NZA 1993, 598); dann ist dem Arbeitnehmer aber regelmäßig eine **Auslauffrist** zu gewähren, die in ihrer Länge der sonst einschlägigen ordentlichen Kündigungsfrist entspricht.

148 Auch wenn eine ordentliche Kündigung tariflich ausgeschlossen ist, kann eine Fortsetzung des Arbeitsverhältnisses mit dem kranken Arbeitnehmer nur in eng zu begrenzenden Ausnahmefällen für den Arbeitgeber i.S.d. § 626 BGB unzumutbar sein. Wie bei der ordentlichen Kündigung hat die Prüfung in drei Stufen (negative Prognose hinsichtlich des voraussichtlichen Gesundheitszustandes, erhebliche Beeinträchtigung der betrieblichen Interessen, Interessenabwägung) zu erfolgen, wobei der Arbeitgeber gegebenenfalls sogar einen leidensgerechten Arbeitsplatz für den kranken Arbeitnehmer durch Ausübung seines Direktionsrechts freizumachen hat (BAG, Urt. v. 29.01.1997 – 2 AZR 9/96, NZA 1997, 709). Darüber hinaus ist in diesem Fall der schon bei einer ordentlichen Kündigung zu beachtende strenge Prüfungsmaßstab auf allen drei Prüfungsstu-

fen erheblich verschärft. Er muss den hohen Anforderungen Rechnung tragen, die an eine außerordentliche Kündigung zu stellen sind.

3. S.o. Q Rdn. 123 ff.

4. S.o. Q Rdn. 125.

5. Eine Schwerbehinderung ist nicht nur unter dem Aspekt des daraus folgenden besonderen Kündigungsschutzes nach § 85 SGB IX mitzuteilen, sondern hat unter Umständen auch Bedeutung etwa für die Kündigungsfrist (§ 86 SGB IX), für die Einbeziehung der richtigen Beteiligten, insbesondere der Schwerbehindertenvertretung, in das betriebliche Eingliederungsmanagement (§ 84 Abs. 2 SGB IX) und ist darüber hinaus in der abschließenden Interessenabwägung zu berücksichtigen (BAG, Urt. v. 20.01.2000 – 2 AZR 378/99, NZA 2000, 768).

Hat der Arbeitgeber keine Kenntnis von einer Schwerbehinderung, so bietet es sich an, dies dem Personalrat zumindest klarstellend mitzuteilen. Gerade bei Arbeitnehmern mit hohen krankheitsbedingten Fehlzeiten kommt es allerdings häufig vor, dass die Erkrankungen mit einer Behinderung im Zusammenhang stehen. Ist der Arbeitnehmer anerkannt schwerbehindert, so steht ihm der Sonderkündigungsschutz des § 85 SGB IX grundsätzlich auch dann zu, wenn er seinen Arbeitgeber über die Schwerbehinderung nicht informiert hat. Er verliert den Sonderkündigungsschutz erst dann, wenn er seine Schwerbehinderung nicht innerhalb einer angemessenen Frist nach Zugang der Kündigungserklärung offenbart (BAG, Urt. v. 12.01.2006 – 2 AZR 539/05, NZA 2006, 1035). Hierzu reicht es allerdings aus, wenn der Arbeitnehmer innerhalb der Dreiwochenfrist des § 4 Satz 1 KSchG Kündigungsschutzklage erhebt und sich dabei auf seine Schwerbehinderung beruft (BAG, Urt. v. 23.02.2010 – 2 AZR 659/08, NZA 2011, 411). Jedenfalls dann, wenn Anzeichen für das Vorliegen einer Behinderung vorliegen, ist es daher empfehlenswert, diese Information vom Arbeitnehmer **abzufragen**. Dies kann etwa im Rahmen eines betrieblichen Eingliederungsmanagements geschehen. Einer entsprechenden Abfrage begegnen jedenfalls nach Ablauf von sechs Monaten und damit dem Erwerb des besonderen Schutzes nach §§ 85 ff. SGB IX keine Bedenken (BAG, Urt. v. 16.02.2012 – 6 AZR 553/10, NZA 2012, 555). Verneint der Arbeitnehmer die Frage nach dem Vorliegen einer Schwerbehinderung wahrheitswidrig, so verliert er den Sonderkündigungsschutz des § 85 SGB IX (BAG, Urt. v. 16.02.2012 – 6 AZR 553/10, NZA 2012, 555).

6. Bei der krankheitsbedingten Kündigung müssen dem Personalrat grundsätzlich die einzelnen Fehlzeiten aus der Vergangenheit detailliert mitgeteilt werden. Den bisherigen Fehlzeiten kommt eine **Indizwirkung** hinsichtlich zukünftig zu erwartender Arbeitsunfähigkeitszeiten zu, aus denen sich die **negative Gesundheitsprognose** als erste Voraussetzung der krankheitsbedingten Kündigung ergibt (BAG, Urt. v. 08.11.2007 – 2 AZR 292/06, DB 2008, 877; BAG, Urt. v. 12.07.2007 – 2 AZR 716/06, NZA 2008, 173). Nur ausnahmsweise dann, wenn der Arbeitnehmer bereits seit Beginn des Arbeitsverhältnisses fortlaufend jedes Jahr überdurchschnittliche Krankheitszeiten aufweist und so hohe Entgeltfortzahlungskosten verursacht, kann es je nach den Umständen aus der verständigen Sicht sowohl des Arbeitgebers als auch der Arbeitnehmervertretung ausreichen, dass der Arbeitgeber lediglich nach Jahren gestaffelt die überdurchschnittliche Krankheitshäufigkeit darlegt und die Entgeltfortzahlungskosten der letzten Jahre in einem Gesamtbetrag mitteilt (BAG, Urt. v. 07.11.2002 – 2 AZR 493/01, ZTR 2003, 304). Um hier den Vorwurf der unzureichenden Unterrichtung zu vermeiden, sollten aber alle Fehlzeiten mit konkreter Angabe des Zeitraums zumindest in Form einer als Anlage beigefügten **Kalenderübersicht** mitgeteilt werden. Dabei sollte sich aus der Übersicht zumindest auch ergeben, ob für die Fehlzeit jeweils eine Arbeitsunfähigkeitsbescheinigung vorlag und ob Entgeltfortzahlung geleistet wurde oder nicht. Darüber hinaus empfiehlt sich eine zumindest zusammenfassende Darstellung der Fehltage in **Arbeitstagen** (nicht Kalendertagen) pro Jahr.

Durch die Vorlage der **Arbeitsunfähigkeitsbescheinigungen** erhält der Personalrat nicht nur Informationen darüber, für welchen Zeitraum eine Arbeitsunfähigkeit jeweils festgestellt wurde, ob der Arbeitnehmer also häufig für wenige Tage krankgeschrieben wird und diese Krankschreibung dann unter Umständen einmal oder mehrfach verlängert wurde oder ob die Bescheinigungen stets für einen längeren Zeitraum ausgestellt werden. Unter Umständen erwartet der Personalrat diese Informationen, um sich eine Vorstellung über die Ursachen der jeweiligen Fehlzeiten bilden zu können. Der Personalrat kann den Arbeitsunfähigkeitsbescheinigungen auch entnehmen, ob der Arzt jeweils eine Erst- oder eine Folgebescheinigung ausgestellt hat. Auch dies ermöglicht dem Personalrat möglicherweise Rückschlüsse auf die Krankheitsursachen und damit auf die Prognose künftiger Fehlzeiten.

155 Sofern der Arbeitgeber Kenntnisse über die jeweilige **Art der Erkrankung** hat, sollte er diese ebenfalls mitteilen, weil auch daraus unter Umständen Rückschlüsse auf künftige Fehlzeiten gezogen werden können (Lorenzen/Etzel/Gerhold/Schlatmann/Rehak/Faber/*Etzel* § 79 Rn. 38).

156 **7.** Nach § 3 Abs. 4 TVöD bzw. § 3 Abs. 5 TV-L ist der Arbeitgeber des öffentlichen Dienstes bei begründeter Veranlassung berechtigt, den Arbeitnehmer zu verpflichten, sich einer ärztlichen Untersuchung zu unterziehen, durch welche nachgewiesen werden soll, dass er zur Leistung der arbeitsvertraglich geschuldeten Tätigkeit in der Lage ist. Jedenfalls im Bereich der klassischen Verwaltung wird diese Aufgabe regelmäßig vom Personalärztlichen Dienst übernommen. Das Ergebnis einer entsprechenden Untersuchung ist dem Personalrat im Rahmen der Anhörung mitzuteilen, da sich hieraus häufig Rückschlüsse auf die Gesundheitsprognose entnehmen lassen. Stellt der Personalarzt fest, dass auch künftig mit krankheitsbedingten Fehlzeiten im bisherigen Umfang zu rechnen ist, so bestärkt dies die negative Gesundheitsprognose. Ergibt das Gutachten, dass jedenfalls kein Anhaltspunkt für eine Veränderung des Krankenstandverhaltens zu erkennen ist, so stützt dies zumindest die Indizwirkung der bisherigen Fehlzeiten.

157 **8.** Die Durchführung eines betrieblichen Eingliederungsmanagements (**BEM**) ist keine formelle Wirksamkeitsvoraussetzung für eine krankheitsbedingte Kündigung (BAG, Urt. v. 10.12.2009 – 2 AZR 400/08, NZA 2010, 398; BAG, Urt. v. 12.07.2007 – 2 AZR 716/06, NZA 2008, 173). Sie stellt aber eine praktische Ausprägung des Verhältnismäßigkeitsgrundsatzes dar und hat bei Nichtdurchführung Auswirkungen auf die Verteilung der **Darlegungs- und Beweislast** im Rahmen der Interessenabwägung sowie bei der Frage nach einer alternativen Beschäftigungsmöglichkeit (BAG, Urt. v. 10.12.2009 – 2 AZR 400/08, NZA 2010, 398; BAG, Urt. v. 12.07.2007 – 2 AZR 716/06, NZA 2008, 173). Denn grundsätzlich kann sich der Arbeitgeber dort zunächst auf die Behauptung zurückziehen, es bestehe keine anderweitige Beschäftigungsmöglichkeit für den erkrankten Arbeitnehmer. Diese Behauptung umfasst regelmäßig auch den Vortrag, es bestehe keine Möglichkeit einer leidensgerechten Anpassung des Arbeitsverhältnisses oder des Arbeitsplatzes. Der Arbeitnehmer hat nach der allgemeinen Verteilung der Darlegungslast dann darzulegen, wie er sich eine Änderung des bisherigen Arbeitsplatzes oder eine andere Beschäftigungsmöglichkeit vorstellt (BAG, Urt. v. 10.12.2009 – 2 AZR 400/08, NZA 2010, 398; BAG, Urt. v. 12.07.2007 – 2 AZR 716/06, NZA 2008, 173). Dies gilt aber nicht, wenn der Arbeitgeber entgegen § 84 Abs. 2 SGB IX kein oder kein ordnungsgemäßes BEM durchgeführt hat. Die **Initiativlast** für die Durchführung des BEM liegt allein beim Arbeitgeber (BAG, Urt. v. 20.11.2014 – 2 AZR 755/13, NZA 2015, 612). Unterlässt der Arbeitgeber die Durchführung eines BEM, ist ihm der Rückzug auf den pauschalen Vortrag verwehrt (BAG, Urt. v. 10.12.2009 – 2 AZR 400/08, NZA 2010, 398; BAG, Urt. v. 12.07.2007 – 2 AZR 716/06, NZA 2008, 173). Andersherum führt die ordnungsgemäße Durchführung eines BEM dazu, dass sich der Arbeitnehmer in einem späteren Kündigungsschutzprozess nicht mehr auf alternative Beschäftigungsmöglichkeiten berufen kann, die er im BEM nicht vorgebracht hat (BAG, Urt. v. 10.12.2009 – 2 AZR 400/08, NZA 2010, 398). **Verweigert** der Arbeitnehmer seine **Zustimmung** zur Durchführung eines BEM, ist er aber regelkonform um diese Zustimmung ersucht worden und entsprechend § 84 Abs. 2 Satz 3 SGB IX über die Ziele des BEM sowie über Art und Umfang der hierfür erhobenen und verwendeten Daten **aufgeklärt** worden, so ist das nicht durchgeführte BEM »kündigungsneutral« (BAG, Urt. v. 24.03.2011 – 2 AZR 170/10, NZA 2011, 992).

158 Bestimmte **Verfahrensregelungen** zum BEM sieht das Gesetz nicht vor. Ein BEM genügt den gesetzlichen Mindestanforderungen, wenn es die zu beteiligenden Stellen, Ämter und Personen ein-

bezieht, keine vernünftigerweise in Betracht zu ziehende Anpassungs- und Änderungsmöglichkeit ausschließt und die von den Teilnehmern eingebrachten Vorschläge sachlich erörtert werden (BAG, Urt. v. 20.11.2014 – 2 AZR 755/13, NZA 2015, 612; BAG, Urt. v. 10.12.2009 – 2 AZR 400/08, NZA 2010, 398). Im Rahmen des BEM vorgeschlagene Maßnahmen sind gegebenenfalls durchzuführen und hinsichtlich ihrer Auswirkungen auf die Fehlzeiten zu prüfen (BAG, Urt. v. 10.12.2009 – 2 AZR 400/08, NZA 2010, 398).

Auch wenn der Personalrat selbst an dem ordnungsgemäß durchgeführten BEM beteiligt war, sollte er im Rahmen der Anhörung zur Kündigung noch einmal umfassend über **Verlauf und Ergebnis** des BEM informiert werden, zumal nicht sicher ist, dass die Kenntnisse des an dem BEM teilnehmenden Personalratsmitglieds dem Gremium zugerechnet werden können (vgl. hierzu BAG, Urt. v. 27.06.1985 – 2 AZR 412/84, NZA 1986, 426). Dies schließt sämtliche Gespräche, Reaktionen des Arbeitnehmers, vorgeschlagene Maßnahmen sowie deren Ergebnis mit ein. Existieren Gesprächsprotokolle von den BEM-Gesprächen, sollten diese als Anlagen beigefügt werden. 159

9. Auf der zweiten Stufe erfordert die krankheitsbedingte Kündigung eine erhebliche Beeinträchtigung der betrieblichen oder dienstlichen Interessen (vgl. BAG, Urt. v. 08.11.2007 – 2 AZR 292/06, DB 2008, 87). Dabei können neben **Ablaufstörungen** auch **wirtschaftliche Belastungen**, etwa durch zu erwartende, einen Zeitraum von mehr als sechs Wochen pro Jahr übersteigende **Entgeltfortzahlungskosten**, zu einer solchen Beeinträchtigung führen. Da der Arbeitgeber im späteren gerichtlichen Kündigungsschutzverfahren nur solche Umstände wird vorbringen können, die auch Gegenstand der Personalratsanhörung waren (BAG, Urt. v. 11.12.2003 – 2 AZR 536/02, AP Nr. 65 zu § 1 KSchG 1969 Soziale Auswahl; Lorenzen/Etzel/Gerhold/Schlatmann/Rehak/Faber/*Etzel* § 79 Rn. 44), sollten hier alle zu erwartenden Beeinträchtigungen geschildert werden, indem jedenfalls die bisherigen nachvollziehbar dargestellt werden. Dabei sollte sich der Arbeitgeber nicht auf die bloße Schilderung der Entgeltfortzahlungskosten beschränken, sondern ganz konkret auch die Störungen im regelmäßigen Arbeitsablauf schildern. Hierzu reicht es jedenfalls im späteren Kündigungsschutzprozess nicht aus, allgemein zu behaupten, es seien aufgrund der häufigen Ausfälle etwa Probleme bei der Dienstplanung, bei der Urlaubsverteilung oder bei der Bearbeitung einiger Angelegenheiten aufgetreten. Die Gerichte erwarten hier regelmäßig **konkrete, detaillierte Schilderungen**, welche Aufgaben etwa aufgrund der häufigen Ausfälle nicht rechtzeitig erledigt werden konnten, welche Kolleginnen oder Kollegen wann aus welchem Grund Mehrarbeit in welchem Umfang leisten mussten, wann die Erstellung eines Dienstplanes aufgrund der Fehlzeiten gescheitert ist etc. 160

10. In einem dritten Schritt erfordert die krankheitsbedingte Kündigung eine umfassende Interessenabwägung, die zu dem Ergebnis führt, dass die zu erwartenden Beeinträchtigungen aufgrund der krankheitsbedingten Fehlzeiten vom Arbeitgeber billigerweise nicht mehr hingenommen werden müssen (vgl. BAG, Urt. v. 08.11.2007 – 2 AZR 292/06, DB 2008, 87). Im Rahmen dieser Interessenabwägung ist unter anderem zu berücksichtigen, ob die Erkrankung(en) des Arbeitnehmers auf **betriebliche Ursachen** zurückzuführen ist (sind) und ob und wie lange das Arbeitsverhältnis zunächst ungestört verlaufen ist. Darüber hinaus sind **Alter, Familienstand** und **Unterhaltspflichten** sowie eine gegebenenfalls bestehende **Schwerbehinderung** einzubeziehen. Der Personalrat ist zumindest darüber zu unterrichten, welche Aspekte in diese Interessenabwägung einbezogen worden sind und warum der Arbeitgeber bei Würdigung dieser Aspekte zu dem Ergebnis kommt, dass ihm eine Hinnahme der Beeinträchtigungen nicht mehr zugemutet werden kann. 161

11. S.o. Q Rdn. 134. 162

12. S.o. Q Rdn. 135 ff. 163

13. S.o. Q Rdn. 139. 164

14. S.o. Q Rdn. 140. 165

15. S.o. Q Rdn. 141. 166

II. Dienstvereinbarungen

167 Der Katalog der Sachverhalte, bei denen der Personalrat im Geltungsbereich des BPersVG gegebenenfalls durch den Abschluss von Dienstvereinbarungen mitzubestimmen hat (§ 75 Abs. 3 BPersVG), ist weitgehend deckungsgleich mit dem Katalog des § 87 Abs. 1 BetrVG. Auf die Ausführungen und Muster dort kann daher verwiesen werden (s.o. O Rdn. 133 ff.). Im Unterschied zum BetrVG ist der Abschluss von Dienstvereinbarungen allerdings nur zulässig, sofern das BPersVG dies ausdrücklich vorsieht (§ 73 Abs. 1 Satz 1 BPersVG), was hinsichtlich der Personalangelegenheiten der Arbeitnehmer nur in § 75 Abs. 3 BPersVG der Fall ist. Die Personalangelegenheiten der Beamten können in den in § 76 Abs. 2 BPersVG vorgesehenen Bereichen durch Dienstvereinbarung geregelt werden.

168 Das Instrument der Dienstvereinbarung ist der arbeitsrechtlichen Betriebsvereinbarung nachgebildet. Entsprechend wird auch hier die Diskussion um den **Rechtscharakter** der Dienstvereinbarung geführt (vgl. *Altvater/Baden/Berg/Kröll/Noll/Seulen* § 73 BPersVG Rn. 2 f.). Wie die Betriebsvereinbarung kommt auch die Dienstvereinbarung im Regelfall durch eine übereinstimmende Willensbildung von Dienststelle und Personalrat zustande (einvernehmliche Dienstvereinbarung, § 73 Abs. 1 Satz 2 BPersVG; vgl. zum **Zustandekommen** der Dienstvereinbarung auch *Altvater/Baden/Berg/Kröll/Noll/Seulen* § 73 BPersVG Rn. 6 ff.). Auch die Dienstvereinbarung bedarf der Schriftform und ist in der Dienststelle bekannt zu geben (§ 73 Abs. 1 Satz 2 BPersVG). Die **Bekanntmachung** hat »in geeigneter Weise« zu erfolgen, was bedeutet, dass die Form der Kommunikation zu wählen ist, die in der konkreten Dienststelle für dienstliche Mitteilungen üblich ist (Lorenzen/Etzel/Gerhold/Schlatmann/Rehak/Faber/*Rehak* § 73 Rn. 8). Dies kann je nach Art der Dienststelle beispielsweise der Aushang am Schwarzen Brett, die Veröffentlichung im Intranet oder der Umlauf per E-Mail oder in Papierform sein. Entscheidend ist dabei, dass alle Arbeitnehmer die Möglichkeit haben, die Dienstvereinbarung zur Kenntnis zu nehmen. Auf die Wirksamkeit der Dienstvereinbarung hat die Bekanntgabe allerdings keinen Einfluss (Lorenzen/Etzel/Gerhold/Schlatmann/Rehak/Faber/*Rehak* § 73 Rn. 8).

169 Kommt eine Einigung zwischen Dienststelle und Personalrat nicht zustande, so ist das Verfahren nach § 69 Abs. 3 und 4 BPersVG möglich, welches unter Umständen in eine Entscheidung der **Einigungsstelle** mündet, sofern diese zu einer endgültigen Entscheidung befugt ist (vgl. zu der Frage der Letztentscheidungsbefugnis *Altvater/Baden/Berg/Kröll/Noll/Seulen* § 73 BPersVG Rn. 8; Lorenzen/Etzel/Gerhold/Schlatmann/Rehak/Faber/*Rehak* § 73 Rn. 6a). Ist dies der Fall, so kommt dem Spruch der Einigungsstelle die Wirkung einer Dienstvereinbarung zu.

170 Nach § 83 Abs. 1 Nr. 4 BPersVG ist das Bestehen oder Nichtbestehen und damit auch das ordnungsgemäße Zustandekommen der Dienstvereinbarung vor dem **Verwaltungsgericht überprüfbar**. Zur Nichtigkeit der Dienstvereinbarung führen insbesondere grobe Formfehler (Verstoß gegen das Schriftformerfordernis), Sittenwidrigkeit oder Überschreiten der Regelungsbefugnis durch die Dienststelle (Lorenzen/Etzel/Gerhold/Schlatmann/Rehak/Faber/*Rehak* § 73 Rn. 9). Nichtig sind außerdem Dienstvereinbarungen, in denen nicht von § 75 Abs. 3 oder § 76 Abs. 2 BPersVG gedeckte oder gesetzlich oder tariflich abschließend geregelte Sachverhalte zum Gegenstand gemacht werden. **Streitigkeiten** über die Auslegung und Durchführung von Dienstvereinbarungen sind nach § 83 Abs. 1 Nr. 3, Abs. 2 BPersVG im personalvertretungsrechtlichen Beschlussverfahren zu entscheiden (BVerwG, Beschl. v. 26.03.1986 – 6 P 38/82, PersV 1986, 510).

171 Die wirksame Dienstvereinbarung stellt einen Akt dienststelleninterner Rechtsetzung dar (BVerwG, Beschl. v. 17.12.2003 – 6 P 7/03, ZTR 2004, 215) und wirkt **unmittelbar** und **zwingend** für die Dienststelle und ihre Beschäftigten, so dass alle gegenwärtigen oder zukünftigen Beschäftigten vom Dienststellenleiter nach ihren Vorschriften behandelt werden müssen (BVerwG, Beschl. v. 25.06.2003 – 6 P 1/03, PersR 2003, 361).

Zur Beendigung der Dienstvereinbarung und einer möglichen Nachwirkung vgl. *Altvater/Baden/Berg/Kröll/Noll/Seulen* § 73 BPersVG Rn. 16 ff.

1. Integrationsvereinbarung

Vorbemerkung

Mit dem Gesetz zur Bekämpfung der Arbeitslosigkeit Schwerbehinderter vom 29.09.2000 (BGBl. I S. 1394; vgl. dazu *Kossens/Maaß* NZA 2000, 1025) wurde die heute in § 83 SGB IX geregelte Integrationsvereinbarung als obligatorische Vereinbarung zwischen Arbeitgeber, Schwerbehinderten- und Beschäftigtenvertretung eingeführt. Ziel einer Integrationsvereinbarung soll die Eingliederung bzw. Wiedereingliederung schwerbehinderter Beschäftigter in Beruf und Arbeit zur Vermeidung von Arbeitslosigkeit sein (vgl. Gesetzesbegründung in BR-Drucks. 298/00, S. 28 ff.). **172**

Die **Rechtsnatur** der Integrationsvereinbarung ist umstritten, nach überwiegender Ansicht wird sie als Betriebs- oder Dienstvereinbarung geschlossen (Kossens/von der Heide/Maaß/*Kossens* § 83 Rn. 4). Obwohl die Integrationsvereinbarung im Katalog der §§ 75 Abs. 3, 76 Abs. 2 BPersVG nicht enthalten ist, wird gleichwohl von der Zulässigkeit des Abschlusses einer Integrationsvereinbarung auch im Anwendungsbereich des BPersVG ausgegangen (vgl. Lorenzen/Etzel/Gerhold/Schlatmann/Rehak/Faber/*Rehak* § 73 Rn. 2a). Vorgesehener und möglicher Inhalt der Integrationsvereinbarung sind in § 83 Abs. 2 und 2a SGB IX aufgeführt. **173**

Der Schwerbehindertenvertretung oder, sofern diese nicht vorhanden ist, dem Personalrat steht ein **Initiativrecht** zum Abschluss der Integrationsvereinbarung zu. Der Abschluss einer Integrationsvereinbarung kann allerdings **nicht erzwungen** werden (LAG Hamm, Beschl. v. 19.01.2007 – 13 TaBV 58/06, NZA-RR 2007, 535; LAG Köln, Beschl. v. 03.05.2005 – 9 TaBV 76/04, NZA-RR 2006, 580; MünchArbR/*Heenen* § 313 Rn. 29). **174**

Einer Integrationsvereinbarung bedarf ein öffentlicher Arbeitgeber nach § 82 Satz 4 SGB IX nicht, wenn für die jeweilige Dienststelle dem § 83 SGB IX entsprechende Regelungen bereits bestehen und durchgeführt werden. **175**

Die abgeschlossene Integrationsvereinbarung ist der Agentur für Arbeit und dem Integrationsamt zu übermitteln (§ 83 Abs. 1 Satz 5 SGB IX). **176**

▶ **Muster – Integrationsvereinbarung**

Integrationsvereinbarung **177**

zwischen

der __[Name der Dienststelle]__ (im Folgenden: »Dienststelle«),

vertreten durch den Dienststellenleiter, Herrn _____[Name]_____, [1]

dem

Personalrat der __[Name der Dienststelle]__

vertreten durch den Personalratsvorsitzenden, Herrn _____[Name]_____, [2]

sowie der

Schwerbehindertenvertretung der __[Name der Dienststelle]__ [3]

vertreten durch Herrn _____[Name]_____

Präambel [4]

Die __[Name der Dienststelle]__ ist sich der besonderen Fürsorgepflicht gegenüber ihren Beschäftigten, insbesondere gegenüber schwerbehinderten und von Behinderung bedrohten Beschäftigten bewusst. Im Rahmen der Umsetzung des Neunten Buches des Sozialgesetzbuches (SGB IX) strebt die Dienststelle an, einen Beitrag zum Abbau der Arbeitslosigkeit behinderter Menschen zu leisten und schwerbehinderte Menschen in den Arbeitsprozess einzugliedern.

Voraussetzung für die dauerhafte berufliche Integration behinderter Beschäftigter ist das Zusammenwirken aller Beteiligten. Es ist das gemeinsame Ziel der [Name der Dienststelle], des Personalrats und der Schwerbehindertenvertretung, die Gesundheit aller Mitarbeiterinnen und Mitarbeiter zu erhalten und zu fördern und dabei besondere Rücksicht auf die Belange behinderter Beschäftigter zu nehmen.

Zu diesem Zweck schließen die Beteiligten in Zusammenarbeit mit dem Schwerbehindertenbeauftragten der Dienststelle [5] die vorliegende Integrationsvereinbarung.

§ 1 Geltungsbereich [6]

(1) Diese Integrationsvereinbarung i.S.d. § 83 Abs. 1 SGB IX gilt für schwerbehinderte und diesen nach § 2 SGB IX gleichgestellte Beschäftigte der Dienststelle, Beschäftigte, die von Schwerbehinderung bedroht sind sowie Schwerbehinderte und Gleichgestellte, die ein Beschäftigungs- oder Ausbildungsverhältnis bei der Dienststelle anstreben.

(2) Als schwerbehindert im Sinne dieser Integrationsvereinbarung gilt nur, wessen Schwerbehinderung nach § 69 SGB IX festgestellt worden ist und durch Vorlage eines Schwerbehindertenausweises nach § 69 Abs. 5 SGB IX nachgewiesen werden kann. Die Gleichstellung ist durch Vorlage des entsprechenden Bescheides der Bundesagentur für Arbeit nachzuweisen.

§ 2 Ziele der Integrationsvereinbarung [7]

(1) Diese Integrationsvereinbarung dient der Erfüllung der Beschäftigungsquote nach § 71 SGB IX, der Förderung von Neueinstellungen und Ausbildung, Arbeitsplatzerhaltung, Qualifizierung und Weiterbildung von schwerbehinderten und von Behinderung bedrohten Menschen, der Planung und Durchführung von Integrations- und Rehabilitationsmaßnahmen, der Anpassung der Arbeitsbedingungen sowie des Arbeitsplatzes und Arbeitsumfeldes an die besonderen Bedürfnisse schwerbehinderter oder von Behinderung bedrohter Beschäftigter sowie der Sicherstellung einer barrierefreien Dienststelle.

(2) Zum Erreichen dieser Ziele arbeiten die Dienststelle, der Personalrat und die Schwerbehindertenvertretung vertrauensvoll zusammen. [8]

§ 3 Berücksichtigung von schwerbehinderten Bewerberinnen und Bewerbern bei Stellenbesetzungen [9]

(1) Bei der Stellenbesetzung werden schwerbehinderte Bewerberinnen und Bewerber bei gleicher Qualifikation nach Abwägung der allseitigen Interessen ungeachtet der Beschäftigungsquote nach § 71 SGB IX bevorzugt berücksichtigt. Schwerbehinderte Frauen werden bei gleicher Qualifikation i.S.d. § 83 Abs. 2a Nr. 2 SGB IX unter Beachtung ausgewogener Beschäftigungsverhältnisse vorrangig eingestellt. In Ausbildungsangeboten und Ausschreibungen ist dies kenntlich zu machen. [10]

(2) Kann eine Stelle nicht mit einem schwerbehinderten Bewerber besetzt werden, ist die Schwerbehindertenvertretung hierüber rechtzeitig zu informieren. Die Gründe, welche gegen die Besetzung mit einem schwerbehinderten Bewerber sprechen, sind zu erörtern.

(3) Vor jeder Einstellung ist bei der Agentur für Arbeit nachzufragen, ob geeignete Schwerbehinderte als arbeitsuchend gemeldet sind. Dies gilt nicht im Falle einer internen Stellenbesetzung. [11] Vor der Einstellung sind die Bewerbungsunterlagen von Schwerbehinderten und, wenn Bewerbungen Schwerbehinderter vorliegen, auch von allen anderen Bewerberinnen und Bewerbern der Schwerbehindertenvertretung und dem Personalrat vorzulegen. [12]

(4) Schwerbehinderte Bewerberinnen und Bewerber, die sich auf eine Ausschreibung beworben haben und die Anforderungen für die ausgeschriebene Stelle erfüllen, sind zu einem Vorstellungsgespräch einzuladen. Die Schwerbehindertenvertretung hat das Recht, an dem Vorstellungsgespräch teilzunehmen, sofern der Bewerber/die Bewerberin dies nicht ablehnt. Hierzu wird die Schwerbehindertenvertretung rechtzeitig über Zeit und Ort des Vorstellungsgesprächs informiert. [13]

(5) Ist die Schwerbehindertenvertretung mit der beabsichtigten Besetzung der Stelle nicht einverstanden, erfolgt unter Darlegung der Gründe eine Erörterung, in deren Rahmen auch dem für die

Stellenbesetzung nicht berücksichtigten schwerbehinderten Bewerber/der für die Stellenbesetzung nicht berücksichtigten schwerbehinderten Bewerberin Gelegenheit zur Stellungnahme zu geben ist. [14]

§ 4 Auszubildende [15]

(1) Die [Name der Dienststelle] strebt bei der Einstellung von Auszubildenden in besonderem Maße die Erfüllung der gesetzlichen Quote nach § 71 SGB IX an, sofern dies möglich ist. Soweit dies in einem Einstellungsdurchgang nicht möglich sein sollte, wird sie die Gründe hierfür mit der Schwerbehindertenvertretung und dem Personalrat erörtern und über Maßnahmen beraten, wie die Pflichtquote dennoch erreicht werden kann. Die Entscheidung über die Einstellung einzelner Auszubildender liegt allein bei der Dienststelle.

(2) Die Dienststelle stellt schwerbehinderten Auszubildenden und schwerbehinderten Bewerberinnen und Bewerbern auf Auszubildendenstellen rechtzeitig alle notwendigen Hilfen und Hilfsmittel zur Verfügung, um eine Benachteiligung gegenüber nicht behinderten Auszubildenden oder Bewerberinnen und Bewerbern so weit wie möglich auszuschließen. Dies gilt insbesondere bei der Durchführung von Einstellungs- und Prüfungstestverfahren.

(3) Schwerbehinderte Auszubildende sollen nach Abschluss ihrer Ausbildung nach Möglichkeit übernommen werden. Sofern die Dienststelle entscheidet, einen Auszubildenden oder eine Auszubildende nicht zu übernehmen, wird sie die Gründe hierfür der Schwerbehindertenvertretung und dem Personalrat vorab erläutern.

§ 5 Grundsatz der Fürsorge und Förderung [16]

Der Dienststelle und den bei ihr beschäftigten Führungskräften obliegt gegenüber schwerbehinderten Beschäftigten eine besondere Fürsorge- und Förderungspflicht. Die Dienststelle und ihre Führungskräfte werden schwerbehinderten Beschäftigten verständnisvoll und aufgeschlossen begegnen und sie durch bedarfsgerechte Hilfe in jeder Weise unterstützen. Führungskräfte werden in ihrem Verantwortungsbereich auf einen angemessenen Umgang mit schwerbehinderten Beschäftigten hinwirken.

§ 6 Förderung [17]

(1) Schwerbehinderte Beschäftigte sind nach Möglichkeit so zu beschäftigen, dass sie ihre Fähigkeiten in vollem Umfang einbringen und weiterentwickeln können. Bei der Einarbeitung von schwerbehinderten Beschäftigten nach ihrer Einstellung oder der Übertragung eines neuen Aufgabengebiets ist auf die vorliegende Behinderung besonders Rücksicht zu nehmen. Sofern erforderlich, ist den schwerbehinderten Beschäftigten eine angemessen längere Einarbeitungszeit zu gewähren. Über den Umfang der längeren Einarbeitungszeit entscheidet der Dienststellenleiter in Abstimmung mit den Beschäftigten. Bei Meinungsverschiedenheiten ist die Schwerbehindertenvertretung zur Vermittlung zu beteiligen.

(2) Schwerbehinderten Beschäftigten ist bevorzugt die Möglichkeit der beruflichen Weiterentwicklung zu eröffnen. Bei dienstlichen Maßnahmen der beruflichen Fort- und Weiterbildung sind sie bedarfsorientiert bevorzugt zu berücksichtigen. Der Bildungsbedarf wird von der zuständigen Führungskraft gemeinsam mit der oder dem Beschäftigten ermittelt.

(3) Schwerbehinderten Beschäftigten soll unter erleichterten Bedingungen auch die Möglichkeit der Teilnahme an externen Fort- und Weiterbildungsmaßnahmen eingeräumt werden. Die Dienststelle stellt hierfür in angemessenem Rahmen Hilfsmittel zur Verfügung. Die Teilnahme an einer externen Fort- oder Weiterbildungsveranstaltung darf nicht aus Gründen verweigert werden, die im unmittelbaren Zusammenhang mit der Behinderung der oder des Beschäftigten stehen.

§ 7 Arbeitsplatzwechsel [18]

(1) Bei Versetzungen, Umsetzungen, Abordnungen oder der Übertragung anderer oder zusätzlicher Aufgaben ist auf die besonderen Bedürfnisse der schwerbehinderten Beschäftigten Rücksicht zu nehmen. Im Vorfeld solcher Maßnahmen ist die Zumutbarkeit kritisch zu prüfen und die Schwerbehindertenvertretung zu informieren. Der oder die schwerbehinderte Beschäftigte ist vorher zu hören.

(2) Anträgen von schwerbehinderten Beschäftigten auf Versetzung, Umsetzung, Abordnung oder die Übertragung anderer Aufgaben, die nachvollziehbar mit der Behinderung oder Erschwernissen, die sich aus der Behinderung ergeben, begründet werden, ist zu entsprechen, soweit betriebliche Belange nicht beeinträchtigt werden.

§ 8 Arbeitsbedingungen [19]

(1) Schwerbehinderte Beschäftigte haben einen Anspruch auf eine behindertengerechte Beschäftigung. Zur Erleichterung der Arbeit und zur Erhöhung der Leistungsfähigkeit stellt die Dienststelle je nach Art und Umfang der Behinderung Hilfsmittel bereit. Sind am Arbeitsplatz technische Hilfsmittel eingesetzt und genügen diese nicht den behinderungsbedingten Anforderungen der oder des schwerbehinderten Beschäftigten, hat der zuständige Vorgesetzte die vorhandenen Mängel aufzunehmen und an die zuständige Stelle weiterzuleiten. [20]

(2) Die Dienststelle wirkt darauf hin, dass die Einstellung und Beschäftigung schwerbehinderter Beschäftigter nicht an baulichen oder technischen Hindernissen scheitert. Soweit im Rahmen der miet- und baurechtlichen Vorschriften und der technischen Gegebenheiten möglich, wird die Dienststelle die räumlichen Gegebenheiten so gestalten, dass die schwerbehinderten Beschäftigten ihrer Beschäftigung ohne Beeinträchtigung nachgehen können und nicht von den sozialen Einrichtungen ausgeschlossen sind. Bei Neuplanung und Umbau von bestehenden Arbeitsstätten und Arbeitsplätzen sind die Anforderungen an einen behindertengerechten und barrierefreien Arbeitsplatz zu berücksichtigen. [21]

(3) Schwerbehinderte Beschäftigte sind so in die Organisationseinheiten der Dienststelle einzugliedern, dass ihnen die größtmögliche Unterstützung gewährt werden kann.

(4) Hat der oder die schwerbehinderte Beschäftigte Anspruch auf eine Arbeitsassistenz, so ist ihm die Dienststelle bei der Suche nach einem geeigneten Arbeitsassistenten oder einer geeigneten Arbeitsassistentin behilflich. Finden der oder die schwerbehinderte Beschäftigte und die Dienststelle in Zusammenarbeit mit der Schwerbehindertenvertretung keinen Assistenten/keine Assistentin, so wendet sich die Dienststelle an geeignete Dienstleister, die eine Arbeitsassistenz stellen oder vermitteln. Für die bei der Dienststelle notwendige Tätigkeit des Arbeitsassistenten oder der Arbeitsassistentin stellt die Dienststelle die erforderlichen Räume und Arbeitsmittel zur Verfügung. [22]

§ 9 Teilzeitarbeit [23]

(1) Schwerbehinderte Beschäftigte haben Anspruch auf Teilzeitbeschäftigung, wenn die kürzere Arbeitszeit wegen Art und Schwere der Behinderung notwendig ist und die Erfüllung des Teilzeitwunsches für die Dienststelle nicht unzumutbar oder mit unverhältnismäßigen Aufwendungen verbunden wäre. Auf Verlangen der Dienststelle ist eine ärztliche Bescheinigung vorzulegen, aus der sich die Notwendigkeit ergibt.

(2) Bei Meinungsverschiedenheiten zwischen der Dienststelle und dem schwerbehinderten Beschäftigten über den Anspruch auf Teilzeitarbeit ist die Schwerbehindertenvertretung hinzuzuziehen. Dienststelle, Schwerbehindertenvertretung und der betroffene Beschäftigte werden mit dem Ziel einer einvernehmlichen Lösung über die Möglichkeit einer Teilzeitbeschäftigung beraten.

§ 10 Bewertung der Arbeitsleistung [24]

Bei der Bewertung der von schwerbehinderten Beschäftigten erbrachten Leistungen, insbesondere im Rahmen von Bewertungs-, Perspektiv-, Jahres- und Fördergesprächen sowie bei der Erstellung von Beurteilungen ist davon auszugehen, dass die Qualität der Leistung grundsätzlich nach allgemeinen Maßstäben zu beurteilen ist. Dabei sind aber die Besonderheiten der Behinderung zu beachten. Minderleistungen, die auf der Behinderung selbst beruhen, sind grundsätzlich im Bewertungsbogen als solche kenntlich zu machen.

§ 11 Arbeitszeit und Mehrarbeit

(1) Schwerbehinderte Beschäftigte sind auf Verlangen von Mehrarbeit freizustellen. Als Mehrarbeit i.S.d. § 124 SGB IX gilt die über die regelmäßige tarifliche oder gesetzliche Arbeitszeit hinaus zu leistende Arbeit. [25]

(2) Für schwerbehinderte Beschäftigte kann, soweit dies die Art der Behinderung erforderlich macht, eine von den bestehenden Arbeitszeitregelungen abweichende Regelung getroffen werden. Insbesondere dürfen Beginn und Ende der täglichen Arbeitszeit verschoben sowie Pausenzeiten verlegt, verlängert oder aufgeteilt werden. [26]

§ 12 Parkmöglichkeiten [27]

Für schwerbehinderte Beschäftigte mit dem Merkzeichen G, aG oder H, die aufgrund ihrer Behinderung für den Weg zur Arbeitsstätte auf den Gebrauch eines Kraftfahrzeugs angewiesen sind, werden kostenlose Parkplätze in unmittelbarer Nähe zum Haupteingang des Dienstgebäudes bereitgestellt und für den betreffenden Beschäftigten reserviert.

§ 13 Berichte und Informationen [28]

Der Beauftragte der Dienststelle nach § 98 SGB IX berichtet dem Personalrat und der Schwerbehindertenvertretung mindestens einmal jährlich über die aufgrund dieser Dienstvereinbarung erzielten Fortschritte sowie über den aus seiner Sicht bestehenden weiteren Handlungsbedarf.

§ 14 Inkrafttreten und Kündigung

Diese Integrationsvereinbarung tritt am ____[Datum]____ in Kraft. Sie kann mit einer Frist von sechs Monaten zum Jahresende gekündigt werden. [29]

§ 15 Salvatorische Klausel

Sind oder werden einzelne Bestimmungen dieser Dienstvereinbarung unwirksam, so berührt dies nicht die Wirksamkeit der übrigen Bestimmungen. Im Fall der Unwirksamkeit einer Bestimmung werden die Dienststelle, der Personalrat und die Schwerbehindertenvertretung eine inhaltlich möglichst nahestehende rechtswirksame Ersatzregelung treffen.

____[Ort]____, den ____[Datum]____

_____
(Unterschrift Dienststellenleitung)

_____
(Unterschrift Personalratsvorsitzender)

_____
(Unterschrift Schwerbehindertenvertretung) [3]

Erläuterungen

Schrifttum
Altvater/Baden/Berg/Kröll/Noll/Seulen BPersVG, 9. Aufl. 2016; *Cramer* Die Neuerungen im Schwerbehindertenrecht des SGB IX – Gesetz zur Förderung der Ausbildung und Beschäftigung schwerbehinderter Menschen, NZA 2004, 698; *Kossens/von der Heide/Maaß* SGB IX – Rehabilitation und Teilhabe behinderter Menschen, 4. Aufl. 2015; *Kossens/Maaß* Das Gesetz zur Bekämpfung der Arbeitslosigkeit Schwerbehinderter – Ein Weg zu mehr Beschäftigung schwerbehinderter Menschen?, NZA 2000, 1025; *Lachwitz/Schellhorn/Welti* HK-SGB IX, 3. Aufl. 2010; *Schrader/Klagges* Arbeitsrecht und schwerbehinderte Menschen, NZA-RR 2009, 169.

1. Die Dienststelle wird bei Abschluss der Dienstvereinbarung durch den **Dienststellenleiter** oder, im Falle seiner Verhinderung, durch eine nach § 7 BPersVG zu seiner Vertretung berechtigte Person vertreten. Der Dienststellenleiter ist Repräsentant des öffentlichen Arbeitgebers bzw. Dienstherrn im Bereich der Dienststelle, für die der Personalrat gebildet worden ist (*Altvater/Baden/Berg/Kröll/Noll/Seulen* § 7 BPersVG Rn. 1a). Er hat die Aufgaben und Pflichten, die ihm das BPersVG zuweist, grundsätzlich selbst wahrzunehmen und kann sich nur bei Verhinderung und nur durch die in § 7 Satz 2–4 BPersVG genannten Personen vertreten lassen (*Altvater/Baden/Berg/Kröll/Noll/Seulen* § 7 BPersVG Rn. 3 ff.).

179 **2.** Für den Personalrat handelt nach § 32 Abs. 3 BPersVG der **Vorsitzende** des Vorstands. In sog. **Gruppenangelegenheiten**, also solchen Angelegenheiten, die nur eine Gruppe von Beschäftigten i.S.v. § 5 BPersVG, also nur Beamte oder nur Arbeitnehmer, betreffen, handelt zusätzlich ein dieser Gruppe angehöriges Vorstandsmitglied, sofern der Vorsitzende nicht selbst dieser Gruppe angehört.

180 **3.** Die **Schwerbehindertenvertretung** wird in allen Betrieben oder Dienststellen von den mindestens fünf dort beschäftigten schwerbehinderten Menschen nach § 94 SGB IX für eine Amtszeit von je vier Jahren gewählt. Die Schwerbehindertenvertretung besteht aus wenigstens einer Vertrauensperson und einem Stellvertreter und soll die Eingliederung schwerbehinderter Menschen in den Betrieb oder die Dienststelle fördern, die Interessen der schwerbehinderten Beschäftigten vertreten und diesen beratend und helfend zur Seite stehen (§ 95 Abs. 1 Satz 1 SGB IX). Der Abschluss der Integrationsvereinbarung ist auch in dem Aufgabenkatalog des § 95 Abs. 1 Satz 2 Nr. 1 SGB IX noch einmal in Bezug genommen.

181 **4.** Die **Präambel** enthält selbst keine Vereinbarungen mit Regelungsgehalt, stellt aber die Intention der Parteien sowie die Ausgangslage bei Verhandlung über die Dienstvereinbarung dar und kann im Falle von Streitigkeiten zur Auslegung des tatsächlich gewollten Regelungsinhalts der Integrationsvereinbarung herangezogen werden.

182 **5.** Der **Beauftragte des Arbeitgebers** wird nach § 98 SGB IX vom Arbeitgeber bestellt. Er ist ein innerbetrieblicher Ansprechpartner für die schwerbehinderten Beschäftigten, die Behörden und die Rehabilitationsträger gegenüber dem Arbeitgeber. Der Beauftragte achtet darauf, dass die dem Arbeitgeber obliegenden Verpflichtungen erfüllt werden (§ 98 Satz 3 SGB IX).

183 **6.** Soll das Ziel der Integrationsvereinbarung, schwerbehinderte Menschen vor Arbeitslosigkeit zu schützen und die (Wieder-)Eingliederung in Beschäftigung zu ermöglichen, erreicht werden, muss der persönliche Anwendungsbereich über die derzeit schwerbehinderten Beschäftigten hinausgehen und zumindest auch schwerbehinderte Bewerberinnen und Bewerber sowie Beschäftigte, die bislang nur von Behinderung bedroht sind, erfassen.

184 Um Auseinandersetzungen über die Schwerbehinderteneigenschaft eines Beschäftigten zu vermeiden, bietet es sich an, an die behördliche Anerkennung nach § 69 SBG IX bzw. § 68 Abs. 2 SGB IX anzuknüpfen und die Vorlage des Behindertenausweises oder des Gleichstellungsbescheides zur Voraussetzung zu machen. Oftmals werden der Dienststelle oder jedenfalls der für die Personalverwaltung zuständigen Stelle diese Unterlagen bereits vorliegen.

185 **7.** Das Gesetz selbst sieht in § 83 Abs. 2 SGB IX eine Reihe von Regelungsgegenständen für die Integrationsvereinbarung vor, aus denen sich bereits bestimmte Soll-Ziele der Integrationsvereinbarung ableiten lassen. Diese werden hier konkretisiert.

186 Insbesondere die Erfüllung der **Beschäftigungsquote** nach § 71 SGB IX ist dabei kein erst aus der Integrationsvereinbarung folgendes Ziel, sondern ergibt sich bereits als gesetzliche Pflicht, die auch durch die Zahlung der Ausgleichsabgabe nach § 77 Abs. 1 Satz 1 SGB IX nicht aufgehoben wird (§ 77 Abs. 1 Satz 2 SGB IX). Mit der Aufnahme in die Integrationsvereinbarung machen die Beteiligten aber deutlich, dass sie diese Vorgabe ernst nehmen und konkrete Maßnahmen hierauf ausrichten wollen.

187 **8.** Der Grundsatz der **vertrauensvollen Zusammenarbeit** ist für Dienststelle und Personalrat bereits in § 2 Abs. 1 BPersVG normiert. Das Gebot der vertrauensvollen Zusammenarbeit soll sicherstellen, dass jede Seite es der anderen ermöglicht, die ihr obliegenden Aufgaben zu erfüllen, und dass Meinungsverschiedenheiten in der vom Gesetz vorgesehenen Form ausgetragen werden (BVerwG, Beschl. v. 26.02.1960 – VII P 4. 59, PersV 1960, 152; BVerwG, Beschl. v. 23.05.1986

– 6 P 23/83, PersV 1987, 196). Die Zusammenarbeit soll durch gegenseitiges Vertrauen und gegenseitige Offenheit gekennzeichnet sein (BVerwG, Beschl. v. 26.02.1960 – VII P 4. 59, PersV 1960, 152; BVerwG, Beschl. v. 23.05.1986 – 6 P 23/83, PersV 1987, 196), ohne dass dadurch die funktionale Trennung der Institutionen infrage gestellt wäre.

9. § 83 Abs. 2a Nr. 1 und 2 SGB IX empfiehlt Regelungen zur Berücksichtigung schwerbehinderter Menschen bei der Stellenbesetzung unter besonderer Berücksichtigung eines angemessenen Anteils schwerbehinderter Frauen.

Das Muster nimmt im Wesentlichen gesetzliche Verpflichtungen auf und gestaltet diese aus. Teilweise werden sie auch erweitert.

10. Die **bevorzugte Berücksichtigung schwerbehinderter Bewerberinnen und Bewerber** ist zunächst – durch die Beschäftigungsquote nach § 71 SGB IX erkennbar – vom Gesetzgeber gewünscht. Gleiches gilt, bereits unabhängig von dem Vorliegen einer Behinderung, für die **Beschäftigung von Frauen**, die im öffentlichen Dienst in solchen Bereichen, in denen Frauen unterrepräsentiert sind, bei gleicher Qualifikation bevorzugt zu berücksichtigen sind (vgl. § 8 BGleiG und die entsprechenden landesrechtlichen Vorschriften). Auch § 83 Abs. 2a Nr. 2 SGB IX verdeutlicht die gesetzgeberische Intention einer Steigerung der Beschäftigungsquote schwerbehinderter Frauen, denen nach § 33 Abs. 2 SGB IX gleiche Chancen im Erwerbsleben gesichert werden sollen. Die Diskriminierungsverbote des AGG dürften entsprechenden Regelungen nicht entgegenstehen, da es sich dabei aufgrund der Zielsetzung, bestehende Benachteiligungen zu beseitigen, um Fälle der sogenannten positiven Diskriminierung i.S.d. § 5 AGG handeln dürfte (vgl. auch Wendeling-Schröder/Stein/*Stein* § 5 Rn. 11 ff.).

11. Nach §§ 81 Abs. 1, 82 Satz 1 SGB IX ist der öffentliche Arbeitgeber verpflichtet, der **Agentur für Arbeit** frühzeitig frei werdende und neu zu besetzende Stellen sowie neue Arbeitsplätze zu melden und für deren Besetzung bei der Agentur für Arbeit nach geeigneten, schwerbehinderten Arbeitsuchenden zu fragen, sofern eine Prüfung ergeben hat, dass die Stelle grundsätzlich mit einem schwerbehinderten Arbeitnehmer besetzt werden kann. Dies wird regelmäßig der Fall sein. Sofern die Dienststelle ausnahmsweise davon ausgeht, dass eine Stelle keinesfalls mit einem schwerbehinderten Bewerber besetzt werden kann, sieht das Muster eine Erörterung mit der Schwerbehindertenvertretung vor (Abs. 2).

Ausnahmsweise ist dem Muster nach eine Kontaktaufnahme zur Agentur für Arbeit entbehrlich, wenn eine Stelle ausschließlich intern vergeben werden soll. Das Bundesarbeitsgericht hat noch nicht entschieden, ob §§ 81 Abs. 1, 82 Satz 1 SGB IX auch dann Anwendung finden, wenn sich ein Arbeitgeber bei der Besetzung eines frei werdenden oder neu geschaffenen Arbeitsplatzes von vornherein auf eine interne Stellenbesetzung festlegt und die Einstellung möglicher externer Bewerber ausschließt (ausdrücklich offengelassen in BAG, Beschl. v. 17.06.2008 – 1 ABR 20/07, NZA 2008, 1139). Das Bundesverwaltungsgericht geht demgegenüber davon aus, dass die Pflichten nach §§ 81 Abs. 1 Satz 1, 82 Satz 1 und 2 SGB IX den Arbeitgeber nicht im Falle einer lediglich internen Ausschreibung treffen (BVerwG, Urt. v. 15.12.2011 – 2 A 13/10, NVwZ-RR 2012, 320). Dies dürfte auch richtig sein. Für den öffentlichen Arbeitgeber ist in der Rechtsprechung des BAG anerkannt, dass dieser jedenfalls nicht verpflichtet ist, stets alle Stellen auszuschreiben und nach den Kriterien der Bestenauswahl zu besetzen. Vielmehr ist der öffentliche Arbeitgeber frei, zwischen Umsetzungen, Versetzungen oder Beförderungen frei zu wählen (BAG, Urt. v. 23.01.2007 – 9 AZR 492/06, ZTR 2007, 462).

12. Die relevanten Bewerbungsunterlagen sind der Schwerbehindertenvertretung nach § 95 Abs. 2 SGB IX, dem Personalrat ohnehin im Rahmen der Mitbestimmung bei der Einstellung nach § 75 Abs. 1 Satz 1 BPersVG vorzulegen.

Über die schwerbehinderten Menschen, die von der Arbeitsagentur vorgeschlagen wurden oder sich sonst beworben haben, ist die Schwerbehindertenvertretung zu informieren und an der Prüfung der Besetzungsmöglichkeit nach § 95 Abs. 2 SGB IX zu beteiligen (vgl. ausführlich zum Verfahren DLW/*Dörner* Kapitel 2 Rn. 185 ff.).

195 **13.** § 82 Satz 2, 3 SGB IX verpflichtet den öffentlichen Arbeitgeber, alle schwerbehinderten Bewerber, denen es nicht offensichtlich an der fachlichen Eignung fehlt, zu einem **Vorstellungsgespräch** einzuladen, an dem die Schwerbehindertenvertretung gemäß § 95 Abs. 2 Satz 3 SGB IX teilnehmen darf. Allerdings ist die Schwerbehindertenvertretung bei Bewerbungen schwerbehinderter Menschen dann nicht zu beteiligen, wenn der schwerbehinderte Mensch dies ausdrücklich ablehnt (§ 81 Abs. 1 Satz 10 SGB IX).

196 **14.** Die **Erörterungspflicht** für den Fall, dass die Schwerbehindertenvertretung mit der Personalentscheidung des Arbeitgebers nicht einverstanden ist, sieht das Gesetz nur dann vor, wenn der Arbeitgeber die Beschäftigungsquote nach § 71 SGB IX nicht erfüllt (§ 81 Abs. 1 Satz 7 SGB IX). Das Muster sieht eine Ausdehnung dieser Erörterungspflicht auch bei Erfüllung der Quote vor. Das Ziel einer gleichberechtigten Teilhabe behinderter Menschen am Erwerbsleben wird nicht bereits mit Erfüllung der Beschäftigungsquote erreicht.

197 **15.** Die besondere Förderung behinderter **Auszubildender** ist nach § 83 Abs. 2a Nr. 4 SGB IX als Bestandteil der Integrationsvereinbarung empfohlen. § 72 Abs. 2 Satz 1 SGB IX verlangt die Besetzung eines angemessenen Teils der Auszubildendenstellen mit schwerbehinderten Menschen.

198 Das Muster sieht daher vor, dass auch bei der Auswahl der Auszubildenden die Pflichtquote nach § 71 SGB IX beachtet wird. Eine Erörterung der Gründe für ein Nichterreichen der Quote kann sich oftmals in dem Hinweis erschöpfen, dass nicht ausreichend Bewerbungen vorgelegen haben. Aus Sicht der Dienststelle ist es sinnvoll, hier klarstellend das **Alleinentscheidungsrecht der Dienststellenleitung** hinsichtlich der Einstellungsentscheidung aufzunehmen.

199 Die Bereitstellung von **Hilfen und Hilfsmitteln** obliegt dem Arbeitgeber gegenüber seinen Beschäftigten nach § 81 Abs. 4 Satz 1 Nr. 4 und 5 SGB IX. Die vorliegende Integrationsvereinbarung konkretisiert diese Pflichten für die Auszubildenden des öffentlichen Arbeitgebers.

200 Die Übernahme schwerbehinderter Auszubildender in ein Arbeitsverhältnis ist auch nach dieser Integrationsvereinbarung nicht obligatorisch. Vielmehr bleibt es bei der Entscheidungsbefugnis der Dienststelle, die nach Abschluss der Ausbildung entscheiden soll, ob ein Auszubildender aufgrund seiner Qualifikation übernommen werden soll. Durch die Verständigung auf die Soll-Übernahme und die Vereinbarung einer **Erläuterungspflicht** soll verhindert werden, dass ein Auszubildender gerade aus Gründen, die mit seiner Behinderung im Zusammenhang stehen, nicht übernommen wird.

201 **16.** Der Grundsatz der Fürsorge und Förderung richtet sich generalklauselartig an Dienststelle und Führungskräfte und unterstreicht die Fürsorge- und Förderungspflicht, deren Erfüllung wesentlicher Beitrag zu einer gleichberechtigten Teilhabe behinderter Menschen am Erwerbsleben ist.

202 **17.** § 6 der Integrationsvereinbarung nimmt die Pflichten des Arbeitgebers aus § 81 Abs. 4 Nr. 1–3 SGB IX auf. Nach § 81 Abs. 4 Nr. 1 SGB IX haben schwerbehinderte Beschäftigte Anspruch auf Beschäftigung, bei der sie ihre Fähigkeiten und Kenntnisse möglichst voll verwerten und weiterentwickeln können. Dies kann auch eine entsprechend angemessen verlängerte Einarbeitungszeit erfordern.

203 § 81 Abs. 4 Nr. 1–3 SGB IX konkretisieren die Pflicht des Arbeitgebers zur behindertengerechten Einrichtung des Betriebes oder der Dienststelle aus § 81 Abs. 3 Satz 1 SGB IX und begründen individuelle, einklagbare Ansprüche des einzelnen Arbeitnehmers, deren Missachtung verschuldensabhängige Schadensersatzansprüche begründen kann (BAG, Urt. v. 04.10.2005 – 9 AZR 632/04, NZA 2006, 442).

204 Der Anspruch auf eine Beschäftigung, bei der Fähigkeiten und Kenntnisse möglichst voll verwertet und weiterentwickelt werden können nach § 81 Abs. 4 Nr. 1–3 SGB IX, begründet zwar we-

der einen Anspruch des behinderten Beschäftigten, nur noch nach seinen Neigungen beschäftigt zu werden (BAG, Urt. v. 23.01.2001 – 9 AZR 287/99, NZA 2001, 1020), noch einen Anspruch auf Neuschaffung eines leidensgerechten Arbeitsplatzes (BAG, Beschl. v. 22.11.2005 – 1 ABR 49/04, NZA 2006, 389). Aus dieser Norm folgt aber die Verpflichtung des Arbeitgebers, den schwerbehinderten Beschäftigten so zu fördern, dass er seine eingeschränkte Arbeitskraft durch entsprechende Tätigkeit noch ausüben kann (ErfK/*Rolfs* § 81 SGB IX Rn. 6).

Die bevorzugte Berücksichtigung bei innerbetrieblichen Fortbildungsmaßnahmen ist in § 81 Abs. 4 Nr. 2 SGB IX, die Erleichterung des Zugangs zu außerbetrieblichen Bildungsmaßnahmen in § 81 Abs. 4 Nr. 3 SGB IX als Anspruch verfasst. Die Förderungspflichten des Arbeitgebers sind unterschiedlich stark ausgestaltet, je nachdem, ob es sich um innerbetriebliche (dann bevorzugte Berücksichtigung des behinderten Menschen) oder außerbetriebliche (dann nur Erleichterung des Zugangs) Maßnahmen handelt (vgl. ErfK/*Rolfs* § 81 SGB IX Rn. 9). 205

Das Benachteiligungsverbot nach § 81 Abs. 2 SGB IX i.V.m. § 7 AGG besteht auch hinsichtlich des Zugangs zu inner- und außerbetrieblichen Fort- und Weiterbildungsmaßnahmen. 206

18. Versetzung, Umsetzung, Abordnung oder Übertragung anderer Aufgaben dürfen nur nach einer umfassenden Abwägung der dienstlichen und der persönlichen Interessen des Arbeitnehmers nach billigem Ermessen i.S.d. § 315 BGB erfolgen (vgl. BAG, Urt. v. 17.08.2011 – 10 AZR 202/10, NZA 2012, 265; BAG, Urt. v. 29.10.1997 – 5 AZR 455/96, ZTR 1998, 187). Im Rahmen dieser Ermessensabwägung sind regelmäßig auch die auf einer Behinderung des Beschäftigten beruhenden besonderen Bedürfnisse des Beschäftigten zu beachten (vgl. § 106 Satz 3 GewO; s. dazu ErfK/*Preis* § 106 GewO Rn. 22). Die Integrationsvereinbarung nimmt mit dem Ziel einer optimalen Ermessensausübung die Informationspflicht gegenüber der Schwerbehindertenvertretung und die vorherige Anhörung des betroffenen Beschäftigten auf. Der Personalrat wird bei Versetzungen, Umsetzungen, Abordnungen oder der Übertragung anderer Aufgaben nach § 75 Abs. 1 Nr. 2–4 BPersVG beteiligt. 207

Wünscht der behinderte Beschäftigte selbst die Maßnahme und kann er sie mit seiner Behinderung oder den daraus resultierenden Erschwernissen begründen, wird oftmals bereits die Förderungspflicht des Arbeitgebers einen Versetzungsanspruch begründen, soweit hierfür kein neuer Arbeitsplatz geschaffen werden muss. Aber auch wenn dies nicht zwingend der Fall ist, soll dem behinderten Menschen eine Art **Einschätzungsprärogative** eingeräumt und der Wunsch nur abgelehnt werden, wenn betriebliche Belange durch die Maßnahme beeinträchtigt würden. 208

19. Nach § 83 Abs. 2 Satz 1 SGB IX enthält die Integrationsvereinbarung auch Regelungen zur Arbeitsplatzgestaltung, zur Gestaltung des Arbeitsumfeldes und zur Arbeitsorganisation. Dies knüpft an die Pflichten des Arbeitgebers aus § 81 Abs. 3 Satz 1, Abs. 4 Nr. 4 und 5 SGB IX zur behindertengerechten Einrichtung der Arbeitsstätte und Bereitstellung von Arbeitshilfen an. 209

Die Pflichten des Arbeitgebers bzw. der Dienststelle nach § 81 Abs. 4 SGB IX finden ihre Grenzen dort, wo ihre Erfüllung nicht zumutbar oder mit unverhältnismäßigen Aufwendungen verbunden wäre oder soweit die staatlichen oder berufsgenossenschaftlichen Arbeitsschutzvorschriften oder beamtenrechtliche Vorschriften entgegenstehen (§ 81 Abs. 4 Satz 3 SGB IX). 210

20. § 81 Abs. 3 Satz 1, Abs. 4 Nr. 5 SGB IX begründen den Anspruch des Beschäftigten auf behindertengerechte Beschäftigung und die Bereitstellung von technischen **Arbeitshilfen** wie etwa bestimmten Stühlen oder anderem Mobiliar, Seh- oder Hörhilfen, Einrichtungen zur Verringerung des Kraftaufwandes o.Ä. Die Integrationsvereinbarung knüpft an diese Pflicht an und nimmt den zuständigen Vorgesetzten in die Verantwortung. 211

21. § 81 Abs. 3 Satz 1, Abs. 4 Nr. 4 SGB IX verlangen vom Arbeitgeber die behindertengerechte Einrichtung und Unterhaltung der Arbeitsstätte, des Arbeitsplatzes und des Arbeitsumfeldes. § 8 Abs. 2 der Integrationsvereinbarung stellt klar, dass die Dienststelle auch größere, insbesondere bauliche Maßnahmen im Rahmen des Möglichen und Zulässigen vornehmen wird. Dies betrifft etwa die behindertengerechte Gestaltung von Sanitär- und Sozialräumen, den ungehinderten Zu- 212 gang zu sozialen Einrichtungen, etwa zur Cafeteria oder Kantine, möglicherweise die Bereitstellung von Rampen oder Aufzügen, Orientierungshilfen für sehbehinderte Beschäftigte etc.

213 **22.** Der Anspruch auf **Arbeitsassistenz** wurde mit dem Gesetz zur Bekämpfung der Arbeitslosigkeit Schwerbehinderter vom 29.09.2000 (BGBl. I S. 1394; vgl. dazu *Kossens/Maaß* NZA 2000, 1025) eingeführt. Arbeitsassistenz nach § 102 Abs. 4 SGB IX ist die über gelegentliche Handreichungen hinausgehende, zeitlich wie tätigkeitsbezogen regelmäßig wiederkehrende Unterstützung von schwerbehinderten Menschen bei der Ausübung ihres Berufs in Form einer von ihnen selbst beauftragten persönlichen Arbeitskraft zur Erlangung oder Erhaltung eines Arbeitsplatzes auf dem allgemeinen Arbeitsmarkt (Kossens/von der Heide/Maaß/*Kossens* § 102 Rn. 26). Nach § 33 Abs. 8 Satz 1 Nr. 3 SGB IX hat der schwerbehinderte Beschäftigte Anspruch auf Kostenübernahme für eine solche Arbeitsassistenz. Die Integrationsvereinbarung sieht vor, dass die Dienststelle dem Beschäftigten bei der in der Praxis oftmals schwierigen Suche nach einer geeigneten Arbeitsassistenz hilft.

214 **23.** Der Anspruch auf **Teilzeitbeschäftigung** folgt aus § 81 Abs. 5 Satz 3 SGB IX. Dieser enthält durch den Verweis auf Abs. 4 Satz 3 wiederum die Grenze der Unzumutbarkeit bzw. der unverhältnismäßigen Aufwendungen. So ist der Arbeitgeber beispielsweise berechtigt, die Zustimmung zur Teilzeitarbeit nach § 81 Abs. 5 Satz 3 SGB IX zu verweigern, wenn er deshalb Änderungen in der Arbeitsorganisation vornehmen müsste, die einen Eingriff in andere Arbeitsverhältnisse erforderten (LAG Schleswig-Holstein, Urt. v. 13.10.2001 – 3 Sa 393/01, LAGReport 2002, 29), nicht aber nur deshalb, weil er befürchtet, dass es zu Auseinandersetzungen über die Verteilung der Arbeitszeit kommen wird (ArbG Frankfurt, Urt. v. 27.03.2002 – 5 Ca 5484/01, NZA-RR 2002, 573).

215 Vom allgemeinen Teilzeitanspruch nach § 8 TzBfG unterscheidet sich dieser Anspruch dadurch, dass er auch in kleinen Unternehmen mit bis zu 15 Beschäftigten und bereits in den ersten sechs Monaten des Arbeitsverhältnisses besteht, dafür aber an strengere Voraussetzungen gebunden ist (vgl. ErfK/*Rolfs* § 81 SGB IX Rn. 14). Der Teilzeitanspruch nach § 81 Abs. 5 SGB IX wird anders als der nach § 8 TzBfG bereits durch die einseitige Erklärung des Beschäftigten vollzogen, ohne dass es einer Zustimmung des Arbeitgebers bedürfte. Außerdem kann der Arbeitnehmer nach § 8 Abs. 5 SGB IX auch eine zeitlich befristete Herabsetzung der Arbeitszeit beanspruchen (BAG, Urt. v. 14.10.2003 – 9 AZR 100/03, NZA 2004, 614). Die Ansprüche nach § 81 Abs. 5 SGB IX und § 8 TzBfG stehen nebeneinander und können unabhängig voneinander geltend gemacht werden (ErfK/*Rolfs* § 81 SGB IX Rn. 15).

216 Zur Vermeidung gerichtlicher Auseinandersetzungen, die in der Praxis häufig zu einer starken Belastung und letztlich oftmals zur Aufhebung des Arbeitsverhältnisses führen, sieht die Integrationsvereinbarung eine schlichtende Beratung zwischen Dienststelle, Schwerbehindertenvertretung und der oder dem betroffenen Beschäftigten vor.

217 **24.** § 10 der Integrationsvereinbarung soll sicherstellen, dass bei Bewertung und Beurteilung der Leistungen des oder der behinderten Beschäftigten keine behinderungsbedingten Verzerrungen entstehen. Beurteilungen spielen im öffentlichen Dienst insbesondere bei Beförderungsentscheidungen, aber auch bei der Zeugniserteilung und vereinzelt auch bei der Gewährung leistungsorientierter Vergütung eine Rolle. Hier soll die Behinderung nicht mittelbar zu Nachteilen führen, aber auch keine Bevorzugung begründen.

218 **25.** Der Anspruch auf Befreiung von **Mehrarbeit** folgt aus § 124 SGB IX. Nach der gesetzlichen Regelung ist unter Mehrarbeit allerdings nur die Arbeit zu verstehen, die über die normale gesetzliche Arbeitszeit nach § 3 ArbzG, also über acht Stunden werktäglich, hinausgeht (BAG, Urt. v. 21.11.2006 – 9 AZR 176/06, NZA 2007, 446; ErfK/*Rolfs* § 124 SGB IX Rn. 1). Die Integrationsvereinbarung erweitert diesen Anspruch dergestalt, dass die tarifliche Arbeitszeit als Obergrenze gewählt wird. Mehrarbeit durch schwerbehinderte Beschäftigte ist allerdings nicht verboten. Die betreffenden Beschäftigten sind lediglich auf Verlangen hiervon freizustellen. Sonn-,

Feiertags- und Nachtarbeit werden von § 124 SGB IX nicht erfasst (BAG, Urt. v. 03.12.2002 – 9 AZR 462/01, NZA 2004, 1219).

26. Ein Anspruch auf **individuelle Arbeitszeitregelungen** kann sich bereits aus § 81 Abs. 4 Satz 1 Nr. 4 SGB IX ergeben (vgl. ErfK/*Rolfs* § 81 SGB IX Rn. 10). Durch die Aufnahme des § 11 Abs. 2 in die Integrationsvereinbarung werden auch personalvertretungsrechtliche Auseinandersetzungen über ein Mitbestimmungsrecht nach § 75 Abs. 3 Nr. 1 BPersVG vermieden, da der Personalrat, sollte er ein Mitbestimmungsrecht trotz des individualrechtlichen Charakters der mit dem einzelnen Beschäftigten zu treffenden Arbeitszeitregelung geltend machen, einem erhöhten Begründungsaufwand begegnet, will er trotz der auch von ihm mitgetragenen Regelung in der Integrationsvereinbarung einer Arbeitszeitregelung widersprechen. 219

27. Zu der behinderungsgerechten Einrichtung der Arbeitsstätte i.S.v. § 81 Abs. 4 Satz 1 Nr. 4 SGB IX kann neben der barrierefreien Einrichtung des Dienstgebäudes auch die Bereitstellung von Parkmöglichkeiten gehören. 220

28. Der Beauftragte des Arbeitgebers nach § 98 SGB IX soll vor allem darauf achten, dass dem Arbeitgeber obliegende Verpflichtungen erfüllt werden (§ 98 Satz 3 SGB IX). Im Sinne der vertrauensvollen Zusammenarbeit von Schwerbehindertenvertretung, Personalrat und Arbeitgeber, aber auch zur Erfolgskontrolle der Integrationsvereinbarung bietet sich ein regelmäßiger Bericht des Beauftragten an. Die Berichtspflicht des Arbeitgebers in der Versammlung schwerbehinderter Menschen nach § 83 Abs. 3 SGB IX kann einen solchen Austausch zwischen den Gremien nicht ersetzen. 221

29. Im Unterschied zum BetrVG sieht das BPersVG keine gesetzliche Kündigungsfrist für Dienstvereinbarungen vor, so dass sie, ist keine Frist vereinbart, jederzeit ohne Einhaltung einer Frist vom Personalrat oder vom Dienststellenleiter gekündigt werden können (BAG, Urt. v. 05.05.1988 – 6 AZR 521/85, PersR 1989, 17). Eines Kündigungsgrundes bedarf es hierfür nicht (vgl. BAG, Urt. v. 17.08.2004 – 3 AZR 189/03, NZA 2005, 128). Es empfiehlt sich daher, eine Kündigungsfrist zu vereinbaren. 222

30. Zur Vertretung von Dienststelle, Personalrat und Schwerbehindertenvertretung s.o. Q Rdn. 178 ff. 223

2. Betriebliches Eingliederungsmanagement (BEM)

Vorbemerkung

Die Frage, ob die Ausgestaltung des betrieblichen Eingliederungsmanagements (BEM) der Mitbestimmung der Arbeitnehmervertretungen unterliegt, war lange umstritten. Während das LAG Hamburg (LAG Hamburg, Beschl. v. 21.05.2008 – H 3 TaBV 1/08, LAGE Nr. 3 zu § 87 BetrVG Gesundheitsschutz) ein Mitbestimmungsrecht des Betriebsrats mit Hinweis auf den rein individuellen Bezug des BEM und die gesetzliche Gestaltung der Beteiligung des Betriebsrats in § 84 Abs. 2 SGB IX ablehnte und bereits von einem mangelnden Kollektivbezug ausging, sah das LAG Berlin-Brandenburg (LAG Berlin-Brandenburg, Beschl. v. 23.09.2010 – 25 TaBV 1155/10, ArbR 2011, 178) Fragen der Ordnung des Betriebs i.S.d. § 87 Abs. 1 Nr. 1 BetrVG berührt und nahm entsprechend ein Mitbestimmungsrecht an. Ein Mitbestimmungsrecht nach § 87 Abs. 1 Nr. 7 BetrVG verneinte das LAG Berlin-Brandenburg dagegen auch mit Hinweis auf den insoweit fehlenden Kollektivtatbestand. 224

Mit den Mitbestimmungsrechten nach § 87 Abs. 1 Nr. 1 und 7 BetrVG korrelieren die Mitbestimmungsrechte des Personalrats nach § 75 Abs. 3 Nr. 15 und 11 BPersVG. Es kann daher davon ausgegangen werden, dass die Diskussion und ihr Ausgang auf die Mitbestimmung des Personalrats bei Ausgestaltung des BEM übertragen werden können. 225

Q. Personalvertretungsrecht

226 Mit Beschluss vom 13.03.2012 hat das BAG in der Rechtsbeschwerdeinstanz zu dem zitierten Beschluss des LAG Berlin-Brandenburg entschieden (BAG, Beschl. v. 13.03.2012 – 1 ABR 78/10, NZA 2012, 748), dass ein Mitbestimmungsrecht bei der Ausgestaltung des BEM bestehen kann. Während das »Ob« der Durchführung eines BEM gesetzlich in § 84 Abs. 2 SGB IX geregelt ist, besteht für die Ausgestaltung des Verfahrens ein Gestaltungsspielraum, den Arbeitgeber und Arbeitnehmervertretung durch Abschluss einer Betriebs- oder Dienstvereinbarung füllen können. Soweit die konkrete Ausgestaltung des BEM Mitbestimmungstatbestände nach § 87 Abs. 1 BetrVG erfüllt, etwa, weil die Ordnung des Betriebes betroffen ist (Nr. 1), Daten unter Verwendung technischer Einrichtungen verarbeitet werden (Nr. 6) oder Regelungen über den Gesundheitsschutz getroffen werden (Nr. 7), löst dies ein Mitbestimmungsrecht aus. Nach Ansicht des BAG ist daher jede einzelne Regelung zum BEM daraufhin zu prüfen, ob sie unter einen der Mitbestimmungstatbestände fällt. In einer Entscheidung vom 22.03.2016 (– 1 ABR 14/14) hat das Bundesarbeitsgericht ein Mitbestimmungsrecht nach § 87 Abs. 1 Nr. 7 BetrVG grundsätzlich bejaht, aber klargestellt, dass nur die Aufstellung von Verfahrensgrundsätzen zur Klärung der Möglichkeiten, wie die Arbeitsunfähigkeit eines Arbeitnehmers überwunden und mit welchen Leistungen oder Hilfen einer erneuten Arbeitsunfähigkeit vorgebeugt werden kann, dem Mitbestimmungsrecht unterfällt. Ein Einigungsstellenspruch, der darüber hinaus auch Regelungen zu der allein dem Arbeitgeber obliegenden Umsetzung von Maßnahmen enthält, die im BEM beschlossen wurden, ist daher unwirksam (BAG, Beschl. v. 22.03.2016 – 1 ABR 14/14).

In der Praxis verbreitet ist die Einbettung der Regelungen zum BEM in eine Integrationsvereinbarung nach § 83 SGB IX (s.o. Q Rdn. 172 ff.). Zwingend ist dies aber nicht. Da beide Vereinbarungen eine etwas andere Zielrichtung insbesondere im Hinblick auf den geschützten Kreis der Beschäftigten haben – dort schwerbehinderte und von Schwerbehinderung bedrohte Beschäftigte, hier Beschäftigte mit erheblichen Arbeitsunfähigkeitszeiten unabhängig von einer Behinderung –, kann sich eine getrennte Regelung anbieten.

▶ **Muster – Betriebliches Eingliederungsmanagement (BEM) nach § 84 Abs. 2 SGB IX**

227 Dienstvereinbarung über das Betriebliche Eingliederungsmanagement (BEM) nach § 84 Abs. 2 SGB IX

zwischen

der ___[Name der Dienststelle]___ (im Folgenden: »Dienststelle«)

vertreten durch den Dienststellenleiter, Herrn _____[Name]_____ ,[1]

und dem

Personalrat der ___[Name der Dienststelle]___ ,

vertreten durch den Personalratsvorsitzenden, Herrn _____[Name]_____ [2]

Präambel [3]

Gemäß § 84 Abs. 2 SGB IX ist die Dienststelle verpflichtet, mit Arbeitnehmern, die innerhalb eines Jahres sechs Wochen ununterbrochen oder wiederholt arbeitsunfähig sind, ein sog. betriebliches Eingliederungsmanagement (BEM) durchzuführen. Hierbei sollen mit Zustimmung und Beteiligung der betroffenen Person die Möglichkeiten geklärt werden, wie die Arbeitsunfähigkeit überwunden werden kann und mit welchen Leistungen oder Hilfen erneuter Arbeitsunfähigkeit vorgebeugt und der Arbeitsplatz erhalten werden kann. Im Hinblick auf diese Aufgabe und das gemeinsam von Dienststelle und Personalrat verfolgte Ziel der Gesundheitsförderung und der Reduzierung der Zahl der Beschäftigten, die aufgrund gesundheitlicher Probleme längere Zeit oder wiederholt arbeitsunfähig sind, treffen die Parteien nachfolgende Vereinbarung:

§ 1 Geltungsbereich [4]

Diese Betriebsvereinbarung gilt für alle Beschäftigten i.S.d. § 4 BPersVG.

§ 2 Grundsätze des BEM

(1) Das BEM dient der Überwindung bestehender und der Vermeidung zukünftiger Arbeitsunfähigkeit sowie der Erhaltung des Arbeitsplatzes. Im Rahmen des BEM soll insbesondere festgestellt werden, welche Maßnahmen zur Überwindung bestehender Arbeitsunfähigkeit in Betracht kommen, mit welchen Maßnahmen zukünftiger Arbeitsunfähigkeit vorgebeugt werden kann und wie der Arbeitsplatz des betroffenen Beschäftigten unter Berücksichtigung seines Gesundheitszustandes und seiner Fähigkeiten erhalten werden kann. [5]

(2) Die Teilnahme an Gesprächen und Maßnahmen im Rahmen des BEM ist freiwillig. Die Verweigerung der Zustimmung zum BEM insgesamt oder zu einzelnen Gesprächen oder Maßnahmen darf nicht zu einer Benachteiligung des Beschäftigten führen. Die gesetzlichen Folgen eines mangels Zustimmung des Beschäftigten nicht durchgeführten BEM stellen keine Benachteiligung in diesem Sinne dar. [6]

§ 3 Betriebliche Ansprechperson und Eingliederungsteam [7]

(1) Personalabteilung, Personalrat und Schwerbehindertenvertretung benennen jeweils eine Person als betriebliche Ansprechperson, die dem Beschäftigten nach seiner Wahl für das Einleitungsgespräch (§ 5) zur Verfügung steht.

(2) Darüber hinaus benennen Personalabteilung, Personalrat, Schwerbehindertenvertretung und Personalärztlicher Dienst je ein Mitglied sowie ein Ersatzmitglied, welches sie in die Fallkonferenz (§ 6) entsenden. Die von der Personalabteilung, dem Personalrat, dem Personalärztlichen Dienst und, sofern der betroffene Beschäftigte schwerbehindert oder einem schwerbehinderten Menschen gleichgestellt ist, der Schwerbehindertenvertretung in die Fallkonferenz entsandten Vertreter bilden mit dem direkten Vorgesetzten des betroffenen Beschäftigten gemeinsam das Eingliederungsteam. Die Leitung des Eingliederungsteams obliegt dem Vertreter der Personalabteilung. [8]

(3) Im Bedarfsfall können vom Eingliederungsteam mit Zustimmung des Beschäftigten interne und externe Fachkräfte, insbesondere die zuständige Sicherheitsfachkraft, zu der Fallkonferenz (§ 6) beratend hinzugezogen werden.

(4) Für den Fall, dass Leistungen zur Teilhabe oder begleitende Hilfen im Arbeitsleben in Betracht kommen, wird das Eingliederungsteam die örtlichen gemeinsamen Servicestellen oder bei schwerbehinderten Beschäftigten das Integrationsamt in das BEM einbeziehen und die notwendigen Anträge stellen oder ggf. die Beantragung veranlassen. [9]

(5) Sofern das Eingliederungsteam Entscheidungen zu treffen hat, beschließt es diese nach dem Mehrheitsprinzip. Bei Stimmengleichheit entscheidet im fortlaufenden Wechsel die Stimme des Vertreters der Personalabteilung, des Personalrats und des Personalärztlichen Dienstes, beginnend nach Inkrafttreten dieser Vereinbarung mit der Stimme des Vertreters der Personalabteilung. [10]

(6) Das Eingliederungsteam ist zuständig für die Durchführung der Fallkonferenz (§ 6) und die Entscheidung über die Hinzuziehung weiterer Beteiligter nach Abs. 3 und Abs. 4. Es überwacht die Durchführung der im Rahmen des BEM vereinbarten Maßnahmen und dokumentiert diese. [11]

§ 4 Einleitung des BEM

(1) Die Personalabteilung wertet monatlich unter Nutzung der vorhandenen Personalverwaltungssoftware die Arbeitsunfähigkeitszeiten der einzelnen Beschäftigten aus.

(2) Ergibt die Auswertung, dass ein Beschäftigter in den letzten zwölf Monaten mindestens sechs Wochen ununterbrochen oder wiederholt arbeitsunfähig erkrankt war, prüft die Personalabteilung die *Erforderlichkeit der Durchführung* des BEM sowie die grundsätzliche Bereitschaft des betroffenen Beschäftigten hierzu. [12]

(3) Der Beschäftigte wird hierzu schriftlich über seine Arbeitsunfähigkeitszeiten informiert, zu einem Einleitungsgespräch (§ 5) eingeladen und gebeten, eine betriebliche Ansprechperson (§ 3 Abs. 1) auszuwählen. Das Einleitungsgespräch soll, soweit möglich, innerhalb von zwei Wochen nach Zugang der Einladung stattfinden. Dies gilt auch für den Fall, dass der Beschäftigte bei Eintritt der Voraussetzungen nach Abs. 1 weiter arbeitsunfähig ist. [13]

(4) In dem Einladungsschreiben sind dem Beschäftigten das Ziel und das Verfahren des BEM zu erläutern. Er ist zudem über Art und Umfang der hierfür erhobenen und verwendeten Daten zu informieren und ausdrücklich darauf hinzuweisen, dass für ihn sowohl die Teilnahme am Einleitungsgespräch als auch an allen weiteren Maßnahmen des BEM freiwillig ist und seine Zustimmung erfordert. [14]

(5) Der Beschäftigte ist ferner um eine separate schriftliche Einwilligung zur Erhebung, Verarbeitung und Nutzung personenbezogener Daten über seine Gesundheit zur Durchführung des BEM zu bitten. [15]

(6) Die Mitglieder des Eingliederungsteams werden von der Personalabteilung über die Einladung des Beschäftigten zum Einleitungsgespräch informiert. Nach Benennung der betrieblichen Ansprechperson durch den Beschäftigten wird auch diese informiert.

(7) Der Beschäftigte teilt der Arbeitgeberin seine Zustimmung oder Ablehnung schriftlich mit. Erteilt er seine Zustimmung nicht oder widerruft er diese im Laufe des eingeleiteten BEM, so ist das BEM beendet. Ein erneutes Angebot auf Durchführung eines BEM erfolgt in diesem Fall frühestens nach Ablauf von weiteren zwölf Monaten ab Zugang der Antwort des Beschäftigten, wenn die Voraussetzungen nach Abs. 1 erneut oder noch immer vorliegen. [16]

§ 5 Einleitungsgespräch [17]

(1) Stimmt der Beschäftigte der Teilnahme am Einleitungsgespräch zu, findet dieses zwischen ihm und der von ihm gewählten betrieblichen Ansprechperson statt.

(2) In dem Gespräch ist zu klären, ob die Durchführung einer Fallkonferenz (§ 6) mit dem Eingliederungsteam erforderlich ist oder es einer Fortsetzung des BEM nicht bedarf. Hierbei sollen auch die krankheitsbedingten Fehlzeiten sowie gegebenenfalls früher durchgeführte BEM berücksichtigt werden.

(3) Von der Erforderlichkeit einer Fallkonferenz (§ 6) ist auszugehen, wenn Anhaltspunkte dafür bestehen, dass die Arbeitsunfähigkeit des Beschäftigten mit der ausgeübten Tätigkeit oder der Arbeitsumgebung in Zusammenhang steht und/oder Maßnahmen in Betracht kommen, durch die weitere Fehlzeiten vermieden oder verringert werden können.

(4) Inhalt und Verlauf des Einleitungsgespräches sind in einem Protokoll schriftlich festzuhalten, das von den Beteiligten zu unterzeichnen ist. Dem Beschäftigten ist eine Kopie des Protokolls auszuhändigen. [18]

(5) Die Personalabteilung entscheidet innerhalb einer Woche anhand der Ergebnisse des Einleitungsgespräches über die Fortsetzung des BEM. Gelangt die Personalabteilung zu der Überzeugung, dass kein Bedarf für weitere BEM-Maßnahmen besteht, ist das BEM beendet. Andernfalls wird das BEM mit der Fallkonferenz (§ 6) fortgesetzt. Die Personalabteilung hat den Beschäftigten, die beteiligte betriebliche Ansprechperson und die Mitglieder des Eingliederungsteams schriftlich über ihre Entscheidung zu informieren und im Fall der Fortsetzung des BEM die schriftliche Zustimmung des Beschäftigten hierzu einzuholen. [19]

§ 6 Fallkonferenz [20]

(1) Die Fallkonferenz findet auf Einladung durch die Personalabteilung statt, sobald der Beschäftigte ausdrücklich seine Zustimmung zur Fortsetzung des BEM erklärt hat. An der Fallkonferenz nehmen zumindest die Mitglieder des Eingliederungsteams sowie der betroffene Beschäftigte teil. Die Fallkonferenz soll innerhalb einer Sitzung zu einer Entscheidung führen.

(2) In der Fallkonferenz sollen Möglichkeiten gesucht werden, wie die bestehende Arbeitsunfähigkeit überwunden bzw. künftige arbeitsunfähigkeitsbedingte Fehlzeiten vermieden werden können und damit der Arbeitsplatz erhalten werden kann. Hierzu sind die von den Beteiligten eingebrachten Vorschläge zu erörtern. Es darf kein vernünftigerweise in Betracht zu ziehendes Ergebnis von vornherein ausgeschlossen werden.

(3) Gelangt das Eingliederungsteam nach Durchführung der Fallkonferenz zu der Entscheidung, dass keine Maßnahmen sinnvoll oder möglich sind, so ist das BEM beendet.

(4) Gelangt das Eingliederungsteam nach Durchführung der Fallkonferenz zu der Entscheidung, dass weitere Gespräche, die Hinzuziehung weiterer Beteiligter i.S.v. § 3 Abs. 3 und Abs. 4 oder die Einleitung konkreter individueller Maßnahmen sinnvoll ist, so ist hierüber eine schriftliche Vereinbarung (»individueller Maßnahmenplan«) mit dem Beschäftigten zu schließen.

(5) Hält das Eingliederungsteam die Durchführung konkreter Maßnahmen für sinnvoll, kann hierüber jedoch keine Einigung mit dem Beschäftigten erzielt werden, ist das BEM beendet.

(6) Über Inhalt und Ablauf der Fallkonferenz sowie die getroffenen Entscheidungen und Vereinbarungen ist ein Protokoll zu führen, welches von den Beteiligten zu unterzeichnen ist.

§ 7 Durchführung des individuellen Maßnahmenplans [21]

(1) Das Eingliederungsteam unterrichtet die Dienststellenleitung über die geplanten Maßnahmen. Die Dienststellenleitung kann innerhalb von einer Woche nach Unterrichtung Bedenken anmelden.

(2) Äußert die Dienststellenleitung keine Bedenken, so leitet der Vertreter der Personalabteilung unverzüglich die notwendigen Schritte zur Umsetzung des vereinbarten individuellen Maßnahmenplans ein. Äußert die Dienststellenleitung Bedenken, sind diese in einer kurzfristig anzuberaumenden Fortsetzung der Fallkonferenz zwischen dem Eingliederungsteam und dem Beschäftigten zu erörtern und nach Möglichkeit Alternativen unter Beachtung der Bedenken der Dienststellenleitung zu vereinbaren. Auch hierüber ist ein von allen Beteiligten zu unterzeichnendes Protokoll zu fertigen.

(3) Nach Ablauf eines angemessenen, regelmäßig zwischen drei und sechs Monate dauernden Zeitraums nach Umsetzung des individuellen Maßnahmenplans erfolgt im Gespräch zwischen Beschäftigtem und dem Eingliederungsteam eine Überprüfung, inwieweit die konkreten Maßnahmen erfolgreich waren. Das Ergebnis dieser Überprüfung ist in einem Protokoll festzuhalten, welches alle Beteiligten unterschreiben. Mit der Überprüfung ist das BEM beendet.

§ 8 Datenschutz und Schweigepflicht [22]

(1) Das BEM erfolgt unter Wahrung der jeweils geltenden datenschutzrechtlichen Vorschriften.

(2) Medizinisch-diagnostische Daten des Personalärztlichen Dienstes, sonstiger behandelnder Ärzte des Beschäftigten, der Unfall- und Rentenversicherungsträger, des Integrations- oder Versorgungsamtes und der gemeinsamen Servicestellen der Rehabilitationsträger, die Auskunft über den Gesundheitszustand und die daraus resultierende Leistungsfähigkeit des Beschäftigten geben, unterliegen der ärztlichen Schweigepflicht und können nur mit ausdrücklicher schriftlicher Zustimmung des betroffenen Beschäftigten erhoben und genutzt werden. Erforderlichenfalls hat das Eingliederungsteam anzuregen, dass beteiligte oder angehörte Ärzte gegenüber den Mitgliedern des Eingliederungsteams von der ärztlichen Schweigepflicht schriftlich durch den Beschäftigten entbunden werden.

(3) Die Mitglieder des Eingliederungsteams, die betriebliche Ansprechperson sowie alle Beschäftigten, die mit Aufgaben des BEM in Berührung kommen, sind zur Verschwiegenheit verpflichtet, soweit diese Dienstvereinbarung oder andere Regelungen nichts anderes bestimmen.

§ 9 Inkrafttreten und Kündigung [23]

Diese Dienstvereinbarung tritt am _____[Datum]_____ in Kraft. Sie kann mit einer Frist von sechs Monaten zum Jahresende gekündigt werden.

§ 10 Salvatorische Klausel

Sind oder werden einzelne Bestimmungen dieser Dienstvereinbarung unwirksam, so berührt dies nicht die Wirksamkeit der übrigen Bestimmungen. Im Fall der Unwirksamkeit einer Bestimmung werden Dienststelle und Personalrat eine inhaltlich möglichst nahestehende rechtswirksame Ersatzregelung treffen.

Q. Personalvertretungsrecht

_____[Ort]_____, den _____[Datum]_____

_____
(Unterschrift Dienststellenleitung) [24]

_____
(Unterschrift Personalratsvorsitzender)

Erläuterungen

Schrifttum

Altvater/Baden/Berg/Kröll/Noll/Seulen BPersVG, 9. Aufl. 2016; *Balders/Lepping* Das betriebliche Eingliederungsmanagement nach dem SGB IX – Arbeits- und schwerbehindertenrechtliche Fragen, NZA 2005, 854; *Deinert* Kündigungsprävention und betriebliches Eingliederungsmanagement, NZA 2010, 969; *Leuchten* Das Betriebliche Eingliederungsmanagement in der Mitbestimmung, DB 2007, 2482; *Lorenzen/Etzel/Gerhold/Schlatmann/Rehak/Faber* Bundespersonalvertretungsgesetz, Online-Kommentar; *Namendorf/Natzel* Betriebliches Eingliederungsmanagement nach § 84 Abs. 2 SGB IX und seine arbeitsrechtlichen Implikationen, DB 2005, 1794; *Schiefer/Borchard* Betriebliches Eingliederungsmanagement (BEM) – »Erste Eckpunkte«, DB 2010, 1884; *Wetzling/Habel* Betriebliches Eingliederungsmanagement und Mitwirkung des Mitarbeiters, NZA 2007, 1129.

228 **1.** Zur Vertretung der Dienststelle durch den Dienststellenleiter s.o. Q Rdn. 178.

229 **2.** Zur Vertretung des Personalrats s.o. Q Rdn. 179.

230 **3.** Zur Funktion der Präambel s.o. Q Rdn. 181.

231 **4.** § 4 BPersVG definiert unter dem Oberbegriff Beschäftigte die Beamten und Arbeitnehmer des öffentlichen Dienstes. § 84 Abs. 2 SGB IX begründet das Erfordernis eines BEM für **alle Beschäftigten**, nicht nur für behinderte Menschen (BAG, Urt. v. 12.07.2007 – 2 AZR 716/06, NZA 2008, 173). Dies folgt nach Ansicht des BAG aus Wortlaut und Systematik, aber auch aus dem Sinn und Zweck der gesetzlichen Regelung.

232 **5.** Die Ziele des BEM ergeben sich unmittelbar aus dem Gesetz. Nach § 84 Abs. 2 Satz 1 SGB IX soll geklärt werden, »wie die Arbeitsunfähigkeit möglichst überwunden werden und mit welchen Leistungen oder Hilfen erneuter Arbeitsunfähigkeit vorgebeugt und der Arbeitsplatz erhalten werden kann«.

233 Das BEM hat in der Praxis vor allem Bedeutung im Vorfeld **krankheitsbedingter Kündigungen**. Die Durchführung eines BEM ist zwar **keine formelle Wirksamkeitsvoraussetzung** für eine krankheitsbedingte Kündigung (BAG, Urt. v. 10.12.2009 – 2 AZR 400/08, NZA 2010, 398; BAG, Urt. v. 12.07.2007 – 2 AZR 716/06, NZA 2008, 173). Im Rahmen des § 1 Abs. 2 KSchG erlangt es aber Bedeutung als Ausprägung des kündigungsrechtlichen Verhältnismäßigkeitsgrundsatzes und hat bei Nichtdurchführung Auswirkungen auf die Verteilung der Darlegungs- und Beweislast im Rahmen der Interessenabwägung sowie bei der Frage nach einer alternativen Beschäftigungsmöglichkeit (BAG, Urt. v. 10.12.2009 – 2 AZR 400/08, NZA 2010, 398; BAG, Urt. v. 12.07.2007 – 2 AZR 716/06, NZA 2008, 173). Denn grundsätzlich kann sich der Arbeitgeber dort zunächst auf die Behauptung zurückziehen, es bestehe keine anderweitige Beschäftigungsmöglichkeit für den erkrankten Arbeitnehmer. Diese Behauptung umfasst regelmäßig auch den Vortrag, es bestehe keine Möglichkeit einer leidensgerechten Anpassung des Arbeitsverhältnisses oder des Arbeitsplatzes. Der Arbeitnehmer hat nach der allgemeinen Verteilung der Darlegungslast dann darzulegen, wie er sich eine Änderung des bisherigen Arbeitsplatzes oder eine andere Beschäftigungsmöglichkeit vorstellt (BAG, Urt. v. 10.12.2009 – 2 AZR 400/08, NZA 2010, 398; BAG, Urt. v. 12.07.2007 – 2 AZR 716/06, NZA 2008, 173). Dies gilt aber nicht, wenn der Arbeitgeber entgegen § 84 Abs. 2 SGB IX kein oder kein ordnungsgemäßes BEM durchgeführt hat. Die **Initiativlast** für die Durchführung des BEM liegt allein beim Arbeitgeber (BAG, Urt. v. 20.11.2014 – 2 AZR 755/13, NZA 2015, 612). Unterlässt der Arbeitgeber die Durchführung eines BEM, ist ihm der Rückzug auf den pauschalen Vortrag verwehrt. In diesem Fall ist dem Ar-

beitgeber der Rückzug auf den pauschalen Vortrag verwehrt (BAG, Urt. v. 10.12.2009 – 2 AZR 400/08, NZA 2010, 398).

Vor diesem Hintergrund wird auch das Ziel, die Fähigkeiten des Arbeitnehmers unter Berücksichtigung seines Gesundheitszustandes dahingehend zu prüfen, wie und möglicherweise auf welchem Arbeitsplatz sie in Zukunft genutzt werden können, verständlich. 234

6. Das BEM ist von der **Zustimmung** des Beschäftigten abhängig und kann entsprechend nicht gegen seinen Willen durchgeführt werden (§ 84 Abs. 2 Satz 1 SGB IX). Das Maßregelungsverbot folgt bereits aus § 612a BGB. 235

Nur deklaratorisch enthält die Dienstvereinbarung den Hinweis, dass die gesetzlichen Folgen, welche sich aus der mangels Zustimmung des Beschäftigten unterbliebenen Durchführung des BEM ergeben, kein Fall der Maßregelung sind. Denn hat der Arbeitgeber ein BEM deshalb nicht durchgeführt, weil der Beschäftigte nicht eingewilligt hat, so ist das Unterlassen des BEM dann »kündigungsneutral«, führt also nicht zu einer Verschiebung der Darlegungs- und Beweislast zu Lasten des Arbeitgebers (s.o. Q Rdn. 233), wenn der Arbeitgeber den Betroffenen zuvor auf die **Ziele des BEM** sowie auf **Art und Umfang der hierfür erhobenen und verwendeten Daten hingewiesen** hatte (BAG, Urt. v. 24.03.2011 – 2 AZR 170/10, NZA 2011, 993). Diese Folgen sollen durch die Dienstvereinbarung nicht ausgeschlossen werden. 236

7. Bestimmte **Verfahrensregelungen** zum BEM sieht das Gesetz nicht vor. Ein BEM genügt den gesetzlichen Mindestanforderungen, wenn es die zu beteiligenden Stellen, Ämter und Personen einbezieht, keine vernünftigerweise in Betracht zu ziehende Anpassungs- und Änderungsmöglichkeit ausschließt und die von den Teilnehmern eingebrachten Vorschläge sachlich erörtert werden (BAG, Urt. v. 20.11.2014 – 2 AZR 755/13, NZA 2015, 612; BAG, Urt. v. 10.12.2009 – 2 AZR 400/08, NZA 2010, 398). Im Rahmen des BEM vorgeschlagene Maßnahmen sind gegebenenfalls durchzuführen und hinsichtlich ihrer Auswirkungen auf die Fehlzeiten zu prüfen (BAG, Urt. v. 10.12.2009 – 2 AZR 400/08, NZA 2010, 398). Dabei obliegt die Durchführung der Maßnahmen grundsätzlich dem Arbeitgeber und ist nicht Teil des mitbestimmungspflichtigen Verfahrens (BAG, Beschl. v. 22.03.2016 – 1 ABR 14/14). 237

In der Praxis hat sich als eine Gestaltungsvariante die Benennung mehrerer betrieblicher Ansprechpersonen bewährt, aus welchen sich der betroffene Beschäftigte eine Person seines Vertrauens für den ersten Austausch über die Arbeitsunfähigkeit und ihre Ursachen sowie die denkbaren Maßnahmen auswählen kann. 238

Daneben sieht die Dienstvereinbarung die Bildung eines festen **Eingliederungsteams** vor, welches sich ebenfalls bewährt hat. Allerdings geht das Gesetz nicht davon aus, dass die Aufgabe des Betrieblichen Eingliederungsmanagements dauerhaft einem festen Gremium übertragen wird. Die Einrichtung eines solchen Gremiums ist zulässig. Ob sie auch erzwingbar ist, wird unterschiedlich beurteilt (dagegen LAG Hamburg, Beschl. v. 20.02.2014 – 1 TaBV 4/13, JurionRS 2014, 13541). Durch die Zusammenstellung des Teams wird gewährleistet, dass alle nach § 84 Abs. 2 Satz 1 SGB IX zu beteiligenden Stellen sowie der nach § 84 Abs. 1 Satz 2 SGB IX, »soweit erforderlich«, hinzuzuziehende Arzt an dem BEM beteiligt werden. Neben dem Personalrat und gegebenenfalls der Schwerbehindertenvertretung ist es zweckmäßig, von Seiten der Dienststelle sowohl den unmittelbaren Vorgesetzten des Beschäftigten als auch einen Vertreter der Personalabteilung einzubeziehen. Die Schwierigkeiten, die sich im Gespräch mit dem Beschäftigten aus einer möglicherweise belasteten Beziehung zu dessen Vorgesetzten ergeben, können so teilweise aufgefangen werden. 239

Um Terminschwierigkeiten und eine damit verbundene Verzögerung des Verfahrens zu vermeiden, ist es sinnvoll, Ersatzmitglieder des Eingliederungsteams zu benennen, die im Fall von Urlaub, dienstlicher Verhinderung oder Arbeitsunfähigkeit einspringen. 240

8. Es bietet sich an, die **Leitung des Integrationsteams** dem Vertreter der Personalabteilung zu übertragen, da dieser aufgrund seiner Stellung in der Dienststelle für diese Funktion regelmäßig 241

am besten geeignet ist. Die Leitung könnte aber auch etwa dem Mitglied des Personalrats übertragen werden.

242 9. Nach § 84 Abs. 1 Satz 4 SGB IX sind die Servicestellen oder das Integrationsamt vom Arbeitgeber zum BEM hinzuzuziehen, wenn Leistungen zur Teilhabe oder begleitende Hilfen im Arbeitsleben in Betracht kommen. Diese Aufgabe wird hier dem Integrationsteam übertragen.

243 10. Die Dienstvereinbarung sieht vor, dass Entscheidungen, sofern sie dem Eingliederungsteam zufallen, nach dem **Mehrheitsprinzip** getroffen werden. Da sich die Zusammensetzung des Eingliederungsteams ändert, je nachdem, ob ein Vertreter der Schwerbehindertenvertretung hinzugezogen werden muss oder nicht, kann es zu Stimmengleichheit kommen. In diesem Fall rotiert die entscheidende Stimme zwischen den ständigen Mitgliedern des Eingliederungsteams. Alternativ könnte auch einem Mitglied dauerhaft die streitentscheidende Stimme zugewiesen werden.

244 11. Hat das BEM zu einem positiven Ergebnis geführt, haben sich die Teilnehmer also auf eine bestimmte durchzuführende Maßnahme geeinigt, so ist der Arbeitgeber grundsätzlich auch verpflichtet, diese **Maßnahme umzusetzen**, sofern es in seiner Macht steht (BAG, Urt. v. 10.12.2009 – 2 AZR 400/08, NZA 2010, 398; BAG, Urt. v. 10.12.2009 – 2 AZR 198/09, NZA 2010, 639). Bedarf die Maßnahme der Zustimmung des Beschäftigten, muss der Arbeitgeber um diese nachsuchen oder den Beschäftigten unter Umständen sogar mit **Fristsetzung** auffordern, sich zu erklären (BAG, Urt. v. 10.12.2009 – 2 AZR 400/08, NZA 2010, 398). Die Dienstvereinbarung sieht daher eine Überwachungs- und Dokumentationspflicht des Eingliederungsteams vor.

245 12. Das BEM ist durchzuführen, sobald Beschäftigte innerhalb eines Jahres länger als sechs Wochen ununterbrochen oder wiederholt arbeitsunfähig waren. Das Gesetz stellt nicht auf das Kalenderjahr ab, und Sinn und Zweck des BEM sprechen auch gegen eine starre Betrachtung des Kalenderjahres. Vielmehr ist bei jeder regelmäßig vorzunehmenden Auswertung der zurückliegende **Zwölf-Monats-Zeitraum** zu betrachten (ErfK/*Rolfs* § 84 SGB IX Rn. 5).

246 Der Personalrat hat grundsätzlich Anspruch darauf, regelmäßig die Namen derjenigen Beschäftigten mitgeteilt zu bekommen, denen ein BEM anzubieten ist (BVerwG, Beschl. v. 04.09.2012 – 6 P 5/11, NZA-RR 2013, 164; für den Betriebsrat entsprechend BAG, Beschl. v. 07.02.2012 – 1 ABR 46/10, NZA 2012, 744). Die Dienstvereinbarung sieht eine solche regelmäßige Information zunächst nicht vor. Nach § 4 Abs. 6 werden die Mitglieder des Eingliederungsteams, und damit auch der Vertreter des Personalrats, erst über die konkrete Einladung informiert. Dies erscheint aus Praktikabilitätsgesichtspunkten sinnvoller und begegnet in einer vom Personalrat mitgetragenen Dienstvereinbarung keinen Bedenken.

247 13. Sinn und Zweck des BEM, bestehende Arbeitsunfähigkeit zu überwinden und zukünftiger vorzubeugen, erfordert bei Vorliegen der Voraussetzungen ein Vorgehen ohne unnötige Verzögerungen. Es ist deshalb sinnvoll, in der Dienstvereinbarung **Fristen** zu vereinbaren.

248 Da das Gesetz ausdrücklich mit dem BEM auch die Möglichkeit einer Überwindung bestehender Arbeitsunfähigkeit geklärt wissen will, steht die **noch andauernde Arbeitsunfähigkeit** der Einleitung und Durchführung eines BEM nicht entgegen. Da die Arbeitsunfähigkeit stets auf die konkret geschuldete Arbeitsleistung bezogen ist (vgl. BAG, Urt. v. 25.06.1981 – 6 AZR 940/78, AP Nr. 52 zu § 616 BGB), steht sie einem Gespräch im Rahmen des BEM nicht grundsätzlich im Wege. Die Fälle insbesondere lang andauernder Arbeitsunfähigkeit, denen eine so schwere Erkrankung zugrunde liegt, dass der Arbeitnehmer selbst zu einem kurzen Gespräch im Rahmen des BEM gesundheitlich nicht in der Lage ist, sind selten. Da es für die Folgen eines unterbliebenen BEM aber unter Umständen entscheidend darauf ankommen kann, ob der Arbeitnehmer tatsächlich gesundheitlich nicht in der Lage war, an einem BEM teilzunehmen, oder es sich tatsächlich um eine Verweigerung des BEM handelt (s.o. Q Rdn. 236), kann der Beschäftigte gegebenenfalls darauf hingewiesen werden, dass die Arbeitsunfähigkeit der Durchführung des BEM nicht entgegensteht und die Dienststelle davon ausgeht, dass er dem BEM nicht zustimmt, sollte er nicht mit **ärztlichem Attest** nachweisen, dass er auch zur Durchführung eines BEM nicht in der Lage ist.

14. § 84 Abs. 1 Satz 3 SGB IX verlangt, dass der Beschäftigte oder sein gesetzlicher Vertreter vor Durchführung des BEM über dessen Ziele sowie Art und Umfang der hierfür erhobenen und verwendeten Daten hingewiesen wird.

Diese Unterrichtung hat insbesondere dann Bedeutung, wenn der Beschäftigte seine Zustimmung zur Durchführung eines BEM verweigert. Hat der Arbeitgeber ein BEM mangels Zustimmung des Beschäftigten nicht durchgeführt, ist dies dann »kündigungsneutral«, führt also nicht zu einer Verschiebung der Darlegungs- und Beweislast zu Lasten des Arbeitgebers (s.o. Q Rdn. 236), wenn der Arbeitgeber den Betroffenen zuvor ordnungsgemäß nach § 84 Abs. 1 Satz 3 SGB IX aufgeklärt hatte (BAG, Urt. v. 24.03.2011 – 2 AZR 170/10, NZA 2011, 993).

15. Bei gesundheitsbezogenen Daten handelt es sich um **besondere Arten personenbezogener Daten** i.S.d. § 3 Abs. 9 BDSG. Nach § 4a BDSG muss sich die Einwilligung über die Erhebung, Verarbeitung oder Nutzung solcher Daten ausdrücklich auf diese besondere Art der Daten beziehen. Die Dienstvereinbarung sieht daher eher deklaratorisch und zur Sicherstellung eines geregelten Ablaufs vor, dass eine qualifizierte Einwilligungserklärung in diesem Sinne eingeholt wird. Nach § 4a Abs. 1 BDSG bedarf die Einwilligung der **Schriftform**.

16. Auch und insbesondere aufgrund der kündigungsrechtlichen Implikationen (s.o. Q Rdn. 233) ist es von Bedeutung, dass der Abschluss eines BEM sicher bestimmt werden kann. Die Dienstvereinbarung regelt, dass ein BEM abgeschlossen ist, sobald der Beschäftigte seine Zustimmung zur Durch- oder Fortführung verweigert hat. Ohne Zustimmung des Beschäftigten kann das BEM nicht durchgeführt werden (§ 84 Abs. 1 Satz 1 SGB IX). Um Klarheit zu schaffen, dass auch ein bereits begonnenes BEM damit seinen Abschluss gefunden hat, knüpft die Dienstvereinbarung an die Zustimmungsverweigerung das Ende des Verfahrens. Ein neues BEM-Verfahren wird erst wieder eingeleitet, wenn die gesetzlichen Voraussetzungen hierfür erneut vorliegen.

17. Die Dienstvereinbarung sieht vor, dass dem BEM im engeren Sinne ein Einleitungsgespräch zwischen einer betrieblichen Ansprechperson, welche der Beschäftigte unter mehreren nach § 3 Abs. 1 benannten Personen auswählen konnte, und dem Beschäftigten vorausgeht. Ziel dieses Einleitungsgesprächs ist es zunächst, festzustellen, ob die Durchführung eines BEM überhaupt sinnvoll ist. Während das Gesetz das BEM bei Vorliegen der formalen Voraussetzungen – sechswöchige Arbeitsunfähigkeit innerhalb eines Jahres – vorsieht, sind in der Praxis häufig Fälle anzutreffen, in denen die Durchführung eines BEM nicht gerechtfertigt ist, etwa weil der Arbeitnehmer nach einer länger andauernden, schweren Erkrankung, einer Verletzung oder einer Operation unmittelbar vor Wiedererlangung der vollen Arbeitsfähigkeit steht und Hilfen oder Maßnahmen daher nicht erforderlich oder auch nur sinnvoll sind. Im Einleitungsgespräch sollen diese Fälle gefiltert und soll zudem ein vertrauliches Vier-Augen-Gespräch über die Arbeitsunfähigkeitssituation ermöglicht werden, bevor das Eingliederungsteam als Gremium tätig wird.

18. Da die ordnungsgemäße Durchführung des BEM später, etwa nach einer krankheitsbedingten Kündigung, von erheblicher Bedeutung sein kann, sollten alle Gespräche und alle getroffenen Entscheidungen gerichtsfest dokumentiert werden.

19. Die Dienstvereinbarung sieht vor, dass die endgültige Entscheidung über die Fortführung des BEM durch die Personalabteilung erfolgt. Möglicherweise liegen hier Erkenntnisse vor, die zu einer anderen Beurteilung als jener im Einleitungsgespräch führen.

Soll das BEM fortgeführt werden, ist auch hierzu erneut die **Zustimmung** des Beschäftigten einzuholen. Durch die Einschaltung des Eingliederungsteams erhält die Diskussion über die Arbeitsunfähigkeit des Beschäftigten ein Forum, welches über ein persönliches vertrauliches Gespräch hinausgeht. Hierzu sollte der Beschäftigte ausdrücklich um Zustimmung ersucht werden.

20. Kern des BEM bildet nach der Dienstvereinbarung die Erörterung innerhalb des Eingliederungsteams im Rahmen einer Fallkonferenz. Hier sind die vom Gesetz geforderten Erörterungen vorzunehmen und im Gespräch mit allen Beteiligten zu prüfen, ob und gegebenenfalls welche

Maßnahmen denkbar sind, um die Arbeitsunfähigkeit zu überwinden bzw. ihr vorzubeugen und den Arbeitsplatz zu erhalten.

258 Das BEM erfordert, dass keine vernünftigerweise in Betracht zu ziehende Anpassungs- und Änderungsmöglichkeit hinsichtlich Arbeitsplatz und Arbeitsverhältnis ausgeschlossen wird und die von den Teilnehmern eingebrachten Vorschläge sachlich erörtert werden (BAG, Urt. v. 10.12.2009 – 2 AZR 400/08, NZA 2010, 398).

259 Zur Vermeidung von Verzögerungen statuiert die Dienstvereinbarung das Ziel, dass die Fallkonferenz innerhalb einer Sitzung zu einem Ergebnis kommt. Am Ende der Sitzung entscheidet das Eingliederungsteam, ob Maßnahmen ersichtlich sind, und entwirft, wenn dies der Fall ist, mit dem Beschäftigten gemeinsam einen individuellen Maßnahmenplan. Die denkbaren Maßnahmen sind vielfältig. Hier kommen beispielsweise Umgestaltungen der äußeren Arbeitsbedingungen und Arbeitsabläufe, aber auch eine Änderung der Arbeitsaufgabe oder des Zuständigkeitsbereichs in Frage, in welchem der Beschäftigte eingesetzt ist. Hilfsmittel können zur Verfügung gestellt werden oder gar das Arbeitsverhältnis, etwa durch die Vereinbarung einer (vorübergehenden) Teilzeitbeschäftigung, umgestaltet werden. Auf Seiten des Beschäftigten kommen Maßnahmen wie der Besuch einer Reha-Maßnahme, eine bestimmte Heilbehandlung oder das Absolvieren bestimmter Präventionskurse in Betracht.

260 Sind nach Überzeugung des Eingliederungsteams keine erfolgversprechenden Maßnahmen ersichtlich, so endet das BEM (vgl. o. Q Rdn. 252). Gleiches gilt, wenn die vom Eingliederungsteam vorgeschlagenen Maßnahmen nicht das Einverständnis des Beschäftigten finden. Da Maßnahmen im Rahmen des BEM nicht gegen den Willen des Beschäftigten durchgesetzt werden können, endet das BEM, sobald keine sinnvollen Maßnahmen mehr ersichtlich sind, denen der Beschäftigte zustimmt. Allerdings wird der Arbeitgeber in diesem Fall vor Ausspruch einer krankheitsbedingten Kündigung eine durch das Eingliederungsteam empfohlene Maßnahme noch einmal in Erwägung ziehen müssen und den Beschäftigten um seine **Zustimmung** dazu **nachsuchen** bzw. ihn hierzu **unter Fristsetzung auffordern** müssen. Dabei muss er ihn deutlich darauf hinweisen, dass er im Weigerungsfall mit einer Kündigung rechnen muss. Lehnt der Beschäftigte die Maßnahme dann dennoch ab oder bleibt er trotz Aufforderung untätig, braucht der Arbeitgeber die Maßnahme vor Ausspruch der Kündigung nicht mehr als milderes Mittel zu berücksichtigen (BAG, Urt. v. 10.12.2009 – 2 AZR 400/08, NZA 2010, 398).

261 Auch die Fallkonferenz sollte gerichtsfest dokumentiert werden (s.o. Q Rdn. 254).

262 **21.** Gegenstand des BEM ist nicht nur die Erörterung denkbarer Maßnahmen, sondern auch deren **Umsetzung**. Hat das Eingliederungsteam eine bestimmte durchzuführende Maßnahme vereinbart, so ist der Arbeitgeber grundsätzlich auch verpflichtet, diese Maßnahme umzusetzen, sofern es in seiner Macht steht (BAG, Urt. v. 10.12.2009 – 2 AZR 400/08, NZA 2010, 398; BAG, Urt. v. 10.12.2009 – 2 AZR 198/09, NZA 2010, 639). Dabei obliegt die Umsetzung der beschlossenen Maßnahmen allein dem Arbeitgeber (BAG, Beschl. v. 22.03.2016 – 1 ABR 14/14). Die Dienstvereinbarung macht die endgültige Umsetzung davon abhängig, dass die Dienststellenleitung keine Bedenken äußert. Durch das **Vetorecht** der Dienststellenleitung soll sichergestellt werden, dass übergeordnete Erwägungen, welche den Mitgliedern des Eingliederungsteams möglicherweise nicht bekannt waren, vor Umsetzung der Maßnahmen Berücksichtigung finden können. In diesem Fall soll die Fallkonferenz fortgesetzt werden und unter Beachtung der Erwägungen der Dienststellenleitung erneut beraten.

263 Werden Maßnahmen umgesetzt, so endet das BEM erst mit abschließender Prüfung, ob diese erfolgreich waren. Die Dienstvereinbarung sieht einen regelmäßigen zeitlichen Rahmen von drei bis sechs Monaten vor, in welchem die Maßnahmen ihre Wirkung entfalten können. Ist ein anderer **zeitlicher Horizont** möglicherweise aufgrund der zeitlichen Dauer einer Maßnahme zu veranschlagen, kann dies ausdrücklich im individuellen Maßnahmenplan festgehalten werden.

Das Ergebnis der Kontrolle ist erneut protokollarisch festzuhalten. Dabei ist insbesondere dann, wenn die Maßnahmen nicht zu einem Erfolg geführt haben, auch festzuhalten, dass sie ordnungsgemäß ausgeführt wurden, ohne dass der erhoffte Erfolg eingetreten ist.

22. Die personenbezogenen Daten, insbesondere aber die Gesundheitsdaten als **besondere Arten personenbezogener Daten** i.S.d. § 3 Abs. 9 BDSG, dürfen nur mit **Einwilligung** des Beschäftigten nach § 4a BDSG erhoben, verarbeitet oder genutzt werden, wobei sich hinsichtlich der Gesundheitsdaten die Einwilligung ausdrücklich auf diese beziehen muss (§ 4a Abs. 3 BDSG). Die Einwilligung in das BEM und die Verwendung auch von Gesundheitsdaten in diesem Rahmen sind auf das BEM beschränkt. Eine Verwendung der Daten außerhalb des BEM muss daher unterbleiben.

Auch wenn sich die **Verschwiegenheitspflicht** der Mitglieder des Eingliederungsteams weitgehend aus Vertrag oder gesetzlichen Regelungen ergeben dürfte (vgl. § 10 BPersVG, § 96 Abs. 7 SGB IX), ist es richtig, diese Pflicht noch einmal in die Dienstvereinbarung aufzunehmen. Die Mitglieder des Eingliederungsteams und die betrieblichen Ansprechpersonen sind auf ihre Verschwiegenheitspflichten hinzuweisen.

23. Zur Kündigung der Dienstvereinbarung s.o. Q Rdn. 222.

24. Zur Vertretung von Dienststelle und Personalrat s.o. Q Rdn. 178 ff.

3. Beschwerdeverfahren nach § 13 Abs. 1 AGG

Vorbemerkung

Nach § 13 Abs. 1 Satz 1 AGG haben die Beschäftigten das Recht, sich bei den zuständigen Stellen des Betriebs, des Unternehmens oder der Dienststelle zu beschweren, wenn sie sich im Zusammenhang mit ihrem Beschäftigungsverhältnis vom Arbeitgeber, von Vorgesetzten, anderen Beschäftigten oder Dritten wegen eines in § 1 AGG genannten Grundes benachteiligt fühlen. Der Arbeitgeber muss in jedem Betrieb bzw. in jeder Dienststelle eine zuständige Stelle betriebsöffentlich (§ 12 Abs. 5 Satz 1 AGG) benennen, an die sich die Beschäftigten mit ihren Beschwerden wenden können. Dies kann ein Vorgesetzter, die Personalabteilung oder irgendein anderer Ansprechpartner auf Arbeitgeberseite sein (BT-Drucks. 16/1780, S. 37). Ob der Betriebs- oder Personalrat diese Aufgabe übernehmen kann, ist umstritten (dagegen etwa Wendeling-Schröder/Stein/*Stein* § 13 Rn. 13; *Rudolph/Kiesche* PersR 2010, 59, 59; dafür *Bauer/Göpfert/Krieger* § 13 Rn. 6).

Der Arbeitgeber ist nicht verpflichtet, eine gesonderte Organisationseinheit als Beschwerdestelle einzurichten (*Grobys* NJW Spezial 2007, 417). Soweit keine ausdrückliche Bestimmung der zuständigen Stellen vorgenommen wird, ist zuständige Stelle in der Regel der unmittelbare Vorgesetzte oder der nächsthöhere Vorgesetzte, falls sich die Beschwerde gegen den unmittelbaren Vorgesetzten wendet (*Thüsing* Diskriminierungsschutz Rn. 595; *Gach/Julis* BB 2007, 773). Bei größeren Betrieben oder Dienststellen wird es aber aufgrund des zu erwartenden Beschwerdeaufkommens und des damit verbundenen Bearbeitungsaufwandes seitens der zuständigen Stelle sinnvoll sein, diese Funktion organisatorisch zu bündeln, möglicherweise auch auf ein Gremium zu übertragen und personelle Kapazitäten dafür einzuplanen.

Das Beschwerderecht nach § 13 Abs. 1 AGG steht neben anderen Beschwerderechten. Auch wenn es im BPersVG an Parallelvorschriften zu §§ 84, 85 BetrVG fehlt, ergibt sich ein Beschwerderecht gegenüber dem Personalrat z.B. aus § 68 Abs. 1 Nr. 3 BPersVG. Dieses wird durch § 13 AGG nicht berührt.

▶ Muster – Beschwerdeverfahren nach § 13 Abs. 1 AGG

272 Dienstvereinbarung über das Beschwerdeverfahren nach § 13 Abs. 1 AGG

zwischen

der _[Name der Dienststelle]_ (im Folgenden: »Dienststelle«),

vertreten durch den Dienststellenleiter, Herrn _[Name]_ ,[1]

und dem

Personalrat der _[Name der Dienststelle]_ ,

vertreten durch den Personalratsvorsitzenden, Herrn _[Name]_ .[2]

Präambel

Dienststelle und Personalrat stimmen darin überein, dass Benachteiligungen aus Gründen der Rasse oder wegen der ethnischen Herkunft, des Geschlechts, der Religion oder Weltanschauung, einer Behinderung, des Alters oder der sexuellen Identität am Arbeitsplatz nicht zu dulden sind und verhindert oder unterbunden werden müssen.

Zu diesem Zweck hat die Dienststelle unter anderem eine Beschwerdestelle i.S.d. § 13 Abs. 1 AGG eingerichtet. Während die Einrichtung, die Verortung und die personelle Besetzung dieser Beschwerdestelle allein der Dienststellenleitung obliegen, regeln Dienststelle und Personalrat das Beschwerdeverfahren vor dieser Beschwerdestelle in der vorliegenden Dienstvereinbarung.[3]

§ 1 Geltungsbereich [4]

Diese Dienstvereinbarung gilt unabhängig von geschlechtsspezifischen Formulierungen für alle männlichen und weiblichen Beschäftigten der Dienststelle _[Name der Dienststelle]_ sowie für Bewerberinnen und Bewerber, die sich um einen Arbeits- oder Ausbildungsplatz in dieser Dienststelle bewerben.

§ 2 Ziel der Dienstvereinbarung [5]

Ziel dieser Dienstvereinbarung ist die Regelung eines Beschwerdeverfahrens für Fälle der unmittelbaren oder mittelbaren Benachteiligung aufgrund der Rasse oder ethnischen Herkunft, des Geschlechts, der Religion oder Weltanschauung, einer Behinderung, des Alters oder der sexuellen Identität.

§ 3 Verbot der Benachteiligung

(1) Das Allgemeine Gleichbehandlungsgesetzt (AGG) verbietet die unmittelbare und mittelbare Benachteiligung von Beschäftigten wegen der in § 2 genannten Gründe. Die Benachteiligung aufgrund der in § 2 genannten Gründe durch die Dienststelle oder durch Beschäftigte stellt eine arbeitsvertragliche Pflichtverletzung dar.[6]

(2) Eine unmittelbare Benachteiligung liegt vor, wenn ein Beschäftigter wegen eines in § 2 genannten Grundes eine weniger günstige Behandlung erfährt, als ein anderer Beschäftigter in einer vergleichbaren Situation erfährt, erfahren hat oder erfahren würde. Eine mittelbare Benachteiligung liegt vor, wenn dem Anschein nach neutrales Verhalten Beschäftigte wegen eines in § 2 genannten Grundes gegenüber anderen Beschäftigten in besonderer Weise benachteiligen kann, sofern dieses Verhalten nicht durch ein rechtmäßiges Ziel sachlich gerechtfertigt ist und die Mittel zur Erreichung dieses Ziels angemessen und erforderlich sind. Die Anweisung zur Benachteiligung eines Beschäftigten aus einem in § 2 genannten Grund gilt als Benachteiligung.[7]

(3) Für die Dienststelle und die bei ihr Beschäftigten bedeutet dies insbesondere, dass solche Handlungen verboten sind, durch die ein Beschäftigter im Zusammenhang mit einem in § 2 genannten Grund unmittelbar oder mittelbar in seinem sozialen Ansehen geschädigt oder schlechter gestellt wird oder durch Wort, Bild, in Gesten oder Handlungen sexuell belästigt oder anders benachteiligt wird. Beschäftigte dürfen nicht durch die Zuweisung bestimmter Arbeitsaufgaben oder Tätigkeiten diskriminiert oder gedemütigt werden.[8]

(4) Eine unterschiedliche Behandlung wegen eines der in § 2 genannten Gründe kann nach §§ 8 ff. AGG gerechtfertigt sein. [9]

§ 4 Beschwerderecht und Beschwerdeverfahren

(1) Alle Beschäftigten haben das Recht, sich bei der in der Dienststelle eingerichteten Beschwerdestelle zu beschweren, wenn sie sich im Zusammenhang mit ihrem Beschäftigungsverhältnis von der Dienststelle, von Vorgesetzten, anderen Beschäftigten oder Dritten wegen eines in § 2 genannten Grundes benachteiligt fühlen. [10]

(2) Die Dienststelle macht das Bestehen der Beschwerdestelle, die Möglichkeiten der Beschwerde und die Kontaktdaten der Beschwerdestelle einschließlich der Namen der Ansprechpartner in der Beschwerdestelle durch Aushang am Schwarzen Brett und Veröffentlichung im Intranet bekannt. [11]

(3) Die Beschwerde soll der Beschwerdestelle in Textform zugeleitet werden und die als benachteiligend empfundenen Ereignisse und Verhaltensweisen beschreiben. Sie soll die benachteiligende Person, Zeugen und Indizien für das benachteiligende Verhalten benennen, soweit diese vorhanden sind. [12]

(4) Die Beschwerdestelle behandelt die Beschwerde vertraulich und prüft unmittelbar nach Eingang der Beschwerde zunächst, ob nach den Schilderungen des Beschwerdeführers eine Benachteiligung vorliegen könnte. Sofern dies der Fall ist, prüft die Beschwerdestelle weiter, ob weitere Sachverhaltsermittlungen erforderlich sind. Sind aus Sicht der Beschwerdestelle weitere Sachverhaltsermittlungen erforderlich, erfolgen diese unter besonderer Berücksichtigung der Persönlichkeitsrechte des Beschwerdeführers. Insbesondere hat die Sachverhaltsaufklärung durch Befragung des Beschwerdeführers Vorrang vor der Befragung anderer Beschäftigter. [13]

(5) Die Beschwerdestelle teilt das Ergebnis ihrer Prüfungen dem Beschwerdeführer und der Dienststellenleitung mit. Sie empfiehlt der Dienststellenleitung gegebenenfalls Maßnahmen, die geeignet sind, die Benachteiligungen abzustellen und zukünftige Benachteiligungen zu verhindern. Die Dienststellenleitung ist an die vorgeschlagenen Maßnahmen nicht gebunden. Die Dienststellenleitung entscheidet abschließend über die Beschwerde und die zu treffenden Maßnahmen und teilt dem Beschwerdeführer ihre begründete Entscheidung mit. [14]

§ 5 Vermittlungsversuch [15]

(1) Ist die Benachteiligung nach Einschätzung der Beschwerdestelle maßgeblich auf den persönlichen Konflikt zwischen dem Beschwerdeführer und einem Vorgesetzten oder einem anderen Beschäftigten zurückzuführen, so unternimmt die Beschwerdestelle, sofern sie eine Vermittlung für möglich hält, einen Vermittlungsversuch. Zwischen den Beteiligten soll unter Moderation der Beschwerdestelle ein Gespräch zur Streitschlichtung geführt werden.

(2) Zu dem Gespräch können sowohl der Beschwerdeführer als auch der andere Beschäftigte ein Mitglied des Personalrats als Vertrauensperson hinzuziehen.

§ 6 Anhörung [16]

Richtet sich die Beschwerde gegen einen oder mehrere konkret benannte Vorgesetzte oder andere Beschäftigte, und trifft die Dienststellenleitung aufgrund der Beschwerde die Entscheidung zu einer personellen Maßnahme bezüglich dieses Beschäftigten, so ist er vor Umsetzung der Maßnahme zu den Vorwürfen anzuhören.

§ 7 Maßregelungsverbot [17]

Dem Beschwerdeführer dürfen keine Nachteile aufgrund oder aus Anlass der Erhebung der Beschwerde entstehen. Das Maßregelungsverbot nach § 16 AGG ist zu beachten.

§ 8 Inkrafttreten und Kündigung

Diese Dienstvereinbarung tritt am ____[Datum]____ in Kraft. Sie kann mit einer Frist von sechs Monaten zum Jahresende gekündigt werden. [18]

§ 9 Salvatorische Klausel

Sind oder werden einzelne Bestimmungen dieser Dienstvereinbarung unwirksam, so berührt dies nicht die Wirksamkeit der übrigen Bestimmungen. Im Fall der Unwirksamkeit einer Bestimmung werden Dienststelle und Personalrat eine inhaltlich möglichst nahestehende rechtswirksame Ersatzregelung treffen.

_____[Ort]_____, den _____[Datum]_____

_____
(Unterschrift Dienststellenleitung) [19]

_____
(Unterschrift Personalratsvorsitzender)

Erläuterungen

Schrifttum

Bissels/Lützeler Aktuelle Entwicklung der Rechtsprechung zum AGG, BB 2009, 774 und BB 2009, 833; *Gach/Julis* Beschwerdestelle und -verfahren nach § 13 Allgemeines Gleichbehandlungsgesetz, BB 2007, 773; *Grobys* Die Beschwerde nach § 13 AGG, NJW-Spezial 2007, 417; *Hunold* Ausgewählte Rechtsprechung zum Antidiskriminierungsrecht, NZA-RR 2009, 113; *Oetker* Ausgewählte Probleme zum Beschwerderecht des Beschäftigten nach § 13 AGG, NZA 2008, 264; *Rudolph/Kiesche* Die AGG-Beschwerdestelle – Handlungsmöglichkeiten des Personalrats, PersR 2010, 59; *Westhauser/Sediq* Mitbestimmungsrechtliche Aspekte des Beschwerderechts nach § 13 AGG, NZA 2008, 78.

273 **1.** Zur Vertretung der Dienststelle durch den Dienststellenleiter s.o. Q Rdn. 178.

274 **2.** Zur Vertretung des Personalrats s.o. Q Rdn. 179.

275 **3.** Der Personalrat hat nicht mitzubestimmen bei der Frage, wo die Dienststelle eine Beschwerdestelle nach § 13 Abs. 1 Satz 1 AGG errichtet oder wie diese personell besetzt wird (vgl. VGH Kassel, Urt. v. 20.03.2008 – 22 TL 2257/07, NZA-RR 2008, 554; für das Betriebsverfassungsrecht BAG, Beschl. v. 21.07.2009 – 1 ABR 42/08, NZA 2009, 1049; LAG Nürnberg, Beschl. v. 19.02.2008 – 6 TaBV 80/07, DB 2009, 71).

276 Allerdings stellt die Einführung und Ausgestaltung eines festgelegten Verfahrens für die Behandlung von Beschwerden durch die Beschwerdestelle eine Regelung der Ordnung in der Dienststelle und des Verhaltens der Beschäftigten i.S.d. § 75 Abs. 3 Nr. 15 BPersVG dar, so dass dem Personalrat insoweit ein **Mitbestimmungsrecht** zusteht, das er initiativ geltend machen kann (vgl. BAG, Beschl. v. 21.07.2009 – 1 ABR 42/08, NZA 2009, 1049; ErfK/*Schlachter* § 13 AGG Rn. 2).

277 **4.** Der persönliche Anwendungsbereich orientiert sich an den persönlichen Geltungsbereichen des BPersVG und des AGG. Nach § 6 Abs. 1 Satz 2 AGG gelten als Beschäftigte auch die Bewerberinnen und Bewerber für ein Beschäftigungsverhältnis, wobei der Begriff des Beschäftigungsverhältnisses auch Berufsausbildungsverhältnisse umfasst.

278 **5.** Das Beschwerderecht nach § 13 Abs. 1 AGG setzt voraus, dass sich ein Beschäftigter wegen eines in § 1 AGG genannten Grundes benachteiligt fühlt. Das Beschwerdeverfahren vor der Beschwerdestelle beschränkt sich daher auf diese Benachteiligungen.

279 **6.** § 7 Abs. 3 AGG stellt ausdrücklich klar, dass ein Verstoß gegen das Benachteiligungsverbot eine vertragliche Pflichtverletzung darstellt (zu den Rechtsfolgen vgl. Wendeling-Schröder/Stein/ *Wendeling-Schröder* § 7 Rn. 29 ff.). Als daher rein deklaratorische Regelung ist dieser Hinweis aus Klarstellungs- und Warngründen auch in die Dienstvereinbarung aufgenommen worden.

280 **7.** Die Definitionen entsprechen den gesetzlichen Begriffsbestimmungen in § 3 Abs. 1, 2 und 5 AGG (vgl. hierzu AR-*Kappenhagen* § 3 AGG Rn. 2 ff.). Die Wiederholung in der Dienstvereinbarung ist zur besseren Verständlichkeit der Vereinbarung sinnvoll.

Die Anweisung zur Benachteiligung ist vom Gesetzgeber – bzw. vom europäischen Richtliniengeber – in den Kreis der verbotenen Benachteiligungen einbezogen worden, damit niemand Hierarchien dazu nutzen kann, sich der eigenen Verantwortung zu entziehen (Wendeling-Schröder/Stein/*Wendeling-Schröder* § 3 Rn. 50). 281

8. § 3 Abs. 3 der Dienstvereinbarung knüpft an den Begriff der (sexuellen) **Belästigung** aus § 3 Abs. 3 und 4 AGG an. Danach kann eine Belästigung oder eine sexuelle Belästigung eine Benachteiligung darstellen, wenn sie unerwünschte Verhaltensweisen darstellt, die mit einem in § 1 AGG genannten Grund in Zusammenhang stehen und bezwecken oder bewirken, dass die Würde der betroffenen Person verletzt wird, indem ein von Einschüchterungen, Anfeindungen, Erniedrigungen, Entwürdigungen oder Beleidigungen gekennzeichnetes Umfeld geschaffen wird bzw. wenn dies aus sexuellen Motiven heraus geschieht. Ob ein Verhalten erwünscht ist oder nicht, richtet sich nicht nach der subjektiven Einschätzung eines der Beteiligten, sondern beurteilt sich aus der Sicht eines objektiven Dritten (Däubler/Bertzbach/*Schrader/Schubert* § 3 Rn. 67). Insofern bedarf es weder einer Belästigungsabsicht noch ist entscheidend, ob der »Erfolg« der Belästigung eintritt oder der Belästigte diese Handlungen ablehnt. 282

Eine in der Praxis häufige Form der Benachteiligung, die teilweise die Intensität einer Belästigung erreicht, ist die **missbräuchliche Ausübung des Direktionsrechts** durch Vorgesetzte. Dies kann durch Zuweisung völlig sinnloser Arbeiten (vgl. LAG Schleswig-Holstein, Urt. v. 25.07.1989 – 1 (3) Sa 557/88, LAGE Nr. 4 zu § 612a BGB), durch eine willkürliche Versetzung (vgl. LAG Thüringen, Urt. v. 10.03.2005 – 1 Sa 578/03) oder durch andere, an einen in § 1 AGG genannten Grund anknüpfende arbeitsrechtliche Maßnahmen geschehen. Die Dienstvereinbarung stellt daher klar, dass Beschäftigte nicht durch die Zuweisung bestimmter Arbeitsaufgaben oder Tätigkeiten ungerechtfertigt benachteiligt werden dürfen. 283

9. Ebenfalls nur klarstellend ist die Rechtfertigungsmöglichkeit nach § 8 AGG in die Dienstvereinbarung aufgenommen. 284

10. Vgl. § 13 Abs. 1 Satz 1 AGG. Das Beschwerderecht des Beschäftigten ist nicht erstmals mit § 13 Abs. 1 AGG begründet worden. Vielmehr stellt das Recht jedes Beschäftigten, sich nicht nur wegen Benachteiligungen, sondern wegen sämtlicher Beeinträchtigungen des Arbeitsverhältnisses beim Arbeitgeber und seinen Repräsentanten zu beschweren, eine aus der allgemeinen Fürsorgepflicht des Arbeitgebers abzuleitende Selbstverständlichkeit dar (*Grobys* NJW-Spezial 2007, 417). Der Gesetzgeber selbst sieht in dem Beschwerderecht nach § 13 Abs. 1 Satz 1 AGG »keine Neuerung« (BT-Drucks. 16/1780, S. 37). 285

11. Nach § 12 Abs. 5 Satz 1 AGG sind Informationen über die Beschwerdestelle nach § 13 AGG in der Dienststelle bekannt zu machen. Hierzu sieht das Gesetz nach der Wahl der Dienststelle **Aushang** oder Auslegung an geeigneter Stelle oder den Einsatz der in der Dienststelle üblichen Informations- und Kommunikationstechnik vor. Soweit vorhanden und für alle Beschäftigten zugänglich, bietet sich das **Intranet** als Veröffentlichungstechnik an. Da die dort eingestellten Inhalte aufgrund des teilweise erheblichen Umfangs vieler Intranetseiten oftmals nicht zur Kenntnis genommen werden (vgl. vor diesem Hintergrund kritisch zur Ausgestaltung der Bekanntgabepflicht Wendeling-Schröder/Stein/*Stein* § 12 Rn. 49 f.), bietet sich der gleichzeitige Aushang am Schwarzen Brett an. 286

Während das Gesetz den Aushang des gesamten AGG, des § 61b ArbGG und der Informationen über die Beschwerdestelle verlangt, regelt die Dienstvereinbarung nur die Bekanntmachung der Beschwerdemöglichkeit und der Informationen über die Beschwerdestelle. Sie sieht in Konkretisierung des Gesetzeswortlautes die Veröffentlichung auch der Kontaktdaten und der Namen der Ansprechpartner vor. So kann für Beschäftigte, die Anlass zur Beschwerde haben, der Kontakt zur Beschwerdestelle erleichtert werden. 287

12. Das Gesetz bestimmt keine besondere Form und keinen **Mindestinhalt** für die Beschwerde des Beschäftigten. Sie darf auch nicht einseitig vom Arbeitgeber von besonderen **Formvorschrif-** 288

ten, Fristen oder weiteren Voraussetzungen abhängig gemacht werden (Däubler/Bertzbach/*Buschmann* § 13 Rn. 21). Gleichzeitig ist eine Beschwerde nur dann sinnvoll zu bewerten, wenn sie zumindest eine Beschreibung des als benachteiligend empfundenen Sachverhalts enthält und sich nicht auf pauschale Behauptungen (»Ich werde von meinem Vorgesetzten ständig schikaniert«) beschränkt. Die Arbeit der Beschwerdestelle wird erleichtert, wenn die Beschwerde bereits Hinweise auf **Zeugen und Indizien** enthält. Die Darlegung des Sachverhalts setzt regelmäßig auch die **Benennung der benachteiligenden Person** voraus, sofern diese bekannt ist (Wendeling-Schröder/Stein/*Stein* § 13 Rn. 9).

289 Die Dienstvereinbarung enthält daher als Soll-Vorschrift die Vorgabe, dass die Beschwerde in Textform (§ 126b BGB) abzugeben, mit einer Sachverhaltsschilderung und der Nennung der benachteiligenden Personen, Zeugen und Indizien zu versehen ist.

290 **13.** Über das Beschwerdeverfahren trifft das Gesetz keine nähere Aussage. In § 13 Abs. 1 Satz 2 AGG heißt es lediglich, dass die Beschwerde zu prüfen und das Ergebnis dem Beschwerdeführer mitzuteilen ist. Diese Pflicht richtet sich an den Arbeitgeber bzw. die Dienststelle, denen es grundsätzlich freigestellt ist, wie und durch wen der Beschwerde nachgegangen werden soll (Wendeling-Schröder/Stein/*Stein* § 13 Rn. 16; *Grobys* NJW-Spezial 2007, 417, 417 f.). Schon zur Vermeidung des Vorwurfs von Ungleichbehandlungen im Beschwerdeverfahren bietet es sich an, zumindest den groben Ablauf des Beschwerdeverfahrens zu regeln.

291 Die Dienstvereinbarung sieht eine **gestufte Prüfung** durch die Beschwerdestelle vor. Zunächst soll anhand des vorgebrachten Sachverhalts geprüft werden, ob überhaupt eine Benachteiligung i.S.d. § 7 Abs. 1 AGG vorliegen kann. Ergibt bereits diese Art **Schlüssigkeitsprüfung**, dass eine Benachteiligung des Beschwerdeführers nicht vorliegt, beispielsweise weil das als benachteiligend empfundene Verhalten den Schilderungen des Beschwerdeführers nach an keines der Merkmale in § 1 AGG anknüpft, wird das Beschwerdeverfahren beendet.

292 Ist die Beschwerde schlüssig, so ist zu prüfen, ob eine weitere Sachverhaltsaufklärung erforderlich ist. Ist dies der Fall, wird diese durch die Beschwerdestelle vorgenommen. Dabei hat die Dienststelle der Beschwerdestelle alle Erkenntnisquellen und Ermittlungsmöglichkeiten zur Verfügung zu stellen, die auch ihr offenstehen. Denn letztlich ist die Dienststelle selbst aus §§ 13 Abs. 1 Satz 2, 12 Abs. 1, 3 und 4 AGG verpflichtet, ein effektives und ausgewogenes Beschwerdeverfahren zu gewährleisten (Wendeling-Schröder/Stein/*Stein* § 13 Rn. 16).

293 Zum Schutz des Beschwerdeführers, der durch seine Beschwerde Gefahr läuft, einen bestehenden Konflikt zu eskalieren, betont die Dienstvereinbarung das Persönlichkeitsrecht des Beschwerdeführers und gibt seiner Befragung bei der Sachverhaltsaufklärung Vorrang vor der Befragung weiterer Personen. Regelmäßig wird sich die Beschwerdestelle, um sich ein objektives Bild der Situation machen zu können, aber auch an andere Beschäftigte, insbesondere die benannten Zeugen und oftmals auch denjenigen, gegen den sich die Beschwerde richtet, wenden müssen. Dem steht die vorgeschlagene Formulierung nicht entgegen. Es soll aber das Ziel verfolgt werden, möglichst wenige Beschäftigte in das Beschwerdeverfahren einzubeziehen, um den vertraulichen Charakter der Beschwerde zu erhalten.

294 **14.** Nach Abschluss der Prüfung und Ermittlung durch die Beschwerdestelle sind die Ergebnisse der Dienststellenleitung mitzuteilen (Wendeling-Schröder/Stein/*Stein* § 13 Rn. 18). Gleichzeitig bietet sich eine Mitteilung an den Beschwerdeführer an, der damit einen Zwischenbescheid erhält (vgl. hierzu Däubler/Bertzbach/*Buschmann* § 13 Rn. 27) und informiert wird, dass die Sachverhaltsaufklärung abgeschlossen und die Angelegenheit der Dienststellenleitung zur Entscheidung vorgelegt ist.

295 Die Mitteilung an die Dienststellenleitung enthält nach Möglichkeit bereits **Vorschläge** für eine Entscheidung. Die Dienststellenleitung ist nach § 12 Abs. 1, 3 und 4 AGG verpflichtet, die geeigneten, erforderlichen und angemessenen Maßnahmen zum Schutz vor Benachteiligung zu treffen. Gegenüber anderen Beschäftigten können dies nach § 12 Abs. 3 AGG insbesondere **Abmahnung,**

Umsetzung, Versetzung oder Kündigung sein. Diese Aufzählung ist nicht abschließend. Als weitere, **mildere Mittel** sind insbesondere Ermahnungen und Kritikgespräche oder organisatorische Veränderungen der Arbeitsabläufe, Änderung der Sitzordnung oder der Zuständigkeitsbereiche denkbar. Voraussetzung jeder Maßnahme ist, dass sie rechtlich zulässig ist. § 12 Abs. 3 AGG begründet kein eigenes Abmahnungs-, Versetzungs- oder Kündigungsrecht (Däubler/Bertzbach/ *Buschmann* § 12 Rn. 25).

Welche Maßnahme im Einzelfall die geeignete, erforderliche und angemessene ist, ist unter Berücksichtigung der **Umstände des Einzelfalls** durch die Dienststellenleitung zu beurteilen. Dabei sind die Schwere des Vorfalls, Dauer und Wiederholung des benachteiligenden Verhaltens, aber auch die Bandbreite der zur Verfügung stehenden Maßnahmen zu berücksichtigen. Der Dienststellenleitung kommt insofern ein **Ermessensspielraum** zu, der allerdings durch die Pflicht zum Ergreifen von Maßnahmen aus § 12 Abs. 1, 3 und 4 AGG einerseits und den Verhältnismäßigkeitsgrundsatz, an welchem sich die Maßnahme messen lassen muss, andererseits, beschränkt wird. 296

Entspricht es dem Wunsch des Beschwerdeführers, ist grundsätzlich auch denkbar, dass die Maßnahme ihm gegenüber getroffen wird. Dies bietet sich auch an, wenn das benachteiligende Verhalten nicht von einem anderen Beschäftigten, sondern von Dritten ausgeht (§ 12 Abs. 4 AGG) und die Dienststellenleitung keine Einflussmöglichkeit auf den Dritten hat oder Maßnahmen gegenüber dem Dritten unverhältnismäßig wären (z.B. Abbruch der geschäftlichen Beziehungen zu einem der Hauptgeschäftspartner). Wünscht der betroffene Beschäftigte also seine Versetzung aus dem Einflussbereich der ihn benachteiligenden Person, kann diese eine geeignete Maßnahme sein, um die Benachteiligungen abzustellen. Aus § 13 Abs. 3 AGG lässt sich aber ableiten, dass grundsätzlich Maßnahmen gegenüber dem benachteiligenden Beschäftigten Maßnahmen gegenüber dem benachteiligten Beschäftigten vorgehen. 297

Der Beschwerdeführer hat aus § 13 Abs. 1 Satz 2 AGG einen einklagbaren Anspruch auf **Mitteilung des Ergebnisses der Beschwerdeprüfung** (Wendeling-Schröder/Stein/*Stein* § 13 Rn. 18; Däubler/Bertzbach/*Buschmann* § 13 Rn. 27). Die Dienststellenleitung hat dem Beschäftigten ihre abschließende Entscheidung daher mitzuteilen. Der Gesetzgeber selbst geht davon aus, dass diese Entscheidung, insbesondere wenn keine konkreten Maßnahmen ergriffen werden, zu begründen ist (BT-Drucks. 16/1780, S. 37; vgl. auch Wendeling-Schröder/Stein/*Stein* § 13 Rn. 18). 298

15. Zahlreiche Auseinandersetzungen am Arbeitsplatz entstehen aus persönlichen Konflikten der Beteiligten, die sich auch am ehesten zwischen diesen Beteiligten lösen lassen. Hierzu bietet sich ein **moderiertes Schlichtungsgespräch** an. 299

Ob ein solcher Schlichtungsversuch sinnvoll ist oder die direkte Konfrontation der Beteiligten eher zu einer Eskalation der Auseinandersetzung führen wird, kann nur im Einzelfall beurteilt werden. Hier ist die Beschwerdestelle aufgerufen, nach Darstellung des Sachverhalts durch den Beschwerdeführer und gegebenenfalls durch Zeugen oder den Beschwerdegegner selbst eine Einschätzung der Erfolgsaussichten abzugeben und das Schlichtungsgespräch unter ihrer Moderation entweder durchzuführen oder zu verwerfen. 300

16. Eine gesetzliche Verpflichtung, denjenigen im Beschwerdeverfahren zu hören, gegen den die Benachteiligungsvorwürfe erhoben worden sind, besteht nicht (Wendeling-Schröder/Stein/*Stein* § 13 Rn. 16; anders offenbar ErfK/*Schlachter* § 13 AGG Rn. 3). Eine solche Anhörung wäre, insbesondere wenn die Dienststellenleitung später entscheidet, dass keine Maßnahmen zu treffen sind, auch eher kontraproduktiv und könnte zu einer Verschärfung des Konfliktes führen. 301

Entscheidet die Dienststellenleitung allerdings, aufgrund der Beschwerde Maßnahmen gegen den Beschwerdegegner zu treffen, gebietet es die Fürsorgepflicht gegenüber diesem, ihm spätestens zu diesem Zeitpunkt die **Möglichkeit einer Stellungnahme** einzuräumen (ähnlich Wendeling-Schröder/Stein/*Stein* § 13 Rn. 17; Däubler/Bertzbach/*Buschmann* § 13 Rn. 27). Dies eröffnet auch der Dienststellenleitung eine letzte Möglichkeit, ihre Entscheidung zu überprüfen. 302

303 **17.** Das **Maßregelungsverbot** des § 16 AGG verbietet jede Benachteiligung des Beschwerdeführers aufgrund seiner Beschwerde. Dies gilt auch dann, wenn sich später herausstellt, dass die objektiven Voraussetzungen für ein Beschwerderecht entgegen der Einschätzung des Beschwerdeführers gar nicht vorlagen oder sich die Beschwerde später als unbegründet erweist (vgl. LAG Köln, Urt. v. 20.01.1999 – 8 [10] Sa 1215/98, MDR 1999, 811). Völlig haltlose oder missbräuchliche Beschwerden sind von dem Maßregelungsverbot allerdings nicht gedeckt.

304 **18.** S.o. Q Rdn. 222.

305 **19.** Zur Vertretung von Dienststelle und Personalrat s.o. Q Rdn. 178 ff.

R. Kirchliches Arbeitsrecht

Inhaltsübersicht
	Rdn.
Einführung	1
I. Mitarbeitervertretungsrecht	7
1. Antrag auf Zustimmung zu einer personellen Einzelmaßnahme (ohne Kündigung)	12
Vorbemerkung	12
Muster: Antrag auf Zustimmung zu einer Einstellung und Eingruppierung	13
Erläuterungen	14
2. Mitteilung einer vorläufigen Regelung	39
Vorbemerkung	39
Muster: Mitteilung einer vorläufigen Regelung	40
Erläuterungen	41
II. Beteiligung der Mitarbeitervertretung bei Kündigungen	50
Vorbemerkung	50
Muster: Beteiligung der Mitarbeitervertretung bei verhaltensbedingter Kündigung wegen Arbeitszeitbetrug	56
Erläuterungen	57
Muster: Beteiligung der Mitarbeitervertretung bei außerordentlicher personenbedingter Kündigung wegen Loyalitätspflichtverletzung	84
Erläuterungen	85
III. Arbeitskampfrecht	113
Vorbemerkung	113
Muster: Antrag auf Erlass einer einstweiligen Verfügung zur Untersagung eines Streiks	115
Erläuterungen	116
IV. Schriftsätze in kirchengerichtlichen Verfahren	126
Vorbemerkung	126
1. Gerichtliche Verfahren nach evangelischem Recht	131
Muster: Feststellungsantrag zum Kirchengericht nach § 60 MVG.EKD	131
Erläuterungen	132
Muster: Beschwerde zum Kirchengerichtshof der EKD nach § 63 MVG.EKD	145
Erläuterungen	146
2. Gerichtliche Verfahren nach katholischem Recht	153
Muster: Klage zum Kirchlichen Arbeitsgericht nach § 2 Abs. 2 KAGO i.V.m. § 30 MAVO	156
Erläuterungen	157
Muster: Revision zum Kirchlichen Arbeitsgerichtshof nach § 3 Abs. 2, 50 KAGO	165
Erläuterungen	166

Einführung

In den kirchlichen Verwaltungen und in den Einrichtungen der Diakonie und Caritas werden neben Kirchenbeamten und Ordensangehörigen mehr als 2 Mio. Arbeitnehmer beschäftigt. Auf diese Arbeitsverhältnisse im kirchlichen Dienst findet grundsätzlich staatliches Arbeitsrecht Anwendung. Allerdings ergeben sich aufgrund der besonderen verfassungsrechtlichen Privilegien, die die beiden großen Kirchen und die ihnen zugeordneten Träger diakonischer und karitativer Einrichtungen genießen, vielfältige Ausnahmen und Modifikationen. Diese Besonderheiten ziehen sich durch sämtliche Bereiche des Individual- und Kollektivarbeitsrechts. Sie sind teilweise gesetzlich geregelt (so bspw. im BetrVG oder im AGG), teilweise in richterlicher Rechtsfortbildung durch BAG und BVerfG entwickelt worden (so bspw. im Kündigungsrecht oder im Arbeitskampfrecht). Besonders sichtbar wird das eigenständige kirchliche Arbeitsrecht im sog. Mitarbeitervertretungsrecht (einschließlich des Rechtsschutzes durch kirchliche Gerichte), das komplett auf kirchlicher Gesetzgebung beruht. 1

Das Fundament des heutigen kirchlichen Arbeitsrechts bildet das **Selbstbestimmungsrecht der Religionsgesellschaften** aus Art. 140 GG i.V.m. Art. 137 Abs. 3 WRV. Dieses garantiert die 2

R. Kirchliches Arbeitsrecht

selbstständige Ordnung und Verwaltung der »eigenen Angelegenheiten« der Religionsgesellschaften. Zu den eigenen Angelegenheiten zählt auch die Gestaltung der Arbeitsbedingungen der Arbeitnehmer in kirchlichen Verwaltungen und sonstigen der Kirche zugeordneten Einrichtungen. Trägerinnen des Selbstbestimmungsrechts sind in erster Linie die verfassten Kirchen und ihre körperschaftlichen Untergliederungen. In Ableitung von der verfassten Kirche partizipieren nach der ständigen Rechtsprechung des BVerfG auch privatrechtlich verselbstständigte Einrichtungen der Diakonie und Caritas an dieser verfassungsrechtlichen Gewährleistung.

3   Das BVerfG hat zuletzt im Jahr 2014 bekräftigt, dass der Abschluss privatrechtlicher Arbeitsverhältnisse keinesfalls die uneingeschränkte Geltung des staatlichen Arbeitsrechts nach sich zieht. Vielmehr macht der kirchliche Arbeitgeber auch beim Abschluss privatrechtlicher Arbeitsverträge von dem verfassungsrechtlich gewährleisteten Selbstbestimmungsrecht Gebrauch. Wörtlich heißt es hierzu: »Das schließt ein, dass die Kirchen der Gestaltung des kirchlichen Dienstes auch dann, wenn sie ihn auf der Grundlage von Arbeitsverträgen regeln, das besondere Leitbild einer **christlichen Dienstgemeinschaft** aller ihrer Mitarbeiter zugrunde legen können« (BVerfG, Beschl. v. 22.10.2014 – 2 BvR 661/12; vgl. dazu *Richardi* ArbR in der Kirche, Kap. 1).

4   Privatrechtlich verselbstständigte Einrichtungen der Diakonie und Caritas partizipieren an der Verfassungsgarantie des Art. 137 Abs. 3 WRV, sofern sie der verfassten Kirche **zugeordnet** sind. Über die Kriterien der Zuordnung zur verfassten Kirche entscheidet diese allein – ohne staatliche Einflussnahme. Zuletzt hat die Evangelische Kirche in Deutschland (EKD) mit dem **Zuordnungsgesetz** vom 12.11.2014 (ABl. EKD 2014, 340) die aus ihrer Sicht maßgeblichen Kriterien:
1. Erfüllung eines kirchlichen Auftrags
2. im Einklang mit dem Selbstverständnis der evangelischen Kirche
3. in kontinuierlicher Verbindung mit der evangelischen Kirche

für eine Zuordnung privatrechtlich organisierter diakonischer Einrichtungen zur verfassten Kirche bekräftigt. Einige Gliedkirchen haben das Gesetz ausdrücklich übernommen. Nach § 5 des Gesetzes soll die Mitwirkung an der Erfüllung des kirchlichen Auftrags im Einklang mit dem Selbstverständnis der Kirche erkennbar sein an der Verankerung in der Satzung, der Entwicklung eines Leitbildes und Gestaltung der Außendarstellung, der Mitwirkung von Ehrenamtlichen, die den kirchlichen Auftrag mittragen, der Qualifizierung und Begleitung der Mitarbeitenden im Blick auf die geistliche Dimension von Leben und Arbeit, dem Vorhalten von Räumlichkeiten für Gottesdienste, Andachten, seelsorgliche Gespräche oder die persönliche Besinnung, der Feier von Gottesdiensten oder Andachten, vor allem bei der Einführung neuer Mitarbeiter. Im Bereich der katholischen Kirche gelten ähnliche Zuordnungskriterien (vgl. KAGH, Urt. v. 27.02.2009 – M 13/08).

5   Das BAG behält sich jedoch vor, im Rahmen der Anwendung arbeitsrechtlicher Gesetze, insbesondere der §§ 118 Abs. 2, 130 BetrVG, die Zuordnung zur verfassten Kirche zu überprüfen. Die Rechtsprechung des BAG steht im Wesentlichen im Einklang mit den Zuordnungskriterien der beiden großen Kirchen, sodass divergierende Entscheidungen staatlicher und kirchlicher Gerichte bislang vermieden werden konnten.

6   Die nachfolgenden Muster betreffen ausschließlich arbeitsrechtliche Sachverhalte. Beamtenrechtliche Konstellationen wurden nicht gebildet. Wichtig ist, dass die nachfolgenden Muster nur einen kleinen Ausschnitt möglicher Fallgestaltungen abbilden. Aus den Inhalten der Muster darf nicht geschlossen werden, dass dort nicht behandelte Sachverhalte kirchenrechtlich nicht geregelt bzw. nicht beteiligungspflichtig sind. Eine Prüfung der Rechtslage durch Hinzuziehung der in der jeweiligen Gliedkirche bzw. im jeweiligen Bistum geltenden Kirchengesetze (vor allem diözesane MAVO und gliedkirchliches MVG) und einschlägiger aktueller Kommentare (insbesondere *Thiel/Fuhrmann/Jüngst* MAVO, 7. Aufl. 2014) erscheint unerlässlich. Als selbstverständlich dürfte schließlich gelten, dass ein jedes Muster nicht mehr und nicht weniger als eine Anleitung und *Hilfestellung* bieten kann, der Verwender also von einer Anpassung an die tatsächlichen und rechtlichen Besonderheiten des Einzelfalls und einer umfassenden eigenen Rechtsprüfung nicht entbunden werden kann.

I. Mitarbeitervertretungsrecht

Das Mitarbeitervertretungsrecht ist das »**Betriebsverfassungsrecht der Kirchen**«. Gemäß §§ 118 Abs. 2, 130 BetrVG und § 112 BPersVG finden das staatliche Betriebsverfassungs- und Personalvertretungsrecht im kirchlichen Bereich keine Anwendung. Damit die in der verfassten Kirche und in den zahlreichen Einrichtungen der Diakonie und Caritas tätigen Mitarbeiter auf eine Interessenvertretung auf betrieblicher Ebene nicht verzichten müssen, haben die kirchlichen Gesetzgeber die Mitarbeitervertretungsgesetze geschaffen. Die dort verankerten Rechtspositionen und Verfahren folgen den Grundstrukturen des Personal- und Betriebsverfassungsrecht, weichen aber in vielen Details vom staatlichen Recht ab. 7

Für die Rechtsanwendung ist die **Abgrenzung der Geltungsbereiche** der diversen Mitarbeitervertretungsgesetze von elementarer Bedeutung. 8

Ausgangspunkt im Bereich der **evangelischen Kirche** ist das Zweite Kirchengesetz über Mitarbeitervertretungen in der Evangelischen Kirche in Deutschland (»**MVG.EKD**«) vom 12.11.2013. Dieses Gesetz gilt nach seinem § 1 für die EKD, die Gliedkirchen, das Evangelische Werk für Diakonie und Entwicklung e.V. (vormals Diakonisches Werk der EKD), die gliedkirchlichen Diakonischen Werke und deren Mitgliedseinrichtungen. Die Erstreckung des Geltungsbereichs auf den gesamten Bereich der evangelischen Kirche wird allerdings in § 64 relativiert, wo vorausgesetzt wird, dass die Gliedkirchen das Gesetz für ihren Bereich **übernehmen** müssen. Tatsächlich gilt das MVG.EKD somit nur für die Bereiche, die der Gesetzgebungsgewalt der EKD-Synode unmittelbar unterliegen, also insbesondere für das Kirchenamt der EKD und das Evangelische Werk für Diakonie und Entwicklung (vgl. *Richardi* ArbR in der Kirche, § 19 Rn. 9). Für arbeitsrechtliche Sachverhalte, die sich **auf dem Gebiet der Gliedkirchen** der EKD oder in den diakonischen Einrichtungen der gliedkirchlichen Diakonischen Werke ereignen, haben die Gliedkirchen ihre **eigenen Mitarbeitervertretungsgesetze** erlassen. Teilweise haben die Gliedkirchen das MVG.EKD unverändert übernommen; teilweise sind in Anlehnung an das MVG.EKD eigenständige Mitarbeitervertretungsgesetze mit nicht unerheblichen Abweichungen erlassen worden. Eine Übersicht aller gliedkirchlichen Gesetze findet sich bei KR/*Friedrich/Fischermeier* Kirchl. ArbN Rn. 18). 9

Für die Römisch-Katholische Kirche hat die Vollversammlung der Diözesen Deutschlands eine Rahmenordnung für eine Mitarbeitervertretungsordnung (»**Rahmen-MAVO**«) erlassen. Diese hat – ebenso wie das MVG.EKD – nur einen kleinen direkten Anwendungsbereich und gilt nur für die Mitarbeiter des Verbandes der Diözesen Deutschlands (*Richardi* ArbR in der Kirche, § 18 Rn. 3). Im Übrigen stellt sie ein per Beschluss erlassenes Muster dar, das den Diözesanbischöfen **zur Übernahme** in ihren Diözesen **empfohlen** wird (MAVO/*Thiel* Präambel Rn. 8). Maßgeblich ist der Wortlaut der MAVO, die der Diözesanbischof als zuständiger Gesetzgeber für sein Bistum in Kraft gesetzt hat. Diese diözesane MAVO gilt nicht nur für die Verwaltungen der verfassten katholischen Kirche, sondern auch für alle Einrichtungen der Caritas, die sich auf dem Gebiet des Bistums befinden (vgl. dazu *Richardi* ArbR in der Kirche, § 18 Rn. 18). Eine Übersicht aller 27 diözesanen MAVO findet sich bei KR/*Friedrich/Fischermeier* Kirchl. ArbN Rn. 12). 10

Bei der Heranziehung von Handbüchern und Kommentaren zum Mitarbeitervertretungsrecht sowie von Entscheidungen der staatlichen und kirchlichen Arbeitsgerichte ist also stets zu prüfen, **auf welches Gesetz** die Kommentarstelle bzw. Entscheidung bezogen ist und ob der dortige Gesetzeswortlaut identisch ist mit dem im konkreten Fall maßgeblichen Gesetzeswortlaut. Die nachfolgenden Muster sind auf das MVG.EKD und die Rahmen-MAVO bezogen. Vor ihrer Verwendung ist daher zu prüfen, ob sich aus dem jeweils anwendbaren Gesetz Besonderheiten ergeben, die eine Anpassung des Musters erfordern. In jedem Fall muss eine im Muster zitierte Vorschrift aus der Rahmen-MAVO durch die entsprechende Vorschrift aus der diözesanen MAVO **ersetzt** werden. Gleiches gilt für Vorschriften des MVG.EKD, sofern nicht der Sachverhalt ausnahmsweise im unmittelbaren Geltungsbereich des MVG.EKD spielt. 11

R. Kirchliches Arbeitsrecht

1. Antrag auf Zustimmung zu einer personellen Einzelmaßnahme (ohne Kündigung)

Vorbemerkung

12 Das Mitarbeitervertretungsrecht unterwirft diverse **personelle Einzelmaßnahmen** (z.B. Einstellung, Eingruppierung, bestimmte Übertragungen einer höher- oder niedriger bewerteten Tätigkeit, Umsetzung, Versetzung, Weiterbeschäftigung über eine Altersgrenze hinaus, Anordnung einer Residenzpflicht, Maßnahmen im Zusammenhang mit Nebentätigkeitsgenehmigungen) gemäß §§ 42, 41, 38 MVG.EKD bzw. §§ 33, 34, 35 Rahmen-MAVO der **eingeschränkten Mitbestimmung** der Mitarbeitervertretung. Die Mitarbeitervertretung kann eine solche Maßnahme nicht aus beliebigen Gründen blockieren, sondern ihr nur aus ganz bestimmten gesetzlich normierten Gründen die Zustimmung verweigern. Im Falle einer beachtlichen Zustimmungsverweigerung ist der Arbeitgeber gezwungen, ein kirchengerichtliches Verfahren einzuleiten, bis zu dessen Abschluss die Maßnahme grundsätzlich nicht umgesetzt werden darf. Vorläufige Regelungen sind allerdings unter bestimmten Voraussetzungen möglich. Exemplarisch soll die Unterrichtung von einer beabsichtigen Einstellung und Eingruppierung herausgegriffen werden.

▶ Muster – Antrag auf Zustimmung zu einer Einstellung und Eingruppierung

13 [Briefkopf des »Arbeitgebers«] 1

An die Mitarbeitervertretung
z.H. Herrn _____ 2
– im Hause –

[Datum]

Antrag 3 auf Zustimmung zur Einstellung 4 und Eingruppierung des Herrn [Name]

hiermit beantragen wir die Zustimmung zur Einstellung und Eingruppierung 4 des Herrn [Name]. Die persönlichen Daten des Herrn [Name] entnehmen Sie bitte der folgenden Tabelle: 5

Name: _____
Vorname: _____
Geburtsdatum: _____
Anschrift: _____
Ausbildung: _____
Zukünftiger Arbeitsplatz: _____, in Vollzeit/Teilzeit mit _____ Wochenstunden
Eingruppierung: _____

Herr [Name] soll zum [Datum] auf der Position [Stellenbezeichnung, Anlage Stellenbeschreibung] in der [Dienststelle, Abteilung] in Vollzeit eingestellt werden. 6

In der Abteilung _____ ist durch das Ausscheiden der Frau _____ zum _____ eine Vakanz entstanden. Die Dienststellenleitung hat beschlossen, den vakant gewordenen Arbeitsplatz zum _____ neu zu besetzen. Die Stelle ist vom _____ bis _____ intern und extern ausgeschrieben worden (Anlage _____, Stellenausschreibung). Innerhalb der Bewerbungsfrist sind _____ Bewerbungen bei uns eingegangen. Die Unterlagen aller Bewerber sind als Anlagenkonvolut _____ beigefügt. 7 Im Bewerbungsverfahren hat sich Herr _____ durchgesetzt. Herr _____ erfüllt das Anforderungsprofil der Stelle und hebt sich insbesondere durch _____ von den übrigen Bewerbern ab, so dass diese Umstände für unsere Auswahlentscheidung ausschlaggebend waren. Im Vorstellungsgespräch überzeugte er insoweit mehr als die drei anderen eingeladenen Bewerber x, y und z, als er als einziger die fachlichen Fra-

Antrag auf Zustimmung zu einer personellen Einzelmaßnahme (ohne Kündigung) **R.I.1.**

gen perfekt beantworten konnte und zudem die größte Einsatzbereitschaft demonstrierte _____ . [8] Wir hatten den Ausschreibungstext auch am ___[Datum]___ der zuständigen Agentur für Arbeit zugeleitet mit der Bitte um Prüfung, ob der Arbeitsplatz mit einem schwerbehinderten Menschen besetzt werden kann. Innerhalb der gesetzten Stellungnahmefrist ist uns kein Kandidat präsentiert worden. [9]

Die Einstellung des Herrn _____ hat keine nachteiligen Auswirkungen auf andere Arbeitnehmer. Die bisherige Organisationsstruktur bleibt erhalten; das Arbeitsvolumen für die übrigen Arbeitnehmer bleibt unverändert _____ . [10]

Die Stelle ist weiterhin nach der Entgeltgruppe _____ der AVR-DD vergütet. Aufgrund seiner einschlägigen Berufserfahrung ist für Herrn _____ die Erfahrungsstufe _____ festzusetzen. [11]

Herr _____ ist Mitglied der evangelischen Kirche. [12] Da es sich nicht um eine leitende oder erzieherische Aufgaben handelt, steht es mit Art. 3 der GrO in Einklang, Herrn _____ trotz fehlender Zugehörigkeit zur katholischen Kirche zu beschäftigen. Mangels anderslautender Hinweise gehen wir davon aus, dass Herr _____ die Wahrheiten und Werte des Evangeliums achtet und dazu beitragen wird, diese in unserer Einrichtung zur Geltung zu bringen (vgl. Art. 4 GrO). Auf die Inhalte und Anforderungen der GrO haben wir ihn hingewiesen.

Wir bitten daher um Zustimmung zu der beabsichtigen Einstellung und Eingruppierung. [13] Sollten Sie Rückfragen haben oder weitere Unterlagen für erforderlich halten, können Sie uns jederzeit ansprechen. [14]

Mit freundlichen Grüßen

___[Ort]___ , den ___[Datum]___

_____
(Unterschrift »Arbeitgeber«)

Erhalten:

___[Ort]___ , den ___[Datum]___

_____
(Unterschrift)

Erläuterungen

Schrifttum

Fey/Joussen/Steuernagel Das Arbeits- und Tarifrecht der evangelischen Kirche, 2012; *Fey/Rehren* MVG.EKD Praxiskommentar, Stand August 2015; *Reichold/Kortstock* Das Arbeits- und Tarifrecht der katholischen Kirche, 2014; *Richardi* Arbeitsrecht in der Kirche, 7. Aufl. 2015; *ders.* Die Rechtsprechung des Kirchlichen Arbeitsgerichtshofs der katholischen Kirche in den Jahren 2006–2010, NZA 2011, 1185; *ders.* Rechtsprechung des Kirchlichen Arbeitsgerichtshofs der katholischen Kirche zu ausgewählten Praxisproblemen, NZA 2012, 1393; *Schilberg* Die Richtlinie über die Anforderungen der privatrechtlichen beruflichen Mitarbeit in der EKD und ihrer Diakonie, KuR 2006, 150; *Thiel/Fuhrmann/Jüngst* MAVO Rahmenordnung für eine Mitarbeitervertretungsordnung, 7. Aufl. 2014; *v. Tiling* Die neue Grundordnung für das Arbeitsrecht der katholischen Kirche, öAT 2015, 227.

1. In diesem und in den folgenden Mustern wird der Initiator eines mitarbeitervertretungsrechtlichen Verfahrens pauschal als »**Arbeitgeber**« bezeichnet. Dieser Begriff ist nicht ganz korrekt. Im **MVG.EKD** und den gliedkirchlichen MVG handelt gegenüber der Mitarbeitervertretung die »**Dienststellenleitung**«. Denn das Mitarbeitervertretungsrecht ist auf die Zusammenarbeit innerhalb der einzelnen Dienststelle bzw. Einrichtung bezogen, nicht auf das individualrechtliche Vertragsverhältnis zwischen Arbeitgeber und Arbeitnehmer. In den meisten Fällen ist die Dienstellenleitung identisch mit dem Rechtsträger der Dienststelle oder Einrichtung. Der Rechtsträger ist wiederum zumeist identisch mit dem Arbeitgeber der in der Dienststelle tätigen Mitarbeiter. Als Beispiele für die Dienststellenleitung werden der Geschäftsführer einer gGmbH, der Vereinsvorstand und der Kirchenvorstand, aber auch der Personalleiter oder Geschäftsbereichsleiter genannt, sofern dieser ständig für mitbestimmungsrelevante Maßnahmen zuständig ist (*Fey/Rehren* MVG.EKD § 4 Rn. 1 ff.) In Zweifelsfällen sollten die Kommentierungen zu 4 § MVG.EKD bzw. zu den gliedkirchlichen Gesetzen zu Rate gezogen werden, um sicherzustellen, dass das Verfahren durch die richtige juristische oder natürliche Person eingeleitet wird.

15 Im Bereich der **MAVO** ist die handelnde Person der »**Dienstgeber**«. Der Dienstgeber ist nach der Legaldefinition des § 2 Rahmen-MAVO der **Rechtsträger der Einrichtung**. Auch der Begriff des Dienstgebers ist nicht immer mit dem Arbeitgeber als Partner des individuellen Arbeitsvertrages gleichzusetzen. Es gelten im Wesentlichen dieselben Grundsätze wie zu § 3 MVG.EKD (vgl. ausführlich MAVO/*Thiel* § 2 Rn. 1 ff.). Vor Verwendung der Muster sollte der jeweilige Dienstgeber identifiziert werden und sodann konkret benannt werden (»unser Geschäftsführer Herr x«, »der Vorstand«).

16 **2.** Gemäß § 23 Abs. 1 MVG.EKD wird die Mitarbeitervertretung **durch ihren Vorsitzenden vertreten**. Dieser vertritt das Gremium gegenüber Dienststellenleitung und Mitarbeiterschaft. Anträge der Dienststellenleitung in beteiligungspflichtigen Angelegenheiten können daher nur dem Vorsitzenden gegenüber wirksam abgegeben werden; nur im Fall der Verhinderung des Vorsitzenden kann der Arbeitgeber sich wirksam an den Vertreter wenden (*Fey/Rehren* MVG.EKD, § 23 Rn. 8). Korrespondenz ist daher im Zweifel immer **an den Vorsitzenden zu adressieren** und diesem auszuhändigen oder in sonstiger Form nachweisbar zuzuleiten.

17 § 14 Abs. 1 S. 5 Rahmen-MAVO nennt eine Gleichberechtigung zur Entgegennahme von Erklärungen zugunsten des **MAV-Vorsitzenden**, seines **Stellvertreters** und eines **weiteren von der Mitarbeitervertretung benannten Mitglieds**. Diese Regelung bezweckt eine größere Bandbreite beim Zugang von Erklärungen des Arbeitgebers. Andere MAV-Mitglieder sind nicht empfangsberechtigt. Ein Zugang eines Antrags bei einem anderen MAV-Mitglied führt nicht zu einer wirksamen Einleitung eines mitarbeitervertretungsrechtlichen Verfahrens (vgl. ausführlich MAVO/*Thiel* § 14 Rn. 18). In jedem Fall sollte der Text der diözesanen MAVO daraufhin geprüft werden, ob das Modell der Rahmen-MAVO unverändert übernommen worden ist.

18 **3.** Die Einleitung des Beteiligungsverfahrens verlangt nach § 38 Abs. 2 S. 1 MVG.EKD und § 33 Abs. 2 Rahmen-MAVO **keine bestimmte Form** (BAG, Urt. v. 25.04.2013 – 2 AZR 299/12, NZA 2014, 105; KGH.EKD, Beschl. v. 07.04.2008 – I-0124/N80-07; *Fey/Rehren* MVG.EKD, § 38 Rn. 9; MAVO/*Jüngst* § 33 Rn. 21f). Möglich ist auch eine Unterrichtung per E-Mail oder mündlich. Aus Beweisgründen empfiehlt sich immer die **Textform**, idealerweise die persönliche Übergabe eines Schriftstücks an den Vorsitzenden während der üblichen Dienstzeit, weil dadurch jegliche Diskussionen über Existenz und Zugang der Unterrichtung vermieden werden. Achtung: Das Beteiligungsverfahren vor **Kündigungen** kann im Bereich der katholischen Kirche **nur schriftlich** eingeleitet werden!

19 **4.** Die **Einstellung** ist nach § 42 a) MVG.EKD bzw. § 34 Abs. 1 Rahmen-MAVO zustimmungspflichtig. Die Zustimmung bzw. unterbliebene Zustimmungsverweigerung der Mitarbeitervertretung ist **Wirksamkeitsvoraussetzung** für die Einstellung (§ 38 Abs. 1 MVG.EKD). Ein mitbestimmungswidrig abgeschlossener Arbeitsvertrag bleibt jedoch wirksam und für den Arbeitgeber verbindlich; dieser ist also regelmäßig zur Entgeltzahlung verpflichtet, selbst wenn er den eingestellten Arbeitnehmer nicht beschäftigen kann. Die Bindung an den mitbestimmungswidrig geschlossenen Arbeitsvertrag kann der Arbeitgeber allerdings verhindern, indem er gegenüber dem Arbeitnehmer von seinem Sonderkündigungsrecht Gebrauch macht oder den Abschluss des Arbeitsvertrages von vornherein unter die Bedingung der Zustimmung der Mitarbeitervertretung stellt. Nach h.M. soll der Arbeitgeber ohnehin verpflichtet sein, zunächst das Beteiligungsverfahren zu durchlaufen und erst dann den Arbeitsvertrag zu unterschreiben.

20 Der KGH.EKD stellt in seiner Grundsatzentscheidung vom 25.08.2014 klar, dass **jeder drittbezogene Personaleinsatz** (Arbeitnehmerüberlassung, Dienstvertrag, Werkvertrag) den Begriff der Einstellung erfüllen kann, sofern eine tatsächliche Eingliederung in die Einrichtung vorliegt. Dies

sei dann der Fall, wenn das Fremdpersonal von den Arbeitnehmern der Einrichtung Weisungen erhält oder das Fremdpersonal seine Tätigkeit nicht ohne »fortlaufende Koordination und Synchronisation« mit dem Stammpersonal erbringen kann. Umgekehrt liegt weiterhin keine Einstellung vor, wenn Mitarbeiter eines Fremdunternehmens oder einer anderen Einrichtung Dienstleistungen erbringen, ohne in die Arbeitsorganisation eingegliedert zu sein, also ohne arbeitsteilig und weisungsgebunden mit dem »Stammpersonal« zusammenzuarbeiten (vgl. für alle Einzelheiten MAVO/*Jüngst* § 34 Rn. 11 ff.).

Maßgeblicher Zeitpunkt für die Beteiligung ist regelmäßig der **Abschluss des Arbeitsvertrages**. 21 Die Mitarbeitervertretung ist also schon im Vorfeld des Arbeitsvertragsschlusses zu beteiligen, nicht erst vor der tatsächlichen Arbeitsaufnahme (MAVO/*Jüngst* § 34 Rn. 28). Weitere Einzelfälle zum Begriff der Einstellung sowie zu den anderen klassischen personellen Einzelmaßnahmen Versetzung, Abordnung, Umsetzung usw. finden sich bei *Fey/Rehren* MVG.EKD, § 42 Rn. 14 ff. und MAVO/*Jüngst* § 34 Rn. 1 ff., 28 ff. sowie § 35 Rn. 1 ff.; *Richardi* ArbR in der Kirche, § 18 Rn. 133).

5. Die **Sozialdaten** des betroffenen Arbeitnehmers sollten – soweit sie bekannt sind – vollständig 22 mitgeteilt werden, vgl. § 34 Abs. 3 S. 1 Rahmen-MAVO. Gleiches gilt für dessen Qualifikation, die Beschreibung des zu besetzenden Arbeitsplatzes und den vorgesehenen Arbeitsbeginn (MAVO/*Jüngst* § 34 Rn. 48 ff.). Das Anforderungsprofil kann durch Vorlage einer Stellenbeschreibung und/oder der Stellenausschreibung erläutert werden. Eine unvollständige Unterrichtung hinsichtlich Sozialdaten oder sonstiger Umstände führt nicht zwangsläufig zur Unwirksamkeit des Zustimmungsantrags. Denn der Arbeitgeber kann eine zunächst unvollständige Unterrichtung jederzeit – auch während des gerichtlichen Zustimmungsersetzungsverfahrens – **ergänzen**. Die Ergänzung kann unmittelbar **durch schriftsätzlichen Vortrag** erfolgen (BAG, Beschl. v. 10.08.1993 – 1 ABR 22/93, NZA 1994, 187; BAG, Beschl. v. 18.03.2008 – 1 ABR 81/06, NZA 2008, 832; LAG Düsseldorf, Beschl. v. 30.10.2008 – 15 TaBV 248/08, juris). Allerdings muss für die Mitarbeitervertretung – insbesondere bei einer Vervollständigung der Informationen während des Zustimmungsersetzungsverfahrens – erkennbar sein, dass der Arbeitgeber diese jedenfalls auch zur Ergänzung seiner etwa noch nicht vollständig erfüllten Unterrichtungsverpflichtung vornimmt. Erforderlich – aber auch ausreichend – ist, dass der Arbeitgeber gegenüber der Mitarbeitervertretung deutlich macht, mit der nachgereichten oder zusätzlichen Information seiner Verpflichtung zur vollständigen Unterrichtung genügen zu wollen, und diese Verpflichtung nunmehr als erfüllt ansieht. Dies muss nicht ausdrücklich geschehen, sondern kann sich auch aus den Umständen der Informationsnachreichung ergeben. Einer Wiederholung des bereits an die Mitarbeitervertretung gerichteten Zustimmungsersuchens bedarf es ebenso wenig wie eines ausdrücklichen Hinweises darauf, dass nunmehr die Zustimmungsverweigerungsfrist für die Mitarbeitervertretung erneut zu laufen beginnt (so BAG, Beschl. v. 05.05.2010 – 7 ABR 70/08, zu § 99 BetrVG). Diese Rechtsprechung des BAG zu § 99 BetrVG dürfte auf das Mitarbeitervertretungsrecht übertragbar sein.

6. Der Arbeitgeber sollte sich bei der Frage, welche Umstände er der Mitarbeitervertretung mit- 23 teilen muss, stets vom Zweck der gesetzlichen Unterrichtungspflicht leiten lassen. Die Unterrichtungspflicht dient dazu, der Mitarbeitervertretung die Informationen zu verschaffen, die sie benötigt, um ihr Recht zur Stellungnahme sachgerecht ausüben zu können. Der Arbeitgeber muss die Mitarbeitervertretung daher so umfassend unterrichten, dass diese auf Grund der mitgeteilten Tatsachen in die Lage versetzt wird zu prüfen, ob einer der im Gesetz genannten **Zustimmungsverweigerungsgründe vorliegt** (vgl. BAG, Beschl. v. 09.03.2011 – 7 ABR 137/09). So ist bspw. der Name eines einzustellenden Leiharbeitnehmers mitzuteilen, weil die Mitarbeitervertretung sonst nicht prüfen kann, ob es sich um eine Person handelt, die den Frieden in der Dienststelle stören könnte (§ 41 Abs. 1 c) MVG.EKD), vgl. zu § 99 BetrVG: BAG, Beschl. v. 09.03.2011 – 7 ABR 137/09, NZA 2011, 871). Daraus folgt im Umkehrschluss, dass die Mitarbeitervertretung keinen Anspruch auf Informationen hat, die keinerlei Relevanz für einen der gesetzlich aufgezählten Zustimmungsverweigerungsgründe hat. Hilfreiche Überblicke über die Zustimmungsverweigerungsgründe finden sich bei MAVO/*Jüngst* § 34 Rn. 60 ff., § 35 Rn. 100 ff. und *Fey/Rehren* MVG.EKD, § 41 Rn. 4 ff.).

24 **7.** Nach der Rechtsprechung des BAG zu § 99 BetrVG sind die vollständigen **Bewerbungsunterlagen** aller Bewerber vorzulegen. Weitergehende Informationen zu den Bewerbern muss der Arbeitgeber aber nicht beschaffen (vgl. dazu AR/*Rieble* § 99 BetrVG Rn. 32 ff.). Es ist nicht auszuschließen, dass kirchliche Gerichte sich an dieser Rechtsprechung orientieren.

25 Die **Rahmen-MAVO** hat zur Vorlage von Bewerbungsunterlagen zwischenzeitlich in § 34 Abs. 3 eine konkrete praxisnahe Regelung getroffen: Die Bewerbungsunterlagen (Anschreiben, Zeugnisse, Lebenslauf, Bild, Gesundheitsdaten usw.) des Einzustellenden sind **nur auf Verlangen** der Mitarbeitervertretung zur Einsicht vorzulegen. Auskunft zu den Bewerbungsunterlagen anderer Bewerber sind ebenfalls nur auf Verlangen zu erteilen und zwar in der Weise, dass ein Verzeichnis der **internen** Bewerbungen sowie der **externen** Bewerbungen Schwerbehinderter zur Verfügung gestellt wird. Alternativ (zur Arbeitsersparnis) kann der Arbeitgeber auch die Bewerbungsunterlagen selbst zur Einsicht überlassen (vgl. dazu ausführlich MAVO/*Jüngst* § 34 Rn. 49, 54).

26 Jedenfalls ist der Arbeitsvertrag des einzustellenden Arbeitnehmers auch nach staatlichem Recht nicht vorzulegen oder inhaltlich wiederzugeben (BAG, Beschl. v. 27.10.2010 – 7 ABR 36/09, NZA 2011, 527; ebenso ausdrücklich MAVO/*Jüngst* § 34 Rn. 55). Das Mitbestimmungsrecht ist kein Instrument zur umfassenden Vertragsinhaltskontrolle.

27 **8.** Nach der Rechtsprechung des BAG zu § 99 BetrVG ist auch über den Inhalt von **Vorstellungsgesprächen** zu berichten (BAG, Beschl. v. 28.06.2005 – 1 ABR 26/04, EzA § 99 BetrVG Nr. 8). Es ist nicht auszuschließen, dass kirchliche Gerichte sich an dieser Rechtsprechung orientieren. Für den katholischen Bereich könnte man einer Übertragung der BAG-Rechtsprechung entgegenhalten, dass § 34 Abs. 3 Rahmen-MAVO eine **abschließende Sonderregelung** enthält. Jedenfalls aber hat die Mitarbeitervertretung kein Teilnahmerecht an Vorstellungsgesprächen, sofern nicht durch Dienstvereinbarung ein solcher Anspruch begründet worden ist (vgl. AR/*Rieble* § 99 BetrVG Rn. 36).

28 **9.** Im weltlichen Arbeitsrecht kann der Betriebsrat die Zustimmung zur Einstellung verweigern, wenn der Arbeitgeber seiner **Prüfungspflicht nach §§ 81 ff. SGB IX** nicht nachgekommen ist (BAG, Beschl. v. 17.06.2008 – 1 ABR 20/07, EzA § 81 SGB IX Nr. 16; AR/*Rieble* § 99 BetrVG Rn. 50). Im kirchlichen Mitarbeitervertretungsrecht dürfte nichts anderes gelten (*Fey/Rehren* MVG.EKD § 41 Rn. 6; MAVO/*Jüngst* § 34 Rn. 61).

29 **10.** Anders als § 99 BetrVG schreibt § 38 Abs. 2 MVG.EKD nicht vor, dass die Dienststellenleitung die Mitarbeitervertretung auch über die »**Auswirkungen**« der geplanten Maßnahme zu unterrichten hat. Daher dürften Ausführungen zu Auswirkungen auf andere Arbeitsplätze und Arbeitnehmer nicht zwingend erforderlich sein. Da solche Ausführungen aber regelmäßig zugleich den Zweck erfüllen, das Fehlen von Zustimmungsverweigerungsgründen zu erläutern (»andere Mitarbeiterinnen und Mitarbeiter benachteiligt werden«, vgl. § 41 Abs. 1 b) MVG.EKD), dürften sie im Zweifel hilfreich sein (noch weitergehend MAVO/*Jüngst* § 34 Rn. 50).

30 **11.** Darüber hinaus ist die Mitarbeitervertretung bei der Einstellung auch im Hinblick auf ihr Mitbestimmungsrecht bei **Eingruppierung** zu beteiligen. In aller Regel können die **Mitbestimmungsvorgänge verbunden werden**, können aber dann, wenn Meinungsverschiedenheiten hinsichtlich nur eines Aktes zu erwarten sind, auch getrennt werden. Wenn beide Verfahren parallel eingeleitet werden, ist dies sprachlich deutlich zu machen!

31 Mitzuteilen sind Gründe, aus denen sich die Eingruppierung in eine bestimmte Entgeltgruppe der anwendbaren Regelung des Dritten Weges (AVR, BAT-KF, Dienstvertragsordnung) oder des anwendbaren kirchlichen Tarifvertrages ergibt. Das Mitbestimmungsrecht bei Eingruppierungen erstreckt sich grundsätzlich auch auf die Festsetzung einer bestimmten **Stufe** oder die Festlegung einer **Fallgruppe** innerhalb einer Vergütungs- oder Entgeltgruppe (vgl. *Fey/Rehren* MVG.EKD § 42 Rn. 45, 45d; MAVO/*Jüngst* § 35 Rn. 11; KAGH, Urt. v. 20.02.2005 – M 10/2014). Wenn es sich

um einen »**außertariflichen**« Arbeitnehmer handelt, ist mitzuteilen, aus welchen Gründen er nicht der kirchlichen Entgeltordnung unterfällt. Denn das Mitbeurteilungsrecht der Mitarbeitervertretung besteht auch in diesem Fall (KAGH, Urt. v. 20.02.2005 – M 10/2014).

Die Mitarbeitervertretung darf die Zustimmung zur Eingruppierung nicht mit der Begründung verweigern, dass das zugrundeliegende (auf dem Dritten Weg oder durch kirchlichen Tarifvertrag geschaffene) Vergütungssystem gegen höherrangiges Recht verstößt. Dies kann nur der einzelne Arbeitnehmer in einem individualrechtlichen Eingruppierungsstreit mit seinem Arbeitgeber geltend machen (KGH.EKD, Beschl. v. 10.08.2000 – I-0124/E5-00). Ebenso kann die Mitarbeitervertretung die Zustimmung regelmäßig nicht mit der Begründung verweigern, dass die Einstellung und Eingruppierung auf der Grundlage einer anderen als der vom Arbeitgeber vorgegebenen Arbeitsrechtsregelung erfolgen müsse (KGH.EKD, Beschl. v. 08.07.2009 – I-0124/P63-08; MAVO/*Jüngst* § 34 Rn. 62). 32

12. Ob die Mitteilung der **Religionszugehörigkeit/Konfession** erforderlich ist, ist – soweit ersichtlich – durch kirchliche Gerichte nicht abschließend entschieden. Relevanz könnte diese Information für den Verweigerungsgrund des § 41 Abs. 1 a) MVG.EKD (»Verstoß gegen eine Rechtsvorschrift«) bzw. den nahezu identischen Grund des § 34 Abs. 2 Nr. 1 Rahmen-MAVO haben. Als Rechtsvorschriften kommen die die **katholische Grundordnung** und die evangelischen **Loyalitätsrichtlinien** in Betracht. Diese knüpfen die Beschäftigung konfessionsfremder oder religionsfremder Mitarbeiter an bestimmte Voraussetzungen (vgl. zu möglichen Verstößen gegen kirchliches Recht MAVO/*Jüngst* § 34 Rn. 69). 33

Der **katholische** Arbeitgeber hat vor jeder Stellenbesetzung die Erfüllung der in Art. 3 der GrO vom 27. April 2015 normierten **Einstellungsvoraussetzungen** zu prüfen. Danach ist eine kirchenfeindliche Betätigung oder ein Kirchenaustritt ein absolutes Ausschlusskriterium für die Einstellung in den kirchlichen Dienst. Für alle Stellen existiert die Anforderung, dass die Bewerber »die Eigenart des kirchlichen Dienstes bejahen« und eine »Zustimmung zu den Zielen der Einrichtung« zeigen müssen. Darüber hinaus gelten für bestimmte Stellen weitergehende Anforderungen. So dürfen zur Erfüllung pastoraler und katechetischer Aufgaben sowie »in der Regel« erzieherischer und leitender Aufgaben nur Angehörige der katholischen Kirche eingestellt werden. Die Formulierung »in der Regel« signalisiert, dass in begründeten Ausnahmefällen auch evangelische Christen oder konfessionslose Personen eingestellt werden dürfen. Katholische Arbeitgeber sind gut beraten, von dieser Öffnungsklausel nur im Notfall Gebrauch zu machen. Sonst steht bei den staatlichen Arbeitsgerichten die Glaubwürdigkeit der jeweiligen Einrichtung und der katholischen Kirche schlechthin zur Diskussion (vgl. zuletzt *Joussen* ZevKR 2015, 63). 34

Im Bereich der **evangelischen Kirche** ist insbesondere die »Richtlinie des Rates des EKD über die Anforderungen der privatrechtlichen beruflichen Mitarbeit in der Evangelischen Kirche in Deutschland und im Diakonischen Werk der EKD« vom 01.07.2005 (»**Loyalitätsrichtlinie**«, ABl. EKD 2005, S. 413) zu beachten. Einige Gliedkirchen haben die Richtlinie (teilweise) übernommen, vgl. z.B. Einstellungsgesetz der Evangelischen Kirche in Hessen und Nassau vom 28.11.2009 (Amtsbl. 2010, 24). § 3 der EKD-Richtlinie regelt die einstellungsrelevanten Kriterien. Arbeitnehmer müssen demnach grundsätzlich Mitglied der evangelischen oder einer mit ihr verbundenen Kirche sein. Hiervon kann bei der Besetzung von Stellen, die nicht der Verkündigung, Seelsorge, Unterweisung oder Leitung zugeordnet sind, ausnahmsweise abgewichen werden, wenn geeignete Kirchenmitglieder nicht zu finden sind. Ungeeignet ist nach § 3 Abs. 3 der Richtlinie jeder, der aus der evangelischen Kirche ausgetreten ist. Unmittelbare Geltung hat diese Richtlinie nur für den Bereich der EKD und ihrer Diakonie. In § 1 der Richtlinie wird den Landeskirchen und deren Diakonischen Werken empfohlen, entsprechende Regelungen in Kraft zu setzen. Daher ist jeweils das für die jeweilige Landeskirche geltende Recht zu Rate zu ziehen. 35

Nach den jeweiligen Rechtsgrundlagen kommt auch die Beschäftigung von Mitarbeitern in Betracht, die **keiner christlichen Kirche** angehören. Die Einstellung solcher Mitarbeiter sollte vorsorglich anhand des Wortlauts der jeweiligen Ausnahmevorschrift begründet werden. Derzeit wird 36 eine Neufassung der EKD-Loyalitätsrichtlinie intensiv diskutiert (vgl. *Joussen* ZevKR 2015, 63). Wenn sich die Forderungen aus der Praxis durchsetzen, wird die Kirchenzugehörigkeit zukünftig kein vorrangiges Einstellungskriterium mehr sein. In diesem Zusammenhang ist unbedingt die aktuelle **europarechtliche Entwicklung** zu verfolgen! Mit Beschluss vom 17.03.2016 (– 8 AZR 501/14 (A)) hat das BAG dem EuGH mehrere Fragen zur Entscheidung vorgelegt, die sich damit beschäftigen, ob und unter welchen Voraussetzungen die Religionszugehörigkeit weiterhin zum Einstellungskriterium im kirchlichen Dienst erhoben werden darf (vgl. dazu LAG Berlin-Brandenburg, Urt. v. 28.05.2014 – 4 Sa 157/14, 4 Sa 238/14; *v. Tiling* öAT 2015, 29).

37 **13.** Es sollte ausdrücklich um **Zustimmung** gebeten werden, um das Verfahren idealerweise schnell i.S.d. Arbeitgebers zum Abschluss zu bringen. Als weitere Reaktionsmöglichkeiten kommen neben der ausdrücklichen Zustimmung auch das Verstreichenlassen der Äußerungsfrist nach § 38 Abs. 3 MVG.EKD bzw. § 33 Abs. 2 Rahmen-MAVO (= konkludente Zustimmung), der Antrag auf Erörterung und die Verweigerung der Zustimmung in Betracht. Achtung: In den Fällen der §§ 34 und 35 Rahmen-MAVO ist nicht bestimmt, innerhalb welcher Frist nach Zustimmungsverweigerung das Kirchliche Arbeitsgericht zum Zwecke der Zustimmungsersetzung anzurufen ist. Daher ist das kirchengerichtliche Zustimmungsersetzungsverfahren im Zweifel **unverzüglich** einzuleiten (MAVO/*Jüngst* § 33 Rn. 74). Nach § 38 Abs. 4 MVG.EKD läuft eine **zweiwöchige Frist** ab Eingang der schriftlichen Zustimmungsverweigerung.

38 **14.** Das **Angebot weiterer Informationen** und Unterlagen sollte aufgenommen werden, um der Mitarbeitervertretung die spätere Rüge einer unvollständigen Unterrichtung zu erschweren. Im Betriebsverfassungsrecht ist allerdings anerkannt, dass der Betriebsrat auch ohne das ausdrückliche Angebot ergänzender Informationen eine angeblich unvollständige Unterrichtung innerhalb der Stellungnahmefrist rügen muss. **Unterbleibt** eine solche **Rüge** innerhalb der Stellungnahmefrist, kann er sich später im gerichtlichen Zustimmungsersetzungsverfahren regelmäßig nicht mehr auf eine unvollständige Unterrichtung berufen (BAG, Beschl. v. 14.12.2004 – 1 ABR 55/03, NZA 2005, 827; BAG, Beschl. v. 28.06.2005 – 1 ABR 26/04, NZA 2006, 111). Dieser Gedanke dürfte auf das Mitarbeitervertretungsrecht zu übertragen sein.

2. Mitteilung einer vorläufigen Regelung

Vorbemerkung

39 Das Mitarbeitervertretungsrecht unterwirft diverse personelle Einzelmaßnahmen gemäß §§ 42, 41, 38 MVG.EKD bzw. 33 Abs. 5 Rahmen-MAVO der eingeschränkten Mitbestimmung der Mitarbeitervertretung. Im Falle einer beachtlichen Zustimmungsverweigerung ist der Arbeitgeber gezwungen, ein kirchengerichtliches Verfahren einzuleiten, bis zu dessen (rechtskräftigem!) Abschluss die Maßnahme grundsätzlich **nicht umgesetzt** werden darf. In dieser Situation wird dem Arbeitgeber durch § 38 Abs. 5 MVG.EKD bzw. § 33 Abs. 5 Rahmen-MAVO (»**vorläufige Regelungen**«) geholfen. Exemplarisch soll die Mitteilung einer vorläufigen Durchführung einer Einstellung herausgegriffen werden. In § 2 Abs. 2 KAGO ist klargestellt, dass vorläufige Maßnahmen gemäß § 33 Abs. 5 Rahmen-MAVO der Überprüfung durch das Kirchliche Arbeitsgericht unterliegen. Anders als nach § 100 BetrVG ist der kirchliche Arbeitgeber allerdings weder im evangelischen noch im katholischen Bereich gehalten, zur Wirksamkeit der vorläufigen Regelung einen entsprechenden (fristgebundenen) Antrag beim Kirchengericht zu stellen. Vielmehr ist es Sache der Mitarbeitervertretung, die angeblich fehlende Eilbedürftigkeit vor dem zuständigen kirchlichen Gericht zu rügen und ggf. deren Aufhebung zu beantragen (MAVO/*Jüngst* § 34 Rn. 81).

▶ **Muster – Mitteilung einer vorläufigen Regelung**

[Briefkopf des »Arbeitgebers«] 1

An die Mitarbeitervertretung
z.H. Frau _____ 2
– im Hause –

[Datum]

Mitteilung einer vorläufigen Regelung nach § 38 Abs. 5 MVG.EKD/§ 33 Abs. 5 Rahmen-MAVO

Sehr geehrte Damen und Herren,

bedauerlicherweise haben Sie der mit Schreiben vom _____ angezeigten beabsichtigten Einstellung des Herrn _____ die Zustimmung verweigert. ³ Es ist bereits jetzt absehbar, dass das kirchengerichtliche Verfahren nicht rechtzeitig vor der beabsichtigten Arbeitsaufnahme abgeschlossen werden kann. Wir sind daher zu einer vorläufigen Durchführung der Einstellung ⁴ zum ____[Datum]____ gezwungen.

Die geplante Arbeitsaufnahme des Herrn _____ am _____ duldet keinen Aufschub. ⁵ Ohne den Einsatz von Herrn _____ ist ein ordnungsgemäßer betrieblicher Ablauf ab dem _____ nicht zu gewährleisten. Wie Sie wissen, sind wir aufgrund gesetzlicher Vorgaben gezwungen, eine Mindestbesetzung in der Abteilung zu gewährleisten. Ohne Herrn _____ wird dieser Betreuungsschlüssel verletzt. Auch unabhängig davon könnte die Sicherheit der zu betreuenden Kinder/Patienten nicht mehr gewährleistet werden, wenn nach dem Ausscheiden der ehemaligen Stelleninhaberin und dem Ende des Praktikums der Frau _____ keine weitere Betreuungsperson das Team verstärkt. Die Alternative wäre, die Kindergruppe _____ bis auf weiteres zu schließen, was den Kindern und berufstätigen Eltern unzumutbar ist und vermutlich eine sofortige, für uns finanziell nicht verkraftbare Kündigungswelle seitens der Eltern nach sich ziehen würde.

Hinzu kommt, dass der ausgewählte Bewerber Herr _____ bereits angekündigt hat, seine Bewerbung zurückzuziehen, falls er nicht zeitnah seine Arbeit aufnehmen kann. Dieses Risiko können wir nicht eingehen, weil Herr _____ wegen seiner Doppelqualifikation überaus wertvoll ist und die angespannte Situation auf dem Arbeitsmarkt für Erzieher/Ärzte befürchten lässt, dass wir langfristig keinen geeigneten Ersatz mehr finden werden. ⁶

Mit freundlichen Grüßen

____[Ort]____, den ____[Datum]____

(Unterschrift »Arbeitgeber«)

Erhalten:

____[Ort]____, den ____[Datum]____

Erläuterungen

1. Siehe R Rdn. 14 f.
2. Siehe R Rdn. 16 f.
3. Die vorläufige Regelung kann **vor** oder **nach** Einleitung des Mitbestimmungsverfahrens getroffen werden. Vor Einleitung des Mitbestimmungsverfahrens kann die vorläufige Maßnahme nur angeordnet werden, wenn es keine Möglichkeit gab, die Mitarbeitervertretung zuvor – und sei es unter Abkürzung der Stellungnahmefrist gemäß § 38 Abs. 3 S. 1 MVG.EKD – zu beteiligen. Handelt es sich um einen solchen Eilfall – etwa Eingliederung eines Leiharbeitnehmers als Krankheitsvertretung »von heute auf morgen« – kann die Maßnahme sogar ohne vorherige Information an die Mitarbeitervertretung durchgeführt werden. Allerdings muss die durchgeführte

vorläufige Maßnahme der Mitarbeitervertretung unverzüglich mitgeteilt und ihr gegenüber begründet werden. Ebenso unverzüglich ist das reguläre Mitbestimmungsverfahren bzgl. der Zustimmung zur endgültigen Maßnahme einzuleiten (vgl. *Fey/Rehren* MVG.EKD, § 38 Rn. 67; MAVO/*Jüngst* § 33 Rn. 65).

44 Im Übrigen kann die vorläufige Maßnahme auch jederzeit nach Einleitung des Mitbestimmungsverfahrens angezeigt, begründet und durchgeführt werden. Das eingeleitete Mitbestimmungsverfahren bleibt davon unberührt bzw. läuft ohne inhaltliche Änderung weiter.

45 Unerheblich für die Wirksamkeit der vorläufigen Regelung ist nach ganz h.M. die Frage, ob die Dienststellenleitung die Eilbedürftigkeit durch schlechte Planung oder sonstige organisatorische Mängel selbst versucht oder gar fahrlässig herbeigeführt hat.

46 **4.** Praktische Bedeutung hat die vorläufige Maßnahme vor allem bei **Einstellungen** und **Versetzungen**. Im Falle von **Eingruppierungen** und **Umgruppierungen** werden eine vorläufige Maßnahme und eine darauf bezogene Unterrichtung der Mitarbeitervertretung für entbehrlich gehalten (vgl. zur Rechtslage im GK-BetrVG/*Raab* § 100 Rn. 6; AR/*Rieble* § 100 BetrVG Rn. 1; a.A. offenbar MAVO/*Jüngst* § 33 Rn. 62). Im Falle von **Kündigungen** sind vorläufige Maßnahmen ausgeschlossen, weil Kündigungen stets zu einer irreversiblen Gestaltung der Rechtslage führen, also vollendete Tatsachen schaffen.

47 **5.** Keinen Aufschub i.S.d. § 38 Abs. 5 MVG.EKD bzw. § 33 Abs. 5 Rahmen-MAVO duldet eine Maßnahme, wenn die Gründe, die für eine vorläufige Durchführung sprechen, so starkes Gewicht haben, dass sie das grundsätzliche Interesse an der Durchführung des Mitbestimmungsverfahrens überwiegen (vgl. zu den Anforderungen MAVO/*Jüngst* § 33 Rn. 60 ff.). Eine Maßnahme duldet keinen Aufschub, wenn die derart eintretende zeitliche Verzögerung zu **schweren Behinderungen** der Funktionsfähigkeit der Dienststelle führte oder wenn bei einem derzeitigen Unterbleiben der Maßnahme einem Betroffenen eine Belastung, ein Schaden oder sonstiger Nachteil entstünde, der außer Verhältnis zu Ziel und Zweck der Mitbestimmung stünde. Die vorläufige Durchführung einer Maßnahme hat demgegenüber zu unterbleiben, wenn sie bereits auf den ersten Blick nicht mit dem Recht vereinbar ist und die Mitarbeitervertretung ihre Zustimmungsverweigerung hierauf gestützt hat (sehr instruktiv: KGH.EKD, Beschl. v. 17.07.2009 – I-0124/R42-09). Darüber hinaus existiert – soweit ersichtlich – wenig kirchengerichtliche Rechtsprechung zur vorläufigen Regelung i.S.v. § 38 Abs. 5 MVG.EKD bzw. § 33 Abs. 5 Rahmen-MAVO, obwohl die praktische Bedeutung dieser Vorschriften enorm ist. Aufgrund der Dauer kirchengerichtlicher Verfahren, die sich sogar über zwei Instanzen erstrecken können, wird nahezu immer ein Bedürfnis bestehen, die Einstellung, Versetzung usw. schon vor dem rechtskräftigen Abschluss des Zustimmungsersetzungsverfahrens vorzunehmen. Soweit höchstrichterliche Vorgaben der kirchlichen Gerichte nicht bestehen, erscheint es gut vertretbar, sich insbesondere am Meinungsstand zur parallelen Vorschrift im BetrVG (§ 100) zu orientieren (vgl. dazu AR/*Rieble* § 100 BetrVG Rn. 3 ff.; GK-BetrVG/*Raab* § 100 Rn. 9 ff.).

48 **6.** Als Eildürftigkeitsgründe i.S.v. § 38 Abs. 5 MVG.EKD BetrVG kommen auch **personenbezogene Gründe** in Betracht. Hier ist insbesondere an die Konstellation zu denken, dass der Arbeitgeber sich für einen interessanten Bewerber entschieden hat, der sich jedoch bis zu einem rechtskräftigen Abschluss des Zustimmungsersetzungsverfahrens nicht »hinhalten« lassen will. Das Risiko, dass ein passender Bewerber, der auf dem Arbeitsmarkt nicht leicht verfügbar ist, wieder »abspringt«, kommt somit auch als Grund für eine vorläufige Einstellung in Betracht (vgl. *Fey/Rehren* MVG.EKD, § 38 Rn. 66; GK-BetrVG/*Raab* § 100 Rn. 11).

49 **Unbeachtlich** ist in diesem Zusammenhang der häufige Einwand, dass der Arbeitgeber einen ordnungsgemäßen betrieblichen Ablauf auch – unter Verzicht auf die vorläufige Einstellung oder Versetzung – auf anderem Wege, etwa unter Beibehaltung des bisherigen Personals, hätte sicherstellen können (GK-BetrVG/*Raab* § 100 Rn. 11). Im Rahmen von §§ 99, 100 BetrVG gilt ebenso wie in anderen Bereichen des Arbeitsrechts der Grundsatz der **freien unternehmerischen Entscheidung** (so ausdrücklich BAG, Beschl. v. 16.01.2007 – 1 ABR 16/06, juris). Insbesondere

spielt im Rahmen der Prüfung der Eilbedürftigkeit keine Rolle, auf welcher Rechtsgrundlage eine personelle Maßnahme erfolgt bzw. ob **auch andere Mitarbeiter** den Arbeitsplatz vorläufig besetzen könnten (vgl. nur HSWGRN/*Schlochauer* BetrVG, 8. Aufl., § 100 Rn. 8; GK-BetrVG/*Raab* § 100 Rn. 9). Das LAG Düsseldorf führt hierzu unter Hinweis auf BAG vom 7. November 1977 wörtlich aus: »Entscheidend ist, ob die Personalmaßnahme als solche notwendig ist, d.h. zu prüfen ist hier allein, ob der in Rede stehende Arbeitsplatz besetzt werden muss und nicht, wie er besetzt werden soll. Die Entscheidung darüber, welcher Arbeitnehmer den zu besetzenden Arbeitsplatz endgültig einnehmen soll, ist allenfalls bei der Ersetzung des Zustimmung des Betriebsrats gemäß § 99 Abs. 4 BetrVG zu überprüfen, wenn insoweit Zustimmungsverweigerungsgründe nach § 99 Abs. 2 BetrVG geltend gemacht werden können« (LAG Düsseldorf, Beschl. v. 30.10.2008 – 15 TaBV 248/08; ebenso GK-BetrVG/*Raab* § 100 Rn. 9).

II. Beteiligung der Mitarbeitervertretung bei Kündigungen

Vorbemerkung

Im Geltungsbereich des **katholischen Mitarbeitervertretungsrechts** setzt der wirksame Ausspruch einer **ordentlichen Kündigung** gemäß § 30 Rahmen-MAVO die rechtzeitige schriftliche Unterrichtung der Mitarbeitervertretung über die Kündigungsabsicht und (nach sechsmonatigem Bestand des Arbeitsverhältnisses) über die Kündigungsgründe voraus. Das Unterrichtungserfordernis erstreckt sich auch auf Änderungskündigungen (LAG Berlin-Brandenburg, Urt. v. 15.09.2008 – 10 Sa 818/08, juris). Erhebt die Mitarbeitervertretung innerhalb einer Wochenfrist Einwendungen und hält der Arbeitgeber an seinem Kündigungsentschluss fest, hat er einen sog. Mitberatungstermin anzusetzen. Wird bei der Mitberatung **keine Verständigung** erzielt, darf der Arbeitgeber die ordentliche Kündigung **gleichwohl aussprechen** (vgl. zu allen Einzelheiten MAVO/*Fuhrmann* § 30 Rn. 7 ff.). 50

Eine entsprechende Anhörungspflicht enthält § 31 Abs. 1 Rahmen-MAVO für die **außerordentliche Kündigung**. Danach ist der Mitarbeitervertretung vor einer außerordentlichen Kündigung (auch vor einer außerordentlichen Änderungskündigung, BAG, Urt. v. 22.04.2010 – 2 AZR 81/09, JurionRS 2010, 22676) die Absicht der Kündigung und die Kündigungsgründe mitzuteilen. Die Mitarbeitervertretung hat wiederum die Möglichkeit, Einwendungen vorzubringen – allerdings innerhalb einer kurzen Frist von drei Tagen. Diese Frist kann vom Arbeitgeber ohne Angabe von Gründen auf 48 Stunden abgekürzt werden. Ein anschließendes Mitberatungsverfahren ist – anders als bei der ordentlichen Kündigung – nicht vorgesehen (vgl. zu allen Einzelheiten MAVO/*Fuhrmann* § 31 Rn. 1 ff.). 51

Eine ohne Einhaltung dieses Mitberatungsverfahrens bzw. Anhörungsverfahrens ausgesprochene Kündigung ist **unwirksam** (§ 30 Abs. 5, § 31 Abs. 3 Rahmen-MAVO). Die Unwirksamkeit der Kündigung kann nicht durch nachträgliche Zustimmung der Mitarbeitervertretung geheilt werden. 52

Das System der Beteiligungsrechte nach dem **MVG.EKD** lehnt sich an das Modell des BPersVG an. Nach § 38 MVG.EKD dürfen Maßnahmen, die der Mitbestimmung unterliegen, erst vollzogen werden, wenn die **Zustimmung** der Mitarbeitervertretung **vorliegt** oder **kirchengerichtlich ersetzt** worden ist. Nach § 42 b) MVG.EKD unterliegt eine ordentliche Kündigung nach Ablauf der Probezeit (auch eine Änderungskündigung, vgl. BAG, Urt. v. 22.10.2015 – 2 AZR 124/14) der eingeschränkten Mitbestimmung der Mitarbeitervertretung. Sie ist gem. § 38 Abs. 1 S. 2 i.V.m. § 41 Abs. 3 MVG.EKD unwirksam, wenn die Mitarbeitervertretung nicht beteiligt worden ist. Diese darf die Zustimmung nach § 41 Abs. 2 MVG.EKD nur verweigern, wenn die Kündigung gegen eine **Rechtsvorschrift**, eine **arbeitsrechtliche Regelung**, eine andere **bindende Bestimmung** oder eine **rechtskräftige gerichtliche Entscheidung** verstößt. Eine Verweigerung der Zustimmung ist nach § 38 Abs. 3 S. 5 MVG.EKD **schriftlich** zu begründen. Eine Zustimmungsverweigerung, die auf keinen der Gründe des § 41 Abs. 2 MVG.EKD Bezug nimmt, ist unbe- 53 achtlich. Die Zustimmung gilt in diesem Fall mit Ablauf von zwei Wochen nach Unterrichtung der Mitarbeitervertretung gem. § 38 Abs. 3 S. 1 i.V.m. § 41 Abs. 3 MVG.EKD als erteilt. Die Mitarbeitervertretung soll eine Kündigung nicht durch jedwede Begründung verhindern oder verzögern können.

54 Die Kündigung gilt auch im Übrigen als gebilligt, wenn die Mitarbeitervertretung nicht innerhalb von zwei Wochen die Zustimmung schriftlich verweigert oder eine mündliche Erörterung beantragt. Kommt nach einem oder ggf. mehreren Erörterungsterminen keine Einigung zustande und verweigert die Mitarbeitervertretung sodann die Zustimmung innerhalb von zwei Wochen, kann die Dienststellenleitung gem. § 38 Abs. 4 MVG.EKD **innerhalb von zwei Wochen** nach Eingang der schriftlichen Weigerung das **Kirchengericht anrufen**. Dieses hat nach § 60 Abs. 5 S. 1 MVG.EKD festzustellen, ob ein Grund zur Verweigerung der Zustimmung nach § 41 MVG.EKD vorliegt. Stellt es fest, dass kein solcher Grund vorliegt, gilt die Zustimmung der Mitarbeitervertretung als ersetzt (ausführlich BAG, Urt. v. 25.04.2013 – 2 AZR 299/12, NZA 2014, 105). Gründe, auf die sich die Mitarbeitervertretung bei der Verweigerung der Zustimmung nicht beruft, können im kirchengerichtlichen Verfahren **nicht berücksichtigt** werden (KGH.EKD, Beschl. v. 10.12.2012 – I-0124/U23-12). Für alle Einzelheiten des einzuhaltenden Verfahrens kann auf *Fey/Rehren* § 38 Rn. 1 ff. verwiesen werden. Im Übrigen ist unbedingt der aktuelle Text des jeweils geltenden gliedkirchlichen MVG zu Rate zu ziehen.

55 In Rechtsprechung und Literatur ist anerkannt, dass bei der Auslegung der Beteiligungstatbestände im Zweifel auch auf die **Rechtsprechung des BAG zu § 102 BetrVG** zurückgegriffen werden kann (KR/*Friedrich/Fischermeier* Kirchl. ArbN. Rn. 25; KGH.EKD, Beschl. v. 01.10.2007 – I-0124/N45-07).

▶ **Muster – Beteiligung der Mitarbeitervertretung bei verhaltensbedingter Kündigung wegen Arbeitszeitbetrug**

56 [Briefkopf des »Arbeitgebers«] 1

An die Mitarbeitervertretung
z.H. Herrn _____ 2
– im Hause –

_____ [Datum]

Anhörung zu einer außerordentlichen Kündigung nach § 45 MVG-EKD

Antrag auf Zustimmung zu einer hilfsweise ordentlichen Kündigung nach §§ 42, 41, 38 MVG.EKD 3 des Herrn ____[Name]____

Sehr geehrte Damen und Herren,

wir beabsichtigen,

Herrn ____[Name]____,

geboren am ____[Datum]____,

wohnhaft in ____[Anschrift]____,

verheiratet, keine Kinder (laut Lohnsteuerkarte), Schwerbehinderung oder Gleichstellung nicht bekannt, 4

beschäftigt seit ____[Datum]____,

gegenwärtig beschäftigt als ____[Stellenbezeichnung]____,

gegenwärtig vergütet nach Entgeltgruppe ____[Entgeltgruppe]____, Stufe ____[Stufe]____,

anwendbare Arbeitsrechtsregelung: _____, 5

Kündigungsfrist (nach unserer Berechnung): _____ ,[6]
nach erfolgter Beteiligung der Mitarbeitervertretung außerordentlich mit sofortiger Wirkung, hilfsweise ordentlich zum nächstmöglichen Termin, voraussichtlich dem ___[Datum]___ verhaltensbedingt [7] zu kündigen.

1. Kündigungsbegründender Sachverhalt und Gang der Ermittlungen [8]

Herr ___[Name]___ ist als ___[Funktion]___ unter anderem zuständig für [Aufgabenbereich]. Hierzu gehört die disziplinarische Führung von vier Mitarbeitern und die Verwaltung der Kasse für die Abteilung _____. Er war mit Schreiben vom _____ und vom _____ jeweils abgemahnt worden. Diese Abmahnungen wegen falscher Arbeitszeiterfassung sind beigefügt. Im Einzelnen ging es um folgende Vorwürfe: [Kurze Darstellung der Abmahnungssachverhalte] [9]

Am ___[Datum]___ fand ein Gespräch zwischen ___[Name]___ und den Mitarbeitern Zeugen ___[Name]___ und ___[Name]___ statt. Im Laufe dieses Gesprächs erhielt Herr ___[Name]___ erste Hinweise über das Fehlverhalten von Herrn ___[Name]___. Herr ___[Name]___ konnte sich dies nicht erklären und suchte noch am gleichen Tag das Gespräch mit Frau ___[Name]___. Auf Befragung durch Frau ___[Name]___ erklärten die Mitarbeiter ___[Name]___ und ___[Name]___, sie hätten beobachtet, wie Herr ___[Name]___ [Beschreibung]. Am nächsten Tag ließ Herr _____ sich die Stundenzettel des auffällig gewordenen Herrn _____ von der Personalabteilung aushändigen. Die dort eingetragenen Arbeitszeiten für den _____, _____ und _____ März 2016 waren nicht mit den übereinstimmenden Aussagen der Zeugen _____ in Einklang zu bringen. Herr _____ beobachtete daraufhin am _____ und _____ und _____ März 2016 nachmittags permanent das verglaste Büro von Herrn _____ und notierte sich jeweils die Uhrzeiten, zu denen Herr _____ sein Büro und unsere Einrichtung verließ. Nach Auswertung der jeweils am Folgetag eingereichten Stundenzettel des Herrn _____ ergaben sich für diese drei Tage eine Differenz von 88, 92 und 90 Minuten zwischen tatsächlich geleisteter und handschriftlich erfasster Arbeitszeit.

Am ___[Datum]___ wurde Herr ___[Name]___ zu dem Vorfall angehört. [10] Die Anhörung wurde von der Personalleiterin, Frau ___[Name]___ und der Personalreferentin Frau ___[Name]___ durchgeführt. Herr _____ war zu diesem Gespräch geladen worden unter Hinweis darauf, dass es um Unregelmäßigkeiten bei seiner Arbeitszeiterfassung gehe. Hierzu wurden ihm seine Zeiterfassungsbögen vorgelegt und ein Vermerk über die Beobachtungen der Zeugen Herr _____ und Frau _____ vorgelegt und erläutert. Herr _____ äußerte, den Arbeitsplatz immer exakt zu den von ihm handschriftlich notierten Zeiten verlassen zu haben. Weitere Erklärungen gab er nicht ab.

Herr _____ hat die Schlichtungsstelle nicht angerufen, um die Kündigung ggf. noch zu verhindern. [11] Wir haben die Schlichtungsstelle ebenfalls nicht angerufen, da eine einvernehmliche Lösung des Konflikts nicht zu erwarten ist. [12]

2. Kenntniserlangung [13]

Die Personalleiterin berichtete noch am selben Tage dem Vorstandsmitglied Herrn _____ vom Ergebnis des Anhörungsgesprächs. Das Vorstandsmitglied Herr _____ berief für den Folgetag eine außerordentliche Vorstandssitzung ein. Unser Vorstand trat am _____ vollzählig zusammen und ließ sich von der Personalleiterin den Kündigungssachverhalt schildern und beschloss daraufhin, die außerordentliche, hilfsweise ordentliche Kündigung des Herrn _____ wegen Arbeitszeitbetrugs am _____ und _____ und _____ März 2016 zu betreiben.

4. Interessenabwägung [14]

Wir haben eine umfassende Interessenabwägung vorgenommen. Für Herrn ___[Name]___ spricht, dass sein Arbeitsverhältnis seit über ___[Anzahl]___ Jahren besteht. Anderseits ist er mit ___[Alter]___ Jahren noch verhältnismäßig jung, so dass es ihm nicht schwer fallen sollte, relativ schnell einen neuen Arbeitsplatz zu finden. Zu Lasten des Herrn _____ war insbesondere zu berücksichtigen, dass er seiner Vorbildfunktion gegenüber den nachgeordneten

Mitarbeitern nicht mehr gerecht werden kann und die ihm eingeräumte Vertrauensstellung (Verwaltung der Kasse, Vertrauensarbeitszeit) missbraucht hat. Hinzu kommt, dass er vor dem erneuten Arbeitszeitbetrug nicht zurückgeschreckt hat, obwohl er schon zweimal einschlägig abgemahnt worden war. Er ist unbelehrbar und das Vertrauen zu ihm ist unwiederbringlich zerstört, so dass auch eine Weiterbeschäftigung auf einem anderen Arbeitsplatz nicht in Betracht kommt.

5. Rechtliche Würdigung [15]

Es liegen keine Zustimmungsverweigerungsgründe vor. Insbesondere liegt kein Verstoß gegen Rechtsvorschriften, wie bspw. das KSchG, vor. Das BAG hat den Arbeitszeitbetrug als fristlosen Kündigungsgrund anerkannt und die fristlose Kündigung einer tariflich unkündbaren Verwaltungsangestellten, der ein Arbeitszeitbetrug im Umfang von 135 Minuten zur Last gelegt wurde, – auch ohne vorherige Abmahnung – mit folgender Begründung bestätigt: »Der vorsätzliche Verstoß eines Arbeitnehmers gegen seine Verpflichtung, die abgeleistete, vom Arbeitgeber nur schwer zu kontrollierende Arbeitszeit korrekt zu dokumentieren, ist an sich geeignet, einen wichtigen Grund zur außerordentlichen Kündigung i.S. von § 626 BGB darzustellen. Dies gilt für einen vorsätzlichen Missbrauch einer Stempeluhr ebenso wie für das wissentliche und vorsätzlich falsche Ausstellen entsprechender Formulare (…). Der Arbeitgeber muss auf eine korrekte Dokumentation der Arbeitszeit der am Gleitzeitmodell teilnehmenden Arbeitnehmer vertrauen können. Überträgt er den Nachweis der geleisteten Arbeitszeit den Arbeitnehmern selbst und füllt ein Arbeitnehmer die dafür zur Verfügung gestellten Formulare wissentlich und vorsätzlich falsch aus, so stellt dies in aller Regel einen schweren Vertrauensmissbrauch dar (…)« (BAG, Urt. v. 09.06.2011 – 2 AZR 381/10).

Genau so liegt der Fall auch hier. Das Vertrauensverhältnis zu Herrn ____[Name]____ ist aufgrund der dargelegten arbeitsvertraglichen Pflichtverstöße derart zerstört, dass das Festhalten an dem Arbeitsverhältnis, selbst bis zum Ablauf der ordentlichen Kündigungsfrist, nicht zumutbar ist.

Wir bitten daher, auf das Verlangen einer Erörterung der beabsichtigten außerordentlichen Kündigung zu verzichten. [16] Wir verkürzen die Frist für das Verlangen einer Erörterung hiermit gemäß § 45 Abs. 1 S. 3 MVG.EKD auf drei Arbeitstage. Dies entspricht der Stellungnahmefrist des Betriebsrats im weltlichen Arbeitsrecht. [17]

Zudem bitten wir um Zustimmung [18] zu der hilfsweise beabsichtigten ordentlichen Kündigung.

Mit freundlichen Grüßen

____[Ort]____, den ____[Datum]____

_____
(Unterschrift »Arbeitgeber«) [19]

Erhalten:

____[Ort]____, den ____[Datum]____

_____
(Unterschrift)

Erläuterungen

57 1. Siehe R Rdn. 14 f.

58 2. Siehe R Rdn. 16 f.

59 3. Unter der Geltung der **MAVO** würde die Betreffzeile lauten: »*Anhörung zu einer außerordentlichen Kündigung nach § 31 Rahmen-MAVO/Anhörung zu einer hilfsweise ordentlichen Kündigung nach § 30 Rahmen-MAVO des Herrn* ____[Name]____«

60 Das Beteiligungsverfahren sollte in jedem Fall **schriftlich** eingeleitet werden. Zwar verlangen nur § 30 und 31 Rahmen-MAVO eine schriftliche Unterrichtung vor ordentlicher und außerordentlicher Kündigung, während §§ 42, 41, 38 MVG.EKD und §§ 45, 46 MVG.EKD für die Unter-

richtung vor ordentlicher und außerordentlicher Kündigung kein Schriftformerfordernis enthalten. Da aber die vollständige Unterrichtung der Mitarbeitervertretung **Wirksamkeitsvoraussetzung** für die spätere Kündigung ist und die Unterrichtung von den staatlichen Arbeitsgerichten überprüft wird (und ggf. vom Arbeitgeber zu beweisen ist), spricht alles für eine umfassende schriftliche Unterrichtung (vgl. ausführlich MAVO/*Fuhrmann* § 30 Rn. 107 ff., 116; BAG, Urt. v. 10.12.1992 – 2 AZR 271/92, EzA § 611 BGB Kirchliche Arbeitnehmer Nr. 38). Auch hier ist stets der Wortlaut der diözesanen MAVO bzw. des gliedkirchlichen MVG zu prüfen.

Wichtig ist, dass **klargestellt** wird, ob das Beteiligungsverfahren zur außerordentlichen, zur ordentlichen oder die Verfahren zu beiden Kündigungsarten (wie hier im Muster) eingeleitet werden soll (vgl. AR/*Rieble* § 102 BetrVG Rn. 8). Das BAG hat zuletzt wörtlich ausgeführt: »Es spricht vieles dafür, dass die Beklagte das Beteiligungsverfahren schon nicht ordnungsgemäß eingeleitet hat. Dazu hätte sie bei der Mitarbeitervertretung nach § 38 Abs. 2 S. 1 MVG-EKiR die Zustimmung zu der beabsichtigten Kündigung beantragen müssen. Das an diese gerichtete Schreiben ist indes als bloße Anhörung bezeichnet. Am Ende bittet die Beklagte um Stellungnahme. Zwar kann sich aus den Umständen des Einzelfalls ergeben, dass die Dienststellenleitung mit der Unterrichtung zugleich einen Antrag auf Zustimmung stellen wollte (vgl. *Baumann-Czichon/Gathmann/Germer* MVG-EKD, 4. Aufl., § 38 Rn. 3; s.a. BAG, Beschl. v. 10.11.2009 – 1 ABR 64/08, Rn. 17 zu § 99 BetrVG), jedoch erscheint hier zweifelhaft, ob die Mitarbeitervertretung (…) annehmen konnte, es werde gleichwohl ihre Zustimmung zu der beabsichtigten Maßnahme erbeten« (BAG, Urt. v. 22.10.2015 – 2 AZR 124/14). 61

4. Der Mitarbeitervertretung sind mit der Mitteilung der Kündigungsabsicht auch die **personellen Daten** des betroffenen Arbeitnehmers, insbesondere also Alter, Familienstand, Unterhaltsverpflichtungen, Beschäftigungsdauer, gegebenenfalls die Umstände, aus denen ein besonderer Kündigungsschutz folgt, mitzuteilen (KGH.EKD, Beschl. v. 01.10.2007 – I-0124/N45-07; vgl. ausführlich zum notwendigen Inhalt der Unterrichtung: MAVO/*Fuhrmann* § 30 Rn. 29 ff.). Hinsichtlich dieser persönlichen Daten trifft den Arbeitgeber allerdings **keine Ermittlungspflicht** (MAVO/*Fuhrmann* § 30 Rn. 33; *Kleinebrink* DB 2005, 2522, 2526). Grundsätzlich ist der Arbeitnehmer für die Unterrichtung des Arbeitgebers über Veränderungen seiner Personalien verantwortlich (BAG, Urt. v. 24.11.2005 – 2 AZR 514/04, NZA 2006, 665). Der Arbeitgeber darf sich bei der Unterrichtung des Personalrats auf die ihm bekannten, insbesondere auf die in der **Lohnsteuerkarte** angegebenen bzw. über die ELStAM-Datenbank abgerufenen Daten beziehen, hat dies dann aber gegenüber der Mitarbeitervertretung zu kennzeichnen (BAG, Urt. v. 24.11.2005 – 2 AZR 514/04, NZA 2006, 665). Sind ihm aus anderem Zusammenhang allerdings abweichende Informationen positiv bekannt, wird er sich später nicht auf die Informationen aus der Lohnsteuerkarte berufen können. 62

5. Ob ein Hinweis auf die **anwendbare Arbeitsrechtsregelung** oder den anwendbaren kirchlichen Tarifvertrag erfolgen muss, ist in Rechtsprechung und Literatur – soweit ersichtlich – noch nicht thematisiert worden. Vorsorglich sollte auch diese Klarstellung erfolgen, da es in der Praxis vorkommt, dass in einer Einrichtung – bspw. aufgrund von Betriebsteilübergängen – verschiedene Arbeitsrechtsregelungen zur Anwendung gelangen. Auch war die Praxis verbreitet, für Neueinstellungen die AVR-DD (vormals AVR-DW-EKD) anzuwenden, während die Altverträge weiterhin Bezugnahmeklauseln auf den BAT-KF enthalten. 63

6. Teilweise wird die Angabe der **Kündigungsfrist** für entbehrlich gehalten (*Fey/Rehren* MVG.EKD, § 42 Rn. 20). Daran ist richtig, dass die Mitarbeitervertretung die Kündigungsfrist anhand der mitzuteilenden Beschäftigungsdauer und der in der Einrichtung geltenden Arbeitsrechtsregelung (AVR-DD, AVR-Caritas, BAT-KF usw.) regelmäßig selbst bestimmen kann. Da aber im Einzelfall eine längere individualvertragliche Kündigungsfrist gelten kann, sollte die Kündigungsfrist vorsorglich gesondert mitgeteilt werden (i.E. ebenso MAVO/*Fuhrmann* § 30 Rn. 36; AR/*Rieble* § 102 BetrVG Rn. 12 unter Hinweis auf BAG-Rspr.). 64

R. Kirchliches Arbeitsrecht

65 **7.** Neben der **verhaltensbedingten** Kündigung kommt im kirchlichen Bereich selbstverständlich auch die **betriebsbedingte** und **personenbedingte** Kündigung in Betracht. Das Kündigungsschutzgesetz gilt auch für kirchliche Arbeitsverhältnisse. Bezugspunkt ist insoweit nicht der Betrieb i.S.v. § 23 KSchG, sondern die Dienststelle oder die Einrichtung. Ein Beispiel für eine betriebsbedingte Kündigung findet sich in der Entscheidung des KGH.EKD vom 20.04.2009. Der KGH.EKD hat die Zustimmung zur beabsichtigten ordentlichen Kündigung einer Kirchenmusikerin ersetzt, da er die unternehmerische Entscheidung der Kirchengemeinde, die Stelle der einzigen Kirchenmusikerin auf Dauer entfallen zu lassen und stattdessen Kirchenmusik von ehrenamtlich Tätigen spielen zu lassen, nicht beanstandet hat. Eine solche unternehmerische Entscheidung laufe nicht auf eine unzulässige Austauschkündigung hinaus. Vielmehr könne auch der kirchliche Arbeitgeber zur Erfüllung seiner Aufgaben unter allen rechtlich zulässigen Gestaltungsmöglichkeiten diejenige wählen, die ihm unter wirtschaftlichen Aspekten am zweckmäßigsten erscheint (KGH.EKD, Beschl. v. 20.04.2009 – I-0124/P59/08). Ein anderes instruktives Beispiel für eine wirksame betriebsbedingte Kündigung (Schließung eines evangelischen Waisenhauses) und eine vorausgegangene ordnungsgemäße Beteiligung der Mitarbeitervertretung findet sich in der Entscheidung des BAG vom 25.04.2013 – 2 AZR 299/12, NZA 2014, 105. Für die krankheitsbedingte Kündigung gelten keine Besonderheiten, so dass auf die Erläuterungen zum Personalvertretungsrecht verwiesen werden kann. Für die Kündigung wegen Loyalitätspflichtverletzung, die das BAG zumeist als personenbedingte Kündigung qualifiziert, gelten vielfältige Besonderheiten, die im folgenden Muster behandelt werden.

66 **8.** Der Arbeitgeber muss der Mitarbeitervertretung die aus seiner Sicht die Kündigung begründenden Umstände (objektive Tatsachen und subjektive Vorstellungen) so genau und umfassend mitteilen, dass dieser ohne zusätzliche eigene Nachforschungen in der Lage ist, selbst die Stichhaltigkeit der Kündigungsgründe zu prüfen und sich über seine Stellungnahme schlüssig zu werden (vgl. BAG, Urt. v. 15.11.1995 – 2 AZR 974/94, NZA 1996, 419; zu allen Einzelheiten MAVO/*Fuhrmann* § 30 Rn. 27 ff., 38 ff.; AR/*Rieble* § 102 BetrVG Rn. 8 ff.). Dabei reicht es allerdings aus, wenn sich die Unterrichtung auf die Umstände bezieht, die für den Arbeitgeber aus seiner subjektiven Sicht ausschlaggebend waren (sog. **subjektive Determination**, vgl. BAG, Urt. v. 06.02.1997 – 2 AZR 265/96, NZA 1997, 656). Dieser Grundsatz gilt auch im Mitarbeitervertretungsrecht (LAG München Urt. v. 20.01.2005 – 6 Sa 489/03; MAVO/*Fuhrmann* § 30 Rn. 27).

67 Eine unterbliebene Beteiligung der Mitarbeitervertretung führt regelmäßig zur **Unwirksamkeit** der Kündigung. Die Rechtsfolge der Unwirksamkeit der Kündigung tritt nicht nur dann ein, wenn das maßgebliche Beteiligungsverfahren gänzlich unterblieben ist, sondern auch dann, wenn es mit Fehlern behaftet ist (MAVO/*Fuhrmann* § 30 Rn. 39). Für die ordnungsgemäße Durchführung des Beteiligungsverfahrens vor Ausspruch der ordentlichen oder außerordentlichen Kündigung, insbesondere für die Anforderungen an die Substantiierung der Kündigungsgründe gegenüber der Mitarbeitervertretung, kann im Wesentlichen auf die Rechtsprechung des BAG zur Anhörung des Betriebsrats nach § 102 BetrVG zurückgegriffen werden (vgl. KGH.EKD, Beschl. v. 01.10.2007 – I-0124/N45-07).

68 Auch wenn an die Mitteilungspflicht des Arbeitgebers im Anhörungsverfahren geringere Anforderungen zu stellen sind als an die Darlegungslast im Kündigungsschutzprozess (BAG, Urt. v. 06.02.1997 – 2 AZR 265/96, NZA 1997, 656; AR/*Rieble* § 102 BetrVG Rn. 11), sollte die Anhörung eher zu **ausführlich** und detailliert als zu kurz gefasst werden. Andernfalls droht eine an sich gerechtfertigte Kündigung allein aus formalen Gründen für unwirksam erklärt zu werden. Letztlich muss in der Anhörung bzw. Beteiligung der Mitarbeitervertretung der Vortrag in einem eventuellen späteren Kündigungsschutzverfahren vollständig vorweg genommen werden. Eine sehr gute **Checkliste** für die im Rahmen der verschiedenen Kündigungstypen erforderlichen Informationen findet sich bei MAVO/*Fuhrmann* § 30 Rn. 43–48.

69 Umstände, die nicht der Mitarbeitervertretung vorgetragen worden waren, können im Kündigungsschutzprozess vor dem staatlichen Arbeitsgericht **nicht berücksichtigt** werden (MAVO/*Fuhrmann* § 30 Rn. 49; LAG Düsseldorf, Urt. v. 29.10.2007 – 17 Sa 1274/07, ArbRB 2008, 76).

Ein »**Nachschieben von Kündigungsgründen**« ist jedoch möglich, wenn der Arbeitgeber die Mitarbeitervertretung zu den weiteren Kündigungsgründen nachträglich anhört. Dies funktioniert allerdings nur, wenn die Umstände im Kündigungszeitpunkt bereits objektiv vorlagen und dem Kündigungsberechtigten im Kündigungszeitpunkt noch nicht bekannt waren (LAG Hamm, Urt. v. 29.03.2007 – 16 Sa 435/06, juris; für alle Einzelheiten: MAVO/*Fuhrmann* § 30 Rn. 49 f.; DLW/*Dörner* Kap. 4 Rn. 1552 ff.; ErfK/*Müller-Glöge* § 626 BGB Rn. 55 ff.).

9. Auch wenn nach neuester BAG-Rechtsprechung (Beschl. v. 17.09.2013 – 1 ABR 26/12, NZA 2014, 269) § 102 BetrVG keinen Anspruch auf Vorlage erteilter Abmahnungen geben soll (vgl. dazu AR/*Rieble* § 102 BetrVG Rn. 8), empfiehlt es sich, relevante Abmahnungen der Anhörung beizufügen, um dem Vorwurf einer unvollständigen oder unpräzisen Zusammenfassung der Abmahnungsinhalte von vornherein die Grundlage zu entziehen.

10. Eine Anhörung des Arbeitnehmers ist nicht zwingend erforderlich. Etwas anders gilt für den Fall der **Verdachtskündigung** (vgl. Q Rdn. 126; DLW/*Dörner* Kap. 4 Rn. 1585 f.; ErfK/*Müller-Glöge* § 626 BGB Rn. 47) sowie für den Fall der Kündigung wegen **Loyalitätspflichtverletzung** (vgl. die Erläuterungen zum folgenden Muster); in diesen beiden Fällen ist die Anhörung Wirksamkeitsvoraussetzung für die Kündigung! Eine Anhörung kann aber auch in anderen Fällen zur pflichtgemäßen Aufklärung des Sachverhalts sinnvoll und geboten sein (vgl. DLW/*Dörner* Kap. 4 Rn. 1585; ErfK/*Müller-Glöge* § 626 BGB Rn. 47). Wenn die Anhörung zügig durchgeführt wird, ist der Lauf der Kündigungserklärungsfrist bis dahin gehemmt. Wenn eine Anhörung durchgeführt worden ist oder andere Ermittlungen (Befragungen von Zeugen usw.) erfolgt sind, sind die Ergebnisse darzustellen. Ebenso ist stets auf eine etwaige Gegendarstellung des Arbeitnehmers und sonstige entlastende Umstände hinzuweisen (MAVO/*Fuhrmann* § 30 Rn. 27; BAG, Urt. v. 17.02.1994 – 2 AZR 673/93; AR/*Rieble* § 102 BetrVG Rn. 19).

11. In den kirchlichen Arbeitsvertragsordnungen ist teilweise vorgesehen, dass bei Auftreten individualrechtlicher Streitigkeiten aus dem Arbeitsvertrag bzw. aus den geltenden Regelungen des Dritten Weges zunächst eine **Schlichtungsstelle** angerufen werden soll, um den Konflikt zu lösen, vgl. z.B. § 22 AT AVR Caritas. In Betracht kommen jegliche Streitigkeiten über Entgelt, Urlaub, Abmahnung, Kündigung usw. Die Verpflichtung zur Anrufung einer Schlichtungsstelle ist jedoch kein Prozesshindernis für den Zugang zum staatlichen Arbeitsgericht (vgl. MAVO/*Thiel* § 40 Rn. 53 ff.). Der Arbeitnehmer ist somit nicht gezwungen, ein Schlichtungsverfahren einzuleiten bzw. sich auf ein vom Arbeitgeber initiiertes Schlichtungsverfahren einzulassen. Insbesondere ist zu beachten, dass ein Schlichtungsverfahren nach ausgesprochener Kündigung nicht den Lauf der **Klagefrist des** § 4 KSchG außer Kraft setzt. Eine Kündigung oder eine Befristung (§ 17 TzBfG) muss daher immer innerhalb von drei Wochen beim staatlichen Arbeitsgericht angegriffen werden, vgl. auch § 22 Abs. 4 AT AVR Caritas.

12. Ebenso besteht für den Arbeitgeber **keine Verpflichtung**, vor der Beteiligung der Mitarbeitervertretung oder vor Ausspruch der Kündigung ein Schlichtungsverfahren durchzuführen oder anzubieten. Entscheidet sich der Arbeitgeber hierfür, um eine im Raume stehende außerordentliche Kündigung zu vermeiden, ist fraglich, ob der Lauf der **Kündigungserklärungsfrist** des § 626 Abs. 2 BGB hierdurch gehemmt. Im Zweifel wird die Frist **nicht gehemmt**.

13. Die Unterrichtungspflicht erstreckt sich auch darauf, wann und auf welche Weise der Kündigungsberechtigte **vollständige Kenntnis vom Kündigungssachverhalt** erlangt. Die Mitarbeitervertretung muss in der Lage sein, ohne eigene Nachforschungen die Einhaltung der Kündigungserklärungsfrist des § 626 Abs. 2 BGB überprüfen zu können (AR/*Rieble* § 102 BetrVG Rn. 8).

14. Streng genommen führt das Arbeitsgericht die **Interessenabwägung** nach § 626 Abs. 1 BGB durch. Um dem Kündigungssachverhalt und der Zerstörung des Vertrauensverhältnisses mehr Gewicht zu verleihen, kann es sich anbieten, der Mitarbeitervertretung das Ergebnis der durch den Arbeitgeber durchgeführten Interessenabwägung zu präsentieren.

76 **15.** Eine **rechtliche Bewertung** durch den Arbeitgeber im Rahmen der Unterrichtung ist keinesfalls vorgeschrieben. Wie dargestellt, muss der Arbeitgeber aber über die objektiven Umstände und seine subjektive Bewertung sowie die Gründe, welche ihn zum Kündigungsentschluss bewogen haben, informieren. Zur Veranschaulichung dieser Erwägungen und um der Mitarbeitervertretung zu verdeutlichen, dass die Kündigung nicht nur gewollt, sondern nach rechtlicher Prüfung auch berechtigt ist, bietet sich eine Subsumtion in einem gesonderten Punkt »Rechtliche Würdigung« an.

77 **16.** Im Geltungsbereich der **MAVO** würde die Schlussformel lauten: »*Wir bitten, keine Einwendungen gegen die beabsichtigten Kündigungen zu erheben.*« Denn das Beteiligungsverfahren nach der Rahmen-MAVO ist formal nicht auf eine Zustimmung der Mitarbeitervertretung zur außerordentlichen und/oder ordentlichen Kündigung gerichtet, sondern auf ein Unterlassen von Einwendungen.

78 **17.** Gerade vor Ausspruch einer außerordentlichen Kündigung kann der Arbeitgeber unter **Zeitdruck** geraten. Immerhin muss das Beteiligungsverfahren **innerhalb** der zweiwöchigen Kündigungserklärungsfrist **abgeschlossen** sein. Nach § 31 Abs. 2 S. 2 Rahmen-MAVO kann der Arbeitgeber die dreitägige Frist für die Erhebung von Einwendungen auf 48 Stunden abkürzen. Dies wird nur im Ausnahmefall erforderlich sein. Nach § 45 Abs. 1 S. 3 MVG.EKD kann die Frist für das Verlangen der Erörterung von zwei Wochen auf drei Arbeitstage verkürzt werden. Diese Abkürzung muss unbedingt erfolgen, da unter der regulären Frist von zwei Wochen die ebenfalls zweiwöchige Kündigungserklärungsfrist des § 626 Abs. 2 BGB niemals eingehalten werden könnte!

79 Unabhängig davon hat der Arbeitgeber genau zu prüfen, ob eine Reaktion der Mitarbeitervertretung sich nur auf **eine** Kündigung bzw. ein Beteiligungsverfahren oder auf **beide** Kündigungen bzw. Verfahren bezieht. Ggf. kann und muss (wegen § 626 Abs. 2 BGB!) zunächst nur die außerordentliche Kündigung ausgesprochen werden, weil für die hilfsweise ordentliche Kündigung das Beteiligungsverfahren noch nicht abgeschlossen ist. Dies wird insbesondere im evangelischen Bereich in Betracht kommen, wenn die Zustimmung zu einer ordentlichen Kündigung erst kirchengerichtlich ersetzt werden muss.

80 **18.** Mit der ausdrücklichen und vorbehaltlosen **Zustimmung** der Mitarbeitervertretung zur ordentlichen Kündigung ist das Mitbestimmungsverfahren abgeschlossen und der Arbeitgeber kann die ordentliche Kündigung noch vor Ablauf der zweiwöchigen Stellungnahmefrist des § 38 Abs. 3 MVG.EKD bzw. der einwöchigen Stellungnahmefrist des § 30 Abs. 2 S. 1 Rahmen-MAVO aussprechen. Im Bereich der MAVO kann die Kündigung auch dann vor Ablauf der Wochenfrist ausgesprochen werden, wenn die Mitarbeitervertretung eindeutig erklärt hat, dass sie keine weitere Erörterung wünscht und ihre Stellungnahme abschließend ist (MAVO/*Fuhrmann* § 30 Rn. 72).

81 Sonstige **mehrdeutige Reaktionen** der Mitarbeitervertretung führen im Zweifel nicht dazu, dass der Arbeitgeber schon vor Ablauf der Frist kündigen dürfte. Dies gilt insbesondere für die Formulierungen »Die Mitarbeitervertretung nimmt die Kündigung zur Kenntnis« oder »Die Mitarbeitervertretung will keine Stellung nehmen« (MAVO/*Fuhrmann* § 30 Rn. 72). In einem jüngst vom BAG entschiedenen Fall hatte die Mitarbeitervertretung innerhalb der Frist lediglich für die »umfassende Information« gedankt und mitgeteilt, »für einen weiteren Austausch zur Verfügung« zu stehen. Auch dies ist keine Zustimmung. Die gleichwohl noch vor Ablauf der Stellungnahmefrist ausgesprochene Kündigung hat das BAG allein wegen des Fehlers im Mitbestimmungsverfahren für unwirksam erklärt (BAG, Urt. v. 22.10.2015 – 2 AZR 124/14).

82 Wegen der sonstigen Reaktionsmöglichkeiten und der sich dann anschließenden Verfahrensschritte wird auf die jeweiligen gliedkirchlichen bzw. diözesanen Gesetze sowie auf MAVO/*Fuhrmann* § 30 Rn. 61 ff., 112 ff. sowie *Fey/Rehren* MVG.EKD, § 38 Rn. 25 ff. verwiesen. Verlangt die Mitarbeitervertretung eine Erörterung (vgl. § 38 Abs. 3 MVG.EKD) oder erhebt sie Einwendungen, so ist eine ohne Erörterung bzw. Beratung erklärte Kündigung unwirksam (BAG, Urt. v. 20.01.2000 – 2 AZR 65/99, NZA 2000, 367). Gleiches gilt für den katholischen Bereich.

Erläuterungen R.II.1

19. Da §§ 30 Abs. 1 und 31 Abs. 1 Rahmen-MAVO eine **schriftliche** Unterrichtung verlangen, ist im Zweifel von der Geltung der **§§ 125, 126 BGB** auszugehen. Dies bedeutet, dass die Unterrichtung in Papierform mit **Originalunterschrift** des Dienstgebers, seines gesetzlichen Vertreters oder einer schriftlich bevollmächtigten Person erstellt und der Mitarbeitervertretung überreicht werden muss (vgl. MAVO/*Fuhrmann* § 30 Rn. 26, 58). Eine Unterrichtung per Fax oder E-Mail ist mit größter Rechtsunsicherheit verbunden – selbst wenn die Mitarbeitervertretung auf die Einhaltung der Schriftform ausdrücklich verzichtet haben sollte oder der Verzicht einer langjährigen Praxis entspricht. Jeder Formfehler im Beteiligungsverfahren führt im Zweifel zur Unwirksamkeit der späteren Kündigung.

▶ **Muster – Beteiligung der Mitarbeitervertretung bei außerordentlicher personenbedingter Kündigung wegen Loyalitätspflichtverletzung**

[Briefkopf des »Arbeitgebers«] [1]

An die Mitarbeitervertretung
z.H. Herrn _____ [2]
– im Hause –

_____ [Datum]

Antrag auf Zustimmung [3] **zur außerordentlichen Kündigung mit Auslauffrist** [4] **gemäß §§ 42, 41, 38 MVG.EKD**

Sehr geehrte Damen und Herren,

wir beabsichtigen,

Herrn ___[Name]___ ,

geboren am ___[Datum]___ ,

wohnhaft in ___[Anschrift]___ ,

verheiratet, keine Kinder (laut Lohnsteuerkarte), [5]

beschäftigt seit ___[Datum]___ ,

gegenwärtig beschäftigt als ___[Stellenbezeichnung]___ ,

gegenwärtig vergütet nach Entgeltgruppe ___[Entgeltgruppe]___ , Stufe ___[Stufe]___ ,

anwendbare Arbeitsrechtsregelung: _____ , [6]

Kündigungsfrist (nach unserer Berechnung): ordentlich unkündbar nach § _____ AVR, [7] nach erfolgter Beteiligung der Mitarbeitervertretung außerordentlich mit Auslauffrist zum nächstmöglichen Termin, voraussichtlich dem ___[Datum]___ gemäß § 626 BGB zu kündigen. Herr ___[Name]___ ist ordentlich unkündbar. Da wegen der nachfolgend zu erläuternden Loyalitätspflichtverletzung eine dauerhafte Ungeeignetheit für den kirchlichen Dienst feststeht, beabsichtigen wir eine außerordentliche Kündigung unter Gewährung einer der fiktiven ordentlichen Kündigungsfrist entsprechenden Auslauffrist. Wir leiten hierzu das Verfahren gemäß §§ 42, 41, 38 MVG.EKD ein.

1. Stellung des Herrn _____ innerhalb der Einrichtung [8]

Wie Ihnen bekannt ist, sind wir als Mitglied des Caritasverbandes an das Arbeitsrecht der katholischen Kirche gebunden. Hierzu haben wir mit allen Mitarbeitern die Geltung der AVR sowie der Grundordnung arbeitsvertraglich vereinbart. Wir verstehen uns als Wesens- und Lebensäußerung der katholischen Kirche und tragen zur Verwirklichung des kirchlichen Auftrags in der Welt bei. Dies gilt namentlich für Herrn _____ , der als Sozialpädagoge unmittelbar mit den von uns betreuten Personen zusammenarbeitet und auch für die Vermittlung religiöser Inhalte zustän-

von Tiling

dig ist. Als Leiter des Bereichs _____ ist er zudem Vorgesetzter von 10 anderen Sozialpädagogen und repräsentiert unsere Einrichtung nach außen.

2. Geltende Loyalitätspflichten [9]

Herr _____ hatte ein konkrete Vorstellung von den ihm abverlangten Loyalitätspflichten. Auf sein Arbeitsverhältnis finden die Richtlinien für Arbeitsverträge in den Einrichtungen des Deutschen Caritasverbandes (AVR) in ihrer jeweils geltenden Fassung Anwendung. Herrn _____ war bei Begründung seines Arbeitsverhältnisses Gelegenheit zur Einsichtnahme in die AVR gegeben worden. Gemäß ausdrücklicher arbeitsvertraglicher Vereinbarung stimmen die Parteien darin überein, dass ein Verstoß gegen Grundsätze der katholischen Glaubens- und Sittenlehre Grund für eine Kündigung sein kann.

Die AVR _____ enthalten in ihrem Allgemeinen Teil unter anderen folgende Regelungen:

»§ 4. Allgemeine Dienstpflichten. (1) Der Dienst in der katholischen Kirche fordert vom Dienstgeber und vom Mitarbeiter die Bereitschaft zu gemeinsam getragener Verantwortung und vertrauensvoller Zusammenarbeit unter Beachtung der Eigenart, die sich aus dem Auftrag der Kirche und ihrer besonderen Verfasstheit ergibt.

(2) Bei der Erfüllung der dienstlichen Aufgaben sind die allgemeinen und für einzelne Berufsgruppen erlassenen kirchlichen Gesetze und Vorschriften zu beachten.

(3) Der Dienst in der katholischen Kirche erfordert vom katholischen Mitarbeiter, dass er seine persönliche Lebensführung nach der Glaubens- und Sittenlehre sowie den übrigen Normen der katholischen Kirche einrichtet. Die persönliche Lebensführung des nicht katholischen Mitarbeiters darf dem kirchlichen Charakter der Einrichtung, in der er tätig ist, nicht widersprechen.«

Herr _____ ist zudem bei Beginn seines Arbeitsverhältnisses die Grundordnung ausgehändigt worden, in der der Kirchenaustritt als kündigungsrelevante Pflichtverletzung erläutert wird.

3. Kündigungssachverhalt [10]

4. Klärendes Gespräch [11]

Am ____[Datum]____ führte unser Vorstand mit Herrn ____[Name]____ ein klärendes Gespräch. Ziel war die Beseitigung des Loyalitätsmangels. Obwohl Herr _____ ausdrücklich darauf hingewiesen worden war, dass er mit einer Kündigung zu rechnen habe, wenn er sein Verhalten nicht überdenkt, erklärte er, seinen Kirchenaustritt nicht rückgängig machen zu wollen/sein Engagement für die Sekte x im privaten und dienstlichen Rahmen nicht aufgeben zu wollen.

5. Konsultation [12]

[Ggf. Kurze Darstellung des Konsultationsverfahrens nach Art. _____ GrO und des Ergebnisses].

6. Abwägung [13]

Eine vorherige Abmahnung war im vorliegenden Fall entbehrlich, weil es sich bei der Loyalitätspflichtverletzung um schwerwiegende und irreversible Pflichtverletzungen handelt, deren Rechtswidrigkeit für Herrn _____ ohne Weiteres erkennbar gewesen war und bei der eine Hinnahme durch den Arbeitgeber offensichtlich ausgeschlossen war.

Im Rahmen der umfassenden Interessenabwägung haben wir neben dem kirchlichen Selbstbestimmungsrecht auch die Grundrechte des Herrn _____ berücksichtigt. Für Herrn ____[Name]____ spricht, dass sein Arbeitsverhältnis seit über ____[Anzahl]____ Jahren besteht. Andererseits ist er mit ____[Alter]____ Jahren noch verhältnismäßig jung, so dass es ihm nicht schwer fallen sollte, relativ schnell einen neuen Arbeitsplatz zu finden. […]

7. Kenntniserlangung [14]

Am _____ hat der ____[bspw. Mitglied eines kündigungsberechtigten Gremiums]____ erstmals Kenntnis von dem Kündigungssachverhalt erlangt. Am _____ hat sich das kündigungsberechtigte

Gremium mit dem Fall befasst und beschlossen, das klärende Gespräch gemäß Art. 5 GrO zu führen. Dies fand innerhalb einer Woche am _____ statt. Danach stand fest, dass die Loyalitätspflichtverletzung bewusst und endgültig erfolgt war und nicht zu revidieren war.

8. Rechtliche Würdigung

Die Voraussetzungen des § 626 Abs. 1 BGB liegen vor. Herr _____ hat durch seinen Kirchenaustritt [Wiederheirat/Werbung für eine Sekte] schwerwiegend gegen seine vertraglichen Loyalitätsobliegenheiten verstoßen. Unabhängig davon, ob darin eine schuldhafte Verletzung arbeitsvertraglicher Pflichten liegt, stellt dies einen in seiner Person liegenden wichtigen Grund i.S.v. § 16 Abs. 2 AVR i.V.m. § 626 Abs. 1 BGB dar.

Nach der Rechtsprechung von Bundesarbeitsgerichts und Bundesverfassungsgerichts haben die Arbeitsgerichte bei der Bewertung einzelner Loyalitätsanforderungen die vorgegebenen kirchlichen Maßstäbe zu Grunde zu legen. Es bleibt danach grundsätzlich den verfassten Kirchen überlassen, verbindlich zu bestimmen, was die Glaubwürdigkeit der Kirche und der Einrichtung, in der die Mitarbeiter beschäftigt sind, erfordert, welches die zu beachtenden Grundsätze der katholischen Glaubens- und Sittenlehre sind und welche Loyalitätsverstöße aus kirchenspezifischen Gründen als schwerwiegend anzusehen sind.

Im vorliegenden Fall wiegt der Loyalitätsverstoß aus folgenden Gründen besonders schwer: [...]

Wir bitten daher um Zustimmung zu der außerordentlichen Kündigung mit Auslauffrist. [15] Wir verkürzen die Frist für das Verlangen einer Erörterung hiermit gemäß § 38 Abs. 3 MVG.EKD auf eine Woche. Dies entspricht der Stellungnahmefrist des Betriebsrats im weltlichen Arbeitsrecht. [16]

Mit freundlichen Grüßen

_____ [Ort] , den _____ [Datum]

_____

(Unterschrift »Arbeitgeber«)

Erhalten:

_____ [Ort] , den _____ [Datum]

_____

(Unterschrift)

Erläuterungen

Schrifttum

Eder Änderungen im Loyalitätsrecht der Katholischen Kirche, ZTR 2015, 379; *Fey/Joussen/Steuernagel* Das Arbeits- und Tarifrecht der evangelischen Kirche, 2012; *Fey/Rehren* MVG.EKD Praxiskommentar, Stand August 2015; *Fischermeier* Kündigungen wegen Loyalitätspflichtverletzungen kirchlicher Arbeitnehmer, RdA 2014, 257; *Joussen* Arbeitsrechtliche Anforderungen an die Mitarbeit in Kirche und Diakonie, ZevKR 2015, 63; *Melot de Beauregard/Baur* Loyalitätspflichten des Arbeitnehmers im kirchlichen Arbeitsverhältnis, NZA-RR 2014, 625; *Reichold/Kortstock* Das Arbeits- und Tarifrecht der katholischen Kirche, 2014; *Richardi* Arbeitsrecht in der Kirche, 7. Aufl. 2015; *Thiel/Fuhrmann/Jüngst* MAVO Rahmenordnung für eine Mitarbeitervertretungsordnung, 7. Aufl. 2014; *v. Tiling* Die neue Grundordnung für das Arbeitsrecht der katholischen Kirche, öAT 2015, 227; *ders.* Kündigung wegen Loyalitätspflichtverletzung, öAT 2013, 277; *Weiß* Das Allgemeine Gleichbehandlungsgesetz (AGG) und Mitarbeits- und Beschäftigungsverhältnisse in Religionsgemeinschaften, ZevKR 2015, 341.

1. Siehe R Rdn. 14 f. 85

2. Siehe R Rdn. 16 f. 86

3. Im Bereich des **katholischen** Mitarbeitervertretungsrechts müsste die Betreffzeile lauten: »*Anhörung zur außerordentlichen Kündigung mit Auslauffrist gemäß § 30 MAVO*«. 87

88 Wichtig ist, dass immer **klargestellt** wird, ob das Beteiligungsverfahren zu **außerordentlichen** Kündigung, das zur **ordentlichen** Kündigung oder die Verfahren zu **beiden** Kündigungsarten eingeleitet werden sollen (vgl. AR/*Rieble* § 102 BetrVG Rn. 8). Das BAG hat zuletzt wörtlich ausgeführt: »Es spricht vieles dafür, dass die Beklagte das Beteiligungsverfahren schon nicht ordnungsgemäß eingeleitet hat. Dazu hätte sie bei der Mitarbeitervertretung nach § 38 Abs. 2 S. 1 MVG-EKiR die Zustimmung zu der beabsichtigten Kündigung beantragen müssen. Das an diese gerichtete Schreiben ist indes als bloße Anhörung bezeichnet. Am Ende bittet die Beklagte um Stellungnahme. Zwar kann sich aus den Umständen des Einzelfalls ergeben, dass die Dienststellenleitung mit der Unterrichtung zugleich einen Antrag auf Zustimmung stellen wollte (vgl. *Baumann-Czichon/Gathmann/Germer* MVG-EKD 4. Aufl., § 38 Rn. 3; s.a. BAG, Beschl. v. 10.11.2009 – 1 ABR 64/08, Rn. 17 zu § 99 BetrVG). Jedoch erscheint hier zweifelhaft, ob die Mitarbeitervertretung (…) annehmen konnte, es werde gleichwohl ihre Zustimmung zu der beabsichtigten Maßnahme erbeten« (BAG, Urt. v. 22.10.2015 – 2 AZR 124/14).

89 Obwohl es sich hier formal um eine **außerordentliche** Kündigung handelt, ist in diesem Fall das Verfahren der **eingeschränkten Mitbestimmung nach §§ 42, 41, 38 MVG-EKD** bzw. der **Mitberatung nach § 30 Rahmen-MAVO** bei ordentlicher Kündigung durchzuführen. Die außerordentliche Kündigung mit (notwendiger) Auslauffrist wird so behandelt wie eine ordentliche Kündigung. Das Anhörungsverfahren vor außerordentlicher fristloser Kündigung spielt keine Rolle, bzw. nur dann eine Rolle, wenn vorrangig außerordentlich fristlos und nur hilfsweise mit Auslauffrist gekündigt werden soll. Hintergrund ist, dass ein Wertungswiderspruch entstehen würde, wenn die Rechte der Mitarbeitervertretung in Bezug auf unkündbare Mitarbeiter schwächer ausgestaltet wären als bei kündbaren (*Fey/Rehren* MVG.EKD, § 42 Rn. 21, unter Verweis auf BAG, Urt. v. 05.02.1998 – 2 AZR 227/97, NZA 1998, 771; KR/*Friedrich/Fischermeier* Kirchl. ArbN Rn. 23; MAVO/*Fuhrmann* § 30 Rn. 15; KGH.EKD, Beschl. v. 12.09.2005 – II-0124/L42-05).

90 **4.** Im kirchlichen Arbeitsrecht gibt es vielfältige Regelungen, die der tariflichen **Unkündbarkeit** im öffentlichen Dienst entsprechen. So ist bspw. nach § 14 Abs. 5 der AVR des Caritasverbandes die ordentliche Kündigung ausgeschlossen, wenn ein Arbeitnehmer 15 Jahre bei demselben kirchlichen Arbeitgeber beschäftigt war und das 40. Lebensjahr vollendet hat. Gleiches folgt aus § 30 Abs. 1 AVR.DD. Möglich bleiben die außerordentliche fristlose Kündigung sowie die außerordentliche Kündigung mit (notwendiger) **Auslauffrist**. Ist der Arbeitnehmer ordentlich nicht kündbar und führt gerade der Ausschluss der ordentlichen Kündigung zu einer unzumutbaren Belastung des Arbeitgebers, weil dieser dann, obwohl er den Arbeitnehmer nicht mehr einsetzen kann, noch für lange Zeit an den Fortbestand des Arbeitsverhältnisses gebunden wäre, kann im Falle einer personenbedingten Kündigung wegen Loyalitätspflichtverletzung auch eine außerordentliche Kündigung gerechtfertigt sein. In diesem Fall ist zur Vermeidung einer Benachteiligung der durch den Ausschluss der ordentlichen Kündigung gerade besonders geschützten Arbeitnehmer eine der ordentlichen Kündigungsfrist entsprechende Auslauffrist einzuhalten (vgl. allgemein DLW/*Dörner* Kap. 4 Rn. 1184; ErfK/*Müller-Glöge* § 626 BGB Rn. 51 ff.). Das BAG hat zuletzt im Fall des **Kirchenaustritts** den Weg der **außerordentlichen Kündigung mit Auslauffrist** ausdrücklich bestätigt (BAG v. 25.04.2013 – 2 AZR 579/12, NZA 2013, 1131). Da der Arbeitgeber in jenem Fall keine außerordentliche fristlose Kündigung erklärt hatte, war nicht darüber zu entscheiden, ob bei einem derart schweren Loyalitätsverstoß auch eine **fristlose Kündigung** gerechtfertigt gewesen wäre. Jedenfalls hat das BAG nicht die Frage aufgeworfen, ob der Arbeitgeber sich widersprüchlich verhält, wenn er einen schweren Loyalitätsverstoß bemerkt hat und sich gleichwohl nicht mit sofortiger Wirkung zu trennen versucht. Damit dürfte bei Loyalitätsverstößen durch ordentlich unkündbare Mitarbeiter die außerordentliche Kündigung mit Auslauffrist das Mittel der Wahl sein (vgl. BAG, Urt. v. 25.04.2013: »*Ein solcher Verstoß kann geeignet sein, einen wichtigen Grund i.S.v. § 16 II AVR i.V. mit § 626 I BGB für eine außerordentliche Kündigung – unter Gewährung einer sozialen Auslauffrist – darzustellen*«). In krassen Fällen kann aber auch vorrangig eine außerordentliche fristlose Kündigung versucht werden, um die Unzumutbarkeit der weiteren Zusammenarbeit zu unterstreichen.

5. Siehe R Rdn. 62. 91

6. Siehe R Rdn. 63. 92

7. Siehe R Rdn. 63 f. 93

8. Im kirchlichen Arbeitsrecht ist immer wieder diskutiert worden, ob die »**Verkündigungsnähe**« 94
des einzelnen Arbeitnehmers Rückschlüsse auf die für ihn geltenden Loyalitätsobliegenheiten zulassen. Das BAG hat einer Differenzierung zwischen verkündigungsnahen und verkündigungsfernen Berufsträgern für den Bereich des **Streikrechts** eine Absage erteilt; das Streikverbot gilt demnach für alle Mitarbeiter im kirchlichen Dienst. Für das Kündigungsrecht hat das BAG ausdrücklich offen gelassen, ob bei einem »verkündigungsfernen« Berufsträger selbst ein schwerer Loyalitätsverstoß wie bspw. ein Kirchenaustritt in einem milderen Licht erscheinen könnte (BAG, Urt. v. 25.04.2013 – 2 AZR 579/12, ZTR 2013, 627).

Die GrO differenziert insoweit, als für katholische Mitarbeiter im pastoralen, katechetischen oder 95
bischöflich beauftragten Dienst das »persönliche Lebenszeugnis im Sinne der Grundsätze der Glaubens- und Sittenlehre« erforderlich. Dies gilt »in der Regel« auch für leitende Mitarbeiter und Mitarbeiter im erzieherischen Dienst. Soweit in der früheren Fassung der GrO noch geregelt war, dass Loyalitätsverstöße durch leitend tätige Mitarbeiter in aller Regel die Kündigung nach sich ziehen, ist diese verschärfte Anforderung in der Fassung vom 27.04.2015 nicht mehr enthalten.

9. Es sollte kurz dargestellt werden, auf welche Weise die Loyalitätsobliegenheiten **Bestandteil** 96
des Arbeitsverhältnisses geworden sind. Einen Nachweis, dass der Arbeitnehmer sie tatsächlich zur Kenntnis genommen hatte und sich der Konsequenzen eines Verstoßes bewusst war, wird man hingegen nicht verlangen können.

Allerdings sind hier zukünftig möglicherweise **strengere Anforderungen** zu stellen. So ist in Art. 3 97
Abs. 5 GrO neuerdings die Verpflichtung des Dienstgebers verankert, den Bewerber »vor Abschluss des Arbeitsvertrages über die geltenden Loyalitätsobliegenheiten **aufzuklären**«. Damit trägt der kirchliche Gesetzgeber offenbar den jüngsten Andeutungen des BAG und BVerfG Rechnung. Das BVerfG hatte zuletzt in seinem Beschluss vom 22.10.2014 (NZA 2014, 1387; dazu *v. Tiling* öAT 2015, 29) gefordert, dass die Kündigung wegen Loyalitätspflichtverletzung die positive Feststellung voraussetzt, dass der Arbeitnehmer sich der Geltung der Loyalitätsanforderungen und der Möglichkeit arbeitsrechtlicher Sanktionen »bewusst wahr oder hätte bewusst sein müssen«. Dieser Aspekt hatte in der letzten Grundsatzentscheidung des BVerfG vom 04.06.1985 (NJW 1986, 368) noch keine Erwähnung gefunden. Das BVerfG weist nun recht deutlich auf das Spannungsverhältnis von unbestimmten Rechtsbegriffen und Abstrahierungen einerseits und Verständlichkeit und Vorhersehbarkeit für den »einfachen« Arbeitnehmer andererseits hin. Dieses Spannungsverhältnis entschärft der kirchliche Gesetzgeber nun in der Weise, dass er eine **Aufklärungspflicht für den katholischen Arbeitgeber** statuiert. Diese Aufklärungspflicht kann insbesondere dadurch erfüllt werden, dass dem Bewerber die vollständige GrO ausgehändigt wird. Zudem sollte ausdrücklich eine **persönliche Beratung** im Falle von Unklarheiten angeboten werden. Es sollte auch bei der zuständigen Diözese nachgefragt werden, ob dort weitergehende Richtlinien, Formulare o.ä. für die Erfüllung der Aufklärungspflicht aus Art. 3 Abs. 5 GrO aufgelegt worden sind.

Diese Pflicht spielt nicht nur für den Bereich der katholischen Kirche eine Rolle. Abgesehen da- 98
von, dass in einigen **Gliedkirchen der EKD** ähnliche Informationspflichten geregelt sind (z.B. Einstellungsgesetz der Evangelischen Kirche in Hessen und Nassau vom 28.11.2009 (Amtsbl. 2010, 24), spielt der Aspekt der **Erkennbarkeit des gebotenen Verhaltens** generell eine größere Rolle (vgl. BVerfG, Beschl. v. 22.10.2014 – 2 BvR 661/12; *Weiß* ZevKR 2015, 341).

10. Unter Berücksichtigung der Festlegungen in der **katholischen Grundordnung** (ausführlich 99
zur Neufassung vom 27.04.2015: *v. Tiling* öAT 2015, 227) und der **EKD-Loyalitätsrichtlinie** haben sich in der Rechtsprechung insbesondere die folgenden **Fallgruppen** herausgebildet (dazu ausführlich: KR/*Fischermeier* Kirchl. ArbN, Rn. 6 f.; *v. Tiling* öAT 2013, 227):

- Der **Kirchenaustritt** (BAG, Urt. v. 25.04.2013 – 2 AZR 579/12, ZTR 2013, 627; VGH Baden-Württemberg, Urt. v. 26.05.2003 – 9 S 1077/02, NZA-RR 2003, 623).
- Der **Ehebruch** (BAG, Urt. v. 16.09.1999 – 2 AZR 712/98, ZTR 2000, 139) und die kirchenrechtlich **verbotene Eheschließung** (BVerfG, Beschl. v. 22.10.2014 – 2 BvR 661/12, NZA 2014, 1387; BAG, Urt. v. 08.09.2011 – 2 AZR 543/10, ZTR 2012, 233; LAG Düsseldorf, Urt. v. 12.06.2003 – 5 Sa 1324/02, juris; BAG, Urt. v. 16.09.2004 – 2 AZR 447/03, juris). In den Diözesen sind derzeit starke Liberalisierungstendenzen erkennbar. Möglicherweise wird dieser Kündigungsgrund wegfallen. Im evangelischen Bereich spielen diese Kündigungsgründe ohnehin keine Rolle (vgl. *Fey/Joussen/Steuernagel* Loyalitätspflichten, Rn. 7).
- Die **kirchen- oder konfessionsfeindliche Betätigung** (bspw. aktive Werbung einer Kindergärtnerin in einem evangelischen Kindergarten für eine andere Glaubensgemeinschaft, BAG, Urt. v. 21.02.2001 – 2 AZR 139/00, NZA 2001, 1136). Auch ein Arbeitnehmer eines dem Caritasverband angeschlossenen Arbeitgebers verletzt seine Loyalitätsobliegenheit, kirchenfeindliches Verhalten zu unterlassen, durch Veröffentlichung von Artikeln im Internet, in denen er Papst Benedikt XVI. in extremer Weise herabwürdigt (LSG Baden-Württemberg, Urt. v. 21.10.2011 – L 12 AL 2879/09, juris).
- Das **öffentliche Eintreten gegen kirchliche Glaubensgrundsätze**, z.B. in Fragen des Schwangerschaftsabbruchs (BAG, Urt. v. 15.01.1986 – 7 AZR 545/85).
- **Sexuelle Handlungen mit Minderjährigen** (BAG, Urt. v. 26.09.2013 – 2 AZR 741/12, NZA 2014, 529); praktizierte Homosexualität (im außerdienstlichen Bereich ausgeübte homosexuelle Praxis eines im Dienst des Diakonischen Werkes einer evangelischen Landeskirche stehenden Konfliktberaters im Rahmen der Familienhilfe, BAG, Urt. v. 30.06.1983 – 2 AZR 524/81, NJW 1984, 1917; nicht ausreichend für eine Kündigung soll jedoch die latente, d.h. nicht praktizierte Homosexualität eines Arbeitnehmers im kirchlichen Dienst sein, vgl. LAG Baden-Württemberg, Urt. v. 24.06.1993 – 11 Sa 89/93, NZA 1994, 416). Die EKD hat sich mittlerweile ausdrücklich von dem Kündigungsgrund »gelebte Homosexualität« distanziert (vgl. *Fey/Joussen/Steuernagel* Loyalitätspflichten, Rn. 7). Dieser ist daher **nur noch im katholischen Bereich** von Bedeutung.

100 Zu beachten ist, dass diese Beispiele aus der Rechtsprechung lediglich als Richtschnur für die Beurteilung konkreter Einzelfälle dienen können. Weder die Urteile des BAG noch die in der katholischen Grundordnung und der evangelischen Loyalitätsrichtlinie – ohnehin nur **generalklauselartig** – umschriebenen Loyalitätsverstöße können als **absolute Kündigungsgründe** verstanden werden. Gerade die Neufassung der GrO vom 27.04.2015 enthält an verschiedenen Stellen Einschränkungen und Vorbehalte. Bspw. sind »schwerwiegende persönliche sittliche Verfehlungen« nur noch dann kündigungsrelevant, wenn sie »nach den konkreten Umständen objektiv geeignet sind, ein erhebliches Ärgernis in der Dienstgemeinschaft oder im beruflichen Wirkungskreis zu erregen und die Glaubwürdigkeit der Kirche zu beeinträchtigen«. Damit wird für die Rechtsanwendung klargestellt, dass nicht jede Verfehlung im privaten Bereich kündigungsrelevant ist. Ähnliches gilt für den Loyalitätsverstoß »Propagierung von religiösen und weltanschaulichen Überzeugungen, die im Widerspruch zu katholischen Glaubensinhalten stehen, während der Arbeitszeit oder im dienstlichen Zusammenhang, insbesondere Werbung für andere Religionsgemeinschaften«. Hierunter wird man auch das **Tragen eines islamischen Kopftuchs** fassen können; das BAG hatte das Tragen eines islamischen Kopftuchs während der Arbeitszeit in einem evangelischen Krankenhaus als Form von Werbung für eine andere Religionsgesellschaft qualifiziert (BAG, Urt. v. 24.09.2014 – 5 AZR 611/12, NZA 2014, 1407; dazu *v. Tiling* öAT 2015, 29). Die GrO schränkt diesen Kündigungsgrund wiederum dadurch ein, dass die Propagierung einen Bezug zur Arbeitsleistung haben muss. Äußerungen und Handlungen **im privaten Bereich** sollen offenbar nicht sanktioniert werden. Der Kündigungsgrund »kirchenrechtlich unzulässiger Abschluss einer Zivilehe« ist an die Bedingung geknüpft worden, dass »diese Handlung nach den **konkreten Umständen** (z.B. »Rosenkrieg«, Vernachlässigung von Unterhaltspflichten, vgl. *Böckel* KuR 2015, 34) objektiv geeignet ist, ein **erhebliches Ärgernis in der Dienstgemeinschaft** oder im **beruflichen Wirkungskreis** zu erregen und die Glaubwürdigkeit der Kirche zu beeinträchtigen«. Eine solche **negative Außenwir-

kung ist gleichfalls erforderlich, um wegen des Eingehens einer eingetragenen Lebenspartnerschaft kündigen zu können.

11. Art. 5 Abs. 1 GrO nennt als **vorrangiges Sanktionsmittel** im Falle von Loyalitätsverstößen das stets erforderliche **klärende Gespräch**. Damit muss der Arbeitgeber versuchen, den Loyalitätsmangel zu beseitigen. Gleiches ergibt sich aus § 5 Abs. 1 der Richtlinie des Rates der EKD über die Anforderungen der privatrechtlichen beruflichen Mitarbeiter in der EKD und des DW.EKD vom 1. Juli 2005 (Amtsbl. EKD 2005, 413). Verbindlich ist die **EKD-Richtlinie** nur für die EKD und das Evangelische Werk für Diakonie und Entwicklung (*Fey/Joussen/Steuernagel* Loyalitätspflichten, Rn. 7). Einige Gliedkirchen haben die Richtlinie (teilweise) übernommen, vgl. z.B. Einstellungsgesetz der Evangelischen Kirche in Hessen und Nassau vom 28. November 2009 (Amtsbl. 2010, 24). Selbst wenn sich der Kündigungssachverhalt im Gebiet einer Gliedkirche ereignet hat, die keine eigene Loyalitätsrichtlinie erlassen, sollte im Zweifel das klärende Gespräch geführt werden. Es ist nicht ausgeschlossen, dass ein Arbeitsgericht die Führung eines solchen Gesprächs als ungeschriebene Ausprägung des Verhältnismäßigkeitsgrundsatzes ansieht. 101

Das klärende Gespräch ist daher in jedem Fall einer beabsichtigten Kündigung wegen Loyalitätspflichtverletzung durchzuführen, da eine Kündigung, die ohne Beachtung der aus Kirchenrecht folgenden Verfahrensvorschriften ausgesprochen wird, regelmäßig **unverhältnismäßig** und damit **unwirksam** ist (BAG, Urt. v. 16.09.1999 – 2 AZR 712/98, NZA 2000, 208; BAG, Urt. v. 25.04.2013 – 2 AZR 579/12, NZA 2013, 1131). Da das klärende Gespräch Teil der formalen Kündigungsvoraussetzungen ist, sollte der Mitarbeitervertretung kurz geschildert werden, wer wann das Gespräch mit welchem Ergebnis geführt hat. Auch wenn das BAG zuletzt die Motive des Arbeitnehmers für die Loyalitätspflichtverletzung für unbeachtlich gehalten hat und selbst »berechtigte Kritik an Missständen« ein schwere Loyalitätspflichtverletzung wie den Kirchenaustritt nicht relativieren kann (BAG, Urt. v. 25.04.2013 – 2 AZR 579/12, NZA 2013, 1131), sollten etwaige **Motive** und **Rechtfertigungsversuche** des Arbeitnehmers **kurz dargestellt** werden. 102

Wird eine Kündigung auf andere Gründe gestützt, ist ein klärendes Gespräch nicht erforderlich. Eine Anhörung kann aber aus anderen Gründen geboten sein (siehe dazu die Erläuterungen zum vorhergehenden Muster). 103

12. In verfahrensrechtlicher Hinsicht ordnet die GrO nun an, dass in jeder (Erz-)Diözese oder wahlweise in mehreren Diözesen gemeinsam eine »**zentrale Stelle**« geschaffen wird, die mit einem arbeitsrechtlich erfahrenen Volljuristen zu besetzen ist und die vor Ausspruch einer Kündigung wegen Loyalitätspflichtverletzung **konsultiert** werden soll. Nach dem unmissverständlichen Wortlaut der GrO ist die Durchführung dieses Konsultationsverfahrens **keine Wirksamkeitsvoraussetzung für die Kündigung**. Der Arbeitgeber sollte ggf. nach anwaltlicher Beratung in jedem Einzelfall entscheiden, ob die Einholung der Stellungnahme taktisch richtig ist. 104

Im Bereich der evangelischen Kirche gibt es ein vergleichbares Verfahren nicht. 105

13. In Art. 5 Abs. 3 GrO ist das Erfordernis einer **Abwägung der Einzelfallumstände** verankert. Das Abwägungserfordernis gilt für außerordentliche und ordentliche Kündigungen im evangelischen und katholischen Bereich. Die diesbezüglichen Formulierungen orientieren sich deutlich an den Vorgaben der BVerfG-, BAG- und EGMR-Rechtsprechung. Als neuer Gesichtspunkt ist durch die Neufassung vom 27.04.2015 das »Bewusstsein des Mitarbeiters für die Loyalitätspflichtverletzung« aufgenommen worden; damit wird die Frage des Verschuldens angesprochen. 106

Die Ausübung einer leitenden oder repräsentativen Funktion wird nicht ausdrücklich als Abwägungskriterium benannt; dies hindert die Arbeitgeber und Gerichte jedoch nicht daran, die Stellung des gekündigten Mitarbeiters in die Abwägung einfließen zu lassen. Bei der Abwägung der beiderseitigen Interessen und insbesondere der kollidierenden Verfassungsrechtspositionen (Selbstbestimmungsrecht, positive und negative Religionsfreiheit, Gewissensfreiheit, Berufsfreiheit) hat das BAG (Urt. v. 25.04.2013 – 2 AZR 579/12, NZA 2013, 1131; *v. Tiling* öAT 2013, 277) zuletzt insbesondere folgende Umstände berücksichtigt: 107

- Der Arbeitnehmer hat sich den Loyalitätserwartungen »**freiwillig unterworfen**«. Wenn er später seine Haltung gegenüber der Kirche ändert, liegt die Verantwortung für den dann auftretenden Konflikt bei ihm.
- Jedenfalls im Fall des Kirchenaustritts können die **Motive** des Arbeitnehmers für seinen Loyalitäts-verstoß nicht zu seinen Gunsten berücksichtigt werden. »Selbst berechtigte Kritik an Missständen kann daher nicht den Kirchenaustritt (...) rechtfertigen.«
- Zugunsten des Arbeitgebers fällt ins Gewicht, dass es für den gekündigten Arbeitnehmer regelmäßig auch **Beschäftigungsmöglichkeiten außerhalb der Kirche** und ihrer Einrichtungen gibt. Dies gilt namentlich für Sozialpädagogen, Ärzte, Schwestern usw. Der Arbeitnehmer kann sich nicht pauschal darauf berufen, kirchliche Träger hätten im Bereich sozialer Dienste häufig ein Angebotsmonopol. Allenfalls zugunsten von Kirchenmusikern, Chorleitern oder Diakonen wird man den eingeschränkten Arbeitsmarkt außerhalb der Kirche berücksichtigen können.
- Wenn der Arbeitnehmer aufgrund einer Tätigkeit im »**verkündigungsnahen**« Bereich die kirchliche Einrichtung repräsentierte und für die Glaubwürdigkeit der Kirche stand, ist die Schwelle zur Unzumutbarkeit der Weiterbeschäftigung eher überschritten.

108 **14.** Siehe R Rdn. 74.

109 Auch bei außerordentlichen Kündigungen mit Auslauffrist ist die **zweiwöchige Kündigungserklärungsfrist des § 626 Abs. 2 BGB** einzuhalten. Die Kündigung muss innerhalb von zwei Wochen nach vollständiger Kenntniserlangung durch den Arbeitgeber bzw. einen kündigungsberechtigten Repräsentanten des Arbeitgebers ausgesprochen werden. Wenn innerhalb ca. einer Woche (vgl. BAG, Urt. v. 25.04.2013 – 2 AZR 579/12, NZA 20013, 1131) seit erstmaliger Kenntniserlangung das klärende Gespräch mit dem Arbeitnehmer stattfindet, hemmt dies den Lauf der Frist. Die Beteiligung der Mitarbeitervertretung muss **innerhalb** der nach dem Gesprächstermin in Gang gesetzten Frist erfolgen.

110 Bei dauernder Leistungsunfähigkeit oder Eignungsmängeln sieht das BAG einen »**Dauertatbestand**« mit der Folge, dass die Kündigungserklärungsfrist eingehalten ist, wenn bis in die letzten zwei Wochen vor Ausspruch der Kündigung der Dauertatbestand angehalten hat und damit die Störung des Arbeitsverhältnisses noch nicht abgeschlossen war. Ob im Fall von **Loyalitätspflichtverletzungen** ein sog. Dauertatbestand vorliegt, hat das BAG zuletzt **offengelassen**. Dies liegt nahe, da infolge Kirchenaustritts, Wiederheirat, Entzug der kanonischen Beauftragung usw. regelmäßig die Eignung für die Mitarbeit im kirchlichen Dienst dauerhaft entfallen ist. Da aber klare Aussagen des BAG fehlen und auch Loyalitätspflichtverletzungen denkbar sind, die eher an ein konkretes Verhalten als an die generelle Eignung des Arbeitnehmers anknüpfen, sollte der Arbeitgeber im Zweifel nicht von einem Dauertatbestand ausgehen, sondern eine außerordentliche Kündigung vorsorglich innerhalb der Zweiwochenfrist aussprechen.

111 **15.** Im **katholischen** Bereich müsste der Schlusssatz lauten: »Wir bitten, keine Einwendungen zu erheben«.

112 **16.** Nach § 38 Abs. 3 S. 3 MVG.EKD kann die Frist für das Verlangen der Erörterung von zwei Wochen auf drei Arbeitstage verkürzt werden. Diese Abkürzung – oder eine Abkürzung auf eine Woche, analog § 102 BetrVG – muss unbedingt erfolgen, da unter der regulären Frist von zwei Wochen die ebenfalls zweiwöchige Kündigungserklärungsfrist des § 626 Abs. 2 BGB niemals eingehalten werden könnte!

III. Arbeitskampfrecht

Vorbemerkung

113 In der katholischen Kirche ist der **Ausschluss des Streikrechts** kirchengesetzlich in Art. 7 Abs. 2 der GrO niedergelegt. Seit dem Jahr 2011 ist der Ausschluss von Streik und Aussperrung auch im

Bereich der evangelischen Kirche kirchengesetzlich verankert. Am 16. Dezember 2011 ist das Arbeitsrechtsregelungsgrundsätzegesetz der EKD in Kraft getreten. Das ARGG-Diakonie-EKD unterstreicht die Beibehaltung des Dritten Weges ohne Arbeitskampfmaßnahmen. Es bekräftigt die Kooperation beim Interessenausgleich, die Gleichwertigkeit und -berechtigung von Dienstgeber- und Dienstnehmervertretern, sowie eine friedliche Konfliktlösung statt Streik und Aussperrung.

Ob ein kirchengesetzliches Streikverbot vor den weltlichen Arbeitsgerichten Bestand haben kann, war lange Zeit umstritten. Nunmehr hat das BAG entschieden, dass für Arbeitnehmer in Einrichtungen der Diakonie kein Streikrecht besteht. Dies gilt nach der Rechtsprechung des BAG jedenfalls dann, wenn sich der jeweilige kirchliche Arbeitgeber an einem kirchlich modifizierten Tarifvertragssystem oder dem sog. **Dritten Weg** beteiligt und die jeweilige Verfahrensordnung des Dritten Weges gewisse Mindestanforderungen erfüllt (BAG, Urt. v. 20.11.2012 – 1 AZR 179/11, NZA 2013, 448; BAG, Urt. v. 20.11.2012 – 1 AZR 611/11, NZA 2013, 437). Die dagegen von ver.di erhobene Verfassungsbeschwerde ist mit Beschluss des BVerfG vom 15.07.2015 als unzulässig verworfen worden. 114

▶ Muster – Antrag auf Erlass einer einstweiligen Verfügung zur Untersagung eines Streiks

Dem Arbeitsgericht _____ [1] 115

_____

Antrag auf Erlass einer Einstweiligen Verfügung

der Diakonie-Krankenhaus gGmbH, Straße 24, 20000 Hamburg, vertreten durch den Geschäftsführer Herrn _____, ebenda,

– Antragstellerin –

Verfahrensbevollmächtigte: _____

gegen

die _____-Gewerkschaft, vertreten durch den Bundesvorstand, [2] dieser vertreten durch die Mitglieder _____ und _____, Straße 25, 10000 Berlin,

– Antragsgegnerin –

wegen Unterlassung von Arbeitskampfmaßnahmen.

Wir bestellen uns zu Verfahrensbevollmächtigten der Antragstellerin. Namens und im Auftrag der Antragstellerin beantragen wir im Wege einer einstweiligen Verfügung, wegen der Dringlichkeit der Sache ohne mündliche Verhandlung und durch den Vorsitzenden allein, hilfsweise unter größtmöglicher Verkürzung der Ladungs- und Einlassungsfristen,

1. die Antragsgegnerin zu verpflichten, den Aufruf vom _____ zu einem Warnstreik gegenüber den Arbeitnehmern der Antragstellerin durch Veröffentlichung auf der Startseite der Internetseite www.gewerkschaft.de zu widerrufen,

2.a. die Antragsgegnerin zu verpflichten, es bis zu einer rechtskräftigen Entscheidung im Hauptsacheverfahren zu unterlassen, ihre Mitglieder und andere Arbeitnehmer der Antragstellerin zu Streiks, Warnstreiks und sonstigen Arbeitsniederlegungen aufzurufen sowie Streiks, Warnstreiks und sonstige Arbeitsniederlegungen in der Einrichtung der Antragstellerin [Anschrift] zu organisieren und durchzuführen. [3]

Hilfsweise für den Fall der Erfolglosigkeit des Antrags zu 2.a.:

2.b. die Antragsgegnerin zu verpflichten, es zu unterlassen, ihre Mitglieder und andere Arbeitnehmer der Antragstellerin für den _____ zu einem Warnstreik aufzurufen sowie Streiks, Warnstreiks und sonstige Arbeitsniederlegungen am _____ in der Einrichtung der Antragstellerin [Anschrift] zu organisieren und durchzuführen.

3. der Antragsgegnerin für jeden Fall der Zuwiderhandlung gegen die Unterlassungspflicht nach Ziffer 3. ein Ordnungsgeld bis zu einer Höhe von € 100.000,00 anzudrohen.

Begründung:

I.

1. Bei der Antragstellerin handelt es sich um eine privatrechtlich organisierte diakonische Einrichtung.

Die Antragstellerin betreibt in Hamburg einen Krankenhauskomplex mit zahlreichen Fachabteilungen und rund 368 stationären Betten. Sie beschäftigt etwa 1050 Arbeitnehmer. Die Antragstellerin verfolgt ausschließlich und unmittelbar gemeinnützige Zwecke. Die Wettbewerbsorientierung und die wirtschaftliche Motivation dienen dem Erhalt und Ausbau der medizinischen und pflegerischen Leistungen. Die erwirtschafteten Erträge dienen ausschließlich der eigenen Substanzstärkung, bzw. um Erneuerungs- und Erweiterungsinvestitionen zu tätigen.

Glaubhaftmachung: Vorlage der eidesstattlichen Versicherung des Geschäftsführers als Anlage ASt. ...

2. Die Antragstellerin ist Mitglied des Diakonischen Werkes Hamburg. Die Antragstellerin verwirklicht den christlichen Verkündigungsauftrag und sieht sich dem christlichen Auftrag zur tätigen Nächstenliebe verpflichtet. Die Antragstellerin versteht sich damit als Wesens- und Lebensäußerung der evangelischen Kirche und sieht sich als kirchliche Einrichtung i.S.d. § 118 Abs. 2 BetrVG. Für ihr Krankenhaus ist kein Betriebsrat, sondern eine Mitarbeitervertretung (MAV) nach kirchlichem Recht gewählt worden. Die Antragstellerin hat mit sämtlichen Arbeitnehmern die Anwendung der AVR.DD in der jeweils geltenden Fassung arbeitsvertraglich vereinbart.

Glaubhaftmachung: Vorlage der eidesstattlichen Versicherung des Personalleiters als Anlage ASt. ...

3. Die Antragstellerin sieht sich in allen Arbeitsbereichen dem diakonischen Auftrag verpflichtet. Der Mensch als Schöpfung Gottes steht in seiner Würde und Unverwechselbarkeit im Mittelpunkt der Arbeit in der Einrichtung. Dies kommt in § 2 des Gesellschaftsvertrags der Antragstellerin vom _____ deutlich zum Ausdruck. Dort heißt es wörtlich: _____ Gemäß Gesellschaftsvertrag muss ein theologischer Beirat gebildet werden, dem mindestens ein Pastor und ein Vertreter des Landeskirchenamtes der Nordkirche angehören muss.

Glaubhaftmachung: Vorlage des Gesellschaftsvertrages der Antragstellerin vom _____ als Anlage ASt. ...

4. Unter § 5 werden Anforderungen an die Mitarbeiter formuliert: »1. Die Mitarbeiterinnen und Mitarbeiter der Gesellschaft sind dem kirchliche Auf-trag zur Diakonie verpflichtet. Sie müssen die diakonische Zielsetzung bejahen und in gemeinschaftlicher Arbeit die Zwecke der Gesellschaft fördern. 2. Die Mitarbeitenden sollen einer Kirche oder einer christlichen Gemeinschaft angehören, die Mitglied in der Arbeitsgemeinschaft christlicher Kirchen in der Bundesrepublik Deutschland oder in Hamburg ist.«

Glaubhaftmachung: Vorlage des Gesellschaftsvertrages der Antragstellerin _____ als Anlage ASt. ...

5. Gemäß § 8 des Gesellschaftsvertrages sollen die Mitglieder sämtlicher Gesellschaftsorgane Mitglieder der evangelischen Kirche sein. Gemäß § 7 des Gesellschaftsvertrages ist die Abtretung von Gesellschaftsanteilen nur an gemeinnützige Einrichtungen aus Kirche und Diakonie zulässig.

6. Die Antragstellerin ist durch die Antragsgegnerin zu Tarifverhandlungen aufgefordert worden. Für den Fall, dass eine grundsätzliche Bereitschaft zum Abschluss von (Haus-)Tarifverträgen nicht erklärt wird, sind Arbeitskampfmaßnahmen angedroht worden. Warnstreiks haben bereits am _____ und _____ stattgefunden. [4] Ein weiterer Warnstreik ist soeben konkret für den _____ angekündigt worden.

Die Antragstellerin hat in der Vergangenheit keine Tarifverträge abgeschlossen und beabsichtigt, dies auch zukünftig nicht zu tun. Sie ist an das besondere kirchliche Arbeitsrechtsregelungsverfahren des »Dritten Weges« gebunden, das den Abschluss von Tarifverträgen überflüssig macht und darauf gerichtete Arbeitskämpfe von vornherein ausschließt.

7. Die Ablehnung von Arbeitskämpfen in Einrichtungen der Diakonie ist kein Selbstzweck, um die Personalkostenentwicklung steuern und »Lohndumping« betreiben zu können. Ein Arbeitskampf – sei es Streik oder Aussperrung – innerhalb einer kirchlichen Einrichtung würde nicht nur das bewusst gewählte partnerschaftliche Verfahren des Dritten Weges untergraben und faktisch beseitigen, sondern wäre auch mit den Grundsätzen der christlichen Dienstgemeinschaft unvereinbar. Der biblische Auftrag zur tätigen Nächstenliebe richtet sich an alle Mitarbeiter im kirchlichen Dienst. Nach dem Verständnis der beiden großen Kirchen kann der Auftrag zur Verkündigung in Wort und Tat nicht zwecks Durchsetzung arbeitsvertragsbezogener Forderungen ausgesetzt werden. Hinzu kommt, dass die tätige Nächstenliebe in Krankenhäusern, in Pflegeeinrichtungen, in der Kinder-, Jugend- und Behindertenhilfe, in der Altenhilfe eine Form der unmittelbar durch Art. 4 GG geschützten Religionsausübung darstellt.

Ein Streik in kirchlichen Einrichtungen wäre zudem mit dem Grundsatz der Arbeitskampfparität unvereinbar. Denn den kirchlichen Arbeitgebern steht das Kampfmittel der Aussperrung nicht zur Verfügung. Sie müssten also einem Streik ohne Möglichkeit der Gegenwehr tatenlos zusehen. Das »Aussitzen« eines Streiks führte zu unzumutbaren Belastungen für die Patienten führen und ist spätestens ab dem zweiten Streiktag mit so erheblichen wirtschaftlichen Nachteilen verbunden, dass eine »Aussitzen« niemals in Betracht kommen wird. Die Möglichkeit der »kalten Aussperrung« infolge technischer Unmöglichkeit oder wirtschaftlicher Unzumutbarkeit aufgrund eines Teilstreiks stellt sich bei diakonischen Einrichtungen offensichtlich nicht. Die Beschäftigung von »Streikbrechern« stellt ebenfalls kein effektives Kampfmittel dar, sondern ist eine Selbstverständlichkeit zur Aufrechterhaltung der Betreuung der hilfsbedürftigen Personen.

II.

Die Anträge sind zulässig und begründet.

1. Die Anträge sind zulässig.

[Ausführungen zur Zulässigkeit des Rechtswegs, siehe Erläuterungen zu 1., zur Parteifähigkeit, siehe Erläuterungen zu 2., zur Bestimmtheit der Anträge, siehe Erläuterungen zu Nr. 3]

2. Die Anträge sind auch begründet. Der Antragstellerin stehen Verfügungsanspruch (a.) und Verfügungsgrund (b.) zur Seite.

a. Verfügungsanspruch

Der Unterlassungsanspruch folgt aus §§ 1004, 823 Abs. 1 BGB i.V.m. Art. 137 Abs. 3 WRV.

aa. Es liegt ein rechtswidriger Eingriff in das kirchliche Selbstbestimmungsrecht vor, an dem die Antragstellerin aufgrund ihrer Zuordnung zur Kirche partizipiert. Der Anwendungsbereich des § 1004 ist nicht auf Eigentumsbeeinträchtigungen beschränkt, sondern erstreckt sich auf alle deliktsrechtlich geschützten Rechtsgüter und erfasst auch absolute Rechte. Letzteres setzt voraus, dass es dem Gläubiger zugeordnet ist und gegenüber jedermann unabhängig von einer rechtsgeschäftlichen Verbundenheit wirkt. Das kirchliche Selbstbestimmungsrecht aus Art. 4 GG i.V.m. Art. 137 Abs. 3 WRV erfüllt die Anforderungen eines absoluten Rechts (BAG, Urt. v. 20.11.2012 – 1 AZR 179/11, NZA 2013, 448).

Nach richtiger Auffassung des BAG ist die Entscheidung der Kirche, ihre kollektive Arbeitsrechtsordnung auf dem Dritten Weg bzw. nach einem kirchengemäßen Tarifvertragssystem zu regeln, eine eigene Angelegenheit i.S.v. Art. 137 Abs. 3 WRV. Das darin zum Ausdruck kommende Interesse an einer kampffreien Lösung von Tarifkonflikten steht nicht in Widerspruch zu sonstigen Prinzipien der Rechtsordnung. Insbesondere ist die in Art. 9 Abs. 3 GG verbriefte Koalitionsfreiheit »nicht ohne Weiteres Teil des ordre public«. »Ein Grundrecht auf Streik (...) gewährleistet Art. 9 Abs. 3 GG nicht.« Ein Arbeitskampf im kirchlichen Dienst widerspricht dem Grundgedanken der Dienstgemeinschaft: »Die Entscheidung der beteiligten Kirchen, das Verfahren ihrer kollektiven Arbeitsrechtssetzung am bekenntnis-mäßigen Leitbild der Dienstgemeinschaft auszurichten und nach den Grundsätzen einer partnerschaftlichen Lösung von Interessengegensätzen auszugestalten, schließt den Arbeitskampf zur Gestaltung von Arbeitsverhältnissen durch Tarifvertrag aus.«

Ob der Dritte Weg geeignet ist, den Arbeitskampf voll-ständig auszuschließen, soll davon abhängen, ob er eine »annähernd gleicher Verhandlungsstärke und Durchsetzungskraft« für beide Seite gewährleistet. Das BAG formuliert sinngemäß folgende Anforderungen an den Dritten Weg:

- Die Anrufung der Schlichtung muss der Dienstnehmerseite »uneingeschränkt offen stehen«.
- Die Unabhängigkeit und Neutralität des Vorsitzenden der Schlichtungskommission darf nicht in Frage stehen und muss auch durch das Bestellungsverfahren gewährleistet sein.
- Eine »organisatorische Einbindung« von Gewerkschaften in das Verfahren des Dritten Weges muss geregelt sein, wobei der Kirche hierbei ein Gestaltungsspielraum zur Verfügung steht. Der Gestaltungsspielraum findet dort seine Grenze, wo Gewerkschaften durch Verfahrensregeln zielgerichtet ausgeschlossen werden.
- Die Regelungen des Dritten Weges müssen »für die Arbeitsvertragsparteien verbindlich und einer einseitigen Abänderung durch den Dienstgeber entzogen« sein.

Diese Anforderungen sind in der maßgeblichen Rechtsgrundlage erfüllt: [Subsumption der einschlägigen Verfahrensordnung für den Dritten Weg unter die Vorgaben des BAG] [5]

Die Antragstellerin kann sich auf die BAG-Rechtsprechung berufen, weil sie die AVR konsequent anwendet und Trägerin des Selbstbestimmungsrechts ist. Hierzu ist erforderlich, dass eine privatrechtliche Einrichtung der verfassten Kirche zugeordnet ist. Maßgebliches Indiz für eine Zuordnung zur verfassten Kirche ist die Ausgestaltung der Satzung bzw. des Gesellschaftsvertrages (vgl. nur BVerfG vom 04.06.1985, E 70, 138, 164f). Eine Zuordnung zur Kirche kann sich alternativ aus der Beteiligung kirchlicher Einrichtungen an den Gesellschaftsorganen (BVerfG, Beschl. v. 25.03.1980 – 2 BvR 208/76) oder aus der Mitgliedschaft im Diakonischen Werk (BAG, Beschl. v. 31.07.2002 – 7 ABR 12/01, juris). Eine wesentliche Indizfunktion sieht das BVerfG auch darin, dass der Gesellschaftsvertrag vorschreibt, dass die Mitglieder der Gesellschaftsorgane einem christlichen Bekenntnis angehören sollen (BVerfG, Beschl. v. 25.03.1980 – 2 BvR 208/76).

Sämtliche vorgenannten Kriterien des BVerfG sind in Bezug auf die Antragstellerin erfüllt: Die Antragstellerin ist Mitglied im Diakonischen Werk Hamburg. Dessen Satzung sichert der Nordkirche ein Mindestmaß an inhaltlicher und personeller Einflussnahme auf das Diakonische Werk und auf dessen Mitglieder. Als Mitglied des Diakonischen Werkes ist die Antragstellerin verpflichtet, die satzungsmäßigen Zwecke, Aufgaben und Ziele des Diakonischen Werkes zu fördern und damit an die Grundentscheidungen der Nordkirche gebunden (vgl. hierzu ausführlich LAG Hamburg vom 15. Februar 2007 – 7 TaBV 9/06, juris; BAG v. 31. Juli 2002 – 7 ABR 12/01, juris). Zudem formuliert der Gesellschaftsvertrag mehrfach die Bindung an den diakonischen Auftrag des Evangeliums und an die Ziele des Diakonischen Werkes. Beispielsweise schreibt der Gesellschaftsvertrag vor, dass sämtliche Mitarbeiter sowie die Mitglieder sämtlicher Gesellschaftsorgane der christlichen Kirche angehören sollen und Gesellschaftsanteile nur an kirchliche Stellen übertragen werden dürfen. Damit ist das christliche Proprium der Antragstellerin dauerhaft abgesichert.

bb. Es liegt eine Erstbegehungsgefahr bevor. Es hat zwar in der Vergangenheit noch keine Streiks und Streikaufrufe gegeben. Aufgrund des Streikaufrufs vom _____ steht ein Streik nun aber unmittelbar bevor. [3]

b. Verfügungsgrund

Gemäß § 62 Abs. 2 ArbGG i.V.m. §§ 935, 940 ZPO sind einstweilige Verfügungen zum Zwecke der Regelung eines einstweiligen Zustandes in Bezug auf ein streitiges Rechtsverhältnis zulässig, sofern dieser Regelung zur Abwendung wesentlicher Nachteile nötig erscheint. Im Arbeitskampfrecht indiziert ein das Bevorstehen eines rechtswidrigen Streiks einen Verfügungsgrund (vgl. nur *Korinth* Einstweiliger Rechtsschutz, 2. Aufl. 2007, Kapitel J, Rn. 24).

Hier steht ein Warnstreik unmittelbar bevor. Der Antragstellerin, der nach dem Vorstehenden ein Unterlassungsanspruch zusteht, droht ohne Erlass einer einstweiligen Verfügung der unwiederbringliche Verlust dieses Anspruchs durch Zeitablauf. Insbesondere indiziert ein eintägiger rechtswidriger Ärztestreik den Verfügungsgrund, wie das LAG Köln ausdrücklich bestätigt hat: »Die Arbeitsniederlegung am morgigen Tag würde einen nicht wieder aufzuholenden Arbeitsrückstau verursachen, der die Verpflichtung der Antragstellerin beeinträchtigt, die Versorgung der Bevölkerung mit medizinischen Leistungen sicherzustellen (LAG Köln, Urt. v. 12.12.2005 – 2 Ta 457/05, NZA 2006, 62).«

Zu Gunsten der Antragstellerin ist darüber hinaus zu berücksichtigen, dass ein Streik in der Diakonie offenkundig die »Falschen«, nämlich die am Tarifkonflikt gänzlich unbeteiligten Hilfsbedürftigen, treffen würde. Da die in diakonischen Einrichtungen betreuten Personen sich typischerweise in einer physischen oder seelischen Notlage befinden oder aus sonstigen Gründen auf Hilfe und Betreuung angewiesen sind, trifft sie der Arbeitskampf ungleich härter als bspw. die von einem Lokführerstreik betroffenen Bahnreisenden. In einem solchen Umfeld, in dem der Dienst am Menschen im Mittelpunkt steht, hat der Streik als wechselseitiges Erzwingungsmittel nichts zu suchen. Dies hat das ArbG Kiel im Zusammenhang mit den ver.di-Streiks in Kindertagesstätten zu Recht herausgearbeitet: »Im Gegensatz zu den Interessen des Antragsgegners [ver.di] wiegen die Interessen der Antragstellerin [KITA-Träger] höher, die den Bürgerinnen und Bürgern ein funktionstüchtiges System an sozialpädagogischen Einrichtungen zur Verfügung stellen muss. Die betroffenen Eltern und Kinder haben keinerlei Einflussmöglichkeiten auf die Verhandlungen und sind den Folgen des Streiks ausgeliefert. Der Streik trifft in seinen Auswirkungen die kleinsten und hilflosesten Personen unserer Gesellschaft, nämlich die Kinder, die auf eine kontinuierliche Betreuung durch ihnen bekannte Personen angewiesen sind. Kurzfristige Ausweichmöglichkeiten für ca. 2.800 Kinder zu finden, erscheint auch durch den Hinweis auf kommerzielle Betreuungsmöglichkeiten abwegig« (ArbG Kiel, Urt. v. 18.05.2009 – ö.D. 4 Ga 23b/09, juris).

Darüber hinaus drohen der Antragstellerin gravierende ideelle Schäden. Die verfassungsrechtliche Sonderstellung der Antragstellerin als kirchliche Arbeitgeberin wäre von heute auf morgen in Frage gestellt. Die bei der Antragstellerin bestehende Dienstgemeinschaft würde zerbrechen in diejenigen, die am Streik teilnehmen und diejenigen, die sich hierzu nicht in der Lage sehen. Hinzu kommen die wirtschaftlichen Schäden, die mit jedem Arbeitsausfall infolge eines Streiks naturgemäß verbunden sind. Im Vordergrund stehen für die Antragstellerin jedoch die zu erwartenden (irreparablen) ideellen Schäden. In Rechtsprechung und Literatur ist anerkannt, dass der Erlass einer Einstweiligen Verfügung nicht unbedingt wesentliche wirtschaftliche oder gar existenzbedrohende Nachteile voraussetzt (vgl. nur *Otto*, Arbeitskampf- und Schlichtungsrecht, § 19 Rn. 32); vielmehr genügt die Gefahr von Schäden jeglicher Art (LAG Schleswig-Holstein, Urt. v. 28.06.1993 – 5 Sa 346/93, juris).

Hinzu kommt, dass bei Nichterlass der Verfügung eine unzulässige Vorwegnahme der Hauptsache droht. Weitere Warnstreiks könnten Fakten schaffen, die nicht mehr rückgängig zu machen sind. Die Antragstellerin könnte unter dem Streikdruck zu einer Abkehr vom Dritten Weg und zum Abschluss eines Haustarifvertrages gezwungen werden. Wenn im Hauptsacheverfahren festgestellt würde, dass die Teilnahme am Dritten Weg und die Ablehnung von Arbeitskämpfen rechtmäßig ist, wäre der Haustarifvertrag gleichwohl in der Welt. Eine Rückkehr zum Dritten Weg, der individualrechtlich über arbeitsvertragliche Bezugnahmeklauseln funktioniert, wäre allenfalls mit unverhältnismäßigem Aufwand möglich. Im Rahmen der Interessenabwägung sind schließlich auch die Erfolgsaussichten in der Hauptsache zu berücksichtigen (LAG Hamm, Urt. v. 31.05.2000 – 18a Sa 858/00, NZA-RR 2000, 535). Die größeren Erfolgsaussichten liegen hier auf Seiten der Antragstellerin, da diese die ganz h.M. in der Fachliteratur sowie die BAG-Urteile vom 20. November 2012 auf ihrer Seite hat.

Erläuterungen

Schrifttum
Eder Die Beteiligung von Koalitionen im Dritten Weg, ZTR 2015, 122; *Heinig* (Kein) Streikrecht im Dritten Weg, ZevKR 2013, 177; *Hamacher* Antragslexikon Arbeitsrecht, 2011; *Joussen* Das neue Arbeitsrecht der Evangelischen Kirche in Deutschland, ZevKR 2014, 50; *Mehrens/Willemsen* Weltliches Arbeitsrecht und christliche Dienstgemeinschaft, NZA 2011, 1205; *Melot de Beauregard* Ende eines Sonderwegs? Zum Stand des kirchlichen Arbeitsrechts, NZA-RR 2012, 225; *Richardi* Arbeitsrecht in der Kirche, 7. Aufl. 2015; ders. Das BAG zur Streikfreiheit in kirchlichen Einrichtungen, RdA 2014, 42; *Robbers* Streikrecht in der Kirche, 2010; *Schliemann* Strukturelle Beteiligung von Gewerkschaften und Arbeitnehmerverbänden im Dritten Weg, ZMV-Sonderheft Tagung 2014, 50; *Schubert* Rechtmäßigkeit von Arbeitskampfmaßnahmen gegen kirchliche Einrichtungen auf dem sog. Zweiten Weg, RdA 2011, 270; *v. Tiling* Was bedeuten die Streik-Urteile für die Praxis?, öAT 2013, 160.

1. Der **Rechtsweg** zu den Arbeitsgerichten ist gemäß § 2 Abs. 1 Nr. 2 ArbGG eröffnet. Denn es handelt sich um eine bürgerliche Rechtsstreitigkeit zwischen tariffähigen Parteien und Dritten aus unerlaubten Handlungen im Zusammenhang mit Arbeitskämpfen. Nach der Rechtsprechung des

BAG sind die Begriffe »unerlaubte Handlungen« und »Arbeitskampf« weit auszulegen. Insbesondere sollen auch Unterlassungsansprüche hierunter fallen (BAG, Beschl. v. 29.10.2001 – 5 AZB 44/00, NZA 2002, 166).

117 Zuständig ist regelmäßig das Gericht, in dessen Bezirk der Arbeitskampf stattfinden soll. § 46 Abs. 2 ArbGG i.V.m. § 32 ZPO. Zuständig ist demnach das Gericht, in dessen Bezirk der vom (potentiellen) Arbeitskampf betroffene Betrieb liegt. Alternativ kann geprüft werden, ob Gründe dafür sprechen, am Sitz der beklagten Gewerkschaft zu klagen.

118 **2.** Bei der Formulierung des **Passivrubrums** ist darauf zu achten, ob der Bundesvorstand oder bspw. ein Landesverband/Regionalverband den Streikaufruf gestartet hat. Hier kann es leicht passieren, dass der falsche Gegner verklagt wird und der Antrag allein wegen fehlender Passivlegitimation zurückgewiesen wird. Ein Anhaltspunkt für den richtigen Gegner ergibt sich regelmäßig aus dem »v.i.d.P.« des Streikaufrufs. Wenn mehrere rechtlich selbständige Gremien einen Streikaufruf verbreitet haben, kann es sich anbieten, diese allesamt auf Unterlassung in Anspruch zu nehmen.

119 Weiter ist zu berücksichtigen, ob **Untergliederungen von Gewerkschaften** überhaupt **parteifähig** sind. In der Rechtsprechung ist umstritten, ob auch Unterorganisationen einer Gewerkschaft, namentlich ver.di-Landesbezirke, parteifähig sind (vgl. LAG Hamm, Urt. v. 31.05.2000 – 18a Sa 858/00, NZA-RR 2000, 535; ArbG Frankfurt, Urt. v. 12.04.2007 – 11 Ga 60/07). Auch Untergliederungen von Gewerkschaften sind – ungeachtet ihrer unselbständigen Stellung innerhalb der Hauptgewerkschaft – selbst parteifähig, wenn sie körperschaftlich organisiert und gegenüber der Gesamtorganisation weitgehend selbständig sind (BAG, Urt. v. 22.12.1960 – 2 AZR 140/58, DB 1961, 444). Diese Voraussetzungen erfüllen insbesondere Landesbezirke (LAG Hamm, Urt. v. 31.05.2000 – 18a Sa 858/00, NZA-RR 2000, 535: a.A. ArbG Hamburg, Urt. v. 18.03.2011 –14 Ca 223/10).

120 **3.** Über die **richtige Antragstellung** kann erst nach Einbeziehung aller Umstände des Einzelfalls entschieden werden. Die hier gewählte Antragstellung orientiert sich an ArbG Hamburg, Urt. v. 18.03.2011 – 14 Ca 223/10; BAG, Urt. v. 20.11.2012 – 1 ABR 179/11, NZA 2013, 448). Im Übrigen entspricht die Erstreckung von arbeitskampfbezogenen Unterlassungstiteln auf »Streiks, Warnstreiks und sonstige Arbeitsniederlegungen« der ständigen Rechtsprechung (vgl. nur LAG Köln, Urt. v. 12.12.2005 – 2 Ta 457/05, NZA 2006, 62; ArbG Kiel, Urt. v. 30.06.2006 – 1 Ga 11b/06, ZTR 2006, 488; vgl. auch Sächsisches LAG, Urt. v. 02.12.2003 – 7 Sa 458/03: »Arbeitskampfmaßnahmen, insbesondere Arbeitsniederlegungen«). Einen guten Überblick über zulässige und unzulässige Antragsformulierungen liefert auch *Hamacher* Antragslexikon Arbeitsrecht, 2. Aufl. 2015. Das BAG hat die Unwägbarkeiten bei der Stellung von Unterlassungsanträgen erkannt und zuletzt sogar eine Antragsänderung in der Revisionsinstanz zugelassen, um dem Kläger die Gratwanderung zwischen einem zu unbestimmten und damit unzulässigen Antrag und einem zu weit gefassten und damit unbegründeten **Globalantrag** zu ermöglichen (BAG Urt. v. 24.04.2007 – 1 AZR 252/06, NZA 2007, 987). In der Entscheidung vom 22.09.2009 (»Flashmob«) fasst das BAG seine Grundsätze wie folgt zusammen: »Allerdings dürften die Anforderungen [an die Bestimmtheit gemäß § 253 ZPO] insoweit auch nicht überspannt werden, da andernfalls effektiver Rechtsschutz vereitelt würde. Zukunftsgerichtete Verbote lassen sich häufig nur generalisierend formulieren. Die Notwendigkeit gewisser Subsumtionsprozesse im Rahmen einer etwa erforderlich werdenden Zwangsvollstreckung steht daher der Verwendung ausführungsbedürftiger Begriffe in einem Unterlassungstitel und dem darauf gerichteten Antrag nicht generell entgegen.« (BAG Urt. v. 22.09.2009 – 1 AZR 972/08, juris).

121 Im Zweifel sollte mit Haupt- und ggf. mehreren **Hilfsanträgen** gearbeitet werden, um zu erreichen, dass zumindest ein Antrag hinreichend bestimmt und nicht zu weit gefasst ist. Das BAG betont auch, dass Unterlassungsanträge unter Berücksichtigung des prozessualen Vorbringens, also der schriftsätzlichen und mündlichen Klarstellungen, ausgelegt werden können (BAG, Urt. v. 20.11.2012 – 1 ABR 179/11, NZA 2013, 448).

4. Als weitere Anspruchsvoraussetzung neben der befürchteten Rechtsgutsverletzung ist eine **Erstbegehungs-** oder **Wiederholungsgefahr** darzulegen und ggf. zu beweisen (vgl. dazu ausführlich BAG, Urt. v. 20.11.2012 – 1 ABR 179/11, NZA 2013, 448). 122

5. Hier ist idealerweise dem Gericht zu erläutern, dass die im konkreten Fall anwendbare Rechtsgrundlage den Anforderungen des BAG genügt. Für die Rahmen-KODA und für das Arbeitsrechtsregelungsgrundsätzegesetz der EKD ist davon auszugehen, dass die Anforderungen des BAG erfüllt sind (vgl. *Joussen* ZevKR 2014, 50; *Eder* ZTR 2015, 122). 123

Die Vollversammlung des VDD hat am 24.11.2014 eine Änderung der **Rahmen-KODA-Ordnung** beschlossen, um die Vorgaben des BAG umzusetzen. Hierzu ist nun ein an der Organisationsstärke der jeweiligen Gewerkschaft orientiertes Beteiligungsrecht der einzelnen Gewerkschaft geschaffen worden. Eine Mindestzahl von Sitzen gesetzlich garantiert. Die Vertreter der Gewerkschaften in den Kommissionen werden von den Gewerkschaften benannt und entsandt; sie müssen nicht dem kirchlichen Dienst angehören. Ein neutrales und unabhängiges Schlichtungsverfahren stellt sicher, dass die Tarifverhandlungen auch im Falle einer Nichteinigung in der Kommission zu einem Ergebnis führen. Die erzielten Verhandlungsergebnisse sind für die kirchlichen Arbeitgeber verbindlich. Etwaige Verstöße gegen die Verpflichtung zur Einhaltung des Dritten Weges können kirchenarbeitsgerichtlich überprüft und geahndet werden. Damit hat der kirchliche Gesetzgeber die vom BAG formulierten Anforderungen (vgl. dazu *v. Tiling* öAT 2015, 227) erfüllt. Die Rahmen-KODA-Ordnung dürfte daher »streikfest« sein. 124

Die Synode der EKD hat den Maßgaben des BAG in dem **neuen Arbeitsrechtsregelungsgrundsätzegesetz** vom 13.11.2013 Rechnung getragen. Die EKD ist über die Anforderungen aus dem BAG-Urteil noch hinausgegangen, hat also die Einbindung der Gewerkschaften und die Parität zwischen Dienstnehmer- und Dienstgeberseite noch mehr gestärkt, als es das BAG für erforderlich gehalten hat. Damit ist der Dritte Weg – auf Ebene der EKD – in jedem Fall »streikfest«. Die einzelnen Landeskirchen sind derzeit dabei, das Arbeitsrechtsregelungsgrundsätzegesetz in gliedkirchliches Recht zu übertragen. 125

IV. Schriftsätze in kirchengerichtlichen Verfahren

Vorbemerkung

Für Fragen des gerichtlichen Rechtsschutzes ist von **vier Fallgruppen** auszugehen: 126

Für Streitigkeiten aus dem **Individualarbeitsrecht** (Kündigung, Abmahnung, Urlaub, Entgeltfortzahlung, Zeugnis usw.) sind allein die **staatlichen Arbeitsgerichte** zuständig. Dies gilt auch dann, wenn kirchenrechtliche Anspruchsgrundlagen (bspw. aus den AVR-Caritas oder aus den AVR.DD) oder kirchenrechtliche Modifikationen des staatlichen Arbeitsrechts (bspw. Statuierung besonderer loyalitätsbezogener Kündigungsgründe in Ergänzung zum KSchG) gelten. Kirchliche Arbeitsrechtsregelungen (»Dritter Weg«) und kirchliche Tarifverträge können im Rahmen einer individualarbeitsrechtlichen Streitigkeit (bspw. Eingruppierungsfeststellungsklage oder Entgeltzahlungsklage) arbeitsgerichtlich überprüft werden. Wenn beispielsweise ein Arbeitnehmer einen Vergütungsbestandteil einklagt, der ihm angeblich auf der Grundlage einer kirchlichen Arbeitsrechtsregelung zusteht, darf und muss das staatliche Arbeitsgericht **inzident** prüfen, ob die Arbeitsrechtsregelung ordnungsgemäß zustande gekommen ist, auf das Arbeitsverhältnis Anwendung findet und gewissen inhaltlichen Mindestanforderungen (insbesondere Vereinbarkeit mit höherrangigem Recht!) genügt (BAG, Urt. v. 08.06.2005 – 4 AZR 412/04, ZTR 2006, 270). Der Zuständigkeit der staatlichen Arbeitsgerichte zugeordnet ist auch der Anspruch eines MAV-Mitglieds auf bezahlten Freizeitausgleich für die Teilnahme an Tagungen und Lehrgängen. Der Umstand, dass dieser Anspruch seine Grundlage im Mitarbeitervertretungsrecht hat, ändert nichts daran, dass es sich um einen individualarbeitsrechtlichen Anspruch (§ 611 BGB i.V.m. § 19 Abs. 3 MVG.EKD) handelt. In einem solchen Fall ist das staatliche Arbeitsgericht auch zur An- 127 wendung und Auslegung kirchlichen Mitarbeitervertretungsrechts berufen (BAG, Urt. v. 11.11.2008 – 1 AZR 646/07, ZMV 2009, 168; MAVO/*Fuhrmann* § 16 Rn. 125).

128 Für Streitigkeiten aus dem **Mitarbeitervertretungsrecht** sind primär die **kirchlichen Gerichte** zuständig. Die möglichen Verfahrensarten sind in den Zuständigkeitskatalogen der jeweiligen Kirchengesetze (MVG.EKD, gliedkirchliches MVG, KAGO) beschrieben. Ob in Einzelfragen (auch) die Zuständigkeit der staatlichen Arbeitsgerichte begründet ist, ist ungeklärt. So sind einige Fragen der Gewerkschaftsrechte in kirchlichen Einrichtungen (bspw. Anspruch auf ein »Schwarzes Brett« für gewerkschaftliche Werbung) durch staatliche Gerichte entschieden worden (LAG Baden-Württemberg, Urt. v. 08.09.2010 – 2 Sa 24/10; ArbG Bielefeld, Urt. v. 07.03.2012, 4 Ca 3194/10, n.v.).

129 Für das **Arbeitskampfrecht** sind die **staatlichen Arbeitsgerichte** zuständig.

130 Für Fragen der **Arbeitsrechtsregelung nach dem Dritten Weg** ist die Rechtslage unklar. Für den Bereich der katholischen Kirche ist die Zuständigkeit des Kirchlichen Arbeitsgerichtshofs (KAGH) für Rechtsstreitigkeiten auf den Gebieten der kirchlichen Ordnungen für ein Arbeitsvertragsrecht (KODA-Ordnungen) begründet. Ob die Zuständigkeit des KAGH auf die Klärung von Verfahrensfragen innerhalb der KODA beschränkt ist oder sich auch auf die inhaltliche Überprüfung von Arbeitsrechtsregelungen auf Antrag betroffener Arbeitgeber oder Arbeitnehmer erstreckt, ist noch nicht abschließend geklärt. Im Bereich der evangelischen Kirche ist eine Zuständigkeit des KGH.EKD oder anderer kirchlicher Gerichte für die unmittelbare Überprüfung von Beschlüssen der Arbeitsrechtlichen Kommission oder Schiedskommission – soweit ersichtlich – derzeit nicht vorgesehen. Der Rechtsweg zum staatlichen Arbeitsgericht ist ebenfalls nicht eröffnet (ArbG Herne, Urt. v. 23.09.2008 – 3 Ca 1900/08, juris; vgl. hierzu *v. Tiling* NZA 2009, 590).

1. Gerichtliche Verfahren nach evangelischem Recht

▶ Muster – Feststellungsantrag zum Kirchengericht nach § 60 MVG.EKD

131 Dem Kirchengericht _____ [1]

_____

[Datum]

Antrag im mitarbeitervertretungsrechtlichen Beschlussverfahren

In dem mitarbeitervertretungsrechtlichen Beschlussverfahren

der Diakonie-Krankenhaus gGmbH, Straße 24, 20000 Hamburg, vertreten durch den Geschäftsführer Herrn _____, ebenda,

– Antragstellerin und Beteiligte zu 1. –

Verfahrensbevollmächtigte: _____ [2]

gegen

die Mitarbeitervertretung der Diakonie-Krankenhaus gGmbH, [Anschrift der Einrichtung], vertreten durch den Vorsitzenden [3]

– Beteiligte [4] zu 2. –

wegen Feststellung des Fehlens von Zustimmungsverweigerungsgründen

bestellen wir uns zu Bevollmächtigten der Antragstellerin. Ein Nachweis über die Zugehörigkeit zu einer AcK-Kirche ist als Anlage beigefügt. [5] Wir beantragen,

festzustellen, dass ein Grund zur Verweigerung der Zustimmung zu der Versetzung des Herrn ___[Name]___ zum ___[Datum]___ nicht vorliegt. [6]

Begründung:

Die Antragstellerin betreibt in Hamburg einen Krankenhauskomplex mit zahlreichen Fachabteilungen und rund 300 stationären Betten. Sie beschäftigt etwa 1050 Arbeitnehmer. Die Beteiligte zu 2. ist die für diese Einrichtung gebildete Mitarbeitervertretung.

Die Antragstellerin unterrichtete die Beteiligte zu 2. mit Schreiben vom _____ davon, dass die Versetzung des Herrn _____ von der Abteilung _____ in die Abteilung _____ zum _____ beabsichtigt sei. Das diesbezügliche Schreiben wurde dem Vorsitzenden der Beteiligten zu 2. Am _____ ausgehändigt. Dieser quittierte den Empfang direkt auf dem Schreiben.

Beweis: Vorlage des Unterrichtungsschreibens vom _____ als Anlage Ast. 1.

[Wiedergabe der Informationen aus dem Unterrichtungsschreiben: bisherige Tätigkeit in der bisherigen Abteilung, zukünftige Tätigkeit, bisherige/zukünftige Vergütung, bisherige/zukünftige Arbeitszeit, bisheriger/zukünftiger Vorgesetzter, fachliche Eignung für die neue Tätigkeit aufgrund der bestehenden Qualifikation, Grund für die Versetzung, ggf. Auswirkungen auf andere Mitarbeiter]

Mit Schreiben vom _____ verweigerte der Beteiligte zu 2. die Zustimmung mit der Begründung, dass der Herr _____ in der neuen Abteilung mit seiner früheren Lebensgefährtin Frau _____ zusammenarbeiten müsse, was zu einem permanenten Krach und schlechter Stimmung im gesamten Team führen würde, zumal Kollegen seinerzeit auch von häuslicher Gewalt berichtet haben. [7]

Beweis: Vorlage des Schreibens der Beteiligten zu 2. vom _____ als Anlage Ast. 2.

Dieses Schreiben ist am _____ bei der Personalleitung eingegangen. [8]

Tatsächlich existieren keine Zustimmungsverweigerungsgründe. [9] Die Antragstellerin hat Herrn _____ und Frau _____ eindringlich befragt. Danach haben sich keine Hinweise auf aktuelle atmosphärische Störungen ergeben. Beide Mitarbeiter haben angegeben, mittlerweile in neuen Beziehungen zu leben und keinen Groll mehr gegen den anderen zu hegen. Im Übrigen wird Herr _____ aufgrund seiner besonderen Qualifikation dringend in der Abteilung _____ benötigt.

Beweis: Zeugnis des Personalleiters Herrn _____, der die Befragungen durchgeführt hat, zu laden über die Antragstellerin.

Die Antragstellerin hat die Versetzung zum _____ bereits als vorläufige Maßnahme durchführen müssen, weil sie keinen Aufschub duldete und zur Aufrechterhaltung der ordnungsgemäßen Abläufe in unserer Einrichtung dringend erforderlich war. Ohne die Arbeitsaufnahme des Herrn zum _____ wäre die Patientensicherheit nicht mehr gewährleistet gewesen. [Darstellung der Eilbedürftigkeitsgründe] [10]

Die Beteiligte zu 2. ist von der vorläufigen Durchführung der Maßnahme unverzüglich am _____ mit ausführlicher Begründung schriftlich und mündlich durch Herrn _____ unterrichtet worden.

Beweis: Vorlage des Schreibens der Antragstellerin von _____ als Anlage Ast. 3.

[ggf. rechtliche Würdigung]

Es ist daher antragsgemäß zu entscheiden.

Erläuterungen

Schrifttum
Fey/Rehren MVG.EKD Praxiskommentar, Stand August 2015; *Richardi* Arbeitsrecht in der Kirche, 7. Aufl. 2015; *Schliemann* Die neue Ordnung der Kirchengerichtsbarkeit in der Evangelischen Kirche in Deutschland, NJW 2005, 392.

1. Die **Kirchengerichte erster Instanz** entscheiden nach § 60 MVG.EKD über alle Streitigkeiten, die sich aus der Anwendung des Mitarbeitervertretungsrechts zwischen den Beteiligten ergeben. Ihre Zuständigkeit ist unterschiedlich geregelt. Wegen der gliedkirchlichen Struktur der evangelischen Kirche gibt es eine Vielzahl von Kirchengerichten. Es existieren Kirchengrichte, die für mehrere Landeskirchen zuständig sind, und solche, die nur für eine Landeskirche gebildet sind. Teilweise besteht die Zuständigkeit für die verfasste Kirche und die diakonischen Einrichtungen gemeinsam; teilweise existieren getrennte Kirchengerichte bzw. gesonderte Kammern. Eine Übersicht aller Kirchengerichte, die noch dazu teilweise die Bezeichnung »Schlichtungsstelle« tragen, findet sich bei *Fey/Rehren* MVG.EKD § 60 Rn. 7. Das Verfahren vor dem Kirchengericht erster Instanz ist seiner Rechtsnatur nach ein **Beschlussverfahren**, ähnlich wie in §§ 2a, 80 ff. ArbGG vorgesehen. Konsequenterweise verweist § 62 MVG.EKD auch ausdrücklich auf die Vorschriften der §§ 80 ff. ArbGG, soweit sich aus §§ 60, 61 MVG.EKD nichts Gegenteiliges ergibt.

133 Gegen die Beschlüsse der Kirchengerichte erster Instanz findet gemäß § 63 MVG.EKD die **Beschwerde** an den Kirchengerichtshof der Evangelischen Kirche in Deutschland (KGH.EKD) mit Sitz in Hannover statt. Im Einzelfall kann die Beschwerde jedoch durch gliedkirchliches Recht ausgeschlossen sein (vgl. zu einem solchen Fall KGH.EKD, Beschl. v. 28.03.2012 – II-0124/T 41–11)! Die Beschwerde bedarf der Annahme. Es herrscht Anwaltszwang. Das Beschwerdeverfahren beim KGH.EKD bietet eine **volle zweite Tatsacheninstanz**; d.h. es findet nicht lediglich eine Rechtsprüfung aufgrund eines feststehenden Sachverhalts statt (*Fey/Rehren* MVG.EKD, § 60 Rn. 6). Näheres über seine Errichtung und Organisation findet sich im Kirchengerichtsgesetz der Evangelischen Kirche in Deutschland (KiGG.EKD). Die Entscheidungen des KGH.EKD werden im Internet unter www.kirchenrecht-ekd.de/list/rechtsprechung/mvg_kirchengerichte veröffentlicht. Auf der Internetseite ekd.de finden sich zudem viele hilfreiche Erläuterungen zur kirchlichen Gerichtsbarkeit.

134 2. Vor den Kirchengerichten erster Instanz besteht **kein Anwaltszwang**. Die Beteiligten können sich selbst vertreten, können sich aber auch durch Beistände, insbesondere Rechtsanwälte oder Vertreter von Gewerkschaften oder Mitarbeitervereinigungen, vertreten lassen.

135 3. Gemäß § 23 Abs. 1 MVG.EKD wird die Mitarbeitervertretung **durch ihren Vorsitzenden** vertreten. Dies gilt auch im Rahmen kirchengerichtlicher Verfahren.

136 4. Im Verfahren vor den Kirchengerichten gibt es nur den **Antragsteller** und weitere **Beteiligte**, jedoch keinen »Antragsgegner«. Bei Streitigkeiten über die mitarbeitervertretungsrechtliche Zulässigkeit personeller Einzelmaßnahmen wie Einstellung, Eingruppierung, Versetzung, Kündigung usw. ist der betroffene Arbeitnehmer nicht Beteiligter (vgl. auch AR/*Rieble* § 99 BetrVG Rn. 70).

137 5. Gemäß § 61 Abs. 4 MVG.EKD bzw. nach den entsprechenden gliedkirchlichen Vorschriften können die Beteiligten einen Beistand hinzuziehen, der **Mitglied einer Kirche** sein muss, die der Arbeitsgemeinschaft christlicher Kirchen (AcK) angehört. Die Vorschrift gilt unabhängig davon, ob ein Rechtsanwalt als Beistand oder als sonstiger Bevollmächtigter deklariert wird. Die damit verbundene Beschränkung des Rechts auf freie Anwaltswahl ist aus verfassungsrechtlichen Gründen hinzunehmen (VerwG.EKD Beschl. v. 10.07.1997, NZA 1997, 1303; *Fey/Rehren* MVG.EKD § 61 Rn. 5). Als Nachweis dient bspw. eine Kopie der Taufurkunde des auftretenden Rechtsanwalts.

138 6. Der Wortlaut des Antrags sollte auf den Wortlaut des Gesetzes (§ 60 MVG.EKD bzw. der entsprechenden gliedkirchlichen Vorschrift) abgestimmt sein, im vorliegenden Fall auf § 60 Abs. 5 MVG.EKD. Wichtig ist, dass bei Streitigkeiten über die mitarbeitervertretungsrechtliche Zulässigkeit personeller Einzelmaßnahmen nach § 60 Abs. 5 MVG.EKD **kein Zustimmungsersetzungsantrag** (wie nach § 99 Abs. 4 BetrVG), sondern ein **Feststellungsantrag** gestellt wird. Ein unpräzise formulierter Antrag kann durch das Kirchengericht **ausgelegt** werden (*Schliemann* NZA 2000, 1314).

139 7. Der Feststellungsantrag zum Kirchengericht ist nur erforderlich, wenn sich die schriftliche Zustimmungsverweigerung der Mitarbeitervertretung einem der Gründe des § 41 MVG.EKD zuordnen lässt. Die Mitarbeitervertretung muss Tatsachen präsentieren, die das Vorliegen des Zu-

stimmungsverweigerungsgrundes zumindest möglich erscheinen lassen. Die erforderliche Substantiierung dürfte im vorliegenden Beispiel noch zu bejahen sein. § 41 c) MVG.EKD (»Störung des Betriebsfriedens«) greift dem Wortlaut nach zwar nur bei Einstellungen, nicht bei Versetzungen; in Betracht kommt aber der Grund des § 41 b) MVG.EKD (»Benachteiligung eines anderen Mitarbeiters«).

Wenn sich die Zustimmungsverweigerung auf eine **bloße Wiederholung des Gesetzeswortlauts** (ohne Tatsachenkern) oder auf Umstände beschränkt, die mit den im Gesetz genannten Verweigerungsgründen überhaupt **nichts zu tun haben**, oder die Verweigerung erst **nach Fristablauf** vorgebracht wird, gilt die Zustimmung als erteilt (vgl. dazu ausführlich MAVO/*Jüngst* § 33 Rn. 42 ff.; AR/*Rieble* § 99 BetrVG Rn. 64). Die Einleitung eines gerichtlichen Verfahrens ist dann nicht erforderlich (ebenso MAVO/*Jüngst* § 33 Rn. 53). Teilweise wird vertreten, dass in Zweifelsfällen gleichwohl ein Verfahren eingeleitet werden sollte. Es soll dann primär die Feststellung beantragt werden, dass die Zustimmung als erteilt gilt. Hilfsweise kann der eigentliche Zustimmungsersetzungsantrag gestellt werden. Dieser Weg sollte indes nur dann beschritten werden, wenn echte Zweifelsfälle vorliegen. Wenn es gute Gründe für die Unbeachtlichkeit der Zustimmungsverweigerung gibt, sollte der Arbeitgeber konsequenterweise kein gerichtliches Verfahren einleiten, sondern abwarten, ob die Mitarbeitervertretung ihrerseits eine mitbestimmungswidrige Umsetzung der personellen Maßnahme kirchengerichtlich geltend macht. 140

8. Der Antrag an das Kirchengericht muss innerhalb von **zwei Wochen** nach Eingang der schriftlichen Zustimmungsverweigerung beim Kirchengericht eingegangen sein. § 38 Abs. 4 MVG.EKD enthält insoweit eine spezielle Frist gegenüber der allgemeinen zweimonatigen Frist nach § 60 Abs. 1 MVG.EKD! Die Zweiwochenfrist des § 38 Abs. 4 MVG.EKD gilt indes nicht, wenn allein eine **Eingruppierung** im Streit steht. Da die Eingruppierung keine vom Willen der Dienststellenleitung abhängige Maßnahme darstellt, ist eine bestimmte Frist für die Anrufung des Kirchengerichts nicht zu beachten (KGH.EKD, Beschl. v. 08.08.2005 – I-0124/L22-05). 141

9. Es gilt der Untersuchungsgrundsatz nach § 83 ArbGG (KGH.EKD, Beschl. v. 31.08.2015 – II-0124/6-2015). Auch wenn es im kirchengerichtlichen Verfahren keine Darlegungs- und Beweislast, sondern allenfalls eine **Feststellungslast** gibt (vgl. KGH.EKD, Beschl. v. 26.03.2007 – II-0124/M10-06), wird man davon ausgehen müssen, dass die Dienststellenleitung den für das Fehlen von Zustimmungsverweigerungsgründen und für die Einhaltung der Fristen maßgeblichen Sachverhalt vortragen und notfalls beweisen muss (vgl. DLW/*Wildschütz* Kap. 13 Rn. 2142). 142

10. Sofern die personelle Maßnahme **vorläufig durchgeführt** worden ist, ist dies dem Kirchengericht mit Begründung und Darlegung der diesbezüglichen Unterrichtung der Mitarbeitervertretung darzulegen. 143

Anders als nach § 100 BetrVG ist der kirchliche Arbeitgeber weder im evangelischen noch im katholischen Bereich gehalten, zur Wirksamkeit der vorläufigen Regelung einen entsprechenden Antrag beim Kirchengericht zu stellen. 144

▶ **Muster – Beschwerde zum Kirchengerichtshof der EKD nach § 63 MVG.EKD**

Dem Kirchengerichtshof der EKD
Senate für MAV-Streitigkeiten
Herrenhäuser Straße 12

30419 Hannover

Vorab per Fax: 0511/2796750

[Datum] 145

R. Kirchliches Arbeitsrecht

Beschwerde/Antrag auf Annahme der Beschwerde/Beschwerdebegründung [1]

In dem mitarbeitervertretungsrechtlichen Beschwerdeverfahren mit den Beteiligten

Diakonie-Krankenhaus gGmbH, Straße 24, 20000 Hamburg, vertreten durch den Geschäftsführer Herrn _____ , ebenda,

– Beschwerdeführerin und Antragstellerin –

Verfahrensbevollmächtigte: _____ [2]

gegen

Mitarbeitervertretung der Diakonie-Krankenhaus gGmbH, [Anschrift der Einrichtung] , vertreten durch den Vorsitzenden

– Beteiligte zu 2. –

Verfahrensbevollmächtigte: _____

Aktenzeichen 1. Instanz: _____

legen wir hiermit namens und mit Vollmacht der Antragstellerin und Beschwerdeführerin

Beschwerde

gegen den Beschluss der Gemeinsamen Schlichtungsstelle der x-Kirche und der y-Kirche vom _____ (Az.: _____), uns zugestellt am _____ , [3] ein. Eine Fotokopie des Beschlusses ist als Anlage beigefügt. Wir beantragen

die Annahme der Beschwerde, [3]

in der wir beantragen werden,

unter Abänderung des Beschlusses der gemeinsamen Schlichtungsstelle der x-Kirche und der y-Kirche vom _____ festzustellen, dass für die Beteiligte zu 2. kein Grund zur Verweigerung der Zustimmung zu der Versetzung des Herrn _____ vorliegt. [4]

Begründung: [5]

1. Die Beschwerde ist anzunehmen. Es liegen die Annahmegründe des § 63 Abs. 2 Nr. 1 und Nr. 3 MVG.EKD vor. [Auseinandersetzung mit den in Betracht kommenden Annahmegründen des § 63 Abs. 2 MVG.EKD]

2. Die Beschwerde ist begründet. Es liegen keine Zustimmungsverweigerungsgründe vor.

Die Gemeinsame Schlichtungsstelle hat ihre Entscheidung im Wesentlichen auf folgende Erwägungen gestützt: _____ Diese Erwägungen sind in rechtlicher und tatsächlicher [6] Hinsicht unzutreffend. Bei zutreffender Würdigung des Sachverhalts und korrekter Anwendung des § 41 MVG.EKD hätte dem Antrag der Antragstellerin stattgegeben werden müssen. Im Einzelnen: _____ [7]

Es ist daher antragsgemäß zu entscheiden.

Erläuterungen

146   1. Grundsätzlich funktioniert das Beschwerdeverfahren beim KGH.EKD so, wie eine Beschwerde im Beschlussverfahren nach dem ArbGG. Die Frist für die **Einlegung der Beschwerde** beträgt einen Monat seit Zustellung des in vollständiger Form abgefassten erstinstanzlichen Beschlusses. Die Frist für die **Begründung der Beschwerde** beträgt zwei Monate seit Zustellung. Als Besonderheit kommt hinzu, dass die Beschwerde nach § 63 Abs. 2 MVG.EKD der **Annahme** durch den KGH.EKD bedarf. Der KGH.EKD prüft summarisch, ob einer der gesetzlich festgelegten Annahmegründe gegeben ist und entscheidet dann ohne mündliche Verhandlung über die Annahme.

Es sind somit drei Schritte zu unterscheiden: die Einlegung der Beschwerde, der Antrag auf Annahme der Beschwerde nebst Begründung und die eigentliche Beschwerdebegründung. Im vorstehenden Muster sind diese drei Schritte miteinander verbunden. Dies bedeutet, dass ein nach dem vorstehenden Muster erstellter Schriftsatz **innerhalb eines Monats** seit Zustellung des vollständigen erstinstanzlichen Beschlusses beim KGH.EKD eingehen müsste. Alternativ kann zunächst innerhalb eines Monats Beschwerde eingelegt werden (mit dem Hinweis, dass Beschwerdeantrag und Beschwerdebegründung einem späteren Schriftsatz vorbehalten bleiben) und binnen eines weiteren Monats die Beschwerdebegründung eingereicht werden. Die Darlegung der Annahmegründe kann sowohl im Beschwerdeschriftsatz als auch in der Beschwerdebegründung erfolgen.

Ein förmlicher **Antrag auf Annahme der Beschwerde** dürfte entbehrlich sein. Eine diesbezügliche Antragstellung wird in der Praxis aber ganz überwiegend gewählt. Erforderlich ist jedenfalls eine Darlegung der Annahmegründe, um das Ziel der Annahme der Beschwerde zu erreichen. Hinsichtlich des Annahmegrundes »Divergenz« hat der KGH.EKD ausdrücklich klargestellt, dass in der Beschwerde darzulegen ist, worauf die Divergenz gestützt wird (KGH.EKD, Beschl. v. 21.03.2011 – I-0124/S68-10). Auch hinsichtlich der übrigen Annahmegründe ist dringend zu empfehlen, eigene Ausführungen zu machen und sich nicht darauf zu verlassen, dass der Kirchengerichtshof allein auf der Grundlage der erstinstanzlichen Akte eine Prüfung von Amts wegen vornimmt. Ein instruktives Beispiel für den praktischen Umgang mit den gesetzlich vorgesehenen Annahmegründen findet sich in den Entscheidungen des KGH.EKD vom 21.03.2011 (– I-0124/S68-10) und 01.12.2007 (– I-0124/N 43-07).

2. Im Beschwerdeverfahren herrscht **Anwaltszwang**. Beschwerdeschrift und Beschwerdebegründung müssen daher von einem Rechtsanwalt unterzeichnet sein, § 63 Abs. 7 MVG.EKD i.V.m. § 89 Abs. 1 ArbGG. Auch in der zweiten Instanz muss der auftretende Anwalt **Mitglied einer AcK-Kirche sein**, vgl. § 61 Abs. 4 MVG.EKD. Wenn der Anwalt das Mandat erst in der zweiten Instanz übernommen hat, muss er also rechtzeitig für einen Nachweis der Kirchenmitgliedschaft sorgen, bspw. dem Beschwerdeschriftsatz die Kopie der Taufurkunde beifügen. 147

3. Ab Zustellung des Beschlusses laufen die **Fristen** für die **Einlegung** der Beschwerde (ein Monat gemäß § 63 Abs. 7 MVG.EKD i.V.m. § 87 Abs. 2 ArbGG) und die **Begründung** der Beschwerde (zwei Monate). 148

4. Die Formulierung des Beschwerdeantrags folgt denselben Regeln wie bei der Berufung im arbeitsgerichtlichen Urteilsverfahren bzw. der Beschwerde im arbeitsgerichtlichen Beschlussverfahren. 149

5. Die Begründung erfolgt regelmäßig in zwei Richtungen: Zunächst wird dargelegt, welche Annahmegründe vorliegen. Sodann wird dargelegt, weshalb die erstinstanzliche Entscheidung falsch ist. Mitunter gehen beide Begründungen ineinander über. Dies wird besonders deutlich bei dem Grund Nr. 1 (»ernstliche Zweifel an der Richtigkeit der Entscheidung bestehen«). 150

6. Das Beschwerdeverfahren beim KGH.EKD bietet eine **volle zweite Tatsacheninstanz**; d.h. es findet nicht lediglich eine Rechtsprüfung aufgrund eines feststehenden Sachverhalts statt (*Fey/Rehren* MVG.EKD, § 60 Rn. 6). 151

7. Die Beschwerdebegründung muss eine **einzelfallbezogene konkrete Auseinandersetzung** mit dem erstinstanzlichen Beschluss enthalten. Aufgrund der Verweisung des § 63 Abs. 7 MVG.EKD auf § 87 ArbGG, der seinerseits auf die Berufungsvorschriften verweist, sind im Zweifel die **strengen Anforderungen des BAG** an die Berufungsbegründung zu beachten: Danach muss die Berufungsbegründung erkennen lassen, in welchen Punkten tatsächlicher oder rechtlicher Art das angefochtene Urteil unrichtig ist und auf welchen Gründen diese Ansicht im Einzelnen beruht. Der Rechtsmittelführer muss die Umstände bezeichnen, aus denen sich die Rechtsverletzung durch das angefochtene Urteil und deren Erheblichkeit für das Ergebnis der Entscheidung ergibt. Die Berufungsbegründung muss deshalb auf den zur Entscheidung stehenden Fall zugeschnitten sein und sich mit den rechtlichen oder tatsächlichen Argumenten des angefochtenen Urteils befassen, wenn sie diese bekämpfen will. Für die erforderliche Auseinandersetzung mit den Urteilsgründen der angefochtenen Entscheidung reicht es nicht aus, die tatsächliche oder rechtliche Würdigung 152 durch das Arbeitsgericht mit **formelhaften Wendungen** zu rügen und lediglich auf das erstinstanzliche Vorbringen zu **verweisen** oder dieses zu **wiederholen** (BAG, Urt. v. 13.05.2015 – 2 AZR 531/14).

2. Gerichtliche Verfahren nach katholischem Recht

153 Für die **katholische Kirche** bestimmt Art. 10 Abs. 2 GrO, dass für Rechtsstreitigkeiten auf dem Gebiet des Mitarbeitervertretungsrechts kirchliche Gerichte gebildet werden. Die sog. **Kirchlichen Arbeitsgerichte erster Instanz** wurden entweder für eine Diözese (Fulda, Freiburg, Rottenburg-Stuttgart), oder aber auch für mehrere Diözesen gemeinsam (Bayern, Nordrhein-Westfalen, Mittelraum, Region Nord-Ost) eingerichtet (ausführlich MAVO/*Thiel* § 40 Rn. 14 ff.). Rechtsgrundlage ist die Kirchliche Arbeitsgerichtsordnung in der Fassung vom 25. Februar 2010 (KAGO), die anders als die Rahmen-MAVO kein »Mustergesetz« ist, sondern unmittelbar in allen Bistümern geltendes Recht ist.

154 Gemäß § 2 KAGO sind die Kirchlichen Arbeitsgerichte zuständig für Rechtsstreitigkeiten aus dem Recht der nach Art. 7 GrO gebildeten Arbeitsrechtlichen Kommissionen sowie für alle Rechtsstreitigkeiten aus dem Mitarbeitervertretungsrecht. In § 3 Abs. 3 KAGO ist ausdrücklich klargestellt, dass die Zuständigkeit sich nicht auf »Streitigkeiten aus dem Arbeitsverhältnis« erstreckt. Sämtliche individualrechtliche Streitigkeiten zwischen dem einzelnen Arbeitnehmer und dem Arbeitgeber sind somit vor die staatlichen Arbeitsgerichte zu bringen.

155 In zweiter Instanz entscheidet der »**Kirchliche Arbeitsgerichtshof**« (KAGH) mit Sitz in Bonn, der auf der Ebene der Deutschen Bischofskonferenz eingerichtet ist. Er entscheidet abschließend in Rechtsstreitigkeiten auf den Gebieten der kirchlichen Ordnungen für ein Arbeitsvertragsrecht (KODA-Ordnungen) und des Mitarbeitervertretungsrechts (MAVO). Es handelt sich um eine Revisionsinstanz. Die Revision findet jedoch nur statt, wenn sie in der angefochtenen erstinstanzlichen Entscheidung ausdrücklich zugelassen worden ist; möglich ist auch eine Nichtzulassungsbeschwerde. Damit hat die katholische Kirche den Rechtsschutz auf dem Gebiet des kirchlichen Arbeitsrechts, wie ihn die Grundordnung des kirchlichen Dienstes im Rahmen kirchlicher Arbeitsverhältnisse in Art. 10 vorsieht, vollendet (vgl. dazu ausführlich MAVO/*Thiel* § 40 Rn. 19). Die Entscheidungen des KAGH werden im Internet unter www.dbk.de/kagh/entscheidungen-kagh/veröffentlicht.

▶ **Muster – Klage zum Kirchlichen Arbeitsgericht nach § 2 Abs. 2 KAGO i.V.m. § 30 MAVO**

156 Dem Kirchlichen Arbeitsgericht [1]
_____

[Datum]

Klage [2]

In dem Verfahren vor dem Kirchlichen Arbeitsgericht

der Mitarbeitervertretung des Caritas-Krankenhaus gGmbH, Straße 24, 20000 Hamburg, vertreten durch den Vorsitzenden, ebenda,

– Klägerin –[3]

Prozessbevollmächtigte: _____ [4]

gegen

die Caritas-Krankenhaus gGmbH, [Anschrift der Einrichtung], vertreten durch den Geschäftsführer Herrn _____, ebenda,

– Beklagte –

wegen Feststellung des Missachtung von Beteiligungsrechten

bestellen wir uns zu Bevollmächtigten der Klägerin und beantragen,

festzustellen, dass das Anhörungsverfahren im Hinblick auf die durch die Beklagte ausgesprochene Kündigung des Herrn _____ vom _____ nicht ordnungsgemäß durchgeführt worden ist und die ausgesprochene Kündigung daher unwirksam ist. [5]

Begründung:

Die Beklagte betreibt in Hamburg ein Krankenhauskomplex mit zahlreichen Fachabteilungen und rund 300 stationären Betten. Sie beschäftigt etwa 1050 Arbeitnehmer. Die Beklagte hat auch ihren Sitz in Hamburg. Die Klägerin ist die für diese Einrichtung gebildete Mitarbeitervertretung.

Die Beklagte hörte die Klägerin mit Schreiben vom _____ zu einer beabsichtigten außerordentlichen Kündigung mit sozialer Auslauffrist des ordentlich unkündbaren Herrn _____ an. In dem Schreiben wurde ausdrücklich auf § 31 MAVO Bezug genommen.

Beweis: Vorlage des Anhörungsschreibens vom _____ als Anlage K 1.

Mit Schreiben vom _____ erhob die Klägerin Einwendungen und beantragte eine gemeinsame Beratung.

Beweis: Vorlage des Schreibens der Klägerin vom _____ als Anlage K 2.

Dieses Schreiben ist am _____ bei der Personalleitung eingegangen.

Die Beklagte ignorierte den Wunsch nach einer Mitberatung und sprach am Folgetag die außerordentliche Kündigung mit sozialer Auslauffrist aus.

[ggf. rechtliche Würdigung] [6]

Der Klage ist daher stattzugeben.

Erläuterungen

Schrifttum

Richardi Arbeitsrecht in der Kirche, 7. Aufl. 2015; *ders.* Die Rechtsprechung des Kirchlichen Arbeitsgerichtshofs der katholischen Kirche in den Jahren 2006–2010, NZA 2011, 1185; *ders.* Rechtsprechung des Kirchlichen Arbeitsgerichtshofs der katholischen Kirche zu ausgewählten Praxisproblemen, NZA 2012, 1393; *Thiel/Fuhrmann/Jüngst* MAVO Rahmenordnung für eine Mitarbeitervertretungsordnung, 7. Aufl. 2014.

1. Die **örtliche Zuständigkeit** folgt aus § 3 KAGO. Maßgeblich ist der Dienstbezirk des Gerichts, in dem der Klagegegner seinen **Sitz** hat. Wenn Klagegegner ein mehrdiözesaner oder überdiözesaner Rechtsträger ist, ist das Gericht an der **Hauptniederlassung** dieses Rechtsträgers zuständig. Die Anknüpfung an den Sitz ist ein erheblicher Unterschied zum Modell des BetrVG, wo der Ort des Betriebs maßgeblich ist.

2. Gemäß § 27 KAGO finden auf das Verfahren vor den Kirchlichen Arbeitsgerichten erster Instanz grundsätzlich die Vorschriften über das arbeitsgerichtliche Urteilsverfahren Anwendung. Dies bedeutet, dass Klagen erhoben und darüber **durch Urteil** (§ 43 KAGO) entschieden wird (vgl. *Richardi* Arbeitsrecht in der Kirche, § 22 Rn. 18). Gleichwohl erforscht gemäß § 7 Abs. 3 KAGO das Gericht den Sachverhalt – ebenso wie in § 83 Abs. 1 ArbGG für das Beschlussverfahren geregelt – **von Amts wegen**. Anders als vor den staatlichen Arbeitsgerichten gibt es keine Aufteilung in Güte- und Kammertermin. Vielmehr soll das Gericht gemäß § 33 Abs. 1 KAGO darauf hinwirken, dass das Verfahren in einem Termin zu Ende geführt werden kann. Es müssen also im Vorfeld des ersten mündlichen Verhandlungstermins alle relevanten Tatsachen – innerhalb der gesetzten Fristen – vorgetragen werden; da es im Zweifel keinen zweiten Termin gibt und zudem auch **Verspätungsvorschriften** (§ 33 Abs. 2 KAGO) eingreifen können.

159 **3.** Im Verfahren vor den Kirchlichen Arbeitsgerichten spricht man von Kläger und Beklagtem, vgl. § 28 KAGO.

160 **4.** Vor den Kirchlichen Arbeitsgerichten besteht **kein Anwaltszwang**. Die Beteiligten können sich selbst vertreten, können sich aber auch durch sach- und rechtskundige Personen, insbesondere Rechtsanwälte oder Vertreter von Gewerkschaften oder Mitarbeitervereinigungen, vertreten lassen, vgl. § 11 KAGO. Anders § 61 Abs. 4 MVG.EKD müssen die Prozessbevollmächtigten nicht einer christlichen Kirche angehören (*Richardi* NZA 2012, 1393).

161 **5.** Der Wortlaut des Antrags sollte auf den Wortlaut des Gesetzes abgestimmt sein. Wenn – wie hier – eine Missachtung von Beteiligungsrechten gerügt wird, ist der Antrag nicht unmittelbar dem Gesetz zu entnehmen. Der richtige Antrag ist dann aus dem Rechtsschutzziel heraus zu entwickeln (vgl. MAVO/*Fuhrmann* § 30 Rn. 130). Ein solcher Feststellungsantrag kommt allerdings nur im Anwendungsbereich der §§ 30, 31 Rahmen-MAVO in Betracht. Im Falle von zustimmungspflichtigen Maßnahmen (§§ 33 bis 35 Rahmen-MAVO) kann regelmäßig nicht einfach die Feststellung beantragt werden, dass die personelle Maßnahme mitbestimmungswidrig durchgeführt worden ist. Eine solche Feststellungsklage wäre **mangels Rechtsschutzbedürfnis** regelmäßig **unzulässig** (KAGH, Urt. v. 07.06.2013 – M 22/12). Richtigerweise wäre der Dienstgeber auf (nachträgliche) Einleitung des Mitbestimmungsverfahrens und ordnungsgemäße Unterrichtung der Mitarbeitervertretung zu verklagen. Eine Feststellungsklage kommt aber in Betracht, wenn die Maßnahme nicht rückgängig gemacht oder wiederholt werden kann (vgl. ausführlich MAVO/*Jüngst* § 33 Rn. 12 f.).

162 Die Missachtung von Beteiligungsrechten kann nicht nur von der Mitarbeitervertretung im Rahmen einer Feststellungsklage zum Kirchlichen Arbeitsgericht geltend gemacht werden. Parallel dazu kann auch der betroffene Arbeitnehmer in seiner Klage zum **staatlichen Arbeitsgericht** geltend machen, dass die personelle Maßnahme (Kündigung, Versetzung usw.) auch oder allein deshalb unwirksam ist, weil kirchenrechtliche Beteiligungsrechte missachtet worden sind. Das staatliche Arbeitsgericht ist insoweit zu einer **Inzidentkontrolle** befugt und berufen. Ist allerdings im Zeitpunkt der letzten mündlichen Verhandlung über eine Kündigungsschutzklage eine Missachtung des Beteiligungsrechts nach §§ 30 f. MAVO durch die kirchliche Gerichtsbarkeit bereits entschieden, so ist das staatliche Arbeitsgericht an die kirchengerichtliche Entscheidung gebunden (vgl. MAVO/*Fuhrmann* § 30 Rn. 131).

163 Achtung: Aus § 45 Abs. 2 S. 2 MVG.EKD ergibt sich, dass eine Nichteinhaltung des Beratungsverfahrens vor außerordentlicher Kündigung nur **innerhalb von zwei Wochen** seit Kenntnis der Mitarbeitervertretung vor dem Kirchengericht gerügt werden kann. Nach sechs Monaten ist eine gerichtliche Rüge – auch unabhängig von der Kenntnis – definitiv ausgeschlossen. Ob diese Fristen auch im Falle einer mitbestimmungswidrig ausgesprochenen ordentlichen Kündigung zu beachten sind, ist offen.

164 **6.** Im vorliegenden Fall hätte die Klage Erfolg. Der Arbeitgeber hätte das Beteiligungsverfahren nach § 30 MAVO einhalten müssen. Obwohl es sich um eine außerordentliche Kündigung handelt, ist in diesem Fall das Verfahren der Mitberatung nach § 30 Rahmen-MAVO (bzw. der eingeschränkten Mitbestimmung nach §§ 42, 41, 38 MVG-EKD) durchzuführen. Die außerordentliche Kündigung mit Auslauffrist wird so behandelt wie eine ordentliche Kündigung. Das Anhörungsverfahren vor außerordentlicher fristloser Kündigung spielt keine Rolle, bzw. nur dann eine Rolle, wenn vorrangig außerordentlich fristlos und nur hilfsweise mit Auslauffrist gekündigt werden soll. Hintergrund ist, dass ein Wertungswiderspruch entstehen würde, wenn die Rechte der Mitarbeitervertretung in Bezug auf unkündbare Mitarbeiter schwächer ausgestaltete wären als bei kündbaren (*Fey/Rehren* MVG.EKD, § 42 Rn. 21, unter Verweis auf BAG, Urt. v. 05.02.1998 – 2 AZR 227/97, NZA 1998, 771; KR/*Friedrich/Fischermeier* Kirchl. ArbN, Rn. 23; MAVO/*Fuhrmann* § 30 Rn. 15; KGH.EKD, Beschl. v. 12.09.2005 – II-124/L 42-05).

▶ **Muster – Revision zum Kirchlichen Arbeitsgerichtshof nach § 3 Abs. 2, 50 KAGO**

Dem Kirchlichen Arbeitsgerichtshof
Sekretariat der Deutschen Bischofskonferenz
Kaiserstraße 161

53113 Bonn

Vorab per Fax: 02 28 1 03 53 69

_____
[Datum]

Revision [1]

In dem Verfahren

Caritas-Klinikum e.V., Straße 24, 20000 Hamburg, vertreten durch den Vorstand Herrn _____, ebenda,

– Klägerin und Revisionsklägerin –

Prozessbevollmächtigte: _____ [2]

gegen

Mitarbeitervertretung der Caritas-Klinikum e.V., [Anschrift der Einrichtung], vertreten durch den Vorsitzenden

– Beklagte –

Prozessbevollmächtigte erster Instanz: _____

Aktenzeichen 1. Instanz: _____

legen wir hiermit namens und mit Vollmacht der Klägerin

Revision

gegen das Urteil des Kirchlichen Arbeitsgerichts der Diözese Münster, nordrhein-westfälischer Teil, vom _____ (Az.: _____), uns zugestellt am _____, [3] ein. Eine Fotokopie des Urteils ist als Anlage beigefügt. Wir beantragen,

1. das Urteil des Kirchlichen Arbeitsgerichts der Diözese Münster, nordrhein-westfälischer Teil, vom _____ (Az.: _____), abzuändern,
2. die von der Beklagten verweigerte Zustimmung zur Eingruppierung des Mitarbeiters Herrn _____ in die Entgeltgruppe _____, Stufe _____ der Anlage _____ zu den AVR Caritas zu ersetzen. [4]

Begründung: [5]

Die Revision ist zulässig. Sie ist im erstinstanzlichen Urteil zugelassen worden, § 47 Abs. 1 KAGO, und form- und fristgerecht eingelegt worden (§ 50 KAGO).

Die Revision ist auch begründet. Es liegen keine Zustimmungsverweigerungsgründe vor. Insbesondere ist ein Verstoß gegen eine kircheneigene Ordnung nicht ersichtlich.

Das erstinstanzliche Gericht hat seine Entscheidung im Wesentlichen auf folgende Erwägungen gestützt: _____ Diese Erwägungen sind in rechtlicher [6] Hinsicht unzutreffend. Bei korrekter Anwendung der Eingruppierungsvorschriften der AVR hätte dem Antrag der Klägerin stattgegeben werden müssen. Im Einzelnen: _____.

Es ist daher antragsgemäß zu entscheiden.

Erläuterungen

1. Grundsätzlich funktioniert das Revisionsverfahren so, wie das arbeitsgerichtliche Revisionsverfahren. Die Frist für die **Einlegung** der Revision beträgt gemäß § 50 Abs. 1 KAGO einen Monat seit Zustellung des in vollständiger Form abgefassten erstinstanzlichen Urteils oder des Beschlusses über die Zulassung der Revision (»Nichtzulassungsbeschwerde«, § 48 Abs. 5 KAGO). Die Frist für die **Begründung** beträgt gemäß § 50 Abs. 2 KAGO zwei Monate seit Zustellung. Die Begründung muss einen bestimmten Antrag enthalten, die verletzte Rechtsnorm und, soweit Verfahrensmängel gerügt werden, die Tatsachen angeben, die den Mangel ergeben. Die Revision ist nur statthaft, wenn sie **ausdrücklich zugelassen** worden ist oder die Zulassung im Wege der **Nichtzulassungsbeschwerde** (§ 48 KAGO) erreicht worden ist.

167 Im vorstehenden Muster sind die Einlegung und die Begründung miteinander verbunden. Dies bedeutet, dass ein nach dem vorstehenden Muster erstellter Schriftsatz innerhalb eines Monats seit Zustellung des vollständigen erstinstanzlichen Beschlusses beim KAGH eingehen müsste. Alternativ kann zunächst innerhalb eines Monats Revision eingelegt werden (mit dem Hinweis, dass Revisionsantrag und -begründung einem späteren Schriftsatz vorbehalten bleiben) und binnen eines weiteren Monats die Revisionsbegründung eingereicht werden.

168 **2.** Auch im Revisionsverfahren herrscht **kein Anwaltszwang**, vgl. § 11 KAGO.

169 **3.** Ab Zustellung des Beschlusses laufen die Fristen für die Einlegung (ein Monat) und die Begründung der Revision (zwei Monate).

170 **4.** Die Formulierung des Revisionsantrags folgt denselben Regeln wie bei der Revision im arbeitsgerichtlichen Urteilsverfahren.

171 **5.** Das Revisionsverfahren bietet **keine zweite Tatsacheninstanz**; d.h. es findet lediglich eine Rechtsprüfung aufgrund eines feststehenden Sachverhalts statt. Die Revision kann nur darauf gestützt werden, dass das erstinstanzliche Urteil »auf der Verletzung einer Rechtsnorm beruht«, vgl. § 49 Abs. 1 KAGO. Aus diesem Grund wird ein Revisionsverfahren in einer Eingruppierungsstreitigkeit oftmals keinen Erfolg haben. Die revisionsrechtliche Überprüfung von Eingruppierungsvorschriften durch den KAGH beschränkt sich regelmäßig darauf, ob die Vorinstanz von zutreffenden Rechtsbegriffen ausgegangen ist, ob sie diese bei der Subsumtion beibehalten hat, ob ihr bei ihrer Anwendung Verstöße gegen Denkgesetze oder allgemeine Erfahrungssätze unterlaufen sind und ob sie alle entscheidungserheblichen Tatumstände berücksichtigt hat (KAGH, Urt. v. 07.06.2013 – M 04/13; KAGH, Urt. v. 28.09.2012 – M 07/12).

172 **6.** Die Revisionsbegründung muss eine **einzelfallbezogene konkrete Auseinandersetzung** mit dem erstinstanzlichen Urteil enthalten. Im Zweifel sind die **strengen Anforderungen des BAG** an die Revisionsbegründung im arbeitsgerichtlichen Urteilsverfahren zu beachten: Danach sind die Revisionsgründe anzugeben. Bei Sachrügen sind diejenigen Umstände bestimmt zu bezeichnen, aus denen sich die Rechtsverletzung ergibt. Die Revisionsbegründung muss die Rechtsfehler im angefochtenen Urteil so aufzeigen, dass Gegenstand und Richtung des Revisionsangriffs erkennbar sind. Daher muss die Revisionsbegründung eine Auseinandersetzung mit den tragenden Gründen des angefochtenen Urteils enthalten. Dadurch soll sichergestellt werden, dass der Prozessbevollmächtigte des Revisionsklägers das angefochtene Urteil mit Blickrichtung auf die Rechtslage genau durchdacht hat. Die **bloße Darstellung anderer Rechtsansichten** ohne jede Auseinandersetzung mit den Gründen des Berufungsurteils genügt den Anforderungen an eine ordnungsgemäße Revisionsbegründung nicht. Bei Verfahrensrügen müssen die Tatsachen bezeichnet werden, die den Mangel ergeben, auf den sich die Revision stützen will. Dazu muss auch die **Kausalität** zwischen Verfahrensmangel und Ergebnis des angegriffenen Urteils dargelegt werden (st. Rspr., zuletzt BAG, Urt. v. 08.07.2015 – 4 AZR 324/14, JurionRS 2015, 26641).

S. Tarifvertragsrecht

Inhaltsübersicht

	Rdn.
Einführung	1
I. Allgemeine Tarifverträge	5
1. Entgelttarifvertrag	6
Vorbemerkung	6
Muster: Entgelttarifvertrag	7
Erläuterungen	8
2. Manteltarifvertrag	37
Vorbemerkung	37
Muster: Manteltarifvertrag	38
Erläuterungen	39
II. Besondere Tarifverträge und andere Abreden	72
1. Firmentarifvertrag	73
Vorbemerkung	73
Muster: Firmentarifvertrag	74
Erläuterungen	75
2. Anerkennungstarifvertrag	110
Vorbemerkung	110
Muster: Anerkennungstarifvertrag	112
Erläuterungen	113
3. Tarifvertrag zur Beschäftigungssicherung	120
Vorbemerkung	120
Muster: Tarifvertrag zur Beschäftigungssicherung	121
Erläuterungen	122
4. Tarifvertrag über eine gemeinsame Einrichtung	137
Vorbemerkung	137
Muster: Tarifvertrag über eine gemeinsame Einrichtung	138
Erläuterungen	139
5. Tarifvertrag über ein Schlichtungsverfahren	148
Vorbemerkung	148
Muster: Tarifvertrag über ein Schlichtungsverfahren	149
Erläuterungen	150
6. Tarifvertrag über die Einrichtung einer tariflichen Schlichtungsstelle	164
Vorbemerkung	164
Muster: Tarifvertrag über die Einrichtung einer tariflichen Schlichtungsstelle	165
Erläuterungen	166
7. Tarifsozialplan	180
Vorbemerkung	180
Muster: Tarifsozialplan	182
Erläuterungen	183
8. Kollektivvereinbarung mit nicht tariffähiger Arbeitnehmervereinigung	204
Vorbemerkung	204
Muster: Kollektivvereinbarung mit nicht tariffähiger Arbeitnehmervereinigung	205
Erläuterungen	206
III. Einzelne Klauseln	212
1. Besetzungsregelung	213
Vorbemerkung	213
Muster: Besetzungsregelung	214
Erläuterungen	215
2. Besitzstandsklausel	219
Vorbemerkung	219
Muster: Besitzstandsklausel	220
Erläuterungen	221
3. Differenzierungs- und Spannensicherungsklausel	223
Vorbemerkung	223

S. Tarifvertragsrecht

		Rdn.
	Muster: Differenzierungs- und Spannensicherungsklausel	224
	Erläuterungen	225
4.	Variabilisierung von Entgeltbestandteilen	229
	Vorbemerkung	229
	Muster: Variabilisierung von Entgeltbestandteilen	230
	Erläuterungen	231
5.	Einführung von Kurzarbeit	235
	Vorbemerkung	235
	Muster: Einführung von Kurzarbeit	236
	Erläuterungen	237
6.	Öffnungsklausel	242
	Vorbemerkung	242
	Muster: Öffnungsklausel	243
	Erläuterungen	244
7.	Verlängerung der Arbeitszeit	247
	Vorbemerkung	247
	Muster: Verlängerung der Arbeitszeit	248
	Erläuterungen	249
8.	Veränderung der Kündigungsfristen	254
	Vorbemerkung	254
	Muster: Veränderung der Kündigungsfristen	255
	Erläuterungen	256
9.	Urlaubsanspruch	262
	Vorbemerkung	262
	Muster: Urlaubsanspruch	263
	Erläuterungen	264
10.	Entgeltfortzahlung	273
	Vorbemerkung	273
	Muster: Entgeltfortzahlung	274
	Erläuterungen	275
11.	Befristete Arbeitsverhältnisse	281
	Vorbemerkung	281
	Muster: Befristete Arbeitsverhältnisse	282
	Erläuterungen	283

Einführung

1　Das Tarifvertragsrecht umfasst das Recht der Tarifvertragsparteien, unmittelbar und zwingend wirkende Vereinbarungen auch für ihre Mitglieder abzuschließen. Als Tarifvertragsparteien werden in der deutschen Tarifpraxis auf Arbeitnehmerseite fast ausschließlich einzelne Gewerkschaften tätig, die sich für bestimmte Branchen (z.B. Metall, Chemie, Handel), für bestimmte Berufe (z.B. Piloten, Lokführer, Fluglotsen) oder aufgrund eines bestimmten Status (z.B. Beamte) zusammengeschlossen haben. Auf Arbeitgeberseite treten in der Regel entweder Arbeitgeberverbände beim Abschluss von Verbandstarifverträgen oder einzelne Unternehmen beim Abschluss von Firmentarifverträgen auf. Die Vereinbarung eines Tarifvertrags kann zunächst eine unmittelbare Veränderung der Arbeitsverhältnisse der Mitglieder der Vertragsparteien bewirken. Sogenannte Inhaltsnormen treffen Vorgaben darüber, wie Arbeitsverhältnisse zu begründen oder zu beendigen sind, oder sie verschaffen den Arbeitnehmern Ansprüche gegen ihre Arbeitgeber und umgekehrt. Diese Normen gelten grundsätzlich nur für die Mitglieder der Gewerkschaften und Arbeitgeberverbände oder für das Unternehmen selbst im Fall des Firmentarifvertrags. Sollen Inhaltsnormen – etwa aus Gleichbehandlungsgesichtspunkten – auch auf Nichtmitglieder der vertragschließenden *Gewerkschaft* angewendet werden, bedarf es dazu einer Bezugnahmeklausel in den einzelnen Arbeitsverträgen (vgl. B Rdn. 70).

Daneben können Tarifverträge auch Normen über betriebliche und betriebsverfassungsrechtliche 2
Fragen beinhalten, die für den kompletten Betrieb gelten, solange dessen Bindung an den Tarifvertrag besteht. Solche Fragen betreffen etwa die Einrichtung von Sozialräumen oder eine Kleiderordnung oder sie verändern die betriebsverfassungsrechtlichen Strukturen im Rahmen des § 3 BetrVG (vgl. P Rdn. 10 f.). Derartige Normen können nur einheitlich für den gesamten Betrieb gelten, so dass es für ihre Anwendung auf die Gewerkschaftsmitgliedschaft des einzelnen Arbeitnehmers nicht ankommt.

In der Vergangenheit war die Tariflandschaft ganz überwiegend von Verbandstarifverträgen geprägt, die einheitliche Vorgaben für ganze Branchen oder Regionen geschaffen haben. Von dieser 3
Einheitlichkeit abweichend geht die Entwicklung zu einem vermehrten Abschluss spezieller Verbandstarifverträge für kleinere Bezugsgrößen oder aber zum Abschluss von Firmentarifverträgen. Ein Firmentarifvertrag kann dem Unternehmen »maßgeschneiderte« Arbeitsbedingungen verschaffen, wenn ein Abschluss nach den Vorstellungen des Unternehmens mit einer Gewerkschaft möglich ist. Auf der anderen Seite kann durch das isolierte Auftreten außerhalb eines Verbands eine Konfrontation mit einer Gewerkschaft entstehen, die das Unternehmen dann auf sich gestellt durchleben muss. Entscheidet sich das Unternehmen für den Abschluss eines Firmentarifvertrags, gelten dessen Inhaltsnormen zunächst nur gegenüber den Mitgliedern der abschließenden Gewerkschaft. Um einheitliche Bedingungen im Unternehmen zu erreichen, müssen daher die Arbeitsverträge mit den Arbeitnehmern um eine Bezugnahme auf den Firmentarifvertrag erweitert bzw. es muss eine solche Bezugnahme in neuen Arbeitsverträgen verankert werden.

Das folgende Kapitel soll ausgehend von den Mustern klassischer Tarifverträge (Entgelt- und 4
Manteltarifvertrag (vgl. S Rdn. 5 ff.) einzelne weitere Tarifverträge darstellen, die auf besondere Situationen zugeschnitten sind und in der Mehrzahl sowohl als Verbands- wie auch als Firmentarifverträge abgeschlossen werden können (vgl. S Rdn. 72 ff.). Schließlich werden einzelne Klauseln präsentiert, die in unterschiedlichen Tarifverträgen relevant werden können (vgl. S Rdn. 212 ff.). Für weitere Einzelfragen zum Tarifvertragsrecht vgl. die Kommentierung bei AR/*Krebber* § 1 ff. TVG sowie DLW/*Pfeiffer* Kapitel 11.

I. Allgemeine Tarifverträge

Zu den grundlegenden Tarifverträgen gehören Entgelt- und Manteltarifverträge. Sie stellen das in 5
allen Branchen mit Tarifbindung maßgebliche kollektivvertragliche Grundgerüst dar, das nach Belieben der Tarifvertragsparteien weiter spezialisiert und sachnäher gestaltet werden kann. Während spezielle Tarifverträge in der Regel auf besondere Situationen ausgerichtet sind oder für besondere Regelungsgegenstände geschaffen werden, beinhalten der Entgelt- und der Manteltarifvertrag die elementaren Bedingungen, um die Arbeitsverhältnisse der Tarifgebundenen inhaltlich auszufüllen.

1. Entgelttarifvertrag

Vorbemerkung

In einem Entgelttarifvertrag (kurz ETV) oder Lohntarifvertrag (LTV) regeln die Tarifvertragsparteien alle Bestimmungen, die den Entgeltanspruch der Arbeitnehmer betreffen. Der Entgelttarif- 6
vertrag beinhaltet die Löhne oder Gehälter, die den Arbeitnehmern im Geltungsbereich zustehen sollen. Neben der Grundvergütung werden in der Regel auch Zulagen oder Zuschläge aufgenommen, die etwa für bestimmte Tätigkeiten oder für Arbeitsleistungen zu bestimmten Zeiten gewährt werden. Klassischerweise enthalten Entgelttarifverträge auch eine Eingruppierungsordnung, durch die eine Zuordnung der ausgeübten Tätigkeiten in bestimmte Entgeltgruppen vorgenommen wird (Wiedemann/*Thüsing* § 1 TVG Rn. 65 ff.). Entgelttarifverträge werden sowohl als Ver-

bandstarifverträge zwischen Gewerkschaften und Arbeitgeberverbänden als auch als Firmentarifverträge zwischen Gewerkschaften und einzelnen Arbeitgebern abgeschlossen.

▶ **Muster – Entgelttarifvertrag**

7 Zwischen dem Arbeitgeberverband ___[Name und Anschrift]___ [nachfolgend: »Arbeitgeberverband«]
und der
Gewerkschaft ___[Name und Anschrift]___ [nachfolgend: »Gewerkschaft«]
wird folgender Entgelttarifvertrag vereinbart:

§ 1 Geltungsbereich [1]

Dieser Tarifvertrag gilt
räumlich: für ___[Tarifbezirk oder Bundesland]___,
fachlich: für alle Betriebe des ___[Branche]___,
persönlich: für alle Arbeitnehmer, die im räumlichen und fachlichen Geltungsbereich tätig sind, einschließlich der Auszubildenden. Keine Anwendung findet der Tarifvertrag auf Personen, die nach § 5 Abs. 2 oder § 5 Abs. 3 BetrVG nicht als Arbeitnehmer gelten. [2]

§ 2 Entgeltgruppen [3]

Die Eingruppierung der Arbeitnehmer richtet sich nach der Art der regelmäßig ausgeübten Tätigkeit. Erfüllen die ausgeübten Tätigkeiten die Voraussetzungen mehrerer Entgeltgruppen, erfolgt eine Eingruppierung in die Entgeltgruppe, deren Voraussetzungen die Arbeitnehmer während mindestens der Hälfte ihrer durchschnittlichen regelmäßigen Arbeitszeit verwirklichen. [4]

Entgeltgruppe I

Arbeitnehmer ohne Berufsausbildung, die überwiegend einfache und sich wiederholende Tätigkeiten ausüben.

Beispiele: Personal für einfache Schreib- und Rechenarbeiten nach Vorlagen, für das Zusammenstellen und Auszeichnen von Waren, für das Ordnen und Ablegen von Schriftwechsel und sonstigen Unterlagen, Auslieferungsfahrer. [5]

Entgeltgruppe II

Arbeitnehmer mit abgeschlossener einschlägiger Berufsausbildung oder mit mehrjähriger einschlägiger Berufserfahrung.

Beispiele: Kassierer, Verkäufer, Personal in der Datenverarbeitung, Warenannahme, Versand.

Entgeltgruppe III

Arbeitnehmer mit abgeschlossener einschlägiger Berufsausbildung oder mit mehrjähriger einschlägiger Berufserfahrung, die überwiegend selbständige Tätigkeiten ausüben.

Beispiele: Fachverkäufer, Einkaufssachbearbeiter.

Entgeltgruppe IV

Arbeitnehmer mit abgeschlossener einschlägiger Berufsausbildung, die eine selbständige Tätigkeit unter Einsatz besonderer fachlicher Fähigkeiten ausüben.

Beispiele: Buchhalter, Disponent, Personal für das Mahn- und Klagewesen.

Entgeltgruppe V

Arbeitnehmer mit abgeschlossener einschlägiger Berufsausbildung, die besonders qualifizierte Tätigkeiten in einem großen Verantwortungsbereich selbständig ausüben und die mit Leitungsbefugnis für mindestens zehn Arbeitnehmer ausgestattet sind.

Beispiele: Verkaufsstellenleiter, Abteilungsleiter.

Die aufgezählten Beispiele sind nicht abschließend. [6]

§ 3 Entgelttabelle [7]

Die Arbeitnehmer erhalten in den Entgeltgruppen folgendes Entgelt: [8]

	1–3. Beschäftigungsjahr	ab dem 4. Beschäftigungsjahr [9]
E I	_____[Betrag]_____ Euro brutto	_____[Betrag]_____ Euro brutto
E II	_____[Betrag]_____ Euro brutto	_____[Betrag]_____ Euro brutto
E III	_____[Betrag]_____ Euro brutto	_____[Betrag]_____ Euro brutto
E IV	_____[Betrag]_____ Euro brutto	_____[Betrag]_____ Euro brutto
E V	_____[Betrag]_____ Euro brutto	_____[Betrag]_____ Euro brutto

Durch den Wechsel in eine andere Entgeltgruppe wird der Arbeitnehmer ab dem folgenden Monat nach der anderen Entgeltgruppe vergütet. Die Beschäftigungsjahre in der bisherigen Entgeltgruppe werden angerechnet. [10]

§ 4 Ausbildungsvergütung

Für Auszubildende beträgt die Vergütung

Im 1. Ausbildungsjahr _____[Betrag]_____ Euro brutto.

Im 2. Ausbildungsjahr _____[Betrag]_____ Euro brutto.

Im 3. Ausbildungsjahr _____[Betrag]_____ Euro brutto.

Werden Ausbildungsverträge für eine weniger als dreijährige Ausbildungsdauer abgeschlossen, gilt die abgekürzte Ausbildungszeit als bereits abgeleistete Ausbildungszeit im Sinne der Vergütungsregelung. [11]

§ 5 Einmalzahlung

(1) Arbeitnehmer, die am 30. November eines Jahres in einem seit mindestens elf Monaten bestehenden [12] ungekündigten Arbeitsverhältnis zu ihrem Arbeitgeber stehen, erhalten eine Sonderzahlung in Höhe von 50 % ihres Tabellenentgelts, die mit der Abrechnung für den Kalendermonat Dezember fällig wird. [13]

(2) Die Einmalzahlung ist an den Arbeitgeber zurückzuerstatten, wenn das Arbeitsverhältnis auf Veranlassung des Arbeitnehmers durch Eigenkündigung oder Abschluss eines Aufhebungsvertrags oder aus einem vom Arbeitnehmer zu vertretenden Grund aufgrund einer verhaltensbedingten Kündigung des Arbeitgebers bis einschließlich des 31. März des Folgejahres beendet wird. [14]

(3) Anspruchsberechtigte Arbeitnehmer, deren Arbeitsverhältnis im Berechnungszeitraum ruht, erhalten eine um die Zeit des Ruhens anteilig gekürzte Einmalzahlung. [15]

§ 6 Besitzstandsregelung

(1) Die bisher geltenden Entgeltbedingungen dürfen durch diesen Tarifvertrag nicht zum Nachteil der Arbeitnehmer verändert werden. [16]

(2) Übertariflich gezahlte Vergütungsbestandteile können bei künftigen Erhöhungen des Tabellenentgelts auf die Entgelterhöhung angerechnet werden. [17]

§ 7 Öffnungsklausel

Zur Sicherung der Beschäftigung oder zur Steigerung der Wettbewerbsfähigkeit eines Unternehmens können der Arbeitgeber und der bei ihm bestehende Betriebsrat mit Zustimmung der Tarifvertragsparteien das Tabellenentgelt für einen vorübergehenden Zeitraum um bis zu 15 % reduzieren. [18] Der Übergangszeitraum soll eine Dauer von zwölf Monaten nicht überschreiten. Das betrieblich abweichend vereinbarte Entgelt gilt in diesem Fall als Tarifentgelt.

§ 8 Ausschlussfristen

(1) Sämtliche gegenseitigen Ansprüche aus dem Arbeitsverhältnis erlöschen, wenn sie nicht innerhalb von drei Monaten ab dem Zeitpunkt ihrer Entstehung gegenüber dem jeweils anderen Vertragsteil schriftlich geltend gemacht worden sind. [19]

(2) Lehnt die Gegenseite den geltend gemachten Anspruch ab, verfällt der Anspruch, wenn er nicht innerhalb von drei Monaten nach der Ablehnung gerichtlich geltend gemacht wird. Der Ablehnung steht die Nichtäußerung des anderen Teils innerhalb eines Monats nach der schriftlichen Geltendmachung gleich. [20]

§ 9 Laufzeit

Der Tarifvertrag tritt am ___[Datum]___ in Kraft. [21] Er kann mit einer Frist von drei Monaten zum Ende eines Kalendervierteljahres gekündigt werden. [22]

Erläuterungen

Schrifttum

Henssler Arbeitsrecht und Schuldrechtsreform, RdA 2002, 129; *Kortstock* Zulässige Länge von einzelvertraglichen Ausschlussfristen, NZA 2010, 311; *Krause* Vereinbarte Ausschlussfristen, RdA 2004, 36; *Lingemann/ Gotham* AGG – Benachteiligungen wegen des Alters in kollektivrechtlichen Regelungen, NZA 2007, 663; *Löwisch* Kollektivverträge und Allgemeines Gleichbehandlungsgesetz, DB 2006, 1729; *Salamon* Mitarbeitersteuerung durch erfolgs- und bestandsabhängige Gestaltung von Vergütungsbestandteilen, NZA 2010, 314.

8 **1.** Als Ausdruck der durch Art. 9 Abs. 3 GG geschützten Tarifautonomie obliegt den Tarifvertragsparteien auch die Entscheidung, für welchen Bereich in räumlicher, funktioneller oder persönlicher Hinsicht der Tarifvertrag Anwendung finden soll. Die Reichweite des **Geltungsbereichs** stellt eine originäre Entscheidung der Tarifvertragsparteien dar, die nur sehr begrenzt rechtlich überprüft werden darf. Ursprünglich hatte die Rechtsprechung jede Beschränkung der Tarifvertragsparteien bei der Bestimmung des Geltungsbereichs für unzulässig erklärt (BAG, Urt. v. 24.04.1985 – 4 AZR 457/83, NZA 1985, 602; BAG, Urt. v. 18.09.1985 – 4 AZR 75/84, AP Nr. 20 zu § 23a BAT). Nunmehr wird unter Heranziehung des Gleichheitssatzes aus Art. 3 Abs. 1 GG überprüft, ob ein sachlicher Grund für die Herausnahme bestimmter Beschäftigter besteht, etwa einer besonderen Berufsgruppe oder eines räumlich getrennt gelegenen Betriebs (vgl. BAG, Urt. v. 12.10.2004 – 3 AZR 571/03, NZA 2005, 1127; LAG Baden-Württemberg, Urt. v. 25.09.2003 – 11 Sa 111/02, juris).

9 Durch eine möglichst präzise Abfassung des Geltungsbereichs haben es die Tarifvertragsparteien selbst in der Hand, mögliche Unklarheiten über die Bestimmung der einzubeziehenden Betriebe und Arbeitnehmer zu vermeiden. Üblicherweise wird der Geltungsbereich nach Regelungen zur räumlichen, persönlichen und fachlichen Ausdehnung unterschieden, ohne dass die Aufnahme aller drei Begrenzungen zwingend erforderlich wäre. Der räumliche Geltungsbereich benennt entweder ein konkretes Unternehmen oder konkrete Betriebe oder er stellt in geographischer Hinsicht auf das Bundesgebiet oder eine spezielle Region ab, in welcher der Tarifvertrag zur Anwendung kommen soll. Mit dem fachlichen Geltungsbereich geben die Tarifvertragsparteien vor, für welche Branche, welchen Betrieb oder welche Betriebsabteilung der Tarifvertrag gelten soll. Der persönliche Geltungsbereich beschreibt dagegen, für welche Arbeitnehmer der Tarifvertrag gelten soll und schließt gegebenenfalls bestimmte Beschäftigtengruppen von der Einbeziehung in den Tarifvertrag aus.

10 **2.** Wollen die Tarifvertragsparteien bestimmte Beschäftigtengruppen aus dem Geltungsbereich eines Tarifvertrags ausschließen, müssen sie diese Ausnahmen im persönlichen Geltungsbereich ausdrücklich bezeichnen. Unter Berücksichtigung der neueren Rechtsprechung ist bei jeder Ausnahme aber kritisch zu überprüfen, ob ein vor dem Hintergrund des Art. 3 Abs. 1 GG ausreichender sachlicher Grund für die Herausnahme aus dem Geltungsbereich vorhanden ist. Anerkannt ist dies etwa für Auszubildende (BAG, Urt. v. 06.09.1990 – 6 AZR 559/88, ZTR 1991,

76) und leitende Angestellte (BAG, Urt. v. 30.08.2000 – 4 AZR 563/99, NZA 2001, 613). Die früher übliche Differenzierung im persönlichen Geltungsbereich eines Tarifvertrags zwischen Arbeitern und Angestellten sollte unterlassen werden, da ein sachlicher Grund für die Unterscheidung im Regelfall nur schwer zu finden sein dürfte (vgl. zur unterschiedlichen Behandlung von Arbeitern und Angestellten Staudinger/*Preis* § 622 BGB Rn 79 ff.).

3. Bei der Definition der Entgeltgruppen sollte darauf geachtet werden, dass eine hinreichend deutliche Unterscheidung der einzelnen Tätigkeiten möglich ist. Anderenfalls drohen erhebliche Abgrenzungsprobleme. Auf der anderen Seite müssen die beschriebenen Tätigkeitsmerkmale flexibel genug sein, um sämtliche Arbeitnehmer im Geltungsbereich sicher zu erfassen. Bei der Abfassung der **Entgeltgruppen** ist es daher sinnvoll, zunächst möglichst sämtliche im Geltungsbereich ausgeübten Tätigkeiten aufzulisten und deren Einordnung in eine der Entgeltgruppen zu überprüfen. Kommt es dennoch zu einer Regelungslücke für eine bestimmte Tätigkeit, ist deren Berücksichtigung in der Eingruppierungsordnung die Aufgabe der Tarifvertragsparteien. Die Rechtsprechung hält sich dementsprechend bei der Bejahung und erst recht bei der Schließung einer Regelungslücke zurück (BAG, Urt. v. 08.11.2006 – 4 AZR 558/05, NZA-RR 2007, 205). Gerade allgemeinen Tätigkeitsmerkmalen wird eine Auffangfunktion zugestanden, sodass aus deren Verwendung von einem grundsätzlichen Willen der Tarifvertragsparteien zur Erfassung sämtlicher Arbeitnehmer im Geltungsbereich des Tarifvertrags zu schließen ist (BAG, Urt. v. 18.03.2015 – 4 AZR 702/12, NZA-RR 2015, 427). 11

4. Oftmals üben Arbeitnehmer Tätigkeiten aus, die nicht nur die Voraussetzungen einer einzigen Entgeltgruppe verwirklichen. Für diesen Fall sollte der Tarifvertrag eine Regelung vorsehen, wie die Eingruppierung vorgenommen werden soll. Die gewählte Formulierung entspricht der üblicherweise von Tarifvertragsparteien gewählten Vorgehensweise, die mit mehr als der Hälfte der Gesamtarbeitszeit ausgeübte Tätigkeit für maßgeblich zu erklären (BAG, Urt. v. 07.11.1990 – 4 AZR 67/90, DB 1991, 2669). 12

5. Führen die Tarifvertragsparteien in einer Eingruppierungsordnung bestimmte Beispielstätigkeiten gesondert auf, sind die Voraussetzungen für eine Eingruppierung in die jeweilige Entgeltgruppe stets erfüllt, ohne dass es auf eine Prüfung der allgemeinen Tätigkeitsmerkmale noch ankäme (BAG, Urt. v. 17.01.1996 – 4 AZR 662/94, NZA-RR 1996, 426). Die Tarifvertragsparteien bringen mit der Benennung von Beispielen zum Ausdruck, dass sie derartige Beschäftigte stets in die jeweilige Entgeltgruppe eingeordnet wissen wollen. Es ist daher ratsam, die im Geltungsbereich des Tarifvertrags bedeutsamsten Tätigkeiten ausdrücklich zu benennen, wenn damit Zweifel über die Verwirklichung der allgemeinen Tätigkeitsmerkmale vermieden werden können. 13

6. Ohne Hinweis auf die nicht abschließende Aufzählung der Beispielstätigkeiten muss gerade im Bereich niedriger Entgeltgruppen mit dem Einwand eines Arbeitnehmers gerechnet werden, bei Ausübung einer nicht genannten Tätigkeit könne die **Eingruppierung** nicht in diese Entgeltgruppe vorgenommen werden. Für den jeweiligen Tarifvertrag ist insoweit eine Auslegung vorzunehmen (vgl. für den Bereich des TVöD BAG, Beschl. v. 28.01.2009 – 4 ABR 92/07, BB 2009, 325). 14

7. Die sog. **Entgelttabelle** beinhaltet die konkrete tarifvertragliche Grundvergütung, die einem Arbeitnehmer zu zahlen ist. In Entgelttarifverträgen mit längerer Laufzeit findet sich die Entgelttabelle üblicherweise in einem separaten Anhang. Auf diese Weise kann die Entgelttabelle in den regelmäßigen Lohn- und Gehaltsrunden verändert werden, ohne in den kompletten Entgelttarifvertrag eingreifen und ihn neu abschließen zu müssen. Insbesondere die Entgeltgruppen und die Zuweisung beispielhafter Tätigkeiten sollen oftmals nicht in jeder Tarifrunde erneut verhandelt werden, zumal Veränderungen in diesem Bereich die Ausnahme sind. Der Übersichtlichkeit halber ist in dem aufgeführten Muster die Entgelttabelle dennoch direkt in den Entgelttarifvertrag aufgenommen worden. 15

Hinsichtlich der Lohnhöhe ist auf das Gesetz zur Regelung eines allgemeinen Mindestlohns (MiLoG) hinzuweisen. Seit dem 01.01.2015 gilt nach § 1 Abs. 2 MiLoG ein bundesweit maß- 16

S. Tarifvertragsrecht

geblicher gesetzlicher Mindestlohn in Höhe von derzeit € 8,50 pro Stunde. Abweichungen hiervon sind lediglich in Tarifverträgen repräsentativer Tarifpartner auf Branchenebene möglich sein und auch dies nur für die Zeit bis längstens zum 31.12.2016. Ab dem 01.01.2017 wird der gesetzliche Mindestlohn dann für alle Arbeitsverhältnisse verbindlich sein, auch wenn sie von Tarifverträgen erfasst werden. Sofern der Arbeitnehmer über den reinen Stundenlohn hinaus weitere finanzielle Leistungen (etwa Zulagen oder monatlich ausgezahlte Sonderleistungen) als Gegenleistung für seine normale Arbeitsleistung erhält, können diese ebenfalls in die Berechnung des einzuhaltenden Mindestlohns einbezogen werden (vgl. LAG Berlin-Brandenburg, Urt. v. 12.01.2016 – 19 Sa 1851/15).

17 **8.** Bei der Form der Vergütung ist eine Vielzahl von unterschiedlichen Variationen denkbar. In vielen Entgelttarifverträgen werden neben dem Grundentgelt Zulagen (etwa für Nacht- oder Wechselschichten, für besondere Leistungen oder anknüpfend an die soziale Situation des Arbeitnehmers) oder Zuschläge (etwa für Nacht-, Sonn- oder Feiertagsarbeit oder für Überstunden) gewährt. Während Zulagen in der Regel als pauschale Zahlung bei Verwirklichung der Anspruchsvoraussetzung gewährt werden, wird durch Zuschläge das Stundenentgelt für Arbeit zu den genannten Zeiten aufgestockt. Das Muster beschränkt sich auf die Regelung des reinen Grundentgelts und sieht eine Steigerung bei längerer Betriebszugehörigkeit vor.

18 Sollen dagegen neben dem Grundentgelt Zulagen gewährt werden, bietet sich etwa für die Vereinbarung einer Wechselschichtzulage die folgende Formulierung an:

Alternative:

[Hat ein Arbeitnehmer in einem Kalendermonat Wechselschichtarbeit zu leisten, erhält er eine Wechselschichtzulage in Höhe von _____[Betrag]_____ Euro brutto. Wechselschichtarbeit ist die Arbeit nach einem Schichtplan, der einen regelmäßig wechselnden Einsatz des Arbeitnehmers in sämtlichen Schichten anordnet.]

19 Für die Vereinbarung eines Überstundenzuschlags könnte die folgende Formulierung gewählt werden:

Alternative:

[Hat ein Arbeitnehmer auf Anordnung seines Arbeitgebers über die regelmäßige wöchentliche Arbeitszeit hinausgehende Arbeit zu erbringen, erhält er für jede vollendete zusätzliche Arbeitsstunde einen Zuschlag in Höhe von _____[Prozent]_____ des auf eine Stunde entfallenden Anteils des monatlichen Tabellenentgelts.]

20 **9.** In vielen Entgelttarifverträgen finden sich neben der Abstufung nach unterschiedlichen Entgeltgruppen weitere **Differenzierungen**. Innerhalb einer Entgeltgruppe wurde in der Vergangenheit häufig nach dem Lebensalter unterschieden. Von einer solchen Regelung ist nunmehr abzuraten. Die Staffelung der Vergütung nach dem **Lebensalter** stellt eine unmittelbare Benachteiligung nach den §§ 1, 3 AGG dar (*Lingemann/Gotham* NZA 2007, 663, 666; *Löwisch* DB 2006, 1729, 1730). Das dem Unionsrecht entstammende Verbot der Diskriminierung wegen des Alters steht einer Vergütungsregelung entgegen, aufgrund derer sich die Grundvergütung eines Arbeitnehmers bei dessen Einstellung nach dem Lebensalter bemisst (EuGH, Urt. v. 08.09.2011 – C-297/10, C-298/10 [Hennigs und Mai], NZA 2011, 1100 zum BAT). Bei einem ausschließlich auf das Lebensalter des Arbeitnehmers bei der Einstellung gerichteten Vergütungssystem droht dem Arbeitgeber eine Gehaltsanpassung »nach oben«, das heißt, alle Arbeitnehmer können im Rahmen der Verjährungsgrenzen verlangen, das Entgelt der höchsten Entgeltgruppe zu erhalten (BAG, Urt. v. 10.11.2011 – 6 AZR 148/09, NZA 2012, 161; einschränkend EuGH, Urt. v. 19.06.2014 – C 501/12 u.a. [Specht], NZA 2014, 831: Anpassung »nach oben« ist europarechtlich jedenfalls nicht zwingend geboten).

Vorzugswürdig erscheint vor dem Hintergrund dieser Rechtsprechung die Staffelung der Vergütung innerhalb einer Entgeltgruppe nach der **Betriebszugehörigkeit**. Zwar können auch bei dieser Unterscheidung ältere Arbeitnehmer gegenüber jüngeren Arbeitnehmern einen Vorteil besitzen. Den Grund für die Unterscheidung stellt in diesem Fall aber nicht das Lebensalter dar, sondern die für die Berufsausübung nützliche erworbene Erfahrung (ErfK/*Schlachter* § 10 AGG Rn. 7; grundsätzlich gebilligt von EuGH, Urt. v. 08.09.2011 – C-297/10, C-298/10 [Hennigs und Mai], NZA 2011, 1100). Bei der für die Bestimmung der Betriebszugehörigkeit maßgeblichen Zahl der Beschäftigungsjahre können die Tarifvertragsparteien auch danach differenzieren, ob in diesen Zeiten tatsächlich gearbeitet wurde. So können etwa Zeiten des Wehrdienstes oder einer Elternzeit bei der Anzahl der Beschäftigungsjahre unberücksichtigt bleiben (BAG, Urt. v. 21.05.2008 – 5 AZR 187/07, NZA 2008, 955; BAG, Urt. v. 10.02.1993 – 10 AZR 450/91, NZA 1993, 801). 21

10. Es obliegt der Entscheidung der Tarifvertragsparteien, ob die in der bisherigen Entgeltgruppe verbrachten Beschäftigungszeiten angerechnet werden sollen. Die Tarifautonomie gewährt etwa den Freiraum, die in einer niedrigeren Entgeltgruppe verbrachten Zeiten unberücksichtigt zu lassen (vgl. BAG, Urt. v. 13.05.1992 – 4 AZR 465/91, n.v.). Ob eine Anrechnung dieser Zeiten vorgenommen werden soll, ist im Wege der **Auslegung des Tarifvertrags** zu ermitteln. Der normative, also für die an den Vertrag gebundenen Arbeitnehmer und Arbeitgeber unmittelbar geltende Teil des Tarifvertrags ist nach Auffassung des Bundesarbeitsgerichts nach den Regeln für Gesetze auszulegen. Dabei ist zunächst vom Wortlaut auszugehen (BAG, Urt. v. 09.02.2006 – 6 AZR 281/05, NZA-RR 2007, 112). Darüber hinaus sind jedoch der wirkliche Wille der Tarifvertragsparteien und der von ihnen beabsichtigte Zweck der Tarifnormen zu berücksichtigen, soweit dieser Wille seinen Niederschlag in den Tarifnormen gefunden hat (Wiedemann/*Wank* § 1 TVG Rn. 993). Hierzu ist auch auf den tariflichen Gesamtzusammenhang abzustellen, weil oftmals nicht aus der einzelnen Tarifnorm auf den wirklichen Willen der Tarifvertragsparteien geschlossen und nur bei Berücksichtigung des Gesamtzusammenhangs Sinn und Zweck zutreffend ermittelt werden können (BAG, Urt. v. 09.02.2006 – 6 AZR 281/05, NZA-RR 2007, 112). Noch verbleibende Zweifel können ohne Bindung an eine Reihenfolge mittels weiterer Kriterien wie der Entstehungsgeschichte des Tarifvertrags, gegebenenfalls auch der praktischen Tarifübung geklärt werden (BAG, Urt. v. 17.06.2015 – 10 AZR 518/14). Im Zweifel gebührt derjenigen Tarifauslegung der Vorzug, die zu einer vernünftigen, sachgerechten, zweckorientierten und praktisch brauchbaren Regelung führt (BAG, Urt. v. 05.10.1999 – 4 AZR 578/98, NZA 2000, 268; BAG, Urt. v. 14.04.1999 – 4 AZR 189/98, NZA-RR 2000, 47). Soll dem Arbeitgeber die vorübergehende Übertragung höher- oder geringwertigerer Tätigkeiten ohne Notwendigkeit einer sofortigen Umgruppierung möglich sein, sollte das Direktionsrecht entsprechend erweitert werden. Zu einer derartigen Formulierung vgl. S Rdn. 74. 22

11. Erwarten der Arbeitgeber und der Auszubildende, dass sich das Ausbildungsziel auch in kürzerer als der üblichen Ausbildungszeit erreichen lässt, können sie einen gemeinsamen Antrag auf Ausbildungszeitverkürzung an die zuständige Stelle nach § 71 BBiG richten. Dies sind etwa die Handwerkskammer bei Berufen nach der Handwerksordnung, die Industrie- und Handelskammer für nichthandwerkliche gewerbliche Berufe oder die Ärzte-, Zahnärzte-, Tierärzte- und Apothekerkammern in den Gesundheitsberufen. Die Verkürzung führt nicht ohne weiteres zu einer fiktiven Vorverlegung des Ausbildungsbeginns, wonach dem Auszubildenden bereits zu einem früheren Zeitpunkt ein Anspruch auf höhere Ausbildungsvergütung für spätere Ausbildungsabschnitte zustünde (BAG, Urt. v. 08.12.1982 – 5 AZR 484/80, n.v.). Den Tarifvertragsparteien ist es aber unbenommen, eine von der Regelvermutung des Bundesarbeitsgerichts abweichende Anordnung wie in der Musterformulierung zu treffen. 23

12. Regeln die Tarifvertragsparteien eine tarifvertragliche Sondervergütung, können sie die Voraussetzungen für deren Beanspruchung selbst definieren. Denkbar ist daher auch die Vereinbarung einer Wartezeit, nach deren Ablauf die Einmalzahlung erstmals beansprucht werden kann (BAG, Urt. v. 08.12.1993 – 10 AZR 66/93, NZA 1994, 421). 24

25 **13.** Sondervergütungen werden danach unterschieden, ob mit ihnen ausschließlich die tatsächlich erbrachte Arbeitsleistung im jeweiligen Kalenderjahr oder die bisherige oder künftige Betriebstreue belohnt werden soll. Denkbar ist auch, dass mit der **Sondervergütung** beide Zwecke miteinander kombiniert werden sollen. Von dem mit der Sondervergütung verfolgten Zweck ist eine Vielzahl von Regelungen im Hinblick auf die Anspruchseinschränkung oder Rückforderbarkeit abhängig (vgl. ErfK/*Preis* § 611 BGB Rn. 534c). Die im Muster aufgeführte Regelung stellt eine Sondervergütung mit gemischtem Charakter dar, die den Arbeitnehmer für die erbrachte Arbeitsleistung im Bezugsjahr ebenso wie für die Betriebstreue belohnen soll. Die Berücksichtigung der Betriebstreue in der Vergangenheit findet durch Anknüpfung an ein ungekündigtes Arbeitsverhältnis am jeweiligen Stichtag (hier: 30. November) statt (BAG, Urt. v. 13.06.1991 – 6 AZR 421/89, EzA § 611 BGB Gratifikation, Prämie Nr. 86). Zur Sicherstellung künftiger Betriebstreue können die Tarifvertragsparteien Fristen schaffen, bis zu deren Ablauf das Arbeitsverhältnis mindestens fortbestehen muss (BAG, Urt. v. 19.11.2003 – 10 AZR 161/03, EzA § 611 BGB 2002 Gratifikation, Prämie Nr. 11). Soweit das BAG den Anspruch auf eine Sonderzahlung, die jedenfalls auch Vergütung für geleistete Dienste darstellt, im Rahmen der Inhaltskontrolle als nicht mit einer Stichtagsregelung während des laufenden Bezugszeitraums (z.B. 30.11.) vereinbar ansieht, gilt dies nicht für Sondervergütungen aus Tarifverträgen (BAG, Urt. v. 13.11.2013 – 10 AZR 848/12, DB 2014, 486). Angesichts der den Tarifverträgen unterstellten Richtigkeitsgewähr findet eine Inhaltskontrolle nach § 310 Abs. 4 Satz 1 BGB nicht statt.

26 **14.** Als Einmalzahlungen geleistete Sondervergütungen können nur dann vom Arbeitgeber zurückgefordert werden, wenn insoweit eine ausdrückliche und eindeutige Vereinbarung getroffen wurde. Während das Bundesarbeitsgericht für einzelvertraglich vereinbarte Sondervergütungen eine detaillierte Arithmetik entwickelt hat, deren Berücksichtigung für die Wirksamkeit einer Rückzahlungsklausel erforderlich ist, haben die Tarifvertragsparteien insoweit einen größeren Spielraum. Im Grundsatz gilt zwar auch hier, dass eine **Rückzahlungsklausel** die Arbeitnehmer nicht unbillig an der Entfaltung ihrer beruflichen Fähigkeiten hindern darf (vgl. etwa BAG, Urt. v. 06.05.2009 – 10 AZR 443/08, NZA 2009, 783). Den Tarifvertragsparteien wird aber in größerem Umfang eine Berücksichtigung der angemessenen Interessen von Arbeitgebern und Arbeitnehmern zugestanden (BAG, Urt. v. 23.02.1967 – 5 AZR 234/66, DB 1967, 778). Die Rückzahlungsklausel darf damit auch einen längeren Zeitraum oder andere Beträge erfassen, als dies der Rechtsprechung des Bundesarbeitsgerichts zu einzelvertraglichen Rückzahlungsklauseln entspricht.

27 **15.** Sollen mit einer Sondervergütung sowohl die Arbeitsleistung des Arbeitnehmers in der Vergangenheit als auch seine vergangene und künftige **Betriebstreue** honoriert werden, ist eine Kürzung der Einmalzahlung aufgrund von Fehlzeiten nur bei Bestehen einer ausdrücklichen Vereinbarung zulässig (BAG, Urt. v. 09.08.1995 – 10 AZR 939/94, juris). Werden in einer solchen Vereinbarung bestimmte Fallgestaltungen erwähnt, bei deren Eintritt eine Kürzung der Sondervergütung vorgenommen wird, ist diese Aufzählung als abschließend zu bewerten (BAG, Urt. v. 22.02.1995 – 10 AZR 956/93, juris).

28 Mit einer derartigen Kürzungsvereinbarung können auch krankheitsbedingte Fehlzeiten berücksichtigt werden (vgl. auch § 4a EFZG). In einem solchen Fall könnte folgender Satz ergänzend aufgenommen werden:

Alternative:
[Die Einmalzahlung wird auch um Zeiten der Arbeitsunfähigkeit anteilig gekürzt.]

29 Dabei ist zu berücksichtigen, dass nach § 4a Satz 2 EFZG die Kürzung der Sondervergütung für jeden Tag der Arbeitsunfähigkeit ein Viertel des im Jahresdurchschnitt auf einen Arbeitstag entfallenden Arbeitsentgelts nicht überschreiten darf (vgl. ErfK/*Reinhard* § 4a EFZG Rn. 3 ff.).

30 **16.** Durch eine Besitzstandsklausel werden die Arbeitnehmer davor geschützt, ihre zuvor erworbenen rechtlichen Ansprüche durch den neu vereinbarten Tarifvertrag zu verlieren (vgl. ausführ-

lich zu Besitzstandsklauseln S Rdn. 219 ff.). Die **Besitzstandsklausel** im hier vorliegenden Muster schützt die Arbeitnehmer vor einer finanziellen Verschlechterung infolge des neu abgeschlossenen Entgelttarifvertrags. Im Regelfall kommt einer solchen Besitzstandsklausel jedoch ausschließlich deklaratorische Bedeutung zu. Da die für den Arbeitnehmer finanziell bessere Regelung meist auf einzelvertraglicher Grundlage beruht, geht sie der tarifvertraglichen Regelung aufgrund des Günstigkeitsprinzips nach § 4 Abs. 3 TVG ohnehin vor (BAG, Urt. v. 06.09.1990 – 6 AZR 612/88, DB 1991, 762).

17. Auch diese Regelung ist vorrangig von deklaratorischer Natur. Sie verdeutlicht den Mitgliedsunternehmen des abschließenden Arbeitgeberverbands, dass übertariflich gewährte Leistungen auf Entgelterhöhungen aus dem Tarifvertrag angerechnet werden können. Zugleich lässt sie zugunsten der Arbeitnehmer den Spielraum dafür, von der **Anrechnung einer übertariflichen Leistung** auf die Tariflohnerhöhung Abstand zu nehmen und die Tariflohnerhöhung dennoch an die Arbeitnehmer weiterzugeben. Ohne Vereinbarung einer derartigen Vorbehaltsregelung würden außertarifliche Leistungen grundsätzlich durch die Tariflohnerhöhung aufgesogen werden (BAG, Urt. v. 21.01.2003 – 1 AZR 125/02, NZA 2003, 1056; BAG, Urt. v. 27.08.2008 – 5 AZR 820/07, NZA 2009, 49; *Löwisch/Rieble* § 4 TVG Rn. 305 f.).

18. Mit einer **Öffnungsklausel** gestatten die Tarifvertragsparteien den tarifgebundenen Unternehmen, in dem definierten Umfang von den tariflichen Regelungen abzuweichen und individuelle Absprachen zu treffen (vgl. ausführlich zu Öffnungsklauseln S Rdn. 242 ff.). Zur Sicherstellung ausgewogener Regelungen gestatten die Tarifvertragsparteien in aller Regel Abweichungen vom Tarifvertrag nur bei gemeinsamer Abstimmung eines Unternehmens mit dem bei ihm bestehenden Betriebsrat. Die Betriebsparteien erhalten insoweit die von § 77 Abs. 3 Satz 2 BetrVG vorausgesetzte Ermächtigung, eine Betriebsvereinbarung über solche Themen abzuschließen, die bereits in einem Tarifvertrag geregelt sind (BAG, Urt. v. 20.04.1999 – 1 AZR 631/98, NZA 1999, 1059; AR/*Rieble* § 77 BetrVG Rn. 32). Gerade in wirtschaftlichen Krisenzeiten ermöglichen Öffnungsklauseln in Verbandstarifverträgen, von den für eine Vielzahl von Unternehmen geltenden allgemeinen Regelungen aufgrund individueller Besonderheiten abzuweichen. Die Tarifvertragsparteien können sich eine Überprüfung des Anlasses für die gewünschte Abweichung vom Tarifvertrag vorbehalten, um das einheitliche Verbandswerk nicht mehr als notwendig individuellen Veränderungen zu unterwerfen. In diesem Zusammenhang sind auch zeitliche Vorgaben bedeutsam, die eine langfristige Veränderung des Verbandstarifvertrags verhindern sollen. Als Alternative kommt für Unternehmen in Krisensituationen auch der Abschluss eines Beschäftigungssicherungstarifvertrags auf Unternehmensebene in Betracht (vgl. dazu S Rdn. 120).

19. Durch die Vereinbarung einer **Ausschlussfrist** bewirken die Tarifvertragsparteien das Erlöschen eines Anspruchs, der nicht innerhalb des genannten Zeitraums gegenüber der jeweils anderen Partei des Arbeitsvertrags geltend gemacht wird. Es genügt dabei nicht, wenn der Anspruch innerhalb der Ausschlussfrist klageweise geltend gemacht wird, der Schriftsatz dem Anspruchsgegner aber erst nach Ablauf der Ausschlussfrist zugeht. § 167 ZPO, der zur Fristwahrung eine Zustellung »demnächst« für ausreichend erklärt, soll auf tarifliche Ausschlussfristen keine Anwendung finden (BAG, Urt. v. 16.03.2016 – 4 AZR 421/15). Durch Ausschlussfristen wird Klarheit und Rechtsfrieden geschaffen, da die Arbeitsvertragsparteien ihre Ansprüche binnen kurzer Zeit benennen und geltend machen müssen (BAG, Urt. v. 08.06.1983 – 5 AZR 632/80, DB 1984, 138; DLW/*Pfeiffer* Kapitel 11 Rn. 298; *Krause* RdA 2004, 36, 37). Nichterfüllte Ansprüche können auf diese Weise nicht über einen langjährigen Zeitraum summiert und erst dann eingefordert werden, wenn sie nur noch schwer überprüfbar sind. Eine Ausschlussfrist für tarifvertragliche Ansprüche kann nur im Tarifvertrag vereinbart werden (vgl. § 4 Abs. 3 Satz 3 TVG). Wird die Anwendung des Tarifvertrags dagegen lediglich kraft Bezugnahme im Arbeitsvertrag vereinbart, kann im Arbeitsvertrag auch ein Verfall der tariflichen Rechte nach einem bestimmten Zeitraum beschlossen werden (BAG, Urt. v. 24.03.1988 – 2 AZR 630/87, NZA 1989, 101).

20. Während arbeitsvertraglich normierte Ausschlussfristen von der Rechtsprechung dem Kontrollregime der §§ 305 ff. BGB unterworfen und dabei insbesondere auf einen angemessenen zeitlichen Rahmen überprüft werden, besteht für die Tarifvertragsparteien ein größerer Ermessensspielraum. Tarifverträge unterliegen ausweislich des § 310 Abs. 4 Satz 1 BGB nicht der gerichtlichen Inhaltskontrolle. Lediglich im Falle extrem kurzer Ausschlussfristen können diese als Verstoß gegen die guten Sitten oder den Grundsatz von Treu und Glauben unwirksam sein (BAG, Urt. v. 22.09.1999 – 10 AZR 839/98, NZA 2000, 551; ErfK/*Preis*, §§ 194–218 BGB Rn. 43). Die im Muster aufgeführte zweistufige Ausschlussfrist von jeweils drei Monaten (Geltendmachung bei der Gegenseite [1. Stufe] und im Falle der Ablehnung oder Nichtäußerung Klageerhebung [2. Stufe]) ist indessen selbst für arbeitsvertragliche Regelungen von der Rechtsprechung als angemessen akzeptiert worden (BAG, Urt. v. 31.08.2005 – 5 AZR 545/04, NZA 2006, 324; BAG, Urt. v. 28.09.2005 – 5 AZR 52/05, NZA 2006, 149; *Henssler* RdA 2002, 129, 138). Zudem können von einer tarifvertraglichen Ausschlussfrist selbst Ansprüche aus vorsätzlich verursachten unerlaubten Handlungen erfasst werden. Die einer vergleichbaren Erstreckung in vorformulierten Arbeitsverträgen entgegenstehenden §§ 134, 202 Abs. 1 BGB finden auf Tarifverträge keine Anwendung (BAG, Urt. v. 26.09.2013 – 8 AZR 1013/12, JurionRS 2013, 52602).

35 **21.** Bei der **Laufzeit des Tarifvertrags** ist zwischen dem Beginn und dem Ende der Geltung zu unterscheiden. Ein Tarifvertrag entfaltet im Zeitpunkt seines Abschlusses Rechtswirkungen zwischen den Tarifvertragsparteien. Die Wirkungen gegenüber den Normunterworfenen müssen dagegen nicht zwingend bereits im Zeitpunkt des Vertragsschlusses entstehen. In vielen Tarifverträgen finden sich Regelungen, wonach der Tarifvertrag erst zu einem späteren Zeitpunkt in Kraft treten und damit Geltung gegenüber den Vertragsunterworfenen entfalten soll (Wiedemann/*Wank* § 4 TVG Rn. 1 ff.). Dies betrifft etwa gestaffelte Erhöhungen des Tariflohns, die erst zu ganz bestimmten Zeiten in der Zukunft erfolgen sollen. Ohne besondere Regelung ist davon auszugehen, dass der Tarifvertrag bereits mit seinem Abschluss Wirkung gegenüber den Mitgliedern der Vertragsparteien entfaltet (Kempen/Zachert/*Stein* § 4 TVG Rn. 109).

36 **22.** Bei der **Beendigung von Tarifverträgen** wird meist zwischen zwei unterschiedlichen Konstruktionen unterschieden. Auf der einen Seite werden viele Tarifverträge auf eine bestimmte Zeit abgeschlossen, nach deren Ablauf die Wirkung des Tarifvertrags endet (zur Nachwirkung von Tarifverträgen S Rdn. 71). In anderen Tarifverträgen vereinbaren die Parteien eine unbestimmte Laufzeit, lassen aber zugleich die Kündigung unter Berücksichtigung gewisser Kündigungsfristen und Kündigungstermine zu. Wird in einem unbefristeten Tarifvertrag keine Kündigungsfrist vereinbart, ist die ordentliche Kündigung dennoch möglich. In diesem Fall kann die Kündigung entsprechend § 77 Abs. 5 BetrVG mit einer Frist von drei Monaten erfolgen (BAG, Urt. v. 10.11.1982 – 4 AZR 1203/79, DB 1983, 717; *Löwisch/Rieble* § 1 TVG Rn. 507). Die Tarifvertragsparteien können insoweit auch vereinbaren, dass die Kündigung erstmals nach Ablauf einer gewissen Zeitspanne möglich ist. In diesem und den folgenden Mustern wird eine Vielzahl von unterschiedlichen Formulierungen vorgeschlagen, die je nach Regelungsbedürfnis der Tarifvertragsparteien in der jeweiligen Situation geeignet sein können.

2. Manteltarifvertrag

Vorbemerkung

37 Der Manteltarifvertrag (kurz MTV) beinhaltet sämtliche Arbeitsbedingungen, die nicht das Entgelt der Arbeitnehmer betreffen. Üblicherweise werden in diesen Tarifverträgen mindestens Regelungen über die Arbeitszeit, über Urlaubsansprüche, über Entgeltansprüche bei Arbeitsverhinderung und über die Art und Weise der Beendigung von Arbeitsverhältnissen getroffen. Als Mantelrahmentarifvertrag (MRTV) kann sich ein – in diesem Fall meist auf höherer Ebene vereinbarter – Manteltarifvertrag darauf beschränken, wesentliche Grundregelungen selbst zu treffen. Spezielle Ausgestaltungen oder Abweichungen werden dann den Landesverbänden oder aber dezentralen Firmentarifverträgen überlassen. Im Grundsatz kommen Manteltarifverträge sowohl als Verbands- wie auch als Firmentarifverträge in Betracht.

▶ Muster – Manteltarifvertrag

Zwischen dem Arbeitgeberverband ___[Name und Anschrift]___ [nachfolgend: »Arbeitgeberverband«]
und
der Gewerkschaft ___[Name und Anschrift]___ [nachfolgend: »Gewerkschaft«]
wird folgender Tarifvertrag abgeschlossen:

§ 1 Geltungsbereich [1]
Räumlich: Das Gebiet des ___[Tarifbezirk oder Bundesland]___ .
Fachlich: Alle Betriebe, die einen Betrieb nach dem Gaststättengesetz führen.
Persönlich: Alle gewerblichen Arbeitnehmer einschließlich der Auszubildenden. Keine Anwendung findet dieser Tarifvertrag auf die leitenden Angestellten.

§ 2 Einstellung
(1) Der Arbeitnehmer hat seinem Arbeitgeber bei der Einstellung die üblichen Arbeitspapiere gegen Bestätigung zu überreichen. Zu den üblichen Arbeitspapieren gehört auch eine Bescheinigung des letzten Arbeitgebers über den im laufenden Kalenderjahr bereits erhaltenen Urlaub. [2]

(2) Der Arbeitnehmer ist verpflichtet, seinem Arbeitgeber weitere bestehende Arbeitsverhältnisse bei der Einstellung anzuzeigen. Dasselbe gilt, wenn der Arbeitnehmer während eines bestehenden Arbeitsverhältnisses weitere Arbeitsverhältnisse eingeht. [3]

(3) Arbeitnehmer, die befristet eingestellt werden, haben bei der Einstellung zu erklären, ob sie in der Vergangenheit bereits für denselben Arbeitgeber eine befristete Tätigkeit ausgeübt haben. [4]

§ 3 Arbeitszeit
(1) Die regelmäßige wöchentliche Arbeitszeit beträgt 40 Stunden. [5] Die Arbeitszeit kann nach den betrieblichen Erfordernissen auf bis zu 6 Arbeitstage pro Woche verteilt werden. [6]

(2) Beginn und Ende der regelmäßigen täglichen Arbeitszeit und der Ruhepausen werden vom Arbeitgeber im Einvernehmen mit dem Betriebsrat festgelegt und auf dem im Betrieb üblichen Weg bekannt gegeben. [7]

(3) Für Arbeit zur Nachtzeit und für Arbeit an Sonntagen und gesetzlichen Feiertagen erhalten Arbeitnehmer einen Zuschlag in Höhe von 25 % der angefallenen Zeit, der bei Einrichtung eines Arbeitszeitkontos nach § 5 dem Zeitkonto gutgeschrieben wird. Anderenfalls ist die daraus resultierende Zeit innerhalb von zwei Monaten als Freizeitausgleich zu gewähren. Als Nachtzeit gilt die Zeit zwischen 22 Uhr und 5 Uhr. [8]

§ 4 Mehrarbeit
(1) Mehrarbeit ist die über die regelmäßige Arbeitszeit von 40 Stunden pro Woche hinausgehende Arbeitszeit, sofern sie von dem Arbeitgeber ausdrücklich angeordnet wurde. [9]

(2) Aus betrieblichen Gründen kann Mehrarbeit der Arbeitnehmer bis zu 8 Stunden pro Woche und bis zu 20 Stunden im Monat eingeführt werden. Mehrarbeit soll nicht als Instrument zur dauerhaften Befriedigung des Personalbedarfs genutzt werden. [10]

(3) Mehrarbeitsstunden werden innerhalb eines Zeitraums von zwei Monaten als Freizeitausgleich gewährt oder bei Einrichtung eines Arbeitszeitkontos nach § 5 dem Zeitkonto gutgeschrieben. [11]

§ 5 Arbeitszeitkonto
(1) In Absprache mit dem Betriebsrat kann die betriebliche Arbeitszeit für einzelne Arbeitnehmer, Arbeitnehmergruppen oder den gesamten Betrieb gleichmäßig oder ungleichmäßig unter Wahrung der Interessen der Arbeitnehmer und im Rahmen der betrieblichen Erfordernisse umverteilt werden. Hierzu ist für den einzelnen Arbeitnehmer ein Arbeitszeitkonto einzurichten. [12]

(2) Die Arbeitnehmer erhalten monatlich einen Zeitkontoauszug.

(3) In das Zeitkonto fließen Mehrarbeitsstunden sowie Zuschläge, die für die Arbeit zu besonderen Zeiten nach § 3 Abs. 3 entstehen, ein.

(4) Das Volumen des Zeitkontos ist auf die Bandbreite von maximal plus 150 Stunden und minus 50 Stunden begrenzt. Das Zeitkonto ist innerhalb von 12 Monaten auszugleichen. Wird das zulässige Volumen des Arbeitszeitkontos überschritten, ist die daraus entstehende Mehrarbeit nach § 4 Abs. 3 1. Fall auszugleichen. [13] Der Arbeitgeber ist berechtigt, vom Arbeitnehmer geleistete Minusstunden von einem eventuellen Zeitguthaben auf dem Arbeitszeitkonto abzuziehen. [13.1]

(5) Vor Beendigung des Arbeitsverhältnisses ist das Zeitkonto durch bezahlte Freizeit auszugleichen. Endet das Arbeitsverhältnis, ohne dass ein Ausgleich des Zeitkontos durch bezahlte Freizeit zuvor möglich war, ist ein finanzieller Ausgleich der Stunden auf dem Zeitkonto mit der letzten Entgeltabrechnung vorzunehmen.

(6) Arbeitszeitkonten sind gegen Insolvenz zu sichern. [14]

§ 6 Urlaub

(1) Der Arbeitnehmer hat im Kalenderjahr Anspruch auf bezahlten Erholungsurlaub. Das Urlaubsjahr entspricht dem Kalenderjahr. In dem Jahr, in dem das Arbeitsverhältnis begonnen oder beendet wurde, hat der Arbeitnehmer für jeden Kalendermonat Anspruch auf $1/12$ des Jahresurlaubs.

(2) Den gesamten Urlaubsanspruch erwirbt der Arbeitnehmer nach sechsmonatigem Bestehen des Arbeitsverhältnisses. Scheidet der Arbeitnehmer vor Erfüllung der Anwartschaftszeit aus dem Arbeitsverhältnis aus, hat er Anspruch auf Teilurlaub.

(3) Die Zahl der zu beanspruchenden Urlaubstage bestimmt sich durch die Betriebszugehörigkeit des Arbeitnehmers. Bei einer Verteilung der wöchentlichen Arbeitszeit auf sechs Arbeitstage in der Kalenderwoche besteht ein Urlaubsanspruch bei einer Betriebszugehörigkeit

a) von bis zu fünf Jahren auf 26 Arbeitstage,
b) von mehr als fünf bis zu zehn Jahren auf 28 Arbeitstage,
c) von mehr als zehn Jahren auf 30 Arbeitstage. [15]

Die Ausbildungszeit wird nicht auf die Betriebszugehörigkeit angerechnet. [16]

(3) Beim Ausscheiden aus dem Arbeitsverhältnis ist der restliche Erholungsurlaub in der Kündigungsfrist zu nehmen. Ist während der Kündigungsfrist eine Urlaubsgewährung nicht möglich, so wird der Urlaubsanspruch in Geld abgegolten.

(4) Der Zeitpunkt des Urlaubsantritts wird im Einvernehmen zwischen dem Arbeitgeber und den Arbeitnehmern im Dezember eines Jahres für das Folgejahr unter Wahrung der Interessen des Betriebs und unter Berücksichtigung der Wünsche der Arbeitnehmer festgelegt. [17]

(5) Ein bereits genehmigter Urlaub kann aus betrieblichen Gründen vom Arbeitgeber widerrufen werden. Die dadurch entstehenden Mehrkosten des Arbeitnehmers sind durch den Arbeitgeber zu erstatten. [19]

(6) Erkrankt der Arbeitnehmer während des Urlaubs, so werden die durch ärztliches Zeugnis ausgewiesenen Krankheitstage nicht auf die Urlaubstage angerechnet. Der Termin für den restlichen Urlaub ist nach der Rückkehr in den Betrieb neu zu vereinbaren.

(7) Konnte der Erholungsurlaub aus personenbedingten Gründen des Arbeitnehmers oder aus betrieblichen Gründen bis zum Ende des Kalenderjahres nicht angetreten werden, kann er auf das nächste Kalenderjahr übertragen werden. In diesem Fall ist der Urlaub in den ersten drei Monaten des folgenden Kalenderjahres zu gewähren und zu nehmen. Nach Ablauf dieses Zeitraums verfällt der ausstehende Urlaubsanspruch ersatzlos. [18]Abweichend von dieser Regel verfällt der ausstehende gesetzliche Mindesturlaub erst nach Ablauf von 15 Monaten nach dem Ende des Jahres, in dem der jeweilige Anspruch entstanden ist, wenn der Arbeitnehmer im Urlaubsjahr oder im Übertragungszeitraum krankheitsbedingt an der Inanspruchnahme des Urlaubs gehindert war. [20]

(8) Soweit nicht abweichend geregelt, finden die Bestimmungen des Bundesurlaubsgesetzes ergänzend zu diesem Tarifvertrag Anwendung. [21]

§ 7 Arbeitsverhinderung

(1) In Abweichung von § 616 BGB wird nur für tatsächlich geleistete Arbeitszeit eine Vergütung durch den Arbeitgeber gewährt. Eine abschließende Ausnahme hiervon gilt in den nachfolgend aufgeführten Fällen. [22]

(2) Der Arbeitnehmer wird unter Fortzahlung seiner Vergütung und ohne Anrechnung auf seinen Urlaubsanspruch freigestellt bei:

- Eheschließung — 2 Tage
- Tod des Ehegatten, Lebenspartners, der Eltern oder eines Kindes — 2 Tage
- Geburt eines Kindes — 1 Tag
- Erkrankung eines Kindes, sofern die Erforderlichkeit der Anwesenheit durch ärztliches Attest bescheinigt wird — 1 Tag
- vom Arbeitgeber veranlasster Wohnungswechsel — 2 Tage.

(3) Der Arbeitnehmer ist verpflichtet, dem Arbeitgeber die Gründe des Fernbleibens nachzuweisen. Der Arbeitnehmer hat rechtzeitig vor dem Ereignis beim Arbeitgeber um Arbeitsbefreiung nachzusuchen. Besteht hierzu keine Möglichkeit, so ist dies unverzüglich nachzuholen.

§ 8 Entgeltfortzahlung bei Krankheit

Der Arbeitnehmer ist verpflichtet, dem Arbeitgeber die Arbeitsunfähigkeit und deren voraussichtliche Dauer unverzüglich mitzuteilen. Ab dem zweiten Tag der Arbeitsunfähigkeit ist dem Arbeitgeber eine ärztliche Bescheinigung über das Bestehen der Arbeitsunfähigkeit und deren voraussichtliche Dauer vorzulegen. Im Übrigen findet das Entgeltfortzahlungsgesetz Anwendung. [23]

§ 9 Beendigung des Arbeitsverhältnisses [24]

(1) Die ersten sechs Monate des Arbeitsverhältnisses gelten als Probezeit. Während der Probezeit kann das Arbeitsverhältnis von beiden Seiten mit einer Frist von einer Woche gekündigt werden.

(2) Nach Ablauf der Probezeit kann das Arbeitsverhältnis von beiden Seiten mit einer Frist von einem Monat zum Monatsende gekündigt werden.

(3) Das Arbeitsverhältnis endet spätestens mit Ablauf des Monats, in dem der Arbeitnehmer wegen Erreichens der Regelaltersgrenze entsprechend § 41 SGB VI eine Rente wegen Alters beantragen kann. [25]

§ 10 Zeugnis

(1) Bei Beendigung des Arbeitsverhältnisses wird dem Arbeitnehmer ein Zeugnis erteilt, das den Bestand und die Dauer des Arbeitsverhältnisses bescheinigt und sich auf Verlangen des Arbeitnehmers auch auf Leistung und Verhalten erstreckt. [26]

(2) Auf Verlangen des Arbeitnehmers hat der Arbeitgeber während der Laufzeit des Arbeitsverhältnisses ein Zwischenzeugnis auszustellen, wenn der Arbeitnehmer einen wichtigen Grund dafür benennen kann. Als wichtige Gründe sind insbesondere ein Betriebsübergang, der Wechsel des unmittelbaren Vorgesetzten sowie eine Versetzung des Arbeitnehmers anzuerkennen. [27]

§ 11 Ausschlussfristen

Sämtliche gegenseitigen Ansprüche aus und in Zusammenhang mit dem Arbeitsverhältnis sind innerhalb von zwei Monaten nach ihrer Fälligkeit schriftlich geltend zu machen. Nach Ablauf dieser Frist ist die Geltendmachung ausgeschlossen. [28]

S. Tarifvertragsrecht

§ 12 Laufzeit [29]

(1) Dieser Tarifvertrag tritt mit Wirkung zum ___[Datum]___ in Kraft. Er wird auf unbestimmte Zeit geschlossen.

(2) Eine Kündigung des Tarifvertrags ist mit einer Frist von sechs Monaten zum Monatsende für beide Vertragsparteien möglich. Die Kündigungsmöglichkeit besteht erstmals zum ___[Datum]___.

(3) Nach Ablauf der Kündigungsfrist ist eine Nachwirkung der Regelungen dieses Tarifvertrags ausgeschlossen. [30]

Erläuterungen

Schrifttum

Bauschke Arbeitszeugnisse im öffentlichen Dienst – Bedeutung und Problematik, öAT 2011, 225; *Fischer* Insolvenzsicherung für Altersteilzeit, Arbeitszeitkonten und Altersversorgung – Vermögensdeckung mit doppelseitiger Treuhand in der Praxis; DB Beilage Nr. 5 2001, 21; *Franzen* Zeitliche Begrenzung der Urlaubsansprüche langzeiterkrankter Arbeitnehmer, NZA 2011, 1403; *Frölich* Eintritt und Beendigung der Nachwirkung von Tarifnormen, NZA 1992, 1105; *Gaul/Bonanni/Ludwig* Urlaubsanspruch trotz Langzeiterkrankung – Handlungsbedarf für die betriebliche Praxis!, DB 2009, 1013; *Hanau/Veit* Neues Gesetz zur Verbesserung der Rahmenbedingungen für die Absicherung flexibler Arbeitszeitregelungen und zur Änderung anderer Gesetze, NJW 2009, 182; *Höfer/Greiwe* Einführung von Langzeitkonten, BB 2006, 2242; *Krieger/Arnold* Urlaub 1. + 2. Klasse – Das BAG folgt der Schultz-Hoff-Entscheidung des EuGH, NZA 2009, 530; *Langohr-Plato/Sopora* Neue gesetzliche Rahmenbedingungen für Zeitwertkonten, NZA 2008, 1377; *Lepke* Die nachträgliche Änderung bereits erteilten Erholungsurlaubs, DB 1990, 1131; *Lingemann/Gotham* AGG – Benachteiligungen wegen des Alters in kollektivrechtlichen Regelungen, NZA 2007, 663; *Reichold* Zeitsouveränität im Arbeitsverhältnis: Strukturen und Konsequenzen, NZA 1998, 393; *Rolfs/Witschen* Neue Regeln für Wertguthaben, NZS 2009, 295; *Stenslik/Heine* Sachgrundlose Beschäftigung trotz Vorbeschäftigung?, DStR 2011, 2202; *Waltermann* Verbot der Altersdiskriminierung – Richtlinie und Umsetzung, NZA 2005, 1265.

39 1. Die Regelungen zum Geltungsbereich geben Aufschluss darüber, in welchem räumlichen und fachlichen Bereich der Tarifvertrag Anwendung finden soll. Außerdem beinhaltet der Geltungsbereich die Erstreckung des Tarifvertrags auf einen bestimmten Personenkreis. Für weitere Informationen siehe S Rdn. 8 ff.

40 2. Bei der **Einstellung** eines neuen Arbeitnehmers sind von diesem in der Regel ein Nachweis über die Steuer-Identifikationsnummer, der Sozialversicherungsausweis sowie eine Bescheinigung über die bestehende Krankenversicherung beizufügen. Ist das Unternehmen in einer Branche tätig, in der aus Sicherheits- oder Gesundheitsgründen weitere Bescheinigungen oder Untersuchungen vor der Einstellung eines neuen Arbeitnehmers vorliegen müssen, sollte der Arbeitgeber die Vorlage dieser Bescheinigung unbedingt vor der Tätigkeitsaufnahme einfordern (z.B. Gesundheitszeugnis). Durch Aufnahme dieser Regelung in den Tarifvertrag wird sichergestellt, dass sämtlichen tarifgebundenen Unternehmen diese Verpflichtung bewusst ist und sie sich an die entsprechenden Anforderungen halten. Auf diese Weise wird nicht nur die Beachtung rechtlicher Vorgaben sichergestellt, sondern auch die mit dem Tarifvertrag intendierte einheitliche Vorgehensweise der meist miteinander konkurrierenden Unternehmen sichergestellt (vgl. zu dieser Kartellwirkung des Tarifvertrags Wiedemann/*Wiedemann* Einleitung Rn. 37). Nach § 6 Abs. 1 BUrlG steht dem Arbeitnehmer auch im Falle eines Arbeitgeberwechsels der gesetzliche Urlaubsanspruch nur einmal zu. Der bisherige Arbeitgeber hat daher mit dem Ausscheiden des Arbeitnehmers eine Bescheinigung über den bereits gewährten Urlaub auszustellen. Der neue Arbeitgeber kann bei der Einstellung die Vorlage der Urlaubsbescheinigung des alten Arbeitgebers verlangen (vgl. AR/*Gutzeit* § 6 BUrlG Rn. 8; MünchArbR/*Düwell* § 80 Rn. 18).

41 3. Dem Arbeitnehmer muss aufgrund seines Grundrechts auf berufliche Entfaltung aus Art. 12 GG selbst im laufenden Arbeitsverhältnis das Recht zur Ausübung von **Nebentätigkeiten** zugestanden werden (BAG, Urt. v. 18.01.1996 – 6 AZR 314/95, NZA 1997, 41). Dieses Recht kann vom Arbeitgeber nur dann beschränkt werden, wenn er ein berechtigtes Interesse daran hat. Anerkannt ist eine solche Versagung etwa zur Verhinderung einer Wettbewerbstätigkeit zulasten des Arbeitgebers oder zur Sicherstellung der ordnungsgemäßen Aufgabenerfüllung des Arbeitnehmers (BAG, Urt. v. 21.09.1999 – 9 AZR 759/98, NZA 2000, 723; BAG, Urt. v. 18.01.1996 – 6 AZR 314/95, NZA 1997, 41). In einem Tarifvertrag kann das Recht des Arbeitnehmers auf Ausübung einer Nebentätigkeit stärker beschränkt werden, wenn damit ein legitimes und schutzwürdiges Regelungsziel verfolgt wird (ErfK/*Preis* § 611 BGB Rn. 728). Neben einer Pflicht zur Anzeige ausgeübter oder später aufzunehmender Nebentätigkeiten kommt insoweit auch die Vereinbarung eines Zustimmungserfordernisses durch den Arbeitgeber in Betracht. Eine andere Formulierung der Pflicht zur Anzeige von Nebentätigkeiten findet sich in S Rdn. 74.

4. Wird ein Arbeitsverhältnis befristet abgeschlossen, ist zwischen **Befristungen** mit Sachgrund nach § 14 Abs. 1 TzBfG und Befristungen ohne Sachgrund nach § 14 Abs. 2 TzBfG zu unterscheiden. Sachgrundlose Befristungen sind nach § 14 Abs. 2 Satz 2 TzBfG jedoch nur dann zulässig, wenn mit demselben Arbeitgeber nicht schon zuvor ein befristetes oder unbefristetes Arbeitsverhältnis bestanden hat. Um eine solche »Zuvor-Beschäftigung« handelt es sich aber nicht, wenn das frühere Arbeitsverhältnis mit demselben Arbeitgeber länger als drei Jahre zurückliegt (BAG, Urt. v. 06.04.2011 – 7 AZR 716/09, NZA 2011, 905; ErfK/*Müller-Glöge* § 14 TzBfG Rn. 99). Das BAG begründet dies mit dem Gesetzeszweck der Verhinderung von Befristungsketten unter Heranziehung der allgemeinen Verjährungsgrenzen und weicht damit von seiner langjährigen Rechtsprechung ab. Danach sollten nicht nur unmittelbar vorhergehende andere Arbeitsverhältnisse »Zuvor-Beschäftigungen« i.S.d. § 14 Abs. 2 Satz 2 TzBfG darstellen, sondern auch weit in der Vergangenheit zurückliegende Anstellungen (so etwa noch BAG, Urt. v. 06.11.2003 – 2 AZR 690/02, NZA 2005, 218; KR/*Lipke* § 14 TzBfG Rn. 296; a.A. bereits vor der Rechtsprechungsänderung etwa ErfK/*Müller-Glöge* § 14 TzBfG Rn. 98). Maßgeblich für die Bewertung einer Einstellung als Neueinstellung i.S.d. Gesetzes ist der Vertragsarbeitgeber, mit dem in der Vergangenheit kein Arbeitsverhältnis bestanden haben darf. Unschädlich ist daher eine frühere Tätigkeit für den jetzigen Arbeitgeber als Leih-Arbeitnehmer (BAG, Urt. v. 18.10.2006 – 7 AZR 145/06, NZA 2007, 443; AR/*Schüren* § 14 TzBfG Rn. 74). Bei der Erteilung unzutreffender Angaben über eine vorhergehende Beschäftigung kann der Arbeitgeber den Abschluss des Arbeitsvertrags wegen arglistiger Täuschung nach § 123 BGB anfechten (AR/*Löwisch* § 123 BGB Rn. 4).

5. Die Dauer der wöchentlichen Arbeitszeit ist eine typische Regelung in einem Manteltarifvertrag. Die Tarifvertragsparteien haben hier unter Beachtung der zwingenden Vorschriften des Arbeitszeitgesetzes einen weiten Gestaltungsspielraum (zu einer Verlängerung der Arbeitszeit aufgrund tarifdispositiver Regelungen des Arbeitszeitgesetzes vgl. S Rdn. 247 ff.). Da die Arbeitszeit neben dem Entgelt für die Mehrzahl der Arbeitsverhältnisse die bedeutsamste Regelung darstellt, kommt den Arbeitszeitregelungen in Verbandstarifverträgen nach wie vor Leitwirkung für die jeweilige Branche zu.

6. Bei der Frage, wie die tarifvertraglich definierte wöchentliche **Arbeitszeit** auf die einzelnen Tage verteilt wird, besteht nach § 87 Abs. 1 Nr. 2 BetrVG ein Mitbestimmungsrecht des Betriebsrats. Unter dieses Mitbestimmungsrecht fällt prinzipiell auch die Frage, auf wie viele Tage die wöchentliche Arbeitszeit verteilt wird (AR/*Rieble* § 87 BetrVG Rn. 22). Wollen die Tarifvertragsparteien in dieser Frage aber eine für den gesamten Geltungsbereich des Tarifvertrags maßgebliche einheitliche Entscheidung darüber treffen, an wie vielen Tagen pro Woche gearbeitet werden soll, ist die Mitbestimmung des Betriebsrats nach § 87 Abs. 1 BetrVG gesperrt (sog. Vorbehalt des Tarifvertrags, vgl. BAG, Beschl. v. 18.04.1989 – 1 ABR 100/87, NZA 1989, 887; BAG, Beschl. v. 04.07.1989 – 1 ABR 40/88, NZA 1990, 29; DLW/*Wildschütz* Kapitel 13 Rn. 1634). Maßgeblich für die Sperrwirkung gegenüber den Betriebsparteien ist eine Auslegung der Tarifnorm, ob die Tarifvertragsparteien insoweit eine abschließende Regelung treffen wollten (AR/*Rieble* § 87 BetrVG Rn. 11 f.).

7. Über die Lage der täglichen Arbeitszeit, also die Vorgabe eines festen Beginns und Endes oder auch die Einräumung eines Gleitzeitrahmens hat der Betriebsrat nach § 87 Abs. 1 Nr. 2 BetrVG mitzubestimmen (vgl. DLW/*Wildschütz* Kapitel 13 Rn. 1713 ff.). Treffen die Tarifvertragspartei-

en hier selbst eine Regelung, bleibt für das Mitbestimmungsrecht kein Raum (vgl. S Rdn. 44). Meist wird die Bestimmung der Anfangs- und Endzeiten sowie der Pausenzeiten jedoch den Betriebsparteien überlassen, die aufgrund größerer Sachnähe hier eine für die Betroffenen geeignetere Entscheidung treffen können. Die im Muster gewählte Formulierung ist somit ausschließlich deklaratorischer Natur.

46 **8.** Ob Arbeitnehmern **Zuschläge** für Arbeit zu bestimmten – objektiv betrachtet ungünstigen – Zeiten gewährt werden, obliegt in der Regel der Bewertung der Tarifvertragsparteien. Eine Ausnahme gilt hier für die Nachtarbeit. Nach § 6 Abs. 5 ArbZG haben Nachtarbeitnehmer Anspruch auf einen angemessenen Ausgleich für die zur Nachtzeit geleistete Arbeit (im Normalfall 25 % des Stundenlohns oder das Äquivalent in Freizeit, BAG, Urt. v. 09.12.2015 – 10 AZR 423/14). Dieser kann als Freizeit- oder finanzieller Ausgleich vorgenommen werden. Den Tarifvertragsparteien steht bereits nach dem Wortlaut des Gesetzes die Schaffung als angemessen bewerteter Ausgleichsregelungen zu (BAG, Urt. v. 24.02.1999 – 4 AZR 62/98, NZA 1999, 995). Als Verstoß gegen § 6 Abs. 5 ArbZG ist dagegen ein Ausschluss jeglicher Ausgleichsregelung in einem Tarifvertrag unwirksam (BAG, Urt. v. 12.12.2012 – 10 AZR 192/11, NZA-RR 2013, 476). Mit der hier gewählten Variante erhalten die zur Nachtarbeit herangezogenen Arbeitnehmer primär Freizeitausgleich, der aber nicht sofort genommen, sondern auf ein Arbeitszeitkonto gutgeschrieben wird, das nach Bedarf aufgefüllt oder in Anspruch genommen werden kann (vgl. S Rdn. 51). Als Nachtzeit wird in § 2 Abs. 3 ArbZG die Zeit zwischen 23 und 6 Uhr bezeichnet, in Bäckereien und Konditoreien die Zeit zwischen 22 und 5 Uhr. Nach § 7 Abs. 1 Nr. 5 ArbZG steht es den Tarifvertragsparteien aber frei, den Beginn des siebenstündigen Nachtzeitraums auf die Zeit zwischen 22 und 24 Uhr festzulegen (vgl. ErfK/*Wank* § 2 ArbZG Rn. 19).

47 **9.** Die Zulässigkeit von **Mehrarbeit** sollte im Rahmen jeder Arbeitszeitregelung behandelt werden. Ohne entsprechende Grundlage sind die Arbeitnehmer zur Ableistung von Mehrarbeit nicht verpflichtet (AR/*Kamanabrou* § 611 BGB Rn. 361). Trifft der Tarifvertrag hierzu keine Aussage, besteht vor der Einführung von Mehrarbeit ein Mitbestimmungsrecht des Betriebsrats nach § 87 Abs. 1 Nr. 3 BetrVG. In betriebsratslosen Betrieben ist der Arbeitgeber dagegen auf arbeitsvertragliche Ermächtigungen angewiesen, notfalls im Wege einer Vertragsänderung. Um in der Praxis gelegentlich auftretende Missverständnisse zu vermeiden, sollte klargestellt sein, dass Mehrarbeit nur bei Anordnung durch den Arbeitgeber vorliegt und nicht eigenmächtig durch den Arbeitnehmer beschlossen und nachträglich geltend gemacht werden kann. Ausreichend ist insoweit aber die Leistung von Überstunden in Kenntnis und mit – zumindest stillschweigender – Billigung durch den Arbeitgeber (BAG, Urt. v. 25.05.2005 – 5 AZR 319/04, EzA § 611 BGB 2002 Mehrarbeit Nr. 1; BAG, Urt. v. 06.10.1994 – 6 AZR 266/94, ZTR 1995, 118).

48 **10.** In Betrieben mit Betriebsrat besteht ein **Mitbestimmungsrecht** bei der Anordnung von Mehrarbeit nach § 87 Abs. 1 Nr. 3 BetrVG. Die im Muster enthaltene Regelung schafft lediglich eine Höchstgrenze, in deren Rahmen sich die Betriebsparteien abhängig von den betrieblichen Erfordernissen über die Einführung von Mehrarbeit verständigen können.

49 Die Tarifvertragsparteien können auch direkt im Tarifvertrag normieren, dass der Arbeitgeber eine bestimmte Anzahl von Überstunden pro Woche oder Monat anordnen darf. Der Arbeitgeber muss in diesem Fall aufgrund des einseitigen Leistungsbestimmungsrechts nach § 315 BGB die Grundsätze billigen Ermessens einhalten (BAG, Urt. v. 28.11.1984 – 5 AZR 123/83, DB 1985, 132; ErfK/*Preis* § 611 BGB Rn. 663). In diesem Fall könnte die folgende Formulierung gewählt werden:

Alternative:

[Der Arbeitgeber kann Mehrarbeit unter Beachtung billigen Ermessens einseitig in einem Umfang von bis zu 8 Stunden pro Woche und bis zu 20 Stunden im Monat anordnen.]

11. Ob den Arbeitnehmern für geleistete Mehrarbeitsstunden Anspruch auf **Vergütung oder Freizeitausgleich** zusteht, bedarf einer sorgfältigen Auslegung der Vereinbarungen zwischen den Parteien. Es besteht kein allgemeiner Grundsatz, wonach jede geleistete Mehrarbeit über die vereinbarte Arbeitszeit hinaus zu vergüten ist (BAG, Urt. v. 17.08.2011 – 5 AZR 406/10, NZA 2011, 1335). Ohne Vereinbarung ist zu untersuchen, ob die Mehrarbeit im konkreten Fall nur gegen Vergütung zu erwarten ist (vgl. AR/*Kamanabrou* § 612 BGB Rn. 13). Diese Vergütungserwartung ist anhand eines objektiven Maßstabs unter Berücksichtigung der Verkehrssitte, der Art, des Umfangs und der Dauer der Dienstleistung sowie der Stellung der Beteiligten zueinander festzustellen, ohne dass es auf deren persönliche Meinung ankäme. Gerade bei Diensten höherer Art ist es aber nicht in jedem Fall zu erwarten, dass eine gesonderte Vergütung zusätzlicher Arbeitszeit erfolgen wird (BAG, Urt. v. 17.08.2011 – 5 AZR 406/10, NZA 2011, 1335). Der Ausgleich kann grundsätzlich entweder als finanzielle Abgeltung oder in Form von Freizeitausgleich erfolgen. Im vorliegenden Fall erfolgt der Ausgleich primär als mittelbarer Freizeitausgleich, indem die Mehrarbeitsstunden auf ein Arbeitszeitkonto einfließen. Unabhängig von dem direkten Ausgleich für Mehrarbeitsstunden können Tarifverträge auch separate Zuschläge für Mehrarbeitsstunden vorsehen, die zusätzlich zu der reinen Gegenleistung gewährt werden (vgl. S Rdn. 17 ff.).

12. Durch Tarifverträge können wichtige Impulse für den Fortbestand der Beschäftigung auch in Zeiten wirtschaftlicher Krisen gegeben werden. Dazu gehört auch die Förderung von Arbeitszeitkonten. Durch den Einsatz eines **Arbeitszeitkontos** kann die zu erbringende Arbeitszeit abhängig vom Beschäftigungsbedarf festgelegt werden (MünchArbR/*Anzinger* § 218 Rn. 60; *Höfer/Greiwe* BB 2006, 2242). In Zeiten starken Bedarfs kann der Arbeitgeber auf diese Weise seine Arbeitnehmer zu längeren Arbeitszeiten heranziehen, während er in schwächeren Phasen die Arbeitnehmer lediglich in geringerem Umfang zu beschäftigen braucht. Für die Arbeitnehmer folgt daraus der Vorteil, die zu Hochphasen angesammelten Plusstunden zu einem Zeitpunkt in Anspruch nehmen zu können, in dem weniger Arbeit anfällt. Auch kann der Aufbau eines negativen Saldos (Minusstunden) geregelt werden, mit denen geringerer Bedarf zusätzlich aufgefangen werden kann. Auf diese Weise können die Einführung von Kurzarbeit oder Entlassungen in Krisenzeiten hinausgeschoben, wenn nicht verhindert werden. Die Einführung des Arbeitszeitkontos unter Beteiligung des Betriebsrats entspricht dem Mitbestimmungsrecht nach § 87 Abs. 1 Nr. 3 BetrVG (ErfK/*Kania* § 87 BetrVG Rn. 29).

13. Bei der Einrichtung von Arbeitszeitkonten werden üblicherweise Grenzen gesetzt, die eine zu hohe Zahl von Überstunden oder Fehlzeiten verhindern sollen. Ohne diese Grenzen wird der Ausgleich des Arbeitszeitkontos betriebsorganisatorisch nur schwer durchführbar sein. Die hier vorgesehene Ausgleichspflicht innerhalb eines Jahres verhindert ein zu starkes Anwachsen des Arbeitszeitkontos in eine Richtung und soll zugleich die völlige Erosion der tarifvertraglich geregelten durchschnittlichen Arbeitszeit verhindern. Überschreitet das Volumen auf dem Arbeitszeitkonto den Maximalwert an Minusstunden, kann der Arbeitgeber den Arbeitnehmer mit arbeitsrechtlichen Sanktionen (Abmahnung) zur Einhaltung seiner Arbeitspflicht anhalten (*Reichold* NZA 1998, 393, 395).

13.1. Das auf dem Arbeitszeitkonto ausgewiesene Zeitguthaben darf nur dann automatisch mit Minusstunden des Arbeitnehmers verrechnet werden, wenn die der Führung des Arbeitszeitkontos zugrunde liegende Vereinbarung dies dem Arbeitgeber gestattet (BAG, Urt. v. 21.03.2012 – 5 AZR 676/11). Das Muster sieht eine entsprechende Regelung zugunsten des Arbeitgebers vor. Anderenfalls bedarf es einer gesonderten Verständigung zwischen den Arbeitsvertragsparteien (MünchArbR/*Schüren* § 167 Rn. 5; *Reichold* NZA 1998, 393, 397), wenn aufgrund nicht vorhersehbarer Bedarfsschwankungen das Arbeitszeitkonto kurzfristig beansprucht werden soll.

14. Wird hinsichtlich der Sicherung eines Arbeitszeitkontos im **Insolvenzfall** keine besondere Vorkehrung getroffen, droht den Arbeitnehmern der weitgehende Verlust ihrer Ansprüche. Die auf einem Bankkonto zur Abgeltung von Arbeitszeitguthaben bereitgestellten Gelder unterliegen nicht der Aussonderung aus der Insolvenzmasse, wenn der Arbeitgeber Kontoinhaber ist (BAG, Urt. v. 24.09.2003 – 10 AZR 640/02, NZA 2004, 980). Zum Schutz des Guthabens auf dem Arbeitszeitkonto sollte daher eine besondere Insolvenzsicherung vereinbart werden. Diese kann etwa in Gestalt einer Bankbürgschaft oder einer Ausfallversicherung erfolgen, oder es kommt die Leistung der Beträge auf ein Treuhandkonto in Betracht (*Fischer* DB Beilage Nr. 5 2001, 21). Gesetzliche Verpflichtungen zum Insolvenzschutz finden sich lediglich in einigen Teilbereichen, etwa zur Absicherung von Wertguthaben zum Zwecke der Ermöglichung von Altersteilzeitarbeit nach § 8a AltersteilzeitG (vgl. BAG, Urt. v. 18.07.2013 – 6 AZR 47/12, NZA 2013, 1440) oder zur Absicherung von Wertguthaben zum Zwecke der Ermöglichung langfristiger Freistellungen nach §§ 7b, 7e SGB IV (vgl. dazu *Hanau/Veit* NJW 2009, 182, 183; *Rolfs/Witschen* NZS 2009, 295, 296; *Langohr-Plato/Sopora* NZA 2008, 1377).

55 **15.** Während der gesetzliche Mindesturlaubsanspruch nach § 3 Abs. 1 BUrlG 24 Werktage auf Basis einer Sechs-Tage-Woche und damit 20 Werktage bei einer Fünf-Tage-Woche beträgt, sehen viele Tarifverträge einen darüber hinausgehenden **tariflichen Zusatzurlaub** vor. In der Vergangenheit wurde der Anspruch auf längeren Erholungsurlaub vielfach von dem Erreichen eines bestimmten Lebensalters abhängig gemacht (vgl. etwa BAG, Urt. v. 18.02.2003 – 9 AZR 563/01, NZA 2004, 52; BAG, Urt. v. 14.02.1991 – 8 AZR 97/90, NZA 1991, 777). Die Anknüpfung an das Lebensalter soll den §§ 1, 3 AGG genügen, da ältere Arbeitnehmer einem höheren Erholungsbedarf unterliegen (*Lingemann/Gotham* NZA 2007, 663, 666; *Waltermann* NZA 2005, 1265, 1269). Sofern die Erhöhung des tarifvertraglichen Urlaubsanspruchs aber bereits ab einem Lebensalter eintritt, zu dem sich ein gesteigertes Erholungsbedürfnis nicht rechtfertigen lässt, stellt eine solche altersabhängige Staffelung der Urlaubsdauer einen Verstoß gegen das Verbot der Diskriminierung wegen des Alters nach § 7 Abs. 1 und Abs. 2 AGG i.V.m. § 1 AGG dar. Dies hat eine Anpassung »nach oben« zur Folge, so dass sämtliche Arbeitnehmer den maximalen Urlaubsanspruch erhalten (BAG, Urt. v. 20.03.2012 – 9 AZR 529/10 zur Urlaubsstaffelung des TVöD).

Besser ist daher eine tarifvertragliche Regelung, mit der die Erhöhung des tariflichen Zusatzurlaubsanspruchs nach bestimmten Zeiten der Betriebszugehörigkeit erfolgt. Legitimes Ziel einer solchen Regelung ist die Belohnung der Betriebstreue langjährig beschäftigter Arbeitnehmer.

56 **16.** Ob die vorangegangene Ausbildungszeit bei demselben Arbeitgeber auf die Beschäftigungsdauer angerechnet werden soll, unterliegt der freien Vereinbarung der Tarifvertragsparteien. Das Ausbildungsverhältnis stellt nach der gesetzlichen Regelung in § 10 Abs. 2 BBiG gerade kein Arbeitsverhältnis dar, sondern wird lediglich weitgehend wie ein Arbeitsverhältnis behandelt (BAG, Beschl. v. 25.10.1989 – 7 ABR 1/88, DB 1990, 1192; BAG, Urt. v. 10.07.2003 – 6 AZR 348/02, NZA 2004, 269; BAG, Urt. v. 20.08.2003 – 5 AZR 436/02, NZA 2004, 205; ErfK/*Schlachter* § 10 BBiG Rn. 4). Die Nichtberücksichtigung vorangegangener Ausbildungszeiten bei der Bestimmung der Betriebszugehörigkeit ist daher keine willkürliche Benachteiligung der Auszubildenden.

57 **17.** Der Arbeitgeber ist als Schuldner des Urlaubsanspruchs dazu verpflichtet, den Urlaub des Arbeitnehmers zu gewähren. Bei der zeitlichen **Festlegung des Urlaubs** hat der Arbeitgeber jedoch kein einseitiges Leistungsbestimmungsrecht im Sinne des § 315 BGB, sondern hat nach § 7 Abs. 1 BUrlG die Wünsche des Arbeitnehmers zu berücksichtigen (BAG, Urt. v. 18.12.1986 – 8 AZR 502/84, NZA 1987, 379). In Tarifverträgen können aufgrund der weitgehenden Tarifdispositivität des Urlaubsrechts abweichende Regelungen getroffen werden (vgl. § 13 Abs. 1 BUrlG). Ist nicht aufgrund besonderer betrieblicher Belange die Urlaubserteilung zu bestimmten Zeiten generell ausgeschlossen, wird der Arbeitgeber in der Regel die Wünsche des Arbeitnehmers akzeptieren. Zur Koordination der Urlaubswünsche der Arbeitnehmer existieren in vielen Unternehmen Urlaubslisten, in denen der gewünschte Urlaubszeitraum eingetragen wird. Treffen die Tarifvertragsparteien eine Bestimmung über den Zeitpunkt bis zur letztmöglichen Äußerung der Urlaubswünsche, kann diese Regelung frühzeitige Planungssicherheit für den Arbeitgeber schaffen. Äußert sich ein Arbeitnehmer bis zum Ablauf der gesetzten Frist nicht, darf der Arbeitgeber den Urlaubszeitraum von sich aus bestimmen (BAG, Urt. v. 22.09.1992 – 9 AZR 483/91, NZA 1993, 406). Der Arbeitnehmer kann aber auch nach diesem Zeitpunkt immer noch den Urlaubsantritt während des vom Arbeitgeber genannten Zeitraums verweigern und eigene Wünsche äußern (BAG,

Urt. v. 06.09.2006 – 5 AZR 703/05, NZA 2007, 36; BAG, Urt. v. 11.04.2006 – 9 AZR 523/05, EzA § 7 BUrlG Nr. 116; ErfK/*Gallner* § 7 BUrlG Rn. 12).

18. Der gesetzliche Mindesturlaubsanspruch darf nicht verfallen, wenn dem Arbeitnehmer aufgrund von Arbeitsunfähigkeit die Inanspruchnahme innerhalb des Urlaubsjahres oder jedenfalls des Übertragungszeitraums unmöglich ist (vgl. S Rdn. 60). Sofern die Tarifvertragsparteien einen darüber hinausgehenden tariflichen Zusatzurlaub vereinbart haben, kann dieser verfallbar ausgestaltet werden. Nach der Rechtsprechung des BAG erfüllt der Arbeitgeber mit einer Urlaubsgewährung gleichzeitig den gesetzlichen wie den tariflichen Urlaubsanspruch, wenn sich aus dem Tarifvertrag (wie im Muster) nicht eindeutig ergibt, dass zwei getrennte Urlaubsansprüche bestehen sollen (BAG, Urt. v. 07.08.2012 – 9 AZR 760/10, NZA 2013, 104). Sobald mit der Urlaubsgewährung der gesetzliche Mindesturlaub komplett erfüllt ist, erfolgt die weitere Freistellung allein zur Erfüllung des tariflichen Mehrurlaubs. Dieser kann dann auch nach eigenständigen Regelungen zeitlich verfallen. 58

Sofern die Tarifvertragsparteien dagegen zwei voneinander unabhängige Urlaubsansprüche regeln (vgl. S Rdn. 263), sollte in den Tarifvertrag die Bestimmung aufgenommen werden, dass der gewährte Erholungsurlaub zunächst auf den gesetzlichen Mindesturlaub angerechnet wird. Da ohne anderweitige Leistungsbestimmung grundsätzlich zunächst der ungünstigere, weil verfallbare Zusatzurlaub in Anspruch genommen wird, verbliebe anderenfalls kaum Anwendungsraum für einen Verfall der tariflichen Zusatzansprüche (DLW/*Dörner* Kapitel 3 Rn. 2211; *Krieger/Arnold* NZA 2009, 530, 533).

19. Ist der Urlaubszeitpunkt erst einmal festgelegt und hat der Arbeitgeber den Arbeitnehmer für einen bestimmten Zeitraum von der Pflicht zur Arbeitsleistung freigestellt, kann diese Erklärung grundsätzlich nicht widerrufen werden (BAG, Urt. v. 14.03.2006 – 9 AZR 11/05, EzA § 7 BUrlG Nr. 117). Aufgrund der möglichen Abweichung von weiten Teilen des Urlaubsrechts (vgl. § 13 Abs. 1 BUrlG) kann in Tarifverträgen allerdings eine Regelung vorgesehen werden, die einen **Widerruf** durch den Arbeitgeber gegen Erstattung bereits angefallener Kosten vor Urlaubsantritt ermöglicht (vgl. zur Verlegung des Urlaubszeitraums LAG Hamm, Urt. v. 11.12.2002 – 18 Sa 1475/02, NZA-RR 2003, 347; *Lepke* DB 1990, 1131). Eine solche Befugnis kann sinnvoll sein, wenn der Urlaub regelmäßig mit größerer zeitlicher Vorlaufzeit bewilligt wird oder wenn in einer Branche mit kurzfristig auftretendem starkem Beschäftigungsbedarf gerechnet werden muss. Unzulässig ist jedoch der **Rückruf** des Arbeitnehmers aus dem Urlaub, da jedenfalls mit dem Antritt des Erholungsurlaubs der Arbeitnehmer unwiderruflich von der Arbeitspflicht freigestellt wird, um den Erholungszweck erreichen zu können (BAG, Urt. v. 20.06.2000 – 9 AZR 405/99, NZA 2001, 100; BAG, Urt. v. 14.03.2006 – 9 AZR 11/05, EzA § 7 BUrlG Nr. 117; AR/*Gutzeit* § 7 BUrlG Rn. 11). 59

20. Die mögliche **Übertragung** des nicht bis zum Ablauf des Kalenderjahres in Anspruch genommenen Erholungsurlaubs auf die ersten drei Monate des folgenden Kalenderjahres entspricht § 7 Abs. 3 BUrlG. Liegt kein Grund für die Übertragung vor, erlischt der Urlaub am Ende des Urlaubsjahres (BAG, Urt. v. 26.06.1969 – 5 AZR 393/68, NJW 1969, 1981; BAG, Urt. v. 21.06.2005 – 9 AZR 200/04, EzA § 7 BUrlG Nr. 114). 60

War der Arbeitnehmer jedoch während des kompletten oder jedenfalls während eines Teils des Urlaubsjahres **arbeitsunfähig** und konnte er aus diesem Grund den Urlaub nicht komplett in Anspruch nehmen, verfällt jedenfalls der gesetzliche Mindesturlaub nicht (BAG, Urt. v. 24.03.2009 – 9 AZR 983/07, NZA 2009, 538; LAG Düsseldorf, Urt. v. 02.02.2009 – 12 Sa 486/06, NZA-RR 2009, 242). Der Arbeitnehmer muss nach Art. 7 Abs. 1 und Abs. 2 der Richtlinie 2003/88/EG die Möglichkeit besitzen, den Urlaubsanspruch oder im Falle einer Beendigung des Arbeitsverhältnisses den Urlaubsabgeltungsanspruch auch nach Ablauf der im BUrlG vorgesehenen Befristung geltend zu machen (EuGH, Urt. v. 20.01.2009 – C-350/06 und C-520/06 [Schultz-Hoff und Stringer], NZA 2009, 135). Das Unionsrecht gebietet aber keine jahrelange Ansammlung von Urlaubsansprüchen aus mehreren Urlaubsjahren, sondern gestattet auch gesetzliche oder tarifvertragliche Beschränkungen in den einzelnen Mitgliedsstaaten, wonach der Urlaubsanspruch auch im Falle von Krankheit zu einem späteren Zeitpunkt verfällt. Dieser zusätzliche Übertragungszeitraum muss den Bezugszeitraum des Urlaubsanspruchs deutlich überschreiten, was bei einem Verfall nach Ablauf von 15 Monaten nach dem Ende des Urlaubsjahres aufgrund einer tarifvertraglichen Klausel gewährleistet sein soll (EuGH, Urt. v. 22.11.2011 – C-214/10 [Schulte], NJW 2012, 290; ähnlich schon MünchArbR/*Düwell* § 77 Rn. 46). Auch ohne ausdrücklich geregelte Höchstverfallfrist verfällt der Urlaubsanspruch unter Heranziehung der unionsrechtlichen Wertungen durch die allgemeine – und in unionsrechtlicher Hinsicht zu kurze – Verfallfrist des § 7 Abs. 3 Satz 3 BUrlG spätestens 15 Monate nach dem Ende des Urlaubsjahres (BAG, Urt. v. 11.06.2013 – 9 AZR 855/11, JurionRS 2013, 45969).

Da die Richtlinie 2003/88/EG lediglich den Mindesturlaub betrifft, sind die Tarifvertragsparteien nicht gehindert, einen Anspruch auf tariflichen Zusatzurlaub nach Ablauf des Urlaubsjahres oder jedenfalls eines Übertragungszeitraums verfallen zu lassen (*Krieger/Arnold* NZA 2009, 530, 532; *Gaul/Bonanni/Ludwig* DB 2009, 1013, 1016). Allerdings müssen sie für diesen Fall eine ausdrückliche Regelung treffen, weil der tarifliche Zusatzurlaub anderenfalls den Rechtsfolgen des gesetzlichen Urlaubs unterworfen wird (BAG, Urt. v. 23.03.2010 – 9 AZR 128/09, NZA 2010, 810). Der tarifvertragliche Zusatzurlaub kann auch nach wesentlich kürzerer Frist verfallen als der unionsrechtlich geschützte gesetzliche Mindesturlaub.

61 **21.** § 13 Abs. 1 BUrlG ordnet eine umfassende **Tarifdispositivität des Urlaubsrechts** an. Lediglich die §§ 1, 2 und 3 Abs. 1 BUrlG und die darin enthaltenen Wertungen sind gegenüber Tarifverträgen zwingend angelegt. Die Tarifvertragsparteien können daher weiter reichende eigene Bestimmungen des Urlaubsrechts vornehmen, als dies im vorliegenden Muster erfolgt ist (zu einer derartigen Abänderung vgl. S Rdn. 263). Neben den tariflichen Regelungen gilt das Bundesurlaubsgesetz hilfsweise (BAG, Urt. v. 28.04.1998 – 9 AZR 314/97, NZA 1999, 156). Um Auslegungsschwierigkeiten über bewusste oder unbewusste Nichtregelungen zu vermeiden, empfiehlt sich dennoch ein Hinweis auf die ergänzende Anwendbarkeit des Bundesurlaubsgesetzes.

62 **22.** Nach § 616 BGB haben Arbeitnehmer Anspruch auf **Fortzahlung des Entgelts**, wenn sie für einen geringen Zeitraum unverschuldet aus persönlichen Gründen an der **Arbeitsleistung gehindert** sind. Diese Entgeltfortzahlung kann auch in einem Tarifvertrag vollständig abbedungen werden (BAG, Urt. v. 18.01.2001 – 6 AZR 492/99, NZA 2002, 47; BAG, Urt. v. 20.06.1995 – 3 AZR 857/94, NZA 1996, 383). Nennen die Tarifvertragsparteien in einer tariflichen Regelung bestimmte Fälle, in denen das Entgelt bei kurzzeitiger Verhinderung fortgezahlt werden soll, ist dies grundsätzlich als abschließende Wertung zu verstehen (BAG, Urt. v. 13.12.2001 – 6 AZR 30/01, NZA 2002, 1105; BAG, Urt. v. 17.10.1985 – 6 AZR 571/82, NJW 1986, 1066). Wird dagegen lediglich der Wortlaut des § 616 BGB wiederholt oder die Norm in Bezug genommen, ist dies als nicht abschließende Konkretisierung der Vorschrift zu verstehen (BAG, Urt. v. 27.06.1990 – 5 AZR 365/89, NZA 1990, 894; AR/*Kamanabrou* § 616 BGB Rn. 28).

63 **23.** Durch § 5 Abs. 1 Satz 2 EFZG ist der Arbeitnehmer dazu verpflichtet, im Falle einer mehr als drei Tage andauernden Arbeitsunfähigkeit dem Arbeitgeber spätestens ab dem darauffolgenden Arbeitstag eine ärztliche Bescheinigung über das Bestehen der Arbeitsunfähigkeit und deren voraussichtliche Dauer mitzuteilen. Der Arbeitgeber kann die **Vorlage** bereits zu einem früheren Zeitpunkt verlangen. Gerade in Branchen mit hohem Krankenstand kann es sich anbieten, die Pflicht zur Vorlage der **Arbeitsunfähigkeitsbescheinigung** zu einem früheren Zeitpunkt vertraglich zu normieren. Eine solche Regelung kann auch in einem Tarifvertrag getroffen werden (BAG, Urt. v. 26.02.2003 – 5 AZR 112/02, DB 2003, 1395). Vgl. dazu und zu weiteren Abweichungsmöglichkeiten vom EFZG S Rdn. 273 ff.

64 **24.** Die in § 622 BGB geregelten Kündigungsfristen können nach § 622 Abs. 4 BGB tarifvertraglich weitgehend verändert werden. Für eine ausführliche tarifvertraglich eigenständige Regelung der Kündigungsfristen vgl. S Rdn. 254 ff. In diesem Muster sollen daher lediglich einige Anregungen gegeben werden, wie Kündigungsfristen in einem Tarifvertrag geregelt werden können.

25. Zur Zulässigkeit einer Beendigung des Arbeitsverhältnisses wegen Erreichens einer Altersgrenze ohne vorherige Kündigung vgl. S Rdn. 100.

26. Die verwendete Formulierung entspricht inhaltlich § 109 GewO. Danach steht einem Arbeitnehmer mit dem Ausscheiden aus dem Arbeitsverhältnis ein Anspruch auf Zeugniserteilung zu. Das sog. einfache Zeugnis muss Angaben zu den ausgeübten Tätigkeiten sowie zu Beginn und Ende des Arbeitsverhältnisses enthalten. Auch längere Unterbrechungen können in einem einfachen Zeugnis enthalten sein (BAG, Urt. v. 10.05.2005 – 9 AZR 261/04, NZA 2005, 1237). Auf Wunsch des Arbeitnehmers hat der Arbeitgeber ein qualifiziertes Zeugnis zu erteilen, das auch detaillierte Aussagen zu den Leistungen und dem Verhalten des Arbeitnehmers enthalten muss. Das zu erteilende **Zeugnis** muss in einem einheitlichen Dokument erfolgen und hat vollständig über die Tätigkeit des Arbeitnehmers bei seinem bisherigen Arbeitgeber Auskunft zu geben (BAG, Urt. v. 20.02.2001 – 9 AZR 44/00, NZA 2001, 843; BAG, Urt. v. 12.08.1976 – 3 AZR 720/75, DB 1976, 2211). Die im Zeugnis enthaltenen Aussagen müssen der Wahrheit entsprechen (BAG, Urt. v. 21.06.2005 – 9 AZR 352/04, NZA 2006, 104), zugleich aber von einer gewissen wohlwollenden Bewertung durch den Arbeitgeber geprägt sein (BAG, Urt. v. 08.02.1972 – 1 AZR 189/71, DB 1972, 931; AR/*Kolbe* § 109 GewO Rn. 28). Das Zeugnis ist unverzüglich auszustellen, nachdem der Arbeitnehmer die Wahl zwischen einfachem und qualifiziertem Zeugnis getroffen hat (ErfK/*Müller-Glöge* § 109 GewO Rn. 63).

27. Die Erteilung eines Zwischenzeugnisses während des laufenden Arbeitsverhältnisses wird von § 109 GewO nicht erfasst. Sie kann aber als arbeitsvertragliche Nebenpflicht des Arbeitgebers bestehen, wenn der Arbeitnehmer einen besonderen Grund nachweisen kann (Staudinger/*Neumann* § 630 BGB Rn. 8; ErfK/*Müller-Glöge* § 109 GewO Rn. 50). Streitigkeiten über einen solchen Anspruch können durch einen tarifvertraglichen Anspruch auf Erteilung eines Zwischenzeugnisses verhindert werden. In manchen Tarifverträgen findet sich insoweit die Formulierung, der Arbeitnehmer könne jederzeit ein **Zwischenzeugnis** verlangen (vgl. z.B. § 9 Abs. 10 MTV Groß- und Außenhandel Hessen). Mit der vorliegenden Formulierung hat der Arbeitnehmer dagegen sein Interesse an einer Zeugniserteilung gegenüber dem Arbeitgeber zu begründen (zum Zwischenzeugnis weiterführend DLW/*Dörner* Kapitel 9 Rn. 9 f.).

28. Die Tarifvertragsparteien können kurze Ausschlussfristen vereinbaren, nach deren Ablauf die Geltendmachung tariflicher und arbeitsvertraglicher Ansprüche ausgeschlossen ist (Wiedemann/*Wank* § 4 TVG Rn. 802 ff.). Man unterscheidet insoweit zwischen einstufigen und zweistufigen **Ausschlussfristen** (vgl. zu einer zweistufigen Ausschlussfrist S Rdn. 7). Während arbeitsvertraglich vereinbarte Ausschlussfristen nicht zu knapp bemessen sein dürfen, um den Arbeitnehmer nicht nach den §§ 307 ff. BGB unangemessen zu benachteiligen, besitzen die Tarifvertragsparteien einen größeren Entscheidungsspielraum (BAG, Urt. v. 04.04.2001 – 4 AZR 242/00, DB 2001, 2200). Lediglich im Falle extrem kurzer Ausschlussfristen können diese als Verstoß gegen die guten Sitten oder den Grundsatz von Treu und Glauben unwirksam sein (BAG, Urt. v. 22.09.1999 – 10 AZR 839/98, NZA 2000, 551; ErfK/*Preis*, §§ 194–218 BGB Rn. 43). Eine zweimonatige Ausschlussfrist ist indessen vor diesem Hintergrund nicht zu beanstanden (BAG, Urt. v. 24.03.1988 – 2 AZR 630/87, NZA 1989, 101).

In einem Tarifvertrag kann auch eine einseitige Ausschlussfrist lediglich zur Geltendmachung von Ansprüchen des Arbeitnehmers statuiert werden (BAG, Urt. v. 04.12.1997 – 2 AZR 809/96, NZA 1998, 431; Löwisch/*Rieble* § 1 TVG Rn. 674). In diesem Fall müsste wie folgt formuliert werden:

Alternative:

[Arbeitnehmer haben sämtliche gegen den Arbeitgeber bestehende Ansprüche aus und in Zusammenhang mit dem Arbeitsverhältnis innerhalb von zwei Monaten nach ihrer Fälligkeit schriftlich geltend zu machen. Nach Ablauf dieser Frist ist die Geltendmachung ausgeschlossen.]

70 29. Zur Definition der Laufzeit von Tarifverträgen vgl. S Rdn. 35.

71 30. Tarifverträge wirken grundsätzlich gemäß § 4 Abs. 5 TVG auch nach ihrem Ablauf weiter, bis ihre Rechtsnormen durch eine andere Abmachung ersetzt werden. Diese andere Abmachung muss kein anderer Tarifvertrag sein, sondern kann auch durch Betriebsvereinbarung oder durch einen Arbeitsvertrag erfolgen (DLW/*Pfeiffer* Kapitel 11 Rn. 281). Die **Nachwirkung** verhindert die plötzliche Inhaltsleere eines Arbeitsverhältnisses, dass sich bisher ganz nach dem Inhalt eines Tarifvertrags bestimmt hat (BAG, Urt. v. 15.11.2006 – 10 AZR 665/05, NZA 2007, 448; AR/*Krebber* § 4 TVG Rn. 40). Allerdings können die Tarifvertragsparteien beschließen, dass ihr Tarifvertrag entgegen der Wertung des § 4 Abs. 5 TVG gerade keine Nachwirkung entfalten soll (BAG, Urt. v. 11.01.2011 – 1 AZR 310/09, juris; BAG, Urt. v. 08.10.1997 – 4 AZR 87/96, NZA 1998, 492; Wiedemann/*Wank* § 4 TVG Rn. 362). Den Tarifvertragsparteien als Schöpfern des Vertragswerks muss es auch zustehen, den Vertragsinhalt durch Kündigung des Tarifvertrags komplett aufzuheben, ohne dass er weitere Wirkungen entfaltet.

II. Besondere Tarifverträge und andere Abreden

72 Die Tarifvertragsparteien sind in der Entscheidung darüber, welche Regelungen sie in Tarifverträgen treffen wollen, lediglich durch höherrangiges Recht begrenzt (ErfK/*Franzen* § 1 TVG Rn. 8 ff.; AR/*Krebber* TVG Grundl. Rn. 11 ff.). Neben den klassischen Entgelt- und Manteltarifverträgen kommt eine Vielzahl weiterer Tarifverträge zum Einsatz, die meist im Hinblick auf besondere Situationen oder für spezielle Regelungsgegenstände abgeschlossen werden. Die meisten der nachfolgend dargestellten Tarifverträge können sowohl als Verbandstarifverträge wie auch als Firmentarifverträge vereinbart werden.

1. Firmentarifvertrag

Vorbemerkung

73 Unter einem Firmentarifvertrag versteht man eine tarifliche Vereinbarung, die ein einzelnes Unternehmen mit einer Gewerkschaft abschließt. Der Firmentarifvertrag bietet dem Unternehmen die Möglichkeit zur Einführung spezieller und an den jeweiligen Bedürfnissen orientierter Lösungen, die passgenau entwickelt werden können. Auf der anderen Seite steht das Unternehmen bei Interesse an einem Firmentarifvertrag der Gewerkschaft ohne die Rückendeckung des Arbeitgeberverbands gegenüber und muss sich eher auf einen Arbeitskampf vor Ort einstellen. Ob der Abschluss eines Firmentarifvertrags gegenüber der Verbandsmitgliedschaft und der Anwendung der Verbandstarifverträge für das Unternehmen teurer wird, lässt sich nicht generell bewerten und wird maßgeblich vom Auftreten der jeweiligen Gewerkschaft beeinflusst. Dezentrale Lösungen können daneben auch in firmenbezogenen Verbandstarifverträgen getroffen werden, die zwischen Arbeitgeberverband und Gewerkschaft im Hinblick auf ein ganz bestimmtes Unternehmen abgeschlossen werden (DLW/*Pfeiffer* Kapitel 11 Rn. 32; Wiedemann/*Thüsing* § 1 TVG Rn. 63). Firmentarifverträge können wie Verbandstarifverträge getrennt nach unterschiedlichen Regelungsinhalten (Entgelttarifvertrag, Manteltarifvertrag, Urlaubstarifvertrag) abgeschlossen werden. Denkbar ist aber auch der Abschluss eines Tarifvertrags, in dem alle für das jeweilige Unternehmen relevanten Bestimmungen getroffen werden. Das nachfolgende Muster orientiert sich an den Tarifverträgen des öffentlichen Dienstes. Es zeigt exemplarisch den bei dem Abschluss von Firmentarifverträgen vorhandenen Freiraum auf, lediglich die für das Unternehmen interessanten Bedingungen zu regeln. Weitere spezielle Regelungen, die für das abschließende Unternehmen interessant sein können, finden sich in den folgenden Mustern und insbesondere in den einzelnen Klauseln unter S Rdn. 212 ff. Verbandstarifverträge beinhalten demgegenüber oftmals Regelungen, die zwar mehrheitlich in der Branche, nicht aber im einzelnen Unternehmen gewollt oder auch nur benötigt werden.

▶ **Muster – Firmentarifvertrag**

Zwischen dem Unternehmen [Name und Anschrift] [nachfolgend: »Unternehmen«]

und

der Gewerkschaft [Name und Anschrift] [nachfolgend: »Gewerkschaft«]

wird folgender Tarifvertrag vereinbart:

§ 1 Geltungsbereich

(1) Dieser Tarifvertrag gilt für alle Arbeitnehmer, die in einem Arbeitsverhältnis zu dem Unternehmen stehen.

(2) Keine Anwendung findet dieser Tarifvertrag auf leitende Angestellte i.S.d. § 5 Abs. 3 BetrVG. Ebenso wenig gilt dieser Tarifvertrag für die Anstellungsverhältnisse von Praktikanten. [1]

§ 2 Arbeitsvertrag

(1) Der Arbeitsvertrag zwischen dem Unternehmen und einem Arbeitnehmer wird schriftlich abgeschlossen. [2]

(2) Nebenabreden sind nur wirksam, wenn sie schriftlich vereinbart werden. Ihre Kündigung ist möglich, ohne dass der Bestand des Arbeitsvertrags dadurch berührt wird.

(3) Die ersten sechs Monate der Beschäftigung gelten als Probezeit, soweit nicht eine kürzere Zeit vereinbart ist. Bei Übernahme von Auszubildenden im unmittelbaren Anschluss an das Ausbildungsverhältnis in ein Arbeitsverhältnis kann ein Verzicht auf die Probezeit vereinbart werden. [3]

§ 3 Allgemeine Arbeitsbedingungen

(1) Arbeitnehmer haben über betriebliche Belange, deren Vertraulichkeit gesetzlich angeordnet oder vom Unternehmen gesondert mitgeteilt wurde, Stillschweigen zu bewahren. Diese Pflicht gilt sowohl im laufenden als auch im beendeten Arbeitsverhältnis. [4]

(2) Arbeitnehmer dürfen von Dritten keine Belohnungen, Geschenke, Provisionen oder andere Vergünstigungen annehmen, die im Hinblick auf ihre Tätigkeit gewährt werden. Ausnahmen sind nur mit vorheriger Zustimmung des Unternehmens zulässig. Das Angebot derartiger Vergünstigungen ist dem Unternehmen unverzüglich anzuzeigen.

(3) Nebentätigkeiten sind dem Unternehmen rechtzeitig vor der Aufnahme schriftlich anzuzeigen. Das Unternehmen kann die Nebentätigkeit untersagen oder mit Auflagen versehen, wenn diese geeignet ist, die Erfüllung der arbeitsvertraglichen Pflichten der Arbeitnehmer oder berechtigte Interessen des Unternehmens zu beeinträchtigen. [5]

(4) Das Unternehmen ist bei begründeter Veranlassung berechtigt, von den Arbeitnehmern durch Vorlage einer ärztlichen Bescheinigung nachweisen zu lassen, dass sie zur Leistung der arbeitsvertraglich geschuldeten Tätigkeit in der Lage sind. [6]

(5) Die Arbeitnehmer haben ein Recht auf Einsicht in ihre vollständigen Personalakten. Auf Anforderung sind ihnen Auszüge aus ihren Personalakten zu übermitteln. Vor der Aufnahme einer ungünstigen oder nachteiligen Beschwerde oder Behauptung tatsächlicher Art in die Personalakte haben die Arbeitnehmer das Recht, zu dem Vorfall schriftlich Stellung zu beziehen. Die Stellungnahme ist ebenfalls in die Personalakte aufzunehmen. [7]

§ 4 Qualifizierung

(1) Arbeitnehmer haben Anspruch auf ein regelmäßiges Gespräch mit dem jeweiligen Vorgesetzten, in dem festgestellt wird, ob und welcher Qualifizierungsbedarf besteht. Das Gespräch ist mindestens einmal jährlich zu führen. In dem Gespräch haben beide Seiten die Möglichkeit, Vorschläge für die Auswahl geeigneter Qualifizierungsmaßnahmen zu unterbreiten. Die Aufnahme einer Qualifizierungsmaßnahme hängt von einer übereinstimmenden Entscheidung der Arbeitsvertragsparteien ab. [8]

(2) Die Kosten einer nach Abs. 1 abgestimmten Qualifizierungsmaßnahme werden einschließlich der Reisekosten grundsätzlich vom Unternehmen getragen.

(3) Zeiten von vereinbarten Qualifizierungsmaßnahmen gelten als Arbeitszeit. [9]

(4) Der Arbeitnehmer hat die Fort- oder Weiterbildungskosten zu erstatten, wenn das Arbeitsverhältnis innerhalb von drei Jahren nach Abschluss der Maßnahme aus einem von ihm zu vertretenden Grund endet. Dazu zählen neben der Eigenkündigung des Arbeitnehmers auch die Kündigung durch das Unternehmen aus personen- oder verhaltensbedingten Gründen sowie der vom Arbeitnehmer angeregte Abschluss eines Aufhebungsvertrags. [10]

(5) Zu erstatten sind bei Beendigung des Arbeitsverhältnisses

a) im ersten Jahr nach Abschluss der Fort- oder Weiterbildung die vollen Kosten,

b) im zweiten Jahr nach Abschluss der Fort- oder Weiterbildung die Hälfte der Kosten und

c) im dritten Jahr nach Abschluss der Fort- oder Weiterbildung ein Drittel der Kosten. [11]

§ 5 Arbeitszeit

(1) Die regelmäßige Arbeitszeit beträgt ausschließlich der Pausen durchschnittlich 40 Stunden wöchentlich. Die regelmäßige Arbeitszeit wird auf fünf Arbeitstage pro Woche verteilt. [12]

(2) Für Dienstreisen gilt die Zeit der dienstlichen Inanspruchnahme am auswärtigen Arbeitsort als Arbeitszeit. Für jeden Tag, einschließlich der Reisetage, wird mindestens die auf ihn entfallende regelmäßige Arbeitszeit berücksichtigt, wenn diese bei Nichtberücksichtigung der Reisezeit nicht erreicht würde. [13]

§ 6 Mehrarbeit [14]

(1) Mehrarbeit sind die auf Anordnung des Unternehmens geleisteten Arbeitsstunden, die über die im Rahmen der regelmäßigen Arbeitszeit festgesetzten wöchentlichen Arbeitsstunden hinausgehen. Durch das tarifvertraglich geschuldete Entgelt sind 5 Stunden Mehrarbeit pro Kalendermonat abgegolten.

(2) Darüber hinausgehende Mehrarbeit kann nach den betrieblichen Erfordernissen durch Freizeitausgleich oder durch finanzielle Abgeltung kompensiert werden. Der Ausgleich von Mehrarbeit hat innerhalb des Kalenderjahres zu erfolgen, in dem die Mehrarbeit angefallen ist.

§ 7 Eingruppierung [15]

(1) Die Eingruppierung der Arbeitnehmer richtet sich nach den Merkmalen der Vergütungsordnung (Anlage). Der Arbeitnehmer erhält seine Vergütung nach der Vergütungsgruppe, in die er eingruppiert ist.

(2) Der Arbeitnehmer ist in der Vergütungsgruppe eingruppiert, deren Tätigkeitsmerkmalen die überwiegende, von ihm nicht nur vorübergehend ausgeübte Tätigkeit entspricht. Voraussetzung ist, dass zeitlich mindestens die Hälfte der anfallenden Arbeitsvorgänge die Tätigkeitsmerkmale dieser Vergütungsgruppe erfüllen.

(3) Die Vergütungsgruppe des Arbeitnehmers ist im Arbeitsvertrag anzugeben.

§ 8 Leistungsentgelt [16]

(1) Zusätzlich zu der jeweiligen Vergütung nach der individuellen Vergütungsgruppe des Arbeitnehmers kann ein Leistungsentgelt in Höhe von maximal 50 % eines Bruttomonatsentgelts nach der jeweiligen Vergütungsgruppe erzielt werden.

(2) Die Arbeitsvertragsparteien schließen dazu im Januar eines Kalenderjahres eine Zielvereinbarung ab, in der die Voraussetzungen zur Erzielung des Leistungsentgelts festgelegt werden. Die Zielkriterien setzen sich zu gleichen Teilen aus individuellen Leistungsanforderungen an den Arbeitnehmer und dem wirtschaftlichen Erfolg des Unternehmens zusammen. Die Höhe des Leistungsentgelts ist abhängig vom Grad der Zielerreichung.

(3) Wird das Arbeitsverhältnis erst während des laufenden Kalenderjahres begründet, wird die Zielvereinbarung unmittelbar nach der Arbeitsaufnahme abgeschlossen. Besteht das Arbeitsverhältnis nicht während des kompletten Kalenderjahres, ist die Bewertung der Zielerreichung lediglich gemessen an der Bestandsdauer vorzunehmen. Das Leistungsentgelt kann in diesem Fall maximal ein Zwölftel des auf ein Jahr bezogenen höchsten Leistungsentgelts pro Monat der Beschäftigungsdauer betragen.

§ 9 Vorübergehende Übertragung anderer Tätigkeiten [17]

(1) Die Übertragung von Tätigkeiten, die den Tätigkeitsmerkmalen einer höheren Vergütungsgruppe der Vergütungsordnung entsprechen, ist bis zu einer Dauer von sechs Monaten ohne Vornahme einer Höhergruppierung zulässig. Dauert die Übertragung länger als zwei Monate, erhält der Arbeitnehmer ab dem dritten Monat eine persönliche Zulage, die dem Unterschiedsbetrag zwischen der aktuellen Vergütungsgruppe und der Vergütungsgruppe entspricht, deren Tätigkeitsmerkmale der Arbeitnehmer vorübergehend ausübt.

(2) Die Übertragung von Tätigkeiten, die den Tätigkeitsmerkmalen einer niedrigeren Vergütungsgruppe der Vergütungsordnung entsprechen, ist bis zu einer Dauer von drei Monaten zulässig. Der Arbeitnehmer ist während dieser Zeit nach der niedrigeren Vergütungsgruppe zu entlohnen. Für die Dauer eines Monats erhält der Arbeitnehmer eine persönliche Zulage in Höhe von 50 % des Unterschiedsbetrags zwischen den Vergütungsgruppen ausgezahlt.

§ 10 Höhergruppierung/Herabgruppierung

(1) Wird der Arbeitnehmer höhergruppiert, erhält er vom Beginn des Monats an, in dem die Höhergruppierung wirksam wird, die Vergütung nach der höheren Vergütungsgruppe der Vergütungsordnung.

(2) Wird der Arbeitnehmer herabgruppiert, erhält er vom Beginn des Monats an, in dem die Herabgruppierung wirksam wird, die Vergütung nach der niedrigeren Vergütungsgruppe der Vergütungsordnung.

§ 11 Vergütung Teilzeitbeschäftigter

Teilzeitbeschäftigte Arbeitnehmer erhalten den prozentualen Anteil der jeweils maßgeblichen Vergütungsbestandteile, der ihrem Beschäftigungsgrad entspricht. [18]

§ 12 Jahressonderzahlung [19]

(1) Der Arbeitnehmer erhält mit der Dezemberabrechnung eine Jahressonderzahlung, wenn das Arbeitsverhältnis am 1. Dezember (Stichtag) des Kalenderjahres besteht.

(2) Der Arbeitnehmer ist zur Rückzahlung der Jahressonderzahlung verpflichtet, wenn er bis einschließlich 31. März des folgenden Kalenderjahres auf eigene Veranlassung oder aus verhaltensbedingten Gründen auf Veranlassung des Unternehmens aus dem Arbeitsverhältnis ausscheidet.

(3) Für vollzeitbeschäftigte Arbeitnehmer besteht ein Anspruch auf eine Jahressonderzahlung in Höhe von 50 % eines Bruttomonatsentgelts nach der jeweiligen Vergütungsgruppe. Beginnt das Arbeitsverhältnis erst während eines laufenden Kalenderjahres, besteht ein Anspruch in Höhe eines Zwölftels der aus Satz 1 folgenden Summe für jeden vollendeten Kalendermonat.

§ 13 Berechnung und Auszahlung der Vergütung

(1) Die Vergütung ist für den Kalendermonat zu berechnen und am letzten Tag eines jeden Monats für den laufenden Monat auf ein von dem Arbeitnehmer benanntes inländisches Konto zu zahlen. Fällt der letzte Tag des Kalendermonats auf ein Wochenende oder auf einen Feiertag, ist die Zahlung am vorhergehenden Werktag zu erbringen.

(2) Besteht der Anspruch auf in Monatsbeträgen festgelegte Vergütungsbestandteile, auf Urlaubsvergütung oder auf Krankenbezüge nicht für alle Tage eines Kalendermonats, wird nur der Teil gezahlt, der auf den Anspruchszeitraum entfällt. Besteht für einzelne Stunden kein Anspruch, werden für jede nicht geleistete betriebsübliche Arbeitsstunde die Vergütung und die in Monatsbeträgen festgelegten Zulagen um den auf eine Stunde entfallenden Anteil vermindert. Zur Er-

mittlung des auf eine Stunde entfallenden Anteils sind die in Monatsbeträgen festgelegten Vergütungsbestandteile durch das 4,348-Fache der regelmäßigen wöchentlichen Arbeitszeit zu teilen. [20]

(3) Ändert sich im Laufe des Kalendermonats die Höhe der in Monatsbeträgen festgelegten Vergütungsbestandteile, gilt Absatz 2 entsprechend.

(4) Werden Mehrarbeitsstunden nach § 6 Abs. 2 finanziell abgegolten, ist die Berechnung der auf eine Stunde entfallenden Vergütung entsprechend der Regelung in Absatz 2 vorzunehmen.

(5) Dem Arbeitnehmer ist eine Abrechnung auszuhändigen, in der die Beträge, aus denen sich die Bezüge zusammensetzen, und die Abzüge getrennt aufzuführen sind.

§ 14 Erholungsurlaub [21]

(1) Arbeitnehmer haben in jedem Kalenderjahr Anspruch auf Erholungsurlaub unter Fortzahlung der Vergütung. Die Höhe des Urlaubsanspruchs pro Kalenderjahr beträgt auf der Basis einer Fünf-Tage-Woche

a) in den ersten fünf Beschäftigungsjahren 25 Arbeitstage,

b) vom Beginn des sechsten bis zum Ablauf des zehnten Beschäftigungsjahres 27 Arbeitstage und

c) ab dem elften Beschäftigungsjahr 30 Arbeitstage.

(2) Im Übrigen finden die Bestimmungen des Bundesurlaubsgesetzes Anwendung.

§ 15 Arbeitsbefreiung

Der Arbeitnehmer erhält abweichend von § 616 BGB Vergütung nur für tatsächlich geleistete Arbeitszeit. [22]

§ 16 Beendigung des Arbeitsverhältnisses ohne Kündigung

(1) Das Arbeitsverhältnis endet mit Ablauf des Monats, in dem der Arbeitnehmer das jeweils gesetzlich festgelegte Alter zum Erreichen der Regelaltersrente vollendet hat. Einer Kündigung bedarf es hierzu nicht. [23]

(2) Das Arbeitsverhältnis endet ferner mit Ablauf des Monats, in dem der Bescheid eines Rentenversicherungsträgers (Rentenbescheid) zugestellt wird, wonach der Arbeitnehmer voll oder teilweise erwerbsgemindert ist, bei teilweiser Erwerbsminderung unter den Voraussetzungen des § 92 SGB IX frühestens aber mit der Zustimmung des Integrationsamts. Der Arbeitnehmer hat das Unternehmen von der Zustellung des Rentenbescheids unverzüglich zu unterrichten. Beginnt die Rente erst nach der Zustellung des Rentenbescheids, endet das Arbeitsverhältnis mit Ablauf des dem Rentenbeginn vorangehenden Tages.

(3) Bei teilweiser Erwerbsminderung endet das Arbeitsverhältnis nicht, wenn der Arbeitnehmer in einer für das Unternehmen zumutbaren Weise auf seinem bisherigen Arbeitsplatz weiterbeschäftigt werden kann und seine Bereitschaft dazu bei dem Unternehmen innerhalb einer Woche nach Zustellung des Rentenbescheids anzeigt.

(4) Wird wegen der Erwerbsunfähigkeit lediglich eine Rente auf Zeit gewährt, ist der Arbeitnehmer im Falle der Wiederherstellung seiner Erwerbsfähigkeit vom Unternehmen wieder einzustellen. [24]

§ 17 Kündigung des Arbeitsverhältnisses

(1) Während der Probezeit nach § 2 Abs. 3 dieses Tarifvertrags kann das Arbeitsverhältnis von beiden Parteien mit einer Frist von zwei Wochen beendet werden.

(2) Nach Ablauf der Probezeit kann das Arbeitsverhältnis mit einer Frist von zwei Monaten zum Monatsende gekündigt werden. [25]

§ 18 Anwendbarkeit

Die Vertragsparteien erklären übereinstimmend, dass dieser Tarifvertrag im Zeitpunkt seines Inkrafttretens die bislang zwischen dem Unternehmen und einzelnen Arbeitnehmern anwendbaren Mantel- und Entgelttarifverträge des Arbeitgeberverbands ____[Name]____ und der Gewerkschaft im Wege der Spezialität verdrängt. [26]

§ 19 Ausschlussfrist

Ansprüche aus dem Arbeitsverhältnis verfallen, wenn sie nicht innerhalb einer Ausschlussfrist von sechs Monaten nach dem Fälligkeitstermin schriftlich bei der jeweils anderen Seite geltend gemacht werden.

§ 20 Inkrafttreten und Laufzeit

(1) Dieser Tarifvertrag tritt am ____[Datum]____ in Kraft.

(2) Der Tarifvertrag kann von jeder Vertragspartei mit einer Frist von drei Monaten zum Ende eines Kalenderhalbjahres schriftlich gekündigt werden, frühestens jedoch zum ____[Datum]____ .

Erläuterungen

Schrifttum

Annuß Das Verbot der Altersdiskriminierung als unmittelbar geltendes Recht, BB 2006, 325; *Baeck/Lösler* Neue Entwicklungen im Arbeitszeitrecht, NZA 2005, 247; *Band* Tarifkonkurrenz, Tarifpluralität und der Grundsatz der Tarifeinheit, 2003; *Breier/Dassau/Kiefer/Lang/Langenbrinck* TVöD Kommentar, Stand März 2010; *Bruhn* Tarifeinheit im Betrieb als Eingriff in die Koalitionsfreiheit, 1997; *Ewer* Aushöhlung von Grundrechten der Berufs- und Spartengewerkschaften, NJW 2015, 2230; *Gerdom* Reisezeiten im Arbeitsrecht des öffentlichen Dienstes, öAT 2011, 103; *Greiner* Das Tarifeinheitsgesetz – Dogmatik und Praxis der gesetzlichen Tarifeinheit, NZA 2015, 769; *Heins/Leder* Die arbeitsrechtliche Behandlung von Wegezeiten bei Dienstreisen, NZA 2007, 249; *Hümmerich/Rech* Antizipierte Einwilligung in Überstunden durch arbeitsvertragliche Mehrarbeitsabgeltungsklauseln?, NZA 1999, 1132; *Jacobs* Tarifeinheit und Tarifkonkurrenz, 1999; *Koop* Das Tarifvertragssystem zwischen Koalitionsmonopolismus und Koalitionspluralismus, 2009; *Preis/Genenger* Die unechte Direktionsrechtserweiterung, NZA 2008, 969; *Preis/Temming* Der EuGH, das BVerfG und der Gesetzgeber – Lehren aus Mangold II, NZA 2010, 185; *Rieble/Zedler* Altersdiskriminierung in Tarifverträgen, ZfA 2006, 273; *Riesenhuber/v. Steinau-Steinrück* Zielvereinbarungen, NZA 2005, 785; *Schliemann* Arbeitsvertragliche Verweisung auf Tarifverträge, Sonderbeilage zu NZA 16/2003, 3; *Wiedemann/Arnold* Tarifkonkurrenz und Tarifpluralität in der Rechtsprechung des Bundesarbeitsgerichts, ZTR 1994, 399.

1. Die Unterteilung des Geltungsbereichs nach den räumlichen, fachlichen und persönlichen Voraussetzungen wird in vielen Tarifverträgen vorgenommen (vgl. auch S Rdn. 8 ff.). Es gibt jedoch keinen zwingenden Grund, im Einzelfall nicht davon abzuweichen. Vielmehr sollte auf die jeweiligen Bedürfnisse der Tarifvertragsparteien abgestellt werden. Gerade bei dem Abschluss eines Firmentarifvertrags bietet sich eine Unterteilung in einen fachlichen und einen räumlichen Geltungsbereich nicht an, wenn das Unternehmen ohnehin nur an einem Standort und in einer Branche tätig ist oder wenn der Tarifvertrag schlicht für das komplette Unternehmen gelten soll. 75

2. Der **Abschluss eines Arbeitsvertrags** bedarf im Grundsatz keiner besonderen Form. Durch § 2 Abs. 1 NachwG macht sich der Arbeitgeber allenfalls schadensersatzpflichtig, wenn er nicht spätestens einen Monat nach dem vereinbarten Beginn des Arbeitsverhältnisses die wesentlichen Vertragsbedingungen schriftlich niederlegt (BAG, Urt. v. 17.04.2002 – 5 AZR 89/01, NZA 2002, 1096; LAG Brandenburg, Urt. v. 10.08.2001 – 4 Sa 265/01, NZA-RR 2003, 314; HWK/*Kliemt* NachwG Vorb. Rn. 32). In einem Tarifvertrag kann dagegen das Erfordernis eines schriftlichen Abschlusses von Arbeitsverträgen angeordnet werden. Im Wege der Auslegung muss in diesem Fall aber ermittelt werden, ob die Einhaltung der Schriftform Voraussetzung für das Zustandekommen des Arbeitsvertrags sein soll (sog. konstitutive Schriftformklausel) oder ob sie lediglich Beweiszwecken dienen soll (sog. deklaratorische Schriftformklausel). Aus Praktikabilitätsgründen empfiehlt sich die zurückhaltende Verwendung zwingender Schriftformabreden, da die Begründung von Arbeitsverhältnissen anderenfalls zu sehr behindert würde (DLW/*Dörner* Kapitel 2 Rn. 482). 76

S. Tarifvertragsrecht

77 3. Die Probezeit kann in einem Tarifvertrag von den in § 622 Abs. 3 BGB angelegten sechs Monaten abweichend auch für einen kürzeren oder längeren Zeitraum angelegt werden (vgl. dazu S Rdn. 255).

78 4. Durch die **Verschwiegenheitspflicht** wird der Arbeitnehmer als Ausdruck seiner vertraglichen Nebenpflichten aus § 242 BGB dazu angehalten, die während seiner dienstlichen Tätigkeit erlangten Kenntnisse von Geschäfts- und Betriebsgeheimnissen des Arbeitgebers für sich zu behalten (BAG, Urt. v. 26.09.1990 – 2 AZR 602/89, juris). Über die vertragliche Nebenpflicht hinaus kann die Verschwiegenheitspflicht in einem Tarifvertrag konkretisiert werden, wenn die Geheimhaltung bestimmter Belange für die Tarifvertragsparteien von besonderem Interesse ist. Dies gilt gerade im Bereich der Wahrnehmung öffentlicher Aufgaben, wo neben der Rücksichtnahme auf die Interessen des Arbeitgebers auch Privatgeheimnisse der Bürger geschützt werden sollen (*Breier/Dassau/Kiefer/Lang/Langenbrink* § 3 TVöD Rn. 6 f.). Der Geheimhaltung unterliegen nach der im Muster gewählten Formulierung zunächst die in gesetzlichen Vorschriften angeordneten Angelegenheiten (z.B. § 5 BDSG, § 30 VwVfG, § 10 BPersVG). Daneben können weitere Belange vom Arbeitgeber als besonders schutzwürdig bezeichnet und den Arbeitnehmern gegenüber als der Geheimhaltung unterliegend gekennzeichnet werden. Ist der Arbeitnehmer jedoch zu einer Aussage oder Erklärung aus gesetzlichen Gründen angehalten, muss der Arbeitgeber trotz bestehender tarifvertraglicher Verschwiegenheitspflicht zur Vermeidung von unlösbaren Interessenkollisionen eine Genehmigung erteilen (BAG, Urt. v. 10.08.1989 – 6 AZR 373/87, juris). Die Verschwiegenheitspflicht kann auch auf die Zeit nach der Beendigung des Arbeitsverhältnisses erstreckt werden. Sie darf den Arbeitnehmer aber nicht so sehr beschränken, dass diesem die Berufsausübung verwehrt wird (BAG, Urt. v. 15.12.1987 – 3 AZR 476/86, juris).

79 5. Durch Vorgabe einer Anzeigepflicht für Nebentätigkeiten wird der Arbeitgeber in die Lage versetzt, die von seinen Arbeitnehmern ausgeübten weiteren Beschäftigungen zu kontrollieren. Zum Umfang der Kontrollmöglichkeiten vgl. S Rdn. 41.

80 6. Da es sich bei der **Anordnung einer ärztlichen Untersuchung** um einen weitreichenden Eingriff in das Persönlichkeitsrecht des Arbeitnehmers handelt, ist der Arbeitgeber zu einer solchen Anordnung im Grundsatz nicht berechtigt. Anders stellt sich dies bei einer zugrunde liegenden tarifvertraglichen Grundlage dar (BAG, Urt. v. 06.11.1997 – 2 AZR 801/96, NZA 1998, 326). Aufgrund der gleichwohl bestehenden Grundrechtsberührung sollte auch der sich auf eine tarifvertragliche Grundlage berufende Arbeitgeber von diesem Recht nur zurückhaltend Gebrauch machen. Denkbar ist die Anordnung einer ärztlichen Untersuchung in erster Linie bei der Einstellung. Verweigert der Arbeitnehmer die Einstellungsuntersuchung, kann der Arbeitgeber die Einstellung verweigern (ErfK/*Preis* § 611 BGB Rn. 294; AR/*Kamanabrou* § 611 BGB Rn. 75). Im laufenden Arbeitsverhältnis kann die Anordnung einer ärztlichen Untersuchung zur Kontrolle der Arbeitsunfähigkeit oder der Wiederherstellung der Arbeitsfähigkeit des Arbeitnehmers in Betracht kommen. Verweigert der Arbeitnehmer in diesem Fall trotz begründeter Zweifel des Arbeitgebers an seinem Gesundheitszustand die Mitwirkung an der Untersuchung, kann dies den Arbeitgeber zur Abmahnung oder Kündigung berechtigen (BAG, Urt. v. 06.11.1997 – 2 AZR 801/96, NZA 1998, 326).

81 7. Die Vorschrift entspricht dem in § 83 BetrVG vorgesehenen Recht des Arbeitnehmers, Einsicht in die über ihn geführten **Personalakten** zu nehmen. Die Möglichkeit zur Stellungnahme vor der Aufnahme ungünstiger Behauptungen oder Beschwerden in die Personalakte ist ein gerade im Bereich des öffentlichen Dienstes typisches Recht des Arbeitnehmers (vgl. § 3 Abs. 5 TVöD, § 13 Abs. 2 BAT). Auch § 83 Abs. 2 BetrVG sieht insoweit die Möglichkeit des Arbeitnehmers vor, zu dem Inhalt der Personalakte Stellung zu beziehen. Die Ermöglichung einer solchen Stellungnahme erscheint sinnvoll, zumal auf diese Weise Gerichtsverfahren über den Inhalt der Personalakten im Einzelfall verhindert werden können (vgl. eingehend zu Umfang und Rechten bei der Führung von Personalakten und den Rechtsschutzmöglichkeiten der Arbeitnehmer DLW/*Dörner* Kapitel 3 Rn. 2976 ff.).

8. Der Besuch regelmäßiger **Qualifizierungs- und Weiterbildungsmaßnahmen** vergrößert die Aussichten eines Mitarbeiters, wechselnden Anforderungen an die Wahrnehmung der im Arbeitsverhältnis zu erbringenden Aufgaben gerecht zu werden. Instrumentalisiert der Arbeitgeber die Ermittlung des Qualifizierungsbedarfs und die Unterbreitung geeigneter Qualifizierungsmaßnahmen durch regelmäßige Gespräche mit seinen Arbeitnehmern, kann er sich entscheidenden Einfluss auf die Entwicklung seiner Beschäftigten vorbehalten. Da Arbeitnehmer ohne ausdrückliche vertragliche Vereinbarung zur Erbringung von Qualifizierungsleistungen nur dann verpflichtet sind, wenn dies zur Wahrnehmung der geschuldeten Tätigkeit erforderlich ist (LAG Hessen, Urt. v. 11.04.2007 – 8 Sa 1279/06, n.v.), bietet sich die Schaffung einer tarifvertraglichen Grundlage an. Allerdings darf der Tarifvertrag den Arbeitnehmer ebenfalls nicht gegen seinen Willen zu der Teilnahme an Qualifizierungsmaßnahmen verpflichten (LAG Berlin-Brandenburg, Urt. v. 30.06.2005 – 9 Sa 79/05, BB 2005, 2017). Die hier gewählte Formulierung sieht die Ermittlung des Qualifizierungsbedarfs im Rahmen jährlicher Gespräche vor, die etwa mit ohnehin stattfindenden Mitarbeitergesprächen verknüpft werden können (vgl. *Breier/Dassau/Kiefer/Lang/Langenbrinck* § 5 TVöD Rn. 36 ff.).

82

9. Von der Ableistung geeigneter Qualifizierungsmaßnahmen seiner Beschäftigten kann der Arbeitgeber erheblich profitieren. Hat der Arbeitgeber einen Nutzen an der Fortbildung seiner Arbeitnehmer, bietet sich seine Beteiligung an dem Gesamtaufwand durch Übernahme der Kosten der aus den Qualifizierungsgesprächen folgenden Maßnahmen sowie durch die Anerkennung der Weiterbildungszeiten als Arbeitszeit an. Durch die Notwendigkeit einer übereinstimmenden Auswahl geeigneter Maßnahmen verhindert der Arbeitgeber, dass sich der Arbeitnehmer ausschließlich für solche Weiterbildungsangebote entscheidet, die für die konkrete Tätigkeit ohne Nutzen sind.

83

10. Will sich der Arbeitgeber eine mögliche Rückerstattung der Qualifizierungskosten im Falle einer Beendigung des Arbeitsverhältnisses vorbehalten, bedarf es dazu einer ausdrücklichen vertraglichen Regelung. Als Voraussetzung der Rückzahlungspflicht ist an einen in der Sphäre des Arbeitnehmers liegenden Grund für die Vertragsbeendigung anzuknüpfen (BAG, Urt. v. 23.01.2007 – 9 AZR 482/06, NZA 2007, 748; BAG, Urt. v. 11.04.2006 – 9 AZR 610/05, NZA 2006, 1042).

84

11. Für arbeitsvertragliche **Rückzahlungsklauseln** hat das Bundesarbeitsgericht einen Maßstab entwickelt, der die Angemessenheit der Klauseln sicherstellen soll. Dabei soll es entscheidend auf die Dauer der Fortbildungsmaßnahme ankommen, die zum einen die Höhe der vom Arbeitgeber erbrachten Aufwendungen, zum anderen auch den Wert der Fortbildung für das berufliche Fortkommen des Arbeitnehmers zu indizieren geeignet ist (BAG, Urt. v. 16.03.1994 – 5 AZR 339/92, NZA 1994, 937; BAG, Urt. v. 06.09.1995 – 5 AZR 241/94, NZA 1996, 314). Bei einer Qualifizierungsmaßnahme von bis zu einem Monat ohne Verpflichtung zur Arbeitsleistung soll danach maximal eine sechsmonatige Bindung des Arbeitnehmers gerechtfertigt sein (BAG, Urt. v. 05.12.2002 – 6 AZR 539/01, NZA 2003, 559), bei einer Qualifizierungsmaßnahme von sechsmonatiger bis einjähriger Dauer ohne Arbeitsverpflichtung üblicherweise eine maximale Bindung des Arbeitnehmers von drei Jahren (BAG, Urt. v. 15.12.1993 – 5 AZR 279/93, NZA 1994, 835). Zum Ganzen vgl. AR/*Kamanabrou* § 611 BGB Rn. 222.

85

In Tarifverträgen enthaltene Rückzahlungsklauseln können dagegen in weiterem Umfang die Erstattung vom Arbeitgeber geleisteter Fortbildungsbeträge anordnen. Sie dürfen lediglich die Berufsfreiheit des Arbeitnehmers nicht unbillig beeinträchtigen. Ohne auf die Dauer des Lehrgangs abstellen zu müssen, sind tarifliche Rückzahlungsklauseln wirksam, die eine jährliche abgestufte Erstattungspflicht bis zu einer Gesamtdauer von drei Jahren nach Beendigung der Fortbildung anordnen (BAG, Urt. v. 06.09.1995 – 5 AZR 744/94, juris).

86

12. Die im Tarifvertrag bestimmte wöchentliche **Arbeitszeit** soll nach diesem Muster regelmäßig 40 Stunden betragen. Entscheidend ist insoweit die durchschnittliche Arbeitszeit. Nach § 3 Satz 2 ArbZG kann die Arbeitszeit auf bis zu zehn Stunden werktäglich verlängert werden, wenn innerhalb von sechs Kalendermonaten oder aber innerhalb von 24 Wochen der Durch-

87

schnitt von acht Stunden nicht überschritten wird. In diesem Fall muss die regelmäßige Arbeitszeit nicht streng in jeder einzelnen Woche eingehalten werden, sondern ermöglicht dem Arbeitgeber bei dem Einsatz seiner Beschäftigten die Über- oder Unterschreitung der 40-Stunden-Woche je nach Bedarf. Begrenzt wird diese flexible Arbeitszeitgestaltung eventuell durch die Mitbestimmung des Betriebsrats nach § 87 Abs. 1 Nr. 2 und 3 BetrVG sowie durch die Vorgaben des Arbeitszeitgesetzes (vgl. dazu und zu den tariflichen Abweichungsmöglichkeiten S Rdn. 248). Um dem Arbeitgeber größere Flexibilität zu verschaffen, können die Tarifvertragsparteien für die Einhaltung der regelmäßigen Arbeitszeit einen längeren Ausgleichszeitraum vereinbaren (§ 7 Abs. 1 Nr. 1b ArbZG). Soll die regelmäßige Arbeitszeit etwa im Durchschnitt eines Jahres eingehalten werden, könnten die Tarifvertragsparteien wie folgt formulieren:

Alternative:

[Für die Berechnung des Durchschnitts der regelmäßigen wöchentlichen Arbeitszeit ist ein Zeitraum von einem Jahr zugrunde zu legen.]

88 **13.** Ohne anderweitige Vereinbarung zählen die Zeiten der An- und Abreise zu dienstlichen Terminen nicht zur Arbeitszeit. Etwas anderes gilt nach Auffassung des Bundesarbeitsgerichts nur, wenn der Arbeitnehmer auch während der Reise Tätigkeiten im Interesse des Arbeitgebers verrichtet (z.B. Aktenstudium zur Vorbereitung auf den Termin) und wenn die damit einhergehende Belastung von einiger Intensität ist (BAG, Urt. v. 11.07.2006 – 9 AZR 519/05, NZA 2007, 155; LAG Niedersachsen, Urt. v. 20.07.2005 – 15 Sa 1812/04, ArbRB 2005, 289; *Baeck/Lösler* NZA 2005, 247, 249; *Heins/Leder* NZA 2007, 249, 250). In einem Tarifvertrag kann bestimmt werden, dass auch die eigentliche **Reisezeit** als Arbeitszeit zu vergüten ist. Mit der hier gewählten Regelung zählt lediglich die tatsächliche Tätigkeitszeit am Zielort als Arbeitszeit. Der vor dem üblichen Arbeitsbeginn liegende Aufbruch und die nach dem üblichen Arbeitsende liegende Rückkehr führen nicht zu dem Entstehen von Mehrstunden. Zugleich soll im Interesse der Arbeitnehmer jedoch vermieden werden, dass durch eine kürzere Beanspruchung am Zielort der Dienstreise Minusstunden entstehen können.

89 **14.** Zu der Pflicht zur Leistung von Mehrarbeit vgl. S Rdn. 47 ff. Die Arbeitsvertragsparteien können nach der älteren Rechtsprechung vereinbaren, dass die vertragliche Grundvergütung Mehrarbeit abdeckt oder dass jedenfalls für den Ausgleich von **Mehrarbeit** lediglich eine Pauschale gewährt wird (BAG, Urt. v. 24.02.1960 – 4 AZR 475/57, BB 1960, 520; BAG, Urt. v. 16.01.1965 – 5 AZR 154/64, NJW 1965, 1549; BAG, Urt. v. 29.04.1982 – 5 AZR 53/80, juris; zweifelnd ErfK/*Preis* § 310 BGB Rn. 91; a.A. *Hümmerich/Rech* NZA 1999, 1132, 1136). Mittlerweile geht das BAG indessen davon aus, dass der arbeitsvertragliche Ausschluss jeder zusätzlichen Vergütung von Mehrarbeit als Verstoß gegen § 307 Abs. 1 BGB unwirksam ist, wenn die Mehrarbeit angesichts der vereinbarten Entgelthöhe nur gegen zusätzliche Vergütung zu erwarten ist (BAG, Urt. v. 22.02.2012 – 5 AZR 765/10).

90 Da Tarifverträge aufgrund der ihnen zugebilligten Richtigkeitsgewähr nicht an die vertragliche Inhaltskontrolle gebunden sind (BAG, Urt. v. 24.09.2008 – 6 AZR 76/07, NZA 2009, 154), kann in einem Tarifvertrag auch die kompensationslose Pflicht zur Leistung von Mehrarbeit vereinbart werden. Ein Kompromiss zur völligen Versagung von Mehrarbeitsvergütung ist die hier gewählte Variante, wonach lediglich ein Teil der im Monat zu leistenden Mehrarbeit durch die Grundvergütung abgedeckt ist. Dies entspricht auch der für Beamte geltenden gesetzlichen Mehrarbeitsausgleichsregelung (z.B. § 88 Satz 2 BBG). Ordnet der Arbeitgeber darüber hinaus weitere Mehrarbeit im Monat an, ist diese ausgleichspflichtig. Aus betriebsorganisatorischen Gründen bietet sich für den Arbeitgeber oftmals die Wahlfreiheit an, ob er die Mehrarbeitsstunden durch Freizeitausgleich oder finanziell ausgleichen will.

91 Sehen die Tarifvertragsparteien für die Einhaltung der regelmäßigen Arbeit einen lediglich im Jahresdurchschnitt einzuhaltenden Wert vor, kann Mehrarbeit erst bei Überschreitung der auf das

Jahr bezogenen Arbeitszeit entstehen (BAG, Urt. v. 11.11.1997 – 9 AZR 566/96, NZA 1998, 1011; DLW/*Dörner* Kapitel 3 Rn. 89).

15. Auf die exemplarische Aufstellung einer Vergütungsordnung für die Eingruppierung wird im vorliegenden Muster verzichtet. Für ein Beispiel zur Orientierung vgl. S Rdn. 7.

16. Mit der Einführung eines zusätzlichen **Leistungsentgelts** verfolgen die Tarifvertragsparteien den Ansatz, die Tätigkeit der Arbeitnehmer von der bloßen Erbringung der Vertragspflichten zu einer erfolgsorientierten Arbeitsleistung zu verändern, bei der sich der persönliche Einsatz für den Arbeitnehmer auszahlen kann (*Breier/Dassau/Kiefer/Lang/Langenbrinck* § 18 TVöD Rn. 15 ff.). Der Erfolg dieses Ansatzes hängt von der Höhe des maximal zu erzielenden variablen Entgelts und von den zu erreichenden Zielen ab (zu der arbeitsvertraglichen Gestaltung vgl. B Rdn. 195 ff.). Unterbleibt entgegen der tarifvertraglichen Grundlage der Abschluss einer Zielvereinbarung zwischen den Arbeitsvertragsparteien, kann das Unternehmen unter Umständen schadensersatzverpflichtet sein. Voraussetzung ist bei der hier vorgesehenen einvernehmlichen Vereinbarung einer Zielvereinbarung aber zumindest eine vorherige Aufforderung durch den Arbeitnehmer, der anderenfalls seine Mitwirkungspflichten verletzt (*Riesenhuber/v. Steinau-Steinrück* NZA 2005, 785, 792; zu einer Schadensersatzpflicht bei einer Zielvereinbarung, deren Initiativlast bei dem Unternehmen liegt, vgl. LAG Köln, Urt. v. 23.05.2002 – 7 Sa 71/02, NZA-RR 2003, 305).

17. Das in § 106 GewO gesetzlich niedergelegte **Direktionsrecht** ermöglicht dem Arbeitgeber die nähere Bestimmung von Inhalt, Ort und Zeit der zu erbringenden Arbeitsleistung. Will der Arbeitgeber einem Arbeitnehmer andere Tätigkeiten übertragen, muss die Übertragung grundsätzlich der arbeitsvertraglich geschuldeten Tätigkeit entsprechen. Eine arbeitsvertragliche Erweiterung des Direktionsrechts zur Bestimmung der Arbeitsleistung ist nur zulässig, soweit dabei die Interessen des Arbeitnehmers angemessen berücksichtigt und ihm mindestens gleichwertige Tätigkeiten übertragen werden (BAG, Urt. v. 09.05.2006 – 9 AZR 424/05, NZA 2007, 145; LAG Hamm, Urt. v. 06.11.2007 – 14 SaGa 39/07, juris; *Preis/Genenger* NZA 2008, 969, 976). In einem Tarifvertrag kann eine Erweiterung des Direktionsrechts vorgenommen werden, die dem Arbeitgeber auch die Übertragung höher oder niedriger zu bewertender Tätigkeiten zugesteht (BAG, Urt. v. 22.05.1985 – 4 AZR 427/83, NZA 1986, 166; LAG München, Urt. v. 27.09.2001 – 4 Sa 348/00, juris; zweifelnd ErfK/*Preis* § 106 GewO Rn. 13). Der Arbeitgeber kann insoweit flexibler auf sich verändernde Bedürfnisse seiner Betriebsorganisation reagieren, ohne sofort Vertragsänderungen vornehmen zu müssen. Auch eine tarifvertragliche Erweiterung des Direktionsrechts muss sich jedoch an den gesetzlichen Grenzen des § 2 KSchG messen lassen, weshalb die Übertragung anderweitiger Tätigkeiten einschließlich möglicher Anpassung der Vergütung ohne Vertragsänderung zeitlich zu begrenzen ist. Um die Auswirkungen einer Übertragung ungleichwertiger Tätigkeiten auf die Arbeitnehmer zu reduzieren, bietet sich ein finanzieller Ausgleich für die vorübergehend zu erbringenden höheren oder niedrigeren Anforderungen an (vgl. BAG, Urt. v. 23.09.2004 – 6 AZR 442/03, NZA 2005, 475; zur Vertiefung DLW/*Dörner* Kapitel 1 Rn. 627).

18. Teilzeitbeschäftigte Arbeitnehmer dürfen gegenüber vollzeitbeschäftigten Arbeitnehmern nicht aufgrund ihres Beschäftigungsgrads schlechter behandelt werden, sofern keine sachlichen Gründe für die Ungleichbehandlung vorliegen (§ 4 Abs. 1 Satz 1 TzBfG). Durch die hier aufgenommene Regelung wird sichergestellt, dass **teilzeitbeschäftigte Arbeitnehmer** den ihrem Beschäftigungsgrad entsprechenden Anteil der Leistung eines vollzeitbeschäftigten Arbeitnehmers erhalten (sog. Pro-rata-temporis-Grundsatz; vgl. AR/*Schüren* § 4 TzBfG Rn. 8). Ein mit der Hälfte der regelmäßigen wöchentlichen Arbeitszeit eines vollzeitbeschäftigten Arbeitnehmers tätiger Teilzeitarbeitnehmer hat danach Anspruch auf 50 % der einem Vollzeitarbeitnehmer zustehenden Vergütungsbestandteile.

19. Die Tarifvertragsparteien können bei der Vereinbarung von Sonderzahlungen auch Voraussetzungen für die Anspruchsberechtigung aufstellen (vgl. BAG, Urt. v. 25.09.2013 – 10 AZR 400/12). Dazu zählen üblicherweise Stichtagsregelungen, zu denen das Arbeitsverhältnis noch bestehen muss, sowie Rückzahlungspflichten für den Fall einer Vertragsbeendigung im unmittelbaren zeitlichen Nachgang der Auszahlung. Während die Rechtsprechung für arbeitsvertragliche Klauseln genaue Maßstäbe geschaffen hat, an denen sich die Parteien zu orientieren haben, besteht für die Tarifvertragsparteien ein größerer Gestaltungsspielraum (vgl. BAG, Urt. v. 13.11.2013 – 10 AZR 848/12, DB 2014, 486).

97 **20.** In vielen Tarifverträgen wird die Vergütung der Beschäftigten nicht als Stundenlohn, sondern als festes monatliches Entgelt ausgewiesen. Werden einzelne Vergütungsbestandteile (z.B. Mehrarbeitsstundenvergütung, Kürzung wegen Krankheit außerhalb des Entgeltfortzahlungszeitraums) nur für einzelne Stunden oder für einzelne Stunden nicht gewährt, ist eine Umrechnung der monatlichen Vergütung auf den Stundenlohn notwendig. Für diesen Fall empfiehlt sich die Aufnahme der Berechnungsgrundlage in den Tarifvertrag, um Unklarheiten bei der Anwendung zu vermeiden.

98 **21.** In vielen Tarifverträgen wird der **Urlaubsanspruch** der Arbeitnehmer nur zum Zweck einer Erhöhung des gesetzlichen Mindesturlaubs aus § 3 Abs. 1 BUrlG angesprochen und im Übrigen auf das Bundesurlaubsgesetz verwiesen. Die Tarifvertragsparteien haben aber auch die Möglichkeit, das Urlaubsrecht weitgehend selbst zu gestalten. Durch § 13 Abs. 1 Satz 1 BUrlG werden weite Teile des Urlaubsrechts für tarifdispositiv erklärt (vgl. AR/*Gutzeit* § 13 BUrlG Rn. 1 ff.). Zu einer eigenständigen tariflichen Definition des Urlaubsanspruchs vgl. S Rdn. 262 ff. Zu einem Verfall des den gesetzlichen Urlaubsanspruch übersteigenden tariflichen Urlaubsanspruchs nach Ablauf des Urlaubsjahres sowie eines möglichen Übertragungszeitraums vgl. S Rdn. 38 und S Rdn. 262.

99 **22.** § 616 BGB ist nach der gesetzgeberischen Intention grundsätzlich vertraglich abdingbar (vgl. ErfK/*Preis* § 616 BGB Rn. 13). Die Tarifvertragsparteien können die **Weiterzahlung des Entgelts** im Falle einer **kurzzeitigen Verhinderung** des Arbeitnehmers auf bestimmte Fälle einschränken (vgl. dazu S Rdn. 38). Sie können § 616 BGB aber auch völlig ausschließen und den Vergütungsanspruch damit strikt von tatsächlich geleisteter Arbeit abhängig machen (BAG, Urt. v. 25.02.1987 – 8 AZR 430/84, NZA 1987, 667; BAG, Urt. v. 20.06.1995 – 3 AZR 857/94, NZA 1996, 383).

100 **23.** Eine Vereinbarung, wonach das Arbeitsverhältnis zum Zeitpunkt des Erreichens der **Regelaltersgrenze** endet, stellt im Regelfall eine wirksame **auflösende Bedingung** des Arbeitsverhältnisses mit Sachgrund nach den §§ 21, 14 Abs. 1 TzBfG dar. Die Altersgrenze befriedigt das Bedürfnis des Arbeitgebers an der Sicherung einer ausgewogenen Altersstruktur im Unternehmen und ermöglicht eine berechenbare Personal- und Nachwuchsplanung. Voraussetzung ist allerdings, dass der Arbeitnehmer zu diesem Zeitpunkt durch den Bezug eines Altersruhegeldes wirtschaftlich abgesichert ist (BAG, Urt. v. 19.11.2003 – 7 AZR 296/03, NZA 2004, 1336; BAG, Urt. v. 27.07.2005 – 7 AZR 443/04, NZA 2006, 37; ErfK/*Müller-Glöge* § 14 TzBfG Rn. 56c). Es handelt sich dabei um keine ungerechtfertigte Diskriminierung wegen des Alters, die gegen die Richtlinie 2000/78/EG verstoßen würde (BAG, Urt. v. 18.06.2008 – 7 AZR 116/07, NZA 2008, 1302; *Rieble/Zedler* ZfA 2006, 273, 297; zur tarifvertraglichen Zwangsversetzung in den Ruhestand bei Erreichen des 65. Lebensjahres nach spanischem Recht auch EuGH, Urt. v. 16.10.2007 – C-411/05 [Palacios], NZA 2007, 1219). Die Beendigung des Arbeitsverhältnisses bei Erreichen der Regelaltersgrenze verfolgt ein legitimes Ziel der Arbeitsmarkt- und Sozialpolitik und ist zur Erreichung dieses Ziels erforderlich und angemessen (EuGH, Urt. v. 12.10.2010 – C-45/09 [Rosenbladt], NZA 2010, 1167). Die Befristung wegen Erreichens der sozialversicherungsrechtlichen Regelaltersgrenze kann auch in Tarifverträgen vereinbart werden.

101 Soweit in Tarifverträgen Altersgrenzen vereinbart werden, die ein Ausscheiden des Arbeitnehmers bereits zu einem **vor dem Erreichen der Regelaltersgrenze** liegenden Zeitpunkt vorsehen, ist angesichts der Tarifsperre des Befristungsrechts zu unterscheiden. Besteht ein Sachgrund für die Vertragsbeendigung zu dem früheren Zeitpunkt, ist die Befristung nach bisheriger Rechtsprechung wirksam (BAG, Urt. v. 21.07.2004 – 7 AZR 589/03, EzA § 620 BGB 2002 Altersgrenze Nr. 5; BAG, Urt. v. 27.11.2002 – 7 AZR 414/01, NZA 2003, 812). Voraussetzung dazu ist aber, dass die Ungleichbehandlung wegen des Alters auf ein Merkmal gestützt wird, das eine wesentliche

und entscheidende berufliche Anforderung darstellt und im konkreten Fall in angemessener Weise umgesetzt wird (verneint von EuGH, Urt. v. 13.09.2011 – C-447/09 [Prigge], NZA 2011, 1039, zur tarifvertraglichen Altersgrenze von 60 Jahren bei Piloten).

Ohne Vorliegen eines Sachgrundes ist die tarifliche Altersgrenze in jedem Fall unwirksam (BAG, Urt. v. 31.07.2002 – 7 AZR 140/01, NZA 2002, 1155). Bisher wurde davon ausgegangen, dass ein Sachgrund für eine auf ein früheres Lebensalter bezogene Altersgrenze regelmäßig in einer altersbedingt gesunkenen körperlichen oder geistigen Leistungsfähigkeit zu sehen sein wird, die sich auf die konkrete Tätigkeit auswirken kann (BVerfG, Beschl. v. 25.11.2004 – 1 BvR 2459/04, BB 2005, 1231; kritisch AR/*Schüren* § 14 TzBfG Rn. 49; *Preis/Temming* NZA 2010, 185, 197). Nach der Rechtsprechung des EuGH müssen legitime Ziele, die eine Abweichung vom Verbot der Altersdiskriminierung rechtfertigen sollen, jedoch sozialpolitische Ziele wie solche aus den Bereichen Beschäftigungspolitik, Arbeitsmarkt oder berufliche Bildung sein (EuGH, Urt. v. 13.09.2011 – C-447/09 [Prigge], NZA 2011, 1039). 102

Vertiefend zu vertraglichen Altersgrenzen DLW/*Hoß* Kapitel 5 Rn. 209 ff. 103

24. Eine Befristung oder auflösende Bedingung zur Beendigung des Arbeitsverhältnisses kann auch für den Fall der **Erwerbsunfähigkeit** oder Erwerbsminderung des Arbeitnehmers wirksam vereinbart werden (BAG, Urt. v. 01.12.2004 – 7 AZR 135/04, NZA 2006, 211). Der Arbeitnehmer wird in diesem Fall durch den Bezug einer Rente abgesichert. Wird die Erwerbsunfähigkeits- oder Erwerbsminderungsrente dagegen lediglich auf Zeit gewährt, muss die Befristungsregelung ausdrücklich eine Pflicht des Arbeitgebers zur unbedingten Wiedereinstellung des Arbeitnehmers vorsehen, wenn dieser wieder erwerbsfähig wird (BAG, Urt. v. 23.02.2000 – 7 AZR 891/98, NZA 2000, 894). Bei schwerbehinderten Arbeitnehmern folgt ein Anspruch auf (erneute) behinderungsgerechte Beschäftigung auch während eines ruhenden Arbeitsverhältnisses zudem aus § 81 Abs. 4, Abs. 5 S. 3 SGB IX; für andere Arbeitnehmer soll dies zumindest dem Grunde nach auch aus § 241 Abs. 2 BGB folgen (BAG, Urt. v. 17.03.2016 – 6 AZR 221/15). Etwas anderes gilt dagegen, wenn zunächst eine volle Erwerbsminderung festgestellt wurde und der Arbeitnehmer später wieder erwerbsfähig wird. Für diesen Fall verlangt der Mindestbestandsschutz nach Art. 12 Abs. 1 GG von dem Arbeitgeber nicht, über viele Jahre hinweg eine Arbeitsstelle für den Arbeitnehmer freizuhalten (BAG, Urt. v. 18.12.2014 – 2 Sa 75/12, NZA-RR 2016, 83). 104

25. Die Tarifvertragsparteien können nach § 622 Abs. 4 BGB Regelungen treffen, die von den gesetzlichen **Kündigungsfristen** in § 622 Abs. 1 bis 3 BGB abweichen. Aufgeführt ist hier lediglich eine mögliche Definition der Kündigungsfrist in der Probezeit und im Anschluss an die Probezeit unter Abbedingung des Verlängerungskatalogs für arbeitgeberseitige Kündigungen nach § 622 Abs. 2 BGB. Näheres zu den Abweichungsmöglichkeiten unter S Rdn. 255. 105

26. Ein Arbeitsverhältnis kann grundsätzlich durch mehrere sich ergänzende Tarifverträge derselben Tarifvertragsparteien beeinflusst werden (z.B. Manteltarifvertrag, Entgelttarifvertrag und Tarifvertrag zur Altersversorgung). Finden auf ein Arbeitsverhältnis dagegen mehrere Tarifverträge unterschiedlicher Tarifvertragsparteien Anwendung, in denen dieselben Regelungskomplexe voneinander abweichend normiert werden, muss nach dem Tarifkollisionsrecht ein Tarifvertrag als maßgeblich bestimmt werden. Eine solche Situation kann etwa eintreten, wenn der Arbeitgeber Mitglied im Arbeitgeberverband ist und dieser einen Entgelttarifvertrag mit einer Gewerkschaft abgeschlossen hat. Schließt der Arbeitgeber nun mit derselben Gewerkschaft einen Firmentarifvertrag unter anderem zur Frage der Vergütung seiner Beschäftigten ab, ist zu entscheiden, nach welchem Tarifvertrag die Arbeitnehmer zu vergüten sind. Das Bundesarbeitsgericht wendet in einem solchen Fall der **Tarifkonkurrenz** den Grundsatz der Spezialität an, der besagt, dass im Falle zweier sich inhaltlich überschneidender Tarifverträge der dem Betrieb räumlich, fachlich und persönlich am nächsten stehende und damit den Erfordernissen und Eigenarten des Betriebs am besten entsprechende Tarifvertrag Anwendung findet (BAG, Urt. v. 05.09.1990 – 4 AZR 59/90, NZA 1991, 202; BAG, Urt. v. 04.04.2001 – 4 AZR 237/00, NZA 2001, 1085; *Wiedemann/Arnold* ZTR 1994, 399, 408; zur Kritik am Spezialitätsgrundsatz vgl. *Jacobs* Tarifeinheit und Tarif- 106 konkurrenz, S. 257 ff.). Danach geht üblicherweise ein Firmentarifvertrag einem Verbandstarifvertrag vor und verdrängt dessen Rechtswirkungen im Konkurrenzfall (BAG, Urt. v. 20.03.1991 – 4 AZR 455/90, NZA 1991, 736; BAG, Urt. v. 24.01.2001 – 4 AZR 655/99, NZA 2001, 788; *Schliemann* Sonderbeilage zu NZA 16/2003, 3, 7).

107 Kommen dagegen im Betrieb des Arbeitgebers mehrere Tarifverträge konkurrierender Gewerkschaften zur Anwendung – etwa durch den Abschluss zweier Firmentarifverträge mit zwei unterschiedlichen Gewerkschaften –, hatte der Arbeitgeber nach der Änderung der Rechtsprechung des Bundesarbeitsgerichts im Jahr 2010 alle Gewerkschaftsmitglieder nach dem Tarifvertrag ihrer jeweiligen Gewerkschaft zu behandeln (sog. **Tarifpluralität**). Das Bundesarbeitsgericht hatte seinerzeit den in der Literatur lange kritisierten Grundsatz der Tarifeinheit im Betrieb aufgegeben, wonach in einem Betrieb nur ein Tarifvertrag gelten könne (BAG, Urt. v. 07.07.2010 – 4 AZR 549/08, NZA 2010, 1068; zur Kritik vgl. *Koop* S. 171 ff.; *Bruhn* S. 223; *Band* S. 119). Da es sich in diesen Fällen um keine Tarifkonkurrenz im einzelnen Arbeitsverhältnis handelt und durch den Entzug des geltenden Tarifvertrags für einen Teil der Gewerkschaftsmitglieder zudem ein Verstoß gegen die Koalitionsbetätigungsfreiheit des Art. 9 Abs. 3 GG eintritt, fehlte jede Rechtfertigung für die langjährige Rechtsprechung.

107.1 Um der befürchteten Zersplitterung der Tariflandschaft, einer Überforderung der Arbeitgeber durch eine Vielzahl anwendbarer Tarifverträge und häufigen Arbeitskämpfen um bessere Tarifverträge zu begegnen, hat der Gesetzgeber zum 10.07.2015 das Tarifeinheitsgesetz verabschiedet und in Kraft gesetzt. Dieses schafft einen neuen § 4a TVG, der im Falle mehrerer sich nach dem Geltungsbereich überschneidender (kollidierender) Tarifverträge bestimmt, dass nur der Tarifvertrag derjenigen Gewerkschaft Anwendung findet, die die meisten Arbeitnehmer des Betriebs vertritt. Andere Gewerkschaften haben lediglich ein Recht zur Nachzeichnung des obsiegenden Tarifvertrags zugunsten ihrer Mitglieder. Mit dem Tarifeinheitsgesetz besteht nun – anders als zu Zeiten der früheren Rechtsprechung – erstmals eine rechtliche Grundlage für den Grundsatz der betrieblichen Tarifeinheit in Deutschland. Ob mit diesem Gesetz jedoch auch die verfassungsrechtlichen Bedenken gegen eine Einschränkung der Koalitionsbetätigungsfreiheit des Art. 9 Abs. 3 GG ausreichend berücksichtigt wurden, bleibt zweifelhaft und wird vom Bundesverfassungsgericht im Rahmen mehrerer anhängiger Verfassungsbeschwerden überprüft werden (*Ewer* NJW 2015, 2230; *Greiner* NZA 2015, 769). Jedenfalls erschienen dem Bundesverfassungsgericht die verfassungsrechtlichen Bedenken nicht derart gravierend zu sein, dass es das Tarifeinheitsgesetz im Rahmen des Eilrechtsschutzes gestoppt hätte (BVerfG, Beschl. v. 06.10.2015 – 1 BvR 1571/15, NZA 2015, 1271).

108 Die im Muster geregelte übereinstimmende Anwendung des Firmentarifvertrags im Wege des Spezialitätsgrundsatzes darf vor diesem Hintergrund keine Tarifverträge anderer Gewerkschaften verdrängen. Wird jedoch lediglich das durch die Rechtsprechung entwickelte Spezialitätsprinzip konkretisiert, indem dieselbe Gewerkschaft den mit einem verbandsangehörigen Arbeitgeber abgeschlossenen Firmentarifvertrag als spezieller gegenüber dem Verbandstarifvertrag bezeichnet, stellt dies eine zulässige Vorgabe der Tarifvertragsparteien für die Tarifauslegung dar.

109 Davon zu unterscheiden ist die Rechtslage gegenüber den Nichtgewerkschaftsmitgliedern, in deren Arbeitsverhältnissen auf Tarifverträge Bezug genommen wird. Der Arbeitgeber sollte die Bezugnahmeklauseln gegebenenfalls so gestalten, dass der Wechsel von einem Verbands- zu einem Firmentarifvertrag ohne Änderung des Arbeitsvertrags möglich wird (vgl. B Rdn. 70 f.; zur Bezugnahme auf Tarifverträge vertiefend DLW/*Pfeiffer* Kapitel 11 Rn. 217 ff.). Die hier aufgeführte Klausel hat jedenfalls keinen Einfluss auf eine im Arbeitsvertrag formulierte Bezugnahme auf einen konkreten anderen Tarifvertrag.

2. Anerkennungstarifvertrag

Vorbemerkung

Als Anerkennungstarifvertrag (auch Anschlusstarifvertrag oder Paralleltarifvertrag) bezeichnet man eine tarifliche Vereinbarung, mit der ein anderer Tarifvertrag übernommen werden soll. Man kann dabei unterschiedliche Konstellationen unterscheiden. Zunächst kommt hier der Anschluss an einen Tarifvertrag in Betracht, den eine Tarifvertragspartei mit einem anderen Verhandlungspartner bereits abgeschlossen hat. Regelmäßig zu beobachten ist etwa die Aushandlung eines Tarifvertrags zwischen einer Gewerkschaft und einem Arbeitgeberverband, der dann in Gestalt eines Firmenanerkennungstarifvertrags zwischen derselben Gewerkschaft und einem nicht im Arbeitgeberverband vertretenen Unternehmen übernommen wird (BAG, Urt. v. 15.03.2006 – 4 AZR 132/05, AP Nr. 9 zu § 2 TVG Firmentarifvertrag). Ebenso kann ein Arbeitgeber oder Arbeitgeberverband mit einer Gewerkschaft einen Tarifvertrag abschließen und die Übernahme dessen Regelungen in einem Anerkennungstarifvertrag mit einer anderen Gewerkschaft vereinbaren. Dies kann für kleine oder neu gegründete Gewerkschaften durchaus interessant sein, da auch der Abschluss von Anerkennungstarifverträgen die zur Begründung der Tariffähigkeit geforderte Mächtigkeit belegen können soll, solange der Abschluss die Folge echter Tarifverhandlungen und keine bloße Gefälligkeit ist (BAG, Beschl. v. 25.11.1986 – 1 ABR 22/85, NZA 1987, 492; BAG, Beschl. v. 16.01.1990 – 1 ABR 10/89, NZA 1990, 623; vgl. dazu auch S Rdn. 206). Als Anerkennungstarifvertrag kommt aber auch eine Konstellation in Betracht, bei der zwei von den Parteien des Ausgangstarifvertrags unabhängige Tarifvertragsparteien die Anerkennung eines anderen Tarifvertrags vereinbaren. Mit Inkrafttreten des Tarifeinheitsgesetzes zum 10.07.2015 (vgl. S Rdn. 107) werden mitgliederschwächere Gewerkschaften zur Nachzeichnung des Tarifvertrags der Mehrheitsgewerkschaft gezwungen, wollen sie ihre Mitglieder im Betrieb nicht tariflos stellen. Bei dieser Nachzeichnung handelt es sich in der Sache um den Abschluss eines Anerkennungstarifvertrags, mit dem die tariflichen Regelungen der Arbeitgeberseite und der Mehrheitsgewerkschaft als auch für die Mitglieder der nachzeichnenden Gewerkschaft geltend anerkannt werden.

Der Anerkennungstarifvertrag ist grundlegend davon geprägt, dass in ihm nicht sämtliche Arbeitsbedingungen neu geregelt werden, sondern auf einen anderen Tarifvertrag Bezug genommen wird. Abzugrenzen ist er seiner Gestalt nach von der üblichen Vorgehensweise bei einem Flächenverbandstarifvertrag, bei der in einzelnen Landesverbänden zunächst Pilotabschlüsse ausgehandelt und dann meist inhaltsgleich von anderen Landesverbänden übernommen werden. In einem Anerkennungstarifvertrag können im Übrigen durchaus eigene Regelungen getroffen werden, solange dies an der grundsätzlichen Übernahme eines anderen Tarifvertrags nichts ändert.

▶ **Muster – Anerkennungstarifvertrag**

Zwischen dem Unternehmen __[Name und Anschrift]__ [nachfolgend: »Unternehmen«]

und

der Gewerkschaft __[Name und Anschrift]__ [nachfolgend: »Gewerkschaft«]

wird folgender Tarifvertrag vereinbart:

§ 1 Geltungsbereich

(1) Dieser Tarifvertrag gilt räumlich für sämtliche Betriebe des Unternehmens in Deutschland.

(2) Der persönliche Geltungsbereich erfasst sämtliche Arbeitnehmer, die Mitglieder der Gewerkschaft sind. Keine Anwendung findet der Tarifvertrag auf leitende Angestellte i.S.d. § 5 Abs. 3 BetrVG. [1]

S. Tarifvertragsrecht

§ 2 Anschlussklausel

(1) Die Vertragsparteien vereinbaren die Anerkennung des Firmentarifvertrags vom [Abschlussdatum], der zwischen dem Unternehmen und der Gewerkschaft [Name der Gewerkschaft] vereinbart wurde. [2]

(2) Auf die Arbeitsverhältnisse zwischen dem Unternehmen und den Arbeitnehmern im Geltungsbereich findet der anerkannte Tarifvertrag nach Maßgabe dieses Tarifvertrags Anwendung. Die nachstehend aufgeführten Abweichungen von dem anerkannten Tarifvertrag sind abschließend.

§ 3 Arbeitszeit

(1) Die für Arbeitnehmer im Geltungsbereich maßgebliche Arbeitszeit beträgt abweichend von § 5 Abs. 1 des Firmentarifvertrags [3] 42 Stunden pro Kalenderwoche.

(2) Abweichend von § 6 Abs. 1 Satz 2 des Firmentarifvertrags sind betrieblich angeordnete Überstunden vollständig auszugleichen. [4]

§ 4 Zweckbindung der Jahressonderzahlung [5]

(1) Abweichend von § 12 des anerkannten Firmentarifvertrags besteht für vollzeitbeschäftigte Arbeitnehmer im Dezember eines Kalenderjahres ein Anspruch auf eine Jahressonderzahlung in Höhe von 30 % eines tariflichen Bruttomonatsentgelts nach der jeweiligen Vergütungsgruppe.

(2) Die Differenz zu dem finanziellen Wert einer Jahressonderzahlung nach § 12 des anerkannten Firmentarifvertrags stellt ein individuelles jährliches Qualifizierungsguthaben der Arbeitnehmer im Geltungsbereich dieses Tarifvertrags dar. Das Qualifizierungsguthaben kann für den Besuch einer Fortbildungsveranstaltung eingesetzt werden, die vom Arbeitnehmer im jeweils folgenden Kalenderjahr auszuwählen und zu besuchen ist. Für die Dauer der Fortbildungsveranstaltung wird der Arbeitnehmer unter Fortzahlung seiner Vergütung von der Arbeitsleistung freigestellt.

§ 5 Inkrafttreten und Laufzeit

(1) Dieser Tarifvertrag tritt mit seiner Unterzeichnung in Kraft.

(2) Der Tarifvertrag endet spätestens mit Ablauf der Kündigungsfrist des anerkannten Firmentarifvertrags. Das Unternehmen ist verpflichtet, die Gewerkschaft über eine Kündigung des Firmentarifvertrags unverzüglich zu unterrichten. [6]

(3) Vor diesem Zeitpunkt ist dieser Tarifvertrag mit einer Frist von sechs Monaten zum Monatsende kündbar. Die Nachwirkung dieses Tarifvertrags ist ausgeschlossen. [7]

Erläuterungen

Schrifttum

Buchner Der »Funktionseliten«-Streik – Zu den Grenzen der Durchsetzbarkeit von Spartentarifverträgen, BB 2003, 2121; *Kocher* Relative Durchsetzungsfähigkeit: Notwendige oder hinreichende Bedingung der Tariffähigkeit?, DB 2005, 2816; *Koop* Das Tarifvertragssystem zwischen Koalitionsmonopolismus und Koalitionspluralismus, 2009; *Richardi* Der CGM-Beschluss des ArbG Stuttgart: Tariffähigkeit und Tarifzensur, NZA 2004, 1025.

113 1. Im Unterschied zu den bisherigen Mustertarifverträgen beschränkt sich der persönliche Geltungsbereich hier auf die Mitglieder der abschließenden Gewerkschaft (vgl. zum organisatorischen Geltungsbereich *Löwisch/Rieble* § 4 TVG Rn. 99 ff.). Zwar endet die Normsetzungsbefugnis der Tarifvertragsparteien nach § 4 Abs. 1 TVG ohnehin an den Grenzen der Verbandsmitgliedschaft, so dass die abgeschlossenen Tarifverträge unmittelbar und zwingend lediglich für die Gewerkschaftsmitglieder gelten. Dennoch ist der **Geltungsbereich** der meisten Tarifverträge für sämtliche Arbeitnehmer eines Unternehmens oder einer Region ausgelegt, unabhängig von der Gewerkschaftsmitgliedschaft. Dies ist im Regelfall auch berechtigt, da in vielen Arbeitsverträgen auf Tarifverträge Bezug genommen und somit zur Wirkung auch für die **Nichtgewerkschaftsmitglieder** verholfen wird. Im vorliegenden Anerkennungstarifvertrag soll jedoch zugunsten der Mitglieder

einer Gewerkschaft mit dem Arbeitgeber vereinbart werden, inwieweit der von einer anderen Gewerkschaft abgeschlossene Tarifvertrag Anwendung findet. Auf die Arbeitsverhältnisse der Nichtgewerkschaftsmitglieder kann die Anwendung des ursprünglichen Tarifvertrags dagegen im Wege der Bezugnahme vereinbart werden.

2. Die Parteien des Anerkennungstarifvertrags sollten unmissverständlich klarstellen, welcher anderer Tarifvertrag anerkannt werden soll. Es empfiehlt sich daher die Benennung des Namens des Tarifvertrags, des Abschlussdatums sowie der abschließenden Tarifvertragsparteien. Ebenso sollte klargestellt werden, ob sich die Bezugnahme lediglich auf die aktuelle Fassung des anerkannten Tarifvertrags bezieht oder ob auch etwaige Änderungen berücksichtigt werden sollen. 114

3. Zur besseren Veranschaulichung soll hier die Anerkennung des als Muster R.II.1. (S Rdn. 74) dargestellten Firmentarifvertrags erfolgen. Die Bezeichnung der Paragrafen entspricht daher der Gliederung des Firmentarifvertrags. 115

4. In einem Anerkennungstarifvertrag kann ein Tarifvertrag anderer Tarifvertragsparteien vollständig übernommen und in gleicher Weise zwischen den Parteien des Anerkennungstarifvertrags mit Wirkung für die Verbandsmitglieder vereinbart werden (Wiedemann/*Thüsing* § 1 TVG Rn. 72). Die Parteien können den anderen Tarifvertrag jedoch auch als Grundlage nehmen, um davon zum Teil abweichende eigenständige Regelungen zu vereinbaren. In der Tarifpraxis wird sich der Arbeitgeber hier womöglich dem Druck der Gewerkschaft ausgesetzt sehen, mit der er den ursprünglichen Tarifvertrag vereinbart hat. Schließt er im Wege eines Anerkennungstarifvertrags für die Arbeitnehmer deutlich günstigere Inhalte mit einer anderen Gewerkschaft ab, könnte dies die künftige Tarifpolitik mit der ersten Gewerkschaft erschweren. Um eine derartige Situation zu verhindern, finden sich in Tarifverträgen teilweise **Revisionsklauseln**, die eine Anpassung des zunächst vereinbarten Tarifvertrags um Inhalte eines späteren Tarifvertrags oder zumindest Gespräche darüber vorsehen (z.B. die Tarifverträge bei der Deutschen Bahn mit der EVG einerseits und der GDL andererseits). Für den Bereich des Öffentlichen Dienstes ist in diesem Zusammenhang der Tarifvertrag über die Vereinbarung einer Meistbegünstigungsklausel zu nennen, der im Falle von Zugeständnissen der Gewerkschaft ver.di gegenüber der TdL bestimmte, dass dem Bund und der VKA ein entsprechendes unterschriftsreifes Angebot unterbreitet werden sollte. Sollen substantiell andere Regelungen mit der Gewerkschaft des Anerkennungstarifvertrags vereinbart werden, empfiehlt sich daher die Vereinbarung ausgewogener Veränderungen, die Zugeständnisse in einer Sachfrage mit Forderungen in einer anderen Sachfrage verbinden. 116

5. Treten dem Arbeitgeber mehrere unabhängig voneinander agierende Gewerkschaften gegenüber, werden sie aufgrund anderer Interessen und um von den Mitgliedern und der Öffentlichkeit wahrgenommen zu werden, andere Regelungsinhalte anstreben. Ein solches Bedürfnis folgt insbesondere aus der Rechtsprechung des Bundesarbeitsgerichts, wonach nur solche Gewerkschaften als tariffähig betrachtet werden, die über eine hinreichende Durchsetzungsfähigkeit gegenüber der Arbeitgeberseite verfügen (sog. **soziale Mächtigkeit**, vgl. BAG, Beschl. v. 14.12.2004 – 1 ABR 51/03, NZA 2005, 697; BAG, Beschl. v. 28.03.2006 – 1 ABR 58/04, NZA 2006, 1112; *Buchner* BB 2003, 2121, 2127 f.; *Kocher* DB 2005, 2816, 2820). Der Abschluss eigenständiger Tarifverträge oder zumindest die auf eigene Initiative zurückgehende Durchsetzung von Anerkennungstarifverträgen soll ein Indiz für vorhandene Mächtigkeit sein (BAG, Beschl. v. 28.03.2006 – 1 ABR 58/04, NZA 2006, 1112; zuletzt LAG Hessen, Beschl. v. 09.04.2015 – 9 TaBV 225/14; zur Kritik am Mächtigkeitsbegriff vgl. *Koop* S. 274 ff.; *Richardi* NZA 2004, 1025, 1028). 117

6. Da die Parteien des Anerkennungstarifvertrags die Regelungen des anerkannten Tarifvertrags auf ihre Mitglieder übertragen wollen, fehlt in der Regel ein Interesse für die Geltung des Anerkennungstarifvertrags über die **Laufzeit** des anerkannten Tarifvertrags hinaus. In diesem Fall sollte die Laufzeit des Anerkennungstarifvertrags an den anderen Tarifvertrag gekoppelt werden. Gegen die Beendigung des Anerkennungstarifvertrags durch eine derartige auflösende Bedingung bestehen keine Bedenken. Zwar muss der Bedingungseintritt leicht feststellbar sein (*Löwisch/Rieble* § 1 118

TVG Rn. 498). Ist der Arbeitgeber aber auch Vertragspartner des anerkannten Tarifvertrags, kann er über die Kündigung des anderen Tarifvertrags Auskunft geben.

119 **7.** Zum Ausschluss der Nachwirkung von Tarifverträgen vgl. S Rdn. 71.

3. Tarifvertrag zur Beschäftigungssicherung

Vorbemerkung

120 Ein Tarifvertrag zur Beschäftigungssicherung wird vornehmlich in Zeiten wirtschaftlicher Krisen abgeschlossen, wenn in einem Unternehmen oder einer ganzen Branche aus Kostengründen für die Arbeitnehmer nachteilige Entscheidungen bis hin zu betriebsbedingten Kündigungen anstehen. Während sich die Arbeitgeberseite durch den Abschluss eines Beschäftigungssicherungstarifvertrags – in der Regel zeitlich begrenzt – von einem Teil der Lohnkosten befreien kann, besteht das Interesse der Gewerkschaften vornehmlich an der Sicherung der Arbeitsplätze der Arbeitnehmer. Regelungen zur Entlastung eines Unternehmens können auch zwischen den Betriebsparteien (also Unternehmen und Betriebsrat) getroffen werden, sofern dem nicht die Sperrwirkung des § 77 Abs. 3 Satz 1 BetrVG entgegensteht (DLW/*Wildschütz* Kapitel 13 Rn. 1479 ff.). In Tarifverträgen können Öffnungsklauseln geschaffen werden, die den Betriebsparteien für den Krisenfall dezentrale Entscheidungsspielräume lassen (vgl. dazu S Rdn. 243).

▶ **Muster – Tarifvertrag zur Beschäftigungssicherung**

121 Zwischen dem Unternehmen ___[Name und Anschrift]___ [nachfolgend: »Unternehmen«]

und

der Gewerkschaft ___[Name und Anschrift]___ [nachfolgend: »Gewerkschaft«]

wird folgender Tarifvertrag vereinbart:

Präambel [1]

Aufgrund der derzeitigen Wirtschaftskrise hat das Unternehmen im vergangenen Jahr einen Umsatzrückgang von 30 Prozent verzeichnen müssen. Die Auftragseingänge sind im selben Zeitraum um 25 Prozent rückläufig gewesen. Zur Kompensation dieser wirtschaftlichen Einbußen und vor dem Hintergrund struktureller Veränderungen der bisherigen Vertriebswege ist das Unternehmen zur Reduzierung der regelmäßigen Personalkosten gezwungen. Um betriebsbedingte Kündigungen zu vermeiden, wird der nachfolgende Tarifvertrag abgeschlossen, der Abweichungen von dem zwischen der Gewerkschaft und dem Arbeitgeberverband ___[Name und Anschrift]___ geschlossenen Manteltarifvertrag vom ___[Abschlussdatum des Manteltarifvertrags]___ und von dem Entgelttarifvertrag vom ___[Abschlussdatum des Entgelttarifvertrags]___ im aufgeführten Umfang gestattet. [2]

§ 1 Geltungsbereich

Der Tarifvertrag erfasst sämtliche Arbeitnehmer, die im Zeitpunkt des Inkrafttretens in einem Arbeitsverhältnis zu dem Unternehmen stehen, einschließlich der Auszubildenden. Keine Anwendung findet der Tarifvertrag auf leitende Angestellte i.S.d. § 5 Abs. 3 BetrVG. [3]

§ 2 Reduzierung der Arbeitszeit [4]

(1) Zur Sicherung der Beschäftigung kann das Unternehmen die Arbeitszeit vollzeitbeschäftigter Arbeitnehmer auf bis zu 30 Stunden pro Woche absenken. Die Arbeitszeit teilzeitbeschäftigter Arbeitnehmer kann im gleichen Umfang wie bei vollzeitbeschäftigten Arbeitnehmern gekürzt werden, jedoch nicht unter 15 Stunden pro Woche.

(2) Das Unternehmen hat vor der Arbeitszeitreduzierung eine Ankündigungsfrist von zwei Wochen einzuhalten.

(3) Die Vergütung der Arbeitnehmer wird entsprechend der Arbeitszeitreduzierung gekürzt. [5]

§ 3 Überprüfung der Jahressonderzahlung [6]

(1) Während der Laufzeit dieses Tarifvertrags wird im November eines Kalenderjahres überprüft, ob die wirtschaftlichen Voraussetzungen für eine Auszahlung der Jahressonderzahlung vorhanden sind. Die Betriebsparteien bewerten dazu die wirtschaftliche Entwicklung des Unternehmens im laufenden Kalenderjahr und analysieren die Auswirkungen einer Auszahlung der Jahressonderzahlung für das Unternehmen.

(2) Als Ergebnis dieser Bewertung kann die Jahressonderzahlung in voller Höhe oder anteilig gezahlt werden. Ist im Falle einer Auszahlung der Jahressonderzahlung mit nachteiligen Folgen für das Unternehmen zu rechnen, kann die Auszahlung für das Jahr komplett unterbleiben. Erzielen die Betriebsparteien kein Einvernehmen bei der Bewertung der wirtschaftlichen Lage, entscheidet die Einigungsstelle.

§ 4 Aussetzung tariflicher Entgelterhöhungen [7]

Die tariflichen Entgelterhöhungen nach dem Entgelttarifvertrag vom [Abschlussdatum des Entgelttarifvertrags] zum [Datum der Entgelterhöhung] werden während der Laufzeit dieses Tarifvertrags ausgesetzt. [8]

§ 5 Ausschluss betriebsbedingter Kündigungen

Während der Laufzeit dieses Tarifvertrags sind betriebsbedingte Kündigungen von Arbeitnehmern im Geltungsbereich ausgeschlossen. [9] Versetzungen aus betriebsbedingten Gründen sind unter Wahrung der Beteiligungsrechte des Betriebsrats uneingeschränkt möglich. [10]

§ 6 Förderung der Ausbildung

(1) Das Unternehmen verpflichtet sich, in jedem Kalenderjahr mindestens [Anzahl] Ausbildungsplätze zur Verfügung zu stellen.

(2) Auszubildenden, die ihre Ausbildungsprüfung erfolgreich abgeschlossen haben, soll im Anschluss ein unbefristetes Arbeitsverhältnis im Unternehmen angeboten werden. Abweichungen von dieser Regel sind vom Unternehmen gegenüber dem bei ihm bestehenden Betriebsrat zu begründen. [11]

§ 7 Investitionszusage

Das Unternehmen sichert zu, in den Jahren [Jahreszahl] bis [Jahreszahl] jährliche Investitionen in die Zukunftssicherung des Unternehmens und die Erhaltung der einzelnen Standorte zu tätigen. Die Höhe der jährlichen Investitionen richtet sich nach der wirtschaftlichen Entwicklung des Unternehmens. Art und Umfang der Investitionen werden dem Wirtschaftsausschuss rechtzeitig mitgeteilt. [12]

§ 8 Laufzeit

(1) Der Tarifvertrag tritt zum [Datum] in Kraft.

(2) Der Tarifvertrag endet spätestens mit Ablauf des [Datum] ohne Nachwirkung. Eine vorherige Kündigung ist unter Einhaltung einer Frist von drei Monaten zum Jahresende möglich.

Erläuterungen

Schrifttum

Bauer/Diller Beschäftigungssicherung in der Metallindustrie, NZA 1994, 353; *Bauer/Haußmann* Betriebliche Bündnisse für Arbeit und gewerkschaftlicher Unterlassungsanspruch, Sonderbeilage zu NZA 24/2000, 42; *Berger* Zulässigkeit eines gewerkschaftlichen Zustimmungsvorbehalts zu Kündigungen, NZA 2015, 208; *Gaul/Janz* Chancen und Risiken tariflicher Lösungen, Beilage zu NZA 2/2010, 60; *Heise/Schwald* Arbeitsrechtliche Instrumente in der Wirtschaftskrise, NZA 2009, 753; *Hümmerich/Welslau* Beschäftigungssicherung trotz Personalabbau, NZA 2005, 610; *Rolfs/Clemens* Erstreikbarkeit firmenbezogener Verbandstarifverträge?, DB 2003, 1678; *Schulze* Übernahmeverpflichtung von Auszubildenden nach Tarifvertrag, NZA 2007, 1329; *Wolter* Standortsicherung, Beschäftigungssicherung, Unternehmensautonomie, Tarifautonomie, RdA 2002, 218.

S. Tarifvertragsrecht

122 **1.** Tarifverträge zur Beschäftigungssicherung werden gewöhnlich vor dem Hintergrund aktueller oder bevorstehender wirtschaftlicher Krisensituationen eines Unternehmens oder einer Branche vereinbart. Beschäftigungssicherungstarifverträge beinhalten Vorteile für beide Vertragspartner, da Zugeständnisse für die Arbeitgeberseite zur leichteren Bewältigung der Krise mit zumindest objektiven Vorteilen für die Arbeitnehmer verbunden werden. Dies schließt jedoch nicht aus, dass einzelne Arbeitnehmer von den Regelungen des Beschäftigungssicherungstarifvertrags besonders intensiv getroffen werden. Mögliche Prozesse wegen der mit dem Tarifvertrag einhergehenden Einschränkungen oder auch wegen Ansprüchen aus dem Tarifvertrag können vereinfacht werden, wenn eine einleitende **Präambel** die Hintergründe des Beschäftigungssicherungstarifvertrags und die von den Tarifvertragsparteien verfolgten Absichten deutlich macht (vgl. etwa BAG, Urt. v. 28.05.2009 – 6 AZR 144/08, DB 2009, 1769).

123 **2.** Während **vom Tarifvertrag abweichende Regelungen** in Betriebsvereinbarungen nach § 77 Abs. 3 Satz 2 BetrVG nur im Rahmen ausdrücklich festgeschriebener Öffnungsklauseln zulässig sind und auch arbeitsvertragliche Abweichungen eine Ermächtigung der Tarifvertragsparteien nach § 4 Abs. 3 TVG voraussetzen, gilt diese Sperrwirkung nicht gegenüber anderen Tarifverträgen (ErfK/*Franzen* § 4 TVG Rn. 30; *Bauer/Haußmann* Sonderbeilage zu NZA 24/2000, 42, 43 f.). Die Parteien des Tarifvertrags, von dem mit dem Beschäftigungssicherungstarifvertrag abgewichen werden soll, können eine Abweichung ihres bisher geltenden Tarifvertrags unproblematisch vereinbaren. Ist dagegen auf der Arbeitgeberseite ein anderer Verhandlungspartner beteiligt (hier Unternehmen statt Arbeitgeberverband), muss über das Verhältnis der Tarifverträge zueinander entschieden werden. Die Bestimmung des maßgeblichen von mehreren geltenden Tarifverträgen richtet sich nach den Regeln der Tarifkonkurrenz (vgl. auch S Rdn. 106). Nach dem vom Bundesarbeitsgericht zur Auflösung von Tarifkonkurrenzen entwickelten Grundsatz der Spezialität findet der dem jeweiligen Betrieb räumlich, fachlich und persönlich am nächsten stehende und damit den Erfordernissen und Eigenarten des Betriebs am besten entsprechende Tarifvertrag Anwendung (BAG, Urt. v. 05.09.1990 – 4 AZR 59/90, NZA 1991, 202; BAG, Urt. v. 04.04.2001 – 4 AZR 237/00, NZA 2001, 1085). Danach wird der als Firmentarifvertrag vereinbarte Beschäftigungssicherungstarifvertrag gegenüber Verbandstarifverträgen in aller Regel spezieller sein (BAG, Urt. v. 24.01.2001 – 4 AZR 655/99, NZA 2001, 788). Die in der Präambel gewählte Formulierung verdeutlicht somit lediglich, dass die Gewerkschaft eine Abweichung von den bisher geltenden Tarifverträgen nur in dem im Beschäftigungssicherungstarifvertrag enthaltenen Umfang zulassen will.

124 **3.** Um die Regelungen des Beschäftigungssicherungstarifvertrags auch auf die Nichtgewerkschaftsmitglieder anwenden zu können, sollte in den Arbeitsverträgen der Arbeitnehmer eine Bezugnahme auf die für das Unternehmen jeweils maßgeblichen Tarifverträge enthalten sein (vgl. zur Bezugnahme in Arbeitsverträgen B Rdn. 70 ff.).

125 **4.** Zu den klassischen Zugeständnissen der Gewerkschaftsseite zur Überwindung wirtschaftlicher Krisenzeiten gehört **die Absenkung der Arbeitszeit bei gleichzeitiger Entgeltkürzung** (BAG, Urt. v. 08.10.2008 – 5 AZR 707/07, EzA § 4 TVG Bankgewerbe Nr. 5; BAG, Urt. v. 25.10.2000 – 4 AZR 438/99, NZA 2001, 328). Das Unternehmen kann auf diese Weise einem geringeren Beschäftigungsbedarf gerecht werden, ohne sofort betriebsbedingte Kündigungen aussprechen zu müssen. Durch die Ermächtigung zur Entgeltreduzierung wird das Unternehmen finanziell entlastet. Im Formulartext ist die Absenkung der Arbeitszeit gegen Entgeltreduzierung in das Ermessen des Unternehmens gestellt, da aufgrund der eindeutigen Regelung kein Raum für eine Mitbestimmung des Betriebsrats verbleibt.

126 Soll die Arbeitszeitreduzierung dagegen nur im Einvernehmen mit dem Betriebsrat erfolgen können, bietet sich die folgende Formulierung an:

Alternative:

[Zur Sicherung der Beschäftigung im Unternehmen kann die Arbeitszeit vollzeitbeschäftigter Arbeitnehmer mit Zustimmung des Betriebsrats auf bis zu 30 Stunden pro Woche abgesenkt

werden. Kommt eine Verständigung der Betriebsparteien nicht zustande, entscheidet die Einigungsstelle.]

Die im Tarifvertrag gestattete Arbeitszeitreduzierung ist eine weitere Form zur Entlastung des Unternehmens neben der Einführung von Kurzarbeit. Während Kurzarbeit in der Regel auf eine staatliche Förderung durch Kurzarbeitergeld abzielt und dafür die Erfordernisse der §§ 95 ff. SGB III (vormals §§ 169 ff. SGB III) verwirklicht sein müssen, können die Voraussetzungen und Folgen einer tariflichen Arbeitszeitreduzierung von den Tarifvertragsparteien selbst definiert werden. 127

5. Der im Formular enthaltene Beschäftigungssicherungstarifvertrag sieht einen Wegfall der Vergütung für die aufgrund der Reduzierung nicht geleisteten Arbeitsstunden vor. Diese Regelung kann in einem Tarifvertrag getroffen werden (BAG, Urt. v. 28.06.2001 – 6 AZR 114/00, NZA 2002, 331). Abweichend von dieser Regelung sehen Beschäftigungssicherungstarifverträge zum Teil einen **Lohnausgleich** bei Arbeitszeitreduzierung vor (BAG, Urt. v. 01.08.2001 – 4 AZR 388/99, DB 2001, 2609). Danach kann der Arbeitnehmer zwar in einem geringeren zeitlichen Rahmen beschäftigt werden; zugleich erhält er aber eine finanzielle Kompensation für einen Teil der wegfallenden Stunden. Zur Entlastung des notleidenden Unternehmens kann die Leistung dieser Zahlung auch zu einem späteren Zeitpunkt vorgesehen werden. Eine mögliche Formulierung für diesen Fall könnte lauten: 128

Alternative:

[Die Arbeitnehmer erhalten durch das Unternehmen einen finanziellen Ausgleich für die Hälfte des Entgeltausfalls, der aufgrund der Arbeitszeitreduzierung eintritt. Die Ausgleichszahlung wird drei Monate nach dem jeweiligen Zeitraum des Entgeltausfalls zur Zahlung fällig]

6. Als weiteres Zugeständnis der Gewerkschaftsseite bei Vereinbarung eines Beschäftigungssicherungstarifvertrags kommt die **Aussetzung, Reduzierung oder Verschiebung einer tariflichen Sonderzahlung** in Betracht (BAG, Urt. v. 24.01.2001 – 4 AZR 655/99, NZA 2001, 788). Nach der hier gewählten Formulierung wird die Sonderzahlung nicht grundsätzlich aufgehoben, sondern während der Laufzeit des Beschäftigungssicherungstarifvertrags jährlich von den Betriebsparteien überprüft. Auf diese Weise sollen die Arbeitnehmer nur dann von dem Verlust oder der Kürzung der Sonderzahlung getroffen werden, wenn dies nach der aktuellen wirtschaftlichen Lage des Unternehmens nicht zu vermeiden ist. Für das Unternehmen bedeutsam ist indessen, dass eine Regelung für den Fall getroffen wird, dass kein Einvernehmen mit dem Betriebsrat über die Behandlung der Sonderzahlung erzielt wird. Die Vereinbarung der Zuständigkeit der Einigungsstelle ist nach § 76 Abs. 6 BetrVG auch für die Fälle möglich, in denen kein Mitbestimmungsrecht nach dem BetrVG besteht (DLW/*Eisenbeis* Kapitel 13 Rn. 1320). Die Erweiterung der Mitbestimmungsrechte des Betriebsrats kann auch in einem Firmentarifvertrag vereinbart werden, zumal das Unternehmen in der vorliegenden Konstellation der Errichtung einer Einigungsstelle freiwillig zugestimmt hat (BAG, Beschl. v. 10.02.1988 – 1 ABR 70/86, NZA 1988, 699; BAG, Beschl. v. 18.08.1987 – 1 ABR 30/86, NZA 1987, 779; GK-BetrVG/*Kreutz* § 76 Rn. 17). 129

7. Zur Entlastung des Unternehmens kommt schließlich auch die **Verschiebung oder Aussetzung tariflicher Lohnerhöhungen** in Betracht. Sollen anders als bei der hier vorgestellten Vereinbarung auch leitende Angestellte ihren Beitrag zu der wirtschaftlichen Entlastung des Unternehmens beisteuern, ist zu bedenken, dass die Tarifvertragsparteien zwar den Geltungsbereich eines Tarifvertrags auch auf leitende Angestellte erstrecken können. Da die leitenden Angestellten aber in aller Regel von Entgelttarifverträgen nicht erfasst werden, würde eine Aussetzung der tariflichen Lohnerhöhung keinen Erfolg zeigen. Eine Formulierung zur – freilich rechtlich nicht erzwingbaren – Erfassung der leitenden Angestellten könnte folgendermaßen aussehen: 130

Alternative:

[Zwischen den Parteien besteht Übereinstimmung darin, dass auch die leitenden Angestellten einen substantiellen Beitrag zur Entlastung des Unternehmens leisten sollen. Das Unternehmen verpflichtet sich, sicherzustellen, dass entsprechende einzelvertragliche Lohnverzichtsvereinbarungen mit den leitenden Angestellten getroffen werden.]

131 8. Neben der Aussetzung zukünftiger tariflicher Lohnerhöhungen ist grundsätzlich auch die rückwirkende Aussetzung bereits eingetretener Lohnerhöhungen aus der Vergangenheit denkbar. Die Tarifvertragsparteien können die Regelungen eines von ihnen abgeschlossenen Tarifvertrags während dessen Laufzeit **rückwirkend ändern**, was sich zu Lasten der Arbeitnehmer oder der Arbeitgeber auswirken kann. Die Gestaltungsfreiheit der Tarifvertragsparteien zu einem rückwirkenden Eingriff in ihr Regelwerk ist aber durch den Grundsatz des Vertrauensschutzes für die Normunterworfenen begrenzt (BAG, Urt. v. 11.10.2006 – 4 AZR 486/05, NZA 2007, 634; BAG, Urt. v. 22.10.2003 – 10 AZR 152/03, NZA 2004, 444; Wiedemann/*Thüsing* § 1 TVG Rn. 172). Mussten die Arbeitnehmer daher nicht mit einem nachträglichen Wegfall der Tariflohnerhöhung rechnen, ist eine entsprechende Regelung in einem Beschäftigungssicherungstarifvertrag unwirksam.

132 9. Das Hauptinteresse der Gewerkschaft und damit das wichtigste Zugeständnis des Unternehmens in Beschäftigungssicherungssituationen ist in aller Regel der **zeitweilige Ausschluss betriebsbedingter Kündigungen** im Geltungsbereich des Tarifvertrags (vgl. BAG, Urt. v. 28.05.2009 – 6 AZR 144/08, DB 2009, 1769; BAG, Urt. v. 26.06.2008 – 2 AZR 1109/06, NZA-RR 2009, 205). Bei der Formulierung des Kündigungsausschlusses sollte unbedingt darauf geachtet werden, dass der Arbeitgeber auch während der Laufzeit des Beschäftigungssicherungstarifvertrags zum Ausspruch personenbedingter und verhaltensbedingter Kündigungen berechtigt bleibt. Ein Streik zur Erzwingung eines Beschäftigungssicherungstarifvertrags mit einhergehendem Ausschluss betriebsbedingter Kündigungen wird teilweise für rechtswidrig erachtet (LAG Hamm, Urt. v. 31.05.2000 – 18 Sa 858/00, NZA-RR 2000, 535; LAG Schleswig-Holstein, Urt. v. 27.03.2003 – 5 Sa 137/03, NZA-RR 2003, 592; *Rolfs/Clemens* DB 2003, 1678; a.A. LAG Köln, Urt. v. 26.06.2000 – 7 Ta 160/00, NZA-RR 2001, 41; ErfK/*Dieterich* Art. 9 GG Rn. 116; *Wolter* RdA 2002, 218, 225 ff.).

133 Sollen gegenüber der Gewerkschaft weniger weitreichende Zugeständnisse gemacht werden, kann der Ausschluss betriebsbedingter Kündigungen auch eingeschränkt werden. Eine größere Einschränkung des Kündigungsverzichts und damit die Erhaltung größerer Flexibilität für das Unternehmen bietet folgende Formulierung:

Alternative:

[Während der Laufzeit dieses Tarifvertrags sind betriebsbedingte Kündigungen von Arbeitnehmern im Geltungsbereich ausgeschlossen. Dies gilt nicht für den Fall einer Stilllegung des kompletten Betriebs oder von kompletten Betriebsabteilungen. Versetzungen und Änderungskündigungen aus betriebsbedingten Gründen sind unter Wahrung der Beteiligungsrechte des Betriebsrats uneingeschränkt möglich.]

Ebenso denkbar wäre als den Arbeitgeber weniger einschränkende Regelung auch die Vereinbarung eines gewerkschaftlichen Zustimmungsvorbehalts für den Ausspruch betriebsbedingter Kündigungen (vgl. *Berger* NZA 2015, 208).

134 10. Für die Gewerkschaft entscheidend ist in erster Linie der Aspekt der Beschäftigungssicherung. Diesem wird mit dem Ausschluss betriebsbedingter Kündigungen genügt. Das Recht zur Versetzung von Arbeitnehmern sollte sich das Unternehmen indessen vorbehalten, um über ausreichende Flexibilität während der Beschäftigungssicherungsphase zu verfügen.

135 11. Ein zusätzliches Entgegenkommen des Unternehmens in Krisensituationen ist die Zusage zur **Bereitstellung** einer bestimmten Zahl von **Ausbildungsplätzen** oder die **Übernahme** von Aus-

zubildenden nach Abschluss der Ausbildung (vgl. BAG, Urt. v. 29.09.2005 – 8 AZR 573/04, EzA § 611 BGB 2002 Einstellungsanspruch Nr. 1). Der Tarifvertrag kann eine Übernahme in unbefristete oder auch in auf eine bestimmte Zeit befristete Arbeitsverhältnisse vorsehen (vgl. LAG Baden-Württemberg, Urt. v. 09.10.2008 – 10 Sa 35/08, DB 2008, 2660). Tarifverträge können Übernahmezusagen davon abhängig machen, dass eine bestimmte Abschlussnote von den Auszubildenden erreicht wurde. Inhaltlich sind auch Regelungen denkbar, die den Arbeitgeber automatisch zur Übernahme der Auszubildenden verpflichten oder dies jedenfalls zum Regelfall machen (vgl. BAG, Urt. v. 17.06.1998 – 7 AZR 443/97, NZA 1998, 1178; kritisch *Löwisch/Rieble* § 1 TVG Rn. 90; *Bauer/Diller* NZA 1994, 353, 355). Die hier gewählte Formulierung beinhaltet dagegen nur eine Sollvorschrift, deren Nichtbeachtung dem Arbeitgeber lediglich eine Anzeige- und Begründungspflicht gegenüber dem Betriebsrat auferlegt.

12. Gegenstand eines Beschäftigungssicherungstarifvertrags kann auch eine Zusage des Unternehmens sein, während der Vertragslaufzeit einen bestimmten finanziellen Betrag in die Zukunftsfähigkeit zu investieren. Die Gewerkschaftsseite verspricht sich von einem solchen Schritt zuweilen die Sicherung der Wettbewerbsfähigkeit des Unternehmens gegenüber Konkurrenten und damit eine mittelfristige Absicherung der Arbeitsplätze. In jedem Fall sollte darauf geachtet werden, die Entscheidungen über **Investitionen** oder gar zielgerichtete Mittelverwendungen alleinverantwortlich bei dem Unternehmen zu belassen und hier der Gewerkschaft oder dem Betriebsrat keine Mitentscheidungsrechte zu übertragen. Auch zu konkrete Verpflichtungen des Unternehmens können dazu führen, dass die durch den Beschäftigungssicherungstarifvertrag erwartete wirtschaftliche Entlastung ausbleibt. 136

4. Tarifvertrag über eine gemeinsame Einrichtung

Vorbemerkung

Die Tarifvertragsparteien können die Schaffung gemeinsamer Einrichtungen in einem Tarifvertrag beschließen. Bei einer gemeinsamen Einrichtung im Sinne des § 4 Abs. 2 TVG handelt es sich um einen eigenen Rechtsträger, der von den Parteien zur Wahrnehmung eines besonderen Zwecks geschaffen wird (Wiedemann/*Oetker* § 1 TVG Rn. 784). Das TVG selbst nennt die Errichtung von Lohnausgleichskassen und Urlaubskassen, ohne dass dies abschließend wäre oder auch nur die Zielsetzung einer gemeinsamen Einrichtung vorgeben würde. In Betracht kommen etwa auch Einrichtungen zur Durchführung der betrieblichen Altersversorgung, zur Gewährung von Erziehungs- und Elternurlaub oder zur Berufsbildung (vgl. AR/*Krebber* § 4 TVG Rn. 39). Für die Tarifvertragsparteien ist zu beachten, dass ein Tarifvertrag über eine gemeinsame Einrichtung nicht prinzipiell für alle Arbeitnehmer unabhängig von einer Gewerkschaftsmitgliedschaft wirkt. § 4 Abs. 2 TVG erweitert die Tarifbindung nicht (ErfK/*Franzen* § 4 TVG Rn. 22; *Löwisch/Rieble* § 4 TVG Rn. 159 ff.). Es gilt daher die allgemeine Regel, wonach für Inhaltsnormen die beidseitige Tarifgebundenheit von Arbeitgeber und Arbeitnehmer notwendig ist (§ 4 Abs. 1 Satz 1 TVG), während Betriebsnormen nach § 3 Abs. 2 TVG bereits bei einer ausschließlichen Tarifbindung des Arbeitgebers gelten. Entscheidend ist also auch insoweit, welcher Regelungsgegenstand der Errichtung der gemeinsamen Einrichtung zugrunde liegt. 137

▶ Muster – Tarifvertrag über eine gemeinsame Einrichtung

Zwischen dem Unternehmen ___[Name und Anschrift]___ [nachfolgend: »Unternehmen«] 138
und
der Gewerkschaft ___[Name und Anschrift]___ [nachfolgend: »Gewerkschaft«]
wird folgender Tarifvertrag vereinbart:

§ 1 Geltungsbereich

(1) Räumlicher Geltungsbereich: Sämtliche Betriebe des Unternehmens in Deutschland.

(2) Persönlicher Geltungsbereich: Alle Arbeitnehmer im räumlichen Geltungsbereich, mit Ausnahme der Auszubildenden sowie der Personen, die nach § 5 Abs. 2 oder § 5 Abs. 3 BetrVG nicht als Arbeitnehmer gelten.

§ 2 Qualifizierungsgesellschaft

Die Vertragsparteien gründen eine Qualifizierungsgesellschaft in der Rechtsform einer GmbH als gemeinsame Einrichtung im Sinne des § 4 Abs. 2 TVG. [1] Die Gesellschaftsanteile werden paritätisch von den Vertragsparteien gehalten. Das Nähere regelt die Satzung der Qualifizierungsgesellschaft. [2]

§ 3 Gesellschaftszweck [3]

(1) Die Qualifizierungsgesellschaft soll im Rahmen jährlicher Gespräche den Qualifizierungsbedarf der Arbeitnehmer im Geltungsbereich ermitteln. Aus dem Qualifizierungsbedarf ist in einem Folgegespräch zwischen einem Mitarbeiter der Qualifizierungsgesellschaft, dem Arbeitnehmer und der jeweiligen Führungskraft ein individuelles Qualifizierungskonzept zu entwickeln.

(2) Zur Umsetzung des Qualifizierungskonzepts werden in der Qualifizierungsgesellschaft interne Fortbildungsveranstaltungen für die Arbeitnehmer veranstaltet sowie Teilnahmemöglichkeiten an externen Fortbildungsveranstaltungen vermittelt.

§ 4 Finanzierung

(1) Das Unternehmen ist verpflichtet, einen Betrag in Höhe von 1 % der jährlichen Bruttolohnsumme seiner Arbeitnehmer zur finanziellen Ausstattung der Qualifizierungsgesellschaft aufzubringen. Aus diesem Betrag werden die Verwaltungskosten der Qualifizierungsgesellschaft gedeckt. Die Zahlung ist Ende Januar eines Kalenderjahres für das laufende Jahr zu erbringen. [4]

(2) In Abweichung von § [Paragraf zur tariflichen Entgeltsteigerung] des zwischen der Gewerkschaft und dem Arbeitgeberverband [Name des Arbeitgeberverbands] abgeschlossenen Entgelttarifvertrags vom [Abschlussdatum] werden die Entgeltsteigerungen zum [Datum] und zum [Datum] jeweils zur Hälfte des Unterschiedsbetrags zum vorherigen Tarifentgelt auf ein individuelles Qualifizierungskonto bei der Qualifizierungsgesellschaft eingezahlt. Die entsprechenden Beträge werden monatlich von dem Unternehmen an die Qualifizierungsgesellschaft abgeführt. Die andere Hälfte des Unterschiedsbetrags zum vorherigen Tarifentgelt wird entsprechend dem zwischen der Gewerkschaft und dem Arbeitgeberverband [Name des Arbeitgeberverbands] abgeschlossenen Entgelttarifvertrag vom [Abschlussdatum] an die Arbeitnehmer ausgezahlt. [5]

(3) Der nach Abzug der Verwaltungskosten verbleibende finanzielle Beitrag des Unternehmens nach Abs. 1 wird am Jahresende den Qualifizierungskonten der Arbeitnehmer zu gleichen Teilen zugeführt. Teilzeitbeschäftigte Arbeitnehmer werden dabei entsprechend dem Anteil ihres Beschäftigungsgrades an einer Vollzeitbeschäftigung berücksichtigt.

(4) Die Qualifizierungsgesellschaft erwirbt das Recht, die Beiträge unmittelbar von dem Unternehmen einzufordern. [6] Sie ist berechtigt, die für die Berechnung der Beiträge erforderlichen Daten in anonymisierter Form von dem Unternehmen einzuholen.

(5) Die Qualifizierungsgesellschaft hat die erhaltenen Geldmittel nach Maßgabe der Satzung zu verwalten und anzulegen.

§ 5 Kosten von Qualifizierungsmaßnahmen

Die Kosten der Qualifizierung eines Arbeitnehmers werden von seinem individuellen Qualifizierungskonto abgezogen. Genügt das auf dem Qualifizierungskonto vorhandene Guthaben nicht zur Finanzierung einer geeigneten Fortbildungsmaßnahme, kann die Maßnahme von dem Unternehmen bezuschusst werden. Der Arbeitnehmer hat das Recht, den fehlenden Betrag aus eigenen Mitteln aufzubringen. [7]

§ 6 Ausscheiden einzelner Arbeitnehmer aus dem Geltungsbereich

Endet das Arbeitsverhältnis eines Arbeitnehmers zu dem Unternehmen, wird ein zum Zeitpunkt des Ausscheidens auf dem Qualifizierungskonto vorhandenes Guthaben an den Arbeitnehmer ausgezahlt.

§ 7 Laufzeit

Dieser Tarifvertrag tritt am ___[Datum]___ in Kraft. Er kann mit einer Frist von sechs Monaten zum Jahresende gekündigt werden, erstmals zum ___[Datum]___. Im Falle einer Beendigung des Tarifvertrags wird ein eventuell vorhandenes Guthaben auf den Qualifizierungskonten an die jeweiligen Arbeitnehmer ausgezahlt.

Erläuterungen

Schrifttum

Oetker Tarifkonkurrenz und Tarifpluralität bei Tarifverträgen über Gemeinsame Einrichtungen (§ 4 II TVG), Beilage zu NZA 1/2010, 13; *Sahl* Leistung und Verfahren der gemeinsamen Einrichtungen ULAK und ZVK, Beilage zu NZA 1/2010, 8; *Thüsing/Hoff* Leistungsbeziehungen und Differenzierungen nach der Gewerkschaftszugehörigkeit bei Gemeinsamen Einrichtungen, ZfA 2008, 77.

1. Gemeinsame Einrichtungen im Sinne von § 4 Abs. 2 TVG sind organisatorisch verselbständigte Einheiten, die eigenständige Rechte und Pflichten tragen können (Wiedemann/*Oetker* § 1 TVG Rn. 785; Däubler/*Hensche* § 1 TVG Rn. 935; *Löwisch/Rieble* § 4 TVG Rn. 177 betrachten sogar eine bloße Verrechnungsstelle als ausreichend). Bei der gemeinsamen Einrichtung muss es sich nicht zwingend um eine juristische Person handeln. Zumeist wird es sich bei der gemeinsamen Einrichtung aber um eine GmbH, eine AG oder einen rechtsfähigen Verein handeln. Inhaltlich ist die Errichtung gemeinsamer Einrichtungen nicht auf die im Gesetz bezeichneten Lohnausgleichskassen und Urlaubskassen begrenzt. Eine gemeinsame Einrichtung kann vielmehr zu jeder Materie gebildet werden, die von den Tarifvertragsparteien auch in einem Tarifvertrag erfasst werden kann (ErfK/*Franzen* § 4 TVG Rn. 23). **139**

2. Damit die Einrichtung als »gemeinsame Einrichtung« bezeichnet werden kann, ist eine hinreichende **Einflussnahmemöglichkeit beider Tarifvertragsparteien** auf die Handlungen der Einrichtung erforderlich (BAG, Urt. v. 28.04.1981 – 3 AZR 255/80, AP Nr. 3 zu § 4 TVG Gemeinsame Einrichtungen). In der Rechtsprechung und der überwiegenden Literatur wird dazu eine gleichgewichtige Steuerung der gemeinsamen Einrichtung durch beide Tarifvertragsparteien verlangt (BAG, Beschl. v. 10.08.2004 – 5 AZB 26/04, ZTR 2004, 603; BAG, Urt. v. 25.01.1989 – 5 AZR 43/88, EzA § 2 ArbGG 1979 Nr. 16; Däubler/*Hensche* § 1 TVG Rn. 938). Die paritätische Übernahme der Gesellschaftsanteile im hier vorgeschlagenen Sinn ist dagegen nicht zwingend erforderlich, da die Kontrolle durch beide Seiten auch in der Satzung der gemeinsamen Einrichtung geregelt werden kann, etwa durch die Bestimmungen zur Stimmrechtsausübung (vgl. BAG, Beschl. v. 10.08.2004 – 5 AZB 26/04, ZTR 2004, 603; ebenso Wiedemann/*Oetker* § 1 TVG Rn. 793; a.A. *Löwisch/Rieble* § 4 TVG Rn. 182). Die Regelungen über die organisatorische Ausgestaltung der gemeinsamen Einrichtung und über die Besetzung ihrer Organe können außerhalb des Tarifvertrags in der Satzung der gemeinsamen Einrichtung vorgenommen werden. Die Satzung hat sich dabei an den Vorgaben des Tarifvertrags zu orientieren, darf aber gleichzeitig nicht gegen zwingende gesellschaftsrechtliche Bestimmungen der gewählten Rechtsform verstoßen (Wiedemann/*Oetker* § 1 TVG Rn. 826; Kempen/Zachert/*Kempen* § 4 TVG Rn. 237). **140**

3. Die Tarifvertragsparteien haben bereits in dem Tarifvertrag über die Schaffung einer gemeinsamen Einrichtung den **Zweck der Einrichtung** zu definieren (BAG, Urt. v. 25.01.1989 – 5 AZR 43/88, EzA § 2 ArbGG 1979 Nr. 16; AR/*Krebber* § 4 TVG Rn. 37). Aus dem Zweck muss sich auch ergeben, welche finanziellen Mittel aufgebracht und verwendet werden. Die Bestimmung des Zwecks der Einrichtung darf nicht auf Dritte übertragen werden, auch darf sich die Einrich- **141**

tung ihren Zweck nicht selbst aussuchen (Däubler/*Hensche* § 1 TVG Rn. 939; Wiedemann/*Oetker* § 1 TVG Rn. 812).

142 Der hier gewählte Einrichtungszweck liegt in der Qualifizierung der Arbeitnehmer des Unternehmens (ErfK/*Franzen* § 4 TVG Rn. 23 zählt die Qualifizierung zu den klassischen Feldern für gemeinsame Einrichtungen). Die berufliche Weiterbildung der Arbeitnehmer stellt ein tariflich regelbares Ziel dar. Als organisatorisch eigenständige Qualifizierungsgesellschaft besteht der Zweck der gemeinsamen Einrichtung in der für Arbeitgeber und Arbeitnehmer vorteilhaften Ermittlung des individuellen Qualifizierungsbedarfs und der Auswahl geeigneter Qualifizierungsmaßnahmen.

143 **4.** Im Tarifvertrag über die Einrichtung einer gemeinsamen Einrichtung ist eine grundlegende Bestimmung darüber zu treffen, wie die gemeinsame Einrichtung **finanziert** werden soll. In aller Regel sehen die Tarifverträge eine Finanzierungspflicht der Arbeitgeberseite vor (vgl. etwa BAG, Urt. v. 14.02.2007 – 10 AZR 63/06, NZA-RR 2007, 300; BAG, Urt. v. 24.04.2001 – 3 AZR 329/00, NZA 2002, 912), ohne dass dies andere Finanzierungsmöglichkeiten ausschließen würde. Als Maßstab für den Beitragsumfang des Arbeitgebers kommen neben der hier verwendeten Lohnsumme auch die Bilanzsumme, der Umsatz oder die Anzahl der begünstigten Beschäftigten in Betracht (Wiedemann/*Oetker* § 1 TVG Rn. 847; Däubler/*Hensche* § 1 TVG Rn. 950).

144 **5.** Die Finanzierung der gemeinsamen Einrichtung durch die Arbeitgeberseite ist zwar üblich, stellt jedoch nicht die einzige Möglichkeit zur Beitragsaufbringung dar. Denkbar ist auch die in einem Tarifvertrag vorgesehene Pflicht für die Gewerkschaft oder die Arbeitnehmer, einen Zuschuss zu den finanziellen Mitteln der gemeinsamen Einrichtung aufzubringen. Als Mittelweg bietet sich die vollständige oder partielle Verwendung tarifvertraglicher Entgeltsteigerungen zur Förderung des von der gemeinsamen Einrichtung verfolgten Zwecks an. Auch wenn faktisch die Aufbringung dieser Beiträge durch die Arbeitgeberseite erfolgt, disponiert die Gewerkschaft durch eine derartige Vereinbarung über die bereits ausgehandelte Entgeltsteigerung. Die Verwendung eigener finanzieller Mittel für Einzahlungen in die gemeinsame Einrichtung bringt in besonderem Maße zum Ausdruck, dass auch die Gewerkschaftsseite den Einrichtungszweck als für beide Seiten bedeutsam erachtet.

145 Erfolgt die hier vorgeschlagene Form der Beitragsaufbringung in einem Tarifvertrag derselben Tarifvertragsparteien, die auch den Entgelttarifvertrag abgeschlossen haben, ist die **Verwendung der Entgeltsteigerungen** als Einzahlung in die gemeinsame Einrichtung unter Beachtung der Grundsätze über die Rückwirkung in Tarifverträgen zulässig (vgl. zur Tariföffnung BAG, Urt. v. 20.04.1999 – 1 AZR 631/98, NZA 1999, 1059; zur Rückwirkung vgl. S Rdn. 131). Aber auch die von einem Verbandstarifvertrag abweichende Mittelverwendung in einem Firmentarifvertrag stellt eine zulässige Tarifnormsetzung dar, die nach den Regeln der Tarifkonkurrenz die Bestimmungen des Verbandstarifvertrags verdrängt, sofern jedenfalls dieselbe Gewerkschaft beteiligt ist (vgl. BAG, Urt. v. 08.10.2008 – 5 AZR 8/08, NZA 2009, 98; BAG, Urt. v. 15.04.2008 – 9 AZR 159/07, NZA-RR 2008, 586). Die Gestattung einer derartigen Regelung durch den Arbeitgeberverband ist hingegen keine Wirksamkeitsanforderung für den Firmentarifvertrag, sondern betrifft allein das innerverbandliche Verhältnis zwischen dem Arbeitgeber und dem Arbeitgeberverband.

146 **6.** Nach Sinn und Zweck einer gemeinsamen Einrichtung wird die Schaffung neuer Rechtsverhältnisse zu den Arbeitgebern und Arbeitnehmern vorausgesetzt. Aus dieser Anforderung bedingt sich das Bedürfnis einer gemeinsamen Einrichtung, **eigenständige Rechte und Pflichten wahrnehmen** zu können (vgl. S Rdn. 139). Im Verhältnis zu dem in der Regel beitragsverpflichteten Unternehmen muss die gemeinsame Einrichtung das Recht besitzen, die finanziellen Mittel einfordern zu können (BAG, Urt. v. 19.11.2008 – 10 AZR 864/07, ArbRB 2009, 131; BAG, Urt. v. 21.11.2007 – 10 AZR 481/06, AP Nr. 296 zu § 1 TVG Tarifverträge: Bau). Gegenüber den begünstigten Arbeitnehmern hat sich dagegen aus dem Tarifvertrag die Verpflichtung der gemeinsamen Einrichtung zu ergeben, welche Leistungen gewährt werden müssen (BAG, Urt. v. 21.04.2005 – 6 AZR 1/04, n.v.; Löwisch/*Rieble* § 4 TVG Rn. 186 ff.).

7. Die im Muster angelegte Qualifizierung der Arbeitnehmer soll vorrangig durch die finanziellen Mittel auf den Qualifizierungskonten abgedeckt werden. Es ist dennoch von Situationen auszugehen, in denen eine geeignete Weiterbildungsmaßnahme nicht mit den vorhandenen Mitteln finanziert werden kann. Für diesen Fall sollte eine Regelung getroffen werden, wie mit dem Unterschiedsbetrag zwischen dem vorhandenen Guthaben und den Maßnahmekosten umzugehen ist.

5. Tarifvertrag über ein Schlichtungsverfahren

Vorbemerkung

Mit einer Schlichtungsvereinbarung legen sich die Tarifvertragsparteien die Selbstverpflichtung auf, nach dem Scheitern der Tarifverhandlungen zunächst ein Schlichtungsverfahren durchzuführen, bevor ein Arbeitskampf eingeleitet werden kann. Durch die vorgeschaltete Schlichtung wird deutlich betont, dass der Arbeitskampf lediglich als letztes Mittel (ultima ratio) zur Verfügung stehen soll. Ein Zwang zur Durchführung eines vorherigen Schlichtungsverfahrens besteht indessen nicht, weshalb der Abschluss einer Schlichtungsvereinbarung der Entscheidung der Tarifvertragsparteien obliegt. Bei einer Schlichtungsvereinbarung handelt es sich in der Regel um einen rein schuldrechtlich wirkenden Vertrag, der allein die Tarifvertragsparteien bindet. Rechtsnormen, die unmittelbar und zwingend entsprechend § 4 Abs. 1 TVG auf die Arbeitsverhältnisse der Verbandsmitglieder einwirken könnten, enthält der Tarifvertrag über ein Schlichtungsverfahren nicht. Etwas anderes kann aber dann gelten, wenn in dem Schlichtungsabkommen die unmittelbare Unterwerfung unter den Schlichtungsspruch geregelt wird.

▶ **Muster – Tarifvertrag über ein Schlichtungsverfahren**

Zwischen dem Arbeitgeberverband [Name und Anschrift] [nachfolgend: »Arbeitgeberverband«]

und der

Gewerkschaft [Name und Anschrift] [nachfolgend: »Gewerkschaft«]

wird folgende Schlichtungsvereinbarung abgeschlossen:

Präambel

Die Parteien bekennen sich zu den Grundsätzen der Sozialpartnerschaft. Es besteht daher Einigkeit, dass der Arbeitskampf nur als letztes Mittel zur Herbeiführung eines Tarifvertrags angewendet werden soll. Nach dem Scheitern von Tarifverhandlungen soll daher ein Schlichtungsverfahren nach Maßgabe der folgenden Bestimmungen durchgeführt werden, bevor eine Partei den Arbeitskampf einleiten darf.

§ 1 Geltungsbereich

Diese Vereinbarung gilt für sämtliche Tarifverhandlungen zwischen dem Arbeitgeberverband und der Gewerkschaft.

§ 2 Voraussetzungen und Einleitung des Schlichtungsverfahrens

(1) Das Schlichtungsverfahren setzt voraus, dass die Tarifverhandlungen zuvor von mindestens einer Tarifvertragspartei schriftlich für gescheitert erklärt wurden. [1] Das Schlichtungsverfahren kann außerdem eingeleitet werden, wenn eine Vertragspartei die Aufnahme von Verhandlungen über einen bestimmten Gegenstand verweigert. [2] Ist dieser Gegenstand bereits zuvor tarifvertraglich normiert worden, beginnt das Schlichtungsverfahren frühestens mit Beendigung der zwingenden Wirkung des Tarifvertrags. [3]

(2) Jede Tarifvertragspartei kann innerhalb einer Frist von einer Woche nach dem Scheitern oder einer Verweigerung der Aufnahme von Tarifvertragsverhandlungen das Schlichtungsverfahren einleiten. [4]

(3) Die jeweils andere Tarifvertragspartei ist dazu verpflichtet, sich auf die Einleitung des Schlichtungsverfahrens einzulassen. [5]

§ 3 Besetzung der Schlichtungsstelle

(1) Die Schlichtungsstelle setzt sich zusammen aus einem unabhängigen Vorsitzenden und je zwei Beisitzern der Tarifvertragsparteien.

(2) Die Tarifvertragsparteien haben sich innerhalb von einer Woche nach Einleitung des Schlichtungsverfahrens auf die Person des unabhängigen Vorsitzenden zu verständigen und ihre Beisitzer zu benennen. Die Beisitzer können jederzeit ersetzt werden.

(3) Kommt innerhalb dieser Zeit keine Verständigung auf die Person des Vorsitzenden zustande, bitten die Tarifvertragsparteien den Präsidenten des Landesarbeitsgerichts [Sitz des Gerichts] um die Benennung eines Vorsitzenden. Der Benannte gilt in diesem Fall als von den Tarifvertragsparteien bestellt. [6]

§ 4 Einberufung der Schlichtungsstelle

Die Schlichtungsstelle hat innerhalb von drei Wochen nach erfolgter Besetzung zusammenzutreten. Die Ladung erfolgt durch den Vorsitzenden.

§ 5 Verfahren vor der Schlichtungsstelle

(1) Die Verhandlungen der Schlichtungsstelle sind nicht öffentlich. Vertreter der Tarifvertragsparteien können zugelassen werden. Über die Anzahl verständigen sich die Parteien. Die Schlichtungsstelle ist auch ohne vollständige Anwesenheit ihrer Mitglieder beschlussfähig, wenn die Mitglieder mindestens drei Tage vor dem Verhandlungstermin geladen wurden. [7]

(2) Der Vorsitzende leitet die Verhandlungen und trifft die verfahrensleitenden Entscheidungen.

(3) Die Schlichtungsstelle hat durch Anhörung der Parteien den Sachverhalt aufzuklären. Sie kann sich zusätzlich der Ladung Sachverständiger bedienen.

(4) Die Schlichtungsstelle hat zu versuchen, eine Einigung der Tarifvertragsparteien herbeizuführen. Kommt eine Einigung zustande, ist sie durch den Vorsitzenden schriftlich abzufassen und von den Parteien zu unterschreiben. [8]

(5) Kommt eine Einigung nicht zustande, hat die Schlichtungsstelle spätestens zwei Wochen nach ihrem erstmaligen Zusammentreten einen Spruch zu fällen. Die Frist kann durch einstimmigen Beschluss um zwei weitere Wochen verlängert werden. Auf Antrag einer Vertragspartei hat der Vorsitzende einen Vorschlag für den Schlichtungsspruch zu unterbreiten. Die Schlichtungsstelle entscheidet mit der Mehrheit ihrer Mitglieder. Auf Antrag einer Vertragspartei ist geheim abzustimmen. Stimmenthaltungen sind nicht zulässig. [9]

(6) Der Schlichtungsspruch ist schriftlich niederzulegen und von den Parteien zu unterschreiben. Den Parteien ist eine Abschrift des Schlichtungsspruchs innerhalb eines Tages zuzustellen.

(7) Das Schlichtungsverfahren ruht, wenn die Tarifvertragsparteien die Tarifverhandlungen zwischenzeitlich wieder aufnehmen. [10]

§ 6 Wirkung des Schlichtungsspruchs

(1) Die Tarifvertragsparteien haben sich innerhalb einer Frist von einer Woche nach Zustellung des Schlichtungsspruchs schriftlich gegenüber dem Vorsitzenden zu erklären, ob sie den Schlichtungsspruch annehmen. [11]

(2) Durch die Annahme des Schlichtungsspruchs wird der Tarifkonflikt beendet. Der Schlichtungsspruch kann nicht unter einer Bedingung angenommen werden.

§ 7 Abschluss des Schlichtungsverfahrens

Das Schlichtungsverfahren endet mit dem Zustandekommen einer Einigung der Parteien. Das Schlichtungsverfahren endet auch bei Nichtzustandekommen eines Schlichtungsspruchs oder mit der Annahme oder Ablehnung des Schlichtungsspruchs gegenüber dem Vorsitzenden.

§ 8 Friedenspflicht

Ab dem auf die Anrufung der Schlichtungsstelle folgenden Kalendertag besteht eine Friedenspflicht zwischen den Tarifvertragsparteien. Sie endet am Tag nach dem Abschluss des Schlichtungsverfahrens. [12]

§ 9 Kosten des Verfahrens

Jede Tarifvertragspartei trägt die Kosten für ihre Beisitzer, Vertreter und die von ihr vorgeschlagenen Sachverständigen selbst. Die weiteren Kosten tragen die Parteien jeweils zur Hälfte.

§ 10 Inkrafttreten

(1) Dieser Tarifvertrag tritt am _____[Datum]_____ in Kraft. Er kann mit einer Frist von sechs Monaten zum Jahresende ohne Nachwirkung schriftlich gekündigt werden.

(2) Schlichtungsverfahren, die zum Kündigungstermin noch anhängig sind, werden nach den Regelungen dieses Tarifvertrags abgeschlossen.

Erläuterungen

Schrifttum

Rüthers Arbeitskampf in einer veränderten Wirtschafts- und Arbeitswelt, NZA 2010, 6; *v. Steinau-Steinrück/Glanz* Dauerarbeitskämpfe durch Spartenstreiks – Die verbliebenen Kampfmittel der Arbeitgeber, NZA 2009, 113.

1. Damit das Verhandlungsverfahren seine primäre Bedeutung für das Zustandekommen von Tarifverträgen behält und nicht frühzeitig jeder Tarifkonflikt an die Schlichtungsstelle überwiesen wird, sollte zur Rechtsklarheit bestimmt werden, ab welchem Zeitpunkt Tarifvertragsverhandlungen als gescheitert gelten. Durch die Vereinbarung eines Schriftformerfordernisses für die Scheiternserklärung werden Zweifel an dem Verhalten der anderen Tarifvertragspartei beseitigt und es wird nicht bereits bei Fehlinterpretationen der Verhandlungstaktik der Gegenseite ein Schlichtungsverfahren einberufen. Derartige Vereinbarungen in Tarifverträgen sind zweifellos zulässig, stellen aber zugleich höhere Anforderungen an die **Scheiternserklärung** dar, als das Bundesarbeitsgericht sie zur Vorbedingung vor der Einleitung eines Arbeitskampfs verlangt (BAG, Urt. v. 21.06.1988 – 1 AZR 651/86, NZA 1988, 846). 150

2. Im Rahmen tariflicher Auseinandersetzungen tritt zuweilen die Situation auf, dass eine Seite die Forderungen der Gegenseite nach der **Aufnahme von Tarifverhandlungen zurückweist**. In diesem Fall stellt sich die Frage, wie mit einer solchen Situation umzugehen ist. Die Rechtsprechung ermöglicht auch für diese Konstellation die Einleitung von Arbeitskampfmaßnahmen, um die Herbeiführung von Tarifverhandlungen zu erzwingen (BAG, Urt. v. 09.04.1991 – 1 AZR 332/90, NZA 1991, 815). Wollen die Tarifparteien auch im Falle der kompletten Verweigerung von Tarifverhandlungen durch eine Seite ein Schlichtungsverfahren durchführen, empfiehlt sich eine Klarstellung, wonach die Verweigerung einer Aufnahme von Tarifverhandlungen dem Scheitern gleichsteht. 151

3. Während der Laufzeit eines Tarifvertrags gebietet die relative **Friedenspflicht** den Tarifvertragsparteien, keine Arbeitskampfmaßnahmen über die tariflich bereits geregelten Gegenstände anzukündigen oder gar durchzuführen (BAG, Urt. v. 27.06.1989 – 1 AZR 404/88, NZA 1989, 969; BAG, Urt. v. 10.12.2002 – 1 AZR 96/02, NZA 2003, 734; AR/*Krebber* § 1 TVG Rn. 72 ff.; *Löwisch/Rieble* § 1 TVG Rn. 378). Die Friedenspflicht verhindert auch Nachforderungen auf dem Verhandlungsweg, soweit ergänzende Verhandlungen nicht von beiden Seiten einvernehmlich ge- 152 wünscht werden. Dementsprechend kann es während der Laufzeit eines Tarifvertrags aufgrund der entgegenstehenden Friedenspflicht nicht zu einem Scheitern von Tarifverhandlungen kommen. Das Schlichtungsverfahren kann daher erst nach Ablauf der tarifvertraglichen Friedenspflicht eingeleitet werden.

153 **4.** Mit der Aufnahme einer Frist für die Einleitung des Schlichtungsverfahrens schaffen die Tarifvertragsparteien Rechtsklarheit für den Fall, dass es zum Scheitern oder der verweigerten Aufnahme von Tarifverhandlungen kommt. Das Schlichtungsverfahren steht in diesem Fall nur für einen bestimmten Zeitraum zur Verfügung. Nach Ablauf der Frist können sich die Parteien endgültig auf die Einleitung von Arbeitskampfmaßnahmen einrichten. Die Regelung einer Einleitungsfrist ist entbehrlich, wenn die Tarifvertragsparteien eine automatische Aufnahme des Schlichtungsverfahrens nach dem Scheitern der Tarifverhandlungen vereinbaren (vgl. dazu S Rdn. 154).

154 **5.** Tarifvertragliche Schlichtungsabkommen können in unterschiedlicher Weise Wirkung entfalten. So ist zunächst das bloße Schlichtungsverlangen einer Partei denkbar, auf das sich die andere Partei einlassen kann, aber nicht muss. Die mit der Vereinbarung von Schlichtungsabkommen bezweckte Verhinderung oder jedenfalls Verschiebung von Arbeitskämpfen findet in dieser Gestaltung freilich ihre schwächste Ausprägung. Wünschen die Tarifvertragsparteien dennoch diese Form der Schlichtungseinleitung, könnte Absatz 3 wie folgt formuliert werden:

Alternative:

[Die jeweils andere Tarifvertragspartei ist verpflichtet, sich binnen einer Frist von drei Tagen ab Eingang des Schlichtungsersuchens der Gegenseite über die Zustimmung zu der Einleitung eines Schlichtungsverfahrens zu erklären.]

155 Ein höherer Grad der Verbindlichkeit von Schlichtungsverfahren kommt dagegen der im Muster gewählten Formulierung zu, wonach eine Seite das Schlichtungsverfahren einleiten kann und die Gegenseite dazu verpflichtet ist, sich **auf die Schlichtung einzulassen** (vgl. dazu BAG, Urt. v. 21.04.1971 – GS 1/68, AP Nr. 43 zu Art. 9 GG Arbeitskampf; *Otto* § 21 Rn. 9). Schließlich könnten die Tarifvertragsparteien auch den automatischen Beginn eines Schlichtungsverfahrens für den Fall vorsehen, dass die Tarifvertragsverhandlungen erfolglos bleiben (ErfK/*Dieterich* Art. 9 GG Rn. 284). Die Verzögerung von Arbeitskämpfen wird mit einer solchen automatischen Zwangsschlichtung zwar am ehesten sichergestellt. Zugleich verlieren die Tarifvertragsparteien aber mit einer solchen Regelung die Möglichkeit, im Einzelfall den Nutzen einer Schlichtung gegenüber dem Arbeitskampf abzuwägen. Wünschen die Tarifvertragsparteien eine derartige Regelung, ist anstelle der Absätze 2 und 3 zu formulieren:

Alternative:

[Durch das Scheitern oder durch eine Verweigerung der Aufnahme von Tarifvertragsverhandlungen wird das Schlichtungsverfahren eingeleitet.]

156 **6.** Über die **Besetzung der Schlichtungsstelle** haben die Parteien grundsätzlich Einigkeit zu erzielen. Üblicherweise wird die Schlichtungsstelle mit einer gleichen Zahl von Beisitzern beider Seiten besetzt, während ein neutraler Vorsitzender mit eigenem Stimmrecht die Verhandlungen leitet. Zur Bestimmung des unparteiischen Vorsitzenden sollte in jedem Fall eine Regelung in das Schlichtungsabkommen aufgenommen werden, die für den Fall der Nichteinigung eine Entscheidung herbeiführt. Das Verfahren nach § 76 Abs. 2 Satz 2 BetrVG zur Bestimmung des Vorsitzenden durch das Arbeitsgericht greift für die Tarifvertragsparteien nicht. Neben der hier aufgenommenen Fremdbestimmung der Person des Vorsitzenden durch einen Dritten wird in manchen Schlichtungsabkommen der Vorsitzende ausgelost (vgl. *Otto* § 21 Rn. 6). Schließlich haben die Tarifvertragsparteien auch die Möglichkeit, zwei oder mehrere Vorsitzende zu berufen, die in den Schlichtungsverfahren abwechselnd tätig werden oder sich jedenfalls bei der Ausübung des Vorsitzendenstimmrechts abwechseln.

7. Zweck dieser Regelung ist die Sicherstellung des Schlichtungsverfahrens, wenn sich die Tarifvertragsparteien auf eine zwangsweise Durchführung bei Scheitern der Tarifverhandlungen oder jedenfalls auf einen Einlassungszwang verständigt haben. Anderenfalls würde die zwangsweise Schlichtungsdurchführung vereitelt, wenn sich die andere Seite zwar auf die Schlichtung einlassen müsste, durch Nichterscheinen oder Nichtverhandeln die Schlichtungsstelle aber boykottieren könnte.

8. Das Schlichtungsverfahren kann als Fortsetzung der Tarifvertragsverhandlungen angelegt werden, wenn zunächst eine Einigung unter der Moderation des neutralen Vorsitzenden versucht werden soll. Kommt es dabei zu einer Verständigung der Parteien, handelt es sich um einen nach den üblichen Regeln zu behandelnden Abschluss eines Tarifvertrags. Die Verständigung ist daher nach § 1 Abs. 2 TVG schriftlich niederzulegen (zur Schriftform AR/*Krebber* § 1 TVG Rn. 10).

9. Um den Einigungsdruck zu erhöhen, sehen viele Schlichtungsabkommen eine Frist vor, nach deren Ablauf die Schlichtungsstelle einen **Schlichtungsspruch** zu fällen hat. Für die Beschlussfassung wird in der Regel ein einfaches Mehrheitserfordernis vereinbart werden, da anderenfalls kaum mit dem Zustandekommen eines Schlichtungsspruchs zu rechnen ist. Zum Gegenstand der Beschlussfassung können die Entwürfe einer oder beider Parteien gemacht werden. Ebenso denkbar ist aber auch die Ausarbeitung eines Entwurfs durch den Vorsitzenden, der dann zum Gegenstand der Beschlussfassung erklärt wird (vgl. *Otto* § 21 Rn. 19).

10. Sofern das Schlichtungsabkommen Fristen bis zur Beschlussfassung über einen Entwurf oder sogar bis zum spätestens möglichen Abschluss des Schlichtungsverfahrens vorsieht, sollte eine Ruhensregelung für den Fall aufgenommen werden, dass die Tarifvertragsparteien außerhalb der Schlichtungsstelle ihre Verhandlungen wieder aufnehmen.

11. Die Tarifvertragsparteien können bereits in dem Schlichtungsabkommen vereinbaren, dass beide Seiten sich dem Schlichtungsspruch **unterwerfen** (kritisch zu einer generellen Unterwerfung *Löwisch/Rieble* § 1 TVG Rn. 190). In vielen Schlichtungsabkommen wollen sich die Tarifvertragsparteien indessen nicht bereits im Vorfeld derartig binden und vereinbaren stattdessen die Prüfung einer **nachträglichen Annahme** des Schlichtungsspruchs. Nach der Annahme kommt dem Schlichtungsspruch die Wirkung eines Tarifvertrags zu (*Otto* § 21 Rn. 30; MünchArbR/*Rieble/Klumpp* § 163 Rn. 15).

Durch die Vereinbarung einer kurzen Erklärungsfrist der Parteien über die Annahme oder Ablehnung des Schlichtungsspruchs wird umgehende Transparenz für alle Seiten geschaffen, ob der Tarifkonflikt durch das Schlichtungsverfahren zu einem Abschluss gelangt. Im Falle der Ablehnung wird die Einleitung von Arbeitskampfmaßnahmen regelmäßig den nächsten Schritt darstellen.

12. Um dem Vorrang des Schlichtungsverfahrens vor dem Arbeitskampf gerecht zu werden, sehen Schlichtungsabkommen in der Regel eine Ausweitung der Friedenspflicht für die Dauer des Schlichtungsverfahrens vor (ErfK/*Dieterich* Art. 9 GG Rn. 284; vgl. auch LAG Hamm, Urt. v. 21.08.1980 – 8 Sa 66/80, AP GG Art. 9 Arbeitskampf Nr. 72). Die Tarifvertragsparteien verpflichten sich damit, bis zum Ablauf des Schlichtungsverfahrens von Arbeitskampfmaßnahmen Abstand zu nehmen und zunächst das Zustandekommen einer Einigung im Schlichtungsverfahren zu versuchen.

6. Tarifvertrag über die Einrichtung einer tariflichen Schlichtungsstelle

Vorbemerkung

Treten Meinungsverschiedenheiten zwischen den Betriebsparteien in mitbestimmungspflichtigen Angelegenheiten auf, ist die in § 76 BetrVG näher beschriebene betriebliche Einigungsstelle in vielen Fällen zu deren Lösung berufen. Die Tarifvertragsparteien können nach § 76 Abs. 8 BetrVG die Ersetzung der betrieblichen Einigungsstelle durch eine tarifliche Schlichtungsstelle beschließen.

Auf diese Weise können sie das einzuhaltende Verfahren in Grundzügen selbst bestimmen, obwohl das Prozedere im Wesentlichen dem Verfahren vor der Einigungsstelle zu entsprechen hat (ErfK/ *Kania* § 76 BetrVG Rn. 33; DLW/*Eisenbeis* Kapitel 13 Rn. 1441). Daneben können sich die Tarifvertragsparteien im Rahmen eines derartigen Tarifvertrags auf eine bestimmte Besetzung der Schlichtungsstelle verständigen und insbesondere ihre Einflussnahme auf die betriebliche Mitbestimmung sicherstellen. Dies kann zur Gewährleistung sachgerechter Lösungen in den Betrieben sinnvoll sein, wo die Betriebsparteien einer Unterstützung durch die Tarifparteien bedürfen oder Öffnungsklauseln Zuständigkeiten auf die betriebliche Ebene verlagern. Für die Ersetzung der Einigungsstelle durch eine tarifliche Schlichtungsstelle ausreichend ist die Tarifbindung des Unternehmens, da die Einrichtung einer Schlichtungsstelle Normen über betriebsverfassungsrechtliche Fragen nach § 3 Abs. 2 TVG enthält, die unabhängig von einer Tarifbindung der Arbeitnehmer gelten (LAG Niedersachsen, Beschl. v. 09.02.2009 – 8 TaBV 70/08, n.v.).

▶ **Muster – Tarifvertrag über die Einrichtung einer tariflichen Schlichtungsstelle**

165 Zwischen dem Arbeitgeberverband [Name und Anschrift] [nachfolgend: »Arbeitgeberverband«]
und der
Gewerkschaft [Name und Anschrift] [nachfolgend: »Gewerkschaft«]
wird folgender Tarifvertrag abgeschlossen:

§ 1 Geltungsbereich

Dieser Tarifvertrag kommt in sämtlichen tarifgebundenen Mitgliedsunternehmen des Arbeitgeberverbands zur Anwendung, in denen ein Betriebsrat besteht oder während der Laufzeit dieses Tarifvertrags erstmals gewählt wird.

§ 2 Einsetzung der tariflichen Schlichtungsstelle

Kann nach dem Betriebsverfassungsgesetz zur Beilegung einer Meinungsverschiedenheit zwischen Unternehmen und Betriebsrat die Einigungsstelle angerufen werden, tritt an deren Stelle die tarifliche Schlichtungsstelle. Die Schlichtungsstelle wird für jedes Verfahren neu gebildet. [1]

§ 3 Besetzung

(1) Die Schlichtungsstelle besteht aus je zwei von den Tarifvertragsparteien zu benennenden Beisitzern und einem unabhängigen Vorsitzenden. [2]

(2) Mindestens ein Beisitzer jeder Seite hat dem jeweiligen Betrieb anzugehören. [3] Die Beisitzer können im Falle der Verhinderung durch andere Vertreter der jeweiligen Tarifvertragspartei ersetzt werden.

(3) Kommt eine Einigung auf die Person des Vorsitzenden nicht zustande, entscheidet das Arbeitsgericht entsprechend § 100 ArbGG über die Besetzung der Schlichtungsstelle. [4]

§ 4 Einleitung des Verfahrens

(1) Die Schlichtungsstelle wird auf Antrag einer Seite in den Fällen tätig, in denen nach dem Betriebsverfassungsgesetz der Spruch der Einigungsstelle eine Einigung zwischen Unternehmen und Betriebsrat ersetzt. [5]

(2) In allen anderen Angelegenheiten wird die Schlichtungsstelle nur tätig, wenn beide Seiten es beantragen oder sich damit einverstanden erklären. [6]

(3) Die Schlichtungsstelle hat unverzüglich nach der Einleitung des Verfahrens tätig zu werden. Benennt eine Tarifvertragspartei keine Beisitzer oder bleiben die benannten Beisitzer trotz rechtzeitiger Ladung einer Sitzung fern, kann anstelle der Schlichtungsstelle die betriebliche Einigungsstelle nach den Vorschriften des § 76 BetrVG einberufen werden. [7]

§ 5 Beschlussfassung [8]

(1) Die Schlichtungsstelle entscheidet durch Beschluss mit der Mehrheit der anwesenden Mitglieder.

(2) Die Beschlüsse sind schriftlich abzufassen und vom Vorsitzenden zu unterzeichnen. Der Vorsitzende hat die Beschlüsse dem Unternehmen und dem Betriebsrat zuzuleiten.

§ 6 Schlichtungsspruch

(1) Kommt es zu keiner Verständigung zwischen den Parteien in der mündlichen Beratung, entscheidet die Schlichtungsstelle durch Schlichtungsspruch. Der Vorsitzende hat sich zunächst der Stimme zu enthalten. Kommt keine Stimmenmehrheit zustande, nimmt der Vorsitzende an der weiteren Abstimmung teil. Im Übrigen kommt das Verfahren nach § 5 zur Anwendung. Der Vorsitzende hat den Spruch bei der Abfassung schriftlich zu begründen. [9]

(2) Der Schlichtungsspruch ersetzt eine Einigung zwischen dem Unternehmen und dem Betriebsrat in den Fällen, in denen nach dem Betriebsverfassungsgesetz der Spruch der Einigungsstelle die Einigung zwischen Unternehmen und Betriebsrat ersetzen würde. Der Spruch der Schlichtungsstelle darf die Grenzen des Ermessens nicht überschreiten. [10]

(3) In anderen Fällen ist der Spruch der Schlichtungsstelle nur verbindlich, wenn sich die Parteien im Voraus mit ihm einverstanden erklären oder ihn nachträglich annehmen. [11]

§ 7 Kosten des Verfahrens

Die Kosten des Schlichtungsverfahrens werden zu gleichen Teilen von beiden Tarifvertragsparteien getragen. [12]

§ 8 Rechtsweg

Der Spruch der Schlichtungsstelle kann in vollem Umfang in Verfahren vor der Arbeitsgerichtsbarkeit überprüft werden. Wird bei einem Spruch in den Fällen des § 6 Abs. 2 eine Überschreitung der Grenzen des Ermessens gerügt, kann das Arbeitsgericht nur innerhalb einer Ausschlussfrist von zwei Wochen ab dem Tag der Zuleitung des Schlichtungsspruchs angerufen werden. [13]

§ 9 Schlussbestimmungen

Diese Vereinbarung tritt mit Unterzeichnung auf unbestimmte Zeit in Kraft. Sie kann mit einer Frist von drei Monaten zum Jahresende gekündigt werden, frühestens aber zum _____[Datum]_____.

Erläuterungen

Schrifttum

Rieble Die tarifliche Schlichtungsstelle nach § 76 Abs. 8 BetrVG, RdA 1993, 140; *Tschöpe/Geißler* Formerfordernisse des Einigungsstellenspruchs, NZA 2011, 545; *Zeppenfeld/Fries* In dubio pro Einigungsstellenspruch? – Praktische Auswirkungen des Verfahrens nach § 76 Absatz V 4 BetrVG am Beispiel des Sozialplans, NZA 2015, 647.

1. Durch § 76 Abs. 8 BetrVG wird den Tarifvertragsparteien das Recht eingeräumt, die **Ersetzung der betrieblichen Einigungsstelle** durch eine tarifliche Schlichtungsstelle in einem Tarifvertrag zu vereinbaren. Die tarifliche Schlichtungsstelle übernimmt nach ihrer Errichtung die durch das Gesetz der betrieblichen Einigungsstelle zugewiesene Aufgabe, im Falle nicht überbrückbarer Meinungsverschiedenheiten zwischen dem Unternehmen und dem Betriebsrat deren fehlende Einigkeit zu ersetzen oder zumindest eine Lösung vorzuschlagen. Die Einigungsstelle ist das vom Gesetzgeber vorgesehene Gremium, das bei zwingenden gesetzlichen Mitbestimmungstatbeständen Streitigkeiten zwischen den Betriebsparteien entscheiden soll (GK-BetrVG/*Kreutz* § 76 Rn. 9; Richardi/*Richardi/Maschmann* § 76 BetrVG Rn. 36; vgl. zur Einigungsstelle O Rdn. 968 ff.). 166

Die Einigungsstelle und ihr folgend die **tarifliche Schlichtungsstelle** werden üblicherweise für jede auftretende Meinungsverschiedenheit zwischen den Betriebsparteien neu gebildet. Abweichend 167 davon können die Tarifvertragsparteien auch vereinbaren, dass die tarifliche Schlichtungsstelle während der Laufzeit des Tarifvertrags eine Dauerinstitution darstellt, die für alle künftig auftretenden Streitigkeiten zuständig ist. Soll die Schlichtungsstelle dauerhaft eingesetzt werden, können mögliche Streitigkeiten über die Umstände ihrer Errichtung vermieden werden, wodurch eine frühere Tätigkeitsaufnahme der Schlichtungsstelle zu erwarten ist (vgl. AR/*Rieble* § 76 BetrVG Rn. 2). Andererseits kann damit zu rechnen sein, dass die Schwelle zur Anrufung einer ständigen Schlichtungsstelle geringer ist (vgl. DKK/*Berg* § 76 BetrVG Rn. 7).

168 **2.** Die Schlichtungsstelle hat aus einer gleichen Anzahl von Beisitzern beider Betriebsparteien und einem unabhängigen Vorsitzenden zu bestehen. Dies folgt für die Einigungsstelle bereits aus § 76 Abs. 2 Satz 1 BetrVG und ist auch für die tarifliche Schlichtungsstelle zu übernehmen, da die wesentlichen Vorschriften für die Bildung und das Verfahren vor der Einigungsstelle nicht tarifdispositiv sind (ErfK/*Kania* § 76 BetrVG Rn. 33; DLW/*Eisenbeis* Kapitel 13 Rn. 1441). Diese Regelung folgt aber auch aus Sinn und Zweck der Errichtung einer Schlichtungsstelle, von der bestehende Meinungsverschiedenheiten zwischen den Betriebsparteien gelöst werden sollen, was ohne **paritätische Besetzung** nicht denkbar erscheint. Unter Beachtung dieses Grundsatzes können die Tarifvertragsparteien die Anzahl der Beisitzer im Tarifvertrag konkretisieren und damit von der gesetzlichen Vorschrift für die Einigungsstelle abweichen, die eine gerichtliche Bestimmung der Anzahl der Beisitzer in § 76 Abs. 2 Satz 3 BetrVG kennt, wenn die Betriebsparteien keine Einigung erzielen können. Die überwiegende Ansicht in Rechtsprechung und Schrifttum geht gleichwohl davon aus, dass auch in dem Verfahren nach § 76 Abs. 2 Satz 3 BetrVG in Streitigkeiten von durchschnittlicher Schwierigkeit nicht mehr als zwei Beisitzer pro Seite zu bestellen sind (LAG Hamm, Beschl. v. 09.02.2009 – 10 TaBV 191/08, ArbuR 2009, 278; LAG Niedersachsen, Beschl. v. 07.08.2007 – 1 TaBV 63/07, LAGE § 98 ArbGG 1979 Nr. 49a; GMP/*Schlewing* § 98 ArbGG Rn. 29; AR/*Rieble* § 76 BetrVG Rn. 6; ErfK/*Kania* § 76 BetrVG Rn. 8).

169 **3.** Da die Schlichtungsstelle an die Stelle der betrieblichen Einigungsstelle tritt und Streitigkeiten zwischen den Betriebsparteien lösen soll, müssen Unternehmen und Betriebsrat auf die Verhandlungen und die Entscheidungen der Schlichtungsstelle Einfluss nehmen können (ErfK/*Kania* § 76 BetrVG Rn. 33; GK-BetrVG/*Kreutz* § 76 Rn. 186). Dieser Vorgabe trägt eine Besetzungsregelung Rechnung, nach der jedenfalls ein Teil der Beisitzer dem jeweiligen Betrieb angehören muss, um mit den zu behandelnden Meinungsverschiedenheiten vertraut zu sein.

170 **4.** Der Tarifvertrag über die Einrichtung einer tariflichen Schlichtungsstelle sollte eine Vereinbarung darüber enthalten, wie der Vorsitzende im Falle einer Nichteinigung der Tarifvertragsparteien bestimmt werden soll. Neben der Aufstellung einer Liste, von der wechselweise Kandidaten für den Vorsitz ausgewählt werden, einem Losentscheid, der Bestimmung durch einen Dritten oder der Vorgabe eines bestimmten Vorsitzenden kommt hier die Anwendung der für die Einigungsstelle geltenden Regelung des § 76 Abs. 2 Satz 2 BetrVG in Betracht. Danach bestellt das Arbeitsgericht den Vorsitzenden im Verfahren nach § 100 ArbGG (vgl. O Rdn. 982). Trifft der Tarifvertrag keine eigene Regelung über die **Bestimmung des Vorsitzenden**, lebt die Anwendbarkeit der betrieblichen Einigungsstelle nicht wieder auf, sondern das Bestellungsverfahren nach § 100 ArbGG findet ergänzende Anwendung (GK-BetrVG/*Kreutz* § 76 Rn. 184; *Fitting* § 76 BetrVG Rn. 116; a.A. Richardi/*Richardi/Maschmann* § 76 BetrVG Rn. 149; Wiedemann/*Thüsing* § 1 TVG Rn. 958). Aus Klarstellungsgründen empfiehlt sich dennoch eine Bestimmung des Verfahrens zur Bestellung des Vorsitzenden im Falle der Nichteinigung.

171 **5.** Der Spruch der Einigungsstelle ersetzt nach § 76 Abs. 5 Satz 1 BetrVG die Einigung zwischen Unternehmen und Betriebsrat in den Fällen, in denen das Gesetz dem Betriebsrat ein erzwingbares Mitbestimmungsrecht zugesteht (BAG, Beschl. v. 20.07.1999 – 1 ABR 66/98, NZA 2000, 495; AR/*Rieble* § 76 BetrVG Rn. 18). Da das **Verfahren** den für die betriebliche Einigungsstelle geltenden Regelungen entsprechen muss (ErfK/*Kania* § 76 BetrVG Rn. 33; DLW/*Eisenbeis* Kapitel 13 Rn. 1441), unterscheidet sich auch die Tätigkeit der tariflichen Schlichtungsstelle danach, ob sie im Rahmen der erzwingbaren oder der freiwilligen Mitbestimmung des Betriebsrats einberufen wird. Handelt es sich bei dem zu entscheidenden Gegenstand um eine Materie, für

die dem Betriebsrat ein erzwingbares Mitbestimmungsrecht zusteht, genügt der Antrag einer Seite für die Aufnahme der Tätigkeit der Schlichtungsstelle.

6. Dreht sich die Meinungsstreitigkeit dagegen um einen Gegenstand, der lediglich aufgrund des freien Willens der Betriebsparteien gemeinsam beschlossen werden soll, setzt die Tätigkeitsaufnahme der Schlichtungsstelle entsprechend der Regelung in § 76 Abs. 6 Satz 1 BetrVG einen entsprechenden Antrag beider Parteien voraus. Alternativ dazu kann dem von lediglich einer Partei eingereichten Antrag auf Einsetzung der Schlichtungsstelle von der anderen Seite zugestimmt werden, um die Voraussetzungen einer wirksamen Einberufung zu erfüllen. Das Einverständnis der Parteien mit einer Einsetzung der tariflichen Schlichtungsstelle kann bei Gegenständen der freiwilligen Mitbestimmung jederzeit von den Parteien widerrufen werden, da nur ihnen gemeinsam die Herrschaft über das Verfahren zusteht (GK-BetrVG/*Kreutz* § 76 Rn. 33; DLW/*Eisenbeis* Kapitel 13 Rn. 1326).

172

7. Das Gesetz sieht in § 76 Abs. 5 Satz 2 BetrVG in den Fällen der erzwingbaren Mitbestimmung die Möglichkeit vor, dass bei einem Boykott der Regeln über die Besetzung oder die Durchführung der Einigungsstelle seitens einer Partei der Vorsitzende und die Beisitzer der Gegenseite allein über die Meinungsverschiedenheiten entscheiden können. Diese Regelung kann auf die tarifliche Schlichtungsstelle nicht übertragen werden, da eine Zurechnungsnorm für das Fehlverhalten einer Tarifvertragspartei auf den Arbeitgeber oder den Betriebsrat nicht existiert (*Fitting* § 76 BetrVG Rn. 117). Kann die tarifliche Schlichtungsstelle wegen **unzureichender Besetzung** nicht tätig werden, lebt deshalb die Zuständigkeit der betrieblichen Einigungsstelle nach § 76 BetrVG wieder auf (*Fitting* § 76 BetrVG Rn. 117; Wiedemann/*Thüsing* § 1 TVG Rn. 958; Richardi/*Richardi/Maschmann* § 76 BetrVG Rn. 151; a.A. GK-BetrVG/*Kreutz* § 76 Rn. 186). Das bedeutet auch, dass die Betriebsparteien ab sofort wieder eigenständig Beisitzer benennen können, im Falle einer Unterlassung aber im Bereich der erzwingbaren Mitbestimmung mit den Rechtswirkungen des § 76 Abs. 5 Satz 2 BetrVG rechnen müssen.

173

8. Die Regelung zur Beschlussfassung gilt grundsätzlich für sämtliche im Verfahren erforderlichen Entscheidungen. Für den abschließenden Schlichtungsspruch gelten dagegen die in § 6 des Musters aufgeführten Besonderheiten (vgl. S Rdn. 175). Für die **Beschlussfassung** gilt danach das Mehrheitsprinzip. Beschlussfähig ist die Schlichtungsstelle aber nur, wenn alle Mitglieder anwesend sind (GK-BetrVG/*Kreutz* § 76 Rn. 109; ErfK/*Kania* § 76 BetrVG Rn. 19; a.A. Richardi/*Richardi/Maschmann* § 76 BetrVG Rn. 99). Die Sonderregelung des § 76 Abs. 5 Satz 2 BetrVG betrifft nur den Einigungsstellenspruch im verbindlichen Verfahren, gilt für das Schlichtungsverfahren aber nicht (vgl. S Rdn. 173).

174

9. Die Tätigkeit der Schlichtungsstelle verlangt zunächst ein mindestens einmaliges Zusammentreten zu einer mündlichen Beratung der zwischen Unternehmen und Betriebsrat bestehenden Meinungsverschiedenheiten in der Einigungsstelle. Zu jedem Zeitpunkt des Verfahrens bleibt eine Verständigung der Betriebsparteien möglich, da sie auch nach der Anrufung der Schlichtungsstelle die Verfahrenshoheit innehaben (GK-BetrVG/*Kreutz* § 76 Rn. 98). Kommt es zu keiner anderweitigen Verständigung, fällt die Schlichtungsstelle einen **Schlichtungsspruch**. Es gilt dabei nach § 76 Abs. 3 Satz 3 BetrVG die auch für das Verfahren vor der tariflichen Schlichtungsstelle zu beachtende Besonderheit, dass sich der Vorsitzende bei der ersten Abstimmung über den abschließenden Schlichtungsspruch der Stimme zu enthalten hat (MünchArbR/*Joost* § 320 Rn. 44; DLW/*Eisenbeis* Kapitel 13 Rn. 1382). Nur wenn es bei dieser ersten Abstimmung zu keiner Mehrheitsentscheidung kommt, nimmt der Vorsitzende nach einer erneuten Beratung am zweiten Abstimmungsdurchgang teil. Anders als die Beisitzer darf sich der Vorsitzende nicht der Stimme enthalten, um im Falle der Nichteinigung den Ausschlag zu geben (ErfK/*Kania* § 76 BetrVG Rn. 20; DKK/*Berg* § 76 BetrVG Rn. 77).

175

10. Der Spruch der Einigungsstelle ersetzt die Einigung zwischen den Betriebsparteien in den Fällen der zwingenden Mitbestimmung. Voraussetzung dazu ist, dass sich aus dem BetrVG die Kompetenz der Einigungsstelle ergibt, die Nichteinigung zwischen Unternehmen und Betriebsrat

176

S. Tarifvertragsrecht

durch einen Spruch zu ersetzen (z.B. § 87 Abs. 2 BetrVG). Diese Kompetenz der Einigungsstelle wird bei ihrer Einsetzung von der tariflichen Schlichtungsstelle übernommen. Die Schlichtungsstelle hat zunächst zu prüfen, ob sie für eine Entscheidung in der Sache zuständig ist (BAG, Beschl. v. 22.01.2002 – 3 ABR 28/01, DB 2002, 1839; GK-BetrVG/*Kreutz* § 76 Rn. 122 ff.; ErfK/*Kania* § 76 BetrVG Rn. 22). Inhaltlich hat sich der Spruch an höherrangigem Recht zu orientieren und die Interessen des Unternehmens ebenso wie die Interessen der Belegschaft zu berücksichtigen (BAG, Beschl. v. 17.10.1989 – 1 ABR 31/87, NZA 1990, 399; AR/*Rieble* § 76 BetrVG Rn. 17; DLW/*Eisenbeis* Kapitel 13 Rn. 1394). Bei der Entscheidung über eine zwischen den Betriebsparteien bestehende Regelungsstreitigkeit hat der Spruch der Schlichtungsstelle die Grenzen billigen Ermessens zu berücksichtigen (BAG, Beschl. v. 28.09.1988 – 1 ABR 23/87, NZA 1989, 186; GK-BetrVG/*Kreutz* § 76 Rn. 130).

177 **11.** Während der Spruch der Schlichtungsstelle in den Fällen **erzwingbarer Mitbestimmung** die Einigung zwischen den Betriebsparteien ersetzt, kommt dem Spruch im freiwilligen Schlichtungsstellenverfahren nur bei entsprechender Verständigung verbindliche Wirkung zu. Dazu kommt zunächst die **Unterwerfung** unter den möglichen späteren Spruch bereits bei Anrufung der Schlichtungsstelle in Betracht. Alternativ dazu können die Betriebsparteien den Spruch der Schlichtungsstelle nachträglich annehmen (DLW/*Eisenbeis* Kapitel 13 Rn. 1395; GK-BetrVG/*Kreutz* § 76 Rn. 132 ff.). Bei der vorherigen Unterwerfung unter die Schlichtungssprüche im freiwilligen Verfahren ist Zurückhaltung geboten. Zwar bestimmen die Parteien hier grundsätzlich gemeinsam den Verfahrensgegenstand. Die Schlichtungsstelle kann aber über die gesetzlichen Regeln hinaus **Erweiterungen der Mitbestimmung** beschließen. Den Tarifvertragsparteien steht es darüber hinaus frei, die Grenzen des verbindlichen Schlichtungsstellenverfahrens zu erweitern (GK-BetrVG/*Kreutz* § 76 Rn. 181; ErfK/*Kania* § 76 BetrVG Rn. 33). Dies hat die Folge, dass durch einen Tarifvertrag auch solche Regelungsgegenstände in das verbindliche Verfahren aufgenommen werden können, die nach dem BetrVG lediglich im Rahmen des freiwilligen Verfahrens vor die Einigungsstelle gelangen können.

178 **12.** Nach § 76a Abs. 1 BetrVG hat das Unternehmen die **Kosten** des betrieblichen Einigungsstellenverfahrens zu tragen. Dies gilt im Grundsatz auch für das Verfahren vor der tariflichen Schlichtungsstelle. Die Tarifvertragsparteien können aber vereinbaren, dass die Kosten von den Tarifvertragsparteien gemeinsam getragen werden (GK-BetrVG/*Kreutz* § 76a Rn. 64; *Rieble* RdA 1993, 140).

179 **13.** Durch den Spruch der Schlichtungsstelle kommt keine rechtlich absolut verbindliche Entscheidung zustande. Er ersetzt ausschließlich die gescheiterte Einigung zwischen den Betriebsparteien. Dies hat zur Folge, dass der Spruch der Schlichtungsstelle in Verfahren vor dem **Arbeitsgericht rechtlich vollständig überprüft** werden kann (BAG, Beschl. v. 20.07.1999 – 1 ABR 66/98, NZA 2000, 495; BAG, Beschl. v. 25.01.2000 – 1 ABR 1/99, NZA 2000, 1069; AR/*Rieble* § 76 BetrVG Rn. 19). Die Überprüfung kann mittelbar im Rahmen eines Urteils- oder Beschlussverfahrens erfolgen, in dem über rechtliche Folgen des Spruchs der Schlichtungsstelle gestritten wird. Daneben kommt auch ein Beschlussverfahren zur Feststellung der Unwirksamkeit des Spruchs der Schlichtungsstelle in Betracht, das vom Unternehmen oder vom Betriebsrat eingeleitet werden kann (BAG, Beschl. v. 06.05.2003 – 1 ABR 11/02, NZA 2004, 108; BAG, Beschl. v. 22.07.2003 – 1 ABR 28/02, NZA 2004, 507; GK-BetrVG/*Kreutz* § 76 Rn. 145). Neben der Rechtskontrolle kann der Spruch der Schlichtungsstelle auch auf die Einhaltung der Grenzen billigen Ermessens überprüft werden. Um jedenfalls hinsichtlich einer möglichen Ermessensüberschreitung in Fragen der erzwingbaren Mitbestimmung alsbaldige Rechtssicherheit zu erhalten, kann diese Kontrolle gemäß § 76 Abs. 5 Satz 4 BetrVG nur innerhalb von zwei Wochen ab dem Tag der Zuleitung des Spruchs der Schlichtungsstelle beim Arbeitsgericht beantragt werden (Richardi/*Richardi* § 76 BetrVG Rn. 128). Einem gerichtlichen Anfechtungsverfahren kommt jedoch keine aufschiebende Wirkung zu, sodass der Spruch der Einigungsstelle zunächst umzusetzen ist (BeckOK/*Werner* BetrVG § 76 Rn. 59; kritisch *Zeppenfeld/Fries* NZA 2015, 647).

7. Tarifsozialplan

Vorbemerkung

Steht in einem Unternehmen mit regelmäßig mehr als 20 Arbeitnehmern eine Betriebsänderung im Sinne des § 111 BetrVG an, haben die Betriebsparteien unter den Voraussetzungen der §§ 112, 112a BetrVG Verhandlungen über den Abschluss eines Sozialplans zum Ausgleich der wirtschaftlichen Nachteile der von der Betriebsänderung betroffenen Arbeitnehmer aufzunehmen (vgl. DLW/*Wildschütz* Kapitel 13 Rn. 2333). Gleichzeitig sind die Tarifvertragsparteien nicht daran gehindert, eigene Regelungen über den Ausgleich der wirtschaftlichen Nachteile der betroffenen Arbeitnehmer zu treffen. Die tarifliche Regelungsmacht erstreckt sich auch auf die mit einer Betriebsänderung einhergehenden Folgen. Dies hat der Gesetzgeber durch § 112 Abs. 1 Satz 4 BetrVG bekräftigt, wonach der Tarifvorrang auf den Sozialplan nicht anzuwenden ist. Ein Sozialplan in Gestalt einer Betriebsvereinbarung und ein Sozialplan in Gestalt eines Tarifvertrags können also prinzipiell nebeneinander stehen (BAG, Urt. v. 06.12.2006 – 4 AZR 798/05, NZA 2007, 821; DLW/*Pfeiffer* Kapitel 11 Rn. 149; *Gaul/Janz* Beilage zu NZA 2/2010, 60). Eine Gewerkschaft kann damit trotz eines bestehenden oder parallel verhandelten betrieblichen Sozialplans den Abschluss eines Tarifsozialplans verlangen und sogar einen Arbeitskampf über diesen Inhalt beginnen (BAG, Urt. v. 24.04.2007 – 1 AZR 252/06, NZA 2007, 987; LAG Schleswig-Holstein, Urt. v. 27.03.2003 – 5 Sa 137/03, NZA-RR 2003, 592; *Bayreuther* NZA 2007, 1017, 1022; a.A. *Rolfs/Clemens* DB 2003, 1678). Auf der anderen Seite ist auch der Betriebsrat nicht an der Forderung nach der Verhandlung eines Sozialplans gehindert, nur weil eine Gewerkschaft einen Tarifsozialplan abgeschlossen hat. Zwischen beiden Regelungen kommt das Günstigkeitsprinzip zur Anwendung und verhilft der für den Arbeitnehmer günstigeren Regelung zur Geltung (AR/*Rieble* §§ 112, 112a BetrVG Rn. 10).

180

Inhaltlich sind die Tarifvertragsparteien bei der Gestaltung des tariflichen Sozialplans weniger stark an die Anforderungen der Rechtsprechung gebunden und haben daher weitere Gestaltungsfreiheit (BAG, Urt. v. 03.05.2006 – 4 AZR 189/05, NZA 2006, 1420; *Bayreuther* NZA 2010, 378, 379). Soll der Tarifsozialplan dagegen auch von den Betriebsparteien akzeptiert und damit einen zusätzlichen betrieblichen Sozialplan entbehrlich machen, kann sich eine inhaltliche Orientierung an den Grundsätzen des betrieblichen Sozialplans empfehlen (vgl. dazu auch O Rdn. 852 ff.). Eine solche Konstellation soll in dem folgenden Muster abgebildet werden. Für die Arbeitnehmer hat ein auf Unternehmensebene vereinbarter Tarifsozialplan den Vorteil, dass die zu ihrer Absicherung angemessenen Regelungen notfalls im Wege des Arbeitskampfs herbeigeführt werden können, während der Betriebsrat lediglich ein Verfahren vor der Einigungsstelle einleiten kann. Wird ein Sozialplan dagegen als dreiseitige Vereinbarung von Unternehmen, Betriebsrat und Gewerkschaft abgeschlossen, müssen die einzelnen Regelungen deutlich erkennen lassen, wer ihr jeweiliger Urheber sein soll. Anderenfalls droht die rechtliche Unwirksamkeit wegen Verstoßes gegen das Gebot der Rechtsquellenklarheit (BAG, Urt. v. 15.04.2008 – 1 AZR 86/07, NZA 2008, 1074; *Bayreuther* NZA 2010, 378, 380).

181

▶ **Muster – Tarifsozialplan**

Zwischen dem Unternehmen ___[Name und Anschrift]___ [nachfolgend: »Unternehmen«]

182

und

der Gewerkschaft ___[Name und Anschrift]___ [nachfolgend: »Gewerkschaft«]

wird folgender Tarifvertrag vereinbart:

Präambel

Aufgrund des anhaltenden schwierigen Marktumfeldes hat das Unternehmen beschlossen, seinen Betrieb am Standort ___[Ort, Adresse]___ zum ___[Datum der Betriebsstilllegung]___ zu schließen. Zum Ausgleich der den betroffenen Arbeitnehmern entstehenden wirtschaftlichen Nachteile beschließen das Unternehmen und die Gewerkschaft den nachfolgenden Sozialplan in Gestalt eines Tarifvertrags. [1]

§ 1 Geltungsbereich

(1) Dieser Tarifvertrag gilt für sämtliche Arbeitnehmer am Standort ____[Ort]____, die am ____[Stichtag]____ [2] in einem ungekündigten Arbeitsverhältnis zu dem Unternehmen stehen und die von der Betriebsstilllegung betroffen sind. Der Geltungsbereich erfasst außerdem Arbeitsverhältnisse, die auf Veranlassung des Arbeitgebers wegen der bevorstehenden Betriebsstilllegung zum Zeitpunkt des Inkrafttretens dieses Tarifvertrags bereits gekündigt oder durch Aufhebungsvertrag beendet wurden. [3]

(2) Keine Anwendung findet der Tarifvertrag auf

– leitende Angestellte im Sinne von § 5 Abs. 3 BetrVG,

– Auszubildende,

– Arbeitnehmer, deren Arbeitsverhältnis durch das Unternehmen vor dem Zeitpunkt der Betriebsstilllegung aus personen- oder verhaltensbedingten Gründen außerordentlich oder ordentlich gekündigt wird, [4]

– Arbeitnehmer, die unmittelbar im Anschluss an die Beendigung ihres Arbeitsverhältnisses mit dem Unternehmen eine ungekürzte Altersrente oder eine unbefristete und ungekürzte Erwerbsunfähigkeitsrente beziehen können. [5]

§ 2 Beendigung des Arbeitsverhältnisses/Freistellung

(1) Das Unternehmen kündigt die Arbeitsverhältnisse der betroffenen Arbeitnehmer aus dringenden betrieblichen Erfordernissen zum ____[Datum der Betriebsstilllegung]____.

(2) Laufen die Kündigungsfristen einzelner Arbeitnehmer über den ____[Datum der Betriebsstilllegung]____ hinaus, werden diese Arbeitnehmer nach dem Zeitpunkt der Betriebsstilllegung grundsätzlich freigestellt. Das Unternehmen kann diese Arbeitnehmer für zumutbare Abwicklungsarbeiten heranziehen. [6]

§ 3 Abfindungen

(1) Als Ausgleich für den Verlust des Arbeitsplatzes erhalten die betroffenen Arbeitnehmer eine Abfindung nach den folgenden Absätzen. [7]

(2) Die Abfindung wird mit dem Ausscheiden aus dem Arbeitsverhältnis fällig. Erhebt ein Arbeitnehmer Kündigungsschutzklage gegen die betriebsbedingte Beendigung seines Arbeitsverhältnisses, wird die Abfindung erst mit dem Ergehen einer rechtskräftigen Entscheidung in diesem Verfahren fällig. [8]

(3) Die Abfindung berechnet sich nach der folgenden Formel: [9]

$$\text{Betriebszugehörigkeit} \times \text{Bruttomonatsgehalt} \times 1{,}0 \times \text{Beschäftigungsgrad}$$

(4) Die Betriebszugehörigkeit zur Berechnung dieser Abfindung beginnt mit dem Eintritt in das Unternehmen und endet mit der rechtlichen Beendigung des Arbeitsverhältnisses. Die Betriebszugehörigkeit wird in vollen Jahren und Monaten berechnet, wobei ein begonnener Monat auf den nächsten vollen Monat aufgerundet wird. Von dem Unternehmen anerkannte vorherige Beschäftigungszeiten, gesetzliche oder tarifliche Erziehungs- und Elternzeiten sowie Ausbildungszeiten werden auf die Betriebszugehörigkeit angerechnet.

(5) Das Bruttomonatsgehalt entspricht einem Zwölftel der in den letzten zwölf Monaten vor Beendigung des Arbeitsverhältnisses bezogenen Bruttogesamtvergütung. Ruht das Arbeitsverhältnis eines Arbeitnehmers im Zeitpunkt der Betriebsstilllegung, wird für die Berechnung des Bruttomonatsgehalts ein Zwölftel der in den letzten zwölf Monaten vor Beginn des Ruhens bezogenen Bruttogesamtvergütung zugrunde gelegt. [10]

(6) Der Beschäftigungsgrad eines vollzeitbeschäftigten Arbeitnehmers beträgt 1,0. Der Beschäftigungsgrad eines teilzeitbeschäftigten Arbeitnehmers entspricht dessen Anteil an einer Vollzeitbeschäftigung.

(7) Die Abfindung erhöht sich für jedes unterhaltsberechtigte Kind bis zur Vollendung des 25. Lebensjahres um 2.500,00 Euro brutto. Maßgeblicher Stichtag ist der Zeitpunkt der rechtlichen Beendigung des Arbeitsverhältnisses. Dem Unternehmen ist ein Nachweis über die Unterhaltsberechtigung zu erbringen.

(8) Schwerbehinderte und diesen gleichgestellte Arbeitnehmer erhalten ab einem GdB von 30 eine um 3.000,00 Euro brutto erhöhte Abfindung. Der zusätzliche Abfindungsanspruch erhöht sich entsprechend dem Grad der Behinderung bis zu einem Maximalbetrag von 10.000,00 Euro brutto bei einem GdB von 100. Dem Unternehmen ist ein Nachweis über die Schwerbehinderung zu erbringen. [11]

(9) Für befristet beschäftigte Arbeitnehmer ist der Anspruch auf Zahlung einer Abfindung auf das Gehalt begrenzt, dass der Arbeitnehmer bis zur Beendigung des Arbeitsverhältnisses aufgrund der Befristung bezogen hätte. [12]

(10) Arbeitnehmer, die im Zeitpunkt des Ausscheidens aus dem Arbeitsverhältnis das 60. Lebensjahr bereits vollendet haben, erhalten statt der Abfindung nach den vorstehenden Absätzen eine Abfindung in Höhe von 1.000,00 Euro brutto für jeden Monat zwischen dem Ausscheiden aus dem Arbeitsverhältnis und dem frühestmöglichen Bezug einer ungekürzten Altersrente, maximal jedoch den Betrag, der sich bei Anwendung der Abfindungsberechnung nach den Absätzen 3 bis 9 ergeben würde. [13]

(11) Der Abfindungsanspruch ist vererblich. Stirbt ein Arbeitnehmer vor Auszahlung der Abfindung, wird die Abfindung in voller Höhe an die Erben ausgezahlt. Die Erbenstellung ist dem Unternehmen gegenüber nachzuweisen.

§ 4 Vorzeitige Beendigung des Arbeitsverhältnisses

(1) Die Arbeitnehmer können durch einseitige Erklärung gegenüber dem Unternehmen mit einer Ankündigungsfrist von 14 Kalendertagen bereits vor dem [Datum der Betriebsstilllegung] aus dem Arbeitsverhältnis mit dem Unternehmen ausscheiden. Die vorzeitige Beendigung entspricht dem Willen des Unternehmens.

(2) In diesem Fall erhöht sich die Abfindung des Arbeitnehmers um 75 % der Bruttomonatsgehälter, die dem Arbeitnehmer im Falle einer Beschäftigung bis zum [Datum der Betriebsstilllegung] zugestanden hätten. [14]

§ 5 Outplacementberatung

Die von der Betriebsstilllegung betroffenen Arbeitnehmer erhalten auf Wunsch eine professionelle Outplacementberatung zur beruflichen Neuorientierung bei [Name und Adresse des Anbieters]. Bei dieser Maßnahme handelt es sich um eine Transfermaßnahme nach § 110 SGB III. Die Kosten dieser Maßnahme werden bis zu einer Höhe von 5.000,00 Euro brutto je Arbeitnehmer unter Anrechnung der gesetzlichen Fördermöglichkeiten von dem Unternehmen getragen. [15]

§ 6 Zeugnis

(1) Die Arbeitnehmer können ein wohlwollendes, qualifiziertes Zwischenzeugnis zum [Datum] verlangen, das ihnen kurzfristig auszuhändigen ist. [16]

(2) Mit dem Ausscheiden aus dem Arbeitsverhältnis erhalten die Arbeitnehmer ein wohlwollendes, qualifiziertes Endzeugnis über die Gesamtdauer der Beschäftigung, das sich auch auf Leistung und Verhalten erstreckt und unter dem Ausscheidenszeitpunkt erstellt wird. Das Endzeugnis ist spätestens einen Monat nach Beendigung des Arbeitsverhältnisses zu erteilen.

(3) Die Arbeitnehmer haben jeweils das Recht, dem Unternehmen einen eigenen Zeugnisentwurf zu übermitteln, auf dessen Basis das Zeugnis erstellt wird. Den Willen zur Nutzung dieser Möglichkeit haben die Arbeitnehmer bei Anforderung des Zwischenzeugnisses beziehungsweise vor

dem Ausscheiden aus dem Arbeitsverhältnis zu erklären. Das Unternehmen kann nur in zu begründenden Fällen von dem Zeugnisentwurf abweichen. [17]

§ 7 Anrechnung anderer Leistungen

Ansprüche und Leistungen aus diesem Tarifvertrag werden auf sonstige Ansprüche angerechnet, die ein Arbeitnehmer anlässlich des Ausscheidens aus dem Arbeitsverhältnis erhält. Hierzu zählen insbesondere Abfindungs- und Schadensersatzansprüche wegen eines betrieblichen Sozialplans nach § 112 oder § 112a BetrVG, wegen eines Nachteilsausgleichsanspruchs nach § 113 BetrVG, wegen Klageverzichts nach § 1a KSchG, wegen gerichtlicher Vertragsauflösung nach den §§ 9, 10 KSchG sowie aus gerichtlichen oder außergerichtlichen Vergleichen. [18]

§ 8 Steuerrechtliche Regelungen

Alle in diesem Tarifvertrag festgelegten Zahlungen sind Bruttobeträge. Die daraus abzuführenden Steuern sind vom Arbeitnehmer zu tragen.

§ 9 Härtefallfonds [19]

(1) Zur Milderung besonderer Härtefälle in Zusammenhang mit der Betriebsstilllegung stellt das Unternehmen einen Härtefallfonds bereit, der mit einem Gesamtvolumen von 100.000,00 Euro brutto ausgestattet wird.

(2) Leistungen aus diesem Fonds sind bis zum ____[Datum]____ bei dem Unternehmen zu beantragen. In dem Antrag ist insbesondere zu verdeutlichen, weshalb der Arbeitnehmer im Vergleich zu anderen Arbeitnehmern von der Betriebsstilllegung besonders nachteilig betroffen ist.

(3) Im ____[Monat]____ kommt eine aus jeweils zwei Vertretern der vertragschließenden Parteien bestehende Kommission zusammen, um über eine sachgerechte Verteilung der Mittel zu entscheiden. Ist die Ausschüttung des gesamten Fondsvermögens nicht erforderlich, fließt der Restbetrag an das Unternehmen zurück.

§ 10 Schlussbestimmungen

(1) Dieser Tarifvertrag tritt mit seiner Unterzeichnung in Kraft und endet mit der Umsetzung aller darin enthaltenen Maßnahmen.

(2) Sollten einzelne Bestimmungen dieser Vereinbarung unwirksam sein, wird davon die Wirksamkeit der übrigen Regelungen nicht berührt. Die Vertragspartner verpflichten sich in diesem Fall, die unwirksame Bestimmung kurzfristig durch eine dieser Bestimmung möglichst nahekommende wirksame Regelung zu ersetzen. Dasselbe gilt im Falle einer unbedachten Regelungslücke. [20]

(3) Änderungen oder Ergänzungen dieses Tarifvertrags bedürfen der Schriftform.

Erläuterungen

Schrifttum

Annuß Das Allgemeine Gleichbehandlungsgesetz im Arbeitsrecht, BB 2006, 1629; *Bauer/Krieger* »Firmentarifsozialplan« als zulässiges Ziel eines Arbeitskampfes?, NZA 2004, 1019; *Bayreuther* Konsolidierungstarifvertrag und freiwilliger Tarifsozialplan als Regelungsinstrumente in der Unternehmenskrise, NZA 2010, 378; *ders.* Der Streik um einen Tarifsozialplan – Konsequenzen des Urteils des BAG vom 24.04.2007 für die Tarifrechtspraxis, NZA 2007, 1017; *Fischinger* Streik um Tarifsozialpläne?, NZA 2007, 310; *Gaul/Bonanni/Otto* Hartz III – Veränderte Rahmenbedingungen für Kurzarbeit, Sozialplanzuschüsse und Transfermaßnahmen, DB 2003, 2386; *Gaul/Janz* Chancen und Risiken tariflicher Lösungen, Beilage zu NZA 2/2010, 60; *Lindemann/Dannhorn* Erstreikung von Tarifsozialplänen – Friedenspflicht bei Rationalisierungsschutzabkommen?, BB 2008, 1226; *Lingemann/Gotham* AGG – Benachteiligungen wegen des Alters in kollektivrechtlichen Regelungen, NZA 2007, 663; *Mückl/Krings* Effektive Beendigung der Tarifbindung in der Insolvenz, BB 2012, 769; *Nicolai* Zur Zulässigkeit tariflicher Sozialpläne – zugleich ein Beitrag zu den Grenzen der Tarifmacht, RdA 2006, 33; *Rolfs/Clemens* Erstreikbarkeit firmenbezogener Verbandstarifverträge?, DB 2003, 1678; *Temming* Für einen Paradigmenwechsel in der Sozialplanrechtsprechung, RdA 2008, 205; *Wendeling-Schröder/*

Stein Allgemeines Gleichbehandlungsgesetz, 2008; *Willemsen/Stamer* Erstreikbarkeit tariflicher Sozialpläne: Die Wiederherstellung der Arbeitskampfparität, NZA 2007, 413.

1. Aus der **Präambel** des Tarifsozialplans sollte sich eindeutig bestimmen lassen, zu welchem Zweck der Tarifvertrag abgeschlossen wird. Da er an die Stelle oder zusätzlich zu einem Sozialplan nach § 112 BetrVG treten soll, wird der Tarifsozialplan zum Ausgleich der wirtschaftlichen Nachteile einer Betriebsänderung im Sinne des § 111 BetrVG vereinbart. Diese Betriebsänderung sollte in der Präambel deutlich beschrieben werden, um Unklarheiten über den Geltungsgrund des Tarifsozialplans auszuschließen. 183

2. In jedem Sozialplan sollte geregelt sein, welcher Zeitpunkt den **Stichtag** für die vereinbarten Ansprüche darstellt. Damit wird verhindert, dass Ansprüche aus dem Tarifsozialplan auch Arbeitnehmern erwachsen, deren Arbeitsverhältnis im Zeitpunkt des Inkrafttretens des Tarifvertrags bereits anderweitig beendet wurde (BAG, Urt. v. 19.02.2008 – 1 AZR 1004/06, NZA 2008, 719). Der gewählte Stichtag darf nicht willkürlich bestimmt werden (BAG, Urt. v. 24.01.1996 – 10 AZR 155/95, NZA 1996, 834; BAG, Urt. v. 30.11.1994 – 10 AZR 578/93, NZA 1995, 492; vgl. auch S Rdn. 185). 184

3. Der Geltungsbereich eines den Anforderungen des § 112 BetrVG standhaltenden Sozialplans hat alle Arbeitnehmer zu erfassen, die von der Betriebsänderung betroffen sind. Werden im Unternehmen beurlaubte Beamte als Arbeitnehmer beschäftigt, ist deren Herausnahme aus dem Geltungsbereich des Sozialplans durch Beschränkung der Leistungen auf von Arbeitslosigkeit bedrohte Arbeitnehmer ein legitimes Gestaltungsmittel (BAG, Urt. v. 08.12.2015 – 1 AZR 595/14). Teilzeitbeschäftigte Arbeitnehmer müssen ebenfalls in den **Geltungsbereich** des Sozialplans einbezogen werden. Zulässig ist es aber, die an Teilzeitbeschäftigte gewährten Leistungen auf ihren Beschäftigungsgrad im Verhältnis zu einem Vollzeitarbeitsverhältnis zu begrenzen (BAG, Urt. v. 28.10.1992 – 10 AZR 129/92, NZA 1993, 717). Über die Stichtagsregelung (vgl. S Rdn. 184) hinaus sind auch solche Arbeitnehmer in den Geltungsbereich einzubeziehen, deren Arbeitsverhältnis bereits zuvor durch das Unternehmen gekündigt wurde oder die durch den Arbeitnehmer gekündigt oder durch Aufhebungsvertrag beendet wurden (BAG, Urt. v. 13.11.1996 – 10 AZR 340/96, NZA 1997, 390; ErfK/*Kania* § 112a BetrVG Rn. 20). Entscheidend ist aber jeweils ein Bezug zu der bevorstehenden Betriebsänderung (BAG, Urt. v. 20.05.2008 – 1 AZR 203/07, NZA-RR 2008, 636; BAG, Urt. v. 25.03.2003 – 1 AZR 169/02, EzA § 112 BetrVG 2001 Nr. 6; AR/*Rieble* §§ 112, 112a BetrVG Rn. 20). Auf diese Weise soll verhindert werden, dass der Arbeitgeber seine Mitarbeiter zunächst zu einem Arbeitsplatzwechsel drängt und später lediglich für den verbleibenden Teil der Beschäftigten einen Sozialplan abzuschließen braucht. 185

Soll der Tarifvertrag an die Stelle einer ansonsten abzuschließenden Betriebsvereinbarung treten, muss der Geltungsbereich sämtliche von der Betriebsänderung betroffenen Arbeitnehmer erfassen. Freilich hindert auch ein alle Arbeitnehmer erfassender Tarifvertrag, den der Arbeitgeber auch auf die Nichtgewerkschaftsmitglieder anwenden will, den Betriebsrat nicht an dem Verlangen nach Abschluss eines weiteren Sozialplans in Gestalt einer Betriebsvereinbarung. Die Sperrwirkung des § 77 Abs. 3 BetrVG gilt bei Sozialplänen nicht (vgl. § 112 Abs. 1 Satz 4 BetrVG). Zwischen mehreren Sozialplänen unterschiedlicher Regelungsebenen kommen die für die Arbeitnehmer günstigsten Regelungen zur Anwendung (AR/*Rieble* §§ 112, 112a BetrVG Rn. 10; *Löwisch/Kaiser* § 112 BetrVG Rn. 66). Die vertragschließende Gewerkschaft kann den Tarifsozialplan auch auf ihre Mitglieder beschränken und lediglich für diese eine zusätzliche Absicherung der wirtschaftlichen Nachteile vereinbaren (*Löwisch/Rieble* § 1 TVG Rn. 123). 186

4. Sozialpläne nehmen in der Regel Arbeitnehmer aus dem Kreis der Anspruchsberechtigten heraus, deren Arbeitsverhältnis vor dem Zeitpunkt der Betriebsstilllegung aus anderen Gründen vom Unternehmen gekündigt werden kann. Relevant wird dies in erster Linie für verhaltensbedingte Kündigungsgründe sein, da einem Arbeitnehmer bei Vorliegen derartiger Gründe die bei der Betriebsstilllegung entstehenden wirtschaftlichen Nachteile nicht mehr ausgeglichen werden sollen. Auf der anderen Seite dürften Kündigungen aus anderen betriebsbedingten Gründen 187 kaum als Ausschlussgrund in Frage kommen, da ihre Trennung von der Standortschließung wohl nur selten möglich ist.

188 5. Die Tarifvertragsparteien können solche Arbeitnehmer aus dem Geltungsbereich des Tarifsozialplans ausnehmen, die **im unmittelbaren Anschluss** an die Beendigung des Arbeitsverhältnisses eine **Rente** wegen Alters oder Erwerbsunfähigkeit beziehen können. In diesem Fall werden die betroffenen Arbeitnehmer bereits durch den Rentenbezug wirtschaftlich abgesichert und benötigen keine darüber hinausgehenden finanziellen Leistungen durch das Unternehmen (BAG, Urt. v. 11.11.2008 – 1 AZR 475/07, NZA 2009, 210; BAG, Urt. v. 26.07.1988 – 1 AZR 156/87, NZA 1989, 25; BAG, Urt. v. 31.07.1996 – 10 AZR 45/96, NZA 1997, 165).

189 6. Ohne entsprechende vertragliche Vereinbarung ist das Unternehmen grundsätzlich dazu verpflichtet, den Arbeitnehmer auch nach Ausspruch einer Kündigung bis zum Ablauf der Kündigungsfrist weiter zu beschäftigen (ErfK/*Preis* § 611 BGB Rn. 567). Etwas anderes gilt allenfalls dann, wenn ein berechtigtes Interesse des Unternehmens an der Freistellung besteht. Im Falle der Betriebsstilllegung ist ein solches überwiegendes Interesse ab dem Zeitpunkt der Standortschließung anzuerkennen, da sich die unterschiedlichen Kündigungsfristen kaum harmonisieren lassen werden. Eine vorzeitige Kündigung von Arbeitnehmern mit besonders langen Kündigungsfristen ist nicht sozial gerechtfertigt. Die **Weiterbeschäftigung** dieser Arbeitnehmer während der restlichen Kündigungsfrist an anderen Standorten des Unternehmens müsste sich an den Grenzen des arbeitgeberseitigen Direktionsrechts messen lassen. Die Arbeitnehmer behalten während der Freistellung ihren Vergütungsanspruch (DLW/*Hoß* Kapitel 6 Rn. 111). Soweit vom Direktionsrecht gedeckt, kann das Unternehmen Arbeitnehmer mit langen Kündigungsfristen aber auch nach dem Zeitpunkt der Standortschließung zu Abwicklungsarbeiten heranziehen, wenn dies bei Ausspruch der Freistellung vorbehalten wurde. Die Vereinbarung derartiger Bestimmungen in einem Tarifsozialplan sieht sich daher bei Berücksichtigung der Interessen der Arbeitnehmer keinen durchschlagenden Bedenken ausgesetzt, da sie die Befugnisse des Unternehmens auf kollektivvertraglicher Grundlage erweitert (zur zulässigen Erweiterung des Direktionsrechts durch Tarifvertrag vgl. BAG, Urt. v. 06.09.2007 – 2 AZR 368/06, NZA-RR 2008, 291; BAG, Urt. v. 10.11.1992 – 1 AZR 185/92, NZA 1993, 331).

190 7. Zum Ausgleich der wirtschaftlichen Nachteile vereinbaren die Parteien regelmäßig Abfindungszahlungen des Unternehmens an die von der Betriebsänderung betroffenen Arbeitnehmer. Die folgenden Formulierungen stellen lediglich eine mögliche Gestaltung der Abfindungsregelung dar, ohne Anspruch auf Zweckdienlichkeit im Einzelfall gewähren zu können.

191 8. Bei der Gestaltung der **Abfindungsregelung** ist es den Parteien verwehrt, die Anspruchsberechtigung von dem Verzicht auf Erhebung einer Kündigungsschutzklage abhängig zu machen (BAG, Urt. v. 20.12.1983 – 1 AZR 442/82, NZA 1984, 53; BAG, Urt. v. 31.05.2005 – 1 AZR 254/04, NZA 2005, 997; AR/*Rieble* §§ 112, 112a BetrVG Rn. 17). Den Arbeitnehmern soll die Möglichkeit verbleiben, die soziale Rechtfertigung einer betriebsbedingten Beendigungskündigung überprüfen zu lassen, ohne den Verlust der wirtschaftlichen Absicherung befürchten zu müssen. Zulässig ist es dagegen, die Fälligkeit des Abfindungsanspruchs von dem Ergehen einer rechtskräftigen Entscheidung über die Kündigungsschutzklage abhängig zu machen (BAG, Urt. v. 20.06.1985 – 2 AZR 427/84, NZA 1986, 258; ErfK/*Kania* § 112a BetrVG Rn. 23).

192 9. Bei der Festlegung einer Formel zur Berechnung der Abfindung haben die Tarifvertragsparteien einen weiten Entscheidungsspielraum. Zu den wichtigsten Bestandteilen der Abfindungsformel gehören die Dauer der Betriebszugehörigkeit, das zuletzt bezogene Gehalt, die bestehenden Unterhaltspflichten, Schwerbehinderungen, der Beschäftigungsgrad sowie das Lebensalter. Die lediglich anteilige Berücksichtigung von Teilzeitbeschäftigten ist ein legitimes Anliegen der Tarifvertragsparteien (BAG, Urt. v. 28.10.1992 – 10 AZR 129/92, NZA 1993, 717). Der hier mit 1,0 *angegebene* Faktor ist keineswegs verbindlich, sondern variiert in Sozialplänen danach, wie viel Geld das Unternehmen für die wirtschaftliche Absicherung der Arbeitnehmer bereitstellen kann. Das Sozialplanvolumen muss für das Unternehmen eine vertretbare Größe bleiben, da anderen-

falls wirtschaftlich notwendige Anpassungsprozesse zum Schutz vor der drohenden Kostenlast ausbleiben könnten. Zweckdienlich wird dabei eine Gegenüberstellung der Einsparungen mit den Sozialplankosten sein (vgl. zum erzwingbaren Sozialplan nach § 112 BetrVG BAG, Beschl. v. 27.10.1987 – 1 ABR 9/86, NZA 1988, 203; BAG, Beschl. v. 06.05.2003 – 1 ABR 11/02, NZA 2004, 108; DKK/*Däubler* §§ 112, 112a BetrVG Rn. 85 ff.; DLW/*Wildschütz* Kapitel 13 Rn. 2362 ff.).

10. Fließt das zuletzt bezogene Gehalt in die Berechnung der Abfindung ein, sind die Parteien in der Aufstellung von Grundsätzen für seine Berechnung weitgehend frei. Arbeitnehmer, deren Arbeitsverhältnisse im Beendigungszeitpunkt z.B. wegen Elternzeit ruhen, dürfen allerdings nicht aufgrund dieses Umstands benachteiligt werden (ArbG Frankfurt, Urt. v. 27.06.2005 – 2 Ca 3966/05, n.v.). 193

11. Der Sozialplan soll geeignet sein, die Gegebenheiten des Einzelfalls und insbesondere auch die weiteren Aussichten der betroffenen Arbeitnehmer auf dem Arbeitsmarkt zu berücksichtigen. Da es schwerbehinderten Arbeitnehmern in der Regel verhältnismäßig schwerer fallen wird, eine neue Arbeitsstelle bei einem anderen Unternehmen zu finden, stellen Zusatzabfindungen für schwerbehinderte Arbeitnehmer einen legitimen Anknüpfungspunkt für **Sozialplandifferenzierungen** dar (BAG, Beschl. v. 24.08.2004 – 1 ABR 23/03, NZA 2005, 302; BAG, Urt. v. 19.04.1983 – 1 AZR 498/81, BB 1984, 673). 194

12. Die Tarifvertragsparteien können bei der Berechnung der Abfindung danach differenzieren, ob ein Arbeitnehmer unbefristet oder **befristet beschäftigt** wird (BAG, Urt. v. 15.04.2008 – 9 AZR 26/07, NZA-RR 2008, 580; Meinel/Heyn/Herms/*Herms* § 4 TzBfG Rn. 119; a.A. DKK/*Däubler* §§ 112, 112a BetrVG Rn. 46a). Der Sozialplan soll die wirtschaftlichen Nachteile einer Betriebsänderung kompensieren. Endet das mit einem Arbeitnehmer bestehende Arbeitsverhältnis aber ohnehin durch Ablauf einer Befristung, musste der Arbeitnehmer von vornherein mit der Vertragsbeendigung zu diesem Zeitpunkt rechnen. Bei vorzeitiger Betriebsstilllegung wird der befristet Beschäftigte finanziell so gestellt, als ob er bis zum Ablauf der Befristung gearbeitet hätte. 195

13. Inwieweit der Sozialplan **Differenzierungen wegen des Alters** vornehmen darf, ist eine Rechtsprechung und Literatur in den letzten Jahren viel beschäftigende Frage (vgl. *Temming* RdA 2008, 205; *Lingemann/Gotham* NZA 2007, 663, 664; ErfK/*Schlachter* § 10 AGG Rn. 16; AR/*Kappenhagen* § 10 AGG Rn. 19). Das Bundesarbeitsgericht sieht es jedenfalls als eine legitime Gestaltung des Sozialplans an, die Berechnung der Abfindung älterer Arbeitnehmer abweichend zu gestalten (BAG, Urt. v. 26.03.2013 – 1 AZR 813/11, NZA 2013, 921; ebenso *Fitting* §§ 112, 112a BetrVG Rn. 182 f.; DKK/*Däubler* §§ 112, 112a BetrVG Rn. 49e; GK-BetrVG/*Oetker* §§ 112, 112a Rn. 363; Däubler/Bertzbach/*Brors* § 10 AGG Rn. 135; *Bauer/Göpfert/Krieger* § 10 AGG Rn. 54 f.; *Annuß* BB 2006, 1629, 1634). Zulässig ist auf der einen Seite die Vereinbarung höherer Abfindungen für ältere Arbeitnehmer, da diese regelmäßig größere Schwierigkeiten bei der Erlangung eines neuen Arbeitsplatzes haben werden (BAG, Urt. v. 26.06.1990 – 1 AZR 263/88, NZA 1991, 111). Ebenso zulässig soll aber auch die Vereinbarung niedrigerer Abfindungen im Hinblick auf die Rentennähe sein, da durch den Bezug einer – selbst gekürzten – gesetzlichen Altersrente eine Absicherung der betroffenen Arbeitnehmer erfolgt (BAG, Urt. v. 23.04.2013 – 1 AZR 916/11, NZA 2013, 980). Schließlich hat das Bundesarbeitsgericht auch Höchstbetragsklauseln akzeptiert, durch die der Abfindungsbetrag älterer Arbeitnehmer eine bestimmte Höhe nicht überschreiten darf (BAG, Urt. v. 21.07.2009 – 1 AZR 566/08, DB 2009, 2666; BAG, Beschl. v. 02.10.2007 – 1 AZN 793/07, DB 2008, 69). Der Abfindungsanspruch für ältere Arbeitnehmer kann auch auf einen bestimmten Betrag pro Monat bis zum erstmaligen Bezug einer Altersrente begrenzt und damit abweichend von der Berechnung für jüngere Arbeitnehmer definiert werden (BAG, Urt. v. 26.05.2009 – 1 AZR 198/08, NZA 2009, 849). Die Rechtfertigung dieser Differenzierungen findet sich in § 10 Nr. 6 AGG, wonach die wesentlich vom Lebensalter abhängigen Chancen auf dem Arbeitsmarkt und die wirtschaftliche Absicherung durch eine Rentenberechtigung zu einer verhältnismäßige starken Betonung des Lebensalters in Sozialplänen führen können. Unzulässig ist dagegen die unterschiedliche Behandlung schwerbehinderter und nichtschwer- 196 behinderter rentennaher Beschäftigter. Sieht der Sozialplan eine nachteilige Behandlung für schwerbehinderte Arbeitnehmer vor, um diese zu einer Inanspruchnahme der Altersrente für schwerbehinderte Menschen nach § 236a SGB VI bzw. nach § 37 SGB VI zu drängen, handelt es sich dabei um eine unzulässige Diskriminierung wegen der Behinderung nach § 7 Abs. 2 AGG (BAG, Urt. v. 17.11.2015 – 1 AZR 938/13).

197 **14.** Das Bundesarbeitsgericht betrachtet Sozialplangestaltungen als unwirksam, die einen Abfindungsanspruch von dem Verzicht des Arbeitnehmers auf Erhebung einer Kündigungsschutzklage gegen die betriebsbedingte Kündigung abhängig machen (BAG, Urt. v. 20.12.1983 – 1 AZR 442/82, NZA 1984, 53; GK-BetrVG/*Oetker* §§ 112, 112a Rn. 349). Ebenso unwirksam soll es trotz der Regelung in § 1a KSchG jedenfalls für betriebliche Sozialpläne sein, einen Anspruch auf eine zusätzliche Abfindung (sog. Turboprämie) für den Fall des Verzichts auf Erhebung einer Kündigungsschutzklage vorzusehen (BAG, Urt. v. 31.05.2005 – 1 AZR 254/04, NZA 2005, 997; LAG Schleswig-Holstein, Urt. v. 20.04.2004 – 5 Sa 539/03, NZA-RR 2005, 144; ErfK/*Kania* §§ 112, 112a BetrVG Rn. 23). Eine solche Regelung kann aber in einer eigenständigen Betriebsvereinbarung getroffen werden, sofern durch den Sozialplan eine wirtschaftliche Absicherung der Arbeitnehmer erfolgt und die Betriebsvereinbarung über das freiwillige Ausscheiden das Sozialplanvolumen nicht unbillig schmälert (BAG, Urt. v. 31.05.2005 – 1 AZR 254/04, NZA 2005, 997; AR/*Rieble* §§ 112, 112a BetrVG Rn. 17). Davon unberührt ist eine Regelung wie im vorliegenden Fall, die keine zusätzliche Abfindung für den Fall des Klageverzichts vorsieht, sondern lediglich den Abfindungsanspruch um einen Teil der aufgrund **vorzeitigen Ausscheidens** nicht mehr zu gewährenden Gehälter erhöht. Für den Arbeitnehmer besteht auf diese Weise der Vorteil, sich bereits vorzeitig um ein neues Arbeitsverhältnis bewerben zu können, ohne zugleich die Vergütung bis zum Datum der Betriebsänderung zu verlieren. Das Unternehmen profitiert von der vorliegenden Vereinbarung ebenfalls, da es durch die Umwandlung der restlichen Vergütung in eine höhere Abfindung die auf diesen Zeitraum entfallenden Sozialversicherungsbeiträge einspart. Auf den Abfindungsanspruch sind zwar Steuern, nicht aber Sozialversicherungsbeiträge zu entrichten (BSG, Urt. v. 21.02.1990 – 12 RK 20/88, NZA 1990, 751; BAG, Urt. v. 09.11.1988 – 4 AZR 433/88, NZA 1989, 270; DKK/*Däubler* §§ 112, 112a BetrVG Rn. 143; HWK/*Hohenstatt/Willemsen* § 112 BetrVG Rn. 93).

198 **15.** Neben direkten finanziellen Leistungen des Unternehmens kann ein Sozialplan auch andere Arten des Ausgleichs wirtschaftlicher Nachteile an die Arbeitnehmer vorsehen (vgl. ErfK/*Kania* §§ 112, 112a BetrVG Rn. 29). Eine Möglichkeit hierzu ist das Angebot von **Transfermaßnahmen**, die regelmäßig in Form sog. Outplacementberatungen genutzt wird (GK-BetrVG/*Oetker* §§ 112, 112a Rn. 436). Dabei wird zunächst im Rahmen eines Einzel- oder Gruppengesprächs die Situation der Arbeitnehmer erörtert und ihnen werden Hinweise zum Bewerbungsprozess, zu Vorstellungsgesprächen und zu den Entwicklungen am Arbeitsmarkt erteilt. Je nach bereitgestelltem Budget kann darüber hinaus der individuelle Qualifizierungsbedarf eines Arbeitnehmers ermittelt werden (sog. Profiling), bevor man geeignete Weiterbildungsmaßnahmen zur Sicherung des beruflichen Fortkommens des Arbeitnehmers auswählt. Unter den Voraussetzungen des § 110 SGB III (vormals § 216a SGB III) kann das Unternehmen zudem 50 % der Maßnahmekosten, höchstens aber 2.500,00 Euro pro gefördertem Arbeitnehmer von der Agentur für Arbeit auf Antrag erstattet bekommen. Voraussetzung dazu ist, dass dem Arbeitnehmer eine Maßnahme zur Eingliederung in den allgemeinen Arbeitsmarkt angeboten wird, die von einem Dritten durchgeführt wird und deren Durchführung gesichert sowie aufgrund eines Systems zur Qualitätssicherung kontrolliert wird (Niesel/Brand/*Krodel* § 216a SGB III Rn. 13 ff.; AR/*Lauterbach* § 110 SGB III Rn. 5). Ausgeschlossen ist die Förderung jedoch, wenn durch die Maßnahme eine Anschlussbeschäftigung des Arbeitnehmers im gleichen Betrieb, Unternehmen oder Konzern gesichert werden soll. Ebenfalls ausgeschlossen sind Arbeitnehmer des öffentlichen Dienstes, soweit sie nicht bei erwerbswirtschaftlich tätigen Unternehmen mit selbständiger Rechtsform angestellt sind (vgl. § 110 Abs. 3 SGB III). Bei der Gestaltung des Tarifsozialplans sollte darauf geachtet werden, dass die Inanspruchnahme der Fördermöglichkeiten des § 110 SGB III verdeutlicht wird, damit die Agentur für Arbeit nicht nachträglich von einer unbegrenzten Kostenübernahme des

Unternehmens ausgeht (Gagel/*Bepler* § 216a SGB III Rn. 80; DLW/*Wildschütz* Kapitel 13 Rn. 2425; *Gaul/Bonanni/Otto* DB 2003, 2386).

16. Zu den Grundsätzen des Zeugnisrechts vgl. S Rdn. 66 f. Die Zusage des Unternehmens, unmittelbar nach Inkrafttreten des Sozialplans auf Verlangen ein qualifiziertes Zwischenzeugnis an die betroffenen Arbeitnehmer auszustellen, kann neben verhandlungstaktischem Zugeständnis weitere Vorteile für das Unternehmen implizieren. Mit einem aktuellen **Zwischenzeugnis** aus Anlass der Betriebsänderung besteht für die Arbeitnehmer die Möglichkeit, sich noch aus dem bestehenden Arbeitsverhältnis heraus auf einen anderen Arbeitsplatz zu bewerben. Dies kann die Chancen für die Arbeitnehmer erhöhen, den Zustand der Arbeitslosigkeit komplett zu vermeiden. Das Unternehmen wird bei einem vorzeitigen Abschied des Arbeitnehmers von der Fortzahlung der Sozialversicherungsbeiträge bis zum Zeitpunkt der Betriebsstilllegung sowie von den Kosten der Transfermaßnahme frei. 199

17. Die Verantwortung für die Ausstellung des Zeugnisses liegt auf Seiten des Unternehmens. Dessen ungeachtet ist in der Praxis oftmals die Mitwirkung oder gar Vorformulierung eines Zeugnisentwurfs durch den Arbeitnehmer zu beobachten (vgl. ErfK/*Müller-Glöge* § 109 GewO Rn. 24). Die Möglichkeit zur Unterbreitung eines derartigen Entwurfs kann ein verhandlungstaktisches Zugeständnis des Unternehmens in den Verhandlungen um einen Tarifsozialplan darstellen. Das Unternehmen sollte sich indessen ein Prüfungs- und Abweichungsrecht von den Entwürfen vorbehalten, da es gegenüber einem neuen Arbeitgeber bei Ausstellung eines inhaltlich unrichtigen Zeugnisses wegen vorsätzlicher sittenwidriger Schädigung nach § 826 BGB zur Haftung verpflichtet sein kann (BGH, Urt. v. 15.05.1979 – VI ZR 230/76, NJW 1979, 1882; BGH, Urt. v. 22.09.1970 – VI ZR 193/69, NJW 1970, 2291). 200

18. Auch wenn der Abfindungsanspruch aus einem Sozialplan nicht von dem Verzicht auf Erhebung einer Kündigungsschutzklage abhängig gemacht werden darf, stellt die Vereinbarung einer **Anrechnung der Sozialplanabfindung** auf andere Ansprüche wegen der Beendigung des Arbeitsverhältnisses eine zulässige Klausel dar (BAG, Urt. v. 19.06.2007 – 1 AZR 340/06, NZA 2007, 1357; BAG, Urt. v. 14.11.2006 – 1 AZR 40/06, NZA 2007, 339; BAG, Urt. v. 20.06.1985 – 2 AZR 427/84, NZA 1986, 258). Bei Ansprüchen aus einem Tarifsozialplan gilt dies in erster Linie für Abfindungsansprüche der Arbeitnehmer aus einem parallel dazu geschlossenen betrieblichen Sozialplan nach § 112 BetrVG sowie für Abfindungsansprüche aus einem gerichtlichen Vergleich oder aus den §§ 9, 10 KSchG, die aus der Erhebung einer Kündigungsschutzklage gegen die betriebsbedingte Kündigung aus Anlass der Betriebsänderung entstehen können. Ohne Vereinbarung einer Anrechnungsklausel läuft das Unternehmen hier Gefahr, aufgrund mehrerer Anspruchsgrundlagen zahlungspflichtig zu werden. 201

19. Als weitere Maßnahme zur Absicherung der aus Anlass einer Betriebsänderung entstehenden wirtschaftlichen Nachteile kann es sich anbieten, einen **Härtefallfonds** einzurichten (Richardi/*Annuß* § 112 BetrVG Rn. 100; DKK/*Däubler* §§ 112, 112a BetrVG Rn. 108). Typischerweise werden die Arbeitnehmer von der Betriebsänderung unterschiedlich stark betroffen. Erst ab einem gewissen Zeitpunkt nach der Betriebsänderung zeigt sich in vielen Fällen, dass einzelne Arbeitnehmer etwa wegen langer Arbeitslosigkeit überproportional an den Folgen zu leiden haben. Die Möglichkeit eines Bezugs zusätzlicher Mittel aus einem Härtefallfonds kann für derartige Konstellationen ein ausgewogenes Mittel darstellen, um besondere soziale Härten aufzufangen. 202

20. Eine **salvatorische Klausel** in einem Tarifvertrag hat ebenso wie in einer Betriebsvereinbarung lediglich deklaratorische Wirkung und stellt heraus, dass die Tarifvertragsparteien bei einer unbedachten Regelungslücke oder der Unwirksamkeit einer Bestimmung in Nachverhandlungen treten wollen. Rechtlich hat die Teilnichtigkeit eines Tarifvertrags, anders als § 139 BGB dies für Rechtsgeschäfte statuiert, aufgrund seiner Rechtsnormqualität nicht die Folge, dass der gesamte Tarifvertrag unwirksam wäre (BAG, Urt. v. 12.12.2007 – 4 AZR 996/06, NZA 2008, 892; Palandt/*Ellenberger* § 139 BGB Rn. 3). Die Teilunwirksamkeit schlägt ausschließlich dann auf andere Teile oder gar den gesamten Tarifvertrag durch, wenn die Gesamtregelung ohne den unwirk- 203 samen Teil ihren Sinn und ihre Rechtfertigung verliert (Wiedemann/*Thüsing* § 1 TVG Rn. 332; *Löwisch/Rieble* § 1 TVG Rn. 347; Däubler/*Reim* § 1 TVG Rn. 168).

8. Kollektivvereinbarung mit nicht tariffähiger Arbeitnehmervereinigung

Vorbemerkung

204 Tarifverträge im Sinne des TVG bewirken eine unmittelbare und zwingende Einwirkung auf die Arbeitsverhältnisse der Mitglieder der Tarifvertragsparteien (§§ 4 Abs. 1 Satz 1, 3 Abs. 1 TVG). Der Abschluss derartiger Tarifverträge steht auf Arbeitnehmerseite indessen nur solchen Vereinigungen offen, die den strengen Kriterien des Bundesarbeitsgerichts für die Zuerkennung der Gewerkschaftseigenschaft gerecht werden (BAG, Beschl. v. 28.03.2006 – 1 ABR 58/04, NZA 2006, 1112; BAG, Beschl. v. 14.12.2004 – 1 ABR 51/03, NZA 2005, 697). Kleine und neu gebildete Arbeitnehmervereinigungen werden oftmals nicht in der Lage sein, diese Anforderungen zu erfüllen. Um ihre bereits durch Art. 9 Abs. 3 GG geschützte Betätigungsfreiheit ausfüllen zu können, bleibt solchen Vereinigungen vorläufig nur der Abschluss schuldrechtlicher Kollektivvereinbarungen mit der Arbeitgeberseite. Der Arbeitskampf als Mittel zur Durchsetzung der eigenen Forderungen steht nicht tariffähigen Arbeitnehmervereinigungen jedoch nicht zur Verfügung. Für die Arbeitgeberseite kann sich der Abschluss einer solchen Kollektivvereinbarung anbieten, wenn eine größere Zahl der beschäftigten Arbeitnehmer Mitglieder der entsprechenden Vereinigung sind und deren Vertretung somit sichergestellt ist. Da es sich bei einer derartigen Kollektivvereinbarung nicht um einen Tarifvertrag handelt, verhindert das Tarifeinheitsgesetz den Abschluss auch dann nicht, wenn im Betrieb bereits ein Tarifvertrag Anwendung findet. Mangels zulässiger Rechtsnormsetzung bleibt als Gegenstand einer Kollektivvereinbarung in erster Linie die Vereinbarung eines Musterarbeitsvertrags, der in den einzelnen Arbeitsverträgen in Bezug genommen wird (zu weiteren denkbaren Konstellationen vgl. *Löwisch/Rieble* TVG Grundl. Rn. 73 ff. Auch ein nach dem Tarifeinheitsgesetz zurücktretender Tarifvertrag der Minderheitsgewerkschaft könnte im Wege einer arbeitsvertraglichen Inbezugnahme für anwendbar erklärt werden (vgl. *Schliemann* NZA 2015, 1298). Eine derartige Kollektivvereinbarung wird von der Arbeitnehmervereinigung zwar zur Regelung der Arbeitsbedingungen ihrer Mitglieder abgeschlossen. Sie kann vom Unternehmen im Wege der Bezugnahme im Arbeitsvertrag aber auch auf die Arbeitsverhältnisse der nicht von dieser Vereinigung vertretenen Arbeitnehmer erstreckt werden. Die Arbeitsvertragsparteien sind nämlich grundsätzlich frei darin, welches kollektive Regelwerk sie in Bezug nehmen (BAG, Urt. v. 20.06.2013 – 6 AZR 842/11, JurionRS 2013, 41720).

▶ **Muster – Kollektivvereinbarung mit nicht tariffähiger Arbeitnehmervereinigung**

205 Zwischen dem Unternehmen [Name und Anschrift] [nachfolgend: »Unternehmen«]

und

der Vereinigung [1] [Name und Anschrift] [nachfolgend: »Vereinigung«]

wird folgende Vereinbarung getroffen: [2]

§ 1 Bezugnahmepflicht

Das Unternehmen verpflichtet sich, in den Arbeitsverträgen mit seinen Arbeitnehmern eine Bezugnahme auf die Kollektivvereinbarung zwischen dem Unternehmen und der Vereinigung in ihrer jeweils gültigen Fassung zu vereinbaren. [3]

§ 2 Arbeitszeit

(1) Die regelmäßige monatliche Arbeitszeit für Mitarbeiter des Unternehmens beträgt 168 Stunden. Die Verteilung der Arbeitszeit auf die Arbeitstage erfolgt nach den jeweils im Betrieb geltenden Bestimmungen unter Beachtung der Vorgaben des Arbeitszeitgesetzes. [4]

(2) Die Arbeitnehmer des Unternehmens sind verpflichtet, im gesetzlich zulässigen Umfang Nachtarbeit sowie Sonn- und Feiertagsarbeit zu leisten. Als Nachtarbeitszeit gilt dabei die Arbeit in der Zeit zwischen 23 Uhr und 6 Uhr.

(3) Die Arbeitnehmer sind verpflichtet, auf ausdrückliche Anordnung des Unternehmens Mehrarbeit unter Beachtung der Höchstgrenzen des Arbeitszeitgesetzes zu leisten.

§ 3 Lohn

(1) Die Arbeitnehmer des Unternehmens erhalten einen Grundlohn in Höhe von ____[Betrag]____ Euro brutto pro Stunde.

(2) Arbeitnehmer mit einer Unternehmenszugehörigkeit von mindestens fünf Jahren erhalten einen Grundlohn in Höhe von ____[Betrag]____ Euro brutto pro Stunde.

§ 4 Zuschläge

(1) Für eine geleistete Nachtarbeitsstunde erhält ein Arbeitnehmer einen Zuschlag in Höhe von 15 % auf den Stundengrundlohn.

(2) Für eine geleistete Sonn- oder Feiertagsarbeitsstunde erhält ein Arbeitnehmer einen Zuschlag in Höhe von 25 % auf den Stundengrundlohn.

(3) Die Zuschläge nach den vorgenannten Absätzen können miteinander kombiniert werden.

§ 5 Inkrafttreten

Diese Vereinbarung tritt mit Unterzeichnung in Kraft und endet spätestens mit Ablauf des ____[Datum]____. Sie kann von beiden Seiten unter Einhaltung einer Kündigungsfrist von drei Monaten gekündigt werden.

Erläuterungen

Schrifttum

Bayreuther Der Arbeitskampf des Marburger Bundes – Ein Lehrstück zur Tarifeinheit im Betrieb, NZA 2006, 642; *Deinert* Arbeitsrechtliche Herausforderungen einer veränderten Gewerkschaftslandschaft, NZA 2009, 1176; *ders.* Zur Tariffähigkeit einer Arbeitnehmerkoalition, AuR 2004, 212; *Gaul* Neue Felder des Arbeitskampfs: Streikmaßnahmen zur Erzwingung eines Tarifsozialplans, RdA 2008, 13; *Giere* Soziale Mächtigkeit als Voraussetzung für die Tariffähigkeit, 2005; *Hanau* Verbands-, Tarif- und Gerichtspluralismus, NZA 2003, 128; *Höfling* Der verfassungsrechtliche Koalitionsbegriff, RdA 1999, 182; *Kempen* »Form follows function« – Zum Begriff der »Gewerkschaft« in der tarif- und arbeitskampfrechtlichen Rechtsprechung des Bundesarbeitsgerichts, FS 50 Jahre BAG, 2004, S. 733; *Koop* Das Tarifvertragssystem zwischen Koalitionsmonopolismus und Koalitionspluralismus, 2009; *Richardi* Der CGM-Beschluss des ArbG Stuttgart: Tariffähigkeit und Tarifzensur, NZA 2004, 1025; *Schliemann* Zur Inbezugnahme des Minderheitstarifvertrags, NZA 2015, 1298; *Stelling* Das Erfordernis der Überbetrieblichkeit – ein Anachronismus des modernen Gewerkschaftsbegriffs, NZA 1998, 920; *Ulber* Neues zur Tariffähigkeit, NZA 2011, 353.

1. Der Schutzbereich der Koalitionsfreiheit aus Art. 9 Abs. 3 GG erfasst neben dem Schutz einzelner Arbeitnehmer und Arbeitgeber auch die gemeinschaftliche Betätigung im Kollektiv (BVerfG, Urt. v. 01.03.1979 – 1 BvR 532/77, DB 1979, 593; BVerfG, Beschl. v. 26.06.1991 – 1 BvR 779/85, NZA 1991, 809). Für die Arbeitnehmerseite wird hierunter üblicherweise die Bildung und Betätigung in einer Gewerkschaft verstanden. Unter einer **Gewerkschaft** versteht die herrschende Auffassung eine mit den Mitteln des Privatrechts freiwillig gebildete Arbeitnehmervereinigung, die sich für eine nicht unerhebliche Dauer zusammengeschlossen hat, die Arbeits- und Wirtschaftsbedingungen ihrer Mitglieder erhalten und verbessern will, von Dritten hinreichend unabhängig ist und den Willen zum Abschluss von Tarifverträgen besitzt (BAG, Beschl. v. 10.09.1985 – 1 ABR 32/83, NZA 1986, 332; BAG, Beschl. v. 25.11.1986 – 1 ABR 22/85, NZA 1987, 492; ErfK/*Franzen* § 2 TVG Rn. 6). Daneben setzt die überwiegende Ansicht in der Rechtsprechung und Literatur die Bildung der Vereinigung auf überbetrieblicher Grundlage (BAG, Beschl. v. 25.11.1986 – 1 ABR 22/85, NZA 1987, 492; BAG, Beschl. v. 16.11.1982 – 1 ABR

22/78, DB 1983, 1151; *Gamillscheg* S. 407; *Kempen* S. 740; a.A. *Stelling* NZA 1998, 920, 924 f.; Wiedemann/*Oetker* § 2 TVG Rn. 347 ff.) und eine hinreichende Leistungs- und Durchsetzungsfähigkeit voraus (sog. soziale Mächtigkeit, BAG, Beschl. v. 28.03.2006 – 1 ABR 58/04, NZA 2006, 1112; BAG, Beschl. v. 14.12.2004 – 1 ABR 51/03, NZA 2005, 697; *Hanau* NZA 2003, 128, 129; *Deinert* AuR 2004, 212, 213 f.; a.A. *Höfling* RdA 1999, 182, 185; *Giere* S. 182; weitere Nachweise bei *Koop* S. 124 f.; einschränkend *Koop* S. 323 ff.: Mächtigkeit ist ausschließlich im Bereich der Übertragung staatlicher Aufgaben und bei Tätigkeit einer Vereinigung als berufsständischer Repräsentant gerechtfertigt).

207 Der Schutzbereich der Koalitionsfreiheit beschränkt sich aber nicht auf Gewerkschaften im vorgenannten Sinn. Grundrechtlich geschützt sind auch **Arbeitnehmervereinigungen**, von denen die an eine Gewerkschaft gerichteten Voraussetzungen nicht oder noch nicht erfüllt werden (ErfK/*Dieterich* Art. 9 GG Rn. 21; MünchArbR/*Löwisch/Rieble* § 157 Rn. 18). Gerade kleine und neugebildete Arbeitnehmervereinigungen werden oftmals die von der Rechtsprechung aufgestellte Anforderung einer hinreichenden Mächtigkeit im Anfangsstadium nicht erfüllen können. Ohne Erfüllung der Voraussetzungen des Gewerkschaftsbegriffs können Arbeitnehmervereinigungen keine Tarifverträge abschließen. Um die gleichwohl geschützte Koalitionsfreiheit zu achten, müssen solchen Arbeitnehmervereinigungen andere Betätigungsmittel zur Verfügung stehen.

208 **2.** Der Tarifvertrag im Sinne des § 1 Abs. 1 TVG ist mehr als lediglich ein schuldrechtlicher Vertrag zwischen den Tarifvertragsparteien. Er ermöglicht die Vereinbarung von Rechtsnormen, die den Inhalt, den Abschluss oder die Beendigung von Arbeitsverhältnissen ihrer Mitglieder regeln. Daneben kann ein **Tarifvertrag** auch Rechtsnormen über betriebliche und betriebsverfassungsrechtliche Fragen (z.B. Schutz der Arbeitnehmer am Arbeitsplatz oder Erweiterung der Mitbestimmung des Betriebsrats) enthalten. Der Abschluss eines Tarifvertrags ist ausschließlich tariffähigen Subjekten im Sinne des § 2 Abs. 1 und 2 TVG möglich, also Gewerkschaften, Arbeitgebern, Arbeitgeberverbänden sowie den Spitzenorganisationen von Gewerkschaften und Arbeitgeberverbänden. Nicht tariffähige Arbeitnehmervereinigungen sind dagegen darauf beschränkt, schuldrechtliche **Kollektivvereinbarungen** mit der Arbeitgeberseite zu vereinbaren (vgl. *Löwisch/Rieble* TVG Grundl. Rn. 67). Es handelt sich dabei im Grundsatz um herkömmliche Verträge, die von der Vereinigung im Auftrag und zur Wahrnehmung der Interessen ihrer Mitglieder ausgehandelt werden.

209 **3.** Der Tarifvertrag hat nach § 4 Abs. 1 TVG **unmittelbare und zwingende Wirkung** gegenüber den Mitgliedern der Tarifvertragsparteien. Die Vereinbarung zwischen einem Arbeitgeberverband und einer Gewerkschaft schafft somit unmittelbare und verbindliche Regelungen für das Rechtsverhältnis zwischen Arbeitnehmern und Arbeitgebern, sofern beide Mitglieder in den vertragsschließenden Vereinigungen sind. Ein schuldrechtlicher Kollektivvertrag hat dagegen prinzipiell weder unmittelbare noch zwingende Wirkung. Die unmittelbare Wirkung kann in begrenztem Umfang aber im Rahmen eines Firmenkollektivvertrags geschaffen werden, soweit sich das Unternehmen darin gegenüber der Arbeitnehmervereinigung verpflichtet, den Arbeitnehmern bestimmte Ansprüche zu verschaffen. Als Vertrag zugunsten Dritter nach § 328 BGB können auf diese Weise die nur mittelbar an dem Vertragsschluss beteiligten Arbeitnehmer einbezogen werden (*Löwisch/Rieble* TVG Grundl. Rn. 80 f.). Abgesehen von diesem Sonderfall können die Parteien des Kollektivvertrags lediglich eine Verpflichtung zulasten ihrer Mitglieder vereinbaren, die in dem Kollektivvertrag enthaltenen Regelungen in ihre arbeitsvertraglichen Vereinbarungen zu übernehmen. Die Befolgung dieser Umsetzungspflicht hat dann jede Vereinigung mit Mitteln der Verbandsgewalt zu gewährleisten. Kommt eine Vertragspartei dem nicht nach, kann der andere Vertragsteil die Einhaltung des Kollektivvertrags im Wege der Leistungsklage erzwingen (Wiedemann/*Thüsing* § 1 TVG Rn. 932). Die Kollektivvereinbarung hat in diesem Fall die Wirkung eines Vertragsmusters, das auf einzelvertraglicher Ebene angewendet werden muss. Neben der ausdrücklichen Aufnahme der Regelungen in den Arbeitsvertrag kommt hierzu auch die Vereinbarung einer Bezugnahmeklausel in Betracht, durch die eine Anwendung des Inhalts der Kollektivvereinbarung zwischen den Arbeitsvertragsparteien beschlossen wird (*Löwisch/Rieble* TVG Grundl. Rn. 76).

Voraussetzung ist im letzteren Fall also stets eine Änderung des Arbeitsvertrags unter Zustimmung des einzelnen Arbeitnehmers, wodurch auch verschlechternde Regelungen zur Anwendung gelangen können. Wird eine **Bezugnahme auf die Kollektivvereinbarung** im hier vorgeschlagenen Sinn vereinbart, müssen die Regelungen der Kollektivvereinbarung wie andere Vertragsbedingungen einer gerichtlichen Inhaltskontrolle nach den §§ 305 ff. BGB standhalten. Die Privilegierung eines Tarifvertrags entsprechend § 310 Abs. 4 Satz 1 BGB kommt der Kollektivvereinbarung gerade nicht zu, da der Vereinbarung einer nicht tariffähigen Vereinigung nicht das gleiche Richtigkeitsvertrauen wie der einer Gewerkschaft entgegengebracht wird (so der Grund für den Ausschluss der Inhaltskontrolle von Tarifverträgen, vgl. BAG, Beschl. v. 28.03.2006 – 1 ABR 58/04, NZA 2006, 1112; ErfK/*Preis* §§ 305–310 BGB Rn. 8). Durch den Abschluss eines Kollektivvertrags mit einer Arbeitnehmervereinigung wird das Unternehmen nicht vor den Forderungen einer anderen Gewerkschaft geschützt, einen Tarifvertrag über denselben Regelungsinhalt abzuschließen (auch durch Abschluss eines Tarifvertrags mit einer Gewerkschaft wird das Unternehmen nicht vor den Tarifforderungen einer anderen Gewerkschaft geschützt, vgl. *Koop* S. 217 f.; *Bayreuther* NZA 2006, 642, 646; *Gaul* RdA 2008, 13, 15 ff.). Daran hat auch das zur Ordnung des Betriebslebens erdachte Tarifeinheitsgesetz nichts geändert, mit dem lediglich eine Kollision abgeschlossener Tarifverträge verhindert werden soll, nicht aber deren Zustandekommen. Er ist jedoch auch nach Abschluss eines Tarifvertrags nicht daran gehindert, die Nichtmitglieder der vertragschließenden Gewerkschaft nach dem Inhalt der Kollektivvereinbarung mit einer anderen – auch nicht tariffähigen – Arbeitnehmervereinigung zu behandeln.

4. In einen Kollektivvertrag mit einer nicht tariffähigen Arbeitnehmervereinigung können sämtliche Regelungen aufgenommen werden, die üblicherweise auch Bestandteil des Arbeitsvertrags sind. Die Kollektivvereinbarung kann somit eine Art Musterarbeitsvertrag darstellen (vgl. *Löwisch/Rieble* TVG Grundl. Rn. 81). Da der Kollektivvereinbarung aber die Rechtswirkungen eines Tarifvertrags gerade nicht zukommen, darf sie **nicht von gesetzlichem Arbeitnehmerschutzrecht abweichen**. Von der in vielen Gesetzen angelegten Tarifdispositivität, die den Tarifvertragsparteien eine Abweichung auch zum Nachteil der Arbeitnehmer ermöglicht (z.B. § 7 ArbZG, § 12 Abs. 3 TzBfG, § 13 BUrlG), kann im Rahmen einer Kollektivvereinbarung kein Gebrauch gemacht werden. Im Übrigen gilt dies auch für die von nicht hinreichend mächtigen Gewerkschaften abgeschlossenen Tarifverträge, die, selbst wenn man das Kriterium der sozialen Mächtigkeit als Voraussetzung des Gewerkschaftsbegriffs grundsätzlich als verfassungswidrig ablehnt, nicht zulasten der Arbeitnehmer vom gesetzlichen Arbeitnehmerschutzrecht abweichen dürfen (*Koop* S. 324 f.; *Richardi* NZA 2004, 1025, 1029).

III. Einzelne Klauseln

Der folgende Abschnitt befasst sich mit einigen besonderen Klauseln, die sich in der aufgeführten oder anderer Gestalt in vielen Tarifverträgen wiederfinden können. Es handelt sich dabei zum einen um einige besonders umstrittene oder in jüngerer Praxis äußerst relevante Vereinbarungen, die gesonderter Erwähnung bedürfen (Muster S.III.1.–6.). Zum anderen werden Klauseln vorgestellt, die eine Abweichung des gesetzlichen Mindestschutzniveaus zulasten der Arbeitnehmer ermöglichen (Muster S.III.7.–11.). Obgleich durch Art. 74 Abs. 1 Nr. 11 und 12 GG selbst zur Ordnung des Arbeitslebens und zur Sicherstellung eines Mindestschutzes für die Arbeitnehmer verpflichtet, hat der Gesetzgeber in zahlreichen Bereichen des Arbeitsrechts seine Gestaltungsaufgabe an die Tarifvertragsparteien übertragen, denen er die Schaffung sachnaher und angemessener Regelungen zutraut.

S. Tarifvertragsrecht

1. Besetzungsregelung

Vorbemerkung

213 Unter einer Besetzungsregelung versteht man eine tarifvertragliche Bestimmung, die zu einer bestimmten Personalplanung oder sogar einer bestimmten Besetzung von Arbeitsplätzen verpflichtet. Klassischerweise werden qualitative und quantitative Besetzungsregelungen unterschieden. Bei einer qualitativen Besetzungsregelung wird die Besetzung einer bestimmten Position vom Vorhandensein einer bestimmten persönlichen Qualifikation des Arbeitnehmers abhängig gemacht (BAG, Beschl. v. 13.09.1983 – 1 ABR 69/81, DB 1984, 1099; BAG, Beschl. v. 22.01.1991 – 1 ABR 19/90, NZA 1991, 675). Eine quantitative Besetzungsregelung bestimmt dagegen, wie viele Arbeitnehmer in einem bestimmten Bereich einzusetzen sind (BAG, Urt. v. 17.06.1999 – 2 AZR 456/98, NZA 1999, 1157). Die Zulässigkeit tarifvertraglicher Besetzungsregelungen wird zum Teil mit dem Argument bezweifelt, sie verletzten das aus Art. 12 GG folgende Recht des Unternehmers auf freie Besetzung der benötigten Arbeitsstellen (*Löwisch/Rieble* § 1 TVG Rn. 281; eingeschränkt auch Wiedemann/*Wiedemann* TVG Einl. Rn. 323; a.A. Däubler/*Hensche* § 1 TVG Rn. 736 ff.; *Stein* Rn. 376). Diese Kritik gilt allerdings nicht für Besetzungsregelungen in einem Firmentarifvertrag, die das betroffene Unternehmen selbst herbeigeführt hat (Wiedemann/*Wiedemann* TVG Einl. Rn. 323 f.). Besetzungsregelungen beschränken sich aber nicht auf die üblicherweise genannten Fälle, sondern können allgemein als Vorgaben an den Arbeitgeber verstanden werden, wie viele Arbeitsplätze einzurichten und wie diese zu besetzen sind.

▶ **Muster – Besetzungsregelung**

214 Beschäftigungssicherung

(1) Das Unternehmen verpflichtet sich, frei werdende Arbeitsplätze zunächst innerbetrieblich auszuschreiben. [1]

(2) Auszubildende, die ihre Ausbildung bei dem Unternehmen mindestens mit der Note »gut« abgeschlossen haben, erhalten ein befristetes Weiterbeschäftigungsangebot von mindestens einjähriger Dauer. [2]

(3) Können nicht sämtliche frei werdenden Arbeitsplätze intern besetzt werden, erfolgt die öffentliche Ausschreibung der Stelle zur Festanstellung. Leiharbeitnehmer dürfen nur dann eingesetzt werden, wenn sich keine geeigneten Bewerber zur Festanstellung finden. [3]

Erläuterungen

Schrifttum
Bauer/Diller Beschäftigungssicherung in der Metallindustrie, NZA 1994, 353; *Stein* Tarifvertragsrecht, 1997.

215 **1.** Bei den im Muster genannten Formulierungen zur Beschäftigungssicherung handelt es sich um Bestimmungen, mit denen die Unternehmerfreiheit ausschließlich eingeschränkt wird. Sie müssen daher prinzipiell als dem Unternehmen nachteilig betrachtet werden. Derartige Regelungen können allerdings im Rahmen von Tarifvertragsverhandlungen als Verhandlungsmasse nützlich sein, um der Gewerkschaft im Gegenzug andere Zugeständnisse abzuverlangen. Gerade im Zuge von Verhandlungen zur Reduzierung der Personalkosten können entsprechende Zusagen des Unternehmens taktisch erfolgversprechend sein.

216 Bei der Verpflichtung zur vorrangigen **innerbetrieblichen Ausschreibung** freier Stellen handelt es sich um eine tarifvertragliche Normierung des dem Betriebsrat zustehenden Rechts, die innerbetriebliche Ausschreibung von Arbeitsplätzen verlangen zu dürfen (§ 93 BetrVG). Als betriebsverfassungsrechtliche Norm nach § 3 Abs. 2 TVG kann sie auch unabhängig von einem Ausschreibungsverlangen des Betriebsrats das Unternehmen zur innerbetrieblichen Ausschreibung freier Arbeitsplätze verpflichten.

2. Die Verpflichtung des Unternehmens zu einer **Weiterbeschäftigung seiner Auszubildenden** 217
nach Abschluss der Ausbildung stellt ein Abschluss- oder Einstellungsgebot dar. Dem Unternehmen wird durch eine derartige Regelung die Pflicht auferlegt, einen Arbeitsplatz für die Ausgebildeten bereitzuhalten oder sogar zu schaffen. Ob eine solche – in einem Verbandstarifvertrag enthaltene – Vereinbarung zulasten des einzelnen Arbeitgebers wirken kann, wird zuweilen im Hinblick auf die durch Art. 12 GG geschützte unternehmerische Freiheit bezweifelt (*Löwisch/Rieble* § 1 TVG Rn. 90; *Bauer/Diller* NZA 1994, 353, 355). In einem Firmentarifvertrag kann ein Unternehmen jedenfalls eine Verpflichtung auf sich nehmen, alle Auszubildenden nach – erfolgreichem – Abschluss der Ausbildung zu übernehmen. Bei Abschluss einer solchen Vereinbarung sollte § 14 Abs. 1 Nr. 2 TzBfG berücksichtigt werden, der die Befristung eines Arbeitsverhältnisses im Anschluss an eine Ausbildung als privilegierte Befristung mit Sachgrund ermöglicht (ErfK/*Müller-Glöge* § 14 TzBfG Rn. 29 ff.; AR/*Schüren* § 14 TzBfG Rn. 16).

3. Eine **Besetzungsregelung** stellt die Vorgabe für das Unternehmen dar, freie Arbeitsplätze vorrangig mit festangestellten Arbeitnehmern und lediglich ausnahmsweise mit Leiharbeitnehmern zu besetzen. Auch insoweit gilt es zu bedenken, dass sich das Unternehmen bei der Bindung an eine derartige Klausel ein unter Umständen wichtiges Instrument zur Deckung des Personalbedarfs aus der Hand nehmen lässt. In rechtlicher Hinsicht bestehen gegenüber der Vereinbarung einer solchen Besetzungsregelung in einem Firmentarifvertrag keine Rechtmäßigkeitsbedenken. 218

2. Besitzstandsklausel

Vorbemerkung

Durch eine Besitzstandsklausel sollen die unter den Tarifvertrag fallenden Arbeitnehmer vor Verschlechterungen ihrer Arbeitsbedingungen geschützt werden. Im Verhältnis des Tarifvertrags zu arbeitsvertraglichen Regelungen ergibt sich dies bereits aus dem Günstigkeitsprinzip des § 4 Abs. 3 TVG, durch das dem Arbeitnehmer günstigere individuelle Arbeitsbedingungen den tarifvertraglichen Bestimmungen vorgehen (ErfK/*Franzen* § 4 TVG Rn. 31; zum Günstigkeitsprinzip instruktiv *Melms/Kentner* NZA 2014, 127). Mehrere Tarifverträge kommen dagegen entweder nebeneinander zur Anwendung, lösen sich ab oder sie treten, sofern sich die Regelungsgegenstände decken, in Konkurrenz zueinander (vgl. zur Konkurrenzlösung bei Tarifkollisionen S Rdn. 106 ff.). Die Tarifvertragsparteien können aber auch vereinbaren, dass ihr Tarifvertrag für einen bestimmten Zeitraum hinter einen anderen Tarifvertrag zurücktritt. 219

▶ **Muster – Besitzstandsklausel**

Überleitungsvereinbarung 220

Zwischen dem Unternehmen ___[Name und Anschrift]___ [nachfolgend: »Unternehmen«]

und

der Gewerkschaft ___[Name und Anschrift]___ [nachfolgend: »Gewerkschaft«]

§ 1 Betriebsübergang

Das Unternehmen übernimmt zum ___[Datum]___ den Geschäftsbetrieb der ___[Name und Anschrift der übernommenen Gesellschaft]___ . Es handelt sich dabei um einen Betriebsübergang, der die Rechtsfolgen des § 613a BGB auslöst.

§ 2 Anwendung des Firmentarifvertrags vom ___[Abschlussdatum des Tarifvertrags zwischen Gewerkschaft und übernommenem Unternehmen]___

Soweit die übernommenen Arbeitnehmer Mitglieder der Gewerkschaft sind, werden für sie ab dem Zeitpunkt des Betriebsübergangs die bisher geltenden Regelungen aus dem Firmentarifvertrag der Gewerkschaft mit der [Name der übernommenen Gesellschaft] vom [Abschlussdatum des Tarifvertrags zwischen Gewerkschaft und übernommenem Unternehmen] durch die Regelungen aus dem Firmentarifvertrag der Gewerkschaft mit dem Unternehmen vom [Abschlussdatum des Tarifvertrags zwischen der Gewerkschaft und dem übernehmenden Unternehmen] ersetzt. [1]

§ 3 Besitzstandsklausel
Soweit der bisher anwendbare Firmentarifvertrag der Gewerkschaft mit der [Name der übernommenen Gesellschaft] vom [Abschlussdatum des Tarifvertrags zwischen Gewerkschaft und übernommenem Unternehmen] günstigere Arbeitsbedingungen für die übernommenen Arbeitnehmer vorsieht, werden diese Arbeitsbedingungen bis zum Ablauf eines Jahres nach dem Betriebsübergang durch den Tarifwechsel nicht berührt. [2]

Erläuterungen

Schrifttum

Gaul/Janz Chancen und Risiken tariflicher Lösungen, Beilage zu NZA 2/2010, 60; *Hanau* Der Tarifvertrag in der Krise, RdA 1998, 65; *Hohenstatt* Die Fortgeltung von Tarifnormen nach § 613a I 2 BGB, NZA 2010, 23; *Melms/Kentner* Risikobegrenzung durch die Gestaltung von kollektivrechtlichen Regelungen, NZA 2014, 127; *Schliemann* Arbeitsvertragliche Verweisung auf Tarifverträge, Beilage zu NZA 16/2003, 3.

221 **1.** Der rechtsgeschäftliche Übergang eines Betriebs oder Betriebsteils auf einen anderen Inhaber führt nach § 613a Abs. 1 Satz 1 BGB dazu, dass die Rechte und Pflichten aus dem Arbeitsverhältnis gegenüber dem Betriebserwerber fortwirken (vgl. zum Betriebsübergang V Rdn. 47 ff.). Soweit sich die Rechte und Pflichten aus einem bei dem Betriebsveräußerer geltenden Tarifvertrag ergeben, behalten sie ihre Wirksamkeit auch gegenüber dem Betriebserwerber und dürfen für die Dauer eines Jahres nicht zum Nachteil der Arbeitnehmer geändert werden (BAG, Urt. v. 26.08.2009 – 4 AZR 280/08, NZA 2010, 238; BAG, Urt. v. 14.11.2007 – 4 AZR 828/06, NZA 2008, 420; *Hohenstatt* NZA 2010, 23, 25). Etwas anderes gilt nach § 613a Abs. 1 Satz 3 BGB aber dann, wenn bei dem Betriebserwerber ein anderer Tarifvertrag dieselben Regelungsinhalte gestaltet. Die Arbeitsbedingungen richten sich dann nach dem bei dem Betriebserwerber geltenden Tarifvertrag und können auch Abweichungen zum Nachteil der übergegangenen Arbeitnehmer bedeuten. Voraussetzung dieser Wirkung ist allerdings die **beidseitige Bindung des Betriebserwerbers und der übergegangenen Arbeitnehmer** an diesen Tarifvertrag (BAG, Urt. v. 09.04.2008 – 4 AZR 164/07, EzA § 4 TVG Gaststättengewerbe Nr. 3; BAG, Urt. v. 30.08.2000 – 4 AZR 581/99, NZA 2001, 510; *Hanau* RdA 1998, 65, 69; *Schliemann* Beilage zu NZA 16/2003, 3, 12). Praktische Relevanz erhält die Regelung des § 613a Abs. 1 Satz 3 BGB vor allem in der hier vorgesehenen Konstellation, in der dieselbe Gewerkschaft mit dem Betriebsveräußerer und dem Betriebserwerber jeweils einen Firmentarifvertrag abgeschlossen hat. Die Rechtsfolge kann daher sein, dass die Gewerkschaftsmitglieder nach § 613a Abs. 1 Satz 3 BGB an den – unter Umständen schlechteren – Firmentarifvertrag mit dem Betriebserwerber gebunden werden, während gegenüber den Nichtgewerkschaftsmitgliedern aufgrund von § 613a Abs. 1 Satz 2 BGB für die Dauer eines Jahres der bisherige Firmentarifvertrag mit dem Betriebsveräußerer fortwirkt. Die Fortwirkung des bisher bei dem Betriebsveräußerer anwendbaren Tarifvertrags gilt wegen § 613a Abs. 1 Satz 4 BGB nicht, wenn dieser Tarifvertrag etwa wegen kompletter Betriebseinstellung des Betriebsveräußerers gekündigt wird und endet (die bloße Betriebseinstellung des Betriebsveräußerers führt dagegen nicht per se zu einer Beendigung des bei ihm geltenden Firmentarifvertrags, vgl. BAG, Urt. v. 26.08.2009 – 4 AZR 280/08, NZA 2010, 238; *Däubler/Deinert* § 4 TVG Rn. 77; *Wiedemann/Wank* § 4 TVG Rn. 14). Zur Auswirkung des Betriebsübergangs auf Tarifverträge, die aufgrund einzelvertraglicher Bezugnahmeklauseln Anwendung finden, vgl. ErfK/*Preis* § 613a BGB Rn. 127; *Gaul/Janz* Beilage zu NZA 2/2010, 60, 66 ff.

222 **2.** Mit einer **Besitzstandsklausel** können die Tarifvertragsparteien die in Anm. 1 beschriebene Wirkung vermeiden, wonach Gewerkschaftsmitglieder gegenüber Nichtgewerkschaftsmitgliedern aufgrund der Geltung des § 613a Abs. 1 Satz 2 und 3 BGB benachteiligt werden. Im Rahmen einer Überleitungsvereinbarung kann die Geltung des bei dem Betriebserwerber geltenden Firmen-

tarifvertrags insoweit angepasst werden, als dass die übernommenen Gewerkschaftsmitglieder für die Dauer eines Jahres vor ungünstigeren Regelungen geschützt werden sollen. Es handelt sich insoweit um eine umgekehrte Gleichstellungsabrede, mit der die Rechtslage gegenüber den Gewerkschaftsmitgliedern der Rechtslage gegenüber den Nichtmitgliedern angepasst wird.

3. Differenzierungs- und Spannensicherungsklausel

Vorbemerkung

Als Differenzierungsklausel bezeichnet man eine Regelung, die den Anspruch auf eine bestimmte Leistung von der Mitgliedschaft in der tarifschließenden Gewerkschaft abhängig macht. In Rechtsprechung und Literatur auch weiterhin höchst umstritten ist die Frage, ob Differenzierungsklauseln mit dem geltenden Recht vereinbar sind. Trotz mehrerer Entscheidungen des Bundesarbeitsgerichts aus jüngster Zeit (siehe S Rdn. 225 ff.) bestehen weiterhin zahlreiche offene Fragen. Die Gegner tariflicher Differenzierungsklauseln führen insbesondere eine Beeinträchtigung der Vertragsfreiheit und der negativen Koalitionsfreiheit der nicht organisierten Arbeitnehmer ins Feld, die sich dem wirtschaftlichen Druck zum Beitritt in die vertragschließende Gewerkschaft kaum widersetzen könnten (grundlegend BAG, Beschl. v. 29.11.1967 – GS 1/67, DB 1968, 1539; BAG, Urt. v. 21.01.1987 – 4 AZR 547/86, NZA 1987, 233). Auch beschränke sich die Tarifmacht der Tarifvertragsparteien auf ihre Mitglieder und könne nicht über die Arbeitsbedingungen von Außenseitern disponieren (*Löwisch/Rieble* § 1 TVG Rn. 819; *Bauer/Arnold* NZA 2005, 1209, 1211). Schließlich werde das aus § 4 Abs. 3 TVG folgende Günstigkeitsprinzip verletzt, wenn die Außenseiter die den Gewerkschaftsmitgliedern versprochenen Leistungen nicht einfordern dürften (*Giesen* NZA 2004, 1317, 1319). Die Befürworter tarifvertraglicher Differenzierungsklauseln betrachten diese dagegen als ein legitimes Mittel gewerkschaftlicher Tarifpolitik, mit denen man einen wichtigen Anreiz zum Gewerkschaftsbeitritt in Gestalt einer Werbemaßnahme setzen könne (*Däubler/Schiek* TVG Einl. Rn. 284; *Gamillscheg* NZA 2005, 146, 150). Die Ungleichbehandlung von Gewerkschaftsmitgliedern und Nichtmitgliedern sei bereits in § 3 Abs. 1 TVG angelegt (*Kempen/Zachert/Kempen* TVG Grundl. Rn. 163; vgl. auch ErfK/*Dieterich* Art. 9 GG Rn. 35). Sofern die Arbeitgeberseite einem Tarifbonus für Gewerkschaftsmitglieder zustimme, könne diese Regelung keiner erweiterten Inhaltskontrolle der Arbeitsgerichte offenstehen (*Leydecker* S. 277).

223

▶ **Muster – Differenzierungs- und Spannensicherungsklausel**

Vergütung

224

(1) Die Arbeitnehmer erhalten einen Lohn in Höhe von 8,00 Euro brutto je geleisteter Arbeitsstunde.

(2) Für Arbeit an Sonn- und Feiertagen werden Zuschläge in Höhe von 25 % je geleisteter Arbeitsstunde gezahlt.

(3) Gewerkschaftsmitglieder erhalten eine zusätzliche Sonderzahlung in Höhe von 50,00 Euro brutto pro Kalendermonat. [1, 2]

Erläuterungen

Schrifttum

Bauer/Arnold Tarifliche Differenzierungsklauseln – Gewerkschaften auf Abwegen!, NZA 2005, 1209; *Brecht-Heizmann/Gröls* Begrenzte Spannensicherungsklauseln als tarifliches Gestaltungsmittel, NZA-RR 2011, 505; *Däubler* Tarifliche Leistungen nur für Gewerkschaftsmitglieder?, BB 2002, 1643; *Franzen* Vorteilsregelungen für Gewerkschaftsmitglieder, RdA 2006, 1; *Gamillscheg* Ihr naht euch wieder, schwankende Gestalten – »Tarifbonus« für Gewerkschaftsmitglieder, NZA 2005, 146; *Giesen* Tarifbonus für Gewerkschaftsmitglieder?, NZA 2004, 1317; *Kocher* Differenzierungsklauseln: Neue Orientierungen, NZA 2009, 119; *Koop* Das Tarifvertragssystem zwischen Koalitionsmonopolismus und Koalitionspluralismus, 2009; *Leydecker* Differenzie-

S. Tarifvertragsrecht

rungsklauseln – eine Zwischenbilanz, AuR 2009, 338; *ders.* Bonus für Gewerkschaftsmitgliedschaft, AuR 2006, 11; *ders.* Der Tarifvertrag als exklusives Gut, 2005; *Richardi* Gewerkschaftszugehörigkeit als Maßstab für die Verteilungsgerechtigkeit im Betrieb, NZA 2010, 417; *Rieble* Staatshilfe für Gewerkschaften, ZfA 2005, 245; *Ulber/Strauß* Differenzierungsklauseln im Licht der neuen Rechtsprechung zur Koalitionsfreiheit, DB 2008, 1970.

225 **1.** Differenzierungsklauseln bezwecken die Besserstellung der Gewerkschaftsmitglieder gegenüber den Nichtmitgliedern. Die Gewerkschaft wird in vielen Fällen ein Interesse an der Vereinbarung derartiger Tarifboni besitzen, um die Gewerkschaftsmitgliedschaft attraktiver zu machen und bislang nicht organisierte Arbeitnehmer zu einem Gewerkschaftsbeitritt zu motivieren. Für die Arbeitgeberseite kann ein solches Zugeständnis bei Kenntnis der möglichen Nachteile im Rahmen von Tarifverhandlungen sinnvoll sein, wenn sie dafür ein Entgegenkommen der Gewerkschaft bei anderen strittigen Punkten erreichen kann. Um keine Differenzierungsklausel soll es sich dagegen bei einer Regelung handeln, die lediglich den zu einem bestimmten Stichtag einer Gewerkschaft angehörigen Arbeitnehmern eine Sonderleistung zugesteht. Hier wird gerade nicht zwischen Gewerkschaftsmitgliedern und Nichtgewerkschaftsmitgliedern, sondern zwischen verschiedenen Gruppen von Gewerkschaftsmitgliedern unterschieden (BAG, Urt. v. 15.04.2015 – 4 AZR 796/13).

226 Bei der vorliegenden Regelung handelt es sich um eine **einfache Differenzierungsklausel**, mit der die Anspruchsberechtigung auf eine bestimmte Leistung von der Mitgliedschaft in der vertragsschließenden Gewerkschaft abhängig gemacht wird. Die Arbeitgeberseite ist aber nicht daran gehindert, die im Tarifvertrag als Vorteil angelegte Regelung auch Nichtgewerkschaftsmitgliedern zukommen zu lassen (*Leydecker* AuR 2009, 338, 339). In der Rechtsprechung hat sich in jüngster Zeit die Bewertung einfacher Differenzierungsklauseln als rechtmäßig durchgesetzt, da sie die Vertragsfreiheit der tarifgebundenen Arbeitgeber nicht unverhältnismäßig einschränken. Im Einzelfall soll gleichwohl relevant sein, ob die konkrete Klausel zur Ausübung eines unzulässigen Drucks auf die Außenseiter zum Gewerkschaftsbeitritt geeignet ist (BAG, Urt. v. 22.09.2010 – 4 AZR 117/09, juris; BAG, Urt. v. 18.03.2009 – 4 AZR 64/08, NZA 2009, 1028; LAG Niedersachsen, Urt. v. 11.12.2007 – 5 Sa 914/07, DB 2008, 1977; *Franzen* RdA 2006, 1, 6; *Leydecker* AuR 2006, 11; *Ulber/Strauß* DB 2008, 1970). Dies wurde verneint bei einer jährlichen Sonderzahlung von 250 Euro brutto und einem zusätzlichen Urlaubstag (BAG, Urt. v. 22.09.2010 – 4 AZR 117/09, juris) sowie bei einer jährlichen Sonderzahlung von 535 Euro brutto (BAG, Urt. v. 18.03.2009 – 4 AZR 64/08, NZA 2009, 1028).

227 **2.** Von der einfachen Differenzierungsklausel zu unterscheiden ist die sog. **Spannensicherungs- oder Abstandsklausel**.

Alternative:

[Die Spanne von 50,00 Euro brutto ist auch im Fall einer freiwilligen Aufstockung der Vergütung von Nichtgewerkschaftsmitgliedern durch das Unternehmen einzuhalten.]

Anders als die einfache Differenzierungsklausel zielt eine solche **qualifizierte Differenzierungsklausel** darauf ab, der Arbeitgeberseite ein Unterlaufen der Unterscheidung zwischen Gewerkschaftsmitgliedern und Außenseitern durch freiwillige Zugeständnisse unmöglich zu machen. Gewährt der Arbeitgeber den Nichtgewerkschaftsmitgliedern den Unterschiedsbetrag dennoch, hat er eine Ausgleichszahlung an die Gewerkschaftsmitglieder zu erbringen und auf diese Weise den vorherigen Abstand wiederherzustellen (*Leydecker* AuR 2006, 11, 14; *Däubler/Schiek* TVG Einl. Rn. 283). Das Bundesarbeitsgericht betrachtet die Vereinbarung derartiger qualifizierter Differenzierungsklauseln als verfassungswidrig (BAG, Beschl. v. 29.11.1967 – GS 1/67, DB 1968, 1539; ebenso *Giesen* NZA 2004, 1317, 1320; *Rieble* ZfA 2005, 245, 271; *Bauer/Arnold* NZA 2005, 1209, 1213). Eine Abstandsklausel führe zu einer Überschreitung der den Tarifvertragsparteien durch Art. 9 Abs. 3 GG eingeräumten Tarifmacht, da die einzelvertraglichen Gestaltungsmöglichkeiten der Arbeitsvertragsparteien eingeschränkt würden (BAG, Urt. v. 23.03.2011 – 4 AZR

366/09, NZA 2011, 920; anders noch ArbG Hamburg, Urt. v. 26.02.2008 – 15 Ca 188/08, n.v.; ebenso *Leydecker* AuR 2009, 338, 341 f.; *Kocher* NZA 2009, 119; Kempen/Zachert/*Wendeling-Schröder* § 3 TVG Rn. 253 ff.; *Koop* S. 306 ff.).

Nach überwiegender Auffassung der Befürworter qualifizierter tariflicher Differenzierungsklauseln soll die Unterscheidung jedenfalls bis zum Überschreiten der Grenze eines nicht mehr angemessenen Drucks auf die Außenseiter, der abschließenden Gewerkschaft beizutreten, zulässig sein. Diese Grenze wird von der Höhe des Unterschiedsbetrags abhängig gemacht und differiert zwischen einer Besserstellung der Gewerkschaftsmitglieder in Höhe des Gewerkschaftsbeitrags (so *Gamillscheg* S. 359 f.), des doppelten Gewerkschaftsbeitrags (*Kocher* NZA 2009, 119, 124; *Däubler* BB 2002, 1643, 1648) und einem zusätzlichen Bonus von bis zu einem Drittel des Lohnanspruchs der Nichtorganisierten (*Leydecker* S. 185; *ders.* AuR 2009, 338, 343). 228

4. Variabilisierung von Entgeltbestandteilen

Vorbemerkung

Als eine weitere Möglichkeit zur Entgeltflexibilisierung kommt die Einführung variabler Vergütungsstrukturen im Unternehmen in Betracht. Die arbeitsvertraglich vereinbarte Vergütung kann dabei – gegebenenfalls unter Beachtung der Kontrollschranken der §§ 305 ff. BGB – im Rahmen von Verhandlungen zwischen dem Unternehmen und seinen Mitarbeitern anderweitig verteilt werden. Soll dagegen das in einem Tarifvertrag ausgehandelte Entgelt von einem festen Bezug in eine variable Struktur umgewandelt werden, ist dafür eine entsprechende Vereinbarung der Tarifvertragsparteien notwendig. Je nach Ursprung des Tariflohnanspruchs kommt hierzu eine Vereinbarung auf Verbandsebene oder auf Unternehmensebene in Betracht. 229

▶ **Muster – Variabilisierung von Entgeltbestandteilen**

Variabilisierung der Vergütung 230

(1) Das Unternehmen kann gemeinsam mit dem bei ihm bestehenden Betriebsrat im Rahmen einer Betriebsvereinbarung beschließen, dass ein Anteil von 10 % des tariflichen Grundgehalts in eine leistungsorientierte variable Vergütung umgewandelt wird. [1]

(2) In die Betriebsvereinbarung sind Muster für Zielvereinbarungen aufzunehmen, die zwischen dem Unternehmen und den Arbeitnehmern jährlich abgeschlossen werden. Die Betriebsvereinbarung hat die Art der Ziele abschließend zu bezeichnen.

(3) Den zu vereinbarenden Zielen müssen zähl- oder messbare Bezugsgrößen wie Zeit, Menge oder Qualität zugrunde liegen. Die Ziele müssen durch die Arbeitnehmer unmittelbar beeinflussbar sein. Bei der Zieldefinition sind realistische und erreichbare Erwartungen vorzugeben. Die zu vereinbarenden Ziele dürfen nicht unmittelbar von der Anwesenheit am Arbeitsplatz sowie von der wirtschaftlichen Entwicklung des Unternehmens geprägt sein. [2]

(4) In jeder Zielvereinbarung müssen vier Ziele genannt werden, die zu jeweils 25 % zur Bestimmung der Zielerreichung gewichtet werden.

(5) Auftretende Streitigkeiten über den Grad der Zielerreichung sind von einer Kommission zu entscheiden, die zu gleichen Teilen aus Vertretern des Unternehmens und des Betriebsrats besetzt wird. Kommt es zu keiner Einigung, entscheidet das Unternehmen abschließend. Den Arbeitnehmern steht der Rechtsweg zu den Arbeitsgerichten offen. [3]

Erläuterungen

Schrifttum

Langohr-Plato »Entgeltumwidmung« als Alternative zur Entgeltumwandlung? – Abgrenzungsfragen und Risikopotentiale, NZA 2007, 75; *Salamon* Mitarbeitersteuerung durch erfolgs- und bestandsabhängige Gestaltung von Vergütungsbestandteilen, NZA 2010, 314.

231 1. Bei einer derartigen Regelung handelt es sich um eine Öffnungsklausel im Sinne des § 77 Abs. 3 Satz 2 BetrVG, die eine vom Tarifvertrag abweichende Gestaltung der Vergütungsstruktur durch Abschluss einer Betriebsvereinbarung gestattet (vgl. S Rdn. 243). Für das Unternehmen kann die Variabilisierung erhebliche Vorteile bedeuten, da die **Einführung einer variablen Vergütung** die Motivation und Leistungsbereitschaft der Arbeitnehmer erhöhen kann. Auch kann eine derartige Regelung für das Unternehmen eine Entlastung von einem Teil der festen und damit zwingend zu erbringenden Personalkosten bedeuten. Zur Durchsetzung einer derartigen Entgeltvariabilisierung kann eine anstehende tarifliche Entgelterhöhung im Rahmen der regelmäßigen Lohnrunden ebenso der richtige Zeitpunkt sein, wie die Verhandlung über einen Beschäftigungssicherungstarifvertrag in wirtschaftlichen Krisenzeiten.

232 Die Variabilisierung eines Teils des tariflichen Grundentgelts ist nicht aus Vertrauensschutzgesichtspunkten ausgeschlossen. Eine Prüfung entgegenstehenden Vertrauens der Arbeitnehmer kommt erst dann in Betracht, wenn die Tarifvertragsparteien die tariflichen Ansprüche rückwirkend verändern (BAG, Urt. v. 11.10.2006 – 4 AZR 522/05, AiB 2007, 418; BAG, Urt. v. 23.11.1994 – 4 AZR 879/93, NZA 1995, 844; Wiedemann/*Thüsing* § 1 TVG Rn. 164 ff.). Sofern die Änderung dagegen ausschließlich künftige Entgeltansprüche erfasst, müssen die Arbeitnehmer mit einer abweichenden Gestaltung der Tarifvertragsparteien rechnen.

233 2. Die Tarifvertragsparteien können eigenständig bestimmen, an welchen **Kriterien** die **Zielerreichung** bei einer Variabilisierung gemessen werden soll. Um der Gewerkschaft eine Zustimmung zu den geänderten tariflichen Entgeltbestimmungen zu erleichtern, kann sich eine Beschränkung der Zielvorgaben auf vom Arbeitnehmer selbst erreichbare Kriterien anbieten. Auf diese Weise kann jeder Arbeitnehmer sein bisheriges Entgelt durch eigene Leistung erreichen, ohne durch die womöglich schlechteren Leistungen der Kollegen beeinträchtigt zu werden. Zum anderen wird der Gewerkschaft die Zustimmung zu einer Variabilisierung in der Regel leichter fallen, wenn die Entgeltkürzung nicht aus rein wirtschaftlichen Gründen allein für das Unternehmen sinnvoll ist. Zum Abschluss von Vereinbarungen über eine variable Vergütung vgl. B Rdn. 195 ff.

234 3. Eine Vereinbarung, nach der im Streitfall auch der Betriebsrat an der **Bewertung der Zielerreichung** beteiligt ist, kann ebenfalls die gewerkschaftliche Zustimmungsbereitschaft erhöhen. In jedem Fall sollte eine derartige tarifvertragliche Klausel eine Regelung darüber enthalten, wer im Falle eines Dissenses die abschließende Entscheidung treffen soll. Da die Arbeitnehmer von einer Kürzung des variablen Entgelts betroffen sind, muss ihnen im Falle einer nicht vollständigen Zielerreichung der Rechtsweg zu den Arbeitsgerichten offenstehen.

5. Einführung von Kurzarbeit

Vorbemerkung

235 Entgegen der teilweise gelebten Praxis kann ein Unternehmen nicht aufgrund des arbeitgeberseitigen Direktionsrechts (§ 106 GewO) einseitig Kurzarbeit in einem Betrieb anordnen. Voraussetzung ist vielmehr eine rechtliche Grundlage, die in den Einzelarbeitsverhältnissen durch eine Klausel über die vorübergehende Absenkung der Arbeitszeit vereinbart werden kann (BAG, Urt. v. 07.12.2005 – 5 AZR 535/04, NZA 2006, 423; BVerfG, Beschl. v. 23.11.2006 – 1 BvR 1909/06, NZA 2007, 85; *Bauer/Günther* DB 2006, 950, 952; *Preis/Lindemann* NZA 2006, 632, 633). Die Ermächtigung zur Einführung von Kurzarbeit kann auch in einem Tarifvertrag vereinbart werden. Trifft der maßgebliche Tarifvertrag keine Regelung oder findet auf den Betrieb kein

Tarifvertrag Anwendung, können die Betriebsparteien eine Betriebsvereinbarung zur Einführung von Kurzarbeit abschließen (vgl. O Rdn. 333 ff.).

▶ **Muster – Einführung von Kurzarbeit**

Einführung von Kurzarbeit

(1) Im Falle vorübergehenden Arbeitsausfalls kann ein Unternehmen Kurzarbeit im Sinne der §§ 95 ff. SGB III mit einer Ankündigungsfrist von 14 Tagen einführen. [1]

(2) Ist im Betrieb ein Betriebsrat vorhanden, sind bei der Einführung der Kurzarbeit die gesetzlichen Mitbestimmungsrechte des Betriebsrats einzuhalten. [2]

(3) Das Unternehmen ist bei Vorliegen der gesetzlichen Voraussetzungen verpflichtet, die Kurzarbeit rechtzeitig gegenüber der örtlichen Agentur für Arbeit anzuzeigen und die Erstattung von Kurzarbeitergeld zum Ausgleich für den mit der Kurzarbeit einhergehenden Entgeltausfall zu beantragen. [3]

Erläuterungen

Schrifttum

Bauer/Günther Ungelöste Probleme bei Einführung von Kurzarbeit, BB 2009, 662; *dies.* Heute lang, morgen kurz – Arbeitszeit nach Maß!, DB 2006, 950; *Bauer/Kern* Wechselwirkung zwischen Kurzarbeit und Urlaub, NZA 2009, 925; *Preis/Lindemann* Änderungsvorbehalte – Das BAG durchschlägt den gordischen Knoten, NZA 2006, 632; *Rudkowski* Die Umrechnung des Urlaubsanspruchs bei Kurzarbeit und ihre Vereinbarkeit mit der Arbeitszeitrichtlinie, NZA 2012, 74; *Seel/Rabe* Die Kurzarbeit im öffentlichen Dienst, öAT 2011, 171.

1. Als Kurzarbeit wird die Situation bezeichnet, in der aufgrund eines konjunkturell bedingten vorübergehenden Arbeitsausfalls alle oder einzelne Arbeitnehmer des Betriebs Entgeltausfälle erleiden. Der Gesetzgeber hat unter den Voraussetzungen der §§ 95 ff. SGB III (vormals §§ 169 ff. SGB III) eine Förderung der von Kurzarbeit betroffenen Arbeitnehmer mit Kurzarbeitergeld bei Vorliegen der dort näher beschriebenen betrieblichen und persönlichen Umstände vorgesehen. Zwar ist das Unternehmen nicht verpflichtet, Kurzarbeit nur bei Erfüllung der Kriterien des SGB III einzuführen. Der Arbeitgeber schuldet dem Arbeitnehmer aber in jedem Fall eine Vergütung in Höhe des vom Entgeltausfall abhängigen Kurzarbeitergelds (vgl. S Rdn. 241).

Der Tarifvertrag kann ein einseitiges Recht des Unternehmens zur **Einführung von Kurzarbeit** vorsehen. Dies ist jedoch lediglich in Beschäftigungssicherungstarifverträgen unter engen Voraussetzungen zulässig, da anderenfalls der Änderungskündigungsschutz der Arbeitnehmer umgangen würde (BAG, Urt. v. 18.10.1994 – 1 AZR 503/93, NZA 1995, 1064; BAG, Urt. v. 27.01.1994 – 6 AZR 541/93, NZA 1995, 134). Das BAG hält es für zulässig, Klauseln über die Einführung von Kurzarbeit als Betriebsnormen nach § 3 Abs. 2 TVG zu gestalten, die auch gegenüber den Nichtgewerkschaftsmitgliedern Anwendung finden (BAG, Urt. v. 01.08.2001 – 4 AZR 388/99, DB 2001, 2609; Gagel/*Bieback* § 169 SGB III Rn. 145; a.A. *Bauer/Günther* BB 2009, 662). Üblicherweise sehen tarifliche Vereinbarungen zur Einführung von Kurzarbeit Ankündigungsfristen vor, damit sich die Arbeitnehmer auf die aus der Kurzarbeit folgenden Änderungen einstellen können.

Die Tarifvertragsparteien können sich auch darauf beschränken, lediglich eine Ermächtigungsgrundlage für die Einführung von Kurzarbeit durch die Betriebsparteien zu schaffen. Es handelt sich dann um eine Öffnungsklausel des Tarifvertrags, der Abweichungen im Sinne des § 77 Abs. 3 Satz 2 BetrVG durch Betriebsvereinbarungen zulässt. In diesem Fall könnte wie folgt formuliert werden:

Alternative:

[Im Falle vorübergehenden Arbeitsausfalls kann ein Unternehmen in Abstimmung mit dem bei ihm bestehenden Betriebsrat Kurzarbeit im Sinne der §§ 95 ff. SGB III durch Abschluss einer Betriebsvereinbarung einführen. Vor der Einführung der Kurzarbeit ist eine Ankündigungsfrist von 14 Tagen einzuhalten.]

240 2. Schließen die Betriebsparteien bei entsprechender tarifvertraglicher Ermächtigung eine Betriebsvereinbarung zur Einführung von Kurzarbeit ab, stellt diese nicht nur die Rechtsgrundlage für die Kurzarbeit dar. Die Einführung von Kurzarbeit gehört zu den erzwingbaren Mitbestimmungsrechten des Betriebsrats nach § 87 Abs. 1 Nr. 3 BetrVG, so dass der Betriebsrat vor einer Einführung von Kurzarbeit ohnehin zu beteiligen ist (ErfK/*Kania* § 87 BetrVG Rn. 35; *Fitting* § 87 BetrVG Rn. 150). Das **Mitbestimmungsrecht** erstreckt sich dabei sowohl auf die Einführung der Kurzarbeit an sich als auch auf die Verteilung der verbleibenden Arbeitszeit auf die Wochentage (speziell geregelt in § 87 Abs. 1 Nr. 2 BetrVG) und auf die Auswahl der einzubeziehenden Arbeitnehmer.

241 3. Voraussetzung für die Förderung der von Entgeltausfällen betroffenen Arbeitnehmer ist nach den §§ 95 Nr. 4, 99 SGB III die Anzeige des Arbeitsausfalls bei der zuständigen Agentur für Arbeit. Eine **Förderung mit Kurzarbeitergeld** kann frühestens für den Monat erfolgen, in dem die Anzeige bei der Arbeitsagentur eingeht. In einem zweiten Schritt hat das Unternehmen die Erstattung von Kurzarbeitergeld für die jeweiligen Monate zu beantragen, in denen der arbeitsausfallbedingte Entgeltausfall eingetreten ist. Die Beachtung dieser formellen Vorgaben liegt bereits im Interesse des Unternehmens, da die Rechtsprechung den Arbeitnehmern bei Einführung von Kurzarbeit einen Vergütungsanspruch in Höhe des Kurzarbeitergeldes zuerkennt (BAG, Urt. v. 22.04.2009 – 5 AZR 310/08, NZA 2009, 913; ErfK/*Preis* § 611 BGB Rn. 662). Versäumt das Unternehmen die rechtzeitige Anzeige der Kurzarbeit und die Beantragung des Kurzarbeitergeldes, hat es die Arbeitnehmer in der Höhe des Kurzarbeitergeldes zu vergüten, ohne einen Erstattungsanspruch gegen die Agentur für Arbeit zu besitzen (Schaub/*Linck* § 47 Rn. 13).

6. Öffnungsklausel

Vorbemerkung

242 Tarifverträge schaffen unmittelbare und zwingende Regelungen für die Tarifgebundenen, also die Mitglieder der Tarifvertragsparteien oder den Arbeitgeber im Falle des Firmentarifvertrags (§ 4 Abs. 1 TVG). Abweichungen von den Tarifverträgen sind zugunsten der Arbeitnehmer stets möglich, da sie in erster Linie einen Mindestschutz für die Arbeitnehmer gewährleisten sollen (§ 4 Abs. 3 2. Fall TVG). Kann ein Arbeitnehmer eigenmächtig bessere Bedingungen aushandeln, bedarf er des Schutzes des Tarifvertrags insoweit nicht (AR/*Krebber* § 4 TVG Rn. 17). Für die Betriebsparteien bedeutet der Tarifvertrag eine Regelungssperre, weshalb in einer Betriebsvereinbarung grundsätzlich keine Themen geregelt werden dürfen, die bereits tarifvertraglich geregelt sind oder üblicherweise tarifvertraglich geregelt werden (§ 77 Abs. 3 Satz 1 BetrVG). Die Tarifvertragsparteien können durch Vereinbarung von Öffnungsklauseln sowohl einen Freiraum für Betriebsvereinbarungen schaffen (§ 77 Abs. 3 Satz 2 BetrVG) als auch Abweichungen zum Nachteil der Arbeitnehmer gestatten (§ 4 Abs. 3 1. Fall TVG). Hinter der Vereinbarung von Öffnungsklauseln steckt insbesondere in Verbandstarifverträgen oftmals die Überlegung, den Betriebsparteien eine sachgerechte und für den jeweiligen Betrieb angemessene Regelung zu ermöglichen (*Löwisch/Rieble* § 4 TVG Rn. 203 ff.; ErfK/*Franzen* § 4 TVG Rn. 27).

Öffnungsklausel **S.III.6.**

▶ **Muster – Öffnungsklausel**

Arbeitszeit

(1) Die regelmäßige Arbeitszeit der Arbeitnehmer im Geltungsbereich dieses Tarifvertrags beträgt 38 Stunden in der Woche. Die Betriebsparteien bestimmen, ob die Arbeit auf fünf oder auf sechs Tage pro Woche aufgeteilt wird. [1]

(2) Beginn und Ende der täglichen Arbeitszeit bestimmen die Betriebsparteien nach den betrieblichen Erfordernissen.

(3) Die Arbeitnehmer sind verpflichtet, im betrieblich erforderlichen Umfang Nacht- sowie Sonn- und Feiertagsarbeit zu leisten.

(4) Das Unternehmen kann in Abstimmung mit einem bei ihm bestehenden Betriebsrat im Rahmen einer Betriebsvereinbarung beschließen, die regelmäßige Arbeitszeit für einen Zeitraum von bis zu einem Jahr um maximal 4 Stunden pro Woche zu reduzieren oder zu erhöhen. [2]

Erläuterungen

Schrifttum

Bayreuther Konsolidierungstarifvertrag und freiwilliger Tarifsozialplan als Regelungsinstrumente in der Unternehmenskrise, NZA 2010, 378; *Thon* Die Regelungsschranken des § 77 III BetrVG im System der tarifvertraglichen Ordnung des TVG – Eine Bestandsaufnahme des geltenden Rechts, NZA 2005, 858.

1. Während die Dauer der wöchentlichen Arbeitszeit üblicherweise von den Tarifvertragsparteien selbst festgelegt wird, wird die Verteilung der Arbeitszeit auf die einzelnen Wochentage in der Regel den Betriebsparteien überlassen. Dies entspricht auch der Einschätzung des Gesetzgebers, der die Verteilung der Arbeitszeit auf einzelne Wochentage ebenso wie die Bestimmung des Beginns und des Endes der täglichen Arbeitszeit zu den zwingenden Mitbestimmungsrechten des Betriebsrats erklärt hat (§ 87 Abs. 1 Nr. 2 BetrVG). Die Betriebsparteien können in diesem Bereich eigene Vereinbarungen treffen, wenn nicht explizit eine Regelung direkt im Tarifvertrag getroffen wird (DLW/*Wildschütz* Kapitel 13 Rn. 1639). Da das Mitbestimmungsrecht des Betriebsrats im Fall der erzwingbaren Mitbestimmung nach § 87 Abs. 1 BetrVG aber auch ohne Ermächtigung durch die Tarifvertragsparteien bestünde, handelt es sich bei einer Regelung im vorstehenden Sinn um keine Öffnungsklausel des Tarifvertrags im engeren Sinn.

Dagegen steht dem Mitbestimmungsrecht des Betriebsrats der Tarifvorbehalt nach § 87 Abs. 1 BetrVG nicht entgegen, wenn der Tarifvertrag eine im Grundsatz mitbestimmungspflichtige Angelegenheit aus dem Katalog des § 87 Abs. 1 BetrVG allein dem Arbeitgeber zuweist. Die **Sperrwirkung für Betriebsvereinbarungen** gilt nur dann, wenn der Tarifvertrag selbst eine Regelung trifft, die dem Schutzbedürfnis der Arbeitnehmer gerecht wird (BAG, Beschl. v. 03.05.2006 – 1 ABR 14/05, AP BetrVG 1972 § 87 Arbeitszeit Nr. 119; BAG, Beschl. v. 17.11.1998 – 1 ABR 12/98, NZA 1999, 662; HWK/*Clemenz* § 87 BetrVG Rn. 13).

2. Soweit in einem Tarifvertrag eine vorübergehende Erhöhung oder Absenkung der tarifvertraglich bestimmten Arbeitszeit durch die Betriebsparteien zugelassen wird, besitzt eine solche Öffnungsklausel mehrfache rechtliche Auswirkung. Zunächst gestattet die **tarifliche Öffnungsklausel** entsprechend § 77 Abs. 3 Satz 2 BetrVG den Abschluss einer den Tarifvertrag ergänzenden Betriebsvereinbarung und ermöglicht damit eine Abweichung von der Regelungssperre für die Betriebsparteien (BAG, Urt. v. 20.04.1998 – 1 AZR 631/98, NZA 1999, 1059; AR/*Rieble* § 77 BetrVG Rn. 32). Zum anderen ermöglicht die Öffnungsklausel eine Abweichung zum Nachteil der Arbeitnehmer von der tarifvertraglichen Bestimmung der wöchentlichen Arbeitszeit entsprechend § 4 Abs. 3 1. Fall TVG, wenn auch womöglich nur innerhalb eines von den Tarifvertragsparteien gezogenen Rahmens (ErfK/*Franzen* § 4 TVG Rn. 28). Schließlich lassen die Tarifvertragsparteien Raum für die Mitbestimmung des Betriebsrats nach § 87 Abs. 1 Nr. 3 BetrVG, wonach ohne abschließende Regelung im Tarifvertrag der Betriebsrat ein erzwingbares Mitbestimmungsrecht bei der vorübergehenden Verkürzung oder Verlängerung der betrieblichen Arbeitszeit besitzt.

7. Verlängerung der Arbeitszeit

Vorbemerkung

247 Vorgaben über die höchstzulässige tägliche Arbeitszeit der Arbeitnehmer, über Ruhezeiten und Ruhepausen sowie über besondere Formen der Arbeit (Wochenend- und Nachtarbeit, Schichtarbeit) finden sich im Arbeitszeitgesetz (ArbZG). Zahlreiche arbeitszeitrechtliche Bestimmungen haben ihre jetzige Form aufgrund der maßgeblichen europäischen Arbeitszeitrichtlinien gefunden, aktuell der Richtlinie 2003/88/EG vom 04.11.2003 über bestimmte Aspekte der Arbeitszeitgestaltung (ABl. L 299/9). Die zum Schutz der Arbeitnehmer erlassenen Bestimmungen des Arbeitszeitrechts sind in bedeutenden Teilen tarifdispositiv und ermöglichen den Tarifvertragsparteien Abweichungen auch zum Nachteil der Arbeitnehmer (vgl. Art. 18 und 22 der RL 2003/88/EG, § 7 ArbZG).

▶ Muster – Verlängerung der Arbeitszeit

248 **Arbeitszeit**

(1) Die regelmäßige tägliche Arbeitszeit der Arbeitnehmer beträgt acht Stunden.

(2) Ein Unternehmen im Geltungsbereich dieses Tarifvertrags kann die regelmäßige tägliche Arbeitszeit auf bis zu zwölf Stunden ohne Ausgleich verlängern, wenn in die Arbeitszeit regelmäßig und in erheblichem Umfang Bereitschaftsdienst fällt und die Gesundheit der Arbeitnehmer nicht gefährdet wird. Das Unternehmen wird zur Sicherstellung der gesundheitlichen Situation eine jährliche arbeitsmedizinische Untersuchung der betroffenen Arbeitnehmer auf seine Kosten veranlassen. [1] Voraussetzung der Arbeitszeitverlängerung ist eine schriftliche Einwilligung der Arbeitnehmer. [2]

(3) Ohne Einwilligung der Arbeitnehmer kann das Unternehmen die regelmäßige tägliche Arbeitszeit auf bis zu zwölf Stunden verlängern, wenn in die Arbeitszeit regelmäßig und in erheblichem Umfang Bereitschaftsdienst fällt. [3] Die über acht Stunden täglich und 48 Stunden wöchentlich hinausgehende Arbeitszeit ist in diesem Fall innerhalb von zwölf Kalendermonaten auszugleichen. [4]

(4) Die Ruhezeit zwischen zwei Arbeitsschichten kann auf bis zu neun Stunden verkürzt werden, wenn dies aufgrund besonderer saisonaler Arbeitsbelastung erforderlich ist. Jede Verkürzung der Ruhezeit ist innerhalb von zwei Monaten durch Verlängerung einer anderen Ruhezeit auf bis zu 13 Stunden auszugleichen. [5]

Erläuterungen

Schrifttum

Boerner Anpassung des Arbeitszeitgesetzes an das Gemeinschaftsrecht, NJW 2004, 1559; *Reim* Die Neuregelungen im Arbeitszeitgesetz zum 01.01.2004, DB 2004, 186; *Schliemann* Allzeit bereit – Bereitschaftsdienst und Arbeitsbereitschaft zwischen Europarecht, Arbeitszeitgesetz und Tarifvertrag, NZA 2004, 513.

249 **1.** Die werktägliche Arbeitszeit der Arbeitnehmer darf im Durchschnitt acht Stunden nicht überschreiten (§ 3 ArbZG). Sie kann auf bis zu zehn Stunden werktäglich verlängert werden, wenn innerhalb von sechs Kalendermonaten oder aber innerhalb von 24 Wochen der Durchschnitt von acht Stunden nicht überschritten wird. Nach § 7 Abs. 2a ArbZG kann in einem Tarifvertrag die **Verlängerung der Arbeitszeit** auch über acht Stunden hinaus **ohne Ausgleich** beschlossen werden, sofern in die Arbeitszeit regelmäßig und in erheblichem Umfang Arbeitsbereitschaft oder Bereitschaftsdienst fällt. Als Einschätzungshilfe geht die Literatur hier von einem notwendi-

gen Anteil der Arbeitsbereitschaft/des Bereitschaftsdienstes an der gesamten Arbeitszeit von mindestens 20 bis 30 % aus (ErfK/*Wank* § 7 ArbZG Rn. 6; *Baeck/Deutsch* § 7 ArbZG Rn. 51 ff.; *Neumann/Biebl* § 7 ArbZG Rn. 18). Als weitere Voraussetzung für diese ausgleichslose Verlängerung der täglichen Höchstarbeitszeit muss sichergestellt werden, dass die Gesundheit der betroffenen Arbeitnehmer nicht beeinträchtigt wird. Die Tarifvertragsparteien können zur Sicherstellung des Gesundheitsschutzes etwa für die Arbeitnehmer kostenlose arbeitsmedizinische Untersuchungen, längere Ruhezeiten oder absolute Höchstarbeitszeiten vereinbaren (ErfK/*Wank* § 7 ArbZG Rn. 18; HWK/*Gäntgen* § 7 ArbZG Rn. 11). Die Tarifvertragsparteien können die Arbeitszeitverlängerung nicht nur eigenständig regeln, sondern stattdessen auch eine bloße Grundlage für die Betriebsparteien einräumen. Ein Tarifvertrag muss aber in jedem Fall Ermächtigungsgrundlage für eine Betriebs- oder Dienstvereinbarung sein, mit der die Arbeitszeit der Arbeitnehmer ohne Ausgleich über acht Stunden täglich ausgeweitet wird. Ebenso kann die Bestimmung der Maßnahmen zur Sicherung des Gesundheitsschutzes den Betriebsparteien überlassen werden (*Baeck/Deutsch* § 7 ArbZG Rn. 116; *Reim* DB 2004, 186). Die von den Vorschriften des Arbeitszeitgesetzes abweichenden tariflichen Bestimmungen sind Betriebsnormen nach § 3 Abs. 2 TVG, die unabhängig von einer Gewerkschaftsmitgliedschaft für alle Arbeitnehmer im Betrieb einheitlich gelten (*Baeck/Deutsch* § 7 ArbZG Rn. 23; AR/*Krauss* § 7 ArbZG Rn. 2).

2. Auch wenn ein Tarifvertrag oder eine Betriebsvereinbarung bzw. Dienstvereinbarung auf Grundlage eines Tarifvertrags die Verlängerung der täglichen Arbeitszeit über acht Stunden ohne Ausgleich zulässt, ist nach § 7 Abs. 7 ArbZG die **schriftliche Einwilligung jedes einzelnen Arbeitnehmers** zur Wirksamkeit der Arbeitszeitverlängerung notwendig (sog. Opt-out-Regelung). Die Einwilligung kann mit einer Frist von sechs Monaten schriftlich widerrufen werden. Verweigert ein Arbeitnehmer die Abgabe der Einwilligung, darf seine Arbeitszeit nicht über das gesetzliche Maß hinaus verlängert werden. Zudem dürfen dem Arbeitnehmer keine Nachteile wegen der verweigerten Einwilligung entstehen (§ 7 Abs. 7 Satz 3 ArbZG). Die Gewerkschaft darf nicht stellvertretend für ihre Mitglieder die Einwilligungserklärung abgeben (EuGH, Urt. v. 05.10.2004 – C-397/01 bis C 403/01 [Pfeiffer u.a.], NZA 2004, 1145; ErfK/*Wank* § 7 ArbZG Rn. 25). 250

3. Neben der ausgleichslosen Arbeitszeitverlängerung unter den Voraussetzungen des § 7 Abs. 2a, 7 ArbZG können die Tarifvertragsparteien auch eine Arbeitszeitverlängerung auf der Grundlage des § 7 Abs. 1 Nr. 1a ArbZG vereinbaren. Danach kann die tägliche Arbeitszeit über zehn Stunden hinaus verlängert werden, wenn in die Arbeitszeit regelmäßig und in erheblichem Umfang Arbeitsbereitschaft oder Bereitschaftsdienst fällt (vgl. S Rdn. 249). Im Unterschied zu einer **Arbeitszeitverlängerung** nach § 7 Abs. 2a ArbZG ist in diesem Fall aber ein **Ausgleich** für die längere Arbeitszeit vorzunehmen, so dass die durchschnittliche wöchentliche Arbeitszeit 48 Stunden nicht überschreitet (§ 7 Abs. 8 Satz 1 ArbZG). Im Grundsatz ist hier ein Ausgleich innerhalb des in § 3 Satz 2 ArbZG angelegten Ausgleichszeitraums von sechs Kalendermonaten oder 24 Wochen vorzunehmen (vgl. aber auch ErfK/*Wank* § 3 ArbZG Rn. 7; *Schliemann* NZA 2004, 513, 516, die zu Recht darauf hinweisen, dass der längstmögliche Ausgleichszeitraum nach Art. 16 lit. b der RL 2003/88/EG abgesehen von besonderen Branchen vier Monate beträgt, weshalb die deutsche Regelung gemeinschaftsrechtswidrig sein dürfte). 251

4. Abweichend von der allgemeinen Regel des § 3 Satz 2 ArbZG können die Tarifvertragsparteien gemäß § 7 Abs. 1 Nr. 1b ArbZG vereinbaren, dass der **Ausgleich** längerer Arbeitszeiten **über einen Zeitraum** von bis zu zwölf Monaten erfolgen kann. Diese Maximalgrenze lässt sich aus § 7 Abs. 8 Satz 1 ArbZG ableiten und entspricht der Vorgabe des Art. 19 der RL 2003/88/EG. 252

5. Nach § 5 Abs. 1 ArbZG ist einem Arbeitnehmer abgesehen von einzelnen Sonderregelungen für bestimmte Branchen (z.B. Kranken- und Pflegebereich) eine Ruhezeit von mindestens elf Stunden zwischen zwei Arbeitsschichten zu gewähren. Durch § 7 Abs. 1 Nr. 3 ArbZG wird den Tarifvertragsparteien die Befugnis eingeräumt, die Ruhezeit zwischen zwei Arbeitsschichten bis auf neun Stunden zu reduzieren, wenn die Art der ausgeübten Arbeit dies erfordert. Hierzu zählen vor allem arbeitsorganisatorische Gründe und branchenspezifische Besonderheiten (*Baeck/Deutsch* § 7 ArbZG Rn. 74). Bei ihrer Definition besitzen die Tarifvertragsparteien einen weiten Beurtei- 253 lungsspielraum (ErfK/*Wank* § 7 ArbZG Rn. 10; *Neumann/Biebl* § 7 ArbZG Rn. 27). Die **gekürzte Ruhezeit** ist innerhalb eines von den Tarifvertragsparteien zu bestimmenden Zeitraums durch entsprechend längere Ruhezeiten auszugleichen (AR/*Krauss* § 7 ArbZG Rn. 7).

8. Veränderung der Kündigungsfristen

Vorbemerkung

254 Durch § 622 Abs. 4 Satz 1 BGB werden die gesetzlichen Regelungen über Kündigungsfristen für Arbeitsverhältnisse für tarifdispositiv erklärt. Im Geltungsbereich eines Tarifvertrags, der abweichende Kündigungsfristen beinhaltet, können auch nicht tarifgebundene Arbeitgeber und Arbeitnehmer die Anwendung der vom Gesetz abweichenden Regelungen vereinbaren. Während einzelvertraglich kürzere Fristen nach § 622 Abs. 5 BGB zum Schutz der Arbeitnehmer nur in eng begrenzten Ausnahmesituationen gestattet werden, vertraut der Gesetzgeber den Tarifvertragsparteien aufgrund der angenommenen Richtigkeitsgewähr ihrer Vereinbarungen in weitem Umfang eine Abweichung von den gesetzlichen Regelungen an.

▶ **Muster – Veränderung der Kündigungsfristen**

255 Beendigung des Arbeitsverhältnisses

(1) Während der viermonatigen Probezeit [1] können beide Seiten das Arbeitsverhältnis mit einer Frist von einer Woche kündigen. [2]

(2) Nach der Probezeit kann das Arbeitsverhältnis mit einer Frist von einem Monat zum Monatsende gekündigt werden. [3]

(3) Die Kündigungsfristen verlängern sich für beide Seiten [4] auf

a) zwei Monate nach einem Bestand des Arbeitsverhältnisses von acht Jahren,

b) drei Monate nach einem Bestand des Arbeitsverhältnisses von zehn Jahren. [5]

Bei der Berechnung werden auch die Beschäftigungszeiten berücksichtigt, die vor der Vollendung des 25. Lebensjahres des Arbeitnehmers liegen. [6]

Erläuterungen

Schrifttum

v. Medem Europarechtswidrigkeit des § 622 II 2 BGB?, NZA 2009, 1072; *Preis/Temming* Der EuGH, das BVerfG und der Gesetzgeber – Lehren aus Mangold II, NZA 2010, 185; *Schleusener* Europarechts- und Grundgesetzwidrigkeit von § 622 II 2 BGB, NZA 2007, 358; *v. Steinau-Steinrück/Mosch* Die Unanwendbarkeit deutscher Kündigungsfristen und ihre Folgen, NJW-Spezial 2010, 114; *Tavakoli/Westhauser* Vorlegen oder Durchentscheiden? – Kompetenzüberschreitung nationaler Gerichte bei Berechnung der Kündigungsfrist gem. § 622 BGB?, DB 2008, 702; *Temming* Der Fall Palacios: Kehrtwende im Recht der Altersdiskriminierung?, NZA 2007, 1193.

256 **1.** Die gesetzliche Bestimmung in § 622 Abs. 3 BGB lässt während einer vereinbarten Probezeit die Kündigung des Arbeitsverhältnisses mit einer verkürzten Frist zu. Voraussetzung einer Inanspruchnahme dieser kürzeren Kündigungsfrist ist eine entsprechende Vereinbarung der Arbeitsvertragsparteien. In einem Tarifvertrag kann bereits eine generelle Probezeit vereinbart werden, die zwingend zu Beginn eines Arbeitsverhältnisses einzuhalten ist (ErfK/*Müller-Glöge* § 622 BGB Rn. 15; KR/*Spilger* § 622 BGB Rn. 178). Die **Probezeit** soll beiden Arbeitsvertragsparteien das gegenseitige Kennenlernen ermöglichen und im Falle der Unzufriedenheit einer Seite eine leichtere Lösungsmöglichkeit aufzeigen. Während der Gesetzgeber von einer Probezeit von maximal sechs Monaten ausgeht, können die Tarifvertragsparteien auch eine kürzere oder längere Dauer der Probezeit vereinbaren (BAG, Urt. v. 28.04.1988 – 2 AZR 750/87, NZA 1989, 58: vier Wochen im

Güter- und Möbelfernverkehr; BAG, Urt. v. 15.03.1978 – 5 AZR 831/76, DB 1978, 1744: zwölf Monate im künstlerischen Bereich). Eine kürzere Probezeit kann sinnvoll sein, wenn die Arbeitgeberseite an einer schnellen Sicherung des Arbeitsverhältnisses interessiert ist, da kürzere Probezeiten mutmaßlich die Zufriedenheit der Arbeitnehmer erhöhen. Eine längere Probezeit kann dagegen für Arbeitsverhältnisse ratsam sein, in denen üblicherweise erst nach längerer Zeit die Zusammenarbeit der Parteien bewertet werden kann. Ist die tarifvertragliche Probezeit für einen mehr als sechsmonatigen Zeitraum angelegt, hängt ihre Wirksamkeit von der Angemessenheit für die Erprobung der Arbeitsverhältnisse ab (BAG, Urt. v. 15.08.1984 – 7 AZR 228/82, EzA § 1 KSchG Nr. 40; APS/*Linck* § 622 BGB Rn. 86). Davon zu unterscheiden ist die gesetzliche Wartezeit von sechs Monaten nach § 1 Abs. 1 KSchG, deren Ablauf die Anwendbarkeit des Kündigungsschutzgesetzes bedingt. Die Zeit bis zum Eingreifen des Kündigungsschutzgesetzes kann von den Tarifvertragsparteien nicht zum Nachteil der Arbeitnehmer verändert werden (BAG, Urt. v. 20.06.2013 – 2 AZR 790/11, NZA-RR 2013, 470; HWK/*Quecke* § 1 KSchG Rn. 9; KR/*Griebeling/Rachor* § 1 KSchG Rn. 94).

2. Nach § 622 Abs. 3 BGB beträgt die gesetzliche **Kündigungsfrist während der Probezeit** zwei Wochen zu einem beliebigen Kündigungstermin. Die Tarifvertragsparteien können die Kündigungsfrist während der Probezeit verkürzen (BAG, Urt. v. 28.04.1988 – 2 AZR 750/87, NZA 1989, 58: ein Tag; ErfK/*Müller-Glöge* § 622 BGB Rn. 19), ebenso aber auch verlängern (KR/*Spilger* § 622 BGB Rn. 247). 257

3. Die Tarifvertragsparteien können auch die **Grundkündigungsfristen** verändern. Die gesetzliche Regelung in § 622 Abs. 1 BGB sieht insoweit nach Ablauf der Probezeit eine Kündigungsmöglichkeit von vier Wochen zum Fünfzehnten oder zum Ende eines Kalendermonats vor. Von dieser Bestimmung abweichend kann die aus dem Tarifvertrag folgende Kündigungsfrist verkürzt oder verlängert werden (BAG, Urt. v. 18.09.1997 – 2 AZR 767/96, n.v.: zwei Wochen zum Wochenende; BAG, Urt. v. 23.04.2008 – 2 AZR 21/07, NZA 2008, 960: sechs Wochen zum Monatsende. Auch die Kündigungstermine sind tarifdispositiv und müssen weder eine Kündigung sowohl zur Monatsmitte als auch zum Monatsende gestatten, noch muss überhaupt ein bestimmter Zeitpunkt definiert werden, zu dem der Lauf der Kündigungsfrist beginnen soll (AR/*Fischermeier* § 622 BGB Rn. 9; KR/*Spilger* § 622 BGB Rn. 248). Kürzere Kündigungsfristen geben dem Unternehmen die Möglichkeit, sich kurzfristig von einzelnen Mitarbeitern zu trennen. Gleichzeitig bergen sie gerade bei nachgefragten Spezialisten das Risiko, binnen kurzer Zeit eine Ersatzkraft für ausscheidende Arbeitnehmer finden zu müssen. 258

4. Die gesetzliche Regelung des § 622 Abs. 2 Satz 1 BGB sieht eine Staffelung der Kündigungsfristen abhängig vom Bestand des Arbeitsverhältnisses vor. Allerdings gelten diese über die Grundkündigungsfrist des § 622 Abs. 1 BGB hinausgehenden Verlängerungen nach der gesetzgeberischen Intention nur für eine Kündigung des Arbeitgebers. Der Arbeitnehmer kann das Arbeitsverhältnis ohne anderweitige Vereinbarung stets mit der Grundkündigungsfrist beenden. In einem Tarifvertrag kann davon abweichend aber vereinbart werden, dass verlängerte Kündigungsfristen für die Arbeitgeber- und die Arbeitnehmerseite gelten sollen (BAG, Urt. v. 18.01.2001 – 2 AZR 619/99, EzA § 622 n.F. BGB Nr. 62; BAG, Urt. v. 12.11.1998 – 2 AZR 85/98, n.v.). Durch § 622 Abs. 6 BGB soll lediglich verhindert werden, dass die für den Arbeitnehmer geltende Kündigungsfrist länger als die für den Arbeitgeber geltende ist. § 622 Abs. 6 BGB bindet auch die Tarifvertragsparteien (ErfK/*Müller-Glöge* § 622 BGB Rn. 43; APS/*Linck* § 622 BGB Rn. 171). Unproblematisch möglich ist dagegen eine **für beide Seiten geltende Verlängerung** der Kündigungsfristen. 259

5. Nach der gesetzlichen Regelung in § 622 Abs. 2 Satz 1 BGB verlängern sich die Kündigungsfristen bei längerer Betriebszugehörigkeit. Die Verlängerung beginnt ab einem zweijährigen Bestand des Arbeitsverhältnisses mit einer Frist von einem Monat zum Monatsende und gipfelt in einer Kündigungsfrist von sieben Monaten zum Monatsende nach 20-jährigem Bestand des Arbeitsverhältnisses. Den Tarifvertragsparteien steht es frei, die **Verlängerung der Kündigungsfristen bei steigender Betriebszugehörigkeit** anderweitig zu regeln (DLW/*Dörner* Kapitel 4 Rn. 289). Ebenso können sie von einer Verlängerung der Kündigungsfristen bei längerem Bestand des Ar- 260 beitsverhältnisses ganz absehen (BAG, Urt. v. 23.04.2008 – 2 AZR 21/07, NZA 2008, 960; ErfK/*Müller-Glöge* § 622 BGB Rn. 22; APS/*Linck* § 622 BGB Rn. 113; a.A. KR/*Spilger* § 622 BGB Rn. 246, der die Verlängerung der Kündigungsfristen für ältere Arbeitnehmer zur maßgeblichen gesetzgeberischen Intention erklärt).

261 **6.** Durch § 622 Abs. 2 Satz 2 BGB hat der Gesetzgeber bestimmt, dass bei der Berechnung der Beschäftigungsdauer für die Verlängerung von Kündigungsfristen **Zeiten vor der Vollendung des 25. Lebensjahres des Arbeitnehmers** nicht berücksichtigt werden. Mit dieser Regelung sollte dem Umstand Rechnung getragen werden, dass jüngere Arbeitnehmer üblicherweise schneller einen anderen Arbeitsplatz finden und flexibler in Kündigungssituationen reagieren können (LAG Düsseldorf, Beschl. v. 21.11.2007 – 12 Sa 1311/07, ZIP 2008, 1786). Tatsächlich stellt § 622 Abs. 2 Satz 2 BGB eine unzulässige Altersdiskriminierung jüngerer Arbeitnehmer dar, die gegen Art. 6 Abs. 1 der RL 2000/78/EG verstößt (EuGH, Urt. v. 19.01.2010 – C-555/07 [Kücükdeveci], NZA 2010, 85; so schon LAG Berlin-Brandenburg, Urt. v. 24.07.2007 – 7 Sa 561/07, NZA-RR 2008, 17; LAG Schleswig-Holstein, Urt. v. 28.05.2008 – 3 Sa 31/08, BB 2008, 1785; *Schleusener* NZA 2007, 358, 359 f.; *Preis/Temming* NZA 2010, 185, 186; *Temming* NZA 2007, 1193, 1199; a.A. noch LAG Rheinland-Pfalz, Urt. v. 31.07.2008 – 10 Sa 295/08, LAGE § 622 BGB 2002 Nr. 4; *Tavakoli/Westhauser* DB 2008, 702, 705 ff.; *v. Medem* NZA 2009, 1072, 1075 f.). Die Regelung benachteiligt Arbeitnehmer, die bereits in jungen Jahren das Arbeitsverhältnis zu dem Arbeitgeber aufgenommen haben, gegenüber gleichaltrigen Arbeitnehmern, die erst zu einem späteren Zeitpunkt das Arbeitsverhältnis mit dem Arbeitgeber begründet haben (EuGH, Urt. v. 19.01.2010 – C-555/07 [Kücükdeveci], NZA 2010, 85). Als Verstoß gegen das hinter der RL 2000/78/EG stehende gemeinschaftsrechtliche Diskriminierungsverbot ist § 622 Abs. 2 Satz 2 BGB auch ohne Gesetzesänderung von den nationalen Gerichten unangewendet zu lassen (EuGH, Urt. v. 19.01.2010 – C-555/07 [Kücükdeveci], NZA 2010, 85; EuGH, Urt. v. 22.11.2005 – C-144/04 [Mangold], NZA 2005, 1345). An diese Vorgabe des primären Gemeinschaftsrechts sind auch die Tarifvertragsparteien gebunden und können keine abweichenden Regelungen treffen (*Temming* NZA 2007, 1193, 1199; *v. Steinau-Steinrück/Mosch* NJW-Spezial 2010, 114, 115; vgl. zur Bindung der Tarifvertragsparteien an das Gemeinschaftsrecht AR/*Krebber* TVG Grundl. Rn. 11).

9. Urlaubsanspruch

Vorbemerkung

262 Obwohl das Urlaubsrecht ein wesentlicher Bestandteil des gesetzlichen Arbeitnehmerschutzrechtes ist, ermöglicht der Gesetzgeber den Tarifvertragsparteien weitreichende Abweichungen von den gesetzlichen Bestimmungen. Durch § 13 Abs. 1 Satz 1 BUrlG werden die Vorschriften des Bundesurlaubsgesetzes, abgesehen von den §§ 1, 2 und 3 Abs. 1, für tarifdispositiv erklärt. Die tarifvertraglichen Abweichungen auch zuungunsten der Arbeitnehmer können gemäß § 7 Abs. 1 Satz 2 BUrlG auch von nicht tarifgebundenen Arbeitsvertragsparteien wirksam in Bezug genommen werden. Bei allen tarifvertraglichen Abweichungen gilt es allerdings zu berücksichtigen, dass der deutsche Gesetzgeber die europa- und völkerrechtlichen Grundlagen bei der Anpassung des älteren deutschen Urlaubsrechts nicht immer ausreichend beachtet hat. Das Urlaubsrecht wird nicht nur durch das BUrlG geprägt, sondern hat auch die Vorgaben der RL 2003/88/EG über bestimmte Aspekte der Arbeitszeitgestaltung vom 04.11.2003 (ABl. L 299/9) sowie des IAO-Abkommens Nr. 132 über den bezahlten Jahresurlaub vom 24.06.1970 (in deutsches Recht transformiert durch Gesetz vom 30.04.1975, BGBl. II S. 745) zu beachten (MünchArbR/*Düwell* § 77 Rn. 37 ff.).

▶ Muster – Urlaubsanspruch

Urlaub 263

(1) Die Arbeitnehmer haben jährlich einen gesetzlichen Urlaubsanspruch in Höhe von 20 Werktagen sowie einen zusätzlichen tarifvertraglichen Urlaubsanspruch von fünf Werktagen auf Basis einer Fünftagewoche. [1]

(2) Der volle Urlaubsanspruch entsteht erstmals nach Ablauf einer Wartezeit von sechs Monaten seit dem Beginn des Arbeitsverhältnisses. [2]

(3) Bei der zeitlichen Festlegung des Urlaubs sind die Urlaubswünsche der Arbeitnehmer zu berücksichtigen, sofern diese mit den betrieblichen Interessen des Unternehmens vereinbar sind. [3] Der Urlaub ist zusammenhängend zu gewähren, es sei denn, dringende betriebliche oder in der Person der Arbeitnehmer liegende Gründe machen eine Teilung des Urlaubs erforderlich.

(4) Der Urlaub muss im laufenden Kalenderjahr gewährt und genommen werden. Die urlaubsbedingte Freistellung wird zunächst zur Erfüllung des gesetzlichen Urlaubsanspruchs und danach zur Erfüllung des zusätzlichen tarifvertraglichen Urlaubsanspruchs gewährt.

(5) Eine Übertragung des Urlaubs auf das folgende Kalenderjahr ist nur nach vorherigem schriftlichem Antrag des Arbeitnehmers möglich, der die in seiner Person liegenden Gründe für eine Übertragung benennen muss. Anderenfalls verfällt der ausstehende Urlaubsanspruch. Der Antrag muss vor dem Ende des Kalenderjahres bei dem Unternehmen eingehen. Im Fall der Übertragung muss der Urlaub im ersten Monat des folgenden Kalenderjahres gewährt und genommen werden. Nach Ablauf dieses Übertragungszeitraums verfällt der Urlaubsanspruch ersatzlos. [4]

(6) Abweichend von Abs. 5 verfällt der bis zum Ablauf des Übertragungszeitraums nicht gewährte und in Anspruch genommene gesetzliche Urlaubsanspruch erst nach Ablauf von 15 Monaten nach dem Ende des Jahres, in dem der jeweilige Anspruch entstanden ist, wenn der Arbeitnehmer im Urlaubsjahr oder im Übertragungszeitraum aufgrund von Krankheit an der Inanspruchnahme des Urlaubs gehindert war. Der tarifvertragliche Zusatzurlaub verfällt nach Ablauf des Übertragungszeitraums auch bei krankheitsbedingter Unmöglichkeit der Inanspruchnahme ersatzlos. [5]

(7) Kann der Urlaub wegen der Beendigung des Arbeitsverhältnisses ganz oder teilweise nicht mehr gewährt werden, ist er finanziell abzugelten.

(8) Das Urlaubsentgelt bemisst sich nach dem Arbeitsverdienst, den der Arbeitnehmer bei tatsächlicher Leistungserbringung erhalten würde. [6]

(9) Soweit sie nicht durch die vorstehenden Regelungen dieses Tarifvertrags ersetzt werden, kommen die Regelungen des Bundesurlaubsgesetzes in seiner jeweils aktuellen Fassung ergänzend zur Anwendung.

Erläuterungen

Schrifttum
Abele Geschwindigkeit ist keine Hexerei – Zur richtlinienkonformen Auslegung und Anpassung des deutschen Urlaubsrechts, RdA 2009, 312; *Gaul/Bonanni/Ludwig* Urlaubsanspruch trotz Langzeiterkrankung – Handlungsbedarf für die betriebliche Praxis!, DB 2009, 1013; *Krieger/Arnold* Urlaub 1. + 2. Klasse – Das BAG folgt der Schultz-Hoff-Entscheidung des EuGH, NZA 2009, 530.

1. Der gesetzliche Mindesturlaubsanspruch beträgt nach § 3 Abs. 1 BUrlG 24 Werktage auf der 264 Basis einer Sechstagewoche. Der damit gewährleistete Urlaubszeitraum beträgt also vier Wochen, was den Vorgaben des Art. 7 Abs. 1 der RL 2003/88/EG entspricht (AR/*Gutzeit* § 3 BUrlG Rn. 1). Für Arbeitnehmer, die ihre regelmäßige Arbeit an fünf Wochentagen zu leisten haben, beträgt der gesetzliche Mindesturlaubsanspruch damit 20 Werktage. Viele Tarifverträge gewähren den Arbeitnehmern einen **zusätzlichen tariflichen Urlaubsanspruch**, der den gesetzlichen Urlaubsanspruch um einige Tage erweitert (vgl. dazu auch S Rdn. 38). Soweit die Tarifvertragsparteien Besonderheiten ausschließlich für den tarifvertraglichen Zusatzurlaub vorsehen wollen, können sie derartige Regelungen weitgehend ungehindert von den nachstehenden Ausführungen treffen.

265 **2.** Nach dem BUrlG entsteht der volle Urlaubsanspruch erstmals nach sechsmonatigem Bestehen des Arbeitsverhältnisses (§ 4 BUrlG), bei vorzeitigem Ausscheiden steht dem Arbeitnehmer nach § 5 Abs. 1b BUrlG ein Teilurlaubsanspruch zu (HWK/*Schinz* § 4 BUrlG Rn. 3; AR/*Gutzeit* § 5 BUrlG Rn. 8). Den Tarifvertragsparteien soll die Befugnis zustehen, die **Wartezeit** vor dem erstmaligen Entstehen des vollen Urlaubsanspruchs auch zulasten der Arbeitnehmer zu verlängern, wobei eine Grenze von zwölf Monaten nicht überschritten werden dürfe, um einem das ganze Jahr arbeitenden Arbeitnehmer den Urlaubsanspruch nicht zu nehmen (ErfK/*Gallner* § 13 BUrlG Rn. 10; HWK/*Schinz* § 13 BUrlG Rn. 32). Diese Überlegung berücksichtigt aber jedenfalls im Hinblick auf den gesetzlichen Mindesturlaubsanspruch Art. 5 Abs. 2 des IAO-Abkommens Nr. 132 nicht ausreichend, wonach eine »Mindestdienstzeit« von nicht mehr als sechs Monaten vor der Entstehung des Urlaubsanspruchs angesetzt werden darf.

266 **3.** Die Bestimmung des § 7 Abs. 1 BUrlG, wonach der **Urlaubszeitpunkt** im Grundsatz von den Wünschen des Arbeitnehmers definiert wird und nur bei entgegenstehenden dringenden betrieblichen Belangen oder sozial schutzwürdigeren Urlaubswünschen anderer Arbeitnehmer verweigert werden kann, ist tarifdispositiv. Die Tarifvertragsparteien können die Bestimmung des Zeitpunkts vollständig dem Arbeitnehmer überlassen, ebenso aber auch umfassendere Leistungsverweigerungsrechte für das Unternehmen schaffen (ErfK/*Gallner* § 13 BUrlG Rn. 12; *Leinemann/Linck* § 13 BUrlG Rn. 72; HWK/*Schinz* § 13 BUrlG Rn. 40).

267 **4.** Nach § 7 Abs. 3 BUrlG ist der gesetzliche Mindesturlaub im laufenden Kalenderjahr (dem Jahr der Anspruchsentstehung) zu gewähren und zu nehmen. Eine Übertragung auf die ersten drei Monate des folgenden Kalenderjahres (sog. **Übertragungszeitraum**) ist nur aus dringenden betrieblichen oder in der Person des Arbeitnehmers liegenden Gründen statthaft. Die Tarifvertragsparteien können den Zeitraum für die Inanspruchnahme des Urlaubs in jeder Hinsicht verändern. Auf der einen Seite kann bestimmt werden, dass der Urlaub nur im laufenden Kalenderjahr genommen werden kann und im Anschluss verfällt (ErfK/*Gallner* § 13 BUrlG Rn. 13; HWK/*Schinz* § 13 BUrlG Rn. 44 ff.). In diesem Fall müsste die Klausel wie folgt formuliert werden:

Alternative:

[Der Urlaub muss im laufenden Kalenderjahr gewährt und genommen werden. Anderenfalls verfällt der ausstehende Urlaubsanspruch.]

268 Ebenso kann die Übertragung wie in der Musterformulierung an schärfere oder geringere Voraussetzungen geknüpft werden (BAG, Urt. v. 25.03.2003 – 9 AZR 174/02, NZA 2004, 43; BAG, Urt. v. 16.03.1999 – 9 AZR 428/98, NZA 1999, 1116). Der Übertragungszeitraum kann verkürzt, aber auch verlängert werden. Schließlich kommt auch eine Regelung in Betracht, die den Zeitraum für die Urlaubsinanspruchnahme überhaupt nicht begrenzt (für den Fall der nicht möglichen Inanspruchnahme des Urlaubs wegen Krankheit BAG, Urt. v. 20.08.1996 – 9 AZR 22/95, NZA 1997, 839).

269 **5.** Nach bisheriger Rechtsprechung des Bundesarbeitsgerichts verfiel der ausstehende Resturlaubsanspruch mit Ablauf des Übertragungszeitraums, in der Regel also nach dem 31.03. des Folgejahres (BAG, Urt. v. 26.06.1969 – 5 AZR 393/68, NJW 1969, 1981; BAG, Urt. v. 21.06.2005 – 9 AZR 200/04, EzA § 7 BUrlG Nr. 114). Der Europäische Gerichtshof hat jedoch entschieden, dass ein **Verfall** des noch nicht gewährten **gesetzlichen Mindesturlaubsanspruchs** dann gegen Art. 7 Abs. 1 der RL 2003/88/EG verstößt, wenn ein Arbeitnehmer bis zum Ablauf des Übertragungszeitraums wegen Krankheit an der Inanspruchnahme des Urlaubs gehindert war (EuGH, Urt. v. 20.01.2009 – C-350/06 und C-520/06 [Schultz-Hoff und Stringer], NZA 2009, 135; ebenso jetzt auch BAG, Urt. v. 24.03.2009 – 9 AZR 983/07, NZA 2009, 538; LAG Düssel-

dorf, Urt. v. 02.02.2009 – 12 Sa 486/06, NZA-RR 2009, 242; dazu MünchArbR/*Düwell* § 77 Rn. 42 ff.; vgl. dazu auch S Rdn. 60).

Vor der Entscheidung des EuGH wurde darüber hinaus vertreten, die Tarifvertragsparteien könnten einen **finanziellen Abgeltungsanspruch** für die Arbeitnehmer vereinbaren, die aufgrund krankheitsbedingter Arbeitsunfähigkeit bis zum Ende des Übertragungszeitraums den ausstehenden Resturlaub nicht mehr in Anspruch nehmen können (BAG, Urt. v. 14.03.2006 – 9 AZR 312/05, NZA 2006, 1232; BAG, Urt. v. 03.05.1994 – 9 AZR 522/92, NZA 1995, 476). Zwar bestimmen Art. 7 Abs. 2 der RL 2003/88/EG und ihm folgend § 7 Abs. 4 BUrlG, dass der Urlaubsanspruch lediglich im Falle der Beendigung des Arbeitsverhältnisses durch einen Anspruch auf finanzielle Abgeltung ersetzt werden dürfe. Verfiel der Urlaubsanspruch aber mit Ablauf des Übertragungszeitraums, war die Umwandlung in einen finanziellen Abgeltungsanspruch auf tarifvertraglicher Grundlage als für den Arbeitnehmer günstigere Regelung auch im laufenden Arbeitsverhältnis zulässig (ErfK/*Gallner* § 13 BUrlG Rn. 14; HWK/*Schinz* § 13 BUrlG Rn. 51). Da nunmehr klargestellt ist, dass ein Verfall des gesetzlichen Mindesturlaubs nach Ablauf von 15 Monaten nach der Beendigung des jeweiligen Urlaubsjahres möglich ist (EuGH, Urt. v. 22.11.2011 – C-214/10 [Schulte], NJW 2012, 290), dürfte eine darauf abgestimmte Regelung zulässig sein. Wollen die Tarifvertragsparteien zugunsten der Arbeitnehmer die Umwandlung des wegen Arbeitsunfähigkeit nicht beanspruchten Urlaubsanspruchs in einen finanziellen Abgeltungsanspruch regeln, könnte sich die folgende Formulierung empfehlen: 270

Alternative:

[Hat ein Arbeitnehmer bis zum Ablauf von 15 Monaten nach der Beendigung des Urlaubsjahres wegen krankheitsbedingter Arbeitsunfähigkeit keine Möglichkeit zur Inanspruchnahme des Urlaubs, wandelt sich der ausstehende Urlaubsanspruch in einen wertgleichen Anspruch auf finanzielle Abgeltung um.]

Ein **Verfall** des den gesetzlichen Mindesturlaub übersteigenden **tarifvertraglichen Zusatzurlaubs** kann von den Tarifvertragsparteien dagegen auch weiterhin vereinbart werden (*Krieger/Arnold* NZA 2009, 530, 533; *Gaul/Bonanni/Ludwig* DB 2009, 1013, 1016). Allerdings sollten sie für diesen Fall eine ausdrückliche Regelung treffen, weil der tarifliche Zusatzurlaub anderenfalls den Rechtsfolgen des gesetzlichen Urlaubs unterworfen wird. Eine Auslegung des Tarifvertrags muss jedenfalls deutliche Anhaltspunkte dafür erkennen lassen, dass der tarifvertragliche Mehrurlaub nicht den Regelungen des gesetzlichen Mindesturlaubs folgen soll (BAG, Urt. v. 23.03.2010 – 9 AZR 128/09, NZA 2010, 810; BAG, Urt. v. 16.07.2013 – 9 AZR 914/11, NZA 2013, 1285). Es empfiehlt sich zur Vermeidung von Zweifelsfällen eine deutliche Trennung des tarifvertraglichen vom gesetzlichen Urlaubsanspruch und insbesondere eine Leistungsbestimmung, wonach zunächst der gesetzliche Urlaubsanspruch gewährt wird (vgl. daher Abs. 1 sowie Abs. 4 Satz 2 des Musters). 271

6. Nach § 11 Abs. 1 BUrlG bemisst sich das **Urlaubsentgelt**, also die während des Urlaubs zu zahlende Vergütung (nicht zu verwechseln mit einem zusätzlichen tariflichen Urlaubsgeld), nach dem durchschnittlichen Verdienst in den letzten 13 Wochen vor dem Urlaubsbeginn (sog. Referenzprinzip). Unberücksichtigt bleibt nach § 11 Abs. 1 Satz 2 BUrlG dabei der wegen Überstunden gezahlte zusätzliche Arbeitsverdienst. Die Tarifvertragsparteien können den Zeitraum für die Bemessung des vor Urlaubsantritt bezogenen Entgelts anders bestimmen (BAG, Urt. v. 23.01.2001 – 9 AZR 4/00, NZA 2002, 224; BAG, Urt. v. 26.06.1986 – 8 AZR 589/83, NZA 1987, 15). Ebenso können sie aber auch das Referenzprinzip verlassen und stattdessen das Urlaubsentgelt nach dem sog. Lohnausfallprinzip ermitteln. Danach erhalten die Arbeitnehmer das Geld, das ihnen bei tatsächlicher Arbeit zugestanden hätte (BAG, Urt. v. 03.12.2002 – 9 AZR 535/01, NZA 2003, 1219; BAG, Urt. v. 19.09.1985 – 6 AZR 460/83, NZA 1986, 471). Unzulässig ist es aber in jedem Fall, zulasten der Arbeitnehmer bedeutsame Vergütungsbestandteile (z.B. Zulagen) aus der Berechnung herauszunehmen (BAG, Urt. v. 22.01.2002 – 9 AZR 601/00, NZA 2002, 1041). Die tarifliche Regelung muss nach Auffassung des Bundesarbeitsgerichts mindestens ein Urlaubsentgelt sicher- 272 stellen, dass der Arbeitnehmer bei Weiterarbeit ohne Urlaubsgewährung voraussichtlich hätte erwarten können (BAG, Urt. v. 15.12.2009 – 9 AZR 887/08, ArbRB 2010, 134).

10. Entgeltfortzahlung

Vorbemerkung

273 Tarifverträge besaßen im Entgeltfortzahlungsrecht eine besondere Bedeutung im Zeitraum zwischen 1996 und 1999, in dem das Entgeltfortzahlungsgesetz (EFZG) die Höhe der Entgeltfortzahlung im Krankheitsfall von 100 % auf 80 % absenkte. Da Abweichungen vom EFZG zugunsten der Arbeitnehmer allgemein und damit auch in Tarifverträgen wirksam sind, kam der Verpflichtung zur Fortzahlung von 100 % des üblichen Entgelts in Tarifverträgen besondere Relevanz zu (BAG, Urt. v. 30.08.2000 – 5 AZR 510/99, NZA 2001, 1092). Nach der erneuten Änderung des Entgeltfortzahlungsgesetzes und der abermaligen gesetzlichen Verpflichtung zur Fortzahlung von 100 % des üblichen Entgelts ab dem 01.01.1999 spielt die tarifliche Gestaltung der Entgeltfortzahlung keine vergleichbare Rolle mehr, findet sich aber noch immer in vielen Tarifverträgen. Nicht veränderte Tarifverträge, die noch immer von einem Entgeltfortzahlungsanspruch in Höhe von 80 % des regelmäßig zu zahlenden Arbeitsentgelts ausgehen, treten hinter die gesetzliche Regelung des § 4 Abs. 1 EFZG zurück (*Schaub* NZA 1999, 177, 178; ErfK/*Reinhard* § 4 EFZG Rn. 18).

▶ Muster – Entgeltfortzahlung

274 Entgeltfortzahlung im Krankheitsfall

(1) Der Arbeitnehmer ist verpflichtet, dem Unternehmen die Arbeitsunfähigkeit und deren voraussichtliche Dauer unverzüglich mitzuteilen. Dauert die Arbeitsunfähigkeit länger als drei Kalendertage, hat der Arbeitnehmer spätestens am darauffolgenden Arbeitstag eine Arbeitsunfähigkeitsbescheinigung vorzulegen, aus der sich der Beginn und die voraussichtliche Dauer der Arbeitsunfähigkeit ersehen lassen. Dauert die Arbeitsunfähigkeit länger als in der Bescheinigung angegeben, so ist der Arbeitnehmer verpflichtet, im Anschluss an die abgelaufene Bescheinigung unverzüglich eine neue ärztliche Arbeitsunfähigkeitsbescheinigung vorzulegen. [1]

(2) Das Unternehmen ist berechtigt, bereits ab dem ersten Tag der Arbeitsunfähigkeit die Vorlage einer ärztlichen Arbeitsunfähigkeitsbescheinigung zu verlangen. [2]

(3) Der Anspruch auf Entgeltfortzahlung im Krankheitsfall besteht bis zu einer Dauer von sechs Wochen. Der Anspruch entsteht erstmals nach einer vierwöchigen ununterbrochenen Dauer des Arbeitsverhältnisses. [3]

(4) Die Höhe des fortzuzahlenden Entgelts bemisst sich nach dem durchschnittlichen Verdienst des Arbeitnehmers in den letzten zwölf Monaten. Bei der Berechnung des durchschnittlichen Verdienstes bleiben das Entgelt für geleistete Überstunden, Leistungen für erstattete Aufwendungen des Arbeitnehmers, Einmalzahlungen des Arbeitgebers sowie Zulagen für Arbeitszeiten zu besonderen Zeiten (Nachtarbeit, Wochenend- und Feiertagsarbeit) unberücksichtigt. [4]

(5) Soweit sie nicht durch die vorstehenden Regelungen dieses Tarifvertrags ersetzt werden, kommen die Regelungen des Entgeltfortzahlungsgesetzes in seiner jeweils aktuellen Fassung ergänzend zur Anwendung.

Erläuterungen

Schrifttum
Schaub Entgeltfortzahlung in neuem (alten) Gewand?, NZA 1999, 177.

275 **1.** Diese Regelung entspricht der gesetzlichen Bestimmung in § 5 Abs. 1 EFZG. Zugunsten der Arbeitnehmer kann von den Vorschriften des Entgeltfortzahlungsgesetzes stets abgewichen werden

und damit auch in Tarifverträgen (HWK/*Schliemann* § 4 EFZG Rn. 44). Zum Nachteil der Arbeitnehmer darf dagegen nur in sehr begrenztem Umfang vom EFZG abgewichen werden. § 12 EFZG erklärt sämtliche Bestimmungen für unabdingbar, abgesehen von § 4 Abs. 4, der eine nachteilige Abweichung bei der Ermittlung des fortzuzahlenden Entgelts in einem Tarifvertrag gestattet (*Löwisch/Rieble* § 1 TVG Rn. 835).

2. Diese in der Praxis oftmals unbekannte Befugnis findet ihre Grundlage in § 5 Abs. 1 Satz 3 EFZG. Der Arbeitgeber muss ein derartiges Verlangen, die **Arbeitsunfähigkeitsbescheinigung** bereits **ab dem ersten Tag der Arbeitsunfähigkeit vorzulegen**, nicht gesondert begründen (BAG, Urt. v. 14.11.2012 – 5 AZR 886/11, JurionRS 2012, 34129; HWK/*Schliemann* § 5 EFZG Rn. 46). Es kann auch bereits im Tarifvertrag eine Regelung getroffen werden, nach der eine generelle Vorlagepflicht ab dem ersten Tag der Arbeitsunfähigkeit besteht (BAG, Urt. v. 26.02.2003 – 5 AZR 112/02, BB 2003, 1622; BAG, Beschl. v. 25.01.2000 – 1 ABR 3/99, NZA 2000, 665). In diesem Fall wäre anstelle von Abs. 2 des Musters Abs. 1 wie folgt umzuformulieren:

276

Alternative:

277

[Der Arbeitnehmer ist verpflichtet, dem Unternehmen die Arbeitsunfähigkeit und deren voraussichtliche Dauer unverzüglich mitzuteilen. Der Arbeitnehmer hat die Arbeitsunfähigkeit bereits ab dem ersten Tag der Arbeitsunfähigkeit nachzuweisen und dem Unternehmen eine Arbeitsunfähigkeitsbescheinigung spätestens am darauffolgenden Arbeitstag vorzulegen, aus der sich der Beginn und die voraussichtliche Dauer der Arbeitsunfähigkeit ersehen lassen. Dauert die Arbeitsunfähigkeit länger als in der Bescheinigung angegeben, so ist der Arbeitnehmer verpflichtet, im Anschluss an die abgelaufene Bescheinigung unverzüglich eine neue ärztliche Arbeitsunfähigkeitsbescheinigung vorzulegen.]

Der Vorteil einer derartigen Vorlagepflicht ab dem ersten Tag der Arbeitsunfähigkeit unmittelbar durch den Tarifvertrag besteht darin, dass in diesem Fall eine gesonderte Entscheidung des Unternehmens über die frühere Vorlagepflicht entbehrlich ist. In einem Unternehmen mit Betriebsrat unterliegt eine Entscheidung des Unternehmens, die generelle Vorlage bereits ab dem ersten Tag der Arbeitsunfähigkeit zu verlangen, der Mitbestimmung des Betriebsrats nach § 87 Abs. 1 Nr. 1 BetrVG. Folgt die Vorlagepflicht dagegen unmittelbar aus dem Tarifvertrag, besteht für ein gesondertes Mitbestimmungsrecht des Betriebsrats kein Raum (BAG, Beschl. v. 25.01.2000 – 1 ABR 3/99, NZA 2000, 665).

278

3. Die Regelung entspricht der gesetzlichen Bestimmung in § 3 Abs. 1 Satz 1 bzw. Abs. 3 EFZG. Sie kann nicht zum Nachteil der Arbeitnehmer verändert werden.

279

4. Nach § 4 Abs. 4 EFZG stellt die Bemessung der **Höhe des im Krankheitsfall fortzuzahlenden Entgelts** die einzige Komponente des Entgeltsfortzahlungsrechts dar, die von den Tarifvertragsparteien auch zum Nachteil der Arbeitnehmer abweichend gestaltet werden kann. Bei der Vorgabe einer abweichenden Bemessungsgrundlage müssen die Tarifvertragsparteien jedoch darauf achten, nicht mittelbar die in den anderen, zwingenden Vorschriften des Entgeltfortzahlungsgesetzes geregelten Bestimmungen entgegen § 12 EFZG zum Nachteil der Arbeitnehmer zu verändern (BAG, Urt. v. 24.03.2004 – 5 AZR 346/03, NZA 2004, 1042). Der Spielraum für Abweichungen umfasst dabei zum einen die Berechnungsmethode. Das Gesetz legt in § 4 Abs. 1 EFZG das Lohnausfallprinzip zugrunde, so dass der Arbeitnehmer so zu stellen ist, als ob er in der fraglichen Zeit seine regelmäßige Arbeit erbracht hätte. Die Tarifvertragsparteien können stattdessen eine Berechnung der Entgeltfortzahlung nach dem Referenzprinzip definieren, wonach das durchschnittliche Entgelt eines bestimmten Zeitraums als Grundlage herangezogen wird (BAG, Urt. v. 20.01.2010 – 5 AZR 53/09, NZA 2010, 455; LAG Hamm, Urt. v. 12.12.2007 – 18 Sa 1071/07, juris; HWK/*Schliemann* § 4 EFZG Rn. 64). Darüber hinaus ist aber auch die Herausnahme bestimmter Entgeltbestandteile aus der Berechnung der Entgeltfortzahlungshöhe möglich (BAG, Urt. v. 24.03.2004 – 5 AZR 346/03, NZA 2004, 1042; ErfK/*Reinhard* § 4 EFZG Rn. 24a; *Schmitt* § 4 EFZG Rn. 183 ff.). Damit können die Tarifvertragsparteien etwa die Nicht-

280

berücksichtigung von Einmalzahlungen oder Zulagen beschließen, was sich vor allem bei einer gleichzeitigen Vereinbarung des Referenzprinzips in der fortzuzahlenden Vergütung niederschlägt. Die gesetzliche Regelung in § 4 Abs. 1a EFZG schließt dagegen lediglich Überstundenvergütung und Aufwendungsersatzansprüche aus dem fortzuzahlenden Entgelt aus (BAG, Urt. v. 24.03.2004 – 5 AZR 346/03, NZA 2004, 1042). Im Geltungsbereich des Tarifvertrags können auch nicht tarifgebundene Arbeitgeber und Arbeitnehmer die Anwendung der tarifvertraglichen Abweichung von der gesetzlichen Bemessung des fortzuzahlenden Entgelts vereinbaren (ErfK/*Reinhard* § 4 EFZG Rn. 28).

11. Befristete Arbeitsverhältnisse

Vorbemerkung

281 Die Befristung von Arbeitsverhältnissen ist nach § 14 Abs. 1 TzBfG ohne Vorgabe einer maximalen Höchstdauer zulässig, soweit sich das Unternehmen auf einen der im Gesetz genannten Befristungsgründe berufen kann (vgl. E Rdn. 13). Ohne Bestehen eines solchen Sachgrundes ist die Befristung nach § 14 Abs. 2 Satz 1 TzBfG nur bis zu einer Gesamtdauer von zwei Jahren zulässig. Innerhalb dieses Zeitraums kann das Arbeitsverhältnis bis zu dreimal verlängert werden. Durch § 14 Abs. 2 Satz 3 TzBfG hat der Gesetzgeber den Tarifvertragsparteien die Möglichkeit eingeräumt, den Anwendungsraum für sachgrundlose Befristungen auszuweiten. Hiervon ist etwa im Besonderen Teil E des TVöD Gebrauch gemacht worden, der für Beschäftigte im Entsorgungsbereich Anwendung findet, vgl. § 42 TVöD-BT-E (zu Sonderregelungen der Befristung im Öffentlichen Dienst ausführlich *Pawlak/Lüderitz* ZTR 2008, 642).

▶ Muster – Befristete Arbeitsverhältnisse

282 Befristete Arbeitsverhältnisse

(1) Die zeitliche Befristung eines Arbeitsverhältnisses ist ohne Vorliegen eines sachlichen Grundes bis zu einer Dauer von vier Jahren zulässig. Innerhalb dieser Gesamtdauer ist auch die fünfmalige Verlängerung eines zeitlich befristeten Arbeitsverhältnisses möglich. [1]

(2) Ein befristetes Arbeitsverhältnis kann unter Beachtung der in diesem Tarifvertrag geregelten Kündigungsfristen für unbefristete Arbeitsverhältnisse vorzeitig beendet werden. [2]

Erläuterungen

Schrifttum

Francken Die Tarifdispositivität des § 14 II 3 TzBfG als win/win-Regelung in der Beschäftigungskrise, NZA 2010, 305; *Grimm/Wölfel* Mehr Flexibilität bei sachgrundlosen Befristungen, ArbRB 2010, 193; *Lembke* Die sachgrundlose Befristung von Arbeitsverträgen in der Praxis, NJW 2006, 325; *Pawlak/Lüderitz* Führung auf Probe und Führung auf Zeit im Tarifrecht des öffentlichen Dienstes, ZTR 2008, 642.

283 **1.** Da den Tarifvertragsparteien zum einen ein sachnäheres Verständnis der Besonderheiten einzelner Branchen zugestanden wird, man zum anderen von der Aushandlung einer gerechten und angemessenen Lösung ausgeht, hat der Gesetzgeber den Tarifvertragsparteien durch § 14 Abs. 2 Satz 3 TzBfG die Möglichkeit eingeräumt, die **Anzahl der Verlängerungen** oder die **Höchstdauer der Befristung abweichend festzulegen**. In verschiedenen Tarifverträgen wird von dieser Option zur Schaffung tariflicher Befristungsregeln Gebrauch gemacht (z.B. im MRTV für das Wach- und Sicherheitsgewerbe vom 01.12.2006, im MTV für die chemische Industrie i.d.F. vom 08.03.2007). Soweit das Gesetz davon spricht, die Anzahl der Verlängerungen »oder« die Höchstdauer der Befristung abweichend zu regeln, ist dies als ein »und/oder« zu verstehen (BAG, Urt. v. 15.08.2012 – 7 AZR 184/11, NZA 2013, 45; ErfK/*Müller-Glöge* § 14 TzBfG Rn. 101a). Die Tarifvertragsparteien können also sowohl eine längere Gesamtdauer der sachgrundlosen Befristung als auch eine hö-

here Anzahl an Befristungen vereinbaren (AR/*Schüren* § 14 TzBfG Rn. 76; DLW/*Hoß* Kapitel 5 Rn. 114; HWK/*Schmalenberg* § 14 TzBfG Rn. 115). Im Geltungsbereich eines solchen Tarifvertrags kann die Anwendung der erweiterten Befristungsmöglichkeiten nach § 14 Abs. 2 Satz 4 TzBfG auch zwischen nicht tarifgebundenen Arbeitgebern und Arbeitnehmern vereinbart werden (KR/*Lipke* § 14 TzBfG Rn. 609). Nach § 22 Abs. 2 TzBfG gelten die in Tarifverträgen für den Öffentlichen Dienst vereinbarten verlängerten Befristungsmöglichkeiten auch für nicht tarifgebundene Arbeitgeber und Arbeitnehmer außerhalb des Öffentlichen Dienstes, wenn diese die Anwendung der Tarifverträge des Öffentlichen Dienstes im Arbeitsvertrag vereinbart haben und das Unternehmen die Betriebskosten überwiegend mit haushaltsrechtlichen Zuwendungen deckt (ErfK/*Müller-Glöge* § 22 TzBfG Rn. 2; AR/*Schüren* § 22 TzBfG Rn. 6 ff.). Ebenso haben die Tarifvertragsparteien aber auch die Möglichkeit, die gesetzlichen Regelungen zur sachgrundlosen Befristung einzuschränken (BAG, Urt. v. 25.09.1987 – 7 AZR 315/86, NZA 1988, 358).

2. Aus § 15 Abs. 3 TzBfG ergibt sich der grundsätzliche Ausschluss ordentlicher Kündigungen in befristeten Arbeitsverhältnissen. Etwas anderes gilt nur dann, wenn dies ausdrücklich vereinbart wurde. Die generelle **ordentliche Kündbarkeit befristeter Arbeitsverhältnisse** im Geltungsbereich kann aber bereits innerhalb eines Tarifvertrags vereinbart werden (BAG, Urt. v. 28.06.2007 – 6 AZR 750/06, NZA 2007, 1049; HWK/*Schmalenberg* § 15 TzBfG Rn. 14; AR/*Schüren* § 15 TzBfG Rn. 15). Die außerordentliche Kündigung befristeter Arbeitsverhältnisse ist dagegen nach § 626 BGB auch ohne besondere Vereinbarung möglich (ErfK/*Müller-Glöge* § 15 TzBfG Rn. 10).

T. Compliance

Inhaltsübersicht

	Rdn.
Einführung	1
I. Prävention	6
1. Arbeitsrechtliche Compliance-Checkliste	7
Vorbemerkung	7
Muster: Arbeitsrechtliche Compliance-Checkliste	8
Erläuterungen	9
2. Geschäftsordnung für das Compliance Committee	39
Vorbemerkung	39
Muster: Geschäftsordnung für das Compliance Committee	41
Erläuterungen	42
3. Betriebsvereinbarung zur Einführung eines Compliance-Programms	53
Vorbemerkung	53
Muster: Betriebsvereinbarung Einführung Compliance-Programm	54
Erläuterungen	55
II. Aufklärung von Compliance-Verstößen	57
1. Amnestieangebot	70
Vorbemerkung	70
Muster: Information über Amnestieangebot	71
Erläuterungen	72
2. Amnestievereinbarung	80
Vorbemerkung	80
Muster: Amnestievereinbarung	81
Erläuterungen	82
III. Reaktion	97
1. Erinnerung	98
Vorbemerkung	98
Muster: Erinnerung	99
Erläuterungen	100
2. Ermahnung/Abmahnung	104
Vorbemerkung	104
Muster: Ermahnung/Abmahnung	105
Erläuterungen	106
3. Außerordentliche Kündigung	110
Vorbemerkung	110
Muster: Außerordentliche Kündigung	111
Erläuterungen	112
4. Übergabeprotokoll für außerordentliche Kündigung	115
Vorbemerkung	115
Muster: Übergabeprotokoll	116
5. Weisung an Mitarbeiter	117
Muster: Weisung an Mitarbeiter	117
Erläuterungen	118

Einführung

1 Der Begriff »Compliance« meint »Einhaltung und Befolgung bestimmter Gebote«. Damit wird letztlich ausgedrückt, dass Unternehmen und ihre Mitarbeiter das geltende Recht sowie gegebenenfalls unternehmensinterne Richtlinien beachten müssen. An sich handelt es sich dabei um eine Selbstverständlichkeit. Gleichwohl hat die Thematik in Deutschland in den letzten Jahren eine immer größere Bedeutung erlangt und sich zu einer eigenen Fachdisziplin entwickelt, was nicht zuletzt auf einige aufsehenerregende straf- und zivilrechtliche Verfahren gegen bekannte Unternehmen, deren Leitungsorgane oder Mitarbeiter zurückzuführen sein dürfte.

Die Unternehmensleitung ist – jedenfalls bei einem entsprechenden Risiko- bzw. Gefahrenpotential – verpflichtet, im Unternehmen eine Compliance-Organisation einzurichten und zu betreiben (LG München I, Urt. v. 10.12.2013 – 5 HK O 1387/10 [n. rkr.], NZG 2014, 345, 346 f.; kritisch *Paefgen* WM 2016, 433). Dementsprechend haben in den letzten Jahren zahlreiche Unternehmen Compliance-Strukturen geschaffen und Maßnahmen ergriffen, um die Einhaltung der Compliance durch das Unternehmen und seine Mitarbeiter zu gewährleisten. Die Ausgestaltung dieser Strukturen und Maßnahmen lässt sich allerdings nur in Grenzen verallgemeinern. Denn das Gesetz macht hierzu – abgesehen von bestimmten Sondervorschriften, bspw. für den Finanzsektor – in den meisten Fällen keine konkreten Vorgaben. Vielmehr überlässt es die Entscheidung für eine den spezifischen Unternehmensbedürfnissen genügende Compliance-Organisation dem pflichtgemäßen **Ermessen der Unternehmensleitung**.

Gerade in einem Formularbuch kann das unternehmerische Ermessen hinsichtlich der Ausgestaltung der Compliance-Organisation nicht deutlich genug betont werden. Danach verbieten sich schematische Lösungsansätze, welche die im konkreten Fall gestellten Anforderungen nicht angemessen berücksichtigen. Die tatsächliche Integration des Compliance-Programms in die täglichen Arbeitsabläufe des Unternehmens stellt eine große Herausforderung für die Unternehmensleitung dar (*Moosmayer* Compliance, 3. Aufl. 2015, Rn. 5). Dementsprechend sind die nachfolgenden Muster nur Vorschläge, die sich in der Praxis in bestimmten Situationen bewährt haben, deren Eignung für den konkreten Fall aber jeweils gesondert zu prüfen ist.

Nach der Zielsetzung dieses Formularbuchs beschränken sich die nachfolgend aufgeführten Muster auf **ausgewählte arbeitsrechtliche Fragestellungen**, welche in der Reihenfolge des in der Praxis bewährten Dreiklangs von **Prävention**, **Aufklärung** sowie **Reaktion** dargestellt werden.

Für **weiterführende Hinweise** zu Compliance-Fragen mit Bezug zu anderen Themen, bspw. Wettbewerbs- und Kartellrecht oder Anti-Korruptionsvorschriften, kann hier lediglich auf die einschlägigen Praxishandbücher verwiesen werden (z.B. *Hauschka/Mossmayer/Lösler* Corporate Compliance, 3. Aufl. 2016; *Hauschka* Formularbuch Compliance, 2013; *Moosmayer* Compliance, 3. Aufl. 2015; *Umnuß* Corporate Compliance Checklisten, 2. Aufl. 2012).

I. Prävention

Das Compliance Risikoprofil und die hieraus abzuleitenden **Präventionsmaßnahmen** zur Verhinderung von Compliance-Verstößen sind von der Unternehmensleitung für ihr Geschäft **individuell** zu bestimmen und umzusetzen. Zu den in die Ermessensentscheidung einzubeziehenden Umständen gehören etwa die Unternehmensgröße, das auf den Unternehmensgegenstand anwendbare spezifische Regelwerk, das mit der Tätigkeit des Unternehmens verbundene Gefahrenpotential sowie die Frage, ob im Unternehmen bereits früher Unregelmäßigkeiten und Gesetzesverstöße festgestellt wurden (LG München I, Urt. v. 10.12.2013 – 5 HK O 1387/10 (n. rkr.), NZG 2014, 345, 347). So beschäftigen viele Großkonzerne mittlerweile zahlreiche Compliance Officer, die ausschließlich compliance-bezogene Aufgaben wahrnehmen und unterschiedliche fachliche und geographische Bereiche verantworten. Demgegenüber kann es bei kleinen Unternehmen unter Umständen ausreichen, dass nur ein Mitarbeiter Aufgaben mit Compliance-Bezug wahrnimmt und daneben noch andere Tätigkeitsbereiche hat. Nicht selten sind mittelständische Unternehmen im Vergleich zu Großunternehmen aber auch mit der noch größeren Herausforderung konfrontiert, identische Haftungsrisiken mit ungleich geringeren finanziellen und personellen Möglichkeiten zu bewältigen.

T. Compliance

1. Arbeitsrechtliche Compliance-Checkliste

Vorbemerkung

7 Wirksame Prävention setzt zunächst eine **gründliche Analyse der Risikosituation** im Unternehmen voraus. Erst auf Grundlage dieser Risikoanalyse können geeignete Maßnahmen ergriffen werden, um die identifizierten Risiken zu begrenzen. Für eine erste Bestandsaufnahme der Risiken können Checklisten ein **nützliches Hilfsmittel** darstellen. Zu beachten ist jedoch, dass die Unternehmensleitung zu einer **unternehmensindividuellen Konzeption** des Compliance-Programms verpflichtet ist. Maßgeblich sind die vielfältigen individuellen Risiko-Parameter und spezifische Besonderheiten des Unternehmens. Compliance-Checklisten können für die Gestaltung des Compliance-Programms somit nur ein erster **Merkposten** sein. Sie können die kontinuierliche unternehmensinterne (und ggf. eine periodische externe) Prüfung der Wirksamkeit des Compliance-Programms nicht ersetzen.

▶ **Muster – Arbeitsrechtliche Compliance-Checkliste** [1]

8   1. Scheinselbständigkeit
   – Beschäftigt das Unternehmen freie Mitarbeiter oder Mitarbeiter auf Werkvertragsbasis?[2]
   – Wird das jeweilige Mitarbeiterverhältnis, insbesondere bei freien Mitarbeitern, korrekt eingestuft?[3]

   2. Persönlichkeitsschutz/AGG [4]
   – Werden von Unternehmensseite Schulungen zu Themen des AGG abgehalten?[5]
   – Wird in allen arbeitsrechtlichen Bereichen das Benachteiligungsverbot beachtet – insbesondere bei Stellenausschreibungen und Einstellungen?[6]
   – Wurde ein effektives Beschwerdesystem zur Risikobegrenzung implementiert?

   3. Arbeitsbedingungen
   a) Mindestlohn
   – Zahlt das Unternehmen den vorgeschriebenen Mindestlohn?[7]
   – Ist sichergestellt, dass Sub- oder Nachunternehmer den vorgeschriebenen Mindestlohn zahlen?[8]

   b) Arbeitszeit [9]
   – Wird die Einhaltung der täglichen Höchstarbeitszeiten sichergestellt?[10]
   – Ist die Einhaltung der Mindestruhezeit und der feststehenden Ruhepausen gewährleistet?[11]
   – Gibt es Sonn-, Feiertags- oder Nachtarbeit? Falls ja, in welchen Fällen und in welcher Gestaltung?[12]

   c) Mutterschutz [13]
   – Hält das Unternehmen Beschäftigungsverbote vor und nach der Entbindung ein?[14]
   – Werden bei werdenden bzw. stillenden Müttern die Mehr-, Nacht-, Sonn- und Feiertagsarbeitsverbote eingehalten?[15]
   – Erfüllt das Unternehmen seine Unterrichtungspflichten gegenüber werdenden Müttern oder Müttern nach der Geburt?[16]

d) Schwerbehinderte [17]
- Kommt das Unternehmen seinen Beschäftigungspflichten auch für Schwerbehinderte nach?[18]
- Wird eine Schwerbehindertenvertretung im Unternehmen regelmäßig beteiligt?[19]

e) Kinder und Jugendliche [20]
- Werden im Unternehmen Personen beschäftigt, die noch nicht 18 Jahre alt sind?[21]
- Wird angestellten Jugendlichen der gesetzlich vorgeschriebene Mindesturlaub mit der vorgeschriebenen Dauer gewährt?[22]

f) Auszubildende [23]
- Ist das Unternehmen zur Einstellung und/oder Ausbildung von Auszubildenden berechtigt?
- Wird gewährleistet, dass Auszubildenden nur dem Ausbildungszweck dienende Aufgaben übertragen werden?[24]

4. Beschäftigung von Ausländern
- Werden Ausländer beschäftigt, die nicht aus einem EU-Land kommen? Falls ja, besitzen alle im Unternehmen beschäftigten ausländischen Mitarbeiter den erforderlichen Aufenthaltstitel oder die erforderliche Arbeitsgenehmigung-EU?[25]

5. Arbeitnehmerüberlassung [26]
- Verleiht das Unternehmen Mitarbeiter an andere Unternehmen und liegt die erforderliche Verleiherlaubnis vor?[27]
- Falls im Unternehmen Leihmitarbeiter beschäftigt werden: Ist sichergestellt, dass der Verleiher die erforderliche Erlaubnis nach dem AÜG besitzt?[28]
- Ist sichergestellt, dass die Überlassung bis zum 31. Dezember 2016 nur vorübergehend und nicht zeitlich unbegrenzt erfolgt, bzw. dass die Überlassung ab 1 Januar 2017 auf maximal 18 Monate begrenzt ist oder in Einklang mit Tarifverträgen, Betriebs- oder Dienstvereinbarungen steht, welche diese Überlassungshöchstdauer modifizieren? [29]
- Wird der Gleichstellungsgrundsatz beachtet, d.h. werden dem Leiharbeitnehmer für die Zeit der Überlassung an den Entleiher die im Betrieb des Entleihers für einen vergleichbaren Arbeitnehmer des Entleihers geltenden wesentlichen Arbeitsbedingungen einschließlich des Arbeitsentgelts gewährt?

6. Arbeitnehmer-Datenschutz
- Werden besondere personenbezogene Daten erhoben und wird der betroffene Mitarbeiter bei der erstmaligen Speicherung informiert?[30]
- Wird die unbefugte Nutzung personenbezogener Daten im Unternehmen verhindert?

7. Betriebsverfassungsrecht
- Werden Wahlen eines Betriebsrats unterstützt bzw. störungsfrei gewährleistet?[31]
- Können die Organe der Betriebsverfassung behinderungsfrei arbeiten?[32]
- Werden *Betriebsratsmitglieder* wegen ihrer Tätigkeit begünstigt oder benachteiligt?[33]

Erläuterungen

Schrifttum
Achilles Compliance im Arbeitsrecht – typische Risikofälle, CB 2014, 62; *Böhm* Non-Compliance und Arbeitsrecht, 2011; *Grimm/Freh* Arbeitsrecht und Compliance, ZWH 2013, 45 (Teil I), 89 (Teil II); *Hauschka/Mossmayer/Lösler* Corporate Compliance, 3. Aufl. 2016; *Hauschka* Formularbuch Compliance, 2013; *Lelley*

T. Compliance

Compliance im Arbeitsrecht, 2010; *Mengel* Compliance und Arbeitsrecht, 2009; *Moosmayer* Compliance, 3. Aufl. 2015; *Umnuß* Corporate Compliance Checklisten, 2. Aufl. 2012, S. 1 ff., 385 ff.

9 **1.** Das Muster beschränkt sich auf ausgewählte und besonders praxisrelevante arbeitsrechtliche Themen. Eine ausführlichere Checkliste findet sich bspw. bei *Umnuß* Corporate Compliance Checklisten, S. 1 ff., 385 ff.

10 **2.** Wenn ein Vertragsverhältnis zwar beispielsweise als selbstständiger Dienst- oder Werkvertrag oder als Vertrag über freie Mitarbeit bezeichnet wird, tatsächlich aber nichtselbstständige Arbeiten in einem Arbeitsverhältnis geleistet werden, liegt eine Scheinselbständigkeit vor. Scheinselbständigkeit führt in arbeitsrechtlicher Hinsicht zum Bestehen eines Arbeitsverhältnisses, auf das alle Arbeitnehmerschutzvorschriften, insbesondere zum Kündigungsschutz, grundsätzlich anwendbar sind. In sozialversicherungsrechtlicher Hinsicht hat die Qualifizierung eines scheinselbständigen Vertragsverhältnisses als Arbeitsverhältnis zur Folge, dass das betreffende Unternehmen verpflichtet ist, (i) zukünftig Sozialversicherungsbeiträge zu zahlen und (ii) für einen Zeitraum von bis zu vier Jahren (bei vorsätzlicher Nichtabführung bis zu 30 Jahre) Sozialversicherungsbeiträge (nebst Säumniszuschlägen) für die Beschäftigung des Arbeitnehmers in der Vergangenheit nachzuzahlen. Steuerrechtlich können auf das Unternehmen, welches einen Scheinselbständigen beschäftigt, Lohnsteuernachzahlungsverpflichtungen und Rückerstattungsverpflichtungen im Hinblick auf einen unberechtigten Vorsteuerabzug bei der Umsatzsteuer treffen. Diese Nachzahlungs- bzw. Rückerstattungsverpflichtungen betreffen in der Regel ebenfalls einen Zeitraum von vier Jahren. Daneben können bei Annahme von Scheinselbständigkeit auch strafrechtliche Risiken wegen Vorenthaltens von Arbeitsentgelt nach § 266a StGB sowie wegen Lohn- und Umsatzsteuerhinterziehung drohen, da Scheinselbständige keine Unternehmer sind und damit kein Vorsteuerabzug möglich ist (*Obenhaus* BB 2012, 1130 ff.).

10.1 Besondere Vorsicht sollte zukünftig beim Einsatz von Personen auf Werkvertragsbasis, insbesondere in Abgrenzung zur Arbeitnehmerüberlassung, angewandt werden, da der Gesetzentwurf der Bundesregierung zur Änderung des Arbeitnehmerüberlassungsgesetzes und anderer Gesetze neue Offenlegungs- und Informationspflichten gegenüber dem Entleiher und den Leiharbeitnehmern vorsieht und eine verdeckte Arbeitnehmerüberlassung der unbefugten Arbeitnehmerüberlassung gleichstellt, vgl. hierzu I Rdn. 18.

11 **3.** Für Abgrenzungskriterien zwischen Selbständigen und Arbeitnehmern siehe Muster N Rdn. 3 ff.

12 **4.** Ziel des Allgemeinen Gleichbehandlungsgesetzes (AGG) ist gem. § 1 AGG, Benachteiligungen aus Gründen der Rasse, der ethnischen Herkunft, des Geschlechts, der Religion oder Weltanschauung, einer Behinderung, des Alters oder der sexuellen Identität zu verhindern oder zu beseitigen.

13 **5.** Gem. § 12 Abs. 1 AGG ist der Arbeitgeber verpflichtet, für seine Arbeitnehmer sowohl präventive als auch repressive Maßnahmen zum Schutz vor Benachteiligung zu treffen. Im Einzelnen hierzu: ErfK/*Schlachter* § 12 AGG Rn. 1 ff.

14 **6.** In fast allen arbeitsrechtlichen Bereichen sind Benachteiligungen aus einem der in § 1 AGG genannten Gründe unzulässig, vgl. § 2 Abs. 1 AGG. Insbesondere Stellenausschreibungen dürfen gem. §§ 11, 7 Abs. 1 AGG nicht gegen das Benachteiligungsverbot verstoßen.

15 **7.** In Folge des im August 2014 in Kraft getretenen Mindestlohngesetzes (MiLoG) sind Arbeitgeber mit Sitz im In- oder Ausland verpflichtet, ihren im Inland beschäftigten Arbeitnehmer/innen einen Mindestlohn von derzeit brutto 8,50 Euro (ab 1. Januar 2017 von brutto 8,84 Euro) je Zeitstunde zu zahlen. Zuwiderhandlungen können gemäß § 21 MiLoG als Ordnungswidrigkeit mit einer Geldbuße von bis zu 500.000 EUR geahndet werden; zudem drohen empfindliche Verfallsanordnungen, § 29a OWiG. § 19 MiLoG bestimmt darüber hinaus, dass Arbeitgeber, die wegen eines Verstoßes gegen das MiLoG mit einem Bußgeld von wenigstens 2.500 EUR belangt

wurden, für eine angemessene Zeit bis zum Nachweis der Wiederherstellung ihrer Zuverlässigkeit von der Vergabe öffentlicher Aufträge ausgeschlossen werden sollen. Da bei Mindestlohnverstößen auch Sozialabgaben verkürzt werden, droht zudem eine Strafverfolgung nach § 266a StGB (*Ramming* NZA-Beilage 2014, 149). Außerdem ist der Arbeitgeber in Höhe der Differenz zwischen tatsächlichem Stundenlohn und Mindestlohn verpflichtet, Lohnsteuer und nicht abgeführte Sozialversicherungsbeiträge (nebst Säumniszuschlägen) für einen Zeitraum von in der Regel bis zu vier Jahren nachzuzahlen.

8. Gemäß § 13 MiLoG i.V.m. § 14 AEntG haftet ein Unternehmer, der einen anderen Unternehmer mit der Erbringung von Werk- oder Dienstleistungen beauftragt, für die Verpflichtungen dieses Unternehmers, eines Nachunternehmers oder eines von dem Unternehmer oder einem Nachunternehmer beauftragten Verleihers zur Zahlung des Mindestlohns an Arbeitnehmer wie ein Bürge, der auf die Einrede der Vorausklage verzichtet hat. Nach dem Bußgeldtatbestand des § 21 Abs. 2 MiLoG handelt zudem ordnungswidrig, wer Werk- oder Dienstleistungen in erheblichem Umfang ausführen lässt, indem er als Unternehmer einen anderen Unternehmer beauftragt, von dem er weiß oder fahrlässig nicht weiß, dass dieser (oder ein Nachunternehmer) bei der Erfüllung des Auftrags den gesetzlichen Mindestlohn nicht oder nicht rechtzeitig zahlt. Warnhinweise für ein Auswahlverschulden können bspw. sein: 15.1
– die fehlende vertragliche Selbstverpflichtung des Subunternehmers zur Zahlung des Mindestlohns,
– unterbliebene Abschlagszahlungen an den Subunternehmer zur Sicherstellung der Lohnauszahlung oder die Kenntnis von anhängigen oder abgeschlossenen Ermittlungen gegen Subunternehmer (*Bissels/Falter* BB 2015, 373).

9. Durch das Arbeitszeitgesetz (ArbZG) werden die Sicherheit und der Gesundheitsschutz des Arbeitnehmers gewährleistet. 15.2

10. In den §§ 3, 11 Abs. 2 ArbZG werden zwingende Höchstarbeitszeiten festgesetzt. Besonderheiten finden sich in §§ 6 Abs. 2, 21a Abs. 4 ArbZG für Nacht- und Schichtarbeiter sowie für Beschäftigte im Straßentransport. Abweichende Regelungen sind zum Teil durch Tarifvertrag möglich (vgl. beispielsweise §§ 7, 8, 15 und 21a ArbZG). 16

11. Eine Mindestruhezeit von 11 Stunden muss gemäß § 5 Abs. 1 ArbZG gewährleistet werden. Gegen einen entsprechenden Ausgleich kann diese im gesetzlich zugelassenen Rahmen gekürzt werden, vgl. § 5 Abs. 2, 3 ArbZG. Die Mindestdauer der Ruhepausen wird in § 4 ArbZG geregelt. In beiden Fällen sind abweichende Regelungen nach §§ 7, 8 und 15 ArbZG möglich. 17

12. Grundsätzlich dürfen Arbeitnehmer gem. § 9 ArbZG nicht an Sonn- und Feiertagen beschäftigt werden. Ausnahmen hiervon bestimmt zunächst § 10 ArbZG. Weitere Ausnahmen ergeben sich aus Rechtsverordnungen der Bundesregierung oder der Landesregierungen bzw. deren obersten Landesbehörden, die auf Grundlage von § 13 Abs. 1, 2 ArbZG erlassen wurden, sowie Bewilligungen der Aufsichtsbehörden, § 13 Abs. 3 bis 5 ArbZG. Das Ladenschlussgesetz (LadSchlG) enthält eigenständige Regelungen zu Sonn- und Feiertagsarbeit. Bei Vorliegen von Nachtarbeit ist gem. § 6 Abs. 5 ArbZG die Zahlung eines angemessenen Zuschlags oder einer angemessenen Anzahl bezahlter freier Tage sicherzustellen. Abweichungen können bei tariflichen Regelungen bestehen. 18

13. Durch das Mutterschutzgesetz (MuSchG) und die Verordnung zum Schutz der Mütter am Arbeitsplatz (MuSchArbV) wird Frauen während der Zeit vor und nach der Schwangerschaft ein umfassender Schutz gewährt. Es liegt derzeit ein Gesetzentwurf der Bundesregierung zur Neuregelung des Mutterschutzrechts mit Wirkung ab dem 1. Januar 2017 vor. Wesentliche Elemente des Gesetzentwurfs sind u.a. die Ausweitung des Anwendungsbereichs des Mutterschutzgesetzes auf Schülerinnen, Studentinnen, arbeitnehmerähnliche Personen, Frauen mit Behinderung in Werkstätten für Menschen mit Behinderung, Praktikantinnen und Frauen in betrieblicher Berufsbildung unter jeweils näher geregelten Voraussetzungen; die Erhöhung der Schutzfrist nach der Geburt eines Kindes mit Behinderung auf 12 Wochen; dieEinbeziehung der Regelungen der MuSchArbV in das MuSchG sowie die Einführung eines Ausschusses für Mutterschutz, der Emp- 19 fehlungen erarbeiten soll, die eine Orientierung bei der praxisgerechten Umsetzung des Mutterschutzes bieten sollen.

20   **14.** Eine Beschäftigung mit Tätigkeiten nach § 4 Abs. 1 bis 3 MuSchG ist bei werdenden Müttern, unabhängig von ihren individuellen Verhältnissen, nicht zulässig. Sechs Wochen vor der Entbindung kann eine werdende Mutter gem. § 3 Abs. 2 MuSchG nur mit ihrer ausdrücklichen, jederzeit widerruflichen Erklärung beschäftigt werden. Nach der Entbindung besteht für acht Wochen bzw. für zwölf Wochen bei Früh- und Mehrlingsgeburten ein absolutes Beschäftigungsverbot.

21   **15.** In § 8 MuSchG sind das Verbot der Mehr-, Nacht-, Sonn- und Feiertagsarbeit sowie Ausnahmen hiervon geregelt.

22   **16.** Unterrichtungspflichten von Seiten des Arbeitgebers sind in § 2 MuSchArbV geregelt.

23   **17.** Durch das neunte Buch des Sozialgesetzbuches (SGB IX) wird die Förderung der Selbstbestimmung und der gleichberechtigten Teilhabe behinderter Menschen am Leben und in der Gesellschaft sowie die Umsetzung des Benachteiligungsverbots des Art. 3 Abs. 3 GG gewährleistet.

24   **18.** Private und öffentliche Arbeitgeber, die jahresdurchschnittlich monatlich über mindestens 20 Arbeitsplätze verfügen, haben nach § 71 Abs. 1 SGB IX mindestens 5 % dieser Arbeitsplätze an schwerbehinderte Menschen zu vergeben. Eine genaue Berechnung der Pflichtzahl wird in §§ 73 bis 76 SGB IX geregelt. Kommt der Arbeitgeber der Vergabe nicht nach, wird eine Ausgleichsabgabe fällig.

25   **19.** In grundsätzlich allen Angelegenheiten, die einen einzelnen oder die schwerbehinderte Menschen als Gruppe berühren, ist gem. § 95 Abs. 2 S. 1 SGB IX die Schwerbehindertenvertretung unverzüglich und umfassend zu unterrichten und anzuhören.

26   **20.** Durch das Jugendarbeitsschutzgesetz (JArbSchG) soll die körperliche und geistig-seelische Überforderung von Kindern und Jugendlichen im Arbeitsleben verhindert sowie ihre schulische Ausbildung gesichert werden. Diese Vorgaben sind straf- und bußgeldbewehrt.

27   **21.** Im JArbSchG wird die Beschäftigung von Personen geregelt, die noch keine 18 Jahre alt sind, siehe § 1 JArbSchG. Kind ist gem. § 2 Abs. 1 JArbSchG, wer noch nicht 15 Jahre alt ist. Jugendlicher ist, wer 15 Jahre aber noch nicht 18 Jahre alt ist, § 2 Abs. 2 JArbSchG.

28   **22.** Der Arbeitgeber hat gem. § 19 Abs. 1 JArbSchG Jugendlichen für jedes Kalenderjahr bezahlten Erholungsurlaub zu gewähren. Die Dauer richtet sich nach § 19 Abs. 1 und 2 JArbSchG und beträgt abhängig vom Alter des Jugendlichen zwischen 25 und 30 Werktagen.

29   **23.** Berufsausbildung i.S.d. Berufsbildungsgesetzes (BBiG) umfasst gem. § 1 BBiG die Berufsausbildungsvorbereitung, die Berufsausbildung, die berufliche Fortbildung und die berufliche Umschulung.

30   **24.** Auszubildenden dürfen nach § 14 Abs. 2 BBiG nur Aufgaben übertragen werden, welche ihren körperlichen Kräften angemessen sind und dem Ausbildungszweck dienen.

31   **25.** Die Erwerbstätigkeit von Nicht-EU-Ausländern unterliegt nach § 4 Abs. 3 AufenthG einer generellen Genehmigungspflicht. Im Aufenthaltstitel muss eine Beschäftigung ausdrücklich gestattet werden. Die vorsätzliche oder fahrlässige Beschäftigung eines Ausländers ohne erforderlichen Aufenthaltstitel oder Arbeitsgenehmigung-EU oder die Weiterbeschäftigung nach Ablauf eines solchen Titels erfüllt den Bußgeldtatbestand der illegalen Ausländerbeschäftigung nach § 404 Abs. 2 Nr. 3 SGB III; im Falle beharrlicher Wiederholung droht eine Strafbarkeit gem. § 11 Abs. 1 Nr. 2 SchwarzArbG.

26. Die Arbeitnehmerüberlassung ist im Arbeitnehmerüberlassungsgesetz (AÜG) geregelt und ist gekennzeichnet durch ein Dreiecksverhältnis zwischen Verleiher, Entleiher und Leiharbeitnehmer. Zu den Merkmalen siehe im Einzelnen I Rdn. 19 ff.

27. Gem. § 1 AÜG bedarf die Arbeitnehmerüberlassung »im Rahmen [der] wirtschaftlichen Tätigkeit« des Verleihers der Erlaubnis durch die Bundesagentur für Arbeit. Wirtschaftliche Tätigkeit in diesem Sinne bedeutet jede Tätigkeit, die darin besteht, Güter oder Dienstleistungen auf einem bestimmten Markt anzubieten (hierzu AR/*Beck* § 1 AÜG Rn. 33). Ausnahmen von der Erlaubnispflicht sind u.a. in § 1 Abs. 1 S. 3 und Abs. 3 AÜG geregelt.

28. Sofern der Verleiher keine Erlaubnis hat, begeht der Entleiher eine Ordnungswidrigkeit gemäß § 16 Abs. 1 Nr. 1a AÜG, wenn er den ihm von dem Verleiher ohne Erlaubnis überlassenen Leiharbeitnehmer tätig werden lässt (hierzu *Thüsing/Kudlich* ZWH 2011, 90, 94 ff.).

29. § 1 Abs. 1 Satz 2 AÜG verbietet die mehr als nur vorübergehende Überlassung von Arbeitnehmern an Entleiher. Nach einem aktuellen Beschluss des BAG definiert das Tatbestandsmerkmal »vorübergehend« nicht lediglich den Anwendungsbereich des AÜG und stellt auch nicht lediglich eine Beschreibung oder einen unverbindlichen Programmsatz dar. Vielmehr handelt es sich um eine verbindliche Rechtsnorm, die von den Rechtsunterworfenen und den Gerichten zu beachten ist (BAG, Beschl. v. 10.07.2013 – 7 ABR 91/11, NJW 2014, 331, 334). § 1 Abs. 1 Satz 2 AÜG ist ein Verbotsgesetz i.S.v. § 99 Abs. 2 Nr. 1 BetrVG, dessen Verletzung den Betriebsrat zur Verweigerung der Zustimmung zur Einstellung berechtigt (zu weiteren Praxisfragen vgl. AR/*Beck* § 1 AÜG Rn. 39 und I Rdn. 3 f.). Zu den erwarteten Neuerungen ab dem 1. Januar 2017, insbesondere zur grundsätzlichen Überlassungshöchstdauer von 18 Monaten, zum Gleichbehandlungsgrundsatz, zum Verbot des Einsatzes von Leiharbeitnehmern als Streikbrecher und zur Erweiterung des Informationsrechts des Betriebsrats vgl. I Rdn. 18.

30. Gemäß § 32 BDSG dürfen personenbezogene Daten eines Beschäftigten für Zwecke des Beschäftigungsverhältnisses erhoben, verarbeitet oder genutzt werden, wenn dies für die Entscheidung über die Begründung eines Beschäftigungsverhältnisses oder nach Begründung des Beschäftigungsverhältnisses für dessen Durchführung oder Beendigung erforderlich ist. Personenbezogene Daten sind beispielsweise der Name oder das Geburtsdatum, aber auch Angaben über die ethnische Herkunft, politische Meinungen, religiöse oder politische Überzeugungen, Gewerkschaftszugehörigkeit oder die Gesundheit. Zur Aufdeckung von Straftaten dürfen personenbezogene Daten eines Beschäftigten nur dann erhoben, verarbeitet oder genutzt werden, wenn zu dokumentierende tatsächliche Anhaltspunkte den Verdacht begründen, dass der Betroffene im Beschäftigungsverhältnis eine Straftat begangen hat, die Erhebung, Verarbeitung oder Nutzung zur Aufdeckung erforderlich ist und das schutzwürdige Interesse des Beschäftigten an dem Ausschluss der Erhebung, Verarbeitung oder Nutzung nicht überwiegt, insbesondere Art und Ausmaß im Hinblick auf den Anlass nicht unverhältnismäßig sind.

Gem. § 33 Abs. 1 BDSG muss der Arbeitgeber den Arbeitnehmer bei erstmaliger Speicherung der personenbezogenen Daten informieren. Für **weiterführende Hinweise** zum Datenschutz vgl. U Rdn. 63 ff.

31. Nach § 119 Abs. 1 Nr. 1 BetrVG ist die Behinderung von Betriebsratswahlen oder die Beeinflussung durch Zufügung oder Androhung von Nachteilen bzw. durch Gewährung oder Versprechen von Vorteilen strafbar.

32. Nach § 119 Abs. 1 Nr. 2 BetrVG ist die Behinderung oder Störung der Tätigkeit der Organe der Betriebsverfassung strafbewehrt.

33. § 119 Abs. 1 Nr. 3 BetrVG stellt die Benachteiligung oder Begünstigung von Betriebsratsmitgliedern und anderen dort genannten betrieblichen Interessenvertretern der Arbeitnehmer um ihrer Tätigkeit willen unter Strafe. Die Tatbestände des § 119 BetrVG werden nur auf Antrag verfolgt. Daneben kommt ggf. eine Strafbarkeit wegen Untreue in Betracht.

2. Geschäftsordnung für das Compliance Committee

Vorbemerkung

39 Zur Ausgestaltung einer der jeweiligen Risikosituation genügenden Compliance-Organisation macht das Gesetz grds. keine bindenden Vorgaben. In der **Unternehmenspraxis** haben sich sowohl die Ernennung eines **einzelnen (Chief) Compliance Officers** als auch die Einrichtung eines mit mehreren Mitarbeitern besetzten **Compliance Committees** bewährt. Die Ernennung eines einzelnen Compliance Officers kann kostengünstig sein. Insbesondere in der Anlaufphase sind allerdings eine mögliche Überforderung (»Einzelkämpfer«) und mangelnde Unterstützung im Unternehmen zu vermeiden.

40 Ein mit mehreren Mitarbeitern besetztes Compliance Committee hat demgegenüber den Vorteil der Arbeitsteilung und der gemeinsamen Verantwortlichkeit. Ebenfalls eröffnet es seinen Mitgliedern die Möglichkeit, sich in kritischen Situationen zu beraten. Ein Nachteil wird häufig darin bestehen, dass durch Sitzungen und Dokumentation ein erhöhter Verwaltungsaufwand entsteht.

▶ Muster – Geschäftsordnung für das Compliance Committee

41 Geschäftsordnung für das Compliance Committee [1]

§ 1 Zusammensetzung des Compliance Committees [2]

Dem Compliance Committee der [Name der Gesellschaft] gehören die folgenden Mitglieder an: [3]

1) [Mitarbeiter aus Abteilung/Bereich]
2) [Mitarbeiter aus Abteilung/Bereich]
3) [Mitarbeiter aus Abteilung/Bereich]

…

§ 2 Aufgaben des Compliance Committees

(1) Das Compliance Committee unterstützt die Geschäftsführung [4] der [Name der Gesellschaft] bei der Einhaltung der Compliance. Dabei übernimmt das Compliance Committee insbesondere folgende Aufgaben:

(a) Unterstützung der Geschäftsführung und der zuständigen Führungskräfte bei der Implementierung des Compliance-Programms durch Erstellung der erforderlichen Compliance-Regelungen sowie deren ständige Verbesserung und Fortentwicklung;

(b) Unterstützung der Geschäftsführung und der zuständigen Führungskräfte bei der Einführung und Koordination von geeigneten Maßnahmen zur Überwachung der Einhaltung des Compliance-Programms und zur Früherkennung von Fehlentwicklungen;

(c) Durchführung von regelmäßigen Besprechungen mit der Geschäftsführung über den Stand der Compliance und neu erkannte Risiken;

(d) Entgegennahme von Hinweisen oder Berichten der Mitarbeiter oder des Ombudsmanns über mögliche Rechtsverstöße und Fehlverhalten;

(e) Unterstützung und Koordination von Untersuchungen zur Aufdeckung von möglichen Rechtsverstößen und Fehlverhalten;

(f) Unterstützung der Geschäftsführung und der zuständigen Führungskräfte bei den erforderlichen Maßnahmen in Hinblick auf erkannte Rechtsverstöße und Fehlverhalten. [Das Committee hat hierbei kein Weisungsrecht und entscheidet nicht selbst über Maßnahmen oder etwaige Sanktionen]. [5]

(g) [weitere Aufgaben]

(3) Die Mitglieder des Compliance Committees sollen sich in Compliance-Fragen regelmäßig fortbilden.

(4) Das Compliance Committee berichtet der Geschäftsführung sowie dem Aufsichtsrat der [Name der Gesellschaft] gemäß § 5.

§ 3 Vorsitz

(1) Der Leiter der [Bezeichnung der Abteilung] der [Name der Gesellschaft] ist zugleich Vorsitzender des Compliance Committees.

(2) Der Vorsitzende koordiniert die Tätigkeit des Compliance Committees und sorgt für die rechtzeitige und umfassende Information der Geschäftsführung der [Name der Gesellschaft].

§ 4 Sitzungen und Beschlussfassung

(1) Die Mitglieder des Compliance Committees tagen und fassen Beschlüsse in Sitzungen, die in der Regel [Intervall, z.B. vierteljährlich] stattfinden und durch den Vorsitzenden einberufen und geleitet werden. Die Sitzungen sind streng vertraulich.

(2) Die Sitzungstermine legen die Mitglieder des Compliance Committees einvernehmlich fest. In dringenden Fällen kann der Vorsitzende des Compliance Committees außerordentliche Sitzungen einberufen, die auch fernmündlich stattfinden können, soweit erforderlich. Dringende Fälle sind im Regelfall die folgenden:

(a) Durchsuchungen durch Ermittlungsbehörden;

(b) Verdacht auf Kartellrechtsverstöße sowie auf Korruptionsfälle;

(c) Selbstbetroffenheit von Mitgliedern der Geschäftsführung oder des Aufsichtsrats der [Name der Gesellschaft];

(d) Verdacht auf Verstöße mit drohenden schweren oder unübersehbaren finanziellen oder wirtschaftlichen Auswirkungen.

(3) Der Vorsitzende versendet rechtzeitig vor der jeweiligen Sitzung eine Einladung und eine Tagesordnung. Auf Verlangen jedes Mitglieds des Compliance Committees sind weitere Tagesordnungspunkte aufzunehmen. Die Tagesordnung kann auch in der Sitzung um weitere Punkte ergänzt werden, wenn dies wegen Eilbedürftigkeit oder besonderer Aktualität erforderlich ist.

(4) Das Compliance Committee ist beschlussfähig, wenn sämtliche Mitglieder zur Sitzung des Compliance Committees eingeladen wurden und mindestens die Hälfte seiner Mitglieder an der Beschlussfassung teilnehmen. Ein Compliance-Committee-Mitglied nimmt auch dann an der Beschlussfassung teil, wenn es sich bei der Abstimmung der Stimme enthält.

(5) Das Compliance Committee fasst seine Beschlüsse mit einfacher Mehrheit der abgegebenen Stimmen, sofern in dieser Geschäftsordnung nichts anderes bestimmt ist. Der Vorsitzende des Compliance Committees soll auf einen einstimmigen Beschluss hinwirken.

§ 5 Berichterstattung an die Geschäftsführung der [Name der Gesellschaft] [6]

(1) Der Vorsitzende des Compliance Committees informiert die Geschäftsführung der [Name der Gesellschaft] in regelmäßigen Abständen über die Sitzungen des Compliance Committees und den Stand des Compliance-Programms. Über wesentliche Compliance-Vorfälle ist die Geschäftsführung der [Name der Gesellschaft] unverzüglich zu unterrichten.

(2) Die Mitglieder der Geschäftsführung der [Name der Gesellschaft] können an den Sitzungen des Compliance Committees teilnehmen, sofern nicht die Sitzung ein mögliches eigenes Fehlverhalten betrifft.

§ 6 Information des Aufsichtsrats

(1) Die Unterrichtung des Aufsichtsrats der [Name der Gesellschaft] erfolgt durch die Geschäftsführung. Der Aufsichtsrat kann allerdings eine direkte Unterrichtung durch den Vorsitzenden des Compliance Committees [7] verlangen.

(2) Der Vorsitzende des Compliance Committees hat den Aufsichtsratsvorsitzenden der [Name der Gesellschaft] zu informieren, wenn die Geschäftsführung nach Unterrichtung durch das Compliance Committee über mögliche Rechtsverstöße oder Fehlverhalten trotz nochmaliger Nachfrage nachhaltig untätig bleibt und die vom Compliance Committee empfohlenen Maßnahmen ohne inhaltliche Begründung nicht ergreift.

(3) Der Vorsitzende des Compliance Committees hat den Aufsichtsratsvorsitzenden der [Name der Gesellschaft] ebenfalls zu informieren, wenn ein Verdacht besteht, dass Mitglieder der Geschäftsführung selbst Rechtsverstöße begangen haben.

(4) Sofern der Aufsichtsratsvorsitzende den gemäß § 6 Abs. 2 und Abs. 3 erteilten Hinweisen des Vorsitzenden des Compliance Committees nicht nachgeht und untätig bleibt, sind die Mitglieder des Compliance Committees befugt, den Verdacht bei den Ermittlungsbehörden anzuzeigen. [Vor Erstattung einer Anzeige soll eine rechtliche Einschätzung des Ombudsmannes [8] eingeholt werden.]

§ 7 Kommunikation mit dem Ombudsmann und den Compliance-Beauftragten

(1) Der Vorsitzende des Compliance Committees ist Ansprechpartner für den Ombudsmann. Der Vorsitzende des Compliance Committees unterrichtet die übrigen Mitglieder des Compliance Committees unverzüglich.

(2) Das Compliance Committee kann dem Ombudsmann die Teilnahme an den Sitzungen gestatten. Dabei hat der Ombudsmann kein Stimmrecht.

[(3) Wenn das Compliance Committee Hinweise auf Rechtsverstöße oder Fehlverhalten erlangt hat, kann es den Ombudsmann um eine rechtliche Einschätzung bitten.]

§ 8 Änderungen dieser Geschäftsordnung

Diese Geschäftsordnung kann durch einstimmigen Beschluss aller Mitglieder des Compliance Committees abgeändert werden. Jede Änderung der Geschäftsordnung bedarf zu ihrer Wirksamkeit der Zustimmung der Geschäftsführung der [Name der Gesellschaft] .

Erläuterungen

Schrifttum

Bay/Hastenrath Compliance-Management-Systeme, 2014; *Bürkle/Hauschka* Der Compliance Officer, 2015; *Favoccia/Richter* Rechte, Pflichten und Haftung des Compliance-Officers aus zivilrechtlicher Sicht, AG 2010, 137; *Gößwein/Hohmann* Modelle der Compliance-Organisation in Unternehmen – Wider den Chief Compliance Officer als »Überoberverantwortungsnehmer«, BB 2011, 963; *Hauschka /Mossmayer/Lösler* Corporate Compliance, 3. Aufl. 2016; *Keul/Wulf* Rechtliche Rahmenbedingungen des anwaltlichen Ombudsmannes, ZWH 2011, 20; *Michalke* Neue Garantenpflichten? – oder: Haftung des Compliance Officers, AnwBl 2010, 666; *Moosmayer* Compliance, 3. Aufl. 2015, Rn. 105 ff.; *Paefgen* »Compliance« als gesellschaftsrechtliche Organpflicht?, WM 2016, 433; *Pieth* Anti-Korruptions Compliance – Praxisleitfaden für Unternehmen, 2011; *Schemmel/Ruhmannseder/Witzigmann* Hinweisgebersysteme, 2012; *Sünner* Das Berufsbild des Compliance Officers, CCZ 2014, 91; *Wecker/van Laak* Compliance in der Unternehmenspraxis, 2. Aufl. 2009.

42 **1.** Das Muster geht davon aus, dass es sich um eine mittelgroße Unternehmensgruppe handelt, deren Obergesellschaft in der Rechtsform einer GmbH einen Aufsichtsrat hat. Ferner geht das Muster davon aus, dass es sich bei den Mitgliedern des Compliance Committees um sog. »Auch-Compliance-Officer« handelt, die (im Gegensatz zu »Nur-Compliance-Officern«) neben ihrer Compliance-Tätigkeit noch weitere Aufgaben wahrnehmen. Eine solche Gestaltung empfiehlt sich insbesondere dann, wenn nur begrenzte wirtschaftliche und personelle Ressourcen zur Verfügung stehen.

2. Bei mittelständischen Unternehmensgruppen hat sich in der Praxis eine **Größe von 3 bis 5 Mitgliedern bewährt**, die verschiedenen Fach- oder Zentralbereichen angehören sollten. Typischerweise wird hierzu auf Mitarbeiter und Vertreter anderer Abteilungen zurückgegriffen, die eine verhältnismäßig große Schnittmenge mit der Tätigkeit der Compliance-Organisation aufweisen, etwa aus den Bereichen Recht, Revision, Steuern und Personal. Zwingend ist das allerdings nicht.

3. Um die **Bedeutung der Compliance** für das Unternehmen **glaubhaft nach innen und nach außen** zu dokumentieren, sollten sich die Mitglieder des Compliance Committees durch folgende **fachliche und persönliche Eigenschaften** auszeichnen (siehe dazu *Moosmayer* Compliance, Rn. 124 ff.):
– **Kenntnis** des **Geschäfts** und der Prozesse des Unternehmens;
– **Führungserfahrung** und **Durchsetzungsstärke**; Begegnung mit Unternehmensleitung auf Augenhöhe;
– Bereitschaft zur **Durchsetzung** von Veränderungsprozessen;
– Kenntnis der einschlägigen **Rechtsvorschriften**.

4. Verantwortlich für die Einhaltung der Compliance ist nach dem Grundsatz der Gesamtverantwortung und Allzuständigkeit die **Geschäftsleitung**. Zwar kann die Geschäftsleitung im Rahmen ihrer Organisations- und Aufsichtspflicht bestimmte Aufgaben aus dem Pflichtenkreis der Compliance an das Compliance Committee **delegieren**. Diese Pflichtendelegation entbindet die Geschäftsleitung allerdings nicht von der **verbleibenden Gesamt- und Letztverantwortung** für die Compliance.

5. Die **Aufgabe des Compliance Committees** besteht darin, die Geschäftsleitung bei den Grundfunktionen der Compliance (Prävention, Aufklärung, Reaktion) zu **unterstützen**. Das Compliance Committee trägt hingegen **keine originäre Compliance-Verantwortung**. Insbesondere hat das Compliance Committee nach dem vorliegenden Muster **kein Weisungsrecht** gegenüber den Mitarbeitern und entscheidet nicht selbst über Maßnahmen oder etwaige Sanktionen. Andere Gestaltungen sind freilich denkbar.

6. Sofern das Unternehmen deutsche oder ausländische **Tochtergesellschaften** hat, kommt es auch entscheidend darauf an, dass sich die (ausländischen) Tochtergesellschaften ebenfalls compliance-konform verhalten. Ebenfalls ist entscheidend, dass die Geschäftsleitung der Konzernobergesellschaft von eventuellen Compliance-Vorfällen in (ausländischen) Tochtergesellschaften zeitnah und umfassend **Kenntnis** erlangt, um die erforderlichen Abhilfemaßnahmen einzuleiten oder jedenfalls die Wirksamkeit der von der lokalen Geschäftsleitung ergriffenen Schritte zu überwachen.

Insofern ist zum einen erforderlich, dass in den (ausländischen) Tochtergesellschaften überhaupt ein Compliance-Programm existiert, das sich an den Vorgaben der Konzernobergesellschaft orientieren und daneben auch etwaige von lokalem Recht vorgegebene Besonderheiten oder sonstige besondere Risiken berücksichtigen sollte. Dabei hängt es vom Risikoprofil und den lokal vorhandenen Ressourcen ab, ob einzelne Beauftragte oder Committees zu ernennen sind. Zum anderen sind umfassende **Berichtspflichten** der lokalen Compliance-Verantwortlichen an das zentrale Compliance Committee sowie an die Geschäftsleitung der Konzernobergesellschaft erforderlich. Die lokal verantwortlichen Mitarbeiter sollten das Compliance Committee natürlich auch jederzeit um Rat und Unterstützung in Compliance-Fragen bitten können. Es gilt unbedingt zu vermeiden, dass relevante Informationen auf lokaler Ebene steckenbleiben.

Bei der **konzernweiten Umsetzung** dieser Vorgaben darf nicht übersehen werden, dass »einfache« Beschlüsse bzw. Verlautbarungen der Konzerngeschäftsleitung nicht automatisch für alle Konzerngesellschaften und ihre Mitarbeiter rechtsverbindlich sind (obwohl sie in faktischer Hinsicht natürlich oftmals in der gesamten Unternehmensgruppe befolgt werden). Vielmehr sind für die Rechtsverbindlichkeit grundsätzlich Gesellschafterbeschlüsse erforderlich, in denen die Muttergesellschaft ihren jeweiligen (ausländischen) Konzerngesellschaften entsprechende Weisungen erteilt.

T. Compliance

Bei mehrstufigen Gesellschaftsverhältnissen sind deswegen grundsätzlich »kaskadenartige« Gesellschafterbeschlüsse erforderlich, nach denen die jeweilige Tochtergesellschaft angewiesen wird, etwaigen Enkelgesellschaften selbst entsprechende Weisung zu erteilen. Ferner sind die deutschen und europäischen Datenschutzbestimmungen zu beachten, die u.U. den Abschluss besonderer Datenschutzvereinbarungen erforderlich machen.

50 7. In einem viel beachteten Urteil vom 17.07.2009 (– 5 StR 394/08, AG 2009, 740) hat sich der BGH in einem *obiter dictum* zur **strafrechtlichen Garantenpflicht** von Compliance Officern geäußert und dadurch zunächst erhebliche Verunsicherung ausgelöst. In seinem Urteil hatte der BGH es dem Angeklagten unter anderem zum Vorwurf gemacht, die Unternehmensleitung nicht über die im Unternehmen stattfindenden Betrügereien informiert zu haben. Vor diesem Hintergrund ist es empfehlenswert, dass die Geschäftsordnung die Berichtswege des Compliance Committees eindeutig definiert.

51 Geregelt werden sollten deshalb insbesondere die unwahrscheinlichen Fälle von Selbstbetroffenheit der Geschäftsleitung oder nachhaltiger Untätigkeit der Geschäftsleitung nach einem Hinweis durch das Compliance Committee. Dementsprechend enthält das Muster einen Vorschlag zur Ausgestaltung der Berichtswege und der sog. »**Eskalationswege**« bis hin zur Anzeige eines Verdachts bei den Ermittlungsbehörden.

52 8. Das Muster setzt die Existenz eines Ombudsmannes voraus. Im Regelfall sollten sich Mitarbeiter bei Hinweisen auf Compliance-Verstöße an ihre Vorgesetzten oder das Compliance Committee wenden. Aus Furcht vor Repressionen können Mitarbeiter aber von entsprechenden Meldungen absehen. In solchen Fällen können sich die Mitarbeiter direkt an einen **externen Vertrauensanwalt (Ombudsmann)** wenden. Ein Ombudsmann stellt bei relativ überschaubarem Kostenaufwand eine sinnvolle Meldeinstanz für Compliance-Verstöße dar und wird mittlerweile von zahlreichen Unternehmen genutzt. Sofern es sich bei dem Ombudsmann um einen Rechtsanwalt handelt, unterliegt dieser der **anwaltlichen Verschwiegenheitspflicht** (s. umfassend *Keul/Wulf* ZWH 2011, 20). Der Ombudsmann überprüft das Vorliegen eines Anfangsverdachts eigenständig und klärt den Sachverhalt ggf. weiter auf. Der Ombudsmann sollte auch Sachverhalte herausfiltern, die nicht zum engeren Compliance-Bereich gehören (z.B. rein private Sachverhalte). Nach Aufklärung des Sachverhaltes leitet er die konkreten (anonymisierten) Hinweise (ggf. mit einem Aufklärungsbericht und einer Handlungsempfehlung) sowie regelmäßige Zwischenberichte über Meldungseingänge an den Vorsitzenden des Compliance Committees weiter. Ebenfalls sollte der Ombudsmann den Informanten nach Abstimmung mit dem Compliance Committee über das weitere Verfahren auf dem Laufenden halten.

3. Betriebsvereinbarung zur Einführung eines Compliance-Programms

Vorbemerkung

53 Ein Compliance-Programm soll sicherstellen, dass sich alle Mitarbeiter compliance-konform verhalten und von Seiten des Unternehmens keine Rechtsverstöße begangen werden. Hierfür ist erforderlich, dass die Regelungen **für die Arbeitnehmer verbindlich** sind. Denn nur dann ist gewährleistet, dass bei Compliance-Verstößen arbeitsrechtliche Sanktionen durchgesetzt werden können. Compliance-Programme kann der Arbeitgeber grundsätzlich durch **drei Instrumente** einführen:
– Durch **Weisungen** des Arbeitgebers in Ausübung des gesetzlichen Direktionsrechts (§§ 106 GewO, 315 BGB). Hierdurch kann der Arbeitgeber Compliance-Richtlinien allerdings nur dann einseitig festlegen, wenn die Weisung lediglich ohnehin bestehende gesetzliche Pflichten wiederholt, den Inhalt der Arbeitsleistungen konkretisiert oder lediglich Unternehmensziele oder die Unternehmensphilosophie beschreibt.
– Durch **einzelvertragliche Vereinbarung** der Geltung des Compliance-Programms mit jedem Mitarbeiter. Dies erfordert allerdings die Mitwirkung jedes Mitarbeiters und ist ab einer be-

stimmten Mitarbeiteranzahl oftmals schlicht unpraktikabel. Für den Kreis der **leitenden Angestellten**, die vom Geltungsbereich einer Betriebsvereinbarung nicht umfasst sind, kann sich allerdings ein separater Compliance-Zusatz zum Arbeitsvertrag empfehlen.
– Sofern ein **Gesamtbetriebsrat** besteht, kann der Arbeitgeber mit diesem zur Einführung des Compliance-Programms auch eine **Gesamtbetriebsvereinbarung** abschließen. Besteht im Unternehmen nur ein Betriebsrat, kommt der Abschluss einer Einzelbetriebsvereinbarung in Betracht. Soll ein Compliance-Programm einheitlich für eine ganze Unternehmensgruppe eingeführt werden, so kann dies mit Hilfe einer Konzernbetriebsvereinbarung geschehen. Durch eine derartige Einzel-, Gesamt-, oder Konzernbetriebsvereinbarung kann ein Compliance-Programm mit unmittelbarer und zwingender Wirkung für alle Arbeitnehmer mit Ausnahme der leitenden Angestellten gem. § 5 Abs. 3 BetrVG eingeführt werden.

▶ **Muster – Betriebsvereinbarung Einführung Compliance-Programm**

[Konzern-/Gesamt-]Betriebsvereinbarung über die Einführung des Compliance-Programms der [Name des Unternehmens]

54

Zwischen der [Name des Unternehmens] [als Konzernführungsgesellschaft] und dem [Konzern-/Gesamt-]Betriebsrat [1] von [Name des Unternehmens] wird folgende [Konzern-/Gesamt-]Betriebsvereinbarung geschlossen:

1. Der Vorstand von [Name des Unternehmens] hat das dieser [Konzern-/Gesamt-]Betriebsvereinbarung als Anlage beigefügte Compliance-Programm beschlossen, das aus einem Verhaltenskodex, verschiedenen [Konzern-]Richtlinien und Merkblättern besteht.
2. Der [Konzern-/Gesamt-]Betriebsrat ist mit dem Compliance-Programm einverstanden und stimmt ihm zu. [2]
3. Das Compliance-Programm gilt nach Maßgabe des in den einzelnen Konzernrichtlinien und Merkblättern enthaltenen Anwendungsbereichs als [Konzern-/Gesamt-]Betriebsvereinbarung unmittelbar und zwingend für alle Mitarbeiterinnen und Mitarbeiter von [Name des Unternehmens] und von mit [Name des Unternehmens] verbundenen Unternehmen.
4. [Name des Unternehmens] stellt sicher, dass alle Mitarbeiter entsprechend ihres Verantwortungs- und Aufgabengebietes zum Compliance-Programm kontinuierlich geschult werden.
5. Diese [Konzern-/Gesamt-]Betriebsvereinbarung tritt am [Datum] in Kraft und kann mit einer Frist von sechs Monaten zum Ablauf eines Kalendermonats, erstmals jedoch nicht vor dem [Datum] gekündigt werden. [3] Nach Ablauf der Kündigungsfrist wirkt die [Konzern-/Gesamt-]Betriebsvereinbarung nach bis sie durch eine andere Abmachung ersetzt wird. [4]

[Ort, Datum]

(Name des Unternehmens) ([Konzern-/Gesamt-]Betriebsrat)

Erläuterungen

Schrifttum
Hauschka Formularbuch Compliance, 2013, § 10; *Mengel* Compliance und Arbeitsrecht, 2009; *Köhler/Häferer* Mitbestimmungsrechte des Betriebsrats im Zusammenhang mit Compliance-Systemen, GWR 2015, 159; *Moll*; *Dendorfer* MAH Arbeitsrecht, 3. Aufl. 2012, § 35 Rn. 29 ff.; *Stück* Compliance und Mitbestimmung, ArbRAktuell 2015, 337.

1. Soll in einem Konzern ein konzerneinheitliches Compliance-Programm umgesetzt werden, handelt es sich um eine Angelegenheit, die den Konzern betrifft (§ 58 Abs. 1 BetrVG). Entsprechendes gilt, falls ein Compliance-Programm in einem Unternehmen mit mehreren Betrieben eingeführt werden soll. Insofern wäre der Gesamtbetriebsrat für den Abschluss einer Gesamt-

55

betriebsvereinbarung originär zuständig (§ 50 Abs. 1 BetrVG). Selbst wenn der Arbeitgeber Mitbestimmungsrechte des [Konzern-/Gesamt-]Betriebsrats missachtet, hat der örtliche Betriebsrat keinen Unterlassungsanspruch aus § 87 Abs. 1 BetrVG, da dieser Unterlassungsanspruch nach seinem Zweck allein dem Betriebsrat zusteht, der Träger des konkreten Mitbestimmungsrechts ist (vgl. BAG, Beschl. v. 17.05.2011 – 1 ABR 121/09, NZA 2012, 112).

56   2.   In einer [Konzern-/Gesamt-]Betriebsvereinbarung kann gegenständlich nur geregelt werden, was nach dem BetrVG der funktionellen Zuständigkeit des [Konzern-/Gesamt-]Betriebsrats unterfällt. Nach der Rechtsprechung des Bundesarbeitsgerichts ist die funktionelle Zuständigkeit der Betriebsparteien jedoch sehr weit. Das Bundesarbeitsgericht spricht mehrfach von einer grundsätzlich umfassenden Regelungskompetenz der Betriebsparteien (vgl. nur BAG, Beschl. v. 07.11.1989 – GS 3/85, NZA 1990, 816). In den Grenzen des Tarifvorbehalts bzw. Tarifvorrangs können somit alle betrieblichen und betriebsverfassungsrechtlichen Regelungen Gegenstand von (zumindest freiwilligen) [Konzern-/Gesamt-]Betriebsvereinbarungen sein, (ErfK/*Kania* § 77 BetrVG Rn. 36 m.w.N.). Hierzu gehört insbesondere die Einführung von Meldepflichten bei Verstößen gegen den Verhaltenskodex oder von Helplines bzw. Whistleblower-Hotlines und auch das dienstliche Verhalten, insbesondere das im Verhältnis zu anderen Mitarbeitern oder zu Vorgesetzten. Kein Mitbestimmungsrecht besteht, sofern lediglich die geschuldete Arbeitsleistung konkretisiert werden soll sowie bei der Verlautbarung der Unternehmensphilosophie oder der Beschreibung von Unternehmenszielen (BAG, Beschl. v. 22.07.2008 – 1 ABR 40/07, NZA 2008, 1248). Im Hinblick auf den Umgang mit Arbeitnehmerdaten im Rahmen von Betriebsvereinbarungen lassen sich dem Beschluss des BAG v. 15.04.2014 – 1 ABR 2/13, NZA 2014, 551 klare Vorgaben und Kriterien zum angemessenen Ausgleich zwischen den Interessen des Arbeitgebers und denen der Mitarbeiter entnehmen.

56.1   3.   Ein befristeter Kündigungsausschluss und eine verhältnismäßig lange Kündigungsfrist verleihen dem Compliance-Programm Bestandskraft.

56.2   4.   Bei einer [Konzern-/Gesamt-]Betriebsvereinbarung zur Einführung eines Compliance-Programms wird es sich regelmäßig um eine teilmitbestimmte [Konzern-/Gesamt-]Betriebsvereinbarung handeln (zur Nachwirkung teilmitbestimmter Betriebsvereinbarungen vgl. ErfK/*Kania* § 77 BetrVG Rn. 108 ff.). Um eine aus Unternehmenssicht in der Praxis häufig gewünschte umfassende Nachwirkung der [Konzern-/Gesamt-]Betriebsvereinbarung sicherzustellen, sollte diese ausdrücklich vereinbart werden. Für den Fall, dass sich die Betriebsparteien nach einer Kündigung der [Konzern-/Gesamt-]Betriebsvereinbarung nicht auf eine Nachfolgeregelung einigen können, entscheidet im Zweifel die Einigungsstelle.

II. Aufklärung von Compliance-Verstößen

57   Bei Hinweisen und sonstigen Anhaltspunkten für mögliche Compliance-Verstöße, etwa aus einem Hinweisgebersystem, ist die Geschäftsleitung im Rahmen ihrer Aufsichtspflicht gehalten, den **Sachverhalt** mit den zur Verfügung stehenden Mitteln **aufzuklären**. Andernfalls riskiert die Unternehmensleitung (und ggf. auch der Compliance-Officer), für ein ggf. fortlaufendes Fehlverhalten **persönlich haftbar** gemacht zu werden, welches sie trotz entsprechender Hinweise nicht abgestellt und damit letztlich geduldet bzw. billigend in Kauf genommen hat (LG München I, Urt. v. 10.12.2013 – 5 HK O 1387/10 [n. rkr.], NZG 2014, 345, 346 f.). Da die *Business Judgement Rule* insoweit **keine Anwendung** findet, hat die Geschäftsleitung im Hinblick auf das »**Ob**« der Aufklärung grds. kein Ermessen (*Reichert* ZIS 2011, 113, 117).

58   Ein Ermessensspielraum besteht hingegen anerkanntermaßen bei der Frage des »**Wie**« der Sachverhaltsaufklärung. Hier stehen der Unternehmensleitung grds. alle zur Tatsachenfindung geeigneten Maßnahmen zur Verfügung (*Reichert/Ott* NZG 2014, 241). Dabei haben sich die Aufklärungsmaßnahmen selbstverständlich stets im Rahmen des jeweils anwendbaren Rechts zu bewegen (sog. »**Compliance-Compliance**«), das etwa im Bereich des Datenschutzes zahlreiche Hürden für

unternehmensinterne Aufklärungsmaßnahmen aufstellt. Ebenso darf sich die Unternehmensleitung bei internen Aufklärungsmaßnahmen keinesfalls hoheitliche Befugnisse anmaßen.

Im Rahmen der Ermessensausübung ist zu beachten, dass Aufklärungsmaßnahmen auch eine **wichtige Präventionswirkung** haben, da sie den Mitarbeitern zeigen, dass die Unternehmensleitung Hinweisen auf Fehlverhalten auch tatsächlich nachgeht. Schließlich liefern Untersuchungen oft wertvolle Informationen über Schwächen bei den internen Vorkehrungen des Unternehmens, die zum Anlass für eine **Verbesserung der bestehenden Compliance-Maßnahmen** genommen werden sollten (*Moosmayer* Compliance, Rn. 311). 59

[unbelegt] 60–69

1. Amnestieangebot

Vorbemerkung

Bei Hinweisen auf mögliches Fehlverhalten hat die Unternehmensleitung bzw. die Compliance-Organisation im Zuge der ordnungsgemäßen Erfüllung ihrer Aufsichtspflicht für die Aufklärung des Sachverhalts zu sorgen. Sofern sich die Unternehmensleitung – ggf. nach Abstimmung mit den zuständigen Ermittlungsbehörden – für eine unternehmensinterne Aufklärung des Sachverhalts entscheidet, sind zentrale Erkenntnisquellen, neben der Sichtung von Dokumenten, vor allem Auskünfte von Mitarbeitern. Trotz der weitgehenden arbeitsvertraglichen Auskunftspflichten von Mitarbeitern ist die Bereitschaft zur Aussage gerade bei potenziellen Wissensträgern aus Angst vor Sanktionen des Unternehmens oder vor Strafverfolgung erfahrungsgemäß gering. In einer solchen Situation können sog. Amnestie- oder Kronzeugenprogramme ein sinnvolles Mittel darstellen, um eventuelle **Mauern des Schweigens** zu durchbrechen. Unter einer Amnestie wird Mitarbeitern Freiheit von arbeits- und schadensersatzrechtlichen Konsequenzen zugesagt, soweit sie umfassend aussagen und sich freiwillig, vollständig und wahrheitsgemäß an der Aufklärung beteiligen. Vor Durchführung eines Amnestieprogramms sind die erhofften Vorteile (z.B. schnelle Aufklärung, u.U. Abkürzung behördlicher Ermittlungen) gegen die möglichen Nachteile (Verzicht auf Schadensersatzansprüche und Kündigungen, Beschlagnahmerisiko) abzuwägen (vgl. *Leisner* in Knierim/Rübenstahl/Tsambikakis Internal Investigations 2013, § 9). 70

▶ **Muster – Information über Amnestieangebot**

Information über Kooperations- und Amnestieprogramm [1] 71

[Überblicksartige Darstellung der bestehenden Verdachtsmomente.]. Die beschriebenen Sachverhalte werden nachstehend als »Verstoß« bezeichnet.

[Name des Arbeitgebers] ist bestrebt, den Verstoß vollständig aufzuklären, um Schaden von [Name des Arbeitgebers] abzuwenden.

[Name des Arbeitgebers] baut bei der Aufklärung auf die Kooperation mit seinen Mitarbeitern. Deshalb hat die Geschäftsführung von [Name des Arbeitgebers] beschlossen, ein zeitlich befristetes Kooperations- und Amnestieprogramm einzuführen: [2]

1. Im Rahmen des Kooperations- und Amnestieprogramms wird [Name des Arbeitgebers]
    a) vom Ausspruch einer verhaltensbedingten Beendigungskündigung gegenüber Mitarbeitern absehen, soweit es ihre Beteiligung an dem Verstoß betrifft;
    b) etwaige aufgrund des Verstoßes gegen Mitarbeiter entstehende Schadensersatzansprüche nicht geltend machen; [3]
    c) Mitarbeiter von Schadensersatzansprüchen freistellen, die von Dritten aufgrund des Verstoßes ggf. gegen sie geltend gemacht werden; [4]

d) Mitarbeiter im rechtlich zulässigen Rahmen von Geldbußen und Geldstrafen freistellen, die aufgrund des Verstoßes von Behörden und/oder Gerichten gegen sie verhängt werden; [5]

e) Mitarbeitern die Kosten einer notwendigen Rechtsverteidigung [6] im Zusammenhang mit dem Verstoß in angemessenem Umfang erstatten [7].

2. Das Kooperations- und Amnestieprogramm gilt für alle Mitarbeiter (ausgenommen Geschäftsführer) von ___[Name des Arbeitgebers]___ [und seinen in- und ausländischen Tochtergesellschaften], die folgende Bedingungen erfüllen:

a) Der Mitarbeiter ist weder Initiator noch Anstifter des Verstoßes, noch hat er sich oder ihm nahestehende Personen durch den Verstoß unrechtmäßig bereichert; [8]

b) Der Mitarbeiter kooperiert bei der Aufklärung des Verstoßes vollumfänglich und offenbart alle Kenntnisse und Informationen wahrheitsgemäß und unterdrückt oder vernichtet keine Unterlagen;

c) Der Mitarbeiter behandelt mündliche oder schriftliche Informationen, die ihm von ___[Name des Arbeitgebers]___ sowie Beratern von ___[Name des Arbeitgebers]___ im Rahmen der durchgeführten Untersuchungen vorgelegt werden bzw. übergeben wurden sowie die Durchführung dieser Untersuchung streng vertraulich und wird diese Informationen weder Dritten gegenüber offen legen noch verwenden und die ihm übergebenen Unterlagen auf Verlangen zurückgeben.

3. Die Einzelheiten der Kooperation und der Amnestie werden in einem gesonderten Vertrag vereinbart. Mitarbeiter, die sich am Kooperations- und Amnestieprogramm beteiligen möchten, bitten wir, sich bis zum ___[Datum]___ bei ___[Name und Kontaktdaten des zuständigen Ansprechpartners]___ zu melden.

[Ort, Datum]

Erläuterungen

Schrifttum

Annuß/Pelz Amnestieprogramme – Fluch oder Segen?, BB Special 4 zu Heft 50/2010, 14; *Bergwitz* Anspruch auf Ersatz von Strafverteidigerkosten, NZA 2016, 203; *Breßler/Kuhnke/Schulz/Stein* Inhalte und Grenzen von Amnestien bei Internal Investigations, NZG 2009, 721; *Brockhaus* Die Übernahme der Kosten für die Strafverteidigung durch das Unternehmen aus strafrechtlicher Perspektive, ZWH 2012, 169; *Eufinger* Personelle Selbstreinigung nach Compliance-Verstößen, DB 2016, 471; *Göpfert/Drägert/Woyte* Beseitigung von Amnestiezusagen, ZWH 2012, 132; *Göpfert/Merten/Siegrist* Mitarbeiter als »Wissensträger« Ein Beitrag zur aktuellen Compliance-Diskussion, NJW 2008, 1703; *Kahlenberg/Schwinn* Amnestieprogramme bei Compliance-Untersuchungen im Unternehmen, CCZ 2012, 81; *Kasiske* Mitarbeiterbefragungen im Rahmen interner Ermittlungen – Auskunftspflichten und Verwertbarkeit im Strafverfahren, NZWiSt 2014, 262; *Leisner* in Knierim/Rübenstahl/Tsambikakis Internal Investigations 2013, § 9; *Spehl/Momsen/Grützner* Unternehmensinterne Ermittlungen – Ein internationaler Überblick, CCZ 2013, 260 (Teil 1), CCZ 2014, 2 (Teil 2); *Weiße* in Moosmayer/Hartwig, Interne Untersuchungen, 2012, S. 58 ff.

72 **1.** Die Form einer Amnestie richtet sich nach der konkreten Ausgestaltung des Amnestieprogramms. Denkbar ist die Amnestiezusage als einseitige aufschiebend bedingte Verpflichtung des Arbeitgebers oder als gegenseitiger Vertrag mit wechselseitigen Leistungspflichten (*Göpfert/Drägert/Woyte* ZWH 2012, 133 f.). Das vorliegende Muster enthält selbst noch keine bindende Amnestievereinbarung, sondern ist als Information sowie als **invitatio ad offerendum** an die Mitarbeiter gedacht, sich beim Arbeitgeber für das Amnestieprogramm zu bewerben. Eine bindende Vereinbarung kommt hiernach erst mit Abschluss eines eigenen Vertrages zustande (siehe dazu T Rdn. 81).

73 **2.** Bei der Entscheidung über die Durchführung einer Amnestie hat die Geschäftsleitung nach der **Business Judgement Rule** einen Beurteilungsspielraum, wobei sie den möglichen Nutzen ent-

sprechender Amnestien sorgfältig gegen mögliche Nachteile abwägen muss (*Leisner* in Knierim/Rübenstahl/Tsambikakis Internal Investigations 2013, § 9 Rn. 29).

3. Aufgrund ihrer Vermögensbetreuungspflicht ist die Geschäftsleitung grds. verpflichtet, Ansprüche der Gesellschaft beizutreiben. Dazu gehören auch Ansprüche gegen Mitarbeiter des Unternehmens. Für ein Absehen von der Geltendmachung von Ansprüchen im Rahmen einer Amnestie kann demgegenüber die Aussicht auf zügige und umfassende Aufklärung sprechen (*Göpfert/Drägert/Woyte* ZWH 2012, 132, 134). Zudem ist gegenüber Mitarbeitern auch die Fürsorgepflicht zu berücksichtigen. So müssen Sanktionen oder Ansprüche gegen Mitarbeiter nicht zwingend durchgesetzt werden, wenn dem Sanktionszweck durch andere Maßnahmen ebenfalls Rechnung getragen werden kann oder andere im Unternehmensinteresse liegende Gesichtspunkte das Interesse an einer Sanktionierung oder Anspruchsdurchsetzung überwiegen. Bei der näheren Ausgestaltung von Amnestiezusagen sind diese Gesichtspunkte in einen **angemessenen Ausgleich** zu bringen. 74

4. Die **Freistellung** von zivilrechtlichen Schadensersatzansprüchen ist gewissermaßen die Fortsetzung des innerbetrieblichen Schadensausgleichs. Sie findet ihre Grundlage nach dem BAG in der Fürsorgepflicht des Arbeitgebers (BAG, Urt. v. 23.06.1988 – 8 AZR 300/85, NJW 1989, 854). Wenn ein Arbeitnehmer bei seiner betrieblich veranlassten Tätigkeit einen unternehmensfremden Dritten schädigt, haftet er diesem gegenüber nach normalen Grundsätzen auch bei leichter Fahrlässigkeit für den vollen Schaden und kann sich nicht auf die Haftungsprivilegien des innerbetrieblichen Schadensausgleichs berufen. Hätte der Arbeitnehmer hingegen seinen Arbeitgeber geschädigt, würde er wegen des innerbetrieblichen Schadensausgleichs bei mittlerer Fahrlässigkeit nur quotal und bei leichter Fahrlässigkeit überhaupt nicht haften. Diese Diskrepanz wird vom BAG zu Recht als unbillig angesehen. Dem Arbeitnehmer wird deshalb gegen den Arbeitgeber ein – vom Verletzten pfändbarer – Freistellungsanspruch insoweit zugestanden, als der Arbeitgeber bei eigener Schädigung zur Schadenstragung verpflichtet wäre (MünchArbR/*Reichold* § 52 Rn. 14). 75

5. Die Freistellung bezüglich Geldbußen und Geldstrafen ist im Einzelfall sehr genau zu prüfen, da hierfür ein strengerer Maßstab als für die Freistellung von zivilrechtlichen Schadensersatzansprüchen gilt. Ein Strafbarkeitsrisiko des Arbeitgebers wegen Untreue kann jedenfalls nicht von vorneherein ausgeschlossen werden, vgl. *Annuß/Pelz* BB Special 4 zu BB Heft 50 2010, 14, 17; *Kahlenberg/Schwinn* CCZ 2012, 81, 85 ff. 76

6. Ein Aufwendungsersatzanspruch für **Verteidigungskosten** ist praktisch durchaus relevant. Endet ein Strafverfahren gegen den Mitarbeiter mit Freispruch oder wird die Eröffnung des Hauptverfahrens abgelehnt oder nach § 170 Abs. 2 S. 1 StPO eingestellt, trägt gem. § 467 Abs. 1 StPO zwar die Staatskasse die notwendigen Auslagen des Angeschuldigten. Allerdings gilt dies nur im Umfang der gesetzlichen Gebühren, § 464a Abs. 2 StPO. Die tatsächlichen Verteidigerkosten werden aufgrund einer Honorarvereinbarung aber regelmäßig wesentlich höher sein. Steht die Einstellung des Verfahrens im Ermessen des Gerichts (z.B. nach §§ 153 ff. StPO), kann das Gericht zudem davon absehen, die notwendigen Auslagen der Staatskasse aufzuerlegen. Bei einer Einstellung nach § 153a StPO hat der Angeschuldigte seine notwendigen Auslagen zudem gem. § 467 Abs. 5 StPO stets selbst zu tragen (vgl. zu der gesamten Problematik aus strafrechtlicher Sicht: *Otto* in FS Tiedemann, 2008, S. 693 ff.; *Brockhaus* ZHW 2012, 169; *Schott* StraFo 2014, 315). 77

7. Auch ohne eine entsprechende Vereinbarung kann sich ein Aufwendungsersatzanspruch des Arbeitnehmers ergeben. So hat das BAG die erforderlichen Kosten der Strafverteidigung, die einem Kraftfahrer entstanden waren, der unverschuldet einen Verkehrsunfall verursacht hatte und gegen den deswegen ein – später eingestelltes – Ermittlungsverfahren angestrengt wurde, als ersatzfähige Aufwendungen angesehen. Wird der Arbeitnehmer allerdings wegen einer Straftat verurteilt, scheidet nach dem BAG ein Ersatzanspruch aus, da die Straftat zum persönlichen Lebensbereich des Arbeitnehmers gehört, selbst wenn sie bei Gelegenheit einer betrieblich veranlassten Tätigkeit begangen wurde (BAG, Urt. v. 16.03.1995 – 8 AZR 260/94, NJW 1995, 2372; BAG, Urt. v. 11.08.1988 – 8 AZR 721/85, NJW 1989, 316, 317). 78

79 **8.** Eine Amnestie kommt grds. nicht für **Urheber** oder wesentliche Profiteure des Compliance-Verstoßes in Betracht, da das Amnestieprogramm von der Integrität der Beteiligten lebt. Denn andernfalls könnten gerade zentrale Akteure des Compliance-Verstoßes aufgrund ihres Wissens am ehesten eine Amnestie in Anspruch nehmen (Moosmayer/Hartwig/*Weiße* Interne Untersuchungen, S. 61 f.). Zur Klarstellung und zur Erleichterung einer ggf. nötigen Anfechtung nach § 123 BGB empfiehlt sich die ausdrückliche Aufnahme von entsprechenden Erklärungen.

2. Amnestievereinbarung

Vorbemerkung

80 Bei der konkreten Ausgestaltung von Amnestievereinbarungen besteht für die rechtsgestaltende Praxis eine erhebliche Bandbreite an Möglichkeiten (*Breßler/Kuhnke/Schulz/Stein* NZG 2009, 722).

▶ **Muster – Amnestievereinbarung**

81

Amnestievereinbarung [1]

zwischen

___[Name des Arbeitgebers]___, (»Arbeitgeber«)

und

Herrn/Frau ___[Name des Mitarbeiters]___, (»Mitarbeiter«)

Präambel

(A) ___[Überblicksweise Darstellung der bestehenden Verdachtsmomente]___ [2]

Die beschriebenen Sachverhalte werden nachstehend als »Verstoß« bezeichnet.

(B) Der Arbeitgeber hat Untersuchungen im Hinblick auf den Verstoß eingeleitet und den Mitarbeiter über das freiwillige interne Amnestieprogramm informiert.

(C) Der Mitarbeiter trat am ___[Datum]___ an die Geschäftsführung von ___[Name des Arbeitgebers]___ heran und erklärte die Bereitschaft zum Abschluss dieser Amnestievereinbarung.

DIES VORAUSGESCHICKT vereinbaren die Parteien was folgt:

§ 1 Erklärungen des Mitarbeiters

1.1 Der Mitarbeiter erklärt, dass er weder Initiator noch Anstifter des Verstoßes war. [3]

1.2 Der Mitarbeiter erklärt des Weiteren, dass er weder sich selbst noch eine ihm nahe stehende Person durch sein Verhalten im Zusammenhang mit dem Verstoß unrechtmäßig bereichert hat.

1.3 Der Mitarbeiter ist sich darüber bewusst, dass diese Amnestievereinbarung alleine im Verhältnis zwischen ihm und dem Arbeitgeber Wirkung entfaltet und daher keinen unmittelbaren Einfluss auf eventuelle strafrechtliche oder sonstige behördliche Ermittlungen hat.

§ 2 Kooperationspflichten des Mitarbeiters

2.1 Der Mitarbeiter verpflichtet sich, kontinuierlich und in jeder Hinsicht in vollem Umfang über die gesamte Dauer der Untersuchungen des Verstoßes mit dem Arbeitgeber sowie externen Beratern des Arbeitgebers zusammenzuarbeiten (die »Kooperation«). Die Kooperation wird andauern, bis der Arbeitgeber die Untersuchungen offiziell für abgeschlossen erklärt.

2.2 Die Kooperation umfasst insbesondere die folgenden Handlungen:

- Der Mitarbeiter wird an der Aufklärung des Verstoßes freiwillig und uneingeschränkt mitwirken und insbesondere sämtliche bei ihm vorhandenen Kenntnisse über den Verstoß offenbaren. Der Mitarbeiter wird dabei alle Tatsachen offenlegen und alle Personen nennen, die nach seinem Wissen an dem Verstoß beteiligt sind oder mit diesem im Zusammenhang stehen.

- Der Mitarbeiter wird alle möglicherweise relevanten dienstlichen Unterlagen, Daten und E-Mails in Verbindung mit dem Verstoß übergeben. [4] Er wird insbesondere keine möglicherweise relevanten Unterlagen, Daten oder E-Mails vernichten.

- Der Mitarbeiter wird den Arbeitgeber bei Auskunftsersuchen von und bei einer etwaigen Zusammenarbeit mit deutschen und ausländischen Gerichten und Aufsichts- und Ermittlungsbehörden im Zusammenhang mit dem Verstoß unterstützen.

- Der Mitarbeiter wird den Arbeitgeber bei zivilrechtlichen Verfahren gegen Dritte im Zusammenhang mit dem Verstoß unterstützen.

- Der Mitarbeiter wird den Arbeitgeber unverzüglich von etwaig im Zusammenhang mit dem Verstoß gegen ihn eingeleiteten Gerichts- oder Verwaltungsverfahren in Kenntnis setzen und rechtzeitig und in allen Einzelheiten über seine Verteidigungsstrategie informieren.

§ 3 Schriftliche Einwilligung zur Erhebung, Verarbeitung und Nutzung [5] personenbezogener Daten gemäß §§ 4, 4a Bundesdatenschutzgesetz

Der Mitarbeiter erklärt hiermit seine ausdrückliche Einwilligung zur Prüfung und Durchsicht aller elektronischen Daten, unabhängig von ihrer Form (einschließlich E-Mails), die der Mitarbeiter ab ____[Datum]____ erstellt, verarbeitet, erhalten, gesendet oder weitergeleitet hat. Die Überprüfung kann sich auf alle lokalen, zentralen oder mobilen Datenträger erstrecken, auf denen sich möglicherweise elektronische Daten des Mitarbeiters befinden.

§ 4 Verpflichtungen des Arbeitgebers

4.1 Der Arbeitgeber wird gegenüber dem Mitarbeiter, soweit es seine Beteiligung an dem Verstoß betrifft, von einer verhaltensbedingten Beendigungskündigung absehen. Der Arbeitgeber behält sich jedoch das Recht vor, eine Abmahnung, eine Änderungskündigung [6] oder eine Versetzung des Mitarbeiters auszusprechen oder die Teilnahme an einer speziellen Compliance-Schulung anzuordnen, um ein zukünftiges Fehlverhalten des Mitarbeiters zu verhindern.

4.2 Der Arbeitgeber verpflichtet sich, alle etwaig aufgrund des Verstoßes entstehenden Schadenersatzansprüche gegen den Mitarbeiter nicht geltend zu machen. [7] Ein Erlass der Forderungen ist hiermit nicht verbunden. [8] Sollte der Mitarbeiter im Wege des Gesamtschuldnerausgleichs in Anspruch genommen werden, so wird der Arbeitgeber den Mitarbeiter in Höhe der Inanspruchnahme von allen Ansprüchen freistellen. [9]

4.3 Der Arbeitgeber wird davon absehen, eine Strafanzeige bzw. einen Strafantrag gegen den Mitarbeiter wegen des Verstoßes zu stellen [10] und verpflichtet sich zudem, Strafverfolgungs- und anderen Behörden im Falle von Ermittlungen gegen Mitarbeiter das kooperative Verhalten des Mitarbeiters mitzuteilen.

4.4 Der Arbeitgeber wird hinsichtlich der im Rahmen dieser Kooperationsvereinbarung mitgeteilten Informationen über den Verstoß absolute Verschwiegenheit bewahren, sofern nicht die beabsichtigte Zusammenarbeit mit ermittelnden Behörden oder gesetzliche Auskunftsverpflichtungen eine Offenlegung erfordern.

4.5 Der Arbeitgeber wird dem Mitarbeiter alle angemessenen Kosten der Rechtsverteidigung [11] erstatten, die ihm infolge des Verstoßes entstehen. Diese Kosten umfassen die Kosten eines Rechtsstreits sowie die Kosten etwaiger Verwaltungsverfahren. [12] Die Erstattungsverpflichtung steht unter der Bedingung, dass sich der Mitarbeiter der Verteidigungsstrategie des Arbeitgebers in öffentlichen Verfahren anschließt. [13]

4.6 Die dem Arbeitgeber gemäß diesem § 4 auferlegten Pflichten erlöschen mit Wirkung für die Zukunft, wenn der Arbeitgeber nach § 314 BGB zur Kündigung dieser Vereinbarung berechtigt ist und dieses Kündigungsrecht ausübt. [14] Als wichtiger Grund im Sinne des § 314 BGB sind insbesondere anzusehen: [15]

- bewusst falsche Angaben durch den Mitarbeiter;
- keine Offenbarung aller zur Aufklärung des Verstoßes nötigen Kenntnisse durch den Mitarbeiter;
- Verweigerung der Aushändigung von zur Aufklärung des Verstoßes nötigen Unterlagen durch den Mitarbeiter.

§ 5 Vertrauliche Informationen

5.1 Der Mitarbeiter wird mündliche oder schriftliche Informationen,

- die ihm von dem Arbeitgeber, sowie von externen Beratern des Arbeitgebers, im Rahmen der von Arbeitgeber durchgeführten Untersuchungen des Verstoßes vorgelegt werden,
- die in den Unterlagen enthalten sind, die ihm von dem Arbeitgeber, sowie von externen Beratern des Arbeitgebers im Zusammenhang mit den von dem Arbeitgeber durchgeführten Untersuchungen des Verstoßes übergeben wurden,

streng vertraulich behandeln.

5.2 Der Mitarbeiter wird die Tatsache, dass Untersuchungen des Verstoßes eingeleitet wurden, streng vertraulich behandeln und nicht offenlegen. Sofern Behörden in diesem Zusammenhang förmliche Untersuchungen einleiten, ist auch dieses Wissen von dem Mitarbeiter streng vertraulich zu behandeln.

5.3 Der Mitarbeiter darf mündliche oder schriftliche Informationen in Bezug auf den Verstoß nur offenlegen oder verwenden, soweit

- eine solche Offenlegung gesetzlich vorgeschrieben ist, oder
- sich die betreffende Information auf bereits öffentlich verfügbare Informationen bezieht,

mit der Maßgabe, dass vor einer Offenlegung oder Verwendung von Informationen in den in § 5 genannten Fällen, der Mitarbeiter den Arbeitgeber unverzüglich entsprechend informieren wird, um dem Arbeitgeber die Möglichkeit zur Anfechtung der Offenlegung bzw. Verwendung der Informationen oder zur Abstimmung des Zeitpunkts und des Inhalts der jeweiligen Offenlegung bzw. Verwendung zu geben.

5.4 Auf Verlangen des Arbeitgebers ist der Mitarbeiter zur Rückgabe aller ihm zuvor von dem Arbeitgeber, sowie externen Beratern des Arbeitgebers, im Rahmen der Untersuchungen des Verstoßes übergebenen Unterlagen verpflichtet.

§ 6 Erstellung von Unterlagen

Der Mitarbeiter wird ohne vorherige Zustimmung des Arbeitgebers keine schriftlichen oder elektronischen Unterlagen in Bezug auf den Verstoß oder die in diesem Zusammenhang durchgeführten Untersuchungen erstellen.

§ 7 Teilnichtigkeit

Sollte eine Bestimmung dieser Vereinbarung ganz oder teilweise ungültig, unwirksam oder nicht durchsetzbar sein oder werden, so berührt dies nicht die Gültigkeit, Wirksamkeit und Durchsetzbarkeit der übrigen Bestimmungen. Eine solche ungültige, unwirksame oder nicht durchsetzbare Bestimmung gilt als durch eine gültige, wirksame und durchsetzbare Bestimmung ersetzt, die dem Sinn und Zweck der ungültigen, unwirksamen oder nicht durchsetzbaren Bestimmung so weit als möglich entspricht.

[Ort, Datum]

_____
(Unterschrift Arbeitgeber)

_____
(Unterschrift Mitarbeiter)

Erläuterungen

Schrifttum
Annuß/Pelz BB Special 4 zu BB Heft 50 2010, 14, 15; *Breßler/Kuhnke/Schulz/Stein* NZG 2009, 722; *Brockhaus* ZWH 2012, 169; *Göpfert/Merten/Siegrist* NJW 2008, 1703, 1705; *Mengel/Ullrich* NZA 2006, 240, 241; *Müller-Bonanni* AnwBl 2010, 651, 654; *Wastl/Pusch* RdA 2009, 376, 380; *Weiße* in Moosmayer/Hartwig, Interne Untersuchungen, S. 59 f.; vgl. Schrifttumsnachweise bei T Rdn. 71 a.E.

1. Es ist nicht zwingend erforderlich, im Rahmen eines Amnestieprogramms schriftliche Vereinbarungen zwischen Mitarbeitern und dem Arbeitgeber zu schließen. Denkbar ist auch, dass die verbindlichen Amnestiebedingungen lediglich in einem allgemeinen Amnestieangebot oder Informationsschreiben (detailliert) niedergelegt werden, welches allen betroffenen Mitarbeitern zugänglich gemacht wird (so etwa die Muster M 70.3 und M 70.4 bei *Bauer/Lingemann/Diller/Haussmann*). Aus Gründen der Rechtssicherheit und zu Beweiszwecken kann es sich allerdings oftmals anbieten, dass der kooperationsbereite Mitarbeiter und der Arbeitgeber eine gesonderte Vereinbarung unterzeichnen. 82

2. Bei der Entscheidung über die Gewährung von Amnestie muss das Interesse des Unternehmens an der Aufklärung der im Unternehmen begangenen Verstöße im Einzelfall das Interesse an der Geltendmachung von Schadensersatzansprüchen gegen den Mitarbeiter überwiegen. Abwägungsgesichtspunkte sind dabei die Auswirkungen des aufzuklärenden Sachverhalts auf das Unternehmen und der Aufklärungswert der Kenntnisse des Mitarbeiters (Moosmayer/Hartwig/*Weiße*, Interne Untersuchungen, S. 59 f.). Bezüglich dieser Gesichtspunkte empfiehlt sich daher eine umfängliche Darstellung. Zudem ist der Verzicht auf das außerordentliche Kündigungsrecht im Voraus unwirksam, so dass auch deshalb der Sachverhalt festzulegen ist, auf den sich der Kündigungsverzicht bezieht. Während sich hinsichtlich der bestehenden Verdachtsmomente eine Dokumentation in der Kooperationsvereinbarung empfiehlt, sollte separat protokolliert werden, welcher Aufklärungswert den Kenntnissen des Vertragspartners der Kooperationsvereinbarung zukommt und wieso ein überwiegendes Aufklärungsinteresse des Unternehmens besteht. 83

3. Siehe T Rdn. 79. 84

4. Arbeitnehmer sind nach § 667 BGB zur Herausgabe dienstlicher Unterlagen verpflichtet. Das gilt auch für elektronische Dokumente. Eine Verweigerung der Herausgabe kommt nur bezüglich privater oder persönlicher Dokumente in Betracht, vgl. *Göpfert/Merten/Siegrist* NJW 2008, 1703, 1705. Auch das Mitbestimmungsrecht nach § 87 Abs. 1 Nr. 1 BetrVG besteht nur bei Herausgabeverlangen nach privaten bzw. persönlichen Unterlagen, so dass die Beschränkung der Klausel auf dienstliche Unterlagen ein Mitbestimmungsrecht des Betriebsrats ausschließt, vgl. *Mengel/Ullrich* NZA 2006, 240, 244. 85

5. Es empfiehlt sich, daneben eine gesonderte datenschutzrechtliche Einwilligung einzuholen, vgl. hierzu U Rdn. 83 ff. 86

6. Im Einzelfall kann es hilfreich sein, die durch die Änderungskündigung möglichen Veränderungen einzuschränken, etwa bezüglich des Ausschlusses einer Entgeltabsenkung oder einer Verlagerung des Arbeitsplatzes an einen weit entfernten Ort, vgl. *Annuß/Pelz* BB Special 4 zu BB Heft 50 2010, 14, 15. 87

7. Der Verzicht auf die Geltendmachung von Schadensersatzansprüchen sollte als **Stillhaltevereinbarung** und damit als Einrede des Mitarbeiters ausgestaltet werden, um ein Erlöschen der An- 88 sprüche durch Erlass nach § 397 BGB zu vermeiden. Denn sonst bedarf es im Falle der Kündigung der Kooperationsvereinbarung der Neubegründung der Forderungen. Zwar kann auch ein Erlassvertrag unter der aufschiebenden Bedingung der vollen Kooperation vereinbart werden. Der bei der Bedingung bestehende Rechtsfolgenautomatismus wird aber meist nicht praktikabel sein. Zudem bietet die Stillhaltevereinbarung für den Arbeitgeber den Vorteil, dass ihm weiterhin die Aufrechnung eröffnet ist, ohne dass § 390 BGB entgegensteht, vgl. *Wastl/Pusch* RdA 2009, 376, 380. Weiterhin lässt eine Stillhaltevereinbarung im Gegensatz zu einem Erlass nicht die Einstandspflicht einer ggf. hinter dem Partner der Kooperationsvereinbarung stehenden D&O-Versicherung enden, vgl. *Annuß/Pelz* BB Special 4 zu BB Heft 50 2010, 14, 16. Verjährungsrechtlich ist zu beachten, dass die Stillhaltevereinbarung nach § 205 BGB die Verjährung nur hemmt, so dass nach Widerruf der Kooperationsvereinbarung ein schnelles gerichtliches Tätigwerden erforderlich werden kann. Steuerrechtlich muss eine mögliche Einordnung des Verzichts als steuerpflichtiger Arbeitslohn bedacht werden, vgl. *Annuß/Pelz* BB Special 4 zu BB Heft 50 2010, 14, 16.

89 8. Diese Klarstellung bietet sich an, um zu vermeiden, dass der unbefristete Verzicht auf die Geltendmachung der Forderung im Zweifel als Erlass ausgelegt wird.

90 9. Ist eine derartige Freistellungsverpflichtung nicht gewünscht, so sollte dies explizit klargestellt werden, um Rechtsunsicherheit hinsichtlich der Reichweite des Stillhalteabkommens zu vermeiden und die Aufklärung des Vertragspartners der Kooperationsvereinbarung über das Haftungsrisiko zu dokumentieren. Denn ohne entsprechende Aufklärung kann ein auf Freistellung gerichteter Schadensersatzanspruch in Betracht kommen, vgl. *Wastl/Pusch* RdA 2009, 376, 378; a.A. *Annuß/Pelz* BB Special 4 zu BB Heft 50 2010, 14, 16.

91 10. Eine solche Verpflichtung ist grundsätzlich zulässig, beseitigt aber nicht das Antragsrecht, vgl. BGH, Urt. v. 28.01.1974 – III ZR 93/72, NJW 1974, 900.

92 11. Denkbar ist auch eine Freistellung bezüglich Geldbußen und Geldstrafen. Die Aufnahme einer solchen Regelung ist im Einzelfall wegen möglicher strafrechtlicher Implikationen aber sehr genau zu prüfen, vgl. *Brockhaus* ZWH 2012, 169.

93 12. Die korrekte Versteuerung der Erstattung der Rechtsverteidigungskosten auf Unternehmens- wie Mitarbeiterseite ist zu gewährleisten, vgl. Moosmayer/Hartwig/*Weiße* Interne Untersuchungen, S. 64, Fn. 250.

94 13. Mögliche weitere Bedingung ist, dass der Arbeitnehmer nicht wegen einer vorsätzlich begangenen Straftat rechtskräftig verurteilt wird. Zwingend ist diese Begrenzung indes nicht, vgl. *Annuß/Pelz* BB Special 4 zu BB Heft 50 2010, 14, 16.

95 14. Die Kooperationsvereinbarung ist ein **Dauerschuldverhältnis** und damit nur unter den Voraussetzungen des § 314 BGB kündbar. Die Vorschrift des § 314 BGB ist zwingend; die Voraussetzungen der Kündigung können nicht einmal einzelvertraglich erleichtert werden, vgl. MüKo-BGB/*Gaier* § 314 Rn. 4; BeckOK-BGB/*Lorenz* § 314 Rn. 26. Insofern wird die Aufnahme eines Widerrufsvorbehalts oftmals nicht weiterführend sein.

96 15. Die Vereinbarung, dass bestimmte Ereignisse stets einen wichtigen Grund darstellen, wird auch in AGB für zulässig gehalten, vgl. BGH, Urt. v. 10.11.2010 – VIII ZR 327/09, BB 2011, 528, 529.

III. Reaktion

97 Compliance funktioniert nicht, wenn Verbote nur auf dem Papier stehen. Ein Compliance-Programm ist vielmehr nur dann glaubwürdig, wenn Verstöße nicht folgenlos bleiben. Zu einem effektiven Compliance-Programm gehört deshalb, dass das Unternehmen bei Compliance-Verstößen die erforderlichen Konsequenzen zieht und auf **Verstöße reagiert**. Ansonsten wird das Com-

pliance-Programm von der Belegschaft rasch nur als »Feigenblatt« wahrgenommen. Zudem kann der Verzicht auf die Sanktionierung sogar ein Indiz dafür sein, dass Gesetzesverletzungen durch die Unternehmensleitung toleriert werden. In diesem Fall fällt der Verstoß als Aufsichtspflichtverletzung gem. § 130 OWiG auf die Geschäftsleitung zurück. Fehlverhalten ist deshalb unter Beachtung des Grundsatzes der Verhältnismäßigkeit zu ahnden, um die loyalen Mitarbeiter in ihrem regelkonformen Verhalten zu bestätigen und um potenzielle Nachahmer abzuschrecken. In arbeitsrechtlicher Hinsicht kommen dabei je nach Schwere des Compliance-Verstoßes und dem Maß des individuellen Verschuldens grds. folgende Maßnahmen in Betracht:

– Erinnerung
– Ermahnung
– Abmahnung
– Verlust von freiwilligen oder variablen Entgeltbestandteilen
– Versetzung
– Ordentliche oder außerordentliche Kündigung
– Schadensersatzforderungen.

1. Erinnerung

Vorbemerkung

Die Erinnerung (gleichbedeutend: Ratschlag oder Belehrung) kommt als Reaktionsmöglichkeit des Arbeitgebers in Betracht, wenn bestimmte – oftmals früheren Gewohnheiten geschuldete – Unzulänglichkeiten in betrieblichen Abläufen festgestellt wurden, die für sich genommen zwar noch keine Rechtsverstöße darstellen, aber gleichwohl abgestellt werden sollten, um die betrieblichen Abläufe den geltenden Compliance-Richtlinien anzupassen und so künftige Compliance-Verstöße von vornherein zu vermeiden. 98

▶ **Muster – Erinnerung**

An alle 99
Mitarbeiter mit Führungsverantwortung [1]

Beachtung des Vier-Augen-Prinzips – Barzahlungen [2]

Sehr geehrte Damen und Herren,

aus gegebenem Anlass möchten wir an die strikte Einhaltung des konzernweiten Vier-Augen-Prinzips erinnern. Sämtliche Verträge sind auf Seiten von ___[Name des Arbeitgebers]___ ausnahmslos von zwei zeichnungsberechtigten Mitarbeitern zu unterschreiben. Bei Missachtung des Vier-Augen-Prinzips behalten wir uns vor, die Genehmigung des Vertrages zu verweigern. In diesem Fall droht dem Mitarbeiter, der das Vier-Augen-Prinzip missachtet hat, die persönliche Inanspruchnahme durch den jeweiligen Vertragspartner. Alle Mitarbeiter müssen das Vier-Augen-Prinzip also auch in ihrem eigenen Interesse beachten.

Außerdem weisen wir darauf hin, dass Bargeschäfte zwischen ___[Name des Arbeitgebers]___ und seinen Geschäftspartnern grundsätzlich unzulässig sind. Ausnahmen sind nur in engen Grenzen erlaubt, z.B. bei einem Blumenkauf zu einem Firmenjubiläum oder aus ähnlichem Anlass.

Sie als Führungskraft haben die besondere Verantwortung, die Einhaltung dieser Pflichten durch die Ihnen unterstellten Mitarbeiter zu überwachen, Missständen entgegenzuwirken bzw. solche aufzudecken und den Ihnen unterstellten Mitarbeitern ein gutes Vorbild zu sein.

Wir bitten Sie, uns den Empfang dieses Schreibens schriftlich zu bestätigen, indem Sie uns dieses Schreiben umgehend, spätestens bis zum ___[Datum]___, gegengezeichnet zusenden. Bitte behalten Sie ein Exemplar dieses Schreibens für Ihre Akten.

T. Compliance

Mit freundlichen Grüßen

_____
(Arbeitgeber)

Hiermit bestätige [3] ich, _____[Name]_____, dass ich

1. dieses Schreiben empfangen und seinen Inhalt zur Kenntnis genommen habe,
2. in meinem Zuständigkeitsbereich sicherstellen werde, dass das Vier-Augen-Prinzip beachtet wird und alle Verträge, die [Name des Arbeitgebers] berechtigen oder verpflichten, nur von zwei zeichnungsberechtigten Mitarbeitern von [Name des Arbeitgebers] unterschrieben werden,
3. in meinem Zuständigkeitsbereich sicherstellen werde, dass grundsätzlich alle Geschäfte unbar bezahlt werden und
4. mir darüber bewusst bin, dass es zu meinen vertraglichen Pflichten als Führungskraft gehört, die Einhaltung des Vier-Augen-Prinzips sowie des Verbots von Barzahlungen in meinem Zuständigkeitsbereich sicherzustellen.

_____
[Ort, Datum]

_____
(Unterschrift) [4]

Erläuterungen

100 **1.** Die Erinnerung hat im Unterschied zur Ermahnung oftmals **keinen individuellen Adressaten**, sondern ist als **Rundschreiben** an einen **breiteren Mitarbeiterkreis** gerichtet. Anders als die Abmahnung enthält die Erinnerung auch keine Kündigungsandrohung und ist deshalb kündigungsrechtlich ohne entscheidende Bedeutung.

101 **2.** In der Erinnerung sollten die festgestellten Unzulänglichkeiten der betrieblichen Abläufe in einfach verständlicher Sprache dargestellt werden. Die in dem Muster aufgeführten Beispiele sind insofern nur exemplarisch.

102 **3.** Den Mitarbeitern sollte auch der Hintergrund für die in dem Rundschreiben beanstandeten Abläufe einschließlich der möglichen Folgen für das Unternehmen sowie für seine Mitarbeiter erklärt werden. Ebenso wichtig ist daneben eine **unternehmensseitige Prüfung**, ob und inwiefern die Optimierung der betrieblichen Abläufe durch **technische oder organisatorische Änderungen** (z.B. Anpassung der Unternehmenssoftware, Zuständigkeitsänderungen) dauerhaft im Unternehmen verankert und vereinfacht werden kann.

103 **4.** Durch die vom Mitarbeiter zu leistende **Gegenzeichnung** soll sichergestellt werden, dass sich der Mitarbeiter mit dem Inhalt des Schreibens auseinandersetzt und es nicht unbeachtet lässt. Zu vermeiden ist in jedem Fall, dass durch einen zu häufigen Einsatz von Rundschreiben bei der Belegschaft ein Gewöhnungs- oder **Ermüdungseffekt** eintritt. Rundschreiben sollten daher nur mit Augenmaß versandt werden.

2. Ermahnung/Abmahnung

Vorbemerkung

104 Bei Compliance-Verstößen, die keine sofortige Trennung vom betroffenen Mitarbeiter erforderlich machen, kann der Arbeitgeber je nach **Schwere des Verstoßes** und dem **Maß des individuellen Verschuldens** eine Ermahnung (gleichbedeutend: Verwarnung) oder auch eine Abmahnung aussprechen. Dabei ist die Ermahnung gegenüber der Abmahnung ein aus Sicht des Arbeitnehmers milderes Mittel, da sie – anders als die Abmahnung – keine Kündigungsandrohung im Fall

der erneuten Zuwiderhandlung enthält und damit noch keine Vorstufe zur verhaltensbedingten Kündigung darstellt.

▶ **Muster – Ermahnung/Abmahnung**

Ermahnung [Abmahnung] ¹ 105

Sehr geehrte/r Frau/Herr ___[Name]___ ,

in den letzten Wochen haben wir [mit externer Hilfe] bestimmte [Beschaffungsvorgänge] untersucht.

Die Untersuchung hat gezeigt, dass ___[Beschreibung der Untersuchungsergebnisse]___ . Die ___[Beschaffungen]___ erfolgten unter teilweiser Missachtung der bei der ___[Name der Gesellschaft]___ für Beschaffungen geltenden Sollprozesse und der Zuständigkeiten. Von mindestens zwei dieser ___[Beschaffungsvorgänge]___ hatten Sie persönlich Kenntnis.

Wir erteilen Ihnen hiermit eine Ermahnung [Abmahnung], da Sie Ihren Pflichten als ___[Positionsbezeichnung, z.B. Bereichsleiter]___ nicht mit der erforderlichen Gründlichkeit nachgekommen sind.

Als ___[z.B. Bereichsleiter]___ sind Sie nach der geltenden Geschäftsverteilung unter anderem für den Einkauf zuständig. Deshalb gehört es zu Ihren Pflichten sicherzustellen, dass bei Beschaffungen die bei der ___[Name der Gesellschaft]___ festgelegten Zuständigkeiten und Abläufe beachtet werden. Diese Zuständigkeiten und Abläufe sind für Sie als ___[z.B. Bereichsleiter]___ und alle übrigen Mitarbeiter der ___[Name der Gesellschaft]___ verbindlich. ²

Als für den Einkauf zuständiger ___[z.B. Bereichsleiter]___ wäre es Ihre Pflicht gewesen, die Missachtung der Zuständigkeiten und der Sollprozesse zu beanstanden und sicherzustellen, dass die bei der ___[Name der Gesellschaft]___ anwendbaren Richtlinien beachtet werden. Dieser Pflicht sind Sie nicht nachgekommen.

Wir fordern Sie deshalb auf, künftig stets auf die Einhaltung sämtlicher Richtlinien zu achten, eventuelle Verstöße zu beanstanden und sicherzustellen, dass solche Verstöße effektiv und dauerhaft abgestellt werden. [Sollten Sie dieser Aufforderung nicht Folge leisten, müssen Sie im Wiederholungsfall mit einer Kündigung Ihres Arbeitsverhältnisses rechnen.] ³

Eine Kopie dieser Ermahnung [Abmahnung] werden wir zu Ihrer Personalakte nehmen. ⁴

Mit freundlichen Grüßen

_____
(Unterschrift Arbeitgeber)

Erhalten:

___[Ort, Datum]___

_____
(Unterschrift Arbeitnehmer)

Erläuterungen

Schrifttum
Novara/Knierim Die arbeitsrechtliche Abmahnung nach der »Emmely«-Entscheidung, NJW 2011, 1175; *Wetzling/Habel* Die Abmahnung – arbeitsrechtlich und personalführungstechnisch aktuelle Aspekte, BB 2011, 1077 sowie im Übrigen J Rdn. 4 ff.

1. Die Ermahnung ist ebenso wie die Abmahnung formfrei und kann grundsätzlich auch mündlich ausgesprochen werden. Sie sollte aus Beweisgründen und aus Gründen der Rechtsklarheit allerdings stets schriftlich erteilt werden. Es empfiehlt sich zudem eine deutliche begriffliche Klarstellung, ob eine Ermahnung oder eine Abmahnung ausgesprochen wird, siehe DLW/*Dörner* Kap. 4 Rn. 2521 und J Rdn. 37. 106

107 **2.** Durch Erteilung einer Ermahnung oder einer Abmahnung weist der Arbeitgeber den Arbeitnehmer auf seine Vertragspflichten und deren Verletzung hin (**Rüge- und Hinweisfunktion**) und fordert ihn für die Zukunft zu vertragsgemäßem Verhalten auf.

108 **3.** Nur bei der Abmahnung droht der Arbeitgeber für den Fall einer erneuten Pflichtverletzung die Kündigung des Arbeitsverhältnisses an (**Warnfunktion**). Hierdurch unterscheidet sich die Abmahnung von der Ermahnung, durch welche lediglich eine begangene Pflichtverletzung gerügt wird, ohne dass konkrete arbeitsrechtliche Konsequenzen angedroht werden.

109 **4.** Der Arbeitnehmer kann von dem Arbeitgeber die **Entfernung** einer Abmahnung **aus der Personalakte** verlangen, wenn die Abmahnung formell nicht ordnungsgemäß zustande gekommen ist, sie unrichtige Tatsachenbehauptungen enthält, sie den Grundsatz der Verhältnismäßigkeit verletzt oder kein schutzwürdiges Interesse des Arbeitgebers am Verbleib der Abmahnung in der Personalakte mehr besteht (BAG, Urt. v. 11.12.2001 – 9 AZR 464/00, NZA 2002, 965, 966). Diese Grundsätze gelten nicht nur für förmliche Abmahnungen, sondern **auch für die Ermahnung** sowie für sämtliche andere schriftliche Rügen, Verwarnungen und andere Schreiben, die zu den Personalakten genommen werden und die weitere berufliche Entwicklung des Arbeitnehmers nachteilig beeinflussen können (LAG Hamm, Urt. v. 25.09.2009 – 19 Sa 383/09, juris).

3. Außerordentliche Kündigung

Vorbemerkung

110 Compliance-relevante schwere Pflichtverletzungen, die eine außerordentliche Kündigung aus wichtigem Grund rechtfertigen können, sind vor allem **Straftaten** des betroffenen Mitarbeiters, wie z.B. Bestechung/Bestechlichkeit, Diebstahl und Unterschlagung von Unternehmenseigentum (s. hierzu die Rechtsprechungsübersicht bei *Schulte Westenberg* NZA-RR 2012, 169), Untreue (auch durch Bildung »schwarzer Kassen«), Bilanzdelikte, Kartellstraftaten und Insiderhandel. Aber auch schwere zivilrechtliche Pflichtverletzungen wie Konkurrenztätigkeit und Schmiergeldannahme sowie erhebliches und riskantes Missmanagement, insbesondere im Bereich der regulierten Wirtschaft, können eine außerordentliche Kündigung aus wichtigem Grund begründen (*Mengel* Compliance und Arbeitsrecht, Kapitel 5 Rn. 23). Liegt ein solcher wichtiger Grund an sich vor, hat die Unternehmensleitung im Rahmen einer Einzelfallbetrachtung und umfassenden Interessenabwägung zu prüfen, ob weniger einschneidende Maßnahmen (z.B. Abmahnung, Versetzung) in Betracht kommen und ob eine Weiterbeschäftigung des Mitarbeiters bis zum Ablauf der Kündigungsfrist für das Unternehmen unzumutbar ist. Hierbei sind u.a. die Art und Schwere der Pflichtverletzung, die Folgen für den Betrieb, das Verschulden des Arbeitnehmers sowie ggf. der Grad der Eigennützigkeit sowie die Dauer des störungsfrei verlaufenden Arbeitsverhältnisses zu berücksichtigen. Bei einer Gesamtabwägung dieser Umstände darf dem Arbeitgeber die Fortsetzung des Arbeitsverhältnisses bis zum Ablauf der ordentlichen Kündigungsfrist nicht zumutbar sein.

▶ **Muster – Außerordentliche Kündigung** [1]

111 Außerordentliche Kündigung Ihres Arbeitsvertrages [- Widerruf der Prokura] [2]

Sehr geehrte/r Frau/Herr ___[Name]___,

hiermit kündigen wir im Namen der ___[Name der Gesellschaft]___ den zwischen Ihnen und der ___[Name der Gesellschaft]___ bestehenden Arbeitsvertrag einschließlich etwaiger Änderungs- und Ergänzungsvereinbarungen fristlos aus wichtigem Grund, hilfsweise ordentlich mit Wirkung zum nächstmöglichen Termin.

[Gleichzeitig widerrufen wir die Ihnen erteilte Prokura für die ___[Name der Gesellschaft]___ mit sofortiger Wirkung.] [3]

Hiermit fordern wir Sie auf, unverzüglich sämtliche in Ihrem Besitz befindlichen Gegenstände, die im Eigentum der _[Name der Gesellschaft]_ oder mit dieser verbundener Gesellschaften stehen, insbesondere den Laptop, den Blackberry, sowie den Ihnen überlassenen Firmenwagen einschließlich der Schlüssel und alle Geschäftsunterlagen an die _[Name der Gesellschaft]_, z.H. _[Name]_, Personalleiter der _[Name der Gesellschaft]_, herauszugeben und keine Kopien, Duplikate, Reproduktionen, Auszüge oder Aufzeichnungen zurückzubehalten.

Wir weisen Sie auf Ihre Verpflichtung hin, eigenverantwortlich nach einer neuen Beschäftigung zu suchen und sich unverzüglich bei der Agentur für Arbeit als arbeitsuchend zu melden, um etwaige Ansprüche auf Arbeitslosenunterstützung nicht zu gefährden.

Bitte bestätigen Sie den Erhalt dieses Schreibens durch Ihre Unterschrift.

Mit freundlichen Grüßen

[Ort, Datum]

_____
(Unterschrift des Arbeitgebers)

Erhalten:

[Ort, Datum]

_____
(Unterschrift des Mitarbeiters) [3]

Erläuterungen

Schrifttum

Benecke/Groß Druck von Dritten nach Compliance-Verstößen – Die außerordentliche Kündigung als Maßnahme personeller Selbstreinigung, BB 2015, 693; *Bissels/Lützeler* Compliance-Verstöße im Ernstfall: Der Weg zu einer verhaltensbedingten Kündigung, BB 2012, 189; *Dzida/Förster* Beginn der Zwei-Wochen-Frist bei Compliance-Untersuchungen, NZA-RR 2015, 561; *Göpfert/Drägert* Außerordentliche Kündigung bei Compliance-Verstößen ohne Ausschlussfrist? – Ein Diskussionsbeitrag, CCZ 2011, 25; *Heinemeyer/Thomas* Compliance: Die Einhaltung der Zweiwochenfrist bei Ausspruch fristloser Kündigungen im Rahmen von unternehmensinternen Ermittlungen, BB 2012, 1218; *Morgenroth* Verfassungsrechtliche Überlegungen zu Verwertungsverboten im Arbeitsrecht, NZA 2014, 408; *Schulte Westenberg* Die außerordentliche Kündigung im Spiegel der Rechtsprechung, NZA-RR 2012, 169.

1. Das Muster ähnelt zu großen Teilen dem Muster unter K Rdn. 50. Zur Vermeidung von Wiederholungen wird deshalb auf die dortigen Erläuterungen verwiesen. 112

2. In praktischer Hinsicht stellt sich bei Kündigungen, die auf Compliance-Verstöße gestützt werden, regelmäßig das Problem der Einhaltung der **Kündigungserklärungsfrist**. Nach § 626 Abs. 2 BGB ist eine außerordentliche Kündigung nur wirksam, wenn sie dem Arbeitnehmer innerhalb von **zwei Wochen** zugeht, nachdem der Kündigungsberechtigte von den für die Kündigung maßgebenden Tatsachen positive Kenntnis erlangt hat (vgl. hierzu LAG Berlin-Brandenburg, Urt. v. 23.10.2014 – 21 Sa 800/14, NZA-RR 2015, 241; LAG Hamm, Urt. v. 15.07.2014 – 7 Sa 94/14, BeckRS 2014, 71879; *Dzida/Förster* NZA-RR 2015, 561 ff.). Gerade bei systematischen Compliance-Verstößen dauert die unternehmensinterne Sachverhaltsaufklärung häufig aber wesentlich länger. Vertreten wird deshalb, dass die Frist des § 626 Abs. 2 BGB erst nach vollständiger Sachverhaltsaufklärung zu laufen beginnt (*Göpfert/Drägert* CCZ 2011, 25, 30; im Ergebnis ebenso LAG Berlin-Brandenburg, Urt. v. 23.10.2014 – 21 Sa 800/14, NZA-RR 2015, 241, das auf den Zeitpunkt der Übergabe des Abschlussberichts der Compliance-Untersuchung an den Vorstand abstellt). In Betracht kommt außerdem eine Verdachtskündigung, sofern sich aus einem etwaigen Strafverfahren neue Erkenntnisse ergeben (BAG, Urt. v. 27.01.2011 – 2 AZR 825/09, BB 2011, 2172; hierzu *Heinemeyer/Thomas* BB 2012, 1218). Auf Zwischenberichte aus Compliance-Untersuchungen sollte nach Möglichkeit verzichtet werden, um hierdurch nicht in die Ge- 113 fahr des Auslösens der Zwei-Wochen-Frist des § 626 Abs. 2 BGB vor Abschluss der Untersuchung zu geraten (siehe hierzu LAG Hamm, Urt. v. 15.07.2014 – 7 Sa 94/14, BeckRS 2014, 71879; *Dzida/Förster* NZA-RR 2015, 561, 565).

114 **3.** Wenn der betroffene Mitarbeiter **Prokura** hat, sollte die Prokura mit dem Ausspruch der außerordentlichen Kündigung widerrufen werden. Möglich ist es, den Widerruf der Prokura in das Kündigungsschreiben selbst aufzunehmen. Alternativ kommt ein separates Widerrufsschreiben in Betracht. In beiden Fällen sollte eine Kopie des jeweiligen Schreibens vor Übergabe an den Mitarbeiter angefertigt werden, um dem Handelsregister gegenüber den Widerruf der Prokura nachweisen zu können. Sofern die Prokura im Verhältnis zum Arbeitgeber nicht unbedeutend ist, gilt der Mitarbeiter gemäß § 5 Abs. 3 S. 2 BetrVG als leitender Angestellter. Dies führt dazu, dass vor Ausspruch der Kündigung keine Anhörung des Betriebsrates nach § 102 BetrVG erforderlich ist. Vielmehr ist dem Betriebsrat die außerordentliche Kündigung gem. § 105 BetrVG mitzuteilen.

4. Übergabeprotokoll für außerordentliche Kündigung

Vorbemerkung

115 Sofern dem Mitarbeiter aufgrund eines Compliance-Verstoßes gekündigt wurde und unternehmensinterne Untersuchungen noch nicht abgeschlossen sind, sollte zu Dokumentationszwecken genau protokolliert werden, welche Gegenstände der Mitarbeiter bei seiner Kündigung dem Arbeitgeber übergeben hat. Dies gilt insbesondere dann, wenn der Mitarbeiter während seines Arbeitsverhältnisses Zugriff auf sensible Daten oder Unterlagen hatte und die Gefahr besteht, dass er diese Daten oder Unterlagen vernichtet oder unterdrückt.

▶ **Muster – Übergabeprotokoll**

116 **Übergabeprotokoll**

[Datum] , _[Name]_

Name der/des Protokollführenden (in Druckbuchstaben) _[Name]_

hat in meinem Beisein die folgenden im Eigentum von _[Name der Gesellschaft]_ befindlichen Gegenstände übergeben bzw. an seinem Arbeitsplatz zurückgelassen:

Gegenstand	Zutreffendes ankreuzen (nur bei erfolgter Übergabe)
Dienstwagen und Autoschlüssel	☐
Notebook/Tablet-Computer	☐
Token für externen Netzwerkzugang (sofern vorhanden)	☐
Blackberry/Smartphone mit SIM-Karte	☐
Handy mit SIM-Karte	☐
Zugangskarte/Schlüssel für Werksgelände	☐
Schlüssel für abschließbare Schränke	☐

Sonstiges: _____

Bemerkungen (z.B. Beschädigungen der oben genannten Gegenstände oder besondere Vorkommnisse während der Übergabe):

_____

____[Name]____ hat in meinem Beisein die folgenden persönlichen Gegenstände von seinem Arbeitsplatz mitgenommen (einzeln aufführen):

_____
(Unterschrift der/des Protokollführenden)

_____
(Unterschrift Arbeitnehmer)

5. Weisung an Mitarbeiter

▶ Muster – Weisung an Mitarbeiter

Frau/Herrn ____[Name]____

Schriftliche Weisung betreffend die Person Ihres Vorgesetzten

Sehr geehrte/r Frau/Herr ____[Name]____,

hiermit möchten wir Sie darüber informieren, dass ____[Name]____ mit sofortiger Wirkung aus dem Unternehmen ausgeschieden ist.

____[Name]____ ist deshalb ab sofort nicht mehr berechtigt, Ihnen im Rahmen Ihres Arbeitsverhältnisses mit der __[Name der Gesellschaft]__ Weisungen zu erteilen.

Sollte ____[Name]____ gleichwohl derartige Weisungen, Bitten oder sonstige Aufforderungen an Sie richten, sind Sie gehalten, diesen keine Folge zu leisten.[1] Dies gilt auch, sofern eine solche Weisung, Bitte oder sonstige Aufforderung, die erkennbar von ____[Name]____ stammt, über dritte Personen an Sie herangetragen wird. Wir fordern Sie auf, jegliches Herantreten von ____[Name]____ an Sie unverzüglich ____[Name]____, Personalleiter __[Name der Gesellschaft]__, mitzuteilen.

Sollten Sie Rückfragen haben, steht der Unterzeichnete, ____[Name]____, Ihnen jederzeit gerne zur Verfügung.

Mit freundlichen Grüßen

_____
(Unterschrift Arbeitgeber)

Erhalten:

_____
[Ort, Datum]

_____
(Unterschrift Arbeitnehmer)

Erläuterungen

1. Bei Untergebenen, die keine Kenntnis von den Hintergründen der Kündigung ihres ehemaligen Vorgesetzten haben, ist gelegentlich eine Form von falsch verstandener Loyalität zu beobachten, indem sie sich auf Bitten ihres ehemaligen Vorgesetzten zur Herausgabe oder Vernichtung bestimmter Unterlagen bereit erklären. Dadurch kann der weitere Fortgang der unternehmensinternen Ermittlungen u.U. empfindlich gestört oder sogar Anlass für den Haftgrund der Verdunklungsgefahr (§ 112 Abs. 2 Nr. 3 StPO) gegeben werden. Deshalb kann es sich im Einzelfall anbieten, den betroffenen Mitarbeiterkreis daran zu erinnern, dass sie entsprechenden Bitten oder Aufforderungen ihres ehemaligen Vorgesetzten oder Kollegen nicht Folge leisten dürfen.

U. Datenschutz für Arbeitnehmer

Inhaltsübersicht
		Rdn.
I.	Auftragsdatenverarbeitung	1
	Vorbemerkung	1
	Muster: Vertrag über Auftragsdatenverarbeitung	2
	Erläuterungen	3
II.	»Bring Your Own Device«	37
	Vorbemerkung	37
	Muster: »Bring Your Own Device«-Vertrag	39
	Erläuterungen	40
III.	Allgemeine Einwilligung in die Datenverarbeitung	63
	Vorbemerkung	63
	Muster: Datenschutzrichtlinie für das Online-Bewerbungsverfahren	66
	Erläuterungen	67
IV.	Einwilligung in das Screening von Datenträgern im Rahmen einer internen Untersuchung	83
	Vorbemerkung	83
	Muster: Einwilligung in das Screening von Datenträgern im Rahmen einer internen Untersuchung	87
	Erläuterungen	88

I. Auftragsdatenverarbeitung

Vorbemerkung

1 Im Bereich der Personalverwaltung ist **Auftragsdatenverarbeitung** durch selbstständige Konzernunternehmen oder externe Dienstleister heute eine Selbstverständlichkeit. Dabei muss der Unternehmer und Arbeitgeber sicherstellen, dass die Datenschutzinteressen seiner Beschäftigten umfassend geschützt werden und die Auslagerung nicht zu einer Minderung des gesetzlich gebotenen Datenschutzstandards führt. Das nachfolgende Vertragsformular gibt einen Überblick, wie den in § 11 BDSG festgelegten Mindestanforderungen an eine Vereinbarung zwischen dem Unternehmer (»Auftraggeber«) und dem Auftragsdatenverarbeiter (»Auftragnehmer«) Rechnung getragen werden kann:

▶ **Muster – Vertrag über Auftragsdatenverarbeitung**

2 Vertrag über Auftragsdatenverarbeitung [1]

zwischen

_____

– Auftraggeber –

und

_____

– Auftragnehmer –

§ 1 Allgemeines [2]

(1) Der Auftraggeber beauftragt den Auftragnehmer mit der Erhebung, Verarbeitung und Nutzung personenbezogener Daten in seinem Auftrag. [3] Der Auftraggeber ist verantwortliche Stelle (§ 3 Abs. 7 BDSG), [4] der Auftragnehmer ist Auftragsdatenverarbeiter (§ 3 Abs. 8 Satz 3 BDSG). [5]

(2) In diesem Vertrag regeln die Parteien entsprechend § 11 BDSG ihre Rechte und Pflichten im Zusammenhang mit dem Datenverarbeitungsauftrag. [6]

§ 2 Gegenstand des Auftrags

(1) Der Auftraggeber beauftragt den Auftragnehmer mit der Erbringung der folgenden Leistungen:

[Beschreibung des Gegenstands des Auftrags] 7

(2) Zur Erbringung dieser Leistungen wird der Auftragnehmer personenbezogene Daten erheben, verarbeiten und/oder nutzen, und zwar wie folgt:

[Beschreibung des Umfangs, der Art und des Zwecks der vorgesehenen Erhebung, Verarbeitung oder Nutzung von Daten] 8

(3) Die Datenerhebung, -verarbeitung und/oder -nutzung betrifft folgende Arten von personenbezogenen Daten:

[Beschreibung der Art der Daten] 9

(4) Der Kreis der von der Datenerhebung, -verarbeitung und/oder -nutzung ihrer personenbezogenen Daten Betroffenen umfasst folgende Personengruppen:

[Beschreibung des Kreises der Betroffenen] 10

§ 3 Technische und organisatorische Maßnahmen

(1) Der Auftragnehmer trifft die in der Anlage 1 aufgeführten technischen und organisatorischen Maßnahmen. [11]

(2) Der Auftraggeber überzeugt sich vor Beginn der Datenverarbeitung [12] und sodann regelmäßig von der Einhaltung dieser technischen und organisatorischen Maßnahmen durch den Auftragnehmer und dokumentiert das Ergebnis. [13]

(3) Der Auftragnehmer ist befugt, die in der Anlage 1 aufgeführten technischen und organisatorischen Maßnahmen während der Laufzeit dieses Vertrags dem technischen Fortschritt anzupassen, wobei der in der Anlage 1 dokumentierte Standard nicht unterschritten werden darf. Er stimmt die Anpassung der technischen und organisatorischen Maßnahmen jeweils vorher mit dem Auftraggeber ab. Wesentliche Änderungen vereinbaren die Parteien schriftlich.

(4) Der Auftragnehmer erhebt, verarbeitet und/oder nutzt die Daten ausschließlich in der Bundesrepublik Deutschland, in einem anderen Mitgliedsstaat der Europäischen Union oder in einem anderen Vertragsstaat des Abkommens über den Europäischen Wirtschaftsraum. Jede Verlagerung in ein Drittland bedarf der vorherigen schriftlichen Zustimmung des Auftraggebers und setzt den Abschluss der EU-Standardvertragsklauseln für die Übermittlung von personenbezogenen Daten an Auftragsdatenverarbeiter in Drittländern voraus. [14]

§ 4 Rechte und Pflichten des Auftraggebers

(1) Der Auftraggeber ist jederzeit befugt, dem Auftragnehmer Weisungen über Art, Umfang und Verfahren der Datenverarbeitung zu erteilen. Insbesondere kann der Auftraggeber jederzeit die Berichtigung, Löschung, Sperrung und Herausgabe von Daten verlangen. [15] Weisungen sind unabhängig von ihrer Form wirksam. Mündliche Weisungen bestätigt der Auftraggeber unverzüglich schriftlich (z.B. per Fax) oder in Textform (z.B. per E-Mail). Der Auftraggeber kann dem Auftragnehmer eine angemessene Frist zur Umsetzung der Weisung setzen. [16]

(2) Der Auftraggeber kann gegenüber dem Auftragnehmer schriftlich oder in Textform eine oder mehrere weisungsberechtigte Personen benennen und bestimmen, dass der Auftragnehmer nicht befugt ist, Weisungen von anderen als den weisungsberechtigten Personen entgegenzunehmen. Dies gilt für den Auftragnehmer solange, bis der Auftraggeber ihm eine Änderung hinsichtlich der weisungsberechtigten Personen schriftlich oder in Textform mitteilt.

(3) Stellt der Auftraggeber fest, dass der Auftragnehmer die personenbezogenen Daten unter Verstoß gegen das Datenschutzrecht, diesen Vertrag oder eine Weisung des Auftraggebers erhebt, verarbeitet oder nutzt, informiert er den Auftragnehmer unverzüglich. [17]

(4) Der Auftraggeber ist für die Einhaltung der Vorschriften des Datenschutzrechts verantwortlich. Insbesondere gewährleistet er die Rechte der Betroffenen (§§ 6, 7, 8 BDSG) [18] und erfüllt die Informationspflicht nach § 42a BDSG.

§ 5 Rechte und Pflichten des Auftragnehmers

(1) Der Auftragnehmer erhebt, verarbeitet und/oder nutzt die personenbezogenen Daten ausschließlich zur Erfüllung der ihm nach diesem Vertrag obliegenden Pflichten sowie entsprechend den vom Auftraggeber erteilten Weisungen. [19]

(2) Der Auftragnehmer kann gegenüber dem Auftraggeber schriftlich oder in Textform eine oder mehrere weisungsempfangsberechtigte Personen benennen und bestimmen, dass der Auftraggeber seine Weisungen ausschließlich an diese Personen richtet. Dies gilt für den Auftraggeber solange, bis der Auftragnehmer ihm eine Änderung hinsichtlich der weisungsempfangsberechtigten Personen schriftlich oder in Textform mitteilt.

(3) Unterlagen und Daten, die zur Erfüllung der dem Auftragnehmer nach diesem Vertrag obliegenden Pflichten sowie der von dem Auftraggeber erteilten Weisungen nicht mehr benötigt werden, darf der Auftragnehmer nur mit vorheriger schriftlicher Zustimmung des Auftraggebers vernichten oder löschen.

(4) Der betriebliche Datenschutzbeauftragte des Auftragnehmers ist Herr/Frau _____. [20] Der Auftragnehmer teilt dem Auftraggeber einen Wechsel in der Person des betrieblichen Datenschutzbeauftragten unverzüglich mit.

(5) Ist der Auftragnehmer der Auffassung, dass eine ihm von dem Auftraggeber erteilte Weisung gegen das BDSG oder andere Vorschriften über den Datenschutz verstößt, weist er den Auftraggeber unverzüglich darauf hin. [21] Der Auftragnehmer ist berechtigt, die Ausführung der betreffenden Weisung solange auszusetzen, bis diese durch den Auftraggeber bestätigt oder geändert wird.

(6) Der Auftragnehmer teilt dem Auftraggeber jeden Verstoß gegen Vorschriften zum Schutz personenbezogener Daten, diesen Vertrag oder eine ihm von dem Auftraggeber erteilte Weisung durch den Auftragnehmer, die bei ihm beschäftigten Personen oder einen Unterauftragnehmer unverzüglich mit.

(7) Stellt der Auftragnehmer fest oder hat er einen begründeten Verdacht, dass von ihm für den Auftraggeber erhobene, verarbeitete oder genutzte

– besondere Arten personenbezogener Daten (§ 3 Abs. 9 BDSG),

– personenbezogene Daten, die einem Berufsgeheimnis unterliegen,

– personenbezogene Daten, die sich auf strafbare Handlungen oder Ord-nungswidrigkeiten oder den Verdacht strafbarer Handlungen oder Ordnungswidrigkeiten beziehen, oder

– personenbezogene Daten zu Bank- oder Kreditkartenkonten

unrechtmäßig übermittelt oder auf sonstige Weise Dritten unrechtmäßig zur Kenntnis gelangt sind, teilt er dies dem Auftraggeber unverzüglich mit, ggf. auch mündlich/telefonisch, und unterstützt den Auftraggeber bei der Erfüllung seiner Informationspflicht nach § 42a BDSG. Insbesondere informiert der Auftragnehmer den Auftraggeber unverzüglich und vollständig über Zeitpunkt, Art und Umfang des Vorfalls einschließlich der Art und der möglichen nachteiligen Folgen der unrechtmäßigen Kenntniserlangung durch den Dritten. Der Auftragnehmer teilt dem Auftraggeber außerdem unverzüglich mit, welche Maßnahmen er zur Sicherung der Daten und zur Verhinderung weiterer unrechtmäßiger Übermittlungen bzw. unbefugter Kenntnisnahme durch Dritte getroffen hat. Auch spricht er Empfehlungen für Maßnahmen zur Minderung möglicher nachteiliger Folgen beim Betroffenen aus. Der Auftragnehmer legt mündliche/telefonische Informationen unverzüglich schriftlich oder in Textform nieder und übermittelt diese an den Auftraggeber. [22]

(8) Der Auftragnehmer ist nicht befugt, Daten des Auftraggebers außerhalb seiner Betriebsstätten oder der Betriebsstätten von Unterauftragnehmern zu verarbeiten, es sei denn, der Auftraggeber stimmt dem vorher schriftlich zu.

(9) Der Auftragnehmer unterstützt den Auftraggeber bei der Erstellung der Verfahrensverzeichnisse (§ 4g Abs. 2 BDSG) und teilt ihm die jeweils erforderlichen Angaben in geeigneter Weise mit.

§ 6 Beauftragung von Unterauftragnehmern [23]

(1) Der Auftragnehmer ist nicht befugt, Unterauftragnehmer mit der Erbringung der nach diesem Vertrag geschuldeten Leistungen zu beauftragen, es sei denn, der Auftraggeber stimmt dem vorher schriftlich zu. Der Beauftragung der in Anlage 2 genannten Unterauftragnehmer hat der Auftraggeber zugestimmt.

(2) Beabsichtigt der Auftragnehmer die Beauftragung eines Unterauftragnehmers, übermittelt er dem Auftraggeber

(i) den Entwurf einer schriftlichen Vereinbarung mit dem Unterauftragnehmer über die Erbringung der beauftragten Leistungen einschließlich der vom Unterauftragnehmer getroffenen technischen und organisatorischen Maßnahmen,

(ii) die Dokumentation des Auftragnehmers über die Einhaltung der beim Unter-auftragnehmer getroffenen technischen und organisatorischen Maßnahmen sowie

(iii) die Gründe für die Auswahl des Unterauftragnehmers sowie dessen Referenzen.

Soll der Unterauftragnehmer die Daten in einem Drittland, das nicht Vertragsstaat des Abkommens über den Europäischen Wirtschaftsraum ist, erheben, verarbeiten und/oder nutzen, legt der Auftragnehmer außerdem dar, warum es erforderlich ist, die Daten in ein Drittland zu verlagern.

(3) In der schriftlichen Vereinbarung mit dem Unterauftragnehmer stellt der Auftragnehmer sicher, dass die in diesem Vertrag vereinbarten Regelungen auch im Verhältnis zwischen Auftragnehmer und Unterauftragnehmer gelten. Darüber hinaus sind dem Auftraggeber Kontrollrechte entsprechend § 7 dieses Vertrags unmittelbar gegenüber dem Unterauftragnehmer einzuräumen. [24]

(4) Die Verwendung eines Unterauftragnehmers in einem Drittland unterliegt den Anforderungen der §§ 4b, 4c BDSG. Der Auftraggeber und der Auftragnehmer stimmen die zur Erfüllung dieser Anforderungen zu ergreifenden Maßnahmen ab. [25]

§ 7 Kontrollrechte des Auftraggebers [26]

(1) Der Auftraggeber ist befugt, die Einhaltung der gesetzlichen Vorschriften über den Datenschutz, dieses Vertrags einschließlich der technischen und organisatorischen Maßnahmen sowie der von dem Auftraggeber erteilten Weisungen durch den Auftragnehmer jederzeit im erforderlichen Umfang zu kontrollieren. Hierzu kann der Auftraggeber

(i) Selbstauskünfte des Auftragnehmers einholen;

(ii) sich das Testat eines Sachverständigen vorlegen lassen; und/oder

(iii) sich nach rechtzeitiger Anmeldung in der Betriebsstätte des Auftragnehmers zu den üblichen Geschäftszeiten persönlich überzeugen, wobei eine Störung des Betriebsablaufs bei dem Auftragnehmer nach Möglichkeit zu vermeiden ist.

(2) Entscheidet sich der Auftraggeber für das Testat eines Sachverständigen, ist er befugt, den Sachverständigen auszuwählen, und trägt die Kosten für dessen Beauftragung.

(3) Der Auftragnehmer unterstützt den Auftraggeber bei der Wahrnehmung seiner Kontrollrechte, insbesondere erteilt er ihm die erforderlichen Auskünfte und gewährt ihm oder dem Sachverständigen Zutritt zu seiner Betriebsstätte.

§ 8 Datengeheimnis

Der Auftragnehmer verpflichtet die bei ihm beschäftigten Personen bei der Aufnahme ihrer Tätigkeit auf das Datengeheimnis (§ 5 BDSG). [27]

§ 9 Rechte der Betroffenen

(1) Der Auftragnehmer unterstützt den Auftraggeber bei der Gewährleistung der Rechte der Betroffenen, insbesondere auf Auskunft, Berichtigung, Sperrung oder Löschung, und übermittelt ihm die erforderlichen Informationen bzw. nimmt die jeweils erforderlichen Maßnahmen nach Weisung des Auftraggebers vor.

(2) Richtet ein Betroffener einen Anspruch auf Auskunft, Berichtigung, Sperrung oder Löschung gegen den Auftragnehmer, legt der Auftragnehmer dem Auftraggeber die Original-Korrespondenz mit dem Betroffenen bzw. das Protokoll eines Gesprächs/Telefonats mit diesem unverzüglich vor. Der Auftragnehmer wird nicht ohne Weisung des Auftraggebers tätig, insbesondere ist er nicht befugt, einem Betroffenen Auskunft zu erteilen.

§ 10 Vertraulichkeit

(1) Beide Parteien behandeln alle Daten, Informationen und Unterlagen der jeweils anderen Partei, die sie von der jeweils anderen Partei im Zusammenhang mit der Durchführung dieses Vertrags erhalten, vertraulich. Sie verwenden diese Daten, Informationen und Unterlagen jeweils ausschließlich zur Durchführung dieses Vertrags und nicht zu einem anderen Zweck. Insbesondere machen sie diese Daten, Informationen und Unterlagen Dritten nicht zugänglich.

(2) Die Verpflichtung nach Abs. 1 gilt zeitlich unbegrenzt, auch nach Beendigung dieses Vertrags. Sie gilt nicht für Daten, Informationen und Unterlagen, die öffentlich bekannt sind.

§ 11 Vergütung

(1) Die nach diesem Vertrag zu erbringenden Leistungen des Auftragnehmers werden wie folgt vergütet: _____

(2) Regelungen über eine etwaige Vergütung von Mehraufwand, der durch ergänzende Weisungen des Auftraggebers bei dem Auftragnehmer entsteht, bleiben unberührt.

§ 12 Dauer des Auftrags

(1) Dieser Vertrag beginnt am _____ und wird auf unbestimmte Zeit geschlossen.

(2) Dieser Vertrag kann von beiden Parteien mit einer Frist von drei Monaten zum Jahresende gekündigt werden. [28]

(3) Der Auftraggeber kann diesen Vertrag jederzeit ohne Einhaltung einer Frist kündigen, wenn der Auftragnehmer

(i) in schwerwiegender Weise gegen anwendbare Vorschriften über den Datenschutz, gegen Pflichten aus diesem Vertrag oder gegen eine Weisung verstößt,

(ii) eine Weisung des Auftraggebers nicht ausführen kann oder will oder

(iii) dem Auftraggeber oder einem Sachverständigen des Auftraggebers vertragswidrig den Zutritt zu seiner Betriebsstätte verweigert.

(4) Das Recht der Parteien zur Kündigung dieses Vertrags aus wichtigem Grund bleibt unberührt.

§ 13 Rückgabe und Löschung von Daten nach Vertragsende [29]

(1) Nach Beendigung dieses Vertrags händigt der Auftragnehmer dem Auftraggeber sämtliche Datenträger des Auftraggebers sowie Unterlagen und Daten, die im Zusammenhang mit dem Auftragsverhältnis stehen, aus. Die Datenträger des Auftragnehmers und sonstige Datensicherungen sind danach wie folgt zu löschen:

[Vorgaben zur Datenlöschung]

Test- und Ausschussmaterial ist unverzüglich zu vernichten oder zu löschen.

(2) Der Auftragnehmer dokumentiert die Maßnahmen nach Abs. 1 in geeigneter Weise und bestätigt dem Auftraggeber die vollständige und vertragsgemäße Rückgabe bzw. Vernichtung/Lö-

schung der Datenträger, Unterlagen und Daten. Der Auftraggeber ist befugt, dies zu kontrollieren. § 7 gilt entsprechend.

(3) Der Auftragnehmer hat hinsichtlich der Datenträger, Unterlagen und Daten des Auftraggebers kein Zurückbehaltungsrecht (§ 273 BGB).

§ 14 Schlussbestimmungen

(1) Werden die Daten oder das Eigentum des Auftraggebers bei dem Auftragnehmer durch Maßnahmen Dritter (etwa durch Pfändung oder Beschlagnahme), durch ein Insolvenzverfahren oder durch sonstige Ereignisse gefährdet, informiert der Auftragnehmer den Auftraggeber unverzüglich. Der Auftragnehmer weist die Gläubiger oder sonstige Dritte unverzüglich darauf hin, dass der Auftragnehmer Daten im Auftrag des Auftraggebers verarbeitet.

(2) Für Nebenabreden ist die Schriftform erforderlich.

(3) Sollten einzelne Teile dieses Vertrags unwirksam sein, so berührt dies die Wirksamkeit der übrigen Regelungen des Vertrags nicht.

[Ort, Datum]

_____

(Unterschrift des Auftraggebers)

[Ort, Datum]

_____

(Unterschrift des Auftragnehmers)

Anlage 1 (zu § 3 des Vertrags über Auftragsdatenverarbeitung)

Der Auftragnehmer trifft folgende technische und organisatorische Maßnahmen:

(1) Zutrittskontrolle

Der Auftragnehmer trifft folgende Maßnahmen, die Unbefugten den Zutritt zu Datenverarbeitungsanlagen, mit denen personenbezogene Daten verarbeitet oder genutzt werden, verwehren:

[Beschreibung des Zutrittskontrollsystems, z.B. Ausweisleser, kontrollierte Schlüsselvergabe, etc.]

(2) Zugangskontrolle

Der Auftragnehmer trifft folgende Maßnahmen, die verhindern, dass Datenverarbeitungssysteme von Unbefugten genutzt werden können:

[z.B. Verschlüsselungsverfahren entsprechend dem Stand der Technik]

(3) Zugriffskontrolle

Der Auftragnehmer trifft folgende Maßnahmen, die gewährleisten, dass die zur Benutzung eines Datenverarbeitungssystems Berechtigten ausschließlich auf die ihrer Zugriffsberechtigung unterliegenden Daten zugreifen können und dass personenbezogene Daten bei der Verarbeitung, Nutzung und nach der Speicherung nicht unbefugt gelesen, kopiert, verändert oder entfernt werden können:

[z.B. Beschreibung von systemimmanenten Sicherungsmechanismen, Verschlüsselungsverfahren entsprechend dem Stand der Technik. Bei Online-Zugriffen des Auftraggebers ist klarzustellen, welche Partei für die Ausgabe und Verwaltung von Zugriffssicherungscodes verantwortlich ist.]

(4) Weitergabekontrolle

Der Auftragnehmer trifft folgende Maßnahmen, die gewährleisten, dass personenbezogene Daten bei der elektronischen Übertragung oder während ihres Transports oder ihrer Speicherung auf Datenträger nicht unbefugt gelesen, kopiert, verändert oder entfernt werden können und dass überprüft und festgestellt werden kann, an welche Stellen eine Übermittlung personenbezogener Daten durch Einrichtungen zur Datenübertragung vorgesehen ist:

[z.B. Beschreibung der verwendeten Einrichtungen und Übermittlungsprotokolle, z.B. Identifizierung und Authentifizierung, Verschlüsselung entsprechend dem Stand der Technik, automatischer Rückruf, u.a.]

(5) Eingabekontrolle

Der Auftragnehmer trifft folgende Maßnahmen, die gewährleisten, dass nachträglich überprüft und festgestellt werden kann, ob und von wem personenbezogene Daten in Datenverarbeitungs-Systeme eingegeben, verändert oder entfernt worden sind:

[z.B. Protokollierung sämtlicher Systemaktivitäten; die Protokolle werden mindestens 3 Jahre lang durch den Auftragnehmer aufbewahrt.]

(6) Auftragskontrolle

Der Auftragnehmer trifft folgende Maßnahmen, die gewährleisten, dass personenbezogene Daten nur entsprechend den Weisungen des Auftraggebers verarbeitet werden können:

[z.B. Darlegung eines Konzepts zur formularisierten und damit standardisierten Erfassung und Übermittlung von Datenverarbeitungsanweisungen etc.]

(7) Verfügbarkeitskontrolle

Der Auftragnehmer trifft folgende Maßnahmen, die gewährleisten, dass personenbezogene Daten gegen zufällige Zerstörung oder Verlust geschützt sind:

[z.B. Sicherungskopien des Datenbestandes; Beschreibung von Rhythmus, Medium, Aufbewahrungszeit und Aufbewahrungsort für Back-up-Kopien]

(8) Trennungskontrolle

Der Auftragnehmer trifft folgende Maßnahmen, die gewährleisten, dass die Daten verschiedener Auftraggeber sowie zu unterschiedlichen Zwecken erhobene Daten getrennt verarbeitet werden können:

[z.B. Darlegung von Berechtigungskonzepten zur Regelung des Zugriffs oder softwareseitige Mandantentrennung]

Anlage 2 (zu § 6 des Vertrags über Auftragsdatenverarbeitung): Liste der vom Auftraggeber genehmigten Unterauftragnehmer

Erläuterungen

Schrifttum
Bergmann/Möhrle/Herb Datenschutzrecht, Stand Juli 2015; *Bergt* Vertragsgestaltung und Kontrolle bei Auftragsdatenverarbeitung, DSRITB 2013, 37; *Däubler/Klebe/Wedde/Weichert* BDSG, 5. Auflage, 2016; *Engels* Datenschutz in der Cloud – Ist hierbei immer eine Auftragsdatenverarbeitung anzunehmen?, K&R 2011, 548; *Funke/Wittmann* Cloud Computing – ein klassischer Fall der Auftragsdatenverarbeitung? – Anforderungen an die verantwortliche Stelle, ZD 2013, 221; *Gaul/Koehler* Mitarbeiterdaten in der Cloud: Datenschutzrechtliche Grenzen des Outsourcing, BB 2011, 2229; *Gola/Schomerus* BDSG, 12. Auflage, 2015; *Giesen* Datenverarbeitung im Auftrag in Drittstaaten – eine misslungene Gesetzgebung – Das deutsche Modell der Auftragsdatenverarbeitung durch Unternehmen im Nicht-EU-Ausland, CR 2007, 543; *Kahler* Auftragsdatenverarbeitung im Drittstaat: europarechtskonform! – Unmittelbare Anwendung der Datenschutzrichtlinie 95/46/EG in Deutschland, RDV 2012, 167; *Kort* Arbeitnehmerdatenschutz gemäß der EU-Datenschutz-Grundverordnung, DB 2016, 711; *Leupold/Glossner* Münchener Anwaltshandbuch IT-Recht, 3. Auflage, 2013; *Logemann* Praxishandbuch Kundendatenschutz. Leitfaden für Unternehmen bei datenschutzrechtlichen Fragestellungen im Umgang mit Kundendaten, 2013; *Müthlein* ADV 5.0 – Neugestaltung der Auftragsdatenverarbeitung in Deutschland, RDV 2016, 74; *Nielen/Thum* Auftragsdatenverarbeitung durch Unternehmen im Nicht-EU-Ausland, K&R 2006, 171; *Petri* Auftragsdatenverarbeitung – heute und morgen – Reformüberlegungen zur Neuordnung des Europäischen Datenschutzrechts, ZD 2015, 305; *Plath* BDSG, 1. Auflage, 2013; *Simitis* BDSG, 8. Auflage, 2014; *Spindler/Schuster* Recht der elektronischen Medien, 3. Auflage, 2015; *Splittgerber/Rockstroh* Sicher durch die Cloud navigieren – Vertragsgestaltung beim Cloud Computing, BB 2011, 2179; *Taeger/Gabel* BDSG, 2. Auflage, 2013; *Thüsing* Beschäftigtendatenschutz und Compliance, 2. Auflage, 2014; *Ventura-Heinrich* Einführung in das Datenschutzrecht der betrieblichen Praxis, JA 2013, 130; *Wolff/Brink* Beck'scher Online-Kommentar Datenschutzrecht, 15. Edition, Stand 01.11.2015.

1. An eine **Auftragsdatenverarbeitung** ist immer dann zu denken, wenn ein Datentransfer von einem Rechtsträger auf einen anderen stattfindet. Dies gilt auch innerhalb eines Konzerns; das BDSG kennt **kein Konzernprivileg** (vgl. Thüsing/*Thüsing/Granetzny* Beschäftigtendatenschutz und Compliance, § 16 Rn. 7).

2. Die Auftragsdatenverarbeitung ist rechtlich von der sog. **Funktionsübertragung** abzugrenzen. Hierbei sind stets die konkreten Umstände des Einzelfalls zu berücksichtigen.

Die Auftragsdatenverarbeitung ist insbesondere dadurch gekennzeichnet, dass der Auftragnehmer im Auftrag des Auftraggebers weisungsgebunden (§ 11 Abs. 3 Satz 1 BDSG) Hilfs- oder Unterstützungsfunktionen ausführt, die eigentliche Aufgabe aber bei dem Auftraggeber verbleibt. Der Auftraggeber behält die alleinige Entscheidungsbefugnis über die Zwecke und Mittel der Datenverarbeitung (vgl. Art. 2d) RL 95/46/EG) (Däubler/Klebe/Wedde/Weichert/*Wedde* BDSG, § 11 Rn. 12 ff.). So wird beispielsweise der Anbieter von »Cloud Computing«-Dienstleistungen, der dem Auftraggeber lediglich Speicherplatz oder virtuelle Software zur Verfügung stellt, als Auftragsdatenverarbeiter eingestuft (vgl. Gola/Schomerus/*Gola/Klug/Körffer* BDSG, § 11 Rn. 8; *Gaul/Koehler* BB 2011, 2229, 2231; *Splittgerber/Rockstroh* BB 2011, 2179, 2181; kritisch: *Funke/Wittmann* ZD 2013, 221; *Engels* K&R 2011, 548). Weitere Beispiele aus dem Bereich der Personalverwaltung sind Dienstleiter, die die Gehaltsabrechnung oder das Rekrutieren von Mitarbeitern übernehmen. Die mit der Beauftragung eines Datenverarbeiters einhergehende Datenübertragung ist rechtlich **kein Übermitteln** von Daten an einen Dritten im Sinne von § 3 Abs. 4 Satz 2 Nr. 3 BDSG; der Auftragsdatenverarbeiter ist kein Dritter im Sinne von § 3 Abs. 8 Nr. 3 BDSG. Folglich sind die Anforderungen an die Zulässigkeit der Auftragsdatenverarbeitung nicht an § 4 Abs. 1 BDSG zu messen. In diesem Sinne ist die Auftragsdatenverarbeitung »privilegiert« (Leupold/Glossner/*Scheja/Haag* Münchener Anwaltshandbuch IT-Recht, Teil 5 (Datenschutzrecht) Rn. 263; *Ventura-Heinrich* JA 2013, 130, 135), unterliegt aber freilich den strengen Anforderungen des § 11 BDSG.

Die Datenschutz-Grundverordnung (EU) 2016/679 vom 27. April 2016 (ABl. EU L 116 vom 4. Mai 2016, S. 1, die ab dem 25. Mai 2018 gelten wird (DS-GVO), regelt die Auftragsdatenverarbeitung nicht grundsätzlich neu, enthält aber in Art. 28 und weiteren Artikeln zahlreiche Regelungen, die gerade für den Auftragnehmer über die bisherigen Anforderungen hinausgehen (*Müthlein* RDV 2016, 74; vgl. auch *Kort* DB 2016, 711, 716; *Petri* ZD 2015, 305, 308 ff.).

Demgegenüber liegt eine Funktionsübertragung in der Regel vor, wenn eine ganze Unternehmensfunktion, zu deren Erfüllung die Verarbeitung der Daten notwendig ist, übertragen wird. Dies ist beispielsweise bei der Zentralisierung aller Vorgänge der Personalverwaltung einschließlich der damit verbundenen Personalentscheidungsbefugnisse bei einer Konzerngesellschaft der Fall (vgl. Spindler/Schuster/*Spindler/Nink*, Recht der elektronischen Medien, § 11 BDSG Rn. 13). Die Datenverarbeitung spielt bei der Funktionsübertragung lediglich eine nachgeordnete Rolle. Der Übertragungsempfänger erhält eigenständige Entscheidungsbefugnis über die Datenverarbeitung, ist »rechtlich zuständig« und tritt häufig auch im eigenen Namen gegenüber den betroffenen Personen auf (vgl. Gola/Schomerus/*Gola/Klug/Körffer* BDSG, § 11 Rn. 9). § 4 Abs. 1 BDSG findet Anwendung.

3. Der Auftrag zur Datenverarbeitung ist nach § 11 Abs. 2 Satz 2 BDSG stets schriftlich (§ 126 BGB) zu erteilen, andernfalls ist er nichtig (§ 125 Satz 1 BGB). Die Nichteinhaltung der **Schriftform** (»nicht in der vorgeschriebenen Weise«) kann auch die Verhängung eines Bußgeldes in Höhe von bis zu 50.000 EUR gemäß § 43 Abs. 1 Nr. 2b, Abs. 3 BDSG nach sich ziehen (vgl. Simitis/*Petri* BDSG, § 11 Rn. 64). Der Begriff »Auftrag« ist nicht ausschließlich im Sinne der §§ 662 ff. BGB zu verstehen. Mögliche – auch kombinierbare – Rechtsformen sind insbesondere der Dienst-, Werk- oder Geschäftsbesorgungsvertrag (vgl. Gola/Schomerus/*Gola/Klug/Körffer* BDSG, § 11 Rn. 6). Siehe künftig Art. 28 Abs. 9 DSGVO.

8 **4.** Verantwortliche Stelle für personenbezogene Daten des Arbeitnehmers ist stets diejenige Gesellschaft, die den Arbeitsvertrag mit dem Arbeitnehmer geschlossen hat (vgl. Thüsing/*Thüsing/Granetzny* Beschäftigtendatenschutz und Compliance, § 16 Rn. 7).

9 **5.** § 3 Abs. 8 Satz 3 BDSG bestimmt, dass Personen und Stellen, die im Inland, in einem anderen Mitgliedsstaat der Europäischen Union oder in einem anderen Vertragsstaat des Abkommens über den Europäischen Wirtschaftsraum Daten im Auftrag erheben, verarbeiten oder nutzen, nicht Dritte im Sinne des BDSG sind. Dies bedeutet, dass der Datenaustausch zwischen Auftraggeber und Auftragnehmer keine Übermittlung im Sinne des § 3 Abs. 4 Satz 2 Nr. 3 BDSG ist und nicht dem Erlaubnisvorbehalt des § 4 Abs. 1 BDSG unterliegt. Zugleich wird die damit verbundene »Privilegierung« der Auftragsdatenverarbeitung ausdrücklich auf die Verwendung von solchen Auftragsdatenverarbeitern begrenzt, die personenbezogene Daten innerhalb des Europäischen Wirtschaftsraums verarbeiten (Plath/*Plath* BDSG, § 11 Rn. 13). Nur für diese gilt § 11 BDSG und der vorliegende Mustervertrag.

10 **6.** § 11 Abs. 2 Satz 2 BDSG enthält einen umfassenden Katalog der im Auftrag mindestens zu regelnden Aspekte, der über die Vorgaben der Richtlinie 95/46/EG (Art. 17 Abs. 1 und 3) hinausgeht. Darüber hinaus steht es den Parteien frei, weitere Aspekte zu regeln. Eine nicht ausreichende Berücksichtigung der gesetzlichen Vorgaben ist bußgeldbewehrt (§ 43 Abs. 1 Nr. 2b, Abs. 3 BDSG) und kann Schadensersatzansprüche des Betroffenen gegen die verantwortliche Stelle begründen (§ 7 BDSG). Die Einhaltung der entsprechenden Vorgaben sollte bei der Compliance-Organisation eines jeden Unternehmens Berücksichtigung finden (vgl. hierzu allgemein auch das Kapitel S. Compliance in diesem Formularbuch). Siehe künftig Art. 28 Abs. 3 und 4 DSGVO.

11 **7.** Bei der Erfüllung der Anforderungen des § 11 Abs. 2 Satz 2 Nr. 1 BDSG bedarf es einer aussagekräftigen Beschreibung des Inhalts des Auftrags, damit die vom Auftragnehmer durchzuführende Datenverarbeitung und ihr Umfang eindeutig einem bestimmten Auftrag zugeordnet werden können (vgl. Simitis/*Petri*, BDSG, § 11 Rn. 66). Dabei kann auch auf einen Dienstleistungsvertrag (Service Level Agreement) o.ä. Bezug genommen werden. Gegenstand des Auftrags im Bereich der Personaldatenverarbeitung kann beispielsweise sein (vgl. *Bergmann/Möhrle/Herb* Datenschutzrecht, § 11 Anlage 1):
– Erhebung und Fortschreibung der Stammdaten der Beschäftigten
– Berechnung des Entgelts
– Erstellung von Beitragsnachweisen an Krankenkassen
– Erstellung von Beschäftigungsnachweisen
– Bereitstellung von Personal- und Ausfallzeitstatistiken.

Die Regelungen über die Auftragsdatenverarbeitung finden auch bei der Übertragung von Prüfungs- und Wartungsarbeiten im Hinblick auf automatisierte Verfahren oder Datenverarbeitungsanlagen Anwendung, wenn dabei ein Zugriff auf personenbezogene Daten nicht ausgeschlossen werden kann (§ 11 Abs. 5 BDSG).

12 **8.** § 11 Abs. 2 Satz 2 Nr. 2 BDSG erfordert die Festlegung von Umfang, Art und Zweck der vorgesehenen Erhebung, Verarbeitung oder Nutzung von Daten.

13 **9.** Nach § 11 Abs. 2 Satz 2 Nr. 2 BDSG ist auch die Art der von der Datenverarbeitung betroffenen Daten zu beschreiben. Dabei sind die einzelnen Datenkategorien zu benennen, wie Stammdaten (Name, Privatanschrift, Geburtsdatum), Gehaltsdaten, Lebensläufe, Leistungsbeurteilungen etc. Dazu können auch besondere Arten personenbezogener Daten im Sinne von § 3 Abs. 9 BDSG gehören, beispielsweise Angaben über die rassische und ethnische Herkunft, Gewerkschaftszugehörigkeit, Gesundheitsdaten (vgl. Däubler/Klebe/Wedde/Weichert/*Wedde* BDSG, § 11 Rn. 40).

14 **10.** Nach § 11 Abs. 2 Satz 2 Nr. 2 BDSG ist auch der Kreis der Betroffenen zu benennen. Im Rahmen der Personalverwaltung kann hier schon die Nennung von »Arbeitnehmerinnen und Arbeitnehmern« genügen, ggf. ist aber weiter zu differenzieren nach Auszubildenden, Praktikanten, Bewerbern, Pensionären etc. (vgl. auch die Definition von »Beschäftigten« des § 3 Abs. 11 BDSG).

11. Vgl. § 11 Abs. 2 Satz 2 Nr. 3 i.V.m. § 9 und der Anlage zu § 9 BDSG. Die **technischen und organisatorischen Sicherheitsmaßnahmen** sind konkret zu bezeichnen. Es genügt nicht, den Katalog der Anlage zu § 9 BDSG wiederzugeben. Der Mindeststandard der in der Anlage 1 näher auszuführenden technischen und organisatorischen Maßnahmen muss danach festgelegt werden, welches Schutzniveau der Auftraggeber einhalten müsste, wenn er die Datenverarbeitung selbst vornehmen würde. Die Regelung trägt im Übrigen § 11 Abs. 2 Satz 2 Nr. 5 BDSG Rechnung, der die Festlegung der nach § 11 Abs. 4 BDSG bestehenden Pflichten des Auftragnehmers verlangt.

12. Die Nichteinhaltung der Erstkontrollpflicht im Sinne des § 11 Abs. 2 Satz 4 BDSG ist ausdrücklich bußgeldbewehrt, § 43 Abs. 1 Nr. 2b aE, Abs. 3 BDSG. Das Risiko eines Bußgeldes wird in der Praxis aufgrund des vermeintlich hohen Aufwandes und bestehender Unsicherheiten über die zu erfüllenden Anforderungen häufig eingegangen (*Bergt* DSRITB 2013, 37), obwohl die vorgeschriebene Kontrolle auch unproblematisch durch zertifizierte Dritte wahrgenommen werden kann (vgl. BT-Drs. 16/13657, S. 18). Sollte der Abschluss des Vertrages über die Auftragsdatenverarbeitung bereits vor der Erstkontrolle der Einhaltung der technischen und organisatorischen Maßnahmen erforderlich sein, ist zu empfehlen, ein Rücktrittsrecht oder eine auflösende Bedingung für den Fall zu vereinbaren, dass bei der Erstkontrolle nicht zu behebende Mängel festgestellt werden oder der Auftragnehmer sich weigert, eventuelle Mängel zu beheben (vgl. *Bergt* DSRITB 2013, 37, 43).

13. Die Dokumentationspflicht nach § 11 Abs. 2 Satz 5 BDSG schützt insbesondere den Auftraggeber. Denn nur durch eine Dokumentation lässt sich der Zeitpunkt der Kontrollen und deren ordnungsgemäße Durchführung gegenüber der Aufsichtsbehörde nachweisen (BT-Drs. 16/13657, S. 18). Der Umfang der Dokumentationspflicht kann je nach Gegenstand, Umfang und Komplexität der Auftragsdatenverarbeitung variieren. Der Gesetzgeber hat ausdrücklich darauf verzichtet, eine unmittelbare Kontrolle durch den Auftraggeber vorzusehen. Regelmäßig genügt es daher, wenn ein Testat eines Sachverständigen eingeholt wird. Teilweise wird auch eine entsprechende Auskunft des Auftragnehmers ausreichend sein (BT-Drs. 16/13657, S. 18).

14. Die gesetzliche Fiktion des § 3 Abs. 8 Satz 3 BDSG gilt nur für Personen, die im Inland, in einem Mitgliedstaat der Europäischen Union oder in einem Vertragsstaat des Abkommens über den Europäischen Wirtschaftsraum Daten verarbeiten. Wird hingegen ein Auftragnehmer beauftragt, der als Auftragsdatenverarbeiter Daten in **Drittländern** verarbeitet, gilt die damit verbundene Datenübertragung als Datenübermittlung an einen Dritten im Sinne von § 3 Abs. 4 Satz 2 Nr. 3 BDSG. Damit unterliegt sie der Rechtfertigung nach § 4 Abs. 1 BDSG i.V.m. § 32 Abs. 1 Satz 1 BDSG, ggf. – soweit nicht Daten von Beschäftigten im Sinne von § 3 Abs. 11 BDSG betroffen sind – § 28 Abs. 1 Satz 1 Nr. 2 BDSG, vgl. Wolff/Brink/*Spoerr* Beck'scher Online-Kommentar Datenschutzrecht, § 11 Rn. 129). Dies ist unsystematisch, weil es sich in der Sache um Auftragsdatenverarbeitung handelt und sich der Charakter einer Dienstleistung nicht durch den Ort der Datenverarbeitung verändert. Gleichwohl halten die Aufsichtsbehörden (z.B. Orientierungshilfe Cloud Computing vom 09.10.2014, S. 16; Der Landesbeauftragte für den Datenschutz Niedersachsen: Datenübermittlung ins Ausland, Stand: 27.10.2015, S. 2) gemeinsam mit der herrschenden Ansicht in der Literatur (Taeger/Gabel/*Gabel* BDSG, § 11 Rn. 25; Simitis/*Petri* BDSG, § 11 Rn. 8; eher kritisch Plath/*v. d. Bussche* BDSG, § 4b Rn. 16) an diesem Verständnis fest. Damit werden dem Outsourcing in Drittländer im Bereich der Personalverwaltung enge Grenzen gesetzt. Nur vereinzelt finden sich Ansätze für eine restriktivere Anwendung der Rechtfertigungstatbestände (*Nielen/Thum* K&R 2006, 171, 174 ff.; *Giesen* CR 2007, 543 ff.; *Kahler* RDV 2012, 167 ff.). Abgesehen davon sind beim Datentransfer in Drittländer die §§ 4b und 4c BDSG zu beachten. Ist im Drittstaat kein angemessenes Datenschutzniveau vorhanden (§ 4b Abs. 2 und 3 BDSG), kommen neben verbindlichen Unternehmensregelungen für die Auftragsdatenverarbeitung im Konzern in der Praxis zumeist die **Standardvertragsklauseln** der Europäischen Kommission zur Anwendung, dann aber – trotz § 3 Abs. 8 Satz 3 BDSG – diejenigen für die Übermittlung personenbezogener Daten an Auftragsverarbeiter in Drittländern (2010/87/EU) (§ 4c Abs. 2 Satz 1 BDSG). Siehe künftig Art. 46 DSGVO.

19 **15.** Der Auftrag erfordert Festlegungen über die Berichtigung, Löschung und Sperrung von Daten, § 11 Abs. 2 Satz 2 Nr. 4 BDSG.

20 **16.** Der Umfang der Befugnisse zur Erteilung von **Weisungen**, die sich der Auftraggeber gegenüber dem Auftragnehmer vorbehält, ist nach § 11 Abs. 2 Satz 2 Nr. 9 BDSG im Einzelnen festzulegen.

21 **17.** Nach § 11 Abs. 2 Satz 2 Nr. 8 BDSG sind in den Vertrag über Auftragsdatenverarbeitung zwingend Regelungen über mitzuteilende Verstöße des Auftragnehmers oder der bei ihm beschäftigten Personen gegen die Vorschriften zum Schutz personenbezogener Daten oder die im Auftrag getroffenen Festlegungen aufzunehmen.

22 **18.** Die in den §§ 6, 7 und 8 BDSG genannten Rechte sind dem Auftraggeber gegenüber geltend zu machen, § 11 Abs. 1 Satz 2 BDSG.

23 **19.** Nach § 11 Abs. 3 Satz 1 BDSG darf der Auftragnehmer die Daten nur im Rahmen der Weisungen des Auftraggebers erheben, verarbeiten oder nutzen. Hiermit korrespondiert die Berechtigung des Auftraggebers nach § 4 Abs. 1 des Vertrags, dem Auftragnehmer jederzeit Weisungen zu erteilen. Dadurch wird der Umfang der Weisungsbefugnisse entsprechend § 11 Abs. 2 Satz 2 Nr. 9 BDSG festgeschrieben.

24 **20.** Die Regelungen über den Beauftragten für den Datenschutz gelten nach § 11 Abs. 4 Nr. 2 BDSG auch für den in Deutschland ansässigen Auftragnehmer. Eine Benennung im Vertrag ist nicht zwingend. Der Datenschutzbeauftragte ist nach § 4g Abs. 1 Satz 1 BDSG gesetzlich verpflichtet, die Einhaltung der Vorschriften nach dem BDSG sicherzustellen. Daher kommt seiner Person im Rahmen einer Auftragsdatenverarbeitung auch für den Auftraggeber eine besondere Bedeutung zu.

25 **21.** Die Hinweispflicht des Auftragnehmers folgt aus § 11 Abs. 2 Satz 2 Nr. 8 BDSG.

26 **22.** Der Auftraggeber ist bei einer unrechtmäßigen Übermittlung der genannten Daten oder für den Fall, dass diese auf sonstige Weise Dritten unrechtmäßig zur Kenntnis gelangt sind und schwerwiegende Beeinträchtigungen für die Rechte oder schutzwürdigen Interessen der Betroffenen drohen, verpflichtet (vgl. auch § 4 Abs. 4 des Vertrags über Auftragsdatenverarbeitung), dies der zuständigen Aufsichtsbehörde sowie den Betroffenen mitzuteilen. Diese Pflicht kann beispielsweise relevant werden, wenn ein Laptop, ein Smartphone oder ein sonstiger Datenträger verlorengeht und die darauf befindlichen Daten nicht technisch vor dem Zugriff Dritter geschützt sind. Ohne die Mitwirkung des Auftragnehmers kann der Auftraggeber seine Pflicht nach § 42a BDSG nicht erfüllen. Da die Nichterfüllung mit einem Bußgeld von bis zu 300.000 EUR bestraft werden kann, § 43 Abs. 2 Nr. 7, Abs. 3 BDSG, sind die Mitwirkungspflichten des Auftragnehmers sorgfältig zu regeln.

27 **23.** Etwaige Berechtigungen zur Begründung von Unterauftragsverhältnissen sind zwingend schriftlich zu regeln, § 11 Abs. 2 Satz 2 Nr. 6 BDSG. Der Ausschluss des **Unterauftrags** ist möglich und minimiert die Risiken, die daraus entstehen, dass der Auftraggeber auch im Hinblick auf die Datenverarbeitungstätigkeit des Unterauftragnehmers zur Einhaltung der Vorschriften über den Datenschutz verantwortlich bleibt (§ 11 Abs. 1 Satz 1 BDSG), ohne in einer direkten Vertragsbeziehung zum Unterauftragnehmer zu stehen. Dies lässt sich aber gegenüber dem Auftragnehmer nicht immer durchsetzen. Auch mag der Auftraggeber am Know-how eines Unterauftragnehmers interessiert sein.

28 Aus Sicht des Auftraggebers empfiehlt es sich dann, die Unterbeauftragung unter den Vorbehalt der *vorherigen schriftlichen* Zustimmung des Auftraggebers zu stellen. Um insoweit eine informierte Entscheidung treffen zu können, bedarf der Auftraggeber bestimmter Informationen, deren Beschaffung auch im Interesse des Auftragnehmers liegt.

Der Begriff der Unterbeauftragung ist im Gesetz nicht definiert. In der Praxis werden bestimmte Dienstleistungen vom Begriff des Unterauftrags ausgenommen, weil sie mit der vereinbarten Dienstleistung nur noch mittelbar zu tun haben (vgl. Gola/Schomerus/*Gola/Klug/Körffer* BDSG, § 11 Rn. 18e). Dazu gehören typischerweise Dienstleistungen wie Reinigung von Büroräumen oder Aktenvernichtung, aber auch **Wartung** von IT-Systemen (so wohl Logemann/*Laas* Praxishandbuch Kundendatenschutz Leitfaden für Unternehmen bei datenschutzrechtlichen Fragestellungen im Umgang mit Kundendaten, S. 230, 242). Rechtsfolge ist, dass die Beauftragung solcher Dienstleistungen weder einem vertraglich vereinbarten Zustimmungsrecht des Auftraggebers unterliegt noch das Unterauftragsverhältnis entsprechend den vertraglich vereinbarten Anforderungen an ein solches Unterauftragsverhältnis einschließlich eines Durchgriffsrechts des Auftraggebers ausgestaltet werden muss. Dies entspricht einem praktischen Bedürfnis, dem Auftragnehmer bei der Auswahl und Beauftragung derartiger Dienstleister freiere Hand zu geben.

Ist mit der Dienstleistung ein Zugriff auf personenbezogene Daten des Auftraggebers verbunden, wie jedenfalls bei Aktenvernichtung und Wartung typischerweise der Fall, tritt der Auftragnehmer (Auftragsdatenverarbeiter) gegenüber dem Aktenvernichtungs- oder Wartungsunternehmen als verantwortliche Stelle auf. Dogmatisch begründbar ist dies nicht und mit § 11 Abs. 5 BDSG nur schwer zu vereinbaren. Rechtlich spricht daher jedenfalls aus Sicht des Auftraggebers viel dafür, diese Fälle als Unteraufträge anzusehen und den Regeln der Unterbeauftragung zu unterwerfen.

24. Teilweise wird von den Aufsichtsbehörden die Auffassung vertreten, dass der Auftraggeber die Möglichkeit haben muss, die Einhaltung der gesetzlichen Vorgaben auch beim Unterauftragnehmer direkt zu kontrollieren, so dass eine entsprechende vertragliche Regelung angezeigt ist (vgl. Gola/Schomerus/*Gola/Klug/Körffer* BDSG, § 11 Rn. 18e).

25. Lehnt der Auftraggeber einen Unterauftragnehmer im Drittstaat grundsätzlich ab, sollte dies ausdrücklich geregelt werden. Stimmt der Auftraggeber der Beauftragung eines Unterauftragnehmers im Drittstaat zu, unterliegt die Datenübermittlung an den Unterauftragnehmer den Anforderungen des §§ 4b, 4c BDSG. Ist im Drittstaat kein angemessenes Datenschutzniveau vorhanden (§ 4b Abs. 2 und 3 BDSG) und handelt es sich nicht um eine Auftragsdatenverarbeitung im Konzern, bei der sich ausreichende Garantien aus verbindlichen Unternehmensregelungen ergeben können (§ 4c Abs. 2 Satz 1 BDSG), kommen in der Regel nur ausreichende Garantien aus Vertragsklauseln in Betracht. Sitzt der Auftragnehmer innerhalb des Europäischen Wirtschaftsraums, sind die Standardvertragsklauseln für die Übermittlung personenbezogener Daten an Auftragsverarbeiter in Drittländern (2010/87/EU) im Verhältnis Auftraggeber/Auftragnehmer und im Verhältnis Auftragnehmer/Unterauftragnehmer nicht anwendbar (Erwägungsgrund 23) (Plath/*Plath* BDSG, § 11 Rn. 107, Plath/*v. d. Bussche* BDSG, § 4c Rn. 31, 32). Stattdessen kann nach Auffassung der Art. 29-Datenschutzgruppe (WP 176) der Auftraggeber auf der Grundlage der Standardvertragsklauseln 2010/87/EU in eine direkte Vertragsbeziehung mit dem Unterauftragnehmer treten, in der der Unterauftragnehmer zum Auftragnehmer des Auftraggebers wird (Ziffer I.3.a. und b.). Alternativ kann die Datenübermittlung auf einen Individualvertrag gestützt werden, der der Genehmigung der zuständigen Datenschutzbehörde unterliegt (Ziffer I.3.c.). Dabei ist unklar, ob ein Unterauftragsverhältnis zwischen Auftragnehmer und Unterauftragnehmer genügt (wie im Anwendungsbereich des § 11 BDSG üblich) oder der Auftraggeber Vertragspartei werden muss (dann wäre die Attraktivität dieser Variante für den Auftraggeber begrenzt, weil er eine direkte Vertragsbeziehung zum Unterauftragnehmer nicht vermeiden könnte und ein Genehmigungsverfahren auf sich nehmen müsste, was zugleich den praktischen Anwendungsbereich der Variante in Frage stellte). Bei den deutschen Datenschutzbehörden scheint es hier noch wenig Erfahrung zu geben; Standardvertragsklauseln für diese Konstellation sind wünschenswert. Die Artikel 29 Data Protection Working Party hat mit dem Working document 01/2014 on Draft Ad hoc contractual clauses »EU data processor to non-EU sub-processor« vom 21. März 2014 hierzu einen ersten Vorschlag gemacht. Dieser Vorschlag ist von der Europäischen Kommission jedoch bislang nicht aufgegriffen worden. Siehe künftig Art. 46 DSGVO.

26. Vgl. § 11 Abs. 2 Satz 2 Nr. 7 BDSG.

34 **27.** § 5 BDSG gilt nach § 11 Abs. 4 BDSG auch für den Auftragnehmer.

35 **28.** Wird ein Vertrag über Auftragsdatenverarbeitung auf unbestimmte Zeit geschlossen, ist eine Kündigungsfrist im Vertrag zu vereinbaren (vgl. § 11 Abs. 2 Satz 2 Nr. 1 BDSG »Dauer des Auftrags«). Alternativ lassen einige Aufsichtsbehörden es zu, das Ende des Vertrages als »mit Auftragserledigung« zu bestimmen (vgl. Simitis/*Petri* BDSG, § 11 Rn. 66).

36 **29.** Vgl. § 11 Abs. 2 Satz 2 Nr. 10 BDSG.

II. »Bring Your Own Device«

Vorbemerkung

37 »Bring Your Own Device« – kurz »BYOD« – ist ein modernes betriebliches Konzept, mit dem der Arbeitgeber seinen Arbeitnehmern die Verwendung ihrer privaten, mobilen Endgeräte zu beruflichen Zwecken ermöglicht. BYOD ist eine interessante Alternative zum dienstlichen Mobiltelefon oder Laptop, weil es eine Win-Win-Situation suggeriert: Der Arbeitgeber erspart sich die Bereitstellung von Endgeräten und den damit einhergehenden finanziellen Aufwand. Der Arbeitnehmer kann sich auf die Verwendung jener Endgeräte beschränken, die er nach eigenen Bedürfnissen auswählt und die ihm in der Anwendung vertraut sind. Laut einer Umfrage des Branchenverbands *BITKOM* aus dem Jahre 2013 nutzen bereits 71 % der deutschen Beschäftigten ihre privaten Endgeräte auch zu beruflichen Zwecken (*BITKOM* Presseinformation vom 11.04.2013).

38 Die nähere Betrachtung relativiert die Vorzüge des Konzepts allerdings. BYOD unterliegt erheblichen praktischen und rechtlichen Anforderungen, die oftmals unterschätzt werden. Was zunächst als einfache und kostengünstige Maßnahme erscheint, kann die betriebliche Administration tatsächlich erschweren. Denn soweit BYOD unterschiedliche Endgeräte erfasst, müssen diese mit den betrieblichen IT-Strukturen kompatibel sein. Weiterhin ist BYOD eine datenschutz- und arbeitsrechtliche Herausforderung. Der Arbeitgeber hat die Pflicht, Geschäftsunterlagen ordnungsgemäß aufzubewahren und die geschäftsbezogene Datenverarbeitung des Arbeitnehmers umfassend zu kontrollieren. Der Arbeitnehmer hat dagegen ein Recht auf den Schutz privater Daten vor dem Zugriff des Arbeitgebers. BYOD soll dem Arbeitgeber nicht die dauerhafte Überwachung des Arbeitnehmers außerhalb seines Arbeitsplatzes ermöglichen. Dies verlangt eine hinreichende Trennung geschäftlicher und privater Daten auf dem Endgerät, die schwer handhabbar ist. Vor diesem Hintergrund sehen die Datenschutzaufsichtsbehörden der Länder BYOD mitunter kritisch (vgl. Conrad/Grützmacher/*Kranig* Recht der Daten und Datenbanken in Unternehmen, 2014, § 29 Rn. 27).

38.1 Entscheidet sich der Arbeitgeber für ein BYOD-Konzept, empfiehlt es sich, dessen Rahmenbedingungen und die teilweise gegenläufigen Interessen von Arbeitgeber und Arbeitnehmer in einer Nutzungsvereinbarung zu regeln.

▶ **Muster – »Bring Your Own Device«-Vertrag**

39 »Bring Your Own Device«-Vertrag [1]

zwischen

[Name des Arbeitnehmers]

[Privatanschrift des Arbeitnehmers]

und

[Name und Anschrift des Arbeitgebers]

»Bring Your Own Device« U.II.

§ 1: [Name des Arbeitgebers] gewährt dem Arbeitnehmer die Möglichkeit, ein privates, mobiles Endgerät für dienstliche Zwecke zu verwenden (sog. »Bring Your Own Device«-Modell, nachfolgend »BYOD«). Die Teilnahme an BYOD ist freiwillig.

§ 2: Die Voraussetzungen und Rahmenbedingungen für die Teilnahme an BYOD sind in der diesem Vertrag als Anlage beigefügten »Bring Your Own Device Policy der [Name des Arbeitgebers], Version 1.0« (nachfolgend »BYOD Policy«) niedergelegt.

§ 3: Durch Unterzeichnung dieses Vertrags verpflichten sich der Arbeitnehmer und der Arbeitgeber zur Einhaltung der BYOD Policy. Die Einhaltung der BYOD Policy wird betrieblich überwacht und sichergestellt. [2]

§ 4: Der Arbeitnehmer verpflichtet sich, das folgende Endgerät im Rahmen von BYOD zu verwenden: [Benennung des Endgeräts] [3]

§ 5: Der Vertrag ist auf unbestimmte Zeit geschlossen und kann jederzeit durch den Arbeitnehmer oder [Name des Arbeitgebers] ohne Einhaltung einer Kündigungsfrist gekündigt werden.

[Ort, Datum]

(Unterschrift des Arbeitnehmers)

(Unterschrift des Arbeitgebers)

Anlage: BYOD Policy, Version 1.0

Anlage: Bring Your Own Device Policy der [Name des Arbeitgebers], Version 1.0

1. Regelungsgegenstand

[Name des Arbeitgebers] (»Arbeitgeber«) gewährt ausgewählten Arbeitnehmern die Möglichkeit, private, mobile Endgeräte für dienstliche Zwecke zu verwenden (»BYOD«). Diese BYOD Policy regelt die hierfür bestehenden Voraussetzungen und Rahmenbedingungen.

2. Anwendungsbereich

BYOD steht grundsätzlich folgenden [Gruppen von] Arbeitnehmern zur Verfügung: [Kreis der berechtigten Arbeitnehmer] [4]

Für BYOD kommen ausschließlich die folgenden Endgeräte in Betracht: [Benennung aller möglichen Endgeräte] [5]

3. Pflichten des Arbeitgebers

a) Bevor der Arbeitnehmer das Endgerät erstmals für dienstliche Zwecke nutzt, implementiert der Arbeitgeber hieran folgende technische Maßnahmen:

- System zur Aufzeichnung aller Schritte der Verarbeitung geschäftlicher Daten [6]
- Cloud-Funktionalität: Einrichtung einer kennwortgeschützten Online-Plattform des Arbeitgebers für die geschäftliche Datenverarbeitung durch den Arbeitnehmer [7]
- Back-Up-Funktionalität: Automatische Kopie jeder lokal auf dem Endgerät erfolgenden geschäftlichen Datenverarbeitung und Ablage auf der Online-Plattform [8]
- Fernbedienung zum Zwecke der Fernlöschung und Fernsperrung im Falle von Diebstahl oder anderweitigem Verlust [9]
- Weitere betriebsspezifische Maßnahmen: [Software, Hardware etc.] [10]

b) Durch die technischen Maßnahmen stellt der Arbeitgeber die hinreichende Trennung der geschäftlichen und privaten Datenverarbeitung auf dem Endgerät des Arbeitnehmers sicher. [11] Dies geschieht insbesondere durch die Trennung der Plattformen, auf denen geschäftliche

Jungkind

und private Daten zugänglich sind, [12] und der Software, die jeweils geschäftlich und privat genutzt wird. [13]

c) Der Arbeitgeber führt im Bedarfsfall Aktualisierungen und Wartungen am Endgerät durch. Solche Maßnahmen erstrecken sich jedoch nicht auf die Plattform oder Software, die der Arbeitnehmer auf seinem Endgerät privat nutzt.

4. Pflichten des Arbeitnehmers

Bei der Nutzung des Endgeräts zu geschäftlichen Zwecken hat der Arbeitnehmer folgende Pflichten:

a) Bei der Verwendung des Endgeräts außerhalb des Arbeitsplatzes gewährleistet der Arbeitnehmer die Vertraulichkeit dienstlicher Gespräche und schützt die auf dem Bildschirm erscheinenden Informationen vor der Kenntnisnahme durch unbefugte Dritte. [14]

b) Der Arbeitnehmer gewährleistet, dass unbefugte Dritte einschließlich Familienangehöriger das Endgerät nicht nutzen. [15]

c) Der Arbeitnehmer stellt bei der Nutzung des Endgeräts die hinreichende Trennung der geschäftlichen und privaten Datenverarbeitung entsprechend der nach Ziffer 3 eingerichteten technischen Maßnahmen sicher und vermeidet jegliche Gefahr einer Vermischung geschäftlicher und privater Daten. Der Arbeitnehmer ist nicht befugt, die technischen Maßnahmen zur Trennung der geschäftlichen und privaten Datenverarbeitung nach Ziffer 3 auszuschalten oder zu umgehen, insbesondere: [ggf. weitere Nutzungsbeschränkungen] . [16]

d) Im Falle des Diebstahls oder – aus Sicht des Arbeitnehmers auch nur vorübergehenden – Verlustes des Endgeräts ist der Arbeitnehmer verpflichtet, dies dem Arbeitgeber unverzüglich anzuzeigen. [17] Entscheidet sich der Arbeitgeber zur Fernlöschung oder Fernsperrung der geschäftlichen Daten, haftet der Arbeitgeber nicht für die möglicherweise damit verbundene Löschung, Sperrung, Beschädigung oder den Verlust privater Daten.

e) Die Nutzung des Endgeräts zu geschäftlichen Zwecken ist als Arbeitszeit zu erfassen. [18]

5. Kein Eigentum Dritter

Das Endgerät muss im ausschließlichen Eigentum des Arbeitnehmers stehen. [19]

6. Aufwendungs- und Gewährleistungsansprüche

Für die Aufwendungen, die dem Arbeitnehmer durch Erwerb und Betrieb des Endgeräts entstehen, gewährt der Arbeitgeber dem Arbeitnehmer eine monatliche Auslagenpauschale in Höhe von [Angabe des Betrags] . Ansprüche des Arbeitnehmers gegen den Arbeitgeber wegen einer Beschädigung des Endgeräts durch Dritte oder wegen Diebstahls oder Verlusts des Endgeräts sind ausgeschlossen. [20]

7. Herausgabeanspruch

a) Der Arbeitnehmer ist verpflichtet, dem Arbeitgeber das Endgerät auszuhändigen, damit der Arbeitgeber die technischen Maßnahmen, Aktualisierungen und Wartungen nach Ziffer 3 selbst oder durch einen beauftragten Dritten vornehmen kann. Bei der Vornahme dieser Maßnahmen greift der Arbeitgeber grundsätzlich nicht auf private Daten zu. Der Arbeitnehmer gestattet dem Arbeitgeber aber den Zugriff auf private Daten, soweit dies im Einzelfall zur Vornahme der vorgenannten Maßnahmen erforderlich sein sollte. Der Arbeitgeber haftet dabei nicht für Beschädigung oder Verlust privater Daten.

b) Darüber hinaus ist der Arbeitnehmer verpflichtet, dem Arbeitgeber das Endgerät im Falle besonderer betrieblicher Interessen herauszugeben. [21] Soweit die Rückgabe des Endgeräts nicht am Tag der Herausgabe erfolgen kann, stellt der Arbeitgeber dem Arbeitnehmer ein gleichwertiges Ersatzgerät zur Verfügung. Soweit die Rückgabe nicht binnen drei Tagen nach Herausgabe zu erwarten ist, überträgt der Arbeitgeber die privaten Daten auf das Ersatzgerät. [22]

8. Laufzeit

Der BYOD-Vertrag ist auf unbestimmte Zeit geschlossen und kann jederzeit durch Arbeitnehmer oder Arbeitgeber ohne Einhaltung einer Kündigungsfrist gekündigt werden. Arbeitgeber und Arbeitnehmer bleiben zur Einhaltung der BYOD Policy verpflichtet, bis die geschäftlichen Daten vom Endgerät entfernt und alle technischen Maßnahmen nach Ziffer 3 rückgängig gemacht worden sind.

9. Überwachung und Beratung

[Zuständige Stelle] 23 überwacht die Einhaltung der BYOD Policy. Sie veranstaltet regelmäßige Schulungen und steht als Beratungsstelle für sämtliche BYOD-Themen zur Verfügung. 24

Erläuterungen

Schrifttum

Auer-Reinsdorff/Conrad Handbuch IT- und Datenschutzrecht, 2. Auflage, 2016; *Brüggemann* Bring Your Own Device – Einsparungspotenzial mit Sicherheitsrisiko?, PinG 2014, 10; *Conrad/Schneider* Einsatz von »privater IT« im Unternehmen, ZD 2011, 153; *Franck* Bring your own device – Rechtliche und tatsächliche Aspekte, RDV 2013, 185; *Göpfert/Wilke* Nutzung privater Smartphones für dienstliche Zwecke, NZA 2012, 765; *Herrnleben* BYOD – die rechtlichen Fallstricke der Software-Lizenzierung für Unternehmen, MMR 2012, 205; *Imping/Pohle* »BYOD« – Rechtliche Herausforderungen der dienstlichen Nutzung privater Informationstechnologie, K&R 2012, 470; *Koreng/Lachmann* Formularhandbuch Datenschutzrecht, 1. Auflage, 2015; *Leupold/Glossner* Münchner Anwaltshandbuch IT-Recht, 3. Auflage, 2013; *Lipp* Bring your own device (Byod) – das Neue Betriebsmittel, DSRITB 2013, 747; *Zöll/Kielkowski* Arbeitsrechtliche Umsetzung von »Bring Your Own Device« (BYOD), BB 2012, 2625.

1. BYOD setzt die Verarbeitung personenbezogener Daten des Arbeitnehmers durch den Arbeitgeber voraus, ohne dass dies für die Durchführung des Beschäftigungsverhältnisses im Sinne des § 32 BDSG erforderlich ist. Dies macht die Einwilligung des Arbeitnehmers erforderlich (§ 4a BDSG). Es wird empfohlen, BYOD auf Basis einer vertraglichen Vereinbarung zwischen Arbeitgeber und Arbeitnehmer zu implementieren (*Zöll/Kielkowski* BB 2012, 2625, 2626; *v. d. Bussche/Schelinski* in: Münchner Anwaltshandbuch IT-Recht, Abschnitt XIII. Rn. 468), die dann auch die datenschutzrechtliche Einwilligung umfasst. Ggf. unterliegt die Vereinbarung dem AGB-Recht und hier den im Arbeitsrecht geltenden Besonderheiten (vgl. § 310 Abs. 4 BGB) (*Lipp* DSRITB 2013, 747, 752 f.). Die Voraussetzungen und Rahmenbedingungen von BYOD können in einer BYOD Policy niedergelegt werden, die Anlage des Vertrags ist; andernfalls können diese auch als Vertragsklauseln unmittelbar in den Vertrag aufgenommen werden (*Lipp* DSRITB 2013, 747, 753). Ein Ersatz des Vertrags durch eine Betriebsvereinbarung, die die Anwendbarkeit des AGB-Rechts ausschließen würde (*Göpfert/Wilke* NZA 2012, 765, 769 f.), kommt dagegen nicht in Betracht, weil eine Betriebsvereinbarung keine Eingriffe in das Privatleben und in die Eigentumsfreiheit des Arbeitnehmers rechtfertigen kann (vgl. *Franck* RDV 2013, 185, 188; *Kremer/Sander* in: Formularhandbuch Datenschutzrecht, Teil C.III.4. Anm. 1). Dies ist im Rahmen von BYOD aber unverzichtbar.

2. Vertrag und Policy regeln die Ordnung des Betriebs und das Verhalten der Arbeitnehmer. Der Arbeitgeber ist die für die Verarbeitung geschäftlicher Daten verantwortliche Stelle nach § 3 Abs. 7 BDSG. BYOD verlangt daher eine gewisse Kontrolle des Arbeitnehmers im geschäftsbezogenen Umgang mit seinem Endgerät. Diese Aspekte machen eine **Mitbestimmung des Betriebsrats** erforderlich (vgl. § 87 Abs. 1 Satz 1 Nr. 1, 6 BetrVG) (*Imping/Pohle* K&R 2012, 470, 474 f.; *Zöll/Kielkowski* BB 2012, 2625, 2629; *Seel* MDR 2014, 69).

3. BYOD verlangt technische Maßnahmen am Endgerät des Arbeitnehmers, weshalb sich der Vertrag nur auf ein bestimmtes Endgerät beziehen kann. Dieses ist so präzise wie möglich nach Hersteller, Modell etc. zu bezeichnen (*Kremer/Sander* in: Formularhandbuch Datenschutzrecht, Teil C.III.4. Anm. 3).

43 **4.** BYOD kann je nach betrieblichen Erwägungen allen oder nur bestimmten Arbeitnehmern (z.B. Führungskräften) angeboten werden. Hier ist der arbeitsrechtliche Gleichbehandlungsgrundsatz zu beachten, der jedenfalls die willkürliche Privilegierung ausgewählter Arbeitnehmer verbietet.

44 **5.** Die für BYOD in Betracht kommenden Endgeräte sind abschließend aufzuzählen. Zum einen kann es aus betrieblichen Erwägungen geboten sein, BYOD nur für bestimmte Gerättypen zuzulassen (etwa nur Mobiltelefone und nicht auch Laptops oder Tablets). Zum anderen muss das Endgerät die Anforderungen der BYOD Policy in technischer Hinsicht erfüllen können. Gewisse Endgeräte sind unter Umständen auf Grund ihrer Funktionalität dazu nicht geeignet (etwa weil sie mit der betriebsspezifischen Software nicht kompatibel sind oder ihr Betriebssystem keine hinreichende Trennung geschäftlicher und privater Daten gewährleistet).

45 **6.** Der Arbeitgeber ist zur lückenlosen Aufzeichnung jeder Verarbeitung geschäftlicher Daten verpflichtet (*Brüggemann* PinG 2014, 10, 13; vgl. *Franck* RDV 2013, 185, 187). Die Aufzeichnung darf nicht die private Nutzung des Endgeräts durch den Arbeitnehmer erfassen (*Zöll/Kielkowski* BB 2012, 2625, 2627).

46 **7.** Der Arbeitgeber ist nach § 257 Abs. 1 HGB, § 147 Abs. 1 AO, GoBS und GdPdU gesetzlich zur Aufbewahrung von Geschäftsunterlagen verpflichtet, muss also eine ordnungsgemäße Datenspeicherung gewährleisten (siehe *Imping/Pohle* K&R 2012, 470, 474; *Lipp* DSRITB 2013, 747, 757). Die Verwendung von Cloud Computing vermeidet die Gefahren des Datenverlusts bei lediglich lokaler Speicherung geschäftlicher Daten auf dem Endgerät. Zugleich verbessert sie die Kontrollmöglichkeiten des Arbeitgebers bezüglich der Verarbeitung geschäftlicher Daten durch den Arbeitnehmer. Soweit es sich bei der Cloud nicht um eine Plattform des Arbeitgebers handelt, darf deren Datenschutzniveau nicht hinter demjenigen der arbeitgebereigenen Plattform zurückbleiben (vgl. *Göpfert/Wilke* NZA 2012, 765, 767).

47 **8.** Im Falle der lokalen Speicherung geschäftlicher Daten auf dem Endgerät sorgt die Back-Up-Funktionalität dafür, dass die Cloud dennoch jede Verarbeitung geschäftlicher Daten wiedergibt und die Aufbewahrungspflichten und Kontrollinteressen des Arbeitgebers gewahrt bleiben.

48 **9.** Zum Schutz geschäftlicher Daten muss die Möglichkeit des Fernzugriffs auf das Endgerät bestehen. Soweit die im Interesse des Arbeitgebers erfolgende Fernlöschung oder Fernsperrung auch die privaten Daten des Arbeitnehmers betreffen kann, ist auch aus diesem Grund die Zustimmung des Arbeitnehmers erforderlich (vgl. § 303a Abs. 1 StGB [tatbestandsausschließendes Einverständnis]). Eine Haftung des Arbeitgebers ist nach Ziffer 4 (iv) der Policy ausgeschlossen.

49 **10.** Der Arbeitgeber muss sämtliche technische und organisatorische Maßnahmen am Endgerät treffen, die zur Einhaltung des BDSG erforderlich sind (*Kopp/Sokoll* NZA 2015, 1352, 1358; *Pollert* NZA-Beilage 2014, 152, 154). Art und Umfang der technischen Maßnahmen hängen von den Besonderheiten der betrieblichen IT-Strukturen und des konkreten Endgeräts ab. Insbesondere sind die auf dem Endgerät zu installierende Software und, soweit erforderlich, zusätzliche Hardware zu benennen. Weitere technische Maßnahmen können etwa die Sperre bestimmter Bedienfunktionen oder privater Applikationen sein (z.B. als Positiv- oder Negativliste). Solche Beschränkungen müssen angesichts der rasanten technologischen Entwicklung stetig aktualisiert werden (*Kremer/Sander* in: Formularhandbuch Datenschutzrecht, Teil C.III.4. Anm. 14).

50 **11.** Die Trennung geschäftlicher und privater Daten ist zentrales Element einer mit dem Datenschutzrecht konformen BYOD-Vereinbarung. Sie grenzt den Verantwortungsbereich des Arbeitgebers bzgl. der geschäftlichen Datenverarbeitung und des betrieblichen Geheimnisschutzes (§ 203 StGB, §§ 17, 18 UWG) von der privaten Datenverarbeitung des Arbeitnehmers (Art. 2 Abs. 1 GG i.V.m. Art. 1 Abs. 1 GG) ab (vgl. hierzu *Brüggemann* PinG 2014, 10, 14; *Imping/Pohle* K&R 2012, 470, 474; *Lipp* DSRITB 2013, 747, 756 f.).

51 **12.** Die Vermischung geschäftlicher und privater Daten ist unzulässig. Das verlangt eine hinreichende Trennung beider Datenkategorien auf dem Endgerät, abgebildet durch zwei unterschiedli-

che Plattformen (sog. »Containerlösung«, dazu *Robrecht* DSRITB 2015, 195, 198; Auer-Reinsdorff/*Conrad* in: Handbuch IT- und Datenschutzrecht, § 37 Rn. 299). Das Betriebssystem oder eine entsprechende Software müssen diese Trennung vollständig gewährleisten (zu den insoweit bestehenden Gefahren des »Jailbreaking« siehe *Göpfert/Wilke* NZA 2012, 765, 767).

13. Auch die jeweils privat und geschäftlich genutzte Software ist zu separieren, um die Datentrennung zu gewährleisten. Der Arbeitnehmer sollte private Applikationen (z.B. das private E-Mail-Postfach oder den privaten Kalender) grundsätzlich nicht zu geschäftlichen Zwecken nutzen. Der Übergang von privater und geschäftlicher Sphäre kann im Einzelfall fließend sein und eine sorgfältige Datentrennung erschweren (Auer-Reinsdorff/*Conrad* in: Handbuch IT- und Datenschutzrecht, § 37 Rn. 279). Zudem birgt die geschäftliche Nutzung privater Software lizenz- und nutzungsrechtliche Probleme. Viele Softwareanwendungen werden nur für den Privatgebrauch unentgeltlich bzw. gegen ein geringes Entgelt zur Verfügung gestellt, so dass ihre geschäftliche Nutzung IP-Rechte verletzen würde (vgl. *Herrnleben* MMR 2012, 205, 206; *v. d. Bussche/Schelinski* in: Münchner Anwaltshandbuch IT-Recht, Abschnitt XIII. Rn. 470). 52

14. Es empfiehlt sich, den Arbeitnehmer daran zu erinnern und auch darauf zu verpflichten, bei der Nutzung des Endgeräts zu geschäftlichen Zwecken Vertraulichkeit zu gewährleisten. Dies gilt für die Nutzung jedes Endgeräts außerhalb des Arbeitsplatzes und ist keine Besonderheit der Nutzung eines privaten Geräts, ggf. geht der Arbeitnehmer aber mit einem privaten Gerät ungezwungener um, weil die Grenzen zwischen dienstlicher und privater Nutzung fließender sind. 53

15. Die Vertraulichkeit der geschäftlichen Daten und das Erfordernis einer strikten Trennung geschäftlicher und privater Daten rechtfertigen den Ausschluss jeglicher Dritter von der Nutzung des Endgeräts. Das gilt auch für die Nutzung durch Familienangehörige. Insoweit nicht überzeugend sind AGB-rechtliche Bedenken gegenüber einer solchen Regelung (vgl. *Lipp* DSRITB 2013, 747, 755), weil die Teilnahme an BYOD freiwillig ist. 54

16. Die Möglichkeit geschäftlicher Datenverarbeitung auf dem privaten Endgerät schafft eine besondere Verantwortung des Arbeitnehmers im Hinblick auf die **Datentrennung**. Beispielsweise darf der Arbeitnehmer keine Software installieren, die sich unbefugten Zugriff auf geschäftliche Daten verschaffen kann (vgl. *Conrad/Schneider* ZD 2011, 153, 156). In Betracht kommt insoweit der Ausschluss bestimmter Anwendungen in Form von Downloadverboten (vgl. *Zöll/Kielkowski* BB 2012, 2625) oder die Beschränkung der Nutzung auf eine abschließende Zahl von Anwendungen. 55

17. Eine unverzügliche Anzeige erhöht die Wahrscheinlichkeit, dass der Arbeitgeber die auf dem abhanden gekommenen Endgerät befindlichen geschäftlichen Daten löschen kann, ehe diese Daten in die Hände Unbefugter gelangen. Daneben ermöglicht sie dem Arbeitgeber, ggf. frühzeitig eventuell entstehende datenschutzrechtliche Pflichten (z.B. seine Informationspflicht nach § 42a BDSG) zu erfüllen (Auer-Reinsdorff/*Conrad* in: Handbuch IT- und Datenschutzrecht, § 37 Rn. 315). 55.1

18. BYOD fördert die Auflösung der Grenzen zwischen Arbeits- und Privatleben. Dies ruft verschiedene arbeitsrechtliche Probleme hervor (z.B. Überschreitung zulässiger Arbeitszeiten, Verletzung von Fürsorgepflichten des Arbeitgebers, Einordnung der ständigen Erreichbarkeit als Bereitschaftsdienst, siehe nur *Lipp* DSRITB 2013, 747, 756; *Zöll/Kielkowski* BB 2012, 2625, 2628 f., Auer-Reinsdorff/*Conrad* in: Handbuch IT- und Datenschutzrecht, § 37 Rn. 316 ff.). Der Arbeitnehmer wird daran erinnert, dass die Nutzung des Endgeräts für dienstliche Zwecke auch außerhalb der Geschäftszeiten zu erfassende Arbeitszeit ist, weil durch das Arbeiten auf dem privaten Endgerät die Grenzen zum Privatleben nicht immer streng gezogen werden. 56

19. Die BYOD Policy gilt im Verhältnis von Arbeitgeber und Arbeitnehmer und kann deshalb Dritte nicht verpflichten (Verbot eines Vertrags zu Lasten Dritter). Zur Gewährleistung ihrer Umsetzung sind daher Interessen Dritter auszuschließen, die aus Eigentumsrechten am Endgerät fol- 57 gen können. Das Erfordernis ausschließlichen Eigentums des Arbeitnehmers schließt insbesondere Abzahlungskäufe mit Eigentumsvorbehalt des Verkäufers sowie Miet- und Leasingmodelle aus.

58 **20.** Die finanziellen Interessen von Arbeitgeber und Arbeitnehmer sind in einen angemessenen Ausgleich zu bringen. Dabei sind die Grenzen des AGB-Rechts (insbesondere § 307 BGB) zu beachten. Daher ist es unzulässig, wenn der Arbeitgeber durch BYOD sämtliche durch die Nutzung des Endgeräts entstehenden Kosten auf den Arbeitnehmer abwälzt. Vorgeschlagen wird eine sachgerechte Verteilung laufender Kosten bei gleichzeitigem Ausschluss der Gewährleistung des Arbeitgebers (vgl. *Lipp* DSRITB 2013, 747, 759 f.; *Zöll/Kielkowski* BB 2012, 2625, 2627 f.). Alternativ kommt der Abschluss einer Geräteversicherung durch den Arbeitgeber in Betracht (*Röhrborn/Lang* BB 2015, 1357, 1361).

59 **21.** Betriebliche Interessen werden z.B. durch den Verdacht einer Straftat oder Ordnungswidrigkeit durch den Arbeitnehmer begründet. Weil sich das Endgerät im Eigentum des Arbeitnehmers befindet, muss ein Herausgabeanspruch explizit geregelt werden (*Göpfert/Wilke* NZA 2012, 765, 769).

60 **22.** Soweit der Arbeitnehmer sein privates Endgerät für einen längeren Zeitraum herausgeben muss, soll er einen angemessenen Ersatz erhalten. Dies legt die Ausstattung mit einem gleichwertigen Endgerät nahe, auf das die privaten Daten des Arbeitnehmers aufgespielt werden (siehe *Göpfert/Wilke* NZA 2012, 765, 769).

61 **23.** Für die laufende Überwachung der Einhaltung der BYOD Policy sollte eine unternehmensintern zuständige Stelle bestimmt werden, z.B. der Datenschutzbeauftragte (§ 4g BDSG; siehe *Conrad/Schneider* ZD 2011, 153, 155) oder ein Compliance-Ausschuss.

62 **24.** Die Komplexität der BYOD-Materie erfordert nicht nur die Durchsetzung der einzelnen Bestimmungen, sondern auch eine Sensibilisierung der Adressaten der BYOD Policy für die insbesondere datenschutzrechtlichen Problemkreise. Hierfür ist es unerlässlich, regelmäßige Schulungen und jederzeitige Beratungsmöglichkeit anzubieten (siehe *Herrnleben* MMR 2012, 205, 206).

III. Allgemeine Einwilligung in die Datenverarbeitung

Vorbemerkung

63 Viele Unternehmen nutzen das Internet als ein Medium zur Ansprache von Bewerbern. Dabei schreiben sie auf den eigenen Websites offene Stellen aus und stellen den potentiellen Bewerbern ein Online-Bewerbungsformular zur Verfügung. Das die offene Stelle ausschreibende Unternehmen erhält so die Bewerberdaten und verarbeitet diese zum Zwecke des Bewerbungsprozesses. Bewerber gelten dabei nach § 3 Abs. 11 Nr. 7 BDSG als Beschäftigte.

64 Die Erhebung und Verarbeitung der Bewerberdaten können grundsätzlich auf den Rechtfertigungstatbestand des § 32 Abs. 1 Satz 1 BDSG gestützt werden. Denn die Erhebung und Verarbeitung der Bewerberdaten ist für die Begründung eines Beschäftigungsverhältnisses grundsätzlich erforderlich.

65 Bei global agierenden Unternehmen kommt es häufig vor, dass die Website und/oder das Online-Bewerbungsverfahren von der z.B. in den USA sitzenden Muttergesellschaft verantwortet werden oder dass die Bewerbungsunterlagen auch für andere Konzerngesellschaften von Interesse sind. In diesen Konstellationen erhält zunächst eine Konzerngesellschaft die Bewerberdaten und gibt diese dann an eine andere Konzerngesellschaft weiter. Da das BDSG kein Konzernprivileg kennt, ist dieser Vorgang eine Datenübermittlung i.S.d. § 3 Abs. 4 Nr. 3 BDSG, die nicht in allen Fällen von § 32 Abs. 1 Satz 1 BDSG gedeckt ist. Aus diesem Grund kann es für ein Unternehmen von Interesse sein, auch für die Datenverarbeitung im Rahmen eines Bewerbungsverfahrens auf die Einwilligung zurückzugreifen.

▶ Muster – Datenschutzrichtlinie für das Online-Bewerbungsverfahren [1]

Der Schutz der Privatsphäre aller Besucher unserer Internetseite ist uns ein großes Anliegen. Daher bitten wir Sie, diese Richtlinie sorgfältig zu lesen, damit Sie die Erhebung, Verarbeitung und Nutzung der personenbezogenen Daten, die Sie uns über unsere Internetseite zur Verfügung stellen, nachvollziehen können.

Am Ende der Datenschutzrichtlinie können Sie Ihre Einwilligung [2] in die Erhebung, Verarbeitung und Nutzung Ihrer personenbezogenen Daten im Rahmen unseres Online-Bewerbungsverfahrens erklären. Sollten Sie Ihre Einwilligung nicht erteilen wollen, können Sie zwar auf unseren Internetseiten surfen, jedoch nicht am Online-Bewerbungsverfahren teilnehmen. [3]

I. Geltungsbereich

Diese Datenschutzrichtlinie bezieht sich auf Ihre personenbezogenen Daten, die wir im Rahmen Ihrer Bewerbung erhalten. Im Zusammenhang mit dieser Datenschutzrichtlinie bezeichnet »diese Internetseite« die Internetseite der [Unternehmensgruppe]. Sie können sich unsere offenen Stellen ansehen und am Bewerbungsverfahren unserer Gesellschaften teilnehmen. Das Verfahren kann in mehreren Stufen durchgeführt werden, in denen wir jeweils weitergehende Informationen über Ihre Fähigkeiten und Interessenschwerpunkte abfragen werden. Diese gleichen wir dann mit den jeweiligen Anforderungsprofilen der innerhalb unserer Gruppe zu besetzenden Stellen ab. Sollte sich aus dem internetbasierten (Vor-)Auswahlverfahren ergeben, dass Sie die Voraussetzungen für eine bestimmte Stelle mitbringen, laden wir Sie gegebenenfalls im nächsten Schritt zu einem Vorstellungsgespräch ein.

II. Erhobene personenbezogene Daten

Wenn Sie sich über unser Online-Bewerbungsverfahren für eine bestimmte Position bei einer unserer Gesellschaften bewerben, werden alle in Ihrer Bewerbung angegebenen personenbezogenen Daten erfasst. Dazu gehören beispielsweise Name, Anschrift, Telefonnummer, E-Mail-Adresse und Lebenslauf. [4]

III. Nutzung Ihrer personenbezogenen Daten

Wir können Ihre personenbezogenen Daten für folgende Zwecke nutzen: (i) zur Beantwortung Ihrer Fragen und zur Bearbeitung Ihrer Bewerbung (z.B. Auswertung, Analyse und Aufbereitung der Bewerbungsunterlagen), (ii) um Sie schriftlich über künftige Stellenausschreibungen zu informieren, (iii) zu internen Verwaltungszwecken der Unternehmensgruppe weltweit (Support- und Personal-verwaltungszwecke) und (iv) um Ihnen die Nutzung dieser Internetseite zu erleichtern und die Internetseite selbst zu verbessern. [5]

IV. Datenübermittlung [6]

Für die unter Punkt III. genannten Zwecke können Ihre personenbezogenen Daten nicht nur an die Gesellschaft, bei der Sie sich auf eine Stelle bewerben (als die für die Verarbeitung Ihrer personenbezogenen Daten verantwortliche Stelle), sondern auch an die [Muttergesellschaft], [Adresse, Sitz z.B. in den USA] als weitere für die Datenverarbeitung verantwortliche Stelle übermittelt werden. [7]

In Ländern außerhalb des Europäischen Wirtschaftsraums (EWR) gelten möglicherweise andere Datenschutzvorschriften als im Sitzland der Gesellschaft, bei der Sie sich auf eine Stelle bewerben. Im Falle einer wie oben beschriebenen Übermittlung Ihrer personenbezogenen Daten in andere Länder werden wir angemessene Vorkehrungen treffen, um sicherzustellen, dass Ihre personenbezogenen Daten dort nach Maßgabe dieser Datenschutzrichtlinie geschützt werden. Vorbehaltlich der Bestimmungen dieser Datenschutzrichtlinie und ohne Ihre Einwilligung werden wir keine Ihrer personenbezogenen Daten offenlegen, es sei denn, wir sind kraft Gesetzes dazu verpflichtet. [8]

V. Ihre Rechte

Sie haben das Recht, auf Ihre personenbezogenen Daten zuzugreifen und die Berichtigung oder Löschung unrichtiger oder unvollständiger personenbezogener Daten zu verlangen. Sie sind jederzeit berechtigt, den unter Punkt III. genannten Datenverarbeitungszwecken soweit gesetzlich zulässig zu widersprechen; bitte wenden Sie sich zu diesem Zweck an _____. [9]

Sie sind jederzeit berechtigt, Informationen über die Daten zu erhalten, die wir über Sie haben. Sie können Ihre Angaben überprüfen, ändern oder korrigieren, indem Sie sich erneut auf unserer Internetseite einloggen; bitte geben Sie zu diesem Zweck Ihr Passwort ein oder wenden Sie sich an _____.

VI. Vertraulichkeit und Speicherung der Daten

Jeder unserer Mitarbeiter und alle Mitarbeiter von IT-Unternehmen, die Zugriff auf personenbezogene Daten haben, sind verpflichtet, diese Daten vertraulich zu behandeln. ALLE ANGABEN WERDEN STRENG VERTRAULICH BEHANDELT UND UNTER EINHALTUNG DER GELTENDEN GESETZLICHEN VORSCHRIFTEN FÜR DEN IN DEM MASSGEBLICHEN LAND JEWEILS ZULÄSSIGEN ZEITRAUM AUFBEWAHRT.

VII. Sicherheit

Die Sicherheit Ihrer personenbezogenen Daten ist uns wichtig. Wir haben technische und organisatorische Vorkehrungen zum Schutz Ihrer personenbezogenen Daten vor unbefugtem Zugriff, Verlust, Veränderung und missbräuchlicher Nutzung getroffen. Wir werden in angemessener Form sicherstellen, dass diese technischen und organisatorischen Vorkehrungen stets dem aktuellen Stand der Technik entsprechen.

Allerdings sind keine Sicherheitsmaßnahme und keine Form der Übertragung über das Internet hundertprozentig sicher. Bei der Übertragung personenbezogener Daten über das Internet sollten Sie stets Vorsicht walten lassen.

VIII. Änderungen dieser Datenschutzrichtlinie

Wir behalten uns das Recht vor, diese Datenschutzrichtlinie zu gegebener Zeit zu überarbeiten. Alle nicht unerheblichen Änderungen werden auf dieser Internetseite veröffentlicht. Dies gilt auch, falls sich die Art und Weise der Erhebung, Verarbeitung oder Nutzung Ihrer personenbezogenen Daten wesentlich ändert. Bitte überprüfen Sie in regelmäßigen Abständen, ob sich Änderungen unserer Datenschutzrichtlinie ergeben haben.

Diese Richtlinie wurde zuletzt aktualisiert am __[Datum]__.

IX. Kontakt

Bei Fragen, Anmerkungen oder Vorschlägen zu dieser Datenschutzrichtlinie oder zu unserem Umgang mit dem Datenschutz wenden Sie sich bitte an _[Name, Anschrift, E-Mail-Adresse, Telefonnummer, Firmen-ID/Registernummer (sofern zutreffend)]_.

X. Einwilligung

Wenn Sie mit der Erhebung, Verarbeitung und Nutzung Ihrer personenbezogenen Daten nach Maßgabe dieser Datenschutzrichtlinie einverstanden sind, klicken Sie bitte nachstehend auf die Schaltfläche »Einverstanden«. Sollten Sie den Bestimmungen unserer Datenschutzrichtlinie nicht zustimmen, können Sie zwar auf unseren Internetseiten surfen, jedoch nicht am Online-Bewerbungsverfahren teilnehmen.

Ich habe die vorstehende Datenschutzrichtlinie gelesen und verstanden und erkläre hiermit meine Einwilligung mit der Erhebung, Verarbeitung, Übermittlung und Nutzung meiner personenbezogenen Daten durch die [Gesellschaft] und [ihre Muttergesellschaft] innerhalb und außerhalb des Europäischen Wirtschaftsraums nach Maßgabe dieser Datenschutzrichtlinie. [10]

[Schaltfläche: »Einverstanden«]

[Schaltfläche: »Nicht einverstanden«]

Erläuterungen

Schrifttum
Däubler/Klebe/Wedde/Weichert Bundesdatenschutzgesetz, 5. Aufl. 2016; *Gola/Schomerus* Bundesdatenschutzgesetz, 12. Aufl. 2015; Müller-Glöge/Preis/Schmidt Erfurter Kommentar zum Arbeitsrecht, 16. Aufl. 2016; *Plath* Bundesdatenschutzgesetz, 2013; *Riesenhuber* Die Einwilligung des Arbeitnehmers im Datenschutzrecht, RdA 2011, 257; *Schwartmann* Datentransfer in die Vereinigten Staaten ohne Rechtsgrundlage, EuZW 2015, 864; *Simitis* Bundesdatenschutzgesetz, 8. Aufl. 2014; *Spindler/Schuster* Recht der elektronischen Medien, 3. Aufl. 2015; *Taeger/Gabel* BDSG und Datenschutzvorschriften des TKG und TMG, 2. Aufl. 2013; Wolff/Brink Beck'scher Online-Kommentar Datenschutzrecht, 15. Edition, Stand: 01.11.2014.

1. In Fällen, in denen die Website von einem Unternehmen betrieben wird, das keinen Sitz in Deutschland hat, ist der räumliche Anwendungsbereich des BDSG zu prüfen. Dieser richtet sich grundsätzlich nach dem Sitz der für die Datenverarbeitung verantwortliche Stelle, § 1 Abs. 5 BDSG. Verantwortliche Stelle für die Daten ist dabei jedenfalls das Unternehmen, welches die offene Stelle ausschreibt. **67**

Handelt es sich um eine verantwortliche Stelle mit Sitz in Deutschland, ist das BDSG anwendbar. Hat die verantwortliche Stelle ihren Sitz hingegen im europäischen Inland (bzw. dem EWR-Inland), findet das BDSG grundsätzlich keine Anwendung, es sei denn, die Datenverarbeitung erfolgt durch eine Niederlassung in Deutschland. Der Begriff der Niederlassung umfasst – der Rspr. des EuGH folgend – jede tatsächliche und effektive Tätigkeit, die mittels einer festen Einrichtung ausgeübt wird, selbst wenn sie nur geringfügig ist (EuGH ZD 2015, 580, 582 Rn. 29 ff.). **68**

Anwendbar ist das BDSG ebenfalls, wenn eine verantwortliche Stelle ihren Sitz außerhalb des EWR hat, aber die Datenverarbeitung im Inland erfolgt. Beim Einsatz eines Online-Bewerbungsverfahrens über eine Website erfolgt die Datenverarbeitung im Inland, wenn die Website im Inland gehostet, also auf einem Server im Inland abgelegt ist. Das BDSG ist in diesen Fällen anwendbar. Eine Datenverarbeitung im Inland liegt nach h.M. hingegen nicht vor, wenn die Website auf einem Server in einem Drittland abgelegt ist und ein Nutzer im Inland lediglich ein Formular auf der Website ausfüllt (zu Einzelheiten Simitis/*Simitis* BDSG, § 1 Rn. 223 ff.; Taeger/Gabel/*Gabel* BDSG, § 1 Rn. 59; anders wenn durch den Websitebetreiber Cookies auf dem PC des Nutzers platziert werden [siehe hierzu KG Berlin, ZD 2014, 412]). **69**

2. Ausweislich der Gesetzesbegründung werden auch im Beschäftigungsverhältnis die allgemeinen Regelungen zur Einwilligung nicht durch § 32 BDSG gesperrt (BT-Drs. 16/13657, S. 20; Däubler/Klebe/Wedde/Weichert/*Däubler* BDSG, § 4a Rn. 3a). Die Wirksamkeit der Einwilligung eines Beschäftigten und damit auch eines Bewerbers richtet sich daher im Wesentlichen nach § 4a BDSG. **70**

3. Wesentliche Voraussetzung der Einwilligung ist, dass sie **freiwillig** erteilt wird, § 4a Abs. 1 S. 1 BDSG. Im Schrifttum wird dabei kontrovers diskutiert, ob aufgrund des dem Arbeitsverhältnis häufig immanenten Über-/Unterordnungsverhältnisses die Einwilligung eines Beschäftigten jemals freiwillig erfolgen kann (nicht generell ausschließend Plath/*Plath* BDSG, § 4a Rn. 27; skeptisch etwa Simitis/*Simitis* BDSG, § 4a Rn. 62; Spindler/Schuster/*Spindler/Nink* Recht der elektronischen Medien, § 4a BDSG Rn. 7). Das Fehlen der Freiwilligkeit wird dabei auch bei Bewerbungssituationen kritisch diskutiert (Taeger/Gabel/*Taeger* BDSG, § 4a Rn. 69 ff.). **71**

Nach zutreffender Ansicht des BAG schließt jedoch das Bestehen eines Arbeitsverhältnisses nicht per se die Freiwilligkeit einer Einwilligung aus (BAG NJW 2015, 2140, 2143 Rn. 32). Für diese Auffassung streitet bereits die Gesetzesbegründung, in der der Gesetzgeber klargestellt hat, dass die Datenverarbeitung auf der Grundlage einer Einwilligung durch § 32 BDSG nicht ausgeschlossen werde (BT-Drs. 16/13657, S. 20). Nichtsdestotrotz ist die Freiwilligkeit immer im Einzelfall zu prüfen (statt vieler Plath/*Plath* BDSG, § 4a Rn. 27). Als Kriterien können herangezogen werden: die generelle Situation am Arbeitsmarkt, die konkrete Bewerbersituation im Hinblick auf die ausgeschriebene Stelle sowie die Position des konkreten Bewerbers. **72**

U. Datenschutz für Arbeitnehmer

73 Mit dem Erfordernis der Freiwilligkeit eng verknüpft ist das Erfordernis der umfassenden Information über die Datenverarbeitung (Taeger/Gabel/*Taeger* BDSG, § 4a BDSG Rn. 52; zu den entsprechenden Hinweispflichten s. U Rdn. 70 ff.). Insbesondere bei der Einholung einer Einwilligung von Bewerbern bzw. Arbeitnehmern empfiehlt es sich, den Bewerber über die Folgen einer Verweigerung der Einwilligung aufzuklären (§ 4a Abs. 1 S. 2 BDSG).

74 **4.** Die Hinweispflicht umfasst eine Information über die **Art der zu erhebenden Daten** (Simitis/*Simitis* BDSG, 8. Aufl., § 4a Rn. 72). Wegen des Bestimmtheitsgrundsatzes kann nur in die Erhebung *bestimmter* Daten eingewilligt werden (*Riesenhuber* RdA 2011, 257, 259). Eine abschließende Aufzählung ist nicht erforderlich (Plath/*Plath* BDSG, § 4a Rn. 33). Die Daten, die vom Bewerber abgefragt werden können, sind durch das allgemeine Fragerecht des Arbeitgebers begrenzt (ErfK/*Franzen* § 4a BDSG Rn. 1). Wenn besondere Arten personenbezogener Daten (§ 3 Abs. 9 BDSG) erhoben, verarbeitet oder genutzt werden, muss sich die Einwilligung zudem ausdrücklich auf diese Daten beziehen, § 4a Abs. 3 BDSG. Daher ist besonders darauf hinzuweisen, falls etwa Gesundheitsdaten (z.B. Infektionen eines Arztes) oder Daten über die Religionszugehörigkeit erhoben werden sollen.

75 **5.** Der Betroffene ist auf den vorgesehenen **Zweck** der Erhebung, Verarbeitung oder Nutzung seiner Daten hinzuweisen (§ 4a Abs. 1 S. 2 BDSG). Der Zweck muss dabei hinreichend konkret und abschließend benannt und darf nicht überraschend sein. Erfolgt eine Datenverarbeitung zu einem nicht in der Einwilligung genannten Zweck, ist die Verarbeitung zu diesem Zweck nicht mehr von der Einwilligung gedeckt.

76 **6.** Der Bewerber ist auch über den potentiellen **Empfängerkreis** zu informieren (Gola/Schomerus/*Gola/Klug/Körffer* BDSG, § 4a Rn. 37). In Anlehnung an § 4 Abs. 3 S. 1 Nr. 3 BDSG reicht es allerdings aus, die Empfängerkategorien so genau wie möglich zu benennen und bspw. im Online-Bewerbungsverfahren einen Link zu einer ständig aktualisierten Liste mit den datenverarbeitenden Stellen vorzusehen.

77 **7.** Mangels Regelungen zur Datenverarbeitung im Konzern sind Konzernunternehmen im Verhältnis zueinander Dritte i.S.d. § 3 Abs. 8 BDSG und müssen bei der konzerninternen Datenübermittlung dieselben Regeln beachten wie bei einer Datenübermittlung an konzernexterne Empfänger. Dies stößt insbesondere bei internationalen Konzernen, die zentrale HR-Management-Systeme nutzen, auf praktische Probleme. Eine Erleichterung scheint durch die europäische Datenschutzgrundverordnung (DSGVO) vorgesehen zu sein, die seit dem 25.05.2016 in Kraft ist und ab dem 25.05.2018 anwendbar sein wird. Wie bereits in § 28 Abs. 1 Satz 1 Nr. 2 BDSG geregelt, ist nach Art. 6 Nr. 1 lit. (f) DSGVO die Verarbeitung personenbezogener Daten rechtmäßig, wenn sie zur Wahrung der berechtigten Interessen des für die Verarbeitung Verantwortlichen erforderlich ist, sofern nicht die Interessen des Betroffenen überwiegen. In Erwägungsgrund 38a heißt es dabei ausdrücklich: »Für die Verarbeitung Verantwortliche, die Teil einer Unternehmensgruppe oder einer Einrichtung sind, die einer zentralen Stelle zugeordnet ist, können ein berechtigtes Interesse haben, personenbezogene Daten innerhalb der Unternehmensgruppe für interne Verwaltungszwecke, einschließlich der Verarbeitung personenbezogener Daten von Kunden und Beschäftigten, zu übermitteln.« Trotz dieser Regelung besteht jedoch auch weiterhin eine gewisse Unsicherheit, können doch die Mitgliedstaaten aufgrund nationaler Öffnungsklauseln (Art. 82 DSGVO) spezifische Regelungen für den Umgang mit Beschäftigtendaten erlassen.

78 **8.** Eine **Datenübermittlung an Stellen in Ländern** außerhalb des EWR ist nach § 4b Abs. 2 Satz 2 BDSG grundsätzlich nur dann zulässig, wenn in dem Empfängerland ein angemessenes Datenschutzniveau gewährleistet ist. Die Europäische Kommission hat für bestimmte Länder in einer sogenannten Angemessenheitsentscheidung entschieden, dass das jeweilige Land als Land mit einem angemessen Datenschutzniveau gilt. Eine solche Entscheidung ist für die USA nicht ergangen. Allerdings haben sich die Europäische Kommission und das US-Handelsministerium im Jahr 2000 auf das **Safe-Harbor**-Abkommen geeinigt (Entscheidung der Europäischen Kommission vom 26.07.2000 [2000/520/EG]). Nach diesem Abkommen konnten sich bestimmte US-Unterneh-

men den im Abkommen beschriebenen Regelungen unterwerfen und sich in Form einer Selbstzertifizierung als Empfänger mit einem angemessenen Datenschutzniveau ausweisen. Der Datentransfer an Safe-Harbor-zertifizierte Empfänger wurde auf Grund der Entscheidung der Europäischen Kommission als nach § 4b Abs. 2 Satz 2 BDSG zulässig angesehen.

Mit seiner als »Schrems-Urteil« bekannten Entscheidung vom 06.10.2015 hat der EuGH die Safe-Harbor-Entscheidung der Europäischen Kommission für ungültig erklärt (EuGH, Rs. C-362/14, NJW 2015, 3151 ff.). Die Entscheidung des EuGH gilt ausdrücklich nur für Datentransfers an Safe-Harbor-zertifizierte Empfänger. Die **Einwilligung (§ 4c Abs. 1 Satz 1 Nr. 2 BDSG)**, die EU-Standardverträge und die **verbindlichen Unternehmensregelungen** (sog. »Binding Corporate Rules« (**§ 4c Abs. 2 Satz 1 BDSG**) sind in dem Urteil nicht angesprochen. Bis zu einer anderslautenden Entscheidung können diese Instrumente zur Sicherung eines Datentransfers an Stellen außerhalb des EWR herangezogen werden und so nach § 4c BDSG den Datentransfer rechtfertigen, auch wenn in dem Empfängerland ein angemessenes Datenschutzniveau nicht gewährleistet ist (kritisch hierzu DSK-Positionspapier vom 26.10.2015; *Schwartmann* EuZW 2015, 864, 867).

Will das Unternehmen den Datentransfer an Stellen außerhalb des EWR auf die qualifizierte Einwilligung des Bewerbers i.S.d. **§ 4c Abs. 1 S. 1 Nr. 2 BDSG** stützen, muss die Einwilligung einen Hinweis auf das bestehende geringere Datenschutzniveau enthalten (Plath/*v. d. Bussche* BDSG, § 4c Rn. 7; Simitis/*Simitis* BDSG, § 4c Rn. 9; Taeger/Gabel/*Gabel* BDSG, § 4c Rn. 6; Wolff/Brink/*Schantz* Beck'scher Online-Kommentar Datenschutzrecht, § 4c BDSG Rn. 11).

9. Der Bewerber ist auf die Möglichkeit zum Widerruf der einmal erteilten Einwilligung hinzuweisen. Das Widerrufsrecht wird zwar in § 4a BDSG nicht ausdrücklich erwähnt, es ist aber allgemein anerkannt und Ausfluss des Grundrechts auf informationelle Selbstbestimmung (Plath/*Plath* BDSG, § 4a Rn. 70). Die Widerrufserklärung unterliegt keinen besonderen Formerfordernissen, insbesondere nicht der Schriftform (Gola/Schomerus/*Gola/Klug/Körffer* BDSG, § 4a Rn. 37; Taeger/Gabel/*Taeger*, BDSG, § 4a BDSG Rn. 82; a.A. Simitis/*Simitis* BDSG, § 4a Rn. 96), sodass diese auch nicht gefordert werden darf. Der Widerruf beseitigt die Rechtswirkungen der Einwilligung *ex nunc*, so dass die Einwilligung Rechtsgrundlage für in der Vergangenheit erfolgte Datenverarbeitung bleibt.

10. Die Einwilligung bedarf nach § 4a Abs. 1 S. 3 BDSG grds. der **Schriftform**. Die Schriftform setzt nach § 126 Abs. 1 BGB eine eigenhändige Unterschrift voraus und kann nach § 126 Abs. 3 BGB durch die **elektronische Form** ersetzt werden. Die Schriftform nach § 4a Abs. 1 S. 3 BDSG ist jedoch nur erforderlich, soweit nicht wegen **besonderer Umstände** eine andere Form angemessen ist. Im Rahmen eines Online-Bewerbungsverfahrens liegen nach der hier vertretenen Auffassung derartige besondere Umstände vor, sodass die Einhaltung der Schriftform nicht notwendig ist (ebenso Däubler/Klebe/Wedde/Weichert/*Däubler* BDSG, § 4a Rn. 15; Taeger/Gabel/*Taeger* BDSG, § 4a Rn. 37 ff.). Denn das Erfordernis einer eigenhändigen Unterschrift im Online-Bewerbungsverfahren führte zu einem Medienbruch und widerspräche den praktischen Gegebenheiten und Bedürfnissen. Die für die elektronische Form nach § 126a Abs. 1 BGB erforderliche qualifizierte elektronische Signatur wird Bewerbern oftmals nicht zur Verfügung stehen.

IV. Einwilligung in das Screening von Datenträgern im Rahmen einer internen Untersuchung

Vorbemerkung

Anlassbezogene interne Untersuchungen im Unternehmen dienen der Aufklärung eines bestimmten Sachverhalts, insbesondere eines möglichen Fehlverhaltens, welches aus dem Unternehmen begangen wurde. Ziel von internen Untersuchungen ist zumeist die Aufklärung eines bestimmten Sachverhalts und/oder die Kooperation mit in- und ausländischen Behörden. Ziel ist aber auch

U. Datenschutz für Arbeitnehmer

die Haftungsvermeidung, Verbesserung der Compliancestruktur, Prävention sowie Aufdeckung, Abstellen und Sanktionierung eines etwaigen Fehlverhaltens.

84 Da die meisten Geschäftsprozesse heutzutage elektronisch aufgesetzt sind, ist die Aufklärung eines Sachverhalts häufig mit dem Zugriff auf elektronische Dokumente verbunden, die insbesondere auf Servern, auf Festplatten von Computern/Desktops/Notebooks oder sonstigen Datenträgern (z.B. CD-ROMs oder USB-Sticks) gespeichert sind. Diese Dokumente werden im Rahmen einer internen Untersuchung gesichert und mithilfe bestimmter Schlagwörter durchsucht. Soweit die durchsuchten Dokumente personenbezogene Daten von Beschäftigten enthalten – und dies ist meistens der Fall – sind diese Vorgänge datenschutzrechtlich eine Verarbeitung von Beschäftigtendaten. Mögliche Rechtfertigung für eine solche Datenverarbeitung kann die Einwilligung der betroffenen Personen sein.

85 Ob die Einholung der Einwilligung in der konkreten Untersuchungssituation ein geeignetes Mittel zur Absicherung der Datenverarbeitung ist, muss im Einzelfall geprüft werden. Alternativ können § 32 Abs. 1 S. 1, § 32 Abs. 1 S. 2, § 28 Abs. 1 S. 1 Nr. 2 BDSG oder eine Betriebsvereinbarung als Rechtsgrundlage in Betracht kommen. Gegen eine Einwilligungslösung kann sprechen, dass die Untersuchung außerhalb des Untersuchungsteams zunächst nicht bekannt werden soll oder die Betroffenen bereits aus dem Unternehmen ausgeschieden sind oder gegen die Untersuchung opponieren, weshalb zu erwarten ist, dass sie die Einwilligung nicht erteilen oder widerrufen.

86 Die Einholung von Einwilligungen kann bei einer hohen Anzahl von Betroffenen und einer umfangreichen, unübersichtlichen Datenmenge auch aus praktischen Gesichtspunkten ungeeignet sein. Die Einwilligungslösung trägt zudem dort nicht, wo in den relevanten Dokumenten nicht nur Daten der Mitarbeiter enthalten sind, sondern auch Daten von Personen, deren Identität (zunächst) nicht bekannt ist.

▶ **Muster – Einwilligung in das Screening von Datenträgern im Rahmen einer internen Untersuchung** [1]

87 [Briefkopf des Unternehmens]

Frau/Herrn _____
– im Hause –

_____ [Datum]

Einwilligung in das Screening von Datenträgern

Sehr geehrte/r Frau/Herr _____ ,

wie Ihnen bekannt ist, führt [das Unternehmen] aufgrund der erhobenen Vorwürfe [Bezeichnung der Vorwürfe] eine interne Untersuchung durch (»interne Untersuchung«).

Ziel der internen Untersuchung ist die Aufklärung der möglichen Beteiligung des [Unternehmens], der mit dem [Unternehmen] verbundenen Unternehmen und ihrer jeweiligen Mitarbeiter (»[Unternehmensgruppe]«) an [Bezeichnung der Vorwürfe] . [2]

Soweit das [Unternehmen] über den vorgenannten Gegenstand der Untersuchung hinaus auch Anhaltspunkte für vergleichbare Sachverhalte haben sollte, die sich aus der Zusammenarbeit mit [anderen Unternehmen der Branche] ergeben, kann das [Unternehmen] diese ebenfalls untersuchen. [3]

Die interne Untersuchung umfasst derzeit primär den Zeitraum vom _____ bis zum _____.

Im Rahmen der internen Untersuchung kooperiert die [Unternehmensgruppe] mit nationalen und internationalen Ermittlungs- und Aufsichtsbehörden.

Jungkind

Einwilligung in das Screening von Datenträgern im Rahmen einer internen Untersuchung U.IV.

Zur Durchführung der internen Untersuchung bittet das ___[Unternehmen]___ Sie, ihre Dateien aller Dateiformate (»Daten«), die Sie in der Vergangenheit erstellt, bearbeitet, empfangen, versendet, gelöscht und/oder weitergeleitet haben, zur Überprüfung zu übergeben. Hierzu soll eine Kopie (Spiegelung) der Festplatte des von Ihnen im Zuge Ihrer Tätigkeit für das [Unternehmen] verwendeten Computers und/oder Desktops und/oder Notebooks (nebst möglicher weiterer elektronischer Geräte) sowie ihrer sonstigen Daten angefertigt werden, die auf Server-Einheiten oder sonstigen Datenträgern (wie z.B. CD-ROMs oder USB-Sticks) gespeichert sind.

Die vorgenannten Daten sowie entsprechende Daten von anderen Mitarbeitern der [Unternehmensgruppe], die auch Gegenstand der Untersuchung sind, können Ihren Namen, Ihre beruflichen Kontaktdaten bei der [Unternehmensgruppe] sowie weitere personenbezogene Daten enthalten und Ihnen beispielsweise als Autor eines Dokuments, als Sender/Empfänger einer E-Mail oder aufgrund der Nennung Ihrer Person in einem Dokument oder einer E-Mail zugeordnet werden. [4]

Anschließend sollen die kopierten Daten in einem speziellen Programm (z.B. _____) gespeichert und von den zu diesem Zweck beauftragten externen Prüfern oder Dienstleistern mit Hilfe eines speziellen Suchprogramms durchsucht werden. Dabei werden mit Hilfe von Suchwortlisten (search terms) relevante Dokumente identifiziert und, soweit die relevanten Dokumente Fragen aufwerfen, die beteiligten Mitarbeiter befragt. Die Befragungen finden durch externe Anwälte und Mitarbeiter der [Unternehmens] Compliance-Abteilung statt.

Das [Unternehmen] hat die Rechtsanwaltskanzleien _____ zusammen mit dem Dienstleister _____ (zusammen die »Prüfer«) beauftragt, die Untersuchung durchzuführen. [5] Für die Zwecke der Untersuchung durch diese Prüfer könnte es erforderlich werden, die kopierten Daten in Länder außerhalb des Europäischen Wirtschaftsraums zu transferieren. In diesen Ländern besteht nach den dort anwendbaren Rechtsvorschriften möglicherweise ein geringeres Datenschutzniveau als im Europäischen Wirtschaftsraum. Daher bitten wir Sie rein vorsorglich um Ihre Zustimmung auch zu einem solchen Datentransfer und versichern Ihnen, dass wir alle erforderlichen Anstrengungen unternehmen, Ihre Daten den europäischen Standards entsprechend zu schützen. [6]

Im Rahmen der internen Untersuchung kann nicht ausgeschlossen werden, dass auch Daten mit privaten Inhalten oder Angaben über die rassische und ethnische Herkunft, politische Meinungen, religiöse oder philosophische Überzeugungen, Gewerkschaftszugehörigkeit, Gesundheit oder Sexualleben (»besondere Arten personenbezogener Daten«) erfasst werden. [7] Allerdings wird die Suchwortliste so konzipiert, dass nicht gezielt nach Daten mit privatem Inhalt oder nach besonderen Arten personenbezogener Daten gesucht wird. Sollte die elektronische Suche im Einzelfall solche Daten als relevant anzeigen, haben die Mitarbeiter der Prüfer die strikte Anweisung, solche Daten inhaltlich nicht zu überprüfen und zu löschen. Das [Unternehmen] wird über elektronische Dokumente privaten Inhalts oder mit besonderen Arten personenbezogener Daten nicht informiert werden.

Die kopierten Daten werden nach Abschluss der Überprüfung gelöscht. Die Prüfer werden jedoch Kopien solcher elektronischer Dokumente aufbewahren, die für sich genommen oder in Verbindung mit anderen Beweismitteln oder Informationen als Beweismittel im Zusammenhang mit der Untersuchung dienen können. Das [Unternehmen] behält sich das Recht vor, diese Kopien zur Wahrnehmung eigener Interessen gegenüber Behörden oder Dritten und möglicherweise vor Gericht zu verwenden.

Die vorgenannte interne Untersuchung ist für das [Unternehmen] von höchster Bedeutung, nicht nur aus wirtschaftlichen Gründen, sondern auch aufgrund unserer Compliance-Verpflichtungen. Wir bitten Sie daher, uns Ihre Einwilligung zu erteilen, die Untersuchung wie vorstehend beschrieben durchzuführen. Sie unterstützen damit die Compliance-Anstrengungen des [Unternehmens].

Sie sind nicht zur Erteilung dieser Einwilligung verpflichtet. Sollten Sie sich gegen eine Einwilligung entscheiden, wird diese Entscheidung nicht zu arbeitsrechtlichen Maßnahmen des [Unternehmens] gegen Sie führen. Bei Rückfragen zu dem Inhalt dieser Einwilligung wenden Sie sich bitte an _____. Sie können die Einwilligung jederzeit ohne nachteilige arbeitsrechtliche Folgen mit Wirkung für die Zukunft widerrufen. Einen eventuellen Widerruf erklären Sie bitte ebenfalls gegenüber _____. Wir weisen Sie darauf hin, dass wir die interne Untersuchung auch ohne Ihre Einwilligung durchführen können, soweit dies gesetzlich zulässig ist. [8]

Wenn Sie mit der vorstehend beschriebenen Vorgehensweise einverstanden sind, reichen Sie bitte die beigefügte Einwilligungserklärung unterzeichnet an uns zurück.

Wir wären Ihnen dankbar, wenn Sie uns bis spätestens _____ Rückmeldung geben könnten, auch wenn Sie keine Einwilligung erteilen wollen.

Mit freundlichen Grüßen

[Name des Unternehmens]

_____
(Name, Vorname)

Einwilligung in das Screening von Datenträgern

Ich bestätige, dass ich den vorstehenden Text gelesen und verstanden habe, und erteile meine Einwilligung zu der im vorstehenden Text beschriebenen Vorgehensweise und dem genannten Zweck. Ich wurde darüber informiert, dass diese Einwilligung freiwillig ist und ich diese Einwilligung jederzeit ohne nachteilige arbeitsrechtliche Folgen widerrufen kann.

Ort: _____ Datum: _____ Unterschrift: [9] _____

Erläuterungen

Schrifttum

Bierekoven Korruptionsbekämpfung vs. Datenschutz nach der BDSG-Novelle, CR 2010, 203; *Brink/Schmidt* Die rechtliche (Un-)Zulässigkeit von Mitarbeiterscreenings, MMR 2010, 592; *Fülbier/Splittgerber* Keine (Fernmelde-)Geheimnisse vor dem Arbeitgeber?, NJW 2012, 1995; *Henssler/Willemsen/Kalb* Arbeitsrecht Kommentar, 6. Aufl. 2014; *Kopp/Pfisterer* Vorauseilender Gehorsam?, CCZ 2015, 98; *Loof/Schefold* Kooperation bei Ermittlungsverfahren gegen Unternehmen in den USA – Datentransfer zwischen Skylla und Charybdis, ZD 2016, 107; *Moosmayer/Hartwig* Interne Untersuchungen, 2012; *Scheben/Klos* Analyse von Chatprotokollen und E-Mails – Was ist verwertbar?, CCZ 2013, 88; *Schmidt* Arbeitnehmerdatenschutz gemäß § 32 BDSG – Eine Neuregelung (fast) ohne Veränderung der Rechtslage, RDV 2009, 193; *Simitis* BDSG, 8. Aufl. 2014; *Taeger/Gabel* BDSG, 2. Aufl. 2013; *Thüsing* Beschäftigtendatenschutz und Compliance, 2. Aufl. 2014; *Thüsing* Datenschutz im Arbeitsverhältnis, NZA 2009, 865; *Wessing/Dann* Deutsch-Amerikanische Korruptionsverfahren, 2013; *Wybitul* Handbuch Datenschutz im Unternehmen, 2. Aufl. 2014.

88 1. Rechtsgrundlage der Einwilligung in das Screening von Datenträgern ist § 4 Abs. 1 BDSG. Zum räumlichen Anwendungsbereich des BDSG vgl. U Rdn. 67 ff.

89 Gestattet der Arbeitgeber den Mitarbeitern die private Nutzung der betrieblichen Internetzugänge und E-Mail-Accounts, wird die Anwendbarkeit der §§ 88, 91 ff. TKG diskutiert (zum Meinungsstand ausführlich *Wybitul* Handbuch Datenschutz im Unternehmen, Rn. 268 ff.). Die Vorschriften des TKG sind Spezialgesetze i.S.d. § 1 Abs. 3 BDSG, die das BDSG verdrängen. Sie setzen voraus, dass der Arbeitgeber Anbieter von Telekommunikationsdienstleistungen ist, d.h., dass er ganz oder teilweise geschäftsmäßig Telekommunikationsdienste erbringt oder an der Erbringung solcher Dienste mitwirkt (§ 3 Nr. 6 TKG). Dies ist nach zutreffender Ansicht zu verneinen mit der Konsequenz, dass das TKG keine Anwendung findet und das BDSG nicht verdrängt. Insbesondere fordert der Arbeitgeber für die gelegentliche private Nutzung der in erster Linie als Arbeitsmittel zur Verfügung gestellten betrieblichen IT-Systeme durch die Mitarbeiter in der Regel keine (finanzielle) Gegenleistung und erbringt mithin keine Telekommunikationsdienste i.S.d. Legaldefinition in § 3 Nr. 24 TKG (vgl. *Scheben/Klos* CCZ 2013, 88, 90). Arbeitnehmer sind im Verhältnis zu ihrem Arbeitgeber auch nicht Dritte i.S.d. § 3 Nr. 10 TKG (vgl. LAG Berlin-Brandenburg, Urt. v. 14.01.2016 – 5 Sa 675/15; VG Karlsruhe, Urt. v. 27.05.2013 – 2 K 3249/12,

NVwZ-RR 2013, 797, 801; *Fülbier/Splittgerber* NJW 2012, 1995, 1999; *Thüsing/Thüsing* Beschäftigtendatenschutz und Compliance, § 3 Rn. 84).

Soweit eine Einwilligung nicht in Betracht kommt (vgl. U Rdn. 85 f.), stellt sich die Frage nach einer alternativen Rechtsfertigungsgrundlage, wobei in der Literatur insbesondere das Verhältnis der §§ 28 und 32 BDSG diskutiert wird. **90**

Nach der h.M. könne ausschließlich § 32 Abs. 1 S. 1 BDSG als Rechtfertigungstatbestand für die Verarbeitung von Beschäftigtendaten herangezogen werden, die der Umsetzung präventiver Compliance-Maßnahmen dient (h.M., vgl. *Henssler/Willemsen/Kalb/Lembke* Arbeitsrecht Kommentar, § 32 BDSG Rn. 9; Taeger/Gabel/*Zöll* BDSG, § 32 Rn. 29; *Wessing/Dann/Pohle* Deutsch-Amerikanische Korruptionsverfahren, § 9 Rn. 18) bzw. die zum Zwecke der Aufdeckung von Vertragsbrüchen oder Ordnungswidrigkeiten im Beschäftigungsverhältnis erfolgt (Taeger/Gabel/*Zöll* BDSG, § 32 Rn. 29; *Thüsing* NZA 2009, 865, 868). Die Datenverarbeitung sei dann für die Durchführung des Beschäftigungsverhältnisses erforderlich, da sie der Aufklärung von Pflichtverletzungen der Mitarbeiter diene. **91**

§ 32 Abs. 1 S. 2 BDSG sei dagegen anwendbar, wenn die Verarbeitung von Beschäftigtendaten zur Aufdeckung bereits begangener Straftaten erfolgt. In diesen Fällen ist Datenverarbeitung nur zulässig, wenn ein Verdacht gegen einen konkreten Beschäftigten oder einen eingrenzbaren Beschäftigtenkreis existiert und dieser Verdacht hinreichend dokumentiert wird (h.M., vgl. *Moosmayer/Hartwig/Thoma* Interne Untersuchungen, S. 88; *Simitis/Seifert* BDSG, § 32 Rn. 101). **92**

Nach der hier vertretenen Auffassung kann eine Datenverarbeitung, die der Erfüllung präventiver aber auch repressiver Compliance-Maßnahmen dient, auch auf § 28 Abs. 1 S. 1 Nr. 2 und Abs. 2 BDSG gestützt werden. Eine absolute Sperrwirkung des § 32 Abs. 1 S. 2 BDSG insbesondere ggü. § 28 Abs. 1 und Abs. 2 BDSG für den Fall, dass es zwar Anhaltspunkte für eine aus dem Unternehmen heraus begangene Straftat, aber keinen konkreten Verdacht bzw. keinen konkreten Verdächtigen gibt, ist abzulehnen (die weit verbreitete Gegenauffassung vertreten etwa *Wessing/Dann/Pohle* Deutsch-Amerikanische Korruptionsverfahren, § 9 Rn. 19; *Bierekoven* CR 2010, 203, 206; *Brink/Schmidt* MMR 2010, 592, 594; *Kopp/Pfisterer* CCZ 2015, 98, 102). Eine solche Sperrwirkung würde insbesondere die Möglichkeit des Arbeitgebers, seiner Compliance-Verantwortung nachzukommen, die Legalität in seinem Unternehmen zu untersuchen und ggf. wiederherzustellen, sowie die Sachverhalte zu ermitteln, um das Unternehmen zu verteidigen, in unzulässiger Weise einschränken. Die Sperrwirkung ist auf Fälle zu beschränken, in denen (i) das Verhalten des einzelnen Mitarbeiters Gegenstand der Ermittlungsmaßnahme ist und (ii) die Ermittlungsmaßnahme zum Zwecke des Beschäftigungsverhältnisses erfolgt (in diese Richtung *Moosmayer/Hartwig/Thoma* Interne Untersuchungen, S. 88 f.; siehe auch *Loof/Schefold* ZD 2016, 107, 109). Ein entsprechender gesetzgeberischer Wille folgt aus der Gesetzesbegründung (BT-Drs. 16/13657, S. 21) wie auch der amtlichen Überschrift des § 32 BDSG: Datenverarbeitung »für Zwecke des Beschäftigungsverhältnisses«, d.h. insbesondere für die Vorbereitung arbeitsrechtlicher Konsequenzen gegen den betroffenen Mitarbeiter (*Simitis/Seifert* BDSG, § 32 Rn. 101). Auch Sinn und Zweck des § 32 Abs. 1 S. 2 BDSG sprechen gegen eine tatbestandsübergreifende Sperrwirkung; schließlich wurde die Norm als Reaktion auf Datenschutz- und Überwachungsskandale bei großen Unternehmen eingeführt, um künftig zu verhindern, dass einzelne Mitarbeiter verdachtsunabhängig zum Untersuchungs- und Überwachungsobjekt gemacht werden (vgl. BT-Drs. 16/13657, 20; Henssler/Willemsen/Kalb/*Lembke* Arbeitsrecht Kommentar, § 32 BDSG Rn. 1; *Simitis/Seifert* BDSG, § 32 Rn. 101), nicht aber um Datenverarbeitung für Zwecke einer internen Untersuchung und Kooperation mit in- und ausländischen Ermittlungsbehörden auszuschließen (*Schmidt* RDV 2009, 193, 195 f.). **93**

Zudem kann eine Betriebsvereinbarung des Unternehmens als »andere Rechtsvorschrift« i.S.d. § 4 Abs. 1 BDSG die Verarbeitung personenbezogener Daten der Mitarbeiter im Rahmen einer internen Untersuchung rechtfertigen (allgemeine Auffassung, s. nur BAG, Urt. v. 20.12.1995 – 7 ABR 8/95, NZA 1996, 945, 947; *Simitis/Scholz/Sokol* BDSG, § 4 Rn. 11; *Thüsing/Thüsing/* **94**

Granetzny Beschäftigtendatenschutz und Compliance, § 4 Rn. 4 jeweils m.w.N.), soweit sie detaillierte Vorgaben für die relevanten Datenverarbeitungsschritte enthält.

95 **2.** Um den Anforderungen des § 4a BDSG zu genügen, muss die Einwilligung insbesondere auf Basis einer hinreichenden Informationsgrundlage erfolgen; mithin ist auch auf den Zweck der Erhebung, Verarbeitung oder Nutzung der Daten hinzuweisen, vgl. U Rdn. 75. Die Verarbeitung von Daten, die zum Zwecke der internen Untersuchung erhoben wurden, muss auf eine andere Rechtfertigungsgrundlage gestützt werden, sobald die Datenverarbeitung zu einem anderen Zweck erfolgt. Die Verarbeitung zu untersuchungsfremden Zwecken kann dann nicht auf diese Einwilligung gestützt werden.

96 **3.** Zum Umgang mit sog. Zufallsfunden, die im Rahmen einer internen Untersuchung gemacht werden, fehlen, soweit ersichtlich, bislang konkrete Äußerungen in der Rechtsprechung und Literatur. Das BAG hat zu Zufallsfunden bei heimlicher Videoüberwachung von Arbeitnehmern ausgeführt, dass solche dann verwendet werden können, wenn die jeweils vorzunehmende Abwägung zwischen Arbeitgeber- und Arbeitnehmerinteressen zugunsten der Verwertung ausfällt (BAG, Urt. v. 21.11.2013 – 2 AZR 797/11, juris Rn. 56). Unter Rückgriff auf die Wertung des § 6b Abs. 3 S. 2 BDSG sind Zufallsfunde wohl jedenfalls verwertbar, wenn ihre Nutzung zur Verfolgung von Straftaten erforderlich ist. Eine Einwilligung in die Verwertung von Zufallsfunden ist mangels möglicher Konkretisierung der Art der betroffenen Daten und des Zwecks ihrer Verwendung mit dem Bestimmtheitsgrundsatz des § 4a Abs. 1 S. 2 BDSG (vgl. U Rdn. 74) kaum in Einklang zu bringen. Zur umfassenden Information des Betroffenen über die Datenverarbeitung empfiehlt sich aber ein Hinweis zum Umgang mit Zufallsfunden.

97 **4.** Die Hinweispflicht der verantwortlichen Stelle bezieht sich auch auf die Art der Daten, vgl. U Rdn. 74.

98 **5.** Der Betroffene ist zudem über den potenziellen Empfängerkreis zu informieren, vgl. U Rdn. 76 f.

99 **6.** Zur Zulässigkeit einer Datenübermittlung in Drittländer und zu den Anforderungen an eine Einwilligung diesbezüglich vgl. U Rdn. 78 ff.

100 **7.** Werden besondere Arten personenbezogener Daten i.S.d. § 3 Abs. 9 BDSG erhoben, verarbeitet oder genutzt, muss sich die Einwilligung ausdrücklich auf diese beziehen, vgl. U Rdn. 74. In der Regel sind besondere Arten personenbezogener Daten für die Untersuchung nicht von Interesse. Um den Verhältnismäßigkeitsgrundsatz zu wahren, der auch bei der Einwilligung gilt, sollte das Unternehmen bei der Aufsetzung der Prozesse insbesondere darauf achten, dass besondere personenbezogene Daten von dem Screeningprozess weitestgehend ausgenommen werden. Dies ist insbesondere durch die Festlegung der Search Terms möglich. Zudem sollte ein Prozess für den Umgang mit Dokumenten, die besondere personenbezogene Daten enthalten, aufgesetzt werden. Diese können z.B. besonders gekennzeichnet und gesondert abgelegt oder unmittelbar gelöscht werden.

101 **8.** Die Einwilligung muss freiwillig erfolgen; das Bestehen eines Arbeitsverhältnisses zwischen dem Unternehmen und dem jeweiligen Mitarbeiter schließt die Freiwilligkeit nicht per se aus, vgl. im Einzelnen U Rdn. 70 ff. Allerdings kann die Ankündigung einer internen Untersuchung, ggf. zusammen mit einer Konfrontation mit ersten Verdachtsmomenten, für den Arbeitnehmer eine Zwangslage begründen. Wenn der Arbeitnehmer keine Wahl zu haben glaubt bzw. der Arbeitgeber dem Arbeitnehmer (ggf. trotz anderslautender Formulierungen) »auf der Tonspur« keine Wahl lässt als die Einwilligungserklärung zu erteilen, ist die Einwilligung nicht freiwillig, d.h. unwirksam. Ist der Arbeitgeber entschlossen, die Untersuchung ungeachtet einer nicht erteilten Einwilligung durchzuführen oder trotz Widerrufs fortzusetzen, sollten anstelle der Einwilligung alternative Rechtfertigungsmöglichkeiten geprüft werden. Die Möglichkeit, sich durch einen eigenen Rechtsanwalt beraten zu lassen, kann die Freiwilligkeit fördern. Weiterhin ist der potenziell Einwilligende auf die Möglichkeit zum Widerruf der einmal erteilten Einwilligung hinzuweisen, vgl.

U Rdn. 81. Auch die Aufklärung über die Folgen der Verweigerung der Einwilligung ist empfehlenswert, vgl. U Rdn. 73.

9. Die Einwilligung bedarf grundsätzlich der Schriftform (§ 126 Abs. 1 BGB), vgl. U Rdn. 82. Für die Zwecke der internen Untersuchung gibt es in der Regel keinen Grund, von der Schriftform abzuweichen.   **102**

Teil 4 Unternehmensbezogene Fallgestaltungen

V. Der Übergang des Arbeitsverhältnisses

Inhaltsübersicht

	Rdn.
Einführung	1
I. Einzelrechtsnachfolge (Asset-Deal)	2
1. Unternehmenskaufvertrag	3
Vorbemerkung	3
Muster: Unternehmenskaufvertrag	4
Erläuterungen	5
2. Unterrichtung Wirtschaftsausschuss gemäß § 106 BetrVG	31
Vorbemerkung	31
Muster: Unterrichtung des Wirtschaftsausschusses gem. § 106 BetrVG (beim Asset-Deal)	32
Erläuterungen	33
3. Unterrichtung Betriebsrat gemäß § 111 BetrVG	39
Vorbemerkung	39
Muster: Unterrichtung Betriebsrat gemäß § 111 BetrVG	40
Erläuterungen	41
4. Unterrichtung der Arbeitnehmer gemäß § 613a Abs. 5 BGB	47
Vorbemerkung	47
Muster: Unterrichtung der Arbeitnehmer gemäß § 613a Abs. 5 BGB	51
Erläuterungen	52
5. Widerspruch gemäß § 613a Abs. 6 BGB	159
Vorbemerkung	159
Muster: Widerspruch gemäß § 613a Abs. 6 BGB	160
Erläuterungen	161
6. Verzicht auf Widerspruch	172
Vorbemerkung	172
Muster: Verzicht auf Widerspruch zum Betriebsübergang	174
Erläuterungen	175
II. Gesamtrechtsnachfolge Umwandlung (Verschmelzung)	180
1. Verschmelzungsvertrag	181
Vorbemerkung	181
Muster: Verschmelzungsvertrag bei Gesamtrechtsnachfolge Umwandlung	182
Erläuterungen	183
2. Zuleitung an den Betriebsrat gemäß § 5 Abs. 3 UmwG	206
Vorbemerkung	206
Muster: Zuleitung an den Betriebsrat gemäß § 5 Abs. 3 UmwG	207
Erläuterungen	208
3. Unterrichtung Wirtschaftsausschuss gemäß § 106 BetrVG	212
Vorbemerkung	212
Muster: Unterrichtung Wirtschaftsausschuss gemäß § 106 BetrVG	213
Erläuterungen	214
4. Unterrichtung Betriebsrat gemäß § 111 BetrVG	218
Vorbemerkung	218
Muster: Unterrichtung Betriebsrat gemäß § 111 BetrVG	219
Erläuterungen	220
5. Unterrichtung Arbeitnehmer gemäß § 613a Abs. 5 BGB i.V.m. § 324 UmwG	223
Vorbemerkung	223
Muster: Unterrichtung der Arbeitnehmer gemäß § 613a Abs. 5 BGB i.V.m. § 324 UmwG bei der Verschmelzung	227
Erläuterungen	228
III. Gesamtrechtsnachfolge Umwandlung (Spaltung)	270
1. Aufspaltungs- und Übernahmevertrag (Spaltungsplan) nach §§ 126, 136 UmwG	271
Vorbemerkung	271
Muster: Aufspaltungs- und Übernahmevertrag (Spaltungsplan) nach § 126, 136 UmwG	272
Erläuterungen	273

V. Der Übergang des Arbeitsverhältnisses

		Rdn.
2.	Abspaltungs- und Übernahmevertrag nach § 126 UmwG	283
	Vorbemerkung	283
	Muster: Abspaltungs- und Übernahmevertrag	284
	Erläuterungen	285
3.	Ausgliederungs- und Übernahmevertrag nach § 126 UmwG	289
	Vorbemerkung	289
	Muster: Ausgliederungs- und Übernahmevertrag nach § 126 UmwG	290
	Erläuterungen	291
4.	Zuleitung an den Betriebsrat gemäß § 126 Abs. 3 UmwG	295
	Vorbemerkung	295
	Muster: Zuleitung an den Betriebsrat gemäß § 126 Abs. 3 UmwG	296
	Erläuterungen	297
5.	Unterrichtung des Wirtschaftsausschusses gemäß § 106 BetrVG	301
	Vorbemerkung	301
	Muster: Unterrichtung des Wirtschaftsausschusses gemäß § 106 BetrVG	302
	Erläuterungen	303
6.	Unterrichtung Betriebsrat (Betrieb X) gemäß § 111 BetrVG	307
	Vorbemerkung	307
	Muster: Unterrichtung des Betriebsrats gemäß § 111 BetrVG	308
	Erläuterungen	309
7.	Unterrichtung Arbeitnehmer gemäß § 613a Abs. 5 BGB i.V.m. § 324 UmwG	312
	Vorbemerkung	312
	Muster: Unterrichtung der Arbeitnehmer gem. § 613a Abs. 5 BGB i.V.m. § 324 UmwG bei Spaltung	316
	Erläuterungen	
8.	Widerspruch gemäß § 613a Abs. 6 BGB	360
	Vorbemerkung	360
	Muster: Widerspruch gemäß § 613a Abs. 6 BGB	361
	Erläuterungen	362
9.	Verzicht auf Widerspruch	371
	Vorbemerkung	371
	Muster: Verzicht auf Widerspruch	373
	Erläuterungen	374
IV.	**Formwechsel**	378
1.	Umwandlungsbeschluss	380
	Vorbemerkung	380
	Muster: Umwandlungsbeschluss	381
	Erläuterungen	382
2.	Zuleitung an den Betriebsrat gemäß § 194 Abs. 2 UmwG	391
	Vorbemerkung	391
	Muster: Zuleitung an den Betriebsrat gemäß § 194 Abs. 2 UmwG	392
	Erläuterungen	393
3.	Unterrichtung Wirtschaftsausschuss gemäß § 106 BetrVG	395
	Vorbemerkung	395
	Muster: Unterrichtung des Wirtschaftsausschusses gemäß § 106 BetrVG bei Formwechsel	396
	Erläuterungen	
V.	**Unternehmensübernahme (Share Deal)**	402
1.	Anteilskaufvertrag	403
	Vorbemerkung	403
	Muster: Anteilskaufvertrag	404
	Erläuterungen	405
2.	Unterrichtung Wirtschaftsausschuss gemäß § 106 Abs. 3 Nr. 9a; 10 BetrVG	414
	Vorbemerkung	414
	Muster: Unterrichtung Wirtschaftsausschuss gemäß § 106 Abs. 3 Nr. 9a, 10 BetrVG (beim Share-Deal)	415
	Erläuterungen	416

Der Übergang des Arbeitsverhältnisses **V.**

		Rdn.
VI.	**Übernahme börsennotierter Aktiengesellschaften (Take-over)**	424
1.	Öffentliches Übernahmeangebot (Angebotsunterlage) gemäß § 14 Abs. 3 WpÜG	425
	Vorbemerkung	425
	Muster: Öffentliches Übernahmeangebot gemäß § 14 Abs. 3 WpÜG	426
	Erläuterungen	427
2.	Stellungnahme Vorstand Zielgesellschaft § 27 WpÜG	432
	Vorbemerkung	432
	Muster: Stellungnahme des Vorstands der Zielgesellschaft	433
	Erläuterungen	434
VII.	**Anwachsung (Accretion)**	438
1.	Anwachsung einer KG auf eine Komplementär GmbH	439
	Vorbemerkung	439
	Muster: Anwachsung einer KG auf eine Komplementär GmbH	440
	Erläuterungen	441
2.	Unterrichtung Wirtschaftsausschuss § 106 BetrVG	449
	Vorbemerkung	449
	Muster: Unterrichtung des Wirtschaftsausschusses gemäß § 106 BetrVG bei Anwachsung (Accretion)	450
	Erläuterungen	451
3.	Unterrichtung Arbeitnehmer gemäß § 613a Abs. 5 BGB	457
	Vorbemerkung	457
	Muster: Unterrichtung der Arbeitnehmer gem. § 613a Abs. 5 BGB bei Anwachsung (Accretion)	460
	Erläuterungen	461
VIII.	**Betriebspacht**	499
1.	Betriebspachtvertrag (Business Lease Agreement)	502
	Vorbemerkung	502
	Muster: Betriebspachtvertrag	505
	Erläuterungen	506
2.	Unterrichtung Wirtschaftsausschuss § 106 BetrVG	529
	Vorbemerkung	529
	Muster: Unterrichtung des Wirtschaftsausschusses gem. § 106 BetrVG (beim Betriebspachtvertrag)	530
	Erläuterungen	531
3.	Unterrichtung Arbeitnehmer gemäß § 613a Abs. 5 BGB	540
	Vorbemerkung	540
	Muster: Unterrichtung der Arbeitnehmer gem. § 613a Abs. 5 BGB	542
	Erläuterungen	543
4.	Widerspruch gemäß § 613a Abs. 6 BGB	575
	Vorbemerkung	575
	Muster: Widerspruch gemäß § 613a Abs. 6 BGB	576
	Erläuterungen	577
5.	Verzicht auf Widerspruch	587
	Vorbemerkung	587
	Muster: Verzicht auf Widerspruch	589
	Erläuterungen	590
IX.	**Betriebsführung**	594
1.	Betriebsführungsvertrag (Business Management Agreement)	598
	Vorbemerkung	598
	Muster: (Unechter) Betriebsführungsvertrag	599
	Erläuterungen	600
2.	Unterrichtung Wirtschaftsausschuss § 106 BetrVG	623
	Vorbemerkung	623
	Muster: Unterrichtung des Wirtschaftsausschusses gem. § 106 BetrVG (beim unechten Betriebsführungsvertrag)	624
	Erläuterungen	625
3.	Unterrichtung Arbeitnehmer gemäß § 613a Abs. 5 BGB	638
	Vorbemerkung	638

V. Der Übergang des Arbeitsverhältnisses

		Rdn.
	Muster: Unterrichtung der Arbeitnehmer gem. § 613a Abs. 5 BGB	640
	Erläuterungen	641
4.	Widerspruch gemäß § 613a Abs. 6 BGB	673
	Vorbemerkung	673
	Muster: Widerspruch gemäß § 613a Abs. 6 BGB	674
	Erläuterungen	675
5.	Verzicht auf Widerspruch	685
	Vorbemerkung	685
	Muster: Verzicht auf Widerspruch	687
	Erläuterungen	688

Einführung

1 Im Rahmen von Unternehmenstransaktionen kommt es regelmäßig zum Übergang von Arbeitsverhältnissen auf einen anderen Arbeitgeber oder indirekt auf einen neuen Konzern. Ein rechtlicher Übergang der Arbeitsverhältnisse auf einen anderen Arbeitgeber findet grundsätzlich bei der Übertragung der Wirtschaftsgüter eines Unternehmens in Einzelrechtsnachfolge statt (Asset-Deal), wenn zum Beispiel ein Betrieb eines Unternehmens mit mehreren Standorten verkauft und übertragen wird. Für den Fall der Einzelrechtsnachfolge ist der Übergang der Arbeitsverhältnisse gesetzlich in § 613a BGB geregelt. Ähnlich ist die Situation bei Umwandlungsvorgängen wie Verschmelzung oder Spaltung gemäß § 324 UmwG in Verbindung mit § 613a BGB. Dagegen liegt bei einer Übertragung von Gesellschaftsanteilen grundsätzlich kein Arbeitgeberwechsel im rechtlichen Sinne vor, sondern lediglich ein Wechsel der Anteilseigner, während der Arbeitgeber der gleiche bleibt (Share-Deal). Gleichwohl sind auch in diesem Zusammenhang arbeitsrechtliche Themen zu regeln, denn der Wert des Unternehmens wird wesentlich auch durch die Qualität der Belegschaft und durch Verbindlichkeiten des Unternehmens gegenüber der Belegschaft bestimmt. Zudem gibt es im Konzern oft unternehmensübergreifende Sachverhalte wie z.B. eine Konzernaltersversorgung oder Mitarbeiteroptionen, die von einer Konzernobergesellschaft gewährt werden, so dass auch in dem Fall der Anteilsübertragung arbeitsrechtlicher Regelungsbedarf besteht. Ähnlich ist die Situation im Fall der Übernahme einer börsennotierten Aktiengesellschaft (Take-Over). Im Fall des Ausscheidens von Gesellschaftern einer Personengesellschaft ist zu differenzieren, ob die dingliche Anwachsung gemäß § 738 Abs. 1 S. 1 BGB (Accretion) auf die übrigen Gesellschafter stattfindet oder ob die Personengesellschaft durch Anwachsung auf den letzten verbliebenen Gesellschafter kollabiert (Collapse). In Konzernen recht häufig sind schuldrechtliche Überlassungen ohne Vermögensübertragung wie Betriebspacht (Business Lease Agreement) und Betriebsführung (Business Management Agreement), die zu einem Betriebsübergang führen können. In allen Situationen können Unterrichtungspflichten gegenüber der Belegschaft und ihren Vertretungsorganen bestehen.

I. Einzelrechtsnachfolge (Asset-Deal)

2 Im Rahmen der Einzelrechtsnachfolge übernimmt der Käufer vom Verkäufer sämtliche materiellen und immateriellen Wirtschaftsgüter eines Unternehmens oder Teile davon, zum Beispiel einen kompletten Betrieb an einem bestimmten Standort oder einen Geschäftsbereich. Entweder werden die Wirtschaftsgüter im Unternehmenskaufvertrag im Einzelnen beschrieben oder zumindest so definiert, dass sie eindeutig dem übergehenden Unternehmen, Betrieb oder Geschäftsbereich zuzuordnen sind.

1. Unternehmenskaufvertrag

Vorbemerkung

Im Unternehmenskaufvertrag werden der Kaufgegenstand und die wechselseitigen Verpflichtungen von Verkäufer und Käufer geregelt. Das Muster bestimmt insbesondere die arbeitsrechtlich begründeten Rechte und Pflichten der Vertragsparteien. Es wird angenommen, dass der Käufer möglichst nicht mit wirtschaftlichen Risiken aus der Zeit vor der Übertragung belastet werden soll und dass der Verkäufer möglichst von zukünftigen Risiken, die nach der Übertragung entstehen können, frei bleibt.

▶ **Muster – Unternehmenskaufvertrag**

Kaufvertrag

(bedarf notarieller Beurkundung) [1]

Zwischen

[Name; hier z.B. V-GmbH]   [Anschrift]   »Verkäuferin«

und

[Name; hier z.B. K-GmbH]   [Anschrift]   »Käuferin«

Präambel [2]

Die Verkäuferin betreibt am Standort _____[Ort]_____ ein Unternehmen, dessen Gegenstand die Entwicklung, die Herstellung und der Vertrieb von [Unternehmensgegenstand] ist (»Unternehmen«). Die Verkäuferin ist daran interessiert, das Unternehmen im Wege der Übertragung sämtlicher dem Unternehmen zuzuordnender Vermögensgegenstände und Vertragsverhältnisse zu veräußern. Die Käuferin ist daran interessiert, das Unternehmen im Wege des Erwerbs der dazugehörigen Vermögensgegenstände und Vertragsverhältnisse zu erwerben. Verbindlichkeiten, die dem Unternehmen zuzuordnen sind, sollen nur dann von dem Erwerb des Unternehmens umfasst sein, soweit dies nachfolgend ausdrücklich vorgesehen ist.

§ 1 Gegenstand des Vertrags [3]

(1) Die Verkäuferin verkauft und überträgt an die Käuferin das Unternehmen nach Maßgabe dieses Vertrags und zwar sämtliche zum Unternehmen gehörenden Vermögensgegenstände, insbesondere das in Anlage 1 beschriebene Betriebsgrundstück, das gesamte bewegliche Sachanlagevermögen, sämtliche immateriellen Vermögensgegenstände, sämtliche am Stichtag auf dem Betriebsgrundstück befindlichen Vorräte, sämtliche am Stichtag bestehenden Ansprüche und Rechte sowie die zum Unternehmen gehörenden Bücher und Geschäftsunterlagen (unabhängig vom Speichermedium).

(2) Vom Verkauf ausgeschlossen sind die nachfolgend ausdrücklich genannten Vermögensgegenstände und zwar der Kassenbestand, die Bankguthaben und die Beteiligungen an anderen Unternehmen. Vom Verkauf ausgenommen sind auch sämtliche Verbindlichkeiten mit Ausnahme der Verbindlichkeiten gegenüber übergehenden und zugeordneten Arbeitnehmern.

§ 2 Stichtag und Vollzug [4]

(1) Dieser Vertrag wird am letzten Bankarbeitstag des Monats vollzogen, in dem die Auflassungsvormerkung für das Betriebsgrundstück in das Grundbuch eingetragen ist (Closing). Der Tag, an dem der Vollzug erfolgt, wird als Stichtag (Closing Date) bezeichnet.

(2) Am Stichtag wird die Verkäuferin die gemäß § 1 Abs. 1 verkauften Wirtschaftsgüter an die Käuferin übereignen oder abtreten und die Käuferin wird die Verbindlichkeiten gemäß § 1 Abs. 2 übernehmen. Zu diesem Zweck werden die Vertragspartner die Auflassung des Betriebsgrundstücks erklären und einen Übertragungs- und Übernahmevertrag abschließen. Die Verkäuferin

wird der Käuferin den Besitz am Betriebsgrundstück einräumen und ihr die beweglichen Wirtschaftsgüter übergeben.

(3) Nutzung und Lasten der verkauften Wirtschaftsgüter und die Gefahr gehen mit Wirkung zum Stichtag auf die Käuferin über.

§ 3 Übergang von Arbeitsverhältnissen [5]

Zum Stichtag tritt die Käuferin gemäß § 613a BGB in die dann bei der Verkäuferin bestehenden Arbeitsverhältnisse ein, die in Anlage _[Bezeichnung der Anlage]_ zu diesem Kaufvertrag aufgeführt sind (»übergehende Arbeitnehmer«), soweit diese Arbeitnehmer dem Übergang ihres Arbeitsverhältnisses nicht widersprechen. Übergehende Arbeitnehmer, die dem Übergang ihres Arbeitsverhältnisses widersprechen, sowie Arbeitnehmer der Verkäuferin, die nicht in Anlage _[Bezeichnung der Anlage]_ aufgeführt sind, werden nachfolgend als »ausgeschlossene Arbeitnehmer« bezeichnet.

§ 4 Unterrichtung der Arbeitnehmer und Widerspruch

(1) Die Verkäuferin ist verpflichtet, die übergehenden Arbeitnehmer unverzüglich, jedoch spätestens bis zum _[Datum einen Monat vor dem angestrebten Stichtag]_, umfassend schriftlich oder in Textform vom Betriebsübergang gemäß § 613a Abs. 5 BGB zu unterrichten. Die Verkäuferin wird den Wortlaut der Unterrichtung mit der Käuferin abstimmen und vor Absendung deren Zustimmung einholen. Auf Wunsch der Käuferin werden die Verkäuferin und die Käuferin die Unterrichtung der übergehenden Arbeitnehmer gemeinsam durchführen. Die Vertragspartner sind verpflichtet, sich gegenseitig die für eine Unterrichtung der Arbeitnehmer erforderlichen Informationen mitzuteilen und zugänglich zu machen. Die Vertragspartner werden sich nach besten Kräften darum bemühen, dass kein Arbeitnehmer dem Übergang seines Arbeitsverhältnisses widerspricht. [6]

(2) Die Verkäuferin wird sich nach besten Kräften bemühen, von den übergehenden Arbeitnehmern bis zum Stichtag eine schriftliche Erklärung zu erhalten, wonach diese dem Betriebsübergang zustimmen. [7]

(3) Die Vertragspartner werden sich gegenseitig unverzüglich über Widersprüche einzelner Arbeitnehmer gegen den Übergang ihres Arbeitsverhältnisses sowie über sonstige Stellungnahmen der übergehenden Arbeitnehmer, die diese im Zusammenhang mit dem Erwerb des Unternehmens abgeben, umfassend informieren und der jeweils anderen Partei die in diesem Zusammenhang erhaltene oder geführte Korrespondenz unverzüglich und vollständig zugänglich machen. [8]

(4) Der Widerspruch von Arbeitnehmern gegen den Übergang ihrer Arbeitsverhältnisse nach § 613a BGB berührt die Wirksamkeit dieses Kaufvertrages nicht. [9]

§ 5 Abgrenzung der arbeitsrechtlichen Verpflichtungen zum Stichtag [10]

(1) Die Käuferin übernimmt im Innenverhältnis sämtliche sich auf die Zeit nach dem Stichtag beziehenden Verbindlichkeiten gegenüber den übergehenden Arbeitnehmern, die dem Übergang nicht widersprechen.

(2) Ansprüche von übergehenden Arbeitnehmern, die bis zum Stichtag entstehen oder die auf einem Sachverhalt vor dem Stichtag beruhen (insbesondere rückständige Gehaltsverpflichtungen), trägt im Innenverhältnis allein die Verkäuferin.

(3) Ansprüche von nicht widersprechenden, übergehenden Arbeitnehmern, die einen Entstehungszeitraum betreffen, der teilweise vor und teilweise nach dem Stichtag liegt (insbesondere Ansprüche wegen nicht genommenen Urlaubs, Gratifikationen, Bonuszahlungen, 13. Monatsgehalts, Weihnachtsgelds oder Ähnlichem) sind von der Verkäuferin und von der Käuferin anteilig zu tragen.

(4) Die Käuferin übernimmt keine Haftung für Ansprüche von ausgeschlossenen Arbeitnehmern, unabhängig davon, ob solche Ansprüche vor oder nach dem Stichtag entstehen oder fällig werden.

(5) Sämtliche Kosten und Aufwendungen, die mit einer Fortbeschäftigung von ausgeschlossenen Arbeitnehmern verbunden sind (insbesondere Gehaltszahlungen, Abfindungen, Gerichts- und An-

waltskosten, Sozialversicherungsbeiträge), sind ausschließlich von der Verkäuferin zu tragen. Dies gilt nicht für arbeitsvertragliche Ansprüche, die widersprechenden Arbeitnehmern aufgrund einer zwischen dem Stichtag und der Ausübung des Widerspruchsrechts für die Käuferin erbrachten Arbeitsleistung zustehen; diese sind allein von der Käuferin zu erfüllen.

§ 6 Führung des Geschäftsbetriebs bis zum Stichtag [11]

Die Verkäuferin wird die Geschäfte des Unternehmens in der Zeit zwischen Abschluss dieses Vertrags und dem Stichtag im gewöhnlichen Geschäftsbetrieb und im bisherigen Umfang fortführen und insbesondere

a) die Zahl der im Unternehmen beschäftigten Arbeitnehmer nicht um mehr als ___[Anzahl]___ erhöhen, keine Entlassungs- oder sonstigen Restrukturierungsmaßnahmen in Bezug auf einen erheblichen Teil der Arbeitnehmer des Unternehmens vornehmen oder beschließen;

b) mit Arbeitnehmern keine Erhöhungen von Vergütungen oder sonstige Änderungen der Bedingungen ihrer Arbeitsverhältnisse vereinbaren, mit Ausnahme solcher im gewöhnlichen Geschäftsbetrieb, und Arbeitnehmern keine Pensionszusagen erteilen oder erhöhen oder ihnen über bestehende Kollektivvereinbarungen oder Leistungspläne hinausgehende sonstige Vergünstigungen gewähren;

c) keine Tarifverträge oder Betriebsvereinbarungen abschließen oder ändern.

...

§ 7 Freistellung und Entschädigung [12]

(1) Die Verkäuferin stellt die Käuferin von sämtlichen Ansprüchen von ausgeschlossenen Arbeitnehmern frei, insbesondere von Ansprüchen, die unter Hinweis auf § 613a BGB erhoben werden.

(2) Die Verkäuferin stellt die Käuferin von sämtlichen Ansprüchen von übergehenden Arbeitnehmern frei, die im Innenverhältnis die Verkäuferin gemäß § 5 zu erfüllen hat.

(3) Soweit die Käuferin Ansprüche erfüllt, für die sie von der Verkäuferin gemäß Abs. 1 und Abs. 2 freizustellen wäre, erstattet die Verkäuferin der Käuferin auf erstes Anfordern sämtliche geleisteten Zahlungen zuzüglich ___[Prozentsatz]___ % Zinsen per anno seit dem Zeitpunkt der Zahlung durch die Käuferin.

(4) Die Freistellung und Erstattung umfasst insbesondere sämtliche Kosten und Aufwendungen (insbesondere Gehaltszahlungen und Abfindungen, Sozialversicherungsbeiträge, Gerichts- und Anwaltskosten), die der Käuferin in diesem Zusammenhang entstehen.

§ 8 Garantien für Arbeitsverhältnisse [13]

Die Verkäuferin sichert der Käuferin im Wege eines selbständigen, verschuldensunabhängigen Garantieversprechens i.S.d. § 311 Abs. 1 BGB zu, dass die folgenden Aussagen sowohl zum Tag des Abschlusses dieses Vertrags wie zum Stichtag richtig sind:

(1) Die Liste der übergehenden leitenden Arbeitnehmer (einschließlich der Angaben über Geburtsdatum, Beginn des Anstellungsverhältnisses, Kündigungsfrist und Vergütung) (Anlage ___[Bezeichnung der Anlage]___) ist richtig und vollständig.

(2) Die anonymisierte Liste der übergehenden Arbeitnehmer mit Geburtsdatum, Eintrittsdatum, Kündigungsfristen, Vergütung, Sozialversicherungsträger, Sonderkündigungsschutz, Religionszugehörigkeit, Betriebsratsämtern (Anlage ___[Bezeichnung der Anlage]___) ist vollständig und korrekt.

(3) Die Verkäuferin hat alle fälligen Vergütungs- und sonstigen Ansprüche der übergehenden Arbeitnehmer vollständig befriedigt. Die Verkäuferin hat sämtliche fälligen Steuern und Sozialversicherungsbeiträge ordnungsgemäß abgeführt.

(4) Außer den in Anlage ___[Bezeichnung der Anlage]___ aufgelisteten sind auf die übergehenden Arbeitnehmer keine Tarifverträge und Betriebsvereinbarungen anwendbar.

(5) Die auf die übergehenden Arbeitnehmer anwendbare Pensionsordnung ist in Anlage _[Bezeichnung der Anlage]_ beigefügt. Andere Pensionsordnungen sind auf die übergehenden Arbeitnehmer nicht anwendbar.

(6) Es bestehen über die in den Anlagen _[Bezeichnung der Anlagen]_ genannten Verpflichtungen hinaus keine weiteren Verpflichtungen der Verkäuferin gegenüber den übergehenden Arbeitnehmern, in die die Käuferin mit dem Stichtag eintritt.

(7) Es bestehen über die in den Anlagen _[Bezeichnung der Anlagen]_ genannten Verpflichtungen hinaus keine weiteren Verpflichtungen aus betrieblicher Übung, Gesamtzusagen oder Einheitsregelungen.

(8) Es bestehen keine Streitigkeiten der Verkäuferin mit Gewerkschaften oder dem Betriebsrat. Weder bestehen noch drohen Streitigkeiten mit übergehenden Arbeitnehmern noch sind Gerichtsverfahren mit übergehenden Arbeitnehmern anhängig, mit Ausnahme der in Anlage _[Bezeichnung der Anlage]_ aufgeführten Streitigkeiten und Gerichtsverfahren.

(9) Die Verkäuferin hat alle arbeitsrechtlichen, insbesondere betriebsverfassungsrechtlichen und tarifrechtlichen Verpflichtungen im Zusammenhang mit dem Verkauf des Unternehmens erfüllt.

§§ 9 bis x [14]

Erläuterungen

Schrifttum

Beisel/Klumpp Der Unternehmenskauf, 7. Aufl. 2016; *E; lking/Aszmons* Nicht zuzuordnende Arbeitsverhältnisse beim Betriebsübergang, BB 2014, 373; *dies.* Die Unterrichtung der Arbeitnehmer über die rechtlichen, wirtschaftlichen und sozialen Folgen des Betriebsübergangs, BB 2014, 2041; *Fortun/Neveling* Beurkundungserfordernis beim Asset Deal, BB 2011, 2568; *Fuhlrott* Zwischengeschaltete Transfergesellschaften zur Vermeidung von Betriebsübergängen, NZA 2012, 549; *Gaul/Mückl* Off-Shoring – Freier Gestaltungsspielraum oder § 613a BGB?, DB 2011, 2318; *Gaul/Krause* Sorgfalt wird (endlich) belohnt! Zur ordnungsgemäßen Unterrichtung über den Betriebsübergang nach § 613a Abs. 5 BGB, RdA 2013, 39; *Göpfert/Siegrist* Betriebsübergänge – ein unkalkulierbares Risiko? Strategien zur künftigen Risikominimierung, ArbRAktuell 2010, 107 ff.; *Hauck* Information über einen Betriebsübergang nach § 613a Abs. 5 BGB und Widerspruch nach § 613a Abs. 6 BGB, NZA-Beilage 1/2009, 18 ff.; *Hettler/Stratz/Hörtnagel* Beck'sches Mandatshandbuch Unternehmenskauf, 2. Aufl. 2013; *Hölters* Handbuch des Unternehmens- und Beteiligungskauf, 6. Aufl. 2005; *Lingemann* Richtig unterrichtet beim Betriebsübergang, NZA 2012, 546; *Meyer* Aktuelle Gestaltungsfragen beim Betriebsübergang, NZA-RR 2013, 225; *Münchener* Handbuch zum Arbeitsrecht, Band 1, 3. Aufl. 2009; *Mückl* Betriebsübergang und Matrix-Struktur, DB 2015, 2695; *Rupp* Das Problem widersprüchlicher Unterrichtungen bei § 613a V BGB, NZA 2007, 301; *Witschen* Matrixorganisation und Betriebsverfassung, RdA 2016, 38; *Wlotzke/Richardi/Wißmann/Oetker* Münchener Handbuch zum Arbeitsrecht, Bd. 1, 3. Aufl. 2009; *Worzalla* Neue Spielregeln bei Betriebsübergang – Die Änderungen des § 613a BGB, NZA 2002, 353; *Zimmermann* Der Referentenentwurf zur AÜG-Reform 2017, BB 2016, 53.

5 **1.** Der Kaufvertrag ist nach § 311b Abs. 1 BGB zu beurkunden, wenn er auch die Übertragung von Grundstücken zum Gegenstand hat, was beim Kauf des Unternehmens in der Regel der Fall ist (zum Beurkundungserfordernis nach § 311b Abs. 3 BGB beim Asset Deal vgl. *Fortun/Neveling* BB 2011, 2568 ff.). Da es sich um eine einheitliche Transaktion handelt, ist in diesem Fall der gesamte Kaufvertrag zu beurkunden und nicht nur der grundstückbezogene Teil (vgl. Palandt/*Grüneberg* § 311b Rn. 25).

6 **2.** Mit der Absichtserklärung in der Präambel wird der grundsätzliche Wille der Vertragsparteien in Bezug auf den **Kaufgegenstand** dargestellt. Das Muster geht vom Verkauf des gesamten Unternehmens aus. Alternativ kann sich die Absicht auf einen Betrieb oder Geschäftsbereich beziehen. Dann sind Grundstücke oft ausgeschlossen.

Alternativ:

[Die Verkäuferin betreibt am Standort ___[Ort]___ einen Betrieb, dessen Gegenstand die Herstellung von ___[Betriebszweck]___ ist (»Produktionsbetrieb«). Die Verkäuferin ist daran interessiert, den Betrieb im Wege der Übertragung nachfolgend beschriebener, dem Betrieb zuzuordnender Vermögensgegenstände zu veräußern. Vom Kauf ausdrücklich ausgeschlossen ist das Betriebsgrundstück. Die Käuferin ist daran interessiert, den Betrieb im Wege des Erwerbs der zugeordneten Vermögensgegenstände mit Ausnahme des Betriebsgrundstücks zu erwerben. Zur Nutzung des Betriebsgrundstücks wird eine separate Vereinbarung getroffen. Verbindlichkeiten mit Ausnahme der Verbindlichkeiten gegenüber übergehenden Arbeitnehmern sollen nicht vom Erwerb des Betriebs erfasst sein.]

3. Der Kaufgegenstand kann entweder derart definiert werden, dass wirtschaftlich das gesamte Unternehmen mit allen dazu gehörenden Vermögensgegenständen und Verbindlichkeiten veräußert wird. In diesem Fall werden die zu übertragenden Gegenstände und Rechtsverhältnisse in der Regel mit »**allumfassenden**« Klauseln beschrieben und lediglich einzelne Gegenstände und Rechtsverhältnisse ausdrücklich ausgenommen, die nicht übertragen werden sollen. Wird dagegen nicht das ganze Unternehmen, sondern ein Betrieb an einem bestimmten Standort oder ein Geschäftsbereich veräußert, kann es sinnvoller sein, die zu übertragenden Gegenstände und Rechtsverhältnisse im Einzelnen und abschließend aufzuführen. Die Ausnahmen und Rückausnahmen in Bezug auf übernommene oder ausgeschlossene Vermögensgegenstände und Verbindlichkeiten sind Verhandlungssache und können je nach Komplexität in eigenen Paragrafen oder Absätzen beschrieben werden. Der Käufer wird in der Regel interessiert sein, möglichst wenige Verbindlichkeiten zu übernehmen. Allerdings wäre es ungewöhnlich, wenn der Käufer als neuer Arbeitgeber nicht die Verbindlichkeiten für die übergehenden Arbeitnehmer tragen würde (vgl. ErfK/*Preis* § 613a BGB Rn. 79). Der Kaufgegenstand ist auch den übergehenden Arbeitnehmern nach § 613a Abs. 5 BGB mitzuteilen (ausführlich BAG, Urt. v. 23.07.2009 – 8 AZR 538/08, NZA 2010, 89, 91 ff.; BAG, Urt. v. 31.01.2008 – 8 AZR 1116/06, NZA 2008, 642, 643 f.; siehe dazu Muster Unterrichtungsschreiben V Rdn. 76 ff.).

4. Die Bestimmung des **Stichtags** ist erforderlich, um den Übergang der Eigentums- und sonstigen Rechtsverhältnisse der Vertragspartner am Kaufgegenstand zu klären. Gleichzeitig wird damit der Zeitpunkt für die Übernahme der organisatorischen Leitungsmacht durch den Käufer festgelegt. Zu diesem Zeitpunkt gehen auch die betroffenen Arbeitsverhältnisse nach § 613a BGB auf den Käufer über (BAG, Urt. v. 14.08.2007 – 8 AZR 1043/06, NZA 2007, 1431, 1433; vgl. auch DLW/*Baeck/Haußmann* Kap. 3 Rn. 4158 ff.), vorausgesetzt der Käufer übernimmt auch tatsächlich die Leitungsmacht zu diesem Zeitpunkt (BAG, Urt. v. 21.08.2008 – 8 AZR 201/07, NZA 2009, 29, 32; AR/*Bayreuther* § 613a BGB Rn. 38; *Meyer* NZA-RR 2013, 225, 226). Handelt es sich um einen umfangreichen Kauf des Unternehmens mit Grundstücken und sind z.B. kartellrechtliche Genehmigungen einzuholen, kann der Zeitraum zwischen Kaufvertragsabschluss (»Signing«) und Übertragung (»Closing«) relativ lang sein. Einige Monate Übergangszeit (»Transition«) sind nicht ungewöhnlich. Deshalb wird oft ein separater Übertragungs- und Übernahmevertrag abgeschlossen, mit dem auf Einzelheiten des Vollzugs eingegangen wird. Insofern kann es auch sinnvoll sein, Verhaltenspflichten für die Verkäuferin zu vereinbaren, um die Arbeitnehmerzahlen und die Arbeitsbedingungen im Übergangszeitraum festzuschreiben (dazu § 6). Wird dagegen einfach ein Betrieb ohne Grundstücke verkauft und ist der Zeitraum übersichtlich, kann das Vollzugsdatum auch bereits im Kaufvertrag festgelegt werden.

Alternativ:

[§ 2 Der Kauf und die Übertragung des Betriebs erfolgen mit rechtlicher Wirkung zum ___[Datum]___ (»Stichtag«).]

5. Gemäß § 613a BGB gehen die bei der Verkäuferin zum Stichtag bestehenden Arbeitsverhältnisse zwingend auf die Käuferin über. Diese Rechtsfolge ist nicht abdingbar (*Beisel/Klumpp*

V. Der Übergang des Arbeitsverhältnisses

Kap. 10 Rn. 94; hierzu auch: DLW/*Baeck/Haußmann* Kap. 3 Rn. 4067; vgl. aber zur möglichen Vermeidung von Betriebsübergängen durch zwischengeschaltete Transfergesellschaften *Fuhlrott* NZA 2012, 549 ff.; zum Transferleistungsvertrag mit Transfergesellschaften vgl. O Rdn. 904 ff.). Wird das gesamte Unternehmen veräußert, gehen auch alle am Stichtag bestehenden Arbeitsverhältnisse über. Die Vertragsparteien können nicht mit Wirkung für die Arbeitnehmer Abweichendes vereinbaren. Die **Auflistung** der übergehenden und der ausgeschlossenen Arbeitnehmer in einer Vertragsanlage legt lediglich im Innenverhältnis zwischen den Vertragsparteien die Verantwortlichkeiten fest. Die Käuferin wird dadurch vor dem wirtschaftlichen Risiko unerwarteter Personalkosten geschützt. Wichtiger ist die Auflistung der Arbeitnehmer in einer Vertragsanlage, wenn nicht das gesamte Unternehmen, sondern nur ein Betrieb oder ein Geschäftsbereich veräußert werden.

12 Nach der Rechtsprechung des BAG (Urt. v. 26.05.2011 – 8 AZR 37/10, NZA 2011, 1143) kann ein Betriebsübergang nach § 613a BGB auch dann vorliegen, wenn der Betrieb im Zuge einer Veräußerung ins (grenznahe) **Ausland** verlagert wird (zur grundsätzlichen Anwendbarkeit von § 613a BGB bei Betriebsübergängen ins Ausland BAG, Urt. v. 16.05.2003 – 8 AZR 319/01, NZA 2003, 93; ausführlich dazu *Gaul/Mückl* DB 2011, 2318). Einer identitätswahrenden Übertragung des Betriebs steht eine erhebliche räumliche Entfernung zwischen alter und neuer Betriebsstätte jedenfalls dann nicht entgegen, wenn die Arbeitnehmer die Strecke zur neuen Arbeitsstätte in weniger als einer Stunde bewältigen können (so BAG, Urt. v. 26.05.2011 – 8 AZR 37/10, NZA 2011, 1143, 1146; vgl. auch BAG, Urt. v. 12.02.1987 – 2 AZR 247/86, NZA 1988, 170, 171; BAG, Urt. v. 25.05.2000 – 8 AZR 335/99, BeckRS 2009, 67931).

13 Beim Erwerb eines Betriebs oder eines Geschäftsbereichs kann die **Zuordnung** von solchen Arbeitnehmern Probleme bereiten, die gleichzeitig auch für andere Betriebe oder Geschäftsbereiche arbeiten, diesen aber bis dahin nicht zugeordnet sind. Das ist insbesondere für **Stabsmitarbeiter** in zentralen Unternehmensbereichen wie Rechts-, Personal- oder Buchhaltungsabteilung der Fall. Diese Mitarbeiter gehen grundsätzlich nicht im Rahmen des Erwerbs eines Betriebs- oder Geschäftsbereichs auf den Erwerber über (*Elking/Aszmons* BB 2014, 373; BAG, Urt. v. 24.08.2006 – 8 AZR 556/05, DB 2006, 2818; BAG, Urt. v. 18.04.2002 – 8 AZR 346/01, NZA 2002, 1207, 1208; DLW/*Baeck/Haußmann* Kap. 3 Rn. 4173; AR/*Bayreuther* § 613a BGB Rn. 42 m.w.N.; *Meyer* NZA-RR 2013, 225, 226; BAG, Urt. v. 21.02.2013 – 8 AZR 877/11, BB 2013, 1853). Die Verkäuferin kann ein Interesse haben, Stabsmitarbeiter zu halten. Die Käuferin benötigt zumindest nicht alle Stabsmitarbeiter. Diese selbst mögen jeweils eigene Interessen verfolgen. Deshalb sind mit Stabsmitarbeitern individuelle Vereinbarungen zu treffen. Die Käuferin kann sich im Kaufvertrag verpflichten, den betreffenden Arbeitnehmern die Fortsetzung ihrer Arbeitsverhältnisse zu im Wesentlichen gleichwertigen Bedingungen anzubieten oder die Anwendung der Bestandsschutzregeln des § 613a BGB freiwillig zusagen.

14 *Ergänzend:*

[Arbeitnehmer der Verkäuferin, die betriebsübergreifend als Stabsmitarbeiter tätig waren und die dem Betrieb mit Wirkung zum Stichtag zugeordnet werden, sind in Anlage [Bezeichnung der Anlage] erfasst und werden nachfolgend als »zugeordnete Arbeitnehmer« bezeichnet. Die zugeordneten Arbeitnehmer haben dem Übergang ihres Arbeitsverhältnisses auf die Käuferin zugestimmt. Ihr Übergang erfolgt nach den Regeln des § 613a BGB.]

15 Beim Erwerb eines Betriebs oder eines Geschäftsbereichs ist auch die **Zuordnung** solcher Arbeitnehmer schwierig, die betriebs- oder bereichsübergreifend tätig sind. Dies sind zum Beispiel Springer, Fahrer und Aushilfen. In solchen Fällen soll es nach der **Schwerpunkttheorie** darauf ankommen, für welchen Betrieb die betroffenen Arbeitnehmer überwiegend tätig sind (BAG, Urt. v. 24.08.2006 – 8 AZR 556/05, DB 2006, 2818; Urt. v. 22.07.2004 – 8 AZR 350/03, NZA 2004, 1383, 1389; BAG, Urt. v. 25.06.1985 – 3 AZR 254/83, NZA 1986, 93, 94; AR/*Bayreuther* § 613a BGB Rn. 42; Müko-BGB/*Müller-Glöge* § 613a Rn. 86 bis 88; DLW/*Baeck/Haußmann* Kap. 3 Rn. 4173). Nach anderer Ansicht muss die Verkäuferin in jedem Fall auch bei überwiegend für ei-

nen Betrieb tätigen Arbeitnehmern eine Zuordnungsentscheidung treffen und den Arbeitnehmer organisatorisch in den übergehenden oder den verbleibenden Betrieb oder Geschäftsbereich eingliedern (BAG, Urt. v. 25.09.2003 – 8 AZR 446/02, AP Nr. 256 zu § 613a BGB; DLW/*Baeck/ Haußmann* Kap. 3 Rn. 4066). Kritisch ist allerdings eine einseitige nachträgliche anders lautende Zuordnung im direkten Zusammenhang mit dem Betriebsübergang (BAG, Urt. v. 21.02.2013 – 8 AZR 877/11, BB 2013, 1853; *Elking/Aszmons* BB 2013, 377). Ist eine größere Zahl von vergleichbaren Arbeitnehmern betroffen, sollte die Zuordnung möglichst einvernehmlich unter Beachtung der Mitwirkungsrechte des Betriebsrats erfolgen, da eine zwangsweise Zuordnung zum übergehenden Betrieb wegen des Widerspruchsrechts nach § 613a Abs. 6 BGB leicht umgangen werden kann (vgl. *Meyer* NZA-RR 2013, 225, 227). Bei Matrix-Strukturen mit zwei Berichtslinien, dem inländischen Vertragsarbeitgeber (solid line) und dem oft ausländischen Fachvorgesetzten (dotted line), ist grundsätzlich die durch den Vertragsarbeitgeber geprägte Organisationseinheit maßgeblich (*Mückl* DB 2014, 2695, 2701; *Witschen* RdA 2016, 38, 41). Der Betrieb oder Teilbetrieb richtet sich weiter nach dem deutschen disziplinarischen Weisungsrecht, der Leitungsmacht.

Leiharbeitnehmer gehen ebenfalls grundsätzlich nicht auf den Erwerber über (allg. Ansicht, vgl. nur Willemsen/*Willemsen* Unternehmensumstrukturierung Teil G Rn. 153; ErfK/*Preis* § 613a BGB Rn. 67; MüKo-BGB/*Müller-Glöge* § 613a Rn. 80 m.w.N.; MünchArbR/*Wank* § 102 Rn. 125). Nach einem Urteil des EuGH vom 21.10.2010 (EuGH, Urt. v. 21.10.2010 – C-249/09, Albron, DB 2011, 303) ist dies aber zumindest für Leiharbeitnehmer, die von einer konzerninternen Personalführungsgesellschaft auf Dauer verliehen wurden, problematisch (vgl. ausführlich dazu V Rdn. 67). Auf Leiharbeitnehmer, die von Zeitarbeitsagenturen in Drittbetrieben eingesetzt werden (sog. Zeitarbeitnehmer), hat das Urteil des EuGH keine Auswirkung, sie gehen nicht gemäß § 613a BGB auf den Veräußerer über. Der Referentenentwurf zur AÜG-Reform 2017 sieht hierzu keine Neuregelung vor (*Zimmermann* BB 2016, 53). 16

Alternativ: 17

[Zum Stichtag tritt die Käuferin gemäß § 613a BGB in die ganz oder überwiegend dem Geschäftsbereich zugehörigen Arbeitsverhältnisse ein, die in Anlage [Bezeichnung der Anlage] zu diesem Kaufvertrag aufgeführt sind (»übergehende Arbeitnehmer«), soweit diese Arbeitnehmer dem Übergang ihres Arbeitsverhältnisses nicht widersprechen. Übergehende Arbeitnehmer, die dem Übergang widersprechen, sowie Arbeitnehmer der Verkäuferin, die nicht in Anlage [Bezeichnung der Anlage] aufgeführt sind und Zeitarbeitnehmer von Zeitarbeitsagenturen, werden als »ausgeschlossene Arbeitnehmer« bezeichnet.]

6. Zur umfassenden **Unterrichtung der übergehenden Arbeitnehmer** gemäß § 613a Abs. 5 BGB siehe V Rdn. 142 (BAG, Urt. v. 10.11.2011 – 8 AZR 430/10, NZA 2012, 584; *Gaul/Krause* RdA 2013, 39 ff.; *Lingemann* NZA 2012, 546 ff.). Unterrichten müssen die Verkäuferin oder die Käuferin (vgl. ausführlich auch V Rdn. 52 ff.). Beide Vertragspartner sind Gesamtschuldner (Palandt/*Weidenkaff* § 613a Rn. 41; *Rupp* NZA 2007, 301; hierzu auch: AR/*Bayreuther* § 613a BGB Rn. 87). Eine gemeinsame Unterrichtung ist zulässig und zweckmäßig. Unterrichtet werden muss jeder einzelne übergehende Arbeitnehmer in Schriftform oder Textform. Die Unterrichtung muss nach § 613a Abs. 5 BGB vor dem Betriebsübergang zugehen. Jedoch erlischt die Unterrichtungspflicht nicht mit dem Übergang, sondern besteht darüber hinaus (ErfK/*Preis* § 613a BGB Rn. 92; ebenso: DLW/*Baeck/Haußmann* Kap. 3 Rn. 4193). Sinnvoll ist die Unterrichtung mindestens einen Monat vor dem Übergang der operativen Leitungsmacht, damit am Stichtag der Übernahme feststeht, welche Arbeitnehmer tatsächlich übergehen, da die Widerspruchsfrist von einem Monat gemäß § 613a Abs. 6 BGB mit der vollständigen und korrekten Unterrichtung des jeweiligen Arbeitnehmers beginnt (ErfK/*Preis* § 613a BGB Rn. 92; AR/*Bayreuther* § 613a BGB Rn. 145). Die **Kooperationsverpflichtung** im Kaufvertrag ist deshalb sinnvoll, weil sonst die Gefahr besteht, dass die Unterrichtung mit den gesetzlich geforderten Angaben durch eine der Vertragsparteien unvollständig oder unzutreffend ist. Das Risiko von (späten) Widersprüchen steigt, 18

V. Der Übergang des Arbeitsverhältnisses

da in diesem Fall die Widerspruchsfrist nicht zu laufen beginnt (*Hauck* NZA Beilage 1/2009, 18, 21; *Göpfert/Siegrist* ArbRAktuell 2010, 107). Verschweigt die Käuferin zum Beispiel einen konkret geplanten Personalabbau und kommt es deshalb zu unerwarteten späten Widersprüchen nach Ablauf der Widerspruchsfrist, liegt darin eine schuldhafte Vertragsverletzung, die zum Schadensersatz gegenüber der Verkäuferin führen kann. Umgekehrt gilt das Gleiche, wenn die Verkäuferin Angaben zur kollektiven Weitergeltung von Vergütungsregelungen nicht oder unzutreffend macht und dadurch der Käuferin unvermutet hohe Personalkosten entstehen.

19 7. Ist es nicht gelungen, die Unterrichtung zeitgerecht vor dem Übergang der Leitungsmacht vorzunehmen, kann der Verkäufer die Aufgabe übernehmen, sich nach vollständiger und korrekter Unterrichtung bei jedem Arbeitnehmer um eine schriftliche Erklärung mit Zustimmung zum Übergang des Arbeitsverhältnisses zu bemühen (vgl. Muster V Rdn. 172 ff.). Ein solcher **informierter Verzicht** auf das Widerspruchsrecht vor Ablauf der Widerspruchsfrist und dem konkreten Übergang ist wirksam (Palandt/*Weidenkaff* § 613a Rn. 52 f.; AR/*Bayreuther* § 613a BGB Rn. 144; DLW/*Baeck/Haußmann* Kap. 3 Rn. 4184; *Göpfert/Siegrist* ArbRAktuell 2010, 107, 108; *Worzalla* NZA 2002, 353, 357) und schafft Rechtssicherheit zum Übergangsstichtag.

20 8. Den betroffenen Arbeitnehmern steht es frei, ob sie ihren Widerspruch gegenüber dem Käufer oder dem Verkäufer erklären wollen, unabhängig davon, wer das Unterrichtungsschreiben unterzeichnet hat. Die frühzeitige gegenseitige vertragliche Verpflichtung, über Widersprüche und sonstige Stellungnahmen zu informieren, unterstützt die Kooperationsverpflichtung und erleichtert die **Planung** eines reibungslosen Betriebsübergangs oder möglicher Abhilfemaßnahmen wie zum Beispiel Personalgestellungsvereinbarungen oder Dienstleistungsvereinbarungen zwischen den Vertragsparteien, wenn durch die möglichen Widersprüche von Funktionsträgern Lücken entstehen (vgl. *Göpfert/Siegrist* ArbRAktuell 2010, 107, 108 f.).

21 9. Rechtlich haben Widersprüche keinen Einfluss auf die Wirksamkeit des Kaufvertrags. Jedoch kann sich der Unternehmenskauf als wirtschaftlich sinnlos darstellen, wenn wichtige Funktionsträger oder eine größere Anzahl von Arbeitnehmern kollektiv dem Übergang widersprechen. Solche **kollektiven Widersprüche** (vgl. auch V Rdn. 165) sind bis zur Grenze des institutionellen Missbrauchs zulässig (BAG, Urt. v. 30.09.2004 – 8 AZR 462/03, NZA 2005, 43; AR/*Bayreuther* § 613a BGB Rn. 143). Die vorliegende Klausel würde es den Vertragspartnern verwehren, sich bei einem kollektiven Widerspruch auf den Wegfall der Geschäftsgrundlage zu berufen. Die Vertragspartner könnten aber auch abweichend den Kaufvertrag unter die Bedingung stellen, dass bestimmte Funktionsträger oder eine bestimmte Anzahl von Arbeitnehmern übergehen. In personalintensiven Industrien kann das sinnvoll sein.

22 10. Die Vertragsparteien können im Innenverhältnis die **Haftungsverteilung** abweichend von der gesetzlichen Regelung des § 613a BGB vornehmen. Das ändert jedoch nicht die Haftungsverteilung der Vertragsparteien gegenüber den Arbeitnehmern. Die Käuferin haftet im Außenverhältnis gegenüber den übergehenden Arbeitnehmern gemäß § 613a Abs. 1 S. 1 BGB für sämtliche offenen Verbindlichkeiten aus deren Arbeitsverhältnissen unabhängig von Entstehung und Fälligkeit, zum Beispiel auch für rückständiges Gehalt oder Verzugslohn nach § 615 BGB (Palandt/*Weidenkaff* § 613a Rn. 23, 26; DLW/*Baeck/Haußmann* Kap. 3 Rn. 4241 ff.). Diese weitreichende Haftung der Käuferin folgt aus ihrer allumfassenden Stellung als neue Arbeitgeberin der übergehenden Arbeitnehmer. Die Haftung der Käuferin besteht ohne jegliche zeitliche Beschränkung, erfasst also auch insbesondere die Anwartschaften und Ansprüche der übergehenden Arbeitnehmer aus betrieblicher Altersversorgung (BAG, Urt. v. 19.09.2007 – 4 AZR 711/06, NZA 2008, 241, 242; AR/*Bayreuther* § 613a BGB Rn. 90, 96; BAG, Urt. v. 19.04.2005 – 3 AZR 469/04, DB 2005, 1748 nur Orientierungssätze). Daneben besteht gemäß § 613a Abs. 2 S. 1 BGB eine gesamtschuldnerische Mithaftung der Verkäuferin für solche Verbindlichkeiten gegenüber den übergehenden Arbeitnehmern, die vor dem Stichtag entstehen und innerhalb eines Jahres nach dem Stichtag fällig werden. Tritt die Fälligkeit erst nach dem Stichtag ein, haftet die Verkäuferin allerdings nur zeitanteilig bezogen auf den Stichtag (Beispiel: Zum 31.12. fällige Jahressonderzahlung, Betriebsübergang am 30.06. – Haftung zu 50 % – AR/*Bayreuther* § 613a BGB Rn. 89). Als selbstverständ-

lich gilt, obwohl nicht ausdrücklich im Gesetz gesagt, dass die Verkäuferin die volle Nachhaftung trifft für Ansprüche, die bereits vor dem Betriebsübergang fällig geworden sind (AR/*Bayreuther* § 613a BGB Rn. 89).

Die Vertragsklauseln in § 5 Abs. 1 und 2 regeln für das Innenverhältnis ausdrücklich, was in der **wirtschaftlichen Praxis** die Regel ist. Die Verkäuferin hat die volle finanzielle Verantwortung für die Abwicklung der übergehenden Arbeitsverhältnisse bis zum Stichtag, während beide, Verkäuferin und Käuferin, gemäß § 5 Abs. 3 anteilig für die Forderungen mit längerer Entstehungszeit haften. In den § 5 Abs. 4 und 5 wird die Haftung für die vom Übergang ausgeschlossenen Arbeitnehmer grundsätzlich der Verkäuferin zugewiesen, es sei denn, der Widerspruch wird erst nach dem Betriebsübergang erklärt und deshalb ein Teil der Arbeitsleistung des ausgeschlossenen Arbeitnehmers bereits für die Käuferin erbracht. 23

Eine spezielle Haftungsaufteilung im Falle von Widersprüchen kann abweichend von der Haftungsverteilung in § 5 des Musters dann angebracht sein, wenn die Käuferin als aggressiver Investor mit konkreten Stilllegungsabsichten auftritt und dadurch Widersprüche provoziert. 24

Alternativ: 25

[Sollten Arbeitnehmer dem Übergang widersprechen und ihre Arbeitsverhältnisse infolgedessen nicht auf die Käuferin übergehen, wird die Käuferin der Verkäuferin __[Prozentsatz]__ % der angemessenen Kosten der Arbeitsverhältnisse nach dem Stichtag sowie die angemessenen Kosten ihrer Beendigung erstatten, wenn und soweit die Arbeitsverhältnisse spätestens zum nächstmöglichen Kündigungstermin nach dem Stichtag beendet werden.]

11. Mit einer Klausel zur Geschäftsführung während der **Übergangszeit** bis zum Stichtag (Transition Period) soll möglichst der Status Quo gesichert werden. Ist der Katalog der in der Übergangszeit verbotenen Geschäfte sehr ausführlich und bedarf die Transaktion der fusionskontrollrechtlichen Freigabe, muss der Katalog im Einzelfall darauf überprüft werden, ob er mit dem kartellrechtlichen Vollzugsverbot vereinbar ist. Da sich der vorliegende Katalog lediglich auf die Sicherung der Arbeitsbedingungen bezieht, dürfte dies kein Problem darstellen. Allerdings kann es auch gewünscht sein, dass die Verkäuferin bis zum Stichtag bestimmte Änderungen durchführt, z.B. die Zahl der Arbeitnehmer zu rationalisieren oder gewisse organisatorische Änderungen vorzunehmen. Solche Veränderungen nach einem Erwerberkonzept sind arbeitsrechtlich zulässig, wenn das Unternehmen oder der Betrieb ansonsten nicht überlebens- oder veräußerungsfähig ist (BAG, Urt. v. 20.03.2003 – 8 AZR 97/02, NZA 2003, 1027, 1029; DLW/*Dörner* Kap. 4 Rn. 968 ff.; zu sanierenden Betriebsübernahmen ErfK/*Preis* § 613a BGB Rn. 167 ff., 169; BAG, Urt. v. 20.09.2006 – 6 AZR 249/05, NZA 2007, 387, 389) oder zur Verbesserung der Veräußerungschancen (BAG, Urt. v. 18.07.1996 – 8 AZR 127/94, BB 1996, 2305, 2306). Auch insoweit kann das kartellrechtliche Vollzugsverbot einschlägig sein. Ist die Rationalisierung von großer Bedeutung, kann der Kaufvertrag von der erfolgreichen Durchführung abhängig gemacht werden. 26

Alternativ: 27

[§ 6 Betriebsänderung vor dem Stichtag

Die Verkäuferin verpflichtet sich, die Zahl der Arbeitnehmer bis zum Stichtag um 20 % zu verringern. Aufgrund betriebswirtschaftlicher Prüfung fehlen voraussehbar 20 % der Beschäftigungsmöglichkeiten. Der von den Vertragsparteien in Auftrag gegebene Sanierungsplan ist in Anlage __[Bezeichnung der Anlage]__ enthalten. Die Verkäuferin ist verpflichtet, den Wirtschaftsausschuss gemäß § 106 Abs. 3 Nr. 6 BetrVG und den Betriebsrat unverzüglich gemäß § 111 S. 3 Nr. 1 BetrVG zu unterrichten mit dem Ziel des Abschlusses eines Interessenausgleichs und eines Sozialplans. Die Käuferin beteiligt sich an den Kosten des Sozialplans mit einem Anteil von 30 %, höchstens __[Betrag]__ EURO und erstattet diesen Betrag nach erfolgter Sanierung. Der Unternehmenskauf ist auflösend bedingt bei Nichterfüllung der Sanierungsverpflichtung durch die Verkäuferin.]

V. Der Übergang des Arbeitsverhältnisses

28 **12.** Die in § 5 für das Innenverhältnis vorgenommene Haftungsaufteilung wird durch die Freistellungs- und Entschädigungsregelung in § 7 konkretisiert. Soweit die Käuferin danach bestimmte Kosten im Innenverhältnis nicht zu tragen hat, erhält sie von der im Innenverhältnis verpflichteten Verkäuferin eine entsprechende **Freistellung**. Für den Fall, dass die Verkäuferin bereits im Außenverhältnis geleistet hatte, kann sie eine entsprechende **Entschädigung** verlangen. Die Klausel schützt die Käuferin vor allem davor, dass nicht übergehende Arbeitnehmer, die in der Anlage zum Kaufvertrag nicht namentlich aufgelistet waren und deshalb nach dem Willen der Vertragsparteien nicht übergehen sollten, sich vor Gericht den Übergang erstreiten mit der Darstellung, dass die Zuordnung nicht korrekt erfolgt sei. Dies ist beim Verkauf des gesamten Unternehmens nicht problematisch, kommt aber dann zum Tragen, wenn lediglich ein Betrieb von mehreren oder ein Geschäftsbereich verkauft wird. Hier können bei der Zuordnung Fehler passieren, die dann einen Fortsetzungsanspruch begründen (EuGH, Urt. v. 12.11.1998 – C-399/96, NZA 1999, 31, 33; BAG, Urt. v. 10.12.1998 – 8 AZR 324/97, NZA 1999, 422, 425). Mit der in § 7 vorgeschlagenen Formulierung trägt die Verkäuferin wirtschaftlich das Zuordnungsrisiko.

29 **13.** Die Gewährleistungsregelung in § 8 sieht eine verschuldensunabhängige Einstandspflicht der Verkäuferin gegenüber der Käuferin für bestimmte **Beschaffenheitsangaben** in Form einer **Garantie** nach § 311 Abs. 1 BGB vor, geht also über die übliche Einstandspflicht für Rechts- und Sachmängel nach §§ 434 ff. BGB hinaus. Die Käuferin wird an einer solchen Regelung interessiert sein. Jedoch ist dies Verhandlungssache. Die Verkäuferin wird sich darauf berufen, dass eine umfassende Due Diligence über die Werthaltigkeit des Unternehmens durchgeführt wurde und dass deshalb eine solch weitgehende Absicherung der Käuferinteressen unangemessen ist. Wenn eine Garantie (Warranty) nach den Umständen und dem Kaufpreis nicht verhandelbar ist, sollten zumindest entsprechende Beschaffenheitsangaben i.S.d. § 434 BGB (Representations) gemacht werden und eine Rechtsfolgenregelung vereinbart werden, um eine dem Einzelfall gerechte Haftungssystematik herzustellen.

30 **14.** Die übrigen Klauseln eines Unternehmenskaufvertrags sind für die in diesem Formularbuch behandelten arbeitsrechtlichen Fragestellungen nicht unmittelbar entscheidend.

2. Unterrichtung Wirtschaftsausschuss gemäß § 106 BetrVG

Vorbemerkung

31 Der Kauf eines Unternehmens durch Übernahme der Wirtschaftsgüter (Asset Deal) erfüllt den Unterrichtungstatbestand des § 106 Abs. 3 Nr. 10 BetrVG, wenn ein Wirtschaftsausschuss im Käuferunternehmen oder im Zielunternehmen (Target) besteht, also das betreffende Unternehmen in der Regel mehr als einhundert ständig beschäftigte Arbeitnehmer hat. Der Unternehmenskauf ist ein Vorgang, welcher die Interessen der Arbeitnehmer des Unternehmens wesentlich berühren kann (*Fitting* § 106 Rn. 131; AR/*Rieble* § 106 BetrVG Rn. 8; DLW/*Wildschütz* Kap. 13 Rn. 1080), also von potentiell erheblicher sozialer Auswirkung ist (BAG, Beschl. v. 11.07.2000 – 1 ABR 43/99, NZA 2001, 402, 404). Im vorliegenden Muster wird vom Kauf des gesamten Unternehmens ausgegangen.

▶ **Muster – Unterrichtung des Wirtschaftsausschusses gem. § 106 BetrVG (beim Asset-Deal)**

32 [Briefkopf der Arbeitgeberin – hier im Folgenden die V-GmbH]

An den Wirtschaftsausschuss der V-GmbH
Zu Händen des[r] Vorsitzenden

Betreff: Unterrichtungsschreiben gemäß § 106 BetrVG
Unternehmenskauf durch Übernahme der Wirtschaftsgüter (Asset Deal) [1]

Unterrichtung Wirtschaftsausschuss gemäß § 106 BetrVG V.I.2.

Sehr geehrte/r Frau/Herr ____[Titel, Name]____ ,

hiermit unterrichten wir Sie über die geplante [2] Übernahme unseres Unternehmens durch __[Name des Käufers; hier im Folgenden die K-GmbH]__ im Wege eines Kaufs und einer Übertragung sämtlicher materieller und immaterieller Wirtschaftsgüter unseres Unternehmens (Asset Deal). Zu den materiellen Wirtschaftsgütern zählen insbesondere auch die Betriebsgrundstücke mit allen Gebäuden, Anlagen und Maschinen, Vorräten und Warenlagern. Zu den immateriellen Wirtschaftsgütern zählen insbesondere alle Patente, Gebrauchsmuster, Erfindungen, Lieferanten- und Kundenlisten, Entwicklungs- und Produktionspläne und sonstiges geistiges Eigentum (Know how) des Unternehmens. [3]

Die Konzernleitung und unsere Geschäftsführung haben sich zum Verkauf des Unternehmens entschlossen, da es nicht mehr zum Kernbereich der Konzerntätigkeit gehört und die Entwicklungsmöglichkeiten in der bisherigen Konzernanbindung erschöpft sind. Dagegen sieht die K-GmbH als Käuferin erhebliches Entwicklungspotential im Käuferkonzern. Der Kauf erfolgt aus steuerlichen und öffentlich-rechtlichen Gründen als Asset Deal. [4]

Der Kaufvertrag soll am ____[Datum]____ beurkundet werden. Als Übergangsstichtag ist voraussichtlich der ____[Datum]____ vorgesehen.

Das Unternehmen soll nicht organisatorisch in die K-GmbH eingegliedert werden, sondern zunächst mit eigenständigen Betrieben am bisherigen Standort weitergeführt werden. Die Käuferin hat in der Due Diligence die Überzeugung gewonnen, dass es betriebswirtschaftlich sinnvoll ist; die bisherige Organisation im Wesentlichen aufrecht zu erhalten. Es werden daher voraussichtlich keine Betriebsänderungen erforderlich sein. [5]

Die arbeitsrechtlichen Konsequenzen des Unternehmenskaufs lassen sich wie folgt zusammenfassen: [6]

(1) Arbeitgeberwechsel

Mit der Übernahme sämtlicher materieller und immaterieller Vermögensgegenstände durch die K-GmbH kommt es zu einem Betriebsübergang i.S.d. § 613a BGB. Die übernehmende K-GmbH tritt zum Stichtag am ____[Datum]____ als neue Arbeitgeberin in sämtliche Rechte und Pflichten aus den Arbeitsverhältnissen aller Arbeitnehmer der V-GmbH unter Beachtung der bei der V-GmbH erworbenen Betriebszugehörigkeit ein und führt die Arbeitsverhältnisse gemäß § 613a Abs. 1 S. 1 BGB fort.

(2) Arbeitsvertrag/Betriebszugehörigkeit

Die vertraglichen Arbeitsbedingungen der übergehenden Arbeitnehmer einschließlich etwaiger betrieblicher Übungen, Gesamtzusagen und Einheitsregelungen bleiben unverändert. Das gilt auch für den Arbeitsort. Auch Rechte und Anwartschaften, die auf erdienter Betriebszugehörigkeit beruhen, werden fortgeführt. Das gilt insbesondere für die Berechnung von Kündigungsfristen und Betriebsrentenanwartschaften.

(3) Tarifverträge

Die K-GmbH ist ebenfalls in der ____[Branche]____ Industrie tätig und Mitglied desselben Arbeitgeberverbandes wie die V-GmbH. Infolgedessen gelten die zum Übertragungsstichtag anwendbaren Tarifverträge unverändert fort. Für tarifgebundene Arbeitnehmer gelten diese Tarifverträge kollektivrechtlich fort.

(4) Betriebe/Betriebsräte

Das Unternehmen der V-GmbH geht unverändert mit seinen eigenständigen Betrieben auf die K-GmbH über. Die Identität der Betriebe bleibt damit gewahrt. Die bestehenden Betriebsräte bleiben unverändert im Amt. Der Gesamtbetriebsrat der V-GmbH erlischt. Die übergehenden Betriebsräte entsenden Delegierte in den Gesamtbetriebsrat der K-GmbH.

(5) Betriebsvereinbarungen

Im Zeitpunkt des Übertragungsstichtags bestehende (Gesamt-)Betriebsvereinbarungen gelten unverändert kollektivrechtlich fort. Konzernbetriebsvereinbarungen gelten entsprechend kollektivrechtlich als (Gesamt-)Betriebsvereinbarungen fort, soweit ihr Regelungsgegenstand sinnvoll im Unternehmen anwendbar ist und sie nicht durch bei der K-GmbH geltende Konzern- oder Gesamtbetriebsvereinbarungen mit gleichem Regelungsgehalt verdrängt werden.

(6) Betriebsrenten

Etwaige Anwartschaften auf Leistungen der betrieblichen Altersversorgung werden nach dem Stichtag unverändert fortgeführt. Laufende Unverfallbarkeitsfristen werden durch den Betriebsübergang nicht unterbrochen.

(7) Haftung

Gegenüber den am Stichtag übergehenden Arbeitnehmern haftet die K-GmbH als neue Arbeitgeberin für alle Verbindlichkeiten, einschließlich rückständiger Verpflichtungen aus der Zeit vor dem Stichtag. Die V-GmbH haftet als Gesamtschuldnerin neben der K-GmbH für die vor dem Stichtag entstandenen Verpflichtungen, die bereits zum Stichtag fällig waren oder die innerhalb eines Jahres nach dem Stichtag fällig werden. Werden solche Verpflichtungen erst nach dem Stichtag fällig, haftet die V-GmbH nur in dem Umfang mit, der dem am Stichtag abgelaufenen Teil ihres Bemessungszeitraums entspricht.

(8) Keine Kündigung wegen Betriebsübergangs

Eine Kündigung der übergehenden Arbeitnehmer durch die bisherige oder die neue Arbeitgeberin wegen des Betriebsübergangs ist gemäß § 613a Abs. 4 BGB unwirksam. Eine Kündigung aus anderen Gründen bleibt unberührt. Betriebsbedingte Kündigungen wegen des Betriebsübergangs sind nicht geplant.

(9) Maßnahmen

Aus Anlass des Betriebsübergangs sind keine besonderen Maßnahmen hinsichtlich der Arbeitnehmer in Aussicht genommen.

(10) Unternehmensmitbestimmung

Eine Unternehmensmitbestimmung ist gegenwärtig weder bei der V-GmbH noch bei der K-GmbH geboten. Durch den Betriebsübergang erhöht sich voraussichtlich die Zahl der Arbeitnehmer der K-GmbH am Stichtag auf mehr als 500. Damit werden die Voraussetzungen für eine Unternehmensmitbestimmung nach dem Drittelbeteiligungsgesetz erfüllt sein. Somit ist ein Aufsichtsrat zu errichten, dessen Mitgliederzahl durch drei teilbar ist, und ein Drittel der Mitglieder durch Arbeitnehmervertreter zu stellen.

(11) Unterrichtung der Arbeitnehmer (Widerspruch)

Die vom Betriebsübergang betroffenen Arbeitnehmer werden gemäß § 613a Abs. 5 BGB vor dem Betriebsübergang über dessen Auswirkungen unterrichtet. Die Unterrichtung der Arbeitnehmer übernimmt die V-GmbH in enger Abstimmung mit der K-GmbH. Die übergehenden Arbeitnehmer können dem Übergang des Arbeitsverhältnisses innerhalb eines Monats nach Zugang der Unterrichtung schriftlich widersprechen. Der Widerspruch kann gegenüber der V-GmbH als der bisherigen oder gegenüber der K-GmbH als der neuen Betriebsinhaberin erklärt werden. Ein Widerspruch würde dazu führen, dass das Arbeitsverhältnis des Widersprechenden nicht übergeht, sondern bei der V-GmbH verbleibt. Mangels Beschäftigungsmöglichkeiten müsste die V-GmbH allerdings aller Voraussicht nach betriebsbedingt kündigen. Wir hoffen, dass es nicht zu Widersprüchen kommt.

Wenn Sie zu dem geplanten Betriebsübergang Fragen haben, sprechen Sie bitte den für Personalsachen zuständigen Geschäftsführer _[Name/Telefon]_ oder den Personalleiter _[Name/Telefon]_ an.

Mit freundlichen Grüßen

_____
(Unterschrift Geschäftsführung V-GmbH)

Erhalten:

__[Ort, Datum]__

Für den Wirtschaftsausschuss

_____
(Unterschrift)

Erläuterungen

Schrifttum

Maiß/Röhrborn Unterrichtungspflicht des Unternehmers gegenüber dem Wirtschaftsausschuss gemäß § 106 BetrVG, ArbRAktuell 2011, 339; *Lerch/Weinbrenner* Auskunftsanspruch des Wirtschaftsausschusses bei Konzernbezug, NZA 2013, 355; *Liebers/Erren/Weiß* Die Unterrichtungspflichten des Risikobegrenzungsgesetzes und der Geheimnisgefährdungstatbestand, NZA 2009, 1063; *Löw* Arbeitsrechtliche Regeln im Risikobegrenzungsgesetz, DB 2008, 758; *Rentsch* Die rechtzeitige Unterrichtung betrieblicher Arbeitnehmervertretungen, 2015; *Schröder/Falter* Die Unterrichtung des Wirtschaftsausschusses bei Unternehmensübernahmen nach Inkrafttreten des Risikobegrenzungsgesetzes, NZA 2008, 1097–1101.

1. Dem Unterrichtungsschreiben liegt ein Unternehmenskauf durch Übernahme sämtlicher Wirtschaftsgüter zugrunde. Das Unterrichtungsschreiben ist an den Wirtschaftsausschuss des abgebenden Unternehmens gerichtet. Beide Unternehmen sind im gleichen Arbeitgeberverband, haben Betriebsräte und planen keine Umstrukturierung. Eine Unternehmensmitbestimmung ist vor dem Unternehmenskauf in keinem der Unternehmen geboten, die Verpflichtung entsteht aber im übernehmenden Unternehmen nach dem DrittelbG. Die Unterrichtungspflicht folgt aus § 106 Abs. 3 Nr. 10 BetrVG, denn der Unternehmenskauf ist ein **bedeutsamer Vorgang**, der die Interessen der Arbeitnehmer des Unternehmens wesentlich berühren kann (*Fitting* § 106 Rn. 131; *Liebers/Erren/Weiß* NZA 2009, 1063; DLW/*Wildschütz* Kap. 13 Rn. 1080).

2. Gemäß § 106 Abs. 2 S. 1 BetrVG hat der Unternehmer den Wirtschaftsausschuss rechtzeitig und umfassend über die wirtschaftlichen Angelegenheiten des Unternehmens zu unterrichten. **Rechtzeitig** bedeutet in der Regel, dass der Wirtschaftsausschuss vor einer endgültigen Entscheidung des Unternehmers unterrichtet werden muss (*Fitting* § 106 Rn. 30; *Löw* DB 2008, 758, 760; *Rentsch* S. 147; DLW/*Wildschütz* Kap. 13 Rn. 1082). Die Unterrichtung muss am Ende des Planungsstadiums erfolgen, damit der Wirtschaftsausschuss den Unternehmenskauf mit dem Unternehmer beraten und den Betriebsrat unterrichten kann (§ 106 Abs. 1 S. 2 BetrVG). Eine Beratung macht nur Sinn, wenn die Willensbildung des Unternehmers noch nicht endgültig ist. Die Unterrichtung des Betriebsrats ist nur dann sinnvoll, wenn dieser seine möglichen Beteiligungsrechte z.B. aus §§ 111 ff. BetrVG noch geltend machen kann, bevor die geplante wirtschaftliche Angelegenheit durchgeführt wird. Der Unterrichtungspflicht kann aber das Interesse an der Wahrung von Betriebs- und Geschäftsgeheimnissen entgegenstehen (§ 106 Abs. 2, 2. HS BetrVG). Dazu gehören auch vertraglich geheimzuhaltende Betriebs- oder Geschäftsgeheimnisse von Vertragspartnern (*Fitting* § 106 Rn. 43). Die Tatsache, dass ein Unternehmenskauf geplant ist, sowie die umfassenden Informationen zum Unternehmenskauf gehören zu den Betriebs- und Geschäftsgeheimnissen, zumindest wenn ein Scheitern der Transaktion mit gravierenden Nachteilen für die Unternehmen und ihre Belegschaften verbunden ist. Die Unterrichtung des **Betriebsrats durch den Wirtschaftsausschuss** ist zudem bei einem Verkauf sämtlicher Wirtschaftsgüter ohne Änderung der Organisationsstruktur wie im vorliegenden Fall nicht zwingend, da keine Betriebsänderung i.S.d. § 111 BetrVG zu befürchten ist. In dieser Konstellation kann die Unterrichtung des Wirtschaftsausschusses auch direkt nach der Unterzeichnung des Unternehmenskaufvertrags erfolgen (so BAG, Beschl. v. 22.01.1991 – 1 ABR 38/89, NZA 1991, 649, 650; Moll/*Liebers* MAH

Arbeitsrecht § 56 Rn. 167 ff.; *Löw* DB 2008, 758, 760; *Liebers/Erren/Weiß* NZA 2009, 1063, 1066; *Schröder/Falter* NZA 2008, 1097, 1098).

35 **3.** Die Unterrichtung muss **umfassend** sein, der Wirtschaftsausschuss muss alle Informationen erhalten, die für eine sinnvolle Beratung des Unternehmenskaufs erforderlich sind. Die Mitglieder des Wirtschaftsausschusses sollen möglichst die gleiche Informationsbasis haben wie der Unternehmer (**Informationsparität**). Umstritten ist die Frage, ob der Wirtschaftsausschuss darüber hinaus einen Informationsbeschaffungsanspruch gegen den Unternehmer hat, bzgl. Informationen, die diesem persönlich nicht zur Verfügung stehen (dafür: *Lerch/Weinbrenner*, NZA 2013, 355; dagegen mit überzeugenden Gründen: BAG, Beschl. v. 07.08.1986 – 6 ABR 77/83 – AP BetrVG 1972 § 80 Nr. 25). Der Wirtschaftsausschuss muss aufgrund der Information zu einer sachgemäßen Beratung und zu eigenen Vorschlägen in der Lage sein (LAG Köln, Beschl. v. 14.01.2004 – 8 TaBV 72/03, NZA-RR 2005, 32; *Fitting* § 106 Rn. 34; DLW/*Wildschütz* Kap. 13 Rn. 1082). Bei der Information über einen beabsichtigten Unternehmenskauf sind die übergehenden Wirtschaftsgüter generell oder soweit erforderlich auch einzeln aufzuführen, zum Beispiel um klarzustellen, ob wichtige Vermögensgegenstände wie Grundstücke, Anlagen und Patente nicht mitübertragen werden (vgl. BAG, Urt. v. 23.07.2009 – 8 AZR 538/08, NZA 2010, 89, 92; BAG, Urt. v. 31.01.2008 – 8 AZR 1116/06, NZA 2008, 642, 643 f.).

36 **4.** Es ist sinnvoll, dem Wirtschaftsausschuss die wirtschaftlichen Hintergründe des Unternehmenskaufs, zum Beispiel positive Entwicklungsmöglichkeiten im Käuferkonzern, zu erklären, um die Akzeptanz zu fördern. Auch ein allgemeiner Hinweis auf die Gründe zur Auswahl des Transaktionswegs gehört zur Unterrichtung des Wirtschaftsausschusses. So kann ein Asset Deal auch bei Verkauf des gesamten Unternehmens vorteilhaft sein, wenn die Verkäuferin einen Verlustvortrag hat, der sich mit einem Veräußerungsgewinn verrechnen lässt oder wenn öffentlich-rechtliche Genehmigungen im Verkäuferunternehmen verbleiben sollen, damit sie im Veräußererkonzern weiter genutzt werden können (zu den Vor- und Nachteilen der Gestaltungsformen Willemsen/ *Willemsen* Unternehmensumstrukturierung Teil B Rn. 115 ff., Teil K Rn. 39). Solche Informationen über die **wirtschaftliche Motivation** sind angezeigt, weil der Wirtschaftsausschuss nicht nur über die arbeitsrechtlichen Konsequenzen, sondern auch über die wirtschaftlichen Angelegenheiten als solche zu unterrichten ist. Dabei sind ihm entweder freiwillig als Anlage des Schreibens oder sonst in der Wirtschaftsausschusssitzung die erforderlichen **Unterlagen vorzulegen**, also zur Einsichtnahme zu überlassen, soweit nicht Geschäftsgeheimnisse gefährdet werden. Nicht zu übergeben ist der Unternehmenskaufvertrag selbst, jedenfalls wenn er keine Absprachen über die künftige Geschäftsführung und Geschäftspolitik enthält (BAG, Beschl. v. 22.01.1991 – 1 ABR 38/89, NZA 1991, 649, 650; so auch DLW/*Wildschütz* Kap. 13 Rn. 1085; *Fitting* § 106 Rn. 131).

37 **5.** Der Hinweis zu den möglichen **organisatorischen Folgen** des Unternehmenskaufs ist erforderlich, wenn diese Informationen im Verkäuferunternehmen bekannt sind, denn daraus ergeben sich unter Umständen weitreichende arbeitsrechtliche Folgen, insbesondere zur Betriebs- und Betriebsratsstruktur, zur Weitergeltung von Betriebsvereinbarungen und zur Notwendigkeit von Betriebsänderungen. Sind diese Pläne im Verkäuferunternehmen nicht bekannt, müssen sie auch nicht beschafft und muss darüber auch nicht unterrichtet werden. Die Unterrichtungspflicht zum Asset Deal folgt allein aus der Auffangklausel des § 106 Abs. 3 Nr. 10 BetrVG. Der durch das Risikobegrenzungsgesetz mit Wirkung zum 19.08.2002 neu eingefügte § 106 Abs. 3 Nr. 9a BetrVG (BGBl. I 2008, 1666) ist für Asset Deals nicht einschlägig, denn er betrifft nur die Unternehmensübernahme in Form des Anteilskaufs (Share Deal) mit Kontrollübernahme (*Liebers/Erren/ Weiß* NZA 2009, 1063, 1064; dazu auch: DLW/*Wildschütz* Kap. 13 Rn. 1079; *Fitting* § 106 Rn. 80). Angaben über die Pläne eines (potentiellen) Erwerbers i.S.d. Risikobegrenzungsgesetzes sind daher beim Asset Deal nicht erforderlich.

38 **6.** Schließlich sind grundsätzlich, soweit in diesem Stadium bekannt, die Angaben zu den absehbaren arbeitsrechtlichen Konsequenzen im engeren Sinne zu machen, wie sie auch nach § 613a BGB im Unterrichtungsschreiben an die Arbeitnehmer erforderlich sind (s. V Rdn. 47 ff.).

3. Unterrichtung Betriebsrat gemäß § 111 BetrVG

Vorbemerkung

Eine Unterrichtung des Betriebsrats ist beim Unternehmenskauf durch Veräußerung sämtlicher Wirtschaftsgüter nicht erforderlich. Auch wenn ein kompletter Betrieb insgesamt oder mehrere Betriebe als wirtschaftliche Einheiten ohne Strukturänderungen verkauft werden, ist der Betriebsrat nicht zuständig. Nur wenn Geschäftsbereiche, Abteilungen oder sonstige Betriebsteile unter Spaltung eines Betriebs nach § 111 S. 3 Nr. 3 BetrVG verkauft werden sollen, ist der betroffene Betriebsrat rechtzeitig zu unterrichten und die Spaltung, nicht aber der Verkauf selbst mit dem Betriebsrat zu beraten. Entsprechendes gilt, wenn die veräußerte Einheit in einen Erwerberbetrieb eingegliedert wird und dieser Zusammenschluss mit einem anderen Betrieb vor dem Stichtag bekannt ist. Allerdings ist es äußerst schwierig, einem Betriebsrat diese Abstraktion zu erläutern. Meist ist es sinnvoll, neben der Spaltung, die einem Betriebsteilverkauf gedanklich vorausgeht, auch grundsätzlich die Veräußerung zu beraten. Immerhin können unzufriedene Arbeitnehmer unterstützt durch den Betriebsrat den Übergang ihres Arbeitsverhältnisses durch (kollektiven) Widerspruch nach § 613a Abs. 6 BGB verhindern und müssen den Widerspruch nicht begründen. Vorliegend wird von einer Betriebsspaltung und einer Eingliederung ausgegangen.

39

▶ **Muster – Unterrichtung Betriebsrat gemäß § 111 BetrVG**

[Briefkopf der Arbeitgeberin]

40

An den Betriebsrat der [Name der Arbeitgeberin]
Zu Händen des[r] Vorsitzenden

Betreff: Unterrichtungsschreiben gemäß § 111 BetrVG
Unternehmensteilverkauf durch Übernahme der Wirtschaftsgüter (Asset Deal) [1]

Sehr geehrte/r Frau/Herr [Name der/des Vorsitzenden des Betriebsrats] ,

hiermit unterrichten wir Sie über die geplante [2] Teilübernahme unseres Unternehmens durch die [Name des übernehmenden Unternehmens] im Wege eines Kaufs der zugeordneten materiellen und immateriellen Wirtschaftsgüter (Asset Deal). Veräußert und übertragen werden soll der Geschäftsbereich/die Abteilung [Name des Geschäftsbereichs/der Abteilung] am Standort [Ort] . Zu den materiellen Wirtschaftsgütern zählen die Büroeinrichtung, die EDV-Anlage und das Warenlager, jedoch nicht die Betriebsgrundstücke und Gebäude. Zu den immateriellen Wirtschaftsgütern zählen insbesondere die Gebrauchsmuster, die Software und die Kundenlisten. Weiterhin ist dem Geschäftsbereich/der Abteilung das in Anlage [Bezeichnung/Nummer der Anlage] aufgelistete Personal zugeordnet (übergehende Arbeitnehmer).

Die Geschäftsleitung hat sich zum Verkauf des Geschäftsbereichs/der Abteilung entschlossen, weil das Unternehmen sich voll auf die Entwicklung und die Herstellung konzentrieren soll. Die Vertriebs- und IT-Funktion soll über Dienstleistungsverträge mit der Käuferin abgewickelt werden.

Der Kaufvertrag soll am [Datum] unterzeichnet werden. Als Übergabestichtag ist voraussichtlich der [Datum] vorgesehen. [3]

Voraussetzung für den Kauf ist die wirtschaftliche und betriebliche Spaltung des Geschäftsbereichs/der Abteilung vom Restbetrieb. Die Betriebsspaltung ist nach § 111 S. 3 Nr. 3 BetrVG mitwirkungspflichtig. Deshalb bitten wir um Anberaumung einer Betriebsratssitzung, damit wir die geplante Transaktion im Einzelnen vorstellen und beraten können. Ein Entwurf für einen Interessenausgleich zur Betriebsspaltung mit Namenslisten zur Zuordnung der Mitarbeiter auf den übergehenden Geschäftsbereich/die übergehende Abteilung ist beigefügt. Die Eingliederung in den aufnehmenden Betrieb ist ebenfalls nach § 111 S. 3 Nr. 3 BetrVG mitwirkungspflichtig und soll ebenfalls in der anzuberaumenden Betriebsratssitzung vorgestellt und beraten werden. Im

V. Der Übergang des Arbeitsverhältnisses

aufnehmenden Betrieb ist ein entsprechender Prozess einzuleiten. Die Eingliederung in den aufnehmenden Betrieb soll nach der aktuellen Planung der Erwerberin derart erfolgen, dass der Geschäftsbereich/die Abteilung als Betriebsteil identifizierbar bleibt. Da der Übergang gemäß § 613a BGB erfolgt und der dort geregelte Bestandsschutz gesetzlich vorgegeben ist, muss aller Voraussicht nach kein Sozialplan [4] verhandelt werden.

Die arbeitsrechtlichen Konsequenzen der Teilveräußerung lassen sich wie folgt darstellen:

(1) Arbeitgeberwechsel

Unmittelbar nach der Betriebsspaltung sollen die Vermögensgegenstände und die Arbeitnehmer des Teilbetriebs im Wege eines Betriebsteilübergangs i.S.v. § 613a BGB auf die _[Name des übernehmenden Unternehmens]_ übergehen. Die übernehmende _[Name des übernehmenden Unternehmens]_ tritt zum Stichtag am _[Datum]_ als neue Arbeitgeberin in sämtliche Rechte und Pflichten aus den Arbeitsverhältnissen der übergehenden Arbeitnehmer der _[Name der Arbeitgeberin]_ unter Beachtung der mit der _[Name der Arbeitgeberin]_ erworbenen Betriebszugehörigkeit ein und führt die Arbeitsverhältnisse gemäß § 613a Abs. 1 S. 1 BGB fort.

(2) Arbeitsvertrag/Betriebszugehörigkeit

Die vertraglichen Arbeitsbedingungen der übergehenden Arbeitnehmer einschließlich etwaiger betrieblicher Übungen, Gesamtzusagen und Einheitsregelungen bleiben unverändert. Das gilt auch für den Arbeitsort. Auch Rechte und Anwartschaften, die auf erdienter Betriebszugehörigkeit beruhen, werden fortgeführt. Das gilt insbesondere für die Berechnung von Kündigungsfristen und Betriebsrentenanwartschaften.

(3) Tarifverträge

Die _[Name des übernehmenden Unternehmens]_ ist ebenfalls in der _[Branche]_ Industrie tätig und Mitglied desselben Arbeitgeberverbandes wie die _[Name der Arbeitgeberin]_. Infolgedessen gelten die zum Stichtag anwendbaren Tarifverträge unverändert fort. Für tarifgebundene Arbeitnehmer gelten diese Tarifverträge kollektivrechtlich fort.

(4) Betriebe/Betriebsräte

Der Geschäftsbereich/die Abteilung der _[Name der Arbeitgeberin]_ geht auf die _[Name des übernehmenden Unternehmens]_ über und wird in den Betrieb am gleichen Standort eingegliedert. Die Identität des Betriebsteils wird somit aufgegeben. Der Betriebsrat geht nicht über. Vielmehr wird der Betriebsrat der _[Name des übernehmenden Unternehmens]_ zuständig. [5]

(5) Betriebsvereinbarungen

Im Zeitpunkt des Übertragungsstichtags bestehende Betriebsvereinbarungen gelten individualrechtlich unter Beachtung der einjährigen Veränderungssperre fort, soweit nicht im aufnehmenden Betrieb andere Betriebsvereinbarungen mit gleichem Regelungsgehalt existieren. Solche Betriebsvereinbarungen verdrängen insoweit die individualrechtliche Weitergeltung. [6]

(6) Betriebsrenten

Etwaige Anwartschaften auf Leistungen der betrieblichen Altersversorgung werden nach dem Stichtag unverändert fortgeführt. Laufende Unverfallbarkeitsfristen werden durch den Betriebsübergang nicht unterbrochen. Der aufnehmende Betrieb hat keine vergleichbare betriebliche Altersversorgung.

(7) Haftung

Gegenüber den am Stichtag übergehenden Arbeitnehmern haftet die _[Name des übernehmenden Unternehmens]_ als neue Arbeitgeberin für alle Verbindlichkeiten, einschließlich rückständiger Verpflichtungen aus der Zeit vor dem Stichtag. Die _[Name der Arbeitgeberin]_ haftet als Gesamtschuldnerin neben der _[Name des übernehmenden Unternehmens]_ für die vor dem Stichtag entstandenen Verpflichtungen, die bereits zum Stichtag fällig waren oder die innerhalb eines Jahres nach dem Stichtag fällig werden. Werden solche Verpflichtungen erst nach dem Stichtag fällig, haftet die

[Name der Arbeitgeberin] nur in dem Umfang mit, der dem am Stichtag abgelaufenen Teil ihres Bemessungszeitraums entspricht.

(8) Keine Kündigung wegen Betriebsübergangs

Eine Kündigung der übergehenden Arbeitnehmer durch die bisherige oder die neue Arbeitgeberin wegen des Betriebsübergangs ist gemäß § 613a Abs. 4 BGB unwirksam. Eine Kündigung aus anderen Gründen bleibt unberührt. Betriebsbedingte Kündigungen wegen des Betriebsübergangs sind nicht geplant.

(9) Maßnahmen

Aus Anlass des Betriebsübergangs sind außer der Betriebsspaltung und der organisatorischen Integration in den Betrieb der Käuferin keine besonderen Maßnahmen hinsichtlich der Arbeitnehmer in Aussicht genommen.

(10) Unternehmensmitbestimmung

Eine Unternehmensmitbestimmung ist gegenwärtig weder bei der [Name der Arbeitgeberin] noch bei der [Name des übernehmenden Unternehmens] geboten. Durch den Betriebsübergang erhöht sich voraussichtlich die Zahl der Arbeitnehmer der [Name des übernehmenden Unternehmens] am Stichtag auf mehr als 500. Damit werden die Voraussetzungen für eine Unternehmensmitbestimmung nach dem Drittelbeteiligungsgesetz erfüllt sein. Somit ist ein Aufsichtsrat zu errichten, dessen Mitgliederzahl durch drei teilbar ist, und ein Drittel der Mitglieder durch Arbeitnehmervertreter zu stellen.

(11) Unterrichtung der Arbeitnehmer (Widerspruch)

Die vom Betriebsübergang betroffenen Arbeitnehmer werden gemäß § 613a Abs. 5 BGB vor dem Betriebsübergang über dessen Auswirkungen unterrichtet. Die Unterrichtung der Arbeitnehmer übernimmt die [Name der Arbeitgeberin] in enger Abstimmung mit der [Name des übernehmenden Unternehmens] . Die übergehenden Arbeitnehmer können dem Übergang des Arbeitsverhältnisses innerhalb eines Monats nach Zugang der Unterrichtung schriftlich widersprechen. Der Widerspruch kann gegenüber der [Name der Arbeitgeberin] als der bisherigen oder gegenüber der [Name des übernehmenden Unternehmens] als der neuen Betriebsinhaberin erklärt werden. Ein Widerspruch würde dazu führen, dass das Arbeitsverhältnis des Widersprechenden nicht übergeht, sondern bei der [Name der Arbeitgeberin] verbleibt. Mangels Beschäftigungsmöglichkeiten müsste die [Name der Arbeitgeberin] allerdings aller Voraussicht nach betriebsbedingt kündigen. Wir hoffen, dass es nicht zu Widersprüchen kommt.

Wenn Sie zu dem geplanten Betriebsübergang der Betriebsspaltung und der Eingliederung Fragen haben, sprechen Sie bitte den für Personalsachen zuständigen Geschäftsführer [Name/Telefon] oder den Personalleiter [Name/Telefon] an.

Mit freundlichen Grüßen

_____

(Unterschrift Geschäftsführung)

Erhalten:

[Ort, Datum]

Für den Betriebsrat

_____

(Unterschrift)

V. Der Übergang des Arbeitsverhältnisses

Erläuterungen

Schrifttum

Dzida Verwirkung des Widerspruchsrechts beim Betriebsübergang, DB 2010, 167; *Fuhlrott* Aktuelle Rechtsprechung zum Betriebsübergang – ein Überblick, ArbR Aktuell 2014, 431; *Gaul/Krause* Sorgfalt wird (endlich) belohnt: Zur ordnungsgemäßen Unterrichtung über den Betriebsübergang nach § 613a Abs. 5 BGB – Zugleich Besprechung des Urteils des BAG v. 10.11.2011 – 8 AZR 430/10, RdA 2013, 39; *Gaul/Niklas* Wie gewonnen, so zerronnen: Unterrichtung, Widerspruch und Verwirkung bei § 613a BGB, DB 2009, 452; *Göpfert/Siegrist* Betriebsübergänge – ein unkalkulierbares Risiko? – »Vier Jahre nach Agfa und BenQ«, ArbR Aktuell 2010, 60; *Grau* Arbeitnehmerunterrichtung beim Betriebsübergang, NZA 2007, 13; *Kleinebrink/Commandeur* Bedeutung, Form und Inhalt der ordnungsgemäßen Unterrichtung beim Betriebsübergang, FA 1999, 213; *Lingemann* Fehlt ein Hinweis auf die mögliche Nichtanwendbarkeit eines Tarifvertrages beim Erwerber, so kann die Unterrichtung nach § 613a V BGB fehlerhaft sein, ArbR Aktuell 2015, 351; *Lingemann* Richtig unterrichtet beim Betriebsübergang – neue Hilfestellungen des BAG, NZA 2012, 546; *Maschmann* Betriebsrat und Betriebsvereinbarung nach einer Umstrukturierung, NZA Beilage 1/2009, 32; *Meyer* Aktuelle Gestaltungsfragen beim Betriebsübergang, NZA-RR 2013, 225; *Meyer* »Auftragsnachfolge« und Unterrichtung bei Betriebsübergang, NZA 2012, 1185; *Moll* Betriebsübergang und Betriebsänderung, RdA 2003, 129 ff.; *Nebeling/Brauch* § 613a Abs. 5 BGB: Es ist niemals zu spät ... oder manchmal doch?, BB 2010, 1474; *Rieble/Wiebauer* Widerspruch (§ 613a VI BGB) nach Aufhebungsvertrag, NZA 2009, 401; *Schiefer/Worzalla* Unterrichtungspflicht bei Betriebsübergang nach § 613a V BGB – Eine Bestandsaufnahme, NJW 2009, 558.

41 **1.** Dem Unterrichtungsschreiben an den Betriebsrat des bisherigen Betriebs (*Fitting* § 111 Rn. 54) liegt der Verkauf eines Geschäftsbereichs, einer Abteilung oder eines sonstigen Betriebsteils in Einzelrechtsnachfolge zugrunde. Der Betriebsrat ist nur deswegen zu unterrichten, weil dem Teilverkauf als Betriebsteilübergang denknotwendig eine **Betriebsspaltung** nach § 111 S. 3 Nr. 3 BetrVG vorausgeht, wenn die Betriebsführung auf die Käuferin übergeht (*Fitting* § 111 Rn. 52; *Moll* RdA 2003, 129, 134). Die Betriebsspaltung setzt keine bestimmte Größe voraus. Die Erheblichkeitsschwellen des § 15 KSchG sind wohl nicht maßgeblich (LAG Bremen, Urt. v. 21.10.2004 – 3 Sa 77/04, NZA-RR 2005, 140). Ausnahmsweise ist der Betriebsrat nicht zu beteiligen, wenn lediglich eine Bagatellspaltung vorliegt. Deren Voraussetzungen sind jedoch umstritten und vom BAG offengelassen (BAG, Beschl. v. 10.12.1996 – 1 ABR 32/96, NZA 1997, 898; *Meyer* NZA-RR 2013, 225, 230). Der Betriebsrat ist daher rechtzeitig und umfassend über die Spaltung als Betriebsänderung zu unterrichten. Die geplante Betriebsänderung ist mit dem Betriebsrat des abgebenden Betriebs zu beraten mit dem Ziel, einen Interessenausgleich abzuschließen. In einem anschließenden Sozialplan wären nur die Nachteile auszugleichen, die durch die Betriebsspaltung verursacht werden, nicht dagegen diejenigen, die durch den Betriebsübergang entstehen (BAG, Beschl. v. 25.01.2000 – 1 ABR 1/99, NZA 2000, 1069, 1070; *Fitting* § 111 Rn. 53; *Moll/Liebers* MAH Arbeitsrecht § 56 Rn. 67, § 58 Rn. 59, § 55 Rn. 59). Wenn soweit keine wirtschaftlichen Nachteile entstehen können, wäre ein Sozialplan entbehrlich.

42 **2.** Die Unterrichtung über die geplante Teilübernahme muss **rechtzeitig** erfolgen, das heißt am Ende des Planungsstadiums und vor dem Betriebsteilübergang, da das Ziel Abschluss eines Spaltungsinteressenausgleichs **vor** (vgl. BAG, Urt. v. 14.04.2015 – 1 AZR 794/13, NZA 2015, 1147, 1149 zur Unterscheidung, Vorbereitung und Umsetzung) dem Betriebsteilübergang erreicht sein sollte. Ist dies zeitlich nicht möglich, weil sich die Verhandlungen verzögern, wird die Betriebsspaltung ohne Organisationsänderung nicht wirksam, während der Betriebsteilübergang nach § 613a BGB rechtlich wirksam ist. Dies führt dann nach der Vermutung des § 1 Abs. 2 Nr. 2 BetrVG zu einem **gemeinsamen Betrieb** der beiden Unternehmen von Verkäuferin und Käuferin zumindest für eine Übergangszeit (*Fitting* § 111 Rn. 60; AR/*Rieble* § 111 BetrVG Rn. 15; *Maschmann* NZA Beilage 1/2009, 32, 35 f.; *Moll* RdA 2003, 129, 134.) bis die Betriebsspaltung vollzogen wird.

43 **3.** Die Unterrichtung soll **umfassend** sein, also möglichst die übergehenden Wirtschaftsgüter, die zugeordneten Arbeitnehmer und den wirtschaftlichen Grund der Teilveräußerung sowie den geplanten Übergabestichtag umfassen.

4. Das Unterrichtungsschreiben hat den Zweck, den Betriebsrat zur **Mitwirkung** bei der Betriebsspaltung zu veranlassen. Deshalb sollte die rechtliche Ausgangslage und das Verhandlungsziel Spaltungsinteressenausgleich deutlich angesprochen werden (vgl. im Übrigen zur Fortgeltung von Betriebsvereinbarungen nach Betriebsübergängen V Rdn. 132 ff., 199). 44

5. Da der Geschäftsbereich/die Abteilung in einen Betrieb der Käuferin **eingegliedert** werden soll, ist auch dies dem Betriebsrat des abgebenden und des aufnehmenden Betriebs mitzuteilen. Die Unterrichtung erfolgt ebenfalls mit dem Ziel, die Eingliederung in einem Interessenausgleich zu vereinbaren und soweit erforderlich einen Sozialplan abzuschließen. Der Betriebsrat des größeren abgebenden Betriebs bleibt zurück. Die Identität des übergehenden Betriebsteils erlischt durch die Eingliederung. Geschieht die Eingliederung zeitgleich mit dem Betriebsteilübergang, wird sofort der Betriebsrat des aufnehmenden Betriebs zuständig (*Meyer* NZA-RR 2013, 225, 230). Für ein Übergangsmandat des abgebenden Betriebsrats nach § 21a BetrVG ist dann kein Raum (vgl. im Übrigen zu den Auswirkungen von Betriebsübergängen auf Betriebsräte (V Rdn. 110). 45

6. Betriebsvereinbarungen können wegen der Eingliederung in den aufnehmenden Betrieb nicht kollektiv, sondern nur individualrechtlich nach Transformation weiter gelten und werden von regelungsinhaltsgleichen Betriebsvereinbarungen der Käuferin verdrängt (vgl. im Übrigen zur Fortgeltung von Betriebsvereinbarungen nach Betriebsübergängen V Rdn. 132 ff., 199). 46

4. Unterrichtung der Arbeitnehmer gemäß § 613a Abs. 5 BGB

Vorbemerkung

Erwirbt eine Rechtsperson einen Betrieb oder Betriebsteil durch Rechtsgeschäft, so tritt diese Rechtsperson kraft Gesetzes als neuer Arbeitgeber in die Arbeitsverhältnisse mit den Arbeitnehmern dieses Betriebs oder Betriebsteils ein. Gemäß § 613a Abs. 5 BGB sind die betroffenen Arbeitnehmer über diesen Arbeitgeberwechsel zu unterrichten. Die Unterrichtung ist nur dann gemäß § 613a Abs. 5 BGB gesetzeskonform, wenn sie neben der genauen Bezeichnung des Erwerbers und des Gegenstands des Betriebsübergangs Auskunft gibt über den (geplanten) Zeitpunkt (1), den Grund (2), die rechtlichen, wirtschaftlichen und sozialen Folgen (3) des Übergangs und die hinsichtlich der Arbeitnehmer in Aussicht genommenen Maßnahmen (4). 47

Der **notwendige Inhalt** der Unterrichtung ergibt sich aus § 613a Abs. 5 Ziff. 1–4 BGB. Wie diese gesetzlichen Vorgaben auszufüllen sind, darüber ist in den letzten Jahren umfangreiche Literatur und Rechtsprechung entstanden. Die Erfordernisse, die erfüllt sein müssen, um ein korrektes, vollständiges Unterrichtungsschreiben zu formulieren, werden zunehmend komplexer. Mittlerweile ist es bei komplizierten Sachverhalten kaum noch möglich, den insbesondere von der aktuellen Rechtsprechung (vgl. nur EuGH, Urt. v. 18.07.2013 – C-426/11, Alemo Herron, NZA 2013, 835; BAG, Urt. v. 14.11.2013 – 8 AZR 824/12, DB 2014, 901; BAG, Urt. v. 26.03.2015 – 2 AZR 783/13, DB 2015, 2760; BAG, Urt. v. 23.07.2009 – 8 AZR 538/08, NZA 2010, 89; BAG, Urt. v. 13.07.2006 – 8 AZR 303/05, NZA 2006, 1273; BAG, Urt. v. 13.07.2006 – 8 AZR 305/05, NZA 2006, 1268) aufgestellten Anforderungen gerecht zu werden (so auch *Elking/Aszmons* BB 2014, 2041; *Gaul/Krause* RdA 2013, 39, 40; *Dzida* DB 2010, 167; *Gaul/Niklas* DB 2009, 452, 453; *Rieble/Wiebauer* NZA 2009, 401, 401; *Schiefer/Worzalla* NJW 2009, 558; *Kallmeyer/Willemsen* UmwG, § 324 Rn. 33; *Göpfert/Siegrist* ArbRAktuell 2010, 60, 61; *Lingemann* NZA 2012, 546). Die Verfasser des Unterrichtungsschreibens stehen vor dem fast unlösbaren Problem, dass sie einerseits alle von Gesetz und Rechtsprechung geforderten Informationen richtig und vollständig im Unterrichtungsschreiben ausführen müssen, andererseits das Schreiben aber für den juristischen Laien verständlich bleiben soll (vgl. nur BAG, Urt. v. 14.12.2006 – 8 AZR 763/05, NZA 2007, 682, 684; BAG, Urt. v. 13.07.2006 – 8 AZR 305/05, NZA 2006, 1268, 1271; dazu *Hohenstatt/Grau* NZA 2007, 13, 15; vgl. dazu auch V Rdn. 141). Immerhin hat das BAG inzwischen ausdrücklich festgestellt, dass eine Unterrichtung über komplexe Rechtsfragen dann nicht fehlerhaft ist, wenn der Arbeitgeber bei angemessener Prüfung der Rechtslage, 48 die gegebenenfalls die Einholung von Rechtsrat über die höchstrichterliche Rechtsprechung beinhaltet, rechtlich vertretbare Positionen gegenüber dem Arbeitnehmer kund tut (vgl. insbesondere BAG, Urt. v. 10.11.2011 – 8 AZR 430/10, NJOZ 2012, 860, 864; BAG, Urt. v. 13.07.2006 – 8 AZR 303/05, NZA 2006, 1273, 1275; dies begrüßend: *Hohenstatt/Grau* NZA 2007, 13, 18). Das genannte Urteil des Achten Senats vom 10.11.2011 ist für die Ausfertigung eines korrekten Unterrichtungsschreibens äußerst hilfreich. Der ausführlich im Sachverhalt zitierte Unterrichtungstext wurde als ausreichend bewertet (vgl. BAG, Urt. v. 10.11.2011 – 8 AZR 430/10, NJOZ 2012, 860). Es handelt sich um eine der wenigen Entscheidungen, in denen das streitgegenständliche Unterrichtungsschreiben für ordnungsgemäß befunden wurde. Allerdings ist inzwischen eine Entscheidung des Zweiten Senats ergangen, der die Anforderungen an das Unterrichtungsschreiben tendenziell wieder verschärft (BAG, Urt. v. 26.03.2015 – 2 AZR 783/13, BB 2015, 1595; *Lingemann* ArbR Aktuell 2015, 351; *Gaul* RdA 2015, 206 ff.). In einer weiteren Entscheidung des Achten Senats wird zudem bestätigt, dass auch über mittelbare Folgen des Betriebsübergangs zu unterrichten ist (BAG, Urt. v. 14.11.2013 – 8 AZR 824/12, BB 2014, 1341; *Fuhlrott* ArbR Aktuell 2014, 431, 433; *Elking/Aszmons* BB 2014, 2041, 2044). Genügt die Unterrichtung formal den Anforderungen des § 613a Abs. 5 BGB und ist sie nicht offensichtlich fehlerhaft, so ist es darüber hinaus Sache des Arbeitnehmers, der sich auf die Unzulänglichkeit der Unterrichtung beruft, einen behaupteten Mangel näher darzulegen (BAG, Urt. v. 10.11.2011 – 8 AZR 430/10, NJOZ 2012, 860, 864; ausführlich dazu *Lingemann* NZA 2012, 546, 546 f.).

49 Da ein **unrichtiges oder unvollständiges Unterrichtungsschreiben** die Widerspruchsfrist des § 613a Abs. 6 BGB nicht in Gang setzt (vgl. nur BAG, Urt. v. 10.11.2011 – 8 AZR 430/10, NJOZ 2012, 860, 863 m.w.N.; BAG, Urt. v. 22.06.2011 – 8 AZR 752/09, NZA-RR 2012, 507) und unter Umständen Schadensersatzansprüche nach sich ziehen kann (BAG, Urt. v. 23.07.2015 – 6 AZR 687/14, JurionRS 2015, 29333 Rn. 28, 34; *Meyer* NZA 2012, 1185, 1189; *Nebeling/Brauch* BB 2010, 1474, 1476; *Gaul/Niklas* DB 2009, 453, 457; *Rieble/Wiebauer* NZA 2009, 401, 407; *Schiefer/Worzalla* NJW 2009, 558; *Kleinebrink/Commandeur* FA 2009, 101, 102), ist auf die Formulierung des Unterrichtungsschreibens große Sorgfalt zu verwenden. Unumgänglich ist eine umfangreiche Sachverhaltskenntnis bezüglich aller im Unterrichtungsschreiben zu behandelnder Umstände (so auch *Elking/Aszmons* BB 2014, 2041). Das gilt auch für die Unterrichtung über mittelbare Folgen des Betriebsübergangs, etwa darüber, dass rechtliche Rahmenbedingungen beim Erwerber wirtschaftliche Nachteile mit sich bringen können (BAG, 26.03.2015 – 2 AZR 783/13, NZA 2015, 866; dazu auch *Rütz* DB 2015, 2760, 2761).

50 Dem vorliegenden Muster liegt die Annahme zugrunde, dass ein Betrieb des Verkäufers veräußert und als eigenständiger Betrieb beim Käufer fortgeführt wird.

▶ **Muster – Unterrichtung der Arbeitnehmer gemäß § 613a Abs. 5 BGB**

51 [Briefkopf des derzeitigen Arbeitgebers (hier: V-GmbH), des künftigen Arbeitgebers (hier: K-GmbH) oder beider Arbeitgeber] 1

[Name und Privatanschrift des Arbeitnehmers] 2

[Ort, Datum] 3

Unterrichtung gem. § 613a Abs. 5 BGB über den Übergang Ihres Arbeitsverhältnisses von der V-GmbH auf die K-GmbH

Sehr geehrte/r Frau/Herr [Titel, Name] , 4

hiermit möchten wir Sie gemäß § 613a Abs. 5 BGB über den Übergang Ihres Betriebs in der [Anschrift des Betriebs] (nachfolgend »Betrieb«) 5 von der V-GmbH auf die K-GmbH, [Anschrift der K-GmbH und Vorname, Name des Geschäftsführers/der Geschäftsführer] , eingetragen im Handelsregister des

Unterrichtung der Arbeitnehmer gemäß § 613a Abs. 5 BGB V.I.4.

Amtsgerichts __[Benennung des Amtsgerichts]__ unter der Handelsregisternummer __[Nennung der Handelsregisternummer]__ [6] unterrichten.

Dem Übergang des Betriebs auf die K-GmbH liegt ein Unternehmenskaufvertrag [7] zwischen der V-GmbH und der K-GmbH vom __[Datum]__ zugrunde, der den Verkauf und die Übertragung des Betriebs regelt. Zweck der Veräußerung ist __[Angabe Grund Betriebsübergang]__. [8]

Das Grundstück, auf dem sich der Betrieb befindet, sowie das Betriebsgebäude werden nicht mitverkauft [9]. Es wird zwischen der V-GmbH und der K-GmbH ein Mietvertrag über die Nutzung der Betriebsräume durch die K-GmbH abgeschlossen.

Die K-GmbH ist __[Beschreibung des künftigen Arbeitgebers]__. [10]

Der Übergang des Betriebes auf die K-GmbH findet voraussichtlich am __[Datum]__ [11] statt, d.h. es ist geplant, dass von diesem Zeitpunkt an die Leitung des Betriebs von der K-GmbH ausgeübt wird. Der Tag, an dem es tatsächlich zum Übergang des Betriebs kommt, wird nachfolgend als »Übergangsstichtag« bezeichnet.

Der Übergang des Betriebs auf die K-GmbH hat folgende Auswirkungen auf Ihr Arbeitsverhältnis: [12]

(1) Arbeitgeberwechsel/Individualvertragliche Auswirkungen

Ihr Arbeitsverhältnis geht gemäß § 613a BGB kraft Gesetzes auf die K-GmbH über. Die K-GmbH tritt zum Übergangsstichtag als neue Arbeitgeberin kraft Gesetzes in die Rechte und Pflichten aus Ihrem im Zeitpunkt des Übergangs bestehenden Arbeitsverhältnisses mit der V-GmbH ein. [13]

Dies bedeutet, dass Ihre vertraglichen Arbeitsbedingungen, einschließlich etwaiger Gesamtzusagen, Einheitsregelungen oder betrieblicher Übungen, unverändert bestehen bleiben. Dies gilt auch für Ihren Arbeitsort. [14] Ihre bisherige Beschäftigungsdauer bei der V-GmbH hat Bestand und findet insbesondere bei der Berechnung von Kündigungsfristen und Altersversorgungsanwartschaften weiterhin Anwendung.

(2) Tarifverträge [15]

Die K-GmbH ist, wie die V-GmbH, in der __[Branche]__ Industrie tätig und Mitglied desselben Arbeitgeberverbandes wie die V-GmbH. Infolgedessen gelten die zum Übergangsstichtag auf Ihr Arbeitsverhältnis anwendbaren Tarifverträge unverändert auf der Grundlage fort, auf der sie zum Übergangsstichtag bestehen. Wenn Sie tarifgebunden sind, gelten diese Tarifverträge kollektivrechtlich fort. [16]

(3) Betriebsstruktur, Betriebsräte und Betriebsvereinbarungen

Ihr Betrieb geht auf die K-GmbH über und wird dort als eigenständiger Betrieb fortgeführt. Die Identität des Betriebs bleibt gewahrt. [17] Der bestehende Betriebsrat bleibt unverändert im Amt. [18]

Der für Sie bei der V-GmbH zuständige Gesamtbetriebsrat ist nach dem Übergangsstichtag nicht mehr für Sie zuständig. Bei der K-GmbH gibt es keinen Gesamtbetriebsrat. Im Konzern, dem die K-GmbH angehört, gibt es einen Konzernbetriebsrat. Dieser ist ab dem Übergangsstichtag für Sie zuständig. [18.1]

Derzeit bestehende Betriebsvereinbarungen [19] gelten unverändert kollektivrechtlich fort. Die bei der V-GmbH bestehenden Gesamtbetriebsvereinbarungen [20] gelten als Einzelbetriebsvereinbarungen kollektivrechtlich fort, soweit ihr Regelungsgegenstand sinnvoll im Betrieb anwendbar ist und sie nicht durch Gesamtbetriebsvereinbarungen der K-GmbH mit gleichem Regelungsgehalt verdrängt werden. Die im Konzern der K-GmbH geltenden Konzernbetriebsvereinbarungen [20.1] finden kollektivrechtlich auf Ihr Arbeitsverhältnis Anwendung, soweit der Anwendungsbereich auch Ihren Betrieb umfasst.

(4) Betriebliche Altersversorgung [21]

Die K-GmbH tritt in sämtliche bestehende betriebliche Altersversorgungszusagen ein und führt diese unter Berücksichtigung der laufenden Unverfallbarkeitsfristen fort.

V. Der Übergang des Arbeitsverhältnisses

(5) Haftung [22]

Die K-GmbH haftet für alle, auch rückständigen Zahlungs- und sonstige Verbindlichkeiten aus den übergehenden Arbeitsverhältnissen, auch aus der Zeit vor dem Übergangsstichtag.

Die V-GmbH haftet neben der K-GmbH für Verpflichtungen aus den übergegangenen Arbeitsverhältnissen, soweit sie vor dem Übergangsstichtag entstanden sind und vor Ablauf von einem Jahr nach diesem Zeitpunkt fällig werden, als Gesamtschuldnerin. Werden solche Verpflichtungen nach dem Zeitpunkt des Übergangs fällig, so haftet die V-GmbH für sie jedoch nur in dem Umfang, der dem am Übergangsstichtag abgelaufenen Teil ihres Bemessungszeitraums entspricht.

(6) Keine Kündigung wegen des Betriebsübergangs

Eine Kündigung Ihres Arbeitsverhältnisses durch die K-GmbH oder die V-GmbH wegen des Betriebsübergangs auf die K-GmbH ist unwirksam (§ 613a Abs. 4 BGB). Das Recht zur Kündigung aus anderen Gründen bleibt jedoch unberührt. [23]

(7) Sonstige in Aussicht genommene Maßnahmen [24]

Andere als die in diesem Schreiben beschriebenen Maßnahmen in Bezug auf die übergehenden Arbeitnehmer sind nicht in Aussicht genommen.

(8) Widerspruchsrecht [25]

Sie haben das Recht, dem Übergang Ihres Arbeitsverhältnisses auf die K-GmbH innerhalb eines Monats ab Zugang dieser Unterrichtung in schriftlicher Form [26] zu widersprechen (wobei zur Wahrung der Frist der Zugang des Widerspruchs bei dem Empfänger innerhalb der Monatsfrist erforderlich ist).

Ein Widerspruch hat zur Folge, dass Ihr Arbeitsverhältnis mit der V-GmbH über den Übergangsstichtag hinaus fortbesteht.

Bitte bedenken Sie, dass Ihr Arbeitsplatz aufgrund des Betriebsübergangs bei der V-GmbH nach dem Übergangsstichtag nicht mehr vorhanden sein wird. Mangels Beschäftigungsmöglichkeit müsste die V-GmbH daher aller Voraussicht nach Ihr Arbeitsverhältnis betriebsbedingt kündigen. [27] Der auf die K-GmbH übergehende Betriebsrat ist für eine Kündigungsanhörung nach § 102 Abs. 5 BetrVG in diesem Fall nicht mehr zuständig.

Sie können Ihren Widerspruch sowohl gegenüber der V-GmbH, [Adresse mit Abteilung und Namen der für die Entgegennahme zuständigen Person] als auch gegenüber der K-GmbH, [Adresse mit Abteilung und Namen der für die Entgegennahme zuständigen Person] erklären. [27.1]

Wenn Sie von diesem Widerspruchsrecht keinen Gebrauch machen möchten, wären wir Ihnen dankbar, wenn Sie uns dies, sobald Sie diesen Entschluss gefasst haben, durch die beigefügte Erklärung zum Übergang Ihres Arbeitsverhältnisses mitteilen würden. [28]

(9) Sonstiges

Gerne beantworten wir Ihnen Fragen zu diesem Schreiben und dem Übergang Ihres Arbeitsverhältnisses [Name] wird Ihre Fragen gerne telefonisch ([Telefonnummer]) oder per Mail ([Mailadresse]) entgegennehmen. [29]

Die V-GmbH bedankt sich für Ihre Mitarbeit und bittet Sie, Ihre Arbeitskraft zukünftig in gleicher Weise Ihrer neuen Arbeitgeberin, der K-GmbH, zur Verfügung zu stellen. Die K-GmbH begrüßt Sie herzlich und hofft auf eine gute Zusammenarbeit. [30]

Bitte ergänzen und unterschreiben Sie das auf der beigefügten Kopie des Unterrichtungsschreibens abgedruckte Empfangsbekenntnis und übersenden Sie es, gerne auch per Hauspost, an [Vorname, Name, Abteilung, Firma, vollständige Adresse der für die Entgegennahme zuständigen Person] . [31]

Mit freundlichen Grüßen

_____   _____
(Unterschriften V-GmbH) [32]   (Unterschriften K-GmbH)

Empfangsbestätigung [33]

Ich, ___[Nachname, Vorname in Druckbuchstaben]___, habe das obige Schreiben der Geschäftsführungen der V-GmbH und der K-GmbH vom ___[Datum]___, mit dem ich über den Übergang meines Arbeitsverhältnisses von der V-GmbH auf die K-GmbH unterrichtet wurde, am ___[Datum]___ erhalten.

___[Ort, Datum]___

(Unterschrift)

Erläuterungen

Schrifttum

Abele Betriebsübergang und Arbeitnehmerüberlassung im Konzern, FA 2011, 7; *Annuß* Informationspflicht und Widerspruchsrecht beim Betriebsübergang, Arbeitsgemeinschaft Arbeitsrecht im Deutschen Anwaltsverein, Festschrift zum 25-jährigen Bestehen, 2006; *Bauer/v. Medem* § 613a BGB: Übergang von Leiharbeitsverhältnissen bei Übertragung des Entleiherbetriebs?, NZA 2011, 20; Bepler Tarifverträge im Betriebsübergang, RdA 2009, 65; *Baumbach/Hopt* Handelsgesetzbuch, 36. Aufl. 2014; *Bonanni/Niklas* Der Wiedereinstellungsanspruch bei überraschendem Betriebsübergang, DB 2010, 1826; *Dzida* Verwirkung des Widerspruchsrechts beim Betriebsübergang, DB 2010, 167; *Forst* Leiharbeitnehmer im Betriebsübergang, RdA 2011, 228; *Elking/Aszmons* Die Unterrichtung der Arbeitnehmer über die rechtlichen, wirtschaftlichen und sozialen Folgen des Betriebsübergangs, BB 2014, 2041; *Fuhlrott* Die Reichweite des Sozialplanprivilegs gemäß § 112a BetrVG, ArbR Aktuell 2011, 109; *Fuhlrott/Fabritius* Das Schicksal arbeitgebergebundener Rechtspositionen beim Betriebsübergang, BB 2013, 1592; *Fuhlrott/Oltmanns* Das Schicksal von Betriebsräten bei Betriebsteilübergängen, BB 2015, 1013; *Fuhlrott/Ritz* Anforderungen an Unterrichtungsschreiben bei Betriebsübergängen, BB 2012, 2689; *Gaul* Betriebsübergang: Grenzen der Unterrichtungspflicht, RdA 2015, 206; *Gaul/Krause* Sorgfalt wird (endlich) belohnt: Zur ordnungsgemäßen Unterrichtung über den Betriebsübergang nach § 613a Abs. 5 BGB, RdA 2013, 39; *Gaul/Ludwig* Wird § 613a BGB jetzt uferlos?, DB 2011, 298; *dies.* Betriebsübergang: Auswirkungen auf Vereinbarungen über nachvertragliche Wettbewerbsverbote, NZA 2013, 489; *Gaul/Naumann* Rechtsfolgen eines Betriebsübergangs für unternehmens- und konzernspezifische Sonderleistungen, NZA 2011, 121; *Gaul/Niklas* Wie gewonnen so zerronnen: Unterrichtung, Widerspruch und Verwirkung bei § 613a BGB, DB 2009, 452; *Göpfert/Siegrist* Betriebsübergänge – ein unkalkulierbares Risiko? – Strategien zur künftigen Risikominimierung, ArbRAktuell 2010, 107; *dies.* Betriebsübergänge – ein unkalkulierbares Risiko? – »Vier Jahre nach Agfa und BenQ«, ArbAktuell 2010, 60; *Grau* Unterrichtung und Widerspruchsrecht der Arbeitnehmer bei Betriebsübergang gemäß § 613a Abs. 5 und 6 BGB, 2005; *Günther/Falter* Die Unterrichtung fremdsprachiger Arbeitnehmer über einen Betriebsübergang, ArbRAktuell 2011, 164; *Hauck* Information über einen Betriebsübergang nach § 613a V BGB und Widerspruch nach § 613a VI BGB, NZA-Beilage 1/2009, 18; *Hohenstatt/Grau* Arbeitnehmerunterrichtung beim Betriebsübergang, NZA 2007, 13; *Hohenstatt/Kuhnke* Die arbeitsrechtliche Bezugnahme auf Tarifverträge beim Betriebs(teil)übergang, RdA 2009, 107; *Jacobs* Fortgeltung und Änderung von Tarif- und Arbeitsbedingungen bei der Umstrukturierung von Unternehmen, NZA 2009 Beilage 1, 45; *Jacobsen/Menke* Arbeitgeber auf Abruf? Zum Inhalt von Unterrichtungsschreiben nach § 613a BGB und zur Verwirkung des Widerspruchsrechts beim Betriebsübergang, NZA-RR 2010, 393; *Kemper/Stark* Das Schicksal von Contractual Trust Arrangements bei einem Betriebsübergang, BB 2012, 2433; *Kittner* Beschränkter Umfang des Übergangsmandats nach § 21a BetrVG, NZA 2012, 541; *Kleinebrink/Commandeur* Bedeutung, Form und Inhalt der ordnungsgemäßen Unterrichtung beim Betriebsübergang, FA 2009, 101; *Klemm/Frank* Betriebsrentenrechtliche Fallstricke bei M&A-Transaktionen, BB 2013, 2741; *Kreft* Normative Fortgeltung von Betriebsvereinbarungen nach einem Betriebsübergang, Festschrift für Helmut Wissmann zum 65. Geburtstag, 2005, 347; *Krieger/Willemsen* Der Wiedereinstellungsanspruch nach Betriebsübergang, NZA 2011, 1128; *Kühn* Der Betriebsübergang bei Leiharbeit, NJW 2011, 1408; *Langner* Betriebsübergang: Form und Sprache der Unterrichtung gem. § 613a Abs. 5 BGB, DB 2008, 2082; *Lembke/Oberwinter* Unterrichtungspflicht und Widerspruchsrecht beim Betriebsübergang, ZIP 2007, 310; *Lemp* Neues vom BAG zum Betriebsübergang kraft Antragsnachfolge, NZA 2013, 1390; *Leßmann* Nachunterrichtung beim Betriebsübergang, DB 2011, 2378; *Lingemann* Richtig unterrichtet beim Betriebsübergang – neue Hilfestellung des BAG, NZA 2012, 546; *Louven* Contractual Trust Arrangements bei M&A Transaktionen, BB 2015, 2283; *Maschmann* Die Unterrichtungspflicht beim Betriebsübergang nach § 613a BGB, BB 2008, 29; *Mauroschat* Aktienoptionsprogramme 2005; *Meyer/Rabe* Umstrukturierungsrechtliche Fragen des Carve Out unter Verwendung einer Vorrats- oder Mantelgesellschaft, NZA 2016, 78; *Meyer* »Auftragsnachfolge« und Unterrichtung bei Betriebsübergang, NZA 2012, 1185; *ders.* Frage-

V. Der Übergang des Arbeitsverhältnisses

recht nach der Gewerkschaftsmitgliedschaft bei Arbeitsbeginn?, BB 2011, 2362; *ders.* Inhalt einer Unterrichtung bei Betriebsübergang, DB 2007, 858; *Mohnke/Betz* Unterrichtung der Mitarbeiter über die Fortgeltung von Betriebsvereinbarungen bei einem Betriebs(teil)übergang, BB 2008, 498; *Mückl* Betriebsübergang und Matrixstruktur – Welche Arbeitnehmer sind erfasst?, DB 2015, 2695; *Mückl* Das Problem mangelnder Kooperationsbereitschaft im Rahmen der Unterrichtung, RdA 2008, 343; *Nebeling/Brauch* § 613a Abs. 5 BGB: Es ist niemals zu spät ... oder manchmal doch?, BB 2010, 1474; *Niklas* (Un)zuständigkeit des Betriebsrats bei Widerspruch gegen den Betriebsübergang, DB 2015, 685; *Paul/Daub* Die betriebliche Altersversorgung im Rahmen von M&A-Deals, BB 2011, 1525; *Picot/Schnitker* Arbeitsrecht bei Unternehmenskauf und Restrukturierung, 2001; *Reinhard* Die Pflicht zur Unterrichtung über wirtschaftliche Folgen eines Betriebsübergangs – ein weites Feld, NZA 2009, 63; *Rieble/Wiebauer* Widerspruch (§ 613a VI BGB) nach Aufhebungsvertrag, NZA 2009, 401; *Rolfs* Die betriebliche Altersversorgung beim Betriebsübergang, NZA-Beil. 4/2008, 164; *Rudkowski* Das »ewige« Widerspruchsrecht des Arbeitnehmers nach § 613a VI BGB und seine Grenzen, NZA 2010, 739; *Rütz* Adressat des Widerspruchs nach mehreren Betriebsübergängen, DB 2015, 560; *Rupp* Das Problem widersprüchlicher Unterrichtungen bei § 613a V BGB, NZA 2007, 301; *Schaub* Arbeitsrechtliches Formular- und Verfahrenshandbuch, 11. Aufl. 2015; *Schiefer/Hartmann* Ende der Dynamik einer arbeitsvertraglichen Bezugnahme im Falle eines Betriebsübergangs, BB 2013, 2613; *Schiefer/Worzalla* Unterrichtungspflicht bei Betriebsübergang nach § 613a V BGB, NJW 2009, 558; *Schönhöft/Haug* Klassiker im neuen Kleid; Die Frage nach der Gewerkschaftszugehörigkeit bei einem Betriebsübergang, BB 2011, 821; *Semler/Stengel* Umwandlungsgesetz, 3. Aufl. 2012; *Sittard/Flockenhaus* »Scattolon« und die Folgen für die Ablösung von Tarifverträgen und Betriebsvereinbarungen nach einem Betriebsübergang, NZA 2013, 652; *Staudinger* Kommentar zum Bürgerlichen Gesetzbuch, 1993 ff.; *Thüsing* Folgen einer Umstrukturierung für Betriebsrat und Betriebsvereinbarung, DB 2004, 2474; *Trappehl/Nussbaum* Auswirkungen einer Verschmelzung auf den Bestand von Gesamtbetriebsvereinbarungen, BB 2011, 2869 ff.; *Vogt/Oltmanns* Sprachanforderungen und Einführung einer einheitlichen Sprache im Konzern, NZA 2014, 181; *Waldenmaier/Pichler* Tarifverträge und Betriebsvereinbarungen im Rahmen des Unterrichtungsschreibens nach § 613a V BGB, NZA-RR 2008, 1; *Willemsen* Erosion des Arbeitgeberbegriffs nach der Albron-Entscheidung des EuGH?, NJW 2011, 1546; *Wlotzke/Richardi/Wißmann/Oetker* Münchener Handbuch zum Arbeitsrecht, Bd. 1, 3. Aufl. 2009.

52 **1.** § 613a Abs. 5 BGB sieht vor, dass der **bisherige Arbeitgeber** oder der **neue Inhaber** die betroffenen Arbeitnehmer vom Betriebsübergang informiert. Unabhängig davon, wer die Unterrichtung vornimmt, bleiben beide **gesamtschuldnerisch verantwortlich** für den Inhalt (BAG, Urt. v. 27.11.2008 – 8 AZR 174/07, NZA 2009, 552, Os. 5; *Hohenstatt/Grau* NZA 2007, 13, 14; zum Problem widersprüchlicher Unterrichtungen bei § 613a Abs. 5 BGB *Rupp* NZA 2007, 301).

53 In der Praxis ist es unabdingbar, dass der derzeitige und der künftige Arbeitgeber zusammenwirken, um ein vollständiges und inhaltlich richtiges Unterrichtungsschreiben entwerfen zu können. Dementsprechend ist es durchaus üblich, dass beide Parteien die Arbeitnehmer in einem gemeinsamen Schreiben unterrichten (DLW/*Baeck/Haußmann* Kap. 3 Rn. 4190; vgl. dazu ausführlich *Mückl* RdA 2008, 343). Die (positive) Wirkung eines gemeinsamen Schreibens auf die betroffenen Arbeitnehmer ist nicht zu unterschätzen.

54 Im Unternehmenskaufvertrag wird häufig geregelt, wie im Innenverhältnis mögliche Folgen einer fehlerhaften Unterrichtung auszugleichen sind (vgl. V Rdn. 22 sowie *Hauck* NZA Beilage 1/2009, 18, 19; Kallmeyer/*Willemsen* UmwG, § 324 Rn. 31) und wer das Unterrichtungsschreiben zu formulieren hat.

55 **2.** § 613a Abs. 5 BGB sieht lediglich vor, dass die Unterrichtung in **Textform (§ 126b BGB)** zu erfolgen hat. Somit wäre sogar der Aushang am Schwarzen Brett oder die Mitteilung per elektronischer Mail ausreichend (*Schiefer/Worzalla* NJW 2009, 558, 560; *Hauck* NZA Beilage 1/2009, 18, 19; *Jacobsen/Menke* NZA-RR 2010, 393, 394; *Langner* DB 2008, 2082). Da jedoch der Beginn der Widerspruchsfrist vom Zugang beim jeweiligen Arbeitnehmer abhängig ist, wird unbedingt geraten, jeden einzelnen Arbeitnehmer in Briefform und unter Nennung der Privatanschrift zu unterrichten. Der Brief kann dann entweder per Einwurfeinschreiben übersandt oder im Betrieb gegen Unterzeichnung der Empfangsbestätigung ausgehändigt werden.

56 **3.** Bezüglich des **Zeitpunkt**es **der Unterrichtung** sieht § 613a Abs. 5 BGB vor, dass die betroffenen Arbeitnehmer vor dem Betriebsübergang zu informieren sind. Idealerweise werden sie so

rechtzeitig informiert, dass die einmonatige Widerspruchsfrist (§ 613a Abs. 6 BGB) am Übergangsstichtag bereits abgelaufen ist. So steht bereits vor dem Betriebsübergang fest, welche Arbeitsverhältnisse übergehen. Rechtlich wirksam ist jedoch auch die Unterrichtung nach dem Betriebsübergang (vgl. bspw. BT-Drucks. 14/7760, S. 20; BAG, Urt. v. 13.07.2006 – 8 AZR 305/05, NZA 2006, 1268, 1272; BAG, Urt. v. 14.12.2006 – 8 AZR 763/05, NZA 2007, 682, 686). Die Widerspruchsfrist beginnt auch dann erst mit dem Zugang der Unterrichtung und ein ausgesprochener Widerspruch wirkt auf den Zeitpunkt des Betriebsübergangs zurück (vgl. nur BAG, Urt. v. 13.07.2006 – 8 AZR 305/05, NZA 2006, 1268, 1273; BAG, Urt. v. 14.12.2006 – 8 AZR 763/05, NZA 2007, 682, 686). Eine Unterrichtung nach dem Betriebsübergang ist dennoch zu vermeiden, da die Arbeitgeber sich **schadensersatzpflichtig** machen könnten. Zu denken ist beispielsweise an einen Arbeitnehmer der nachweisen kann, dass er bei Unterrichtung vor dem Betriebsübergang ein bestimmtes Arbeitsplatzangebot hätte annehmen können, welches nun nicht mehr besteht.

Maßgeblicher Kenntnisstand für die Angaben im Unterrichtungsschreiben ist derjenige von derzeitigem und künftigem Arbeitgeber im Zeitpunkt der Unterrichtung (BAG, Urt. v. 10.11.2011 – 8 AZR 430/10, NJOZ 2012, 860, 863; BAG, Urt. v. 23.07.2009 – 8 AZR 538/08, NZA 2010, 89, 91 m.w.N.; BAG, Urt. v. 13.07.2006 – 8 AZR 305/05, NZA 2006, 1268, 1270). Zu der Überlegung, ob es möglich ist, durch das Vorziehen des Versendungszeitpunktes des Unterrichtungsschreibens den Umfang der mitteilungspflichtigen Informationen einzuschränken vgl. *Nebeling/Brauch* BB 2010, 1474, 1475. **57**

Wird festgestellt, dass das bereits versandte Unterrichtungsschreiben von vornherein fehlerhaft oder unvollständig war, kann und muss die **Berichtigung** und/oder **Ergänzung** jederzeit – auch nach dem Betriebsübergang – nachgeholt werden (BAG, Urt. v. 23.07.2009 – 8 AZR 538/08, NZA 2010, 89, 92). Die Ergänzung/Berichtigung unterliegt den gleichen Formvorschriften wie die ursprüngliche Unterrichtung. Darüber hinaus sind die Arbeitnehmer darüber zu informieren, dass es sich um eine Ergänzung/Berichtigung des ursprünglichen Schreibens handelt (BAG, Urt. v. 23.07.2009 – 8 AZR 538/08, NZA 2010, 89, 92; ebenso *Leßmann* DB 2011, 2378, 2379). Mit diesem Schreiben beginnt dann die einmonatige Widerspruchsfrist – vorausgesetzt, die Unterrichtung ist nunmehr vollständig und fehlerfrei. Ob das neue Schreiben lediglich als Ergänzung zum ersten fehlerhaften Schreiben erfolgen kann oder als Ersetzungsschreiben alle Informationen erneut – und nunmehr fehlerfrei – enthalten muss, wird in der Literatur kontrovers diskutiert (vgl. dazu nur *Leßmann* DB 2011, 2378, 2379 f.). Am sichersten erscheint, die Arbeitnehmer erneut vollumfänglich zu informieren und in diesem Ersetzungsschreiben gleich zu Beginn darauf hinzuweisen, dass und aus welchem Grund dieses Schreiben das erste Unterrichtungsschreiben ersetzt (ebenso *Fuhlrott/Ritz* BB 2012, 2689, 2693). Unbedingt ist auch auf die erst mit diesem Ersetzungsschreiben in Gang gesetzte Widerspruchsfrist hinzuweisen. **58**

Umstritten ist, ob eine Nachunterrichtung zu erfolgen hat, weil sich der **Sachverhalt nach der Unterrichtung** der Arbeitnehmer **geändert** hat (zum Meinungsstreit vgl. *Leßmann* DB 2011, 2378; *Nebeling/Brauch* BB 2010, 1474, 1477). Jedenfalls sollte in solchen Fällen untersucht werden, ob eine Nachunterrichtung über den neuen Sachverhalt nicht relativ problemlos erfolgen und auf diese Weise ausgeschlossen werden kann, dass die Arbeitnehmer behaupten, der neue Sachverhalt habe schon zum Zeitpunkt der (ersten) Unterrichtung festgestanden. Allerdings ist zu bedenken, dass mit der Nachunterrichtung auch in diesem Fall (erneut) die Monatsfrist für ein Widerspruchsrecht in Gang gesetzt wird (nicht ganz unproblematisch, vgl. dazu *Leßmann* DB 2011, 2378, 2380 f.) und hierüber auch zu informieren ist. **59**

4. § 613a Abs. 5 BGB erfordert keine individuelle Unterrichtung der einzelnen Arbeitnehmer (BAG, Urt. v. 10.11.2011 – 8 AZR 430/10, NJOZ 2012, 860, 865; BAG, Urt. v. 13.07.2006 – 8 AZR 305/05, NZA 2006, 1268, 1271; *Lingemann* NZA 2012, 546). Eine **standardisierte Information** muss jedoch etwaige Besonderheiten des jeweiligen Arbeitsverhältnisses erfassen (BAG, Urt. v. 10.11.2011 – 8 AZR 430/10, NJOZ 2012, 860, 865; BAG, Urt. v. 13.07.2006 – 8 AZR 303/05, NZA 2006, 1268, 1271). Hieraus ergibt sich, dass nur in Einzelfällen unterschiedliche **60**

V. Der Übergang des Arbeitsverhältnisses

Unterrichtungsschreiben zu erstellen sein können, wenn der Betriebsübergang auf verschiedene Arbeitnehmer (-gruppen) unterschiedliche Auswirkungen hat (vgl. *Maschmann* BB 2006, 29, 33; DLW/*Baeck/Haußmann* Kap. 3 Rn. 4192). Standardunterrichtungsschreiben unterliegen keiner Inhaltskontrolle gemäß §§ 305 ff. BGB, weil es sich bei diesen Schreiben nicht um Vertragsbedingungen handelt (*Jacobsen/Menke* NZA-RR 2010, 393, 394). Grundsätzlich braucht **ausländischen Arbeitnehmern** das Unterrichtungsschreiben nicht in ihre Muttersprache übersetzt zu werden (ebenso *Fuhlrott/Ritz* BB 2012, 2689, 2690; *Vogt/Oltmanns* NZA 2014, 181, 182; *Günther/Falter* ArbRAktuell 2011, 164, 165 f.; *Schnitker/Grau* BB 2005, 2238, 2242; *Schiefer/Worzalla* NJW 2009, 558, 560; *Langer* DB 2008, 2082; a.A. Schaub/*Ahrendt/Koch* § 118 Rn. 40). Der Empfänger einer in Textform verfassten Unterrichtung soll in der Lage sein, die für ihn neuen und nicht sofort überschaubaren Informationen nachzulesen und sich gegebenenfalls beraten zu lassen (BT-Drucks. 14/7760, 19). So wie dem deutschsprachigen Arbeitnehmer zugemutet wird, sich Rat bei Dritten zu holen, wenn er das Unterrichtungsschreiben rechtlich nicht in allen Einzelheiten versteht (*Fuhlrott/Ritz* BB 2012, 2689, 2691), kann es einem ausländischen Arbeitnehmer, der in Deutschland bei einem deutschsprachigen Arbeitgeber arbeitet, zugemutet werden, sich um Übersetzungshilfe zu bemühen (ebenso *Günther/Falter* ArbRAktuell 2011, 164, 165 f.; *Langner* DB 2008, 2082, 2083). Etwas anderes gilt, wenn auch im sonstigen Vertragsverhältnis jeweils (auch) die Sprache des ausländischen Arbeitnehmers verwandt wurde (so auch *Günther/Falter* ArbRAktuell 2011, 164, 165; *Schnitker/Grau* BB 2005, 2238, 2242; *Schiefer/Worzalla* NJW 2009, 558, 560; *Langner* DB 2008, 2082, 2084).

61 Unterrichtet werden nur diejenigen Arbeitnehmer, deren Arbeitsverhältnis gemäß § 613a BGB auf den neuen Inhaber übergehen (*Maschmann* BB 2006, 29, 31).

62 Arbeitnehmer des übergehenden Betriebes oder Betriebsteiles in **ruhenden Arbeitsverhältnissen** (z.B. wegen Wehrdienst, Elternzeit etc.) sind zu unterrichten, da auch ihre Arbeitsverhältnisse auf den künftigen Arbeitgeber übergehen (BAG, Urt. v. 31.01.2008 – 8 AZR 27/07, NZA 2008, 705, 708; *Rolfs* NZA 2008, 164, 164).

63 Arbeitnehmer, die sich in einem **gekündigten Arbeitsverhältnis** befinden, gehen für die Restlaufzeit ihrer Kündigungsfrist auf den künftigen Erwerber über. Sinnvoll ist, diese Arbeitnehmer im Unterrichtungsschreiben ausdrücklich darüber zu informieren, dass die Kündigung wirksam bleibt. Auch der übrige Text des Unterrichtungsschreibens ist im jeweiligen Einzelfall darauf zu überprüfen, ob er angepasst werden muss.

64 **Betriebsrentner** und ausgeschiedene Arbeitnehmer mit unverfallbaren Anwartschaften gehen nicht gemäß § 613a BGB auf den künftigen Arbeitgeber über und sind dementsprechend auch nicht zu unterrichten (vgl. nur DLW/*Baeck/Haußmann* Kap. 3 Rn. 4169, 4172). Arbeitnehmer in der **Freistellungsphase der Altersteilzeit** gehen nach Ansicht von Rechtsprechung (BAG, Urt. v. 30.10.2008 – 8 AZR 54/07, DB 2009, 741; BAG, Urt. v. 31.01.2008 – 8 AZR 27/07, NZA 2008, 705, 706 ff.; LAG Düsseldorf, Urt. v. 22.10.2003 – 12 Sa 1202/03, ZIP 2004, 272) und der ganz überwiegenden Literatur (vgl. nur Moll/*Cohnen/Tepass* MAH Arbeitsrecht § 50 Rn. 33; Willemsen/*Willemsen* Unternehmensumstrukturierung, Teil G Rn. 127; MüKo-BGB/*Müller-Glöge* § 613a, Rn. 83; ErfK/*Preis* § 613a BGB Rn. 67; ErfK/*Rolfs* § 8 ATG Rn. 22; Schaub/*Ahrendt/Koch* § 118, Rn. 3; *Rolfs* NZA 2008, 164) gemäß § 613a BGB auf den künftigen Arbeitgeber über, soweit sie in ihrer aktiven Zeit dem übergehenden Betrieb(-steil) zuzuordnen waren. Sie sind dementsprechend zu unterrichten und zwar mit einem Schreiben, das inhaltlich (auch) auf ihre besondere Stellung ausgerichtet ist (vgl. BAG, Urt. v. 15.12.2011 – 8 AZR 220/11, NZA 2012, 1101, 1102).

65 Lässt sich ein Arbeitsverhältnis nicht eindeutig dem übergehenden Betrieb oder Betriebsteil zuordnen (z.B. Arbeitnehmer, die in verschiedenen Betrieben/Betriebsteilen als **Springer** eingesetzt werden), so ist für die Frage der Zuordnung zu prüfen, wo der Arbeitnehmer eingegliedert ist (*Maschmann* BB 2006, 29, 31; *Rolfs* NZA 2008, 164); dies zeigt sich zum Beispiel daran, welchen Mitarbeitern und Vorgesetzten der Arbeitnehmer zugeordnet ist (*Maschmann* BB 2006, 29, 31).

Lässt sich auch dies nicht einwandfrei feststellen, wird nach dem Schwerpunkt der Tätigkeit zugeordnet (s. V Rdn. 13).

Arbeitnehmer aus **Stabsabteilungen** werden nicht anteilig auf den übergehenden und den beim derzeitigen Arbeitgeber verbleibenden Betrieb/Betriebsteil verteilt, sondern verbleiben grundsätzlich beim Restbetrieb des alten Arbeitgebers, wenn sie dort organisatorisch eingegliedert sind (*Maschmann* BB 2006, 29, 31; DLW/*Baeck/Haußmann* Kap. 3 Rn. 4173, vgl. auch V Rdn. 13). 66

Im Betrieb beschäftigte **Leiharbeitnehmer** gehen grundsätzlich nicht gemäß § 613a BGB auf den Betriebserwerber über, sondern bleiben Arbeitnehmer des Verleihers (allg. Ansicht, vgl. nur Willemsen/*Willemsen* Unternehmensumstrukturierung Teil G Rn. 153; ErfK/*Preis* § 613a BGB Rn. 67; MüKo-BGB/*Müller-Glöge* § 613a Rn. 80 m.w.N.; MünchArbR/*Wank* § 102 Rn. 125; *Bauer/v. Medem* NZA 2011, 20, 22). Diese ganz herrschende Ansicht wird durch ein Urteil des EuGH vom 21.10.2010 (EuGH, Urt. v. 21.10.2010 – C – 249/09, Albron, DB 2011, 303) zur Überprüfung gestellt: Der EuGH hat den Betriebsübergang von Arbeitnehmern bejaht, die in einer Personalführungsgesellschaft angestellt und an den Betrieb einer Konzernschwestergesellschaft dauerhaft ausgeliehen worden waren. Der Betrieb der Konzernschwestergesellschaft ging im Wege des Betriebsübergangs auf eine konzernfremde Gesellschaft über. Der EuGH argumentiert, dass zwischen vertraglichem und nichtvertraglichem Arbeitgeber zu unterscheiden sei. Auch der nichtvertragliche Arbeitgeber (also der Entleiher) sei als »Veräußerer« gem. Art. 2 Abs. 1 Buchstabe a. RL 2001/23 des Europäischen Rates vom 12. März 2001 anzusehen. Ein Übergang des Arbeitsverhältnisses auf den Betriebserwerber könne danach auch vom nicht vertraglichen Arbeitgeber erfolgen. Weder die Argumentation des EuGH noch das Ergebnis können überzeugen. Es bleibt zum Beispiel ungeklärt, ob die Rechtsposition des Arbeitgebers wechselt oder der Erwerber nur in die Rolle des Entleihers (»nichtvertraglicher Arbeitgeber«) einrückt. Ebenso unklar ist, wie das Verhältnis der Viererkonstellation Verleiher – Entleiher – Erwerber – Arbeitnehmer rechtlich aufgelöst wird und mit welchem Rechtsgrund der Verleiher seine Arbeitnehmer verlieren soll – um nur einige ungeklärte Rechtsfragen aufzuzählen. Das Urteil des EuGH führte in der deutschen Literatur zu Kritik und zu Diskussionen darüber, ob in Zukunft Leiharbeiter grundsätzlich gemäß § 613a BGB mit ihrem Entleiherbetrieb und den dort angestellten Arbeitnehmern auf den Erwerber des Betriebes übergehen oder ob ein solcher Übergang lediglich in Fällen bejaht werden muss, in denen die Leiharbeitnehmer auf Dauer und innerhalb eines Konzerns verliehen wurden (ausführlich zum Meinungsstand *Abele* FA 2011, 7 ff.; *Bauer/v. Medem* NZA 2011, 20 ff.; *Gaul/Ludwig* DB 2011, 298 ff.; *Kühn* NJW 2011, 1408 ff.; *Willemsen* NJW 2011, 1546 ff.) Die deutschen Gerichte werden nicht umhinkommen, jedenfalls bei gleichgelagerten Sachverhalten, also in Fällen der dauerhaften, konzerninternen Arbeitnehmerleihe aus einer eigens hierfür eingerichteten Personalführungsgesellschaft, im Einklang mit dem EuGH-Urteil zu entscheiden und von einem Übergang der Leiharbeitnehmer gemäß § 613a BGB auszugehen. Auf sonstige Fälle der Leiharbeit lässt sich das Urteil des EuGH nach der hier vertretenen Auffassung nicht übertragen, mit dem oben dargestellten Ergebnis, dass Leiharbeitnehmer von einem Betriebsübergang des Entleiherbetriebes grundsätzlich nicht betroffen werden (ebenso *Bauer/v. Medem* NZA 2011, 20, 22; *Gaul/Ludwig* DB 2011, 298, 299; unklar *Forst* RdA 2011, 228, 236; **a.A.** *Kühn* NJW 2011, 1408, 1409 ff., der einen Betriebsübergang eines Leiharbeitnehmers immer dann bejahen will, wenn seine Eingliederung in den übergehenden Betrieb auf Dauer erfolgt). Bis zur Klärung durch deutsche Gerichte wird hier jedoch eine rechtliche Unsicherheit bestehen. Der Referentenentwurf zur AÜG Reform 2017 spricht dieses Thema ebenfalls nicht an (*Zimmermann* BB 2016, 53). 67

In Fällen, in denen der Übergang der **Leiharbeitnehmer** auf den Erwerber angenommen würde, müssten diese Leiharbeitnehmer vor dem Betriebsübergang gemäß § 613a Abs. 5 BGB unterrichtet werden, ihnen stünde darüber hinaus ein Widerspruchsrecht gemäß § 613a Abs. 6 BGB zu. Es empfiehlt sich, für die Leiharbeitnehmer ein gesondertes Schreiben zu verfassen, da ihnen die besondere rechtliche Situation sowie die unsichere Rechtslage erklärt werden müsste. Darüber hinaus bedarf der Wortlaut des Schreibens an einigen Stellen der begrifflichen Anpassung. Dabei ist es in Anbetracht der oben dargestellten rechtlichen Unklarheiten im Zusammenhang mit dem Be- 68

V. Der Übergang des Arbeitsverhältnisses

triebsübergang unmöglich, sichere Rechtsauskünfte zu geben. In der Praxis empfiehlt es sich unbedingt, im Vorfeld den Verleiher der Arbeitnehmer vertraglich »ins Boot zu holen« und somit sowohl im Innenverhältnis zwischen den drei beteiligten Gesellschaften als auch im Verhältnis zum Arbeitnehmer soweit wie möglich Rechtssicherheit herzustellen und diese auch im Unterrichtungsschreiben darzustellen.

69 **5.** Der **Gegenstand des Betriebsübergangs** muss genau beschrieben werden (vgl. BAG, Urt. v. 14.12.2006 – 8 AZR 763/05, NZA 2007, 682, 684). Es ist darüber zu informieren, ob der ganze Betrieb übergeht (dann unproblematisch) oder nur ein Betriebsteil (z.B. eine Abteilung oder ein Geschäftsbereich, hierzu ausführlich BAG, Urt. v. 07.04.2011 – 8 AZR 730/09, BB 2012, 258 m.w.N.) übertragen wird. Es ist dringend anzuraten, für jeden betroffenen Betrieb oder Betriebsteil ein eigenes Unterrichtungsschreiben zu verfassen. Zur Unterrichtung bei einer »nicht unerheblichen Verringerung der Haftungsgrundlage« vgl. V Rdn. 76 f.

70 **6.** Das Unterrichtungsschreiben muss über die **Identität des künftigen Arbeitgebers** dergestalt informieren, dass die unterrichteten Arbeitnehmer in die Lage versetzt sind, über ihren neuen Arbeitgeber Erkundigungen einzuholen (BAG, Urt. v. 23.07.2009 – 8 AZR 538/08, NZA 2010, 89, 91; BAG, Urt. v. 14.12.2006 – 8 AZR 763/05, NZA 2007, 682, Os. 5) und sich über die Person des Übernehmers ein Bild machen kann (BAG, Urt. v. 10.11.2011 – 8 AZR 430/10, NJOZ 2012, 860, 863).

71 Dementsprechend sind unbedingt die genaue **Firmenbezeichnung** und die **Anschrift** des künftigen Arbeitgebers (Firmensitz) anzugeben (BAG, Urt. v. 23.07.2009 – 8 AZR 538/08, NZA 2010, 89, 91; BAG, Urt. v. 13.07.2006 – 8 AZR 305/05, NZA 2006, 1268, 1271; BAG, Urt. v. 14.12.2006 – 8 AZR 763/05, NZA 2007, 682, 684). Ob der **Name des Geschäftsführers** anzugeben ist, bleibt auch nach der aktuellen Rechtsprechung des BAG offen. Allerdings hat das BAG in seiner Entscheidung vom 23.07.2009 (BAG, Urt. v. 23.07.2009 – 8 AZR 538/08, NZA 2010, 89, 91) ausgeführt, dass bei Gesellschaften, bei denen eine vollständige gesetzliche Vertretung nicht angegeben wird oder angegeben werden kann, die Nennung einer identifizierbaren natürlichen Person mit Personalkompetenz erforderlich sei. Im Ergebnis sollten dementsprechend der oder die Geschäftsführer namentlich genannt werden (so auch *Hohenstatt/Grau* NZA 2007, 13, 15). Dabei ist auf die richtige Bezeichnung von Vor- und Nachname des/der Geschäftsführer(s) zu achten (vgl. BAG, Urt. v. 13.07.2006 – 8 AZR 305/05, NZA 2006, 1268, 1271 in dem das BAG tatsächlich darüber nachdenkt, ob bereits die fehlerhafte Bezeichnung des Vornamens des Geschäftsführers der Erwerberin – Jochen/Joachim – einer ordnungsgemäßen Unterrichtung entgegensteht). Die Nennung der **Handelsregisternummer** und das zuständige Handelsregister sind zu nennen (vgl. BAG, Urt. v. 14.11.2013 – 8 AZR 824/12, DB 2014, 901; BAG, Urt. v. 10.11.2011 – 8 AZR 430/10, NJOZ 2012, 860, 864; ausdrücklich (noch) anders BAG, Urt. v. 13.07.2006 – 8 AZR 305/05, NZA 2006, 1268, 1271), aufgrund der Erwähnung im Urteil des BAG vom 10.11.2011 (BAG, Urt. v. 10.11.2011 – 8 AZR 430/10, NJOZ 2012, 860, 864) aber empfehlenswert. Zum Teil wird in der Literatur empfohlen, eine etwaige **Konzernanbindung** anzuzeigen (vgl. *Meyer* DB 2007, 858). Das BAG führt hierzu in seiner Entscheidung vom 23.07.2009 (BAG, Urt. v. 23.07.2009 – 8 AZR 538/08, NZA 2010, 89, 92) aus: »Soweit wegen der künftigen Konzernverflechtungen auf die Geschäftsaktivitäten anderer Konzernunternehmen einzugehen ist, ist dies in der Darstellung klarzustellen und die Positionierung des übergegangenen Betriebsteils im erwerbenden Konzern ist zu beschreiben, weil es sich um eine relevante Information für die Entscheidung über das Widerspruchsrecht handelt.«

72 Findet der Betriebsübergang auf eine Gesellschaft statt, die zum Zeitpunkt der Unterrichtung noch nicht gegründet ist, so ist diese Tatsache mitzuteilen (BAG, Urt. v. 23.07.2009 – 8 AZR 538/08, NZA 2010, 89, 91), zum Beispiel durch den Zusatz »i. Gr.«. Darüber hinaus sollte mitgeteilt werden, wer der oder die neuen Gesellschafter sein werden (so auch *Gaul/Niklas* DB 2009, 452). Zum sog. »Sozialplanprivileg« gemäß § 112a BetrVG siehe V Rdn. 86.

7. Gemäß § 613a Abs. 5 Nr. 2 BGB ist der **Grund des Betriebsüberganges** anzugeben. Dies ist zunächst der Rechtsgrund des Betriebsüberganges (BAG, Urt. v. 23.07.2009 – 8 AZR 538/08, NZA 2010, 89, 92). Dieser kann, wie im vorliegenden Muster, ein Unternehmenskaufvertrag sein. Möglich ist aber auch ein Betriebsübergang, der auf anderen Rechtsgründen beruht, z.B. auf einem Pachtvertrag, einer Verschmelzung, Spaltung oder Anwachsung. Auch Auftragsnachfolgen können bei Vorliegen bestimmter Voraussetzungen Betriebsübergänge (ausführlich hierzu AR/ *Bayreuther* § 613a BGB Rn. 24 ff.) und somit eine Unterrichtungspflicht gemäß § 613a Abs. 5 BGB (vgl. *Meyer* NZA 2012, 1185; *Grau* S. 215 f.; *Lemp* NZA 2013, 1390) auslösen.

Ob die Arbeitnehmer in Fällen, in denen ein »**negativer Kaufpreis**« im Kaufvertrag vereinbart wurde, hierüber informiert werden müssen, hat das BAG (BAG, Urt. v. 23.07.2009 – 8 AZR 538/08, NZA 2010, 89, 92) ausdrücklich offen gelassen. Es hat lediglich die Frage aufgeworfen, ob ein Vertrag, in dem ein negativer Kaufpreis fließt, im Unterrichtungsschreiben überhaupt als Kaufvertrag bezeichnet werden dürfe oder ob es sich nicht vielmehr um einen Vertrag sui generis handele. Von den Instanzgerichten (LAG München, Urt. v. 27.09.2009 – 6 Sa 457/08, juris Rn. 137 f.; LAG München, Urt. v. 01.07.2008 – 8 Sa 26/08, juris Rn. 64 beide mit ausführlicher Begründung) sowie Stimmen in der Literatur (*Küttner/Kreitner* Personalbuch 2014, Betriebsübergang, Rn. 32; AR/*Bayreuther*, § 613a BGB Rn. 130; a.A. *Göpfert/Siegrist* ArbR Aktuell 2010, 60, 61; *Moll/Cohnen* MAH Arbeitsrecht § 55 Rn. 47) wird gefordert, dass über den Umstand, dass ein negativer Kaufpreis gezahlt wurde, zu unterrichten ist. Das Gleiche soll gelten, wenn der Käufer (erhebliche) Unterstützungsleistungen vom Verkäufer erhält (*Küttner/Kreitner* Personalbuch 2014, Betriebsübergang, Rn. 32). Bis zur höchstrichterlichen Klärung der Frage ist anzuraten, über die Zahlung eines negativen Kaufpreises oder eines Verkäuferdarlehens zu informieren (und ebenso über die Zahlung eines lediglich symbolischen Kaufpreises), auch wenn dies im gewissen Widerspruch zu der Rechtsprechung des BAG steht, nach der gerade nicht detailliert über die wirtschaftliche und finanzielle Lage des künftigen Arbeitgebers und die diesbezüglichen Einzelheiten des Kaufvertrages informiert werden muss (vgl. V Rdn. 78). Eine Verpflichtung, auch die **Höhe des negativen Kaufpreises** oder weitere Einzelheiten (bspw. vereinbarte Ratenzahlungen) nennen zu müssen, erscheint zu weitgehend, da diese Daten einen tiefen Einblick in die wirtschaftliche und finanzielle Lage beider Arbeitgeber geben und grundsätzlich der Geheimhaltung unterliegen können. Dennoch sprechen gewichtige Gründe dafür, dass das BAG im Entscheidungsfalle zu dem Ergebnis kommen würde, dass auch diese Daten genannt werden müssen. Allein die Information, *dass* ein negativer Kaufpreis gezahlt wird, ist für den betroffenen Arbeitnehmer zwar schon ein Indiz für die Besonderheit der Transaktion. Dennoch würde das Fehlen der Bezifferung des negativen Kaufpreises zahlreiche weitere Fragen aufwerfen. Letztendlich sollte im Einzelfall abgewogen werden, ob die Daten um den negativen Kaufpreis offengelegt werden können oder nicht.

8. Nicht durch den Gesetzestext, wohl aber aus der Rechtsprechung des BAG (BAG, Urt. v. 13.07.2006 – 8 AZR 305/05, NZA 2006, 1268, 1269, 1271; BAG, Urt. v. 14.12.2006 – 8 AZR 763/05, NZA 2007, 682, 684; BAG, Urt. v. 23.07.2009 – 8 AZR 538/08, NZA 2010, 89, 92) ergibt sich, dass als Grund für den Betriebsübergang auch zumindest jene wirtschaftlichen Gründe bzw. **unternehmerischen Erwägungen** schlagwortartig mitgeteilt werden müssen, die sich im Falle des Widerspruchs auf den Arbeitsplatz auswirken können. Allerdings stellt das BAG diesbezüglich keine besonders hohen Ansprüche. Im Urteil vom 13.07.2006 (BAG, Urt. v. 13.07.2006 – 8 AZR 305/05, NZA 2006, 1268, 1271) hat das BAG die Ausführungen des alten Arbeitgebers, dass er sich aus wirtschaftlichen Gründen entschlossen habe, den Betrieb der Fachklinik selbst nicht fortführen zu wollen und an den neuen Arbeitgeber zu verpachten, ausreichen lassen. Dementsprechend genügen Formulierungen wie »zur Vereinfachung der Konzernstruktur« oder »um sich auf ein Marktsegment zu konzentrieren und dieses auszubauen« dem Erfordernis der Darstellung der wirtschaftlichen Gründe für das hinter dem Betriebsübergang stehende Rechtsgeschäft.

V. Der Übergang des Arbeitsverhältnisses

76 **9.** In seinem Urteil vom 31.01.2008 führt das BAG wörtlich aus: »[Die] Tatsache der nicht unerheblichen **Verringerung der** verbleibenden **Haftungsgrundlage** stellt einen Umstand dar, auf dessen Kenntnis der Kläger Anspruch hätte« (BAG, Urt. v. 31.01.2008 – 8 AZR 1116/06, NZA 2008, 642, 644). In der Entscheidung ging es um das zum Betrieb gehörende Grundstück, welches nicht an den künftigen Arbeitgeber sondern einen Dritten übertragen wurde. Das BAG war der Ansicht, dass die Arbeitnehmer hierüber hätten informiert werden müssen (BAG, Urt. v. 31.01.2008 – 8 AZR 1116/06, NZA 2008, 642, 643; vgl. dazu auch *Schiefer/Worzalla* NJW 2009, 558, 562 f.; *Nebeling/Brauch* BB 2010, 1474, 1475; ablehnend: *Kleinebrink/Commandeur* FA 2009, 101, 104).

77 Eine »nicht unerhebliche Verringerung der Haftungsmasse« kann auch vorliegen, wenn andere größere Werte, z.B. die einzige große Maschine oder wichtige Patente, nicht mit übertragen werden. In diesem Sinne hat das BAG im Urteil vom 23.07.2009 (BAG, Urt. v. 23.07.2009 – 8 AZR 538/08, NZA 2010, 89, 92) bemängelt, dass den vom Betriebsübergang betroffenen Arbeitnehmern verschwiegen wurde, dass 250 **Schlüsselpatente** des seinerzeitigen Arbeitgebers nicht auf den zukünftigen Arbeitgeber übertragen wurden. Insoweit seien die Arbeitnehmer unzutreffend über den Gegenstand des Betriebsübergangs informiert worden.

78 Eine detaillierte Unterrichtung über die **wirtschaftliche** und finanzielle **Lage des künftigen Arbeitgebers** (vgl. BAG, Urt. v. 31.01.2008 – 8 AZR 1116/06, NZA 2008, 642, 643; *Gaul/Niklas* DB 2009, 452, 454) oder die diesbezüglichen Einzelheiten des Unternehmenskaufvertrages sind nicht erforderlich. Zu unterrichten ist jedoch beispielsweise über die **Eröffnung des Insolvenzverfahrens** bzw. die Insolvenzantragsstellung (BAG, Urt. v. 31.01.2008 – 8 AZR 1116/06, NZA 2008, 642; *Rudkowski* NZA 2010, 739, 739; *Nebeling/Brauch* BB 2010, 1474, 1475; *Jacobsen/Menke* NZA-RR 2010, 393, 395). Zur Unterrichtung über die Zahlung eines negativen Kaufpreises vgl. V Rdn. 74.

79 **10.** In der Praxis hat es sich eingebürgert, dass das Unterrichtungsschreiben **zusätzliche**, vom Gesetz oder der Rechtsprechung nicht geforderte, (positive) **Informationen** über den künftigen Arbeitgeber enthält. Diese Informationen erleichtern den betroffenen Arbeitnehmern unter Umständen die Entscheidung für den widerspruchsfreien Übergang zum künftigen Arbeitgeber (*Reinhard* NZA 2009, 63, 69). Allerdings müssen auch diese freiwilligen Angaben korrekt sein, um die Widerspruchsfrist des § 613a Abs. 6 BGB in Gang zu setzen (*Reinhard* NZA 2009, 63, 69; dies problematisierend: *Hohenstatt/Grau* NZA 2007, 13, 14).

80 **11.** Der Tag des Betriebsübergangs ist derjenige, an dem der künftige Arbeitgeber die rechtlich begründete **tatsächliche Leitungsmacht** über den Betrieb im eigenen Namen erlangt (*Grau* S. 129 m.w.N.; DLW/*Baeck/Haußmann* Kap. 3 Rn. 4156 ff.; *Hauck* NZA Beilage 1/2009, 18, 19; *Schiefer/Worzalla* NJW 2009, 558, 561; *Kleinebrink/Commandeur* FA 2009, 101, 103).

81 Die Formulierung des § 613a Abs. 5 Ziffer 1 BGB räumt den Verfassern des Unterrichtungsschreibens die Möglichkeit ein, bei der Angabe des Zeitpunkts des Übergangs lediglich einen »**geplanten**« **Zeitpunkt** zu nennen. Von dieser Möglichkeit sollte unbedingt Gebrauch gemacht werden (so z.B. auch *Kleinebrink/Commandeur* FA 2009, 101, 103). Eine Verzögerung des Termins, z.B. aus technischen oder rechtlichen Gründen, ist immer möglich und sollte nicht zur Unrichtigkeit des Unterrichtungsschreibens führen.

82 Soweit der Zeitpunkt des Betriebsüberganges von einer Eintragung in das Handelsregister abhängt, ist es ausreichend, diesen Umstand sowie den voraussichtlichen Monat der Handelsregistereintragung zu benennen (so auch *Grau* S. 130 m.w.N.; Willemsen/*Willemsen* Unternehmensumstrukturierung Teil G Rn. 233; Semler/Stengel/*Simon* UmwG § 324 Rn. 40).

83 **12.** In der überwiegenden Anzahl der Fälle, insbesondere bei unproblematischen Sachverhalten, empfiehlt sich ein fortlaufender Text ohne die im Muster gewählten Überschriften.

84 *Schiefer/Worzalla* halten es für sinnvoll, dem Unterrichtungsschreiben den **Gesetzestext** beizufügen (*Schiefer/Worzalla* NJW 2009, 558, 561). Dies ist jedoch unnötig, wenn nicht sogar kontra-

produktiv. Der Gesetzeswortlaut enthält keine über ein vollständiges Unterrichtsschreiben hinausgehende Information. Zudem können sich die Arbeitnehmer jederzeit den Gesetzestext selbst beschaffen oder diesbezüglich von der angebotenen Möglichkeit Gebrauch machen, bei den Arbeitgebern nachzufragen.

Inhalt und Umfang der Umstände, über die zu unterrichten ist, hängen ganz entscheidend vom jeweiligen Sachverhalt ab. Für jeden Fall ist gesondert zu überlegen, welche der im Muster vorgeschlagenen Ziffern in das konkrete Unterrichtsschreiben aufgenommen werden müssen. Darüber hinaus kann es vorkommen, dass für besonders individuelle Fallgestaltungen eine zusätzliche, in diesem Muster nicht vorgesehene Information aufgenommen werden muss. 85

Handelt es sich bei dem künftigen Arbeitgeber um eine **neugegründete Gesellschaft**, so ist zu prüfen, ob das sog. Sozialplanprivileg gemäß **§ 112a Abs. 2 BetrVG** Anwendung findet. Auf diesen Umstand ist im Unterrichtsschreiben hinzuweisen, zum Beispiel im Muster hinter »(3) Betriebsstruktur, Betriebsräte und Betriebsvereinbarungen« als eigener Abschnitt (BAG, Urt. v. 14.11.2013 – 8 AZR 824/12, DB 2014, 901; ebenso Willemsen/*Willemsen* Unternehmensumstrukturierung Teil G Rn. 223; Staudinger/*Annuß* § 613a BGB Rn. 163, *ders.* FS zum 25-jähr. Bestehen des Deutschen Anwaltsvereins, 563, 573; einschränkend für Fälle, in denen sozialplanpflichtige Maßnahmen geplant sind HWK/*Willemsen/Müller-Bonanni* § 613a BGB Rn. 330; a.A. *Lembke/Oberwinter* ZIP 2007, 310; wohl auch *Gaul/Krause* RdA 2013, 39, 42 f.). Nach dem möglicherweise beim Erwerber bestehenden **Sozialplanprivileg** gemäß § 112a Abs. 2 BetrVG ist ein Sozialplan in den ersten vier Jahren nach Gründung der Erwerbergesellschaft dort nicht über eine Einigungsstelle erzwingbar, wie es eigentlich in § 112 Abs. 4 und 5 BetrVG vorgesehen ist. Es kommt auf die Gründung des Unternehmens an, nicht auf die Gründung des Betriebs. Eine Rückausnahme ist gegeben, wenn lediglich eine Konzernreorganisation vorliegt (*Meyer/Rabe* NZA 2016, 78, 84; *Fuhlrott* ArbR Aktuell 2011, 109; Richardi/*Annuß* BetrVG § 112a Rn. 12 ff.). Nach neuerer Rechtsprechung besteht die Mitteilungspflicht abstrakt und unabhängig davon, ob eine Betriebsänderung konkret geplant ist (BAG, Urt. v. 14.11.2013 – 8 AZR 824/12, BB 2014, 1341; LAG Sachsen-Anhalt, Urt. v. 01.09.2015 – 6 Sa 222/14, ArbR Aktuell 2015, 585). Beginn des Sozialplanprivilegs ist (bei Vorratsgesellschaften) die (tatsächliche) Aufnahme der Erwerbstätigkeit i.S.d. § 138 AO, § 112a Abs. 2 S. 3 BetrVG (Richardi/*Annuß* BetrVG § 112a Rn. 14). Vorliegend wäre das jedenfalls mit der Übernahme des Betriebes am Übergangsstichtag der Fall. 86

Dementsprechend wäre zu formulieren: 87

Ergänzend:
[Bei der K-GmbH handelt es sich um eine Neugründung i.S.d. § 112a Abs. 2 BetrVG, die bislang, das heißt bis zum Übergangsstichtag, keinen Betrieb und keine Geschäftsaktivitäten hatte. Im Falle einer Betriebsänderung in den ersten vier Jahren nach der Gründung (vorliegend der Übergangsstichtag) ist daher der Abschluss eines Sozialplanes kraft Gesetzes nicht erzwingbar.]

13. Das BAG hat ausgeführt, dass ein Unterrichtsschreiben, in dem nicht darauf hingewiesen wird, dass bei einem Betriebsübergang nach § 613a Abs. 1 S. 1 BGB der neue Betriebsinhaber kraft Gesetzes **in die Rechte und Pflichten** aus den in Zeitpunkt des Übergangs bestehenden Arbeitsverhältnisses **eintritt**, unvollständig ist (BAG, Urt. v. 22.01.2009 – 8 AZR 808/07, FA 2009, 281; ebenso BAG, Urt. v. 23.07.2009 – 8 AZR 538/08, NZA 2010, 89, 93). Zu diesen Rechten und Pflichten gehört zum Beispiel auch ein nachvertragliches Wettbewerbsverbot (*Gaul/Ludwig* NZA 2013, 489 m.w.N.). 88

14. Bleibt der **Arbeitsort** für die Arbeitnehmer nach dem Betriebsübergang unverändert, sollten die Arbeitnehmer hierüber ausdrücklich informiert werden, da dieser Umstand in der Regel für sie von Bedeutung ist und im Zweifelsfall mit ausschlaggebend für die Frage sein kann, ob sie widerspruchslos auf den neuen Arbeitgeber übergehen. Verändert sich der Arbeitsort, so sind die Arbeitnehmer hierüber ebenfalls zu unterrichten, da eine solche Veränderung eine hinsichtlich der 89

V. Der Übergang des Arbeitsverhältnisses

Arbeitnehmer in Aussicht genommene Maßnahme darstellt (vgl. V Rdn. 144 ff.). Zur Verlegung des Betriebes ins Ausland vgl. V Rdn. 12.

15. Die Arbeitnehmer sind über die Auswirkungen des Betriebsübergangs auf die für sie geltenden **Tarifverträge** zu unterrichten. Dies ist bei einfach gelagerten Sachverhalten (z.B. wenn beide Arbeitgeber gar nicht oder im gleichen Arbeitgeberverband organisiert sind) unproblematisch. Häufig ist der Sachverhalt jedoch komplizierter, zum Beispiel, wenn derzeitiger und künftiger Arbeitgeber in unterschiedlichen Arbeitgeberverbänden organisiert sind, bei einem Arbeitgeber Firmentarifverträge bestehen oder in betroffenen Arbeitsverträgen (einfache oder dynamische) Bezugnahmeklauseln vereinbart wurden. In diesen Fällen kann die Fortgeltung der Tarifverträge aufgrund zahlreicher streitiger und höchstrichterlich nicht entschiedener Einzelprobleme kaum und schon gar nicht in der gebotenen Kürze und für juristische Laien verständlichen Sprache abschließend korrekt dargestellt werden (so auch *Reinhard* NZA 2009, 65; *Hohenstatt/Grau* NZA 2007, 13, 16). Nahezu unmöglich wird die korrekte Darstellung der Auswirkungen des Betriebsübergangs auf die Anwendbarkeit der Tarifverträge dann, wenn es auf die Gewerkschaftszugehörigkeit der einzelnen Arbeitnehmer ankommt – diese ist dem Arbeitgeber in aller Regel nicht bekannt (ausführlich zum Fragerecht des Arbeitgebers nach der Gewerkschaftszugehörigkeit im bestehenden Arbeitsverhältnis *Schönhöft/Haug* BB 2011, 821, 823; *Meyer* BB 2011, 2362).

Das BAG hat ausdrücklich festgestellt, dass eine detaillierte Bezeichnung einzelner Tarifverträge grundsätzlich nicht erforderlich ist, da der Arbeitnehmer sich nach Erhalt des Unterrichtungsschreibens selbst erkundigen kann (BAG, Urt. v. 10.11.2011 – 8 AZR 430/10, NJOZ 2012, 860, 864; BAG, Urt. v. 14.12.2006 – 8 AZR 763/05, NZA 2007, 692, 685; BAG, Urt. v. 13.07.2006 – 8 AZR 305/05, NZA 2006, 1268, 1272). Die Angabe, ob Tarifverträge **kollektiv- oder individualrechtlich fortwirken**, ist jedoch erforderlich (BAG, Urt. v. 10.11.2011 – 8 AZR 430/10, NJOZ 2012, 860, 864; BAG, Urt. v. 23.07.2009 – 8 AZR 538/08, NZA 2010, 89, 93; BAG, Urt. v. 14.12.2006 – 8 AZR 763/05, NZA 2007, 682, 685; ausführlich zur Problematik der besonderen individualrechtlichen Fortwirkung Willemsen/*Hohenstatt* Unternehmensumstrukturierung E 115, 123 ff., insbesondere im Hinblick auf die Entscheidung des BAG, Urt. v. 22.04.2009, 4 AZR 100/08, NZA 2010, 41; ebenso hierzu und zu den Auswirkungen der »Scattolon«- Entscheidung des EuGH (EuGH, Urt. v. 06.09.2011 – C-108/10, NZA 2011, 1077) auf die Transformation nach deutschem Recht *Sittard/Flockenhaus* NZA 2013, 652). Erfahren Tarifverträge oder gar einzelne Regelungen in den Tarifverträgen nach dem Betriebsübergang unterschiedliche Schicksale, wird man allerdings nicht umhin kommen, die einzelnen Tarifverträge – oder sogar einzelne Klauseln dieser Tarifverträge – detailliert und mit Beschreibung ihrer jeweiligen Fortgeltung darzustellen; unter Umständen in einer Anlage zum Unterrichtungsschreiben (ebenso *Waldenmaier/Pichler* NZA-RR 2008, 1, 4).

16. Diese Formulierung ist zu wählen, wenn derzeitiger und künftiger Arbeitgeber dem gleichen fachlichen und räumlichen Geltungsbereich angehören und beide im gleichen Arbeitgeberverband organisiert sind.

Gehören beide Arbeitgeber dem fachlichen Geltungsbereich eines für **allgemeinverbindlich erklärten Tarifvertrags** an, so ist wie folgt zu formulieren (vgl. auch *Waldenmaier/Pichler* NZA-RR 2008, 1, 1):

Alternative:

[Der derzeit anwendbare, für allgemeinverbindlich erklärte Tarifvertrag [Bezeichnung des Tarifvertrages] bleibt unverändert kollektivrechtlich auf Ihr Arbeitsverhältnis anwendbar.]

Finden beim **künftigen Arbeitgeber keine Tarifverträge** Anwendung, so ist zu formulieren: 95

Alternative: 96

[Rechte und Pflichten aus den bei der V-GmbH auf Ihr Arbeitsverhältnis kollektiv-rechtlich anwendbaren Tarifverträgen werden Bestandteil Ihres individuellen Arbeitsverhältnisses. Sie dürfen gemäß § 613a Abs. 1 Sätze 2 und 4 BGB nicht vor Ablauf eines Jahres nach dem Übergangsstichtag zu Ihrem Nachteil geändert werden, es sei denn, die Tarifverträge enden zu einem früheren Zeitpunkt oder werden zu einem früheren Zeitpunkt durch andere Kollektivvereinbarungen abgelöst.]

Alternative für den Fall, dass der künftige Arbeitgeber einem **anderen fachlichen (oder räumlichen) Geltungsbereich** unterliegt als der derzeitige Arbeitgeber (vgl. auch *Waldenmaier/Pichler* NZA-RR 2008, 1, 1): 97

Alternative: 98

[Die bei der V-GmbH durch den Tarifvertrag [Bezeichnung des Tarifvertrags] festgelegten Regelungen betreffend [Regelungsgegenstand] sind bei der K-GmbH durch den Tarifvertrag [Bezeichnung des Tarifvertrags] geregelt. Dieser Tarifvertrag wird, soweit Sie tarifgebunden sind, ab dem Übergangsstichtag kollektivrechtlich auch auf Ihr Arbeitsverhältnis anwendbar sein.]

Diese kollektivrechtliche Wirkung tritt nur ein, wenn sowohl der künftige Arbeitgeber als auch der betroffene Arbeitnehmer tarifgebunden sind. 99

Wird **nicht sämtlicher Inhalt** aller bei beim derzeitigen Arbeitgeber bestehenden Tarifverträge beim künftigen Arbeitgeber ebenfalls durch Tarifvertrag **geregelt**, so ist der vorangegangenen Alternative folgender Zusatz hinzuzufügen: 100

Alternative:

[Die bei der V-GmbH durch den Tarifvertrag [Bezeichnung des Tarifvertrags] festgelegten Regelungen betreffend [Regelungsgegenstand] sind bei der K-GmbH nicht durch Tarifvertrag geregelt. Dementsprechend werden diese Rechte und Pflichten aus dem Tarifvertrag zum Bestandteil Ihres individuellen Arbeitsverhältnisses. Sie dürfen gemäß § 613a Abs. 1 Sätze 2 und 4 BGB nicht vor Ablauf eines Jahres nach dem Betriebsübergang zu Ihrem Nachteil geändert werden, es sei denn, die Tarifverträge enden zu einem früheren Zeitpunkt oder werden zu einem früheren Zeitpunkt durch andere Kollektivvereinbarungen abgelöst.]

Firmentarifverträge gelten nach einem Betriebsübergang durch Einzelrechtsnachfolge kollektivrechtlich lediglich fort, wenn der künftige Arbeitgeber dies mit der zuständigen Gewerkschaft vereinbart (vgl. BAG, Urt. v. 26.08.2009 BB 2010, 1090, 1092; BAG, Beschl. v. 10.06.2009 – 4 ABR 21/08, NZA 2010, 51, 53; *Jacobs* NZA 2009, 45, 46). In diesen Fällen ist zu formulieren: 101

Alternative:

[Die bei der V-GmbH geltenden Firmentarifverträge [Bezeichnung der Firmentarifverträge] gelten unverändert auf der Grundlage fort, auf der sie zum Übergangsstichtag bestehen; wenn Sie tarifgebunden sind, gelten diese Tarifverträge kollektivrechtlich fort.]

In allen anderen Fällen des Betriebsübergangs gelten Firmentarifverträge lediglich individualrechtlich fort. Da es sich bei einem Firmentarifvertrag um einen von einem einzelnen Arbeitgeber abgeschlossenen Tarifvertrag handelt, ist an diesen Tarifvertrag auf Arbeitgeberseite auch nur derjenige Arbeitgeber gebunden, der selbst Partei des Tarifvertrages ist (vgl. nur BAG, Urt. v. 10.11.2011 – 8 AZR 430/10, NJZO 2012, 860, 865; BAG, Beschl. v. 10.06.2009 – 4 ABR 21/08, NZA 2010, 51, 52). 102

V. Der Übergang des Arbeitsverhältnisses

103 Werden die Inhalte des Firmentarifvertrages beim künftigen Arbeitgeber nicht durch Tarifvertrag geregelt, ist zu formulieren:

Alternative:

[Die bei der V-GmbH durch den Firmentarifvertrag [Bezeichnung des Firmentarifvertrags] festgelegten Regelungen betreffend [Regelungsgegenstand] sind bei der K-GmbH nicht durch Tarifvertrag geregelt. Dementsprechend werden diese Rechte und Pflichten aus dem Firmentarifvertrag zum Bestandteil Ihres individuellen Arbeitsverhältnisses. Sie dürfen gemäß § 613a Abs. 1 Sätze 2 und 4 BGB nicht vor Ablauf eines Jahres nach dem Betriebsübergang zu Ihrem Nachteil geändert werden, es sei denn, der Firmentarifvertrag endet zu einem früheren Zeitpunkt oder wird zu einem früheren Zeitpunkt durch andere Kollektivvereinbarungen abgelöst.]

104 Sind die Inhalte des Firmentarifvertrages beim künftigen Arbeitgeber kollektivrechtlich geregelt, z.B. durch einen dort geltenden Firmentarifvertrag, so heißt es im Unterrichtungsschreiben:

105 *Alternative:*

[Die bei der V-GmbH durch den Firmentarifvertrag [Bezeichnung des Firmentarifvertrags] festgelegten Regelungen betreffend [Regelungsgegenstand] sind bei der K-GmbH durch den Firmentarifvertrag [Bezeichnung des Firmentarifvertrags] geregelt. Dieser Firmentarifvertrag wird, soweit Sie tarifgebunden sind, ab dem Betriebsübergang kollektivrechtlich auch auf Ihr Arbeitsverhältnis anwendbar sein.]

106 Auch beim Firmentarifvertrag tritt die kollektivrechtliche Wirkung nur ein, wenn der jeweilige Arbeitnehmer in der zuständigen Gewerkschaft organisiert und damit tarifgebunden ist.

107 Für die **nicht tarifgebundenen Arbeitnehmer** ist zu untersuchen, ob in ihren Arbeitsverträgen **Bezugnahmeklauseln** vereinbart sind (vgl. hierzu BAG, Urt. v. 13.05.2015 – 4 AZR 244/14, DB 2015, 2762; BAG, Urt. v. 11.12.2013 – 4 AZR 473/12, DB 2014, 1936; BAG, Urt. v. 26.03.2015 – 2 AZR 783/13, DB 2015, 2760 m. Kurzkommentar *Rütz/Straub*; BAG, Urt. v. 10.11.2011 – 8 AZR 430/10, NJZO 2012, 860, 866; *Lingemann* NZA 2012, 546, 548). Je nach Ausgestaltung dieser Bezugnahmeklauseln finden die Tarifverträge des derzeitigen Arbeitgebers individualrechtlich statisch oder in der jeweils geltenden Fassung dynamisch oder aber auch die Tarifverträge des künftigen Arbeitgebers, ebenfalls individualrechtlich, Anwendung (vgl. ausführlich zu den Auswirkungen von Betriebsübergängen auf Bezugnahmeklauseln *Schiefer/Hartmann* BB 2013, 2613; *Hohenstatt/Kuhnke* RdA 2009, 107; *Bepler* RdA 2009, 65, 72 ff.). Bezugnahmeklauseln in Altverträgen aus der Zeit vor 01.01.2002 gelten als sog. Gleichstellungsklauseln, haben also nur den Zweck, die individuell begünstigten Arbeitnehmer mit kollektiv begünstigten Gewerkschaftsmitgliedern gleichzustellen (vgl. BAG, Urt. v. 13.05.2015 – 4 AZR 244/14, DB 2015, 2762). Neuverträge aus der Zeit nach 01.01.2002 mit Bezugnahmeklauseln werden in der Regel als zeitdynamisch angesehen. Altverträge, deren Bezugnahmeklausel Gegenstand von neueren Verhandlungen war, gelten auch als Neuverträge (BAG, Urt. v. 26.03.2015 – 2 AZR 783/13, NZA 2015, 866), also ihre Bezugnahmeklausel als dynamisch (BAG, Urt. v. 08.07.2015 – 4 AZR 51/14, NZA 2015, 1462). Aufgrund der unterschiedlichen Formulierungen in Bezugnahmeklauseln – häufig auch innerhalb eines Betriebes – und der unsicheren Rechtslage bei der Auslegung von Bezugnahmeklauseln ist ein allgemeingültiger Formulierungsvorschlag nicht möglich. Das BAG hat in seiner Entscheidung vom 10.11.2011 (BAG, Urt. v. 10.11.2011 – 8 AZR 430/10, NJZO 2012, 860, 866; vgl. auch BAG, Urt. v. 15.03.2012 – 8 ARZ, 700/10, NZA 2012, 1097, 1099); die folgende Formulierung für wirksam gehalten:

Alternative:

[Sofern tarifliche Regelungen für Ihr Arbeitsverhältnis bislang aufgrund einer arbeitsvertraglichen Bezugnahmeklausel gegolten haben, entscheidet die arbeitsvertragliche Bezugnahme auf die Tarifverträge darüber, ob zukünftig etwaige Tarifverträge der [K-GmbH] Anwendung finden oder es

bei der Geltung der bisherigen tarifvertraglichen Regelung bleibt. Wir möchten Sie darauf hinweisen, dass nach der derzeitigen Rechtsprechung des Bundesarbeitsgerichts sog. dynamische Verweisungen auf die einschlägigen Tarifverträge in älteren Arbeitsverträgen, die vor dem 1. Januar 2002 abgeschlossen wurden, als sog. Gleichstellungsabrede zu bewerten sind, mit der Folge, dass diese Regelungen im Zeitpunkt des Betriebsübergangs ihre Dynamik verlieren und statisch fortgelten. In später abgeschlossenen Arbeitsverträgen (also seit dem 1. Januar 2002) behalten solche Regelungen nach der o.g. Rechtsprechung ihre Dynamik.]

Der Europäische Gerichtshof ist allerdings der Ansicht, dass auch die seit dem 01.01.2002 abgeschlossenen Bezugnahmeklauseln ihre Dynamik verlieren, jedenfalls dann, wenn der Erwerber den geltenden Tarifvertrag mangels Zuständigkeit nicht nachverhandeln kann (EuGH, Urt. v. 18.07.2013 – C-426/11, Alemo/Herron, NZA 2013, 835; ähnlich auch schon EuGH, 09.03.2006 – C-499/04, Werhof, NZA 2006, 377). Es bleibt abzuwarten, ob sich das BAG dieser Wertung anschließt. Die große Frage ist, ob das EU-Recht die dynamische Fortgeltung der Bezugnahmeklauseln gebietet, erlaubt oder eher verbietet (*Elking/Aszmons* BB 2014, 2041, 2043). Die extensive Rechtsprechung des Vierten Senats zugunsten der dynamischen Fortgeltung steht zur Überprüfung durch den eher statisch denkenden EuGH an. Der Vierte Senat hat die Frage inzwischen selbst dem EuGH vorgelegt (BAG, Urt. v. 17.06.2015 – 4 AZR 61/14, ArbR Aktuell 2015, 304 = DB 2015, 1605 mit Anm. *Lingemann* DB 2015, 1651; *Haußmann* DB 2015, 1605). Bis dahin zumindest dürfte ein Hinweis auf diesen Streit mit vertretbarer Wertung durch den Arbeitgeber im Unterrichtungsschreiben ausreichend sein (*Gaul* RdA 2015, 206, 207). 107.1

17. Der Betriebsübergang als solcher hat keine Auswirkungen auf den Fortbestand des Betriebes in seiner vor dem Betriebsübergang bestehenden Struktur. In der Praxis geht gerade ein Betriebsübergang aufgrund eines Kaufvertrages jedoch häufig mit einer Veränderung der Betriebsstruktur durch den neuen Arbeitgeber einher. Arbeitnehmer eines übergehenden **Betriebes** sind darüber zu informieren, ob ihr Betrieb als solcher bestehen bleibt oder beispielsweise in einen anderen Betrieb eingegliedert oder mit einem solchen zusammengefasst wird. Die Arbeitnehmer eines übergehenden **Betriebsteils** sind darüber zu informieren, ob ihr Betriebsteil ein eigenständiger Betrieb wird, ob er in einen Betrieb des künftigen Arbeitgebers eingegliedert oder mit einem solchen zusammengefasst wird oder ob er einen (Gemeinschafts-)Betrieb mit dem beim derzeitigen Arbeitgeber verbleibenden Betriebsteil bildet. Besondere Betriebsstrukturen (wie eine Matrixstruktur) stellen spezielle Anforderungen an die Darstellung der übergehenden wirtschaftlichen Einheit und die Zuordnung von betroffenen Arbeitnehmern (*Mückl* DB 2015, 2695). Auf diese Information über die Auswirkungen auf die **Betriebsstruktur** haben die Arbeitnehmer einen Anspruch, da ihnen eine vom künftigen Arbeitgeber in Aussicht genommene Maßnahme zugrunde liegt (vgl. § 613a Abs. 5 Ziff. 4 BGB). 108

18. Das Unterrichtungsschreiben sollte auch über die Auswirkungen des Betriebsübergangs auf die betroffenen **Betriebsräte** informieren, insbesondere wenn sich an der Betriebsstruktur mit dem Übergangsstichtag etwas ändert (str., vgl. dazu *Fuhlrott/Oltmanns* BB 2015, 1013; *Hohenstatt/Grau* NZA 2007, 13, 17 m.w.N; DLW/*Baeck/Haußmann* Kap. 3 Rn. 4200; *Schiefer/Worzalla* NJW 2009, 558, 562; *Hauck* NZA Beilage 1/2009, 18, 20; Kallmeyer/*Willemsen* UmwG, § 324 Rn. 35). Das Gleiche gilt für die Auswirkungen des Betriebsübergangs auf andere Arbeitnehmervertretungen oder das Mitbestimmungsstatut. 109

Wird lediglich ein (kleiner aber betriebsratsfähiger) **Teil** eines durch Betriebsrat vertretenen Betriebes übertragen und wird dieser beim künftigen Arbeitgeber **als eigenständiger Betrieb weitergeführt**, so nimmt der Betriebsrat zunächst – neben seinem Amt im beim alten Arbeitgeber verbleibenden Betrieb – ein Übergangsmandat gemäß § 21a Abs. 1 BetrVG in dem neu entstandenen Betrieb beim künftigen Arbeitgeber wahr (vgl. ausführlich zu Übergangsmandaten gem. § 21a Abs. 1 BetrVG *Kittner* NZA 2012, 541 ff.). Es ist zu formulieren: 110

V. Der Übergang des Arbeitsverhältnisses

Alternative:

[Der Betriebsteil wird als eigenständiger Betrieb bei der K-GmbH weitergeführt. Ihr jetziger Betriebsrat wird nach dem Übergangsstichtag vorläufig im Amt bleiben und seine Geschäfte weiterführen (Übergangsmandat gemäß § 21a Abs. 1 BetrVG). Im Rahmen dieses Übergangsmandats vertritt der Betriebsrat Sie so lange, bis ein neuer Betriebsrat für Ihren Betrieb bei der K-GmbH gewählt ist, längstens jedoch für einen Zeitraum von sechs Monaten. Eine einmalige Verlängerung um weitere sechs Monate durch Tarifvertrag oder Betriebsvereinbarung ist möglich.]

111 Wird der **Betrieb** des derzeitigen Arbeitgebers in einen zahlenmäßig wesentlich größeren Betrieb des künftigen Arbeitgebers **eingegliedert**, erlischt das Amt des Betriebsrats des übergehenden Betriebs und der Betriebsrat des aufnehmenden Betriebs vertritt auch die übergehenden Arbeitnehmer. Es ist zu formulieren:

Alternative:

[Ihr Betrieb geht auf die K-GmbH über und wird in den Betrieb ___[Name des Betriebs]___ der K-GmbH eingegliedert. Die Identität Ihres Betriebes wird somit aufgegeben; das Amt der Betriebsratsmitglieder endet. Vom Übergangsstichtag an vertritt der Betriebsrat des Ihren Betrieb aufnehmenden Betriebs Ihre Interessen.]

112 Wird der übergehende Betrieb nicht in einen Betrieb des künftigen Arbeitgebers eingegliedert, sondern werden vielmehr beide Betriebe zu **einem neuen Betrieb zusammengefasst**, so ist wie folgt zu formulieren:

Alternative:

[Ihr Betrieb wird mit dem Betrieb ___[Name des Betriebs]___ der K-GmbH zusammengefasst. Ihr Betriebsrat/der Betriebsrat des Betriebes der K-GmbH nimmt als Betriebsrat des nach der Zahl der wahlberechtigten Arbeitnehmer größeren Betriebes das Übergangsmandat gemäß § 21a Abs. 2 BetrVG wahr. Im Rahmen dieses Übergangsmandats vertritt der Betriebsrat Sie so lange, bis ein neuer Betriebsrat für den Betrieb gewählt ist, längstens jedoch für einen Zeitraum von sechs Monaten. Eine einmalige Verlängerung um weitere sechs Monate durch Tarifvertrag oder Betriebsvereinbarung ist möglich.]

113 Umstritten – und gesetzlich nicht geregelt – ist die rechtliche Lage, wenn ein betriebsratsfähiger Teil eines durch Betriebsrat vertretenen **Betriebes abgespalten und in einen (größeren, betriebsratslosen) Betrieb eingegliedert oder** mit diesem **zusammengefasst** wird (vgl. dazu Willemsen/*Hohenstatt* Unternehmensumstrukturierung D 79 ff.; Richardi/*Thüsing* BetrVG § 21a, Rn. 13 f.). Wird ein kleiner Betrieb(steil), der einen Betriebsrat hat, mit einem größeren betriebsratslosen Betrieb **zusammengefasst**, so übt nach der hier vertretenen Ansicht der Betriebsrat des kleineren Betriebes ein Übergangsmandat gem. § 21a BetrVG für den genannten neuen Betrieb aus (im Ergebnis ebenso Willemsen/*Hohenstatt* Unternehmensumstrukturierung D 88; Richardi/*Thüsing* BetrVG § 21a Rn. 14 m.w.N.).

Dementsprechend wäre zu formulieren:

Alternative:

[Ihr Betrieb wird mit dem Betrieb ___[Name des Betriebs]___ der K-GmbH zusammengefasst. Ihr Betriebsrat/der Betriebsrat des Betriebes der K-GmbH nimmt das Übergangsmandat gemäß § 21a Abs. 2 BetrVG wahr. Im Rahmen dieses Übergangsmandats vertritt der Betriebsrat Sie so lange, bis ein neuer Betriebsrat für den Betrieb gewählt ist, längstens jedoch für den Zeitraum von sechs Monaten. Eine einmalige Verlängerung um weitere sechs Monate durch Tarifvertrag oder Betriebsvereinbarung ist möglich.]

114 Wird ein kleinerer durch Betriebsrat vertretener Betrieb(-steil) in einen größeren, betriebsratslosen Betrieb **eingegliedert**, so ist die rechtliche Lage insbesondere dann anders zu beurteilen,

wenn der betriebsratslose Betrieb um ein vielfaches größer ist als der eingegliederte Betrieb(-steil). Dem aufnehmenden Betrieb, der seine Identität behält, wird eine betriebliche Mitbestimmung »übergestülpt«, die es bisher – möglicherweise bewusst – nicht gab. Dieses Ergebnis ist rechtlich nicht überzeugend. Dementsprechend ist mit einigen Vertretern in der Literatur (Richardi/*Thüsing* BetrVG § 21a Rn. 13 m.w.N.; Willemsen/*Hohenstatt* Unternehmensumstrukturierung D 86 m.w.N.; a.A. *Fitting* § 21a Rn. 11a m.w.N., der auch für diesen Fall ein Übergangsmandat im gesamten Betrieb bejaht) davon auszugehen, dass im Falle der Eingliederung das Amt des Betriebsrats des eingegliederten Betriebs (-teils) für die eingegliederten Arbeitnehmer erlischt. Entsprechend ist zu formulieren:

Alternative:

[Ihr Betrieb geht auf die K-GmbH über und wird in den Betrieb __[Name des Betriebs]__ *der K-GmbH eingegliedert. Die Identität Ihres Betriebs erlischt. Das Amt der Betriebsratsmitglieder endet. Der Betrieb* __[Name des Betriebs]__ *der K-GmbH hat keinen Betriebsrat.]*

bzw.:

[Ihr Betriebsteil geht auf die K-GmbH über und wird in den Betrieb __[Name des Betriebs]__ *der K-GmbH eingegliedert. Der für Sie zurzeit zuständige Betriebsrat ist ab dem Übergangsstichtag nicht mehr für Sie zuständig. Der Betrieb* __[Name des Betriebs]__ *hat keinen Betriebsrat.]*

115 Möglich ist, dass zwar ein Teil eines Betriebes auf den künftigen Arbeitgeber übertragen wird, sich jedoch an der organisatorischen Struktur des Betriebs nichts ändert und er als Betrieb zweier Unternehmen (»**Gemeinschaftsbetrieb**«) weitergeführt wird. Den Arbeitnehmern kann dies wie folgt mitgeteilt werden:

Alternative:

[Der bei der __[V-GmbH]__ *verbleibende und der auf die* __[K-GmbH]__ *übergehende Betriebsteil bleiben als ein Betrieb zweier Unternehmen (Gemeinschaftsbetrieb) bestehen. Der Betriebsrat bleibt als Betriebsrat des Gemeinschaftsbetriebs im Amt.]*

116 **18.1.** Auch die Auswirkungen des Betriebsüberganges auf die Zuständigkeit von Gesamt- und Konzernbetriebsrat sollten dargestellt werden. Da es für diese Betriebsräte keine Übergangsmandate gibt, ist die Darstellung unproblematisch. Es ist lediglich zu beschreiben, ob es beim alten und beim neuen Arbeitgeber einen zuständigen Gesamt- und/oder Konzernbetriebsrat gibt.

117 **19.** Ebenso wie bei den Tarifverträgen (vgl. V Rdn. 91) bedarf es keiner detaillierten Bezeichnung **einzelner Betriebsvereinbarungen**, da sich der Arbeitnehmer nach Erhalt des Unterrichtungsschreibens selbst erkundigen kann (BAG, Urt. v. 10.11.2011 – 8 AZR 430/10, NJOZ 2012, 860, 864, 866; BAG, Urt. v. 13.07.2006 – 8 AZR 305/05 NZA 2006, 1268, 1272; ebenso BAG, Urt. v. 23.07.2009 – 8 AZR 538/08; NZA 2010, 89, 93). Es ist jedoch die Angabe, ob die Betriebsvereinbarungen kollektivrechtlich oder individualrechtlich fortwirken, erforderlich (BAG, Urt. v. 10.11.2011 – 8 AZR 430/10, NJOZ 2012, 860, 864; BAG, Urt. v. 13.07.2006 – 8 AZR 305/05 NZA 2006, 1268, 1272). Erfahren Betriebsvereinbarungen – oder gar einzelne Regelungen in den Betriebsvereinbarungen – nach dem Betriebsübergang unterschiedliche Schicksale, wird man allerdings nicht umhin kommen, die einzelnen Betriebsvereinbarungen – oder sogar einzelne Klauseln dieser Betriebsvereinbarungen – detailliert und mit Beschreibung ihrer jeweiligen Fortgeltung darzustellen; unter Umständen in einer Anlage zum Unterrichtungsschreiben (ebenso *Waldenmaier/Pichler* NZA-RR 2008, 1, 4).

118 Wie bei der Darstellung der Folgen des Betriebsübergangs auf die Tarifverträge ist auch bei den Betriebsvereinbarungen eine im Umfang verhältnismäßige und im Einzelnen korrekte Darstellung häufig kaum möglich (vgl. *Reinhard* NZA 2009, 63, 65).

V. Der Übergang des Arbeitsverhältnisses

119 Für die Darstellung der Auswirkungen des Betriebsübergangs auf die Fortgeltung der im übergehenden Betrieb bestehenden Betriebsvereinbarungen ist je nach Einzelfall eine sehr individuelle Formulierung erforderlich (sehr ausführlich zur Fortgeltung von Betriebsvereinbarungen in verschiedenen Sachverhaltskonstellationen *Mohnke/Betz* BB 2008, 498). Viele Einzelheiten sind streitig. Betriebsvereinbarungen, die gezielt und ausschließlich zu Lasten eines Dritten – also hier des Erwerbers – abgeschlossen werden, gehen nicht auf den Erwerber über, sondern sind unwirksam (BAG, Urt. v. 10.01.2011 – 1 AZR 375/09, ArbR Aktuell 2011, 319891 mit Anm. *Günther*).

120 Die im Muster gewählte Formulierung betrifft den Fall, dass der **Betrieb als Ganzes** auf den künftigen Arbeitgeber übertragen wird und als betriebliche Einheit **bestehen bleibt** (vgl. dazu BAG, Urt. v. 10.11.2011 – 8 AZR 430/10, NJOZ 2012, 860, 866). Der gleiche Wortlaut wird gewählt, wenn ein übergehender Betriebsteil mit dem bei dem bisherigen Arbeitgeber verbleibenden Betriebsteil weiterhin einen Betrieb, nunmehr als **Gemeinschaftsbetrieb**, bildet.

121 Nach herrschender Meinung ist diese Formulierung auch für den Fall anwendbar, dass ein **Betriebsteil** übertragen und vom künftigen Arbeitgeber **als eigenständiger Betrieb fortgeführt** wird. Der 1. Senat des BAG (BAG, Beschl. v. 18.09.2002 – 1 ABR 54/01, NZA 2003, 670) sowie zunehmende Literaturstimmen lassen in diesem Fall bestehende Betriebsvereinbarungen kollektivrechtlich fortgelten, auch wenn die Rechtsgrundlage dafür zweifelhaft ist (vgl. näher dazu *Kreft* FS Wissmann, S. 347, 352 ff., insbes. 356; HWK/*Willemsen/Müller-Bonanni* § 613a BGB Rn. 256; *Picot/Schnitker* Teil I, Rn. 249; *Waldenmaier/Pichler* NZA-RR 2008, 1 f.; *Mohnke/Betz* BB 2008, 499, 503).

122 Kompliziert ist die Rechtslage, wenn der Betrieb des derzeitigen Arbeitgebers durch **Eingliederung** in einen vorhandenen Betrieb des künftigen Arbeitgebers in diesem aufgeht. Es ist zu formulieren:

Alternative:

[Rechte und Pflichten aus den vor dem Übergangsstichtag auf Ihr Arbeitsverhältnis anwendbaren Betriebsvereinbarungen, die bei der K-GmbH nicht durch Betriebsvereinbarung geregelt sind, werden Inhalt Ihres individuellen Arbeitsverhältnisses. Sie dürfen gemäß § 613a Abs. 1 Sätze 2 und 4 BGB nicht vor Ablauf eines Jahres nach dem Übergangsstichtag zu Ihrem Nachteil geändert werden, es sei denn, dass die Betriebsvereinbarungen früher enden oder durch andere Kollektivvereinbarungen abgelöst werden. Dies gilt für die folgenden Betriebsvereinbarungen: [Benennung der Betriebsvereinbarungen] .

Betriebsvereinbarungen, die in dem aufnehmenden Betrieb der K-GmbH kollektivrechtlich wirken, gelten für Sie mit der Übernahme ebenfalls kollektivrechtlich. Diese Betriebsvereinbarungen verdrängen insoweit bei gleichem Regelungsgegenstand Rechte und Pflichten aus den Betriebsvereinbarungen die vor dem Übergangsstichtag auf Ihr Arbeitsverhältnis anwendbar waren. Dies gilt für folgende Betriebsvereinbarungen der V-GmbH: [Benennung der Betriebsvereinbarungen (u.U. auch Gesamt- oder Konzernbetriebsvereinbarungen)] *. Sie werden durch folgende Betriebsvereinbarungen ersetzt:* [Benennung der Betriebsvereinbarungen (u.U. auch Gesamt- oder Konzernbetriebsvereinbarungen) der K-GmbH] *.]*

123 Tritt **keine kollektivrechtliche Fortgeltung** der Betriebsvereinbarungen ein, so lautet das Unterrichtungsschreiben:

Alternative:

[Rechte und Pflichten aus den bei der V-GmbH auf Ihr Arbeitsverhältnis anwendbaren Betriebsvereinbarungen werden Bestandteil Ihres individuellen Arbeitsverhältnisses. Sie dürfen gemäß § 613a Abs. 1 Sätze 2 und 4 BGB nicht vor Ablauf eines Jahres nach dem Betriebsübergang zu Ihrem Nachteil geändert werden, es sei denn, die Betriebsvereinbarungen enden zu einem früheren Zeitpunkt oder werden zu einem früheren Zeitpunkt durch andere Kollektivvereinbarungen abgelöst.]

Diese Formulierung ist zum Beispiel zu wählen, wenn die Betriebsidentität des übergehenden Betriebsteils nicht gewahrt wird (sehr problematisch, vgl. dazu *Picot/Schnitker* Teil I, Rn. 246 ff.). 124

Umstritten ist, ob diese Alternative auch anwendbar ist, wenn der übergehende Betrieb(-steil) mit einem anderen Betrieb(-steil) zusammengefasst wird und beide Betriebe/Betriebsteile ihre Identität verlieren (vgl. dazu Willemsen/*Hohenstatt* Unternehmensumstrukturierung Teil E Rn. 33). 125

Es sind Fälle denkbar, in denen der künftige Arbeitgeber die **Zusage** aus einer Betriebsvereinbarung aus rechtlichen oder tatsächlichen Gründen **nicht erfüllen kann** (*Fuhlrott/Fabritius* BB 2013, 1592). Ein in der Praxis relevanter Fall ist, dass der bestimmte Güter produzierende derzeitige Arbeitgeber einen Betrieb/Betriebsteil veräußert, der Produktionsbereich jedoch bei ihm verbleibt. Hat der derzeitige Arbeitgeber seinen Arbeitnehmern bisher aufgrund einer entsprechenden Betriebsvereinbarung **Personalrabatte** auf die selbst produzierten Güter oder angebotene Dienstleistungen gewährt, so ist der künftige Arbeitgeber, jedenfalls wenn er nunmehr konzernfremd ist (vgl. dazu *Gaul/Naumann* NZA 2011, 121, 123), nicht verpflichtet, den übernommenen Arbeitnehmern einen entsprechenden Rabatt an diesen Gütern oder Dienstleistungen zu ermöglichen (vgl. BAG, Urt. v. 07.09.2004 – 9 AZR 631/03, NZA 2005, 941, 944 – Jahreswagen; BAG, Urt. v. 13.12.2006 – 10 AZR 792/05, NZA 2007, 325, 327 – Flugbegünstigungen). Zu diesem Ergebnis gelangt man durch **Auslegung** (BAG, Urt. v. 07.09.2004 – 9 AZR 631/03, NZA 2005, 941, 943; *Gaul/Naumann* NZA 2011, 121, 123 f.) der Betriebsvereinbarung. Die Einräumung eines Personalrabatts steht regelmäßig unter dem Vorbehalt, dass der Arbeitgeber die preisgeminderten Waren selbst herstellt. Der Arbeitgeber bezweckt mit der Gewährung solcher Personalrabatte Verschiedenes: So geht es um die Motivation der Belegschaft und deren Identifikation mit den unternehmerischen Zielen. Darüber hinaus sichern die Personalkäufe in einem gewissen Umfang Produktabsatz und Umsatz. Nur bei vom Arbeitgeber selbst hergestellten Gütern können diese Zwecke erreicht werden (so auch BAG, Urt. v. 07.09.2004 – 9 AZR 631/03, NZA 2005, 941, 943; BAG, Urt. v. 13.12.2006 – 10 AZR 792/05, NZA 2007, 325, 327). Dies sei, so das BAG, auch für den Arbeitnehmer als Empfänger der Zusage erkennbar. Der künftige Arbeitgeber ist auch grundsätzlich **nicht verpflichtet**, den Arbeitnehmern **einen Ausgleich** zu leisten (vgl. BAG, Urt. v. 07.09.2004 – 9 AZR 631/03, NZA 2005, 941, 944; Moll/*Cohnen/Tepass* MAH Arbeitsrecht § 51 Rn. 17; Willemsen/*Willemsen* Unternehmensumstrukturierung Teil G Rn. 178; wohl auch *Gaul/Naumann* NZA 2011, 121, 123). 126

Entsprechend wäre im Unterrichtungsschreiben wie folgt zu formulieren: 127

Ergänzend:

[Aus der Betriebsvereinbarung [Benennung der Betriebsvereinbarung] vom [Datum] können nach dem Betriebsübergang keine Ansprüche auf Leistung von [Benennung der Leistung, die der künftige Arbeitgeber nicht erbringen kann] hergeleitet werden, da die K-GmbH [Benennung der Leistung] im Gegensatz zur V-GmbH nicht selbst herstellt.]

Je nach Wert des Rabatts wird die Information über den ersatzlosen Fortfall der Zusage zum Unmut bei den betroffenen Arbeitnehmern führen. Ist der künftige Arbeitgeber bereit, ebenfalls Rabatt für eine selbstproduzierte Ware anzubieten oder sonst einen Ausgleich zu dem verlustigen Anspruch zu schaffen, sollte dies ausdrücklich in das Unterrichtungsschreiben aufgenommen werden: 128

Ergänzend:

[Die K-GmbH wird sich jedoch unverzüglich nach dem Übergangsstichtag mit dem Betriebsrat zusammensetzen, um eine Betriebsvereinbarung zu schließen, die einen entsprechenden Ausgleich schafft.]

Anders gestaltet sich die Rechtslage, wenn die Zusage in der **Gewährung von Boni oder Tantiemen besteht, deren Höhe an die wirtschaftlichen Erfolge** des derzeitigen Arbeitgebers oder seines 129

V. Der Übergang des Arbeitsverhältnisses

Konzerns **anknüpft**. Auch hier ist es dem künftigen Arbeitgeber nicht möglich oder zuzumuten, nach dem Wortlaut der Betriebsvereinbarung die Boni und Tantiemen anhand der in der Betriebsvereinbarung genannten Bezugszahlen des derzeitigen Arbeitgebers auszuzahlen. Anders als bei den Personalrabatten (vgl. V Rdn. 126), fehlt jedoch der besondere Zusammenhang zum individuellen Tätigkeitsbereich des jeweiligen Unternehmens (*Gaul/Naumann* NZA 2011, 121, 124). Zweck der Betriebsvereinbarung ist, die Arbeitnehmer an wirtschaftlichen Erfolgen ihres Arbeitgebers teilhaben zu lassen. Dementsprechend führt die Vertragsauslegung bzw. die Anwendung der Grundsätze zur Störung der Geschäftsgrundlage gem. § 313 BGB hier nicht zum ersatzlosen Wegfall eines Anspruches der Arbeitnehmer auf die Zahlung von Boni oder Tantiemen. Vielmehr wird man einzelfallbezogen prüfen müssen, ob und wie die Zusage so ausgelegt oder angepasst werden kann, dass sie zu den wirtschaftlichen Bezugszahlen des künftigen Arbeitgebers passt (ausführlich hierzu *Gaul/Naumann* NZA 2011, 121, 124; *Willemsen/Willemsen* Unternehmensumstrukturierung Teil G Rn. 177 ff.). Auch in diesem Fall sind die Arbeitnehmer entsprechend der oben genannten Formulierung (V Rdn. 127 f.) zu unterrichten.

130 Gleiches gilt für die Gewährung von **Aktien (-optionen) des derzeitigen Arbeitgebers**. Auch hier wird man im jeweiligen Einzelfall eine Lösung auf der Grundlage der Grundsätze zur ergänzenden Vertragsauslegung (§§ 133, 157 BGB) bzw. der Grundsätze über die Störung der Geschäftsgrundlage (§ 313 BGB) finden müssen (hierzu sehr ausführlich *Mauroschat* Aktienoptionen, S. 185 ff.; *Gaul/Naumann* NZA 2011, 125 ff., ebenso Moll/*Kolvenbach/Glaser* MAH Arbeitsrecht § 18 Rn. 117 ff.; Moll/*Cohnen/Tepass* MAH Arbeitsrecht § 51 Rn. 13 ff.; vgl. auch D Rdn. 28).

131 **Aktien(-optionen)**, die den Arbeitnehmern ausschließlich von **der Konzernmutter** zugesagt und nur über sie abgewickelt werden, sind nicht Bestandteil des Arbeitsverhältnisses. Die entsprechenden Zusagen fallen dementsprechend nicht unter den Anwendungsbereich des § 613a BGB und gehen nicht auf den künftigen Arbeitnehmer über (BAG, Urt. v. 12.02.2003 – 10 AZR 299/02, NZA 2003, 487, Os. 1; *Mauroschat* Aktienoptionen, S. 217; Moll/*Kolvenbach/Glaser* MAH Arbeitsrecht § 18 Rn. 117 ff.; Moll/*Cohnen/Tepass* MAH Arbeitsrecht § 51 Rn. 12) Problematisch ist jedoch, ob diese ausschließlich von der Konzernmutter gewährten Aktien(-optionen) im Unterrichtungsschreiben Erwähnung finden müssen. Für eine Erwähnung spricht, dass der Betriebsübergang Auslöser dafür ist, dass den betroffenen Arbeitnehmern Ansprüche gegen die Konzernmutter – jedenfalls in der Zukunft – verlustig gehen. Dies ist ein Aspekt, den die betroffenen Arbeitnehmer für die Frage, ob sie dem Betriebsübergang widersprechen, möglicherweise mit ausschlaggebend ist. Gegen eine Erwähnung im Unterrichtungsschreiben spricht, dass die Aktienoptionen nicht Gegenstand des Arbeitsverhältnisses mit dem Arbeitgeber sind, der Arbeitgeber im Zweifel gar keine Informationen über die Gewährungsvoraussetzungen hat und aus rechtlichen Gründen auch keine Aussagen zu den Aktien(-options)programmen im eigenen Namen tätigen sollte. In Ermangelung höchstrichterlicher Rechtsprechung zu dieser Frage sollte im Unterrichtungsschreiben eine Information über die von der Konzernmutter gewährten Aktien(-optionen) enthalten sein. Dabei ist sorgfältig darauf zu achten, dass deutlich wird, dass die Aktien(-optionen) nicht Teil der Rechtsbeziehungen zwischen Arbeitgeber und Arbeitnehmer sind. Formuliert werden könnte:

Ergänzend:

[Die Ihnen von der ___[Gesellschaft]___ aufgrund des ___[Bezeichnung des Aktien(-options)programmes]___ zugesagten Leistungen wird die ___[Gesellschaft]___ entsprechend der im Plan vorgesehenen Regelungen abwickeln. Diese Ansprüche sind nicht Gegenstand unseres Arbeitsverhältnisses mit Ihnen und sie gehen dementsprechend nicht gem. § 613a BGB auf die K-GmbH über.]

132 **20.** Ob und in welchen Fällen **Gesamtbetriebsvereinbarungen des derzeitigen Arbeitgebers** nach dem Betriebsübergang kollektivrechtlich oder individualrechtlich weiter gelten, ist umstritten und einzelfallabhängig (vgl. dazu: BAG, Urt. v. 10.11.2011 – 8 AZR 430/10, NJOZ 2012, 860, 866; BAG, Beschl. v. 18.09.2002 – 1 ABR 54/01, NZA 2003, 670; *Kreft* FS Wissmann, 347, 356 ff.; *Willemsen/Hohenstatt* Unternehmensumstrukturierung Teil E Rn. 58 ff.; *Walden*-

maier/Pichler NZA-RR 2008, 2 f.; HWK/*Willemsen/Müller-Bonanni* § 613a BGB Rn. 255; *Mohnke/Betz* BB 2008, 498, 500; *Trappehl/Nussbaum* BB 2011, 2869 ff.; s. auch Darstellung des Meinungsstreits V Rdn. 199).

Die Formulierung im Muster ist zu wählen, wenn lediglich ein Betrieb oder Betriebsteil auf den künftigen Arbeitgeber übergeht, dieser dort als eigenständiger Betrieb fortgeführt wird und der künftige Arbeitgeber keine eigene betriebliche Organisation hat. Im übergehenden Betrieb/Betriebsteil bisher anwendbare Gesamtbetriebsvereinbarungen gelten als Einzelbetriebsvereinbarungen kollektivrechtlich fort soweit ihr Regelungsgehalt sinnvoll im Betrieb anwendbar ist (BAG, Urt. v. 10.11.2011 – 8 AZR 430/10, NJOZ 2012, 860, 866; BAG, Beschl. v. 18.09.2002 – 1 ABR 54/01, NZA 2003, 670, 674 und Ls. 2, 3; ebenso z.B. *Gaul/Krause* RdA 2013, 39, 45; a.A. z.B. *Picot/Schnitker* Teil I, Rn. 255 ff.; vgl. dazu ausführlich: *Kreft* FS Wissmann, S. 347, 356 ff.; *Mohnke/Betz* BB 2008, 498, 500 sowie V Rdn. 199). 133

Nach Ansicht des BAG (Beschl. v. 18.09.2002 – 1 ABR 54/01, NZA 2003, 670, 674) bleiben Gesamtbetriebsvereinbarungen kollektivrechtlich auch als solche anwendbar, wenn alle Betriebe des derzeitigen auf den künftigen Arbeitgeber übertragen werden. 134

Nach umstrittener Ansicht gilt dies auch für den vom BAG ausdrücklich offen gelassenen Fall, in dem das aufnehmende Unternehmen bereits eigene Betriebe führt (vgl. *Fitting* § 77 Rn. 169; *Thüsing* DB 2004, 2474, 2480; dies problematisierend: *Mohnke/Betz* BB 2008, 498, 500; vgl. ausführlich V Rdn. 199). 135

Gelten im aufnehmenden Unternehmen bereits Gesamtbetriebsvereinbarungen, die aufgrund ihres Geltungsbereiches nach dem Betriebsübergang auf den übertragenden Betrieb Anwendung finden, so ist im Unterrichtungsschreiben entsprechend zu differenzieren: 136

Ergänzend:

[Dies gilt für die folgenden Betriebsvereinbarungen: [Benennung der Betriebsvereinbarungen] .

Gesamtbetriebsvereinbarungen, die aufgrund ihres Geltungsbereiches nach dem Betriebsübergang auf Ihren Betrieb Anwendung finden, gelten für Sie mit der Übernahme ebenfalls kollektivrechtlich. Diese Gesamtbetriebsvereinbarungen verdrängen insoweit bei gleichem Regelungsgegenstand Rechte und Pflichten aus den Gesamtbetriebsvereinbarungen, die vor dem Übergangsstichtag auf Ihr Arbeitsverhältnis anwendbar waren. Dies gilt für folgende Gesamtbetriebsvereinbarungen der V-GmbH: [Benennung der Gesamtbetriebsvereinbarungen der V-GmbH] . Sie werden durch folgende Gesamtbetriebsvereinbarungen der K-GmbH ersetzt: [Benennung der Gesamtbetriebsvereinbarungen der K-GmbH] .]

20.1. Laut *Picot/Schnitker* Teil I, Rn. 260 sollen für **Konzernbetriebsvereinbarungen** sinngemäß die gleichen Überlegungen anwendbar sein, wie für Gesamtbetriebsvereinbarungen (V Rdn. 132 ff.; vgl. auch *Mohnke/Betz* BB 2008, 498, 501; *Salamon* NZA 2009, 471, 475). 137

21. In den meisten Fällen ist die ausdrückliche Erwähnung einer den übergehenden Arbeitnehmern gewährten **betrieblichen Altersversorgung** im Unterrichtungsschreiben nicht erforderlich. Es gelten die allgemeinen vorstehend beschriebenen Regeln (DLW/*Baeck/Haußmann* Kap. 3 Rn. 4169, 4172). Die Verpflichtungen aus der betrieblichen Altersversorgung gegenüber den am Übergangsstichtag zugeordneten, aktiven Arbeitnehmern gehen gemäß § 613a BGB vom derzeitigen auf den künftigen Arbeitgeber über und zwar unabhängig davon, ob es sich um eine unverfallbare oder eine verfallbare Anwartschaft handelt (DLW/*Baeck/Haußmann* Kap. 3 Rn. 4285). Der Übergang dieser Verpflichtungen auf den künftigen Arbeitgeber wird bereits je nach Zusageform durch die allgemeinen Ausführungen des Übergangs der Rechte und Pflichten durch Individualvertrag, Betriebsvereinbarung oder Tarifvertrag erfasst (*Hohenstatt/Grau* NZA 2007, 13, 15; *Rolfs* NZA-Beil. 4/2008, 164, 165). Allerdings kann die ausdrückliche Erwähnung der betrieblichen Altersversorgung zur Klarstellung sinnvoll sein, da sie für die Arbeitnehmer einen hohen Stellenwert hat (MünchHdbArbR/*Andresen/Cisch* Bd. 2 § 151 Rn. 14). 138

V. Der Übergang des Arbeitsverhältnisses

139 Ist eine Übertragung der betrieblichen Altersversorgung auf den künftigen Arbeitgeber aus rechtlichen Gründen nicht möglich und muss z.B. aus diesem Grund der Durchführungsweg geändert werden, sind die betroffenen Arbeitnehmer hierüber allerdings zu informieren (vgl. dazu Willemsen/*Schnitker* Unternehmensumstrukturierung Teil J Rn. 529, 478, 494 ff.; ausführlich zur betrieblichen Altersversorgung beim Betriebsübergang, *Rolfs* NZA-Beil. 4/2008, 164; *Klemm/Frank* BB 2013, 2741). Die vertraglichen Beziehungen des Veräußerers und des übergehenden Arbeitnehmers zu den rechtlich selbständigen Versorgungseinrichtungen (»Vehikeln«) der verschiedenen Durchführungswege nach dem BetrAVG (Direktversicherung, Pensionskasse, Pensionsfonds und Unterstützungskasse) gehen nicht automatisch auf den Erwerber über (dazu *Paul/Daub* BB 2011, 1525, 1529). Das Gleiche gilt für die vertraglichen Beziehungen zu den Treuhandgesellschaften im Contractual Trust Arrangement (dazu *Louven* BB 2015, 2283; *Kemper/Stark* BB 2012, 2433, 2434). Diese müssen vielmehr separat übertragen werden. Versicherungsverträge oder Mitgliedschaften müssen mit dem Erwerber abgestimmt und gegebenenfalls mit diesem neu begründet werden (*Klemm/Frank* BB 2013, 2741, 2748). Verkauft der Veräußerer sein operatives Geschäft einschließlich der zugeordneten aktiven Arbeitnehmer im Wege des Asset Deals als Betriebsübergang, bleiben letztlich nur die Betriebsrentner und die am Übertragungsstichtag bereits ausgeschiedenen Arbeitnehmer zurück. Es entsteht eine (so genannte) **Rentnergesellschaft**, deren Zweck am Ende nur noch in der Bedienung dieser zurückgebliebenen Betriebsrentenansprüche besteht. Eine solche Rentnergesellschaft kann sich gegenüber ihren gemäß § 16 Abs. 1 BetrAVG anspruchberechtigten Rentnern auf eine nicht ausreichende wirtschaftliche Lage berufen gemäß § 16 Abs. 2 BetrAVG und damit eine turnusmäßige Rentenanpassung vermeiden, auch wenn die wirtschaftliche Lage durch eine nicht ausreichende Ausstattung mit Kapital oder Betriebsmitteln verursacht wurde und die gesetzliche Anpassungspflicht deshalb nicht erfüllt werden kann (BAG, Urt. v. 17.06.2014 – 3 AZR 298/13, DB 2014, 2058). Vorsicht ist allerdings geboten, wenn die Rentnergesellschaft durch einen Umwandlungsakt entsteht, z.B. durch eine Ausgliederung nach dem UmwG (BAG, Urt. v. 11.03.2008 – 3 AZR 358/06, DB 2008, 2369) oder wenn die Veräußerung des aktiven Geschäfts innerhalb des Konzerns erfolgt und die Betriebsmittel weiterhin im Konzern verbleiben (BAG, Urt. v. 15.09.2015 – 3 AZR 839/13, DB 2016, 354). Gleichwohl ist dies kein mitteilungspflichtiger Sachverhalt, weil er nur die verbleibenden Verpflichtungen betrifft, aber nicht die Verpflichtungen gegenüber den nach § 613a BGB übergehenden Arbeitnehmer betrifft.

140 Da **ausgeschiedene Arbeitnehmer** und **Rentner** nicht zu den im Zeitpunkt des Betriebsübergangs angestellten aktiven Arbeitnehmern gehören, gehen deren unverfallbare Anwartschaften bzw. deren Versorgungsansprüche nicht auf den Erwerber über (*Klemm/Frank* BB 2013, 2741, 2743; *Rolfs* NZA-Beilage 4/2008, 164, 171). Etwas anderes gilt allerdings, wenn der Käufer die Firma des Verkäufers übernimmt. Dann haftet der Erwerber neben dem Verkäufer gemäß § 25 HGB als Gesamtschuldner (*Klemm/Frank* BB 2013, 2743; *Rolfs* NZA-Beilage 4/2008, 164, 171), es sei denn, eine abweichende Vereinbarung wurde ins Handelsregister eingetragen und bekanntgemacht oder vom Erwerber oder dem Veräußerer dem Anspruchssteller mitgeteilt gemäß § 25 Abs. 2 HGB (s. hierzu Baumbach/Hopt/*Hopt* HGB, § 25 Rn. 13 ff.).

141 **22.** § 613a Abs. 2 BGB stellt klar, wie, wann und für welche Verbindlichkeiten der derzeitige und der künftige Arbeitgeber gegenüber den Arbeitnehmern haften. Diese **Haftungsverteilung** ist den betroffenen Arbeitnehmern mitzuteilen (BAG, Urt. v. 13.07.2006 – 8 AZR 305/05, NZA 2006, 1268, 1272). Das BAG hat in seinem Urteil vom 23.07.2009 (BAG, Urt. v. 23.07.2009 – 8 AZR 538/08, NZA 2010, 89, 93) auf die richtige Darstellung des Haftungssystems nach § 613a Abs. 2 BGB besonderen Wert gelegt mit der Begründung, dass nur die vollständige Darstellung des Haftungssystems die Arbeitnehmer in die Lage versetze, gegebenenfalls näheren Rat einzuholen, wer in welchem Umfang für welche Ansprüche haftet. Wenn das BAG im zitierten Urteil jedoch bemängelt, dass den betroffenen Arbeitnehmern als juristischen Laien nicht ansatzweise erklärt worden sei, wann ein Anspruch entstanden und wann er fällig geworden sei, schießt es über das Ziel hinaus (einen Vorschlag für eine entsprechende Formulierung macht jedoch Willemsen/*Willemsen* Unternehmensumstrukturierung Teil G Rn. 220). Es würde den Rahmen des

Unterrichtungsschreibens sprengen, wenn gängige Rechtsbegriffe erklärt werden müssten. Wie das BAG ja selbst festgestellt und inzwischen bestätigt hat (BAG, Urt. v. 10.11.2011 – 8 AZR 430/10, NJOZ 2012, 860 = NZA 2012, 584 (nur Ls.), ist den betroffenen Arbeitnehmern zuzumuten, Rechtsrat einzuholen. Darüber hinaus können Nachfragen bei beiden Arbeitgebern erfolgen (vgl. V Rdn. 152). In seinem Urteil vom 10.11.2011 (BAG, Urt. v. 10.11.2011 – 8 AZR 430/10, NJOZ 2012, 860, 865) hat das BAG dann auch eine Haftungsklausel akzeptiert, die die Begriffe »fällig« und »entstanden« unkommentiert enthält (ausführlich hierzu *Lingemann* NZA 2012, 546, 547).

23. Zur Abgrenzung von Kündigungen »wegen des Betriebsübergangs« und »aus anderen Gründen« vgl. BAG, Urt. v. 27.10.2005 – 8 AZR 568/04, NZA 2006, 668, 672: Eine **Kündigung** ist ausgeschlossen, wenn der Betriebsübergang der tragende Grund (»wegen«) für die Kündigung ist. Das Kündigungsverbot ist nicht einschlägig, wenn es neben dem Betriebsübergang einen sachlichen Grund gibt, der »aus sich heraus« die Kündigung zu rechtfertigen vermag. 142

Gelegentlich wird Arbeitnehmern vor dem Betriebsübergang betriebsbedingt gekündigt, weil der Arbeitgeber zum Zeitpunkt der Kündigung noch davon ausgeht, dass die Arbeitsplätze der betroffenen Arbeitnehmer wegfallen; erst nach dem Ausspruch der Kündigungen ergibt sich die Möglichkeit der Veräußerung des Betriebes/Betriebsteils. Für die Wirksamkeit der Kündigung kommt es auf das Vorliegen der Kündigungsgründe im Zeitpunkt der Kündigungserklärung an. Es reicht somit aus, wenn zum Zeitpunkt der Kündigungserklärung vom Wegfall der Arbeitsplätze ausgegangen wird. Deshalb bleibt die Kündigung wirksam, auch wenn sich im Laufe der Kündigungsfrist ergibt, dass die Arbeitsplätze doch nicht wegfallen. In diesen Fällen haben die betroffenen Arbeitnehmer jedoch einen **Wiedereinstellungsanspruch** (BAG, Urt. v. 21.08.2008 – 8 AZR 201/07, NZA 2009, 29; BAG, Urt. v. 25.10.2007 – 8 AZR 989/06, NZA 2008, 357; dazu ausführlich *Krieger/Willemsen* NZA 2011, 1128; *Bonanni/Niklas* BB 2010, 1826 m.w.N.). Dabei genügt zur Einhaltung der Frist, wie auch beim Ausüben des Widerspruchsrechts, eine schriftliche Geltendmachung gegenüber dem neuen Arbeitgeber; eine Klageerhebung oder sonstige Prozesshandlung ist nicht erforderlich (so auch *Bonanni/Niklas* BB 2010, 1826, 1828). Dieser Wiedereinstellungsanspruch wird analog § 613a VI BGB bis spätestens einen Monat nach der ordnungsgemäßen Unterrichtung geltend gemacht werden müssen (so auch *Krieger/Willemsen* NZA 2011, 1128, 1132; *Bonanni/Niklas* BB 2010, 1826, 1828). Ob der für die umfassende, ordnungsgemäße Unterrichtung wohl erforderliche Hinweis auf den Wiedereinstellungsanspruch (vgl. dazu ebenfalls *Krieger/Willemsen* NZA 2011, 1128, 1134) in das Unterrichtungsschreiben aufgenommen werden sollte, ist im Einzelfall genau zu überprüfen – es ist nicht auszuschließen, dass eine solche Information, insbesondere im Falle einer vor dem Betriebsübergang durchgeführten Restrukturierung des betroffenen Bereichs, auch gekündigte Arbeitnehmer ohne Wiedereinstellungsanspruch erst veranlasst, Wiedereinstellungsansprüche geltend zu machen. 143

24. § 613a Abs. 5 Ziff. 4 BGB sieht vor, dass die Arbeitnehmer hinsichtlich **in Aussicht genommener Maßnahmen** zu unterrichten sind. Dabei sind und waren die unbestimmten Rechtsbegriffe, »Maßnahme« und »in Aussicht genommen« durch Literatur und Rechtsprechung mit Inhalt zu füllen. 144

»Maßnahmen« in diesem Sinne sind beispielsweise Weiterbildungsmaßnahmen im Zusammenhang mit der Betriebsübernahme, Verlegungen der Betriebsräume, Produktionsänderungen, Entlassungen, Versetzungen oder Umstrukturierungen sowie (konkret) geplante oder abgeschlossene Interessenausgleiche und Sozialpläne (vgl. BAG, Urt. v. 10.11.2011 – 8 AZR 430/10, NJOZ 2012, 860, 864; *Hauck* NZA Beilage 1/2009, 18, 20; *Meyer* DB 2007, 858, 859). 145

»In Aussicht genommen« ist eine Maßnahme nach neuerer Rechtsprechung (BAG, Urt. v. 10.11.2011 – 8 AZR 430/10, NJOZ 2012, 860, 864; BAG, Urt. v. 13.07.2006 – 8 AZR 303/05, NZA 2006, 1273, 1276) frühestens dann, wenn ein Stadium konkreter Planung erreicht ist. Maßgeblich ist der Kenntnisstand im Zeitpunkt der Unterrichtung (BAG, Urt. v. 13.07.2006 – 8 AZR 303/05, NZA 2006, 1273, 1276). Je weiter die Planung einer Maßnahme fortgeschritten 146 ist, desto genauer muss sie beschrieben werden. Dies ist bei Transaktionen häufig ein sensibles Thema, insbesondere wenn der künftige Arbeitgeber Restrukturierungsmaßnahmen ins Auge gefasst hat.

147 **25.** § 613a Abs. 5 BGB sieht nicht ausdrücklich vor, dass die Arbeitnehmer über ihr **Widerspruchsrecht** sowie die sich aus einem Widerspruch ergebenden Folgen zu unterrichten sind. Dennoch ist hierüber zu informieren, da es sich um zumindest mittelbare Folgen handelt, die sich aus dem Betriebsübergang ergeben können (vgl. BAG, Urt. v. 20.03.2008 – 8 AZR 1016/06, NZA 2008, 1354, 1357 m.w.N.; BAG, Urt. v. 13.07.2006 – 8 AZR 303/05, NZA 2006, 1273, 1276; *Meyer* DB 2007, 858, 860; *Gaul/Niklas* DB 2009, 452, 453 f.; *Hohenstatt/Grau* NZA 2007, 13, 16; DLW/*Baeck/Haußmann* Kap. 3 Rn. 4199; *Hauck* NZA Beilage 1/2009, 18, 20).

148 **26.** Der Widerspruch hat in schriftlicher Form gemäß § 126 BGB zu erfolgen. Eine genauere Unterrichtung darüber, wie oder mit welchem Inhalt der Widerspruch zu erfolgen hat, ist nicht erforderlich (s. ausführlich V Rdn. 159 ff.; Muster-Widerspruch gemäß § 613a Abs. 6 BGB).

149 **27.** Die betroffenen Arbeitnehmer sind zu informieren, wenn Ihnen im Falle des Widerspruchs Ansprüche auf Abfindungen aus einem Sozialplan zustehen (BAG, Urt. v. 13.07.2006 – 8 AZR 303/05, NZA 2006, 1273, 1276) oder wenn im Falle des Widerspruchs eine Freistellung des betroffenen Arbeitnehmers (BAG, Urt. v. 20.03.2008 – 8 AZR 1016/06, NZA 2008, 1354, 1358; *Gaul/Niklas* DB 2009, 452, 454) oder eine Kündigung (BAG, Urt. v. 13.07.2006 – 8 AZR 303/05, NZA 2006, 1273, 1276; *Hauck* NZA Beilage 1/2009, 18, 21) erfolgen wird. *Lingemann* (NZA 2012, 546, 549) schlägt unter Hinweis auf das Urteil des BAG vom 10.11.2011 (– 8 AZR 430/10, NJOZ 2012, 860 = NZA 2012, 584 [nur Ls.]) vor, im Unterrichtungsschreiben ausdrücklich auszuführen, dass eine betriebsbedingte Kündigung erst »nach Prüfung der individuellen Voraussetzungen« bzw. »nach individueller Prüfung« ausgesprochen werden darf. Das ist eine Selbstverständlichkeit. Deshalb dürfte die Formulierung im Muster ausreichend sein.

150 **27.1.** Gemäß § 613a Abs. 6 S. 2 BGB kann der Widerspruch gegenüber dem bisherigen Arbeitgeber oder dem neuen Inhaber erklärt werden. Der widersprechende Arbeitnehmer hat insofern ein **Wahlrecht**. Dementsprechend ist erforderlich, dass die Unterrichtungsschreiben sowohl ein Kontakt beim derzeitigen als auch beim künftigen Arbeitgeber (jeweils mit Postanschrift) als Adressat für einen möglichen Widerspruch mitgeteilt wird, damit der Arbeitnehmer von seinem Wahlrecht Gebrauch machen kann. Schwierigkeiten entstehen hierbei regelmäßig, wenn es sich um eine Gesellschaft handelt, deren Gründung im Zeitpunkt der Unterrichtung noch nicht abgeschlossen ist. Auch in diesen Fällen ist jedoch unbedingt ein Kontakt zu nennen, der deutlich erkennbar einen Widerspruch für den künftigen Arbeitgeber entgegennimmt. Dies kann je nach Sachverhalt beispielsweise eine Person aus einer anderen Konzerngesellschaft des zukünftigen Arbeitgebers sein. Bei mehreren aufeinander folgenden Betriebsübergängen (»Kettenübergängen«) muss der Widerspruch ebenfalls an den »neuen Inhaber« oder den »bisherigen« Arbeitgeber adressiert sein. Wichtig ist insofern, dass mit dem Wort »bisheriger« der »letzte« Arbeitgeber gemeint ist. Der Widerspruch darf nicht an einen früheren Arbeitgeber gerichtet sein (BAG, Urt. v. 13.11.2014 – 8 AZR 776/13, mit Anm. *Emmert* ArbR Aktuell 2015, 403, sowie BAG, Urt. v. 13.11.2014 – 8 AZR 943/13, m. Anm. *Spiegelberger* ArbR Aktuell 2015, 177; ebenso BAG, Urt. v. 21.08.2014 – 8 AZR 619/13, DB 2014, 2976).

151 **28.** In Einzelfällen kann es sinnvoll sein, die vom Betriebsübergang betroffenen Arbeitnehmer dazu anzuregen, ihren **Verzicht** auf ihr **Widerspruchsrecht** zu erklären. Dies beispielsweise in Fällen, in denen das Unterrichtungsschreiben erst kurz vor dem geplanten Betriebsübergang an die Arbeitnehmer übergeben wird, die Arbeitgeber aber dennoch, soweit möglich, Klarheit darüber gewinnen wollen, wie viele Arbeitnehmer übergehen bzw. ob Arbeitnehmer dem Übergang widersprechen. Es ist jedoch abzuwägen, ob man mit einer solchen Aufforderung bei den Arbeitnehmern eher eine ablehnende Haltung provoziert (s. ausführlich V Rdn. 172 ff.; Muster – Verzicht auf Widerspruch zum Betriebsübergang).

29. Den Arbeitnehmer trifft die **Obliegenheit zu weiteren Erkundigungen** im Zusammenhang mit dem Betriebsübergang (*Meyer* DB 2007, 858, 859). Wird den betroffenen Arbeitnehmern angeboten, dass sie sich bei Rückfragen an den derzeitigen oder den künftigen Arbeitgeber wenden können, so führt dieser Hinweis im Falle einer fehlerhaften oder unvollständigen Unterrichtung dazu, das schneller eine Verwirkung des Widerspruchsrechts eintritt (so auch LAG München, Urt. v. 12.10.2006 – 2 Sa 990/05, BB 2007, 502, 505). Darüber hinaus soll für die Bewertung einer ordnungsgemäßen Unterrichtung insgesamt berücksichtigt werden, ob den Arbeitnehmern zusätzliche Informationsmöglichkeiten angeboten wurden (*Meyer* DB 2007, 858, 860). 152

30. Diese Formulierung sollte nur in das Unterrichtungsschreiben aufgenommen werden, wenn sie zur Stimmung in den beteiligten Betrieben passt. In solchen Fällen kann sie die Akzeptanz für den Betriebsübergang weiter steigern. Eine rechtliche Notwendigkeit für diesen Absatz besteht nicht. 153

31. Dem Unterrichtungsschreiben ist eine **Empfangsbestätigung** beizufügen (so auch *Meyer* DB 2007, 858, 860; *Maschmann* BB 2006, 29, 34; *Schiefer/Worzalla* NJW 2009, 558, 560). Idealerweise ist das Empfangsbekenntnis am Ende einer Kopie des Unterrichtungsschreibens abgedruckt und dem Unterrichtungsschreiben ein adressierter Freiumschlag beigefügt. 154

Zum einen kann auf diese Weise nachgewiesen werden, mit welchem Inhalt der jeweilige Arbeitnehmer über den Betriebsübergang informiert wurde. Dies ist zum Beispiel wichtig, wenn an verschiedene Arbeitnehmergruppen unterschiedliche Unterrichtungsschreiben versandt wurden oder wenn, aufgrund von Sachverhaltsänderungen oder festgestellter Unvollständigkeiten, berichtigende Unterrichtungsschreiben versandt wurden. 155

Zum anderen und vor allem ist mit dem Empfangsbekenntnis jedoch zu belegen, wann der jeweilige Arbeitnehmer das Unterrichtungsschreiben erhalten hat. Die einmonatige Frist, in der ein Arbeitnehmer dem Übergang seines Arbeitsverhältnisses auf den neuen Arbeitgeber widersprechen kann, beginnt gemäß § 613a Abs. 6 BGB mit dem Zugang des Unterrichtungsschreibens beim einzelnen Arbeitnehmer. Will sich der Arbeitgeber später auf den Ablauf der Widerspruchsfrist berufen, muss er den Zeitpunkt des Zugangs des Unterrichtungsschreibens bei dem betroffenen Arbeitnehmer beweisen können. 156

32. Die Anzeige kann durch den derzeitigen, den künftigen oder beide Arbeitgeber gemeinsam unterschrieben werden. Aus optischen und psychologischen Gründen sowie zur Vermeidung divergierender Darstellungen wird eine gemeinsame Unterrichtung beider Arbeitgeber empfohlen. Das Unterrichtungsschreiben muss der Textform des § 126b BGB genügen. Demnach genügt es, dass der **räumliche Abschluss des Schreibens** in geeigneter Weise erkennbar ist. Dies kann z.B. durch Namensnennung der Verfasser, Faksimile, eingescannte Unterschrift oder durch den Zusatz »die Erklärung ist nicht unterschrieben« erfolgen (*Maschmann* BB 2006, 29, 34; DLW/*Baeck/Haußmann* Kap. 3 Rn. 4192; *Langner* DB 2008, 2082). Die eigenhändige Unterschrift des oder der Verfasser ist nicht erforderlich und bei größeren Transaktionen auch kaum möglich (*Maschmann* BB 2006, 29, 34). 157

33. Zur Beifügung eines vom Arbeitnehmer zu unterzeichnenden Empfangsbekenntnisses vgl. V Rdn. 154–156. 158

5. Widerspruch gemäß § 613a Abs. 6 BGB

Vorbemerkung

Gem. § 613a Abs. 6 BGB kann der Arbeitnehmer dem Übergang des Arbeitsverhältnisses innerhalb eines Monats nach Zugang der Unterrichtung schriftlich widersprechen (ausführlich zum Widerspruchsrecht DLW/*Baeck/Haußmann* Kap. 3 Rn. 4174 ff.; zur Rechtsnatur des Widerspruchsrechts *Pils* BB 2014, 185, 186). Dieses »deutsche« Widerspruchsrecht mit der Rechtsfolge 159

V. Der Übergang des Arbeitsverhältnisses

der Fortsetzung des Arbeitsverhältnisses mit dem Veräußerer ist einzigartig in der EU. Lediglich England kennt einen Widerspruch, allerdings mit der Rechtsfolge der Beendigung des Arbeitsverhältnisses.

▶ **Muster – Widerspruch gemäß § 613a Abs. 6 BGB**

160   [Adressat: Derzeitiger oder künftiger Arbeitgeber] 1

Widerspruch gegen den Übergang meines Arbeitsverhältnisses ²

Hiermit **WIDERSPRECHE** ³ ich, ⁴ _[Name, Vorname in Druckbuchstaben]_ , dem Übergang meines Arbeitsverhältnisses von der _[Name der alten Arbeitgeberin]_ auf die _[Name der neue Arbeitgeberin]_ über den ich mit Schreiben der Geschäftsführung vom _[Datum]_ am _[Datum]_ ⁵ unterrichtet wurde. ⁶

[Ort, Datum]

(Unterschrift) ⁷

Erläuterungen

Schrifttum

Dzida Verwirkung des Widerspruchsrechts beim Betriebsübergang, DB 2010, 167; _Fuhlrott/Ritz_ Anforderungen an Unterrichtungsschreiben bei Betriebsübergängen, BB 2012, 2689; _Gaul/Niklas_ Wie gewonnen so zerronnen: Unterrichtung, Widerspruch und Verwirkung bei § 613a BGB, DB 2009, 452; _Haas/Salamon/Hoppe_ Beseitigung des Widerspruchs gegen den Betriebsübergang: Auswirkungen der Verletzung von Informationspflichten des Arbeitgebers, NZA 2011, 128; _Hauck_ Information über einen Betriebsübergang nach § 613a V BGB und Widerspruch nach § 613a VI BGB, NZA Beilage 1/2009, 18; _Jacobsen/Menke_ Arbeitgeber auf Abruf? Zum Inhalt von Unterrichtungsschreiben nach § 613a BGB und zur Verwirkung des Widerspruchsrechts beim Betriebsübergang, NZA-RR 2010, 393; _Leßmann_ Nachunterrichtung beim Betriebsübergang DB 2011, 2378; _Löwisch_ Bewältigung eines nach Beendigung des Arbeitsverhältnisses beim Betriebserwerber erhobenen Widerspruchs mit allgemeinen zivilrechtlichen Gestaltungsrechten, BB 2009, 326; _Meyer_ Inhalt einer Unterrichtung bei Betriebsübergang, DB 2007, 858; _Neufeld/Beyer_ Der nachträgliche Widerspruch nach § 613a VI BGB und seine Folgen für das Arbeitsverhältnis, die betriebliche Altersversorgung und deren Insolvenzsicherung, NZA 2008, 1157; _Pils_ Der Verzicht auf das Widerspruchsrecht nach § 613a Abs. 6 BGB, BB 2014, 185; _Reinecke_ Betriebsübergang: Rettungsanker Verwirkung des Widerspruchsrechts?, DB 2012, 50; _Rieble/Wiebauer_ Widerspruch (§ 613a VI BGB) nach Aufhebungsvertrag, NZA 2009, 401; _Rudkowski_ Das »ewige« Widerspruchsrecht des Arbeitnehmers nach § 613a VI BGB und seine Grenzen, NZA 2010, 739; _Willemsen_ Aktuelles zum Betriebsübergang, NJW 2007, 2065, 2072.

161   **1.** Es steht dem Arbeitnehmer frei, ob er seinen Widerspruch **gegenüber** dem »bisherigen« also **derzeitigen oder** dem **künftigen Arbeitgeber** erklären möchte (§ 613a Abs. 6 S. 2 BGB).

162   **2.** Der Widerspruch muss **schriftlich** erfolgen (§ 613a Abs. 6 S. 1 BGB), muss also der Schriftform gemäß § 126 BGB genügen und im Original unterzeichnet sein (DLW/_Baeck/Haußmann_ Kap. 3 Rn. 4180). Zur rechtlichen Situation, wenn nach fehlerhafter Unterrichtung widersprochen wurde, vgl. V Rdn. 168.

163   **3.** Ein einmal ausgesprochener Widerspruch gegen einen Übergang des Arbeitsverhältnisses ist **nicht frei widerruflich** (BAG, Urt. v. 19.02.2009 – 8 AZR 176/08, NZA 2009, 1095, 1098; BAG, Urt. v. 30.11.2003 – 8 AZR 491/03, NZA 2004, 481, 483; _Haas/Salamon/Hoppe_ NZA 2011, 128; _Rieble/Wiebauer_ NZA 2009, 401, 401). Die Voraussetzungen eines wirksamen Widerrufs richten sich nach den für Willenserklärungen geltenden Vorschriften des Allgemeinen Teils des Bürgerlichen Gesetzbuches (BAG, Urt. v. 30.11.2003 – 8 AZR 491/02, NZA 2004, 481, 483). Danach ist ein Widerruf nur wirksam, wenn er dem Erklärungsempfänger vor oder gleichzeitig mit der Willenserklärung zugeht (§ 130 Abs. 1 S. 2 BGB). Es ist jedoch möglich, dass Käu-

fer, Verkäufer und betroffener Arbeitnehmer nach einem erfolgten Widerspruch einen Vertrag schließen, in dem die Rechtsfolgen des § 613a BGB vereinbart werden (BAG, Urt. v. 19.02.2009 – 8 AZR 176/08, NZA 2009, 1095, 1098; vgl. auch DLW/*Baeck/Haußmann* Kap. 3 Rn. 4181; *Haas/Salamon/Hoppe* NZA 2011, 128 gehen davon aus, dass ein erklärter Widerspruch einvernehmlich rückgängig gemacht werden kann). Zur **Anfechtung** des erklärten Widerspruchs gemäß §§ 119 ff. BGB vgl. *Haas/Salamon/Hoppe* NZA 2011, 128, 128 ff.

Das BAG hat entschieden, dass ein Widerspruch grundsätzlich auch noch wirksam ausgeübt werden kann, wenn zum Zeitpunkt der Widerspruchserklärung das **Arbeitsverhältnis bereits beendet** ist (BAG, Urt. v. 20.03.2008 – 8 AZR 1016/06, NZA 2008, 1354, 1358; a.A. *Rieble/Wiebauer* NZA 2009, 401, 403 m.w.N.; ausführlich zu dieser Thematik *Löwisch* BB 2009, 326). 164

4. Ein **kollektiv erklärter Widerspruch** ist möglich und zulässig, soweit er nicht rechtsmissbräuchlich ausgeübt wird (BAG, Urt. v. 23.07.2009 – 8 AZR 538/08, NZA 2010, 89, 93 f.; *Hauck* NZA Beilage 1/2009, 18, 22). Rechtsmissbräuchlich ist ein kollektiver Widerspruch, wenn er ausgeübt wird, um von der Rechtsordnung nicht gedeckte Ziele zu erreichen (BAG, Urt. v. 30.09.2004 – 8 AZR 462/03, NZA 2005, 43; *Hauck* NZA Beilage 1/2009, 18, 22), also wenn zum Beispiel zielgerichtet versucht wird, einen Betriebsübergang zum Schaden des Veräußerers zu verhindern oder ein anderer Zweck als die Sicherung der arbeitsvertraglichen Rechte und die Beibehaltung des bisherigen Arbeitgebers verfolgt wird (BAG, Urt. v. 23.07.2009 – 8 AZR 538/08, NZA 2010, 89, 94). 165

5. Gemäß § 613a Abs. 6 S. 1 BGB hat der Arbeitnehmer **einen Monat** nach der Unterrichtung Zeit, seinen Widerspruch zu erklären. Die Frist beginnt grundsätzlich mit dem Zugang des Unterrichtungsschreibens beim Arbeitnehmer (§ 613a Abs. 6 S. 1 BGB). Beginn, Dauer und Ende der Frist richten sich nach den §§ 187 ff. BGB. 166

Enthält ein Unterrichtungsschreiben allerdings nicht alle Informationen, die zur Schaffung einer ausreichenden Wissensgrundlage für die Ausübung oder Nichtausübung des Widerspruchsrechts notwendig sind, wird die **Widerspruchsfrist nicht ausgelöst** (vgl. nur BAG, Urt. v. 22.06.2011 – 8 AZR 752/09, NZA-RR 2012, 507; BAG, Urt. v. 10.11.2011 – 8 AZR 430/10, NJOZ 2012, 860 m.w.N.). Dabei ist unerheblich, ob zwischen der fehlerhaften Information und dem nicht ausgeübten Widerspruch ein Kausalzusammenhang besteht (BAG, Urt. v. 20.03.2008 – 8 AZR 1016/06, NZA 2008, 1354, 1358; *Rieble/Wiebauer* NZA 2009, 401, 402; *Rudkowski* NZA 2010, 739, 739 Fn. 2). Dennoch kann der Arbeitnehmer in diesen Fällen sein Widerspruchsrecht nicht unbefristet lang ausüben. Es besteht Einigkeit in Literatur (vgl. nur *Reinecke* DB 2012, 50 ff.; *Gaul/Niklas* DB 2009, 452, 455 ff. m.w.N.; *Dzida* DB 2010, 167) und Rechtsprechung (vgl. nur BAG, Urt. v. 12.11.2009, 8 AZR 751/07, DB 2010, 789; BAG, Urt. v. 02.04.2009 – 8 AZR 220/07, DB 2009, 2214, 2214 f.; BAG, Urt. v. 14.12.2006 – 8 AZR 763/05, NZA 2007, 682, Os. 11, 685 f.), dass der Arbeitnehmer sein Recht auf Widerspruch verwirken kann, wenn Zeit- und Umstandsmoment für die Verwirkung erfüllt sind (ausführlich zur **Verwirkung** des Widerspruchsrechts BAG, Urt. v. 17.10.2013 – 8 AZR 974/12, DB 2014, 666; BAG, Urt. v. 15.03.2012 – 8 AZR 700/10, NZA 2012, 1097, 1099 ff.; BAG, Urt. v. 26.05.2011 – 8 AZR 18/10, NJOZ 2011, 1826, 1828 f.; *Gaul/Niklas* DB 2009, 452, 455 ff.; *Dzida* DB 2010, 167; *Rudkowski* NZA 2010, 739; *Jacobsen/Menke* NZA-RR 2010, 393, 396 ff.; *Reinecke* DB 2012, 50 ff.; *Fuhlrott/Ritz* BB 2012, 2689, 2694). 167

Umstritten ist die rechtliche Situation, wenn Arbeitnehmer **auf ein fehlerhaftes Unterrichtungsschreiben** widersprochen oder den Verzicht auf ihr Widerspruchsrecht erklärt haben. Ein Teil der Literatur geht davon aus, dass die Arbeitnehmer auch in einem solchen Fall an ihren Widerspruch bzw. ihren Verzicht auf den Widerspruch gebunden sind (ErfK/*Preis* § 613a BGB Rn. 102; *Fuhlrott/Ritz* BB 2012, 2689, 2693; *Pils* BB 2014, 185, 189 (auch ausführlich zum Streitstand)). Dies würde jedoch zu einer Benachteiligung dieser Arbeitnehmer gegenüber denjenigen Arbeitnehmern führen, die auf das fehlerhafte Unterrichtungsschreiben nicht reagiert haben und für die das fehlerhafte Unterrichtungsschreiben keinerlei rechtliche Wirkung in Bezug auf die Monatsfrist 168 hat (vgl. V Rdn. 49; ebenso *Leßmann* DB 2011, 2378, 2379). Wurden Arbeitnehmer fehlerhaft unterrichtet, so kann auch der – möglicherweise aufgrund der fehlerhaften Information im Unterrichtungsschreiben – erfolgte Widerspruch oder Verzicht auf den Widerspruch keine bindende Wirkung entfalten. Der Arbeitnehmer ist daran nicht gebunden. Insofern ist es aus Arbeitnehmersicht unbedingt empfehlenswert, den erklärten Widerspruch zu wiederholen, sollte es zu einer Nachunterrichtung durch den Arbeitgeber kommen. Hierauf könnte sogar im Unterrichtungsschreiben hingewiesen werden (so *Leßmann* DB 2011, 2378, 2381, der sogar vorschlägt, den Arbeitnehmern im Unterrichtungsschreiben den Abschluss einer einvernehmlichen Vereinbarung über die Rücknahme des erklärten Widerspruchs oder des Verzichts anzubieten).

169 Ein nach dem Betriebsübergang ausgeübter, wirksamer Widerspruch **wirkt** auf den Zeitpunkt des Betriebsübergangs **zurück** (BAG, Urt. v. 19.02.2009 – 8 AZR 176/08 – NZA 2009, 1095, 1096 m.w.N.; dazu aber *Willemsen* NJW 2007, 2065, 2072 f.).

170 **6.** Der Arbeitnehmer muss seinen Widerspruch **nicht begründen** (BAG, Urt. v. 20.03.2008, – 8 AZR 1016/06, NZA 2008, 1354, 1358; BAG, Urt. v. 19.02.2009 – 8 AZR 176/08 – NZA 2009, 1095, Os. 1, 1097; DLW/*Baeck/Haußmann* Kap. 3 Rn. 4180). Auf die Gründe für seinen Widerspruch kommt es für die Wirksamkeit nicht an. Ihm kann gegen seinen Willen kein neuer Vertragspartner seines Arbeitsvertrages, also kein neuer Arbeitgeber, aufgedrängt werden.

171 **7.** Der Widerspruch muss **eigenhändig unterschrieben** sein. Dies ergibt sich aus dem Schriftformerfordernis (§ 126 Abs. 1 BGB). Möglich ist jedoch auch, dass der Prozessbevollmächtigte (BAG, Urt. v. 20.03.2008 – 8 AZR 1016/06, NZA 2008, 1354, 1356) oder sonst ein Vertreter mit dem Namen des Vollmachtgebers oder mit dem eigenen Namen und einem die Stellvertretung offenlegenden Zusatz (BAG, Urt. v. 14.12.2006 – 8 AZR 763/05, NZA 2007, 682, 685; ErfK/*Preis* §§ 125–127 BGB Rn. 19) unterzeichnet. Da der Widerspruch eine einseitige Willenserklärung darstellt, ist jedoch zu beachten, dass der **Widerspruch durch Bevollmächtigte** unter den Voraussetzungen des § 174 BGB zurückgewiesen werden kann, wenn keine Vollmachtsurkunde im Original beigefügt ist (BAG, Urt. v. 13.07.2006 – 8 AZR 382/05, NZA 2006, 1406 ff.; *Cohnen* § 55 Rn. 74).

6. Verzicht auf Widerspruch

Vorbemerkung

172 In Einzelfällen kann es sinnvoll sein, die vom Betriebsübergang betroffenen Arbeitnehmer dazu anzuregen, ihren Verzicht auf ihr Widerspruchsrecht zu erklären. Dies beispielsweise in Fällen, in denen das Unterrichtungsschreiben erst kurz vor dem geplanten Betriebsübergang an die Arbeitnehmer übergeben wird, die Arbeitgeber aber dennoch vor dem Übergang wissen möchten, wie viele Arbeitnehmer übergehen bzw. ob Arbeitnehmer dem Betriebsübergang widersprechen. Mit einer Verzichtserklärung kann die einmonatige Widerspruchsfrist, unter Umständen sogar erheblich, abgekürzt werden. Ein solcher Verzicht auf das Widerspruchsrecht gemäß § 613a Abs. 5 BGB ist möglich (BAG, Urt. v. 30.11.2003 – 8 AZR 491/02, NZA 2004, 481, 483 m.w.N.; *Pils* BB 2014, 185, 186 f.; *Meyer* DB 2007, 858, 860; *Rieble/Wiebauer* NZA 2009, 401, 404; DLW/*Baeck/Haußmann* Kap. 3 Rn. 4184; *Hauck* NZA Beilage 1/2009, 18, 22; *Rudkowski* NZA 2010, 739, 740 f.).

173 Mit der Bitte um einen ausdrücklichen Verzicht auf einen Widerspruch sollte allerdings nur gearbeitet werden, wenn man sich, z.B. aufgrund vorangegangener Gespräche mit den Mitarbeitern, weitmöglich sicher ist, dass die Mitarbeiter mit dem Betriebsübergang einverstanden sind. Sollten die Mitarbeiter beispielsweise durch das Unterrichtungsschreiben erstmals vom Betriebsübergang erfahren oder bereits im Vorfeld Widerstand gegen den Betriebsübergang laut geworden sein, empfiehlt es sich, von einer Bitte um Verzicht auf das Widerspruchsrecht Abstand zu nehmen. Die Mitarbeiter könnten sich in solchen Fällen zu einem Widerspruch provoziert fühlen.

▶ **Muster – Verzicht auf Widerspruch zum Betriebsübergang**

[Adressat: derzeitiger oder künftiger Arbeitgeber] [1]

Verzicht auf das Widerspruchsrecht nach § 613a Abs. 6 BGB zum Übergang meines Arbeitsverhältnisses [2]

Ich, [Name, Vorname in Druckbuchstaben], erkläre hiermit, dass ich das Schreiben der Geschäftsführung vom [Datum], mit dem ich über den Übergang meines Arbeitsverhältnisses von der [Name der alten Arbeitgeberin] auf die [Name der neuen Arbeitgeberin] unterrichtet wurde [3], verstanden und keine weiteren Fragen zu diesem Schreiben habe. Ich erkläre weiter, dass ich dem Betriebsübergang nicht widersprechen werde.

[Ort, Datum]

_____
(Unterschrift)

Erläuterungen

Schrifttum

Hauck Information über einen Betriebsübergang nach § 613a V BGB und Widerspruch nach § 613a VI BGB, NZA Beilage 1/2009, 18; *Meyer* Inhalt einer Unterrichtung auf Betriebsübergang, DB 2007, 858; *Pils* Der Verzicht auf das Widerspruchsrecht nach § 613a Abs. 6 BGB, BB 2014, 185; *Rieble/Wiebauer* Widerspruch (§ 613a IV BGB) nach Aufhebungsvertrag, NZA 2009, 401; *Rudkowski* Das »ewige« Widerspruchsrecht des Arbeitnehmers und seine Grenzen, NZA 2010, 739.

1. Die (einseitige) Verzichtserklärung kann sowohl gegenüber dem Käufer als auch gegenüber dem Verkäufer erfolgen (*Rieble/Wiebauer* NZA 2009, 401, 406). Der Abschluss eines zwei- oder gar dreiseitigen Verzichtsvertrages ist nicht erforderlich (vgl. hierzu *Pils* BB 2014, 185, 190 der ebenfalls diese Ansicht vertritt).

2. Möchte man die Arbeitnehmer zu einem ausdrücklichen Verzicht auf das Widerspruchsrecht anregen, so kann man dem Unterrichtungsschreiben einen **Vordruck für den Verzicht** auf einen Widerspruch bzw. die ausdrückliche Zustimmung zum Betriebsübergang beifügen. In beiden Fällen sollte der Vordruck eine ausdrückliche Bestätigung enthalten, dass der Arbeitnehmer keine weiteren Informationen mehr benötigt. Denkbar ist auch, den Verzicht auf das Widerspruchsrecht in einem gesonderten Schreiben zu behandeln.

Es ist unbedingt anzuraten, den Verzicht auf das Widerspruchsrecht vom Arbeitnehmer – entsprechend des Formerfordernisses für den Widerspruch (vgl. V Rdn. 162) – **schriftlich** zu verlangen (ebenso Willemsen/*Willemsen* Unternehmensumstrukturierung G 152; *Pils* BB 2014, 185, 189; *Rieble/Wiebauer* NZA 2009, 401, 405 f.) auch wenn es Stimmen in der Literatur gibt, die sich für eine Formfreiheit des Widerspruchsverzichts aussprechen (vgl. Nachweise bei *Pils* BB 2014, 188 f.).

3. Der Verzicht auf einen Widerspruch für den Fall eines Betriebsüberganges kann nicht abstrakt für die Zukunft erfolgen; weder durch individualrechtliche noch durch kollektivrechtliche Vereinbarung (*Pils* BB 2014, 185, 187; *Hauck* NZA Beilage 1/2009, 18, 22; Küttner/*Kreitner* Betriebsübergang Rn. 40, m.w.N.; *Rieble/Wiebauer* NZA 2009, 401, 404; DLW/*Baeck/Haußmann* Kap. 3 Rn. 4184; Kallmeyer/*Willemsen* UmwG § 324 Rn. 50; *Rudkowski* NZA 2010, 739, 740). Zulässig ist aber der aus Anlass eines konkreten Betriebsübergangs erklärte Verzicht (BAG, Urt. v. 30.11.2003 – 8 AZR 491/02, NZA 2004, 481, 483 m.w.N.; *Pils* BB 2014, 185, 187; *Rieble/Wiebauer* NZA 2009, 401, *Hauck* NZA Beilage 1/2009, 18, 22; 404; DLW/*Baeck/Haußmann* Kap. 3 Rn. 4184; Kallmeyer/*Willemsen* UmwG § 324 Rn. 50).

Zum Verzicht auf einen Widerspruch bei unrichtiger Unterrichtung vgl. V Rdn. 168.

II. Gesamtrechtsnachfolge Umwandlung (Verschmelzung)

180 Die Verschmelzung ist die Grundform der Umwandlung von Rechtsträgern nach dem Umwandlungsgesetz (UmwG). Dabei übertragen ein oder mehrere Rechtsträger das gesamte Vermögen als Ganzes auf einen anderen bestehenden oder neu zu gründenden Rechtsträger gegen Gewährung von Anteilen des übernehmenden oder des neuen Rechtsträgers an die Anteilsinhaber der übertragenden Rechtsträger. Der oder die übertragenden Rechtsträger erlöschen dabei im Wege der Auflösung ohne Abwicklung. Die Umwandlungsvertragsmuster enthalten die Vertragsbestimmungen, die im Zusammenhang mit dem Übergang von Arbeitsverhältnissen von rechtlicher oder wirtschaftlicher Bedeutung sind.

1. Verschmelzungsvertrag

Vorbemerkung

181 Der Verschmelzungsvertrag regelt die Vermögensübertragung als Ganzes und die Anteilsgewährung als Gegenleistung gegebenenfalls verbunden mit einer Kapitalerhöhung zur Durchführung der Verschmelzung. Ein wesentlicher Teil des Verschmelzungsvertrags ist die Darstellung der Folgen der Verschmelzung für die Arbeitnehmer und ihre Vertretungen gemäß § 5 Abs. 1 Nr. 9 UmwG. Der Vertrag oder sein Entwurf ist spätestens einen Monat vor dem Beschluss der Anteilsinhaber der beteiligten Rechtsträger über die Zustimmung an die zuständigen Betriebsräte dieser Rechtsträger gemäß § 5 Abs. 3 UmwG zuzuleiten (DLW/*Baeck/Haußmann* Kap. 3 Rn. 4057). Dem Muster liegt die Verschmelzung einer Aktiengesellschaft (übertragende AG) auf eine Gesellschaft mit beschränkter Haftung (übernehmende GmbH) zugrunde. In beiden Gesellschaften besteht jeweils ein Betriebsrat, die Betriebe werden ohne organisatorische Änderungen fortgeführt, beide Gesellschaften sind tarifgebunden und Mitglied im selben Arbeitgeberverband, die übertragende AG unterliegt der großen Mitbestimmung nach dem MitbestG, die übernehmende GmbH der kleinen Mitbestimmung nach dem DrittelbG, wird aber nach dem Wirksamwerden der Verschmelzung ebenfalls der großen Mitbestimmung unterliegen.

▶ **Muster – Verschmelzungsvertrag bei Gesamtrechtsnachfolge Umwandlung**

182 Verschmelzungsvertrag

(bedarf notarieller Beurkundung) [1]

Zwischen

[Name und Anschrift der übertragenden AG – Ü-AG]

eingetragen im Handelsregister des Amtsgerichts ___[Ort]___ unter HRB ___[Nummer]___
»übertragende AG«

und

[Name und Anschrift der übernehmenden GmbH – Ü-GmbH]

eingetragen im Handelsregister des Amtsgerichts ___[Ort]___ unter HRB ___[Nummer]___
»übernehmende GmbH«

Präambel

Die übertragende AG und die übernehmende GmbH sind beide in Entwicklung, Produktion und Vertrieb von [Unternehmensgegenstand] tätig. Die übertragende AG soll im Wege der Verschmelzung durch Aufnahme auf die übernehmende GmbH verschmolzen werden. [2]

§ 1 Vermögensübertragung

(1) Die übertragende AG überträgt ihr Vermögen als Ganzes mit allen Rechten und Pflichten unter Auflösung ohne Abwicklung nach § 2 Nr. 1 UmwG auf die übernehmende GmbH gegen Gewährung eines Geschäftsanteils dieser Gesellschaft an die Alleinaktionärin der übertragenden AG, der MAG mit Sitz in _____[Ort]_____, (Verschmelzung zur Aufnahme). [3]

(2) Die Übernahme des Vermögens der übertragenden AG erfolgt im Innenverhältnis mit Wirkung zum _____[Datum]_____ (Verschmelzungsstichtag i.S.d. § 5 Abs. 1 Nr. 6 UmwG). Vom Verschmelzungsstichtag an gelten alle Handlungen und Geschäfte der übertragenden AG als für Rechnung der übernehmenden GmbH vorgenommen. [4]

(3) Der Verschmelzung wird die geprüfte und mit dem uneingeschränkten Bestätigungsvermerk der _____[Name]_____ Wirtschaftsprüfungsgesellschaft mit Sitz in _____[Ort]_____ versehene Jahresbilanz der übertragenden AG zum _____[Datum, 24:00 Uhr]_____ als Schlussbilanz zugrunde gelegt.

(4) Die übernehmende GmbH wird die in der Schlussbilanz angesetzten Werte der übergehenden Aktiva und Passiva in ihrer Rechnungslegung fortführen (Buchwertfortführung gemäß § 24 UmwG).

(5) Sachenrechtlich erfolgt der Übergang des Vermögens einschließlich der Verbindlichkeiten am Tag der Eintragung der Verschmelzung im Handelsregister der übernehmenden Ü-GmbH gemäß § 20 Abs. 1 S. 1 UmwG (Übergangsstichtag).

§ 2 Gegenleistung

Die übernehmende GmbH gewährt der Alleinaktionärin der übertragenden AG, der MAG, als Gegenleistung einen Geschäftsanteil im Nennbetrag von _____[Betrag]_____ €. Der Geschäftsanteil ist ab dem Verschmelzungsstichtag gewinnberechtigt.

§ 3 Gewährung besonderer Rechte und Vorteile

Es werden keine besonderen Rechte i.S.v. § 5 Abs. 1 Nr. 7 UmwG und keine besonderen Vorteile i.S.v. § 5 Abs. 1 Nr. 8 UmwG gewährt. [5]

§ 4 Kapitalerhöhung

Die übernehmende GmbH wird zur Durchführung der Verschmelzung ihr Stammkapital von bisher _____[Betrag]_____ € auf _____[Betrag]_____ € durch Ausgabe eines neuen Geschäftsanteils im Nennbetrag von _____[Betrag]_____ € mit Gewinnberechtigung ab dem Verschmelzungsstichtag erhöhen.

§ 5 Folgen der Verschmelzung für die Arbeitnehmer und ihre Vertretungen und insoweit vorgesehene Maßnahmen [6]

(1) Mit Wirksamwerden der Verschmelzung [7] (Übergangsstichtag) kommt es zu einem Betriebsübergang gemäß § 613a BGB in Verbindung mit § 324 UmwG. Die übernehmende GmbH tritt als neue Arbeitgeberin in sämtliche Rechte und Pflichten aus den Arbeitsverhältnissen aller Arbeitnehmer der übertragenden GmbH unter Beachtung der bei der übertragenden AG erworbenen Betriebszugehörigkeit ein und führt die Arbeitsverhältnisse gemäß § 613a Abs. 1 S. 1 BGB fort. [8]

(2) Die vertraglichen Arbeitsbedingungen der übergehenden Arbeitnehmer einschließlich etwaiger betrieblicher Übungen, Gesamtzusagen und Einheitsregelungen bleiben unverändert. Das gilt auch für den Arbeitsort. Auch Rechte und Anwartschaften, die auf erdienter Betriebszugehörigkeit beruhen, werden fortgeführt. Das gilt insbesondere für die Berechnung von Kündigungsfristen und Betriebsrentenanwartschaften der übergehenden Arbeitnehmer gemäß § 613a Abs. 1 S. 1 BGB. [9]

(3) Beide Vertragsparteien sind in der _____[Branche]_____ Industrie tätig und Mitglied desselben Arbeitgeberverbandes. Infolgedessen gelten die bei Wirksamwerden der Verschmelzung anwendbaren Tarifverträge unverändert fort. Für tarifgebundene Arbeitnehmer gelten diese Tarifverträge kollektivrechtlich weiter. [10]

(4) Die Verschmelzung führt zu keiner Veränderung der bisherigen betrieblichen Struktur der übertragenden AG. Eine Betriebsänderung wird durch die Verschmelzung und den dadurch be-

gründeten Betriebsübergang nicht bewirkt. Die Identität der Betriebe bleibt damit gewahrt. Die bestehenden Betriebsräte bleiben unverändert im Amt. Der Gesamtbetriebsrat der übertragenden AG erlischt. Die Betriebsräte der übertragenden AG entsenden Delegierte in den Gesamtbetriebsrat der übernehmenden GmbH. [11]

(5) Im Zeitpunkt des Wirksamwerdens der Verschmelzung bei der übertragenden AG bestehende Betriebsvereinbarungen gelten unverändert kollektivrechtlich fort. Konzern- und Gesamtbetriebsvereinbarungen gelten entsprechend kollektivrechtlich als (Einzel-)Betriebsvereinbarungen fort, soweit ihr Regelungsgegenstand sinnvoll im Betrieb anwendbar ist und sie nicht durch bei der Ü-GmbH geltende Konzern- oder Gesamtbetriebsratsvereinbarungen mit gleichem Regelungshalt verdrängt werden. [12]

(6) Die übernehmende GmbH wird infolge der Verschmelzung Gesamtrechtsnachfolgerin der übertragenden AG. Das Vermögen geht gemäß § 20 Abs. 1 Nr. 1 UmwG einschließlich der Verbindlichkeiten auf die übernehmende GmbH über. Daraus folgt für die betriebliche Altersversorgung, dass nicht nur die gemäß § 613a BGB übergehenden Arbeitnehmer, sondern auch die bereits ausgeschiedenen ehemaligen Arbeitnehmer und Betriebsrentner ihre Anwartschaften und Ansprüche gegen die übernehmende GmbH geltend machen können. Da die übertragende AG gemäß § 20 Abs. 1 Nr. 2 UmwG erlischt, entfällt eine zusätzliche gesamtschuldnerische Haftung der übertragenden AG i.S.v. § 613a Abs. 2 und 3 BGB. [13]

(7) Eine Kündigung der bei Wirksamkeit der Verschmelzung übergehenden Arbeitsverhältnisse wegen des durch die Verschmelzung verursachten Betriebsübergangs durch die jeweilige Arbeitgeberin ist unwirksam gemäß § 613a Abs. 4 S. 1 BGB i.V.m. § 324 UmwG. Das Recht, eine Kündigung aus anderen Gründen auszusprechen, bleibt gemäß § 613a Abs. 4 S. 2 BGB unberührt. [14]

(8) Für die Arbeitnehmer und die Betriebsräte der übernehmenden GmbH hat die Verschmelzung keine Folgen. [15]

(9) Mit dem Wirksamwerden der Verschmelzung erlischt der Aufsichtsrat der übertragenden AG und es sind bei der übernehmenden GmbH wegen der dann bestehenden Arbeitnehmerzahlen die Voraussetzungen für eine Unternehmensmitbestimmung nach dem MitbestG gegeben. Es ist deshalb unverzüglich ein Statusverfahren gemäß § 97 AktG durchzuführen und eine Wahl der Arbeitnehmer zum Aufsichtsrat einzuleiten. [16]

(10) Weitere Folgen ergeben sich für die Arbeitnehmer der Vertragsparteien durch das Wirksamwerden der Verschmelzung nicht. Es sind keine besonderen Maßnahmen aus Anlass der Verschmelzung vorgesehen. [17]

(11) Die von dem Betriebsübergang betroffenen Arbeitnehmer der übertragenden AG werden nach Maßgabe des § 613a Abs. 5 BGB vor dem Betriebsübergang über dessen Gründe und Folgen für die Arbeitnehmer unterrichtet. Die Unterrichtung wird durch die übernehmende GmbH in enger Abstimmung mit der übertragenden AG durchgeführt. Ein Widerspruchsrecht gegen den Übergang des jeweiligen Arbeitsverhältnisses nach § 613a Abs. 6 BGB besteht nicht, da die übertragende AG als ehemalige Arbeitgeberin erlischt und die Arbeitsverhältnisse nicht fortsetzen kann. [18]

§ 6 Sonstiges

[sonstige Bestimmungen einfügen]

Vorgelesen, genehmigt und unterschrieben:

[Ort, Datum]

(Unterschrift)

Erläuterungen

Schrifttum
Altenburg/Leister Der Widerspruch des Arbeitnehmers beim umwandlungsbedingten Betriebsübergang und seine Folgen, NZA 2005, 15; *Blechmann* Die Zuleitung des Umwandlungsvertrags an den Betriebsrat, NZA

2005, 1143; *Buchner/Schlobach* Die Auswirkung der Umwandlung von Gesellschaften auf die Rechtsstellung ihrer Organpersonen, GmbHR 2004, 1; *Fandel/Hausch* Das Widerspruchsrecht gemäß § 613a Abs. 6 BGB bei Umwandlungen nach dem UmwG unter Wegfall übertragender Rechtsträger, BB 2008, 2402; *Graef* Das Widerspruchsrecht nach § 613a Abs. 6 BGB beim umwandlungsbedingten Erlöschen des übertragenden Rechtsträgers, NZA 2006, 1078; *Hey/Simon* Arbeitgeberstellung im Rahmen einer Kündigung bei Kettenverschmelzung, BB 2010, 2957; *Hohenstatt/Schramm* Arbeitsrechtliche Angaben im Umwandlungsvertrag – eine Bestandsaufnahme, Festschrift 25 Jahre Arbeitsgemeinschaft Arbeitsrecht im Deutschen Anwaltsverein, 2006, 629; *Kallmeyer* Umwandlungsgesetz, 5. Aufl. 2013; *Kauffmann-Lauven/Lenze* Auswirkungen der Verschmelzung auf den mitbestimmten Aufsichtsrat, AG 2010, 532; *Klemm/Frank* Betriebsrechtliche Fallstricke bei M&A-Transaktionen, BB 2013, 2741; *Otto/Mückl* Aufspaltung, Verschmelzung, Anwachsung – Schadensersatz bei unzureichender Unterrichtung trotz Erlöschens des übertragenden Rechtsträgers?, BB 2011, 1978; *Pesch* Offshoring – Welche arbeitsrechtlichen Rechtsfolgen hat ein grenzüberschreitender Betriebsübergang?, KSzW 2012, 114; *Rieble* Betriebsführungsvertrag als Gestaltungselement, NZA 2010, 1145; *Rieble/Gutzeit* Betriebsvereinbarungen nach Unternehmensumstrukturierung, NZA 2003, 233; *Rolfs* Die betriebliche Altersversorgung beim Betriebsübergang, NZA-Beilage 4/2008, 164; *Salamon* Die Konzernbetriebsvereinbarung beim Betriebsübergang, NZA 2009, 471; *ders.* Die Fortgeltung von Gesamtbetriebsvereinbarungen beim Betriebsübergang, RdA 2007, 103; *Scharff* Beteiligungsrechte von Arbeitnehmervertretungen bei Umstrukturierungen auf Unternehmens- und Betriebsebene, BB 2016, 437; *Semler/Stengel* Umwandlungsgesetz, 3. Aufl. 2012; *Simon/Weninger* Betriebsübergang und Gesamtrechtsnachfolge: Kein Widerspruch – keine Unterrichtung, BB 2010, 117; *Simon/Hinrichs* Unterrichtung der Arbeitnehmer und ihrer Vertretungen bei grenzüberschreitenden Verschmelzungen, NZA 2008, 391; *Trappehl/Nussbaum* Auswirkungen einer Verschmelzung auf den Bestand von Gesamtbetriebsvereinbarungen, BB 2011, 2869.

1. Der Verschmelzungsvertrag bedarf gemäß § 6 UmwG der notariellen **Beurkundung**. Streitig ist, ob eine Auslandsbeurkundung ausreicht (vgl. Kallmeyer/*Zimmermann* § 6 Rn. 10 f. m.w.N.; RegE BR-Drucks. 548/06 v. 11.08.2006, S. 31). Beurkundungspflichtig ist auch jede mit dem Verschmelzungsvertrag verbundene weitere Vereinbarung (Kallmeyer/*Zimmermann* UmwG § 6 Rn. 7). 183

2. Der Vertrag muss nach § 5 Abs. 1 Nr. 1 UmwG die Firma der beteiligten Rechtsträger sowie deren Rechtssitz angeben. Der Vertrag muss erkennen lassen, wer übertragender und wer übernehmender Rechtsträger ist. Es genügt, wenn die Angaben dazu im Rubrum oder in der Präambel enthalten sind (Kallmeyer/*Marsch-Barner* UmwG § 5 Rn. 2; Kallmeyer/*Kallmeyer* UmwG § 126 Rn. 4). 184

3. Der Vertrag muss gemäß § 5 Abs. 1 Nr. 2 UmwG die **Übertragung des Vermögens** jedes übertragenden Rechtsträgers als Ganzes unter Auflösung ohne Abwicklung auf den übernehmenden Rechtsträger vorsehen. Diese hat grundsätzlich gegen Gewährung von Anteilen am übernehmenden Rechtsträger zu erfolgen. Lediglich in Ausnahmefällen kann auf eine Gegenleistung verzichtet werden, z.B. wenn die übernehmende Gesellschaft Anteile des übertragenden Rechtsträgers innehat (vgl. §§ 54, 68 UmwG), also z.B. eine Tochtergesellschaft auf die Muttergesellschaft verschmolzen wird – sog. »up-stream merger« (Kallmeyer/*Kocher* UmwG § 54 Rn. 5 und § 5 Rn. 5; Happ/*Richter* Muster 7.04 Anm. 4.1) oder wenn sämtliche Anteilsinhaber in notariell beurkundeter Form auf sie verzichten (Kallmeyer/*Kocher* UmwG § 54 Rn. 15 und § 5 Rn. 5; Semler/Stengel/ *Schroer* UmwG § 5 Rn. 14). Bei der Formulierung der erforderlichen Angaben ist es ratsam, sich eng an den Gesetzestext des § 2 UmwG anzulehnen. Die Gegenleistung wird in § 2 UmwG näher bezeichnet, die Kapitalerhöhung in § 4 UmwG beschrieben. 185

4. Der Vertrag muss gemäß § 5 Abs. 1 Nr. 6 UmwG den **Verschmelzungsstichtag** angeben (ausführlich Happ/*Richter* Muster 7.01 Anm. 9.1 ff.). Das Gesetz definiert ihn als den Zeitpunkt, von dem an die Handlungen des übertragenden Rechtsträgers als für Rechnung des übernehmenden Rechtsträgers vorgenommen gelten. Der Verschmelzungsstichtag regelt somit den Übergang im Innenverhältnis der Vertragsparteien. Die Schlussbilanz des übertragenden Rechtsträgers ist zu dem unmittelbar davor liegenden Zeitpunkt (logische Sekunde) aufzustellen und der Anmeldung an dessen Register gemäß § 17 Abs. 2 UmwG beizufügen (vgl. Kallmeyer/*Müller* UmwG § 5 Rn. 33). Von dem Verschmelzungsstichtag zu unterscheiden ist der Zeitpunkt des sachenrecht- 186

V. Der Übergang des Arbeitsverhältnisses

lichen Übergangs des aktiven und passiven Vermögens der übertragenden Gesellschaft mit Eintragung der Verschmelzung auf die übernehmende Gesellschaft nach § 20 Abs. 1 Nr. 1 UmwG.

187 5. Es muss dargestellt werden, wenn einzelnen Anteilsinhabern **besondere Rechte** oder Vorteile gewährt werden. Vorteile an alle Anteilsinhaber müssen nicht erwähnt werden (Kallmeyer/*Marsch-Barner* UmwG § 5 Rn. 41; Semler/Stengel/*Schroer* UmwG § 5 Rn. 66).

188 6. Nach § 5 Abs. 1 Nr. 9 UmwG muss der Verschmelzungsvertrag Angaben zu den Folgen der Verschmelzung für die Arbeitnehmer und ihre Vertretungen sowie die insoweit vorgesehenen Maßnahmen enthalten. Die erforderlichen Angaben sind deskriptiv. Sie enthalten Wissenserklärungen über individual- und kollektivrechtliche Tatbestände. Umstritten ist der notwendige Umfang der vom Gesetzgeber verlangten Angaben (vgl. *Hohenstatt/Schramm* S. 629, 630). Nach der Regierungsbegründung sind zumindest die »individual- und kollektivarbeitsrechtlichen Änderungen« anzugeben (BT-Drs. 12/6699, 82 f.). Dazu gehören jedenfalls diejenigen Folgen, die unmittelbar durch die Umwandlung nach § 324 UmwG i.V.m. § 613a BGB eintreten. Mittelbare Folgen können dann zu den anzugebenden Informationen gehören, wenn sie sich als Konsequenz des unternehmerischen Konzepts ergeben, z.B. eine mit der Umwandlung bezweckte Personalreduzierung durch Synergieeffekte, eine Zusammenlegung von Betrieben oder die Bildung von Gemeinschaftsbetrieben, wenn diese bei Vertragsschluss bereits konkret geplant sind. Solche Informationen gehören zu den **arbeitsrechtlichen Pflichtangaben** kraft direkten Sachzusammenhangs. Der Übergang von Folgen zu »insoweit vorgesehenen Maßnahmen« ist fließend. Nicht erfasst sind dagegen Änderungen, die sich erst als weitere Folgen der Umwandlung durch spätere Entschlüsse nach der Verschmelzung ergeben, also bloße Sekundarfolgen (*Hohenstatt/Schramm* S. 629, 632; Kallmeyer/*Willemsen* UmwG § 5 Rn. 50; Happ/*Richter* Muster 7.01 Anm. 25.1 ff.; *Willemsen* RdA 1998, 23, 29).

189 In der Praxis haben sich folgende Angaben durchgesetzt (vgl. auch Kallmeyer/*Willemsen* UmwG § 5 Rn. 60a):
– Übergang von Arbeitsverhältnissen gemäß §§ 324 UmwG, 613a BGB mit allen Rechten und Pflichten und allen Versorgungsanwartschaften, auch ehemaliger Arbeitnehmer gemäß § 20 Abs. 1 UmwG;
– Auswirkungen der Verschmelzung auf den Fortbestand von Betriebsräten, Gesamtbetriebsräten, Konzernbetriebsräten, Wirtschaftsausschüssen, Sprecherausschüssen etc. (§§ 321 f. UmwG);
– Auswirkungen auf den Kündigungsschutz (§ 323 UmwG);
– Auswirkungen auf die unternehmerische Mitbestimmung (§ 325 UmwG);
– Folgen für die Weitergeltung von Betriebsvereinbarungen, einschließlich Gesamt- und Konzernvereinbarungen;
– Folgen für die tarifvertragliche Situation, insbesondere für Verbands- und Firmentarifverträge;
– Angaben über konkret geplante Betriebsänderungen i.S.d. § 111 BetrVG, sofern sie in einem zeitlichen und sachlichen Zusammenhang mit der Verschmelzung stehen.

190 Der Schutzzweck des § 5 Abs. 1 Nr. 9 UmwG, also die Transparenz der arbeitsrechtlichen Folgen, wird durch die **Zuleitungsvorschrift** des § 5 Abs. 3 UmwG effektiviert. Danach ist der Vertrag oder sein Entwurf spätestens einen Monat vor der Beschlussfassung der Anteilseigner, bzw. der Hauptversammlung i.S.d. § 13 UmwG den zuständigen Betriebsräten aller beteiligten Rechtsträger zuzuleiten. Der Inhalt der geforderten Angaben muss also geeignet sein, die Betriebsräte in die Lage zu versetzen, sich auf die Verschmelzung und ihre Folgen einzustellen und gegebenenfalls auf die Klärung der Folgen hinzuwirken (Kallmeyer/*Willemsen* UmwG § 5 Rn. 60a). Ein genereller Verzicht des Betriebsrats auf sein Informationsrecht nach § 5 Abs. 1 Nr. 9, § 5 Abs. 3 UmwG ist nicht zulässig. Jedoch kann in einem konkreten Verschmelzungsverfahren nach korrekter und vollständiger Unterrichtung auf die Einhaltung der Monatsfrist verzichtet werden (Kallmeyer/*Willemsen* UmwG § 5 Rn. 77; Lutter/*Lutter/Drygalla* UmwG § 5 Nr. 109; DLW/*Baeck/Haußmann* Kap. 3 Rn. 4057; *Scharff* BB 2016, 437).

Unabhängig von der Unterrichtung nach § 5 Abs. 1 Nr. 9 UmwG sind auch die **Arbeitnehmer** 191
über die Folgen gemäß § 613a Abs. 5 BGB i.V.m. § 324 UmwG zu **unterrichten** (vgl. Happ/
Richter Muster 7.01 Anm. 94.1 ff.), wonach sie grundsätzlich dem Übergang des Arbeitsverhältnisses innerhalb eines Monats widersprechen können. Diese Regel gilt nach § 324 UmwG auch im Falle der Umwandlung, jedoch ausnahmsweise nicht im Falle der Verschmelzung, da die übertragende Gesellschaft erlischt (BT-Drs. 14/7760 v. 07.12.2001, S. 20; BAG, Urt. v. 21.02.2008 – 8 AZR 157/07, NZA 2008, 815, 816; DLW/*Baeck/Haußmann* Kap. 3 Rn. 4035; Happ/*Richter* Muster 7.01 Anm. 94.5; *Simon/Weninger* BB 2010, 117, 118, die sogar konsequent eine Unterrichtungspflicht gegenüber den Arbeitnehmern ablehnen, vgl. dazu V Rdn. 263).

Der Nachweis der rechtzeitigen Zuleitung des Verschmelzungsvertrags oder des Entwurfs an die 192
zuständigen Betriebsräte ist dem Registergericht der beteiligten Rechtsträger bei der Anmeldung der Umwandlung gemäß § 17 Abs. 1 UmwG vorzulegen. Ist die Gesellschaft arbeitnehmerlos oder hat sie keinen Betriebsrat, ist dies dem Registergericht glaubhaft zu machen (Happ/*Richter* Muster 7.01 Anm. 25.5). Hierfür ausreichend ist eine schriftliche Erklärung der Vertretungsberechtigten (Kallmeyer/*Willemsen* § 5 Rn. 79, § 17 Rn. 3; Lutter/*Bork* UmwG § 17 Rn. 4 m.w.N.). Das Amtsgericht Duisburg verlangt allerdings eine eidesstattliche Versicherung (AG Duisburg, Beschl. v. 04.01.1996 – 23 HRB 4942 u. 5935, GmbHR 1996, 372). Der Registerrichter hat kein materielles, sondern nur ein **formelles Prüfungsrecht**. Er kann die Eintragung nur verweigern, wenn die Angaben völlig fehlen oder wesentliche Teilbereiche überhaupt nicht angegeben sind (OLG Düsseldorf, Beschl. v. 15.05.1998 – 3 Wx 156/98, NZG 1998, 648, 649; *Hohenstatt/Schramm* S. 629, 641; DLW/*Baeck/Haußmann* Kap. 3 Rn. 4056; *Scharff* BB 2016, 437, 439).

7. Die Verschmelzung wird mit der Eintragung der Verschmelzung auf die übernehmende Ge- 193
sellschaft nach § 20 Abs. 1 Nr. 1 UmwG **wirksam**. Der übertragende Rechtsträger erlischt, ohne dass es einer besonderen Löschung nach § 20 Abs. 1 Nr. 2 UmwG bedarf. Auch der Übergang der Arbeitnehmer findet in der Regel erst mit dem Zeitpunkt der Eintragung statt (Kallmeyer/*Marsch-Barner* § 20 Rn. 11). Ausnahmsweise kann der Übergang der Arbeitnehmer durch eine schuldrechtliche Vereinbarung wie z.B. einen Pachtvertrag (vgl. *Rieble* NZA 2010, 1145; Happ/*Bednarz* Muster 3.01 Anm. 1.11) vorgezogen oder verschoben werden. Der Vorteil liegt darin, dass ein solcher schuldrechtlich vereinbarter Übertragungsstichtag planbar ist, während der Tag der Eintragung nicht vorher festgelegt werden kann (Lutter/*Grunewald* UmwG § 20 Rn. 5, 82).

Besonderheiten ergeben sich bei sog. **Kettenumwandlungen**, die in der Praxis relativ häufig vor- 194
kommen, also wenn bspw. mehrere Rechtsträger innerhalb einer juristischen Sekunde oder unmittelbar danach verschmolzen oder gespalten werden (vgl. dazu ausführlich Happ/*Richter* Muster 7.06 Anm. 1.1 ff.; zu den arbeitsrechtlichen Besonderheiten insbesondere Anm. 7.1 ff.). Unzweifelhaft muss für jede Umwandlung ein separater Vertrag geschlossen werden. Jedoch sind die Folgen für die Arbeitnehmer, ihre Vertretungen und insoweit vorgesehene Maßnahmen auch für die unmittelbar folgenden Umwandlungen bereits im ersten Vertrag darzustellen, wobei arbeitsrechtlich mangels tatsächlicher Übernahme der Leitungsmacht (vgl. zuletzt BAG, Urt. v. 18.08.2011 – 8 AZR 230/10, NZA 2012, 267, 268) auf den Zwischenschritten lediglich ein Übergang vom ersten auf den letzten beteiligten Rechtsträger stattfindet (*Hohenstatt/Schramm* S. 629, 638 f.; Kallmeyer/*Willemsen* UmwG § 324 Rn. 28; *Hey/Simon* BB 2010, 2957, 2958). In der Praxis besteht die Gefahr eines mehrfachen Betriebsübergangs, wenn zwischen der Eintragung der jeweiligen Verschmelzungen ein längerer Zeitraum liegt und einer der übernehmenden Rechtsträger zwischenzeitlich die tatsächliche Leitungsmacht übernimmt. Das birgt die Gefahr einer kollektivrechtlichen »Infizierung« oder auch »Aufladung« (vgl. Willemsen/*Willemsen* Unternehmensumstrukturierung Teil G Rn. 117) auf den Zwischenetappen. Dem wird häufig durch den begleitenden Abschluss eines Betriebspachtvertrages mit dem übernehmenden Rechtsträger als Pächter begegnet (Happ/*Bednarz* Muster 3.01 Anm. 1.11). Dies führt zu einem vorweggenommenen Betriebsübergang auf den Pächter als übernehmenden Rechtsträger (*Hey/Simon* BB 2010, 2957, 2959; Happ/*Richter* Muster 7.06 Anm. 7.7 f.).

V. Der Übergang des Arbeitsverhältnisses

195 **8.** Bei der Verschmelzung gehen die Arbeitsverhältnisse mit allen Rechten und Pflichten aus dem Arbeitsverhältnis gemäß § 613a Abs. 1 S. 1 BGB auf die übernehmende Gesellschaft über. Wegen der **Rechtsgrundverweisung** in § 324 UmwG (Schaub/*Ahrend/Koch* § 116 Rn. 10) sind die Voraussetzungen eines Betriebsübergangs bei der Verschmelzung selbständig zu prüfen (BAG, Urt. v. 25.05.2000 – 8 AZR 416/99, NZA 2000, 1115; BAG, Urt. v. 06.10.2005 – 2 AZR 316/04, NZA 2006, 990). So kann zum Beispiel der Zeitpunkt der Übernahme der Leitungsmacht nach § 613a BGB abweichend von dem Wirksamwerden der Verschmelzung mit Eintragung im Handelsregister durch schuldrechtliche Vereinbarung festgelegt werden. Von dem gesetzlich vorgesehenen Übergang nach § 613a BGB werden nur die im Augenblick des Übergangs bestehenden Arbeitsverhältnisse erfasst, nicht jedoch vorher ausgeschiedene Arbeitnehmer. Nach § 613a BGB gehen insbesondere keine Betriebsrentner oder ausgeschiedene Arbeitnehmer mit unverfallbaren Anwartschaften über (Kallmeyer/*Willemsen* UmwG § 324 Rn. 64; DLW/*Baeck/Haußmann* Kap. 3 Rn. 4284). Auch die Dienstverhältnisse der Organmitglieder von juristischen Personen gehen nach § 613a BGB nicht über, da sie in der Regel keine Arbeitsverhältnisse sind. Da jedoch § 20 Abs. 1 UmwG das gesamte Vermögen mit allen Verbindlichkeiten erfasst, gehen **Anwartschafts-, Versorgungs-** und **Dienstverhältnisse** auf die übernehmende Gesellschaft über (Kallmeyer/*Marsch-Barner* UmwG § 20 Rn. 11, 13; für Dienstverhältnisse: *Buchner/Schlobbach* GmbHR 2004, 1). Die übernehmende Gesellschaft tritt vollständig in die übergehenden Dienst- und Arbeitsverhältnisse ein, die übertragende Gesellschaft scheidet aus und erlischt. Es kommt also zu einem Austausch der Dienst- und Arbeitgeberstellung. Die gemäß § 20 UmwG übergehenden Versorgungs- und Anwartschaftsverhältnisse betreffen auch die Betriebsrentner und die mit unverfallbarer Anwartschaft ausgeschiedenen ehemaligen Arbeitnehmer im Zeitpunkt der Übertragungsstichtags (*Klemm/Frank* BB 2013, 2741, 2746).

196 **9.** Die **vertraglichen Arbeitsbedingungen** der übergehenden Arbeitnehmer bleiben erhalten. Dazu gehören auch betriebliche Übungen, Gesamtzusagen und Einheitsregelungen. Bei der übertragenden Gesellschaft abgeleistete **Betriebszugehörigkeit** (vgl. dazu auch EuGH, Urt. v. 06.09.2011 – C-108/10, NZA 2011, 1077, 1082 f.) bleibt erhalten, so dass sie bei der Berechnung vertraglicher oder gesetzlicher Wartezeiten, Unverfallbarkeitszeiten und Anwartschaftshöhe in der betrieblichen Altersversorgung, sowie von Kündigungsfristen zu berücksichtigen ist (DLW/*Baeck/Haußmann* Kap. 3 Rn. 4228). Zu den übergehenden Arbeitsbedingungen zählt die persönliche Anwendbarkeit des Kündigungsschutzgesetzes (nach sechs Monaten), nicht aber die sachliche Anwendbarkeit des Kündigungsschutzgesetzes nach § 23 KSchG (BAG, Urt. v. 15.02.2007 – 8 AZR 397/06, NZA 2007, 739, 740).

197 **10.** Wenn beide, also übertragende und übernehmende Gesellschaft, im gleichen Arbeitgeberverband tarifgebunden sind, gelten die einschlägigen **Tarifverträge kollektivrechtlich** fort. Ist dagegen die übernehmende Gesellschaft nicht im gleichen Arbeitgeberverband tarifgebunden, findet eine Transformation der tarifvertraglichen Rechte und Pflichten statt. Sie werden im einzelnen Arbeitsverhältnis individualisiert und dürfen innerhalb der Änderungssperre des § 613a Abs. 1 S. 2 BGB nicht zum Nachteil der Arbeitnehmer geändert werden (DLW/*Baeck/Haußmann* Kap. 3 Rn. 4259; zu den Auswirkungen eines grenzüberschreitenden Betriebsübergangs auf die Fortgeltung von Tarifverträgen: *Pesch* KSzW 2012, 114, 118 ff.). Die Mitgliedschaft des Arbeitgebers im Arbeitgeberverband geht in einer Verschmelzung als höchst persönliches Recht nicht über. Anders ist es beim Firmentarif: Ein bei der übertragenden Gesellschaft geltender **Firmentarif** würde gemäß § 20 UmwG kollektivrechtlich auf die übernehmende Gesellschaft übergehen (BAG, Urt. v. 24.06.1998 – 4 AZR 208/97, NZA 1998, 1346, 1347 – für die Verschmelzung zur Neugründung; BAG, Urt. v. 04.07.2007 – 4 AZR 491/06, NZA 2008, 307, 310 – für die Verschmelzung zur Aufnahme; Kallmeyer/*Marsch-Barner* UmwG § 20 Rn. 12; DLW/*Baeck/Haußmann* Kap. 3 Rn. 4270).

198 **11.** Die gesellschaftsrechtliche Verschmelzung allein führt nicht zu einer betrieblichen Veränderung der übertragenden Gesellschaft. Im Gegenteil, nach den Vorgaben sind betriebliche Veränderungen nicht vorgesehen. Da die jeweilige **Betriebsidentität** erhalten bleibt, ändert sich auch die

Struktur der Betriebsräte nicht. Allerdings erlischt der Gesamtbetriebsrat und der Wirtschaftsausschuss der übertragenden Gesellschaft, da diese dem übertragenden Unternehmen zugeordnet sind (DLW/*Baeck/Haußmann* Kap. 3 Rn. 4045, 1051; *Fitting* § 47 Rn. 9 ff., 18; *Trappehl/Nussbaum* BB 2011, 2869, 2870), das durch die Verschmelzung erlischt. Jedoch dürfen die Betriebsräte der übertragenden AG an den Gesamtbetriebsrat der aufnehmenden GmbH delegieren und die Zusammensetzung von deren Wirtschaftsausschuss mitbestimmen. Entsprechendes gilt für einen Gesamtsprecherausschuss nach § 16 Abs. 1 SprAuG.

12. Bleibt die Betriebsidentität erhalten, bleiben auch **Betriebsvereinbarungen** kollektivrechtlich unverändert (zu den Auswirkungen eines grenzüberschreitenden Betriebsübergangs auf die Fortgeltung von Betriebsvereinbarungen: *Pesch* KSzW 2012, 114, 118 ff.). Ob Gesamt- und Konzernbetriebsvereinbarungen als (Einzel-)Betriebsvereinbarungen fortgelten, ist umstritten (vgl. *Trappehl/Nussbaum* BB 2011, 2869 ff. und V Rdn. 132 ff.). Das BAG hat lediglich entschieden, dass bei der Übertragung mehrerer oder aller Betriebe eines Unternehmens auf einen anderen Rechtsträger ohne eigene Betriebe die Gesamtbetriebsvereinbarungen der übertragenden Gesellschaft in der aufnehmenden Gesellschaft kollektivrechtlich fortgelten (BAG, Urt. v. 10.11.2011 – 8 AZR 430/10, NJOZ 2012, 860, 866; BAG, Beschl. v. 18.09.2002 – 1 ABR 54/01, NZA 2003, 670). Hat die aufnehmende Gesellschaft hingegen eine eigene betriebliche Organisation, sollen bei der identitätswahrenden Übertragung von Betrieben nach einem Teil der Literatur Gesamtbetriebsvereinbarungen kollektivrechtlich als Gesamt- oder Einzelbetriebsvereinbarungen fortgelten, sofern in der aufnehmenden Gesellschaft nicht bereits eine Gesamtbetriebsvereinbarung zum gleichen Regelungsgegenstand existiert (*Fitting* § 77 Rn. 169 m.w.N.; *Salamon* NZA 2009, 471; *ders.* RdA 2007, 103, 108; *Mohnke/Betz* BB 2008, 498, 500). Ein anderer Teil der Literatur hingegen lehnt die kollektivrechtliche Fortgeltung von Gesamtbetriebsvereinbarungen in diesen Fällen ab (Willemsen/*Hohenstatt* Unternehmensumstrukturierung Teil E Rn. 59 ff., m.w.N.; *Trappehl/Nussbaum* BB 2011, 2869, 2872 f.; *Rieble/Gutzeit* NZA 2003, 233, 237 f.). Werden ein oder mehrere Betriebe oder Betriebsteile räumlich oder funktional in Betriebe der aufnehmenden Gesellschaft eingegliedert, so gelten Betriebsvereinbarungen nicht kollektiv, sondern nach Transformation individualvertraglich weiter, es sei denn, sie werden bei gleichem Regelungsinhalt von Betriebsvereinbarungen der aufnehmenden Gesellschaft gemäß § 613a Abs. 1 S. 2 bis 4 BGB verdrängt (*Mohnke/Betz* BB 2008, 498, 501; vgl. ausführlich DLW/*Baeck/Haußmann* Kap. 3 Rn. 4250 ff., insbes. Rn. 4263 ff.). Für Konzernbetriebsvereinbarungen sollen sinngemäß die gleichen Überlegungen anwendbar sein (*Picot/Schnitker* Teil I, Rn. 260; vgl. auch *Mohnke/Betz* BB 2008, 498, 501; *Salamon* NZA 2009, 471, 475).

13. Da das Vermögen der übertragenden AG einschließlich der Verbindlichkeiten als Ganzes auf die aufnehmende GmbH als Gesamtrechtsnachfolgerin nach § 20 UmwG übergeht, ergeben sich im Verhältnis zu § 613a BGB zwei bedeutsame Unterschiede. Anwartschaften und Leistungsansprüche **ausgeschiedener** Arbeitnehmer und Rentner gehen im Unterschied zum allgemeinen Betriebsübergang bei der Verschmelzung über. Außerdem ist für eine **gesamtschuldnerische Haftung** von früherem Betriebsinhaber und Betriebserwerber kein Platz, da die übertragende Gesellschaft ohne Abwicklung mit der Eintragung der Verschmelzung im Handelsregister erlischt.

14. Für das Kündigungsverbot nach § 613a Abs. 4 BGB gilt bei der Verschmelzung nichts Besonderes. Wie beim Asset Deal darf **wegen** des Übergangs nicht gekündigt werden. Kündigungen aus anderen Gründen bleiben möglich.

15. Wenn wie im vorliegenden Fall keine Betriebszusammenlegungen geplant sind, kann eine **bestätigende** Darstellung sinnvoll sein, dass die Verschmelzung für die Arbeitnehmer der aufnehmenden GmbH keine Folgen hat.

16. Ändern sich durch die Verschmelzung die Schwellenwerte für die **Unternehmensmitbestimmung**, ist dies mit den sich daraus ergebenden Konsequenzen ebenfalls mitzuteilen (*Hohenstatt/Schramm* S. 629, 630; *Blechmann* NZA 2005, 1143, 1147; Kallmeyer/*Willemsen* UmwG § 5 Rn. 60a; ausführlich zu den Auswirkungen einer Verschmelzung auf den mitbestimmten Auf-

sichtsrat und den möglichen Optionen bei der Neubesetzung des Aufsichtsrats: *Kauffmann-Lauven/Lenze* AG 2010, 532 ff.).

204 **17.** Da § 5 Abs. 1 Nr. 9 UmwG ausdrücklich auch auf »**insoweit vorgesehene Maßnahmen**« verweist, müssen weitere Folgen für die Arbeitnehmer und ihre Vertretungen aus besonderen Maßnahmen, wie zum Beispiel konkret geplante Betriebsänderungen, mitgeteilt werden. Sinnvoll ist eine entsprechende Negativbestätigung, wenn solche Maßnahmen nicht vorgesehen sind.

205 **18.** Nach § 613a Abs. 5 BGB, auf den § 324 UmwG verweist, ohne nach Umwandlungsarten zu unterscheiden, wären grundsätzlich die Arbeitnehmer wie beim Asset Deal schriftlich oder in Textform über die Gründe und Folgen des Betriebsübergangs (der Verschmelzung) für die Arbeitnehmer und ihre Vertretungen **zu unterrichten**. Allerdings besteht nach jüngster Rechtsprechung des Bundesarbeitsgerichts ausnahmsweise bei der Verschmelzung kein Widerspruchsrecht gegen den Übergang des Arbeitsverhältnisses (BAG, Urt. v. 21.02.2008 – 8 AZR 157/07, NZA 2008, 815, 816), da die übertragende Gesellschaft erlischt, also ein Zurückbleiben der Arbeitnehmer unmöglich ist. Die eigentlich konsequente Schlussfolgerung in der Literatur, dass damit auch die zugrunde liegende Unterrichtungspflicht entfällt (*Simon/Weninger* BB 2010, 117, 118, vgl. dazu V Rdn. 263), dürfte allerdings mit Blick auf die angestrebte Transaktionssicherheit zu riskant sein. Vor allem aufgrund der europarechtlichen Verankerung der Unterrichtungspflicht in Art. 7 Abs. 6 der Betriebsübergangsrichtlinie (2001/23/EG) muss auch für den Fall der Verschmelzung von der Anwendbarkeit des § 613a Abs. 5 BGB ausgegangen werden (Kallmeyer/*Willemsen* UmwG § 324 Rn. 30; *Otto/Mückl* BB 2011, 1978, 1979). Das Europarecht kennt zwar bekanntlich keine eigene Widerspruchsmöglichkeit, sieht aber gleichwohl eine Unterrichtung vor.

2. Zuleitung an den Betriebsrat gemäß § 5 Abs. 3 UmwG

Vorbemerkung

206 Durch die Zuleitung des Verschmelzungsvertrags oder dessen Entwurfs an den zuständigen Betriebsrat jedes an der Verschmelzung beteiligten Rechtsträgers nach § 5 Abs. 3 UmwG soll »insbesondere den Arbeitnehmervertretungen eine frühzeitige Information über die Verschmelzung und die durch sie bewirkten Folgen für die Arbeitnehmer zur Verfügung gestellt werden, um bereits im Vorfeld des Verschmelzungsvorgangs eine möglichst sozialverträgliche Durchführung zu erleichtern.« (Begr. z. RegE BT-Drs. 12/6699, S. 83).

▶ **Muster – Zuleitung an den Betriebsrat gemäß § 5 Abs. 3 UmwG**

207 [Briefkopf der Arbeitgeberin – Ü-AG]

An den Betriebsrat der Ü-AG
Zu Händen des[r] Vorsitzenden

Betreff: Zuleitung des Verschmelzungsvertrags (-entwurfs) gemäß § 5 Abs. 3 UmwG [1]

Sehr geehrte/r Frau/Herr [Name der/s Vorsitzenden] ,

in der Anlage überreichen wir eine Kopie des Entwurfs des Verschmelzungsvertrags zwischen der [Name übertragendes Unternehmen] als übertragender Gesellschaft und der [Name übernehmendes Unternehmen] als übernehmender Gesellschaft nebst Anlagen.

Wir müssen die rechtzeitig [2] an Sie [3] erfolgte Zuleitung des Entwurfs bei der Anmeldung der Verschmelzung zum Handelsregister gemäß § 17 Abs. 1 UmwG nachweisen. [4] Deshalb bitten wir Sie, den Erhalt dieses Schreibens und des beiliegenden Entwurfs des Verschmelzungsvertrags nebst Anlagen auf den beigefügten zwei Ausfertigungen dieses Schreibens zu bestätigen und diese an uns zurückzusenden.

[Optional:

Um ein zügiges Verfahren des Verschmelzungsvorgangs sicherzustellen, bitten wir Sie zusätzlich, auf die Einhaltung der Monatsfrist gemäß § 5 Abs. 3 UmwG zu verzichten und dies ebenfalls durch die Unterzeichnung der Empfangsbestätigung zu dokumentieren.]

Wir danken für Ihr Verständnis und für Ihre Unterstützung.

Mit freundlichen Grüßen

[Unterschriften für die Gesellschaft]

Anlage: Entwurf des Verschmelzungsvertrags nebst Anlagen

Empfangsbestätigung des Betriebsrats

Wir bestätigen, heute den Entwurf des Verschmelzungsvertrags zur Verschmelzung der [Name des übertragendes Unternehmens] als übertragender Gesellschaft auf die [Name des übernehmenden Unternehmens] als übernehmende Gesellschaft nebst Anlagen erhalten zu haben.

[Optional:

Wir erklären hiermit den Verzicht auf die Einhaltung der Ein-Monatsfrist gemäß § 5 Abs. 3 UmwG.]

Für den Betriebsrat

[Ort, Datum]

_____
(Unterschrift der Betriebsratsvorsitzenden)

Erläuterungen

Schrifttum
Blechmann Die Zuleitung des Umwandlungsvertrags an den Betriebsrat, NZA 2005, 1143; *Bungert* Anmerkung zu OLG Düsseldorf, Beschl. v. 15.05.1998 – 3 WX 156/98, NZG 1998, 733; *Pfaff* Dispositivität der Betriebsratsunterrichtung im Umwandlungsverfahren, DB 2002, 686; *Scharff* Beteiligungsrechte von Arbeitnehmervertretungen auf Unternehmens- und Betriebsebene, BB 2016, 437; *Zerres* Arbeitsrechtliche Aspekte bei der Verschmelzung von Unternehmen, ZIP 2001, 359.

1. Gemäß § 5 Abs. 3 UmwG ist der Verschmelzungsvertrag oder sein Entwurf spätestens einen Monat vor dem Tage der Versammlung der Anteilsinhaber jedes an der Verschmelzung beteiligten Rechtsträgers, die über die Zustimmung zum Verschmelzungsvertrag beschließen sollen, dem zuständigen Betriebsrat dieses Rechtsträgers zuzuleiten (DLW/*Baeck/Haußmann* Kap. 3 Rn. 4057). Bei Kettenverschmelzungen ist der vorgelagerte Verschmelzungsvertrag stets nur den jeweiligen Betriebsräten der an dieser Verschmelzung beteiligten Rechtsträger zuzuleiten, nicht aber dem Betriebsrat des am nachgelagerten Verschmelzungsvorgang beteiligten Rechtsträgers (Happ/*Richter* Muster 7.06 Anm. 9.2). Es ist der **gesamte Vertragstext**, also nicht nur der Teil mit den arbeitsrechtlichen Angaben zuzuleiten (*Blechmann* NZA 2005, 1143, 1148; Happ/*Richter* Muster 7.01 Anm. 52.2; jeweils m.w.N.). Fraglich ist, ob auch alle Anlagen zum Verschmelzungsvertrag vorzulegen sind (so OLG Sachsen-Anhalt, Beschl. v. 17.03.2003 – 7 Wx 6/02, AP § 5 UmwG Nr. 2) oder nur die Anlagen, die auf die Bewertung des Umwandlungsvorgangs durch den Betriebsrat Einfluss haben können (LG Essen, Beschl. v. 15.03.2002 – 42 T 1/02, NZG 2002, 736, 737). Es müssen jedenfalls die Anlagen beigefügt werden, deren Inhalte die Belange der Arbeitnehmer betreffen können, also die Unterlagen, die die Angaben zu den Folgen für die Arbeitnehmer ergänzen (z.B. Arbeitnehmerlisten, Standortsicherungsvereinbarungen, Liste geltender Betriebsvereinbarungen) jedoch nicht solche, die keine Auswirkungen auf die Arbeitnehmer haben können (z.B. Inventarlisten, Lizenzlisten). Der zuständige Betriebsrat soll in die Lage versetzt werden zu erken-

V. Der Übergang des Arbeitsverhältnisses

nen, ob es neben der rein gesellschaftsrechtlichen Verschmelzung zu einer Zusammenlegung von Betrieben, organisatorischen Veränderungen oder sonstigen Maßnahmen kommt, die gegebenenfalls interessenausgleichs- oder sozialplanpflichtig sind (*Blechmann* NZA 2005, 1143).

209 2. Rechtzeitig zugeleitet ist die Dokumentation, wenn sie spätestens einen **Monat** vor dem Tag der Anteilseignerversammlung, die über die Verschmelzung (gemäß § 13 UmwG) beschließt, vorgelegt wird. Bei der übertragenden AG ist das die Hauptversammlung, bei der übernehmenden GmbH die Gesellschafterversammlung (DLW/*Baeck/Haußmann* Kap. 3 Rn. 4057). Die Monatsfrist für die Zuleitung ist gemäß §§ 187 ff. BGB zu berechnen (Happ/*Richter* Muster 7.01 Anm. 52.5). Der Betriebsrat soll die Möglichkeit haben, die ihm überlassenen Unterlagen in der Monatsfrist zu prüfen und die sich daraus ergebenden Informationen im Rahmen seiner Beteiligungsrechte nach dem BetrVG zu nutzen. Ergänzungen oder Korrekturen kann er anregen aber nicht verlangen (*Blechmann* NZA 2005, 1143, 1144). Änderungen am Vertragstext sind auch nach der Zuleitung noch möglich. Das folgt daraus, dass statt des Vertrags selbst auch Entwürfe vorgelegt werden können. Das beinhaltet auch die Möglichkeit, die Entwürfe weiter zu bearbeiten. Betreffen die Änderungen den arbeitsrechtlichen Teil, ist eine weitere Zuleitung erforderlich; betreffen die Änderungen nicht die Belange der Arbeitnehmer und ihre Vertretungen, muss nicht nochmals zugeleitet werden (Kallmeyer/*Willemsen* UmwG § 5 Rn. 78; *Blechmann* NZA 2005, 1143, 1148; ebenso OLG Naumburg, Urt. v. 06.02.1997 – 7 U 236/96, NZA-RR 1997, 177, 178). In der Praxis kommt es häufig vor, dass komplexe Vertragswerke auch nach der Zuleitung mehrfach geändert oder angepasst werden müssen. So kommt es dann zu mehrfachen Zuleitungen. In diesen Fällen ist es durchaus sinnvoll und meist von den Betriebsräten akzeptiert, dass auf die Einhaltung der Monatsfrist verzichtet wird. Der **Verzicht** auf die Einhaltung der Monatsfrist nach erfolgter Zuleitung wird überwiegend für zulässig gehalten (*Pfaff* DB 2002, 686; Willemsen/*Willemsen* Unternehmensumstrukturierung Teil C Rn. 360 m.w.N.; DLW/*Baeck/Haußmann* Kap. 3 Rn. 4057). Nicht verzichten kann der Betriebsrat aber auf die Zuleitung als solches (OLG Sachsen-Anhalt, Beschl. v. 17.03.2003 – 7 Wx 6/02, AP § 5 UmwG Nr. 2; Happ/*Richter* Muster 7.01 Anm. 52.5). Das Muster sieht einen entsprechenden informierten Verzicht als Option vor.

210 3. Die Zuleitung muss an den zuständigen Betriebsrat des beteiligten Rechtsträgers erfolgen. Der **Adressat** des Zuleitungsschreibens richtet sich nach der Zuständigkeitsverteilung des BetrVG. Gibt es bei dem beteiligten Rechtsträger nur einen Betriebsrat, ist die Zuleitung an diesen problemlos. Hat der Rechtsträger jedoch mehrere Betriebe, die alle betroffen sind, kann auch der Gesamtbetriebsrat zuständig sein. Handelt es sich um eine Verschmelzung im Konzern, kann auch der Konzernbetriebsrat zuständig sein. Die h.M. geht davon aus, dass bei Existenz eines **Gesamtbetriebsrats** generell diesem zuzuleiten ist, da sich die Verschmelzung auf das gesamte Unternehmen auswirkt und deshalb zwingend überbetrieblich zu regeln ist (Kallmeyer/*Willemsen* UmwG § 5 Rn. 76 m.w.N.; *Scharff* BB 2016, 437, 438; a.A. *Blechmann* NZA 2005, 1143, 1147). Ist dagegen eine Veränderung nur auf einen Betrieb oder Betriebsteil bezogen – wie bei Spaltung oder Ausgliederung möglich – kann auch bei Existenz eines Gesamtbetriebsrats der Standortbetriebsrat zuständig sein (*Blechmann* NZA 2005, 1143, 1148).

211 4. Nach § 17 Abs. 1 UmwG ist dem Antrag auf Eintragung in das Handelsregister neben der Vertragsdokumentation auch ein **Nachweis** über die rechtzeitige Zuleitung an den zuständigen Betriebsrat beizufügen. Dieser wird in der Regel durch eine schriftliche Empfangsbestätigung erbracht. Existiert kein Betriebsrat oder weigert sich dieser, eine Empfangsbestätigung abzugeben, muss die Unternehmensleitung eine entsprechende schriftliche Erklärung zur Glaubhaftmachung abgeben (Kallmeyer/*Zimmermann* UmwG § 17 Rn. 3; Lutter/*Bork* UmwG § 17 Rn. 4 m.w.N.; *Bungert* NZG 1998, 733, 734, a.A. AG Duisburg, Beschl. v. 04.01.1996 – 23 HRB 4942 u. 5935, GmbHR 1996, 372, das eine eidesstattliche Versicherung verlangt). Der Betriebsrat kann dem Registergericht zwar Hinweise auf fehlende oder unvollständige arbeitsrechtliche Angaben geben. Er hat aber keinen Rechtsbehelf gegen die Eintragung, während die anmeldende Gesellschaft bei verweigerter Eintragung Beschwerde im registerrechtlichen Verfahren einlegen kann (OLG Naumburg, Urt. v. 06.02.1997 – 7 U 236/96, NZA-RR 1997, 177, 178; *Blechmann* NZA

2005, 1143, 1149; *Bungert* NZG 1998, 733, 734). Das Registergericht hat ein formelles Kontrollrecht dahingehend, ob die arbeitsrechtlichen Angaben völlig fehlen oder offensichtlich unvollständig sind und ob die Zuleitung nachgewiesen ist. Ein materielles Prüfungsrecht steht ihm nach h.M. nicht zu (*Blechmann* NZA 2005, 1143, 1149; DLW/*Baeck*/*Haußmann* Kap. 3 Rn. 4056).

3. Unterrichtung Wirtschaftsausschuss gemäß § 106 BetrVG

Vorbemerkung

Die Verschmelzung von Gesellschaften ist per se gemäß § 106 Abs. 3 Nr. 8 BetrVG unterrichtungspflichtig. Die Unterrichtung hat an die Wirtschaftsausschüsse der beteiligten Rechtsträger zu erfolgen. Der Zusammenschluss von Unternehmen gehört zu den wirtschaftlichen Angelegenheiten, auch wenn keine Auswirkungen auf die Betriebe zu erwarten sind. Ob Nachteile für die Arbeitnehmer entstehen können, ist unerheblich (*Fitting* § 106 Rn. 69).

▶ **Muster – Unterrichtung Wirtschaftsausschuss gemäß § 106 BetrVG**

[Briefkopf der Arbeitgeberin – Ü-AG]

An den Wirtschaftsausschuss der Ü-AG
Zu Händen des[r] Vorsitzenden

Betreff: Unterrichtungsschreiben gemäß § 106 BetrVG
Verschmelzung der Ü-AG auf die Ü-GmbH

Sehr geehrte/r Frau/Herr [Name der/s Vorsitzenden] ,

hiermit unterrichten wir Sie über die geplante Verschmelzung [1] unseres Unternehmens auf die Ü-GmbH. Die Ü-AG überträgt ihr Vermögen als Ganzes mit allen Rechten und Pflichten unter Auflösung ohne Abwicklung nach § 2 Nr. 1 UmwG auf die übernehmende GmbH gegen Gewährung eines Geschäftsanteils der Ü-GmbH an die Alleinaktionärin der Ü-AG, also unsere Muttergesellschaft M-AG (Verschmelzung zur Aufnahme).

Die Konzernleitung und unser Vorstand haben sich zu der Verschmelzung des Unternehmens auf die Ü-GmbH entschlossen, um die gemeinsamen Entwicklungsmöglichkeiten am Markt besser nutzen zu können.

Unsere Hauptversammlung soll über die Verschmelzung am ___[Datum]___ [2] beschließen; die Ü-GmbH plant eine Gesellschafterversammlung zum gleichen Zweck am ___[Datum]___. Der handelsrechtliche Verschmelzungsstichtag ist der ___[Datum]___. Die Verschmelzung wird gemäß § 20 Abs. 1 UmwG mit Eintragung der Verschmelzung in das Register am Sitz der Ü-GmbH wirksam (Übergangsstichtag). Voraussichtlich wird die Eintragung im ___[Kalendermonat]___ erfolgen. Das ist auch der Zeitpunkt, in welchem die Arbeitsverhältnisse von der Ü-AG auf die Ü-GmbH übergehen. Mit der Eintragung erlischt die Ü-AG.

Das Unternehmen soll nicht organisatorisch in die Ü-GmbH eingegliedert werden, sondern zunächst mit eigenständigen Betrieben am bisherigen Standort weitergeführt werden. Es werden voraussichtlich keine Betriebsänderungen erforderlich sein. [3]

Die arbeitsrechtlichen Konsequenzen der Verschmelzung lassen sich wie folgt zusammenfassen: [4]

(1) Arbeitgeberwechsel

Mit Wirksamwerden der Verschmelzung kommt es zu einem Betriebsübergang i.S.d. § 613a BGB i.V.m. § 324 UmwG. Die übernehmende Ü-GmbH tritt als neue Arbeitgeberin in sämtliche Rechte und Pflichten aus den Arbeitsverhältnissen aller Arbeitnehmer der Ü-AG unter Beachtung der bei

V. Der Übergang des Arbeitsverhältnisses

der Ü-AG erworbenen Betriebszugehörigkeit ein und führt die Arbeitsverhältnisse gemäß § 613a Abs. 1 S. 1 BGB fort.

(2) Arbeitsvertrag/Betriebszugehörigkeit

Die vertraglichen Arbeitsbedingungen der übergehenden Arbeitnehmer einschließlich etwaiger betrieblicher Übungen, Gesamtzusagen und Einheitsregelungen bleiben unverändert. Das gilt auch für den Arbeitsort. Auch Rechte und Anwartschaften, die auf erdienter Betriebszugehörigkeit beruhen, werden fortgeführt. Das gilt insbesondere für die Berechnung von Kündigungsfristen und Betriebsrentenanwartschaften.

(3) Tarifverträge

Die Ü-GmbH ist ebenfalls in der ___[Branche]___ Industrie tätig und Mitglied desselben Arbeitgeberverbandes wie die Ü-AG. Infolgedessen gelten die zum Wirksamwerden der Verschmelzung anwendbaren Tarifverträge unverändert fort. Für tarifgebundene Arbeitnehmer gelten diese Tarifverträge kollektivrechtlich fort.

(4) Betriebe/Betriebsräte

Das Unternehmen der Ü-AG geht unverändert mit seinen eigenständigen Betrieben auf die Ü-GmbH über. Die Identität der Betriebe bleibt damit gewahrt. Die bestehenden Betriebsräte bleiben unverändert im Amt. Der Gesamtbetriebsrat der Ü-AG erlischt. Die übergehenden Betriebsräte entsenden Delegierte in den Gesamtbetriebsrat der Ü-GmbH.

(5) Betriebsvereinbarungen

Im Zeitpunkt des Übertragungsstichtags bestehende Betriebsvereinbarungen gelten unverändert kollektivrechtlich fort. Konzern- und Gesamtbetriebsvereinbarungen gelten entsprechend kollektivrechtlich als (Einzel-)Betriebsvereinbarungen fort, soweit ihr Regelungsgegenstand sinnvoll im Betrieb anwendbar ist und sie nicht durch Gesamtbetriebsvereinbarungen der Ü-GmbH mit gleichem Regelungsgehalt verdrängt werden.

(6) Betriebsrenten

Etwaige Anwartschaften auf Leistungen der betrieblichen Altersversorgung werden nach dem Stichtag unverändert fortgeführt. Laufende Unverfallbarkeitsfristen werden durch den Betriebsübergang nicht unterbrochen.

(7) Haftung

Gegenüber den übergehenden Arbeitnehmern haftet die Ü-GmbH als neue Arbeitgeberin und Gesamtrechtsnachfolgerin allein für alle Verbindlichkeiten. Die Ü-AG erlischt mit Wirksamwerden der Verschmelzung.

(8) Keine Kündigung wegen Betriebsübergangs

Eine Kündigung der übergehenden Arbeitnehmer durch die bisherige oder die neue Arbeitgeberin wegen des Betriebsübergangs ist gemäß § 613a Abs. 4 BGB i.V.m. § 324 UmwG unwirksam. Eine Kündigung aus anderen Gründen bleibt unberührt. Betriebsbedingte Kündigungen wegen der Verschmelzung sind nicht geplant.

(9) Maßnahmen

Aus Anlass der Verschmelzung sind keine besonderen Maßnahmen hinsichtlich der Arbeitnehmer in Aussicht genommen.

(10) Unternehmensmitbestimmung

Der Aufsichtsrat der Ü-AG erlischt. Bei der Ü-GmbH ist ein Aufsichtsrat nach dem Mitbestimmungsgesetz zu errichten. Das Statusverfahren nach § 97 AktG ist unverzüglich zu betreiben und Wahlen der Arbeitnehmervertreter zum Aufsichtsrat einzuleiten.

(11) Unterrichtung der Arbeitnehmer (kein Widerspruch)

Die vom Betriebsübergang betroffenen Arbeitnehmer werden gemäß § 613a Abs. 5 BGB i.V.m. § 324 UmwG vor dem Wirksamwerden der Verschmelzung über dessen Auswirkungen unterrichtet. Die Unterrichtung der Arbeitnehmer übernimmt die Ü-AG in enger Abstimmung mit der Ü-GmbH. Die übergehenden Arbeitnehmer können dem Übergang des Arbeitsverhältnisses nicht widersprechen, da die Ü-AG erlischt und die Arbeitsverhältnisse somit nicht fortsetzen kann.

Wenn Sie zu dem geplanten Betriebsübergang Fragen haben, sprechen Sie bitte den für Personalsachen zuständigen Geschäftsführer [Name/Telefon] oder den [Bezeichnung] Personalleiter [Name/Telefon] an.

Mit freundlichen Grüßen

_____
(Unterschrift Geschäftsführung Ü-AG)

Erhalten:

[Ort, Datum]

Für den Wirtschaftsausschuss

_____
(Unterschrift)

Erläuterungen

Schrifttum

Blechmann Die Zuleitung des Umwandlungsvertrags an den Betriebsrat, NZA 2005, 1143; *Kauffmann-Lauven/Lenze* Auswirkungen der Verschmelzung auf den mitbestimmten Aufsichtsrat, AG 2010, 532; *Lerch/Weinbrenner* Auskunftsanspruch des Wirtschaftsausschusses bei Konzernbezug, NZA 2013, 355; *Liebers/Erren/Weiß* Die Unterrichtungspflichten des Risikobegrenzungsgesetzes und der Geheimnisgefährdungstatbestand im transaktionsbegleitenden Arbeitsrecht, NZA 2009, 1063; *Maiß/Röhrborn* Unterrichtungspflicht des Unternehmers gegenüber dem Wirtschaftsausschuss gemäß § 106 BetrVG, ArbRAktuell 2011, 339; *Maschmann* Betriebsrat und Betriebsvereinbarung nach einer Umstrukturierung, NZA-Beil. 2009, 32; *Scharff* Beteiligungsrechte von Arbeitnehmervertretungen bei Umstrukturierungen auf Unternehmens- und Betriebsebene, BB 2016, 437; *Zerres* Arbeitsrechtliche Aspekte bei der Verschmelzung von Unternehmen, ZIP 2001, 359.

1. Die Unterrichtungspflicht des Arbeitgebers als Unternehmer nach § 106 Abs. 3 Nr. 8 BetrVG besteht ohne Rücksicht auf mögliche Nachteile der Arbeitnehmer, da der **Zusammenschluss von Unternehmen** per se als wirtschaftliche Angelegenheit definiert ist. **214**

2. Gemäß § 106 Abs. 2 S. 2 BetrVG hat der Unternehmer den Wirtschaftsausschuss rechtzeitig von der geplanten Verschmelzung zu unterrichten. **Rechtzeitig** bedeutet grundsätzlich vor der Entscheidung des Unternehmers (vgl. DLW/*Wildschütz* Kap. 13 Rn. 2268; *Scharff* BB 2016, 437). Er soll im Planungsstadium und noch vor dem Betriebsrat unterrichtet werden. Allerdings ist bei vorliegendem Sachverhalt eine Unterrichtung des Betriebsrats nach § 111 BetrVG nicht erforderlich, da nur eine gesellschaftsrechtliche Verschmelzung geplant ist und keine Betriebsverschmelzung oder sonstige Betriebsänderung vorgesehen ist. Dazu wird allerdings vertreten, dass der Wirtschaftsausschuss bei Verschmelzung von Unternehmen bereits vor der Zuleitung des Verschmelzungsvertrags an den zuständigen Betriebsrat gemäß § 5 Abs. 3 UmwG zu unterrichten sei (*Fitting* § 106 Rn. 30 f., 70 ff.; Kallmeyer/*Willemsen* UmwG vor § 322 Rn. 52). Das erscheint in der Praxis zu früh. Immerhin wird auch der zuständige Betriebsrat bereits einen Monat vor der Beschlussfassung der Anteilseignerversammlungen umfassend sogar unter Zuleitung des vollständigen Verschmelzungsvertrags bzw. dessen Entwurfs nebst Anlagen unterrichtet. Das ist also lange vor der geplanten Entscheidung der Anteilseigner des verantwortlichen Arbeitgebers. Erfolgen keine Betriebsänderungen, sondern lediglich die gesellschaftsrechtliche Verschmelzung, gibt es für den Betriebsrat auch nichts zu beraten. Die Unterrichtung des **Wirtschaftsausschusses zusammen** **215**

mit der Zuleitung der Verträge an den Betriebsrat erscheint daher als ausreichend rechtzeitig. Sollte die Verschmelzung ein Geschäftsgeheimnis gemäß § 106 Abs. 2, 2. Hs. BetrVG darstellen, kann die Unterrichtung jedenfalls verschoben werden, bis die Zuleitung auf den zuständigen Betriebsrat erfolgt ist. Dann ist die Verschmelzung ohnehin betriebsöffentlich (*Liebers/Erren/Weiß* NZA 2009, 1063, 1067; so auch Happ/*Richter* Muster 7.01 Anm. 50.2).

216 3. Die Unterrichtung muss umfassend sein. Der Wirtschaftsausschuss muss alle Informationen erhalten, die für eine sinnvolle Beratung erforderlich sind. Insofern ist auf **Muster V.I.2 (V Rdn. 32)** zu verweisen.

217 4. Der weitere Inhalt der Unterrichtung entspricht im Wesentlichen den gemäß § 5 Abs. 1 Nr. 9 UmwG bereits im Verschmelzungsvertrag enthaltenen **Angaben zu den Folgen** der Verschmelzung für die Arbeitnehmer und ihre Vertretungen sowie die insoweit vorgesehenen Maßnahmen.

4. Unterrichtung Betriebsrat gemäß § 111 BetrVG

Vorbemerkung

218 Eine weitere Unterrichtung des Betriebsrats über die gesellschaftsrechtliche Verschmelzung neben der Zuleitung der Vertragsdokumentation gemäß § 5 Abs. 3 UmwG ist grundsätzlich nicht erforderlich. Wenn allerdings im Zusammenhang mit der rechtlichen Verschmelzung auch eine organisatorische Veränderung wie die Zusammenlegung von Betrieben einhergeht, ist nach § 111 BetrVG eine entsprechende Unterrichtung des zuständigen Betriebsrats mit dem Ziel der Vereinbarung eines Interessenausgleichs geboten (*Fitting* § 111 Rn. 12 und 56 ff.; *Maschmann* NZA-Beil. 2009, 32, 34). Unabhängig von der Verschmelzung sind die Tatbestandsvoraussetzungen des § 111 BetrVG zu prüfen (*Scharff* BB 2016, 437, 438). Ist die mögliche Betriebsänderung bereits vor der Verschmelzung konkret geplant, wäre dies auch in der Darstellung der Folgen der Verschmelzung für die Arbeitnehmer und ihre Vertretungen gemäß § 5 Abs. 1 Nr. 9 UmwG zu berücksichtigen. Dem Muster liegt in Ergänzung des Sachverhalts zum Verschmelzungsvertrag ein Zusammenschluss zweier Betriebe am gleichen Standort zugrunde.

▶ **Muster – Unterrichtung Betriebsrat gemäß § 111 BetrVG**

219 [Briefkopf der Arbeitgeberin – Ü-AG]

An den Betriebsrat der Ü-AG
zu Händen des[r] Vorsitzenden

Betreff: Unterrichtungsschreiben gemäß § 111 BetrVG
Unternehmensverschmelzung und Zusammenschluss [1] des Betriebs X der Ü-AG mit dem Betrieb Y der Ü-GmbH am Standort M

Sehr geehrte/r Frau/Herr ___[Name der/s Vorsitzenden]___

hiermit unterrichten wir Sie über die geplante [2] Verschmelzung der Ü-AG zur Aufnahme in die Ü-GmbH und den Zusammenschluss des Betriebs X der Ü-AG und des Betriebs Y der Ü-GmbH am gleichen Standort. Dem Zusammenschluss der Betriebe X und Y liegt der Verschmelzungsvertrag zugrunde, dessen Entwurf dem Betriebsrat am ___[Datum]___ zugeleitet wurde. Der Vorstand hat sich zur Verschmelzung und zum Zusammenschluss der Betriebe X und Y entschlossen, weil nur dadurch eine zukunftssichere Weiterführung des Geschäfts unter Ausnutzung von Synergien möglich ist.

Der Verschmelzungsvertrag soll am ___[Datum]___ unterzeichnet werden. Die Hauptversammlung der Ü-AG soll am ___[Datum]___ stattfinden, die Gesellschafterversammlung der Ü-GmbH soll am ___[Datum]___ stattfinden. Die Eintragung in das Handelsregister wird voraussichtlich im _[Kalendermonat]_ erfolgen (Übergangsstichtag). Damit wird die Verschmelzung wirksam und die Ü-AG erlischt.

Die Zusammenlegung des Betriebs X und des Betriebs Y stellt einen Zusammenschluss von Betrieben dar und ist damit i.S.d. § 111 S. 3 Nr. 3 BetrVG mitwirkungspflichtig. Deshalb bitten wir um Anberaumung einer Betriebsratssitzung, damit wir die geplante Transaktion im Einzelnen vorstellen und beraten können. Ziel ist der Abschluss eines Interessenausgleichs. Im Betrieb Y ist ein entsprechender Prozess einzuleiten.

Die arbeitsrechtlichen Konsequenzen der Verschmelzung und der Zusammenlegung lassen sich wie folgt darstellen: [3]

(1) Arbeitgeberwechsel

Mit Wirksamwerden der Verschmelzung kommt es zu einem Betriebsübergang i.S.d. § 613a BGB i.V.m. § 324 UmwG. Die übernehmende Ü-GmbH tritt als neue Arbeitgeberin in sämtliche Rechte und Pflichten aus den Arbeitsverhältnissen aller Arbeitnehmer der Ü-AG unter Beachtung der bei der Ü-AG erworbenen Betriebszugehörigkeit ein und führt die zugeordneten Arbeitsverhältnisse gemäß § 613a Abs. 1 S. 1 BGB fort.

(2) Arbeitsvertrag/Betriebszugehörigkeit

Die vertraglichen Arbeitsbedingungen der übergehenden Arbeitnehmer einschließlich etwaiger betrieblicher Übungen, Gesamtzusagen und Einheitsregelungen bleiben unverändert. Das gilt auch für den Arbeitsort. Auch Rechte und Anwartschaften, die auf erdienter Betriebszugehörigkeit beruhen, werden fortgeführt. Das gilt insbesondere für die Berechnung von Kündigungsfristen und Betriebsrentenanwartschaften.

(3) Tarifverträge

Die Ü-GmbH ist ebenfalls in der _[Bezeichnung der Branche]_ Industrie tätig und Mitglied desselben Arbeitgeberverbandes wie die Ü-AG. Infolgedessen gelten die zum Wirksamwerden der Verschmelzung anwendbaren Tarifverträge unverändert fort. Für tarifgebundene Arbeitnehmer gelten diese Tarifverträge kollektivrechtlich fort.

(4) Betriebe/Betriebsräte

Das Unternehmen der Ü-AG erlischt. Der Betrieb X und der Betrieb Y verlieren durch die Zusammenlegung ihre Identität. Die Betriebsräte der Betriebe X und Y gehen unter. Nach dem Zusammenschluss der Betriebe ist ein neuer Betriebsrat zu wählen. Der Gesamtbetriebsrat der Ü-AG erlischt. Der neue Betriebsrat delegiert in den Gesamtbetriebsrat der Ü-GmbH. Für die Übergangszeit bis zur Betriebsratswahl, längstens für sechs Monate nach dem Zusammenschluss, liegt die Vertretung gemäß § 21a BetrVG beim Betriebsrat des größeren Betriebs X der bisherigen Ü-AG.

(5) Betriebsvereinbarungen

Im Zeitpunkt des Wirksamwerdens der Verschmelzung im Betrieb X bestehende Einzelbetriebsvereinbarungen transformieren gemäß § 613a Abs. 1 S. 2 bis 3 BGB in Individualrecht und dürfen nicht vor Ablauf eines Jahres zum Nachteil der Arbeitnehmer geändert werden, es sei denn sie werden durch Einzelbetriebsvereinbarungen des neuen zusammengelegten Betriebs der Ü-GmbH mit gleichem Regelungsgehalt verdrängt. Das Gleiche gilt für Konzern- und Gesamtbetriebsvereinbarungen, die als Einzelbetriebsvereinbarungen gemäß § 613a Abs. 1 S. 2 bis 3 BGB in Individualrecht transformieren, soweit ihr Regelungsgegenstand sinnvoll im Betrieb anwendbar ist.

(6) Betriebsrenten

Etwaige Anwartschaften auf Leistungen der betrieblichen Altersversorgung werden nach dem Wirksamwerden der Verschmelzung unverändert fortgeführt. Laufende Unverfallbarkeitsfristen werden durch den Betriebsübergang nicht unterbrochen.

(7) Haftung

Gegenüber den übergehenden Arbeitnehmern haftet allein die Ü-GmbH als neue Arbeitgeberin und Gesamtrechtsnachfolgerin der Ü-AG für alle Verbindlichkeiten. Die Ü-AG erlischt mit Wirksamwerden der Verschmelzung.

(8) Keine Kündigung wegen Betriebsübergangs

Eine Kündigung der übergehenden Arbeitnehmer durch die bisherige oder die neue Arbeitgeberin wegen des Betriebsübergangs ist gemäß § 613a Abs. 4 BGB i.V.m. § 324 UmwG unwirksam. Eine Kündigung aus anderen Gründen bleibt unberührt. Betriebsbedingte Kündigungen wegen der Verschmelzung und des Zusammenschlusses der Betriebe X und Y sind nicht geplant.

(9) Maßnahmen

Aus Anlass der Verschmelzung und Betriebszusammenlegung sind außer den beschriebenen keine besonderen Maßnahmen hinsichtlich der Arbeitnehmer in Aussicht genommen.

(10) Unternehmensmitbestimmung

Der Aufsichtsrat der Ü-AG erlischt. Bei der Ü-GmbH ist ein Aufsichtsrat nach dem Mitbestimmungsgesetz zu errichten. Das Statusverfahren nach § 97 AktG ist unverzüglich zu betreiben und Wahlen der Arbeitnehmervertreter zum Aufsichtsrat einzuleiten.

(11) Unterrichtung der Arbeitnehmer (kein Widerspruch)

Die vom Betriebsübergang betroffenen Arbeitnehmer werden gemäß § 613a Abs. 5 BGB i.V.m. § 324 UmwG vor dem Wirksamwerden der Verschmelzung über deren Auswirkungen unterrichtet. Die Unterrichtung der Arbeitnehmer übernimmt die Ü-AG in enger Abstimmung mit der Ü-GmbH. Die übergehenden Arbeitnehmer können dem Übergang des Arbeitsverhältnisses nicht widersprechen, da die Ü-AG erlischt und die Arbeitsverhältnisse somit nicht fortsetzen kann.

Wenn Sie zu dem geplanten Betriebsübergang und der Betriebszusammenlegung Fragen haben, sprechen Sie bitte den für Personalsachen zuständigen Geschäftsführer [Name/Telefon] oder den Personalleiter [Name/Telefon] an.

Mit freundlichen Grüßen

_____

(Unterschrift Vorstand Ü-AG)

Erhalten:

[Ort, Datum]

Für den Betriebsrat

_____

(Unterschrift)

Erläuterungen

Schrifttum

Blechmann Die Zuleitung des Umwandlungsvertrags an den Betriebsrat, NZA 2005, 1143; *Gaul/Niklas* Wie gewonnen so zerronnen: Unterrichtung, Widerspruch und Verwirkung bei § 613a BGB, DB 2009, 452; *Kauffmann-Lauven/Lenze* Auswirkungen der Verschmelzung auf den mitbestimmten Aufsichtsrat, AG 2010, 532; *Kleinebrink/Commandeur* Bedeutung, Form und Inhalt der ordnungsgemäßen Unterrichtung beim Betriebsübergang, FA 2009, 101; *Maschmann* Betriebsrat und Betriebsvereinbarung nach einer Umstrukturierung, NZA-Beil. 2009, 32; *Otto/Mückl* Aufspaltung, Verschmelzung, Anwachsung – Schadensersatz bei unzureichender Unterrichtung trotz Erlöschen des übertragenden Rechtsträgers?, BB 2011, 1978; *Rieble/Wiebauer* Widerspruch (§ 613a VI BGB) nach Aufhebungsvertrag, NZA 2009, 401; *Scharff* Beteiligungsrechte von Arbeitnehmervertretungen bei Umstrukturierungen auf Unternehmens- und Betriebsebene, BB 2016, 437; *Schiefer/Worzalla* Unterrichtungspflicht bei Betriebsübergang nach § 613a V BGB – Eine Bestandsaufnahme,

NJW 2009, 558; *Semler/Stengel* Umwandlungsgesetz, 3. Aufl. 2012; *Vogt/Oltmanns* Die Anwachsung als Fall des Betriebsübergangs?, NZA 2012, 11902; *Zerres* Arbeitsrechtliche Aspekte bei der Verschmelzung von Unternehmen, ZIP 2001, 359.

1. Die Unterrichtungspflicht des Arbeitgebers nach § 111 S. 1 i.V.m. § 111 S. 3 Nr. 3 BetrVG besteht wegen des geplanten Zusammenschlusses des Betriebs X mit dem Betrieb Y mit Rücksicht auf mögliche Nachteile der Arbeitnehmer. **220**

2. Gemäß § 111 S. 1 BetrVG hat der Unternehmer den Betriebsrat rechtzeitig von dem geplanten Zusammenschluss zu unterrichten. **Rechtzeitig** bedeutet grundsätzlich vor der endgültigen Entscheidung des Unternehmers. Der Betriebsrat soll am Ende des Planungsstadiums, also vor der Umsetzung, unterrichtet werden (*Fitting* § 111 Rn. 108 f.; Willemsen/*Schweibert* Unternehmensumstrukturierung Teil C Rn. 140; DLW/*Wildschütz* Kap. 13 Rn. 2268 f.). Da der Betrieb X mit dem Betrieb Y der Ü-GmbH am gleichen Standort zusammengelegt wird, ist eine Betriebsänderung gemäß § 111 Nr. 3 BetrVG vorgesehen. Für den Zeitpunkt der Unterrichtung des Betriebsrats kommt es darauf an, ob die Zusammenlegung des Betriebs X als Betriebsänderung bereits das Stadium der konkreten Planung erreicht hat. Das kann der Fall sein, wenn die Zusammenlegung bereits im Verschmelzungsvertrag unter den Folgen für die Arbeitnehmer und ihre Vertretungen im Einzelnen beschrieben ist. Die Unterrichtung nach § 111 BetrVG sollte daher im zeitlichen Zusammenhang mit der Zuleitung erfolgen (zum Verhältnis der Zuleitung an den Betriebsrat nach § 5 Abs. 1 Nr. 9 und § 5 Abs. 3 UmwG und der Unterrichtung des Betriebsrats nach § 111 BetrVG: Willemsen/*Schweibert* Unternehmensumstrukturierung Teil C Rn. 369 ff.). Wird allerdings der Zusammenschluss der Betriebe erst nach der Verschmelzung durch die übernehmende Ü-GmbH geplant, ist die Unterrichtung auch erst nach Wirksamwerden der Verschmelzung durch die Geschäftsführung der Ü-GmbH vorzunehmen. **221**

3. Die Unterrichtung muss **umfassend** sein (*Fitting* § 111 Rn. 111; Willemsen/*Schweibert* Unternehmensumstrukturierung Teil C Rn. 143 ff.). Der Betriebsrat muss alle Informationen erhalten, die für eine sinnvolle Beratung eines Interessenausgleichs und eines Sozialplans erforderlich sind (zu den Einzelheiten der Unterrichtung siehe Moll/*Liebers* MAH Arbeitsrecht §§ 56, 57). **222**

5. Unterrichtung Arbeitnehmer gemäß § 613a Abs. 5 BGB i.V.m. § 324 UmwG

Vorbemerkung

§ 324 UmwG bestimmt, dass § 613a Abs. 1, 4 bis 6 BGB im Falle einer Verschmelzung unberührt bleibt. Da bei der Verschmelzung stets die beim übertragenden Rechtsträger bestehenden Betriebe auf den übernehmenden Rechtsträger übertragen werden, führt diese Rechtsgrundverweisung (vgl. dazu Kallmeyer/*Willemsen* UmwG, § 324 Rn. 2; Semler/Stengel/*Simon* UmwG § 324 Rn. 3) dazu, dass der übernehmende Rechtsträger in die Rechte und Pflichten aus den im Zeitpunkt des Übergangs beim übertragenden Rechtsträger bestehenden Arbeitsverhältnisse eintritt. Die Arbeitsverhältnisse der von der Verschmelzung betroffenen Arbeitnehmer gehen gemäß § 613a BGB i.V.m. § 324 UmwG auf den übernehmenden Rechtsträger über. **223**

Dementsprechend sind die Arbeitnehmer gemäß § 613a Abs. 5 BGB über den Betriebsübergang zu informieren. Für das Unterrichtungsschreiben an die von einer Verschmelzung betroffenen Arbeitnehmer gilt grundsätzlich das gleiche wie für Unterrichtungsschreiben im Falle eines Asset-Deals (vgl. diesbezüglich V Rdn. 51). Insofern kann an vielen Stellen auf das Muster des Unterrichtungsschreibens beim Asset-Deal (Muster V Rdn. 47 ff.) verwiesen werden. **224**

Der für die Arbeitnehmer bedeutsamste Unterschied zwischen einem Betriebsübergang aufgrund eines Asset-Deals und eines Betriebsüberganges aufgrund einer Verschmelzung ist, dass mit der Verschmelzung der übertragende Rechtsträger – der alte Arbeitgeber – zwangsläufig erlischt. Das bedeutet zunächst, dass der alte Arbeitgeber nach der Verschmelzung für keine Verbindlichkeiten mehr haften kann (vgl. § 613a Abs. 3 BGB). Des Weiteren ist im Falle der Verschmelzung ein **225**

V. Der Übergang des Arbeitsverhältnisses

Widerspruch gegen den Betriebsübergang nicht möglich (so inzwischen ausdrücklich BAG, Urt. v. 21.02.2008 – 8 AZR 157/07, NZA 2008, 815), da die Rechtsfolge des Widerspruchs, also das Verbleiben des widersprechenden Arbeitnehmers beim übertragenden Rechtsträger, nicht eintreten kann (vgl. V Rdn. 261–263). Letztlich werden durch das Erlöschen des übertragenden Rechtsträgers die Folgen eines fehlerhaften Unterrichtungsschreibens begrenzt. Da die Arbeitnehmer den Übergang ihres Arbeitsverhältnisses auf den übernehmenden Rechtsträger (außer durch Eigenkündigung) nicht verhindern können, kommen allein Schadensersatzansprüche als Folge einer fehlerhaften Unterrichtung in Betracht (vgl. *Otto/Mück* BB 2011, 1978 ff.; *Vogt/Oltmanns* NZA 2012, 1190, 1193 f.; *Gaul/Niklas* DB 2009, 453, 457; *Rieble/Wiebauer* NZA 2009, 401, 407; *Schiefer/Worzalla* NJW 2009, 558; *Kleinebrink/Commandeur* FA 2009, 101, 102). Über diese Besonderheiten, ebenso wie über alle anderen Umstände des Betriebsübergangs, sind die betroffenen Arbeitnehmer im Unterrichtungsschreiben zu informieren.

226 Es wird für das vorliegende Muster davon ausgegangen, dass der (einzige) Betrieb der übertragenden Aktiengesellschaft (Ü-AG) auf die übernehmende Gesellschaft mit beschränkter Haftung (Ü-GmbH) übertragen und dort als eigenständiger Betrieb fortgeführt wird.

▶ **Muster – Unterrichtung der Arbeitnehmer gemäß § 613a Abs. 5 BGB i.V.m. § 324 UmwG bei der Verschmelzung**

227
[Briefkopf des derzeitigen Arbeitgebers (Ü-AG), des künftigen Arbeitgebers (Ü-GmbH) oder beider Arbeitgeber] 1

[Name und Privatanschrift des Arbeitnehmers] 2

[Ort, Datum] 3

Unterrichtung gemäß § 613a Abs. 5 BGB i.V.m. § 324 UmwG über den Übergang Ihres Arbeitsverhältnisses von der Ü-AG auf die Ü-GmbH

Sehr geehrte/r Frau/Herr [Titel, Name], 4

hiermit möchten wir Sie gemäß § 613a Abs. 5 BGB i.V.m. § 324 UmwG über den Übergang Ihres Betriebs (nachfolgend »Betrieb«) 5 von der Ü-AG auf die Ü-GmbH, [Anschrift der Ü-GmbH und Vorname, Name des Geschäftsführers/der Geschäftsführer, Handelsregister, Handelsregisternummer 6] unterrichten.

Dem Übergang des Betriebs auf die Ü-GmbH liegt ein Verschmelzungsvertrag 7 zwischen der Ü-AG und der Ü-GmbH vom [Datum] zugrunde. Die Ü-AG wird auf die Ü-GmbH verschmolzen. Mit diesem Verschmelzungsvertrag überträgt die Ü-AG ihr Vermögen als Ganzes mit allen Rechten und Pflichten auf die Ü-GmbH. Zweck der Verschmelzung ist [Angabe Grund Betriebsübergang] 8

Die Ü-GmbH ist [Beschreibung des künftigen Arbeitgebers] 9

Der Betriebsübergang auf die Ü-GmbH erfolgt im Zeitpunkt der Eintragung der Verschmelzung in das Handelsregister der Ü-GmbH. Die Eintragung wird voraussichtlich [Datum/Zeitraum] 10 erfolgen. Der Tag, an dem es tatsächlich zum Übergang des Betriebs kommt, wird nachfolgend als »Übergangsstichtag« bezeichnet.

Der Übergang des Betriebs auf die Ü-GmbH hat folgende Auswirkungen auf Ihr Arbeitsverhältnis: 11

(1) Arbeitgeberwechsel/Individualvertragliche Auswirkungen

Ihr Arbeitsverhältnis geht gemäß § 613a BGB i.V.m. § 324 UmwG kraft Gesetzes auf die Ü-GmbH über. Die Ü-GmbH tritt zum Übergangsstichtag als neue Arbeitgeberin kraft Gesetzes in die Rechte und Pflichten aus Ihrem im Zeitpunkt des Übergangs bestehenden Arbeitsverhältnisses mit der Ü-AG ein. 12

Dies bedeutet, dass Ihre vertraglichen Arbeitsbedingungen, einschließlich etwaiger Gesamtzusagen, Einheitsregelungen oder betrieblicher Übungen, unverändert bestehen bleiben. Dies gilt auch für Ihren Arbeitsort. [13] Ihre bisherige Beschäftigungsdauer bei der Ü-GmbH hat Bestand und findet insbesondere bei der Berechnung von Kündigungsfristen und Altersversorgungsanwartschaften weiterhin Anwendung.

(2) Tarifverträge [14]

Die Ü-GmbH ist, wie die Ü-AG, in der __[Branche einfügen]__ Industrie tätig und Mitglied desselben Arbeitgeberverbandes wie die Ü-AG. Infolgedessen gelten die zum Übergangsstichtag auf Ihr Arbeitsverhältnis anwendbaren Tarifverträge unverändert auf der Grundlage fort, auf der sie zum Übergangsstichtag bestehen. Wenn Sie tarifgebunden sind, gelten diese Tarifverträge kollektivrechtlich fort. [15]

(3) Betriebsstruktur, Betriebsräte und Betriebsvereinbarungen

Ihr Betrieb geht auf die Ü-GmbH über und wird dort als eigenständiger Betrieb fortgeführt. Die Identität des Betriebs bleibt gewahrt. [16]

Der bestehende Betriebsrat bleibt unverändert im Amt. [17]

Derzeit bestehende Betriebsvereinbarungen gelten unverändert kollektivrechtlich fort. [18]

Die bei der Ü-AG bestehenden Gesamtbetriebsvereinbarungen gelten als Einzelbetriebsvereinbarungen kollektivrechtlich fort, soweit ihr Regelungsgegenstand sinnvoll im Betrieb anwendbar ist und sie nicht durch Gesamtbetriebsvereinbarungen der Ü-GmbH mit gleichem Regelungsgehalt verdrängt werden. [19]

(4) Betriebliche Altersversorgung [20]

Die Ü-GmbH tritt in sämtliche bestehende betriebliche Altersversorgungszusagen ein und führt diese unter Berücksichtigung der laufenden Unverfallbarkeitsfristen fort.

(5) Haftung [21]

Zum Übergangsstichtag erlischt die Ü-AG als Rechtsträger. Deswegen besteht keine Weiterhaftung der Ü-AG für Ansprüche aus Ihrem Arbeitsverhältnis. Die Ü-GmbH ist alleinige Schuldnerin aller, auch rückständiger Zahlungs- und sonstiger Verbindlichkeiten aus dem übergehenden Arbeitsverhältnis.

(6) Keine Kündigung wegen des Betriebsübergangs

Eine Kündigung Ihres Arbeitsverhältnisses durch die Ü-AG oder die U-GmbH wegen des Betriebsübergangs auf die Ü-GmbH ist unwirksam (§ 613a Abs. 4 BGB). Das Recht zur Kündigung aus anderen Gründen bleibt jedoch unberührt. [22]

(7) Sonstige in Aussicht genommene Maßnahmen [23]

Andere als die in diesem Schreiben beschriebenen Maßnahmen in Bezug auf die übergehenden Arbeitnehmer sind nicht in Aussicht genommen.

(8) Kein Widerspruchsrecht [24]

Im Einklang mit der aktuellen Rechtsprechung des Bundesarbeitsgerichts steht Ihnen kein Recht zum Widerspruch gegen den Übergang Ihres Arbeitsverhältnisses auf die Ü-GmbH zu, da Ihre bisherige Arbeitgeberin, die Ü-AG, aufgrund der Verschmelzung erlischt.

(9) Sonstiges

Gerne beantworten wir Ihnen Fragen zu diesem Schreiben und dem Übergang Ihres Arbeitsverhältnisses. __[Name]__ wird Ihre Fragen telefonisch ([Telefonnummer]) oder per Mail ([Mailadresse]) entgegennehmen. [25]

V. Der Übergang des Arbeitsverhältnisses

Die Ü-AG bedankt sich für Ihre Mitarbeit und bittet Sie, Ihre Arbeitskraft zukünftig in gleicher Weise Ihrer neuen Arbeitgeberin, der Ü-GmbH, zur Verfügung zu stellen. Die Ü-GmbH begrüßt Sie herzlich und hofft auf eine gute Zusammenarbeit. [26]

Bitte ergänzen und unterschreiben Sie das auf der beigefügten Kopie des Unterrichtungsschreibens abgedruckte Empfangsbekenntnis und übersenden Sie es, gerne auch per Hauspost, an
[Vorname, Name, Abteilung, Firma, vollständige Adresse der für die Entgegennahme zuständigen Person] [27]

Mit freundlichen Grüßen

[Unterschriften Ü-AG] [28]   [Unterschriften Ü-GmbH]

Empfangsbestätigung [29]

Ich, [Name, Vorname in Druckbuchstaben], habe das obige Schreiben der Geschäftsführungen der Ü-AG und der Ü-GmbH vom ____[Datum]____, mit dem ich über den Übergang meines Arbeitsverhältnisses von der Ü-AG auf die Ü-GmbH unterrichtet wurde, am ____[Datum]____ erhalten.

[Ort, Datum]

(Unterschrift)

Erläuterungen

Schrifttum
Altenburg/Leister Der Widerspruch des Arbeitnehmers beim umwandlungsbedingten Betriebsübergang und seine Folgen, NZA 2005, 15; *Bachner* Individualarbeits- und kollektivrechtliche Auswirkungen des neuen Umwandlungsgesetzes, NJW 1995, 2881; *Fandel/Hausch* Das Widerspruchsrecht gemäß § 613a Abs. 6 BGB bei Umwandlungen nach dem UmwG unter Wegfall übertragender Rechtsträger, BB 2008, 2402; *Fuhlrott/Ritz* Anforderungen an Unterrichtungsschreiben bei Betriebsübergängen, BB 2012, 2689; *Graef* Das Widerspruchsrecht nach § 613a VI BGB beim umwandlungsbedingten Erlöschen des übertragenden Rechtsträgers, NZA 2006, 1078; *Grau* Unterrichtung und Widerspruchsrecht der Arbeitnehmer bei Betriebsübergang gemäß § 613a Abs. 5 und 6 BGB, 2005; *Haas/Salamon* Umwandlungsrechtlicher Betriebsübergang: außerordentliche Arbeitnehmerkündigung oder Widerspruchsrecht, FA 2009, 66; *Hohenstatt/Grau* Arbeitnehmerunterrichtung beim Betriebsübergang NZA 2007, 13; *Jacobs* Fortgeltung und Änderung von Tarif- und Arbeitsbedingungen bei der Umstrukturierung von Unternehmen, NZA 2009 Beilage 1, 45; *Kleinebrink/Commandeur* Bedeutung, Form und Inhalt der ordnungsgemäßen Unterrichtung beim Betriebsübergang, FA 2009, 101; *Meyer* Inhalt einer Unterrichtung bei Betriebsübergang, DB 2007, 858; *Otto/Mückl* Aufspaltung, Verschmelzung, Anwachsung – Schadensersatz bei unzureichender Unterrichtung trotz Erlöschens des übertragenden Rechtsträgers?, BB 2011, 1978; *Schiefer/Worzalla* Unterrichtungspflicht bei Betriebsübergang nach § 613a V BGB, NJW 2009, 558; *Schnitker/Grau* Arbeitsrechtliche Aspekte von Unternehmensumstrukturierungen durch die Anwachsung von Gesellschaftsanteilen ZIP 2008, 394; *Semler/Stengel* Umwandlungsgesetz, 5. Aufl. 2013; *Simon/Hinrichs* Unterrichtung der Arbeitnehmer und ihrer Vertretungen bei grenzüberschreitenden Verschmelzungen, NZA 2008, 391; *Simon/Weninger* Betriebsübergang und Gesamtrechtsnachfolge: Kein Widerspruch – keine Unterrichtung, BB 2010, 117; *Vogt/Oltmanns* Die Anwachsung als Fall des Betriebsübergangs? NZA 2012, 1190; *Zerres* Arbeitsrechtliche Aspekte bei der Verschmelzung von Unternehmen, ZIP 2001, 359.

228 Vgl. im Übrigen die umfangreichen Literaturhinweise zum Unterrichtungsschreiben gemäß § 613a Abs. 5 BGB unter V Rdn. 51 a.E.

229 **1.** Vgl. zur **gesamtschuldnerischen Verantwortung** des übertragenden und des übernehmenden Rechtsträgers für den Inhalt des Unterrichtungsschreibens V Rdn. 52–54.

230 **2.** Vgl. zur Unterrichtung in **Textform** (§ **126b BGB**) V Rdn. 55; auch wenn durch ein Unterrichtungsschreiben im Rahmen einer Verschmelzung eine Widerspruchsfrist nicht in Gang gesetzt wird (vgl. V Rdn. 261), ist eine persönliche Unterrichtung jedes einzelnen Arbeitnehmers gegen

einen entsprechenden Nachweis zu Beweiszwecken im Falle möglicher Schadensersatzanspruchsklagen dringend anzuraten.

3. Bezüglich des **Zeitpunkts der Unterrichtung** sieht § 613a Abs. 5 BGB vor, dass die Arbeitnehmer vor dem Betriebsübergang zu unterrichten sind. Da es mangels Widerspruchsrecht die einmonatige Widerspruchsfrist bei der Unterrichtung im Falle der Verschmelzung nicht gibt, ist rechtlich unerheblich wie kurz vor dem Betriebsübergang die Unterrichtung erfolgt. Rechtlich wirksam ist auch die Unterrichtung nach dem Betriebsübergang (vgl. bspw. BT-Drucks. 14/7760, S. 20; BAG, Urt. v. 13.07.2006 – 8 AZR 305/05, NZA 2006, 1268, 1272; BAG, Urt. v. 14.12.2006 – 8 AZR 763/05, NZA 2007, 682, 686; vgl. jedoch zur möglichen Schadenersatzpflicht im Fall der Unterrichtung nach dem Betriebsübergang V Rdn. 56). Im Interesse der betroffenen Arbeitnehmer sollte das Schreiben jedoch auch bei der Verschmelzung (nicht zu knapp) vor dem Zeitpunkt des Betriebsübergangs erfolgen, am besten mit Beantragung der Eintragung im Handelsregister. 231

Vgl. zur **Ergänzung, Ersetzung und Berichtigung** des Schreibens V Rdn. 58 f. entsprechend. 232

4. Vgl. zur Möglichkeit der Versendung **standardisierter Schreiben** in deutscher Sprache sowie zu den einzelnen vom Betriebsübergang **betroffenen Arbeitnehmergruppen** V Rdn. 60–66. 233

5. Es ist dringend zu empfehlen, für jeden betroffenen Betrieb oder Betriebsteil des übertragenden Rechtsträgers ein eigenes Unterrichtungsschreiben zu verfassen. 234

6. Zum Umfang der notwendigen **Informationen über** die Identität des **übernehmenden Rechtsträgers** vgl. V Rdn. 70–72). 235

7. Gemäß § 613a Abs. 5 Nr. 2 BGB ist der **Grund des Betriebsüberganges** anzugeben. Dies ist zunächst der Rechtsgrund des Betriebsüberganges (BAG, Urt. v. 23.07.2009 – 8 AZR 538/08, NZA 2010, 89, 92). Dieser kann, wie im vorliegenden Muster, ein Verschmelzungsvertrag sein. Möglich ist aber auch ein Betriebsübergang, der beispielsweise auf einer Spaltung, einer Anwachsung oder einem Kauf- oder Pachtvertrag beruht. Zu Kettenverschmelzungsverträgen s. V Rdn. 194. 236

8. Vgl. zur notwendigen Darlegung der wirtschaftlichen Gründe und unternehmerischen Erwägungen des Unternehmers für den Betriebsübergang V Rdn. 75. 237

9. In der Praxis hat sich eingebürgert, dass das Unterrichtungsschreiben **zusätzliche**, von Gesetz oder Rechtsprechung nicht geforderte, (positive) **Informationen** über den künftigen Arbeitgeber enthält. Auch wenn es im Falle einer Verschmelzung kein Widerspruchsrecht gibt, ist es im Interesse des übernehmenden Rechtsträgers, dass die betroffenen Arbeitnehmer dem Betriebsübergang und dem neuen Arbeitgeber positiv gegenüberstehen. 238

Zu informieren sind die Arbeitnehmer über eine durch den Betriebsübergang beziehungsweise das dahinter liegende Rechtsgeschäft eintretende **Verringerung** der für die Arbeitsverhältnisse bestehenden Haftungsgrundlage (vgl. V Rdn. 76 f.). 239

10. Der Tag, an dem der übernehmende Rechtsträger die rechtlich begründete **tatsächliche Leitungsmacht** über den Betrieb im eigenen Namen erlangt, ist der Tag des Betriebsübergangs (*Grau* S. 129 m.w.N.; DLW/*Baeck/Haußmann* Kap. 3 Rn. 4156 ff.; *Hauck* NZA Beilage 1/2009, 18, 19; *Schiefer/Worzalla* NJW 2009, 558, 561; *Kleinebrink/Commandeur* FA 2009, 101, 103). 240

Im Falle der Verschmelzung ist dies regelmäßig (spätestens) der Tag der **Eintragung der Verschmelzung in das Handelsregister** des Sitzes des übernehmenden Rechtsträgers. Mit dieser Eintragung geht gemäß § 20 Abs. 1 Ziff. 1 UmwG das Vermögen des übertragenden Rechtsträgers auf den übernehmenden Rechtsträger über. Der im Verschmelzungsvertrag definierte Verschmelzungsstichtag (§ 5 Abs. 1 Ziff. 6 UmwG) hat rechtlich nichts mit dem Tag des Betriebsübergangs zu tun (vgl. Kallmeyer/*Willemsen* UmwG § 324 Rn. 13), sondern regelt den wirtschaftlichen Übergang im Innenverhältnis der beteiligten Rechtsträger. 241

242 Es ist allerdings möglich, dass die Leitungsmacht, zum Beispiel aufgrund einer entsprechenden Vereinbarung im Verschmelzungsvertrag oder einer separaten schuldrechtlichen Vereinbarung zu einem früheren Zeitpunkt, auf den übernehmenden Rechtsträger übergeht. In diesem Fall ist dieser von der Eintragung abweichende Tag der Leitungsübernahme der Tag des Betriebsübergangs, der »Übergangsstichtag« (vgl. dazu ausführlich Kallmeyer/*Willemsen* UmwG § 324 Rn. 14; Semler/Stengel/*Simon* UmwG § 324 Rn. 13). Die Arbeitnehmer sind entsprechend zu informieren.

243 Die Formulierung des § 613a Abs. 5 Ziffer 1 BGB räumt den Verfassern des Unterrichtungsschreibens die Möglichkeit ein, bei der Angabe des Zeitpunkts des Übergangs lediglich einen »**geplanten**« **Zeitpunkt** zu nennen. Von dieser Möglichkeit sollte unbedingt Gebrauch gemacht werden (so z.B. auch *Kleinebrink/Commandeur* FA 2009, 101, 103). Eine Verzögerung des Termins, z.B. aus technischen oder rechtlichen Gründen, ist immer möglich und sollte nicht zur Unrichtigkeit des Unterrichtungsschreibens führen.

244 Da bei der Verschmelzung der Zeitpunkt des Betriebsüberganges in der Regel von der Eintragung in das Handelsregister abhängig ist, reicht es aus, diesen Umstand sowie den voraussichtlichen Monat der Handelsregistereintragung zu benennen (so auch *Grau* S. 130 m.w.N.; Willemsen/*Willemsen* Unternehmensumstrukturierung Teil G Rn. 238; Semler/Stengel/*Simon* UmwG, § 423 Rn. 40).

245 **11.** In der ganz überwiegenden Anzahl von Fällen, insbesondere bei unproblematischen Sachverhalten, empfiehlt sich ein **fortlaufender Text** ohne die im Muster gewählten Überschriften. Es besteht keine Notwendigkeit zur Beifügung des **Gesetzestextes** (vgl. V Rdn. 84 ff.). Zur Verpflichtung, bei **neugegründeten Gesellschaften** auf das Sozialplanprivileg des § 112a BetrVG zu verweisen, vgl. V Rdn. 86.

246 **12.** Das BAG hat ausgeführt, dass ein Unterrichtungsschreiben, in dem nicht darauf hingewiesen wird, dass bei einem Betriebsübergang nach § 613a Abs. 1 S. 1 BGB der neue Betriebsinhaber kraft Gesetzes **in die Rechte und Pflichten** aus dem im Zeitpunkt des Übergangs bestehenden Arbeitsverhältnisses **eintritt**, unvollständig ist (BAG, Urt. v. 22.01.2009 – 8 AZR 808/07, FA 2009, 281; ebenso BAG, Urt. v. 23.07.2009 – 8 AZR 538/08, NZA 2010, 89, 93).

247 **13.** Bleibt der **Arbeitsort** unverändert bestehen, so sollten die Arbeitnehmer hierüber ebenfalls ausdrücklich informiert werden, weil dieser Umstand für sie (in aller Regel) von Bedeutung ist und im Zweifelsfall mit ausschlaggebend für die Frage sein kann, ob sie widerspruchslos auf den neuen Arbeitgeber übergehen. Verändert sich der Arbeitsort, so sind die Arbeitnehmer hierüber ebenfalls zu unterrichten, da eine solche Veränderung eine hinsichtlich der Arbeitnehmer in Aussicht genommene Maßnahme darstellt (vgl. V Rdn. 144 ff.). Zur Verlegung des Betriebes ins Ausland, vgl. V Rdn. 12.

248 **14.** Die Auswirkungen eines Betriebsübergangs auf die beim derzeitigen und künftigen Arbeitgeber geltenden **Verbandstarifverträge** sind gleich, unabhängig von der Frage, welches Rechtsgeschäft dem Betriebsübergang zugrunde liegt. Die Mitgliedschaft in einem Arbeitgeberverband geht als höchstpersönliches Recht nicht auf den neuen Arbeitgeber über (vgl. *Schnitker/Grau* ZIP 2008, 394, 401 m.w.N.; Willemsen/*Hohenstatt* Unternehmensumstrukturierung Teil E Rn. 94). Insofern wird auf die Ausführungen unter V Rdn. 90–92 verwiesen.

249 Für **Firmentarifverträge** gilt hingegen: Wird ein Betrieb im Wege der Gesamtrechtsnachfolge auf einen neuen Rechtsträger verschmolzen, übernimmt der Rechtsnachfolger sämtliche Verbindlichkeiten gemäß § 20 Abs. 1 Ziff. 1 UmwG. Die Parteistellung einer Firmentarifvertragspartei ist in diesem Sinne eine schuldrechtliche Verbindlichkeit und geht daher auf den Rechtsnachfolger über (vgl. BAG, Beschl. v. 10.06.2009 – 4 ABR 21/08, NZA 2010, 51, 52 m.w.N.; vgl. zur hieraus möglicherweise entstehenden Tarifpluralität beim übernehmenden Rechtsträger *Jacobs* NZA 2009, Beilage 1, 45, 46; ErfK/*Oetker* § 324 UmwG Rn. 4).

Es ist dementsprechend zu formulieren: 250

Alternative:

[Die bei der Ü-AG geltenden Firmentarifverträge [Bezeichnung der Firmentarifverträge] gelten unverändert auf der Grundlage fort, auf der sie zum Übergangsstichtag bestehen. Wenn Sie tarifgebunden sind, gelten sie kollektivrechtlich fort.]

15. Diese Formulierung ist zu wählen, wenn beide Arbeitgeber dem gleichen fachlichen und räumlichen Geltungsbereich angehören. Vgl. zu Alternativen V Rdn. 92–100, 107. 251

16. Die Arbeitnehmer sind darüber zu informieren, ob ihr **Betrieb** nach der Verschmelzung als solcher bestehen bleibt oder beispielsweise in einen anderen Betrieb eingegliedert oder mit einem solchen zusammengefasst wird. Auf diese Information über die Auswirkungen auf die **Betriebsstruktur** haben die Arbeitnehmer einen Anspruch, da es sich um in Aussicht genommene Maßnahmen handelt (vgl. § 613a Abs. 5 Ziff. 4 BGB). 252

17. Das Unterrichtungsschreiben sollte auch über die Auswirkungen des Betriebsübergangs auf die betroffenen **Betriebsräte** informieren, insbesondere wenn sich an der Betriebsstruktur mit dem Übergangsstichtag etwas ändert (str., vgl. dazu *Hohenstatt/Grau* NZA 2007, 13, 17 m.w.N; DLW/*Baeck/Haußmann* Kap. 3 Rn. 4200; *Schiefer/Worzalla* NJW 2009, 558, 562; *Hauck* NZA Beilage 1/2009, 18, 20; Kallmeyer/*Willemsen* UmwG § 324 Rn. 35). Das Gleiche gilt für die Auswirkungen des Betriebsübergangs auf andere Arbeitnehmervertretungen oder das Mitbestimmungsstatut. 253

Vgl. zur Darstellung der verschiedenen Auswirkungen des Betriebsübergangs und mit diesem zeitlich verbundenen Maßnahmen auf die Betriebsräte unter V Rdn. 109–115. 254

18. Wie bei Tarifverträgen ist auch die Frage der **Fortgeltung von Betriebsvereinbarungen** nach dem Betriebsübergang unabhängig davon zu beantworten, welches Rechtsgeschäft hinter dem Betriebsübergang steht. Dementsprechend kann vollumfänglich auf die unter V Rdn. 117–126 gemachten Ausführungen verwiesen werden. 255

19. Bezüglich der Frage der **Fortgeltung von Gesamt- und Konzernbetriebsvereinbarungen** wird auf V Rdn. 132–137, 199 verwiesen. 256

20. Vgl. zur **betrieblichen Altersversorgung** die Hinweise unter V Rdn. 138 f. Zusätzlich haftet die Rechtsnachfolgerin auch gemäß § 20 UmwG für die Anwartschaften und Ansprüche bereits ausgeschiedener Arbeitnehmer und Rentner. 257

21. Vgl. § 613a Abs. 3 BGB. Aufgrund des Untergangs des übertragenen Rechtsträgers haftet nach dem Betriebsübergang allein der übernehmende Rechtsträger für sämtliche Verbindlichkeiten gegenüber den Arbeitnehmern. 258

22. Zur Abgrenzung von Kündigungen »wegen des Betriebsüberganges« und »aus anderen Gründen« vgl. BAG, Urt. v. 27.10.2005 – 8 AZR 568/04, NZA 2006, 668, 672: Eine **Kündigung** ist ausgeschlossen, wenn der Betriebsübergang der tragende Grund (»wegen«) für die Kündigung ist. Das Kündigungsverbot ist nicht einschlägig, wenn es neben dem Betriebsübergang einen sachlichen Grund gibt, der »aus sich heraus« die Kündigung zu rechtfertigen vermag. Zum **Wiedereinstellungsanspruch**, wenn zum Zeitpunkt des Anspruchs der Kündigung noch nicht von einem Betriebsübergang, sondern einer Schließung des Betriebes/Betriebsteils ausgegangen wird, V Rdn. 143. 259

23. § 613a Abs. 5 Ziff. 4 BGB sieht vor, dass die Arbeitnehmer hinsichtlich der **in Aussicht genommenen Maßnahmen** zu unterrichten sind. Vgl. hierzu V Rdn. 144–146. 260

24. Das BAG hat ausdrücklich klargestellt, dass die vom Betriebsübergang betroffenen Arbeitnehmer in Fällen, in denen der übertragende Rechtsträger erlischt, **kein Widerspruchsrecht** haben 261

(BAG, Urt. v. 21.02.2008 – 8 AZR 157/07, NZA 2008, 815, 817). Mit diesem Urteil ist – zumindest für die Praxis – der Rechtsstreit über die Frage nach dem Widerspruchsrecht im Falle des Untergangs des übertragenden Rechtsträgers (vorerst) beendet (vgl. zum Rechtsstreit Semler/Stengel/*Simon* UmwG § 324 Rn. 51 ff.; *Fandel/Hausch* BB 2008, 2402; *Altenburg/Leister* NZA 2005, 15). Ein Widerspruchsrecht besteht nicht, dementsprechend ist über ein solches auch nicht zu informieren. Es ist aber mitzuteilen, dass und warum ein Widerspruchsrecht nicht besteht.

262 Um im Einklang mit dem BAG (BAG, Urt. v. 21.02.2008 – 8 AZR 157/07, NZA 2008, 815, 818) zu bleiben, wird man den Arbeitnehmern aber ein **außerordentliches Kündigungsrecht** einräumen müssen (ebenso z.B. Kallmeyer/*Willemsen* UmwG § 324 Rn. 30; *Fuhlrott/Ritz* BB 2012, 2689; *Otto/Mückl* BB 2011, 1978; *Vogt/Oltmanns* NZA 2012, 1190, 1191; *Graef* NZA 2006, 1078; Willemsen/*Willemsen* Unternehmensumstrukturierung Teil G Rn. 159). Die Zweiwochenfrist des § 626 Abs. 2 BGB gilt auch für diese Kündigung und beginnt, so das BAG (BAG, Urt. v. 21.02.2008 – 8 AZR 157/07, NZA 2008, 815, 818), ab Kenntnis des jeweiligen Arbeitnehmers von der Eintragung der zum Erlöschen des bisherigen Arbeitgebers führenden Verschmelzung in das Handelsregister der übernehmenden Gesellschaft zu laufen. Das bedeutet, dass die Kündigungserklärungsfrist vor Eintragung der Verschmelzung auch dann nicht zu laufen beginnt, wenn die Arbeitnehmer mehr als einen Monat vor dem Betriebsübergang informiert wurden und die Widerspruchsfrist also längst abgelaufen ist.

Das außerordentliche Kündigungsrecht kann ein Widerspruchsrecht nicht ersetzen, wie *Fandel/Hausch* überzeugend darlegen (*Fandel/Hausch* BB 2008, 2401, 2404). Kündigen die Arbeitnehmer erst nach dem Betriebsübergang, so ist der Arbeitgeberwechsel bereits vollzogen. Die Erklärung einer (außerordentlichen) Kündigung wirkt ex nunc, so dass – gegen den Willen des betroffenen Arbeitnehmers – ein Arbeitsverhältnis mit dem übernehmenden Rechtsträger bereits entstanden ist. Ein Widerspruch wirkt hingegen auf den Zeitpunkt des Betriebsübergangs zurück (BAG, Urt. v. 13.07.2006 – 8 AZR 305/05, NZA 2006, 1268, 1270, 1272; BAG, Urt. v. 19.02.2009 – 8 AZR 176/08, NZA 2009, 1095, 1096), so dass das Arbeitsverhältnis mit dem übernehmenden Rechtsträger gar nicht erst zustande kommt. Hinzu kommt, dass ein Widerspruch noch einen Monat nach Erhalt des Unterrichtungsschreibens, eine außerordentliche Kündigung aber nur zwei Wochen ab Kenntnis vom Kündigungsgrund ausgesprochen werden kann. Zumindest in Fällen, in denen die Unterrichtung erst nach der Eintragung der Verschmelzung in das Handelsregister der übernehmenden Gesellschaft erfolgt, ist die zweiwöchige Kündigungserklärungsfrist kürzer als die einmonatige Widerspruchsfrist und benachteiligt dementsprechend die betroffenen Arbeitnehmer (vgl. zu dieser Argumentation auch *Haas/Salamon* FA 2009, 66, 67; *Otto/Mückl* BB 2011, 1978, 1979; BAG, Urt. v. 21.02.2008 – 8 AZR 157/07, NZA 2008, 815, 818).

263 Es wird diskutiert, ob beim Nichtbestehen des Widerspruchsrechts die **Pflicht zur Unterrichtung** insgesamt **entfällt** (vgl. Kallmeyer/*Willemsen* UmwG § 324 Rn. 30; *Simon/Weninger* BB 2010, 117, 118). Dazu wird – mit Verweis auf die Gesetzesbegründung – vertreten, dass die Unterrichtungspflicht und das Widerspruchsrecht in einem wechselseitigen Bezug stünden und eine Pflicht der Arbeitgeber zur Unterrichtung nur bestünde, wenn es auch ein Widerspruchsrecht gebe. Dies solle jedenfalls dann gelten, wenn ein Betriebsrat im Unternehmen bestehe oder aufgrund der Zahl der im Betrieb beschäftigten Arbeitnehmer bestehen könnte. Mit einer Unterrichtung des Betriebsrats sei der Unterrichtungspflicht aus der europarechtlichen Vorgabe des Art. 7 Abs. 6 der Betriebsübergangsrichtlinie 2001/23/EG Genüge getan (*Simon/Weninger* BB 2010, 117, 119). Wie dargelegt, haben die betroffenen Arbeitnehmer ein außerordentliches Kündigungsrecht. Die Frage, ob sie von diesem Kündigungsrecht Gebrauch machen möchten, können sie sich allerdings nur dann beantworten, wenn sie über die Umstände des Betriebsübergangs informiert wurden (ebenso *Otto/Mückl* BB 2011, 1978). Dementsprechend ist unbedingt davon abzuraten, auf eine Unterrichtung der Arbeitnehmer zu verzichten. So lange ein solches Vorgehen nicht höchstrichterlich abgesegnet ist, muss jeder einzelne Arbeitnehmer auch im Falle der Verschmelzung vom Betriebsübergang unterrichtet werden (so auch Kallmeyer/*Willemsen* UmwG § 324 Rn. 30; *Fuhlrott/Ritz* BB 2012, 2689). Die Gefahr von Schadensersatzansprüchen der Arbeitnehmer gegen

den übernehmenden Rechtsträger ist zu groß. Es wäre allerdings zu diskutieren, ob das Unterrichtungsschreiben die strengen Anforderungen, die für das Unterrichtungsschreiben gelten, erfüllen muss.

Besteht somit eine Unterrichtungspflicht auch im Falle des Nichtbestehens des Widerspruchsrechts, so ist folgerichtig (wenn auch wohl noch praxisfremd), dass die Arbeitnehmer über das außerordentliche Kündigungsrecht zu informieren sind (vgl. *Haas/Salamon* FA 2009, 66, 69). Formuliert werden könnte:

Ergänzend:

[Sie haben das Recht, Ihr Arbeitsverhältnis innerhalb von zwei Wochen ab dem Zeitpunkt, zu dem Sie Kenntnis von der Eintragung der Verschmelzung in das Handelsregister der Ü-GmbH erhalten haben, außerordentlich zu kündigen. Die Kündigung ist schriftlich gegenüber der Ü-GmbH zu erklären. Wir weisen darauf hin, dass die Kündigung eine Sperrzeit gem. § 144 Abs. 1 Ziff. 1 SGB III nach sich ziehen kann.]

Zum möglichen Eintritt der Sperrzeit wegen Kündigung des Arbeitsverhältnisses durch den Arbeitnehmer vgl. *Altenburg/Leister* NZA 2005, 15, 23. **264**

25. Den Arbeitnehmer trifft die **Obliegenheit zu weiteren Erkundigungen** im Zusammenhang mit dem Betriebsübergang (*Meyer* DB 2007, 858, 859). Wird den betroffenen Arbeitnehmern angeboten, dass sie sich bei Rückfragen an den alten oder den neuen Arbeitgeber wenden können, soll dies für die Bewertung einer ordnungsgemäßen Unterrichtung berücksichtigt werden (*Meyer* DB 2007, 858, 860). **265**

26. Diese Formulierung sollte nur in das Unterrichtungsschreiben aufgenommen werden, wenn sie zur Stimmung in den beteiligten Betrieben passt. In solchen Fällen kann sie die Akzeptanz für den Betriebsübergang weiter steigern. Eine rechtliche Notwendigkeit für diesen Absatz besteht nicht. **266**

27. Dem Unterrichtungsschreiben ist ein **Empfangsbekenntnis** beizufügen. Vgl. diesbezüglich V Rdn. 154 f. **267**

28. Zum **räumlichen Abschluss des Schreibens** vgl. V Rdn. 157. **268**

29. Vgl. die Ausführungen zum Empfangsbekenntnis in V Rdn. 154 f. **269**

III. Gesamtrechtsnachfolge Umwandlung (Spaltung)

Die Spaltung nach dem Umwandlungsgesetz ist dadurch gekennzeichnet, dass aus einem Rechtsträger unter Aufteilung seines Vermögens mehrere Rechtsträger entstehen. Die Spaltung vollzieht sich in der Weise, dass Vermögensteile eines Rechtsträgers von diesem (übertragender Rechtsträger) auf einen oder mehrere andere Rechtsträger übergehen. Das entscheidende Merkmal der Umwandlung ist die Entbehrlichkeit der Einzelrechtsübertragung (Happ/*Simon* Muster 10.01 Anm. 1.1). Dieses Merkmal gilt für alle Spaltungsarten. In den Definitionen des § 123 UmwG kommt dies durchgehend in der Formulierung der Übertragung von Vermögensteilen »als Gesamtheit« zum Ausdruck. Der Unterschied im Gesetzeswortlaut zur Verschmelzung (Übertragung des Vermögens »als Ganzes«) ist darin begründet, dass bei der Spaltung nicht das ganze Vermögen, sondern ein bestimmter Teil übertragen wird. Deshalb spricht man auch von partieller Gesamtrechtsnachfolge. Begriffsmerkmal der Spaltung ist die Gewährung von Anteilen an die Anteilsinhaber des übertragenden Rechtsträgers. Es gibt drei Grundformen der Spaltung. Die **Aufspaltung** (§ 123 Abs. 1 UmwG) ist dadurch gekennzeichnet, dass der übertragende Rechtsträger alle Vermögensteile, also sein ganzes Vermögen, auf andere (übernehmende oder neue) Rechtsträger unter Auflösung ohne Abwicklung überträgt. Dabei erlischt der übertragende Rechtsträger. Die **Abspaltung** (§ 123 Abs. 2 UmwG) ist dadurch gekennzeichnet, dass nicht alle Vermögensteile übertra- **270**

V. Der Übergang des Arbeitsverhältnisses

gen werden und dass der übertragende Rechtsträger nicht erlischt. Die **Ausgliederung** (§ 123 Abs. 3 UmwG) ist dadurch gekennzeichnet, dass der übertragende Rechtsträger Vermögensteile überträgt und die Anteilsgewährung nicht an seine Anteilseigner, sondern an ihn selbst erfolgt; der (übernehmende oder neue) Rechtsträger wird damit praktisch Tochtergesellschaft des übertragenden Rechtsträgers selbst. Der übertragende Rechtsträger kann auch alle Vermögensteile übertragen, so dass sein Vermögen nach der Ausgliederung nur noch aus Anteilen an den übernehmenden Rechtsträgern besteht, er also zur reinen Holding wird (Kallmeyer/*Kallmeyer/Sickinger* UmwG § 123 Rn. 12 m.w.N.).

1. Aufspaltungs- und Übernahmevertrag (Spaltungsplan) nach §§ 126, 136 UmwG

Vorbemerkung

271 Bei der Aufspaltung geht das gesamte Vermögen des übertragenden (aufspaltenden) Rechtsträgers auf andere Rechtsträger gegen Gewährung von Anteilen dieser Rechtsträger an die Gesellschafter des aufspaltenden Rechtsträgers über. Der aufspaltende Rechtsträger erlischt. Wird auf bestehende Rechtsträger übertragen (Aufnahme), ist ein Spaltungs- und Übernahmevertrag abzuschließen. Wird auf neu zu gründende Rechtsträger übertragen (Neugründung), ist ein Spaltungsplan aufzustellen, da es für einen Vertragsschluss am nötigen Vertragspartner fehlt. Eine Kombination ist möglich. Werden Aufspaltung zur Aufnahme und zur Neugründung verbunden (§ 123 Abs. 4 UmwG), müssen Vertrag und Plan in einer Niederschrift enthalten sein (*Heidenhain* NJW 1995, 2873, 2874). Soweit nicht besonders geregelt, gelten für den Spaltungs- und Übernahmevertrag nach § 125 UmwG die Vorschriften über die Verschmelzung entsprechend. Dem Muster liegt die Aufspaltung der A-AG zugrunde. Sie überträgt ihren Betrieb X an die bereits bestehende B-AG und ihren Betrieb Y an die zu gründende C-AG. Alle Unternehmen sind im gleichen Arbeitgeberverband, bzw. werden diesem beitreten. Der Betrieb X wird in einen bei der B-AG bestehenden Betrieb organisatorisch eingegliedert. Der Betrieb Y bleibt in seiner Identität erhalten. Weitere Maßnahmen in Bezug auf die Arbeitsverhältnisse sind nicht vorgesehen.

▶ **Muster – Aufspaltungs- und Übernahmevertrag (Spaltungsplan) nach § 126, 136 UmwG**

272 Aufspaltungs- und Übernahmevertrag –

Spaltungsplan nach §§ 126, 136 UmwG

(bedarf notarieller Beurkundung) [1]

Aufspaltungs- und Übernahmevertrag

Zwischen

der [Name des übertragenden Unternehmens; z.B. A-Aktiengesellschaft] ([die im Muster verwendete Abkürzung einfügen; hier z.B. (A-AG)])

und

der [Name des bereits bestehenden übernehmenden Unternehmens; z.B. B-Aktiengesellschaft] [die im Muster verwendete Abkürzung einfügen; hier z.B. (B-AG)]

verbunden mit dem Spaltungsplan der A-Aktiengesellschaft für die neu zu gründende [Name des neuzugründenden übernehmenden Unternehmens; hier z.B. C-Aktiengesellschaft] [die im Muster verwendete Abkürzung einfügen; hier z.B. (C-AG)] [2]

§ 1 Aufspaltung, Aufspaltungsstichtag, Bilanz

(1) Die A-AG als übertragender Rechtsträger überträgt ihr Vermögen unter Auflösung ohne Abwicklung durch gleichzeitige Übertragung der Vermögensteile der Gesellschaft gemäß § 123

Abs. 1 Nrn. 1 und 2 UmwG jeweils als Gesamtheit auf die B-AG sowie die von ihr neu zu gründende C-AG als übernehmende Rechtsträger gegen Gewährung von Anteilen dieser Gesellschaften an die Aktionäre der A-AG (Aufspaltung zur Aufnahme und Neugründung).

(2) Aufspaltungsstichtag

(3) Bilanz

§ 2 Vermögensübertragung auf die B-AG [3]

(1) Die A-AG überträgt den von ihr unterhaltenen Betrieb X mit allen Aktiva und Passiva einschließlich der in diesem Vertrag besonders aufgeführten Gegenstände auf die B-AG. Alle Arbeitsverhältnisse, die dem Betrieb X zuzuordnen sind, gehen nach § 613a Abs. 1 S. 1 BGB i.V.m. § 324 UmwG auf die A-AG über.

(2) Die A-AG überträgt auf die B-AG sämtliche unmittelbar oder mittelbar dem Betrieb X rechtlich oder wirtschaftlich zuzuordnenden Gegenstände des Aktivvermögens, insbesondere:

[Bezeichnung der Gegenstände]

Die wesentlichen Gegenstände, die von der A-AG auf die B-AG übertragen werden, sind in Anlage 1 zu diesem Vertrag näher aufgeführt.

(3) Die B-AG übernimmt sämtliche unmittelbar oder mittelbar dem Betrieb X rechtlich zuzuordnenden, gegenwärtigen und zukünftigen, bekannten und unbekannten Verbindlichkeiten. Die wesentlichen Verbindlichkeiten sind in Anlage 2 zu diesem Vertrag aufgeführt.

§ 3 Vermögensübertragung auf die C-AG

(1) Die A-AG überträgt den von ihr unterhaltenen Betrieb Y mit allen Aktiva und Passiva auf die C-AG. Alle Arbeitsverhältnisse, die dem Betrieb Y zuzuordnen sind, gehen nach § 613a Abs. 1 S. 1 BGB i.V.m. § 324 UmwG auf die C-AG über.

(2) Die A-AG überträgt auf die C-AG sämtliche unmittelbar oder mittelbar dem Betrieb Y rechtlich oder wirtschaftlich zuzuordnenden Gegenstände des Aktivvermögens, insbesondere:

[Bezeichnung der Gegenstände]

Die wesentlichen Gegenstände, die von der A-AG auf die C-AG übertragen werden, sind in Anlage 3 zu diesem Vertrag näher aufgeführt.

(3) Die C-AG übernimmt sämtliche unmittelbar oder mittelbar dem Betrieb Y rechtlich oder wirtschaftlich zuzuordnenden gegenwärtigen und zukünftigen, bekannten und unbekannten Verbindlichkeiten der A-AG. Die wesentlichen Verbindlichkeiten sind in Anlage 4 zu diesem Vertrag aufgeführt.

§ 4 Nicht zugeordnete Gegenstände und Verbindlichkeiten, Erlöschen von Rechtsverhältnissen, Innenausgleich und Gläubigerschutz

[Regelung bei Bedarf einfügen]

§ 5 Folgen für die Arbeitnehmer und ihre Vertretungen [4]

(1) Die Arbeitsverhältnisse der Arbeitnehmer der A-AG gehen nach Maßgabe der §§ 2 und 3 dieses Vertrags gemäß § 613a Abs. 1 S. 1 BGB mit allen Rechten und Pflichten auf die B-AG und die C-AG über.

(2) Der auf die B-AG übertragene Betrieb X verfügt über einen Betriebsrat. Der Betrieb X wird in den bestehenden größeren Betrieb der B-AG am gleichen Standort eingegliedert. Er verliert dadurch seine Identität. Sein Betriebsrat erlischt. Zuständig wird der Betriebsrat der B-AG. Die Betriebsvereinbarungen im Betrieb X gelten transformiert in Individualrecht weiter und können innerhalb eines Jahres nach dem Übergang nicht verändert werden, es sei denn die Regelungen werden durch Betriebsvereinbarungen der B-AG mit gleichem Regelungsinhalt verdrängt. Der Gesamtbetriebsrat der A-AG erlischt.

V. Der Übergang des Arbeitsverhältnisses

(3) Der auf die C-AG übertragene Betrieb Y verfügt über einen eigenen Betriebsrat. Der Betrieb Y bleibt unverändert bestehen. Der Betriebsrat bleibt ebenfalls im Amt. Die Betriebsvereinbarungen im Betrieb Y gelten kollektivrechtlich fort.

(4) Die gesamtschuldnerische fünfjährige Nachhaftung gemäß § 133 Abs. 3 UmwG wird gemäß § 133 Abs. 3 S. 2 UmwG für vor dem Wirksamwerden der Spaltung begründete Versorgungsverpflichtungen auf Grund des Betriebsrentengesetzes auf 10 Jahre verlängert. [5]

(5) Die A-AG und die B-AG sind Mitglied des gleichen Arbeitgeberverbands. Es ist vorgesehen, dass die neu gegründete C-AG ebenfalls diesem Arbeitgeberverband beitritt.

(6) Wegen der Aufspaltung darf seitens der Gesellschaften gemäß § 613a Abs. 4 BGB nicht gekündigt werden. Eine Kündigung aus anderen Gründen auszusprechen, bleibt gemäß § 613a Abs. 4 S. 2 BGB unberührt.

(7) Die Parteien werden im Zusammenhang mit dem Übergang der Arbeitsverhältnisse der Arbeitnehmer der A-AG, soweit in diesem Vertrag nicht ausdrücklich etwas anderes vorgesehen ist, keine Maßnahmen irgendwelcher Art treffen, die sich auf die Arbeitnehmer der A-AG oder deren Vertretungen auswirken.

(8) Die Unternehmensaufspaltung führt nicht zu einer Betriebsaufspaltung gemäß § 111 S. 3 BetrVG, weil die Betriebe X und Y bereits vor der Umwandlung selbständig geführt wurden. Jedoch ist die geplante Eingliederung des Betriebs X in den größeren Betrieb der B-AG eine Zusammenlegung von Betrieben gemäß § 111 S. 3 Nr. 3 BetrVG und somit eine Betriebsänderung. Die A-AG unterrichtet deshalb rechtzeitig den Wirtschaftsausschuss gemäß § 106 Absatz 3 Nr. 8 BetrVG und den Betriebsrat des Betriebs X über die Zusammenlegung mit dem Ziel des Abschlusses eines Interessenausgleichs. Da materielle Nachteile nicht zu erwarten sind, ist ein Sozialplan voraussichtlich nicht erforderlich. Eine Harmonisierung von Arbeitsbedingungen wird von der B-AG erst nach der Umwandlung nach weiterer Prüfung angestrebt und gegebenenfalls mit dem dortigen Betriebsrat beraten.

(9) Der Aufsichtsrat der A-AG erlischt. Der Aufsichtsrat der B-AG verändert sich aufgrund der relativ geringen Arbeitnehmerzahl des Betriebs X nicht. Die C-AG wird einen Aufsichtsrat nach dem Drittelbeteiligungsgesetz einrichten.

(10) Die übergehenden Arbeitnehmer werden gemäß § 613a Abs. 5 BGB i.V.m. § 324 UmwG schriftlich über die Gründe und die Folgen der Aufspaltung unterrichtet. Ein Widerspruchsrecht gemäß § 613a Abs. 6 BGB besteht nicht, weil der übertragende Rechtsträger erlischt. [6]

§ 6 Gegenleistung, Kapitalerhöhung [7]

...

§ 7 Treuhänder

...

§ 8 Aktionäre

...

§ 9 Gründung der C-AG [8]

Die A-AG errichtet hiermit eine Aktiengesellschaft unter der Firma C-Aktiengesellschaft und stellt die dieser Niederschrift als Anlage beigefügte Satzung fest. Zu Mitgliedern des ersten Aufsichtsrats werden _____, [Namen, Berufe, Privatanschriften] bestellt für die Zeit bis zur Beendigung der Hauptversammlung, die über die Entlastung des Aufsichtsrats für das am ____[Datum]____ endende Rumpfgeschäftsjahr beschließt. Die ____[Name]____ Wirtschaftsprüfungsgesellschaft in ____[Ort]____ wird zum Abschlussprüfer für das Rumpfgeschäftsjahr bestellt.

§ 10 Wirksamkeit

Die Satzung der C-AG wird nur wirksam, wenn ihr die Hauptversammlung der A-AG durch Beschluss zustimmt.

§ 11 Besondere Rechte und Vorteile

...

§ 12 Mitwirkungspflichten, Grundbucherklärungen

...

§ 13 Zuleitung an die Betriebsräte [9]

Der Vorstand der A-AG wird je eine beglaubigte Abschrift dieses Vertrages und Spaltungsplans den Betriebsräten der an der Spaltung beteiligten Gesellschaften A-AG und B-AG unverzüglich zuleiten.

§ 14 Unterrichtung der Gesellschafter

...

§ 15 Zustimmung der Hauptversammlungen [10]

Der in dieser Niederschrift enthaltene Aufspaltungs- und Übernahmevertrag, verbunden mit dem Spaltungsplan der A-AG, bedarf der Zustimmung der Hauptversammlungen der A-AG und der B-AG. Sollten die Zustimmungen der Hauptversammlungen dieser Gesellschaften nicht bis zum ____[Datum]____ vorliegen und die Spaltung nicht bis zum ____[Datum]____ in das Handelsregister der A-AG eingetragen sein, gelten dieser Aufspaltungs- und Übernahmevertrag und Spaltungsplan der A-AG als nicht abgeschlossen.

§ 16 Kosten

...

§ 17 Sonstiges

...

Notarielle Schlussformel

Erläuterungen

Schrifttum

Buchner/Schlobach Die Auswirkung der Umwandlung von Gesellschaften auf die Rechtsstellung ihrer Organpersonen, GmbHR 2004, 1; *Bungert* Darstellungsweise und Überprüfbarkeit der Angaben über Arbeitnehmerfolgen im Umwandlungsvertrag, DB 1997, 897; *Gaul/Otto* Konsequenzen einer Spaltung nach § 123 UmwG für Firmentarifverträge, BB 2014, 500 ff.; *Heidenhain* Spaltungsvertrag und Spaltungsplan, NJW 1995, 2873; *Klemm/Frank* Betriebsrentenrechtliche Fallstricke bei M&A Transaktionen, BB 2013, 2741 ff.; *Rolfs* Die betriebliche Altersversorgung beim Betriebsübergang, NZA-Beilage 4/2008, 164 ff.

1. Der Aufspaltungs- und Übernahmevertrag mit integriertem Spaltungsplan bedarf der notariellen **Beurkundung**. Soweit nicht besonders geregelt, gelten für den Spaltungs- und Übernahmevertrag gemäß § 125 UmwG die Vorschriften über die Verschmelzung entsprechend.

2. Die inhaltlichen Anforderungen ergeben sich aus § 126 UmwG. Der Spaltungs- und Übernahmevertrag bedarf nach §§ 125 i.V.m. 13 UmwG der Zustimmung der Anteilsinhaber aller an der Spaltung beteiligten Rechtsträger. Werden bei der Aufspaltung alle übernehmenden Rechtsträger neu gegründet, so tritt an die Stelle des Spaltungs- und Übernahmevertrags lediglich der **Spal-**

V. Der Übergang des Arbeitsverhältnisses

tungsplan (§ 136 S. 2 UmwG). Hierbei handelt es sich um eine einseitige empfangsbedürftige Willenserklärung des übertragenden Rechtsträgers (Kallmeyer/*Kallmeyer* § 136 Rn. 1). Inhaltlich entspricht der Spaltungsplan dem Spaltungs- und Übernahmevertrag gemäß §§ 136, 126, 125 UmwG.

275 **3.** Der Spaltungs- und Übernahmevertrag muss nach § 126 Abs. 1 Nr. 9 UmwG »die genaue **Bezeichnung und Aufteilung** der Gegenstände des Aktiv- und Passivvermögens, die an jeden übernehmenden Rechtsträger übertragen werden sowie der übergehenden Betriebe und Betriebsteile unter Zuordnung zu den übernehmenden Rechtsträgern« enthalten. Die genaue Bezeichnung muss klar und deutlich erfolgen, es genügt aber Bestimmbarkeit. Wird ein Betrieb oder Teilbetrieb übertragen, sollte generalklauselartig festgelegt werden, dass alle wirtschaftlich dazu gehörigen Gegenstände des materiellen und immateriellen Anlage- und Umlaufvermögens übertragen werden. Bei Grundstücken und grundstücksgleichen Rechten ist gemäß § 28 GBO eine genaue Bezeichnung erforderlich gemäß § 126 Abs. 2 S. 2 UmwG.

276 **4.** Die bei dem übertragenden Rechtsträger bestehenden **Arbeitsverhältnisse** gehen mit allen Rechten und Pflichten gemäß § 324 UmwG i.V.m. § 613a BGB im Zeitpunkt der Eintragung der Spaltung (§ 131 Abs. 1 UmwG) auf den jeweiligen Betrieb oder Betriebsteil des übernehmenden Rechtsträgers über. Der Übergang richtet sich daher nach § 613a BGB, auf den als Rechtsgrund verwiesen wird (Kallmeyer/*Willemsen* UmwG § 324 Rn. 2; DLW/*Baeck/Haußmann* Kap. 3 Rn. 4037). Dienstverträge von Vorstandsmitgliedern (oder Geschäftsführern) werden von § 613a BGB nicht erfasst, können aber nach § 131 Abs. 3 UmwG übergehen, wenn sich eine Zuordnung durch Vertragsauslegung ergibt (MünchVHdb GesellR/*Heidenhain/Rosengarten* Muster XII, 1, Anm. 17; Lutter/*Teichmann* UmwG § 131 Abs. 3 UmwG). Bleiben die Betriebe unverändert bestehen, wahren sie ihre Identität. Ein Betriebsrat bleibt bestehen und Betriebsvereinbarungen gelten unverändert kollektivrechtlich fort, wie in Beispiel C-AG vorgesehen. Wird aber der Betrieb oder Teilbetrieb vom aufnehmenden Rechtsträger in einen vorhandenen größeren Betrieb eingegliedert wie im Beispiel B-AG, erlischt der alte Betriebsrat, die Vertretung übernimmt der Betriebsrat des eingliedernden Betriebs. Betriebsvereinbarungen transformieren in Individualrecht des einzelnen Arbeitnehmers und dürfen für ein Jahr nicht zum Nachteil des Arbeitnehmers verändert werden, es sei denn, der gleiche Regelungsinhalt ist oder wird auch im aufnehmenden Betrieb in einer Betriebsvereinbarung geregelt, die das transformierte Recht verdrängt (ausführlich DLW/*Baeck/Haußmann* Kap. 3 Rn. 4250, 4263 ff.; dazu auch ausführlich *Gaul/Otto* BB 2014, 500). Gemäß § 325 Abs. 2 UmwG kann durch Betriebsvereinbarung oder Tarifvertrag geregelt werden, dass Rechte und Beteiligungsrechte des Betriebsrats unverändert fortgelten. Gemäß § 126 Abs. 1 Nr. 1 UmwG muss der Spaltungs- und Übernahmevertrag und nach § 136 i.V.m. § 126 UmwG auch der Spaltungsplan Angaben über die Folgen der Spaltung für die Arbeitnehmer und ihre Vertretungen sowie die insoweit vorgesehenen Maßnahmen enthalten. Dies betrifft im Wesentlichen die vergleichbaren Angaben im Verschmelzungsvertrag nach § 5 Absatz 1 Nr. 9 UmwG (siehe Muster V.II.1 – V Rdn. 188) sowie im Unterrichtungsschreiben an die Arbeitnehmer gemäß § 613a Abs. 5 BGB (siehe V.II.5 – V Rdn. 227), also insbesondere Angaben über die Aufteilung und Neuzuordnung von Betrieben und Betriebsteilen, die Existenz und den Fortbestand von Betriebsräten, Gesamt- und Konzernbetriebsräten, Wirtschafts- und Sprecherausschüssen und mögliche Auswirkungen auf Tarifverträge und Betriebsvereinbarungen. Weiterhin sind Angaben zur Änderung der Unternehmensmitbestimmung erforderlich. (Vergleiche Anmerkungen zur Verschmelzung.) Von der Rechtsnachfolge ausgeschlossen sind lediglich höchstpersönliche Rechte und Pflichten. Deshalb können Mitgliedschaften in Arbeitgeberverbänden und damit die kollektive Geltung von Flächentarifverträgen nicht ohne weiteres übergehen. Anders ist es mit Firmentarifverträgen, wenn diese sich zuordnen lassen. Die Stellung als Arbeitgeber und Vertragspartner eines Firmentarifvertrags gilt nicht als schützenswertes höchstpersönliches Recht. Der Firmentarifvertrag verdrängt wegen seiner Spezialität einen Flächentarif mit gleichem Regelungsinhalt und gilt kollektiv weiter (DLW/*Baeck/Haußmann* Kap. 3 Rn. 4270; vgl. dazu ausführlich *Gaul/Otto* BB 2014, 500 ff.). Wegen der Aufspaltung darf gemäß § 613a Absatz 4 BGB i.V.m § 324 UmwG arbeitgeberseitig nicht gekündigt werden, aus anderen Gründen allerdings schon. Es gilt insofern

das zum Betriebsübergang und zur Verschmelzung Gesagte (V.I.4 – V Rdn. 142; V.II.1 – V Rdn. 201). Abweichend davon ist die kündigungsschutzrechtliche Stellung der Arbeitnehmer der übertragenden Rechtsträgerin insofern geschützt, als sie sich gemäß § 323 Absatz 1 UmwG auf Grund der Spaltung für die Dauer von zwei Jahren ab dem Zeitpunkt des Wirksamwerdens nicht verschlechtert. Gemeint ist damit allerdings nur die Sicherung des Schwellenwertes nach § 23 Absatz 1 KSchG, also die Erhaltung des gesetzlichen Kündigungsschutzes trotz Absinkens der Beschäftigungszahl (vgl. Kallmeyer/*Willemsen* UmwG § 323 Rn. 11 m.w.N.; BAG, Beschl. v. 15.02.2007 – 8 AZR 397/06, AP Nr. 38 zu § 23 KSchG; a.A. *Wlotzke* DB 1995, 40, 44).

5.   Anders als bei der Verschmelzung nach § 20 UmwG verbleiben nach der Aufspaltung gemäß § 131 UmwG mehrere Rechtsträger, vorliegend die B-AG und die C-AG. Die aus der Aufspaltung hervorgehenden Gesellschaften haften für die Verbindlichkeiten des übertragenden Rechtsträgers, die vor dem Wirksamwerden der Spaltung begründet wurden, als **Gesamtschuldner** nach § 133 Abs. 1 S. 1 UmwG. Ist für das Innenverhältnis keine Vereinbarung getroffen worden, gilt § 426 Abs. 1 BGB. Das gilt auch für arbeitsrechtliche und betriebsrentenrechtliche Verbindlichkeiten (Kallmeyer/*Kallmeyer/Sickinger* UmwG § 133 Rn. 8). Die gesamtschuldnerische Haftung eines beteiligten Rechtsträgers bezieht sich jeweils auf die den anderen Rechtsträgern zugewiesenen Verbindlichkeiten. Für die Haftungsregelungen des § 613a Absatz 2 BGB ist daher kein Raum. Die gesamtschuldnerische Haftung für Verbindlichkeiten, die nicht dem betreffenden Rechtsträger zugewiesen wurden, ist zeitlich begrenzt auf fünf Jahre. Diese zeitliche Begrenzung ist für Versorgungsansprüche nach dem Betriebsrentengesetz gemäß § 133 Abs. 3 UmwG auf 10 Jahre verlängert (Kallmeyer/*Kallmeyer/Sickinger* UmwG § 133 Rn. 19). 277

6.   Die Unterrichtung der Mitarbeiter nach § 613a Absatz 5 BGB i.V.m § 324 UmwG ist vergleichbar mit der Unterrichtung im Zusammenhang mit der Verschmelzung (V Rdn. 227). Es besteht bei der Aufspaltung kein Widerspruchsrecht nach § 613a Absatz 6 BGB, weil der übertragende Rechtsträger, also vorliegend die A-AG, erlischt (vgl. BAG, Beschl. v. 21.02.2008 – 8 AZR 157/07, ZIP 2009, 1296, 1298; Kallmeyer/*Willemsen* UmwG § 324 Rn. 44). Unter Umständen kommt wie bei der Verschmelzung eine außerordentliche Kündigung in Betracht (s. V Rdn. 262). 278

7.   Da die Anteilsinhaber des übertragenden Rechtsträgers mit dessen Erlöschen durch die Aufspaltung ihre Anteile verlieren, erhalten sie grundsätzlich **Anteile** an den übernehmenden Rechtsträgern oder eine Barabfindung (Happ/*Simon* Muster 10.01 Anm. 2.2). Damit an die Anteilsinhaber des übertragenden Rechtsträgers Anteile an einem bestehenden Rechtsträger ausgegeben werden können, ist in der Regel eine **Kapitalerhöhung** des übernehmenden Rechtsträgers erforderlich. 279

8.   Die übertragende Gesellschaft ist Gründerin der neuen Gesellschaft nach § 135 Abs. 2 S. 2 UmwG. Der in den Spaltungs- und Übernahmevertrag integrierte Spaltungsplan muss den **Gesellschaftsvertrag** der neu zu gründenden Gesellschaft enthalten bzw. feststellen gemäß §§ 125 S. 1, 37 UmwG. Dieser wird wirksam, wenn die Anteilseigner der übertragenden Gesellschaft zugestimmt haben. 280

9.   Der Vertrag oder sein Entwurf, beim isolierten Spaltungsplan dieser, muss gemäß § 126 Abs. 3 UmwG spätestens einen Monat vor der Beschlussfassung der Anteilseigner gemäß §§ 125, 13 UmwG den zuständigen Betriebsräten der abgebenden und der übernehmenden Gesellschaften **zugeleitet** werden. (Vgl. dazu die Verschmelzungsanmerkung V Rdn. 208 ff.). 281

10.   Neben der Aufspaltung bestehen weiter die Möglichkeiten der Abspaltung und der Ausgliederung. Auch diese Alternativen sind jeweils zur Aufnahme oder zur Neugründung möglich. Im Vergleich zur Aufspaltung sind folgende Alternativen zu den arbeitsrechtlichen Angaben erforderlich. 282

V. Der Übergang des Arbeitsverhältnisses

2. Abspaltungs- und Übernahmevertrag nach § 126 UmwG

Vorbemerkung

283 Bei der Abspaltung spaltet der übertragende Rechtsträger einen Teil seines Vermögens ab und überträgt diesen als Gesamtheit auf einen oder mehrere Rechtsträger zur Aufnahme oder zur Neugründung. Anders als bei der Aufspaltung bleibt der übertragende Rechtsträger bestehen. Vorliegend wird von einer Abspaltung zur Aufnahme auf einen bestehenden Rechtsträger ausgegangen. Der abgespaltene und übertragene Betrieb wird separat weitergeführt. Das Muster enthält nur die für das arbeitsrechtliche Verständnis erheblichen Regeln.

▶ **Muster – Abspaltungs- und Übernahmevertrag**

284

Abspaltungs- und Übernahmevertrag

nach § 126 UmwG

(bedarf notarieller Beurkundung)

Abspaltungs- und Übernahmevertrag

zwischen

der [Name, hier z.B. A-Aktiengesellschaft] ([die im Muster verwendete Abkürzung einfügen; hier z.B. (A-AG)])

und

der [Name, hier z.B. B-Aktiengesellschaft] ([die im Muster verwendete Abkürzung einfügen; hier z.B. (B-AG)])

§ 1 Abspaltung

(1) Die A-AG als übertragender Rechtsträger überträgt im Wege der Abspaltung zur Aufnahme gemäß § 123 Abs. 2 Nr. 1 UmwG den in § 2 dieses Vertrags beschriebenen Teil ihres Vermögens (das »abzuspaltende Vermögen«) mit allen Rechten und Pflichten als Gesamtheit auf die B-AG als aufnehmende Gesellschaft gegen Gewährung von Anteilen der B-AG an die Anteilsinhaber der A-AG im Verhältnis ihrer bisherigen Beteiligung an der A-AG.

§ 2 Abzuspaltendes Vermögen

– ...
– der in Anlage 1 näher bezeichnete Betrieb X einschließlich der Betriebseinrichtung des Bürogebäudes am Standort ____[Ort]____, allerdings ohne das Betriebsgrundstück
– die dem Betrieb X zuzuordnenden Arbeitnehmer sowie sämtliche Rechte und Pflichten aus deren Arbeitsverhältnissen

...

§ 5 Folgen für die Arbeitnehmer und ihre Vertretungen [1]

(1) Mit Wirksamwerden der Abspaltung gehen die in Anlage 1 erfassten Arbeitsverhältnisse nach Maßgabe der Regelungen in § 2 mit allen Rechten und Pflichten auf die B-AG über gemäß § 613a Abs. 1 S. 1 BGB i.V.m. § 324 UmwG.

(2) Der auf die B-AG übertragene Betrieb X verfügt über einen Betriebsrat. Der Betrieb wird von der B-AG separat weitergeführt. Der Betriebsrat bleibt bestehen. Die Betriebsvereinbarungen gelten kollektivrechtlich fort. Bisherige Konzern- und Gesamtbetriebsvereinbarungen gelten als Einzelbetriebsvereinbarungen fort, soweit sie im Betrieb X weiterhin sinnvoll anwendbar sind und nicht durch Konzern- oder Gesamtbetriebsvereinbarungen der B-AG mit gleichem Regelungsinhalt verdrängt werden.

(3) Die A-AG und die B-AG sind Mitglieder des gleichen Arbeitgeberverbands. Die Tarifverträge gelten kollektivrechtlich fort.

(4) Die gesamtschuldnerische fünfjährige Nachhaftung gemäß § 133 Abs. 3 UmwG wird gemäß § 133 Abs. 3 S. 2 UmwG für vor dem Wirksamwerden der Abspaltung begründete Versorgungsverpflichtungen auf Grund des Betriebsrentengesetzes auf 10 Jahre verlängert. [2]

...

(10) Die übergehenden Arbeitnehmer werden gemäß § 613a Abs. 5 BGB i.V.m. § 324 UmwG schriftlich oder in Textform über die Gründe und die Folgen der Abspaltung unterrichtet. Sie können dem Übergang ihres Arbeitsverhältnisses innerhalb eines Monats nach Zugang der Unterrichtung schriftlich widersprechen. Der Widerspruch [3] kann gegenüber beiden beteiligten Gesellschaften ausgesprochen werden. Ein Widerspruch würde dazu führen, dass das Arbeitsverhältnis nicht übergeht, sondern bei der A-AG verbleibt. Mangels Beschäftigungsmöglichkeit müsste die A-AG allerdings aller Voraussicht nach betriebsbedingt kündigen.

...

§ 13 Zuleitung an die Betriebsräte

Die Vorstände der A-AG und der B-AG werden je eine beglaubigte Abschrift dieses Vertrags den zuständigen Betriebsräten der an der Abspaltung beteiligten Gesellschaften A-AG und B-AG unverzüglich zuleiten. [4]

...

Notarielle Schlussformel

Erläuterungen

Schrifttum

Buchner/Schlobach Die Auswirkung der Umwandlung von Gesellschaften auf die Rechtsstellung ihrer Organpersonen, GmbHR 2004, 1; *Bungert* Darstellungsweise und Überprüfbarkeit der Angaben über Arbeitnehmererfolgen im Umwandlungsvertrag, DB 1997, 897; *Heidenhain* Spaltungsvertrag und Spaltungsplan, NJW 1995, 2873.

1. Die **Folgen** der Abspaltung für die Arbeitnehmer und ihre Vertretungen sind im Wesentlichen der Aufspaltung nachgebildet mit wenigen allerdings erheblichen Abweichungen. 285

2. Die fünfjährige bzw. zehnjährige **gesamtschuldnerische Nachhaftung** gemäß § 133 UmwG betrifft die A-AG, welche weiterhin für die vor Wirksamwerden der Abspaltung begründeten Ansprüche und Betriebsrentenansprüche mithaftet. Für die der A-AG zugewiesenen Verbindlichkeiten haftet die B-AG als Gesamtschuldnerin gemäß § 133 UmwG. 286

3. Der **Widerspruch** gegen den Übergang des Arbeitsverhältnisses ist abweichend von der Aufspaltung innerhalb eines Monats nach korrekter Unterrichtung möglich, da die A-AG als der übertragende Rechtsträger nicht erlischt, sondern weiterbesteht, also das betreffende Arbeitsverhältnis theoretisch fortsetzen kann. Da die Funktion jedoch abgespalten wurde, muss der Widersprechende mit einer betriebsbedingten Kündigung durch die A-AG rechnen. 287

4. Die **Zuleitung** einer beglaubigten Vertragsabschrift oder eines entsprechenden Entwurfs an die zuständigen Betriebsräte erfolgt nach § 126 Abs. 3 UmwG wie bei der Verschmelzung bzw. Aufspaltung (vgl. Verschmelzungsanmerkungen V Rdn. 190) einen Monat vor der Beschlussfassung der beteiligten Anteilseignerversammlungen. 288

V. Der Übergang des Arbeitsverhältnisses

3. Ausgliederungs- und Übernahmevertrag nach § 126 UmwG

Vorbemerkung

289 Bei der Ausgliederung gliedert der übertragende Rechtsträger einen Teil seines Vermögens aus und überträgt dieses als Gesamtheit auf einen oder mehrere Rechtsträger zur Aufnahme oder zur Neugründung. Wie bei der Abspaltung bleibt der übertragende Rechtsträger bestehen. Der ausgegliederte Vermögensteil wird praktisch zur Tochtergesellschaft des ausgliedernden Rechtsträgers. Vorliegend wird von einer Ausgliederung zur Aufnahme auf einen bestehenden Rechtsträger ausgegangen. Der ausgegliederte und übertragene Betrieb wird separat weitergeführt. Das Muster enthält nur die für das arbeitsrechtliche Verständnis erheblichen Regelungen.

▶ **Muster – Ausgliederungs- und Übernahmevertrag nach § 126 UmwG**

290 Ausgliederungs- und Übernahmevertrag nach § 126 UmwG

(bedarf notarieller Beurkundung)

Ausgliederungs- und Übernahmevertrag

zwischen

der [Name, hier z.B. A-Aktiengesellschaft] ([die im Muster verwendete Abkürzung einfügen; hier z.B. (A-AG)])

und

der [Name, hier z.B. B-Gesellschaft mit beschränkter Haftung] ([die im Muster verwendete Abkürzung einfügen; hier z.B. (B-GmbH)])

§ 1 Ausgliederung

Die A-AG als übertragende Gesellschaft überträgt im Wege der Ausgliederung zur Aufnahme gemäß § 123 Abs. 3 UmwG die in § 2 dieses Vertrags bezeichneten Vermögensteile als Gesamtheit unter Fortbestand der übertragenden Gesellschaft auf die B-GmbH gegen Gewährung von Anteilen der B-GmbH an die übertragende Gesellschaft.

...

§ 2 Auszugliederndes Vermögen

– ...
– der in Anlage 1 näher bezeichnete Betrieb X am Standort _____[Ort]_____
– die dem Betrieb X zuzuordnenden Arbeitnehmer sowie sämtliche Rechte und Pflichten aus deren Arbeitsverhältnissen

...

§ 5 Folgen für die Arbeitnehmer und ihre Vertretungen [1]

(1) Mit Wirksamwerden der Ausgliederung gehen die in Anlage 1 erfassten Arbeitsverhältnisse nach Maßgabe der Regelungen in § 2 mit allen Rechten und Pflichten auf die B-GmbH über gemäß § 613a Abs. 1 S. 1 BGB i.V.m. § 324 UmwG.

(2) Der auf die B-GmbH übertragene Betrieb X verfügt über einen Betriebsrat. Der Betrieb wird von der B-AG separat weitergeführt. Der Betriebsrat bleibt bestehen. Die Betriebsvereinbarungen gelten kollektivrechtlich fort. Bisherige Konzern- und Gesamtbetriebsvereinbarungen gelten als Einzelbetriebsvereinbarungen fort, soweit sie im Betrieb X weiterhin sinnvoll anwendbar sind und nicht durch bei der B-GmbH geltende Konzern- oder Gesamtbetriebsvereinbarungen mit gleichem Regelungsgehalt verdrängt werden.

(3) Die A-AG und die B-GmbH sind Mitglieder des gleichen Arbeitgeberverbands. Die Tarifverträge gelten kollektivrechtlich fort.

(4) Die gesamtschuldnerische fünfjährige Nachhaftung gemäß § 133 Abs. 3 UmwG wird gemäß § 133 Abs. 3 S. 2 UmwG für vor dem Wirksamwerden der Abspaltung begründete Versorgungsverpflichtungen auf Grund des Betriebsrentengesetzes auf 10 Jahre verlängert. [2]

...

(10) Die übergehenden Arbeitnehmer werden gemäß § 613a Abs. 5 BGB i.V.m. § 324 UmwG schriftlich oder in Textform über die Gründe und die Folgen der Abspaltung unterrichtet. Sie können dem Übergang ihres Arbeitsverhältnisses innerhalb eines Monats nach Zugang der Unterrichtung schriftlich widersprechen. Der Widerspruch [3] kann gegenüber beiden beteiligten Gesellschaften ausgesprochen werden. Ein Widerspruch würde dazu führen, dass das Arbeitsverhältnis nicht übergeht, sondern bei der A-AG verbleibt. Mangels Beschäftigungsmöglichkeit müsste die A-AG allerdings aller Voraussicht nach betriebsbedingt kündigen.

...

§ 13 Zuleitung an die Betriebsräte

Der Vorstand der A-AG wird je eine beglaubigte Abschrift dieses Vertrags den zuständigen Betriebsräten der an der Abspaltung beteiligten Gesellschaften A-AG und B-AG unverzüglich zuleiten. [4]

...

Notarielle Schlussformel

Erläuterungen

Schrifttum

Buchner/Schlobach Die Auswirkung der Umwandlung von Gesellschaften auf die Rechtsstellung ihrer Organpersonen, GmbHR 2004, 1; *Bungert* Darstellungsweise und Überprüfbarkeit der Angaben über Arbeitnehmererfolgen im Umwandlungsvertrag, DB 1997, 897; *Heidenhain* Spaltungsvertrag und Spaltungsplan, NJW 1995, 2873.

1. Die **Folgen** der Ausgliederung für die Arbeitnehmer und ihre Vertretungen sind im Wesentlichen der Abspaltung nachgebildet mit wenigen Abweichungen. 291

2. Die fünfjährige bzw. zehnjährige **gesamtschuldnerische Nachhaftung** gemäß § 133 UmwG betrifft die A-AG, welche weiterhin für die vor Wirksamwerden der Abspaltung begründeten Ansprüche und Betriebsrentenansprüche mithaftet. Für die der A-AG zugewiesenen Verbindlichkeiten haftet die B-GmbH als Gesamtschuldnerin gemäß § 133 UmwG. 292

3. Der **Widerspruch** gegen den Übergang des Arbeitsverhältnisses ist abweichend von der Aufspaltung innerhalb eines Monats nach korrekter Unterrichtung möglich, da die A-AG als der übertragende Rechtsträger nicht erlischt, sondern weiterbesteht, also das betreffende Arbeitsverhältnis theoretisch fortsetzen kann. Da die Funktion jedoch ausgegliedert wurde, muss der Widersprechende mit einer betriebsbedingten Kündigung durch die A-AG rechnen. 293

4. Die **Zuleitung** einer beglaubigten Vertragsabschrift oder eines entsprechenden Entwurfs an die zuständigen Betriebsräte erfolgt nach § 126 Abs. 3 UmwG wie bei der Verschmelzung oder der Abspaltung (vgl. Verschmelzungsanmerkungen V Rdn. 190) einen Monat vor der Beschlussfassung der beteiligten Anteilseignerversammlungen. 294

V. Der Übergang des Arbeitsverhältnisses

4. Zuleitung an den Betriebsrat gemäß § 126 Abs. 3 UmwG

Vorbemerkung

295 Durch die Zuleitung des Spaltungs- und Übernahmevertrags in seiner jeweiligen Version (Aufspaltung, Abspaltung, Ausgliederung) oder dessen Entwurfs an den zuständigen Betriebsrat jedes an der Spaltung beteiligten Rechtsträgers nach § 126 Abs. 3 UmwG soll »insbesondere den Arbeitnehmervertretungen eine frühzeitige Information über die Spaltung und die durch sie bewirkten Folgen für die Arbeitnehmer zur Verfügung gestellt werden, um bereits im Vorfeld des Spaltungsvorgangs eine möglichst sozialverträgliche Durchführung zu erleichtern.« (Begr. z. RegE BT-Drs. 12/6699, S. 83).

▶ **Muster – Zuleitung an den Betriebsrat gemäß § 126 Abs. 3 UmwG**

296

[Briefkopf der Arbeitgeberin – A-AG]

An den Betriebsrat der A-AG
Zu Händen des[r] Vorsitzenden

Betreff: Zuleitung des Spaltungs- und Übernahmevertrags (-entwurfs)
gemäß § 126 Abs. 3 UmwG [1]

Sehr geehrte/r Frau/Herr ___[Titel, Name]___ ,

in der Anlage überreichen wir eine Kopie des Entwurfs des Spaltungs- und Übernahmevertrags zwischen der ___[Name des übertragenden Unternehmens]___ als übertragender Gesellschaft und der ___[Name des übernehmenden Unternehmens]___ als übernehmender Gesellschaft nebst Anlagen.

Wir müssen die rechtzeitig [2] an Sie [3] erfolgte Zuleitung des Entwurfs bei der Anmeldung der Aufspaltung [optional: Abspaltung/Ausgliederung] zum Handelsregister gemäß § 17 Abs. 1 UmwG nachweisen. [4] Deshalb bitten wir Sie, den Erhalt dieses Schreibens und des beiliegenden Entwurfs des Aufspaltungs- [optional: Abspaltungs-/Ausgliederungs-] und Übertragungsvertrages nebst Anlagen auf den beigefügten zwei Ausfertigungen dieses Schreibens zu bestätigen und diese an uns zurückzusenden.

[Optional:

Um ein zügiges Verfahren des Aufspaltungs- [Abspaltungs-/Ausgliederungs-]vorgangs sicherzustellen, bitten wir Sie zusätzlich, auf die Einhaltung der Monatsfrist gemäß § 126 Abs. 3 UmwG zu verzichten und dies ebenfalls durch die Unterzeichnung der Empfangsbestätigung zu dokumentieren.]

Wir danken für Ihr Verständnis und für Ihre Unterstützung.

Mit freundlichen Grüßen

_____
(Unterschriften für die Gesellschaft)

Anlage: Entwurf des Spaltungs- und Übernahmevertrags nebst Anlagen

Empfangsbestätigung des Betriebsrats

Wir bestätigen, heute den Entwurf des Spaltungs- und Übernahmevertrags zur Aufspaltung, *[optional: Abspaltung/Ausgliederung]* der ___[Name des übertragenden Unternehmens]___ als übertragender Gesellschaft auf die ___[Name des übernehmenden Unternehmens]___ als übernehmende Gesellschaft(en) nebst Anlagen erhalten zu haben.

[Optional:

Wir erklären hiermit den Verzicht auf die Einhaltung der Ein-Monatsfrist gemäß § 126 Abs. 3 UmwG.]

Für den Betriebsrat

[Ort, Datum]

(Unterschrift der Betriebsratsvorsitzenden)

Erläuterungen

Schrifttum

Blechmann Die Zuleitung des Umwandlungsvertrags an den Betriebsrat, NZA 2005, 1143; *Bungert* Anmerkung zu OLG Düsseldorf, Beschl. v. 15.05.1998 – 3 WX 156/98, NZG 1998, 733; *Pfaff* Dispositivität der Betriebsratsunterrichtung im Umwandlungsverfahren, DB 2002, 686; *Zerres* Arbeitsrechtliche Aspekte bei der Verschmelzung von Unternehmen, ZIP 2001, 359.

1. Gemäß § 126 Abs. 3 UmwG ist der Spaltungs- und Übernahmevertrag oder sein Entwurf spätestens einen Monat vor dem Tag der Versammlung der Anteilsinhaber jedes an der Verschmelzung beteiligten Rechtsträgers, die über die Zustimmung zum Spaltungs- und Übernahmevertrag beschließen sollen, dem zuständigen Betriebsrat dieses Rechtsträgers zuzuleiten. Es ist der **gesamte Vertragstext**, also nicht nur der Teil mit den arbeitsrechtlichen Angaben, zuzuleiten (*Blechmann* NZA 2005, 1143, 1148 m.w.N.). Fraglich ist, ob auch alle Anlagen zum Spaltungs- und Übernahmevertrag vorzulegen sind (so OLG Sachsen-Anhalt, Beschl. v. 17.03.2003 – 7 Wx 6/02, AP § 5 UmwG Nr. 2) oder nur die Anlagen, die auf die Bewertung des Umwandlungsvorgangs durch den Betriebsrat Einfluss haben können (LG Essen, Beschl. v. 15.03.2002 – 42 T 1/02, NZG 2002, 736, 737). Es müssen jedenfalls die Anlagen beigefügt werden, deren Inhalte die Belange der Arbeitnehmer betreffen können, also die Unterlagen, die die Angaben zu den Folgen für die Arbeitnehmer ergänzen (z.B. Arbeitnehmerlisten, Standortsicherungsvereinbarungen, Liste geltender Betriebsvereinbarungen), jedoch nicht solche, die keine Auswirkungen auf die Arbeitnehmer haben können (z.B. Inventarlisten, Lizenzlisten). Der zuständige Betriebsrat soll in die Lage versetzt werden zu erkennen, ob es neben der rein gesellschaftsrechtlichen Spaltung zu einer Zusammenlegung oder Spaltung von Betrieben, organisatorischen Veränderungen oder sonstigen Maßnahmen kommt, die gegebenenfalls interessenausgleichs- oder sozialplanpflichtig sind (*Blechmann* NZA 2005, 1143).

2. Rechtzeitig zugeleitet ist die Dokumentation, wenn sie spätestens einen **Monat** vor dem Tag der Anteilseignerversammlung, die über die Spaltung (gemäß §§ 125, 13 UmwG) beschließt, vorgelegt wird. Bei der übertragenden AG ist das die Hauptversammlung, bei der übernehmenden GmbH die Gesellschafterversammlung. Die Monatsfrist für die Zuleitung ist gemäß §§ 187 ff. BGB zu berechnen. Der Betriebsrat soll die Möglichkeit haben, die ihm überlassenen Unterlagen in der Monatsfrist zu prüfen und die sich daraus ergebenden Informationen im Rahmen seiner Beteiligungsrechte nach dem BetrVG zu nutzen. Ergänzungen oder Korrekturen kann er anregen aber nicht verlangen (*Blechmann* NZA 2005, 1143, 1144). Änderungen am Vertragstext sind auch nach der Zuleitung noch möglich. Das folgt daraus, dass statt des Vertrags selbst auch Entwürfe vorgelegt werden können. Das beinhaltet auch die Möglichkeit, die Entwürfe weiter zu bearbeiten. Betreffen die Änderungen den arbeitsrechtlichen Teil, ist eine weitere Zuleitung erforderlich; betreffen die Änderungen nicht die Belange der Arbeitnehmer und ihre Vertretungen, muss nicht nochmals zugeleitet werden (Kallmeyer/*Willemsen* UmwG § 5 Rn. 78; *Blechmann* NZA 2005, 1143, 1148; ebenso OLG Naumburg, Urt. v. 06.02.1997 – 7 U 236/96, NZA-RR 1997, 177, 178). In der Praxis kommt es häufig vor, dass komplexe Vertragswerke auch nach der Zuleitung mehrfach geändert oder angepasst werden müssen. So kommt es dann zu mehrfachen Zuleitungen. In diesen Fällen ist es durchaus sinnvoll und meist von den Betriebsräten akzeptiert, dass auf die Einhaltung der Monatsfrist verzichtet wird. Der **Verzicht** auf die Einhaltung der Monatsfrist nach erfolgter Zuleitung wird überwiegend für zulässig gehalten (*Pfaff* DB 2002, 686; Willemsen/*Willemsen* Unternehmensumstrukturierung Teil C Rn. 360 m.w.N.; DLW/*Baeck/ Haußmann* Kap. 3 Rn. 4057). Nicht verzichten kann der Betriebsrat aber auf die Zuleitung als solche (OLG Sachsen-Anhalt, Beschl. v. 17.03.2003 – 7 Wx 6/02, AP § 5 UmwG Nr. 2). Das Muster sieht einen entsprechenden informierten Verzicht als Option vor.

299 **3.** Die Zuleitung muss an den zuständigen Betriebsrat des beteiligten Rechtsträgers erfolgen. Der **Adressat** des Zuleitungsschreibens richtet sich nach der Zuständigkeitsverteilung des BetrVG. Gibt es bei dem beteiligten Rechtsträger nur einen Betriebsrat, ist die Zuleitung an diesen problemlos. Hat der Rechtsträger jedoch mehrere Betriebe, die alle betroffen sind, kann auch der Gesamtbetriebsrat zuständig sein. Handelt es sich um eine Spaltung im Konzern, kann auch der Konzernbetriebsrat zuständig sein. Die h.M. geht davon aus, dass bei Existenz eines **Gesamtbetriebsrats** generell diesem zuzuleiten ist, da sich die Spaltung auf das gesamte Unternehmen auswirkt und deshalb zwingend überbetrieblich zu regeln ist (Kallmeyer/*Willemsen* UmwG § 5 Rn. 76 m.w.N.; a.A. *Blechmann* NZA 2005, 1143, 1147). Ist dagegen eine Veränderung nur auf einen Betrieb oder Betriebsteil bezogen – wie bei Spaltung oder Ausgliederung möglich, kann auch bei Existenz eines Gesamtbetriebsrats der Standortbetriebsrat zuständig sein (*Blechmann* NZA 2005, 1143, 1148).

300 **4.** Nach § 17 Abs. 1 UmwG ist dem Antrag auf Eintragung in das Handelsregister neben der Vertragsdokumentation auch ein **Nachweis** über die rechtzeitige Zuleitung an den zuständigen Betriebsrat beizufügen. Dieser wird in der Regel durch eine schriftliche Empfangsbestätigung erbracht. Existiert kein Betriebsrat oder weigert sich dieser, eine Empfangsbestätigung abzugeben, muss die Unternehmensleitung eine entsprechende schriftliche Erklärung zur Glaubhaftmachung abgeben (Kallmeyer/*Zimmermann* UmwG § 17 Rn. 3; Lutter/*Bork* UmwG § 17 Rn. 2 m.w.N.; *Bungert* NZG 1998, 733, 734, a.A. AG Duisburg, Beschl. v. 04.01.1996 – 23 HRB 4942 u. 5935, GmbHR 1996, 372, das eine eidesstattliche Versicherung verlangt). Der Betriebsrat kann dem Registergericht zwar Hinweise auf fehlende oder unvollständige arbeitsrechtliche Angaben geben. Er hat aber keinen Rechtsbehelf gegen die Eintragung, während die anmeldende Gesellschaft bei verweigerter Eintragung Beschwerde im registerrechtlichen Verfahren einlegen kann (OLG Naumburg, Urt. v. 06.02.1997 – 7 U 236/96, NZA-RR 1997, 177, 178; *Blechmann* NZA 2005, 1143, 1149; *Bungert* NZG 1998, 733, 734;). Das Registergericht hat ein formelles Kontrollrecht dahingehend, ob die arbeitsrechtlichen Angaben völlig fehlen oder offensichtlich unvollständig sind und ob die Zuleitung nachgewiesen ist. Ein materielles Prüfungsrecht steht ihm nach h.M. nicht zu (*Blechmann* NZA 2005, 1143, 1149; DLW/*Baeck/Haußmann* Kap. 3 Rn. 4056).

5. Unterrichtung des Wirtschaftsausschusses gemäß § 106 BetrVG

Vorbemerkung

301 Die Spaltung von Gesellschaften ist per se gemäß § 106 Abs. 3 Nr. 8 BetrVG unterrichtungspflichtig. Die Unterrichtung hat an die Wirtschaftsausschüsse der beteiligten Rechtsträger zu erfolgen. Die Spaltung von Unternehmen gehört zu den wirtschaftlichen Angelegenheiten, auch wenn keine Auswirkungen auf die Betriebe zu erwarten sind. Ob Nachteile für die Arbeitnehmer entstehen können, ist unerheblich (*Fitting* § 106 Rn. 69). Mit vorliegendem Muster wird der Wirtschaftsausschuss des übertragenden Unternehmens unterrichtet.

▶ **Muster – Unterrichtung des Wirtschaftsausschusses gemäß § 106 BetrVG**

[Briefkopf der Arbeitgeberin – z.B. A-AG]

An den Wirtschaftsausschuss der A-AG
Zu Händen des[r] Vorsitzenden

Betreff: Unterrichtungsschreiben gemäß § 106 BetrVG
Aufspaltung der A-AG und Übertragung auf B-AG und C-AG

Sehr geehrte/r Frau/Herr ___[Titel, Name]___ ,

hiermit unterrichten wir Sie über die geplante Aufspaltung [1] unseres Unternehmens. Die A-AG überträgt als übertragender Rechtsträger ihr Vermögen unter Auflösung ohne Abwicklung durch gleichzeitige Übertragung der Vermögensteile der Gesellschaft gemäß § 123 Abs. 1 Nrn. 1 und 2 UmwG jeweils als Gesamtheit auf die B-AG sowie die von ihr zu gründende C-AG als übernehmende Rechtsträger gegen Gewährung von Anteilen dieser Gesellschaften an die Aktionäre der A-AG (Aufspaltung zur Aufnahme und Neugründung).

Die Konzernleitung und unser Vorstand haben sich zu der Aufspaltung des Unternehmens entschlossen, um die gemeinsamen Entwicklungsmöglichkeiten mit der B-AG und der C-AG am Markt besser nutzen zu können.

Unsere Hauptversammlung soll über die Aufspaltung am ___[Datum]___ [2] beschließen; die A-AG plant eine Hauptversammlung zum gleichen Zweck am ___[Datum]___ . Der handelsrechtliche Aufspaltungsstichtag ist der ___[Datum]___ . Die Aufspaltung wird gemäß § 131 Abs. 1 UmwG mit Eintragung der Aufspaltung in das Register am Sitz der A-AG wirksam (Übergangsstichtag). Voraussichtlich wird die Eintragung im [Kalendermonat] erfolgen. Das ist auch der Zeitpunkt, in welchem die Arbeitsverhältnisse von der A-AG auf die B-AG und die C-AG übergehen. Mit der Eintragung erlischt die A-AG.

Das Unternehmen soll in der Weise aufgespalten werden, dass der eigenständige Betrieb X am Standort ___[Ort]___ mit allen Aktiva und Passiva auf die bereits bestehende B-AG übertragen und organisatorisch in den Betrieb der B-AG eingegliedert wird. Der Betrieb X wird mit dem Betrieb der B-AG am gleichen Standort zusammengelegt und dort integriert.

Der eigenständige Betrieb Y am Standort ___[Ort]___ wird mit allen Aktiva und Passiva auf die neu zu gründende C-AG übertragen. Im Betrieb Y werden voraussichtlich keine Betriebsänderungen erforderlich sein. [3]

Die arbeitsrechtlichen Konsequenzen der Aufspaltung lassen sich wie folgt zusammenfassen: [4]

(1) Arbeitgeberwechsel

Mit Wirksamwerden der Aufspaltung kommt es zu zwei Betriebsübergängen i.S.d. § 613a BGB i.V.m. § 324 UmwG. Die übernehmenden B-AG und C-AG treten als neue Arbeitgeberinnen in sämtliche Rechte und Pflichten aus den Arbeitsverhältnissen aller Arbeitnehmer der A-AG unter Beachtung der bei der A-AG erworbenen Betriebszugehörigkeit ein und führen die zugeordneten Arbeitsverhältnisse gemäß § 613a Abs. 1 S. 1 BGB fort.

(2) Arbeitsvertrag/Betriebszugehörigkeit

Die vertraglichen Arbeitsbedingungen der übergehenden Arbeitnehmer einschließlich etwaiger betrieblicher Übungen, Gesamtzusagen und Einheitsregelungen bleiben unverändert. Das gilt auch für den Arbeitsort. Auch Rechte und Anwartschaften, die auf erdienter Betriebszugehörigkeit beruhen, werden fortgeführt. Das gilt insbesondere für die Berechnung von Kündigungsfristen und Betriebsrentenanwartschaften.

(3) Tarifverträge

Die B-AG und die C-AG sind ebenfalls in der ___[Branche bezeichnen]___ Industrie tätig und Mitglied desselben Arbeitgeberverbandes wie die A-AG bzw. werden dem Verband beitreten. Infolgedessen gelten die zum Wirksamwerden der Spaltung anwendbaren Tarifverträge unverändert fort. Für tarifgebundene Arbeitnehmer gelten diese Tarifverträge kollektivrechtlich fort.

(4) Betriebe/Betriebsräte

Das Unternehmen der A-AG erlischt. Der Betrieb X geht im Betrieb der B-AG auf und verliert seine Identität. Der eigenständige Betrieb Y geht auf die C-AG über. Die Identität des Betriebs Y bleibt gewahrt. Der Betriebsrat des Betriebs X geht unter. Der Betriebsrat des Betriebs Y bleibt im Amt. Der Gesamtbetriebsrat der A-AG erlischt.

(5) Betriebsvereinbarungen

Im Zeitpunkt des Übergangsstichtags im Betrieb X bestehende Einzelbetriebsvereinbarungen transformieren gemäß § 613a Abs. 1 S. 2 bis 3 BGB in Individualrecht und dürfen nicht vor Ablauf eines Jahres zum Nachteil der Arbeitnehmer geändert werden, es sei denn, sie werden durch Einzelbetriebsvereinbarungen des aufnehmenden Betriebs der B-AG mit gleichem Regelungsgehalt verdrängt. Das Gleiche gilt für Konzern- und Gesamtbetriebsvereinbarungen, die als Einzelbetriebsvereinbarungen gemäß § 613a Abs. 1 S. 2 bis 3 BGB in Individualrecht transformieren, soweit ihr Regelungsgegenstand sinnvoll im Betrieb anwendbar ist.

Im Zeitpunkt des Übergangsstichtags bestehende Betriebsvereinbarungen im Betrieb Y gelten unverändert kollektivrechtlich fort. Konzern- und Gesamtbetriebsvereinbarungen gelten entsprechend kollektivrechtlich als (Einzel-)Betriebsvereinbarungen fort, soweit ihr Regelungsgegenstand sinnvoll im Betrieb anwendbar ist und sie nicht durch Konzern- oder Gesamtbetriebsvereinbarungen der Ü-GmbH mit gleichem Regelungsgehalt verdrängt werden.

(6) Betriebsrenten

Etwaige Anwartschaften auf Leistungen der betrieblichen Altersversorgung werden nach dem Übergangsstichtag unverändert fortgeführt. Laufende Unverfallbarkeitsfristen werden durch den Betriebsübergang nicht unterbrochen.

(7) Haftung

Gegenüber den übergehenden Arbeitnehmern haften die B-AG und die C-AG als neue Arbeitgeberinnen und Gesamtrechtsnachfolgerinnen für alle vor der Spaltung begründeten Verbindlichkeiten, die innerhalb von fünf Jahren und für Betriebsrentenansprüche von zehn Jahren nach der Spaltung fällig werden gesamtschuldnerisch gemäß § 133 UmwG. Die A-AG erlischt mit Wirksamwerden der Aufspaltung.

(8) Keine Kündigung wegen Betriebsübergangs

Eine Kündigung der übergehenden Arbeitnehmer durch die bisherige oder die neuen Arbeitgeberinnen wegen der Betriebsübergänge ist gemäß § 613a Abs. 4 BGB i.V.m. § 324 UmwG unwirksam. Eine Kündigung aus anderen Gründen bleibt unberührt. Betriebsbedingte Kündigungen wegen der Aufspaltung und Übertragung sind nicht geplant.

(9) Maßnahmen

Aus Anlass der Aufspaltung sind außer den beschriebenen keine besonderen Maßnahmen hinsichtlich der Arbeitnehmer in Aussicht genommen.

(10) Unternehmensmitbestimmung

Der Aufsichtsrat der A-AG erlischt. Bei der B-AG ist ein Aufsichtsrat nach dem Mitbestimmungsgesetz zu errichten. Das Statusverfahren nach § 97 AktG ist unverzüglich zu betreiben und Wahlen der Arbeitnehmervertreter zum Aufsichtsrat einzuleiten. Die C-AG hat keinen Aufsichtsrat.

(11) Unterrichtung der Arbeitnehmer (kein Widerspruch)

Die vom Betriebsübergang betroffenen Arbeitnehmer werden gemäß § 613a Abs. 5 BGB i.V.m. § 324 UmwG vor dem Wirksamwerden der Aufspaltung über deren Auswirkungen unterrichtet.

Die Unterrichtung der Arbeitnehmer übernimmt die A-AG in enger Abstimmung mit der B-AG. Die übergehenden Arbeitnehmer können dem Übergang des Arbeitsverhältnisses nicht widersprechen, da die A-AG erlischt und die Arbeitsverhältnisse somit nicht fortsetzen kann.

Wenn Sie zu dem geplanten Betriebsübergang Fragen haben, sprechen Sie bitte den für Personalsachen zuständigen Geschäftsführer [Name/Telefon] oder den Personalleiter [Name/Telefon] an.

Mit freundlichen Grüßen

_____
(Unterschrift Geschäftsführung Ü-AG)

Erhalten:

_____
[Ort, Datum]

Für den Wirtschaftsausschuss

_____
(Unterschrift)

Erläuterungen

Schrifttum

Blechmann Die Zuleitung des Umwandlungsvertrags an den Betriebsrat, NZA 2005, 1143; *Liebers/Erren/ Weiß* Die Unterrichtungspflichten des Risikobegrenzungsgesetzes und der Geheimnisgefährdungstatbestand im transaktionsbegleitenden Arbeitsrecht, NZA 2009, 1063; *Maiß/Röhrborn* Unterrichtungspflicht des Unternehmers gegenüber dem Wirtschaftsausschuss gemäß § 106 BetrVG, ArbRAktuell 2011, 339; *Zerres* Arbeitsrechtliche Aspekte bei der Verschmelzung von Unternehmen, ZIP 2001, 359.

1. Die Unterrichtungspflicht des Arbeitgebers als Unternehmer nach § 106 Abs. 3 Nr. 8 BetrVG besteht ohne Rücksicht auf mögliche Nachteile der Arbeitnehmer, da die **Spaltung von Unternehmen** per se als wirtschaftliche Angelegenheit definiert ist. 303

2. Gemäß § 106 Abs. 2 S. 2 BetrVG hat der Unternehmer den Wirtschaftsausschuss rechtzeitig von der geplanten Spaltung zu unterrichten. **Rechtzeitig** bedeutet grundsätzlich vor der Entscheidung des Unternehmers (DLW/*Wildschütz* Kap. 13 Rn. 1082). Der Wirtschaftsausschuss soll im Planungsstadium und noch vor dem Betriebsrat unterrichtet werden. Da der Betrieb X in den Betrieb der B-AG am gleichen Standort eingegliedert, also mit diesem Betrieb zusammengelegt wird, ist eine Betriebsänderung gemäß § 111 Nr. 3 BetrVG vorgesehen. Der Betriebsrat im Betrieb X muss also vom Wirtschaftsausschuss beraten werden. Insofern ist ein Interessenausgleich im Betrieb X anzustreben. Allerdings ist bei vorliegendem Sachverhalt eine Unterrichtung des Betriebsrats im Betrieb Y nach § 111 BetrVG nicht erforderlich, da insofern nur eine gesellschaftsrechtliche Spaltung geplant ist und keine Betriebszusammenlegung oder sonstige Betriebsänderung vorgesehen ist. Es wird allerdings vertreten, dass der Wirtschaftsausschuss bei der Spaltung von Unternehmen stets vor der Zuleitung des Spaltungs- und Übernahmevertrags an den zuständigen Betriebsrat gemäß § 5 Abs. 3 UmwG zu unterrichten sei (*Fitting* § 106 Rn. 30 f., 70 ff.; Kallmeyer/*Willemsen* UmwG vor § 322 Rn. 52). Das erscheint in der Praxis zu früh. Immerhin wird auch der zuständige Betriebsrat bereits einen Monat vor der Beschlussfassung der Hauptversammlungen umfassend sogar unter Zuleitung des vollständigen Spaltungs- und Übernahmevertrags bzw. dessen Entwurfs nebst Anlagen unterrichtet. Das ist also lange vor der geplanten Entscheidung der Anteilseigner des verantwortlichen Arbeitgebers. Erfolgen keine Betriebsänderungen sondern lediglich die gesellschaftsrechtliche Spaltung, gibt es für den Betriebsrat nichts zu beraten. Die Unterrichtung des **Wirtschaftsausschusses zusammen mit der Zuleitung der Verträge** an den zuständigen Betriebsrat erscheint daher als ausreichend rechtzeitig. Sollte die Spaltung ein Geschäftsgeheimnis gemäß § 106 Abs. 2, 2. Hs. BetrVG darstellen, kann die Unterrichtung jedenfalls verschoben werden, bis die Zuleitung auf den zuständigen Betriebsrat erfolgt ist. Dann ist die Spaltung ohnehin betriebsöffentlich (*Liebers/Erren/Weiß* NZA 2009, 1063, 1067). 304

V. Der Übergang des Arbeitsverhältnisses

305 **3.** Die Unterrichtung muss umfassend sein. Der Wirtschaftsausschuss muss alle Informationen erhalten, die für eine sinnvolle Beratung erforderlich sind. Insofern ist auf **Muster V.I.2** (V Rdn. 32) zu verweisen.

306 **4.** Der weitere Inhalt der Unterrichtung entspricht im Wesentlichen den gemäß § 5 Abs. 1 Nr. 9 UmwG bereits im Verschmelzungsvertrag bzw. den gemäß § 126 Abs. 1 Nr. 11 UmwG im Spaltungs- und Übernahmevertrag enthaltenen **Angaben zu den Folgen** der Spaltung für die Arbeitnehmer und ihre Vertretungen sowie die insoweit vorgesehenen Maßnahmen.

6. Unterrichtung Betriebsrat (Betrieb X) gemäß § 111 BetrVG

Vorbemerkung

307 Die rein gesellschaftsrechtliche Aufspaltung wäre kein interessenausgleichspflichtiger Sachverhalt nach § 111 BetrVG. Jedoch stellt die Eingliederung des Betriebs X der A-AG in den Betrieb der B-AG am gleichen Standort einen Zusammenschluss mit anderen Betrieben i.S.d. § 111 S. 3 Nr. 3 BetrVG dar, so dass der Betriebsrat des Betriebs X unterrichtet werden muss mit dem Ziel, die Betriebsänderung zu beraten und einen Interessenausgleich sowie gegebenenfalls einen Sozialplan abzuschließen.

▶ **Muster – Unterrichtung des Betriebsrats gemäß § 111 BetrVG**

308
[Briefkopf der Arbeitgeberin – A-AG]

An den Betriebsrat der [Name des übertragenden Unternehmens, hier: A-AG]
zu Händen des[r] Vorsitzenden

Betreff: Unterrichtungsschreiben gemäß § 111 BetrVG [1]
Unternehmensaufspaltung und Integration des Betriebs [Name des Betriebs; hier: X]
auf den Betrieb der [Name des übernehmenden Unternehmens; hier: B-AG]

Sehr geehrte/r Frau/Herr [Titel, Name],

hiermit unterrichten wir Sie über die geplante [2] Aufspaltung der A-AG und die Übertragung des Betriebs X auf die B-AG und die Integration des Betriebs X in den Betrieb der B-AG am gleichen Standort. Der Übertragung und Eingliederung des Betriebs X in den Betrieb der B-AG liegt der Aufspaltungs- und Übernahmevertrag zugrunde, dessen Entwurf dem Betriebsrat am [Datum] zugeleitet wurde. Der Vorstand hat sich zur Aufspaltung und Eingliederung des Betriebs X in den Betrieb der B-AG entschlossen, weil nur dadurch eine zukunftssichere Weiterführung des Geschäfts unter Ausnutzung von Synergien und der Marktposition der B-AG möglich ist.

Der Aufspaltungs- und Übernahmevertrag soll am [Datum] unterzeichnet werden. Die Hauptversammlung der AG soll am [Datum] stattfinden. Die Eintragung in das Handelsregister der A-AG, B-AG und C-AG wird voraussichtlich im [Kalendermonat] erfolgen. Damit wird die Aufspaltung gemäß § 131 Abs. 1 UmwG wirksam (Übergangsstichtag) und die A-AG erlischt.

Die Eingliederung des Betriebs X in den Betrieb der B-AG stellt einen Zusammenschluss von Betrieben dar und ist damit i.S.d. § 111 S. 3 Nr. 3 BetrVG mitwirkungspflichtig. Deshalb bitten wir um Anberaumung einer Betriebsratssitzung, damit wir die geplante Transaktion im Einzelnen vorstellen und beraten können. Ziel ist der Abschluss eines Interessenausgleichs. Im aufnehmenden Betrieb ist ein entsprechender Prozess einzuleiten.

Die arbeitsrechtlichen Konsequenzen der Aufspaltung und Eingliederung lassen sich wie folgt darstellen: [3]

(1) Arbeitgeberwechsel

Mit Wirksamwerden der Aufspaltung kommt es zu zwei Betriebsübergängen i.S.d. § 613a BGB i.V.m. § 324 UmwG. Die übernehmenden B-AG und C-AG treten als neue Arbeitgeberinnen in sämtliche Rechte und Pflichten aus den Arbeitsverhältnissen aller Arbeitnehmer der A-AG unter Beachtung der bei der A-AG erworbenen Betriebszugehörigkeit ein und führen die zugeordneten Arbeitsverhältnisse gemäß § 613a Abs. 1 S. 1 BGB fort.

(2) Arbeitsvertrag/Betriebszugehörigkeit

Die vertraglichen Arbeitsbedingungen der übergehenden Arbeitnehmer einschließlich etwaiger betrieblicher Übungen, Gesamtzusagen und Einheitsregelungen bleiben unverändert. Das gilt auch für den Arbeitsort. Auch Rechte und Anwartschaften, die auf erdienter Betriebszugehörigkeit beruhen, werden fortgeführt. Das gilt insbesondere für die Berechnung von Kündigungsfristen und Betriebsrentenanwartschaften.

(3) Tarifverträge

Die B-AG ist ebenfalls in der _[Branche bezeichnen]_ Industrie tätig und Mitglied desselben Arbeitgeberverbandes wie die A-AG. Infolgedessen gelten die zum Wirksamwerden der Spaltung anwendbaren Tarifverträge unverändert fort. Für tarifgebundene Arbeitnehmer gelten diese Tarifverträge kollektivrechtlich fort.

(4) Betriebe/Betriebsräte

Das Unternehmen der A-AG erlischt. Der Betrieb X geht im Betrieb der B-AG auf und verliert seine Identität. Der Betriebsrat des Betriebs X geht unter. Die Vertretung liegt in Zukunft beim Betriebsrat des aufnehmenden Betriebs der B-AG.

(5) Betriebsvereinbarungen

Im Zeitpunkt des Übergangsstichtags im Betrieb X bestehende Einzelbetriebsvereinbarungen transformieren gemäß § 613a Abs. 1 S. 2 bis 3 BGB in Individualrecht und dürfen nicht vor Ablauf eines Jahres zum Nachteil der Arbeitnehmer geändert werden, es sei denn sie werden durch Einzelbetriebsvereinbarungen des aufnehmenden Betriebs der B-AG mit gleichem Regelungsgehalt verdrängt. Das Gleiche gilt für Konzern- und Gesamtbetriebsvereinbarungen, die als Einzelbetriebsvereinbarungen gemäß § 613a Abs. 1 S. 2 bis 3 BGB in Individualrecht transformieren, soweit ihr Regelungsgegenstand sinnvoll im Betrieb anwendbar ist.

(6) Betriebsrenten

Etwaige Anwartschaften auf Leistungen der betrieblichen Altersversorgung werden nach dem Übergangsstichtag unverändert fortgeführt. Laufende Unverfallbarkeitsfristen werden durch den Betriebsübergang nicht unterbrochen.

(7) Haftung

Gegenüber den übergehenden Arbeitnehmern haften die B-AG und die C-AG als neue Arbeitgeberinnen und Gesamtrechtsnachfolgerinnen für alle vor der Spaltung begründeten Verbindlichkeiten, die innerhalb von fünf Jahren und für Betriebsrentenansprüche von 10 Jahren nach der Spaltung fällig werden, gesamtschuldnerisch gemäß § 133 UmwG. Die A-AG erlischt mit Wirksamwerden der Aufspaltung.

(8) Keine Kündigung wegen Betriebsübergangs(8) Keine Kündigung wegen Betriebsübergangs

Eine Kündigung der übergehenden Arbeitnehmer durch die bisherige oder die neuen Arbeitgeberinnen wegen der Betriebsübergänge ist gemäß § 613a Abs. 4 BGB i.V.m. § 324 UmwG unwirksam. Eine Kündigung aus anderen Gründen bleibt unberührt. Betriebsbedingte Kündigungen wegen der Aufspaltung und Übertragung sind nicht geplant.

V. Der Übergang des Arbeitsverhältnisses

(9) Maßnahmen

Aus Anlass der Aufspaltung sind außer den beschriebenen keine besonderen Maßnahmen hinsichtlich der Arbeitnehmer in Aussicht genommen.

(10) Unternehmensmitbestimmung

Der Aufsichtsrat der A-AG erlischt. Bei der B-AG ist ein Aufsichtsrat nach dem Mitbestimmungsgesetz zu errichten. Das Statusverfahren nach § 97 AktG ist unverzüglich zu betreiben und Wahlen der Arbeitnehmervertreter zum Aufsichtsrat einzuleiten.

(11) Unterrichtung der Arbeitnehmer (kein Widerspruch)

Die vom Betriebsübergang betroffenen Arbeitnehmer werden gemäß § 613a Abs. 5 BGB i.V.m. § 324 UmwG vor dem Wirksamwerden der Aufspaltung über deren Auswirkungen unterrichtet. Die Unterrichtung der Arbeitnehmer übernimmt die A-AG in enger Abstimmung mit der B-AG. Die übergehenden Arbeitnehmer können dem Übergang des Arbeitsverhältnisses nicht widersprechen, da die A-AG erlischt und die Arbeitsverhältnisse somit nicht fortsetzen kann.

Wenn Sie zu dem geplanten Betriebsübergang Fragen haben, sprechen Sie bitte den für Personalsachen zuständigen Geschäftsführer [Name/Telefon] oder den Personalleiter [Name/Telefon] an.

Mit freundlichen Grüßen

_____
(Unterschrift Vorstand Ü-AG)

Erhalten:

[Ort, Datum]

Für den Betriebsrat

_____
(Unterschrift)

Erläuterungen

Schrifttum
Blechmann Die Zuleitung des Umwandlungsvertrags an den Betriebsrat, NZA 2005, 1143; *Semler/Stengel* Umwandlungsgesetz, 3. Aufl. 2012; *Zerres* Arbeitsrechtliche Aspekte bei der Verschmelzung von Unternehmen, ZIP 2001, 359.

309 **1.** Die Unterrichtungspflicht des Arbeitgebers nach § 111 S. 1 i.V.m. § 111 S. 3 Nr. 3 BetrVG besteht wegen der geplanten **Eingliederung** des Betriebs X in den Betrieb der B-AG mit Rücksicht auf mögliche Nachteile der Arbeitnehmer.

310 **2.** Gemäß § 111 S. 1 BetrVG hat der Unternehmer den Betriebsrat rechtzeitig von der geplanten Eingliederung zu unterrichten. **Rechtzeitig** bedeutet grundsätzlich vor der Entscheidung des Unternehmers (DLW/*Wildschütz* Kap. 13 Rn. 2268). Der Betriebsrat soll am Ende des Planungsstadiums vor der endgültigen Entscheidung des Arbeitgebers unterrichtet werden. Da der Betrieb X in den Betrieb der B-AG am gleichen Standort eingegliedert, also mit diesem Betrieb zusammengelegt wird, ist eine Betriebsänderung gemäß § 111 Nr. 3 BetrVG vorgesehen. Für den Zeitpunkt der Unterrichtung des Betriebsrats kommt es darauf an, ob die Eingliederung des Betriebs X als Betriebsänderung bereits das Stadium der konkreten Planung erreicht hat. Das kann der Fall sein, wenn die Eingliederung wie vorliegend bereits im Aufspaltungs- und Übernahmevertrag unter den Folgen für die Arbeitnehmer und ihre Vertretungen im Einzelnen beschrieben ist. Die Unterrichtung nach § 111 BetrVG sollte daher im zeitlichen Zusammenhang mit der Zuleitung erfolgen.

3. Die Unterrichtung muss **umfassend** sein. Der Betriebsrat muss alle Informationen erhalten, die für eine sinnvolle Beratung eines Interessenausgleichs und eines Sozialplans erforderlich sind (zu den Einzelheiten der Unterrichtung siehe Moll/*Liebers* MAH Arbeitsrecht, §§ 56, 57; DLW/ *Wildschütz* Kap. 13 Rn. 2270 ff.). 311

7. Unterrichtung Arbeitnehmer gemäß § 613a Abs. 5 BGB i.V.m. § 324 UmwG

Vorbemerkung

§ 324 UmwG bestimmt, dass § 613a Abs. 1, 4 bis 6 BGB im Falle einer Spaltung unberührt bleibt. Bei der Spaltung werden beim übertragenden Rechtsträger bestehende Betriebe auf übernehmende Rechtsträger übertragen. Dementsprechend führt die Rechtsgrundverweisung des § 324 UmwG (vgl. dazu Kallmeyer/*Willemsen* UmwG § 324 Rn. 2; Semler/Stengel/*Simon* UmwG § 324 Rn. 3) dazu, dass der übernehmende Rechtsträger in die Rechte und Pflichten aus den im Zeitpunkt des Übergangs beim übertragenden Rechtsträger bestehenden Arbeitsverhältnissen des übergehenden Betriebes eintritt. Die Arbeitsverhältnisse der von der Spaltung betroffenen Arbeitnehmer gehen gemäß § 613a BGB i.V.m. § 324 UmwG auf den übernehmenden Rechtsträger über. Dementsprechend sind diese Arbeitnehmer gemäß § 613a Abs. 5 BGB über den Betriebsübergang zu unterrichten. 312

Wie dargelegt (vgl. V Rdn. 270), gibt es verschiedene Arten der Spaltung. Bei der **Aufspaltung** gemäß § 123 Abs. 1 UmwG geht der übertragender Rechtsträger unter. Die Folgen für die Arbeitnehmer gleichen dementsprechend denen der Verschmelzung vgl. Muster V Rdn. 227): Der alte Arbeitgeber haftet nach der Verschmelzung für keine Verbindlichkeiten mehr und ein Widerspruch gegen den Betriebsübergang ist nicht möglich. 313

Bei den Spaltungsformen der **Abspaltung** (§ 123 Abs. 2 UmwG) und der **Ausgliederung** (§ 123 Abs. 3 UmwG) hingegen bleibt der übertragende Rechtsträger bestehen. Die Folgen für die Arbeitnehmer entsprechen denen des Asset-Deals: Auch der alte Arbeitgeber steht den übergehenden Arbeitnehmern nach dem Betriebsübergang als Schuldner zur Verfügung (allerdings gemäß § 133 UmwG, nicht nach § 613a BGB, vgl. dazu ausführlich V Rdn. 350) Darüber hinaus können die Arbeitnehmer dem Betriebsübergang widersprechen mit der Folge, dass ihr Arbeitsverhältnis nicht auf den übernehmenden Rechtsträger übergeht. 314

Für das vorliegende Muster wird davon ausgegangen, dass die A-AG aufgespalten wird. Der Betrieb Y der A-AG wird auf die neu zu gründende C-AG übertragen und dort als eigener Betrieb fortgeführt. Der zweite Betrieb der A-AG, Betrieb X, wird auf die B-AG übertragen und dort in einen bereits bestehenden Betrieb eingegliedert. Mit dem Muster werden die Arbeitnehmer des Betriebs Y von ihrem Betriebsübergang auf die C-AG informiert. Die Folgen des Betriebsübergangs für die Arbeitnehmer des Betriebes X ergeben sich aus den Anmerkungen dieses Musters. 315

▶ **Muster – Unterrichtung der Arbeitnehmer gem. § 613a Abs. 5 BGB i.V.m. § 324 UmwG bei Spaltung**

[Briefkopf des derzeitigen Arbeitgebers (A-AG)] 1   316

[Name und Privatanschrift des Arbeitnehmers] 2

[Ort, Datum] 3

Unterrichtung gemäß § 613a Abs. 5 BGB i.V.m. § 324 UmwG über den Übergang Ihres Arbeitsverhältnisses von der A-AG auf die C-AG

Sehr geehrte/r Frau/Herr ___[Titel, Name]___, 4

V. Der Übergang des Arbeitsverhältnisses

hiermit möchten wir Sie gemäß § 613a Abs. 5 BGB i.V.m. § 324 UmwG über den Übergang Ihres Betriebs (nachfolgend »Betrieb«) [5] von der A-AG auf die C-AG unterrichten. Die C-AG ist eine neu zu gründende Aktiengesellschaft. Zum Zeitpunkt des Übergangs Ihres Arbeitsverhältnisses wird es sich bereits um eine bestehende, vollwertige Aktiengesellschaft handeln. Die C-AG wird ihren Sitz in ____[Adresse]____ haben. Vorstandsmitglieder werden ____[Namen der Vorstandsmitglieder]____ [6] sein.

Dem Übergang Ihres Arbeitsverhältnisses liegt die Aufspaltung unseres Unternehmens zugrunde. Mit Datum vom ____[Datum]____ hat die A-AG mit der B-AG einen Aufspaltungs- und Übernahmevertrag geschlossen, der mit einem Spaltungsplan der A-AG für die neu zu gründende C-AG verbunden ist. Mit diesem Spaltungsplan [7] überträgt die A-AG Ihren Betrieb als Ganzes mit allen Rechten und Pflichten auf die C-AG. Der Betrieb X wird auf die B-AG übertragen, die A-AG erlischt. Zweck der Aufspaltung ist _____. [8]

Die C-AG wird ____[Beschreibung des künftigen Arbeitgebers]____ . [9]

Der Betriebsübergang auf die C-AG erfolgt im Zeitpunkt der Eintragung der Spaltung in das Handelsregister der A-AG. [10] Dies wird voraussichtlich ____[Datum/Zeitraum]____ [11] der Fall sein. Der Tag, an dem es tatsächlich zum Übergang des Betriebs kommt, wird nachfolgend als »Übergangsstichtag« bezeichnet.

Der Übergang des Betriebs auf die C-AG hat folgende Auswirkungen auf Ihr Arbeitsverhältnis: [12]

(1) Arbeitgeberwechsel/Individualvertragliche Auswirkungen

Ihr Arbeitsverhältnis geht gemäß § 613a BGB i.V.m. § 324 UmwG kraft Gesetzes auf die C-AG über. Die C-AG tritt zum Übergangsstichtag als neue Arbeitgeberin kraft Gesetzes in die Rechte und Pflichten aus Ihrem im Zeitpunkt des Übergangs bestehenden Arbeitsverhältnisses mit der A-AG ein. [13]

Dies bedeutet, dass Ihre vertraglichen Arbeitsbedingungen, einschließlich etwaiger Gesamtzusagen, Einheitsregelungen oder betrieblicher Übungen, unverändert bestehen bleiben. Dies gilt auch für Ihren Arbeitsort. [14] Ihre bisherige Beschäftigungsdauer bei der A-AG hat Bestand und findet insbesondere bei der Berechnung von Kündigungsfristen und Altersversorgungsanwartschaften weiterhin Anwendung.

(2) Tarifverträge [15]

Die A-AG ist in der ____[Branche]____ Industrie tätig und Mitglied des Arbeitgeberverbandes ____[Name des Arbeitgeberverbandes]____ . Die C-AG wird ebenfalls in der _____ Industrie tätig sein und noch vor dem Betriebsübergang dem gleichen Arbeitgeberverband beitreten. Infolgedessen gelten die zum Übergangsstichtag auf Ihr Arbeitsverhältnis anwendbaren Tarifverträge unverändert auf der Grundlage fort, auf der sie zum Übergangsstichtag bestehen. Wenn Sie tarifgebunden sind, gelten diese Tarifverträge kollektivrechtlich fort. [16]

(3) Betriebsstruktur, Betriebsräte und Betriebsvereinbarungen

Ihr Betrieb geht auf die C-AG über und wird dort als eigenständiger Betrieb fortgeführt. Die Identität des Betriebs bleibt gewahrt. [17]

Der bestehende Betriebsrat bleibt unverändert im Amt. Der für Sie bei der A-AG zuständige Gesamtbetriebsrat ist nach dem Übergangsstichtag nicht mehr für Sie zuständig. Er erlischt. Bei der C-AG gibt es keinen Gesamtbetriebsrat. Im Konzern, dem die C-AG angehört, gibt es einen Konzernbetriebsrat. Dieser ist ab dem Übergangsstichtag für Sie zuständig. [18]

Derzeit bestehende Betriebsvereinbarungen gelten unverändert kollektivrechtlich fort. [19]

Die bei der A-AG bestehenden Gesamtbetriebsvereinbarungen gelten als Einzelbetriebsvereinbarungen kollektivrechtlich fort, soweit ihr Regelungsgehalt sinnvoll im Betrieb anwendbar ist und sie nicht durch Gesamtbetriebsvereinbarungen der C-AG mit gleichem Regelungsgehalt verdrängt werden. Die im Konzern der C-AG geltenden Konzernbetriebsvereinbarungen finden kollektivrechtlich auf Ihr Arbeitsverhältnis Anwendung, soweit der Anwendungsbereich auch Ihren Betrieb umfasst. [20]

(4) Betriebliche Altersversorgung [21]

Die C-AG tritt in sämtliche bestehende betriebliche Altersversorgungszusagen ein und führt diese unter Berücksichtigung der laufenden Unverfallbarkeitsfristen fort.

(5) Haftung [22]

Zum Übergangsstichtag erlischt die A-AG als Rechtsträger. Deswegen besteht keine Weiterhaftung der A-AG für Ansprüche aus Ihrem Arbeitsverhältnis.

Die C-AG ist gemäß § 131 Abs. 1 UmwG Schuldnerin aller, auch rückständiger Zahlungs- und sonstiger Verbindlichkeiten aus dem übergehenden Arbeitsverhältnis.

Gemäß § 133 UmwG haftet auch die B-AG als Gesamtschuldnerin für Ansprüche, die vor der Spaltung begründet waren und vor Ablauf von fünf Jahren nach dem Übergangsstichtag fällig werden und

– entweder in einer in § 197 Abs. 1 Nr. 3 bis 5 BGB bezeichneten Art festgestellt sind oder

– eine gerichtliche oder behördliche Vollstreckungshandlung vorgenommen oder beantragt wird; bei öffentlich-rechtlichen Verbindlichkeiten genügt der Erlass eines Verwaltungsakts.

Für vor dem Übergangsstichtag begründete Versorgungsverpflichtungen auf Grund des Betriebsrentengesetzes beträgt die Frist zehn Jahre. Die Frist beginnt mit dem Tage, an dem die Eintragung der Spaltung in das Register am Sitz der A-AG bekannt gemacht worden ist.

(6) Keine Kündigung wegen des Betriebsübergangs

Eine Kündigung Ihres Arbeitsverhältnisses durch die die A-AG oder die C-AG wegen des Betriebsübergangs auf die C-AG ist unwirksam (§ 613a Abs. 4 BGB). Das Recht zur Kündigung aus anderen Gründen bleibt jedoch unberührt. [23] Durch die Aufspaltung wird sich Ihre kündigungsrechtliche Stellung gemäß § 323 Abs. 1 UmwG für die Dauer von zwei Jahren ab dem Wirksamwerden der Aufspaltung nicht verschlechtern.

(7) Sonstige in Aussicht genommene Maßnahmen [24]

Andere als die in diesem Schreiben beschriebenen Maßnahmen in Bezug auf die übergehenden Arbeitnehmer sind nicht in Aussicht genommen.

(8) Kein Widerspruchsrecht [25]

Im Einklang mit der aktuellen Rechtsprechung des Bundesarbeitsgerichts steht Ihnen kein Recht zum Widerspruch gegen den Übergang Ihres Arbeitsverhältnisses auf die C-AG zu, da Ihre bisherige Arbeitgeberin, die A-AG, aufgrund Aufspaltung erlischt.

(9) Sonstiges

Gerne beantworten wir Ihnen Fragen zu diesem Schreiben und dem Übergang Ihres Arbeitsverhältnisses ___[Name]___ wird Ihre Fragen telefonisch (_[Telefonnummer]_) oder per Mail (__[Mailadresse]__) entgegennehmen. [26]

Bitte ergänzen und unterschreiben Sie das auf der beigefügten Kopie des Unterrichtungsschreibens abgedruckte Empfangsbekenntnis und übersenden Sie es, gerne auch per Hauspost, an [Vorname, Name, Abteilung, Firma, vollständige Adresse der für die Entgegenname zuständigen Person] . [27]

Mit freundlichen Grüßen

_____   _____
(Unterschriften A-AG) [28]   (Unterschriften C-AG)

V. Der Übergang des Arbeitsverhältnisses

Empfangsbestätigung [29]

Ich, ___[Name, Vorname in Druckbuchstaben]___ , habe das obige Schreiben der Geschäftsführungen der A-AG und der C-AG vom ___[Datum]___ , mit dem ich über den Übergang meines Arbeitsverhältnisses von der A-AG auf die C-AG unterrichtet wurde, am ___[Datum]___ erhalten.

___[Ort, Datum]___

_____
(Unterschrift)

Erläuterungen

Schrifttum

Altenburg/Leister Der Widerspruch des Arbeitnehmers beim umwandlungsbedingten Betriebsübergang und seine Folgen, NZA 2005, 15; *Bachner* Individualarbeits- und kollektivrechtliche Auswirkungen des neuen Umwandlungsgesetzes, NJW 1995, 2881; *Fandel/Hausch* Das Widerspruchsrecht gemäß § 613a Abs. 6 BGB bei Umwandlungen nach dem UmwG unter Wegfall übertragender Rechtsträger, BB 2008, 2402; *Graef* Das Widerspruchsrecht nach § 613a VI BGB beim umwandlungsbedingten Erlöschen des übertragenden Rechtsträgers, NZA 2006, 1078; *Grau* Unterrichtung und Widerspruchsrecht der Arbeitnehmer bei Betriebsübergang gemäß § 613a Abs. 5 und 6 BGB, 2005; *Haas/Salamon* Umwandlungsrechtlicher Betriebsübergang: außerordentliche Arbeitnehmerkündigung oder Widerspruchsrecht, FA 2009, 66; *Heidenhein* Spaltungsvertrag und Spaltungsplan, NJW 1995, 2878; *Hohenstatt/Grau* Arbeitnehmerunterrichtung beim Betriebsübergang, NZA 2007, 13; *Jacobs* Fortgeltung und Änderung von Tarif- und Arbeitsbedingungen bei der Umstrukturierung von Unternehmen, NZA 2009 Beilage 1, 45; *Kleinebrink/Commandeur* Bedeutung, Form und Inhalt der ordnungsgemäßen Unterrichtung beim Betriebsübergang, FA 2009, 101; *Klemm/Frank* Betriebsrentenrechtliche Fallstricke bei M&A-Transaktionen, BB 2013, 2741; *Meyer* Inhalt einer Unterrichtung bei Betriebsübergang, DB 2007, 858; *Schiefer/Worzalla* Unterrichtungspflicht bei Betriebsübergang nach § 613a V BGB, NJW 2009, 558; *Schnitker/Grau* Arbeitsrechtliche Aspekte von Unternehmensumstrukturierungen durch die Anwachsung von Gesellschaftsanteilen ZIP 2008, 394; *Semler/Stengel* Umwandlungsgesetz, 3. Aufl. 2012; *Simon/Hinrichs* Unterrichtung der Arbeitnehmer und ihrer Vertretungen bei grenzüberschreitenden Verschmelzungen, NZA 2008, 391; *Simon/Weninger* Betriebsübergang und Gesamtrechtsnachfolge: Kein Widerspruch – keine Unterrichtung, BB 2010, 117; *Zerres* Arbeitsrechtliche Aspekte bei der Verschmelzung von Unternehmen, ZIP 2001, 359.

Vgl. im Übrigen die umfangreichen Literaturhinweise zum Unterrichtungsschreiben gemäß § 613a Abs. 5 BGB unter V Rdn. 51 a.E.

317   **1.**   Grundsätzlich sind alter und neuer Arbeitgeber für den Inhalt des Unterrichtungsschreibens gesamtschuldnerisch verantwortlich. Da jedoch nach dem hier dargestellten Sachverhalt der neue Arbeitgeber noch nicht existiert, unterrichtet allein der alte Arbeitgeber über den Betriebsübergang (vgl. zur **gesamtschuldnerischen Verantwortung** des übertragenden und des übernehmenden Rechtsträgers für den Inhalt des Unterrichtungsschreibens V Rdn. 52 f.).

318   **2.**   Vgl. zur Unterrichtung in **Textform** (§ 126b BGB) V Rdn. 55; auch wenn durch ein Unterrichtungsschreiben im Rahmen einer Aufspaltung eine Widerspruchsfrist nicht in Gang gesetzt wird (vgl. V Rdn. 313), ist eine persönliche Unterrichtung jedes einzelnen Arbeitnehmers gegen einen entsprechenden Nachweis zu Beweiszwecken im Falle möglicher Schadensersatzanspruchsklagen dringend anzuraten.

319   **3.**   Bezüglich des **Zeitpunkts der Unterrichtung** sieht § 613a Abs. 5 BGB vor, dass die Arbeitnehmer vor dem Betriebsübergang zu unterrichten sind. Da es die einmonatige Widerspruchsfrist bei der Unterrichtung im Falle der Aufspaltung nicht gibt (vgl. V Rdn. 313), ist rechtlich unerheblich, wie kurz vor dem Betriebsübergang die Unterrichtung erfolgt. Rechtlich wirksam ist sogar die Unterrichtung nach dem Betriebsübergang (vgl. bspw. BT-Drucks. 14/7760, S. 20; BAG, Urt. v. 13.07.2006 – 8 AZR 305/05, NZA 2006, 1268, 1272; BAG, Urt. v. 14.12.2006 – 8 AZR 763/05, NZA 2007, 682, 686). Eine Unterrichtung nach dem Betriebsübergang ist dennoch zu vermeiden, da die Arbeitgeber sich **schadenersatzpflichtig** machen können (vgl. V Rdn. 56).

Für den Zeitpunkt der Unterrichtung in den Fällen der Abspaltung und Ausgliederung kann auf die Ausführungen beim Asset-Deal verwiesen werden (vgl. V Rdn. 56). Es besteht ein Widerspruchsrecht der Arbeitnehmer und sollte im Zusammenhang mit der Frage nach dem Zeitpunkt der Unterrichtung berücksichtigt werden. 320

Vgl. zur **Ergänzung, Ersetzung und Berichtigung** des Schreibens V Rdn. 58 f. entsprechend. 321

4. Vgl. zur Möglichkeit der Versendung **standardisierter Schreiben** in deutscher Sprache sowie zu den einzelnen vom Betriebsübergang **betroffenen Arbeitnehmergruppen** V Rdn. 60–66. 322

5. Es ist dringend zu empfehlen in Fällen, in denen mehrere Betriebe übertragen werden, für jeden Betrieb ein eigenes Unterrichtungsschreiben zu verfassen. Dies ist insbesondere in Fällen wie dem vorliegenden, in dem die verschiedenen Betriebe des übertragenden Rechtsträgers gänzlich unterschiedliche Schicksale erfahren, unumgänglich. 323

6. Grundsätzlich sind im Unterrichtungsschreiben von der Rechtsprechung geforderte **Informationen über** die Identität des **übernehmenden Rechtsträgers** zu nennen (vgl. V Rdn. 75). In Fällen, in denen der übernehmende Rechtsträger jedoch noch nicht besteht, ist auf diesen Umstand hinzuweisen und sind die bereits feststehenden Informationen zu benennen. 324

7. Gemäß § 613a Abs. 5 Nr. 2 BGB ist der **Grund des Betriebsüberganges** anzugeben. Dies ist zunächst der Rechtsgrund des Betriebsüberganges (BAG, Urt. v. 23.07.2009 – 8 AZR 538/08, NZA 2010, 89, 92). Dieser kann, wie im vorliegenden Muster, ein Spaltungsplan sein. Möglich ist aber auch ein Betriebsübergang der beispielsweise auf einem Verschmelzungs- oder Anwachsungsvertrag oder einem Kauf- oder Pachtvertrag beruht. 325

8. Vgl. zur notwendigen Darlegung der wirtschaftlichen Gründe und unternehmerischen Erwägungen des Unternehmers für den Betriebsübergang V Rdn. 75. 326

9. In der Praxis hat sich eingebürgert, dass das Unterrichtungsschreiben **zusätzliche**, von Gesetz oder Rechtsprechung nicht geforderte, (positive) **Informationen** über den künftigen Arbeitgeber enthält. Auch wenn es im Falle einer Aufspaltung kein Widerspruchsrecht gibt, ist es im Interesse des übernehmenden Rechtsträgers, dass die betroffenen Arbeitnehmer dem Betriebsübergang und dem neuen Arbeitgeber positiv gegenüber stehen. 327

Die Arbeitnehmer sind über eine durch den Betriebsübergang bzw. das dahinter liegende Rechtsgeschäft eintretende **Verringerung** der für die Arbeitsverhältnisse bestehenden **Haftungsmasse** zu informieren (vgl. V Rdn. 76 f.). Ist der aufnehmende Rechtsträger noch nicht gegründet, so ist die Darstellung des Unternehmenszwecks und die Beschreibung der organisatorischen Struktur sinnvoll. 328

10. Der Tag, an dem der übernehmende Rechtsträger die rechtlich begründete **tatsächliche Leitungsmacht** über den Betrieb im eigenen Namen erlangt, ist der Tag des Betriebsübergangs (*Grau* S. 129 m.w.N.; DLW/*Baeck/Haußmann* Kap. 3 Rn. 4156 ff.; *Hauck* NZA Beilage 1/2009, 18, 19; *Schiefer/Worzalla* NJW 2009, 558, 561; *Kleinebrink/Commandeur* FA 2009, 101, 103). 329

Im Falle der Spaltung (Aufspaltung, Abspaltung, Ausgliederung) zur Neugründung ist dies gemäß § 135 Abs. 1 S. 2 i.V.m. § 131 Abs. 1 Ziff. 1 UmwG (spätestens) der Tag der Eintragung der Spaltung in das Handelsregister des Sitzes des übertragenden Rechtsträgers. 330

Liegt dem Betriebsübergang eine Aufspaltung, Abspaltung oder Ausgliederung zur Aufnahme zugrunde (§ 131 Abs. 1 Ziff. 1 UmwG), ist die gleiche Formulierung zu wählen. 331

Es ist möglich, dass die Leitungsmacht, zum Beispiel aufgrund einer entsprechenden Vereinbarung im Spaltungsvertrag, einer Regelung im Spaltungsplan oder einer separaten schuldrechtlichen Vereinbarung, zu einem früheren Zeitpunkt auf den übernehmenden Rechtsträger übergeht. In diesem Fall ist dieser vom Spaltungstag abweichende Tag der Leitungsübernahme der Tag des Betriebsübergangs, der »Übergangsstichtag« (vgl. dazu ausführlich Kallmeyer/*Willemsen* 332

V. Der Übergang des Arbeitsverhältnisses

UmwG § 324 Rn. 14; Semler/Stengel/*Simon* UmwG § 324 Rn. 13). Die Arbeitnehmer sind entsprechend zu informieren.

333 **11.** Die Formulierung des § 613a Abs. 5 Ziffer 1 BGB räumt den Verfassern des Unterrichtungsschreibens die Möglichkeit ein, bei der Angabe des Zeitpunkts des Übergangs lediglich einen »**geplanten**« **Zeitpunkt** zu nennen. Von dieser Möglichkeit sollte unbedingt Gebrauch gemacht werden (so z.B. auch *Kleinebrink/Commandeur* FA 2009, 101, 103). Eine Verzögerung des Termins, z.B. aus technischen oder rechtlichen Gründen, ist immer möglich und sollte nicht zur Unrichtigkeit des Unterrichtungsschreibens führen.

334 Da bei der Spaltung der Zeitpunkt des Betriebsüberganges in der Regel von der Eintragung in das Handelsregister abhängig ist, reicht es aus, diesen Umstand sowie den voraussichtlichen Monat der Handelsregistereintragung zu benennen (so auch *Grau* S. 130 m.w.N.; Semler/Stengel/*Simon* UmwG § 423 Rn. 40).

335 **12.** In der überwiegenden Anzahl der Fälle, insbesondere bei unproblematischen Sachverhalten, empfiehlt sich ein **fortlaufender Text** ohne die im Muster gewählten Überschriften. Es besteht keine Notwendigkeit zur Beifügung des Gesetzestextes (vgl. V Rdn. 84 ff.). Zur Verpflichtung, bei **neugegründeten Gesellschaften** auf § 112a BetrVG zu verweisen, vgl. V Rdn. 86.

336 **13.** Das BAG hat ausgeführt, dass ein Unterrichtungsschreiben, in dem nicht darauf hingewiesen wird, dass bei einem Betriebsübergang nach § 613a Abs. 1 S. 1 BGB der neue Betriebsinhaber kraft Gesetzes **in die Rechte und Pflichten** aus dem im Zeitpunkt des Übergangs bestehenden Arbeitsverhältnisses **eintritt**, unvollständig ist (BAG, Urt. v. 22.01.2009 – 8 AZR 808/07, FA 2009, 281; ebenso BAG, Urt. v. 23.07.2009 – 8 AZR 538/08, NZA 2010, 89, 93).

337 **14.** Bleibt der **Arbeitsort** unverändert bestehen, so sollten die Arbeitnehmer hierüber ebenfalls ausdrücklich informiert werden, weil dieser Umstand für sie (in aller Regel) von Bedeutung ist und im Zweifelsfall mit ausschlaggebend für die Frage sein kann, ob sie widerspruchslos auf den neuen Arbeitgeber übergehen. Verändert sich der Arbeitsort, so sind die Arbeitnehmer hierüber ebenfalls zu unterrichten, da eine solche Veränderung eine hinsichtlich der Arbeitnehmer in Aussicht genommene Maßnahme darstellt (vgl. V Rdn. 144 ff.). Zur Verlegung des Betriebes ins Ausland, vgl. V Rdn. 12.

338 **15.** Die Auswirkungen eines Betriebsübergangs auf die beim derzeitigen und künftigen Arbeitgeber geltenden **Verbandstarifverträge** sind gleich, unabhängig von der Frage, welches Rechtsgeschäft dem Betriebsübergang zugrunde liegt. Die Mitgliedschaft in einem Arbeitgeberverband geht als höchstpersönliches Recht nicht auf den neuen Arbeitgeber über (vgl. *Schnitker/Grau* ZIP 2008, 394, 401 m.w.N.). Insofern wird auf die Ausführungen unter V Rdn. 90 f. verwiesen.

339 Für **Firmentarifverträge** gilt hingegen: Geht im Falle einer Spaltung ein Betrieb im Wege der Gesamtrechtsnachfolge auf einen neuen Rechtsträger über, übernimmt der Rechtsnachfolger sämtliche Verbindlichkeiten gemäß § 131 Abs. 1 Ziff. 1 UmwG. Die Parteistellung einer Firmentarifvertragspartei ist in diesem Sinne eine schuldrechtliche Verbindlichkeit und geht daher auf den Rechtsnachfolger über (vgl. BAG, Beschl. v. 10.06.2009 – 4 ABR 21/08, NZA 2010, 51, 52 m.w.N.; vgl. zur hieraus möglicherweise entstehenden Tarifpluralität beim übernehmenden Rechtsträger *Jacobs* NZA 2009, Beilage 1, 45, 46; ErfK/*Oetker* § 324 UmwG Rn. 4.

340 Es ist dementsprechend zu formulieren:

Alternative:

[Die bei der A-GmbH geltenden Firmentarifverträge ___[Bezeichnung der Firmentarifverträge]___ gelten unverändert auf der Grundlage fort, auf der sie zum Übergangsstichtag bestehen. Wenn Sie tarifgebunden sind, gelten sie kollektivrechtlich fort.]

16. Diese Formulierung ist zu wählen, wenn beide Arbeitgeber dem gleichen fachlichen und räumlichen Geltungsbereich angehören. Vgl. zu Alternativen V Rdn. 93–100, 107.

17. Die Arbeitnehmer sind darüber zu informieren, ob ihr **Betrieb** nach der Aufspaltung als solcher bestehen bleibt oder beispielsweise in einen anderen Betrieb eingegliedert oder mit einem solchen zusammengefasst wird. Auf diese Information über die Auswirkungen auf die **Betriebsstruktur** haben die Arbeitnehmer einen Anspruch, da es sich um in Aussicht genommene Maßnahmen handelt (vgl. § 613a Abs. 5 Ziff. 4 BGB).

18. Das Unterrichtungsschreiben sollte auch über die Auswirkungen des Betriebsübergangs auf die betroffenen **Betriebsräte** informieren, insbesondere wenn sich an der Betriebsstruktur mit dem Übergangsstichtag etwas ändert (str., vgl. dazu *Hohenstatt/Grau* NZA 2007, 13, 17 m.w.N; DLW/*Baeck/Haußmann* Kap. 3 Rn. 4200; *Schiefer/Worzalla* NJW 2009, 558, 562; *Hauck* NZA Beilage 1/2009, 18, 20; Kallmeyer/*Willemsen* UmwG § 324 Rn. 35). Das Gleiche gilt für die Auswirkungen des Betriebsübergangs auf andere Arbeitnehmervertretungen oder das Mitbestimmungsstatut.

Vgl. zur Darstellung der verschiedenen Auswirkungen des Betriebsübergangs und mit diesem zeitlich verbundenen Maßnahmen auf die Betriebsräte unter V Rdn. 109–115.

19. Wie bei Tarifverträgen ist auch die Frage der **Fortgeltung von Betriebsvereinbarungen** nach dem Betriebsübergang unabhängig davon zu beantworten, welches Rechtsgeschäft hinter dem Betriebsübergang steht. Dementsprechend kann vollumfänglich auf die unter V Rdn. 117–126 gemachten Ausführungen verwiesen werden.

20. Bezüglich der Frage der **Fortgeltung von Gesamt- und Konzernbetriebsvereinbarungen** wird auf V Rdn. 132–137, 199 verwiesen.

21. Vgl. zur **betrieblichen Altersversorgung** V Rdn. 138 f. Bei einer umwandlungsrechtlichen Spaltung gehen nicht nur die aktiven Arbeitnehmer mit ihren Anwartschaften auf betriebliche Altersversorgung gemäß § 324 UmwG i.V.m. § 613a BGB auf die aufnehmende Gesellschaft über, sondern auch die im Spaltungsvertrag zugewiesenen unverfallbaren Anwartschaften von ehemaligen Arbeitnehmern und die laufenden Versorgungsansprüche der Betriebsrentner (*Klemm/Frank* BB 2013, 2741, 2746; *Rolfs* NZA-Beilage 4/2008, 164, 171 f.) Der übertragende Rechtsträger und die sonstigen beteiligten Rechtsträger haften als Gesamtschuldner gemäß §§ 133, 134 UmwG für 10 Jahre nach Bekanntgabe der Spaltungseintragung (*Klemm/Frank* BB 2013, 2741, 2747; *Rolfs* NZA-Beilage 4/2008, 164, 172).

22. Gemäß § 133 UmwG **haften** die aus der Spaltung hervorgehenden Gesellschaften für die Verbindlichkeiten des übertragenden Rechtsträgers als Gesamtschuldner (vgl. ausführlich V Rdn. 277).

Für den Fall des Betriebsübergangs aufgrund Abspaltung und Ausgliederung:

Alternative:

[Für sämtliche Ansprüche aus dem Arbeitsverhältnis, die vor dem Übergangsstichtag begründet worden sind, haftet neben der C-AG auch die A-AG nach § 133 UmwG als Gesamtschuldnerin, wenn die Ansprüche vor Ablauf von fünf Jahren nach dem Übergangsstichtag fällig werden und

- *entweder in einer in § 197 Abs. 1 Nr. 3 bis 5 BGB bezeichneten Art festgestellt sind oder*
- *eine gerichtliche oder behördliche Vollstreckungshandlung vorgenommen oder beantragt wird; bei öffentlich-rechtlichen Verbindlichkeiten genügt der Erlass eines Verwaltungsakts.*

Für vor dem Übergangsstichtag begründete Versorgungsverpflichtungen auf Grund des Betriebsrentengesetzes beträgt die Frist zehn Jahre. Die Frist beginnt mit dem Tage, an dem die Eintragung der Spaltung in das Register am Sitz der A-AG bekannt gemacht worden ist.]

V. Der Übergang des Arbeitsverhältnisses

350 Umstritten ist, ob sich die **Haftungsverteilung** der Arbeitgeber nach dem Betriebsübergang aufgrund von **Abspaltung** und **Ausgliederung** (nur) nach § 133 Abs. 1 und 3 oder zusätzlich nach § 613a Abs. 2 BGB richtet (vgl. dazu ausführlich Lutter/*Joost* UmwG § 324 Rn. 75 ff.; Semler/Stengel/*Simon* UmwG § 324 Rn. 38). Mit der herrschenden Ansicht (vgl. Kallmeyer/*Kallmeyer/Sickinger* UmwG § 133 Rn. 10; Lutter/*Joost* UmwG § 324 Rn. 81; Semler/Stengel/*Simon* UmwG § 324 Rn. 38; ErfK/*Oetker* § 324 UmwG Rn. 5) ist von einer Haftung gemäß § 133 UmwG auszugehen. Sie stellt die betroffenen Arbeitnehmer besser und es würde dem Schutzzweck des § 613a BGB widersprechen, wenn die Anwendung des § 613a BGB zu einer Schlechterstellung der Arbeitnehmer führen würde (vgl. nur Semler/Stengel/*Simon* UmwG § 324 Rn. 38). Zudem steht diese Ansicht im Einklang mit § 324 UmwG, der lediglich die Geltung von § 613a Abs. 1 und 4–6 BGB anordnet (Kallmeyer/*Kallmeyer/Sickinger* UmwG § 133 Rn. 10; dies problematisierend Lutter/*Joost* UmwG § 324 Rn. 80). Vertritt man dennoch die Ansicht, dass neben der Haftung nach § 133 UmwG auch eine Haftung nach § 613a Abs. 2 BGB besteht, so wäre zusätzlich zu der in V Rdn. 349 dargestellten Alternative folgender Text zu wählen:

Alternative (Ergänzung zur Alternative V Rdn. 349):

[Daneben haftet die A-AG neben der B-AG gesamtschuldnerisch gemäß § 613a Abs. 2 BGB für Verpflichtungen gegenüber den auf die B-AG übergehenden Arbeitnehmern, soweit diese vor dem Zeitpunkt des Betriebsteilübergangs entstanden sind und vor Ablauf von einem Jahr nach diesem Zeitpunkt fällig werden. Werden solche Verpflichtungen nach dem jeweiligen Übergang fällig, so haftet die A-AG für sie jedoch nur in dem Umfang, der dem im Zeitpunkt des jeweiligen Übergangs abgelaufenen Teil ihres Bemessungszeitraums entspricht.]

351 **23.** Zur Abgrenzung von Kündigungen »wegen des Betriebsübergangs« und »aus anderen Gründen« vgl. BAG, Urt. v. 27.10.2005 – 8 AZR 568/04, NZA 2006, 668, 672: Eine **Kündigung** ist ausgeschlossen, wenn der Betriebsübergang der tragende Grund (»wegen«) für die Kündigung ist. Das Kündigungsverbot ist nicht einschlägig, wenn es neben dem Betriebsübergang einen sachlichen Grund gibt, der »aus sich heraus« die Kündigung zu rechtfertigen vermag. Zum **Wiedereinstellungsanspruch**, wenn zum Zeitpunkt des Ausspruchs der Kündigung noch nicht von einem Betriebsübergang, sondern einer Schließung des Betriebes/Betriebsteils ausgegangen wird, V Rdn. 143.

352 **24.** § 613a Abs. 5 Ziff. 4 BGB sieht vor, dass die Arbeitnehmer hinsichtlich der **in Aussicht genommenen Maßnahmen** zu unterrichten sind. Vgl. hierzu V Rdn. 144–146.

353 **25.** Das BAG hat ausdrücklich klargestellt, dass die vom Betriebsübergang betroffenen Arbeitnehmer in Fällen, in denen der übertragende Rechtsträger erlischt, **kein Widerspruchsrecht** haben (BAG, Urt. v. 21.02.2008 – 8 AZR 157/07, NZA 2008, 815, 817). Mit diesem Urteil ist – zumindest für die Praxis – der Rechtsstreit über die Frage nach dem Widerspruchsrecht im Falle des Untergangs des übertragenden Rechtsträgers (vorerst) beendet (vgl. zum Rechtsstreit Semler/Stengel/*Simon* UmwG § 324 Rn. 51 ff.; *Fandel/Hausch* BB 2008, 2402; *Altenburg/Leister* NZA 2005, 15). Im Fall der dem Muster zugrundeliegenden **Aufspaltung** geht der übertragende Rechtsträger unter, ein Widerspruchsrecht besteht nicht.

354 Um im Einklang mit dem BAG (BAG, Urt. v. 21.02.2002 – 8 AZR 157/07, NZA 2008, 815, 818) zu bleiben, wird man den Arbeitnehmern aber ein **außerordentliches Kündigungsrecht** einräumen müssen (vgl. ausführlich V Rdn. 262). In der Praxis noch nicht üblich, aber folgerichtigerweise muss über dieses Kündigungsrecht auch informiert werden. Formuliert werden könnte:

Ergänzend:

[Sie haben das Recht, Ihr Arbeitsverhältnis innerhalb von zwei Wochen ab dem Zeitpunkt, zu dem Sie Kenntnis von der Eintragung der Verschmelzung in das Handelsregister der C-AG erhalten haben, außerordentlich zu kündigen. Die Kündigung ist schriftlich gegenüber der C-AG zu er-

klären. Wir weisen darauf hin, dass die Kündigung eine Sperrzeit gem. § 144 Abs. 1 Ziff. 1 SGB III nach sich ziehen kann.]

Kommt es aufgrund einer **Abspaltung oder Ausgliederung** zu einem Betriebsübergang, so bleibt der übertragende Rechtsträger bestehen und die Arbeitnehmer haben ein **Widerspruchsrecht** (zu diesem Unterschied vgl. V Rdn. 313 f.).

Es ist dementsprechend zu formulieren:

Alternative:

[8. Widerspruchsrecht

Sie haben das Recht, dem Übergang Ihres Arbeitsverhältnisses auf die C-AG innerhalb eines Monats ab Zugang dieser Unterrichtung in schriftlicher Form zu widersprechen.

Ein Widerspruch hat zur Folge, dass Ihr Arbeitsverhältnis mit der A-AG über den Übergangsstichtag hinaus fortbesteht.

Bitte bedenken Sie, dass aufgrund des Betriebsübergangs Ihr Arbeitsplatz bei der A-AG nach dem Übergangsstichtag nicht mehr vorhanden sein wird. Sie müssen daher im Widerspruchsfall mit einer betriebsbedingten Kündigung der A-AG rechnen.

Sie können Ihren Widerspruch sowohl gegenüber der A-AG, [Adresse mit Abteilung und Name der für die Entgegennahme zuständigen Person] als auch gegenüber der C-AG, [Adresse mit Abteilung und Name der für die Entgegennahme zuständigen Person] erklären.

Wenn Sie von diesem Widerspruchsrecht keinen Gebrauch machen möchten, wären wir Ihnen dankbar, wenn Sie uns dies, sobald Sie diesen Entschluss gefasst haben, durch die beigefügte Erklärung zum Übergang Ihres Arbeitsverhältnisses mitteilen würden.]

(vgl. zum Widerspruchsrecht Muster V Rdn. 147 ff.).

26. Den Arbeitnehmer trifft die **Obliegenheit zu weiteren Erkundigungen** im Zusammenhang mit dem Betriebsübergang (*Meyer* DB 2007, 858, 859). Wird den betroffenen Arbeitnehmern angeboten, dass sie sich bei Rückfragen an den alten oder den neuen Arbeitgeber wenden können, soll dies für die Bewertung einer ordnungsgemäßen Unterrichtung berücksichtigt werden (*Meyer* DB 2007, 858, 860).

27. Dem Unterrichtungsschreiben ist ein **Empfangsbekenntnis** beizufügen. Vgl. diesbezüglich V Rdn. 154 f.

28. Zum **räumlichen Abschluss des Schreibens** vgl. V Rdn. 157.

29. Vgl. die Ausführungen zum Empfangsbekenntnis in V Rdn. 154 f.

8. Widerspruch gemäß § 613a Abs. 6 BGB

Vorbemerkung

Gemäß § 613a Abs. 6 BGB kann der Arbeitnehmer dem Übergang des Arbeitsverhältnisses innerhalb eines Monats nach Zugang der Unterrichtung schriftlich widersprechen (ausführlich zum Widerspruchsrecht DLW/*Baeck/Haußmann* Kap. 3 Rn. 4177 ff.). Dieses Widerspruchsrecht besteht auch im Falle eines Betriebsübergangs aufgrund einer **Abspaltung** oder **Ausgliederung** (vgl. V Rdn. 314).

V. Der Übergang des Arbeitsverhältnisses

▶ **Muster – Widerspruch gemäß § 613a Abs. 6 BGB**

361 [Adressat: alter oder neuer Arbeitgeber] 1

Widerspruch gegen den Übergang meines Arbeitsverhältnisses 2

Hiermit **WIDERSPRECHE** 3 ich, 4 [Name, Vorname in Druckbuchstaben], dem Übergang meines Arbeitsverhältnisses von der A-AG auf die C-AG, über den ich mit Schreiben vom [Datum] am [Datum] 5 unterrichtet wurde. 6

[Ort, Datum]

_____

(Unterschrift) 7

Erläuterungen

Schrifttum
Löwisch Bewältigung eines nach Beendigung des Arbeitsverhältnisses beim Betriebserwerber erhobenen Widerspruchs mit allgemeinen zivilrechtlichen Gestaltungsrechten BB 2009, 326; *Reinecke* Betriebsübergang: Rettungsanker Verwirkung des Widerspruchsrechts?, DB 2012, 50; *Rieble/Wiebauer* Widerspruch (§ 613a VI BGB) nach Aufhebungsvertrag, NZA 2009, 401; *Willemsen* Aktuelles zum Betriebsübergang, NJW 2007, 2065.

362 **1.** Es steht dem Arbeitnehmer frei, ob er seinen Widerspruch **gegenüber** dem **alten oder** dem **neuen Arbeitgeber** erklären möchte (§ 613a Abs. 6 S. 2 BGB).

363 **2.** Der Widerspruch muss **schriftlich** erfolgen (§ 613a Abs. 6 S. 1 BGB), muss also der Schriftform gemäß § 126 BGB genügen und im Original unterzeichnet sein (DLW/*Baeck/Haußmann* Kap. 3 Rn. 4180). Zur rechtlichen Situation, wenn nach fehlerhafter Unterrichtung widersprochen wurde vgl. V Rdn. 168.

364 **3.** Zur **Unwiderruflichkeit des Widerrufs** vgl. V Rdn. 163.

Das BAG hat entschieden, dass ein Widerspruch grundsätzlich auch noch wirksam ausgeübt werden kann, wenn zum Zeitpunkt der Widerspruchserklärung das **Arbeitsverhältnis bereits beendet** ist (BAG, Urt. v. 20.03.2008 – 8 AZR 1016/06, NZA 2008, 1354, 1358; a.A. *Rieble/Wiebauer* NZA 2009, 401, 403 m.w.N.; ausführlich zu dieser Thematik *Löwisch* BB 2009, 326).

365 **4.** Zum **kollektiv erklärten Widerspruch** vgl. V Rdn. 165.

366 **5.** Gemäß § 613a Abs. 6 S. 1 BGB hat der Arbeitnehmer **einen Monat** nach der Unterrichtung Zeit, seinen Widerspruch zu erklären. Die Frist beginnt grundsätzlich mit dem Zugang des Unterrichtungsschreibens beim Arbeitnehmer (§ 613a Abs. 6 S. 1 BGB). Beginn, Dauer und Ende der Frist richten sich nach den §§ 187 ff. BGB.

367 Zu den Auswirkungen eines **unvollständigen oder falschen Unterrichtungsschreibens** auf die Auslösung der Widerspruchsfrist vgl. V Rdn. 167. Zur rechtlichen Situation, wenn nach fehlerhafter Unterrichtung widersprochen wurde vgl. V Rdn. 168.

368 Ein nach dem Betriebsübergang ausgeübter, wirksamer Widerspruch **wirkt** auf den Zeitpunkt des Betriebsübergangs **zurück** (BAG, Urt. v. 13.07.2006 – 8 AZR 305/05, NZA 2006, 1268, 1270, 1272; BAG, Urt. v. 19.02.2009 – 8 AZR 176/08, NJW 2009, 1095, 1096; dazu aber *Willemsen* NJW 2007, 2065, 2072 f.).

369 **6.** Der Arbeitnehmer muss seinen Widerspruch **nicht begründen** (BAG, Urt. v. 20.03.2008, – 8 AZR 1016/06, NZA 2008, 1354, 1358; BAG, Urt. v. 19.02.2009 – 8 AZR 176/08 – NZA 2009, 1095, Os. 1, 1097; DLW/*Baeck/Haußmann* Kap. 3 Rn. 4180). Auf die Gründe für seinen

Widerspruch kommt es für die Wirksamkeit nicht an. Ihm kann gegen seinen Willen kein neuer Vertragspartner seines Arbeitsvertrages, also kein neuer Arbeitgeber, aufgedrängt werden.

7. Der Widerspruch muss **eigenhändig unterschrieben** sein. Dies ergibt sich aus dem Schriftformerfordernis (§ 126 Abs. 1 BGB). Möglich ist jedoch auch, dass der Prozessbevollmächtigte (BAG, Urt. v. 20.03.2008 – 8 AZR 1016/06, NZA 2008, 1354, 1356) oder sonst ein Vertreter mit dem Namen des Vollmachtgebers oder mit dem eigenen Namen und einem die Stellvertretung offenlegenden Zusatz (BAG, Urt. v. 14.12.2006 – 8 AZR 763/05, NZA 2007, 682, 685; ErfK/*Preis* §§ 125–127 BGB Rn. 19) unterzeichnet (vgl. dazu ausführlicher V Rdn. 171). 370

9. Verzicht auf Widerspruch

Vorbemerkung

Wie beim Asset-Deal kann es auch im Rahmen einer **Abspaltung** oder **Ausgliederung** in Einzelfällen sinnvoll sein, die vom Betriebsübergang betroffenen Arbeitnehmer dazu anzuregen, ihren Verzicht auf ihr Widerspruchsrecht zu erklären. Dies beispielsweise in Fällen, in denen das Unterrichtungsschreiben erst kurz vor dem geplanten Betriebsübergang an die Arbeitnehmer übergeben wird, die Arbeitgeber aber dennoch vor dem Übergang wissen möchten, wie viele Arbeitnehmer übergehen bzw. ob Arbeitnehmer dem Betriebsübergang widersprechen. Mit einer informierten Verzichtserklärung nach Erhalt des korrekten Unterrichtungsschreibens kann die einmonatige Widerspruchsfrist, unter Umständen sogar erheblich, abgekürzt werden. Ein solcher Verzicht auf das Widerspruchsrecht gemäß § 613a Abs. 5 BGB ist möglich (BAG, Urt. v. 30.11.2003 – 8 AZR 491/02, NZA 2004, 481, 483 m.w.N.; *Meyer* DB 2007, 858, 860; *Rieble/Wiebauer* NZA 2009, 401, 404; DLW/*Baeck/Haußmann* Kap. 3 Rn. 4181; *Hauck* NZA Beilage 1/2009, 18, 22). 371

Mit der Bitte um einen ausdrücklichen Verzicht auf einen Widerspruch sollte allerdings nur gearbeitet werden, wenn man sich, z.B. aufgrund vorangegangener Gespräche mit den Mitarbeitern, weitmöglich sicher ist, dass die Mitarbeiter mit dem Betriebsübergang einverstanden sind. Sollten die Mitarbeiter beispielsweise durch das Unterrichtungsschreiben erstmals vom Betriebsübergang erfahren oder bereits im Vorfeld Widerstand gegen den Betriebsübergang laut geworden sein, empfiehlt es sich, von einer Bitte um Verzicht auf das Widerspruchsrecht Abstand zu nehmen. Die Mitarbeiter könnten sich in solchen Fällen zu einem Widerspruch provoziert fühlen. 372

▶ **Muster – Verzicht auf Widerspruch**

[als Adressat: Name und Anschrift alter oder neuer Arbeitgeber] 1

Verzicht auf Widerspruch zum Übergang meines Arbeitsverhältnisses 2

Ich, [Name, Vorname in Druckbuchstaben], erkläre hiermit, dass ich das Schreiben vom _____[Datum]_____, mit dem ich über den Übergang meines Arbeitsverhältnisses von der A-AG auf die C-AG unterrichtet wurde 3, verstanden und keine weiteren Fragen zu diesem Schreiben habe. Ich erkläre weiter, dass ich dem Betriebsübergang nicht widersprechen werde.

[Ort, Datum]

(Unterschrift)

373

Erläuterungen

Schrifttum

Hauck Information über einen Betriebsübergang nach § 613a V BGB und Widerspruch nach § 613a VI BGB, NZA Beilage 1/2009, 18; *Meyer* Inhalt einer Unterrichtung auf Betriebsübergang, DB 2007, 858; *Rieble/Wiebauer* Widerspruch (§ 613a IV BGB) nach Aufhebungsvertrag, NZA 2009, 401.

374 **1.** Die Verzichtserklärung kann sowohl gegenüber dem alten als auch gegenüber dem neuen Arbeitgeber erfolgen (*Rieble/Wiebauer* NZA 2009, 401, 406).

375 **2.** Möchte man die Arbeitnehmer zu einem ausdrücklichen Verzicht auf das Widerspruchsrecht anregen, so kann man dem Unterrichtungsschreiben einen **Vordruck für den Verzicht** auf einen Widerspruch bzw. die ausdrückliche Zustimmung zum Betriebsübergang beifügen. In beiden Fällen sollte der Vordruck eine ausdrückliche Bestätigung enthalten, dass der Arbeitnehmer keine weiteren Informationen mehr benötigt.

376 Denkbar ist auch, den Verzicht auf das Widerspruchsrecht in einem gesonderten Schreiben zu behandeln. In jedem Fall muss der Verzicht **schriftlich** erklärt werden (*Küttner/Kreitner* Betriebsübergang Rn. 40). Für die Verzichtserklärung gilt das gleiche Schriftformerfordernis wie für den Widerspruch (*Rieble/Wiebauer* NZA 2009, 401, 405 f.). § 126b BGB ist dementsprechend anzuwenden (vgl. V Rdn. 55). *Rieble/Wiebauer* führen aus, dass es sich bei dem Verzicht auf den Widerspruch bei genauer Betrachtung um die Ausübung des Wahlrechts des Arbeitnehmers zwischen Käufer und Verkäufer als Arbeitgeber handelt (*Rieble/Wiebauer* NZA 2009, 401, 404 f.).

377 **3.** Der Verzicht auf einen Widerspruch für den Fall eines Betriebsüberganges kann nicht abstrakt für die Zukunft erfolgen; weder durch individualrechtliche noch durch kollektivrechtliche Vereinbarung (*Hauck* NZA Beilage 1/2009, 18, 22; *Küttner/Kreitner* Betriebsübergang Rn. 40, m.w.N.; *Rieble/Wiebauer* NZA 2009, 401, 404; DLW/*Baeck/Haußmann* Kap. 3 Rn. 4181; Kallmeyer/*Willemsen* UmwG § 324 Rn. 50). Der aus Anlass eines konkreten Betriebsübergangs erklärte Verzicht ist jedoch zulässig (BAG, Urt. v. 30.11.2003 – 8 AZR 491/02, NZA 2004, 481, 483 m.w.N.; *Rieble/Wiebauer* NZA 2009, 401, 404; *Hauck* NZA Beilage 1/2009, 18, 22; DLW/*Baeck/Haußmann* Kap. 3 Rn. 4181; Kallmeyer/*Willemsen* UmwG § 324 Rn. 50).

IV. Formwechsel

378 Mit dem Formwechsel nach § 190 ff. UmwG wurde ein Instrument geschaffen, das nicht nur den Wechsel der Gesellschaftsform unter Kapitalgesellschaften erleichtert bei Wahrung der Identität des Rechtsträgers. Vielmehr ist dadurch auch der Wechsel von einer Personengesellschaft in eine Kapitalgesellschaft und umgekehrt als gesellschaftsrechtlicher Umwandlungsvorgang möglich geworden.

379 Der Formwechsel wird deshalb oft zur Zukunftssicherung von Familienunternehmen oder anders herum zum »going private« eingesetzt. Die nach dem Umwandlungsrecht formwechslungsfähigen Rechtsträger sind in § 191 UmwG enumerativ aufgeführt (Kallmeyer/*Meister/Klöcker* UmwG § 190 Rn. 11). Da der Rechtsträger identisch bleibt, findet ein Vermögensübergang nicht statt. Arbeitsrechtlich ist bedeutsam, dass der Formwechsel keinen Arbeitgeberwechsel herbeiführt.

1. Umwandlungsbeschluss

Vorbemerkung

380 Die Anteilseigner des formwechselnden Rechtsträgers fassen den Umwandlungsbeschluss gemäß §§ 193 ff. UmwG in der Regel aufgrund eines Umwandlungsberichts des Vertretungsorgans des Rechtsträgers nach § 192 UmwG. Das vorliegende Muster geht von einer Umwandlung einer Personenhandelsgesellschaft (oHG) in eine Kapitalgesellschaft (GmbH) aus.

▶ **Muster – Umwandlungsbeschluss**

Umwandlungsbeschluss
(bedarf notarieller Beurkundung) [1]

Es erschienen vor dem
unterzeichneten Notar [Name des Notars]
1. Frau/Herr [Name des Anwesenden, Geburtsdatum, Anschrift]
2. Frau/Herr [Name des Anwesenden, Geburtsdatum, Anschrift]

Die Erschienenen erklärten:

Präambel

Wir sind die alleinigen Gesellschafter der [Name des Unternehmens; hier z.B. AB-oHG] mit Sitz in [Ort], eingetragen im Handelsregister des Amtsgerichts [Name des Amtsgerichts] unter HRA [Nummer].

Wir beabsichtigen, die offene Handelsgesellschaft nach §§ 190 ff. i.V.m. §§ 214 ff. UmwG in eine Gesellschaft mit beschränkter Haftung umzuwandeln. [2]

Wir halten hiermit unter Verzicht auf alle Frist- und Formvorschriften sowie Unterrichtungsrechte eine Gesellschafterversammlung der AB-oHG ab und beschließen einstimmig die folgende Umwandlung: [3]

§ 1 Formwechsel

Die AB-oHG erhält durch Formwechsel die Rechtsform einer Gesellschaft mit beschränkter Haftung. Der Gesellschaftsvertrag der GmbH ist dieser Urkunde als Anlage 1 beigefügt. [4]

§ 2 Geschäftsführerbestellung

Zu Geschäftsführern der GmbH werden bestellt:
1. Frau/Herr [Name des Geschäftsführers, Geburtsdatum, Anschrift]
2. Frau/Herr [Name des Geschäftsführers, Geburtsdatum, Anschrift]

Die Geschäftsführer vertreten die Gesellschaft jeweils einzeln und sind von den Beschränkungen des § 181 BGB befreit. [5]

§ 3 Firma/Sitz

Die Gesellschaft führt künftig die Firma [Name; hier z.B. AB-GmbH]. Sie hat ihren Sitz in [Ort].

§ 4 Stammkapital/Geschäftsanteile

Das Stammkapital der Gesellschaft beträgt EUR 50.000. Die Gesellschafter der AB-GmbH sind an der Gesellschaft folgendermaßen beteiligt:

1. Frau/Herr [Name des Gesellschafters] mit einem Geschäftsanteil Nr. 1 im Nennwert von EUR 25.000.
2. Frau/Herr [Name des Gesellschafters] mit einem Geschäftsanteil Nr. 2 im Nennwert von EUR 25.000.

Die Einlagen auf die Geschäftsanteile werden durch das Eigenkapital der oHG erbracht.

§ 5 Besondere Rechte

Besondere Rechte nach § 194 Abs. 1 Nr. 5 UmwG werden in der GmbH nicht gewährt.

V. Der Übergang des Arbeitsverhältnisses

§ 6 Abfindungsangebot

Ein Abfindungsangebot nach § 194 Abs. 1 Nr. 6, 207 UmwG ist nicht erforderlich, da der Umwandlungsbeschluss mit Zustimmung aller Anteilsinhaber gefasst wird.

§ 7 Folgen des Formwechsels für die Arbeitnehmer und ihre Vertretungen [6]

(1) Der Formwechsel führt nicht zu einem Arbeitgeberwechsel und lässt die arbeitsvertraglichen Rechte und Pflichten unberührt. Die bei der AB-oHG bestehenden Arbeitsverhältnisse werden durch die AB-GmbH unverändert fortgeführt.

(2) Die AB-oHG ist Mitglied des Arbeitgeberverbands der ___[Branche]___ Industrie. Es gilt das mit der Gewerkschaft ___[Name der Gewerkschaft]___ vereinbarte Tarifvertragssystem der ___[Branche]___ Industrie. Die Gesellschaft beabsichtigt, auch zukünftig Mitglied des Verbands zu bleiben.

(3) Bei der AB-oHG besteht ein Betriebsrat und ein Wirtschaftsausschuss, die durch den Formwechsel unberührt bleiben. Die Betriebsvereinbarungen werden durch den Formwechsel ebenfalls nicht berührt und gelten kollektivrechtlich fort.

(4) Bei der AB-oHG als Personenhandelsgesellschaft besteht kein Aufsichtsrat mit Arbeitnehmerbeteiligung. Auch nach dem Formwechsel muss kein Aufsichtsrat mit Arbeitnehmerbeteiligung gebildet werden, da der Schwellenwert des Drittelbeteiligungsgesetzes nicht überschritten wird.

(5) Weitere Maßnahmen mit Auswirkungen auf die Arbeitnehmer und ihre Vertretungen sind nicht vorgesehen.

§ 8 Umwandlungsstichtag

Steuerlicher Umwandlungsstichtag ist der ___[Datum]___

§ 9 Kosten

Die Kosten des Formwechsels werden von der AB-GmbH getragen.

§ 10 Verzichtserklärungen

Wir verzichten auf eine Klage gegen die Wirksamkeit des Umwandlungsbeschlusses. Ein Verzicht auf den Umwandlungsbericht ist nicht erforderlich, da wir beide bei der AB-oHG zur Geschäftsführung berechtigt sind.

Vorgelesen, genehmigt und unterschrieben:

_____
(Unterschrift)

Erläuterungen

Schrifttum

Heckschen Identität der Anteilseigner beim Formwechsel, DB 2008, 2122; *Heinemann* Die Unternehmergesellschaft als Zielgesellschaft von Formwechsel, Verschmelzung und Spaltung nach dem Umwandlungsgesetz, NZG 2008, 820.

382 1. Der Umwandlungsbeschluss zum Formwechsel bedarf der notariellen **Beurkundung** (§ 193 Abs. 3 S. 1 UmwG). Auslandsbeurkundung ist nach herrschender Meinung nicht ausreichend (vgl. V Rdn. 5). Ein Verzicht auf die Erstattung eines Umwandlungsberichts, der nur erforderlich ist, wenn nicht alle Gesellschafter der formwechselnden Gesellschaft zur Geschäftsführung berechtigt sind (§ 215 UmwG), muss ebenfalls beurkundet werden nach § 8 BeurkG.

383 2. Der Formwechsel einer Personen- in eine Kapitalgesellschaft erfolgt nach §§ 190 bis 213 UmwG und §§ 214 bis 225c UmwG. Anders als im Recht der Spaltung gibt es **keine** dem § 125 S. 1 UmwG entsprechende **Generalverweisung** in das Recht der Verschmelzung.

3. Der Umwandlungsbeschluss ist in einer **Versammlung der Anteilseigner** zu fassen (§ 193 Abs. 1 S. 2 UmwG). Er bedarf der Zustimmung aller anwesenden Gesellschafter, es sei denn der Gesellschaftsvertrag lässt Mehrheitsentscheid zu. Ein Mehrheitsentscheid muss mindestens drei Viertel der abgegebenen Stimmen erreichen. Auch die nicht erschienenen Gesellschafter müssen zustimmen (§ 217 Abs. 1 UmwG). 384

4. Der **Inhalt** des Umwandlungsbeschlusses (vgl. Happ/*Happ* Muster 11.01 Anm. 18.1 ff.) zum Formwechsel ist in § 194 Abs. 1 UmwG geregelt. Dieser entspricht im Wesentlichen § 5 Abs. 1 UmwG für die Verschmelzung und § 126 Abs. 1 UmwG für die Spaltung. Für den Formwechsel einer Personenhandelsgesellschaft in eine Kapitalgesellschaft verlangt § 218 Abs. 1 UmwG, dass der Umwandlungsbeschluss auch den **Gesellschaftsvertrag** der GmbH feststellen muss. 385

5. Durch die Verweisung auf die Gründungsvorschriften der angestrebten neuen Rechtsform in § 197 Abs. 1 UmwG folgt aus § 6 GmbHG, dass die **Geschäftsführer** im Gesellschaftsvertrag oder durch Gesellschafterbeschluss bestellt werden müssen. Dies kann auch bereits im Umwandlungsbeschluss erfolgen (Kallmeyer/*Meister/Klöcker* UmwG § 197 Rn. 21). Die Ämter der gesetzlichen Vertreter der formwechselnden Gesellschaft enden mit Wirksamwerden des Formwechsels bei dessen Eintragung in das Handelsregister. Die Dienstverträge der bisherigen Geschäftsführungsmitglieder bleiben jedoch grundsätzlich bestehen (BGH, Urt. v. 08.01.2007 – II ZR 267/05, NZG 2007, 590, 591; Kallmeyer/*Meister/Klöcker* UmwG § 202 Rn. 24). Der Formwechsel stellt keinen wichtigen Grund zur außerordentlichen Kündigung der Dienstverträge dar (Kallmeyer/*Meister/Klöcker* UmwG § 202 Rn. 24; a.A. Lutter/*Dechert* § 202 UmwG Rn. 39 für eine außerordentliche Kündigung durch den Geschäftsführer wie bei der Verschmelzung). 386

Prokuren, Handlungsvollmachten und sonstige Vollmachten bleiben wegen der Identität des Rechtsträgers bestehen, da es keine rechtsformspezifischen Besonderheiten für diese Vertreter gibt. Für Prokuristen des formwechselnden Rechtsträgers wird beim Rechtsträger mit neuer Rechtsform eingetragen, dass die Prokura bestehen bleibt (OLG Köln, Urt. v. 06.05.1996 – 2 Wx 9/96, GmbHR 1996, 773, 774; Kallmeyer/*Meister/Klöcker* UmwG § 202 Rn. 26). 387

6. Gemäß § 194 Abs. 1 Nr. 7 UmwG sind die Folgen des Formwechsels für die **Arbeitnehmer** und ihre **Vertretungen** und die insofern vorgesehenen **Maßnahmen** im Umwandlungsbeschluss zu bestimmen. Dabei handelt es sich um eine Parallelbestimmung zu § 5 Abs. 1 Nr. 9 und § 126 Abs. 1 Nr. 11 UmwG. Der Umfang der erforderlichen Angaben ist in der Regel deutlich geringer, weil der Formwechsel im Gegensatz zur Verschmelzung und Spaltung keinen Arbeitgeberwechsel bewirkt (Identität des Rechtsträgers; vgl. DLW/*Baeck/Haußmann* Kap. 3 Rn. 4034). Die Schutzinteressen der Arbeitnehmer bei der Fortgeltung von Arbeits- und Tarifverträgen sowie Betriebsvereinbarungen sind praktisch nicht betroffen. Die Arbeitsverträge, Tarifverträge und Betriebsvereinbarungen bleiben wegen der Identität des Rechtsträgers unverändert in Kraft; Tarifverträge und Betriebsvereinbarungen gelten kollektivrechtlich fort. § 613a BGB greift nicht (Happ/*Happ* Muster 11.01 Anm. 18.19). Der Formwechsel ist nicht betriebsbezogen und personelle Maßnahmen in der Regel nicht dessen Folgen, so dass Angaben dazu im Umwandlungsbeschluss nicht erforderlich sind (Kallmeyer/*Willemsen* UmwG § 194 Rn. 58; Kallmeyer/*Meister/Klöcker* UmwG § 202 Rn. 27). Ändern kann sich die Zuständigkeit für das arbeitsrechtliche Direktionsrecht. Vor dem Formwechsel liegt es bei den gesetzlichen Vertretern der formwechselnden oHG, nach dem Wechsel bei der Geschäftsführung der GmbH (Kallmeyer/*Meister/Klöcker* UmwG § 202 Rn. 27). 388

Erforderlich ist aber in jedem Fall eine Aussage zum **Mitbestimmungsstatut** (Happ/*Happ* Muster 11.01 Anm. 18.19). Alle gesetzlichen Mitbestimmungssysteme auf Unternehmensebene sind rechtsformspezifisch ausgestaltet. Der Formwechsel kann sowohl mitbestimmungsneutral sein, zu einem Mitbestimmungszuwachs oder zu einem Mitbestimmungsverlust führen (Kallmeyer/*Willemsen* UmwG Vor § 322 Rn. 92 ff.). Personengesellschaften unterliegen grundsätzlich nicht der Unternehmensmitbestimmung mit Arbeitnehmerbeteiligung im Aufsichtsrat. Bei Kapitalgesellschaften kommt es dagegen auch auf die Belegschaftsstärke des Unternehmens bzw. des Konzerns 389

V. Der Übergang des Arbeitsverhältnisses

an (DrittelbG > 500 AN; MitbestG > 2000 AN). Deshalb sollte ggfs. zumindest eine Negativerklärung abgegeben werden (Kallmeyer/*Willemsen* UmwG § 194 Rn. 58).

390 Obwohl keine gravierenden Folgen für die Arbeitnehmer und ihre Vertretungen zu erwarten sind, muss gleichwohl der Entwurf des Umwandlungsbeschlusses mit Anlagen nach § 194 Abs. 2 UmwG dem Betriebsrat **zugeleitet** werden. Die Vorschrift entspricht § 5 Abs. 3 bei Verschmelzung und § 126 Abs. 3 bei Spaltung des Rechtsträgers. Der Entwurf ist spätestens einen Monat vor der Versammlung der Anteilsinhaber, die den Formwechsel beschließt, dem Betriebsrat zuzuleiten. Ohne den Nachweis einer rechtzeitigen Zuleitung an den zuständigen Betriebsrat kann der Umwandlungsbeschluss nicht im Handelsregister eingetragen werden (§ 199 UmwG). Bei fehlendem Betriebsrat ist eine entsprechende schriftliche Negativerklärung der Vertretungsorgane abzugeben, die zweckmäßigerweise in der Anmeldung erfolgt (Kallmeyer/*Zimmermann* UmwG § 199 Rn. 3 und § 17 Rn. 3; a.A. AG Duisburg v. 04.01.1996 – 23 HRB 4942 und 5935, GmbHR 1996, 372: eidesstattliche Versicherung).

2. Zuleitung an den Betriebsrat gemäß § 194 Abs. 2 UmwG

Vorbemerkung

391 Das Erfordernis der Zuleitung des Umwandlungsbeschlusses an den Betriebsrat gemäß § 194 Abs. 2 UmwG entspricht inhaltlich § 5 Abs. 3 UmwG für die Verschmelzung und § 126 Abs. 3 UmwG für die Spaltung.

▶ Muster – Zuleitung an den Betriebsrat gemäß § 194 Abs. 2 UmwG [1]

392 [Briefkopf der Arbeitgeberin – hier: AB-oHG]

An den Betriebsrat der AB-oHG
Zu Händen des[r] Vorsitzenden

Betreff: Zuleitung des Entwurfs des Umwandlungsbeschlusses gemäß § 194 Abs. 2 UmwG

Sehr geehrte/r Frau/Herr ____[Titel, Name]____ ,

in der Anlage überreichen wir eine Kopie des Entwurfs des Umwandlungsbeschlusses über den Formwechsel der ____[Name]____ in die Rechtsform einer Gesellschaft mit beschränkter Haftung.

Wir müssen die rechtzeitig an Sie erfolgte Zuleitung des Entwurfs bei der Anmeldung der Verschmelzung zum Handelsregister gemäß § 199 UmwG nachweisen. Deshalb bitten wir Sie, den Erhalt dieses Schreibens und des beiliegenden Entwurfs des Umwandlungsbeschlusses nebst Anlagen auf den beigefügten zwei Ausfertigungen dieses Schreibens zu bestätigen und diese an uns zurückzusenden.

[Optional:

Um ein zügiges Verfahren des Formwechselvorgangs sicherzustellen, bitten wir Sie zusätzlich, auf die Einhaltung der Monatsfrist gemäß § 194 Abs. 2 UmwG zu verzichten und dies ebenfalls durch die Unterzeichnung der Empfangsbestätigung zu dokumentieren.]

Wir danken für Ihr Verständnis und für Ihre Unterstützung.

Mit freundlichen Grüßen

_____
(Unterschriften für die Gesellschaft)

Anlage: Entwurf des Umwandlungsbeschlusses nebst Anlagen

Empfangsbestätigung des Betriebsrats

Wir bestätigen, heute den Entwurf des Umwandlungsbeschlusses über den Formwechsel der ___[Name]___ in die Rechtsform einer Gesellschaft mit beschränkter Haftung erhalten zu haben.

[Optional:

Wir erklären hiermit den Verzicht auf die Einhaltung der Ein-Monatsfrist gemäß § 194 Abs. 2 UmwG.]

Für den Betriebsrat

___[Ort, Datum]___

_____
(Unterschrift der Betriebsratsvorsitzenden)

Erläuterungen

Schrifttum
Blechmann Die Zuleitung des Umwandlungsvertrags an den Betriebsrat, NZA 2005, 1143; vgl. V Rdn. 207.

1. Zu beachten ist, dass die rechtzeitige Zuleitung an den Betriebsrat nach § 194 Abs. 2 UmwG gem. § 199 UmwG bei der Handelsregistereintragung nachzuweisen ist und somit eine Eintragungsvoraussetzung darstellt. 393

Das Muster entspricht inhaltlich dem Muster V Rdn. 207, da § 194 Abs. 2 UmwG die gleiche Zuleitungsverpflichtung des Umwandlungsbeschlusses an den Betriebsrat statuiert wie § 5 Abs. 3 UmwG und § 126 Abs. 3 UmwG dies für den Verschmelzungs- und Spaltungsvertrag vorsehen (Vgl. Lutter/*Dechert* UmwG § 194 Rn. 39). Es wird insofern auf die Kommentierungen zu V Rdn. 208 ff. verwiesen. 394

3. Unterrichtung Wirtschaftsausschuss gemäß § 106 BetrVG

Vorbemerkung

Die Unterrichtungspflicht des Rechtsträgers gegenüber dem Wirtschaftsausschuss im Falle des Formwechsels folgt nach richtiger Auffassung aus § 106 Abs. 3 Nr. 10 BetrVG. Ausweislich des Wortlauts des § 106 Abs. 3 Nr. 8 BetrVG erfasst dieser den Formwechsel nicht, sodass auf den Auffangtatbestand der Nr. 10 abzustellen ist. Das Muster geht von einer Arbeitnehmerzahl größer als 500 aber nicht größer als 2000 aus. 395

▶ **Muster – Unterrichtung des Wirtschaftsausschusses gemäß § 106 BetrVG bei Formwechsel**

[Briefkopf der Arbeitgeberin – hier: AB-oHG] 396

An den Wirtschaftsausschuss der AB-oHG
Zu Händen der Vorsitzenden

Betreff: Unterrichtungsschreiben gemäß § 106 BetrVG
Formwechsel der AB-oHG in eine GmbH

Sehr geehrte/r Frau/Herr ___[Titel, Name]___ ,

hiermit unterrichten wir Sie über den geplanten Formwechsel unseres Unternehmens von einer ___[Gesellschaftsform; hier: oHG]___ in eine ___[Gesellschaftsform, hier: GmbH]___ .

V. Der Übergang des Arbeitsverhältnisses

Unsere Gesellschafter haben sich zu dem Formwechsel des Unternehmens entschlossen, um die Zukunft des Unternehmens zu sichern.

Unsere Gesellschafter werden den Formwechsel am ___[Datum]___ beschließen. Der handelsrechtliche Umwandlungsstichtag ist der ___[Datum]___. Der Formwechsel wird gemäß §§ 198, 202 UmwG mit Eintragung des Formwechsels in das Handelsregister am Sitz der AB-oHG wirksam. [1] Voraussichtlich wird die Eintragung im ___[Kalendermonat]___ erfolgen. Mit der Eintragung ist der Formwechsel in eine GmbH vollzogen.

Die arbeitsrechtlichen Konsequenzen des Formwechsels lassen sich wie folgt zusammenfassen:

(1) Arbeitgeberwechsel

Ein Arbeitgeberwechsel findet nicht statt. § 613a BGB ist nicht anwendbar und die besonderen Schutzvorschriften nach §§ 321–325 UmwG ohne Bedeutung.

(2) Arbeitsvertrag/Betriebszugehörigkeit

Der Formwechsel hat keinen Einfluss auf die bestehenden arbeitsvertraglichen Bedingungen einschließlich etwaiger betrieblicher Übungen, Gesamtzusagen und Einheitsregelungen. Das gilt auch für den Arbeitsort. Auch Rechte und Anwartschaften, die auf erdienter Betriebszugehörigkeit beruhen, werden unverändert fortgeführt. Das gilt insbesondere für die Berechnung von Kündigungsfristen und Betriebsrentenanwartschaften.

(3) Tarifverträge

Ebenfalls gelten die anwendbaren Tarifverträge unverändert kollektivrechtlich fort.

(4) Betriebe/Betriebsräte

Das Unternehmen wird lediglich in seiner Rechtsform geändert. Die Identität der Betriebe bleibt damit gewahrt. Die bestehenden Betriebsräte bleiben unverändert im Amt.

(5) Betriebsvereinbarungen

Bestehende Betriebsvereinbarungen gelten unverändert kollektivrechtlich fort.

(6) Betriebsrenten

Etwaige Anwartschaften auf Leistungen der betrieblichen Altersversorgung werden nach dem Stichtag unverändert fortgeführt. Laufende Unverfallbarkeitsfristen werden durch den Formwechsel nicht unterbrochen.

(7) Haftung

Gegenüber den Arbeitnehmern haftet die neu gebildete GmbH allein für die Verbindlichkeiten. Die AB-oHG besteht durch den Formwechsel in der GmbH fort. [2]

(8) Maßnahmen

Aus Anlass des Formwechsels sind keine besonderen Maßnahmen hinsichtlich der Arbeitnehmer in Aussicht genommen.

(9) Unternehmensmitbestimmung

Bei der GmbH ist ein Aufsichtsrat nach dem Drittelbeteiligungsgesetz zu errichten. [3] Das Statusverfahren nach § 97 AktG i.V.m. § 27 EG AktG wird unverzüglich betrieben und Wahlen der Arbeitnehmervertreter zum Aufsichtsrat eingeleitet. [4]

Sollten Sie Fragen haben, sprechen Sie bitte den für Personalsachen zuständigen Geschäftsführer ___[Name/Telefon]___ oder den Personalleiter ___[Name/Telefon]___ an.

Mit freundlichen Grüßen

_____
(Unterschrift Gesellschafter der AB-oHG)

Erhalten:
_____
[Ort, Datum]

Für den Wirtschaftsausschuss

_____
(Unterschrift)

Erläuterungen

Schrifttum
Blechmann Die Zuleitung des Umwandlungsvertrags an den Betriebsrat, NZA 2005, 1143.

Im Wesentlichen entspricht die Unterrichtungspflicht bei einem Formwechsel der bei einer Verschmelzung oder Spaltung. Insofern wird auf die dortigen Anmerkungen (vgl. Muster V Rdn. 213 ff. und V Rdn. 302 ff.) Bezug genommen. Jedoch ist der Umfang der Aussagen zu den Folgen für die Arbeitnehmer und ihre Vertretungen deutlich reduziert, da sich arbeitsrechtliche Bedingungen praktisch nicht verändern.

1. Zum Wirksamwerden des Formwechsels ist die Eintragung nach § 198 UmwG konstitutiv. Darüber hinaus hat noch eine Bekanntmachung nach § 201 UmwG zu erfolgen, die aber nur verlautbarende Wirkung hat. 397

2. Gemäß § 202 Abs. 1 Nr. 1 UmwG besteht der formwechselnde Rechtsträger, also die oHG in der in dem Umwandlungsbeschluss bestimmten Rechtsform – hier einer GmbH – weiter (Identitätsprinzip). 398

3. Je nach Größe der Belegschaft ist das DrittelbG (Schwellenwert: > 500 – 2.000 Arbeitnehmer) bzw. das MitbestG (Schwellenwert > 2.000 Arbeitnehmer) einschlägig. 399

4. Bei einem Formwechsel einer Personengesellschaft in eine Kapitalgesellschaft – wie im vorliegenden Fall – ist ein Statusverfahren durchzuführen, wobei je nach Größe der Belegschaft das DrittelbG bzw. das MitbestG Anwendung findet. Findet ein Formwechsel von einer Personengesellschaft in eine GmbH statt, muss die Arbeitnehmerzahl jedoch stets mehr als 500 betragen, um die Pflicht zur Errichtung eines Aufsichtsrates überhaupt auszulösen. Anderenfalls ist die Errichtung des Aufsichtsrates fakultativ, da die Pflicht zur Errichtung des Aufsichtsrates nicht schon aus der Rechtsform der GmbH folgt (anders u.a. bei der AG). 400

War bereits bei der formwechselnden Gesellschaft ein Aufsichtsrat eingerichtet, so ist bei Vorliegen der Voraussetzungen des § 203 UmwG, wenn nämlich der Aufsichtsrat beim Rechtsträger neuer Rechtsform in gleicher Weise wie bei dem formwechselnden Rechtsträger gebildet und zusammengesetzt wird, eine Kontinuität der personellen Besetzung des Aufsichtsrats gegeben. Die Vorschrift zur Mitbestimmungsbeibehaltung nach § 325 UmwG ist wegen ihres klaren Wortlauts nur auf Abspaltung und Ausgliederung, aber nicht auf den Formwechsel anwendbar. 401

V. Unternehmensübernahme (Share Deal)

Die Unternehmensübernahme durch Kauf und Übertragung der Geschäftsanteile führt per se nicht zur Änderung von arbeitsrechtlichen Rechten und Pflichten. Es kommt nicht zum Arbeitgeberwechsel. Die anstellende Gesellschaft bleibt die gleiche. 402

V. Der Übergang des Arbeitsverhältnisses

1. Anteilskaufvertrag

Vorbemerkung

403 Da es beim Anteilskauf nicht zum Arbeitgeberwechsel und zu Änderungen in den Arbeitsbedingungen kommt, ist der arbeitsrechtliche Teil der Dokumentation im Wesentlichen mit der Gewährleistung bestimmter Beschaffenheiten im Verhältnis der Kaufvertragsparteien befasst. Vorliegend ist der gesellschaftsrechtliche Teil des Anteilskaufvertrags stark verkürzt und nur soweit vorgegeben, wie für das Verständnis der arbeitsrechtlichen Vorschriften erforderlich.

▶ **Muster – Anteilskaufvertrag**

404 Unternehmenskaufvertrag (GmbH-Anteile)

(bedarf notarieller Beurkundung) [1]

Es erscheinen vor dem
unterzeichneten Notar [Name des Notars]

1. Herr/Frau [Name; hier: A] handelnd als
   Bevollmächtigter der V-AG in [Ort]
   aufgrund Vollmacht vom [Datum]
   (Verkäuferin)

2. Herr/Frau [Name; hier B] handelnd als
   Bevollmächtigter der K-GmbH in [Ort]
   aufgrund Vollmacht vom [Datum]
   (Käuferin)

Die Erschienenen baten um Beurkundung des nachstehenden

Anteilskaufvertrags

§ 1 Kaufgegenstand

(1) Die Verkäuferin ist die alleinige Gesellschafterin der [Firma, hier: Z-GmbH] GmbH in [Ort], eingetragen im Handelsregister des Amtsgerichts [Ort] unter HRB [Nummer] (die Gesellschaft). Das Stammkapital der Gesellschaft beträgt [Betrag] € und ist aufgeteilt in [Anzahl] Geschäftsanteile im Nennbetrag von [Betrag] € (die Geschäftsanteile). [2]

(2) Die Verkäuferin verkauft die Geschäftsanteile mit allen zugehörigen Rechten und Pflichten (einschließlich Gewinnbezugsrecht) an die Käuferin, die das Kaufgebot annimmt.

§ 2 Kaufpreis

Der Kaufpreis für die Geschäftsanteile beträgt [Betrag] €.

§ 3 Stichtagsabschluss

...

§ 4 Vollzug

(1) Dieser Vertrag wird durch Vornahme der in den folgenden Absätzen genannten Handlungen *am letzten Bankarbeitstag des Monats* vollzogen, in dem alle genannten Bedingungen erfüllt sind (Closing). Der Tag, an dem der Kauf vollzogen wird, wird als Vollzugstag (Closing Date) bezeichnet.

(2) Die Verpflichtung der Vertragspartner, diesen Vertrag zu vollziehen, steht unter der aufschiebenden Bedingung, dass der Vollzug des Zusammenschlussvorhabens gemäß § 41 GWB zulässig [3] ist und dass der Aufsichtsrat der V-AG diesem Vertrag zustimmt.

(3) Die Vertragspartner werden sich nach besten Kräften darum bemühen, dass die Vollzugsvoraussetzungen sobald wie möglich erfüllt werden. Die Käuferin wird das durch diesen Vertrag begründete Zusammenschlussvorhaben unverzüglich beim Bundeskartellamt anmelden. Die Verkäuferin wird ihr alle für den Zusammenschluss erforderlichen Informationen zur Verfügung stellen.

(4) Am Vollzugstag werden die Vertragspartner Zug um Zug folgende Handlungen vornehmen: [4]

a) Abschluss eines Anteilsabtretungsvertrags,

b) Zahlung des Kaufpreises durch die Käuferin gemäß § 2.

(5) Jeder Vertragspartner kann von diesem Vertrag zurücktreten, wenn die in § 4 Abs. 2 genannten Bedingungen nicht bis zum ___[Datum]___ eingetreten sind. Die Käuferin kann außerdem zurücktreten, wenn vor dem Vollzug eine oder mehrere Gewährleistungen der Verkäuferin gemäß § 5 unrichtig sind und der daraus entstandene Schaden insgesamt einen Betrag von ___[Prozentsatz]___ % des Kaufpreises übersteigt oder ein außerordentliches, die Vermögensgegenstände oder den Geschäftsbetrieb der Gesellschaft betreffendes Ereignis eingetreten ist, das wesentliche nachteilige Auswirkungen auf die Lage der Gesellschaft oder ihre Fähigkeit zur Fortführung ihres Geschäftsbetriebs hat. [5] Der Rücktritt ist nur vor dem Vollzug dieses Vertrags zulässig und muss schriftlich erklärt werden.

§ 5 Gewährleistungen [6]

Die Verkäuferin übernimmt eine selbständige Einstandspflicht für die Richtigkeit der nachfolgenden Angaben (Gewährleistungen) am Tag der Vertragsunterzeichnung und, falls nicht ausdrücklich auf den Tag der Unterzeichnung bezogen, auch am Vollzugstag.

…

(5) Arbeitnehmer [7]

a) In der Anlage 1 sind alle bei Abschluss dieses Vertrags bestehenden Anstellungsverträge mit Geschäftsführern und Prokuristen der Gesellschaft sowie mit Angestellten aufgelistet, deren Vergütung jeweils ein Festgehalt von ___[Betrag]___ € übersteigt. Die Anstellungsverträge sind der Käuferin vor Abschluss dieses Vertrags in Kopie übergeben worden. Keiner dieser Anstellungsverträge ist gekündigt.

b) In Anlage 2 ist eine vollständige und korrekte Liste aller Arbeitnehmer der Gesellschaft zum Tag der Unterzeichnung dieses Vertrags enthalten.

c) Keinem der in Anlage 1 Genannten sind Vergütungen, Zuwendungen, Zahlungen oder sonstige Vorteile im Zusammenhang mit der Verhandlung oder dem Abschluss dieses Vertrags gewährt oder zugesagt worden.

d) In Anlage 3 sind alle Tarifverträge, Betriebsvereinbarungen, Interessenausgleichsvereinbarungen, Sozialpläne, betriebliche Übungen, Gesamtzusagen und Einheitsregelungen aufgelistet. Die Gesellschaft hält alle daraus resultierenden Verpflichtungen ein.

e) Anlage 4 enthält eine abschließende Liste aller Standortsicherungsvereinbarungen, Beschäftigungsgarantien, Kündigungsverbote und sonstige Einschränkungen der unternehmerischen Entscheidungsfreiheit in Bezug auf die in Anlage 2 aufgelisteten Arbeitsverhältnisse.

f) *Die Gesellschaft ist bei Abschluss dieses Vertrags nicht von Streiks oder sonstigen Arbeitskampfmaßnahmen betroffen oder bedroht, noch bestehen Rechtsstreitigkeiten mit im Unternehmen vertretenen Gewerkschaften, Betriebsräten oder den in Anlage 2 aufgelisteten Arbeitnehmern.*

g) Abgesehen von den in Anlage 5 ausdrücklich genannten Verträgen über Betriebsrenten, Altersteilzeit oder sonstige Leistungen im Alters- oder Invaliditätsfall ist die Gesellschaft an keine derartigen Vereinbarungen gebunden. Für alle Betriebsrentenverpflichtungen der Gesellschaft sind im Jahresabschluss die nach § 6a EStG höchstzulässigen Pensionsrückstellungen gebildet.

(6) Führung des Geschäftsbetriebs [8]

In der Zeit zwischen Vertragsabschluss und Vollzugstag wird die Gesellschaft keine Geschäfte abschließen, die nach den bisherigen Maßstäben außerhalb ihres gewöhnlichen Geschäftsbetriebs liegen. Sie wird insbesondere keine Veränderung der Vergütung oder sonstigen Anstellungsbedingungen der in Anlage 1 aufgelisteten Personen vornehmen oder zusagen und keine Maßnahmen einleiten oder durchführen, die als Betriebsänderungen nach § 111 BetrVG zu werten sind.

§ 6 Wettbewerbsverbot, Abwerbeverbot, Geheimhaltung [9]

(1) Die Verkäuferin wird bis zum Ablauf von zwei Jahren nach dem Vollzugstag im bisherigen räumlichen und sachlichen Geschäftsbereich der Gesellschaft weder unmittelbar noch mittelbar tätig werden.

(2) Die Verkäuferin wird bis zum Ablauf von zwei Jahren nach dem Vollzugstag keine der in Anlage 1 genannten Geschäftsführer oder Angestellten der Gesellschaft abwerben.

(3) Die Verkäuferin wird bis zum Ablauf von zwei Jahren nach dem Vollzugstag alle die Gesellschaft betreffenden Geschäfts- und Betriebsgeheimnisse geheim halten und auch nicht selbst nutzen.

§§ 7–11 Haftung der Verkäuferin, Rechtsbeziehungen der Verkäuferin zur Gesellschaft, Steuern und Abgaben, Schlussbestimmungen

Vorgelesen, genehmigt und unterschrieben:

_____
(Unterschrift)

Erläuterungen

Schrifttum
Beisel/Klumpp Der Unternehmenskauf, 6. Aufl. 2009; *Braun/Wybitul* Übermittlung von Arbeitnehmerdaten bei Due Diligence, BB 2008, 782 ff.; *Göpfert/Meyer* Datenschutz bei Unternehmenskauf: Due Diligence und Betriebsübergang, NZA 2011, 486; *Hettler/Stratz/Hörtnagel* Beck'sches Mandatshandbuch Unternehmenskauf, 2004; *Hölters* Handbuch Unternehmenskauf, 7. Aufl. 2010; *Klemm/Frank* Betriebsrentenrechtliche Fallstricke bei M&A Transaktionen, BB 2013, 2741; *Kuntz* Die Auslegung von Material Adverse Change (MAC)-Klauseln in Unternehmenskaufverträgen, DStR 2009, 377; *Lange* »Material Adverse Effect« und »Material Adverse Change«-Klauseln in amerikanischen Unternehmenskaufverträgen, NZG 2005, 454; *Paul/Daub* Die betriebliche Altersversorgung im Rahmen von M&A-Deals, BB 2011, 1525; *Picot* Unternehmenskauf und Restrukturierung, 4. Aufl. 2013.

405 1. Die **Beurkundungspflicht** folgt aus § 15 Abs. 4 GmbHG.

406 2. Die verkauften **Geschäftsanteile** der Zielgesellschaft sind genau zu bezeichnen. In der Praxis ist es oft schwer, die Anteile zu ermitteln, z.B. wenn der Verkäufer sie seinerseits von mehreren Altgesellschaftern erworben hat und Unklarheiten über die Historie der Anteilsübertragungen oder Anteilsteilungen oder Zusammenlegungen bestehen.

407 3. Welche fusionskontrollrechtlichen Verfahren durchzuführen sind und in welchen Jurisdiktionen **Vollzugsverbote** wie in § 41 GWB bestehen, sollte vor Vertragsschluss genau geprüft werden.

408 4. Die Aufzählung sollte eine möglichst vollständige Liste der am Closing vorzunehmenden Handlungen enthalten. Diese können bei komplexen Transaktionen sehr umfangreich sein. Die **Aufzählung** dient dann auch als »Fahrplan« für die Vorbereitung des Closings.

409 5. In der Unternehmenskaufpraxis werden zunehmend solche Vorbehalte (»**Material Adverse Change**«) gemacht, die aus der anglo-amerikanischen Vertragsgestaltung stammen (vgl. *Picot* § 4

Rn. 457 ff.; *Lange* NZG 2005, 454 ff.). Sie können die allgemeinen Regeln zum Wegfall oder zur Störung der Geschäftsgrundlage nach § 313 BGB präzisieren (*Kuntz* DStR 2009, 377 ff.). Rechtsprechung fehlt dazu in Deutschland.

6. Die Gewährleistungen des Verkäufers und ihre Rechtsfolgen werden in der Regel abschließend im Vertrag geregelt. Aus der gewählten Klausel folgt, dass die **Gewährleistung eine selbständige Einstandspflicht** enthält, also weiter geht als die übliche gesetzliche Gewährleistung nach §§ 433, 434 BGB. Sie wird daher auch oft als Garantie beschrieben. Mit ihr lassen sich die Rechtsfolgen einfacher auf die besondere Interessenlage der Vertragspartner des Unternehmenskaufs zuschneiden. Der Umfang der Gewährleistungen wird von der Art des Zielunternehmens, der Verhandlungsmacht und dem Verhandlungsgeschick der Vertragspartner abhängen. Erheblichen Einfluss auf die Gewährleistungsregelung hat auch stets das Ergebnis der vom Käufer durchgeführten sorgfältigen Prüfung der Unternehmensdaten (»Due Diligence«) der Zielgesellschaft. 410

7. Die Gewährleistungen in Bezug auf **arbeitsrechtliche Verpflichtungen** werden oft in Form von Auflistungen wichtiger Vertragsverhältnisse (Führungskräfte, Tarife, Betriebsvereinbarungen, Rentenzusagen) vorgenommen, deren Richtigkeit und Vollständigkeit zugesichert wird. Dabei wird meist auf den Zeitpunkt des Vertragsabschlusses abgestellt. Da im gewöhnlichen Geschäftsverkehr Veränderungen langfristiger Vertragsverhältnisse möglich sind, können die Vertragspartner auch vereinbaren, auf den Zeitpunkt des Vollzugs abzustellen, oder am Vollzugstag eine Verkäuferbestätigung vorsehen. Die aufgelisteten arbeitsrechtlichen Verpflichtungen sind absolut formuliert. Wissensträger sind vornehmlich die Organmitglieder des Verkäufers oder die für den Verkauf verantwortlichen Mitarbeiter im Verhandlungsteam. Einschränkungen wie »nach Kenntnis/bestem Wissen des Verkäufers« sind möglich, enthalten aber erhebliche Auslegungsspielräume und sollten aus Sicht des Käufers vermieden werden. Enthalten die Auflistungen konkrete persönliche Daten der Arbeitnehmer mit Angaben zur Funktion, des Alters, der Betriebszugehörigkeit, des Jahreseinkommens, besonderer Kündigungsfristen, Erziehungsurlaub, Mutterschutz, Schwerbehinderung, Mitgliedschaft im Betriebsrat u.ä. können schwerwiegende Datenschutz- und Persönlichkeitsverletzungen eintreten. Während der Vertragsanbahnung und der Due Diligence sind solche ausführlichen Listen nach §§ 28, 32 BDSG deshalb in der Regel nur anonymisiert vorzusehen oder mit Zustimmung der betroffenen Führungskräfte möglich (*Braun/Wybitul* BB 2008, 782 ff.; vgl. auch *Göpfert/Meyer* NZA 2011, 486 ff.; ausführlich DLW/*Deutsch* Kap. 3 Rn. 3032 ff., insbes. Rn. 3119). Im Zeitpunkt des Vertragsabschlusses und jedenfalls im Zeitpunkt des Vollzugs ist allerdings der Unternehmenskauf soweit konkretisiert, dass auch eine namentliche Liste der Führungskräfte und sonstigen Arbeitnehmer mit den entsprechenden Daten zulässig ist. 411

8. Werden die Gewährleistungsregelungen auf den Zeitpunkt des Vertragsabschlusses abgestellt und ist eine längere Zeitperiode bis zum Vollzugstag vorgesehen oder zu erwarten, ist es empfehlenswert, eine Regelung für die Geschäftsführung in der Interimszeit (**Transition Period**) vorzunehmen. Damit wird sichergestellt, dass keine außergewöhnlichen Geschäfte zum Nachteil der Gesellschaft getätigt werden, insbesondere in Bezug auf Arbeitnehmerrechte und -pflichten. 412

9. Üblicherweise enthält ein Unternehmenskaufvertrag auch ein **Wettbewerbsverbot**, meist kombiniert mit einem Abwerbeverbot und einer Geheimhaltungsverpflichtung. Damit will sich der Käufer der Zielgesellschaft davor schützen, dass der Verkäufer mit seiner vorhandenen Kenntnis der Umstände der Zielgesellschaft in deren Geschäftstätigkeit einbricht, nachdem die Zielgesellschaft aus seiner Konzernstruktur ausgeschieden ist. Grundsätzlich sollte die Dauer der Regelung in Anlehnung an die handelsrechtlichen Vorschriften zwei Jahre nicht überschreiten, was in der Praxis in der Regel auch ausreichend ist. 413

2. Unterrichtung Wirtschaftsausschuss gemäß § 106 Abs. 3 Nr. 9a; 10 BetrVG

Vorbemerkung

414   Der Verkauf aller Geschäftsanteile einer Gesellschaft mit beschränkter Haftung und deren mögliche Auswirkungen auf die Geschäftspolitik wurde traditionell unter der Generalklausel des § 106 Abs. 3 Nr. 10 BetrVG abgehandelt (so BAG, Beschl. v. 22.01.1991 – 1 ABR 38/89, NZA 1991, 649; *Fitting* § 106 Rn. 131). Weitere Voraussetzung für die Unterrichtungspflicht gegenüber dem Wirtschaftsausschuss war, dass die Interessen der Arbeitnehmer des Unternehmens wesentlich berührt werden konnten (BAG, Beschl. v. 11.07.2000 – 1 ABR 43/99, NZA 2001, 402). Das Risikobegrenzungsgesetz vom 12.08.2008 (BGBl. I, 1666) hat das Beteiligungsrecht des Wirtschaftsausschusses deutlich erweitert um die neue Nr. 9a. Sie stellt klar, dass der Unternehmer den Wirtschaftsausschuss rechtzeitig und umfassend über eine geplante Übernahme des Unternehmens unterrichten muss, wenn damit der Erwerb der Kontrolle über das Unternehmen verbunden ist. Bei der Übernahme aller Geschäftsanteile ist das der Fall (DLW/*Wildschütz* Kap. 13 Rn. 1079). Dagegen sind die Interessen der Arbeitnehmer nach Nr. 9a nicht mehr Tatbestandsvoraussetzung.

▶ **Muster – Unterrichtung Wirtschaftsausschuss gemäß § 106 Abs. 3 Nr. 9a, 10 BetrVG (beim Share-Deal)**

415   [Briefkopf der Arbeitgeberin – hier: Z-GmbH]

An den Wirtschaftsausschuss der Z-GmbH
Zu Händen des [r] Vorsitzenden

Betreff: Unterrichtungsschreiben gemäß § 106 BetrVG Unternehmenskauf durch Erwerb aller Anteile (Share Deal) [1]

Sehr geehrte/r Frau/Herr ___[Titel, Name]___ ,

hiermit unterrichten wir Sie über die geplante Übernahme unseres Unternehmens durch ___[Name; hier: die K-GmbH]___ im Wege des Kaufs und der Abtretung aller Geschäftsanteile (Share Deal). [2] Mit den Geschäftsanteilen erwirbt die K-GmbH auch die Kontrolle über die Gesellschaft. [3]

Die Konzernleitung und unsere Geschäftsführung haben sich zum Verkauf des Unternehmens entschlossen, da es nicht mehr zum Kernbereich der Konzerntätigkeit gehört und die Entwicklungsmöglichkeiten in der bisherigen Konzernanbindung erschöpft sind. Dagegen sieht die K-GmbH als Käuferin erhebliches Entwicklungspotential im Käuferkonzern. Der Kauf erfolgt als Share Deal, weil die bisherige Struktur und die Geschäftsführung erhalten bleiben sollen. [4]

Der Kaufvertrag soll am ___[Datum]___ beurkundet werden. Der Vollzug des Kaufvertrags erfolgt voraussichtlich am ___[Datum]___ . [5]

Folgende Angaben können über die Erwerberin, ihre Absichten und die Auswirkungen auf die Arbeitnehmer gemacht werden: [6]

(1) Erwerberin wird die K-GmbH in ___[Anschrift]___ sein. Geschäftsführer der K-GmbH sind Herr ___[Name, Anschrift]___ und Herr ___[Name, Anschrift]___ . Die K-GmbH ist in der ___[Branche]___ Industrie mit Schwerpunkt ___[Schwerpunkttätigkeit]___ Fertigung tätig. Die Geschäftsfelder überschneiden sich nicht mit denen unserer Gesellschaft, sondern ergänzen sich vielmehr.

(2) Da sich die Geschäftsfelder beider Gesellschaften ergänzen, besteht auf Seiten der K-GmbH nicht die Absicht, die künftige Geschäftstätigkeit des Unternehmens zu ändern.

(3) Da sich die Geschäftsfelder in der gleichen Industrie ergänzen, können erhebliche Kostenersparnisse *auf der Einkaufseite* durch das größere Volumenpotential erreicht werden. Synergieffekte auf der Personalseite werden nicht gesehen, so dass sich aller Voraussicht nach keine Auswirkungen auf die Arbeitnehmer des Unternehmens ergeben werden. Das Unter-

nehmen soll insbesondere nicht organisatorisch in die K-GmbH eingegliedert werden, sondern mit eigenständigen Betrieben am bisherigen Standort weitergeführt werden. Die Käuferin hat in der Due Diligence die Überzeugung gewonnen, dass es betriebswirtschaftlich sinnvoll ist, die bisherige Organisation im Wesentlichen aufrecht zu erhalten. Es werden daher voraussichtlich keine Betriebsänderungen erforderlich sein.

(4) Unsere Gesellschaft bleibt weiterhin Arbeitgeberin aller bisherigen Arbeitnehmer, es sind keine Änderungen der Arbeitsbedingungen, Tarifverträge, Betriebe/Betriebsräte, Betriebsvereinbarungen oder Betriebsrenten geplant. Bisherige Konzernbetriebsvereinbarungen gelten im Unternehmen als Gesamt- oder Einzelbetriebsvereinbarungen fort. Die Unternehmensmitbestimmung ändert sich nicht. Der Aufsichtsrat des Unternehmens nach dem Drittelbeteiligungsgesetz bleibt im Amt. [7]

Wenn Sie zu dem geplanten Anteilsverkauf mit Kontrollerwerb durch die K-GmbH Fragen haben, sprechen Sie bitte den für Personalsachen zuständigen Geschäftsführer [Name/Telefon] oder den Personalleiter [Name/Telefon] an.

Mit freundlichen Grüßen

[Unterschrift Geschäftsführung Z-GmbH]

Erhalten:

[Ort, Datum]

(Unterschrift für den Wirtschaftsausschuss)

Erläuterungen

Schrifttum

Fleischer Reichweite und Grenzen der Unterrichtungspflicht des Unternehmers gegenüber dem Wirtschaftsausschuss nach §§ 106 Abs. 2 S. 2, Abs. 3 Nr. 9a BetrVG, ZFA 2009, 787; *Liebers/Erren/Weiß* Die Unterrichtungspflichten des Risikobegrenzungsgesetzes und der Geheimnisgefährdungstatbestand, NZA 2009, 1063; *Löw* Arbeitsrechtliche Regeln im Risikobegrenzungsgesetz, DB 2008, 758; *Maiß/Röhrborn* Unterrichtungspflicht des Unternehmers gegenüber dem Wirtschaftsausschuss gemäß § 106 BetrVG, ArbRAktuell 2011, 339; *Schröder/Falter* Die Unterrichtung des Wirtschaftsausschusses bei Unternehmensübernahmen nach Inkrafttreten des Risikobegrenzungsgesetzes, NZA 2008, 1097; *Schwark/Zimmer* Kapitalmarktrecht, 4. Aufl. 2010; *Simon/Dobel* Das Risikobegrenzungsgesetz – neue Unterrichtungspflichten bei Unternehmensübernahmen, BB 2008, 1955; *Thüsing* Beteiligungsrechte von Wirtschaftsausschuss und Betriebsrat bei Unternehmensübernahmen, ZIP 2008, 106; *Vogt/Bedkowski* Risikobegrenzungsgesetz – Arbeitsrechtliche Auswirkungen auf M&A-Transaktionen, NZG 2008, 725.

1. Dem Unterrichtungsschreiben liegt ein Unternehmenskauf durch Übernahme sämtlicher **Geschäftsanteile** zugrunde. Das Unterrichtungsschreiben ist an den Wirtschaftsausschuss der Zielgesellschaft gerichtet. Beide Unternehmen, Zielgesellschaft und Erwerbergesellschaft sind in der gleichen Industrie und im gleichen Arbeitgeberverband. Es sind keine Umstrukturierungen geplant. Die Unternehmensmitbestimmung nach dem DrittelbG bleibt im Zielunternehmen erhalten. 416

2. Durch die geplante Übernahme der Geschäftsanteile ändert sich grundsätzlich nichts im Verhältnis Arbeitgeber und Arbeitnehmer. Es kommt nicht zu einem Arbeitgeberwechsel, sondern lediglich zu einem **Wechsel der Gesellschafter**. Die Zielgesellschaft selbst bleibt durch die Transaktion unberührt (*Fitting* § 106 Rn. 80). Nr. 9a enthält gegenüber der Generalklausel der Nr. 10 eine Spezialregelung der Unternehmensübernahme. Sie greift unabhängig davon, ob die Interessen der Arbeitnehmer wesentlich berührt sein können. Sie kann allerdings schon im Stadium der Planung relevant werden und erfordert grundsätzlich nicht den Vertragsabschluss. Denn gemäß § 106 Abs. 2 S. 2 BetrVG verlangt sie schon Angaben über einen potentiellen Erwerber, wenn der Kaufvertrag noch nicht abgeschlossen ist. 417

V. Der Übergang des Arbeitsverhältnisses

418 **3.** Weitere Tatbestandsvoraussetzung ist der **Kontrollerwerb**. Vorbild für diese Regelung sind die übernahmerechtlichen Vorschriften des WpÜG, das lediglich für börsennotierte Unternehmen gilt und umfangreiche und detaillierte Mitwirkungsrechte des zuständigen Betriebsrats vorsieht (vgl. V Rdn. 424). Nr. 9a soll auch die Belegschaft von nicht börsennotierten Gesellschaften in vergleichbarer Weise schützen, wenn sich die Kontrolle über das Unternehmen ändert. Das soll nach der Gesetzesbegründung bereits dann der Fall sein, wenn mindestens 30 % der Stimmrechte am Unternehmen gehalten werden (BT Drucks. 16/7438, S. 9, 15; *Fitting* § 106 Rn. 82). Unter § 29 Abs. 2 WpÜG wurde dieser Schwellenwert für ausreichend angesehen, da eine Mehrheit von 30 % auf der Hauptversammlung von börsennotierten Aktiengesellschaften in der Regel die Kontrollausübung ermöglicht (BT-Drucks. 14/7034, S. 53; *Fitting* § 106 Rn. 83; *Richardi/Annuß* § 106 Rn. 55a). Diese Begründung ist bei Nr. 9a nicht überzeugend. Der genannte Schwellenwert wurde nicht in das Gesetz übernommen und in einer Gesellschaft mit beschränkter Haftung oder in einer nicht notierten Aktiengesellschaft kann die Kontrolle erst mit dem Mehrheitserwerb ausgeübt werden (*Liebers/Erren/Weiß* NZA 2009, 1063, 1064; *Löw* DB 2008, 758, 759; *Schröder/Falter* NZA 2008, 1097, 1098; *Simon/Dobel* BB 2008, 1955, 1956; *Thüsing* ZIP 2008, 106, 108; *Fleischer* ZFA 2009, 787, 814 f.; DLW/*Wildschütz* Kap. 13 Rn. 1079; a.A. *Fitting* § 106 Rn. 86). Jedoch wäre in Fällen, in denen kein Kontrollwechsel erfolgt, die Unterrichtungspflicht nach Nr. 10 einschlägig, soweit deren Voraussetzungen erfüllt sind (*Fitting* § 106 Rn. 88). Wird die Kontrolle über eine Konzernmuttergesellschaft erworben, erlangt man indirekt auch die Kontrolle über die Tochtergesellschaften. Dieser indirekte Kontrollerwerb führt allerdings nicht zum Kontrollerwerb nach Nr. 9a, weil die Unternehmensübernahme eine Veränderung in der Gesellschafterstruktur voraussetzt. Der Erwerb von Anteilen an der Muttergesellschaft lässt jedoch die Gesellschafterstruktur der Tochtergesellschaften unberührt (*Liebers/Erren/Weiß* NZA 2009, 1063, 1065; *Simon/Dobel* BB 2008, 1955, 1956; *Vogt/Bedkowski* NZG 2008, 725, 727; *Fitting* § 106 Rn. 89). Vorliegend ist der Kontrollerwerb bei Übernahme sämtlicher Geschäftsanteile erfüllt (Change of Control).

419 **4.** Ein allgemeiner Hinweis auf die Auswahl der **Kaufstruktur** (Share Deal) ist nicht zwingend, aber empfehlenswert, wenn übersichtlich darstellbar. Er kann die Akzeptanz der Transaktion bei der Belegschaft erhöhen.

420 **5.** Die zeitliche Abfolge ist von großem Interesse für die Belegschaft, da sich einige Rechtsfolgen wie die Zurechnung der Arbeitnehmerzahlen zur Unternehmensmitbestimmung im Käuferkonzern und auch eine mögliche Geltung von Konzernbetriebsvereinbarungen auf die Arbeitsverhältnisse auswirken können. Jedoch ist die **Zeitangabe** bei weitem nicht so erheblich wie beim Kauf der Vermögenswerte im Asset Deal. Die Unterrichtung muss rechtzeitig sein i.S.v. § 106 Abs. 2 S. 1 BetrVG. Der Begriff **Rechtzeitigkeit** ist von der Vielgestaltigkeit der Unternehmenstransaktion und ihrer Begleitumstände abhängig. Entscheidend ist die Kenntnis der Geschäftsführung der Zielgesellschaft. Denn die Unterrichtungspflicht trifft gemäß § 106 Abs. 2 S. 1 BetrVG den Unternehmer. Im Falle einer Kapitalgesellschaft ist dies das gesetzliche Vertretungsorgan, also die Geschäftsführung der GmbH oder der Vorstand der AG. Dagegen ist die Kenntnis der Gesellschafter über die Verkaufsabsicht nicht entscheidend. Ist also die GmbH-Geschäftsführung nicht in die Pläne eingebunden, kann sie auch nicht unterrichten. Die Rechtzeitigkeit richtet sich daher zunächst nach der Einbindung der Geschäftsleitung der Zielgesellschaft in den Verkaufsprozess. Erst ab deren Kenntnis besteht die Pflicht zur Unterrichtung (*Liebers/Erren/Weiß* NZA 2009, 1063, 1067; *Fitting* § 106 Rn. 103). In der Regel soll der Wirtschaftsausschuss unterrichtet werden, bevor der Anteilskaufvertrag unterzeichnet und damit bindend wird. Nur so kann der Wirtschaftsausschuss sein Beratungsrecht sinnvoll ausüben und Einfluss auf die Willensbildung der Geschäftsführung der Zielgesellschaft nehmen, allerdings nur wenn diese selbst über ein tatsächliches Mitgestaltungsrecht verfügt (*Fitting* § 106 Rn. 103). Ein früherer Zeitpunkt für die Unterrichtung kann sich nur ergeben, wenn die Geschäftsleitung der Zielgesellschaft im Vorfeld bereits Handlungen mit präjudizierender Wirkung vornimmt (*Fitting* § 106 Rn. 105). Ansonsten ist die Unterrichtung des Wirtschaftsausschusses erforderlich, wenn z.B. im Bieterverfahren die letztendliche Auswahl des potentiellen Erwerbers bevorsteht. Das kann erst dann der Fall sein, wenn zumindest die Due Diligence abgeschlossen und ein verbindliches Angebot abgegeben wurde, das auch der Geschäftsleitung der Zielgesellschaft und nicht nur deren Gesellschaftern vorliegt (*Liebers/Erren/Weiß* NZA 2009, 1063, 1066; *Vogt/Bedkowski* NZG 2008, 725, 728). In der Regel wird jedoch die Geschäftsführung der Zielgesellschaft erst eingebunden, wenn der potentielle Erwerber bereits ausgewählt ist und der Kaufvertrag kurz vor dem Abschluss steht (*Liebers/Erren/Weiß* NZA 2009, 1063, 1066; *Schröder/Falter* NZA 2008, 1097, 1100; DLW/*Wildschütz* Kap. 13 Rn. 1082 ff.). Ist die Geschäftsführung dagegen überhaupt nicht in die Auswahlentscheidung der Anteilseigner eingebunden, ist auch eine Beratung mit dem Unternehmer nicht möglich. In diesem Fall ist vor der Unterzeichnung weder zu informieren noch zu beraten (*Liebers/Erren/Weiß* NZA 2009, 1063, 1066; *Löw* DB 2008, 758; 760; *Vogt/Bedkowski* NZG 2008, 725, 728; *Thüsing* ZIP 2008, 106, 107; ErfK/*Kania* § 106 BetrVG Rn. 6a; BAG, Beschl. v. 22.01.1991 – 1 ABR 38/89, NZA 1991, 649, 650; a.A. *Fitting* § 106 Rn. 112).

6. Die Unterrichtung muss umfassend sein unter Vorlage der erforderlichen Unterlagen gemäß § 106 Abs. 2 S. 1 BetrVG. Der Wirtschaftsausschuss muss alle Informationen erhalten, die für eine sinnvolle Beratung des Unternehmenskaufs erforderlich sind. Die Mitglieder des Wirtschaftsausschusses sollen möglichst die gleiche Informationsbasis haben wie der Unternehmer (**Informationsparität**). Der Wirtschaftsausschuss muss aufgrund der Information zu einer sachgemäßen Beratung und zu eigenen Vorschlägen in der Lage sein (LAG Köln, Beschl. v. 14.01.2004 – 8 TaBV 72/03, NZA-RR 2005, 32; *Fitting* § 106 Rn. 34). Allerdings bedeutet dies auch, dass die Unterrichtung ausfällt oder relativ knapp ist, wenn der Unternehmer, also die Geschäftsführung der Zielgesellschaft selbst nicht oder nur zum Teil unterrichtet ist. Der potentielle Erwerber verhandelt oft nicht mit der Unternehmensleitung der Zielgesellschaft, sondern mit deren Anteilseignern. Insofern unterscheidet sich die Unterrichtungspflicht beim Share Deal von der Unterrichtungspflicht beim Asset Deal gemäß Nr. 10 oder bei Umwandlungen nach Nr. 8, bei denen auch die Geschäftsführung in die Transaktion eingebunden ist. Wenn also die Geschäftsführung der Zielgesellschaft selbst nicht unterrichtet ist, kann sie die Unterrichtungspflicht gegenüber dem Wirtschaftsausschuss nicht erfüllen. Sie ist nicht verpflichtet, sich beim Käufer oder bei den eigenen Gesellschaftern die erforderliche Information zu beschaffen (*Liebers/Erren/Weiß* NZA 2009, 1063, 1065; ErfK/*Kania* § 106 BetrVG Rn. 6a; *Schröder/Falter* NZA 2008, 1097, 1099; *Löw* DB 2008, 758, 759). Ist dagegen die Unternehmensleitung der Zielgesellschaft informiert, muss sie diese Information mit dem Wirtschaftsausschuss teilen. Dies geschieht unter Vorlage der erforderlichen Unterlagen über die wirtschaftlichen Angelegenheiten des Unternehmens, die aber nicht extra für den Wirtschaftsausschuss hergestellt werden müssen. Es reicht in der Regel aus, wenn die vorhandene Dokumentation (auch in Kopie) vorgelegt wird, die auch der Unternehmer benutzt. Im Fall des Kontrollerwerbs ist allerdings zusätzlich erforderlich, Angaben über den **potentiellen Erwerber** und dessen **Absichten** im Hinblick auf die künftige Geschäftstätigkeit des Unternehmens sowie die sich daraus ergebenden **Auswirkungen auf die Arbeitnehmer** nach § 106 Abs. 2 S. 2 BetrVG zu machen. Diese Angaben müssen, wenn nicht vorhanden, entsprechend hergestellt werden. In Anlehnung an § 11 Abs. 2 S. 3 Nr. 2 WpÜG kann dies die Information sein, die auch in einer Angebotsunterlage zur Übernahme einer börsennotierten Aktiengesellschaft enthalten ist, also z.B. Absichten des Erwerbers in Bezug auf die Arbeitnehmer und ihre Vertretungen sowie wesentliche Änderungen der Beschäftigungsbedingungen und der insoweit vorgesehenen Maßnahmen, also insbesondere Betriebsänderungen (Schwark/Zimmer/*Noack/Holzborn* Kapitalmarktrecht, 4. Aufl. 2010, § 11 WpÜG Rn. 21; *Liebers/Erren/Weiß* NZA 2009, 1063, 1065). Nicht zu den Unterrichtungspflichten gehört der Unternehmenskaufvertrag selbst, da er zwischen Anteilseigner und Erwerber, aber nicht mit der Zielgesellschaft abgeschlossen wird (BAG, Beschl. v. 22.01.1991 – 1 ABR 38/89, NZA 1991, 649, 650; so auch DLW/*Wildschütz* Kap. 13 Rn. 1085; *Fitting* § 106 Rn. 131). 421

Die Unterrichtungs- und Vorlagepflicht kann durch Betriebs- und Geschäftsgeheimnisse gemäß § 106 Abs. 2, 2. HS BetrVG eingeschränkt sein. Der Unternehmer kann die Auskunft oder die Vorlage von Unterlagen verweigern, wenn und soweit dadurch **Betriebs- und Geschäftsgeheimnisse** objektiv im Hinblick auf die Bedeutung des Geheimnisses oder subjektiv im Hinblick auf 422 konkret fehlendes Vertrauen in ein oder mehrere Mitglieder des Wirtschaftsausschusses gefährdet sind. Zu den Geschäfts- und Betriebsgeheimnissen gehören auch vertraglich geheimzuhaltende Tatsachen eines Vertragspartners (DLW/*Wildschütz* Kap. 13 Rn. 1089 f.). Die geplante Veräußerung eines Unternehmens kann ein solches Geheimnis sein (*Liebers/Erren/Weiß* NZA 2009, 1063, 1066; *Schröder/Falter* NZA 2008, 1097, 1100). Der Unternehmer muss nach pflichtgemäßer Prüfung der begründeten Ansicht sein, dass die Unterrichtung der Mitglieder des Wirtschaftsausschusses eine Gefährdung von Betriebs- oder Geschäftsgeheimnissen darstellt, obwohl die Mitglieder nach § 79 BetrVG zur Geheimhaltung verpflichtet sind. Die Frage, ob eine solche Gefährdung vorliegt, ist im Streitfall von der Einigungsstelle nach § 109 BetrVG zu untersuchen (*Fitting* § 106 Rn. 44 f.). Der Beschluss der Einigungsstelle ist in vollem Umfang gerichtlich nachprüfbar bis hin zum Bundesarbeitsgericht (BAG, Beschl. v. 11.07.2000 – 1 ABR 43/99, NZA 2001, 402; LAG Köln, Beschl. v. 14.01.2004 – 8 TaBV 72/03, NZA-RR 2005, 32; *Liebers/Erren/Weiß* NZA 2009, 1063, 1066). Erst nach einem rechtskräftigen, dem Auskunftsantrag stattgebenden Beschluss wäre der Unternehmer verpflichtet, die Information zu offenbaren. Jedenfalls wenn eine Gefährdung der Betriebs- und Geschäftsgeheimnisse droht, kann die Unterrichtung nach Abschluss des Anteilskaufvertrags erfolgen (*Liebers/Erren/Weiß* NZA 2009, 1063, 1065 f.).

423 **7.** Die Angaben unter Nr. 4 sind lediglich zusammengefasste Informationen, die dadurch begründet sind, dass **kein Arbeitgeberwechsel** eintritt. Es wird bestätigt, dass keine Veränderungen zu erwarten sind. Eine Unterrichtung des Betriebsrats nach § 111 BetrVG ist nicht erforderlich, da keine Betriebsänderung vorliegt. Auch eine formale Unterrichtung der Arbeitnehmer nach § 613a Abs. 5 BGB ist beim Share Deal nicht erforderlich. Eine Besonderheit besteht bei Konzernbetriebsvereinbarungen. Da die Ziel-GmbH aus dem Verkäuferkonzern ausscheidet, gelten Konzernbetriebsvereinbarungen als (Gesamt-)Betriebsvereinbarungen kollektivrechtlich fort. Voraussetzung ist allerdings, dass die Rechte im Käuferkonzern erfüllbar sind (BAG, Urt. v. 07.09.2004 – 9 AZR 631/03, NZA 2005, 941 – Jahreswagen; vgl. auch V Rdn. 126).

VI. Übernahme börsennotierter Aktiengesellschaften (Take-over)

424 Das WpÜG regelt das öffentliche Angebot zum Erwerb von Wertpapieren, die von einer Zielgesellschaft ausgegeben wurden und zum Handel an einem organisierten Markt (Börse) zugelassen sind. Eine solche Übernahme kann in der Folge weitreichende Konsequenzen für die betroffenen Arbeitnehmer haben. Die Übernahme als solche verändert die arbeitsrechtlichen Beziehungen wie beim Share Deal zunächst grundsätzlich nicht. Für den Fall einer erfolgreichen Übernahme sind jedoch häufig Umstrukturierungen oder Personalmaßnahmen zur Verwirklichung von Synergieeffekten bei dem übernommenen Unternehmen beabsichtigt. Das WpÜG sieht daher die grundlegende Pflicht zur Offenlegung des Übernahmevorgangs und der damit verbundenen Absichten auch gegenüber den Beschäftigten der Zielgesellschaft vor. Das Gesetz will Transparenz schaffen, um der Belegschaft die Wahrnehmung ihrer Rechte zu ermöglichen. Arbeitsrechtlicher Kerngehalt des Gesetzes ist die Pflicht des Vorstands der Zielgesellschaft zur Unterrichtung des Betriebsrats über das laufende Übernahmeverfahren. Der Mitteilungspflicht liegen die vom Bieter veröffentlichte Entscheidung zur Abgabe eines Übernahmeangebots sowie die vom Bieter eingereichte Angebotsunterlage zugrunde. Vorstand und Betriebsrat der Zielgesellschaft können jeweils eigene Stellungnahmen zu dem Übernahmeangebot abgeben. Ist ein Betriebsrat nicht vorhanden, wird das Unterrichtungs- und Mitwirkungsrecht direkt von der Belegschaft ausgeübt.

1. Öffentliches Übernahmeangebot (Angebotsunterlage) gemäß § 14 Abs. 3 WpÜG

Vorbemerkung

425 Das Take-over-Verfahren beginnt mit der Veröffentlichung der Entscheidung des Bieters zur Abgabe eines Übernahmeangebots gemäß § 10 WpÜG. Der Bieter muss dies dem Vorstand der

Zielgesellschaft unverzüglich schriftlich mitteilen, der wiederum den zuständigen Betriebsrat oder, wenn keiner besteht, die Belegschaft unverzüglich unterrichtet. Der Bieter muss auch seinen eigenen zuständigen Betriebsrat informieren. Danach hat der Bieter innerhalb von vier Wochen die Angebotsunterlage gemäß § 11 WpÜG zu erstellen und gemäß § 14 WpÜG an die BaFin zu übermitteln und unverzüglich zu veröffentlichen. Das öffentliche Übernahmeangebot (Angebotsunterlage) ist unverzüglich nach der Veröffentlichung im vorliegenden Fall durch die Bieterin an alle Aktionäre zu richten und gemäß § 10 Abs. 5 WpÜG dem Vorstand der Zielgesellschaft schriftlich mitzuteilen.

▶ **Muster – Öffentliches Übernahmeangebot gemäß § 14 Abs. 3 WpÜG**

Öffentliches Übernahmeangebot zum Erwerb von Wertpapieren 426
der __[Firma und Anschrift der Gesellschaft]__ [1]

nachfolgend »Bieterin«

an alle Aktionäre der __[Firma und Anschrift der Gesellschaft]__

nachfolgend »Aktiengesellschaft – AG«

zum Erwerb Ihrer Aktien der AG gegen Zahlung eines Geldbetrags von __[Betrag]__ € je Aktie.

Annahmefrist: von __[Datum]__ bis __[Datum]__, 24:00 Uhr

§ 1 Angaben über den Inhalt des Angebots

...

§ 2 Ergänzende Angaben gemäß § 11 Abs. 2 S. 3 WpÜG

(1) Die Bieterin beabsichtigt keine wesentlichen Änderungen der Geschäftstätigkeit oder der gesellschaftsrechtlichen Verhältnisse, keine Sitz- oder Standortverlegungen und keine Standortschließungen. Die Durchführung des Angebots hat keine unmittelbaren Auswirkungen auf die Vermögens-, Finanz- und Ertragslage der Bieterin oder der AG. [2]

(2) Die Durchführung des Angebots hat keine unmittelbaren Auswirkungen auf die Arbeitnehmer der AG und deren Vertretungen, da keine Umstrukturierungen oder Betriebsänderungen geplant sind. Ebenso wenig sind unmittelbare Auswirkungen auf die Mitglieder der Geschäftsführungsorgane oder wesentliche Änderungen der Beschäftigungsbedingungen beabsichtigt. Insoweit sind auch keine sonstigen Maßnahmen vorgesehen. [3]

(3) Es sind keine Geldleistungen oder andere geldwerte Vorteile an Vorstands- oder Aufsichtsratsmitglieder der Zielgesellschaft gewährt oder in Aussicht gestellt worden. [4]

§ 3 Verantwortlichkeit

Verantwortlich für den Inhalt der Angebotsunterlage ist der Vorstand der Bieterin, Herr/Frau (Name, Anschrift) und Herr/Frau (Name, Anschrift). Beide erklären, dass die Angaben ihres Wissens richtig und keine wesentlichen Umstände ausgelassen sind. [5]

__[Ort, Datum]__

_____
(Unterschriften)

Erläuterungen

Schrifttum

Grobys Arbeitsrechtliche Aspekte des Wertpapier- und Übernahmegesetzes, NZA 2002, 1 ff.; *Riehmer/Schröder* Praktische Aspekte bei der Planung, Durchführung und Abwicklung eines Übernahmeangebots, BB 2001 – Beilage Nr. 5, 1.

V. Der Übergang des Arbeitsverhältnisses

427 **1.** Dem Muster liegt das Angebot zur Übernahme nach dem WpÜG zugrunde. Im WpÜG wird zwischen freiwilligen Angeboten und Pflichtangeboten unterschieden (Happ/*Groß* Muster 12.01 Anm. 1.3). Die Angebotsunterlage enthält die **Angaben der Bieterin** zu den voraussichtlichen Folgen des Übernahmeangebots für die Zielgesellschaft und deren verbleibende Aktionäre. Es wird davon ausgegangen, dass zunächst keine unmittelbaren Änderungen der Geschäftstätigkeiten der Zielgesellschaft beabsichtigt sind. Zudem sind keine unmittelbaren Auswirkungen auf die Arbeitnehmer oder die Arbeitnehmervertretungen der Zielgesellschaft vorgesehen und keine Änderungen der Beschäftigungsbedingungen geplant.

428 **2.** Die Bieterin hat gemäß § 11 Abs. 2 S. 3 Nr. 1 und 2 WpÜG ihre **Absichten in Bezug auf die Zielgesellschaft** offenzulegen (Happ/*Groß* Muster 12.01 Anm. 5.1 f.). Dabei handelt es sich um die subjektiven Vorstellungen der Bieterin. Einklagbare Ansprüche der anderen Wertpapierinhaber oder der Arbeitnehmer der Zielgesellschaft können hieraus nicht entstehen. Angaben sind insbesondere erforderlich im Hinblick auf die zukünftige Geschäftstätigkeit der AG, insbesondere bezüglich Sitz und Standorte wesentlicher Unternehmensteile. Hier wären gegebenenfalls Verlegungen, Zusammenlegungen und Schließungen von Standorten zu berichten. Sind keine Änderungen der Geschäftstätigkeit geplant, sollte auch dies negativ bestätigt werden. Auch die Absichten zur Verwendung des Vermögens der Zielgesellschaft sind offenzulegen. Dazu gehören Angaben zur möglichen Veräußerung, Auf-, Abspaltung oder Ausgliederung von Unternehmensteilen oder deren Verschmelzung mit anderen Unternehmen. Angaben zu künftigen Verpflichtungen können geplante konzernrechtliche Maßnahmen wie Beherrschungs- und Ergebnisabführungsverträge oder auch die Eingliederung der Zielgesellschaft in andere Konzerngesellschaften sein.

429 **3.** Die Bieterin muss insbesondere **ihre Absichten in Bezug auf die Arbeitnehmer** und ihre Vertretungen sowie wesentliche Änderungen der Beschäftigungsbedingungen einschließlich der insoweit vorgesehenen Maßnahmen offenlegen. Damit ähnelt die Vorschrift §§ 5 Abs. 1 Nr. 9 (Verschmelzung), 126 Abs. 1 Nr. 1 (Spaltung) und 194 Abs. 1 Nr. 7 (Formwechsel) UmwG, die jeweils eine Darstellung der Umwandlungsfolgen für die Arbeitnehmer und ihre Vertretungen im Verschmelzungsvertrag, Spaltungsvertrag oder Umwandlungsbeschluss vorschreiben. Anders als bei umwandlungsrechtlichen Rechtsakten muss die Angebotsunterlage lediglich Angaben über die Absichten der Bieterin im Hinblick auf die Beschäftigten und die Beschäftigungsbedingungen der Zielgesellschaft machen. Dies ist ein Minus gegenüber den Umwandlungsfolgen, wohl auch weil die Übernahme selbst keine unmittelbaren arbeitsrechtlichen Folgen hat (*Grobys* NZA 2002, 1, 2).

430 **4.** Nach dem Gesetzeswortlaut sind keine rechtlichen Folgen der Übernahme in die Angebotsunterlage aufzunehmen. Da kein Arbeitgeberwechsel stattfindet, sind auch die direkten Rechtsfolgen minimal. Jedoch sollten auch **weitere Auswirkungen** von der Bieterin im Zusammenhang mit der Übernahme geplanter Maßnahmen kurz und knapp geschildert werden, etwa wenn Konzernbetriebsräte wegen der Übernahme oder Gesamt-/Betriebsräte durch weitere Maßnahmen entfallen (z.B. Zusammenlegung von Standorten). Absichten oder insoweit vorgesehene Maßnahmen sind aber nur dann zu beschreiben, wenn sie das Stadium der konkreten Planung erreicht haben. Dies richtet sich nach der subjektiven Determination des Vertretungsorgans der Bieterin (*Grobys* NZA 2002, 8). Vertretungen der Arbeitnehmer sind zunächst alle betriebsverfassungsrechtlichen Gremien. Parallel zum Umwandlungsrecht sind wohl auch Veränderungen bei der Unternehmensmitbestimmung mitzuteilen (vgl. Kallmeyer/*Willemsen* UmwG § 126 Rn. 43; Kallmeyer/*Willemsen* UmwG § 194 Rn. 58; *Grobys* NZA 2002, 2, 7).

431 **5.** Obwohl das Gesetz die Angaben auf die Absichten beschränkt und damit arbeitsrechtlich keine Verpflichtung gegenüber Arbeitnehmern oder Betriebsräten verbunden ist (*Grobys* NZA 2002, 1, 8), verlangt § 11 Abs. 3 WpÜG, dass die für den Inhalt **Verantwortlichen** mit Namen und Anschrift genannt werden. Diese müssen erklären, dass die Angaben ihres Wissens richtig und vollständig sind.

2. Stellungnahme Vorstand Zielgesellschaft § 27 WpÜG

Vorbemerkung

Der Vorstand der Zielgesellschaft gibt seine Stellungnahme zum Übernahmeangebot schriftlich an den Gesamtbetriebsrat zusammen mit der weitergeleiteten Angebotsunterlage.

▶ Muster – Stellungnahme des Vorstands der Zielgesellschaft

[Briefkopf Ziel-AG]
[Name und Anschrift der Gesellschaft]
Der Vorstand

An den
Gesamtbetriebsrat der Ziel-AG [1]
[Name und Anschrift der Gesellschaft]
z.Hd. des[r] Vorsitzenden

Betreff:

– Mitteilung eines öffentlichen Angebots
§ 10 Abs. 5 WpÜG

– Stellungnahme zur Angebotsunterlage
§ 27 WpÜG

Sehr geehrte/r Frau/Herr Vorsitzende/r,

anliegend übersenden wir die schriftliche Mitteilung der [Name und Anschrift der Gesellschaft] »Bieterin« über die Entscheidung zur Abgabe eines öffentlichen Angebots zum Erwerb von Wertpapieren (Aktien) an unserer Gesellschaft. Gleichzeitig leiten wir Ihnen gemäß § 14 Abs. 5 S. 2 WpÜG die veröffentlichte Angebotsunterlage der Bieterin weiter und nehmen dazu gemäß § 27 WpÜG wie folgt Stellung: [2]

(1) Die angebotene finanzielle Gegenleistung von _____[Betrag]_____ € pro Aktie erscheint uns angemessen.

(2) Nach den mitgeteilten Absichten plant die Bieterin keine wesentlichen Änderungen der Geschäftstätigkeit oder der gesellschaftsrechtlichen Verhältnisse.

(3) Es sind gemäß Angebotsunterlage auch insbesondere keine unmittelbaren Auswirkungen auf die Arbeitnehmer und ihre Vertretungen beabsichtigt, insbesondere keine Umstrukturierungen oder Betriebsänderungen geplant. Das ist nach unserer Einschätzung glaubwürdig, denn die Geschäftsfelder der beteiligten Unternehmen ergänzen sich in idealer Weise. Synergien auf personeller Ebene sind deshalb nicht zu erwarten.

(4) Vielmehr profitieren beide Unternehmen von dem höheren Einkaufsvolumenpotential. Es ist die Absicht, dieses Potential besser zu nutzen.

(5) Wir glauben daher, dass die Annahme des Angebots zu empfehlen ist und befürchten keine Nachteile für die Belegschaft. Soweit Mitglieder des Vorstands und des Aufsichtsrats Inhaber von Aktien der Zielgesellschaft sind, ist beabsichtigt, das Angebot anzunehmen.

_____ [3]

(Unterschriften)

V. Der Übergang des Arbeitsverhältnisses

Erläuterungen

Schrifttum

Grobys Arbeitsrechtliche Aspekte des Wertpapiererwerbs- und Übernahmegesetzes, NZA 2002, 1; *Schnitker/ Grau* Arbeitsrechtliche Aspekte von Unternehmensumstrukturierungen durch Anwachsung von Gesellschaftsanteilen, ZIP 2008, 394.

434 1. Die Mitteilung des öffentlichen Angebots nach § 10 Abs. 5 WpÜG und die **Stellungnahme** zu der nach § 14 Abs. 4 S. 2 WpÜG weitergeleiteten Angebotsunterlage gemäß § 27 WpÜG erfolgen seitens des Vorstands der Zielgesellschaft an den zuständigen Betriebsrat. Das ist auf Unternehmensebene wie im vorliegenden Fall der Gesamtbetriebsrat (*Grobys* NZA 2002, 1, 2). Ziel der Unterrichtung ist die Schaffung von Transparenz für die Arbeitnehmervertretung, damit diese sich auf mögliche Folgen einstellen kann. Auch soll der Gesamtbetriebsrat in die Lage versetzt werden, selbst eine entsprechende, fundierte Stellungnahme zu dem Übernahmeangebot abgeben zu können gemäß § 27 Abs. 2 WpÜG.

435 2. Der Vorstand kann auf die weitergeleiteten Angebotsunterlagen verweisen und dazu nach eigener Einschätzung eine Stellungnahme abgeben.

436 Diese muss gemäß § 27 Abs. 1 WpÜG **eingehen auf** (Happ/*Groß* Muster 12.01 Anm. 14.3):
– Die Art und Höhe der Gegenleistung (€ pro Aktie),
– die voraussichtlichen Folgen eines erfolgreichen Angebots für die Zielgesellschaft, die Arbeitnehmer und ihre Vertretungen, die Beschäftigungsbedingungen und die Standorte der Zielgesellschaft,
– die vom Bieter mit dem Angebot verfolgten Ziele,
– die Absicht des Vorstands und des Aufsichtsrats, soweit im Besitz von Aktien des Unternehmens, das Angebot anzunehmen.

437 3. Besteht kein Betriebsrat, ist die Information und die Stellungnahme an die **Belegschaft** zu richten. Zudem ist die Stellungnahme zu veröffentlichen und dies der BaFin mitzuteilen.

VII. Anwachsung (Accretion)

438 Neben den Hauptübertragungsformen der Einzelrechtsnachfolge, der Anteilsübertragung und der Umwandlung ist die gesellschaftsrechtliche Anwachsung ein häufig genutztes Übertragungsvehikel (Happ/*Stucken* Muster 11.17 Anm. 1.1). Es hat seine Grundlage im Personengesellschaftsrecht. Im BGB-Gesellschaftsrecht sieht § 738 Abs. 1 S. 1 BGB vor, dass beim Wegfall eines Gesellschafters aus der BGB-Gesellschaft sein Anteil den übrigen Gesellschaftern zufällt. Über die BGB-Gesellschaft hinweg greift das Anwachsungsprinzip gemäß § 105 Abs. 3 HGB für die oHG und gemäß § 161 Abs. 2 HGB für die KG auch bei Personenhandelsgesellschaften. Scheidet also ein persönlich haftender Gesellschafter aus der oHG oder ein Kommanditist aus einer KG aus, so wächst sein Anteil ebenfalls den übrigen Gesellschaftern zu. Die Gesellschaft bleibt aber als Rechtssubjekt bestehen. Scheidet dagegen der vorletzte von zuletzt noch zwei Gesellschaftern aus, so erlischt oder kollabiert die oHG oder KG und ihr Gesellschaftsvermögen wächst dem allein verbleibenden Gesellschafter an. Das Gesellschaftsverhältnis endet durch Konfusion, die Gesamthand fällt in sich zusammen, der letzte Gesellschafter erwirbt im Wege der Rechtsnachfolge die Anteile an der Personengesellschaft (BAG, Urt. v. 21.02.2008 – 8 AZR 157/07, NZA 2008, 815, 816; *Schnitker/Grau* ZIP 2008, 394; ErfK/*Oetker* § 324 UmwG Rn. 9; Happ/*Stucken* Muster 11.17 Anm. 1.5).

1. Anwachsung einer KG auf eine Komplementär GmbH

Vorbemerkung

Das Anwachsungsprinzip, nach dem die gesamthänderische Mitberechtigung der Ausscheidenden unmittelbar und ohne besonderen Übertragungsakt auf den letztverbleibenden Gesellschafter im Wege der Universalsukzession übergeht, wird in der Praxis häufig bei der GmbH & Co. KG genutzt.

▶ **Muster – Anwachsung einer KG auf eine Komplementär GmbH**

Anwachsungsvertrag

zwischen

1. [Name/Firma; hier: A-GmbH; Anschrift]
2. [Name/Firma; hier: B-GmbH; Anschrift]
3. [Name; hier: C; Anschrift]

Präambel [1]

A-GmbH ist Komplementärin und B-GmbH sowie C sind die einzigen Kommanditisten der A-GmbH & Co. Möbelfabrik KG, eingetragen im Handelsregister des Amtsgerichts [Ort] unter HRA [Nummer] (KG). A-GmbH hat keine Kapitaleinlage geleistet und ist am Vermögen der KG nicht beteiligt. B-GmbH und C sind jeweils mit einer Kommanditeinlage in Höhe von 1 Mio. € beteiligt. Ihre Haftungssummen sind auf die jeweilige Kommanditeinlage beschränkt. B-GmbH und C wollen aus der KG ausscheiden, A-GmbH will das Handelsgeschäft übernehmen und fortführen.

Die Parteien vereinbaren:

§ 1 Ausscheiden von B-GmbH und C und Übernahme durch A-GmbH

(1) B-GmbH und C scheiden aus der KG aus. Das Ausscheiden ist aufschiebend bedingt auf den Zeitpunkt der Abfindungszahlung gemäß § 2 (Stichtag). A-GmbH übernimmt mit Wirkung zum Stichtag das Handelsgeschäft der KG mit allen Aktiva und Passiva durch Anwachsung. [2]

(2) Eine Sach- oder Rechtsmängelgewährleistung für die zum Vermögen der KG gehörenden Gegenstände ist ausgeschlossen. [3]

§ 2 Abfindung [4]

(1) B-GmbH und C erhalten von A-GmbH eine Abfindung in Höhe von je [Betrag] €. Schuldnerin der Abfindung ist allein die A-GmbH.

(2) Die Abfindungen sind spätestens am [Datum] (Fälligkeitstag) zu zahlen durch Überweisung auf das Konto [Kontonummer] der B-GmbH bei [Bankverbindung] bzw. auf das Konto [Kontonummer] des C bei [Bankverbindung]. Die Rechtzeitigkeit ist erfüllt durch Eingang bei der jeweils kontoführenden Bank.

(3) Bei Zahlungsverzug wird der jeweils ausstehende Betrag mit [Prozentsatz] % ab dem Fälligkeitstag verzinst. Weiterer Verzugsschaden ist nicht ausgeschlossen.

§ 3 Freistellung [5]

(1) A-GmbH stellt B-GmbH und C von möglichen ihnen gegenüber geltend gemachten Ansprüchen auf Erfüllung von Gesellschaftsverbindlichkeiten frei.

(2) Eine Freistellung erfolgt nicht, wenn und soweit die geltend gemachte Gesellschaftsverbindlichkeit auf einer vorsätzlichen oder grob fahrlässigen Pflichtverletzung der B-GmbH und des C beruht.

§ 4 Übergang von Arbeitsverhältnissen [6]

Zum Stichtag tritt A-GmbH gemäß § 738 Abs. 1 S. 1 BGB in die Arbeitsverhältnisse der KG ein.

§ 5 Unterrichtung der Arbeitnehmer [7]

A-GmbH ist verpflichtet, die übergehenden Arbeitnehmer unverzüglich, jedoch spätestens bis zum [Datum einen Monat vor dem Stichtag] umfassend schriftlich oder in Textform vom Übergang der Arbeitsverhältnisse zu unterrichten.

§ 6 Unterrichtung des Wirtschaftsausschusses [8]

A-GmbH wird rechtzeitig vor dem Stichtag den Wirtschaftsausschuss der KG über den Anwachsungsvorgang unterrichten.

§ 7 Anspruchsausschluss

Mit der Abfindung und der Freistellung sind sämtliche Ansprüche von B-GmbH und C im Zusammenhang mit ihrem Ausscheiden abgegolten. Weitere Ansprüche sind ausgeschlossen.

§ 8 Kosten

Die Kosten dieses Vertrags und der Anmeldung zum Handelsregister trägt die A-GmbH.

_____[Ort]_____, den _____[Datum]_____

(Unterschrift A-GmbH)　　　(Unterschrift B-GmbH)　　　(Unterschrift C)

Erläuterungen

Schrifttum

Früchtl Die Anwachsung gem. § 738 I 1 BGB. Unbeachteter Eckpfeiler und gestaltbares Instrument des Personengesellschaftsrechts, NZG 2007, 368; Münchener Kommentar zum Handelsgesetzbuch Band 3, 3. Aufl. 2012; *Otto/Mückl* Aufspaltung, Verschmelzung, Anwachsung – Schadensersatz bei unzureichender Unterrichtung trotz Erlöschen des übertragenden Rechtsträgers, BB 2011, 1978; *Schnitker/Grau* Arbeitsrechtliche Aspekte von Unternehmensumstrukturierungen durch Anwachsung von Gesellschaftsanteilen, ZIP 2008, 394.

441　**1.** In der Präambel werden die erforderlichen Angaben zur Identifizierung der Vertragsparteien gemacht und die grundsätzlichen Absichten der Parteien zum Ausscheiden der Kommanditisten und zur Übernahme des Handelsgeschäfts durch die Komplementärin beschrieben. Das Muster behandelt das Ausscheiden sämtlicher Kommanditisten aus der KG mit der Folge des Übergangs aller Aktiva und Passiva auf die alleinige Komplementärin im Wege der **Gesamtrechtsnachfolge** (Anwachsung, Akkreszenz). Dies ist der in der Praxis wohl häufigste Fall der Anwachsung. (Weitere Beispiele des liquidationslosen Erlöschens des »anwachsenden« Rechtsträgers bei *Schnitker/Grau* ZIP 2008, 394; vgl. auch *Happ/Stucken* Muster 11.17–11.19). Mit Hilfe der Anwachsung lassen sich Strukturierungsergebnisse erzielen, die denen einer Umwandlung nach dem UmwG weitgehend entsprechen (*Schnitker/Grau* ZIP 2008, 394). Da die Umwandlungsvorgänge jedoch im UmwG enumerativ aufgezählt sind, kommt eine entsprechende Anwendung der Arbeitnehmerschutzvorschriften des UmwG nicht in Betracht (*Schnitker/Grau* ZIP 2008, 394, 395).

442　**2.** Eine Personengesellschaft muss mindestens zwei Gesellschafter haben. Scheiden aus einer mehrgliedrigen Gesellschaft einige Gesellschafter aus, so dass aber mindestens zwei Gesellschafter verbleiben, ändert sich die **Arbeitgeberstellung** der Gesellschaft nicht (BAG, Urt. v. 03.05.1983 – 3 AZR 1263/79, BAGE 42, 313, 321 f.; *Früchtl* NZG 2007, 368, 369). Der Übergang der Arbeitgeberstellung passiert erst beim Ausscheiden des vorletzten Gesellschafters. Die Gesellschafter können sich dieses Prinzip für die Umgestaltung nutzbar machen, indem sie bereits im Gesellschaftsvertrag oder wie vorliegend ad hoc im Anwachsungsvertrag ein Übernahmerecht vereinbaren, wonach das Gesellschaftsvermögen durch einheitlichen Akt in das Alleineigentum des letzten verbleibenden Gesellschafters übergeht (*Schnitker/Grau* ZIP 2008, 394, 395; ErfK/*Oetker* § 324 UmwG Rn. 9; BAG, Urt. v. 21.02.2008 – 8 AZR 157/07, NZA 2008, 815). Übergangsstichtag ist der Tag des Ausscheidens. Der Zeitpunkt des Ausscheidens kann wie vorliegend im Anwachsungsvertrag vereinbart werden. Fehlt es daran, ist Übergangsstichtag der Tag der notariellen Erklärungen der Parteien (*Schnitker/Grau* ZIP 2008, 394, 398).

3. Das kaufrechtliche **Gewährleistungsrecht** findet grundsätzlich keine Anwendung, da es nach §§ 731 S. 2, 757 BGB eine Liquidation voraussetzt und diese wegen der Anwachsung auf den letzten Gesellschafter gerade nicht stattfindet. Da die Anwachsung im Ergebnis aber dem Anteilskauf nahekommt, sind Gewährleistungsansprüche vorsorglich ausgeschlossen. 443

4. Die **Abfindung** ist als Gegenleistung üblich. Der Ausscheidende hat gemäß § 738 Abs. 1 S. 2 BGB einen schuldrechtlichen Anspruch auf Abrechnung und gegebenenfalls Abfindung (Palandt/*Sprau* § 738 BGB Rn. 4). Die Anwachsung kann aber auch ohne Abfindungsgewährung stattfinden durch einfachen Austritt. 444

5. Eine **Freistellungsklausel** ist sinnvoll, weil die ausscheidenden Kommanditisten keinen Einfluss auf die Geschäftsführung haben. Insbesondere ist die Freistellung auch deshalb erforderlich, weil die Abfindungszahlung als Einlagenrückgewähr gewertet werden kann, die die persönliche Kommanditistenhaftung im Rahmen der Nachhaftung nach § 160, § 172 Abs. 4 HGB wiederaufleben lässt (MüKo-HGB/*K. Schmidt* § 172 Rn. 71). 445

6. Solange mindestens zwei Gesellschafter in der KG verbleiben, findet kein **Übergang von Arbeitsverhältnissen** statt (vgl. DLW/*Baeck/Haußmann* Kap. 3 Rn. 4142). Die Gesellschaft bleibt als Rechtsträger bestehen, so dass kein Inhaberwechsel erfolgt. Wenn aber die Anwachsung auf den letzten verbliebenen Gesellschafter stattfindet, ändert sich der Rechtsträger. Die Personengesellschaft erlischt, der letzte Gesellschafter wird Alleininhaber. Ob es in diesem Fall neben der Gesamtrechtsfolge auch zu einem Betriebsübergang nach § 613a BGB kommt, war umstritten. Gegen die Anwendung von § 613a BGB sprach bislang die Gesamtrechtsnachfolge gemäß § 738 BGB, die sich aus dem Gesetz ergäbe und nicht aus dem zugrunde liegenden Rechtsgeschäft (Staudinger/*Annuß* § 613a BGB Rn. 121). Für die Anwendung spricht, dass ein Wechsel der Rechtspersönlichkeit des Trägerunternehmens gegeben ist. Es findet also ein Betriebsinhaberwechsel statt. Das erforderliche Rechtsgeschäft wird in Parallele zum Umwandlungsrecht in dem zugrunde liegenden Anwachsungsvertrag gesehen (*Schnitker/Grau* ZIP 2008, 394, 397). Seit der Entscheidung des BAG vom 21.02.2008 ist dieser Streit obsolet. Grundsätzlich lässt das BAG offen, ob zusätzlich zur **Gesamtrechtsnachfolge** auch ein **Betriebsübergang** vorliegt. Der Übergang der Arbeitsverhältnisse hänge wegen der unstreitigen Gesamtrechtsnachfolge nicht von der Anwendbarkeit des § 613a Abs. 1 BGB ab (BAG, Urt. v. 21.02.2008 – 8 AZR 157/07, NZA 2008, 815, 816). Im nachfolgenden obiter dictum führt das Gericht allerdings wegweisend aus, dass der Betriebsinhaber i.S.d. § 613a BGB wechselt, wenn die Gesellschafter die Gesellschaft auflösen und die Geschäftsanteile auf einen Erwerber (den letzten verbliebenen Gesellschafter) übertragen. Dieser Betriebsinhaberwechsel auch durch Rechtsgeschäft bewirkt, weil die Gesamtrechtsnachfolge die Folge der Austrittsvereinbarung und nicht allein aufgrund Gesetzes eingetreten sei (BAG, Urt. v. 21.02.2008 – 8 AZR 157/07, NZA 2008, 816; vgl. auch DLW/*Baeck/Haußmann* Kap. 3 Rn. 4142). 446

7. Folgt man der Rechtsprechung des BAG, so ist auch im Fall der Anwachsung auf den letzten Gesellschafter das **Kündigungsverbot** gemäß § 613a Abs. 4 BGB zu beachten. Weiterhin sind die Arbeitnehmer gemäß § 613a Abs. 5 BGB vom Betriebsübergang **zu unterrichten**. Allerdings hat das Gericht in der genannten Entscheidung ausdrücklich klargestellt, dass ein **Widerspruchsrecht** der Arbeitnehmer gegen den Übergang des eigenen Arbeitsverhältnisses nicht besteht, da die alte Rechtsträgerin KG durch die Anwachsung erlischt (BAG, Urt. v. 21.02.2008 – 8 AZR 157/07, NZA 2008, 815, 817 – mit umfangreichen Nachweisen zum Streitstand). Dies entspricht der grundlegenden Tendenz des BAG, ein Widerspruchsrecht stets auszuschließen, wenn bei der Un- 447 ternehmenstransaktion der übertragende Rechtsträger erlischt (BAG, Urt. v. 21.02.2008 – 8 AZR 157/07, NZA 2008, 815, 817 f.). Das gilt sowohl für die Verschmelzung, die Aufspaltung als auch für die Anwachsung (so Kallmeyer/*Willemsen* UmwG § 324 Rn. 30, 44). Allerdings hat das BAG in der Entscheidung vom 21.02.2008 statt des Widerspruchs ein außerordentliches Kündigungsrecht gesehen, denn das Erlöschen des Rechtsträgers stelle einen wichtigen Grund dar (BAG, Urt. v. 21.02.2008 – 8 AZR 157/07, NZA 2008, 815), woraus ein Autorenteam einen Schadensersatzanspruch ableitet (*Otto/Mückl* BB 2011, 1978, 1979). Das erscheint, jedenfalls bei ordnungsgemäßer Unterrichtung der betroffenen Arbeitnehmer, überzogen (dazu V Rdn. 261 ff.).

448 **8.** Eine Unterrichtung des **Wirtschaftsausschusses** ist gemäß § 106 Abs. 3 Nr. 10 BetrVG erforderlich, denn es findet in der Tat ein Betriebsinhaberwechsel statt, was die Interessen der Arbeitnehmer wesentlich berühren kann im Sinne der Generalklausel. Dagegen ist eine Unterrichtung des Betriebsrats nach §§ 111, 112 BetrVG nicht erforderlich, weil die Anwachsung selbst als gesellschaftsrechtlicher Vorgang noch keine Betriebsänderung darstellt.

2. Unterrichtung Wirtschaftsausschuss § 106 BetrVG

Vorbemerkung

449 Da die **Anwachsung** von Geschäftsanteilen auf den letztverbleibenden Gesellschafter der Personenhandelsgesellschaft nach der neueren Rechtsprechung des Bundesarbeitsgerichts neben dem gesellschaftsrechtlichen Vorgang **auch** einen **Betriebsübergang** darstellt (BAG, Urt. v. 21.02.2008 – 8 AZR 157/07, NZA 2008, 815, 817; vgl. auch DLW/*Baeck/Haußmann* Kap. 3 Rn. 4142), muss konsequenter Weise auch soweit vorhanden eine Unterrichtung des Wirtschaftsausschusses nach § 106 Abs. 3 Nr. 10 BetrVG erfolgen.

▶ **Muster – Unterrichtung des Wirtschaftsausschusses gemäß § 106 BetrVG bei Anwachsung (Accretion)**

450 [Briefkopf der Arbeitgeberin – A-GmbH & Co. Möbelfabrik KG]

An den Wirtschaftsausschuss
der A-GmbH & Co. Möbelfabrik KG
z. Hd. des[r] Vorsitzenden

Betreff: Unterrichtungsschreiben gemäß § 106 BGB
Anwachsung der Kommanditanteile und Fortführung des Handelsgeschäfts [1]

Sehr geehrte/r Frau/Herr ____[Titel, Name]____ ,

hiermit unterrichten wir Sie über das geplante [2] Ausscheiden der beiden einzigen Kommanditisten B GmbH und C aus der A-GmbH & Co. Möbelfabrik KG und die Übernahme des Handelsgeschäfts durch die bisherige Komplementärin, die A-GmbH __[Firma Anschrift]__ , vertreten durch ihre Geschäftsführer, die Damen/Herren __[Name, Anschrift]__ und __[Name, Anschrift]__ . Die Kommanditisten wollen sich anderen Geschäftsfeldern zuwenden. Die A-GmbH ist bereit, das Handelsgeschäft zu übernehmen und fortzuführen. [3, 4]

Das Ausscheiden der Kommanditisten und die Übernahme des Handelsgeschäfts durch die A-GmbH führt zum Erlöschen der A-GmbH & Co. Möbelfabrik KG (ohne Liquidation) und zum Anwachsen des gesamten Gesellschaftsvermögens auf die allein verbleibende A-GmbH durch Gesamtrechtsnachfolge zum Anwachsungsstichtag am ____[Datum]____ . Das Bundesarbeitsgericht sieht in diesem Vorgang auch einen Betriebsinhaberwechsel i.S.d. § 613a BGB (BAG, NZA 2008, 815, 817). Deshalb unterrichten wir Sie vorsorglich gemäß § 106 Abs. 3 Nr. 10 BetrVG: [5]

(1) Arbeitgeberwechsel

Mit der Anwachsung nach § 738 Abs. 1 S. 1 BGB kommt es zu einem Betriebsübergang i.S.d. § 613a BGB. Die übernehmende A-GmbH tritt zum Anwachsungsstichtag am ___[Datum]___ als neue Arbeitgeberin in sämtliche Rechte und Pflichten aus den Arbeitsverhältnissen aller Arbeitnehmer der A-GmbH & Co Möbelfabrik KG unter Beachtung der dort erworbenen Betriebszugehörigkeit ein und führt die Arbeitsverhältnisse gemäß § 613a Abs. 1 S. 1 BGB fort.

(2) Arbeitsvertrag/Betriebszugehörigkeit

Die vertraglichen Arbeitsbedingungen der übergehenden Arbeitnehmer einschließlich etwaiger betrieblicher Übungen, Gesamtzusagen und Einheitsregelungen bleiben unverändert. Das gilt auch für den Arbeitsort. Auch Rechte und Anwartschaften, die auf erdienter Betriebszugehörigkeit beruhen, werden fortgeführt. Das gilt insbesondere für die Berechnung von Kündigungsfristen und Betriebsrentenanwartschaften.

(3) Tarifverträge

Die A-GmbH ist ebenfalls in der ___[Branche]___ Industrie tätig und Mitglied desselben Arbeitgeberverbandes wie die A-GmbH & Co. Möbelfabrik KG. Infolgedessen gelten die zum Übertragungsstichtag anwendbaren Tarifverträge unverändert fort. Für tarifgebundene Arbeitnehmer gelten diese Tarifverträge kollektivrechtlich fort.

(4) Betriebe/Betriebsräte

Das Unternehmen der A-GmbH & Co. Möbelfabrik KG geht unverändert mit seinen eigenständigen Betrieben auf die A-GmbH über. Die Identität der Betriebe bleibt damit gewahrt. Die bestehenden Betriebsräte und der Gesamtbetriebsrat bleiben unverändert im Amt. [6]

(5) Betriebsvereinbarungen

Im Zeitpunkt des Übertragungsstichtags bestehende Betriebsvereinbarungen gelten unverändert kollektivrechtlich fort. Gesamtbetriebsvereinbarungen gelten entsprechend kollektivrechtlich fort.

(6) Betriebsrenten

Etwaige Anwartschaften auf Leistungen der betrieblichen Altersversorgung werden nach dem Stichtag unverändert fortgeführt. Laufende Unverfallbarkeitsfristen werden durch den Betriebsübergang nicht unterbrochen.

(7) Haftung

Gegenüber den am Stichtag übergehenden Arbeitnehmern haftet die A-GmbH als neue Arbeitgeberin für alle Verbindlichkeiten, einschließlich rückständiger Verpflichtungen aus der Zeit vor dem Stichtag. Die A-GmbH & Co. Möbelfabrik KG erlischt mit dem Anwachsungsstichtag, so dass eine gesamtschuldnerische Haftung nach § 613a Abs. 2 und 3 BGB nicht in Betracht kommt.

(8) Keine Kündigung wegen Betriebsübergangs

Eine Kündigung der übergehenden Arbeitnehmer durch die bisherige oder die neue Arbeitgeberin wegen des Betriebsübergangs ist gemäß § 613a Abs. 4 BGB unwirksam. Eine Kündigung aus anderen Gründen bleibt unberührt. Betriebsbedingte Kündigungen wegen des Betriebsübergangs sind nicht geplant.

(9) Maßnahmen

Aus Anlass des Betriebsübergangs sind keine besonderen Maßnahmen hinsichtlich der Arbeitnehmer in Aussicht genommen.

V. Der Übergang des Arbeitsverhältnisses

(10) Unternehmensmitbestimmung

Eine Unternehmensmitbestimmung ist gegenwärtig weder bei der A-GmbH & Co. Möbelfabrik KG noch später bei der A-GmbH geboten, da die A-GmbH wie ihre Rechtsvorgängerin nicht mehr als 500 Arbeitnehmer haben wird.

(11) Unterrichtung der Arbeitnehmer (kein Widerspruch)

Die vom Betriebsübergang betroffenen Arbeitnehmer werden gemäß § 613a Abs. 5 BGB vor dem Betriebsübergang über dessen Auswirkungen unterrichtet. Die Unterrichtung der Arbeitnehmer übernimmt die A-GmbH & Co. Möbelfabrik KG in enger Abstimmung mit der A-GmbH.

Ein Widerspruchsrecht gegen den Übergang der Arbeitsverhältnisse besteht nicht, da die A-GmbH & Co. Möbelfabrik GmbH als bisherige Arbeitgeberin erlischt.

Wenn Sie zu dem geplanten Betriebsübergang Fragen haben, sprechen Sie bitte den für Personalsachen zuständigen Geschäftsführer _[Name/Telefon]_ oder den Personalleiter _[Name/Telefon]_ an.

Mit freundlichen Grüßen

_____

(Unterschrift Geschäftsführung A-GmbH & Co. Möbelfabrik KG)

Erhalten:

[Ort, Datum]

Für den Wirtschaftsausschuss

_____

(Unterschrift)

Erläuterungen

Schrifttum

Liebers/Erren/Weiß Die Unterrichtungspflichten des Risikobegrenzungsgesetzes und der Geheimnisgefährdungstatbestand, NZA 2009, 1063; *Löw* Arbeitsrechtliche Regeln im Risikobegrenzungsgesetz, DB 2008, 758; *Maiß/Röhrborn* Unterrichtungspflicht des Unternehmers gegenüber dem Wirtschaftsausschuss gemäß § 106 BetrVG, ArbRAktuell 2011, 339; *Otto/Mückl* Aufspaltung, Verschmelzung, Anwachsung – Schadensersatz bei unzureichender Unterrichtung trotz Erlöschen des übertragenden Rechtsträgers?, BB 2011, 1978; *Schnitker/Grau* Arbeitsrechtliche Aspekte von Unternehmensumstrukturierungen durch Anwachsung von Gesellschaftsanteilen, ZIP 2008, 394; *Schröder/Falter* Die Unterrichtung des Wirtschaftsausschusses bei Unternehmensübernahmen nach Inkrafttreten des Risikobegrenzungsgesetzes, NZA 2008, 1097–1101; *Vogt/Oltmanns* Die Anwachsung als Fall des Betriebsübergangs?, NZA 2012, 1190.

451 **1.** Dem Unterrichtungsschreiben liegt eine gesellschaftsrechtliche **Anwachsung** zugrunde. Das Unterrichtungsschreiben ist an den Wirtschaftsausschuss des erlöschenden Unternehmens gerichtet. Beide Unternehmen sind im gleichen Arbeitgeberverband, haben Betriebsräte und planen keine Umstrukturierung. Eine Unternehmensmitbestimmung ist vor dem Anwachsungsvorgang in keinem der Unternehmen geboten. Die Verpflichtung entsteht auch im übernehmenden Unternehmen nach dem DrittelbG nicht, da keine 500 Arbeitnehmer beschäftigt werden. Die Unterrichtungspflicht folgt aus § 106 Abs. 3 Nr. 10 BetrVG, denn die Anwachsung ist ein **bedeutsamer Vorgang**, der die Interessen der Arbeitnehmer des Unternehmens wesentlich berühren kann (*Fitting* § 106 Rn. 130; *Liebers/Erren/Weiß* NZA 2009, 1063).

452 **2.** Gemäß § 106 Abs. 2 S. 1 BetrVG hat der Unternehmer den Wirtschaftsausschuss rechtzeitig und umfassend über die wirtschaftlichen Angelegenheiten des Unternehmens zu unterrichten. **Rechtzeitig** bedeutet in der Regel, dass der Wirtschaftsausschuss vor einer endgültigen Entscheidung des Unternehmers unterrichtet werden muss (*Fitting* § 106 Rn. 30; *Löw* DB 2008, 758, 760; DLW/*Wildschütz* Kap. 13 Rn. 1082). Die Unterrichtung muss am Ende des Planungsstadiums erfolgen, damit der Wirtschaftsausschuss die Anwachsung mit dem Unternehmer beraten

und den Betriebsrat unterrichten kann (§ 106 Abs. 1 S. 2 BetrVG). Eine Beratung macht nur Sinn, wenn die Willensbildung des Unternehmers noch nicht endgültig ist. Die Unterrichtung des Betriebsrats ist nur dann sinnvoll, wenn dieser seine möglichen Beteiligungsrechte z.B. aus §§ 111 ff. BetrVG noch geltend machen kann, bevor die geplante wirtschaftliche Angelegenheit durchgeführt wird. Der Unterrichtungspflicht kann aber das Interesse an der Wahrung von Betriebs- und Geschäftsgeheimnissen entgegenstehen (§ 106 Abs. 2, 2. HS BetrVG). Dazu gehören auch vertraglich geheimzuhaltende Betriebs- oder Geschäftsgeheimnisse von Vertragspartnern (*Fitting* § 106 Rn. 43). Die Tatsache, dass eine Anwachsung geplant ist, sowie die umfassenden Informationen zum Anwachsungsvertrag gehören zu den Betriebs- und Geschäftsgeheimnissen, zumindest wenn ein Scheitern der Transaktion mit gravierenden Nachteilen für die Unternehmen und ihre Belegschaften verbunden ist. Die Unterrichtung des **Betriebsrats durch den Wirtschaftsausschuss** ist zudem bei einer Anwachsung ohne Änderung der Organisationsstruktur wie im vorliegenden Fall nicht zwingend, da keine Betriebsänderung i.S.d. § 111 BetrVG zu befürchten ist. In dieser Konstellation kann die Unterrichtung des Wirtschaftsausschusses auch direkt nach der Unterzeichnung des Anwachsungsvertrags erfolgen (so BAG, Beschl. v. 22.01.1991 – 1 ABR 38/89, NZA 1991, 649, 650; Moll/*Liebers* MAH Arbeitsrecht § 56 Rn. 167; *Löw* DB 2008, 758, 760; *Liebers/Erren/Weiß* NZA 2009, 1063, 1066; *Schröder/Falter* NZA 2008, 1097, 1098).

3. Die Unterrichtung muss **umfassend** sein, der Wirtschaftsausschuss muss alle Informationen erhalten, die für eine sinnvolle Beratung der Anwachsung erforderlich sind. Die Mitglieder des Wirtschaftsausschusses sollen möglichst die gleiche Informationsbasis haben wie der Unternehmer (**Informationsparität**). Der Wirtschaftsausschuss muss aufgrund der Information zu einer sachgemäßen Beratung und zu eigenen Vorschlägen in der Lage sein (LAG Köln, Beschl. v. 14.01.2004 – 8 TaBV 72/03, NZA-RR 2005, 32; *Fitting* § 106 Rn. 34; DLW/*Wildschütz* Kap. 13 Rn. 1082). 453

4. Es ist sinnvoll, dem Wirtschaftsausschuss die wirtschaftlichen Hintergründe der Anwachsung zu erklären, um die Akzeptanz zu fördern. Auch ein allgemeiner Hinweis auf die Gründe zur Auswahl des Transaktionswegs gehört zur Unterrichtung des Wirtschaftsausschusses. Solche Informationen über die **wirtschaftliche Motivation** sind angezeigt, weil der Wirtschaftsausschuss nicht nur über die arbeitsrechtlichen Konsequenzen, sondern auch über die wirtschaftlichen Angelegenheiten als solche zu unterrichten ist. Dabei sind ihm entweder freiwillig als Anlage des Schreibens oder sonst in der Wirtschaftsausschusssitzung die erforderlichen Unterlagen vorzulegen, also zur Einsichtnahme zu überlassen, soweit nicht Geschäftsgeheimnisse gefährdet werden. Nicht zu übergeben ist der Anwachsungsvertrag selbst, jedenfalls wenn er keine Absprachen über die künftige Geschäftsführung und Geschäftspolitik enthält (BAG, Beschl. v. 22.01.1991 – 1 ABR 38/89, NZA 1991, 649, 650; so auch DLW/*Wildschütz* Kap. 13 Rn. 1085; *Fitting* § 106 Rn. 131). 454

5. Schließlich sind, soweit in diesem Stadium bekannt, die Angaben zu den absehbaren **arbeitsrechtlichen Konsequenzen** im engeren Sinne zu machen, wie sie auch nach § 613a BGB im Unterrichtungsschreiben an die Arbeitnehmer erforderlich sind. 455

6. Der Hinweis zu den möglichen **organisatorischen Folgen** der Anwachsung ist erforderlich, wenn diese Informationen im Unternehmen bekannt sind, denn daraus ergeben sich unter Umständen weitreichende arbeitsrechtliche Folgen, insbesondere zur Betriebs- und Betriebsratsstruktur, zur Weitergeltung von Betriebsvereinbarungen und zur Notwendigkeit von Betriebsänderungen. Sind diese Pläne im abgebenden Unternehmen nicht bekannt, müssen sie auch nicht beschafft und muss darüber auch nicht unterrichtet werden. Die Unterrichtungspflicht zur Anwachsung folgt allein aus der Auffangklausel des § 106 Abs. 3 Nr. 10 BetrVG. Der durch das Risikobegrenzungsgesetz mit Wirkung zum 19.08.2002 neu eingefügte § 106 Abs. 3 Nr. 9a BetrVG (BGBl. I 2008, S. 1666) ist für die Anwachsung nicht einschlägig, denn er betrifft nur die Unternehmensübernahme in Form des Anteilskaufs (Share Deal) mit Kontrollübernahme (*Liebers/Erren/Weiß* NZA 2009, 1063, 1064; dazu auch: DLW/*Wildschütz* Kap. 13 Rn. 1079; *Fitting* § 106 Rn. 80). Angaben über die Pläne eines (potentiellen) Erwerbers i.S.d. Risikobegrenzungsgesetzes sind daher bei der Anwachsung nicht erforderlich. 456

V. Der Übergang des Arbeitsverhältnisses

3. Unterrichtung Arbeitnehmer gemäß § 613a Abs. 5 BGB

Vorbemerkung

457 Lange war umstritten, ob es bei der Anwachsung zu einem Betriebsübergang gemäß § 613a BGB kommt. Mit seinem Urteil vom 21.02.2008 (BAG, Urt. v. 21.02.2008 – 8 AZR 157/07, NZA 2008, 815, 816) hat das BAG diesem Streit ein Ende bereitet und ausdrücklich festgestellt, dass der Betriebsinhaber gemäß § 613a BGB wechselt, wenn die Gesellschafter die Gesellschaft auflösen und die Geschäftsanteile auf einen Erwerber (den letzten verbleibenden Gesellschafter) übertragen (vgl. auch V Rdn. 446). Findet also § 613a BGB auch im Falle der Anwachsung Anwendung, sind die Arbeitnehmer gemäß § 613a Abs. 5 BGB über den Betriebsübergang zu informieren.

458 Bei der Anwachsung geht der übertragende Rechtsträger – der alte Arbeitgeber – unter. Die rechtlichen Folgen für die Arbeitnehmer sind bei der Anwachsung demnach die gleichen wie bei einer Verschmelzung: Der alte Arbeitgeber steht nach der erfolgten Anwachsung nicht mehr als Schuldner zur Verfügung. Ein Widerspruch gegen den Betriebsübergang ist nicht möglich (so inzwischen ausdrücklich BAG, Urt. v. 21.02.2008 – 8 AZR 157/07, NZA 2008, 815), da die Rechtsfolge des Widerspruchs – also das Verbleiben des widersprechenden Arbeitnehmers beim übertragenden Rechtsträger – nicht eintreten kann. Letztlich werden durch das Erlöschen des übertragenden Rechtsträgers die Folgen eines fehlerhaften Unterrichtungsschreibens begrenzt. Da die Arbeitnehmer den Übergang ihres Arbeitsverhältnisses auf den übernehmenden Rechtsträger (außer durch Eigenkündigung) nicht verhindern können, kommen allein Schadensersatzansprüche als Folge einer fehlerhaften Unterrichtung in Betracht (vgl. dazu *Vogt/Oltmanns* NZA 2012, 1190, 1193 f.; *Otto/Mückl* BB 2011, 1978, 1979).

459 Es wird für das vorliegende Muster davon ausgegangen, dass beide Kommanditisten (B-GmbH und C) aus der A-GmbH & Co. Möbelfabrik KG ausscheiden und die Komplementärin, die A-GmbH, das Handelsgeschäft der KG durch Anwachsung übernimmt. Die A-GmbH & Co. Möbelfabrik KG und die A-GmbH sind im gleichen Arbeitgeberverband organisiert, haben Betriebsräte und planen keine Umstrukturierung. Unterrichtet werden die Arbeitnehmer des einzigen Betriebes der A-GmbH & Co. Möbelfabrik KG.

▶ **Muster – Unterrichtung der Arbeitnehmer gem. § 613a Abs. 5 BGB bei Anwachsung (Accretion)**

460
[Briefkopf des derzeitigen Arbeitgebers (A-GmbH & Co. Möbelfabrik KG), des künftigen Arbeitgebers (A-GmbH) oder beider Arbeitgeber] 1

[Name und Privatanschrift des Arbeitnehmers] 2

[Ort, Datum] 3

Unterrichtung gemäß § 613a Abs. 5 BGB über den Übergang Ihres Arbeitsverhältnisses von der A-GmbH & Co. Möbelfabrik KG auf die A-GmbH

Sehr geehrte/r Frau/Herr ___[Titel, Name]___ , 4

hiermit möchten wir Sie gemäß § 613a Abs. 5 BGB über den Übergang Ihres Betriebes (nachfolgend »Betrieb«) 5 von der A-GmbH & Co. Möbelfabrik KG auf die A-GmbH, [Anschrift der A-GmbH und Vorname, Name des Geschäftsführers/der Geschäftsführer, Handelsregister, Handelsregisternummer 6] unterrichten.

Dem Übergang des Betriebs auf die A-GmbH liegt ein Anwachsungsvertrag 7 zwischen der Komplementärin der A-GmbH & Co. Möbelfabrik KG, der A-GmbH und ihren beiden einzigen Kommanditisten, der B-GmbH und C, vom ___[Datum]___ zugrunde. Mit diesem Anwachsungsvertrag scheiden die beiden Kommanditisten aus der A-GmbH & Co. Möbelfabrik KG aus. Ihr Anteil an der A-GmbH & Co. Möbelfabrik KG wächst der A-GmbH an, die A-GmbH übernimmt das Handelsgeschäft der A-GmbH & Co. Möbelfabrik KG. Die A-GmbH & Co. Möbelfabrik KG erlischt. [8] Grund der Anwachsung ist [Zweck einfügen] [9].

Der Betriebsübergang auf die A-GmbH erfolgt voraussichtlich zum im Anwachsungsvertrag festgelegten Zeitpunkt; dies ist der _____[Datum]_____ [10]. Der Tag, an dem es tatsächlich zum Übergang des Betriebes kommt, wird nachfolgend als »Übergangsstichtag« bezeichnet.

Der Übergang des Betriebes auf die A-GmbH hat folgende Auswirkungen auf Ihr Arbeitsverhältnis: [11]

(1) Arbeitgeberwechsel/Individualvertragliche Auswirkungen

Ihr Arbeitsverhältnis geht gemäß § 613a BGB kraft Gesetzes auf die A-GmbH über. Die A-GmbH tritt zum Übergangsstichtag als neue Arbeitgeberin kraft Gesetzes in die Rechte und Pflichten aus Ihrem im Zeitpunkt des Übergangs bestehenden Arbeitsverhältnisses mit der A-GmbH & Co. Möbelfabrik KG ein. [12]

Dies bedeutet, dass Ihre vertraglichen Arbeitsbedingungen, einschließlich etwaiger Gesamtzusagen, Einheitsregelungen oder betrieblicher Übungen, unverändert bestehen bleiben. Dies gilt auch für Ihren Arbeitsort. [13] Ihre bisherige Beschäftigungsdauer bei der A-GmbH hat Bestand und findet insbesondere bei der Berechnung von Kündigungsfristen und Altersversorgungsanwartschaften weiterhin Anwendung.

(2) Tarifverträge [14]

Die A-GmbH ist, wie die A-GmbH & Co. Möbelfabrik KG, in der ____[Branche]____ Industrie tätig und Mitglied desselben Arbeitgeberverbandes wie die A-GmbH & Co. Möbelfabrik KG. Infolgedessen gelten die zum Übergangsstichtag auf Ihr Arbeitsverhältnis anwendbaren Tarifverträge unverändert auf der Grundlage fort, auf der sie zum Übergangsstichtag bestehen. Wenn Sie tarifgebunden sind, gelten diese Tarifverträge kollektivrechtlich fort. [15]

(3) Betriebsstruktur, Betriebsräte und Betriebsvereinbarungen

Ihr Betrieb geht auf die A-GmbH über und wird dort als eigenständiger Betrieb fortgeführt. Die Identität des Betriebs bleibt gewahrt. [16]

Der bestehende Betriebsrat bleibt unverändert im Amt. [17]

Derzeit bestehende Betriebsvereinbarungen [18] gelten unverändert kollektivrechtlich fort. [19]

(4) Betriebliche Altersversorgung [20]

Die A-GmbH tritt in sämtliche bestehende betriebliche Altersversorgungszusagen ein und führt diese unter Berücksichtigung der laufenden Unverfallbarkeitsfristen fort.

(5) Haftung [21]

Zum Übergangsstichtag erlischt die A-GmbH & Co. Möbelfabrik KG als Rechtsträger. Deswegen besteht keine Weiterhaftung der A-GmbH & Co. Möbelfabrik KG für Ansprüche aus Ihrem Arbeitsverhältnis. Die A-GmbH ist alleinige Schuldnerin aller, auch rückständiger Zahlungs- und sonstiger Verbindlichkeiten aus dem übergehenden Arbeitsverhältnis.

(6) Keine Kündigung wegen des Betriebsübergangs

Eine Kündigung Ihres Arbeitsverhältnisses durch die A-GmbH & Co. Möbelfabrik KG oder die A-GmbH wegen des Betriebsübergangs auf die A-GmbH ist unwirksam (§ 613a Abs. 4 BGB). Das Recht zur Kündigung aus anderen Gründen bleibt jedoch unberührt. [22]

(7) Sonstige in Aussicht genommene Maßnahmen [23]

Andere als die in diesem Schreiben beschriebenen Maßnahmen in Bezug auf die übergehenden Arbeitnehmer sind nicht in Aussicht genommen.

V. Der Übergang des Arbeitsverhältnisses

(8) Kein Widerspruchsrecht [24]

Im Einklang mit der aktuellen Rechtsprechung des Bundesarbeitsgerichts steht Ihnen kein Recht zum Widerspruch gegen den Übergang Ihres Arbeitsverhältnisses auf die A-GmbH zu, da Ihre bisherige Arbeitgeberin, die A-GmbH & Co. Möbelfabrik KG, aufgrund der Anwachsung erlischt.

(9) Sonstiges

Gerne beantworten wir Ihnen Fragen zu diesem Schreiben und dem Übergang Ihres Arbeitsverhältnisses. __[Name]__ wird Ihre Fragen telefonisch (__[Telefonnummer]__) oder per Mail (__[Mailadresse]__) entgegennehmen. [25]

Die A-GmbH & Co. Möbelfabrik KG bedankt sich für Ihre Mitarbeit und bittet Sie, Ihre Arbeitskraft zukünftig in gleicher Weise Ihrer neuen Arbeitgeberin, der A-GmbH, zur Verfügung zu stellen. Die A-GmbH begrüßt Sie herzlich und hofft auf eine gute Zusammenarbeit. [26]

Bitte ergänzen und unterschreiben Sie das auf der beigefügten Kopie des Unterrichtungsschreibens abgedruckte Empfangsbekenntnis und übersenden Sie es, gerne auch per Hauspost, an __[Vorname, Name, Abteilung, Firma, vollständige Adresse der für die Entgegennahme zuständigen Person]__ [27]

Mit freundlichen Grüßen

(Unterschriften A-GmbH & Co. Möbelfabrik KG) [28]   (Unterschriften A-GmbH)

Empfangsbestätigung [29]

Ich, __[Name, Vorname in Druckbuchstaben]__ , habe das obige Schreiben der A-GmbH & Co. Möbelfabrik KG und der A-GmbH vom __[Datum]__ , mit dem ich über den Übergang meines Arbeitsverhältnisses von der A-GmbH & Co. Möbelfabrik KG auf die A-GmbH unterrichtet wurde, am __[Datum]__ erhalten.

__[Ort, Datum]__

(Unterschrift)

Erläuterungen

Schrifttum

Altenburg/Leister Der Widerspruch des Arbeitnehmers beim umwandlungsbedingten Betriebsübergang und seine Folgen, NZA 2005, 15; *Bayer/Hoffmann* Betriebspachtverträge i.S.v. § 292 Abs. 1 Nr. 3 AktG, Die Aktiengesellschaft 2011, R71; *Fandel/Hausch* Das Widerspruchsrecht gemäß § 613a Abs. 6 BGB bei Umwandlungen nach dem UmwG unter Wegfall übertragender Rechtsträger, BB 2008, 2402; *Graef* Das Widerspruchsrecht nach § 613a VI BGB beim umwandlungsbedingten Erlöschen des übertragenden Rechtsträgers, NZA 2006, 1078; *Grau* Unterrichtung und Widerspruchsrecht der Arbeitnehmer bei Betriebsübergang gemäß § 613a Abs. 5 und 6 BGB, 2005; *Hohenstatt/Grau* Arbeitnehmerunterrichtung beim Betriebsübergang, NZA 2007, 13; *Hüffer* Aktiengesetz, 11. Aufl. 2014; *Kleinebrink/Commandeur* Bedeutung, Form und Inhalt der ordnungsgemäßen Unterrichtung beim Betriebsübergang, FA 2009, 101; *Kamlah* Die organisatorische Verselbstständigung von Geschäftszweigen im Konzern zwischen Steuerrecht, Arbeitsrecht und Konzernrecht, BB 2003, 109; *Meyer* Inhalt einer Unterrichtung bei Betriebsübergang, DB 2007, 858; Münchener Handbuch des Gesellschaftsrechts Band 4, 4. Aufl. 2015; Münchener Kommentar zum Aktiengesetz Band 5, 4. Aufl. 2015; *Otto/Mückl* Aufspaltung, Verschmelzung, Anwachsung – Schadensersatz bei unzureichender Unterrichtung trotz Erlöschen des übertragenden Rechtsträgers, BB 2011, 1978; *Schiefer/Worzalla* Unterrichtungspflicht bei Betriebsübergang nach § 613a V BGB, NJW 2009, 558; *Schmidt/Lutter* Aktiengesetz, 3. Aufl. 2015; *Schnitker/Grau* Arbeitsrechtliche Aspekte von Unternehmensumstrukturierungen durch Anwachsung von Gesellschaftsanteilen, ZIP 2008, 394; *Semler/Stengel* Umwandlungsgesetz, 3. Aufl. 2012; *Simon/Weninger* Betriebsübergang und Gesamtrechtsnachfolge: Kein Widerspruch – keine Unterrichtung, BB 2010, 117; *Vogt/Oltmanns* Die Anwachsung als Fall des Betriebsübergangs?, NZA 2012, 1190.

Vgl. im Übrigen die umfangreichen Literaturhinweise zum Unterrichtungsschreiben gemäß 461
§ 613a Abs. 5 BGB V Rdn. 51 a.E.

1. Vgl. zur **gesamtschuldnerischen Verantwortung** des übertragenden und des übernehmenden 462
Rechtsträgers für den Inhalt des Unterrichtungsschreibens V Rdn. 52–54.

2. Vgl. zur Unterrichtung in **Textform (§ 126b BGB)** V Rdn. 55; auch wenn durch ein Unter- 463
richtungsschreiben im Rahmen einer Anwachsung eine Widerspruchsfrist nicht in Gang gesetzt
wird (vgl. V Rdn. 261), ist eine persönliche Unterrichtung jedes einzelnen Arbeitnehmers gegen
einen entsprechenden Nachweis zu Beweiszwecken im Falle möglicher Schadensersatzanspruchsklagen dringend anzuraten.

3. Bezüglich des **Zeitpunkts der Unterrichtung** sieht § 613a Abs. 5 BGB vor, dass die Ar- 464
beitnehmer vor dem Betriebsübergang zu unterrichten sind. Da es die einmonatige Widerspruchsfrist mangels Widerspruchsrecht im Falle der Anwachsung nicht gibt, ist rechtlich unerheblich, wie kurz vor dem Betriebsübergang die Unterrichtung erfolgt. Rechtlich wirksam ist
auch die Unterrichtung nach dem Betriebsübergang (vgl. bspw. BT-Drucks. 14/7760, 20; BAG,
Urt. v. 13.07.2006 – 8 AZR 305/05, NZA 2006, 1268, 1272; BAG, Urt. v. 14.12.2006 – 8 AZR
763/05, NZA 2007, 682, 686). Vgl. zum möglichen Schadensersatzanspruch eines nach dem Betriebsübergang informierten Arbeitnehmers V Rdn. 56.

Vgl. zur **Ergänzung, Ersetzung und Berichtigung** des Schreibens V Rdn. 58 f. entsprechend. 465

4. Vgl. zur Möglichkeit der Versendung **standardisierter Schreiben** in deutscher Sprache sowie 466
zu den einzelnen vom Betriebsübergang **betroffenen Arbeitnehmergruppen** V Rdn. 51.

5. Es ist anzuraten, für jeden betroffenen Betrieb des übertragenden Rechtsträgers ein eigenes 467
Unterrichtungsschreiben zu verfassen.

6. Zum Umfang der notwendigen **Informationen über** die Identität des **übernehmenden** 468
Rechtsträgers vgl. V Rdn. 70–72.

7. Gemäß § 613a Abs. 5 Ziff. 2 BGB ist der **Grund des Betriebsüberganges** anzugeben. Dies 469
ist zunächst der Rechtsgrund des Betriebsüberganges (BAG, Urt. v. 23.07.2009 – 8 AZR 538/08,
NZA 2010, 89, 92). Dieser kann, wie im vorliegenden Muster, ein Anwachsungsvertrag sein.

8. Vgl. allgemein zur Anwachsung *Schnitker/Grau* ZIP 2008, 394 sowie V Rdn. 438. 470

9. Bei der Anwachsung ist beim Grund für den Übergang regelmäßig auf den Austritt des vor- 471
letzten Gesellschafters zu verweisen (vgl. *Schnitker/Grau* ZIP 2008, 394, 398). Häufig liegen der
Anwachsung aber auch wirtschaftliche oder gesellschaftsrechtliche Gründe zugrunde, auf die dann
zu verweisen ist (vgl. insofern zur notwendigen Darlegung der wirtschaftlichen Gründe und unternehmerischen Erwägungen des Unternehmers für den Betriebsübergang V Rdn. 75).

10. Der Tag, an dem der neue Arbeitgeber die rechtlich begründete **tatsächliche Leitungsmacht** 472
über den Betrieb im eigenen Namen erlangt, ist der Tag des Betriebsübergangs (*Grau* S. 129
m.w.N.; DLW/*Baeck/Haußmann* Kapitel 3 Rn. 4156 ff.; *Hauck* NZA Beilage 1/2009, 18, 19;
Schiefer/Worzalla NJW 2009, 558, 561; *Kleinebrink/Commandeur* FA 2009, 101, 103).

Im Falle der Anwachsung wird der Betriebsübergang in aller Regel bereits mit Abgabe der relevan- 473
ten notariellen Erklärungen durch die Parteien des Anwachsungsvertrags oder zum im Anwachsungsvertrag festgelegten Zeitpunkt (vgl. V Rdn. 442) bewirkt. Die Eintragung der Anwachsungs-
folgen in das Handelsregister hat nur deklaratorische Wirkung (vgl. *Schnitker/Grau* ZIP 2008,
394, 398).

Die Formulierung des § 613a Abs. 5 Ziff. 1 BGB räumt den Verfassern des Unterrichtungsschrei- 474
bens die Möglichkeit ein, bei der Angabe des Zeitpunktes des Überganges lediglich einen »geplanten« Zeitpunkt zu nennen. Von dieser Möglichkeit sollte unbedingt Gebrauch gemacht werden (so z.B. auch *Kleinebrink/Commandeur* FA 2009, 101, 103). Eine Verzögerung des Termins,

V. Der Übergang des Arbeitsverhältnisses

z.B. aus technischen oder rechtlichen Gründen, ist immer möglich und sollte nicht zur Unrichtigkeit des Unterrichtungsschreibens führen.

475 **11.** In der ganz überwiegenden Anzahl der Fälle, insbesondere bei unproblematischen Sachverhalten, empfiehlt sich ein **fortlaufender Text** ohne die im Muster gewählten Überschriften. Es besteht keine Notwendigkeit zur Beifügung des Gesetzestextes (vgl. V Rdn. 84 ff.). Zur Verpflichtung, bei **neugegründeten Gesellschaften** auf § 112a BetrVG zu verweisen, vgl. V Rdn. 86.

476 **12.** Das BAG hat ausgeführt, dass ein Unterrichtungsschreiben, in dem nicht darauf hingewiesen wird, dass bei einem Betriebsübergang nach § 613a Abs. 1 S. 1 BGB der neue Betriebsinhaber kraft Gesetzes **in die Rechte und Pflichten** aus dem im Zeitpunkt des Übergangs bestehenden Arbeitsverhältnisses **eintritt**, unvollständig ist (BAG, Urt. v. 22.01.2009 – 8 AZR 808/07, FA 2009, 281; ebenso BAG, Urt. v. 23.07.2009 – 8 AZR 538/08, NZA 2010, 89, 93).

477 **13.** Bleibt der **Arbeitsort** unverändert bestehen, so sollten die Arbeitnehmer hierüber ebenfalls ausdrücklich informiert werden, weil dieser Umstand für sie (in aller Regel) von Bedeutung ist und im Zweifelsfall mit ausschlaggebend für die Frage sein kann, ob sie widerspruchslos auf den neuen Arbeitgeber übergehen. Verändert sich der Arbeitsort, so sind die Arbeitnehmer hierüber ebenfalls zu unterrichten, da eine solche Veränderung eine hinsichtlich der Arbeitnehmer in Aussicht genommene Maßnahme darstellt (vgl. V Rdn. 144 ff.). Zur Verlegung des Betriebes ins Ausland, vgl. V Rdn. 12.

478 **14.** Die Auswirkungen eines Betriebsübergangs auf die beim derzeitigen und künftigen Arbeitgeber geltenden **Verbandstarifverträge** sind gleich, unabhängig von der Frage, welches Rechtsgeschäft dem Betriebsübergang zugrunde liegt. Die Mitgliedschaft in einem Arbeitgeberverband geht als höchstpersönliches Recht nicht auf den Rechtsnachfolger über (*Schnitker/Grau* ZIP 2008, 394, 401 m.w.N.). Insofern wird auf die Ausführungen unter V Rdn. 90–92 verwiesen.

479 Für **Firmentarifverträge** gilt hingegen: Die mit der Anwachsung verbundene Universalsukzession erstreckt sich auch auf den Eintritt in einen existierenden Firmentarifvertrag als Vertragspartei (*Schnitker/Grau* ZIP 2008, 394, 400 m.w.N.). Es gilt die gleiche Rechtslage wie bei der Verschmelzung (*Schnitker/Grau* ZIP 2008, 394, 400), vgl. insofern Ausführungen unter V Rdn. 249.

480 *Es ist dementsprechend zu formulieren:*

[Die bei der A-GmbH & Co. Möbelfabrik KG geltenden Firmentarifverträge [Bezeichnung der Firmentarifverträge] gelten unverändert auf der Grundlage fort, auf der sie zum Übergangsstichtag bestehen. Wenn Sie tarifgebunden sind, gelten sie kollektivrechtlich fort.]

481 **15.** Diese Formulierung ist zu wählen, wenn beide Arbeitgeber dem gleichen fachlichen und räumlichen Geltungsbereich angehören. Vgl. zu Alternativen V Rdn. 92–100, 107.

482 **16.** Die Arbeitnehmer sind darüber zu informieren, ob ihr **Betrieb** nach der Anwachsung als solcher bestehen bleibt oder beispielsweise in einen anderen Betrieb eingegliedert oder mit einem solchen zusammengefasst wird. Auf diese Information über die Auswirkungen auf die **Betriebsstruktur** haben die Arbeitnehmer einen Anspruch, da es sich um in Aussicht genommene Maßnahmen handelt (vgl. § 613a Abs. 5 Ziff. 4 BGB).

483 **17.** Das Unterrichtungsschreiben sollte auch über die Auswirkungen des Betriebsübergangs auf die betroffenen **Betriebsräte** informieren, insbesondere wenn sich an der Betriebsstruktur nach dem Übergangsstichtag etwas ändert (str., vgl. dazu *Hohenstatt/Grau* NZA 2007, 13, 17 m.w.N.; DLW/*Baeck/Haußmann* Kap. 3 Rn. 4200; *Schiefer/Worzalla* NJW 2009, 558, 562; *Hauck* NZA Beilage 1/2009, 18, 20; Kallmeyer/*Willemsen* UmwG § 324 Rn. 35). Das Gleiche gilt für die Auswirkungen des Betriebsübergangs auf andere Arbeitnehmervertretungen oder das Mitbestimmungsstatut.

Vgl. zur Darstellung der verschiedenen Auswirkungen des Betriebsübergangs und mit diesen zeitlich verbundenen Maßnahmen auf die Betriebsräte unter V Rdn. 109–115. 484

18. Wie bei Tarifverträgen ist auch die Frage der **Fortgeltung von Betriebsvereinbarungen** nach dem Betriebsübergang unabhängig davon zu beantworten, welches Rechtsgeschäft hinter dem Betriebsübergang steht. Dementsprechend kann vollumfänglich auf die unter Muster V Rdn. 117–126 gemachten Ausführungen verwiesen werden. Da bei der Anwachsung regelmäßig der Betrieb als Ganzer auf den übernehmenden Rechtsträger übergeht, bleibt es bei der kollektivrechtlichen Geltung der Betriebsvereinbarung. Etwas anderes gilt aber z.B. wenn der übergehende Betrieb in einen bestehenden Betrieb beim übernehmenden Rechtsträger eingegliedert wird (vgl. dazu V Rdn. 122). 485

19. Bezüglich der Frage der **Fortgeltung von Gesamt- und Konzernbetriebsvereinbarungen** wird auf V Rdn. 132–137, 199 verwiesen. Da es nach dem fingierten Sachverhalt bei der A-GmbH & Co. Möbelfabrik KG lediglich einen Betrieb gibt, bestehen keine Gesamtbetriebsvereinbarungen; dementsprechend finden im Schreiben Gesamt- und Konzernbetriebsvereinbarungen auch keine Erwähnung. 486

20. Vgl. zur **betrieblichen Altersversorgung** V Rdn. 138 ff. 487

21. Vgl. § 613a Abs. 3 BGB. Aufgrund des Untergangs des übertragenen Rechtsträgers haftet nach dem Betriebsübergang allein der übernehmende Rechtsträger für sämtliche Verbindlichkeiten gegenüber den Arbeitnehmern (*Schnitker/Grau* ZIP 2008, 394, 398). Ob eine Nachhaftung der ausscheidenden Kommanditistin gemäß §§ 160, 171 Abs. 1 und § 172 Abs. 4 HGB in Betracht kommt, hängt vom Einzelfall ab. Ungeklärt ist, ob eine solche mögliche Nachhaftung in die Unterrichtung nach § 613a Abs. 5 BGB aufzunehmen ist. Das ist zu verneinen, da es sich nicht um die Haftungsverteilung zwischen den Arbeitgebern handelt. 488

22. Zur Abgrenzung vgl. BAG, Urt. v. 27.10.2005 – 8 AZR 568/04, NZA 2006, 668, 672: Eine **Kündigung** ist ausgeschlossen, wenn der Betriebsübergang der tragende Grund (»wegen«) für die Kündigung ist. Das Kündigungsverbot ist nicht einschlägig, wenn es neben dem Betriebsübergang einen sachlichen Grund gibt, der »aus sich heraus« die Kündigung zu rechtfertigen vermag. Zum **Wiedereinstellungsanspruch**, wenn zum Zeitpunkt des Ausspruchs der Kündigung noch nicht von einem Betriebsübergang, sondern einer Schließung des Betriebes/Betriebsteils ausgegangen wird, V Rdn. 143. 489

23. § 613a Abs. 5 Ziff. 4 BGB sieht vor, dass die Arbeitnehmer hinsichtlich der **in Aussicht genommenen Maßnahmen** zu unterrichten sind. Vgl. hierzu V Rdn. 144–146. 490

24. Das BAG hat ausdrücklich klargestellt, dass die vom Betriebsübergang betroffenen Arbeitnehmer in Fällen, in denen der übertragende Rechtsträger erlischt, **kein Widerspruchsrecht** haben (BAG, Urt. v. 21.02.2008 – 8 AZR 157/07, NZA 2008, 815, 817). Mit diesem Urteil ist – zumindest für die Praxis – der Rechtsstreit über die Frage nach dem Widerspruchsrecht im Falle des Untergangs des übertragenden Rechtsträgers (vorerst) beendet (vgl. zum Rechtsstreit Semler/Stengel/*Simon* UmwG § 324 Rn. 51 ff.; *Fandel/Hausch* BB 2008, 2402; *Altenburg/Leister* NZA 2005, 15). Ein Widerspruchsrecht besteht nicht, dementsprechend ist über ein solches auch nicht zu informieren. 491

Um im Einklang mit dem BAG (BAG, Urt. v. 21.02.2008 – 8 AZR 157/07, NZA 2008, 815, 818) zu bleiben, wird man den Arbeitnehmern aber ein **außerordentliches Kündigungsrecht** einräumen müssen (ebenso z.B. Kallmeyer/*Willemsen* UmwG § 324 Rn. 30; *Vogt/Oltmanns* NZA 2012, 1190, 1191; *Otto/Mückl* BB 2011, 1978, 1079; *Graef* NZA 2006, 1078; Willemsen/*Willemsen* Unternehmensumstrukturierung Teil G Rn. 159). Vgl. ausführlich zu diesem Kündigungsrecht und der entsprechenden Information im Unterrichtungsschreiben V Rdn. 262 ff. 492

Das BAG hat in seinem Urteil vom 21.02.2008 (BAG, Urt. v. 21.02.2008 – 8 AZR 157/07, NZA 2008, 815, 816) ausdrücklich dahinstehen lassen, ob die Parteien eines Arbeitsverhältnisses 493

V. Der Übergang des Arbeitsverhältnisses

im Falle einer Anwachsung ein dem § 613a Abs. 6 BGB entsprechendes **Widerspruchsrecht vereinbaren** können. Von einer entsprechenden Vereinbarung sollte abgesehen werden. Zu groß ist die Gefahr, dass das BAG eine solche Vereinbarung für unwirksam halten würde (*Vogt/Oltmanns* (NZA 2012, 1190, 1192) halten die Vereinbarung eines Widerspruchsrechts mit überzeugenden Argumenten für unzulässig).

Zur Diskussion um die Frage, ob mit dem Wegfall des Widerspruchsrechts auch **die Pflicht zur Unterrichtung** insgesamt **entfällt** V Rdn. 261–263.

494 **25.** Den Arbeitnehmer trifft die **Obliegenheit zu weiteren Erkundigungen** im Zusammenhang mit dem Betriebsübergang (*Meyer* DB 2007, 858, 859). Wird den betroffenen Arbeitnehmern angeboten, dass sie sich bei Rückfragen an den alten oder den neuen Arbeitgeber wenden können, soll dies für die Bewertung einer ordnungsgemäßen Unterrichtung berücksichtigt werden (*Meyer* DB 2007, 858, 860).

495 **26.** Diese Formulierung sollte nur in das Unterrichtungsschreiben aufgenommen werden, wenn sie zur Stimmung in den beteiligten Betrieben passt. In solchen Fällen kann sie die Akzeptanz für den Betriebsübergang weiter steigern. Eine rechtliche Notwendigkeit für diesen Absatz besteht nicht.

496 **27.** Dem Unterrichtungsschreiben ist ein **Empfangsbekenntnis** beizufügen. Vgl. diesbezüglich V Rdn. 154 f.

497 **28.** Zum **räumlichen Abschluss des Schreibens** vgl. V Rdn. 157.

498 **29.** Vgl. die Ausführungen zum Empfangsbekenntnis in V Rdn. 154 f.

VIII. Betriebspacht

499 In der Praxis werden häufig Betriebspacht- oder Betriebsführungsverträge als rechtliche Gestaltungsmittel eingesetzt, wenn der Geschäftsbetrieb eines Unternehmens einem anderen Unternehmen zur Nutzung überlassen werden soll, ohne dass es zu einer Übertragung von Eigentum an den Wirtschaftsgütern des Unternehmens kommt. Diese Vertragstypen bieten dem Trägerunternehmen, auch Eigentümergesellschaft genannt, die **Möglichkeit, sich aus der unternehmerischen Tätigkeit und dem unternehmerischen Risiko zurückzuziehen** (vgl. MünchGesR IV/*Krieger* § 73 Rn. 26; *Bayer/Hoffmann* AG-Report 2011, R71 f.). Auch betriebswirtschaftliche oder steuerliche Gründe können den Einsatz begründen.

500 In einem **Betriebspachtvertrag** werden die Betriebe eines Unternehmens einem anderen Unternehmen zur Nutzung auf eigene Rechnung und im eigenen Namen verpachtet. Dagegen wird in einem **Betriebsführungsvertrag** ein Unternehmen mit der Führung der Betriebe eines anderen Unternehmens, entweder im eigenen oder im fremden Namen für Rechnung der Eigentümerin beauftragt (siehe ausführlich V Rdn. 594 ff.). Je nach Einsatzzweck existieren bisweilen auch **Kombinationen der beiden Vertragstypen**. Schließt beispielsweise eine Eigentümergesellschaft mit einer Pächterin einen Betriebspachtvertrag ab verbunden mit dem gleichzeitigen Abschluss eines Betriebsführungsvertrags, aufgrund dessen die Eigentümergesellschaft als Verpächterin den Betrieb im Namen und für Rechnung der Pächterin führt, so leitet die Eigentümergesellschaft letztlich ihr eigenes Unternehmen im Namen und für Rechnung einer anderen Gesellschaft (so das Beispiel bei *Kamlah* BB 2003, 109, 115; MüKo-AktG/*Altmeppen* § 292 Rn. 100).

501 Obwohl bei diesen Vertragstypen das Eigentum an den Wirtschaftsgütern bei der Eigentümergesellschaft verbleibt, kann gleichwohl ein **Betriebsübergang nach § 613a BGB** vorliegen, wenn das übernehmende Unternehmen in seinem eigenen Namen organisatorische Leitungsmacht gegenüber den Arbeitnehmern ausübt. Dementsprechend sind sowohl der Wirtschaftsausschuss gemäß § 106 BetrVG als auch die Arbeitnehmer gemäß § 613a BGB zu informieren. Wird der gesamte Betrieb eines Unternehmens oder einzelne Betriebe im Ganzen verpachtet oder zur Führung

durch ein anderes Unternehmen überlassen und erfolgt ansonsten keine Reorganisation, ist der Betriebsrat nicht zu beteiligen. Wird dagegen lediglich ein Teil eines oder mehrerer Betriebe verpachtet oder zur Betriebsführung überlassen, geht dem in der Regel eine Betriebsspaltung voraus, die eine Unterrichtung und Beratung mit dem Betriebsrat nach § 111 BetrVG sowie gegebenenfalls einen Interessenausgleich voraussetzt. Siehe hierzu Muster V Rdn. 39 ff.

1. Betriebspachtvertrag (Business Lease Agreement)

Vorbemerkung

In einem **Betriebspachtvertrag** verpflichtet sich die Eigentümergesellschaft, dem Betriebspächter die Nutzung, also den Gebrauch und den Genuss der Früchte des Betriebs in dessen eigenen Namen und auf dessen eigene Rechnung gegen Zahlung einer Pacht zu überlassen. Es finden ein Arbeitgeberwechsel und somit auch ein Betriebsübergang auf den Pächter statt (Schmidt/Lutter/*Langenbucher* § 292 AktG Rn. 31). Der Betriebspachtvertrag unterliegt dem Pachtvertragsrecht nach den §§ 581 ff. BGB (vgl. Schmidt/Lutter/*Langenbucher* § 292 AktG Rn. 30; *Hüffer* § 292 AktG Rn. 18). Dementsprechend ist der Betriebspächter berechtigt, die Erträge aus der Bewirtschaftung des gepachteten Unternehmens zu ziehen; der Pächter trägt das unternehmerische Risiko, das mit dem sog. »Fruchtziehungsrecht« verbunden ist (vgl. Schmidt/Lutter/*Langenbucher* § 292 AktG Rn. 30; *Bayer/Hoffmann* AG-Report 2011, R71; *Fenzl* Konzern 2006, 18, 21).

502

Bei dem mit dem Betriebspachtvertrag verwandten **Betriebsüberlassungsvertrag** (auch »Innenpacht« genannt, vgl. Schmidt/Lutter/*Langenbucher* § 292 AktG Rn. 32; *Hüffer* § 292 AktG Rn. 19) verpflichtet sich die Eigentümergesellschaft, dem Vertragspartner den Betrieb des Unternehmens zur Führung auf dessen eigene Rechnung, jedoch in ihrem, also für den Vertragspartner fremden Namen zu überlassen (dazu MüKo-AktG/*Altmeppen* § 292 Rn. 105 ff.; ausführlich Happ/*Bednarz* Muster 3.03 Anm. 1.1 ff.). Es findet in diesem Fall kein Betriebsübergang statt.

503

Betriebspachtverträge werden häufig im Vorfeld eines zu einem späteren Zeitpunkt geplanten Verkaufs oder einer später wirksam werdenden Verschmelzung des Unternehmens auf ein anderes Unternehmen eingesetzt, wenn der spätere Eigentümer bereits unmittelbar die operative und wirtschaftliche Kontrolle über den Betrieb des Unternehmens erhalten soll. Ebenso oft wird die Betriebspacht in Kombination mit einem Unternehmenskaufvertrag eingesetzt, damit die Eigentümergesellschaft ihre wirtschaftlichen Werte verkaufen, aber die Betriebsinhaberschaft behalten kann (Sale and lease back).

504

▶ Muster – Betriebspachtvertrag

Betriebspachtvertrag

zwischen der

__[Name; hier z.B. A-GmbH]__ , ___[Anschrift]___

»Verpächterin«

und

__[Name; hier z.B. B-GmbH]__ , ___[Anschrift]___

»Pächterin«

(im Folgenden auch: die »Parteien«)

Präambel

Die Verpächterin ist eine Schwestergesellschaft der Pächterin. Beide Gesellschaften gehören zum X-Konzern. Die Verpächterin betreibt ein Unternehmen mit Betrieben an den Standorten ___[Orte]___, dessen Gegenstand der Vertrieb von ___[Unternehmensgegenstand]___ ist. Es ist beab-

505

sichtigt, die bisher sowohl von der Pächterin als auch von der Verpächterin bereitgestellten Vertriebsstrukturen in einem Unternehmen zu bündeln und dadurch entstehende Synergieeffekte zu nutzen, die durch eine effektivere Koordinierung aller Betriebe entstehen. Dadurch soll auch in Zukunft die starke Wettbewerbsposition des X-Konzerns auf dem Markt behauptet werden. Mittelfristig soll die Verpächterin auf die Pächterin zur Aufnahme verschmolzen werden. Die nachfolgend vereinbarte Verpachtung des gesamten Betriebs des Unternehmens der Verpächterin an die Pächterin nimmt die Ziele einer Fusion bereits auf schuldrechtlicher Grundlage vorweg.

Vor diesem Hintergrund vereinbaren die Parteien unter dem Vorbehalt der Zustimmung der Gesellschafterversammlungen folgenden Betriebspachtvertrag: [1]

§ 1 Gegenstand der Pacht [2]

(1) Die Verpächterin verpachtet an die Pächterin den gesamten Betrieb ihres Unternehmens, soweit nicht nachstehend einzelne Gegenstände von der Verpachtung ausgenommen sind. Die Pächterin ist berechtigt und verpflichtet, den verpachteten Betrieb des Unternehmens in ihrem eigenen Namen und für ihre eigene Rechnung zu betreiben. Sie ist berechtigt und verpflichtet, die Firma des Unternehmens beizubehalten, aber den Wechsel in der Vertretung offenzulegen.

(2) Verpachtet wird das gesamte zum Unternehmen gehörende unbewegliche, bewegliche materielle und immaterielle Anlagevermögen wie im Wesentlichen in den Anlagen 1, 2 und 3 aufgeführt. Zu den materiellen Wirtschaftsgütern zählen insbesondere auch die Betriebsgrundstücke mit allen Gebäuden, Anlagen und Maschinen, Vorräten und Warenlagern. Zu den immateriellen Wirtschaftsgütern zählen insbesondere alle Patente, Gebrauchsmuster, Erfindungen, Lieferanten- und Kundenlisten, Entwicklungs- und Produktionspläne und sonstiges geistiges Eigentum (Know-how) des Unternehmens.

(4) Soweit bei einzelnen zur Pacht bestimmten Vermögensgegenständen eine Nutzungsüberlassung rechtlich nicht zulässig ist, wird die Verpächterin ihre Rechte aus diesen Vermögensgegenständen entsprechend den Weisungen der Pächterin ausüben und die Pächterin auch im Übrigen im Rahmen des rechtlich Zulässigen wie eine Pächterin dieser Vermögensgegenstände stellen.

§ 2 Pachtbeginn, Dauer und Beendigung des Vertrags

(1) Der Pachtvertrag tritt mit Wirkung zum ___[Datum]___, ___[Uhrzeit]___ (Pachtbeginn) in Kraft.

(2) Er wird auf unbestimmte Zeit abgeschlossen, endet jedoch spätestens mit dem Wirksamwerden der Verschmelzung der Verpächterin auf die Pächterin. [3]

(3) Soweit die Verschmelzung nicht bis ___[angestrebtes Datum der Verschmelzung]___ wirksam geworden ist, kann der Pachtvertrag jederzeit mit einer Kündigungsfrist von zwei Wochen zum Monatsende gekündigt werden. Die Aufhebung im gegenseitigen Einvernehmen ist jederzeit möglich.

(4) Im Falle einer Beendigung des Vertrags vor Wirksamwerden der Verschmelzung wird die Pächterin die Pachtgegenstände mit allen Ersatzinvestitionen in betriebsbereitem Zustand an die Verpächterin übergeben.

§ 3 Pachtentgelt [4]

Die monatliche Pacht beträgt ___[Euro]___. Die Pacht ist im Voraus bis zum 4. Werktag eines Monats zu zahlen.

§ 4 Besondere Pächterpflichten

(1) Die Pächterin verpflichtet sich, den Pachtgegenstand mit der Sorgfalt eines ordentlichen Kaufmanns zu führen und auf ihre Kosten zu warten, zu reparieren und zu erhalten.

(2) Die Pächterin ist berechtigt, den Pachtgegenstand zu verändern, sofern dies nach den Grundsätzen einer ordnungsgemäßen Betriebsführung angezeigt ist. Die Pächterin ist ferner dazu berechtigt, alle rechtsgeschäftlichen Verfügungen über zum Pachtgegenstand gehörende Bestandteile zu treffen, die im Rahmen einer ordnungsgemäßen Betriebsführung liegen. [5]

(3) Die Pächterin trägt die auf die Pachtgegenstände ab Pachtbeginn entfallenden Steuern, Abgaben, Beiträge und sonstigen öffentlich-rechtlichen Zahlungsverpflichtungen.

§ 5 Eintritt in laufende Verträge

(1) Die Pächterin tritt zum Pachtbeginn in alle Verträge und Vertragsangebote ein, die dem verpachteten Betrieb zuzuordnen sind. [6] Soweit für die Übertragung der Verträge und Vertragsangebote die Zustimmung eines Dritten erforderlich ist, werden sich die Parteien bemühen, die Zustimmung zu beschaffen, soweit dies nach der kaufmännischen Einschätzung der Parteien angezeigt und tunlich ist.

(2) Bis zur Erteilung der Zustimmung oder soweit die Erteilung der Zustimmung nicht gelingt oder ein Eintritt in Verträge und Vertragsangebote im Außenverhältnis nicht möglich ist, hat die Pächterin die Verpächterin im Innenverhältnis so zu stellen, als ob der Eintritt in die Rechtsstellung aus diesen Verträgen und Vertragsangeboten vollzogen worden wäre.

(3) Bei der Rückabwicklung dieses Pachtvertrages, etwa infolge Kündigung, gelten die Vorschriften für den Eintritt der Verpächterin in die laufenden Verträge und Vertragsangebote entsprechend.

§ 6 Übergang von Arbeitsverhältnissen [7]

(1) Zum __[Pachtbeginn]__ gehen die Arbeitsverhältnisse der Arbeitnehmer der Verpächterin gemäß § 613a BGB mit allen Rechten und Pflichten auf die Pächterin über. Die Pächterin steht der Verpächterin dafür ein, dass die Verpächterin nicht für nach dem Pachtbeginn fällig werdende Verpflichtungen aus den Arbeitsverhältnissen in Anspruch genommen wird. Soweit Arbeitnehmer dem Übergang des Arbeitsverhältnisses auf die Pächterin widersprechen, verbleiben die Arbeitsverhältnisse mit allen Rechten und Pflichten bei der Verpächterin.

(2) Alle Rechte und Pflichten aus den Versorgungszusagen, die die Verpächterin den von der Pächterin übernommenen Arbeitnehmern erteilt hat, gehen mit dem Eintritt in die Arbeitsverhältnisse nach Abs. 1 auf die Pächterin über. Die Pächterin übernimmt im Innenverhältnis gegenüber der Verpächterin die Verpflichtungen aus laufenden Pensionen sowie verfallbaren und unverfallbaren Anwartschaften. [8]

§ 7 Unterrichtung der Arbeitnehmer [9] und Widerspruch

(1) Die Verpächterin ist verpflichtet, die übergehenden Arbeitnehmer unverzüglich, jedoch spätestens bis zum __[Datum einen Monat vor dem angestrebten Pachtbeginn]__, umfassend schriftlich oder in Textform vom Betriebsübergang gemäß § 613a Abs. 5 BGB zu unterrichten. Die Verpächterin wird den Wortlaut der Unterrichtung mit der Pächterin abstimmen und vor Absendung deren Zustimmung einholen. Auf Wunsch der Pächterin werden die Verpächterin und die Pächterin die Unterrichtung der übergehenden Arbeitnehmer gemeinsam durchführen. Die Parteien sind verpflichtet, sich gegenseitig die für eine Unterrichtung der Arbeitnehmer erforderlichen Informationen mitzuteilen und zugänglich zu machen. Die Parteien werden sich nach besten Kräften darum bemühen, dass kein Arbeitnehmer dem Übergang seines Arbeitsverhältnisses widerspricht.

(2) Die Verpächterin wird sich nach besten Kräften bemühen, von den übergehenden Arbeitnehmern bis zum Stichtag eine schriftliche Erklärung zu erhalten, wonach diese dem Betriebsübergang zustimmen. [10]

(3) Die Parteien werden sich gegenseitig unverzüglich über Widersprüche einzelner Arbeitnehmer gegen den Übergang ihres Arbeitsverhältnisses sowie über sonstige Stellungnahmen der übergehenden Arbeitnehmer, die diese im Zusammenhang mit der Verpachtung des Unternehmens abgeben, umfassend informieren und der jeweils anderen Partei die in diesem Zusammenhang erhaltene oder geführte Korrespondenz unverzüglich und vollständig zugänglich machen. [11]

(4) Der Widerspruch von Arbeitnehmern gegen den Übergang ihrer Arbeitsverhältnisse nach § 613a BGB berührt die Wirksamkeit dieses Betriebspachtvertrags nicht. [12]

(5) Bei der Rückabwicklung dieses Pachtvertrages, etwa infolge Kündigung, gelten die §§ 6 und 7 entsprechend. Die Verpächterin ist in diesem Fall verpflichtet, den Betrieb des Unternehmens identitätswahrend fortzuführen. [13]

V. Der Übergang des Arbeitsverhältnisses

§ 8 bis × 14

[Ort, Datum]   [Ort, Datum]

_____   _____
(Unterschrift Verpächterin)   (Unterschrift Pächterin)

Erläuterungen

Schrifttum

Bayer/Hofmann Betriebspachtverträge i.S.v. § 292 Abs. 1 Nr. 3 AktG, AG-Report 2011, R71; *Commandeur/Kleinebrink* Gestaltungsgrundsätze im Anwendungsbereich des § 613a BGB – Möglichkeiten zur Übernahme einer Wunschmannschaft, NJW 2008, 3467; *Fenzl* Betriebspachtvertrag und Betriebsführungsvertrag – Verträge im Grenzbereich zwischen gesellschaftsrechtlichen Organisations- und schuldrechtlichen Austauschverträgen, Konzern 2006, 18; *Drasdo* Die Betriebsfortführung durch den Zwangsverwalter als Betriebsübergang gem. § 613a BGB, NZA 2012, 239; *Hüffer* Aktiengesetz, 11. Aufl. 2014; *Kamlah* Die organisatorische Verselbstständigung von Geschäftszweigen im Konzern zwischen Steuerrecht, Arbeitsrecht und Konzernrecht, BB 2003, 109; Münchener Handbuch des Gesellschaftsrechts Band 4, 4. Aufl. 2015; Münchener Kommentar zum Aktiengesetz Band 5, 4. Aufl. 2015; Münchener Kommentar zum BGB Band 3, 6. Aufl. 2012; *Nelißen* Wirksamer Abschluss von Betriebspachtverträgen, DB 2007, 786; *Wiese/Kreutz/Oetker/Raab/Weber/Franzen/Gutzeit/Jacobs* Gemeinschaftskommentar zum Betriebsverfassungsgesetz, 10. Aufl. 2014; *Wlotzke/Richardi/Wißmann/Oetker* Münchener Handbuch zum Arbeitsrecht, Bd. 1, 3. Aufl. 2009.

506 **1.** Für den Betriebspachtvertrag gelten die allgemeinen **Vorschriften der Pacht gemäß §§ 581 ff. BGB**. Der Pächter nutzt und bewirtschaftet den Betrieb im eigenen Namen und auf eigene Rechnung (also eigenes Risiko) und erzielt den Ertrag. Der Betriebsinhaberwechsel führt zum Betriebsübergang nach § 613a BGB.

507 **2.** Gegenstand der Pacht ist vorliegend der **gesamte Geschäftsbetrieb** des Unternehmens der A-GmbH. Die aktienrechtliche Vorschrift zu Betriebspachtverträgen, § 292 Abs. 1 Nr. 3 AktG, spricht von der Verpachtung »des Betriebs des Unternehmens«. Gegenstand der Pacht ist also der Betrieb des Unternehmens und nicht das Unternehmen selbst, das von der Verpachtung unberührt bleibt (MüKo-AktG/*Altmeppen* § 292 Rn. 98).

508 Wird **nicht der gesamte Geschäftsbetrieb** des Unternehmens verpachtet, ist zu formulieren:

Alternativ:

[(1) Die Verpächterin verpachtet an die Pächterin die Betriebe [Bezeichnung] /den Geschäftsbereich [Bezeichnung] ihres Unternehmens, soweit nicht nachstehend einzelne Gegenstände von der Verpachtung ausgenommen sind. [Aufzählung]]

509 Der Vertrag sollte den **Gegenstand der Verpachtung** möglichst genau beschreiben. Der Pächter soll das Unternehmen sinnvoll nutzen können. Dafür ist erforderlich, dass der Pächter das gesamte Anlagevermögen einschließlich sämtlicher materieller und immaterieller Wirtschaftsgüter im Rahmen der Pacht nutzen kann. Oftmals wird das Umlaufvermögen an die Pächterin verkauft (vgl. Happ/*Bednarz* Muster 3.01 Anm. 1.8, Anm. 9.3 und Anm. 10.1). Ausgenommen sind häufig Beteiligungen an anderen Unternehmen und sonstige Finanzanlagen des Unternehmens. Werden nur einzelne Betriebe oder ein Geschäftsbereich verpachtet, ist es insbesondere zur Abgrenzung sinnvoll, die vom Betriebspachtvertrag erfassten Wirtschaftsgüter in einer oder mehreren Anlagen aufzuführen. Soll das ganze Unternehmen erfasst sein, werden, wie bei einem Unternehmenskaufvertrag (Asset Deal), »**allumfassende Klauseln**« eingesetzt (vgl. dazu V Rdn. 8). Zur Klarheit können jedoch auch in diesen Fällen eine oder mehrere Anlagen beigefügt werden, in denen die übergehenden Wirtschaftsgüter aufgelistet sind.

510 **3.** Der Pachtvertrag begründet **ein Dauerschuldverhältnis**, welches auf den Austausch einer zeitlich begrenzten Nutzungsmöglichkeit gegen ein Entgelt gerichtet ist (MüKo-BGB/*Harke* § 581

Rn. 1). Soll der Betriebspachtvertrag dazu genutzt werden, einen späteren Unternehmenskauf auf schuldrechtlicher Grundlage vorwegzunehmen, so wird der Vertrag regelmäßig auf den Zeitpunkt des Wirksamwerdens der Transaktion, zum Beispiel den Zeitpunkt der Eintragung der Umwandlung im Handelsregister, befristet. Dies hat nur klarstellende Funktion, da auch ohne eine entsprechende Regelung der Pachtvertrag mit Wirksamwerden der Verschmelzung auf die Pächterin durch Konfusion endet. Es sollte auch an die Möglichkeit gedacht werden, dass die Transaktion wider Erwarten scheitert oder sich verzögert. Für diesen Fall bietet sich an, den Pachtvertrag entweder auf einen bestimmten Zeitpunkt fest zu limitieren, eine auflösende Bedingung zu vereinbaren oder aber eine ordentliche Kündigungsmöglichkeit vorzusehen (vgl. *Bayer/Hoffmann* AG-Report 2011, R71, R72).

Der Zeitpunkt des Pachtbeginns markiert in der Regel auch den Zeitpunkt des Übergangs der **organisatorischen Leitungsmacht**. Danach gehen die Arbeitsverhältnisse in diesem Zeitpunkt gemäß § 613a BGB auf die Pächterin über, vorausgesetzt, die Pächterin übernimmt auch tatsächlich die Leitungsmacht (vgl. näher V Rdn. 9 für den Unternehmenskauf). Der Vorteil eines Betriebspachtvertrages im Vorfeld einer Transaktion liegt darin, dass keine umfangreichen Eintragungsvoraussetzungen erfüllt sein müssen und der tatsächliche Vollzug durch das Registergericht nicht abgewartet werden muss. Pächterin und Verpächterin haben daher Rechtssicherheit gerade auch im Hinblick auf den Zeitpunkt des Übergangs der Arbeitsverhältnisse (vgl. Happ/*Bednarz* Muster 3.01 Anm. 1.11). 511

4. Die herrschende Meinung geht im Hinblick auf den Wortlaut von § 581 Abs. 1 S. 2 BGB davon aus, dass die Betriebspacht entgeltlich sein muss (*Hüffer* § 292 AktG Rn. 18; MünchGesR IV/*Krieger* § 73 Rn. 29; MüKo-AktG/*Altmeppen* § 292 Rn. 110). Das für die Dauer der Pacht zu entrichtende **Entgelt** wird in der Praxis häufig an wirtschaftlichen Faktoren wie Gewinn oder Umsatz ausgerichtet. Allerdings ist auch ein fester Betrag zulässig (MüKo-AktG/*Altmeppen* § 292 Rn. 112). Die Gegenleistung muss jedenfalls angemessen sein. Das ist nach der Literatur der Fall, wenn der Ertragswert des Unternehmens erhalten bleibt (zu den Einzelheiten vgl. MünchGesR IV/*Krieger* § 73 Rn. 36 ff.; *Hüffer* § 292 AktG Rn. 25). Häufig sind auch Anpassungsklauseln zu finden (*Bayer/Hoffmann* AG-Report 2011, R71, R73). 512

5. Da der Erfolg eines Unternehmens in besonderem Maße von seinen materiellen und immateriellen Betriebsmitteln abhängt und unter betriebswirtschaftlichen Gesichtspunkten auch eine Veränderung des gepachteten Unternehmens angezeigt sein kann, ist es sinnvoll, im Betriebspachtvertrag den Umfang zu regeln, in dem die Pächterin berechtigt ist, **Änderungen an der Pachtsache** vorzunehmen. Der Pächterin sollte in diesem Zusammenhang auch rechtsgeschäftliche Verfügungsmacht über zum Betrieb gehörende Gegenstände eingeräumt werden (vgl. auch Happ/*Bednarz* Muster 3.01 Anm. 15.1). 513

6. Bei Verträgen und Vertragsangeboten, die keine Arbeitsverträge sind, bleibt die Pächterin Dritte. Ein **Eintritt der Pächterin in solche Vertragsverhältnisse** der Eigentümergesellschaft findet nicht kraft Gesetzes statt und ist nur durch Vereinbarung mit den jeweiligen Vertragspartnern möglich (Happ/*Bednarz* Muster 3.01 Anm. 11.1). Dies wird nicht immer gelingen. Da die Pächterin bei der Betriebspacht jedoch das unternehmerische Risiko des gepachteten Geschäftsbetriebs trägt, ist es in diesen Fällen angezeigt, dass die Pächterin die Verpächterin im Innenverhältnis freistellt. 514

Bedeutung erlangt die Klausel auch im Hinblick auf selbständige Dienstverhältnisse, die nicht bereits kraft Gesetzes nach § 613a BGB aufgrund des Betriebsübergangs auf die Pächterin übergehen. § 613a BGB erfasst nur Arbeitsverhältnisse mit Arbeitern und (leitenden) Angestellten (ErfK/*Preis* § 613a Rn. 67). Nicht erfasst sind **Organmitglieder**. Es ist allerdings stets eine Frage des Einzelfalls, inwieweit Führungspersonal auf die Pächterin übergehen soll. 515

7. Übernimmt die Pächterin tatsächlich die organisatorische Leitungsmacht über die gepachteten Betriebe des Unternehmens, gehen die Arbeitsverhältnisse kraft Gesetzes nach § 613a Abs. 1 BGB auf die Käuferin über, da die im eigenen Namen handelnde Pächterin den Arbeitnehmern 516 gegenüber eigene Leitungsmacht wahrnimmt (BAG, Beschl. v. 17.02.1981 – 1 ABR 101/78, NJW 1981, 2716; MünchArbR/*Richardi* § 23 Rn. 12). Listen mit Angaben zu den übergehenden Arbeitnehmern werden dem Betriebspachtvertrag als Anlagen zur Eintragung ins Handelsregister beigefügt (*Bayer/Hoffmann* AG-Report 2011, R71, R72).

517 Zur Unabdingbarkeit der Rechtsfolgen des § 613a BGB vgl. V Rdn. 11.

518 Zur Zuordnungsproblematik von **Stabsmitarbeitern** in zentralen Unternehmensbereichen sowie bereichsübergreifend tätig werdenden Mitarbeitern vgl. V Rdn. 13, 66.

519 Bei der **Betriebsüberlassung** (Innenpacht) im fremden Namen und für eigene Rechnung findet hingegen kein Arbeitgeberwechsel nach § 613a BGB statt, die Arbeitsverhältnisse bleiben unberührt (MünchGesR IV/*Krieger* § 73 Rn. 35).

520 **8.** Kraft Gesetzes gehen auch **Versorgungszusagen** sowie verfallbare und unverfallbare Anwartschaften der Arbeitnehmer auf die Betriebspächterin über. Dies gilt jedoch nicht für bereits ausgeschiedene Arbeitnehmer, einschließlich derjenigen, denen laufende Pensionen gezahlt werden (Happ/*Bednarz* Muster 3.01 Anm. 12.2). Da aufgrund des in § 4 Abs. 1 BetrAVG geregelten Übertragungsverbots eine vertragliche Schuldübernahme nicht zulässig ist, wird die Verpächterin durch eine Regelung im Innenverhältnis so gestellt, als hätte die Pächterin diese Verpflichtungen ebenfalls übernommen. Zur betrieblichen Altersversorgung beim Betriebsübergang siehe ergänzend V Rdn. 138.

521 **9.** Zur **Unterrichtung** der übergehenden **Arbeitnehmer gemäß § 613a Abs. 5 BGB** siehe V Rdn. 540 ff.

522 Zu Regelungen zur Unterrichtungspflicht zwischen den Vertragspartnern siehe ausführlich V Rdn. 18, 52 ff.

523 **10.** Siehe zur Möglichkeit des **Verzichts auf das Widerspruchsrecht** durch die Arbeitnehmer (»informierter Verzicht«) V Rdn. 19, 172 ff.

524 **11.** Zur **Informations- und Kooperationsverpflichtung** zwischen den Vertragsparteien vgl. V Rdn. 20.

525 **12.** Widersprechen wichtige Funktionsträger oder eine größere Anzahl der Arbeitnehmer dem Betriebsübergang, kann das zugrunde liegende Rechtsgeschäft wirtschaftlich sinnlos sein. Gleichwohl sind nach der Rechtsprechung des Bundesarbeitsgerichts **kollektive Widersprüche** bis zur Grenze des institutionellen Missbrauchs zulässig (BAG, Urt. v. 30.09.2004 – 8 AZR 462/03, NZA 2005, 43; AR/*Bayreuther* § 613a BGB Rn. 143; vgl. V Rdn. 21, 165). Die vorliegende Klausel verhindert eine außerordentliche Kündigung des Betriebspachtvertrages wegen Wegfalls der Geschäftsgrundlage nach § 313 Abs. 3 BGB. Es ist aber auch möglich und in bestimmten Fällen, z.B. in personalintensiven Industrien sinnvoll, ein außerordentliches Kündigungsrecht für den Fall des Widerspruchs einer definierten Anzahl von Arbeitnehmern zu vereinbaren.

526 **13.** Endet der Betriebspachtvertrag, etwa durch Kündigung durch die Pächterin, hat die Verpächterin die Möglichkeit, den Betrieb des Unternehmens (wieder) selbst fortzuführen und damit die Arbeitgeberfunktion gegenüber den Arbeitnehmern des ehemals verpachteten Unternehmens wahrzunehmen. Nach aktueller Rechtsprechung des Bundesarbeitsgerichts reicht jedoch die bloße **Möglichkeit der Fortführung** des verpachteten Betriebs des Unternehmens durch die Verpächterin nach Beendigung des Pachtvertrages nicht aus, um einen Betriebsübergang zurück auf die Verpächterin herbeizuführen. Erforderlich ist vielmehr, dass die Verpächterin den Geschäftsbetrieb auch tatsächlich fortführt (so BAG, Urt. v. 18.03.1999 – 8 AZR 159/8, NJW 1999, 2461; jüngst BAG, Urt. v. 18.08.2011 – 8 AZR 230/10, NZA 2012, 267, 268; dazu *Drasdo* NZA 2012, 239; anders noch BAG, Urt. v. 27.04.1995 – 8 AZR 197/94, NJW 1995, 3404). Nur wenn sich die Verpächterin dazu entschließt, kommt es zu einem erneuten Betriebsübergang und einem gesetzlichen Übergang der Arbeitsverhältnisse zurück auf die Verpächterin. Die Verpächterin hat es folglich in der Hand, durch identitätswahrende Fortführung der wirtschaftlichen Einheit, § 613a

BGB nach Pachtende (erneut) auszulösen (BAG, Urt. v. 18.03.1999 – 8 AZR 159/98, NJW 1999, 2461; anders noch BAG, Urt. v. 27.04.1995 – 8 AZR 197/94, NJW 1995, 3404; vgl. auch *Commandeur/Kleinebrink* NJW 2008, 3467, 3471).

Diese Rechtsprechung des BAG hat erhebliche praktische Konsequenzen: Führt die Verpächterin den Betrieb nach Pachtende nicht fort, hat die Pächterin die Kosten zu tragen, die durch einen Personalabbau und einen eventuell erforderlich werdenden Sozialplan entstehen können (*Commandeur/Kleinebrink* NJW 2008, 3467, 3471). An diesen Fall sollte im Vertrag gedacht werden, da eine Lösung der Situation über die Grundsätze des Wegfalls der Geschäftsgrundlage kaum zu sachgerechten Ergebnissen führt. Andere Vereinbarungen können vor allem im Hinblick auf einen von der Pächterin vorzunehmenden Personalaufbau erforderlich werden. Das Muster sieht für den Fall der Rückabwicklung eine Verpflichtung zur identitätswahrenden Fortführung durch die Verpächterin vor.

14. Die übrigen Klauseln eines Betriebspachtvertrages sind für die in diesem Formularbuch behandelten arbeitsrechtlichen Fragen nicht unmittelbar entscheidend.

2. Unterrichtung Wirtschaftsausschuss § 106 BetrVG

Vorbemerkung

Der Abschluss eines Betriebspachtvertrages erfüllt den Unterrichtstatbestand des § 106 Abs. 3 Nr. 10 BetrVG. Besteht in dem Unternehmen, dessen Betrieb Gegenstand des Betriebspachtvertrages ist, ein Wirtschaftsausschuss, hat also das betreffende Unternehmen in der Regel mehr als einhundert ständig beschäftigte Arbeitnehmer, ist der Wirtschaftsausschuss über die Maßnahme zu unterrichten. Der Abschluss eines Betriebspachtvertrages ist ein Vorgang, welcher die **Interessen der Arbeitnehmer** des Unternehmens wesentlich berühren kann, also von potentiell erheblicher sozialer Auswirkung ist (BAG, Beschl. v. 11.07.2000 – 1 ABR 43/99, NZA 2001, 402, 404; *Fitting* § 106 Rn. 130; GK-BetrVG/*Oetker* § 106 Rn. 103).

▶ **Muster – Unterrichtung des Wirtschaftsausschusses gem. § 106 BetrVG (beim Betriebspachtvertrag)**

[Briefkopf der Arbeitgeberin]

(im Folgenden: »A-GmbH«)

An den Wirtschaftsausschuss der A-GmbH
Zu Händen des[r] Vorsitzenden [Name des/der Vorsitzenden]

Betreff: Unterrichtungsschreiben gemäß § 106 BetrVG
Abschluss eines Betriebspachtvertrages mit der B-GmbH [1]

Sehr geehrte/r Frau/Herr _____[Name]_____ ,

hiermit unterrichten wir Sie über den geplanten [2] Abschluss eines Betriebspachtvertrages mit der B-GmbH. Die B-GmbH ist eine Schwestergesellschaft der A-GmbH im X-Konzern. Es ist geplant, den gesamten Betrieb des Unternehmens einschließlich des gesamten zum Unternehmen gehörenden unbeweglichen, beweglichen und immateriellen Anlagevermögens der A-GmbH als Verpächterin an die B-GmbH als Pächterin zu verpachten. Zu den materiellen Wirtschaftsgütern zählen insbesondere auch die Betriebsgrundstücke mit allen Gebäuden, Anlagen und Maschinen, Vorräten und Warenlagern. Zu den immateriellen Wirtschaftsgütern zählen insbesondere alle Patente, Gebrauchsmuster, Erfindungen, Lieferanten- und Kundenlisten, Entwicklungs- und Produktionspläne und sonstiges geistiges Eigentum (Know how) des Unternehmens. [3]

V. Der Übergang des Arbeitsverhältnisses

Die Konzernleitung und unsere Geschäftsführung haben sich zu der Verpachtung des gesamten Betriebs des Unternehmens aus folgenden Gründen entschlossen: Derzeit werden die wesentlichen Vertriebsstrukturen des X-Konzerns sowohl von der A-GmbH als auch von der B-GmbH wahrgenommen. Durch diese doppelten Strukturen gehen dem X-Konzern erhebliche Kapazitäten verloren, die durch eine einheitliche Koordination beider Gesellschaften effektiver genutzt werden könnten. Deshalb ist beabsichtigt, beide Gesellschaften mittelfristig zu verschmelzen, um dadurch entstehende Synergieeffekte für den konzernweiten Vertrieb effektiv nutzen zu können und die starke Wettbewerbsposition des X-Konzerns auch in Zukunft erfolgreich zu behaupten. Die geplante Verpachtung des gesamten Betriebs des Unternehmens der A-GmbH an die B-GmbH bezweckt, die Ziele einer Fusion bereits auf schuldrechtlicher Grundlage vorwegzunehmen, bis zu einem späteren Zeitpunkt die Verschmelzung der A-GmbH zur Aufnahme auf die B-GmbH erfolgt. [4]

Der Pachtvertrag soll am ___[Datum]___ unterzeichnet werden. Als Pachtbeginn ist voraussichtlich der ___[Datum]___ vorgesehen. Der Pachtvertrag soll auf unbestimmte Zeit abgeschlossen werden, endet jedoch spätestens mit dem Wirksamwerden der geplanten Verschmelzung der Verpächterin auf die Pächterin durch Konfusion.

Die Konzernleitung und unsere Geschäftsführung haben im Rahmen der Überlegungen die Überzeugung gewonnen, dass es betriebswirtschaftlich sinnvoll ist, die bisherige Betriebsorganisation im Wesentlichen aufrecht zu erhalten. Es werden daher voraussichtlich keine Betriebsänderungen erforderlich sein. [5]

Die arbeitsrechtlichen Konsequenzen der Betriebsverpachtung lassen sich wie folgt zusammenfassen: [6]

(1) Arbeitgeberwechsel

Mit der Verpachtung sämtlicher materieller und immaterieller Vermögensgegenstände durch die B-GmbH kommt es zu einem Betriebsübergang i.S.d. § 613a BGB. Die B-GmbH tritt als Pächterin zum Stichtag am ___[Datum]___ als neue Arbeitgeberin in sämtliche Rechte und Pflichten aus den Arbeitsverhältnissen aller Arbeitnehmer der A-GmbH unter Beachtung der bei der A-GmbH erworbenen Betriebszugehörigkeit ein und führt die Arbeitsverhältnisse gemäß § 613a Abs. 1 S. 1 BGB fort.

(2) Arbeitsvertrag/Betriebszugehörigkeit

Die vertraglichen Arbeitsbedingungen der übergehenden Arbeitnehmer einschließlich etwaiger betrieblicher Übungen, Gesamtzusagen und Einheitsregelungen bleiben unverändert. Das gilt auch für den Arbeitsort. Auch Rechte und Anwartschaften, die auf erdienter Betriebszugehörigkeit beruhen, werden fortgeführt. Das gilt insbesondere für die Berechnung von Kündigungsfristen und Betriebsrentenanwartschaften.

(3) Tarifverträge

Die B-GmbH ist ebenfalls in der ___[Branche]___ Industrie tätig und Mitglied desselben Arbeitgeberverbandes wie die A-GmbH. Infolgedessen gelten die zum Stichtag anwendbaren Tarifverträge unverändert fort. Für tarifgebundene Arbeitnehmer gelten diese Tarifverträge kollektivrechtlich fort.

(4) Betriebe/Betriebsräte

Alle Betriebe der A-GmbH werden vollständig an die B-GmbH verpachtet. Die Identität der Betriebe bleibt damit gewahrt. Die bestehenden Betriebsräte bleiben unverändert im Amt. Der Gesamtbetriebsrat der A-GmbH erlischt. Die übergehenden Betriebsräte entsenden Delegierte in den Gesamtbetriebsrat der B-GmbH. Der Konzernbetriebsrat bleibt unverändert für die übergehenden Arbeitnehmer zuständig.

(5) Betriebsvereinbarungen

Im Zeitpunkt des Stichtags bestehende Betriebsvereinbarungen gelten unverändert kollektivrechtlich fort. Bei der A-GmbH bestehende Gesamtbetriebsvereinbarungen gelten als Einzelbetriebvereinbarungen kollektivrechtlich fort, soweit ihr Regelungsgegenstand sinnvoll im einzelnen Betrieb anwendbar ist und sie nicht durch Gesamtbetriebsvereinbarungen der B-GmbH mit gleichem Regelungsgehalt verdrängt werden. Konzernbetriebsvereinbarungen gelten unverändert kollektivrechtlich fort.

(6) Betriebsrenten

Etwaige Anwartschaften auf Leistungen der betrieblichen Altersversorgung werden nach dem Stichtag unverändert fortgeführt. Laufende Unverfallbarkeitsfristen werden durch den Betriebsübergang nicht unterbrochen.

(7) Haftung

Gegenüber den am Stichtag übergehenden Arbeitnehmern haftet die B-GmbH als neue Arbeitgeberin für alle Verbindlichkeiten, einschließlich rückständiger Verpflichtungen aus der Zeit vor dem Stichtag. Die A-GmbH haftet als Gesamtschuldnerin neben der B-GmbH für die vor dem Stichtag entstandenen Verpflichtungen, die bereits zum Stichtag fällig waren oder die innerhalb eines Jahres nach dem Stichtag fällig werden. Werden solche Verpflichtungen erst nach dem Stichtag fällig, haftet die A-GmbH nur in dem Umfang mit, der dem am Stichtag abgelaufenen Teil ihres Bemessungszeitraums entspricht.

(8) Keine Kündigung wegen Betriebsübergangs

Eine Kündigung der übergehenden Arbeitnehmer durch die bisherige oder die neue Arbeitgeberin wegen des Betriebsübergangs ist gemäß § 613a Abs. 4 BGB unwirksam. Eine Kündigung aus anderen Gründen bleibt unberührt.

(9) Maßnahmen

Aus Anlass des Betriebsübergangs sind keine besonderen Maßnahmen hinsichtlich der Arbeitnehmer in Aussicht genommen. Insbesondere sind keine betriebsbedingten Kündigungen wegen des Betriebsübergangs geplant.

(10) Unternehmensmitbestimmung

Eine Unternehmensmitbestimmung ist gegenwärtig weder bei der A-GmbH noch bei der B-GmbH geboten. Durch den Betriebsübergang wird kein mitbestimmungsrelevanter Schwellenwert überschritten, so dass eine Unternehmensmitbestimmung auch künftig nicht geboten ist.

(11) Unterrichtung der Arbeitnehmer, Widerspruchsrecht

Die vom Betriebsübergang betroffenen Arbeitnehmer werden gemäß § 613a Abs. 5 BGB vor dem Betriebsübergang über dessen Auswirkungen unterrichtet. Die Unterrichtung der Arbeitnehmer übernimmt die A-GmbH in enger Abstimmung mit der B-GmbH. Die übergehenden Arbeitnehmer können dem Übergang des Arbeitsverhältnisses innerhalb eines Monats nach Zugang des Unterrichtungsschreibens schriftlich widersprechen. Der Widerspruch kann gegenüber der A-GmbH als der bisherigen oder gegenüber der B-GmbH als der neuen Betriebsinhaberin erklärt werden. Ein Widerspruch würde dazu führen, dass das Arbeitsverhältnis des Widersprechenden nicht übergeht, sondern bei der A-GmbH verbleibt. Mangels Beschäftigungsmöglichkeiten müsste die A-GmbH allerdings aller Voraussicht nach betriebsbedingt kündigen. Wir hoffen, dass es nicht zu Widersprüchen kommt.

Wenn Sie zu dem geplanten Abschluss des Betriebspachtvertrags Fragen haben, sprechen Sie bitte den für Personalsachen zuständigen Geschäftsführer [Name/Telefon] oder den Personalleiter [Name/Telefon] an.

Mit freundlichen Grüßen

(Unterschrift Geschäftsführung A-GmbH)

V. Der Übergang des Arbeitsverhältnisses

Erhalten:

[Ort, Datum]

Für den Wirtschaftsausschuss

_____
(Unterschrift)

Erläuterungen

Schrifttum

Bayer/Hoffmann Betriebspachtverträge i.S.v. § 292 Abs. 1 Nr. 3 AktG, AG-Report 2011, R 71; *Commandeur/Kleinebrink* Gestaltungsgrundsätze im Anwendungsbereich des § 613a BGB – Möglichkeiten zur Übernahme einer Wunschmannschaft, NJW 2008, 3467; *Drasdo* Die Betriebsfortführung durch den Zwangsverwalter als Betriebsübergang gem. § 613a BGB, NZA 2012, 239; *Fenzl* Betriebspachtvertrag und Betriebsführungsvertrag – Verträge im Grenzbereich zwischen gesellschaftsrechtlichen Organisations- und schuldrechtlichen Austauschverträgen, Konzern 2006, 18; *Kamlah* Die organisatorische Verselbstständigung von Geschäftszweigen im Konzern zwischen Steuerrecht, Arbeitsrecht und Konzernrecht, BB 2003, 109; *Nelißen* Wirksamer Abschluss von Betriebspachtverträgen, DB 2007, 786; vgl. auch Literaturhinweise unter V Rdn. 32 a.E.

531 **1.** Dem Unterrichtungsschreiben liegt der Abschluss eines Betriebspachtvertrages zugrunde. Es soll der **gesamte Betrieb** des Unternehmens verpachtet werden. Das Unterrichtungsschreiben ist an den Wirtschaftsausschuss des verpachtenden Unternehmens gerichtet. Beide Unternehmen sind im gleichen Arbeitgeberverband. In den vom Betriebsübergang betroffenen Betrieben gibt es Betriebsräte. Beide Unternehmen haben Gesamtbetriebsräte. Der Konzern, dem die A-GmbH und die B-GmbH angehören, hat einen Konzernbetriebsrat. Es sind keine Umstrukturierungen geplant. Eine Unternehmensmitbestimmung ist vor Abschluss des Pachtvertrages in keinem der Unternehmen geboten. Die Verpflichtung entsteht auch nicht nach Abschluss des Betriebspachtvertrages im Unternehmen der Pächterin, da auch bei ihr nach Addition der Arbeitnehmer kein Schwellenwert überschritten wird.

532 **2.** Zur **rechtzeitigen Unterrichtung** des Wirtschaftsausschusses sowie zum unternehmerischen Interesse an der Wahrung von Betriebs- und Geschäftsgeheimnissen vgl. ausführlich V Rdn. 34.

533 **3. Zum Umfang der Unterrichtung** vgl. V Rdn. 35.

534 Zwar erfolgt bei einem Betriebspachtvertrag keine dingliche Übertragung von Wirtschaftsgütern. Jedoch sind unter wirtschaftlichen Gesichtspunkten **Angaben** darüber sinnvoll, welche **materiellen und immateriellen Wirtschaftsgüter** verpachtet werden, insbesondere ob von der Pacht auch wichtige Produktionsmaschinen umfasst sind, also genutzt werden können.

535 **4.** Vgl. zu Angaben über die wirtschaftlichen Hintergründe des Vertragsschlusses V Rdn. 36.

536 Es sind die wesentlichen, für die Wahl eines Betriebspachtvertrages relevanten **wirtschaftlichen und unternehmerischen Gründe** zu nennen. Dies können z.B. sein:
– die erhöhte Flexibilität gegenüber Unternehmenskaufverträgen
– das Sicherstellen des einheitlichen Betriebsübergangs vor der Wirksamkeit einer Verschmelzung
– betriebswirtschaftliche/steuerliche Gründe
– der »Einkauf« von Know-how (vgl. für weitere Gründe *Bayer/Hoffmann* AG-Report 2011, R71, R72; *Fenzl* Konzern 2006, 18, 19 f.)

537 Zur **Vorlage von Unterlagen** siehe V Rdn. 36. Der Betriebspachtvertrag selbst ist nur dann dem Wirtschaftsausschuss vorzulegen, wenn er Absprachen zwischen der Eigentümerin und der Pächterin über die künftige Geschäftsführung und Geschäftspolitik enthält (BAG, Beschl. v. 22.01.1991 – 1 ABR 38/89, NZA 1991, 649, 650; ebenso *Fitting* § 106 Rn. 131).

538 **5.** Zur **Unterrichtung über mögliche organisatorische Folgen** vgl. V Rdn. 37.

6. Die Unterrichtung des Wirtschaftsausschusses muss, soweit in diesem Stadium bekannt, Angaben zu den **arbeitsrechtlichen Folgen** der unternehmerischen Maßnahme umfassen, wie sie auch in dem Unterrichtungsschreiben der Arbeitnehmer nach § 613a BGB enthalten sind. Siehe V Rdn. 542 ff.

3. Unterrichtung Arbeitnehmer gemäß § 613a Abs. 5 BGB

Vorbemerkung

Übernimmt der Pächter aufgrund eines Betriebspachtvertrages die Leitungsmacht des Betriebes des Verpächters, so führt dies zu einem Betriebsübergang nach § 613a BGB. Dementsprechend sind die Arbeitnehmer gemäß § 613a Abs. 5 BGB über den Betriebsübergang und den Übergang ihres Arbeitsverhältnisses auf den Pächter zu informieren. Die **Folgen** des Betriebsübergangs für die Arbeitnehmer aufgrund eines Betriebspachtvertrages **entsprechen denjenigen eines Asset Deals** (vgl. V Rdn. 47 ff.): Auch nach dem Betriebsübergang bleibt der alte Arbeitgeber den übergehenden Arbeitnehmern als Schuldner in den Grenzen des § 613a Abs. 2 BGB erhalten. Darüber hinaus können die Arbeitnehmer dem Betriebsübergang widersprechen mit der Folge, dass ihr Arbeitsverhältnis nicht auf den Pächter übergeht.

Für das vorliegende Muster wird davon ausgegangen, dass sämtliche Betriebe der A-GmbH an die B-GmbH verpachtet werden. Werden im Rahmen eines Betriebspachtvertrages mehrere Betriebe übertragen, so empfiehlt sich grundsätzlich, für jeden Betrieb ein eigenes Unterrichtungsschreiben zu entwerfen, da § 613a BGB seinem Wortlaut nach auf den einzelnen betriebsverfassungsrechtlichen Betrieb abstellt. Sollte bei allen Betrieben hinsichtlich der Fortführung der Betriebsstruktur gleich verfahren werden, so können diese Schreiben wortidentisch sein. Mit dem vorliegenden Muster werden die Arbeitnehmer des Betriebes X der A-GmbH darüber informiert, dass ihr Betrieb, ebenso wie alle anderen Betriebe der A-GmbH an die B-GmbH, die dem gleichen Konzern angehört, verpachtet wird. Beide Unternehmen sind im gleichen Arbeitgeberverband organisiert. Im Betrieb X gibt es einen Betriebsrat, sowohl die A-GmbH als auch die B-GmbH haben einen Gesamtbetriebsrat. Der Konzern, dem die A-GmbH und die B-GmbH angehören, hat einen Konzernbetriebsrat. Es sind keine Umstrukturierungen des Betriebes X im Zusammenhang mit dem Betriebsübergang geplant.

▶ **Muster – Unterrichtung der Arbeitnehmer gem. § 613a Abs. 5 BGB**

[Briefkopf des derzeitigen Arbeitgebers (A-GmbH)] 1

[Name und Privatanschrift des Arbeitnehmers] 2

[Ort, Datum] 3

Unterrichtung gemäß § 613a Abs. 5 BGB über den Übergang Ihres Arbeitsverhältnisses von der A-GmbH auf die B-GmbH

Sehr geehrte/r Frau/Herr [Titel, Name], 4

hiermit möchten wir Sie gemäß § 613a Abs. 5 BGB über den Übergang Ihres Betriebs (nachfolgend »Betrieb«) von der A-GmbH auf die B-GmbH, [Anschrift der B-GmbH und Vorname, Name des Geschäftsführers/der Geschäftsführer, Handelsregister, Handelsregisternummer 5] unterrichten.

Dem Übergang des Betriebes auf die B-GmbH liegt ein Betriebspachtvertrag 6 zwischen der A-GmbH und der B-GmbH vom [Datum] zugrunde, der die Verpachtung aller Betriebe der A-GmbH an die B-GmbH regelt. Zweck der Verpachtung ist [Angabe Grund Betriebsübergang] . 7

Die B-GmbH ist Konzernschwester der A-GmbH und [Beschreibung des künftigen Arbeitgebers] . 8

V. Der Übergang des Arbeitsverhältnisses

Der Übergang des Betriebes auf die B-GmbH findet voraussichtlich am [Datum/Zeitraum] [9] statt d.h. es ist geplant, dass von diesem Zeitpunkt an die Leitung des Betriebes von der B-GmbH ausgeübt wird. Der Tag, an dem es tatsächlich zum Übergang des Betriebs kommt, wird nachfolgend als »Übergangsstichtag« bezeichnet.

Der Übergang des Betriebs auf die B-GmbH hat folgende Auswirkungen auf Ihr Arbeitsverhältnis: [10]

(1) Arbeitgeberwechsel/Individualvertragliche Auswirkungen

Ihr Arbeitsverhältnis geht gemäß § 613a BGB kraft Gesetzes auf die B-GmbH über. Die B-GmbH tritt zum Übergangsstichtag als neue Arbeitgeberin kraft Gesetzes in die Rechte und Pflichten aus Ihrem im Zeitpunkt des Übergangs bestehenden Arbeitsverhältnis mit der A-GmbH ein. [11]

Dies bedeutet, dass Ihre vertraglichen Arbeitsbedingungen, einschließlich etwaiger Gesamtzusagen, Einheitsregelungen oder betrieblicher Übungen, unverändert bestehen bleiben. Dies gilt auch für Ihren Arbeitsort. [12] Ihre bisherige Beschäftigungsdauer bei der B-GmbH hat Bestand und findet insbesondere bei der Berechnung von Kündigungsfristen und Altersversorgungsanwartschaften weiterhin Anwendung.

(2) Tarifverträge [13]

Sowohl die A-GmbH als auch die B-GmbH sind in der ____[Branche]____ Industrie tätig und Mitglied des Arbeitgeberverbandes __[Name des Arbeitgeberverbandes]__ . Infolgedessen gelten die zum Übergangsstichtag auf Ihr Arbeitsverhältnis anwendbaren Tarifverträge unverändert auf der Grundlage fort, auf der sie zum Übergangsstichtag bestehen. Wenn Sie tarifgebunden sind, gelten diese Tarifverträge kollektivrechtlich fort. [14]

(3) Betriebsstruktur, Betriebsräte und Betriebsvereinbarungen

Ihr Betrieb geht auf die B-GmbH über und wird dort als eigenständiger Betrieb fortgeführt. Die Identität des Betriebs bleibt gewahrt. [15]

Der bestehende Betriebsrat bleibt unverändert im Amt. Der für Sie bei der A-GmbH zuständige Gesamtbetriebsrat ist nach dem Übergangsstichtag nicht mehr für Sie zuständig. Stattdessen nimmt der Gesamtbetriebsrat der B-GmbH in Zukunft Ihre Interessen wahr. Der für Sie zuständige Konzernbetriebsrat ist auch nach dem Übergangsstichtag weiterhin für Sie zuständig, da die A-GmbH und die B-GmbH dem gleichen Konzern angehören. [16]

Derzeit bestehende Betriebsvereinbarungen gelten unverändert kollektivrechtlich fort. [17]

Die bei der A-GmbH bestehenden Gesamtbetriebsvereinbarungen gelten als Einzelbetriebsvereinbarungen kollektivrechtlich fort, soweit ihr Regelungsgegenstand sinnvoll im Betrieb anwendbar ist und sie nicht durch Gesamtbetriebsvereinbarungen der B-GmbH mit gleichem Regelungsgehalt verdrängt werden. Derzeit auf Ihr Arbeitsverhältnis anwendbare Konzernbetriebsvereinbarungen gelten unverändert kollektivrechtlich fort. [18]

(4) Betriebliche Altersversorgung [19]

Die B-GmbH tritt in sämtliche bestehende betriebliche Altersversorgungszusagen ein und führt diese unter Berücksichtigung der laufenden Unverfallbarkeitsfristen fort.

(5) Haftung [20]

Die B-GmbH haftet für alle, auch rückständigen Zahlungs- und sonstige Verbindlichkeiten aus den übergehenden Arbeitsverhältnissen, auch aus der Zeit vor dem Übergangsstichtag.

Die A-GmbH haftet neben der B-GmbH für Verpflichtungen aus den übergegangenen Arbeitsverhältnissen, soweit sie vor dem Übergangsstichtag entstanden sind und vor Ablauf von einem Jahr nach diesem Zeitpunkt fällig werden, als Gesamtschuldnerin. Werden solche Verpflichtungen nach dem Zeitpunkt des Übergangs fällig, so haftet die A-GmbH für sie jedoch nur in dem Umfang, der dem am Übergangsstichtag abgelaufenen Teil ihres Bemessungszeitraums entspricht.

(6) Keine Kündigung wegen des Betriebsübergangs

Eine Kündigung Ihres Arbeitsverhältnisses durch die A-GmbH oder die B-GmbH wegen des Betriebsübergangs auf die B-GmbH ist unwirksam (§ 613a Abs. 4 BGB). Das Recht zur Kündigung aus anderen Gründen bleibt jedoch unberührt. [21]

(7) Sonstige in Aussicht genommene Maßnahmen [22]

Andere als die in diesem Schreiben beschriebenen Maßnahmen in Bezug auf die übergehenden Arbeitnehmer sind nicht in Aussicht genommen.

(8) Widerspruchsrecht [23]

Sie haben das Recht, dem Übergang Ihres Arbeitsverhältnisses auf die B-GmbH innerhalb eines Monats ab Zugang dieser Unterrichtung in schriftlicher Form zu widersprechen.

Ein Widerspruch hat zur Folge, dass Ihr Arbeitsverhältnis mit der A-GmbH über den Übergangsstichtag hinaus fortbesteht.

Bitte bedenken Sie, dass aufgrund des Betriebsübergangs Ihr Arbeitsplatz bei der A-GmbH nach dem Übergangsstichtag nicht mehr vorhanden sein wird. Mangels Beschäftigungsmöglichkeit müsste die A-GmbH Ihr Arbeitsverhältnis daher aller Voraussicht nach betriebsbedingt kündigen.

Sie können Ihren Widerspruch sowohl gegenüber der A-GmbH, [Adresse mit Abteilung und Name der für die Entgegennahme zuständigen Person] als auch gegenüber der B-GmbH, [Adresse mit Abteilung und Name der für die Entgegennahme zuständigen Person] erklären.

Wenn Sie von diesem Widerspruchsrecht keinen Gebrauch machen möchten, wären wir Ihnen dankbar, wenn Sie uns dies, sobald Sie diesen Entschluss gefasst haben, durch die beigefügte Erklärung zum Übergang Ihres Arbeitsverhältnisses mitteilen würden.

(9) Sonstiges

Gerne beantworten wir Ihnen Fragen zu diesem Schreiben und dem Übergang Ihres Arbeitsverhältnisses. [Name] wird Ihre Fragen telefonisch ([Telefonnummer]) oder per Mail ([Mailadresse]) entgegennehmen. [24]

Bitte ergänzen und unterschreiben Sie das auf der beigefügten Kopie des Unterrichtungsschreibens abgedruckte Empfangsbekenntnis und übersenden Sie es, gerne auch per Hauspost, an [Vorname, Name, Abteilung, Firma, vollständige Adresse der für die Entgegennahme zuständigen Person] . [25]

Mit freundlichen Grüßen

_____ _____
(Unterschriften A-GmbH) [26]   (Unterschriften B-GmbH)

Empfangsbestätigung [27]

Ich, [Name, Vorname in Druckbuchstaben] , habe das obige Schreiben der Geschäftsführungen der A-GmbH und der B-GmbH vom [Datum] , mit dem ich über den Übergang meines Arbeitsverhältnisses von der A-GmbH auf die B-GmbH unterrichtet wurde, am [Datum] erhalten.

[Ort, Datum]

_____
(Unterschrift)

Erläuterungen

Schrifttum

Vgl. die umfangreichen Literaturhinweise zum Unterrichtungsschreiben gemäß § 613a Abs. 5 BGB unter V Rdn. 51 a.E.

543 **1.** Vgl. zur **Verantwortlichkeit für die Unterrichtung** der Arbeitnehmer V Rdn. 52 ff.).

544 **2.** Vgl. zur Unterrichtung in **Textform (§ 126b BGB)** V Rdn. 55.

545 **3.** Bezüglich des **Zeitpunkts der Unterrichtung** sowie einer möglichen **Schadensersatzpflicht im Falle einer verspäteten Unterrichtung** vgl. V Rdn. 56. **Maßgeblicher Kenntnisstand** für die Angaben im Unterrichtungsschreiben ist derjenige von derzeitigem und künftigem Arbeitgeber im Zeitpunkt der Unterrichtung (vgl. dazu ausführlich V Rdn. 57)

546 Vgl. zur **Ergänzung, Ersetzung und Berichtigung** des Schreibens V Rdn. 58 f. entsprechend.

547 **4.** Vgl. zur Möglichkeit der Versendung **standardisierter Schreiben in deutscher Sprache** sowie zu den einzelnen vom Betriebsübergang **betroffenen Arbeitnehmergruppen** V Rdn. 60 ff.

548 **5.** Das Unterrichtungsschreiben muss über die **Identität des künftigen Arbeitgebers** dergestalt informieren, dass die unterrichteten Arbeitnehmer in die Lage versetzt sind, über ihren neuen Arbeitgeber Erkundigungen einzuholen (vgl. ausführlich V Rdn. 70 f.).

549 **6.** Gemäß § 613a Abs. 5 Nr. 2 BGB ist der **Grund des Betriebsüberganges** anzugeben. Dies ist zunächst der Rechtsgrund des Betriebsüberganges (BAG, Urt. v. 23.07.2009 – 8 AZR 538/08, NZA 2010, 89, 92). Dieser kann, wie im vorliegenden Muster, ein Betriebspachtvertrag sein. Möglich ist aber auch ein Betriebsübergang, der auf anderen Gründen beruht, beispielsweise auf einem Verschmelzungs- oder Spaltungsvertrag oder einem Kauf- oder Betriebsführungsvertrag.

550 **7.** Vgl. zur notwendigen Darlegung der wirtschaftlichen Gründe und **unternehmerischen Erwägungen** des Unternehmers für den Betriebsübergang V Rdn. 75.

551 **8.** In der Praxis hat es sich eingebürgert, dass das Unterrichtungsschreiben **zusätzliche**, vom Gesetz oder der Rechtsprechung nicht geforderte, (positive) **Informationen** über den künftigen Arbeitgeber enthält. Diese Informationen erleichtern den betroffenen Arbeitnehmern unter Umständen die Entscheidung für den widerspruchsfreien Übergang zum künftigen Arbeitgeber (*Reinhard* NZA 2009, 63, 69). Allerdings müssen auch diese freiwilligen Angaben korrekt sein, um die Widerspruchsfrist des § 613a Abs. 6 BGB in Gang zu setzen (*Reinhard* NZA 2009, 63, 69; dies problematisierend: *Hohenstatt/Grau* NZA 2007, 13, 14).

552 Die Arbeitnehmer sind über eine durch den Betriebsübergang bzw. das dahinter liegende Rechtsgeschäft eintretende **Verringerung** der für die Arbeitsverhältnisse bestehenden **Haftungsmasse** zu informieren, wenn also wesentliche Werte des derzeitigen Arbeitgebers nicht mitverpachtet werden (vgl. V Rdn. 76 f.).

553 **9.** Der Tag, an dem der übernehmende Rechtsträger die rechtlich begründete **tatsächliche Leitungsmacht** über den Betrieb im eigenen Namen erlangt, ist der Tag des Betriebsübergangs (*Grau* S. 129 m.w.N.; DLW/*Baeck/Haußmann* Kap. 3 Rn. 4156 ff.; *Hauck* NZA Beilage 1/2009, 18, 19; *Schiefer/Worzalla* NJW 2009, 558, 561; *Kleinebrink/Commandeur* FA 2009, 101, 103).

554 Die Formulierung des § 613a Abs. 5 Ziffer 1 BGB räumt den Verfassern des Unterrichtungsschreibens die Möglichkeit ein, bei der Angabe des Zeitpunkts des Übergangs lediglich einen »**geplanten**« **Zeitpunkt** zu nennen. Von dieser Möglichkeit sollte unbedingt Gebrauch gemacht werden (so z.B. auch *Kleinebrink/Commandeur* FA 2009, 101, 103). Eine Verzögerung des Termins, z.B. aus technischen oder rechtlichen Gründen, ist immer möglich und sollte nicht zur Unrichtigkeit des Unterrichtungsschreibens führen.

555 **10.** In der überwiegenden Anzahl der Fälle, insbesondere bei unproblematischen Sachverhalten, empfiehlt sich ein **fortlaufender Text** ohne die im Muster gewählten Überschriften. Es besteht keine Notwendigkeit zur Beifügung des Gesetzestextes (vgl. V Rdn. 84 ff.).

556 **11.** Das BAG hat ausgeführt, dass ein Unterrichtungsschreiben, in dem nicht darauf hingewiesen wird, dass bei einem Betriebsübergang nach § 613a Abs. 1 S. 1 BGB der neue Betriebsinhaber kraft Gesetzes **in die Rechte und Pflichten** aus dem im Zeitpunkt des Übergangs bestehenden Arbeitsverhältnisses **eintritt**, unvollständig ist (BAG, Urt. v. 22.01.2009 – 8 AZR 808/07, FA 2009, 281; ebenso BAG, Urt. v. 23.07.2009 – 8 AZR 538/08, NZA 2010, 89, 93).

12. Bleibt der **Arbeitsort** unverändert bestehen, so sollten die Arbeitnehmer hierüber ebenfalls ausdrücklich informiert werden, weil dieser Umstand für sie (in aller Regel) von Bedeutung ist und im Zweifelsfall mit ausschlaggebend für die Frage sein kann, ob sie widerspruchslos auf den neuen Arbeitgeber übergehen. Verändert sich der Arbeitsort, so sind die Arbeitnehmer hierüber ebenfalls zu unterrichten, da eine solche Veränderung eine hinsichtlich der Arbeitnehmer in Aussicht genommene Maßnahme darstellt (vgl. V Rdn. 144 ff.). Zur Verlegung des Betriebes ins Ausland, vgl. V Rdn. 12. 557

13. Zu den Auswirkungen eines Betriebsüberganges auf die beim derzeitigen und künftigen Arbeitgeber geltenden **Tarifverträge** vgl. V Rdn. 90 f. 558

14. Diese Formulierung ist zu wählen, wenn beide Arbeitgeber dem gleichen fachlichen und räumlichen Geltungsbereich angehören. Vgl. zu Alternativen V Rdn. 93–100, 107. 559

15. Die Arbeitnehmer sind darüber zu informieren, ob ihr **Betrieb** nach dem Übergang als solcher bestehen bleibt (bei der Betriebspacht wohl der Regelfall) oder beispielsweise in einen anderen Betrieb eingegliedert oder mit einem solchen zusammengefasst wird. Auf diese Information über die Auswirkungen auf die **Betriebsstruktur** haben die Arbeitnehmer einen Anspruch, da es sich um in Aussicht genommene Maßnahmen handelt (vgl. § 613a Abs. 5 Ziff. 4 BGB; vgl. V Rdn. 108). 560

16. Das Unterrichtungsschreiben sollte auch über die Auswirkungen des Betriebsübergangs auf die betroffenen **Betriebsräte** informieren, insbesondere wenn sich an der Betriebsstruktur mit dem Übergangsstichtag etwas ändert (str., vgl. dazu *Hohenstatt/Grau* NZA 2007, 13, 17 m.w.N; DLW/*Baeck/Haußmann* Kap. 3 Rn. 4200; *Schiefer/Worzalla* NJW 2009, 558, 562; *Hauck* NZA Beilage 1/2009, 18, 20; *Kallmeyer/Willemsen* UmwG § 324 Rn. 35). Das Gleiche gilt für die Auswirkungen des Betriebsübergangs auf andere Arbeitnehmervertretungen oder das Mitbestimmungsstatut. 561

Vgl. zur Darstellung der verschiedenen Auswirkungen des Betriebsübergangs und mit diesem zeitlich verbundenen Maßnahmen auf die Betriebsräte unter V Rdn. 109 ff. 562

17. Wie bei Tarifverträgen ist auch die Frage der **Fortgeltung von Betriebsvereinbarungen** nach dem Betriebsübergang unabhängig davon zu beantworten, welches Rechtsgeschäft hinter dem Betriebsübergang steht. Dementsprechend kann vollumfänglich auf die unter V Rdn. 117 ff. gemachten Ausführungen verwiesen werden. 563

18. Bezüglich der Frage der **Fortgeltung von Gesamt- und Konzernbetriebsvereinbarungen** wird auf V Rdn. 132 ff., 181 verwiesen. 564

19. Vgl. zur **betrieblichen Altersversorgung** V Rdn. 138 f. 565

20. § 613a Abs. 2 BGB stellt klar, wie, wann und für welche Verbindlichkeiten der derzeitige und der künftige Arbeitgeber gegenüber den Arbeitnehmern haften. Diese **Haftungsverteilung** ist den betroffenen Arbeitnehmern mitzuteilen (BAG, Urt. v. 13.07.2006 – 8 AZR 305/05, NZA 2006, 1268, 1272). Vgl. ausführlicher V Rdn. 141. 566

21. Zur Abgrenzung von Kündigungen »wegen des Betriebsübergangs« und »aus anderen Gründen« vgl. BAG, Urt. v. 27.10.2005 – 8 AZR 568/04, NZA 2006, 668, 672: Eine **Kündigung** ist ausgeschlossen, wenn der Betriebsübergang der tragende Grund (»wegen«) für die Kündigung ist. Das Kündigungsverbot ist nicht einschlägig, wenn es neben dem Betriebsübergang einen sachlichen Grund gibt, der »aus sich heraus« die Kündigung zu rechtfertigen vermag. Zum **Wiedereinstellungsanspruch**, wenn zum Zeitpunkt des Anspruchs der Kündigung noch nicht von einem Betriebsübergang, sondern einer Schließung des Betriebes/Betriebsteils ausgegangen wird, V Rdn. 143. 567

V. Der Übergang des Arbeitsverhältnisses

568 **22.** § 613a Abs. 5 Ziff. 4 BGB sieht vor, dass die Arbeitnehmer hinsichtlich der **in Aussicht genommenen Maßnahmen** zu unterrichten sind. Vgl. hierzu V Rdn. 144 ff.

569 **23.** Zu den Einzelheiten des Widerspruchsrechts vgl. V Rdn. 147 ff. und Muster V Rdn. 576

570 Zum möglichen Eintritt der Sperrzeit wegen Kündigung des Arbeitsverhältnisses durch den Arbeitnehmer vgl. *Altenburg/Leister* NZA 2005, 15, 23.

571 **24.** Den Arbeitnehmer trifft die **Obliegenheit zu weiteren Erkundigungen** im Zusammenhang mit dem Betriebsübergang (*Meyer* DB 2007, 858, 859). Wird den betroffenen Arbeitnehmern angeboten, dass sie sich bei Rückfragen an den alten oder den neuen Arbeitgeber wenden können, soll dies für die Bewertung einer ordnungsgemäßen Unterrichtung berücksichtigt werden (*Meyer* DB 2007, 858, 860).

572 **25.** Dem Unterrichtungsschreiben ist ein **Empfangsbekenntnis** beizufügen. Vgl. diesbezüglich V Rdn. 154 f.

573 **26.** Zum räumlichen **Abschluss des Schreibens** vgl. V Rdn. 157.

574 **27.** Vgl. die Ausführungen zum Empfangsbekenntnis in V Rdn. 154 f.

4. Widerspruch gemäß § 613a Abs. 6 BGB

Vorbemerkung

575 Gemäß § 613a Abs. 6 BGB kann der Arbeitnehmer dem Übergang des Arbeitsverhältnisses innerhalb eines Monats nach Zugang der Unterrichtung schriftlich widersprechen (ausführlich zum Widerspruchsrecht DLW/*Baeck/Haußmann* Kap. 3 Rn. 4177 ff.). Dieses Widerspruchsrecht besteht auch im Falle eines Betriebsübergangs aufgrund eines Betriebspachtvertrages.

▶ **Muster – Widerspruch gemäß § 613a Abs. 6 BGB**

576 [Adressat: alter oder neuer Arbeitgeber] 1

Widerspruch gegen den Übergang meines Arbeitsverhältnisses 2

Hiermit WIDERSPRECHE 3 ich, 4 [Name, Vorname in Druckbuchstaben], dem Übergang meines Arbeitsverhältnisses von der A-GmbH auf die B-GmbH, über den ich mit Schreiben vom ___ [Datum]___ am ___[Datum]___ 5 unterrichtet wurde. 6

[Ort, Datum]

_____
(Unterschrift) 7

Erläuterungen

Schrifttum
Vgl. die umfangreichen Literaturhinweise zum Widerspruch gemäß § 613a Abs. 6 BGB unter V Rdn. 160 a.E.

577 **1.** Es steht dem Arbeitnehmer frei, ob er seinen Widerspruch **gegenüber** dem **alten oder** dem **neuen Arbeitgeber** erklären möchte (§ 613a Abs. 6 S. 2 BGB).

578 **2.** Der Widerspruch muss **schriftlich** erfolgen (§ 613a Abs. 6 S. 1 BGB), muss also der Schriftform gemäß § 126 BGB genügen und im Original unterzeichnet sein (DLW/*Baeck/Haußmann*

Kap. 3 Rn. 4180). Zur rechtlichen Situation, wenn nach fehlerhafter Unterrichtung widersprochen wurde vgl. V Rdn. 168.

3. Zur **Unwiderruflichkeit des Widerrufs** vgl. V Rdn. 163.

579

Das BAG hat entschieden, dass ein Widerspruch grundsätzlich auch noch wirksam ausgeübt werden kann, wenn zum Zeitpunkt der Widerspruchserklärung das **Arbeitsverhältnis bereits beendet** ist (BAG, Urt. v. 20.03.2008 – 8 AZR 1016/06, NZA 2008, 1354, 1358; a.A. *Rieble/Wiebauer* NZA 2009, 401, 403 m.w.N.; ausführlich zu dieser Thematik *Löwisch* BB 2009, 326).

580

4. Zum **kollektiv erklärten Widerspruch** vgl. V Rdn. 165.

581

5. Gemäß § 613a Abs. 6 S. 1 BGB hat der Arbeitnehmer **einen Monat** nach der Unterrichtung Zeit, seinen Widerspruch zu erklären. Die Frist beginnt grundsätzlich mit dem Zugang des Unterrichtungsschreibens beim Arbeitnehmer (§ 613a Abs. 6 S. 1 BGB). Beginn, Dauer und Ende der Frist richten sich nach den §§ 187 ff. BGB.

582

Zu den Auswirkungen eines **unvollständigen oder falschen Unterrichtungsschreibens** auf die Auslösung der Widerspruchsfrist vgl. V Rdn. 167. Zur rechtlichen Situation, wenn nach fehlerhafter Unterrichtung widersprochen wurde, vgl. V Rdn. 168.

583

Ein nach dem Betriebsübergang ausgeübter, wirksamer Widerspruch **wirkt** auf den Zeitpunkt des Betriebsübergangs **zurück** (BAG, Urt. v. 13.07.2006 – 8 AZR 305/05, NZA 2006, 1268, 1270, 1272; BAG, Urt. v. 19.02.2009 – 8 AZR 176/08, NJW 2009, 1095, 1096; dazu aber *Willemsen* NZA 2007, 2065, 2072 f.).

584

6. Der Arbeitnehmer muss seinen Widerspruch **nicht begründen** (BAG, Urt. v. 20.03.2008, – 8 AZR 1016/06, NZA 2008, 1354, 1358; BAG, Urt. v. 19.02.2009 – 8 AZR 176/08 – NZA 2009, 1095, Os. 1, 1097; DLW/*Baeck/Haußmann* Kap. 3 Rn. 4180). Auf die Gründe für seinen Widerspruch kommt es für die Wirksamkeit nicht an. Ihm kann gegen seinen Willen kein neuer Vertragspartner seines Arbeitsvertrages, also kein neuer Arbeitgeber, aufgedrängt werden.

585

7. Der Widerspruch muss **eigenhändig unterschrieben** sein. Dies ergibt sich aus dem Schriftformerfordernis (§ 126 Abs. 1 BGB). Möglich ist jedoch auch, dass der Prozessbevollmächtigte (BAG, Urt. v. 20.03.2008 – 8 AZR 1016/06, NZA 2008, 1354, 1356) oder sonst ein Vertreter mit dem Namen des Vollmachtgebers oder mit dem eigenen Namen und einem die Stellvertretung offenlegenden Zusatz (BAG, Urt. v. 14.12.2006 – 8 AZR 763/05, NZA 2007, 682, 685; ErfK/*Preis* §§ 125–127 BGB Rn. 19) unterzeichnet (vgl. dazu ausführlicher V Rdn. 171).

586

5. Verzicht auf Widerspruch

Vorbemerkung

Wie beim Asset-Deal kann es auch im Rahmen einer **Betriebspacht** in Einzelfällen sinnvoll sein, die vom Betriebsübergang betroffenen Arbeitnehmer dazu anzuregen, ihren **Verzicht** auf ihr Widerspruchsrecht zu erklären. Dies gilt beispielsweise in Fällen, in denen das Unterrichtungsschreiben erst kurz vor dem geplanten Betriebsübergang an die Arbeitnehmer übergeben wird, die Arbeitgeber aber dennoch vor dem Übergang wissen möchten, wie viele Arbeitnehmer übergehen bzw. ob Arbeitnehmer dem Betriebsübergang widersprechen. Mit einer informierten Verzichtserklärung nach Erhalt des korrekten Unterrichtungsschreibens kann die einmonatige Widerspruchsfrist, unter Umständen sogar erheblich, abgekürzt werden. Ein solcher Verzicht auf das Widerspruchsrecht gemäß § 613a Abs. 5 BGB ist möglich (BAG, Urt. v. 30.11.2003 – 8 AZR 491/02, NZA 2004, 481, 483 m.w.N.; *Meyer* DB 2007, 858, 860; *Rieble/Wiebauer* NZA 2009, 401, 404; DLW/*Baeck/Haußmann* Kap. 3 Rn. 4184; *Hauck* NZA Beilage 1/2009, 18, 22).

587

Mit der Bitte um einen ausdrücklichen Verzicht auf einen Widerspruch sollte allerdings nur gearbeitet werden, wenn man sich, z.B. aufgrund vorangegangener Gespräche mit den Mitarbeitern,

588

V. Der Übergang des Arbeitsverhältnisses

weitmöglich sicher ist, dass die Mitarbeiter mit dem Betriebsübergang einverstanden sind. Sollten die Mitarbeiter beispielsweise durch das Unterrichtungsschreiben erstmals vom Betriebsübergang erfahren oder bereits im Vorfeld Widerstand gegen den Betriebsübergang laut geworden sein, empfiehlt es sich, von einer Bitte um Verzicht auf das Widerspruchsrecht Abstand zu nehmen. Die Mitarbeiter könnten sich in solchen Fällen zu einem Widerspruch provoziert fühlen.

▶ **Muster – Verzicht auf Widerspruch**

589 [als Adressat: Name und Anschrift alter oder neuer Arbeitgeber] 1

Verzicht auf Widerspruch zum Übergang meines Arbeitsverhältnisses 2

Ich, [Name, Vorname in Druckbuchstaben], erkläre hiermit, dass ich das Schreiben vom [Datum], mit dem ich über den Übergang meines Arbeitsverhältnisses von der A-GmbH auf die B-GmbH unterrichtet wurde 3, verstanden und keine weiteren Fragen zu diesem Schreiben habe. Ich erkläre weiter, dass ich dem Betriebsübergang nicht widersprechen werde.

[Ort, Datum]

(Unterschrift)

Erläuterungen

Schrifttum
Vgl. die Literaturhinweise zum Verzicht auf das Widerspruchsrecht unter V Rdn. 174 a.E.

590 **1.** Die Verzichtserklärung kann sowohl gegenüber dem alten als auch gegenüber dem neuen Arbeitgeber erfolgen (*Rieble/Wiebauer* NZA 2009, 401, 406).

591 **2.** Möchte man die Arbeitnehmer zu einem ausdrücklichen Verzicht auf das Widerspruchsrecht anregen, so kann man dem Unterrichtungsschreiben einen **Vordruck für den Verzicht** auf einen Widerspruch bzw. die ausdrückliche Zustimmung zum Betriebsübergang beifügen. In beiden Fällen sollte der Vordruck eine ausdrückliche Bestätigung enthalten, dass der Arbeitnehmer keine weiteren Informationen mehr benötigt.

592 Denkbar ist auch, den Verzicht auf das Widerspruchsrecht in einem gesonderten Schreiben zu behandeln. In jedem Fall muss der Verzicht **schriftlich** erklärt werden (*Küttner/Kreitner* Betriebsübergang Rn. 40). Für die Verzichtserklärung gilt das gleiche Schriftformerfordernis wie für den Widerspruch (*Rieble/Wiebauer* NZA 2009, 401, 405 f.). § 126b BGB ist dementsprechend anzuwenden (vgl. V Rdn. 55). *Rieble/Wiebauer* führen aus, dass es sich bei dem Verzicht auf den Widerspruch bei genauer Betrachtung um die Ausübung des Wahlrechts des Arbeitnehmers zwischen Käufer und Verkäufer als Arbeitgeber handelt (*Rieble/Wiebauer* NZA 2009, 401, 404 f.).

593 **3.** Der Verzicht auf einen Widerspruch für den Fall eines Betriebsüberganges kann nicht abstrakt für die Zukunft erfolgen; weder durch individualrechtliche noch durch kollektivrechtliche Vereinbarung (*Hauck* NZA Beilage 1/2009, 18, 22; *Küttner/Kreitner* Betriebsübergang Rn. 40, m.w.N.; *Rieble/Wiebauer* NZA 2009, 401, 404; DLW/*Baeck/Haußmann* Kap. 3 Rn. 4184; Kallmeyer/*Willemsen* UmwG § 324 Rn. 50). Der aus Anlass eines konkreten Betriebsübergangs erklärte Verzicht ist jedoch zulässig (BAG, Urt. v. 30.11.2003 – 8 AZR 491/02, NZA 2004, 481, 483 m.w.N.; *Rieble/Wiebauer* NZA 2009, 401, 404; *Hauck* NZA Beilage 1/2009, 18, 22; DLW/*Baeck/Haußmann* Kap. 3 Rn. 4072; Kallmeyer/*Willemsen* UmwG § 324 Rn. 50).

IX. Betriebsführung

In einem **Betriebsführungsvertrag** beauftragt ein Unternehmen (häufig als Eigentümergesellschaft bezeichnet, vgl. V Rdn. 600) ein anderes Unternehmen (die Betriebsführerin) mit der Führung der Betriebe der Eigentümergesellschaft für Rechnung der Eigentümerin. Während die Betriebspacht eine Gebrauchsüberlassung darstellt, bei der der Betrieb zum Pächter kommt (vgl. V Rdn. 500, 502), ist der Betriebsführungsvertrag ein Geschäftsbesorgungsvertrag, bei dem der Betriebsführer zum Betrieb kommt (*Rieble* NZA 2010, 1145; vgl. zur Abgrenzung zu weiteren Kooperationsformen *Joachim* DWiR 1992, 397, 399). Vertragsgegenstand ist also eine **Managementleistung**, die sonst der Vorstand oder die Geschäftsführung mit ihren leitenden Angestellten selbst erbringt (Happ/*Bednarz* Muster 3.04 Anm. 1.2). Diese Managementleistung kann ohne weiteres fremd vergeben werden. Die Leistung kann auch auf bestimmte Bereiche beschränkt werden (*Rieble* NZA 2010, 1145). In der Praxis **unterscheidet** man **zwischen echtem und unechtem Betriebsführungsvertrag**. Handelt die Betriebsführerin in fremdem Namen, also namens der Eigentümergesellschaft, besteht ein echter Betriebsführungsvertrag. Handelt die Betriebsführerin hingegen in eigenem Namen, geht man von einem unechten Betriebsführungsvertrag aus (*Schmidt/Lutter/Langenbucher* § 292 AktG Rn. 36; MünchGesR IV/*Krieger* § 73 Rn. 48). Die Betriebsführerin handelt jedoch stets für Rechnung der Eigentümergesellschaft, wodurch sich der Betriebsführungsvertrag vom Betriebspachtvertrag und dem Betriebsüberlassungsvertrag abgrenzt. Nur beim unechten Betriebsführungsvertrag kommt es zu einem Betriebsübergang der Arbeitnehmer gemäß § 613a BGB, weil nur beim unechten Betriebsführungsvertrag die Leitungsmacht auf die Betriebsführerin übergeht (MünchGesR IV/*Krieger* § 73 Rn. 56; MüKo-AktG/*Altmeppen* § 292 Rn. 145; MünchArbR/*Richardi* § 23 Rn. 16; *Rieble* NZA 2010, 1145, 1147).

594

Ob ein echter oder ein unechter **Betriebsführungsvertrag gewünscht** ist, hängt in der Praxis vor allem von der gewünschten Verteilung des Haftungsrisikos und dem Außenauftritt ab. Während bei einem echten Betriebsführungsvertrag die Betriebsführerin in fremdem Namen der Eigentümerin handelt und im Außenverhältnis ausschließlich die Eigentümerin berechtigt und verpflichtet und deshalb kein Haftungsrisiko trägt, wird die Betriebsführerin bei einem unechten Betriebsführungsvertrag im Außenverhältnis durch Handeln in eigenem Namen selbst berechtigt und verpflichtet und trägt das Risiko, im Innenverhältnis keinen Rückgriff bei der Eigentümerin nehmen zu können (MüKo-AktG/*Altmeppen* § 292 AktG Rn. 144; *Rieble* NZA 2010, 1145, 1146). Auch Erwägungen hinsichtlich des nur bei einem unechten Betriebsführungsvertrag in Betracht kommenden Betriebsübergangs nach § 613a BGB können eine Rolle spielen. Ferner kann es auch darum gehen, dass die Betriebsführerin ein in ihrem Unternehmen bereits bewährtes Managementkonzept auch im geführten Betrieb der Eigentümergesellschaft anwenden möchte. Dann wird in der Regel der unechte Betriebsführungsvertrag gewählt (vgl. dazu *Weißmüller* BB 2000, 1949, 1951 f.).

595

In der Praxis werden Betriebsführungsverträge eingesetzt, wenn die Führung des Betriebs auf ein im Management einer bestimmten Industrie **qualifiziertes Unternehmen** übertragen werden soll. Dies kommt vor allem bei dem Betrieb von Hotels, Kinos, Verkehrslinien oder bei der Bereederung von Schiffen und Flugzeugen vor (zu den Beispielen: MünchGesR IV/*Krieger* § 73 Rn. 50; *Rieble* NZA 2010, 1145; *Joachim* DWiR 1992, 397).

596

Wird ein unechter Betriebsführungsvertrag vereinbart, sind aufgrund des vorliegenden Betriebsübergangs sowohl der Wirtschaftsausschuss gemäß § 106 BetrVG als auch die Arbeitnehmer gemäß § 613a BGB zu *informieren*. Der **Betriebsrat** hingegen ist **nicht zu beteiligen**, sofern der **gesamte Betrieb** eines Unternehmens oder einzelne Betriebe im Ganzen zur Führung durch ein anderes Unternehmen überlassen werden und ansonsten keine Reorganisation erfolgt. Wird dagegen lediglich ein Teil eines oder mehrerer Betriebe zur Betriebsführung überlassen, geht dem in der Regel eine Betriebsspaltung voraus, die eine Unterrichtung und Beratung mit dem Betriebsrat nach § 111 BetrVG sowie gegebenenfalls einen Interessenausgleich voraussetzt. Siehe hierzu Muster V Rdn. 39 ff.

597

V. Der Übergang des Arbeitsverhältnisses

1. Betriebsführungsvertrag (Business Management Agreement)

Vorbemerkung

598 Dem Muster liegt die Konstellation zugrunde, dass ein externes Unternehmen damit beauftragt wird, die Führung des gesamten Geschäftsbetriebs für die Eigentümerin wahrzunehmen. Es wird davon ausgegangen, dass die Betriebsführerin den Geschäftsbetrieb in eigenem Namen, umfassend im Interesse und für Rechnung der Eigentümerin führen soll (unechter Betriebsführungsvertrag). In diesem Fall kommt es zu einem Übergang der Arbeitnehmer gemäß § 613a BGB. Auf alternative Formulierungsvorschläge zur Vereinbarung eines echten Betriebsführungsvertrags wird in der Kommentierung hingewiesen.

▶ **Muster – (Unechter) Betriebsführungsvertrag**

599 Betriebsführungsvertrag

zwischen der

[Name; hier z.B. A-GmbH]

»Eigentümerin«[1]

und

[Name; hier z.B. B-GmbH]

»Betriebsführerin«

(im Folgenden auch: die »Parteien«)

Präambel

Die Eigentümerin betreibt einen Betrieb in X. Die Betriebsführerin ist eine Managementgesellschaft, deren Geschäftszweck die Führung des Geschäftsbetriebs anderer Unternehmen ist. Die Eigentümerin beabsichtigt, nicht länger die Führung des operativen Geschäftsbetriebs selbsttätig wahrzunehmen, sondern dazu auf die Expertise und Erfahrung der Betriebsführerin zurückzugreifen, um den wirtschaftlichen Erfolg der A-GmbH auch für die Zukunft zu sichern.

Zu diesem Zweck vereinbaren die Parteien [unter dem Vorbehalt der Zustimmung der Gesellschafterversammlungen] folgenden Betriebsführungsvertrag:

§ 1 Gegenstand der Betriebsführung [2]

(1) Die Eigentümerin überträgt der Betriebsführerin die Betriebsführung ihres gesamten Geschäftsbetriebs, der im Wesentlichen in Anlage 1 zu diesem Vertrag näher definiert ist. Der Auftrag zur Betriebsführung erstreckt sich auf alle Geschäfte und Maßnahmen, die dem Betriebsablauf und dem gewerblichen Zweck des jeweiligen Geschäftsbetriebs der Eigentümerin dienen.

(2) Die Betriebsführung erfolgt im eigenen Namen der Betriebsführerin und im Interesse und für Rechnung der Eigentümerin. Die Geschäftsführung der Eigentümerin kann gegenüber der Geschäftsführung der Betriebsführerin jederzeit und in allen die Betriebsführung betreffenden Angelegenheiten Auskünfte verlangen, Richtlinien erlassen und Weisungen erteilen. [3]

§ 2 Vertragsbeginn, Dauer und Beendigung des Vertrags [4]

(1) Dieser Vertrag tritt mit Wirkung zum _____[Datum]_____, _____[Uhrzeit]_____ in Kraft.

(2) Er wird für die Zeit bis zum _____[Datum]_____ fest abgeschlossen und verlängert sich jeweils um ein Jahr, falls er nicht spätestens _____[Kündigungsfrist]_____ Monate vor seinem Ablauf von einer der Parteien schriftlich gekündigt wird.

(3) Bei Vertragsbeendigung hat die Betriebsführerin der Eigentümerin alle erforderlichen Auskünfte zu geben und alle im Zusammenhang mit der Betriebsführung in ihre Verfügungsmacht gelangten Gegenstände der Eigentümerin herauszugeben.

§ 3   Aufwendungsersatz, Betriebsführungsentgelt [5]

(1) Die Eigentümerin erstattet der Betriebsführerin alle Aufwendungen, die der Betriebsführerin durch die Betriebsführung nach diesem Vertrag entstehen. Dazu gehören insbesondere die in Anlage 4 aufgeführten Aufwendungen.

(2) Die Eigentümerin zahlt der Betriebsführerin für ihre Tätigkeit außerdem eine Vergütung zzgl. der gesetzlichen Umsatzsteuer, die jährlich im Voraus zu entrichten ist. Die Berechnung der Vergütung ist ebenfalls in Anlage 4 festgelegt.

§ 4   Betriebsführungsorganisation

(1) Die Betriebsführerin ist verpflichtet, bei der Führung des Geschäftsbetriebs der Eigentümerin die Sorgfalt eines ordentlichen und gewissenhaften Geschäftsleiters anzuwenden.

(2) Während der Dauer dieses Vertrages verpflichtet sich die Eigentümerin gegenüber der Betriebsführerin, dieser alle Geschäftsunterlagen zur Verfügung zu stellen und alle Auskünfte zu erteilen, die die Betriebsführerin für die Erfüllung ihrer Pflichten nach diesem Vertrag benötigt.

(3) Die Betriebsführerin verpflichtet sich gegenüber der Eigentümerin, diese über Geschäftsvorfälle, die den Rahmen des laufenden Tagesgeschäfts überschreiten, und über sonstige besondere Ereignisse von wesentlicher Bedeutung unverzüglich zu informieren.

§ 5   Übergang von Arbeitsverhältnissen, Ausübung des Weisungsrechts

(1) Zum [Vertragsbeginn] gehen die Arbeitsverhältnisse der Arbeitnehmer der Eigentümerin gemäß § 613a BGB mit allen Rechten und Pflichten auf die Betriebsführerin über. [6] Soweit Arbeitnehmer dem Übergang des Arbeitsverhältnisses auf die Betriebsführerin widersprechen, verbleiben die Arbeitsverhältnisse mit allen Rechten und Pflichten bei der Eigentümerin.

(2) Die Betriebsführerin übt das Weisungsrecht des Arbeitgebers in eigenem Namen aus. Neuabschlüsse und Änderungen von Arbeits- und Dienstverträgen mit Arbeitnehmern des von der Betriebsführerin geführten Geschäftsbetriebs der Eigentümerin erfolgen durch und im Namen der Betriebsführerin. [7]

§ 6   Unterrichtung der Arbeitnehmer und Widerspruch

(1) Die Eigentümerin ist verpflichtet, die übergehenden Arbeitnehmer unverzüglich, jedoch spätestens bis zum [Datum einen Monat vor dem angestrebten Stichtag], umfassend schriftlich oder in Textform vom Betriebsübergang gemäß § 613a BGB zu unterrichten. [8] Die Eigentümerin wird den Wortlaut der Unterrichtung mit der Betriebsführerin abstimmen und vor Absendung deren Zustimmung einholen. Auf Wunsch der Betriebsführerin werden die Eigentümerin und die Betriebsführerin die Unterrichtung der übergehenden Arbeitnehmer gemeinsam durchführen. Die Parteien sind verpflichtet, sich gegenseitig die für eine Unterrichtung der Arbeitnehmer erforderlichen Informationen mitzuteilen und zugänglich zu machen. Die Parteien werden sich nach besten Kräften darum bemühen, dass kein Arbeitnehmer dem Übergang seines Arbeitsverhältnisses widerspricht.

(2) Die Eigentümerin wird sich nach besten Kräften bemühen, von den übergehenden Arbeitnehmern bis zum Stichtag eine schriftliche Erklärung zu erhalten, wonach diese dem Betriebsübergang zustimmen. [9]

(3) Die Parteien werden sich gegenseitig unverzüglich über Widersprüche einzelner Arbeitnehmer gegen den Übergang ihres Arbeitsverhältnisses sowie über sonstige Stellungnahmen der übergehenden Arbeitnehmer, die diese im Zusammenhang mit der Verpachtung des Unternehmens abgeben, umfassend informieren und der jeweils anderen Partei die in diesem Zusammenhang erhaltene oder geführte Korrespondenz unverzüglich und vollständig zugänglich machen. [10]

V. Der Übergang des Arbeitsverhältnisses

(4) Der Widerspruch von Arbeitnehmern gegen den Übergang ihrer Arbeitsverhältnisse nach § 613a BGB berührt die Wirksamkeit dieses Betriebsführungsvertrags nicht. [11]

(5) Im Falle der Beendigung dieses Betriebsführungsvertrags finden die Regelungen der §§ 5 und 6 auf die Rückabwicklung des Vertrags und den Wiedereintritt der Eigentümerin in die laufenden Arbeits- und Dienstverhältnisse entsprechende Anwendung. Die Eigentümerin ist in diesem Fall verpflichtet, den Geschäftsbetrieb identitätswahrend fortzuführen. [12]

§ 7 bis × [13]

[Ort, Datum]   [Ort, Datum]

(Eigentümerin)   (Betriebsführerin)

Erläuterungen

Schrifttum

Fenzl Betriebspachtvertrag und Betriebsführungsvertrag – Verträge im Grenzbereich zwischen gesellschaftsrechtlichen Organisations- und schuldrechtlichen Austauschverträgen, Konzern 2006, 18; *Huber* Betriebsführungsverträge zwischen selbstständigen Unternehmen, ZHR 152 (1988) 1; *ders.* Betriebsführungsverträge zwischen konzernverbundenen Unternehmen, ZHR 152 (1988), 123; *Hüffer* Aktiengesetz, 11. Aufl. 2014; *Joachim* Der Managementvertrag (I), DWiR 1992, 397; *ders.* Der Managementvertrag (Schluß), DWiR 1992, 455; Münchener Handbuch des Gesellschaftsrechts Band 4, 4. Aufl. 2015; Münchener Kommentar zum Aktiengesetz 4. Aufl. 2015; *Rieble* Betriebsführungsvertrag als Gestaltungsinstrument, NZA 2010, 1145; *Weißmüller* Der Betriebsführungsvertrag – eine Alternative zum Unternehmenskauf?, BB 2000, 1949; *Wiese/Kreutz/Oetker/Raab/Weber/Franzen/Gutzeit/Jacobs* Gemeinschaftskommentar zum Betriebsverfassungsgesetz, 10 Aufl. 2014; *Windbichler* Betriebsführungsverträge zur Bindung kleiner Unternehmen an große Ketten, ZIP 1987, 825; *Winter/Theisen* Betriebsführungsverträge in der Konzernpraxis, AG 2011, 662; vgl. auch Literaturhinweise unter V Rdn. 505; *Wlotzke/Richardi/Wißmann/Oetker* Münchener Handbuch zum Arbeitsrecht, Bd. 1, 3. Aufl. 2009.

600 **1.** Die Gesellschaft, deren Geschäftsbetrieb Gegenstand der Betriebsführung ist, wird vorliegend als Eigentümerin bezeichnet. **Zivilrechtliches Eigentum** ist jedoch nicht erforderlich; es reichen bereits Verfügungsrechte über die Betriebsmittel (*Rieble* NZA 2010, 1145). Deshalb kann auch eine Betriebspächterin eine andere Gesellschaft (nicht selten die Verpächterin selbst) mit der Führung des Geschäftsbetriebs des Unternehmens beauftragen.

601 **2. Gegenstand des Betriebsführungsvertrags** ist vorliegend der **gesamte Geschäftsbetrieb** des Unternehmens. Es ist rechtlich auch zulässig, lediglich einen oder mehrere Betriebe des Unternehmens oder Teilbetriebe der Betriebsführung zu unterstellen (MüKo-AktG/*Altmeppen* § 292 Rn. 143; *Weißmüller* BB 2000, 1949, 1950).

602 Wird **nicht der gesamte Geschäftsbetrieb** des Unternehmens zur Betriebsführung überlassen, ist zu formulieren:

Alternativ:

[(1) Die Eigentümerin überträgt der Betriebsführerin die Betriebsführung des Betriebs/der Betriebe ___[Bezeichnung]___ , der/die in Anlage 1 zu diesem Vertrag näher definiert ist/sind. ...]

603 Da die Eigentümerin ihr Eigentum an den Betriebsmitteln und damit auch ihr Nutzungsrecht daran behält, sollte der Vertrag möglichst genau beschreiben, welche **Betriebsmittel der Betriebsführerin** zur Betriebsführung überlassen werden sollen. Werden nur einzelne Betriebe oder ein Geschäftsbereich zur Betriebsführung überlassen, ist es insbesondere zur Abgrenzung sinnvoll, die vom Betriebsführungsvertrag erfassten Wirtschaftsgüter in einer oder mehreren Anlagen aufzuführen (vgl. Happ/*Bednarz* Muster 3.04 Anm. 5.2). Soll der gesamte Betrieb des Unternehmens erfasst sein, werden »allumfassende Klauseln« eingesetzt (vgl. dazu V Rdn. 8). Zur Klarheit

können jedoch auch in diesen Fällen eine oder mehrere Anlagen beigefügt werden, in denen die übergehenden Wirtschaftsgüter aufgelistet sind.

Da die Betriebsführerin bei einem »**unechten**« **Betriebsführungsvertrag** den Betrieb auch nach außen in eigenem Namen führt, ist **nicht erforderlich**, der Betriebsführerin **eine Handlungsvollmacht gegenüber Dritten** einzuräumen. Soll die Betriebsführerin jedoch berechtigt sein, Verfügungen über Gegenstände des Betriebsvermögens vornehmen zu können, ist an die Erteilung einer entsprechenden notariellen Vollmachtsurkunde zu denken, die jedoch in einer separaten Vollmachtsurkunde erfolgen sollte, da das Erfordernis der Vorlage des Betriebsführungsvertrags unerwünscht sein kann.

Ist ein »**echter**« **Betriebsführungsvertrag** gewünscht, ist an die Erteilung einer **Handlungsvollmacht** durch die Eigentümergesellschaft zu denken, da die Betriebsführungsgesellschaft im Namen der Eigentümergesellschaft auftreten soll (MünchGesR IV/*Krieger* § 73 Rn. 55; *Hüffer* § 292 AktG Rn. 20). In diesem Fall wäre wie folgt zu formulieren:

Alternativ:

[§ 1 Gegenstand der Betriebsführung, Handlungsvollmacht

...

(2) Die Betriebsführung erfolgt im Interesse, im Namen und für Rechnung der Eigentümerin. Die Geschäftsführung der Eigentümerin kann gegenüber der Geschäftsführung der Betriebsführerin jederzeit und in allen die Betriebsführung betreffenden Angelegenheiten Auskünfte verlangen, Richtlinien erlassen und Weisungen erteilen. (3) Die Geschäftsführung der Eigentümerin erteilt hiermit der Betriebsführerin Generalhandlungsvollmacht zur Vertretung der Eigentümerin bei allen Rechtsgeschäften und Rechtshandlungen, bei denen das Gesetz eine Stellvertretung gestattet und die der Betrieb des Handelsgewerbes der Eigentümerin mit sich bringt. Die Betriebsführerin darf von dieser Vollmacht nur für die Zwecke der Betriebsführung und im Rahmen des § 1 Abs. 1 und 2 Gebrauch machen. Für das rechtsgeschäftliche Handeln gegenüber Dritten im Rahmen dieses Vertrages wird die Eigentümerin der Betriebsführerin separate Vollmachtsurkunden in angemessener Zahl erteilen. (4) Die Betriebsführerin verpflichtet sich, im Rahmen der Betriebsführung für die Eigentümerin das rechtsgeschäftliche Handeln für die Eigentümerin sowohl intern wie extern stets offenzulegen.]

Wird der Betriebsführerin im Außenverhältnis Handlungsvollmacht erteilt, kann es sinnvoll sein, diese Vollmacht für bestimmte Geschäfte einzuschränken und von einer vorherigen Zustimmung abhängig zu machen. Dies wird vor allem Gebiete betreffen, die von grundsätzlicher Bedeutung sind wie die Geschäftspolitik, besondere Investitionen oder wichtige Verträge (vgl. auch Joachim DWiR 1992, 397, 401). Es könnte formuliert werden:

Ergänzend:

[§ 1 Gegenstand der Betriebsführung, Handlungsvollmacht, Zustimmungsvorbehalt

...

(5) Die Eigentümerin kann jederzeit bestimmen, welche Arten von Geschäften betreffend ihres von der Betriebsführerin geführten Geschäftsbetriebs ihrer vorherigen Zustimmung bedürfen. Insbesondere die in Anlage 2 aufgeführten Geschäfte und Maßnahmen bedürfen in jedem Fall der vorherigen Zustimmung der Eigentümerin. Die Betriebsführerin wird von der gemäß § 1 Abs. 3 erteilten Vollmacht nur in diesem Rahmen Gebrauch machen.]

3. Die auf Rechnung der Eigentümerin tätig werdende Betriebsführerin ist der Eigentümerin **weisungsunterworfen**. Das folgt bereits aus der gesetzlichen Regelung gemäß §§ 665, 666, 675 BGB (MünchGesR IV/*Krieger* § 73 Rn. 54; MüKo-AktG/*Altmeppen* § 292 Rn. 147 ff.; *Joachim* DWiR 1992, 397, 398; *Winter/Theisen* AG 2011, 662, 665). Das Weisungsrecht betrifft lediglich die Art und Weise der Erledigung der übertragenen Aufgabe zur Betriebsführung. Ein Betriebsführungsvertrag, der die Betriebsführerin weitestgehend von den Weisungen der Eigentümerin

V. Der Übergang des Arbeitsverhältnisses

freistellt, kann problematisch sein (vgl. dazu Schmidt/Lutter/*Langenbucher* § 292 AktG Rn. 38 f.; MünchGesR IV/*Krieger* § 73 Rn. 54, 57).

607 **4.** Die **Laufzeit** des Betriebsführungsvertrags kann frei vereinbart werden und orientiert sich in der Praxis an dem Zweck, der mit der Betriebsführung erreicht werden soll. Grenzen ergeben sich nach der Rechtsprechung des BGH im Falle einer übermäßig langen Vertragsdauer lediglich aus § 138 BGB (BGH, Urt. v. 05.10.1981 – II ZR 203/80, ZIP 1982, 578, 584 »Holiday Inn«). Allerdings hat der BGH im konkreten Fall die Festlegung einer 20-jährigen Laufzeit mit dreimaliger einseitiger Verlängerungsmöglichkeit durch die Betriebsführerin jeweils für zehn weitere Jahre für zulässig erachtet (anders jedoch nachgehend OLG München, Urt. v. 07.03.1986 – 23 U 1936/82, ZIP 1987, 849; vgl. dazu auch *Windbichler* ZIP 1987, 825 ff.; *Joachim* DWiR 1992, 397, 402; einschränkend *Rieble* NZA 2010, 1145, 1146).

608 **5.** Der Betriebsführungsvertrag stellt, je nachdem, ob ein Entgelt für die Betriebsführung vereinbart wird oder nicht, einen **Geschäftsbesorgungsvertrag** (entgeltlich, § 675 BGB) **oder** einen **Auftrag** (unentgeltlich, § 667 BGB) dar (vgl. MünchGesR IV/*Krieger* § 73 Rn. 52). Der Betriebsführerin sind in jedem Fall erforderliche Aufwendungen nach §§ 675, 667, 670 BGB zu ersetzen (MüKo-AktG/*Altmeppen* § 292 Rn. 144; *Joachim* DWiR 1992, 397, 398; *Fenzl* Konzern 2006, 18, 23 f.). Es kann sinnvoll sein, in einer Anlage erstattungsfähige Aufwendungen und Ausnahmen davon aufzunehmen, insbesondere, wenn ein bestimmtes Kostensenkungsziel erreicht werden soll (vgl. *Fenzl* Konzern 2006, 18, 24; *Weißmüller* BB 2000, 1949, 1952 f.). Die Betriebsführerin hat im Gegenzug erzielte Überschüsse an die Eigentümerin herauszugeben (MünchGesR IV/*Krieger* § 73 Rn. 52; *Huber* ZHR 152 (1988), 1, 5 f.; *Joachim* DWiR 1992, 397, 398).

609 Die Festlegung eines Betriebsführungsentgelts ist in der Höhe, vorbehaltlich der Grenze der Sittenwidrigkeit nach § 138 BGB, unbeschränkt möglich. Die Grenze der Sittenwidrigkeit wird nach der Rechtsprechung erst bei Vorliegen eines auffälligen Missverhältnisses zwischen Leistung und Gegenleistung überschritten (ausführlich OLG München, Urt. v. 07.03.1986 – 23 U 1936/82, ZIP 1987, 849, 850; vgl. auch *Windbichler* ZIP 1987, 825 ff.; MüKo-AktG/*Altmeppen* § 292 Rn. 172 f.; siehe auch *Joachim* DWiR 1992, 397, 402, DWiR 1992, 455 ff.).

610 **6.** Im Rahmen eines »**unechten**« **Betriebsführungsvertrags** ist die Betriebsführerin berechtigt, den Geschäftsbetrieb im eigenen Namen zu führen und insbesondere auch in eigenem Namen gegenüber den Arbeitnehmern aufzutreten. Die Betriebsführerin nimmt dann selbst organisatorische Leitungsbefugnisse gegenüber den Arbeitnehmern wahr. Es findet ein Betriebsübergang gemäß § 613a BGB und deshalb ein Übergang der Arbeitnehmer kraft Gesetzes auf die Betriebsführerin statt (vgl. MünchGesR IV/*Krieger* § 73 Rn. 56; MüKo-AktG/*Altmeppen* § 292 Rn. 145; MünchArbR/*Richardi* § 23 Rn. 16; *Rieble* NZA 2010, 1145, 1147).

611 Zur **Unabdingbarkeit der Rechtsfolgen** des § 613a BGB vgl. V Rdn. 11.

612 Zur Zuordnungsproblematik von **Stabsmitarbeitern** in zentralen Unternehmensbereichen sowie bereichsübergreifend tätig werdenden Mitarbeitern vgl. V Rdn. 13.

613 Wird hingegen ein »**echter**« **Betriebsführungsvertrag** geschlossen, tritt die Betriebsführerin in fremdem Namen gegenüber den Arbeitnehmern auf. Es bleibt in diesem Fall bei der bisherigen Arbeitgeberstellung der Eigentümerin. Ein Betriebsübergang nach § 613a BGB wird nicht ausgelöst (h.M.; MünchArbR/*Richardi* § 23 Rn. 15; *Rieble* NZA 2010, 1145, 1146 f.; unklar *Weißmüller* BB 2000, 1949, 1951 und 1953). Im Betriebsführungsvertrag wäre zu formulieren:

Alternativ:

[§ 5 Kein Übergang der Arbeitsverhältnisse

(1) Die Arbeits- und Dienstverträge zwischen der Eigentümerin und ihren Arbeitnehmern werden durch diesen Vertrag nicht berührt. Neuabschlüsse und Änderungen von Arbeitsverträgen mit Arbeitnehmern des von der Betriebsführerin geführten Geschäftsbetriebs der Eigentümerin erfolgen

durch die Betriebsführerin im Namen und für Rechnung der Eigentümerin. (2) Die Betriebsführerin handelt auch insoweit im Namen der Eigentümerin, als die Betriebsführerin zum Zweck der Betriebsführung Arbeitgeberfunktionen gegenüber den in dem geführten Geschäftsbetrieb der Eigentümerin beschäftigten Arbeitnehmern und ihren Arbeitnehmervertretungen wahrnimmt. Dies gilt insbesondere für die Ausübung des Weisungsrechts des Arbeitgebers.]

Auch eine Kombination von »echtem« und »unechtem« Betriebsführungsvertrag ist zulässig. Dabei führt der Betriebsführer einen Teil der Arbeitnehmer im fremden und einen anderen Teil der Arbeitnehmer im eigenen Namen. Dies führt zur Begründung eines Gemeinschaftsbetriebs i.S.d. § 1 Abs. 1 S. 2 BetrVG (*Rieble* NZA 2010, 1145, 1147). 614

7. Bei dem vorliegend dargestellten unechten Betriebsführungsvertrag tritt die Betriebsführerin in eigenem Namen auf. Auch die Änderung bestehender oder der Neuabschluss von Arbeitsverträgen erfolgt im Namen der Betriebsführerin. Im Innenverhältnis besteht aufgrund des Aufwendungsersatzanspruchs (vgl. MüKo-AktG/*Altmeppen* § 292 Rn. 144) jedoch ein Anspruch auf Freistellung von den Kosten gegenüber der Eigentümerin (*Joachim* DWiR 1992, 397, 398; *Fenzl* Konzern 2006, 18, 23). 615

8. Zur umfassenden **Unterrichtung der übergehenden Arbeitnehmer** gemäß § 613a Abs. 5 BGB siehe V Rdn. 638 ff. 616

Zu Regelungen zur Unterrichtungspflicht zwischen den Vertragspartnern siehe ausführlich V Rdn. 18, 52 ff. 617

9. Vgl. zur **Möglichkeit des Verzichts** auf das Widerspruchsrecht durch die Arbeitnehmer (»informierter Verzicht«) V Rdn. 19, 172 ff. 618

10. Zur **Informations- und Kooperationsverpflichtung** vgl. V Rdn. 20. 619

11. Vgl. zum **kollektiven Widerspruch** V Rdn. 525. 620

12. Zum erneuten Auslösen eines **Betriebsübergangs bei Rückabwicklung** des Vertrages siehe V Rdn. 526. 621

13. Die übrigen Klauseln eines Betriebsführungsvertrages sind für die in diesem Formularbuch behandelten arbeitsrechtlichen Fragen nicht unmittelbar entscheidend (vgl. dazu *Joachim* DWiR 1992, 397, 400 ff.). 622

2. Unterrichtung Wirtschaftsausschuss § 106 BetrVG

Vorbemerkung

Auch der **Abschluss eines Betriebsführungsvertrages erfüllt den Unterrichtungstatbestand** des § 106 Abs. 3 Nr. 10 BetrVG. Besteht in dem Unternehmen, dessen Geschäftsbetrieb durch die Betriebsführerin geführt wird, ein Wirtschaftsausschuss, hat also das betreffende Unternehmen in der Regel mehr als einhundert ständig beschäftigte Arbeitnehmer, ist der Wirtschaftsausschuss über die Maßnahme zu unterrichten. Der Abschluss eines Betriebsführungsvertrags ist ein Vorgang, welcher die Interessen der Arbeitnehmer des Unternehmens wesentlich berühren kann, also von potentiell erheblicher sozialer Auswirkung ist (BAG, Beschl. v. 11.07.2000 – 1 ABR 43/99, NZA 2001, 402, 404; *Fitting* § 106 Rn. 130; GK-BetrVG/*Oetker* § 106 Rn. 103). 623

V. Der Übergang des Arbeitsverhältnisses

▶ **Muster – Unterrichtung des Wirtschaftsausschusses gem. § 106 BetrVG (beim unechten Betriebsführungsvertrag)**

624

[Briefkopf der Arbeitgeberin – hier im Folgenden die A-GmbH]

An den Wirtschaftsausschuss der A-GmbH
Zu Händen des[r] Vorsitzenden ___[Name des/der Vorsitzenden]___

Betreff: Unterrichtungsschreiben gemäß § 106 BetrVG
Abschluss eines Betriebsführungsvertrags mit der B-GmbH [1]

Sehr geehrte/r Frau/Herr ___[Name]___,

hiermit unterrichten wir Sie über den geplanten [2] Abschluss eines Betriebsführungsvertrags mit der B-GmbH.

Die B-GmbH ist eine international tätige Managementgesellschaft, deren Geschäftszweck die Führung des Geschäftsbetriebs anderer Unternehmen ist. Sie ist auf die Führung von Betrieben der ___[Branchenbezeichnung]___ spezialisiert und führt zudem eigene Betriebe der ___[Branchenbezeichnung]___. Es ist geplant, der B-GmbH die Führung des gesamten Geschäftsbetriebs des Unternehmens im Interesse und für Rechnung der A-GmbH zu übertragen. Die B-GmbH wird den Geschäftsbetrieb in eigenem Namen führen (sog. »unechte« Betriebsführung). Der Auftrag zur Betriebsführung erstreckt sich auf alle Geschäfte und Maßnahmen, die dem Betriebsablauf und dem gewerblichen Zweck des Geschäftsbetriebs der A-GmbH dienen. Die A-GmbH ist berechtigt, jederzeit und in allen die Betriebsführung betreffenden Angelegenheiten Auskünfte zu verlangen, Richtlinien zu erlassen und Weisungen zu erteilen, sowie bestimmte Geschäfte von einer vorherigen Zustimmung abhängig zu machen. Die B-GmbH hat gegenüber der A-GmbH Informationspflichten im Hinblick auf Geschäftsvorfälle, die den Rahmen des laufenden Tagesgeschäfts überschreiten, sowie über sonstige besondere Ereignisse von wesentlicher Bedeutung. [3]

Die Geschäftsführung hat sich zu dieser Maßnahme entschlossen, da sie beabsichtigt, sich aus der operativen Führung des Geschäftsbetriebs zurückzuziehen und hierfür künftig auf die Erfahrung der B-GmbH als Betriebsführerin zurückzugreifen. Die Geschäftsführung hat sich für den Abschluss eines unechten Betriebsführungsvertrages entschieden, da die B-GmbH als Betriebsführerin ihren eigenen bekannten Namen im Markt nutzen soll. Die Geschäftsführung der A-GmbH erhofft sich durch diesen Schritt, den wirtschaftlichen Erfolg der A-GmbH auch für die Zukunft zu sichern. [4]

Der Betriebsführungsvertrag soll am ___[Datum]___ unterzeichnet werden. Als Beginn der Betriebsführung ist voraussichtlich der ___[Datum]___ vorgesehen. Nach gegenwärtigem Planungsstand soll er für die Zeit bis zum ___[Datum]___ fest abgeschlossen werden und verlängert sich jeweils um ein Jahr, sofern er nicht spätestens ___[Kündigungsfrist]___ Monate vor seinem Ablauf von einer der Parteien schriftlich gekündigt wird.

Die Geschäftsführung hat im Rahmen der Überlegungen die Überzeugung gewonnen, dass es betriebswirtschaftlich sinnvoll ist, die bisherige Betriebsorganisation im Wesentlichen aufrecht zu erhalten. Es werden daher voraussichtlich keine Betriebsänderungen erforderlich sein. [5]

Die arbeitsrechtlichen Konsequenzen der Betriebsführung lassen sich wie folgt zusammenfassen: [6]

(1) Arbeitgeberwechsel

Mit der Übertragung der Betriebsführung des gesamten Geschäftsbetriebs der A-GmbH auf die B-GmbH zur Führung im eigenen Namen, kommt es zu einem Betriebsübergang i.S.d. § 613a BGB. Die B-GmbH als Betriebsführerin tritt zum Stichtag am ___[Datum]___ als neue Arbeitgeberin in sämtliche Rechte und Pflichten aus den Arbeitsverhältnissen aller Arbeitnehmer der A-GmbH unter Beachtung der bei der A-GmbH erworbenen Betriebszugehörigkeit ein und führt die Arbeitsverhältnisse gemäß § 613a Abs. 1 S. 1 BGB fort. Die B-GmbH übt als Betriebsführerin das Weisungsrecht gegenüber den Arbeitnehmern in eigenem Namen aus. Neuabschlüsse oder die Änderung von Arbeitsverträgen erfolgen künftig im Namen der B-GmbH.

(2) Arbeitsvertrag/Betriebszugehörigkeit

Die vertraglichen Arbeitsbedingungen der übergehenden Arbeitnehmer einschließlich etwaiger betrieblicher Übungen, Gesamtzusagen und Einheitsregelungen bleiben unverändert. Das gilt auch für den Arbeitsort. Auch Rechte und Anwartschaften, die auf erdienter Betriebszugehörigkeit beruhen, werden fortgeführt. Das gilt insbesondere für die Berechnung von Kündigungsfristen und Betriebsrentenanwartschaften.

(3) Tarifverträge

Die B-GmbH ist ebenfalls in der [Branchenbezeichnung] tätig und Mitglied desselben Arbeitgeberverbandes wie die A-GmbH. Infolgedessen gelten die zum Stichtag anwendbaren Tarifverträge unverändert fort. Für tarifgebundene Arbeitnehmer gelten diese Tarifverträge kollektivrechtlich fort.

(4) Betriebe/Betriebsräte

Die Betriebsführung des gesamten Geschäftsbetriebs der A-GmbH wird auf die B-GmbH übertragen. Die Identität der Betriebe bleibt damit gewahrt. Die bestehenden Betriebsräte bleiben unverändert im Amt. Der Gesamtbetriebsrat der A-GmbH erlischt. Die übergehenden Betriebsräte entsenden Delegierte in den Gesamtbetriebsrat der B-GmbH.

(5) Betriebsvereinbarungen

Im Zeitpunkt des Stichtags bestehende Betriebsvereinbarungen gelten unverändert kollektivrechtlich fort. Bei der A-GmbH bestehende Gesamtbetriebsvereinbarungen gelten als Einzelbetriebsvereinbarungen kollektivrechtlich fort, soweit ihr Regelungsgegenstand sinnvoll im einzelnen Betrieb anwendbar ist und sie nicht durch Gesamtbetriebsvereinbarungen der B-GmbH mit gleichem Regelungsgehalt verdrängt werden. Konzernbetriebsvereinbarungen gelten entsprechend kollektivrechtlich als Betriebsvereinbarungen fort, soweit ihr Regelungsgegenstand sinnvoll im Unternehmen anwendbar ist und sie nicht durch bei der B-GmbH geltende Konzernbetriebsvereinbarungen mit gleichem Regelungsgehalt verdrängt werden.

(6) Betriebsrenten

Etwaige Anwartschaften auf Leistungen der betrieblichen Altersversorgung werden nach dem Stichtag unverändert fortgeführt. Laufende Unverfallbarkeitsfristen werden durch den Betriebsübergang nicht unterbrochen.

(7) Haftung

Gegenüber den am Stichtag übergehenden Arbeitnehmern haftet die B-GmbH als neue Arbeitgeberin für alle Verbindlichkeiten, einschließlich rückständiger Verpflichtungen aus der Zeit vor dem Stichtag. Die A-GmbH haftet als Gesamtschuldnerin neben der B-GmbH für die vor dem Stichtag entstandenen Verpflichtungen, die bereits zum Stichtag fällig waren oder die innerhalb eines Jahres nach dem Stichtag fällig werden. Werden solche Verpflichtungen erst nach dem Stichtag fällig, haftet die A-GmbH nur in dem Umfang mit, der dem am Stichtag abgelaufenen Teil ihres Bemessungszeitraums entspricht.

(8) Keine Kündigung wegen Betriebsübergangs

Eine Kündigung der übergehenden Arbeitnehmer durch die bisherige oder die neue Arbeitgeberin wegen des Betriebsübergangs ist gemäß § 613a Abs. 4 BGB unwirksam. Eine Kündigung aus anderen Gründen bleibt unberührt.

(9) Maßnahmen

Aus Anlass des Betriebsübergangs sind keine besonderen Maßnahmen hinsichtlich der Arbeitnehmer in Aussicht genommen. Insbesondere sind keine betriebsbedingten Kündigungen wegen des Betriebsübergangs geplant.

V. Der Übergang des Arbeitsverhältnisses

(10) Unternehmensmitbestimmung [7]

Die B-GmbH hat einen paritätisch nach den Vorschriften des Mitbestimmungsgesetzes zusammengesetzten Aufsichtsrat. Bei der A-GmbH besteht keine Form der unternehmerischen Mitbestimmung. Die durch den Betriebsübergang bedingte Erhöhung der der B-GmbH zuzurechnenden Arbeitnehmer führt zu keiner mitbestimmungsrechtlich relevanten Veränderung der Arbeitnehmerzahl bei der B-GmbH, die die Durchführung eines Statusverfahrens nach § 97 AktG erforderlich machen würde.

(11) Unterrichtung der Arbeitnehmer, Widerspruchsrecht

Die vom Betriebsübergang betroffenen Arbeitnehmer werden gemäß § 613a Abs. 5 BGB vor dem Betriebsübergang über dessen Auswirkungen unterrichtet. Die Unterrichtung der Arbeitnehmer übernimmt die A-GmbH in enger Abstimmung mit der B-GmbH. Die übergehenden Arbeitnehmer können dem Übergang des Arbeitsverhältnisses innerhalb eines Monats nach Zugang des Unterrichtungsschreibens schriftlich widersprechen. Der Widerspruch kann gegenüber der A-GmbH als der bisherigen oder gegenüber der B-GmbH als der neuen Betriebsinhaberin erklärt werden. Ein Widerspruch würde dazu führen, dass das Arbeitsverhältnis des Widersprechenden nicht übergeht, sondern bei der A-GmbH verbleibt. Mangels Beschäftigungsmöglichkeiten müsste die A-GmbH allerdings aller Voraussicht nach betriebsbedingt kündigen. Wir hoffen, dass es nicht zu Widersprüchen kommt.

Wenn Sie zu dem geplanten Betriebsübergang Fragen haben, sprechen Sie bitte den für Personalsachen zuständigen Geschäftsführer ___[Name/Telefon]___ oder den Personalleiter ___[Name/Telefon]___ an.

Mit freundlichen Grüßen

_____
(Unterschrift Geschäftsführung A-GmbH)

Erhalten:

___[Ort, Datum]___

Für den Wirtschaftsausschuss

_____
(Unterschrift)

Erläuterungen

Schrifttum
Birk Betriebsaufspaltung und Änderung der Konzernorganisation im Arbeitsrecht, ZGR 1984, 23; *Commandeur/Kleinebrink* Gestaltungsgrundsätze im Anwendungsbereich des § 613a BGB – Möglichkeiten zur Übernahme einer Wunschmannschaft, NJW 2008, 3467; *Fenzl* Betriebsspachtvertrag und Betriebsführungsvertrag – Verträge im Grenzbereich zwischen gesellschaftsrechtlichen Organisations- und schuldrechtlichen Austauschverträgen, Konzern 2006, 18; *Kamlah* Die organisatorische Verselbstständigung von Geschäftszweigen im Konzern zwischen Steuerrecht, Arbeitsrecht und Konzernrecht, BB 2003, 109; *Huber* Betriebsführungsverträge zwischen selbstständigen Unternehmen, ZHR 152 (1988) 1; *ders.* Betriebsführungsverträge zwischen konzernverbundenen Unternehmen, ZHR 152 (1988), 123; *Joachim* Der Managementvertrag (I), DWiR 1992, 397; *ders.* Der Managementvertrag (Schluß), DWiR 1992, 455; *Nelißen* Wirksamer Abschluss von Betriebsspachtverträgen, DB 2007, 786; *Rieble* Betriebsführungsvertrag als Gestaltungsinstrument, NZA 2010, 1145; *Rüthers* Mitbestimmungsprobleme in Betriebsführungsaktiengesellschaften, BB 1977, 605; *Ulmer/Habersack/Henssler* Kommentar zum Mitbestimmungsgesetz, 2. Aufl. 2006; *Weißmüller* Der Betriebsführungsvertrag – eine Alternative zum Unternehmenskauf?, BB 2000, 1949; *Winter/Theisen* Betriebsführungsverträge in der Konzernpraxis, AG 2011, 662; *Zöllner* Betriebs- und unternehmensverfassungsrechtliche Fragen bei konzernrechtlichen Betriebsführungsverträgen, ZfA 1983, 93; vgl. auch Literaturhinweise unter V Rdn. 32 a.E.

625 1. Dem Unterrichtungsschreiben liegt der Abschluss eines »**unechten**« Betriebsführungsvertrages zugrunde. Es soll der gesamte Geschäftsbetrieb des Unternehmens der Betriebsführerin zur Führung in eigenem Namen überlassen werden. Das Unterrichtungsschreiben ist an den Wirtschaftsausschuss der Eigentümergesellschaft gerichtet. Beide Unternehmen sind im gleichen Arbeitgeberverband. In den vom Betriebsübergang betroffenen Betrieben gibt es Betriebsräte. Beide Unternehmen haben Gesamtbetriebsräte. Beide Konzerne, denen die A-GmbH und die B-GmbH jeweils angehören, haben Konzernbetriebsräte. Es ist keine Umstrukturierung geplant. Die Betriebsführerin hat einen paritätisch besetzten Aufsichtsrat. Bei der Eigentümerin besteht keine Form der unternehmerischen Mitbestimmung.

2. Zur **rechtzeitigen Unterrichtung** des Wirtschaftsausschusses sowie zum unternehmerischen Interesse and der Wahrung von Betriebs- und Geschäftsgeheimnissen vgl. ausführlich V Rdn. 34. 626

3. Zum **Umfang der Unterrichtung** vgl. V Rdn. 35. 627

Zwar hat der Abschluss eines Betriebsführungsvertrages keinen Einfluss auf die Eigentumsverhältnisse an den Wirtschaftsgütern des Unternehmens. Es ist unter wirtschaftlichen Gesichtspunkten jedoch sinnvoll anzugeben, in welchem Umfang und in welchen Grenzen die Betriebsführerin befugt sein soll, den Geschäftsbetrieb der Eigentümerin zu führen. 628

4. Vgl. zu Angaben über die wirtschaftlichen Hintergründe des Vertragsschlusses V Rdn. 36. 629

Es sind die **wesentlichen**, für die Wahl eines Betriebsführungsvertrages **relevanten wirtschaftlichen und unternehmerischen Gründe** zu nennen. 630

Gründe für den Abschluss eines Betriebsführungsvertrags könnten z.B. sein (vgl. auch *Happ/Bednarz* Muster 3.04 Anm. 1.9; *Fenzl* Konzern 2006, 18, 19 f.; *Winter/Theisen* AR 2011, 662, 663): 631
– das Sicherstellen eines einheitlichen Betriebsübergangs vor der Wirksamkeit einer Verschmelzung
– die wirtschaftliche Substanz bleibt unberührt
– das unternehmerische Interesse verbleibt bei der Eigentümergesellschaft (*Joachim* DWiR 1992, 455, 459)
– der »Einkauf« von Managementkapazitäten und Know-how (vgl. *Joachim* DWiR 1992, 397; *Winter/Theisen* AR 2011, 662, 663)
– die Nutzung eines externen Markennamens (beispielhaft: das dem Freistaat Bayern gehörende Hotel auf dem Obersalzberg wird von der *InterContinental* Hotel Group betrieben; vgl. *Rieble* NZA 2010, 1145).

Da der Betriebsführungsvertrag in der Regel Absprachen über die Befugnisse der Betriebsführerin und Vorbehalte der Eigentümerin hinsichtlich der künftigen Betriebsführung enthält, wird auch der **Betriebsführungsvertrag** selbst dem Wirtschaftsausschuss zur Einsichtnahme **zu überlassen** sein (anders i.d.R. der Unternehmenskaufvertrag: BAG, Beschl. v. 22.01.1991 – 1 ABR 38/89, NZA 1991, 649, 650; ebenso *Fitting* § 106 Rn. 131). 632

5. Zur **Unterrichtung über mögliche organisatorische Folgen** vgl. V Rdn. 37. 633

6. Die Unterrichtung des Wirtschaftsausschusses muss, soweit in diesem Stadium bekannt, Angaben zu den arbeitsrechtlichen Folgen der unternehmerischen Maßnahme umfassen, wie sie auch in dem Unterrichtungsschreiben der Arbeitnehmer nach § 613a BGB enthalten sind. Siehe hierzu V Rdn. 638 ff. 634

7. Da die Arbeitsverhältnisse bei Abschluss eines »**unechten**« Betriebsführungsvertrages auf die Betriebsführerin übergehen, werden sie der Betriebsführerin bei der Ermittlung der für die **unternehmerische Mitbestimmung relevanten Schwellenwerte** als eigene Arbeitnehmer zugerechnet (vgl. UHH/*Ulmer/Habersack* § 5 MitbestG Rn. 30 u. 32). 635

Der Abschluss eines »**echten**« Betriebsführungsvertrages hingegen lässt die Arbeitsverhältnisse der Arbeitnehmer im geführten Betrieb unberührt und hat daher keinen Einfluss auf die unternehmerische Mitbestimmung bei der Betriebsführerin (UHH/*Ulmer/Habersack* § 5 MitbestG Rn. 30 u. 32; *Rieble* NZA 2010, 1145, 1148; *Happ/Bednarz* Muster 3.04 Anm. 7.3). Eine **analoge Anwendung des § 5 MitbestG** auf diese Fälle **ist abzulehnen**; eine Zurechnung der Arbeitnehmer der 636 geführten Betriebe zur Betriebsführerin findet nicht statt (UHH/*Ulmer/Habersack* § 5 MitbestG Rn. 32; *Rieble* NZA 2010, 1145, 1148, mit Hinweis auf die Gefahr einer wechselseitigen Zurechnung bei Führung eines Gemeinschaftsbetriebs; im Ergebnis auch *Rüthers* BB 1977, 605, 609 ff.; für eine analoge Anwendung *Zöllner* ZfA 1983, 93, 104 f.).

637 Auch eine **Zurechnung** der Arbeitnehmer der Betriebsführerin **auf die Eigentümergesellschaft ist abzulehnen.** Zwar besteht ein Weisungsrecht der Eigentümergesellschaft gegenüber der Betriebsführerin; dieses folgt jedoch bereits aus dem Charakter des Betriebsführungsvertrages und lässt nicht auf eine Abhängigkeit der betriebsführenden Gesellschaft schließen (UHH/*Ulmer/Habersack* § 5 MitbestG Rn. 31). Ein Konzerntatbestand kann dann allenfalls in Ausnahmefällen angenommen werden, wenn also ein über das allgemeine Weisungsrecht hinausgehendes Abhängigkeitsverhältnis der Betriebsführerin gegenüber der Eigentümerin besteht und die Führung unter einheitlicher Leitung erfolgt (UHH/*Ulmer/Habersack* § 5 MitbestG Rn. 31; ein Konzernverhältnis fordernd *Rüthers* BB 1977, 605, 611). Dies ist jedenfalls schon dann ausgeschlossen, wenn der weisungsgebundenen Betriebsführerin ausschließlich die laufende Geschäftsführung übertragen wird (*Rieble* NZA 2010, 1145, 1148).

3. Unterrichtung Arbeitnehmer gemäß § 613a Abs. 5 BGB

Vorbemerkung

638 Übernimmt die Betriebsführerin aufgrund eines **unechten** Betriebsführungsvertrages die Leitungsmacht des Betriebes der Eigentümergesellschaft, so führt dies zu einem Betriebsübergang nach § 613a BGB (zum Nichteintritt eines Betriebsüberganges bei einem echten Betriebsführungsvertrag vgl. V Rdn. 594). Dementsprechend sind die Arbeitnehmer gemäß § 613a Abs. 5 BGB über den Betriebsübergang und den Übergang ihres Arbeitsverhältnisses auf die Betriebsführerin zu informieren. Die **Folgen** des Betriebsübergangs aufgrund eines Betriebsführungsvertrages entsprechen denjenigen **eines Asset Deals** (vgl. V Rdn. 47 ff.): Auch nach dem Betriebsübergang bleibt der alte Arbeitgeber den übergehenden Arbeitnehmern als Schuldner in den Grenzen des § 613a Abs. 2 BGB erhalten. Darüber hinaus können die Arbeitnehmer dem Betriebsübergang widersprechen mit der Folge, dass ihr Arbeitsverhältnis nicht auf die Betriebsführerin übergeht.

639 Dem Muster liegt die Konstellation zugrunde, dass ein externes Unternehmen damit beauftragt wird, die Führung des gesamten Geschäftsbetriebs für die Eigentümerin wahrzunehmen. Es wird davon ausgegangen, dass die Betriebsführerin den Geschäftsbetrieb in eigenem Namen, umfassend im Interesse und für Rechnung der Eigentümerin führen soll (unechter Betriebsführungsvertrag). Sämtliche Betriebe der Eigentümerin gehen auf die Betriebsführerin über. Werden im Rahmen eines Betriebsführungsvertrages mehrere Betriebe übertragen, so empfiehlt sich grundsätzlich, für jeden Betrieb ein eigenes Unterrichtungsschreiben zu entwerfen, da § 613a BGB seinem Wortlaut nach auf den einzelnen betriebsverfassungsrechtlichen Betrieb abstellt. Sollte bei allen Betrieben hinsichtlich der Fortführung der Betriebsstruktur gleich verfahren werden, so können diese Schreiben wortidentisch sein. Mit dem vorliegenden Muster werden die Arbeitnehmer des Betriebes X der A-GmbH darüber informiert, dass ihr Betrieb, ebenso wie alle anderen Betriebe der A-GmbH, auf die B-GmbH übergehen wird. Beide Unternehmen sind im gleichen Arbeitgeberverband organisiert. Im Betrieb X gibt es einen Betriebsrat, sowohl die A-GmbH als auch die B-GmbH haben einen Gesamtbetriebsrat, ihre Konzerne haben Konzernbetriebsräte. Es sind keine Umstrukturierungen des Betriebes X im Zusammenhang mit dem Betriebsübergang geplant.

▶ **Muster – Unterrichtung der Arbeitnehmer gem. § 613a Abs. 5 BGB**

[Briefkopf des derzeitigen Arbeitgebers (A-GmbH)] 1

[Name und Privatanschrift des Arbeitnehmers] 2

[Ort, Datum] 3

Unterrichtung gemäß § 613a Abs. 5 BGB über den Übergang Ihres Arbeitsverhältnisses von der A-GmbH auf die B-GmbH

Sehr geehrte/r Frau/Herr ___[Titel, Name]___ , 4

hiermit möchten wir Sie gemäß § 613a Abs. 5 BGB über den Übergang Ihres Betriebs (nachfolgend »Betrieb«) von der A-GmbH auf die B-GmbH, [Anschrift der B-GmbH und Vorname, Name des Geschäftsführers/der Geschäftsführer, Handelsregister, Handelsregisternummer 5] unterrichten.

Dem Übergang des Betriebes auf die B-GmbH liegt ein Betriebsführungsvertrag 6 zwischen der A-GmbH und der B-GmbH vom ___[Datum]___ zugrunde, der die Führung aller Betriebe der A-GmbH durch die B-GmbH regelt. Zweck des Abschlusses des Betriebsführungsvertrages ist _____ . 7

Die B-GmbH ist [Beschreibung des künftigen Arbeitgebers] . 8

Der Übergang des Betriebes auf die B-GmbH findet voraussichtlich am [Datum/Zeitraum] 9 statt, d.h. es ist geplant, dass von diesem Zeitpunkt an die Leitung des Betriebes von der B-GmbH ausgeübt wird. Der Tag, an dem es tatsächlich zum Übergang des Betriebs kommt, wird nachfolgend als »Übergangsstichtag« bezeichnet.

Der Übergang des Betriebs auf die B-GmbH hat folgende Auswirkungen auf Ihr Arbeitsverhältnis: 10

(1) Arbeitgeberwechsel/Individualvertragliche Auswirkungen

Ihr Arbeitsverhältnis geht gemäß § 613a BGB kraft Gesetzes auf die B-GmbH über. Die B-GmbH tritt zum Übergangsstichtag als neue Arbeitgeberin kraft Gesetzes in die Rechte und Pflichten aus Ihrem im Zeitpunkt des Übergangs bestehenden Arbeitsverhältnisses mit der A-GmbH ein. 11

Dies bedeutet, dass Ihre vertraglichen Arbeitsbedingungen, einschließlich etwaiger Gesamtzusagen, Einheitsregelungen oder betrieblicher Übungen, unverändert bestehen bleiben. Dies gilt auch für Ihren Arbeitsort. 12 Ihre bisherige Beschäftigungsdauer bei der B-GmbH hat Bestand und findet insbesondere bei der Berechnung von Kündigungsfristen und Altersversorgungsanwartschaften weiterhin Anwendung.

(2) Tarifverträge 13

Sowohl die A-GmbH als auch die B-GmbH sind in der ___[Branche]___ Industrie tätig und Mitglied des Arbeitgeberverbandes ___[Name des Arbeitgeberverbandes]___ . Infolgedessen gelten die zum Übergangsstichtag auf Ihr Arbeitsverhältnis anwendbaren Tarifverträge unverändert auf der Grundlage fort, auf der sie zum Übergangsstichtag bestehen. Wenn Sie tarifgebunden sind, gelten diese Tarifverträge kollektivrechtlich fort. 14

(3) Betriebsstruktur, Betriebsräte und Betriebsvereinbarungen

Ihr Betrieb geht auf die B-GmbH über und wird dort als eigenständiger Betrieb fortgeführt. Die Identität des Betriebs bleibt gewahrt. 15 Der bestehende Betriebsrat bleibt unverändert im Amt. Der für Sie bei der A-GmbH zuständige Gesamtbetriebsrat ist nach dem Übergangsstichtag nicht mehr für Sie zuständig. Stattdessen nimmt der Gesamtbetriebsrat der B-GmbH in Zukunft Ihre Interessen wahr. Der für Sie bei der A-GmbH zuständige Konzernbetriebsrat ist nach dem Übergangsstichtag ebenfalls nicht mehr für Sie zuständig. Der Konzernbetriebsrat des Konzerns, in dem die B-GmbH sich befindet, nimmt in Zukunft Ihre Interessen wahr. 16

Derzeit bestehende Betriebsvereinbarungen und Konzernbetriebsvereinbarungen gelten unverändert kollektivrechtlich fort. 17

V. Der Übergang des Arbeitsverhältnisses

Die bei der A-GmbH bestehenden Konzern- und Gesamtbetriebsvereinbarungen gelten als Einzelbetriebsvereinbarungen kollektivrechtlich fort, soweit ihr Regelungsgegenstand sinnvoll im Betrieb anwendbar ist und sie nicht durch Konzern- und Gesamtbetriebsvereinbarungen der B-GmbH mit gleichem Regelungsgehalt verdrängt werden. [18]

(4) Betriebliche Altersversorgung [19]

Die B-GmbH tritt in sämtliche bestehende betriebliche Altersversorgungszusagen ein und führt diese unter Berücksichtigung der laufenden Unverfallbarkeitsfristen fort.

(5) Haftung [20]

Die B-GmbH haftet für alle, auch rückständigen Zahlungs- und sonstige Verbindlichkeiten aus den übergehenden Arbeitsverhältnissen, auch aus der Zeit vor dem Übergangsstichtag.

Die A-GmbH haftet neben der B-GmbH für Verpflichtungen aus den übergegangenen Arbeitsverhältnissen, soweit sie vor dem Übergangsstichtag entstanden sind und vor Ablauf von einem Jahr nach diesem Zeitpunkt fällig werden, als Gesamtschuldnerin. Werden solche Verpflichtungen nach dem Zeitpunkt des Übergangs fällig, so haftet die A-GmbH für sie jedoch nur in dem Umfang, der dem am Übergangsstichtag abgelaufenen Teil ihres Bemessungszeitraums entspricht.

(6) Keine Kündigung wegen des Betriebsübergangs

Eine Kündigung Ihres Arbeitsverhältnisses durch die A-GmbH oder die B-GmbH wegen des Betriebsübergangs auf die B-GmbH ist unwirksam (§ 613a Abs. 4 BGB). Das Recht zur Kündigung aus anderen Gründen bleibt jedoch unberührt. [21]

(7) Sonstige in Aussicht genommene Maßnahmen [22]

Andere als die in diesem Schreiben beschriebenen Maßnahmen in Bezug auf die übergehenden Arbeitnehmer sind nicht in Aussicht genommen.

(8) Widerspruchsrecht [23]

Sie haben das Recht, dem Übergang Ihres Arbeitsverhältnisses auf die B-GmbH innerhalb eines Monats ab Zugang dieser Unterrichtung in schriftlicher Form zu widersprechen (wobei zur Wahrung der Frist der Zugang des Widerspruchs bei dem Empfänger innerhalb der Monatsfrist erforderlich ist).

Ein Widerspruch hat zur Folge, dass Ihr Arbeitsverhältnis mit der A-GmbH über den Übergangsstichtag hinaus fortbesteht.

Bitte bedenken Sie, dass aufgrund des Betriebsübergangs Ihr Arbeitsplatz bei der A-GmbH nach dem Übergangsstichtag nicht mehr vorhanden sein wird. Mangels Beschäftigungsmöglichkeit müsste die A-GmbH daher Ihr Arbeitsverhältnis aller Voraussicht nach betriebsbedingt kündigen.

Sie können Ihren Widerspruch sowohl gegenüber der A-GmbH, [Adresse mit Abteilung und Name der für die Entgegennahme zuständigen Person] als auch gegenüber der B-GmbH, [Adresse mit Abteilung und Name der für die Entgegennahme zuständigen Person] erklären.

Wenn Sie von diesem Widerspruchsrecht keinen Gebrauch machen möchten, wären wir Ihnen dankbar, wenn Sie uns dies, sobald Sie diesen Entschluss gefasst haben, durch die beigefügte Erklärung zum Übergang Ihres Arbeitsverhältnisses mitteilen würden.

(9) Sonstiges

Gerne beantworten wir Ihnen Fragen zu diesem Schreiben und dem Übergang Ihres Arbeitsverhältnisses ____[Name]____ wird Ihre Fragen telefonisch ([Telefonnummer]) oder per Mail ([Mailadresse]) entgegennehmen. [24]

Bitte ergänzen und unterschreiben Sie das auf der beigefügten Kopie des Unterrichtungsschreibens abgedruckte *Empfangsbekenntnis* und übersenden Sie es, gerne auch per Hauspost, an [Vorname, Name, Abteilung, Firma, vollständige Adresse der für die Entgegennahme zuständigen Person]. [25]

Mit freundlichen Grüßen

_____   _____
(Unterschriften A-GmbH) [26]   (Unterschriften B-GmbH)

Empfangsbestätigung [27]

Ich, __[Name, Vorname in Druckbuchstaben]__ , habe das obige Schreiben der Geschäftsführungen der A-GmbH und der B-GmbH vom ____[Datum]____ , mit dem ich über den Übergang meines Arbeitsverhältnisses von der A-GmbH auf die B-GmbH unterrichtet wurde, am ____[Datum]____ erhalten.

__[Ort, Datum]__

_____
(Unterschrift)

Erläuterungen

Schrifttum
Vgl. die umfangreichen Literaturhinweise zum Unterrichtungsschreiben gemäß § 613a Abs. 5 BGB unter V Rdn. 51 a.E.

1. Vgl. zur Verantwortlichkeit für die Unterrichtung der Arbeitnehmer V Rdn. 52 ff.   641

2. Vgl. zur Unterrichtung in **Textform (§ 126b BGB)** V Rdn. 55.   642

3. Bezüglich des **Zeitpunkts der Unterrichtung** sowie einer möglichen **Schadensersatzpflicht im Falle einer verspäteten Unterrichtung** vgl. V Rdn. 56. **Maßgeblicher Kenntnisstand** für die Angaben im Unterrichtungsschreiben ist derjenige des derzeitigen und künftigen Arbeitgebers im Zeitpunkt der Unterrichtung (vgl. dazu ausführlich V Rdn. 57).   643

Vgl. zur **Ergänzung, Ersetzung und Berichtigung** des Schreibens V Rdn. 58 f. entsprechend.   644

4. Vgl. zur Möglichkeit der Versendung **standardisierter Schreiben in deutscher Sprache** sowie zu den einzelnen vom Betriebsübergang betroffenen Arbeitnehmergruppen V Rdn. 60 ff.   645

5. Das Unterrichtungsschreiben muss über die **Identität des künftigen Arbeitgebers** dergestalt informieren, dass die unterrichteten Arbeitnehmer in die Lage versetzt sind, über ihren neuen Arbeitgeber Erkundigungen einzuholen (vgl. ausführlich V Rdn. 70 f.).   646

6. Gemäß § 613a Abs. 5 Nr. 2 BGB ist der **Grund des Betriebsüberganges** anzugeben. Dies ist zunächst der Rechtsgrund des Betriebsüberganges (BAG, Urt. v. 23.07.2009 – 8 AZR 538/08, NZA 2010, 89, 92). Dieser kann, wie im vorliegenden Muster, ein Betriebsführungsvertrag sein. Möglich ist aber auch ein Betriebsübergang, der auf anderen Gründen beruht, beispielsweise auf einem Verschmelzungs- oder Spaltungsvertrag oder einem Kauf- oder Betriebspachtvertrag.   647

7. Vgl. zur notwendigen Darlegung **der wirtschaftlichen Gründe und unternehmerischen Erwägungen** des Unternehmers für den Betriebsübergang V Rdn. 75.   648

8. In der Praxis hat es sich eingebürgert, dass das Unterrichtungsschreiben **zusätzliche**, vom Gesetz oder der Rechtsprechung nicht geforderte, (positive) **Informationen** über den künftigen Arbeitgeber enthält. Diese Informationen erleichtern den betroffenen Arbeitnehmern unter Umständen die Entscheidung für den widerspruchsfreien Übergang zum künftigen Arbeitgeber (*Reinhard* NZA 2009, 63, 69). Allerdings müssen auch diese freiwilligen Angaben korrekt sein, um die Widerspruchsfrist des § 613a Abs. 6 BGB in Gang zu setzen (*Reinhard* NZA 2009, 63, 69; dies problematisierend: *Hohenstatt/Grau* NZA 2007, 13, 14).   649

Die Arbeitnehmer sind über eine durch den Betriebsübergang bzw. das dahinter liegende Rechtsgeschäft eintretende **Verringerung** der für die Arbeitsverhältnisse bestehenden **Haftungsmasse** zu   650 informieren, wenn also wesentliche Werte des derzeitigen Arbeitgebers nicht auf den künftigen Arbeitgeber übergehen (vgl. V Rdn. 76 f.).

651 **9.** Der Tag, an dem der übernehmende Rechtsträger die rechtlich begründete **tatsächliche Leitungsmacht** über den Betrieb im eigenen Namen erlangt, ist der Tag des Betriebsübergangs (*Grau* S. 129 m.w.N.; DLW/*Baeck/Haußmann* Kap. 3 Rn. 4156 ff.; *Hauck* NZA Beilage 1/2009, 18, 19; *Schiefer/Worzalla* NJW 2009, 558, 561; *Kleinebrink/Commandeur* FA 2009, 101, 103).

652 Die Formulierung des § 613a Abs. 5 Ziffer 1 BGB räumt den Verfassern des Unterrichtungsschreibens die Möglichkeit ein, bei der Angabe des Zeitpunkts des Übergangs lediglich einen »geplanten« Zeitpunkt zu nennen. Von dieser Möglichkeit sollte unbedingt Gebrauch gemacht werden (so z.B. auch *Kleinebrink/Commandeur* FA 2009, 101, 103). Eine Verzögerung des Termins, z.B. aus technischen oder rechtlichen Gründen, ist immer möglich und sollte nicht zur Unrichtigkeit des Unterrichtungsschreibens führen.

653 **10.** In der überwiegenden Anzahl der Fälle, insbesondere bei unproblematischen Sachverhalten, empfiehlt sich ein **fortlaufender Text** ohne die im Muster gewählten Überschriften. Es besteht keine Notwendigkeit zur Beifügung des Gesetzestextes (vgl. V Rdn. 84 ff.). Zur Verpflichtung, bei **neugegründeten Gesellschaften** auf § 112a BetrVG zu verweisen, vgl. V Rdn. 86.

654 **11.** Das BAG hat ausgeführt, dass ein Unterrichtungsschreiben, in dem nicht darauf hingewiesen wird, dass bei einem Betriebsübergang nach § 613a Abs. 1 S. 1 BGB der neue Betriebsinhaber kraft Gesetzes **in die Rechte und Pflichten** aus dem im Zeitpunkt des Übergangs bestehenden Arbeitsverhältnis **eintritt**, unvollständig ist (BAG, Urt. v. 22.01.2009 – 8 AZR 808/07, FA 2009, 281; ebenso BAG, Urt. v. 23.07.2009 – 8 AZR 538/08, NZA 2010, 89, 93).

655 **12.** Bleibt der **Arbeitsort** unverändert bestehen, so sollten die Arbeitnehmer hierüber ebenfalls ausdrücklich informiert werden, weil dieser Umstand für sie (in aller Regel) von Bedeutung ist und im Zweifelsfall mit ausschlaggebend für die Frage sein kann, ob sie widerspruchslos auf den neuen Arbeitgeber übergehen. Verändert sich der Arbeitsort, so sind die Arbeitnehmer hierüber ebenfalls zu unterrichten, da eine solche Veränderung eine hinsichtlich der Arbeitnehmer in Aussicht genommene Maßnahme darstellt (vgl. V Rdn. 144 ff.). Zur Verlegung des Betriebes ins Ausland vgl. V Rdn. 12.

656 **13.** Zu den **Auswirkungen** eines Betriebsüberganges auf die beim derzeitigen und künftigen Arbeitgeber geltenden Tarifverträge vgl. V Rdn. 90 f.

657 **14.** Diese Formulierung ist zu wählen, wenn beide Arbeitgeber dem gleichen fachlichen und räumlichen **Geltungsbereich** angehören. Vgl. zu Alternativen V Rdn. 93 ff., 98.

658 **15.** Die Arbeitnehmer sind darüber zu informieren, ob ihr **Betrieb** nach dem Übergang als solcher bestehen bleibt (bei der Betriebsführung wohl der Regelfall) oder beispielsweise in einen anderen Betrieb eingegliedert oder mit einem solchen zusammengefasst wird. Auf diese Information über die Auswirkungen auf die **Betriebsstruktur** haben die Arbeitnehmer einen Anspruch, da es sich um in Aussicht genommene Maßnahmen handelt (vgl. § 613a Abs. 5 Ziff. 4 BGB; vgl. V Rdn. 108).

659 **16.** Das Unterrichtungsschreiben sollte auch über die Auswirkungen des Betriebsübergangs auf die betroffenen **Betriebsräte** informieren, insbesondere wenn sich an der Betriebsstruktur mit dem Übergangsstichtag etwas ändert (str., vgl. dazu *Hohenstatt/Grau* NZA 2007, 13, 17 m.w.N; DLW/*Baeck/Haußmann* Kap. 3 Rn. 4200; *Schiefer/Worzalla* NJW 2009, 558, 562; *Hauck* NZA Beilage 1/2009, 18, 20; *Kallmeyer/Willemsen* UmwG § 324 Rn. 35). Das Gleiche gilt für die Auswirkungen des Betriebsübergangs auf andere Arbeitnehmervertretungen oder das Mitbestimmungsstatut.

660 Vgl. zur Darstellung der verschiedenen Auswirkungen des Betriebsübergangs und mit diesem zeitlich verbundenen Maßnahmen auf die Betriebsräte unter V Rdn. 109 ff.

17. Wie bei Tarifverträgen ist auch die Frage der **Fortgeltung von Betriebsvereinbarungen** nach dem Betriebsübergang unabhängig davon zu beantworten, welches Rechtsgeschäft hinter dem Betriebsübergang steht. Dementsprechend kann vollumfänglich auf die unter V Rdn. 117 ff. gemachten Ausführungen verwiesen werden. 661

18. Bezüglich der Frage der Fortgeltung von **Gesamt- und Konzernbetriebsvereinbarungen** wird auf V Rdn. 132 ff., 181 verwiesen. 662

19. Vgl. zur **betrieblichen Altersversorgung** V Rdn. 138 f. 663

20. § 613a Abs. 2 BGB stellt klar, wie, wann und für welche Verbindlichkeiten der derzeitige und der künftige Arbeitgeber gegenüber den Arbeitnehmern haften. Diese **Haftungsverteilung** ist den betroffenen Arbeitnehmern mitzuteilen (BAG, Urt. v. 13.07.2006 – 8 AZR 305/05, NZA 2006, 1268, 1272). Vgl. ausführlicher V Rdn. 141. 664

21. Zur Abgrenzung von Kündigungen »wegen des Betriebsübergangs« und »aus anderen Gründen« vgl. BAG, Urt. v. 27.10.2005 – 8 AZR 568/04, NZA 2006, 668, 672: Eine **Kündigung** ist ausgeschlossen, wenn der Betriebsübergang der tragende Grund (»wegen«) für die Kündigung ist. Das Kündigungsverbot ist nicht einschlägig, wenn es neben dem Betriebsübergang einen sachlichen Grund gibt, der »aus sich heraus« die Kündigung zu rechtfertigen vermag. Zum **Wiedereinstellungsanspruch**, wenn zum Zeitpunkt des Ausspruchs der Kündigung noch nicht von einem Betriebsübergang, sondern einer Schließung des Betriebes/Betriebsteils ausgegangen wird, V Rdn. 143. 665

22. § 613a Abs. 5 Ziff. 4 BGB sieht vor, dass die Arbeitnehmer hinsichtlich der **in Aussicht genommenen Maßnahmen** zu unterrichten sind. Vgl. hierzu V Rdn. 144 ff. 666

23. Zu den Einzelheiten des Widerspruchsrechts vgl. V Rdn. 147 ff. und Muster V Rdn. 674. 667

Zum möglichen Eintritt der Sperrzeit wegen Kündigung des Arbeitsverhältnisses durch den Arbeitnehmer vgl. *Altenburg/Leister* NZA 2005, 15, 23. 668

24. Den Arbeitnehmer trifft die **Obliegenheit zu weiteren Erkundigungen** im Zusammenhang mit dem Betriebsübergang (*Meyer* DB 2007, 858, 859). Wird den betroffenen Arbeitnehmern angeboten, dass sie sich bei Rückfragen an den alten oder den neuen Arbeitgeber wenden können, soll dies für die Bewertung einer ordnungsgemäßen Unterrichtung berücksichtigt werden (*Meyer* DB 2007, 858, 860). 669

25. Dem Unterrichtungsschreiben ist ein **Empfangsbekenntnis** beizufügen. Vgl. diesbezüglich V Rdn. 154 f. 670

26. Zum räumlichen **Abschluss des Schreibens** vgl. V Rdn. 157. 671

27. Vgl. die Ausführungen zum Empfangsbekenntnis in V Rdn. 154 f. 672

4. Widerspruch gemäß § 613a Abs. 6 BGB

Vorbemerkung

Gemäß § 613a Abs. 6 BGB kann der Arbeitnehmer dem Übergang des Arbeitsverhältnisses innerhalb eines Monats nach Zugang der Unterrichtung schriftlich widersprechen (ausführlich zum Widerspruchsrecht DLW/*Baeck/Haußmann* Kap. 3 Rn. 4177 ff.). Dieses Widerspruchsrecht besteht auch im Falle eines Betriebsübergangs aufgrund eines **unechten Betriebsführungsvertrages**. 673

V. Der Übergang des Arbeitsverhältnisses

▶ **Muster – Widerspruch gemäß § 613a Abs. 6 BGB**

674 [Adressat: alter oder neuer Arbeitgeber] [1]

Widerspruch gegen den Übergang meines Arbeitsverhältnisses [2]

Hiermit **WIDERSPRECHE** [3] ich, [4] [Name, Vorname in Druckbuchstaben], dem Übergang meines Arbeitsverhältnisses von der A-GmbH auf die B-GmbH, über den ich mit Schreiben vom ____ [Datum] am ____ [Datum] [5] unterrichtet wurde. [6]

____ [Ort, Datum]

____ (Unterschrift) [7]

Erläuterungen

Schrifttum

Vgl. die umfangreichen Literaturhinweise zum Widerspruch gemäß § 613a Abs. 6 BGB unter V Rdn. 160 a.E.

675 **1.** Es steht dem Arbeitnehmer frei, ob er seinen Widerspruch **gegenüber** dem **alten oder** dem **neuen Arbeitgeber** erklären möchte (§ 613a Abs. 6 S. 2 BGB).

676 **2.** Der Widerspruch muss **schriftlich** erfolgen (§ 613a Abs. 6 S. 1 BGB), muss also der Schriftform gemäß § 126 BGB genügen und im Original unterzeichnet sein (DLW/*Baeck/Haußmann* Kap. 3 Rn. 4180). Zur rechtlichen Situation, wenn nach fehlerhafter Unterrichtung widersprochen wurde, vgl. V Rdn. 168.

677 **3.** Zur **Unwiderruflichkeit des Widerrufs** vgl. V Rdn. 163.

678 Das BAG hat entschieden, dass ein Widerspruch grundsätzlich auch noch wirksam ausgeübt werden kann, wenn zum Zeitpunkt der Widerspruchserklärung das **Arbeitsverhältnis bereits beendet** ist (BAG, Urt. v. 20.03.2008 – 8 AZR 1016/06, NZA 2008, 1354, 1358; a.A. *Rieble/Wiebauer* NZA 2009, 401, 403 m.w.N.; ausführlich zu dieser Thematik *Löwisch* BB 2009, 326).

679 **4.** Zum **kollektiv erklärten Widerspruch** vgl. V Rdn. 165.

680 **5.** Gemäß § 613a Abs. 6 S. 1 BGB hat der Arbeitnehmer **einen Monat** nach der Unterrichtung Zeit, seinen Widerspruch zu erklären. Die Frist beginnt grundsätzlich mit dem Zugang des Unterrichtungsschreibens beim Arbeitnehmer (§ 613a Abs. 6 S. 1 BGB). Beginn, Dauer und Ende der Frist richten sich nach den §§ 187 ff. BGB.

681 Zu den Auswirkungen eines **unvollständigen oder falschen Unterrichtungsschreibens** auf die Auslösung der Widerspruchsfrist vgl. V Rdn. 167. Zur rechtlichen Situation, wenn nach fehlerhafter Unterrichtung widersprochen wurde, vgl. V Rdn. 168.

682 Ein nach dem Betriebsübergang ausgeübter, wirksamer Widerspruch **wirkt** auf den Zeitpunkt des Betriebsübergangs **zurück** (BAG, Urt. v. 13.07.2006 – 8 AZR 305/05, NZA 2006, 1268, 1270, 1272; BAG, Urt. v. 19.02.2009 – 8 AZR 176/08, NJW 2009, 1095, 1096; dazu aber *Willemsen* NZA 2007, 2065, 2072 f.).

683 **6.** Der Arbeitnehmer muss seinen Widerspruch **nicht begründen** (BAG, Urt. v. 20.03.2008, – 8 AZR 1016/06, NZA 2008, 1354, 1358; BAG, Urt. v. 19.02.2009 – 8 AZR 176/08 – NZA 2009, 1095, Os. 1, 1097; DLW/*Baeck/Haußmann* Kap. 3 Rn. 4180). Auf die Gründe für seinen Widerspruch kommt es für die Wirksamkeit nicht an. Ihm kann gegen seinen Willen kein neuer Vertragspartner seines Arbeitsvertrages, also kein neuer Arbeitgeber, aufgedrängt werden.

7. Der Widerspruch muss **eigenhändig unterschrieben** sein. Dies ergibt sich aus dem Schriftformerfordernis (§ 126 Abs. 1 BGB). Möglich ist jedoch auch, dass der Prozessbevollmächtigte (BAG Urt. v. 20.03.2008 – 8 AZR 1016/06, NZA 2008, 1354, 1356) oder sonst ein Vertreter mit dem Namen des Vollmachtgebers oder mit dem eigenen Namen und einem die Stellvertretung offenlegenden Zusatz (BAG, Urt. v. 14.12.2006 – 8 AZR 763/05, NZA 2007, 682, 685; ErfK/*Preis* §§ 125–127 BGB Rn. 19) unterzeichnet (vgl. dazu ausführlicher V Rdn. 171).

5. Verzicht auf Widerspruch

Vorbemerkung

Wie beim Asset-Deal kann es auch im Rahmen einer **unechten Betriebsführung** in Einzelfällen sinnvoll sein, die vom Betriebsübergang betroffenen Arbeitnehmer dazu anzuregen, ihren Verzicht auf ihr Widerspruchsrecht zu erklären. Dies gilt beispielsweise in Fällen, in denen das Unterrichtungsschreiben erst kurz vor dem geplanten Betriebsübergang an die Arbeitnehmer übergeben wird, die Arbeitgeber aber dennoch vor dem Übergang wissen möchten, wie viele Arbeitnehmer übergehen bzw. ob Arbeitnehmer dem Betriebsübergang widersprechen. Mit einer informierten Verzichtserklärung nach Erhalt des korrekten Unterrichtungsschreibens kann die einmonatige Widerspruchsfrist, unter Umständen sogar erheblich, abgekürzt werden. Ein solcher Verzicht auf das Widerspruchsrecht gemäß § 613a Abs. 5 BGB ist möglich (BAG, Urt. v. 30.11.2003 – 8 AZR 491/02, NZA 2004, 481, 483 m.w.N.; *Meyer* DB 2007, 858, 860; *Rieble/Wiebauer* NZA 2009, 401, 404; DLW/*Baeck/Haußmann* Kap. 3 Rn. 4184; *Hauck* NZA Beilage 1/2009, 18, 22).

Mit der Bitte um einen ausdrücklichen Verzicht auf einen Widerspruch sollte allerdings nur gearbeitet werden, wenn man sich, z.B. aufgrund vorangegangener Gespräche mit den Mitarbeitern, weitmöglich sicher ist, dass die Mitarbeiter mit dem Betriebsübergang einverstanden sind. Sollten die Mitarbeiter beispielsweise durch das Unterrichtungsschreiben erstmals vom Betriebsübergang erfahren oder bereits im Vorfeld Widerstand gegen den Betriebsübergang laut geworden sein, empfiehlt es sich, von einer Bitte um Verzicht auf das Widerspruchsrecht Abstand zu nehmen. Die Mitarbeiter könnten sich in solchen Fällen zu einem Widerspruch provoziert fühlen.

▶ **Muster – Verzicht auf Widerspruch**

[als Adressat: Name und Anschrift alter oder neuer Arbeitgeber] 1

Verzicht auf Widerspruch zum Übergang meines Arbeitsverhältnisses 2

Ich, [Name, Vorname in Druckbuchstaben], erkläre hiermit, dass ich das Schreiben vom [Datum], mit dem ich über den Übergang meines Arbeitsverhältnisses von der A-GmbH auf die B-GmbH unterrichtet wurde 3, verstanden und keine weiteren Fragen zu diesem Schreiben habe. Ich erkläre weiter, dass ich dem Betriebsübergang nicht widersprechen werde.

[Ort, Datum]

(Unterschrift)

Erläuterungen

Schrifttum
Vgl. die Literaturhinweise zum Verzicht auf das Widerspruchsrecht unter V Rdn. 174 a.E.

1. Die Verzichtserklärung kann **sowohl gegenüber dem alten als auch gegenüber dem neuen Arbeitgeber** erfolgen (*Rieble/Wiebauer* NZA 2009, 401, 406).

V. Der Übergang des Arbeitsverhältnisses

689 **2.** Möchte man die Arbeitnehmer zu einem ausdrücklichen Verzicht auf das Widerspruchsrecht anregen, so kann man dem Unterrichtungsschreiben einen **Vordruck für den Verzicht** auf einen Widerspruch bzw. die ausdrückliche Zustimmung zum Betriebsübergang beifügen. In beiden Fällen sollte der Vordruck eine ausdrückliche Bestätigung enthalten, dass der Arbeitnehmer keine weiteren Informationen mehr benötigt.

690 Denkbar ist auch, den Verzicht auf das Widerspruchsrecht in einem gesonderten Schreiben zu behandeln. In jedem Fall muss der Verzicht **schriftlich** erklärt werden (Küttner/*Kreitner* Betriebsübergang Rn. 40). Für die Verzichtserklärung gilt das gleiche Schriftformerfordernis wie für den Widerspruch (*Rieble/Wiebauer* NZA 2009, 401, 405 f.). § 126b BGB ist dementsprechend anzuwenden (vgl. V Rdn. 55). *Rieble/Wiebauer* führen aus, dass es sich bei dem Verzicht auf den Widerspruch bei genauer Betrachtung um die Ausübung des Wahlrechts des Arbeitnehmers zwischen Käufer und Verkäufer als Arbeitgeber handelt (*Rieble/Wiebauer* NZA 2009, 401, 404 f.).

691 **3.** Der Verzicht auf einen Widerspruch für den Fall eines Betriebsüberganges kann **nicht abstrakt für die Zukunft** erfolgen; weder durch individualrechtliche noch durch kollektivrechtliche Vereinbarung (*Hauck* NZA Beilage 1/2009, 18, 22; Küttner/*Kreitner* Betriebsübergang Rn. 40, m.w.N.; *Rieble/Wiebauer* NZA 2009, 401, 404; DLW/*Baeck/Haußmann* Kap. 3 Rn. 4184; Kallmeyer/*Willemsen* UmwG § 324 Rn. 50). Der aus Anlass eines konkreten Betriebsübergangs erklärte Verzicht ist jedoch zulässig (BAG, Urt. v. 30.11.2003 – 8 AZR 491/02, NZA 2004, 481, 483 m.w.N.; *Rieble/Wiebauer* NZA 2009, 401, 404; *Hauck* NZA Beilage 1/2009, 18, 22; DLW/*Baeck/Haußmann* Kap. 3 Rn. 4184; Kallmeyer/*Willemsen* UmwG § 324 Rn. 50).

W. Wahl der Arbeitnehmervertreter in den Aufsichtsrat

Inhaltsübersicht

	Rdn.
Einführung	1
I. Statusverfahren gemäß §§ 97 ff. AktG	16
1. Bekanntmachung gemäß § 97 AktG	22
Vorbemerkung	22
Muster: Bekanntmachung gemäß § 97 AktG (durch den Vorstand einer Aktiengesellschaft)	24
Erläuterungen	25
2. Antrag auf gerichtliche Entscheidung über die Zusammensetzung des Aufsichtsrates gemäß § 98 f. AktG	42
Vorbemerkung	42
Muster: Antrag auf gerichtliche Entscheidung über die Zusammensetzung des Aufsichtsrates gemäß § 98 f. AktG	46
Erläuterungen	47
3. Beschwerde gegen die Entscheidung des Gerichts gem. § 99 Abs. 3 AktG (Beschwerdeschrift)	64
Vorbemerkung	64
Muster: Beschwerde gegen die Entscheidung des Gerichts gemäß § 99 Abs. 3 AktG (Beschwerdeschrift)	66
Erläuterungen	67
II. Einleitung der Wahl	75
1. Bekanntmachung des Unternehmens	77
Vorbemerkung	77
Muster: Bekanntmachung des Unternehmens	78
Erläuterungen	79
2. Übersendung der Bekanntmachung an Arbeitnehmervertretungen und Gewerkschaften	96
Vorbemerkung	96
Muster: Übersendung der Bekanntmachung an Arbeitnehmervertretungen und Gewerkschaften	99
Erläuterungen	100
III. Bildung der Wahlvorstände und Erstellung der Wählerlisten	103
1. Bildung der Wahlvorstände	105
Vorbemerkung	105
Muster: Bildung der Wahlvorstände	111
Erläuterungen	112
2. Beschluss zur Beauftragung eines Betriebswahlvorstandes mit der Wahrnehmung der Aufgaben eines anderen Betriebswahlvorstandes	126
Vorbemerkung	126
Muster: Beschluss zur Beauftragung eines Betriebswahlvorstandes mit der Wahrnehmung der Aufgaben eines anderen Betriebswahlvorstandes	127
Erläuterungen	128
3. Beauftragung eines Betriebswahlvorstandes mit der Wahrnehmung der Aufgaben eines anderen Betriebswahlvorstandes	131
Vorbemerkung	131
Muster: Beauftragung eines Betriebswahlvorstandes mit der Wahrnehmung der Aufgaben eines anderen Betriebswahlvorstandes	132
Erläuterungen	133
4. Wählerliste zur Einsicht/Arbeitsliste	138
Vorbemerkung	138
Muster: Wählerliste zur Einsicht/Arbeitsliste	142
Erläuterungen	143
5. Bekanntmachung über die Bildung der Wahlvorstände und die Auslegung der Wählerliste	166
Vorbemerkung	166
Muster: Bekanntmachung über die Bildung der Wahlvorstände und die Auslegung der Wählerliste	171
Erläuterungen	172

W. Wahl der Arbeitnehmervertreter in den Aufsichtsrat

		Rdn.
IV.	**Abstimmungsverfahren über Art der Wahl**	180
1.	Bekanntmachung betreffend die Abstimmung über die Art der Wahl	182
	Vorbemerkung	182
	Muster: Bekanntmachung betreffend die Abstimmung über die Art der Wahl	183
	Erläuterungen	184
2.	Abstimmungsausschreiben (Art der Wahl)	196
	Vorbemerkung	196
	Muster: Abstimmungsausschreiben (Art der Wahl)	197
	Erläuterungen	198
3.	Stimmzettel für die Abstimmung (Art der Wahl)	209
	Muster: Stimmzettel für die Abstimmung (Art der Wahl)	209
	Erläuterungen	210
4.	Briefwahlunterlagen (Art der Wahl)	212
	Vorbemerkung	212
	Muster: Briefwahlunterlagen (Art der Wahl)	217
	Erläuterungen	218
5.	Niederschrift des Abstimmungsergebnisses in den Betrieben (Art der Wahl)	220
	Vorbemerkung	220
	Muster: Niederschrift des Abstimmungsergebnisses in den Betrieben (Art der Wahl)	222
	Erläuterungen	223
6.	Niederschrift des Abstimmungsergebnisses im Unternehmen (Art der Wahl)	224
	Vorbemerkung	224
	Muster: Niederschrift des Abstimmungsergebnisses im Unternehmen (Art der Wahl)	226
	Erläuterungen	227
7.	Bekanntmachung des Abstimmungsergebnisses (Art der Wahl)	234
	Vorbemerkung	234
	Muster: Bekanntmachung des Abstimmungsergebnisses (Art der Wahl)	235
	Erläuterungen	236
V.	**Wahlvorschläge der Arbeitnehmer gemäß § 3 Abs. 1 Ziff. 1 MitbestG/§ 3 Abs. 1 DrittelbG und der Gewerkschaften**	248
1.	Bekanntmachung über die Einreichung von Wahlvorschlägen	255
	Vorbemerkung	255
	Muster: Bekanntmachung über die Einreichung von Wahlvorschlägen	257
	Erläuterungen	258
2.	Bekanntmachung über die Nachfrist für die Einreichung von Wahlvorschlägen	275
	Vorbemerkung	275
	Muster: Bekanntmachung über die Nachfrist für die Einreichung von Wahlvorschlägen	276
	Erläuterungen	277
3.	Bekanntmachung über das Nichtstattfinden des Wahlganges der Arbeitnehmer/der Gewerkschaftsvertreter	295
	Vorbemerkung	295
	Muster: Bekanntmachung über das Nichtstattfinden des Wahlganges der Arbeitnehmer/der Gewerkschaftsvertreter	296
	Erläuterungen	297
4.	Wahlvorschlag für Vertreter der Arbeitnehmer gemäß § 3 Abs. 1 Ziff. 1 MitbestG/§ 3 Abs. 1 DrittelbG	306
	Vorbemerkung	306
	Muster: Wahlvorschlag für Vertreter der Arbeitnehmer gemäß § 3 Abs. 1 Ziff. 1 MitbestG/§ 3 Abs. 1 DrittelbG	310
	Erläuterungen	311
5.	Bekanntmachung der Wahlvorschläge	324
	Vorbemerkung	324
	Muster: Bekanntmachung der Wahlvorschläge	326
	Erläuterungen	327

		Rdn.
VI.	**Abstimmungsverfahren für den Wahlvorschlag der leitenden Angestellten**	339
1.	Bekanntmachung über das Abstimmungsverfahren für den Wahlvorschlag der leitenden Angestellten	346
	Vorbemerkung	346
	Muster: Bekanntmachung über das Abstimmungsverfahren für den Wahlvorschlag der leitenden Angestellten	347
	Erläuterungen	348
2.	Bekanntmachung über die Nachfrist für die Einreichung von Abstimmungsvorschlägen der leitenden Angestellten	379
	Vorbemerkung	379
	Muster: Bekanntmachung über die Nachfrist für die Einreichung von Abstimmungsvorschlägen der leitenden Angestellten	380
	Erläuterungen	381
3.	Bekanntmachung über das Nichtstattfinden des Wahlgangs der leitenden Angestellten	390
	Vorbemerkung	390
	Muster: Bekanntmachung über das Nichtstattfinden des Wahlgangs der leitenden Angestellten	393
	Erläuterungen	394
4.	Abstimmungsvorschlag der leitenden Angestellten	403
	Vorbemerkung	403
	Muster: Abstimmungsvorschlag der leitenden Angestellten	405
	Erläuterungen	406
5.	Bekanntmachung der Abstimmungsvorschläge der leitenden Angestellten	410
	Vorbemerkung	410
	Muster: Bekanntmachung der Abstimmungsvorschläge der leitenden Angestellten	411
	Erläuterungen	412
6.	Briefwahlunterlagen für das Abstimmungsverfahren für den Wahlvorschlag der leitenden Angestellten	418
	Vorbemerkung	418
	Muster: Briefwahlunterlagen für die Abstimmung der leitenden Angestellten	423
	Erläuterungen	424
7.	Niederschrift über die Abstimmung für den Wahlvorschlag der leitenden Angestellten	434
	Vorbemerkung	434
	Muster: Niederschrift über die Abstimmung für den Wahlvorschlag der leitenden Angestellten	436
	Erläuterungen	437
8.	Bekanntmachung des Abstimmungsergebnisses für den Wahlvorschlag der leitenden Angestellten (Bekanntmachung des Wahlvorschlags der leitenden Angestellten)	443
	Vorbemerkung	443
	Muster: Bekanntmachung des Abstimmungsergebnisses für den Wahlvorschlag der leitenden Angestellten (Bekanntmachung des Wahlvorschlags der leitenden Angestellten)	446
	Erläuterungen	447
VII.	**Durchführung der Wahl – Unmittelbare Wahl**	457
	Vorbemerkung	457
1.	Wahlausschreiben für Wahlen nach dem MitbestG	463
	Vorbemerkung	463
	Muster: Wahlausschreiben für Wahlen nach dem MitbestG	465
	Erläuterungen	466
2.	Wahlausschreiben für Wahlen nach dem DrittelbG	487
	Vorbemerkung	487
	Muster: Wahlausschreiben für Wahlen nach dem DrittelbG	489
	Erläuterungen	490
3.	Stimmzettel für die Wahl – Persönlichkeitswahl	514
	Vorbemerkung	514
	Muster: Stimmzettel für die Wahl – Persönlichkeitswahl	517
	Erläuterungen	518
4.	Stimmzettel für die Wahl – Listenwahl	528
	Vorbemerkung	528

W. Wahl der Arbeitnehmervertreter in den Aufsichtsrat

		Rdn.
	Muster: Stimmzettel für die Wahl – Listenwahl	529
	Erläuterungen	530
5.	Briefwahlunterlagen	535
	Vorbemerkung	535
	Muster: Briefwahlunterlagen	540
	Erläuterungen	541
6.	Niederschrift des Betriebswahlvorstandes als Teilergebnis	543
	Vorbemerkung	543
	Muster: Niederschrift des Betriebswahlvorstandes als Teilergebnis	548
	Erläuterungen	549
7.	Bekanntmachung des Betriebswahlergebnisses als Teilergebnis	560
	Vorbemerkung	560
	Muster: Bekanntmachung des Betriebswahlergebnisses als Teilergebnis	562
	Erläuterungen	563
8.	Niederschrift des Gesamtwahlergebnisses	572
	Vorbemerkung	572
	Muster: Niederschrift des Gesamtwahlergebnisses	573
	Erläuterungen	574
9.	Bekanntmachung des Gesamtwahlergebnisses	587
	Vorbemerkung	587
	Muster: Bekanntmachung des Gesamtwahlergebnisses	588
	Erläuterungen	589
10.	Benachrichtigung der gewählten Arbeitnehmervertreter von ihrer Wahl	602
	Vorbemerkung	602
	Muster: Benachrichtigung der gewählten Arbeitnehmervertreter von ihrer Wahl	603
	Erläuterungen	604
11.	Bekanntmachung des Wahlergebnisses im Bundesanzeiger und in den Betrieben durch das Unternehmen	606
	Vorbemerkung	606
	Muster: Bekanntmachung des Wahlergebnisses im Bundesanzeiger	611
	Erläuterungen	612
VIII.	Durchführung der Wahl – Wahl durch Delegierte	613
	Vorbemerkung	613
1.	Mitteilung über Stattfinden einer Delegiertenwahl	617
	Vorbemerkung	617
	Muster: Mitteilung über Stattfinden einer Delegiertenwahl	618
	Erläuterungen	619
2.	Bekanntmachung des Nichtstattfindens einer Wahl von Delegierten	638
	Vorbemerkung	638
	Muster: Bekanntmachung des Nichtstattfindens einer Wahl von Delegierten	640
	Erläuterungen	641
3.	Wahlausschreiben für die Wahl der Delegierten	650
	Vorbemerkung	650
	Muster: Wahlausschreiben für die Wahl der Delegierten	651
	Erläuterungen	652
4.	Bekanntmachung über die Nachfrist für die Einreichung von Wahlvorschlägen (Wahl der Delegierten)	667
	Vorbemerkung	667
	Muster: Bekanntmachung über die Nachfrist für die Einreichung von Wahlvorschlägen (Wahl der Delegierten)	668
	Erläuterungen	669
5.	Bekanntmachung über das Nichtstattfinden der Wahl von Delegierten in einem Wahlgang eines Betriebes	675
	Vorbemerkung	675
	Muster: Bekanntmachung über das Nichtstattfinden der Wahl von Delegierten in einem Wahlgang eines Betriebs	676
	Erläuterungen	677

		Rdn.
6.	Wahlvorschlag (Delegierte)	680
	Vorbemerkung	680
	Muster: Wahlvorschlag Delegierte	682
	Erläuterungen	683
7.	Bekanntmachung der Wahlvorschläge (Wahl der Delegierten)	689
	Vorbemerkung	689
	Muster: Bekanntmachung der Wahlvorschläge (Wahl der Delegierten)	690
	Erläuterungen	691
8.	Stimmzettel für die Wahl der Delegierten	699
	Vorbemerkung	699
	Muster: Stimmzettel für die Wahl der Delegierten	700
	Erläuterungen	701
9.	Briefwahlunterlagen (Wahl der Delegierten)	705
	Vorbemerkung	705
	Muster: Briefwahlunterlagen (Wahl der Delegierten)	709
	Erläuterungen	710
10.	Niederschrift Wahlergebnis Wahl der Delegierten	712
	Vorbemerkung	712
	Muster: Niederschrift Wahlergebnis Wahl der Delegierten	713
	Erläuterungen	714
11.	Bekanntmachung Wahlergebnis Wahl der Delegierten	722
	Vorbemerkung	722
	Muster: Bekanntmachung Wahlergebnis Wahl der Delegierten	723
	Erläuterungen	724
12.	Benachrichtigung der gewählten Delegierten von ihrer Wahl	730
	Vorbemerkung	730
	Muster: Benachrichtigung der gewählten Delegierten von ihrer Wahl	731
	Erläuterungen	732
13.	Delegiertenliste (unternehmensweit)	735
	Vorbemerkung	735
	Muster: Delegiertenliste (unternehmensweit)	737
	Erläuterungen	738
14.	Mitteilung an die Delegierten – Einladung zur Delegiertenversammlung	743
	Vorbemerkung	743
	Muster: Mitteilung an die Delegierten – Einladung zur Delegiertenversammlung	744
	Erläuterungen	745
15.	Stimmzettel für die Delegiertenversammlung	755
	Vorbemerkung	755
	Muster: Stimmzettel für die Delegiertenversammlung	758
16.	Niederschrift Wahlergebnis	759
	Vorbemerkung	759
	Muster: Niederschrift Wahlergebnis Unternehmenswahlvorstand	760
17.	Bekanntmachung Wahlergebnis	761
	Vorbemerkung	761
	Muster: Bekanntmachung Wahlergebnis Unternehmenswahlvorstand	762
18.	Benachrichtigung der gewählten Aufsichtsratmitglieder von ihrer Wahl	763
	Vorbemerkung	763
	Muster: Benachrichtigung der gewählten Arbeitnehmervertreter von ihrer Wahl	764
19.	Bekanntmachung des Wahlergebnisses im Bundesanzeiger	765
	Vorbemerkung	765
	Muster: Bekanntmachung des Wahlergebnisses im Bundesanzeiger	766

W. Wahl der Arbeitnehmervertreter in den Aufsichtsrat

Einführung

1 Unternehmen müssen ihre Aufsichtsräte – neben den Vertretern der Anteilseigner – mit Arbeitnehmervertretern besetzen, wenn sie

2 – in der Regel mehr als 500 Arbeitnehmer beschäftigen und
   – in der Rechtsform der Aktiengesellschaft, der GmbH, der KGaA, des Versicherungsvereins auf Gegenseitigkeit oder der Genossenschaft organisiert sind

(§ 1 MitbestG, § 1 DrittelbG).

3 Ausnahmen ergeben sich aus § 1 Abs. 2 und 4 MitbestG, aus § 1 Abs. 1 Ziff. 1, Satz 2 und 3, Ziff. 2 Satz 2, Abs. 2 Ziff. 1, Ziff. 2 und Satz 2 DrittelbG sowie aus § 53 Abs. 1 VAG.

4 Die Bestellung der **Anteilseignervertreter** richtet sich nach den gesellschaftsrechtlichen Vorschriften der jeweils betroffenen Gesellschaftsform sowie nach den Satzungen bzw. Gesellschaftsverträgen der jeweiligen Unternehmen.

5 Die Wahl der **Arbeitnehmervertreter** in den Aufsichtsrat ist, je nachdem wie viele Arbeitnehmer ein Unternehmen/Konzern in der Regel beschäftigt (vgl. zum Begriff »in der Regel beschäftigte Arbeitnehmer« W Rdn. 33), im **Drittelbeteiligungsgesetz** (regelmäßig bis 2.000 Arbeitnehmer) **oder** im **Mitbestimmungsgesetz** (regelmäßig mehr als 2.000 Arbeitnehmer) geregelt (zur Ermittlung der sog. Schwellenwerte vgl. W Rdn. 25 ff.).

6 Aufsichtsräte, deren Zusammensetzung sich nach dem Drittelbeteiligungsgesetz richtet, bestehen zu einem Drittel aus Arbeitnehmervertretern. In Aufsichtsräten des Mitbestimmungsgesetzes ist die Hälfte der Sitze von Arbeitnehmervertretern besetzt (sog. paritätische Mitbestimmung).

7 Die Einzelheiten zum Wahlverfahren der Arbeitnehmervertreter in den Aufsichtsrat sind in den **Wahlordnungen** zu diesen Gesetzen geregelt. Die Wahl in Unternehmen mit lediglich **einem Betrieb** richtet sich nach §§ 1–22 der einzigen Wahlordnung zum Drittelbeteiligungsgesetz (WODrittelbG) bzw. den Vorschriften der 1. Wahlordnung des Mitbestimmungsgesetzes (1. WOMitbestG). Nehmen **mehrere Betriebe eines Unternehmens** an der Wahl teil, so sind die §§ 23–31 WODrittelbG bzw. die 2. Wahlordnung des Mitbestimmungsgesetzes (2. WOMitbestG) einschlägig. Nehmen an der Wahl zum Aufsichtsrat eines Unternehmens **auch** die Arbeitnehmer **anderer** (abhängiger) **Unternehmen** teil, so sind die §§ 23–31 WODrittelbG und die 3. Wahlordnung des Mitbestimmungsgesetzes (3. WOMitbestG) anzuwenden.

7.1 Deutsche Unternehmen waren bisher – im Gegensatz zu den Boards von Unternehmen in anderen Ländern – nicht an einen **bestimmten Geschlechteranteil in Aufsichtsräten** gebunden. Dies hat sich mit der Einführung des Gesetzes für die gleichberechtigte Teilhabe von Frauen und Männern an Führungspositionen in der Privatwirtschaft und im öffentlichen Dienst, das am 1. Mai 2015 in Kraft getreten ist, geändert (ausführlich zu den Auswirkungen dieses Gesetzes auf die Besetzung des Aufsichtsrats und die damit verbundene Wahl der Arbeitnehmervertreter *Schulz/Ruf* BB 2015, 1155 ff.).

7.2 **Börsennotierte Aktiengesellschaften mit mehr als 2.000 Arbeitnehmern** sind für Aufsichtsratswahlen seit dem 1. Januar 2016 verpflichtet, eine Geschlechterquote von 30 % für weibliche und männliche Mitglieder des Aufsichtsrates einzuhalten. Für **andere Unternehmen**, also solche die entweder dem Mitbestimmungsgesetz unterfallen aber nicht börsennotiert sind oder dem Drittelbeteiligungsgesetz unterfallen unabhängig von der Frage ob sie börsennotiert sind, sieht das Gesetz keine verbindliche Geschlechterquote vor. Stattdessen müssen diese Unternehmen bis spätestens zum 30. September 2015 Zielgrößen für ihre Aufsichtsräte festlegen. Kommt ein Unternehmen dieser Verpflichtung nicht nach, drohen keine Sanktionen.

7.3 Auf **laufende Aufsichtsratsämter** hat das Gesetz keine Auswirkungen. Die Aufsichtsratsmitglieder bleiben unverändert im Amt bis ihre Amtsperiode abgelaufen ist.

Die verbindliche Geschlechterquote gilt grundsätzlich für den Aufsichtsrat als Ganzes (**Gesamt-** 7.4
erfüllung, § 96 Abs. 2 Satz 2 AktG). Allerdings sind sowohl die Arbeitnehmervertreter als auch die Vertreter der Anteilseigner im Aufsichtsrat berechtigt, vor jeder Wahl durch Mehrheitsbeschluss der entsprechenden Seite zu verlangen, dass – unabhängig voneinander – sowohl die Anteilseignerseite als auch die Arbeitnehmerseite im Aufsichtsrat die Mindestquote von 30 % für jedes Geschlecht aufweisen muss (**Getrennterfüllung**, § 96 Abs. 2 Satz 3 AktG). Wurde ein entsprechender Beschluss gefasst (ausführlich zu diesem Beschluss und seinen Folgen *Schulz/Ruf* BB 2015, 1155, 1156 f.), so bleibt bei Nichterfüllung der Quote im Rahmen der Wahl der Arbeitnehmervertreter in den Aufsichtsrat der für das unterrepräsentierte Geschlecht vorgesehene Platz unbesetzt (»**vorübergehend leerer Stuhl**«). Er ist durch Nachwahl oder gerichtliche Bestellung so zu besetzen, dass die Geschlechterquote erfüllt ist (§ 18a MitbestG). Im Falle der Gesamterfüllung ist die Erfüllung einer Quote bei den Wahlen der Arbeitnehmervertreter nicht erforderlich. Allein auf Anteilseignerseite führt die Nichterfüllung der Quote zu Konsequenzen nach § 96 Abs. 2 Satz 6 i.V.m. § 250 Abs. 1 Ziff. 5 AktG (Nichtigkeit) (vgl. dazu *Röder/Arnold* NZA 2015, 279, 280 ff.).

Bekanntmachungen, Muster und Formulare für Wahlen, die unter Berücksichtigung der Ge- 7.5
schlechterquote durchgeführt werden, weichen zum Teil von den entsprechenden Dokumenten anderer Wahlen ab. In diesen Fällen finden sich die Abweichungen in den Erläuterungen der jeweiligen Muster.

Verantwortlich für die Durchführung der Wahl sind die **Arbeitnehmer** selbst, genauer gesagt die 8
Wahlvorstände, die aus den Reihen der Arbeitnehmer gebildet werden. Jeder Betrieb bestellt einen eigenen **Betriebswahlvorstand**. Bei Wahlen in Unternehmen mit mehreren Betrieben ist diesen Betriebswahlvorständen ein **Unternehmenswahlvorstand** übergeordnet, der die betriebsübergreifenden Aufgaben des Wahlverfahrens wahrnimmt. Nehmen an den Wahlen die Betriebe mehrerer Unternehmen teil, ist den Betriebswahlvorständen der **Hauptwahlvorstand** übergeordnet.

Die **Aufgaben der Arbeitgeber** beschränken sich auf die Einleitung der Wahlen durch eine Be- 9
kanntmachung (§ 2 2. WOMitbestG, § 2 1. WOMitbestG, § 2 3. WOMitbestG, §§ 1, 24 WODrittelbG), die Übernahme der Kosten für die Wahl (§ 20 Abs. 3 MitbestG, § 10 Abs. 3 DrittelbG), die Unterstützung bei der Erstellung der Wählerlisten durch Auskunftserteilung und Zurverfügungstellung von Unterlagen (§ 8 Abs. 3 2. WOMitbestG, § 8 Abs. 3 1. WOMitbestG, § 8 Abs. 3 3. WOMitbestG, § 4 Abs. 2 WODrittelbG), die Bekanntmachung des Wahlergebnisses in den Betrieben und dem Bundesanzeiger (§ 19 MitbestG, § 8 DrittelbG) sowie die Aufbewahrung der Wahlakten nach Abschluss der Wahl (§§ 53, 87 2. WOMitbestG, §§ 49, 81 1. WOMitbestG, §§ 53, 87 3. WOMitbestG, §§ 22 Abs. 1 Satz 2 und 31 Abs. 5 Satz 2 WODrittelbG).

Um den Rahmen des Formularbuches nicht zu sprengen, **stellen die Muster des Teils V die Wahl** 10
der Arbeitnehmer nach lediglich einer Wahlordnung dar – ausgewählt wurde die **2. Wahlordnung des Mitbestimmungsgesetzes**, da diese Wahlordnung die meisten Schnittstellen zu den anderen Wahlordnungen aufweist. Dargestellt werden dementsprechend Formulare, die bei der Wahl von Arbeitnehmervertretern in den Aufsichtsrat eines Unternehmens mit mehreren an der Wahl beteiligten Betrieben Anwendung finden. Soweit das Wahlverfahren nach den anderen Wahlordnungen abweichende Formulare oder Formulierungen erfordert, wird hierauf in den Mustern oder jeweiligen Anmerkungen hingewiesen. Die Wahl der Arbeitnehmer in den Aufsichtsrat in einem **Seebetrieb** wird nicht behandelt, ebenso wenig Wahlen nach dem **Montan-Mitbestimmungsgesetz** und dem **Mitbestimmungsergänzungsgesetz**.

Die **Wahl** der Arbeitnehmer in den Aufsichtsrat nach der **2. WOMitbestG** lässt sich grundsätzlich 11
in sieben große **Abschnitte aufteilen**:

12 – Zunächst gibt das Unternehmen, in dessen Aufsichtsrat die Arbeitnehmervertreter zu wählen sind, bekannt, dass Arbeitnehmervertreter in den Aufsichtsrat zu wählen sind (vgl. Abschnitt II – W Rdn. 75–101).
– Im Anschluss daran werden die Wahlvorstände gebildet und Wählerlisten erstellt (vgl. Abschnitt III – W Rdn. 103–179).
– Es folgt die Abstimmung über die Art der Wahl, an deren Ende feststeht, ob die Arbeitnehmer ihre Vertreter selbst oder durch Delegierte in den Aufsichtsrat wählen (vgl. Abschnitt IV – W Rdn. 180–247).
– Zeitgleich mit diesem Abstimmungsverfahren über die Art der Wahl werden die Wahlvorschläge der Arbeitnehmer gemäß § 3 Abs. 1 Ziff. 1 MitbestG, der Gewerkschaften (vgl. Abschnitt V – W Rdn. 248–338) sowie der leitenden Angestellten (vgl. Abschnitt VI – W Rdn. 339–456) erstellt.
– Die Wahl selbst findet dann entweder als unmittelbare Wahl (vgl. Abschnitt VII. – W Rdn. 457–612) oder als Delegiertenwahl (vgl. Abschnitt VIII – W Rdn. 613–766) statt.

13 Die Wahl nach der 1. WOMitbestG verläuft grundsätzlich wie diejenige nach der 2. WOMitbestG. Sie ist lediglich insofern vereinfacht, als lediglich ein Betrieb an der Wahl teilnimmt und es dementsprechend auch lediglich einen Wahlvorstand – den Betriebswahlvorstand – gibt. Jegliche Kommunikation und Arbeitsteilung zwischen den verschiedenen Wahlvorständen entfällt.

14 Die Wahl nach der 3. WOMitbestG verläuft ganz genauso wie die Wahl nach der 2. WOMitbestG. Der den Betriebswahlvorständen übergeordnete Wahlvorstand nennt sich »Hauptwahlvorstand«, übernimmt aber die gleichen Aufgaben wie der Unternehmenswahlvorstand im Wahlverfahren nach der 2. WOMitbestG. Dass die an der Wahl teilnehmenden Betriebe verschiedenen Unternehmen angehören, zeigt sich am Wortlaut einiger Formulare, hat jedoch auf das Wahlverfahren keinerlei Auswirkungen.

15 Wahlen nach der WODrittelbG sind gegenüber den Wahlen nach dem Mitbestimmungsgesetz sehr vereinfacht. So nehmen leitende Angestellte an der Wahl weder aktiv noch passiv teil (vgl. § 3 Abs. 1 DrittelbG). Dementsprechend entfällt die aufwändige Abstimmung über ihren Wahlvorschlag sowie der Wahlgang der leitenden Angestellten (zu den verschiedenen Wahlgängen vgl. W Rdn. 248 ff.). Gewerkschaften können, im Gegensatz zu den Wahlen nach dem MitbestG, keine Wahlvorschläge einreichen. Letztlich ist die Möglichkeit zur Wahl durch Delegierte nicht vorgesehen, so dass auch die Abstimmung über die Art der Wahl entfällt. Die WODrittelbG regelt Wahlen in einem sowie mehreren Betrieben eines oder mehrerer an der Wahl beteiligten Unternehmen.

I. Statusverfahren gemäß §§ 97 ff. AktG

16 Ist der Vorstand einer **Aktiengesellschaft** der Ansicht, dass der Aufsichtsrat nicht nach den für ihn maßgebenden gesetzlichen Vorschriften zusammengesetzt ist, hat er ein Statusverfahren gemäß §§ 97 ff. AktG einzuleiten (vgl. dazu AR/*Deilmann* §§ 97–99 AktG Rn. 1; *Hüffer* § 97 AktG Rn. 1, 3). Nach der Durchführung des Statusverfahrens steht fest, nach welchen gesetzlichen Vorschriften der nächste Aufsichtsrat zusammenzusetzen ist. Ohne die Durchführung eines Statusverfahrens ist eine Aufsichtsratswahl nichtig, wenn sie nach anderen als den zuletzt angewandten gesetzlichen Vorschriften durchgeführt wurde. Dies gilt auch, wenn die angewandten gesetzlichen Vorschriften die materiell richtigen für die betroffene Aktiengesellschaft sind. Für die Wahl der Anteilseignervertreter ergibt sich die Nichtigkeit ihrer Wahl aus § 250 Abs. 1 Nr. 1 AktG i.V.m. § 96 Abs. 2 AktG. Für die Wahl der Arbeitnehmervertreter kann nichts anderes gelten (ebenso BAG, Beschl. v. 16.04.2008 – 7 ABR 6/07, NZA 2008, 1025, 1028; ErfK/*Oetker* § 11 DrittelbG Rn. 5; *Raiser/Veil* § 22 Rn. 21; UHH/*Ulmer/Habersack* § 6 MitbestG Rn. 80), mit der Begründung, dass die Voraussetzungen für eine Wahl nicht vorlagen (BAG, Beschl. v. 16.04.2008 – 7 ABR 6/07, NZA 2008, 1025, 1028). Die nichtige Wahl aller Aufsichtsratsmitglieder hat zur Folge, dass auch die von diesem Aufsichtsrat gefassten Beschlüsse nichtig sind (vgl. nur *Hüffer* § 101

AktG Rn. 20; *Jannott/Gressinger* BB 2013, 2120, 2121; Großkommentar AktG/*Hopt/Roth* § 108 AktG Rn. 152; Zur Folge der ohne Statusverfahren durchgeführten Aufsichtsratswahl auf die nachfolgenden Aufsichtsratswahlen ausführlich *Jannott/Gressinger* BB 2013, 2120, 2122 ff.).

Ein Statusverfahren ist nicht durchzuführen, wenn die Größe des Aufsichtsrats allein durch eine entsprechende Änderung der Satzung verändert wird (AR/*Deilmann* §§ 97–99 AktG Rn. 1 m.w.N.; *Jannott/Gressinger* BB 2013, 2120, 2121 m.w.N.). 17

Unter dem **Begriff** »**Statusverfahren**« werden regelmäßig zwei Stufen zusammengefasst. Die erste Stufe, das eigentliche Statusverfahren (Begrifflichkeit ebenso *Jannott/Gressinger* BB 2013, 2120, 2121), umfasst das in den §§ 97–99 AktG beschriebene Verfahren zur verbindlichen Feststellung der anwendbaren gesetzlichen Mitbestimmungsvorschriften. Auf der zweiten Stufe finden dann die Satzungsänderung und die Wahl der Aufsichtsratsmitglieder statt. 18

Ein **Statusverfahren** wird durch eine Bekanntmachung in den Betrieben des Unternehmens und seiner Konzernunternehmen sowie den Gesellschaftsblättern **eingeleitet** (vgl. Muster W Rdn. 24). Verläuft die in der Bekanntmachung festgelegte Frist ereignislos, ist der Aufsichtsrat entsprechend der in der Bekanntmachung genannten Normen zu besetzen. Geht jedoch innerhalb der Frist ein Antrag auf eine gerichtliche Entscheidung über die Zusammensetzung des Aufsichtsrats beim zuständigen Landgericht ein (vgl. Muster W Rdn. 46), überprüft das Gericht, nach welchen Vorschriften der Aufsichtsrat zusammengesetzt werden muss (§ 98 Abs. 4, § 99 AktG). Gegen diese Entscheidung, die im Beschlussverfahren ergeht, ist gemäß § 99 Abs. 3 AktG die Beschwerde das mögliche Rechtsmittel (vgl. Muster W Rdn. 66). 19

§§ 97 bis 99 AktG sind unmittelbar lediglich auf Aktiengesellschaften anzuwenden. Auf Unternehmen, die in **anderen, mitbestimmungspflichtigen Rechtsformen** geführt werden, finden die §§ 97 bis 99 AktG jedoch sinngemäß Anwendung (vgl. § 278 Abs. 3 AktG für die KGaA, § 1 Abs. 1 Ziff. 3 DrittelbG und § 6 Abs. 2 MitbestG für die GmbH, § 1 Abs. 1 Ziff. 5 DrittelbG und § 6 Abs. 2 MitbestG für die Genossenschaft sowie § 35 Abs. 3 VAG für den Versicherungsverein auf Gegenseitigkeit). 20

In Unternehmen die in der Rechtsform einer **GmbH** geführt werden, ist ein Statusverfahren auch durchzuführen, bevor die erstmalige Bildung eines mitbestimmten Aufsichtsrats erfolgt (BAG, Beschl. v. 16.04.2008 – 7 ABR 6/07, NZA 2008, 1025, 1027). Das Gleiche gilt, wenn in einer GmbH der mitbestimmte Aufsichtsrat abgeschafft werden soll, weil die Anzahl der Arbeitnehmer dauerhaft auf unter 500 abgesunken ist (OLG Frankfurt, Beschl. v. 02.11.2010 – 20 W 362/10, NZG 2011, 353, 354; Lutter/Hommelhoff/*Lutter* GmbHG § 52 Rn. 38; Michalski/*Michalski* GmbHG Syst. Darst. 1 Rn. 260). 21

1. Bekanntmachung gemäß § 97 AktG

Vorbemerkung

Das Statusverfahren wird eingeleitet, indem das vertretungsberechtigte Organ des betroffenen Unternehmens eine Bekanntmachung in den Gesellschaftsblättern veröffentlicht und gleichzeitig in sämtlichen Betrieben des Unternehmens und ihrer Konzernunternehmen aushängt. 22

Im Muster erfolgt die Bekanntmachung durch den Vorstand einer Aktiengesellschaft. 23

W. Wahl der Arbeitnehmervertreter in den Aufsichtsrat

▶ **Muster – Bekanntmachung gemäß § 97 AktG (durch den Vorstand einer Aktiengesellschaft)**

24 Bekanntmachung über die Zusammensetzung des Aufsichtsrates der ___[Unternehmen]___

Der Aufsichtsrat besteht derzeit aus ___[Anzahl]___ Mitgliedern ___[Anzahl]___ dieser Mitglieder sind Arbeitnehmervertreter.

Das Unternehmen und seine inländischen Konzerngesellschaften beschäftigen in der Regel zusammen ___[Anzahl]___ Arbeitnehmer. [1]

Der Vorstand [2] ist der Ansicht, dass der Aufsichtsrat der ___[Unternehmen]___, konzernverbunden [3] mit der ___[Name des oder Namen der konzernverbundenen Unternehmen(s)]___, nicht nach den für ihn maßgebenden gesetzlichen Vorschriften [4] zusammengesetzt ist.

Nach Ansicht des Vorstandes ist der Aufsichtsrat gemäß ___[Nennung der nach Ansicht des vertretungsberechtigten Organs einschlägigen Normen]___ [5] zusammenzusetzen. Dementsprechend wäre der Aufsichtsrat aus ___[Anzahl]___ Aufsichtsratsmitgliedern der Anteilseigner, die auf der Hauptversammlung gewählt werden, und ___[Anzahl]___ Arbeitnehmervertretern zu bilden.

Der Aufsichtsrat wird gemäß ___[Nennung der nach Ansicht des vertretungsberechtigten Organs einschlägigen Normen]___ zusammengesetzt, wenn nicht Antragsberechtigte gemäß § 98 Abs. 2 AktG innerhalb eines Monats nach Veröffentlichung dieser Bekanntmachung im Bundesanzeiger das nach § 98 Abs. 1 zuständige Gericht, nämlich das ___[Nennung des zuständigen Gerichts]___ [6], anrufen.

___[Ort, Datum]___

_____
(Unterschrift des Vorstandes)

Erläuterungen

Schrifttum

Arnold Anmerkung zum Beschluss des BAG vom 04.11.2015 – 7 ABR 42/13, FD-ArbR 2015, 373759; *Fuchs/Köstler/Pütz* Handbuch zur Aufsichtsratswahl, 6. Auflage 2016; *Gebhardt* Keine Mitbestimmung in deutschen Aufsichtsräten aus dem Ausland, FA 2016, 73; *Hohenstatt/Schramm* Der Gemeinschaftsbetrieb im Recht der Unternehmensmitbestimmung, NZA 2010, 846; *Jannott/Gressinger* Heilende Kraft des Kontinuitätsprinzips oder Perpetuierung nichtiger Aufsichtsratswahlen? BB 2013, 2120; *Kowanz* GmbHR – Kommentar zur Entscheidung des OLG Düsseldorf vom 12.05.2004 – 19 W 2/04, GmbHR 2004, 1081; *Künzel/Schmid* Wählen ja, zählen nein? Leiharbeitnehmer und Unternehmensmitbestimmung NZA 2013, 300; *Lambrich/Reinhard* Schwellenwerte der Unternehmensmitbestimmung – Wann beginnt die Mitbestimmung?, NJW 2014, 2229; *Lüer/Schomaker* Aufsichtsratswahlen im Gemeinschaftsbetrieb – wer zählt mit, wer wählt mit? BB 2013, 565; *Mohr/Rehm* Grundlagen und Grenzen der Bildung eines mitbestimmten Aufsichtsrats in der GmbH auf Initiative des Betriebsrats, BB 2009, 1806; *Mückl/Herrnstadt* Aktuelle Entwicklungen in der Rechtsprechung zur Unternehmensmitbestimmung ArbRAktuell 2013, 228; *Seibt* Drittelbeteiligungsgesetz und Fortsetzung der Reform des Unternehmensmitbestimmungsrechts, NZA 2004, 767; *Zimmermann* Leiharbeitnehmer bei den Eingangsschwellenwerten der Unternehmensmitbestimmung, BB 2015, 1205.

25 **1.** Wer Arbeitnehmer im Sinne des § 3 Abs. 1 MitbestG bzw. § 3 Abs. 1 DrittelbG ist und dementsprechend bei der **Ermittlung der Arbeitnehmerzahlen** und dem damit zusammenhängenden **Schwellenwert** (vgl. W Rdn. 5) berücksichtigt wird, ist zu unterscheiden von der Feststellung der **aktiven und passiven Wahlberechtigung** (vgl. hierzu W Rdn. 150 ff.).

26 § 3 Abs. 1 MitbestG und § 3 Abs. 1 DrittelbG definieren nicht selbst wer Arbeitnehmer ist, sondern verweisen auf den **Arbeitnehmerbegriff des § 5 BetrVG**. Dementsprechend wird auf die Kommentierungen des § 5 BetrVG in den Betriebsverfassungsgesetzkommentaren verwiesen. Zu beachten ist, dass nach dem Mitbestimmungsgesetz auch **leitende Angestellte** als Arbeitnehmer gelten (§ 1 Abs. 1 Ziff. 2 MitbestG), das Drittelbeteiligungsgesetz die leitenden Angestellten jedoch ausdrücklich ausschließt (§ 1 Abs. 1 DrittelbG). Vgl. zum Begriff und aktivem/passivem Wahlrecht leitender Angestellter W Rdn. 149 ff. und 360 ff.

In der Praxis nicht ganz unproblematisch ist die Einordnung von **Praktikanten, Volontären** und 27
Referendaren. Für die Frage, ob diese mitbestimmungsrechtlich als Arbeitnehmer zu behandeln sind, soll es darauf ankommen, ob der Betreffende zur Arbeitsleistung verpflichtet ist. Ist dies nicht der Fall, da als Beweggrund für die Beschäftigung nicht die Arbeitsleistung sondern allein seine Ausbildung im Vordergrund steht (beispielsweise bei Betriebspraktika im Rahmen einer Schulausbildung oder eines Studiums), sind diese Personen nicht als Arbeitnehmer zu qualifizieren (vgl. hierzu UHH/*Henssler* § 3 MitbestG Rn. 24, 41; *Lambrich/Reinhard* NJW 2014, 2229, 2230 m.w.N.).

Gemäß § 3 Abs. 1 Satz 2 MitbestG und § 3 Abs. 1 DrittelbG gelten die in § **5 Abs. 2 BetrVG** 28 aufgezählten Personen (u.a. die Vertreter juristischer Personen, Mitglieder von Personengesamtheiten, Beschäftigte aus karitativen oder religiösen, medizinischen oder erzieherischen Gründen sowie Familienangehörige des Arbeitgebers) nicht als Arbeitnehmer.

In **Teilzeit** beschäftigte Arbeitnehmer werden bei der Ermittlung der Arbeitnehmerzahlen pro 29 Kopf mitgerechnet (ErfK/*Oetker* § 1 DrittelbG Rn. 27; *Fuchs/Köstler/Pütz* Rn. 31; *Lambrich/Reinhard* NJW 2014, 2229, 2230; *Mohr/Rehm* BB 2009, 1806, 1806; WWKK/*Koberski* MitbestR, § 3 MitbestG Rn. 8; ausführlich: UHH/*Henssler* § 3 MitbestG Rn. 23 f.). **Auszubildende** gehören ebenso zu den Arbeitnehmern wie **befristet Beschäftigte** und **Heimarbeiter. Altersteilzeitler** in der Arbeitsphase werden berücksichtigt, nicht jedoch in der Freistellungsphase, da sie zu diesem Zeitpunkt nicht mehr in einen Betrieb eingegliedert sind (WWKK/*Koberski* MitbestR, § 3 MitbestG Rn. 8; MüKo-AktG/*Gach* § 3 MitbestG Rn. 14; UHH/*Henssler* § 3 MitbestG Rn. 28). Arbeitnehmer mit **ruhenden Arbeitsverhältnissen** sind ebenfalls mitzuzählen (UHH/*Henssler* § 3 MitbestG Rn. 28; MüKo-AktG/*Gach* § 3 MitbestG Rn. 14; differenzierend *Raiser/Veil* § 22 Rn. 6; a.A. *Lambrich/Reinhard* NJW 2014, 2229, 2232). Allerdings regelt § 21 Abs. 7 BEEG, dass Arbeitnehmer, die sich in der Elternzeit befinden, nicht mitzuzählen sind, solange für sie ein Vertreter eingestellt und dieser mitzuzählen ist. Ob ein vertraglich suspendiertes Arbeitsverhältnis mitzuzählen ist, hängt vom Einzelfall, insbesondere von der vereinbarten Dauer der Suspendierung oder der Frage, ob die Zeit der Suspendierung auf die Betriebszugehörigkeit angerechnet wird, ab (ähnlich UHH/*Henssler* § 3 MitbestG Rn. 32).

Nicht zu den Arbeitnehmern zählen **freie Mitarbeiter** (UHH/*Henssler* § 3 MitbestG Rn. 15) und 30 **arbeitnehmerähnliche Personen** (UHH/*Henssler* § 3 MitbestG Rn. 17; ErfK/*Oetker* § 1 DrittelbG Rn. 27).

Zur Zeit noch diskutiert werden kann, ob **Leiharbeitnehmer**, die auf regelmäßig zu besetzenden 31 Arbeitsplätzen beschäftigt werden (vgl. jedoch W Rdn. 33 zu »in der Regel Beschäftigte«), für die Ermittlung des Schwellenwertes zu berücksichtigen sind (zum aktiven Wahlrecht s. W Rdn. 150, zum fehlenden passiven Wahlrecht s. W Rdn. 155). Während die Gerichte jahrelang unter Anwendung der »Zwei-Komponenten-Lehre« die Berücksichtigung der Leiharbeitnehmer für die Ermittlung der Schwellenwerte verschiedener Gesetze und Vorschriften abgelehnt haben (vgl. nur BAG, Beschl. v. 10.03.2004 – 7 ABR 49/03, NZA 2004, 1340 zu § 9 BetrVG; Hessisches LAG, Beschl. v. 22.09.2011 – 9 Ta BVGa 166/11, BeckRS 2013, 66922 zu § 9 MitbestG; OLG Hamburg, Beschl. v. 29.10.2007 – 11 W 27/07, DB 2007, 2762 zum DrittelbG) hat zuletzt ein Rechtsprechungswandel stattgefunden. Das BAG hat ausdrücklich für § 111 BetrVG (BAG, Beschl. v. 18.10.2011 – 1 AZR 335/10, NZA 2012, 221), § 9 BetrVG (BAG, Beschl. v. 13.03.2013 – 7 ABR 69/11, NZA 2013, 789), § 23 KSchG (BAG, Urt. v. 24.01.2013 – 2 AZR 140/12, NZA 2013, 726, kritisch hierzu *Künzel/Schmid* NZA 2013, 300 ff.) und zuletzt für § 9 Abs. 2 MitbestG (BAG, Beschl. v. 04.11.2015 – 7 ABR 42/13, NZA 2016, 560) festgestellt, dass unter Abkehr der bisherigen Rechtsprechung Leiharbeitnehmer nunmehr im Rahmen dieser Vorschriften bei der Ermittlung der jeweiligen Schwellenwerte zu berücksichtigen seien. In allen Entscheidungen wird betont, dass dieses Ergebnis sich nur aus dem Sinn und Zweck bzw. systematischen Zusammenhang der jeweiligen Regelung ergebe. Nach der hier vertretenen Ansicht ist dieser Rechtsprechungswandel falsch (wie hier z.B. OLG Hamburg, Beschl. v. 31.01.2014 – 11 W 89/13, BB 2014, 1469; MüKo-AktG/*Gach* § 1 MitbestG Rn. 20; ausführlich *Zimmermann* BB 2015,

1205 ff.; *Lambrich/Reinhard* NJW 2014, 2229, 2230 f.; *Künzel/Schmid* NZA 2013, 300 ff.). Allerdings wird dieser Rechtsstreit spätestens im Jahr 2017 obsolet werden, wenn das Gesetz zur Änderung des Arbeitnehmerüberlassungsgesetzes und anderer Gesetze in Kraft tritt. Der zum Zeitpunkt des Redaktionsschlusses dieser Auflage aktuelle Regierungsentwurf vom 1. Juni 2016 sieht einen neuen § 14 Abs. 2 AÜG vor, nach dem Leiharbeitnehmer auch im Rahmen sämtlicher Schwellenwerte des MitbestG und des DrittelbG zu berücksichtigen sind, wenn die Einsatzdauer sechs Monate übersteigt.

32 Bei **Gemeinschaftsbetrieben** geht die wohl überwiegende Ansicht in der Literatur davon aus, dass alle Arbeitnehmer des Betriebes mitgerechnet werden, unabhängig davon, bei welchem Arbeitgeber sie angestellt sind (*Raiser/Veil* § 3 Rn. 44; *Fuchs/Köstler/Pütz* Rn. 31, 198; WWKK/*Wißmann* MitbestR, § 10 MitbestG Rn. 10, WWKK/*Koberski* MitbestR, § 3 MitbestG Rn. 42; ErfK/*Oetker* § 1 DrittelbG Rn. 28 m.w.N.). Diese Ansicht wird nun scheinbar gestützt durch eine Entscheidung des BAG vom 13.03.2013 (BAG, Beschl. v. 13.03.2013 – 7 ABR 47/11, BB 2013, 2298), wonach bei Wahlen nach dem DrittelbG Arbeitnehmer in Gemeinschaftsbetrieben bei allen Unternehmen des Betriebes mitwählen dürfen. Allerdings lässt das BAG in seiner Entscheidung ausdrücklich offen, ob aus diesem aktiven Wahlrecht (dazu W Rdn. 152) auf die Berücksichtigung dieser Arbeitnehmer bei der Ermittlung des Schwellenwertes geschlossen werden kann (BAG, Beschl. v. 13.03.2013 – 7 ABR 47/11, BB 2013, 2298, 2299). Eine höchstrichterliche Rechtsprechung zur Berücksichtigung von Arbeitnehmern in Gemeinschaftsbetrieben zur Ermittlung des Schwellenwertes steht also weiterhin aus. Gegen die wohl überwiegende Ansicht in der Literatur gibt es Stimmen in Literatur und Rechtsprechung (LG Hannover, Beschl. v. 14.05.2012, BeckRS 2013, 12440; LG Bremen, Beschl. v. 04.02.2005, 7 AR 61/04 BeckRS 2010, 17611; *Lüers/Schomaker* BB 2013, 565 ff.; *Mückl/Herrnstadt* ArbR Aktuell 2013, 228; *Hohenstatt/Schramm* NZA 2010, 846 ff.) die mit guten Argumenten eine Berücksichtigung für die Ermittlung des Schwellenwertes in Gemeinschaftsbetrieben nur für dasjenige Unternehmen vornimmt, mit dem der jeweilige Arbeitnehmer ein Arbeitsverhältnis hat oder von dem er Weisungen entgegennimmt (*Lambrich/Reinhard* NJW 2014, 2229, 2231 f.). Tatsächlich würde die Einbeziehung von Arbeitnehmern in die Wahlen mehrerer Unternehmen zu einer Vervielfältigung der Unternehmensmitbestimmung führen. Zu besonders absurden Ergebnissen würde es zudem kommen, wenn in einem Gemeinschaftsbetrieb nur einzelne Arbeitnehmer eines Unternehmens aber eine sehr große Zahl von Arbeitnehmern eines anderen Unternehmens arbeiten. Die Stimmen der arbeitsvertraglich nicht gebundenen Arbeitnehmer hätten dann wesentlich mehr Gewicht als die Stimmen der Arbeitnehmer, die einen Arbeitsvertrag mit dem wählenden Unternehmen abgeschlossen haben.

33 Berücksichtigung finden nur die »**in der Regel**« beschäftigten Arbeitnehmer. Auf diese Weise wird ausgeschlossen, dass vorübergehende, kurzfristige Schwankungen der Beschäftigtenzahlen Auswirkungen auf die Unternehmensmitbestimmung haben. Für die Ermittlung der Zahl der »in der Regel« beschäftigten Arbeitnehmer ist erforderlich, dass die Zahl der Beschäftigten in der Vergangenheit mit der auf einer Zukunftsprognose beruhenden Zahl verbunden wird (MüKo-AktG/*Gach* § 1 MitbestG Rn. 18). Eine zeitlich festgelegte Referenzperiode existiert für die Ermittlung der Zahlen für die Zukunft nicht. Nach Ansicht des OLG Düsseldorf (OLG Düsseldorf, Beschl. v. 09.12.1994 – 19 W 2/94, DB 1995, 277, 278) sind »wenigstens die nächsten **17 bis 20 Monate** der Unternehmensplanung bei der Ermittlung der fraglichen Arbeitnehmerzahl zu berücksichtigen« (ähnlich MünchArbR/*Wißmann* § 279 Rn. 10; *Raiser/Veil* § 1 Rn. 18). Eine erstmalige Überschreitung eines Schwellenwertes (500 oder 2.000 Arbeitnehmer) ist jedoch erst dann zu berücksichtigen, wenn sie tatsächlich eingetreten ist und nicht bereits, wenn eine Prognose ergibt, dass die Schwelle innerhalb des Prognosezeitraums überschritten werden wird (so mit überzeugenden Argumenten *Lambrich/Reinhard* NJW 2014, 2229, 2233). **Leiharbeitnehmer,** die nur aufgrund eines zeitlich begrenzten Bedarfs beschäftigt werden, sind nicht »in der Regel« beschäftigt, werden also nicht berücksichtigt (ebenso *Arnold* FD-ArbR 2015, 373759; vgl. auch W Rdn. 31).

34 Nach richtiger und überwiegender Ansicht werden nur solche Arbeitnehmer mitgezählt, die zu einem **inländischen Betrieb** gehören (vgl. nur *Gebhardt* FA 2016, 73 m.w.N.; WWKK/*Koberski*

MitbestR, § 3 MitbestG Rn. 27 ff.; *Raiser/Veil* § 5 Rn. 29, *Fuchs/Köstler/Pütz* Rn. 33; *Lambrich/ Reinhard* NJW 2014, 2229, 2232; LG München I, Beschl. v. 27.08.2015 – 5 HK O 20285/14, ZIP 2015, 1292, n.r.; a.A. LG Frankfurt a.M., Beschl. v. 16.02.2015 – 3–16 O 1/14, ZIP 2015, 634, n.r.). Die Nichtberücksichtigung der im Ausland beschäftigten Arbeitnehmer für die Ermittlung des Schwellenwertes entspricht der deutschen Gesetzeslage und steht im Einklang mit dem europäischen Gemeinschaftsrecht (ausführlich *Gebhardt* FA 2016, 73, 74 ff. m.w.N.). Im Ausland tätige Arbeitnehmer eines deutschen Unternehmens werden allerdings berücksichtigt, wenn bei ihrer Auslandstätigkeit noch eine »hinreichende materielle Beziehung zum Inlandsbetrieb besteht« (vgl. MünchArbR/*Wißmann* § 279 Rn. 9; UHH/*Henssler* § 3 MitbestG Rn. 57 m.w.N.).

Die Arbeitnehmer beherrschter **Konzernunternehmen** (zum Konzernbegriff: WWKK/*Koberski* MitbestR, § 5 MitbestG Rn. 8 ff.; zum im Mitbestimmungsrecht nur restriktiv angewandten »Konzern im Konzern« vgl. WWKK/*Koberski* MitbestR § 5 MitbestG Rn. 30 ff. m.w.N.) gelten nach § 5 Abs. 1 Satz 1 MitbestG und § 2 DrittelbG als Arbeitnehmer des herrschenden Konzernunternehmens. Abhängiges Unternehmen kann dabei ein Unternehmen jeder Rechtsform sein, ohne Rücksicht darauf, ob es unmittelbar oder über andere Konzernunternehmen beherrscht wird. Von der Zurechnung ausgenommen sind abhängige Unternehmen mit Sitz im Ausland, wobei Arbeitnehmer inländischer Betriebe ausländischer Tochtergesellschaften wiederum dem herrschenden Unternehmen zugerechnet werden (vgl. Kölner Kommentar AktG/*Mertens/Cahn* Anh. § 117B, § 3 MitbestG Rn. 7; *Raiser/Veil* § 5 Rn. 30 jeweils m.w.N.; a.A. UHH/*Ulmer/Habersack* § 5 MitbestG Rn. 77). 35

Zu den Sonderregelungen der Zurechnung im Konzern unter Beteiligung einer Kapitalgesellschaft & Co. KG gemäß §§ 4, 5 MitbestG, § 2 DrittelbG vgl. MünchArbR/*Wißmann* § 279 Rn. 18 ff.; MüKo-AktG/*Gach* § 5 MitbestG Rn. 29 ff., § 2 DrittelbG Rn. 4 ff. 36

2. Zur Zuständigkeit bei Gesellschaften anderer Rechtsformen vgl. W Rdn. 20. 37

3. Im Fall, dass das Unternehmen dergestalt in einem Konzernverbund eingebunden ist, dass die Arbeitnehmerzahlen anderer Konzernunternehmen für die Größe und Zusammensetzung des Aufsichtsrats Berücksichtigung finden (§ 5 MitbestG, § 2 DrittelbG), sollte dies durch die Erwähnung des Konzernverbundes deutlich gemacht werden. 38

4. Ein Statusverfahren wird nur durchgeführt, wenn nach Ansicht des vertretungsberechtigten Organs die Besetzung des Aufsichtsrats nicht mit den maßgeblichen gesetzlichen Vorschriften übereinstimmt. Dies ist der Fall beim Wechsel des Aufsichtsratssystems vom drittelmitbestimmten zum paritätisch besetzten Aufsichtsrat oder umgekehrt sowie bei der Über- oder Unterschreitung relevanter Schwellenzahlen innerhalb desselben Aufsichtsratssystems (vgl. *Hüffer* § 97 AktG Rn. 3). Kein Statusverfahren ist durchzuführen, wenn die Vereinbarkeit der Besetzung des Aufsichtsrats mit der Satzung des betroffenen Unternehmens in Frage steht (vgl. *Hüffer* § 97 AktG Rn. 3). 39

5. Je nach Anzahl der in der Regel beschäftigten Arbeitnehmer und der Rechtsform des betroffenen Unternehmens ist beispielsweise § 7 Abs. 1 Ziff. 1, 2 oder 3 MitbestG oder § 1 Abs. 1 Ziff. 1 bis 5 i.V.m. § 4 DrittelbG zu benennen. 40

6. Vgl. zum für einen Antrag auf gerichtliche Entscheidung zuständigen Gericht W Rdn. 48. 41

2. Antrag auf gerichtliche Entscheidung über die Zusammensetzung des Aufsichtsrates gemäß § 98 f. AktG

Vorbemerkung

Ist streitig oder ungewiss, nach welchen gesetzlichen Vorschriften der Aufsichtsrat eines Unternehmens zusammenzusetzen ist, können die in § 98 Abs. 2 AktG benannten Antragsberechtigten einen Antrag auf gerichtliche Entscheidung über die Zusammensetzung des Aufsichtsrats stellen. 42

43 Ein solcher Antrag kann als Reaktion auf eine Bekanntmachung des betroffenen Unternehmens gemäß § 97 Abs. 1 AktG (vgl. Muster W Rdn. 24) erfolgen. Zulässig ist aber **jederzeit** auch ein **Antrag**, ohne dass zuvor eine Bekanntmachung gemäß § 97 Abs. 1 AktG erfolgte.

44 § 99 Abs. 1 AktG bestimmt, dass das gerichtlich Verfahren sich nach § 99 Abs. 2 bis 5 AktG sowie, subsidiär, nach dem Gesetz über das Verfahren in Familiensachen und in den Angelegenheiten der freiwilligen Gerichtsbarkeit (**FamFG**) richtet. Das Verfahren ist in seiner ersten Instanz Tatsacheninstanz – die einzige Tatsacheninstanz im Statusverfahren (vgl. allgemein zum Verfahren gemäß §§ 98 ff. AktG *Hüffer* § 99 AktG; Großkommentar AktG/*Hopt/Roth/Peddinghaus* § 99).

45 Dem Muster liegt folgender Sachverhalt zugrunde: Auf die A-AG mit regelmäßig 1.150 in Vollzeit und 200 in Teilzeit beschäftigten Arbeitnehmern wird die B-AG mit 600 in Vollzeit und 150 in Teilzeit beschäftigten Arbeitnehmern verschmolzen. Die A-AG hat vor der Verschmelzung einen Aufsichtsrat, der nach dem Drittelbeteiligungsgesetz besetzt ist und dementsprechend zu einem Drittel aus Arbeitnehmervertretern besteht. Der Vorstand der A-AG sieht keine Veranlassung, ein Statusverfahren einzuleiten, da seines Erachtens Teilzeitbeschäftigte bei der Ermittlung der für die Mitbestimmung relevanten Arbeitnehmerzahlen nicht voll in die Berechnung einfließen und dementsprechend auch nach der Verschmelzung die Schwelle zur Anwendbarkeit des Mitbestimmungsgesetzes nicht erreicht sei. Der Gesamtbetriebsrat der A-AG sieht dies anders. Er stellt darum einen Antrag auf gerichtliche Entscheidung gemäß § 98 f. AktG.

▶ **Muster – Antrag auf gerichtliche Entscheidung über die Zusammensetzung des Aufsichtsrates gemäß § 98 f. AktG**

46 Per Telefax: _____[Nummer]_____ 1

An das Landgericht _____[Ort]_____ 2

– Kammer für Handelssachen –

[Anschrift des Gerichts]

_____[Ort]_____, den _____[Datum]_____

ANTRAG

des Gesamtbetriebsrats der A-AG 3

– Antragsteller –

Verfahrensbevollmächtigte: Rechtsanwälte [Kanzleiname und -anschrift] 4

unter Beteiligung der

A-AG, vertreten durch ihren Vorstand [Namen der Vorstandsmitglieder]

– Antragsgegnerin und Beteiligte zu 2) –

auf gerichtliche Entscheidung über die Zusammensetzung des Aufsichtsrats gemäß § 98 Abs. 1 AktG.

Namens und in Vollmacht des Antragstellers beantragen wir wie folgt zu beschließen: 5

> Es wird festgestellt, dass der Aufsichtsrat der A-AG nach den Vorschriften des Gesetzes über die Mitbestimmung der Arbeitnehmer vom 04.05.1976 zusammenzusetzen ist. Der Aufsichtsrat hat gemäß § 7 Abs. 1 Satz 1 Ziff. 1 MitbestG aus je 6 Aufsichtsratsmitgliedern der Anteilseigner und der Arbeitnehmer zu bestehen. 6

Streitwert: EUR 50.000,00 7

BEGRÜNDUNG

I. Sachverhalt [8]

Die Beteiligte zu 2) ist eine Aktiengesellschaft mit Sitz in ____[Ort]____, die im Handelsregister des Amtsgerichts ____[Ort]____ unter der Nummer ____[HReg.-Nr.]____ eingetragen ist. Die Antragstellerin ist der Gesamtbetriebsrat der A-AG.

Beweis: [9] Vorlage des Wahlprotokolls als

– Anlage 1 –

Der Aufsichtsrat der A-AG ist derzeit gemäß § 96 Abs. 1 AktG i.V.m. § 1 Abs. 1 Ziff. 3, § 4 Abs. 1 DrittelbG drittelparitätisch mit drei Mitgliedern, d.h. einem Mitglied der Arbeitnehmer und zwei Anteilseignervertretern besetzt. Die Satzung der A-AG enthält keine Regelung zur Größe des Aufsichtsrats.

Die A-AG hat bisher in der Regel mehr als 500 Arbeitnehmer, im Geschäftsjahr 2009 zuletzt 1.350 Arbeitnehmer, davon 200 Arbeitnehmer in Teilzeit, beschäftigt. [1] Durch Verschmelzungsvertrag vom 5. Januar 2010 mit Wirkung zum 20. Januar 2010 wurde die B-AG nach § 2 Ziff. 1, § 4 Abs. 1, § 20 Abs. 1 UmwG auf die A-AG verschmolzen. Der übertragenden B-AG gehörten zum Zeitpunkt des Übergangs 750 Arbeitnehmer, davon 150 in Teilzeit, an. Damit erhöhte sich die Zahl der durchschnittlich beschäftigten Arbeitnehmer insgesamt auf 2.100. Die Zahlen sind bis heute stabil, eine Änderung der Arbeitnehmerstärke ist bei der A-AG auch für die Zukunft nicht geplant.

II. Rechtliche Würdigung

1. Der aufgrund mangelnder vorheriger Bekanntmachung nach § 97 Abs. 1 AktG durch den Vorstand nicht fristgebundene Antrag ist statthaft. Einer vorherigen Bekanntmachung bedarf es für die Zulässigkeit des Antrags nicht. [11]

2. Anders als der Vorstand der Beteiligten zu 2) behauptet, sind Teilzeitbeschäftigte bei der Ermittlung der maßgeblichen Arbeitnehmerzahlen voll zu berücksichtigen. [12] Dies hat zur Folge, dass die Beteiligte zu 2) nach der Verschmelzung nunmehr insgesamt 2.100 zu berücksichtigende Arbeitnehmer beschäftigt.

3. Infolge der Erhöhung der Arbeitnehmerzahl nach der Verschmelzung auf insgesamt 2.100 Arbeitnehmer entfielen die Voraussetzungen des DrittelbG. Es sind nun die Vorschriften des MitbestG anwendbar, wie sich aus § 1 Abs. 2 Ziff. 1 DrittelbG i.V.m. § 1 Abs. 1 MitbestG ergibt. Der Aufsichtsrat der Beteiligten zu 2) ist nunmehr gemäß § 96 Abs. 1 AktG, § 1 Abs. 1 Ziff. 1 i.V.m. § 7 Abs. 1 Satz 1 Ziff. 1 MitbestG aus je 6 Aufsichtsratsmitgliedern der Anteilseigner und der Arbeitnehmer zusammenzusetzen.

(Unterschrift des Rechtsanwalts) [13]

Erläuterungen

Schrifttum
Fuchs/Köstler/Pütz Handbuch zur Aufsichtsratswahl, 6. Aufl. 2016; *Keidel* FamFG, 18. Auflage 2014; *Mohr/Rehm* Grundlagen und Grenzen der Bildung eines mitbestimmten Aufsichtsrats in der GmbH auf Initiative des Betriebsrats, BB 2009, 1806.

1. Da weder das FamFG noch § 99 AktG Formvorschriften für einen Antrag enthalten, ist neben der schriftlichen Antragstellung sowie der Erklärung zu Protokoll der Geschäftsstelle auch die Übermittlung des Antrags per Telefax möglich. Sogar mündlich oder telefonisch erklärte Anträge sollen weiterhin zulässig sein, soweit das Gericht sie zulässt (vgl. hierzu Großkommentar AktG/*Hopt/Roth/Peddinghaus* § 98 Rn. 8; Keidel/*Sternal* FamFG, § 23 Rn. 18 f.). 47

2. Zuständig ist gemäß § 98 Abs. 1 AktG das Landgericht, in dessen Bezirk das Unternehmen für das die Zusammensetzung des Aufsichtsrats streitig oder ungewiss ist, liegt. Sofern bei dem 48

Landgericht eine Handelskammer existiert, ist diese funktionell zuständig, wie sich seit der FGG-Reform aus § 71 Abs. 2 Ziff. 4b i.V.m. § 95 Abs. 2 Ziff. 2 GVG ergibt. Gemäß § 71 Abs. 4 GVG n.F. können die Bundesländer die Zuständigkeit mehrerer Landgerichte bei einem Landgericht bündeln. Hiervon haben viele Länder Gebrauch gemacht (s. Angaben bei MüKo-AktG/*Habersack* § 98 Rn. 8).

49 3. Existiert in dem Unternehmen, für das die Zusammensetzung des Aufsichtsrats streitig oder ungewiss ist, ein Gesamtbetriebsrat, so ist dieser **antragsberechtigt** – in Ermangelung eines Gesamtbetriebsrats kann der Antrag durch den Betriebsrat gestellt werden (§ 98 Abs. 2 Ziff. 4 AktG). Darüber hinaus sind der Vorstand (bzw. das vertretungsberechtigte Organ), jedes Aufsichtsratsmitglied, jeder Aktionär (bzw. je nach Rechtsform des Unternehmens der Gesellschafter (GmbH), der Genosse (Genossenschaft) oder das Mitglied der obersten Vertretung (VAG) oder der Gesamt- oder Unternehmenssprecherausschuss (in Ermangelung eines solchen der Sprecherausschuss) antragsberechtigt (§ 98 Abs. 2 Ziff. 1–3, 5 AktG).

50 Der Gesamtbetriebsrat (in Ermangelung desselben der Betriebsrat) und der Gesamt- bzw. Unternehmenssprecherausschuss (in Ermangelung derselben der Sprecherausschuss) von an der Wahl beteiligten Konzernunternehmen sowie ein Zehntel oder mindestens 100 Arbeitnehmer (§ 98 Abs. 2 Ziff. 6–8 AktG) sind antragsberechtigt, wenn ihre Wahlbeteiligung von den gesetzlichen Vorschriften abhängt, deren Anwendung ungewiss ist (berechtigtes Interesse an der Entscheidung des Gerichts, *Mohr/Rehm* BB 2009, 1806, 1807). Antragsberechtigt sind auch Gewerkschaften, die nach den gesetzlichen Vorschriften, deren Anwendung streitig ist, ein Vorschlagsrecht hätten sowie deren Spitzenorganisationen (§ 98 Abs. 2 Ziff. 9, 10 AktG).

51 Geht es um die Anwendung des Mitbestimmungsgesetzes bzw. einzelner Vorschriften dieses Gesetzes, kann ein Antrag auch von einem Zehntel der wahlberechtigten Arbeitnehmer gemäß § 3 Abs. 1 Ziff. 1 MitbestG bzw. der wahlberechtigten leitenden Angestellten gestellt werden (§ 98 Abs. 2 Satz 2 AktG).

52 Die **Zulässigkeit des Antrags** hängt von der Antragsberechtigung ab, die dementsprechend im Antrag darzulegen und gegebenenfalls zu beweisen ist. Wie dies im Einzelnen zu erfolgen hat, richtet sich nach dem jeweiligen Antragsteller (vgl. *Mohr/Rehm* BB 2009, 1806, 1810). So erbringt der Gesamtbetriebsrat den Nachweis beispielsweise durch eine Bescheinigung des Vorstands oder durch Vorlage des Protokolls über seine Wahl, der Vorstand hingegen durch Bezugnahme auf die Registerakten oder einen Auszug aus dem Handelsregister (Großkommentar AktG/*Hopt/Roth/Peddinghaus* § 99 Rn. 9 mit weiteren Fällen). Antragstellende Gewerkschaften müssen neben dem Nachweis, dass sie im betroffenen Unternehmen vertreten sind, auch ihr berechtigtes Interesse nachweisen.

53 4. In der ersten Instanz des Statusverfahrens herrscht **kein Anwaltszwang** (h.M., OLG Düsseldorf, Beschl. v. 02.08.1994 – 19 W 1/93, DB 1994, 1770, 1771; MüKo-AktG/*Habersack* § 99 Rn. 11; *Hüffer* § 99 AktG Rn. 3).

54 5. Gemäß § 99 Abs. 3 Satz 1 AktG entscheidet das Landgericht durch einen mit Gründen versehenen Beschluss. Das Landgericht stellt seine Entscheidung dem Antragsteller sowie der Gesellschaft zu und macht sie – ohne Begründung – in den Gesellschaftsblättern bekannt (§ 99 Abs. 4 Satz 1 und 2 AktG). Ist die Entscheidung rechtskräftig, hat das zur Vertretung berechtigte Organ des Unternehmens sie unverzüglich zum Handelsregister einzureichen (§ 99 Abs. 5 AktG).

55 6. Vgl. zur **Anzahl der zu wählenden Arbeitnehmervertreter** W Rdn. 89 f.

56 [unbelegt]

57 7. Gemäß § 75 GNotGK beträgt der **Streitwert** regelmäßig EUR 50.000,00. Kostenschuldner ist gem. § 25 Nr. 10 GNotKG grundsätzlich die Gesellschaft. Bei offensichtlich unbegründeten oder unzulässigen Anträgen geht der Kostenausspruch jedoch zu Lasten des Antragstellers (vgl. § 99 Abs. 6 AktG; dazu ErfK/*Oetker* § 99 AktG Rn. 9).

8. Gemäß § 23 Abs. 1 FamFG soll der Antrag begründet werden. 58

9. Gemäß § 23 FamFG sollen die Beteiligten des Verfahrens Beweisangebote machen (vgl. ausführlich Keidel/*Sternal* FamFG, § 23 Rn. 40, § 26 Rn. 22, § 29 Rn. 1 ff.). Das Gericht ist allerdings nicht an die Beweisangebote gebunden (Keidel/*Sternal* FamFG, § 26 Rn. 22). 59

10. Vgl. zum Arbeitnehmerbegriff nach dem MitbestG W Rdn. 26 ff. 60

11. Ist hingegen eine Bekanntmachung des Vorstands nach § 97 Abs. 1 AktG erfolgt, ist ein Antrag auf gerichtliche Entscheidung nach § 98 Abs. 1 AktG innerhalb eines Monats nach der Veröffentlichung der Bekanntmachung im Bundesanzeiger zu stellen, da andernfalls der Aufsichtsrat nach den in der Bekanntmachung des Vorstands angegebenen gesetzlichen Vorschriften zusammenzusetzen ist. Zwar kann auch nach Ablauf der Monatsfrist ein Antrag gemäß § 98 Abs. 1 AktG gestellt werden. Jedoch lässt sich durch einen solchen Antrag nicht verhindern, dass zunächst ein neuer Aufsichtsrat entsprechend der Bekanntmachung des Vorstandes gebildet wird (*Fuchs/Köstler/Pütz* Rn. 166). 61

12. Vgl. zur Berücksichtigung von Teilzeitkräften im Wahlverfahren W Rdn. 29. 62

13. Zur Vertretung durch einen Rechtsanwalt im erstinstanzlichen Verfahren vgl. W Rdn. 53. 63

3. Beschwerde gegen die Entscheidung des Gerichts gem. § 99 Abs. 3 AktG (Beschwerdeschrift)

Vorbemerkung

Gegen den Beschluss des Landgerichts im Rahmen des Verfahrens nach § 98 Abs. 1 AktG auf gerichtliche Entscheidung über die Zusammensetzung des Aufsichtsrates kann gemäß § 99 Abs. 3 Satz 2 AktG Beschwerde beim Oberlandesgericht eingelegt werden. 64

Dem Muster liegt der Sachverhalt zugrunde, dass der Gesamtbetriebsrat einer Aktiengesellschaft gegen einen Beschluss des Landgerichts im Verfahren nach § 98 Abs. 1 AktG vorgeht, in dem das Landgericht nach Ansicht des Gesamtbetriebsrats eine zu hohe Anzahl an Aufsichtsratsmitgliedern festgelegt hat. 65

▶ **Muster – Beschwerde gegen die Entscheidung des Gerichts gemäß § 99 Abs. 3 AktG (Beschwerdeschrift)**

An das Oberlandesgericht ___[Ort]___ [1] 66
[Anschrift des Gerichts]

___[Ort]___, den ___[Datum]___ [2]

BESCHWERDE

In dem Verfahren nach § 98 Abs. 1 AktG

mit den Beteiligten

der Gesamtbetriebsrat der A AG [3]

– Antragsteller, Beschwerdeführer –

Verfahrensbevollmächtigte: Rechtsanwälte ___[Kanzleiname und -anschrift]___ [4]

gegen

die A AG, vertreten durch ihren Vorstand ___[Namen der Vorstandsmitglieder]___

– Antragsgegnerin, Beschwerdegegnerin –

W. Wahl der Arbeitnehmervertreter in den Aufsichtsrat

Namens und in Vollmacht des Antragsstellers legen wir BESCHWERDE gemäß § 99 Abs. 3 Satz 2 AktG ein und beantragen, wie folgt zu entscheiden: [5]

> Der Beschluss des Landgerichts ____[Ort]____ wird aufgehoben. Es wird festgestellt, dass der Aufsichtsrat der Antragsgegnerin nach den Vorschriften des Gesetzes über die Mitbestimmung der Arbeitnehmer vom 04.05.1976 nach Maßgabe des § 7 Abs. 1 Satz 1 Ziff. 1 MitbestG aus je sechs Aufsichtsratsmitgliedern der Anteilseigner und der Arbeitnehmer zusammenzusetzen ist.

BEGRÜNDUNG

Der Beschluss des Landgerichts ____[Ort]____ beruht auf einer Verletzung der §§ __[einschlägige Vorschriften]__ MitbestG. [6]

__[Darlegung der Rechtsverletzung]__

(Unterschrift des Rechtsanwaltes)

Erläuterungen

67 **1.** Das **Oberlandesgericht** ist nach § 119 Abs. 1 Nr. 2 GVG das zuständige Beschwerdegericht gegen die Entscheidungen des Landgerichts im Verfahren nach § 98 Abs. 1 AktG.

68 **2.** Die **Beschwerdefrist** gemäß § 63 Abs. 1 FamFG beträgt **einen Monat**. Sie beginnt mit der Bekanntmachung der erstinstanzlichen Entscheidung im Bundesanzeiger, für den Antragsteller und die Gesellschaft jedoch nicht vor der Zustellung der Entscheidung, § 99 Abs. 4 Satz 4 AktG.

69 [unbelegt]

70 **3. Beschwerdebefugt** sind nach § 99 Abs. 4 Satz 3 AktG die nach § 98 Abs. 2 AktG Antragsberechtigten, unabhängig davon, ob sie am Verfahren in erster Instanz beteiligt waren (MüKo-AktG/*Habersack* § 99 Rn. 19; Großkommentar AktG/*Hopt/Roth/Peddinghaus* § 99 Rn. 26). Das Unternehmen selbst ist nur antragsbefugt, wenn es erstinstanzlich unterlegen ist (vgl. *Hüffer* § 99 AktG Rn. 8).

71 **4.** Die Beschwerde muss, anders als der Antrag nach § 98 Abs. 1 AktG (Muster W Rdn. 46), von einem zugelassenen Anwalt eingelegt werden (§ 99 Abs. 3 Satz 4 AktG). Es herrscht also, nach überwiegender Ansicht in der Literatur, lediglich für die Einlegung, nicht aber für das weitere Verfahren, **Anwaltszwang** (MüKo-AktG/*Habersack* § 99 Rn. 19 m.w.N.; Großkommentar AktG/*Hopt/Roth/Peddinghaus* § 99 Rn. 29; a.A. wohl *Hüffer* § 99 AktG Rn. 7). Die Beteiligung eines Rechtsanwalts ist jedoch für die gesamte Instanz dringend zu empfehlen, da es sich bei der Beschwerde nicht mehr um eine Tatsacheninstanz handelt, sondern nur noch Rechtsfragen zu beantworten sind. Ohne genaue Rechtskenntnisse kann diese Instanz kaum erfolgreich durchgeführt werden.

72 **5.** Die Entscheidung des Oberlandesgerichts ergeht ebenfalls durch Beschluss, gegen den, wenn zugelassen, die Rechtsbeschwerde möglich ist (vgl. § 70 FamFG).

73 Das Oberlandesgericht hat den Beschluss (lediglich Rubrum und Tenor) von Amts wegen unverzüglich in den Gesellschaftsblättern bekannt zu machen; es gilt auch hier § 99 Abs. 4 Satz 1 und 2 AktG (vgl. MüKo-AktG/*Habersack* § 99 Rn. 22, 17). Das Unternehmen muss den rechtskräftigen Beschluss unverzüglich dem Handelsregister zur Eintragung einreichen (§ 99 Abs. 5 AktG).

74 **6.** Die Beschwerde ist Rechtsbeschwerde und kann daher ausschließlich auf die Verletzung des Gesetzes gestützt werden (Großkommentar AktG/*Hopt/Roth/Peddinghaus* § 99 Rn. 25). § 99 Abs. 3 Satz 3 AktG verweist diesbezüglich auf die § 72 Abs. 1 Satz 2 und § 74 Abs. 2, 3 FamFG und § 547 ZPO. **Neue Tatsachen** können ausnahmsweise dann Berücksichtigung finden, wenn sie sich während des Beschwerdeverfahrens ereignen, unstreitig sind und schützenswerte Belange

der Gegenpartei nicht entgegenstehen (so OLG Düsseldorf, Beschluss vom 29.04.1999 – 19 W 3/90, NZG 1999, 766).

II. Einleitung der Wahl

Grundsätzliches zur Wahl der Arbeitnehmer in den Aufsichtsrat vgl. W Rdn. 1 ff. 75

Die Wahl der Arbeitnehmervertreter in den Aufsichtsrat wird durch das Unternehmen, in dessen Aufsichtsrat Arbeitnehmervertreter zu wählen sind, eingeleitet. 76

1. Bekanntmachung des Unternehmens

Vorbemerkung

Das Unternehmen macht bekannt, dass Arbeitnehmer in den Aufsichtsrat zu wählen sind (§ 2 2. WOMitbestG, § 2 1. WOMitbestG, § 2 3. WOMitbestG, §§ 1, 24 WODrittelbG). Während bei Wahlen nach dem Mitbestimmungsgesetz die Bekanntmachung durch Aushang an den Schwarzen Brettern direkt an die Arbeitnehmer gerichtet wird, erhält bei Wahlen nach dem Drittelbeteiligungsgesetz grundsätzlich lediglich der Betriebsrat im Wege einer schriftlichen Mitteilung die Information von der durchzuführenden Wahl der Arbeitnehmervertreter in den Aufsichtsrat. Lediglich in Betrieben, in denen ein Betriebsrat nicht besteht, hat auch bei Wahlen nach dem Drittelbeteiligungsgesetz eine Bekanntmachung am Schwarzen Brett zu erfolgen. In der Praxis erfolgt die Mitteilung am Schwarzen Brett häufig unabhängig von der Existenz eines Betriebsrates. 77

▶ **Muster – Bekanntmachung des Unternehmens**

[Absender des Unternehmens, in dessen Aufsichtsrat Arbeitnehmer zu wählen sind] 78

_____ [Datum] [1]

Aufsichtsratswahl
[Unternehmen]

Bekanntmachung [2] des Unternehmens nach § 2 2. WOMitbestG [3]

Wahl von Aufsichtsratsmitgliedern der Arbeitnehmer in den Aufsichtsrat der [Unternehmen]

Die Amtszeit unseres derzeitigen Aufsichtsrats endet mit dem Ende der nächsten ordentlichen Hauptversammlung unseres Unternehmens, die voraussichtlich am _____[Datum]_____ stattfinden wird. [4] Es sind daher _____[Anzahl]_____ [5]Aufsichtsratsmitglieder der Arbeitnehmer in den Aufsichtsrat zu wählen, deren Amtszeit mit dem Ende dieser Hauptversammlung beginnt. [6]

Die Anschriften der Betriebe unseres Unternehmens lauten: [7]

Betrieb ____[Name]____ ____[Adresse]____

Betrieb ____[Name]____ ____[Adresse]____

[ggf. weitere Betriebe mit Adresse]

Die Gesamtbelegschaft des Unternehmens besteht aus ____[Zahl der Arbeitnehmer]____ Arbeitnehmern (Stand: ____[Datum]____). [8]

____[Ort, Datum]____

_____
(Unterschrift des vertretungsbefugten Organs der Gesellschaft)

W. Wahl der Arbeitnehmervertreter in den Aufsichtsrat

Erläuterungen

Schrifttum

Fuchs/Köstler/Pütz Handbuch zur Aufsichtsratswahl, 6. Auflage 2016; *Seibt* Drittelbeteiligungsgesetz und Fortsetzung der Reform des Unternehmensmitbestimmungsrechts, NZA 2004, 767.

79 1. Je nach einschlägiger Wahlordnung, hat die **Bekanntmachung 14 bis 25 Wochen vor** dem voraussichtlichen **Beginn der Amtszeit** der zu wählenden Aufsichtsratsmitglieder zu erfolgen (§ 2 Abs. 1 Satz 1 2. WOMitbestG: 23 Wochen, § 2 Abs. 1 Satz 1 1. WOMitbestG: 19 Wochen, § 2 Abs. 1 Satz 1 3. WOMitbestG: 25 Wochen, § 1 WODrittelbG: 14 Wochen).

80 Eine frühere Einleitung der Wahl ist insbesondere bei der Beteiligung mehrerer Betriebe oder gar Unternehmen durchaus zu empfehlen, um im Falle etwaiger organisatorischer Pannen immer noch alle Mindestfristen einhalten zu können. Unschädlich ist, wenn die Arbeitnehmervertreter bereits vor Ende der regulären Amtszeit ihrer Vorgänger feststehen. Ihre Amtszeit beginnt nicht schon mit der Wahl, sondern erst mit dem in der Satzung des Unternehmens angegebenen Zeitpunkt (bei turnusgemäßen Wahlen zum Ende der Amtszeit) oder dem für den Amtsbeginn sonst vorgesehenen Zeitpunkt (vgl. UHH/*Ulmer/Habersack* § 6 MitbestG Rn. 66).

81 **2.** Alt. nach WODrittelbG: **Mitteilung** (vgl. § 1 WODrittelbG).

Die Wahlordnungen sehen zwar vor, dass die Bekanntmachung auch durch **im Unternehmen vorhandenen Informations- und Kommunikationstechnik** erfolgen kann. Theoretisch wäre also eine Bekanntmachung ausschließlich durch das Intranet zulässig. Allerdings muss gewährleistet sein, dass alle Arbeitnehmer auf diese Weise erreicht werden und nur das Unternehmen Änderungen der Bekanntmachung vornehmen kann (§ 2 Abs. 2 Satz 2 2. WOMitbestG, § 2 Abs. 2 Satz 2 1. WOMitbestG, § 2 Abs. 2 Satz 2 3. WOMitbestG). Dies dürfte nur in den wenigsten Unternehmen der Fall sein. Aus diesem Grund sollte die Bekanntmachung durch das Intranet allenfalls zusätzlich zum Aushang an den **Schwarzen Brettern** erfolgen.

82 Bei Wahlen nach dem **DrittelbG** ist vorgesehen, dass die dort sogenannte »Mitteilung«, dass Arbeitnehmervertreter in den Aufsichtsrat zu wählen sind, **gegenüber dem Betriebsrat** bzw. den Betriebsräten erfolgt und nur in Ermangelung eines Betriebsrats gegenüber den Arbeitnehmern vorzunehmen ist (§§ 1, 24 DrittelbG). Eine bestimmte Form der Mitteilung schreibt die WO-DrittelbG nicht vor, dennoch sollte die Mitteilung schriftlich erfolgen. Darüber hinaus ist es sinnvoll, auch in Betrieben mit Betriebsräten die Arbeitnehmer durch eine gleichlautende Bekanntmachung am Schwarzen Brett zu informieren. § 1 WODrittelbG enthält keine Information darüber, wie die Mitteilung an die Arbeitnehmer zu erfolgen hat.

83 Die Bekanntmachung/Mitteilung des Unternehmens, dass Arbeitnehmervertreter in den Aufsichtsrat zu wählen sind, leitet rein technisch die Wahl der Arbeitnehmer in den Aufsichtsrat ein (so auch *Seibt* NZA 2004, 767, 772). Die Wahlordnungen nach dem MitbestG (§ 3 Abs. 1 2. WOMitbestG, § 3 1. WOMitbestG, § 3 Abs. 1 3. WOMitbestG) und dem DrittelbG (§ 5 Abs. 1 Satz 2 WODrittelbG) gehen hingegen davon aus, dass die Wahl durch die Wahlvorstände eingeleitet wird. Für den Wahlablauf ist völlig unerheblich, welcher Akt als »**Einleitung des Wahlverfahrens**« zu qualifizieren ist. Jedenfalls ist das Tätigwerden des Unternehmens nicht zwingend, um das Wahlverfahren durchführen zu können. Erlässt das Unternehmen keine Bekanntmachung zur Einleitung der Wahl der Arbeitnehmer, so kann die Wahl auch auf **Initiative der Arbeitnehmer** in Gang gesetzt werden. Steht aufgrund eines vorangegangenen Statusverfahrens (vgl. Muster W Rdn. 16 ff.) fest, dass und nach welchen Vorschriften Arbeitnehmer in den Aufsichtsrat zu wählen sind, können die Betriebsräte von sich aus aktiv werden und Wahlvorstände bilden. Ist die Geltung eines Mitbestimmungsrechts nicht anerkannt, müssen die Betriebsräte oder jeder andere Antragsberechtigte nach § 98 Abs. 2 AktG zunächst einen Antrag auf gerichtliche Entscheidung über die Zusammensetzung des Aufsichtsrats stellen (vgl. Muster W Rdn. 46; *Fuchs/Köstler/Pütz* Rn. 265, 421).

3. Alt.: § 2 1. WOMitbestG, § 2 3. WOMitbestG, § 1 WODrittelbG.   84

4. In der Praxis am häufigsten sind Wahlen, die turnusgemäß zum Ende der regulären Amtszeit der Aufsichtsratsmitglieder stattfinden. Darüber hinaus wird der Aufsichtsrat neu besetzt in Fällen der Umwandlung, der Neugründung, der Verschmelzung oder der Überschreitung oder Unterschreitung der Schwellenwerte des Mitbestimmungsrechts (vgl. hierzu ausführlich *Fuchs/Köstler/Pütz* Rn. 245 ff. und Rn. 173 ff.).   85

Endet lediglich die Amtszeit eines einzelnen Arbeitnehmervertreters (z.B. durch Tod, Krankheit oder Rücktritt) und gibt es für diesen Arbeitnehmervertreter kein Ersatzmitglied, so ist grundsätzlich ebenfalls ein Wahlverfahren nach dem Mitbestimmungsrecht durchzuführen. In der Praxis wird in diesen Fällen, insbesondere wenn das reguläre Ende der Amtszeit nicht allzu weit entfernt ist, eher eine gerichtliche Bestellung gemäß § 104 AktG beantragt werden (so auch WWKK/*Kleinsorge* MitbestR, § 7 DrittelbG Rn. 3; *Seibt* NZA 2004, 767, 772).   86

Ist der Aufsichtsrat nach der Durchführung eines Statusverfahrens gemäß §§ 97, 98 AktG neu zu bestellen, so kann formuliert werden: 87

Alternative: 88

[Mit Datum vom *[Datum der Bekanntmachung Muster V.I.1.]* hat das Unternehmen bekannt gemacht, dass nach seiner Ansicht der Aufsichtsrat gemäß *[Nennung der in der Bekanntmachung an entsprechender Stelle genannten Normen]* zusammenzusetzen ist und der Aufsichtsrat dementsprechend aus *[Anzahl]* Aufsichtsratsmitgliedern der Anteilseigner und *[Anzahl]* Arbeitnehmervertretern bestehen muss.

Die vom Gesetz (§ 97 Abs. 2 AktG) gesetzte Monatsfrist seit der Bekanntmachung ist verstrichen, ohne dass ein Antragsberechtigter das zuständige Gericht angerufen hat.

Dementsprechend ist der Aufsichtsrat nunmehr nach den genannten Vorschriften zu besetzen.]

5. Die **Anzahl der zu wählenden Arbeitnehmervertreter** ergibt sich für die Wahlen nach dem Mitbestimmungsgesetz aus § 7 Abs. 1 MitbestG, der als speziellere Vorschrift die allgemeinere Bestimmung des § 95 AktG verdrängt. Die **Verteilung** der Aufsichtsratssitze der Arbeitnehmervertreter auf leitende Angestellte, Arbeitnehmer gemäß § 3 Abs. 1 Ziff. 1 MitbestG sowie Gewerkschaftsvertreter, bestimmt sich nach einem festen Zahlenschlüssel, der in § 7 Abs. 2 MitbestG sowie § 25 2. WOMitbestG (§ 23 1. WOMitbestG, § 25 3. WOMitbestG) dargestellt ist.   89

Für Wahlen nach dem **Drittelbeteiligungsgesetz** ergibt sich die Anzahl der zu wählenden Arbeitnehmervertreter aus § 1 Abs. 1 und § 4 Abs. 1 DrittelbG i.V.m. § 95 AktG, § 35 VAG oder § 36 GenG i.V.m. § 4 DrittelbG, jeweils in Verbindung mit der Satzung bzw. des Gesellschaftsvertrages des jeweiligen Unternehmens.   90

Sieht die **Satzung des Unternehmens eine höhere Zahl** von Aufsichtsratsmitgliedern vor, als nach der jeweilig einschlägigen gesetzlichen Vorschrift erforderlich, so ist die sich aus der Satzung ergebende Anzahl der Aufsichtsratsmitglieder sowie – zusätzlich zur einschlägigen gesetzlichen Norm – der entsprechende Paragraph in der Satzung zu benennen. Dies bereitet allerdings in der Praxis immer dann Probleme, wenn die Wahl bereits eingeleitet wird, bevor die Satzung nach einem noch laufenden oder bereits durchgeführten Statusverfahren angepasst ist. In einem solchen Fall kann nach der hier vertretenen Ansicht auf die zahlenmäßige Angabe die Größe des Aufsichtsrats verzichtet werden; es muss lediglich angegeben werden, ob die Hälfte oder ein Drittel des Aufsichtsrats mit Arbeitnehmervertretern zu besetzen ist (vgl. insoweit Wortlaut W Rdn. 24).   90.1

6. Findet die Wahl unter **Beachtung der Geschlechterquote** statt (vgl. dazu W Rdn. 7.1 ff.), ist, im Falle der **Gesamterfüllung** wie folgt zu formulieren: 90.2

W. Wahl der Arbeitnehmervertreter in den Aufsichtsrat

90.3 *Alternative:*

Es sind daher ____[Anzahl]____ *Aufsichtsratsmitglieder der Arbeitnehmer in den Aufsichtsrat zu wählen, deren Amtszeit mit dem Ende dieser Hauptversammlung beginnt.*

Gem. § 96 Abs. 2 Satz 1 AktG muss sich der Aufsichtsrat zu mindestens 30 % aus Frauen und zu mindestens 30 % aus Männern zusammensetzen. Dementsprechend müssen im Aufsichtsrat unseres Unternehmens mindestens jeweils ____[Anzahl]____ *Männer bzw. Frauen vertreten sein. Der Geschlechteranteil ist vom Aufsichtsrat insgesamt zu erfüllen (§ 96 Abs. 2 Satz 2 AktG; Gesamterfüllung).*

90.4 Wurde im Aufsichtsrat ein Beschluss zur **Getrennterfüllung** gefasst (vgl. dazu W Rdn. 7.4), ist wie folgt zu formulieren:

90.5 *Alternative:*

Es sind daher ____[Anzahl]____ *Aufsichtsratsmitglieder der Arbeitnehmer in den Aufsichtsrat zu wählen, deren Amtszeit mit dem Ende dieser Hauptversammlung beginnt.*

Gem. § 96 Abs. 2 Satz 1 AktG muss sich der Aufsichtsrat zu mindestens 30 % aus Frauen und zu mindestens 30 % aus Männern zusammensetzen. Der Aufsichtsrat hat in seiner Sitzung vom ____[Datum]____ *der Gesamterfüllung widersprochen. Aus diesem Grund ist der Geschlechteranteil für diese Wahl von der Anteilseignerseite und der Seite der Arbeitnehmer gem. § 96 Abs. 2 Satz 3 AktG getrennt zu erfüllen (Getrennterfüllung). Dementsprechend müssen im Aufsichtsrat unseres Unternehmens mindestens jeweils* ____[Anzahl]____ *Männer bzw. Frauen als Arbeitnehmervertreter vertreten sein.*

91 7. **Für die 3. WOMitbestG:** Die Firmen und Anschriften der Unternehmen, deren Arbeitnehmer an der Wahl teilnehmen und deren Betriebe sowie die Zahlen der dort jeweils in der Regel beschäftigten Arbeitnehmer sind anzugeben (§ 2 Abs. 1 Ziff. 5 3.WOMitbestG). Es ist dementsprechend zu formulieren:

Alternative:

[Die Anschriften der an der Wahl teilnehmenden Unternehmen und deren Betriebe lauten:

Unternehmen _____ *[Adresse]* _____ *[Zahl der Arbeitnehmer]*

Betrieb _____ *[Adresse]* _____ *[Zahl der Arbeitnehmer]*

Betrieb _____ *[Adresse]* _____ *[Zahl der Arbeitnehmer]*

Unternehmen _____ *[Adresse]* _____ *[Zahl der Arbeitnehmer]*

Betrieb _____ *[Adresse]* _____ *[Zahl der Arbeitnehmer]*

Betrieb _____ *[Adresse]* _____ *[Zahl der Arbeitnehmer]]*

92 Für die **1. WOMitbestG**: Die Nennung des (einzigen) Betriebes ist nicht erforderlich (vgl. § 2 1. WOMitbestG).

93 Für die **WODrittelbG**: Weder § 1 noch § 24 WODrittelbG sehen eine Nennung der an der Wahl beteiligten Betriebe, oder Unternehmen vor. Dennoch sollten bei Beteiligung mehrerer Betriebe diese Betriebe, und bei der Beteiligung mehrerer Unternehmen die Betriebe unter Nennung ihrer Unternehmen, aufgeführt werden.

94 **8.** Für Wahlen unter Beteiligung mehrerer Unternehmen (3. **WOMitbestG**, §§ 23 ff. **WODrittelbG**):

Alternative:

[Die Gesamtbelegschaft unserer Unternehmen besteht aus ____[Zahl der Arbeitnehmer]____ *Arbeitnehmern (Stand:* ____[Datum]____ *).]*

Zum Arbeitnehmerbegriff im Sinne des Mitbestimmungsrechts vgl. W Rdn. 26 ff.

2. Übersendung der Bekanntmachung an Arbeitnehmervertretungen und Gewerkschaften

Vorbemerkung

Das Unternehmen, in dem die Arbeitnehmer nach dem **MitbestG** in den Aufsichtsrat zu wählen sind, übersendet Kopien der Bekanntmachung (Muster W Rdn. 78)
- an alle Betriebsräte und Sprecherausschüsse der an der Wahl beteiligten Betriebe und Unternehmen
- an die in diesen Betrieben und Unternehmen vertretenen Gewerkschaften
- soweit vorhanden, an die anderen Unternehmen, deren Arbeitnehmer nach § 4 oder § 5 MitbestG an der Wahl teilnehmen

(§ 2 Abs. 3 2. WOMitbestG, § 2 Abs. 3 1. WOMitbestG, § 2 Abs. 1, 3 3. WOMitbestG).

Bei Wahlen nach dem **DrittelbG** übersendet das Unternehmen die entsprechende Mitteilung lediglich an die im Unternehmen/Konzern bestehenden Betriebsräte (§§ 1, 24 WODrittelbG).

▶ **Muster – Übersendung der Bekanntmachung an Arbeitnehmervertretungen und Gewerkschaften**

[Absender Unternehmen, in dessen Aufsichtsrat Arbeitnehmer zu wählen sind]

[Ort, Datum]

[Adresse Betriebsräte/Sprecherausschüsse/Gewerkschaften] 1

Sehr geehrte Damen und Herren, 2

in der Anlage erhalten Sie eine Kopie der Bekanntmachung, mit der heute in den an der Wahl beteiligten Betrieben bekannt gemacht wird, dass Aufsichtsratsmitglieder der Arbeitnehmer in unseren Aufsichtsrat zu wählen sind.

Mit freundlichen Grüßen

_____
(Unterschrift des vertretungsbefugten Organs der Gesellschaft)

Erläuterungen

1. Bei Wahlen nach dem **DrittelbG** sind lediglich die Betriebsräte die Adressaten.
2. Für Wahlen nach dem **DrittelbG** ist zu formulieren:

Alternative:
[Sehr geehrte Damen und Herren,

in der Anlage erhalten Sie eine Mitteilung darüber, dass in den Aufsichtsrat unseres Unternehmens Aufsichtsratsmitglieder zu wählen sind. Die Mitteilung wird heute auch an den Schwarzen Brettern der an der Wahl beteiligten Betriebe bekannt gemacht.

Mit freundlichen Grüßen]

III. Bildung der Wahlvorstände und Erstellung der Wählerlisten

103 Die Wahl der Arbeitnehmer in den Aufsichtsrat wird von Wahlvorständen durchgeführt. In Unternehmen mit lediglich einem Betrieb gibt es einen **Betriebswahlvorstand** (§ 3 1. WOMitbestG, § 2 WODrittelbG). In Unternehmen mit mehreren Betrieben besteht grundsätzlich in jedem Betrieb ein Betriebswahlvorstand. Die Betriebswahlvorstände handeln im Auftrag und nach den Richtlinien des **Unternehmenswahlvorstandes**, der darüber hinaus eigene Aufgaben wahrzunehmen hat (§ 3 2. WOMitbestG, § 25 WODrittelbG). Nehmen an Wahlen die Betriebe mehrerer Unternehmen teil, so arbeiten die Betriebswahlvorstände mit den **Hauptwahlvorständen** zusammen (§ 3 3. WOMitbestG, § 25 WODrittelbG), die sich von den Unternehmenswahlvorständen lediglich durch ihre Bezeichnung unterscheiden.

104 Die Betriebswahlvorstände erstellen und führen die Wählerlisten.

1. Bildung der Wahlvorstände

Vorbemerkung

105 Die Wahlvorstände werden unverzüglich nach der Bekanntmachung des Unternehmens, dass Arbeitnehmer in den Aufsichtsrat zu wählen sind (vgl. Muster W Rdn. 78), gebildet (§ 3 Abs. 3 Satz 1 2. WOMitbestG, § 4 1. WOMitbestG, § 3 Abs. 3 Satz 1 3. WOMitbestG; § 2 Abs. 1, § 25 Abs. 3 WODrittelbG).

106 Sie setzen sich bei Wahlen nach dem MitbestG aus Arbeitnehmern gemäß § 3 Abs. 1 Ziff. 1 MitbestG und leitenden Angestellten zusammen. Wahlvorständen nach dem DrittelbG gehören lediglich Arbeitnehmer gemäß § 3 Abs. 1 DrittelbG an, da leitende Angestellte an Wahlen nach dem DrittelbG nicht teilnehmen (vgl. W Rdn. 15).

107 Die **Betriebswahlvorstandsmitglieder der Arbeitnehmer** gemäß § 3 Abs. 1 Ziff. 1 MitbestG bzw. § 1 Abs. 1 DrittelbG werden grundsätzlich durch Beschluss vom jeweiligen Betriebsrat, in Ermangelung eines solchen in einer Betriebsversammlung, bestellt (§ 5 Abs. 4 2. WOMitbestG, § 5 Abs. 4 1. WOMitbestG, § 5 Abs. 4 3. WOMitbestG, § 2 Abs. 4 WODrittelbG) (zur Möglichkeit der **Abberufung von Wahlvorstandsmitgliedern** durch den Betriebsrat vgl. *Schulze* ArbR Aktuell 2013, 515, 517; zu der Frage, wie zu verfahren ist, wenn zwei verschiedene Gruppen zu Betriebsversammlungen einberufen *Schulze* ArbR Aktuell 2013, 515, 517).

108 Den **Unternehmenswahlvorstand** bildet der Gesamtbetriebsrat (§ 4 Abs. 4 2. WOMitbestG, § 26 Abs. 1 WODrittelbG), den **Hauptwahlvorstand** der Konzernbetriebsrat (§ 4 Abs. 4 3. WOMitbestG, § 26 Abs. 3 WODrittelbG). Besteht kein Haupt- bzw. Konzernbetriebsrat, so regelt § 4 Abs. 4 2. WOMitbestG, § 4 Abs. 4 3. WOMitbestG oder § 26 Abs. 2, 3 WODrittelbG wie zu verfahren ist.

109 Die **Betriebswahlvorstandsmitglieder der leitenden Angestellten** werden von den Sprecherausschüssen der jeweiligen Betriebe durch einen diesem Muster entsprechenden Beschluss, in Ermangelung eines Sprecherausschusses in einer Versammlung der leitenden Angestellten, bestellt (vgl. § 5 Abs. 5 2. WOMitbestG, § 5 Abs. 5 1. WOMitbestG, § 5 Abs. 5 3. WOMitbestG).

110 In den **Unternehmenswahlvorstand** werden die leitenden Angestellten vom Gesamtsprecherausschuss (Unternehmenssprecherausschuss) gesandt (§ 4 Abs. 5 Satz 1 2. WOMitbestG), in den Hauptwahlvorstand entsendet der Konzernsprecherausschuss die leitenden Angestellten (§ 4 Abs. 5 Satz 1 3. WOMitbestG). Fehlt es an einem Gesamt-, Unternehmens- oder Konzernsprecherausschuss, so regelt § 4 Abs. 5 Satz 2 2. WOMitbestG bzw. § 4 Abs. 5 Satz 2 3. WOMitbestG wie zu verfahren ist.

Bildung der Wahlvorstände **W.III.1.**

▶ **Muster – Bildung der Wahlvorstände**

Betriebsrat [optional: Gesamtbetriebsrat/Konzernbetriebsrat] [1] ___[Unternehmen]___

___[Datum]___

Beschluss

Bestellung von Arbeitnehmern gemäß § 3 Abs. 1 Ziff. 1 MitbestG
[optional: § 3 Abs. 1 DrittelbG] in den Betriebswahlvorstand [optional: Unternehmens-
wahlvorstand/Hauptwahlvorstand] für die Aufsichtsratswahl der ___[Unternehmen]___

Die ___[Unternehmen]___ hat mit Datum vom ___[Datum]___ bekannt gemacht, dass Arbeitnehmervertreter in den Aufsichtsrat zu wählen sind.

Der Betriebsrat [optional: Gesamtbetriebsrat/Konzernbetriebsrat] beschließt:

Der Betriebswahlvorstand [optional: Unternehmenswahlvorstand/Hauptwahlvorstand] besteht aus drei [2] Mitgliedern.

Folgende Arbeitnehmer werden zu Mitgliedern des Betriebswahlvorstandes [optional: Unternehmenswahlvorstandes/Hauptwahlvorstandes] bestellt: [3]

___[Name erstes Mitglied]___

___[Name zweites Mitglied]___

_____ [u.U. Namen weiterer Mitglieder]

Folgende Arbeitnehmer werden zu Ersatzmitgliedern [4] des Betriebswahlvorstandes [optional: Unternehmenswahlvorstandes/Hauptwahlvorstandes] bestellt:

___[Name erstes Ersatzmitglied]___

___[Name zweites Ersatzmitglied]___

_____ [u.U. Namen weiterer Mitglieder]

___[Ort, Datum]___

_____

(Unterschriften der anwesenden Betriebsratsmitglieder
[optional: Gesamtbetriebsratsmitglieder/Konzernbetriebsratsmitglieder])

Erläuterungen

Schrifttum

Schulze BR Wahlen 2014 – Bestellung und Amtsausübung des Wahlvorstands, ArbR Aktuell 2013, 515; *Stück* Aktuelle Rechtsfragen der Aufsichtsratswahl nach dem MitbestG 1976, DB 2004, 2582.

1. Nach der Bestellung der Wahlvorstände teilt der Betriebswahlvorstand eines Unternehmens mit lediglich einem Betrieb unverzüglich nach seiner Bildung dem Unternehmen und den im Unternehmen vertretenen Gewerkschaften schriftlich die Namen seiner Mitglieder und seine Anschrift mit (§ 6 1. WOMitbestG; § 2 Abs. 5 WODrittelbG: nur dem Unternehmen).

Ansonsten teilt der Unternehmens- bzw. Hauptwahlvorstand unverzüglich nach seiner Bildung den beteiligten Unternehmen, den in den Unternehmen beschäftigten Gewerkschaften sowie den Betriebswahlvorständen die Namen ihrer Mitglieder sowie ihre Anschrift mit (§ 6 Abs. 1 2. WO-MitbestG, § 6 Abs. 1 3. WOMitbestG; § 25 Abs. 3 DrittelbG: nur dem Unternehmen).

Darüber hinaus muss der Hauptwahlvorstand gemäß § 6 Abs. 1 Satz 2 3. WOMitbestG den Betriebswahlvorständen mitteilen, welche Gewerkschaften die Mitteilung erhalten haben.

115 Die Betriebswahlvorstände teilen dem Unternehmens- bzw. Hauptwahlvorstand, ebenfalls unverzüglich, die Namen ihrer Mitglieder und ihre Anschrift mit (§ 6 Abs. 2 2. WOMitbestG, § 6 Abs. 2 3. WOMitbestG). Außerdem informieren sie gemäß § 6 Abs. 2 Satz 2 3. WOMitbestG den Hauptwahlvorstand, ob im Betrieb Gewerkschaften vertreten sind, die die Mitteilung des Hauptwahlvorstandes nicht erhalten haben.

116 2. Wahlvorstände bestehen immer aus **mindestens drei Mitgliedern** (inkl. der unter Umständen zu bestellenden Vertreter der leitenden Angestellten); die für die Bestellung zuständigen Betriebsräte können jedoch eine höhere, immer ungerade Zahl festlegen, wenn dies zur ordnungsgemäßen Durchführung der Wahl erforderlich ist (§ 4 Abs. 1, § 5 Abs. 1 2. WOMitbestG, § 5 Abs. 1 1. WOMitbestG, § 4 Abs. 1, § 5 Abs. 1 3. WOMitbestG, § 2 Abs. 2 WODrittelbG).

117 3. Sind mindestens fünf wahlberechtigte leitende Angestellte im Betrieb (§ 5 Abs. 2 Satz 2 2. WOMitbestG, § 5 Abs. 2 1. WOMitbestG, § 5 Abs. 2 Satz 2 3. WOMitbestG), im Unternehmen (§ 4 Abs. 2 Satz 2 2. WOMitbestG) oder im Konzern (§ 4 Abs. 2 Satz 2 3. WOMitbestG) beschäftigt, so **muss** dem jeweiligen Wahlvorstand **mindestens ein leitender Angestellter** angehören.

118 Dementsprechend wird durch den Beschluss des Betriebsrats (Gesamtbetriebsrats/Konzernbetriebsrats) bei Wahlen nach dem MitbestG regelmäßig ein Sitz weniger besetzt, als insgesamt Sitze zu vergeben sind.

119 Machen die leitenden Angestellten von ihrem Recht, Vertreter in die Wahlvorstände zu entsenden, keinen Gebrauch, so können die auf diese Weise freibleibenden Sitze durch Arbeitnehmer gemäß § 3 Abs. 1 Ziff. 1 MitbestG besetzt werden (so auch *Stück* DB 2004, 2582, 2583).

120 An Wahlen nach dem **DrittelbG** nehmen leitende Angestellte nicht teil (vgl. W Rdn. 15); sie sind dementsprechend auch nicht in den Wahlvorständen vertreten.

121 **Mitglieder** der Betriebswahlvorstände können **nur Wahlberechtigte des** jeweiligen **Betriebes** sein (§ 5 Abs. 1 Satz 4 2. WOMitbestG, § 5 Abs. 1 Satz 4 1. WOMitbestG, § 5 Abs. 1 Satz 4 3. WOMitbestG, § 2 Abs. 2 Satz 4 WODrittelbG). Mitglieder des Unternehmenswahlvorstandes können nur Wahlberechtigte des Unternehmens sein (§ 4 Abs. 1 Satz 4 2. WOMitbestG, § 26 Abs. 1 i.V.m. § 2 Abs. 2 Satz 4 WODrittelbG). Mitglieder des Hauptwahlvorstandes können nur Wahlberechtigte von Unternehmen sein, deren Arbeitnehmer an der Wahl teilnehmen (§ 4 Abs. 1 Satz 4 3. WOMitbestG, § 26 Abs. 1 i.V.m. § 2 Abs. 2 Satz 4 WODrittelbG).

122 *Schulze* vertritt (für Betriebsratswahlen) die Ansicht, dass **Arbeitnehmer** die **in Personalabteilungen** oder Rechtsabteilungen beschäftigt sind, jedenfalls dann nicht **in den Wahlvorstand gewählt** werden können, wenn sie »Arbeitgeberfunktionen« im Betrieb ausüben (z.B. die Berechtigung haben, gegenüber Arbeitnehmern Abmahnungen auszusprechen oder vorzubereiten), da sie sich in einer Interessenkollision zwischen Arbeitgeber- und Arbeitnehmerinteressen befänden (*Schulze* ArbR Aktuell 2013, 515, 516). Dieser Ansicht kann nicht gefolgt werden. Zum einen hat es sich in der Praxis bewährt, Arbeitnehmer aus dem Personalbereich im Wahlvorstand zu haben, da sie erleichterten oder direkten Zugriff zu den benötigten Arbeitnehmerdaten haben und sich im Betriebsgefüge des betroffenen Unternehmen regemäßig auskennen. Zudem hilft eine juristische oder betriebswirtschaftliche Ausbildung bei der Bewältigung der häufig formalistischen und komplizierten Anwendung der Wahlordnungen. Zum andern verkennt *Schulze*, dass es bei der Wahl der Arbeitnehmer in den Aufsichtsrat nicht um ein »Gegeneinander« von Arbeitgeber und Arbeitnehmer handelt. Der Arbeitgeber hat in den allermeisten Fällen ein ebenso großes Interesse am reibungslosen, zügigen Ablauf einer wirksamen Wahl wie die Arbeitnehmer.

123 Aus rechtlichen Gründen spricht nichts dagegen, dass spätere Delegierte oder spätere Bewerber Mitglied in Wahlvorständen sind (vgl. nur LAG Düsseldorf, Beschl. v. 23.03.2011 – 4 Ta BVGa 1/11, ZIP 2011, 1280; *Fuchs/Köstler/Pütz* Rn. 275, 438, 582). In der Praxis sollte eine solche Besetzung des Wahlvorstandes jedoch möglichst vermieden werden, da ein solches Wahlvorstand-

mitglied immer wieder dem Vorwurf, sich nicht neutral zu verhalten, ausgesetzt sein wird (ebenso *Fuchs/Köstler/Pütz* Rn. 275, 438, 582).

Die Geschlechter sollen in den Wahlvorständen entsprechend ihrem zahlenmäßigen Verhältnis vertreten sein (§ 3 Abs. 3 Satz 2 2. WOMitbestG, § 3 Satz 2 1. WOMitbestG, § 3 Abs. 3 Satz 3 3. WOMitbestG, § 2 Abs. 2 Satz 5 WODrittelbG). 124

4. Für jedes Mitglied kann ein **Ersatzmitglied** bestellt werden (§ 4 Abs. 3, § 5 Abs. 3 2. WOMitbestG, § 5 Abs. 3 1. WOMitbestG, § 4 Abs. 3, § 5 Abs. 3 3. WOMitbestG, § 2 Abs. 3 WODrittelbG). 125

2. Beschluss zur Beauftragung eines Betriebswahlvorstandes mit der Wahrnehmung der Aufgaben eines anderen Betriebswahlvorstandes

Vorbemerkung

Wird im Rahmen einer Aufsichtsratswahl nach dem **MitbestG**, an der **mehrere Betriebe beteiligt** sind (also bei Wahlen nach der 2. und 3. WOMitbestG), in einem Betrieb kein Betriebswahlvorstand gebildet (weder durch den Betriebsrat noch durch eine Betriebsversammlung), so nehmen solche Betriebe, wenn sie mehr als 45 wahlberechtigte Arbeitnehmer beschäftigen, an der Wahl der Arbeitnehmervertreter in den Aufsichtsrat nicht teil (UHH/*Henssler* vor § 9 MitbestG Rn. 7, 9). Für Betriebe mit bis zu 45 wahlberechtigten Arbeitnehmern kann der Unternehmenswahlvorstand (der Hauptwahlvorstand) den Betriebswahlvorstand eines anderen Betriebes mit der Durchführung der Wahl beauftragen (§ 5 Abs. 6 2. WOMitbestG, § 5 Abs. 6 3. WOMitbestG). Hierfür ist ein Beschluss des Unternehmenswahlvorstandes (des Hauptwahlvorstandes) nötig. 126

▶ **Muster – Beschluss zur Beauftragung eines Betriebswahlvorstandes mit der Wahrnehmung der Aufgaben eines anderen Betriebswahlvorstandes**

Unternehmenswahlvorstand [1] 127

_____ [Datum]

Niederschrift des Beschlusses des Unternehmenswahlvorstandes der ___[Unternehmen]___ nach § 5 Abs. 6 2. WOMitbestG [2]

Der Betrieb ___[Bezeichnung des Betriebes]___ hat bis heute ___[Datum]___, zwei Wochen nach der Bekanntmachung der ___[Unternehmen]___, dass Aufsichtsratsmitglieder der Arbeitnehmer zu wählen sind, keinen Betriebswahlvorstand gebildet.

Es wurde daher beschlossen, dass der Betriebswahlvorstand des Betriebes ___[Bezeichnung des beauftragten Betriebes]___ mit der Wahrnehmung der Aufgaben des Betriebswahlvorstandes dieses Betriebes beauftragt wird.

Der Unternehmenswahlvorstand

_____

(Unterschriften des Unternehmenswahlvorstandsvorsitzenden sowie eines weiteren Mitglieds des Unternehmenswahlvorstandes) [3]

Erläuterungen

1. Für die **3. WOMitbestG**: Aufgaben, die nach der 2. WOMitbestG der Unternehmenswahlvorstand wahrnimmt, füllt nach der 3. WOMitbestG der Hauptwahlvorstand aus (vgl. dazu W Rdn. 14). Dementsprechend ist das Wort »Unternehmenswahlvorstand« in diesem Muster durch das Wort »Hauptwahlvorstand« zu ersetzen. 128

W. Wahl der Arbeitnehmervertreter in den Aufsichtsrat

129 **2.** Für die 3. **WOMitbestG:** § 5 Abs. 6 3. WOMitbestG.

130 **3.** Bekanntmachungen, Beschlüsse, Ausschreiben und Niederschriften sind immer vom Vorsitzenden und einem weiteren Mitglied des jeweiligen **Wahlvorstandes** zu **unterzeichnen** (§ 7 Abs. 3 Satz 4 2. WOMitbestG, § 7 Abs. 3 Satz 4 1. WOMitbestG, § 7 Abs. 3 Satz 4 3. WOMitbestG, § 3 Abs. 2 Satz 4 WODrittelbG).

3. Beauftragung eines Betriebswahlvorstandes mit der Wahrnehmung der Aufgaben eines anderen Betriebswahlvorstandes

Vorbemerkung

131 Der Unternehmenswahlvorstand (Hauptwahlvorstand) beauftragt im Anschluss an seine entsprechende Beschlussfassung (Muster W Rdn. 127) den betreffenden Betriebswahlvorstand mit der Durchführung der Wahl in einem (oder mehreren) weiteren Betrieb(-en).

▶ Muster – Beauftragung eines Betriebswahlvorstandes mit der Wahrnehmung der Aufgaben eines anderen Betriebswahlvorstandes

132 Unternehmenswahlvorstand [1]

[Ort, Datum]

Aufsichtsratswahl
[Unternehmen]

An den
Betriebswahlvorstand
des Betriebes ____[Betrieb]____

Mitteilung über die Beauftragung nach § 5 Abs. 6 2. WOMitbestG [2]

Der Betrieb [Bezeichnung des Betriebes, der keinen Betriebswahlvorstand gebildet hat] hat bis zwei Wochen nach der Bekanntmachung der [Unternehmen], dass Aufsichtsratsmitglieder der Arbeitnehmer zu wählen sind, keinen Betriebswahlvorstand gebildet.

Der Unternehmenswahlvorstand hat daher den als Kopie beigefügten Beschluss gefasst, wonach Sie, der Betriebswahlvorstand des Betriebes ____[Betrieb]____, mit der Wahrnehmung der Aufgaben des Betriebswahlvorstandes des Betriebes [Bezeichnung des Betriebes, der keinen Betriebswahlvorstand gebildet hat] beauftragt werden.

Dementsprechend sind Sie ab sofort für die Wahrnehmung der Aufgaben des Betriebswahlvorstandes dieses Betriebes zuständig. Sie haben die Möglichkeit zu beschließen, dass in diesem Betrieb Stimmabgaben im Rahmen des Verfahrens zur Wahl der Arbeitnehmer in den Aufsichtsrat schriftlich erfolgen können. [3] Einzelheiten regelt § 5 Abs. 6 Satz 2 und 3 2. WOMitbestG. [4]

Der Unternehmenswahlvorstand

_____

(Unterschriften des Unternehmenswahlvorstandsvorsitzenden sowie eines weiteren Mitgliedes des Unternehmenswahlvorstandes)

Erläuterungen

Schrifttum

Haußmann/Pfister Verpflichtungen des Arbeitgebers rund um die Betriebsratswahl, ArbR Aktuell 2013, 226.

1. Für die 3. WOMitbestG: Im Muster ist das Wort »Unternehmenswahlvorstand« durch das Wort »Hauptwahlvorstand« zu ersetzen (vgl. W Rdn. 14, 128). 133

2. Für die 3. WOMitbestG: § 5 Abs. 6 3. WOMitbestG. 134

3. Der beauftragte Betriebswahlvorstand kann beschließen, dass in dem Betrieb, für den er nun zusätzlich zuständig ist, die Wahl per schriftlicher Stimmabgabe durchgeführt wird (§ 5 Abs. 6 Satz 2 und 3 2. WOMitbestG, § 5 Abs. 6 Satz 2 und 3 3. WOMitbestG). 135

Ein solcher Beschluss ist insbesondere empfehlenswert, wenn die räumliche Entfernung beider Betriebe recht groß, der beauftragte Betriebswahlvorstand für eine größere Anzahl von Betrieben zuständig ist oder der beauftragte Betriebswahlvorstand lediglich aus drei oder fünf Mitgliedern besteht. 136

4. Für die 3. WOMitbestG: § 5 Abs. 6 Satz 2 und 3 3. WOMitbestG. 137

4. Wählerliste zur Einsicht/Arbeitsliste

Vorbemerkung

Wählerlisten sind Verzeichnisse derjenigen Arbeitnehmer, die berechtigt sind an den Wahlen der Arbeitnehmervertreter in den Aufsichtsrat teilzunehmen (vgl. § 8 Abs. 5 2. WOMitbestG, § 8 Abs. 5 1. WOMitbestG, § 8 Abs. 5 3. WOMitbestG, § 4 Abs. 5 WODrittelbG). Sie sind laufend zu aktualisieren, das heißt vor allem, dass ein- und austretende Arbeitnehmer entsprechend zu ergänzen bzw. zu streichen sind (vgl. § 8 Abs. 4 1. WOMitbestG, § 8 Abs. 4 2. WOMitbestG, § 8 Abs. 4 3. WOMitbestG, § 4 Abs. 3 WODrittelbG). Andere als die in den Wahlordnungen genannten Berichtigungen dürfen nach Ablauf der Einspruchsfrist (vgl. §§ 10 f. 1. WOMitbestG, §§ 10 f. 2. WOMitbestG, §§ 10 f. 3. WOMitbestG, § 5 Abs. 2 WODrittelbG) nur bei Schreibfehlern oder offenbaren Unrichtigkeiten oder in Erledigung eines Einspruchs vorgenommen werden (sehr ausführlich hierzu BAG, Beschl. v. 27.01.1993 – 7 ABR 37/92, NZA 1993, 949, 952). 138

Darüber hinaus dienen die Wählerlisten als Grundstock der **Arbeitslisten**, die den Betriebswahlvorständen während des gesamten Wahlverfahrens zur Protokollierung verschiedener Vorgänge dienen. 139

Wähler- und Arbeitslisten werden für jeden Betrieb gesondert von den jeweils zuständigen Betriebswahlvorständen geführt. Der Unternehmenswahlvorstand (Hauptwahlvorstand) erhält lediglich Kopien der Wählerlisten. Die Arbeitnehmer können zu jedem Zeitpunkt des Wahlverfahrens Einblick in die Wählerliste nehmen (§§ 8, 9 Abs. 1, § 11 Abs. 1 Satz 1 2. WOMitbestG, §§ 8, 9 Abs. 1 1. WOMitbestG, §§ 8, 9 Abs. 1, § 11 Abs. 1 Satz 1 3. WOMitbestG, § 4 Abs. 4, § 27 Abs. 2 WODrittelbG). 140

Gemäß § 8 Abs. 3 1. WOMitbestG, § 8 Abs. 3 2. WOMitbestG, § 8 Abs. 3 3. WOMitbestG, § 4 Abs. 2 WODrittelbG hat das Unternehmen den Wahlvorständen alle für die Anfertigung der Wählerlisten erforderlichen Auskünfte zu erteilen und die erforderlichen Unterlagen zur Verfügung zu stellen. Kommt es dieser Verpflichtung nicht nach, hat der Wahlvorstand die Möglichkeit, seinen Anspruch im Wege des einstweiligen Verfügungsverfahrens durchzusetzen (WWKK/ *Wißmann* Vor § 9 Rn. 111 m.w.N.; *Haußmann/Pfister* ArbR Aktuell 2013, 226). 141

▶ **Muster – Wählerliste zur Einsicht/Arbeitsliste**

Wählerliste [1]/Arbeitsliste [2] 142

        Aufsichtsratswahl [Unternehmen]

Betrieb: _____

                                            Druckdatum: _____

W. Wahl der Arbeitnehmervertreter in den Aufsichtsrat

Arbeitnehmer gemäß § 3 Abs. 1 Ziff. 1 MitbestG [3]

Lfd.Nr.	Name	Vorname	Personalnummer

Leitende Angestellte [4]

Lfd.Nr.	Name	Vorname	Personalnummer

Erläuterungen

Schrifttum

Gebhardt Keine Mitbestimmung in deutschen Aufsichtsräten aus dem Ausland, FA 2016, 73; *Hohenstatt/ Schramm* Der Gemeinschaftsbetrieb im Recht der Unternehmensmitbestimmung, NZA 2010, 846; *Künzel/ Schmid* Wählen ja, zählen nein? Leiharbeitnehmer und Unternehmensmitbestimmung, NZA 2013, 300; *Säcker* Die Wahlordnungen zum Mitbestimmungsgesetz 1978; *Seibt* Drittelbeteiligungsgesetz und Fortsetzung der Reform des Unternehmensmitbestimmungsrechts, NZA 2004, 767.

1. Wählerlisten sollen die Arbeitnehmer in alphabetischer Reihenfolge mit Namen, Vornamen und Geburtsdatum benennen. Bei Wahlen nach dem MitbestG sind die Arbeitnehmer getrennt nach Arbeitnehmern gemäß § 3 Abs. 1 Ziff. 1 MitbestG und leitenden Angestellten aufzuführen. Das Exemplar der Wählerliste, das den Arbeitnehmern zugänglich ist, soll aus Datenschutzgründen die Geburtsdaten der Arbeitnehmer nicht enthalten (§ 8 Abs. 1, § 9 Abs. 1 2. WOMitbestG, § 8 Abs. 1, § 9 Abs. 1 1. WOMitbestG, § 8 Abs. 1, § 9 Abs. 1 3. WOMitbestG, § 4 Abs. 1 und 4 WODrittelbG).

143

Die Wählerlisten dienen in erster Linie den Arbeitnehmern als Kontrolle, ob sie als wahlberechtigt geführt und richtig als Arbeitnehmer gemäß § 3 Abs. 1 Ziff. 1 MitbestG oder leitender Angestellter eingestuft worden sind.

144

Die Wählerlisten können in **elektronischer Form** geführt werden; es muss jedoch sichergestellt werden, dass nur der jeweils zuständige Betriebswahlvorstand Änderungen am Dokument vornehmen kann (§ 8 Abs. 1 2. WOMitbestG, § 8 Abs. 1 1. WOMitbestG, § 8 Abs. 1 3. WOMitbestG, § 4 Abs. 1 WODrittelbG). Haben andere Mitarbeiter des Arbeitgebers, z.B. Systemadministratoren, ohne Mitwirkung und Kontrolle Zugriff auf das elektronische Dokument, liegt diese Voraussetzung nicht vor (BAG, Beschl. v. 12.06.2013 – 7 ABR 77/11, BB 2013, 2683 LS 3).

145

2. Die **Arbeitsliste** ist eine erweiterte Wählerliste. Die enthaltenen Informationen können dem Bedarf des jeweiligen Wahlvorstands angepasst und während des Wahlverfahrens jederzeit ergänzt werden. Aus diesem Grund macht es Sinn, die Arbeitsliste in elektronischer Form zu führen. In jedem Fall müssen Namen, Vornamen und die Geburtsdaten der Arbeitnehmer enthalten sein (§ 8 Abs. 1 2. WOMitbestG, § 8 Abs. 1 1. WOMitbestG, § 8 Abs. 1 3. WOMitbestG, § 4 Abs. 1 WODrittelbG). Das Geburtsdatum ist wichtig, um das Wahlrecht (ab 18 Jahren) zu ermitteln.

146

Desweiteren sind Spalten mit den folgenden Informationen unbedingt empfehlenswert: Geschlecht, Eintrittsdatum (für Wählbarkeit, § 7 Abs. 3 MitbestG, § 4 Abs. 3 WODrittelbG), Betrieb, Privatanschrift (wird für Briefwähler benötigt) und sonstige Besonderheiten (Wehrdienst, Zivildienst, Mutterschutz, Erziehungsurlaub, Elternzeit, Altersteilzeit (Freistellungsphase), Langzeiterkrankung, gekündigtes Arbeitsverhältnis mit Beendigungsdatum, Befristungen, Praktikanten mit Angabe zum Vertragsstatus, Leiharbeitnehmerstatus.

147

Letztlich sind Spalten für das Wahlverfahren selbst vorzusehen; in diesen Spalten sind zum Beispiel die Versendung oder der Eingang von Briefwahlunterlagen oder der Abgabe der Stimmen am Wahltag zu vermerken.

148

3. In der Wählerliste sind diejenigen Arbeitnehmer aufzuführen, die berechtigt sind, an der Wahl der Arbeitnehmer in den Aufsichtsrat teilzunehmen (vgl. § 8 Abs. 5 2. WOMitbestG, § 8 Abs. 5 1. WOMitbestG, § 8 Abs. 5 3. WOMitbestG, § 4 Abs. 5 WODrittelbG), die also das aktive Wahlrecht besitzen.

149

Aktiv wahlberechtigt sind alle Arbeitnehmer des Unternehmens (vgl. dazu ausführlich W Rdn. 25 ff.) die das 18. Lebensjahr vollendet haben (§ 18 Satz 1 MitbestG, § 5 Abs. 2 Satz 1 DrittelbG). Volljährige **Leiharbeitnehmer** sind wahlberechtigt, wenn sie länger als drei Monate im Unternehmen eingesetzt werden (§ 18 Satz 2 MitbestG i.V.m. § 7 Satz 2 BetrVG, § 5 Abs. 2 Satz 2 DrittelbG i.V.m. § 7 Satz 2 BetrVG) und zwar – entsprechend der Gesetzesbegründung (BT-Dr. 14/5741, S. 36 zu Nr. 7) – bereits ab dem ersten Arbeitstag im Einsatzbetrieb (ausführlich mit Beispielen *Fitting* § 7 Rn. 59 ff. [für die Betriebsratswahl]).

150

Ebenso wahlberechtigt sind diejenigen volljährigen Arbeitnehmer, die gemäß § 4 Abs. 1 MitbestG, § 5 Abs. 1 MitbestG oder § 2 DrittelbG aufgrund von **Konzernverbindungen** als Arbeitnehmer des Unternehmens, in dem die Aufsichtsratsmitglieder zu wählen sind, gelten (zum aktiven Wahlrecht von im Konzernunternehmen beschäftigten Arbeitnehmern *Seibt* NZA 2004, 767, 769 f.).

151

152 Das BAG hat in einem Beschluss vom 13.03.2013 (BAG, Beschl. v. 13.03.2013 – 7 ABR 47/11) entschieden, dass bei Wahlen nach dem DrittelbG in **Gemeinschaftsbetrieben** alle Arbeitnehmer des Betriebes das aktive Wahlrecht haben, unabhängig davon bei welchem Arbeitgeber sie angestellt sind. Die wohl überwiegende Ansicht der Literatur vertritt diese Ansicht ebenfalls, ohne zwischen Wahlen nach dem DrittelbG und Wahlen nach dem MitbestG zu unterscheiden (WWKK/ *Koberski* MitbestR § 3 MitbestG Rn. 42 m.w.N.;) Wie bereits oben (W Rdn. 32) dargestellt, überzeugt die Einbeziehung von Arbeitnehmern, die nicht in einem Arbeitsverhältnis mit dem Arbeitgeber stehen, bei dem die Wahl durchzuführen ist, nicht (ebenso ausführlich *Hohenstatt/ Schramm* NZA 2010, 846, 850). Dennoch ist im Hinblick auf die oben zitierte Rechtsprechung des BAG für die Praxis derzeit anzuraten, sich an dem Beschluss des Bundesarbeitsgerichts zu orientieren und – sowohl bei Wahlen nach dem DrittelbG als auch nach dem MitbestG – alle Arbeitnehmer des Gemeinschaftsbetriebes an der Wahl zu beteiligen.

152.1 Ob **im Ausland beschäftigten Arbeitnehmern** ein (aktives und passives) Wahlrecht zustehen soll, ist umstritten. Zum Redaktionsschluss dieser Auflage sind an verschiedenen Gerichten Verfahren zu diesem Thema anhängig (vgl. zum Stand März 2016 ausführlich *Gebhardt* FA 2016, 73 ff.). Erstinstanzlich kamen das LG Berlin (Beschl. v. 01.06.2015 – 102 O 65/14 AktG, AG 2015, 1588, n.r.), das LG Landau i.d. Pfalz (Beschl. v. 18.09.2013 – HKO 27/13, ZIP 2013, 2107) sowie das LG München I (Beschl. v. 28.08.2015 – 5 HK O 20285/14, ZIP 2015, 1929 n.r.) zu dem Ergebnis, dass ein Wahlrecht der im Ausland beschäftigten Arbeitnehmer nicht besteht. Das zweitinstanzliche Kammergericht (KG, Beschl. v. 16.10.2015 – 14 W 89/15, ZIP 2015, 2172) hat hingegen festgestellt, dass es einen Verstoß gegen Europarecht immerhin für möglich halte, das Verfahren ausgesetzt und den EuGH angerufen (Verfahren vor dem EuGH unter dem Az: C – 566/15 Erzberger). Das Ergebnis der erstinstanzlichen Gerichte ist überzeugend. Es entspricht der geltenden deutschen Rechtslage und steht auch im Einklang mit dem europäischen Gemeinschaftsrecht. Insbesondere liegt weder ein Verstoß gegen das Diskriminierungsverbot gem. Art. 18 AEUV noch ein Verstoß gegen das Recht auf Arbeitnehmerfreizügigkeit gem. Art. 45 AEUV vor (*Gebhardt* FA 2016, 73, 75 ff. m.w.N.).

153 Bei Wahlen nach dem MitbestG sind **leitende Angestellte** wahlberechtigt (vgl. § 3 Abs. 1 Ziff. 1 MitbestG). Das DrittelbG schließt leitende Angestellte von der Wahlberechtigung aus (vgl. § 3 Abs. 1 DrittelbG).

154 Für die Feststellung des **passiven Wahlrechts** sind zunächst die **allgemeinen Wählbarkeitsvoraussetzungen** des Aktiengesetzes zu beachten: **§ 100 AktG**, der auch für die mitbestimmte GmbH (§ 6 Abs. 2 Satz 1 MitbestG, § 1 Abs. 1 Nr. 3 Satz 2 DrittelbG), die KGaA (§ 278 Abs. 3 AktG) und die große VVaG (§ 35 Abs. 2 VAG) gilt, sieht vor, dass Mitglied des Aufsichtsrats nur eine natürliche, unbeschränkt geschäftsfähige Person sein kann. Diese Person darf nicht bereits in zehn aufsichtsratspflichtigen Gesellschaften Aufsichtsratsmitglied sein. Ebenso wenig darf sie gesetzlicher Vertreter einer vom Unternehmen abhängigen Gesellschaft oder gesetzlicher Vertreter einer anderen Kapitalgesellschaft sein, deren Aufsichtsrat ein Vorstandsmitglied des Unternehmens, für das der Aufsichtsrat zu bestellen ist, angehört. Gemäß **§ 105 Abs. 1 AktG** darf ein Aufsichtsratsmitglied nicht zugleich Vorstandsmitglied, Prokurist oder zum gesamten Geschäftsbetrieb ermächtigter Handlungsbevollmächtigter der Gesellschaft sein. Eine Ausnahme hiervon gilt gemäß § 6 Abs. 2 MitbestG für Prokuristen im Rahmen der Wahl nach dem MitbestG (vgl. dazu ausführlich W Rdn. 362 f.).

155 **Leiharbeitnehmer** sind im Entleiherunternehmen nicht wählbar, wie sich aus § 14 Abs. 2 Satz 1 AÜG ergibt.

156 **Wahlvorstandsmitglieder** haben nach ganz herrschender Ansicht das passive Wahlrecht (vgl. nur WWKK/*Wissmann* MitbestR § 15 MitbestG Rn. 32; UHH/*Henssler* § 15 MitbestG Rn. 47; *Fuchs/Köstler/Pütz* Rn. 275, 438, 582; MünchArbR/*Wißmann* § 280 Rn. 20 (m.w.N.); für die Betriebsratswahlen: BAG, Beschl. v. 12.10.1976 – 1 ABR 1/76, juris, LS 1 sowie Rn. 17 ff.).

Neben den allgemeinen Wählbarkeitsvoraussetzungen sind die entsprechenden Vorschriften des Mitbestimmungsrechts zu beachten: Bei Wahlen nach dem **DrittelbG** ist ein aktiv wahlberechtigter Arbeitnehmer auch **passiv wahlberechtigt**, wenn er ein Jahr dem Unternehmen (Konzern) angehört und diese Zeit unmittelbar vor dem Zeitpunkt liegt, ab dem die Arbeitnehmer zur Wahl von Arbeitnehmern berechtigt sind (§ 4 Abs. 3 DrittelbG). Dabei sind Beschäftigungszeiten als Leiharbeitnehmer anzurechnen, wenn der Arbeitnehmer im Anschluss an die Überlassung in ein Arbeitsverhältnis mit dem Entleiher übernommen wurde (so das BAG jedenfalls für Betriebsratswahlen, BAG, Beschl. v. 10.10.2012 – 7 ABR 53/11, FA 2013, 78). Maßgeblicher Zeitpunkt für die Berechnung der Jahresfrist ist die Durchführung der Wahl, also der Tag der Stimmabgabe (vgl. nur WWKK/*Wißmann* MitbestR § 6 MitbestG Rn. 39 m.w.N.).

157

Sind mehr als zwei Arbeitnehmer in den Aufsichtsrat zu wählen, so müssen nur zwei der Gewählten diese Voraussetzungen erfüllen (vgl. § 4 Abs. 2 DrittelbG). Die übrigen Sitze können durch beliebige, die allgemeinen Wählbarkeitsvoraussetzungen erfüllende Personen, also zum Beispiel auch leitende Angestellte, Gewerkschaftsvertreter oder sonstige Dritte, besetzt werden (vgl. auch MüKo-AktG/*Gach* § 4 DrittelbG Rn. 4; WWKK/*Kleinsorge* MitbestR, § 4 DrittelbG Rn. 22 ff.). Nicht wählbar ist, wer infolge strafgerichtlicher Verurteilung die Fähigkeit, Rechte aus öffentlichen Wahlen zu erlangen, nicht besitzt (§ 4 Abs. 3 Satz 4 DrittelbG i.V.m. § 8 Abs. 1 Satz 3 BetrVG; vgl. dazu WWKK/*Kleinsorge* MitbestR, § 4 DrittelbG Rn. 29).

158

Bei Wahlen nach dem **MitbestG** ist bezüglich des **passiven Wahlrechts** nach Wahlgängen (zu den verschiedenen Wahlgängen vgl. W Rdn. 248 ff.) zu unterscheiden:

159

Für die **Wahlgänge der Arbeitnehmer gemäß § 3 Abs. 1 Ziff. 1 MitbestG und der leitenden Angestellten** gilt das zum passiven Wahlrecht der Arbeitnehmer nach dem DrittelbG Ausgeführte entsprechend mit dem Unterschied, dass alle Aufsichtsratssitze mit Arbeitnehmern des Unternehmens (Konzerns) zu besetzen sind. Zudem ist gemäß § 6 Abs. 2 Satz 1 MitbestG die **Wählbarkeit eines Prokuristen** als Aufsichtsratsmitglied der Arbeitnehmer nur ausgeschlossen, wenn dieser dem zur gesetzlichen Vertretung des Unternehmens befugten Organs unmittelbar unterstellt und zur Ausübung der Prokura für den gesamten Geschäftsbereich des Organs ermächtigt ist (vgl. dazu ausführlich W Rdn. 362 f.).

159.1

Im Wahlgang der leitenden Angestellten können sich nur leitende Angestellte wählen lassen (zum Begriff des leitenden Angestellten vgl. W Rdn. 360), im Wahlgang der Arbeitnehmer gemäß § 3 Abs. 1 Ziff. 1 MitbestG sind, nach herrschender Ansicht, auch leitende Angestellte wählbar (vgl. dazu WWKK/*Wißmann* MitbestR, § 15 MitbestG Rn. 16, UHH/*Henssler* § 15 MitbestG Rn. 33, *Raiser*/*Veil* § 15 Rn. 9; HWK/*Seibt* §§ 9–18 MitbestG Rn. 31).

160

Für die Zuordnung eines Arbeitnehmers zur Gruppe der leitenden Angestellten oder der Arbeitnehmer gemäß § 3 Abs. 1 Ziff. 1 MitbestG ist für die passive Wählbarkeit auf den Zeitpunkt des Amtsantritts abzustellen (vgl. nur UHH/*Henssler* § 15 MitbestG Rn. 34, *Raiser*/*Veil* § 15 Rn. 9; MüKo-AktG/*Gach* § 15 MitbestG Rn. 16).

161

Im **Wahlgang der Gewerkschaftsvertreter** ist jeder wahlberechtigt, der die allgemeinen Wählbarkeitsvoraussetzungen erfüllt und in einem gültigen Wahlvorschlag von einer im Unternehmen (Konzern) vertretenen Gewerkschaft benannt wird (zum Begriff der im Unternehmen vertretenen Gewerkschaft vgl. WWKK/*Wißmann* MitbestR, § 7 MitbestG Rn. 40 ff.).

162

4. Die **Aufteilung** der Wähler- und Arbeitsliste in Arbeitnehmer gemäß § 3 Abs. 1 Ziff. 1 MitbestG und **leitenden Angestellten** ist nur nach dem MitbestG vorzunehmen. Bei Wahlen nach dem DrittelbG wählen leitende Angestellte nicht mit (vgl. § 3 Abs. 1 DrittelbG), dementsprechend sind sie auch nicht in der Wählerliste aufzuführen.

163

Es obliegt allein dem Betriebswahlvorstand festzustellen, welche Arbeitnehmer er als Arbeitnehmer gemäß § 3 Abs. 1 Ziff. 1 MitbestG und welche er als leitende Angestellte ansieht und entsprechend in der Wählerliste führt. Der Betriebswahlvorstand muss hierüber einen Beschluss fassen (vgl. § 8 Abs. 2, § 9 Abs. 3 2. WOMitbestG, § 8 Abs. 2, § 9 Abs. 3 1. WOMitbestG, § 8

164

Abs. 2, § 9 Abs. 3 3. WOMitbestG). Im Sitzungsprotokoll und eventuell zusätzlich auf dem Beschluss selbst ist zu vermerken, ob der Beschluss einstimmig oder mit einer Gegenstimme gefasst wurde.

165 Zum Begriff des leitenden Angestellten vgl. W Rdn. 360.

5. Bekanntmachung über die Bildung der Wahlvorstände und die Auslegung der Wählerliste

Vorbemerkung

166 Bei Wahlen nach dem **MitbestG** ist unverzüglich nach der Bestellung der Wahlvorstände und dem Beschluss der Betriebswahlvorstände über die Wählerlisten in den Betrieben bekannt zu machen, dass und wo in jedem Betrieb die **Einsichtnahme in die Wählerliste** des Betriebes sowie in das Mitbestimmungsgesetz und seine anwendbare Wahlordnung möglich ist. In dieser Bekanntmachung werden darüber hinaus die Namen der Mitglieder und die Anschrift des Betriebswahlvorstandes sowie die Anschrift des Unternehmenswahlvorstandes (des Hauptwahlvorstandes) veröffentlicht. Diese und weitere inhaltliche Erfordernisse der Bekanntmachung ergeben sich aus § 9 2. WOMitbestG (§ 9 1. WOMitbestG, § 9 3. WOMitbestG).

167 Bei Wahlen nach dem **DrittelbG** werden diese Informationen im Wahlausschreiben (vgl. Muster W Rdn. 489) integriert. **Dieses Muster entfällt** daher bei der Wahl nach dem DrittelbG.

168 Bekanntmachungen im Rahmen des Wahlverfahrens sind immer an den **Schwarzen Brettern** der Betriebe oder anderen geeigneten, den Wahlberechtigten zugänglichen Stellen auszuhängen. Es ist zu gewährleisten, dass alle Arbeitnehmer die Möglichkeit haben, Kenntnis vom Inhalt der Bekanntmachungen zu nehmen. Die Bekanntmachungen sind stets in gut lesbarem Zustand zu erhalten (§ 7 Abs. 4 2. WOMitbestG, § 7 Abs. 4 1. WOMitbestG, § 7 Abs. 4 3. WOMitbestG, § 3 Abs. 3 WODrittelbG). Da Bekanntmachungen häufig Fristen in Gang setzen, ist darauf zu achten, dass die Aushänge an den verschiedenen Stellen im Betrieb und in den einzelnen Betrieben immer pünktlich und gleichzeitig erfolgen.

169 **Fremdsprachige Arbeitnehmer**, die der deutschen Sprache nicht in ausreichendem Maße mächtig sind, sind gem. § 7 Abs. 6 1. WOMitbestG, § 7 Abs. 6 2. WOMitbestG, § 7 Abs. 6 3. WOMitbestG, § 3 Abs. 5 WODrittelbG so zu informieren, dass sie den Wahlvorgang verstehen. Geschieht dies nicht, berechtigt dieses Unterlassen zur Anfechtung der Wahl (BAG, Beschl. v. 13.10.2004 – 7 ABR 5/04, DB 2005 675 LS; *Stück* ArbR Aktuell 2013, 284, 285 m.w.N., alle zur Betriebsratswahl). Das BAG hat ausdrücklich ausgeführt, dass Deutschkenntnisse, die gerade so das Arbeiten in Bereichen mit einfachen Hilfsarbeiten ermöglichen, nicht ausreichen, um den komplizierten Wahlvorgang in der deutschen Sprache zu verstehen (BAG, Beschl. v. 13.10.2004 – 7 ABR 5/04, DB 2005, 675, 675 f.). Dementsprechend wird von Stimmen in der Literatur verlangt, dass alle Bekanntmachungen und Anschreiben in den betreffenden Fremdsprachen zu verfassen sind (WWKK/*Wißmann* Vor § 9 Rn. 90 m.w.N.; *Säcker* Rn. 84) und sogar ein an ausländische Mitarbeiter gerichtetes Schreiben, das das Wahlverfahren an sich erklärt, zu entwerfen sei (*Säcker* Rn. 84). Insbesondere in Unternehmen mit vielen ausländischen Arbeitnehmern aus zahlreichen verschiedenen Ländern dürfte die praktische Umsetzung dieses Erfordernisses zu Schwierigkeiten führen. Aus Praktikabilitätsgründen muss daher eine Ausnahme gelten, wenn die Zahl der fremdsprachigen Arbeitnehmer einer Sprachzugehörigkeit so gering ist, dass die Übersetzung der zahlreichen Dokumente unzumutbar ist (ebenso und ausführlich zur Frage der Zumutbarkeit WWKK/*Wißmann* Vor § 9 Rn. 90; *Säcker* Rn. 86). In diesem Zusammenhang ist auch zu bedenken, dass eine Anfechtung nur Aussicht auf Erfolg hat, wenn die angefochtene Handlung sich auf das Ergebnis der Aufsichtsratswahl auswirken kann (vgl. § 22 Abs. 1 MitbestG, § 11 Abs. 1 DrittelbG), also eine entsprechende Anzahl an Arbeitnehmern tangiert.

Gemäß § 7 Abs. 4 Satz 1 und 4 2. WOMitbestG (§ 7 Abs. 4 1. WOMitbestG, § 7 Abs. 4 Satz 1 und 4 3. WOMitbestG, § 3 Abs. 3 Satz 1 und 4 WODrittelbG) ist der **Einsatz von Informations- und Kommunikationstechnik** – also in der Regel das Einstellen der Information in das Intranet – nur zulässig, wenn alle Arbeitnehmer von der Bekanntmachung Kenntnis erlangen können und Vorkehrungen getroffen sind, die sicherstellen, dass nur der jeweilige Wahlvorstand Änderungen der Bekanntmachung vornehmen kann. Könnte auch die unternehmenseigene Systemadministration auf das Wahlausschreiben zugreifen, so ist die Bekanntmachung in elektronischer Form nicht zulässig (so BAG, Beschl. v. 21.01.2009 – 7 ABR 65/07, NZA-RR 2009, 481 m.w.N. für die Betriebsratswahl). In der Praxis sollte die Nutzung des Intranets ausschließlich in Verbindung mit der Bekanntmachung am Schwarzen Brett erfolgen (vgl. auch *Huke/Prinz* FA 2004, 323, 325).

▶ **Muster – Bekanntmachung über die Bildung der Wahlvorstände und die Auslegung der Wählerliste**

Betriebswahlvorstand

Erlassen und ausgehängt am ___[Datum]___ 1

Eingezogen am ___[Datum]___ 2

Aufsichtsratswahl
[Unternehmen]

Bekanntmachung über die Bestellung der Wahlvorstände und die Auslegung der Wählerlisten

1. Der in Ihrem Betrieb für die Durchführung der Aufsichtsratswahl zuständige Betriebswahlvorstand setzt sich aus folgenden Mitgliedern zusammen:
   1. [Name erstes Mitglied]
   2. [Name zweites Mitglied]
   3. [Name drittes Mitglied]

   Als Ersatzmitglieder wurden bestellt:
   1. [Name erstes Ersatzmitglied]
   2. [Name zweites Ersatzmitglied]
   3. [Name drittes Ersatzmitglied]

2. Die Anschrift des Betriebswahlvorstandes lautet:
   Betriebsratwahlvorstand [Name des Betriebes]
   [Anschrift des Betriebswahlvorstandes]

3. Die Anschrift des Unternehmenswahlvorstandes 3 lautet:
   [Unternehmen]
   Unternehmenswahlvorstand
   [Anschrift des Unternehmenswahlvorstandes]

4. Jeder Wahlberechtigte kann in die Wählerliste, das Mitbestimmungsgesetz und die Zweite [optional: Erste/Dritte] Wahlordnung des Mitbestimmungsgesetzes ___[Ort]___ Einsicht nehmen. Darüber hinaus sind diese Unterlagen im Intranet unter ___[Intranetadresse]___ zur Einsichtnahme eingestellt. 4

5. An Wahlen und Abstimmungen können nur Arbeitnehmer teilnehmen, die in der Wählerliste eingetragen sind.

6. Jeder Arbeitnehmer kann innerhalb von einer Woche seit Erlass dieser Bekanntmachung schriftlich vom Betriebswahlvorstand die Änderung der eigenen Eintragung als in § 3 Abs. 1 Ziff. 1 MitbestG bezeichneter Arbeitnehmer oder leitender Angestellter in der Wählerliste verlangen.

   Der letzte Tag der Frist ist der ____[Datum]____.

   Dem Änderungsverlangen ist zu entsprechen, wenn ein Mitglied des Betriebswahlvorstandes dem Verlangen zustimmt. [5]

7. Einsprüche gegen die Richtigkeit der Wählerliste können nur eingelegt werden, soweit nicht nach Nummer 6 eine Änderung der Wählerliste verlangt werden kann. [6] Einsprüche gegen die Richtigkeit der Wählerliste können nur innerhalb von einer Woche seit Erlass dieser Bekanntmachung schriftlich beim Betriebswahlvorstand eingelegt werden.

   Der letzte Tag der Frist ist der ____[Datum]____.

8. Einsprüche gegen Berichtigungen und Ergänzungen der Wählerlisten können nur innerhalb von einer Woche seit der Berichtigung oder Ergänzung der Wählerlisten eingelegt werden.

____[Ort, Datum]____

Der Betriebswahlvorstand

(Unterschriften des Betriebswahlvorstandsvorsitzenden sowie eines weiteren Mitgliedes des Betriebswahlvorstandes)

Erläuterungen

Schrifttum
Huke/Prinz Die Wahl der Arbeitnehmervertreter in den Aufsichtsrat nach dem Drittelbeteiligungsgesetz, FA 2004, 323; *Säcker* Die Wahlordnungen zum Mitbestimmungsgesetz 1978; *Stück* Die ordnungsgemäße Durchführung der BR-Wahl, ArbR Aktuell 2013, 284; *Stück* Aktuelle Rechtsfragen der Aufsichtsratswahl nach dem MitbestG, DB 2004, 2582.

172 **1.** Die Bekanntmachung ist unverzüglich nach der Bestellung der Wahlvorstände und der Erstellung der Wählerlisten auszuhängen; der erste Tag des Aushangs ist auf der Bekanntmachung zu vermerken (§ 9 Abs. 1 und 2 Satz 3 2. WOMitbestG, § 9 Abs. 1 und 2 Satz 3 1. WOMitbestG, § 9 Abs. 1 und 2 Satz 3 3. WOMitbestG).

173 **2.** Die Bekanntmachung verbleibt bis zum Abschluss der Wahl an den Schwarzen Brettern; der Tag des Einzugs ist auf der Bekanntmachung zu vermerken (§ 9 Abs. 2 Satz 3 2. WOMitbestG, § 9 Abs. 2 Satz 3 1. WOMitbestG, § 9 Abs. 2 Satz 3 3. WOMitbestG).

174 **3.** Für die 1. WOMitbestG: Da es bei Wahlen nach der 1. WOMitbestG keinen Unternehmenswahlvorstand gibt, ist diese Ziffer zu streichen.

175 Für die 3. WOMitbestG: Im Muster ist das Wort »Unternehmenswahlvorstand« durch das Wort »Hauptwahlvorstand« zu ersetzen (vgl. W Rdn. 14, 128).

176 **4.** Gemäß § 9 Abs. 1 Satz 3 2. WOMitbestG (§ 9 Abs. 1 Satz 3 1. WOMitbestG, § 9 Abs. 1 Satz 3 3. WOMitbestG) kann die Einsichtnahme durch Auslegung an geeigneter Stelle im Betrieb und durch den Einsatz der im Betrieb vorhandenen Informations- und Kommunikationstechnik ermöglicht werden. Es gilt das unter W Rdn. 170 Gesagte entsprechend.

177 **5.** Die Betriebswahlvorstände müssen einen **Beschluss über die Einteilung der Arbeitnehmer in leitende Angestellte und Arbeitnehmer gemäß § 3 Abs. 1 Ziff. 1 MitbestG** fassen. Nur wenn dieser Beschluss nicht einstimmig gefasst wurde, können die Arbeitnehmer die Änderung ihrer Eintragung als leitender Angestellter oder Arbeitnehmer gemäß § 3 Abs. 1 Ziff. 1 MitbestG verlangen (§§ 10, 8 Abs. 2 Satz 2, 3 2. WOMitbestG, §§ 10, 8 Abs. 2 Satz 2, 3 1. WOMitbestG,

§§ 10, 8 Abs. 2 Satz 2, 3 3. WOMitbestG). War der Beschluss einstimmig, so ist ein Änderungsverlangen nicht möglich (vgl. § 9 Abs. 3 2. WOMitbestG, § 9 Abs. 3 1. WOMitbestG, § 9 Abs. 3 3. WOMitbestG); entsprechend ist Ziffer 6 des Musters zu streichen.

Beschlüsse der Wahlvorstände können nicht im Umlaufverfahren gefasst werden (WWKK/*Wißmann* vor § 9 Rn. 78; *Fuchs/Köstler/Pütz* Rn. 276; 439, 583, 782). Umstritten ist, ob alle Wahlvorstandsmitglieder zur Beschlussfassung gemeinsam in einem Raum anwesend sein müssen oder ob Beschlüsse auch per Telefon- oder Videokonferenz gefasst werden können. Für die Möglichkeit von Beschlussfassungen per Telefon- oder Videokonferenz spricht, dass das Betriebsverfassungsgesetz in seinem § 33 Abs. 1 Satz 1 BetrVG voraussetzt, dass Beschlüsse des Betriebsrats »mit der Mehrheit der Stimmen der anwesenden Mitglieder gefasst« wird, es in den Wahlordnungen zum Mitbestimmungsrecht hingegen lediglich heißt: »Der Betriebswahlvorstand fasst seine Beschlüsse mit einfacher Mehrheit« (§ 7 Abs. 3 Satz 1 1. WOMitbestG, § 7 Abs. 3 Satz 1 2. WOMitbestG; § 7 Abs. 3 Satz 1 3. WOMitbestG; § 3 Abs. 2 Satz 1 WODrittelbG). Der Zusatz »der anwesenden Mitglieder« fehlt, hieraus kann geschlossen werden, dass die Mitglieder nicht zwingend »anwesend« sein müssen (ebenso *Stück* DB 2004, 2582, 2584; WWKK/*Wissmann*, vor § 9, Rn. 78; a.A. *Fuchs/Köstler/Pütz* Rn. 276, 439, 583, 783). Aufgrund der unsicheren Rechtslage und fehlender Rechtsprechung zu diesem Thema, sollte, wenn möglich, auf Beschlussfassung per Telefon- oder Videokonferenz verzichtet werden, wenn dies auch in der Praxis vor allem für Haupt- und Unternehmenswahlvorstand schwierig wird. Es bleibt nur zu empfehlen, die Personen für Haupt- und Unternehmenswahlvorstand (auch) unter diesem Gesichtspunkt auszuwählen. 178

6. Vgl. W Rdn. 177. Dieser Satz ist zu streichen, wenn ein Änderungsverlangen nach § 10 2. WOMitbestG (§ 10 1. WOMitbestG, § 10 3. WOMitbestG) nicht möglich ist. 179

IV. Abstimmungsverfahren über Art der Wahl

Bei Wahlen nach dem **MitbestG** werden in Unternehmen (Konzernen) mit in der Regel mehr als 8.000 Arbeitnehmern die Arbeitnehmervertreter grundsätzlich durch **Delegierte** in den Aufsichtsrat gewählt. Arbeitnehmer in Unternehmen (Konzernen) mit in der Regel weniger als 8.000 Arbeitnehmern wählen ihre Arbeitnehmervertreter **in unmittelbarer Wahl** (§ 9 MitbestG). 180

§ 9 MitbestG räumt den Arbeitnehmern die Möglichkeit ein darüber abzustimmen, ob sie statt durch Delegierte lieber unmittelbar wählen möchten, oder umgekehrt. Dieses Abstimmungsverfahren ist in den §§ 13 bis 24 2. WOMitbestG (§§ 12 bis 23 1. WOMitbestG, §§ 13 bis 24 3. WOMitbestG, § 9 MitbestG) geregelt. 180.1

Wahlen nach dem **DrittelbG** finden stets als unmittelbare Wahl statt. Eine Wahl durch Delegierte sehen das DrittelbG sowie seine Wahlordnung nicht vor. Dementsprechend findet auch das Abstimmungsverfahren über die Art der Wahl nach dem DrittelbG nicht statt. Die Muster des Kapitels IV. finden dementsprechend für Wahlen nach dem DrittelbG keine Anwendung. 181

1. Bekanntmachung betreffend die Abstimmung über die Art der Wahl

Vorbemerkung

Der Unternehmenswahlvorstand (1. WOMitbestG: Betriebswahlvorstand; 3. WOMitbestG: Hauptwahlvorstand) informiert die Arbeitnehmer in einer Bekanntmachung darüber, dass sie einen Antrag auf Abstimmung über die Art der Wahl stellen können (§ 13 Abs. 1 und 2 2. WOMitbestG, § 12 Abs. 1 und 2 1. WOMitbestG, § 13 Abs. 1 und 2 3. WOMitbestG). 182

W. Wahl der Arbeitnehmervertreter in den Aufsichtsrat

▶ **Muster – Bekanntmachung betreffend die Abstimmung über die Art der Wahl**

183 Unternehmenswahlvorstand [1]

Bekanntzumachen [2] und ausgehängt am ___[Datum]___ [3]

Eingezogen am ___[Datum]___ [4]

Aufsichtsratswahl
___[Unternehmen]___

Bekanntmachung betreffend die Abstimmung über die Art der Wahl [5]

1. Die Aufsichtsratsmitglieder der Arbeitnehmer werden gemäß § 9 Abs. 2 MitbestG [optional: § 9 Abs. 1 MitbestG] in unmittelbarer Wahl [optional: durch Delegierte] gewählt, wenn nicht die wahlberechtigten Arbeitnehmer die Wahl durch Delegierte [optional: als unmittelbare Wahl] beschließen.

2. Ein solcher Beschluss ist in einem Abstimmungsverfahren zu fassen. Das Abstimmungsverfahren findet nur statt, wenn ein Antrag darüber, dass die Wahl der Arbeitnehmer durch Delegierte [optional: als unmittelbare Wahl] erfolgen soll, gestellt wird. Der Antrag muss von mindestens ___[Zahl, die einem Zwanzigstel der wahlberechtigten Arbeitnehmer [6] (nicht aller Arbeitnehmer) entspricht]___ wahlberechtigten Arbeitnehmern unterzeichnet sein.

3. Der Antrag kann nur innerhalb von zwei Wochen seit dem für den Aushang dieser Bekanntmachung bestimmten Zeitpunkt schriftlich beim Unternehmenswahlvorstand eingereicht werden.
   Der letzte Tag der Frist ist der ___[Datum]___.

4. Voraussetzung für die Beschlussfassung ist, dass mindestens die Hälfte der wahlberechtigten Arbeitnehmer, das sind ___[Zahl, die der Hälfte der wahlberechtigten Arbeitnehmer (nicht aller Arbeitnehmer) entspricht]___ Arbeitnehmer, an der Abstimmung teilnimmt.

5. Ein Beschluss darüber, dass die Wahl der Aufsichtsratsmitglieder der Arbeitnehmer durch Delegierte [optional: als unmittelbare Wahl] erfolgen soll, kann nur mit der Mehrheit der abgegebenen Stimmen gefasst werden.

6. Die Anschrift des Unternehmenswahlvorstandes lautet:
   ___[Unternehmen]___
   Unternehmenswahlvorstand
   ___[Anschrift des Unternehmenswahlvorstandes]___

___[Ort, Datum]___

Der Unternehmenswahlvorstand

_____

(Unterschriften des Unternehmenswahlvorstandsvorsitzenden sowie eines weiteren Mitgliedes des Unternehmenswahlvorstandes)

Erläuterungen

184 1. **Für die 1. WOMitbestG**: Da es lediglich den Betriebswahlvorstand gibt, ist dementsprechend in diesem Muster das Wort »Unternehmenswahlvorstand« durch das Wort »Betriebswahlvorstand« zu ersetzen. Darüber hinaus fällt die Arbeitsteilung der verschiedenen Wahlvorstände sowie die Kommunikation zwischen ihnen ersatzlos weg (vgl. dazu W Rdn. 13).

185 Für die 3. **WOMitbestG**: Im Muster ist das Wort »Unternehmenswahlvorstand« durch das Wort »Hauptwahlvorstand« zu ersetzen (vgl. W Rdn. 14, 128).

Der Unternehmenswahlvorstand (Hauptwahlvorstand) übersendet die Bekanntmachung den Betriebswahlvorständen und teilt ihnen schriftlich den Zeitpunkt mit, von dem ab die Bekanntmachung in den Betrieben zu erfolgen hat (§ 13 Abs. 3 Satz 1 2. WOMitbestG § 13 Abs. 3 Satz 1 3. WOMitbestG). 186

Der Unternehmenswahlvorstand (1. WOMitbestG: Betriebswahlvorstand; 3. WOMitbestG: Hauptwahlvorstand) übersendet die Bekanntmachung auch an das oder die Unternehmen deren Arbeitnehmer an der Wahl teilnehmen sowie die im Unternehmen vertretenen Gewerkschaften (§ 13 Abs. 4 2. WOMitbestG, § 12 Abs. 1 1. WOMitbestG, § 13 Abs. 4 3. WOMitbestG). 187

2. Für die **1. WOMitbestG**: Statt »Bekanntzumachen« muss es »Erlassen« heißen. 188

3. Die Bekanntmachung erfolgt unverzüglich nach Übersendung der Wählerlisten von den Betriebswahlvorständen an den Unternehmenswahlvorstand (Hauptwahlvorstand), bzw. – in Ermangelung eines Unternehmens- bzw. Hauptwahlvorstandes – unverzüglich nach Ablauf der Frist gemäß § 10 Abs. 1 bzw. Abs. 2 1. WOMitbestG (§ 13 Abs. 1 Satz 1 i.V.m. § 11 Abs. 1 2. WOMitbestG, § 13 Abs. 1 Satz 1 i.V.m. § 11 Abs. 1 3. WOMitbestG, § 12 Abs. 1 1. WOMitbestG). 189

Der erste Tag des Aushangs ist auf der Bekanntmachung zu vermerken (§ 13 Abs. 3 Satz 3 2. WOMitbestG, § 12 Abs. 3 Satz 2 1. WOMitbestG, § 13 Abs. 3 Satz 3 3. WOMitbestG). 190

Die Bekanntmachung hat zeitgleich mit der Bekanntmachung über die Einreichung von Wahlvorschlägen (Muster W.V.1. – W Rdn. 257) und der Bekanntmachung über die Einreichung von Abstimmungsvorschlägen der leitenden Angestellten (Muster W.VI.1. – W Rdn. 347) zu erfolgen (§§ 26 Abs. 1, 30 Abs. 1 2. WOMitbestG, §§ 24 Abs. 1, 28 Abs. 1 1. WOMitbestG, §§ 26 Abs. 1, 30 Abs. 1 3. WOMitbestG). 191

Gemäß §§ 26 Abs. 2, 30 Abs. 2 2. WOMitbestG (§§ 24 Abs. 2, 28 Abs. 2 1. WOMitbestG, §§ 26 Abs. 2, 30 Abs. 2 2. WOMitbestG), können diese drei Bekanntmachungen auch in einer Bekanntmachung zusammengefasst werden. Hiervon ist aufgrund des Umfangs der einzelnen Bekanntmachungen und den unterschiedlichen in den Bekanntmachungen gesetzten Fristen jedoch dringend abzuraten. 192

4. Die Bekanntmachung muss bis zur Bekanntmachung des Wahlausschreibens ausgehängt bleiben, der Tag des Einzugs ist auf der Bekanntmachung zu vermerken (§ 13 Abs. 3 Satz 2, 3 2. WOMitbestG, § 12 Abs. 3 1. WOMitbestG, § 13 Abs. 3 Satz 2, 3 3. WOMitbestG). 193

5. Der erforderliche Inhalt der Bekanntmachung ergibt sich aus § 13 Abs. 1 und 2 2. WOMitbestG (§ 12 Abs. 1 und 2 1. WOMitbestG, § 13 Abs. 1 und 2 3. WOMitbestG). 194

6. An der Abstimmung können alle Arbeitnehmer (Arbeitnehmer gemäß § 3 Abs. 1 Ziff. 1 MitbestG und leitende Angestellte) teilnehmen, die in der Wählerliste eingetragen sind. 195

2. Abstimmungsausschreiben (Art der Wahl)

Vorbemerkung

Stellen die Arbeitnehmer einen gültigen Antrag auf Abstimmung über die Art der Wahl, wird ein Abstimmungsausschreiben erlassen (§ 15 2. WOMitbestG, § 14 1. WOMitbestG, § 15 3. WOMitbestG). 196

▶ **Muster – Abstimmungsausschreiben (Art der Wahl)**

Unternehmenswahlvorstand [1] 197

                    Bekanntzumachen [2] und ausgehängt am _____[Datum]_____ [3]

                    Eingezogen am _____[Datum]_____ [4]

W. Wahl der Arbeitnehmervertreter in den Aufsichtsrat

Aufsichtsratswahl
[Unternehmen]

Abstimmung über die Art der Wahl

Abstimmungsausschreiben [5]

1. Es wurde beantragt darüber abzustimmen, ob die Wahl der Aufsichtsratsmitglieder der Arbeitnehmer durch Delegierte [optional: als unmittelbare Wahl] erfolgen soll.

2. An der Abstimmung können nur Arbeitnehmer teilnehmen, die in der Wählerliste eingetragen sind.

3. Voraussetzung für die Beschlussfassung ist, dass mindestens die Hälfte der wahlberechtigten Arbeitnehmer, das sind _[Zahl, die der Hälfte der wahlberechtigten Arbeitnehmer (nicht aller Arbeitnehmer) entspricht]_ Arbeitnehmer, an der Abstimmung teilnimmt.

4. Ein Beschluss darüber, dass die Wahl der Aufsichtsratsmitglieder der Arbeitnehmer durch Delegierte [optional: als unmittelbare Wahl] erfolgen soll, kann nur mit der Mehrheit der abgegebenen Stimmen gefasst werden.

5. Die Abstimmung findet statt:

   Tag: _[Datum]_ [6]

   Uhrzeit: von _____ bis _____ Uhr

   Ort: _[Genaue Bezeichnung des Raumes]_

   Die öffentliche Stimmauszählung findet im gleichen Raum wie die Abstimmung, direkt im Anschluss daran, also um _____ Uhr statt.

6. Abstimmungsberechtigten, die im Zeitpunkt der Abstimmung wegen Abwesenheit vom Betrieb verhindert sind ihre Stimme persönlich abzugeben, hat der Betriebswahlvorstand auf ihr Verlangen die Briefwahlunterlagen auszuhändigen oder zu übersenden.

   Abstimmungsberechtigten, von denen dem Betriebswahlvorstand bekannt ist, dass sie im Zeitpunkt der Abstimmung nach der Eigenart ihres Beschäftigungsverhältnisses voraussichtlich nicht im Betrieb anwesend sein werden, erhalten die Briefwahlunterlagen, ohne dass es eines Verlangens bedarf.

   Das gleiche gilt für Arbeitnehmer in Betrieben, Betriebsteilen und Kleinstbetrieben für die die schriftliche Stimmabgabe gemäß § 19 Abs. 3 Ziff. 1 und 2 2. WOMitbestG beschlossen wurde. [7] Hierbei handelt es sich um die folgenden Betriebe, Betriebsteile und Kleinstbetriebe:

   [Benennung dieser Betriebe, Betriebsteile und Kleinstbetriebe]

   Der mit der Wahrnehmung der Aufgaben des Betriebswahlvorstandes _[Betriebsbezeichnung]_ beauftragte Betriebswahlvorstand des Betriebes _[Betriebsbezeichnung]_ hat die schriftliche Stimmabgabe für den Betrieb _[Betriebsbezeichnung]_ beschlossen. Den Arbeitnehmern dieses Betriebes werden die Briefwahlunterlagen ebenfalls ohne Aufforderung zugesandt. [8]

7. Wahlbriefe müssen bis zum _[Datum des Abstimmungstages, Uhrzeit des Endes der Stimmabgabe]_ beim Betriebswahlvorstand eingegangen sein. Die Öffnung und Auszählung der per Briefwahl abgegebenen Stimmen erfolgt in der unter 5. beschriebenen Stimmenauszählung.

8. Einsprüche und sonstige Erklärungen sind gegenüber dem Betriebswahlvorstand abzugeben.

9. Die Anschrift des Betriebswahlvorstandes lautet:

   Betriebswahlvorstand _[Name des Betriebes]_
   [Anschrift des Betriebswahlvorstandes]

_____
[Ort, Datum]

Der Unternehmenswahlvorstand

―――――――

(Unterschriften des Unternehmenswahlvorstandsvorsitzenden sowie eines
weiteren Mitgliedes des Unternehmenswahlvorstandes)

Der Betriebswahlvorstand

―――――――

(Unterschriften des Betriebswahlvorstandsvorsitzenden sowie eines
weiteren Mitgliedes des Betriebswahlvorstandes)

Erläuterungen

1. Für die **1. WOMitbestG**: In diesem Muster ist das Wort »Unternehmenswahlvorstand« durch das Wort »Betriebswahlvorstand« zu ersetzen (vgl. W Rdn. 13, 184). 198

Für die **3. WOMitbestG**: Im Muster ist das Wort »Unternehmenswahlvorstand« durch das Wort »Hauptwahlvorstand« zu ersetzen (vgl. W Rdn. 14, 128).

Der Unternehmenswahlvorstand (Hauptwahlvorstand) entwirft das Abstimmungsausschreiben, übersendet es den Betriebswahlvorständen und teilt ihnen schriftlich den Zeitpunkt mit, von dem ab das Abstimmungsausschreiben in den Betrieben bekannt zu machen ist. Jeder Betriebswahlvorstand ergänzt das Abstimmungsausschreiben um die in § 15 Abs. 3 Satz 2 Abs. 4 2. WOMitbestG (§ 15 Abs. 3 Satz 2 Abs. 4 3. WOMitbestG) genannten Angaben, soweit der Unternehmenswahlvorstand (Hauptwahlvorstand) diese Angaben nicht schon festgelegt hat. 199

Die Bekanntmachung ist vom Unternehmenswahlvorstand (1. WOMitbestG: Betriebswahlvorstand; 3. WOMitbestG: Hauptwahlvorstand) an das Unternehmen und die im Unternehmen vertretenen Gewerkschaften zu versenden (§ 15 Abs. 4 Satz 2 i.V.m. § 13 Abs. 4 2. WOMitbestG, § 13 Abs. 4 1. WOMitbestG, § 15 Abs. 4 Satz 2 i.V.m. § 13 Abs. 4 3. WOMitbestG). 200

2. Für die **1. WOMitbestG**: Statt »Bekanntzumachen« muss es »Erlassen« heißen. 201

3. Die Bekanntmachung ist nach Eingang eines Antrags auf Abstimmung auszuhängen; der erste Tag des Aushangs ist auf der Bekanntmachung zu vermerken (§ 15 Abs. 1 Satz 1, Abs. 4 2. WOMitbestG, § 14 Abs. 1 Satz 1, Abs. 3 1. WOMitbestG, § 15 Abs. 1 Satz 1, Abs. 4 3. WOMitbestG). 202

4. Das Abstimmungsausschreiben wird nach Abschluss des Abstimmungsverfahrens eingezogen; der letzte Tag der Bekanntmachung ist anzugeben (§ 15 Abs. 4 2. WOMitbestG, § 14 Abs. 3 1. WOMitbestG, § 15 Abs. 4 3. WOMitbestG). 203

5. Aus § 15 2. WOMitbestG (§ 14 1. WOMitbestG, § 15 3. WOMitbestG) lässt sich entnehmen, welche Angaben das Abstimmungsausschreiben enthalten muss. 204

6. Gemäß § 15 Abs. 1 Satz 2 2. WOMitbestG (§ 14 Abs. 1 Satz 2 1. WOMitbestG, § 15 Abs. 1 Satz 2 3. WOMitbestG) soll dieser Termin innerhalb von zwei Wochen seit der Bekanntmachung dieses Abstimmungsausschreibens liegen. Die **Zweiwochenfrist** sollte grundsätzlich auch ausgenutzt werden, da durch die Ver- und Rücksendung der Briefwahlunterlagen diese Zeit benötigt wird 205

7. Alternativ für die **1. und 3. WOMitbestG**: § 18 Abs. 3 Ziff. 1 und 2 1. WOMitbestG, § 19 Abs. 3 Ziff. 1 und 2 3. WOMitbestG. 206

Dieser Absatz ist entbehrlich, wenn ein entsprechender Beschluss nicht gefasst wurde. 207

8. Dieser Absatz ist entbehrlich, wenn kein Betriebswahlvorstand mit der Wahrnehmung der Aufgaben eines anderen Betriebswahlvorstandes beauftragt wurde oder ein Beschluss zur schriftli- 208

3. Stimmzettel für die Abstimmung (Art der Wahl)

▶ Muster – Stimmzettel für die Abstimmung (Art der Wahl)

209 Stimmzettel [1]

Wahl der Arbeitnehmervertreter in den Aufsichtsrat der

[Unternehmen]

Abstimmung über die Art der Wahl

Es wurde beantragt darüber abzustimmen, dass die Wahl der Aufsichtsratsmitglieder der Arbeitnehmer durch Delegierte [optional: als unmittelbare Wahl] erfolgen soll. Stimmen Sie für diesen Antrag?

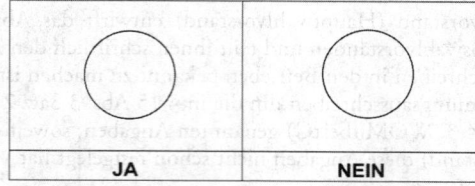

Bitte geben Sie Ihre Stimme durch ein Kreuz in dem entsprechenden Kreis ab.

Ungültig sind Stimmzettel, aus denen sich ein eindeutiger Wille nicht ergibt, die mit mehr als einem Kreuz oder einem besonderen Merkmal versehen sind oder die einen Zusatz oder sonstige Änderungen enthalten. [2]

Erläuterungen

210 **1.** Die Stimmzettel müssen alle die gleiche Größe, Farbe, Beschaffenheit und Beschriftung haben (§ 16 Abs. 1 Satz 3 2. WOMitbestG, § 15 Abs. 1 Satz 3 1. WOMitbestG, § 16 Abs. 1 Satz 3 3. WOMitbestG).

211 **2.** Vgl. § 16 Abs. 3 2. WOMitbestG, § 15 Abs. 3 1. WOMitbestG, § 16 Abs. 3 3. WOMitbestG.

4. Briefwahlunterlagen (Art der Wahl)

Vorbemerkung

212 Die Wahlordnungen benennen die **Fälle**, in denen Arbeitnehmer im Abstimmungsverfahren ihre **Stimme schriftlich** abgeben können: Abstimmungsberechtigte, die im Zeitpunkt der Abstimmung wegen Abwesenheit vom Betrieb verhindert sind ihre Stimme persönlich abzugeben, können auf Verlangen schriftlich abstimmen. Abstimmungsberechtigte, von denen dem Betriebswahlvorstand bekannt ist, dass sie im Zeitpunkt der Abstimmung nach der Eigenart ihres Beschäftigungsverhältnisses voraussichtlich nicht im Betrieb anwesend sein werden, erhalten die Briefwahlunterlagen unaufgefordert zugesandt oder ausgehändigt. Darüber hinaus können die Betriebswahlvorstände die schriftliche Stimmabgabe für Betriebsteile und Kleinstbetriebe, die räumlich weit vom Hauptbetrieb entfernt sind, beschließen. Das gleiche gilt für Betriebe, in denen die Mehrheit der Abstimmungsberechtigten zur schriftlichen Stimmabgabe wegen Abwesenheit vom Betrieb aufgrund

der Eigenart des Beschäftigungsverhältnisses berechtigt ist und in denen die verbleibende Minderheit nicht mehr als insgesamt 25 Abstimmungsberechtigte ausmacht (§ 19 2. WOMitbestG, § 18 1. WOMitbestG, § 19 3. WOMitbestG). Aus anderen als den genannten Gründen dürfen Briefwahlunterlagen nicht versandt werden (vgl. W Rdn. 536)

Letztlich kann gemäß § 5 Abs. 6 Satz 2 und 3 2. WOMitbestG (§ 5 Abs. 6 Satz 2 und 3 3. WOMitbestG) der für zuständig erklärte Betriebswahlvorstand eines betriebswahlvorstandslosen Betriebes für diesen Betrieb die schriftliche Stimmabgabe beschließen. 213

Die **Briefwahlunterlagen**, die den Briefwählern zuzusenden sind, **bestehen aus:** 214
- dem Abstimmungsausschreiben (Muster W Rdn. 197)
- dem Stimmzettel (Muster W Rdn. 209) und dem Wahlumschlag für den Stimmzettel
- einer vorgedruckten Erklärung, in der die abstimmende Person gegenüber dem Betriebswahlvorstand versichert, dass der Stimmzettel persönlich gekennzeichnet worden ist
- einem größeren Freiumschlag, der die Anschrift des Betriebswahlvorstands und als Absender den Namen und die Anschrift des Abstimmungsberechtigten sowie den Vermerk »Schriftliche Stimmabgabe« trägt
- einem Merkblatt über die Art und Weise der schriftlichen Stimmabgabe

(§ 19 Abs. 1 2. WOMitbestG, § 18 Abs. 1 1. WOMitbestG, § 19 Abs. 1 3. WOMitbestG).

[unbelegt] 215

Dieses Muster enthält lediglich das für die Briefwahl zu erstellende Merkblatt, sowie die Erklärung zur persönlichen Kennzeichnung des Stimmzettels (vgl. im Übrigen Muster W Rdn. 197 und Muster W Rdn. 209). 216

▶ Muster – Briefwahlunterlagen (Art der Wahl)

Seite 1 217

Aufsichtsratswahl

[Unternehmen]

Merkblatt für die schriftliche Stimmabgabe im Abstimmungsverfahren über die Art der Wahl

Sie erhalten folgende Unterlagen für die schriftliche Stimmabgabe:

1. das Abstimmungsausschreiben
2. den Stimmzettel und einen Wahlumschlag
3. eine vorgedruckte Erklärung, mit der Sie durch Ihre Unterschrift versichern, den Stimmzettel persönlich gekennzeichnet zu haben
4. einen größeren Freiumschlag, der die Anschrift des Betriebswahlvorstands und als Absender Ihren Namen und Ihre Anschrift sowie den Vermerk »Schriftliche Stimmabgabe« trägt. [1]

Bitte verfahren Sie mit den Unterlagen wie folgt:

1. Kennzeichnen Sie den Stimmzettel persönlich und unbeobachtet.
2. Falten Sie den Stimmzettel und verschließen Sie ihn im Wahlumschlag so, dass die Stimmabgabe erst nach Auseinanderfalten des Stimmzettels erkennbar ist.
3. Unterschreiben Sie unter Angabe des Ortes und des Datums die vorgedruckte Erklärung, dass Sie die Stimmzettel persönlich gekennzeichnet haben.
4. Legen Sie den Wahlumschlag und die unterschriebene vorgedruckte Erklärung in den Freiumschlag, verschließen Sie diesen und senden Sie ihn so rechtzeitig an den Betriebswahlvorstand ab, dass er diesem vor Abschluss der Stimmabgabe vorliegt. Das Ende der Stimm-

abgabe ist im Abstimmungsausschreiben angegeben. Sie können den Wahlbrief auch beim Betriebswahlvorstand abgeben. Verspätet eingehende Stimmzettel werden bei der Auszählung nicht berücksichtigt.

Seite 2

Erklärung

Ich versichere gegenüber dem Betriebswahlvorstand, dass ich den beigefügten Stimmzettel persönlich gekennzeichnet habe.

[Ort, Datum]
_____

(Name, Vorname in Druckbuchstaben)
_____

(Unterschrift)

Erläuterungen

218 **1.** Gehen Wahlumschläge beim Betriebswahlvorstand ein, so dürfen diese vom Betriebswahlvorstand (noch) nicht geöffnet werden sondern sind vielmehr unter Verschluss zu halten. Um sie von anderer – zu öffnender – Post unterscheiden zu können, bedarf es der Beschriftung mit dem Hinweis »Schriftliche Stimmabgabe«.

219 Der Eingang eines Wahlbriefes ist in der Arbeitsliste zu vermerken; hierfür ist der Name des Absenders auf dem Freiumschlag erforderlich.

5. Niederschrift des Abstimmungsergebnisses in den Betrieben (Art der Wahl)

Vorbemerkung

220 Die Betriebswahlvorstände sind für die Auszählung der Stimmen zuständig. Für jeden Betrieb wird eine Niederschrift des Abstimmungsergebnisses erstellt. Die Niederschrift wird unverzüglich an den Unternehmenswahlvorstand (Hauptwahlvorstand) übermittelt (§§ 21 Abs. 1, 22 2. WOMitbestG, §§ 21 Abs. 1, 22 3. WOMitbestG).

221 Die in diesem Muster dargestellte Niederschrift des Abstimmungsergebnisses gibt lediglich ein Teilergebnis (Ergebnis eines Betriebes von mehreren) wieder und wird dementsprechend nur bei Wahlen nach der 2. und 3. WOMitbestG verwandt. Die Niederschrift des Betriebswahlvorstandes bei Wahlen nach der 1. WOMitbestG ist hingegen das Endergebnis der Wahl, so dass die Niederschrift so zu gestalten ist, wie das Muster W.IV.6 (W Rdn. 226). Dementsprechend ist das hier dargestellte **Muster** bei **Wahlen** nach der **1. WOMitbestG** entbehrlich.

▶ Muster – Niederschrift des Abstimmungsergebnisses in den Betrieben (Art der Wahl)

222 Betriebswahlvorstand

Aufsichtsratswahl

[Unternehmen]

Abstimmung über die Art der Wahl

Niederschrift über das Abstimmungsergebnis betreffend den Antrag auf Durchführung der Wahl durch Delegierte [optional: als unmittelbare Wahl]

Niederschrift des Abstimmungsergebnisses im Unternehmen (Art der Wahl) **W.IV.6.**

im Betrieb ____[Betrieb]____

abgegebene Stimmen	
gültige Stimmen	
ungültige Stimmen	
Stimmen für den Antrag auf Durchführung der Wahl durch Delegierte [optional: als unmittelbare Wahl]	
Stimmen gegen den Antrag auf Durchführung der Wahl durch Delegierte [optional: als unmittelbare Wahl]	

Besondere Zwischenfälle oder sonstige Ereignisse während der Wahl: _____ [1]

____[Ort, Datum]____

Der Betriebswahlvorstand

_____

(Unterschriften des Betriebswahlvorstandsvorsitzenden sowie eines weiteren Mitgliedes des Betriebswahlvorstandes)

Erläuterungen

1. Hier genügt in aller Regel der Vermerk »keine«. 223

6. Niederschrift des Abstimmungsergebnisses im Unternehmen (Art der Wahl)

Vorbemerkung

Bei Wahlen nach der 2. und 3. WOMitbestG ermittelt der Unternehmenswahlvorstand (Hauptwahlvorstand) anhand der Abstimmungsniederschriften der Betriebswahlvorstände das Abstimmungsergebnis und stellt es in einer Niederschrift fest (§ 23 2. WOMitbestG, § 23 3. WOMitbestG). 224

Bei Wahlen nach der 1. WOMitbestG erfolgt die Niederschrift nach Auszählung der Stimmen durch den Betriebswahlvorstand (§§ 20, 21 1. WOMitbestG). 225

▶ Muster – Niederschrift des Abstimmungsergebnisses im Unternehmen (Art der Wahl)

Unternehmenswahlvorstand [1] 226

Aufsichtsratswahl

[Unternehmen]

Abstimmung über die Art der Wahl

Niederschrift über das Abstimmungsergebnis betreffend den Antrag auf Durchführung der Wahl durch Delegierte [optional: als unmittelbare Wahl]

abgegebene Stimmen	

W. Wahl der Arbeitnehmervertreter in den Aufsichtsrat

Es hat somit mehr als die Hälfte der Abstimmungsberechtigten teilgenommen: [2]

gültige Stimmen	
ungültige Stimmen	
Stimmen für den Antrag auf Durchführung der Wahl durch Delegierte [optional: als unmittelbare Wahl]	
Stimmen gegen den Antrag auf Durchführung der Wahl durch Delegierte [optional: als unmittelbare Wahl]	

Die Wahl der Arbeitnehmer in den Aufsichtsrat wird durch Delegierte [optional: als unmittelbare Wahl] durchgeführt.

Besondere Zwischenfälle oder sonstige Ereignisse während der Wahl: _____ [3]

[Ort, Datum]

Der Unternehmenswahlvorstand

_____

(Unterschriften des Unternehmenswahlvorstandsvorsitzenden sowie eines weiteren Mitgliedes des Unternehmenswahlvorstandes)

Erläuterungen

227 **1.** Für die 1. WOMitbestG: In diesem Muster ist das Wort »Unternehmenswahlvorstand« durch das Wort »Betriebswahlvorstand« zu ersetzen (vgl. W Rdn. 13, 184).

228 Für die 3. WOMitbestG: Im Muster ist das Wort »Unternehmenswahlvorstand« durch das Wort »Hauptwahlvorstand« zu ersetzen (vgl. W Rdn. 14, 128).

229 **2.** Diese Formulierung wird gewählt, wenn mindestens die Hälfte der Abstimmungsberechtigten an der Abstimmung teilgenommen hat.

230 Haben weniger als die Hälfte der Abstimmungsberechtigten an der Abstimmung teilgenommen, ist wie folgt zu formulieren:

231 *Alternative:*

[Es hat weniger als die Hälfte der Abstimmungsberechtigten an der Abstimmung teilgenommen. Der Antrag ist somit nicht angenommen.

Die Aufsichtsratswahl wird durch Delegierte [optional: als unmittelbare Wahl] durchgeführt.]

232 Die tabellarische Darstellung des konkreten Abstimmungsergebnisses ist entbehrlich.

233 **3.** Hier genügt in aller Regel der Vermerk »keine«.

7. Bekanntmachung des Abstimmungsergebnisses (Art der Wahl)

Vorbemerkung

234 Das Abstimmungsergebnis ist bekannt zu machen (§ 24 2. WOMitbestG, § 22 1. WOMitbestG, § 24 3. WOMitbestG).

▶ Muster – Bekanntmachung des Abstimmungsergebnisses (Art der Wahl)

Unternehmenswahlvorstand [1]   235

Ausgehängt am _____ [Datum] [2]

Eingezogen am _____ [Datum] [3]

Aufsichtsratswahl
[Unternehmen]

Abstimmung über die Art der Wahl

Bekanntmachung des Abstimmungsergebnisses betreffend den Antrag auf Durchführung der Wahl durch Delegierte [optional: als unmittelbare Wahl]

abgegebene Stimmen	

Es waren __[Anzahl der Abstimmungsberechtigten]__ Arbeitnehmer abstimmungsberechtigt. Es hat somit mehr als die Hälfte der Abstimmungsberechtigten teilgenommen. [4] Das Ergebnis lautet:

gültige Stimmen	
ungültige Stimmen	
Stimmen für den Antrag auf Durchführung der Wahl durch Delegierte [optional: als unmittelbare Wahl]	
Stimmen gegen den Antrag auf Durchführung der Wahl durch Delegierte [optional: als unmittelbare Wahl]	

Die Wahl der Arbeitnehmervertreter in den Aufsichtsrat wird durch Delegierte [optional: als unmittelbare Wahl] durchgeführt.

Besondere Zwischenfälle oder sonstige Ereignisse während der Abstimmung: _____ [5]

[Ort, Datum]

Der Unternehmenswahlvorstand
_____
(Unterschriften des Unternehmenswahlvorstandsvorsitzenden sowie eines weiteren Mitgliedes des Unternehmenswahlvorstandes)

Erläuterungen

1. Für die 1. WOMitbestG: In diesem Muster ist das Wort »Unternehmenswahlvorstand« durch das Wort »Betriebswahlvorstand« zu ersetzen (vgl. W Rdn. 13, 184).   236

Für die 3. WOMitbestG: Im Muster ist das Wort »Unternehmenswahlvorstand« durch das Wort »Hauptwahlvorstand« zu ersetzen (vgl. W Rdn. 14, 128).   237

Der Unternehmenswahlvorstand (Hauptwahlvorstand) übermittelt das Abstimmungsergebnis den Betriebswahlvorständen (§ 24 Satz 1 2. WOMitbestG, § 24 Satz 1 3. WOMitbestG).   238

Jeder Betriebswahlvorstand macht das Abstimmungsergebnis für die Dauer von zwei Wochen in den Betrieben bekannt (§ 24 Satz 2 2. WOMitbestG, § 22 1. WOMitbestG, § 24 Satz 2 3. WOMitbestG).   239

240 Der Unternehmenswahlvorstand (Hauptwahlvorstand) übersendet die Bekanntmachung auch an das bzw. die an der Wahl beteiligten Unternehmen und die in den beteiligten Unternehmen vertretenen Gewerkschaften (§§ 24 Satz 2, 15 Abs. 4 Satz 2, 13 Abs. 4 2. WOMitbestG, §§ 22, 14 Abs. 3 Satz 2, 12 Abs. 4 1. WOMitbestG, §§ 24 Satz 2, 15 Abs. 4 Satz 2, 13 Abs. 4 3. WOMitbestG).

241 2. Der Aushang erfolgt, nachdem das Abstimmungsergebnis feststeht. Der erste Tag des Aushangs ist auf der Bekanntmachung zu vermerken (§ 24 i.V.m. § 15 Abs. 4 2. WOMitbestG, § 22 i.V.m. § 14 Abs. 3 1. WOMitbestG, § 24 i.V.m. § 15 Abs. 4 3. WOMitbestG).

242 3. Die Bekanntmachung wird zwei Wochen nachdem sie ausgehängt wurde, wieder eingezogen; der Tag des Einzugs ist auf der Bekanntmachung zu vermerken (§ 24 i.V.m. § 15 Abs. 4 2. WOMitbestG, § 22 i.V.m. § 14 Abs. 3 1. WOMitbestG, § 24 i.V.m. § 15 Abs. 4 3. WOMitbestG).

243 4. Diese Formulierung wird gewählt, wenn mindestens die Hälfte der Abstimmungsberechtigten an der Abstimmung teilgenommen hat.

244 Haben weniger als die Hälfte der Abstimmungsberechtigten an der Abstimmung teilgenommen, ist wie folgt zu formulieren:

245 *Alternative:*

[Es hat weniger als die Hälfte der Abstimmungsberechtigten an der Abstimmung teilgenommen. Der Antrag ist somit nicht angenommen.

Die Aufsichtsratswahl wird durch Delegierte [optional: als unmittelbare Wahl] durchgeführt.]

246 Die tabellarische Darstellung des konkreten Abstimmungsergebnisses ist entbehrlich.

247 5. Vgl. W Rdn. 233.

V. Wahlvorschläge der Arbeitnehmer gemäß § 3 Abs. 1 Ziff. 1 MitbestG/ § 3 Abs. 1 DrittelbG und der Gewerkschaften

248 Die Wahlen der Arbeitnehmervertreter in den Aufsichtsrat nach dem **MitbestG** werden in **drei Wahlgängen** durchgeführt:

249 Im ersten Wahlgang werden die Arbeitnehmer i.S.d. § 3 Abs. 1 Ziff. 1 MitbestG gewählt, im zweiten Wahlgang die Arbeitnehmervertreter der leitenden Angestellten. Aus dem dritten Wahlgang gehen die Arbeitnehmervertreter der in den Unternehmen vertretenen Gewerkschaften (Gewerkschaftsvertreter) hervor.

250 Alle drei Wahlgänge werden parallel durchgeführt und enden am Wahltag in einer gleichzeitigen aber getrennten Stimmabgabe. Im Vorfeld des Wahltages erfordern die drei Wahlgänge unterschiedliche Maßnahmen.

251 Wahlen nach dem **DrittelbG** finden lediglich in **einem** einzigen **Wahlgang** statt. Es werden lediglich Arbeitnehmer i.S.d. § 3 Abs. 1 DrittelbG gewählt. Arbeitnehmervertreter leitender Angestellter oder Gewerkschaftsvertreter sind im DrittelbG nicht vorgesehen.

252 Für jeden Wahlgang getrennt werden durch Wahlvorschläge Bewerber ermittelt, also Kandidaten, die sich für die Wahl der Arbeitnehmervertreter in den Aufsichtsrat zur Verfügung stellen.

253 Die Erstellung der Wahlvorschläge der leitenden Angestellten geschieht in einem Abstimmungsverfahren, an dem nur die leitenden Angestellten teilnehmen (vgl. Abschnitt W.VI. – W Rdn. 339–456).

W.V.1. Bekanntmachung über die Einreichung von Wahlvorschlägen

Wahlvorschläge für die Arbeitnehmer gemäß § 3 Abs. 1 Ziff. 1 MitbestG/§ 3 Abs. 1 DrittelbG und die Gewerkschaftsvertreter können von den Arbeitnehmern bzw. den im Unternehmen vertretenen Gewerkschaften eingereicht werden.

1. Bekanntmachung über die Einreichung von Wahlvorschlägen

Vorbemerkung

Bei Wahlen nach dem **MitbestG** ruft der Unternehmenswahlvorstand (1. WOMitbestG: Betriebswahlvorstand; 3. WOMitbestG: Hauptwahlvorstand) die wahlberechtigten Arbeitnehmer und die in den beteiligten Unternehmen vertretenen Gewerkschaften mit einer Bekanntmachung zur Einreichung von Wahlvorschlägen auf (§ 26 2. WOMitbestG, § 24 1. WOMitbestG, § 26 3. WOMitbestG).

Bei Wahlen nach dem **DrittelbG** wird diese Bekanntmachung in das Wahlausschreiben (vgl. Muster W Rdn. 380) integriert. **Dieses Muster entfällt** daher bei der Wahl nach dem DrittelbG.

▶ **Muster – Bekanntmachung über die Einreichung von Wahlvorschlägen**

Unternehmenswahlvorstand [1]

Bekanntzumachen [2] und ausgehängt am ____[Datum]____ [3]

Eingezogen am ____[Datum]____ [4]

Aufsichtsratswahl

[Unternehmen]

Bekanntmachung über die Einreichung von Wahlvorschlägen [5]

1. Wie die __[Unternehmen]__ am __[Datum]__ mitgeteilt hat, sind Arbeitnehmervertreter in den Aufsichtsrat zu wählen.

2. Für die Durchführung der Wahl gelten das Mitbestimmungsgesetz und die Zweite Wahlordnung zum Mitbestimmungsgesetz. [6] Diese Vorschriften liegen, ebenso wie die Wählerliste, bis zum Abschluss der Wahl __[Ort der Auslage]__ zur Einsicht aus und sind darüber hinaus unter __[Intranetadresse]__ im Intranet eingestellt.

3. Es sind insgesamt __[Anzahl]__ Aufsichtsratsmitglieder der Arbeitnehmer zu wählen. Diese Aufsichtsratsmitglieder setzen sich zusammen aus __[Anzahl]__ Aufsichtsratsmitgliedern der in § 3 Abs. 1 Ziff. 1 MitbestG bezeichneten Arbeitnehmer, einem Aufsichtsratsmitglied der in § 3 Abs. 1 Ziff. 2 MitbestG bezeichneten leitenden Angestellten und __[Anzahl]__ Gewerkschaftsvertretern. [7]

4. Wahlvorschläge

    a) Wahlvorschläge für die Wahl der Aufsichtsratsmitglieder der Arbeitnehmer gemäß § 3 Abs. 1 Ziff. 1 MitbestG können beim Unternehmenswahlvorstand innerhalb von sechs Wochen seit dem für diese Bekanntmachung bestimmten Zeitpunkt eingereicht werden.

       Der letzte Tag der Frist ist der __[Datum]__ . [8]

    b) Wahlvorschläge für die Aufsichtsratsmitglieder der Arbeitnehmer gemäß § 3 Abs. 1 Ziff. 1 MitbestG müssen von mindestens 100 wahlberechtigten Arbeitnehmern gemäß § 3 Abs. 1 Ziff. 1 MitbestG unterzeichnet sein.

    c) Wahlvorschläge für die leitenden Angestellten werden aufgrund von Abstimmungsvorschlägen durch Beschluss der wahlberechtigten leitenden Angestellten in geheimer Abstimmung aufgestellt. Hierüber wird eine gesonderte Bekanntmachung erlassen.

d) Wahlvorschläge für Aufsichtsratsmitglieder, die Vertreter von Gewerkschaften sind, können nur von einer im Unternehmen vertretenen Gewerkschaft eingereicht werden. [9] Jeder Wahlvorschlag einer Gewerkschaft muss von einem hierzu bevollmächtigten Beauftragten dieser Gewerkschaft unterzeichnet sein. Wahlvorschläge der Gewerkschaften können schriftlich beim Unternehmenswahlvorstand innerhalb einer Frist von sechs Wochen seit dem für den Aushang dieser Bekanntmachung bestimmten Zeitpunkt eingereicht werden.

Der letzte Tag der Frist ist der ____[Datum]____ [10].

e) Wird für einen Wahlgang der in § 3 Abs. 1 Ziff. 1 MitbestG bezeichneten Arbeitnehmer oder der leitenden Angestellten nur ein Wahlvorschlag gemacht, so muss der Wahlvorschlag doppelt so viele Bewerber enthalten, wie Aufsichtsratsmitglieder in dem Wahlgang zu wählen sind. Wird für die Aufsichtsratsmitglieder, die Vertreter von Gewerkschaften sind, nur ein Wahlvorschlag gemacht, so muss dieser mindestens doppelt so viele Bewerber enthalten, wie Vertreter von Gewerkschaften zu wählen sind. [11]

5. Wahlvorschläge für Ersatzmitglieder

a) In jedem Wahlvorschlag kann für jeden Bewerber jeweils ein Ersatzmitglied des Aufsichtsrats vorgeschlagen werden. Für einen Bewerber, der Arbeitnehmer gemäß § 3 Abs. 1 Ziff. 1 MitbestG ist, kann nur ein Arbeitnehmer gemäß § 3 Abs. 1 Ziff. 1 MitbestG und für einen leitenden Angestellten nur ein leitender Angestellter als Ersatzmitglied vorgeschlagen werden. Für jeden Bewerber kann nur ein Ersatzmitglied vorgeschlagen werden.

b) Bei der Wahl eines Aufsichtsratsmitgliedes ist auch das zusammen mit ihm vorgeschlagene Ersatzmitglied gewählt. [12]

6. Die gültigen Wahlvorschläge werden an den gleichen Orten wie diese Bekanntmachung ausgehängt. Die Bekanntgabe erfolgt spätestens zwei Wochen vor Beginn der Stimmabgabe bis zum Abschluss der Wahl.

7. Einsprüche und sonstige Erklärungen gegenüber dem Betriebswahlvorstand sind an folgende Anschrift zu richten:

Betriebswahlvorstand ___[Name des Betriebes]___

___[Anschrift des Betriebswahlvorstandes]___

8. Die Anschrift des Unternehmenswahlvorstandes lautet:

___[Unternehmen]___

Unternehmenswahlvorstand

___[Anschrift des Unternehmenswahlvorstandes]___

___[Ort, Datum]___

Der Unternehmenswahlvorstand

_____

(Unterschriften des Unternehmenswahlvorstandsvorsitzenden sowie eines weiteren Mitgliedes des Unternehmenswahlvorstandes)

Der Betriebswahlvorstand

_____

(Unterschriften des Betriebswahlvorstandsvorsitzenden sowie eines weiteren Mitgliedes des Betriebswahlvorstandes)

Erläuterungen

Schrifttum

Stück Die ordnungsgemäße Durchführung der BR-Wahl, ArbR Aktuell 2013, 284.

1. Für die **1. WOMitbestG:** In diesem Muster ist das Wort »Unternehmenswahlvorstand« durch das Wort »Betriebswahlvorstand« zu ersetzen (vgl. W Rdn. 13, 184). 258

Für die **3. WOMitbestG:** Im Muster ist das Wort »Unternehmenswahlvorstand« durch das Wort »Hauptwahlvorstand« zu ersetzen (vgl. W Rdn. 14, 128). 259

Der Unternehmenswahlvorstand (Hauptwahlvorstand) entwirft die Bekanntmachung, übersendet sie den Betriebswahlvorständen und teilt ihnen schriftlich den Zeitpunkt mit, von dem ab sie in den Betrieben bekannt zu machen ist; die Betriebswahlvorstände ergänzen die Bekanntmachung, soweit erforderlich (§ 26 Abs. 3 und 4 2. WOMitbestG, § 26 Abs. 3 und 4 3. WOMitbestG). 260

Der Unternehmenswahlvorstand (1. WOMitbestG: Betriebswahlvorstand, 3. WOMitbestG: Hauptwahlvorstand) übersendet die Bekanntmachung an das bzw. die Unternehmen sowie die in den beteiligten Unternehmen vertretenen Gewerkschaften (§ 26 Abs. 5 2. WOMitbestG, § 24 Abs. 4 1. WOMitbestG, § 26 Abs. 5 3. WOMitbestG). 261

2. Für die **1. WOMitbestG:** Statt »Bekanntzumachen« muss es »Erlassen« heißen. 262

3. Die Bekanntmachung muss zeitgleich mit der Bekanntmachung betreffend die Abstimmung über die Art der Wahl (Muster W Rdn. 183) und der Bekanntmachung über die Abstimmung für den Wahlvorschlag der leitenden Angestellten (Muster W Rdn. 347) bekannt gemacht werden (§§ 26 Abs. 1, 30 Abs. 1 2. WOMitbestG, §§ 26 Abs. 1, 30 Abs. 1 3. WOMitbestG, §§ 24 Abs. 1, 28 Abs. 1 1. WOMitbestG). Vgl. dazu auch W Rdn. 192. 263

Der erste Tag des Aushangs ist auf der Bekanntmachung zu vermerken (§ 26 Abs. 4 Satz 2 2. WOMitbestG, § 24 Abs. 3 Satz 2 1. WOMitbestG, § 26 Abs. 4 Satz 2 3. WOMitbestG). 264

4. Die Bekanntmachung über die Einreichung von Wahlvorschlägen muss bis zum Abschluss der Wahl ausgehängt bleiben, der Tag des Einzugs ist auf der Bekanntmachung zu vermerken (§ 26 Abs. 4 2. WOMitbestG, § 24 Abs. 3 1. WOMitbestG, § 24 Abs. 3 Satz 2 1. WOMitbestG, § 26 Abs. 4 3. WOMitbestG). 265

5. Vgl. zum notwendigen Inhalt der Bekanntmachung: § 26 2. WOMitbestG (§ 24 1. WOMitbestG, § 26 3. WOMitbestG). 266

6. Je nach anwendbarer Wahlordnung ist dieser Satz anzupassen. 267

7. Findet die Wahl unter **Beachtung der Geschlechterquote** statt (vgl. dazu W Rdn. 7.1 ff.), ist im Falle der **Gesamterfüllung** folgende neue Ziffer 4 (die Bezifferung der nachfolgenden Absätze ist entsprechend anzupassen) einzufügen: 267.1

Alternative: 267.2

Gem. § 96 Abs. 2 Satz 1 AktG muss sich der Aufsichtsrat zu mindestens 30 % aus Frauen und zu mindestens 30 % aus Männern zusammensetzen. Dementsprechend müssen im Aufsichtsrat unseres Unternehmens mindestens jeweils ___[Anzahl]___ Männer bzw. Frauen vertreten sein. Der Geschlechteranteil ist vom Aufsichtsrat insgesamt zu erfüllen (§ 96 Abs. 2 Satz 2 AktG; Gesamterfüllung).

Wurde im Aufsichtsrat ein Beschluss zur **Getrennterfüllung** gefasst (vgl. dazu W Rdn. 7.4), ist folgende neue Ziffer 4 (die Bezifferung der nachfolgenden Absätze ist entsprechend anzupassen) einzufügen: 267.3

Alternative: 267.4

Gem. § 96 Abs. 2 Satz 1 AktG muss sich der Aufsichtsrat zu mindestens 30 % aus Frauen und zu mindestens 30 % aus Männern zusammensetzen. Der Aufsichtsrat hat in seiner Sitzung vom ___[Datum]___ der Gesamterfüllung widersprochen. Aus diesem Grund ist der Geschlechteranteil für diese Wahl von der Anteilseignerseite und der Seite der Arbeitnehmer gem. § 96 Abs. 2 Satz 3 AktG getrennt zu erfüllen (Getrennterfüllung). Dementsprechend sind zur Erreichung des Ge-

schlechteranteils nach § 7 Abs. 3 MitbestG i.V.m. § 96 Abs. 2 Satz 4 AktG jeweils mindestens ___[Anzahl]___ Frauen bzw. Männer als Aufsichtsratsmitglieder der Arbeitnehmer zu wählen.

Sofern der Geschlechteranteil nach § 7 Abs. 3 MitbestG bei der Wahl nicht erreicht wurde, ist § 18a des MitbestG anzuwenden. In diesem Fall ist der vorgeschriebene Geschlechteranteil im Wege der gerichtlichen Ersatzbestellung nach § 104 AktG oder mittels Nachwahl herzustellen.

268   8. Umstritten ist, ob das **Ende der Einreichungsfrist** für die Wahlvorschläge zusätzlich zur datumsmäßigen Definition auch eine Uhrzeit enthalten kann, bis zu der die Wahlvorschläge abgegeben sein müssen. Z.T. wird dies (für die Betriebsratswahl) verneint (*Stück* ArbR Aktuell 2013, 284, 285). Den Arbeitnehmern die Möglichkeit einzuräumen, Wahlvorschläge bis 0:00 Uhr einreichen zu können, ist jedoch impraktikabel. Das BAG hat in einem Fall, in dem der Wahlvorschlag 110 Minuten vor Fristablauf eingereicht wurde, noch die Prüfung des Wahlvorschlages innerhalb der Frist verlangt (BAG, Beschl. v. 18.07.2012 – 7 ABR 21/11, NJW-Spezial 2012, 691). Es ist den Betriebswahlvorständen wohl kaum zuzumuten, in voller Besetzung in jedem Betrieb bis Mitternacht auszuharren, um alle Wahlvorschläge bis zu diesem Zeitpunkt anzunehmen, auf ihre Gültigkeit zu überprüfen (s. W Rdn. 309) und ab diesem Zeitpunkt ablehnen zu können. Aus diesem Grund muss dem Wahlvorstand die Möglichkeit eingeräumt werden, das Fristende auf einen Zeitpunkt zu legen, in dem ihm die Anwesenheit im Betrieb noch zuzumuten ist, der also z.B. eine Stunde nach dem betriebsüblichen Arbeitszeitende liegt (so auch BAG, Beschl. v. 04.10.1977 – 1 ABR 37/77, DB 1978, 449 und LAG Hamm, Beschl. v. 26.11.2010, 13 TA BV 54/10, BeckRS 2010, 75353; *Fitting* § 6 WO 2001, Rn. 3 jeweils zur Betriebsratswahl).

269   Wahlvorschläge, die nach Ablauf der gesetzten Frist eingereicht werden, sind nicht zuzulassen (LAG Hamm, BeckRS 2010, 75353, *Stück* ArbR Aktuell 2013, 284, 285 beide für Betriebsratswahl).

270   9. Eine Gewerkschaft ist im Unternehmen vertreten, wenn mindestens ein Arbeitnehmer des betreffenden Unternehmens ihr Mitglied ist (vgl. nur BAG, Urt. v. 25.03.1992 – 7 ABR 65/90, NZA 1993, 134 LS 1; WWKK/*Wißmann* MitbestR, § 7 MitbestG Rn. 47; UHH/*Henssler* § 7 MitbestG Rn. 70; *Raiser/Veil* § 7 Rn. 19).

Formulierung nach § 26 Abs. 1 Satz 2 Ziff. 10 3. WOMitbestG:

Alternative:

[Wahlvorschläge für Aufsichtsratsmitglieder die Vertreter von Gewerkschaften sind, können nur von einer Gewerkschaft eingereicht werden, die in einem Unternehmen vertreten ist, dessen Arbeitnehmer an der Wahl teilnehmen.]

272   10. Zur Angabe einer Uhrzeit, bis zu der die Wahlvorschläge abgegeben sein müssen, vgl. W Rdn. 268.

273   11. Die Wahlordnungen des Mitbestimmungsgesetzes sehen vor, dass **ein Wahlvorschlag**, der der einzige für einen Wahlgang bleibt, (mindestens) **doppelt so viele Bewerber** benennen **muss**, wie Aufsichtsratsmitglieder in diesem Wahlgang zu wählen sind (vgl. §§ 27 Abs. 3, 28 Abs. 2 Satz 3 2. WOMitbestG, §§ 25 Abs. 3, 26 Abs. 2 Satz 3 1. WOMitbestG, §§ 27 Abs. 3, 28 Abs. 2 Satz 3 3. WOMitbestG). Andernfalls ist er ungültig (vgl. § 35 Abs. 1 Ziff. 3 i.V.m. § 26 Abs. 1 Satz 2 Ziff. 11, 12 2. WOMitbestG, § 33 Abs. 1 Ziff. 3 i.V.m. § 24 Abs. 1 Satz 2 Ziff. 12, 13 1. WOMitbestG, § 35 Abs. 1 Ziff. 3 i.V.m. § 26 Abs. 1 Satz 2 Ziff. 11, 12 3. WOMitbestG).

274   Die Wahlordnungen regeln nicht wie zu verfahren ist, wenn zwar mehrere Wahlvorschläge eingehen, diese jedoch in der Summe **weniger Bewerber** enthalten **als** in dem Wahlgang Arbeitnehmervertreter **zu wählen sind**. Auch Literatur und Rechtsprechung schweigen, soweit ersichtlich, zu diesem Thema. Drei mögliche Lösungen wären denkbar. Die erste Möglichkeit wäre in analoger Anwendung der Vorschriften zur Nachfristsetzung (§ 36 2. WOMitbestG, § 34 1. WOMitbestG, § 36 3. WOMitbestG) eine Nachfrist zu setzen, mit der Aufforderung, weitere Bewerber

vorzuschlagen. Verliefe die Nachfrist ergebnislos, fände der Wahlgang nicht statt mit der Folge, dass alle Arbeitnehmervertreter dieses Wahlgangs gerichtlich bestellt werden müssten. Gegen diese Lösung spricht, dass sie die Arbeitnehmerrechte einschränkt. Die von ihnen vorgeschlagenen Bewerber fänden keine Berücksichtigung. Die zweite Lösungsmöglichkeit wäre, die vorgeschlagenen Bewerber, ähnlich der sog. »Friedenswahl« bei der Ermittlung der Delegierten (§ 68 2. WOMitbestG, § 62 1. WOMitbestG, § 68 3. WOMitbestG) ohne Wahl als Arbeitnehmervertreter anzuerkennen und die freibleibenden Aufsichtsratssitze durch das Gericht bestellen zu lassen. Diese Lösung wäre zwar zweckmäßig und zeitsparend, findet aber keine Grundlage in den Wahlordnungen. Letztlich wird es daher wohl auf das folgende Prozedere hinauslaufen: Der betreffende Wahlgang findet nach erfolgloser Setzung einer Nachfrist statt, als Ergebnis stehen die in den Wahlvorschlägen benannten Bewerber als gewählte Aufsichtsratsmitglieder fest. Die frei gebliebenen Sitze werden durch gerichtliche Bestellung (§ 104 AktG) besetzt. Diese Lösung ist unzweckmäßig, da das Wahlergebnis bereits vor der Wahl feststeht. Sie ist jedoch der einzige Weg, der im Einklang mit den Wahlordnungen steht.

12. Findet die Wahl unter **Beachtung der Geschlechterquote** statt (vgl. dazu W Rdn. 7.1 ff.), so ist (nur) im Falle der **Getrennterfüllung** der Aufzählung folgende Ziffer c) hinzuzufügen: 274.1

Alternative: 274.2

c) Das Nachrücken eines Ersatzmitglieds ist ausgeschlossen, wenn dadurch der Geschlechteranteil nach § 7 Abs. 3 MitbestG nicht mehr eingehalten würde.

2. Bekanntmachung über die Nachfrist für die Einreichung von Wahlvorschlägen

Vorbemerkung

Verstreicht die in der Bekanntmachung über die Einreichung von Wahlvorschlägen festgelegte Frist, ohne dass für den Wahlgang der Arbeitnehmer gemäß § 3 Abs. 1 Ziff. 1 MitbestG bzw. § 3 Abs. 1 DrittelbG oder den Wahlgang der Gewerkschaftsvertreter ein gültiger Wahlvorschlag eingegangen ist, wird den Arbeitnehmern und/oder der Gewerkschaft die Möglichkeit eingeräumt (weitere) Bewerber vorzuschlagen. Hierfür setzt der Unternehmenswahlvorstand (bei Wahlen unter Teilnahme lediglich eines Betriebes: Betriebswahlvorstand; bei Teilnahme von Betrieben mehrerer Unternehmen: Hauptwahlvorstand) eine einwöchige Nachfrist (§ 36 Abs. 1 und 3 2. WOMitbestG, § 34 Abs. 1 und 3 1. WOMitbestG, § 36 Abs. 1 und 3 3. WOMitbestG, § 11 WODrittelbG). 275

▶ **Muster – Bekanntmachung über die Nachfrist für die Einreichung von Wahlvorschlägen**

Unternehmenswahlvorstand [1] 276

                        Bekanntzumachen [2] und ausgehängt am ____[Datum]____ [3]

                                      Eingezogen am ____[Datum]____ [4]

                              Aufsichtsratswahl

                              [Unternehmen]

Bekanntmachung über die Nachfrist für die Einreichung von Wahlvorschlägen der Arbeitnehmer gemäß § 3 Abs. 1 Ziff. 1 MitbestG [optional: der Arbeitnehmer gemäß § 3 Abs. 1 DrittelbG/ der Gewerkschaftsvertreter] [5]

1. In der für die Einreichung von Wahlvorschlägen bestimmten Frist bis zum ____[Datum]____ ist für den Wahlgang der Arbeitnehmer gemäß § 3 Abs. 1 Ziff. 1 MitbestG [optional: Arbeitneh-

W. Wahl der Arbeitnehmervertreter in den Aufsichtsrat

mer gemäß § 3 Abs. 1 DrittelbG/der Gewerkschaftsvertreter] kein gültiger Wahlvorschlag eingereicht worden. [6]

2. Innerhalb einer Nachfrist von einer Woche [7] seit dem für den Aushang dieser Bekanntmachung bestimmten Zeitpunkt können Wahlvorschläge schriftlich beim Unternehmenswahlvorstand eingereicht werden.

    Der letzte Tag der Nachfrist ist der _____[Datum]_____.

3. Dieser Wahlgang kann nur stattfinden, wenn mindestens ein gültiger Wahlvorschlag eingereicht wird. Wird kein gültiger Wahlvorschlag eingereicht, findet der Wahlgang nicht statt; die fehlenden Aufsichtsratmitglieder können dann durch das Gericht bestellt werden. [8]

4. Bezüglich der für die Wahlvorschläge erforderlichen Formalien wird auf die Bekanntmachung über Einreichung von Wahlvorschlägen vom _____[Datum]_____ verwiesen.

5. Die Anschrift des Unternehmenswahlvorstandes lautet:

    [Unternehmen]

    Unternehmenswahlvorstand
    [Anschrift des Unternehmenswahlvorstandes]

    [Ort, Datum]

Der Unternehmenswahlvorstand

_____

(Unterschriften des Unternehmenswahlvorstandsvorsitzenden sowie eines
weiteren Mitgliedes des Unternehmenswahlvorstandes)

Erläuterungen

277 **1.** Für Wahlen unter Beteiligung lediglich eines Betriebes (**1. WOMitbestG und §§ 1 ff. WODrittelbG**): Da es lediglich den Betriebswahlvorstand gibt, ist dementsprechend in diesem Muster das Wort »Unternehmenswahlvorstand« durch das Wort »Betriebswahlvorstand« zu ersetzen. Darüber hinaus fällt die Arbeitsteilung der verschiedenen Wahlvorstände sowie die Kommunikation zwischen ihnen ersatzlos weg (vgl. W Rdn. 13, 15).

278 Für Wahlen unter Beteiligung von Betrieben mehrerer Unternehmen (**3. WOMitbestG und §§ 23 ff. WODrittelbG**): Aufgaben, die nach der 2. WOMitbestG der Unternehmenswahlvorstand wahrnimmt, füllt der Hauptwahlvorstand aus. Dementsprechend ist in diesem Muster das Wort »Unternehmenswahlvorstand« durch das Wort »Hauptwahlvorstand« zu ersetzen (vgl. dazu W Rdn. 14 f.).

279 Der Unternehmenswahlvorstand (Hauptwahlvorstand) entwirft die Bekanntmachung, übersendet sie den Betriebswahlvorständen und teilt ihnen schriftlich den Zeitpunkt mit, von dem ab sie in den Betrieben bekannt zu machen ist (§ 36 Abs. 3 i.V.m. § 26 Abs. 3 Satz 1 2. WOMitbestG, § 36 Abs. 3 i.V.m. § 26 Abs. 3 Satz 1 2. WOMitbestG). Die Betriebswahlvorstände ergänzen die Bekanntmachung, soweit erforderlich, um die in § 26 Abs. 3 Satz 2, Abs. 4 2. WOMitbestG (§ 26 Abs. 3 Satz 2, Abs. 4 3. WOMitbestG) genannten Angaben.

280 Bei Wahlen nach dem MitbestG übersendet der Unternehmenswahlvorstand (1. WOMitbestG: Betriebswahlvorstand; 3. WOMitbestG: Hauptwahlvorstand) die Bekanntmachung an das bzw. die Unternehmen sowie die in den beteiligten Unternehmen vertretenen Gewerkschaften (§ 36 Abs. 3 i.V.m. § 26 Abs. 5 2. WOMitbestG, § 34 Abs. 3 i.V.m. § 24 Abs. 4 1. WOMitbestG, § 36 Abs. 3 i.V.m. § 26 Abs. 5 3. WOMitbestG).

281 **2.** Für die **1. WOMitbestG**: Statt »Bekanntzumachen« muss es »Erlassen« heißen.

Für die **WODrittelbG** heißt es wenn Haupt- oder Unternehmenswahlvorstand die Bekanntmachung verfassen:

Alternative: 282

[Erlassen am ____[Datum]___

Bekanntzumachen und ausgehängt am ____[Datum]____]

Erlässt der Betriebswahlvorstand die Bekanntmachung bei der Wahl nach dem DrittelbG, heißt 283
es:

Alternative:

[Erlassen und ausgehängt am ____[Datum]____.]

3. Die Bekanntmachung erfolgt unverzüglich nach Ablauf der in der Bekanntmachung über die 284
Einreichung von Wahlvorschlägen gesetzten Frist (§ 36 Abs. 1 2. WOMitbestG, § 34 Abs. 1 1.
WOMitbestG, § 36 Abs. 1 3. WOMitbestG, § 11 Abs. 1 WODrittelbG). Bei Anwendbarkeit des
MitbestG ist der erste Tag des Aushangs auf der Bekanntmachung zu vermerken (§ 36 Abs. 3
i.V.m. § 26 Abs. 4 Satz 2 2. WOMitbestG, § 34 Abs. 3 i.V.m. § 24 Abs. 3 Satz 2 1. WOMitbestG, § 36 Abs. 3 i.V.m. § 26 Abs. 4 Satz 2 3. WOMitbestG).

4. Die Bekanntmachung wird nach Abschluss der Wahl eingezogen, der Tag des Einzugs ist bei 285
Wahlen nach dem MitbestG auf der Bekanntmachung zu vermerken (§ 36 Abs. 3 i.V.m. § 26
Abs. 4 2. WOMitbestG, § 34 Abs. 3 i.V.m. § 24 Abs. 3 1. WOMitbestG, § 36 Abs. 3 i.V.m. § 26
Abs. 4 3. WOMitbestG).

5. Einzelheiten zur Nachfristsetzung regelt § 36 2. WOMitbestG (§ 34 1. WOMitbestG, § 36 286
3. WOMitbestG, § 11 WODrittelbG).

6. Wird bei Wahlen nach dem **MitbestG** für einen Wahlgang nur **ein Wahlvorschlag** einge- 287
reicht, so muss dieser **doppelt so viele Bewerber** enthalten, wie Aufsichtsratsmitglieder in diesem
Wahlgang zu wählen sind, ansonsten ist er ungültig (vgl. W Rdn. 273 f.).

Geht also nur ein Wahlvorschlag in einem Wahlgang ein und enthält dieser nicht doppelt so viele 288
Bewerber wie Aufsichtsratsmitglieder in diesem Wahlgang zu wählen sind, so muss ebenfalls eine
Nachfrist gesetzt werden. Entsprechend ist dann zu formulieren:

Alternative: 289

[Bis zum Ablauf der für die Einreichung von Wahlvorschlägen gesetzten Frist bis zum ____[Datum]____ ist für den Wahlgang der Arbeitnehmer gemäß § 3 Abs. 1 Ziff. 1 MitbestG [optional: der Gewerkschaftsvertreter] nur ein Wahlvorschlag eingegangen. Dieser hat lediglich ____[Zahl]____ Bewerber enthalten. Erforderlich ist jedoch bei Eingang lediglich eines Wahlvorschlages, dass dieser mindestens doppelt so viele Bewerber enthält, wie Aufsichtsratsmitglieder in diesem Wahlgang zu wählen sind.]

Zu dem Fall, dass in mehreren Wahlvorschlägen in der Summe weniger Bewerber vorgeschlagen 290
werden als Aufsichtsratsmitglieder in diesem Wahlgang in den Aufsichtsrat zu wählen sind, vgl.
W Rdn. 274.

Bei Wahlen nach dem **DrittelbG** ist eine Mindest- oder Höchstzahl von Bewerbern nicht vor- 291
geschrieben. § 7 Abs. 2 Satz 1 WODrittelbG ist eine reine Sollvorschrift, deren Nichteinhaltung
keine Sanktionen nach sich zieht. Sobald also nur ein – auch ansonsten gültiger – Wahlvorschlag
eingeht, ist eine Nachfrist nicht mehr zu setzen, unabhängig von der Anzahl der Bewerber auf diesem Wahlvorschlag.

292 **7.** Die Länge der Nachfrist ergibt sich aus § 36 Abs. 1 Satz 1 2. WOMitbestG (§ 34 Abs. 1 Satz 1 1. WOMitbestG, § 36 Abs. 1 Satz 1 3. WOMitbestG).

293 **8.** Formulierung bei Wahlen nach dem **MitbestG** für den Fall, dass zwar ein Wahlvorschlag eingegangen ist, dieser aber nicht die erforderliche Anzahl an Bewerbern enthalten hat:

294 *Alternative:*

[Wird kein weiterer Wahlvorschlag eingereicht, findet der Wahlgang nicht statt; die fehlenden Aufsichtsratsmitglieder können dann durch das Gericht bestellt werden.]

3. Bekanntmachung über das Nichtstattfinden des Wahlganges der Arbeitnehmer/der Gewerkschaftsvertreter

Vorbemerkung

295 Geht in einem Wahlgang auch während der Nachfrist **kein gültiger Wahlvorschlag** ein, bzw. wird keine ausreichende Zahl an Bewerbern vorgeschlagen, findet dieser Wahlgang nicht statt (§ 36 Abs. 2 2. WOMitbestG, § 34 Abs. 2 1. WOMitbestG, § 36 Abs. 2 3. WOMitbestG, § 11 Abs. 2 WODrittelbG). Das bedeutet, dass keine Arbeitnehmer gemäß § 3 Abs. 1 Ziff. 1 MitbestG/§ 3 Abs. 1 DrittelbG bzw. keine Gewerkschaftsvertreter in den Aufsichtsrat gewählt werden. Die auf diese Weise frei bleibenden Aufsichtsratssitze werden durch **gerichtliche Bestellung (§ 104 AktG)** ergänzt.

▶ Muster – Bekanntmachung über das Nichtstattfinden des Wahlganges der Arbeitnehmer/der Gewerkschaftsvertreter

296 Unternehmenswahlvorstand [1]

Ausgehängt am ____[Datum]____ [2]

Eingezogen am ____[Datum]____ [3]

Aufsichtsratswahl

[Unternehmen]

Bekanntmachung über das Nichtstattfinden des Wahlganges der Arbeitnehmer gemäß § 3 Abs. 1 Ziff. 1 MitbestG [optional: der Arbeitnehmer gemäß § 3 Abs. 1 DrittelbG/der Gewerkschaftsvertreter]

1. Weder innerhalb der bis zum ____[Datum]____ Frist noch innerhalb der bis zum ____[Datum]____ gesetzten Nachfrist ist ein gültiger Wahlvorschlag für Arbeitnehmer gemäß § 3 Abs. 1 Ziff. 1 MitbestG [optional: der Arbeitnehmer gemäß § 3 Abs. 1 DrittelbG/der Gewerkschaftsvertreter] eingegangen. [4]

2. Ein Wahlgang für die Wahl der Arbeitnehmer gemäß § 3 Abs. 1 Ziff. 1 [optional: der Arbeitnehmer gemäß § 3 Abs. 1 DrittelbG/der Gewerkschaftsvertreter] findet daher nicht statt.

3. Die Anschrift des Unternehmenswahlvorstandes lautet:

[Unternehmen]

Unternehmenswahlvorstand

[Anschrift des Unternehmenswahlvorstandes]

[Ort, Datum]

Der Unternehmenswahlvorstand

———

(Unterschriften des Unternehmenswahlvorstandsvorsitzenden sowie
eines weiteren Mitgliedes des Unternehmenswahlvorstandes)

Erläuterungen

1. **Für die 1. WOMitbestG und §§ 1 ff. WODrittelbG):** In diesem Muster ist das Wort »Unternehmenswahlvorstand« durch das Wort »Betriebswahlvorstand« zu ersetzen (vgl. W Rdn. 13, 15, 277). 297

Für die 3. WOMitbestG und §§ 23 ff. WODrittelbG): Im Muster ist das Wort »Unternehmenswahlvorstand« durch das Wort »Hauptwahlvorstand« zu ersetzen (vgl. W Rdn. 14 f., 278). 298

Der Unternehmenswahlvorstand entwirft die Bekanntmachung, übersendet sie den Betriebswahlvorständen und teilt ihnen schriftlich den Zeitpunkt mit, von dem ab sie in den Betrieben bekannt zu machen ist (§ 36 Abs. 3 i.V.m. § 26 Abs. 3 Satz 1 2. WOMitbestG, § 36 Abs. 3 i.V.m. § 26 Abs. 3 Satz 1 3. WOMitbestG). Die Betriebswahlvorstände ergänzen die Bekanntmachung, soweit erforderlich, um die in § 26 Abs. 3 Satz 2, Abs. 4 2. WOMitbestG (§ 26 Abs. 3 Satz 2 Abs. 4 3. WOMitbestG) genannten Angaben (das sind hier lediglich die Anschrift des Unternehmenswahlvorstandes (Hauptwahlvorstandes) und die Daten des ersten und letzten Tages der Bekanntmachung). 299

Bei Wahlen nach dem MitbestG übersendet der Unternehmenswahlvorstand (1. WOMitbestG: Betriebswahlvorstand; 3. WOMitbestG: Hauptwahlvorstand) die Bekanntmachung an das bzw. die Unternehmen sowie die in den beteiligten Unternehmen vertretenen Gewerkschaften (§ 36 Abs. 3 i.V.m. § 26 Abs. 5 2. WOMitbestG, § 34 Abs. 3 i.V.m. § 24 Abs. 4 1. WOMitbestG, § 36 Abs. 3 i.V.m. § 26 Abs. 5 3. WOMitbestG). 300

2. Die Bekanntmachung ist unverzüglich nach Ablauf der Nachfrist auszuhängen (§ 36 Abs. 2 2. WOMitbestG, § 34 Abs. 2 1. WOMitbestG, § 36 Abs. 2 3. WOMitbestG, § 11 Abs. 2 WODrittelbG). Der erste Tag des Aushangs ist bei Wahlen nach dem MitbestG auf der Bekanntmachung zu vermerken (§ 36 Abs. 3 i.V.m. § 26 Abs. 4 Satz 2 2. WOMitbestG, § 34 Abs. 3 i.V.m. § 24 Abs. 3 Satz 2 1. WOMitbestG, § 36 Abs. 3 i.V.m. § 26 Abs. 4 Satz 2 3. WOMitbestG). 301

3. Die Bekanntmachung wird nach Abschluss der Wahl eingezogen, der Tag des Einzugs ist bei Wahlen nach dem MitbestG auf der Bekanntmachung zu vermerken (§ 36 Abs. 3 i.V.m. § 26 Abs. 4 2. WOMitbestG, § 34 Abs. 3 i.V.m. § 24 Abs. 3 1. WOMitbestG, § 36 Abs. 3 i.V.m. § 26 Abs. 4 3. WOMitbestG). 302

4. Entfällt bei Wahlen nach dem **MitbestG** der Wahlgang weil weniger als doppelt so viele Bewerber im einzigen eingegangenen Wahlvorschlag vorgeschlagen wurden wie in diesem Wahlgang Vertreter in den Aufsichtsrat zu wählen sind, so ist zu formulieren: 303

Alternative: 304

[Innerhalb der bis zum ____[Datum]____ gesetzten Frist ist lediglich ein Wahlvorschlag eingereicht worden. Dieser enthielt nicht doppelt so viele Bewerber, wie in diesem Wahlgang Mitglieder in den Aufsichtsrat zu wählen sind. Innerhalb der bis zum ____[Datum]____ ist kein weiterer Wahlvorschlag eingegangen.]

Wird bei Wahlen nach dem **DrittelbG** während der Nachfrist ein Wahlvorschlag mit weniger als doppelt so vielen Bewerbern wie Aufsichtsratsmitglieder im Wahlgang zu wählen sind eingereicht, so ist dieser Wahlvorschlag gültig und der Wahlgang findet statt (vgl. dazu ausführlich W Rdn. 502, 291). 305

4. Wahlvorschlag für Vertreter der Arbeitnehmer gemäß § 3 Abs. 1 Ziff. 1 MitbestG/ § 3 Abs. 1 DrittelbG

Vorbemerkung

306 Bei Wahlen nach dem **MitbestG** haben die Arbeitnehmer sechs Wochen Zeit, Wahlvorschläge einzureichen (§ 27 Abs. 2 2. WOMitbestG, § 25 Abs. 2 1. WOMitbestG, § 27 Abs. 2 3. WO-MitbestG). Arbeitnehmern gemäß § 3 Abs. 1 DrittelbG räumt § 7 Abs. 1 WO**DrittelbG** zwei Wochen zur Einreichung von Wahlvorschlägen ein. Im Falle der Nachfristsetzung bleibt den Arbeitnehmern nach allen Wahlordnungen eine weitere Woche Zeit (§ 36 Abs. 1 2. WOMitbestG, § 34 Abs. 1 1. WOMitbestG, § 36 Abs. 1 3. WOMitbestG, § 11 Abs. 1 WODrittelbG).

307 Inhalt und äußere Form der Wahlvorschläge ist in § 27 2. WOMitbestG (§ 25 1. WOMitbestG, § 27 3. WOMitbestG, §§ 7, 29 WODrittelbG) geregelt. Darüber hinaus ist eine bestimmte Form oder ein bestimmter Inhalt nicht vorgeschrieben.

308 Bei Wahlen nach dem **DrittelbG** sind neben den Arbeitnehmern auch die **Betriebsräte** berechtigt, Wahlvorschläge einzureichen (§ 7 Abs. 1 Satz 1, § 29 WODrittelbG).

309 Der Unternehmens**wahlvorstand** (bei Wahlen unter Teilnahme lediglich eines Betriebes: Betriebswahlvorstand; bei Wahlen von Betrieben mehrerer Unternehmen: Hauptwahlvorstand) hat jeden Wahlvorschlag **unverzüglich** bei Eingang zu **prüfen** und bei Ungültigkeit oder Beanstandung den Vorschlagsvertreter schriftlich unter Angabe der Gründe zu unterrichten (§ 34 Abs. 2 Satz 2 2. WOMitbestG, § 32 Abs. 2 Satz 2 1. WOMitbestG, § 34 Abs. 2 Satz 2 3. WOMitbestG, §§ 9 Abs. 2, 29 Satz 1 DrittelbG). Regelmäßig ist Unverzüglichkeit anzunehmen, wenn der Wahlvorstand den Wahlvorschlag innerhalb einer Frist von zwei Arbeitstagen nach Eingang prüft (für die Betriebsratswahl: BAG, Beschl. v. 21.01.2009 – 7 ABR 65/07, NZA-RR 2009, 481, LS 2, BAG, Beschl. v. 25.05.2005 – 7 ABR 39/04, NZA 2006, 116). Etwas anderes gilt jedoch insbesondere am Tag des Endes der Einreichungsfrist. Hier muss der zuständige Wahlvorstand in der Lage sein, auch kurz vor Abgabefrist eingegangene Wahlvorschläge schnell zu prüfen (für die Betriebsratswahl: BAG, Beschl. v. 25.05.2005 – 7 ABR 39/04, NZA 2006, 116). Wird ein Wahlvorschlag allerdings so kurz vor Ablauf der Frist eingereicht, dass eine Überprüfung vor Ablauf der Frist nicht mehr möglich oder der Mangel nicht mehr heilbar ist, tragen dieses Risiko die Einreichenden (LAG Düsseldorf, Beschl. v. 17.05.2010 – 11 Ta BVGa 7/10 zitiert nach juris Rn. 39, im Ergebnis ebenso *Stück* ArbR Aktuell 2013, 284, 286, beide für die Betriebsratswahl). Wann **Wahlvorschläge ungültig** oder mit **behebbaren Mängeln** behaftet sind, ergibt sich aus § 35 2. WOMitbestG (§ 33 1. WOMitbestG, § 35 3. WOMitbestG, § 10 WODrittelbG).

▶ Muster – Wahlvorschlag für Vertreter der Arbeitnehmer gemäß § 3 Abs. 1 Ziff. 1 MitbestG/§ 3 Abs. 1 DrittelbG

310 Wahlvorschlag für die Wahl der Arbeitnehmer

in den Aufsichtsrat der ___[Unternehmen]___

Kennwort: _____ 1

Datum: _____

Als Arbeitnehmer gemäß § 3 Abs. 1 Ziff. 1 MitbestG [optional: der Arbeitnehmer gemäß § 3 Abs. 1 DrittelbG] zur Wahl der Arbeitnehmervertreter in den Aufsichtsrat der ___[Unternehmen]___ werden vorgeschlagen:

Wahlvorschlag für Vertreter der Arbeitnehmer gemäß § 3 Abs. 1 Ziff. 1 MitbestG **W.V.4.**

Lfd. Nr.	Bewerber um Aufsichtsratsmandat [2]	Ersatzmitgliedbewerber für nebenstehenden Bewerber [3]
1	[Name, Vorname, Geburtsdatum, Art der Beschäftigung, Betrieb]	[Name, Vorname, Geburtsdatum, Art der Beschäftigung, Betrieb]
2	[Name, Vorname, Geburtsdatum, Art der Beschäftigung, Betrieb]	[Name, Vorname, Geburtsdatum, Art der Beschäftigung, Betrieb]
3		

Unterschriften der wahlberechtigten Arbeitnehmer gemäß § 3 Abs. 1 Ziff. 1 MitbestG [optional: der Arbeitnehmer gemäß § 3 Abs. 1 DrittelbG]: [4]

Lfd. Nr.	Familienname, Vorname, (bitte deutlich schreiben)	Unterschrift	Lfd. Nr.	Familienname, Vorname (bitte deutlich schreiben)	Unterschrift
1	Vorschlagsvertreter: [5]		12		
			13		
2			14		
3			15		
4			16		
5			17		
6			18		
7			19		
8			20		
9			21		
10			22		
11					

Seite 2

[Adresse Unternehmenswahlvorstand (Hauptwahlvorstand)]

[Datum]

Erklärung [6]

Ich [Vorname, Name in Druckbuchstaben] stimme meiner Aufnahme in den Wahlvorschlag der Arbeitnehmer gemäß § 3 Abs. 1 Ziff. 1 MitbestG [optional: der Arbeitnehmer gemäß § 3 Abs. 1 DrittelbG] zu und versichere, dass ich im Fall der Wahl die Wahl annehmen werde.

(Unterschrift)

Erläuterungen

Schrifttum
Mückl/Herrnstadt Aktuelle Entwicklungen in der Rechtsprechung zur Unternehmensmitbestimmung ArbR Aktuell 2013, 228.

311 1. Die Arbeitnehmer bei Wahlen nach dem **MitbestG** können ihren Wahlvorschlag mit einem **Kennwort** versehen. Tun sie dies nicht, so bezeichnet der Unternehmenswahlvorstand (1. WO-MitbestG: Betriebswahlvorstand; 3. WOMitbestG: Hauptwahlvorstand) den Wahlvorschlag mit Familiennamen und Vornamen des an erster Stelle benannten Bewerbers (§ 34 Abs. 2 Satz 1 2. WOMitbestG, § 32 Abs. 2 Satz 1 1. WOMitbestG, § 34 Abs. 2 Satz 1 3. WOMitbestG). Für Wahlvorschläge bei Wahlen nach dem **DrittelbG** ist ein Kennwort nicht vorgesehen.

312 2. Bei Wahlen nach dem **MitbestG** muss, wenn lediglich ein gültiger Wahlvorschlag eingereicht wird, dieser **doppelt so viele Bewerber** des jeweiligen Wahlganges enthalten, wie Arbeitnehmervertreter im jeweiligen Wahlgang zu wählen sind (vgl. dazu W Rdn. 287 f.). Zwar kann auch ein Wahlvorschlag gültig sein, wenn nur ein Bewerber darauf vorgeschlagen ist. Bleibt dies jedoch bis zum Ende der Einreichungsfrist der einzige vorgeschlagene Bewerber, ist dieser Wahlvorschlag gemäß § 35 Abs. 1 Ziff. 3 i.V.m. § 26 Abs. 1 Satz 2 Ziff. 11 2. WOMitbestG (§ 33 Abs. 1 Ziff. 3 i.V.m. § 24 Abs. 1 Satz 2 Ziff. 12 1. WOMitbestG, § 35 Abs. 1 Ziff. 3 i.V.m. § 26 Abs. 1 Satz 2 Ziff. 11 3. WOMitbestG) ungültig. Der zuständige Wahlvorstand sollte den Vorschlagsvertreter dieses Wahlvorschlages daher unverzüglich nach Eingang des Wahlvorschlages auf diesen Umstand hinweisen.

313 In jedem Wahlvorschlag sind die Bewerber in erkennbarer **Reihenfolge** unter fortlaufender Nummer und Angabe von Familienname, Vorname, Geburtsdatum, Art der Beschäftigung und Betrieb aufzuführen (§ 27 Abs. 5 Satz 1 2. WOMitbestG). Bei Wahlen nach der **3. WOMitbestG** ist darüber hinaus noch das Unternehmen, in dem der Bewerber beschäftigt ist, anzugeben (§ 27 Abs. 5 Satz 1 3. WOMitbestG). Bei Wahlen nach der **1. WOMitbestG** sowie der **WODrittelbG** ist die Nennung des Betriebes entbehrlich (§ 25 Abs. 5 Satz 1 1. WOMitbestG, § 27 Abs. 5 Satz 1 3. WOMitbestG, §§ 7 Abs. 2 Satz 2, 29 WODrittelbG).

314 3. Für jeden Bewerber kann ein **Ersatzmitglied** vorgeschlagen werden (§ 17 MitbestG, § 29 Abs. 1 Satz 1 2. WOMitbestG, § 27 Abs. 1 Satz 1 1. WOMitbestG, § 29 Abs. 1 Satz 1 3. WOMitbestG, § 7 Abs. 1 DrittelbG, § 8 Abs. 1 i.V.m. § 7 Abs. 5 WODrittelbG). Für einen Bewerber der Arbeitnehmer gemäß § 3 Abs. 1 Ziff. 1 MitbestG, § 3 Abs. 1 DrittelbG kann nur ein ebensolcher Arbeitnehmer vorgeschlagen werden. Für jeden Bewerber kann nur ein Ersatzmitglied vorgeschlagen werden. Ein Bewerber kann nicht sowohl als Mitglied als auch als Ersatzmitglied vorgeschlagen werden (zu allem: § 17 MitbestG, § 29 2. WOMitbestG, § 27 1. WOMitbestG, § 29 3. WOMitbestG, § 7 DrittelbG, § 8 WODrittelbG).

315 Zu der Frage, ob dasselbe Ersatzmitglied auf einem Wahlvorschlag für mehrere Bewerber vorgeschlagen werden kann, vgl. WWKK/*Kleinsorge* MitbestR, § 17 MitbestG Rn. 9, § 7 DrittelbG Rn. 8.

316 Jedes vorgeschlagene Ersatzmitglied ist neben dem Bewerber aufzuführen, für den es als Ersatzmitglied vorgeschlagen wurde. Für das Ersatzmitglied bedarf es der gleichen Angaben wie bei den Bewerbern (vgl. W Rdn. 313, § 29 Abs. 2 Satz 1 2. WOMitbestG, § 27 Abs. 2 Satz 1 1. WOMitbestG, § 29 Abs. 2 Satz 1 3. WOMitbestG, § 8 Abs. 2 WODrittelbG).

317 4. Bei Wahlen nach dem **MitbestG** muss jeder **Wahlvorschlag** von mindestens 100 wahlberechtigten Arbeitnehmern gemäß § 3 Abs. 1 Ziff. 1 MitbestG **unterzeichnet** sein (§ 27 Abs. 1 Satz 2 2. WOMitbestG, § 25 Abs. 1 Satz 2 1. WOMitbestG, § 27 Abs. 1 Satz 2 3. WOMitbestG). Soweit diese Vorschrift es alternativ genügen lassen will, dass ein Fünftel der wahlberechtigten Arbeitnehmer gemäß § 3 Abs. 1 Ziff. 1 MitbestG einen Wahlvorschlag unterzeichnet, läuft diese Alternative ins Leere, da das Mitbestimmungsgesetz erst ab 2.000 Arbeitnehmer Anwendung findet und somit 100 immer die kleinere Zahl sein wird.

318 Bei Wahlen nach dem **DrittelbG** müssen Wahlvorschläge entweder von Unterschriftsberechtigten eines Betriebsrats oder einem Zehntel der Wahlberechtigten oder mindestens 100 Wahlberechtigten unterzeichnet sein (§ 6 DrittelbG).

Jeder Arbeitnehmer kann nur auf einem Wahlvorschlag unterzeichnen (§ 27 Abs. 7 Satz 1 2. WOMitbestG, § 25 Abs. 7 Satz 1 1. WOMitbestG, § 27 Abs. 7 Satz 1 3. WOMitbestG, § 7 Abs. 4 Satz 1 WODrittelbG). 319

Die Unterschriften der Arbeitnehmer (sog. **Stützunterschriften**) müssen nicht notwendig alle auf einem Blatt geleistet werden. Es muss jedoch »eindeutig und zweifelsfrei erkennbar sein, dass sich die geleisteten Unterschriften auf den betreffenden Wahlvorschlag beziehen und mit ihm eine einheitliche Urkunde bilden« (BAG, Urt. v. 25.05.2005, 7 ABR 39/04, juris, LS 1, Rn. 13). Die Einheitlichkeit der Urkunde kann sich z.B. aus fortlaufender Paginierung, fortlaufender Nummerierung, einheitlicher graphischer Gestaltung, dem inhaltlichen Zusammenhang des Textes oder ähnlichen Merkmalen ergeben (BAG, Urt. v. 25.05.2005, 7 ABR 39/04, juris, Rn. 13). Auch eine Verbindung mittels »Tackerung« ist ausreichend (LAG Düsseldorf, Beschl. v. 23.03.2011 – 4 TaBVGa 1/11, ZIP 2011, 1280 m.w.N.; *Mückl/Herrnstadt* ArbR Aktuell 2013, 228, 229). Es muss sich aus der äußeren Gestaltung des Wahlvorschlags ergeben, »dass dem Unterzeichner bei der Unterschrift der gesamte und endgültige Inhalt des Wahlvorschlags vorgelegen hat« (vgl. WWKK/*Wißmann*, MitbestR § 12 MitbestG Rn. 21; UHH/*Henssler* § 12 MitbestG Rn. 27; *Fitting* § 6 WO 2001 Rn. 13). 320

5. Für jeden Wahlvorschlag soll einer der Unterzeichner als **Vorschlagsvertreter** bezeichnet werden. Dieser ist berechtigt und verpflichtet, den Wahlvorständen die zur Beseitigung von Beanstandungen erforderlichen Erklärungen abzugeben sowie Erklärungen und Entscheidungen der Wahlvorstände entgegenzunehmen. Ist kein Vorschlagsvertreter bestimmt worden, so wird der an erster Stelle Unterzeichnende als Vorschlagsvertreter angesehen (§ 27 Abs. 6 2. WOMitbestG, § 25 Abs. 6 1. WOMitbestG, § 27 Abs. 6 3. WOMitbestG, § 7 Abs. 3 WODrittelbG). 321

6. Die **schriftliche Zustimmung** der Bewerber und der Ersatzmitglieder zur Aufnahme in den Wahlvorschlag und ihre **schriftliche Versicherung**, dass sie im Fall ihrer Wahl die Wahl annehmen werden, sind dem Wahlvorschlag beizufügen (§§ 27 Abs. 5 Satz 2, 29 Abs. 2 Satz 3 2. WOMitbestG, §§ 25 Abs. 5 Satz 2, 27 Abs. 2 Satz 3 1. WOMitbestG, §§ 27 Abs. 5 Satz 2, 29 Abs. 2 Satz 3 3. WOMitbestG; § 7 Abs. 2 Satz 3, § 8 Abs. 2 Satz 3 WODrittelbG). 322

Nach der hier vertretenen Ansicht kann die Erklärung zur Aufnahme in den Wahlvorschlag und die Annahme der Wahl **zurückgenommen werden** (ebenso ausführlich UHH/*Henssler* § 15 MitbestG Rn. 53 i.V.m. § 12 MitbestG Rn. 21 ff.). Dies ergibt sich zum einen daraus, dass ein gewählter Kandidat jederzeit sein Amt niederlegen kann; es ist nicht ersichtlich, warum ein entsprechendes Verhalten nicht auch vor der Wahl zulässig sein soll. Zum anderen kann ein Kandidat seine Streichung als Bewerber von der Wählerliste erzwingen, indem er für eine weitere Liste kandidiert und sich gegenüber dem zuständigen Wahlvorstand nicht dahingehend äußert, welche Bewerbung er aufrecht erhalten möchte (vgl. § 27 Abs. 8 2. WOMitbestG, § 25 Abs. 8 1. WOMitbestG, § 27 Abs. 8 3. WOMitbestG, § 7 Abs. 5 WODrittelbG). Die wohl überwiegende Ansicht in der Literatur geht allerdings davon aus, dass die Erklärung zur Aufnahme in den Wahlvorschlag und die Annahme der Wahl nach Einreichung des Wahlvorschlages nicht mehr zurückgenommen werden können (so WWKK/*Wißmann* MitbestR, § 15 MitbestG Rn. 83 i.V.m. § 12 MitbestG Rn. 56 ff.; *Fuchs/Köstler/Pütz* Rn. 309; *Raiser/Veil* § 15 Rn. 24). 323

5. Bekanntmachung der Wahlvorschläge

Vorbemerkung

Die Wahlvorschläge sind in den Betrieben bekannt zu machen. Die Bekanntmachung hat bei Wahlen nach dem MitbestG spätestens zwei Wochen vor dem ersten Tag der Stimmabgabe zu erfolgen, bei Wahlen nach dem DrittelbG ist eine Frist von einer Woche ausreichend (§ 37 Abs. 2 Satz 1 2. WOMitbestG, § 35 Abs. 2 Satz 1 1. WOMitbestG, § 37 Abs. 2 Satz 1 3. WOMitbestG, § 12 WODrittelbG). 324

W. Wahl der Arbeitnehmervertreter in den Aufsichtsrat

325 Die Wahlvorschläge müssen bei Wahlen nach dem MitbestG **nach Wahlgängen getrennt** bekannt gemacht werden (§ 37 Abs. 2 Satz 3 2. WOMitbestG, § 35 Abs. 2 Satz 1 1. WOMitbestG, § 37 Abs. 2 Satz 3 3. WOMitbestG).

▶ Muster – Bekanntmachung der Wahlvorschläge

326 Unternehmenswahlvorstand [1]

Bekanntzumachen und ausgehängt am ____[Datum]____ [2]

Eingezogen am ____[Datum]____ [3]

Aufsichtsratswahl

[Unternehmen]

Bekanntmachung des gültigen Wahlvorschlages der Arbeitnehmer gemäß § 3 Abs. 1 Nr. 1 MitbestG [optional: der Arbeitnehmer gemäß § 3 Abs. 1 DrittelbG/der Gewerkschaften] [4]

Für den Wahlgang der Arbeitnehmer gemäß § 3 Abs. 1 Ziff. 1 MitbestG [optional: der Arbeitnehmer gemäß § 3 Abs. 1 DrittelbG/der Gewerkschaften] ist der folgende gültige Wahlvorschlag eingegangen:

Bewerber [5]

[Name, Vorname, Geburtsdatum, Art der Beschäftigung, Betrieb]

[Name, Vorname, Geburtsdatum, Art der Beschäftigung, Betrieb]

[Name, Vorname, Geburtsdatum, Art der Beschäftigung, Betrieb]

[Name, Vorname, Geburtsdatum, Art der Beschäftigung, Betrieb]

[oder für den Fall, dass im Wahlgang mehrere gültige Wahlvorschläge eingegangen sind]: [6]

Bekanntmachung der gültigen Wahlvorschläge der Arbeitnehmer gemäß § 3 Abs. 1 Nr. 1 MitbestG [optional: der Arbeitnehmer gemäß § 3 Abs. 1 DrittelbG/der Gewerkschaften]

Für den Wahlgang der Arbeitnehmer gemäß § 3 Abs. 1 Nr. 1 MitbestG [optional: der Arbeitnehmer gemäß § 3 Abs. 1 DrittelbG/der Gewerkschaften] sind die folgenden gültigen Wahlvorschläge eingegangen:

Kennwort: _____	
[Name des Wahlvorschlages, i.Zw. Name, Vorname des ersten Arbeitnehmers]	
Lfd. Nr.	Bewerber um Aufsichtsratsmandat
1	[Name, Vorname, Geburtsdatum, Art der Beschäftigung, Betrieb]
2	[Name, Vorname, Geburtsdatum Art der Beschäftigung, Betrieb]
3	[Name, Vorname, Geburtsdatum Art der Beschäftigung, Betrieb]
…	

Kennwort: _____	
[Name des Wahlvorschlages, i.Zw. Name, Vorname des ersten Arbeitnehmers]	
Lfd. Nr.	Bewerber um Aufsichtsratsmandat
1	[Name, Vorname, Geburtsdatum, Art der Beschäftigung, Betrieb]

2	[Name, Vorname, Geburtsdatum Art der Beschäftigung, Betrieb]
3	[Name, Vorname, Geburtsdatum Art der Beschäftigung, Betrieb]
...	

Der Unternehmenswahlvorstand hat die Reihenfolge der Ordnungsnummern durch Los ermittelt.

Der Unternehmenswahlvorstand

_____

(Unterschriften des Unternehmenswahlvorstandsvorsitzenden sowie eines weiteren Mitgliedes des Unternehmenswahlvorstandes)

Erläuterungen

1. Für die **1. WOMitbestG und §§ 1 ff. WODrittelbG**: In diesem Muster ist das Wort »Unternehmenswahlvorstand« durch das Wort »Betriebswahlvorstand« zu ersetzen (vgl. W Rdn. 13, 15, 277).

Für die **3. WOMitbestG und §§ 23 ff. WODrittelbG**: Im Muster ist das Wort »Unternehmenswahlvorstand« durch das Wort »Hauptwahlvorstand« zu ersetzen (vgl. W Rdn. 14 f., 278).

Der Unternehmenswahlvorstand (Hauptwahlvorstand) übersendet die Bekanntmachung mit den gültigen Wahlvorschlägen den Betriebswahlvorständen und teilt ihnen schriftlich den Zeitpunkt mit, von dem ab sie in den Betrieben bekannt zu machen sind. Die Betriebswahlvorstände machen die Wahlvorschläge (nach Wahlgängen getrennt) bekannt (§ 37 Abs. 2 2. WOMitbestG, § 37 Abs. 2 3. WOMitbestG; § 29 WODrittelbG).

Bei Wahlen nach dem MitbestG übersendet der Unternehmenswahlvorstand (1. WOMitbestG: Betriebswahlvorstand; 3. WOMitbestG: Hauptwahlvorstand) die Bekanntmachung an das bzw. die Unternehmen sowie die in den beteiligten Unternehmen vertretenen Gewerkschaften (§ 37 Abs. 2 Satz 3 2. Halbsatz i.V.m. § 26 Abs. 5 2. WOMitbestG, § 35 Abs. 2 Satz 1 2. Halbsatz i.V.m. § 24 Abs. 4, 1. WOMitbestG, § 37 Abs. 2 Satz 3 2. Halbsatz i.V.m. § 26 Abs. 5 3. WOMitbestG).

2. Die Wahlvorschläge sind spätestens zwei Wochen (Wahlen nach dem MitbestG) bzw. eine Woche (Wahlen nach dem DrittelbG) vor dem ersten Tag der Stimmabgabe bekannt zu machen (§ 37 Abs. 2 Satz 1 2. WOMitbestG, § 35 Abs. 2 Satz 1 1. WOMitbestG, § 37 Abs. 2 Satz 1 3. WOMitbestG, § 12 WODrittelbG).

Der erste Tag des Aushangs ist auf der Bekanntmachung zu vermerken (§ 37 Abs. 2 Satz 3 2. Halbsatz i.V.m. § 26 Abs. 5 Satz 2 2. WOMitbestG, § 35 Abs. 2 Satz 1 2. Halbsatz i.V.m. § 24 Abs. 4 Satz 2 1. WOMitbestG, § 37 Abs. 2 Satz 3 2. Halbsatz i.V.m. § 26 Abs. 5 Satz 2 3. WOMitbestG).

Für die 1. WOMitbestG und die WODrittelbG, soweit lediglich ein Betrieb an der Wahl beteiligt ist, heißt es lediglich:

Alternative:

[Ausgehändigt am ____[Datum]____]

3. Die Bekanntmachungen der Wahlvorschläge müssen bis zum Abschluss der Wahl ausgehängt bleiben, der Tag des Einzugs ist auf der Bekanntmachung zu vermerken (§ 37 Abs. 2 Satz 3 2. Halbsatz i.V.m. § 26 Abs. 5 2. WOMitbestG, § 35 Abs. 2 Satz 1 2. Halbsatz i.V.m. § 24 Abs. 4 1. WOMitbestG, § 37 Abs. 2 Satz 3 2. Halbsatz i.V.m. § 26 Abs. 5 3. WOMitbestG).

336 **4.** Alternative für den Fall, dass im Wahlgang **lediglich ein gültiger Wahlvorschlag** eingegangen ist.

337 **5.** Die in diesem Wahlvorschlag benannten Bewerber werden in der gleichen Reihenfolge wie im Wahlvorschlag aufgeführt. Zwar ist dies in den Wahlordnungen nicht ausdrücklich festgelegt, es ist aber sinnvoll, da diese Reihenfolge – bei Wahlen nach dem MitbestG – für die Stimmzettel vorgesehen ist (vgl. § 44 Abs. 2 Satz 1, § 48 Abs. 2 Satz 1 2. WOMitbestG, § 41 Abs. 2 Satz 1, § 44 Abs. 2 Satz 1 1. WOMitbestG, § 44 Abs. 2 Satz 1, § 48 Abs. 2 Satz 1 3. WOMitbestG).

338 **6.** Sind **mehrere gültige Wahlvorschläge** in einem Wahlgang eingegangen, so ermittelt – bei Wahlen nach dem **MitbestG** – der Unternehmenswahlvorstand (1. WOMitbestG: Betriebswahlvorstand; 3. WOMitbestG: Hauptwahlvorstand) durch Los die Reihenfolge der Ordnungsnummern, die den Wahlvorschlägen zugeteilt werden (§ 37 Abs. 2 2. WOMitbestG, § 35 Abs. 1 1. WOMitbestG, § 37 Abs. 2 3. WOMitbestG). Die Wahlvorschläge werden dann in der Reihenfolge der Ordnungsnummern unter der Bezeichnung ihres Kennwortes aufgeführt. Wenn es auch eine entsprechende Regelung in der **WODrittelbG** nicht gibt, so sollte dennoch entsprechend verfahren werden.

VI. Abstimmungsverfahren für den Wahlvorschlag der leitenden Angestellten

339 Die Wahl der Arbeitnehmer in den Aufsichtsrat nach dem **MitbestG** findet in drei Wahlgängen statt (vgl. dazu W Rdn. 248 ff.). Während in den ersten beiden Wahlgängen die Vertreter der Arbeitnehmer i.S.d. § 3 Abs. 1 Ziff. 1 MitbestG bzw. § 3 Abs. 1 DrittelbG und der Gewerkschaften gewählt werden, sind im dritten Wahlgang die Arbeitnehmervertreter der leitenden Angestellten zu ermitteln.

340 Bei Wahlen nach dem **DrittelbG** sind leitende Angestellte weder wahlberechtigt noch wählbar. Der Wahlgang der leitenden Angestellten findet nicht statt. Dementsprechend werden die **Muster** des Kapitels VI. für Wahlen nach dem DrittelbG **nicht benötigt**.

341 Im Wahlgang des Vertreters der leitenden Angestellten ist stets **lediglich eine Position im Aufsichtsrat** zu besetzen; den Arbeitnehmervertretern im Aufsichtsrat gehört immer ein leitender Angestellter an (§§ 15 Abs. 1 Satz 2, 18 MitbestG, § 25 2. WOMitbestG, § 23 1. WOMitbestG, § 25 3. WOMitbestG). Zwar sehen die Wahlordnungen des Mitbestimmungsgesetzes vor, dass die **Anzahl der Arbeitnehmervertreter der leitenden Angestellten**, sich nach dem Verhältnis der leitenden Angestellten zu den übrigen Arbeitnehmern berechnet (§ 25 2. WOMitbestG, § 23 1. WOMitbestG, § 25 3. WOMitbestG) und somit theoretisch auch mehr als ein leitender Angestellter in den Aufsichtsrat zu wählen sein könnte. In der Praxis ist jedoch nicht denkbar, dass ein Unternehmen einen so hohen Anteil an leitenden Angestellten hat, dass eine zweite Arbeitnehmervertreterposition durch einen leitenden Angestellten zu besetzen wäre (vgl. hierzu ausführlich WWKK/*Wißmann* MitbestR, § 15 MitbestG Rn. 13 f.).

342 Im Wahlgang des Vertreters der leitenden Angestellten sind, ebenso wie in den übrigen Wahlgängen, alle Arbeitnehmer, also nicht nur die leitenden Angestellten, wahlberechtigt. Um den leitenden Angestellten dennoch die Möglichkeit zu geben, auf die Auswahl »ihres« Vertreters im Aufsichtsrat besonderen Einfluss zu nehmen, räumen das Mitbestimmungsgesetz (§ 15 Abs. 2 Ziff. 2 MitbestG) und die Wahlordnungen (§§ 30–33 2. WOMitbestG, §§ 28–31 1. WOMitbestG, §§ 30–33 3. WOMitbestG) den leitenden Angestellten die Möglichkeit ein, in einem **der** eigentlichen **Wahl vorgeschalteten Abstimmungsverfahren** eine Vorauswahl bezüglich ihrer Kandidaten zu treffen.

343 Ergebnis dieses Abstimmungsverfahrens ist der (einzige) Wahlvorschlag für den Wahlgang der leitenden Angestellten. Da es lediglich einen Wahlvorschlag gibt, muss dieser doppelt so viele Bewerber enthalten, wie in diesem Wahlgang Aufsichtsratsmitglieder zu wählen sind (§ 27 Abs. 3, 4

Ziff. 2 2. WOMitbestG, § 25 Abs. 3, 4 Ziff. 2 1. WOMitbestG, § 27 Abs. 3, 4 Ziff. 2 3. WOMitbestG). Es sind somit **im Abstimmungsverfahren zwei Bewerber zu ermitteln.**

Aus diesem Wahlvorschlag mit zwei Bewerbern wählen dann am Wahltag alle Arbeitnehmer des Unternehmens einen Arbeitnehmervertreter der leitenden Angestellten in den Aufsichtsrat. 344

Zwei Fristen sind im Rahmen des Abstimmungsverfahrens **unbedingt einzuhalten:** Das Abstimmungsverfahren nach der 2. WOMitbestG darf maximal 8 Wochen dauern, d.h. der Wahlvorschlag der leitenden Angestellten muss spätestens 8 Wochen nach der Bekanntmachung über die Einreichung von Wahlvorschlägen feststehen (§ 32 Abs. 1 2. WOMitbestG). Die 1. WOMitbestG veranschlagt für das Abstimmungsverfahren maximal 7 Wochen (§ 30 Abs. 1 1. WOMitbestG), die 3. WOMitbestG sieht 9 Wochen vor (§ 32 Abs. 1 3. WOMitbestG). Die zweite unbedingt einzuhaltende Frist gibt § 37 Abs. 2 2. WOMitbestG (§ 35 Abs. 2 1. WOMitbestG, § 37 Abs. 2 3. WOMitbestG) vor: Spätestens zwei Wochen vor dem ersten Tag der Stimmabgabe sind die gültigen Wahlvorschläge in den Betrieben bekannt zu machen. 345

1. Bekanntmachung über das Abstimmungsverfahren für den Wahlvorschlag der leitenden Angestellten

Vorbemerkung

Die leitenden Angestellten müssen darüber informiert werden, dass sie einen Wahlvorschlag einzureichen haben, der durch ein Abstimmungsverfahren zustande kommt (§ 30 2. WOMitbestG, § 28 1. WOMitbestG, § 30 3. WOMitbestG). 346

▶ **Muster – Bekanntmachung über das Abstimmungsverfahren für den Wahlvorschlag der leitenden Angestellten**

Unternehmenswahlvorstand [1] 347

    Bekanntzumachen [2] und ausgehängt am _____[Datum]_____ [3]

    Eingezogen am _____[Datum]_____ [4]

Aufsichtsratswahl
[Unternehmen]

Bekanntmachung über die Abstimmung für den Wahlvorschlag der leitenden Angestellten [5]

1. Wie die __[Unternehmen]__ am __[Datum]__ mitgeteilt hat, sind Arbeitnehmervertreter in den Aufsichtsrat zu wählen. Für diese Wahl sind Wahlvorschläge einzureichen.

2. Der Wahlvorschlag der leitenden Angestellten muss zwei Bewerber enthalten. [6] Jeder Bewerber muss leitender Angestellter [7] sein. [8]

3. Abstimmungsvorschläge

    a) Der Wahlvorschlag der leitenden Angestellten ist auf Grund von Abstimmungsvorschlägen [9] durch Beschluss der wahlberechtigten leitenden Angestellten in einer geheimen Abstimmung aufzustellen.

    b) Ein Abstimmungsvorschlag muss von mindestens __[Zahl die einem Zwanzigstel der wahlberechtigten leitenden Angestellten entspricht oder 50]__ wahlberechtigten leitenden Angestellten unterzeichnet sein. [10]

    c) In den Abstimmungsvorschlägen sollen Frauen und Männer vertreten sein. [11]

    d) In jedem Abstimmungsvorschlag kann für jeden Bewerber jeweils ein Ersatzmitglied vorgeschlagen werden.

e) Abstimmungsvorschläge sind bis zum [Datum (zwei Wochen nach dem Aushang dieser Bekanntmachung)] schriftlich beim Unternehmenswahlvorstand einzureichen. [12]

f) Die Abstimmungsvorschläge werden an den gleichen Orten wie diese Bekanntmachung bekannt gemacht. [13]

4. Jeder leitende Angestellte kann in der Abstimmung bis zu zwei Bewerber ankreuzen. [14]

5. Die Abstimmung über den Wahlvorschlag der leitenden Angestellten findet als Briefwahl statt. [15] Die wahlberechtigten Arbeitnehmer erhalten die Briefwahlunterlagen, ohne dass es eines Verlangens bedarf, zugeschickt.

6. Die Wahlbriefe müssen bis zum

_____ [Datum] [16]

beim Unternehmenswahlvorstand eingehen (Ende der Stimmabgabe).

Nach diesem Zeitpunkt findet die öffentliche Stimmauszählung am _____ [Datum] in [Ort/ Raum der Stimmauszählung] statt. [17]

7. Es werden nach der Reihenfolge der auf sie entfallenden Stimmenzahl nur so viele leitende Angestellte in den Wahlvorschlag aufgenommen, wie er insgesamt Bewerber enthalten muss. Der Wahlvorschlag muss zwei Bewerber enthalten. Bei Stimmengleichheit entscheidet das Los.

8. Die in den Abstimmungsvorschlägen zusammen mit den Gewählten aufgeführten Ersatzmitglieder werden in den Wahlvorschlag der leitenden Angestellten als Ersatzmitglieder des Aufsichtsrats aufgenommen. [18]

9. Die Anschrift des Unternehmenswahlvorstandes lautet:

[Unternehmen]

Unternehmenswahlvorstand

[Anschrift des Unternehmenswahlvorstandes]

[Ort, Datum]

Der Unternehmenswahlvorstand

_____

(Unterschriften des Unternehmenswahlvorstandsvorsitzenden sowie eines weiteren Mitgliedes des Unternehmenswahlvorstandes)

Erläuterungen

Schrifttum

Stück Aktuelle Rechtsfragen der Aufsichtsratswahl nach dem MitbestG 1976, DB 2004, 2582.

348   1. Für die 1. WOMitbestG: In diesem Muster ist das Wort »Unternehmenswahlvorstand« durch das Wort »Betriebswahlvorstand« zu ersetzen (vgl. W Rdn. 13, 184).

349   Für die 3. WOMitbestG: Im Muster ist das Wort »Unternehmenswahlvorstand« durch das Wort »Hauptwahlvorstand« zu ersetzen (vgl. W Rdn. 14, 128).

350   Der Unternehmenswahlvorstand (Hauptwahlvorstand) übersendet die Bekanntmachung den Betriebswahlvorständen und teilt ihnen schriftlich den Zeitpunkt mit, von dem ab die Bekanntmachung in den Betrieben zu erfolgen hat (§ 30 Abs. 3 2. WOMitbestG, § 30 Abs. 3 3. WOMitbestG).

351   Die Betriebswahlvorstände ergänzen die Bekanntmachung um die Angabe wo und wie die Abstimmungsberechtigten von den Abstimmungsvorschlägen Kenntnis erlangen können (§ 30 Abs. 3 Satz 2 2. WOMitbestG, § 30 Abs. 3 Satz 2 3. WOMitbestG).

Der Unternehmenswahlvorstand (1. WOMitbestG: Betriebswahlvorstand; 3.WOMitbestG: 352
Hauptwahlvorstand) übersendet die Bekanntmachung an das bzw. die Unternehmen und die in
den beteiligten Unternehmen vertretenen Gewerkschaften (§ 30 Abs. 4 i.V.m. § 26 Abs. 5 2.
WOMitbestG, § 28 Abs. 3 i.V.m. § 24 Abs. 4 1. WOMitbestG, § 30 Abs. 4 i.V.m. § 26 Abs. 5
3. WOMitbestG).

2. Für die **1. WOMitbestG**: Statt »Bekanntzumachen« muss es »Erlassen« heißen. 353

3. Die Bekanntmachung muss zeitgleich mit der Bekanntmachung betreffend die Abstimmung 354
über die Art der Wahl (Muster W Rdn. 183) und der Bekanntmachung über die Einreichung von
Wahlvorschlägen (Muster W Rdn. 257) erfolgen (§§ 26 Abs. 1, 30 Abs. 1 2. WOMitbestG, §§ 24
Abs. 1, 28 Abs. 1 1. WOMitbestG, §§ 26 Abs. 1, 30 Abs. 1 3. WOMitbestG). Vgl. dazu
W Rdn. 191 f.

Der erste Tag des Aushangs ist auf der Bekanntmachung zu vermerken (§ 30 Abs. 4 i.V.m. § 26 355
Abs. 4 Satz 2 2. WOMitbestG, § 28 Abs. 3 i.V.m. § 24 Abs. 3 Satz 2 1. WOMitbestG, § 30
Abs. 4 i.V.m. § 26 Abs. 4 Satz 2 3. WOMitbestG).

4. Die Bekanntmachung muss bis zum Abschluss der Wahl ausgehängt bleiben, der Tag des Ein- 356
zugs ist auf der Bekanntmachung zu vermerken (§ 30 Abs. 4 i.V.m. § 26 Abs. 4 2. WOMitbestG,
§ 28 Abs. 4 i.V.m. § 24 Abs. 3 1. WOMitbestG, § 30 Abs. 4 i.V.m. § 26 Abs. 4 3. WOMitbestG).

5. Der notwendige Inhalt der Bekanntmachung ergibt sich aus § 30 Abs. 1 und 3 2. WOMit- 357
bestG (§ 28 Abs. 1 1. WOMitbestG, § 30 Abs. 1 und 3 3. WOMitbestG).

6. Die Arbeitnehmer haben **einen leitenden Angestellten** in den Aufsichtsrat zu wählen (vgl. 358
W Rdn. 341). Da es lediglich einen **Wahlvorschlag** für den Wahlgang der leitenden Angestellten
gibt, muss dieser **doppelt so viele Bewerber** enthalten, wie in diesem Wahlgang Aufsichtsratsmitglieder zu wählen sind (§ 27 Abs. 3, 4 Ziff. 2 2. WOMitbestG, § 25 Abs. 3, 4 Ziff. 2 1. WOMitbestG, § 27 Abs. 3, 4 Ziff. 2 3. WOMitbestG).

7. Zum Arbeitnehmervertreter der leitenden Angestellten kann nur gewählt werden, wer selbst 359
zum Kreis der leitenden Angestellten gehört (MüKo-AktG/*Gach* § 15 MitbestG Rn. 16). Maßgeblicher Zeitpunkt für die Beurteilung ist hierbei grundsätzlich der Zeitpunkt des Beginns der
Amtszeit (MüKo-AktG/*Gach* § 15 MitbestG Rn. 16; UHH/*Henssler* § 15 MitbestG Rn. 34, 46;
WWKK/*Wißmann* MitbestR, § 15 MitbestG Rn. 18).

Der **Begriff des leitenden Angestellten** orientiert sich gemäß § 3 Abs. 1 Ziff. 2 MitbestG an § 5 360
Abs. 3 des Betriebsverfassungsgesetzes (BetrVG). Die Zuordnung eines Arbeitnehmers in den Status eines leitenden Angestellten muss sehr sorgfältig vorgenommen werden, da die fehlerhafte Zuordnung in die eine oder andere Arbeitnehmergruppe einen möglichen Grund für eine Wahlanfechtung darstellt (MüKo-AktG/*Gach* § 15 MitbestG Rn. 16; *Stück* DB 2004, 2582, 2583;
UHH/*Henssler* § 15 MitbestG Rn. 34). Sinnvoll ist grundsätzlich, sich an der Zuordnung anlässlich der letzten Betriebsratswahl zu orientieren.

Ändert sich die Gruppenzugehörigkeit des leitenden Angestellten im **Verlauf der Amtsperiode**, 361
wird also aus dem leitenden Angestellten ein Arbeitnehmer gemäß § 3 Abs. 1 Ziff. 1 MitbestG,
hat dies keine Auswirkung auf die fortdauernde Berechtigung zur Amtsausübung als Arbeitnehmervertreter auf der gleichbleibenden Position (§ 24 Abs. 2 MitbestG).

Gemäß **§ 105 Abs. 1 AktG** darf ein Aufsichtsratsmitglied nicht zugleich Vorstandsmitglied, dau- 362
ernd Stellvertreter von Vorstandsmitgliedern, Prokurist oder zum gesamten Geschäftsbetrieb ermächtigter Handlungsbevollmächtigter (Generalhandlungsbevollmächtigter) derselben Gesellschaft sein (sog. **Inkompatibilität**). Dadurch wird der Tatsache Rechnung getragen, dass von
Personen, die dem Vorstand angehören, ihm nahestehen oder direkt von ihm abhängig sind, eine effiziente und unvoreingenommene Überwachung des Vorstandes nicht erwartet werden kann (vgl.
MüKo-AktG/*Habersack* § 105 Rn. 11). Die Aufzählung der in § 105 Abs. 1 AktG genannten Per-

sonengruppen ist abschließend. Eine generelle Erweiterung auf andere leitende Angestellte findet nicht statt (MüKo-AktG/*Habersack* § 105 Rn. 15; *Hüffer* § 105 AktG Rn. 5). **§ 6 Abs. 2 MitbestG** schränkt die Bestimmung des § 105 Abs. 1 AktG jedoch insofern ein, als dass die **Wählbarkeit eines Prokuristen** als Aufsichtsratsmitglied der Arbeitnehmer nur ausgeschlossen ist, wenn dieser dem zur gesetzlichen Vertretung des Unternehmens befugten Organ unmittelbar unterstellt und (kumulativ) zur Ausübung der Prokura für den gesamten Geschäftsbereich des Organs ermächtigt ist. Unmittelbar unterstellt ist ein Prokurist dem Vorstand, wenn er in der vertikalen Gliederung des Unternehmens auf der zweitobersten Ebene steht (*Raiser/Veil* § 6 Rn. 53). Zur Ausübung der Prokura für den gesamten Geschäftsbereich des Organs ermächtigt ist ein Prokurist, wenn er im Innenverhältnis nach seiner Tätigkeitsbeschreibung ermächtigt ist, für den gesamten Geschäftsbereich des Vertretungsorgans, also für das gesamte Unternehmen zu handeln (*Raiser/Veil* § 6 Rn. 53). Gerade diese zweite Einschränkung dürfte dazu führen, dass praktisch alle Prokuristen eines Unternehmens als Arbeitnehmervertreter in den Aufsichtsrat wählbar sind (so auch WWKK/*Wißmann* MitbestR, § 6 MitbestG Rn. 50). Für Generalhandlungsbevollmächtigte sieht § 6 Abs. 2 MitbestG eine entsprechende Regelung nicht vor. Im Zuge eines Erst-recht-Schlusses muss § 6 Abs. 2 MitbestG aber analog auch auf diese Arbeitnehmer anwendbar sein (ebenso *Hüffer* § 105 AktG Rn. 4 m.w.N.; MüKo-AktG/*Habersack* § 105 Rn. 16).

363 Die Inkompatibilität erstreckt sich grundsätzlich nicht auf Prokuristen und Handlungsbevollmächtigte eines abhängigen Unternehmens betreffend den Aufsichtsrat der herrschenden Gesellschaft (*Raiser/Veil* § 6 Rn. 52; WWKK/*Wißmann* MitbestR, § 6 MitbestG Rn. 44).

363.1 **8.** Findet die Wahl unter **Beachtung der Geschlechterquote** statt (vgl. dazu W Rdn. 7.1 ff.), ist, im Falle der **Gesamterfüllung** folgende neue Ziffer 3 (die Bezifferung der nachfolgenden Absätze ist entsprechend anzupassen) einzufügen:

363.2 *Alternative:*

Gem. § 96 Abs. 2 Satz 1 AktG muss sich der Aufsichtsrat zu mindestens 30 % aus Frauen und zu mindestens 30 % aus Männern zusammensetzen. Dementsprechend müssen im Aufsichtsrat unseres Unternehmens mindestens jeweils _____[Anzahl]_____ Männer bzw. Frauen vertreten sein. Der Geschlechteranteil ist vom Aufsichtsrat insgesamt zu erfüllen (§ 96 Abs. 2 Satz 2 AktG; Gesamterfüllung).

363.3 Wurde im Aufsichtsrat ein Beschluss zur **Getrennterfüllung** gefasst (vgl. dazu W Rdn. 7.4), ist folgende neue Ziffer 3 (die Bezifferung der nachfolgenden Absätze ist entsprechend anzupassen) einzufügen:

363.4 *Alternative:*

Gem. § 96 Abs. 2 Satz 1 AktG muss sich der Aufsichtsrat zu mindestens 30 % aus Frauen und zu mindestens 30 % aus Männern zusammensetzen. Der Aufsichtsrat hat in seiner Sitzung vom _____[Datum]_____ der Gesamterfüllung widersprochen. Aus diesem Grund ist der Geschlechteranteil für diese Wahl von der Anteilseignerseite und der Seite der Arbeitnehmer gem. § 96 Abs. 2 Satz 3 AktG getrennt zu erfüllen (Getrennterfüllung). Dementsprechend sind zur Erreichung des Geschlechteranteils nach § 7 Abs. 3 MitbestG i.V.m. § 96 Abs. 2 Satz 4 AktG jeweils mindestens _____[Anzahl]_____ Frauen bzw. Männer als Aufsichtsratsmitglieder der Arbeitnehmer zu wählen.

364 **9.** Wie bereits dargelegt, muss der Wahlvorschlag der leitenden Angestellten zwei Bewerber benennen (vgl. W Rdn. 273 f.). Es ist ausreichend, wenn sich im Abstimmungsverfahren lediglich zwei Bewerber zur Verfügung stellen. Die Abstimmung hat dann lediglich den Sinn, die Reihenfolge der Bewerber auf dem Wahlvorschlag festzulegen (WWKK/*Wißmann*, MitbestR, § 15 MitbestG Rn. 99).

365 **10.** Vgl. § 31 Abs. 1 Satz 2 2. WOMitbestG § 29 Abs. 1 Satz 2 1. WOMitbestG, § 31 Abs. 1 Satz 2 3. WOMitbestG.

11. Vgl. § 31 Abs. 1 Satz 1, 2. HS 2. WOMitbestG § 29 Abs. 1 Satz 2 1. WOMitbestG, § 31 Abs. 1 Satz 1 2. HS 3. WOMitbestG.

12. Vgl. § 31 Abs. 1 Satz 3 und 4 2. WOMitbestG, § 29 Abs. 1 Satz 3 und 4 1. WOMitbestG, § 31 Abs. 1 Satz 3 und 4 3. WOMitbestG.

13. Vgl. § 30 Abs. 3 Satz 2 2. WOMitbestG, § 28 Abs. 1 Ziff. 11 1. WOMitbestG, § 30 Abs. 3 Satz 2 3. WOMitbestG.

14. Gemäß § 32 Abs. 2 2.WOMitbestG (§ 30 Abs. 2 1. WOMitbestG, § 32 Abs. 2 3. WOMitbestG) kann jeder Abstimmungsberechtigte so viele Bewerber ankreuzen, wie der Wahlvorschlag der leitenden Angestellten Bewerber enthalten muss. Da letztlich ein leitender Angestellter in den Aufsichtsrat gewählt werden muss (§ 25 Abs. 2 2. WOMitbestG, § 23 Abs. 2 1. WOMitbestG, § 25 Abs. 2 3. WOMitbestG) und bei dem einzigen Wahlvorschlag der leitenden Angestellten die doppelte Anzahl (also zwei) Bewerber auf dem Wahlvorschlag stehen werden (§ 18 Satz 3 MitbestG i.V.m. § 15 Abs. 2 Ziffer 2, Abs. 3 Satz 2 MitbestG), können die leitenden Angestellten in der Abstimmung bis zu zwei Bewerber ankreuzen.

15. Das Abstimmungsverfahren der leitenden Angestellten zur Ermittlung ihres Wahlvorschlages findet bei Wahlen nach der **2. und 3. Wahlordnung** als **Briefwahl** statt (§ 32 Abs. 5 Satz 2 2. WOMitbestG, § 32 Abs. 5 3. WOMitbestG).

Im Rahmen einer Aufsichtsratswahl nach der **1. WOMitbestG** geben die Arbeitnehmer ihre Stimme, außer im Fall der voraussehbaren Verhinderung oder bei gesetzlich gesondert geregelten Fällen, am Abstimmungstag **persönlich** ab.

Entsprechend ist zu formulieren:

Alternative:

[Abstimmungsberechtigten, die im Zeitpunkt der Abstimmung wegen Abwesenheit vom Betrieb verhindert sind ihre Stimme persönlich abzugeben, hat der Betriebswahlvorstand auf ihr Verlangen die Briefwahlunterlagen auszuhändigen oder zu übersenden.

Abstimmungsberechtigten, von denen dem Betriebswahlvorstand bekannt ist, dass sie im Zeitpunkt der Abstimmung nach der Eigenart ihres Beschäftigungsverhältnisses voraussichtlich nicht im Betrieb anwesend sein werden, erhalten die Briefwahlunterlagen, ohne dass es eines Verlangens bedarf.

Das Gleiche gilt für Arbeitnehmer in Betrieben, Betriebsteilen und Kleinstbetrieben für die die schriftliche Stimmabgabe gemäß § 18 Abs. 3 Ziff. 1 und 2 1. WOMitbestG beschlossen wurde. Hierbei handelt es sich um die folgenden Betriebe, Betriebsteile und Kleinstbetriebe:

[Benennung dieser Betriebe, Betriebsteile und Kleinstbetriebe]]

Der vorangehende Absatz ist nur aufzunehmen, wenn ein entsprechender Beschluss gefasst wurde.

Alternative:

[Der mit der Wahrnehmung der Aufgaben des Betriebswahlvorstandes [Betriebsbezeichnung] beauftragte Betriebswahlvorstand des Betriebes [Betriebsbezeichnung] hat die schriftliche Stimmabgabe für den Betrieb [Betriebsbezeichnung] beschlossen. Den Arbeitnehmern dieses Betriebs werden die Briefwahlunterlagen ebenfalls ohne Aufforderung zugesandt.]

Der vorangehende Absatz ist entbehrlich, wenn kein Betriebswahlvorstand mit der Wahrnehmung der Aufgaben eines anderen Betriebswahlvorstandes beauftragt wurde oder ein Beschluss zur schriftlichen Stimmabgabe für einen solchen Betrieb nicht gefasst wurde.

374 **16.** Dieses Datum muss so festgesetzt werden, dass der Wahlvorschlag der leitenden Angestellten spätestens acht Wochen (3. WOMitbestG: 9 Wochen) seit dem für die Bekanntmachung nach § 26 2. WOMitbestG (§ 26 3. WOMitbestG) bestimmten Zeitpunkt vorliegen kann (§ 32 Abs. 1 2. WOMitbestG, § 32 Abs. 1 3. WOMitbestG).

375 Für die Festlegung des Datums des Abstimmungstages nach der **1. WOMitbestG** gilt: Gemäß § 30 Abs. 1 1. WOMitbestG muss der Tag der Abstimmung so festgelegt werden, dass der Wahlvorschlag der leitenden Angestellten spätestens sieben Wochen seit Erlass der Bekanntmachung nach § 24 1. WOMitbestG (Bekanntmachung über die Einreichung von Wahlvorschlägen, Muster W Rdn. 257) vorliegt. Es ist zu formulieren:

376 Alternative:

[Die Abstimmung findet statt:

Tag: ____[Datum]____

Uhrzeit: von _____ bis _____ Uhr

Ort: ____[genau Bezeichnung des Raumes]____]

377 **17.** Zwar sieht § 30 2. WOMitbestG (§ 30 3. WOMitbestG) nicht vor, dass die Arbeitnehmer über Zeit und Ort der Stimmauszählung informiert werden. Da die Stimmauszählung jedoch gemäß § 32 Abs. 6 2. WOMitbestG (§ 32 Abs. 6 3. WOMitbestG) öffentlich sein muss, ist eine entsprechende Information in die Bekanntmachung aufzunehmen.

Für die Wahl nach der **1. WOMitbestG** sieht § 28 Abs. 1 Ziff. 12 1. WOMitbestG vor, das die Arbeitnehmer über Ort, Tag und Zeit der öffentlichen Stimmabgabe zu informieren sind. Entsprechend ist zu formulieren:

378 Alternative:

[Die öffentliche Stimmauszählung findet direkt im Anschluss an die Abstimmung im gleichen Raum statt.]

378.1 **18.** Findet die Wahl unter **Beachtung der Geschlechterquote** statt (vgl. dazu W Rdn. 7.1 ff.), so ist (nur) im Falle der **Getrennterfüllung** folgender Satz hinzuzufügen:

378.2 Alternative:

Das Nachrücken eines Ersatzmitglieds ist ausgeschlossen, wenn dadurch der Geschlechteranteil nach § 7 Abs. 3 MitbestG nicht mehr eingehalten würde.

2. Bekanntmachung über die Nachfrist für die Einreichung von Abstimmungsvorschlägen der leitenden Angestellten

Vorbemerkung

379 Verstreicht die in der Bekanntmachung über die Einreichung von Abstimmungsvorschlägen festgelegte Frist, ohne dass (mindestens) zwei Bewerber vorgeschlagen wurden, wird den leitenden Angestellten die Möglichkeit eingeräumt, innerhalb einer Nachfrist (weitere) Bewerber vorzuschlagen (§ 31 Abs. 5 2. WOMitbestG, § 29 Abs. 5 1. WOMitbestG, § 31 Abs. 5 3. WOMitbestG).

▶ **Muster – Bekanntmachung über die Nachfrist für die Einreichung von Abstimmungsvorschlägen der leitenden Angestellten**

Unternehmenswahlvorstand [1]

Bekanntzumachen [2] und ausgehängt am ___[Datum]___ [3]

Eingezogen am ___[Datum]___ [4]

Aufsichtsratswahl

[Unternehmen]

Bekanntmachung über die Nachfrist für die Einreichung von Abstimmungsvorschlägen für die Abstimmung für den Wahlvorschlag der Leitenden Angestellten

1. In der für die Einreichung von Abstimmungsvorschlägen bestimmten Frist bis zum ___[entsprechendes Datum aus Muster S.VI.1.]___ ist kein gültiger Abstimmungsvorschlag für die Abstimmung für den Wahlvorschlag der leitenden Angestellten eingereicht worden. [5]

2. Unter Hinweis auf den bevorstehenden Ablauf der zur Einreichung von Wahlvorschlägen bestimmten Frist (siehe Bekanntmachung über die Einreichung von Wahlvorschlägen) werden die leitenden Angestellten des Unternehmens erneut dazu aufgefordert, Abstimmungsvorschläge einzureichen.

3. Der letzte Tag der hierfür gesetzten Nachfrist ist der
___[Datum (1 Woche nach dem Aushang dieser Bekanntmachung [6])]___ .

4. Bezüglich der für die Abstimmungsvorschläge erforderlichen Formalien wird auf die Bekanntmachung über die Abstimmung für den Wahlvorschlag der leitenden Angestellten vom ___[Datum der Bekanntmachung Muster S.VI.1.]___ verwiesen.

5. Die Anschrift des Unternehmenswahlvorstandes lautet:

[Unternehmen]

Unternehmenswahlvorstand

[Anschrift des Unternehmenswahlvorstandes]

[Ort, Datum]

Der Unternehmenswahlvorstand

_____

(Unterschriften des Unternehmenswahlvorstandsvorsitzenden sowie eines weiteren Mitgliedes des Unternehmenswahlvorstandes)

Erläuterungen

1. Für die **1. WOMitbestG**: In diesem Muster ist das Wort »Unternehmenswahlvorstand« durch das Wort »Betriebswahlvorstand« zu ersetzen (vgl. W Rdn. 13, 184).

Für die **3. WOMitbestG**: Im Muster ist das Wort »Unternehmenswahlvorstand« durch das Wort »Hauptwahlvorstand« zu ersetzen (vgl. W Rdn. 14, 128).

Der Unternehmenswahlvorstand (Hauptwahlvorstand) teilt den Betriebswahlvorständen unverzüglich nach Fristablauf mit, dass für das Abstimmungsverfahren keine bzw. nicht die ausreichende Anzahl Bewerber für das Abstimmungsverfahren vorgeschlagen wurden.

Die Betriebswahlvorstände machen die Mitteilung im Betrieb bekannt und fordern unter Hinweis auf den bevorstehenden Ablauf der zur Einreichung von Wahlvorschlägen bestimmten Frist erneut dazu auf, Abstimmungsvorschläge einzureichen (§ 31 Abs. 5 2. WOMitbestG, § 29 Abs. 5 1. WOMitbestG, § 31 Abs. 5 3. WOMitbestG).

385 **2.** Für die 1. WOMitbestG: Statt »Bekanntzumachen« muss es »Erlassen« heißen.

386 **3.** Die Bekanntmachung erfolgt unverzüglich nach Ablauf der in der Bekanntmachung über die Abstimmung für den Wahlvorschlag der leitenden Angestellten gesetzten Frist – der erste Tag des Aushangs ist auf der Bekanntmachung zu vermerken (§§ 31 Abs. 5, 30 Abs. 4 i.V.m. § 26 Abs. 4 Satz 2 2. WOMitbestG, §§ 29 Abs. 5, 28 Abs. 3 i.V.m. § 24 Abs. 3 1. WOMitbestG, §§ 31 Abs. 5, 30 Abs. 4 i.V.m. § 26 Abs. 4 Satz 2 3. WOMitbestG).

387 **4.** Die Bekanntmachung wird bis zu dem Tag bekannt gemacht, von dem ab das Ergebnis des Abstimmungsverfahrens bekannt gemacht wird – der Tag des Einzugs ist auf der Bekanntmachung zu vermerken (§§ 31 Abs. 5, 30 Abs. 4 i.V.m. § 26 Abs. 4 2. WOMitbestG, §§ 29 Abs. 5, 28 Abs. 4 i.V.m. § 24 Abs. 3 1. WOMitbestG, §§ 31 Abs. 5, 30 Abs. 4 i.V.m. § 26 Abs. 4 3. WOMitbestG).

388 **5.** Wird nur ein Bewerber vorgeschlagen, so muss ebenfalls eine Nachfrist gesetzt werden. Entsprechend ist dann zu formulieren:

389 *Alternative:*

[Bis zum Ablauf der für die Einreichung von Abstimmungsvorschlägen gesetzten Frist bis zum _____[Datum]_____ ist lediglich ein Bewerber gültig vorgeschlagen worden. Erforderlich ist aber, dass mindestens doppelt so viele Bewerber für das Abstimmungsverfahren vorgeschlagen werden, wie Aufsichtsratsmitglieder in diesem Wahlgang zu wählen sind.]

389.1 **6.** Die Wahlordnungen regeln die Länge der Nachfrist nicht. Regelmäßig sollte jedoch eine ca. einwöchige Nachfrist gewählt werden. Dies zum einen weil die Wahlordnungen diese Länge in § 36 Abs. 5 2. WOMitbestG, § 34 Abs. 1 1. WOMitbestG, § 36 Abs. 1 3. WOMitbestG für die Nachfrist zur Einreichung von Wahlvorschlägen selbst festlegen und zum anderen weil eine (wesentlich) längere Frist die Durchführung des Abstimmungsverfahrens verzögern und die Einhaltung des Zeitplans gefährden würde.

3. Bekanntmachung über das Nichtstattfinden des Wahlgangs der leitenden Angestellten

Vorbemerkung

390 Die Wahlordnungen regeln nicht wie zu verfahren ist, wenn die Nachfrist zur Einreichung von Abstimmungsvorschlägen ereignislos verstreicht (vgl. § 31 2. WOMitbestG, § 29 1. WOMitbestG, § 31 3. WOMitbestG).

391 § 36 Abs. 2 2. WOMitbestG (§ 34 Abs. 1 WOMitbestG, § 36 Abs. 2 3. WOMitbestG) sieht vor, dass ein Wahlgang nicht stattfindet, wenn kein gültiger Wahlvorschlag eingereicht wird. Nach Sinn und Zweck dieser Vorschriften muss sie entsprechend auf die folgenlose Setzung einer Nachfrist für die Einreichung von Abstimmungsvorschlägen anzuwenden sein. Da beim Wahlgang der leitenden Angestellten ein Wahlvorschlag nicht zustande kommen kann, wenn schon kein gültiger Abstimmungsvorschlag eingereicht wird, muss auch im Falle eines fehlenden Abstimmungsvorschlages der Wahlgang ausfallen (so auch WWKK/*Wißmann* MitbestR, § 15 MitbestG Rn. 98; UHH/*Henssler* § 15 MitbestG Rn. 91).

392 Dementsprechend gilt, dass wenn weder innerhalb der zweiwöchigen Frist noch innerhalb der einwöchigen Nachfrist mindestens zwei Bewerber vorgeschlagen wurden, der Wahlgang der leitenden Angestellten nicht stattfindet. Dies bedeutet, dass dieser Sitz im Aufsichtsrat frei bleibt und später durch **gerichtliche Bestellung** (§ 104 AktG) ergänzt werden muss.

▶ **Muster – Bekanntmachung über das Nichtstattfinden des Wahlgangs der leitenden Angestellten**

Unternehmenswahlvorstand [1]   393

Ausgehängt am ___[Datum]___ [2]

Eingezogen am ___[Datum]___ [3]

Aufsichtsratswahl

[Unternehmen]

Bekanntmachung über das Nichtstattfinden des Wahlganges der leitenden Angestellten

1. Weder innerhalb der bis zum ___[Datum]___ gesetzten Frist noch innerhalb der bis zum ___[Datum]___ gesetzten Nachfrist ist ein gültiger Abstimmungsvorschlag eingegangen. [4]
2. Ein Abstimmungsverfahren für den Wahlvorschlag der leitenden Angestellten sowie der Wahlgang für die Wahl eines Arbeitnehmervertreters der leitenden Angestellten in den Aufsichtsrat finden daher nicht statt.
3. Die Anschrift des Unternehmenswahlvorstandes lautet:

[Unternehmen]

Unternehmenswahlvorstand

[Anschrift des Unternehmenswahlvorstandes]

[Ort, Datum]

Der Unternehmenswahlvorstand

_____

(Unterschriften des Unternehmenswahlvorstandsvorsitzenden sowie eines weiteren Mitgliedes des Unternehmenswahlvorstandes)

Erläuterungen

1. Für die **1. WOMitbestG**: In diesem Muster ist das Wort »Unternehmenswahlvorstand« durch das Wort »Betriebswahlvorstand« zu ersetzen (vgl. W Rdn. 13, 184).   394

Für die **3. WOMitbestG**: Im Muster ist das Wort »Unternehmenswahlvorstand« durch das Wort »Hauptwahlvorstand« zu ersetzen (vgl. W Rdn. 14, 128).   395

Der Unternehmenswahlvorstand (Hauptwahlvorstand) entwirft die Bekanntmachung, übersendet sie den Betriebswahlvorständen und teilt ihnen schriftlich den Zeitpunkt mit, von dem ab sie in den Betrieben bekannt zu machen ist (§ 36 Abs. 3 i.V.m. § 26 Abs. 3 Satz 1 2. WOMitbestG, § 36 Abs. 3 i.V.m. § 26 Abs. 3 Satz 1 3. WOMitbestG). Die Betriebswahlvorstände ergänzen die Bekanntmachung, soweit erforderlich, um die in § 26 Abs. 3 Satz 2, Abs. 4 2. WOMitbestG (§ 36 Abs. 3 Satz 1 3. WOMitbestG) genannten Angaben (das sind hier lediglich die Anschrift des Unternehmenswahlvorstandes (Hauptwahlvorstandes) und die Daten des ersten und letzten Tages der Bekanntmachung).   396

Der Unternehmenswahlvorstand (1. WOMitbestG: Betriebswahlvorstand; 3. WOMitbestG: Hauptwahlvorstand) übersendet die Bekanntmachung an das Unternehmen sowie die im Unternehmen vertretenen Gewerkschaften (§ 36 Abs. 3 i.V.m. § 26 Abs. 5 2. WOMitbestG, § 34 Abs. 3 i.V.m. § 24 Abs. 4 1. WOMitbestG; § 36 Abs. 3 i.V.m. § 26 Abs. 5 3. WOMitbestG).   397

2. Die Bekanntmachung ist unverzüglich nach Ablauf der Nachfrist auszuhängen – der erste Tag des Aushangs ist auf der Bekanntmachung zu vermerken (§ 36 Abs. 2 und 3 i.V.m. § 26 Abs. 4   398

Satz 2 2. WOMitbestG, § 34 Abs. 2 und 3 i.V.m. § 24 Abs. 3 Satz 2 1. WOMitbestG, § 35 Abs. 2 und 3 i.V.m. § 26 Abs. 4 Satz 2 3. WOMitbestG).

399 **3.** Die Bekanntmachung wird nach Abschluss der Wahl eingezogen, der Tag des Einzugs ist auf der Bekanntmachung zu vermerken (§ 36 Abs. 3 i.V.m. § 26 Abs. 4 2. WOMitbestG, § 34 Abs. 3 i.V.m. § 24 Abs. 3 1. WOMitbestG, § 36 Abs. 3 i.V.m. § 26 Abs. 4 3. WOMitbestG).

400 **4.** Wurde während der ursprünglich gesetzten Frist lediglich ein Bewerber vorgeschlagen und verlief die Nachfrist ereignislos, so ist zu formulieren:

401 *Alternative:*

[Innerhalb der bis zum _____[Datum]_____ gesetzten Frist ist lediglich ein Bewerber für die Abstimmung für den Wahlvorschlag der leitenden Angestellten vorgeschlagen worden. Innerhalb der bis zum _____[Datum]_____ gesetzten Nachfrist ist kein weiterer Abstimmungsvorschlag eingegangen.

Wie in der Bekanntmachung über die Abstimmung für den Wahlvorschlag der leitenden Angestellten vom _____[Datum]_____ mitgeteilt, muss der Abstimmungsvorschlag jedoch doppelt so viele Bewerber enthalten, wie Aufsichtsratsmitglieder der leitenden Angestellten in den Aufsichtsrat zu wählen sind. Es müssen mithin zwei Bewerber wirksam vorgeschlagen sein.]

402 Für den Fall, dass der einzige Bewerber in der Nachfrist vorgeschlagen wurde, ist die Formulierung entsprechend anzupassen.

4. Abstimmungsvorschlag der leitenden Angestellten

Vorbemerkung

403 Ab dem Zeitpunkt der Bekanntmachung über die Abstimmung für den Wahlvorschlag der leitenden Angestellten haben die leitenden Angestellten zwei Wochen – im Falle der Nachfristsetzung mindestens eine weitere Woche – Zeit, Abstimmungsvorschläge einzureichen (§ 31 Abs. 1 Satz 4 und 5, Abs. 5 2. WOMitbestG, § 29 Abs. 1 Satz 4 und 5, Abs. 5 1. WOMitbestG, § 31 Abs. 1 Satz 4 und 5, Abs. 5 3. WOMitbestG).

404 Notwendiger Inhalt und äußere Form der Abstimmungsvorschläge sind in § 31 Abs. 1 bis 3 2. WOMitbestG (§ 29 Abs. 1 bis 3 1. WOMitbestG, § 31 Abs. 1 bis 3 3. WOMitbestG) geregelt.

▶ **Muster – Abstimmungsvorschlag der leitenden Angestellten**

405

Abstimmungsvorschlag

zur Abstimmung für den Wahlvorschlag der leitenden Angestellten

zur Wahl der Arbeitnehmervertreter in den Aufsichtsrat der

[Unternehmen]

[Datum]

Zur Abstimmung für den Wahlvorschlag der leitenden Angestellten zur Aufsichtsratswahl der [Unternehmen] werden vorgeschlagen:

Lfd. Nr.	Bewerber um Aufsichtsratsmandat [1]	Ersatzmitgliedbewerber für nebenstehenden Bewerber [2]
1	[Name, Vorname, Geburtsdatum, Art der Beschäftigung, Betrieb]	[Name, Vorname, Geburtsdatum, Art der Beschäftigung, Betrieb]

Abstimmungsvorschlag der leitenden Angestellten W.VI.4.

2	[Name, Vorname, Geburtsdatum, Art der Beschäftigung, Betrieb]	[Name, Vorname, Geburtsdatum, Art der Beschäftigung, Betrieb]
3		

Unterschriften der wahlberechtigten leitenden Angestellten für den Abstimmungsvorschlag [3]

Lfd. Nr.	Familienname, Vorname (bitte deutlich schreiben)	Unterschrift	Lfd. Nr.	Familienname, Vorname (bitte deutlich schreiben)	Unterschrift
1			12		
2			13		
3			14		
4			15		
5			16		
6			17		
7			18		
8			19		
9			20		
10			21		
11			…	[Anzahl der Unterschriften muss mindestens einem Zwanzigstel der wahlberechtigten leitenden Angestellten entsprechen]	

Seite 2

[Adresse Unternehmenswahlvorstand (Hauptwahlvorstand)]

[Datum]

Erklärung gemäß § 31 Abs. 3 2. WOMitbestG [optional: § 29 Abs. 3 1. WOMitbestG/ § 31 Abs. 3 3. WOMitbestG] [4]

Ich [Vorname, Name in Druckbuchstaben] stimme meiner Aufnahme in den Abstimmungsvorschlag der leitenden Angestellten zu und versichere, dass ich im Fall meiner Wahl in den Aufsichtsrat die Wahl annehmen werde.

(Unterschrift)

Erläuterungen

1. In jedem Abstimmungsvorschlag sind die Bewerber in erkennbarer Reihenfolge unter fortlaufender Nummer und Angabe von Familienname, Vorname, Geburtsdatum, Art der Beschäftigung und Betrieb aufzuführen (§ 31 Abs. 3 Satz 1 2. WOMitbestG). Bei der Wahl nach der 1. WOMitbestG ist die Angabe des Betriebes entbehrlich (§ 29 Abs. 3 Satz 1 1. WOMitbestG). Wird nach der 3. WOMitbestG gewählt, sind die Angaben um das Unternehmen, in dem der jeweilige Bewerber beschäftigt ist, zu ergänzen (§ 31 Abs. 3 Satz 1 3. WOMitbestG).

407 **2.** Für jeden Bewerber kann ein Ersatzmitglied vorgeschlagen werden; auch dieses muss leitender Angestellter sein. Für jeden Bewerber kann nur ein Ersatzmitglied vorgeschlagen werden. Ein Bewerber kann nicht sowohl als Aufsichtsratsmitglied als auch als Ersatzmitglied vorgeschlagen werden. Auch für das Ersatzmitglied bedarf es der Angaben von Familienname, Vorname, Geburtsdatum, Art der Beschäftigung und Betrieb, sowie bei der Wahl nach der **3. WOMitbestG** dem beschäftigenden Unternehmen. Nach der **1. WOMitbestG** ist die Angabe des Betriebes entbehrlich (zu allem §§ 31 Abs. 2, 3 Satz 3–5, 29 2. WOMitbestG, §§ 29 Abs. 2, 3 Satz 3–5, 27 1. WOMitbestG, §§ 31 Abs. 2, 3 Satz 3–5, 29 3. WOMitbestG).

408 **3.** Jeder Abstimmungsvorschlag muss von einem Zwanzigstel oder 50 der wahlberechtigten leitenden Angestellten unterzeichnet sein (§ 31 Abs. 1 Satz 2 2. WOMitbestG, § 29 Abs. 1 Satz 2 1. WOMitbestG, § 31 Abs. 1 Satz 2 3. WOMitbestG).

409 **4.** Die schriftliche Zustimmung der Bewerber und der Ersatzmitgliedbewerber zur Aufnahme in den Wahlvorschlag und ihre schriftliche Versicherung, dass sie im Fall ihrer Wahl die Wahl annehmen werden, sind dem Abstimmungsvorschlag beizufügen (§ 31 Abs. 3 Satz 2, 5 2. WOMitbestG, § 29 Abs. 3 Satz 2, 5 1. WOMitbestG, § 31 Abs. 3 Satz 2, 5 3. WOMitbestG). Zur Möglichkeit der Rücknahme der Erklärung s. W Rdn. 323.

5. Bekanntmachung der Abstimmungsvorschläge der leitenden Angestellten

Vorbemerkung

410 Gültige Abstimmungsvorschläge sind in den Betrieben bekannt zu machen (§ 31 Abs. 4 Satz 3 2. WOMitbestG, § 29 Abs. 4 Satz 1 1. WOMitbestG, § 31 Abs. 4 Satz 3 3. WOMitbestG).

▶ **Muster – Bekanntmachung der Abstimmungsvorschläge der leitenden Angestellten**

411 Unternehmenswahlvorstand [1]

Bekanntzumachen und ausgehängt am ___[Datum]___ [2]

Eingezogen am ___[Datum]___ [3]

Aufsichtsratswahl

[Unternehmen]

Bekanntmachung der gültigen Abstimmungsvorschläge der leitenden Angestellten

Zur Abstimmung für den Wahlvorschlag der leitenden Angestellten zur Aufsichtsratswahl der [Unternehmen] sind die folgenden gültigen Abstimmungsvorschläge beim Unternehmenswahlvorstand eingegangen:

Lfd. Nr.	Bewerber um Aufsichtsratsmandat	Ersatzmitgliedbewerber für nebenstehenden Bewerber
1	[Name, Vorname, Geburtsdatum, Art der Beschäftigung, Betrieb]	[Name, Vorname, Geburtsdatum, Art der Beschäftigung, Betrieb]
2	[Name, Vorname, Geburtsdatum, Art der Beschäftigung, Betrieb]	[Name, Vorname, Geburtsdatum, Art der Beschäftigung, Betrieb]
3	…	…

Lfd. Nr.	Bewerber um Aufsichtsratsmandat	Ersatzmitgliedbewerber für nebenstehenden Bewerber
1	[Name, Vorname, Geburtsdatum, Art der Beschäftigung, Betrieb]	[Name, Vorname, Geburtsdatum, Art der Beschäftigung, Betrieb]
2	[Name, Vorname, Geburtsdatum, Art der Beschäftigung, Betrieb]	[Name, Vorname, Geburtsdatum, Art der Beschäftigung, Betrieb]
3	...	...

[Ort, Datum]

Der Unternehmenswahlvorstand
_____

(Unterschriften des Unternehmenswahlvorstandsvorsitzenden sowie eines weiteren Mitgliedes des Unternehmenswahlvorstandes)

Erläuterungen

1. Für die **1. WOMitbestG**: In diesem Muster ist das Wort »Unternehmenswahlvorstand« durch das Wort »Betriebswahlvorstand« zu ersetzen (vgl. W Rdn. 13, 184).

Für die **3. WOMitbestG**: Im Muster ist das Wort »Unternehmenswahlvorstand« durch das Wort »Hauptwahlvorstand« zu ersetzen (vgl. W Rdn. 14, 128).

Der Unternehmenswahlvorstand (1. WOMitbestG: Betriebswahlvorstand; 3. WOMitbestG: Hauptwahlvorstand) prüft eingegangene Abstimmungsvorschläge auf ihre Gültigkeit (§ 31 Abs. 4 Satz 1 2. WOMitbestG, § 29 Abs. 4 1. WOMitbestG, § 31 Abs. 4 Satz 1 3. WOMitbestG). Der Unternehmenswahlvorstand (Hauptwahlvorstand) übersendet die gültigen Abstimmungsvorschläge unverzüglich den Betriebswahlvorständen (§ 31 Abs. 4 Satz 2 2. WOMitbestG, § 31 Abs. 4 3. WOMitbestG). Jeder Betriebswahlvorstand macht die Abstimmungsvorschläge bekannt (§ 31 Abs. 4 2. WOMitbestG, § 29 Abs. 4 1. WOMitbestG, § 31 Abs. 4 3. WOMitbestG).

Eine Übersendung der Bekanntmachung der Abstimmungsvorschläge an Unternehmen und Gewerkschaft ist nicht vorgesehen – § 31 Abs. 4 Satz 3 2. Halbsatz 2. WOMitbestG (§ 29 Abs. 4 2. Halbsatz 1. WOMitbestG, § 31 Abs. 4 Satz 3 2. Halbsatz 3. WOMitbestG) verweist nicht auf § 26 Abs. 5 2. WOMitbestG (§ 24 Abs. 4 1. WOMitbestG, § 26 3. WOMitbestG), der eine entsprechende Übersendung vorsieht.

2. Die Abstimmungsvorschläge sind unverzüglich nach Ablauf der für die Einreichung der Abstimmungsvorschläge gesetzten (Nach-)Frist auszuhängen – der erste Tag des Aushangs ist auf der Bekanntmachung zu vermerken (§ 31 Abs. 4 Satz 3 2. Halbsatz i.V.m. § 26 Abs. 4 Satz 2 2. WOMitbestG, § 29 Abs. 4 2. Halbsatz i.V.m. § 24 Abs. 3 Satz 2 1. WOMitbestG, § 31 Abs. 4 Satz 3 2. Halbsatz i.V.m. § 26 Abs. 4 Satz 2 3. WOMitbestG).

Für die **1. WOMitbestG** heißt es lediglich:

Ausgehängt am ___[Datum]___

3. Die Abstimmungsvorschläge müssen bis zur Bekanntmachung des Abstimmungsergebnisses für den Wahlvorschlag der leitenden Angestellten ausgehängt bleiben, der Tag des Einzugs ist auf der Bekanntmachung zu vermerken (§ 31 Abs. 4 Satz 3, 2. Halbsatz i.V.m. § 26 Abs. 4 2. WOMitbestG, § 29 Abs. 4 2. Halbsatz i.V.m. § 24 Abs. 3 1. WOMitbestG, § 31 Abs. 4 Satz 3 2. Halbsatz i.V.m. § 26 Abs. 4 3. WOMitbestG).

6. Briefwahlunterlagen für das Abstimmungsverfahren für den Wahlvorschlag der leitenden Angestellten

Vorbemerkung

418 Bei einer Wahl der Arbeitnehmervertreter in den Aufsichtsrat nach der **2. und 3.** WOMitbestG findet das Abstimmungsverfahren für alle Abstimmungsberechtigten **ausschließlich als Briefwahl** statt (§ 32 Abs. 5 Satz 2 2.WOMitbestG, § 32 Abs. 5 Satz 2 3. WOMitbestG). Dabei richtet sich die schriftliche Stimmabgabe nach den §§ 19, 20 2. WOMitbestG (§§ 19, 20 3. WOMitbestG), soweit diese (entsprechend) anwendbar sind (§ 32 Abs. 5 Satz 3 2. WOMitbestG, § 32 Abs. 5 Satz 3 3. WOMitbestG).

419 Die leitenden Angestellten erhalten die Briefwahlunterlagen unaufgefordert zugesandt. Die Briefwahlunterlagen setzen sich zusammen aus:
- dem Abstimmungsausschreiben (Bekanntmachung über die Abstimmung für den Wahlvorschlag der leitenden Angestellten, Muster W Rdn. 347)
- einer Kopie der Bekanntmachung der Abstimmungsvorschläge der leitenden Angestellten (Muster W Rdn. 411; vgl. zur Frage der Notwendigkeit der Beifügung dieser Unterlage W Rdn. 431).
- dem Stimmzettel und dem Wahlumschlag
- einer vorgedruckten, von der abstimmenden Person abzugebenden Erklärung, in der gegenüber dem Unternehmenswahlvorstand (optional: Hauptwahlvorstand) zu versichern ist, dass der Stimmzettel persönlich gekennzeichnet worden ist
- einem größeren Freiumschlag, der die Anschrift des Unternehmenswahlvorstandes (optional: Hauptwahlvorstand) und als Absender den Namen und die Anschrift des Abstimmungsberechtigten sowie den Vermerk »Schriftliche Stimmabgabe« trägt
- einem Merkblatt über die Art und Weise der schriftlichen Stimmabgabe

(§ 32 Abs. 5 Satz 3 i.V.m. § 19 Abs. 1 2.WOMitbestG; § 32 Abs. 5 Satz 3 i.V.m. § 19 Abs. 1 3. WOMitbestG).

420 [unbelegt]

421 Dieses Muster enthält lediglich die für die Briefwahlunterlagen zu erstellenden Unterlagen (Stimmzettel, Erklärung zur persönlichen Kennzeichnung des Stimmzettels, Merkblatt).

422 Die **1.** WOMitbestG gestaltet das Abstimmungsverfahren der leitenden Angestellten als eine Wahl, bei der die Stimmberechtigten ihre Stimmen am Wahltag persönlich im Wahlraum abgeben (§ 30 Abs. 5 Satz 2 i.V.m. §§ 16, 17 1. WOMitbestG). Lediglich in den grundsätzlich für die schriftliche Stimmabgabe vorgesehenen Fällen (vgl. § 18 1. WOMitbestG) können leitende Angestellte schriftlich abstimmen. Für die Vorbereitung des Wahltages gemäß § 30 Abs. 5 Satz 1 i.V.m. § 16, 1. WOMitbestG ist lediglich die Seite 1 des Musters (der Stimmzettel) zu verwenden. Seite 2 und 3 des Musters werden für Abstimmungsberechtigte benötigt, die ihre Stimme schriftlich abgeben.

▶ **Muster – Briefwahlunterlagen für die Abstimmung der leitenden Angestellten**

423 Seite 1

STIMMZETTEL [1]

Wahl der Arbeitnehmervertreter in den Aufsichtsrat der

[Unternehmen]

Abstimmung für den Wahlvorschlag der leitenden Angestellten

Briefwahlunterlagen für das Abstimmungsverfahren für den Wahlvorschlag W.VI.6.

Lfd. Nr.	Bewerber um Aufsichtsratsmandat[2]	Ersatzmitgliedbewerber für nebenstehenden Bewerber[3]	
1	[Name, Vorname, Geburtsdatum, Art der Beschäftigung, Betrieb]	[Name, Vorname, Geburtsdatum, Art der Beschäftigung, Betrieb]	◯
2	[Name, Vorname, Geburtsdatum, Art der Beschäftigung, Betrieb]	[Name, Vorname, Geburtsdatum, Art der Beschäftigung, Betrieb]	◯
3	[Name, Vorname, Geburtsdatum, Art der Beschäftigung, Betrieb]	[Name, Vorname, Geburtsdatum, Art der Beschäftigung, Betrieb]	◯
4	...	...	◯

Es können bis zu zwei Bewerber in den vorgegebenen Kreisen angekreuzt werden. [4] Eine Stimme kann nur gemeinsam für den Bewerber und sein Ersatzmitglied abgegeben werden.

Stimmzettel, in denen mehr Bewerber angekreuzt sind als die abstimmende Person Stimmen hat, aus denen sich ein eindeutiger Wille nicht ergibt, die mit einem besonderen Merkmal versehen sind oder die sonstige Zusätze oder Änderungen enthalten, sind ungültig. [5]

Seite 2

Erklärung

Ich versichere gegenüber dem Unternehmenswahlvorstand [6], dass ich den beigefügten Stimmzettel persönlich gekennzeichnet habe.

[Ort, Datum]
_____

(Name, Vorname in Druckbuchstaben)

(Unterschrift)

Seite 3

Aufsichtsratswahl

[Unternehmen]

Merkblatt für die schriftliche Stimmabgabe

im Abstimmungsverfahren für den Wahlvorschlag der leitenden Angestellten

Sie erhalten die folgenden Unterlagen für die schriftliche Stimmabgabe:

1. die Bekanntmachung über die Abstimmung für den Wahlvorschlag der leitenden Angestellten
2. die Bekanntmachung der gültigen Abstimmungsvorschläge der leitenden Angestellten [7]

3. den Stimmzettel und einen Wahlumschlag

4. eine vorgedruckte Erklärung, mit der Sie durch Ihre Unterschrift versichern, den Stimmzettel persönlich gekennzeichnet zu haben

5. einen größeren Freiumschlag, der die Anschrift des Unternehmenswahlvorstands und als Absender den Namen und die Anschrift des Abstimmungsberechtigten sowie den Vermerk »Schriftliche Stimmabgabe«[8] trägt.

Bitte verfahren Sie mit den Unterlagen wie folgt:

1. Kennzeichnen Sie den Stimmzettel persönlich und unbeobachtet.

2. Legen Sie den Stimmzettel in den Wahlumschlag und verschließen Sie diesen Wahlumschlag.

3. Unterschreiben Sie unter Angabe des Ortes und des Datums die vorgedruckte Erklärung, dass Sie die Stimmzettel persönlich gekennzeichnet haben.

4. Legen Sie den Wahlumschlag und die unterschriebene vorgedruckte Erklärung in den Freiumschlag und senden Sie diesen Wahlbrief so rechtzeitig an den Unternehmenswahlvorstand ab, dass er diesem vor Abschluss der Stimmabgabe vorliegt. Das Ende der Stimmabgabe ist in der Bekanntmachung über das Abstimmungsverfahren für den Wahlvorschlag der leitenden Angestellten angegeben. Sie können den Wahlbrief auch beim Unternehmenswahlvorstand abgeben.

Erläuterungen

424 **1.** Die Stimmzettel (sowie die Wahlumschläge) müssen alle die gleiche Größe, Farbe, Beschaffenheit und Beschriftung haben (§ 32 Abs. 3 Satz 4 2. WOMitbestG, § 30 Abs. 3 Satz 4 1. WOMitbestG, § 32 Abs. 3 Satz 4 3. WOMitbestG).

425 **2.** Die Bewerber sind auf dem Stimmzettel untereinander in alphabetischer Reihenfolge unter Angabe von Familiennamen, Vornamen, Art der Beschäftigung und Betrieb aufzuführen (§ 32 Abs. 3 Satz 1 2. WOMitbestG). Bei der Wahl nach der **1. WOMitbestG** ist die Nennung des Betriebes entbehrlich (vgl. § 30 Abs. 3 Satz 1 1. WOMitbestG). Wird nach der **3. WOMitbestG** gewählt, sind die Angaben um das Unternehmen, in dem der jeweilige Bewerber beschäftigt ist, zu ergänzen (§ 32 Abs. 3 Satz 1 3. WOMitbestG).

426 **3.** Die vorgeschlagenen Ersatzmitglieder sind auf dem Stimmzettel, ebenfalls unter Angabe von Familiennamen, Vornamen, Art der Beschäftigung und Betrieb, neben dem jeweiligen Bewerber, für den sie benannt sind, aufzuführen (§ 32 Abs. 3 Satz 2, 1 2. WOMitbestG). Das unter W Rdn. 425 zur 1. und 3. WOMitbestG Ausgeführte gilt entsprechend.

427 **4.** Die Stimmzettel sollen die Angabe enthalten, wie viele Bewerber jeder Abstimmungsberechtigte insgesamt ankreuzen kann (§ 32 Abs. 3 Satz 3 2. WOMitbestG, § 30 Abs. 3 Satz 3 1. WOMitbestG, § 32 Abs. 3 Satz 3 3. WOMitbestG). Jeder Abstimmungsberechtigte darf so viele Stimmen abgeben wie Bewerber in den Wahlvorschlag aufzunehmen sind (§ 32 Abs. 2 Satz 1 2. WOMitbestG, § 30 Abs. 2 Satz 1 1. WOMitbestG, § 32 Abs. 3 Satz 3 3. WOMitbestG). Dementsprechend hat jeder Abstimmungsberechtigte zwei Stimmen.

428 **5.** Vgl. § 32 Abs. 4 2. WOMitbestG, § 30 Abs. 4 1. WOMitbestG, § 32 Abs. 4 3. WOMitbestG.

429 **6.** Für die 1. **WOMitbestG**: »Betriebswahlvorstand«.

430 Für die 3. **WOMitbestG**: »Hauptwahlvorstand«.

431 **7.** Die Wahlordnungen sehen nicht vor, dass die Bekanntmachung der Abstimmungsvorschläge Teil der Briefwahlunterlagen sind – im Gegensatz dazu sind die Wahlvorschläge den Briefwahlunterlagen bei der unmittelbaren Wahl beizufügen (§ 49 Abs. 1 Ziff. 2 2. WOMitbestG, § 49 Abs. 1 Ziff. 2 3. WOMitbestG). Die Ergänzung der Briefwahlunterlagen um die Bekanntmachung der Abstimmungsvorschläge ist wenig aufwändig aber sinnvoll, da die Abstimmungs-

Niederschrift über die Abstimmung für den Wahlvorschlag der leitenden Angestellten **W.VI.7.**

berechtigten sich anhand der Bekanntmachung noch einmal einen Eindruck von der Zusammenstellung der einzelnen Abstimmungsvorschläge machen können. Die Bekanntmachung der Abstimmungsvorschläge sollte den Briefwahlunterlagen daher beigefügt werden.

8. Gehen Wahlumschläge beim Unternehmenswahlvorstand (1. WOMitbestG: Betriebswahlvorstand; 3. WOMitbestG: Hauptwahlvorstand) ein, so dürfen diese nicht geöffnet werden sondern sind bis zur Stimmauszählung unter Verschluss zu halten. Um sie von anderer – zu öffnender – Post unterscheiden zu können, bedarf es der Beschriftung mit dem Hinweis »Schriftliche Stimmabgabe«. 432

Der Eingang eines Wahlbriefes ist in der Arbeitsliste zu vermerken; hierfür ist der Name des Absenders auf dem Freiumschlag erforderlich. 433

7. Niederschrift über die Abstimmung für den Wahlvorschlag der leitenden Angestellten

Vorbemerkung

Unmittelbar nach dem Zeitpunkt, bis zu dem die Wahlbriefe eingegangen sein müssen, werden sie ausgezählt (§ 32 Abs. 6 2. WOMitbestG, § 32 Abs. 6 3. WOMitbestG; entsprechend § 30 Abs. 5 Satz 2 i.V.m. §§ 19, 20 1. WOMitbestG). 434

Über das Ergebnis ist eine Abstimmungsniederschrift anzufertigen (vgl. zum Inhalt dieser Niederschrift § 33 2. WOMitbestG, § 31 1. WOMitbestG, § 33 3. WOMitbestG). 435

▶ Muster – Niederschrift über die Abstimmung für den Wahlvorschlag der leitenden Angestellten

Unternehmenswahlvorstand [1] 436

Aufsichtsratswahl

[Unternehmen]

Niederschrift über die Abstimmung für den Wahlvorschlag der leitenden Angestellten

abgegebene Wahlumschläge [2]	
gültige Stimmen	
ungültige Stimmen	

Von den gültigen Stimmen entfielen auf:

1. [Name, Vorname]   [Zahl] Stimmen
2. [Name, Vorname]   [Zahl] Stimmen
3. [Name, Vorname]   [Zahl] Stimmen
4. [Name, Vorname]   [Zahl] Stimmen

Der Wahlvorschlag für den Wahlgang der leitenden Angestellten lautet somit wie folgt:

Bewerber [3]   Ersatzmitglieder [4]

[Name, Vorname]   [Name, Vorname]

[Name, Vorname]   [Name, Vorname]

W. Wahl der Arbeitnehmervertreter in den Aufsichtsrat

Besondere Zwischenfälle oder Ereignisse: _____ [5]

[Ort, Datum]

Der Unternehmenswahlvorstand

(Unterschriften des Unternehmenswahlvorstandsvorsitzenden sowie eines weiteren Mitgliedes des Unternehmenswahlvorstandes)

Erläuterungen

437 **1.** Für die 1. WOMitbestG: In diesem Muster ist das Wort »Unternehmenswahlvorstand« durch das Wort »Betriebswahlvorstand« zu ersetzen (vgl. W Rdn. 13, 184).

438 Für die 3. WOMitbestG: Im Muster ist das Wort »Unternehmenswahlvorstand« durch das Wort »Hauptwahlvorstand« zu ersetzen (vgl. W Rdn. 14, 128).

439 **2.** Für die 1. WOMitbestG: Statt der Zeile »abgegebene Wahlumschläge« ist eine Zeile »Zahl der insgesamt abgegebenen Stimmen« vorgesehen (§ 31 Ziff. 1 1. WOMitbestG).

440 **3.** Als Bewerber sind nach der Reihenfolge der auf sie entfallenden Stimmzahlen nur so viele leitende Angestellte in den Wahlvorschlag aufgenommen, wie er insgesamt Bewerber enthalten muss (§ 32 Abs. 7 Satz 1 2. WOMitbestG, § 30 Abs. 6 Satz 1 1. WOMitbestG, § 32 Abs. 7 Satz 1 3. WOMitbestG). Es sind also immer zwei Bewerber in den Wahlvorschlag aufgenommen (vgl. dazu W Rdn. 343, 341). Bei Stimmengleichheit entscheidet das Los (§ 32 Abs. 7 Satz 2 2. WOMitbestG, § 30 Abs. 6 Satz 2 1. WOMitbestG, § 32 Abs. 7 Satz 2 2. WOMitbestG).

441 **4.** Das für einen Bewerber benannte Ersatzmitglied ist mit dem Bewerber in den Wahlvorschlag der leitenden Angestellten aufgenommen (§ 32 Abs. 8 2. WOMitbestG, § 30 Abs. 7 1. WOMitbestG, § 32 Abs. 8 3. WOMitbestG).

442 **5.** Hier genügt in aller Regel der Vermerk »keine«.

8. Bekanntmachung des Abstimmungsergebnisses für den Wahlvorschlag der leitenden Angestellten (Bekanntmachung des Wahlvorschlags der leitenden Angestellten)

Vorbemerkung

443 Das **Abstimmungsergebnis** muss in den Betrieben bekannt gemacht werden (§ 32 Abs. 9 Satz 2 2. WOMitbestG, § 30 Abs. 8 1. WOMitbestG, § 32 Abs. 9 Satz 2 3. WOMitbestG).

444 Gemäß § 37 Abs. 2 2. WOMitbestG (§ 35 Abs. 2 1. WOMitbestG, § 37 Abs. 2 3. WOMitbestG) sind die **Wahlvorschläge aller Wahlgänge** bekannt zu machen. Der Systematik der Wahlordnungen lässt sich nicht eindeutig entnehmen, ob diese Vorschrift auch für den Wahlvorschlag der leitenden Angestellten gilt. Aus dem Sinn und Zweck der Vorschrift, nämlich dass alle Wahlberechtigten von den Wahlvorschlägen, über die sie abstimmen dürfen, Kenntnis erlangen sollen, ergibt sich jedoch die Anwendbarkeit der Vorschrift auch auf den Wahlvorschlag der leitenden Angestellten.

445 Mit diesem Muster wird sowohl den Anforderungen der Bekanntmachung des Abstimmungsergebnisses als auch denen der Bekanntmachung des Wahlvorschlags genügt.

Muster – Bekanntmachung des Abstimmungsergebnisses für den Wahlvorschlag der leitenden Angestellten (Bekanntmachung des Wahlvorschlags der leitenden Angestellten)

Unternehmenswahlvorstand [1]   446

　　　　　　　　　　　　Bekanntzumachen und ausgehängt _____[Datum]_____ [2]

　　　　　　　　　　　　　　　　　　　Eingezogen am _____[Datum]_____ [3]

Aufsichtsratswahl
[Unternehmen]

Bekanntmachung des Abstimmungsergebnisses der Abstimmung für den Wahlvorschlag der leitenden Angestellten

Bekanntmachung des Wahlvorschlages der leitenden Angestellten

Das Abstimmungsergebnis für den Wahlvorschlag der leitenden Angestellten lautet:

abgegebene Wahlumschläge	
gültige Stimmen	
ungültige Stimmen	

Es entfielen auf:

1. [Name, Vorname] _____[Zahl]_____ Stimmen
2. [Name, Vorname] _____[Zahl]_____ Stimmen
3. [Name, Vorname] _____[Zahl]_____ Stimmen
4. [Name, Vorname] _____[Zahl]_____ Stimmen

Der Wahlvorschlag für den Wahlgang der leitenden Angestellten lautet:

als Bewerber　　　　　　　　　　als Ersatzmitglieder

[Name, Vorname]　　　　　　　　[Name, Vorname]

[Name, Vorname]　　　　　　　　[Name, Vorname]

Besondere Zwischenfälle oder Ereignisse: _____ [4]

[Ort, Datum]

Der Unternehmenswahlvorstand

(Unterschriften des Unternehmenswahlvorstandsvorsitzenden sowie eines weiteren Mitgliedes des Unternehmenswahlvorstandes)

Erläuterungen

1. Für die 1. WOMitbestG: In diesem Muster ist das Wort »Unternehmenswahlvorstand« durch das Wort »Betriebswahlvorstand« zu ersetzen (vgl. W Rdn. 13, 184).   447

Für die 3. WOMitbestG: Im Muster ist das Wort »Unternehmenswahlvorstand« durch das Wort »Hauptwahlvorstand« zu ersetzen (vgl. W Rdn. 14, 128).   448

449 Der Unternehmenswahlvorstand (Hauptwahlvorstand) übermittelt das Abstimmungsergebnis und die Namen der in den Wahlvorschlag Aufgenommenen den Betriebswahlvorständen und teilt ihnen schriftlich den Zeitpunkt mit, von dem ab die Wahlvorschläge in den Betrieben bekannt zu machen sind – jeder Betriebswahlvorstand macht das Abstimmungsergebnis und die Namen der in den Wahlvorschlag Aufgenommenen bekannt (§§ 32 Abs. 9, 37 Abs. 2 2. WOMitbestG, §§ 30 Abs. 8, 35 Abs. 2 1. WOMitbestG, §§ 32 Abs. 9, 37 Abs. 2 3. WOMitbestG).

450 Der Wahlvorschlag ist an Gewerkschaften und Unternehmen zu übersenden (§ 37 Abs. 2 Satz 3 2. Halbsatz i.V.m. § 26 Abs. 5 2. WOMitbestG, § 35 Abs. 2 2. Halbsatz i.V.m. § 24 Abs. 4 1. WOMitbestG, § 37 Abs. 2 Satz 3 2. Halbsatz i.V.m. § 26 Abs. 5 3. WOMitbestG).

451 **2.** Die Bekanntmachung muss spätestens zwei Wochen vor dem ersten Tag der Stimmabgabe bekannt gemacht werden (§ 37 Abs. 2 Satz 1 2. WOMitbestG, § 35 Abs. 2 1. WOMitbestG, § 37 Abs. 2 Satz 1 3. WOMitbestG). Diese Frist ist unbedingt einzuhalten (vgl. W Rdn. 345).

452 Der erste Tag des Aushangs ist auf der Bekanntmachung zu vermerken (§§ 37 Abs. 2 Satz 3, 32 Abs. 9 Satz 2 2. Halbsatz i.V.m. § 26 Abs. 4 Satz 2 2. WOMitbestG, § 35 Abs. 2 2. Halbsatz i.V.m. § 24 Abs. 3 Satz 2 1. WOMitbestG, §§ 37 Abs. 2 Satz 3, 32 Abs. 9 Satz 2 2. Halbsatz i.V.m. § 26 Abs. 4 Satz 2 3. WOMitbestG).

453 Für die **1. WOMitbestG** heißt es lediglich

Alternative:

[Ausgehängt am ___[Datum]___]

454 **3.** Zwar muss gem. § 32 Abs. 9 Satz 2 2. WOMitbestG (§ 39 Abs. 8 1. WOMitbestG, § 32 Abs. 9 Satz 2 3. WOMitbestG) die Bekanntmachung der Abstimmungsvorschläge lediglich für die Dauer von 2 Wochen ausgehängt werden. Wegen der Regelung des § 37 Abs. 2 2. WOMitbestG (§ 35 Abs. 2 1. WOMitbestG, § 37 Abs. 2 3. WOMitbestG) hat der Aushang jedoch **bis zum Abschluss der Wahl** zu erfolgen.

455 Der Tag des Einzugs ist auf der Bekanntmachung zu vermerken (§§ 37 Abs. 2 Satz 3, 32 Abs. 9 Satz 2 2. Halbsatz i.V.m. § 26 Abs. 4 2. WOMitbestG, §§ 35 Abs. 2, 30 Abs. 8 2. Halbsatz i.V.m. § 24 Abs. 3 1. WOMitbestG, §§ 37 Abs. 2 Satz 3, 32 Abs. 9 Satz 2 2. Halbsatz i.V.m. § 26 Abs. 4 Satz 2 3. WOMitbestG).

456 **4.** Vgl. W Rdn. 233.

VII. Durchführung der Wahl – Unmittelbare Wahl

Vorbemerkung

457 Bei Wahlen nach dem **MitbestG** werden in Unternehmen mit in der Regel nicht mehr als 8.000 Arbeitnehmern die Arbeitnehmervertreter grundsätzlich **in unmittelbarer Wahl** (Urwahl) gewählt (Ausnahme: Die Arbeitnehmer haben die Wahl durch Delegierte beschlossen, § 9 Abs. 2 MitbestG; vgl. dazu Kapitel W.IV.). Unternehmen mit in der Regel mehr als 8.000 Arbeitnehmern wählen ihre Arbeitnehmer in unmittelbarer Wahl, wenn sie dies durch Beschluss entschieden haben (§ 9 Abs. 1 MitbestG; vgl. dazu Kapitel W.IV.).

458 Wahlen nach dem **DrittelbG** finden immer als **unmittelbare Wahl** statt. Das DrittelbG sieht eine Wahl durch Delegierte nicht vor.

459 Bei der unmittelbaren Wahl gibt jeder der wahlberechtigten Arbeitnehmer persönlich in jedem Wahlgang seine Stimmen ab und wählt so selbst und unmittelbar Arbeitnehmervertreter in den Aufsichtsrat (in Abgrenzung zur Delegiertenwahl, in der die Delegierten die Arbeitnehmervertreter in den Aufsichtsrat wählen).

Dabei ist zu unterscheiden, ob die Arbeitnehmervertreter in einem Wahlgang 460
- mehrere Aufsichtsratsmitglieder
    - aufgrund mehrerer Wahlvorschläge (dann wird eine Listenwahl durchgeführt, §§ 40 bis 43 2. WOMitbestG, §§ 38 bis 40 1. WOMitbestG, §§ 40 bis 43 3. WOMitbestG) oder
    - aufgrund nur eines Wahlvorschlages (dann findet eine Persönlichkeitswahl statt, §§ 44 bis 47 2. WOMitbestG, §§ 41 bis 43 1. WOMitbestG, §§ 44 bis 47 3. WOMitbestG) wählen
- oder lediglich ein Aufsichtsratsmitglied
    - aufgrund eines oder mehrerer Wahlvorschläge (dann findet eine Persönlichkeitswahl statt, § 48 2. WOMitbestG, § 44 1. WOMitbestG, § 48 3. WOMitbestG) ermitteln.

[unbelegt] 461

Bei der **Persönlichkeitswahl** (auch **Mehrheits-** oder **Personenwahl** genannt) haben die Wähler in jedem Wahlgang so viele Stimmen, wie Sitze im Aufsichtsrat zu vergeben sind. Die Wähler kreuzen auf den Stimmzetteln diejenigen Bewerber an, durch die sie im Aufsichtsrat vertreten werden. Gewählt sind die Bewerber mit den meisten Stimmen. Wird nach der **Listenwahl** (auch **Verhältniswahl** genannt) gewählt, hat jeder Wahlberechtigte pro Wahlgang lediglich eine Stimme. Diese kann er für einen der (mindestens zwei) auf dem Stimmzettel aufgeführten Wahlvorschläge (= Listen) abgeben. Die Verteilung der Aufsichtsratssitze erfolgt dann nach dem d'Hondtschen Höchstzahlverfahren im Verhältnis der für die einzelnen Listen abgegebenen Stimmen. 462

1. Wahlausschreiben für Wahlen nach dem MitbestG

Vorbemerkung

Die Arbeitnehmer werden mit dem Wahlausschreiben zur Wahl eingeladen. § 39 2. WOMitbestG (§ 37 1. WOMitbestG, § 39 3. WOMitbestG) schreibt vor, welchen Inhalt das Wahlausschreiben haben muss. 463

Die Wahlausschreiben nach dem MitbestG und dem DrittelbG unterscheiden sich erheblich voneinander, so dass sie in verschiedenen Mustern dargestellt werden. Das vorliegende Muster stellt das Wahlausschreiben für die Wahl nach dem **MitbestG** dar. Das Wahlausschreiben nach dem DrittelbG ist als Muster W.VII.2. (W Rdn. 489) abgedruckt. 464

▶ Muster – Wahlausschreiben für Wahlen nach dem MitbestG

Unternehmenswahlvorstand 1 465

Bekanntzumachen 2 und ausgehängt am ___[Datum]___ 3

Eingezogen am ___[Datum]___ 4

Aufsichtsratswahl

[Unternehmen]

Wahlausschreiben

1. Die Aufsichtsratsmitglieder der Arbeitnehmer sind von allen Wahlberechtigten in unmittelbarer Wahl zu wählen.

2. An der Wahl und an Abstimmungen können nur Arbeitnehmer teilnehmen, die in der Wählerliste eingetragen sind.

3. Die Stimmabgabe ist an die Wahlvorschläge gebunden. Es werden nur fristgerecht eingereichte Wahlvorschläge berücksichtigt. Die Frist zur Einreichung der Wahlvorschläge endet am ___[Datum]___ . 5

W. Wahl der Arbeitnehmervertreter in den Aufsichtsrat

4. Die Wahlvorschläge werden an den gleichen Orten wie dieses Wahlausschreiben bekannt gemacht.

5. Die Stimmabgabe zur Wahl der Aufsichtsratsmitglieder der Arbeitnehmer findet statt:

   Tag: ____[Datum]____

   Uhrzeit: von _____ bis _____ Uhr [6]

   Ort: _____

   Die öffentliche Stimmenauszählung findet am gleichen Ort wie diese Stimmabgabe, direkt im Anschluss an die Wahl [7], also um _____ Uhr, statt. [8]

6. Wahlberechtigten Arbeitnehmern, die im Zeitpunkt der Wahl wegen Abwesenheit vom Betrieb verhindert sind ihre Stimme persönlich abzugeben, hat der Betriebswahlvorstand auf ihr Verlangen die Briefwahlunterlagen auszuhändigen oder zu übersenden.

   Wahlberechtigten Arbeitnehmern, von denen dem Betriebswahlvorstand bekannt ist, dass sie im Zeitpunkt der Wahl nach der Eigenart ihres Beschäftigungsverhältnisses voraussichtlich nicht im Betrieb anwesend sein werden, erhalten die Briefwahlunterlagen, ohne dass es eines Verlangens der wahlberechtigten Arbeitnehmer bedarf. [9]

7. Die Wahlbriefe müssen bis zum

   Tag: ____[Datum]____

   Uhrzeit: [10] _____

   beim Betriebswahlvorstand eingegangen sein. Die Öffnung und Auszählung der per Briefwahl abgegebenen Stimmen erfolgt in der unter Ziffer 5 beschriebenen öffentlichen Stimmauszählung.

8. Einsprüche und sonstige Erklärungen sind gegenüber dem Betriebswahlvorstand abzugeben. Die Anschrift des Betriebswahlvorstandes lautet:

   Betriebswahlvorstand ____[Name des Betriebes]____

   [Anschrift des Betriebswahlvorstandes]

9. Die Anschrift des Unternehmenswahlvorstandes [11] lautet:

   [Unternehmen]

   Unternehmenswahlvorstand

   [Anschrift des Unternehmenswahlvorstandes]

[Ort, Datum]

Der Unternehmenswahlvorstand

_____

(Unterschriften des Unternehmenswahlvorstandsvorsitzenden sowie eines weiteren Mitgliedes des Unternehmenswahlvorstandes)

[Ort, Datum]

Der Betriebswahlvorstand

_____

(Unterschriften des Betriebswahlvorstandsvorsitzenden sowie eines weiteren Mitgliedes des Betriebswahlvorstandes)

Erläuterungen

1. Für die **1. WOMitbestG**: In diesem Muster ist das Wort »Unternehmenswahlvorstand« durch das Wort »Betriebswahlvorstand« zu ersetzen (vgl. W Rdn. 13, 184).

Für die **3. WOMitbestG**: Im Muster ist das Wort »Unternehmenswahlvorstand« durch das Wort »Hauptwahlvorstand« zu ersetzen (vgl. W Rdn. 14, 128).

Der Unternehmenswahlvorstand (1. WOMitbestG: Betriebswahlvorstand; 3. WOMitbestG: Hauptwahlvorstand) entwirft das Wahlausschreiben. Bei der Wahl nach der 2. und 3. WOMitbestG übersendet der Unternehmenswahlvorstand (Hauptwahlvorstand) die Bekanntmachung unter Hinweis auf den Tag des Aushangs den Betriebswahlvorständen, die es um die betriebsspezifischen Angaben ergänzen (§ 30 Abs. 2 2. WOMitbestG, § 39 Abs. 2 3. WOMitbestG).

Die Betriebswahlvorstände machen das Wahlausschreiben in den Betrieben bekannt (§ 39 Abs. 2 2. WOMitbestG, § 37 Satz 1 1. WOMitbestG, § 39 Abs. 2 3. WOMitbestG).

Der Unternehmenswahlvorstand (1. WOMitbestG: Betriebswahlvorstand, 3. WOMitbestG: Hauptwahlvorstand) übersendet das Wahlausschreiben an das bzw. die Unternehmen sowie an die in den beteiligten Unternehmen vertretenen Gewerkschaften (§ 39 Abs. 2 Satz 3 i.V.m. § 26 Abs. 5 2. WOMitbestG, § 37 Satz 3 i.V.m. § 24 Abs. 4 1. WOMitbestG, § 39 Abs. 2 Satz 3 i.V.m. § 26 Abs. 5 3. WOMitbestG).

2. Für die **1. WOMitbestG**: Statt »Bekanntzumachen« muss es »Erlassen« heißen.

3. Das Wahlausschreiben ist auszuhängen sobald feststeht, dass die Arbeitnehmer ihre Aufsichtsratsmitglieder in unmittelbarer Wahl wählen. Dies ist nach Abschluss des Abstimmungsverfahrens über die Art der Wahl (vgl. Abschnitt IV.) der Fall.

Auf dem Wahlausschreiben muss der erste Tag der Bekanntmachung vermerkt werden (§ 39 Abs. 2 Satz 3 i.V.m. § 26 Abs. 4 Satz 2 2. WOMitbestG, § 37 Satz 3 i.V.m. § 24 Abs. 3 Satz 2 1. WOMitbestG, § 39 Abs. 2 Satz 3 i.V.m. § 26 Abs. 4 Satz 3 2. WOMitbestG).

4. Das Wahlausschreiben bleibt bis zum Abschluss der Wahl bekannt gemacht, der Tag des Einzugs ist auf der Bekanntmachung zu vermerken (§ 39 Abs. 2 Satz 3 i.V.m. § 26 Abs. 4 2. WOMitbestG, § 37 Satz 3 i.V.m. § 24 Abs. 3 1. WOMitbestG, § 39 Abs. 2 Satz 3 i.V.m. § 26 Abs. 4 3. WOMitbestG).

5. Regelmäßig ist das Abstimmungsverfahren über die Art der Wahl beendet, bevor die Frist zur Einreichung der Wahlvorschläge abgelaufen ist. Wird also das Wahlausschreiben vor Ablauf dieser Frist bekannt gemacht, wird gemäß § 39 Abs. 1 Ziff. 4 2. WOMitbestG (§ 37 Satz 2 Ziff. 4 1. WOMitbestG, § 39 Abs. 1 Ziff. 4 3. WOMitbestG) der Zeitpunkt, bis zu dem Wahlvorschläge eingereicht werden können, noch einmal genannt.

Da die leitenden Angestellten ihren Wahlvorschlag im eigenen Abstimmungsverfahren ermitteln (vgl. Abschnitt W.VI. – W Rdn. 339–456), ist diese Frist nur für die Wahlvorschläge der Arbeitnehmer gemäß § 3 Abs. 1 Ziff. 1 MitbestG und der Gewerkschaften relevant.

Es ist das Datum einzusetzen, das in der Bekanntmachung über die Einreichung von Wahlvorschlägen (Muster W Rdn. 257 unter Ziffer 4a) genannt wurde.

6. Spätestens mit dem Aushang dieser Bekanntmachung haben sich die Wahlvorstände auf einen **Wahltag festzulegen**. Dabei ist darauf zu achten, dass dieser Termin auf die in der jeweils einschlägigen Wahlordnung vorgesehene Frist (vgl. § 2 Abs. 1 2. WOMitbestG, § 2 Abs. 1 1. WOMitbestG, § 2 Abs. 1 3. WOMitbestG) abgestimmt ist. Darüber hinaus ist zu bedenken, dass die eingegangenen Wahlvorschläge mindestens zwei Wochen vor dem Wahltag ausgehängt worden sein müssen (§ 37 Abs. 2 Satz 1 2.WOMitbestG, § 35 Abs. 2 Satz 1 1. WOMitbestG, § 37 Abs. 2 Satz 1 3. WOMitbestG). Die Nichteinhaltung dieser Fristen kann eine Anfechtung des Wahlverfahrens nach sich ziehen.

479 Die **Zeiträume**, innerhalb derer **am Wahltag** gewählt werden kann, legt jeder Betriebswahlvorstand für seinen Betrieb fest und ergänzt das Wahlausschreiben entsprechend (§ 39 Abs. 2 Ziff. 2 2. WOMitbestG, § 39 Abs. 2 Ziff. 2 3. WOMitbestG). Der oder die Zeiträume, in denen am Wahltag gewählt werden kann, sind so zu wählen, dass alle Arbeitnehmer an der Wahl persönlich und innerhalb ihrer Arbeitszeit teilnehmen können. Bei Schichtarbeit kann der Wahlraum zu verschiedenen Zeiten für einige Stunden geöffnet werden. Für Wahlen nach der 2. und 3. WOMitbestG ist vorgesehen, dass die Stimmabgabe über **mehrere Tage verteilt** werden kann (vgl. § 39 Abs. 1 Ziff. 6 2. WOMitbestG, § 39 Abs. 1 Ziff. 6 3. WOMitbestG). Die 1. WOMitbestG sieht diese Möglichkeit nicht vor (vgl. § 37 Satz 2 Ziff. 7 1. WOMitbestG).

480 Die zeitlichen Angaben zur Öffnung des Wahlraumes sind verbindlich. Eine nachträgliche Änderung oder Nichteinhaltung berechtigt zur Anfechtung (WWKK/*Wißmann* MitbestR, § 22 MitbestG Rn. 30, § 11 DrittelbG Rn. 4).

481 7. Die Wahlordnungen sehen vor, dass **die Stimmauszählung** direkt im Anschluss an die Wahl stattfindet (§ 41 Abs. 1 2. WOMitbestG, § 39 Abs. 1 1. WOMitbestG; § 41 Abs. 1 3. WOMitbestG). Unschädlich ist, wenn zwischen (letzter) Schließung des Wahlraumes und der Auszählung der Stimmen eine Pause liegt. Es ist jedoch darauf zu achten, dass die Wahlurnen verschlossen werden, bevor das Wahllokal verlassen wird (§ 17 Abs. 5 2. WOMitbestG, § 16 Abs. 5 1. WOMitbestG, § 17 Abs. 5 3. WOMitbestG).

481.1 8. Findet die Wahl unter **Beachtung der Geschlechterquote** statt (vgl. dazu W Rdn. 7.1 ff.), ist, im Falle der **Gesamterfüllung** folgende neue Ziffer 6 (die Bezifferung der nachfolgenden Absätze ist entsprechend anzupassen) einzufügen:

481.2 *Alternative:*

Gem. § 96 Abs. 2 Satz 1 AktG muss sich der Aufsichtsrat zu mindestens 30 % aus Frauen und zu mindestens 30 % aus Männern zusammensetzen. Dementsprechend müssen im Aufsichtsrat unseres Unternehmens mindestens jeweils _____[Anzahl]_____ Männer bzw. Frauen vertreten sein. Der Geschlechteranteil ist vom Aufsichtsrat insgesamt zu erfüllen (§ 96 Abs. 2 Satz 2 AktG; Gesamterfüllung).

481.3 Wurde im Aufsichtsrat ein Beschluss zur **Getrennterfüllung** gefasst (vgl. dazu W Rdn. 7.4), ist folgende neue Ziffer 6 (die Bezifferung der nachfolgenden Absätze ist entsprechend anzupassen) einzufügen:

481.4 *Alternative:*

Gem. § 96 Abs. 2 Satz 1 AktG muss sich der Aufsichtsrat zu mindestens 30 % aus Frauen und zu mindestens 30 % aus Männern zusammensetzen. Der Aufsichtsrat hat in seiner Sitzung vom _____[Datum]_____ der Gesamterfüllung widersprochen. Aus diesem Grund ist der Geschlechteranteil für diese Wahl von der Anteilseignerseite und der Seite der Arbeitnehmer gem. § 96 Abs. 2 Satz 3 AktG getrennt zu erfüllen (Getrennterfüllung). Dementsprechend sind zur Erreichung des Geschlechteranteils nach § 7 Abs. 3 MitbestG i.V.m. § 96 Abs. 2 Satz 4 AktG jeweils mindestens _____[Anzahl]_____ Frauen bzw. Männer als Aufsichtsratsmitglieder der Arbeitnehmer zu wählen.

Sofern der Geschlechteranteil nach § 7 Abs. 3 MitbestG bei der Wahl nicht erreicht wurde, ist § 18a des MitbestG anzuwenden. In diesem Fall ist der vorgeschriebene Geschlechteranteil im Wege der gerichtlichen Ersatzbestellung nach § 104 AktG oder mittels Nachwahl herzustellen.

482 9. § 19 Abs. 1, 2 2. WOMitbestG (§ 18 1. WOMitbestG, § 19 Abs. 1, 2 3. WOMitbestG) legt fest, welche Arbeitnehmer berechtigt sind **per Briefwahl** an der Aufsichtsratswahl teilzunehmen (vgl. hierzu auch W Rdn. 535).

Hat der Betriebswahlvorstand für Betriebsteile und Kleinstbetriebe die räumlich weit vom Hauptbetrieb entfernt sind oder für Betriebe, in denen die Mehrheit der Abstimmungsberechtigten zur schriftlichen Stimmabgabe aufgrund der Eigenart ihres Beschäftigungsverhältnisses berechtigt ist und in denen die verbleibende Minderheit nicht mehr als insgesamt 25 Abstimmungsberechtigte ausmacht, die schriftliche Stimmabgabe beschlossen (§ 19 Abs. 3 2. WOMitbestG, § 18 Abs. 3 1. WOMitbestG, § 19 Abs. 3 3. WOMitbestG), so ist das Wahlausschreiben um folgenden Satz zu ergänzen: 482.1

Alternative 483

[Für die nachfolgenden Betriebe/Betriebsteile hat der Betriebswahlvorstand die schriftliche Stimmabgabe beschlossen: _____. Wahlberechtigte dieser Standorte erhalten die Unterlagen für die schriftliche Stimmabgabe ohne besonderen Antrag zugestellt.]

Die gleiche Formulierung ist bei der Wahl nach der 2. oder 3. WOMitbestG zu verwenden, wenn der i.S.d. § 5 Abs. 6 2. WOMitbestG (§ 5 Abs. 6 3. WOMitbestG) beauftragte Betriebswahlvorstand für einen Betrieb, in dem kein Betriebswahlvorstand gewählt wurde, die schriftliche Stimmabgabe beschlossen hat (§ 5 Abs. 6 Satz 2, 3 2. WOMitbestG, § 5 Abs. 6 Satz 2, 3 3. WOMitbestG). 484

10. Die Wahlbriefe müssen am Wahltag zum Zeitpunkt des Endes der Stimmabgabe eingegangen sein. 485

11. Für die 1.WOMitbestG: Ziffer 10 ist, in Ermangelung eines Unternehmenswahlvorstandes bei Wahlen nach der 1.WOMitbestG, zu streichen. 486

2. Wahlausschreiben für Wahlen nach dem DrittelbG

Vorbemerkung

Das Wahlausschreiben für Wahlen nach dem **DrittelbG** ist umfangreicher als dasjenige für Wahlen nach dem MitbestG. Dieser Umstand ergibt sich daraus, dass bei Wahlen nach dem DrittelbG die Informationen 487
— der Bekanntmachung über die Bestellung der Wahlvorstände und Auslegung der Wählerliste (Muster W Rdn. 171)
— sowie der Bekanntmachung über die Einreichung von Wahlvorschlägen (Muster W Rdn. 257)
nicht in gesonderten Bekanntmachungen sondern im Wahlausschreiben enthalten sind. §§ 5, 28 DrittelbG schreiben vor, welchen Inhalt das Wahlausschreiben haben muss.

[unbelegt] 488

▶ **Muster – Wahlausschreiben für Wahlen nach dem DrittelbG**

Unternehmenswahlvorstand [1] 489

                                            Erlassen am _____[Datum]_____

                                          Ausgehängt am _____[Datum]_____ [2]

                                          Eingezogen am _____[Datum]_____ [3]

                     Aufsichtsratswahl
                      [Unternehmen]

W. Wahl der Arbeitnehmervertreter in den Aufsichtsrat

Wahlausschreiben

1. Wie die ___[Unternehmen]___ am ___[Datum]___ mitgeteilt hat, sind Arbeitnehmervertreter in den Aufsichtsrat zu wählen.

2. Die Wählerliste, das für die Wahl anwendbare Drittelbeteiligungsgesetz und seine Wahlordnung sind ___[Ort]___ bis zum Abschluss der Stimmabgabe zur Einsichtnahme ausgelegt. Darüber hinaus können diese Unterlagen im Intranet unter ___[Intranetadresse]___ eingesehen werden. [4]

3. Es sind ___[Anzahl]___ Aufsichtsratsmitglieder der Arbeitnehmer zu wählen ___[Anzahl]___ dieser Aufsichtsratsmitglieder müssen Arbeitnehmer des Unternehmens sein. [5]

4. Nicht wählbar sind die in § 105 AktG genannten Personen. Das sind Vorstandsmitglieder, dauernde Stellvertreter von Vorstandsmitgliedern [5.1], Prokuristen [6] oder zum gesamten Geschäftsbetrieb ermächtigte Handlungsbevollmächtigte des Unternehmens.

5. Wählerlisten
   a. An Wahlen können nur Arbeitnehmer teilnehmen, die in der Wählerliste eingetragen sind.
   b. Einsprüche gegen die Wählerliste können nur innerhalb von einer Woche seit dem Erlass dieses Wahlausschreibens schriftlich beim Betriebswahlvorstand eingelegt werden.

   Letzter Tag der Frist ist der ___[Datum]___ [6.1].

   c. Einsprüche gegen Berichtigungen und Ergänzungen der Wählerlisten können nur innerhalb von einer Woche seit der Berichtigung oder Ergänzung der Wählerlisten beim Betriebswahlvorstand eingelegt werden.

6. Wahlvorschläge
   a. Wahlvorschläge können vom Betriebsrat [optional: den Betriebsräten] oder mindestens einem Zehntel der Wahlberechtigen oder mindestens 100 Wahlberechtigten eingereicht werden. [7]
   b. Wahlvorschläge können beim Unternehmenswahlvorstand innerhalb einer Frist von zwei Wochen seit dem Erlass dieses Wahlausschreibens eingereicht werden.

   Letzter Tag der Frist ist der ___[Datum]___ [7.1].

   Es werden nur fristgerecht eingereichte Wahlvorschläge berücksichtigt.

   c. In jedem Wahlvorschlag kann zusammen mit jedem Bewerber für diesen ein Ersatzmitglied vorgeschlagen werden. Mit der Wahl eines Aufsichtsratsmitgliedes ist auch das zusammen mit ihm vorgeschlagene Ersatzmitglied gewählt.
   d. Die Anzahl der Bewerber soll in jedem Wahlvorschlag doppelt so hoch sein, wie die Zahl der in dem Wahlgang zu wählenden Arbeitnehmervertreter. [8]
   e. Die gültigen Wahlvorschläge werden spätestens eine Woche [8.1] vor Beginn der Stimmabgabe bis zum Abschluss der Stimmabgabe an den gleichen Orten wie dieses Wahlausschreiben bekannt gemacht.
   f. Die Stimmabgabe ist an die Wahlvorschläge gebunden.

7. Die Stimmabgabe für die Wahl der Aufsichtsratsmitglieder der Arbeitnehmer findet statt: [9]

   Tag: ___[Datum]___

   Uhrzeit: von _____ bis _____ Uhr

   Ort: _____

   Die öffentliche Stimmenauszählung findet am gleichen Tag und am gleichen Ort wie die Stimmabgabe direkt im Anschluss an die Wahl, also um _____ Uhr, statt. [10]

8. Wahlberechtigten Arbeitnehmern, die im Zeitpunkt der Wahl wegen Abwesenheit vom Betrieb verhindert sind, ihre Stimme persönlich abzugeben, hat der Betriebswahlvorstand auf ihr Verlangen die Briefwahlunterlagen auszuhändigen oder zu übersenden.

    Wahlberechtigten Arbeitnehmern, von denen dem Betriebswahlvorstand bekannt ist, dass sie im Zeitpunkt der Wahl nach der Eigenart ihres Beschäftigungsverhältnisses voraussichtlich nicht im Betrieb anwesend sein werden, erhalten die Briefwahlunterlagen, ohne dass es eines Verlangens bedarf. [11]

9. Die Wahlbriefe müssen bis zum

    Tag: _[Datum]_

    Uhrzeit: [12] _____

    beim Betriebswahlvorstand eingegangen sein. Die Öffnung und Auszählung der per Briefwahl abgegebenen Stimmen erfolgt in der unter Ziffer 7 beschriebenen öffentlichen Stimmenauszählung.

10. Einsprüche, und sonstige Erklärungen sind gegenüber dem Betriebswahlvorstand abzugeben.

11. Der für Ihren Betrieb für die Durchführung der Aufsichtsratswahl zuständige Betriebswahlvorstand setzt sich aus folgenden Mitgliedern zusammen:

    1. [Name erstes Mitglied]
    2. [Name zweites Mitglied]
    3. [Name drittes Mitglied]

    Als Ersatzmitglieder wurden bestellt:

    1. [Name erstes Ersatzmitglied]
    2. [Name zweites Ersatzmitglied]
    3. [Name drittes Ersatzmitglied]

12. Die Anschrift des Betriebswahlvorstandes lautet:

    Betriebswahlvorstand _[Name des Betriebes]_
    [Anschrift des Betriebswahlvorstandes]

13. Der Unternehmenswahlvorstand [13] setzt sich aus folgenden Mitgliedern zusammen:

    1. [Name erstes Mitglied]
    2. [Name zweites Mitglied]
    3. [Name drittes Mitglied]

    Als Ersatzmitglieder wurden bestellt:

    1. [Name erstes Ersatzmitglied]
    2. [Name zweites Ersatzmitglied]
    3. [Name drittes Ersatzmitglied]

14. Die Anschrift des Unternehmenswahlvorstandes lautet:

    [Unternehmen]

    Unternehmenswahlvorstand
    [Anschrift des Unternehmenswahlvorstandes]

    [Ort, Datum]

Der Unternehmenswahlvorstand

_____

(Unterschriften des Unternehmenswahlvorstandsvorsitzenden sowie eines
weiteren Mitgliedes des Unternehmenswahlvorstandes)

[Ort, Datum]

Der Betriebswahlvorstand

_____

(Unterschriften des Betriebswahlvorstandsvorsitzenden sowie eines
weiteren Mitgliedes des Betriebswahlvorstandes)

Erläuterungen

Schrifttum
Huke/Prinz Die Wahl der Arbeitnehmervertreter in den Aufsichtsrat nach dem Drittelbeteiligungsgesetz, FA 2004, 323; *Seibt* Drittelbeteiligungsgesetz und Fortsetzung der Reform des Unternehmensmitbestimmungsrechts, NZA 2004, 767; *Stück* Die ordnungsgemäße Durchführung der BR-Wahl, ArbR Aktuell 2013, 284.

490 **1.** Der Unternehmenswahlvorstand wird tätig, wenn in einem Unternehmen mehrere Betriebe an der Wahl teilnehmen (§ 25 Abs. 1 Ziff. 1 WODrittelbG). Handelt es sich um eine Wahl im einzigen Betrieb eines Unternehmens, so ist das Wort »Unternehmenswahlvorstand« durch das Wort »Betriebswahlvorstand« zu ersetzen. Beteiligen sich an der Wahl die Betriebe mehrerer Unternehmen, so handelt statt dem Unternehmenswahlvorstand der Hauptwahlvorstand.

491 **2.** Die Bekanntmachung ist spätestens (Mindestfrist, vgl. dazu *Huke/Prinz* FA 2004, 323, 325) sechs Wochen vor dem ersten Tag der Stimmabgabe zu erlassen und am Tag seines Erlasses bekanntzumachen (§ 5 Abs. 1 und 3 DrittelbG).

492 **3.** Die Bekanntmachung verbleibt bis zum Abschluss der Wahl an den Schwarzen Brettern (§ 5 Abs. 3 DrittelbG).

493 **4.** Zur Bekanntmachung durch im Unternehmen vorhandener Informations- und Kommunikationstechnik vgl. W Rdn. 170.

494 **5.** Gemäß § 4 Abs. 2 DrittelbG müssen in Fällen, in denen **lediglich** ein oder **zwei Arbeitnehmer** in den Aufsichtsrat zu wählen sind, diese als Arbeitnehmer im Unternehmen (Konzern) beschäftigt sein. Sind mehr als zwei Arbeitnehmervertreter zu wählen, so müssen lediglich zwei dieser Arbeitnehmervertreter Arbeitnehmer des Unternehmens sein. Das bedeutet, dass lediglich diese beiden Aufsichtsratsmitglieder der Arbeitnehmervertreter die **besonderen Wählbarkeitsvoraussetzungen** des § 4 Abs. 3 DrittelbG (Mindestalter und andauernde einjährige Unternehmenszugehörigkeit) erfüllen müssen (vgl. zum passiven Wahlrecht W Rdn. 154 f.). Die weiteren Arbeitnehmervertreter müssen lediglich die allgemeinen Wählbarkeitsvoraussetzungen erfüllen. Wählbar sind also zum Beispiel auch Gewerkschaftsmitglieder oder leitende Angestellte (vgl. dazu WWKK/*Kleinsorge* MitbestR, § 4 DrittelbG Rn. 22 ff.). Diese Besonderheit gibt es nur im Drittelbeteiligungsgesetz, nicht aber im Mitbestimmungsgesetz, wonach lediglich die Sitze der Gewerkschaftsvertreter mit Personen besetzt werden können, die nicht Arbeitnehmer des betreffenden Unternehmens (Konzerns) sind.

495 **5.1.** Für GmbHs: *[Geschäftsführer, dauernde Stellvertreter von Geschäftsführern]*

496 **6.** Das Mitbestimmungsgesetz sieht in seinem § 6 Abs. 2 vor, dass **Prokuristen**, die in bestimmten Positionen beschäftigt sind, in den Aufsichtsrat gewählt werden können (vgl. W Rdn. 159). Das DrittelbG enthält eine solche Regelung nicht, so dass Prokuristen nicht in einen nach dem

DrittelbG zusammengesetzten Aufsichtsrat gewählt werden können (vgl. auch WWKK/*Kleinsorge* MitbestR, § 4 DrittelbG Rn. 17).

6.1. Zur Angabe einer Uhrzeit, bis zu der die Wahlvorschläge abgegeben sein müssen, vgl. W Rdn. 268.

7. Vgl. § 6 DrittelbG.

7.1. Zur Angabe einer Uhrzeit, bis zu der die Wahlvorschläge abgegeben sein müssen, vgl. W Rdn. 268.

8. Gemäß § 7 Abs. 2 Satz 1 WODrittelbG **soll** jeder **Wahlvorschlag** mindestens **doppelt so viele Bewerber** aufweisen, wie Aufsichtsratsmitglieder in den Aufsichtsrat zu wählen sind.

Zwar sieht § 5 Abs. 2 WODrittelbG nicht vor, dass der entsprechende Hinweis in das Wahlausschreiben aufgenommen werden muss. Die Einhaltung der Sollvorschrift ist jedoch im Interesse der Arbeitnehmer, da auf diese Weise für die vollständige Besetzung aller zu besetzenden Aufsichtsratssitze sowie die Wahlmöglichkeit der Wahlberechtigten unter mehreren Bewerbern Sorge getragen wird. Ein entsprechender Hinweis in der Bekanntmachung ist daher sinnvoll.

Da es sich um eine reine Sollvorschrift handelt, sind auch Wahlvorschläge die weniger Bewerber benennen, gültig (vgl. für die gleichlautende Vorschrift bei Wahlvorschlägen für Delegierte WWKK/*Wißmann* MitbestR, § 12 MitbestG Rn. 17; UHH/*Henssler* § 12 MitbestG Rn. 19; GK-MitbestR/*Matthes* § 12 MitbestG Rn. 24). Nicht geregelt ist jedoch, wie zu verfahren ist wenn – auch nach Ablauf der Nachfrist – weniger Bewerber vorgeschlagen wurden als Aufsichtsratsmitglieder in den Aufsichtsrat zu wählen sind. Es kann diesbezüglich auf die entsprechenden Ausführungen zum Mitbestimmungsgesetz unter W Rdn. 274 verwiesen werden.

8.1. § 12 WODrittelbG.

9. Spätestens mit dem Aushang dieser Bekanntmachung haben sich die Wahlvorstände auf einen **Wahltag festzulegen**. Dabei ist darauf zu achten, dass dieser Termin auf die Frist des § 1 DrittelbG abgestimmt ist. Darüber hinaus ist zu bedenken, dass die eingegangenen Wahlvorschläge mindestens eine Woche vor dem ersten Tag der Stimmabgabe ausgehängt worden sein müssen (§ 12 WODrittelbG). Die Nichteinhaltung dieser Fristen kann eine Anfechtung des Wahlverfahrens nach sich ziehen.

Die **Zeit**räume, innerhalb der **am Wahltag** gewählt werden kann, legt jeder Betriebswahlvorstand für seinen Betrieb fest und ergänzt das Wahlausschreiben, falls es vom Unternehmens- oder Hauptwahlvorstand vorbereitet wurde, entsprechend (§ 28 Abs. 3 Ziff. 2 WODrittelbG). Der oder die Zeiträume, in denen am Wahltag gewählt werden kann, sind so festzusetzen, dass alle Arbeitnehmer an der Wahl persönlich und innerhalb ihrer Arbeitszeit teilnehmen können. Bei Schichtarbeit kann der Wahlraum zu verschiedenen Zeiten für einige Stunden geöffnet sein. Wird die im Wahlausschreiben angegebene Wahlzeit nicht eingehalten (z.B. weil der Wahlraum zu spät geöffnet oder zwischendurch für einen auch nur kurzen Zeitraum geschlossen wird), kann dies zu einer wirksamen Anfechtung der Wahl führen (LAG Schleswig-Holstein, Beschl. v. 21.06.2011 – 2 TaBV 41/10, ArbuR 2012, 180, LS; *Stück* ArbR Aktuell 2013, 284, 285)

Die Wahl muss **innerhalb eines Kalendertages** durchgeführt werden. Die Möglichkeit über mehrere Tage zu wählen sehen das DrittelbG und seine Wahlordnung – im Gegensatz zu der 2. und 3. WOMitbestG (vgl. W Rdn. 479) – nicht vor.

Die zeitlichen Angaben zur Öffnung des Wahlraumes sind verbindlich. Eine nachträgliche Änderung oder Nichteinhaltung berechtigt zur Anfechtung (vgl. WWKK/*Kleinsorge* MitbestR, § 22 MitbestG Rn. 30, § 11 DrittelbG Rn. 4).

508 **10.** Die Wahlordnung sieht vor, dass die **Stimmauszählung** direkt im Anschluss an die Wahl stattfindet (§ 18 Abs. 1 WODrittelbG). Unschädlich ist, wenn zwischen (letzter) Schließung des Wahlraumes und der Auszählung der Stimmen eine Pause liegt (vgl. § 14 Abs. 5 WODrittelbG). Es ist jedoch darauf zu achten, dass die Wahlurnen verschlossen werden, bevor das Wahllokal verlassen wird.

509 **11.** § 16 WODrittelbG legt fest, welche Arbeitnehmer berechtigt sind per **Briefwahl** an der Aufsichtsratswahl teilzunehmen.

510 Hat der Betriebswahlvorstand für Betriebsteile und Kleinstbetriebe die räumlich weit vom Hauptbetrieb entfernt sind oder für Betriebe, in denen die Mehrheit der Abstimmungsberechtigten zur schriftlichen Stimmabgabe aufgrund der Eigenart ihres Beschäftigungsverhältnisses berechtigt ist und in denen die verbleibende Minderheit nicht mehr als insgesamt 25 Abstimmungsberechtigte ausmacht, die schriftliche Stimmabgabe beschlossen (§ 16 Abs. 3 WODrittelbG), so ist das Wahlausschreiben um folgenden Satz zu ergänzen:

511 *Alternative*
[Für die nachfolgenden Betriebe/Betriebsteile hat der Betriebswahlvorstand die schriftliche Stimmabgabe beschlossen: _____ . Wahlberechtigte Arbeitnehmer dieser Standorte erhalten die Briefwahlunterlagen ebenfalls ohne besonderen Antrag.]

512 **12.** Die Wahlbriefe müssen am Wahltag zum Zeitpunkt des Endes der Stimmabgabe eingegangen sein.

513 **13.** Bei Wahlen unter Beteiligung nur eines Betriebes ist diese Ziffer zu streichen.

3. Stimmzettel für die Wahl – Persönlichkeitswahl

Vorbemerkung

514 Für jeden der drei Wahlgänge ist ein Stimmzettel zu entwerfen. Dabei unterscheiden sich die Stimmzettel je nachdem ob in dem betreffenden Wahlgang eine Persönlichkeitswahl oder eine Listenwahl durchgeführt wird (vgl. zu den **Begriffen Persönlichkeits- und Listenwahl** W Rdn. 462).

515 Wahlen nach dem DrittelbG finden stets als Persönlichkeitswahl statt (vgl. § 13 Abs. 1, 2 WODrittelbG). Wahlen nach dem MitbestG finden als Persönlichkeitswahl statt, wenn lediglich ein einziger Wahlvorschlag im betroffenen Wahlgang vorliegt und/oder lediglich ein Kandidat in dem jeweiligen Wahlgang zu wählen ist. Dementsprechend findet der Wahlgang der leitenden Angestellten stets als Persönlichkeitswahl statt. Die Wahlgänge der Arbeitnehmer gemäß § 3 Abs. 1 Ziff. 1 MitbestG und der Gewerkschaftsvertreter nach dem MitbestG finden hingegen als Listenwahl statt, wenn in dem jeweiligen Wahlgang mehrere Wahlvorschläge eingegangen sind und mehrere Aufsichtsratssitze zu besetzen sind.

516 Bei der Persönlichkeitswahl geben die Wahlberechtigten ihre Stimmen direkt für einzelne Bewerber ab. Sie haben so viele Stimmen wie im entsprechenden Wahlgang Bewerber in den Aufsichtsrat zu wählen sind.

▶ Muster – Stimmzettel für die Wahl – Persönlichkeitswahl

517 STIMMZETTEL [1]
für die Wahl der Arbeitnehmervertreter in den Aufsichtsrat der
[Unternehmen]

Stimmzettel für die Wahl – Persönlichkeitswahl **W.VII.3.**

Wahlgang der Arbeitnehmer gemäß § 3 Abs. 1 Ziff. 1 MitbestG
[optional: Gewerkschaftsvertreter/leitenden Angestellten] [2]

Lfd. Nr.	Bewerber[3] um Aufsichtsrats-mandat	Ersatzmitglied für nebenstehenden Bewerber	
1	[Name,[4] Vorname, Geburtsdatum, Art der Beschäftigung, Betrieb]	[Name, Vorname, Geburtsdatum, Art der Beschäftigung, Betrieb]	○
2	[Name, Vorname, Geburtsdatum, Art der Beschäftigung, Betrieb]	[Name, Vorname, Geburtsdatum, Art der Beschäftigung, Betrieb]	○
3	[Name, Vorname, Geburtsdatum, Art der Beschäftigung, Betrieb]	[Name, Vorname, Geburtsdatum, Art der Beschäftigung, Betrieb]	○
4	[Name, Vorname, Geburtsdatum, Art der Beschäftigung, Betrieb]	[Name, Vorname, Geburtsdatum, Art der Beschäftigung, Betrieb]	○
5	[Name, Vorname, Geburtsdatum, Art der Beschäftigung, Betrieb]	[Name, Vorname, Geburtsdatum, Art der Beschäftigung, Betrieb]	○
[...]	[...]	[...]	○

Es dürfen nicht mehr als _____ [5] Bewerber angekreuzt werden, sonst ist der Stimmzettel ungültig.

Stimmzettel, in denen mehr Bewerber angekreuzt sind als in dem Wahlgang Aufsichtsratsmitglieder zu wählen sind, aus denen sich ein eindeutiger Wille nicht ergibt, die mit einem besonderen Merkmal versehen sind oder die sonstige Zusätze oder Änderungen enthalten, sind ungültig. [6]

Erläuterungen

1. Stimmzettel, die für denselben Wahlgang Verwendung finden, müssen sämtlich die gleiche Größe, Farbe, Beschaffenheit und Beschriftung haben; Stimmzettel verschiedener Wahlgänge müssen sich voneinander in der Farbe unterscheiden (§ 44 Abs. 2 Satz 4 i.V.m. § 40 Abs. 2 Satz 3 und 4 2. WOMitbestG sowie § 48 Abs. 2 Satz 3 i.V.m. § 40 Abs. 2 Satz 3 und 4 2. WOMitbestG, § 41 Abs. 2 Satz 4 i.V.m. § 38 Abs. 2 Satz 3 und 4 1. WOMitbestG sowie § 44 Abs. 1 Satz 2 i.V.m. § 38 Abs. 2 Satz 3 und 4 1. WOMitbestG, § 44 Abs. 2 Satz 4 i.V.m. § 40 Abs. 2 Satz 3 und 4 3. WOMitbestG sowie § 48 Abs. 2 Satz 3 i.V.m. § 40 Abs. 2 Satz 3 und 4 3. WOMitbestG, § 13 WODrittelbG). 518

2. Da es bei Wahlen nach dem **DrittelbG** nur einen Wahlgang gibt, entfällt bei Wahlen nach dem DrittelbG diese Überschrift. 519

3. Findet die Persönlichkeitswahl aufgrund lediglich eines Wahlvorschlages und nach dem MitbestG statt, so werden die Bewerber in der Reihenfolge auf dem Stimmzettel aufgeführt, in der 520 sie auf dem Wahlvorschlag benannt waren (§ 44 Abs. 2 Satz 2, § 48 Abs. 2 Satz 1 2. WOMitbestG, § 41 Abs. 2 Satz 2, § 44 Abs. 2 Satz 1 1. WOMitbestG, § 44 Abs. 2 Satz 2, § 48 Abs. 2 Satz 1 3. WOMitbestG).

521 Findet die Persönlichkeitswahl nach dem DrittelbG oder aufgrund mehrerer Wahlvorschläge nach dem MitbestG statt, so werden die Bewerber in alphabetischer Reihenfolge aufgeführt (§ 48 Abs. 2 Satz 2 2. WOMitbestG, § 44 Abs. 2 Satz 2 1. WOMitbestG, § 48 Abs. 2 Satz 2 3. WOMitbestG, § 13 Abs. 2 WODrittelbG).

522 **4.** Die Bewerber sind auf den Stimmzetteln unter Angabe von Familienname, Vorname, Art der Beschäftigung und Betrieb aufzuführen. Handelt es sich um einen Stimmzettel gemäß § 48 Abs. 2 Satz 2 2. WOMitbestG (§ 44 Abs. 2 Satz 2 1. WOMitbestG, § 48 Abs. 2 Satz 2 3. WOMitbestG), ist darüber hinaus noch das Kennwort des jeweiligen Wahlvorschlages anzugeben. Wird in lediglich einem Betrieb gewählt, ist die Angabe dieses Betriebes entbehrlich (vgl. § 38 Abs. 2 Satz 1 und § 41 Abs. 2 Satz 1 1. WOMitbestG, § 13 Abs. 2 Satz 1 WODrittelbG). Bei Wahlen nach der 3. **WOMitbestG** ist auch das Unternehmen, in dem der jeweilige Bewerber beschäftigt ist, anzugeben (§ 44 Abs. 2 Satz 1, § 48 Abs. 2 Satz 1 3. WOMitbestG).

523 Das für einen Bewerber vorgeschlagene Ersatzmitglied ist auf den Stimmzetteln mit den gleichen Angaben zur Person neben dem Bewerber aufzuführen (§ 48 Abs. 2 Satz 1, 3 i.V.m. § 44 Abs. 2 Satz 2 2. WOMitbestG, § 44 Abs. 2 Satz 1, 3 i.V.m. § 41 Abs. 2 Satz 2 1. WOMitbestG, § 48 Abs. 2 Satz 1, 3 i.V.m. § 44 Abs. 2 Satz 2 3. WOMitbestG, § 13 Abs. 2 Satz 2 WODrittelbG).

524 Bei den Gewerkschaftsvertretern empfiehlt sich die Nennung der Gewerkschaft, die sie benannt hat. Dementsprechend kann die Benennung eines Vertreters der Gewerkschaften lauten:

Müller, Anton, IG Metall, Gewerkschaftssekretär der IG Metall, Verwaltungsstelle Hamburg

525 **5.** Die Stimmzettel sollen die Angabe enthalten, wie viele Bewerber der Wähler insgesamt ankreuzen kann (§ 48 Abs. 2 Satz 3 i.V.m. § 44 Abs. 2 Satz 3 2. WOMitbestG, § 44 Abs. 2 Satz 3 i.V.m. § 41 Abs. 2 Satz 3 1. WOMitbestG, § 48 Abs. 2 Satz 3 i.V.m. § 44 Abs. 2 Satz 3 3. WOMitbestG, § 13 Abs. 2 Satz 3 WODrittelbG).

526 Jeder Wähler hat so viele Stimmen, wie Bewerber in dem jeweiligen Wahlgang zu wählen sind (§ 44 Abs. 3 Satz 2 2. WOMitbestG, § 41 Abs. 3 Satz 2 1. WOMitbestG, § 44 Abs. 3 Satz 2 3. WOMitbestG, § 13 Abs. 2 Satz 5 WODrittelbG).

527 **6.** Vgl. § 48 Abs. 3 Satz 3 i.V.m. § 44 Abs. 4 2. WOMitbestG (§ 44 Abs. 3 Satz 3 i.V.m. § 41 Abs. 4 1. WOMitbestG, § 48 Abs. 3 Satz 3 i.V.m. § 44 Abs. 4 3. WOMitbestG, § 13 Abs. 3 WODrittelbG).

4. Stimmzettel für die Wahl – Listenwahl

Vorbemerkung

528 Wird die Wahl als Listenwahl durchgeführt, so wählen die Arbeitnehmer nicht einzelne Bewerber sondern geben ihre Stimme für einen ganzen Wahlvorschlag (= Liste) ab. Die Listenwahl kann nur bei Wahlen nach dem MitbestG und dort nur in den Wahlgängen der Arbeitnehmer gemäß § 3 Abs. 1 Ziff. 1 MitbestG und der Gewerkschaftsvertreter stattfinden. Leitende Angestellte werden immer im Wege einer Persönlichkeitswahl ermittelt.

▶ Muster – Stimmzettel für die Wahl – Listenwahl

STIMMZETTEL [1]

Wahl der Arbeitnehmervertreter in den Aufsichtsrat der

[Unternehmen]

Wahlgang der Arbeitnehmer gemäß § 3 Abs. 1 Ziff. 1 MitbestG
[optional: Gewerkschaftsvertreter]

Wahlvorschlag 1 [2]	[evtl. Kennwort des Wahlvorschlages] 1. [Name, Vorname, Art der Beschäftigung, Betrieb] 2. [Name, Vorname, Art der Beschäftigung, Betrieb]	◯
Wahlvorschlag 2	[evtl. Kennwort des Wahlvorschlages] 1. [Name, Vorname, Art der Beschäftigung, Betrieb] 2. [Name, Vorname, Art der Beschäftigung, Betrieb]	◯
[...]	[...]	◯

Es darf nur ein Wahlvorschlag in dem vorgegebenen Kreis angekreuzt werden [3], sonst ist der Stimmzettel ungültig.

Ungültig sind Stimmzettel, in denen mehr als eine Liste angekreuzt wird, aus denen sich ein eindeutiger Wille nicht ergibt, die mit einem besonderen Merkmal versehen sind oder die sonstige Zusätze oder Änderungen enthalten. [4]

Erläuterungen

Schrifttum
Stück Die ordnungsgemäße Durchführung der BR-Wahl, ArbR Aktuell 2013, 284.

1. Der Unternehmenswahlvorstand (1. WOMitbestG: Betriebswahlvorstand; 3. WOMitbestG: Hauptwahlvorstand) erstellt die Stimmzettel; in Wahlen nach der 2. und 3. WOMitbestG sendet der Unternehmenswahlvorstand (Hauptwahlvorstand) die Stimmzettel den Betriebswahlvorständen zu (§ 40 Abs. 2, 3 2. WOMitbestG, § 38 Abs. 2 1. WOMitbestG, § 40 Abs. 2, 3 3. WOMitbestG).

Die Stimmzettel, die für denselben Wahlgang Verwendung finden, müssen sämtlich die gleiche Größe, Farbe, Beschaffenheit und Beschriftung haben. Stimmzettel verschiedener Wahlgänge müssen sich voneinander in der Farbe unterscheiden (§ 40 Abs. 2 Satz 3, 4 2. WOMitbestG, § 38 Abs. 2 Satz 3, 4 1. WOMitbestG, § 40 Abs. 2 Satz 3, 4 3. WOMitbestG).

2. Der Unternehmenswahlvorstand (1. WOMitbestG: Betriebswahlvorstand; 3. WOMitbestG: Hauptwahlvorstand) hat die Wahlvorschläge nach der Reihenfolge der Ordnungsnummer (die gemäß § 37 Abs. 1 2. WOMitbestG (§ 35 Abs. 1 1. WOMitbestG, § 37 Abs. 1 3. WOMitbestG) durch Los ermittelt wurden) sowie unter Angabe der an erster und zweiter Stelle benannten Bewerber mit Familienname, Vorname, Art der Beschäftigung und Betrieb untereinander aufzuführen; bei Wahlvorschlägen, die mit einem Kennwort versehen sind, ist auch das Kennwort anzugeben (§ 40 Abs. 2 Satz 1 2. WOMitbestG, § 38 Abs. 2 Satz 2 1. WOMitbestG, § 40 Abs. 2 Satz 1 3. WOMitbestG). Wird nach der 1. **WOMitbestG** gewählt, so ist die Angabe des Betriebes entbehrlich (vgl. § 38 Abs. 1 Satz 1 1. WOMitbestG). Bei Wahlen nach der 3. **WOMitbestG** ist auch das Unternehmen, in dem der jeweilige Bewerber beschäftigt ist, anzugeben (§ 40 Abs. 2 Satz 1 3. WOMitbestG). Werden auf dem Stimmzettel alle Kandidaten statt nur die beiden Erstgenannten aufgeführt, so ist die Wahl anfechtbar (so für die Betriebsratswahl LAG Köln, Beschl. v. 05.03.2012 – 5 TaBV 29/11, BeckRS 2012, 70783 = AiB 2013, 720 (LS); *Stück* ArbR Aktuell 2013, 284, 286).

533 **3.** Vgl. § 40 Abs. 1 Satz 2 2. WOMitbestG (§ 38 Abs. 1 Satz 2 1. WOMitbestG, § 40 Abs. 1 Satz 2 3. WOMitbestG).

534 **4.** Vgl. § 40 Abs. 5 2. WOMitbestG (§ 38 Abs. 4 1. WOMitbestG, § 40 Abs. 5 3. WOMitbestG).

5. Briefwahlunterlagen

Vorbemerkung

535 Wahlberechtigte, die im Zeitpunkt der Abstimmung wegen Abwesenheit vom Betrieb verhindert sind ihre Stimme persönlich abzugeben, können Briefwahlunterlagen verlangen. Wahlberechtigten, von denen dem Betriebswahlvorstand bekannt ist, dass sie im Zeitpunkt der Wahl nach der Eigenart ihres Beschäftigungsverhältnisses voraussichtlich nicht im Betrieb anwesend sein werden, erhalten die Briefwahlunterlagen unaufgefordert zugesandt oder ausgehändigt. Die Betriebswahlvorstände können die schriftliche Stimmabgabe für Betriebsteile und Kleinstbetriebe, die räumlich weit vom Hauptbetrieb entfernt sind, beschließen. Das gleiche gilt für Betriebe, in denen die Mehrheit der Wahlberechtigten zur schriftlichen Stimmabgabe wegen Abwesenheit vom Betrieb aufgrund der Eigenart des Beschäftigungsverhältnisses berechtigt ist und in denen die verbleibende Minderheit nicht mehr als insgesamt 25 Wahlberechtigte ausmacht. Letztlich kann bei Wahlen nach der 2. und 3. WOMitbestG gemäß § 5 Abs. 6 Satz 2 2. WOMitbestG (§ 5 Abs. 6 Satz 2 3. WOMitbestG) der für zuständig erklärte Betriebswahlvorstand eines betriebswahlvorstandslosen Betriebes für diesen Betrieb die schriftliche Stimmabgabe beschließen (vgl. zu allem: § 49 2. WOMitbestG, § 45 1. WOMitbestG, § 49 3. WOMitbestG, § 16 WODrittelbG).

536 Aus anderen als den genannten Gründen dürfen Briefwahlunterlagen nicht versandt werden (BAG, Beschl. v. 27.01.1993 – 7 ABR 37/92, NZA 1993, 949, LS 3, 952; für die Betriebsratswahl: LAG Hamm, Beschl. v. 05.08.2011 – 10 TaBV 13/11, BeckRS 2011, 78951 m.w.N.; *Stück* ArbR Aktuell 2013, 284, 287). So stellt es insbesondere einen Verstoß gegen die wesentlichen Vorschriften über das Wahlverfahren dar, wenn ein Wahlvorstand beschließt, alle Arbeitnehmer eines Betriebs oder Betriebsteils per Briefwahl abstimmen zu lassen (BAG, Beschl. v. 27.01.1993 – 7 ABR 37/92, NZA 1993, 949, 952; für die Betriebsratswahl: LAG Hamm, Beschl. v. 05.08.2011 – 10 TaBV 13/11; BeckRS 2011, 78951).

537 Die Briefwahlunterlagen, die den Briefwählern zuzusenden sind, setzen sich zusammen aus:
– dem Wahlausschreiben (Muster W.VII.1. – W Rdn. 465 bzw. W.VII.2. – W Rdn. 489)
– der Bekanntmachung der Wahlvorschläge aller Wahlgänge (Muster W.V.5. – W Rdn. 326 und W.VI.8. – W Rdn. 436)
– den Stimmzetteln für alle Wahlgänge (Muster W.VII.3. – W Rdn. 517 und W.VII.4. – W Rdn. 529) sowie für jeden Stimmzettel einen Wahlumschlag
– einer vorgedruckten, vom Wahlberechtigten abzugebenden Erklärung, in der gegenüber dem Betriebswahlvorstand zu versichern ist, dass die Stimmzettel persönlich gekennzeichnet worden sind

– einem größeren Freiumschlag, der die Anschrift des Betriebswahlvorstandes und als Absender den Namen und die Anschrift des Wahlberechtigten sowie den Vermerk »Schriftliche Stimmabgabe« trägt
– einem Merkblatt über die Art und Weise der schriftlichen Stimmabgabe

(§ 49 Abs. 1 2. WOMitbestG, § 45 Abs. 1 1. WOMitbestG, § 49 Abs. 1 3. WOMitbestG, § 16 Abs. 1 WODrittelbG).

[unbelegt] 538

Dieses Muster enthält lediglich das für die Briefwahlunterlagen zu erstellende Merkblatt sowie die Erklärung zur persönlichen Kennzeichnung des Stimmzettels. 539

▶ Muster – Briefwahlunterlagen

Seite 1 540

Aufsichtsratswahl
[Unternehmen]

Merkblatt für die schriftliche Stimmabgabe

Sie erhalten die folgenden Unterlagen für die schriftliche Stimmabgabe:

1. das Wahlausschreiben
2. für jeden Wahlgang gesondert
   a. die Wahlvorschläge
   b. den Stimmzettel und
   c. den Wahlumschlag
3. eine vorgedruckte Erklärung, mit der Sie durch Ihre Unterschrift versichern, den Stimmzettel persönlich gekennzeichnet zu haben
4. einen größeren Freiumschlag, der die Anschrift des Betriebswahlvorstands und als Absender Ihren Namen und Ihre Anschrift sowie den Vermerk »Schriftliche Stimmabgabe« trägt. [1]

Bitte verfahren Sie mit den Unterlagen wie folgt:

1. Kennzeichnen Sie die Stimmzettel persönlich und unbeobachtet. Sie sind berechtigt, an allen Wahlgängen teilzunehmen. Die Stimmzettel und die dazugehörigen Wahlumschläge haben für jeden Wahlgang unterschiedliche Farben.
2. Falten Sie die Stimmzettel und verschließen Sie sie in den zugehörigen Wahlumschlägen (gleiche Farbe) so, dass die Stimmabgabe erst nach Auseinanderfalten der Stimmzettel erkennbar ist.
3. Unterschreiben Sie unter Angabe des Ortes und des Datums die vorgedruckte Erklärung, dass Sie die Stimmzettel persönlich gekennzeichnet haben.
4. Legen Sie die Wahlumschläge und die unterschriebene vorgedruckte Erklärung in den Freiumschlag, verschließen Sie diesen und senden Sie ihn so rechtzeitig an den Betriebswahlvorstand ab, dass er diesem vor Abschluss der Stimmabgabe vorliegt. Das Ende der Stimmabgabe ist im Wahlausschreiben angegeben. Sie können den Wahlbrief auch beim Betriebswahlvorstand abgeben.

Seite 2

Erklärung

Ich versichere gegenüber dem Betriebswahlvorstand, dass ich die beigefügten Stimmzettel persönlich gekennzeichnet habe.

_____
[Ort, Datum]

_____
(Name, Vorname in Druckbuchstaben)

_____
(Unterschrift)

Erläuterungen

Schrifttum

Bachner Urnenwahl trotz Rücksendung der Briefwahlunterlagen NZA 2012, 1266; *Stück* Die ordnungsgemäße Durchführung der BR-Wahl ArbR Aktuell 2013, 284.

541 **1.** Gehen Wahlumschläge beim Betriebswahlvorstand ein, so dürfen diese (noch) nicht geöffnet werden sondern sind vielmehr unter Verschluss zu halten. Um sie von anderer – zu öffnender – Post unterscheiden zu können, bedarf es der Beschriftung mit dem Hinweis »Schriftliche Stimmabgabe«. Ein Briefwähler, der seine Stimme bereits per Briefwahl abgegeben hat, kann dennoch seine Stimme am Wahltag abgeben. Der Wahlvorstand hat dies bei der Stimmabgabe im Wählerverzeichnis zu vermerken und den ungeöffneten Briefwahlumschlag zu den Wahlunterlagen zu nehmen (LAG München, Beschl. v. 27.02.2007 – 8 TaBV 89/06, BeckRS 2009, 61908; *Bachner* NZA 2012, 1266).

542 Der Eingang eines Wahlbriefes ist in der Arbeitsliste zu vermerken; hierfür ist der Name des Absenders auf dem Freiumschlag erforderlich.

6. Niederschrift des Betriebswahlvorstandes als Teilergebnis

Vorbemerkung

543 Die Stimmabgabe am Wahltag selbst wird von den Betriebswahlvorständen geleitet (ausführlich zum Prozedere am Wahltag in den Wahllokalen vgl. *Fuchs/Köstler/Pütz* Rn. 345 ff., 507 ff., 649 ff., 830 ff.).

544 Unverzüglich nach Abschluss der Stimmabgabe zählen die Betriebswahlvorstände die in ihren Betrieben eingegangenen Stimmen aus und erstellen eine Wahlniederschrift (§§ 41, 42, 45, 46, 48 Abs. 3 Satz 3 2. WOMitbestG, §§ 41, 42, 45, 46, 48 Abs. 3 Satz 3 3. WOMitbestG, §§ 18, 20, 31 WODrittelbG).

545 Die in diesem Muster dargestellte Wahlniederschrift des Betriebswahlvorstandes gibt lediglich ein Teilergebnis (Ergebnis eines Betriebes von mehreren) wieder und wird dementsprechend nur bei Wahlen unter Beteiligung mehrerer Betriebe (also nach der **2. und 3. WOMitbestG** sowie nach den **§§ 23 ff. WODrittelbG**) verwandt. Die Wahlniederschrift des Betriebswahlvorstandes eines einzigen an einer Wahl beteiligten Betriebes (also bei Wahlen nach der 1. WOMitbestG und den §§ 1 ff. WODrittelbG) ist hingegen das Endergebnis der Wahl, so dass die Niederschrift so zu gestalten ist, wie das Muster W Rdn. 573. Dementsprechend ist das hier dargestellte **Muster** bei **Wahlen nach der 1. WOMitbestG und den §§ 1 ff. WODrittelbG entbehrlich**.

546 Das Muster geht von dem Sachverhalt aus, dass im Wahlgang der Arbeitnehmer gemäß § 3 Abs. 1 Ziff. 1 MitbestG/§ 3 Abs. 1 DrittelbG eine Persönlichkeitswahl (§§ 44 bis 47 2. WOMitbestG, §§ 44 bis 47 3. WOMitbestG, §§ 13–15 WODrittelbG) und im Wahlgang der Gewerkschafts-

vertreter eine Listenwahl stattgefunden hat (§§ 40 bis 43 2. WOMitbestG, §§ 40 bis 43 3. WO-MitbestG). Die Vertreter der leitenden Angestellten wurden nach den Vorschriften der Wahl eines Aufsichtsratsmitglieds aufgrund eines Wahlvorschlages, ebenfalls im Wege der Persönlichkeitswahl, ermittelt (§ 48 2. WOMitbestG, § 48 3. WOMitbestG).

Auf diese Weise deckt das Muster alle möglichen Alternativen der Gestaltung der Wahlniederschrift ab. 547

▶ Muster – Niederschrift des Betriebswahlvorstandes als Teilergebnis

Betriebswahlvorstand [1] 548

Aufsichtsratswahl
[Unternehmen]

Niederschrift des Betriebswahlergebnisses

im Betrieb ____[Betrieb]____

1. Wahlgang für die Wahl der Aufsichtsratsmitglieder der Arbeitnehmer gemäß § 3 Abs. 1 Ziff. 1 MitbestG [optional: § 3 Abs. 1 DrittelbG] [2]

abgegebene Stimmen [3]	
gültige Stimmen	
ungültige Stimmen	

Auf die Bewerber entfiel die folgende Anzahl Stimmen:

[Vorname, Name]	
[Vorname, Name]	
[Vorname, Name]	
...	

2. Wahlgang für die Wahl der Aufsichtsratsmitglieder der Gewerkschaftsvertreter [4]

abgegebene Stimmen [5]	
gültige Stimmen	
ungültige Stimmen	

Auf die einzelnen Wahlvorschläge entfiel die folgende Anzahl Stimmen:

Wahlvorschlag 1	
Wahlvorschlag 2	
...	

3. Wahlgang für die Wahl der Aufsichtsratsmitglieder der leitenden Angestellten [6]

abgegebene Stimmen [7]	
gültige Stimmen	
ungültige Stimmen	

Auf die Bewerber entfiel die folgende Anzahl Stimmen:

[Vorname, Name]	
[Vorname, Name]	
[Vorname, Name]	
...	

4. Besondere Zwischenfälle oder sonstige Ereignisse während der Wahl: _____ 8

___[Ort, Datum]___

Der Betriebswahlvorstand

_____

(Unterschriften des Betriebswahlvorstandsvorsitzenden sowie eines
weiteren Mitgliedes des Betriebswahlvorstandes)

Erläuterungen

Schrifttum
Fuchs/Köstler/Pütz Handbuch zur Aufsichtsratswahl, 6. Auflage 2016.

549 **1.** Die Betriebswahlvorstände übermitteln unverzüglich nach der Stimmauszählung dem Unternehmenswahlvorstand (Hauptwahlvorstand) eingeschrieben, fernschriftlich oder durch Boten die Wahlniederschrift (§§ 42 Abs. 2, 46 Satz 2, 48 Abs. 3 Satz 3 2. WOMitbestG, §§ 42 Abs. 2, 46 Satz 2, 48 Abs. 3 Satz 3 3. WOMitbestG, § 31 Abs. 2 WODrittelbG).

550 **2.** Dargestellt ist das Wahlergebnis einer Persönlichkeitswahl. Der erforderliche Inhalt der Niederschrift ergibt sich aus § 46 Satz 1 2. WOMitbestG (§ 46 Satz 1 3. WOMitbestG, § 20 WODrittelbG).

551 Wahlen nach dem **DrittelbG** werden immer im Wege der Persönlichkeitswahl durchgeführt (§§ 13 bis 15 WODrittelbG).

552 Nach dem **MitbestG** findet eine **Persönlichkeitswahl** statt, wenn in einem Wahlgang **mehrere Aufsichtsratsmitglieder** aus **einem Wahlvorschlag** zu wählen sind (§§ 44 bis 47 2. WOMitbestG, §§ 44 bis 47 3. WOMitbestG).

553 **3.** Die Anzahl der abgegebenen Stimmen ergibt sich zum einen aus der Zählung der abgegebenen Stimmzettel und zum anderen aus der Wählerliste, in der vermerkt wird, wer seine Stimme abgegeben hat (vgl. W Rdn. 148). Eine Abweichung beider Zahlen voneinander in einer Größe, die das Wahlergebnis beeinflussen könnte, ermöglicht die erfolgreiche Anfechtung der Wahl (BAG, Beschl. v. 12.06.2013 – 7 ABR 77/11, BB 2013, 1587 [für die Betriebsratswahl])

554 [unbelegt]

555 **4.** Darstellung eines Wahlganges in dem **mehrere Aufsichtsratsmitglieder** aufgrund **mehrerer Wahlvorschläge** zu wählen waren (§§ 40 bis 43 2. WOMitbestG, §§ 40 bis 43 3. WOMitbestG). Es hat in diesem Wahlgang dementsprechend eine **Listenwahl** stattgefunden (vgl. W Rdn. 528). § 42 Abs. 1 2. WOMitbestG (§ 42 Abs. 1 3. WOMitbestG) zählt die zu benennenden Daten auf.

556 **5.** Siehe W Rdn. 554.

557 **6.** Ist in einem Wahlgang lediglich **ein Aufsichtsratsmitglied** zu wählen, so findet die Wahl immer als **Persönlichkeitswahl** statt, unabhängig davon, ob ein oder mehrere Wahlvorschläge eingegangen sind (§ 48 2. WOMitbestG, § 48 3. WOMitbestG). Da im Wahlgang der leitenden An-

gestellten immer nur ein Aufsichtsratsmitglied zu wählen ist, findet diese Wahl stets als Persönlichkeitswahl statt (vgl. dazu W Rdn. 515).

7. Siehe W Rdn. 554. 558

8. Hier genügt in aller Regel der Vermerk »keine«. 559

7. Bekanntmachung des Betriebswahlergebnisses als Teilergebnis

Vorbemerkung

Die Betriebswahlvorstände die nach der 2. und 3. WOMitbestG handeln, machen ihr Betriebswahlergebnis – als Teilergebnis der Wahl – in ihrem Betrieb bekannt (§§ 42 Abs. 3, 46 Satz 2, 48 Abs. 3 Satz 3 2. WOMitbestG, §§ 42 Abs. 3, 46 Satz 2, 48 Abs. 3 Satz 3 3. WOMitbestG). Die WODrittelbG sieht eine Bekanntmachung des Teilergebnisses, auch bei Wahlen in mehreren Betrieben, nicht vor. 560

Dementsprechend ist dieses **Muster nur** bei Wahlen nach der **2. und 3. WOMitbestG** zu verwenden. 561

▶ Muster – Bekanntmachung des Betriebswahlergebnisses als Teilergebnis

Betriebswahlvorstand 562

Ausgehängt am ___[Datum]___ 1

Eingezogen am ___[Datum]___ 2

Aufsichtsratswahl

[Unternehmen]

Bekanntmachung des Betriebswahlergebnisses

im Betrieb ___[Betrieb]___

Im Betrieb ___[Betrieb]___ wurde das folgende Ergebnis für die Wahl der Arbeitnehmervertreter in den Aufsichtsrat erzielt:

1. Wahlgang für die Wahl der Aufsichtsratsmitglieder der Arbeitnehmer gemäß § 3 Abs. 1 Ziff. 1 MitbestG [3]

abgegebene Stimmen	
gültige Stimmen	
ungültige Stimmen	

Auf die Bewerber entfiel die folgende Anzahl Stimmen:

[Vorname, Name]	
[Vorname, Name]	
[Vorname, Name]	
…	

W. Wahl der Arbeitnehmervertreter in den Aufsichtsrat

2. Wahlgang für die Wahl der Aufsichtsratsmitglieder der Gewerkschaftsvertreter [4]

abgegebene Stimmen [5]	
gültige Stimmen	
ungültige Stimmen	

Auf die einzelnen Wahlvorschläge entfiel die folgende Anzahl Stimmen:

Wahlvorschlag 1	
Wahlvorschlag 2	
...	

3. Wahlgang für die Wahl der Aufsichtsratsmitglieder der leitenden Angestellten [6]

abgegebene Stimmen [7]	
gültige Stimmen	
ungültige Stimmen	

Auf die Bewerber entfiel die folgende Anzahl Stimmen:

[Vorname, Name]	
[Vorname, Name]	
[Vorname, Name]	
...	

4. Besondere Zwischenfälle oder sonstige Ereignisse während der Wahl: _____ [8]

[Ort, Datum]

Der Betriebswahlvorstand

_____

(Unterschriften des Betriebswahlvorstandsvorsitzenden sowie eines
weiteren Mitgliedes des Betriebswahlvorstandes)

Erläuterungen

563 **1.** Die Bekanntmachung des Betriebswahlergebnisses erfolgt nach der Stimmauszählung.

564 **2.** Die Bekanntmachung kann eingezogen werden, sobald das Gesamtwahlergebnis (Muster W Rdn. 588) ausgehängt wird.

565 **3.** Darstellung eines Wahlganges in dem mehrere Aufsichtsratsmitglieder aus einem Wahlvorschlag zu wählen waren (§§ 44 bis 47 2. WOMitbestG, §§ 44 bis 47 3. WOMitbestG). Es fand eine **Persönlichkeitswahl** statt (vgl. W Rdn. 515). Aus § 46 Satz 1 2. WOMitbestG (§ 46 Satz 1 3. WOMitbestG) ergibt sich der erforderliche Inhalt der Niederschrift für diesen Wahlgang.

566 [unbelegt]

567 **4.** Darstellung eines Wahlganges in dem mehrere Aufsichtsratsmitglieder aufgrund mehrerer Wahlvorschläge zu wählen waren (§§ 40 bis 43 2. WOMitbestG, §§ 40 bis 43 3. WOMitbestG). *Es hat in diesem Wahlgang* dementsprechend eine **Listenwahl** stattgefunden (vgl. W Rdn. 528). § 42 Abs. 1 2. WOMitbestG (§ 42 Abs. 1 3. WOMitbestG) zählt die zu benennenden Daten auf.

5. Siehe W Rdn. 566.

6. Ist in einem Wahlgang lediglich **ein Aufsichtsratsmitglied** zu wählen, so findet die Wahl **immer** als **Persönlichkeitswahl** statt, unabhängig davon, ob ein oder mehrere Wahlvorschläge eingegangen sind (§ 48 2. WOMitbestG, § 48 3. WOMitbestG). Da im Wahlgang der leitenden Angestellten immer nur ein Aufsichtsratsmitglied zu wählen ist, findet diese Wahl stets als Persönlichkeitswahl statt (vgl. W Rdn. 515).

7. Siehe W Rdn. 566.

8. Siehe W Rdn. 559.

8. Niederschrift des Gesamtwahlergebnisses

Vorbemerkung

Bei Wahlen nach der 2. und 3. WOMitbestG sowie gemäß § 31 Abs. 2 WODrittelbG übermitteln die Betriebswahlvorstände unverzüglich nach der Stimmauszählung dem Unternehmenswahlvorstand (Hauptwahlvorstand) eingeschrieben, fernschriftlich oder durch Boten die Wahlniederschrift (§§ 42 Abs. 2, 46 Satz 2, 48 Abs. 3 Satz 3 2. WOMitbestG, §§ 42 Abs. 2, 46 Satz 2, 48 Abs. 3 Satz 3 3. WOMitbestG, § 31 Abs. 2 WODrittelbG).

Der Unternehmenswahlvorstand (bei Wahlen unter Teilnahme lediglich eines Betriebes: Betriebswahlvorstand; bei Teilnahme von Betrieben mehrerer Unternehmen: Hauptwahlvorstand) ermittelt für jeden Wahlgang das unternehmensweite Gesamtwahlergebnis und hält dieses Ergebnis in einer Niederschrift fest (§§ 43, 47, 48 Abs. 3 Satz 3, 50a, 50b, 50c, 51 2. WOMitbestG, §§ 40, 43, 44 Abs. 3 Satz 3, 46a, 46b, 46c, 47 1. WOMitbestG, §§ 43, 47, 48 Abs. 3 Satz 3, 50a, 50b, 50c, 51 3. WOMitbestG, §§ 31 Abs. 3 WODrittelbG).

▶ **Muster – Niederschrift des Gesamtwahlergebnisses**

Unternehmenswahlvorstand [1]

Aufsichtsratswahl

[Unternehmen]

Niederschrift des Gesamtwahlergebnisses

1. Wahlgang für die Wahl der Aufsichtsratsmitglieder der Arbeitnehmer gemäß § 3 Abs. 1 Ziff. 1 MitbestG [optional: § 3 Abs. 1 DrittelbG] [2]

abgegebene Stimmen	
gültige Stimmen	
ungültige Stimmen	

Auf die Bewerber entfiel die folgende Anzahl Stimmen:

[Vorname, Name]	
[Vorname, Name]	
[Vorname, Name]	
…	

W. Wahl der Arbeitnehmervertreter in den Aufsichtsrat

Als Aufsichtsratsmitglieder der Arbeitnehmer gemäß § 3 Abs. 1 Ziff. 1 MitbestG [optional: § 3 Abs. 1 DrittelbG] und ihre Ersatzmitglieder sind gewählt: [3]

1. [Vorname, Name]   Ersatzmitglied [4] [Vorname, Name]
2. [Vorname, Name]   Ersatzmitglied [Vorname, Name]
3. …

2. Wahlgang für die Wahl der Aufsichtsratsmitglieder der Gewerkschaftsvertreter [5]

abgegebene Stimmen	
gültige Stimmen	
ungültige Stimmen	

Auf die einzelnen Wahlvorschläge entfiel die folgende Anzahl Stimmen:

Wahlvorschlag 1	
Wahlvorschlag 2	
…	

Als Aufsichtsratsmitglieder der Gewerkschaftsvertreter und ihre Ersatzmitglieder sind gewählt: [6]

1. [Vorname, Name]   Ersatzmitglied [7] [Vorname, Name]
2. [Vorname, Name]   Ersatzmitglied [Vorname, Name]
3. …

3. Wahlgang für die Wahl der Aufsichtsratsmitglieder der leitenden Angestellten [8]

abgegebene Stimmen	
gültige Stimmen	
ungültige Stimmen	

Auf die Bewerber entfiel die folgende Anzahl Stimmen:

[Vorname, Name]	
[Vorname, Name]	
[Vorname, Name]	
…	

Als Aufsichtsratsmitglied der leitenden Angestellten und sein Ersatzmitglied wurden gewählt: [9]

[Vorname, Name]   Ersatzmitglied [10] [Vorname, Name]

4. Besondere Zwischenfälle oder sonstige Ereignisse während der Wahl: _____ [11]

[Ort, Datum]

Der Unternehmenswahlvorstand

_____

(Unterschriften des Unternehmenswahlvorstandsvorsitzenden sowie eines weiteren Mitgliedes des Unternehmenswahlvorstandes)

Erläuterungen

Schrifttum

Röder/Arnold Geschlechterquoten und Mitbestimmungsrecht – Offene Fragen der Frauenförderung, NZA 2015, 279; *Schulz/Ruf* Zweifelsfragen der neuen Regelungen über die Geschlechterquote im Aufsichtsrat und die Zielgrößen für die Frauenbeteiligung, BB 2015, 1155.

1. Für die 1. **WOMitbestG und §§ 1 ff. WODrittelbG**: In diesem Muster ist das Wort »Unternehmenswahlvorstand« durch das Wort »Betriebswahlvorstand« zu ersetzen. (vgl. W Rdn. 13, 15, 277).   574

Für die 3. **WOMitbestG und §§ 23 ff. WODrittelbG**: Im Muster ist das Wort »Unternehmenswahlvorstand« durch das Wort »Hauptwahlvorstand« zu ersetzen (vgl. W Rdn. 14, 15, 278).   575

2. In diesem Wahlgang fand, dem fingierten Sachverhalt entsprechend (vgl. W Rdn. 546) eine **Persönlichkeitswahl** statt (vgl. W Rdn. 515). Gewählt sind in einer Persönlichkeitswahl insgesamt so viele Bewerber, wie in dem Wahlgang Aufsichtsratsmitglieder zu wählen sind, nach der Reihenfolge der auf sie entfallenden Stimmenzahlen (§ 47 2. WOMitbestG, § 43 1. WOMitbestG, § 47 3. WOMitbestG, § 19 WODrittelbG). Bei Stimmenmehrheit entscheidet das Los.   576

Bei der Ermittlung der Gewählten nach dem **DrittelbG** gilt die Besonderheit, dass bei der Besetzung der ersten beiden Aufsichtsratssitze Arbeitnehmer des Unternehmens als gewählt gelten, auch wenn Kandidaten, die diese Voraussetzungen nicht erfüllen, mehr Stimmen haben (vgl. § 19 WODrittelbG; vgl. dazu auch W Rdn. 157).   577

3. Findet die Wahl unter **Beachtung der Geschlechterquote** (vgl. dazu W Rdn. 7.1 ff.), in Form der **Gesamterfüllung** statt, wirkt sich das Verhältnis der (auf die Arbeitnehmerbank) gewählten Frauen und Männer nicht auf die Wirksamkeit oder Unwirksamkeit der Wahl aus: § 18a MitbestG regelt lediglich die Folgen des Nichterreichens der erforderlichen Quote im Falle der Getrennterfüllung und gemäß § 96 Abs. 2 Satz 6 AktG ist lediglich die Wahl und die Entsendung der Anteilseignervertreter in den Aufsichtsrat unter Verstoß gegen das Mindestanteilsgebot nichtig (vgl. dazu auch *Röder/Arnold* NZA 2015, 279, 282 f.; *Schulz/Ruf* BB 2015, 1155, 1159). Dementsprechend ist die Verteilung der gewählten Arbeitnehmervertreter auf die Geschlechter unerheblich für das Gesamtwahlergebnis der Arbeitnehmerwahl und somit auch unerheblich für die Gestaltung der Niederschrift des Gesamtwahlergebnisses.   578

Findet die Wahl unter **Beachtung der Geschlechterquote**, in Form der **Getrennterfüllung** (vgl. dazu W Rdn. 7.4) statt, so muss der Unternehmenswahlvorstand (bei Wahlen unter Teilnahme lediglich eines Betriebes: Betriebswahlvorstand; bei Teilnahme von Betrieben mehrerer Unternehmen: Hauptwahlvorstand) feststellen, ob der Geschlechteranteil nach § 7 Abs. 3 MitbestG eingehalten wurde. Ist dies der Fall, so ist zu formulieren: 578.1

Alternative: 578.2

Der Geschlechteranteil nach § 7 Abs. 3 MitbestG wurde erreicht. Als Aufsichtsratsmitglieder der Arbeitnehmer gemäß § 3 Abs. 1 Ziff. 1 MitbestG und ihre Ersatzmitglieder sind gewählt:

1. *[Vorname, Name]* Ersatzmitglied *[Vorname, Name]*

2. *[Vorname, Name]* Ersatzmitglied *[Vorname, Name]*

3. ...

Wurde die erforderliche Geschlechterquote nicht eingehalten, so sind die Wahlgänge nach §§ 40 und 44 2. WOMitbestG (§§ 38 und 41 1. WOMitbestG, §§ 40 und 44 3. WOMitbestG) dahingehend »zu berichtigen«, dass jeweils die Wahl desjenigen Kandidaten bzw. derjenigen Kandidatin des »falschen« Geschlechts die die wenigsten Stimmen (Persönlichkeitswahl) bzw. die niedrigste Höchstzahl (Listenwahl) erhalten hat, unwirksam ist (§ 18a Abs. 2 Satz 1 MitbestG). Bei Wahlgängen nach § 48 2. WOMitbestG (§ 44 1. WOMitbestG, § 48 3. WOMitbestG) – also in Fällen   578.3

in denen im Wege der Persönlichkeitswahl lediglich ein Arbeitnehmervertreter zu wählen ist (immer: Vertreter der Leitenden Angestellten) – findet eine »Berichtigung« nicht statt. Der in diesem Wahlgang gewählte Arbeitnehmervertreter ist immer, unabhängig vom Geschlecht und der durch die Wahl erreichte Geschlechterquote gewählt (§ 50c Abs. 3 Satz 2 2. WOMitbestG, § 46c Abs. 3 Satz 2 1. WOMitbestG, § 50c Abs. 3 Satz 2 3. WOMitbestG; ausführlich dazu *Röder/Arnold* NZA 2015, 279, 280 ff.; auch zu der unzureichenden gesetzlichen Regelung im Falle des Nichterreichens der Quote trotz Wahl einer weiblichen Leitenden Angestellten).

578.4 Für die entsprechend des fingierten Sachverhalts (vgl. W Rdn. 546) in diesem Wahlgang durchgeführte **Persönlichkeitswahl** (vgl. W Rdn. 462) gem. §§ 44 ff. 2. WOMitbestG, §§ 41 ff. 1. WOMitbestG, §§ 44 ff. 3. WOMitbestG ist zu formulieren:

578.5 *Alternative:*

Der Geschlechteranteil nach § 7 Abs. 3 MitbestG wurde nicht erreicht. Aufgrund des Nichterreichens des Geschlechteranteils ist/sind _____[Anzahl]_____ der Sitze in diesem Wahlgang nicht besetzt. Als Aufsichtsratsmitglieder der Arbeitnehmer gemäß § 3 Abs. 1 Ziff. 1 MitbestG und ihre Ersatzmitglieder sind gewählt:

1. [Vorname, Name] Ersatzmitglied [Vorname, Name]

2. [Vorname, Name] Ersatzmitglied [Vorname, Name]

3. ...

[Der Kandidat bzw. die Kandidatin (bzw. die Kandidaten/Kandidatinnen) des »falschen« Geschlechts mit den wenigsten Stimmen wird nicht genannt, da seine/ihre Wahl unwirksam ist.]

579 **4.** Mit der Wahl eines Bewerbers ist auch das in dem Wahlvorschlag neben dem gewählten Bewerber aufgeführte **Ersatzmitglied** gewählt (§§ 50a Abs. 2, 50b Abs. 2, 50c Abs. 4 2. WOMitbestG; §§ 46a Abs. 2, 46b Abs. 2, 46c Abs. 4 1. WOMitbestG, §§ 50a Abs. 2, 50b Abs. 2, 50c Abs. 4 3. WOMitbestG; § 7 Abs. 2 WODrittelbG).

580 **5.** Im Wahlgang der Gewerkschaftsvertreter hat eine **Listenwahl** stattgefunden, da – so der fingierte Sachverhalt (vgl. W Rdn. 546) – mehrere Aufsichtsratsmitglieder aufgrund mehrerer Wahlvorschläge (= Listen) zu wählen waren (vgl. W Rdn. 528). Die Ermittlung der Gewählten richtet sich in diesem Fall nach § 43 2. WOMitbestG (§ 40 1. WOMitbestG, § 43 3. WOMitbestG). Ausgezählt wird nach dem **d'Hondtschen Höchstzahlverfahren**, welches in § 43 Abs. 2 2. WOMitbestG (§ 40 Abs. 1 1. WOMitbestG, § 43 Abs. 2 3. WOMitbestG) beschrieben ist.

581 **6.** Für den Fall, dass die Wahl unter **Beachtung der Geschlechterquote** (vgl. dazu W Rdn. 7.1 ff.), in Form der **Gesamterfüllung** stattfindet, siehe W Rdn. 578.

581.1 Findet die Wahl unter **Beachtung der Geschlechterquote**, in Form der **Getrennterfüllung** (vgl. dazu W Rdn. 7.4) statt, so muss der Unternehmenswahlvorstand (bei Wahlen unter Teilnahme lediglich eines Betriebes: Betriebswahlvorstand; bei Teilnahme von Betrieben mehrerer Unternehmen: Hauptwahlvorstand) feststellen, ob der Geschlechteranteil nach § 7 Abs. 3 MitbestG eingehalten wurde. Ist dies der Fall, so ist zu formulieren:

581.2 *Alternative:*

Der Geschlechteranteil nach § 7 Abs. 3 MitbestG wurde erreicht. Als Aufsichtsratsmitglieder der Gewerkschaftsvertreter und ihre Ersatzmitglieder sind gewählt:

1. [Vorname, Name] Ersatzmitglied [Vorname, Name]

2. [Vorname, Name] Ersatzmitglied [Vorname, Name]

3. ...

Wurde die erforderliche Geschlechterquote nicht eingehalten (vgl. W Rdn. 578.3), so ist für die entsprechend des fingierten Sachverhalts (vgl. W Rdn. 546) in diesem Wahlgang durchgeführte **Listenwahl** (§§ 40 ff. 2. WOMitbestG, §§ 38 ff. 1. WOMitbestG, §§ 40 ff. 3. WOMitbestG) zu formulieren: 581.3

Alternative: 581.4

Der Geschlechteranteil nach § 7 Abs. 3 MitbestG wurde nicht erreicht. Aufgrund des Nichterreichens des Geschlechteranteils ist ein Sitz in diesem Wahlgang nicht besetzt. Als Aufsichtsratsmitglieder der Gewerkschaftsvertreter und ihre Ersatzmitglieder sind gewählt:

1. *[Vorname, Name]* *Ersatzmitglied* *[Vorname, Name]*
2. *[Vorname, Name]* *Ersatzmitglied* *[Vorname, Name]*
3. ...

[Der Kandidat bzw. die Kandidatin des »falschen« Geschlechts mit der niedrigsten Höchstzahl wird nicht genannt, da seine/ihre Wahl unwirksam ist.]

7. Mit der Wahl eines Bewerbers ist auch das in dem Wahlvorschlag neben dem gewählten Bewerber aufgeführte Ersatzmitglied gewählt (§§ 50a Abs. 2, 50b Abs. 2, 50c Abs. 4 2. WOMitbestG; §§ 46a Abs. 2, 46b Abs. 2, 46c Abs. 4 1. WOMitbestG, §§ 50a Abs. 2, 50b Abs. 2, 50c Abs. 4 3. WOMitbestG). 582

8. Im Wahlgang der leitenden Angestellten fand, wie stets im Wahlgang der leitenden Angestellten, eine **Persönlichkeitswahl** statt (vgl. W Rdn. 515). Bei Wahlen in denen lediglich **ein Aufsichtsratssitz** zu besetzen ist, richtet sich die Wahl, sowie die Ermittlung des Gewählten, nach § 48 2. WOMitbestG (§ 44 1. WOMitbestG, § 48 3. WOMitbestG). Dementsprechend ist der Bewerber mit den meisten Stimmen gewählt. Bei Stimmengleichheit entscheidet das Los. 583

9. Der im Wahlgang der leitenden Angestellten (Wahlgang nach § 48 2. WOMitbestG; § 44 1. WOMitbestG; § 48 3. WOMitbestG) gewählte Arbeitnehmervertreter ist immer, unabhängig vom Geschlecht und der durch die Wahl erreichte Geschlechterquote, gewählt (vgl. W Rdn. 578.3). Einer Alternative für Wahlen unter Beachtung der Geschlechterquote bedarf es daher für diesen Wahlgang nicht. 584

10. Mit der Wahl eines leitenden Angestellten ist auch das in dem Wahlvorschlag neben dem Bewerber aufgeführte Ersatzmitglied gewählt (§§ 50a Abs. 2, 50b Abs. 2, 50c Abs. 4 2. WOMitbestG; §§ 46a Abs. 2, 46b Abs. 2, 46c Abs. 4 1. WOMitbestG, §§ 50a Abs. 2, 50b Abs. 2, 50c Abs. 4 3. WOMitbestG). 585

11. Siehe W Rdn. 559. 586

9. Bekanntmachung des Gesamtwahlergebnisses

Vorbemerkung

Das unternehmens(-konzern)weite **Gesamtwahlergebnis** wird bekanntgemacht (§ 52 Abs. 1 2. WOMitbestG, § 48 Abs. 1 1. WOMitbestG, § 52 Abs. 1 3. WOMitbestG, § 31 Abs. 4 WODrittelbG). 587

▶ Muster – Bekanntmachung des Gesamtwahlergebnisses

Unternehmenswahlvorstand [1] 588

Ausgehängt am ____[Datum]____ [2]

Eingezogen am ____[Datum]____ [3]

W. Wahl der Arbeitnehmervertreter in den Aufsichtsrat

Aufsichtsratswahl
[Unternehmen]

Bekanntmachung des Ergebnisses der Wahl der Arbeitnehmervertreter in den Aufsichtsrat

Das Wahlergebnis für die Wahl der Arbeitnehmer in den Aufsichtsrat der [Unternehmen] lautet:

1. Wahlgang für die Wahl der Aufsichtsratsmitglieder der Arbeitnehmer gemäß § 3 Abs. 1 Ziff. 1 MitbestG [optional: § 3 Abs. 1 DrittelbG] [4]

abgegebene Stimmen	
gültige Stimmen	
ungültige Stimmen	

Auf die Bewerber entfiel die folgende Anzahl Stimmen:

[Vorname, Name]	
[Vorname, Name]	
[Vorname, Name]	
…	

Als Aufsichtsratsmitglieder der Arbeitnehmer gemäß § 3 Abs. 1 Ziff. 1 MitbestG [optional: § 3 Abs. 1 DrittelbG] und ihre Ersatzmitglied sind gewählt: [5]

1. [Vorname, Name]   Ersatzmitglied [6] [Vorname, Name]
2. [Vorname, Name]   Ersatzmitglied [Vorname, Name]
3. …

2. Wahlgang für die Wahl der Aufsichtsratsmitglieder der Gewerkschaftsvertreter [7]

abgegebene Stimmen	
gültige Stimmen	
ungültige Stimmen	

Auf die einzelnen Wahlvorschläge entfiel die folgende Anzahl Stimmen:

Wahlvorschlag 1	
Wahlvorschlag 2	
…	

Als Aufsichtsratsmitglieder der Gewerkschaftsvertreter und ihre Ersatzmitglieder sind gewählt: [8]

1. [Vorname, Name]   Ersatzmitglied [9] [Vorname, Name]
2. [Vorname, Name]   Ersatzmitglied [Vorname, Name]
3. …

3. Wahlgang für die Wahl der Aufsichtsratsmitglieder der leitenden Angestellten [10]

abgegebene Stimmen	
gültige Stimmen	
ungültige Stimmen	

Auf die Bewerber entfiel die folgende Anzahl Stimmen:

[Vorname, Name]	
[Vorname, Name]	
[Vorname, Name]	
...	

Als Aufsichtsratsmitglied der leitenden Angestellten und sein Ersatzmitglied wurden gewählt: [11]

[Vorname, Name]   Ersatzmitglied [12] [Vorname, Name]

4. Besondere Zwischenfälle oder sonstige Ereignisse während der Wahl: _____ [13]

[Ort, Datum]

Der Unternehmenswahlvorstand

(Unterschriften des Unternehmenswahlvorstandsvorsitzenden sowie eines weiteren Mitgliedes des Unternehmenswahlvorstandes)

Erläuterungen

1. Für die **1. WOMitbestG und §§ 1 ff. WODrittelbG**: In diesem Muster ist das Wort »Unternehmenswahlvorstand« durch das Wort »Betriebswahlvorstand« zu ersetzen (vgl. W Rdn. 13, 15, 277).   589

Für die **3. WOMitbestG und §§ 23 ff. WODrittelbG**: Im Muster ist das Wort »Unternehmenswahlvorstand« durch das Wort »Hauptwahlvorstand« zu ersetzen (vgl. W Rdn. 14, 15, 278).   589.1

Der Unternehmenswahlvorstand (Hauptwahlvorstand) übermittelt das Wahlergebnis und die Namen der Gewählten den Betriebswahlvorständen. Die Betriebswahlvorstände machen das Wahlergebnis und die Gewählten in ihren Betrieben bekannt (§ 52 Abs. 1 2. WOMitbestG, § 48 Abs. 1 1. WOMitbestG, § 52 Abs. 1 3. WOMitbestG, § 31 Abs. 4 WODrittelbG).   589.2

Gleichzeitig benachrichtigt der Unternehmenswahlvorstand (bei Wahlen unter Teilnahme lediglich eines Betriebes: Betriebswahlvorstand; bei Teilnahme von Betrieben mehrerer Unternehmen: Hauptwahlvorstand) die Gewählten schriftlich von ihrer Wahl (vgl. Muster W Rdn. 603) und übermittelt das Wahlergebnis und die Namen der Gewählten dem Unternehmen und den in den Unternehmen vertretenen Gewerkschaften (§ 52 2. WOMitbestG, § 48 1. WOMitbestG, § 52 3. WOMitbestG; §§ 21 Abs. 2, 31 Abs. 4 WODrittelbG).   589.3

2. Die Betriebswahlvorstände machen das Wahlergebnis und die Namen der Gewählte unverzüglich nach Erhalt der Daten bekannt (§ 52 Abs. 1 Satz 2 2. WOMitbestG, § 48 Abs. 1 1. WOMitbestG, § 52 Abs. 1 Satz 2 3. WOMitbestG, §§ 21 Abs. 1, 31 Abs. 4 WODrittelbG).   590

3. Die Bekanntmachung bleibt zwei Wochen lang ausgehängt (§ 52 Abs. 1 Satz 2 2. WOMitbestG, § 48 Abs. 1 1. WOMitbestG, § 52 Abs. 1 Satz 2 3. WOMitbestG; §§ 21 Abs. 1, 31 Abs. 4 WODrittelbG).   591

592	**4.** Siehe W Rdn. 576 f.
593	**5.** Siehe W Rdn. 578 ff.
594	**6.** Siehe W Rdn. 579.
595	**7.** Siehe W Rdn. 580.
596	**8.** Siehe W Rdn. 581 ff.
597	**9.** Siehe W Rdn. 582.
598	**10.** Siehe W Rdn. 583.
599	**11.** Siehe W Rdn. 584.
600	**12.** Siehe W Rdn. 585.
601	**13.** Siehe W Rdn. 559.

10. Benachrichtigung der gewählten Arbeitnehmervertreter von ihrer Wahl

Vorbemerkung

602 Die Gewählten werden schriftlich von ihrer Wahl informiert (§ 52 Abs. 2 2. WOMitbestG, § 48 Abs. 2 1. WOMitbestG, § 52 Abs. 2 3. WOMitbestG, §§ 21 Abs. 2, 31 Abs. 4 WODrittelbG).

▶ Muster – Benachrichtigung der gewählten Arbeitnehmervertreter von ihrer Wahl

603 Unternehmenswahlvorstand [1]
[Name, Anschrift des gewählten Arbeitnehmervertreters]

[Datum]

Ihre Wahl zum Arbeitnehmervertreter im Aufsichtsrat der [Unternehmen]

Sehr geehrte(r) Frau/Herr [Name],

bei der Wahl der Arbeitnehmervertreter in den Aufsichtsrat wurden Sie zum Vertreter der Arbeitnehmer gemäß § 3 Abs. 1 Ziff. 1 MitbestG [optional: § 3 Abs. 1 DrittelbG/der leitenden Angestellten/der Gewerkschaften] gewählt. [2]

Mit freundlichen Grüßen

Der Unternehmenswahlvorstand
_____
(Unterschriften des Unternehmenswahlvorstandsvorsitzenden sowie eines
weiteren Mitgliedes des Unternehmenswahlvorstandes)

Erläuterungen

604 **1.** Für Wahlen unter Beteiligung lediglich eines Betriebes (1. **WOMitbestG und §§ 1 ff. WO-DrittelbG**): Da es lediglich einen Wahlvorstand (den Betriebswahlvorstand) gibt, ist dementsprechend in diesem Muster das Wort »Unternehmenswahlvorstand« durch das Wort »Betriebswahlvorstand« zu ersetzen. Darüber hinaus fällt die Arbeitsteilung der verschiedenen Wahlvorstände *sowie die Kommunikation* zwischen ihnen ersatzlos weg.

Für Wahlen unter Beteiligung von Betrieben mehrerer Unternehmen (3. **WOMitbestG und** 605
§§ 23 ff. WODrittelbG): Aufgaben, die nach der 2. WOMitbestG der Unternehmenswahlvorstand wahrnimmt, füllt der Hauptwahlvorstand aus. Dementsprechend ist in diesem Muster das Wort »Unternehmenswahlvorstand« durch das Wort »Hauptwahlvorstand« zu ersetzen.

2. Fand die Wahl unter Beachtung der Geschlechterquote statt (vgl. dazu W Rdn. 7.1 ff.) und 605.1
wurde im Falle der Getrennterfüllung der Geschlechteranteil nach § 7 Abs. 3 MitbestG nicht erreicht, so ist folgender zusätzlicher Satz in das Schreiben aufzunehmen:

Alternative: 605.2

Der Geschlechteranteil nach § 7 Abs. 3 MitbestG wurde bei dieser Wahl nicht erreicht. Aus diesem Grund sind ____[Anzahl]____ Sitz/e im Wahlgang der in § 3 Abs. 1 Nr. 1 MitbestG bezeichneten Arbeitnehmer und ein Sitz im Wahlgang der Gewerkschaftsvertreter nicht besetzt worden. Diese nach § 18a Abs. 2 MitbestG nicht besetzten Aufsichtsratssitze sind im Wege der gerichtlichen Ersatzbestellung nach § 104 AktG oder der Nachwahl zu besetzen.

11. Bekanntmachung des Wahlergebnisses im Bundesanzeiger und in den Betrieben durch das Unternehmen

Vorbemerkung

Das zur gesetzlichen Vertretung des Unternehmens befugte Organ hat die Namen der Mitglieder 606
und der Ersatzmitglieder des Aufsichtsrats unverzüglich nach ihrer Bestellung in den Betrieben des Unternehmens bekannt zu machen und im Bundesanzeiger zu veröffentlichen (§ 19 Satz 1 MitbestG, § 8 DrittelbG). Nehmen an der Wahl der Aufsichtsratsmitglieder des Unternehmens auch die Arbeitnehmer anderer Unternehmen teil, so sind daneben die zur gesetzlichen Vertretung der anderen Unternehmen befugten Organe zur Bekanntmachung in ihren Betrieben verpflichtet (§ 19 Satz 2 MitbestG, § 8 DrittelbG).

Die **Bekanntmachungspflicht** entsteht unverzüglich **mit dem Abschluss der Wahl** der Arbeitneh- 607
mer in den Aufsichtsrat bzw. mit der Mitteilung des Wahlvorstandes über das Ergebnis und nicht erst mit dem tatsächlichen Amtsantritt (WWKK/*Wißmann* MitbestR, § 19 MitbestG Rn. 6; UHH/*Henssler* § 19 MitbestG Rn. 7). Das Unternehmen hat die Bekanntmachungen auch unverzüglich zu veranlassen; es darf nicht abwarten bis auch die Anteilseigner zu einem späteren Zeitpunkt gewählt sind (WWKK/*Wißmann* MitbestR, § 19 MitbestG Rn. 6; a.A. UHH/*Henssler* § 19 MitbestG Rn. 8; GK-MitbestG/*Matthes* § 19 MitbestG Rn. 9). Dies ist auch im Interesse des Unternehmens, da allein die Veröffentlichung im Bundesanzeiger die **Anfechtungsfrist** der § 22 Abs. 2 Satz 2 MitbestG und § 11 Abs. 2 Satz 2 DrittelbG **in Gang setzt** (WWK/*Wißmann* MitbestR, § 19 MitbestG Rn. 8; UHH/*Henssler* § 19 MitbestG Rn. 2).

Die Bekanntmachung des Unternehmens nach § 19 MitbestG, § 8 DrittelbG darf nicht mit der- 608
jenigen der Wahlvorstände nach § 52 2. WOMitbestG (§ 48 1. WOMitbestG, § 52 3. WOMitbestG, § 31 Abs. 4 WODrittelbG) verwechselt werden.

Im übrigen ist **§ 106 AktG** zu beachten und dementsprechend die Änderung in den Personen des 609
Aufsichtsrats zum Handelsregister einzureichen.

Dieses Muster genügt auch den Anforderungen der **Bekanntmachung des Wahlergebnisses durch** 610
die Unternehmen in den Betrieben. Die Bekanntmachung sollte in gleicher Weise verbreitet werden wie alle Bekanntmachungen im Rahmen des Wahlverfahrens (so auch WWKK/*Wißmann* MitbestR, § 19 MitbestG Rn. 8), wenn die Vorschrift auch eine Veröffentlichung auf andere Weise, z.B. im Intranet (UHH/*Henssler* § 19 MitbestG Rn. 6) ausreichen lässt.

W. Wahl der Arbeitnehmervertreter in den Aufsichtsrat

▶ **Muster – Bekanntmachung des Wahlergebnisses im Bundesanzeiger**

611
                      [Unternehmen]
                                [Ort]

Bekanntmachung über die Wahl von Arbeitnehmervertretern in den Aufsichtsrat

Der ____[Organ]____ der ____[Unternehmen]____ gibt bekannt:

Als Aufsichtsratsmitglieder der Arbeitnehmer wurden am ____[Datum]____ in den Aufsichtsrat unseres Unternehmens gewählt:

            [Vorname, Name] ,[1] geschäftsansässig in ____[Ort]____

            [Vorname, Name] , geschäftsansässig in ____[Ort]____

Die Amtszeit beginnt mit der Beendigung der Hauptversammlung, die über die Entlastung für das Geschäftsjahr ____[Jahr]____ beschließt.

____[Ort, Datum]____

(Unterschrift)

Erläuterungen

612 **1.** Die Bekanntmachung muss lediglich die Namen der gewählten Personen sowie die Informationen, ob sie als Mitglied oder Ersatzmitglied gewählt wurden, enthalten (UHH/*Henssler* § 19 MitbestG Rn. 5; WWKK/*Wißmann* MitbestR, § 19 MitbestG Rn. 3; *Raiser/Veil* § 19 Rn. 1).

VIII. Durchführung der Wahl – Wahl durch Delegierte

Vorbemerkung

613 Bei Wahlen nach dem **MitbestG** werden in Unternehmen mit in der Regel mehr als 8.000 Arbeitnehmern die Arbeitnehmervertreter grundsätzlich durch Delegierte in den Aufsichtsrat gewählt (Ausnahme: Die Arbeitnehmer haben die unmittelbare Wahl beschlossen, § 9 Abs. 1 MitbestG, vgl. dazu Abschnitt W.IV.). Unternehmen mit in der Regel nicht mehr als 8.000 Arbeitnehmern können beschließen, ihre Vertreter im Aufsichtsrat durch Delegierte wählen zu lassen (§ 9 Abs. 2 MitbestG; vgl. dazu Abschnitt W.IV.).

614 Bei der Delegiertenwahl werden die Arbeitnehmervertreter nicht durch die Arbeitnehmer selbst, sondern stattdessen durch Delegierte gewählt. Die Delegiertenwahl läuft dementsprechend in zwei Schritten ab.

615 In einem ersten Schritt wählen die Arbeitnehmer Delegierte (**Wahl der Delegierten**; Muster W Rdn. 617 bis Muster W Rdn. 734). Die Delegierten werden in den einzelnen Betrieben als Vertreter ihrer Betriebe gewählt. In einem zweiten Schritt wählen die Delegierten die Arbeitnehmervertreter in den Aufsichtsrat (**Wahl durch Delegierte**; Muster W Rdn. 735 bis W Rdn. 762). Diese Wahl erfolgt in einer **Delegiertenversammlung**, einer Versammlung in der alle Delegierten allein zu dem Zweck zusammenkommen, um die Arbeitnehmervertreter in den Aufsichtsrat zu wählen. Die Delegierten geben ihre Stimmen auf Stimmzetteln ab, die identisch mit den Stimmzetteln der unmittelbaren Wahl sind. Die Wahl der Arbeitnehmervertreter durch die Delegierten erfolgt, wie die unmittelbare Wahl, je nach Anzahl der eingegangenen Wahlvorschläge und der zu wählenden Bewerber im jeweiligen Wahlgang im Wege der **Persönlichkeits- oder Listenwahl** (vgl. dazu W Rdn. 460 ff.).

Mitteilung über Stattfinden einer Delegiertenwahl   W.VIII.1.

Das **DrittelbG** sieht die Möglichkeit einer Wahl durch Delegierte nicht vor. Eine Wahl nach dem DrittelbG findet dementsprechend immer als unmittelbare Wahl statt (vgl. Abschnitt W.VII. – W Rdn. 457–612).   616

1. Mitteilung über Stattfinden einer Delegiertenwahl

Vorbemerkung

Der Unternehmenswahlvorstand (Hauptwahlvorstand) teilt den einzelnen Betrieben mit, dass die Wahl der Arbeitnehmervertreter in den Aufsichtsrat als Delegiertenwahl stattfinden wird. Die Einzelheiten der Mitteilung ergeben sich aus § 58 Abs. 1 2. WOMitbestG (§ 58 Abs. 1 3. WOMitbestG). Bei der Wahl nach der **1. WOMitbestG** entfällt dieses Muster.   617

▶ **Muster – Mitteilung über Stattfinden einer Delegiertenwahl**

Unternehmenswahlvorstand [1]   618

[Ort, Datum] [2]

Aufsichtsratswahl
[Unternehmen]

An den
Betriebswahlvorstand _____[Betrieb]_____

Mitteilung über die Wahl von Delegierten in den Betrieben der _____[Unternehmen]_____

1. Die Aufsichtsratsmitglieder der Arbeitnehmer sind durch Delegierte in den Aufsichtsrat der _____[Unternehmen]_____ zu wählen. [3]
2. In Ihrem Betrieb sind _____[Zahl]_____ [4] Delegierte der in § 3 Abs. 1 Ziff. 1 MitbestG bezeichneten Arbeitnehmer und _____[Zahl]_____ Delegierte der leitenden Angestellten zu wählen.
3. Für die Wahl der Delegierten sind folgende Arbeitnehmer nach § 57 Abs. 1 2. WOMitbestG aus der Wählerliste des Betriebs zu streichen: [5]

   [Familienname, Vorname, Geburtstag]
   [Familienname, Vorname, Geburtstag]
   [Familienname, Vorname, Geburtstag]
   …

   Diese Arbeitnehmer sind dem Betrieb _____[Betrieb]_____ zuzuordnen.

4. Folgende Arbeitnehmer gemäß § 3 Abs. 1 Ziff. 1 MitbestG sind in die Wählerliste aufzunehmen: [6]

   [Familienname, Vorname, Geburtstag]
   [Familienname, Vorname, Geburtstag]
   …

   Diese Arbeitnehmer sind aus der Wählerliste des Betriebes _____[Betrieb]_____ gestrichen worden.

5. Folgende leitende Angestellte sind in die Wählerliste aufzunehmen: [7]

   [Familienname, Vorname, Geburtstag]
   [Familienname, Vorname, Geburtstag]

   …

Diese leitenden Angestellten sind aus der Wählerliste des Betriebes ___[Betrieb]___ gestrichen worden.

6. Bitte führen Sie unverzüglich die Wahl der Delegierten in Ihrem Betrieb durch. Sie haben dem Unternehmenswahlvorstand das Ergebnis der Wahl der Delegierten in Ihrem Betrieb

bis zum ___[Datum]___ [8]

mitzuteilen.

7. Der Unternehmenswahlvorstand hat beschlossen, dass die zu wählenden Delegierten auch an der Wahl der Aufsichtsratsmitglieder der Arbeitnehmer der ___[Unternehmen]___ teilnehmen sollen, sofern die Wahl als Delegiertenwahl durchgeführt wird. [9]

[Ort, Datum]

Der Unternehmenswahlvorstand

(Unterschrift des Unternehmenswahlvorstandsvorsitzenden sowie eines weiteren Mitgliedes des Unternehmenswahlvorstandes)

Erläuterungen

Schrifttum

Fuchs/Köstler/Pütz Handbuch zur Aufsichtsratswahl, 6. Auflage 2016.

619   1. **Für die 3. WOMitbestG**: Im Muster ist das Wort »Unternehmenswahlvorstand« durch das Wort »Hauptwahlvorstand« zu ersetzen (vgl. W Rdn. 14, 128).

620   Der Unternehmenswahlvorstand (Hauptwahlvorstand) übersendet die Mitteilungen an die jeweiligen Betriebe (§ 58 Abs. 1 2. WOMitbestG, § 58 Abs. 1 3. WOMitbestG).

621   Die Mitteilung ist vom Unternehmenswahlvorstand (Hauptwahlvorstand) für jeden Betrieb individuell zu erstellen, da jeder Betrieb über Streichungen und Hinzufügungen von Arbeitnehmern in/aus seiner Wählerliste zu informieren ist (vgl. W Rdn. 625 ff.). Mitteilungen, die über die Aufnahme von Arbeitnehmern in die Wählerliste informieren, sind denjenigen Betrieben, aus deren Wählerliste die Arbeitnehmer zu streichen sind, in Kopie zuzusenden (§ 58 Abs. 2 Satz 1 2. WOMitbestG, § 58 Abs. 2 Satz 1 3. WOMitbestG). Die Betriebswahlvorstände machen diese Kopien in den Betrieben bekannt (§ 58 Abs. 2 Satz 2 2. WOMitbestG, § 58 Abs. 2 Satz 2 3. WOMitbestG). Auf diese Weise können die von einer Streichung betroffenen Arbeitnehmer und ihre Betriebswahlvorstände überprüfen, ob der Betriebswahlvorstand des aufnehmenden Betriebes über die Aufnahme der Arbeitnehmer in die Wählerliste tatsächlich informiert wurde.

622   2. Diese Mitteilung ist unverzüglich nachdem feststeht, dass die Wahl durch Delegierte stattfindet und die Anzahl der zu wählenden Delegierten für jeden Betrieb vom Unternehmenswahlvorstand (Hauptwahlvorstand) ermittelt wurde, zu verfassen und den Betriebswahlvorständen zukommen zu lassen (§ 58 Abs. 1 Satz 1 2. WOMitbestG, § 58 Abs. 1 Satz 1 3. WOMitbestG).

623   3. Ob die Wahl als Delegiertenwahl oder als unmittelbare Wahl stattfindet, hat sich im Abstimmungsverfahren über die Art der Wahl herausgestellt (vgl. Abschnitt V.IV.).

624   4. Der Unternehmenswahlvorstand (Hauptwahlvorstand) ermittelt nach der in §§ 56 f. 2. WOMitbestG (§§ 56 f. 3. WOMitbestG) beschriebenen Berechnungsmethode für jeden Betrieb gesondert **die Zahl der zu wählenden Delegierten**. Die Zahl ist abhängig von der Anzahl der wahlberechtigten Arbeitnehmer eines Betriebes (vgl. ausführlich zur Ermittlung der Anzahl der Delegierten *Fuchs/Köstler/Pütz* Rn. 371 bis 378, 531 bis 538, 673 bis 680). Gleichzeitig mit der Ermittlung der Zahl der in den einzelnen Betrieben zu wählenden Delegierten wird festgelegt,

wie viele Stimmen die einzelnen Delegierten haben (§ 56 Abs. 4 2. WOMitbestG, § 56 Abs. 4 3. WOMitbestG).

5. Es kommt vor, dass die Berechnung der Zahl der Delegierten **in einzelnen Betrieben** ergibt, dass aufgrund der im Betrieb beschäftigten Anzahl der Arbeitnehmer **kein Delegierter** der Arbeitnehmer gemäß § 3 Abs. 1 Ziff. 1 MitbestG oder der leitenden Angestellten zu wählen ist. Damit die jeweiligen Arbeitnehmer dennoch von Delegierten vertreten werden, werden diese Arbeitnehmer aus der Wählerliste ihres Betriebes gestrichen (§ 57 Abs. 1 2. WOMitbestG, § 57 Abs. 1 3. WOMitbestG) und in die Wählerliste entweder des Betriebes der Hauptniederlassung des Unternehmens oder dem nach der Zahl der Wahlberechtigten größten Betriebs des Unternehmens zugeordnet (§ 57 Abs. 2 2. WOMitbestG, § 57 Abs. 2 3. WOMitbestG). Sie gelten für die Aufsichtsratswahl ab diesem Moment als Arbeitnehmer dieses Betriebes. 625

Sind viele Arbeitnehmer von der Streichung betroffen, empfiehlt es sich, die Namen in einer Anlage der Mitteilung aufzuführen und im Schreiben selbst auf die Anlage zu verweisen: 626

Alternative: 627

[Für die Wahl der Delegierten sind die in Anlage 1 aufgeführten Arbeitnehmer nach § 57 Abs. 1 2. WOMitbestG [optional: § 57 Abs. 1 3. WOMitbestG] aus der Wählerliste des Betriebes zu streichen.]

Waren keine Arbeitnehmer aus der Wählerliste des Betriebes zu streichen, so ist diese Ziffer der Mitteilung entbehrlich. 628

6. Siehe W Rdn. 625. 629

Die gemäß § 58 Abs. 1 Ziff. 5 2. WOMitbestG (§ 58 Abs. 1 Ziff. 5 3. WOMitbestG) in die Wählerliste aufzunehmenden Arbeitnehmer sind getrennt nach Arbeitnehmer gem. § 3 Abs. 1 Ziff. 1 MitbestG und leitenden Angestellten zu benennen. 630

Sind viele Arbeitnehmer in die Wählerliste des Betriebes aufzunehmen, empfiehlt es sich, die Namen in einer Anlage der Mitteilung aufzuführen und im Schreiben selbst auf die Anlage zu verweisen: 631

Alternative: 632

[Die in Anlage 2 aufgeführten Arbeitnehmer gemäß § 3 Abs. 1 Ziff. 1 MitbestG sind in die Wählerliste aufzunehmen.]

7. Die gemäß § 58 Abs. 1 Ziffer 5 2. WOMitbestG in die Wählerliste aufzunehmenden Arbeitnehmer sind getrennt nach Arbeitnehmer gemäß § 3 Abs. 1 Ziff. 1 MitbestG und leitenden Angestellten zu benennen. 633

Auch bei den leitenden Angestellten kann unter Umständen der Verweis auf eine Anlage sinnvoll sein (vgl. W Rdn. 631 f.). 634

8. Der Unternehmenswahlvorstand (Hauptwahlvorstand) gibt vor, wie **lange die Wahl der Delegierten** in den einzelnen Betrieben **dauern darf**. Die Wahlordnungen sehen vor, dass die Delegierten spätestens zwei Wochen vor der Delegiertenversammlung (vgl. zur Delegiertenversammlung W Rdn. 615) zu dieser einzuladen sind (§ 77 Abs. 1 Satz 1 2. WOMitbestG, § 71 Abs. 1 Satz 1 1. WOMitbestG, § 77 Abs. 1 Satz 3 3. WOMitbestG). Dementsprechend sollte das Ergebnis der Wahl der Delegierten spätestens drei Wochen vor dem Tag der Delegiertenversammlung feststehen und dem Unternehmenswahlvorstand (Hauptwahlvorstand) mitgeteilt werden. 635

9. Dieser Satz ist nur in die Mitteilung aufzunehmen, wenn ein entsprechender Beschluss gefasst wurde. 636

W. Wahl der Arbeitnehmervertreter in den Aufsichtsrat

637 Der Unternehmenswahlvorstand (Hauptwahlvorstand) kann diesen Beschluss fassen, wenn die Amtszeit der Aufsichtsratsmitglieder des anderen Unternehmens nicht später als zwölf Monate nach dem Beginn der Amtszeit der in dieser Wahl zu wählenden Aufsichtsratsmitglieder beginnt (§ 55 Satz 1 2. WOMitbestG). Der Beschluss kann nur vor Erlass des Wahlausschreibens für die Wahl der Delegierten gefasst werden (§ 55 Satz 2 2. WOMitbestG).

2. Bekanntmachung des Nichtstattfindens einer Wahl von Delegierten

Vorbemerkung

638 Ist das Unternehmen in dem Arbeitnehmer in den Aufsichtsrat zu wählen sind Teil eines Konzerns, so kommt es vor, dass die Betriebe bereits Delegierte für eine andere Aufsichtsratswahl gewählt haben, die noch im Amt sind. Wurde vor der Wahl dieser Delegierten von den Betriebswahlvorständen gemäß § 55 3. WOMitbestG (§ 55 2. WOMitbestG, § 51 1. WOMitbestG) beschlossen, dass diese **Delegierten auch die Aufsichtsratsmitglieder der nun stattfindenden Wahl wählen**, so findet eine erneute Wahl von Delegierten nicht statt (§ 54 Abs. 1 2. WOMitbestG, § 50 Abs. 1 1. WOMitbestG, § 54 Abs. 1 3. WOMitbestG).

639 Der Unternehmenswahlvorstand (Hauptwahlvorstand) erlässt hierüber eine Bekanntmachung (§ 54 Abs. 2 2. WOMitbestG, § 50 Abs. 2 1. WOMitbestG, § 54 Abs. 2 3. WOMitbestG).

▶ **Muster – Bekanntmachung des Nichtstattfindens einer Wahl von Delegierten**

640 Unternehmenswahlvorstand [1]

Ausgehängt am _____[Datum]_____ [2]

Eingezogen am _____[Datum]_____ [3]

Aufsichtsratswahl
[Unternehmen]

Bekanntmachung des Nichtstattfindens einer Wahl der Delegierten

1. Die Aufsichtsratsmitglieder der Arbeitnehmer sind durch Delegierte in den Aufsichtsrat der [Unternehmen] zu wählen.

2. Sie haben als Arbeitnehmer unseres Unternehmens auch an der Wahl der Aufsichtsratsmitglieder der Arbeitnehmer der [Unternehmen, für dessen Wahl der Arbeitnehmer in den Aufsichtsrat bereits Delegierte gewählt wurden] teilgenommen. Der Unternehmenswahlvorstand hat gemäß § 55 3. WOMitbestG beschlossen, dass die in unserem Unternehmen für die Aufsichtsratswahl der [Unternehmen, für dessen Wahl der Arbeitnehmer in den Aufsichtsrat bereits Delegierte gewählt wurden] gewählten Delegierten auch die Arbeitnehmer in den Aufsichtsrat unseres Unternehmens wählen. [4]

3. Eine Wahl von Delegierten findet daher nicht statt.

[Ort, Datum]

Der Unternehmenswahlvorstand

_____

(Unterschriften des Unternehmenswahlvorstandesvorsitzenden sowie eines weiteren Mitgliedes des Unternehmenswahlvorstandes)

Erläuterungen

1. Für die **1. WOMitbestG**: In diesem Muster ist das Wort »Unternehmenswahlvorstand« durch das Wort »Betriebswahlvorstand« zu ersetzen (vgl. W Rdn. 13, 184).

Für die **3. WOMitbestG**: Im Muster ist das Wort »Unternehmenswahlvorstand« durch das Wort »Hauptwahlvorstand« zu ersetzen (vgl. W Rdn. 14, 128).

Der Unternehmenswahlvorstand (Hauptwahlvorstand) erlässt die Bekanntmachung und übersendet sie den Betriebswahlvorständen, die sie bekannt machen (§ 54 Abs. 2 i.V.m. § 26 Abs. 4 2. WOMitbestG, § 54 Abs. 2 i.V.m. § 26 Abs. 4 3. WOMitbestG).

Der Unternehmenswahlvorstand (Hauptwahlvorstand) übersendet die Bekanntmachung unverzüglich nach ihrem Erlass dem Unternehmen und den im Unternehmen vertretenen Gewerkschaften (§ 54 Abs. 2 Satz 2 i.V.m. § 26 Abs. 5 2. WOMitbestG, § 54 Abs. 2 Satz 2 i.V.m. § 26 Abs. 5 3. WOMitbestG).

2. Diese Bekanntmachung ist zu erlassen sobald feststeht, dass die Wahl der Arbeitnehmer in den Aufsichtsrat durch Delegierte erfolgt, also unverzüglich nach Abschluss des Abstimmungsverfahrens über die Art der Wahl (vgl. Abschnitt W.IV. – W Rdn. 180–247). Der erste Tag des Aushangs ist auf der Bekanntmachung zu vermerken (§ 54 Abs. 2 Satz 2 i.V.m. § 26 Abs. 4 Satz 2 2. WOMitbestG, § 50 Abs. 2 Satz 2 i.V.m. § 24 Abs. 3 Satz 2 1. WOMitbestG, § 54 Abs. 2. i.V.m. § 26 Abs. 4 Satz 2 3. WOMitbestG).

3. Die Bekanntmachung muss bis zum Abschluss der Wahl bekannt gemacht bleiben, der Tag des Einzuges ist auf der Bekanntmachung zu vermerken (§ 54 Abs. 2 Satz 2 i.V.m. § 26 Abs. 4 2. WOMitbestG, § 54 Abs. 2 Satz 2 i.V.m. § 24 Abs. 3 1. WOMitbestG, § 54 Abs. 2 Satz 2 i.V.m. § 26 Abs. 4 3. WOMitbestG).

4. Alternative für Wahlen nach der **3. WOMitbestG** wenn die betroffenen Betriebe in den letzten 12 Monaten an einer Wahl der Arbeitnehmer in den Aufsichtsrat des eigenen, untergeordneten Unternehmens teilgenommen haben und ein Beschluss gemäß § 51 1. WOMitbestG bzw. § 55 2. WOMitbestG gefasst wurde.

Für die **1. oder 2. WOMitbestG** wenn die betroffenen Betriebe in den letzten 12 Monaten an einer Wahl der Arbeitnehmer in den Aufsichtsrat des herrschenden Konzernunternehmens teilgenommen haben und der Betriebswahlvorstand einen Beschluss gemäß § 55 3. WOMitbestG gefasst hat:

Alternative:

[Sie haben an der Wahl der Aufsichtsratsmitglieder der Arbeitnehmer Ihres Unternehmens teilgenommen. Der Betriebswahlvorstand [optional: der Unternehmenswahlvorstand] hat gemäß § 51 1. WOMitbestG [optional: § 55 2. WOMitbestG] beschlossen, dass die für diese Wahl gewählten Delegierten auch an der Wahl der Aufsichtsratsmitglieder der Arbeitnehmer der [Unternehmen in dem jetzt nach der 3. WOMitbestG gewählt wird] *teilnehmen.]*

3. Wahlausschreiben für die Wahl der Delegierten

Vorbemerkung

Jeder Betrieb wählt seine eigenen Delegierten. Die Wahl wird von dem jeweils zuständigen Betriebswahlvorstand durchgeführt. Die Betriebswahlvorstände laden die Arbeitnehmer mit dem Wahlausschreiben zur Wahl der Delegierten ein. § 59 Abs. 1 2. WOMitbestG (§ 53 Abs. 1 1. WOMitbestG, § 59 Abs. 1 3. WOMitbestG) schreibt vor, welchen Inhalt das Wahlausschreiben haben muss.

W. Wahl der Arbeitnehmervertreter in den Aufsichtsrat

▶ **Muster – Wahlausschreiben für die Wahl der Delegierten**

651 Betriebswahlvorstand [1]

Erlassen und ausgehängt am ___[Datum]___ [2]

Eingezogen am ___[Datum]___ [3]

Aufsichtsratswahl
___[Unternehmen]___
___[Betrieb]___

Wahlausschreiben für die Wahl der Delegierten

1. Die Aufsichtsratsmitglieder der Arbeitnehmer sind durch Delegierte zu wählen.
2. Für diesen Betrieb sind ___[Zahl]___ Delegierte der in § 3 Abs. 1 Ziff. 1 MitbestG bezeichneten Arbeitnehmer und ___[Zahl]___ Delegierte der leitenden Angestellten zu wählen. [4]
3. Die Delegierten werden von allen wahlberechtigten Arbeitnehmern gewählt.
4. An der Wahl und an Abstimmungen können nur Arbeitnehmer teilnehmen, die in der Wählerliste eingetragen sind.
5. Wahlvorschläge
   a. Wahlvorschläge für die Wahl der Delegierten können innerhalb einer Frist von zwei Wochen [5] seit Erlass dieses Wahlausschreibens schriftlich beim Betriebswahlvorstand eingereicht werden.
      Letzter Tag der Frist ist der ___[Datum]___.
      Es werden nur solche Wahlvorschläge berücksichtigt, die fristgerecht eingereicht sind.
   b. Wahlvorschläge für den Wahlgang der Delegierten der Arbeitnehmer gemäß § 3 Abs. 1 Ziff. 1 MitbestG müssen von mindestens ___[ein Zwanzigstel oder 50 der in § 3 Abs. 1 Ziff. 1 MitbestG bezeichneten wahlberechtigten Arbeitnehmer]___ [6] wahlberechtigten Arbeitnehmern gemäß § 3 Abs. 1 Ziff. 1 MitbestG unterzeichnet sein.
   c. Wahlvorschläge für den Wahlgang der Delegierten der leitenden Angestellten müssen von mindestens ___[ein Zwanzigstel oder 50 der wahlberechtigten leitenden Angestellten]___ [7] wahlberechtigten leitenden Angestellten unterzeichnet sein.
   d. Die Anzahl der Bewerber in jedem Wahlvorschlag soll mindestens doppelt so hoch sein, wie die Zahl der in dem Wahlgang zu wählenden Delegierten. [8]
   e. Die Wahlvorschläge werden an den gleichen Orten bekannt gemacht wie dieses Wahlausschreiben.
   f. Die Stimmabgabe ist an die Wahlvorschläge gebunden.
6. Wird für einen Wahlgang nur ein gültiger Wahlvorschlag eingereicht, so gelten so viele der darin aufgeführten Bewerber in der angegebenen Reihenfolge als gewählt, wie in dem Wahlgang Delegierte zu wählen sind. [9]
7. Die Stimmabgabe für die Wahl der Delegierten findet statt:
8. Tag: ___[Datum]___
9. Uhrzeit: von _____ bis _____ Uhr
10. Ort: _____
11. Die öffentliche Stimmenauszählung findet am gleichen Ort wie diese Stimmabgabe, direkt im Anschluss an die Wahl statt.

12. Wahlberechtigten Arbeitnehmern, die im Zeitpunkt der Wahl wegen Abwesenheit vom Betrieb verhindert sind, ihre Stimme persönlich abzugeben, hat der Betriebswahlvorstand auf ihr Verlangen die Briefwahlunterlagen auszuhändigen oder zu übersenden.

    Wahlberechtigten Arbeitnehmern, von denen dem Betriebswahlvorstand bekannt ist, dass sie im Zeitpunkt der Wahl nach der Eigenart ihres Beschäftigungsverhältnisses voraussichtlich nicht im Betrieb anwesend sein werden, sowie Arbeitnehmer, die dem Betrieb nach § 57 Abs. 2 2. WOMitbestG zugeordnet sind, erhalten die Briefwahlunterlagen, ohne dass es eines Verlangens der wahlberechtigten Arbeitnehmer bedarf.

    Die Wahlbriefe müssen bis zum

    Tag: _____[Datum]_____

    Uhrzeit: _____ Uhr [10]

    beim Betriebswahlvorstand eingegangen sein.

13. Der Unternehmenswahlvorstand [11] hat gemäß § 55 2. WOMitbestG beschlossen, dass die zu wählenden Delegierten auch an der Wahl der Aufsichtsratsmitglieder der Arbeitnehmer der _[Nennung des Unternehmens, in dem die Aufsichtsratsmitglieder zu wählen sind]_ teilnehmen sollen. [12]

14. Einsprüche, Anträge, Wahlvorschläge für die Delegierten und sonstige Erklärungen sind gegenüber dem Betriebswahlvorstand abzugeben. Die Anschrift des Betriebswahlvorstands lautet:

    Betriebswahlvorstand [Name des Betriebes]

    [Anschrift des Betriebswahlvorstandes]

    [Ort, Datum]

Der Betriebswahlvorstand

_____

(Unterschriften des Betriebswahlvorstandsvorsitzenden sowie eines weiteren Mitgliedes des Betriebswahlvorstandes)

Erläuterungen

1. Jeder Betriebswahlvorstand macht sein Wahlausschreiben im Betrieb bekannt. Ist bei Wahlen nach der 2. und 3. WOMitbestG der Betriebswahlvorstand nicht nur für einen sondern für mehrere Betriebe zuständig (vgl. § 5 Abs. 6 2. WOMitbestG, § 5 Abs. 6 3. WOMitbestG), muss er für jeden Betrieb ein gesondertes Wahlausschreiben erlassen. Für jeden Betrieb findet eine eigene Delegiertenwahl statt.

Die Betriebswahlvorstände übersenden die Wahlausschreiben auch an das Unternehmen und die in den Unternehmen vertretenen Gewerkschaften (§ 59 Abs. 1 Satz 3 i.V.m. § 26 Abs. 5 2. WOMitbestG, § 53 Abs. 1 Satz 3 i.V.m. § 24 Abs. 4 1. WOMitbestG, § 59 Abs. 1 Satz 3 i.V.m. § 26 Abs. 5 3. WOMitbestG).

2. Die Betriebswahlvorstände erlassen das Wahlausschreiben unverzüglich nachdem sie die Mitteilung der Unternehmen erhalten haben, dass Delegierte zu wählen sind (§ 59 Abs. 1 Satz 1 2. WOMitbestG, § 59 Abs. 1 Satz 1 3. WOMitbestG) bzw. sobald feststeht, dass die Aufsichtsratsmitglieder durch Delegierte zu wählen sind (§ 53 Abs. 1 Satz 1 1. WOMitbestG).

Der erste Tag des Aushangs ist auf der Bekanntmachung zu vermerken (§ 59 Abs. 1 Satz 3 i.V.m. § 26 Abs. 4 Satz 2 2. WOMitbestG, § 53 Abs. 1 Satz 3 i.V.m. § 24 Abs. 3 Satz 2 1. WOMitbestG, § 59 Abs. 1 Satz 3 i.V.m. § 26 Abs. 4 Satz 2 3. WOMitbestG).

3. Das Wahlausschreiben bleibt bis zum Abschluss der Wahl bekannt gemacht. Der letzte Tag der Bekanntmachung ist auf dem Wahlausschreiben zu vermerken (§ 59 Abs. 1 Satz 3 i.V.m. § 26

Abs. 4 2. WOMitbestG, § 53 Abs. 1 Satz 3 i.V.m. § 24 Abs. 3 1. WOMitbestG, § 59 Abs. 1 Satz 3 i.V.m. § 26 Abs. 4 3. WOMitbestG).

657 **4.** Vgl. zur Berechnung der Anzahl der in jedem Betrieb zu wählenden Delegierten W Rdn. 624.

658 **5.** Vgl. § 60 Abs. 1 Satz 3 2. WOMitbestG, § 54 Abs. 1 Satz 3 1. WOMitbestG, § 60 Abs. 1 Satz 3 Ziff. 1 3. WOMitbestG.

659 **6.** Vgl. § 60 Abs. 1 Satz 2 Ziff. 1 2. WOMitbestG, § 54 Abs. 1 Satz 2 Ziff. 1 1. WOMitbestG, § 60 Abs. 1 Satz 2 Ziff. 1 3. WOMitbestG.

660 **7.** Vgl. § 60 Abs. 1 Satz 2 Ziff. 2 2. WOMitbestG, § 54 Abs. 1 Satz 2 Ziff. 2 1. WOMitbestG, § 60 Abs. 1 Satz 2 Ziff. 2. 3. WOMitbestG.

661 **8.** Die Wahlordnungen sehen vor, dass die Anzahl der Bewerber in jedem **Wahlvorschlag** für **Delegierte** mindestens **doppelt** so hoch sein soll, wie die Zahl der in dem Wahlgang zu wählenden Delegierten (§ 12 Abs. 2 MitbestG, § 60 Abs. 1 Satz 4 2. WOMitbestG, § 54 Abs. 1 Satz 4 1. WOMitbestG, § 60 Abs. 1 Satz 4 3. WOMitbestG). Da es sich um eine reine Sollvorschrift handelt, sind auch Wahlvorschläge mit weniger Bewerbern gültig (so auch WWKK/*Wißmann* MitbestR, § 12 MitbestG Rn. 17; UHH/*Henssler* § 12 MitbestG Rn. 19; GK-MitbestR/*Matthes* § 12 MitbestG Rn. 24). Werden – auf einem oder mehreren – Wahlvorschlägen in der Summe weniger Bewerber vorgeschlagen als in dem betroffenen Betrieb Delegiertenplätze zu besetzen sind, so bleiben die übrigen Delegiertensitze unbesetzt (WWKK/*Wißmann* MitbestR, § 12 MitbestG Rn. 17; UHH/*Henssler* § 12 MitbestG Rn. 20; GK-MitbestR/*Matthes* § 12 MitbestG Rn. 24).

662 **9.** Sog. **Friedenswahl**, vgl. dazu W Rdn. 696.

663 **10.** Der Betriebswahlvorstand öffnet die Wahlumschläge unmittelbar vor Abschluss der Stimmabgabe am Wahltag der Delegiertenwahl (§ 70 Abs. 2 Satz 1 2. WOMitbestG, § 64 Abs. 2 Satz 1 1. WOMitbestG, § 70 Abs. 2 Satz 1 3. WOMitbestG). Dementsprechend müssen die Wahlbriefe spätestens am Wahltag zum Ende der für die Abstimmung festgesetzten Zeit eingegangen sein.

664 **11.** Für die 1. **WOMitbestG**: »Betriebswahlvorstand«.

665 Für die 3. **WOMitbestG**: »Hauptwahlvorstand«.

666 **12.** Ist ein solcher Beschluss nicht gefasst worden, ist diese Ziffer des Wahlausschreibens zu streichen.

4. Bekanntmachung über die Nachfrist für die Einreichung von Wahlvorschlägen (Wahl der Delegierten)

Vorbemerkung

667 Verstreicht die im Wahlausschreiben für die Einreichung von Wahlvorschlägen gesetzte Frist in einem Betrieb, ohne dass für den Wahlgang der Delegierten der Arbeitnehmer gemäß § 3 Abs. 1 Ziff. 1 MitbestG oder der Delegierten der leitenden Angestellten Bewerber vorgeschlagen wurde, wird den Arbeitnehmern dieses Betriebes die Möglichkeit eingeräumt, Bewerber vorzuschlagen. Hierfür setzt der Betriebswahlvorstand eine einwöchige **Nachfrist** (§ 63 Abs. 1 2. WOMitbestG, § 57 Abs. 1 1. WOMitbestG, § 63 Abs. 1 3. WOMitbestG).

Muster – Bekanntmachung über die Nachfrist für die Einreichung von Wahlvorschlägen (Wahl der Delegierten)

Betriebswahlvorstand [1]

Erlassen und ausgehängt am ___[Datum]___ [2]

Eingezogen am ___[Datum]___ [3]

Aufsichtsratswahl
[Unternehmen]

Bekanntmachung über die Nachfrist für die Einreichung von Wahlvorschlägen für die Delegiertenwahl im Wahlgang der Arbeitnehmer gemäß § 3 Abs. 1 Ziff. 1 MitbestG [optional: der leitenden Angestellten] [4]

1. In der für die Einreichung von Wahlvorschlägen bestimmten Frist bis zum ___[Datum]___ ist für den Wahlgang der Delegierten der Arbeitnehmer gemäß § 3 Abs. 1 Ziff. 1 MitbestG [oder: der leitenden Angestellten] kein gültiger Wahlvorschlag eingereicht worden. [5]

2. Innerhalb einer Nachfrist von einer Woche [6] seit dem für den Aushang dieser Bekanntmachung bestimmten Zeitpunkt können Wahlvorschläge schriftlich beim Betriebswahlvorstand eingereicht werden.

   Der letzte Tag der Nachfrist ist der ___[Datum]___ .

3. Wird bis zum Ablauf der Nachfrist für diesen Wahlgang kein gültiger Wahlvorschlag eingereicht, so findet der Wahlgang nicht statt.

4. Bezüglich der für die Wahlvorschläge erforderlichen Formalien wird auf die Bekanntmachung über Einreichung von Wahlvorschlägen vom ___[Datum]___ verwiesen.

5. Die Anschrift des Betriebswahlvorstandes lautet:

   Betriebswahlvorstand [Name des Betriebes]

   [Anschrift des Betriebswahlvorstandes]

[Ort, Datum]

Der Betriebswahlvorstand

_____

(Unterschriften des Betriebswahlvorstandsvorsitzenden sowie eines weiteren Mitgliedes des Betriebswahlvorstandes)

Erläuterungen

1. Der zuständige Betriebswahlvorstand entwirft die Bekanntmachung, macht sie im Betrieb bekannt und übersendet sie unverzüglich nach ihrem Erlass dem Unternehmen und den im Unternehmen vertretenen Gewerkschaften (§ 63 Abs. 1 und 3 i.V.m. § 26 Abs. 5 2. WOMitbestG, § 57 Abs. 1 und 3 i.V.m. § 24 Abs. 4 1. WOMitbestG, § 63 Abs. 1 und 3 i.V.m. § 26 Abs. 5 3. WOMitbestG).

2. Die Bekanntmachung erfolgt unverzüglich nach Ablauf der in der Bekanntmachung über die Einreichung von Wahlvorschlägen gesetzten Frist. Der erste Tag des Aushangs ist auf der Bekanntmachung zu vermerken (§ 63 Abs. 1 und 3 i.V.m. § 26 Abs. 4 Satz 2 2. WOMitbestG, § 57 Abs. 1 und 3 i.V.m. § 24 Abs. 3 Satz 2 1. WOMitbestG, § 63 Abs. 1 und 3. i.V.m. § 26 Abs. 4 Satz 2 3. WOMitbestG).

W. Wahl der Arbeitnehmervertreter in den Aufsichtsrat

671 **3.** Die Bekanntmachung wird nach Abschluss der Wahl eingezogen, der Tag des Einzugs ist auf der Bekanntmachung zu vermerken (§ 63 Abs. 3 i.V.m. § 26 Abs. 4 2. WOMitbestG, § 57 Abs. 3 i.V.m. § 24 Abs. 3 1. WOMitbestG, § 63 Abs. 3 i.V.m. § 26 Abs. 4 3. WOMitbestG).

672 **4.** Einzelheiten zur Nachfristsetzung regelt § 63 Abs. 1 und 3 2. WOMitbestG (§ 57 Abs. 1 und 3 1. WOMitbestG, § 63 Abs. 1 und 3 3. WOMitbestG).

673 **5.** Wird für einen Wahlgang nur ein Wahlvorschlag eingereicht, so **soll** dieser **doppelt** so viele **Bewerber** enthalten, wie Delegierte in diesem Wahlgang zu wählen sind (§ 12 Abs. 2 MitbestG, § 60 Abs. 1 Satz 4 2. WOMitbestG, § 54 Abs. 1 Satz 4 1. WOMitbestG, § 60 Abs. 1 Satz 4 3. WOMitbestG). Hierbei handelt es sich jedoch um eine reine Sollvorschrift, so dass auch ein Wahlvorschlag mit lediglich einem Bewerber gültig ist (vgl. dazu ausführlich W Rdn. 661).

674 **6.** Die Länge der Nachfrist ist durch die Wahlordnungen auf eine Woche festgesetzt (§ 63 Abs. 1 Satz 1 2. WOMitbestG, § 57 Abs. 1 Satz 1 1. WOMitbestG, § 63 Abs. 1 Satz 1 3. WOMitbestG).

5. Bekanntmachung über das Nichtstattfinden der Wahl von Delegierten in einem Wahlgang eines Betriebes

Vorbemerkung

675 Geht für einen Wahlgang in einem Betrieb auch während der Nachfrist **kein gültiger Wahlvorschlag** ein, **findet dieser Wahlgang** in diesem Betrieb **nicht statt**. Dies bedeutet, dass die Arbeitnehmer dieses Betriebes keine Delegierten der Arbeitnehmer gemäß § 3 Abs. 1 Ziff. 1 MitbestG bzw. der leitenden Angestellten in die Delegiertenversammlung senden.

▶ Muster – Bekanntmachung über das Nichtstattfinden der Wahl von Delegierten in einem Wahlgang eines Betriebs

676 Betriebswahlvorstand [1]

Ausgehängt am _____ [Datum] [2]

Eingezogen am _____ [Datum] [3]

Aufsichtsratswahl

[Unternehmen]

Bekanntmachung über das Nichtstattfinden der Wahl der Delegierten im Wahlgang der Arbeitnehmer gemäß § 3 Abs. 1 Ziff. 1 MitbestG [optional: der leitenden Angestellten]

1. Weder innerhalb der bis zum _____ [Datum] Frist noch innerhalb der bis zum _____ [Datum] gesetzten Nachfrist ist ein gültiger Wahlvorschlag für Arbeitnehmer gemäß § 3 Abs. 1 Ziff. 1 MitbestG [optional: für leitende Angestellte] eingegangen.

2. Ein Wahlgang für die Wahl der Delegierten im Wahlgang der Arbeitnehmer gemäß § 3 Abs. 1 Ziff. 1 [optional: der leitenden Angestellten] findet daher in diesem Betrieb nicht statt.

3. Die Anschrift des Betriebswahlvorstandes lautet:

    Betriebswahlvorstand _____ [Name des Betriebes]

    _____ [Anschrift des Betriebswahlvorstandes]

_____ [Ort, Datum]

Der Betriebswahlvorstand

(Unterschriften des Betriebswahlvorstandsvorsitzenden sowie eines
weiteren Mitgliedes des Betriebswahlvorstandes)

Erläuterungen

1. Der zuständige Betriebswahlvorstand entwirft die Bekanntmachung, macht sie im Betrieb bekannt und übersendet sie an das Unternehmen sowie die im Unternehmen vertretenen Gewerkschaften (§ 68 Abs. 2 und 3 i.V.m. § 26 Abs. 5 2. WOMitbestG, § 57 Abs. 2 und 3 i.V.m. § 24 Abs. 4 1. WOMitbestG, § 68 Abs. 2 und 3 i.V.m. § 26 Abs. 5 3. WOMitbestG). 677

2. Die Bekanntmachung ist unverzüglich nach Ablauf der Nachfrist auszuhängen, der erste Tag der Bekanntmachung ist auf der Bekanntmachung zu vermerken (§ 63 Abs. 2, 3 i.V.m. § 26 Abs. 4 Satz 2 2. WOMitbestG, § 57 Abs. 2, 3 i.V.m. § 24 Abs. 3 Satz 2 1. WOMitbestG, § 63 Abs. 2, 3 i.V.m. § 26 Abs. 4 Satz 2 3. WOMitbestG). 678

3. Die Bekanntmachung wird nach Abschluss der Wahl eingezogen; der Tag des Einzugs ist auf der Bekanntmachung zu vermerken (§ 63 Abs. 3 i.V.m. § 26 Abs. 4 2. WOMitbestG, § 57 Abs. 3 i.V.m. § 24 Abs. 3 1. WOMitbestG, § 63 Abs. 3 i.V.m. § 26 Abs. 4 3. WOMitbestG). 679

6. Wahlvorschlag (Delegierte)

Vorbemerkung

Die Arbeitnehmer haben zwei Wochen Zeit, **Wahlvorschläge für** die Wahl der **Delegierten** einzureichen (§ 60 Abs. 1 Satz 3 2. WOMitbestG, § 54 Abs. 1 Satz 3 1. WOMitbestG, § 60 Abs. 1 Satz 3 3. WOMitbestG), im Falle einer Nachfristsetzung sogar eine zusätzliche Woche (§ 63 Abs. 1 Satz 1 2. WOMitbestG, § 57 Abs. 1 Satz 1 1. WOMitbestG, § 63 Abs. 1 Satz 1 3. WOMitbestG). **Inhalt und äußere Form** der Wahlvorschläge ist in § 60 Abs. 2 bis 4 2. WOMitbestG (§ 54 Abs. 2–4 1. WOMitbestG, § 60 Abs. 2 bis 4 3. WOMitbestG) geregelt. Darüber hinaus ist eine bestimmte Form oder ein bestimmter Inhalt nicht vorgeschrieben. 680

Der Betriebswahlvorstand hat jeden **Wahlvorschlag** unverzüglich bei Eingang zu **prüfen** und bei Ungültigkeit oder **Beanstandung** den Vorschlagsvertreter schriftlich unter Angabe der Gründe zu unterrichten (§ 61 Abs. 2 Satz 2 2. WOMitbestG, § 55 Abs. 2 Satz 2 1. WOMitbestG, § 61 Abs. 2 Satz 2 3. WOMitbestG). Wann **Wahlvorschläge ungültig** oder mit **behebbaren Mängeln** behaftet sind, ergibt sich aus § 62 2. WOMitbestG (§ 56 1. WOMitbestG, § 62 3. WOMitbestG). 681

▶ Muster – Wahlvorschlag Delegierte

Wahlvorschlag für die Wahl der Delegierten 682

              Kennwort: _____ [1]

              Datum: _____

Als Delegierte der Arbeitnehmer gemäß § 3 Abs. 1 Ziff. 1 MitbestG [optional: der leitenden Angestellten] für die Wahl der Arbeitnehmervertreter in den Aufsichtsrat der _[Unternehmen]_ werden vorgeschlagen:

W. Wahl der Arbeitnehmervertreter in den Aufsichtsrat

Lfd. Nr.	Bewerber um Delegiertenmandat [2]
1	[Name, Vorname, Geburtsdatum, Art der Beschäftigung, Betrieb]
2	[Name, Vorname, Geburtsdatum, Art der Beschäftigung, Betrieb]
3	...

Unterschriften der wahlberechtigten Arbeitnehmer gem. § 3 Abs. 1 Ziff. 1 MitbestG [oder: der leitenden Angestellten]: [3]

Lfd. Nr.	Familienname, Vorname, (bitte deutlich schreiben)	Unterschrift	Lfd. Nr.	Familienname, Vorname (bitte deutlich schreiben)	Unterschrift
1	Vorschlagsvertreter: [4]		12		
			13		
2			14		
3			15		
4			16		
5			17		
6			18		
7			19		
8			20		
9			21		
10			22		
11			... [Anzahl der Unterschriften muss ein Zwanzigstel oder 50 der wahlberechtigten Arbeitnehmer gemäß § 3 Abs. 1 Ziff. 1 MitbestG [optional: der leitenden Angestellten] betragen]		

[Adresse Betriebswahlvorstand]

[Datum]

Erklärung [5]

Ich __[Vorname, Name in Druckbuchstaben]__ stimme meiner Aufnahme in den Wahlvorschlag der Delegierten der Arbeitnehmer gemäß § 3 Abs. 1 Ziff. 1 MitbestG [Alt.: der leitenden Angestellten] zu und versichere, dass ich im Fall der Wahl die Wahl annehmen werde.

_____
(Unterschrift)

Erläuterungen

Schrifttum
Fuchs/Köstler/Pütz Handbuch zur Aufsichtsratswahl, 6. Auflage 2016.

683 **1.** Die Arbeitnehmer können ihren Wahlvorschlag mit einem **Kennwort** versehen. Tun sie dies nicht, so bezeichnet der Betriebswahlvorstand den Wahlvorschlag mit Familiennamen und Vor-

namen des an erster Stelle benannten Bewerbers (§ 61 Abs. 2 Satz 1 2. WOMitbestG, § 55 Abs. 2 Satz 1 1. WOMitbestG, § 61 Abs. 2 Satz 1 3. WOMitbestG).

2. In jedem Wahlvorschlag sind die Bewerber in erkennbarer **Reihenfolge** unter fortlaufender Nummer und Angabe von Familienname, Vorname, Geburtsdatum und Art der Beschäftigung aufzuführen (§ 60 Abs. 2 2. WOMitbestG, § 54 Abs. 2 1. WOMitbestG, § 60 Abs. 2 3. WOMitbestG). **Ersatzdelegierte** sind nicht vorzuschlagen. Die Ersatzdelegierten werden der Reihe nach aus den nicht gewählten Arbeitnehmern derjenigen Wahlvorschläge entnommen, denen die zu ersetzenden Delegierten angehören (§ 14 Abs. 2 MitbestG). Enthält ein Wahlvorschlag keine Ersatzdelegierten mehr, so endet die Amtszeit aller Delegierten eines Betriebs, wenn die Gesamtzahl der Delegierten des Betriebs unter die im Zeitpunkt ihrer Wahl vorgeschriebene Zahl der auf den Betrieb entfallenen Delegierten gesunken ist (§ 13 Abs. 4 MitbestG). 684

Aus diesem Grund sollte jeder Wahlvorschlag mehr Bewerber benennen als Delegierte zu wählen sind (so auch *Fuchs/Köstler/Pütz* Rn. 382, 542, 684). Vorgeschrieben ist eine Mindestzahl an vorgeschlagenen Bewerbern nicht. § 60 Abs. 1 Satz 4 2. WOMitbestG (§ 54 Abs. 1 Satz 4 1. WOMitbestG, § 60 Abs. 1 Satz 4 3. WOMitbestG) schreibt lediglich vor, dass die Zahl der **Bewerber** in jedem Wahlvorschlag mindestens **doppelt** so hoch sein **soll** wie die Zahl in dem Wahlgang zu wählenden Delegierten. Da es sich lediglich um eine Sollvorschrift handelt, ist auch ein Wahlvorschlag mit lediglich einem Bewerber gültig. 685

3. Jeder Wahlvorschlag muss von mindestens einem Zwanzigstel oder 50 der wahlberechtigten Arbeitnehmern gemäß § 3 Abs. 1 Ziff. 1 MitbestG bzw. der leitenden Angestellten **unterzeichnet** sein (§ 60 Abs. 1 Satz 2 2. WOMitbestG, § 54 Abs. 1 Satz 2 1. WOMitbestG, § 60 Abs. 1 Satz 2 3. WOMitbestG). Jeder Arbeitnehmer kann nur auf einem Wahlvorschlag unterzeichnen (§ 60 Abs. 4 Satz 1 2. WOMitbestG, § 60 Abs. 4 Satz 1 3. WOMitbestG). 686

4. Für jeden Wahlvorschlag soll einer der Unterzeichner als **Vorschlagsvertreter** bezeichnet werden. Dieser ist berechtigt und verpflichtet, dem Betriebswahlvorstand die zur Beseitigung von Beanstandungen erforderlichen Erklärungen abzugeben sowie Erklärungen und Entscheidungen des Betriebswahlvorstands entgegenzunehmen. Ist kein Vorschlagsvertreter bestimmt worden, so wird der an erster Stelle Unterzeichnende als Vorschlagsvertreter angesehen (§ 60 Abs. 3 2. WOMitbestG, § 54 Abs. 3 1. WOMitbestG, § 60 Abs. 3 3. WOMitbestG). 687

5. Die **schriftliche Zustimmung** der Bewerber zur Aufnahme in den Wahlvorschlag und ihre **schriftliche Versicherung**, dass sie im Fall ihrer Wahl die Wahl annehmen werden, sind dem Wahlvorschlag beizufügen (§ 60 Abs. 2 2. WOMitbestG, § 54 Abs. 2 1. WOMitbestG, § 60 Abs. 2 3. WOMitbestG). Zur Möglichkeit der Rücknahme der Erklärung s. W Rdn. 323. 688

7. Bekanntmachung der Wahlvorschläge (Wahl der Delegierten)

Vorbemerkung

Die Wahlvorschläge sind spätestens zwei Wochen vor dem ersten Tag der Stimmabgabe **nach Wahlgängen getrennt** bekannt zu machen (§ 64 Abs. 2 2. WOMitbestG, § 58 Abs. 2 1. WOMitbestG, § 64 Abs. 2 3. WOMitbestG). 689

▶ Muster – Bekanntmachung der Wahlvorschläge (Wahl der Delegierten)

Betriebswahlvorstand [1] 690

Ausgehängt am ___[Datum]___ [2]

Eingezogen am ___[Datum]___ [3]

W. Wahl der Arbeitnehmervertreter in den Aufsichtsrat

Aufsichtsratswahl
[Unternehmen]

Bekanntmachung des gültigen Wahlvorschlages der Arbeitnehmer gemäß § 3 Abs. 1 Ziff. 1 MitbestG [optional: der leitenden Angestellten] für die Wahl der Delegierten

Für den Wahlgang der Delegierten der Arbeitnehmer gemäß § 3 Abs. 1 Ziff. 1 MitbestG [optional: der leitenden Angestellten] ist der folgende gültige Wahlvorschlag eingegangen: [4]

Bewerber [5]

[Name, Vorname, Geburtsdatum, Art der Beschäftigung]

[Name, Vorname, Geburtsdatum, Art der Beschäftigung]

[Name, Vorname, Geburtsdatum, Art der Beschäftigung]

[Name, Vorname, Geburtsdatum, Art der Beschäftigung]

Da für diesen Wahlgang nur ein gültiger Wahlvorschlag vorliegt, gelten so viele der darin aufgeführten Bewerber in der angegebenen Reihenfolge als gewählt, wie in diesem Wahlgang Delegierte zu wählen sind. [6]

[Alternative für den Fall, dass im Wahlgang mehrere gültige Wahlvorschläge eingegangen sind]: [7]

Bekanntmachung der gültigen Wahlvorschläge der Arbeitnehmer gemäß § 3 Abs. 1 Ziff. 1 MitbestG [optional: der leitenden Angestellten] für die Wahl der Delegierten

Für den Wahlgang der Delegierten der Arbeitnehmer gemäß § 3 Abs. 1 Ziff. 1 MitbestG [optional: der leitenden Angestellten] sind die folgenden gültigen Wahlvorschläge eingegangen:

Kennwort: _____	
[Name des Wahlvorschlages, i.Zw. Name, Vorname des ersten Arbeitnehmers gemäß § 3 Abs. 1 Ziff. 1 MitbestG/des ersten leitenden Angestellten]	
Lfd. Nr.	Bewerber um Aufsichtsratsmandat
1	[Name, Vorname, Geburtsdatum, Art der Beschäftigung]
2	[Name, Vorname, Geburtsdatum, Art der Beschäftigung]
3	[Name, Vorname, Geburtsdatum, Art der Beschäftigung]
…	[Auflistung aller Bewerber]
Kennwort: _____	
[Name des Wahlvorschlages, i.Zw. Name, Vorname des ersten Arbeitnehmers gemäß § 3 Abs. 1 Ziff. 1 MitbestG/des ersten leitenden Angestellten]	
Lfd. Nr.	Bewerber um Aufsichtsratsmandat
1	[Name, Vorname, Geburtsdatum, Art der Beschäftigung]
2	[Name, Vorname, Geburtsdatum, Art der Beschäftigung]
3	[Name, Vorname, Geburtsdatum, Art der Beschäftigung]
…	[Auflistung aller Bewerber]

Der Betriebswahlvorstand hat die Reihenfolge der Ordnungsnummern durch Los ermittelt.

[Ort, Datum]

Stimmzettel für die Wahl der Delegierten **W.VIII.8.**

Der Betriebswahlvorstand

(Unterschriften des Betriebswahlvorstandsvorsitzenden sowie eines
weiteren Mitgliedes des Betriebswahlvorstandes)

Erläuterungen

1. Jeder Betriebswahlvorstand macht die Wahlvorschläge – nach Wahlgängen getrennt – in denjenigen Betrieben bekannt, für die er zuständig ist. Er übersendet die Bekanntmachung darüber hinaus an das bzw. die Unternehmen sowie die in den beteiligten Unternehmen vertretenen Gewerkschaften (§§ 64 Abs. 2 Satz 1, 59 Abs. 1 Satz 3 i.V.m. § 26 Abs. 5 2. WOMitbestG, §§ 58 Abs. 2 Satz 1, 53 Abs. 1 Satz 3 i.V.m. § 24 Abs. 4 1. WOMitbestG, §§ 64 Abs. 2 Satz 1, 59 Abs. 1 Satz 3 i.V.m. § 26 Abs. 5 3. WOMitbestG). 691

2. § 64 Abs. 2 Satz 1 2. WOMitbestG (§ 58 Abs. 2 Satz 1 1. WOMitbestG, § 64 Abs. 2 Satz 1 3. WOMitbestG) bestimmt, dass die Wahlvorschläge **spätestens zwei Wochen vor dem ersten Tag der Stimmabgabe** für die Wahl der Delegierten bekannt zu machen sind. Der erste Tag des Aushangs ist auf der Bekanntmachung zu vermerken (§§ 64 Abs. 2 Satz 1, 59 Abs. 1 Satz 3 i.V.m. § 26 Abs. 4 Satz 2 2. WOMitbestG, §§ 58 Abs. 2 Satz 1, 53 Abs. 1 Satz 3 i.V.m. § 24 Abs. 3 Satz 2 1. WOMitbestG, §§ 64 Abs. 2 Satz 1, 59 Abs. 1 Satz 3 i.V.m. § 26 Abs. 4 Satz 2 3. WOMitbestG). 692

3. Die Bekanntmachungen der Wahlvorschläge müssen bis zum Abschluss der Wahl ausgehängt bleiben; der Tag des Einzugs ist auf der Bekanntmachung zu vermerken (§§ 64 Abs. 2 Satz 1, 59 Abs. 1 Satz 3 i.V.m. § 26 Abs. 4 2. WOMitbestG, §§ 58 Abs. 2 Satz 1, 53 Abs. 1 Satz 3 i.V.m. § 24 Abs. 3 1. WOMitbestG, §§ 64 Abs. 2 Satz 1, 59 Abs. 1 Satz 3 i.V.m. § 26 Abs. 4 3. WOMitbestG). 693

4. Alternative für den Fall, dass im Wahlgang **lediglich ein gültiger Wahlvorschlag** eingegangen ist. 694

5. Die Bewerber werden in der gleichen Reihenfolge wie im Wahlvorschlag aufgeführt. 695

6. Liegt für einen Wahlgang nur ein gültiger Wahlvorschlag vor, so findet in diesem Wahlgang eine Wahl nicht statt. Stattdessen gelten so viele der im Wahlvorschlag aufgeführten Bewerber in der dort angegebenen Reihenfolge als gewählt, wie Delegierte im Wahlgang zu wählen sind (sog. »**Friedenswahl**« § 68 Abs. 1 2. WOMitbestG, § 62 Abs. 1 1. WOMitbestG, § 68 Abs. 1 3. WOMitbestG). 696

Der Betriebswahlvorstand weist in der Bekanntmachung der Wahlvorschläge hierauf hin (§ 64 Abs. 2 Satz 2 2. WOMitbestG, § 58 Abs. 2 Satz 2 1. WOMitbestG, § 64 Abs. 2 Satz 2 3. WOMitbestG). 697

7. Sind **mehrere gültige Wahlvorschläge** in einem Wahlgang eingegangen, so ermittelt der Betriebswahlvorstand durch Los die Reihenfolge der Ordnungsnummern, die den Wahlvorschlägen zugeteilt werden; die Vorschlagsvertreter sind zu der Losentscheidung rechtzeitig einzuladen (§ 64 Abs. 1 2. WOMitbestG, § 58 Abs. 1 1. WOMitbestG, § 64 Abs. 1 3. WOMitbestG). Die Wahlvorschläge werden in der Reihenfolge der Ordnungsnummern unter der Bezeichnung ihres Kennwortes in der Bekanntmachung aufgeführt. 698

8. Stimmzettel für die Wahl der Delegierten

Vorbemerkung

Die Wahl der Delegierten findet nur statt, wenn mehrere Wahlvorschläge eingegangen sind (vgl. zur **Friedenswahl** § 68 2. WOMitbestG, § 62 1. WOMitbestG, § 68 3. WOMitbestG sowie 699

W Rdn. 696). Dementsprechend wird die Wahl der Delegierten **stets als Listenwahl** durchgeführt. Die Arbeitnehmer wählen also nicht einzelne Bewerber sondern geben ihre Stimme für eine Liste ab. In beiden Wahlgängen sind sowohl die Arbeitnehmer gemäß § 3 Abs. 1 Ziff. 1 MitbestG als auch die leitenden Angestellten wahlberechtigt.

▶ Muster – Stimmzettel für die Wahl der Delegierten

700

STIMMZETTEL [1]

Wahl der Arbeitnehmervertreter in den Aufsichtsrat der

[Unternehmen]

Wahlgang der Delegierten der Arbeitnehmer gemäß § 3 Abs. 1 Ziff. 1 MitbestG
[optional: der leitenden Angestellten]

Wahlvorschlag 1	[evtl. Kennwort des Wahlvorschlages] [2] 1. [Name, Vorname, Art der Beschäftigung] 2. [Name, Vorname, Art der Beschäftigung]	◯
Wahlvorschlag 2	[evtl. Kennwort des Wahlvorschlages] 1. [Name, Vorname, Art der Beschäftigung] 2. [Name, Vorname, Art der Beschäftigung]	◯
...	...	◯

Es darf nur ein Wahlvorschlag in dem vorgegebenen Kreis angekreuzt werden [3], sonst ist der Stimmzettel ungültig.

Ungültig sind Stimmzettel, in denen mehr als eine Liste angekreuzt wird, aus denen sich ein eindeutiger Wille nicht ergibt, die mit einem besonderen Merkmal versehen sind oder die sonstige Zusätze oder Änderungen enthalten. [4]

Erläuterungen

701 **1.** Die Stimmzettel, die für denselben Wahlgang Verwendung finden, müssen sämtlich die gleiche Größe, Farbe, Beschaffenheit und Beschriftung haben. Sie müssen sich von den Stimmzetteln für die anderen Wahlgänge in der Farbe unterscheiden (§ 65 Abs. 2 Satz 3, 4 2. WOMitbestG, § 59 Abs. 2 Satz 3 1. WOMitbestG, § 65 Abs. 2 Satz 3, 4 3. WOMitbestG).

702 **2.** Der Betriebswahlvorstand hat die Wahlvorschläge nach der Reihenfolge der Ordnungsnummern (die gemäß § 64 Abs. 1 2. WOMitbestG (§ 58 Abs. 1 1. WOMitbestG, § 64 Abs. 1 3. WOMitbestG) durch Los ermittelt wurden) sowie unter Angabe der an erster und zweiter Stelle benannten Bewerber mit Name, Vorname und Art der Beschäftigung untereinander aufzuführen; bei Wahlvorschlägen, die mit einem Kennwort versehen sind, ist auch das Kennwort anzugeben (§ 65 Abs. 2 Satz 1 2. WOMitbestG, § 59 Abs. 2 Satz 1 1. WOMitbestG, § 65 Abs. 2 Satz 1 3. WOMitbestG).

703 **3.** Vgl. § 65 Abs. 1 Satz 2 2. WOMitbestG, § 59 Abs. 1 Satz 2 1. WOMitbestG, § 65 Abs. 1 Satz 2 3. WOMitbestG.

704 **4.** Vgl. § 65 Abs. 4 2. WOMitbestG, § 59 Abs. 4 1. WOMitbestG, § 65 Abs. 4 3. WOMitbestG.

9. Briefwahlunterlagen (Wahl der Delegierten)

Vorbemerkung

Auch Delegierte können in von den Wahlordnungen definierten Fällen durch **schriftliche Stimmabgabe** gewählt werden. So sieht § 69 Abs. 1 2. WOMitbestG (§ 63 Abs. 1 1. WOMitbestG, § 69 Abs. 1 3. WOMitbestG) vor, dass Wahlberechtigte, die im Zeitpunkt der Abstimmung wegen Abwesenheit vom Betrieb verhindert sind ihre Stimme persönlich abzugeben, auf ihr Verlangen schriftlich abstimmen können. Gemäß § 69 Abs. 2 2. WOMitbestG (§ 63 Abs. 2 1. WOMitbestG, § 69 Abs. 2 3. WOMitbestG) erhalten Wahlberechtigte, von denen dem Betriebswahlvorstand bekannt ist, dass sie im Zeitpunkt der Wahl nach der Eigenart ihres Beschäftigungsverhältnisses voraussichtlich nicht im Betrieb anwesend sein werden, sowie Arbeitnehmer, die bei Wahlen nach der 2. und 3. WOMitbestG dem Betrieb nach § 57 Abs. 2 2. WOMitbestG (§ 57 Abs. 2 3. WOMitbestG) zugeordnet sind, die Briefwahlunterlagen unaufgefordert zugesandt oder ausgehändigt. Gemäß § 69 Abs. 3 Ziff. 1 2. WOMitbestG (§ 63 Abs. 3 Ziff. 1 1. WOMitbestG, § 69 Abs. 3 Ziff. 1 3. WOMitbestG) können die Betriebswahlvorstände die schriftliche Stimmabgabe für Betriebsteile und Kleinstbetriebe, die räumlich weit vom Hauptbetrieb entfernt sind, beschließen. Das gleiche gilt für Betriebe, in denen die Mehrheit der Wahlberechtigte zur schriftlichen Stimmabgabe wegen Abwesenheit vom Betrieb aufgrund der Eigenart des Beschäftigungsverhältnisses berechtigt ist und in denen die verbleibende Minderheit nicht mehr als insgesamt 25 Wahlberechtigte ausmacht (§ 69 Abs. 3 Ziff. 2 2. WOMitbestG, § 63 Abs. 3 Ziff. 2 1. WOMitbestG, § 69 Abs. 3 Ziff. 2 3. WOMitbestG).

Die **Briefwahlunterlagen**, die den Briefwählern zuzusenden sind, **bestehen aus:**
- dem Wahlausschreiben (Muster W Rdn. 651)
- den Wahlvorschlägen aller stattfindenden Wahlgänge (Muster W Rdn. 690)
- den Stimmzetteln für alle stattfindenden Wahlgänge (Muster W Rdn. 700) sowie für jeden Stimmzettel einem Wahlumschlag
- einer vorgedruckten, vom Wähler abzugebenden Erklärung, in der gegenüber dem Betriebswahlvorstand zu versichern ist, dass die Stimmzettel persönlich gekennzeichnet worden sind
- einem größeren Freiumschlag, der die Anschrift des Betriebswahlvorstands und als Absender den Namen und die Anschrift des Wahlberechtigten sowie den Vermerk »Schriftliche Stimmabgabe« trägt
- einem Merkblatt über die Art und Weise der schriftlichen Stimmabgabe

(§ 69 Abs. 1 2. WOMitbestG, § 63 Abs. 1 1. WOMitbestG, § 69 Abs. 1 3. WOMitbestG).

[unbelegt]

Dieses Muster enthält lediglich das für die Briefwahlunterlagen zu erstellende Merkblatt sowie die Erklärung zur persönlichen Kennzeichnung des Stimmzettels.

▶ **Muster – Briefwahlunterlagen (Wahl der Delegierten)**

Seite 1

Aufsichtsratswahl

[Unternehmen]

Merkblatt für die schriftliche Stimmabgabe

(Wahl der Delegierten)

Sie erhalten die folgenden Unterlagen für die schriftliche Stimmabgabe:

1. das Wahlausschreiben
2. für jeden Wahlgang gesondert

W. Wahl der Arbeitnehmervertreter in den Aufsichtsrat

    a) die Wahlvorschläge

    b) den Stimmzettel und

    c) den Wahlumschlag

3. eine vorgedruckte Erklärung, mit der Sie durch Ihre Unterschrift versichern, den Stimmzettel persönlich gekennzeichnet zu haben

4. einen größeren Freiumschlag, der die Anschrift des Betriebswahlvorstands und als Absender Ihren Namen und Ihre Anschrift sowie den Vermerk »Schriftliche Stimmabgabe« trägt. [1]

Bitte verfahren Sie mit den Unterlagen wie folgt:

1. Kennzeichnen Sie die Stimmzettel persönlich und unbeobachtet. Sie sind berechtigt, an beiden Wahlgängen teilzunehmen. Die Stimmzettel und die dazugehörigen Wahlumschläge haben für jeden Wahlgang unterschiedliche Farben.

2. Falten Sie die Stimmzettel und verschließen Sie sie in den zugehörigen Wahlumschlägen (gleiche Farbe) so, dass die Stimmabgabe erst nach Auseinanderfalten der Stimmzettel erkennbar ist.

3. Unterschreiben Sie unter Angabe des Ortes und des Datums die vorgedruckte Erklärung, dass Sie die Stimmzettel persönlich gekennzeichnet haben.

4. Legen Sie die Wahlumschläge und die unterschriebene vorgedruckte Erklärung in den Freiumschlag, verschließen Sie diesen und senden Sie ihn so rechtzeitig an den Betriebswahlvorstand ab, dass er diesem vor Abschluss der Stimmabgabe vorliegt. Das Ende der Stimmabgabe ist im Wahlausschreiben angegeben. Sie können den Wahlbrief auch beim Betriebswahlvorstand abgeben.

Seite 2

Erklärung

Ich versichere gegenüber dem Betriebswahlvorstand, dass ich die beigefügten Stimmzettel persönlich gekennzeichnet habe.

[Ort, Datum]

_____

(Name, Vorname in Druckbuchstaben)

_____

(Unterschrift)

Erläuterungen

710   **1.** Gehen Wahlumschläge beim Betriebswahlvorstand ein, so dürfen diese (noch) nicht geöffnet werden sondern sind vielmehr unter Verschluss zu halten. Um sie von anderer – zu öffnender – Post unterscheiden zu können, bedarf es der Beschriftung mit dem Hinweis »Schriftliche Stimmabgabe«.

711   Der Eingang eines Wahlbriefes ist in der Arbeitsliste zu vermerken; hierfür ist der Name des Absenders auf dem Freiumschlag erforderlich.

10. Niederschrift Wahlergebnis Wahl der Delegierten

Vorbemerkung

712   _Die Betriebswahlvorstände ermitteln, für jeden Wahlgang gesondert, die in ihren Betrieben gewählten Delegierten und halten die Wahlergebnisse in einer Niederschrift fest (§§ 67, 71 2. WOMitbestG, §§ 61, 65 1. WOMitbestG, §§ 67, 71 3. WOMitbestG)._

▶ **Muster – Niederschrift Wahlergebnis Wahl der Delegierten**

Betriebswahlvorstand [1]

Aufsichtsratswahl

[Unternehmen]

Niederschrift über die Wahl der Delegierten

im Betrieb ____[Betrieb]____

1. Wahlgang für die Wahl der Delegierten der leitenden Angestellten [optional: der Arbeitnehmer gemäß § 3 Abs. 1 Ziff. 1 MitbestG] [2]

abgegebene Stimmen	
gültige Stimmen	
ungültige Stimmen	

Auf die einzelnen Wahlvorschläge entfiel die folgende Zahl Stimmen:

Liste 1 ____[Kennwort]____	
Liste 2 ____[Kennwort]____	
…	

Aus diesen Zahlen berechnen sich die Höchstzahlen und die Verteilung der Mandate auf die Listen wie folgt: [3]

Liste 1	Liste 2	Liste ____
[für diese Liste abgegebene Stimmen]	[für diese Liste abgegebene Stimmen]	
: 1 = ____[Quotient]____	: 1 = ____[Quotient]____	
: 2 = ____[Quotient]____	: 2 = ____[Quotient]____	
: 3 = ____[Quotient]____	: 3 = ____[Quotient]____	
: 4 = ____[Quotient]____	: 4 = ____[Quotient]____	
…	…	

Somit entfallen auf die einzelnen Listen die folgende Anzahl von Mandaten:

Liste 1 ____[Kennwort]____	
Liste 2 ____[Kennwort]____	
…	

Als Delegierte der leitenden Angestellten [optional: der Arbeitnehmer gemäß § 3 Abs. 1 Ziff. 1 MitbestG] wurden gewählt:

aus Liste 1	[Vorname, Name, Anschrift]
	[Vorname, Name, Anschrift]
	[Vorname, Name, Anschrift]
	…

W. Wahl der Arbeitnehmervertreter in den Aufsichtsrat

aus Liste 2	[Vorname, Name, Anschrift]
	[Vorname, Name, Anschrift]
	[Vorname, Name, Anschrift]
	…

…

Ersatzmitglieder [4] der Delegierten ihrer Liste sind:

aus Liste 1	[Vorname, Name, Anschrift]
	[Vorname, Name, Anschrift]
	[Vorname, Name, Anschrift]
	…
aus Liste 2	[Vorname, Name, Anschrift]
	[Vorname, Name, Anschrift]
	[Vorname, Name, Anschrift]
	…

…

2. Wahlgang für die Wahl der Delegierten der Arbeitnehmer gemäß § 3 Abs. 1 Ziff. 1 MitbestG [optional: der leitenden Angestellten]. [5]

   Es wurde nur ein gültiger Wahlvorschlag eingereicht. Gemäß § 10 Abs. 4 MitbestG, § 68 Abs. 1 2. WOMitbestG [optional: § 62 Abs. 1 1. WOMitbestG, § 68 Abs. 1 3. WOMitbestG] gelten daher als gewählt: [6]

   1. [Vorname, Name, Anschrift]
   2. [Vorname, Name, Anschrift]
   3. [Vorname, Name, Anschrift]

   …

   Ersatzdelegierte sind:

   1. [Vorname, Name, Anschrift]
   2. [Vorname, Name, Anschrift]
   3. [Vorname, Name, Anschrift]

   …

3. Besondere Zwischenfälle oder sonstige Ereignisse während der Wahl: _____ [7]

[Ort, Datum]

Der Betriebswahlvorstand

———————

(Unterschriften des Betriebswahlvorstandsvorsitzenden sowie eines weiteren Mitgliedes des Betriebswahlvorstandes)

Erläuterungen

1. Bei Wahlen nach der 2. **oder** 3. **WOMitbestG** übermittelt der Betriebswahlvorstand die Wahlniederschrift unverzüglich dem Unternehmenswahlvorstand (Hauptwahlvorstand) eingeschrieben, fernschriftlich oder durch Boten (§ 71 Abs. 2 2. WOMitbestG, § 71 Abs. 2 3. WOMitbestG). 714

2. Es wird fingiert, dass in diesem Wahlgang mehrere gültige Wahlvorschläge eingegangen sind. 715

[unbelegt] 716

3. § 67 2. WOMitbestG (§ 61 1. WOMitbestG, § 67 3. WOMitbestG) erläutert die **Rechnung** zur Ermittlung der gewählten Delegierten für Wahlgänge in denen mehrere Wahlvorschläge eingegangen sind. 717

4. Vgl. zur Ermittlung der Ersatzdelegierten W Rdn. 684. 718

5. Es wird fingiert, dass in diesem Wahlgang lediglich ein gültiger Wahlvorschlag eingegangen ist (vgl. zur sog. »**Friedenswahl**« W Rdn. 696). 719

6. Gemäß § 68 Abs. 2 2. WOMitbestG (§ 62 Abs. 2 1. WOMitbestG, § 68 Abs. 2 3. WOMitbestG) stellt der Betriebswahlvorstand unverzüglich nach Abschluss der Wahl der Delegierten fest, welche Delegierten gemäß § 68 Abs. 1 2. WOMitbestG (§ 68 Abs. 1 3. WOMitbestG) als gewählt gelten. 720

7. Hier genügt in aller Regel der Vermerk »keine«. 721

11. Bekanntmachung Wahlergebnis Wahl der Delegierten

Vorbemerkung

Jeder Betriebswahlvorstand macht das Wahlergebnis und die Namen der gewählten Delegierten seines Betriebes in seinem Betrieb bekannt (§ 72 Abs. 1 2. WOMitbestG, § 66 Abs. 1 1. WOMitbestG, § 72 Abs. 1 3. WOMitbestG). 722

▶ **Muster – Bekanntmachung Wahlergebnis Wahl der Delegierten**

Betriebswahlvorstand 723

Ausgehängt am ____[Datum]____ 1
Eingezogen am ____[Datum]____ 2

Aufsichtsratswahl
[Unternehmen]

Bekanntmachung des Wahlergebnisses

Wahl der Delegierten
im Betrieb ____[Betrieb]____

1. Wahlgang für die Wahl der Delegierten der leitenden Angestellten [optional: der Arbeitnehmer gemäß § 3 Abs. 1 Ziff. 1 MitbestG] [3]

abgegebene Stimmen	
gültige Stimmen	
ungültige Stimmen	

W. Wahl der Arbeitnehmervertreter in den Aufsichtsrat

Auf die einzelnen Wahlvorschläge entfiel die folgende Zahl Stimmen:

Liste 1	[Kennwort]	
Liste 2	[Kennwort]	
...		

Aus diesen Zahlen berechnen sich die Höchstzahlen und die Verteilung der Mandate auf die Listen wie folgt:

Liste 1
[für diese Liste abgegebene Stimmen]

: 1 = _____[Quotient]_____
: 2 = _____[Quotient]_____
: 3 = _____[Quotient]_____
: 4 = _____[Quotient]_____
...

Liste 2
[für diese Liste abgegebene Stimmen]

: 1 = _____[Quotient]_____
: 2 = _____[Quotient]_____
: 3 = _____[Quotient]_____
: 4 = _____[Quotient]_____
...

Liste _____

Somit entfallen auf die einzelnen Listen die folgende Anzahl von Mandaten:

Liste 1	[Kennwort]	
Liste 2	[Kennwort]	
...		

Als Delegierte der leitenden Angestellten [optional: der Arbeitnehmer gemäß § 3 Abs. 1 Ziff. 1 MitbestG] sind gewählt:

aus Liste 1	[Vorname, Name, Anschrift]
	[Vorname, Name, Anschrift]
	[Vorname, Name, Anschrift]
	...
aus Liste 2	[Vorname, Name, Anschrift]
	[Vorname, Name, Anschrift]
	[Vorname, Name, Anschrift]
	...

...

Ersatzmitglieder [4] der Delegierten ihrer Liste sind:

aus Liste 1	[Vorname, Name, Anschrift]
	[Vorname, Name, Anschrift]
	[Vorname, Name, Anschrift]
	...
aus Liste 2	[Vorname, Name, Anschrift]
	[Vorname, Name, Anschrift]

	[Vorname, Name, Anschrift]
	...

...

2. Wahlgang für die Wahl der Delegierten der Arbeitnehmer gemäß § 3 Abs. 1 Ziff. 1 MitbestG [optional: der leitenden Angestellten]. [5]

   Es wurde nur ein gültiger Wahlvorschlag eingereicht. Gemäß § 10 Abs. 4 MitbestG, § 68 Abs. 1 2. WOMitbestG [optional: § 62 Abs. 1 1. WOMitbestG, § 68 Abs. 1 3. WOMitbestG] gelten daher als gewählt:

   1. [Vorname, Name, Anschrift]
   2. [Vorname, Name, Anschrift]
   3. [Vorname, Name, Anschrift]
   ...

   Ersatzdelegierte sind:
   1. [Vorname, Name, Anschrift]
   2. [Vorname, Name, Anschrift]
   3. [Vorname, Name, Anschrift]
   ...

3. Besondere Zwischenfälle oder sonstige Ereignisse während der Wahl: _____ [6]

   [Ort, Datum]

Der Betriebswahlvorstand

_____

(Unterschriften des Betriebswahlvorstandsvorsitzenden sowie eines weiteren Mitgliedes des Betriebswahlvorstandes)

Erläuterungen

1. Der Betriebswahlvorstand macht das Wahlergebnis unverzüglich nach Feststellung desselben bekannt (§ 72 Abs. 1 2. WOMitbestG, § 66 Abs. 1 1. WOMitbestG, § 72 Abs. 1 3. WOMitbestG).   724

2. Die Bekanntmachung bleibt zwei Wochen ausgehängt (§ 72 Abs. 1 2. WOMitbestG, § 66 Abs. 1 1. WOMitbestG, § 72 Abs. 1 3. WOMitbestG).   725

3. Es wird fingiert, dass in diesem Wahlgang mehrere gültige Wahlvorschläge eingegangen sind.   726

4. Vgl. zur Ermittlung der Ersatzdelegierten W Rdn. 684.   727

5. Es wird fingiert, dass in diesem Wahlgang lediglich ein gültiger Wahlvorschlag eingegangen ist (vgl. zur sog. »Friedenswahl« W Rdn. 696).   728

6. Siehe W Rdn. 721.   729

12. Benachrichtigung der gewählten Delegierten von ihrer Wahl

Vorbemerkung

730 Die Betriebswahlvorstände **benachrichtigen** die **Gewählten** schriftlich von ihrer Wahl (§ 72 Abs. 2 Satz 1 2. WOMitbestG, § 66 Abs. 2 Satz 1 1. WOMitbestG, § 72 Abs. 2 Satz 1 3. WOMitbestG).

▶ Muster – Benachrichtigung der gewählten Delegierten von ihrer Wahl

731 Betriebswahlvorstand

_____[Name]_____

_____[Anschrift des gewählten Delegierten]_____

_____[Datum]_____

Ihre Wahl zum Delegierten für die Wahl der Arbeitnehmer in den Aufsichtsrat der _____[Unternehmen]_____

Mitteilung gemäß § 72 Abs. 2 2. WOMitbestG
[optional: § 66 Abs. 2 1. WOMitbestG/§ 72 Abs. 2 3. WOMitbestG]

Sehr geehrte(r) Frau/Herr _____[Name]_____,

es wird mitgeteilt, dass Sie bei der Wahl der Delegierten für die Wahl der Arbeitnehmer in den Aufsichtsrat der _____[Unternehmen]_____ zum Delegierten der Arbeitnehmer gemäß § 3 Abs. 1 Ziff. 1 MitbestG [oder: der leitenden Angestellten] gewählt wurden. Sie haben in der Delegiertenversammlung in jedem Wahlgang _____[Anzahl der Stimmen]_____ Stimmen.

Der Unternehmenswahlvorstand [1] hat gemäß § 55 2. WOMitbestG [optional: § 51 1. WOMitbestG/§ 55 3. WOMitbestG) beschlossen, dass Sie auch als Delegierter an der Wahl der Arbeitnehmer in den Aufsichtsrat der _____[Unternehmen]_____ teilnehmen, sofern auch diese durch Delegierte gewählt werden. [2]

Mit freundlichen Grüßen

Der Betriebswahlvorstand

_____

(Unterschriften des Betriebswahlvorstandsvorsitzenden sowie eines weiteren Mitgliedes des Betriebswahlvorstandes)

Erläuterungen

732 **1.** Für die 1. WOMitbestG: »Betriebswahlvorstand«.

733 Für die 3. WOMitbestG: »Hauptwahlvorstand«.

734 **2.** Wurde ein solcher Beschluss gefasst, so sind die betroffenen Delegierten hierüber zu informieren (§ 72 Abs. 2 Satz 2 2. WOMitbestG, § 66 Abs. 2 Satz 2 1. WOMitbestG, § 72 Abs. 2 Satz 2 3. WOMitbestG). Wurde ein solcher Beschluss nicht gefasst, ist dieser Absatz zu streichen.

13. Delegiertenliste (unternehmensweit)

Vorbemerkung

Zur Vorbereitung auf die Delegiertenversammlung erstellt der Unternehmenswahlvorstand (1. WOMitbestG: Betriebswahlvorstand; 3. WOMitbestG: Hauptwahlvorstand) die **Delegiertenliste**. § 75 2. WOMitbestG (§ 69 1. WOMitbestG, § 75 3. WOMitbestG) regelt, welche Angaben diese Liste enthalten muss. 735

An der **Delegiertenversammlung** können nur diejenigen Delegierten teilnehmen, die in der Delegiertenliste eingetragen sind (§ 75 Abs. 1 Satz 2 i.V.m. § 8 Abs. 3 2. WOMitbestG, § 69 Abs. 1 Satz 2 i.V.m. § 8 Abs. 3 1. WOMitbestG, § 75 Abs. 1 Satz 2 i.V.m. § 8 Abs. 3 3. WOMitbestG). 736

▶ **Muster – Delegiertenliste (unternehmensweit)**

Delegiertenliste ¹/Arbeitsfassung der Delegiertenliste ² 737

Aufsichtsratswahl [Unternehmen]
Druckdatum: _____

Delegierte der Arbeitnehmer gemäß § 3 Abs. 1 Ziff. 1 MitbestG

Lfd.Nr.	Name	Vorname	Anzahl der Stimmen ³

Delegierte der leitenden Angestellten

Lfd.Nr.	Name	Vorname	Anzahl der Stimmen

Erläuterungen

738 **1.** § 75 Abs. 1 Satz 2 i.V.m. § 8 Abs. 1 Satz 2 2. WOMitbestG (§ 69 Abs. 1 Satz 2 i.V.m. § 8 Abs. 1 Satz 2 1. WOMitbestG, § 75 Abs. 1 Satz 2 i.V.m. § 8 Abs. 1 Satz 2 3. WOMitbestG) sieht vor, dass die **Delegiertenliste** die Delegierten, getrennt nach Arbeitnehmern gemäß § 3 Abs. 1 Ziff. 1 MitbestG und leitenden Angestellten in alphabetischer Reihenfolge mit Namen, Vornamen und Geburtsdatum aufführen muss. Da die Liste jedoch den Delegierten und wohl auch allen anderen Arbeitnehmern bis zum Ende des Wahlverfahrens jederzeit zugänglich sein muss und die Geburtsdaten der Arbeitnehmer dem Datenschutz unterliegen, ist es ausreichend, wenn die Delegiertenliste lediglich, nach Arbeitnehmern gemäß § 3 Abs. 1 Ziff. 1 MitbestG und leitenden Angestellten getrennt, alphabetisch geordnet die Namen und Vornamen der Arbeitnehmer enthält. Gemäß § 75 Abs. 2 2. WOMitbestG (§ 69 Abs. 2 1. WOMitbestG, § 75 Abs. 2 3. WOMitbestG) ist darüber hinaus hinter dem Namen jedes Delegierten zu vermerken, wie viele Stimmen er hat (vgl. dazu W Rdn. 742, 624).

739 Die Delegiertenlisten dienen in erster Linie den Delegierten als Kontrolle, ob sie als in der Delegiertenversammlung wahlberechtigt geführt werden.

740 Die Wählerlisten können in elektronischer Form geführt werden. Es muss jedoch sichergestellt sein, dass nur der Unternehmenswahlvorstand (1. WOMitbestG: Betriebswahlvorstand; 3. WOMitbestG: Hauptwahlvorstand) Änderungen am Dokument vornehmen kann (§ 75 Abs. 1 Satz 2 i.V.m. § 8 Abs. 1 Satz 3 2. WOMitbestG, § 69 Abs. 1 Satz 2 i.V.m. § 8 Abs. 1 Satz 3 1. WOMitbestG, § 75 Abs. 1 Satz 2 i.V.m. § 8 Abs. 1 Satz 3 3. WOMitbestG).

741 **2.** Die **Arbeitsfassung der Delegiertenliste** ist eine erweiterte Wählerliste. Die enthaltenen Informationen können dem Bedarf des Unternehmenswahlvorstandes (1. WOMitbestG: Betriebswahlvorstand; 3. WOMitbestG: Hauptwahlvorstand) angepasst und während des Wahlverfahrens jederzeit ergänzt werden. Aus diesem Grund macht es Sinn, die Arbeitsfassung in elektronischer Form zu führen. In der Arbeitsfassung müssen, neben Namen, Vornamen und Anzahl der Stimmen auch die Geburtsdaten der Arbeitnehmer enthalten sein (§ 75 Abs. 1 Satz 2 i.V.m. § 8 Abs. 1 2. WOMitbestG, § 69 Abs. 1 Satz 2 i.V.m. § 8 Abs. 1 1. WOMitbestG, § 75 Abs. 1 Satz 2 i.V.m. § 8 Abs. 1 3. WOMitbestG).

742 **3.** Die Anzahl der Stimmen der einzelnen Delegierten wurde zeitgleich mit der Ermittlung der Zahl der Delegierten in den einzelnen Betrieben errechnet (vgl. W Rdn. 624).

14. Mitteilung an die Delegierten – Einladung zur Delegiertenversammlung

Vorbemerkung

743 Die **Delegierten** werden mit der Mitteilung an die Delegierten gemäß § 77 Abs. 1 2. WOMitbestG (§ 71 Abs. 1 1. WOMitbestG, § 77 Abs. 1 3. WOMitbestG) zur Wahl **eingeladen**.

► Muster – Mitteilung an die Delegierten – Einladung zur Delegiertenversammlung

Unternehmenswahlvorstand [1]   744

__[Name]__

[Anschrift des Delegierten/Ersatzdelegierten]

__[Datum]__ [2]

Mitteilung an die Delegierten gemäß § 77 Abs. 1 2. WOMitbestG

1. Die Delegiertenversammlung findet statt:

    Tag: __[Datum]__ [3]

    Uhrzeit: _____

    Ort: _____

    Die öffentliche Stimmenauszählung findet am Ort und im Anschluss der Delegiertenversammlung um _____ Uhr statt. [4]

2. An der Wahl und an Abstimmungen können nur Delegierte teilnehmen, die in der Delegiertenliste eingetragen sind.

3. Die Einsichtnahme in die Delegiertenliste, das Mitbestimmungsgesetz und die 2. Wahlordnung des Mitbestimmungsgesetzes (2. WOMitbestG) [optional: 1. Wahlordnung des Mitbestimmungsgesetzes (1. WOMitbestG) 3. Wahlordnung des Mitbestimmungsgesetzes (3. WOMitbestG)] wird in der Delegiertenversammlung ermöglicht.

4. Einsprüche gegen die Richtigkeit der Delegiertenliste können vor Beginn der Stimmabgabe beim Unternehmenswahlvorstand eingelegt werden. [5]

5. Ihnen stehen in der Delegiertenversammlung __[Anzahl der Stimmen der Delegierten]__ Stimmen zu. [6]

6. Die Stimmabgabe ist an Wahlvorschläge gebunden. [7]

7. Die Aufsichtsratsmitglieder der Arbeitnehmer werden von allen Delegierten gewählt.

8. Die Anschrift des Unternehmenswahlvorstandes lautet:

    [Unternehmen]

    Unternehmenswahlvorstand

    [Anschrift des Unternehmenswahlvorstandes]

Der Unternehmenswahlvorstand

_____

(Unterschriften des Unternehmenswahlvorstandsvorsitzenden sowie eines weiteren Mitgliedes des Unternehmenswahlvorstandes)

Erläuterungen

1. Für die **1. WOMitbestG**: Im Muster ist das Wort »Unternehmenswahlvorstand« durch das Wort »Betriebswahlvorstand« zu ersetzen. (vgl. W Rdn. 13, 184).   745

Für die **3. WOMitbestG**: Im Muster ist das Wort »Unternehmenswahlvorstand« durch das Wort »Hauptwahlvorstand« zu ersetzen (vgl. W Rdn. 14, 128).   746

Der Unternehmenswahlvorstand (1. WOMitbestG: Betriebswahlvorstand, 3. WOMitbestG: Hauptwahlvorstand) übermittelt diese Mitteilung gegen Empfangsbekenntnis oder durch **eingeschriebenen Brief** an jeden einzelnen Delegierten (§ 77 Abs. 1 Satz 2 2. WOMitbestG, § 71 Abs. 1 Satz 2 1. WOMitbestG, § 77 Abs. 1 Satz 2 3. WOMitbestG). Stellt sich heraus, dass ein   747

W. Wahl der Arbeitnehmervertreter in den Aufsichtsrat

Delegierter nicht mehr im Amt oder am Tag des Delegiertenversammlung verhindert ist, so erhält der entsprechende Ersatzdelegierte die Mitteilung (§ 77 Abs. 3 und 4 2. WOMitbestG, § 71 Abs. 3 und 4 1. WOMitbestG, § 77 Abs. 3 und 4 3. WOMitbestG).

748 Der Unternehmenswahlvorstand (1. WOMitbestG: Betriebswahlvorstand, 3. WOMitbestG: Hauptwahlvorstand) übersendet Kopien der Mitteilung an die Betriebswahlvorstände, das Unternehmen und die im Unternehmen vertretenen Gewerkschaften (§ 77 Abs. 2 2. WOMitbestG, § 71 Abs. 2 1. WOMitbestG, § 77 Abs. 2 3. WOMitbestG).

749 **2.** Die Mitteilung ist den Delegierten **spätestens zwei Wochen** vor dem Tag der **Delegiertenversammlung** zu übermitteln (§ 77 Abs. 1 Satz 1 2. WOMitbestG, § 71 Abs. 1 Satz 1 1. WOMitbestG, § 77 Abs. 1 Satz 1 3. WOMitbestG).

750 **3.** Die Delegiertenversammlung soll **spätestens vier Wochen nach der Wahl der Delegierten** (§ 68 Abs. 2 1. WOMitbestG) bzw. nach dem Zeitpunkt stattfinden, bis zu dem die Betriebswahlvorstände dem Unternehmenswahlvorstand (3. WOMitbestG: Hauptwahlvorstand) die Ergebnisse der Wahl der Delegierten gemäß § 58 Abs. 1 Ziff. 6 2. WOMitbestG (§ 58 Abs. 1 Ziff. 6 3. WOMitbestG) mitzuteilen hatte (§ 74 Abs. 2 Satz 1 2. WOMitbestG, § 74 Abs. 2 Satz 1 3. WOMitbestG).

751 Sind in dem Unternehmen keine Delegierten zu wählen (§ 54 2. WOMitbestG, § 50 1. WOMitbestG, § 54 3. WOMitbestG), so soll die Delegiertenversammlung spätestens vier Wochen vor dem Beginn der Amtszeit der zu wählenden Aufsichtsratsmitglieder der Arbeitnehmer stattfinden (§ 74 Abs. 2 Satz 2 2. WOMitbestG, § 68 Abs. 2 Satz 2 1. WOMitbestG, § 74 Abs. 2 Satz 2 3. WOMitbestG).

752 **4.** Die Wahlordnungen sehen vor, dass die Stimmauszählung unverzüglich nach Abschluss der Wahl stattfindet (§ 82 Abs. 1 2. WOMitbestG, § 76 Abs. 1 1. WOMitbestG, § 82 Abs. 1 3. WOMitbestG).

753 **5.** Die Behandlung von **Einsprüchen gegen die Delegiertenliste** regelt § 76 2. WOMitbestG (§ 70 1. WOMitbestG, § 76 3. WOMitbestG) abschließend.

754 **6.** Die Anzahl der Stimmen der einzelnen Delegierten wurde zeitgleich mit der Ermittlung der Zahl der Delegierten in den einzelnen Betrieben errechnet (vgl. W Rdn. 624).

754.1 **7.** Findet die Wahl unter **Beachtung der Geschlechterquote** statt (vgl. dazu W Rdn. 7.1 ff.), ist, im Falle der **Gesamterfüllung** folgende neue Ziffer 7 (die Bezifferung der nachfolgenden Absätze ist entsprechend anzupassen) einzufügen:

754.2 *Alternative:*

Gem. § 96 Abs. 2 Satz 1 AktG muss sich der Aufsichtsrat zu mindestens 30 % aus Frauen und zu mindestens 30 % aus Männern zusammensetzen. Dementsprechend müssen im Aufsichtsrat unseres Unternehmens mindestens jeweils ____[Anzahl]____ Männer bzw. Frauen vertreten sein. Der Geschlechteranteil ist vom Aufsichtsrat insgesamt zu erfüllen (§ 96 Abs. 2 Satz 2 AktG; Gesamterfüllung).

754.3 Wurde im Aufsichtsrat ein Beschluss zur **Getrennterfüllung** gefasst (vgl. dazu W Rdn. 7.4), ist folgende neue Ziffer 7 (die Bezifferung der nachfolgenden Absätze ist entsprechend anzupassen) einzufügen:

754.4 *Alternative:*

Gem. § 96 Abs. 2 Satz 1 AktG muss sich der Aufsichtsrat zu mindestens 30 % aus Frauen und zu mindestens 30 % aus Männern zusammensetzen. Der Aufsichtsrat hat in seiner Sitzung vom ____[Datum]____ der Gesamterfüllung widersprochen. Aus diesem Grund ist der Geschlechteranteil für diese Wahl von der Anteilseignerseite und der Seite der Arbeitnehmer gem. § 96 Abs. 2 Satz 3 AktG getrennt zu erfüllen (Getrennterfüllung). Dementsprechend sind zur Erreichung des Ge-

schlechteranteils nach § 7 Abs. 3 MitbestG i.V.m. § 96 Abs. 2 Satz 4 AktG jeweils mindestens ___[Anzahl]___ Frauen bzw. Männer als Aufsichtsratsmitglieder der Arbeitnehmer zu wählen.

Sofern der Geschlechteranteil nach § 7 Abs. 3 MitbestG bei der Wahl nicht erreicht wurde, ist § 18a des MitbestG anzuwenden. In diesem Fall ist der vorgeschriebene Geschlechteranteil im Wege der gerichtlichen Ersatzbestellung nach § 104 AktG oder mittels Nachwahl herzustellen.

15. Stimmzettel für die Delegiertenversammlung

Vorbemerkung

Die Delegierten wählen die Arbeitnehmervertreter in der **Delegiertenversammlung** (§ 74 Abs. 1 2. WOMitbestG, § 68 Abs. 1 1. WOMitbestG, § 74 Abs. 1 3. WOMitbestG). Der Ablauf der Delegiertenversammlung ist weder im Mitbestimmungsgesetz noch in seinen Wahlordnungen geregelt (vgl. hierzu ausführlich *Fuchs/Köstler/Pütz* Rn. 389 ff., 549 ff., 691 ff.). 755

Die **Stimmzettel**, auf denen die **Delegierten ihre Stimme abgeben**, entsprechen denjenigen der unmittelbaren Wahl (vgl. §§ 78, 81, 84 2. WOMitbestG, §§ 72, 75, 78 1. WOMitbestG, §§ 78, 81, 84 3. WOMitbestG). Hat ein **Delegierter mehrere Stimmen**, so gibt er für jede Stimme einen Stimmzettel ab (§§ 78 Abs. 1 Satz 3, 81 Abs. 1 Satz 4, 84 Abs. 1 Satz 2 2.WOMitbestG, §§ 72 Abs. 1 Satz 3, 75 Abs. 1 Satz 4, 78 Abs. 1 Satz 2 1. WOMitbestG, §§ 78, Abs. 1 Satz 3, 81 Abs. 1 Satz 4, 84 Abs. 1 Satz 2 3. WOMitbestG). 756

Der Unternehmenswahlvorstand (1. WOMitbestG: Betriebswahlvorstand, 3. WOMitbestG: Hauptwahlvorstand) kann beschließen, dass die Stimmzettel nicht wie in § 17 Abs. 3 2. WOMitbestG (§ 16 Abs. 3 1. WOMitbestG, § 17 Abs. 3 3. WOMitbestG) vorgesehen gefaltet, sondern statt dessen ungefaltet und in **Wahlumschlägen** in die Wahlurne einzuwerfen sind, wenn das vorgesehene Verfahren der Stimmauszählung ungefaltete Stimmzettel erfordert (§ 78 Abs. 5 2. WOMitbestG, § 72 Abs. 5 1. WOMitbestG, § 78 Abs. 5 3. WOMitbestG). Die Wahlunterlagen sind dann entsprechend anzupassen. 757

▶ **Muster – Stimmzettel für die Delegiertenversammlung**

Stimmzettel für die Wahl – Persönlichkeitswahl	vgl. Muster W.VII.3. – W Rdn. 514–527	758
Stimmzettel für die Wahl – Listenwahl	vgl. Muster W.VII.4. – W Rdn. 528–534	

16. Niederschrift Wahlergebnis

Vorbemerkung

Der Unternehmenswahlvorstand (1. WOMitbestG: Betriebswahlvorstand, 3. WOMitbestG: Hauptwahlvorstand) ermittelt für jeden Wahlgang das **Wahlergebnis** (§§ 80, 83, 84 Abs. 3 Satz 3 2. WOMitbestG, §§ 74, 77, 78 Abs. 3 Satz 3 1. WOMitbestG, §§ 80, 83, 84 Abs. 3 Satz 3 3. WOMitbestG) und hält es in einer Wahlniederschrift fest. Der Inhalt der **Wahlniederschrift** ergibt sich aus § 85 2. WOMitbestG (§ 85 3. WOMitbestG) und entspricht dem Inhalt der Wahlniederschrift die nach der unmittelbaren Wahl anzufertigen ist (§ 51 2. WOMitbestG, § 47 1. WOMitbestG, § 51 3. WOMitbestG). 759

▶ **Muster – Niederschrift Wahlergebnis Unternehmenswahlvorstand**

Vgl. Muster W.VII.8. – W Rdn. 572–585. 760

17. Bekanntmachung Wahlergebnis

Vorbemerkung

761 Der Unternehmenswahlvorstand (1. WOMitbestG: Betriebswahlvorstand, 3. WOMitbestG: Hauptwahlvorstand) gibt das **Wahlergebnis** und die Namen der Gewählten **in der Delegiertenversammlung bekannt** (§ 86 Abs. 1 2. WOMitbestG, § 80 Abs. 1 1. WOMitbestG, § 86 Abs. 1 3. WOMitbestG). Darüber hinaus übermittelt der Unternehmenswahlvorstand (Hauptwahlvorstand) bei Wahlen nach der 2. und 3. WOMitbestG das Wahlergebnis und die Namen der Gewählten den Betriebswahlvorständen (§ 86 Abs. 2 Satz 1 2. WOMitbestG, § 86 Abs. 2 Satz 1 3. WOMitbestG). Jeder **Betriebswahlvorstand macht** das Wahlergebnis und die Namen der Gewählten unverzüglich für die Dauer von zwei Wochen **bekannt** (§ 86 Abs. 2 Satz 2 2. WOMitbestG, § 80 Abs. 1 Satz 2 1. WOMitbestG, § 86 Abs. 2 Satz 2 3. WOMitbestG). Darüber hinaus übermittelt der Unternehmenswahlvorstand (1. WOMitbestG: Betriebswahlvorstand, 3. WOMitbestG: Hauptwahlvorstand) das Wahlergebnis und die Namen der Gewählten dem Unternehmen und den im Unternehmen vertretenen **Gewerkschaften** (§ 86 Abs. 3 2. WOMitbestG, § 80 Abs. 2 1. WOMitbestG, § 86 Abs. 3 3. WOMitbestG). Inhaltlich entspricht die Bekanntmachung des Wahlergebnisses der Delegiertenwahl der Bekanntmachung des Wahlergebnisses nach der unmittelbaren Wahl (vgl. Muster W.VII.9. – W Rdn. 587–601).

▶ Muster – Bekanntmachung Wahlergebnis Unternehmenswahlvorstand

762 Vgl. Muster W.VII.9. – W Rdn. 587–601.

18. Benachrichtigung der gewählten Aufsichtsratsmitglieder von ihrer Wahl

Vorbemerkung

763 Gemäß § 86 Abs. 3 2. WOMitbestG (§ 80 Abs. 2 1. WOMitbestG, § 86 Abs. 3 3. WOMitbestG) hat der Unternehmenswahlvorstand (1. WOMitbestG: Betriebswahlvorstand, 3. WOMitbestG: Hauptwahlvorstand) die **Gewählten** von ihrer Wahl zu **benachrichtigen**. Die Benachrichtigung entspricht derjenigen der Gewählten durch die unmittelbare Wahl (§ 52 Abs. 2 2. WOMitbestG, § 48 Abs. 2 1. WOMitbestG, § 52 Abs. 2 3. WOMitbestG).

▶ Muster – Benachrichtigung der gewählten Arbeitnehmervertreter von ihrer Wahl

764 Vgl. Muster W.VII.10. – W Rdn. 602–604.

19. Bekanntmachung des Wahlergebnisses im Bundesanzeiger

Vorbemerkung

765 Das zur gesetzlichen Vertretung des Unternehmens befugte Organ hat die Namen der Mitglieder und der Ersatzmitglieder des Aufsichtsrats unverzüglich nach ihrer Bestellung in den Betrieben des Unternehmens bekannt zu machen und im Bundesanzeiger zu veröffentlichen (§ 19 Satz 1 MitbestG). Vgl. hierzu die Vorbemerkung zu Muster W.VII.11. – W Rdn. 606 ff.

▶ Muster – Bekanntmachung des Wahlergebnisses im Bundesanzeiger

766 Vgl. Muster W.VII.11. – W Rdn. 606–612.

Teil 5 Gerichtsverfahren/Mediationsverfahren

X. Arbeitsgerichtsverfahren

Inhaltsübersicht

	Rdn.
Einführung	1
I. **Mandatierung**	8
1. Allgemeine Mandatsbedingungen	10
Vorbemerkung	10
Muster: Allgemeine Mandatsbedingungen	11
Erläuterungen	12
2. Vergütungsvereinbarung mit Zeithonorar	29
Vorbemerkung	29
Muster: Vergütungsvereinbarung mit Zeithonorar	33
Erläuterungen	34
3. Vereinbarung eines Erfolgshonorars	53
Vorbemerkung	53
Muster: Vereinbarung eines Erfolgshonorars	58
Erläuterungen	59
4. Haftungsbegrenzung	66
Vorbemerkung	66
Muster: Haftungsbegrenzung	69
Erläuterungen	70
II. **Korrespondenz mit der Rechtsschutzversicherung**	86
1. Deckungsanfrage	87
Vorbemerkung	87
Muster: Deckungsanfrage	90
Erläuterungen	91
2. Abrechnung außergerichtliche Tätigkeit	99
Vorbemerkung	99
Muster: Abrechnung außergerichtliche Tätigkeit	100
Erläuterungen	101
3. Abrechnung gerichtliche Tätigkeit	109
Vorbemerkung	109
Muster: Abrechnung gerichtliche Tätigkeit	110
Erläuterungen	111
III. **Prozessuales**	118
1. Allgemeine Prozessvollmacht	119
Vorbemerkung	119
Muster: Allgemeine Prozessvollmacht	120
Erläuterungen	121
2. Terminsvollmacht gemäß § 141 Abs. 3 Satz 2 ZPO	123
Vorbemerkung	123
Muster: Terminsvollmacht gemäß § 141 Abs. 3 Satz 2 ZPO	124
Erläuterungen	125
3. Bestellungsschriftsatz mit Terminsverlegungsantrag	131
Vorbemerkung	131
Muster: Bestellungsschriftsatz mit Terminsverlegungsantrag	132
Erläuterungen	133
4. Antrag auf Prozesskostenhilfe und Beiordnung eines Rechtsanwalts	148
Vorbemerkung	148
Muster: Antrag auf Prozesskostenhilfe und Beiordnung eines Rechtsanwalts	151
Erläuterungen	152
5. Anzeige einer Mandatsniederlegung	169
Vorbemerkung	169
Muster: Anzeige der Mandatsniederlegung	170
Erläuterungen	171

X. Arbeitsgerichtsverfahren

		Rdn.
6.	Fristverlängerungsantrag	175
	Vorbemerkung	175
	Muster: Fristverlängerungsantrag	177
	Erläuterungen	178
7.	Einspruch gegen ein Versäumnisurteil	186
	Vorbemerkung	186
	Muster: Einspruch gegen ein Versäumnisurteil	187
	Erläuterungen	188
8.	Antrag auf Wiedereinsetzung in den vorigen Stand bei Versäumung der Einspruchsfrist gegen einen Vollstreckungsbescheid	197
	Vorbemerkung	197
	Muster: Antrag auf Wiedereinsetzung in den vorigen Stand bei Versäumung der Einspruchsfrist gegen einen Vollstreckungsbescheid	204
	Erläuterungen	205
9.	Antrag auf Aussetzung des Verfahrens	210
	Vorbemerkung	210
	Muster: Antrag auf Aussetzung des Verfahrens	214
10.	Antrag auf Gegenstandswertfestsetzung	215
	Vorbemerkung	215
	Muster: Antrag auf Gegenstandswertfestsetzung	219
	Erläuterungen	220
11.	Einfache fristgebundene Beschwerde gegen Gegenstandswertfestsetzung	223
	Vorbemerkung	223
	Muster: Einfache fristgebundene Beschwerde gegen die Gegenstandswertfestsetzung	225
	Erläuterungen	226
12.	Antrag auf Verweisung an einen anderen Rechtsweg (Rüge der Rechtswegzuständigkeit)	231
	Vorbemerkung	231
	Muster: Antrag auf Verweisung an einen anderen Rechtsweg	233
	Erläuterungen	233.1
13.	Sofortige Beschwerde gegen Vorabentscheidung über Rechtsweg	234
	Vorbemerkung	234
	Muster: Sofortige Beschwerde gegen Vorabentscheidung über Rechtsweg	235
	Erläuterungen	235.1
14.	Antrag auf Protokollberichtigung	236
	Vorbemerkung	236
	Muster: Antrag auf Protokollberichtigung	237
	Erläuterungen	238
15.	Tatbestandsberichtigungsantrag	241
	Vorbemerkung	241
	Muster: Tatbestandsberichtigungsantrag	244
	Erläuterungen	245
IV.	**Urteilsverfahren 1. Instanz**	247
1.	Die Kündigungsschutzklage (ordentliche Kündigung)	247
	Vorbemerkung	247
	Muster: Kündigungsschutzklage (ordentliche Kündigung)	252
	Erläuterungen	253
2.	Die Kündigungsschutzklage (außerordentliche und ggf. hilfsweise ordentliche Kündigung)	276
	Vorbemerkung	276
	Muster: Kündigungsschutzklage (außerordentliche und ggf. hilfsweise ordentliche Kündigung)	277
	Erläuterungen	278
3.	Erwiderung auf die Kündigungsschutzklage – Betriebsbedingte Kündigung	287
	Vorbemerkung	287
	Muster: Erwiderung auf Kündigungsschutzklage bei betriebsbedingter Kündigung	289
	Erläuterungen	290

		Rdn.
4.	Erwiderung auf die Kündigungsschutzklage – Personenbedingte Kündigung	299
	Vorbemerkung	299
	Muster: Erwiderung auf die Kündigungsschutzklage – Personenbedingte Kündigung	301
	Erläuterungen	302
5.	Erwiderung auf die Kündigungsschutzklage – Verhaltensbedingte Kündigung	307
	Vorbemerkung	307
	Muster: Erwiderung auf die Kündigungsschutzklage bei verhaltensbedingter Kündigung	309
	Erläuterungen	310
6.	Änderungsschutzklage	313
	Vorbemerkung	313
	Muster: Änderungsschutzklage	316
	Erläuterungen	317
7.	Klage gegen die Wirksamkeit einer Befristung oder Bedingung des Arbeitsverhältnisses	328
	Vorbemerkung	328
	Muster: Klage gegen die Wirksamkeit einer Befristung oder Bedingung des Arbeitsverhältnisses	332
	Erläuterungen	333
8.	Stufenklage	345
	Vorbemerkung	345
	Muster: Stufenklage	350
	Erläuterungen	351
9.	Klage auf Zustimmung zur Reduzierung der Arbeitszeit	352
	Vorbemerkung	352
	Muster: Klage auf Zustimmung zur Reduzierung der Arbeitszeit	353
	Erläuterungen	354
10.	Klage auf Feststellung einer Arbeitszeitreduzierung	360
	Vorbemerkung	360
	Muster: Klage auf Feststellung einer Arbeitszeitreduzierung	361
	Erläuterungen	362
11.	Klageerwiderung Arbeitszeitreduzierung	368
	Vorbemerkung	368
	Muster: Klageerwiderung Arbeitszeitreduzierung	369
	Erläuterungen	370
12.	Klage eines Teilzeitbeschäftigten auf Gleichbehandlung	374
	Vorbemerkung	374
	Muster: Klage eines Teilzeitbeschäftigten auf Gleichbehandlung	375
	Erläuterungen	376
13.	Eingruppierungsklage	377
	Vorbemerkung	377
	Muster: Eingruppierungsklage	378
	Erläuterungen	379
14.	Klage auf Zeugniserteilung	383
	Vorbemerkung	383
	Muster: Klage auf Zeugniserteilung	385
	Erläuterungen	386
15.	Klage auf Zeugnisberichtigung	391
	Vorbemerkung	391
	Muster: Klage auf Zeugnisberichtigung	392
	Erläuterungen	393
16.	Klage auf Zahlung einer Entschädigung wegen Diskriminierung	395
	Vorbemerkung	395
	Muster: Klage auf Zahlung einer Entschädigung wegen Diskriminierung	396
	Erläuterungen	397
V.	**Urteilsverfahren 2. Instanz (Berufung)**	404
1.	Einlegung der Berufung	404
	Vorbemerkung	404
	Muster: Einlegung der Berufung	407
	Erläuterungen	408

X. Arbeitsgerichtsverfahren

		Rdn.
2.	Begründung der Berufung	416
	Vorbemerkung	416
	Muster: Begründung der Berufung	418
	Erläuterungen	419
3.	Beantwortung der Berufung	434
	Vorbemerkung	434
	Muster: Beantwortung der Berufung	435
	Erläuterungen	436
4.	Anschlussberufung	444
	Vorbemerkung	444
	Muster: Anschlussberufung	447
	Erläuterungen	448
VI.	**Urteilsverfahren 3. Instanz (Revision)**	**455**
1.	Einlegung der Revision	455
	Vorbemerkung	455
	Muster: Einlegung der Revision	457
	Erläuterungen	458
2.	Begründung der Revision	464
	Vorbemerkung	464
	Muster: Begründung der Revision	465
	Erläuterungen	466
3.	Beantwortung der Revision	477
	Vorbemerkung	477
	Muster: Beantwortung der Revision	478
4.	Anschlussrevision	479
	Vorbemerkung	479
	Muster: Anschlussrevision	480
	Erläuterungen	481
5.	Sprungrevision	485
	Vorbemerkung	485
	Muster: Sprungrevision	487
	Erläuterungen	488
6.	Nichtzulassungsbeschwerde – Einlegung	494
	Vorbemerkung	494
	Muster: Nichtzulassungsbeschwerde – Einlegung	497
	Erläuterungen	498
7.	Nichtzulassungsbeschwerde – Grundsatzbeschwerde	504
	Vorbemerkung	504
	Muster: Nichtzulassungsbeschwerde – Grundsatzbeschwerde	505
	Erläuterungen	506
8.	Nichtzulassungsbeschwerde – Divergenzbeschwerde	512
	Vorbemerkung	512
	Muster: Nichtzulassungsbeschwerde – Divergenzbeschwerde	513
	Erläuterungen	514
9.	Nichtzulassungsbeschwerde – Verfahrensbeschwerde	520
	Vorbemerkung	520
	Muster: Nichtzulassungsbeschwerde – Verfahrensbeschwerde	521
	Erläuterungen	522
VII.	**Beschlussverfahren 1. Instanz**	**528**
1.	Unterlassungsanträge aus § 23 Abs. 3 BetrVG	528
	Vorbemerkung	528
	Muster: Unterlassungsanträge aus § 23 Abs. 3 BetrVG	530
	Erläuterungen	531
2.	Zustimmungsersetzungsanträge nach § 99 BetrVG	539
	Vorbemerkung	539
	Muster: Zustimmungsersetzungsanträge nach § 99 BetrVG	545
	Erläuterungen	546

		Rdn.
3.	Beschlussverfahren nach § 100 ArbGG (Einsetzung Einigungsstelle)	564
	Vorbemerkung	564
	Muster: Beschlussverfahren nach § 100 ArbGG (Einsetzung Einigungsstelle)	567
	Erläuterungen	568
4.	Beschlussverfahren zur Feststellung der Unwirksamkeit eines Einigungsstellenspruchs	578
	Vorbemerkung	578
	Muster: Beschlussverfahren zur Feststellung der Unwirksamkeit eines Einigungsstellenspruchs	580
	Erläuterungen	581
5.	Beschlussverfahren zur Kostenerstattungspflicht des Arbeitgebers gegenüber Betriebsräten (insbesondere Schulungsveranstaltungen nach § 37 Abs. 6 und Abs. 7 BetrVG)	589
	Vorbemerkung	589
	Muster: Beschlussverfahren zur Kostenerstattungspflicht des Arbeitgebers gegenüber Betriebsräten (insbesondere Schulungsveranstaltungen nach § 37 Abs. 6 und Abs. 7 BetrVG)	591
	Erläuterungen	592
6.	Zustimmungsersetzungsverfahren nach § 103 BetrVG	602
	Vorbemerkung	602
	Muster: Zustimmungsersetzungsverfahren nach § 103 BetrVG	605
	Erläuterungen	606
7.	Antrag auf Entfernung eines betriebsstörenden Arbeitnehmers gemäß § 104 BetrVG	615
	Vorbemerkung	615
	Muster: Antrag auf Entfernung eines betriebsstörenden Arbeitnehmers gemäß § 104 BetrVG	616
	Erläuterungen	617
VIII.	**Beschlussverfahren 2. Instanz (Beschwerde)**	**630**
1.	Einlegung der Beschwerde	630
	Vorbemerkung	630
	Muster: Einlegung der Beschwerde	632
	Erläuterungen	633
2.	Begründung der Beschwerde	641
	Vorbemerkung	641
	Muster: Begründung der Beschwerde	642
	Erläuterungen	643
3.	Beantwortung der Beschwerde	650
	Vorbemerkung	650
	Muster: Beantwortung der Beschwerde	651
	Erläuterungen	652
4.	Beschwerde gegen eine Entscheidung nach § 100 ArbGG	656
	Vorbemerkung	656
	Muster: Beschwerde gegen eine Entscheidung nach § 100 ArbGG	657
	Erläuterungen	658
5.	Anschlussbeschwerde	661
	Vorbemerkung	661
	Muster: Anschlussbeschwerde	662
	Erläuterungen	663
IX.	**Beschlussverfahren 3. Instanz (Rechtsbeschwerde)**	**668**
1.	Einlegung der Rechtsbeschwerde	668
	Vorbemerkung	668
	Muster: Einlegung der Rechtsbeschwerde	671
	Erläuterungen	672
2.	Begründung der Rechtsbeschwerde	675
	Vorbemerkung	675
	Muster: Begründung der Rechtsbeschwerde	676
	Erläuterungen	677
3.	Beantwortung der Rechtsbeschwerde	685
	Vorbemerkung	685
	Muster: Beantwortung der Rechtsbeschwerde	686
	Erläuterungen	687

X. Arbeitsgerichtsverfahren

	Rdn.
4. Anschlussrechtsbeschwerde	689
Vorbemerkung	689
Muster: Anschlussrechtsbeschwerde	690
Erläuterungen	691
5. Nichtzulassungsbeschwerde nach § 92a ArbGG	696
Vorbemerkung	696
Muster: Nichtzulassungsbeschwerde nach § 92a ArbGG	697
Erläuterungen	698
6. Sprungrechtsbeschwerde	702
X. Einstweiliger Rechtsschutz – Antrags- und Schutzschriften	**704**
Vorbemerkung	704
1. Antrag des Arbeitnehmers auf vertragsgemäße Beschäftigung	711
Vorbemerkung	711
Muster: Antrag des Arbeitnehmers auf vertragsgemäße Beschäftigung	713
Erläuterungen	714
2. Antrag des Arbeitnehmers auf Weiterbeschäftigung gemäß § 102 Abs. 5 Satz 1 BetrVG	726
Vorbemerkung	726
Muster: Antrag des Arbeitnehmers auf Weiterbeschäftigung gemäß § 102 Abs. 5 Satz 1 BetrVG	727
Erläuterungen	728
3. Antrag auf Entbindung der Verpflichtung zur Weiterbeschäftigung nach § 102 Abs. 5 Satz 2 BetrVG	735
Vorbemerkung	735
Muster: Antrag auf Entbindung von der Verpflichtung zur Weiterbeschäftigung nach § 102 Abs. 5 Satz 2 BetrVG	736
Erläuterungen	737
4. Schutzschrift des Arbeitgebers gegen Beschäftigungsverfügung	746
Vorbemerkung	746
Muster: Schutzschrift des Arbeitgebers gegen eine Beschäftigungsverfügung	747
Erläuterungen	748
5. Antrag des Arbeitnehmers auf Zahlung von Arbeitsentgelt	751
Vorbemerkung	751
Muster: Antrag des Arbeitnehmers auf Zahlung von Arbeitsentgelt	752
Erläuterungen	753
6. Antrag des Arbeitnehmers auf Verringerung der Arbeitszeit gemäß § 8 TzBfG	759
Vorbemerkung	759
Muster: Antrag des Arbeitnehmers auf Verringerung der Arbeitszeit gemäß § 8 TzBfG	761
Erläuterungen	762
7. Antrag des Arbeitgebers auf Wettbewerbsunterlassung gemäß § 60 HGB	766
Vorbemerkung	766
Muster: Antrag des Arbeitgebers auf Wettbewerbsunterlassung gemäß § 60 HGB	767
Erläuterungen	768
8. Antrag des Betriebsrats auf Unterlassung einer Betriebsänderung gemäß § 111 BetrVG	774
Vorbemerkung	774
Muster: Antrag des Betriebsrats auf Unterlassung einer Betriebsänderung gemäß § 111 BetrVG	779
Erläuterungen	780
9. Schutzschrift gegen Unterlassungsverfügung wegen Betriebsänderung	782
Vorbemerkung	782
Muster: Schutzschrift des Arbeitgebers gegen Unterlassungsverfügung wegen Betriebsänderung nach § 111 BetrVG	783
Erläuterungen	784
XI. Einstweiliger Rechtsschutz – Rechtsbehelfe und Rechtsmittel	**786**
1. Sofortige Beschwerde	789
Vorbemerkung	789
Muster: Sofortige Beschwerde gemäß §§ 567 ff. ZPO	791
Erläuterungen	792

	Rdn.
2. Widerspruch	796
Vorbemerkung	796
Muster: Widerspruch gemäß § 924 ZPO	797
Erläuterungen	798
3. Berufung	803
Vorbemerkung	803

Einführung

Im folgenden Abschnitt X werden zunächst einige in der anwaltlichen Tätigkeit häufig benötigte **1** Muster im Zusammenhang mit der Mandatierung (I.) und typischerweise auftretende prozessuale Fragen im Rahmen arbeitsgerichtlicher Prozesse dargestellt (III.). Neu einzuarbeiten waren hier die Änderungen der §§ 51, 51a BRAO durch Art. 139 Zehnte Zuständigkeitsanpassungsverordnung (BGBl. I S. 474). Im Anschluss werden dem Aufbau der Arbeitsgerichtsbarkeit folgend unter IV. bis VI. verschiedene Muster für häufig wiederkehrende, praxisrelevante Situationen des arbeitsgerichtlichen Urteilsverfahrens in erster, zweiter und auch dritter Instanz vorgestellt. Unter VII. bis IX. finden sich entsprechende Muster für das arbeitsgerichtliche Beschlussverfahren und in der Folge auch für typische Fallkonstellationen vor den Arbeitsgerichten, in denen Ansprüche im einstweiligen Rechtsschutz verfolgt werden (X. und XI.).

Die maßgeblichen Rechtsvorschriften über das **arbeitsgerichtliche Verfahren** finden sich im We- **2** sentlichen im Arbeitsgerichtsgesetz (ArbGG) sowie in der Zivilprozessordnung (vgl. § 46 Abs. 2 ArbGG), soweit das ArbGG keine spezielleren Regelungen bereithält.

Der **Aufbau der Arbeitsgerichtsbarkeit** ist dreistufig. Im ersten Rechtszug ist stets ohne Rücksicht **3** auf die Höhe des Streitwertes, die Bedeutung oder den Gegenstand des Rechtsstreits das örtlich zuständige Arbeitsgericht erster Instanz zuständig (vgl. § 8 Abs. 1 ArbGG). Dies gilt sowohl für das arbeitsgerichtliche Urteilsverfahren (§§ 2, 3, 46 ff. ArbGG), als auch das arbeitsgerichtliche Beschlussverfahren (§§ 2a, 3, 80 ff. ArbGG).

Gegen die Urteile der Arbeitsgerichte findet gemäß § 8 Abs. 2 ArbGG die Berufung, gegen die **4** Beschlüsse der Arbeitsgerichte und ihrer Vorsitzenden im Beschlussverfahren dagegen gemäß § 8 Abs. 4 ArbGG die Beschwerde an das Landesarbeitsgericht statt. In dritter Instanz entscheidet das Bundesarbeitsgericht: Gegen Urteile der Landesarbeitsgerichte findet unter den Voraussetzungen des § 72 ArbGG die Revision zum Bundesarbeitsgericht, gegen Beschlüsse der Landesarbeitsgerichte im Beschlussverfahren unter den Voraussetzungen des § 92 ArbGG die Rechtsbeschwerde zum Bundesarbeitsgericht statt (vgl. § 8 Abs. 3, 5 ArbGG). Die unter den gesetzlichen Voraussetzungen bestehende Möglichkeit einer Sprungrevision bzw. Sprungrechtsbeschwerde (vgl. §§ 76, 96a ArbGG) hat in der Praxis nur geringe Bedeutung.

Die **Rechtswegzuständigkeit** der Arbeitsgerichte (vgl. hierzu DLW/*Luczak* Kap. 14, Rn. 206 ff.) **5** ist in §§ 2 ff. ArbGG in einem umfangreichen Zuständigkeitskatalog geregelt. Danach sind die Arbeitsgerichte im arbeitsgerichtlichen Urteilsverfahren insbesondere zuständig für Rechtsstreitigkeiten zwischen Arbeitnehmern und Arbeitgebern aus Arbeitsverhältnissen bzw. über das Bestehen oder Nichtbestehen eines Arbeitsverhältnisses (vgl. § 2 Abs. 1 Nr. 3a, b ArbGG). Hiermit sind zum einen die praktisch wichtigen Bestandsstreitigkeiten (Kündigungsschutzklagen, Klagen gegen Befristungen, Klagen gegen die Wirksamkeit von Aufhebungsverträgen etc.) erfasst, zum anderen sämtliche Streitigkeiten, in denen über Rechte aus dem Arbeitsverhältnis (Vergütung, Arbeitsleistung, Urlaub, Teilzeitbeschäftigung, Zeugnis etc.) gestritten wird. Hinsichtlich der Frage, ob sich hieraus ergibt, dass Rechtsstreitigkeiten aus Dienstverhältnissen von der Zuweisung an die Arbeitsgerichte nicht erfasst sind, sondern bei der ordentlichen Gerichtsbarkeit verbleiben hat das Bundesarbeitsgericht in einigen neueren Entscheidungen (BAG, Beschl. v. 22.10.2014 – 10 AZB 46/14; BAG, Beschl. v. 03.12.2014 – 10 AZB 98/14) Stellung genommen und die Zuständigkeit der Arbeitsgericht de facto erheblich erweitert (siehe unten Abschnitte I. und II. X Rdn. 8 f., 86 ff.). Im arbeitsgerichtlichen Beschlussverfahren ist der Rechtsweg zu den Arbeitsgerichten in den in § 2a ArbGG genannten Fällen eröffnet.

6 Die **örtliche Zuständigkeit** der Arbeitsgerichte (vgl. hierzu DLW/*Luczak* Kap. 14, Rn. 343 ff.) richtet sich im Urteilsverfahren aufgrund der in § 46 Abs. 2 ArbGG enthaltenen Verweisung nach den §§ 12 ff. ZPO (für das Beschlussverfahren vgl. § 82 ArbGG). Sofern kein vorrangiger ausschließlicher Gerichtsstand vorhanden ist, können Klagen gegen eine natürliche oder juristische Person damit zunächst bei dem Arbeitsgericht erhoben werden, in dessen Bezirk diese Person ihren allgemeinen Gerichtsstand hat, welcher wiederum durch den Wohnsitz bzw. im Fall einer juristischen Person durch deren Sitz bestimmt wird (vgl. §§ 12 ff. ZPO).

7 Praktische Bedeutung hat darüber hinaus im Arbeitsrecht insbesondere der besondere Gerichtsstand des Erfüllungsortes (§ 29 ZPO), aber auch der besondere Gerichtsstand der Niederlassung (§ 21 ZPO) sowie der besondere Gerichtsstand der unerlaubten Handlung (§ 32 ZPO). Stehen mehrere, nicht ausschließliche Gerichtsstände nebeneinander, so hat der Kläger ein Wahlrecht (§ 35 ZPO). Praktisch häufig wird eine Anrufung des Arbeitsgerichts nach vorstehend dargestellten Grundsätzen dort möglich sein, wo die beiderseitigen Leistungen von Arbeitgeber und Arbeitnehmer zu erfüllen sind, regelmäßig also am Betriebssitz.

I. Mandatierung

8 Das anwaltliche **Berufsrecht** hat in den vergangenen Jahren erhebliche Änderungen erfahren. Sowohl die BRAO, als auch das RVG wurden in Teilen novelliert und beispielsweise in § 4a RVG um die Möglichkeit ergänzt ein **Erfolgshonorar** zu vereinbaren. Mandatierungsbedingungen (Formular X Rdn. 11), Honorarvereinbarungen (Formulare X Rdn. 33 und X Rdn. 58) sowie Vereinbarungen über die Haftungsbeschränkungen (X Rdn. 69) erfolgen nahezu ausschließlich durch **vorformulierte Vertragsbedingungen**, die dem Recht der allgemeinen Geschäftsbedingungen mit den entsprechenden inhaltlichen Beschränkungen für die Regelungsmöglichkeiten unterliegen.

9 Bei der Formulierung von **Honorarvereinbarungen** ist besondere Sorgfalt geboten, da hier Fehler und Ungenauigkeiten dazu führen können, dass der Vergütungsteil, der über die gesetzliche Vergütung hinausgeht, nicht durchgesetzt werden kann.

1. Allgemeine Mandatsbedingungen

Vorbemerkung

10 Die Prozessvertretung in arbeitsrechtlichen Angelegenheiten unterscheidet sich von derjenigen in allgemeinen Angelegenheiten, insbesondere dadurch, dass gemäß § 12a ArbGG in erster Instanz **keine Kostenerstattung** im gerichtlichen Verfahren stattfindet, worauf der Mandant im Vorfeld hinzuweisen ist. Auch wird sich die Mandatsbearbeitung zwar – bei der Arbeitnehmervertretung – auch auf sozialversicherungsrechtliche Bezüge beziehen, hinsichtlich der steuerrechtlichen Fragen, die etwa bei der Gestaltung von Aufhebungsverträgen eine Rolle spielen, wird aber häufig der Auftrag bereits aus Haftungsgründen beschränkt.

▶ **Muster – Allgemeine Mandatsbedingungen**

11 [Anschrift des Mandanten]

_____ [Ort] , den _____ [Datum] _____

____ [Name] ____ gegen ____ [Name] ____ GmbH

wegen [Mandatsangelegenheit] Kündigung ¹

Allgemeine Mandatsbedingungen X.I.1.

Sehr geehrte/r Frau/Herr ____[Name]____,

wir nehmen Bezug auf die geführten Telefonate. Gerne übernehmen wir die Vertretung in der vorbezeichneten Angelegenheit zu den nachfolgenden Mandatsbedingungen:

1. Gegenstand der Rechtsberatung [2]

Die Beratung bezieht sich auf die im Betreff genannte Angelegenheit und bezieht sich ausschließlich auf die Beratung im deutschen Recht. Sollte die Angelegenheit ausländisches Recht berühren, so werden wir Sie hierauf rechtzeitig hinweisen.

2. Gebühren

Die für die anwaltliche Tätigkeit zu erhebenden Gebühren richten sich nach dem Gegenstandswert der Beratung, [3] es sei denn, es wurde eine hiervon abweichende Vergütungsvereinbarung getroffen. [4]

Entstandene Auslagen sind ebenfalls zu erstatten. [5]

Wir weisen Sie darauf hin, dass in arbeitsgerichtlichen Streitigkeiten in der ersten Instanz kein Anspruch auf Erstattung der Rechtsanwaltsgebühren oder sonstiger Kosten besteht. Im erstinstanzlichen Verfahren tragen Sie daher unabhängig vom Ausgang des Rechtsstreites Ihre Kosten selbst, auch wenn das Verfahren in der Berufungsinstanz gewonnen wird. [6]

3. Kostenvorschuss [7]

Bitte überweisen Sie uns bis zum ____[Datum]____ einen Kostenvorschuss in Höhe von ____[Betrag]____ €. Wir erheben diesen Kostenvorschuss auch dann, wenn Kostenerstattungsansprüche gegen eine Rechtsschutzversicherung oder andere Dritte bestehen.

Etwaige Ansprüche auf Kostenerstattung durch die Gegenseite, Rechtsschutzversicherungen oder sonstige Dritte treten Sie in Höhe unserer Honorarforderung hiermit ab. Wir nehmen diese Abtretung an.

4. Kommunikation [8]

Sollten Sie uns einen Telefaxanschluss oder eine E-Mail-Adresse mitgeteilt haben, jedoch auch noch andere Personen Zugriff auf Ihr Faxgerät oder Ihren E-Mail-Anschluss haben, so sind Sie verpflichtet, uns dies mitzuteilen. Ferner sind Sie verpflichtet, uns mitzuteilen, wenn Sie Telefax bzw. E-Mail nur unregelmäßig auf Eingänge überprüfen oder wenn Sie entsprechende Zusendungen per Telefax oder per E-Mail nur nach vorheriger telefonischer Ankündigung wünschen.

5. Zukünftige Mandate [9]

Die vorstehenden Mandatsbedingungen gelten auch für etwaige künftige Mandate, soweit nicht schriftlich etwas anderes vereinbart wird.

6. Salvatorische Klausel [11]

Sollten einzelne Bestimmungen dieser Vereinbarung ganz oder teilweise unwirksam oder undurchführbar sein, so wird hiervon die Wirksamkeit dieser Vereinbarung im Übrigen nicht berührt.

Wir dürfen Sie bitten, das beiliegende Doppel dieses Schreibens zum Zeichen Ihres Einverständnisses zu unterschreiben. Ferner bitten wir Sie, die Zustimmungserklärung zur Erfassung personenbezogener Daten ebenfalls gesondert zu unterzeichnen.

____[Ort]____, den ____[Datum]____

(Unterschrift des Anwalts)

Mit den vorstehenden Mandatsbedingungen bin ich einverstanden.

X. Arbeitsgerichtsverfahren

_____[Ort]_____ , den _____[Datum]_____

_____
(Unterschrift des Mandanten)

Mir ist bekannt, dass meine Daten zum Zwecke der Mandatsbearbeitung und Mandatsverwaltung elektronisch erfasst, gespeichert und verarbeitet werden. Dieser Erfassung, Speicherung und Verarbeitung im Rahmen der Mandatsbearbeitung stimme ich gemäß §§ 4, 4a BDSG zu.[11]

_____[Ort]_____ , den _____[Datum]_____

_____
(Unterschrift des Mandanten)

Erläuterungen

Schrifttum

Dahns Anwaltliche Aufklärungs- und Belehrungspflichten, NJW Spezial 2007, 381; *Löhnig* Von Sozietäten entwickelte Verträge – maßgeschneidert oder doch AGB, GWR 2013, 239; *Mayer* Entwicklungen zur Rechtsanwaltsvergütung 2012, NJW 2013, 1782; *Mayer* Entwicklungen zum Rechtsanwaltsvergütungsgesetz 2007–2001, NJW 2011, 1563; *Ostermeier* Die Erstattung vorprozessualer Anwaltskosten im Arbeitsrecht, NJW 2008, 551; *Römermann* Anm. zu BGH Urteil vom 01.03.2007 – IX ZR 261/03, NJW 2007, 2489; *Römermann/von der Meden* Unzureichende Belehrung über Gebühren: Strafbarkeit des Anwalts wegen Betruges?, AnwBl 2014, 1000; *Schneider* Die Vergütungsvereinbarung des Rechtsanwaltes – was Anwälte wissen sollten, AnwBl 2016, 178; *Schrader/Mahler* Vergütungsvereinbarung bei arbeitsrechtlichen Mandaten (Teil 1), ArbRAktuell 2015, 593.

12 **1.** Im Betreff sollte der **Gegenstand der Beratung** – sofern es sich um eine Einzelfallberatung handelt – bezeichnet werden, um den Umfang der Beratungs- und der Vergütungspflicht festzulegen. Die genaue Umschreibung des Gegenstandes der Beratung ist deshalb von hoher Bedeutung, da sich aus dieser Festlegung der **Umfang der Beratungspflichten** und damit letztlich auch die Haftungsrisiken ergeben (BGH, Urt. v. 01.03.2007 – IX ZR 261/03, NJW 2007, 2485, 2486 mit Anm. *Römermann* NJW 2007, 2489, 2490; BGH, Beschl. v. 24.10.2013 – IX ZR 164/11, NJW-RR 2014, 172).

13 **2.** Übernimmt der Rechtsanwalt einen bestimmten Beratungsauftrag, so schuldet er grundsätzlich eine umfassende Beratung zum jeweiligen Beratungsgegenstand (BGH, Urt. v. 01.03.2007 – IX ZR 261/03, NJW 2007, 2485, 2486). Dies schließt im Prinzip auch die Beratung zum **ausländischen Recht** (die er faktisch und auch aus Standesgründen nicht leisten kann) und zu anderen Rechtsgebieten mit ein. Daher ist es unbedingt sinnvoll, ausländisches Recht und ggf. auch andere Rechtsgebiete wie etwa das Steuerrecht, auszunehmen. Sofern die Rechtssache ausländisches Recht oder die ausgenommenen Rechtsgebiete berührt, hat der Rechtsanwalt aber im Zweifel darauf hinzuweisen.

14 Will der Anwalt beispielsweise das Steuerrecht von seinem **Beratungsumfang** ausnehmen, so empfiehlt sich folgende Formulierung:

Alternative:

[Unsere Beratung erstreckt sich nicht auf das Steuerrecht. Hinsichtlich der steuerlichen Auswirkungen der jeweiligen zivil- und arbeitsrechtlichen Gestaltungsmöglichkeiten sollten Sie sich daher ggf. von fachkundigen Dritten, wie zum Beispiel einem Steuerberater oder Fachanwalt für Steuerrecht, beraten lassen.]

15 **3.** § 49b Abs. 5 BRAO verpflichtet den Anwalt darauf hinzuweisen, dass die **Gebühren** wertabhängig sind. Über die konkrete Gebührenhöhe oder die Gebührensystematik des RVG muss der Mandant jedoch nicht aufgeklärt werden. Es ist aber sinnvoll, eine entsprechende Beispielsrechnung (ggf. im Rahmen der Vorschussrechnung) beizufügen, um zu vermeiden, dass das Man-

datsverhältnis mit Missverständnissen und gar der Notwendigkeit der klageweisen Beitreibung von Gebühren endet. Wird die **Hinweispflicht** nach § 49b Abs. 5 BRAO verletzt, so kommt unter Umständen eine **Schadenersatzpflicht** des Rechtsanwalts gemäß §§ 311 Abs. 2, 280 Abs. 1 BGB in Betracht (BGH, Urt. v. 24.05.2007 – IX ZR 89/06, NJW 2007, 2332 [13]; *Römermann* NJW 2007, 2489, 2490; *Dahns* NJW-Spezial 2007, 381; *Schrader/Mahler* ArbRAktuell 2015, 593).

4. Siehe hierzu noch die Formulare X Rdn. 33 (Honorarvereinbarung auf Stundenbasis) und X Rdn. 58 (Erfolgshonorar).   16

5. Die Pflicht zur **Erstattung von Auslagen** folgt aus §§ 675, 670 BGB, i.V.m. § 1 Abs. 2 Satz 1 RVG, 7. Teil VV RVG. Unter den Voraussetzungen des § 49b Abs. 1 Satz 2 BRAO kann der Rechtsanwalt jedoch auf ihre Erstattung ganz oder teilweise erlassen. Zu den Ausnahmen vom **Verbot der Gebührenunterschreitung** siehe noch X Rdn. 29 f.   17

6. Nach § 12a ArbGG hat im erstinstanzlichen Verfahren, abweichend von § 91 Abs. 1 Satz 1 ZPO, die unterliegende Partei keine Kosten zu erstatten. Dieser **Ausschluss der Kostenerstattung** erstreckt sich auf Entschädigung wegen Zeitversäumnisses und Erstattung der Kosten für die Zuziehung eines Rechtsbeistandes, d.h. der Rechtsanwaltsgebühren und Nebenkosten. Erstattungsfähig bleiben die Kosten der Partei selbst, die sie zur zweckentsprechenden Rechtsverfolgung oder Rechtsverteidigung notwendigerweise aufwenden musste, also etwa Fahrt-, Verpflegungs- und Übernachtungskosten, aber auch Telekommunikations- und Portokosten (AR/*Heider* § 12a ArbGG, Rn. 4). Wurden solche Kosten durch die Zuziehung eines Rechtsanwaltes gespart, so sollen die hypothetischen Kosten erstattungsfähig sein (LAG Nürnberg, Beschl. v. 22.11.1994 – 6 Ta 155/94; LAG Hamburg, Beschl. v. 09.10.2009 – 1 Ta 10/09; LAG Hessen, Beschl. v. 19.10.2011 – 13 Ta 381/11, JurionRS 2011, 29812; AR/*Heider* § 12a ArbGG, Rn. 4; *Grunsky* § 12a ArbGG, Rn. 7).   18

§ 12a ArbGG schließt auch etwaige materiell-rechtliche Ansprüche auf **Erstattung der Vergütung**, etwa unter dem Gesichtspunkt des Verzuges oder des Schadensersatzes, grundsätzlich aus (BAG, Urt. v. 27.10.2005 – 8 AZR 546/03, NZA 2006, 259, BAG, Beschl. v. 19.02.2013 – 10 AZB 2/13, NZA 2013, 395). Im Falle des § 826 BGB kann jedoch bei Vorliegen der entsprechenden Voraussetzungen ausnahmsweise ein Anspruch gegeben sein (vgl. zu dieser Problematik auch AR/*Heider* § 12a ArbGG Rn. 2). Nicht zwingend übertragbar ist dieser Grundsatz jedoch auf die Erstattungsfähigkeit vorprozessualer Anwaltskosten (*Ostermeier* NJW 2008, 551).   19

§ 12a Abs. 1 Satz 2 ArbGG ordnet ausdrücklich an, dass der Prozessbevollmächtigte vor Abschluss einer Vereinbarung über die Vertretung auf diese **Besonderheit der Kostentragung** in § 12a Abs. 1 Satz 1 ArbGG hinzuweisen hat.   20

Für diese Belehrung, die vor Abschluss des Mandatsvertrages zu erfolgen hat, ist keine besondere Form vorgeschrieben, aber eine schriftliche Belehrung ist zu Beweis- und Dokumentationszwecken sinnvoll. Die **Hinweispflicht** soll entbehrlich sein, wenn der Mandant rechtsschutzversichert ist (GMP/*Germelmann* § 12a Nr. 4a ArbGG; AR/*Heider* § 12a ArbGG, Rn. 5). Ein **Verstoß gegen diese Belehrungspflicht** kann unter Umständen einen Schadenersatzanspruch des Mandanten gegen den Prozessbevollmächtigten gemäß §§ 311 Abs. 2, 280 Abs. 1 BGB zur Folge haben (AR/*Heider* § 12a ArbGG Rn. 5; BGH, Urt. v. 11.10.2007 – IX ZR 105/06, NJW 2008, 371, 372; OLG Frankfurt, Urt. v. 17.11.2011 – 11 U 48/11, JurionRS 2011, 38207). Die Beweislast dafür, dass der Anwalt seiner Hinweispflicht nicht nachgekommen ist, trägt in diesem Fall der Mandant, wobei der Anwalt konkret darlegen muss, in welcher Weise er belehrt haben will (BGH, Urt. v. 11.10.2007 – IX ZR 105/06, NJW 2008, 371). Eine Schadenersatzpflicht besteht jedoch nur dann, wenn der Mandant bei entsprechendem Hinweis von einer Mandatierung abgesehen hätte. Nach neuerer Rechtsprechung des BGH in Strafsachen kann hier sogar eine Strafbarkeit wegen Betruges durch Unterlassen in Betracht kommen, da der Anwalt gegenüber seinem Mandanten insoweit eine Garantenstellung hat (BGH, Urt. v. 25.09.2014 – 4 StR 586/13; krit. *Römermann/ von der Meden* AnwBl 2014, 1000).   21

X. Arbeitsgerichtsverfahren

22 **7.** Das Recht, einen **Vorschuss** zu verlangen, ergibt sich grundsätzlich bereits aus § 669 BGB, folgt jedoch auch ganz explizit aus § 9 RVG. Angemessen ist ein Vorschuss bis zur Höhe der voraussichtlich entstehenden Gesamtvergütung; der Vorschuss muss nicht hinter der zu erwartenden Vergütung zurückbleiben (OLG Bamberg, Beschl. v. 17.01.2011 – 1 W 63/10, NJW-RR 2011, 935; Baumgärtel/Föller/*Baumgärtel* § 9 Rn. 6; *Mayer* NJW 2011, 1563, 1565 f.). Dieser Vorschuss kann auch bei Abschluss einer Vergütungsvereinbarung verlangt werden.

23 Fordert der Anwalt einen konkreten Vorschuss ein, so hat er die **Rechnungslegungsvorschrift** des § 10 RVG zu beachten, d.h. der Rechtsanwalt muss seinem Mandanten mitteilen, von welchem voraussichtlichen Gegenstandswert bzw. Streitwert er im Rahmen der Berechnung ausgegangen ist (Baumgärtel/Föller/*Baumgärtel* § 10 RVG Rn. 9) und die Vergütungsberechnung muss vom Rechtsanwalt unterzeichnet sein (OLG Koblenz, Beschl. v. 31.10.2001 – 13 WF 618/01, NJW-RR 2002, 1366).

24 Wird ein ordnungsgemäß angeforderter Vorschuss nicht pünktlich oder nicht vollständig gezahlt, kann der Rechtsanwalt die weitere Tätigkeit ablehnen bis der Vorschuss eingegangen ist. Die Grundsätze von Treu- und Glauben sind hierbei jedoch zu beachten (OLG Hamm, Urt. v. 10.02.2011 – 28 U 90/10; *Mayer* NJW 2011, 1563, 1565 f.).

25 **8.** Durch eine derartige Klausel wird gewährleistet, dass sich der Rechtsanwalt ohne eigene Nachforschungen darauf verlassen kann, dass er die ihm benannten **Kommunikationswege** nutzen kann, auch wenn es sich um solche Kommunikationswege handelt, bei denen Dritte meist leichter Kenntnis von nicht für sie bestimmten Inhalten erlangen können. Es wird dem Mandanten zudem deutlich gemacht, dass die Vorsorge für die diesbezügliche Kommunikation ausschließlich in seiner Sphäre liegt.

26 **9.** Ob diese Formulierung den Anforderungen einer Einbeziehung nach § 305 Abs. 2 BGB entspricht, ist fraglich. Es ist daher empfehlenswert, bei einer neuen Mandatierung die Mandatsbedingungen vorsorglich nochmal neu zu vereinbaren.

27 **10.** Dieser Satz ist letztlich rein deklaratorisch, da er der gesetzlichen Anordnung des § 306 Abs. 1 BGB entspricht. Zur Zulässigkeit derartiger **salvatorischer Klauseln** im Rahmen von allgemeinen Geschäftsbedingungen siehe unten X Rdn. 85.

28 **11.** In der Mandatsbearbeitung und Mandatsverwaltung ist es praktisch nicht zu vermeiden, dass **personenbezogene Daten** des Mandanten gespeichert und erfasst werden. Daher ist es erforderlich, die Einwilligung des Mandanten zur Erfassung, Speicherung und Verarbeitung personenbezogener Daten einzuholen. Diese Einwilligung hat gemäß § 4a Abs. 1 Satz 2 BDSG schriftlich i.S.d. § 126 BGB zu erfolgen, es bedarf also der eigenhändigen Unterschrift des Mandanten auf der Einwilligungserklärung. Soll die **Datenschutzerklärung** gemeinsam mit anderen Erklärungen abgegeben werden, so ist sie gemäß § 4a Abs. 1 Satz 3 BDSG besonders, beispielsweise durch Fettdruck, hervorzuheben.

2. Vergütungsvereinbarung mit Zeithonorar

Vorbemerkung

29 Vielfach – gerade bei der Vertretung von Arbeitgebern, aber auch bei der Vertretung von Führungskräften bzw. Vorständen und Geschäftsführern – werden **Honorarvereinbarungen** getroffen, die etwa eine Abrechnung auf Stundenbasis – ggf. mit einer summenmäßigen Begrenzung – vorsehen. Hierbei sind jedoch einige Beschränkungen zu beachten. So statuiert beispielsweise § 49b Abs. 1 BRAO ein Verbot der Gebührenunterschreitung und § 49b Abs. 2 BRAO das Verbot spekulativer Vergütungen, wozu auch das Erfolgshonorar zu rechnen ist (*Schneider* AnwBl 2016, 178).

Beide Verbote erfahren jedoch Einschränkungen: Eine **Gebührenunterschreitung** ist bei außergerichtlichen Tätigkeiten ohnehin zulässig, allerdings kann auch in gerichtlichen Verfahren eine Gebührenunterschreitung zulässig sein, wenn **besondere Umstände** in der Person des Auftraggebers dies rechtfertigen. Dies kann sich aus der **Bedürftigkeit des Auftraggebers** heraus rechtfertigen (Henssler/Prütting/*Kilian* § 49b BRAO Rn. 48), aus einer Nähebeziehung zum Auftraggeber (Henssler/Prütting/*Kilian* § 49b BRAO Rn. 50) sowie aus familiären Beziehungen, Nachbarschaft oder ähnlichen Bindungen. Auch enge soziale Beziehungen, wie z.B. Vereinskameraden, usw. (Henssler/Prütting/*Kilian* § 49b BRAO Rn. 51) sind erfasst. 30

Aufgrund der vom BVerfG (Beschl. v. 12.12.2006 – 1 BvR 2576/04, NJW 2007, 979) aufgeworfenen Frage, ob das grundsätzliche Verbot des Erfolgshonorars (OLG München, Urt. v. 10.05.2012 – 23 U 4635/11, NJW 2012, 2207; OLG Düsseldorf, Beschl. v. 27.02.2012 – I-24 U 170/11, JurionRS 2012, 16270), als eine Form der spekulativen Vergütung i.S.d. § 49b Abs. 2 BRAO, verfassungsrechtlich in dieser Grundsätzlichkeit zulässig sein kann, ist inzwischen in § 4a RVG die Frage der **Zulässigkeit des Erfolgshonorars** detailliert geregelt. Vergleiche hierzu im Einzelnen noch Formular W.I.3 (X Rdn. 58). Möglich ist zudem, das Honorar nach Erledigung des Auftrags zu ermäßigen oder hierauf zu verzichten. Dagegen ist eine Erfolgsbeteiligung am erstrittenen Betrag weiterhin unzulässig (*Schneider* AnwBl 2016, 178, 179). 31

Die Vergütungsvereinbarung unterliegt vielfältigen Formvorschriften, die unten näher erläutert werden. Werden die **Formvorschriften** hinsichtlich der Honorarvereinbarung verletzt, so ist die Vereinbarung nichtig und es können in diesem Fall gemäß § 4a RVG nur die **gesetzlichen Gebühren** verlangt werden (Baumgärtel/Föller/*Baumgärtel* § 4 RVG Rn. 5). 32

▶ **Muster – Vergütungsvereinbarung mit Zeithonorar**

[Anschrift des Mandanten] 33

_____[Ort]_____, den _____[Datum]_____

_____[Name]_____ gegen _____[Name]_____ GmbH

wegen Kündigung

Vergütungsvereinbarung [1]

Sehr geehrte/r Frau/Herr _____[Name]_____,

wir beziehen uns auf die mit Ihnen geführten Gespräche und bestätigen die Übernahme des Mandats bezüglich der im Betreff genannten Angelegenheit zu den Ihnen bekannten Mandatsbedingungen [2].

1. Abrechnung auf Stundenbasis [3]

Die Abrechnung unserer Tätigkeit erfolgt auf Stundenbasis. Es werden folgende Stundensätze vereinbart:

[Name des Anwalts] [4]   [Betrag] € [5]

[Name des Anwalts]   [Betrag] €

Die Abrechnung erfolgt in Einheiten von _[Einheit einfügen; z.B. 6 Minuten (0,1 Stunden)]_. Angefangene Zeiteinheiten werden aufgerundet. [6]

Angefallene Reisekosten sowie sonstige Auslagen sind zu erstatten. [7]

Die Abrechnung erfolgt in der Regel monatlich und das Honorar wird mit Rechnungsstellung fällig. [8]

Die genannten Stundenhonorare verstehen sich netto zuzüglich Umsatzsteuer. [9]

X. Arbeitsgerichtsverfahren

Wir weisen darauf hin, dass die Vergütungsvereinbarung von den gesetzlichen Gebühren nach dem Rechtsanwaltsvergütungsgesetz abweicht. [10]

2. Vorschuss

Wie in unseren Mandatsbedingungen vereinbart, können wir für unsere Tätigkeit einen angemessenen Vorschuss verlangen.

3. Vertretung vor Gericht

Dieser Stundensatz gilt auch für die Beratung und die Vertretung in gerichtlichen Angelegenheiten, es sei denn, dass das sich unter Zugrundelegung des vorstehenden Stundensatzes ergebende Honorar, die für diese Tätigkeit vorgesehenen gesetzlichen Gebühren, unterschreitet. In diesem Fall sind die gesetzlichen Gebühren geschuldet [11], die sich nach dem Gegenstandswert richten. [12]

4. Beschränkte Kostenerstattung

Ihnen ist bekannt, dass hier vereinbarte Honorare die gesetzlichen Gebühren übersteigen können und in diesem Fall eine darüber hinausgehende Zahlungspflicht gegeben ist. Insofern weisen wir Sie darauf hin, dass etwaige außergerichtliche oder gerichtliche Erstattungsansprüche nur in der Höhe der gesetzlichen Gebühren geltend gemacht werden können. [13]

Ferner werden Sie darauf hingewiesen, dass es in Arbeitsrechtsstreitigkeiten in erster Instanz weder einen Anspruch auf Erstattung vorprozessualer Anwaltskosten, noch einen Anspruch auf Erstattung der Verfahrenskosten im Arbeitsgerichtsverfahren gegen die Gegenseite gibt. Dies gilt selbst dann, wenn ein Obsiegen in vollem Umfang gegeben ist und auch wenn das Verfahren in der Berufungsinstanz erfolgreich abgeschlossen wurde. [14]

_____ [Ort] _____, den _____ [Datum] _____

_____
(Unterschrift des Anwalts)

Mit der vorstehenden Vergütungsvereinbarung bin ich einverstanden.

_____ [Ort] _____, den _____ [Datum] _____

_____
(Unterschrift des Mandanten)

Erläuterungen

Schrifttum

Fleddermann Die Vergütung des Anwalts im Kündigungsschutzverfahren, ArbRAktuell 2010, 461; *Heinz* Die Zeithonorarklausel in einer anwaltlichen Honorarvereinbarung, AnwBl 2015, 672; *Henssler* Aktuelle Praxisfragen anwaltlicher Vergütungsvereinbarungen, NJW 2005, 1537; *Kilian* Das Gesetz zur Neuregelung des Verbots der Vereinbarung von Erfolgshonoraren, NJW 2008, 1905; *Mayer* Entwicklungen zur Rechtsanwaltsvergütung 2014, NJW 2015, 1647; *Mayer* Entwicklungen zur Rechtsanwaltsvergütung 2013, NJW 2014, 1780; *Mayer* Entwicklungen zur Rechtsanwaltsvergütung, 2012, NJW 2013, 1782; *Mayer* Entwicklungen zum Rechtsanwaltsvergütungsgesetz 2007–2011, NJW 2011, 1563; *Saenger/Uphoff* Erstattungsfähigkeit anwaltlicher Zeithonorare, NJW 2014, 1412; *Schneider* Wegfall der Beratungsgebühren zum 01.07.2006 – Erforderlichkeit einer Gebührenvereinbarung, NJW 2006, 1905; *Schneider* Die Vergütungsvereinbarung des Rechtsanwaltes – was Anwälte wissen sollten, AnwBl 2016, 178; *Schons* Anwalt, kommst Du nach Düsseldorf, lass alle Hoffnungen fahren – Bemerkungen zum Urteil des OLG Düsseldorf vom 18.02.2010, BRAK-Mitt. 2010, 52.

34   1. **Vergütungsvereinbarungen** unterliegen gem. § 3a Abs. 1 Satz 1 RVG dem Erfordernis der »Textform« i.S.d. § 126b BGB, d.h. sie können auch elektronisch per E-Mail oder per Telefax geschlossen werden (zur Textform siehe auch V Rdn. 55). Das Schriftformerfordernis nach § 4 Abs. 1 Satz 2 RVG a.F. ist durch das Gesetz zur Neuregelung des Verbots der Vereinbarung von

Erfolgshonoraren vom 12.06.2008 (BGBl I, S. 1000) mit Wirkung zum 01.07.2008 entfallen (hierzu: *Mayer* NJW 2014, 1780, 1782).

Die Vereinbarungen müssen gemäß § 3a Abs. 1 Satz 2 RVG ausdrücklich als »Vergütungsvereinbarung« oder in vergleichbarer Weise bezeichnet werden, wenn sie nicht vom Mandanten verfasst sind. Eingebürgert hat sich der Begriff »Honorarvereinbarung«. Der Begriff der »Gebührenvereinbarung« hingegen wäre irreführend, da hier der Eindruck entstehen könnte, dass nur Gebühren und Auslagen i.S.d. RVG geschuldet werden (*Schneider* AnwBl 2016, 178, 180). Die Vergütungsvereinbarung darf nicht in der Vollmacht enthalten und muss von anderen Vereinbarungen deutlich abgesetzt sein. Die Vergütungsvereinbarung kann aber in der Auftragserteilung enthalten sein. In dieser – dies folgt im Umkehrschluss aus § 3a Abs. 1 Satz 2 RVG – muss sie nicht besonders abgesetzt sein. Die Vergütungsvereinbarung muss ferner den Hinweis enthalten, dass die gegnerische Partei, ein Verfahrensbeteiligter oder die Staatskasse, in dem Falle der **Kostenerstattung**, nicht mehr als die gesetzliche Vergütung zu erstatten haben.

Werden die Formvorschriften der §§ 3a ff. RVG verletzt, so führt dies nach neuerer Rechtsprechung nicht mehr zur Nichtigkeit der Vergütungsvereinbarung (BGH, Urt. v. 05.06.2014 – IX ZR 137/12, NJW 2014, 2653) gleichwohl kann nur die gesetzliche Vergütung gefordert werden (*Mayer* NJW 2015, 1647; *Schneider* AnwBl 2016, 178, 180). Es ist also zwingend zu empfehlen, die Formvorschriften genau zu beachten.

2. Wird die Vergütungsvereinbarung in eine Mandatsbedingung, die, wie im obigen Beispiel (Formular X Rdn. 11), über eine reine Beauftragung hinausgeht, mit aufgenommen, so ist sie gesondert hervorzuheben. Es bedarf einer deutlichen Trennung von den »anderen Vereinbarung«. Ein einfacher Absatz ist nicht ausreichend, auch nicht eine zu den anderen Inhalten graphisch gleichartig gestaltete Überschrift (BGH, Urt. v. 03.12.2015 – IX ZR 40/15; OLG Karlsruhe, Urt. v. 20.01.2015 – 18 U 99/14). Im Ergebnis ist es daher sinnvoll, Mandatsbedingungen und **Vergütungsvereinbarung** zu trennen. Die Vollmacht (siehe auch noch Formular X Rdn. 120) muss ohnehin in einem gesonderten Dokument erteilt werden (*Schneider* AnwBl 2016, 178, 180).

3. Honorarvereinbarungen erfolgen üblicherweise auf Stundenbasis. Möglich ist auch die Vereinbarung eines **Pauschalhonorars**. Die Vereinbarung könnte wie folgt lauten:

Alternative:

[Für die außergerichtliche Vertretung wird ein Pauschalhonorar in Höhe von ___[Betrag]___ € vereinbart. Im Falle einer streitigen Auseinandersetzung werden zusätzlich die sich aus dem jeweiligen Streitwert ergebenden Gebühren fällig. Eine Anrechnung findet nicht statt.]

Soll ein Mindesthonorar vereinbart werden, so ist es ausreichend zu formulieren:

Alternative:

[Die Angelegenheit übernehmen wir zu einem Pauschalhonorar von ___[Betrag]___ €. Wir weisen jedoch darauf hin, dass die gesetzlichen Gebühren, die sich nach dem Streitwert richten, das hier vereinbarte Honorar, überschreiten können. In diesem Falle ergibt sich eine darüber hinaus gehende Zahlungspflicht. Das vereinbarte Pauschalhonorar rechnen wir in voller Höhe auf die gesetzlichen Gebühren an.]

4. In **Sozietäten** wird es häufig so sein, dass verschiedene Anwälte an einer Sache arbeiten. Für diese wird meist ein unterschiedliches Honorar – je nach dem Stand ihrer Berufserfahrung – vereinbart. Entweder kann ein bestimmter Satz für jeden einzelnen Anwalt vereinbart werden, oder aber entsprechend der Stellung in der Kanzlei (wie etwa »Associate«, »Senior Associate«, »Salary Partner«, »Equity Partner«, »Senior Equity Partner« usw.) bzw. entsprechend seiner Berufserfahrung. Eine solche Zuordnung hat bei langjährig angelegten Mandatsbeziehungen den Vorteil, dass keine neue Honorarvereinbarung getroffen werden muss, wenn sich der Kreis der Mitarbeiter oder deren Stellung in der Kanzlei ändert.

Geck

X. Arbeitsgerichtsverfahren

41 **5.** Nach § 3a Abs. 2 RVG kann eine vereinbarte Vergütung, die unter Berücksichtigung aller Umstände, unangemessen hoch ist, im Rechtsstreit auf den angemessenen Betrag bis zur Höhe der gesetzlichen Vergütung herabgesetzt werden. Der **Vergütungshöhe** sind also grundsätzlich Grenzen gesetzt. Auf Grund der gesetzlichen Formulierung »unter Berücksichtigung aller Umstände« lässt sich nicht allgemeingültig darlegen, was noch angemessen ist und was nicht mehr. Rechtsprechung zu dieser Frage findet sich inzwischen häufiger. Das OLG Koblenz (Beschl. v. 26.04.2010 – 5 U 1409/09, NStZ-RR 2010, 326) hielt einen Stundensatz eines Strafverteidigers von bis zu 250 € für zulässig, das OLG München (Urt. v. 21.07.2010 – 7 U 1879/10, AnwBl 2010, 719) akzeptierte in einer zivilrechtlichen Angelegenheit einen Stundensatz von 225 € bzw. 260 € (vgl. zur Problematik ausführlich *Mayer* NJW 2011, 1563, 1565); vgl. auch *Fleddermann* ArbRAktuell 2010, 461, 463; *Saenger/Uphoff* NJW 2014, 1412). In der Literatur findet sich unter Bezug auf »Anwaltskreise« die Angabe, dass bis zu 600 € als angemessen erachtet werden (Gerold/Schmidt/*Madert* § 4 RVG Rn. 34). Selbst die Überschreitung der gesetzlichen Gebühren um das Fünffache stellt laut Bundesverfassungsgericht per se noch keine Unangemessenheit dar (BVerfG, Beschl. v. 15.06.2009 – 1 BvR 1342/07, NJW-RR 2010, 259; *Mayer* NJW 2011, 1563, 1564). Im Ergebnis wird es sehr auf die Umstände des Einzelfalles ankommen: Sowohl Erfahrung und besondere Kenntnisse des Anwalts, der Gegenstand der Beratung, die Haftungsrisiken, aber auch die Geschäftserfahrenheit des Mandanten, sowie die Frage, ob der Mandant z.B. die Möglichkeit hat, noch rechtzeitig vor der Hauptverhandlung anderweitigen Rechtsrat zu erlangen, dürften eine Rolle spielen (BGH, Urt. v. 04.02.2010 – IX ZR 18/09, JurionRS 2010, 11374; OLG München, Schlussurt. v. 03.05.2012 – 24 U 646/10, JurionRS 2012, 18934).

42 **6.** Die Frage, nach welcher **Zeiteinheit** abgerechnet wird (0,1 Std., mindestens ¼ Std., 30 Min.), kann sehr großen Einfluss auf die Gesamtvergütung haben. Dies gilt im Arbeitsrecht im besonderen Maße, da hier die Arbeit sehr kleinteilig sein kann, wenn etwa bei Verhandlungen über einen Aufhebungsvertrag über mehrere Tage verteilte, kurze Telefonate mit den Beteiligten geführt werden. Da dies dem Mandanten im Zweifel nicht bewusst ist, stellt sich, bei als allgemeine Geschäftsbedingungen im Sinne der §§ 305 ff. BGB einzustufenden Regelungen, die Frage nach der Vereinbarkeit längerer Zeittakte mit dem **Transparenzgebot** des § 307 Abs. 1 Satz 2 BGB. Das OLG Düsseldorf (Urt. v. 29.06.2006 – 24 U 196/04, NJW-RR 2007, 129; Urt. v. 18.02.2010 – I-24 U 183/05, DStRE 2010, 1346; Urt. v. 07.06.2011 – 24 U 183/05, NJW 2011, 3311) hat hierzu wiederholt entschieden, dass eine Abrechnung eines Zeithonorars in einem Zeittakt von 15 Minuten wegen Verstoßes gegen das Transparenzgebot unzulässig sei (zur Vereinbarung eines Zeithonorars im 15-Minuten-Takt s. OLG Karlsruhe, Urt. v. 28.08.2014 – 2 U 2/14, NJW 2015, 418). Höchstrichterlich entschieden ist diese Frage jedoch nicht (BGH, Urt. v. 21.10.2010 – IX ZR 37/10, NJW 2011, 63 hat diese Frage offengelassen; vgl. auch hierzu näher *Mayer* NJW 2011, 1563, 1564 f. sowie *Heinz* AnwBl 2015, 672). Da eine exakt minutengenaue Abrechnung wiederum nicht praktikabel wäre, ist eine Taktung von 6 Minuten (= 0,1 Stunden) empfehlenswert, zumal dies internationalen Standards entspricht.

43 **7.** Unter Umständen ist es sinnvoll wie folgt zu konkretisieren:

Alternative:

[Die Erstattung von Reisekosten erfolgt auf Basis der steuerlich üblichen Sätze. Im Falle der Benutzung öffentlicher Verkehrsmittel gehen die Parteien davon aus, dass die Fahrkarten Erster Klasse bzw. der Business Class erstattet werden.]

44 Erfolgt kein derartiger Hinweis, kann im Zweifel nur die Erstattung von Fahrkarten Zweiter Klasse und der Economy Class verlangt werden, sofern sich im Einzelfall nicht begründen lässt, warum eine Erstattung auch von Tickets der Business Class gerechtfertigt ist, etwa weil sonst auf einer häufig ausgebuchten Strecke eine auch im Interesse des Mandanten flexible Reiseplanung nicht möglich ist.

8. Erfolgt hier keine Angabe, wird gemäß § 8 Abs. 1 Satz 1 RVG die Vergütung erst fällig, wenn 45
der Auftrag erledigt bzw. die Angelegenheit beendet ist. Für gerichtliche Verfahren wird die Vergütung gemäß § 8 Abs. 1 Satz 2 RVG auch fällig, wenn eine Kostenentscheidung ergangen ist, der Rechtszug beendet ist, oder das Verfahren länger als drei Monate ruht. § 8 Abs. 1 RVG findet jedoch keine Anwendung auf nach dem RVG abgerechnete Auslagen (Gerold/Schmidt/*Mayer* § 8 RVG Rn. 1). Gemäß § 10 Abs. 1 RVG kann die Vergütung jedoch nur aufgrund einer vom Rechtsanwalt unterzeichneten Abrechnung eingefordert werden. Unberührt bleibt das Recht, gemäß § 9 RVG einen Vorschuss zu verlangen.

Im Falle einer **Zeitgebühr** muss der sachbearbeitende Rechtsanwalt den **zeitlichen Umfang der** 46
Tätigkeit mit aussagekräftigen Erläuterungen erfassen, da ihn die Beweislast trifft, dass seine Tätigkeit den dargestellten Umfang hatte (BGH, Urt. v. 04.02.2010 – IX ZR 18/09, NJW 2010, 1364; Gerold/Schmidt/*Mayer* § 3a RVG Rn. 58; *Mayer* NJW 2011, 1563, 1564; *Schneider* NJW 2006, 1905, 1908).

9. Der Hinweis darauf, dass die Honorare zuzüglich **Umsatzsteuer** zu zahlen sind, sollte unter 47
Transparenzgesichtspunkten sowohl bei nichtgewerblichen Mandanten als auch bei Mandanten, die zum **Vorsteuerabzug** berechtigt sind, erfolgen.

10. Mit Blick auf das Transparenzgebot gemäß § 307 Abs. 1 Satz 2 BGB, aber auch mit Blick 48
auf § 49b BRAO, hat dieser Hinweis zu erfolgen.

11. Dies folgt aus dem **Verbot der Gebührenunterschreitung** gemäß § 49b Abs. 1 Satz 1 49
BRAO.

12. Dieser Hinweis ist aufgrund von § 49 Abs. 5 BRAO zwingend erforderlich (siehe 50
X Rdn. 49).

13. Dieser Hinweis ist aufgrund § 3a Abs. 1 Satz 3 RVG zwingend aufzunehmen. Die Verletzung der **Hinweispflicht** führt dazu, dass unbeschadet der Honorarvereinbarung höchstens die 51
gesetzliche Vergütung verlangt werden kann (vgl. *Schneider* AnwBl 2016, 178, 181).

14. Dieser Hinweis ist aufgrund von § 12a Abs. 1 Satz 2 ArbGG erforderlich (siehe 52
X Rdn. 20 f.).

3. Vereinbarung eines Erfolgshonorars

Vorbemerkung

Ein Erfolgshonorar ist gem. § 49b Abs. 2 BRAO an sich als spekulative Vergütung untersagt. Jedoch musste dieses Verbot aufgrund einer Entscheidung des BVerfG (Beschl. v. 12.12.2006 – 1 53
BvR 2576/04, NJW 2007, 979, 980) neu geregelt werden. Das BVerfG hatte zwar das **Verbot des Erfolgshonorars** grundsätzlich für verfassungskonform gehalten, da es zum Schutze der anwaltlichen Unabhängigkeit dem Mandanten zur Förderung prozessualer Waffengleichheit diene (Beschl. v. 12.12.2006 – 1 BvR 2576/04, NJW 2007, 979, 980 [66]). Allerdings sei das uneingeschränkte Verbot verfassungsrechtlich nicht zu rechtfertigen, da die vorgenannten Gemeinwohlbelange hinter die besondere Bedeutung der Sicherstellung des Zugangs zum Recht zurücktreten. Wenn Kostenbarrieren den **Zugang zum Recht** erschweren, müsse im Einzelfall ein Erfolgshonorar zulässig sein (BVerfG, Beschluss vom 12.12.2006 – 1 BvR 2576/04, NJW 2007, 979, 984 [102]).

Aus diesem Grund hat der Gesetzgeber durch das Gesetz zur Neuregelung des Verbots zur Vereinbarung von Erfolgshonoraren vom 12.06.2008 (BGBl. I, 100) mit Wirkung zum 01.07.2008 in 54
§ 4a RVG die Zulässigkeit von derartigen Honorarvereinbarungen unter bestimmten Voraussetzungen normiert: Ein Erfolgshonorar kann gemäß § 4a Abs. 1 RVG demnach entgegen dem grundsätzlichen Verbot nach § 49b Abs. 2 Satz 2 BRAO nur für einen **Einzelfall** und nur dann

vereinbart werden, wenn der Auftraggeber ohne Vereinbarung eines Erfolgshonorars aufgrund seiner wirtschaftlichen Verhältnisse von einer Rechtsverfolgung abgehalten würde. Nicht ausreichend ist hierbei, dass allein auf die subjektiven Befürchtungen des Auftraggebers abgestellt wird, wie etwa, dass die Vergütungsvereinbarung lediglich ausweist, dass der Mandant nicht damit rechnet, Prozesskostenhilfe zu erhalten (LG Berlin, Urt. v. 02.12.2010 – 10 O 238/10, AnwBl 2011, 150). Vielmehr muss auch der Anwalt selbst diese Befürchtungen würdigen und dementsprechend prüfen, ob die Entscheidung des Auftraggebers insofern nachvollziehbar und plausibel erscheint und ggf. den Abschluss einer Erfolgshonorarvereinbarung ablehnen (LG Berlin, Urt. v. 02.12.2010 – 10 O 238/10, AnwBl 2011, 150). Damit kann beispielsweise ein Erfolgshonorar vereinbart werden, wenn ein mittelloser Mandant, dem seine Betriebsrente vorenthalten wird, diese einklagen möchte; nicht zulässig ist hingegen ein Erfolgshonorar, wenn ein ansonsten wirtschaftlich potenter Arbeitnehmer eine Kündigungsschutzklage erhebt, die er auch dann erhoben hätte, wenn ihm nicht die Möglichkeit eingeräumt worden wäre, über die Vereinbarung eines Erfolgshonorars die Risiken des Misserfolgs zu begrenzen. Da bei sehr hohen Streitwerten und geringen **Erfolgsaussichten**, auch ein wirtschaftlich potenter Arbeitnehmer möglicherweise keine rechtlichen Schritte eingeleitet hätte, können die Voraussetzungen des § 4a Abs. 1 Satz 1 RVG auch bei gutsituierten Personen erfüllt sein (*Kilian* NJW 2008, 1905, 1907). Ob allerdings das Tatbestandsmerkmal »aufgrund seiner wirtschaftlichen Verhältnisse« auch bei millionenschweren Vorstandsmitgliedern von Banken erfüllt sein kann, die eine Bonusklage über mehrere Millionen nur dann erheben würden, wenn sie einen Teil des Kostenrisikos auf den Anwalt abwälzen können, mag bezweifelt werden: Es sind nicht ihre wirtschaftlichen Verhältnisse, die sie abhalten, einen Klageauftrag zu erteilen, sondern der Umstand, dass es ihnen nicht wirtschaftlich vertretbar erscheint, beispielsweise einen höheren fünfstelligen Betrag in eine Klage mit nur geringen Erfolgsaussichten zu investieren. § 4a RVG soll kein prozessuales Hasardeurwesen fördern.

55 Erfolgshonorare können sowohl im Hinblick auf die Prozessvertretung vereinbart werden, aber auch mit Blick auf die **anwaltlichen Tätigkeitsfelder** nach § 34 RVG: Beratung, Begutachtung und Mediation (zur Mediationsvereinbarung siehe unter Z Rdn. 86). Der Begriff der »Rechtsverfolgung« in § 4a Abs. 1 Satz 1 RVG ist insoweit weit auszulegen.

56 Wie jede Vergütungsvereinbarung unterliegt die Vereinbarung des Erfolgshonorars dem Textformerfordernis des § 3a Abs. 1 Satz 1 RVG. Inhaltlich darf die Honorarvereinbarung vorsehen, dass für den **Fall des Misserfolges** keine oder nur eine geringere als die gesetzliche Vergütung zu zahlen ist, sofern für den Erfolgsfall vereinbart wird, dass ein angemessener Zuschlag auf die gesetzliche Vergütung geschuldet wird (§ 4a Abs. 1 Satz 1 RVG). Zum Mindestinhalt der Vereinbarung gehört nach § 4a Abs. 2 RVG ferner, dass die voraussichtliche gesetzliche Vergütung, die erfolgsunabhängige vertragliche Vergütung, zu der der Rechtsanwalt bereit wäre, den Auftrag zu übernehmen, sowie welche Vergütung bei Eintritt welcher **Bedingung** verdient sein soll, aufgenommen wird. Gemäß § 4a Abs. 3 Satz 1 RVG sind zudem in der Vereinbarung die wesentlichen Gründe anzugeben, die für die **Bemessung des Erfolgshonorars** maßgeblich sind und nach § 4a Abs. 3 Satz 2 RVG ist schließlich klarzustellen, dass die Vereinbarung keinen Einfluss auf die gegebenenfalls vom Auftraggeber zu zahlenden Gerichtskosten, Verwaltungskosten und die von ihm zu erstattenden Kosten anderer Beteiligter hat. Diese Kosten können im landgerichtlichen Verfahren, aber auch bei Verfahren vor dem Landesarbeitsgericht, erheblich sein (Zur Möglichkeit auf Honorar oder Kostenerstattung im Nachhinein ganz oder teilweise zu verzichten siehe X Rdn. 31).

57 Die vorstehend dargestellten engen Grenzen der Zulässigkeit der Vereinbarungen von Erfolgshonoraren haben dazu geführt, dass diese bislang in der Praxis – soweit ersichtlich – keine besondere Bedeutung erlangt haben (so *Mayer* NJW 2011, 1563, 1565; *Schneider* AnwBl 2016, 178, 182; *Kilian* AnwBl 2014, 815).

Muster – Vereinbarung eines Erfolgshonorars

[Anschrift des Mandanten]

[Ort] , den [Datum]

[Name] gegen [Name] GmbH
[Mandatsangelegenheit; hier am Beispiel: wegen betrieblicher Altersversorgung]

Vergütungsvereinbarung

Sehr geehrte/r Frau/Herr [Name] ,

wir beziehen uns auf die geführten Gespräche und bestätigen die Übernahme des Mandats bezüglich der im Betreff genannten Angelegenheit zu den Ihnen bekannten Mandatsbedingungen.

Präambel [1]

Sie haben uns beauftragt, den Widerruf der betrieblichen Altersversorgung durch Ihren früheren Arbeitgeber gerichtlich auf seine Wirksamkeit hin überprüfen zu lassen und die laufenden Leistungen der Altersversorgung gerichtlich geltend zu machen. Sie beziehen derzeit eine Altersrente in Höhe der Grundsicherung.

Da Sie andernfalls von einer Rechtsverfolgung aus wirtschaftlichen Gründen abgehalten wären, treffen wir die nachfolgende Vereinbarung über ein Erfolgshonorar, bei der wir ihre wirtschaftliche Situation, die Erfolgsaussichten, den Umstand, dass in erster Instanz keine Kostenerstattung erfolgt sowie die Bedeutung der Angelegenheit berücksichtigt haben. Bei der Beurteilung der Erfolgsaussichten sind wir in rechtlicher Hinsicht von der Unwirksamkeit der vertraglichen Widerrufsklausel ausgegangen, in faktischer Hinsicht davon, dass [kurze Sachverhaltsdarstellung] .

1. Erfolgsunabhängige Vergütung [2]

Es wird eine erfolgsunabhängige Vergütung in Höhe von 50 % der nach dem Gegenstandswert zu berechnenden Gebühren vereinbart. Diese beträgt, wie sich aus der in der Anlage beigefügten Abrechnung ergibt, für die I. Instanz voraussichtlich [Betrag] € zuzüglich Umsatzsteuer. Damit beträgt die von Ihnen zu zahlende erfolgsunabhängige Vergütung [Betrag] € zuzüglich Umsatzsteuer. Etwaige Auslagen sind von Ihnen in voller Höhe zu erstatten.

Für die Beauftragung in II. Instanz ist eine gesonderte Vereinbarung zu schließen.

2. Zuschlag für den Erfolgsfall [3]

Gelingt es, im gerichtlichen Verfahren entweder die Feststellung der Unwirksamkeit des Widerrufs der betrieblichen Altersversorgung zu erreichen, oder mindestens die Zahlung einer monatlichen Altersrente in Höhe von [Betrag] € durchzusetzen, so wird die vollständige gesetzliche Vergütung zuzüglich eines Zuschlags von 50 % auf die aus Nr. 1 dieser Vereinbarung ersichtliche gesetzliche Vergütung fällig.

3. Hinweis nach § 4a Abs. 3 Satz 2 RVG [4]

Diese Vereinbarung hat keinen Einfluss auf die gegebenenfalls vom Auftraggeber zu zahlenden Gerichtskosten, Verwaltungskosten und die von ihm zu erstattenden Kosten anderer Beteiligter.

4. Keine Erstattung in erster Instanz [5]

Wir weisen Sie darauf hin, dass in arbeitsgerichtlichen Streitigkeiten in der ersten Instanz kein Anspruch auf Erstattung der Rechtsanwaltsgebühren oder sonstiger Kosten besteht. Im erstinstanzlichen Verfahren tragen Sie daher unabhängig vom Ausgang des Rechtsstreites Ihre Kosten selbst, auch wenn das Verfahren in die Berufung geht und in der Berufungsinstanz gewonnen wird.

[Unterschrift des Anwalts]

X. Arbeitsgerichtsverfahren

Mit der vorstehenden Vereinbarung über ein Erfolgshonorar bin ich einverstanden.

_____[Ort]_____, den _____[Datum]_____

_____
(Unterschrift des Mandanten)

Erläuterungen

Schrifttum

Kilian Erfolgshonorare: Gründe für die verhaltene Nutzung durch die Anwaltschaft, AnwBl. 2014, 818; *Kilian* Erfolgshonorar: Gründe für die verhaltene Nutzung durch die Anwaltschaft, AnwBl 2014, 818; *Kilian* Zur Neuregelung des Verbots der Vereinbarung von Erfolgshonoraren, NJW 2008, 1905; *Mann/Wolf* Erfolgshonorare bei Rechtsanwälten, Steuerberatern und Wirtschaftsprüfern – Kritik an den Ausnahmetatbeständen des Regierungsentwurfs, BB Special 3 (zu BB 2008, Heft 11), 19; *Mayer* Entwicklungen zur Rechtsanwaltsvergütung 2014, NJW 2015, 1647; *Mayer* Entwicklungen zur Rechtsanwaltsvergütung 2012, NJW 2013, 1782; *Mayer* Entwicklungen zum Rechtsanwaltsvergütungsgesetz 2007–2011, NJW 2011, 1563; *Römermann* Erfolgshonorar bei Rechtsanwälten – Praxisüberlegungen zur geplanten Neuregelung, BB Special 3 (zu BB 2008, Heft 11), S. 23; *Schon* BGH zum Erfolgshonorar: Viel Lärm um Nichts, AnwBl. 2014, 758; *Teubel* Erfolgshonorar für Anwälte 2008.

59 **1.** Gemäß § 4a Abs. 3 Satz 1 RVG sind in der Vergütungsvereinbarung die wesentlichen Gründe anzugeben, die für die Bemessung des Erfolgshonorars bestimmend sind. Hierbei sind die tatsächlichen wie auch die rechtlichen Erwägungen, die die **Erfolgsprognose** stützen, aufzuführen (BT-Drucks. 16/8384, S. 11). Ziel der Regelung ist es, nach den Gesetzgebungsmaterialien, bewusst falsche Angaben beider Vertragsparteien vorzubeugen. Eine kurze Darstellung der wesentlichen Gründe soll genügen (BT-Drucks. 16/8384, S. 12). Der Rechtsanwalt soll nicht mit der Pflicht belastet werden, bereits vor Abschluss der Vereinbarung, eine umfassende **Sachverhaltsermittlung** und -prüfung anzustellen.

60 Eine Darstellung der Gründe, warum die Parteien davon ausgegangen sind, dass der Rechtssuchende ohne die Vereinbarung eines Erfolgshonorars von der Rechtsverfolgung abgehalten worden wäre, wird zwar vom Gesetzeswortlaut nicht ausdrücklich gefordert, bietet sich jedoch an, damit sich beide Parteien darüber im Klaren sind, ob die **persönlichen Voraussetzungen** für die Vereinbarung eines Erfolgshonorars auf Seiten des Mandanten überhaupt gegeben sind. Hiervon hängt schließlich die **Wirksamkeit der Vereinbarung** ab. Liegen die Voraussetzungen des § 4a Abs. 1 RVG bei Abschluss der Vereinbarung nicht vor, geht der Auftraggeber das Risiko ein, die volle gesetzliche Vergütung auch im Falle des Misserfolges erstatten zu müssen, während der Anwalt das Risiko eingeht, im Erfolgsfalle den Zuschlag nach § 4a Abs. 3 Satz 2 RVG nicht liquidieren zu können. Da es sich nach dem Willen des Gesetzgebers um einen begrenzten **Ausnahmetatbestand** handeln soll (BT-Drucks. 16/8384, S. 10), der sich streng am Einzelfall und der konkret betroffenen Person in ihrer konkreten Lebenssituation orientieren soll, ist der Anwendungsbereich damit sehr eng. Die **Bedürftigkeit** allein kann schon deshalb kein Kriterium sein, da in diesen Fällen der Rechtsuchende in der Regel Prozesskosten- oder Beratungshilfe in Anspruch nehmen kann (*Kilian* NJW 2008, 1905, 1907). Rechtsuchende, die zwar im Sinne der **Prozesskostenhilfe** bedürftig sind, jedoch aufgrund anderer Faktoren keine Prozesskostenhilfe erhalten können, dürften in der Regel die Voraussetzungen erfüllen. Die Befürchtung allein, möglicherweise keine Prozesskostenhilfe zu erhalten, reicht nicht (LG Berlin, Urt. v. 02.12.2010 – 10 O 238/10, AnwBl 2011, 150).

60.1 Liegen die Voraussetzungen für den Abschluss einer Erfolgshonorarvereinbarung nicht vor, so ist die Vereinbarung gleichwohl wirksam. Dies bedeutet, dass der Anwalt aus der Vereinbarung die gesetzliche Vergütung verlangen kann (BGH, Urt. v. 05.06.2014 – IX ZR 137/12, NJW 2014, 2653).

61 **2.** Die Vereinbarung muss gemäß § 4a Abs. 2 Nr. 1 RVG zum einen die voraussichtliche gesetzliche Vergütung und zum anderen die vom Anwalt geforderte erfolgsunabhängige Vergütung nennen. Damit geht § 4a Abs. 2 Nr. 1 RVG über § 49b Abs. 5 BRAO hinaus. Es müssen sogar die tatsächlich zu erwartenden Gebühren angegeben werden. Hierdurch soll dem Auftraggeber ermöglicht werden, die Angemessenheit des im Erfolgsfall zu zahlenden Zuschlages einzuschätzen (*Kilian* NJW 2008, 1905, 1908). Hier reicht wohl eine betragsmäßige Angabe (so *Kilian* NJW 2008, 1905, 1908 unter Verweis auf den Gesetzeswortlaut), zum Teil wird aber auch die Vorlage einer vollständigen Kostenrechnung verlangt (*Römermann* BB-Special 3/2008, 23, 27). Zur Pflicht des Anwalts gemäß § 49b Abs. 5 BRAO, darauf hinzuweisen, dass die Gebühren wertabhängig sind, siehe oben X Rdn. 15.

Im Beispielsfall haben wir die Vereinbarung des Erfolgshonorars auf die erste Instanz beschränkt. Dies erscheint auch sinnvoll, da sich die **Angemessenheit** des Risikozu- und -abschlages anhand der Erfolgsaussichten beurteilt und sich diese Frage nach Durchlaufen der ersten Instanz in einem neuen Licht beurteilen lässt. Wird eine Vereinbarung bereits im Vorhinein für beide Instanzen bzw. den vollen Instanzenzug getroffen, so dürfte wie bei der Beurteilung der Voraussetzungen zum Abschluss der Vereinbarung nach § 4a Abs. 1 Satz 1 RVG maßgeblicher Beurteilungszeitpunkt der Abschluss der Vereinbarung sein, so dass spätere Änderungen der Einschätzung der Erfolgsaussichten wie auch der wirtschaftlichen Situation keine Rolle spielen. 62

3. Die Vereinbarung eines Erfolgshonorars ist im Falle von gerichtlichen Verfahren nach § 4a Abs. 1 Satz 2 RVG nur zulässig, wenn sie einen **angemessenen Zuschlag im Erfolgsfall** vorsieht. Nach § 4a Abs. 2 Nr. 1, 2 RVG ist sowohl dieser Zuschlag zu definieren, als auch die Voraussetzungen des Erfolgszuschlages. Im Falle einer Bonusklage könnte beispielsweise der Mindestbonus, den der Anwalt erstreiten muss, geregelt werden. Ausgangspunkt für den Zuschlag ist die gesetzliche Vergütung nach dem RVG. Hier wird in der Regel ein prozentualer Zuschlag vereinbart werden, dessen Angemessenheit sich anhand der Erfolgsaussichten beurteilt (BT-Drucks. 16/8384, S. 11; *Kilian* NJW 2008, 1905, 1908). Eine prozentuale Partizipation etwa in dem Sinne, dass ein Anteil des erstrittenen Betrages ab einem gewissen Mindestbetrag dem Anwalt zustehen soll, ist weiterhin unzulässig. 63

4. Gemäß § 4a Abs. 3 Satz 2 RVG ist der Hinweis zu geben, dass die Vereinbarung keinen Einfluss auf die gegebenenfalls vom Auftraggeber zu zahlenden Gerichtskosten, Verwaltungskosten und von ihm zu erstattenden Kosten anderer Beteiligter hat. Dies wird damit begründet, dass der Auftraggeber nicht dem Irrtum unterliegen soll, sein finanzielles Risiko erschöpfe sich in der vereinbarten erfolgsunabhängigen Vergütung (BT-Drucks. 16/8384, S. 12). In den Gesetzesmaterialien wird diesbezüglich darauf verwiesen, dass die schuldhafte Verletzung dieser Pflicht, wie im Falle der Verletzung der Aufklärungspflicht nach § 49b Abs. 5 BRAO, Schadensersatzverpflichtungen begründen könne (BT-Drucks. 16/8384, S. 12 unter ausdrücklichem Verweis auf BGH, Urt. v. 11.10.2007 – IX ZR 105/06, NJW 2008, 371, 372). 64

5. Dieser Hinweis ist aufgrund von § 12a Abs. 1 S. 2 ArbGG erforderlich (siehe X Rdn. 20 f.). 65

4. Haftungsbegrenzung

Vorbemerkung

Gerade bei der Beratung von Arbeitgebern kommt es vielfach zu Fallgestaltungen, bei denen die **Haftungsrisiken** die üblichen Deckungssummen, jedenfalls von mittelständischen Anwaltskanzleien, übersteigen. So ist beispielsweise die Beratung im Hinblick auf die betriebliche Altersversorgung oder die Beratung im Rahmen eines Betriebsüberganges mit hohen **Haftungsrisiken** verbunden. Aber auch im Falle der Beratung einer Führungskraft, können erhebliche Haftungsrisiken bestehen. Haftungsbegrenzungsvereinbarungen werden somit ein immer bedeutenderes Instrument des anwaltlichen Risikomanagements (*Esser* MDR 2015, 741; *Kilian* AnwBl. 2015, 224). 66

Die rechtlichen Rahmenbedingungen für solche Haftungsbeschränkungen ergeben sich aus § 52 BRAO. Dort ist geregelt, dass Begrenzungen von Ersatzansprüchen nur im Rahmen einer **schrift-** 67 lichen Vereinbarung und nur für den Einzelfall vereinbart werden dürfen. Der Höhe nach kann eine **Haftungsbegrenzung** – in einer Individualvereinbarung – gemäß § 52 Abs. 1 Nr. 1 BRAO für Fahrlässigkeit maximal auf den Betrag der Mindestversicherungssumme vereinbart werden. Diese beträgt bei Einzelanwälten gemäß § 51 Abs. 2 BRAO 250.000 €, bei Anwaltsgesellschaften und bei Partnerschaftsgesellschaften gemäß § 59 Abs. 2 BRAO bzw. § 52a BRAO 2,5 Mio. €.

68 Praktisch wesentlich relevanter ist allerdings die Beschränkung des § 52 Abs. 1 Nr. 2 BRAO. Dieser bestimmt, dass durch **vorformulierte Vertragsbedingungen** eine Haftung für Fälle einfacher Fahrlässigkeit auf den vierfachen Betrag der **Mindestversicherungssumme**, also auf eine Millionen Euro erfolgen darf. Diese Haftungsbeschränkung ist nur wirksam, wenn insoweit Versicherungsschutz besteht. Dieser Versicherungsschutz muss nicht nur bei Abschluss der Vereinbarung, sondern auch im Zeitpunkt des Eintritts des Versicherungsfalles gegeben sein (Henssler/Prütting/*Stobbe* § 51a Rn. 60, BRAO). Fehlt der Versicherungsschutz, haftet der Anwalt in voller Höhe (*Esser* MDR 2015, 744). Ist zum Zeitpunkt des Haftungsfalles die Versicherungssumme aufgrund anderer Schadensfälle aufgezehrt, so ist umstritten, ob die Haftung in voller Höhe wieder auflebt oder ob die Haftungsbegrenzung erhalten bleibt, der Anwalt jedoch nun zusätzlich mit einem Privatvermögen im Rahmen der Haftungsbegrenzung haftet (ausf. zum Meinungsstand *Esser* MDR 2015, 744 f.).

▶ **Muster – Haftungsbegrenzung**

69 Zwischen Herrn/Frau ____[Name]____ (im folgenden »Mandant«)

und

den Rechtsanwälten ____[Name der Sozietät]____ (im folgenden »Sozietät«) wird folgendes vereinbart:

1. Auftrag

Herr/Frau ____[Name]____ hat die Rechtsanwälte ____[Name der Sozietät]____ [1] mit der Beratung im Hinblick auf die Durchführung einer arbeitsrechtlichen Due Diligence im Rahmen des Unternehmenskaufs ____[Beschreibung]____ beauftragt. Der Auftrag erstreckt sich auch auf die Verhandlungen im Rahmen des Unternehmenskaufvertrages. Der Auftrag beschränkt sich auf deutsches Recht und bezieht sich ausschließlich auf arbeitsrechtliche und dienstvertragsrechtliche Fragen. Steuerrechtliche oder gesellschaftsrechtliche Beratung ist vom Auftrag nicht umfasst. [2]

2. Haftungsbegrenzung

Die Haftung der Sozietät für Schäden aus und im Zusammenhang mit diesem Mandat wird hiermit begrenzt auf 1.000.000 € (in Worten: eine Million Euro). [3] Diese Haftungsbeschränkung gilt nicht bei grob fahrlässiger oder vorsätzlicher Schadensverursachung, [4] und ebenso nicht für schuldhaft verursachte Schäden wegen der Verletzung des Lebens, des Körpers oder der Gesundheit einer Person.

3. Versicherungsschutz [5]

Der Mandant wird darauf hingewiesen, dass die tatsächlichen Haftungsrisiken den Umfang der nach Nr. 1 der Vereinbarung getroffenen Regelung möglicherweise übersteigt und er die Möglichkeit hat, dieses Risiko auf eigene Kosten durch eine Versicherung für den Einzelfall abzusichern.

4. Verjährung [6]

Ansprüche des Mandanten gegen die Sozietät auf Schadenersatz aus und im Zusammenhang mit dem Mandat verjähren innerhalb von drei Jahren von dem Ende des Kalenderjahres an gerechnet, in dem der Anspruch entstanden ist und der Mandant von den anspruchsbegründenden Tatsachen *und der Person des Schuldners* Kenntnis erlangt hat oder hätte erlangen müssen, spätestens jedoch – unabhängig von einer solchen Kenntnis – innerhalb von sechs Jahren nach Beendigung des Mandats. Dies gilt nicht bei vorsätzlichem oder grob fahrlässigem Handeln der Sozietät, deren gesetzlichen Vertretern oder Erfüllungsgehilfen.

5. Salvatorische Klausel [7]

Sollten einzelne Bestimmungen dieser Vereinbarung über eine Haftungsbegrenzung ganz oder teilweise unwirksam oder undurchführbar sein, so wird hiervon die Wirksamkeit dieser Vereinbarung im Übrigen nicht berührt. Die Parteien verpflichten sich in diesem Falle anstelle der unwirksamen oder undurchführbaren Bestimmung eine Bestimmung zu vereinbaren, die in rechtlich zulässiger Weise dem rechtlichen und wirtschaftlichen Gewollten möglichst nahe kommt. Dies gilt auch für den Fall einer ergänzungsbedürftigen Lücke.

_____[Ort]_____, den _____[Datum]_____ [8]   _____[Ort]_____, den _____[Datum]_____

_____   _____
(Unterschrift des Mandanten)   (Unterschrift des Rechtsanwalts)

Erläuterungen

Schrifttum

Dahns Haftungsbeschränkungen, NJW-Spezial 2006, 477; *Esser* Haftungsbegrenzungen in Anwaltsverträgen, MDR 2015, 737; *Kern* Unzulässige Haftungskonzentration in vorformulierten Vergütungsvereinbarungen einer Partnerschaft, NJW 2010, 493; *Kilian* Die Nutzung von Haftungsbegrenzungsvereinbarungen: Rahmen und Hindernisse, AnwBl 2015, 224; *Michalski/Römermann* Die Wirksamkeit der salvatorischen Klausel, NJW 1994, 886; *Nordhues* Salvatorische Klauseln – Funktionsweise und Gestaltung, JA 2011, 211; *van Büren/van Büren* Haftung und Haftpflichtversicherung der rechtsberatenden Berufe, R+S 2004, 89.

1. Grundsätzlich haften die Mitglieder einer Sozietät aus dem zwischen ihr und dem Auftraggeber stehenden Vertragsverhältnis als Gesamtschuldner (§ 51a Abs. 2 Satz 1 BRAO). Nach § 51a Abs. 2 Satz 2 BRAO kann jedoch die Haftung auf diejenigen Mitglieder der Sozietät beschränkt werden, die das Mandat im Rahmen ihrer eigenen beruflichen Befugnisse bearbeiten und namentlich bezeichnet sind (Haftungskonzentration).

Solche **Konzentrationsklauseln** können beispielsweise folgenden Wortlaut haben:

Alternative:

[Ihr Mandat führt Herr Rechtsanwalt _____[Name]_____ eigenverantwortlich. Für etwaige im Rahmen der Mandatsbearbeitung entstehenden Schäden haftet ausschließlich Herr Rechtsanwalt _____[Name]_____.]

Eine solche Haftungskonzentration kann auch als vorformulierte Vertragsbedingung vereinbart werden (Henssler/Prütting/*Stobbe* § 51a BRAO, Rn. 68).

Die jeweiligen Bearbeiter, auf die die Haftung beschränkt werden soll, müssen jeweils namentlich und eindeutig bezeichnet werden. Diese Bezeichnung muss dann auch den tatsächlichen Verhältnissen entsprechen, es muss sich somit um die verantwortlichen Bearbeiter handeln. Bei einer überörtlichen Sozietät kann sich auch die Haftungskonzentration auf ein bestimmtes Büro beziehen, soweit sich die Namen der dort tätigen Sozien eindeutig aus dem Briefkopf entnehmen lassen (Henssler/Prütting/*Stobbe* § 51a BRAO, Rn. 73).

Die Haftungskonzentration muss schriftlich erfolgen und bedarf noch einer gesonderten **Zustimmungserklärung** des Mandanten. Der Gesetzestext legt in § 52 Abs. 2 BRAO nahe, dass die Zustimmungserklärung in einer gesonderten Urkunde abgegeben werden muss und es nicht ausreicht, wenn sie drucktechnisch hervorgehoben wird. Empfehlenswert ist daher unbedingt die Vereinbarung zur Haftungskonzentration in einer **gesonderten Urkunde** vorzunehmen, da es den Erwartungen des Mandanten, der eine Sozietät beauftragt, letztlich zuwider läuft, wenn er nur einen Haftungsschuldner hat (Henssler/Prütting/*Stobbe* § 51a BRAO, Rn. 74 ff.).

75 Die Haftungskonzentration ist unwirksam, wenn sie gegen das **Schriftformerfordernis** verstößt. Teilweise wird angenommen, dass sie auch unwirksam sei, wenn beispielsweise ein Bearbeiter benannt wird, von dem von vornherein feststeht, dass er das Mandat nicht bearbeiten wird (Henssler/Prütting/*Stobbe* § 51a BRAO Rn. 77). Dem ist allerdings nicht zu folgen, soweit hier ein solcher Bearbeiter zusätzlich benannt wird, denn in diesem Falle tritt ja ein weiterer Haftungsschuldner hinzu und die **Haftungsbasis** wird zu Gunsten des Mandanten erweitert (Hartung/Römermann/*Römermann* § 51a BRAO Rn. 44). Treten später weitere Sachbearbeiter hinzu, die in der Konzentrationsabrede nicht genannt wurden, so wird die Konzentrationsabrede unwirksam und muss insgesamt neu vereinbart werden (Hartung/Römermann/*Römermann* § 51a BRAO Rn. 45). Dieses Problem stellt sich insbesondere, wenn z.B. der benannte Bearbeiter (bzw. einer der benannten Bearbeiter) **aus der Sozietät ausscheidet** oder er aus anderen Gründen die Bearbeitung nicht mehr abschließen kann und die Bearbeitung an einen anderen Sachbearbeiter überträgt. Nunmehr verfehlt die Konzentrationsabrede ihren Zweck mit der Folge, dass sich die Sozietät insgesamt nicht mehr auf sie berufen kann (so im Ergebnis wohl Hartung/Römermann/*Römermann* § 51a BRAO Rn. 45), weil sie das Mandat nicht mehr durch den benannten Sozius bearbeiten lassen kann. Dies führt dazu, dass die gesamtschuldnerische Haftung wieder auflebt, wenn nicht ausdrücklich die Konzentration der Haftung für den neuen Sachbearbeiter erneut vereinbart wird. Teilweise wird allerdings die Auffassung vertreten, dass in diesen Fällen die Konzentration an sich erhalten bleibt, jedoch als Haftungsschuldner neben dem ausdrücklich benannten Bearbeiter auch diejenigen Sozien in Anspruch genommen werden können, die im konkreten Fall an der Mandatsbearbeitung mitgewirkt haben (so Henssler/Prütting/*Stobbe* § 51a BRAO Rn. 78).

76 Ob in der Konzentrationsabrede bereits im Vorfeld geregelt werden kann, wie im Falle des Wechsels oder Ausscheidens eines Sachbearbeiters verfahren werden soll, ist – insbesondere für vorformulierte Beschränkungsvereinbarungen – sehr zweifelhaft, denn es dürfte eine **unangemessene Benachteiligung** darstellen, wenn die Zustimmung des Mandanten bei der Auswahl des (neuen) Haftungssubjekts nicht erforderlich wäre. Im Ergebnis wird daher immer eine neue Vereinbarung erforderlich werden.

77 Insgesamt sind Haftungskonzentrationsklauseln sehr schwer zu handhaben, so dass solche Klauseln nur in Einzelfällen zur Anwendung kommen sollten.

78 **2.** Es ist sinnvoll, den Auftrag, in dessen Rahmen die Haftungsbeschränkung erfolgt, so präzise wie möglich zu formulieren und etwa erwartbare Erweiterungen des Mandats mit zu erfassen und auch klarzustellen, was nicht zum Gegenstand des Auftrags gehört. Typischerweise wird dies bei Beratung zu Fallgestaltungen relevant, die Bezüge zum ausländischen Recht aufweisen, sowie zu Rechtsgebieten außerhalb des Arbeitsrechts mit denen typischerweise Berührungspunkte bestehen (siehe hierzu auch X Rdn. 13 f.).

79 **3.** Haftungsbeschränkungen auf die Mindestversicherungssumme nach § 51 Abs. 4 BRAO, also auf 250.000 €, sind zwar in Individualvereinbarungen zulässig, bei vorformulierten Vertragsbedingungen muss sie jedoch mindestens das Vierfache, also 1 Mio. € beim Einzelanwalt und 10 Mio. € bei der Anwaltsgesellschaft und der Partnerschaftsgesellschaft betragen. Bedenkt man die Rechtsprechung zur Abgrenzung von Individualvereinbarungen und allgemeinen Geschäftsbedingungen, also vorformulierter Vertragsbedingungen, so wird man, wenn es sich nicht wirklich um einen absoluten Ausnahmefall in der Praxis der Sozietät handelt, in aller Regel davon ausgehen, dass es sich nicht um eine Vereinbarung für den Einzelfall handelt, sondern um vorformulierte Vertragsbedingungen. Deshalb sollte – allein schon wegen des hohen Risikos im Falle der Unwirksamkeit – immer eine **Haftungsbegrenzung** auf eine bzw. 10 Mio. € vereinbart werden und für einen entsprechenden Versicherungsschutz gesorgt werden. Das heißt Anwälten und Sozietäten, die erwarten, dass sie Haftungsbeschränkungen jemals vereinbaren werden, ist zu empfehlen, auch stets dafür zu sorgen, dass sie insoweit **Versicherungsschutz** haben, denn nur dann ist die Haftungsbeschränkung wirksam.

4. Wie leichte und grobe Fahrlässigkeit voneinander abzugrenzen sind, ist eine in Rechtsprechung und Literatur zur Anwaltshaftung nur unbefriedigend aufgearbeitete Frage. Die Rechtsprechung hatte anscheinend bislang nur selten Veranlassung, sich mit dem konkreten Grad des Verschuldens auseinanderzusetzen (vgl. Henssler/Prütting/*Stobbe* § 51a BRAO Rn. 58). Im Einzelfall kann die Haftung auch für grob fahrlässige Schädigung begrenzt werden (BGH, Urt. v. 04.12.1997 – IX ZR 41/97, NJW 1998, 1864; *Dahns* NJW-Spezial 2006, 477), da § 52 Abs. 1 BRAO seinem Wortlaut nach diese Möglichkeit eröffnet. Im Rahmen vorformulierter Vertragsbedingungen dürfte dies jedoch nicht möglich sein.

Soll in Einzelfällen eine Haftungsbegrenzung auch für grobe Fahrlässigkeit vereinbart werden, so kommt folgende Formulierung in Betracht:

Alternative:

[Die Haftung der Sozietät für Schäden aus und im Zusammenhang mit diesem Mandat wird hiermit begrenzt auf 1.000.000 € (in Worten: eine Million Euro). Diese Haftungsbeschränkung gilt nicht bei vorsätzlicher Schadensverursachung, und ebenso nicht für schuldhaft verursachte Schäden wegen der Verletzung des Lebens, des Körpers oder der Gesundheit einer Person.]

5. Der Rechtsanwalt soll nicht verpflichtet sein, seinen Auftraggeber über die **Bedeutung und Tragweite** der Haftungsbeschränkung aufzuklären. Es ist dennoch sinnvoll, dass der Rechtsanwalt in den Fällen, in denen das vorhersehbare Schadensrisiko die Haftungshöchstsumme übersteigt, den Auftraggeber darauf hinweist, dass die Möglichkeit einer **Projektversicherung** besteht und ihm die Gelegenheit einräumen, den Abschluss einer solchen Versicherung durch den Anwalt gegen Kostenübernahme durch den Mandanten zu prüfen (so empfiehlt es Henssler/Prütting/*Stobbe* § 51a BRAO Rn. 61).

6. Grundsätzlich besteht die Möglichkeit, durch vertragliche Vereinbarung die Verjährungsfrist zu begrenzen. Eine bloße Verkürzung der Verjährung in allgemeinen Geschäftsbedingungen dürfte jedoch eine unzulässige Benachteiligung des Mandanten darstellen (BGH, Urt. v. 19.02.1992 – VIII ZR 65/91, NJW 1992, 1236; BGH, Urt. v. 06.12.2012 – VII ZR 15/12, NJW 2013, 525). Eine Abkürzung der ohnehin recht kurzen relativen Verjährungsfrist ist in allgemeinen Geschäftsbedingungen also unzulässig. In Betracht kommt allenfalls die hier vorgeschlagene **Begrenzung der absoluten Verjährungsfrist**. Die Verjährung wird erst dann in Gang gesetzt, wenn der Mandant Kenntnis von Tatsachen erlangt, aus denen sich selbst für den juristischen Laien ergibt, dass der Anwalt von dem üblichen rechtlichen Vorgehen abgewichen ist oder er Maßnahmen nicht eingeleitet hat, die aus rechtlicher Sicht zu Vermeidung des Schadens erforderlich waren. Die bloße Kenntnis des Inhalts der anwaltlichen Beratung und der ihr zu Grunde liegenden tatsächlichen Umstände genügt nicht (BGH, Urt. v. 06.02.2014 – IX ZR 217/12, NJW 2014, 1800; BGH, Urt. v. 18.04.2013 – III ZR 156/12, WM 2013, 1212).

Im Rahmen eines Prozessmandates tritt Mandatsbeendigung im Grundsatz bei Vorlage der die Instanz abschließenden Entscheidung ein; ansonsten kommen die Erreichung des Vertragszwecks, die Kündigung durch den Mandanten oder durch den Rechtsanwalt als Beendigungstatbestände in Betracht (Hartung/Römermann/*Römermann* vor § 51 BRAO Rn. 15).

7. Der Eingangssatz der salvatorischen Klausel entspricht der gesetzlichen Regelung des § 306 Abs. 1 BGB und ist somit lediglich deklaratorisch. Ob darüber hinaus die vorbeschriebene **Anpassungsklausel** zulässig ist, ist zweifelhaft, da die Klausel letztlich eine Umgehung des § 306 Abs. 1 BGB darstellt, dessen Regel hiermit abbedungen werden soll. Individualvertraglich ist eine solche Regelung möglich (*Michalski* NJW 1994, 886). Im Rahmen von allgemeinen Geschäftsbedingungen wird eine solche Klausel jedoch vielfach als unwirksam angesehen, da der Vertragspartner im Falle der Unwirksamkeit der Klausel nicht dazu verpflichtet werden könne, daran mitzuwirken, eine gerade noch zulässige Gestaltung herzustellen (BGH, Urt. v. 22.11.2001 – VII ZR 208/00, NJW 2002; 894).

X. Arbeitsgerichtsverfahren

85.1 **8.** Obwohl der Wortlaut des § 52 Abs. 1 BRAO auf ein »bestehendes Vertragsverhältnis« abstellt geht die Literatur davon aus, dass die Haftungsbegrenzung auch bereits bei Abschluss der Mandatsvereinbarung vereinbart werden kann (*Esser* MDR 2015, 742) nicht mehr dagegen, wenn die Pflichtverletzung bereits eingetreten ist (*Esser* MDR 2015, 742).

II. Korrespondenz mit der Rechtsschutzversicherung

86 Die Finanzierung von Rechtsstreitigkeiten durch eine Rechtsschutzversicherung hat im Arbeitsrecht eine herausragende Bedeutung. Dies hängt in erster Linie mit der Regelung des § 12a ArbGG zusammen, die vorsieht, dass die obsiegende Partei im arbeitsgerichtlichen Urteilsverfahren erster Instanz keinen Anspruch auf Kostenerstattung für die Hinzuziehung eines Rechtsanwalts gegen die unterlegene Partei besitzt (AR/*Heider* § 12a ArbGG Rn. 2). Klassischerweise wird sich der Rechtsanwalt mit dem Wunsch eines Arbeitnehmermandanten konfrontiert sehen, Korrespondenz mit dessen Rechtsschutzversicherung zur Übernahme der Kosten des Rechtsstreits zu führen. Allerdings verfügen auch kleinere und mittelständische Unternehmen teilweise über eine Arbeitgeber-Rechtsschutzversicherung, mit der möglicherweise Korrespondenz zu führen sein wird.

1. Deckungsanfrage

Vorbemerkung

87 Das Verhältnis zwischen dem Mandanten als Versicherungsnehmer und seiner Rechtsschutzversicherung wird durch die Allgemeinen Bedingungen für die Rechtsschutzversicherung (ARB) definiert. Bis zum Jahr 1994 bestand die Pflicht für Versicherungsunternehmen, sich ihre Versicherungsbedingungen durch eine Aufsichtsbehörde genehmigen zu lassen. In der Praxis wurden daher einheitliche ARB erlassen, die nach ihrer Genehmigung durch das Bundesaufsichtsamt für das Versicherungswesen allseits verbindlich waren. Diese Verpflichtung ist aufgrund gemeinschaftsrechlicher Implikationen zum 01.07.1994 entfallen. Die ARB 1994 waren damit die letzten verbindlichen Versicherungsbedingungen in der Rechtsschutzversicherung. Seit diesem Zeitpunkt können die Versicherungsunternehmen eigene Bedingungen aufstellen. Der Gesamtverband der Deutschen Versicherungswirtschaft e.V. (GDV) veröffentlicht seitdem von Zeit zu Zeit neue Regelungen, die als Musterbedingungen angesehen werden können. Im konkreten Fall sollte aber stets überprüft werden, ob sich der Rechtsschutzversicherer des Mandanten eigene Versicherungsbedingungen mit abweichendem Regelungsgehalt gegeben hat. Den nachstehenden Ausführungen liegen die aktuellen Musterbedingungen des GDV zu Grunde, die ARB 2012.

88 Eine Kostenübernahme der Rechtsschutzversicherung setzt stets das Vorliegen eines Versicherungsfalls voraus. Übernimmt der Rechtsanwalt die Korrespondenz mit der Rechtsschutzversicherung für seinen Mandanten, ist dem Versicherer nach Ziffer 4.1.1.1 ARB der Versicherungsfall anzuzeigen und es ist eine sogenannte Deckungszusage für die weitere Tätigkeit einzuholen. Bei der Prüfung, ob für die Angelegenheit des Mandanten Versicherungsschutz besteht, kann sich der Rechtsanwalt zunächst am Umfang des Versicherungsvertrags orientieren. Für den Bereich des Arbeitsrechts sind nach Ziffer 2.1.1 ARB insbesondere der Privat-Rechtsschutz für Selbständige, der Berufs-Rechtsschutz für Nichtselbständige sowie der Rechtsschutz für Selbständige und Firmen bedeutsam (Pauly/Osnabrügge/*Arcari/Beckmann* § 42 Rn. 22).

89 Die Deckungsanfrage des Rechtsanwalts bei dem Rechtsschutzversicherer sollte möglichst zu einem Zeitpunkt erfolgen, zu dem der Rechtsanwalt noch keine oder jedenfalls keine umfangreicheren Tätigkeiten entfaltet hat. Nach Ziffer 4.1.2 ARB kann der Versicherer die Übernahme der Kosten des Versicherungsnehmers verweigern, die im Falle einer frühzeitigen Beantragung der

Deckungszusage nicht von ihm zu tragen gewesen wären. Darüber hinaus sieht Ziffer 4.1.5 ARB einen Ausschluss des Versicherungsschutzes vor, wenn der Versicherungsnehmer vorsätzlich gegen seine Obliegenheiten verstößt, dem Versicherer etwa nicht unverzüglich den Rechtsschutzfall anzeigt oder ihn über die damit zusammenhängenden Umstände unterrichtet.

▶ **Muster – Deckungsanfrage**

An die

___[Name]___ Rechtsschutzversicherung
___[Anschrift]___

___[Datum]___

___[Name des Mandanten]___ / ___[Name des Gegners]___

Versicherungsnummer: ___[Nummer]___

hier: Bitte um Erteilung einer Deckungszusage für die außergerichtliche Tätigkeit ¹

Sehr geehrte Damen und Herren,

in der vorbezeichneten Angelegenheit hat uns Ihr/e Versicherungsnehmer/in

Herr/Frau ___[Name des Versicherungsnehmers]___
___[Anschrift des Versicherungsnehmers]___

mit der Wahrnehmung seiner/ihrer Interessen in einer arbeitsrechtlichen Angelegenheit beauftragt. Eine Vollmacht über unsere Beauftragung mit der außergerichtlichen Durchsetzung seiner/ihrer rechtlichen Interessen legen wir als Anlage 1 bei. ²

Der Angelegenheit liegt der folgende Sachverhalt zu Grunde:

Ihr Versicherungsnehmer/Ihre Versicherungsnehmerin ist seit dem ___[Einstellungsdatum]___ bei der ___[Firmenname]___ GmbH als ___[Position]___ beschäftigt. Den Anstellungsvertrag vom ___[Abschlussdatum]___ überreichen wir in Kopie als Anlage 2. ³

Mit Schreiben vom ___[Datum des Kündigungsschreibens]___ hat die Arbeitgeberin das Arbeitsverhältnis mit Ihrem Versicherungsnehmer/Ihrer Versicherungsnehmerin ordentlich aus betriebsbedingten Gründen zum ___[Beendigungsdatum]___, hilfsweise zum nächstmöglichen Termin, gekündigt. Die Kündigungserklärung übersenden wir in Kopie als Anlage 3. Die Kündigung ist sozialwidrig, da der Arbeitsplatz Ihres Versicherungsnehmers/Ihrer Versicherungsnehmers nicht weggefallen ist, jedenfalls aber Weiterbeschäftigungsmöglichkeiten im Unternehmen vorhanden sind.

Ihr Versicherungsnehmer/Ihre Versicherungsnehmerin hat uns zur Vermeidung einer gerichtlichen Auseinandersetzung beauftragt, außergerichtlich gegen die Kündigung vorzugehen und seine/ihre Ansprüche geltend zu machen, um eine außergerichtliche Regelung hinsichtlich der Kündigung und der geltend gemachten Ansprüche zu erreichen. ⁴

Wir haben deshalb das in Kopie als Anlage 4 beigefügte Schreiben vom ___[Datum]___ an die Arbeitgeberin Ihres Versicherungsnehmers/Ihrer Versicherungsnehmerin geschickt. Mit diesem Schreiben haben wir versucht, mit der Arbeitgeberin eine einvernehmliche Regelung über die Rücknahme der Kündigung und die Weiterbeschäftigung Ihres Versicherungsnehmers/Ihrer Versicherungsnehmerin herbeizuführen. Eine Reaktion der Arbeitgeberin ist bisher nicht erfolgt. ⁵

Wir bitten in dieser Angelegenheit um die kurzfristige Erteilung einer Deckungszusage für die außergerichtliche Wahrnehmung der Interessen Ihres Versicherungsnehmers/Ihrer Versicherungsnehmerin.

X. Arbeitsgerichtsverfahren

Hierfür haben wir uns in unseren Akten eine Frist notiert bis
[Datum]

Mit freundlichen Grüßen

(Unterschrift)

Erläuterungen

Schrifttum
Bauer Obliegenheiten des Versicherungsnehmers in der Rechtsschutzversicherung, NJW 2011, 646; *ders.* Rechtsentwicklung bei den Allgemeinen Bedingungen für die Rechtsschutzversicherung bis Anfang 2006, NJW 2006, 1484; *Cornelius-Winkler* Ist die in § 17 V c) cc) ARB 2000 geregelte Obliegenheit intransparent und damit unwirksam?, r + s 2010, 89; *Fischer* Außergerichtliche Einigungsversuche vor Klageauftrag am Beispiel der Kündigungsschutzklage – Der anwaltliche Kampf um Recht und Geld mit den Rechtsschutzversicherungen, NZA 2006, 513; *Wendt* Die Rechtsprechung des IV. Zivilsenats des Bundesgerichtshofs zur Rechtsschutzversicherung, r + s 2014, 328.

91 **1.** Da die Bearbeitung anwaltlicher Schreiben durch die Sachbearbeiter der Rechtsschutzversicherung in der Praxis vielfach in begrenztem zeitlichen Umfang erfolgt, sollte sich aus der Deckungsanfrage leicht erkennen lassen, für welche anwaltlichen Tätigkeiten um Kostenübernahme gebeten wird. Anderenfalls ist mit der Erforderlichkeit mehrfacher Korrespondenz mit dem Versicherer zu rechnen.

92 **2.** Sofern der Rechtsanwalt bereits bei Beantragung der Deckungszusage im Besitz einer vom Mandanten ausgestellten **Vollmacht** ist, sollte diese dem Schreiben an den Versicherer beigefügt werden. Erforderlich ist die Vorlage einer Vollmacht indessen nicht, erfahrungsgemäß genügt den Versicherungsunternehmen die Zusicherung einer ordnungsgemäßen Bevollmächtigung.

93 **3.** Aus Ziffer 4.1.1.2 ARB ergibt sich die Obliegenheit des Versicherungsnehmers, den Versicherer vollständig und wahrheitsgemäß über sämtliche Umstände des Rechtsschutzfalls zu unterrichten und Beweismittel anzugeben (*Bauer* NJW 2011, 646). Auf Verlangen des Versicherers sind auch die maßgeblichen Unterlagen zur Verfügung zu stellen. Um eine kurzfristige Deckungszusage des Versicherungsunternehmens zu erhalten, empfiehlt es sich, eine ausführliche und möglichst vollständige **Darstellung des Sachverhalts** in der Deckungsanfrage vorzunehmen. Dabei sollten auch die vorhandenen Unterlagen – im Kündigungsfall mindestens der Arbeitsvertrag des Mandanten und das Kündigungsschreiben – vorgelegt werden, um das Risiko einer Verlängerung der Rechtsschutzprüfung durch Rückfragen gering zu halten. Schließlich sollten auch rechtliche Erläuterungen nicht fehlen, aus denen sich der Anspruch oder die Benachteiligung des Mandanten und damit der Rechtsschutzfall ergibt (Pauly/Osnabrügge/*Arcari/Beckmann* § 42 Rn. 30).

94 **4.** Auch in arbeitsrechtlichen Streitigkeiten bleibt im Vorfeld einer Klageerhebung Gelegenheit, zuvor eine **außergerichtliche Verständigung** mit der Gegenseite anzustrengen (DLW/*Stichler* Kapitel 17, Rn. 78). Bei vielen Arbeitnehmern besteht insbesondere nach längerer Dauer eines Arbeitsverhältnisses keine Absicht, den Arbeitgeber unmittelbar in ein Gerichtsverfahren zu verwickeln. In der Praxis tritt indessen häufig die Situation auf, dass der Rechtsschutzversicherer die Erteilung einer Deckungszusage für die **außergerichtliche Tätigkeit** in Kündigungsfällen mit der Begründung ablehnt, aufgrund der von § 4 KSchG gebotenen Klageerhebung innerhalb von drei Wochen nach Zugang der Kündigung bestehe ohnehin keine Erfolgsaussicht für eine außergerichtliche Verständigung. Zudem soll es sich um eine Obliegenheit des Versicherungsnehmers handeln, in allen Angelegenheiten, in denen nur eine kurze Frist zur Klageerhebung zur Verfügung steht, dem Rechtsanwalt einen unbedingten Prozessauftrag zu erteilen, der auch vorgerichtliche Tätigkeiten mit umfasst (dies soll aus der Obliegenheit des Versicherungsnehmers aus Ziffer 4.1.1.4 ARB folgen, wonach bei Eintritt des Versicherungsfalls die Kosten für die Rechtsverfolgung so gering wie möglich zu halten sind.). Ob der Rechtsschutzversicherer wegen des vermeintlichen Fehl-

verhaltens des Rechtsanwalts überhaupt berechtigt ist, die Freistellung des Versicherungsnehmers von den Anwaltskosten wegen eines Verstoßes gegen die Kostenminderungsobliegenheit zu verweigern, ist überdies sehr fraglich (vgl. *Wendt* r + s 2014, 328).

Diese Argumentation überzeugt nicht. Auch innerhalb der Dreiwochenfrist des § 4 KSchG ist die Kontaktaufnahme des Rechtsanwalts mit dem Arbeitgeber oder dessen Rechtsanwalt möglich, um eine **einvernehmliche Lösung** des Rechtsstreits zu finden. Der Gesetzgeber hat für den Rechtsanwalt durch die mögliche Bestimmung einer ebenso hohen außergerichtlichen Geschäftsgebühr (Nr. 2300 VV zum RVG) wie der in einem Gerichtsverfahren anfallenden Verfahrens- (Nr. 3100 VV zum RVG) und Terminsgebühr (Nr. 3104 VV zum RVG) sowie einer außergerichtlichen höheren Einigungsgebühr (Nr. 1000 VV zum RVG) gerade einen Anreiz geschaffen, die Angelegenheit bereits außerhalb eines Gerichtsverfahren zu beenden. Für das arbeitsrechtliche Kündigungsschutzverfahren findet sich keine Einschränkung bei diesen gesetzgeberischen Wertungen. Falls es zu keiner außergerichtlichen Verständigung kommt, sieht die Vorbemerkung 3 Abs. 4 zu Nr. 3100 VV zum RVG eine Anrechnung der außergerichtlichen Geschäftsgebühr (bis zu einem Gebührensatz von 0,75) auf die gerichtliche Verfahrensgebühr vor. Schließlich nehmen auch die ARB selbst die außergerichtliche Tätigkeit im Arbeitsrechtsverfahren gerade nicht vom Versicherungsschutz aus (vgl. Ziffer 2.2.2 ARB; anders etwa im Sozialgerichtsverfahren, wo ausdrücklich nur für das gerichtliche Verfahren Versicherungsschutz besteht (Ziffer 2.2.6 ARB). Vgl. zur Vertiefung und zu verschiedenen bestätigenden amtsgerichtlichen Urteilen Pauly/Osnabrügge/*Ruge* § 43 Rn. 18 f. 95

Unter Geltung des früheren § 17 Abs. 5 lit. c) cc) ARB 2000 haben die Rechtsschutzversicherer regelmäßig den Einwand vorgebracht, ein Antrag auf Erteilung einer Deckungszusage für die außergerichtliche Tätigkeit verstoße gegen die Pflicht des Versicherungsnehmers, eine **unnötige Erhöhung der Kosten** zu vermeiden. Dieser Einwand ist wegen Verstoßes der ARB-Norm gegen das Transparenzgebot des § 307 BGB unwirksam, da der Versicherungsnehmer gar nicht beurteilen kann, welche Kosten erforderlich oder vermeidbar sind (OLG München, Urt. v. 22.09.2011 – 29 U 1360/11, VersR 2012, 313; OLG Karlsruhe, Urt. v. 15.11.2011 – 12 U 104/11, SVR 2012, 111; *Bauer* NJW 2011, 646). Zwar ist die beanstandete Norm in den ARB 2012 nicht mehr enthalten. Im Einzelfall sollte aber stets geprüft werden, welche Regelung dem Rechtsschutzversicherungsverhältnis zu Grunde liegt. 96

Sofern der Rechtsanwalt eine gesonderte Deckungszusage für seine außergerichtliche Tätigkeit in Kündigungsangelegenheiten erbitten möchte, empfiehlt es sich, dies in einem eigenen Schreiben unmittelbar nach der Übernahme des Mandats vorzunehmen. Bei einer Verbindung der Mandatsanfragen für die außergerichtliche und die gerichtliche Tätigkeit oder der Äußerung einer Bitte um Erteilung der Deckungszusage für die außergerichtliche Tätigkeit erst nach Ablauf der Dreiwochenfrist des § 4 KSchG ist eine Verweigerung des Versicherers wahrscheinlich. In der Deckungsanfrage für die außergerichtliche Tätigkeit sollte klargestellt werden, welche außergerichtlichen Handlungen der Rechtsanwalt vorzunehmen gedenkt. Zudem kann sich die Vorlage einer **ausschließlich** auf die **außergerichtliche** Tätigkeit gerichteten **Vollmacht** empfehlen, um dem Versicherer den Einwand zu nehmen, der Mandant habe dem Rechtsanwalt bereits von Anfang an unbedingten Klageauftrag erteilt. 97

5. Um dem Rechtsschutzversicherer bei einer Deckungsanfrage für die außergerichtliche Tätigkeit in Kündigungsschutzfällen den Einwand zu nehmen, der Rechtsanwalt habe tatsächlich von Anfang an lediglich die Kündigungsschutzklage vorbereitet, sollte die entfaltete **außergerichtliche Tätigkeit beschrieben** werden. Denkbar ist etwa die Adressierung eines Schreibens an den Arbeitgeber, mit dem die Ansprüche des Arbeitnehmers geltend gemacht werden oder eine Vergleichsvorstellung angedeutet wird. Daneben könnte der Rechtsanwalt auch ein telefonisches Gespräch mit dem Arbeitgeber suchen, um die Möglichkeiten einer außergerichtlichen Einigung auszuloten. 98

X. Arbeitsgerichtsverfahren

2. Abrechnung außergerichtliche Tätigkeit

Vorbemerkung

99 Im Verhältnis zur Rechtsschutzversicherung steht dem Rechtsanwalt ein Kostenerstattungsanspruch ausschließlich in Höhe der gesetzlichen Gebühren zu. Eine etwaige Vergütungsvereinbarung mit dem Mandanten wird von den Versicherungsunternehmen nicht akzeptiert und kann ausschließlich zu einem höheren Anspruch gegen den Mandanten führen. Der Anspruch auf Erstattung der gesetzlichen Gebühren hängt zunächst von der Fälligkeit der Vergütung ab, was nach § 8 Abs. 1 RVG die Erledigung des Auftrags oder eine Beendigung der Angelegenheit voraussetzt. Nach § 9 RVG kann der Rechtsanwalt aber schon zuvor einen angemessenen Vorschuss auf die entstandenen und die voraussichtlich entstehenden Gebühren und Auslagen fordern. Auch wenn dieser Anspruch zunächst nur gegen den Mandanten besteht, ist der Rechtsschutzversicherer im Verhältnis zum Mandanten zu dessen Freistellung von den Anwaltskosten verpflichtet (Bischof/Jungbauer/*Mathias* § 9 RVG, Rn. 21). Der Versicherer hat damit auch den vom Rechtsanwalt geforderten Kostenvorschuss auszugleichen. Die Geschäftsgebühr für die außergerichtliche anwaltliche Tätigkeit wird durch »das Betreiben des Geschäfts einschließlich der Information und für die Mitwirkung bei der Gestaltung eines Vertrags« ausgelöst (Vorbemerkung 2.3 Abs. 3 VV zum RVG). Dies erfasst etwa die Durchführung einer Besprechung mit dem Mandanten, in welcher dem Rechtsanwalt bereits ein Auftrag zur Tätigkeit nach außen erteilt wird. Ebenso fällt die Geschäftsgebühr durch die Anfertigung von Schreiben an Dritte oder die Einsichtnahme von Akten an (vgl. DLW/*Stichler* Kapitel 17, Rn. 64).

▶ **Muster – Abrechnung außergerichtliche Tätigkeit**

100 An die

__[Name]__ Rechtsschutzversicherung

__[Anschrift]__

__[Datum]__

__[Name des Mandanten]__ / __[Name des Gegners]__

Schadensnummer: __[Nummer]__

hier: Sachstandsmitteilung/Abrechnung

Sehr geehrte Damen und Herren,

in der vorbezeichneten Angelegenheit bedanken wir uns zunächst auch im Namen Ihres Versicherungsnehmers/Ihrer Versicherungsnehmerin für Ihr Schreiben vom __[Datum]__, mit dem Sie uns die Übernahme der Kosten für die außergerichtliche Wahrnehmung der Interessen Ihres Versicherungsnehmers/Ihrer Versicherungsnehmerin im Zusammenhang mit dem gekündigten Arbeitsverhältnis bei der __[Name des Gegners]__ zugesagt haben. [1]

1. Zunächst möchten wir Sie über den aktuellen Sachstand informieren.

Mit Schreiben vom __[Datum]__ haben wir den Arbeitgeber angeschrieben und zur Rücknahme der Kündigung aufgefordert. Wir haben dem Arbeitgeber unsere Einschätzung mitgeteilt, dass die genannten betriebsbedingten Beendigungsgründe den Wegfall des Beschäftigungsbedarfs für Ihren Versicherungsnehmer/Ihre Versicherungsnehmerin nicht rechtfertigen können. Außerdem haben wir mitgeteilt, dass Ihr Versicherungsnehmer/Ihre Versicherungsnehmerin auch zu einer Weiterbeschäftigung auf anderen Arbeitsplätzen bei der __[Name des Gegners]__ bereit ist. Weiterhin haben wir mit dem Schreiben vom __[Datum]__ sämtliche ausstehenden Vergütungsbestandteile sowie den bislang nicht gewährten Erholungsurlaub eingefordert. Schließlich haben wir den Arbeitgeber aufgefordert, Ihrem Versicherungsnehmer/Ihrer Versicherungsnehmerin ein Zwischenzeugnis auszustellen, damit sich dieser/diese vorsorglich während der laufenden

Auseinandersetzung aus dem bestehenden Arbeitsverhältnis hinaus auf eine neue Stelle bewerben kann. Unser Schreiben vom ____[Datum]____ überreichen wir Ihnen in Kopie als Anlage 1. [2]

Am ____[Datum]____ hat daraufhin ein Telefonat mit Herrn/Frau ____[Name]____, dem/der [z.B. Personalleiter, Geschäftsführer, Rechtsanwalt] des Arbeitgebers stattgefunden. In diesem Gespräch wurde eine Einigung darüber erzielt, dass Ihr Versicherungsnehmer/Ihre Versicherungsnehmerin ab dem ____[Datum]____ von der ____[Name des Gegners]____ als ____[neue Position]____ weiterbeschäftigt wird. Den dazu abgeschlossenen außergerichtlichen Vergleich überreichen wir Ihnen in Kopie als Anlage 2. Wir freuen uns mit Ihnen über dieses für Ihren Versicherungsnehmer/Ihre Versicherungsnehmerin erfreuliche Ergebnis. [3]

2. Zugleich erlauben wir uns, mit der als Anlage beigefügten Kostennote die Rechtsanwaltsgebühren für unsere außergerichtliche Tätigkeit abzurechnen.

a. Der Abrechnung unserer Tätigkeit haben wir einen Gegenstandswert in Höhe von ____[Wert]____ Euro zu Grunde gelegt. Der Gegenstandswert setzt sich wie folgt zusammen: [4]

aa. Die Geltendmachung des Fortbestands des Arbeitsverhältnisses Ihres Versicherungsnehmers/Ihrer Versicherungsnehmerin richtet sich gemäß § 42 Abs. 3 GKG nach dem Quartalsverdienst. Ausweislich des in Kopie als Anlage 3 beigefügten Ausdrucks der elektronischen Lohnsteuerbescheinigung für das Jahr ____[Vorjahr]____ beträgt das Bruttojahresgehalt Ihres Versicherungsnehmers/Ihrer Versicherungsnehmerin € [Jahresverdienst]. Daraus ergibt sich ein durchschnittliches Bruttomonatsgehalt von [Monatsverdienst] Euro. Demnach beträgt der Bruttoquartalsverdienst Ihres Versicherungsnehmers/Ihrer Versicherungsnehmerin [Quartalsverdienst] Euro. [5]

bb. Das eingeforderte Zwischenzeugnis ist als vermögensrechtlicher Anspruch mit einem Bruttomonatsgehalt in Höhe von [Monatsverdienst] Euro zu berücksichtigen. [6]

cc. Die vom Arbeitgeber eingeforderte und letztlich erreichte Weiterbeschäftigung haben wir ebenfalls mit einem Bruttomonatsgehalt in Höhe von [Monatsverdienst] Euro in unserer Abrechnung berücksichtigt. [7]

b. Auf Grundlage des Gegenstandswertes in Höhe von ____[Wert]____ Euro haben wir die Geschäftsgebühr nach Nr. 2300 VV zum RVG sowie die Einigungsgebühr nach Nr. 1000 VV zum RVG berechnet. Daneben werden mit unserer Kostennote die Telekommunikationspauschale nach Nr. 7002 VV zum RVG sowie die angefallene Umsatzsteuer nach Nr. 7008 VV zum RVG in Rechnung gestellt.

aa. Auf Grundlage des vorstehend genannten Gegenstandswerts haben wir für unsere außergerichtliche Tätigkeit eine Geschäftsgebühr gemäß Nr. 2300 VV zum RVG berechnet. Die Rahmengebühr ist gemäß § 14 Abs. 1 RVG im Einzelfall unter Berücksichtigung aller Umstände, vor allem des Umfangs und der Schwierigkeit der anwaltlichen Tätigkeit sowie der Bedeutung der Angelegenheit nach billigem Ermessen festzusetzen. Wegen der besonderen Bedeutung, des Umfangs und der Schwierigkeit unserer außergerichtlichen Tätigkeit haben wir eine 2,0-Geschäftsgebühr in Ansatz gebracht. [8] Im Einzelnen:

Die außergerichtliche anwaltliche Tätigkeit war schwierig. Wie Sie dem Kündigungsschreiben vom ____[Datum]____ entnehmen können, ging es in rechtlicher Hinsicht um die Wirksamkeit einer betriebsbedingten Kündigung. Daher war es erforderlich, mit Ihrem Versicherungsnehmer/Ihrer Versicherungsnehmerin die Gründe zu erörtern, die zu einer Rechtfertigung der Kündigung führen konnten. Ferner musste geprüft werden, ob die Voraussetzungen der ordentlichen Kündigung, insbesondere die ordnungsgemäße Anhörung des Betriebsrats, gewahrt wurden. Daneben waren die Ansprüche auf Erteilung eines Zwischenzeugnisses, auf Weiterbeschäftigung sowie auf ausstehende finanzielle Leistungen zu prüfen. Insoweit haben wir die Literatur sowie die umfangreiche Rechtsprechung des BAG ausgewertet. Darüber hinaus haben wir Ihren Versicherungsnehmer/Ihre Versicherungsnehmerin insbesondere auch über die sozialversicherungsrechtlichen Folgen der Kündigung beraten.

Die außergerichtliche anwaltliche Tätigkeit war auch umfangreich. Der Unterzeichner hat seit der Aufnahme des Mandats ____[Anzahl]____ Stunden für die Bearbeitung dieser Angelegenheit aufgewendet. Wir haben die Gegenseite mit Schreiben vom ____[Datum]____ mit dem Ziel angeschrieben, ein Kündigungsschutzverfahren zu vermeiden. Daneben haben wir mit Herrn/Frau ____[Name]____, dem/der [z.B. Personalleiter, Geschäftsführer, Rechtsanwalt] des Arbeitgebers, am

X. Arbeitsgerichtsverfahren

___[Datum]___ ein telefonisches Gespräch über das Verfahren und eine außergerichtliche Verständigungsmöglichkeit geführt. Ferner haben wir die Angelegenheit umfangreich mit Ihrem Versicherungsnehmer/Ihrer Versicherungsnehmerin erörtert und analysiert, wie der Kündigung entgegengetreten werden kann. So wurden uns etwa ___[Anzahl]___ Seiten Unterlagen zur Prüfung der Angelegenheit vorgelegt, die alle auf ihre rechtliche Relevanz für das vorliegende Verfahren durchgesehen und bewertet werden mussten.

Die Angelegenheit hat schließlich eine besondere Bedeutung für Ihren Versicherungsnehmer/Ihre Versicherungsnehmerin. Handelt es sich um eine kündigungsrechtliche Angelegenheit eines Arbeitnehmers, ist regelmäßig von der besonderen Bedeutung der Angelegenheit auszugehen, weil die wirtschaftliche Existenz des Arbeitnehmers von dem Ausgang der Angelegenheit abhängt.

bb. Auf Basis des genannten Gegenstandswerts haben wir außerdem die Einigungsgebühr von 1,5 gemäß Nr. 1000 VV zum RVG abgerechnet. Aufgrund unseres außergerichtlichen Schreibens an die ___[Name des Gegners]___ vom ___[Datum]___ ist es zu dem Gespräch vom ___[Datum]___ gekommen, in dem eine Einigung über die weitere Beschäftigung Ihres Versicherungsnehmers/Ihrer Versicherungsnehmerin im Unternehmen als ___[neue Position]___ erzielt werden konnte. [9]

3. Wir bitten um Überweisung des in der Kostennote ausgewiesenen Betrags auf unser ausgewiesenes Geschäftskonto. Hierfür haben wir uns in unserer Akte eine Frist notiert bis ___[Datum]___.

Mit freundlichen Grüßen

(Unterschrift)

Erläuterungen

Schrifttum

Gerold/Schmidt Rechtsanwaltsvergütungsgesetz, Kommentar, 22. Auflage 2015; *Hartmann* Kostengesetze, 42. Auflage, 2012; *Meier/Becker* Streitwerte im Arbeitsrecht, 3. Auflage 2012; *Schaefer/Schaefer* Anwaltsgebühren im Arbeitsrecht, 4. Auflage 2015.

101 1. Zur Gewährleistung eines einheitlichen Verständnisses soll sich dieses Abrechnungsschreiben an die vorherige Deckungsanfrage anschließen und den Fall einer zuvor ausschließlich außergerichtlich gebliebenen anwaltlichen Tätigkeit abbilden.

102 2. Mit einer möglichst detaillierten Schilderung der entfalteten Tätigkeit macht der Rechtsanwalt dem Rechtsschutzversicherer deutlich, wie umfangreich die außergerichtliche Tätigkeit stattgefunden hat. Dies ist für die Bemessung der Geschäftsgebühr nach Nr. 2300 VV zum RVG von Bedeutung. Da es sich bei der **Geschäftsgebühr** um eine Rahmengebühr handelt, **bestimmt der Rechtsanwalt** gemäß § 14 Abs. 1 RVG die konkrete Höhe der Gebühr **nach billigem Ermessen.** Darüber hinaus dient die umfassende Darstellung der geltend gemachten Ansprüche dazu, dem Versicherer das Ausmaß der streitigen Positionen deutlich zu machen, die in die Bemessung des Gegenstandswerts einfließen.

103 3. Sofern ein Vergleich oder eine schriftlich fixierte außergerichtliche Einigung zu Stande kommt, empfiehlt sich die Übermittlung dieses Ergebnisses mitsamt der Endabrechnung an den Versicherer. Die Entstehung einer **Einigungsgebühr** nach Nr. 1000 VV zum RVG wird dem Versicherer umso leichter verständlich zu machen sein, je deutlicher der Mitwirkungsgehalt des Rechtsanwalts dokumentiert ist. Voraussetzung der Entstehung einer Einigungsgebühr nach Nr. 1000 VV zum RVG ist die **Mitwirkung beim Abschluss eines Vertrags,** durch den der Streit oder die Ungewissheit über ein Rechtsverhältnis beseitigt wird. Die Gebühr entsteht auch durch die Mitwirkung an Vertragsverhandlungen, es sei denn, diese waren für den Vertragsschluss nicht ursächlich.

104 4. Während es im gerichtlichen Verfahren stets die Möglichkeit gibt, den **Gegenstandswert** der Angelegenheit durch das Gericht festsetzen zu lassen, was in aller Regel auch von dem Versicherer gefordert wird, besteht diese Möglichkeit im Rahmen einer ausschließlich außergerichtlich geblie-

benen anwaltlichen Tätigkeit nicht. Es ist daher Aufgabe des die Abrechnung erstellenden Rechtsanwalts, dem Versicherer den Gegenstandswert der Angelegenheit zu erläutern. Dabei kann zu den unterschiedlichsten arbeitsrechtlichen Streitgegenständen auf eine große Zahl an Judikatur zurückgegriffen werden, die Anhaltspunkte für die Ermittlung des Gegenstandswerts liefert (vgl. *Schaefer/Schaefer* S. 48 ff.; *Meier/Becker* Rn. 86 ff.).

5. Für Streitigkeiten über den **Bestand oder Nichtbestand oder die Kündigung eines Arbeitsverhältnisses** ist nach § 42 Abs. 3 GKG höchstens der Wert des für die Dauer eines Vierteljahres zu leistenden Arbeitsentgelts maßgeblich, eine Abfindung wird dabei nicht hinzugerechnet. Der Vierteljahresverdienst wird überwiegend als Regelstreitwert für Bestandsschutzstreitigkeiten betrachtet (LAG Düsseldorf, Beschl. v. 17.08.2006 – 6 Ta 452/06, juris; LAG Niedersachsen, Beschl. v. 10.01.1992 – 5 Ta 347/91, juris; AR/*Heider* § 12 ArbGG, Rn. 13). Nach der Gegenauffassung stellt der Quartalsverdienst dagegen lediglich eine Obergrenze dar, von der insbesondere bei Arbeitsverhältnissen von unter einjähriger Bestandsdauer Abschläge vorzunehmen sind (BAG, Beschl. v. 30.11.1984 – 2 AZN 572/82 (B), NZA 1985, 369; LAG Rheinland-Pfalz, Beschl. v. 21.08.2009 – 1 Ta 190/09, juris; *Hartmann* § 42 GKG, Rn. 47). Werden mehrere Kündigungen angegriffen, sind deren Werte nach richtiger Auffassung miteinander zu addieren. Nur wenn zwischen den einzelnen Kündigungen ein Zeitraum von weniger als drei Monaten liegt, muss für die Bewertung der späteren Kündigung eine Begrenzung auf die Entgeltdifferenz bis zum späteren Beendigungszeitpunkt erfolgen (vgl. auch Ziffer 20.3 des Streitwertkatalogs für die Arbeitsgerichtsbarkeit vom 05.04.2016).

105

6. Ein Anspruch auf Ausstellung eines **Zwischenzeugnisses** besteht ohne zusätzliche vertragliche Grundlage insbesondere dann, wenn eine Veränderung des Arbeitsverhältnisses bevorsteht. Dies gilt etwa bei Versetzungen, Wechsel des Vorgesetzten oder eben bei dem Ausspruch einer Kündigung des Arbeitsverhältnisses (ErfK/*Müller-Glöge* § 109 GewO Rn. 50). Der Wert für die Geltendmachung des Anspruchs auf Ausstellung eines Zwischenzeugnisses ist nach zutreffender Auffassung mit einem Bruttomonatsgehalt zu bemessen (LAG Köln, Beschl. v. 18.07.2007 – 9 Ta 164/07, NZA-RR 2008, 92; LAG Baden-Württemberg, Beschl. v. 04.08.2009 – 5 Ta 42/09, juris; ebenso Ziffer 25.3 des Streitwertkatalogs für die Arbeitsgerichtsbarkeit vom 05.04.2016).

106

7. Die Forderung nach Weiterbeschäftigung des Arbeitnehmers ist im gerichtlichen Verfahren mit einem Bruttomonatsgehalt zu bemessen (LAG Köln, Beschl. v. 24.06.2010 – 5 Ta 175/10; LAG Baden-Württemberg, Beschl. v. 14.02.2011 – 5 Ta 214/10; ebenso Ziffer 23 des Streitwertkatalogs für die Arbeitsgerichtsbarkeit vom 05.04.2016). Da viele Rechtsschutzversicherer selbst den Deckungsschutz für einen in der Kündigungsschutzklage gestellten Weiterbeschäftigungsantrag ablehnen, solange nicht im Gütetermin erfolglos die Herbeiführung eines Vergleichs gescheitert ist, muss auch mit einer Ablehnung der Kostenübernahme für die außergerichtliche Weiterbeschäftigungsforderung gerechnet werden. Ungeachtet dessen empfiehlt sich, die Wertbestimmung einschließlich der Weiterbeschäftigungsforderung gegenüber dem Rechtsschutzversicherer vorzunehmen, da derartige Forderungen bei hinreichender Begründung für ihre Aufstellung in der Praxis in vielen Fällen akzeptiert werden.

106.1

8. Bei der für die außergerichtliche anwaltliche Tätigkeit anfallenden Geschäftsgebühr nach Nr. 2300 VV zum RVG handelt es sich um eine **Rahmengebühr**, deren konkrete Höhe vom Rechtsanwalt gemäß § 14 RVG unter Berücksichtigung aller Umstände, vor allem des Umfangs und der Schwierigkeit der anwaltlichen Tätigkeit, der Bedeutung der Angelegenheit sowie der Einkommens- und Vermögensverhältnisse des Mandanten nach billigem Ermessen zu bestimmen ist (Gerold/Schmidt/*Mayer* § 14 RVG, Rn. 15 ff.). Der vom Rechtsanwalt auszuschöpfende Rahmen bewegt sich zwischen einer 0,5- und einer 2,5-Geschäftsgebühr. Nach der Wertung des Gesetzgebers soll eine Gebühr von mehr als 1,3 nur gefordert werden können, wenn die Angelegenheit umfangreich oder schwierig war. Damit hat der Rechtsanwalt zu entscheiden und im hiesigen Kontext auch gegenüber der Rechtsschutzversicherung des Mandanten zu begründen, wie sich die Geschäftsgebühr bestimmt und mit welchen Erwägungen eine Geschäftsgebühr oberhalb von 1,3 gerechtfertigt ist. Die im Muster gewählte Begründung stellt einen exemplarischen

107

X. Arbeitsgerichtsverfahren

Ansatz dar und sollte abhängig von den situativen Voraussetzungen so angepasst werden, dass sie dem konkreten Fall der anwaltlichen Tätigkeit entspricht (vgl. zur Bestimmung der Geschäftsgebühr auch Bischof/Jungbauer/*Jungbauer* Nr. 2300 VV Rn. 43 ff.; DLW/*Stichler* Kapitel 17 Rn. 67 ff.). Sofern ein Streit über die Höhe der anwaltlich bestimmten Rahmengebühr besteht, kann im Prozess zwischen dem Versicherungsnehmer und dem Versicherer auf Freistellung von den anwaltlichen Gebühren ein kostenloses Gutachten der Rechtsanwaltskammer entsprechend § 14 Abs. 2 RVG eingeholt werden. Umstände für die Bemessung der Rahmengebühr können im Gutachten allerdings nur berücksichtigt werden, wenn sich diese aus dem Akteninhalt oder dem bisherigen Prozessvortrag des Rechtsanwalts ergeben (Gerold/Schmidt/*Mayer* § 14 RVG, Rn. 35).

108 **9.** Hat der Rechtsanwalt an dem Abschluss eines Vertrags mitgewirkt, durch den der Streit oder die Ungewissheit der Parteien über ein Rechtsverhältnis beseitigt wird, fällt hierfür die Einigungsgebühr nach Nr. 1000 VV zum RVG an. Diese macht im Falle einer außergerichtlichen Einigung einen Gebührensatz von 1,5 aus (weitere Einzelheiten bei DLW/*Stichler* Kapitel 17 Rn. 111 ff.).

3. Abrechnung gerichtliche Tätigkeit

Vorbemerkung

109 Für die Abrechnung seiner gerichtlichen Tätigkeit gegenüber dem Rechtsschutzversicherer kann sich der Rechtsanwalt auf den Gegenstandswertfestsetzungsbeschluss des Arbeitsgerichts berufen. Anders als in anderen Gerichtsbarkeiten ist für die Festsetzung des Gegenstandswerts in arbeitsgerichtlichen Verfahren in aller Regel ein vorheriger Antrag des Rechtsanwalts erforderlich (vgl. X Rdn. 215 ff.).

▶ **Muster – Abrechnung gerichtliche Tätigkeit**

110 An die

_____[Name]_____ Rechtsschutzversicherung

_____[Anschrift]_____

_____[Datum]_____

_____[Name des Mandanten]_____ / _____[Name des Gegners]_____

Schadensnummer: _____[Nummer]_____

hier: Sachstandsmitteilung/Abrechnung

Sehr geehrte Damen und Herren,

in der vorbezeichneten Angelegenheit möchten wir Sie zunächst über den aktuellen Sachstand unterrichten. Das Gerichtsverfahren 1. Instanz konnte durch das Urteil des Arbeitsgerichts _____[Ort]_____ vom _____[Datum]_____ für Ihren Versicherungsnehmer/Ihre Versicherungsnehmerin erfolgreich beendet werden.

Gleichzeitig erlauben wir uns, mit der als Anlage beigefügten Kostennote die bereits entstandenen Rechtsanwaltsgebühren für unsere gerichtliche Tätigkeit abzurechnen. Wir weisen an dieser Stelle darauf hin, dass die Abrechnung vorläufig lediglich auf dem vom Arbeitsgericht berechneten Streitwert für das gerichtliche Verfahren nach § 61 Abs. 1 ArbGG beruht.[1] Wir haben parallel zu dieser Abrechnung die Festsetzung des Gegenstandswerts nach § 32 Abs. 2 RVG beantragt.[2] Die Gebühren aus einem daraus resultierenden höheren Gegenstandswert werden wir gegebenenfalls mit gesonderter Kostennote nachberechnen.

Der Abrechnung unserer Tätigkeit haben wir – zunächst – einen Gegenstandswert in Höhe von _____[Wert]_____ Euro zu Grunde gelegt. Zur Zusammensetzung des vorläufigen Gegenstandswerts verweisen wir auf das Urteil des Arbeitsgerichts ___[Ort]___ vom ___[Datum]___. Das Urteil überreichen wir Ihnen in Kopie als Anlage.

Auf Grundlage des Gegenstandswerts in Höhe von € ___[Wert]___ rechnen wir zunächst die Verfahrensgebühr von 1,3 nach Nr. 3100 VV zum RVG ab. Wie Sie der Kostennote entnehmen können, haben wir die Anrechnung der bereits entstandenen außergerichtlichen Geschäftsgebühr in Höhe eines Gebührensatzes von 0,65 auf die Verfahrensgebühr selbstverständlich bereits berücksichtigt. Die Anrechnung erfolgt gemäß der Vorbemerkung 3 Abs. 4 VV zum RVG nach dem Wert des Gegenstands, der auch Gegenstand des gerichtlichen Verfahrens ist. [3]

Außerdem bringen wir auf Grundlage des vorstehend genannten Gegenstandswerts die Terminsgebühr von 1,2 nach Nr. 3104 VV zum RVG zur Abrechnung. [4]

Wir bitten um Überweisung des in der Kostennote ausgewiesenen Betrags auf eines unserer angegebenen Konten. Hierfür haben wir uns in unserer Akte eine Frist notiert bis ___[Datum]___.

Mit freundlichen Grüßen

_____
(Unterschrift)

Erläuterungen

Schrifttum
Bauer Entwicklung bei den Allgemeinen Bedingungen für die Rechtsschutzversicherung bis Anfang 2015 NJW 2015, 1651; *Gerold/Schmidt* Rechtsanwaltsvergütungsgesetz, Kommentar, 22. Auflage 2015; *Hartmann* Kostengesetze, 46. Auflage 2016.

1. Bei der Bestimmung des Streitwerts eines gerichtlichen Verfahrens ist grundsätzlich zwischen dem **Rechtsmittelstreitwert** (§ 61 Abs. 1 ArbGG) und dem Gebührenstreitwert zu unterscheiden. Der **Gebührenstreitwert** ist nach § 63 Abs. 1 S. 1 GKG vom Arbeitsgericht nach Eingang der Klageschrift vorläufig durch Beschluss festzusetzen, wenn Gegenstand des Verfahrens nicht eine bestimmte Geldsumme ist oder gesetzlich kein fester Wert bestimmt ist. Die Festsetzung des endgültigen Gebührenstreitwerts kann nach § 63 Abs. 2 S. 2 GKG erst beantragt werden, wenn eine Entscheidung über den gesamten Streitgegenstand ergangen ist oder sich das Verfahren anderweitig erledigt hat (vgl. Bischof/Jungbauer/*Bischof* § 32 RVG Rn. 25 f.). Während die Abrechnung eines Kostenvorschusses für die anwaltliche Tätigkeit im Gerichtsverfahren in aller Regel von dem Rechtsschutzversicherer auch ohne **Wertfestsetzungsbeschluss** akzeptiert wird, bestehen die Versicherer bei Vornahme der Endabrechnung oftmals auf die Übersendung eines gerichtlichen Wertfestsetzungsbeschlusses. Da die Gerichte vor der Festsetzung des Gebührenstreitwerts zunächst beiden Parteien rechtliches Gehör gewähren, kann sich dieses Verfahren erfahrungsgemäß zeitlich in die Länge strecken. Um hier jedenfalls bereits einen Vorschuss zu erhalten, kann sich die vorläufige Abrechnung auf der Basis des jedenfalls im Urteil erster Instanz nach § 61 Abs. 1 ArbGG enthaltenen – meist niedrigeren – Rechtsmittelstreitwerts anbieten, was von den Versicherern in der Regel akzeptiert wird. 111

2. Der nach § 63 GKG bestimmte Gebührenstreitwert ist grundsätzlich sowohl für die Gerichtsgebühren als auch für die Rechtsanwaltsgebühren maßgeblich (§ 32 Abs. 1 RVG). Im Arbeitsgerichtsverfahren ergeht eine endgültige Bestimmung des Gebührenstreitwerts nur auf **Antrag** einer der Parteien oder wenn das Gericht sie für angemessen betrachtet (§ 63 Abs. 2 S. 2 GKG). Sofern das Arbeitsgericht die Wertfestsetzung nach Auffassung des Rechtsanwalts unzutreffend vorgenommen hat, besteht ein **eigenständiges Beschwerderecht des Rechtsanwalts** nach § 32 Abs. 2 RVG (Bischof/Jungbauer/*Bischof* § 32 RVG, Rn. 29). 112

In einigen Fällen berechnen sich die Rechtsanwaltsgebühren dagegen nicht nach den für die Bestimmung der Gerichtsgebühren maßgeblichen Regelungen (AR/*Heider* § 12 ArbGG, Rn. 11). Der Rechtsanwalt kann die Festsetzung des Gegenstandswerts in diesem Fall nach § 33 Abs. 1, 2 113

X. Arbeitsgerichtsverfahren

RVG nach Abschluss der Angelegenheit beantragen. Gegen den Beschluss des Arbeitsgerichts besteht ein eigenständiges Beschwerderecht des Rechtsanwalts nach § 33 Abs. 3 RVG.

114 Um einen derartigen Fall dürfte es sich nach richtiger Auffassung insbesondere beim Abschluss eines **gerichtlichen Vergleichs** handeln, in dem zwischen den Parteien mehr geregelt wird, als Gegenstand des Gerichtsverfahrens war (vgl. LAG Schleswig-Holstein, Beschl. v. 15.12.2011 – 6 Ta 198/11; LAG Rheinland-Pfalz, Beschl. v. 04.06.2012 – 1 Ta 104/12; LAG Köln, Beschl. v. 25.09.2009 – 13 Ta 302/09). Nach Vorbemerkung Nr. 8 zur Anlage 1 GKG entfallen bei einem Vergleichsschluss vor dem Arbeitsgericht zudem die Gerichtsgebühren. Nach der Gegenauffassung beschränkt sich der Anwendungsbereich des § 33 Abs. 1 RVG auf solche Fälle, in denen grundsätzlich keine Gerichtsgebühren erhoben werden, zum Beispiel das arbeitsgerichtliche Beschlussverfahren. Somit soll sich auch im Fall des gerichtlichen Vergleichs die Wertfestsetzung nach § 63 Abs. 2 Satz 2 GKG i.V.m. § 32 Abs. 1 RVG richten (vgl. LAG Baden-Württemberg, Beschl. v. 14.07.2011 – 5 Ta 101/11; LAG Nürnberg, Beschl. v. 22.10.2009 – 4 Ta 135/09; LAG Düsseldorf, Beschl. v. 08.05.2007 – 6 Ta 99/07). Dieser Streit ist keineswegs rein akademischer Natur, da die jeweiligen Beschwerdeverfahren eine unterschiedliche Reichweite besitzen. Im Unterschied zum Beschwerdeverfahren nach § 33 Abs. 3 RVG ist im Beschwerdeverfahren nach § 32 Abs. 2 RVG eine Verschlechterung gegenüber der angefochtenen Entscheidung (**reformatio in peius**) möglich (vgl. einerseits LAG Hessen, Beschl. v. 16.08.2013 – 1 Ta 123/13 zu § 33 RVG und andererseits LAG Köln, Beschl. v. 19.11.2012 – 5 Ta 287/12 zu § 32 RVG).

115 Maßgeblich für die Einstandspflicht der Rechtsschutzversicherung bei Abschluss eines Mehrvergleichs ist die Frage, ob auch die im Mehrvergleich geregelten Gegenstände zuvor zwischen den Parteien streitig waren. Zwar hat der BGH im Jahr 2005 entschieden, dass der Versicherer auch die **Kosten eines Mehrvergleichs** zu tragen hat, wenn darin bislang unstreitige Gegenstände geregelt werden, für die der Versicherer im Streitfall Rechtsschutz zu gewähren hätte und die rechtlich mit dem Ausgangsrechtsstreit zusammenhängen (BGH, Urt. v. 14.09.2005 – IV ZR 145/04, NZA 2006, 229). Die ganz überwiegende Zahl der Versicherer hat aber im Anschluss an diese Entscheidung ihre ARB geändert und verlangt nunmehr, dass die in den Vergleich einbezogenen Regelungen zuvor ebenfalls streitig waren (vgl. Ziffer 3.3.3 ARB). Die Rechtsprechung des BGH hilft somit nur noch in Altfällen, in denen der Versicherungsschutz noch nicht eingeschränkt wurde (vgl. *Bauer* NJW 2015, 1651). Um dem Versicherer zu verdeutlichen, dass eine später mitverglichene Forderung streitig war, hat sich die frühzeitige schriftliche Einforderung sämtlicher Ansprüche des Mandanten gegenüber dem Arbeitgeber als hilfreich herausgestellt. Wird die Forderung zurückgewiesen oder unterbleibt jedenfalls die geforderte Reaktion, lässt sich hieraus der vom Versicherer geforderte Streit ableiten.

116 **3.** Für die Vertretung des Mandanten in einem gerichtlichen Verfahren entsteht die **Verfahrensgebühr** nach Nr. 3100 VV zum RVG. Sie entsteht durch die **Entgegennahme von Informationen nach Erteilung eines Prozessauftrags** durch den Mandanten, spätestens aber mit der Einreichung eines Schriftsatzes bei dem Prozessgericht (DLW/*Stichler* Kapitel 17, Rn. 80). Die Verfahrensgebühr richtet sich im erstinstanzlichen Gerichtsverfahren stets nach einem Gebührensatz von 1,3. Nach der Vorbemerkung 3 Abs. 4 VV zum RVG wird eine wegen desselben Gegenstands angefallene **außergerichtliche Geschäftsgebühr zur Hälfte**, höchstens aber mit einem Gebührensatz von 0,75 auf die Verfahrensgebühr des gerichtlichen Verfahrens **angerechnet** (Bischof/Jungbauer/*Bischof* Vorbemerkung 3 VV Rn. 98 ff.).

117 **4.** Die **Terminsgebühr** nach Nr. 3104 VV zum RVG entsteht für die **Wahrnehmung eines Termins**, wobei es nicht auf die inhaltliche Erörterung der Sache oder eine Antragstellung ankommt. Die Terminsgebühr wird aber auch dann ausgelöst, wenn sich der Rechtsanwalt mit dem Vertreter der Gegenseite zur Vermeidung eines Termins außergerichtlich bespricht (DLW/*Stichler* Kapitel 17, Rn. 105 f.). Der Gebührensatz für die erstinstanzliche Terminsgebühr beträgt 1,2.

III. Prozessuales

Gemäß § 11 ArbGG besteht vor dem Arbeitsgericht kein **Anwaltszwang**. Die Parteien können sich somit selbst vertreten (§ 11 Abs. 1 Satz 1 ArbGG). Wenn sich die Parteien dennoch vertreten lassen wollen, so können sie unter anderem einen Rechtsanwalt mandatieren (§ 11 Abs. 2 Satz 2 ArbGG). § 11 Abs. 2 Satz 2 ArbGG enthält jedoch noch weitere Möglichkeiten der Vertretung der Partei. Die wichtigsten sind die Vertretung durch eigene Mitarbeiter oder Mitarbeiter von verbundenen Unternehmen gemäß § 15 AktG (§ 11 Abs. 2 Satz 2 Nr. 1 ArbGG) sowie durch Verbandsvertreter wie Gewerkschaften oder Arbeitgeberverbände (§ 11 Abs. 2 Satz 2 Nr. 1 Nr. 3 bis 5 ArbGG). Vor dem Landesarbeitsgericht und dem Bundesarbeitsgericht besteht grundsätzlich Anwaltszwang, wobei die Vertretung durch Koalitionen (§ 11 Abs. 2 Satz 2 Nr. 1, Nr. 4 und Nr. 5 ArbGG) vor dem Bundesarbeitsgericht zulässig ist, soweit sie durch Personen mit Befähigung zum Richteramt (Assessoren) erfolgt.

118

1. Allgemeine Prozessvollmacht

Vorbemerkung

Üblicherweise werden auch in **arbeitsgerichtlichen Vertretungen** die allgemeinen Prozessvollmachten verwendet, die dem Anwalt von der gerichtlichen Vertretung bis hin zur Ehescheidung Vollmacht erteilen. Dies gibt nicht nur im Mandatierungsgespräch immer wieder Anlass zum Schmunzeln, sondern hat auch konkrete Nachteile. So enthalten diese Standardvollmachten in aller Regel auch die Befugnis zur **Entgegennahme von Willenserklärungen** für den Mandanten. Wird eine solche Empfangsvollmacht etwa von einem Arbeitnehmer unterzeichnet und der Gegenseite vorgelegt, so sind dem Arbeitgeber etwaige **Nachkündigungen** erleichtert, er muss sie nur der jeweiligen Anwaltskanzlei zustellen, was je nach Lage der Dinge wesentlich unkomplizierter ist, als die Zustellung an den Arbeitnehmer selbst. So mancher Arbeitnehmeranwalt, der die ihm zugestellte Kündigung empört unter Verweis auf die mangelnde **Zustellungsbevollmächtigung** zurückschickte, hat sich schon eines Besseren belehren lassen müssen. Nachstehend ist die allgemeine Prozessvollmacht auf das reduziert, was im Falle der rein arbeitsrechtlichen Vertretung sinnvoll erscheint.

119

▶ **Muster – Allgemeine Prozessvollmacht**

Den Rechtsanwälten ___[Name der Sozietät]___ wird hiermit in Sachen

120

___[Name Mandant]___ / ___[Name Gegner]___

wegen ___[Beschreibung]___

PROZESSVOLLMACHT

erteilt:

1. Zur Führung von Prozessen nach der Zivilprozessordnung und dem Arbeitsgerichtsgesetz;
2. zur Vertretung in Insolvenzverfahren einschließlich der Befugnis, Forderungen anzumelden und zu bestreiten, sowie eine Insolvenzquote in Empfang zu nehmen;
3. zur Vertretung in sonstigen Verfahren und außergerichtlichen Verhandlungen aller Art;
4. zur Begründung und Aufhebung von Vertragsverhältnissen und zur Abgabe [1] und Entgegennahme einseitiger Willenserklärungen, [2] insbesondere Kündigungen (ordentliche wie außerordentliche), Ausübung von Wahlrechten, Rücktritt, Anfechtung und Widerruf;

X. Arbeitsgerichtsverfahren

einschließlich der Befugnis zur Erledigung des Rechtsstreits oder außergerichtliche Verhandlungen durch Vergleich oder Vertrag; die Vollmacht erstreckt sich auf Neben- und Folgeverfahren aller Art und umfasst allgemein die Befugnis:

– zur Vornahme und Entgegennahme von Zustellungen;

– zur Bestellung eines Unterbevollmächtigten sowie eines Bevollmächtigten für höhere Instanzen;

– zur Einsichtnahme und Vervielfältigung von Akten und Dokumenten sowie der Erhebung, Verarbeitung und Nutzung von Daten aller Art,

– zur Befragung von Personen, insbesondere Amtsträger, Sachbearbeiter und Zeugen;

– zur Entgegennahme von Zahlungen, Wertsachen und Urkunden.

_____ [Ort] , den _____ [Datum]

_____
(Unterschrift des Mandanten)

Erläuterungen

121 **1.** Soll eine Kündigung, etwa in Form einer **Schriftsatzkündigung** im Prozess, ausgesprochen werden, so muss auf jeden Fall die schriftliche **Vollmacht im Original** beigefügt werden, sonst besteht das Risiko, dass die Kündigung nach § 174 BGB wegen mangelnder Vollmachtsvorlage zurückgewiesen wird.

122 **2.** Ob die Bevollmächtigung zur **Entgegennahme von Willenserklärungen** wirklich gewünscht und sinnvoll ist, sollte vorab kritisch geprüft werden, da dies unter Umständen der Gegenseite die Zustellung beispielsweise einer erneuten Kündigung erleichtert.

2. Terminsvollmacht gemäß § 141 Abs. 3 Satz 2 ZPO

Vorbemerkung

123 In arbeitsrechtlichen Streitigkeiten wird zumeist eine **persönliche Ladung** der Parteien gemäß § 51 Abs. 1 ArbGG angeordnet. Auch in Verfahren vor dem Landgericht betreffend Vorstände oder Geschäftsführer ist eine persönliche Ladung gemäß § 141 Abs. 1 ZPO die Regel. Bei juristischen Personen wird in aller Regel das **gesetzliche Vertretungsorgan** persönlich geladen. Die Mitglieder dieser Personengesamtheit werden jedoch in der Regel nicht identisch mit der Person sein, die auch über den Sachverhalt aufklären kann. Daher ist es häufig sachgerecht, wenn eine andere Person, als die persönlich geladene den Termin zur mündlichen Verhandlung wahrnimmt. Diese ist jedoch dann mit einer Vollmacht zur Vertretung auszustatten. § 51 Abs. 1 Satz 2 ArbGG verweist diesbezüglich auf § 141 Abs. 2 und 3 ZPO.

▶ **Muster – Terminsvollmacht gemäß § 141 Abs. 3 Satz 2 ZPO**

124 In Sachen

_____ [Name] / _____ [Name]

Aktenzeichen _____

wird hiermit Herrn/Frau _____ [Name]

VOLLMACHT

gemäß § 141 Abs. 3 Satz 2 ZPO [1]

erteilt, den persönlich geladenen Geschäftsführer der Beklagten, Herrn/Frau ____[Name]____ sowie die Beklagte [2] im Verfahren mit dem Aktenzeichen ____[Aktenzeichen]____ im Termin zur mündlichen Verhandlung vor dem Arbeitsgericht ____[Ort]____ zu vertreten. [3]

Herr/Frau ____[Name]____ ist zur Aufklärung des Sachverhaltes in der Lage und zur Abgabe der gebotenen Erklärungen, insbesondere zu einem Vergleichsabschluss, ermächtigt. [4]

____[Ort]____, den ____[Datum]____

_____
(Unterschrift des persönlich Geladenen)

Erläuterungen

Schrifttum

Fuhlrott Persönliches Erscheinen und instruierte Vertreter im Arbeitsgerichtsverfahren ArbRAktuell 2011, 530; *Vonderau* Anordnung des persönlichen Erscheinens von juristischen Personen, NZA 1991, 336.

1. Hierdurch wird die Vollmacht als sog. **Terminsvollmacht** gekennzeichnet. Sie dient dazu, zu dokumentieren, dass ein Dritter für einen persönlich Geladenen vor Gericht als sog. »informierter Vertreter« auftreten kann. Hintergrund ist, dass gegen eine gemäß § 141 Abs. 1 ZPO bzw. § 51 Abs. 1 ArbGG persönlich geladene Partei, im Falle des Nichterscheinens ein **Ordnungsgeld** gemäß § 141 Abs. 3 Satz 1 ZPO festgesetzt werden kann, es sei denn, ein informierter Vertreter wird gemäß § 141 Abs. 3 Satz 2 ZPO entsandt (hierzu *Fuhlrott* ArbRAktuell 2011, 530, 532).

2. Bei juristischen Personen wird in der Regel der **Geschäftsführer**, häufig aber auch schlicht die Person, die die Kündigung unterzeichnet hat, persönlich geladen. Es kommt aber auch vor, dass schlicht »die Beklagte« geladen wird. Bei juristischen Personen kommt nur das persönliche Erscheinen der gesetzlichen Vertreter in Betracht (LAG Köln, Beschl. v. 13.02.2008 – 7 Ta 378/07, NZA-RR 2008, 491; OLG Dresden, Beschl. v. 02.11.2011 – 5 W 1069/11, MDR 2012, 543), allerdings mit der theoretischen Folge, dass etwa bei juristischen Personen, die keinen **alleinvertretungsberechtigten** Geschäftsführer haben, zwei Personen zu dem Gerichtstermin entsandt werden müssten (*Vonderau* NZA 1991, 336). In der Praxis ist es in diesen Fällen sinnvoll, einen der beiden Geschäftsführer oder eine andere Person mit einer von beiden Geschäftsführern unterzeichneten Terminsvollmacht auszustatten.

3. Sinnvoll ist in derartigen Fällen, die Vollmacht für »den **Termin zur mündlichen Verhandlung**« zu erteilen, denn so sind alle Termine, auch Fortsetzungstermine zumindest in dieser Instanz erfasst und nicht nur der konkrete Termin, zu dem die persönliche Ladung erfolgte. In einer weiteren Instanz ist dann eine neue Vollmacht zu erteilen.

4. Der sog. »**informierte Vertreter**« muss nach dem Wortlaut des Gesetzes »zur Aufklärung des Tatbestandes in der Lage und zur Abgabe der gebotenen Erklärungen, insbesondere einem Vergleichsschluss ermächtigt« sein. Dies ist nicht der Fall, wenn der informierte Vertreter vor einem Vergleichsschluss erklärt, er müsse zunächst **Rücksprache** mit dem Geschäftsführer halten oder wenn deutlich wird, dass er zur Aufklärung des Sachverhaltes nicht in der Lage ist. In diesem Fall ist die persönlich geladene Partei nicht ordnungsgemäß nach § 51 Abs. 1 ArbGG bzw. § 141 Abs. 1 ZPO vertreten und es kann gleichwohl ein **Ordnungsgeld** gegen den persönlich Geladenen verhängt werden.

Erscheint eine Partei trotz Anordnung gemäß § 51 Abs. 1 ArbGG nicht, so kann deren **Prozessbevollmächtigter** unter bestimmten Voraussetzungen zurückgewiesen werden: Das persönliche Erscheinen der Partei zum konkreten Termin muss ordnungsgemäß durch die Vorsitzenden angeordnet worden sein, die Partei muss unter **Belehrung** über die Folgen des Ausbleibens geladen worden sein und die persönlich geladene Partei darf sich nicht ausreichend entschuldigt haben. Schließlich muss durch das Ausbleiben der Partei der vorher mitgeteilte **Zweck der Anordnung** vereitelt werden. Diese letzte Voraussetzung liegt nicht vor, wenn auch der Prozessbevollmächtigte wie die Partei zur Sachaufklärung in der Lage ist (LAG Hamm, Beschl. v. 24.09.2009 – 8 Sa 658/09, BeckRS 2010, 65621; LAG Bremen, Urt. v. 24.01.2002 – 3 Sa 16/02, NZA-RR 2003, 158; LAG Brandenburg, Urt. v. 23.05.2000 – 3 Sa 83/00, NZA 2001, 173); AR/*Heider* § 51 ArbGG Rn. 6).

130 Die **Zurückweisung des Prozessbevollmächtigten** erfolgt nach dem ausdrücklichen Wortlaut des § 51 Abs. 2 Satz 2 ArbGG durch den Vorsitzenden. Gegen diese Entscheidung gibt es kein Rechtsmittel. Ist die Partei nicht erschienen und der Prozessbevollmächtigte zurückgewiesen, so kann auf Antrag der Gegenseite Versäumnisurteil ergehen, welches dann mit dem dagegen statthaften Rechtsbehelf des Einspruchs (siehe hierzu Formular X Rdn. 187) angegriffen werden kann.

3. Bestellungsschriftsatz mit Terminsverlegungsantrag

Vorbemerkung

131 Es ist sinnvoll, dass sich der Prozessbevollmächtigte unverzüglich nach der Mandatierung bestellt, damit ab sofort alle gerichtlichen Verfügungen sowie weitere Schriftsätze der Klägerseite an die Prozessvertreter weitergeleitet werden und diese bei Bedarf auch per Telefax über die Prozessbevollmächtigte an die beklagte Partei gehen; dies beschleunigt die Kommunikation. Auch telefonische **Sachstandsanfragen** werden häufig erst nach Vorlage des **Bestellungsschriftsatzes** beantwortet. Anders als im Verfahren vor den Landgerichten kann sich eine Partei gemäß § 11 Abs. 1 Satz 1 ArbGG aber selbst vertreten, so dass ihr in prozessualer Hinsicht keine Nachteile entstehen, wenn eine Bestellung eines Rechtsanwalts nicht oder erst im Termin erfolgt. Die **Vorlage einer Vollmacht** ist hier in der Regel nicht notwendig. Der hier in diesem Formular mit dem Bestellungsschreiben verbundene **Terminverlegungsantrag** sowie der Antrag auf **Entbindung vom persönlichen Erscheinen** (vgl. X Rdn. 137 f.) werden, wenn sie gestellt werden, typischerweise mit dem Bestellungsschreiben verbunden, können jedoch auch mit einem späteren Schriftsatz erfolgen.

▶ **Muster – Bestellungsschriftsatz mit Terminsverlegungsantrag**

132 An das

Arbeitsgericht _____[Ort]_____
[Anschrift des Gerichts]

_____[Ort]_____, den _____[Datum]_____

In dem Rechtsstreit

des _____[Name]_____

gegen

die _____[Name]_____ GmbH [1],

Aktenzeichen: _____[Aktenzeichen]_____

bestellen wir uns für die Beklagte [2] und beantragen [3]

den für den _____[Datum]_____ anberaumten Gütetermin zu verlegen.

Weitere Anträge und Begründung bleiben einem gesonderten Schriftsatz vorbehalten. [4]

BEGRÜNDUNG:

Der in dieser Sache alleinverantwortlich sachbearbeitende [5] Unterzeichner, ist an diesem Tag an einer Terminswahrnehmung gehindert, da er einen bereits seit längerem anberaumten Termin zur Beweisaufnahme vor dem Arbeitsgericht ___[Ort]___ wahrzunehmen hat. Bei der Bestimmung eines neuen Termins bitten wir höflich darum, bei der Festlegung der Terminstunde zu berücksichtigen, dass der Unterzeichner aus ___[Ort]___ mit dem Zug anreist und daher nicht vor ___[Zeit]___ Uhr anreisen kann. [6]

Wir bedanken uns für das Verständnis des Gerichts.

_____

(Unterschrift Rechtsanwalt) [7]

Beglaubigte und einfache Abschrift anbei [8]

Erläuterungen

1. Ein **Kurzrubrum** ist in der Regel hier ausreichend zu den Mitarbeiterbeteiligungsprogrammen, wobei die Parteibezeichnungen aus der Klageschrift übernommen werden sollten.

2. In der Regel bedarf es keiner **Vollmachtsvorlage**. Der Umstand, dass der unterzeichnende Anwalt Kenntnis von der Tatsache hat, dass der Arbeitgeber Beklagter in einem Rechtsstreit mit den genannten ist, legt die Vermutung nahe, dass die Beklagtenvertreter ordnungsgemäß bevollmächtigt sind. Sollte allerdings die Klägerseite die ordnungsgemäße Bevollmächtigung des Anwaltes rügen, so kann eine Vollmacht nachzureichen sein. Gerade im erstinstanzlichen Verfahren ist dies jedoch in der Regel nicht problematisch, da zumeist die Partei persönlich geladen sein wird und entweder selbst oder durch einen sog. informierten Vertreter gemäß § 141 Abs. 3 Satz 2 ZPO vertreten ist, zumal im arbeitsgerichtlichen Verfahren kein Anwaltszwang besteht.

3. Es ist aus verschiedenen Gründen sinnvoll, den **Klageabweisungsantrag** nicht schon jetzt zu stellen, sondern hiermit zu warten, bis eine inhaltliche Auseinandersetzung in der Sache erfolgt ist, da bestimmte **Prozesshandlungen** nicht mehr vorgenommen werden können, wenn bereits zur Sache »verhandelt« wurde. Dies gilt beispielsweise für das **sofortige Anerkenntnis** gemäß § 93 ZPO (BGH, Beschl. v. 30.05.2006 – VI ZB 64/05, NJW 2006, 2490), die **Rüge der örtlichen Zuständigkeit** gemäß § 397 ZPO (BGH, Urt. v. 10.11.1969 – VIII ZR 251/67, NJW 1970, 198) und die **Rüge der internationalen Zuständigkeit** gemäß Art. 24 EuGVVO (OLG München, Urt. v. 09.07.2009 – 29 U 5479/08, ZUM-RD 2009, 663). Gerade die Rüge der internationalen Zuständigkeit kann bei Streitigkeiten mit Führungskräften, die an Mitarbeiterbeteiligungsprogrammen oder anderen Incentivierungsprogrammen einer ausländischen Muttergesellschaft teilnehmen, eine sehr große Bedeutung haben (vgl. Abschnitt D).

Soll dennoch bereits jetzt ein Antrag angekündigt werden, so könnte dieser lauten:

[Im Termin zur mündlichen Verhandlung werden wir namens und in Vollmacht der Beklagten beantragen,

die Klage abzuweisen.

Begründung und gegebenenfalls weitere Anträge bleiben einem gesonderten Schriftsatz vorbehalten.]

4. Mit dem Bestellungsschriftsatz wird oft ein Antrag auf **Entbindung von der Verpflichtung des persönlichen Erscheinens** verbunden. Hiermit sollte jedoch zurückhaltend umgegangen werden: Der Arbeitnehmer, der um seinen Arbeitsplatz kämpft, sich aber nicht die Zeit nimmt, zu dem Gerichtstermin persönlich zu erscheinen, stößt bei Gericht genauso auf Unverständnis, wie der Arbeitgeber, der einen Mitarbeiter kündigt, sich aber dann nicht die Zeit nimmt, sich mit der Sache im Rahmen einer mündlichen Verhandlung vor Gericht auseinanderzusetzen. Besser ist es

X. Arbeitsgerichtsverfahren

daher, einen anderen Mitarbeiter, etwa den Personalleiter oder den Leiter der zuständigen Fachabteilung als sog. **informierten Vertreter** gemäß § 141 Abs. 3 ZPO zu Gericht zu entsenden (vgl. hierzu das Formular X Rdn. 124).

138 Soll dennoch ausnahmsweise eine Entbindung von der Verpflichtung zum persönlichen Erscheinen formuliert werden, so kann diese wie folgt lauten:

Alternative:

[Ferner beantragen wir, den persönlich geladenen Geschäftsführer der Beklagten von seiner Verpflichtung zum persönlichen Erscheinen zu entbinden.

BEGRÜNDUNG:

Herr ___[Name]___ hat am ___[Datum]___ einen unaufschiebbaren Geschäftstermin. Der Unterzeichner ist jedoch mit der Sache umfassend vertraut und in der Lage, zur Aufklärung des Sachverhaltes beizutragen.]

139 **5.** Oft liest man die Formulierung, der »alleinige Sachbearbeiter«, was jedoch dann problematisch ist, wenn auch andere Kollegen einer Kanzlei mitwirken, etwa bereits Dokumente in dieser Sache unterzeichnet haben oder möglicherweise im weiteren Verlauf der Bearbeitung noch unterzeichnen werden.

140 Begründet werden kann der **Terminsverlegungsantrag** auch mit der Verhinderung des persönlich geladenen Geschäftsführers oder Personalleiters. Hier sollte dann jedoch darauf hingewiesen werden, dass keine andere Person in der Lage ist, an Stelle der persönlich geladenen Partei den Termin wahrzunehmen.

141 *Alternative:*

[Der persönlich geladene Geschäftsführer der Beklagten, Herr ___[Name]___ hat am ___[Datum]___ einen unaufschiebbaren Geschäftstermin. Eine Vertretung durch den Personalleiter der Beklagten als informierten Vertreter kommt ebenfalls nicht in Betracht, da er sich vom ___[Datum]___ bis ___[Datum]___ in seinem, seit längerem geplanten Jahresurlaub befindet, der wegen der Schulferien auch nicht verlegt werden kann.]

142 In Verfahren vor den ordentlichen Gerichten bedarf es keiner besonderen Begründung, wenn die Verlegung eines im Zeitraum vom 01. Juli bis 31. August anberaumten Termins (»Sommersache« gemäß § 227 Abs. 3 ZPO) beantragt wird, es sei denn, es liegt eine der Ausnahmen des § 227 Abs. 3 Satz 2 ZPO vor oder die Angelegenheit bedarf der besonderen Beschleunigung (§ 227 Abs. 3 Satz 3 ZPO). Im Arbeitsgerichtsverfahren findet die Regelung gemäß § 46 Abs. 2 Satz 2 ZPO keine Anwendung.

143 **6.** Wenn bereits jetzt klar ist, dass der Anwalt etwa am gleichen Wochentag der folgenden Woche verhindert ist, er unmittelbar nach dem ursprünglich anberaumten Termin in Urlaub sein wird usw. sollte darauf ebenfalls hingewiesen werden.

144 **7.** Da Schriftsätze gemäß § 130 Nr. 6 ZPO vom **verantwortlichen Sachbearbeiter** zu unterzeichnen sind, stellt sich die Frage, ob Vertretungszusätze etc. zulässig sind. Zunächst ist der Schriftsatz von demjenigen Rechtsanwalt zu unterzeichnen, der ihn verantwortet. Daran fehlt es bei einer Unterzeichnung i.A., da hier der Unterzeichner als **Erklärungsbote** erkennbar wird (BGH, Beschl. v. 05.11.1987 – V ZR 139/87, NJW 1988, 210; BGH, Beschl. v. 25.09.2012 – VIII ZB 22/12, NJW 2013, 237; Zöller/*Greger* § 130 Rn. 14). Ferner ist der Schriftsatz von demjenigen Rechtsanwalt zu unterzeichnen, der den Schriftsatz eigenverantwortlich geprüft und genehmigt hat, auch wenn er ihn nicht selbst verfasst hat (Zöller/*Greger* § 130 Rn. 16). Hieran fehlt es, wenn der Schriftsatz mit einem Zusatz oder einer Anmerkung unterzeichnet wird, mit dem sich der Unterzeichner von dem Inhalt des Schriftsatzes in einer Weise distanziert, dass ausge-

schlossen ist, dass er ihn eigenverantwortlich geprüft hat (BGH, Beschl. v. 24.01.2008 – IX ZB 258/05, NJW 2008, 1311).

Die Erklärung, dass für einen anderen Rechtsanwalt unterzeichnet werde (etwa mit dem Zusatz »nach Diktat verreist«), soll hingegen unschädlich sein, da der Unterzeichner hier gleichwohl als **Unterbevollmächtigter** eigene Verantwortung für den Schriftsatz übernehme (BGH, Urt. v. 31.03.2003 – II ZR 192/02, NJW 2003, 2028; BGH, Beschl. v. 26.07.2012 – III ZB 70/11, NJW-RR 2012, 1142).

8. Das Original des Schriftsatzes verbleibt in der Gerichtsakte. Für jeden Beklagten ist eine **beglaubigte Abschrift** zum Zwecke der Zustellung beizufügen (§§ 271, 253 ZPO). Auch die Anlagen der Schriftsätze sind beizufügen, es sei denn, sie liegen dem Gegner bereits in Urschrift vor (§ 133 ZPO). In Anwaltsprozessen ist es üblich, eine einfache Abschrift beizufügen, der dann keine Anlagen beigefügt werden müssen. Diese ist für den Mandanten des Anwalts bestimmt. Viele Anwälte unterlassen es grundsätzlich wenigstens der beglaubigten Abschrift Anlagen beizufügen. In solchen Fällen empfiehlt es sich, diese sofort anzufordern, selbst wenn ein Fall des § 133 ZPO vorliegt, damit ein vollständiges Bild dessen entsteht, was dem Gericht vorliegt. Notfalls ist Akteneinsicht zu verlangen.

Schriftsätze können auch im Parteibetrieb von Anwalt zu Anwalt zugestellt werden. In diesem Fall sollte vorne deutlich auf dem Schriftsatz »Gegner hat Abschrift« vermerkt werden, da sonst die Geschäftsstelle die Abschriften selbst fertigt und der Partei in Rechnung stellt. Den Abschlusssatz

[*»Wir haben selbst gemäß § 195 ZPO von Anwalt zu Anwalt zugestellt.«*]

wird die Geschäftsstelle regelmäßig nicht zur Kenntnis nehmen.

Der Zustellungsnachweis erfolgt gemäß § 195 Abs. 2 ZPO durch Empfangsbekenntnis.

4. Antrag auf Prozesskostenhilfe und Beiordnung eines Rechtsanwalts

Vorbemerkung

Zu den Besonderheiten des arbeitsgerichtlichen Verfahrens zählt es, dass weder ein **Gerichtskostenvorschuss** zu zahlen ist, noch ein Anwaltszwang besteht. Hierdurch und durch den Umstand, dass eine Kostenerstattung nicht erfolgt, soll es einem Arbeitnehmer stets möglich sein, seine Rechtsposition gegenüber dem Arbeitgeber gerichtlich geltend zu machen, insbesondere beispielsweise Kündigungsschutzklage zu erheben, auch wenn er nicht über die Mittel verfügt, einen Anwalt zu bezahlen und Gerichtskostenvorschuss zu leisten. Gleichwohl kann gemäß § 11a Abs. 1 ArbGG **Prozesskostenhilfe** nach § 114 ff. ZPO unter den dort geregelten Voraussetzungen in Anspruch genommen werden. Mit Wirkung zum 01.01.2014 wurden die arbeitsrechtlichen Sonderregelungen der Beiordnung des § 11a Abs. 1 ArbGG a.F. aufgehoben und das Recht der Prozesskostenhilfe mit dem Ziel, dieses effizienter zu gestalten geändert. Das Recht der Beiordnung eines Rechtsanwaltes ist nunmehr ausschließlich und einheitlich in § 121 Abs. 2 ZPO geregelt. Danach kann die Beiordnung eines Rechtanwaltes beantragt werden, wenn die Vertretung durch einen Rechtsanwalt erforderlich erscheint oder die Gegenseite anwaltlich vertreten ist. Hierdurch soll die »prozessuale Waffengleichheit« hergestellt werden.

Während es nach § 11a Abs. 1 ArbGG a.F. bei der Beiordnung eines Rechtsanwaltes nicht einer Prüfung der **Erfolgsaussichten** bedurfte, die Beiordnung lediglich dann unterbleiben durfte, wenn entweder die Beiordnung aufgrund besonderer Umstände nicht erforderlich ist oder die Rechtsverfolgung **offensichtlich mutwillig** war und somit die Voraussetzungen für die Beiordnung nach § 11a ArbGG deutlich geringer waren als diejenigen für die Gewährung der Prozesskostenhilfe nach § 114 ff. ZPO, sind die Regelungen nun angeglichen. Damit kann die Beiordnung nunmehr schon bei »einfacher« Mutwilligkeit verweigert werden (*Schrader/Siebert* NZA 2014, 348, 350). Angesichts der Besonderheit der arbeitsrechtlichen Kostentragung gemäß § 12 ArbGG

X. Arbeitsgerichtsverfahren

bleibt allerdings abzuwarten, ob die Arbeitsgerichte insoweit ihren Prüfungsmaßstab ändern werden.

150 Umstritten ist, ob der Antrag auf Beiordnung eines Rechtsanwaltes ein »Minus« zu einem Prozesskostenhilfeantrag ist (so wohl herrschende Ansicht LAG Sachsen-Anhalt, Beschl. v. 08.09.1997 – 8 Ta 63/97, AnwBl 1998, 544; LAG Berlin-Brandenburg, Beschl. v. 10.02.2012 – 26 Ta 45/12, BeckRS 2012, 66415; LAG Köln, Beschl. v. 05.06.2009 – 4 Ta 135/09, AGS 2009, 553; LAG Sachsen-Anhalt, Beschl. v. 06.03.2009 – 2 Ta 6/09, BeckRS 2010, 75595; LAG Berlin-Brandenburg, Beschl. v. 11.06.2007 – 15 Ta 1077/07, BeckRS 2007, 46711; ErfK/*Koch* § 11a Rn. 1) oder ob es einer **gesonderten Antragstellung** bedarf (so Hauck/*Helml* § 11a Rn. 2). In jedem Fall ist eine gesonderte Antragstellung empfehlenswert (vgl. auch DLW/*Stichler* Kap. 15 Rn. 118).

▶ **Muster – Antrag auf Prozesskostenhilfe und Beiordnung eines Rechtsanwalts**

151 An das
Arbeitsgericht ____[Ort]____ [1]
[Anschrift des Gerichts]

_____[Ort]_____, den ____[Datum]____ [2]

ANTRAG AUF PROZESSKOSTENHILFE UND BEIORDNUNG EINES RECHTSANWALTS

In dem Rechtsstreit [3]
des/r Herrn/Frau ____[Name]____

– Kläger und Antragsteller –

Prozessbevollmächtigter: Rechtsanwalt [Kanzleiname und -anschrift]

gegen

die ____[Name]____ GmbH

– Beklagte und Antragsgegnerin –

Aktenzeichen: ____[Aktenzeichen]____

Namens und in Vollmacht des Klägers und Antragstellers beantrage ich

1. dem Kläger und Antragsteller für die erste Instanz Prozesskostenhilfe zu bewilligen,
2. dem Kläger und Antragsteller zur vorläufigen unentgeltlichen Wahrnehmung seiner Rechte den Unterzeichner als Rechtsanwalt beizuordnen.

hilfsweise [4]

wird für den Fall der Zurückweisung des Prozesskostenantrages bei offensichtlicher Aussichtslosigkeit und gleichzeitiger anwaltlicher Vertretung der Beklagten und Antragsgegnerin beantragt,

der Klägerin und Antragstellerin zur vorläufigen unentgeltlichen Wahrnehmung ihrer Rechte, den Unterzeichner als Rechtsanwalt gemäß § 121 Abs. 2 ZPO beizuordnen.

BEGRÜNDUNG:

Der Kläger ist nach seinen persönlichen und wirtschaftlichen Verhältnissen außer Stande, die Kosten des Rechtsstreits auch nur zum Teil aufzubringen. Dies ergibt sich aus der in der Anlage beigefügten Erklärung über die persönlichen und wirtschaftlichen Verhältnisse des Klägers nebst den hierzu beigefügten Nachweisen. [5]

Der Kläger ist nicht rechtsschutzversichert [6] *und auch nicht Mitglied einer Gewerkschaft.* [7]

Die eingereichte Klage bietet hinreichend Aussicht auf Erfolg [8] und erscheint dementsprechend auch nicht mutwillig. [9] Wir verweisen insoweit auf den Inhalt der Klageschrift nebst Begründung. [10]

Sofern das Gericht weitere Darlegungen oder Nachweise für erforderlich hält, wird um einen entsprechenden richterlichen Hinweis rechtzeitig vor der für den ___[Datum]___ anberaumten Güteverhandlung gebeten. [11]

_____
(Unterschrift Rechtsanwalt)

Erläuterungen

Schrifttum

Dänzer-Vanotti Prozesskostenhilfe im arbeitsgerichtlichen Verfahren und Beiordnung nach § 11a ArbGG, NZA 1985, 619; *Schrader/Siebert* Die neue Prozesskostenhilfe und das Arbeitsrecht, NZA 2014, 348; *Zuck* Verfassungsrechtliche Rahmenbedingungen der zivilprozessualen Prozesskostenhilfe, NJW 2012, 37.

1. Der **Antrag auf Prozesskostenhilfe** sowie auf Beiordnung nach § 121 Abs. 2 ZPO ist bei dem Gericht zu stellen, bei dem das Verfahren anhängig ist. Der Antrag kann schriftlich, in der mündlichen Verhandlung oder zu **Protokoll der Geschäftsstelle** erklärt werden (AR/*Heider* § 12a ArbGG Rn. 4); auch eine elektronische Übermittlung ist möglich. Formzwang besteht nicht, ebenso wenig besteht Anwaltszwang, unabhängig von der Form des Prozesses im Hauptsacheverfahren. Über die Beiordnung entscheidet der Vorsitzende durch Beschluss nach vorheriger Anhörung der Gegenseite (AR/*Heider* § 11a ArbGG Rn. 12, 14, 18). 152

Soll ein Rechtsanwalt beigeordnet werden, der nicht ortsansässig ist, so konnte bislang eine Beiordnung nur zu den Bedingungen erfolgen, zu denen die Beiordnung eines ortsansässigen Rechtsanwalts erfolgt wäre, und Reisekosten oder Abwesenheitsgelder konnten somit nicht erstattet werden (LAG München, Beschl. v. 07.01.2010 – 6 Ta 1/10, NZA-RR 2010, 378). 153

Soweit teilweise angenommen wurde, dass die Kosten zu erstatten seien, wenn ein nicht ortsansässiger Anwalt beigeordnet worden sei und der Beiordnungsbeschluss keine Einschränkung hinsichtlich der Kostenerstattung enthalte (LAG Nürnberg, Beschl. v. 25.03.2013 – 5 Ta 53/12, NZA-RR 2013, 433), dürfte diese Frage nach hiesiger Ansicht aufgrund der Neuordnung durch das Gesetz zur Änderung des Prozesskostenhilfe- und Beratungshilferechts vom 31.08.2013 (BGBl. I 2013) im Sinne der vom LAG München vertretenen Auffassung geklärt worden sein, wie sich aus § 121 Abs. 3 ZPO ergibt. Das oben Gesagte gilt somit weiterhin. § 121 Abs. 3 ZPO stellt seit seiner Änderung durch das Gesetz zur Stärkung der Selbstverwaltung der Rechtsanwaltschaft (BGBl. I 2007, Seite 358 ff.) aber nicht mehr auf die Orts-, sondern auf die Bezirksansässigkeit des beizuordnenden Rechtsanwalts ab, sodass in der Konsequenz diejenigen Anwälte, die zwar nicht am Ort, wohl aber im Bezirk des zuständigen Gerichts niedergelassen sind, entstehende Reisekosten grundsätzlich erstattet verlangen können. Diese sind regelmäßig als »erforderlich« i.S.v. § 46 Abs. 1 RVG einzustufen (vgl. OLG Karlsruhe, Beschl. v. 30.09.2010 – 18 WF 72/10, NJOZ 2011, 1345; LSG Berlin-Brandenburg, Beschl. v. 01.03.2007 – L 5 B 580/06). Weitere Ausnahmen können sich aus § 121 Abs. 4 ZPO ergeben, wenn besondere Umstände die Wahl eines nicht ansässigen Rechtsanwalts erfordern. 154

2. Der Antrag muss vor Beendigung der Instanz gestellt werden (AR/*Heider* § 11a ArbGG Rn. 12). Eine **rückwirkende Beiordnung** kommt bei arbeitsgerichtlichen Verfahren aber in Betracht, wenn im Gütetermin ein Vergleich geschlossen wurde, zu diesem Zeitpunkt jedoch nicht alle Unterlagen für die Beiordnung vorgelegen haben. In diesem Fall kann das Gericht eine **Nachfrist** zur Einreichung der notwendigen Unterlagen setzen und die Beiordnung rückwirkend auf den Zeitpunkt der Güteverhandlung bewilligen (BAG, Beschl. v. 08.11.2004 – 3 AZB 54/03, BAGReport 2005, 379; LAG Hamburg, Beschl. v. 14.06.2011 – 4 Ta 11/11, BeckRS 2011, 73660). 155

156 3. Da Voraussetzung für die **Beiordnung** ist, dass die Gegenseite im Prozess anwaltlich vertreten ist, wird die Beiordnung zugunsten eines Klägers erst nach Klageerhebung erfolgen können. In der Regel wird also eine Klageerhebung zunächst durch den Kläger selbst (etwa zu Protokoll der Geschäftsstelle) erfolgen.

157 4. Hierdurch wird das Verhältnis der beiden Anträge deutlich. Zur Notwendigkeit einer gesonderten Antragstellung siehe X Rdn. 150.

158 5. Gemäß § 11a Abs. 1 ArbGG i.V.m. § 117 Abs. 2 Satz 1 ZPO ist dem Antrag eine Erklärung über die **persönlichen und wirtschaftlichen Verhältnisse** der Partei sowie entsprechende Belege beizufügen (vgl. *Schrader/Siebert* NZA 2014, 348, 350). Für diese Erklärung sind gemäß § 117 Abs. 3 ZPO zwingend die Formulare nach der Prozesskostenhilfeformularverordnung (PKHFV) vom 06.01.2014 zu verwenden (soweit nicht eine der Ausnahmen des § 1 Abs. 2 der Verordnung greifen). Der Prozessgegner hat gemäß § 11a Abs. 1 ArbGG i.V.m. § 117 Abs. 2 Satz 1 ZPO einen Anspruch darauf, auch zu den Angaben zu den wirtschaftlichen Verhältnissen des Klägers angehört zu werden (vgl. *Schrader/Siebert* NZA 2014, 348, 349), wobei ihm eine Einsicht in die Erklärung über die wirtschaftlichen Verhältnisse und die dazugehörigen Belege in der Regel nicht zu gewähren ist (§ 117 Abs. 2 Satz 2, 3 ZPO).

159 Bis zum Abschluss der Instanz muss der Antrag zwingend vollständig vorliegen (BGH, Beschl. v. 17.10.2013 – III ZA 274/13, MDR 2013, 1477) Bis dahin ist es möglich, die Nachweise über die persönlichen und wirtschaftlichen Verhältnisse noch nachzureichen. In diesem Fall ist wie folgt zu formulieren:

Alternative:

[Die Erklärung über die persönlichen und wirtschaftlichen Verhältnisse des Antragstellers wird unverzüglich nachgereicht.]

160 Zu den Anforderungen an die persönlichen und wirtschaftlichen Verhältnisse aus arbeitsrechtlicher Sicht vgl. AR/*Heider* § 11a ArbGG Rn. 7. Grundsätzlich sind das gesamte Einkommen sowie Vermögen, das i.S.v. § 115 ZPO eingesetzt werden kann, darzulegen. Zum **einzusetzenden Vermögen** kann unter Umständen eine dem klagenden Arbeitnehmer bereits zugeflossene Abfindung gehören, wobei Schonbeträge nach § 90 Abs. 2 Nr. 9 SGB XII zu berücksichtigen sind (BAG, Beschl. v. 24.04.2006 – 3 AZB 12/05, NZA 2006, 751; LAG Rheinland-Pfalz, Beschl. v. 19.10.2015 – 2 Ta 141/15, BeckRS 2015, 73696; AR/*Heider* § 11a ArbGG Rn. 8).

161 Grundsätzlich kann gemäß § 116 Abs. 1 ZPO auch eine juristische Person auf Antrag Prozesskostenhilfe oder einen Anwalt beigeordnet erhalten. Voraussetzung ist hierbei, dass die Beteiligten nicht in der Lage sind, die Kosten der Rechtsverfolgung aufzubringen und überdies die Unterlassung der Rechtsverfolgung allgemeinen Interessen zuwiderlaufen würde (für den Fall der vorläufigen Insolvenzverwaltung BAG, Beschl. v. 03.08.2011 – 3 AZB 8/11, NJW 2011, 3532). An das Vorliegen allgemeiner Interessen sind strenge Anforderungen zu stellen. Anzunehmen ist ein allgemeines Interesse aber beispielsweise dann, wenn von dem Prozess die Existenz eines Unternehmens mit einer großen Anzahl Beschäftigter abhängt (OLG Frankfurt, Beschl. v. 26.07.1995 – 17 W 20/95, NJW-RR 1996, 552) oder wenn eine Nichtverfolgung allgemein zu großen sozialen Ungerechtigkeiten führt, die einen größeren Bevölkerungsteil betreffen (BGH, Beschl. v. 05.11.1985 – X ZR 23/85, NJW 1986, 2058).

162 6. Ist der Antragsteller rechtsschutzversichert, so ist er im Zweifel in der Lage, die Kosten für die anwaltliche Vertretung aufzubringen, so dass eine Prozesskostenhilfe in diesem Fall in der Regel nicht in Betracht kommt. Nach neuerem Recht dürfte damit in der Regel auch eine Beiordnung nicht mehr möglich sein, wenn die **Rechtsschutzversicherung** die Deckungszusage wegen mangelnder Erfolgsaussicht verweigert, gleichwohl aber die Rechtsverfolgung jedenfalls nicht »offensichtlich mutwillig« i.S.d. § 11a Abs. 2 ArbGG a.F. ist.

7. Gemäß § 11a Abs. 1 Satz 1 ArbGG a.F. war eine Beiordnung dann ausgeschlossen, wenn eine Vertretungsmöglichkeit durch einen Angestellten einer **Gewerkschaft** oder einer Vereinigung von **Arbeitgeberverbänden** gegeben ist. Zwar sieht § 121 Abs. 2 ZPO eine solche Ausnahme nicht mehr vor, gleichwohl dürfte diese Frage bei der Erforderlichkeitsprüfung weiter eine Rolle spielen. Insofern kann auch die Frage gestellt werden, ob neben den Verbandsvertretern i.S.d. § 11 Abs. 2 Nr. 4, 5 ArbGG jetzt auch die Vertretung durch Vereinigungen mit sozial- und berufspolitischer Zielsetzung i.S.d. § 11 Abs. 2 Nr. 3 ArbGG die Erforderlichkeit nach § 121 Abs. 2 ZPO entfallen lassen kann.

Nach altem Recht konnte eine Beiordnung auch unterbleiben, wenn eine Vertretungsmöglichkeit i.S.d. § 11 Abs. 2 Nr. 3 ArbGG gegeben war. War dem Antragsteller im Einzelfall die Prozessvertretung durch einen Verbandsvertreter i.S.d. § 11 Abs. 2 ArbGG **unzumutbar**, kam im Ausnahmefall eine Anwaltsbeiordnung nach § 11a ArbGG gleichwohl in Betracht. Sofern also eine solche Vertretungsmöglichkeit gegeben ist, jedoch nicht genutzt werden soll, so empfiehlt sich weiterhin mit Blick auf die Voraussetzung der Erforderlichkeit nach § 121 Abs. 2 ZPO ein entsprechender Sachvortrag zur Unzumutbarkeit einer solchen Vertretung aufzunehmen.

8. Für den Hauptantrag auf **Prozesskostenhilfe** bedarf es der hinreichenden Erfolgsaussicht i.S.d. § 114 Satz 1 ZPO, wobei sie wegen der verfassungsrechtlichen Garantie auf Zugang zum gerichtlichen Rechtsschutz nicht überdehnt werden darf. Ist beispielsweise eine **Beweisaufnahme** ernsthaft in Betracht zu ziehen, so ist Prozesskostenhilfe zu bewilligen, es sei denn, es gäbe bereits vorher konkrete Anhaltspunkte für ein negatives Ergebnis (BVerfG, Urt. v. 20.02.2002 – 1 BvR 1450/00, NJW-RR 2002, 1069; BVerfG, Kammerbeschl. v. 14.04.2003 – 1 BvR 1998/02, NJW 2003, 2976). Grundsätzlich besteht eine hinreichende Erfolgsaussicht nach § 114 Satz 1 ZPO bereits dann, wenn das Gericht den rechtlichen Standpunkt der antragstellenden Partei für vertretbar hält und die Möglichkeit einer Beweisführung zur Überzeugung des Gerichts vorliegt (BGH, Beschl. v. 14.12.1993 – VI ZR 235/92, NJW 1994, 1160), wobei lediglich eine summarische Prüfung erfolgt.

9. Während § 11a ArbGG es ausreichen ließ, dass die Rechtsverfolgung nicht offensichtlich mutwillig ist, kommt es nunmehr allein auf »Mutwilligkeit« an. Mutwilligkeit in diesem Sinne liegt vor, wenn eine wirtschaftlich leistungsfähige, also nicht bedürftige Partei bei sachgerechter und vernünftiger Einschätzung der Prozesslage einen Prozess nicht führen bzw. ihre Rechte nicht in gleicher Weise verfolgen würde. Dies etwa, wenn ihr ein kostengünstigerer und ebenso erfolgversprechender Weg offensteht (BAG, Beschl. v. 08.09.2011 – 3 AZB 46/10, NZA 2011, 1382); für den Fall der Möglichkeit der Klageerweiterung statt der Klageerhebung: BAG, Beschl. v. 17.02.2011 – 6 AZB 3/11, NZA 2011, 422). Die weitere Ausnahme, das fehlende Erfordernis, wird ebenfalls nur in sehr engen Grenzen zu bejahen sein. Dies kann nur bei sehr einfach gelagerten Fällen und besonderem Kenntnisstand des Antragstellers in Betracht kommen, etwa weil der Betroffene als langjähriger Personalleiter jahrelang das Unternehmen selbst vor Gericht vertreten hat, wobei wie oben ausgeführt, das mangelnde Erfordernis nach der neuen Regelung des § 121 Abs. 2 ZPO nunmehr auch darin liegen kann, dass eine anderweitige Vertretungsmöglichkeit durch einen Verbandsvertreter gegeben ist, was bislang eine Beiordnung grundsätzlich ausgeschlossen hätte (siehe X Rdn. 164).

10. Da der **Antrag auf Beiordnung** ausschließlich in einem anhängigen Gerichtsverfahren möglich ist, wird sich das **Streitverhältnis** aus den Akten des Gerichts bereits ergeben. Ist dies ausnahmsweise nicht der Fall, ist eine (ergänzende) Darstellung erforderlich.

11. Die Beiordnung eines Rechtsanwaltes kann auch rückwirkend erfolgen, dennoch wird der Antragsteller (und sein Anwalt) in der Regel ein Interesse daran haben, dass die Frage der Beiordnung spätestens in der **Güteverhandlung** geklärt wird, da entweder in der Güteverhandlung das Verfahren bereits durch Vergleich beendet wird, oder aber im Anschluss an die Güteverhandlung Schriftsatzfristen gesetzt werden und damit für den Antragsteller von der Klärung der Frage der Beiordnung die Frage seiner weiteren Rechtsverteidigung abhängt.

5. Anzeige einer Mandatsniederlegung

Vorbemerkung

169 Das Mandatsverhältnis kann jederzeit durch Kündigung einer Partei enden, wobei bei der Kündigung durch den Anwalt darauf zu achten ist, dass die Kündigung nicht zu **Unzeit** erfolgen darf (vgl. LAG Köln, Urt. v. 17.12.2012 – 5 Sa 188/12). Der Mandant muss genügend Zeit haben, sich einen neuen Anwalt zu suchen, um diesen mit den **notwendigen Prozesshandlungen** und gegebenenfalls mit der Terminswahrnehmung beauftragen zu können. Andernfalls kommt eine Schadenersatzpflicht des niederlegenden Anwalts in Betracht. Eine solche kann sich zum einen aus der Verletzung von nachvertraglichen Pflichten gemäß §§ 289, 241 Abs. 2 Satz 2 BGB ergeben, sowie aus § 627 Abs. 2 Satz 2 BGB (BGH, Urt. v. 28.11.1996 – IX ZR 39/96, NJW 1997, 1302).

▶ **Muster – Anzeige der Mandatsniederlegung**

170 An das
Arbeitsgericht ___[Ort]___

In Sachen
des ___[Name]___

gegen
die ___[GmbH]___

teilen wir mit,

dass der Kläger nicht mehr durch uns vertreten wird.[1]

Wir gehen davon aus, dass sich kurzfristig ein anderer Rechtsanwalt in dieser Sache bestellen wird. Bis dahin werden wir für den Kläger weiterhin Zustellungen entgegen nehmen (§ 172 ZPO).[2]

Von der Verfügung vom ___[Datum]___ sowie von dem für den ___[Datum]___ anberaumten Termin hat der Kläger Kenntnis.[3]

_____
(Unterschrift Rechtsanwalt)

Erläuterungen

Schrifttum
Hubert Haftung und Haftpflichtversicherung der rechtsberatenden Berufe, R+S 2004, 89.

171 1. Weder die **Kündigung des Mandatsverhältnisses**, noch diese Mitteilung an das Landgericht führen zur **Beendigung der Prozessvollmacht**. Diese bleibt vielmehr zunächst bestehen, bis sich ein neuer Anwalt meldet (§ 87 Abs. 1 ZPO). Diese Meldung kann wie folgt lauten:

»_____ teilen wir mit, dass der Kläger nunmehr durch uns vertreten wird. Zustellungen bitten wir ab sofort an uns zu bewirken. Gleichzeitig bitten wir um Übermittlung der Prozessakte zum Zwecke der Akteneinsicht für drei Tage in unser Büro.

Von der Verfügung vom ___[Datum]___ sowie von dem für den ___[Datum]___ anberaumten Termin haben wir Kenntnis.«

172 2. Bis dahin ist der bisherige Prozessbevollmächtigte nicht nur verpflichtet, weiter **Zustellungen** entgegenzunehmen, sondern es können gemäß § 172 ZPO auch Zustellungen weiterhin wirksam an den Anwalt mit der Folge bewirkt werden, dass etwa der Eingang des erstinstanzlichen Urteils

beim bisherigen Prozessbevollmächtigten die **Berufungsfrist** oder andere prozessualen Fristen auslöst.

Um diese Nachwirkungen zu beenden, sollte der neue Anwalt baldmöglichst seine Vertretung gegenüber dem Landgericht anzeigen. 173

3. Aus den **nachvertraglichen Pflichten** des bestehenden Anwaltsverhältnisses folgt unmittelbar die Pflicht, den Mandanten über unmittelbar anstehende **prozessuale Erfordernisse**, zum Beispiel den bevorstehenden Ablauf einer Berufungsbeantwortungsfrist, zu informieren (BGH, Urt. v. 02.03.1988 – IVa ZR 218/87, VersR 1988, 835; BGH, Beschl. v. 11.06.2008 – XII ZB 184/07, NJW 2008, 2713). 174

6. Fristverlängerungsantrag

Vorbemerkung

Bevor ein Fristverlängerungsantrag gestellt wird, sollte genau überlegt werden, welcher Zeitraum für die Bearbeitung benötigt wird und es sollte mit der Mandantschaft Rücksprache gehalten werden, ob rechtzeitig vor dem Fristablauf eine Besprechung des Schriftsatzes mit dem Mandanten überhaupt möglich ist oder ob dem nicht eventuell eine Urlaubsabwesenheit der maßgeblichen Ansprechpartner entgegensteht. Eine **wiederholte Fristverlängerung** gemäß § 225 Abs. 2 ZPO ist nur nach **vorheriger Anhörung** des Gegners zulässig. Zwar ist Anhörung nicht gleichzusetzen mit Zustimmung (BVerfG, Kammerbeschl. v. 09.12.1999 – 1 BvR 1287/99, NJW 2000, 944), dennoch entspricht es der Praxis vieler Gerichte in der Regel eine Zustimmung vorauszusetzen. Zu den Besonderheiten eines Fristverlängerungsantrages bei Berufungsfristen siehe noch X Rdn. 179. 175

Ein Prozessbevollmächtigter darf sich grundsätzlich nicht darauf verlassen, dass ihm eine Fristverlängerung gewährt wird, da die Bewertung des Grundes einer Fristverlängerungsentscheidung erhebliche **Ermessensspielräume** offen lässt. Insofern hat er geeignete Maßnahmen zu treffen, um zu gewährleisten, dass nach Stellung des Antrags und ausbleibender Reaktion des Gerichts nachgefragt werden kann, ob und in welchem Umfang dem Antrag stattgegeben werden kann (BGH, Beschl. v. 13.10.2011 – VII ZR 29/11, NJW 2012, 159; BGH, Beschl. v. 02.12.2015 – XII ZB 211/12, BeckRS 2016, 00923). Dies kann allenfalls dann anders zu bewerten sein, wenn sich bei dem jeweiligen Gericht eine gewisse Verlängerungspraxis etabliert hat (BAG, Beschl. v. 27.09.1994 – 2 AZB 18/94, NZA 1995, 189; ihm folgend BVerfG, Beschl. v. 12.01.2000 – 1 BvR 222/99, NZA 2000, 446; BVerfG, Beschl. v. 12.01.2000 – 1 BvR 1621/99, NJW 2000, 1634). Wurde ein erster Fristverlängerungsantrag mit der Überlastung des sachbearbeitenden Anwalts und dadurch unterbliebener Rücksprache mit dem Mandanten begründet, so muss nicht im Detail dargelegt werden, warum die Fristverlängerung notwendig ist (BGH, Beschl. v. 10.06.2010 – V ZB 42/10, NJW-RR 2011, 285). Wird eine Frist verlängert, obwohl eine solche Fristverlängerung wegen fehlender Anhörung des Gegners nicht hätte gewährt werden dürfen, ist die Fristverlängerung gleichwohl wirksam. 176

▶ **Muster – Fristverlängerungsantrag**

An das
Arbeitsgericht _____[Ort]_____
[Anschrift des Gerichts]

_____[Ort]_____, den _____[Datum]_____

In dem Rechtsstreit
des _____[Name]_____ 177

X. Arbeitsgerichtsverfahren

gegen

die ____[Name]____ GmbH,

Aktenzeichen: __[Aktenzeichen]__

beantragen wir,

die am ____[Datum]____ endende Frist zur Stellungnahme um eine Woche, also bis zum ____[Datum]____ [1] zu verlängern.

BEGRÜNDUNG: [2]

Auf Grund des Umfanges der Angelegenheit sowie der Tatsache, dass der alleinverantwortliche Sachbearbeiter im Verlauf der nächsten Tage noch eine Vielzahl von Gerichtsterminen sowie Termine im Rahmen von Kollektivverhandlungen wahrzunehmen hat, ist eine Fertigstellung des Schriftsatzes innerhalb der gesetzten Frist nicht zu bewerkstelligen.

Da ein Termin zur mündlichen Verhandlung bislang noch nicht bestimmt ist, ist eine Verzögerung des Rechtsstreits aufgrund der Fristverlängerung nicht zu befürchten. [3]

Damit es nicht zu einer Verzögerung des Rechtsstreites kommt, sagt der Unterzeichner zu, den Schriftsatz der Gegenseite im Wege der Zustellung von Anwalt zu Anwalt [4] zu übermitteln.

Wir bedanken uns für das Verständnis des Gerichts.

(Unterschrift Rechtsanwalt)

Erläuterungen

178 **1.** Streng genommen reicht es aus, entweder eine Frist (»um eine Woche«) oder einen Termin zu nennen. In der hier gewählten Fassung ist jedoch gewährleistet, dass der Richter auf einen Blick sieht, wie lange zum einen die Frist verlängert wird und wie sich zum anderen das Fristende im Verhältnis zum etwa bereits anberaumten Termin zur mündlichen Verhandlung verhält. Im Rahmen einer ordnungsgemäßen Fristenkontrolle, ist die beantragte Frist bereits vor der Entscheidung des Gerichts über den Fristverlängerungsantrag in den Fristenkalender einzutragen, um sicherzustellen, dass der Sorgfaltspflicht des Rechtsanwalts in Fristsachen genüge getan wird (BGH, Beschl. v. 22.03.2011 – II ZB 19/09, NJW 2011, 1598). Gleichwohl darf die bisherige Frist jedoch nicht gelöscht werden, bevor nicht über die Verlängerung entschieden wurde. Zur Einsetzung in den vorigen Stand siehe unten Formular X Rdn. 197 ff.

179 In Berufungsverfahren vor den Arbeitsgerichten können die **Fristen zur Berufung** sowie zur **Berufungsbeantwortung** gemäß § 66 Abs. 1 Satz 5 ArbGG einmalig durch den Vorsitzenden verlängert werden. Anders als dies in der ordentlichen Gerichtsbarkeit nach § 520 Abs. 2 Sätze 2, 3 ZPO i.V.m. § 225 Abs. 2 ZPO geregelt ist, kann die Frist also auch nicht mit Zustimmung der Gegenpartei ein weiteres Mal verlängert werden. Auf der anderen Seite nennt § 66 Abs. 1 Satz 5 ArbGG keinen maximalen Zeitraum um den verlängert werden kann. Mit anderen Worten, die Frist kann auch um mehr als einen Monat verlängert werden. Teilweise wird in den Kommentierungen die Auffassung vertreten, dass eine Fristverlängerung gleichwohl nur um einen Monat möglich sei (Germelmann/*Germelmann* § 66 ArbGG Rn. 37; Schwab/*Schwab* § 66 ArbGG Rn. 81; Heither/*Heither* § 66/5 ArbGG Rn. 12). Dies solle sich zum einen aus dem Beschleunigungsgrundsatz ergeben und zum anderen daraus, dass wenn schon nur eine einmalige Verlängerung (in Abweichung von der oben zitierten Regelung des § 520 Abs. 2 ZPO) möglich ist, dann müsse auch hier nur eine Verlängerung um einen Monat möglich sein.

180 Dies ist nicht nachzuvollziehen. Richtigerweise wird man davon ausgehen können, dass die Verlängerung um einen Monat regelmäßig unbedenklich ist, es sich hierbei jedoch nicht um eine Höchstfrist handelt. Vielmehr ist auf die Umstände des Einzelfalles abzustellen und etwa in Bestandsschutzstreitigkeiten sind mit Blick auf § 64 Abs. 8 ArbGG Verlängerungen eher restriktiv

zu handhaben. Um den **Beschleunigungsgrundsatz** einerseits und dem **Anspruch auf rechtliches Gehör** andererseits gerecht zu werden, wird man zwar wegen der nur einmaligen Verlängerungsmöglichkeit davon ausgehen müssen, dass gerade keine Höchstfrist von einem Monat besteht, jedoch mit Blick auf § 520 Abs. 2 ZPO ein besonderer **Begründungsbedarf** besteht, wenn eine Verlängerung der Berufungseinlegungsfrist um mehr als einen Monat begehrt wird (in diesem Sinne: Hensler/*Kalb* § 66 ArbGG Rn. 16; ErfK/*Koch* § 66 ArbGG Rn. 18; BeckOK/*Klose* § 66 ArbGG, Rn. 17; AR/*Spelge* § 66 ArbGG Rn. 28). Auch wird der konkrete Terminstand der Kammer stets eine Rolle spielen.

2. Der **Fristverlängerungsantrag** muss begründet werden. Diese Gründe sind ggf. gemäß § 224 Abs. 2 ZPO glaubhaft zu machen: Die Glaubhaftmachung kann auch durch anwaltliche Versicherung erfolgen (Germelmann/*Germelmann* § 66 ArbGG Rn. 37). Über den Umfang und das **Detaillierungserfordernis** besteht Streit. Das BAG lässt etwa pauschale Angaben, wie »Arbeitsüberlastung« oder »Vielzahl gleichzeitig ablaufender Fristen« grundsätzlich ausreichen (BAG, Beschl. v. 20.10.2004 – 5 AZB 37/04, MDR 2005, 288). Wenn aus Sicht des Gerichts Zweifel bestehen, ob die geltend gemachten Gründe tatsächlich vorliegen, kann das Gericht hier auf einer Substantiierung bestehen, muss jedoch Gelegenheit geben, hierzu ergänzend Stellung zu nehmen (BVerfG, Beschl. v. 12.01.2000 – 1 BvR 222/99, NZA 2000, 446; BVerfG, Beschl. v. 12.01.2000 – 1 BvR 1621/99, NJW 2000, 1634). 181

Eine sicherlich mehr als hinreichende Konkretisierung kann etwa erreicht werden durch Formulierungen wie: 182

Alternative:

[Hat die alleinsachbearbeitende Unterzeichnerin in einer sehr umfangreichen Sache bis zum ___[Datum]___ eine Berufungsbegründung zu erstellen und ist darüber hinaus in der Zeit vom ___[Datum]___ bis ___[Datum]___ in ihrem seit langem geplanten und wegen hiesigen Schulferien auch nicht verschiebbaren Jahresurlaub. Die Übertragung der Angelegenheit auf einen anderen Sachbearbeiter der Kanzlei würde wegen der dann erforderlichen Einarbeitungszeit in diese sehr umfangreiche Sache ebenfalls eine Fristverlängerung erforderlich machen. Ferner müssen die Schriftsätze zur Abstimmung mit dem Mandanten stets übersetzt werden, was ebenfalls erhebliche Zeit in Anspruch nimmt.]

Im Übrigen empfiehlt sich in kritischen Fällen zunächst ein Telefonat mit dem Vorsitzenden zu führen. 183

3. In der Praxis terminieren Gerichte Berufungsverhandlungen erst, wenn Berufungsbegründung und Berufungsbeantwortung (bzw. Berufungserwiderung) bei Gericht eingegangen sind. Damit führen Fristverlängerungsanträge in der Regel sehr wohl zu einer Verzögerung des Rechtsstreites. Gleichwohl werden die Gerichte diesem Argument nur entgegentreten, wenn sie bereits einen konkreten Termin im Auge haben. Ist bereits terminiert, so bietet sich folgende Formulierung an: 184

Alternative:

[Mit Blick auf den für den ___[Datum]___ anberaumten Termin hat die Gegenseite nach Eingang dieses Schriftsatzes noch hinreichend Zeit zur Stellungnahme, so dass die Verlängerung der Frist nicht zu einer Verzögerung des Rechtsstreites führt.]

4. Oft ist es sinnvoll, gerade wenn es bereits einen Fristverlängerungsantrag gegeben hat, die **Zustellung von Anwalt zu Anwalt** zuzusagen, dies trägt sowohl zur Beschleunigung als auch zur Entlastung der Geschäftsstelle bei. Im Rahmen der Ermessensentscheidung über den Fristverlängerungsantrag kommt gerade im arbeitsgerichtlichen Verfahren wegen des besonderen Beschleunigungsgrundsatzes des § 9 Abs. 1 ArbGG der Frage, ob die Gefahr der Verzögerung des Rechtsstreites besteht, eine besondere Bedeutung zu. Bei kurzfristigen Fristverlängerungen kann eine 185

X. Arbeitsgerichtsverfahren

solche Verzögerung durch die Ankündigung der Zustellung von Anwalt zu Anwalt vermieden werden (Germelmann/*Germelmann* § 66 ArbGG Rn. 40).

7. Einspruch gegen ein Versäumnisurteil

Vorbemerkung

186 Die Vorschrift des § 59 ArbGG enthält einige besondere Vorschriften im Hinblick auf das **Säumnisverfahren**, insbesondere ist die Einspruchsfrist abweichend von § 339 ZPO geregelt. Da im arbeitsgerichtlichen Verfahren gemäß § 46 Abs. 2 ArbGG kein schriftliches Vorverfahren statthaft ist, kommt eine Säumnis nur durch **Nichterscheinen oder Nichtverhandeln** im Termin in Betracht. Wie oben ausgeführt, kann eine solche Säumnis auch dann vorliegen, wenn der prozessbevollmächtigte Anwalt zur Verhandlung ohne den persönlich geladenen Mandanten erscheint und das Gericht daraufhin den Prozessbevollmächtigten gemäß § 51 Abs. 1 Satz 2 ArbGG zurückweist. Erscheint eine der Parteien in der Güteverhandlung nicht, so schließt sich gemäß § 54 Abs. 4 ArbGG an die **Güteverhandlung** die weitere Verhandlung an, in der dann nach **Antragstellung** ein Versäumnisurteil ergehen kann, sofern die Sachurteilsvoraussetzungen wie zum Beispiel ordnungsgemäße Klageerhebung (§ 253 ZPO), Parteifähigkeit (§ 50 ZPO), Prozessführungsbefugnis, Rechtsschutzbedürfnis, keine entgegenstehende Rechtskraft (§ 322 ZPO) vorliegen. Dieses Versäumnisurteil ergeht dann gemäß § 55 Abs. 1 Nr. 4 ArbGG ggf. auch als unechtes Versäumnisurteil, wenn das Säumnisurteil als **Sachurteil** wegen fehlender Schlüssigkeit ergeht (AR/*Heider* § 55 ArbGG Rn. 4; § 58 ArbGG Rn. 6).

▶ **Muster – Einspruch gegen ein Versäumnisurteil**

187 An das
Arbeitsgericht _____[Ort]_____
[Anschrift des Gerichts] 1

_____[Ort]_____, den _____[Datum]_____ 2

In dem Rechtsstreit
des _____[Name]_____

gegen

die _____[Name]_____ GmbH,

Aktenzeichen: _____[Aktenzeichen]_____

legen wir namens und in Vollmacht 3 der Beklagten

EINSPRUCH 4

gegen das Versäumnisurteil des erkennenden Gerichts vom _____[Datum]_____, der Beklagten zugestellt am _____[Datum]_____ ein und beantragen, 5

1. das Versäumnisurteil des erkennenden Gerichts vom _____[Datum]_____, _____[Aktenzeichen]_____ 6 der Beklagten zugestellt am _____[Datum]_____ aufzuheben,

2. die Klage abzuweisen.

BEGRÜNDUNG:

Der zulässige Einspruch ist begründet.

1. Zulässigkeit

Das Versäumnisurteil ist dem Kläger am ___[Datum]___ zugestellt worden, der mit dem heutigen Schriftsatz eingelegte Einspruch ist somit innerhalb der Notfrist des § 59 ArbGG eingelegt. Der Einspruch ist mithin zulässig.

2. Begründetheit [7]

[Umfassende inhaltliche Begründung des Klageabweisungsantrages]

_____

(Unterschrift Rechtsanwalt)

Erläuterungen

Schrifttum

Opolony Die Besonderheiten des arbeitsgerichtlichen Urteilsverfahrens aus anwaltlicher Sicht, JuS 2000, 894; *Hartmann* Einspruch gegen Versäumnisurteil: Begründungsfrist = Notfrist auch bei Verlängerung, NJW 1988, 2659.

1. Der Rechtsbehelf wird gemäß § 59 Satz 2 ArbGG beim erkennenden Gerichte eingelegt, welches auch über den **Einspruch** entscheidet.

2. Die Frist zum Einspruch gegen ein Versäumnisurteil beträgt gemäß § 59 ArbGG eine Woche ab Zustellung des Urteils. Es handelt sich um eine **Notfrist**. Der Einspruch kann entweder schriftlich oder zu Protokoll der Geschäftsstelle erklärt werden. Auf diese Erfordernisse ist die säumige Partei mit Zustellung des Urteils schriftlich hinzuweisen. Fehlt diese **Rechtsbehelfsbelehrung**, so beginnt die Rechtsmittelfrist nicht zu laufen (AR/*Heider* § 59 ArbGG Rn. 9).

Wurde der Schriftsatz zur Wahrung der Frist gefaxt und soll im Rahmen einer späteren gerichtlichen Überprüfung der Einhaltung der Frist allein die Angabe des Faxprotokolls maßgeblich sein, so muss der Anwalt dafür Sorge tragen und ggf. auch Beweis dafür antreten, dass das genutzte Faxgerät die Zeit verlässlich wiedergibt (BGH, Beschl. v. 27.01.2011 – III ZB 55/10, NJW 2011, 859). Für die Rechtzeitigkeit des Eingangs eines per Telefax übermittelten Schriftsatzes kommt es allein darauf an, ob die gesendeten Signale noch vor Ablauf des letzten Tages der Frist, d.h. spätestens um 23 Uhr 59 Minuten und 59 Sekunden, vom Telefaxgerät des Gerichts vollständig empfangen (gespeichert) worden sind. Die Fristversäumnis ist nur dann unverschuldet, wenn der Absender des Telefaxes mit der Übermittlung so rechtzeitig begonnen hat, dass er unter gewöhnlichen Umständen mit dem Abschluss des Übermittlungsvorgangs noch vor Fristablauf rechnen konnte (OLG Nürnberg, Beschl. v. 30.05.2012 – 12 U 2453/11, NJW-RR 2012, 1149).

3. Wird der Einspruch durch einen **vollmachtlosen Vertreter** eingelegt, so kann dieser Mangel – sofern der Einspruch ansonsten zulässig ist – rückwirkend geheilt werden (OLG Celle, Urt. v. 28.10.2004 – 13 U 22/04, OLGR Celle 2005, 64; FG Hamburg, Urt. v. 28.06.2007 – 3 K 237/06, DStRE 2008, 1284).

4. Der Begriff »Einspruch« ist keine **Zulässigkeitsvoraussetzung**, es muss jedoch deutlich werden, dass der Einspruchführer das Versäumnisurteil nicht gegen sich gelten lassen will (AR/*Heider* § 59 ArbGG Rn. 9). Dies ist gegebenenfalls durch Auslegung zu ermitteln.

5. In der Regel ergehen Versäumnisurteile gegen den Beklagten. Im umgekehrten Fall lautet der Antrag des Klägers

[»... beantragen wir zu erkennen,
1. *das Versäumnisurteil* _____ *aufzuheben*,
2. *festzustellen, dass* ___[Wiederholung des ursprünglichen Antrags]___ .«]

6. Das Urteil, das angegriffen werden soll, ist so genau wie möglich zu bezeichnen.

195 **7.** Inhaltlich hat der Einspruchsführer – innerhalb der Einspruchsfrist – nun seine **Angriffs- und Verteidigungsmittel** darzulegen. Fehlt es an einer inhaltlichen Begründung, oder wird sie nicht innerhalb der Einspruchsfrist nachgeholt, so besteht die Gefahr, dass der Einspruchsführer mit diesem weiteren Vortrag **präkludiert**. Voraussetzung ist jedoch die Belehrung über die Zurückweisungsmöglichkeit. Diese Belehrung wird bei der Ladung zu einem Gütetermin in der Regel nicht erteilt (§ 47 Abs. 1 ArbGG), so dass bei Säumnis im Gütetermin in der Regel eine Präklusion nicht zu befürchten ist.

196 Bei Säumnis im Kammertermin, sollte darauf geachtet werden, dass nun spätestens vorgetragen wird, was der Einspruchsführer noch für entscheidungserheblich erachtet sofern er sich seinen Sachvortrag nicht für die Berufungsinstanz vorbehalten will. Letzteres gilt jedoch nicht für Verfahren in der ordentlichen Gerichtsbarkeit, da dort in der Berufungsinstanz Sachvortrag nur noch in eng gesteckten Grenzen nachgeholt werden darf (siehe noch Formular Y Rdn. 177).

8. Antrag auf Wiedereinsetzung in den vorigen Stand bei Versäumung der Einspruchsfrist gegen einen Vollstreckungsbescheid

Vorbemerkung

197 Wiedereinsetzung in den vorigen Stand ist auf Antrag zu gewähren, wenn eine Partei ohne ihr Verschulden eine **Notfrist** oder die Frist zur **Begründung einer Berufung**, der Revision, der Nichtzulassungsbeschwerde oder die Frist des § 234 Abs. 1 ZPO, also die Frist zur Stellung eines Wiedereinsetzungsantrages, versäumt. Notfristen sind beispielsweise die Frist über den Einspruch gegen ein Versäumnisurteil gemäß § 59 Satz 1 ArbGG, die Frist zum Einspruch gegen einen Vollstreckungsbescheid gemäß §§ 46a, 59 Satz 1 ArbGG, 338 ZPO oder im Verfahren vor den ordentlichen Gerichten, die Frist zur Verteidigungsanzeige gemäß § 276 ZPO (vgl. hierzu noch Formular Y.I.3. – Y Rdn. 57).

198 Das hiesige Muster beschäftigt sich mit dem Einspruch gegen einen Vollstreckungsbescheid gemäß § 48a ArbGG, also im Rahmen des (arbeits-)**gerichtlichen Mahnverfahrens**. Ursprünglich war ein solches Mahnverfahren im ArbGG nicht erwähnt. Einigkeit bestand aber damals schon, dass die ZPO-Bestimmungen zum Mahnverfahren auch im arbeitsgerichtlichen Verfahren anzuwenden waren. In § 46a ArbGG ist seit dem Jahr 1976 ausdrücklich die Zulässigkeit des Mahnverfahrens im arbeitsgerichtlichen Verfahren geregelt. Nach diesem kommen die Vorschriften der §§ 688 ff. ZPO zur Anwendung, sofern die Abs. 1 bis 8 des § 46a ArbGG nichts anderes bestimmen. Durch Art. 15 des 2. Justizmodernisierungsgesetzes vom 22.12.2006 wurde § 46a Abs. 1 ArbGG durch Satz 2 ergänzt. Danach kommt die Neuregelung des § 690 Abs. 3 Satz 2 ZPO (zwingende Antragstellung in maschineller Form) im arbeitsgerichtlichen Mahnverfahren nicht zur Anwendung.

199 Das Mahnverfahren stellt gegenüber dem Urteilsverfahren die schnellere und kostengünstigere Variante zur Durchsetzung von – finanziellen – Ansprüchen dar, denen der Antragsgegner (vermeintlich) nichts entgegenzusetzen hat (BeckOK ArbGG/*Hamacher* § 46a ArbGG Rn. 2). Aus § 46a Abs. 2 ArbGG folgt, dass das arbeitsgerichtliche Mahnverfahren nur für Ansprüche in Frage kommt, die auch im **Urteilsverfahren** geltend gemacht werden können. Daher können nach überwiegender Ansicht Ansprüche, die im **Beschlussverfahren** des § 2a ArbGG geltend gemacht werden müssen, nicht Gegenstand eines Mahnbescheids sein. So steht z.B. dem Betriebsrat, der Zahlungsansprüche gegenüber dem Arbeitgeber geltend machen will, die Möglichkeit des Mahnverfahrens nicht zur Verfügung (Germelmann/*Germelmann* § 46a ArbGG Rn. 1).

200 Sonderregelungen im Arbeitsgerichtsgesetz bestehen im Wesentlichen hinsichtlich der örtlichen Zuständigkeit und der **Widerspruchsfrist**. Nach § 46a Abs. 2 ArbGG ist im Mahnverfahren das für die Klage örtlich zuständige Arbeitsgericht für das Mahnverfahren ebenfalls das örtlich zustän-

X.III.8. Antrag auf Wiedereinsetzung in den vorigen Stand bei Versäumung der Einspruchsfrist

dige Gericht. Die Widerspruchsfrist beträgt gemäß § 46a ArbGG abweichend von § 692 Abs. 1 Nr. 3 ZPO, eine Woche. Gemäß § 59 Satz 1 beträgt die Einspruchsfrist ebenfalls eine Woche.

201 Ist binnen Wochenfrist kein Widerspruch eingegangen, kann der Antragsteller nach Ablauf der **Widerspruchsfrist** des § 46a Abs. 3 ArbGG den Erlass eines **Vollstreckungsbescheids** beantragen. Selbst wenn der Widerspruch nicht innerhalb einer Frist von einer Woche eingelegt wurde, so kann aber ein Vollstreckungsbescheid nur ergehen, wenn zum Zeitpunkt des tatsächlichen Erlasses kein Widerspruch vorlag (*AR/Heider* § 46a ArbGG Rn. 7). Entsprechendes gilt im Erlass eines Versäumnisurteils im schriftlichen Vorverfahren bei nicht rechtzeitiger Anzeige der Verteidigungsbereitschaft an das Landgericht (*Zöller/Hergert* § 331 ZPO Rn. 12, BLAH, § 331 ZPO Rn. 17; vgl. auch Formular Y Rdn. 62). Ein Vollstreckungsbescheid ist gem. § 62 Abs. 1 ArbGG ohne weiteres vollstreckbar (*Schwab/Weth/Kimmerling* § 46a ArbGG Rn. 3).

202 Gegen den Vollstreckungsbescheid ist einziger Rechtsbehelf der **Einspruch**, für den § 59 ArbGG gilt. Bei der Einspruchsfrist handelt es sich um eine Notfrist, so dass im Falle ihrer Versäumung gem. § 233 ZPO Wiedereinsetzung in den vorigen Stand beantragt werden kann. Ein verspätet erhobener Widerspruch ist in einen Einspruch umzudeuten (*AR/Heider* § 46a ArbGG Rn. 9).

203 Im Falle eines statthaften und zulässigen Einspruchs ist dem Antragsteller aufzugeben, den Anspruch innerhalb von zwei **Wochen** zu begründen. Nach Eingang der Begründung ist ein **Güte-termin** zu bestimmen (*AR/Heider* § 46a ArbGG Rn. 12).

▶ **Muster** – Antrag auf Wiedereinsetzung in den vorigen Stand bei Versäumung der Einspruchsfrist gegen einen Vollstreckungsbescheid

204 An das
Arbeitsgericht _____ [Ort]
_____
[Anschrift des Gerichts]

_____ [Ort] , den _____ [Datum] ¹

EINSPRUCH UND ANTRAG AUF WIEDEREINSETZUNG IN DEN VORIGEN STAND

In dem Rechtsstreit

des _____ [Name]

gegen

die _____ [Name] GmbH,

legen wir namens und in Vollmacht des Beklagten

EINSPRUCH

ein und beantragen,

1. den Vollstreckungsbescheid vom _____ [Datum] aufzuheben,
2. die Klage abzuweisen.

Gleichzeitig beantragen wir
dem Beklagten gegen die Versäumung der Einspruchsfrist

WIEDEREINSETZUNG

in den vorigen Stand zu gewähren,

sowie

die Zwangsvollstreckung aus dem Vollstreckungsbescheid, notfalls gegen Sicherheitsleistung, einzustellen.

BEGRÜNDUNG: 2

Der Beklagte hat einen Tag, nachdem ihm der Vollstreckungsbescheid zugestellt wurde, die Kanzlei des Unterzeichners aufgesucht. Unverzüglich nach der Besprechung wies der Unterzeichner seine Anwaltsgehilfin an, den Einspruch vorzubereiten, ihm zur Unterschrift vorzulegen und zu versenden. Entsprechend wurde auch verfahren, der vom Unterzeichner ausgefertigte und unterschriebene Einspruch wurde noch am gleichen Tag, also sechs Tage vor Fristablauf versandt, indem er der Post durch Einwurf in einen Briefkasten übergeben wurde. Der Briefumschlag war ordnungsgemäß beschriftet und ausreichend frankiert. 3

Glaubhaftmachung 4: Eidesstattliche Versicherung der Rechtsanwaltsfachangestellten, _____. [Name]

(Unterschrift Rechtsanwalt)

Erläuterungen

Schrifttum

Born Die Rechtsprechung des BGH zur Wiedereinsetzung in den vorigen Stand, NJW 2011, 2022; *Bernau* Die Rechtsprechung des BGH zur Wiedereinsetzung in den vorigen Stand, NJW 2012, 2004; *Bernau* Die Rechtsprechung des BGH zur Wiedereinsetzung in den vorigen Stand, NJW 2013, 2001; *Bernau* Die Rechtsprechung des BGH zur Wiedereinsetzung in den vorigen Stand, NJW 2014, 2007; *Fellner* Die aktuelle Rechtsprechung zur Wiedereinsetzung in den vorigen Stand, MDR 2007, 71; *von Pentz* Die Rechtsprechung des BGH zur Wiedereinsetzung in den vorigen Stand, NJW 2003, 858.

205 1. Die Wiedereinsetzung muss gemäß § 234 Abs. 1 ZPO innerhalb von zwei Wochen beantragt werden. Die Frist beginnt mit Beseitigung des Hindernisses (Thomas/Putzo/*Hüßtege* § 234 ZPO Rn. 5), sofern nicht einer der Fälle des § 234 Abs. 1 Satz 2 ZPO (Begründung von Berufung, Revision, Nichtzulassungsbeschwerde oder Rechtsbeschwerde) einschlägig sind (*Bernau* NJW 2013, 2001, 2002). Lag das Hindernis beispielsweise in einer Erkrankung des Rechtsanwalts und konnte er deshalb eine Berufungsfrist nicht einhalten, so beginnt die Frist mit dem Wegfall der Erkrankung und nicht etwa in dem Moment, in dem der Anwalt Kenntnis davon erlangt, dass die Gegenseite die gemäß § 225 Abs. 2 ZPO erforderliche Zustimmung zu einer erneuten Fristverlängerung nicht geben wird (BGH, Beschl. v. 05.04.2011 – VIII ZB 81/10, NJW 2011, 1601; BGH, Beschl. v. 12.11.2013 – II ZB 17/12, WM 2014, 422; BGH, Beschl. v. 15.04.2014 – II ZB 11/13, NJOZ 2014, 1339; BGH, Beschl. v. 07.08.2013 – XII ZB 533/10, NJW 2013, 3183; BGH, Beschl. v. 01.07.2013 – VI ZB 18/12, NJW 2013, 3181; BGH, Beschl. v. 07.03.2013 – I ZB 67/12, NJW-RR 2013, 1011).

206 2. Der Wiedereinsetzungsantrag ist zu begründen, der Einspruch muss hingegen keine Begründung enthalten, denn gem. § 700 Abs. 3 Satz 3 ZPO ist § 340 Abs. 3 ZPO nicht anwendbar (Germelmann/*Germelmann* § 46a ArbGG Rn. 31). Die Partei hat hierbei ihr **Fehlendes Verschulden** an der Nichteinhaltung der Frist durch eine aus sich heraus verständliche Schilderung der tatsächlichen Abläufe darzulegen (BGH, Beschl. v. 14.03.2005 – II ZB 31/03, MDR 2005, 944). Zu den möglichen Hinderungsgründen vgl. *Born* NJW 2011, 2022; *Fellner* MDR 2007, 71; *von Pentz* NJW 2003, 858. Zu den Anforderungen an einen Wiedereinsetzungsantrag bei Versendung eines Telefaxes vgl. BGH, Beschl. v. 08.04.2014 – VI ZB 1/13, NJW 2014, 2047.

207 Wurde über einen Antrag auf Prozesskostenhilfe nicht vor Ablauf der Rechtsmittelfrist entschieden und ist deshalb eine Berufungsbegründung unterblieben, so ist dem Antragsteller Wiedereinsetzung in den vorigen Stand zu gewähren, wenn er sich für bedürftig halten durfte und aus seiner Sicht alles Erforderliche getan hatte, um eine Entscheidung über seinen Prozesskostenhilfeantrag schnellstmöglich durchzuführen (BVerfG, Beschl. v. 11.03.2010 – 1 BvR 290/10, NZA 2010,

965; BGH, Beschl. v. 14.05.2013 – II ZB 22/11, IBRRS 2013, 2554). Wenn anstatt einer Fristverlängerung lediglich PKH beantragt wurde, ist Wiedereinsetzung in den vorigen Stand hingegen nicht zu gewähren, wenn aufgrund fehlender Bedürftigkeit keine Aussicht auf Bewilligung bestand (BGH, Beschl. v. 13.01.2010 – XII ZB 108/09, NJW 2010, 1888; BGH, Beschl. v. 29.11.2011 – VI ZB 33/10, NJW-RR 2012, 383).

3. Es liegt kein Verschulden des Anwalts vor, wenn die Übermittlung per Post ungewöhnlich lange dauert. Nach dem Erlass der Post-Universaldienstleistungsverordnung (PDULV) darf darauf vertraut werden, dass **Postsendungen**, die werktags innerhalb des Bundesgebietes aufgegeben werden, auch am folgenden Werktag ausgeliefert werden (BGH, Beschl. v. 13.05.2004 – V ZB 62/03, MDR 2004, 1072; BGH, Beschl. v. 19.06.2013 – V ZB 226/12, IBRRS 2013, 2857) wenn nicht besondere Umstände vorliegen, die die ernsthafte Gefahr einer Fristversäumung begründen: Zu denken ist hierbei etwa an einen drohenden Streik (BGH, Beschl. v. 21.10.2010 – IX ZB 73/10, NJW 2011, 458). Die Auffassung, dass ein Anwalt darauf vertrauen darf, dass ein Brief bereits am nächsten Werktag zugeht, wird von der Rechtsprechung jedoch nicht durchgängig geteilt (BVerfG, Beschl. v. 08.10.2003 – 2 BvR 1465/01; BVerfG, Beschl. v. 14.01.2005 – 3 Ws 261/04; OLG Stuttgart, Beschl. v. 03.08.2009 – 1 Ss 1215/09, NStZ-RR 2010, 15; LG Zweibrücken, Beschl. v. 07.05.2012 – Qs 48/12, BeckRS 2012, 14144; VG Saarlouis, Urt. v. 31.03.2010 – 11 K 700/08, BRAK-Mitt. 2010, 258). Allgemein empfiehlt es sich daher am Tag des Fristablaufes bei Gericht anzurufen und sich den Eingang des Schriftsatzes telefonisch bestätigen zu lassen und hierüber eine Notiz zu fertigen. Wer sich tatsächlich auf die Übermittlung per Post verlässt, sollte sicherstellen, dass zwischen der nachgewiesenen Aufgabe zur Post und dem Fristablauf zwei Postbeförderungstage liegen (so erwartet es BVerfG, Beschl. v. 08.10.2003 – 2 BvR 1465/01; BVerfG, Beschl. v. 14.01.2005 – 3 Ws 261/04).

Geht das Poststück verloren, so ist im Widereinsetzungsantrag glaubhaft zu machen, dass der Verlust mit überwiegender Wahrscheinlichkeit nicht im Verantwortungsbereich der Partei liegt (BGH, Beschl. v. 10.09.2015 – III ZB 56/14). Erhält eine Partei durch ein auf das Fristversäumnis hinweisenden Schriftsatz Kenntnis von dem Verlust der Sendung, so hat er unverzüglich Nachforschungen anzustellen und Widereinsetzung zu beantragen (BGH, Beschl. v. 24.09.2015 – IX ZR 206/14).

4. Die Tatsachen, auf die sich der Wiedereinsetzungsantrag stützt, sind glaubhaft zu machen. Hierbei genügt in den Fällen, in denen die Fristversäumung allein auf einem **Fehlverhalten** einer sonst zuverlässigen und erfahrenen **Kanzleiangestellten** beruht, eine eidesstattliche Versicherung dieser Kanzleiangestellten (BGH, Beschl. v. 16.11.2004 – VIII ZB 32/04, MDR 2005, 469). Ein einmaliges Fehlverhalten einer Kanzleiangestellten kann dem Prozessbevollmächtigten nicht als eigenes Verschulden angelastet werden. (BVerfG, Beschl. v. 25.08.2015 – 1 BvR 1528/14). Seinen Darlegungsanforderungen genügt der Anwalt nicht, wenn er lediglich vorträgt, er sei am Tag des Fristablaufs an seinem Arbeitsplatz bei der Bearbeitung des Schriftsatzes eingeschlafen und erst nach Mitternacht wieder aufgewacht. Nach dem BGH (BGH, Beschl. v. 05.03.1970 – VII ZB 2/70, VersR 1970, 441) muss er in einem solchen Fall vielmehr darlegen, dass er, bevor er vom Schlaf übermannt wurde, in geeigneter Weise dem Schlaf entgegengewirkt habe.

9. Antrag auf Aussetzung des Verfahrens

Schrifttum
Dahlem/Wiesner Die Aussetzung eines Arbeitsgerichtsprozesses insbesondere die Aussetzung der Lohnklage wegen eines Kündigungsschutzprozesses nach § 148 ZPO, NZA-RR 2001, 169.

Vorbemerkung
Anträge auf Aussetzung des Verfahrens kommen in vielen Konstellationen, sowohl im **Beschlussverfahren** als auch im **Urteilsverfahren** in Betracht. Nach § 148 ZPO kann das Gericht das Ver-

X. Arbeitsgerichtsverfahren

fahren aussetzen, wenn die Entscheidung des Rechtsstreites ganz oder zum Teil von dem Bestehen oder Nichtbestehen eines Rechtsverhältnisses abhängt, das den Gegenstand eines anderen anhängigen Rechtsstreites bildet. Dies kann etwa gegeben sein, wenn bereits ein Rechtsstreit über eine zeitlich vorangegangene außerordentliche Kündigung vor dem Landesarbeitsgericht anhängig ist, und nun der Streit über eine weitere Kündigung anhängig gemacht wird oder wenn eine **Lohnklage** über für nach dem Kündigungstermin zu zahlenden Lohn anhängig ist (*Dahlem/Wiesner* NZA-RR 2001, 169). Ferner kann ein Antrag im Beschlussverfahren auf **Feststellung eines Mitbestimmungsrechtes** davon abhängen, ob das Gremium im Rahmen einer Verschmelzung untergegangen ist, was möglicherweise in einem anderen Rechtsstreit gerade geklärt wird. In diesen Fällen kann das Gericht das Verfahren aussetzen, ist hierzu jedoch nicht verpflichtet.

211 Als weiterer Aussetzungsgrund kann § 149 ZPO herangezogen werden, wonach der **Verdacht einer Straftat** eines Prozessbeteiligten einen **Aussetzungsgrund** darstellt, wenn dieser im Falle seiner Bestätigung geeignet wäre, auf die Sachverhaltsfeststellung Einfluss zu nehmen. Dies kommt etwa bei außerordentlichen Kündigungen aufgrund schwerwiegender Vertragsverletzungen des Arbeitnehmers in Betracht.

212 Zwingend ist eine Aussetzung hingegen im Fall von Ersatzansprüchen aufgrund von **Arbeitsunfällen**. Hier hat das Arbeitsgericht nach § 108 Abs. 2 SGB VII auszusetzen, bis über die Ansprüche nach dem SGB VII entschieden wurde. Der Aussetzungsgrund entfällt erst, wenn die entsprechende Entscheidung rechtskräftig ist.

213 Aussetzungsregelungen finden sich auch im **internationalen Verfahrensrecht**, etwa in Art. 27 EuGVVO. Werden an Gerichten verschiedener Mitgliedsstaaten Klagen wegen ein und desselben Anspruches anhängig gemacht, so setzen die später angerufenen Gerichte ihre Verfahren jeweils gemäß Art. 27 Abs. 1 EuGVVO aus (BGH, Urt. v. 06.02.2002 – VIII ZR 106/01, NJW 2002, 2795; BGH, Urt. v. 19.02.2013 – VI ZR 45/12, NZV 2013, 336).

▶ **Muster – Antrag auf Aussetzung des Verfahrens**

214 An das

Arbeitsgericht ____[Ort]____
[Anschrift des Gerichts]

____[Ort]____, den ____[Datum]____

In dem Rechtsstreit

des ____[Name]____

gegen

die ____[Name]____ GmbH,

Aktenzeichen: ____[Aktenzeichen]____

beantragen wir namens und in Vollmacht der Beklagten,

das Verfahren bis zur rechtskräftigen Entscheidung des Rechtsstreits zwischen den Parteien vor dem ____[genaue Bezeichnung des Gerichts]____, Aktenzeichen ____[Aktenzeichen]____ auszusetzen.

BEGRÜNDUNG:

Der Kläger wehrt sich in diesem Verfahren gegen eine vorsorglich unter dem ____[Datum]____ erklärte ordentliche Kündigung, die dem Kläger noch am gleichen Tage zugegangen ist.

Das Anstellungsverhältnis zwischen den Parteien wurde durch die Beklagte jedoch bereits am ____[Datum]____, dem Kläger zugegangen noch am gleichen Tage, außerordentlich gekündigt. Die vom Kläger hiergegen erhobene Kündigungsschutzklage wurde abgewiesen. Gegen diese Entscheidung hat der Kläger Berufung zum Landesarbeitsgericht eingelegt. Das Verfahren wird dort unter dem Aktenzeichen _[Aktenzeichen]_ geführt. Ein Termin zur mündlichen Verhandlung wurde noch nicht bestimmt.

Vom Ausgang dieses Verfahrens hängt die Frage ab, ob zum Zeitpunkt des Ausspruchs der hier streitgegenständlichen Kündigung überhaupt ein Arbeitsverhältnis bestand. Aus diesem Grunde ist das Verfahren gemäß § 148 ZPO auszusetzen.

(Unterschrift Rechtsanwalt)

10. Antrag auf Gegenstandswertfestsetzung

Vorbemerkung

Im Urteilsverfahren bestimmen sich die **Gerichtsgebühren** grundsätzlich wie bei der ordentlichen Gerichtsbarkeit gemäß §§ 3, 34, 35 GKG. Der Gegenstandswert (Streitwert) hat somit Bedeutung für die Gebührenfestsetzung, sowie gemäß § 32 Abs. 1 RVG auch für die Rechtsanwaltsgebühren. Eine **Kostenentscheidung** ergeht von Amts wegen mit der Hauptsache, ein besonderer Antrag ist hier nicht erforderlich. Sie ist auch für die Statthaftigkeit der Berufung verbindlich, es sei denn, sie ist offensichtlich unrichtig (BAG, Urt. v. 19.01.2011 – 3 AZR 111/09, NZA 2011, 1054). 215

Im arbeitsgerichtlichen Beschlussverfahren hingegen werden gemäß § 2 Abs. 2 GKG Gerichtskosten nicht erhoben, so dass in diesen Verfahren – anders als in Urteilsverfahren – keine Kostenentscheidung ergeht. Gemäß § 33 Abs. 1, 2 RVG kann der Rechtsanwalt jedoch die Kostenfestsetzung beantragen. Diese erfolgt gemäß § 23 RVG. Soweit sich der Gegenstandswert nicht aus dem Wert des Streitgegenstandes ermitteln lässt, ist er gemäß § 23 Abs. 3 S. 2 RVG nach billigem Ermessen festzusetzen, wobei in Ermangelung tatsächlicher Anhaltspunkte der Wert mit 5.000 € festzusetzen ist. Es handelt sich hierbei nicht um einen Regelwert, sondern um einen **Hilfs- oder Auffangwert**, der lediglich dann anzuwenden ist, wenn keine anderen Anhaltspunkte bestehen. Für ein Zustimmungsersetzungsverfahren gemäß § 103 BetrVG wird etwa auf § 42 Abs. 4 GKG zurückgegriffen, so dass drei Monatsgehälter des Betriebsratsmitglieds zum Ansatz zu bringen sind (LAG Düsseldorf, Beschl. v. 11.05.1999 –7 Ta 143/99, LAGE § 8 BRAGO Nr. 41 NZA-RR 2000, 592; LAG Hamburg, Beschl. v. 11.01.2010 – 4 Ta 18/09; vgl. im Übrigen die Nachweise bei AR/*Heider* § 12 ArbGG Rn. 18 sowie die instruktive Systematisierung der Rechtsprechung betreffend die Gegenstandswerte in Beschlussverfahren bei DLW/*Luczak* Kap. 15 Rn. 1133). 216

Die Kosten, die der Betriebsrat im Rahmen der Rechtsverfolgung aufwendet, sind im Grundsatz **notwendige Kosten** der Betriebsratsarbeit und vom Arbeitgeber gemäß § 40 Abs. 1 BetrVG zu erstatten. Voraussetzung ist zum einen ein **ordnungsgemäßer Betriebsratsbeschluss** über die Beauftragung des Rechtsanwaltes sowie die Erforderlichkeit der Kosten. An der Erforderlichkeit mangelt es nur, wenn die Rechtsverfolgung von vornherein **aussichtslos und mutwillig** ist (BAG, Beschl. v. 19.04.1989 – 7 ABR 6/88, NZA 1990, 233). Dies ist immer dann nicht der Fall, wenn die Rechtsauffassung des Betriebsrates zumindest vertretbar ist (BAG, Beschl. v. 19.03.2003 –7 ABR 15/02, NZA 2003, 870). 217

Im Urteilsverfahren bestimmen sich die Gerichtsgebühren wie bei der ordentlichen Gerichtsbarkeit entsprechend §§ 3, 34, 35 GKG). Der **Gegenstandswert** (Streitwert) hat somit Bedeutung für die Gebührenfestsetzung, sowie gemäß § 32 Abs. 1 RVG auch für die Rechtsanwaltsgebühren. Beispiele für die Berechnung des Streitwerts im Urteilsverfahren finden sich bei DLW/*Luczak* Kap. 15 Rn. 545–546. 218

X. Arbeitsgerichtsverfahren

▶ **Muster – Antrag auf Gegenstandswertfestsetzung**

219 An das

Arbeitsgericht ____[Ort]____
[Anschrift des Gerichts]

____[Ort]____, den ____[Datum]____ 1

In dem Beschlussverfahren
mit den Beteiligten

1. Betriebsrat der ____[Name]____ GmbH
2. Rechtsanwalt [Name des Prozessbevollmächtigten des Betriebsrats] 2
3. die ____[Name]____ GmbH,
4. die [Name des Prozessbevollmächtigten des Arbeitgebers]

Aktenzeichen: __[Aktenzeichen]__

beantragen wir

den Wert der anwaltlichen Tätigkeit auf

____[Betrag]____ € 3

festzusetzen.

BEGRÜNDUNG:

Es wurde vorliegend um die Frage gestritten, ob ein Mitbestimmungsrecht hinsichtlich der Erweiterung der Personalsoftware ____[Name]____ um ein ____[Bezeichnung]____ Modul für ____[Anzahl]____ Arbeitnehmer der Mitbestimmung unterliegt. Dies rechtfertigt, den Gegenstandswert auf das ____[Anzahl]____ fache des Hilfswertes festzusetzen [ggf. weiter begründen].

_____
(Unterschrift Rechtsanwalt)

Erläuterungen

Schrifttum
Bader Die Praxis der Wertfestsetzung im arbeitsgerichtlichen Urteilsverfahren in Hessen, NZA-RR 2005, 346; *Hümmerich* Die Streitwertrechtsprechung der Arbeitsgerichte im Urteilsverfahren, NZA-RR 2000, 225; *Zintl/Naumann* NZA-RR 2014, 1; *Volpert* Die Bedeutung der Wertfestsetzung bei den Gerichtsgebühren für die Anwaltsgebühren – § 32 RVG, RVGreport 2004, 170; *Volpert* Die Wertfestsetzung für die Rechtsanwaltsgebühren – § 33 RVG, RVGreport 2004, 417.

220 1. Eine Frist ist für den Antrag gesetzlich nicht vorgesehen, das Recht auf Antragstellung kann aber nach den allgemeinen Grundsätzen verwirkt sein (Baumgärtel/Hergenröder/Houben/*Hergenröder* RVG, § 33 Rn. 6; BVerwG, Beschl. v. 20.10.2005 – 8 B 81/04).

221 2. Die Prozessbevollmächtigten sind im Wertfestsetzungsverfahren eigenständige Parteien. Die Anhörung der Mandanten erfolgt direkt. Ein Rechtsmittelverzicht des Anwalts wirkt nicht für und gegen den Mandanten, da der Anwalt hier eine eigene Rechtsposition vertritt.

222 3. Auch wenn der Gegenstandswert nicht von vornherein feststeht, ist es nicht zwingend erforderlich, einen betragsmäßig bestimmten Antrag zu stellen. Der Antrag muss aber begründet werden (Schneider/Wolf/*Schneider* § 33 RVG Rn. 24–26).

11. Einfache fristgebundene Beschwerde gegen Gegenstandswertfestsetzung

Vorbemerkung

Gegen die Wertfestsetzung im arbeitsgerichtlichen Beschlussverfahren ist die einfache Beschwerde gemäß § 33 Abs. 3 RVG statthaft. In arbeitsgerichtlichen Beschlussverfahren kommt eine Beschwerde gegen den Beschluss über die Gegenstandswertfestsetzung durch den Prozessbevollmächtigten in Betracht, wenn er der Auffassung ist, dass der Gegenstandswert zu niedrig festgesetzt ist sowie durch den Arbeitgeber, wenn er der Auffassung ist, der Gegenstandswert sei zu hoch angesetzt.

Gegen die **erstinstanzliche Streitwertfestsetzung** nach § 33 Abs. 1 RVG ist nach § 33 Abs. 3 S. 1 RVG die Beschwerde zulässig, wenn der **Wert des Beschwerdegegenstands** 200 € übersteigt oder die Beschwerde gemäß § 33 Abs. 3 S. 2 RVG zugelassen worden ist und eine **Beschwer** gegeben ist (LAG München, Beschl. v. 04.03.1997 – 4 Ta 168/96, AnwBl. 1997, 679). Es handelt sich nicht um eine sofortige Beschwerde, sondern um eine einfache **fristgebundene Beschwerde** (LAG Thüringen, Beschl. v. 22.06.1998 –8 Ta 79/98, LAGE § 10 BRAGO Nr. 7). Sie ist gemäß § 33 Abs. 3 Satz 3 RVG innerhalb von zwei Wochen nach Zustellung des Festsetzungsbeschlusses einzulegen, unabhängig davon, ob für das Hauptverfahren andere Beschwerdefristen gelten (Gerold/Schmidt/von Eicken/*Madert* § 33 RVG Rn. 13).

▶ **Muster – Einfache fristgebundene Beschwerde gegen die Gegenstandswertfestsetzung**

An das
Arbeitsgericht ¹ ____[Ort]____
[Anschrift des Gerichts]

____[Ort]____, den ____[Datum]____ ²

BESCHWERDE

In dem Beschlussverfahren
mit den Beteiligten

1. Betriebsrat der ____[Name]____ GmbH
2. Rechtsanwalt ____[Name des Prozessbevollmächtigten des Betriebsrats]____
3. die ____[Name]____ GmbH,
4. die Rechtsanwälte ____[Name der Prozessbevollmächtigten des Arbeitgebers]____

erheben wir ³ sofortige Beschwerde gegen den Beschluss des Arbeitsgerichts vom ____[Datum]____, Az. ____[Aktenzeichen]____

und beantragen unter Aufhebung des Beschlusses des Arbeitsgerichts

    den Wert der anwaltlichen Tätigkeit auf

    ____[Betrag]____ € ⁴

    festzusetzen.

BEGRÜNDUNG: ⁵

[auszuführen]

(Unterschrift Rechtsanwalt)

X. Arbeitsgerichtsverfahren

Erläuterungen

226 **1.** Gemäß § 33 Abs. 7 S. 3 RVG ist die **Beschwerde** bei dem Gericht einzulegen, dessen Entscheidung angefochten wird.

227 **2.** Die **Frist** zur Einlegung der Beschwerde beträgt gemäß § 33 Abs. 3 Satz 3 RVG zwei Wochen nach Zustellung des Festsetzungsbeschlusses.

228 **3.** Eine Beschwerde mit dem Ziel der **Erhöhung des Gegenstandswerts** kann nur durch den Rechtsanwalt des Betriebsrates im eigenen Namen eingelegt werden. Eine »Namens und im Auftrag« des Betriebsrates eingelegte Beschwerde wäre unzulässig, da der Betriebsrat durch eine vermeintlich zu niedrige Festsetzung des Gegenstandwertes nicht beschwert ist (LAG Rheinland-Pfalz, Beschl. v. 04.07.2007 – 1 Ta 146/07).

229 **4.** Es ist ein **bezifferter Antrag** zu stellen, andernfalls ist die Beschwerde unzulässig (LAG Bremen, Beschl. v. 27.08.2004 – 3 Ta 45/04, RVGreport 2005, 37).

230 **5.** Die Beschwerde ist zu begründen, sie kann hierbei auch auf **neue Tatsachen und Beweise** gestützt werden.

12. Antrag auf Verweisung an einen anderen Rechtsweg (Rüge der Rechtswegzuständigkeit)

Vorbemerkung

231 Die Zuständigkeit des angerufenen Gerichts ist Sachurteilsvoraussetzung und daher von Amts wegen zu prüfen (AR/*Heider* § 2 ArbGG Rn. 30). Es ist hierbei auf den **Zeitpunkt der Rechtshängigkeit** der Klage abzustellen. Nachträglich eintretende Umstände haben gemäß § 261 Abs. 3 Nr. 2 ZPO keinen Einfluss mehr auf die einmal begründete Rechtwegzuständigkeit.

232 Das angerufene Gericht kann über die Frage, ob der richtige Rechtsweg beschritten wurde, vorab entscheiden. Wenn die **Zulässigkeit des beschrittenen Rechtswegs** ausdrücklich gerügt wird, hat das Gericht hierüber gemäß § 17a Abs. 3 Satz 2 GVG zwingend vorab zu entscheiden. Gegen diese Entscheidung ist die sofortige Beschwerde statthaft. Durch einen solchen **Zwischenstreit** über den richtigen Rechtsweg können Rechtsstreitigkeiten mit Personen, bei denen die Arbeitnehmereigenschaft fraglich ist, erheblich in die Länge gezogen werden (kritisch zur Frage der Bindung an den Rechtsweg im Falle einer unterbliebenen oder verspäteten Rechtswegrüge, *Brückner* NJW 2006, 13).

▶ Muster – Antrag auf Verweisung an einen anderen Rechtsweg

233 An das
Arbeitsgericht _____[Ort]_____
[Anschrift des Gerichts]

_____[Ort]_____, den _____[Datum]_____

RÜGE DER RECHTSWEGZUSTÄNDIGKEIT

In dem Rechtsstreit
des __[Name Kläger]__
gegen

die ____[Name]____ GmbH,

Aktenzeichen: _[Aktenzeichen]_

bestellen wir uns für die Beklagte.

Namens und in Vollmacht der Beklagten rügen wir vorliegend die

Rechtswegzuständigkeit

und beantragen daher,

den Rechtsstreit an das zuständige Landgericht zu verweisen.

BEGRÜNDUNG:

Der Rechtsweg zu den Arbeitsgerichten ist vorliegend nicht eröffnet, da der Kläger kein Arbeitnehmer i.S.d. § 2 Abs. 1 Nr. 3 ArbGG ist.

Der Kläger war Geschäftsführer der Beklagten und ist aufgrund Dienstvertrages vom __[Datum]__ seit __[Datum]__ bei der Beklagten beschäftigt. Durch Beschl. v. __[Datum]__ wurde er zum Geschäftsführer bestellt. Die Bestellung wurde in das Handelsregister am __[Datum]__ eingetragen. Eine Abberufung ist bislang nicht erfolgt. [1]

Beweis:
1. Handelsregisterauszug der Beklagten, Amtsgericht __[Ort]__, HRB __[Nummer]__ in Kopie beigefügt als
   – Anlage B 1 –
2. Anstellungsvertrag zwischen den Parteien, in Kopie beigefügt als
   – Anlage B 2 –
3. Parteivernehmung des Klägers

Der Rechtsstreit ist an die ordentlichen Gerichte zu verweisen.

_____

(Unterschrift Rechtsanwalt)

Erläuterungen

Schrifttum

Brückner Bindung des Rechtsmittelgerichts an den Rechtsweg im Fall der unterbliebenen oder verspäteten Rechtswegrüge?, NJW 2006, 13; *Geck/Fiedler* Alle Wege des Geschäftsführers führen zu den Arbeitsgerichten!, BB 2015, 1077; *Link/Dimsic* Bestandsschutzstreitigkeiten von GmbH-Geschäftsführern, BB 2015, 3063; *Lunk* Der GmbH-Geschäftsführer und die Arbeitsgerichtsbarkeit – Das BAG macht den Weg frei!, NJW 2015, 528; *Stagat* Der Rechtsweg des GmbH-Geschäftsführers zum Arbeitsgericht – Änderung der Rechtsprechung und Folgen für die Praxis, NZA 2015, 193.

1. Nach neuerer Rechtsprechung (BAG, Beschl. v. 22.10.2014 – 10 AZB 46/14; BAG, Beschl. v. 03.12.2014 – 10 AZB 14) ist das Arbeitsgericht zuständig, wenn der Geschäftsführer zum Zeitpunkt der letzten mündlichen Verhandlung noch das Amt des Geschäftsführers inne hat, er also noch nicht abberufen wurde (vgl. hierzu *Geck/Fiedler* BB 2015, 1077; *Link/Dimsic* BB 2015, 3063; *Lunk* NJW 2015, 528; *Stagat* NZA 2015, 193). Daher sollte im Verweisungsantrag unbedingt darauf hingewiesen werden, dass eine Abberufung noch nicht erfolgt ist. Vgl. ausführlich Y Rdn. 4.

13. Sofortige Beschwerde gegen Vorabentscheidung über Rechtsweg

Vorbemerkung

Eine sofortige Beschwerde kommt unter anderem als Rechtsmittel gegen die Aussetzung des Verfahrens, Zurückweisung eines Mahnantrages oder wie hier gegen eine Vorabentscheidung über

X. Arbeitsgerichtsverfahren

den Rechtsweg gemäß § 17a Abs. 2, 3 GVG in Betracht. Die Frist für die Einlegung der sofortigen Beschwerde beträgt gemäß § 46 Abs. 1 ArbGG i.V.m. § 569 Abs. 1 Satz 1 ZPO zwei Wochen. Die Entscheidung über den Rechtsweg ist zu begründen. Fehlt die Begründung, so ist der Beschluss gleichwohl bindend und muss ggf. mit dem Mittel der sofortigen Beschwerde angefochten werden.

▶ **Muster – Sofortige Beschwerde gegen Vorabentscheidung über Rechtsweg**

235 An das

Arbeitsgericht ____[Ort]____

[Anschrift des Gerichts]

____[Ort]____, den ____[Datum]____

SOFORTIGE BESCHWERDE

In dem Rechtsstreit

des ____[Name Kläger]____

gegen

die ____[Name]____ GmbH,

Aktenzeichen: ____[Aktenzeichen]____

legen wir namens und in Vollmacht des Klägers

SOFORTIGE BESCHWERDE

gegen die Vorabentscheidung des Arbeitsgerichts vom ____[Datum]____ ein und beantragen,

unter Aufhebung des Beschlusses des Arbeitsgerichts vom ____[Datum]____, dem Kläger zugegangen am ____[Datum]____, den Rechtsweg zu den Arbeitsgerichten für zulässig zu erklären.

BEGRÜNDUNG:

Entgegen der Auffassung des Arbeitsgerichts, ist der Kläger Arbeitnehmer i.S.d. § 2 Abs. 1 Nr. 3 ArbGG. Zwar war er von ____[Datum]____ bis ____[Datum]____ Geschäftsführer, jedoch war er zuvor als Arbeitnehmer der Beklagten tätig. Sein Anstellungsverhältnis wurde niemals neu gefasst, mit Ernennung zum Geschäftsführer ging keine Gehaltserhöhung einher. Zudem wurde er mittlerweile von seinem Amt als Geschäftsführer abberufen und die Abberufung ins Handelsregister eingetragen. [1]

_____

(Unterschrift Rechtsanwalt)

Erläuterungen

Schrifttum

Brückner Bindung des Rechtsmittelgerichts an den Rechtsweg im Fall der unterbliebenen oder verspäteten Rechtswegrüge?, NJW 2006, 13; *Forst* GmbH-Fremdgeschäftsführer als Arbeitnehmer i.S.d. Unionsrechts, EuZW 2015, 664; *Geck/Fiedler* alle Wege des Geschäftsführers führen zu den Arbeitsgerichten! BB 2015, 1077; *Link/Dimsic* Bestandsschutzstreitigkeiten von GmbH-Geschäftsführern, BB 2015, 3063; *Lunk* Der GmbH-Geschäftsführer und die Arbeitsgerichtsbarkeit – Das BAG macht den Weg frei!, NJW 2015, 528; *Lunk* Der EuGH und die deutschen GmbH-Fremdgeschäftsführer – Auf dem Weg zum Arbeitnehmerstatus?, NZA 2015, 917; *Reiserer* Arbeitnehmerschutz für Geschäftsführer? Die Danosa-Entscheidung des EuGH und ihre Auswirkungen, DB 2011, 2262; *Stagat* Der Rechtsweg des GmbH-Geschäftsführers zum Arbeitsgericht – Änderung der Rechtsprechung und Folgen für die Praxis, NZA 2015, 193; *Stenslik* Der Fremd-Geschäftsführer als Arbeitnehmer i.S.d. Unionsrechts, DStR 2015, 2334.

1. Vgl. X Rdn. 5 sowie ausführlich Y Rdn. 4.   **235.1**

14. Antrag auf Protokollberichtigung

Vorbemerkung

Aufgrund der **Beweiskraft des Protokolls** gemäß § 165 Satz 1 ZPO kommt diesem eine erhebliche Bedeutung zu. Diese Beweiskraft kann nur durch den Nachweis der Fälschung gemäß § 165 Satz 2 ZPO oder im Wege des Berichtigungsverfahrens gemäß § 164 ZPO entkräftet werden.   **236**

▶ **Muster – Antrag auf Protokollberichtigung**

An das   **237**
Arbeitsgericht ____[Ort]____
[Anschrift des Gerichts]

_____[Ort]_____, den ____[Datum]____ [1]

PROTOKOLLBERICHTIGUNGSANTRAG

In dem Rechtsstreit
des ___[Name Kläger]___

gegen

die ____[Name]____ GmbH,

Aktenzeichen: ___[Aktenzeichen]___

beantragen wir

das Protokoll der mündlichen Verhandlung vom ____[Datum]____ zu berichtigen:

1. Auf der zweiten Seite des Protokolls, statt

    »der Beklagte erklärte im Übrigen die Klagerücknahme«

    zu formulieren,

    »der Kläger erklärte im Übrigen die Klagerücknahme«. [2]

2. Auf der dritten Seite bei der Wiedergabe der Zeugenaussage des/r Herrn/Frau ____[Name]____ nach

    »Ob er das gesagt hat weiß ich«

    das Wort

    »nicht«

    einzufügen.

Der gegnerische Prozessbevollmächtigte schließt sich dem Antrag an und wird einen gleichlautenden Schriftsatz an das Gericht senden. [3]

X. Arbeitsgerichtsverfahren

BEGRÜNDUNG:

[ausführen]

(Unterschrift Rechtsanwalt)

Erläuterungen

238 1. Es existieren keine **Fristen** für den Protokollberichtigungsantrag. Er kann jederzeit auch nach Einlegung eines Rechtsmittels gestellt werden (BVerwG, Beschl. v. 14.07.1980 – 1 B 327/78, MDR 1981, 166). Es ist jedoch dringend zu empfehlen, einen Antrag auf Protokollberichtigung spätestens innerhalb von einem Monat nach Zugang zu stellen, soweit es den Anschein hat, dass es sich um einen **Übertragungsfehler vom Band** handelt. Denn gemäß § 160a Abs. 3 Nr. 1 ZPO können Aufzeichnungen auf Ton- oder Datenträgern schon vor rechtskräftigem Abschluss des Verfahrens gelöscht werden, wenn die Parteien nicht innerhalb eines Monats Einwendungen gegen das Protokoll erhoben haben.

239 2. Eine Berichtigung des Protokolls kann jederzeit **auf Antrag** oder **von Amts wegen** erfolgen. Das Gericht kann hierbei nicht nur offenbare Unrichtigkeiten von Amts wegen berichtigen, sondern nach § 164 ZPO können vielmehr förmliche oder inhaltliche Unvollständigkeiten sowie jede sonstige Unrichtigkeit des Protokolls jederzeit berichtigt werden (LG Göttingen, Beschl. v. 04.11.2002 – 6 T 45/02; LAG Köln, Beschl. v. 15.05.2008 – 9 Ta 91/08; BAG, Beschl. v. 25.11.2008 – 3 AZB 64/08, NJW 2009, 1161; BLAH, § 164 Rn. 5).

240 3. Gemäß § 164 Abs. 2 ZPO ist die Gegenpartei vor der Berichtigung des Protokolls zu hören. Um zeitliche Verzögerungen diesbezüglich zu vermeiden, sollte versucht werden, ein Einvernehmen mit dem Prozessvertreter der Gegenpartei herzustellen. Wenn beide Parteien einen gleichlautenden Antrag stellen, dürfte die Notwendigkeit, die andere Seite hierzu anzuhören, entfallen.

15. Tatbestandsberichtigungsantrag

Vorbemerkung

241 In arbeitsrechtlichen Streitigkeiten spielt der Tatbestandsberichtigungsantrag in der Regel keine Rolle, da im Berufungsverfahren neue **Angriffs- und Verteidigungsmittel** weiterhin vorgebracht werden können, sofern sie nicht ausdrücklich zurückgewiesen wurden. Im Verfahren vor den ordentlichen Gerichten werden Tatbestandsberichtigungsanträge gestellt, weil hier die Berufungsinstanz gemäß § 529 Abs. 1 Nr. 1 ZPO grundsätzlich an die vom Gericht des ersten Rechtszuges **festgestellten Tatsachen** gebunden ist (*Bausch* AnwBl. 2011, 126). Beantragt werden kann nach dem Wortlaut des § 320 Abs. 1 ZPO die Berichtigung von Unrichtigkeiten, Auslassungen, Dunkelheiten und Widersprüchen. Allerdings gilt dies nicht, soweit **konkrete Anhaltspunkte** Zweifel an der **Richtigkeit** oder an der **Vollständigkeit** der **entscheidungserheblichen Feststellungen** begründen und deshalb eine erneute Feststellung gebieten.

242 Wenn etwa eine Partei im Rahmen der Berufung konkret vortragen kann, dass beispielsweise eine bestimmte Tatsache bestritten wurde und dieses Bestreiten ignoriert wurde, oder dass die Gegenseite eine bestimmte Tatsache zugestanden hat, diese Tatsache dennoch im Tatbestand als streitig dargestellt wurde, so kann dies, wenn es entsprechend konkret dargelegt wird, ein derart konkreter Anhaltspunkt sein, aus dem sich die **Notwendigkeit einer erneuten Tatsachenfeststellung** ergibt (zur Frage in welchen Konstellationen Tatbestandsberichtigungsanträge sinnvoll sind vgl. *Stackmann* NJW 2009, 1537; *Stackmann* NJW 2013, 2929). Zum Teil wird jedoch vertreten, dass selbst wenn sich aus den Akten ein Bestreiten ergebe, dem Tatbestand insofern gleichwohl Beweiskraft zukomme, als dass die Partei von dem Bestreiten – in einer mündlichen Verhandlung – Abstand genommen haben könne. Trotz der Beweiskraft des Protokolls könne das Gegenteil

nicht bewiesen werden, da sich die Beweiskraft des Protokolls nicht auf negative Tatsachen erstrecke (*Dührsen/Richter* ArbRAktuell 2015, 420; *Wach/Kern* NJW 2006, 1315, 1317).

Auch Tatbestandsteile, die sich **räumlich in den Entscheidungsgründen** befinden, können Gegenstand eines Tatbestandes sein (BGH, Beschl. v. 26.03.1997 – IV ZR 275/96, NJW 1997, 1931). 243

▶ **Muster – Tatbestandsberichtigungsantrag**

An das   244
Landgericht ____[Ort]____
[Anschrift des Gerichts]

____[Ort]____, den ____[Datum]____ 1

In dem Rechtsstreit
des ____[Name]____
gegen
die ____[Name]____ GmbH,
Aktenzeichen: ____[Aktenzeichen]____

beantragen wir,

den Tatbestand des am ____[Datum]____ verkündeten Urteils dahingehend zu berichtigen, dass auf Seite 2 des Urteilsabdrucks der letzte Satz

»Der Geschäftsführer der Alleingesellschafterin macht ihm gegenüber in einem Gespräch am ____[Datum]____, die unbedingte Zusage über einen Bonus in Höhe von ____[Betrag]____ €.«

gestrichen wird und stattdessen auf Seite 4 nach dem dritten Absatz einzufügen

»Der Beklagte behauptete der Geschäftsführer der Alleingesellschafterin habe ihm gegenüber in einem Gespräch am ____[Datum]____, die unbedingte Zusage über einen Bonus in Höhe von ____[Betrag]____ € gemacht.«

BEGRÜNDUNG:

Die Behauptung des Klägers, ihm sei eine derartige Bonuszusage gemacht worden, hat die Beklagte mit Schriftsatz vom ____[Datum]____, dort Seite 3, letzter Absatz, ausdrücklich bestritten.

Aufgrund der Tatsache, dass der Tatbestand hinsichtlich der Frage, ob eine bestimmte Behauptung bestritten wurde, Beweiskraft entfaltet, ist der Tatbestandsberichtigungsantrag statthaft. 2

Der Tatbestand ist somit dahingehend zu ändern.

_____
(Unterschrift Rechtsanwalt)

Erläuterungen

Schrifttum

Bausch Haftungsfalle Tatbestandsberichtigungsantrag, AnwBl. 2011, 126; *Dührsen/Richter* Tatbestandsberichtigung erstinstanzlicher Urteile – gut investierte Zeit? (Teil 1), ArbRAktuell 2015, 420 von S. 32; *Müller/Heydn* Der sinnlose Schlagabtausch zwischen den Instanzen auf dem Prüfstand: Für eine Abschaffung der Tatbestandsberichtigung, NJW 2005, 1750; *Stackmann* Der Angriff auf defizitäre Feststellungen im zivilprozessualen Ersturteil, NJW 2013, 2929; *Stackmann* Der (Un-)Sinn von Berichtigungsanträgen, NJW 2009, 1537; *Wach/Kern* Der Tatsachenstoff im Berufungsverfahren. Ist die Tatbestandsberichtigung bei unvollständigem Tatbestand des Ersturteils überflüssig?, NJW 2006, 1315.

X. Arbeitsgerichtsverfahren

245 **1.** Die **Frist** für den Tatbestandsberichtigungsantrag beträgt gemäß § 320 Abs. 1 ZPO zwei Wochen; eine **Anfechtung des Beschlusses** über den Tatbestandsberichtigungsantrag findet gemäß § 320 Abs. 4 S. 4 ZPO nicht statt. Jedoch soll eine sofortige Beschwerde statthaft sein, wenn das Gericht in erster Instanz den Tatbestandsberichtigungsantrag **in der Sache nicht beschieden** hat (BVerfG, Beschl. v. 01.10.2004 – 1 BvR 786/04, NJW 2005, 657).

246 **2.** Statthaft ist der Tatbestandsberichtigungsantrag nur, soweit der Tatbestand für das Verfahren urkundliche Beweiskraft hat (Thomas/Putzo/*Reichhold* § 320 Abs. 1 ZPO). Wie weit diese Beweiskraft überhaupt geht, ist jedoch hoch umstritten (vgl. nur *Müller/Heydn* NJW 2005, 1750 ff.; *Stackmann* NJW 2009, 1537 ff.; *Wach/Kern* NJW 2006, 1315 ff.).

IV. Urteilsverfahren 1. Instanz

1. Die Kündigungsschutzklage (ordentliche Kündigung)

Vorbemerkung

247 Die Kündigungsschutzklage ist eine besondere und zugleich die praktisch häufigste Form der Feststellungsklage vor den Arbeitsgerichten. Mit ihr begehrt der klagende Arbeitnehmer die gerichtliche Feststellung, dass eine bestimmte Kündigung das Arbeitsverhältnis nicht aufgelöst hat (vgl. § 4 S. 1 KSchG).

248 Die fristgemäße Erhebung dieser besonderen Feststellungsklage innerhalb der in § 4 KSchG vorgesehenen Dreiwochenfrist ist aus Sicht des Arbeitnehmers von elementarer Bedeutung. Bei Versäumung der Frist tritt grds. die Rechtsfolge des § 7 KSchG (im Falle einer außerordentlichen Kündigung i.V.m. § 13 Abs. 1 S. 2 KSchG) ein: Die Kündigung gilt als von Anfang an rechtswirksam. Eine gesteigerte Bedeutung hat diese Rechtsfolge noch dadurch erhalten, dass seit Inkrafttreten der Neufassung der §§ 4, 7 KSchG zum 01.01.2004 nicht nur die Sozialwidrigkeit der Kündigung, sondern grds. alle Unwirksamkeitsgründe einer schriftlichen Kündigung innerhalb der sich aus § 4 KSchG ergebenden Frist geltend zu machen sind (zur Kündigung durch einen Vertreter ohne Vertretungsmacht vgl. BAG, Urt. vom 26.03.2009 – 2 AZR 403/07; zur Nichteinhaltung der Kündigungsfrist bei ordentlicher Arbeitgeberkündigung vgl. BAG, Urt. vom 01.09.2010 – 5 AZR 700/09). Im Fall der Versäumung der Frist kommt die Zulassung einer verspäteten Kündigungsschutzklage nur unter den Voraussetzungen des § 5 KSchG in Betracht.

249 Es genügt für eine ordnungsgemäße Klageerhebung, wenn der Arbeitnehmer die Rechtsunwirksamkeit der Kündigung zunächst nur aus einem Grund geltend macht. Hat er dies getan, können andere Unwirksamkeitsgründe gemäß § 6 S. 1 KSchG bis zum Schluss der mündlichen Verhandlung 1. Instanz nachgeschoben werden (vgl. AR/*Lukas* § 6 KSchG Rn. 1 ff.; zur Hinweispflicht des Arbeitsgerichts aus § 6 Abs. 2 KSchG vgl. BAG, Urt. v. 18.01.2012 – 6 AZR 407/10).

250 Nach der Rechtsprechung gilt die sog. punktuelle Streitgegenstandstheorie. Streitgegenstand der Kündigungsschutzklage ist danach die Frage, ob das Arbeitsverhältnis durch eine bestimmte, genau zu bezeichnende Kündigung (nicht) beendet wurde (vgl. DLW/*Luczak* Kap. 15 Rn. 249). Werden gegenüber einem Arbeitnehmer gleichzeitig oder nacheinander mehrere Kündigungen ausgesprochen, so muss der Arbeitnehmer grds. jede dieser Kündigungen innerhalb der sich jeweils aus § 4 S. 1 KSchG ergebenden Frist angreifen, um mit Blick auf die jeweilige Kündigung die Rechtsfolge des § 7 KSchG zu verhindern.

251 Neben der Geltendmachung der Unwirksamkeit der angegriffenen Kündigung kann es praktisch sinnvoll oder z.B. wegen geltender Ausschlussfristen gar zwingend geboten sein, bereits mit Erhebung der Kündigungsschutzklage weitere mögliche Ansprüche des Arbeitnehmers im Wege der kumulativen Klagehäufung geltend zu machen (etwa einen Weiterbeschäftigungsanspruch, Ansprüche auf Annahmeverzugslohn, ggf. ein Zwischenzeugnis, etc.).

Muster – Kündigungsschutzklage (ordentliche Kündigung)

An das
Arbeitsgericht _____[Ort]_____ ¹
[Anschrift des Gerichts]

_____[Datum]_____ ²

KLAGE

des Herrn __[Name, Adresse]__ ,

– Klägers –

gegen

__[Name, Adresse]__ , vertreten durch __[Name Vertreter]__ ³

– Beklagte –

wegen: Kündigungsschutz und _____ ⁴

Namens und in Vollmacht des Klägers ⁵ erhebe ich Klage und werde beantragen:

1. Es wird festgestellt, dass das Arbeitsverhältnis des Klägers zur Beklagten nicht durch die Kündigung vom ___[Datum]___ zum ___[Datum]___ aufgelöst wird [optional: aufgelöst worden ist]. ⁶

2. Es wird festgestellt, dass das Arbeitsverhältnis zwischen den Parteien über den ___[Datum]___ hinaus fortbesteht und auch nicht durch andere Beendigungsgründe aufgelöst wird [optional: aufgelöst worden ist]. ⁷

3. Die Beklagte wird verurteilt, den Kläger zu unveränderten Bedingungen als ___[Funktion]___ in der Abteilung ___[Bezeichnung der Abteilung]___ entsprechend dem im Arbeitsvertrag vom ___[Datum]___ (Anlage K1) vorgesehenen sachlichen Tätigkeitsbereich weiterzubeschäftigen. ⁸

4. Die Beklagte wird verurteilt, ___[ggf. Geltendmachung weiterer Ansprüche]___ . ⁹

BEGRÜNDUNG:

1) Der am ___[Geburtsdatum Kläger]___ geborene Kläger ist verheiratet und hat ___[Anzahl]___ Kinder. Der Kläger ist seit dem ___[Datum Beginn Arbeitsverhältnis]___ als ___[Funktion des Klägers bei der Beklagten]___ auf Grundlage des Arbeitsvertrages vom ___[Datum Arbeitsvertrag]___ , beigefügt als

Anlage K1,

im Betrieb der Beklagten in ___[Ort]___ beschäftigt. Er verdiente dort zuletzt unter Einbeziehung aller Vergütungsbestandteile ein durchschnittliches monatliches Bruttoeinkommen in Höhe von ___[Betrag]___ €.

Die Beklagte beschäftigt in ihrem Betrieb in ___[Ort]___ in der Regel und ausschließlich der Auszubildenden mehr als 5 Arbeitnehmer [optional bei Neueinstellungen nach dem 31.12.2003: mehr als 10 Arbeitnehmer]. ¹ Teilzeitbeschäftigte Arbeitnehmer mit einer regelmäßigen wöchentlichen Arbeitszeit von nicht mehr als 20 Stunden sind bei der Feststellung dieser Zahl mit 0,5 und solche mit einer regelmäßigen wöchentlichen Arbeitszeit von nicht mehr als 30 Stunden mit 0,75 berücksichtigt worden.

Die Beklagte kündigte das zum Kläger bestehende Arbeitsverhältnis mit Schreiben vom ___[Datum der Kündigung]___ , vgl.

Anlage K2.

Das Kündigungsschreiben ging dem Kläger am ___[Datum Zugang Kündigungsschreiben]___ zu. Die Kündigung ist sozial ungerechtfertigt; es liegen weder Gründe ¹¹ in der Person oder im Verhalten des

Klägers, noch dringende betriebliche Erfordernisse vor, die eine Kündigung rechtfertigen könnten. Sollte die Beklagte die Kündigung dennoch als betriebsbedingte Kündigung erklärt haben, so wird sie aufgefordert, gemäß § 1 Abs. 3 S. 1 2. Halbsatz KSchG die Gründe anzugeben, die im Rahmen einer durchgeführten Sozialauswahl dazu geführt haben, dass hier speziell das Arbeitsverhältnis des Klägers gekündigt wurde. [12]

Im Betrieb der Beklagten in ____[Ort]____ besteht ein Betriebsrat. Die ordnungsgemäße Anhörung dieses Betriebsrats zur gegenüber dem Kläger ausgesprochenen Kündigung wird mit Nichtwissen bestritten. [13]

2) Der Klageantrag zu 2. beinhaltet eine selbständige allgemeine Feststellungsklage i.S.d. § 256 ZPO. Dem Kläger sind zwar derzeit keine anderen Beendigungstatbestände als die mit dem Klageantrag zu 1. angegriffene Kündigung bekannt. Es besteht jedoch die Gefahr, dass die Beklagte im Laufe des Verfahrens weitere Kündigungen aussprechen wird. Es wird daher mit dem Klageantrag zu 2. die Feststellung begehrt, dass das Arbeitsverhältnis auch durch solche weiteren Kündigungen nicht beendet wird. [14]

3) Darüber hinaus ist die Beklagte auch zur vertragsgemäßen Weiterbeschäftigung des Klägers zu verurteilen. Die Beklagte hat bereits angekündigt, dass sie den Kläger keinesfalls über den ____[Datum]____ hinaus beschäftigen will.

(Unterschrift Rechtsanwalt) [15]

Erläuterungen

Schrifttum

Bauer Spielregeln für die gerichtliche Auflösung von Arbeitsverhältnissen, ArbRAktuell 2010, 3; *Fischer* Wettbewerbstätigkeit des gekündigten Arbeitnehmers während des Kündigungsschutzprozesses, NJW 2009, 331; *Glanz/von Vogel* Die ordnungsgemäße Betriebsratsanhörung, NJW-Spezial 2008, 338; *Haas* Der vorläufige Weiterbeschäftigungsanspruch des Arbeitnehmers nach § 102 BetrVG im Lichte der Rechtsprechung, NZA-RR 2008, 57; *Hoppenstaedt/Hoffmann-Remy* Arbeitgeberstrategien gegen Weiterbeschäftigungsverlangen und Annahmeverzugsrisiko, BB 2015, 245; *Leydecker/Heider/Fröhlich* Die Vollstreckung des Weiterbeschäftigungsanspruchs, BB 2009, 2703; *Lingemann/Groneberg* Der Kündigungsschutzprozess in der Praxis – Klagefrist, NJW 2013, 2809; *Lingemann/Groneberg* Der Kündigungsschutzprozess in der Praxis – Änderungskündigung und nachträgliche Klagezulassung, NJW 2013, 3077; *Lingemann/Steinhauser* Der Kündigungsschutzprozess in der Praxis – Gerichtliche Auflösung von Arbeitsverhältnissen, NJW 2013, 3354 und NJW 2013, 3624; *Lingemann/Steinhauser* Der Kündigungsschutzprozess in der Praxis – Beschäftigungsanspruch, NJW 2014, 1428; *Lingemann/Steinhauser* Der Kündigungsschutzprozess in der Praxis – freiwillige Prozessbeschäftigung, NJW 2014, 2165; *Lingemann/Steinhauser* Der Kündigungsschutzprozess in der Praxis – Weiterbeschäftigungsanspruch, NJW 2014, 3765 und NJW 2015, 844; *Müller* Auflösungsantrag des Arbeitgebers und Weiterbeschäftigungsanspruch des Arbeitnehmers im Lichte der Rechtsprechung, BB 2004, 1849; *Powietzka* Aktuelle Rechtsprechung zum Kündigungsschutz schwerbehinderter Arbeitnehmer, BB 2007, 2118; *Schrader* Die nachträgliche Zulassung der Kündigungsschutzklage in der Praxis, NJW 2009, 1541; *Schwab* Streitgegenstand und Rechtskraft bei der arbeitsrechtlichen Kündigungsschutzklage, RdA 2013, 357; *Stöhr* Geltendmachung von Zahlungsansprüchen durch Kündigungsschutzklage?, NZA 2016, 210; *Tillmanns* Fallstricke und Tücken im Kündigungsschutzprozess, NZA-Beilage 2015, 117; *Vossen* Wahrung der Dreiwochenfrist des § 4 S. 1 KSchG für Folgekündigungen allein durch bereits anhängige Kündigungsschutzklage?, RdA 2015, 291.

253 1. Zu Fragen der internationalen Zuständigkeit der deutschen Arbeitsgerichte, zur Rechtswegzuständigkeit sowie zur sachlichen Zuständigkeit der Arbeitsgerichte vgl. DLW/*Luczak* Kap. 14 Rn. 188 ff. sowie BAG, Urt. v. 18.12.2014 – 2 AZR 1004/13, BAG, Urt. v. 25.06.2013 – 3 AZR 138/11 sowie BAG, Urt. v. 20.12.2012 – 2 AZR 481/11. Die örtliche Zuständigkeit des anzurufenden Arbeitsgerichts wird sich häufig aus dem allgemeinen Gerichtsstand des beklagten Arbeitgebers (im Falle juristischer Personen regelmäßig der Sitz i.S.d. §§ 12, 17 ZPO) oder dem besonderen Gerichtsstand des Erfüllungsortes gemäß § 29 ZPO ergeben. Erfüllungsort ist grds. der Ort, an dem der Arbeitnehmer die geschuldete Arbeitsleistung zu erbringen hat. Vgl. im Übrigen zur örtlichen Zuständigkeit DLW/*Luczak* Kap. 14 Rn. 343 ff.

2. Die Klage ist gemäß § 4 S. 1 KSchG innerhalb von drei Wochen nach Zugang der schriftlichen Kündigung zu erheben (zum Zugang der Kündigung vgl. BAG, Urt. v. 22.03.2012 – 2 AZR 224/11; zum Fall einer Zugangsvereitlung vgl. BAG, Versäumnisurt. v. 26.03.2015 – 2 AZR 483/14). Soweit die Kündigung der Zustimmung einer Behörde bedarf, läuft die **Frist zur Anrufung des Arbeitsgerichts** erst ab Bekanntgabe der behördlichen Entscheidung (§ 4 S. 4 KSchG). Im Falle des Ausspruchs einer Kündigung durch einen Vertreter ohne Vertretungsmacht beginnt die Klagefrist erst mit dem Zugang der Genehmigung des Arbeitgebers beim Arbeitnehmer (BAG, Urt. v. 06.09.2012 – 2 AZR 258/11). Nach Rechtsprechung des BAG (BAG, Urt. v. 11.12.2008 – 2 AZR 472/08, NZA 2009, 692) ist das Verschulden eines (Prozess-)Bevollmächtigten bzgl. der Versäumung der Klagefrist dem klagenden Arbeitnehmer nach § 85 Abs. 2 ZPO zuzurechnen. Nicht zuzurechnen ist das Verschulden Dritter, etwa auch Angestellter des Prozessbevollmächtigten. Hat jedoch der Prozessbevollmächtigte das schuldhafte Verhalten durch fehlerhafte Auswahl oder nicht ausreichende Anweisung bzw. Überwachung mit verursacht, so liegt ein eigenes und zurechenbares Verschulden des Prozessbevollmächtigten vor (vgl. hierzu und auch zur Frage der nachträglichen Zulassung der Kündigungsschutzklage BAG, Urt. v. 24.11.2011 – 2 AZR 614/10). Zur Verschuldenszurechnung im Fall eines Rechtsirrtums vgl. BAG, Urt. v. 11.08.2011 – 9 AZN 806/11. Hiernach kann der Rechtsirrtum eines Anwalts nur im absoluten Ausnahmefall »unverschuldet« sein.

254

War der Arbeitnehmer trotz Anwendung aller ihm nach Lage der Umstände zuzumutenden Sorgfalt verhindert, die Klage innerhalb der Frist des § 4 S. 1 KSchG zu erheben, so kann auf seinen Antrag hin die **Klage nachträglich zugelassen** werden (vgl. § 5 Abs. 1 S. 1 KSchG; zum Sonderfall der Schwangerschaft vgl. § 5 Abs. 1 S. 2 KSchG). Mit dem Antrag ist grds. die Klageerhebung zu verbinden. Wird die Verspätung erst nach Klageerhebung festgestellt, so ist bei einem nachträglichen Antrag auf die Klage Bezug zu nehmen. Zu formulieren ist der Antrag im Rahmen einer Kündigungsschutzklage wie folgt (vgl. etwa *Schrader* NJW 2009, 1541, 1542):

255

Alternative:

[1. Es wird festgestellt, dass das Arbeitsverhältnis des Klägers bei der Beklagten nicht durch die Kündigung vom [Datum Kündigungsschreiben] zum [Datum] aufgelöst wird.

2. Die Kündigungsschutzklage wird nachträglich zugelassen.]

Der Antrag muss des Weiteren gemäß § 5 Abs. 2 S. 2 KSchG die Angabe der die nachträgliche Zulassung begründenden Tatsachen und der Mittel für deren Glaubhaftmachung enthalten (*Schrader* NJW 2009, 1541, 1543; vgl. auch BAG, Urt. v. 24.11.2011 – 2 AZR 614/10). Die Antragsfrist endet gemäß § 5 Abs. 3 KSchG zwei Wochen nach Behebung des Hindernisses, spätestens jedoch nach Ablauf von sechs Monaten nach Ablauf der versäumten Klagefrist (zur Sechsmonatsfrist vgl. BAG, Urt. v. 28.01.2010 – 2 AZR 985/08).

256

3. Gerade bei Erhebung der Kündigungsschutzklage ist wegen der Notwendigkeit der Einhaltung der in § 4 KSchG vorgesehenen 3-Wochen-Frist und der bei Nichteinhaltung drohenden Rechtsfolgen des § 7 KSchG besondere Sorgfalt auch bei der Benennung des/der Beklagten geboten. Die Klageschrift muss gemäß § 253 Abs. 2 Nr. 1 ZPO die Bezeichnung der Parteien enthalten. Nach §§ 253 Abs. 4, 130 ZPO »soll« die Klageschrift ferner die Bezeichnung der gesetzlichen Vertreter juristischer Personen oder sonstiger parteifähiger Handelsgesellschaften enthalten. Zu den Einzelheiten vgl. DLW/*Stichler* Kap. 15 Rn. 9 ff. Auch wenn die Gerichte bisweilen durchaus großzügig bei der Bestimmung des »richtigen« Klagegegners durch Auslegung agieren (vgl. etwa BAG, Urt. v. 12.02.2004, AP Nr. 50 zu § 4 KSchG 1969, wonach sich der »richtige« Klagegegner schon aus einer der Klageschrift beigefügten Kündigungserklärung ergeben kann; vgl. auch BAG, Urt. v. 13.12.2012 – 6 AZR 752/11 sowie BAG, Urt. v. 28.08.2008 – 2 AZR 279/07), ist zur Vermeidung von Zweifeln unbedingt auf eine präzise Bezeichnung des Klagegegners zu achten. Zudem empfiehlt es sich vor dem Hintergrund dieser Rechtsprechung, der Klageschrift mindestens das Kündigungsschreiben und den Arbeitsvertrag beizufügen, um das Gericht so in die Lage

257

X. Arbeitsgerichtsverfahren

zu versetzen, im trotz aller Sorgfalt verbleibenden Zweifelsfall den richtigen Beklagten durch Auslegung ermitteln zu können (vgl. AR/*Lukas* § 4 KSchG Rn. 11). Von entscheidender Bedeutung ist aber auch dann, dass die Zustellung an den »richtigen« Beklagten noch innerhalb der Dreiwochenfrist der §§ 4, 7 KSchG oder jedenfalls »demnächst« i.S.d. § 167 ZPO erfolgt (BAG, Urt. v. 20.02.2014 – 2 AZR 248/13).

258 Gerade im Fall einer Kündigungsschutzklage wird häufig eine juristische Person bzw. eine parteifähige Handelsgesellschaft beklagt sein. Im (Passiv-)Rubrum der Klageschrift sind diese etwa wie folgt aufzuführen:

Alternativen:

[Im Fall einer GmbH:

die ___[Name]___ *GmbH,* ___[Adresse]___*, vertreten durch ihren alleinvertretungsberechtigten Geschäftsführer Herrn* ___[Name]___*, ebenda] oder [die X-GmbH,* ___[Adresse]___*, vertreten durch ihre Geschäftsführer Frau* ___[Name]___ *und Herrn* ___[Name]___*, ebenda [bzw.:* ___[Adresse]___ *]]*

[Im Fall einer GmbH & Co. KG:

die ___[Name]___ *GmbH & Co. KG,* ___[Adresse]___*, vertreten durch ihre Komplementärin, die Y-GmbH, diese vertreten durch ihren Geschäftsführer Herrn* ___[Name]___*, ebenda [bzw.:* ___[Adresse]___ *]]*

[Im Fall einer AG:

die ___[Name]___ *AG,* ___[Adresse]___*, vertreten durch den Vorstand Herrn* ___[Name]___ *und Frau* ___[Name]___*, ebenda [bzw.:* ___[Adresse]___ *]]*

[Im Fall einer OHG:

die ___[Name]___ *OHG,* ___[Adresse]___*, vertreten durch ihre persönlich haftenden Gesellschafter Frau* ___[Name]___ *und Herrn* ___[Name]___*, ebenda [bzw.:* ___[Adresse]___ *]]*

[Im Fall einer KG:

die ___[Name]___ *KG,* ___[Adresse]___*, vertreten durch ihren persönlich haftenden Gesellschafter Herrn* ___[Name]___*, ebenda [bzw.:* ___[Adresse]___ *]]*

[Im Fall einer GbR:

die ___[Name]___ *GbR,* ___[Adresse]___*, vertreten durch ihre persönlich haftenden Gesellschafter Herrn* ___[Name]___ *und Frau* ___[Name]___*, ebenda [bzw.:* ___[Adresse]___ *]]*

[Im Fall einer eG:

die ___[Name]___ *eG,* ___[Adresse]___*, vertreten durch den Vorstand Herrn* ___[Name]___ *und Frau* ___[Name]___*, ebenda [bzw.:* ___[Adresse]___ *]]*

259 Zu weiteren Beispielen der Parteibezeichnung im Rubrum vgl. DLW/*Stichler* Kap. 15 Rn. 12 ff.

260 **4.** Für Kündigungsschutzverfahren sieht das ArbGG in § 61a ArbGG eine besondere Prozessförderung vor, welche noch über das generelle Beschleunigungsgebot aus § 9 ArbGG hinausgeht. Insbesondere soll die Güteverhandlung innerhalb von zwei Wochen ab Klageerhebung stattfinden (§ 61a Abs. 2 ArbGG). Es handelt sich allerdings insoweit um eine sanktionslose Ordnungsvorschrift (vgl. AR/*Heider* § 61a ArbGG Rn. 1).

261 **5.** Vor dem Arbeitsgericht in 1. Instanz kann die prozessfähige Partei den Rechtsstreit grds. auch selbst führen (§ 11 Abs. 1 S. 1 ArbGG; Ausnahmen: § 11 Abs. 1 S. 2 ArbGG). Zur Prozessvertretung durch Dritte (etwa Syndikusanwälte oder Dritte i.S.d. § 11 Abs. 2 S. 2 ArbGG) vgl. AR/*Heider* § 11 ArbGG Rn. 4 ff.

262 **6.** Zu den Anforderungen an die Kündigungsschutzklage und den Klageantrag vgl. auch BAG, Urt. v. 13.12.2007 – 2 AZR 818/06, NZA 2008, 589. Für den Fall, dass das Gericht feststellt, dass das Arbeitsverhältnis durch die Kündigung des Arbeitgebers nicht aufgelöst wurde, dem Arbeitnehmer eine Fortsetzung des Arbeitsverhältnisses dennoch nicht zuzumuten ist, kann durch den Arbeitnehmer auch ein sog. **Auflösungsantrag** nach § 9 Abs. 1 S. 1 KSchG (bzw. im Fall einer außerordentlichen Kündigung nach § 13 Abs. 1 S. 3 KSchG) gestellt werden. Dieser zielt darauf ab, das Gericht zur Auflösung des Arbeitsverhältnisses und zur Verurteilung des Arbeitgebers zur Zahlung einer Abfindung zu veranlassen. Der Antrag kann gemäß § 9 Abs. 1 S. 3 KSchG bis zum Schluss der letzten mündlichen Verhandlung in der Berufungsinstanz gestellt werden. Dies ist vor allem deshalb bedeutsam, weil der Antrag auch auf während des Prozesses auftretende Umstände gestützt werden kann (AR/*Lukas* § 9 KSchG Rn. 13). Der Antrag ist als sog. unechter Eventualantrag neben dem Antrag auf Feststellung, dass das Arbeitsverhältnis durch die Kündigung nicht aufgelöst ist, zu stellen (AR/*Lukas* § 9 KSchG Rn. 16). Er kann wie folgt formuliert werden:

Alternative: 263

[1. Es wird festgestellt, dass das Arbeitsverhältnis des Klägers bei der Beklagten nicht durch die Kündigung vom [Datum Kündigungsschreiben] zum [Datum] aufgelöst worden ist.

2. Das Arbeitsverhältnis wird gegen Zahlung einer Abfindung, deren Höhe in das Ermessen des Gerichts gestellt wird, die jedoch mindestens [Betrag Abfindung] € betragen sollte, aufgelöst.]

Es ist für einen ordnungsgemäßen Antrag nicht zwingend nötig, die gewünschte Abfindungshöhe anzugeben. Aus praktischen Gründen sollte jedoch ein Mindestbetrag angegeben und auch begründet werden. Die Festsetzung der Abfindungshöhe erfolgt durch das Gericht unter Zugrundelegung der in § 10 KSchG geregelten Grundsätze. Da das KSchG ein »Bestandsschutzgesetz«, kein »Abfindungsgesetz« ist und primär die Fortsetzung des Arbeitsverhältnisses vor Augen hat, sind an die inhaltliche Begründung der Unzumutbarkeit der Fortsetzung des Arbeitsverhältnisses strenge Anforderungen zu stellen (BAG, Urt. v. 05.11.1964 – 2 AZR 15/64, NJW 1965, 787). Der Arbeitnehmer hat die Umstände darzulegen und ggf. zu beweisen, aus denen sich die Unzumutbarkeit der Weiterarbeit ergeben soll (BAG, Urt. v. 05.11.1964 – 2 AZR 15/64, NJW 1965, 787). Die Unzumutbarkeit kann jedoch gegeben sein, wenn sich aus dem Verhalten des Arbeitgebers ein Trennungswillen »um jeden Preis« ergibt, etwa wenn dieser signalisiert, solange Kündigungen auszusprechen, bis er das Ziel der Trennung erreicht hat (BAG, Urt. v. 11.07.2013 – 2 AZR 241/12).

7. Dieser **allgemeine Feststellungsantrag** (§ 256 ZPO) neben dem punktuell gegen eine bestimmte Kündigung gerichteten Kündigungsschutzantrag empfiehlt sich mit Blick auf weitere, eventuell der ersten Kündigung folgende Kündigungserklärungen, die während des Prozesses ausgesprochen werden. Im Fall einer Folgekündigung kann und muss gegenüber dem Gericht klargestellt werden, dass der bereits gestellte, allgemeine Feststellungsantrag die weitere Kündigung mit umfassen soll. Der Antrag ist dann entsprechend § 4 KSchG umzuformulieren (vgl. DLW/*Luczak*, Kap. 15 Rn. 260; vgl. auch BAG, Urt. v. 18.12.2014 – 2 AZR 163/14). 264

Ein innerhalb der Frist des § 4 KSchG erhobener, allgemeiner Feststellungsantrag wahrt die Klagefrist laut BAG auch für spätere Kündigungen jedenfalls dann, wenn der Arbeitnehmer die Sozialwidrigkeit der Kündigung noch bis zum Schluss der mündlichen Verhandlung 1. Instanz geltend macht (BAG, Urt. v. 07.12.1995 – 2 AZR 772/94, BB 1996, 488). Der Antrag sollte auch so begründet werden, dass er nicht als bloße »Floskel« gesehen werden kann, sondern von der eigenständigen Erhebung einer allgemeinen Feststellungsklage ausgegangen werden muss (vgl. DLW/*Luczak* Kap. 15 Rn. 257 sowie Rn. 256 zu Begründung des Feststellungsinteresses). 265

Das auf die Rechtsprechung des Bundesarbeitsgerichts zurückzuführende und in der Praxis gelebte Nebeneinander von punktuellem Kündigungsschutzantrag und allgemeiner Feststellungsklage wird vielfach kritisiert (vgl. MünchArbR/*Berkowsky* § 126 Rn. 87 ff.). 266

X. Arbeitsgerichtsverfahren

267 **8.** Zu Begründung der Klage kommt insoweit sowohl der allgemeine Weiterbeschäftigungsanspruch (vgl. DLW/*Dörner* Kap. 4 Rn. 3645 ff.) als auch der »besondere« Weiterbeschäftigungsanspruch aus § 102 Abs. 5 BetrVG (vgl. DLW/*Dörner* Kap. 4 Rn. 3588 ff.; zum Antrag vgl. MünchArbR/*Berkowsky* § 126 Rn. 107 ff.) in Betracht. Der allgemeine **Weiterbeschäftigungsanspruch** geht zurück auf die Entscheidung des Großen Senats vom 27.02.1985 (– GS 1/84, NZA 1985, 702). Das BAG vertritt seither in ständiger Rechtsprechung die Auffassung, dass aus dem auf §§ 611, 613 i.V.m. 242 BGB beruhenden Beschäftigungsanspruch des Arbeitnehmers unabhängig vom gesetzlichen Weiterbeschäftigungsanspruch des § 102 Abs. 5 BetrVG eine Beschäftigungspflicht auch für die Dauer des Kündigungsrechtsstreits folgt, wenn die umstrittene Kündigung des Arbeitgebers unwirksam ist. Der hinsichtlich der (Un-)Wirksamkeit bis zu einer rechtskräftigen Entscheidung bestehenden Ungewissheit wird durch eine Interessenabwägung Rechnung getragen: Voraussetzung für das Entstehen einer auf den allgemeinen Weiterbeschäftigungsanspruchs gestützten Beschäftigungspflicht des Arbeitgebers ist, dass die Kündigung entweder offensichtlich unwirksam ist (sich also einem Kundigen die Unwirksamkeit geradezu aufdrängt) oder der Arbeitnehmer bereits erstinstanzlich obsiegt hat (DLW/*Dörner* Kap. 4 Rn. 3652 ff.). In diesen Fällen ist regelmäßig davon auszugehen, dass das Beschäftigungsinteresse des Arbeitnehmers das Interesse des Arbeitgebers an der Nichtbeschäftigung überwiegt. Ein »besonderer« im Gegensatz zum allgemeinen Weiterbeschäftigungsanspruch ist dagegen in § 102 Abs. 5 BetrVG normiert: Hat der Betriebsrat einer ordentlichen Kündigung frist- und ordnungsgemäß nach § 102 Abs. 2 und 3 BetrVG widersprochen und der Arbeitnehmer Kündigungsschutzklage erhoben, so ist der Arbeitnehmer auf Verlangen nach Ablauf der Kündigungsfrist bis zum rechtskräftigen Abschluss zu unveränderten Arbeitsbedingungen weiter zu beschäftigen. Der Kläger hat klarzustellen, auf welchen Anspruch er sein Begehr der Weiterbeschäftigung stützt (vgl. AR/*Rieble* § 102 BetrVG Rn. 41). Auch wenn eine Frist für die Äußerung des Verlangens i.S.d. § 102 Abs. 5 BetrVG nicht ausdrücklich vorgesehen ist, wird vielfach vertreten, dass das Weiterbeschäftigungsverlangen bereits vor Ablauf der Kündigungsfrist, bzw. im Falle einer Kündigungsfrist, die kürzer als die dreiwöchige Klagefrist ist, spätestens mit Klageerhebung geltend zu machen ist (vgl. hierzu KR/*Etzel*/*Rinck* § 102 BetrVG Rn. 296, *Fitting* § 102 Rn. 106). Nach Auffassung des BAG reicht es aus, wenn der Arbeitnehmer die Weiterbeschäftigung am ersten Tag nach Ablauf der Kündigungsfrist verlangt (BAG, Beschl. v. 11.05.2000 – 2 AZR 54/99, NZA 2000, 1055). Aus anwaltlicher Sicht ist eine frühzeitige Geltendmachung unbedingt geboten. Ggf. ist auch die Möglichkeit der Geltendmachung des Weiterbeschäftigungsanspruchs im einstweiligen Rechtsschutz zu bedenken.

268 **9.** Neben dem eigentlichen Kündigungsschutzantrag und einem möglichen Antrag auf Weiterbeschäftigung kann es sinnvoll und ggf. sogar geboten sein, weitere Ansprüche (etwa Lohn-/Gehaltsansprüche, Zwischenzeugnis, etc.) bereits mit Erhebung der der Kündigungsschutzklage geltend zu machen. Argument hierfür kann insbesondere das ansonsten drohende Eingreifen von Ausschlussfristen sein (zur Wahrung von Ausschlussfristen durch Erhebung der Kündigungsschutzklage vgl. BAG, Urt. v. 19.03.2008 – 5 AZR 429/07, NZA 2008, 757; zur arbeitgeberseitigen Ablehnung von Annahmeverzugslohnansprüchen durch Ankündigung des Klageabweisungsantrags im Kündigungsschutzverfahren vgl. BAG, Urt. v. 26.04.2006 – 5 AZR 403/05; zur Verjährung von Ansprüchen aus Annahmeverzug vgl. BAG, Urt. v. 24.06.2015 – 5 AZR 509/13). Bei einer alternativ denkbaren Verfolgung der Vergütungsansprüche in einem separaten Verfahren ist mit Blick auf Ausschlussfristen unbedingte Vorsicht bei einer Aussetzung des Verfahrens um den Annahmeverzugslohn bis zum rechtskräftigen Abschluss des Kündigungsschutzverfahrens geboten: Die Klage um den Annahmeverzugslohn wird in solchen Fällen in der Praxis häufig sukzessive mit Eintritt der Fälligkeit weiterer Lohn-/Gehaltsansprüche erweitert. Zu beachten ist jedoch, dass eine wirksame Klageerweiterung während einer Aussetzung des Verfahrens nicht in Betracht kommt (§ 249 Abs. 2 ZPO). Das BAG geht in diesem Zusammenhang zwar davon aus, dass mit dem Ende der Aussetzung eine Heilung der während der Aussetzung erfolgten Zustellungen von Klageerweiterungen erfolgen kann, dies allerdings nur mit ex-nunc-Wirkung (vgl. BAG,

Urt. v. 09.07.2008 – 5 AZR 518/07). Bei nicht rechtzeitigem Ende der Aussetzung droht deshalb der Verfall von (Annahmeverzugslohn-)Ansprüchen!

10. Nach Rechtsprechung des BAG trägt der Arbeitnehmer auch unter § 23 Abs. 1 KSchG in der seit dem 01.01.2004 geltenden Fassung die Darlegungs- und Beweislast für das Vorliegen der betrieblichen Voraussetzungen des allgemeinen Kündigungsschutzes nach Maßgabe des KSchG (BAG, Urt. v. 26.06.2008 – 2 AZR 264/07, AP Nr. 42 zu § 23 KSchG 1969). Entsprechend ist Vortrag zum Vorliegen der betrieblichen Voraussetzungen in der Kündigungsschutzklage ebenso geboten wie zum Bestand eines Arbeitsverhältnisses und zum Ablauf der 6-monatigen Wartezeit i.S.d. § 1 Abs. 1 KSchG. Bei der Ermittlung der im Betrieb in der Regel Beschäftigten sind teilzeitbeschäftigte Arbeitnehmer mit einer regelmäßigen wöchentlichen Arbeitszeit von nicht mehr als 20 Stunden mit 0,5, solche mit einer regelmäßigen wöchentlichen Arbeitszeit von nicht mehr als 30 Stunden mit 0,75 zu berücksichtigen (vgl. § 23 Abs. 1 S. 4 KSchG). Zu einem Fall einer unwirksamen, weil altersdiskriminierenden Kündigung im Kleinbetrieb vgl. BAG, Urt. v. 23.07.2015 – 6 AZR 457/14.

Für die Ermittlung des im Einzelfall maßgeblichen Schwellenwertes kommt es auf den Zeitpunkt der Begründung des Arbeitsverhältnisses des Klägers an: Nach § 23 Abs. 1 S. 2 KSchG finden die Vorschriften des 1. Abschnitts des KSchG (Ausnahme: §§ 4–7, 13 Abs. 1 S. 1 und S. 2 KSchG) keine Anwendung in Betrieben, in denen in der Regel **fünf oder weniger** Arbeitnehmer ausschließlich der zur Berufsbildung Beschäftigten beschäftigt werden. Für solche Arbeitsverhältnisse, die ab dem 01.01.2004 eingegangen wurden, gilt gemäß § 23 Abs. 1 S. 3 KSchG ein höherer Schwellenwert von **mehr als zehn** Arbeitnehmern (vgl. zu den Details AR/*Leschnig* § 23 KSchG Rn. 17 ff.). Zum Betriebsbegriff im Rahmen des § 23 KSchG vgl. BAG, Urt. v. 28.10.2010 – 2 AZR 392/08. Zu den Anforderungen an eine ordnungsgemäße Erhebung der Kündigungsschutzklage sowie zum Umstand, dass die Darlegung der klagebegründenden Tatsachen (etwa die Erfüllung der Voraussetzungen der §§ 1 Abs. 1, 23 Abs. 1 KSchG) eine Frage der Begründetheit und nicht etwa der Zulässigkeit der Kündigungsschutzklage ist vgl. BAG, Urt. v. 18.07.2013 – 6 AZR 421/12.

11. Ein genaueres Eingehen auf die – aus Sicht des Arbeitnehmers oftmals auch noch unbekannten – Kündigungsgründe ist in der Kündigungsschutzklage zunächst in aller Regel nicht geboten. Stattdessen sollte zunächst die Klageerwiderung des Arbeitgebers abgewartet werden, der hinsichtlich der Kündigungsgründe grds. die Darlegungs- und Beweislast trägt (zur Darlegungslast bei betriebsbedingter Kündigung infolge Wegfalls einer Hierarchieebene vgl. etwa BAG, Urt. v. 24.05.2012 – 2 AZR 124/11).

12. § 1 Abs. 3 S. 1 2. Halbsatz KSchG begründet einen materiellen Auskunftsanspruch. Auf Verlangen sind dem Arbeitnehmer die Gründe anzugeben, die zu der getroffenen sozialen Auswahl geführt haben. Die Regelung dient in erster Linie dem Zweck, dem Arbeitnehmer eine rechtzeitige Beurteilung der mit einer Kündigungsschutzklage verbundenen Prozessrisiken zu ermöglichen. Entsprechend ist eine frühzeitige Geltendmachung des Anspruchs in aller Regel zweckmäßig. Die Mitteilungspflicht erstreckt sich allerdings nicht auf die Kündigungsgründe, sondern nach dem Gesetzeswortlaut allein auf die Gründe, die zur sozialen Auswahl geführt haben (KR/*Griebeling/Rachor* § 1 KSchG Rn. 681). Verstöße des Arbeitgebers gegen die Auskunftspflichten aus § 1 Abs. 3 S. 1 2. Halbsatz KSchG führen nicht zur Sozialwidrigkeit der Kündigung, in vereinzelten Fällen ggf. jedoch dazu, dass sich der Arbeitgeber schadensersatzpflichtig macht (KR/*Griebeling/Rachor* § 1 KSchG Rn. 682).

13. Nach Rechtsprechung des Bundesarbeitsgerichts besteht hinsichtlich der i.S.d. § 102 BetrVG ordnungsgemäßen **Betriebsratsanhörung** eine abgestufte Darlegungs- und Beweislast (vgl. BAG, Urt. v. 23.06.2005 – 2 AZR 193/04, NZA 2005, 1233). Im Prozess hat zunächst der Arbeitnehmer die für ihn günstige Tatsache vorzutragen, dass überhaupt ein Betriebsrat besteht. Das Bundesarbeitsgericht betont in diesem Zusammenhang auch, dass das Gericht ohne ein derartiges Vorbringen nicht verpflichtet und auch nicht berechtigt ist, das Vorliegen einer ordnungsgemäßen Betriebsratsanhörung – quasi von Amts wegen – zu prüfen. Erfolgt jedoch ein entsprechender Sachvortrag, so ist es nun Obliegenheit des Arbeitgebers darzulegen, dass der Betriebsrat ordnungsgemäß angehört worden ist. Auf entsprechenden Prozessvortrag des Arbeitgebers hin darf sich der Arbeitnehmer dann wiederum nicht mehr darauf beschränken, pauschal die ordnungsgemäße Anhörung (mit Nichtwissen) zu bestreiten. Er hat sich dann vielmehr nach § 138 Abs. 1, Abs. 2 ZPO vollständig über den vom Arbeitgeber vorgetragenen Sachverhalt zu erklären und im Einzelnen zu bezeichnen, ob er rügen will, der Betriebsrat sei entgegen der Behauptungen des Arbeitgebers überhaupt nicht oder in bestimmten Punkten zumindest nicht ordnungsgemäß angehört worden (vgl. BAG, Urt. v. 23.06.2005 – 2 AZR 193/04, NZA 2005, 1233).

274 **14.** Durch diese Begründung wird hervorgehoben, dass es sich bei dem Antrag zu 2. um einen selbständigen Feststellungsantrag und nicht bloß um ein unselbständiges und prozessual bedeutungsloses Anhängsel des Kündigungsschutzantrags handelt (vgl. bereits Anm. 7).

275 **15.** Auch eine von einem Rechtsanwalt als Prozessbevollmächtigten eingereichte Klage bedarf selbstverständlich der Unterschrift. Fehlt diese, wird die Klageschrift ggf. als bloßer Entwurf einer Klage gewertet. Eine Paraphe ist nicht ausreichend, es bedarf einer Unterschrift, die eine Buchstabenfolge erkennen lässt (vgl. hierzu insgesamt DLW/*Luczak* Kap. 15 Rn. 270; s.a. LAG Berlin, Beschl. v. 21.05.2003 – 3 Ta 942/03 sowie BAG, Urt. v. 26.01.1976 – 2 AZR 506/74, NJW 1976, 1285).

2. Die Kündigungsschutzklage (außerordentliche und ggf. hilfsweise ordentliche Kündigung)

Vorbemerkung

276 Gemäß § 626 BGB kann auch das Arbeitsverhältnis als besondere Form des Dienstverhältnisses von jedem Vertragsteil aus wichtigem Grund ohne Einhaltung einer Kündigungsfrist gekündigt werden, wenn Tatsachen vorliegen, auf Grund derer dem Kündigenden unter Berücksichtigung aller Umstände des Einzelfalls und unter Abwägung der Interessen beider Vertragsteile die Fortsetzung des Dienst- bzw. Arbeitsverhältnisses bis zum Ablauf der Kündigungsfrist oder bis zum vereinbarten Beendigungstermin nicht zugemutet werden kann. Gemäß § 626 Abs. 2 S. 1 BGB kann die Kündigung nur innerhalb von zwei Wochen erfolgen, wobei die Frist mit dem Zeitpunkt beginnt, in dem der Kündigungsberechtigte von den für die Kündigung maßgebenden Tatsachen Kenntnis erlangt (vgl. hierzu AR/*Fischermeier* § 626 BGB Rn. 207 ff.). Auf entsprechendes Verlangen hin muss der Kündigende dem anderen Teil die Gründe der ausgesprochenen außerordentlichen Kündigung mitteilen (§ 626 Abs. 2 S. 3 BGB). Das folgende Muster einer Klage gegen eine außerordentliche, fristlose und hilfsweise fristgerechte Arbeitgeberkündigung spricht insoweit auch die sich aus § 626 BGB ergebenden Besonderheiten an.

▶ **Muster – Kündigungsschutzklage (außerordentliche und ggf. hilfsweise ordentliche Kündigung)**

277 An das
Arbeitsgericht _____[Ort]_____ 1
[Anschrift des Gerichts]

_____[Datum] 2

KLAGE

In Sachen
[vollständiges Rubrum] 3

wegen: außerordentlicher und hilfsweise ordentlicher Kündigung

Die Kündigungsschutzklage (außerordentliche und ggf. hilfsweise ordentliche Kündigung) X.IV.2.

vertreten wir die Klägerin. Namens und in Vollmacht der Klägerin erheben wir Klage und werden beantragen:

1. Es wird festgestellt, dass das Arbeitsverhältnis der Klägerin bei der Beklagten weder durch die außerordentliche, fristlose Kündigung vom ___[Datum]___ aufgelöst worden ist, noch durch die hilfsweise erklärte ordentliche Kündigung vom ___[Datum]___ zum ___[Datum]___ aufgelöst werden wird. [4]

2. Es wird festgestellt, dass das Arbeitsverhältnis zwischen den Parteien über den ___[Datum]___ hinaus fortbesteht und auch nicht durch andere Beendigungsgründe aufgelöst wird. [5]

3. ___[ggf. weitere Anträge]___

BEGRÜNDUNG:

1) Die ___[Alter]___-jährige Klägerin ist ledig und hat keine Kinder. Sie ist seit dem ___[Datum]___ als ___[Funktion]___ im Betrieb der Beklagten in ___[Ort]___ tätig. Die Tätigkeit erfolgte bis zuletzt auf Grundlage eines Arbeitsvertrags vom ___[Datum]___, welchen wir als

Anlage K1

vorlegen. Die Klägerin erzielte zuletzt unter Einbeziehung aller Vergütungsbestandteile ein durchschnittliches monatliches Bruttoeinkommen von ___[Betrag]___ €. Gemäß den getroffenen arbeitsvertraglichen Abreden hat die Beklagte im Fall einer ordentlichen Kündigung des mit der Klägerin begründeten Arbeitsverhältnisses eine Kündigungsfrist von ___[Anzahl]___ Monaten zu beachten.

Die Beklagte beschäftigt in ihrem Betrieb in ___[Ort]___ in der Regel und ausschließlich der Auszubildenden mehr als 5 Arbeitnehmer [bzw. bei Neueinstellungen nach dem 31.12.2003: »mehr als 10 Arbeitnehmer«]. [6] Teilzeitbeschäftigte Arbeitnehmer mit einer regelmäßigen wöchentlichen Arbeitszeit von nicht mehr als 20 Stunden sind bei der Feststellung dieser Zahl mit 0,5 und solche mit einer regelmäßigen wöchentlichen Arbeitszeit von nicht mehr als 30 Stunden mit 0,75 berücksichtigt worden.

Die Beklagte kündigte das zur Klägerin bestehende Arbeitsverhältnis verhaltensbedingt mit Schreiben vom ___[Datum]___, beigefügt als

Anlage K2.

Das Kündigungsschreiben ging der Klägerin am ___[Datum]___ zu.

Die Kündigung ist rechtsunwirksam. Es liegen zunächst keine Tatsachen bzw. kein wichtiger Grund i.S.d. § 626 BGB vor, die bzw. der die ausgesprochene außerordentliche, fristlose Kündigung rechtfertigen könnten. Weiter liegen auch keine Gründe vor, welche die hilfsweise ausgesprochene ordentliche Kündigung des Arbeitsverhältnisses im Sinne der in § 1 KSchG getroffenen Regelungen sozial rechtfertigen könnten. Im Einzelnen:

Nach Zugang der Kündigung hat der Unterzeichner die Beklagte gemäß § 626 Abs. 2 S. 3 BGB aufgefordert, unverzüglich die Gründe der ausgesprochenen fristlosen Kündigung mitzuteilen. Mit Schreiben vom ___[Datum]___, beigefügt als

Anlage K3,

teilte die Beklagte mit, dass die Kündigung deshalb ausgesprochen worden sei, weil ___[Gründe für Kündigung]___. Dieser Vorwurf trifft tatsächlich nicht zu, da ___[Begründung]___.

Beweis: ___[Beweismittel]___

Zudem ist der von der Beklagten gemachte Vorwurf auch von vornherein ungeeignet, die außerordentliche oder auch nur ordentliche, fristgemäße [7] Beendigung des Arbeitsverhältnisses zu rechtfertigen. Insbesondere ist darauf hinzuweisen, dass das Arbeitsverhältnis der Parteien bisher völlig beanstandungsfrei verlief. Eine Abmahnung wurde der Klägerin zu keinem Zeitpunkt erteilt ___[ggf. weitere Begründung]___

X. Arbeitsgerichtsverfahren

Bereits hieraus folgt, dass die von der Beklagten ausgesprochene Kündigung – sowohl als außerordentliche als auch als ordentliche – jedenfalls unverhältnismäßig und damit rechtsunwirksam ist.

Schließlich ist anzuführen, dass im Beschäftigungsbetrieb ein Betriebsrat gewählt ist. Die ordnungsgemäße Anhörung dieses Betriebsrats zur gegenüber der Klägerin ausgesprochenen Kündigung wird mit Nichtwissen bestritten. [8]

2) Der Klageantrag zu 2. beinhaltet eine selbständige allgemeine Feststellungsklage i.S.d. § 256 ZPO. Der Klägerin sind zwar derzeit keine anderen Beendigungstatbestände als die mit dem Klageantrag zu 1. angegriffene Kündigung bekannt. Es besteht jedoch die Gefahr, dass die Beklagte im Laufe des Verfahrens weitere Kündigungen aussprechen wird. Es wird daher mit dem Klageantrag zu 2. die Feststellung begehrt, dass das Arbeitsverhältnis auch durch solche weiteren Kündigungen nicht beendet wird. [9]

(Unterschrift Rechtsanwalt)

Erläuterungen

Schrifttum

Bredemeier Außerordentliche Verdachtskündigung – aktuelle Übersicht der Rechtsprechung, öAT 2014, 29; *Groeger* Probleme der außerordentlichen betriebsbedingten Kündigung ordentlich unkündbarer Arbeitnehmer, NZA 1999, 850; *Husemann* Zur Berücksichtigungsfähigkeit des Arbeitnehmerverhaltens nach außerordentlicher Kündigung, RdA 2016, 30; *Westenberg* Die außerordentliche Kündigung im Spiegel der Rechtsprechung, NZA-RR 2014, 225; *Schmidt* Die Umdeutung der außerordentlichen Kündigung im Spannungsverhältnis zwischen materiellem und Prozessrecht, NZA 1989, 661.

278 **1.** Zur Gerichtszuständigkeit vgl. Muster X.IV.1. Anm. 1. (X Rdn. 253).

279 **2.** Zur Klagefrist und zu einem etwaigen Antrag auf nachträgliche Zulassung der Kündigungsschutzklage vgl. Muster X.IV.1. Anm. 2 (X Rdn. 254 ff.).

280 **3.** Vgl. Muster X.IV.1. (X Rdn. 252 ff.). Zur Benennung von juristischen Personen und Personenhandelsgesellschaften im Rubrum vgl. Muster X.IV.1. Anm. 3. (X Rdn. 257 ff.).

281 **4.** Im Falle des Ausspruchs einer außerordentlichen Kündigung kommt im Rahmen des Kündigungsschutzverfahrens ggf. auch ein arbeitnehmerseitiger Auflösungsantrag nach §§ 13 Abs. 1 S. 3, 9 f. KSchG in Betracht. In diesen Situationen wird nicht selten eine gewisse Zerrüttung des Arbeitsverhältnisses vorliegen. Zu bedenken ist aber auch hier, dass das KSchG eben kein »Abfindungsgesetz«, sondern ein »Bestandsschutzgesetz« ist. Vgl. hierzu bereits Muster X.IV.1. Anm. 6 (X Rdn. 262) sowie zum Auflösungsantrag nach § 13 Abs. 1 KSchG auch AR/*Lukas* § 13 KSchG Rn. 10 m.w.N.

282 **5.** Vgl. zu diesem sog. »Schleppnetzantrag« bereits Muster X.IV.1. Anm. 7. (X Rdn. 264 ff.).

283 **6.** Vgl. zu den Anwendungsvoraussetzungen des KSchG Muster X.IV.1. Anm. 10 (X Rdn. 269 ff.).

284 **7.** Wurde die Kündigung eines Arbeitsverhältnisses »nur« als außerordentliche, fristlose Kündigung i.S.d. § 626 BGB erklärt, kommt in der Regel dennoch eine Umdeutung (§ 140 BGB) der (unwirksamen) außerordentlichen Kündigung in eine ordentliche Kündigung in Betracht. Der Wirksamkeit der ordentlichen Kündigung steht dann jedoch u.U. § 102 BetrVG im Wege, wenn der Betriebsrat nicht auch zu einer ordentlichen Kündigung angehört wurde (vgl. AR/*Fischermeier* § 626 BGB Rn. 235). Es empfiehlt sich deshalb in aller Regel aus Sicht des Arbeitgebers, den Betriebsrat von vornherein auch zu einer hilfsweise zu erklärenden ordentlichen Kündigung anzuhören. Zur gerichtlichen Geltendmachung der Unwirksamkeit der Kündigung in diesen Fällen sowie in den Fällen der Umdeutung vgl. DLW/*Dörner* Kap. 4 Rn. 1772 ff.

8. Zur Betriebsratsanhörung vgl. bereits Muster X.IV.1. Anm. 13 (X Rdn. 273)

9. Vgl. hierzu Muster X.IV.1. Anm. 7 (X Rdn. 264) und 14 (X Rdn. 274).

3. Erwiderung auf die Kündigungsschutzklage – Betriebsbedingte Kündigung

Vorbemerkung

Im Kündigungsschutzprozess ist der Arbeitgeber gehalten, im Detail zu den Gründen der ausgesprochenen (hier: betriebsbedingten) Kündigung vorzutragen. Er trägt insoweit grds. die Darlegungs- und Beweislast (vgl. auch § 1 Abs. 2 S. 4 KSchG). Eine betriebsbedingte Kündigung ist im Anwendungsbereich des KSchG nur dann sozial gerechtfertigt und somit rechtswirksam, wenn sie durch dringende betriebliche Erfordernisse bedingt ist, die einer Weiterbeschäftigung des Mitarbeiters entgegenstehen (vgl. § 1 Abs. 2 S. 1 KSchG). Eine solche betriebsbedingte Kündigung wird in aller Regel nur als ordentliche Kündigung unter Einhaltung der jeweils einschlägigen Kündigungsfrist in Betracht kommen (vgl. AR/*Kaiser* § 1 KSchG Rn. 113 ff.).

Insbesondere im Fall der betriebsbedingten Kündigung werden Rechtsstreitigkeiten in der Praxis durchaus häufig dadurch entschieden, dass aus Sicht der entscheidenden Kammer des Arbeitsgerichts die Hintergründe der Kündigung nicht ausreichend dargelegt wurden oder – auch nach durchgeführter Beweisaufnahme – streitige Behauptungen des Arbeitgebers zu diesen Hintergründen ungeklärt bleiben. Die gerichtliche Entscheidung fällt dann bereits aufgrund der Verteilung der Darlegungs- und Beweislast zu Lasten des Arbeitgebers aus. Gerade deshalb ist bei der Darlegung der Gründe einer betriebsbedingten Kündigung und dem Anbieten der gebotenen Beweise größtmögliche Sorgfalt anzulegen.

▶ **Muster – Erwiderung auf Kündigungsschutzklage bei betriebsbedingter Kündigung**

An das
Arbeitsgericht _____[Ort]_____
[Anschrift des Gerichts]

_____[Datum]_____

In Sachen
__[Name Kläger]__ / __[Name Beklagte]__

Az.: __[Aktenzeichen]__

zeige ich an, dass ich die Beklagte vertrete. Namens und in Vollmacht der Beklagten werde ich beantragen:

die Klage abzuweisen.

BEGRÜNDUNG:

Die gegen die Kündigung vom _____[Datum]_____ gerichtete Klage ist [jedenfalls] unbegründet. Die angegriffene Kündigung ist vorliegend als betriebsbedingte Kündigung sozial gerechtfertigt i.S.d. § 1 KSchG, da sie durch dringende betriebliche Erfordernisse bedingt ist, die einer Weiterbeschäftigung des Klägers entgegenstehen. Im Einzelnen:

Der am ___[Datum]___ geborene Klägers ist seit dem ___[Datum]___ bei der Beklagten beschäftigt. Er war dort bis zuletzt in der Funktion eines __[Funktionsbezeichnung]__ zu einem monatlichen Bruttogehalt in Höhe von € ___[Betrag]___ beschäftigt.

Die Beklagte [1] hat am ___[Datum]___ die Entscheidung [2] getroffen, den Geschäftsbereich __[Bezeichnung]__ im Betrieb in ___[Ort]___ zum ___[Datum]___ vollständig zu schließen.

X. Arbeitsgerichtsverfahren

Beweis: __[Beweis]__

__[Weitere Details der unternehmerischen Entscheidung und ggf. zu bereits erfolgten Umsetzungsakten]__ .

Die Entscheidung wurde durch die Geschäftsleitung aufgrund eines massiven Auftragsrückgangs in diesem Geschäftsbereich getroffen __[Beschreibung der Auftragslage und ihrer Entwicklung in der Vergangenheit bis hin zu dem Punkt, der die Beklagte zur unternehmerischen Entscheidung veranlasste]__ . Da auch perspektivisch eine Verbesserung der Auftragslage nicht absehbar ist, hat die Beklagte die Entscheidung treffen müssen, besagten Geschäftsbereich insgesamt einzustellen.

Von dieser Entscheidung ist auch der Arbeitsplatz des Klägers betroffen. Der Kläger war zuletzt in der Abteilung __[Bezeichnung Abteilung]__ beschäftigt, welche mit der Einstellung des Geschäftsbereichs __[Bezeichnung Geschäftsbereich]__ geschlossen wurde __[Begründung]__ .

Beweis: __[Beweis]__

Eine anderweitige Möglichkeit der Weiterbeschäftigung des Klägers im Unternehmen – sei es auch zu geänderten Arbeitsbedingungen – besteht nicht. [3] __[Begründung der fehlenden Weiterbeschäftigungsmöglichkeit]__ .

Beweis: __[Beweis]__

Die Beklagte hat selbstverständlich auch die nach § 1 Abs. 3 KSchG vorzunehmende Sozialauswahl [4] durchgeführt. Vergleichbar im Sinne einer Sozialauswahl mit dem Kläger sind lediglich die Kollegen Frau __[Name]__ und Herr __[Name]__ . Auch unter Einbeziehung dieser Personen in die Sozialauswahl musste die Auswahl hier im Ergebnis jedoch auf den Kläger fallen, weil __[Begründung]__ .

Schließlich wurde auch der im Betrieb bestehende Betriebsrat vor Ausspruch der Kündigung ordnungsgemäß nach § 102 BetrVG angehört. [5] Dem Vorsitzenden des Betriebsrats wurde am __[Datum]__ die als

Anlage B1

beigefügte schriftliche Anhörung übergeben. Der Betriebsrat hat der beabsichtigten Kündigung innerhalb der maßgeblichen Frist (§ 102 Abs. 2 BetrVG) nicht widersprochen. [Bzw.: hat widersprochen/hat der Kündigung zugestimmt/hat Einwendungen erhoben, welche jedoch arbeitgeberseitig als nicht überzeugend gewertet werden]

_____

(Unterschrift Rechtsanwalt)

Erläuterungen

Schrifttum

Bader Die gerichtsfeste betriebsbedingte Kündigung, NZA-Beil. 2010, 85; *Bodenstedt/Schnabel* Betriebsbedingte Kündigungen in der Matrixstruktur – insbesondere im grenzüberschreitend tätigen Unternehmensverbund, BB 2014, 1525; *Fabritius/Fuhlrott* Besonderheiten der betriebsbedingten Kündigung von Leiharbeitnehmern, NZA 2014, 122; *Freckmann* Betriebsbedingte Kündigungen und AGG – was ist noch möglich?, BB 2007, 1049; *Fuhlrott* »Freie Stellen« bei betriebsbedingter Kündigung – Grenzen der Weiterbeschäftigungspflicht, DB 2014, 1198; *Groeger* Probleme der außerordentlichen betriebsbedingten Kündigung ordentlich unkündbarer Arbeitnehmer, NZA 1999, 850; *Hunold* Rechtsprechung des BAG zur betriebsbedingten Kündigung auf Grund unternehmerischer Organisationsentscheidung, NZA-RR 2013, 57; *Hamacher* Neues zur betriebsbedingten Druckkündigung – Bedrückend?, NZA 2014, 134; *Ittmann/Moll* Betriebsbedingte Kündigung und Leiharbeit, RdA 2008, 321; *Marek* Die Weiterbeschäftigung im Kündigungsschutzverfahren nach § 102 Abs. 5 BetrVG – ein steiniger Weg?, BB 2000, 2042; *Kempter* Namensliste, Auswahlrichtlinie, Altersgruppen – Chancen und Risiken bei der Sozialauswahl, BB 2013, 3061; *Meyer* Von Mehrfachbeschäftigungsverhältnissen bis hin zu Matrix-Strukturen im Konzern – Herausforderungen auch für den Arbeitsrechtler, NZA 2013, 1326; *Monz* Der Einbezug von ins Ausland entsandten Arbeitnehmern in die Sozialauswahl, BB 2014, 250; *Neef/Neef* Von der Unmöglichkeit der betriebsbedingten Kündigung, NZA 2006, 1241; *Reuter* Unternehmerische Freiheit und betriebsbedingte Kündigung, RdA 2004, 161; *Schiefer* Betriebsbedingte Kündigung – Kündigungsursache und Unternehmerentscheidung, NZA-RR 2005, 1; *Schiefer* Die Sozialauswahl bei der betriebsbedingten Kündigung, NZA-RR 2002, 169.

1. Voraussetzung für eine betriebsbedingte Kündigung ist zunächst eine **unternehmerische Entscheidung** des Arbeitgebers. (vgl. auch Anm. 2 – X Rdn. 291). Auf die gesellschaftsrechtliche Wirksamkeit einer entsprechenden Beschlussfassung kommt es in diesem Zusammenhang grds. nicht an. So kann die unternehmerische Entscheidung zur Stilllegung eines Betriebes einer GmbH etwa auch dann die Kündigung eines Arbeitnehmers sozial rechtfertigen, wenn der Stilllegung kein wirksamer Beschluss der Gesellschafter zu Grunde liegt (BAG, Urt. v. 25.03.2004 – 2 AZR 295/03, NZA 2004, 1064/vgl. auch BAG, Urt. v. 11.03.1998 – 2 AZR 414/97, NZA 1998, 879). Kompetenzüberschreitungen des handelnden Organs schlagen grds. nur dann auf die Wirksamkeit der in Folge der unternehmerischen Entscheidung ausgesprochenen Kündigung durch, wenn die Rechtsordnung dies zum Schutz des Arbeitnehmers vorsieht (BAG, Urt. v. 05.04.2001 – 2 AZR 696/99, NZA 2001, 949). Die unternehmerische Entscheidung unterliegt grds. auch keinerlei Formzwängen (hierzu und zur Frage der Darlegungslast bzgl. der unternehmerischen Entscheidung vgl. BAG, Urt. v. 31.07.2014 – 2 AZR 422/13, NZA 2015, 101). 290

2. Erste zwingende Voraussetzung für eine schlüssige Darlegung der betriebsbedingten Kündigung ist die Darstellung der **Unternehmerentscheidung,** welche die dringenden betrieblichen Erfordernisse bedingt, die der Weiterbeschäftigung des Mitarbeiters i.S.d. § 1 Abs. 2 S. 1 KSchG entgegenstehen. Die Entscheidung zur Kündigung des Mitarbeiters selbst ist keine Unternehmerentscheidung in diesem Sinne (vgl. AR/*Kaiser* § 1 KSchG Rn. 135). Darzulegen ist vielmehr die unternehmerische bzw. betriebsorganisatorische Entscheidung des Arbeitgebers, mit welcher dieser auf eine bestimmte Situation reagiert und welche in der Folge zum **Entfallen der Weiterbeschäftigungsmöglichkeit** des Mitarbeiters führt. Diese unternehmerische Entscheidung kann sowohl durch außerbetriebliche (vgl. AR/*Kaiser* § 1 KSchG Rn. 119 ff.) Umstände – wie etwa Auftrags- oder Rohstoffmangel – als auch durch innerbetriebliche Umstände (vgl. AR/*Kaiser* § 1 KSchG, Rn. 125) – wie etwa Rationalisierungs- oder Verlagerungsbestrebungen – bedingt sein. Die betrieblichen Gründe müssen jeweils »dringend« sein und eine Kündigung im Interesse des Betriebes erforderlich machen (BAG, Urt. v. 20.02.1986 – 2 AZR 212/85, NZA 1986, 822). Eine arbeitsgerichtliche Überprüfung der unternehmerischen Entscheidung selbst findet nur in sehr eingeschränktem Umfang statt (vgl. AR/*Kaiser* § 1 KSchG Rn. 127). Die Entscheidung wird insbesondere gerichtlich nicht daraufhin überprüft, ob sie zweckmäßig ist, sondern lediglich darauf, ob sie offenbar unsachlich, unvernünftig oder willkürlich ist (BAG, Urt. v. 23.04.2008 – 2 AZR 1110/06, NZA 2008, 939). 291

Die Darlegungs- und Beweislast hinsichtlich des Vorliegens einer unternehmerischen Entscheidung, ihres Inhalts sowie ihrer Ursächlichkeit für den Wegfall des Arbeitsplatzes liegt grds. beim Arbeitgeber (vgl. AR/*Kaiser* § 1 KSchG Rn. 149; s.a. BAG, Urt. v. 31.07.2014 – 2 AZR 422/13). Will jedoch der Arbeitnehmer seinerseits geltend machen, die unternehmerische Entscheidung sei offensichtlich unsachlich, unvernünftig oder willkürlich erfolgt, so hat er entsprechende Umstände vorzutragen und ggf. zu beweisen (BAG, Urt. v. 23.04.2008 – 2 AZR 1110/06, NZA 2008, 939). 292

Anlässlich der Berufung auf außerbetriebliche oder innerbetriebliche Umstände darf sich der Arbeitgeber nach der Rechtsprechung des BAG nicht auf »schlagwortartige« Umschreibungen beschränken. Er muss seine tatsächlichen Angaben vielmehr so im Einzelnen darlegen (substantiieren), dass sie vom Arbeitnehmer mit Gegentatsachen bestritten und vom Gericht überprüft werden können (BAG, Urt. v. 20.02.1986 – 2 AZR 212/85, NZA 1986, 822). Vom Arbeitgeber ist darüber hinaus insbesondere darzulegen, wie sich die von ihm behaupteten Umstände unmittelbar oder mittelbar auf den Arbeitsplatz des gekündigten Arbeitnehmers auswirken. Der Vortrag muss erkennen lassen, ob durch eine innerbetriebliche Maßnahme oder durch einen außerbetrieblichen Anlass das Bedürfnis an der Tätigkeit des gekündigten Arbeitnehmers wegfällt (BAG, Urt. v. 20.02.1986 – 2 AZR 212/85, NZA 1986, 822). 293

3. Die betriebsbedingte Kündigung ist nach § 1 Abs. 2 KSchG sozial ungerechtfertigt, wenn der Arbeitnehmer auf einem **freien** (AR/*Kaiser* § 1 KSchG Rn. 162) **Arbeitsplatz im selben Betrieb oder in einem anderen Betrieb des Unternehmens** (vgl. AR/*Kaiser* § 1 KSchG Rn. 152 ff.) 294

weiterbeschäftigt werden kann. Diese Regelung ist Ausdruck des ulima-ratio-Grundsatzes und gilt trotz des Wortlauts des § 1 Abs. 2 S. 2 KSchG unabhängig davon, ob der Betriebsrat/Personalrat der Kündigung im Sinne dieser Vorschrift widersprochen hat (AR/*Kaiser* § 1 KSchG Rn. 151). Die Verpflichtung, den Arbeitnehmer zur Vermeidung einer Beendigungskündigung auf einem anderen, freien Arbeitsplatz zu beschäftigen, erstreckt sich allerdings grundsätzlich nicht auf Arbeitsplätze in einem im Ausland gelegenen Betrieb bzw. Betriebsteil (BAG, Urt. v. 24.09.2015 – 2 AZR 3/14). Nach § 1 Abs. 2 S. 3 KSchG ist die Kündigung auch dann sozial ungerechtfertigt, wenn die Weiterbeschäftigung des Arbeitnehmers nach zumutbaren Umschulungs- oder Fortbildungsmaßnahmen oder unter geänderten Arbeitsbedingungen möglich ist (AR/*Kaiser* § 1 KSchG Rn. 159 ff.). Hier ist im Einzelfall zu untersuchen, welche Maßnahmen noch zumutbar sind.

295 Hinsichtlich der (fehlenden) Weiterbeschäftigungsmöglichkeit gilt eine abgestufte Darlegungs- und Beweislast (AR/*Kaiser* § 1 KSchG Rn. 166). Es genügt hier zunächst der allgemeine Vortrag des Arbeitgebers, er könne den Arbeitnehmer nicht weiterbeschäftigen. Es obliegt dann grds. dem Arbeitnehmer darzulegen, wie er sich dennoch eine Weiterbeschäftigung vorstellt. Trägt der Arbeitnehmer dies schlüssig vor, muss der Arbeitgeber seinerseits reagieren und im Detail erläutern, aus welchen Gründen eine Weiterbeschäftigung des Mitarbeiters dennoch nicht möglich ist (AR/*Kaiser* § 1 KSchG Rn. 166). Stellt der Arbeitnehmer neben dem Kündigungsschutzantrag auch einen Weiterbeschäftigungsantrag, sollte ein evtl. erfolgversprechender Vollstreckungsschutzantrag nach § 62 Abs. 1 S. 2 ArbGG in aller Regel unbedingt bereits in 1. Instanz gestellt werden (vgl. hierzu LAG Berlin-Brandenburg, Beschl. v. 23.08.2007 – 15 Sa 1630/07). Zur Bestimmtheit von Weiterbeschäftigungstiteln vgl. LAG Baden-Württemberg, Beschl. v. 09.11.2015 – 17 Ta 23/15).

296 Die Frage der Weiterbeschäftigungsmöglichkeit ist von der Frage der **Sozialauswahl** nach § 1 Abs. 3 KSchG zu trennen. Während es im Rahmen des § 1 Abs. 2 KSchG noch um die Frage geht, ob überhaupt eine Kündigung erfolgen darf, geht es im Rahmen der Sozialauswahl darum, unter Berücksichtigung sozialer Schutzwürdigkeit aus dem Kreise der vergleichbaren, um die verbleibenden Beschäftigungsmöglichkeiten konkurrierenden Arbeitnehmer den sozial am wenigsten Schutzwürdigen zu ermitteln (AR/*Kaiser* § 1 KSchG Rn. 150; ErfK/*Oetker* § 1 KSchG Rn. 300 ff.).

297 **4.** Vgl. zur durchzuführenden **Sozialauswahl** AR/*Kaiser* § 1 KSchG Rn. 167 ff., ErfK/*Oetker* § 1 KSchG Rn. 299 ff. sowie Anm. 3 (X Rdn. 294 ff.).

298 **5.** Zur Darlegungs- und Beweislast bzgl. der Anhörung des Betriebsrats vgl. bereits Muster X.IV.1. Anm. 13 (X Rdn. 273). Allgemein zur Anhörung des Betriebsrats AR/*Rieble* § 102 BetrVG Rn. 1 ff. Insbesondere im Fall einer ordentlichen betriebsbedingten Kündigung können die Widerspruchsmöglichkeiten des Betriebsrats nach § 102 Abs. 3 BetrVG praktisch relevant werden. Widerspricht der Betriebsrat der beabsichtigten Kündigung ordnungsgemäß unter Hinweis auf einen der in § 102 Abs. 3 BetrVG geregelten Gründe, so kommt die Geltendmachung des besonderen **Weiterbeschäftigungsanspruchs nach § 102 Abs. 5 BetrVG** in Betracht (vgl. AR/*Rieble* § 102 BetrVG Rn. 37 ff.; *Marek* BB 2000, 2042 sowie bereits Muster X.IV.1. Anm. 8 (X Rdn. 267). Zum Verhältnis des Weiterbeschäftigungsanspruchs aus § 102 Abs. 5 BetrVG zum allgemeinen Weiterbeschäftigungsanspruch sowie zu beachtenden Geltendmachungsfristen vgl. auch DLW/*Dörner* Kap. 4 Rn. 3615 ff. und Rn. 3627 ff.

4. Erwiderung auf die Kündigungsschutzklage – Personenbedingte Kündigung

Vorbemerkung

299 Gemäß § 1 Abs. 2 S. 1 KSchG kann eine durch den Arbeitgeber ausgesprochene Kündigung u.a. dann sozial gerechtfertigt sein, wenn sie durch Gründe, die in der Person des Arbeitnehmers liegen, bedingt ist. Hauptanwendungsfall einer solch personenbedingten Kündigung ist in der Praxis

die krankheitsbedingte Kündigung (vgl. DLW/*Dörner* Kap. 4 Rn. 2117 ff.). Zu weiteren praktischen Fällen der personenbedingten Kündigung vgl. DLW/*Dörner* Kap. 4 Rn. 2246 ff.

Die Abgrenzung zur Situation einer verhaltensbedingten Kündigung – mit dem regelmäßig bestehenden Erfordernis einer vorherigen Abmahnung – ist in der Praxis nicht immer einfach. Entscheidende Bedeutung kommt insoweit der Frage zu, ob der zur Begründung der Kündigung herangezogene Sachverhalt seine Ursache in den persönlichen Eigenschaften und Fähigkeiten des Arbeitnehmers hat und einer Willenssteuerung nicht zugänglich ist oder ob sich der Arbeitnehmer willensgesteuert anders verhalten könnte, als er es tatsächlich tut (vgl. DLW/*Dörner* Kap. 4 Rn. 2112 ff.). Die Erwiderung auf eine Kündigungsschutzklage in der Situation einer personenbedingten Kündigung wird im folgenden Muster exemplarisch am Beispiel einer krankheitsbedingten Kündigung dargestellt:

300

▶ **Muster – Erwiderung auf die Kündigungsschutzklage – Personenbedingte Kündigung**

An das
Arbeitsgericht _____[Ort]_____
[Anschrift des Gerichts]

301

_____[Datum]_____

In Sachen

___[Name Kläger]___ / ___[Name Beklagte]___

Az.: ___[Aktenzeichen]___

zeige ich an, dass ich die Beklagte vertrete. Namens und in Vollmacht der Beklagten werde ich beantragen:

die Klage abzuweisen.

BEGRÜNDUNG:

Die gegen die Kündigung vom ___[Datum]___ gerichtete Klage ist [jedenfalls] unbegründet. Die angegriffene Kündigung ist sozial gerechtfertigt i.S.d. § 1 KSchG, da sie durch Gründe bedingt ist, die in der Person des Klägers liegen.

Der am ___[Geburtsdatum Kläger]___ geborene Kläger ist seit dem ___[Datum]___ bei der Beklagten beschäftigt. Er war dort bis zuletzt in der Funktion eines ___[Funktionsbeschreibung]___ zu einem monatlichen Bruttogehalt in Höhe von € ___[Betrag]___ beschäftigt. Der Kläger ist ledig und hat keine Kinder.

Die Beklagte hat dem Kläger am ___[Datum]___ zum ___[Datum]___ gekündigt. Die Kündigung ist als krankheitsbedingte Kündigung [1] und damit als personenbedingte Kündigung gerechtfertigt.

Der Kläger hat in den vergangenen Jahren in erheblichem Umfang krankheitsbedingt am Arbeitsplatz gefehlt. In den vergangenen drei Jahren wies der Kläger jährlich ___[Anzahl]___, ___[Anzahl]___ bzw. ___[Anzahl]___ krankheitsbedingte Fehltage auf. Im Einzelnen fehlte er in folgenden Zeiträumen: ___[Aufstellung der Krankheitszeiten]___ .

Beweis: ___[Beweis]___

Es ist bereits abzusehen, dass sich diese erheblichen Fehlzeiten auch weiterhin fortsetzen werden und mithin die erforderliche negative Gesundheitsprognose [2] gegeben ist. In einem mit dem Kläger geführten Gespräch hat dieser geäußert, dass er an ___[Krankheit bezeichnen]___ leidet und nach Auskunft des behandelnden Arztes nicht mit einer Besserung seines Zustandes zu rechnen sei. Die Art des vom Kläger selbst beschriebenen Leidens lässt vor dem Hintergrund seiner Aufgaben und Funktion im Betrieb und der damit verbundenen körperlichen Beanspruchung sicher erwar-

X. Arbeitsgerichtsverfahren

ten, dass es weiterhin zu erheblichen, krankheitsbedingten Fehlzeiten kommen wird, weil ___[Begründung]___ .

Beweis: ___[Beweis]___

Die bereits angefallenen und künftig weiter zu erwartenden Fehlzeiten führen zu einer erheblichen, der Beklagten nicht weiter zumutbaren Beeinträchtigung der betrieblichen Interessen ___[Begründung]___ .³

Die Kündigung ist schließlich auch unter Berücksichtigung der Interessenlage im vorliegenden Einzelfall gerechtfertigt ___[Begründung]___ .⁴

Der im Betrieb bestehende Betriebsrat wurde vor Ausspruch der Kündigung ordnungsgemäß nach § 102 BetrVG angehört. ⁵ Dem Vorsitzenden des Betriebsrats wurde am ___[Datum]___ die als

Anlage B1

beigefügte schriftliche Anhörung übergeben. Der Betriebsrat hat der beabsichtigten Kündigung innerhalb der Wochenfrist des § 102 Abs. 2 S. 1 BetrVG widersprochen und Einwände gegen die Kündigung erhoben. Die seitens des Betriebsrats geäußerten Einwände treffen jedoch nicht zu. So ist insbesondere auch eine Weiterbeschäftigung des Klägers zu geänderten Arbeitsbedingungen vorliegend weder möglich noch zuzumuten, weil ___[Begründung]___ .

Die gegen die Kündigung vom ___[Datum]___ gerichtete Klage kann daher im Ergebnis keinen Erfolg haben.

_____
(Unterschrift Rechtsanwalt)

Erläuterungen

Schrifttum

Berkowsky Die personenbedingte Kündigung – Teil 1, NZA-RR 2001, 393; *Berkowsky* Die personenbedingte Kündigung – Teil 2, NZA-RR 2001, 449; *Kock* BB-Rechtsprechungsreport zur personenbedingten Kündigung 2010/2011, BB 2011, 2998; *Lepke* Zum Wiedereinstellungsanspruch nach krankheitsbedingter Kündigung, NZA-RR 2002, 617; *Pallasch* Homosexualität als Kündigungsgrund, NZA 2013, 1176; *Schiefer* Kündigung wegen häufiger Kurzerkrankungen, BB 2015, 2613; *Schunder* Kündigung wegen Krankheit, NZA-Beil. 2015, 90; *Tschöpe* Krankheitsbedingte Kündigung und betriebliches Eingliederungsmanagement, NZA 2008, 398; *Tschöpe* Personenbedingte Kündigung, BB 2001, 2110.

302 **1.** Zu den verschiedenen Anwendungsfällen einer krankheitsbedingten Kündigung vgl. DLW/*Dörner* Kap. 4 Rn. 2117 ff. sowie *Tschöpe* BB 2001, 2110. In Betracht kommt eine krankheitsbedingte Kündigung insbesondere im Falle einer lang anhaltenden Erkrankung, im Falle häufiger Kurzerkrankungen und ggf. auch wegen einer krankheitsbedingten Minderung der Leistungsfähigkeit. Zur Darlegungslast des Arbeitgebers bei krankheitsbedingter Kündigung ohne betriebliches Eingliederungsmanagement vgl. LAG Rheinland-Pfalz, Urt. v. 10.12.2015 – 5 Sa 168/15).

303 **2.** Vgl. hierzu DLW/*Dörner* Kap. 4 Rn. 2122 ff.

304 **3.** Vgl. hierzu DLW/*Dörner* Kap. 4 Rn. 2143. Zur schlüssigen Darlegung erheblicher Betriebsstörungen gehört in diesem Zusammenhang auch, dass der Arbeitgeber vorträgt, wie er ggf. den Ausfall des Klägers bisher ausgleichen konnte und warum dieser Ausgleich nicht weiterhin stattfinden kann (DLW/*Dörner* Kap. 4 Rn. 2144). Zum Fall der personenbedingten Kündigung wg. Alkoholsucht vgl. BAG, Urt. v. 20.12.2012 – 2 AZR 32/11.

305 **4.** Vgl. zu den in diesem Zusammenhang zu berücksichtigenden Interessen DLW/*Dörner* Kap. 4 Rn. 2164 ff.

306 **5.** *Zur Darlegungs- und Beweislast bzgl. der Anhörung des Betriebsrats* vgl. bereits Muster X.IV.1. Anm. 13 (X Rdn. 273). Allgemein zur Anhörung des Betriebsrats AR/*Rieble* § 102 BetrVG Rn. 1 ff.

5. Erwiderung auf die Kündigungsschutzklage – Verhaltensbedingte Kündigung

Vorbemerkung

Nach § 1 Abs. 2 KSchG kann die Kündigung eines Arbeitsverhältnisses im Anwendungsbereich des KSchG u.a. dann sozial gerechtfertigt sein, wenn sie durch Gründe bedingt ist, die im Verhalten des Arbeitnehmers liegen (sog. verhaltensbedingte Kündigung). Anlass für den Ausspruch einer verhaltensbedingten Kündigung können Pflichtverletzungen verschiedenster Art sein (zu den denkbaren Fallgruppen vgl. DLW/*Dörner* Kap. 4 Rn. 2373 ff.). In Abgrenzung zur personenbedingten Kündigung kommt eine verhaltensbedingte Kündigung dann in Betracht, wenn Anlass der Kündigung ein willentlich steuerbares Verhalten des Arbeitnehmers ist, welches seine Ursache nicht in persönlichen Eigenschaften des Arbeitnehmers hat, die einer Willenssteuerung gerade nicht zugänglich sind. Die Abgrenzung ist bisweilen praktisch schwierig, so etwa in den Fällen der Schlechtleistung (»Low-Performance«) eines Arbeitnehmers. Hier stellt sich etwa die Frage, ob die hinter den berechtigten Erwartungen des Arbeitgebers zurückbleibende Leistung des Arbeitnehmers willentlich beeinflussbar ist (»der Arbeitnehmer könnte, aber er will nicht«), oder ob die ungenügenden Leistungen des Arbeitnehmers ihre Ursache z.B. in der willentlich nicht beeinflussbaren, körperlichen Verfassung des Arbeitnehmers haben (»der Arbeitnehmer will, kann jedoch nicht«). Vgl. zu den Fällen der Schlechtleistung und insbesondere zur Verteilung der Darlegungs- und Beweislast DLW/*Dörner* Kap. 4 Rn. 2387 ff. 307

Häufiger als im Fall der betriebs- und personenbedingten Kündigung kommt praktisch der Ausspruch einer verhaltensbedingten Kündigung auch in Form einer außerordentlichen, fristlosen Kündigung in Betracht. Ob ein bestimmtes Verhalten geeignet ist, einen wichtigen Grund i.S.d. § 626 BGB darzustellen und im Einzelfall auch eine fristlose Beendigung des Arbeitsverhältnisses zu rechtfertigen, kann nur aufgrund einer umfassenden Interessenabwägung im Einzelfall entschieden werden (vgl. DLW/*Dörner* Kap. 4 Rn. 1499 ff.). Regelmäßig muss dem Ausspruch der verhaltensbedingten Kündigung eine Abmahnung vorausgegangen sein (ErfK/*Oetker* § 1 KSchG Rn. 196 ff.). 308

▶ **Muster – Erwiderung auf die Kündigungsschutzklage bei verhaltensbedingter Kündigung**

An das
Arbeitsgericht ____[Ort]____
[Anschrift des Gerichts]

_____[Datum]

In Sachen

[Name Kläger] / [Name Beklagte]

Az.: [Aktenzeichen]

zeige ich an, dass ich die Beklagte vertrete. Namens und im Auftrag der Beklagten werde ich beantragen:

die Klage abzuweisen.

BEGRÜNDUNG:

Die gegen die Kündigung vom ____[Datum]____ gerichtete Klage ist [jedenfalls] unbegründet. Die angegriffene Kündigung ist sozial gerechtfertigt i.S.d. § 1 KSchG, da sie durch Gründe bedingt ist, die im Verhalten des Klägers liegen.

Der Kläger ist seit dem ____[Datum]____ bei der Beklagten beschäftigt. Er war dort zuletzt als [Funktionsbezeichnung] zu einem monatlichen Bruttogehalt in Höhe von € ____[Betrag]____ tätig.

309

X. Arbeitsgerichtsverfahren

Am ___[Datum]___ ereignete sich ein im Folgenden zu beschreibender Vorfall, der zum Ausspruch der streitgegenständlichen Kündigung durch die Beklagte führte: ___[Darlegung des Kündigungssachverhalts unter Beweisantritt]___ .[1]

Beweis: ___[Beweis]___

Dieses Verhalten stellt sich als gravierende Verletzung der arbeitsvertraglichen Pflichten des Klägers dar ___[Begründung]___ .

Der Kläger war auch bereits einschlägig abgemahnt,[2] bevor sich der vorstehend geschilderte und für den Ausspruch der Kündigung maßgebliche Sachverhalt zutrug. Bereits am ___[Datum]___ ereignete sich ein vergleichbarer Vorfall ___[Schilderung des zuvor abgemahnten Sachverhalts]___ . Im Anschluss an diesen Vorfall erteilte die Beklagte dem Kläger am ___[Datum]___ die als

Anlage B1

beigefügte Abmahnung.

Vor Ausspruch der streitgegenständlichen Kündigung wurde schließlich auch der im Betrieb der Beklagten in ___[Ort]___ bestehende Betriebsrat zur beabsichtigten Kündigung des Klägers nach § 102 BetrVG angehört.[3] Am ___[Datum]___ wurde der Betriebsratsvorsitzenden, Frau ___[Name]___, zu diesem Zweck die als

Anlage B2

beigefügte Anhörung übergeben. Der Betriebsrat hat innerhalb der nach § 102 BetrVG hier maßgeblichen Frist der beabsichtigten Kündigung widersprochen und geltend gemacht, dass ___[Darstellung etwaiger Argumente des Betriebsrats gegen die ausgesprochene Kündigung]___ . Die Einwendungen des Betriebsrats gegen die Kündigung des Klägers sind jedoch in der Sache nicht berechtigt, weil ___[Begründung]___ .

Zusammenfassend ist damit noch einmal festzuhalten, dass die angegriffene Kündigung sozial gerechtfertigt und die gegen sie gerichtete Klage damit [jedenfalls] unbegründet ist.

(Unterschrift Rechtsanwalt)

Erläuterungen

Schrifttum

Bengelsdorf Alkoholkonsum und verhaltensbedingte Kündigung, NZA 2001, 993; *Berkowsky* Die verhaltensbedingte Kündigung – Teil 1, NZA-RR 2001, 1; *Berkowsky* Die verhaltensbedingte Kündigung – Teil 2, NZA-RR 2001, 57; *Deeg/Scheuenpflug* Die verhaltensbedingte Kündigung wegen Beleidigung, ArbRAktuell 2010, 547; *Dzida* Tat- und Verdachtskündigung bei komplexen Sachverhalten, NZA 2014, 809; *Enderlein* Das erschütterte Vertrauen im Recht der verhaltensbedingten Tat- und Verdachtskündigung, RdA 2000999, 325; *Eylert* Die Verdachtskündigung, NZA-RR 2014, 393; *Hunold* Rechtsprechung zur Kündigung wegen Vertrauensbruchs nach »Emmely«, NZA-RR 2011, 561; *Tschöpe* »Low Performer« im Arbeitsrecht, BB 2006, 213; *Tschöpe* Verhaltensbedingte Kündigung – Eine systematische Darstellung im Lichte der BAG-Rechtsprechung, BB 2002, 778; *Weber* Auflösung des Arbeitsverhältnisses durch Urteil wegen eines Bagatelldelikts am Beispiel der »Emmely«-Entscheidung, RdA 2011, 108; *Zuber* Das Abmahnungserfordernis vor Ausspruch der verhaltensbedingten Kündigung, NZA 1999, 1142.

310   **1.**   Zu wichtigen Fallgruppen einer verhaltensbedingten Kündigung vgl. DLW/*Dörner* Kap. 4 Rn. 2373 ff. Vgl. insbesondere zur Darlegungs- und Beweislast im Fall einer verhaltensbedingten Kündigung wg. »Low-Performance« (Schlechtleistung) DLW/*Dörner* Kap. 4 Rn. 2387 ff.

311   **2.**   Vor dem Hintergrund des sog. ultima-ratio-Prinzips und des nunmehr in § 323 Abs. 1 BGB enthaltenen Rechtsgedankens ist der Arbeitnehmer in aller Regel im Falle pflichtwidrigen Verhaltens zunächst abzumahnen. Eine sofortige, verhaltensbedingte Kündigung erschiene ohne vorausgegangene, einschlägige Abmahnung regelmäßig als unverhältnismäßige Reaktion auf die Verfehlung des Arbeitnehmers (vgl. DLW/*Dörner* Kap. 4 Rn. 2497 ff.; ErfK/*Müller-Glöge* § 626 BGB

Rn. 29 ff.). In Ausnahmefällen kann der vorherige Ausspruch einer Abmahnung jedoch auch entbehrlich sein (vgl. DLW/*Dörner* Kap. 4 Rn. 2513 ff.).

3. Zur Darlegungs- und Beweislast bzgl. der Anhörung des Betriebsrats vgl. bereits Muster X.IV.1. Anm. 13 (X Rdn. 273). Allgemein zur Anhörung des Betriebsrats AR/*Rieble* § 102 BetrVG Rn. 1 ff.

6. Änderungsschutzklage

Vorbemerkung

Gemäß § 2 S. 1 KSchG kann der Arbeitgeber das Arbeitsverhältnis kündigen und dem Arbeitnehmer in diesem Zusammenhang die Fortsetzung des Arbeitsverhältnisses zu geänderten Arbeitsbedingungen anbieten (sog. Änderungskündigung). Im Lichte des ultima-ratio-Grundsatzes ist der Ausspruch einer solchen Änderungskündigung nicht selten gar als milderes Mittel gegenüber dem Ausspruch einer reinen Beendigungskündigung geboten. Notwendig aus Sicht des Arbeitgebers wird der Ausspruch einer Änderungskündigung zur Änderung von Arbeitsbedingungen andererseits erst dann, wenn sich die angestrebte Änderung nicht bereits durch Ausübung des arbeitgeberseitigen Direktionsrechts erreichen lässt (DLW/*Dörner* Kap. 4 Rn. 3221 ff.; zu den Fällen einer »überflüssigen« Änderungskündigung vgl. BAG, Urt. v. 22.10.2015 – 2 AZR 124/14).

Der von einer Änderungskündigung betroffene Arbeitnehmer hat verschiedene Möglichkeiten, auf diese Situation zu reagieren: Nimmt er das Änderungsangebot vorbehaltlos an, so wird der Arbeitsvertrag zu dem im Angebot genannten Zeitpunkt und mit dem dort angegebenen Inhalt einvernehmlich abgeändert (AR/*Kaiser* § 2 KSchG Rn. 10 ff.). Nimmt der Arbeitnehmer das Angebot nicht oder nicht rechtzeitig an (AR/*Kaiser* § 2 KSchG Rn. 13), so kann er keine Änderungsschutzklage erheben. Er kann sich jedoch innerhalb der Dreiwochenfrist des § 4 S. 1 KSchG mit der normalen Kündigungsschutzklage gegen die Beendigung seines Arbeitsverhältnisses zur Wehr setzen (AR/*Kaiser* § 2 KSchG Rn. 13; s.a. Muster X.IV.1. – X Rdn. 252 ff.).

§ 2 KSchG räumt dem Arbeitnehmer schließlich die in der Praxis regelmäßig genutzte Möglichkeit ein, das im Zuge der Änderungskündigung unterbreitete Änderungsangebot unter dem Vorbehalt anzunehmen, dass die Änderung der Arbeitsbedingungen nicht sozial ungerechtfertigt ist. Dieser Vorbehalt ist zunächst gegenüber dem Arbeitgeber innerhalb der Kündigungsfrist, spätestens jedoch innerhalb von drei Wochen nach Zugang der Kündigung zu erklären. Prozessual ist zu beachten, dass der Arbeitnehmer gemäß § 4 S. 2 und S. 1 KSchG innerhalb von drei Wochen nach Zugang der schriftlichen Kündigungserklärung zudem Klage auf Feststellung erheben muss, dass die angestrebte Änderung der Arbeitsbedingungen sozial ungerechtfertigt oder aus anderen Gründen rechtsunwirksam ist (sog. Änderungsschutzklage). Der Streitgegenstand des Verfahrens erstreckt sich dann auf die Wirksamkeit der Änderung der Arbeitsbedingungen insgesamt (AR/*Kaiser* § 2 KSchG Rn. 25 m.w.N.).

▶ **Muster – Änderungsschutzklage**

An das

Arbeitsgericht _____[Ort]_____ 1

[Anschrift des Gerichts]

_____[Datum]_____ 2

X. Arbeitsgerichtsverfahren

KLAGE

In Sachen

[vollständiges Rubrum] 3

wegen: Änderungskündigung

Namens und in Vollmacht der Klägerin erhebe ich Klage und werde beantragen:

1. Es wird festgestellt, dass die Änderung der Arbeitsbedingungen durch die von der Beklagten ausgesprochene Änderungskündigung vom ___[Datum]___ zum ___[Datum]___ sozial ungerechtfertigt oder aus anderen Gründen rechtsunwirksam ist. 4
2. Es wird festgestellt, dass das Arbeitsverhältnis über den ___[Datum]___ hinaus unverändert fortbesteht. 5
3. [ggf. weitere Anträge]

BEGRÜNDUNG:

Die am ___[Geburtsdatum]___ geborene Klägerin ist verheiratet und hat ___[Anzahl]___ Kinder. Sie ist seit dem ___[Datum]___ als ___[Funktionsbezeichnung]___ auf Grundlage des Arbeitsvertrages vom ___[Datum]___ , beigefügt als

Anlage K1,

im Betrieb der Beklagten in ___[Ort]___ beschäftigt. Die Klägerin bezieht ein durchschnittliches monatliches Bruttoeinkommen in Höhe von ___[Betrag]___ €. Das Arbeitsverhältnis unterliegt kraft arbeitsvertraglicher Bezugnahme den Regelungen der Tarifverträge für ___[Branche]___ .

Auf den Betrieb der Beklagten in ___[Ort]___ finden die Vorschriften des Kündigungsschutzgesetzes Anwendung. Die Beklagte beschäftigt dort in der Regel und ausschließlich der Auszubildenden mehr als 5 Arbeitnehmer [bzw. bei Neueinstellungen nach dem 31.12.2003: »mehr als 10 Arbeitnehmer«] i.S.d. § 23 Abs. 1 KSchG.

Mit Schreiben 6 vom ___[Datum]___ kündigte die Beklagte das mit der Klägerin bestehende Arbeitsverhältnis zum ___[Datum]___ und bot ihr zugleich eine Fortsetzung des Arbeitsverhältnisses zu geänderten Bedingungen in der Funktion einer ___[Funktionsbezeichnung]___ zu einem monatlichen Bruttogehalt in Höhe von € ___[Betrag]___ ab dem ___[Datum]___ an.

Anlage K2

Das Kündigungsschreiben ging der Klägerin am ___[Datum]___ zu. Mit Schreiben 7 vom ___[Datum]___ nahm die Klägerin das ihr unterbreitete Änderungsangebot unter dem Vorbehalt an, dass die Kündigung nicht sozial ungerechtfertigt ist.

Anlage K3

Die Kündigung ist jedoch sozial ungerechtfertigt; es liegen weder Gründe 8 in der Person oder im Verhalten der Klägerin, noch dringende betriebliche Erfordernisse vor, die die seitens der Beklagten erklärte Änderungskündigung rechtfertigen könnten.

Bei der Beklagten besteht ein Betriebsrat. Die ordnungsgemäße Anhörung dieses Betriebsrates nach § 102 BetrVG zur angegriffenen Änderungskündigung wird mit Nichtwissen bestritten. 9

_____

(Unterschrift Rechtsanwalt)

Erläuterungen

Schrifttum

Bader Das Gesetz zu Reformen am Arbeitsmarkt: Neues im Kündigungsschutzgesetz und im Befristungsrecht, NZA 2004, 65; *Berkowsky* Aktuelle Probleme der Versetzungs-Änderungskündigung: Der Arbeitgeber im Zangengriff von individuellem und kollektivem Arbeitsrecht, NZA 2010, 250; *Berkowsky* Die Änderungs-

Änderungsschutzklage X.IV.6.

kündigung, NZA-RR 2003, 449; *Bröhl* Änderungskündigung zwischen Bestandsschutz und Anpassungsdruck, BB 2007, 437; *Horcher* Vorrang der Änderungskündigung und betriebliches Eingliederungsmanagement, RdA 2009, 31; *Hunold* Die »überflüssige« Änderungskündigung, NZA 2008, 860; *Künzl/von der Ehe* Streitgegenstand und Antragstellung im Rahmen der Änderungsschutzklage, NZA 2015, 1217; *Preis* Unbillige Weisungsrechte und überflüssige Änderungskündigungen, NZA 2015, 1; *Reuter/Sagan/Witschen* Die überflüssige Änderungskündigung, NZA 2013, 935; *Wagner* Alternativangebote bei der Änderungskündigung gemäß § 2 KSchG, NZA 2008, 1333.

1. Zur Frage der Zuständigkeit des anzurufenden Arbeitsgerichts vgl. Muster X.IV.1. Anm. 1 (X Rdn. 253) sowie im Übrigen DLW/*Luczak* Kap. 14 Rn. 188 ff. 317

2. Auch die Änderungsschutzklage ist gemäß § 4 KSchG innerhalb von drei Wochen nach Zugang der schriftlichen Kündigung zu erheben (vgl. AR/*Lukas* § 4 KSchG Rn. 24). 318

3. Vgl. Muster X Rdn. 252 ff. Zur Benennung von juristischen Personen und Personenhandelsgesellschaften im Rubrum vgl. Muster X.IV.1. Anm. 3 (X Rdn. 257 ff.). 319

4. Nach § 4 S. 2 KSchG ist die Klage auf Feststellung zu erheben, dass die Änderung der Arbeitsbedingungen sozial ungerechtfertigt oder aus anderen Gründen unwirksam ist. 320

Die hier vorgeschlagene Formulierung des Antrags orientiert sich am Wortlaut der gesetzlichen Regelung und bezieht neben der fehlenden sozialen Rechtfertigung ausdrücklich auch andere Unwirksamkeitsgründe ein. Die Einzelheiten der Antragstellung sind hier nicht unumstritten (vgl. ErfK/*Oetker* § 2 KSchG Rn. 67 m.w.N.). 321

5. Ggf. kann es sinnvoll sein, neben der Änderungsschutzklage einen allgemeinen Feststellungsantrag nach § 256 ZPO zu erheben und mit diesem feststellen zu lassen, dass die bisherigen Arbeitsbedingungen unverändert fortgelten (vgl. AR/*Kaiser* § 2 KSchG Rn. 27). Vgl. hierzu auch Muster X.IV.1. Anm. 7 (X Rdn. 264). 322

6. Beim Ausspruch einer Änderungskündigung ist zu beachten, dass sich nach h.M. das Schriftformerfordernis des § 623 BGB auch auf das im Zusammenhang mit dem Ausspruch der Kündigung unterbreitete Änderungsangebot erstreckt (AR/*Kaiser* § 2 KSchG Rn. 9 m.w.N.). Vgl. im Übrigen zur Verknüpfung von und zeitlichem Zusammenhang zwischen Kündigung und Änderungsangebot DLW/*Dörner* Kap. 4 Rn. 3215. 323

7. Die **Annahme des Änderungsangebots unter dem Vorbehalt der sozialen Rechtfertigung** ist gegenüber dem Arbeitgeber innerhalb der in § 2 S. 2 KSchG normierten Frist zu erklären. Gegebenenfalls kann auch die erhobene und dem Arbeitgeber zugestellte Änderungsschutzklage als Vorbehaltserklärung in diesem Sinne angesehen werden (vgl. DLW/*Dörner* Kap. 4 Rn. 3336). Hierbei ist jedoch unbedingt zu beachten, dass § 167 ZPO (früher: § 270 Abs. 3 ZPO) nach der Rechtsprechung des Bundesarbeitsgerichts für den Vorbehalt i.S.d. § 2 KSchG nicht anwendbar ist (vgl. DLW/*Dörner* Kap. 4 Rn. 3337). 324

8. Zu den denkbaren Gründen einer sozial gerechtfertigten Änderungskündigung vgl. DLW/*Dörner* Kap. 4 Rn. 3251 ff. Auch hier ist eine soziale Rechtfertigung grds. aus verhaltens-, personen- oder betriebsbedingten Gründen denkbar. Zum Fall einer betriebsbedingten Änderungskündigung sowie zur Bestimmtheit des Änderungsangebots vgl. etwa BAG, Urt. v. 20.06.2013 – 2 AZR 396/12. 325

9. Auch vor einer beabsichtigten Änderungskündigung ist ein etwaig existierender Betriebsrat nach § 102 BetrVG anzuhören. Ihm sind dabei auch das Änderungsangebot und die Gründe der beabsichtigten Änderung mitzuteilen (vgl. hierzu auch DLW/*Dörner* Kap. 4 Rn. 3404 ff.). 326

Da sich die mit der Änderungskündigung beabsichtigte Änderung der Arbeitsbedingungen zumeist zugleich als Versetzung i.S.d. § 95 Abs. 3 BetrVG darstellen wird, sind in Betrieben mit mehr als 20 Arbeitnehmern daneben auch Mitbestimmungsrechte aus § 99 BetrVG zu beachten 327

X. Arbeitsgerichtsverfahren

(zum Verhältnis § 102 BetrVG zu § 99 BetrVG in diesem Zusammenhang vgl. DLW/*Dörner* Kap. 4 Rn. 3209 ff.).

7. Klage gegen die Wirksamkeit einer Befristung oder Bedingung des Arbeitsverhältnisses

Vorbemerkung

328 Auch das Arbeitsverhältnis als Sonderform des Dienstverhältnisses kann grds. befristet abgeschlossen werden (vgl. § 620 Abs. 2 BGB). Um Wertungswidersprüche – insbesondere zu den gesetzlichen Kündigungsschutzregelungen – zu vermeiden, hatte jedoch zunächst bereits die Rechtsprechung verschiedene Einschränkungen mit Blick auf die Zulässigkeit der Befristung von Arbeitsverhältnissen entwickelt (vgl. DLW/*Hoß* Kap. 5 Rn. 1 ff.). Inzwischen ergeben sich die rechtlichen Grenzen der Zulässigkeit solcher Befristungen im Wesentlichen aus den Vorschriften des TzBfG (für das wissenschaftliche und künstlerische Personal an Hochschulen sind überdies ggf. die Vorschriften des WissZeitVG zu beachten; vgl. z.B. BAG, Urt. v. 29.04.2015 – 7 AZR 519/13 und BAG, Urt. v. 08.06.2016 – 7 AZR 259/14). Befristete Arbeitsverträge können danach nach § 3 Abs. 1 TzBfG mit dem Inhalt abgeschlossen werden, dass die Dauer des Arbeitsverhältnisses kalendermäßig bestimmt ist.

329 Möglich ist jedoch auch eine Befristung dergestalt, dass sich die Dauer des Arbeitsverhältnisses aus Art, Zweck oder Beschaffenheit der Arbeitsleistung ergibt (sog. Zweckbefristung; vgl. ebenfalls § 3 Abs. 1 TzBfG). Rechtlich zulässig und damit wirksam ist eine Befristung unter den Voraussetzungen des § 14 TzBfG. Eine wirksame Befristung kommt danach im Wesentlichen bei Vorliegen eines sachlichen Grundes (§ 14 Abs. 1 TzBfG) oder sachgrundlos innerhalb der ersten beiden Jahre eines Arbeitsverhältnisses (§ 14 Abs. 2 TzBfG) in Betracht. Die Befristung eines Arbeitsverhältnisses bedarf darüber hinaus gemäß § 14 Abs. 4 TzBfG der Schriftform.

330 Denkbar ist auch der Abschluss eines Arbeitsvertrages unter einer auflösenden Bedingung i.S.d. § 158 Abs. 2 BGB (vgl. hierzu DLW/*Hoß* Kap. 5 Rn. 199 ff.). Für die rechtliche Beurteilung derartiger Fallgestaltungen sind zahlreiche gesetzliche Vorschriften über befristete Arbeitsverhältnisse entsprechend anzuwenden (vgl. § 21 TzBfG).

331 Nicht unter den Anwendungsbereich des § 14 TzBfG fällt die Befristung einzelner Arbeitsbedingungen (vgl. AR/*Schüren* § 14 TzBfG Rn. 65 m.w.N.).

▶ **Muster – Klage gegen die Wirksamkeit einer Befristung oder Bedingung des Arbeitsverhältnisses**

332 An das

Arbeitsgericht _____[Ort]_____ 1
[Anschrift des Gerichts]

_____[Datum]_____ 2

KLAGE

In Sachen
[vollständiges Rubrum] 3

wegen: Unwirksamer Befristung eines Arbeitsverhältnisses

Namens und in Vollmacht des Klägers erhebe ich Klage und werde beantragen:

1. Es wird festgestellt, dass das zwischen den Parteien bestehende Arbeitsverhältnis nicht aufgrund der im Arbeitsvertrag vom ___[Datum]___ vorgesehenen Befristungsabrede zum ___[Datum]___ enden wird [bzw.: geendet hat]. [4]

2. Es wird festgestellt, dass das Arbeitsverhältnis zwischen den Parteien über den ___[Datum]___ hinaus auf unbestimmte Zeit fortbesteht. [5]

3. Die Beklagte wird verurteilt, den Kläger über den ___[Datum]___ hinaus zu unveränderten Bedingungen als ___[Funktionsbezeichnung]___ in der Abteilung ___[Bezeichnung der Abteilung]___ weiterzubeschäftigen.

BEGRÜNDUNG:

Der ___[Alter]___ -jährige Kläger ist seit dem ___[Datum]___ auf Grundlage eines am ___[Datum]___ geschlossenen Arbeitsvertrages im Betrieb der Beklagten in ___[Ort]___ beschäftigt.

Anlage K1

Zuletzt war er dort als ___[Funktionsbezeichnung]___ in der Abteilung ___[Bezeichnung der Abteilung]___ beschäftigt und erzielte in dieser Funktion ein durchschnittliches monatliches Bruttoeinkommen in Höhe von ___[Betrag]___ €.

In § ___[Paragraf]___ des Arbeitsvertrages ist vorgesehen, dass das Arbeitsverhältnis befristet abgeschlossen wird und zum ___[Datum]___ enden soll, ohne dass es einer Kündigung bedarf. Die Beklagte hat der Klägerin am ___[Datum]___ auf mündliche Frage auch bereits mitgeteilt, dass das Arbeitsverhältnis über diesen Zeitpunkt nicht fortgesetzt werden solle.

Beweis: ___[Beweis]___

Die arbeitsvertraglich vorgesehene Befristung ist jedoch unwirksam. [6] Eine sachgrundlose Befristung i.S.d. § 14 Abs. 2 TzBfG [7] kam vorliegend nicht mehr in Betracht, weil ___[Begründung]___ .

Auch eine wirksame Befristung nach § 14 Abs. 1 TzBfG [8] ist vorliegend nicht gegeben. Ein hierfür erforderlicher Sachgrund liegt nicht vor ___[Begründung des fehlenden Sachgrundes]___ .

Mangels wirksamer Befristung besteht das Arbeitsverhältnis damit unverändert und auf unbestimmte Zeit fort. Der Kläger hat daher auch einen Anspruch auf tatsächliche Weiterbeschäftigung [9] als ___[Funktionsbezeichnung]___ zu unveränderten Bedingungen gemäß der im Arbeitsvertrag vom ___[Datum]___ enthaltenen sachlichen Tätigkeitsbeschreibung. Die Beklagte dagegen hat dem Kläger bereits mitgeteilt, dass sie ihn nicht über den ___[Datum]___ hinaus weiterbeschäftigen wird. Daher war auch insoweit Klage geboten.

(Unterschrift Rechtsanwalt)

Erläuterungen

Schrifttum

Bayreuther Kettenbefristung zur Vertretung von Arbeitnehmern, NZA 2013, 23; *Bohlen* Der Vergleich – Noch ein praxistaugliches Mittel zur arbeitsvertraglichen Befristung?, NZA-RR 2015, 449; *Bruns* BB-Rechtsprechungsreport zum arbeitsrechtlichen Befristungsrecht 2012/2013 (Teil 1), BB 2013, 3125; *Bruns* BB-Rechtsprechungsreport zum arbeitsrechtlichen Befristungsrecht 2012/2013 (Teil 2), BB 2014, 53; *Groeger* Haushaltsrecht und Befristung von Arbeitsverträgen, NJW 2008, 465; *Lembke* Die sachgrundlose Befristung von Arbeitsverträgen in der Praxis, NJW 2006, 325; *Maschmann* Die Befristung einzelner Arbeitsbedingungen, RdA 2005, 212; *Persch* Die Befristung des unbefristeten Arbeitsverhältnisses durch Altersgrenzen, NZA 2010, 77; *vom Stein* Missbrauchskontrolle bei befristeten Arbeitsverträgen, NJW 2015, 369.

1. Zu Frage der Zuständigkeit des anzurufenden Arbeitsgerichts vgl. Muster X.IV.1. Anm. 1 (X Rdn. 253) sowie im Übrigen DLW/*Luczak* Kap. 14 Rn. 188 ff.   333

2. Gemäß § 17 TzBfG muss, soweit die Unwirksamkeit der Befristung geltend gemacht werden soll, innerhalb von **drei Wochen** nach dem vereinbarten Ende des befristeten Arbeitsvertrages Kla-   334 ge beim Arbeitsgericht erhoben werden (vgl. hierzu BAG, Urt. v. 24.06.2015 – 7 AZR 541/13). Trotz des gesetzlichen Wortlauts kann die Klage nach h.M. auch schon vor dem vereinbarten Ende des Arbeitsverhältnisses erhoben werden (vgl. DLW/*Hoß* Kap. 5 Rn. 194 m.w.N.).

335 Wird das Arbeitsverhältnis über den vereinbarten Beendigungszeitpunkt hinaus fortgesetzt, so beginnt die 3-wöchige **Klagefrist** gemäß § 17 S. 3 TzBfG erst mit dem Zugang der schriftlichen Erklärung des Arbeitgebers, dass das Arbeitsverhältnis auf Grund der Befristung beendet sei. Wegen § 15 Abs. 5 TzBfG ist der praktische Anwendungsbereich dieser Vorschrift allerdings gering (vgl. AR/*Schüren* § 17 TzBfG Rn. 8 f.).

336 § 17 S. 2 TzBfG sieht vor, dass die §§ 5–7 KSchG auf den Fall der gerichtlichen Geltendmachung der Unwirksamkeit der Befristung entsprechend anzuwenden sind. Dies bedeutet insbesondere, dass im Fall der Fristversäumung die Fiktionswirkung des § 7 KSchG droht, in Ausnahmefällen allerdings auch ein Antrag auf nachträgliche Zulassung der Klage erwogen werden kann (vgl. AR/*Schüren* § 17 TzBfG Rn. 10 ff. und auch BAG, Urt. v. 06.10.2010 – 7 AZR 569/09.). Zur Klagefrist im Fall der Kündigungsschutzklage und zu einem etwaigen Antrag auf nachträgliche Zulassung vgl. auch Muster X.IV.1. Anm. 2 (X Rdn. 254). Aus der Verweisung auf § 6 KSchG folgt im Übrigen auch, dass etwaige Unwirksamkeitsgründe der Befristung spätestens bis zum Schluss der mündlichen Verhandlung erster Instanz geltend zu machen sind; anderes kann auch hier dann gelten, wenn das Arbeitsgericht seine Hinweispflicht aus § 17 S. 2 TzBfG, § 6 S. 2 KSchG verletzt (vgl. BAG, Urt. v. 04.05.2011 – 7 AZR 252/10, NZA 2011, 1178). Über § 21 TzBfG findet § 17 TzBfG auch im Fall des auflösend bedingten Arbeitsverhältnisses entsprechende Anwendung.

337 3. Vgl. Muster X.IV.1. (X Rdn. 252). Zur Benennung von juristischen Personen und Personenhandelsgesellschaften im Rubrum vgl. Muster X.IV.1. Anm. 3 (X Rdn. 257 ff.).

338 4. Soll die Unwirksamkeit einer **auflösenden Bedingung** des Arbeitsverhältnisses geltend gemacht werden, könnte der Antrag zu 1. wie folgt formuliert werden:

Alternative:

[Es wird festgestellt, dass das Arbeitsverhältnis der Parteien nicht durch die im Arbeitsvertrag vom ____[Datum]____ vorgesehene auflösende Bedingung zum ____[Datum]____ aufgelöst worden ist.]

339 5. Auch im Fall der Geltendmachung der Unwirksamkeit einer Befristung geht die Rechtsprechung von einem punktuellen Streitgegenstand aus. Wie bei der Kündigungsschutzklage ist Streitgegenstand grds. allein die Wirksamkeit der Beendigung des Arbeitsverhältnisses auf Grund der angegriffenen Befristung. Soll daneben (etwa auf Grund der Fiktion des § 15 Abs. 5 TzBfG) der Bestand eines unbefristeten Arbeitsverhältnisses geltend gemacht werden, so bietet sich der hier vorgeschlagene, allgemeine Feststellungsantrag i.S.d. § 256 ZPO an (vgl. hierzu DLW/*Hoß* Kap. 5 Rn. 197 f.). Es ist jeweils im Einzelfall zu prüfen, ob es eines solchen Antrags bedarf. Wird er gestellt, so ist neben der bloßen Antragstellung auch in den Klagegründen zu erläutern, vor welchem Hintergrund der Antrag gestellt wird und woraus sich das erforderliche Feststellungsinteresse ergibt (vgl. DLW/*Hoß* Kap. 5 Rn. 197 f.).

340 6. Zur Darlegungs- und Beweislast hinsichtlich der wirksamen Befristung vgl. DLW/*Hoß* Kap. 5 Rn. 84 und 118. Diese trägt grds. derjenige, der sich auf die Wirksamkeit der Befristung beruft, in aller Regel also der Arbeitgeber.

341 7. Gemäß § 14 Abs. 2 TzBfG ist die kalendermäßige Befristung eines Arbeitsvertrages ohne Sachgrund bis zur Dauer von zwei Jahren zulässig. In diesem Zeitfenster ist auch die höchstens dreimalige Verlängerung eines befristeten Arbeitsverhältnisses zulässig. Von einer solchen »Verlängerung« kann regelmäßig nur dann geredet werden, wenn die sonstigen, über die Dauer des Arbeitsverhältnisses hinausgehenden Arbeitsbedingungen unverändert bleiben. Ansonsten liegt re-

gelmäßig der (unzulässige) Neuabschluss eines befristeten Arbeitsverhältnisses vor (vgl. AR/*Schüren* § 14 TzBfG Rn. 72 ff.).

Die Möglichkeit der sachgrundlosen Befristung besteht nach dem Gesetzeswortlaut von vornherein dann nicht, wenn zwischen dem Arbeitnehmer und demselben Arbeitgeber bereits zuvor ein befristetes oder unbefristetes Arbeitsverhältnis bestanden hat (§ 14 Abs. 2 S. 2 TzBfG). Nach neuerer Auslegung des BAG soll allerdings eine »Zuvor-Beschäftigung« in diesem Sinne nicht gegeben sein, wenn das frühere Arbeitsverhältnis mehr als drei Jahre zurückliegt (BAG, Urt. v. 06.04.2011 – 7 AZR 716/09). Mit dieser mit dem Wortlaut des Gesetzes schwerlich in Einklang zu bringenden Auslegung soll – in der Sache sicherlich begrüßenswert – verhindert werden, dass sich länger zurückliegende »Zuvor-Beschäftigungen« als Beschäftigungshindernis auswirken und damit von vornherein der Weg in ein befristetes Arbeitsverhältnis als »Brücke zur Dauerbeschäftigung« verbaut wird. Ein früheres Berufsausbildungsverhältnis steht einer sachgrundlosen Befristung im Übrigen nicht entgegen, da dieses schon nicht mit einem »Arbeitsverhältnis« i.S.d. § 14 Abs. 2 S. 2 TzBfG gleichzusetzen ist (BAG, Urt. v. 21.09.2011 – 7 AZR 375/10). 342

8. Zur Befristung mit Sachgrund und den einzelnen, in § 14 Abs. 1 TzBfG geregelten Sachgründen vgl. AR/*Schüren* § 14 TzBfG Rn. 7 ff. 343

9. Zum allgemeinen Weiterbeschäftigungsanspruch in der Konstellation eines Streits um die Wirksamkeit einer Befristung eines Arbeitsverhältnisses vgl. DLW/*Dörner* Kap. 4 Rn. 3676. 344

8. Stufenklage

Vorbemerkung

Gemäß § 253 Abs. 2 Nr. 2 ZPO hat grundsätzlich bereits die Klageschrift einen bestimmten Klageantrag zu enthalten. Eine Ausnahme von diesem Grundsatz stellt die in § 254 ZPO vorgesehene Stufenklage dar. Bei dieser handelt es sich um eine objektive Klagehäufung, welche in Abweichung von § 253 Abs. 2 Nr. 2 ZPO in der letzten Stufe einen zunächst unbestimmten Antrag erlaubt (BGH, Urt. v. 02.03.2000 – III ZR 65/99, NJW 2000, 1645). Im arbeitsrechtlichen Zusammenhang kann die Stufenklage insbesondere ein geeignetes Mittel zu Durchsetzung von (variablen) Vergütungsansprüchen sein, die der Arbeitnehmer zunächst mangels der erforderlichen Kenntnisse nicht selbst beziffern kann. 345

In derartigen Konstellationen eröffnet § 254 ZPO die Möglichkeit, einen auf Rechnungslegung, Vorlegung eines Vermögensverzeichnisses oder Erteilung von Auskünften gerichteten Antrag mit einem zunächst unbezifferten Zahlungsantrag bzw. unbestimmten Herausgabeantrag im Wege der objektiven Klagehäufung geltend zu machen. Auf der ersten Stufe verfolgbare Auskunftsansprüche können sich aus spezialgesetzlichen Regelungen (z.B. § 87c Abs. 3 HGB, 260 Abs. 1, 666, 675 BGB) oder nach der Rechtsprechung des Bundesarbeitsgerichts aus § 242 BGB ergeben (BAG, Urt. v. 19.04.2005 – 9 AZR 188/04, NZA 2005, 983). 346

Der zunächst unbezifferte Zahlungsanspruch wird in der sich später konkretisierenden Höhe bereits mit Klageerhebung rechtshängig, so dass mit der Stufenklage ggf. die Verjährung oder der etwaig drohende Verfall von Ansprüchen verhindert werden kann (BAG, Urt. v. 23.02.1977 – 3 AZR 764/75, NJW 1977, 1551). 347

Zwischen dem auf Rechnungslegung bzw. Auskunftserteilung gerichteten Antrag und dem Zahlungs- bzw. Herausgabeantrag kann zusätzlich noch ein Antrag auf Abgabe einer eidesstattlichen Versicherung für den Fall eingeschoben werden, dass die Auskunft unrichtig erteilt wird oder zumindest der substantiiert darzulegende Verdacht einer unrichtigen Auskunft besteht (BGH, Urt. v. 21.02.1991 – III ZR 169/88, NJW 1991, 1893). 348

Über die einzelnen Anträge ist grds. stufenweise zu entscheiden. Will das erstinstanzliche Gericht dem Kläger etwa den geltend gemachten Auskunftsanspruch zusprechen, so ist hierüber durch 349

X. Arbeitsgerichtsverfahren

Teilurteil zu entscheiden (BGH, Urt. v. 21.02.1991 – III ZR 169/88, NJW 1991, 1893). Das Gericht kann dagegen alle Stufen abweisen, wenn es Ansprüche auf Rechnungslegung, Auskunftserteilung, ggf. auf Abgabe der eidesstattlichen Versicherung sowie hierauf beruhende Zahlungs- oder Herausgabeansprüche insgesamt verneint.

▶ **Muster – Stufenklage**

350 An das
Arbeitsgericht _____[Ort]_____
_____[Anschrift des Gerichts]_____

_____[Datum]_____

KLAGE

In Sachen
[vollständiges Rubrum] 1

wegen: Auskunft und Zahlung von Provisionen

erhebe ich namens und in Vollmacht des Klägers Klage und werde beantragen:

1. Die Beklagte wird verurteilt, dem Kläger über die im Zeitraum von _____[Datum]_____ bis _____[Datum]_____ erdienten Provisionen Auskunft zu erteilen.

2. Die Beklagte wird verurteilt, den sich nach erteilter Auskunft ergebenden Provisionsbetrag an den Kläger auszuzahlen.

BEGRÜNDUNG:

Der Kläger war ausweislich des als

Anlage K1

beigefügten Arbeitsvertrages seit dem _____[Datum]_____ als Vertriebsmitarbeiter bei der Beklagten beschäftigt. Die Beklagte stellt _____[Produktbezeichnung]_____ her und vertreibt diese im gesamten Bundesgebiet. Der Kläger hatte in diesem Zusammenhang das Vertriebsgebiet _____[Bezeichnung des örtlichen Gebiets]_____ zu betreuen. Das zwischen den Parteien vormals bestehende Arbeitsverhältnis endete aufgrund einer durch den Kläger selbst unter Wahrung der arbeitsvertraglich vereinbarten Kündigungsfrist zum _____[Datum]_____ ausgesprochenen Kündigung.

Die Parteien streiten nunmehr noch über die ordnungsgemäße Abrechnung des zwischenzeitlich beendeten Arbeitsverhältnisses. Wie sich aus § _____[Paragraf]_____ des Arbeitsvertrages ergibt, setzte sich die Gesamtvergütung des Klägers aus einem monatlichen Fixgehalt von € _____[Betrag]_____ brutto und einer umsatzabhängigen, monatlich zahlbaren Provision zusammen.

Nach Ausspruch der Kündigung durch den Kläger hat die Beklagte für die letzten drei Monate des Arbeitsverhältnisses jedoch nur noch das monatliche Fixum abgerechnet und an den Kläger zur Auszahlung gebracht, obwohl dieser bis zur rechtlichen Beendigung des Arbeitsverhältnisses weiterhin seine Vertriebstätigkeit in bisherigem Umfang und auch weiterhin mit Erfolg weitergeführt hat. So hat etwa der Kunde _____[Name Kunde]_____ und der Kunde _____[Name Kunde]_____ noch am _____[Datum]_____ Bestellungen beim Kläger aufgegeben.

Beweis: _____[Beweis]_____

Die Beklagte ist daher zunächst gemäß § 87c Abs. 3 HGB zur Erteilung von Auskunft über die vom Kläger in den Monaten _____[Monatsname]_____ bis _____[Monatsname]_____ erdienten Provisionen zu verurteilen. Darüber hinaus ist zur Vermeidung eines Verfalls und einer Verjährung bereits jetzt der erst nach Auskunftserteilung durch die Beklagte bezifferbare Zahlungsanspruch des Klägers auf seine Provisionen für die Monate _____[Monatsname]_____ bis _____[Monatsname]_____ geltend zu machen. Der entsprechende Antrag zu 2. kann im Rahmen der vorliegenden Stufenklage in Abweichung von § 253 Abs. 2 Nr. 2 ZPO ausnahmsweise zunächst unbeziffert gestellt werden.

(Unterschrift Rechtsanwalt)

Erläuterungen

Schrifttum

Fleddermann Die Stufenklage im Arbeitsrecht, ArbRAktuell 2010, 597; *Müller* Die klageweise Durchsetzung von Zeitvergütungsansprüchen, NZA 2008, 977.

1. Vgl. Muster X.IV.1. (X Rdn. 252). Zur Benennung von juristischen Personen und Personenhandelsgesellschaften im Rubrum vgl. Muster X.IV.1. Anm. 3 (X Rdn. 257 ff.). 351

9. Klage auf Zustimmung zur Reduzierung der Arbeitszeit

Vorbemerkung

Verschiedene gesetzliche Regelungen eröffnen Arbeitnehmern die Möglichkeit einer Reduzierung ihrer bisherigen Arbeitszeit bzw. enthalten hierauf gerichtete Anspruchsgrundlagen (zum Verhältnis der verschiedenen Regelungen vgl. AR/*Schüren* § 8 TzBfG Rn. 62). Praxisrelevant sind vor allem die in § 8 TzBfG und § 15 Abs. 5 bis 7 BEEG geregelten Teilzeitansprüche. Letzterer bezieht sich auf die besondere Situation des Verlangens einer Teilzeittätigkeit während der Elternzeit. Das folgende Muster stellt exemplarisch eine Klage auf Erteilung der Zustimmung zur vom Arbeitnehmer begehrten Reduzierung der Arbeitszeit am Beispiel des § 8 TzBfG dar. Der Teilzeitanspruch nach § 15 Abs. 5–7 BEEG unterscheidet sich in seinen Voraussetzungen vom Anspruch nach § 8 TzBfG (AR/*Klose* § 15 BEEG Rn. 22 ff.), insbesondere können diesem arbeitgeberseitig nur »dringende betriebliche Gründe« entgegengehalten werden, während im Falle der Geltendmachung eines Anspruch aus § 8 TzBfG bereits »betriebliche Gründe« genügen können, um ein Teilzeitverlangen abzuwehren (vgl. hierzu AR/*Schüren* § 8 TzBfG Rn. 20 ff.). Zu den Voraussetzungen des Anspruchs aus § 8 TzBfG vgl. auch DLW/*Dörner* Kap. 3 Rn. 146. 352

▶ **Muster – Klage auf Zustimmung zur Reduzierung der Arbeitszeit**

An das 353

Arbeitsgericht ____[Ort]____

[Anschrift des Gerichts]

_____[Datum]_____

KLAGE

In Sachen

[vollständiges Rubrum] 1

wegen: Reduzierung der Arbeitszeit

erhebe ich namens und in Vollmacht der Klägerin Klage und werde beantragen:

Die Beklagte wird verurteilt, dem Antrag der Klägerin vom ____[Datum]____ auf Reduzierung der vertraglichen Arbeitszeit von ____[Anzahl]____ Wochenstunden auf ____[Anzahl]____ Wochenstunden zuzustimmen sowie die Verteilung der reduzierten Arbeitszeit entsprechend den Wünschen der Klägerin, d.h. montags von ____[Uhrzeit]____ bis ____[Uhrzeit]____, diens-

X. Arbeitsgerichtsverfahren

tags von ___[Uhrzeit]___ bis ___[Uhrzeit]___ und freitags von ___[Uhrzeit]___ bis ___[Uhrzeit]___, festzulegen.

BEGRÜNDUNG:

1) Die Klägerin ist seit [2] dem ___[Datum]___ bei der Beklagten als ___[Funktionsbezeichnung]___ beschäftigt. Den Arbeitsvertrag der Klägerin fügen wir als

Anlage K1

bei. Die Beklagte beschäftigt in der Regel und unabhängig von der Anzahl der Personen in Berufsbildung mehr als 15 Arbeitnehmer. [3]

Mit Schreiben vom ___[Datum]___ beantragte die Klägerin bei der Beklagten die Reduzierung ihrer wöchentlichen Arbeitszeit von bisher ___[Anzahl]___ Stunden auf nunmehr ___[Anzahl]___ Stunden ab dem ___[Datum]___. Zugleich äußerte die Klägerin in diesem Schreiben den Wunsch, dass ihre reduzierte wöchentliche Arbeitszeit ab dem angegebenen Zeitpunkt wie folgt auf die einzelnen Wochentage verteilt werden soll: [4] ___[Tage und Arbeitszeiten aufführen]___.

Anlage K2

Mit Schreiben vom ___[Datum]___ lehnte die Beklagte den Wunsch der Klägerin auf Reduzierung der wöchentlichen Arbeitszeit ab und begründete dies damit, dass ___[Begründung der Ablehnung]___.

Anlage K3

2) Mit der vorliegenden Klage macht die Klägerin infolgedessen ihren Anspruch auf Erteilung der arbeitgeberseitigen Zustimmung zur Verringerung der Arbeitszeit und auf wunschgemäße Festlegung der beantragten Verteilung der Arbeitszeit nach § 8 Abs. 4 S. 1 TzBfG geltend. Ihr Arbeitsverhältnis zur Beklagten besteht bereits seit dem ___[Datum]___, mithin deutlich länger als sechs Monate (vgl. § 8 Abs. 1 TzBfG). Die Beklagte beschäftigt auch – unabhängig von der Anzahl der Personen in Berufsbildung – regelmäßig mehr als 15 Arbeitnehmer. Der Antrag auf Verringerung der Arbeitszeit wurde schließlich am ___[Datum]___ durch die Klägerin auch rechtzeitig i.S.d. § 8 Abs. 2 S. 1 TzBfG gestellt, da er eine Arbeitszeitverringerung erst zum ___[Datum]___ vorsieht. [5]

Es wird bestritten, dass betriebliche Gründe [6] vorliegen, die der von der Klägerin beantragten Verringerung der Arbeitszeit oder deren gewünschter Verteilung entgegenstehen. Es überzeugt insbesondere nicht, wenn die Beklagte in ihrem Schreiben vom ___[Datum]___ darauf hinweist, dass ___[Umstände]___.

Mithin ist die Beklagte antragsgemäß zur Erteilung der Zustimmung zur beantragten Arbeitszeitverringerung und zur den Wünschen der Klägerin entsprechenden Festlegung der Verteilung der reduzierten Arbeitszeit zu verurteilen.

(Unterschrift Rechtsanwalt)

Erläuterungen

Schrifttum

Fecker/Scheffzeck Elternzeit – ungeklärte (Rechts)Fragen aus der Praxis, NZA 2015, 778; *Kalenbach* Neuregelungen bei der Elternzeit, öAT 2015, 114; *Bruns* BB-Rechtsprechungsreport zur Teilzeitarbeit, BB 2010, 956; *Gotthard* Teilzeitanspruch und einstweiliger Rechtsschutz, NZA 2001, 1182; *Grobys/Bram* Die prozessuale Durchsetzung des Teilzeitanspruchs, NZA 2001, 1175; *Joussen* Elternzeit und Verringerung der Arbeitszeit, NZA 2005, 336; *Lorenz* Fünf Jahre § 8 TzBfG – BAG-Rechtsprechungs-Update, NZA-RR 2006, 281; *Penner/Reiserer* Teilzeitarbeit – Ablehnung des Arbeitgebers wegen betrieblicher Gründe nach § 8 TzBfG, BB 2002, 1694; *Pietras* Der Teilzeitanspruch gemäß § 8 TzBfG und das deutsche internationale Privatrecht, NZA 2008, 1051; *Rudolf/Rudolf* Zum Verhältnis der Teilzeitansprüche nach § 15 BErzGG, § 8 TzBfG NZA 2002, 602.

354 1. Vgl. Muster X.IV.1. (X Rdn. 252). Zur Benennung von juristischen Personen und Personenhandelsgesellschaften im Rubrum vgl. Muster X.IV.1. Anm. 3 (X Rdn. 257 ff.)

2. Der Teilzeitanspruch nach § 8 TzBfG setzt einen mindestens sechsmonatigen Bestand des Arbeitsverhältnisses voraus (§ 8 Abs. 1 TzBfG). Vgl. hierzu DLW/*Dörner* Kap. 3 Rn. 146 ff. und AR/*Schüren* § 8 TzBfG Rn. 5 ff. 355

3. Vgl. § 8 Abs. 7 TzBfG. 356

4. Gemäß § 8 Abs. 2 S. 2 TzBfG soll der Arbeitnehmer bei Beantragung der Arbeitszeitverringerung auch die gewünschte Verteilung der Arbeitszeit angeben. Diese Angabe ist nicht zwingend und daher keine Anspruchsvoraussetzung (vgl. AR/*Schüren* § 8 TzBfG Rn. 16). Der Antrag hat jedoch hinreichend bestimmt zu sein (BAG, Urt. v. 16.10.2007 – 9 AZR 239/07, NZA 2008, 289). 357

5. Nach § 8 Abs. 2 S. 1 TzBfG muss der Arbeitnehmer die Verringerung seiner Arbeitszeit und den Umfang der Verringerung drei Monate vor deren Beginn geltend machen. Die Rechtsfolgen der Versäumung dieser Frist sind im Einzelnen streitig (AR/*Schüren* § 8 TzBfG Rn. 12; ErfK/*Preis* § 8 TzBfG Rn. 13). 358

6. Zum Begriff des **betrieblichen Grundes** i.S.d. § 8 TzBfG vgl. AR/*Schüren* § 8 TzBfG Rn. 20 ff. Wie in den einleitenden Anmerkungen bereits erwähnt, können einem Teilzeitverlangen nach § 15 BEEG im Unterschied zur Situation hier lediglich »dringende« betriebliche Gründe entgegengehalten werden (AR/*Klose* § 15 BEEG Rn. 22). 359

10. Klage auf Feststellung einer Arbeitszeitreduzierung

Vorbemerkung

Nach § 8 Abs. 5 S. 1 TzBfG hat der Arbeitgeber dem Arbeitnehmer spätestens einen Monat vor dem gewünschten Beginn der Verringerung schriftlich seine Entscheidung über die Verringerung der Arbeitszeit und deren Verteilung mitzuteilen. Wenn keine Übereinkunft über die Teilzeittätigkeit erzielt werden kann, muss der Antrag des Arbeitnehmers somit durch den Arbeitgeber schriftlich abgelehnt werden. Tut der Arbeitgeber dies nicht, so läuft er Gefahr, dass nach § 8 Abs. 5 S. 2 und S. 3 TzBfG zu seinen Lasten eine gesetzliche Fiktion eingreift: Die fehlende Zustimmung des Arbeitgebers zur Verringerung der Arbeitszeit bzw. zu deren Verteilung gilt dann – soweit auch die übrigen Voraussetzungen des Teilzeitanspruchs erfüllt sind – als erteilt (AR/*Schüren* § 8 TzBfG Rn. 43 ff.). In einem solchen Fall hat der Arbeitnehmer die Möglichkeit, die kraft Fiktion eingetretene Verringerung und Verteilung der Arbeitszeit gerichtlich feststellen zu lassen. Das folgende Muster bietet ein Beispiel hierfür. Ist der Eintritt der Fiktion nicht sicher, so bietet es sich an, hilfsweise für den Fall des Unterliegens mit dem Feststellungsantrag einen Antrag auf Erteilung der Zustimmung des Arbeitgebers zur Arbeitszeitverringerung und deren wunschgemäßer Verteilung zu stellen (vgl. dazu Muster X.IV.9. – X Rdn. 352 ff.). Zu beachten ist, dass auch die auf seit dem 01.07.2015 geborene Kinder anzuwendende Neufassung des § 15 Abs. 7 BEEG eine Zustimmungsfiktion für den Fall der nicht frist- oder formgerechten Ablehnung des Teilzeitverlangens beinhaltet. Auch im Falle eines auf diese Norm gestützten Teilzeitverlangens kann daher das hier dargestellte Vorgehen mittels eines Feststellungsantrags geboten sein. 360

▶ **Muster – Klage auf Feststellung einer Arbeitszeitreduzierung**

An das 361
Arbeitsgericht _____[Ort]_____
[Anschrift des Gerichts]

_____[Datum]_____

X. Arbeitsgerichtsverfahren

KLAGE

In Sachen

[vollständiges Rubrum] [1]

wegen: Reduzierung der Arbeitszeit

erhebe ich namens und in Vollmacht des Klägers Klage und werde beantragen:

Es wird festgestellt, dass die wöchentliche Arbeitszeit des Klägers ab dem ____[Datum]____ nur noch ____[Anzahl]____ Stunden beträgt und diese Arbeitszeit auf die Wochentage ____[Tage]____, jeweils von ____[Uhrzeit]____ bis ____[Uhrzeit]____ Uhr festgelegt ist.

BEGRÜNDUNG:

1) Der Kläger ist ausweislich des als

Anlage K1

beigefügten Arbeitsvertrages seit [2] dem ____[Datum]____ als ____[Funktionsbezeichnung]____ bei der Beklagten beschäftigt. Die Beklagte beschäftigt in der Regel und unabhängig von der Anzahl der Personen in Berufsbildung mehr als 15 Arbeitnehmer. [3]

Mit dem an die Beklagte gerichteten Schreiben vom ____[Datum]____ beantragte der Kläger die Reduzierung seiner wöchentlichen Arbeitszeit von bisher ____[Anzahl]____ Stunden auf nunmehr ____[Anzahl]____ Stunden ab dem ____[Datum]____. Zugleich äußerte er in diesem Schreiben den Wunsch, dass die reduzierte wöchentliche Arbeitszeit ab dem angegebenen Zeitpunkt wie folgt auf die einzelnen Wochentage verteilt werden soll: [4] ____[Tage und Arbeitszeiten aufführen]____.

Anlage K2

2) Auf dieses Schreiben hat die Beklagte bis zum heutigen Tage nicht reagiert. Da sich die Beklagte mithin vor allem nicht spätestens einen Monat vor Beginn der Verringerung zum Antrag des Klägers geäußert hat, hat sich gemäß § 8 Abs. 5 S. 2 TzBfG die Arbeitszeit des Klägers zum ____[Datum]____ in dem von ihm gewünschten Umfang verringert. Gemäß § 8 Abs. 5 S. 3 TzBfG ist die damit reduzierte Arbeitszeit des Klägers überdies entsprechend den im Antrag vom ____[Datum]____ geäußerten Verteilungswünschen des Klägers festgelegt, da sich die Beklagte auch zur Frage der Verteilung der Arbeitszeit nicht geäußert hat.

Auch die übrigen Voraussetzungen [5] des Teilzeitanspruchs nach § 8 TzBfG liegen vor: Das Arbeitsverhältnis der Parteien besteht bereits seit dem ____[Datum]____ und damit länger als sechs Monate (vgl. § 8 Abs. 1 TzBfG). Die Beklagte beschäftigt auch – unabhängig von der Anzahl der Personen in Berufsbildung – regelmäßig mehr als 15 Arbeitnehmer. Der Antrag auf Verringerung der Arbeitszeit wurde schließlich am ____[Datum]____ durch den Kläger auch rechtzeitig i.S.d. § 8 Abs. 2 S. 1 TzBfG gestellt, da er eine Arbeitszeitverringerung erst zum ____[Datum]____ vorsieht. [6]

Mithin ist antragsgemäß festzustellen, dass die wöchentliche Arbeitszeit des Klägers seit dem ____[Datum]____ nur noch ____[Anzahl]____ Stunden beträgt und diese Arbeitszeit auf die Wochentage ____[Tage]____, jeweils von ____[Uhrzeit]____ bis ____[Uhrzeit]____ Uhr festgelegt ist.

_____
(Unterschrift Rechtsanwalt)

Erläuterungen

Schrifttum
Vgl. die Literaturangaben zu Muster X.IV.9. – X Rdn. 353.

1. Vgl. Muster X.IV.1. (X Rdn. 252). Zur Benennung von juristischen Personen und Personenhandelsgesellschaften im Rubrum vgl. Muster X.IV.1. Anm. 3 (X Rdn. 257 ff.).

2. § 8 Abs. 1 TzBfG (Vgl. DLW/*Dörner* Kap. 3 Rn. 145 ff. und AR/*Schüren* § 8 TzBfG Rn. 5 ff.).

3. Vgl. § 8 Abs. 7 TzBfG.

4. Gemäß § 8 Abs. 2 S. 2 TzBfG soll der Arbeitnehmer bei Beantragung der Arbeitszeitverringerung auch die gewünschte Verteilung der Arbeitszeit angeben. Diese Angabe ist nicht zwingend und daher keine Anspruchsvoraussetzung (vgl. AR/*Schüren* § 8 TzBfG Rn. 16). Der Antrag hat jedoch hinreichend bestimmt zu sein (BAG, Urt. v. 16.10.2007 – 9 AZR 239/07, NZA 2008, 289).

5. Die Fiktion der § 8 Abs. 5 S. 2 und S. 3 TzBfG ersetzt nur die fehlende Zustimmung des Arbeitgebers. Daneben müssen auch die übrigen Voraussetzungen des Antrags erfüllt sein (AR/*Schüren* § 8 TzBfG Rn. 43 ff.). Ein nicht ausreichend bestimmter Antrag des Arbeitnehmers ist nicht geeignet, die Fiktionswirkungen des § 8 Abs. 5 S. 2 und S. 3 TzBfG auszulösen (BAG, Urt. v. 16.10.2007 – 9 AZR 239/07, NZA 2008, 289).

6. Nach § 8 Abs. 2 S. 1 TzBfG muss der Arbeitnehmer die Verringerung seiner Arbeitszeit und den Umfang der Verringerung drei Monate vor deren Beginn geltend machen. Die Rechtsfolgen der Versäumung dieser Frist sind im Einzelnen streitig (AR/*Schüren* § 8 TzBfG Rn. 12; ErfK/*Preis* § 8 TzBfG Rn. 13).

11. Klageerwiderung Arbeitszeitreduzierung

Vorbemerkung

Im Rahmen der arbeitgeberseitigen Erwiderung auf die klageweise Geltendmachung eines Teilzeitverlangens nach § 8 TzBfG wird der Schwerpunkt zumeist darin liegen, die »betrieblichen Gründe« i.S.d. § 8 Abs. 4 TzBfG darzustellen, die der begehrten Verringerung der Arbeitszeit und ihrer Verteilung entgegenstehen. Während der Arbeitnehmer die Darlegungs- und Beweislast hinsichtlich der anspruchsbegründenden Tatsachen trägt, trifft den Arbeitgeber die Darlegungs- und Beweislast hinsichtlich dieser dem Anspruch ggf. entgegenstehenden betrieblichen Gründe (AR/*Schüren* § 8 TzBfG Rn. 57).

▶ **Muster – Klageerwiderung Arbeitszeitreduzierung**

An das
Arbeitsgericht _____[Ort]_____
[Anschrift des Gerichts]

_____[Datum]

In dem Rechtsstreit
[Name Kläger] / [Name Beklagte]

Az.: [Aktenzeichen]

zeige ich an, dass ich die Beklagte vertrete. Namens und im Auftrag der Beklagten werde ich beantragen:

die Klage abzuweisen.

BEGRÜNDUNG:

Die Klage ist [jedenfalls] unbegründet, da entgegen den Darstellungen in der Klageschrift die anspruchsbegründenden Voraussetzungen für einen Teilzeitanspruch nach § 8 TzBfG nicht vorliegen. Zudem stehen der vom Kläger beantragten Verringerung seiner wöchentlichen Arbeitszeit und der im Zusammenhang damit gewünschten Verteilung dieser Arbeitszeit betriebliche Gründe i.S.d. § 8 Abs. 4 TzBfG entgegen. Im Einzelnen:

1) Hinzuweisen ist zunächst darauf, dass das Arbeitsverhältnis der Parteien im relevanten Zeitpunkt der Geltendmachung des Teilzeitverlangens noch keine sechs Monate bestand. Der Kläger verkennt, dass das Arbeitsverhältnis gemäß § 8 Abs. 1 TzBfG nach richtiger Ansicht bereits im Zeitpunkt der Geltendmachung des Teilzeitverlangens und nicht erst zum Beginn der begehrten Arbeitszeitverringerung mindestens sechs Monate bestanden haben muss _[Begründung]_ .[1]

2) Zu bestreiten ist auch die Behauptung des Klägers, die Beklagte beschäftige regelmäßig mehr als 15 Arbeitnehmer _[Begründung]_ .[2]

3) Hinzu kommt, dass der Kläger bereits keinen wirksamen Antrag auf Reduzierung seiner Wochenarbeitszeit gestellt hat. So fehlte es diesem insbesondere an der erforderlichen Bestimmtheit _[Begründung]_ .[3]

4) Schließlich stehen der vom Kläger beantragten Verringerung seiner wöchentlichen Arbeitszeit und der im Zusammenhang damit gewünschten Verteilung dieser Arbeitszeit betriebliche Gründe i.S.d. § 8 Abs. 4 TzBfG entgegen. Ein solcher Grund liegt gemäß § 8 Abs. 4 S. 2 TzBfG insbesondere dann vor, wenn die Verringerung der Arbeitszeit die Organisation, den Arbeitsablauf oder die Sicherheit im Betrieb wesentlich beeinträchtigt oder unverhältnismäßige Kosten verursacht. Vorliegend ergeben sich die dem klägerischen Teilzeitverlangen entgegenstehenden Gründe daraus, dass _[Begründung]_ .[4]

(Unterschrift Rechtsanwalt)

Erläuterungen

Schrifttum
Vgl. die Literaturangaben zu Muster X.IV.9. – X Rdn. 353.

370 **1.** Die Frage, ob die sechsmonatige Wartefrist bereits im Zeitpunkt der Geltendmachung des Teilzeitverlangens abgelaufen sein muss, oder ob es alternativ auf den Zeitpunkt der begehrten Arbeitszeitverringerung ankommt, ist str. (vgl. DLW/*Dörner* Kap. 3 Rn. 156 ff.). Wegen des in der Regel in den ersten sechs Monaten nicht bestehenden Kündigungsschutzes wird diese Frage allerdings praktisch selten relevant.

371 **2.** Vgl. § 8 Abs. 7 TzBfG.

372 **3.** Zur Wirksamkeit des arbeitnehmerseitig gestellten Antrags auf Reduzierung der Arbeitszeit vgl. DLW/*Dörner* Kap. 3 Rn. 151 ff. Zur Frage der Bestimmtheit vgl. BAG, Urt. v. 16.10.2007 – 9 AZR 239/07, NZA 2008, 289.

373 **4.** Zu den einem Anspruch aus § 8 TzBfG entgegenstehenden betrieblichen Gründen vgl. DLW/*Dörner* Kap. 3 Rn. 168 ff. Das Vorliegen »betrieblicher Gründe« i.S.d. § 8 TzBfG ist nach der Rechtsprechung des BAG dreistufig zu prüfen: Zunächst ist festzustellen, ob der seitens des Arbeitgebers als erforderlich angesehenen Arbeitszeitregelung ein betriebliches Organisationskonzept zu Grunde liegt und um welches Konzept es sich handelt (1. Stufe). Weiter ist zu prüfen, ob und inwieweit dieses Konzept bzw. die darauf aufbauende Arbeitszeitregelung dem Verlangen des Arbeitnehmers entgegensteht (2. Stufe). Drittens ist schließlich das Gewicht der entgegenstehenden betrieblichen Gründe zu prüfen und zu klären, ob das betriebliche Organisationskonzept oder die zu Grunde liegende unternehmerische Aufgabenstellung durch die vom Arbeitnehmer gewünschte Abweichung wesentlich beeinträchtigt werden würde (3. Stufe). Dieser Prüfungsmaßstab gilt sowohl hinsichtlich der Verringerung der Arbeitszeit selbst als auch hinsichtlich ihrer Neuverteilung (vgl. zu alledem BAG, Urt. v. 16.10.2007 – 9 AZR 239/07, NZA 2008, 289).

12. Klage eines Teilzeitbeschäftigten auf Gleichbehandlung

Vorbemerkung

In Teilzeit und befristet beschäftigte Arbeitnehmer dürfen gemäß § 4 TzBfG wegen dieses Umstandes nicht schlechter behandelt werden als vergleichbare in Vollzeit bzw. unbefristet tätige Arbeitnehmer, es sei denn, dass sachliche Gründe die Ungleichbehandlung rechtfertigen. Bei Verstößen hiergegen kommt eine auf § 4 TzBfG gestützte Klage auf Gleichbehandlung in Betracht (vgl. hierzu auch AR/*Schüren* § 4 TzBfG Rn. 16 ff.).

▶ **Muster – Klage eines Teilzeitbeschäftigten auf Gleichbehandlung**

An das

Arbeitsgericht ____[Ort]____

[Anschrift des Gerichts]

_____[Datum]____

KLAGE

In Sachen

[vollständiges Rubrum] 1

wegen: Ungleichbehandlung

erhebe ich namens und in Vollmacht des Klägers Klage und werde beantragen:

Die Beklagte wird verurteilt, an den Kläger € ___[Betrag]___ brutto nebst Zinsen in Höhe von 5 Prozentpunkten über dem jeweiligen Basiszinssatz seit dem ___[Datum]___ zu zahlen.

BEGRÜNDUNG:

Der Kläger ist seit dem ___[Datum]___ als ___[Funktionsbezeichnung]___ im Betrieb der Beklagten in ___[Ort]___ mit einer wöchentlichen Arbeitszeit von ___[Anzahl]___ Stunden in Teilzeit beschäftigt. Den zuletzt gültigen Arbeitsvertrag des Klägers vom ___[Datum]___ legen wir als

Anlage K1

vor. Mit dem Gehaltslauf für den Monat April 2016 zahlte die Beklagte nach Feststehen des Ergebnisses für das Geschäftsjahr 2015 an ihre Vollzeitmitarbeiter aufgrund des positiven Ergebnisses in 2015 eine einmalige »Sonderprämie« in Höhe von € ___[Betrag]___ brutto aus.

Beweis: ___[Beweis]___

Der Kläger und die weiteren im Betrieb in Teilzeit beschäftigten Kolleginnen und Kollegen wurden von der Zahlung dieser Sonderprämie vollständig ausgenommen.

Beweis: ___[Beweis]___

Der Kläger wandte sich daraufhin am ___[Datum]___ gemeinsam mit seiner ebenfalls in Teilzeit tätigen Kollegin Frau ___[Name]___ an den Leiter der Personalabteilung Herrn ___[Name]___ und fragte nach, warum dies so gehandhabt worden sei. Auf die Nachfrage wurde dem Kläger und seiner Kollegin mitgeteilt, dass die Unternehmensleitung entschieden habe, sämtliche Teilzeitbeschäftigten von der Zahlung der Sonderprämie auszunehmen, da diese kaum zum Erfolg des Unternehmens beigetragen hätten.

Beweis: ___[Beweis]___

Der Unterzeichner nahm schließlich bereits mit Schreiben vom ___[Datum]___ Kontakt zur Beklagten auf und wies darauf hin, dass die getroffene Entscheidung gegen § 4 Abs. 1 TzBfG verstößt, da sie den Kläger als Teilzeitkraft ohne sachliche Rechtfertigung gegenüber seinen in Vollzeit tätigen Kollegen benachteiligt. Die Beklagte wurde ferner zur Zahlung der Sonderprämie in Höhe von € ___[Betrag]___ an den Kläger aufgefordert.

Anlage K2

Diese Kontaktaufnahme blieb jedoch ohne jede Reaktion, so dass Klage geboten war. Der Kläger wird vorliegend unter Verstoß gegen § 4 Abs. 1 TzBfG gerade aufgrund des Umstandes, dass er in Teilzeit tätig ist, gegenüber seinen in Vollzeit tätigen Kollegen benachteiligt. Es wird bestritten, dass es sachliche Gründe gibt, die diese Ungleichbehandlung rechtfertigen.

Der Kläger hat einen Anspruch auf Gleichbehandlung und mithin Nachgewährung der ihm rechtswidrig vorenthaltenen Sonderprämie aus § 4 Abs. 1 TzBfG. Die Beklagte ist antragsgemäß zu verurteilen.

_____
(Unterschrift Rechtsanwalt)

Erläuterungen

Schrifttum
Bruns BB-Rechtsprechungsreport zur Teilzeitarbeit, BB 2010, 956; *Wiedemann* Neue Rechtsprechung zur Verteilungsgerechtigkeit und zu den Benachteiligungsverboten, RdA 2005, 193.

376 1. Vgl. Muster X.IV.1. (X Rdn. 252). Zur Benennung von juristischen Personen und Personenhandelsgesellschaften im Rubrum vgl. Muster X.IV.1. Anm. 3 (X Rdn. 257 ff.).

13. Eingruppierungsklage

Vorbemerkung

377 In der Praxis ergeben sich nicht selten Streitigkeiten über die Eingruppierung eines Arbeitnehmers in ein (tarifliches) Vergütungsgruppensystem. Im Rahmen eines noch laufenden Arbeitsverhältnisses besteht grds. die Möglichkeit, die aus Sicht des Arbeitnehmers nicht korrekte Eingruppierung mittels einer Feststellungsklage klären zu lassen (sog. Eingruppierungsfeststellungsklage; vgl. dazu das folgende Muster). Das erforderliche Feststellungsinteresse für eine solche Klage wird regelmäßig zu bejahen sein (BAG, Urt. v. 10.12.2008 – 4 AZR 862/07, AP KnAT § 22 Nr. 5; BAG, Urt. v. 20.10.1993 – 4 AZR 47/93, AP BAT 1975 § 22 Nr. 173; BAG, Urt. v. 20.04.1988 – 4 AZR 678/87, NZA 1989, 114; vgl. auch BAG, Urt. v. 19.03.2003 – 4 AZR 391/02, NZA-RR 2004, 220). Die Möglichkeit einer Eingruppierungsfeststellungsklage besteht grds. nicht nur im öffentlichen Dienst, sondern auch im Bereich der Privatwirtschaft (BAG, Urt. v. 03.12.2008 – 5 AZR 62/08, AP BGB § 307 Nr. 38; BAG, Urt. v. 14.11.2007 – 4 AZR 945/06, AP TVG § 1 Tarifverträge: Telekom Nr. 9; LAG Berlin, Urt. v. 07.12.1987 – 9 Sa 92/87). Kann der aufgrund der unrichtigen Eingruppierung nachzuzahlende Betrag – etwa nach Beendigung des Arbeitsverhältnisses – beziffert werden, empfiehlt sich wegen der Vollstreckbarkeit des Leistungstitels die Erhebung einer Leistungsklage (vgl. hierzu etwa BAG, Urt. v. 14.09.1994 – 4 AZR 787/93, AP BAT 1975 § 33 Nr. 184). Zu beachten sind regelmäßig tarifliche oder arbeitsvertragliche Regelungen zu einem etwaigen Verfall von Ansprüchen.

▶ **Muster – Eingruppierungsklage**

378 An das

Arbeitsgericht ___[Ort]___

[Anschrift des Gerichts]

___[Datum]___

KLAGE

In Sachen

__[vollständiges Rubrum]__ 1

wegen: Eingruppierung

erhebe ich namens und in Vollmacht des Klägers Klage und werde beantragen:

Es wird festgestellt, dass die Beklagte verpflichtet ist, dem Kläger beginnend mit Monat __[Monatsname]__ Lohn nach Maßgabe der Lohngruppe __[Bezeichnung Lohngruppe]__ des Tarifvertrags __[Bezeichnung Tarifvertrag]__ in der Fassung vom __[Datum]__ zu zahlen. 2

BEGRÜNDUNG:

Der Kläger ist seit dem __[Datum]__ als __[Funktionsbezeichnung]__ im Betrieb der Beklagten in __[Ort]__ beschäftigt. Den zuletzt gültigen Arbeitsvertrag des Klägers vom __[Datum]__ legen wir als

Anlage K1

vor. Ausweislich § __[Paragraf]__ des Arbeitsvertrags finden auf das Arbeitsverhältnis die Vorschriften des Tarifvertrags __[Bezeichnung Tarifvertrag]__ jedenfalls kraft einzelvertraglicher Inbezugnahme Anwendung. Zudem findet dieser Tarifvertrag bereits auch kraft beiderseitiger Tarifbindung Anwendung. Der Kläger ist Mitglied der tarifschließenden Gewerkschaft __[Bezeichnung Gewerkschaft]__, die Beklagte ihrerseits Mitglied des Arbeitgeberverbands __[Bezeichnung Arbeitgeberverband]__. 3

Beweis: __[Beweis]__

Gemäß § __[Paragraf]__ des damit einschlägigen Tarifvertrags __[Bezeichnung Tarifvertrag]__ ist der Kläger in das tarifliche Lohngruppensystem einzugruppieren, wobei nach den dort getroffenen Regelungen die vom Arbeitnehmer überwiegend ausgeübte Tätigkeit entscheidend für die Eingruppierung sein soll.

Der Kläger wurde unzutreffend in die Lohngruppe __[Bezeichnung Lohngruppe]__ eingruppiert. Das tarifliche Lohngruppenverzeichnis sieht für diese Vergütungsgruppe die folgenden Merkmale vor: __[Wiedergabe des Tariftextes]__

Der Kläger ist jedoch tatsächlich mit folgenden Aufgaben betraut: __[Detaillierte Darstellung der vom Kläger ausgeübten Tätigkeiten]__ 4

Beweis: __[Beweis]__

Stellt man nunmehr die tatsächlich vom Kläger weisungsgemäß im Betrieb der Beklagten wahrgenommenen Aufgaben den im Lohngruppenverzeichnis zur Lohngruppe __[Bezeichnung Lohngruppe]__ aufgeführten Merkmalen gegenüber, so zeigt sich, dass der Kläger bisher in dieser Lohngruppe unzutreffend eingruppiert ist __[Begründung der unzutreffenden Eingruppierung im Detail]__.

Zutreffend müsste der Kläger stattdessen in die Lohngruppe __[Bezeichnung Lohngruppe]__ eingruppiert werden, weil __[Begründung der zutreffenden Eingruppierung im Detail]__.

_____
(Unterschrift Rechtsanwalt)

Erläuterungen

Schrifttum

Kleinebrink Bedeutung und Technik der Eingruppierung, BB 2013, 2357; *Neumann* Darlegungslast, Substantiierungspflicht und Schlüssigkeitsprüfung im Eingruppierungsprozess, NZA 1986, 729; *Zimmerling* Die Eingruppierung von Lehrkräften, öAT 2013, 202.

X. Arbeitsgerichtsverfahren

379 **1.** Vgl. Muster X.IV.1. (X Rdn. 252). Zur Benennung von juristischen Personen und Personenhandelsgesellschaften im Rubrum vgl. Muster X.IV.1. Anm. 3 (X Rdn. 257 ff.).

380 **2.** Sind die Differenzlohnansprüche des Klägers für die Vergangenheit bezifferbar, so sollte alternativ (etwa im Fall des zwischenzeitlich beendeten Arbeitsverhältnisses) oder in Ergänzung zu dem in die Zukunft gerichteten Feststellungsantrag mit Blick auf die spätere Vollstreckbarkeit ein bezifferter Leistungsantrag gestellt werden.

381 **3.** Die Anwendbarkeit der maßgeblichen Tarifvorschriften ist durch den Arbeitnehmer darzulegen und zu beweisen.

382 **4.** Hier liegt zumeist der Schwerpunkt und die Schwierigkeit für den auf Arbeitnehmerseite agierenden Prozessvertreter. Die seitens des Arbeitnehmers ausgeübten Tätigkeiten sind hier detailliert darzulegen. Der Arbeitnehmer trägt insoweit die Darlegungs- und Beweislast. Es muss sich hier um Tätigkeiten handeln, die dem Arbeitnehmer durch arbeitsvertragliche Regelung oder Ausübung des Direktionsrechts übertragen wurden. Nicht ausreichend ist es grds., wenn der Arbeitnehmer gewisse Aufgaben »eigenmächtig« ohne Billigung des Arbeitgebers an sich gezogen hat. Erfüllt die vom Arbeitnehmer ausgeübte Tätigkeit in Teilen die Merkmale unterschiedlicher Lohn-/Gehaltsgruppen, so kommt es nach Auffassung des BAG im Ergebnis regelmäßig darauf an, welche Tätigkeit überwiegend, d.h. zu mehr als 50 % der Arbeitszeit, ausgeübt wird (BAG, Urt. v. 13.11.1991 – 4 AZR 131/91, AP TVG § 1 Tarifverträge: Brauereien Nr. 3).

14. Klage auf Zeugniserteilung

Vorbemerkung

383 Der Arbeitnehmer hat bei Beendigung des Arbeitsverhältnisses Anspruch auf ein schriftliches Zeugnis (§ 109 GewO). Das Zeugnis muss mindestens Angaben zu Art und Dauer der Tätigkeit enthalten (sog. einfaches Zeugnis). Auf Verlangen ist das Zeugnis darüber hinaus auch auf die Leistung und das Verhalten des Arbeitnehmers im Arbeitsverhältnis zu erstrecken (sog. qualifiziertes Zeugnis i.S.d. § 109 Abs. 1 S. 3 GewO). Gemäß § 109 Abs. 2 GewO muss das Zeugnis insbesondere klar und verständlich formuliert sein. Die Erteilung eines Arbeitszeugnisses in elektronische Form ist gemäß § 109 Abs. 3 GewO ausgeschlossen. Zweck des Arbeitszeugnisses ist es, das berufliche Fortkommen des Arbeitnehmers zu unterstützen (vgl. DLW/*Dörner* Kap. 9 Rn. 2).

384 Keine besondere Regelung enthält § 109 GewO hinsichtlich etwaiger Ansprüche auf Erteilung eines Zwischenzeugnisses im bestehenden Arbeitsverhältnis. Ein Anspruch hieraus kann sich aus tariflichen oder besonderen arbeitsvertraglichen Regelungen oder in Ermangelung solcher jedenfalls aus allgemeinen arbeitsvertraglichen Nebenpflichten ergeben, wenn der Arbeitnehmer ein berechtigtes Interesse an der Erteilung des Zwischenzeugnisses darlegen kann (vgl. AR/*Kolbe* § 109 GewO, Rn. 12 sowie DLW/*Dörner* Kap. 9 Rn. 9).

▶ **Muster – Klage auf Zeugniserteilung**

385 An das

Arbeitsgericht _____[Ort]_____

[Anschrift des Gerichts]

_____[Datum]_____ 1

KLAGE

[vollständiges Rubrum] 2

wegen: Zeugniserteilung

Klage auf Zeugniserteilung X.IV.14.

Namens und in Vollmacht des Klägers erhebe ich Klage und werde beantragen:

Die Beklagte wird verurteilt, dem Kläger ein schriftliches Zeugnis zu erteilen, welches sich sowohl auf Art und Dauer der Tätigkeit als auch auf Leistung und Verhalten des Klägers im Arbeitsverhältnis zur Beklagten erstreckt. ³

BEGRÜNDUNG:

Der ___[Alter]___-jährige Kläger war in der Zeit vom ___[Datum]___ bis zum ___[Datum]___ im Betrieb der Beklagten in ___[Ort]___ beschäftigt. Wie sich aus dem als

Anlage K1

beigefügten Arbeitsvertrag ergibt, war der Kläger bei der Beklagten in der Funktion eines ___[Funktion]___ tätig. Das Arbeitsverhältnis endete zum ___[Datum]___ durch eine vom Kläger selbst am ___[Datum]___ erklärte Kündigung des Arbeitsverhältnisses.

Anlage K2

Der Kläger hat nunmehr gemäß § 109 Abs. 1 S. 1 GewO Anspruch auf Erteilung eines schriftlichen Zeugnisses. Bereits am ___[Datum]___ hat der Kläger mit dem als

Anlage K3

beigefügten Schreiben von der Beklagten erfolglos die Erteilung eines qualifizierten Zeugnisses i.S.d. § 109 Abs. 1 S. 3 GewO verlangt. Die Beklagte hat hierauf nicht reagiert und auf telefonische Nachfrage die Erteilung des Zeugnisses mit der Begründung zurückgewiesen, sie sei auf Grund des nur kurzen Bestandes des Arbeitsverhältnisses nicht zur Erteilung eines Arbeitszeugnisses und erst Recht nicht zur Erteilung eines qualifizierten Zeugnisses verpflichtet. ⁴

Beweis: ___[Beweis]___

Dies trifft nicht zu. Der Kläger hat einen Anspruch auf Erteilung eines qualifizierten Zeugnisses, weil ___[Begründung]___. Damit sind im schriftlichen Zeugnis auch Angaben über Leistung und Verhalten des Klägers im Arbeitsverhältnis aufzunehmen. Die vom Kläger im Rahmen des Arbeitsverhältnisses zur Beklagten gezeigten Leistungen sind jedenfalls als »gut« zu bewerten, so dass insoweit im Zeugnis festzuhalten ist, dass die Leistungen des Klägers »stets zur vollen Zufriedenheit« der Beklagten ausgeführt wurden ___[Begründung]___ ⁵

Hinsichtlich des Verhaltens des Klägers ist festzuhalten, dass dieses gegenüber Vorgesetzten und Kollegen »stets einwandfrei« war, da ___[Begründung]___.

Da sich die Beklagte nach wie vor weigert, dem Kläger ein entsprechendes Arbeitszeugnis zu erteilen, war vorliegend Klage geboten.

_____
(Unterschrift Rechtsanwalt)

Erläuterungen

Schrifttum
Burkard-Pötter Das Arbeitszeugnis, NJW-Spezial 2013, 50; *Ecklebe* Das Arbeitszeugnis, DB 2015, 923; *Hunold* Die Rechtsprechung zum Zeugnisrecht, NZA-RR 2001, 113; *Kolbe* Zeugnisberichtigung und Beweislast, NZA 2015, 582; *Löw* Aktuelle Rechtsfragen zum Arbeitszeugnis, NJW 2005, 3605; *Löw* Neues vom Arbeitszeugnis, NZA-RR 2008, 561; *Stiller* Der Zeugnisanspruch in der Insolvenz des Arbeitgebers, NZA 2005, 330; *Düwell/Dahl* Die Leistungs- und Verhaltensbeurteilung im Arbeitszeugnis, NZA 2011, 958.

1. Mit Blick auf ggf. einschlägige Ausschlussfristen sowie eine im Einzelfall denkbare Verwirkung des Zeugnisanspruchs ist auf eine rechtzeitige Geltendmachung zu achten (vgl. DLW/*Dörner* Kap. 9 Rn. 96 ff.). 386

2. Vgl. Muster X.IV.1. (X Rdn. 252). Zur Benennung von juristischen Personen und Personenhandelsgesellschaften im Rubrum vgl. Muster X.IV.1. Anm. 3 (X Rdn. 257 ff.). 387

388 3. Zu den im Zusammenhang mit der Bewertung von Leistung und Verhalten des Arbeitnehmers verwendeten, inzwischen mehr oder weniger »üblichen« Termini vgl. DLW/*Dörner* Kap. 9 Rn. 19 ff. Zur Formulierung eines Arbeitszeugnisses vgl. auch Muster K.VIII.1. K Rdn. 316 ff. und K.VIII.2. K Rdn. 327 ff.

389 4. Bei kürzerer Dauer des Arbeitsverhältnisse besteht ggf. lediglich ein Anspruch auf Erteilung eines einfachen Zeugnisses (vgl. DLW/*Dörner* Kap. 9 Rn. 3).

390 5. Zur Darlegungs- und Beweislast in diesen Fällen vgl. DLW/*Dörner* Kap. 9 Rn. 75 ff. Will der Arbeitnehmer eine der Note »gut« oder »sehr gut« entsprechende Leistungsbeurteilung, so muss er nach h.M. darlegen und ggf. auch beweisen, welche Leistung diese Bewertung rechtfertigen soll (DLW/*Dörner* Kap. 9 Rn. 75 ff.). Entsprechend ist im Prozess unter Beweisantritt darzulegen, welche Leistungen des Klägers eine Anerkennung mit der gewünschten Note rechtfertigen sollen. Will der Arbeitgeber dagegen eine unterdurchschnittliche, nur »ausreichende« Bewertung vornehmen, so hat er grds. die Gründe hierfür darzulegen und zu beweisen (DLW/*Dörner* Kap. 9 Rn. 79). Vereinzelt wurde zwischenzeitlich die Auffassung vertreten, dass eine Verschiebung der Darlegungslast vor dem Hintergrund anzunehmen sei, dass in der Mehrzahl der praktischen Fälle inzwischen ohnehin ein »gutes« bzw. »sehr gutes« Zeugnis erteilt werde und ein der Note »befriedigend« entsprechendes Zeugnis nicht mehr als »durchschnittliche« Bewertung angesehen werden könne (ArbG Berlin, Urt. v. 26.10.2012 – 28 Ca 18230/11; LAG Berlin, Urt. v. 21.03.2013 – 18 Sa 2133/12). Entsprechend solle die Darlegungs- und Beweislast auch dann dem Arbeitgeber aufzubürden sein, wenn er ein »befriedigendes« und damit nach dieser Auffassung »unterdurchschnittliches« Zeugnis erteilen möchte. Das Bundesarbeitsgericht hat dieser Auffassung allerdings zwischenzeitlich eine Absage erteilt (BAG, Urt. v. 18.11.2014 – 9 AZR 584/13, NZA 2015, 435; ablehnend bereits ArbG Heilbronn, Urt. v. 02.04.2014 – 6 Ca 118/13).

15. Klage auf Zeugnisberichtigung

Vorbemerkung

391 Das Arbeitszeugnis soll dem beruflichen Fortkommen des Arbeitnehmers dienen. Der Arbeitnehmer hat vor dem Hintergrund dieses Zweckes ein schutzwürdiges Interesse daran, dass das ihm erteilte Zeugnis den im Geschäftsleben üblichen, formellen Mindestanforderungen genügt (AR/*Kolbe* § 109 GewO Rn. 18 ff.) und vor allem auch klar und wahr über seine Tätigkeit und seine fachlichen und persönlichen Qualifikationen berichtet (zu den Grundsätzen des Zeugnisrechts vgl. AR/*Kolbe* § 109 GewO, Rn. 23 ff.). Ist dies nicht der Fall, weil das erteilte Zeugnis etwa unzutreffende oder unvollständige Angaben zu den Leistungen des Arbeitnehmers enthält, kommt eine auf Berichtigung des Zeugnisses gerichtete Klage in Betracht. Mit dem Berichtigungsverlangen macht der Arbeitnehmer die Erfüllung seines Zeugnisanspruchs geltend (BAG, Urt. v. 14.10.2003 – 9 AZR 12/03, NZA 2004, 842, 845).

▶ **Muster – Klage auf Zeugnisberichtigung**

392 An das

Arbeitsgericht _____[Ort]_____

[Anschrift des Gerichts]

_____[Datum]_____

KLAGE

[vollständiges Rubrum] 1

wegen: Zeugnisberichtigung [2]

Klage auf Zeugnisberichtigung X.IV.15.

Namens und in Vollmacht der Klägerin erhebe ich Klage und werde beantragen:

Die Beklagte wird verurteilt, das der Klägerin am ___[Datum]___ erteilte schriftliche Arbeitszeugnis in folgenden Punkten zu berichtigen:

a) Hinsichtlich der Dauer der Tätigkeit der Klägerin bei der Beklagten ist im Zeugnis richtigzustellen, dass die Klägerin entgegen den Darstellungen im von der Beklagten bisher erteilten Arbeitszeugnis bereits seit dem ___[Datum]___ als ___[Funktionsbezeichnung]___ für die Beklagte tätig gewesen ist.

b) Hinsichtlich der Art der Tätigkeit der Klägerin bei der Beklagten ist richtigzustellen, dass die Klägerin entgegen den Darstellungen im bisher von der Beklagten erteilten Arbeitszeugnis auch als ___[Funktionsbezeichnung]___ eingesetzt worden ist.

c) ___[ggf. weitere Korrekturen]___

BEGRÜNDUNG:

Die ___[Alter]___-jährige Klägerin war im Zeitraum von ___[Datum]___ bis ___[Datum]___ bei der Beklagten als ___[Funktionsbezeichnung]___ beschäftigt. Die Details des Arbeitsverhältnisses ergeben sich aus dem als

Anlage K1

beigefügten Arbeitsvertrag. Am ___[Datum]___ wurde die Klägerin schriftlich darüber informiert, mit Wirkung zum ___[Datum]___ in die Funktion einer ___[Funktionsbezeichnung]___ befördert zu werden.

Anlage K2

In dieser Funktion war die Klägerin bis zuletzt beschäftigt. Das zwischen den Parteien vormals bestehende Arbeitsverhältnis endete zum ___[Datum]___ aufgrund eines zwischen ihnen geschlossenen Aufhebungsvertrags.

Anlage K3

In § 7 des geschlossenen Aufhebungsvertrages hat sich die Beklagte zur Erteilung eines wohlwollenden Arbeitszeugnisses unter dem vereinbarten Beendigungsdatum verpflichtet. Am ___[Datum]___ hat die Beklagte der Klägerin daraufhin das als

Anlage K4

beigefügte Arbeitszeugnis übersandt. Dieses ist bedauerlicherweise in mehrfacher Hinsicht zu beanstanden. So wird im Rahmen der Beschreibung der Tätigkeit der Klägerin bei der Beklagten unzutreffend dargestellt, dass ___[Begründung]___.

Weiterhin trifft es ebenfalls nicht zu, dass ___[Begründung]___.

Da eine außergerichtliche Verständigung trotz eines entsprechenden Versuchs der Unterzeichnerin nicht zu erzielen war, ist die Einleitung des vorliegenden Verfahrens erforderlich geworden.

_____
(Unterschrift Rechtsanwalt)

Erläuterungen

Schrifttum
Vgl. die Literaturangaben zu Muster X.IV.14. – X Rdn. 385.

1. Vgl. Muster X.IV.1. (X Rdn. 252). Zur Benennung von juristischen Personen und Personenhandelsgesellschaften im Rubrum vgl. Muster X.IV.1. Anm. 3 (X Rdn. 257 ff.). 393

2. Zu den im Zusammenhang mit der Bewertung von Leistung und Verhalten des Arbeitnehmers verwendeten Termini vgl. DLW/*Dörner* Kap. 9 Rn. 19 ff. Allgemein zu Form und Inhalt des Zeugnisses sowie zu den Grundsätzen des Zeugnisrechts vgl. AR/*Kolbe* § 109 GewO Rn. 23 ff. Zu For- 394

X. Arbeitsgerichtsverfahren

mulierungsbeispielen eines Arbeitszeugnisses vgl. auch vgl. auch Muster K.VIII.1. – K Rdn. 316 ff. und K.VIII.2. – K Rdn. 327 ff. Die Deutungskonflikte um in Arbeitszeugnissen verwendete Formulierungen nehmen in der Praxis teils fast kuriose Ausmaße an: So musste sich das BAG vor einigen Jahren mit der Frage auseinandersetzen, ob mit der Wendung, dass man einen Arbeitnehmer als sehr interessierten und hochmotivierten Mitarbeiter »kennen gelernt« habe, eine verschlüsselte Botschaft verbunden ist, dass diese Eigenschaften tatsächlich gerade nicht vorliegen. Die Frage wurde durch das Bundesarbeitsgericht verneint (BAG, Urt. v. 15.11.2011 – 9 AZR 386/10). Zur Frage, ob der Arbeitgeber verpflichtet ist, das Arbeitszeugnis mit einer sog. »Dankes- und Wunschformel« abzuschließen, hat das BAG zuletzt entschieden, dass Aussagen über persönliche Empfindungen des Arbeitgebers in einer Schlussformel nicht zum erforderlichen Inhalt eines Arbeitszeugnisses gehören (BAG, Urt. v. 11.12.2012 – 9 AZR 227/11, NJW 2013, 811, so auch BAG, Urt. v. 20.02.2001 – 9 AZR 44/00, NZA 2001, 843; a.A. LAG Düsseldorf, Urt. v. 03.11.2010 – 12 Sa 974/10, NZA-RR 2011, 123).

16. Klage auf Zahlung einer Entschädigung wegen Diskriminierung

Vorbemerkung

395 Insbesondere die Vorschriften des Allgemeinen Gleichbehandlungsgesetzes (AGG) verfolgen den Zweck, Benachteiligungen aus Gründen der Rasse oder der ethnischen Herkunft, des Geschlechts, der Religion oder Weltanschauung, einer etwaigen Behinderung, des Alters oder der sexuellen Identität zu verhindern (vgl. insoweit u.a. das in § 1 AGG deutlich zum Ausdruck kommende Ziel des Gesetzes). Verstöße gegen das Benachteiligungsverbot können Entschädigungs- und Schadensersatzansprüche nach § 15 AGG nach sich ziehen. Im Folgenden wird beispielhaft eine Klage zur gerichtlichen Durchsetzung eines Entschädigungsanspruchs nach § 15 AGG dargestellt.

▶ **Muster – Klage auf Zahlung einer Entschädigung wegen Diskriminierung**

396 An das

Arbeitsgericht ____[Ort]____ 1

[Anschrift des Gerichts]

_____[Datum]____ 2

KLAGE

[vollständiges Rubrum] 3

wegen: Entschädigung wegen Geschlechtsdiskriminierung

Namens und in Vollmacht der Klägerin erhebe ich Klage und werde beantragen:

Die Beklagte wird verurteilt, an die Klägerin € ____[Betrag]____ nebst Zinsen in Höhe von fünf Prozentpunkten über dem jeweiligen Basiszinssatz seit dem ____[Datum]____ zu zahlen.

BEGRÜNDUNG:

Die Klägerin ist ausgebildete ____[Berufsbezeichnung]____. Ihre Berufsausbildung hat sie mit einem weit überdurchschnittlichen Ergebnis abgeschlossen ____[Ausbildung beschreiben]____. Darüber hinaus verfügt sie über verschiedene Zusatzqualifikationen in ____[Zusatzqualifikationen ausführen]____

In der Ausgabe der ____[Name]____-Zeitung vom ____[Datum]____ veröffentlichte die Beklagte eine Stellenausschreibung für die Position eines/einer ____[Funktionsbezeichnung]____.

Anlage K1

Die Klägerin bewarb sich mit Schreiben vom ____[Datum]____ auf die ausgeschriebene Stelle, für deren Besetzung sie vor dem Hintergrund ihrer Ausbildung hervorragend qualifiziert ist. Sie wurde zunächst auch tatsächlich zu einem Vorstellungsgespräch eingeladen, welches am ___[Datum]___ stattfand und seitens der Beklagten durch Herrn ___[Name]___ als Leiter der Abteilung __[Bezeichnung der Abteilung]__ sowie durch die Personalreferentin Frau ___[Name]___ geführt wurde.

Herr ___[Name]___ wies bereits nach kurzer Begrüßung anlässlich dieses Bewerbungsgesprächs darauf hin, dass Positionen wie die ausgeschriebene im Betrieb der Beklagten »traditionell« eigentlich nur mit männlichen Arbeitskräften besetzt würden. Er fragte, ob sich die Klägerin »im Klaren« sei, worauf sie sich hier ggf. einlasse und ob sie sich als Frau dieser Aufgabe überhaupt gewachsen sehe.

Beweis: ___[Beweis]___

Im weiteren Verlauf des Gesprächs konfrontierte Herr ___[Name]___ die Klägerin auch in unzulässiger Weise mit der Frage, wie diese sich ihre Familienplanung in den kommenden Jahren vorstelle. Insbesondere stellte er auch die hier ebenfalls unzulässige Frage, ob die Klägerin derzeit schwanger sei oder in nächster Zeit eine Schwangerschaft plane. [4]

Nachdem die Klägerin sich im Gespräch weigerte, diese Fragen zu beantworten, äußerte Herr ___[Name]___, dass er dann dem Unternehmen wohl empfehlen müsse, den ausgeschriebenen Arbeitsplatz wiederum mit einem männlichen Kandidaten zu besetzen. Die Personalreferentin ___[Name]___ äußerte sich hierzu nicht, signalisierte der Klägerin lediglich nach Beendigung des Vorstellungsgesprächs, dass man sie in Kürze über die Entscheidung des Unternehmens in Kenntnis setzen werde, welche für die Klägerin nach dem Verlauf des Bewerbungsgesprächs aber wohl kaum eine »Überraschung« sein werde.

Beweis: ___[Beweis]___

Mit Schreiben vom ___[Datum]___ informierte die Beklagte die Klägerin ohne Angabe weiterer Gründe darüber, dass man sich für einen anderen Bewerber entschieden habe.

Die Klägerin ist im Bewerbungsverfahren hinsichtlich der Besetzung der bei der Beklagten ausgeschriebenen Stelle einer __[Funktionsbezeichnung]__ wegen ihres Geschlechts benachteiligt worden. Sie hat daher gemäß § 15 Abs. 2 AGG einen Anspruch auf Zahlung einer angemessenen Entschädigung. [5] Wegen der Schwere des Vorgangs ist diese auf drei Monatsverdienste in Höhe von ___[Betrag]___ festzusetzen __[Begründung]__ . [6]

Die Klägerin hat den ihr zustehenden Entschädigungsanspruch bereits mit Schreiben vom ___[Datum]___ gemäß § 15 Abs. 4 AGG gegenüber der Beklagten geltend gemacht. Eine Reaktion hierauf erfolgte nicht. Vor dem Hintergrund der gemäß § 61b Abs. 1 ArbGG einzuhaltenden Klagefrist war nunmehr Klage geboten. [7]

_____
(Unterschrift Rechtsanwalt)

Erläuterungen

Schrifttum

Bauer/Evers Schadensersatz und Entschädigung bei Diskriminierung – Ein Fass ohne Boden?, NZA 2006, 893; *Fischer* Diskriminierung durch Dritte bei der Bewerberauswahl, NJW 2009, 3547; *Hoppe/Fuhlrott* Update Antidiskriminierungsrecht – Rechtsprechungs-Report 2015, ArbRAktuell 2016, 4; *Joussen* Schwerbehinderung, Fragerecht und positive Diskriminierung nach dem AGG, NZA 2007, 174; *Körner* Diskriminierung von älteren Arbeitnehmern – Abhilfe durch das AGG?, NZA 2008, 497; *Nettesheim* Diskriminierungsschutz ohne Benachteiligung? – Die EuGH-Rechtsprechung zu Altersgrenzen im Beschäftigungsverhältnis, EuZW 2013, 48; *Schwab* Diskriminierende Stellenanzeigen durch Personalvermittler, NZA 2007, 178; *Windel* Der Beweis diskriminierender Benachteiligungen, RdA 2007, 1.

X. Arbeitsgerichtsverfahren

397 **1.** Grundsätzlich gelten auch hier die allgemeinen Regelungen zur örtlichen Zuständigkeit. Sind jedoch mehrere, auf Zahlung einer Entschädigung nach § 15 AGG gerichtete Klagen unterschiedlicher Bewerber wegen Benachteiligung bei der Begründung eines Arbeitsverhältnisses oder beim beruflichen Aufstieg erhoben, so kann der betroffene Arbeitgeber gemäß § 61b Abs. 2 ArbGG einen Antrag stellen, dass das Arbeitsgericht, bei welchem die erste Klage erhoben wurde, auch für die übrigen Klagen ausschließlich zuständig sein soll (vgl. hierzu AR/*Heider* § 61b ArbGG, Rn. 4 m.w.N.). Die Rechtsstreitigkeiten sind dann von Amts wegen an das ausschließlich zuständige Arbeitsgericht zu verweisen. Die Prozesse sind ferner zur gleichzeitigen Verhandlung zu verbinden (vgl. § 61b Abs. 2 S. 2 ArbGG).

398 **2.** Die Klage auf Zahlung einer Entschädigung nach § 15 AGG muss innerhalb von drei Monaten, nachdem der Anspruch schriftlich geltend gemacht worden ist, erhoben werden (vgl. § 61b Abs. 1 ArbGG). Die schriftliche Geltendmachung des Anspruchs richtet sich wiederum nach § 15 Abs. 4 AGG. Es liegt somit eine 2-stufige Frist vor (vgl. AR/*Heider* § 61b ArbGG, Rn. 2). Die Geltendmachung hat nach § 15 Abs. 4 AGG grds. innerhalb von zwei Monaten zu erfolgen. Für den Fristbeginn ist im Fall einer Benachteiligung im Zusammenhang mit einer Bewerbung oder im Zusammenhang mit einem verweigerten beruflichen Aufstieg auf den Zugang der Ablehnung abzustellen. In sonstigen Fällen ist auf den Zeitpunkt abzustellen, in dem der/die Beschäftigte von der Benachteiligung Kenntnis erlangt (AR/*Kappenhagen* § 15 AGG Rn. 51 ff.). Die nach § 15 Abs. 4 AGG erforderliche Schriftform zur Geltendmachung kann auch durch Klageerhebung gewahrt werden, soweit diese jedenfalls »demnächst« i.S.d. § 167 ZPO nach Fristablauf zugestellt wird (BAG, Urt. v. 22.05.2014 – 8 AZR 662/13).

399 **3.** Vgl. Muster X.IV.1. (X Rdn. 252). Zur Benennung von juristischen Personen und Personenhandelsgesellschaften im Rubrum vgl. Muster X.IV.1. Anm. 3 (X Rdn. 257 ff.).

400 **4.** Zu Fragerechten des Arbeitgebers und Offenbarungspflichten des Arbeitnehmers im Bewerbungsprozess vgl. DLW/*Dörner* Kap. 2 Rn. 299 ff. Nach BAG, Urt. v. 13.10.2011 – 8 AZR 608/10 stellt ein Verstoß des Arbeitgebers gegen die bei Besetzung freier Stellen bestehende Prüfpflicht zur Berücksichtigung schwerbehinderter Menschen (§ 81 Abs. 1 SGB IX) ein Indiz dafür dar, dass ein abgelehnter schwerbehinderter Bewerber wegen seiner Behinderung benachteiligt wurde. Es ist dann im Prozess am Arbeitgeber, die Vermutung einer Benachteiligung zu widerlegen. Zur Frage nach dem Vorliegen einer Schwerbehinderung im bestehenden Arbeitsverhältnis vgl. BAG, Urt. v. 16.02.2012 – 6 AZR 553/10. Zu Entschädigungsansprüchen bei geschlechtsspezifischer Benachteiligung im Rahmen von Beförderungsentscheidungen vgl. BAG, Urt. v. 27.01.2011 – 8 AZR 483/09. Zum Entschädigungsanspruch eines schwerbehinderten Bewerbers bei Nichteinladung zum Vorstellungsgespräch bei öffentlichem Arbeitgeber vgl. BAG, Urt. v. 22.08.2013 – 8 AZR 563/12, JurionRS 2013, 50330. Zu Auskunftsansprüchen eines abgelehnten Bewerbers vgl. BAG, Urt. v. 25.04.2013 – 8 AZR 287/07, JurionRS 2013, 42989.

401 **5.** Neben der Geltendmachung der angemessenen Entschädigung nach § 15 Abs. 2 AGG, welche ggf. wegen des immateriellen Schadens gewährt wird, kommen im Diskriminierungsfall selbstverständlich auch weitere, insbesondere auf Ersatz des eigentlichen Vermögensschadens gerichtete Ansprüche in Betracht. Bereits gemäß § 15 Abs. 1 AGG ist der Arbeitgeber im Falle eines Verstoßes gegen ein Benachteiligungsverbot verpflichtet, den hierdurch entstehenden Schaden zu ersetzen (vgl. AR/*Kappenhagen* § 15 AGG, Rn. 7 ff.). Sonstige Ansprüche gegen den Arbeitgeber, die sich aus anderen Rechtsvorschriften ergeben, bleiben im Übrigen durch die Regelung des § 15 AGG unberührt (vgl. hierzu und zu in diesem Zusammenhang denkbaren Anspruchsgrundlagen AR/*Kappenhagen* § 15 AGG Rn. 49).

402 **6.** Nach § 15 Abs. 2 AGG besteht wegen des immateriellen Schadens ggf. ein Anspruch auf Zahlung einer »angemessenen« Entschädigung in Geld. Die Entschädigung darf im Falle einer Nichteinstellung drei Monatsgehälter bereits nach den hier getroffenen gesetzlichen Regelungen nicht übersteigen, wenn der/die Beschäftigte auch bei benachteiligungsfreier Auswahl nicht eingestellt worden wäre. Maßgeblich für die Höhe der Entschädigung sind insbesondere Art und

Schwere des Verstoßes, der Grad des Verschuldens, Art und Schwere der Beeinträchtigung, die Nachhaltigkeit und Fortdauer der Interessenschädigung des Bewerbers sowie Anlass und Beweggründe des Arbeitgebers (vgl. AR/*Kappenhagen* § 15 AGG Rn. 35 ff.). Im gerichtlichen Verfahren ist hierzu vorzutragen. Ein schuldhaftes Verhalten ist nicht vorausgesetzt (BAG, Urt. v. 15.01.2009 – 8 AZR 906/07, NZA 2009, 945).

7. Zur Klagefrist und zur schriftlichen Geltendmachung i.S.d. § 15 Abs. 4 AGG vgl. bereits Anm. 2 (X Rdn. 398).   403

V. Urteilsverfahren 2. Instanz (Berufung)

1. Einlegung der Berufung

Vorbemerkung

Gegen die Urteile der Arbeitsgerichte findet gemäß §§ 64 Abs. 1, 8 Abs. 2 ArbGG die Berufung an die Landesarbeitsgerichte statt. Die Berufung kann nach § 64 Abs. 2 ArbGG dann eingelegt werden, wenn sie im Urteil des Arbeitsgerichts zugelassen wurde oder ein anderer der in § 64 Abs. 2b) bis d) geregelten Fälle vorliegt. Zuzulassen ist die Berufung durch das Arbeitsgericht in den in § 64 Abs. 3 ArbGG geregelte Fällen. Die Entscheidung über die Zulassung der Berufung hat das Arbeitsgericht in den Urteilstenor aufzunehmen. Unterbleibt dies, kann binnen zwei Wochen ab Verkündung des Urteils eine Ergänzung beantragt werden (vgl. § 64 Abs. 3a ArbGG).   404

Im Übrigen ist eine Berufung bereits kraft Gesetz insbesondere dann statthaft, wenn der Beschwerdewert 600 Euro übersteigt oder wenn es sich um eine Rechtsstreitigkeit über das Bestehen, das Nichtbestehen oder die Kündigung eines Arbeitsverhältnisses handelt (vgl. § 64 Abs. 2 ArbGG). Damit ist insbesondere in den praktisch häufigen Kündigungsschutzverfahren und sonstigen Bestandsstreitigkeiten die Berufung stets zulässig (DLW/*Luczak* Kap. 15 Rn. 664 ff.). Falls das Arbeitsgericht in sonstigen Fällen den für die Statthaftigkeit der Berufung maßgeblichen Wert unterhalb des Wertes nach § 64 Abs. 2b) ArbGG festsetzen sollte, kann eine solche Streitwertfestsetzung unverbindlich sein, wenn sie offensichtlich unrichtig ist (BAG, Urt. v. 19.01.2011 – 3 AZR 111/09).   405

Die Frist für die Einlegung der Berufung beträgt nach § 66 Abs. 1 S. 1 ArbGG einen Monat, die Frist für die Begründung der Berufung zwei Monate. Beide Fristen beginnen mit der Zustellung des in vollständiger Form abgefassten Urteils, spätestens jedoch fünf Monate nach Urteilsverkündung. Aufgrund der unterschiedlichen Fristen für Einlegung und Begründung der Berufung wird praktisch zumeist so verfahren, dass die Berufung zunächst binnen eines Monats seit Urteilszustellung eingelegt wird, die Berufungsanträge und die Begründung der Berufung jedoch einem eigenen Schriftsatz vorbehalten bleiben. Das folgende Muster stellt zunächst eine Vorlage für die Einlegung des Rechtsmittels der Berufung dar. Ein Muster für eine Berufungsbegründung findet sich unter X.V.2. (X Rdn. 416). Es ist auch möglich, diese beiden Muster zu kombinieren und die Berufung zugleich mit ihrer Einlegung – etwa zur Beschleunigung des Verfahrens – auch zu begründen.   406

▶ **Muster – Einlegung der Berufung**

An das   407
Landesarbeitsgericht _____ [Ort]   1
[Anschrift des Gerichts]

_____ [Datum]   2

X. Arbeitsgerichtsverfahren

In dem Rechtsstreit
des ___[Name Kläger]___,

– Klägers und Berufungsklägers [3] –

gegen

die ___[Name]___, vertreten durch ___[Name Vertreter]___

– Beklagte und Berufungsbeklagte [4] –

Prozessbevollmächtigte 1. Instanz: ___[Name]___

lege ich namens und in Vollmacht des Klägers und Berufungsklägers [5] das Rechtsmittel der

BERUFUNG

gegen das uns am ___[Datum]___ zugestellte Urteil des Arbeitsgerichts ___[Ort]___ vom ___[Datum]___, Az.: ___[Aktenzeichen]___ ein.

Eine Abschrift des angefochtenen Urteils [6] liegt der vorliegenden Berufungsschrift bei. Berufungsanträge und Begründung bleiben einem gesonderten Schriftsatz vorbehalten. [7]

_____
(Unterschrift Rechtsanwalt) [8]

Erläuterungen

408 **1.** Gemäß § 64 Abs. 1 ArbGG findet gegen Urteile der Arbeitsgerichte grds. die Berufung zu den Landesarbeitsgerichten statt. Das ArbGG enthält zunächst in den §§ 64 ff. ArbGG Regelungen zum Berufungsverfahren. Gemäß § 64 Abs. 7 ArbGG gelten auch bestimmte Verfahrensvorschriften zum Verfahren 1. Instanz im Berufungsverfahren entsprechend. Überdies gelten gemäß § 64 Abs. 6 ArbGG die Vorschriften der Zivilprozessordnung über die Berufung entsprechend, soweit nicht das Arbeitsgerichtsgesetz abweichende Regelungen vorsieht.

409 **2.** Gemäß § 66 Abs. 1 S. 1 ArbGG beträgt die Frist für die Einlegung der Berufung einen Monat. Die Frist beginnt grds. mit Zustellung des in vollständiger Form abgefassten Urteils. Zu beachten ist jedoch auch, dass die Frist im Falle der Untätigkeit des erstinstanzlichen Gerichts spätestens mit Ablauf von fünf Monaten nach Urteilsverkündung beginnt. Es ist aus anwaltlicher Sicht daher zwingend geboten, bereits im Zeitpunkt der Verkündung des Urteils die Höchstfristen für die Einlegung und die Begründung der Berufung im Fristenkalender zu vermerken! Zum Lauf von Berufungs- und Berufungsbegründungsfrist im Fall einer fehlerhaften Rechtsmittelbelehrung vgl. BAG, Urt. v. 24.10.2006 – 9 AZR 709/05, NZA 2007, 228. Zu den Anforderungen an die Berufungseinlegung, zur Versäumung der Berufungsfrist sowie zum Antrag auf Wiedereinsetzung in den vorigen Stand vgl. auch BAG, Beschl. v. 11.07.2013 – 2 AZB 6/13, JurionRS 2013, 42970. Zur Wiedereinsetzung in den vorigen Stand bei Krankheit des Prozessbevollmächtigten vgl. BAG, Urt. v. 07.11.2012 – 7 AZR 314/12, JurionRS 2012, 35256.

410 **3.** Das vorliegende Muster geht von der Situation aus, dass der Kläger erstinstanzlich (zumindest zum Teil) unterlegen ist und sich insoweit auch als Kläger 2. Instanz hiergegen zur Wehr setzt. Selbstverständlich ist das Rubrum auf die jeweilige Prozesssituation anzupassen, wenn sich etwa die erstinstanzliche Beklagte gegen ein zu ihren Ungunsten ergangenes Urteil des Arbeitsgerichts als Berufungsklägerin zur Wehr setzt. Dann müsste es hier entsprechend heißen: »– **Beklagte und Berufungsklägerin** –«. Zur Benennung von juristischen Personen und Personenhandelsgesellschaften im Rubrum vgl. Muster X.IV.1. Anm. 3 (X Rdn. 257 ff.).

411 **4.** Vgl. Anm. 3. Hier ggf. »– **Kläger und Berufungsbeklagter** –« einfügen. Zur Benennung von juristischen Personen und Personenhandelsgesellschaften im Rubrum vgl. Muster X.IV.1. Anm. 3 (X Rdn. 257 ff.).

5. Vgl. Anm. 3 (X Rdn. 410). 412

6. Nach den gesetzlichen Regelungen soll mit der Berufungsschrift eine Ausfertigung oder beglaubigte Abschrift des angefochtenen Urteils vorgelegt werden (vgl. § 519 Abs. 3 ZPO). Trotz des Charakters als Soll-Vorschrift empfiehlt es sich dringend, dem nachzukommen, da das beigefügte Urteil bei etwaigen Unklarheiten zur Auslegung der Berufung herangezogen werden kann. Die Berufung ist nämlich z.B. bereits dann unzulässig, wenn sich die Identität der angegriffenen Entscheidung nicht zweifelsfrei feststellen lässt (BAG, Urt. v. 27.07.2011 – 10 AZR 454/10). Die Identität der angegriffenen Entscheidung ist daher klar und deutlich anzugeben, insbesondere durch Angabe des erstinstanzlichen Gerichts, Entscheidungsdatum und Aktenzeichen in der Berufungsschrift selbst, aber eben auch durch Beifügung des angegriffenen Urteils. 413

7. Vgl. hierzu Muster X.V.2. (X Rdn. 416 ff.). Die Frist für die Begründung der Berufung beträgt gemäß § 66 Abs. 1 S. 1 ArbGG zwei Monate. 414

8. Die Berufungsschrift ist von einem postulationsfähigen Prozessbevollmächtigten zu unterzeichnen (vgl. § 11 Abs. 4 ArbGG). Die Unterschrift des Prozessbevollmächtigten muss nicht lesbar sein, jedoch in jedem Fall ein individuelles Schriftbild aufweisen (vgl. DLW/*Luczak* Kap. 15 Rn. 686 ff.; s.a. BAG, Urt. v. 25.02.2015 – 5 AZR 849/13). Zur Einlegung des Rechtsmittels durch Telefax vgl. AR/*Spelge* § 66 ArbGG Rn. 12 ff. sowie BAG, Urt. v. 13.12.2012 – 6 AZR 303/12, JurionRS 2012, 36809. 415

2. Begründung der Berufung

Vorbemerkung

Die Berufung ist gemäß § 66 Abs. 1 S. 1 ArbGG binnen einer Frist von zwei Monaten – grds. beginnend mit der Zustellung des in vollständiger Form abgefassten Urteils – zu begründen. Die Begründung kann entweder bereits mit der Einlegung der Berufung in einem einheitlichen Schriftsatz oder aber auch nach bereits erfolgter Einlegung durch einen gesonderten Berufungsbegründungsschriftsatz erfolgen. Der notwendige Inhalt der Berufungsbegründungsschrift folgt im Wesentlichen aus § 64 Abs. 6 ArbGG i.V.m. § 520 Abs. 3 ZPO. Die Berufungsbegründung hat danach zunächst die Erklärung zu enthalten, inwieweit das angegriffene Urteil angefochten wird und welche Abänderungen des Urteils beantragt werden (Berufungsanträge). Darüber hinaus ist die gewünschte Abänderung des Urteils inhaltlich nach Maßgabe des § 520 Abs. 3 Nr. 2 bis Nr. 4 ZPO zu begründen. Die Berufungsbegründung hat sich dabei im Einzelnen mit dem angefochtenen Urteil auseinanderzusetzen. Es ist deutlich zu machen, in welchen rechtlichen oder tatsächlichen Punkten das angegriffene Urteil für unrichtig gehalten wird. Die zur Anfechtung berechtigenden Gründe sind im Einzelnen und bezogen auf den konkreten Fall (BAG, Urt. v. 15.03.2011 – 9 AZR 813/09) darzulegen (DLW/*Luczak* Kap. 15 Rn. 714 ff.). Hierbei ist große Sorgfalt anzulegen, da bei Nichteinhaltung der geschilderten Grundsätze eine Verwerfung der Berufung droht (DLW/*Luczak* Kap. 15 Rn. 718; zu den Anforderungen an eine Berufung siehe auch BAG, Urt. v. 18.05.2011 – 4 AZR 552/09). 416

Neue Angriffs- und Verteidigungsmittel, welche in den Grenzen des § 67 ArbGG auch in zweiter Instanz noch in das Verfahren eingeführt werden können, sind vom Berufungskläger in der Berufungsbegründungsschrift vorzubringen. Späteres Vorbringen neuer Angriffs- und Verteidigungsmittel kann nur noch unter den Voraussetzungen des § 67 Abs. 4 S. 2 ArbGG zugelassen werden. 417

X. Arbeitsgerichtsverfahren

▶ Muster – Begründung der Berufung

418 An das

Landesarbeitsgericht ___[Ort]___
[Anschrift des Gerichts]

_____[Datum]___ 1

In dem Rechtsstreit

des ___[Name]___ ,

– Klägers und Berufungsklägers [2] –

gegen

die ___[Name]___ , vertreten durch ___[Name Vertreter]___

– Beklagte und Berufungsbeklagte [3] –

Az.: ___[Aktenzeichen]___

begründen wir im Folgenden unsere mit Schriftsatz vom ___[Datum]___ gegen das Urteil des Arbeitsgerichts ___[Ort]___ vom ___[Datum]___ , Az.: ___[Aktenzeichen]___ , eingelegte Berufung.

Wir beantragen,

das Urteil des Arbeitsgerichts ___[Ort]___ vom ___[Datum]___ , Az.: ___[Aktenzeichen]___ , abzuändern und festzustellen, dass das Arbeitsverhältnis durch die seitens der Beklagten und Berufungsbeklagten erklärte Kündigung vom ___[Datum]___ nicht zum ___[Datum]___ aufgelöst worden ist. [4]

BEGRÜNDUNG:

I. Der Kläger und Berufungskläger (im Folgenden: Kläger) war im Zeitraum vom ___[Datum]___ bis zum ___[Datum]___ bei der Beklagten und Berufungsbeklagten (im Folgenden: Beklagte), einem mit der Herstellung von ___[Bezeichnung Unternehmensgegenstand]___ befassten Unternehmen, als ___[Funktionsbezeichnung]___ tätig. Er war bis zuletzt im Betrieb der Beklagten in ___[Ort]___ eingesetzt.

Mit Kündigungserklärung vom ___[Datum]___ , dem Kläger am ___[Datum]___ zugegangen, kündigte die Beklagte das mit dem Kläger bestehende Arbeitsverhältnis ordentlich betriebsbedingt mit Wirkung zum ___[Datum]___ . Sie begründete diese Kündigung damit, dass ___[Begründung]___ . [5]

II. Der Kläger erhob am ___[Datum]___ Kündigungsschutzklage zum Arbeitsgericht ___[Ort]___ und machte mit dieser die Rechtsunwirksamkeit der Kündigung vom ___[Datum]___ geltend. Er hat insoweit insbesondere darauf hingewiesen, dass ___[Begründung]___ . Die Beklagte hat die Wirksamkeit der ausgesprochenen Kündigung mit dem Argument verteidigt, dass ___[Begründung]___ . Das Arbeitsgericht schloss sich der Argumentation der Beklagten an und wies die Klage mit dem hier angefochtenen Urteil vom ___[Datum]___ ab. Das Gericht begründete seine Entscheidung damit, dass ___[Begründung]___ . [6]

III. Mit der vorliegenden Berufung ficht der Kläger das erstinstanzliche Urteil insgesamt an. Dieses ist abzuändern, da es unrichtig ist und auf einer für die angefochtene Entscheidung erheblichen Rechtsverletzung beruht.

1) Zu beanstanden ist zunächst die Feststellung der Tatsachen durch das Arbeitsgericht. So wurde bereits in der Replik vom ___[Datum]___ umfassend dargelegt, dass ___[Darlegung Replik]___ . Der Kläger hat für seine diesbezüglichen Behauptung auch Beweis angetreten durch Benennung des Zeugen ___[Name]___ , der aus eigener Wahrnehmung bekunden kann, dass ___[Ausführung der Zeugenwahrnehmung]___ . *Das Arbeitsgericht hat diesen Vortrag des Klägers zu Unrecht in seinem Urteil völlig unberücksichtigt gelassen und auch die gebotene Vernehmung des Zeugen ___[Name]___ unterlassen.* [7]

2) Überdies ist der bereits in erster Instanz vorgetragene Sachverhalt noch dahingehend zu ergänzen, dass [Ergänzung Sachverhalt]. 8

3) Schließlich ist das Arbeitsgericht auch rechtsfehlerhaft davon ausgegangen, dass die seitens der Beklagten ausgesprochene Kündigung vom [Datum] durch dringende betriebliche Erfordernisse i.S.d. § 1 Abs. 2 KSchG bedingt und damit sozial gerechtfertigt war. Das Arbeitsgericht hat hierzu die Rechtsauffassung vertreten, dass [Rechtsauffassung des Arbeitsgerichts]. Diese Auffassung steht jedoch in Widerspruch zu den gesetzlichen Vorschriften und auch der hierzu ergangenen Rechtsprechung des Bundesarbeitsgerichts, weil [Begründung]. Die mit der Rechtsauffassung des Arbeitsgerichts einhergehende Rechtsverletzung ist auch erheblich. Hätte das Arbeitsgericht die hier dargestellte, zutreffende Rechtsauffassung vertreten, hätte es zur Unwirksamkeit der angegriffenen Kündigung kommen müssen. 9

Abschließend nehmen wir ergänzend Bezug auf das erstinstanzliche Vorbringen des Klägers einschließlich der angetretenen Beweise.

___

(Unterschrift Rechtsanwalt) 10

Erläuterungen

1. Die Frist für die Begründung der Berufung beträgt gemäß § 66 Abs. 1 S. 1 ArbGG zwei Monate. Sie beginnt ebenfalls im Grundsatz mit der Zustellung des in vollständiger Form abgefassten Urteils, spätestens jedoch mit Ablauf von fünf Monaten nach Urteilsverkündung. Die Frist für die Begründung der Berufung kann – ebenso wie die Berufungsbeantwortungsfrist – durch den Vorsitzenden verlängert werden, wenn eine Verzögerung des Rechtsstreits hierdurch nicht droht oder erhebliche Gründe dargelegt werden. Wegen der nur einmal bestehenden Verlängerungsmöglichkeit (vgl. § 66 Abs. 1 S. 5 ArbGG) sollte im Zweifel aus anwaltlicher Sicht eher eine etwas zu großzügige Fristverlängerung beantragt werden. Das Gesetz enthält keine Vorgaben zur (Maximal-)Dauer der Fristverlängerung. In der Praxis werden regelmäßig jedenfalls Fristverlängerungen bis zu einem Monat bewilligt. In begründeten Ausnahmefällen kommt eine Verlängerung der Berufungsbegründungsfrist auch über einen Monat hinaus in Betracht. Zum Lauf von Berufungs- und Berufungsbegründungsfrist im Fall einer fehlerhaften Rechtsmittelbelehrung vgl. BAG, Urt. v. 24.10.2006 – 9 AZR 709/05, NZA 2007, 228.

2. Die Bezeichnung ist situationsabhängig an die jeweilige Parteirolle anzupassen. Vgl. bereits Muster X.V.1. Anm. 3 (X Rdn. 410) und 5 (X Rdn. 412). Zur Benennung von juristischen Personen und Personenhandelsgesellschaften im Rubrum vgl. Muster X.IV.1. Anm. 3 (X Rdn. 257 ff.).

3. Vgl. Anm. 2 (X Rdn. 420).

4. Der hier gestellte Antrag basiert auf der Annahme, dass ein Arbeitnehmer mit einer Kündigungsschutzklage in erster Instanz vollständig unterlegen ist. Im Falle eines nur teilweisen Unterliegens des Klägers 1. Instanz – etwa mit einem kumulativ gestellten Zahlungsantrag – kann der Antrag wie folgt formuliert werden:

Alternative:
[... das Urteil des Arbeitsgerichts [Ort] vom [Datum], Az.: [Aktenzeichen], insoweit abzuändern, als die Klage abgewiesen wurde und die Beklagte zu verurteilen, an den Kläger € [Betrag] nebst Zinsen in Höhe von [Zinsbetrag] seit dem [Datum] zu zahlen.]

Wendet sich die/der Beklagte nach vollständigem Unterliegen in 1. Instanz mit einer Berufung gegen ein arbeitsgerichtliches Urteil, kann folgender Antrag gestellt werden, wenn die Verurteilung der Beklagten insgesamt in Frage gestellt werden und damit letztlich eine vollständige Abweisung der Klage erreicht werden soll:

X. Arbeitsgerichtsverfahren

425   *Alternative:*

[... *das Urteil des Arbeitsgerichts* ___[Ort]___ *vom* ___[Datum]___ , *Az.:* ___[Aktenzeichen]___ , *abzuändern und die Klage abzuweisen.*]

426   Bei einer teilweise der Klage stattgebenden Entscheidung, kann seitens der/des Beklagten etwa der folgende Antrag in der Berufung gestellt werden:

427   *Alternative:*

[... *das Urteil des Arbeitsgerichts* ___[Ort]___ *vom* ___[Datum]___ , *Az.:* ___[Aktenzeichen]___ , *insoweit abzuändern, als der Klage stattgegeben wurde und die Klage insgesamt abzuweisen.*]

428   **5.**   Der hier im Folgenden gewählte Aufbau ist nicht zwingend, erscheint jedoch regelmäßig zweckmäßig. Um zu gewährleisten, dass die Berufungsbegründung aus sich heraus verständlich ist, bietet es sich insbesondere an, in einem ersten Schritt den Sachverhalt und die Hintergründe des Rechtsstreits noch einmal zusammenfassend darzustellen.

429   **6.**   In einem zweiten Schritt kann und sollte dann noch einmal der wesentliche Gang des erstinstanzlichen Verfahrens, die von den Parteien in tatsächlicher und rechtlicher Hinsicht eingenommenen Standpunkte sowie insbesondere auch der Inhalt des Urteils 1. Instanz dargestellt werden.

430   **7.**   Die Berufungsbegründungsschrift hat – soweit die Tatsachenfeststellung durch das Arbeitsgericht beanstandet werden soll – gemäß § 520 Abs. 3 Nr. 3 ZPO konkrete Anhaltspunkte zu bezeichnen, die Zweifel an der Richtigkeit oder Vollständigkeit der Tatsachenfeststellungen im angefochtenen Urteil begründen und deshalb eine erneute Feststellung gebieten. Liegen solche Anhaltspunkte nicht vor, so legt das Landesarbeitsgericht seiner Entscheidung die vom Arbeitsgericht festgestellten Tatsachen zu Grunde.

431   **8.**   In den Grenzen des § 67 ArbGG können auch noch in der Berufungsinstanz neue Angriffs- und Verteidigungsmittel vorgebracht werden. Angriffs- und Verteidigungsmittel, die bereits in erster Instanz rechtmäßig zurückgewiesen wurden, bleiben allerdings ausgeschlossen. Angriffs- oder Verteidigungsmittel, die entgegen gesetzter Fristen oder entgegen § 282 ZPO nicht rechtzeitig vorgebracht bzw. mitgeteilt worden sind, können unter den Voraussetzungen der § 67 Abs. 2 und Abs. 3 ArbGG ausnahmsweise noch zugelassen werden. Auch dann sind diese jedoch in der Berufungsbegründung vorzubringen (vgl. § 67 Abs. 4 S. 1 ArbGG). Werden sie später vorgebracht, kommt eine Zulassung nur unter den Voraussetzungen des § 67 Abs. 4 S. 2 ArbGG in Betracht (vgl. AR/*Spelge* § 67 ArbGG Rn. 10 ff.).

432   **9.**   In der Berufungsbegründung sind gemäß § 520 Abs. 3 Nr. 2 ZPO ferner die Umstände zu bezeichnen, aus denen sich die Rechtsverletzung ergibt, auf der die Entscheidung nach Auffassung des Rechtsmittelführers beruht. Ferner ist die Erheblichkeit dieser Umstände für die angefochtene Entscheidung darzustellen. Es ist damit aufzuzeigen, dass das Arbeitsgericht bei richtiger Rechtsanwendung zu einem anderen Ergebnis hätte kommen müssen.

433   **10.**   Die Berufungsbegründungsschrift ist von einem postulationsfähigen Prozessbevollmächtigten zu unterzeichnen (vgl. § 11 Abs. 4 ArbGG). Auch hier sind hinsichtlich der Unterschrift dieselben Grundsätze wie bei Einlegung der Berufung zu beachten (vgl. DLW/*Luczak* Kap. 15 Rn. 707 ff. und 686 ff. und Muster X.V.1. Anm. 8 – X Rdn. 415).

3. Beantwortung der Berufung

Vorbemerkung

434   Gemäß § 66 Abs. 1 S. 3 ArbGG muss die Berufung innerhalb eines Monats nach Zustellung der Berufungsbegründung vom Berufungsbeklagten beantwortet werden. Hierüber ist der Berufungs-

beklagte ausdrücklich zu belehren (vgl. § 66 Abs. 1 S. 4 ArbGG). Ebenso wie die Berufungsbegründungsfrist kann auch die Frist zur Beantwortung der Berufung vom Vorsitzenden einmal auf Antrag verlängert werden, wenn nach seiner freien Überzeugung der Rechtsstreit durch die Verlängerung nicht verzögert wird oder wenn erhebliche Gründe für die Verlängerung der Frist dargelegt werden (vgl. § 66 Abs. 1 S. 5 ArbGG).

▶ **Muster – Beantwortung der Berufung**

An das
Landesarbeitsgericht ___[Ort]___
[Anschrift des Gerichts]

___[Datum]___ 1

In dem Berufungsrechtsstreit
des ___[Name Kläger]___,

– Klägers und Berufungsklägers [2] –

gegen
die ___[Name]___, vertreten durch ___[Name Vertreter]___

– Beklagte und Berufungsbeklagte [3] –

Az.: ___[Aktenzeichen]___

beantworten wir im Folgenden namens und im Auftrag der Beklagten und Berufungsbeklagten (im Folgenden: Beklagte) die mit Schriftsatz vom ___[Datum]___, uns zugestellt am ___[Datum]___, begründete Berufung des Klägers und Berufungsklägers (im Folgenden: Kläger). Wir beantragen,

die Berufung des Klägers gegen das Urteil des Arbeitsgerichts ___[Ort]___ vom ___[Datum]___, Az.: ___[Aktenzeichen]___ zurückzuweisen. [4]

BEGRÜNDUNG:

I. Die Berufung des Klägers und Berufungsklägers (im Folgenden: Kläger) ist bereits unzulässig ___[Begründung]___ [5]

II. Darüber hinaus kann die Berufung des Klägers auch in der Sache keinen Erfolg haben. Das Arbeitsgericht hat im angefochtenen Urteil zu Recht entschieden, dass ___[Entscheidung des Arbeitsgerichts]___. Die hiergegen gerichteten Ausführungen in der Berufungsbegründung vermögen keine vom Urteil des Arbeitsgerichts abweichende rechtliche Bewertung zu rechtfertigen.

1) Zu Unrecht rügt der Kläger in der Berufungsbegründung zunächst, dass ___[Begründung]___. [6]

2) Überdies ergibt sich die Richtigkeit des angefochtenen Urteils auch daraus, dass ___[Begründung]___. [7]

(Unterschrift Rechtsanwalt) [8]

Erläuterungen

1. Die Berufung ist durch den Berufungsbeklagten gemäß § 66 Abs. 1 S. 3 ArbGG binnen Monatsfrist zu beantworten. Die Frist beginnt mit der Zustellung der Berufungsbegründung an den Berufungsbeklagten und kann einmal durch den Vorsitzenden auf Antrag verlängert werden, soweit nach dessen freier Überzeugung der Rechtsstreit durch die Verlängerung nicht verzögert wird oder wenn der Berufungsbeklagte erhebliche Gründe für die Verlängerung darlegt (vgl. § 66

Abs. 1 S. 5 ArbGG). Hält der Berufungsbeklagte die Frist für die Beantwortung der Berufung nicht ein, so riskiert er, dass sein Vorbringen als verspätet zurückgewiesen wird (vgl. § 67 Abs. 4 S. 2 ArbGG/siehe hierzu AR/*Spelge* § 67 ArbGG Rn. 10; vgl. auch BAG, Urt. v. 23.06.2005 – 2 AZR 193/04, NZA 2005, 1233).

437 2. Die Bezeichnung ist situationsabhängig an die jeweilige Parteirolle anzupassen. Vgl. bereits Muster X.V.1. Anm. 3 (X Rdn. 410) und 5 (X Rdn. 412). Zur Benennung von juristischen Personen und Personenhandelsgesellschaften im Rubrum vgl. Muster X.IV.1. Anm. 3 (X Rdn. 257 ff.).

438 3. Vgl. Anm. 2 (X Rdn. 437).

439 4. Geht es dem Berufungsbeklagten nicht nur darum, eine Zurückweisung der Berufung zu erreichen, sondern verfolgt er hierüber hinausgehende Rechtsschutzziele, so ist die Möglichkeit einer sog. Anschlussberufung zu erwägen (vgl. hierzu Muster X.V.4. – X Rdn. 444 ff.).

440 5. Hier sind zweckmäßigerweise zunächst etwaige Einwände gegen die Zulässigkeit der Berufung anzugeben. Vgl. zu den Voraussetzungen einer zulässigen Berufung und möglichen Mängeln in diesem Zusammenhang DLW/*Luczak* Kap. 15 Rn. 662 ff. und BAG, Urt. v. 18.05.2011 – 4 AZR 552/09.

441 6. An dieser Stelle hat eine detaillierte Auseinandersetzung mit den Argumenten der Berufung zu erfolgen. Der Aufbau der Berufungsbeantwortung kann sich insoweit am Aufbau der Berufungsschrift orientieren.

442 7. Auch im Rahmen der Berufungsbeantwortung können neue Angriffs- und Verteidigungsmittel in den gesetzlichen Grenzen vorgebracht werden (vgl. hierzu AR/*Spelge* § 67 ArbGG Rn. 1 ff.).

443 8. Die Berufungsbeantwortung ist von einem postulationsfähigen Prozessbevollmächtigten zu unterzeichnen (vgl. § 11 Abs. 4 ArbGG). Auch hier sind hinsichtlich der Unterschrift dieselben Grundsätze wie bei Einlegung der Berufung zu beachten. (vgl. DLW/*Luczak* Kap. 15 Rn. 686 ff. und Muster X.V.1. Anm. 8 – X Rdn. 415).

4. Anschlussberufung

Vorbemerkung

444 Will der Berufungsbeklagte mehr als die bloße Abwehr der seitens des Berufungsklägers eingelegten Berufung erreichen, so hat er hierfür zunächst unter den Voraussetzungen des § 64 ArbGG und innerhalb der in § 66 ArbGG geregelten Fristen die Möglichkeit, selbst im Wege einer selbständigen (Haupt-)Berufung gegen das erstinstanzliche Urteil vorzugehen.

445 Alternativ kann er sich der Berufung des Berufungsklägers binnen eines Monats seit Zustellung der Berufungsbegründungsschrift anschließen (vgl. § 64 Abs. 6 ArbGG i.V.m. § 524 ZPO). Die Anschließung ist auch dann noch möglich, wenn der Berufungsbeklagte die Frist zur Einlegung einer eigenen Hauptberufung hat verstreichen lassen oder sogar auf die Einlegung der Berufung verzichtet hat (vgl. § 64 Abs. 6 ArbGG i.V.m. § 524 Abs. 2 ZPO) Die Anschlussberufung ist nach der heutigen Konzeption des Gesetzes unselbständig, d.h. vom Schicksal der Hauptberufung abhängig (AR/*Spelge* § 64 ArbGG, Rn. 20 m.w.N.). Aufgrund ihrer Unselbständigkeit verliert die Anschlussberufung u.a. dann ihre Wirkung, wenn die Hauptberufung zurückgenommen, als unzulässig verworfen oder durch Beschluss zurückgewiesen wird (vgl. § 524 Abs. 4 ZPO und AR/*Spelge* § 64 ArbGG, Rn. 20 m.w.N.).

446 Die Anschlussberufung ist bis zum Ablauf »der dem Berufungsgegner gesetzten Frist zur Berufungserwiderung« einzulegen und in der Anschlussschrift zu begründen (§ 524 Abs. 2 und Abs. 3 ZPO). Die Anschlussberufung ist damit binnen eines Monats seit Zustellung der Berufungs-

begründung einzulegen und zu begründen (zum Fall der Verlängerung der Berufungsbeantwortungsfrist vgl. AR/*Spelge* § 64 ArbGG Rn. 17). Die Anschlussberufung setzt keine Beschwer des Anschlussberufungsklägers voraus (BAG, Urt. v. 29.09.1993 – 4 AZR 693/92, NZA 1994, 761). Die Einlegung und Begründung der Anschlussberufung ist zweckmäßigerweise mit der Beantwortung der Berufung zu verbinden.

▶ **Muster – Anschlussberufung**

An das

Landesarbeitsgericht ___[Ort]___

[Anschrift des Gerichts]

___[Datum]___ 1

In dem Berufungsrechtsstreit

des ___[Name Kläger]___ ,

– Klägers, Berufungsklägers und Anschlussberufungsbeklagten [2] –

gegen

die ___[Name]___ , vertreten durch ___[Name Vertreter]___

– Beklagte, Berufungsbeklagte und Anschlussberufungsklägerin [3] –

Az.: ___[Aktenzeichen]___

beantworten wir im Folgenden zunächst namens und in Vollmacht der Beklagten, Berufungsbeklagten und Anschlussberufungsklägerin (im Folgenden: Beklagte) die mit Schriftsatz vom ___[Datum]___ , uns zugestellt am ___[Datum]___ , begründete Berufung des Klägers, Berufungsklägers und Anschlussberufungsbeklagten (im Folgenden: Kläger). Zugleich legen wir namens und im Auftrag der Beklagten

ANSCHLUSSBERUFUNG

gegen das Urteil des Arbeitsgerichts ___[Ort]___ vom ___[Datum]___ , Az. ___[Aktenzeichen]___ , ein. Wir beantragen,

1. die Berufung des Klägers gegen das Urteil des Arbeitsgerichts ___[Ort]___ vom ___[Datum]___ , Az.: ___[Aktenzeichen]___ zurückzuweisen.

2. das Urteil des Arbeitsgerichts ___[Ort]___ vom ___[Datum]___ , Az. ___[Aktenzeichen]___ , abzuändern, soweit die Beklagte zu ___[Inhalt der Verurteilung]___ verurteilt wurde und die Klage insgesamt abzuweisen. [4]

BEGRÜNDUNG:

I. Das Arbeitsgericht hat in seinem Urteil vom ___[Datum]___ zutreffend die Klage insoweit abgewiesen, als diese gegen die Wirksamkeit der am ___[Datum]___ zum ___[Datum]___ ausgesprochenen ordentlichen, betriebsbedingten Kündigung gerichtet ist. Die hiergegen erhobene Berufung des Klägers ist unbegründet (vgl. unter II.). Daneben hat das Arbeitsgericht die Beklagte jedoch unzutreffend zu ___[Beschreibung Verurteilung]___ verurteilt und dies damit begründet, dass ___[Begründung der Verurteilung]___ . Hiergegen richtet sich die zulässige und begründete Anschlussberufung der Beklagten (vgl. unter III.).

II. Die Berufung des Klägers ist unbegründet. Das Arbeitsgericht hat zu Recht erkannt, dass die gegen die am ___[Datum]___ zum ___[Datum]___ ausgesprochene ordentliche, betriebsbedingte Kündigung der Beklagten gerichtete Kündigungsschutzklage unbegründet ist, da ___[Begründung]___ . [5]

X. Arbeitsgerichtsverfahren

III. Die Anschlussberufung der Beklagten ist dagegen zulässig und begründet, so dass das erstinstanzliche Urteil antragsgemäß insoweit abzuändern ist, als die Beklagte zu _[Inhalt Verurteilung]_ verurteilt wurde. Die Klage ist stattdessen insgesamt abzuweisen.

1) Die Anschlussberufung der Beklagten ist statthaft gemäß § 64 Abs. 6 ArbGG i.V.m. § 524 ZPO. Die Berufungsbegründung des Klägers wurde der Beklagten am _[Datum]_ zugestellt, so dass die Anschlussberufung mit der vorliegenden Anschlussberufungsschrift fristgemäß i.S.d. § 524 Abs. 2 ZPO eingelegt und zugleich begründet wird.

2) Die Anschlussberufung ist auch begründet. Das Arbeitsgericht hat die Beklagte zu Unrecht auf die Klage hin zu _[Beschreibung Verurteilung]_ verurteilt. _[Begründung]_ 6

_____

(Unterschrift Rechtsanwalt) 7

Erläuterungen

448 **1.** Die Anschlussberufung ist gemäß § 64 Abs. 6 ArbGG i.V.m. § 524 Abs. 2 ZPO innerhalb »der dem Berufungsbeklagten gesetzten Frist zur Berufungserwiderung« einzulegen und gemäß § 524 Abs. 3 ZPO in der Anschlussschrift zu begründen. Maßgebliche Frist für die Einlegung und Begründung der Anschlussberufung ist damit die in § 66 Abs. 1 S. 3 ArbGG vorgesehene Frist von einem Monat nach Zustellung der Berufungsbegründung. Vielfach wird hier vertreten, dass sich auch diese Frist verlängert, wenn nach § 66 Abs. 1 S. 5 ArbGG die Berufungsbeantwortungsfrist durch den Vorsitzenden verlängert wird (AR/*Spelge* § 64 ArbGG Rn. 17 unter Hinweis auf BAG, Urt. v. 24.05.2012 – 2 AZR 124/11, NZA 2012, 1223).

449 **2.** Die Bezeichnung ist situationsabhängig an die jeweilige Parteirolle anzupassen. Vgl. bereits Muster W.V.1. Anm. 3 und 5. Zur Benennung von juristischen Personen und Personenhandelsgesellschaften im Rubrum vgl. Muster X.IV.1. Anm. 3 (X Rdn. 257 ff.).

450 **3.** Vgl. Anm. 2 (X Rdn. 449).

451 **4.** Die Anschlussbeschwerdeschrift muss die Erklärung, dass Anschlussberufung eingelegt wird, sowie die Anträge zur Anschlussberufung enthalten (§ 64 Abs. 6 ArbGG i.V.m. §§ 524 Abs. 3, 520 Abs. 3 ZPO). Hinsichtlich der Antragstellung kann auf die Ausführungen zur Antragstellung im Fall der »normalen« Hauptberufung Bezug genommen werden (vgl. Muster X.V.2. Anm. 4 – X Rdn. 422 ff.).

452 **5.** Vgl. hierzu Muster X.V.3. (X Rdn. 434 ff.).

453 **6.** Hier ist im Detail zu begründen, aus welchen tatsächlichen oder rechtlichen Gründen das erstinstanzliche Urteil abzuändern ist. Es gelten hier die zur Begründung der Berufung dargestellten Grundsätze (vgl. Muster X.V.2. – X Rdn. 416 ff.).

454 **7.** Die Anschlussberufungsschrift ist von einem postulationsfähigen Prozessbevollmächtigten zu unterzeichnen (vgl. § 11 ArbGG). Auch hier sind hinsichtlich der Unterschrift dieselben Grundsätze wie bei Einlegung der Berufung zu beachten. (vgl. DLW/*Luczak* Kap. 15 Rn. 686 ff. und Muster X.V.1. Anm. 8 – X Rdn. 415).

VI. Urteilsverfahren 3. Instanz (Revision)

1. Einlegung der Revision

Vorbemerkung

455 Gegen Endurteile der Landesarbeitsgerichte findet nach §§ 72 Abs. 1, 8 Abs. 3 ArbGG die Revision zum Bundesarbeitsgericht statt, wenn sie entweder im Urteil des Landesarbeitsgerichts oder

– nach erfolgreicher Nichtzulassungsbeschwerde – in einem Beschluss des Bundesarbeitsgerichts nach § 72a Abs. 5 S. 2 ArbGG zugelassen wurde (DLW/*Luczak* Kap. 15 Rn. 821 ff.).

Das Landesarbeitsgericht als Berufungsgericht hat die Revision in den Fällen des § 72 Abs. 2 ArbGG zuzulassen (DLW/*Luczak* Kap. 15 Rn. 783 ff.). Das BAG ist an die Zulassung der Revision durch das Landesarbeitsgericht gebunden (§ 72 Abs. 3 ArbGG). Sofern die §§ 72 ff. ArbGG keine vorrangigen Sonderregelungen enthalten, richtet sich das Revisionsverfahren vor dem Bundesarbeitsgericht nach den Vorschriften der Zivilprozessordnung über die Revision. Ausgenommen ist § 566 ZPO (§ 72 Abs. 5 ArbGG). Darüber hinaus gelten gemäß § 72 Abs. 6 ArbGG einige Regelungen des ArbGG zum erstinstanzlichen Verfahren vor den Arbeitsgerichten entsprechend.

▶ **Muster – Einlegung der Revision**

An das
Bundesarbeitsgericht
__[Adresse]__

_____ __[Datum]__ 1

In dem Rechtsstreit
des __[Name Kläger]__ ,

– Klägers, Berufungsklägers und Revisionsklägers 2 –

gegen
die __[Name]__ , vertreten durch __[Name Vertreter]__

– Beklagte, Berufungsbeklagte und Revisionsbeklagte 3 –

Prozessbevollmächtigte 1. und 2. Instanz: __[Name]__
Az. 1. Instanz: __[Aktenzeichen]__ , ArbG __[Ort]__
Az. 2. Instanz: __[Aktenzeichen]__ , LAG __[Ort]__

lege ich namens und in Vollmacht des Klägers, Berufungsklägers und Revisionsklägers das Rechtsmittel der

REVISION

gegen das uns am __[Datum]__ zugestellte Urteil des Landesarbeitsgerichts __[Ort]__
vom __[Datum]__ , Az.: __[Aktenzeichen]__ ein.

Eine Ausfertigung des angefochtenen Urteils 4 liegt dem vorliegenden Schriftsatz bei. Revisionsanträge und Begründung bleiben einem gesonderten Schriftsatz vorbehalten. 5

_____
(Unterschrift Rechtsanwalt) 6

Erläuterungen

1. Die Frist zur Einlegung der Revision beträgt nach § 74 Abs. 1 ArbGG einen Monat. Die Frist beginnt grds. mit der Zustellung des in vollständiger Form abgefassten Urteils, spätestens jedoch mit dem Ablauf von fünf Monaten seit Verkündung des anzufechtenden Urteils. Hat das Landesarbeitsgericht die Revision nicht zugelassen und wurde vor diesem Hintergrund erfolgreich Nichtzulassungsbeschwerde gemäß § 72a ArbGG erhoben, so gilt bereits die form- und fristgerechte Einlegung der Nichtzulassungsbeschwerde als Revision (vgl. § 72a Abs. 6 S. 2 ArbGG). Wird der Nichtzulassungsbeschwerde stattgegeben, so wird das (Nichtzulassungs-)Beschwerdeverfahren gemäß § 72a Abs. 6 ArbGG als Revisionsverfahren fortgesetzt. Eine gesonderte Revisionseinlegung ist dann nicht mehr erforderlich (vgl. AR/*Spelge* § 72a ArbGG Rn. 41). Unbedingt zu bedenken ist im Zusammenhang mit der einzuhaltenden Rechtsmittelfrist schließlich, dass das Fristende wegen eines Feiertags nur dann hinausgeschoben wird, wenn der betreffende Tag an dem Ort, an dem das Rechtsmittel einzulegen ist (hier: Erfurt), gesetzlicher Feiertag ist (vgl. BAG, Beschl. v. 24.08.2011 – 8 AZN 808/11).

459 2. Das vorliegende Muster geht von der Situation aus, dass der Kläger erst- und zweitinstanzlich (zumindest zum Teil) unterlegen ist und sich insoweit auch als Revisionskläger hiergegen zur Wehr setzt. Die Bezeichnung ist situationsabhängig an die jeweilige Parteirolle anzupassen. Zur Benennung von juristischen Personen und Personenhandelsgesellschaften im Rubrum vgl. Muster X.IV.1. Anm. 3 (X Rdn. 257 ff.). Zum in engen Voraussetzungen denkbaren Parteiwechsel in der Revisionsinstanz vgl. jetzt BAG, Urt. v. 21.06.2011 – 9 AZR 236/10.

460 3. Vgl. Anm. 2 (X Rdn. 459).

461 4. Nach § 550 Abs. 1 ZPO soll mit der Revisionsschrift eine Ausfertigung oder beglaubigte Abschrift des angefochtenen Urteils vorgelegt werden. Ebenso wie im Fall der Berufung empfiehlt es sich trotz des Charakters der Vorschrift als bloße Soll-Vorschrift, diesem Gebot nachzukommen. In Zweifelsfällen wird das Gericht so in die Lage versetzt, zu ermitteln, gegen welche Entscheidung sich die Revision richten soll.

462 5. Vgl. zur Revisionsbegründung Muster X.VI.2. (X Rdn. 464 ff.). Die Frist für die Begründung der Revision beträgt gemäß § 74 Abs. 1 S. 1 ArbGG zwei Monate. Sie beginnt ebenfalls im Grundsatz mit der Zustellung des in vollständiger Form abgefassten Urteils, spätestens jedoch mit Ablauf von fünf Monaten nach Urteilsverkündung (§ 74 Abs. 1 S. 2 ArbGG). Die Frist für die Begründung der Revision kann einmal um bis zu einem Monat verlängert werden (vgl. § 74 Abs. 1 S. 3 ArbGG). Geht der Revision ein Nichtzulassungsbeschwerdeverfahren voraus, so beginnt die Revisionsbegründungsfrist mit Zustellung der der Nichtzulassungsbeschwerde stattgebenden Entscheidung des Bundesarbeitsgerichts (§ 72a Abs. 6 S. 3 ArbGG).

463 6. Die Revision muss schriftlich eingelegt werden und durch einen postulationsfähigen Prozessbevollmächtigten i.S.d. § 11 ArbGG unterzeichnet werden. Die Unterschrift muss nicht lesbar sein, jedoch in jedem Fall ein individuelles Schriftbild aufweisen (vgl. DLW/*Luczak* Kap. 15 Rn. 686 ff.). Zur Einlegung des Rechtsmittels durch Telefax vgl. AR/*Spelge* § 66 ArbGG Rn. 12 ff.

2. Begründung der Revision

Vorbemerkung

464 Der notwendige Inhalt der Revisionsbegründung folgt aus § 72 Abs. 5 ArbGG i.V.m. § 551 Abs. 3 ZPO. Diese muss danach zunächst einen Antrag enthalten, aus dem sich ergibt, inwieweit das Urteil angefochten und dessen Aufhebung verlangt wird. Darüber hinaus hat sich der Revisionskläger in der Revisionsbegründung im Einzelnen mit dem angefochtenen Urteil auseinanderzusetzen und darzulegen, woraus sich die von ihm behauptete Rechtsverletzung ergeben soll (vgl. im Einzelnen zum Inhalt der Revisionsbegründung DLW/*Luczak* Kap. 15 Rn. 915 ff.). Zu unterscheiden ist insbesondere zwischen materiellrechtlichen Rügen und Verfahrensrügen.

Begründung der Revision X.VI.2.

▶ **Muster – Begründung der Revision**

An das
Bundesarbeitsgericht
[Adresse]

[Datum] 1

In dem Rechtsstreit
des [Name Kläger],

– Klägers, Berufungsklägers und Revisionsklägers [2] –

gegen

die [Name], vertreten durch [Name Vertreter]

– Beklagte, Berufungsbeklagte und Revisionsbeklagte [3] –

Az.: [Aktenzeichen]

begründen wir im Folgenden unsere mit Schriftsatz vom [Datum] eingelegte Revision gegen das Urteil des Landesarbeitsgerichts [Ort] vom [Datum], Az.: [Aktenzeichen].

Wir beantragen,

das Urteil des Landesarbeitsgerichts [Ort] vom [Datum] – Az.: [Aktenzeichen] – aufzuheben und unter Abänderung des Urteils des Arbeitsgerichts [Ort] vom [Datum] – Az.: [Aktenzeichen] – festzustellen, dass die Kündigung der Beklagten vom [Datum] das Arbeitsverhältnis zwischen den Parteien nicht beendet hat. [4]

BEGRÜNDUNG:

I. Der Kläger, Berufungskläger und Revisionskläger (im Folgenden: Kläger) war im Zeitraum vom [Datum] bis zum [Datum] bei der Beklagten, Berufungsbeklagten und Revisionsbeklagten (im Folgenden: Beklagte) im Betrieb in [Ort] als [Funktionsbezeichnung] tätig. Die Beklagte ist ein in der [Bezeichnung der Branche]-branche tätiges Unternehmen [Beschreibung].

Mit Kündigungserklärung vom [Datum], dem Kläger am [Datum] zugegangen, kündigte die Beklagte das mit dem Kläger bestehende Arbeitsverhältnis ordentlich betriebsbedingt mit Wirkung zum [Datum]. Sie begründete die Kündigung damit, dass [Begründung der Kündigung].

Arbeitsgericht und Landesarbeitsgericht haben die gegen diese Kündigung gerichtete Klage abgewiesen und dies jeweils damit begründet, dass [Begründung Klageabweisung].

II. Das Urteil des Landesarbeitsgerichts ist bereits aus prozessualen Gründen aufzuheben [Begründung]. [5]

III. Im Übrigen ist das Urteil des Landesarbeitsgerichts auch in der Sache unzutreffend. Das Landesarbeitsgericht ging bei der Bewertung der streitgegenständlichen Kündigung davon aus, dass [Begründung]. Hierdurch hat das Landesarbeitsgericht die ständige Rechtsprechung des Bundesarbeitsgerichts verkannt, weil [Begründung]. [6]

_____

(Unterschrift Rechtsanwalt) [7]

Erläuterungen

1. Nach § 74 Abs. 1 ArbGG ist die Revision binnen einer Frist von zwei Monaten zu begründen. Die Frist beginnt grds. mit Zustellung des in vollständiger Form abgefassten Urteils, spätestens jedoch mit Ablauf von fünf Monaten nach Verkündung des Urteils (zu einem Fall der Fristversäumung nach Ablauf dieser 5-Monats-Frist vgl. BAG, Beschl. v. 15.10.2013 – 3 AZR 640, JurionRS 2013, 47224; zur Wiedereinsetzung in den vorigen Stand vgl. BAG, Urt. v. 18.06.2015 – 8 AZR 556/14). Die Frist zur Begründung der Revision kann einmal um bis zu einem weiteren Monat verlängert werden (§ 74 Abs. 1 S. 3 ArbGG). Ging der Revision ein Nichtzulassungsbeschwerdeverfahren voraus, so beginnt die Revisionsbegründungsfrist mit Zustellung der der Nichtzulassungsbeschwerde stattgebenden Entscheidung des Bundesarbeitsgerichts (§ 72a Abs. 6 S. 3 ArbGG). Unbedingt zu bedenken ist auch im Zusammenhang mit der einzuhaltenden Begründungsfrist schließlich, dass das Fristende wegen eines Feiertags nur dann hinausgeschoben wird, wenn der betreffende Tag in Erfurt gesetzlicher Feiertag ist (vgl. BAG, Beschl. v. 24.08.2011 – 8 AZN 808/11).

467 2. Das vorliegende Muster geht von der Situation aus, dass der Kläger erst- und zweitinstanzlich unterlegen ist und sich insoweit auch als Revisionskläger hiergegen zur Wehr setzt. Selbstverständlich ist das Rubrum entsprechend anzupassen, wenn die Parteirollen in erster und zweiter Instanz abweichend verteilt waren. Zur Benennung von juristischen Personen und Personenhandelsgesellschaften im Rubrum vgl. Muster X.IV.1. Anm. 3. (X Rdn. 257 ff.).

468 3. Vgl. Anm. 2. (X Rdn. 467).

469 4. Das im Muster aufgeführte Beispiel eines Revisionsantrags geht davon aus, dass der Revisionskläger in erster und zweiter Instanz jeweils unterlegen war. Alternativ kommen hier z.B. folgende Antragstellungen in Betracht:

470 Der Kläger hat in erster Instanz obsiegt, ist jedoch in zweiter Instanz unterlegen und legt Revision ein:

[»*Wir beantragen, das Urteil des Landesarbeitsgerichts* [Ort] *vom* [Datum] *– Az.:* [Aktenzeichen] *– aufzuheben und die Berufung der Beklagten gegen das Urteil des Arbeitsgerichts* [Ort] *vom* [Datum] *– Az.:* [Aktenzeichen] *– zurückzuweisen.*«]

471 Die Beklagte legt Revision ein, nachdem sie in erster Instanz obsiegt hat, jedoch in zweiter Instanz unterlegen ist:

[»*Wir beantragen, das Urteil des Landesarbeitsgerichts* [Ort] *vom* [Datum] *– Az.:* [Aktenzeichen] *– aufzuheben und die Berufung des Klägers gegen das Urteil des Arbeitsgerichts* [Ort] *vom* [Datum] *– Az.:* [Aktenzeichen] *– zurückzuweisen.*«]

472 Die in beiden Vorinstanzen unterlegene Beklagte legt Revision ein:

[»*Wir beantragen, das Urteil des Landesarbeitsgerichts* [Ort] *vom* [Datum] *– Az.:* [Aktenzeichen] *– aufzuheben und unter Abänderung des Urteils des Arbeitsgerichts* [Ort] *vom* [Datum] *– Az.:* [Aktenzeichen] *– die Klage abzuweisen.*«]

473 Zur Antragstellung in der Revisionsinstanz vgl. auch DLW/*Luczak* Kap. 15 Rn. 915 ff.

474 5. Der notwendige Inhalt der Revisionsbegründung folgt aus § 551 Abs. 3 ZPO. Hiernach ist zwischen materiellrechtlichen Rügen und Verfahrensrügen zu unterscheiden. Wird die Revision darauf gestützt, dass das Gesetz in Bezug auf das Verfahren verletzt sei (§ 551 Abs. 3 Nr. 2b) ZPO), so sind die Tatsachen zu bezeichnen, die den Mangel ergeben. An die Darlegung sind hierbei strenge Anforderungen zu stellen. Darzulegen ist zunächst die verletzte Rechtsnorm selbst, der Sachverhalt, aus dem sich die Verfahrensverletzung ergibt sowie der Ursachenzusammenhang zwischen Verfahrensfehler und Inhalt des angefochtenen Urteils. Pauschale Hinweise des Revisionsklägers genügen nicht (DLW/*Luczak*, Kap. 15 Rn. 926 f.). Wurde in 2. Instanz über mehrere selbständige Streitgegenstände entschieden, so muss die Revision für jeden Streitgegenstand begründet werden (BAG, Urt. v. 24.03.2011 – 6 AZR 691/09). Zu den Anforderungen an eine Revisionsbegründung vgl. auch BAG, Beschl. v. 13.11.2013 – 10 AZR 639/13, JurionRS 2013, 50309 und BAG, Urt. v. 08.07.2015 – 4 AZR 323/14.

6. Soweit die Revision auf materiellrechtliche Rügen gestützt wird, sind nach § 551 Abs. 3 Nr. 2a ZPO die Umstände zu bezeichnen, aus denen sich die Rechtsverletzung ergibt. In der Begründung muss sich der Revisionskläger im Einzelnen mit dem angefochtenen Urteil auseinandersetzen und darlegen, woraus genau sich die behauptete Rechtsverletzung ergeben soll (DLW/*Luczak* Kap. 15 Rn. 919 ff.). Eine bloße Darstellung anderer Rechtsansichten ohne Auseinandersetzung mit den Gründen des angefochtenen Urteils genügt nicht (BAG, Urt. v. 18.05.2011 – 10 AZR 346/10). Verletzte Rechtsnorm i.S.d. § 550 ZPO kann jede Regelung sein, die für eine Vielzahl von Fällen gelten soll. Auf den formalen Charakter kommt es nicht an (DLW/*Luczak* Kap. 15 Rn. 950).   **475**

7. Vgl. Anm. 6 zu Muster X.VI.1. (X Rdn. 463).   **476**

3. Beantwortung der Revision

Vorbemerkung

Eine Beantwortung der Revision ist (im Gegensatz zur Berufungsinstanz) gesetzlich nicht geregelt. Ebenso ist eine bestimmte Frist hierfür nicht vorgesehen. Dennoch empfiehlt sich aus taktischen Gründen in aller Regel dringend eine Erwiderung auf die Revisionsbegründung der Gegenseite, um die Gefahr einer Aufhebung des angefochtenen, zweitinstanzlichen Urteils zu minimieren. Hierbei ist selbstverständlich auch darauf zu achten, dass die Revisionserwiderung dem Gericht rechtzeitig vor der mündlichen Verhandlung zugeht. Im Aufbau sollte sich die Revisionsbeantwortung mit den Argumenten der Revision auseinandersetzen und diese entkräften. Hinsichtlich des Aufbaus kann insoweit entsprechend auf die Ausführungen zur Berufungsbeantwortung zurückgegriffen werden (vgl. Muster X.V.3. – X Rdn. 434 ff.).   **477**

▶ **Muster – Beantwortung der Revision**

An das   **478**
Bundesarbeitsgericht
_____[Adresse]_____

_____[Datum]_____

In dem Rechtsstreit
des ___[Name, Adresse]___,

– Klägers, Berufungsklägers und Revisionsklägers –

gegen

die ____[Name]____, vertreten durch ____[Name]____

– Beklagte, Berufungsbeklagte und Revisionsbeklagte –

Az.: ___[Aktenzeichen]___

erwidern wir im Folgenden namens und im Auftrag der Beklagten, Berufungsbeklagten und Revisionsbeklagten (im Folgenden: Beklagte) auf die durch den Kläger, Berufungskläger und Revisionskläger (im Folgenden: Kläger) eingelegte Revision gegen das Urteil des Landesarbeitsgerichts ___[Ort]___ vom ___[Datum]___, Az.: ___[Aktenzeichen]___.

Wir beantragen,

die gegen das Urteil des Landesarbeitsgerichts ___[Ort]___ vom ___[Datum]___ – Az.: ___[Aktenzeichen]___ – gerichtete Revision zurückzuweisen.

X. Arbeitsgerichtsverfahren

BEGRÜNDUNG:

(Unterschrift Rechtsanwalt)

4. Anschlussrevision

Vorbemerkung

479 Gemäß § 72 Abs. 5 ArbGG i.V.m. § 554 ZPO kann sich die/der Revisionsbeklagte dem Rechtsmittel des Gegners anschließen. Die Anschlussrevision ist nach der ZPO-Reform nur noch als unselbständiges Angriffsmittel möglich (AR/*Spelge* § 74 ArbGG Rn. 23 m.w.N.). Die Anschließung erfolgt durch Einreichung einer Revisionsanschlussschrift und ist bis zum Ablauf eines Monats nach Zustellung der Revisionsbegründung möglich (AR/*Spelge* § 74 ArbGG Rn. 23 m.w.N.). Entsprechend enthält das folgende Muster ein Beispiel einer Revisionsanschlussschrift, welche gleichzeitig die Beantwortung der Revision der Gegenseite beinhaltet.

▶ **Muster – Anschlussrevision**

480 An das

Bundesarbeitsgericht

[Adresse]

[Datum]

In dem Rechtsstreit

der ___[Name]___ , vertreten durch ___[Name]___

– Beklagten, Berufungsbeklagten, Revisionsklägerin und Anschlussrevisionsbeklagten –

gegen

Frau [Name, Adresse]

– Klägerin, Berufungsklägerin, Revisionsbeklagte und Anschlussrevisionsklägerin –

Az.: ___[Aktenzeichen]___

erwidern wir im Folgenden namens und im Auftrag der Klägerin, Berufungsklägerin, Revisionsbeklagten und Anschlussrevisionsklägerin (im Folgenden: Klägerin) auf die durch die Beklagte, Berufungsbeklagte, Revisionsklägerin und Anschlussrevisionsbeklagte (im Folgenden: Beklagte) eingelegte Revision gegen das Urteil des Landesarbeitsgerichts ___[Ort]___ vom ___[Datum]___ , Az.: ___[Aktenzeichen]___ .

Zugleich legen wir namens und in Vollmacht der Klägerin

ANSCHLUSSREVISION

gegen das uns am ___[Datum]___ zugestellte Urteil des Landesarbeitsgerichts ___[Ort]___ vom ___[Datum]___ , Az.: ___[Aktenzeichen]___ ein. Die Revisionsbegründung der Beklagten wurde uns am ___[Datum]___ zugestellt.

Wir beantragen,

1. die gegen das Urteil des Landesarbeitsgerichts ___[Ort]___ vom ___[Datum]___ – Az.: ___[Aktenzeichen]___ – gerichtete Revision der Beklagten zurückzuweisen.

2. das Urteil des Landesarbeitsgerichts ___[Ort]___ vom ___[Datum]___ – Az.: ___[Aktenzeichen]___ – insoweit aufzuheben, als die Klage abgewiesen wurde, und die Beklagte zu verurteilen, ___[Antrag]___

I. Die Revision der Beklagten ist unbegründet. ___[Gründe]___ . 2

II. Auf die Anschlussrevision der Klägerin hin ist das zweitinstanzliche Urteil darüber hinaus insoweit aufzuheben, als das Landesarbeitsgericht die Klage abgewiesen hat. Die Beklagte ist stattdessen zu ___[Antrag]___ zu verurteilen. ___[Gründe]___ . 3

_____

(Unterschrift Rechtsanwalt) 4

Erläuterungen

1. Die Anschließung an die Revision des Gegners kann nach h.M. bis zum Ablauf eines Monats nach Zustellung der Revisionsbegründung erfolgen (vgl. AR/*Spelge* § 74 ArbGG Rn. 23).   481

2. Vgl. zur Revisionsbeantwortung Muster X.VI.3. (X Rdn. 477 ff.).   482

3. Vgl. zur Revisionsbegründung Muster X.VI.2. (X Rdn. 464 ff.).   483

4. Vgl. Anm. 6 zu Muster X.VI.1. (X Rdn. 463).   484

5. Sprungrevision

Vorbemerkung

In den Ausnahmefällen des § 76 ArbGG kann gegen das Urteil eines Arbeitsgerichts unter Übergehung der Berufungsinstanz unmittelbar Revision zum Bundesarbeitsgericht eingelegt werden (die sog. Sprungrevision). Statthaft ist diese allerdings nur dann, wenn der Gegner schriftlich zustimmt und sie vom Arbeitsgericht auf Antrag im Urteil oder nachträglich durch Beschluss zugelassen wird. § 76 Abs. 2 ArbGG regelt im Einzelnen, in welchen Fällen die Sprungrevision zuzulassen ist. Der Antrag auf Zulassung der Sprungrevision (vgl. hierzu AR/*Spelge* § 76 ArbGG Rn. 3) kann entweder vor Erlass des erstinstanzlichen Urteils schriftsätzlich bzw. in der mündlichen Verhandlung oder aber nach Erlass des erstinstanzlichen Urteils innerhalb einer Notfrist von einem Monat (vgl. § 76 Abs. 1 S. 2 ArbGG) nach Urteilszustellung schriftlich gestellt werden. Im zweitgenannten Fall erfolgt eine etwaige Zulassung durch Beschluss des Arbeitsgerichts, dessen Zustellung die Revisionsfrist in Gang setzt (vgl. § 76 Abs. 3 S. 2 ArbGG).   485

Bei der Einlegung der Sprungrevision nach Zulassung im arbeitsgerichtlichen Urteil ist zu beachten, dass die schriftliche Zustimmungserklärung des Gegners beizufügen ist. Gleiches gilt im Fall einer zunächst unterbliebenen Zulassung für den Antrag nach § 76 Abs. 1 S. 2 ArbGG (vgl. § 76 Abs. 1 S. 3 ArbGG).   486

▶ **Muster – Sprungrevision**

An das   487
Bundesarbeitsgericht
___[Adresse]___

___[Datum]___   1

In dem Rechtsstreit
des ___[Name, Adresse]___

– Klägers und Revisionsklägers –

gegen
die ___[Name]___, vertreten durch ___[Name Vertreter]___

– Beklagte und Revisionsbeklagte –

X. Arbeitsgerichtsverfahren

Prozessbevollmächtigte 1. Instanz: _____[Name]_____

Az. 1. Instanz: __[Aktenzeichen 1. Instanz]__

lege ich namens und in Vollmacht des Klägers und Revisionsklägers das Rechtsmittel der

SPRUNGREVISION

gegen das uns am _____[Datum]_____ zugestellte Urteil des Arbeitsgerichts _____[Ort]_____ vom _____[Datum]_____, Az.: __[Aktenzeichen]__ ein.

Eine Ausfertigung des angefochtenen Urteils [2] liegt dem vorliegenden Schriftsatz bei. Das Arbeitsgericht hat in diesem Urteil die Sprungrevision zugelassen. [3]

Die Beklagte und Revisionsbeklagte hat der Sprungrevision ebenfalls zugestimmt. Die schriftliche Zustimmungserklärung der Beklagten und Revisionsbeklagten ist dem vorliegenden Schriftsatz ebenfalls beigefügt. [4]

Die Sprungrevisionsanträge und die Revisionsbegründung bleiben einem gesonderten Schriftsatz vorbehalten. [5]

(Unterschrift Rechtsanwalt) [6]

Erläuterungen

488 1. Erfolgt die Zulassung der Sprungrevision nicht bereits im arbeitsgerichtlichen Urteil, sondern in einem separaten Beschluss nach § 76 Abs. 1 S. 2 ArbGG, so beginnt die Revisionsfrist erst mit der Zustellung dieser Entscheidung (vgl. § 76 Abs. 3 S. 2 ArbGG). Ansonsten gilt § 74 Abs. 1 ArbGG.

489 2. Vgl. § 550 Abs. 1 ZPO.

490 3. Ist die Zulassung der Sprungrevision erst nach Erlass des arbeitsgerichtlichen Urteils in einem Beschluss nach § 76 Abs. 1 S. 2 ArbGG erfolgt, so sollte dieser ebenfalls beigefügt und an dieser Stelle darauf Bezug genommen werden:

Alternative:

[Das Arbeitsgericht hat auf Antrag des Klägers [bzw: der Beklagten] hin die Sprungrevision durch Beschluss vom _____[Datum]_____ zugelassen. Eine Ausfertigung dieses Beschlusses ist dem vorliegenden Schriftsatz ebenfalls beigefügt.]

491 4. Nach § 76 Abs. 1 S. 4 ArbGG ist die Zustimmung des Gegners der Revisionsschrift beizufügen, wenn die Zulassung der Revision im Urteil des Arbeitsgerichts erfolgte. Die Zustimmungserklärung ist notwendiger Bestandteil der Sprungrevision (AR/*Spelge* § 76 ArbGG Rn. 6). Zu beachten ist dabei auch, dass die dem Revisionsgericht vorzulegende Zustimmungserklärung eigenhändig unterschrieben sein muss, d.h. das Original der Zustimmungserklärung innerhalb der Revisionsfrist vorzulegen ist (vgl. AR/*Spelge* § 76 ArbGG Rn. 6). Zur Fristwahrung siehe auch ErfK/*Koch* § 76 ArbGG Rn. 1, 2. Die Zustimmungserklärung muss zudem inhaltlich klar sein und sich auf die Durchführung der Sprungrevision beziehen. Nicht ausreichend ist etwa ein »Einverständnis mit der Zulassung der Sprungrevision« (vgl. BAG, Urt. v. 04.12.2002 – 10 AZR 83/02, AP ArbGG 1979 § 76 Nr. 14).

492 5. Vgl. zur Revisionsbegründung Muster X.VI.2. (X Rdn. 464 ff.).

493 6. Das Verfahren vor dem Arbeitsgericht, einschließlich des Antrags auf Zulassung der Sprungrevision und der Erteilung der Zustimmung zu dieser durch den Gegner unterliegt nicht dem Anwaltszwang (AR/*Spelge* § 76 ArbGG Rn. 5). Die Sprungrevision zum BAG muss dagegen durch

einen postulationsfähigen Prozessbevollmächtigten i.S.d. § 11 ArbGG unterzeichnet werden. Vgl. insoweit Anm. 6 zu Muster X.VI.1. (X Rdn. 463).

6. Nichtzulassungsbeschwerde – Einlegung

Vorbemerkung

Die Nichtzulassungsbeschwerde ist ein der Revision vorgeschaltetes Verfahren (vgl. § 72a Abs. 6 ArbGG), welches gewährleisten soll, dass Urteile auch dann mit der Revision angegriffen werden können, wenn das Landesarbeitsgericht sie nicht zugelassen hat, obgleich die Voraussetzungen für eine Zulassung nach § 72 Abs. 2 ArbGG vorlagen (DLW/*Luczak* Kap. 15 Rn. 824). 494

Das Gesetz lässt eine Kontrolle der ordnungsgemäßen Zulassung der Revision durch das Landesarbeitsgericht allerdings nur beschränkt zu. Vorgesehen sind in § 72a Abs. 3 ArbGG lediglich drei Gründe für eine Zulassung der Revision durch das Bundesarbeitsgericht: die sog. »Grundsatzbeschwerde« (§ 72a Abs. 3 Nr. 1 ArbGG), die »Divergenzbeschwerde« (§ 72a Abs. 3 Nr. 2 ArbGG) und die sog. »Verfahrensbeschwerde« (§ 72a Abs. 3 Nr. 3 ArbGG). 495

Die Nichtzulassungsbeschwerde ist gemäß § 72a Abs. 2 ArbGG binnen einer Notfrist von einem Monat nach Zustellung des in vollständiger Form gefassten Urteils beim Bundesarbeitsgericht einzulegen. Der Beschwerdeschrift soll dabei nach § 72a Abs. 2 S. 2 ArbGG eine Ausfertigung oder beglaubigte Abschrift des Urteils, gegen das letztlich Revision eingelegt werden soll, beigefügt werden. Zur Begründung der Nichtzulassungsbeschwerde vgl. Muster X.VI.7. (X Rdn. 504 ff.) bis X.VI.9. (X Rdn. 520 ff.). 496

▶ **Muster – Nichtzulassungsbeschwerde – Einlegung**

An das 497
Bundesarbeitsgericht
___[Adresse]___

___[Datum]___ 1

In Sachen
des ___[Name, Adresse]___ ,

– Klägers, Berufungsklägers und Beschwerdeführers 2 –

gegen
die ___[Name]___ , vertreten durch ___[Name]___

– Beklagte, Berufungsbeklagte und Beschwerdegegnerin 3 –

Prozessbevollmächtigte 1. und 2. Instanz: ___[Name]___

lege ich namens und in Vollmacht des Klägers, Berufungsklägers und Beschwerdeführers gegen die Nichtzulassung der Revision im Urteil des Landesarbeitsgerichts ___[Ort]___ vom ___[Datum]___ , Az.: ___[Aktenzeichen]___ ,

NICHTZULASSUNGSBESCHWERDE

ein. Es wird beantragt,

die Revision gegen das Urteil des Landesarbeitsgerichts ___[Ort]___ vom ___[Datum]___ , Az.: ___[Aktenzeichen]___ , zuzulassen.

X. Arbeitsgerichtsverfahren

Eine Ausfertigung des Urteils, gegen das Revision eingelegt werden soll, ist der vorliegenden Beschwerdeschrift beigefügt. [4] Die Begründung der hiermit eingelegten Nichtzulassungsbeschwerde bleibt einem gesonderten Schriftsatz vorbehalten. [5]

(Unterschrift Rechtsanwalt) [6]

Erläuterungen

498 **1.** Die Nichtzulassungsbeschwerde ist gemäß § 72a Abs. 2 S. 1 ArbGG innerhalb einer Notfrist von einem Monat nach Zustellung des in vollständiger Form abgefassten Urteils schriftlich beim Bundesarbeitsgericht einzulegen, vgl. DLW/*Luczak* Kap. 15 Rn. 838 ff. Zu beachten ist mit Blick auf die einzuhaltende Frist unbedingt, dass das Fristende wegen eines Feiertags nur dann hinausgeschoben wird, wenn der betreffende Tag in Erfurt gesetzlicher Feiertag ist (vgl. BAG, Beschl. v. 24.08.2011 – 8 AZN 808/11). Zur Wiedereinsetzung in den vorigen Stand vgl. BAG, Beschl. v. 07.07.2011 – 2 AZN 294/11.

499 **2.** Das vorliegende Muster geht von der Situation aus, dass der Kläger erst- und zweitinstanzlich unterlegen ist und sich gegen die Nichtzulassung der Revision mit der Nichtzulassungsbeschwerde zur Wehr setzt. Selbstverständlich ist das Rubrum entsprechend anzupassen, wenn die Parteirollen in erster und zweiter Instanz abweichend verteilt waren. Zur Benennung von juristischen Personen und Personenhandelsgesellschaften im Rubrum vgl. Muster X.IV.1. Anm. 3 (X Rdn. 257 ff.).

500 **3.** Vgl. Anm. 2 (X Rdn. 499).

501 **4.** Vgl. § 72a Abs. 2 S. 2 ArbGG.

502 **5.** Die Nichtzulassungsbeschwerde ist gemäß § 72a Abs. 3 S. 1 ArbGG binnen zwei Monaten seit Zustellung des in vollständiger Form abgefassten Urteils auch zu begründen. Zur Begründung der Nichtzulassungsbeschwerde vgl. Muster X.VI.7. (X Rdn. 504 ff.) bis X.VI.9. (X Rdn. 520 ff.).

503 **6.** Die Nichtzulassungsbeschwerde muss schriftlich eingelegt werden und durch einen nach § 11 ArbGG postulationsfähigen Bevollmächtigten unterzeichnet sein (DLW/*Luczak*, Kap. 15 Rn. 840; s.a. BAG, Beschl. v. 18.08.2015 – 7 ABN 32/15). Vgl. auch Anm. 6 zu Muster X.VI.1. (X Rdn. 463).

7. Nichtzulassungsbeschwerde – Grundsatzbeschwerde

Vorbemerkung

504 Vgl. allgemein zur Nichtzulassungsbeschwerde, deren Einlegung und zur Antragstellung zunächst Muster X.VI.6. (X Rdn. 494 ff.). Das folgende Muster stellt eine Grundlage für eine Nichtzulassungsbeschwerde wegen grundsätzlicher Bedeutung einer Rechtsfrage i.S.v. § 72a Abs. 3 S. 2 Nr. 1 ArbGG dar (siehe auch DLW/*Luczak* Kap. 15 Rn. 796, 848 ff.).

▶ **Muster – Nichtzulassungsbeschwerde – Grundsatzbeschwerde**

505 An das

Bundesarbeitsgericht

[Adresse]

_____ [Datum] [1]

In dem Nichtzulassungsbeschwerdeverfahren

des _[Name Kläger]_ ,

– Klägers, Berufungsklägers und Beschwerdeführers –

gegen

die ____[Name]____ , vertreten durch ____[Name Vertreter]____

– Beklagte, Berufungsbeklagte und Beschwerdegegnerin –

begründen wir im Folgenden unsere mit Schriftsatz vom ____[Datum]____ eingelegte [2] und beim Bundesarbeitsgericht am ____[Datum]____ eingegangene Nichtzulassungsbeschwerde gegen die Nichtzulassung der Revision im Urteil des Landesarbeitsgerichts ____[Ort]____ vom ____[Datum]____ , Az.: ____[Aktenzeichen]____ .

I. Der Kläger, Berufungskläger und Beschwerdeführer (im Folgenden: Kläger) war im Zeitraum vom ____[Datum]____ bis zum ____[Datum]____ bei der Beklagten, Berufungsbeklagten und Beschwerdegegnerin (im Folgenden: Beklagte) im Betrieb in ____[Ort]____ als ____[Funktionsbezeichnung]____ tätig. Nach dem Ausscheiden des Klägers entstand zwischen den Parteien Streit um die Verpflichtung der Beklagten, ____[Streitgegenstand]____ . Der Kläger verlangte insoweit von der Beklagten, dass ____[Verlangen des Klägers]____ .

II. Das Arbeitsgericht hat die Klage mit Urteil vom ____[Datum]____ abgewiesen. Die hiergegen gerichtete Berufung des Klägers blieb erfolglos. Das Landesarbeitsgericht hat in seinem Urteil vom ____[Datum]____ die Revision nicht zugelassen.

III. Die vorliegende Nichtzulassungsbeschwerde ist nach § 72a Abs. 3 Nr. 1 i.V.m. § 72 Abs. 2 Nr. 1 ArbGG zulässig. Sie wird darauf gestützt, dass die Parteien vorliegend um eine entscheidungserhebliche Rechtsfrage von grundsätzlicher Bedeutung streiten. Das Landesarbeitsgericht hat die Revision zu Unrecht nicht zugelassen.

1. Die Parteien streiten vorliegend über die Rechtsfrage, ob ____[Ausführungen zum Gegenstand der Rechtsfrage]____ . [3]

2. Die Beantwortung der aufgeworfenen Rechtsfrage ist für die Entscheidung des vorliegenden Rechtsstreits erheblich, weil ____[Begründung]____ . Die Rechtsfrage ist klärungsfähig, weil ____[Begründung]____ und darüber hinaus auch klärungsbedürftig. Das Bundesarbeitsgericht hat in seiner Rechtsprechung bisher noch nicht Stellung zur Frage bezogen, ob ____[Bezeichnung der Rechtsfrage]____ . [4]

3. Diese Rechtsfrage hat grundsätzliche Bedeutung i.S.d. § 72a Abs. 3 Nr. 1 ArbGG, weil ____[Begründung]____ . [5]

Im Ergebnis ist damit der Nichtzulassungsbeschwerde stattzugeben und die Revision gegen das Urteil des Landesarbeitsgerichts ____[Ort]____ vom ____[Datum]____ – Az.: ____[Aktenzeichen]____ – antragsgemäß zuzulassen.

(Unterschrift Rechtsanwalt) [6]

Erläuterungen

1. Die Nichtzulassungsbeschwerde ist nach § 72a Abs. 3 S. 1 ArbGG binnen einer Notfrist von zwei Monaten nach Zustellung des in vollständiger Form abgefassten Urteils zu begründen. Zur Wiedereinsetzung in den vorigen Stand vgl. BAG, Beschl. v. 07.07.2011 – 2 AZN 294/11.

2. Das Muster geht hier davon aus, dass der Antrag (Zulassung der Revision) bereits anlässlich der Einlegung der Nichtzulassungsbeschwerde gestellt wurde (vgl. Muster X.VI.6. – X Rdn. 494 ff.).

3. Bei der Begründung der Nichtzulassungsbeschwerde ist größtmögliche Sorgfalt anzulegen. Die ordnungsgemäße Begründung gehört bereits zur Zulässigkeit der Nichtzulassungsbeschwerde. Fehlt es an einer ordnungsgemäßen Begründung, so wird die Nichtzulassungsbeschwerde verworfen (§ 72a Abs. 5 S. 3 ArbGG). Im Rahmen der sog. »Grundsatzbeschwerde« ist die durch die anzufechtende Entscheidung aufgeworfene Rechtsfrage konkret zu benennen (AR/*Spelge* § 72a ArbGG Rn. 9 ff.) und darzulegen, dass ihre Beantwortung für die Entscheidung des konkreten Rechtsstreits erheblich ist (BAG, Beschl. v. 15.03.2011 – 9 AZN 1232/10). Dabei ist regelmäßig

X. Arbeitsgerichtsverfahren

erforderlich, dass die gestellte Rechtsfrage mit »Ja« oder »Nein« beantwortet werden kann (BAG, Beschl. v. 23.01.2007 – 9 AZN 792/06, NJW 2007, 1165).

509 **4.** Neben dem Aufzeigen der relevanten Rechtsfrage hat die Begründung der Nichtzulassungsbeschwerde die Klärungsfähigkeit, Klärungsbedürftigkeit und Entscheidungserheblichkeit der Rechtsfrage aufzuzeigen (BAG, Beschl. v. 26.09.2000 – 3 AZN 181/00, NZA 2001, 286). Klärungsfähig ist die Rechtsfrage dann, wenn sie in der Revisionsinstanz beantwortet werden kann. Klärungsbedürftig ist sie, wenn sie höchstrichterlich noch nicht entschieden ist oder entschieden ist, aber gewichtige Gesichtspunkte gegen die Entscheidung vorgebracht werden (AR/*Spelge* § 72a ArbGG Rn. 11). Maßgeblicher Zeitpunkt für die Beurteilung der Klärungsbedürftigkeit ist grds. derjenige der Entscheidung des BAG über die Nichtzulassungsbeschwerde (zu Ausnahmen von diesem Grundsatz bei Wegfall der Klärungsbedürftigkeit nach Einlegung der Nichtzulassungsbeschwerde vgl. BAG, Beschl. v. 27.03.2012 – 3 AZN 1389/11, JurionRS 2012, 15779). Entscheidungserheblich ist die Rechtsfrage dann, wenn die anzufechtende Entscheidung des LAG von ihr abhängt (AR/*Spelge* § 72a ArbGG Rn. 12 m.w.N.). Ein Rechtsgrund für eine Zulassung der Revision besteht regelmäßig nur dann, wenn sich das Landesarbeitsgericht mit der in der Beschwerde formulierten Rechtsfrage befasst, sie also beantwortet hat. Es genügt nicht, dass sich das Landesarbeitsgericht nach Meinung des Beschwerdeführers mit Rechtsfragen grundsätzlicher Bedeutung hätte befassen müssen, die sich nach der vom Landesarbeitsgericht gegebenen Begründung allerdings nicht stellen (BAG, Urt. v. 13.06.2006 – 9 AZN 226/06, NZA 2006, 1004).

510 **5.** Schließlich ist die grundsätzliche Bedeutung der relevanten Rechtsfrage aufzuzeigen. Diese ist nur dann zu bejahen, wenn die Klärung der Rechtsfrage von allgemeiner Bedeutung für die Rechtsordnung ist oder wegen ihrer Auswirkungen die Interessen der Allgemeinheit oder eines größeren Teils der Allgemeinheit eng berührt (AR/*Spelge* § 72a ArbGG Rn. 10 m.w.N.). Die aufgeworfene Rechtsfrage muss eine unbestimmte Vielzahl weiterer Fälle betreffen können und damit das abstrakte Interesse der Allgemeinheit an der einheitlichen Entwicklung und Handhabung des Rechts berühren (BAG, Beschl. v. 28.06.2011 – 3 AZN 146/11).

511 **6.** Auch die Begründung der Nichtzulassungsbeschwerde muss durch einen nach § 11 ArbGG postulationsfähigen Bevollmächtigten unterzeichnet sein. Vgl. hierzu BAG, Beschl. v. 20.09.2011 – 9 AZN 582/11, BAG, Beschl. v. 18.08.2015 – 7 ABN 32/15 und auch Anm. 6 zu Muster X.VI.1. (X Rdn. 463).

8. Nichtzulassungsbeschwerde – Divergenzbeschwerde

Vorbemerkung

512 Vgl. allgemein zur Nichtzulassungsbeschwerde, deren Einlegung und zur Antragstellung zunächst Muster X.VI.6. (X Rdn. 494 ff.). Das folgende Muster stellt eine Grundlage für eine Nichtzulassungsbeschwerde wegen Divergenz i.S.v. § 72a Abs. 3 Nr. 2 ArbGG dar (siehe auch DLW/*Luczak* Kap. 15 Rn. 853 ff.):

▶ **Muster – Nichtzulassungsbeschwerde – Divergenzbeschwerde**

513 An das
Bundesarbeitsgericht
___[Adresse]___

___[Datum]___ 1

In dem Nichtzulassungsbeschwerdeverfahren
des ___[Name, Adresse]___ ,

– Klägers, Berufungsklägers und Beschwerdeführers –

Nichtzulassungsbeschwerde – Divergenzbeschwerde X.VI.8.

gegen

die ____[Name]____ , vertreten durch __[Name Vertreter]__

– Beklagte, Berufungsbeklagte und Beschwerdegegnerin –

begründen wir im Folgenden unsere mit Schriftsatz vom ___[Datum]___ eingelegte [2] und beim Bundesarbeitsgericht am ___[Datum]___ eingegangene Nichtzulassungsbeschwerde gegen die Nichtzulassung der Revision im Urteil des Landesarbeitsgerichts ___[Ort]___ vom ___[Datum]___ , Az.: __[Aktenzeichen]__ .

I. Die Parteien streiten über die Verpflichtung der Beklagten, an den Kläger ___[Betrag]___ € zu zahlen. Der Kläger war im Zeitraum von ___[Datum]___ bis ___[Datum]___ im Betrieb der Beklagten in ___[Ort]___ in der Funktion eines __[Funktionsbezeichnung]__ beschäftigt. Das Arbeitsverhältnis endete zum ___[Datum]___ aufgrund einer vom Kläger selbst erklärten Kündigung. Mit Beendigung des Arbeitsverhältnisses entstand zwischen den Parteien Streit über die Frage, ob die Beklagte vor dem Hintergrund der Beendigung des Arbeitsverhältnisses zum ___[Datum]___ aufgrund der Eigenkündigung des Klägers noch verpflichtet ist, an den Kläger ___[Betrag]___ € zu zahlen. Nachdem außergerichtlich eine Lösung des Konflikts nicht erzielt werden konnte, erhob der Kläger Klage zum Arbeitsgericht ___[Ort]___ . Das Arbeitsgericht hat die Klage abgewiesen. Die hiergegen durch den Kläger erhobene Berufung zum Landesarbeitsgericht ___[Ort]___ wurde zurückgewiesen. Das Landesarbeitsgericht verneinte einen Anspruch des Klägers zu Unrecht mit dem Argument, dass __[Begründung]__ .

Das Landesarbeitsgericht hat in seinem Urteil vom ___[Datum]___ die Revision nicht zugelassen.

II. Die vorliegende Nichtzulassungsbeschwerde ist nach § 72a Abs. 3 Nr. 2 i.V.m. § 72 Abs. 2 Nr. 2 ArbGG zulässig. Sie wird darauf gestützt, dass das Landesarbeitsgericht in seiner Entscheidung von der Rechtsprechung des Bundesarbeitsgerichts abgewichen ist:

1. Das Landesarbeitsgericht hat in seinem Urteil vom ___[Datum]___ den folgenden, fallübergreifenden, generellen und abstrakten Rechtssatz aufgestellt: __[Beschreibung Rechtssatz]__ [3]

2. Das Bundesarbeitsgericht hat zu dieser Frage dagegen bereits in seinem Urteil vom ___[Datum]___ – Az.: __[Aktenzeichen]__ – den folgenden abstrakten Rechtssatz aufgestellt: [Beschreibung Rechtssatz] [4]

3. Das Landesarbeitsgericht ist in seinem Urteil vom ___[Datum]___ von der angezogenen Entscheidung des Bundesarbeitsgerichts vom ___[Datum]___ abgewichen. In Abweichung zur angezogenen Entscheidung des Bundesarbeitsgerichts ging es davon aus, dass __[Ansicht]__ .

4. Das zweitinstanzliche Urteil vom ___[Datum]___ beruht auch auf dem von der Rechtsprechung des Bundesarbeitsgerichts abweichenden Rechtssatz des Landesarbeitsgerichts. [5] Hätte das Landesarbeitsgericht seiner Entscheidung hier in zutreffender Weise die Rechtsprechung des Bundesarbeitsgerichts zu Grunde gelegt, so hätte es zu dem Ergebnis kommen müssen, dass ein Anspruch des Klägers besteht. Dies ergibt sich daraus, dass __[Begründung]__ .

Im Ergebnis ist damit der Nichtzulassungsbeschwerde stattzugeben und die Revision gegen das Urteil des Landesarbeitsgerichts ___[Ort]___ vom ___[Datum]___ – Az.: __[Aktenzeichen]__ – antragsgemäß zuzulassen.

(Unterschrift Rechtsanwalt) [6]

Erläuterungen

1. Die Nichtzulassungsbeschwerde ist nach § 72a Abs. 3 S. 1 ArbGG binnen einer Notfrist von zwei Monaten nach Zustellung des in vollständiger Form abgefassten Urteils zu begründen. Zur Wiedereinsetzung in den vorigen Stand vgl. BAG, Beschl. v. 07.07.2011 – 2 AZN 294/11.

2. Das Muster geht hier davon aus, dass der Antrag (Zulassung der Revision) bereits anlässlich der Einlegung der Nichtzulassungsbeschwerde gestellt wurde (vgl. Muster X.VI.6. – X Rdn. 494 ff.).

516 3. Bei der Begründung der Nichtzulassungsbeschwerde ist größtmöglichste Sorgfalt anzulegen. Fehlt es an einer ordnungsgemäßen Begründung, so wird die Nichtzulassungsbeschwerde verworfen (§ 72a Abs. 5 S. 3 ArbGG). Im Rahmen der sog. »Divergenzbeschwerde« ist darzulegen, dass das Berufungsgericht mit einem tragenden Rechtssatz von einem abstrakten Rechtssatz einer angezogenen Entscheidung abgewichen ist. Die Beschwerde muss deutlich machen, welche divergierenden, abstrakten und damit fallübergreifenden Rechtssätze das angefochtene Urteil einerseits und das herangezogene Urteil zu derselben Rechtsfrage aufgestellt haben und dass das anzufechtende Urteil auf dem abweichenden Rechtssatz beruht (vgl. AR/*Spelge* § 72a ArbGG Rn. 15 mit zahlreichen Nachweisen aus der Rechtsprechung). Ggf. kann die Beschwerde zulässigerweise auch mit dem Argument begründet werden, das Berufungsgericht habe in einer nur scheinbar fallbezogenen Würdigung einen »verdeckten« divergierenden Rechtssatz aufgestellt (BAG, Beschl. v. 18.05.2004 – Az.: 9 AZN 653/03, AP ArbGG 1979 § 72a Divergenz Nr. 46; AR/*Spelge* § 72a ArbGG Rn. 19).

517 4. Vgl. Anmerkung 3 (X Rdn. 516).

518 5. Das Beruhen der anzufechtenden Entscheidung auf der Abweichung ist hier konkret und auf den Fall bezogen darzulegen. Formelhafte Ausführungen ohne ausreichenden Bezug zu den Umständen des konkreten Falles genügen nicht (BAG, Beschl. v. 15.09.2004 – 4 AZN 281/04, AP ArbGG 1979 § 72a Divergenz Nr. 47; vgl. auch AR/*Spelge* § 72a ArbGG Rn. 18).

519 6. Auch die Begründung der Nichtzulassungsbeschwerde muss durch einen nach § 11 ArbGG postulationsfähigen Bevollmächtigten unterzeichnet sein. Vgl. hierzu BAG, Beschl. v. 20.09.2011 – 9 AZN 582/11, BAG, Beschl. v. 18.08.2015 – 7 ABN 32/15 und auch Anm. 6 zu Muster X.VI.1. (X Rdn. 463).

9. Nichtzulassungsbeschwerde – Verfahrensbeschwerde

Vorbemerkung

520 Vgl. allgemein zur Nichtzulassungsbeschwerde, deren Einlegung und zur Antragstellung zunächst Muster X.VI.6. (X Rdn. 494 ff.). Das folgende Muster stellt eine Grundlage für die Begründung einer Nichtzulassungsbeschwerde wegen Verfahrensfehlern dar (vgl. hierzu DLW/*Luczak* Kap. 15 Rn. 837 und 854 ff.). Die Nichtzulassungsbeschwerde kann insoweit auf die absoluten Revisionsgründe des § 547 Nr. 1–5 ZPO gestützt werden. Ferner können entscheidungserhebliche Verletzungen des Anspruchs auf rechtliches Gehör geltend gemacht werden (vgl. § 72a Abs. 3 Nr. 3 ArbGG).

▶ **Muster – Nichtzulassungsbeschwerde – Verfahrensbeschwerde**

521 An das

Bundesarbeitsgericht
___[Adresse]___

_____[Datum]___ 1

In dem Nichtzulassungsbeschwerdeverfahren

des ___[Name, Adresse]___ ,

– Klägers, Berufungsklägers und Beschwerdeführers –

gegen

die ___[Name]___ , vertreten durch ___[Name Vertreter]___

– Beklagte, Berufungsbeklagte und Beschwerdegegnerin –

begründen wir im Folgenden unsere mit Schriftsatz vom ___[Datum]___ eingelegte ² und beim Bundesarbeitsgericht am ___[Datum]___ eingegangene Nichtzulassungsbeschwerde gegen die Nichtzulassung der Revision im Urteil des Landesarbeitsgerichts ___[Ort]___ vom ___[Datum]___, Az.: ___[Aktenzeichen]___ :

I. Die Parteien streiten vorliegend um ___[Bezeichnung Streitgegenstand]___ . Das Arbeitsgericht hat die Klage abgewiesen. Die hiergegen gerichtete Berufung des Klägers blieb ohne Erfolg. Das Landesarbeitsgericht hat in seinem Urteil vom ___[Datum]___ die Revision nicht zugelassen.

II. Die vorliegende Nichtzulassungsbeschwerde ist nach § 72a Abs. 3 Nr. 3 i.V.m. § 72 Abs. 2 Nr. 3 ArbGG zulässig. Sie wird wegen des Vorliegens eines absoluten Revisionsgrundes erhoben ___[Begründung]___ . ³

(Unterschrift Rechtsanwalt) ⁴

Erläuterungen

1. Die Nichtzulassungsbeschwerde ist nach § 72a Abs. 3 S. 1 ArbGG binnen einer Notfrist von zwei Monaten nach Zustellung des in vollständiger Form abgefassten Urteils zu begründen. Zur Wiedereinsetzung in den vorigen Stand vgl. BAG, Beschl. v. 07.07.2011 – 2 AZN 294/11.

2. Das Muster geht hier davon aus, dass der Antrag (Zulassung der Revision) bereits anlässlich der Einlegung der Nichtzulassungsbeschwerde gestellt wurde (vgl. Muster X.VI.6. – X Rdn. 494 ff.).

3. Bei der Begründung der Nichtzulassungsbeschwerde ist größtmögliche Sorgfalt anzulegen. Fehlt es an einer ordnungsgemäßen Begründung, so wird die Nichtzulassungsbeschwerde verworfen (§ 72a Abs. 5 S. 3 ArbGG). Im Rahmen der sog. »Verfahrensbeschwerde« ist hier darzulegen, dass ein die Zulassung der Revision rechtfertigender absoluter Revisionsgrund i.S.d. § 547 ZPO und/oder eine entscheidungserhebliche Verletzung rechtlichen Gehörs vorliegt (vgl. 72a Abs. 3 Nr. 3 ArbGG). Das Muster geht hier davon aus, dass auf einen absoluten Revisionsgrund Bezug genommen werden soll. Dieser wäre hier im Einzelnen darzustellen. Zum absoluten Revisionsgrund der nicht vorschriftsmäßigen Besetzung des Gerichts vgl. BAG, Beschl. v. 09.06.2011 – 2 ABR 35/10. Zur Verletzung rechtlichen Gehörs im Falle eines nach Schluss der mündlichen Verhandlung, jedoch vor Urteilsverkündung eingereichten Schriftsatzes vgl. BAG, Beschl. v. 14.12.2010 – 6 AZN 986/10.

Soll dagegen eine entscheidungserhebliche Verletzung des rechtlichen Gehörs geltend gemacht werden, so kann wie folgt formuliert werden (zu den insoweit zu beachtenden Anforderungen vgl. BAG, Beschl. v. 25.08.2015 – 8 AZN 268/15):

Alternative:

[Die vorliegende Nichtzulassungsbeschwerde ist nach § 72a Abs. 3 Nr. 3 i.V.m. § 72 Abs. 2 Nr. 3 ArbGG zulässig. Sie wird wegen einer entscheidungserheblichen Verletzung des Anspruchs auf rechtliches Gehör erhoben. Die Verletzung rechtlichen Gehörs ergibt sich daraus, dass ___[Begründung]___ . Die Entscheidung des Landesarbeitsgerichts beruht auch auf dieser Verletzung des Anspruchs auf rechtliches Gehör, da ___[Begründung]___ .]

Zur erfolgreichen Begründung der Nichtzulassungsbeschwerde ist auch und gerade in diesem Fall ein sorgfältiger und substantiierter Vortrag unerlässlich. Der Beschwerdeführer hat darzulegen, durch welches Verhalten/Vorgehen des Landesarbeitsgerichts sein Anspruch auf rechtliches Gehör verletzt wurde und aus welchen Gründen das Landesarbeitsgericht ohne diese Verletzung und unter Berücksichtigung der ungehört gebliebenen Argumente des Beschwerdeführers zu einer anderen Entscheidung hätte kommen müssen. Es ist so substantiiert vorzutragen, dass das BAG allein anhand der Beschwerdebegründung und des Berufungsurteils das Vorliegen der Voraussetzungen für die Zulassung der Revision prüfen kann (BAG, Beschl. v. 20.01.2005 – 2 AZN 941/04, EzA § 72 ArbGG 1979 Nr. 97 und NZA 2005, 316; vgl. auch AR/*Spelge* § 72a ArbGG Rn. 24 ff.).

X. Arbeitsgerichtsverfahren

Macht der Beschwerdeführer eine Verletzung von Hinweispflichten nach § 139 ZPO geltend, so ist konkret vorzutragen, welchen Hinweis das Landesarbeitsgericht hätte geben müssen und was er auf diesen Hinweis hin vorgetragen hätte. Darüber hinaus ist die Entscheidungserheblichkeit der Verletzung der Hinweispflicht darzulegen (AR/*Spelge* § 72a ArbGG Rn. 34).

527 **4.** Auch die Begründung der Nichtzulassungsbeschwerde muss durch einen nach § 11 ArbGG postulationsfähigen Bevollmächtigten unterzeichnet sein. Vgl. hierzu BAG, Beschl. v. 20.09.2011 – 9 AZN 582/11, BAG, Beschl. v. 18.08.2015 – 7 ABN 32/15 und auch Anm. 6 zu Muster X.VI.1. (X Rdn. 463).

VII. Beschlussverfahren 1. Instanz

1. Unterlassungsanträge aus § 23 Abs. 3 BetrVG

Vorbemerkung

528 Im Falle grober Zuwiderhandlungen des Arbeitgebers gegen seine aus dem BetrVG folgenden Pflichten kann der Betriebsrat oder eine im Betrieb vertretene Gewerkschaft nach § 23 Abs. 3 BetrVG vorgehen und – je nach Situation – im arbeitsgerichtlichen Beschlussverfahren einen Antrag auf Unterlassung, Duldung oder Vornahme einer Handlung geltend machen, um weitere Pflichtverletzungen zu unterbinden bzw. eine pflichtwidrig unterlassene Handlung zu erzwingen. Das gerichtliche Verfahren gliedert sich auch hier in ein der gerichtlichen Prüfung des Bestehens der Unterlassungs-, Duldungs- oder Handlungspflicht dienendes Erkenntnisverfahren sowie ein sich hieran ggf. anschließendes Vollstreckungsverfahren, in welchem durch Festsetzung eines Ordnungs- (im Falle einer Unterlassungs- bzw. Duldungspflicht) oder eines Zwangsgeldes (im Falle einer Vornahmeverpflichtung) das gewünschte Verhalten erzwungen werden kann (vgl. auch DLW/*Wildschütz* Kap. 13 Rn. 2450 ff.). Neben Ansprüchen aus § 23 Abs. 3 BetrVG kommen in derartigen Fällen ggf. auch weitere Handlungsmöglichkeiten des Betriebsrates vor dem Hintergrund des von der Rechtsprechung in Teilbereichen des Betriebsverfassungsrechts (insbes. im Zusammenhang mit der Mitbestimmung nach § 87 BetrVG) anerkannten allgemeinen Unterlassungsanspruchs in Betracht (vgl. auch DLW/*Wildschütz* Kap. 13 Rn. 2471 ff.; *Fitting* § 23 BetrVG Rn. 98 ff.).

529 Praktisch häufig sind Unterlassungsanträge des Betriebsrates gegen den Arbeitgeber, welche der Unterbindung von (vermeintlich) betriebsverfassungswidrigen Verhaltensweisen des Arbeitgebers dienen sollen.

▶ **Muster – Unterlassungsanträge aus § 23 Abs. 3 BetrVG**

530 An das

Arbeitsgericht ____[Ort]____ 1

[Anschrift des Gerichts]

____[Datum]____

ANTRAG IM BESCHLUSSVERFAHREN

In Sachen

1. Betriebsrat der ____[Unternehmen]____, Betrieb ____[Ort]____, vertreten durch die Betriebsratsvorsitzende Frau ____[Name]____

– Antragsteller und Beteiligter zu 1) –

2. ____[Name]____, vertreten durch ____[Name]____ 2

– Antragsgegnerin und Beteiligte zu 2) –

wegen: Unterlassung betriebsverfassungswidrigen Verhaltens

leiten wir namens und in Vollmacht des Antragstellers und Beteiligten zu 1) das vorliegende Beschlussverfahren ein und werden beantragen:

> Der Beteiligten zu 2) wird aufgegeben, es zu unterlassen ___[Antrag]___ [3]

BEGRÜNDUNG:

Die Beteiligte zu 2) (im Folgenden: Arbeitgeberin) ist ein Unternehmen der ___[Bezeichnung]___ -branche mit Hauptsitz in ___[Ort]___. Der Antragsteller und Beteiligte zu 1) (im Folgenden: Betriebsrat) ist der im Betrieb der Beteiligten zu 2) in ___[Ort]___ gewählte Betriebsrat. In ihrem Betrieb in ___[Ort]___ beschäftigt die Arbeitgeberin ___[Anzahl]___ Arbeitnehmerinnen und Arbeitnehmer.

Am ___[Datum]___ haben die Parteien die als

ANLAGE ASt1

beigefügte Betriebsvereinbarung zu Fragen der betrieblichen Arbeitszeit abgeschlossen. Die Betriebsvereinbarung sieht in § ___[Paragraf]___ insbesondere vor, dass ___[Inhalt Betriebsvereinbarung]___ .

Die Arbeitgeberin handelt dieser Verpflichtung jedoch seit ___[Datum]___ beharrlich und trotz mehrfachen Hinweises des Betriebsrats auf die Unvereinbarkeit des Verhaltens mit der geschlossenen Betriebsvereinbarung und den Vorschriften des Betriebsverfassungsrechts zuwider, indem sie ___[Verhalten Arbeitgeber]___ .

Beweis: ___[Beweis]___

Zuletzt am ___[Datum]___ hat die Vorsitzende des Betriebsrats die Arbeitgeberin noch einmal mit dem als

ANLAGE ASt2

beigefügten Schreiben darauf hingewiesen, dass der betriebsvereinbarungswidrige Einsatz der Arbeitnehmerinnen und Arbeitnehmer aus Sicht des Betriebsrats einen groben Verstoß gegen das BetrVG und die am ___[Datum]___ geschlossene Betriebsvereinbarung darstellt. Die Arbeitgeberin hat hierauf jedoch nicht reagiert und stattdessen die jüngst von ihr eingeführte, der Betriebsvereinbarung zuwiderlaufende Praxis des Mitarbeitereinsatzes weiterhin fortgeführt.

Hiermit hat die Arbeitgeberin in grober Weise gegen ihre aus dem Betriebsverfassungsgesetz folgenden Verpflichtungen verstoßen. [4] Der Betriebsrat kann daher gemäß § 23 Abs. 3 S. 1 BetrVG [5] die Unterlassung dieses Verhaltens verlangen.

Vor dem Hintergrund der seitens des Beteiligten zu 1) schon bisher erfolglos unternommenen Versuche, die Beteiligte zu 2) zu einer Änderung ihres Verhaltens zu bewegen, halten wir die Durchführung eines Gütetermins vorliegend für nicht sinnvoll. Es wird daher angeregt, von der Anberaumung eines gesonderten Gütetermins abzusehen und stattdessen unmittelbar einen Termin zur Anhörung vor der Kammer zu bestimmen. [6]

(Unterschrift Rechtsanwalt)

Erläuterungen

Schrifttum

Bauer/Krieger Unterlassungsanspruch bei Betriebsänderungen – Rückenwind für Betriebsräte aus Brüssel?, BB 2010, 53; *Fiebig* Die Bestimmtheit des Unterlassungsantrags nach § 23 III 1 BetrVG, NZA 1993, 58; *Hintzen* Bis hierher und nicht weiter – Der Unterlassungsanspruch des Betriebsrats, ArbRAktuell 2014, 610; *Gruber* Der abgeleitete Unterlassungsanspruch – Ein Instrument für die Sicherung des Unterrichtungs- und Beratungsanspruchs des Betriebsrats, NZA 2011, 1011; *Lipinski/Reinhardt* Kein Unterlassungsanspruch des Betriebsrats bei Betriebsänderungen – auch nicht bei Berücksichtigung der Richtlinie 2002/14/EG!, NZA 2009, 1184; *Völksen* Unterlassungsanspruch des Betriebsrats bei interessenausgleichspflichtigen Betriebsänderungen – Entscheidungshilfe aus Erfurt?, RdA 2010, 354.

X. Arbeitsgerichtsverfahren

531 **1.** Im Erkenntnisverfahren über mögliche Ansprüche aus § 23 Abs. 3 BetrVG ist gemäß § 2a Abs. 1 Nr. 1, Abs. 2, 80 ff. BetrVG das Arbeitsgericht zuständig, welches im Beschlussverfahren entscheidet. Die örtliche Zuständigkeit des anzurufenden Arbeitsgerichts folgt aus § 82 ArbGG (vgl. hierzu AR/*Reinfelder* § 82 ArbGG Rn. 1 ff.). Örtlich zuständig ist danach im Grundsatz das Arbeitsgericht, in dessen Bezirk der Betrieb liegt.

532 **2.** Zur Benennung von juristischen Personen und Personenhandelsgesellschaften im Rubrum vgl. Muster X.IV.1. Anm. 3. (X Rdn. 257 ff.).

533 **3.** Besondere Aufmerksamkeit ist gerade in Verfahren nach § 23 Abs. 3 BetrVG der Formulierung des Antrags zu widmen. Der Antrag muss das vom Arbeitgeber verlangte Tun oder Unterlassen zweifelsfrei und hinreichend bestimmt bezeichnen, so dass die Streitfrage mit Rechtswirkung zwischen den Beteiligten entschieden werden kann (BAG, Beschl. v. 14.09.2010 – 1 ABR 32/09, NZA 2011, 364) und ein dem Antrag entsprechender Titel vollstreckbar wäre (vgl. hierzu und zur Zulässigkeit sog. Globalanträge AR/*Maschmann* § 23 BetrVG Rn. 20 m.w.N.). Zu den Anforderungen an einen bestimmten Antrag vgl. auch BAG, Beschl. v. 12.01.2011 – 7 ABR 25/09, NZA 2011, 1304. Erfahrungsgemäß fehlt es in der Praxis vielfach an der gebotenen Bestimmtheit der Anträge des Betriebsrats.

534 Mit dem Sachantrag kann mit Blick auf eine spätere Zwangsvollstreckung im Erkenntnisverfahren bereits ein Antrag auf Androhung eines Ordnungsgeldes verbunden werden (vgl. BAG, Beschl. v. 24.04.2007 – 1 ABR 47/06, AP BetrVG 1972 § 87 Arbeitszeit Nr. 124). So könnte etwa das vorliegende Muster wie folgt um einen zweiten Antrag ergänzt werden:

[»2. Der Beteiligten zu 2) wird für jeden Fall der Zuwiderhandlung gegen die im Antrag zu 1) bezeichnete Unterlassungspflicht ein Ordnungsgeld in Höhe von bis zu 10.000 € angedroht.«]

Die Androhung von Ordnungshaft für den Fall, dass das Ordnungsgeld nicht beigetrieben werden kann, ist allerdings im arbeitsgerichtlichen Beschlussverfahren zur Durchsetzung einer Unterlassungsverpflichtung unzulässig (BAG, Beschl. v. 05.10.2010 – 1 ABR 71/09).

535 **4.** Zum Begriff des »groben Verstoßes« i.S.d. § 23 Abs. 3 BetrVG und zu zahlreichen Beispielen vgl. AR/*Maschmann* § 23 BetrVG Rn. 17 ff. Eine Pflichtverletzung des Arbeitgebers ist dann grob, wenn sie objektiv erheblich und offensichtlich schwerwiegend ist, so dass auch unter Berücksichtigung des Gebots der vertrauensvollen Zusammenarbeit die Anrufung des Arbeitsgerichts gerechtfertigt erscheint. Ein schuldhaftes, vorwerfbares Verhalten des Arbeitgebers wird für einen Anspruch aus § 23 Abs. 3 BetrVG ebenso wie das Bestehen einer Wiederholungsgefahr nicht vorausgesetzt (vgl. AR/*Maschmann* § 23 BetrVG Rn. 17 ff.).

536 **5.** Neben Ansprüchen aus § 23 Abs. 3 BetrVG treten typischerweise noch andere, im Einzelfall denkbare Anspruchsgrundlagen. § 23 Abs. 3 BetrVG stellt keine abschließende Regelung dar. So hat die Rechtsprechung insbesondere zur Sicherung der Mitbestimmungsrechte des Betriebsrats in sozialen Angelegenheiten einen auf § 87 BetrVG fußenden allgemeinen Unterlassungsanspruch entwickelt (vgl. AR/*Maschmann* § 23 BetrVG Rn. 25 m.w.N.). Nach wie vor umstritten ist, ob ein solcher Unterlassungsanspruch des Betriebsrats auch im Zusammenhang mit Betriebsänderungen besteht (zum Meinungsstand AR/*Rieble* § 111 BetrVG Rn. 25).

537 Schließlich sieht auch das BetrVG selbst in zahlreichen Vorschriften verschiedenste Verpflichtungen des Arbeitgebers vor (vgl. AR/*Maschmann* § 23 BetrVG Rn. 25), etwa § 20 Abs. 3 BetrVG (Kostentragung und Sachmittelüberlassung anlässlich Betriebsratswahlen), § 40 BetrVG (Kostentragung), §§ 80 Abs. 2, 90 BetrVG (Informationspflichten), § 93 BetrVG (Ausschreibung von Arbeitsplätzen) oder § 2 Abs. 2 BetrVG (Duldung des Zutritts von Gewerkschaftsangehörigen).

538 **6.** Gemäß § 80 Abs. 2 S. 2 ArbGG **kann** der Vorsitzende im Beschlussverfahren ein Güteverfahren ansetzen. Aus strategischen Gründen – etwa um eine möglichst zügige Entscheidung zu erreichen – kann es sich daher anbieten, bereits in der Antragsschrift anzuregen, auf einen Gütetermin zu verzichten. Ggf. kann aber auch eine gegenteilige Anregung sinnvoll sein, etwa wenn auch für

den Antragsteller noch die Hoffnung besteht, die Streitigkeit – ggf. mit Unterstützung des Gerichts – kurzfristig noch gütlich klären zu können.

2. Zustimmungsersetzungsanträge nach § 99 BetrVG

Vorbemerkung

In Betrieben mit mehr als zwanzig wahlberechtigten Arbeitnehmern hat der Arbeitgeber einen ggf. bestehenden Betriebsrat vor jeder Einstellung, Eingruppierung, Umgruppierung und Versetzung zu unterrichten, ihm die im Einzelfall erforderlichen Unterlagen vorzulegen sowie erforderlichenfalls Auskunft über die Person der Beteiligten und die Auswirkungen der geplanten Maßnahme zu erteilen (vgl. § 99 Abs. 1 S. 1 BetrVG). Im Falle von Einstellungen und Versetzungen ist nach § 99 Abs. 1 S. 2 BetrVG insbesondere der in Aussicht genommene Arbeitsplatz und die vorgesehene Eingruppierung mitzuteilen. 539

In allen Fällen ist die Zustimmung des Betriebsrats zur geplanten personellen Einzelmaßnahme einzuholen. Der Betriebsrat kann die Erteilung der Zustimmung aus einem der in § 99 Abs. 2 BetrVG genannten Gründe verweigern. Tut er dies, so hat er den Arbeitgeber hierüber unter Angabe von Gründen innerhalb von einer Woche nach Unterrichtung schriftlich zu informieren. Unterbleibt die schriftliche Mitteilung, so gilt die Zustimmung des Betriebsrats mit Ablauf der Wochenfrist als erteilt (vgl. § 99 Abs. 3 BetrVG). 540

Im Falle der Verweigerung der Zustimmung des Betriebsrats zu einer personellen Einzelmaßnahme kann der Arbeitgeber nach § 99 Abs. 4 BetrVG zunächst beim Arbeitsgericht beantragen, die Zustimmung zu ersetzen. Im Grundsatz wäre es dem Arbeitgeber allerdings bis zur rechtskräftigen Klärung der Frage der Zustimmungsersetzung verwehrt, die personelle Maßnahme durchzuführen. Ein Abwarten einer rechtskräftigen Entscheidung über den Antrag nach § 99 Abs. 4 BetrVG wird allerdings vielfach für den Arbeitgeber und z.B. auch für einen neu eingestellten Mitarbeiter, dessen Einstellung der Betriebsrat widersprochen hat, unzumutbar sein. Gerade in derartigen Situationen ist die Möglichkeit der vorläufigen Durchführung personeller Einzelmaßnahmen zu bedenken. 541

Gemäß § 100 Abs. 1 BetrVG kann eine personelle Einzelmaßnahme »vorläufig« durchgeführt werden, wenn dies aus sachlichen Gründen dringend erforderlich ist. Der Arbeitgeber hat den Betriebsrat in diesem Fall unverzüglich über die vorläufige Durchführung der personellen Maßnahme zu informieren (§ 100 Abs. 2 S. 1 BetrVG). Bestreitet der Betriebsrat daraufhin seinerseits unverzüglich, dass die Maßnahme aus sachlichen Gründen dringend erforderlich ist, so darf der Arbeitgeber die personelle Maßnahme nur aufrechterhalten, wenn er innerhalb von drei Tagen beim Arbeitsgericht die Ersetzung der Zustimmung des Betriebsrats und die Feststellung beantragt, dass die Maßnahme aus sachlichen Gründen dringend erforderlich war (§ 100 Abs. 2 S. 3 BetrVG). § 100 Abs. 1 S. 2 BetrVG verpflichtet den Arbeitgeber schließlich zur Aufklärung des Arbeitnehmers über die Sach- und Rechtslage. Ein Verstoß hiergegen kann u.U. Schadensersatzansprüche des nicht oder fehlerhaft aufgeklärten Arbeitnehmers begründen (vgl. AR/*Rieble* § 100 BetrVG Rn. 4 m.w.N.). 542

Die vorläufige personelle Maßnahme endet gemäß § 100 Abs. 3 BetrVG mit Ablauf von zwei Wochen nach Rechtskraft der für den Arbeitgeber nachteiligen Entscheidung. Die personelle Maßnahme darf dann nicht weiter aufrechterhalten werden. Tut der Arbeitgeber dies dennoch, kann der Betriebsrat nach § 101 BetrVG vorgehen und beantragen, dem Arbeitgeber die Aufhebung der personellen Maßnahme aufzugeben. Befolgt der Arbeitgeber auch dies nicht, so kann gemäß § 101 S. 2 BetrVG auf Antrag des Betriebsrats ein Zwangsgeld verhängt werden. 543

Das folgende Muster stellt exemplarisch einen Zustimmungsersetzungsantrag nach § 99 Abs. 4 BetrVG in Kombination mit einem auf die Feststellung der sachlich begründeten Dringlichkeit 544

X. Arbeitsgerichtsverfahren

der vorläufigen Durchführung einer personellen Einzelmaßnahme gerichteten Antrag nach § 100 Abs. 2 S. 3 BetrVG dar.

▶ **Muster – Zustimmungsersetzungsanträge nach § 99 BetrVG**

545 An das

Arbeitsgericht ____[Ort]____ 1
[Anschrift des Gerichts]

_____[Datum]_____ 2

ANTRAG IM BESCHLUSSVERFAHREN

In dem Beschlussverfahren mit den Beteiligten 3

1. ___[Name]___, vertreten durch ___[Name Vertreter]___ 4

– Antragstellerin und Beteiligte zu 1) –

2. Betriebsrat der ___[Arbeitgeber]___, Betrieb ___[Ort]___, vertreten durch den Betriebsratsvorsitzenden, Herrn ___[Name]___

– Antragsgegner und Beteiligter zu 2) –

wegen: Zustimmungsersetzung und Feststellung der sachlichen Dringlichkeit einer personellen Einzelmaßnahme

zeigen wir an, dass wir die Antragstellerin und Beteiligte zu 1) vertreten. Wir beantragen,

1. die vom Beteiligten zu 2) verweigerte Zustimmung zur Einstellung 5 des Arbeitnehmers ___[Name]___ wird ersetzt. 6
2. es wird festgestellt, dass die am ___[Datum]___ durchgeführte Einstellung 7 des Arbeitnehmers ___[Name]___ aus sachlichen Gründen dringend erforderlich war.

BEGRÜNDUNG:

Die Antragstellerin und Beteiligte zu 1) (im Folgenden: Arbeitgeberin) unterhält am Standort ___[Ort]___ einen Betrieb mit ___[Anzahl]___ Arbeitnehmerinnen und Arbeitnehmern. Der Beteiligte zu 2) (im Folgenden: Betriebsrat) ist der in diesem Betrieb gewählte Betriebsrat.

Die Arbeitgeberin unterrichtete den Betriebsrat am ___[Datum]___ über die geplante Einstellung eines weiteren Mitarbeiters in der Abteilung ___[Bezeichnung Abteilung]___. Der Betriebsrat wurde mit dem als

ANLAGE ASt1

beigefügten Schreiben nebst Anlagen über die beabsichtigte Einstellung informiert und um Erteilung der Zustimmung zur Einstellung gebeten. Am ___[Datum]___ informierte der Betriebsrat seinerseits die Arbeitgeberin jedoch mit dem als

ANLAGE ASt2

beigefügten Schreiben darüber, dass die Zustimmung zur Einstellung verweigert worden sei. Die Zustimmungsverweigerung wurde damit begründet, dass ___[Begründung]___ . 8

Die seitens des Betriebsrats angeführten Zustimmungsverweigerungsgründe treffen jedoch nicht zu. Es trifft insbesondere nicht zu, dass ___[Begründung]___ . 9

Die Arbeitgeberin hat den Arbeitnehmer ___[Name]___ trotz verweigerter Zustimmung am ___[Datum]___ gemäß § 100 Abs. 1 BetrVG vorläufig eingestellt, worüber der Betriebsrat bereits am ___[Datum]___ unterrichtet wurde. 1 Der Betriebsrat bestritt daraufhin am ___[Datum]___, dass die vorläufige Einstellung aus sachlichen Gründen dringend erforderlich war.

Entgegen dieser Behauptung des Betriebsrats war die vorläufige Einstellung des Mitarbeiters aber durchaus aus sachlichen Gründen dringend erforderlich. Die Dringlichkeit ergibt sich daraus, dass ___[Begründung der Dringlichkeit]___ . [11]

Es ist daher antragsgemäß zu entscheiden. [12]

___

(Unterschrift Rechtsanwalt)

Erläuterungen

Schrifttum

Gentz Schutz gegen Missbrauch (?) von Mitbestimmungsrechten, NZA 2004, 1011; *Gillen/Vahle* Vorläufige Personalmaßnahmen nach § 100 BetrVG, BB 2010, 761; *Gottwald* Anspruch des Arbeitnehmers auf Zustimmungsersetzungsverfahren nach § 99 Abs. 4 BetrVG, BB 1997, 2427; *Groß* Anforderungen an eine ordnungsgemäße Unterrichtung des Betriebsrats bei Einstellungen und Versetzungen, ArbRAktuell 2016, 7; *Thoms* Unzureichende Zustimmungsverweigerung des Betriebsrats: Freie Fahrt für Arbeitgeber!, ArbRAktuell 2013, 384; *Tiling* Beteiligungsrechte beim Einsatz von Leiharbeitnehmern, BB 2009, 2422.

1. Für das auf Ersetzung der verweigerten Zustimmung gerichtete Verfahren nach § 99 Abs. 4 BetrVG ist ebenso wir für den Feststellungsantrag nach § 100 Abs. 2 S. 3 BetrVG das Arbeitsgericht zuständig, welches hier im Beschlussverfahren entscheidet (vgl. hierzu DLW/*Wildschütz* Kap. 13 Rn. 2153 ff. und 2179 ff.) 546

2. Wird nicht nur das Verfahren nach § 99 Abs. 4 BetrVG eingeleitet, sondern daneben nach vorläufiger Durchführung der Maßnahme und erfolgtem Bestreiten der Dringlichkeit durch den Betriebsrat auch der Antrag nach § 100 Abs. 2 S. 3 BetrVG gestellt, so ist unbedingt die in § 100 Abs. 2 S. 3 BetrVG vorgesehene 3-Tages-Frist zu beachten (vgl. hierzu auch DLW/*Wildschütz* Kap. 13 Rn. 2179 ff.). Bei Versäumung dieser Frist kann der Betriebsrat nach § 101 Abs. 1 BetrVG vorgehen (AR/*Rieble* § 101 BetrVG Rn. 1). Zur Situation, dass der Betriebsrat zunächst nur die Dringlichkeit der vorläufigen Maßnahme bestreitet, während die Wochenfrist für die Erteilung der Zustimmung zur endgültigen Maßnahme noch läuft vgl. DLW/*Wildschütz* Kap. 13 Rn. 2183. 547

3. Der von der zwischen den Betriebsparteien umstrittenen personellen Einzelmaßnahme betroffene Arbeitnehmer ist nicht an diesem Verfahren zu beteiligen (vgl. AR/*Rieble* § 99 BetrVG Rn. 75; *Fitting* § 99 BetrVG Rn. 288 m.w.N.). 548

4. Zur Benennung von juristischen Personen und Personenhandelsgesellschaften im Rubrum vgl. Muster X.IV.1. Anm. 3 (X Rdn. 257 ff.). 549

5. Zum Begriff der Einstellung vgl. DLW/*Wildschütz* Kap. 13 Rn. 2041 ff. Im Falle einer Versetzung kann der Antrag wie folgt formuliert werden: 550

[»... die vom Beteiligten zu 2) verweigerte Zustimmung zur Versetzung des Arbeitnehmers ___[Name]___ in die Position eines ___[Funktion]___ wird ersetzt.«]

Zum Begriff der Versetzung siehe DLW/*Wildschütz* Kap. 13 Rn. 2066 ff. Wird ein Arbeitnehmer örtlich in einen anderen Betrieb des Unternehmens versetzt, so kommen Mitbestimmungsrechte ggf. existierender Betriebsräte sowohl im aufnehmenden (hier unter dem Gesichtspunkt einer Einstellung) als auch im entsendenden Betrieb in Frage (letzteres ist umstritten, vgl. DLW/*Wildschütz* Kap. 13 Rn. 2077 f.).

Zur Ein- und Umgruppierung vgl. schließlich DLW/*Wildschütz* Kap. 13 Rn. 2089 und 2095 ff. In diesen Fällen ist der Antrag wie folgt zu fassen:

[»... die vom Beteiligten zu 2) verweigerte Zustimmung zur Eingruppierung [bzw.: Umgruppierung] des Arbeitnehmers ___[Name]___ in die Lohngruppe/Gehaltsgruppe ___[Lohn-/Gehaltsgruppe]___ nach Maßgabe des Lohntarifvertrages [bzw.: Gehaltstarifvertrages] ___[Tarifvertrag]___ wird ersetzt.«]

X. Arbeitsgerichtsverfahren

551 **6.** Ist der Arbeitgeber der Meinung, die Zustimmung des Betriebsrats zur strittigen Einzelmaßnahme gelte bereits gemäß § 99 Abs. 3 S. 2 BetrVG als erteilt, weil der Betriebsrat die Zustimmung zu spät oder mit unzureichender Begründung verweigert hat, so können folgende Anträge gestellt werden (vgl. DLW/*Wildschütz* Kap. 13 Rn. 2153):

552 *Alternative:*

[1. Es wird festgestellt, dass die Zustimmung des Beteiligten zu 2) zur Einstellung des Arbeitnehmers ____[Name]____ als erteilt gilt.]

553 *[2. Hilfsweise für den Fall des Unterliegens mit dem Antrag zu 1): Die seitens des Beteiligten zu 2) verweigerte Zustimmung zur Einstellung des Arbeitnehmers ____[Name]____ wird ersetzt.]*

554 *[3. ggf. Antrag nach § 100 Abs. 2 S. 3 BetrVG (s.o.)].*

555 **7.** Alternativ: Versetzung. Im Fall von Eingruppierungen und Umgruppierungen kommt eine Anwendung des § 100 BetrVG nach vielfach vertretener Auffassung dagegen nicht in Betracht (vgl. DLW/*Wildschütz* Kap. 13 Rn. 2163 ff.).

556 **8.** Der Betriebsrat kann seine Zustimmung zu einer personellen Einzelmaßnahme nicht beliebig, sondern vielmehr nur aus den in § 99 Abs. 2 BetrVG aufgezählten Gründen verweigern. Eine Erweiterung der Zustimmungsverweigerungsgründe durch Tarifvertrag ist möglich. Zu den einzelnen Zustimmungsverweigerungsgründen vgl. DLW/*Wildschütz* Kap. 13 Rn. 2115 ff.

557 Der Betriebsrat hat den Arbeitgeber binnen Wochenfrist schriftlich über die Zustimmungsverweigerung unter Angabe von Gründen zu informieren (§ 99 Abs. 3 BetrVG). Zur Wahrung der Schriftform genügt hier die Textform des § 126b BGB (vgl. BAG, 09.12.2008 – 1 ABR 79/07). Eine Zustimmungsverweigerung ohne Angabe von Gründen oder unter nur formelhafter Wiederholung des gesetzlichen Wortlauts einer der Fälle des § 99 Abs. 2 BetrVG ohne Bezug zum konkreten Fall ist unwirksam (vgl. AR/*Rieble* § 99 BetrVG Rn. 69; BAG 24.07.1979 – 1 ABR 78/77, EzA § 99 BetrVG 1972 Nr. 26).

558 Wird die Form oder die Frist für die Mitteilung der Zustimmungsverweigerung nicht gewahrt, so gilt die Zustimmung als erteilt und es kommt im gerichtlichen Verfahren die Stellung eines Antrags auf schlichte Feststellung in Betracht, dass die Zustimmung zur relevanten Einzelmaßnahme »als erteilt gilt« (vgl. bereits Anm. 6 – X Rdn. 551).

559 Zu beachten ist allerdings, dass die Wochenfrist für den Betriebsrat nur bei vollständiger Information des Betriebsrats zu laufen beginnt (vgl. BAG, Beschl. v. 10.08.1993 – 1 ABR 22/93, NZA 1994, 187). Andererseits ist auch der Betriebsrat gehalten, auf ihm bekannte Mängel in der Unterrichtung hinzuweisen (BAG, Beschl. v. 10.08.1993 – 1 ABR 22/93, NZA 1994, 187).

560 **9.** Die Darlegungs- und Beweislast für das Nichtvorliegen eines Verweigerungsgrundes trägt nach h.M. der Arbeitgeber. Gleiches gilt bzgl. der Frage der rechtzeitigen und vollständigen Unterrichtung des Betriebsrats (vgl. DLW/*Wildschütz* Kap. 13 Rn. 2157).

561 **10.** Die Unterrichtung nach § 100 Abs. 2 BetrVG hat nicht zwingend vor Durchführung der personellen Maßnahme zu erfolgen. Auch eine nach Durchführung erfolgte Mitteilung kann ausreichend sein (BAG, Beschl. v. 07.11.1977 – 1 ABR 55/75, NJW 1978, 848).

562 **11.** Zur Dringlichkeit der vorläufigen Durchführung einer personellen Einzelmaßnahme vgl. AR/*Rieble* § 100 BetrVG Rn. 3 ff.

563 **12.** Zu den verschiedenen Entscheidungsmöglichkeiten des Gerichts in diesen Verfahren vgl. DLW/*Wildschütz* Kap. 13 Rn. 2185 ff.

3. Beschlussverfahren nach § 100 ArbGG (Einsetzung Einigungsstelle)

Vorbemerkung

Das Gesetz sieht in vielen Fällen als Mechanismus zur Lösung innerbetrieblicher Konflikte zwischen Arbeitgeber und Betriebsrat die sog. Einigungsstelle vor. Im Falle des Scheiterns der innerbetrieblichen Verhandlungen dient die paritätisch besetzte Einigungsstelle der Herbeiführung einer Einigung zwischen den Betriebsparteien (vgl. AR/*Rieble* § 76 BetrVG Rn. 1 ff.). Kommt eine Einigung über die Person des Vorsitzenden der Einigungsstelle und/oder über die Zahl der Beisitzer nicht zustande, so ist hierüber in einem arbeitsgerichtlichen Beschlussverfahren zu entscheiden (vgl. § 76 Abs. 2 S. 2 und S. 3 BetrVG i.V.m. § 100 ArbGG; früher: § 98 ArbGG).

Die Einzelheiten dieses besonderen Beschlussverfahrens werden in § 100 ArbGG geregelt. Für das Verfahren gelten zunächst die in §§ 80–84 ArbGG für das Beschlussverfahren generell vorgesehenen Regelungen entsprechend (vgl. § 100 Abs. 1 S. 3 ArbGG). Eine hiervon abweichende Besonderheit des Verfahren nach § 100 ArbGG besteht zunächst darin, dass in diesem Verfahren ein Alleinentscheidungsrecht des Vorsitzenden besteht (vgl. § 100 Abs. 1 S. 1 ArbGG). Darüber hinaus sieht das ArbGG im Interesse einer zügigen Einberufung der Einigungsstelle besondere Regelungen zur Beschleunigung des Verfahrens vor: Die Einlassungs- und Ladungsfristen betragen 48 Stunden (§ 100 Abs. 1 S. 4 ArbGG). Der Beschluss des Vorsitzenden **soll** den Beteiligten des Verfahrens bereits innerhalb von zwei Wochen nach Eingang des Antrags zugestellt werden. Der Beschluss **muss** jedenfalls innerhalb von vier Wochen nach Eingang des Antrags zugestellt werden. Dem hierdurch klar zum Ausdruck kommenden Beschleunigungsgedanken hat das Gericht bereits bei der Terminierung Rechnung zu tragen.

Gemäß § 100 Abs. 2 ArbGG gelten auch für die Beschwerde gegen eine erstinstanzliche Entscheidung nach § 100 ArbGG weitere Regelungen zur Beschleunigung des Verfahrens; insbesondere sieht § 100 Abs. 2 ArbGG vor, dass eine Beschwerde an das Landesarbeitsgericht innerhalb von zwei Wochen einzulegen und zu begründen ist (vgl. hierzu auch X Rdn. 657).

▶ **Muster – Beschlussverfahren nach § 100 ArbGG (Einsetzung Einigungsstelle)**

An das
Arbeitsgericht _____[Ort]_____ 1
[Anschrift des Gerichts]

_____[Datum]_____

ANTRAG NACH § 100 ArbGG 2

In Sachen 3

1. Betriebsrat der _____[Firma]_____, Betrieb _____[Ort]_____, vertreten durch die Betriebsratsvorsitzende, Frau _____[Name]_____

– Antragsteller und Beteiligter zu 1) –

2. _____[Name]_____, vertreten durch _____[Name]_____ 4

– Antragsgegnerin und Beteiligte zu 2) –

wegen: Bestellung eines Einigungsstellenvorsitzenden und Festsetzung der Anzahl der Beisitzer

leite ich namens und in Vollmacht des Antragstellers und Beteiligten zu 1) das vorliegende Beschlussverfahren ein. Ich werde beantragen: 5

    1. Zum Vorsitzenden einer Einigungsstelle zur Regelung von _____[Bezeichnung]_____ 6 wird der Vorsitzende Richter am Landesarbeitsgericht _____[Ort, Name]_____ 7 bestellt.

Reitz   1823

2. Die Anzahl der im Rahmen dieser Einigungsstelle von jeder Seite zu benennenden Beisitzer wird auf ____[Anzahl]____ ⁸ festgesetzt.

BEGRÜNDUNG:

Die Beteiligte zu 2) (im Folgenden: Arbeitgeberin) ist ein mit der Produktion von ____[Produkt]____ befasstes Unternehmen. Sie unterhält am Standort ____[Ort]____ einen Betrieb mit ____[Anzahl]____ Arbeitnehmern. Der Beteiligte zu 2) (im Folgenden: Betriebsrat) ist der in diesem Betrieb gewählte Betriebsrat.

Die Beteiligten streiten bereits seit ____[Datum]____ über eine Regelung zu Fragen der ____[Bezeichnung]____. Vor dem Hintergrund dessen fanden im Zeitraum vom ____[Datum]____ bis ____[Datum]____ innerbetriebliche Verhandlungen über eine Betriebsvereinbarung zu dieser Thematik statt. Diese Verhandlungen sind jedoch am ____[Datum]____ endgültig gescheitert, ⁹ nachdem die Arbeitgeberin erklärt hatte, dass ____[Erklärung Arbeitgeber]____.

Mit einem an die Arbeitgeberin gerichteten Schreiben vom ____[Datum]____ hat der Betriebsrat daraufhin die Einigungsstelle angerufen und der Arbeitgeberin vorgeschlagen, den Vorsitzenden Richter am Landesarbeitsgericht, Herrn ____[Name]____ zum Vorsitzenden der Einigungsstelle zu bestellen und die Anzahl der von jeder Seite zu benennenden Beisitzer auf ____[Anzahl]____ festzusetzen. Eine Einigung konnte zwischen den Beteiligten jedoch auch hinsichtlich der Person des Einigungsstellenvorsitzenden und der Anzahl der Beisitzer nicht hergestellt werden. Die Arbeitgeberin äußerte am ____[Datum]____ lediglich, dass ____[Erklärung Arbeitgeber]____.

Nachdem nun auch insoweit keine Verständigung hergestellt werden konnte, ist der Vorsitzende der Einigungsstelle durch das Arbeitsgericht zu bestellen (§ 76 Abs. 2 S. 2 BetrVG). Ebenso ist die Anzahl der Beisitzer durch das Arbeitsgericht festzusetzen (§ 76 Abs. 2 S. 3 BetrVG).

Die Anzahl der Beisitzer ist vorliegend auf ____[Anzahl]____ je Seite festzusetzen. Diese Anzahl ist durch die besondere Komplexität und den Umfang der zu regelnden Materie gerechtfertigt, weil ____[Begründung]____.

Unzutreffend ist im Übrigen das seitens der Arbeitgeberin bereits vorprozessual angeführte Argument, die Einigungsstelle sei zur Regelung der hier relevanten Fragen nicht zuständig. Es sei bereits an dieser Stelle gesagt, dass dies nicht zutrifft, weil ____[Begründung]____. Überdies kommt eine Zurückweisung des Antrags im vorliegenden Bestellungsverfahren ohnehin nur dann in Betracht, wenn die Einigungsstelle offensichtlich unzuständig ¹⁰ wäre (§ 100 Abs. 1 S. 2 ArbGG). Dies ist jedoch nicht der Fall, weil ____[Begründung]____.

Vor dem Hintergrund der in § 100 Abs. 1 ArbGG vorgesehenen Verfahrensbeschleunigung wird um eine kurzfristige Terminierung gebeten.

_____
(Unterschrift Rechtsanwalt)

Erläuterungen

Schrifttum

Dusny Aktuelle Rechtsprechung zum Einigungsstellenverfahren, ArbRAktuell 2015, 447; *Ehler* Verhandlungen und Einigungsstellen optimieren, BB 2010, 702; *Lerch/Weinbrenner* Einigungsstelleneinsetzungsverfahren bei Betriebsänderungen, NZA 2015, 1228; *Tschöpe* Die Bestellung der Einigungsstelle – Rechtliche und taktische Fragen, NZA 2004, 945; *Welkoborsky* Aktuelle Rechtsprechung zu Interessenausgleich und Sozialplan, ArbRAktuell 2014, 196.

568 **1.** Die örtliche Zuständigkeit des anzurufenden Arbeitsgerichts ergibt sich aus §§ 100 Abs. 1 S. 3, 82 ArbGG.

569 **2.** In der Praxis bietet es sich an – etwa durch die hier vorgeschlagene Überschrift – ausreichend deutlich darauf hinzuweisen, dass es sich um ein beschleunigtes Verfahren nach § 100 ArbGG handelt. Mit diesem Hinweis sollte sichergestellt sein, dass das Gericht bereits bei der Terminie-

rung der gesetzlichen Absicht nach einer zügigen Einsetzung einer funktionsfähigen Einigungsstelle Rechnung trägt.

3. Beteiligte des Verfahrens sind Arbeitgeber und Betriebsrat (bzw. Gesamt- oder Konzernbetriebsrat); vgl. AR/*Reinfelder* § 98 ArbGG Rn. 6. Entgegen dem hier gebildeten Beispiel kann selbstverständlich auch der Arbeitgeber in der Rolle des Antragstellers agieren, wenn er derjenige ist, der den zügigen Weg in die Einigungsstelle sucht. Verfahren nach § 100 ArbGG sind in der Praxis nicht selten dadurch geprägt, dass eine der Betriebsparteien auf Beschleunigung drängt, weil die Regelung einer bestimmten Frage als nötig gesehen wird, während die jeweils andere Partei verzögert. 570

4. Zur Benennung von juristischen Personen und Personenhandelsgesellschaften im Rubrum vgl. Muster X.IV.1 Anm. 3 (X Rdn. 257 f.). 571

5. Sollte nur um die Person des Einigungsstellenvorsitzenden oder nur über die Anzahl der Beisitzer gestritten werden, so ist selbstverständlich nur der jeweils benötigte der beiden folgenden Anträge zu stellen, d.h. entweder nur nach § 76 Abs. 2 S. 2 oder nur nach § 76 Abs. 2 S. 3 BetrVG vorzugehen. 572

6. Im Antrag ist der Gegenstand der Einigungsstelle möglichst genau zu umschreiben (vgl. AR/*Reinfelder* § 98 ArbGG Rn. 4 m.w.N.). 573

7. Bei der Benennung des Vorsitzenden der Einigungsstelle im Antrag ist § 100 Abs. 1 S. 5 ArbGG zu beachten. Wird hier – wie in der Praxis üblich – ein Richter benannt, so darf dieser nur dann zum Vorsitzenden der Einigungsstelle bestellt werden, wenn aufgrund der Geschäftsverteilung ausgeschlossen ist, dass er mit der Überprüfung, der Auslegung oder der Anwendung des Spruchs der Einigungsstelle befasst wird. Hiermit werden vielfach Richter des zuständigen Arbeitsgerichts und auch des zuständigen Landesarbeitsgerichts ebenso wie Richter des BAG ausgeschlossen sein, soweit nicht durch die jeweilige Geschäftsverteilung eine spätere Befassung ausgeschlossen ist (vgl. hierzu auch AR/*Reinfelder* § 98 ArbGG Rn. 14). 574

8. Entscheidend für die Frage, wie viele Beisitzer jeweils zu benennen sind, sind vor allem Bedeutung, Schwierigkeit und Umfang des Gegenstands der Einigungsstelle. In der Regel sind zwei Beisitzer je Seite angemessen und sinnvoll (vgl. AR/*Reinfelder* § 98 ArbGG Rn. 17). 575

9. Der Ablauf und das Scheitern der innerbetrieblichen Verhandlungen sollte bereits in der Antragsschrift unter Beweisantritt geschildert werden. Sollte ein Scheitern der innerbetrieblichen Verhandlungsversuche nicht feststellbar sein, so fehlt dem Antrag das erforderliche Rechtsschutzinteresse (AR/*Reinfelder* § 98 ArbGG Rn. 5). 576

10. Zum Begriff der offensichtlichen Unzuständigkeit vgl. AR/*Reinfelder* § 98 ArbGG Rn. 8 ff.; GMP/*Schlewing* § 98 ArbGG Rn. 22. 577

4. Beschlussverfahren zur Feststellung der Unwirksamkeit eines Einigungsstellenspruchs

Vorbemerkung

Die Frage der Wirksamkeit eines Einigungsstellenspruchs kann zum Einen inzident im Rahmen eines Beschluss- oder auch Urteilsverfahrens zu prüfen sein, soweit die Entscheidung dieses Verfahrens von der Frage der Wirksamkeit des Spruchs abhängt (DLW/*Eisenbeis* Kap. 13 Rn. 1400 ff.). Auf Antrag des Arbeitgebers oder des Betriebsrats kann der Spruch einer Einigungsstelle jedoch auch in einem Beschlussverfahren selbständig auf seine (Un-)Wirksamkeit hin überprüft werden. Das folgende Muster bezieht sich auf ein solches Verfahren. 578

Wird die Wirksamkeit eines Einigungsstellenspruchs einer arbeitsgerichtlichen Prüfung zugeführt, so ist – vor allem wegen ggf. einzuhaltender Fristen – zu unterscheiden zwischen der grds. unbe- 579

X. Arbeitsgerichtsverfahren

fristet möglichen, allgemeinen Rechtmäßigkeitsüberprüfung eines Einigungsstellenspruchs mit Blick auf eine etwaig fehlende Zuständigkeit, Verfahrensfehler und die Vereinbarkeit des Spruchs mit höherrangigem Recht (vgl. AR/*Rieble* § 76 BetrVG Rn. 19 ff.) einerseits und Prüfung etwaiger Ermessensüberschreitungen der Einigungsstelle andererseits, welche binnen einer Frist von zwei Wochen – gerechnet vom Tage der Zuleitung des Beschlusses an – geltend zu machen sind (§ 76 Abs. 5 S. 4 BetrVG).

► **Muster – Beschlussverfahren zur Feststellung der Unwirksamkeit eines Einigungsstellenspruchs**

580 An das

Arbeitsgericht ____[Ort]____

[Anschrift des Gerichts]

____[Datum]____ 1

ANTRAG IM BESCHLUSSVERFAHREN

In der Sache 2

1. ____[Name]____, vertreten durch ____[Name]____ 3

– Antragstellerin und Beteiligte zu 1) –

2. Betriebsrat der ____[Arbeitgeber]____, Betrieb ____[Name]____, vertreten durch die Betriebsratsvorsitzende, Frau ____[Name]____

– Beteiligter zu 2) –

wegen: Feststellung der Unwirksamkeit eines Einigungsstellenspruchs

leite ich namens und in Vollmacht der Antragstellerin und Beteiligten zu 1) das vorliegende Beschlussverfahren ein und beantrage,

festzustellen, dass der Spruch [bzw.: § ____[Paragraf]____ des Spruches] der Einigungsstelle vom ____[Datum]____ unwirksam ist. 4

BEGRÜNDUNG:

Die Beteiligten streiten über die Wirksamkeit eines Einigungsstellenspruchs. Die Beteiligte zu 1) ist ein im Bereich der ____[Branche]____ tätiges Unternehmen. Am Standort ____[Ort]____ unterhält sie einen Betrieb mit ____[Anzahl]____ Arbeitnehmern. Der Beteiligte zu 2) ist der in diesem Betrieb gewählte Betriebsrat.

Bereits Ende des vergangenen Jahres traten die Beteiligten in Verhandlungen über den Abschluss einer Betriebsvereinbarung zum Thema ____[Thema Betriebsvereinbarung]____ ein. Nachdem betriebsintern eine Einigung nicht erreicht werden konnte, rief die Beteiligte zu 1) am ____[Datum]____ die Einigungsstelle an, welche in der Folge unter Vorsitz von ____[Name]____ und mit je ____[Anzahl]____ Beisitzern zusammentrat.

Die Einigungsstelle beschloss schließlich am ____[Datum]____ mit den Stimmen der Beisitzer des Betriebsrats und des Vorsitzenden, dass ____[Inhalt des Beschlusses]____.

Der Spruch der Einigungsstelle vom ____[Datum]____ ist rechtswidrig.

1) Dies folgt bereits daraus, dass die Einigungsstelle für die im Spruch geregelten Fragen unzuständig war, weil ____[Gründe für Unzuständigkeit]____. 5

2) Die Rechtswidrigkeit des Einigungsstellenspruchs vom ____[Datum]____ folgt weiter auch aus dessen Unvereinbarkeit mit höherrangigem Recht. Der Spruch der Einigungsstelle sieht vor, dass ____[Inhalt Einigungsstellenspruch]____. Dies ist mit den Vorschriften des § ____[Paragraf]____ unvereinbar, da ____[Gründe für Unvereinbarkeit]____. 6

3) Die Rechtsunwirksamkeit des Spruchs folgt auch daraus, dass anlässlich der Sitzung der Einigungsstelle vom ___[Datum]___ wesentliche Verfahrensgrundsätze dadurch verletzt wurden, dass _[Darstellung Verletzungshandlung]_ .⁷

4) Schließlich ist geltend zu machen, dass die Einigungsstelle mit ihrem Spruch vom ___[Datum]___ den Rahmen des ihr zustehenden Ermessens überschritten hat. Gemäß § 76 Abs. 5 S. 3 BetrVG fasst die Einigungsstelle ihre Beschlüsse unter angemessener Berücksichtigung der Belange des Betriebs und der betroffenen Arbeitnehmer nach billigem Ermessen. Vorliegend hat die Einigungsstelle das ihr danach zustehende Ermessen dadurch überschritten, dass __[Begründung]__ .⁸

(Unterschrift Rechtsanwalt)

Erläuterungen

1. Soweit eine Ermessensüberschreitung i.S.d. § 76 Abs. 5 S. 4 BetrVG geltend gemacht werden soll, ist die dort geregelte zweiwöchige, materiell-rechtliche Ausschlussfrist zu beachten; vgl. AR/*Rieble* § 76 BetrVG Rn. 20. 581

2. Antragsbefugt sind Betriebsrat und Arbeitgeber, nicht jedoch Arbeitgeberverbände und Gewerkschaften und auch nicht die Einigungsstelle selbst (vgl. DLW/*Eisenbeis* Kap. 13 Rn. 1402 m.w.N.). 582

3. Zur Benennung von juristischen Personen und Personenhandelsgesellschaften im Rubrum vgl. Muster X.IV.1. Anm. 3 (X Rdn. 257 ff.). 583

4. Der Antrag ist auf Feststellung der Unwirksamkeit zu richten. Das Gericht stellt die Unwirksamkeit bzw. Wirksamkeit des Spruchs ohne rechtsgestaltenden Akt lediglich fest (vgl. AR/*Rieble* § 76 BetrVG Rn. 23 sowie BAG, Beschl. v. 08.06.2004 – 1 ABR 4/03, NZA 2000, 227). 584

5. Zur (Un-)Zuständigkeit der Einigungsstelle vgl. DLW/*Wildschütz* Kap. 13 Rn. 1318 ff. 585

6. Zu möglichen Fällen der Verletzung höherrangigen Rechts durch den Spruch einer Einigungsstelle vgl. ErfK/*Kania* § 76 BetrVG Rn. 24 m.w.N. 586

7. Auch der Verstoß gegen wichtige Verfahrensvorschriften kann die Unwirksamkeit des Einigungsstellenspruchs begründen; vgl. BAG, Beschl. v. 18.01.1994 – 1 ABR 43/93, NZA 1994, 571. Ebenso führt der Verstoß gegen die in § 76 Abs. 3 S. 4 BetrVG vorgesehene Schriftform zur Unwirksamkeit des Spruchs. Die hier vorgesehene Form kann weder durch die elektronische Form (§ 126a BGB) noch durch die Textform (§ 126b BGB) ersetzt werden (vgl. BAG, Beschl. v. 05.10.2010 – 1 ABR 31/09). 587

8. Die Kontrolle des ausgeübten Ermessens ist eine Rechtsfrage. Das Gericht darf hier weder eine Zweckmäßigkeitskontrolle vornehmen noch sein eigenes Ermessen an die Stelle des Ermessens der Einigungsstelle setzen. Das Arbeitsgericht hat lediglich zu prüfen, ob der Spruch letztlich die Belange des Betriebs und der betroffenen Arbeitnehmer angemessen berücksichtigt und – unter Berücksichtigung des Zwecks des in Rede stehenden Mitbestimmungsrechts – zu einem billigen Ausgleich bringt (vgl. AR/*Rieble* § 76 BetrVG Rn. 20 m.w.N.). 588

5. Beschlussverfahren zur Kostenerstattungspflicht des Arbeitgebers gegenüber Betriebsräten (insbesondere Schulungsveranstaltungen nach § 37 Abs. 6 und Abs. 7 BetrVG)

Vorbemerkung

Die durch die Tätigkeit des Betriebsrats entstehenden Kosten hat der Arbeitgeber zu tragen (vgl. § 40 Abs. 1 BetrVG), wobei allerdings die Kostentragungspflicht auf die »erforderlichen« Kosten der Betriebsratsarbeit (zu diesem Begriff vgl. AR/*Maschmann* § 40 BetrVG Rn. 2 m.w.N.; zur 589

X. Arbeitsgerichtsverfahren

Frage der Freistellung von Rechtsanwaltskosten vgl. BAG, Beschl. v. 18.03.2015 – 7 ABR 4/13) beschränkt ist. Eine praktisch regelmäßig wiederkehrende Fragestellung ist in diesem Zusammenhang, ob und unter welchen Voraussetzungen der Arbeitgeber verpflichtet ist, die anlässlich der Teilnahme eines Betriebsratsmitglieds an einer Schulung entstehenden Kosten zu tragen. Handelt es sich um eine Schulung, die erforderliche Kenntnisse i.S.d. § 37 Abs. 6 BetrVG vermittelt, so besteht eine Verpflichtung des Arbeitgebers zur Tragung der anfallenden Kosten, die in der Regel (abhängig von der Erforderlichkeit im Einzelfall) die Reisekosten, die Teilnahmegebühren sowie Übernachtungskosten – nicht jedoch die Kosten der persönlichen Lebensführung – erfassen wird (vgl. zu den Details AR/*Maschmann* § 40 BetrVG Rn. 8 f.).

590 Bei Schulungs- und Bildungsveranstaltungen i.S.v. § 37 Abs. 7 BetrVG, welche von der zuständigen obersten Arbeitsbehörde des Landes nach Beratung mit den Spitzenorganisationen der Gewerkschaften und der Arbeitgeberverbände als geeignet anerkannt wurden, besteht grds. keine über die Entgeltzahlung hinausgehende Kostentragungspflicht des Arbeitgebers, es sei denn, die Veranstaltung vermittelt zugleich für die Betriebsratsarbeit erforderliche Kenntnisse i.S.d. § 37 Abs. 6 BetrVG (vgl. DLW/*Wildschütz* Kap. 13 Rn. 803 ff. m.w.N.; BAG, Beschl. v. 06.11.1973 – 1 ABR 26/73, AP Nr. 6 zu § 37 BetrVG 1972; *Fitting* § 40 BetrVG Rn. 70 m.w.N.).

▶ **Muster – Beschlussverfahren zur Kostenerstattungspflicht des Arbeitgebers gegenüber Betriebsräten (insbesondere Schulungsveranstaltungen nach § 37 Abs. 6 und Abs. 7 BetrVG)**

591 An das
Arbeitsgericht ____[Ort]____
[Anschrift des Gerichts]

____[Datum]____

ANTRAG IM BESCHLUSSVERFAHREN [1]

In Sachen
1. Betriebsratsmitglied ____[Name]____ [2]

– Beteiligter zu 1) und Antragsteller –

2. Betriebsrat der ____[Arbeitgeber]____ , Betrieb ____[Ort]____ , vertreten durch die Betriebsratsvorsitzende, Frau ____[Name]____

– Beteiligter zu 2) –

3. ____[Name]____ , vertreten durch ____[Name]____ [3]

– Beteiligte zu 3) und Antragsgegnerin –

wegen: Ersatz von Schulungskosten nach §§ 37 Abs. 6, 40 Abs. 1 BetrVG

leite ich namens und in Vollmacht der Beteiligten zu 1) und 2) das vorliegende Beschlussverfahren ein und beantrage,

die Beteiligte zu 3) wird verpflichtet, an den Beteiligten zu 1) € ____[Betrag]____ nebst Zinsen in Höhe von fünf Prozentpunkten über dem Basiszinssatz seit dem ____[Datum]____ zu zahlen. [4]

BEGRÜNDUNG:

Die Beteiligten streiten über die Frage der Erforderlichkeit der Teilnahme des Beteiligten zu 1) an der vom ____[Name]____-Institut im Zeitraum vom ____[Datum]____ bis ____[Datum]____ unter dem

Titel ___[Titel]___ ausgerichteten Schulung und über die Verpflichtung der Beteiligten zu 3), die anlässlich der Teilnahme an dieser Schulung entstandenen Kosten zu tragen.

Die Beteiligte zu 3) ist ein im Bereich der ___[Branche]___ tätiges Unternehmen und unterhält am Standort ___[Ort]___ einen Betrieb mit ___[Anzahl]___ Arbeitnehmern. Der Beteiligte zu 2) ist der in diesem Betrieb gewählte, ___[Anzahl]___-köpfige Betriebsrat. Der Beteiligte zu 1) wurde anlässlich der Betriebsratswahlen im März 2010 erstmals in das Gremium gewählt und ist seitdem dessen Mitglied.

Am ___[Datum]___ beschloss der Beteiligte zu 2), den Beteiligten zu 1) im Zeitraum vom ___[Datum]___ bis ___[Datum]___ zu einer vom ___[Name]___-Institut ausgerichteten Schulung zum Thema ___[Schulungsthema]___ zu entsenden.

Beweis: Betriebsratsbeschluss vom ___[Datum]___, beigefügt als Anlage AS1 [5]

Es handelt sich bei der Schulung des ___[Name]___-Instituts um eine Schulung, die für die Arbeit des Betriebsrats erforderliche Kenntnisse i.S.d. § 37 Abs. 6 S. 1 BetrVG vermittelt. Wie sich bereits aus dem als

ANLAGE AS2

beigefügten Plan über den Ablauf der Schulung ergibt, wurden hier Kenntnisse über ___[Bezeichnung vermittelter Kenntnisse]___ vermittelt. Derartige Kenntnisse sind für die Arbeit des Beteiligten zu 2) und insbesondere für die Arbeit des Beteiligten zu 1) innerhalb des Gremiums erforderlich i.S.d. Gesetzes, weil ___[Gründe]___. [6]

Trotz zu bejahender Erforderlichkeit hat die Beteiligte zu 3), welche bereits am ___[Datum]___ über die Absicht des Beteiligten zu 1), an der Schulung teilzunehmen, informiert wurde, eine Kostenübernahme abgelehnt. In einem Gespräch am ___[Datum]___ ließ die Personalleiterin der Beteiligten zu 3) den Beteiligten zu 1) vielmehr wissen, dass die Erforderlichkeit aus Sicht der Geschäftsleitung nicht gegeben sei, weil ___[Gründe]___. Diese Auffassung ist jedoch – wie oben bereits dargestellt – unzutreffend, weil ___[Begründung]___.

Der Beteiligte zu 1) nahm entsprechend im Zeitraum vom ___[Datum]___ bis ___[Datum]___ an der Schulung des ___[Name]___-Instituts teil. Die Teilnahme erfolgte zunächst auf eigene Kosten. Der Beteiligte zu 1) hat selbst den für die Teilnahme [7] zu zahlenden Betrag in Höhe von ___[Betrag]___ € im Vorfeld der Veranstaltung an das ___[Name]___-Institut überwiesen.

Beweis: ___[Beweis]___

Wie oben dargelegt, ist die Beteiligte zu 3) zur Kostenübernahme verpflichtet, da auf der hier in Streit stehenden Schulungsveranstaltung Kenntnisse vermittelt wurden, welche für die Betriebsratsarbeit des Beteiligten zu 1) erforderlich i.S.d. § 37 Abs. 6 S. 1 BetrVG sind. Die Schulungskosten sind damit nach § 40 Abs. 1 BetrVG zu tragende Kosten der Tätigkeit des Betriebsrats. Nachdem der Kläger die Schulungskosten vorliegend bereits selbst vorgelegt hat, kommt eine Freistellung nicht mehr in Betracht. Stattdessen hat die Beteiligte zu 3) dem Beteiligten zu 1) nunmehr den von diesem vorgelegten Betrag nebst Zinsen seit dem ___[Datum]___ zu ersetzen.

(Unterschrift Rechtsanwalt)

Erläuterungen

Schrifttum

Bayreuther Sach- und Personalausstattung des Betriebsrats, NZA 2013, 758; *Fuhlrott/Reiß* Freistellungs- und Kostenübernahmepflicht für Betriebsratsschulungen, ArbRAktuell 2013, 410; *Richter* Nach der Betriebsratswahl: In welchem Umfang muss der Arbeitgeber die Schulung von Betriebsratsmitgliedern finanzieren?, BB 2014, 2233; *Schiefer/Pogge* Ab- und Rückmeldepflichten von Betriebsratsmitgliedern, DB 2012, 743; *Wank/Maties* Die Erforderlichkeit von Schulungen der Personalvertretungen nach BetrVG und BPersVG, NZA 2005, 1033.

1. Soweit Ansprüche rund um bzw. anlässlich der Teilnahme an einer Schulung i.S.d. § 37 Abs. 6 BetrVG geltend gemacht werden sollen, ist das Folgende zu beachten: Der Anspruch des

592

X. Arbeitsgerichtsverfahren

einzelnen Betriebsratsmitglieds auf Fortzahlung seiner Vergütung nach § 37 Abs. 6 i.V.m. Abs. 2 BetrVG ist ein individualrechtlicher Anspruch und ist im Urteilsverfahren einzuklagen. Der Anspruch auf Erstattung entstandener Kosten nach § 40 Abs. 1 BetrVG steht dagegen grds. dem Betriebsrat zu (vgl. jedoch auch Anm. 2). Er ist im Beschlussverfahren geltend zu machen und je nach Situation auf Freistellung von noch bestehenden Verbindlichkeiten bzw. auf Erstattung bereits verauslagter Kosten zu richten (BAG, Beschl. v. 27.03.1979 – 6 ABR 15/77, AP Nr. 7 zu § 80 ArbGG 1953). Hinsichtlich der Darlegung der Erforderlichkeit der Schulungsteilnahme gelten im auf Entgeltzahlung gerichteten Urteilsverfahren keine anderen Grundsätze als im Beschlussverfahren um Kostenerstattung bzw. Freistellung von noch bestehenden Verbindlichkeiten. Das vorliegende Muster kann insoweit entsprechend auch für die Erstellung einer Klage auf Entgeltzahlung im Urteilsverfahren verwendet werden.

593 **2.** Soweit das Betriebsratsmitglied, welches aufgrund eines Betriebsratsbeschlusses an einer Schulung i.S.d. § 37 Abs. 6 BetrVG teilnimmt, selbst auf Zahlung in Anspruch genommen wird, hat es einen Freistellungsanspruch hinsichtlich der eingegangenen Verbindlichkeiten (LAG Hamm, Beschl. v. 21.08.2009 – 10 TaBV 157/08). Es handelt sich dabei um einen vom Recht des Betriebsrats abgeleiteten Anspruch. Erfüllt das einzelne Betriebsratsmitglied bestehende Ansprüche, wandelt sich auch hier der Freistellungsanspruch in einen Zahlungsanspruch um (BAG, Beschl. v. 27.03.1979 – 6 ABR 15/77, AP Nr. 7 zu § 80 ArbGG 1953). Zur Frage der Beteiligung des einzelnen Betriebsratsmitglieds am Verfahren vgl. auch LAG Hamm, Beschl. v. 14.08.2009 – 10 TaBV 193/08.

594 **3.** Zur Benennung von juristischen Personen und Personenhandelsgesellschaften im Rubrum vgl. Muster X.IV.1. Anm. 3 (X Rdn. 257 ff.).

595 **4.** Soweit anlässlich der Schulungsveranstaltung eingegangene Verbindlichkeiten noch nicht erfüllt sind, ist der Antrag auf Freistellung von diesen Verbindlichkeiten zu richten (vgl. bereits Anm. 1 und 2 – X Rdn. 592 und 593). Der Antrag ist dann beispielhaft etwa wie folgt zu formulieren:

Alternative:

[... die Beteiligte zu 3) wird verpflichtet, den Beteiligten zu 1) von den Kosten der vom ___[Name]___ -Institut organisierten und im Zeitraum von ___[Datum]___ bis ___[Datum]___ durchgeführten Schulung in Höhe von € ___[Betrag]___ sowie von anlässlich der Teilnahme an dieser Schulung entstandenen Kosten für Unterkunft im ___[Name Hotel]___ -Hotel im Zeitraum von ___[Datum]___ bis ___[Datum]___ in Höhe von weiteren € ___[Betrag]___ freizustellen.]

596 **5.** Der Anspruch auf Kostenerstattung setzt formell einen wirksamen Entsendungsbeschluss des Betriebsrats vor Beginn der Veranstaltung voraus (DLW/*Wildschütz* Kap. 13 Rn. 793 ff.). Ein nachträglicher Beschluss, mit dem die Teilnahme des Betriebsratsmitglieds an der Schulung im Nachhinein gebilligt wird, genügt hier nicht (*Fitting* § 40 BetrVG Rn. 71; BAG, Beschl. v. 08.03.2000 – 7 ABR 11/98, NZA 2000, 838).

597 **6.** Hinsichtlich der Frage der **Erforderlichkeit** gelten folgende Grundsätze: Nach der Rechtsprechung des Bundesarbeitsgerichts ist die Vermittlung von Kenntnissen und Fähigkeiten in Schulungsveranstaltungen dann für die Betriebsratsarbeit erforderlich, wenn der Betriebsrat sie unter Berücksichtigung der konkreten betrieblichen Situation benötigt, um seine derzeitigen oder demnächst anfallenden Arbeiten sachgerecht wahrnehmen zu können. Kenntnisse, die für die Betriebsratsarbeit nur verwertbar oder nützlich sind, genügen diesen Anforderungen nicht (BAG, Urt. v. 15.02.1995 – 7 AZR 670/94, BB 1995, 1906). Es bedarf hier der Darlegung eines aktuellen, betriebsbezogenen Anlasses, um annehmen zu können, dass die auf der Schulungsveranstaltung zu erwerbenden Kenntnisse nach Art und Umfang derzeit oder in naher Zukunft benötigt werden, damit der Betriebsrat seine Beteiligungsrechte sach- und fachgerecht ausüben kann (BAG, Beschl. v. 12.01.2011 – 7 ABR 95/09 (zur Erforderlichkeit von Rhetorikschulungen); LAG Hamm, Beschl. v. 21.08.2009 – 10 TaBV 157/08 mit Hinweis auf die Rspr. des BAG. Bei der Entscheidung

über die Erforderlichkeit einer Schulungsteilnahme steht dem Betriebsrat ein Beurteilungsspielraum zu (vgl. z.B. BAG, Beschl. v. 14.01.2015 – 7 ABR 95/12). Soweit eine Schulung zeitlich und inhaltlich abtrennbare Inhalte vermittelt, kann die Teilnahme auch nur teilweise erforderlich sein (LAG Hamm, Urt. v. 09.09.2014 – 7 Sa 13/14).

Für die weitere Frage, ob eine sachgerechte Wahrnehmung der Betriebsratsaufgaben die Schulung gerade des zur Schulungsveranstaltung entsandten Betriebsratsmitglieds erforderlich macht, ist darauf abzustellen, ob nach den aktuellen Verhältnissen des einzelnen Betriebes Fragen anstehen oder in absehbarer Zukunft anstehen werden, die der Beteiligung des Betriebsrates unterliegen und für die im Hinblick auf den Wissensstands des Betriebsrates und unter Berücksichtigung der Aufgabenverteilung im Betriebsrat eine Schulung gerade dieses Betriebsratsmitglieds geboten erscheint (vgl. LAG Hamm, Beschl. v. 21.08.2009 – 10 TaBV 157/08). 598

Die Entsendung eines Betriebsratsmitglieds an einen weit entfernten Schulungsort ist unter Berücksichtigung des Verhältnismäßigkeitsgrundsatzes ausnahmsweise dann gerechtfertigt, wenn eine nähere Schulungsstätte, bei der keine Übernachtungskosten und geringere Fahrtkosten anfallen, ausgebucht ist und dem Betriebsrat eine längere Wartezeit nicht zuzumuten ist (LAG Hamm, Beschl. v. 17.10.2003 – 10 TaBV 83/03). 599

Einer konkreten Darlegung der Erforderlichkeit des aktuellen Schulungsbedarfs bedarf es in der Regel andererseits nicht, wenn es sich um die Vermittlung von Grundkenntnissen des Betriebsverfassungsrechts oder im allgemeinen Arbeitsrecht für ein erstmals gewähltes Betriebsratsmitglied handelt. Das BAG differenziert insoweit zwischen der Vermittlung von sog. Grundkenntnissen und anderen, hierüber hinausgehenden Schulungen (BAG, Beschl. v. 17.11.2010 – 7 ABR 113/09). Auch die Vermittlung von Grundkenntnissen ist ggf. nicht (mehr) erforderlich, wenn das Betriebsratsmitglied aufgrund seiner Vorkenntnisse bereits über das nötige Grundwissen verfügt oder die Grundschulung erst kurz vor dem Ende der Amtszeit des Betriebsrats erfolgen soll (BAG, Beschl. v. 17.11.2010 – 7 ABR 113/09). Kenntnisse des Betriebsverfassungsgesetzes als der gesetzlichen Grundlage für die Tätigkeit des Betriebsrats sind im Allgemeinen jedoch ebenso wie Kenntnisse im allgemeinen Arbeitsrecht unabdingbar Voraussetzung für eine ordnungsgemäße Betriebsratsarbeit (BAG, 21.11.1978 – 6 ABR 10/77, AP BetrVG 1972 § 37 Nr. 35; LAG Hamm, Beschl. v. 17.10.2003 – 10 TaBV 83/03). Vgl. im Übrigen zu zahlreichen Einzelfällen aus der Rechtsprechung AR/*Maschmann* § 37 BetrVG Rn. 18 ff.). 600

7. Ggf. sind die Ausführungen hier um weitere Kostenpositionen – wie etwa Kosten der Unterkunft, Reisekosten, etc. – zu ergänzen. 601

6. Zustimmungsersetzungsverfahren nach § 103 BetrVG

Vorbemerkung

Gemäß § 15 KSchG ist die Kündigung von Mitgliedern eines Betriebsrats und anderer betriebsverfassungsrechtlicher Funktionsträger unzulässig, wenn nicht Tatsachen vorliegen, die den Arbeitgeber zur Kündigung aus wichtigem Grund ohne Einhaltung einer Kündigungsfrist berechtigen. Hinzukommen muss allerdings auch im Fall des Vorliegens derartiger Gründe noch, dass die nach § 103 BetrVG erforderliche Zustimmung des Betriebsratsgremiums zur beabsichtigten Kündigung vorliegt oder durch gerichtliche Entscheidung ersetzt ist. 602

Im folgenden Muster wird ein Zustimmungsersetzungsantrag nach § 103 Abs. 2 BetrVG für die Situation der beabsichtigten Kündigung eines Betriebsratsmitglieds dargestellt. 603

Zu beachten ist, dass darüber hinaus gemäß § 103 Abs. 1 BetrVG auch die außerordentliche Kündigung von Mitgliedern der Jugend- und Auszubildendenvertretung, von Mitgliedern des Wahlvorstands, von Wahlbewerbern und schließlich auch von Mitgliedern der Bordvertretung und des Seebetriebsrats der Zustimmung des Betriebsrats bedarf. Schließlich ist zu beachten, dass 604

X. Arbeitsgerichtsverfahren

auch eine betriebsübergreifende Versetzung der in § 103 Abs. 1 BetrVG geschützten Funktionsträger, die zu einem Verlust des Amtes oder der Wählbarkeit führen würde, ebenfalls der Zustimmung des Betriebsrats bedarf, soweit nicht der Betroffene mit der Versetzung einverstanden ist. Auch diese Regelung dient dem Schutz der Funktionsfähigkeit der Betriebsverfassungsorgane und der Amtsausübung der gewählten Organmitglieder (vgl. AR/*Rieble* § 103 BetrVG Rn. 1 und Rn. 9 ff.).

▶ **Muster – Zustimmungsersetzungsverfahren nach § 103 BetrVG**

605   An das
Arbeitsgericht _____[Ort]_____
[Anschrift des Gerichts]

_____[Datum]_____ 1

ANTRAG IM BESCHLUSSVERFAHREN

In Sachen
1. ___[Name]___, vertreten durch ___[Name]___ 2

– Antragstellerin und Beteiligte zu 1) –

2. Betriebsrat der ___[Arbeitgeber]___, Betrieb ___[Ort]___, vertreten durch den Betriebsratsvorsitzenden, Herrn ___[Name]___

– Beteiligter zu 2) –

3. Betriebsratsmitglied ___[Name]___ 3

– Beteiligter zu 3) –

wegen: Ersetzung der Zustimmung zur Kündigung gemäß § 103 BetrVG

leite ich namens und in Vollmacht der Antragstellerin und Beteiligten zu 1) das vorliegende Beschlussverfahren ein und beantrage,

die Zustimmung des Beteiligten zu 2) zur Kündigung des Beteiligten zu 3) wird ersetzt. 4

BEGRÜNDUNG:

Die Beteiligte zu 1) ist ein im Bereich der ___[Branche]___ tätiges Unternehmen. Am Standort ___[Ort]___ unterhält sie einen Betrieb mit ___[Anzahl]___ Arbeitnehmerinnen und Arbeitnehmern. Der Beteiligte zu 2) ist der in diesem Betrieb gewählte Betriebsrat, dem auch der Beteiligte zu 3) als Mitglied angehört.

Am ___[Datum]___ erlangte die Antragstellerin von einem Sachverhalt Kenntnis, der sie zur Kündigung des mit dem Beteiligten zu 3) bestehenden Arbeitsverhältnisses aus wichtigem Grund ohne Einhaltung einer Kündigungsfrist berechtigt. Die Antragstellerin erfuhr, dass ___[Sachverhalt]___.

Beweis: ___[Beweis]___

Bereits am ___[Datum]___ beantragte die Antragstellerin daraufhin mit dem als

ANLAGE AS1

beigefügten Schreiben beim Beteiligten zu 2) die Zustimmung zur außerordentlichen Kündigung des Beteiligten zu 3). Am ___[Datum]___ wurde der Antragstellerin jedoch durch den Vorsitzenden des Beteiligten zu 2) mitgeteilt, dass sich das Betriebsratsgremium anlässlich einer Sitzung vom ___[Datum]___ zwar mit dem Antrag des Arbeitgebers befasst habe, dieser jedoch von der Mehrheit des Gremiums abgelehnt worden sei.

Der Beteiligte zu 2) hat seine Zustimmung zur beabsichtigten Kündigung hier zu Unrecht verweigert. Das Verhalten des Beteiligten zu 3) rechtfertigt eine außerordentliche, fristlose Kündigung seines Arbeitsverhältnisses, weil ___[Gründe]___ . [5]

Die vom Beteiligten zu 2) verweigerte Zustimmung zur beabsichtigten Kündigung des Beteiligten zu 3) ist daher gerichtlich zu ersetzen. [6]

_____

(Unterschrift Rechtsanwalt)

Erläuterungen

Schrifttum

Besgen Besonderheiten des Zustimmungsersetzungsverfahrens nach § 103 BetrVG, NZA 2011, 133; *Diller* § 103 BetrVG – Der Wahnsinn hat Methode, NZA 1998, 1163; *Diller* Der Wahnsinn hat Methode (Teil II) – Über die Unmöglichkeit, ein Verfahren nach § 103 BetrVG erfolgreich zu beenden, NZA 2004, 579; *Grau/Schaut* Aktuelle Fragen zum Sonderkündigungsschutz von Wahlbewerbern bei den Betriebsratswahlen, BB 2014, 757; *Maiß* Die Kündigung von Betriebsratsmitgliedern aus betriebsbedingten Gründen, ArbRAktuell 2010, 412; *Nägele/Nestel* Besonderer Kündigungsschutz bei erstmaliger Wahl eines Betriebsrats, BB 2002, 354; *Weber/Lohr* Der Sonderkündigungsschutz von Betriebsratsmitgliedern, BB 1999, 2350.

1. Wird die außerordentliche Kündigung eines Betriebsratsmitglieds erwogen, so ist aus Sicht des Arbeitgebers unbedingt zu beachten, dass bereits die innerbetriebliche Anhörung des Betriebsrats zur beabsichtigten Kündigung eines seiner Mitglieder so rechtzeitig erfolgen muss, dass im Fall der Nichterteilung der Zustimmung noch innerhalb der 2-Wochen-Frist des § 626 Abs. 2 BGB die Ersetzung der Zustimmung beim Arbeitsgericht beantragt werden kann (*Fitting* § 103 BetrVG Rn. 33 m.w.N.). Wird der Ersetzungsantrag nicht innerhalb der Ausschlussfrist des § 626 Abs. 2 BGB gestellt, ist er bereits deshalb unbegründet (BAG, Beschl. v. 18.08.1977 – 2 ABR 19/77, AP BetrVG 1972 § 103 Nr. 10; BAG, Beschl. v. 22.01.1987 – 2 ABR 6/86, AP BetrVG 1972 Nr. 24 zu § 103). Ein vorsorglich bereits vor Verweigerung der Zustimmung durch den Betriebsrat gestellter, gerichtlicher Ersetzungsantrag ist unzulässig und bleibt dies auch dann, wenn die Verweigerung der Zustimmung erwartungsgemäß noch folgt (BAG, Beschl. v. 07.05.1986 – 2 ABR 27/85 und Urt. v. 24.10.1996 – 2 AZR 3/96, AP BetrVG 1972 Nr. 18 und 32 zu § 103). Erteilt der Betriebsrat nach bereits eingeleitetem Zustimmungsersetzungsverfahren nachträglich die zunächst verweigerte Zustimmung, so wird das gerichtliche Verfahren gegenstandslos (BAG, Beschl. v. 23.06.1993 – 2 ABR 58/92, AP ArbGG 1979 Nr. 2 zu § 83a).

Im Rahmen des dem gerichtlichen Verfahren vorausgehenden, innerbetrieblichen Anhörungsverfahrens gilt eine etwaige Nichtäußerung des Betriebsrats als Zustimmungsverweigerung. Erteilt der Betriebsrat seine Zustimmung nicht innerhalb von drei Tagen, gilt sie als verweigert (AR/*Rieble* § 103 BetrVG Rn. 13).

Nach bestrittener Auffassung kommt es im Rahmen des § 103 BetrVG noch stärker als im Rahmen des § 102 BetrVG darauf an, dass eine etwaig vorliegende Zustimmung des Betriebsrats zur beabsichtigten (außerordentlichen) Kündigung auch tatsächlich auf einem wirksamen Beschluss des Betriebsrats fußt. Die im Rahmen des § 102 BetrVG entwickelte Sphärentheorie soll hier keine Anwendung finden (vgl. AR/*Rieble* § 103 BetrVG Rn. 12; BAG, Urt. v. 23.08.1984 – 2 AZR 391/83, AP BetrVG 1972 Nr. 17 zu § 103).

2. Zur Benennung von juristischen Personen und Personenhandelsgesellschaften im Rubrum vgl. Muster X.IV.1. Anm. 3 (X Rdn. 257 ff.).

3. Die Beteiligung des betroffenen Arbeitnehmers am Verfahren folgt unmittelbar aus § 103 Abs. 2 S. 2 BetrVG. Dem Betroffenen stehen gegen ihn beschwerende Entscheidungen Rechtsmittel unabhängig davon zu, ob der Betriebsrat seinerseits die Entscheidung ggf. hinnimmt (vgl. AR/*Rieble* § 103 BetrVG Rn. 20 m.w.N.; *Fitting* § 103 BetrVG Rn. 43 m.w.N.).

X. Arbeitsgerichtsverfahren

611 **4.** Gemäß § 103 Abs. 2 BetrVG kann das Arbeitsgericht die seitens des Betriebsrats verweigerte Zustimmung zur beabsichtigten Kündigung eines Betriebsratsmitglieds ersetzen, wenn die außerordentliche Kündigung unter Berücksichtigung aller Umstände gerechtfertigt ist (zu Einzelfällen aus der Rechtsprechung vgl. *Fitting* § 103 BetrVG Rn. 24 ff.). Das Zustimmungsersetzungsverfahren hat präjudizielle Wirkung für ein nach (rechtskräftig) ersetzter Zustimmung wegen der dann ausgesprochenen Kündigung folgendes Kündigungsschutzverfahren. Eine abweichende Sachentscheidung kommt hier in der Regel nicht mehr in Betracht, weil das Arbeitsgericht im Urteilsverfahren nicht mehr zu der Feststellung kommen kann, es habe kein Grund für eine außerordentliche Kündigung vorgelegen (*Fitting* § 103 BetrVG Rn. 47 m.w.N.).

Im Fall einer (betriebsübergreifenden) Versetzung kann das Arbeitsgericht die verweigerte Zustimmung ersetzen, wenn diese auch unter Berücksichtigung der betriebsverfassungsrechtlichen Stellung des betroffenen Arbeitnehmers aus dringenden betrieblichen Gründen notwendig ist (vgl. § 103 Abs. 3 S. 2 BetrVG).

612 Der Antrag ist im Fall einer beabsichtigten Versetzung z.B. wie folgt zu formulieren:

Alternative:

[... die Zustimmung des Beteiligten zu 2) zur Versetzung des Beteiligten zu 3) auf die Position eines ____[Funktion]____ im Betrieb ____[Ort]____ wird ersetzt.]

613 **5.** Eine außerordentliche Kündigung eines Betriebsratsmitglieds setzt eine erhebliche Verletzung arbeitsvertraglicher Pflichten voraus. Verletzt das Betriebsratsmitglied dagegen ausschließlich seine betriebsverfassungsrechtlichen Amtspflichten, so kommt nur ein auf Ausschluss des Mitglieds aus dem Gremium gerichtetes Verfahren nach § 23 Abs. 1 BetrVG in Betracht. Die Grenzziehung zwischen beiden Pflichtenkreisen kann ebenso wie die Einordnung eines Fehlverhaltens in nur einen der beiden Pflichtenkreise in der Praxis Schwierigkeiten bereiten. Nur dann, wenn eine Amtspflichtverletzung zugleich das Arbeitsverhältnis unmittelbar und erheblich beeinträchtigt, kommt eine außerordentliche Kündigung wegen einer solchen in Betracht (*Fitting* § 103 BetrVG Rn. 30; BAG, Beschl. v. 22.08.1974 – 2 ABR 17/74, AP BetrVG 1972 Nr. 1 zu § 103). Im Zweifelsfall kann und sollte das Beschlussverfahren nach § 103 Abs. 2 BetrVG hilfsweise mit einem auf Ausschluss des Betriebsratsmitglieds gerichteten Antrag nach § 23 Abs. 1 BetrVG kombiniert werden (*Fitting* § 103 BetrVG Rn. 44). Formulierungsbeispiel:

[»Hilfsweise wird beantragt, den Beteiligten zu 3) aus dem Betriebsrat auszuschließen.«]

In den Gründen der Antragsschrift sollte dann auch erläutert werden, dass der Hilfsantrag für den Fall gestellt wird, dass aus Sicht der zur Entscheidung berufenen Kammer primär ein Verstoß gegen betriebsverfassungsrechtliche Pflichten gegeben ist.

614 **6.** Zum »unverzüglichen« Ausspruch der Kündigung nach rechtskräftiger Zustimmungsersetzung durch das Arbeitsgericht vgl. *Fitting* § 103 BetrVG Rn. 46 ff. Der Ausspruch einer vorsorglichen Kündigung durch den Arbeitgeber für den Fall, dass es einer Zustimmung des Betriebsrats – etwa wegen Wegfall des Sonderkündigungsschutzes – nicht (mehr) bedarf, ist nicht als Rücknahme des Zustimmungsersuchens gegenüber dem Betriebsrat zu deuten. Eine in diesem Sinne vorsorglich ausgesprochene Kündigung lässt auch den Fortgang des gerichtlichen Verfahrens nach § 103 Abs. 2 BetrVG unberührt (BAG, Beschl. v. 27.01.2011 – 2 ABR 114/09).

7. Antrag auf Entfernung eines betriebsstörenden Arbeitnehmers gemäß § 104 BetrVG

Vorbemerkung

615 Gemäß § 104 BetrVG kann der Betriebsrat vom Arbeitgeber die Entlassung oder Versetzung eines Arbeitnehmers verlangen, wenn dieser durch gesetzeswidriges Verhalten oder durch grobe Verletzung der in § 75 Abs. 1 BetrVG enthaltenen Grundsätze – insbesondere durch rassistische oder

fremdenfeindliche Betätigungen – den Betriebsfrieden wiederholt ernstlich stört. Die Vorschrift ergänzt die in §§ 75 Abs. 1, 99 Abs. 2 Nr. 6 BetrVG getroffenen Regelungen.

Gibt das Arbeitsgericht dem Antrag des Betriebsrates statt, so kann der Arbeitgeber ggf. durch Zwangsgeld zur Durchführung der Entlassung bzw. Versetzung angehalten werden (vgl. § 104 S. 2 und S. 3 BetrVG).

▶ **Muster – Antrag auf Entfernung eines betriebsstörenden Arbeitnehmers gemäß § 104 BetrVG**

An das

Arbeitsgericht ____[Ort]____

[Anschrift des Gerichts]

_____[Datum]_____ 1

ANTRAG IM BESCHLUSSVERFAHREN

In Sachen

1. Betriebsrat der ___[Arbeitgeber]___, Betrieb ___[Ort]___, vertreten durch den Betriebsratsvorsitzenden, Herrn ___[Name]___

– Antragsteller und Beteiligter zu 1) –

2. ___[Name]___, vertreten durch ___[Name]___ 2

– Antragsgegnerin und Beteiligte zu 2) –

3. Herr ___[Name]___

– Beteiligter zu 3) 3 –

wegen: Entfernung eines betriebsstörenden Arbeitnehmers gemäß § 104 BetrVG

leite ich namens und in Vollmacht des Antragstellers und Beteiligten zu 1) das vorliegende Beschlussverfahren ein und beantrage,

1. der Beteiligten zu 2) aufzugeben, den Arbeitnehmer ___[Name]___ zu entlassen,
2. hilfsweise, der Beteiligten zu 2) aufzugeben, den Arbeitnehmer ___[Name]___ zu versetzen. 4

BEGRÜNDUNG:

Die Beteiligte zu 2) stellt ___[Produkt]___ her. In ___[Ort]___ unterhält sie einen Produktionsbetrieb mit ___[Anzahl]___ Arbeitnehmern. Der Antragsteller und Beteiligte zu 1) ist der in diesem Betrieb gewählte Betriebsrat.

Der Antragsteller begehrt vorliegend von der Antragsgegnerin und Beteiligten zu 2) die Entlassung, hilfsweise zumindest die Versetzung des Beteiligten zu 3). Dieses Verlangen beruht auf dem im Folgenden dargestellten Sachverhalt: ___[Sachverhalt]___ 5

Beweis: ___[Beweis]___

Das geschilderte Verhalten des Beteiligten zu 3) stellt eine grobe Verletzung der in § 75 Abs. 1 BetrVG enthaltenen Grundsätze dar, durch welche der Betriebsfrieden im Betrieb der Antragsgegnerin in ___[Ort]___ wiederholt und ernstlich 6 gestört 7 wurde ___[Begründung]___

Aufgrund des nicht mehr hinzunehmenden Verhaltens des Beteiligten zu 3) beschloss der Antragsteller anlässlich seiner Sitzung am ___[Datum]___, von der Antragsgegnerin die Entlassung, hilfsweise die Versetzung des Beteiligten zu 3) zu verlangen. 8

X. Arbeitsgerichtsverfahren

Beweis: Betriebsratsbeschluss vom ____[Datum]____, beigefügt als Anlage AS1 [9]

Die Antragsgegnerin erklärte jedoch bereits am ____[Datum]____ anlässlich eines Gesprächs zwischen dem Vorsitzenden des Antragstellers und des Personalleiters der Antragsgegnerin, dass sie dem Verlangen des Antragstellers nicht nachkommen werde, weil ____[Gründe]____.

Beweis: ____[Beweis]____

Diese Argumentation überzeugt jedoch nicht, da ____[Begründung]____. Der Antragsteller beschloss daraufhin in der weiteren Sitzung vom ____[Ort]____, den Unterzeichner mit der Einleitung eines Verfahrens nach § 104 BetrVG vor dem Arbeitsgericht zu beauftragen.

Beweis: Betriebsratsbeschluss vom ____[Ort]____, beigefügt als Anlage AS2

_____
(Unterschrift Rechtsanwalt)

Erläuterungen

617 1. Eine gesetzliche Frist für die Stellung des Antrags bei Gericht ist nicht vorgesehen. Dennoch sollte aus Sicht des antragstellenden Betriebsrates unbedingt darauf geachtet werden, dass nicht zu viel Zeit zwischen der innerbetrieblichen Ablehnung des Entfernungsverlangens durch den Arbeitgeber und der Einleitung des gerichtlichen Verfahrens vergeht, da der Betriebsrat dann den Antrag u.U. nicht mehr mit Erfolg stellen kann. Vielfach wird als Richtlinie hier eine Frist von maximal drei Monaten herangezogen (*Fitting* § 104 BetrVG Rn. 15).

618 2. Zur Benennung von juristischen Personen und Personenhandelsgesellschaften im Rubrum vgl. Muster X.IV.1. Anm. 3 (X Rdn. 257 ff.).

619 3. Der vom Entfernungsverlangen des Betriebsrats betroffene Arbeitnehmer ist im Verfahren nach § 104 BetrVG Beteiligter (LAG Hamm, Beschl. v. 23.10.2009 – 10 TaBV 39/09). Er ist insbesondere nach § 83 Abs. 3 BetrVG zu hören (*Fitting* § 104 BetrVG Rn. 14). Besonders bedeutsam ist diese Beteiligung für den Betroffenen deshalb, weil das Beschlussverfahren nach § 104 BetrVG nach h.M. präjudizielle Wirkung für ein nach Stattgabe des Antrags und ausgesprochener Kündigung folgendes Kündigungsschutzverfahren hat (*Fitting* § 104 BetrVG Rn. 17).

620 Zu beachten ist auch, dass der Antrag auf Entlassung bzw. Versetzung i.S.d. § 104 BetrVG voraussetzt, dass der Störer **Arbeitnehmer** i.S.d. BetrVG (vgl. § 5 BetrVG) ist. Der Betriebsrat kann dagegen nicht die Entlassung bzw. Versetzung von leitenden Angestellten i.S.d. § 5 Abs. 3 BetrVG oder gar von Organmitgliedern verlangen (AR/*Rieble* § 104 BetrVG Rn. 1). Nach Auffassung des LAG Nürnberg gilt dies auch dann, wenn ein Arbeitnehmer nach Schluss der mündlichen Anhörung in erster Instanz zum Prokuristen bestellt wird und so erst den Status eines leitenden Angestellten erlangt (LAG Nürnberg, Beschl. v. 22.01.2002 – 6 TaBV 13/01, NZA-RR 2002, 524 f.).

621 4. Verlangt der Betriebsrat unbegründet eine außerordentliche Kündigung, ist aber nach § 104 BetrVG ein Verlangen nach einer ordentlichen Kündigung oder Versetzung begründet, so hat das Arbeitsgericht dem Arbeitgeber die mildeste notwendige Maßnahme aufzugeben und im Übrigen den Antrag des Betriebsrats zurückzuweisen. Versetzung oder ordentliche Kündigung sind gegenüber der außerordentlichen Kündigung ein Minus, kein aliud, und werden deshalb vom Verlangen des Betriebsrats nach einer außerordentlichen Kündigung mit umfasst (KR/*Etzell Rinck* § 104 BetrVG, Rn. 56). Ggf. kann der Antrag noch um die Androhung eines Zwangsgeldes für den Fall der Zuwiderhandlung ergänzt werden (vgl. etwa LAG Hamm, Beschl. v. 23.10.2009 – 10 TaBV 39/09).

622 Gibt das Gericht dem auf Entlassung oder Versetzung des betriebsstörenden Arbeitnehmers gerichteten Antrag statt, so ist der Arbeitgeber nach Eintritt der Rechtskraft verpflichtet, das Arbeitsverhältnis ohne schuldhaftes Zögern zum nächst möglichen Termin zu kündigen bzw. den Arbeitnehmer auf einen anderen Arbeitsplatz zu versetzen. Ist letzteres nicht durch Ausübung des

Direktionsrechts zu erreichen, so ist eine Änderungskündigung auszusprechen (*Fitting* § 104 BetrVG Rn. 18).

Eine weitere Beteiligung des Betriebsrats anlässlich der Umsetzung der vom Betriebsrat selbst verlangten Entlassung bzw. Versetzung kann sich aus §§ 102, 103 oder § 99 BetrVG ergeben. Im Fall einer Kündigung bedarf es allerdings dann keiner weiteren Beteiligung, wenn der Arbeitgeber mit dem Ausspruch der Kündigung dem Entlassungsverlangen des Betriebsrats nachkommt. Das Entlassungsverlangen enthält dann bereits die Zustimmung des Betriebsrats zu Kündigung (BAG, Urt. v. 15.05.1997 – 2 AZR 519/96, NZA 1997, 1106). Hat der Betriebsrat eine Versetzung verlangt und in diesem Zusammenhang einen konkreten Versetzungswunsch geäußert, so wird man auch hier eine weitere Beteiligung nach § 99 BetrVG als entbehrlich ansehen können, wenn der Arbeitgeber schlicht dem Versetzungswunsch des Betriebsrats folgt (*Fitting* § 104 BetrVG Rn. 13). Soll die Versetzung allerdings in einen anderen Betrieb erfolgen, so ist stets jedenfalls der dortige Betriebsrat nach § 99 BetrVG zu beteiligen (AR/*Rieble* § 104 BetrVG Rn. 6). 623

5. Hier ist das gesetzeswidrige bzw. das die Grundsätze des § 75 Abs. 1 BetrVG verletzende Verhalten des Arbeitnehmers im Detail und unter Beweisantritt darzulegen. Zu praktischen Beispielen aus der Rechtsprechung vgl. *Fitting* § 104 BetrVG Rn. 4 ff. 624

6. Eine Entlassung bzw. Versetzung eines betriebsstörenden Arbeitnehmers kommt nach § 104 BetrVG nur unter der Voraussetzung in Betracht, dass dieser den Betriebsfrieden **wiederholt und ernstlich** gestört hat. Der Arbeitnehmer muss also mindestens zweimal eine Handlung vorgenommen haben, die den Betriebsfrieden ernstlich gestört hat, bevor der Betriebsrat die Entlassung oder Versetzung vom Arbeitgeber verlangen kann (*Fitting* § 104 BetrVG Rn. 7 m.w.N.). 625

7. Erforderlich ist eine **Störung des Betriebsfriedens**. Eine bloße Gefährdung des Betriebsfriedens genügt hier nicht. Es muss zumindest eine wiederholte erhebliche Beunruhigung unter der Belegschaft entstanden sein (LAG Hamm, Beschl. v. 23.10.2009 – 10 TaBV 39/09). 626

8. Der Betriebsrat hat bei der Wahl des Vorgehens gegenüber dem Störer den Grundsatz der Verhältnismäßigkeit zu berücksichtigen. Genügt eine Versetzung zur Beseitigung der beanstandeten Störung, so kann der Betriebsrat nur diese verlangen, weil sie weniger einschneidend ist (*Fitting* § 104 BetrVG Rn. 9; AR/*Rieble* § 104 BetrVG Rn. 5). 627

Im Übrigen setzt § 104 BetrVG einen Kündigungs- bzw. Versetzungsgrund voraus, schafft jedoch keinen solchen. Ein Entlassungsantrag nach § 104 BetrVG kann demnach nur dann Aussicht auf Erfolg haben, wenn das Verhalten des Arbeitnehmers zur Kündigung nach § 626 BGB bzw. § 1 Abs. 1 KSchG berechtigt (AR/*Rieble* § 104 BetrVG Rn. 5). In Einzelfällen kann die Kündigung jedoch auch als sog. Druckkündigung gerechtfertigt sein (AR/*Rieble* § 104 BetrVG Rn. 5; zu möglichen Schadensersatzansprüchen in dieser Situation vgl. *Fitting* § 104 BetrVG Rn. 11). 628

9. Zur Situation, dass dem Entlassungsverlangen kein wirksamer Beschluss des Betriebsrats zugrunde liegt vgl. BAG, Urt. v. 15.05.1997 – 2 AZR 519/96, NZA 1997, 1106). 629

VIII. Beschlussverfahren 2. Instanz (Beschwerde)

1. Einlegung der Beschwerde

Vorbemerkung

Gegen die das Verfahren beendenden Beschlüsse der Arbeitsgerichte findet gemäß § 87 Abs. 1 ArbGG die Beschwerde an das jeweils zuständige Landesarbeitsgericht statt. Die Beschwerde ist unabhängig von einem bestimmten Streitwert oder der Höhe der Beschwer statthaft, eine Beschwer ist für den Beschwerdeführer jedoch erforderlich (AR/*Reinfelder* § 87 ArbGG Rn. 2). 630

X. Arbeitsgerichtsverfahren

631 Hinsichtlich des Verfahrens gelten gemäß § 87 Abs. 2 ArbGG zahlreiche Vorschriften über die Berufung entsprechend. Die Frist für die Einlegung der Beschwerde beträgt nach den insoweit entsprechend geltenden Vorschriften über die Einlegung der Berufung (vgl. §§ 87 Abs. 2 S. 1, 66 Abs. 1 S. 1 ArbGG) einen Monat, die Frist für die Begründung der Beschwerde zwei Monate (Ausnahme: Im Verfahren über die Besetzung einer Einigungsstelle nach § 100 ArbGG ist die Beschwerde binnen zwei Wochen einzulegen **und** zu begründen; vgl. Muster X Rdn. 656 ff.). Beide Fristen beginnen mit der Zustellung des in vollständiger Form abgefassten Beschlusses, spätestens jedoch fünf Monate nach Urteilsverkündung. Beschwerdeeinlegung und -begründung können, müssen jedoch nicht in einem Schriftsatz erfolgen. Schon wegen der längeren Frist für die Beschwerdebegründung geht die Praxis zumeist zweistufig vor. Das folgende Muster stellt entsprechend zunächst eine Vorlage für die Einlegung des Rechtsmittels der Beschwerde dar. Eine Vorlage für eine Beschwerdebegründung findet sich unter X Rdn. 641 ff.

▶ **Muster – Einlegung der Beschwerde**

632 An das

Landesarbeitsgericht _____[Ort]_____ 1

[Anschrift des Gerichts]

_____[Datum]_____ 2

In dem Beschlussverfahren

mit den Beteiligten

1. Betriebsrat der __[Arbeitgeber]__, Betrieb ____[Ort]____, vertreten durch den Betriebsratsvorsitzenden, Herrn ___[Name]___

– Beteiligter zu 2) und Beschwerdeführer 3 –

2. __[Name]__, vertreten durch ___[Name]___ 4

– Beteiligte zu 1) und Beschwerdegegnerin 5 –

Prozessbevollmächtigter 1. Instanz: ___[Name]___

legen wir namens und in Vollmacht des erstinstanzlich Beteiligten zu 2) und Beschwerdeführers das Rechtsmittel der

BESCHWERDE

gegen den uns am ___[Datum]___ zugestellten Beschluss des Arbeitsgerichts ___[Ort]___ vom ___[Datum]___, Az.: ___[Aktenzeichen]___ ein.

Eine Abschrift des angefochtenen Beschlusses 6 liegt der vorliegenden Beschwerdeschrift bei. Beschwerdeanträge und -begründung bleiben einem gesonderten Schriftsatz vorbehalten. 7

_____

(Unterschrift Rechtsanwalt) 8

Erläuterungen

633 **1.** Gemäß § 87 Abs. 1 ArbGG findet gegen die verfahrensbeendigenden Beschlüsse der Arbeitsgerichte die Beschwerde zu den Landesarbeitsgerichten statt. Hinsichtlich des Verfahrens sind die §§ 87 ff. ArbGG sowie die über § 87 Abs. 2 ArbGG entsprechend geltenden Vorschriften über die Berufung zu berücksichtigen. Zum notwendigen Inhalt der Beschwerdeschrift vgl. § 89 Abs. 2 S. 1 ArbGG sowie AR/*Reinfelder* § 89 ArbGG Rn. 5 ff.

634 **2.** Gemäß §§ 87 Abs. 2 S. 1, 66 Abs. 1 S. 1 ArbGG beträgt die Frist für die Einlegung der Beschwerde einen Monat. Sie kann nicht verlängert werden. Die Frist beginnt grds. mit Zustellung des in vollständiger Form abgefassten Beschlusses. Zu beachten ist jedoch auch, dass die Frist im Falle der Untätigkeit des erstinstanzlichen Gerichts spätestens mit Ablauf von fünf Monaten nach Verkündung beginnt. Es ist aus anwaltlicher Sicht daher zwingend geboten, bereits im Zeitpunkt der Verkündung die Höchstfristen für die Einlegung und die Begründung der Beschwerde im Fristenkalender zu vermerken!

3. Das vorliegende Muster geht von der Situation aus, dass der Antrag in erster Instanz gegen den Betriebsrat gerichtet war, dieser unterlegen ist und nunmehr Beschwerde einlegt. Ggf. sind die Parteibezeichnungen hier anzupassen. Zum Fehlen der ladungsfähigen Anschriften in der Beschwerdeschrift vgl. BAG (Großer Senat), Beschl. v. 16.09.1986 – GS 4/85, NZA 1987, 136). 635

4. Zur Benennung von juristischen Personen und Personenhandelsgesellschaften im Rubrum vgl. Muster X.IV.1. Anm. 3 (X Rdn. 257 ff.). 636

5. Vgl. Anm. 4 (X Rdn. 636). 637

6. Nach den gesetzlichen Regelungen soll mit der Berufungsschrift (hier entsprechend: Beschwerdeschrift) eine Ausfertigung oder beglaubigte Abschrift des angefochtenen Urteils (hier entsprechend: Beschluss) vorgelegt werden (vgl. § 519 Abs. 3 ZPO). Trotz des Charakters als Soll-Vorschrift empfiehlt es sich unbedingt, dem nachzukommen, da der beigefügte Beschluss bei etwaigen Unklarheiten zur Auslegung der Beschwerde herangezogen werden kann (AR/*Reinfelder* § 89 ArbGG Rn. 5) 638

7. Vgl. hierzu Muster X Rdn. 604 ff. Die Frist für die Begründung der Beschwerde beträgt gemäß §§ 87 Abs. 2 S. 1, 66 Abs. 1 S. 1 ArbGG zwei Monate. Sie beginnt grds. mit der Zustellung des in vollständiger Form abgefassten Beschlusses, spätestens jedoch mit Ablauf von fünf Monaten nach Verkündung. 639

8. Die Beschwerdeschrift ist von einem postulationsfähigen Prozessbevollmächtigten zu unterzeichnen (vgl. §§ 89 Abs. 1, 11 Abs. 4, 5 ArbGG). Die Unterschrift muss nicht lesbar sein, jedoch in jedem Fall ein individuelles Schriftbild aufweisen (vgl. DLW/*Luczak* Kap. 15 Rn. 686 ff.). Zur Einlegung des Rechtsmittels durch Telefax vgl. AR/*Spelge* § 66 ArbGG Rn. 12 ff. 640

2. Begründung der Beschwerde

Vorbemerkung

Die Beschwerde ist gemäß §§ 87 Abs. 2 S. 1, 66 Abs. 1 S. 1 ArbGG binnen einer Frist von zwei Monaten – grds. beginnend mit der Zustellung des in vollständiger Form abgefassten Beschlusses – zu begründen. Spätestens die Beschwerdebegründung hat nun auch die Beschwerdeanträge (zum Erfordernis eines Beschwerdeantrags: AR/*Reinfelder* § 89 ArbGG Rn. 8) zu enthalten (DLW/*Luczak* Kap. 15 Rn. 1159). Gemäß § 89 Abs. 2 S. 2 ArbGG muss die Beschwerdebegründung ferner angeben, auf welche im Einzelnen anzuführenden Beschwerdegründe sowie auf welche neuen Tatsachen die Beschwerde gestützt wird. Wird die Beschwerde nicht in der gesetzlichen Form oder Frist begründet, so ist sie ggf. gemäß § 89 Abs. 3 ArbGG bereits als unzulässig zu verwerfen. 641

▶ **Muster – Begründung der Beschwerde**

An das 642
Landesarbeitsgericht _____[Ort]_____
[Anschrift des Gerichts]

_____[Datum]_____ 1

X. Arbeitsgerichtsverfahren

In dem Beschlussverfahren

mit den Beteiligten

1. Betriebsrat der ___[Arbeitgeber]___, Betrieb ___[Ort]___, vertreten durch den Betriebsratsvorsitzenden, Herrn ___[Name]___

– Antragsgegner, Beteiligter zu 2) und Beschwerdeführer [2] –

2. ___[Name]___, vertreten durch ___[Name]___ [3]

– Antragstellerin, Beteiligte zu 1) und Beschwerdegegnerin –

Az.: ___[Aktenzeichen]___

begründen wir im Folgenden unsere mit Schriftsatz vom ___[Datum]___ gegen den Beschluss des Arbeitsgerichts ___[Ort]___ vom ___[Datum]___, Az.: ___[Aktenzeichen]___, eingelegte Beschwerde.

Wir beantragen, für Recht zu erkennen:

1. Der Beschluss des Arbeitsgerichts ___[Ort]___ vom ___[Datum]___, Az.: ___[Aktenzeichen]___ wird abgeändert.
2. Die Anträge der Beteiligten zu 1) werden zurückgewiesen. [4]

BEGRÜNDUNG:

I. Die Beteiligten des vorliegenden Verfahrens streiten um die Ersetzung der seitens des Beteiligten zu 2) verweigerten Zustimmung zur Einstellung des Mitarbeiters ___[Name]___ sowie über die Frage, ob die vorläufige Umsetzung dieser Einstellung durch die Beteiligte zu 1) aus sachlichen Gründen dringend erforderlich war (§ 100 BetrVG) ___[Sachverhalt]___

Nachdem der Beteiligte zu 2) seine Zustimmung zur Einstellung am ___[Datum]___ verweigert und zudem bestritten hatte, dass diese Einstellung aus sachlichen Gründen dringend erforderlich ist, leitete die Beteiligte zu 1) am ___[Datum]___ ein Beschlussverfahren vor dem Arbeitsgericht ___[Ort]___ ein. In diesem beantragte sie, die seitens des Beteiligten zu 2) verweigerte Zustimmung zu ersetzen und festzustellen, dass die Vornahme der Einstellung des Mitarbeiters ___[Name]___ aus sachlichen Gründen dringend erforderlich war.

Das Arbeitsgericht hat mit Beschluss vom ___[Datum]___ antragsgemäß die seitens des Beteiligten zu 2) verweigerte Zustimmung ersetzt und ebenso antragsgemäß festgestellt, dass die Einstellung des Mitarbeiters ___[Name]___ aus sachlichen Gründen dringend erforderlich war. Das Gericht hat seine Entscheidung damit begründet, dass ___[Begründung]___.

II. Das Arbeitsgericht hat den Anträgen der Beteiligten zu 1) zu Unrecht stattgegeben. Es ist zu Unrecht davon ausgegangen, dass ___[Ansicht Arbeitsgericht]___ [5]

Abschließend nehmen wir ergänzend Bezug auf das erstinstanzliche Vorbringen des Beteiligten zu 2) einschließlich der angetretenen Beweise.

_____

(Unterschrift Rechtsanwalt) [6]

Erläuterungen

643 1. Die Frist für die Begründung der Beschwerde beträgt gemäß §§ 87 Abs. 2 S. 1, 66 Abs. 1 S. 1 ArbGG zwei Monate. Sie beginnt grds. mit der Zustellung des in vollständiger Form abgefassten Beschlusses, spätestens jedoch mit Ablauf von fünf Monaten nach dessen Verkündung. Die Frist für die Begründung der Beschwerde kann durch den Vorsitzenden verlängert werden, wenn eine Verzögerung des Rechtsstreits hierdurch nicht droht oder erhebliche Gründe dargelegt werden. Wegen der nur einmal bestehenden Verlängerungsmöglichkeit (vgl. §§ 87 Abs. 2 S. 1, 66 S. 5 ArbGG) sollte im Zweifel aus anwaltlicher Sicht eher eine etwas zu großzügige Fristverlängerung beantragt werden.

2. Das vorliegende Muster geht von der Situation aus, dass der Antrag in erster Instanz gegen den Betriebsrat gerichtet war, dieser unterlegen ist und nunmehr Beschwerde einlegt. Ggf. sind die Parteibezeichnungen hier anzupassen.

3. Zur Benennung von juristischen Personen und Personenhandelsgesellschaften im Rubrum vgl. Muster X.IV.1. Anm. 3 (X Rdn. 257 ff.).

4. Der hier gestellte Antrag basiert auf der Annahme, dass sich ein Betriebsrat zweitinstanzlich gegen einen zu seinem Nachteil ergangenen Beschluss zur Wehr setzt, in welchem den erstinstanzlichen Anträgen des Arbeitgebers (jedenfalls teilweise) stattgegeben wurde. Entsprechend ist durch den Betriebsrat als Beschwerdeführer hier die Abänderung des erstinstanzlichen Beschlusses sowie im Ergebnis die Zurückweisung der arbeitgeberseitig verfolgten Anträge zu beantragen.

Werden dagegen durch den Beschwerdeführer die von diesem bereits in erster Instanz verfolgten Anträge nach (teilweiser) Zurückweisung durch das Arbeitsgericht weiterverfolgt, kann der Antrag etwa wie folgt lauten:

Alternative:
[1. Der Beschluss des Arbeitsgerichts ____[Ort]____ vom ____[Datum]____ – Az.: ____[Aktenzeichen]____ – wird abgeändert.
2. Es wird festgestellt, dass ____[Antrag]____/Die Beteiligte zu 2) wird verpflichtet, ____[Antrag]____/ Der Beteiligten zu 2) wird aufgegeben, es zu unterlassen ____[Antrag]____.]

5. Hier hat nun eine detaillierte Auseinandersetzung mit den Entscheidungsgründen des angefochtenen Beschlusses in tatsächlicher und rechtlicher Hinsicht zu erfolgen. Zu neuem Vorbringen im Beschlussverfahren in der Beschwerdeinstanz vgl. AR/*Reinfelder* § 87 ArbGG Rn. 8. Zum Inhalt der Beschwerdebegründung vgl. AR/*Reinfelder* § 89 ArbGG Rn. 8.

6. Vgl. §§ 89 Abs. 1, 11 Abs. 4, 5 ArbGG.

3. Beantwortung der Beschwerde

Vorbemerkung

Beschwerdeschrift und Beschwerdebegründung werden den übrigen Beteiligten zur Äußerung zugestellt (§ 90 Abs. 1 ArbGG). Die Äußerung der Beteiligten erfolgt dann durch Einreichung eines Schriftsatzes beim Beschwerdegericht oder durch Erklärung zur Niederschrift der Geschäftsstelle des Arbeitsgerichts, das den angefochtenen Beschluss erlassen hat. Gemäß §§ 90 Abs. 2, 83 Abs. 1a ArbGG kann der Vorsitzende den Beteiligten in diesem Zusammenhang eine Frist zur Äußerung setzen. Nach h.M. ist § 66 Abs. 1 ArbGG, der für den Fall der Berufung im Urteilsverfahren eine Berufungsbeantwortung binnen einer Frist von einem Monat nach Zustellung der Berufungsbegründung vorsieht, hier wegen der spezielleren Regelung in § 90 ArbGG nicht anzuwenden (vgl. *Germelmann/Matthes/Schlewing* § 90 ArbGG Rn. 5).

▶ **Muster – Beantwortung der Beschwerde**

An das
Landesarbeitsgericht ____[Ort]____
[Anschrift des Gerichts]

[Datum]   1

In dem Beschlussverfahren

mit den Beteiligten

X. Arbeitsgerichtsverfahren

1. Betriebsrat der ___[Arbeitgeber]___ , Betrieb ___[Ort]___ , vertreten durch den Betriebsratsvorsitzenden, Herrn ___[Name]___

– Antragsgegner, Beteiligter zu 2) und Beschwerdeführer [2] –

2. ___[Name]___ , vertreten durch ___[Name]___ [3]

– Antragstellerin, Beteiligte zu 1) und Beschwerdegegnerin –

Az.: ___[Aktenzeichen]___

zeigen wir an, dass wir die Antragstellerin, Beteiligte zu 1) und Beschwerdegegnerin (im Folgenden: Antragstellerin) auch in zweiter Instanz vertreten. Namens und in Vollmacht der Antragstellerin beantragen wir,

die Beschwerde des Beteiligten zu 2) gegen den Beschluss des Arbeitsgerichts ___[Ort]___ vom ___[Datum]___ , Az.: ___[Aktenzeichen]___ zurückzuweisen.

BEGRÜNDUNG:

I. Die Beschwerde des Beteiligten zu 2) ist bereits unzulässig ___[Gründe]___ .

II. Darüber hinaus kann die Beschwerde auch in der Sache keinen Erfolg haben. Das Arbeitsgericht hat im angefochtenen Beschluss zu Recht entschieden, dass ___[Gründe Arbeitsgericht]___ . Die hiergegen gerichteten Ausführungen in der Beschwerdebegründung vermögen keine vom Beschluss des Arbeitsgerichts abweichende rechtliche Bewertung zu rechtfertigen ___[Begründung]___ .

Abschließend nehmen auch wir ergänzend Bezug auf unser gesamtes erstinstanzliches Vorbringen einschließlich der vorgelegten Anlagen und angetretenen Beweise.

(Unterschrift Rechtsanwalt) [4]

Erläuterungen

652 **1.** Wie bereits in der Vorbemerkung angesprochen, gilt die grds. einmonatige Berufungsbeantwortungsfrist des § 66 Abs. 1 ArbGG nach h.M. im zweitinstanzlichen Beschlussverfahren nicht entsprechend. Stattdessen gelten die §§ 90 Abs. 2, 83 Abs. 1a ArbGG, wonach der Vorsitzende den Beteiligten im Zusammenhang mit der Zustellung der Beschwerdebegründung eine Frist zur Äußerung setzen kann. Im Falle einer Versäumung der Frist riskieren die Beteiligten die Zurückweisung ihres Vorbringens gemäß § 83 Abs. 1a S. 2 ArbGG. Die Beteiligten sind allerdings über diese mögliche Folge der Fristversäumnis zu belehren (§ 83 Abs. 1a S. 3 ArbGG).

653 **2.** Das vorliegende Muster geht von der Situation aus, dass der Antrag in erster Instanz gegen den Betriebsrat gerichtet war, dieser unterlegen ist und nunmehr Beschwerde einlegt. Ggf. sind die Parteibezeichnungen hier anzupassen.

654 **3.** Zur Benennung von juristischen Personen und Personenhandelsgesellschaften im Rubrum vgl. Muster X.IV.1. Anm. 3 (X Rdn. 257 ff.).

655 **4.** Bei der Äußerung der Beteiligten zur Beschwerde besteht kein Vertretungszwang (BAG, Beschl. v. 20.03.1990 – 1 ABR 20/89, AP BetrVG 1972 § 99 Nr. 79; GMP/*Schlewing* § 90 Rn. 6).

4. Beschwerde gegen eine Entscheidung nach § 100 ArbGG

Vorbemerkung

656 *Erstinstanzliche Entscheidungen in Verfahren nach § 100 ArbGG können mit der Beschwerde zum jeweils zuständigen Landesarbeitsgericht angefochten werden (§ 100 Abs. 2 ArbGG). Im Interesse einer Beschleunigung des Verfahrens sieht § 100 Abs. 2 ArbGG vor, dass eine solche Be-*

schwerde – in Abweichung von den allgemeinen Grundsätzen der §§ 87 Abs. 2, 66 Abs. 1 ArbGG – binnen einer Frist von zwei Wochen einzulegen und auch zu begründen ist.

▶ Muster – Beschwerde gegen eine Entscheidung nach § 100 ArbGG

An das
Landesarbeitsgericht ____[Ort]____
[Anschrift des Gerichts]

____[Datum]____

In dem Beschlussverfahren nach § 100 ArbGG
mit den Beteiligten
1. Betriebsrat der ___[Arbeitgeber]___, Betrieb ____[Ort]____, vertreten durch den Betriebsratsvorsitzenden, Herrn ___[Name]___

– Antragsteller und Beschwerdeführer –

2. ___[Name]___, vertreten durch ___[Name]___ [1]

– Antragsgegnerin und Beschwerdegegnerin –

Prozessbevollmächtigter 1. Instanz: ___[Name]___

legen wir namens und in Vollmacht des Antragstellers und Beschwerdeführers

BESCHWERDE

gegen den uns am ___[Datum]___ zugestellten Beschluss des Arbeitsgerichts ___[Ort]___ vom ___[Datum]___, Az.: ___[Aktenzeichen]___ ein. Eine Abschrift des angefochtenen Beschlusses liegt der vorliegenden Beschwerdeschrift bei.

Wir beantragen, für Recht zu erkennen: [2]

1. Der Beschluss des Arbeitsgerichts ___[Ort]___ vom ___[Datum]___, Az.: ___[Aktenzeichen]___ wird abgeändert.
2. Zum Vorsitzenden einer Einigungsstelle zur Regelung von ___[Regelungsgegenstand]___ wird der Vorsitzende Richter am Landesarbeitsgericht ___[Ort, Name]___ bestellt.
3. Die Anzahl der im Rahmen dieser Einigungsstelle von jeder Seite zu benennenden Beisitzer wird auf ___[Anzahl]___ festgesetzt.

BEGRÜNDUNG:

I. Die Beteiligten des vorliegenden Verfahrens streiten um die Einsetzung einer Einigungsstelle zu Fragen der ___[Regelungsgegenstand]___ im Betrieb der Antragsgegnerin in ___[Ort]___. Dem Wunsch des Betriebsrats nach Einsetzung einer Einigungsstelle liegt dabei der folgende Sachverhalt zu Grunde: ___[Sachverhalt]___

Mit dem angefochtenen Beschluss vom ___[Datum]___ hat das Arbeitsgericht ___[Ort]___ die Anträge des Betriebsrats zurückgewiesen und dies im Wesentlichen mit einer vermeintlichen offensichtlichen Unzuständigkeit der Einigungsstelle für die hier zu regelnde Frage begründet. ___[Gründe]___

II. Der angefochtene Beschluss des Arbeitsgerichts ist rechtsfehlerhaft und deshalb aufzuheben. Das Arbeitsgericht ist zu Unrecht von einer offensichtlichen Unzuständigkeit der Einigungsstelle ausgegangen. ___[Gründe]___

_____
(Unterschrift Rechtsanwalt) [3]

X. Arbeitsgerichtsverfahren

Erläuterungen

658 1. Zur Benennung von juristischen Personen und Personenhandelsgesellschaften im Rubrum vgl. Muster X.IV.1. Anm. 3 (X Rdn. 257 ff.).

659 2. Zur Antragstellung im Verfahren nach § 100 ArbGG vgl. bereits Muster X.VII.3. Anm. 6 bis 8 (X Rdn. 573 ff.).

660 3. Vgl. bereits Anm. 8 zu Muster X.VIII.1. (X Rdn. 640).

5. Anschlussbeschwerde

Vorbemerkung

661 Auch im Beschlussverfahren zweiter Instanz ist ein Anschlussrechtsmittel – hier in Gestalt der sog. Anschlussbeschwerde – zulässig (BAG, Beschl. v. 27.07.2005 – 7 ABR 54/04, AP WahlO BetrVG 1972 § 19 Nr. 1; AR/*Reinfelder* § 87 ArbGG Rn. 3). Es handelt sich auch hier um ein unselbständiges Anschlussrechtsmittel, welches seine Wirkung verliert, wenn etwa die Beschwerde, der sich der Anschlussbeschwerdeführer angeschlossen hat, zurückgenommen wird (AR/*Reinfelder* § 87 ArbGG Rn. 3). Die Anschlussbeschwerde ist innerhalb der Anschließungsfrist beim Landesarbeitsgericht durch Einreichung einer Beschwerdeanschlussschrift einzulegen und auch zu begründen. Hinsichtlich der Begründung der Anschlussbeschwerde kann auf die zur Begründung der Beschwerde (vgl. X Rdn. 641 ff.) dargelegten Grundsätze zurückgegriffen werden.

▶ **Muster – Anschlussbeschwerde**

662 An das

Landesarbeitsgericht _____[Ort]_____

[Anschrift des Gerichts]

_____[Datum]_____ 1

In dem Beschlussverfahren

mit den Beteiligten

1. Betriebsrat der ____[Arbeitgeber]____, Betrieb ____[Ort]____, vertreten durch den Vorsitzenden, Herrn ____[Name]____

– Antragsteller, Beschwerdegegner und Anschlussbeschwerdeführer –

2. ____[Name]____, vertreten durch ____[Name]____ 2

– Antragsgegnerin, Beschwerdeführerin und Anschlussbeschwerdegegnerin –

Az.: [Aktenzeichen]

erwidern wir im Folgenden namens und im Auftrag des Antragstellers, Beschwerdegegners und Anschlussbeschwerdeführers (im Folgenden: Antragsteller) auf die durch die Antragsgegnerin, Beschwerdeführerin und Anschlussbeschwerdegegnerin (im Folgenden: Antragsgegnerin) eingelegte Beschwerde gegen den Beschluss des Arbeitsgerichts ____[Ort]____ vom ____[Datum]____, Az.: [Aktenzeichen] . Die Beschwerdebegründung wurde uns am ____[Datum]____ zugestellt.

Zugleich legen wir namens und in Vollmacht des Antragstellers

ANSCHLUSSBESCHWERDE

gegen den Beschluss des Arbeitsgerichts ____[Ort]____ vom ____[Datum]____, Az.: [Aktenzeichen] ein. Wir beantragen,

1. die gegen den Beschluss des Arbeitsgerichts ___[Ort]___ vom ___[Datum]___ – Az.: ___[Aktenzeichen]___ – gerichtete Beschwerde der Antragsgegnerin zurückzuweisen.

2. auf die Anschlussbeschwerde den Beschluss des Arbeitsgerichts ___[Ort]___ vom ___[Datum]___ – Az.: ___[Aktenzeichen]___ – insoweit abzuändern, als ___[anzufechtender Inhalt des Beschlusses]___ und festzustellen, dass ___[Antrag]___ .

I. [Beantwortung der Beschwerde] [3]

II. [Begründung der Anschlussbeschwerde] [4]

(Unterschrift Rechtsanwalt) [5]

Erläuterungen

1. Die Anschlussbeschwerde ist gemäß § 524 Abs. 2 S. 2 ZPO i.V.m. §§ 87 Abs. 2 S. 1, 64 Abs. 6 S. 1 ArbGG innerhalb der den übrigen Beteiligten gesetzten Frist zur Erwiderung auf die Beschwerde durch Einreichung der Beschwerdeanschlussschrift zu erheben und zu begründen (AR/*Reinfelder* § 87 ArbGG Rn. 3; BAG, Beschl. v. 10.03.2009 – 1 ABR 93/07; vgl. jedoch auch BAG, Beschl. v. 27.07.2005 – 7 ABR 54/04, AP WahlO BetrVG 1972 § 19 Nr. 1, in dem das BAG ausführt, dass die Anschließung bis zum Ablauf eines Monats nach Zustellung der Beschwerdebegründung zulässig ist; vgl. andererseits jedoch auch LAG Düsseldorf, Beschl. v. 04.02.2013 – 9 TaBV 129/12, nach dem die Anschlussbeschwerde grds. zeitlich unbefristet bis zum Anhörungstermin eingelegt werden kann, soweit nicht vom Vorsitzenden ausdrücklich eine Frist zur Äußerung hinsichtlich der Beschwerde gesetzt wurde). 663

2. Zur Benennung von juristischen Personen und Personenhandelsgesellschaften im Rubrum vgl. Muster X.IV.1. Anm. 3 (X Rdn. 257 ff.) 664

3. Das vorliegende Muster sieht hier vor, dass zusammen mit der Einlegung und Begründung der Anschlussbeschwerde zugleich auf die Beschwerde erwidert wird. Insoweit wird auf X Rdn. 650 ff. zur Beantwortung der Beschwerde verwiesen. 665

4. Hinsichtlich der Begründung der Anschlussbeschwerde wird auf das Muster zur Begründung der Beschwerde verwiesen. Vgl. Muster X.VIII.2. (X Rdn. 641 ff.). 666

5. Die Anschlussbeschwerde ist durch einen Rechtsanwalt oder einen anderen nach §§ 11 Abs. 2, 4 ArbGG Vertretungsbefugten einzulegen. 667

IX. Beschlussverfahren 3. Instanz (Rechtsbeschwerde)

1. Einlegung der Rechtsbeschwerde

Vorbemerkung

Gegen die das Verfahren beendenden Beschlüsse der Landesarbeitsgerichte (vgl. hierzu AR/*Reinfelder* § 92 ArbGG Rn. 5) findet gemäß § 92 ArbGG die sog. Rechtsbeschwerde zum Bundesarbeitsgericht statt, wenn diese bereits im Beschluss des Landesarbeitsgerichts zugelassen ist oder auf eine Nichtzulassungsbeschwerde hin gemäß § 92a ArbGG zugelassen wird. 668

Hinsichtlich des Verfahrens sind gemäß § 92 Abs. 2 ArbGG zahlreiche Vorschriften über die Revision entsprechend anzuwenden, soweit die §§ 92 ff. ArbGG keine spezielleren Regelungen vorsehen. Dies gilt auch hinsichtlich der für die Einlegung und Begründung der Rechtsbeschwerde zu beachtenden Fristen. 669

Das folgende Muster stellt zunächst die Einlegung der Rechtsbeschwerde dar. Der notwendige Inhalt der Beschwerdeschrift folgt aus § 94 Abs. 2 S. 1 ArbGG. Die Begründung der Rechts- 670

X. Arbeitsgerichtsverfahren

beschwerde wird unter X Rdn. 675 ff. gesondert dargestellt. Einlegung und Begründung der Rechtsbeschwerde können auch in einem Schriftsatz zusammengefasst werden.

▶ **Muster – Einlegung der Rechtsbeschwerde**

671 An das

Bundesarbeitsgericht

[Adresse]

[Datum] 1

In dem Beschlussverfahren

mit den Beteiligten

1. Betriebsrat der _[Arbeitgeber]_, Betrieb _[Ort]_, vertreten durch den Betriebsratsvorsitzenden, Herrn _[Name]_

– Antragsteller, Beschwerde- und Rechtsbeschwerdeführer –

2. _[Name]_, vertreten durch _[Name]_ 2

– Beteiligte zu 2), Beschwerde- und Rechtsbeschwerdegegnerin –

Prozessbevollmächtigte 1. und 2. Instanz: _[Name]_

Az. 1. Instanz: _[Aktenzeichen 1. Instanz]_, ArbG _[Ort]_

Az. 2. Instanz: _[Aktenzeichen 1. Instanz]_, LAG _[Ort]_

lege ich namens und in Vollmacht des Antragstellers, Beschwerde- und Rechtsbeschwerdeführers das Rechtsmittel der

RECHTSBESCHWERDE

gegen den uns am _[Datum]_ zugestellten Beschluss des Landesarbeitsgerichts _[Ort]_ vom _[Datum]_, Az.: _[Aktenzeichen]_ ein.

Eine Ausfertigung des angefochtenen Beschlusses liegt dem vorliegenden Schriftsatz bei. Anträge und Begründung bleiben einem gesonderten Schriftsatz vorbehalten.

_____

(Unterschrift Rechtsanwalt) 3

Erläuterungen

672 **1.** Die Frist für die Einlegung der Rechtsbeschwerde beträgt einen Monat, die Frist zur Begründung zwei Monate (§§ 92 Abs. 2, 74 Abs. 1 ArbGG). Dem Revisionsverfahren entsprechend beginnen beide Fristen grds. mit Zustellung des in vollständiger Form abgefassten Beschlusses des Landesarbeitsgerichts, spätestens jedoch fünf Monate nach dessen Verkündung (vgl. §§ 92 Abs. 2, 74 Abs. 1 S. 2 ArbGG).

673 **2.** Zur Benennung von juristischen Personen und Personenhandelsgesellschaften im Rubrum vgl. Muster X.IV.1. Anm. 3 (X Rdn. 257 ff.).

674 **3.** Bei Einlegung der Rechtsbeschwerde besteht Vertretungszwang gemäß §§ 94 Abs. 1, 11 Abs. 4 und 5 ArbGG (vgl. AR/_Reinfelder_ § 94 ArbGG Rn. 6).

2. Begründung der Rechtsbeschwerde

Vorbemerkung

Nach Einlegung oder gemeinsam mit der Einlegung ist die Rechtsbeschwerde zu begründen. Die gesetzlichen Bestimmungen erfordern hier eine detaillierte Auseinandersetzung mit dem angefochtenen Beschluss: Im Rahmen der Begründung der Rechtsbeschwerde ist anzugeben, inwieweit die Abänderung des angefochtenen Beschlusses beantragt wird, welche Bestimmungen verletzt sein sollen und worin die Verletzung bestehen soll (§ 94 Abs. 2 S. 2 ArbGG). Die Anforderungen an die Begründung der Rechtsbeschwerde gehen damit noch über die Anforderungen an die Begründung einer Revision hinaus (vgl. zu den Einzelheiten AR/*Reinfelder* § 94 ArbGG Rn. 11 und auch DLW/*Luczak* Kap. 15 Rn. 1203 ff.).

675

▶ **Muster – Begründung der Rechtsbeschwerde**

An das
Bundesarbeitsgericht
[Adresse]

676

[Datum] 1

In dem Rechtsbeschwerdeverfahren

mit den Beteiligten

1. Betriebsrat der [Arbeitgeber], Betrieb [Ort], vertreten durch den Betriebsratsvorsitzenden, Herrn [Name]

– Antragsteller, Beschwerde- und Rechtsbeschwerdeführer –

2. [Name], vertreten durch [Name] 2

– Beteiligte zu 2), Beschwerde- und Rechtsbeschwerdegegnerin –

Az.: [Aktenzeichen]

begründen wir im Folgenden unsere mit Schriftsatz vom [Datum] eingelegte Rechtsbeschwerde gegen den Beschluss des Landesarbeitsgerichts [Ort] vom [Datum], Az.: [Aktenzeichen].

Wir beantragen,

den Beschluss des Landesarbeitsgerichts [Ort] vom [Datum] – Az.: [Aktenzeichen] – aufzuheben und der Beteiligten zu 2) auf die Beschwerde des Antragstellers unter Abänderung des Beschlusses des Arbeitsgerichts [Ort] vom [Datum] – Az.: [Aktenzeichen] – aufzugeben, es zu unterlassen [Unterlassungsantrag]. 3

BEGRÜNDUNG:

I. Der Antragsteller, Beschwerde- und Rechtsbeschwerdeführer (im Folgenden: Antragsteller) ist der im Betrieb der Beteiligten zu 2), Beschwerde- und Rechtsbeschwerdegegnerin (im Folgenden: Beteiligte zu 2) in [Ort] gewählte Betriebsrat. Die Beteiligten des vorliegenden Verfahrens haben am [Datum] eine »Betriebsvereinbarung über die Gestaltung der betrieblichen Arbeitszeit« abgeschlossen, welche u.a. vorsieht, dass [hier relevanter Inhalt Betriebsvereinbarung]. Die Beteiligte zu 2) verstößt seit Inkrafttreten der Betriebsvereinbarung gegen die in § [Paragraf] der Betriebsvereinbarung vorgesehenen Regelung, indem sie [Handeln Beteiligte zu 2)]. Die wiederholten und hartnäckigen Verstöße der Beteiligten zu 2) gegen die abgeschlossene Betriebsvereinbarung veranlassten den Antragsteller am [Datum], die Einleitung des vorliegenden Verfahrens zu beschließen und in diesem einen Unterlassungsanspruch mit Blick auf das

X. Arbeitsgerichtsverfahren

wiederholt der getroffenen Betriebsvereinbarung zuwiderlaufende Verhalten der Beteiligten zu 2) zu verfolgen ____[Sachverhalt]____

Das Arbeitsgericht hat die Anträge mit Beschluss vom ____[Datum]____ zurückgewiesen und dies damit begründet, dass ____[Begründung]____.

Die gegen die Entscheidung des Arbeitsgerichts gerichtete Beschwerde des Antragstellers blieb ohne Erfolg, da auch das Landesarbeitsgericht in zweiter Instanz die Rechtsauffassung vertreten hat, dass ____[Rechtsauffassung 2. Instanz]____.

II. Hiergegen wendet sich der Antragsteller mit der vorliegenden Rechtsbeschwerde. Diese ist statthaft, nachdem sie im Beschluss des Landesarbeitsgericht vom ____[Datum]____ zugelassen wurde. Der in vollständiger Form gefasste Beschluss des Landesarbeitsgerichts wurde dem Antragsteller am ____[Datum]____ zugestellt. Die Rechtsbeschwerde ist somit auch fristgerecht am ____[Datum]____ eingelegt worden.

III. Der Antragsteller rügt im Rahmen der vorliegenden Rechtsbeschwerde die Verletzung materiellen Rechts. [4] Sowohl das Arbeitsgericht als auch das Landesarbeitsgericht haben die Rechtsnorm des § ____[Paragraf]____ verkannt ____[Erläuterung]____. Bei rechtsfehlerfreier Anwendung des § ____[Paragraf]____ hätten Arbeitsgericht und Landesarbeitsgericht zu dem Ergebnis kommen müssen, dass ____[angenommenes Ergebnis]____. Richtigerweise ist diese Vorschrift so auszulegen, dass ____[Auslegung]____. Legt man diese Auslegung zu Grunde, so ergibt sich, dass ____[Folge]____. Im Ergebnis ist damit ein Unterlassungsanspruch des Antragstellers entgegen der Einschätzung des Arbeitsgerichts und des Landesarbeitsgerichts zu bejahen.

IV. Sowohl Arbeitsgericht als auch Landesarbeitsgericht haben ferner verkannt, dass ____[weitere Argumente]____

_____
(Unterschrift Rechtsanwalt) [5]

Erläuterungen

677 **1.** Die Frist für die Begründung der Rechtsbeschwerde beträgt zwei Monate (§§ 92 Abs. 2, 74 Abs. 1 ArbGG). Entsprechend zum Revisionsverfahren beginnt auch diese Frist grds. mit Zustellung des in vollständiger Form abgefassten Beschlusses des Landesarbeitsgerichts, spätestens jedoch fünf Monate nach dessen Verkündung (vgl. §§ 92 Abs. 2, 74 Abs. 1 S. 2 ArbGG).

678 **2.** Zur Benennung von juristischen Personen und Personenhandelsgesellschaften im Rubrum vgl. Muster X.IV.1. Anm. 3 (X Rdn. 257 ff.).

679 **3.** Eine ausdrückliche Antragstellung ist nicht zwingend vorgesehen, jedoch unbedingt zu empfehlen, um den Anforderungen des § 94 Abs. 2 S. 2 ArbGG genüge zu tun (vgl. AR/*Reinfelder* § 94 ArbGG Rn. 10). Das im Muster aufgeführte Beispiel eines Antrags geht davon aus, dass der Antragsteller (Betriebsrat) in erster und zweiter Instanz jeweils unterlegen ist. Abhängig von Stellung des Rechtsbeschwerdeführers im Verfahren und Verlauf der ersten und zweiten Instanz kommen alternativ etwa auch Anträge mit dem folgenden Inhalt in Betracht:

680 *Alternativen:*

Rechtsbeschwerdeführer ist nach Obsiegen in erster Instanz in zweiter Instanz unterlegen:

[Wir beantragen, den Beschluss des Landesarbeitsgerichts ____[Ort]____ vom ____[Datum]____ – Az.: ____[Aktenzeichen]____ – aufzuheben und die Beschwerde der Beteiligten zu 2) gegen den Beschluss des Arbeitsgerichts ____[Ort]____ vom ____[Datum]____ – Az.: ____[Aktenzeichen]____ – zurückzuweisen.]

681 Rechtsbeschwerdeführer ist nach Obsiegen in erster Instanz in zweiter Instanz **teilweise** unterlegen:

[Wir beantragen, den Beschluss des Landesarbeitsgerichts ___[Ort]___ vom ___[Datum]___ – Az.: ___[Aktenzeichen]___ – aufzuheben, soweit er der Beschwerde der Beteiligten zu 2) gegen den Beschluss des Arbeitsgerichts ___[Ort]___ vom ___[Datum]___ – Az.: ___[Aktenzeichen]___ – stattgegeben hat und die Beschwerde der Beteiligten zu 2) gegen den Beschluss des Arbeitsgerichts ___[Ort]___ vom ___[Datum]___ – Az.: ___[Aktenzeichen]___ – zurückzuweisen.]

Rechtsbeschwerdeführer obsiegte in erster und zweiter Instanz **teilweise:**

[Wir beantragen, den Beschluss des Landesarbeitsgerichts ___[Ort]___ vom ___[Datum]___ – Az.: ___[Aktenzeichen]___ – aufzuheben, soweit die Beschwerde des Antragstellers gegen den Beschluss des Arbeitsgerichts ___[Ort]___ vom ___[Datum]___ – Az.: ___[Aktenzeichen]___ – zurückgewiesen wurde. Auf die Beschwerde des Antragstellers wird der Beschluss des Arbeitsgerichts ___[Ort]___ vom ___[Datum]___ – Az.: ___[Aktenzeichen]___ – abgeändert und der Beteiligten zu 2) aufgegeben, es zu unterlassen ___[Unterlassungsantrag]___.]

4. Die Rechtsbeschwerde kann gemäß § 93 Abs. 1 ArbGG nur darauf gestützt werden, dass der Beschluss des Landesarbeitsgerichts auf der Nichtanwendung oder der unrichtigen Anwendung einer Rechtsnorm beruht. Sie kann nicht darauf gestützt werden, dass der Beschluss des Landesarbeitsgerichts nicht binnen fünf Monaten nach Verkündung vollständig abgefasst wurde. Für diesen Fall sieht § 92b ArbGG eine sofortige Beschwerde vor. Für den Inhalt der Rechtsbeschwerdebegründung kann weitestgehend auf die Grundsätze zur Revisionsbegründung zurückgegriffen werden (vgl. X Rdn. 464). Zu beachten ist aber, dass die Anforderungen an die Begründung hier aufgrund der gesetzlichen Regelung des § 94 Abs. 2 ArbGG sogar noch über die Anforderungen an die ordnungsgemäße Begründung einer Revision hinausgehen (vgl. AR/*Reinfelder* § 94 ArbGG Rn. 11 und auch DLW/*Luczak* Kap. 15 Rn. 1204).

5. Auch bei Begründung der Rechtsbeschwerde besteht Vertretungszwang gemäß §§ 94 Abs. 1, 11 Abs. 4 und 5 ArbGG (vgl. AR/*Reinfelder* § 94 ArbGG Rn. 9).

3. Beantwortung der Rechtsbeschwerde

Vorbemerkung

Nach § 95 ArbGG werden Rechtsbeschwerdeschrift und Rechtsbeschwerdebegründung den übrigen Beteiligten des Verfahrens »zur Äußerung« zugestellt. Diese Äußerung geschieht in der Praxis regelmäßig durch Einreichung eines Schriftsatzes beim Bundesarbeitsgericht (vgl. § 95 S. 2 ArbGG). Eine bestimmte Äußerungsfrist ist gesetzlich nicht vorgeschrieben. Die Möglichkeit einer Fristsetzung wird jedoch durch § 95 S. 3 ArbGG vorausgesetzt. Zweckmäßigerweise wird das Gericht den Beteiligten keine zu kurze Äußerungsfrist setzen (AR/*Reinfelder* § 95 ArbGG Rn. 4). Geht die Äußerung eines Beteiligten nicht rechtzeitig ein, so steht dies nach § 95 S. 3 ArbGG dem Fortgang des Verfahrens nicht entgegen.

▶ **Muster – Beantwortung der Rechtsbeschwerde**

An das
Bundesarbeitsgericht
___[Adresse]___

___[Datum]___

In dem Rechtsbeschwerdeverfahren

mit den Beteiligten

X. Arbeitsgerichtsverfahren

1. Betriebsrat der ___[Arbeitgeber]___ , Betrieb ___[Ort]___ , vertreten durch den Betriebsratsvorsitzenden, Herrn ___[Name]___

– Antragsteller, Beschwerde- und Rechtsbeschwerdeführer –

2. ___[Name]___ , vertreten durch ___[Name]___ [1]

– Beteiligte zu 2), Beschwerde- und Rechtsbeschwerdegegnerin –

Az.: ___[Aktenzeichen]___

erwidern wir im Folgenden namens und im Auftrag der Beteiligten zu 2), Beschwerde- und Rechtsbeschwerdegegnerin (im Folgenden: Beteiligte zu 2) auf die durch den Antragsteller, Beschwerde- und Rechtsbeschwerdeführer (im Folgenden: Antragsteller) eingelegte Rechtsbeschwerde gegen den Beschluss des Landesarbeitsgerichts ___[Ort]___ vom ___[Datum]___ , Az.: ___[Aktenzeichen]___ .

Wir beantragen,

die Rechtsbeschwerde des Antragstellers gegen den Beschluss des Landesarbeitsgerichts ___[Ort]___ vom ___[Datum]___ – Az.: ___[Aktenzeichen]___ – zurückzuweisen.

BEGRÜNDUNG:

I. Die Rechtsbeschwerde des Antragstellers kann keinen Erfolg haben. Sie ist bereits nicht innerhalb der gesetzlichen Frist eingelegt [oder: in der gesetzlichen Form begründet] worden, da ___[erörtern, soweit Anhaltspunkte für eine nicht ordnungsgemäße Einlegung/Begründung gegeben sind]___ .

II. In der Sache macht der Antragsteller im Übrigen zu Unrecht geltend, dass Arbeitsgericht und Landesarbeitsgericht die Rechtsnorm des § ___[Paragraf]___ unrichtig angewendet hätten. Vielmehr wurde im erst- und zweitinstanzlichen Beschluss zu Recht davon ausgegangen, dass ___[Gründe]___ . Die hiergegen gerichteten Einwände des Antragstellers vermögen nicht zu überzeugen. Insbesondere ist unzutreffend, dass ___[Begründung]___ .

Die Entscheidungen des Arbeits- und auch des Landesarbeitsgerichts sind daher im Ergebnis frei von Rechtsfehlern, die Rechtsbeschwerde des Antragstellers mithin zurückzuweisen.

_____
(Unterschrift Rechtsanwalt) [2]

Erläuterungen

687 **1.** Zur Benennung von juristischen Personen und Personenhandelsgesellschaften im Rubrum vgl. Muster X.IV.1. Anm. 3 (X Rdn. 257 ff.).

688 **2.** Für die Äußerung der Beteiligten zu Rechtsbeschwerdeschrift und -begründung besteht kein Vertretungszwang (vgl. §§ 92 Abs. 2 S. 2, 11 Abs. 1–3 und 5 ArbGG und AR/*Reinfelder* § 95 ArbGG Rn. 4).

4. Anschlussrechtsbeschwerde

Vorbemerkung

689 Auch im Rechtsbeschwerdeverfahren ist eine Anschlussrechtsbeschwerde zulässig (vgl. AR/*Reinfelder* § 94 ArbGG Rn. 14 und DLW/*Luczak* Kap. 15 Rn. 1208 ff.). Die Anschlussrechtsbeschwerde ist nach §§ 92 Abs. 2, 72 Abs. 5 ArbGG i.V.m. § 554 ZPO binnen eines Monats nach Zustellung der Rechtsbeschwerdebegründung beim BAG einzulegen und auch zu begründen. Nach den entsprechend geltenden Regelungen des § 554 Abs. 3 ZPO ist die Anschlussbeschwerde in der Rechtsbeschwerdeanschlussschrift zu begründen (vgl. aber auch BGH, Urt. v. 15.06.1961 – VII ZR 68/60, NJW 1961, 1816).

► Muster – Anschlussrechtsbeschwerde

An das
Bundesarbeitsgericht
_____[Adresse]_____

_____[Datum]_____ 1

In dem Rechtsbeschwerdeverfahren
mit den Beteiligten

1. _____[Name]_____, vertreten durch _____[Name]_____ 2

– Beteiligte zu 2), Beschwerdegegnerin, Rechtsbeschwerdeführerin sowie Anschlussrechtsbeschwerdegegnerin –

2. Betriebsrat der _____[Arbeitgeber]_____, Betrieb _____[Ort]_____, vertreten durch die Betriebsratsvorsitzende, Frau _____[Name]_____

– Antragsteller, Beschwerdeführer, Rechtsbeschwerdegegner sowie Anschlussrechtsbeschwerdeführer –

Az.: _____[Aktenzeichen]_____

erwidern wir im Folgenden namens und im Auftrag des Antragstellers, Beschwerdeführers, Rechtsbeschwerdegegners sowie Anschlussrechtsbeschwerdeführers (im Folgenden: Antragsteller) auf die durch die Beteiligte zu 2), Beschwerdegegnerin, Rechtsbeschwerdeführerin sowie Anschlussrechtsbeschwerdegegnerin (im Folgenden: Beteiligte zu 2) eingelegte Rechtsbeschwerde gegen den Beschluss des Landesarbeitsgerichts _____[Ort]_____ vom _____[Datum]_____, Az.: _____[Aktenzeichen]_____.

Zugleich legen wir namens und in Vollmacht des Antragstellers

ANSCHLUSSRECHTSBESCHWERDE

gegen den uns am _____[Datum]_____ zugestellten Beschluss des Landesarbeitsgerichts _____[Ort]_____ vom _____[Datum]_____, Az.: _____[Aktenzeichen]_____ ein. Die Rechtsbeschwerdebegründung der Beteiligten zu 2) wurde uns am _____[Datum]_____ zugestellt.

Wir beantragen,

1. die gegen den Beschluss des Landesarbeitsgerichts _____[Ort]_____ vom _____[Datum]_____ – Az.: _____[Aktenzeichen]_____ – gerichtete Rechtsbeschwerde der Beteiligten zu 2) zurückzuweisen.

2. den Beschluss des Landesarbeitsgerichts _____[Ort]_____ vom _____[Datum]_____ – Az.: _____[Aktenzeichen]_____ – insoweit aufzuheben, als das Landesarbeitsgericht die Beschwerde des Antragstellers gegen den Beschluss des Arbeitsgerichts _____[Ort]_____ vom _____[Datum]_____ – Az.: _____[Aktenzeichen]_____ – zurückgewiesen hat. Auf die Beschwerde des Antragstellers wird der Beschluss des Arbeitsgerichts _____[Ort]_____ vom _____[Datum]_____ – Az.: _____[Aktenzeichen]_____ – abgeändert und festgestellt, dass _____[Inhalt der angestrebten Entscheidung]_____.

I. Die Rechtsbeschwerde der Beteiligten zu 2) ist jedenfalls unbegründet _____[Begründung]_____ 3

II. Auf die Anschlussrechtsbeschwerde des Antragstellers hin ist der zweitinstanzliche Beschluss darüber hinaus insoweit aufzuheben, als das Landesarbeitsgericht die Beschwerde des Antragstellers gegen den Beschluss des Arbeitsgerichts _____[Ort]_____ vom _____[Datum]_____ zurückgewiesen hat. Stattdessen ist festzustellen, dass _____[Feststellungsantrag]_____. Dies ergibt sich daraus, dass _____[Begründung]_____. 4

_____
(Unterschrift Rechtsanwalt) 5

X. Arbeitsgerichtsverfahren

Erläuterungen

691 1. Die Anschließung an die Rechtsbeschwerde kann bis zum Ablauf eines Monats nach Zustellung der Rechtsbeschwerdebegründung erfolgen (vgl. AR/*Reinfelder* § 94 ArbGG Rn. 14).

692 2. Zur Benennung von juristischen Personen und Personenhandelsgesellschaften im Rubrum vgl. Muster X.IV.1. Anm. 3 (X Rdn. 257 ff.).

693 3. Das vorliegende Muster sieht hier vor, dass zusammen mit der Einlegung und Begründung der Anschlussrechtsbeschwerde zugleich auf die Rechtsbeschwerde erwidert wird. Insoweit kann auf X Rdn. 685 ff. zur Beantwortung der Rechtsbeschwerde verwiesen werden.

694 4. Hinsichtlich der Begründung der Anschlussrechtsbeschwerde kann auf das Muster zur Begründung der Rechtsbeschwerde verwiesen werden. Vgl. X Rdn. 676 ff.

695 5. Auch die Anschlussrechtsbeschwerde muss durch einen postulationsfähigen Prozessbevollmächtigten i.S.d. § 11 ArbGG unterzeichnet werden.

5. Nichtzulassungsbeschwerde nach § 92a ArbGG

Vorbemerkung

696 Die Nichtzulassung der Rechtsbeschwerde durch das Landesarbeitsgericht kann gemäß § 92a ArbGG selbständig durch Beschwerde angegriffen werden. Hinsichtlich der Zulassungsgründe, Anforderungen an Einlegung und Begründung sowie hinsichtlich des Verfahrens können die Ausführungen zur Nichtzulassungsbeschwerde im Urteilsverfahren entsprechend herangezogen werden (vgl. AR/*Reinfelder* § 92a ArbGG Rn. 1 sowie Muster X.VI.6. bis X.VI.9. – X Rdn. 494 ff.).

▶ **Muster – Nichtzulassungsbeschwerde nach § 92a ArbGG**

697 An das

Bundesarbeitsgericht
____[Adresse]____

____[Datum]____ 1

In dem Beschlussverfahren

mit den Beteiligten

1. ____[Name]____, vertreten durch ____[Name]____ 2

– Antragstellerin, Beschwerde- und Nichtzulassungsbeschwerdeführerin –

2. Betriebsrat der ____[Arbeitgeber]____, Betrieb ____[Ort]____, vertreten durch den Betriebsratsvorsitzenden, Herrn ____[Name]____

– Beteiligter zu 2), Beschwerde- und Nichtzulassungsbeschwerdegegner –

Prozessbevollmächtigter 1. und 2. Instanz: ____[Name]____

Az. 1. Instanz: ____[Aktenzeichen 1. Instanz]____, ArbG ____[Ort]____

Az. 2. Instanz: ____[Aktenzeichen 1. Instanz]____, LAG ____[Ort]____

lege ich namens und in Vollmacht der Antragstellerin, Beschwerde- und Nichtzulassungsbeschwerdeführerin wegen der Nichtzulassung der Rechtsbeschwerde im Beschluss des Landesarbeitsgerichts ____[Ort]____ vom ____[Datum]____ – Az.: ____[Aktenzeichen]____ –

NICHTZULASSUNGSBESCHWERDE

gemäß § 92a ArbGG ein. Es wird beantragt,

> die Rechtsbeschwerde gegen den Beschluss des Landesarbeitsgerichts ___[Ort]___ vom ___[Datum]___, Az.: ___[Aktenzeichen]___, zuzulassen.

Eine Ausfertigung des Beschlusses, gegen den nach erfolgter Zulassung Rechtsbeschwerde eingelegt werden soll, ist der vorliegenden Beschwerdeschrift beigefügt.

BEGRÜNDUNG:

___[Begründung]___ ³

_____

(Unterschrift Rechtsanwalt) ⁴

Erläuterungen

1. Die Nichtzulassungsbeschwerde ist gemäß § 92a Abs. 2, 72a Abs. 2 und 3 ArbGG binnen einer Notfrist von einem Monat nach Zustellung des in vollständiger Form gefassten Beschlusses schriftlich einzulegen und binnen zwei Monaten nach Zustellung zu begründen. — 698

2. Zur Benennung von juristischen Personen und Personenhandelsgesellschaften im Rubrum vgl. Muster X.IV.1. Anm. 3 (X Rdn. 257 ff.). — 699

3. Zu den Anforderungen an die Begründung der Nichtzulassungsbeschwerde kann auf die Ausführungen und Anmerkungen zu den Mustern X.VI.6. (X Rdn. 494 ff.) bis X.VI.9. (X Rdn. 520 ff.) entsprechend zurückgegriffen werden. — 700

4. Bei Einlegung und Begründung der Nichtzulassungsbeschwerde besteht Vertretungszwang nach Maßgabe des §§ 11 Abs. 4 und 5 ArbGG (vgl. AR/*Reinfelder* § 92a ArbGG Rn. 2). — 701

6. Sprungrechtsbeschwerde

Ausnahmsweise kann auch im Beschlussverfahren der das Verfahren beendende Beschluss eines Arbeitsgerichts unter Übergehung der Beschwerdeinstanz unmittelbar mit der Rechtsbeschwerde zum Bundesarbeitsgericht angefochten werden (vgl. § 96a ArbGG). Statthaft ist diese allerdings nur dann, wenn die übrigen Beteiligten zustimmen (AR/*Reinfelder* § 96a ArbGG Rn. 6) oder wenn sie vom Arbeitsgericht wegen grundsätzlicher Bedeutung auf Antrag zugelassen wird. Die Zulassung kann entweder im anzufechtenden Beschluss selbst oder in einem gesonderten Beschluss erfolgen. Zur Einlegung und zum Verhältnis zur Beschwerde vgl. AR/*Reinfelder* § 96a ArbGG Rn. 9 f. — 702

Hinsichtlich der weiteren Voraussetzungen, Folgen und des einzuhaltenden Verfahrens gelten gemäß § 96a Abs. 2 große Teile der gesetzlichen Bestimmungen zur Sprungrevision im Urteilsverfahren entsprechend. Hinsichtlich der Einlegung der Sprungrechtsbeschwerde kann das Muster zur Einlegung der Sprungrevision im Urteilsverfahren entsprechend herangezogen werden (vgl. Muster X.VI.5. – X Rdn. 485 ff.). Zur Begründung der Sprungrechtsbeschwerde kann das Muster zur Begründung der Rechtsbeschwerde entsprechend herangezogen werden (vgl. Muster X.IX.2. – X Rdn. 676 ff.). — 703

X. Einstweiliger Rechtsschutz – Antrags- und Schutzschriften

Vorbemerkung

Trotz des arbeitsrechtlichen Beschleunigungsgrundsatzes sowie des Umstandes, dass erstinstanzliche Urteile der Arbeitsgerichte ohne Sicherheitsleistung vorläufig vollstreckbar sind, gibt es eine Vielzahl von Konstellationen in denen effektiver Rechtsschutz im normalen Erkenntnisverfahren — 704

X. Arbeitsgerichtsverfahren

nicht rechtzeitig zu erlangen ist, so dass eine Rechtsverfolgung im Wege des einstweiligen Rechtsschutzes auch vor den Arbeitsgerichten möglich sein muss. Grundsätzlich gelten gemäß § 62 Abs. 2 ArbGG auch vor den Arbeitsgerichten die Regelungen der Zivilprozessordnung (§§ 916 ff. ZPO) für den einstweiligen Rechtsschutz.

705 Wie im Zivilprozess, wird unterschieden zwischen **Sicherungsverfügungen** gemäß § 935 ZPO und **Regelungsverfügungen** gemäß § 940 ZPO sowie **Leistungsverfügungen**, die ebenfalls auf § 940 ZPO gestützt werden und mit denen der Gläubiger vorläufig befriedigt wird.

706 Grundsätzlich gilt auch hier, dass eine einstweilige Verfügung nur der Sicherung gefährdeter Rechtspositionen dient und somit die Entscheidung in der Hauptsache nicht vorwegnehmen darf.

707 Das Arbeitsgericht entscheidet grundsätzlich über den Erlass einer einstweiligen Verfügung aufgrund mündlicher Verhandlung durch die Kammer. Eine **mündliche Verhandlung** kann jedoch in »dringenden Fällen« unterbleiben. Auch die Zurückweisung des Verfügungsantrags kann ohne mündliche Verhandlung ergehen (§ 62 Abs. 2 ArbGG, § 937 Abs. 2 ZPO). In extrem dringlichen Fällen ist auch die Alleinentscheidung durch den Vorsitzenden ohne mündliche Verhandlung möglich (§ 62 Abs. 2 ArbGG, § 944 ZPO). Eine Güteverhandlung findet in einstweiligen Verfügungssachen nicht statt, diese wäre mit dem Beschleunigungszweck des Eilverfahrens nicht in Übereinstimmung zu bringen. Dennoch ist ein Vergleichsschluss häufig das Ergebnis der mündlichen Verhandlung im einstweiligen Verfügungsverfahren.

708 Der Antragsteller hat einen **Verfügungsanspruch** sowie einen **Verfügungsgrund** glaubhaft zu machen. Zulässige und praktikable Mittel zur Glaubhaftmachung sind der **Urkundenbeweis** gemäß §§ 415 ff. ZPO, der **präsente Zeuge** gemäß §§ 373 ff. ZPO sowie die **eidesstattliche Versicherung** gemäß § 294 Abs. 1 ZPO.

709 Ein **Verfügungsgrund** ist gegeben, wenn der Antragsteller eine Rechts- oder Interessenbeeinträchtigung für den Fall befürchtet, dass die vorläufige Regelung des Rechtsverhältnisses oder die Sicherung des bestehenden Zustandes unterbleibt. Einstweilige Verfügungen kommen sowohl im Urteilsverfahren (Formulare X.X. 1 bis 7 X Rdn. 711 ff.) als auch im Beschlussverfahren (Formulare X.X.8 und 9 X Rdn. 774 ff.) in Betracht. Neben Beispielen für Anträge auf Verfügungen wegen Beschäftigung (Formulare X.X.1 und 2 X Rdn. 711 ff.) bzw. zu deren Abwehr (Formular X.X.3 X Rdn. 735 ff.) finden sich auch Beispiele für die in der arbeitsrechtlichen Praxis besonders relevanten Schutzschriften (Formulare X.X.4 X Rdn. 747 und 9 X Rdn. 783). Zu den Einzelheiten siehe unten in den Anmerkungen zu den einzelnen Formularen.

710 Rechtsbehelfe und Rechtsmittel im einstweiligen Rechtsschutz sind unten im Abschnitt X.XI. dargestellt.

1. Antrag des Arbeitnehmers auf vertragsgemäße Beschäftigung

Vorbemerkung

711 Im Falle von Kündigungen, unabhängig davon, ob es sich hier um arbeitnehmer- oder arbeitgeberseitige Kündigungen handelt, werden häufig Freistellungen erklärt. Die rechtliche Grundlage für solche Freistellungen ist oft sehr zweifelhaft. Vielfach werden sie jedoch von Arbeitnehmern ohnehin nicht angegriffen. Grundsätzlich folgt aber aus dem Anstellungsvertrag nicht nur eine Arbeitspflicht, sondern auch ein **Beschäftigungsanspruch**. Dieser wird abgeleitet aus § 242 BGB i.V.m. Art. 1, 2 GG (BAG GS, Beschl. v. 27.02.1985 – GS 1/84, NZA 1985, 702; BAG, Urt. v. 26.05.1977 – 2 AZR 632/76, NJW 1978, 239; BAG, Urt. v. 19.08.1976 – 3 AZR 512/75, NJW 1977, 351; BAG, Urt. v. 10.11.1955 – 2 AZR 591/54, NJW 1956, 359; AR/*Groeger/Hofmann* Art. 2 GG Rn. 24; AR/*Kamanabrou* § 611 BGB Rn. 278 ff.). Eine **Suspendierung** ist daher nur zulässig, wenn der Arbeitgeber durch eine entsprechende arbeitsvertragliche Vereinbarung (siehe hierzu oben B Rdn. 41) hierzu berechtigt ist oder Gründe vorliegen, die eine Wei-

terbeschäftigung unzumutbar erscheinen lassen und daher eine sofortige Maßnahme des Arbeitgebers erfordern (APS/*Koch* § 102 BetrVG Rn. 232; BAG, Urt. v. 19.08.1976 – 3 AZR 173/75, NJW 1977, 215; LAG München, Urt. v. 19.08.1992 – 5 Ta 185/92, NZA 1993, 1130). Der Arbeitgeber ist hier darlegungs- und beweispflichtig.

Die Problematik bei der Beschäftigungsverfügung ergibt sich daraus, dass diese Erfüllungswirkung hat und damit zu einer **Vorwegnahme der Hauptsache** führt. Unter welchen Voraussetzungen eine solche Beschäftigungsverfügung Erfolg haben kann, richtet sich im Wesentlichen nach der Rechtsprechung des jeweiligen Landesarbeitsgerichts und kann beispielsweise gegeben sein, wenn aufgrund einer beschäftigungslosen Zeit **existenzielle Schwierigkeiten** zu befürchten sind (vgl. im Einzelnen X Rdn. 724; *Rudolf* ArbRAktuell 2014, 239 ff.). Dies hängt also von den konkreten Folgen und damit auch von der jeweiligen Berufsgruppe ab. Bei einer nur vorübergehenden Freistellung von zwei bis drei Wochen wird es in aller Regel zu verneinen sein, da diese letztlich nicht länger, als ein üblicher Erholungsurlaub andauert, so dass es eines erhöhten Begründungsaufwandes bedarf, um darzulegen, warum hier ausnahmsweise eine Vorwegnahme der Hauptsache gerechtfertigt sein soll. Droht der konkrete Verlust von Qualifikationen, kommt trotz Vorwegnahme der Hauptsache der Erlass einer entsprechenden Verfügung in Betracht.

▶ **Muster – Antrag des Arbeitnehmers auf vertragsgemäße Beschäftigung**

Per Telefax: [Nummer] [1]

An das

Arbeitsgericht [Ort]

[Anschrift des Gerichts]

[Ort], den [Datum] [2]

ANTRAG AUF ERLASS EINER EINSTWEILIGEN VERFÜGUNG

In Sachen

des Herrn [Name und private Anschrift des Arbeitnehmers]

Antragsteller

Prozessbevollmächtigte: Rechtsanwälte [Kanzleiname und -anschrift]

gegen

die [Name] GmbH, vertreten durch ihren Alleingeschäftsführer, Herrn [Name]

Antragsgegnerin

Wegen: Beschäftigung

zeigen wir unter Vollmachtsvorlage an, dass wir den Antragsteller vertreten.

Namens und in Vollmacht des Antragstellers beantragen wir

wegen besonderer Dringlichkeit des Falles ohne mündliche Verhandlung durch den Vorsitzenden allein, [3]

hilfsweise

aufgrund einer unter Abkürzung der Ladungsfrist [4] unverzüglich anzuberaumenden mündlichen Verhandlung den Erlass der nachstehenden

einstweiligen Verfügung:

Die Antragsgegnerin wird verurteilt, den Antragsteller zu unveränderten Bedingungen als Flugkapitän auf dem Flugmuster [Bezeichnung] weiter zu beschäftigen [5].

X. Arbeitsgerichtsverfahren

BEGRÜNDUNG:

I. Sachverhalt

Der Antragsteller ist seit dem ____[Datum]____ bei der Antragsgegnerin als Pilot beschäftigt, seit dem ____[Datum]____ als Flugkapitän. Seine monatliche Bruttovergütung beträgt im Schnitt ____[Betrag]____ €.

Glaubhaftmachung [6]:
1. Anstellungsvertrag des Antragstellers vom ____[Datum]____, in Kopie beigefügt als

   – Anlage ASt 1 –

2. Gehaltsabrechnung für den Monat ____[Monatsname]____, in Kopie beigefügt als

   – Anlage ASt 2 –

Mit Schreiben vom ____[Datum]____, dem Antragsteller zugegangen am ____[Datum]____, stellte die Antragsgegnerin den Antragsteller ohne Angabe von Gründen unbefristet von seiner Verpflichtung zur Erbringung der Arbeitsleistung frei.

Glaubhaftmachung: Freistellungsschreiben vom ____[Datum]____, in Kopie beigefügt als

– Anlage ASt 3 –

In der Einsatzplanung für den kommenden Monat ist der Antragsteller nicht mehr eingesetzt. Diese sahen unter anderem Anfang der kommenden Woche den für den Erhalt Musterberechtigung zum Führen eines [Flugzeugmuster] erforderlichen Prüfungsflug vor.

Glaubhaftmachung: Schreiben des Luftfahrtbundesamtes vom ____[Datum]____, in Kopie beigefügt als

– Anlage ASt 4 –

Wird dieser Prüfungsflug nicht durchgeführt, so verliert der Antragsteller seine Flugmusterberechtigung.

II. Rechtslage

1. Verfügungsanspruch [7]

Der Verfügungsanspruch ergibt sich aus dem Anstellungsvertrag, der als Nebenpflicht auch die Pflicht zu tatsächlicher Beschäftigung umfasst.

2. Verfügungsgrund [8]

Der Erlass einer einstweiligen Verfügung ist notwendig zur Abwehr wesentlicher Nachteile für den Antragsteller.

Wird der Antragsteller nicht unverzüglich wieder im Flugbetrieb eingesetzt, so droht ihm der Verlust seiner Flugmusterberechtigung, mit erheblichen nachteiligen Konsequenzen für sein berufliches Fortkommen. Ein Verfügungsgrund ist mithin gegeben.

3. Besondere Dringlichkeit [9]

Wegen besonderer Dringlichkeit ist ohne mündliche Verhandlung zu entscheiden. Diese resultiert daraus, dass der Antragsteller, wenn er nicht unverzüglich wieder zum Einsatz kommt und die erforderlichen Prüfungsflüge absolviert, erhebliche, unwiederbringliche Nachteile für sein berufliches Fortkommen befürchten muss. Daher ist es dem Antragsteller nicht zuzumuten abzuwarten, bis eine mündliche Verhandlung – selbst bei Abkürzung der Ladungsfristen – durchgeführt werden kann.

_____

(Unterschrift Rechtsanwalt)

Erläuterungen

Schrifttum

Clemenz Das einstweilige Verfügungsverfahren im Arbeitsrecht, NZA 2005, 129; *Fischer* Rechtsprechungsdogma des besonderen Beschäftigungsinteresses und der hohen Anforderungen an den einstweilig verfügten Beschäftigungsanspruch, NZA-RR 2015, 565; *Fuhlrott/Balupuri-Beckmann* Voraussetzungen und Folgen der Freistellung von der Arbeitspflicht, ArbRAktuell 2011, 393; *Leydecker/Heider/Fröhlich* Die Vollstreckbarkeit des Weiterbeschäftigungsanspruchs, BB 2009, 2703; *Ohlendorf/Salamon* Freistellungsvorbehalten im Lichte des Schulrechtsmodernisierungsgesetzes, NZA 2008, 856; *Reidel* Die einstweilige Verfügung auf (Weiter-)Beschäftigung – eine vom Verschwinden bedrohte Rechtsschutzform?, NZA 2000, 454; *Rudolf* Der allgemeine Beschäftigungsanspruch im einstweiligen Verfügungsverfahren ArbRAktuell 2014, 239; *Schrader/Straube* Die tatsächliche Beschäftigung während des Kündigungsrechtsstreits, RdA 2006, 98; *Schrader* Einstweilige Verfügung auf Weiterbeschäftigung bis zum Ablauf der Kündigungsfrist?, BB 2012, 445; *Süß* Zur Problematik der Vollstreckbarkeit von Weiterbeschäftigungsurteilen zugunsten gekündigter Arbeitnehmer, NZA 1988, 719.

1. Im Idealfall sollte ein Antrag auf Erlass einer einstweiligen Verfügung persönlich bei Gericht in der Geschäftsstelle unter Hinweis auf die **Dringlichkeit** abgegeben werden. Wenn dies nicht möglich ist, sollten bei der Übersendung per Telefax die Anlagen, insbesondere die zur Glaubhaftmachung beigefügten eidesstattlichen Versicherungen beigefügt werden.

2. Der Verfügungskläger widerlegt die Dringlichkeit der Befriedigungsverfügung selbst, wenn er durch die **Verzögerung seines Rechtsschutzantrags** zum Ausdruck gebracht hat, dass er an dem schnellen – einstweiligen – Rechtsschutz seines Anspruchs nicht interessiert ist (Zöller/*Vollkommer* § 940 ZPO, Rn. 4, *Schrader/Straube* RdA 2006, 98, 102). So hat z.B. ein Arbeitnehmer die Dringlichkeit einer einstweiligen Verfügung dadurch selbst widerlegt, wenn er sich zunächst monatelang mit dem Vorbehalt der gerichtlichen Prüfung seiner Arbeitspflicht und einer entsprechenden Feststellungsklage begnügt hat (LAG München, Urt. v. 01.12.2004 – 5 Sa 913/04, NZA-RR 2005, 354; ArbG Stralsund, Urt. v. 11.08.2004 – 3 Ga 7/04, NZA-RR 2005, 23). Länger als zwei Wochen sollte keinesfalls zugewartet werden.

3. Die grundsätzliche Möglichkeit über eine einstweilige Verfügung ohne **mündliche Verhandlung** zu entscheiden ergibt sich für das Arbeitsgerichtsverfahren aus § 62 Abs. 2 S. 2 ArbGG. Voraussetzung ist eine besondere Dringlichkeit, die auch vorliegen muss, wenn der Antrag zurückgewiesen wird. Um die Chancen zu erhöhen, dass eine mündliche Verhandlung tatsächlich stattfindet, sollte der mögliche Antragsgegner eine Schutzschrift (Formular X Rdn. 747) hinterlegen, wenn er befürchtet, dass eine einstweilige Verfügung gegen ihn beantragt wird. Die Hinterlegung einer solchen Schutzschrift gewährleistet, dass die Argumente des Antragsgegners vom Gericht berücksichtigt werden müssen und zum anderen hat es zur Konsequenz, dass das Gericht – unter Abkürzung der Ladungsfrist nach § 226 Abs. 1 ZPO – den Antragsgegner über dessen Prozessbevollmächtigten – per Telefax – also deutlich schneller laden kann. Damit wird aus rein praktischen Gründen meist eine mündliche Verhandlung möglich sein, wenn eine Schutzschrift hinterlegt wird. Wenn dies aber der Fall ist, dann muss sie auch unter dem Gesichtspunkt des rechtlichen Gehörs durchgeführt werden. Wird ohne mündliche Verhandlung entschieden, so ergeht ein Beschluss durch den Vorsitzenden gemäß § 53 Abs. 1 S. 1 ArbGG.

4. Gemäß § 62 Abs. 1 ArbGG, § 226 Abs. 1 ZPO können Ladungsfristen abgekürzt werden, und zwar nach dem ausdrücklichen Gesetzeswortlaut sogar soweit, dass die mündliche Verhandlung nicht mehr durch Schriftsätze vorbereitet werden kann. Allerdings darf die Abkürzung der Frist nicht dazu führen, dass wegen der abgekürzten Frist eine Vorbereitung des Termins zur mündlichen Verhandlung überhaupt nicht mehr stattfinden kann – dies stellt eine Verletzung des rechtlichen Gehörs dar (Zöller/*Stöber* § 226 ZPO Rn. 1). Die Abkürzung der Ladungsfrist bedarf eines ausdrücklichen Antrages, wobei eine weite Auslegung in Betracht kommt (Zöller/*Stöber* § 226 ZPO Rn. 1). Der Antrag auf **Abkürzung der Landungsfrist** sollte im einstweiligen Verfügungsverfahren immer gestellt werden, da ansonsten die Ladungsfrist, wie auch sonst nach § 217 ZPO, eine Woche beträgt.

X. Arbeitsgerichtsverfahren

718 5. Auf die Formulierung des Antrags ist im Hinblick auf den **Bestimmtheitsgrundsatz** des § 253 Abs. 2 ZPO ein besonderes Augenmerk zu legen. Nur wenn sich der Inhalt des Weiterbeschäftigungsanspruches mit hinreichender Deutlichkeit aus dem Urteil ergibt, hat der Weiterbeschäftigungstitel einen vollstreckbaren Inhalt (LAG Rheinland-Pfalz, Beschl. v. 07.01.1986 – 1 Ta 302/85, NZA 1986, 196; LAG Frankfurt, Beschl. v. 27.11.1992 – 9 Ta 376/92, BB 1993, 1740). »Aus dem Urteil« bedeutet hierbei, dass sich der Inhalt des Titels nicht allein aus dem Tenor entnehmen lassen muss, sondern dass hierzu auch Urteilsgründe herangezogen werden können und müssen (*Reinhard/Kliemt* NZA 2005, 545; *Süß* NZA 1988, 719). Tenoriert das Gericht, dass der Arbeitnehmer »zu unveränderten Arbeitsbedingungen« weiterzubeschäftigen sei, so ist der Weiterbeschäftigungstitel nur dann vollstreckbar, wenn sich die genauen inhaltlichen Bestimmungen durch Auslegung ermitteln lassen (LAG Frankfurt, Beschl. v. 27.11.1992 – 9 Ta 376/92, BeckRS 1992 30448055).

719 Um einen Streit über die hinreichende Bestimmtheit und **Vollstreckbarkeit** des Titels zu vermeiden, sollte sorgfältig formuliert werden. Bei der Formulierung kann vorrangig auf die Angaben im Arbeitsvertrag zum Inhalt der Arbeitsleistung oder die im Tarifvertrag genannten Tätigkeitsmerkmale der einschlägigen Vergütungsgruppen zurückgegriffen werden. Die sorgfältige Formulierung eröffnet dann auch die Möglichkeit, mit einem abgekürzten Urteil nach § 317 Abs. 2 ZPO zu vollstrecken (*Reinhard/Kliemt* NZA 2005, 545, 546).

720 6. Als Mittel der Glaubhaftmachung kommen der Urkundenbeweis (§§ 415 ff. ZPO), der präsente Zeuge (§§ 373 ff. ZPO), sowie die eidesstattliche Versicherung (§ 294 Abs. 1 ZPO) in Betracht.

721 Die Eingangsformulierung einer eidesstattlichen Versicherung lautet typischerweise:

»*Ich, Herr/Frau ___[Name]___, geboren am ___[Datum]___ in ___[Ort]___, bin belehrt über die Strafbarkeit der vorsätzlichen oder auch nur fahrlässigen Abgabe einer falschen eidesstattlichen Versicherung und erkläre hiermit in Kenntnis des Umstandes, dass diese eidesstattliche Versicherung einem Gericht zur Glaubhaftmachung vorgelegt werden soll, was folgt an Eides statt:*«

722 Die eidesstattliche Versicherung muss eine eigene Darstellung der glaubhaft zu machenden Tatsachen enthalten und darf sich nicht nur in der Bezugnahme auf einen Schriftsatz erschöpfen (BGH, Urt. v. 13.01.1988 – IVa ZB 13/87, NJW 1988, 2045). Die eidesstattliche Versicherung kann aber durchaus vorformuliert werden, jedoch sollte der Anwalt in diesem Falle sehr genau darauf achten, nur die Tatsachenfeststellungen aus seinem Schriftsatz in die eidesstattliche Versicherung zu übernehmen, nicht jedoch Bewertungen und auch nur Dinge, die der Betreffende aus eigener Anschauung kennt.

723 7. Der Verfügungsanspruch ergibt sich daraus, dass zu den Pflichten des Arbeitgebers aus dem Arbeitsvertrag auch gehört, den Mitarbeiter vertragsgemäß zu beschäftigen (siehe hierzu X Rdn. 711).

724 8. Die Anforderungen, die von der Rechtsprechung an den **Verfügungsgrund** gestellt werden, sind sehr unterschiedlich (vgl. *Rudolf* ArbR Aktuell 2014, 239, 240). So lässt es das LAG München (Beschl. v. 19.08.1992 – 5 Ta 185/92, NZA 1993, 1130, 1132) genügen, dass die Durchsetzung des Beschäftigungsanspruches des Arbeitnehmers mit der Nichterfüllung unmöglich werde und erlösche und der Arbeitnehmer nur durch die einstweilige Verfügung wirksam vor der **Vereitelung seines Beschäftigungsanspruches** geschützt werden könne (so auch ArbG Berlin, Urt. v. 25.01.2013 – 28 Ga 178/13, BeckRS 2013, 66884; ArbG Leipzig, 08.08.1996 – 18 Ga 37/96, BB 1997, 366). Dieser Auffassung, die gewissermaßen den Verfügungsanspruch mit dem Verfügungsgrund gleichsetzt, wird, soweit ersichtlich, jedoch nicht durchgängig gefolgt. Vielfach wird der Nachweis verlangt, dass der Arbeitnehmer auf die sofortige Erfüllung seines Beschäftigungsanspruches angewiesen ist, und somit ein **gesteigertes Beschäftigungsinteresse** gegeben ist (LAG Berlin-Brandenburg, Urt. v. 16.03.2011 – 4 SaGa 2600/10, NZA-RR 2011, 551; LAG Düsseldorf, Urt. v. 01.06.2005 – 12 Sa 352/05, MDR 2005, 1419; LAG Nürnberg, Urt. v. 18.09.2007 – 4 Sa 586/07; LAG Köln, Urt. v. 21.07.2010 – 3 SaGa 8/10, BeckRS 2010, 72872; *Schrader/*

Straube RdA 2006, 98; *Schrader* BB 2012, 445). Dies folgt daraus, dass es sich bei der einstweiligen Verfügung auf Beschäftigung um eine **Befriedigungsverfügung** handelt, die von der Rechtsprechung nur dann zugelassen wird, wenn der Antragsteller dargelegt hat, dass andere erfolgversprechende Maßnahmen nicht möglich sind, um einem bestehenden Notstand abzuhelfen oder einen zukünftigen vorzubeugen. Damit – dies verkennt das LAG München – stellt die bloße **Unwiederbringlichkeit der verflossenen Zeit** keinen Notstand dar (so etwa LAG Hamm, Urt. v. 18.02.1998 – 3 Sa 297/98, NZA-RR 1998, 422; vgl. hierzu auch *Schrader* BB 2012, 445, 446, kritisch hierzu *Fischer* NZA-RR 2015, 565). Typische Begründung für das Bestehen eines Verfügungsgrundes ist daher die Behinderung des beruflichen Fortkommens. Im hiesigen Beispiel ist die Freistellung im Rahmen eines ungekündigten Arbeitsverhältnisses erfolgt. Wird die Freistellung, wie meist, mit Ausspruch der Kündigung für den Verlauf der Kündigungsfrist erklärt, so wird ein Verfügungsgrund in aller Regel abzulehnen sein, wenn keine Kündigungsschutzklage erhoben wird. Es ist also empfehlenswert, die Kündigungsschutzklage gleichzeitig mit dem Antrag auf Erlass einer einstweiligen Verfügung zu erheben. Wurde in einem zuvor geführten Kündigungsschutzverfahren kein Weiterbeschäftigungsantrag gestellt, so fehlt es ebenfalls regelmäßig an einem Verfügungsgrund (LAG Köln, Urt. v. 21.07.2010 – 3 SaGa 8/10, BeckRS 2010, 72872; LAG Berlin-Brandenburg, Urt. v. 16.03.2011 – 4 SaGa 2600/10, NZA-RR 2011, 551).

9. Da die Ladungsfrist für die mündliche Verhandlung gemäß § 226 ZPO abgekürzt werden kann, ist eine mündliche Verhandlung innerhalb sehr kurzer Frist zu erreichen. Sie ist in der Regel innerhalb eines Zeitraums zu erreichen, der wesentlich kürzer ist, als ein normaler Erholungsurlaub, weshalb es schon eines erheblichen Begründungsaufwandes bedarf, um die besondere Dringlichkeit zu rechtfertigen. Das hiesige Beispiel mag hierfür geeignet erscheinen, ist aber mit Sicherheit die absolute Ausnahme.

2. Antrag des Arbeitnehmers auf Weiterbeschäftigung gemäß § 102 Abs. 5 Satz 1 BetrVG

Vorbemerkung

Auch über den Ablauf einer Kündigungsfrist hinaus kann ein Anspruch auf Weiterbeschäftigung bestehen. § 102 Abs. 5 Satz 1 BetrVG ordnet an, dass im Falle eines wirksamen Widerspruchs des Betriebsrats der Arbeitnehmer über den Ablauf der Kündigungsfrist hinaus bis zum rechtskräftigen Abschluss des Kündigungsschutzverfahrens weiter zu beschäftigen ist. Kommt der Arbeitgeber dieser Beschäftigungsverpflichtung nicht nach, so kann er seinen Beschäftigungsanspruch im Wege des einstweiligen Verfügungsverfahrens durchsetzen.

▶ **Muster – Antrag des Arbeitnehmers auf Weiterbeschäftigung gemäß § 102 Abs. 5 Satz 1 BetrVG**

An das
Arbeitsgericht ____[Ort]____
[Anschrift des Gerichts]

____[Ort]____, den ____[Datum]____ 1

ANTRAG AUF ERLASS EINER EINSTWEILIGEN VERFÜGUNG

In Sachen

des Herrn _[Name und private Anschrift des Arbeitnehmers]_

Antragsteller

Prozessbevollmächtigte: Rechtsanwälte _[Kanzleiname und -anschrift]_

X. Arbeitsgerichtsverfahren

gegen

die ____[Name]____ GmbH, vertreten durch ihren Alleingeschäftsführer, Herrn ____[Name]____,

Antragsgegnerin

wegen: Weiterbeschäftigung gemäß § 102 Abs. 5 BetrVG

zeigen wir unter Vollmachtsvorlage an, dass wir den Antragsteller vertreten.

Namens und in Vollmacht des Antragstellers

beantragen wir aufgrund einer unter Abkürzung der Ladungsfrist unverzüglich anzuberaumenden mündlichen Verhandlung den Erlass der nachstehenden

einstweiligen Verfügung:

Die Antragsgegnerin wird verurteilt, den Antragsteller über den ____[Datum]____ hinaus bis zum rechtskräftigen Abschluss des Kündigungsschutzprozesses zu unveränderten Bedingungen als ____[Funktionsbezeichnung]____ weiterzubeschäftigen. [2]

BEGRÜNDUNG:

I. Sachverhalt

Der Antragsteller ist seit dem ____[Datum]____ bei der Antragsgegnerin als ____[Position]____ beschäftigt, seine monatliche Bruttovergütung beträgt ____[Betrag]____ €.

Glaubhaftmachung: 1. Anstellungsvertrag des Antragstellers vom ____[Datum]____, in Kopie beigefügt als

– Anlage ASt 1 –

  2. Gehaltsabrechnung für den Monat ____[Monatsname]____, in Kopie beigefügt als

– Anlage ASt 2 –

Mit Schreiben vom ____[Datum]____, dem Antragsteller zugegangen am ____[Datum]____, kündigte die Antragsgegnerin das Anstellungsverhältnis mit Wirkung zum ____[Datum]____ aus dringenden betrieblichen Gründen. [3]

Glaubhaftmachung: Kündigungsschreiben vom ____[Datum]____, in Kopie beigefügt als

– Anlage ASt 3 –

Dieser Kündigung hat der Betriebsrat widersprochen, weil soziale Gründe nicht ausreichend berücksichtigt worden seien, insbesondere sei die Sozialauswahl fehlerhaft, da die Mitarbeiter ____[Name]____, ____[Name]____ und ____[Name]____ mit dem Antragsteller vergleichbar seien, jedoch alle eine deutlich kürzere Betriebszugehörigkeit aufwiesen und darüber hinaus im Gegensatz zum Antragsteller keine Unterhaltsverpflichtungen hätten. [4]

Glaubhaftmachung: Kündigungs- und Freistellungsschreiben vom ____[Datum]____, in Kopie beigefügt als

– Anlage ASt 3 –

Der Antragsteller hat am ____[Datum]____ Kündigungsschutzklage erhoben [5] und in diesem Rahmen auch beantragt festzustellen, dass ein Anspruch auf Weiterbeschäftigung gemäß § 102 Abs. 5 Satz 1 BetrVG besteht. Die Kündigungsschutzklage wird unter dem Aktenzeichen ____[Aktenzeichen]____ geführt. Die Güteverhandlung blieb erfolglos, Termin zur Verhandlung vor der Kammer ist bestimmt auf ____[Datum]____.

Antrag des Arbeitnehmers auf Weiterbeschäftigung gemäß § 102 Abs. 5 Satz 1 BetrVG **X.X.2.**

Glaubhaftmachung: 1. Kündigungsschutzklage vom ___[Datum]___, in Kopie beigefügt als

– Anlage ASt 4 –

2. Beiziehung der Akten des Arbeitsgerichts ___[Ort]___, Az. _[Aktenzeichen]_ .

Mit Anwaltsschreiben vom ___[Datum]___ hat der Antragsteller von der Antragsgegnerin, die Weiterbeschäftigung des Antragstellers zu unveränderten Bedingungen über den Kündigungstermin hinaus bis zum rechtskräftigen Abschluss des Kündigungsschutzverfahrens verlangt.

Glaubhaftmachung: Anwaltsschreiben des Antragstellers vom ___[Datum]___, in Kopie beigefügt als

– Anlage ASt 5 –

Dennoch hat die Antragsgegnerin dem Antragsteller mitgeteilt, er könne am ___[Datum]___ seine Arbeitspapiere in der Personalabteilung abholen, da mit Ablauf dieses Datums sein Beschäftigungsverhältnis ende. [6]

II. Rechtslage

1. Verfügungsanspruch

Der Verfügungsanspruch ergibt sich aus § 102 Abs. 5 Satz 1 BetrVG. Der Betriebsrat hat der Kündigung ordnungsgemäß widersprochen und der Antragsteller hat bezugnehmend hierauf die Weiterbeschäftigung verlangt.

2. Verfügungsgrund [7]

Obwohl sämtliche Voraussetzungen des Weiterbeschäftigungsanspruches gegeben sind, hat die Antragsgegnerin zu erkennen gegeben, dass sie nicht beabsichtigt, den Antragsteller über das Ende des Anstellungsverhältnisses hinaus zu beschäftigen. Dem Antragsteller ist nicht zuzumuten zuzuwarten, bis eine Titulierung seines Weiterbeschäftigungsanspruches im Hauptsacheverfahren und damit voraussichtlich frühestens in ___[Anzahl]___ Monaten erfolgt.

_____

(Unterschrift Rechtsanwalt)

Erläuterungen

Schrifttum

Clemenz Das einstweilige Verfügungsverfahren im Arbeitsrecht, NZA 2005, 129; *Haas* Der vorläufige Weiterbeschäftigungsanspruch des Arbeitnehmers nach § 102 BetrVG im Lichte der Rechtsprechung, NZA-RR 2008, 57; *Reidel* Die einstweilige Verfügung auf (Weiter-)Beschäftigung – eine vom Verschwinden bedrohte Rechtsschutzform?, NZA 2000, 454; *Reinhard/Kliemt* Die Durchsetzung arbeitsrechtlicher Ansprüche im Eilverfahren, NZA 2005, 545; *Rudolf* Der allgemeine Beschäftigungsanspruch im einstweiligen Verfügungsverfahren, ArbRAktuell 2014, 239; *Schrader/Straube* Die tatsächliche Beschäftigung während des Kündigungsrechtsstreites, RdA 2006, 98.

1. Der Antrag kann gestellt werden, wenn entweder der Arbeitgeber erklärt, er werde den Arbeitnehmer nicht über den Ablauf der Kündigungsfrist hinaus beschäftigen oder aber, wenn der Arbeitnehmer nach Ablauf der Kündigungsfrist seine Arbeit weiter anbietet, jedoch der Arbeitgeber diese nicht annimmt. 728

2. Hinsichtlich der Formulierung des Verfügungsantrags, vgl. X Rdn. 717. 729

3. Der Weiterbeschäftigungsanspruch nach § 102 Abs. 5 BetrVG setzt eine ordentliche Kündigung voraus. Im Falle einer außerordentlichen Kündigung ist der Anwendungsbereich der Norm nicht eröffnet, selbst wenn der Betriebsrat widersprochen hat. Der konkrete **Kündigungsgrund** im Falle einer ordentlichen Kündigung spielt keine Rolle. Ggf. kann der Arbeitgeber die Weiter- 730

X. Arbeitsgerichtsverfahren

beschäftigung nach § 102 Abs. 5 Satz 2 BetrVG abwenden (vgl. hierzu das Formular X Rdn. 736).

731 **4.** Voraussetzung für den Antrag auf Weiterbeschäftigung ist ein **ordnungsgemäßer Widerspruch** des Betriebsrats. Hier ist es nicht ausreichend, dass sich der Betriebsrat rein formelhaft auf eine gesetzliche Regelung bezieht, sondern er muss konkret die zu Gunsten des Arbeitnehmers sprechenden Gesichtspunkte nennen. Die Aussage allein etwa, dass die Betriebsbedingtheit der Kündigung bestritten werde, reicht nicht aus. Widerspricht beispielsweise der Betriebsrat, weil Grundsätze der Sozialauswahl nicht beachtet worden sind, so hat er zumindest den Kreis der in die Sozialauswahl einzubeziehenden Arbeitnehmer bestimmbar zu bezeichnen.

732 **5.** Voraussetzung für einen Weiterbeschäftigungsanspruch nach § 102 Abs. 5 Satz 1 BetrVG ist, dass Kündigungsschutzklage erhoben wurde.

733 **6.** Hiermit ist dargelegt, dass die berechtigte Befürchtung besteht, dass der Beschäftigungsanspruch nicht erfüllt werde.

734 **7.** Es ist insgesamt streitig, ob hier überhaupt ein **Verfügungsgrund** darzulegen ist. Die Praxis der verschiedenen Landesarbeitsgerichte stellt *Reidel* (NZA 2000, 454, 461) gegenüber (ebenso *Rudolf* ArbRAktuell 2014, 239, 240). Von verschiedenen Landesarbeitsgerichten wird die Notwendigkeit im Falle eines Antrags auf Weiterbeschäftigung nach § 102 Abs. 5 BetrVG verneint (LAG München, Urt. v. 19.08.1992 – 5 Ta 185/92, NZA 1993, 1130; LAG München, Urt. v. 17.08.1994 – 5 Sa 679/94, LAGE Nr. 18 § 102 BetrVG, 1972 Beschäftigungspflicht; LAG Hamburg, Urt. v. 14.09.1992 – 2 Sa 50/92, NZA 1993, 140; LAG Berlin, Urt. v. 15.09.1980 – 12 Sa 42/80, DB 1980, 2449; LAG Hamburg, Urt. v. 21.05.2008 – 4 SaGa 2/08, BB 2008, 2636). Neben dem oben schon angesprochenen Argument der »Unwiederbringlichkeit verronnener Zeit« (vgl. X III Rdn. 8)wird zudem argumentiert, dass sich der Verfügungsgrund »aufgrund der gesetzlichen Automatik« ergebe. Richtigerweise wird man aber auch hier davon ausgehen müssen, dass die **Dringlichkeit** auch im Falle einer Weiterbeschäftigungsverfügung gemäß § 102 Abs. 5 Satz 1 BetrVG einer Darlegung und Glaubhaftmachung bedarf (so LAG Baden-Württemberg, Urt. v. 30.08.1993 – 15 Sa 35/93, NZA 1995, 683; LAG Bremen, Urt. v. 09.03.1988 – 2 Sa 288/87, AuR 1998, 290 = BeckRS 1988, 30828514; LAG Frankfurt, Urt. v. 23.03.1987 – 1 SaGa 316/87, NZA 1988, 37; LAG Hamm, Beschl. v. 18.02.1986 – 11 Sa 1656/85, NZA 1986, 399; LAG Köln, Urt. v. 18.01.1984 – 7 Sa 1156/83, NZA 1984, 57; LAG Köln, Urt. v. 09.02.1991 – 8 Sa 94/91 LAGE Nr. 3 § 935 ZPO; LAG München, Urt. v. 10.02.1994 – 5 Sa 969/93, NZA 1994, 997; LAG Schleswig-Holstein, Urt. v. 25.03.1985 – 5 Sa 65/85, DB 1985, 2412; LAG Hamburg, Urt. v. 21.05.2008 – 4 SaGa 2/08, JurionRS 2008, 35854; LAG Berlin-Brandenburg, Urt. v. 30.03.2011 – 4 SaGa 432/11, JurionRS 2011, 23535). Es dürften allerdings keine übersteigerten Anforderungen an das Bestehen des Verfügungsgrundes gestellt werden.

3. Antrag auf Entbindung der Verpflichtung zur Weiterbeschäftigung nach § 102 Abs. 5 Satz 2 BetrVG

Vorbemerkung

735 Der Arbeitgeber hat im Falle der Geltendmachung des Weiterbeschäftigungsanspruchs des Arbeitnehmers die Möglichkeit, einen Antrag auf Entbindung von der Weiterbeschäftigungspflicht zu stellen, wenn entweder die Klage des Arbeitnehmers **keine hinreichende Aussicht auf Erfolg** bietet oder **mutwillig** erscheint, die Weiterbeschäftigung des Arbeitnehmers zu einer unzumutbaren wirtschaftlichen Belastung des Arbeitgebers führen würde oder der **Widerspruch** des Betriebsrats **offensichtlich** unbegründet war.

Muster – Antrag auf Entbindung von der Verpflichtung zur Weiterbeschäftigung nach § 102 Abs. 5 Satz 2 BetrVG

An das
Arbeitsgericht ___[Ort]___ [1]
[Anschrift des Gerichts]

___[Ort]___, den ___[Datum]___ [2]

Antrag auf Erlass einer Einstweiligen Verfügung

In Sachen

des Herrn ___[Name und private Anschrift des Arbeitnehmers]___

Antragsteller

Prozessbevollmächtigte: Rechtsanwälte ___[Kanzleiname und -anschrift]___

gegen

die ___[Name]___ GmbH, vertreten durch ihren Alleingeschäftsführer, Herrn ___[Name]___,

Antragsgegnerin

wegen einstweiliger Verfügung

zeigen wir unter Vollmachtsvorlage an, dass wir den Antragsteller vertreten.

Namens und in Vollmacht des Antragstellers beantragen wir

wegen besonderer Dringlichkeit des Falles ohne mündliche Verhandlung durch den Vorsitzenden allein,

hilfsweise

aufgrund einer unter Abkürzung der Ladungsfrist unverzüglich anzuberaumenden mündlichen Verhandlung den Erlass der nachstehenden

einstweiligen Verfügung:

Der Antragsteller wird von der Verpflichtung zur Weiterbeschäftigung des Antragsgegners entbunden. [3]

BEGRÜNDUNG:

Der Antrag auf Entbindung einer Verpflichtung zur Weiterbeschäftigung ist begründet [4], weil die Kündigungsschutzklage des Antragsgegners vor dem Arbeitsgericht ___[Ort]___ Az.: ___[Aktenzeichen]___ keine hinreichende Aussicht auf Erfolg bietet und mutwillig erscheint. [5] Die Weiterbeschäftigung würde zu einer unzumutbaren wirtschaftlichen Belastung [6] des Antragstellers führen, zudem ist der Widerspruch des Betriebsrats offensichtlich unbegründet [7].

Der Antragsgegner ist seit dem ___[Datum]___ bei dem Antragsteller als ___[Position]___ zu einem monatlichen Bruttoentgelt von ___[Betrag]___ € beschäftigt.

Glaubhaftmachung: 1. Anstellungsvertrag des Antragstellers vom ___[Datum]___, in Kopie beigefügt als

– Anlage ASt 1 –

2. Gehaltsabrechnung für den Monat ___[Monatsname]___, in Kopie beigefügt als

– Anlage ASt 2 –

Der Antragsteller beschäftigt ca. ___[Anzahl]___ Mitarbeiter. Bei ihm ist ein Betriebsrat gebildet.

X. Arbeitsgerichtsverfahren

Der Antragsteller hat aufgrund der seit längerem vorherrschenden Umsatzverluste eine unternehmerische Entscheidung dahingehend getroffen, dass er die Arbeitnehmeranzahl auf ___[Anzahl]___ reduzieren muss. Der Antragsteller hat daraufhin betriebsbedingte Kündigungen gegenüber den betroffenen Arbeitnehmern ausgesprochen.

Mit Schreiben vom ___[Datum]___, dem Antragsgegner zugegangen am ___[Datum]___, kündigte der Antragsteller das Anstellungsverhältnis mit Wirkung zum ___[Datum]___ aus dringenden betrieblichen Gründen.

Glaubhaftmachung: Kündigungsschreiben vom ___[Datum]___, in Kopie beigefügt als

– Anlage ASt 3 –

Der Betriebsrat wurde vor Ausspruch der betriebsbedingten Kündigung ordnungsgemäß nach § 102 Abs. 2 BetrVG angehört.

Aufgrund des kurzen Zeitraums der betrieblichen Zugehörigkeit und aufgrund des Familienstandes, des Lebensalters sowie sonstiger sozialer Gesichtspunkte ist der Antragsgegner bereits unter den gekündigten Arbeitnehmern derjenige mit der geringsten sozialen Schutzbedürftigkeit.

Glaubhaftmachung: Anhörungsschreiben an den Betriebsrat vom ___[Datum]___ in Kopie beigefügt als

– Anlage ASt 4 –

Der Betriebsrat hat mit Schreiben vom ___[Datum]___ innerhalb der Wochenfrist schriftlich widersprochen. Dieser Widerspruch ist offensichtlich unbegründet, der Widerspruch entspricht nicht den Anforderungen des von ihm in Bezug genommenen § 102 Abs. 3 Nr. 1 BetrVG. Der Betriebsrat hat lediglich erklärt, die Sozialauswahlgrundsätze seien nicht gewahrt und es gebe die Möglichkeit der Weiterbeschäftigung auf einem freien Arbeitsplatz. Er hat jedoch weder einen derartigen freien Arbeitsplatz benannt, noch hat er dargelegt, warum die vom Arbeitgeber getroffene soziale Auswahl fehlerhaft sei. [8]

Glaubhaftmachung: Widerspruchsschreiben des Betriebsrates vom ___[Datum]___ in Kopie beigefügt als

– Anlage ASt 5 –

Der Antragsgegner hat mit außergerichtlichem Schreiben vom ___[Datum]___ die Weiterbeschäftigung nach § 102 Abs. 5 BetrVG verlangt.

Glaubhaftmachung: Schreiben des Antragsgegners vom ___[Datum]___, in Kopie beigefügt als

– Anlage ASt 6 –

(Unterschrift Rechtsanwalt)

Erläuterungen

Schrifttum

Clemenz Das einstweilige Verfügungsverfahren im Arbeitsrecht, NZA 2005, 129; *Haas* Der vorläufige Weiterbeschäftigungsanspruch des Arbeitnehmers nach § 102 BetrVG im Lichte der Rechtsprechung, NZA-RR 2008, 57; *Lingemann/Steinhauser* Der Kündigungsschutzprozess in der Praxis – Weiterbeschäftigungsanspruch, NJW 2015, 844; *Rieble* Entbindung von der Weiterbeschäftigungspflicht nach § 102 Abs. 5 Satz 2 Nr. 2 BetrVG, BB 2003, 844.

737 1. Die einstweilige Verfügung ist beim Gericht der Hauptsache, d.h. bei dem Arbeitsgericht zu beantragen, bei dem der Kündigungsschutzprozess anhängig ist (*Richardi/Thüsing* § 102 BetrVG Rn. 250). Der Antrag ist aber nicht Bestandteil des **Kündigungsschutzverfahrens**. Er kann auch nicht als Einrede im einstweiligen Verfügungsverfahren des Arbeitnehmers (vgl. oben Formular

X Rdn. 727) geltend gemacht werden (LAG Schleswig-Holstein, Beschl. v. 05.03.1996, 1 TA 16/96, LAGE § 102 BetrVG 1972 Beschäftigungspflicht Nr. 23).

2. Grundsätzlich ist der Entbindungsantrag des Arbeitgebers an keine **Frist** gebunden. Er muss weder unmittelbar nach Ausspruch der Kündigung noch nach Geltendmachung des Weiterbeschäftigungsanspruchs gestellt werden. Vielmehr kann er während der Dauer des gesamten Kündigungsrechtsstreits gestellt werden (LAG Düsseldorf, Urt. v. 15.03.1978 – 12 Sa 316/78, BB 1978, 810; AR/*Rieble* § 102 BetrVG, Rn. 4). Eine Eilbedürftigkeit muss damit grundsätzlich nicht glaubhaft gemacht werden. Anderes kann allenfalls dann gelten, wenn der Arbeitgeber erst Monate nach Eintritt des Grundes für die Befreiung von der Weiterbeschäftigungspflicht eine entsprechende einstweilige Verfügung beantragt (*Haas* NZA-RR 2008, 57).

3. Es ist streitig, ob ein Antrag auf Entbindung von der Weiterbeschäftigungspflicht nach § 12 Abs. 5 Satz 2 BetrVG zulässig ist, wenn es an einem **ordnungsgemäßen Widerspruch** fehlt, etwa weil der Widerspruch verspätet eingelegt wurde oder der Betriebsrat den Widerspruch nicht ordnungsgemäß begründet hat (bejahend LAG Baden-Württemberg, Urt. v. 15.05.1974 – 6 Sa 35/74, BB 1975, 43; GK-BetrVG/*Raab* § 102 Rn. 194 mit weiteren Nachweisen; ablehnend LAG Berlin, Urt. v. 11.06.1974 – 8 Sa 37/74, BB 1974, 1024). Begründet wird dies in erster Linie mit mangelndem **Rechtsschutzinteresse**. Wenn es jedoch materielle Voraussetzung des § 102 Abs. 5 S. 2 Nr. 3 BetrVG ist, dass der Widerspruch des Betriebsrates offensichtlich unbegründet war, kann diese Offensichtlichkeit den Antrag nach § 102 Abs. 5 Satz 2 BetrVG nicht unstatthaft machen, so dass sich die Frage der Unzulässigkeit nur in Fällen stellt, in denen der Widerspruch aus anderen Gründen offensichtlich unwirksam ist oder aus anderen Gründen ein Weiterbeschäftigungsanspruch offensichtlich nicht besteht. In solchen Fällen kann es daher sinnvoll sein, folgenden Hilfsantrag zu formulieren:

Alternative:
[... hilfsweise, festzustellen, dass die Antragstellerin nicht zur Weiterbeschäftigung verpflichtet ist.]

4. Der Arbeitgeber muss glaubhaft machen, dass einer der in § 102 Abs. 5 Satz 2 BetrVG abschließend genannten Gründe vorliegt. Ob einer dieser Entbindungsgründe gegeben ist, ist eine Frage des Einzelfalles.

5. Ob die Kündigungsschutzklage **keine hinreichende Aussicht** auf Erfolg verspricht, ist entsprechend den Grundsätzen nach § 114 ZPO (vgl. hierzu X Rdn. 165) zu prüfen. Konkret bedeutet dies, dass die Abweisung der Kündigungsschutzklage offensichtlich oder mit erheblicher Wahrscheinlichkeit zu erwarten ist (LAG Düsseldorf, Urt. v. 23.05.1975, 8 Sa 152/75, EzA § 102 BetrVG 1972; AR/*Rieble* § 102 BetrVG Rn. 45).

6. Eine **unzumutbare wirtschaftliche Belastung** des Arbeitgebers wird nur ausnahmsweise in Betracht kommen, z.B. bei Kündigung einer größeren Anzahl von Arbeitnehmern aus betriebsbedingten Gründen und einem daraus resultierenden Wegfall jeder Beschäftigungsmöglichkeit (*Fitting* § 102 BetrVG Rn. 11; AR/*Rieble* § 102 BetrVG Rn. 46; *Lingemann/Steinhauser* NJW 2015, 844).

7. Der **Widerspruch** des Betriebsrats ist dann **offensichtlich unbegründet**, wenn ohne nähere Prüfung ersichtlich ist, dass der geltend gemachte Widerspruchsgrund nicht gegeben ist, (Münch HdbArbR/*Matthes* § 357 Rn. 22). Dabei ist der Widerspruchskatalog des § 102 Abs. 3 Nr. 1 bis 5 BetrVG abschließend.

8. Ein ordnungsgemäßer Widerspruch nach § 102 Abs. 3 Nr. 1 BetrVG setzt voraus, dass der Betriebsrat aufzeigt, welcher vom Arbeitgeber bei der sozialen Auswahl nicht berücksichtigte Arbeitnehmer sozial weniger schutzwürdig ist. Dies gilt unabhängig vom Umfang der Mitteilung des Arbeitgebers nach § 102 Abs. 1 BetrVG. Macht der Betriebsrat mit seinem Widerspruch gel-

X. Arbeitsgerichtsverfahren

tend, der Arbeitgeber habe zu Unrecht Arbeitnehmer nicht in die soziale Auswahl einbezogen, müssen diese Arbeitnehmer vom Betriebsrat entweder konkret benannt oder anhand abstrakter Merkmale aus dem Widerspruchsschreiben bestimmbar sein (BAG, Urt. v. 09.07.2003 – 5 AZR 305/02, NZA 2003, 1191).

745 Weitere Beispielsfälle des § 102 Abs. 5 Satz 2 Nr. 3 BetrVG können sein, dass bei einem Widerspruch nach § 102 Abs. 3 Nr. 2 BetrVG gar keine betrieblichen Auswahlrichtlinien existieren oder der Arbeitgeber die bestehenden Richtlinien offenkundig beachtet hat oder im Falle des § 102 Abs. 3 Nr. 3 der vom Betriebsrat genannte Arbeitsplatz bereits besetzt ist (GK-BetrVG/*Raab* § 102 BetrVG Rn. 193).

4. Schutzschrift des Arbeitgebers gegen Beschäftigungsverfügung

Vorbemerkung

746 Die Schutzschrift ist ein vorbeugendes Verteidigungsmittel gegen einen erwarteten Antrag auf Erlass einer einstweiligen Verfügung, durch das der Antragsgegner den Erlass einer einstweiligen Verfügung gegen sich zu verhindern sucht (ErfK/*Koch* § 62 ArbGG Rn. 18). Ziel einer Schutzschrift ist es, den Erlass einer einstweiligen Verfügung entweder überhaupt zu verhindern oder zumindest eine mündliche Verhandlung zu erreichen (*Ehler* BB 2000, 978). Gerade bei der **Kündigung von Führungskräften** oder aber bei Personen, bei denen das **berufliche Fortkommen** von dem tatsächlichen Beschäftigtsein abhängt (Dienstleister, Vertriebsmitarbeiter, IT-Fachkräfte), sollte daher unbedingt die Hinterlegung einer Schutzschrift schon vor Ausspruch einer mit einer **Freistellungserklärung** verbundenen Schutzschrift geprüft werden. Auch in Fällen in denen der Arbeitnehmer sich auf einen Weiterbeschäftigungsanspruch beruft (Formular X Rdn. 727), ein solcher jedoch nicht besteht, kommt es in Betracht, dass der Arbeitgeber, anstelle eines Antrages nach § 102 Abs. 5 Satz 2 BetrVG (Formular X Rdn. 736) durch eine Schutzschrift Vorsorge gegen einen möglichen Antrag des Arbeitnehmers auf Erlass einer einstweiligen Verfügung auf Beschäftigung nach § 102 Abs. 5 BetrVG (Formular X Rdn. 727) trifft.

▶ **Muster – Schutzschrift des Arbeitgebers gegen eine Beschäftigungsverfügung**

747 An das
Arbeitsgericht _____[Ort]_____ 1
[Anschrift des Gerichts]

_____[Ort]_____, den _____[Datum]_____

SCHUTZSCHRIFT

In einem etwaigen einstweiligen Verfügungsverfahren
des Herrn _[Name und private Anschrift des Arbeitnehmers]_

möglicher Antragsteller [2]

Prozessbevollmächtigte: Rechtsanwälte _[Kanzleiname und -anschrift]_

gegen

die _____[Name]_____ GmbH, vertreten durch ihren Alleingeschäftsführer, Herrn, _____[Name]_____ GmbH,

mögliche Antragsgegnerin

wegen Abwehr einer einstweiligen Verfügung auf Weiterbeschäftigung

zeigen wir an, dass wir die mögliche Antragsgegnerin vertreten und legen für diese eine

Schutzschrift

vor. Namens und in Vollmacht der mutmaßlichen Antragsgegnerin, beantragen wir

1. einen etwaigen Antrag auf Erlass einer einstweiligen Verfügung zurückzuweisen,
2. hilfsweise, nicht ohne mündliche Verhandlung über einen Antrag auf Erlass einer einstweiligen Verfügung zu entscheiden.

BEGRÜNDUNG:

I. Sachverhalt

Der mögliche Antragsteller (im Folgenden: Antragsteller) war bei der möglichen Antragsgegnerin (im Folgenden: Antragsgegnerin) bis zum ____[Datum]____ als ____[Position]____ beschäftigt.

Die Antragstellerin beschäftigt ca. ____[Anzahl]____ Mitarbeiter. Bei ihr ist ein Betriebsrat gebildet.

Mit Schreiben vom ____[Datum]____, dem Antragsgegner zugegangen am ____[Datum]____, kündigte die Antragstellerin das Anstellungsverhältnis mit Wirkung zum ____[Datum]____.

Glaubhaftmachung: Kündigungsschreiben vom ____[Datum]____, in Kopie beigefügt als

– Anlage ASt 1 –

Der Betriebsrat wurde vor Ausspruch der betriebsbedingten Kündigung ordnungsgemäß nach § 102 Abs. 2 BetrVG angehört.

Glaubhaftmachung: Anhörungsschreiben vom ____[Datum]____, in Kopie beigefügt als

– Anlage ASt 2 –

Der Betriebsrat hat mit Schreiben vom ____[Datum]____, bei der möglichen Antragsgegnerin eingegangen am ____[Datum]____, Widerspruch eingelegt.

Glaubhaftmachung: Widerspruchsschreiben vom ____[Datum]____, in Kopie beigefügt als

– Anlage ASt 3 –

Der Antragsteller hat daraufhin die Antragsgegnerin aufgefordert, ihn gem. § 102 Abs. 5 Satz 1 BetrVG weiter zu beschäftigen und für den Fall der Nichterfüllung seiner Forderung den Antrag auf Erlass einer einstweiligen Verfügung angedroht.

Glaubhaftmachung: Schreiben vom ____[Datum]____, in Kopie beigefügt als

– Anlage ASt 4 –

II. Rechtslage

Der geltend gemachte Weiterbeschäftigungsanspruch besteht nicht, weil der Widerspruch des Betriebsrats nicht fristgerecht eingelegt wurde. [3]

Nach § 102 Abs. 3 BetrVG hat der Betriebsrat innerhalb der Anhörungsfrist des § 102 Abs. 2 Satz 1 BetrVG zu widersprechen. Diese Frist war am ____[Datum]____ abgelaufen.

Demzufolge ist offensichtlich, dass ein Anspruch auf Weiterbeschäftigung des Antragstellers nicht besteht. Daher wäre ein Antrag auf Erlass einer einstweiligen Verfügung zurückzuweisen. Zumindest aber wird eine Entscheidung ohne mündliche Verhandlung nicht erfolgen können.

_____
(Unterschrift Rechtsanwalt)

Erläuterungen

Schrifttum

Ehler Schutzschrift zur Abwendung einer einstweiligen Verfügung auf Unterlassung einer Betriebsänderung, BB 2000, 978; *Schulz* Die Rechte des Hinterlegers einer Schutzschrift, WRP 2009, 1472.

X. Arbeitsgerichtsverfahren

748 **1.** Sind verschiedene Gerichte potenziell **örtlich zuständig**, so ist es zweckmäßig, bei allen in Betracht kommenden Gerichten Schutzschriften einzureichen (Prütting/Gehrlein/*Fischer* § 937 ZPO Rn. 4). Zwar existiert inzwischen ein zentrales elektronisches Schutzschriftenregister, das jedoch von Arbeitsgerichten bislang nicht genutzt wird. Eine derart breite Streuung der Zuständigkeiten wie etwa im Wettbewerbsrecht gibt es bei den arbeitsrechtlichen Fallgestaltungen schließlich in der Regel nicht.

749 **2.** Die Schutzschrift sollte sich auf einen **bestimmten Streitfall** beziehen und gegen einen bestimmten Gegner richten, soweit klar ist, welchen Inhalt die Anträge des Betriebsrates voraussichtlich haben werden.

750 **3.** Weitere Gründe, warum ein Weiterbeschäftigungsanspruch trotz Widerspruchs nach § 102 Abs. 5 Satz 1 BetrVG nicht besteht, können die folgenden sein: Das Arbeitsverhältnis ist nicht nach dem KSchG bestandsgeschützt (ErfK/*Kania* § 102 BetrVG Rn. 33); wurde nicht ordentlich, sondern außerordentlich gekündigt (Henssler/Willemsen/Kalb/*Ricken* § 102 BetrVG Rn. 84); der Betriebsrat hat keinen der abschließenden Gründe des § 102 Abs. 5 BetrVG geltend gemacht (*Fitting* § 102 BetrVG Rn. 71) oder diese lediglich pauschal genannt; es liegt kein ordnungsgemäßer Betriebsratsbeschluss vor; die Kündigungsschutzklage wurde nicht rechtzeitig erhoben (Beck-OK/*Maurer* BetrVG § 102 Rn. 23). Diese Gründe können alternativ oder kumulativ vorliegen. Um hiermit im Rahmen eines vom Arbeitnehmer angestrengten einstweiligen Verfügungsverfahrens erfolgreich sein zu können, muss der Arbeitgeber diese Gründe jedoch substantiiert darlegen.

5. Antrag des Arbeitnehmers auf Zahlung von Arbeitsentgelt

Vorbemerkung

751 Das wirtschaftliche Ziel des Arbeitnehmers nach Ausspruch einer Kündigung ist neben der Fortsetzung des Arbeitsverhältnisses vor allem auch möglichst schnell vom bisherigen Arbeitgeber Entgelt zu erhalten und darauf nicht bis zum rechtskräftigen Urteil im Kündigungsschutzprozess warten zu müssen. Dies kann aus Sicht des Arbeitnehmers notwendig sein, um eine **existenzielle Notlage** zu verhindern, denn nach Ablauf der Kündigungsfrist bei einer ordentlichen Kündigung und unmittelbar nach Ausspruch der außerordentlichen Kündigung hat der Arbeitnehmer häufig keine oder nur sehr geringe Einkünfte. Nicht immer springt die Bundesagentur für Arbeit sofort ein, so dass gegebenenfalls ein erheblicher Zeitraum zwischen der letzten Lohnzahlung und dem ersten Arbeitslosengeld liegt. Eine finanzielle Notlage des Arbeitnehmers kann durch eine einstweilige Verfügung mit dem Antrag auf Zahlung von Arbeitsentgelt verhindert werden.

▶ **Muster – Antrag des Arbeitnehmers auf Zahlung von Arbeitsentgelt**

752 Per Telefax: [Nummer]

An das

Arbeitsgericht [Ort]

[Anschrift des Gerichts]

[Ort], den [Datum]

ANTRAG AUF ERLASS EINER EINSTWEILIGEN VERFÜGUNG

In Sachen

des Herrn [Name und private Anschrift des Arbeitnehmers]

Antragsteller

Prozessbevollmächtigte: Rechtsanwälte [Kanzleiname und -anschrift]

Antrag des Arbeitnehmers auf Zahlung von Arbeitsentgelt **X.X.5.**

gegen

die ____[Name]____ GmbH, vertreten durch ihren Alleingeschäftsführer, Herrn ____[Name]____,

Antragsgegnerin

wegen: Zahlung von Arbeitsentgelt

zeigen wir unter Vollmachtsvorlage an, dass wir den Antragsteller vertreten. Namens und in Vollmacht des Antragstellers beantragen wir aufgrund einer unter Abkürzung der Ladungsfrist [1] unverzüglich anzuberaumenden mündlichen Verhandlung den Erlass der nachstehenden einstweiligen Verfügung:

Die Antragsgegnerin wird verpflichtet, an den Antragsteller als Abschlag auf seine Entgeltansprüche bis zu einer erstinstanzlichen Entscheidung im Kündigungsrechtsstreit Az. __[Aktenzeichen]__ monatlich zur Sicherung des Lebensunterhaltes, einen Betrag in angemessener Höhe zu zahlen, der in das Ermessen des Gerichts gestellt wird, mindestens jedoch in Höhe von ____[Betrag]____ € netto [2].

BEGRÜNDUNG:

I. Sachverhalt

Der am ____[Datum]____ geborene, verheiratete Antragsteller, ist drei Kindern sowie seiner nicht berufstätigen Ehefrau zum Unterhalt verpflichtet. Er war bei der Antragsgegnerin seit dem ____[Datum]____ als ____[Position]____ beschäftigt.

Glaubhaftmachung: Anstellungsvertrag des Antragstellers vom ____[Datum]____, in Kopie beigefügt als

– Anlage ASt 1 –

Mit Schreiben vom ____[Datum]____, dem Antragsteller zugegangen am ____[Datum]____ kündigte die Antragsgegnerin dem Antragsteller mit einer Frist von zwei Wochen unter Hinweis auf die Probezeit. Auf den Hinweis des Antragstellers mit Anwaltsschreiben vom ____[Datum]____, dass die Kündigung erst nach Ablauf der Probezeit zugegangen sei, reagierte die Antragstellerin nicht, sondern wickelte vielmehr das Anstellungsverhältnis mit Ablauf der von ihr angenommenen Probezeitkündigung ab. In der Arbeitsbescheinigung hat die Antragsgegnerin angegeben, es handele sich um eine Probezeitkündigung.

Glaubhaftmachung: 1. Anwaltsschreiben des Antragstellers vom ____[Datum]____, in Kopie beigefügt als

– Anlage ASt 2 –

2. Arbeitsbescheinigung vom ____[Datum]____, in Kopie beigefügt als

– Anlage ASt 3 –

Gegen die Kündigung hat der Antragsteller unverzüglich Kündigungsschutzklage erhoben [3], in deren Rahmen er auch die laufenden Entgeltansprüche eingeklagt hat. Das Verfahren wird bei dem hiesigen Arbeitsgericht unter dem Aktenzeichen __[Aktenzeichen]__ geführt. Die Güteverhandlung, die am ____[Datum]____ stattfand, ist ohne Ergebnis geblieben. Die Verhandlung vor der Kammer ist auf den ____[Datum]____ anberaumt.

Glaubhaftmachung: 1. Kündigungsschutzklage vom ____[Datum]____, in Kopie beigefügt als

– Anlage ASt 4 –

2. Beiziehung der Akten des Arbeitsgerichts ____[Ort]____, Az. __[Aktenzeichen]__

Der Antragsteller bezieht keine Leistungen der Agentur für Arbeit, da er vor Aufnahme der Tätigkeit bei der Antragsgegnerin nicht abhängig beschäftigt war und somit die Leistungsvoraussetzungen nicht erfüllt [4]:

X. Arbeitsgerichtsverfahren

Glaubhaftmachung: Bescheid der Agentur für Arbeit vom ___[Datum]___ , in Kopie beigefügt als

– Anlage ASt 5 –

Die beantragten Beträge benötigt der Antragsteller, der Alleinverdiener ist, zur Deckung des Lebensunterhaltes seiner Familie. Er hat unter anderem folgende Kosten zu tragen: __[auszuführen]__ .[5]

Glaubhaftmachung: ___[ergänzen]___ .

II. Rechtslage

Die Kündigung ist offensichtlich unwirksam,[6] da sich die Unwirksamkeit auf den ersten Blick aufdrängt. Die Antragstellerin hat eine Probezeitkündigung aussprechen wollen, diese ist jedoch erst nach Ablauf der sechswöchigen Probezeit zugegangen. Kündigungsgründe, die eine Kündigung außerhalb der Probezeit begründen könnten, sind nicht vorgetragen, sie sind auch nicht gegeben.

Dem Antragsteller ist nicht zuzumuten zuzuwarten, bis eine Titulierung seines Weiterbeschäftigungsanspruches im Hauptsacheverfahren und damit frühestens in ___[Anzahl]___ Monaten erfolgt.

Der Antragsteller hätte – sofern er Arbeitslosengeld beziehen könnte – Anspruch auf 67 % des pauschalierten Nettoentgelts (§ 129 Nr. 1 SGB III). Dieses errechnet sich wie folgt __[Rechnung ausführen]__ und ergibt den im Klageantrag geltend gemachten Betrag.

_____

(Unterschrift Rechtsanwalt)

Erläuterungen

Schrifttum

Korinth Durchsetzung von Vergütungsforderungen bei noch laufendem Kündigungsrechtsstreit, ArbRB 2004, 94.

753 **1.** Siehe oben X Rdn. 717.

754 **2.** Im Rahmen eines Eilverfahrens kann regelmäßig nicht die volle **Vergütungshöhe** erlangt werden, da die Verfügung nur auf die Höhe des Betrages, der zur Behebung einer Notlage erforderlich ist, gewährt werden kann. In der Regel wird hier auf den **Pfändungsfreibetrag** gemäß § 850 ZPO oder auf die Höhe des zu erwartenden Arbeitslosengeldes I (LAG Baden-Württemberg, Urt. v. 24.11.1967, – 7 Sa 114/67, DB 1968, 536) abgestellt werden können.

755 **3.** Siehe X Rdn. 252.

756 **4.** Ob ein Arbeitnehmer zunächst auf den **Bezug von Sozialleistungen** verwiesen werden kann, ist differenziert zu betrachten. Nach der Rechtsprechung ist der Bezug von Arbeitslosengeld I vorrangig (LAG Schleswig-Holstein, Beschl. v. 26.08.1958 – 1 Ta 30/58, BB 1958, 915; LAG Tübingen, Beschl. v. 19.04.1961 – 7 Ta 4/61, NJW 1961, 2178). Zur Begründung wird auf § 143 Abs. 3 S. 1 SGB III verwiesen, wonach die Bundesagentur für Arbeit trotz des Ruhens des Arbeitslosengeldanspruchs wegen eines Vergütungsanspruchs (§ 143 Abs. 1 SGB III) zur Zahlung des Arbeitslosengeldes verpflichtet ist, wenn der Arbeitnehmer tatsächlich vom Arbeitgeber kein Arbeitsentgelt erhält (MünchHdbArbR/*Hanau*, § 72 Rn. 36). Etwas anderes gilt aufgrund der Subsidiarität gem. § 2 Abs. 1 SGB XII (ehemals § 2 Abs. 1 BSHG) allerdings für den Bezug von Arbeitslosengeld II (GMP/*Germelmann* § 62 ArbGG Rn. 104; LAG Bremen, Urt. v. 05.12.1997 – 4 Sa 258/97, NZA 1998, 902 – noch für die Sozialhilfe). Auch andere Lohnersatzleistungen, wie etwa Krankengeld, sind offen zu legen.

5. Der Arbeitnehmer hat darzulegen und gegebenenfalls glaubhaft zu machen, dass er sich ohne die Entgeltfortzahlung in einer **Notlage** befindet (LAG Hessen, Beschl. v. 09.07.1995 – 13 Ta 242/95, DB 1996, 48). 757

6. Der Arbeitnehmer muss zum einen die **Unwirksamkeit der Kündigung** glaubhaft machen und darlegen, dass die Voraussetzungen des Verzuges der Annahme der Arbeitsleistung vorliegen (GMP/*Germelmann* § 62 ArbGG Rn. 104). Letztere Voraussetzung ist schon dann erfüllt, wenn der Arbeitnehmer fristwahrend Kündigungsschutzklage erhoben hat (LAG Köln, Beschl. v. 26.06.2002 – 8 Ta 221/02, LAGE § 935 ZPO 2002 Nr. 1). 758

6. Antrag des Arbeitnehmers auf Verringerung der Arbeitszeit gemäß § 8 TzBfG

Vorbemerkung

Ob ein Teilzeitanspruch überhaupt im Wege des einstweiligen Verfügungsverfahrens durchsetzbar ist, ist umstritten (*Schiefer* NZA-RR 2002, 393; *Gotthardt* NZA 2001, 1183). In der Rechtsprechung hat sich jedoch inzwischen die Auffassung durchgesetzt, dass der **Anspruch auf Verringerung der Arbeitszeit** und deren Verteilung trotz seiner Erfüllungswirkung nach § 940 ZPO nicht grundsätzlich ausgeschlossen ist. Die Wertung des § 894 ZPO steht der Zulassung des einstweiligen Rechtsschutzes nicht generell entgegen und dies ist auch aus Gründen des effektiven Rechtsschutzes geboten (ArbG Hamburg, Urt. v. 19.06.2008 – 17 Ga 12/08, BeckRS 2008, 57814; LAG Hamburg, Urt. v. 09.04.2006 – 4 Sa 41/06, NZA-RR 2007, 122; LAG Düsseldorf, Urt. v. 04.12.2003 – 11 Sa 1507/03, NZA-RR 2004, 181; LAG Hamm, Urt. v. 06.05.2002 – 8 Sa 641/02, NZA-RR 2003, 178; LAG Rheinland-Pfalz, Urt. v. 12.04.2002 – 3 Sa 161/02, NZA 2002, 856). Allerdings kommt eine solche einstweilige Verfügung nur in Ausnahmefällen in Betracht. Da die Hauptsache vorweggenommen wird und es sich um eine Befriedigungsverfügung handelt, ist ein Verfügungsgrund nur dann gegeben, wenn der Arbeitnehmer Gründe darlegen kann, welche ergeben, dass er auf die Arbeitszeitreduzierung dringend angewiesen ist (LAG Rheinland-Pfalz, Urt. v. 12.04.2002 – 3 Sa 161/02, NZA 2002, 856; ErfK/*Preis* § 8 TzBfG Rn. 52). 759

Im Rahmen der **Elternzeit** hat der einstweilige Rechtsschutz eine noch wesentlich größere Bedeutung, denn eine Fiktion, wie in § 8 Abs. 5 TzBfG, nach dem bei nicht rechtzeitiger Zurückweisung des Antrags auf Arbeitszeitreduzierung diese fingiert wird, gibt es in § 15 BEEG nicht. Da die Elternzeit ohnehin auf höchstens drei Jahre begrenzt ist, droht eine Vereitelung des Anspruchs infolge Zeitablaufs. Zu Gunsten des Arbeitnehmers wirkt sich im Rahmen des § 15 BEEG aus, dass der Verringerungsantrag vom Arbeitgeber nur aus »dringenden betrieblichen Gründen« abgelehnt werden darf. Dies impliziert, dass der Anspruch im Regelfall besteht, so dass an die Glaubhaftmachung des Verfügungsanspruchs bis auf die formellen Voraussetzungen keine weiteren Anforderungen zu stellen sind. Hinsichtlich des **Verfügungsgrundes** ist das in Art. 6 GG garantierte Recht auf Betreuung und Erziehung der Kinder von Bedeutung. Die vorübergehende Vereitelung der Möglichkeit, Familie und Beruf miteinander vereinbaren zu können, stellt im Lichte des Art. 6 GG einen wesentlichen Nachteil dar, so dass an den Verfügungsgrund geringere Anforderungen zu stellen sein dürften, als im Fall des § 8 Abs. 5 TzBfG, wenn der Arbeitgeber nichts Gravierendes dagegensetzen kann (*Hamann* BB Special Nr. 6 2005, 2). 760

▶ **Muster – Antrag des Arbeitnehmers auf Verringerung der Arbeitszeit gemäß § 8 TzBfG**

An das 761
Arbeitsgericht _____[Ort]_____
[Anschrift des Gerichts]

_____[Ort]_____, den _____[Datum]_____

X. Arbeitsgerichtsverfahren

ANTRAG AUF ERLASS EINER EINSTWEILIGEN VERFÜGUNG

In Sachen

des Herrn [Name und private Anschrift des Arbeitnehmers]

Antragsteller

Prozessbevollmächtigte: Rechtsanwälte [Kanzleiname und -anschrift]

gegen

die ____[Name]____ GmbH, vertreten durch ihren Alleingeschäftsführer, Herrn ____[Name]____ ,

Antragsgegnerin

wegen: Verringerung der Arbeitszeit

zeigen wir unter Vollmachtsvorlage an, dass wir den Antragsteller vertreten.

Namens und in Vollmacht des Antragstellers beantragen wir

wegen besonderer Dringlichkeit des Falles ohne mündliche Verhandlung durch den Vorsitzenden allein,

hilfsweise

aufgrund einer unter Abkürzung der Ladungsfrist unverzüglich anzuberaumenden mündlichen Verhandlung den Erlass der nachstehenden einstweiligen Verfügung:

die Antragsgegnerin zu verurteilen, den Antragsteller bis zur Entscheidung in der Hauptsache ab dem ____[Datum]____ in Teilzeit zu 25 Stunden pro Woche, verteilt auf Montag bis Freitag von 8:00 Uhr bis 13:00 Uhr, zu im Übrigen unveränderten Bedingungen zu beschäftigen [1].

BEGRÜNDUNG:

I. Sachverhalt

Der Antragsteller ist seit ____[Datum]____ [2] bei der Antragsgegnerin als ____[Position]____ zu einem monatlichen Bruttoentgelt von EUR ____[Betrag]____ gemäß Anstellungsvertrag vom ____[Datum]____ beschäftigt. Die Antragsgegnerin beschäftigt regelmäßig mehr als 15 Arbeitnehmer [3]. Ab dem ____[Datum]____ nahm der Antragsteller Elternzeit, die am ____[Datum]____ enden wird. Im Rahmen der Elternzeit hat die Antragsgegnerin den Antragsteller bereits mit einer Arbeitszeit von 25 Stunden in Teilzeit auf Grundlage des § 15 BEEG beschäftigt. Das Kind des Antragstellers besucht derzeit vier Stunden täglich einen Kinderladen, der täglich von 8:00 bis 13:00 Uhr geöffnet ist.

Der Antragsteller hat keinerlei Möglichkeiten sein Kind nachmittags betreuen zu lassen, da er einen Kindergarten- oder Krippenplatz, der eine längere tägliche Betreuung ermöglichen würde, auch nach Vermittlungsbemühungen des Städtischen Jugendamts nicht finden konnte.

Glaubhaftmachung: Bescheinigung des Amts für Kinder- und Jugendhilfe vom ____[Datum]____ , in Kopie beigefügt als

– Anlage ASt 1 –

Eine Abholung und Betreuung des Kindes vom Kindergarten durch die Großeltern scheidet aus, da diese im Ausland leben.

Glaubhaftmachung: eidesstattliche Versicherung der Großeltern

Mit Schreiben vom ____[Datum]____ beantragte der Antragsteller eine Reduzierung der Arbeitszeit ab dem ____[Datum]____ auf 25 Stunden wöchentlich.

Glaubhaftmachung: Schreiben vom ____[Datum]____ , in Kopie beigefügt als

– Anlage ASt 2 –

Antrag des Arbeitnehmers auf Verringerung der Arbeitszeit gemäß § 8 TzBfG **X.X.6.**

Mit Schreiben vom ___[Datum]___ lehnte die Antragsgegnerin eine Reduzierung der Arbeitszeit ab dem ___[Datum]___ unter Bezugnahme auf entgegenstehende betriebliche Gründe ab.

Glaubhaftmachung: Schreiben vom ___[Datum]___, in Kopie beigefügt als

– Anlage ASt 3 –

II. Rechtslage

1. Verfügungsanspruch

Der Verfügungsanspruch ergibt sich aus § 8 Abs. 1 TzBfG. Das Arbeitsverhältnis des Antragstellers besteht schon länger als sechs Monate (vgl. § 8 Abs. 1 TzBfG). Die Beklagte beschäftigt auch regelmäßig mehr als 15 Arbeitnehmer. Ein betrieblicher Grund liegt ebenfalls nicht vor, da es jederzeit möglich ist, eine zweite Teilzeitkraft einzustellen.

2. Verfügungsgrund [4]

Der Erlass einer einstweiligen Verfügung ist zur Abwehr wesentlicher Nachteile für den Antragsteller erforderlich.

Ohne die beantragte Arbeitszeitverkürzung ist der Antragsteller nicht in der Lage, die Betreuung seines Kindes zuverlässig zu gewährleisten. Im Hinblick auf die Öffnungszeiten des Kinderladens, und darauf dass er keine anderweitige Unterstützung in der Betreuung des Kindes hat, ist es ihm lediglich möglich, vormittags zu arbeiten. Da er den Unterhalt seines Kindes allein bestreiten muss, ist er andererseits dringend auf die Ausübung seiner Erwerbstätigkeit bei dem Antragsgegner angewiesen.

_____

(Unterschrift Rechtsanwalt)

Erläuterungen

Schrifttum

Hamann Der Anspruch auf Reduzierung der Arbeitszeit, BB Special Nr. 6 2005, 2; *Gotthardt* Teilzeitanspruch und einstweiliger Rechtsschutz, NZA 2001, 1183; *Schiefer* Anspruch auf Teilzeitarbeit nach § 8 TzBfG – Die ersten Entscheidungen, NZA-RR 2002, 393.

1. Nicht zielführend ist es, die Abgabe einer gestaltenden Willenserklärung zu begehren, durch die das Arbeitsverhältnis verändert würde. Der Antrag sollte vielmehr auf eine **einstweilige Regelung** für die Zeit, bis zu der im Hauptsacheverfahren über den endgültigen Inhalt des Arbeitsverhältnisses entschieden ist (LAG Rheinland-Pfalz, Urt. v. 12.04.2002 – 3 Sa 161/02, NZA 2002, 856), gerichtet sein. Vgl. auch X Rdn. 357.

2. Vgl. X Rdn. 355.

3. Vgl. X Rdn. 356.

4. Wegen der **Erfüllungswirkung** der Verfügung sind an den Verfügungsgrund strenge Voraussetzungen geknüpft. Ein Verfügungsgrund kann nur vorliegen, wenn der Arbeitnehmer vorträgt und glaubhaft macht, dass in seiner Person ein wichtiger Grund vorliegt, der ihm das Abwarten in der Hauptsache unzumutbar macht. Es muss in einem Fall wie diesem, in dem es um die Sicherstellung einer familiären Betreuungssituation geht, dargelegt werden, dass geeignete **Betreuungspersonen** fehlen oder eine persönliche Betreuung erforderlich ist (LAG Hessen, Urt. v. 30.01.2006 – 16 SaGa 1823/05; LAG Hamburg, Urt. v. 04.09.2006 – 4 Sa 41/06, NZA-RR 2007, 122). Macht der Arbeitnehmer beispielsweise geltend, dass die Großeltern für die Betreuung des Kindes nicht zur Verfügung stehen, ist eine eidesstattliche Versicherung des Arbeitnehmers selbst nicht ausreichend, sondern es bedarf vielmehr einer eidesstattlichen Versicherung der Großeltern (LAG Düsseldorf, Urt. v. 04.12.2003 – 11 Sa 1507/03, NZA-RR 2004, 181). Die Anforderungen an die Darlegung wie auch der Glaubhaftmachung des Verfügungsgrundes sind daher hoch.

X. Arbeitsgerichtsverfahren

7. Antrag des Arbeitgebers auf Wettbewerbsunterlassung gemäß § 60 HGB

Vorbemerkung

766 Die gesetzliche Wertung des § 60 HGB ist auf alle Arbeitsverhältnisse anzuwenden, er geht also weit über den handelsrechtlichen Bereich hinaus. Auch ohne ausdrückliche arbeitsvertragliche Vereinbarung hat deshalb ein Arbeitnehmer die gesetzliche Verpflichtung, Wettbewerb im Verhältnis zu seinem Arbeitgeber zu unterlassen (BAG, Urt. v. 17.10.2012 – 10 AZR 809/11, JurionRS 2012, 27577; BAG, Urt. v. 26.09.2007 – 10 AZR 511/06, NJW 2008, 392; *Salomon/Fuhlrott* BB 2011, 1018, 1018 f.). Bei **Vorständen** ergibt sich ein Wettbewerbsverbot aus § 88 Abs. 1 AktG. Bei **Geschäftsführern** fehlt eine entsprechende Regelung. Die Anwendbarkeit des § 60 HGB ist hier umstritten, so dass eine ausdrückliche Regelung im Geschäftsführeranstellungsvertrag (siehe oben Formular X Rdn. 7) empfehlenswert ist.

▶ **Muster – Antrag des Arbeitgebers auf Wettbewerbsunterlassung gemäß § 60 HGB**

767 An das

Arbeitsgericht [1] ___[Ort]___
[Anschrift des Gerichts]

___[Ort]___, den ___[Datum]___

Antrag auf Erlass einer Einstweiligen Verfügung

In Sachen

der ___[Name]___ GmbH, vertreten durch ihren Alleingeschäftsführer, Herrn ___[Name]___,

Antragsgegnerin

gegen

Herrn [Name und private Anschrift des Arbeitnehmers]

Antragsteller

Prozessbevollmächtigte: Rechtsanwälte [Kanzleiname und -anschrift]

wegen: Wettbewerbsunterlassung

zeigen wir unter Vollmachtsvorlage an, dass wir die Antragstellerin vertreten. Namens und in Vollmacht der Antragstellerin beantragen wir

    wegen besonderer Dringlichkeit des Falles ohne mündliche Verhandlung durch den Vorsitzenden allein,

hilfsweise

    aufgrund einer unter Abkürzung der Ladungsfrist unverzüglich anzuberaumenden mündlichen Verhandlung den Erlass der nachstehenden

    einstweiligen Verfügung:

    1. Dem Antragsgegner wird untersagt, in der Zeit bis ___[Datum]___ an der Vorbereitung, Konzeptionierung, Planung, Erstellung oder an sonstigen Aktivitäten im Zusammenhang mit dem geplanten Wirtschaftsmagazin mit dem Arbeitstitel [Titel des Magazins] oder vergleichbaren Titeln der ___[Name]___ Verlag GmbH ___[Titel]___ mitzuwirken. [2]

    2. Dem Antragsgegner wird für jeden Fall der Zuwiderhandlung gegen seine Verpflichtung aus Ziffer 1. ein Ordnungsgeld in Höhe von bis zu 250.000 €, für den Fall der Zuwiderhandlung und für den Fall, dass dieses nicht beigetrieben werden kann, Ordnungshaft von bis zu sechs Monaten angedroht. [3]

Antrag des Arbeitgebers auf Wettbewerbsunterlassung gemäß § 60 HGB **X.X.7.**

BEGRÜNDUNG:

Der Antragsgegner ist seit ____[Datum]____ bei der Antragstellerin als stellvertretender Chefredakteur für die Zeitschrift __[Titel der Zeitschrift]__ gegen eine Jahresvergütung in Höhe von ___[Betrag]__ € tätig. Die Kündigungsfrist wurde einzelvertraglich mit ___[Anzahl]___ Monaten zum Halbjahresschluss vereinbart.

Glaubhaftmachung: Anstellungsvertrag des Antragstellers vom ____[Datum]____, in Kopie beigefügt als

– Anlage ASt 1 –

Mit Schreiben vom ___[Datum]___ kündigte der Antragsgegner das Arbeitsverhältnis fristlos. [4]

Glaubhaftmachung: Schreiben des Antragsgegners vom ___[Datum]___, in Kopie beigefügt als

– Anlage ASt 2 –

Unmittelbar nach der Kündigung nahm er eine Stellung bei dem Verlag ___[Name]___ an. Der Verlag ___[Name]___ plant ein Börsen- und Wirtschaftsmagazin mit dem Titel [Titel des Magazins], das spätestens im Frühjahr auf den Markt kommen soll. Der Antragsgegner soll stellvertretender Chefredakteur dieses Magazins werden. Das Magazin steht im direkten Wettbewerb des von der Antragstellerin herausgegebenen Magazins.

Glaubhaftmachung: Eidesstattliche Versicherung des Chefredakteurs der Antragstellerin beigefügt als

– Anlage ASt 3 –

Die fristlose Kündigung des Antragsgegners ist nicht wirksam [5]. In einem Gespräch mit dem Chefredakteur hatte sich der Antragsgegner unzufrieden über seine Bonuszahlung für das Vorjahr gezeigt und die Verlagsleitung aufgefordert, ihm einen Bonus mindestens in Höhe des Vorjahres zu zahlen. Er erhielt die mündliche Auskunft, dass der Bonus überprüft werde. Ohne diese Prüfung jedoch abzuwarten kündigte der Antragsgegner fristlos.

Glaubhaftmachung: Eidesstattliche Versicherung des Chefredakteurs der Antragstellerin beigefügt als

– Anlage ASt 4 –

Der Antragsgegner muss eine einzelvertraglich vereinbarte Kündigungsfrist von ___[Anzahl]___ Monaten zum ___[Datum]___ einhalten. Demnach besteht das Arbeitsverhältnis noch bis zum ___[Datum]___ fort.

Der Verfügungsanspruch ergibt sich aus der Treuepflicht des Arbeitnehmers, aus § 60 Abs. 1 HGB analog in Verbindung mit §§ 611, 242 BGB. [6]

Der Verfügungsgrund ergibt sich daraus, dass ohne die begehrte Untersagungsverfügung die dringende Gefahr besteht, dass der Antragsgegner für einen wirtschaftlichen Mitbewerber aktiv an der Gestaltung eines Konkurrenzproduktes mitarbeiten wird.

_____
(Unterschrift Rechtsanwalt)

Erläuterungen

Schrifttum
Hunold Aktuelle Rechtsprechung zum nachvertraglichen Wettbewerbsverbot, NZA-RR 2013, 174; *Kittner* Der volatile Arbeitnehmer – Wettbewerb im und außerhalb des Arbeitsverhältnisses, BB 2011, 1013; *Leuchten* Konkurrenztätigkeit im gekündigten Arbeitsverhältnis, NZA 2011, 391; *Reuter* Wettbewerbsrechtliche Ansprüche bei Konflikten zwischen Arbeitgebern und Arbeitnehmern – Terra Incognita?, NJW 2008, 3538; *Salamon/Fuhlrott* Die Reichweite des Wettbewerbsverbots im gekündigten Arbeitsverhältnis, BB 2011, 1018.

X. Arbeitsgerichtsverfahren

768 **1.** Nach § 2 Abs. 1 Nr. 3 lit. d ArbGG ist das Arbeitsgericht zuständig. Dies gilt auch dann, wenn es um Ansprüche nach dem UWG geht. Ob das Arbeitsverhältnis noch besteht oder nicht, spielt für die Frage der **Zuständigkeit** keine Rolle (*Reuter* NJW 2008, 3538).

769 **2.** Der Unterlassungsantrag muss präzise formuliert werden und insbesondere die konkrete Verletzungsform enthalten, denn dem Arbeitnehmer kann nicht jede Verwertung seiner Arbeitskraft untersagt werden, sondern nur die konkrete Wettbewerbstätigkeit (BAG, Urt. v. 03.05.1983, – 3 AZR 62/81, NJW 1984, 886; BAG, Urt. v. 15.02.1987 – 3 AZR 474/86, AP Nr. 5 § 611 BGB Betriebsgeheimnis).

770 **3.** Vgl. § 890 ZPO.

771 **4.** § 60 HGB regelt das während der Dauer des Arbeitsverhältnisses bestehende Wettbewerbsverbot (BeckOK HGB/*Hagen* § 60 Rn. 2). Das Wettbewerbsverbot endet mit dem rechtlichen Ende des Arbeitsverhältnisses, gilt aber auch während einer Freistellung (BAG, Urt. v. 28.01.2010 – 2 AZR 1008/08, NZA 2010, 461, 462; BAG, Urt. v. 30.05.1978 – 2 AZR 598/76, NJW 1979, 335; *Hunold* NZA-RR 2013, 174, 177; *Salamon/Fuhlrott* BB 2011, 1018; *Kittner* BB 2011, 1013). Hat der Arbeitnehmer das Arbeitsverhältnis berechtigt ordentlich oder außerordentlich gekündigt, so endet das Wettbewerbsverbot mit Beendigung des Arbeitsverhältnisses, im Falle einer ordentlichen Kündigung also mit Ablauf der Kündigungsfrist (BAG, Urt. v. 28.01.2010 – 2 AZR 1008/08, NZA 2010, 461, 462; ErfK/*Oetker* § 60 HGB Rn. 3). Widerspricht der Betriebsrat der Kündigung ordnungsgemäß und macht daraufhin der Arbeitgeber seinen Weiterbeschäftigungsanspruch geltend, ist § 60 HGB ebenfalls einschlägig (BeckOK HGB/*Hagen* § 60 Rn. 3). Nach Ende des Arbeitsverhältnisses besteht freier Wettbewerb, sofern der Arbeitgeber sich nicht durch ein vertragliches Wettbewerbsverbot gegen Entschädigung nach §§ 74–75d HGB gesichert hat (BAG, Urt. v. 15.12.1987 – 3 AZR 474/86, NJW 1988, 1686).

772 **5.** Bei einer **unwirksamen außerordentlichen Kündigung**, gleich durch welche Seite, bleibt das Wettbewerbsverbot unberührt. Im Falle eines Kündigungsschutzverfahrens gilt § 60 HGB für die Dauer des Verfahrens fort (BAG, Urt. v. 28.01.2010 – 2 AZR 1008/08, NZA-RR 2010, 461, 462; Urt. v. 25.04.1991 – 2 AZR 624/90, NZA 1992, 212). Spricht der Arbeitgeber eine außerordentliche Kündigung aus, deren Wirksamkeit der Arbeitnehmer bestreitet, so ist der Arbeitnehmer an das für die Dauer des rechtlichen Bestandes des Arbeitsverhältnisses bestehende Wettbewerbsverbot auch dann noch gebunden. Begeht der Arbeitnehmer im Anschluss an eine unwirksame außerordentliche Kündigung Wettbewerbshandlungen, so kann dies einen wichtigen Grund für eine weitere außerordentliche Kündigung darstellen, wenn dem Arbeitnehmer unter Berücksichtigung der besonderen Umstände des konkreten Falles ein Verschulden anzulasten ist (BAG, Urt. v. 28.01.2010 – 2 AZR 1008/08, NZA-RR 2010, 461, 462; Urt. v. 25.04.1991 – 2 AZR 624/90, NZA 1992, 212). Entsprechend gilt dies für den Zeitraum nach Ablauf der Kündigungsfrist bei anhängigen Kündigungsschutzverfahren (BAG, Urt. v. 28.01.2010 – 2 AZR 1008/08, NZA-RR 2010, 461, 462; LAG Köln, Urt. v. 26.06.2006 – 3 (11) Sa 81/06, NZA-RR 2007, 73).

773 **6.** § 60 HGB analog i.V.m. mit §§ 611, 242 BGB ist nur im Rahmen eines **bestehenden Arbeitsverhältnisses** anwendbar, also grundsätzlich bis zum Ende der Kündigungsfrist (BAG, Beschl. v. 17.10.1969 – 3 AzR 442/68, BB 1970, 214, ArbG Düsseldorf, Urt. v. 21.01.2000 – 1 Ga 99/99, NZA-RR 2001, 248). Kann eine Wettbewerbstätigkeit glaubhaft gemacht werden, so besteht regelmäßig ein Verfügungsanspruch (*Salamon/Fuhlrott* BB 2011, 1018). Wird die Kündigung jedoch vom Arbeitnehmer angegriffen, so muss er sich auch während des Kündigungsschutzverfahrens des Wettbewerbs enthalten, will er nicht eine – ggf. außerordentliche – Kündigung riskieren.

8. Antrag des Betriebsrats auf Unterlassung einer Betriebsänderung gemäß § 111 BetrVG

Vorbemerkung

Ob dem Betriebsrat zur Sicherung seiner Rechte aus § 111 BetrVG ein Unterlassungsanspruch zusteht, ist in Literatur und Rechtsprechung der Instanzgerichte äußerst umstritten (vgl. *Hintzen* ArbRAktuell 2014, 610; *Köhler* GWR 2014, 454). Eine abschließende Klärung durch das Bundesarbeitsgericht ist bislang nicht erfolgt und ist auch nicht zu erwarten, so dass dieses Thema ein Dauerbrenner der arbeitsgerichtlichen Streitfragen bleiben wird. Von einer bevorstehenden Trendwende um den Streit des **Unterlassungsanspruchs** wurde mit Blick auf die Entscheidung der 6. Kammer des LAG München (LAG München, Beschl. v. 22.12.2008 – 6 TaBVGa 6/08, BB 2010, 896) gesprochen. In dieser Entscheidung bejahte das LAG München entgegen der bislang ständigen Rechtsprechung in diesem Bezirk (vgl. LAG München, Beschl. v. 28.06.2005 – 5 TaBV 46/05, ArbRB 2006, 78) einen Unterlassungsanspruch. Zum Teil wurde in der Literatur davon ausgegangen, dass nunmehr auch weitere Landesarbeitsgerichte, die bisher einen Unterlassungsanspruch verneinen, folgen würden. Dies hat sich nicht bestätigt, auch nach dieser Entscheidung wird ein solcher Unterlassungsanspruch weiterhin vom LAG Baden-Württemberg, Beschl. v. 21.10.2009 – 20 TaBVGa 1/09, vom LAG Nürnberg, Beschl. v. 09.03.2009 – 6 TaBVGa 2/09, ZTR 2009, 554 und vom LAG Köln, Beschl. v. 27.05.2009 – 2 TaBVGa 7/09, ZInsO 2010, 591, verneint. Ob andere Kammern des LAG München der 6. Kammer folgen werden, ist offen. Weiterhin erkennen das LAG Düsseldorf, Beschl. v. 14.12.2005 – 12 TaBV 60/05, LAGE § 111 BetrVG 2001, Nr. 4, das LAG Mainz, Beschl. v. 30.03.2006 – 11 TaBV 53/05, LAGE § 111 BetrVG 2001 Nr. 1, Beschl. v. 26.01.2011 – 7 TaBVGa 4/10, BeckRS 2011, 72914 und das LAG Halle, Beschl. v. 30.11.2004 – 11 TaBV 18/04 einen Unterlassungsanspruch nicht an.

Begründet wird die Ablehnung des Unterlassungsanspruchs damit, dass das Gesetz einen solchen Anspruch nicht vorsieht und dass trotz Initiativen des DGB und der Bundestagsfraktion der PDS das BetrVerf-ReformG vom 23.07.2001 nicht zum Anlass genommen wurde, einen Unterlassungsanspruch gesetzlich zu normieren (*Fitting* § 111 BetrVG Rn. 135). Weiterhin spricht ein Vergleich zwischen § 87 BetrVG, bei dem ein Unterlassungsanspruch unstreitig bejaht wird, und § 111 BetrVG gegen einen Unterlassungsanspruch. Der im Bereich des § 87 BetrVG zu bejahende Unterlassungsanspruch soll den Arbeitgeber hindern, vorläufig vollendete Tatsachen zu schaffen, die er im Hinblick auf die **Mitbestimmungsrechte** des Betriebsrats ohne dessen Zustimmung nicht durchführen darf. Anders bei § 111 BetrVG: Hier hat der Betriebsrat lediglich einen **Informations- und Beratungsanspruch** aber kein – erzwingbares – Mitbestimmungsrecht. Den betroffenen Arbeitnehmern stehen lediglich die abschließenden Rechte aus § 113 BetrVG zu, wenn der Arbeitgeber die Rechte nach § 111 BetrVG nicht beachtet. Es würde einen Wertungswiderspruch darstellen, wenn man Informations- und Beratungsrechte des Betriebsrats, die zur Verfolgung und Sicherung der Rechte der Belegschaft bestehen, in weiterem Umfang absichert, als ein mögliches Verhandlungsergebnis (LAG Nürnberg, Beschl. v. 09.03.2009 – 6 TaBVGa 2/09, ZTR 2009, 554).

Einen Unterlassungsanspruch bejahen gleichwohl das LAG Berlin-Brandenburg, Beschl. v. 25.06.2008 – 15 TaBVGa 1145/08; LAG Hamburg, Beschl. v. 25.06.2008 – 15 TaBVGa 1145/08; LAG Mecklenburg-Vorpommern, Beschl. v. 14.12.2004 – 2 TaBV 19/04; LAG Hannover, Beschl. v. 04.05.2007 – 17 TaBVGa 57/07; LAGE § 111 BetrVG 2001, Nr. 7, LAG Hamm, Beschl. v. 21.08.2008 – 13 TaBVGa 16/08 und das LAG Thüringen, Beschl. v. 18.08.2003 – 1 Ta 104/03, LAGE § 111 BetrVG 2001 Nr. 1. Das LAG Hessen (z.B. Beschl. v. 19.01.2010 – 4 TaBVGa 3/10, NZA-RR 2010, 187; Beschl. v. 30.08.1984 – 4 TaBVGa 113/84, DB 1985, 178) hält den Unterlassungsanspruch unter engen Voraussetzungen und mit Einschränkungen grundsätzlich für zulässig, stellt jedoch auch klar, dass **Vorbereitungshandlungen** allein eine Betriebsänderung nicht vorwegnehmen und damit nicht durch eine einstweilige Verfügung verhindert werden können (vgl. auch *Langner/Widhammer* NZA 2011, 430).

X. Arbeitsgerichtsverfahren

777 Das LAG Hessen hat in einer neueren Entscheidung klargestellt, dass der Unterlassungsanspruch kein Selbstzweck ist, und daher nur soweit reichen kann, wie es zur Sicherung der Rechte des Betriebsrats, also zur Durchsetzung des Verhandlungsanspruchs erforderlich ist. Eine Unterlassungsverfügung könne daher nur zeitlich befristet gewährt werden, wobei die Dauer der Frist an der Zeitspanne zu orientieren sei, in der es nach Stand und bisherigem Verlauf der Verhandlung der Betriebsparteien, zügiges Vorgehen vorausgesetzt, zu einem Abschluss des Beteiligungsverfahrens gekommen wäre. Für einen darüber hinausgehenden Zeitraum fehle es an einem Verfügungsgrund (LAG Hessen, Beschl. v. 18.01.2011 – 4 Ta 487/10). Die in dieser Entscheidung angestellten Überlegungen führen letztlich dazu, dass allzu langen Verzögerungstaktiken des Betriebsrats ein Riegel vorgeschoben wird. Verzögert der Betriebsrat die Verhandlungen in unbilliger Weise, so begibt er sich unter Umständen der Möglichkeit, eine Unterlassungsverfügung durchsetzen zu können.

778 Begründet wird der **Unterlassungsanspruch** damit, dass das Beratungsrecht des Betriebsrats leer liefe, wenn die Betriebsänderung bereits während des Interessenausgleichsverfahrens durchgeführt würde (GK-BetrVG/*Oetker* § 111 BetrVG Rn. 250). Weiterhin soll nach der bejahenden Ansicht ein Unterlassungsanspruch aus einer richtlinienkonformen Auslegung des § 111 BetrVG hergeleitet werden. Denn nach Richtlinie 2002/14/EG muss ein geeignetes Gerichtsverfahren zur Durchsetzung der in Art. 4 der Richtlinie genannten Unterrichtungs- und Anhörungsrechte gegeben sein und geeignete Sanktionen statuiert werden. Daraus wird gefolgert, dass wie es auch das vom europäischen Recht geforderte Nebeneinander verfahrenssichernder Maßnahmen und Sanktionen bei Verstößen gebietet, dem Betriebsrat ein Unterlassungsanspruch neben dem individualrechtlichen **Nachteilsausgleichanspruch** zu gewähren ist (LAG München, Beschl. v. 22.12.2008 – 6 TaBVGa 6/08, BB 2010, 896). Eine ausführliche Darlegung der wechselseitigen Argumente findet sich bei *Völksen* RdA 2010, 354.

▶ **Muster – Antrag des Betriebsrats auf Unterlassung einer Betriebsänderung gemäß § 111 BetrVG**

779 An das

Arbeitsgericht _____[Ort]_____

[Anschrift des Gerichts]

_____[Ort]_____, den ____[Datum]____

Antrag auf Erlass einer Einstweiligen Verfügung

In Sachen

des Betriebsrats im Betrieb ____[Ort]____ der _[Name der Arbeitgeberin]_, [Anschrift des Betriebes/Sitz des Betriebsrates]

Antragsteller

Prozessbevollmächtigte: Rechtsanwälte _[Kanzleiname und -anschrift]_

gegen

die ____[Name]____ GmbH, vertreten durch ihren Alleingeschäftsführer, Herrn ____[Name]____,

Antragsgegnerin

wegen: Unterlassung einer Betriebsänderung

zeigen wir unter Vollmachtsvorlage an, dass wir den Antragsteller vertreten. Namens und in Vollmacht des Antragstellers beantragen wir

> wegen besonderer Dringlichkeit des Falles ohne mündliche Verhandlung durch den Vorsitzenden allein,

Antrag des Betriebsrats auf Unterlassung einer Betriebsänderung gemäß § 111 BetrVG X.X.8.

hilfsweise

aufgrund einer unter Abkürzung der Ladungsfrist unverzüglich anzuberaumenden mündlichen Verhandlung den Erlass der nachstehenden

einstweiligen Verfügung:

1. Der Antragsgegnerin wird untersagt, den Betriebsteil »Versorgung« (Küche, Service, Cafeteria und Kiosk) abzuspalten, auszugliedern und auf die ____[Name]____ GmbH zu übertragen, solange der mit dem Betriebsrat zu versuchende Interessenausgleich nicht zustande gekommen ist oder die Verhandlung über einen Interessenausgleich, ggf. vor einer Einigungsstelle, endgültig gescheitert ist.

2. Der Antragsgegnerin wird für jeden Fall der Zuwiderhandlung gegen ihre Verpflichtung aus Ziffer 1. ein Ordnungsgeld in Höhe von bis zu 250.000 €[1] angedroht.

BEGRÜNDUNG:

I. Sachverhalt

Die Antragsgegnerin betreibt in ____[Ort]____ die ____[Name]____ Klinik. Dort besteht ein aus ____[Anzahl]____ Personen bestehender Betriebsrat (im folgenden Antragsteller). In der Klinikeinrichtung sind derzeit 166 Arbeitnehmer beschäftigt, davon ____[Anzahl]____ im Betriebsteil »Versorgung« mit den Bereichen Küche, Service, Cafeteria und Kiosk.

Am ____[Datum]____ legte die Antragsgegnerin dem Antragsteller den Entwurf einer Betriebsvereinbarung vor, darin sollte der Versorgungsbereich in ein Tochterunternehmen, die ____[Name]____ GmbH, ausgegliedert und auch einer eigenständigen organisatorischen Leitung unterstellt werden.

Glaubhaftmachung; Betriebsvereinbarung vom ____[Datum]____, in Kopie beigefügt als

– Anlage ASt 1 –

Der Antragsteller unterbreitete am ____[Datum]____ einen Gegenentwurf und forderte die Antragsgegnerin auf, mit ihm in Verhandlungen über einen Interessenausgleich einzutreten.

Glaubhaftmachung: Gegenentwurf vom ____[Datum]____, in Kopie beigefügt als

– Anlage ASt 2 –

Hierauf hat die Antragsgegnerin nicht reagiert.

Glaubhaftmachung: Eidesstattliche Versicherung des Betriebsratsvorsitzenden, Herrn ____[Name]____ beigefügt als

– Anlage ASt 3 –

Mit Schreiben vom ____[Datum]____ informierte die Antragsgegnerin die betroffenen Arbeitnehmer von dem bevorstehenden Betriebsübergang zum ____[Datum]____.

Glaubhaftmachung: Schreiben vom ____[Datum]____ in Kopie beigefügt als

– Anlage ASt 4 –

Der Antragsteller hat daraufhin einstimmig beschlossen, das vorliegende Verfahren einzuleiten und mit seiner Durchführung den im Rubrum benannten Verfahrensbevollmächtigten zu beauftragen.

Glaubhaftmachung: Ablichtung des Protokolls der Betriebsratssitzung vom ____[Datum]____ in Kopie beigefügt als

– Anlage ASt 5 –

X. Arbeitsgerichtsverfahren

II. Rechtslage

1. Verfügungsanspruch

Dem Antragsteller steht vor Durchführung einer Betriebsänderung ein Anspruch gem. § 111 BetrVG ggf. i.V.m. § 2 Abs. 1 BetrVG auf Verhandlungen mit dem Arbeitgeber über einen Interessenausgleich und Unterlassungen der Durchführung der Betriebsänderung vor Abschluss dieser Verhandlungen zu. ² Die Antragsgegnerin muss mit dem Betriebsrat Beratungen über die geplante Betriebsänderung aufnehmen. Es ist ihre Aufgabe, dem Betriebsrat nicht nur Gelegenheit zur Stellungnahme zu geben, sondern vielmehr in einen Dialog einzutreten mit dem ernsthaften Willen, zu einer Einigung über das Ob, Wann und Wie der geplanten Betriebsänderung zu gelangen.

2. Verfügungsgrund

Die Antragsgegnerin beabsichtigt anscheinend, ohne mit dem Antragsteller einen Interessenausgleich durchzuführen, eine Betriebsänderung. Ohne die beantragte Verfügung wird zum _____[Datum]_____ der Betriebsteil »Versorgung« ausgegliedert, ohne dass zuvor dem Verhandlungsanspruch des Betriebsrats genügt worden wäre. Zur Sicherung dieses Verhandlungsanspruchs ist der Erlass der beantragten einstweiligen Verfügung geboten.

Die Androhung eines Ordnungsgeldes ist zur Erzwingung der Unterlassungsverpflichtung der Antragsgegnerin geboten.

(Unterschrift Rechtsanwalt)

Erläuterungen

Schrifttum

Bauer/Krieger Unterlassungsanspruch bei Betriebsänderungen – Rückenwind für Betriebsräte aus Brüssel?, BB 2010, 53; *Bauer/Lingemann* Stilllegung von Tendenzbetrieben am Beispiel von Pressebetrieben, NZA 1995, 813; *Ehler* Schutzschrift zur Abwehr einer einstweiligen Verfügung auf Unterlassung einer Betriebsänderung, BB 2000, 978; *Gillen/Vahle* Personalabbau und Betriebsänderung, NZA 2005, 1385; *Gruber* Der abgeleitete Unterlassungsanspruch – ein Instrument der Sicherung des Unterrichtungs- und Beratungsanspruchs des Betriebsrats, NZA 2011, 1011; *Hintzen* Bis hierher und nicht weiter – Der Unterlassungsanspruch des Betriebsrats, ArbRAktuell 2014, 610; *Hümmerich/Spirolke* Allgemeiner Unterlassungsanspruch des Betriebsrats bei Betriebsänderung, BB 1996, 1986; *Köhler* Kein Unterlassungsanspruch des Betriebsrats bei vorzeitiger Umsetzung interessenausgleichspflichtiger Betriebsänderungen, GWR 2014, 454; *Langner/Widhammer* Abgrenzung zwischen Vorbereitungshandlung und Betriebs(teil-)Stilllegung, NZA 2011, 430; *Raif* Das totale Chaos: Unterlassungsanspruch des Betriebsrats bei Betriebsänderungen, ArbRAktuell 2010, 236; *Völksen* Unterlassungsanspruch des Betriebsrats bei interessenausgleichspflichtigen Betriebsänderungen – Entscheidungshilfe aus Erfurt?, RdA 2010, 354.

780 **1.** Bei einem Verstoß gegen eine Unterlassungsverfügung ist in der Regel ein Ordnungsgeld von 1/20 des Wertes des Unterlassungsanspruchs angemessen (LAG Hamm, Beschl. v. 03.05.2007 – 10 Ta 692/06). Die absolute Höchstgrenze ergibt sich aus § 890 ZPO.

781 **2.** Siehe oben X Rdn. 774 ff.

9. Schutzschrift gegen Unterlassungsverfügung wegen Betriebsänderung

Vorbemerkung

782 Um der Gefahr zu begegnen, dass die Durchführung der unternehmerischen Maßnahme verhindert oder verzögert wird, empfiehlt sich gerade in Fällen, in denen streitig ist, ob eine Maßnahme eine Betriebsänderung darstellt, die Hinterlegung einer Schutzschrift (*Ehler* BB 2000, 978).

▶ **Muster – Schutzschrift des Arbeitgebers gegen Unterlassungsverfügung wegen Betriebsänderung nach § 111 BetrVG**

Per Telefax: ___[Nummer]___

An das

Arbeitsgericht ___[Ort]___

[Anschrift des Gerichts]

___[Ort]___, den ___[Datum]___

SCHUTZSCHRIFT

In einem etwaigen einstweiligen Verfügungsverfahren

des Betriebsrats im Betrieb [Ort] der ___[Name der Arbeitgeberin]___, ___[Anschrift des Betriebes/Sitz des Betriebsrates]___

möglicher Antragsteller

die ___[Name]___ GmbH, vertreten durch ihren Alleingeschäftsführer, Herrn ___[Name]___,

mögliche Antragsgegnerin

wegen Abwehr einer einstweiligen Verfügung auf Unterlassung einer Betriebsänderung

zeigen wir an, dass wir die mögliche Antragsgegnerin vertreten und legen für diese eine

Schutzschrift

vor. Namens und in Vollmacht der mutmaßlichen Antragsgegnerin, beantragen wir

1. einen etwaigen Antrag auf Erlass einer auf Unterlassung einer Betriebsänderung einstweiligen Verfügung zurückzuweisen,
2. hilfsweise, nicht ohne mündliche Verhandlung über einen Antrag auf Erlass einer einstweiligen Verfügung zu entscheiden.

BEGRÜNDUNG:

I. Sachverhalt

Die mögliche Antragsgegnerin (im Folgenden: Antragsgegnerin) betreibt eine Papierfabrik und beschäftigt in ihrem gemeinsamen Betrieb zurzeit über 350 Mitarbeiter. Der mögliche Antragsteller (im Folgenden: Antragsteller) ist der gewählte Betriebsrat.

Am ___[Datum]___ fasste die Geschäftsführung der Antragsgegnerin den Beschluss vom Drei- auf einen Zweischichtbetrieb zu wechseln.

Glaubhaftmachung: Beschluss vom ___[Datum]___ in Kopie beigefügt als

– Anlage ASt 1 –

In der Folgezeit führte die Antragsgegnerin mit einzelnen Mitarbeitern Gespräche über die Möglichkeit einer einvernehmlichen Auflösung ihrer Arbeitsverhältnisse. Mit Schreiben vom ___[Datum]___ hörte die Antragsgegnerin den Antragsteller zu beabsichtigten betriebsbedingten Kündigungen an.

Glaubhaftmachung: Schreiben vom ___[Datum]___ in Kopie beigefügt als

– Anlage ASt 2 –

Mit Schreiben vom ___[Datum]___ widersprach der Antragsteller der Kündigung und verlangte von der Antragsgegnerin den Eintritt in Verhandlungen über einen Interessenausgleich und Sozialplan.

X. Arbeitsgerichtsverfahren

Glaubhaftmachung: Schreiben vom ___[Datum]___ in Kopie beigefügt als

– Anlage ASt 3 –

Die Antragsgegnerin sprach gegen die Mitarbeiter ___[aufzählen]___ die Kündigung zum ___[Datum]___ aus. Einschließlich der Mitarbeiter, die einen durch die Antragsgegnerin veranlassten Aufhebungsvertrag geschlossen haben, kam es zu 24 Entlassungen.

Glaubhaftmachung: Kündigungsschreiben vom ___[Datum]___ in Kopie beigefügt als

– Anlage ASt 4 –

Der Antragsteller unternahm weitere Versuche, die Antragsgegnerin zur Aufnahme von Interessenausgleichsverhandlungen zu bewegen und drohte für den Fall der Weigerung den Antrag auf Erlass einer einstweiligen Verfügung an.

Glaubhaftmachung: Schreiben vom ___[Datum]___ in Kopie beigefügt als

– Anlage ASt 5 –

II. Rechtslage [1]

Der geltend gemachte Anspruch auf Aufnahme von Interessenausgleichsverhandlungen besteht nicht, da es sich bei der von der Antragsgegnerin geplanten und zum Teil realisierten Maßnahme um keine Betriebsänderung i.S.d. § 111 BetrVG handelt. Eine Betriebsänderung durch Personalabbau liegt i.S.d. § 111 BetrVG grundsätzlich nur dann vor, wenn eine größere Anzahl von Arbeitnehmern betroffen ist. Eine Entlassung von lediglich 24 Mitarbeitern, wie im vorliegenden Fall, genügt bei einer Betriebsgröße von mehr als 350 Mitarbeitern nicht, um eine Betriebsänderung anzunehmen, da die Schwelle der Massenentlassung i.S.d. § 17 Abs. 1 Nr. 2 KSchG nicht erreicht wird.

Demzufolge ist offensichtlich, dass ein Anspruch auf Interessenausgleichsverhandlungen des Antragstellers nicht besteht. Daher wäre ein Antrag auf Erlass einer einstweiligen Verfügung auf Unterlassung einer Betriebsänderung zurückzuweisen. Zumindest aber wird eine Entscheidung ohne mündliche Verhandlung nicht erfolgen können.

Darüber hinaus sind seit der ursprünglichen Information über die bevorstehende Maßnahme drei Monate vergangen. Innerhalb dieses Zeitraums hätte der Betriebsrat seinen vermeintlichen Verhandlungsanspruch durch gerichtliche Einsetzung einer Einigungsstelle effizienter durchsetzen können. [2]

_____

(Unterschrift Rechtsanwalt)

Erläuterungen

Schrifttum
Vergleiche die Literaturhinweise zu Formular X Rdn. 779.

784　**1.** Vgl. oben Formular X Rdn. 779.

785　**2.** Nach dem LAG Hessen (Beschl. v. 18.01.2011 – 4 Ta 487/10) fehlt es an einem Verfügungsgrund, wenn der Betriebsrat es versäumt, auf der Grundlage der ihm bekannten Tatsachen eine Einigungsstelle anzurufen. Er kann dem Arbeitgeber nicht entgegenhalten, dass es seine Sache gewesen wäre, das Beteiligungsverfahren einzuleiten. Ein Arbeitgeber, der auf Grundlage seiner Rechtsauffassung davon ausgeht, dass eine Betriebsänderung nicht vorliegt, habe hierzu schließlich keine Veranlassung. Hat der Betriebsrat nicht die ihm zur Verfügung stehenden Möglichkeiten zur Sicherung seines Verhandlungsanspruchs ergriffen, ist es ihm verwehrt, eine vorläufige Regelung im Wege der einstweiligen Verfügung herbeizuführen.

XI. Einstweiliger Rechtsschutz – Rechtsbehelfe und Rechtsmittel

Welches Rechtsmittel gegen eine Entscheidung im einstweiligen Rechtsschutz statthaft ist, hängt zunächst davon ab, ob **ohne mündliche Verhandlung** durch Beschluss (siehe oben X Rdn. 716) entschieden wurde oder ob eine mündliche Verhandlung stattfand. **786**

Hat das Arbeitsgericht den Antrag ohne mündliche Verhandlung **zurückgewiesen**, so ist die **sofortige Beschwerde** gemäß § 567 ZPO das statthafte Rechtsmittel (siehe unten Formular X Rdn. 791). Das Arbeitsgericht kann entweder der Beschwerde selbst abhelfen oder aber einen Nichtabhilfevermerk fertigen und sodann die Sache dem zuständigen Landesarbeitsgericht zur Entscheidung vorlegen. Dieses kann dann entweder ebenfalls ohne mündliche Verhandlung durch Beschluss des Vorsitzenden allein oder aber nach mündlicher Verhandlung durch ein Urteil entscheiden. **787**

Hat hingegen das Arbeitsgericht dem Antrag ohne mündliche Verhandlung **stattgegeben**, so kann der Antragsgegner hiergegen Widerspruch gemäß §§ 936, 924 ZPO einlegen (siehe unten Formular X Rdn. 797). Hierüber wird dann im Rahmen einer mündlichen Verhandlung durch Endurteil entschieden. Die Entscheidung über den Widerspruch erfolgt durch das Ausgangsgericht. Es handelt sich nicht um ein Rechtsmittel, sondern um einen Rechtsbehelf ohne Suspensiv- oder Devolutiveffekt. Ist die einstweilige Verfügung aufgrund mündlicher Verhandlung ergangen, bzw. soll die auf den Widerspruch ergangene Entscheidung angegriffen werden, so ist das Rechtsmittel der Berufung statthaft. Die Berufungsinstanz entscheidet abschließend, die Möglichkeit einer Revision ist nicht gegeben. Dies führt in der Beratungspraxis dazu, dass ein besonderes Augenmerk auf die Rechtsprechung des jeweils zuständigen Landesarbeitsgerichts zu legen ist, da sich in vielen Fragen keine bundeseinheitliche Rechtsprechung ausgebildet hat. Siehe hierzu beispielsweise X Rdn. 774 ff. **788**

1. Sofortige Beschwerde

Vorbemerkung

Der Antragsteller kann gegen eine abweisende Entscheidung, die ohne mündliche Verhandlung ergangen ist, sofortige Beschwerde gemäß §§ 567 ff. ZPO bei dem jeweils erkennenden Gericht – in der Regel also bei dem Arbeitsgericht – einlegen. Das Arbeitsgericht kann nun entweder abhelfen oder aber die Sache binnen einer Woche dem zuständigen Landesarbeitsgericht zur Entscheidung vorlegen. Das Landesarbeitsgericht kann der Beschwerde stattgeben und die einstweilige Verfügung ohne mündliche Verhandlung durch den Vorsitzenden erlassen, wogegen dann der Antragsgegner wiederum Widerspruch beim Arbeitsgericht gemäß § 924 ZPO einlegen kann. Weist das Landesarbeitsgericht die Beschwerde zurück, so ist diese Entscheidung unanfechtbar (BAG, Beschl. v. 22.01.2003 – 9 AZB 7/03, NJW 2003, 1621). Schließlich kann das Landesarbeitsgericht noch die mündliche Verhandlung anordnen und durch ein Urteil entscheiden. Auch diese Entscheidung ist unanfechtbar. Allenfalls eine Anhörungsrüge nach § 72a ArbGG käme noch in Betracht. **789**

Die sofortige Beschwerde ist, anders als der im nächsten Formular vorgestellte Widerspruch, ein Rechtsmittel, d.h. ihr kommt Suspensiv- und Devolutiveffekt zu. **790**

X. Arbeitsgerichtsverfahren

▶ **Muster – Sofortige Beschwerde gemäß §§ 567 ff. ZPO**

791 An das
Arbeitsgericht ____[Ort]____
[Anschrift des Gerichts]

____[Ort]____, den ____[Datum]____ [1]

Sofortige Beschwerde

In Sachen

des Herrn [Name und Anschrift des Antragstellers]

Antragsteller

Prozessbevollmächtigte: Rechtsanwälte [Kanzleiname und -anschrift]

gegen

die [Name und Anschrift des Antragsgegners],

Antragsgegnerin

wegen: [Gegenstand]

legen wir im Namen des Antragstellers den Beschluss des Arbeitsgerichts [Ort Arbeitsgericht] vom [Datum], [Aktenzeichen]

sofortige Beschwerde [2]

ein und beantragen:

1. Der zurückweisende Beschluss des Arbeitsgerichts [Ort Arbeitsgericht] vom [Datum] wird aufgehoben.
2. [Wiederholung der ursprünglichen Anträge]

BEGRÜNDUNG:

_____

(Unterschrift Rechtsanwalt)

Erläuterungen

Schrifttum
Clemenz Das einstweilige Verfügungsverfahren im Arbeitsrecht, NZA 2005, 129.

792 1. Die Beschwerdefrist ist eine Notfrist und beträgt gemäß § 569 ZPO zwei Wochen. Im Zweifel sollte ein Antragsteller jedoch die Frist nicht ausschöpfen, sondern versuchen, die begründete Beschwerde möglichst kurzfristig einzulegen, damit zum einen kurzfristig terminiert werden kann und zum anderen die volle Ausschöpfung der Fristen die Gefahr in sich birgt, dass die Eilbedürftigkeit verneint wird. Die Beschwerde kann durch Einreichung der Beschwerdeschrift (vgl. § 569 Abs. 2 ZPO) oder durch Erklärung zu Protokoll der Geschäftsstelle eingelegt werden, da in arbeitsgerichtlichen Verfahren erstinstanzlich kein Anwaltszwang herrscht.

793 Eine Beschwer muss noch im Zeitpunkt der Entscheidung des Beschwerdegerichts vorhanden sein. Insofern fehlt es an einem Rechtsschutzbedürfnis, wenn in der Hauptsache in der Zwischenzeit entschieden wurde (sog. Überholung). Nach wie vor müssen auch Partei- und Prozessvoraussetzungen vorliegen.

Das Beschwerdegericht überprüft die Entscheidung des Ausgangsgerichts in tatsächlicher und rechtlicher Hinsicht. Auch Ermessensentscheidungen werden vollständig überprüft, bzw. das Beschwerdegericht stellt eine eigene Ermessensentscheidung an. Neue Angriffs- und Verteidigungsmittel in tatsächlicher Hinsicht können vom Beschwerdeführer vorgebracht werden.

2. Die sofortige Beschwerde ist statthaftes Rechtsmittel für den Antragsteller, der gegen den ablehnenden Beschluss des erstinstanzlichen Gerichts vorgehen möchte. Eine Ausnahme besteht für den Fall, dass das Landesarbeitsgericht in der Hauptsache erstinstanzlich zuständig ist. Dies ist etwa der Fall, wenn während des Berufungsverfahrens in der Hauptsache einstweiliger Rechtsschutz begehrt wird, da in diesem Falle gemäß § 943 ZPO das Berufungsgericht zuständig ist (Vgl. GMP/*Matthes* § 79 ArbGG Rn. 79).

2. Widerspruch

Vorbemerkung

Im Falle eines Erlasses einer einstweiligen Verfügung ohne mündliche Verhandlung kann der Antragsgegner Widerspruch gemäß § 924 ZPO bei dem Gericht einlegen, das die einstweilige Verfügung erlassen hat. Hierdurch bekommt der Antragsgegner dann die Möglichkeit, seine Ansicht im Rahmen einer mündlichen Verhandlung darzulegen. Der Widerspruch führt zur Eröffnung des streitigen Verfahrens, in dem der Antragsteller zum Verfügungskläger und der Antragsgegner zum Verfügungsbeklagten werden. Die Erhebung des Widerspruchs hat weder Devolutiv-, noch Suspensiveffekt. Gegenstand des Widerspruchs ist allein die Eilentscheidung im Zeitpunkt der letzten mündlichen Tatsachenverhandlung, sodass auch Tatsachen, die nach dem angegriffenen Beschluss eingetreten sind, zu berücksichtigen sind. Das heißt aber auch, dass zusätzlich die Zurückweisung des Antrags auf Erlass einer einstweiligen Verfügung beantragt werden muss. Eine Entscheidung ergeht sodann durch Endurteil nach mündlicher Verhandlung. Die Wirkung der Entscheidung tritt ex tunc mit Verkündung des Urteils ein. Bei Veränderung der Umstände wirkt der Beschluss, der die Verfügung aufgrund § 927 ZPO aufhebt, dagegen ex nunc. Hiergegen ist die Berufung unter den Voraussetzungen der §§ 64 ff. ArbGG statthaft. Gegen die daraufolgende Entscheidung des Landesarbeitsgerichts ist kein weiteres Rechtsmittel mehr statthaft, vgl. § 72 IV ArbGG.

▶ **Muster – Widerspruch gemäß § 924 ZPO**

An das
Arbeitsgericht ____[Ort]____ 1
[Anschrift des Gerichts]

_____[Ort]____, den ____[Datum]____ 2

Widerspruch

In Sachen
des Herrn __[Name und Anschrift des Verfügungsklägers]__

Verfügungskläger

gegen
die __[Name und Anschrift des Verfügungsbeklagten]__ ,

Verfügungsbeklagter

Prozessbevollmächtigte: Rechtsanwälte __[Kanzleiname und -anschrift]__

X. Arbeitsgerichtsverfahren

wegen: __[Gegenstand]__

legen wir im Namen des Antragsgegners gegen den Beschluss des Arbeitsgerichts __[Ort Arbeitsgericht]__ vom __[Datum]__, __[Aktenzeichen]__

Widerspruch

ein und beantragen:

1. Der Beschluss des Arbeitsgerichts __[Ort Arbeitsgericht]__ vom __[Datum]__ wird aufgehoben.
2. Der Antrag auf Erlass einer einstweiligen Verfügung wird zurückgewiesen.
3. Die Vollziehung der einstweiligen Verfügung wird bis zur Beendigung der Hauptsache eingestellt.

BEGRÜNDUNG [3]:

Der Verfügungsantrag war von Anfang an unbegründet: …

Der Verfügungsantrag ist unbegründet, da der Antrag nunmehr nicht mehr begründet ist, weil …

Der Beschluss ist aufzuheben, weil der Verfügungskläger trotz der Auflage nicht fristgemäß Klage erhoben hat.

Der Beschluss ist aufzuheben, weil sich die Umstände seiner Anordnung seit Erlass des Beschlusses wie folgt verändert haben: …

Der Beschluss ist aufzuheben, weil ein wichtiger Grund hierfür vorliegt.

_____

(Unterschrift Rechtsanwalt)

Erläuterungen

Schrifttum
Clemenz Das einstweilige Verfügungsverfahren im Arbeitsrecht, NZA 2005, 129.

798 1. Der Widerspruch ist grundsätzlich bei dem Gericht, das die Verfügung erlassen hat, einzulegen. Dies wird in der Regel das Arbeitsgericht, in Ausnahmefällen auch das Landesarbeitsgericht sein. Wird ein unzuständiges Gericht angerufen, wird die Sache an das zuständige Gericht verwiesen.

799 2. Der Widerspruch ist an keine Frist gebunden (vgl. Prütting/Gehrlein/*Fischer* § 924 ZPO Rn. 4). Er kann bereits ab Erlass und damit auch bereits vor Zustellung des Beschlusses und bis zum Ende der Existenz des Beschlusses – im Zweifel also bis zum rechtskräftigen Abschluss des Verfahrens in der Hauptsache – erhoben werden. Eine Rücknahme des Widerspruchs ist bis zur formellen Rechtskraft des Urteils im Verfügungsverfahren auch ohne Einwilligung der Gegenseite möglich. Ist das Urteil bereits erlassen, wird dieses hinfällig. Auch eine erneute Erhebung des Widerspruchs ist grundsätzlich möglich. Allerdings kann eine Rücknahme des Widerspruchs auch als gleichzeitiger Verzicht auf den Widerspruch ausgelegt werden. Auch kann das Recht zum Widerspruch verwirken (OLG Celle, Urt. v. 18.07.1980 – 9 U 93/80, GRUR 1980, 945 und OLG Saarbrücken, Urt. v. 30.06.1989 – 4 U 2/89, NJW-RR 1989, 1513) und im Rahmen der dann anzustellenden Prüfung des Umstandsmoments kann eine vorherige Rücknahme zur Begründung herangezogen werden. Daher sollte bei der Formulierung des Verzichts eine spätere Ausführung des Rechts zum Widerspruch ausdrücklich vorbehalten werden. Die Einlegung bedarf keiner besonderen Form und kann ohne Rechtsanwalt und auch zu Protokoll der Geschäftsstelle abgegeben werden.

800 Der Widerspruch kann auch nur einen abgrenzbaren Teil der Entscheidung oder auch nur die Kostenentscheidung (sog. Kostenwiderspruch) betreffen.

3. Eine Begründung des Widerspruchs ist nach § 924 Abs. 2 S. 1 ZPO nicht zwingend erforderlich, aber naturgemäß empfehlenswert.

Das Beschwerdegericht berücksichtigt zudem alle Tatsachen, auch solche, die nach dem angegriffenen Beschluss eingetreten sind, da Gegenstand des Widerspruchs die Eilentscheidung im Zeitpunkt der letzten mündlichen Tatsachenverhandlung ist. Verfügungsanspruch oder Verfügungsgrund können auch nach dem Beschluss entfallen, was gemäß § 927 ZPO zur Aufhebung auch einer ursprünglich zu Recht ergangenen Entscheidung auf Erlass einer einstweiligen Verfügung führen kann.

3. Berufung

Vorbemerkung

Sofern eine Entscheidung über die einstweilige Verfügung nach mündlicher Verhandlung ergangen ist, ist die Berufung sowohl für den Antragsteller als auch für den Antragsgegner statthaftes Rechtsmittel. Insofern ergeben sich hinsichtlich der Formulierung wie auch des Inhalts keine Besonderheiten im Vergleich zu einer Berufung in einem Hauptsacheverfahren.

Auch wenn im Falle der Berufung sowohl für die Einlegung als auch die Begründung die Fristen des § 66 ArbGG gelten, so kann die Ausschöpfung der Fristen durch den ursprünglichen Antragsteller jedoch dazu führen, dass die Eilbedürftigkeit und damit der Verfügungsgrund widerlegt werden (so noch LAG Hamm, Urt. v. 10.02.2006 – 7 Sa 2307/05, BeckRS 2006, 41526; LAG Düsseldorf, Urt. v. 01.06.2005 – 12 Sa 352/05, MDR 2005, 1419; LAG München, Urt. v. 12.10.2006 – 4 Sa 677/06; GK-ArbGG/*Vossen*, § 66 ArbGG, Rn. 17). Der Verfügungsgrund bestehe nach dieser Auffassung nicht allein darin, dass der Beschäftigungsanspruch durch Zeitablauf sukzessive untergeht. Verlangt wird vielmehr, dass der Antragsteller ein ernsthaftes Bedürfnis an einer gerichtlichen Eilentscheidung glaubhaft macht. Dieses Bedürfnis werde durch Ausschöpfung der Einlegungs- und Begründungsfristen widerlegt. Anders wird dies vom LAG Hamm gesehen (Urt. v. 06.11.2007 – 14 SaGa 39/07, siehe auch: GMP/*Germelmann* § 66 ArbGG Rn. 20; Schwab/Weth/*Schwab* § 66 ArbGG Rn. 54 sowie: *Walker* ZfA 2005, 61 und *Fleddermann*, ArbRAktuell 2009, 36 ff.). Vom LAG Rheinland-Pfalz wird dies gar nicht erst thematisiert (LAG Rheinland-Pfalz, Urt. v. 06.02.2009 – 6 SaGa 12/08). Die Auffassung wonach es unschädlich sei, die Berufungsfrist auszuschöpfen, beruft sich auf den Gesetzeswortlaut und das Erfordernis, die Erfolgsaussichten eines Rechtsmittels ausreichend zu prüfen (vgl. etwas *Humberg* NZA 2014, 1007, der die richterrechtliche Verkürzung der Fristen für verfassungswidrig hält). Außerdem habe es der Berufungsführer selbst in der Hand, eine Beschleunigung des Verfahrens durch zügige Berufungseinlegung und auch -begründung herbeizuführen. Hier lohnt es sich also, die Ansicht des jeweils zuständigen Landesarbeitsgerichts zu beachten um sich des Eilbedürfnisses nicht zu begeben und anderenfalls die Richtigkeit der Rechtsmittelbelehrung zu überprüfen, die auf verkürzte Fristen bzw. auf die Folgen des Ausschöpfens der gesetzlichen Fristen hinweisen muss (vgl. *Fleddermann* ArbRAktuell 2009, 36).

Zur Berufung und Berufungsbegründung vergleiche die Muster X.V.1. und 2. (X Rdn. 407 und 41).

Schrifttum

Clemenz Das einstweilige Verfügungsverfahren im Arbeitsrecht, NZA 2005, 129; *Fleddermann* Kürzere Fristen bei der Berufung im einstweiligen Verfügungsverfahren? ArbRAktuell 2009, 36; *Humberg* Verfassungswidrige Verkürzung der Berufungsfristen im einstweiligen Rechtsschutz, NZA 2014, 1007; *Walker* Grundlagen und aktuelle Entwicklungen des einstweiligen Rechtsschutzes im Arbeitsgerichtsprozess, ZfA 2005, 45.

Y. Verfahren vor anderen Gerichten

Inhaltsübersicht

	Rdn.
Einführung	1
I. Verfahren vor der ordentlichen Gerichtsbarkeit – erstinstanzliches Verfahren vor dem Landgericht	4
1. Klage auf Feststellung der Unwirksamkeit einer Kündigung eines Geschäftsführerdienstvertrages	5
Vorbemerkung	5
Muster: Klage auf Feststellung der Unwirksamkeit einer Kündigung eines Geschäftsführerdienstvertrages	6
Erläuterungen	7
2. Klage auf Feststellung der Unwirksamkeit der Kündigung eines Vorstandsanstellungsvertrages	44
Vorbemerkung	44
Muster: Klage auf Feststellung der Unwirksamkeit der Kündigung eines Vorstandsanstellungsvertrages	45
Erläuterungen	46
3. Vertretungs- und Verteidigungsanzeige mit Verweisung an die Kammer für Handelssachen	56
Vorbemerkung	56
Muster: Vertretungs- und Verteidigungsanzeige mit Verweisung an die Kammer für Handelssachen	57
Erläuterungen	58
4. Materielle Klageerwiderung (materielle Begründung der Kündigung)	70
Vorbemerkung	70
Muster: Materielle Klageerwiderung (materielle Begründung der Kündigung)	71
Erläuterungen	72
5. Klage im Urkundenprozess	88
Vorbemerkung	88
Muster: Klage im Urkundenprozess	90
Erläuterungen	91
6. Klageerwiderung im Urkundenverfahren	100
Vorbemerkung	100
Muster: Klageerwiderung im Urkundenverfahren	101
Erläuterungen	102
7. Ausführung der Rechte im Nachverfahren	107
Vorbemerkung	107
Muster: Ausführung der Rechte im Nachverfahren	108
Erläuterungen	109
8. Abstehen vom Urkundenprozess	115
Vorbemerkung	115
Muster: Abstehen vom Urkundenprozess	116
Erläuterungen	117
9. Schadenersatzklage gegen einen Geschäftsführer	120
Vorbemerkung	120
Muster: Schadenersatzklage gegen einen Geschäftsführer	121
Erläuterungen	122
10. Materielle Klageerwiderung (Verteidigung gegen Schadenersatzklage)	128
Vorbemerkung	128
Muster: Materielle Klageerwiderung (Verteidigung gegen Schadenersatzklage)	129
Erläuterungen	130
II. Verfahren vor der ordentlichen Gerichtsbarkeit – Berufung	133
1. Berufungsschrift	136
Vorbemerkung	136
Muster: Berufungsschrift	138
Erläuterungen	139

		Rdn.
2.	Berufungsbegründung	157
	Vorbemerkung	157
	Muster: Berufungsbegründung	158
	Erläuterungen	159
3.	Anschlussberufung	180
	Vorbemerkung	180
	Muster: Anschlussberufung	182
	Erläuterungen	183
4.	Berufungserwiderung	188
	Vorbemerkung	188
	Muster: Berufungserwiderung	189
	Erläuterungen	190
III.	Verfahren vor den Verwaltungsgerichten	192
1.	Anfechtung eines Bescheides wegen Zustimmung zur Kündigung eines Schwerbehinderten	196
	Vorbemerkung	196
	Muster: Anfechtung eines Bescheides wegen Zustimmung zur Kündigung eines Schwerbehinderten	199
	Erläuterungen	200
2.	Verpflichtungsklage auf Zulässigerklärung der Kündigung einer schwangeren Arbeitnehmerin	205
	Vorbemerkung	205
	Muster: Verpflichtungsklage auf Zulässigerklärung der Kündigung einer schwangeren Arbeitnehmerin	208
	Erläuterungen	209
3.	Antrag des Personalrats auf Feststellung der Mitbestimmungswidrigkeit des Einsatzes von Leiharbeitnehmern	215
	Vorbemerkung	215
	Muster: Antrag des Personalrats auf Feststellung der Mitbestimmungswidrigkeit des Einsatzes von Leiharbeitnehmern	217
	Erläuterungen	218

Einführung

Das arbeitsrechtliche Prozessgeschehen spielt sich nicht allein vor Arbeitsgerichten ab. Arbeitsrechtliche Sachverhalte sind auch Gegenstand von Verfahren vor der **Verwaltungsgerichtsbarkeit**. Nachstehend im Abschnitt Y.III (Y Rdn. 192 ff.) haben wir auch beispielhaft verwaltungsgerichtliche Streitigkeiten, wie sie im Zusammenhang mit behördlichen Zustimmungsverfahren (Schwerbehinderte – Y Rdn. 199, Mutterschutz – Y Rdn. 208) oder aber auch im Personalvertretungsrecht (Y Rdn. 217) geführt werden, dargestellt. **1**

Ferner sind **dienstvertragsrechtliche Streitigkeiten** solche, die häufig von Fachanwälten für Arbeitsrecht bearbeitet werden, da hier im materiellen Recht erhebliche Überschneidungen zu arbeitsrechtlichen Fragestellungen bestehen. In prozessualer Hinsicht sind hier jedoch einige Besonderheiten zu beachten, die in diesem Abschnitt behandelt werden, wobei das Revisionsverfahren außer Betracht geblieben ist, da hier die Einschaltung eines vor dem Bundesgerichtshof zugelassenen Anwaltes erforderlich ist. Eine Revision zum Oberlandesgericht im Falle von Streitigkeiten, bei der die Eingangsinstanz das Amtsgericht ist, ist theoretisch denkbar. Bei Streitigkeiten zwischen Gesellschaften und (ehemaligen) Geschäftsführern ist jedoch in aller Regel die **Zuständigkeit des Landgerichts** als Eingangsinstanz gem. § 23 Nr. 1 i.V.m. § 71 Abs. 1 GVG gegeben, da meist der Zuständigkeitsstreitwert von 5.000 € deutlich überschritten wird. **2**

Andere Verfahrensarten werden im Sachzusammenhang bearbeitet, so finden sich beispielsweise die gesellschaftsrechtlich geprägten Verfahren im Zusammenhang mit der Unternehmensmitbestimmung (z.B. Statusverfahren) in Abschnitt W, dort W Rdn. 46 ff., 66 ff. **3**

Y. Verfahren vor anderen Gerichten

I. Verfahren vor der ordentlichen Gerichtsbarkeit – erstinstanzliches Verfahren vor dem Landgericht

4   Die **Organmitglieder von Kapitalgesellschaften** gelten, solange sie tatsächlich bestellt sind und ihr Amt ausüben, **nicht als Arbeitnehmer** i.S.d. § 5 ArbGG. Daher werden die Streitigkeiten aus den hier zu Grunde liegenden Dienstverhältnissen vor der ordentlichen Gerichtsbarkeit geführt. Sie werden in der Regel nicht von der Rechtwegzuweisung des § 2 Abs. 1 Nr. 3 ArbGG erfasst. Ob dies auch für den Fremdgeschäftsführer gilt, war nicht zuletzt aufgrund der Entscheidung des Europäischen Gerichtshofs in der Sache Danosa (Rs C-232/09, NJW 2011, 2343) zweifelhaft, da der Fremdgeschäftsführer aufgrund seiner Weisungsgebundenheit nach europäischem Verständnis als Arbeitnehmer angesehen wird. Entsprechend soll der Anwendungsbereich arbeitsrechtlicher Schutzvorschriften richtlinienkonform auf weisungsabhängige Organmitglieder erweitert werden. Welche Schutzvorschriften dies konkret sind und ob sich daraus der Rechtsweg zu den Arbeitsgerichten – insoweit – ergibt, wurde auch in der arbeitsrechtlichen Literatur und inzwischen auch in der Rechtsprechung intensiv diskutiert (OLG Düsseldorf, Urt. v. 18.10.2012 – I – 6 U 47/12, BB 2013, 1403; *Bauer/Arnold* DB 2008, 350; *Fischer* NJW 2011, 2329; *Forst* GmbHR 2012, 821; *Junker* NZA 2011, 950; *Lunk/Rodenbusch* GmbHR 2012, 188; *Schulze/Hintzen* ArbRAktuell 2012, 263; *Oberthür* NZA 2011, 253; *Reufels/Molle* NZA-RR 2011, 281; *Stagat* NZA-RR 2011, 617; *von Alvensleben/Haug/Schnabel* BB 2012, 774; *von Steinau-Steinrück/Mosch* NJW-Spezial 2011, 178. Im Fall Balkaya (Rs C-229/14, NJW 2015, 2481) führte der EuGH jedenfalls seine Rechtsprechung fort und sah einen Fremdgeschäftsführer einer deutschen GmbH als Arbeitnehmer i.S.d. Unionrechts an (siehe hierzu: *Forst* EuZW 2015, 664; *Lunk* NZA 2015, 917; *Stenslik* DStR 2015, 2334).

4.1   Aktuelle Entscheidungen des BAG gaben nunmehr Aufschluss über die Rechtswegzuständigkeit von Klagen eines GmbH-Geschäftsführers. Gemäß § 5 Abs. 1 S. 3 ArbGG gelten Personen, die zur Vertretung der juristischen Person berufen sind nicht als Arbeitnehmer, sodass die Landgerichte und nicht die Arbeitsgerichte zuständig sind. Nach der alten Rechtsprechung des BGH waren Klagen betreffend das Anstellungsverhältnis eines Geschäftsführers grundsätzlich den ordentlichen Gerichten zugewiesen. Auch wenn der Geschäftsführer wirksam abberufen war, so änderte dies nichts an der Zuständigkeit dieser. Sinn und Zweck der Fiktionswirkung ist, Streitigkeiten im Arbeitgeberlager nicht vor den Arbeitsgerichten zu führen (BAG, Beschl. v. 20.08.2003 – 5 AZB 79/02, NZA 2003, 1108). Die Rechtsprechung bezüglich der Rechtswegzuständigkeit hat sich jedoch durch die neueren Entscheidungen des BAG insoweit geändert, dass es nicht ausschließlich auf die Umstände zum Zeitpunkt der Klageerhebung ankommt (BAG, Beschl. v. 04.02.2013 – 10 AZB 78/12, NZG 2013, 351; BAG, Beschl. v. 22.10.2014 – 10 AZB 46/14, NJW 2015, 570; BAG, Beschl. v. 03.12.2014 – 10 AZB 98/14, NZA 2015, 180; siehe auch OLG München, Beschl. v. 27.10.2014 – 7 W 2097/14, NZA-RR 2014, 660). Das BAG stellte im Beschluss vom 22.10.2014 klar, dass die Fiktionswirkung des § 5 Abs. 1 S. 3 ArbGG nach der Abberufung eines GmbH-Geschäftsführers endet. Dabei habe die Eintragung der Abberufung in das Handelsregister lediglich deklaratorische Wirkung; die alte Rechtsprechung (BAG, Beschl. v. 26.10.2012 – 10 AZB 55/12, BeckRS 2013, 66911; BAG, Beschl. v. 15.11.2013 – 10 AZB 28/13, BeckRS 2014, 73465), welche auf die Eintragung der Abberufung ins Handelsregister abstellte, wurde mithin aufgegeben. Es sei daher nicht mehr maßgebend, ob der Geschäftsführer Leistungen des auf der Organstellung zu Grunde liegenden Rechtsverhältnisses geltend macht gleichwohl er seine Organstellung nicht mehr innehatte – nach der Abberufung gegenüber dem Geschäftsführer steht nun vielmehr der Weg zu den Arbeitsgerichten offen soweit der Geschäftsführer behauptet, dass der von ihm geltend gemachte Anspruch arbeitsrechtlicher Natur sei. Auch wenn die Abberufung eines Geschäftsführers erst nach Klageerhebung, aber noch vor einer rechtskräftigen Entscheidung über die Rechtswegzuständigkeit erfolgt, so könne die Zuständigkeit der Arbeitsgerichte begründet werden. Zwar seien für die Ermittlung des Rechtswegs die Umstände zum Zeitpunkt des Eintritts der Rechtshängigkeit entscheidend, das BAG betonte jedoch, dass der in § 17 Abs. 1 S. 1 GVG enthaltene perpetuatio-fori-Grundsatz lediglich rechtswegerhaltend gelte. Das Abstellen auf

Klage auf Feststellung der Unwirksamkeit einer Kündigung eines Geschäftsführerdienstvertrages **Y.I.1.**

den Zeitpunkt der Klageerhebung eröffne insoweit Manipulationsmöglichkeiten. Allein die Bekanntgabe der Abberufung gegenüber dem Geschäftsführer sei demnach entscheidend. Nur für die Dauer der Organstellung, und damit unabhängig von der Rechtsnatur des streitigen Vertragsverhältnisses, sei der Geschäftsführer unabhängig von seiner materiellrechtlichen Stellung nicht als Arbeitnehmer im prozessualen Sinne anzusehen (vgl. hierzu BAG, Beschl. v. 22.10.2014 – 10 AZB 46/14; BAG, Beschl. v. 03.12.2014 – 10 AZB 14; *Geck/Fiedler* BB 2015, 1077; *Link/Dimsic* BB 2015, 3063; *Lunk* NJW 2015, 528; *Stagat* NZA 2015, 193).

1. Klage auf Feststellung der Unwirksamkeit einer Kündigung eines Geschäftsführerdienstvertrages

Vorbemerkung

Da die Kündigung eines **Dienstverhältnisses** keiner Begründung bedarf, wird eine ordentliche Kündigung eines Geschäftsführerdienstvertrages in der Regel nur in formaler Hinsicht angreifbar sein. In materieller Hinsicht ist häufig auch die **Unwirksamkeit einer außerordentlichen Kündigung** Gegenstand des Rechtsstreites. In dem nachfolgenden Muster haben wir unterstellt, dass eine außerordentliche, hilfsweise ordentliche Kündigung, ausgesprochen wurde.

▶ **Muster – Klage auf Feststellung der Unwirksamkeit einer Kündigung eines Geschäftsführerdienstvertrages**

An das
Landgericht [1] _____[Ort]_____ [2]
– Kammer für Handelssachen [3] –
[Anschrift des Gerichts]

_____[Ort]_____, den _____[Datum]_____ [4]

KLAGE

des Herrn [Name und private Anschrift des Geschäftsführers]

Kläger

Prozessbevollmächtigte [5]: Rechtsanwälte [Kanzleiname und -anschrift]

gegen

die _____ GmbH, vertreten durch ihre Gesellschafter, [6]
1. die _____ GmbH, vertreten durch ihren Geschäftsführer Herrn _____[Name]_____
2. die _____ AG, vertreten durch ihren Vorstand [Namen der einzelnen Mitglieder] [7]
3. Herrn _____[Name]_____, _____[Anschrift]_____

Beklagte

wegen Feststellung und Leistung

vorläufiger Streitwert: _____[Betrag]_____ € [8]

Namens und in Vollmacht [9] des Klägers erheben wir Klage und beantragen

1. festzustellen [10], dass das Dienstverhältnis zwischen den Parteien nicht durch die außerordentliche Kündigung der Beklagten vom _____[Datum]_____ beendet wurde, sondern darüber hinaus fortbesteht [11];

2. festzustellen, dass das Dienstverhältnis zwischen den Parteien nicht durch die hilfsweise erklärte ordentliche Kündigung vom ___[Datum]___ zum ___[Datum]___ beendet wurde, sondern darüber hinaus fortbesteht;

3. die Beklagte zu verurteilen, an den Kläger ___[restliches Bruttomonatsgehalt für den Kündigungsmonat]___ € nebst Zinsen in Höhe von 5 % Punkten über dem Basiszinssatz [12] seit dem ___[Datum]___ [13] zu zahlen;

4. die Beklagte zu verurteilen, an den Kläger ___[Bruttomonatsgehalt]___ € [14] nebst Zinsen in Höhe von 5 %-Punkten über dem Basiszinssatz seit dem ___[Datum]___ zu zahlen;

5. der Beklagten die Kosten des Rechtsstreits aufzuerlegen;[15]

6. das Urteil, notfalls gegen Sicherheitsleistung, für vorläufig für vollstreckbar zu erklären. [16]

— Hilfsweise für den Fall des Unterliegens beantragen wir

Vollstreckungsschutz. [17]

Vorab wird beantragt,

von einer Güteverhandlung abzusehen, weil bereits ein erfolgloser, außergerichtlicher Güteversuch stattgefunden hat. [18]

Es wird angeregt, einen frühen ersten Termin zu bestimmen. [19] Sofern das Gericht das schriftliche Vorverfahren anordnet, wird für den Fall der Fristversäumnis oder des Anerkenntnisses beantragt, die Beklagte durch Versäumnisurteil ohne mündliche Verhandlung zu verurteilen. [20]

Mit einer Entscheidung der Sache durch den Vorsitzenden ist die Beklagte einverstanden. [21]

BEGRÜNDUNG:

Der Kläger ist seit dem ___[Datum]___ bei der Beklagten als Geschäftsführer mit einem vertraglichen Bruttomonatsgehalt von ___[Betrag]___ € angestellt.

Beweis: Anstellungsvertrag vom ___[Datum]___, in Kopie beigefügt als [22]

— Anlage K1 —.

Der Beklagte erhielt am ___[Datum]___ per Boten die beigefügte Kündigungserklärung.

Beweis: Kündigungserklärung vom ___[Datum]___ in Kopie beigefügt als

— Anlage K2 —.

Die Kündigung ist bereits aus formalen Gründen unwirksam, da die Beklagte bei Ausspruch der Kündigung nicht ordnungsgemäß vertreten war.

Die Kündigung wurde durch den Vorsitzenden der Geschäftsführung der Hauptgesellschafterin unterzeichnet. Eine Vollmacht wurde der Kündigung nicht beigefügt. [23]

Der Beklagte hat daraufhin durch Anwaltsschreiben vom ___[Datum]___ die Kündigung wegen mangelnder Vollmachtsvorlage gemäß § 174 BGB zurückgewiesen. [24]

Beweis: Anwaltsschreiben des Klägers vom ___[Datum]___, in Kopie beigefügt als

— Anlage K3 —.

Gründe, die eine außerordentliche Kündigung gemäß § 626 BGB rechtfertigen können, liegen nicht vor [25], zudem ist die Zweiwochenfrist des § 626 Abs. 2 S. 2 BGB nicht gewahrt. [26]

Die Beklagte hat das Anstellungsverhältnis zum ___[Datum]___ abgerechnet. Daher steht dem Kläger aus diesem Monat noch ___[Betrag]___ € zu. Die Erweiterung der Klage um die laufend fällig werdenden Beträge sowie die Tantieme [27] für das laufende Kalenderjahr bleibt vorbehalten.

Beglaubigte und einfache Abschrift liegen bei.

_____
(Unterschrift Rechtsanwalt) [28]

Erläuterungen

Schrifttum
Barth OLG Düsseldorf: Anwendbarkeit des § 85 SGB IX auf den GmbH-Geschäftsführer, BB 2013, 1403; *Bauer/Arnold* Kein Kündigungsschutz für »Arbeitnehmer-Geschäftsführer« – oder doch?, DB 2008, 350; *Dimsic/Link* Bestandsschutzstreitigkeiten von GmbH-Geschäftsführern, BB 2015, 3063; *Fischer* Die Fremdgeschäftsführerin und andere Organmitglieder auf dem Weg zur Arbeitnehmereigenschaft, NJW 2011, 2329; *Forst* GmbH-Fremdgeschäftsführer als Arbeitnehmer i.S.d. Unionsrechts, EuZW 2015, 664; *Forst* Unterliegen Geschäftsführer dem Bundesurlaubsgesetz (BUrlG)?, GmbHR 2012, 821; *Geck/Fiedler* Alle Wege des Geschäftsführers führen zu den Arbeitsgerichten! – Paradigmenwechsel bei der Bestimmung der Rechtswegzuständigkeit, BB 2015, 1077; *Gehlhaar* Die Rechtsprechung zu (ruhenden) Arbeitsverhältnissen von Organen juristischer Personen, NZA-RR 2009, 569; *Ginal/Heinemann-Diehl* Die arbeitsrechtliche Stellung des Fremd-Geschäftsführers, GWR 2014, 408; *Grobys* Das Anstellungsverhältnis von Vorständen und Geschäftsführern, NJW-Spezial 2005, 513; *Junker* Auswirkungen der neueren EuGH-Rechtsprechung auf das deutsche Arbeitsrecht, NZA 2011, 950; *Lunk/Rodenbusch* Der unionsrechtliche Arbeitnehmerbegriff und seine Auswirkungen auf das deutsche Recht, GmbHR 2012, 188; *Lunk* Der GmbH-Geschäftsführer und die Arbeitsgerichtsbarkeit – Das BAG macht den Weg frei!, NJW 2015, 528; *Lunk* Der EuGH und die deutschen GmbH-Fremdgeschäftsführer – Auf dem Weg zum Arbeitnehmerstatus?, NZA 2015, 917; *Lunk/Rodenbusch* Der Weiterbeschäftigungsanspruch des GmbH-Geschäftsführers, NZA 2011, 497; *Oberthür* Unionsrechtliche Impulse für den Kündigungsschutz von Organvertretern und Arbeitnehmerbegriff, NZA 2011, 253; *Reiserer/Peters* Die anwaltliche Vertretung von Geschäftsführern und Vorständen bei Abberufung und Kündigung, DB 2008, 167; *Reufels/Molle* Diskriminierungsschutz von Organmitgliedern, NZA-RR 2011, 281; *Sasse/Schnitger* Das ruhende Arbeitsverhältnis des GmbH-Geschäftsführers, BB 2007, 154; *Schulze/Hintzen* GmbH-Geschäftsführer als Arbeitnehmer?, ArbRAktuell 2012, 263; *Stagat* Risiken und Nebenwirkungen von Geschäftsführer-Anstellungsverträgen, NZA-RR 2011, 617; *Stagat* Der Rechtsweg des GmbH-Geschäftsführers zum Arbeitsgericht – Änderung der Rechtsprechung und Folgen für die Praxis, NZA 2015, 193; *Stenslik* Der Fremd-Geschäftsführer als Arbeitnehmer i.S.d. Unionsrechts, DStR 2015, 2334; *von Alvensleben/Haug/Schnabel* Der Fremdgeschäftsführer im Spannungsfeld zwischen Arbeitgeberposition und Arbeitnehmereigenschaft, BB 2012, 774; *von Steinau-Steinrück/Mosch* Schwangere Geschäftsführerin: Managerin oder Arbeitnehmerin?, NJW-Spezial 2011, 178.

1. Die Organmitglieder von Gesellschaften sind jedenfalls für die Dauer ihrer Bestellung keine Arbeitnehmer i.S.d. § 5 ArbGG (vgl. u.a. AR/*Heider* § 5 ArbGG Rn. 6). Ist der Geschäftsführer jedoch zum Zeitpunkt der Entscheidung über seine Klage bereits abberufen, so soll nach neuerer Rechtsprechung kein Raum mehr für die Sperrwirkung des § 5 ArbGG mehr sein (vgl. i.E. Y Rdn. 4). Zu beachten ist hier auch die jüngste Rechtsprechung des Europäischen Gerichtshofs (Rs C-232/09, NJW 2011, 2343), wonach auch Organmitglieder als Arbeitnehmer in den Schutzbereich von EG-Richtlinien einzubeziehen sind, wenn Weisungsgebundenheit vorliegt. Mit der Begründung, dies gelte insbesondere für einen GmbH-Fremdgeschäftsführer, da dieser gegenüber dem Aufsichtsrat Rechenschaft über seine Geschäftsführung ablegen und mit diesem zusammenarbeiten müsse, wird es in Zukunft schwer fallen, die bisher weitgehende Differenzierung von Organmitglied und Arbeitnehmereigenschaft durchgängig aufrecht zu halten (*Junker* NZA 2011, 950). 7

Streitigkeiten aus den Dienstverhältnissen nicht weisungsgebundener Organmitglieder sind aber trotzdem weiterhin nicht gemäß § 2 Abs. 1 Nr. 3 ArbGG den Arbeitsgerichten zugewiesen, sondern es ist der **Rechtsweg zu den ordentlichen Gerichten** eröffnet (MünchHandbGesR III/*Marsch-Barner/Diekmann* § 43, Rn. 112). Ist ein Arbeitnehmer hingegen zum Geschäftsführer berufen worden, so wird ein anlässlich dieser Bestellung zum Geschäftsführer geschlossener Geschäftsführerdienstvertrag in der Regel das **Arbeitsverhältnis** auflösen, so dass dieses bei Beendigung des Geschäftsführerdienstvertrages nicht wieder auflebt (BAG, Urt. v. 05.06.2008 – 2 AZR 754/06, 8

NZA 2008, 1002; BAG, Urt. v. 14.06.2006 – 5 AZR 592/05, DB 2006, 2239). Wird das Anstellungsverhältnis beendet, so ist Klage zu den ordentlichen Gerichten zu erheben, der Rechtsweg zu den Arbeitsgerichten ist grundsätzlich nicht eröffnet. Ein bereits abberufener Geschäftsführer kann jedoch nach neuester Rechtsprechung die Zuständigkeit der Arbeitsgerichte allein durch die Behauptung herbeiführen, dass das streitgegenständliche Rechtsverhältnis ein Arbeitsverhältnis sei (vgl. Y Rdn. 4.1). Die **Vertragshistorie** sollte daher in jedem Einzelfall gerade aufgrund dieser Rechtsprechungsänderung auf die Möglichkeit hin genau überprüft werden, ob ein bisheriger Anstellungsvertrag wieder auflebt. Zur Zuständigkeitsabgrenzung zwischen ordentlicher Gerichtsbarkeit und Arbeitsgerichtsbarkeit vgl. auch AR/*Heider* § 2 ArbGG Rn. 30 ff. Macht ein abberufenes Organmitglied im Rahmen einer Kündigungsschutzklage den Fortbestand seines Arbeitsverhältnisses geltend, liegt ein sog. sic-non-Fall vor. Die bloße Rechtsansicht der Klagepartei genügt in einem solchen Fall, den Rechtsweg zu den Arbeitsgerichten zu eröffnen (BAG, Beschl. v. 26.10.2012 – 10 AZB 60/12, NZA 2013, 54 ff.).

9 Aus dem Umstand, dass in einem konkreten Fall der Rechtsweg zu den ordentlichen Gerichten zu beschreiten ist, folgt nicht zwingend, dass die **Anwendung materiellen Arbeitsrechts** ausgeschlossen ist (vgl. insbesondere aus europarechtlicher Sicht *Bauer/Arnold* DB 2008, 350; *Fischer* NJW 2011, 2329; *Junker* NZA 2011, 950; *Reufels/Molle* NZA-RR 2011, 281; *Oberthür* NZA 2011, 253; *Stagat* NZA-RR 2011, 617; *von Alvensleben/Haug/Schnabel* BB 2012, 774; *von Steinau-Steinrück/Mosch* NJW-Spezial 2011, 178; *Forst* EuZW 2015, 664; *Lunk* NZA 2015, 917 sowie die in Küttner/*Seidel* Geschäftsführer, Rn. 21 ff. aufgeführten Einzelfälle).

10 So soll ein Geschäftsführer einer Komplementär-GmbH auch dann kein Arbeitnehmer i.S.d. § 5 ArbGG sein, wenn er bei der Kommanditgesellschaft angestellt ist, da die Fiktion des § 5 Abs. 1 S. 3 ArbGG unabhängig davon gilt, ob das der Organstellung zugrundeliegende Rechtsverhältnis materiell-rechtlich ein Arbeits- oder ein Dienstverhältnis ist (BAG, Beschl. v. 23.08.2011 – 10 AZB 51/10, DZWIR 2012, 28; BAG, Urt. v. 20.08.2003 – 5 AZB 79/02, NJW 2003, 3290; vgl. zum Geschäftsführer Y Rdn. 4).

11 Die **Zuständigkeit des Landgerichts** ergibt sich aus § 23 Nr. 1 i.V.m. § 71 Abs. 1 GVG aus dem in aller Regel 5.000 € übersteigenden Streitwert. Zur Streitwertberechnung siehe noch Y Rdn. 20.

12 **2.** Der **allgemeine Gerichtsstand** einer juristischen Person ist gemäß § 17 ZPO der Ort, an dem die Verwaltung geführt wird, also der Ort, an dem die Geschäftsführung effektiv ihren Sitz hat. Gemäß § 29 ZPO ist **besonderer Gerichtsstand** aus einem Dienstvertrag der Ort, an dem die abhängigen Dienste nach dem Vertrag zu leisten sind. Dies ist bei Geschäftsführerdienstverträgen in aller Regel also der **Gesellschaftssitz** (BayOLG, Urt. v. 25.09.1992 – 1 Z AR 107/92, DB 1992, 2434). Damit sind Klagen auf Feststellung der Unwirksamkeit einer Kündigung eines Geschäftsführerdienstvertrages an das Gericht zu richten, an dem die Gesellschaft ihren Sitz hat.

13 **3.** Gemäß § 95 Abs. 1 Nr. 4a GVG ist die **Kammer für Handelssachen** für Rechtsstreitigkeiten zwischen einem »Vorsteher« einer Gesellschaft mit der Gesellschaft selbst zuständig. Eine Gesellschaft mit beschränkter Haftung ist gemäß § 13 Abs. 3 GmbHG eine Handelsgesellschaft i.S.d. § 6 Abs. 1 HGB und die Mitglieder ihres Vertretungsorgans sind »Vorsteher« i.S.d. § 95 Abs. 1 GVG.

14 **4.** Eine besondere **Klagefrist** ist bei Klagen auf Feststellung der Unwirksamkeit der Kündigung eines Geschäftsführerdienstvertrages nicht zu beachten. Die Dreiwochenfrist des § 4 S. 1 KSchG gilt hier nicht. Die Klage kann somit jederzeit in den Grenzen der **Verwirkung** erhoben werden. Verwirkung tritt ein, wenn der Kläger es längere Zeit unterlassen hat, sein Recht geltend zu machen (**Zeitmoment**) und darüber hinaus Umstände vorliegen, die es rechtfertigen, die späte Geltendmachung des Rechts als mit Treu und Glauben unvereinbar und für den Verpflichteten als unzumutbar (**Umstandsmoment**) anzusehen. In der arbeitsgerichtlichen Rechtsprechung wird ab einem Zeitraum von drei Monaten zwar das Zeitmoment in der Regel als erfüllt angesehen, allerdings gilt es zu beachten, dass etwa Vergleichsverhandlungen das Zeitmoment unterbrechen können. Als Umstandsmoment kommt insbesondere die Aufnahme einer Tätigkeit bei einer anderen

Gesellschaft in Betracht oder sonstiges Verhalten, aus dem sich erkennen lässt, dass der Geschäftsführer die Kündigung akzeptiert hat. Aus Sicht des Geschäftsführers ist es daher wichtig darauf zu achten, dass sobald etwaige **Vergleichsgespräche** keinen Fortgang nehmen, nicht allzu lange mehr gewartet wird, bis Klage erhoben wird.

5. Gemäß § 78 ZPO müssen sich die Parteien vor dem Landgericht durch einen Rechtsanwalt vertreten lassen. Klagen können mithin nur durch einen vom klagenden Geschäftsführer beauftragten Rechtsanwalt erhoben werden. Es besteht somit **Anwaltszwang**. Das Erfordernis der Zulassung vor einem bestimmten Landgericht wurde durch das Gesetz zur Neuordnung des Berufsrechts der Rechtsanwälte und Patentanwälte vom 17.12.1999 (BGBl. I, 2448) mit Wirkung zum 01.01.2000 aufgehoben. Anders als im arbeitsgerichtlichen Verfahren (§ 11 Abs. 1 ArbGG) ist somit schon bei einer Bestandsstreitigkeit in erster Instanz Anwaltszwang gegeben. Eine Vertretung durch Verbandsvertreter, wie sie § 11 Abs. 2 Nr. 3 bis 5 ArbGG in Bezug auf die Arbeitsgerichtsbarkeit erlaubt, ist nicht möglich.

6. Die Gesellschafterversammlung ist gemäß § 46 Nr. 5 GmbHG das für die Bestellung und Abberufung des Geschäftsführers zuständige Organ, soweit nicht die **Satzung** etwas anderes vorsieht. Aus der sogenannten **Annexkompetenz** folgt auch, dass ihnen die Anstellung des Geschäftsführers obliegt (Baumbach/Hueck/*Zöller* § 46 GmbHG Rn. 36; Baumbach/Hueck/*Zöller*/*Noak* § 35 GmbHG Rn. 36; Lutter/Hommelhoff/*Kleindiek* § 35 GmbHG Rn. 11). Damit vertritt sie die Gesellschaft in Verfahren gegen ihre Geschäftsführer, soweit die Verfahren aus dem Anstellungsverhältnis mit ihr resultieren, etwa bei Herausgabe- und Schadenersatzansprüchen. Ist jedoch in der Satzung der Gesellschaft eine andere Vertretungsregelung vorgesehen, etwa eine Vertretung durch einen Beirat, so gilt diese. Entsprechend dieser gesellschaftsrechtlichen Kompetenzzuweisung sind die Vertretungsverhältnisse im Passivrubrum der Klage anzugeben. Ist ein obligatorischer Aufsichtsrat gebildet, ist zwingend dieser zur gerichtlichen Vertretung der Gesellschaft gegenüber dem Geschäftsführer.

Wenn **Abberufung und Kündigung** zeitlich auseinanderfallen, so bleibt es ebenfalls bei der Zuständigkeit der Gesellschafterversammlung für den Ausspruch der Kündigung, es sei denn, es gäbe Anhaltspunkte dafür, dass sich das Vertragsverhältnis nach der Abberufung in seinem rechtlichen Charakter dadurch gewandelt hätte, dass etwa der ehemalige Geschäftsführer nach seiner Abberufung (als Arbeitnehmer) weiter beschäftigt wurde (BAG, Urt. v. 04.07.2001 – 2 AZR 142/00, NZA 2002, 401; *Gehlhaar* NZA-RR 2009, 569).

Zum Rubrum im Falle einer **Alleingesellschafterin** siehe Formular Y Rdn. 90.

7. Bei kollektiven Vertretungsorganen sollten nach Möglichkeit alle **Mitglieder des Vertretungsorgans**, etwa alle Vorstandsmitglieder, aufgeführt werden.

8. In der Klage ist der Streitwert anzugeben. Aus dem Streitwert ergibt sich zum einen die Höhe des zu leistenden **Kostenvorschusses**, zum anderen, wie oben Y Rdn. 11 dargelegt, die Frage, ob eine Klage in die sachliche Zuständigkeit des Amtsgerichts oder des Landgerichts fällt. Der Streitwert ergibt sich aus § 9 ZPO. Er beträgt das 3,5-fache des Jahresbezuges, begrenzt jedoch auf den Wert der **Restvertragslaufzeit**. Wenn also der Anstellungsvertrag ab Kündigung noch zwei weitere Jahre gelaufen wäre, so beträgt der **Gegenstandswert** 2 Jahresbezüge – nur dies steht letztlich im Streitwert (Hümmerich/Spirolke/*Hümmerich*/*Notz* § 19 GVG Rn. 188 f.).

9. Vgl. zur Prozessvollmacht oben Muster X Rdn. 120.

10. Die Klage ist eine **Feststellungsklage** gemäß § 256 ZPO. Das besondere Feststellungsinteresse ergibt sich daraus, dass die ansonsten bestehende Notwendigkeit monatlich aufs neue Leistungsklage in Höhe einer Monatsrate der Vergütung zu erheben, kein effektiveres Mittel der Rechtswahrung darstellt (für den Fall des Streits über den Bestand eines Arbeitsverhältnisses vgl. Zöller/*Greger* § 256 ZPO Rn. 11a) sowie Formulare X Rdn. 252 (Kündigungsschutzklage) und X Rdn. 332 (»Entfristungsklage«).

Y. Verfahren vor anderen Gerichten

23 **11.** Zur Zulässigkeit dieses Antragszusatzes s. X Rdn. 264 ff.

24 **12.** Nach § 288 Abs. 1 BGB gilt ein regulärer Verzugszins von 5 Prozentpunkten über dem Basiszinssatz. Lediglich bei Rechtsgeschäften, bei denen kein Verbraucher beteiligt ist, kann nach § 288 Abs. 2 BGB ein höherer **Verzugszins** von 9 Prozentpunkten über dem Basiszinssatz verlangt werden. Bislang ist höchstrichterlich nicht ausdrücklich entschieden, ob ein GmbH-Geschäftsführer im Rahmen des § 288 BGB als Verbraucher nach § 13 BGB zu klassifizieren ist, die instanzgerichtliche Rechtsprechung geht wohl davon aus (so jedenfalls OLG Jena, Urt. v. 09.12.2009 – 6 U 321/09) und auch das BAG scheint dies inzwischen jedenfalls implizit zu unterstellen (vom 19.05.2010 – 5 AZR 253/09, NZA 2010, 939). Im Rahmen des Verbraucherkreditgesetzes hat der BGH wiederholt entschieden, dass auch ein GmbH-Geschäftsführer **Verbraucher** sei, in neueren Entscheidungen sogar unter direktem Verweis auf § 13 BGB (BGH, Beschl. v. 24.07.2007 – XI ZR 208/06, BB 2007, 2141 m.w.N.). Im Rahmen des § 304 Abs. 1 S. 1 InsO scheint der BGH allerdings insoweit differenzierter zu entscheiden, als dass zumindest Mehrheits- oder Alleingesellschaftergeschäftsführer keine Verbraucher seien (BGH, Urt. v. 22.09.2005 – IX ZB 55/04). Jedoch stützt sich der BGH dabei auf insolvenzrechtliche Aspekte und zieht etwa die §§ 13, 14 BGB gar nicht heran. Zudem hat der BGH im Rahmen seiner Rechtsprechung zum Verbraucherkredit eine solche Unterscheidung nicht vorgenommen, sondern sogar geschäftsführende Alleingesellschafter unter den Verbraucherbegriff gefasst (BGH, Urt. v. 08.11.2005 – XI ZR 34/05; für den Fremdgeschäftsführer im Rahmen der §§ 304 ff. BGB vgl. inzwischen BAG, Urt. v. 19.05.2010 – 5 AZR 253/09, NZA 2010, 939). Angesichts dessen spricht viel dafür, dass der BGH im Rahmen des § 13 BGB – und damit auch bei § 288 BGB – einen GmbH-Geschäftsführer als Verbraucher klassifizieren wird und somit der reguläre Verzugszins von 5 Prozentpunkten über dem Basiszinssatz zur Anwendung kommt, wenn er nicht zugleich als Gesellschafter mindestens über eine Sperrminorität verfügt oder Leitungsmacht ausüben kann (so auch Küttner/*Kania* Geschäftsführer Rn. 22).

25 **13.** Sofern nichts Besonderes geregelt ist, ist die Vergütung gemäß § 614 BGB nach Ablauf des relevanten Zeitabschnittes, also nach Ablauf des jeweiligen Monats, fällig. Der Dienstgeber gerät somit in Verzug, wenn er am Tag nach Beendigung des Zeitabschnittes nicht leistet. Die Vergütung für den Monat Mai ist also am 01. Juni zu zahlen, am 02. Juni tritt somit Verzug ein. Es bedarf keiner Mahnung.

26 **14.** Um einen, wenn auch nur vorläufig vollstreckbaren Titel zu erlangen, müssen die jeweiligen Bruttomonatsgehälter eingeklagt werden. Wegen des **Fixschuldcharakters** der Entgeltzahlung, ist die zeitnahe Erhebung einer Zahlungsklage indessen nicht erforderlich, wenn es darum geht, den Zinsanspruch zu sichern. Auf der anderen Seite ist möglicherweise die zügige Erlangung eines wenigstens vorläufig **vollstreckbaren** Titels erforderlich, etwa wenn die Insolvenz der Gesellschaft zu befürchten ist.

27 Für den Zinslauf allein bedarf es keiner alsbaldigen Klage, da die Gehaltszahlungen eine Fixschuld darstellen, die gemäß § 614 BGB, sofern nichts Abweichendes vereinbart ist, jeweils mit Ablauf des entsprechenden Zeitraums, für die sie gezahlt werden, fällig werden. Die Fälligkeit ist mithin datumsmäßig bestimmbar.

28 **15.** Anders als im arbeitsgerichtlichen Verfahren werden die Kosten hier im Verhältnis des Obsiegens und Unterliegens aufgeteilt. Damit ist die Erhebung einer Feststellungsklage auf Unwirksamkeit der Kündigung eines Geschäftsführervertrages mit höheren **Kostenrisiken** verbunden, als dies im arbeitsgerichtlichen Verfahren der Fall ist. Hinzu kommt der wesentlich höhere Streitwert (vgl. Y Rdn. 20). Auf der anderen Seite besteht auch die Chance, dass der Geschäftsführer die von ihm zu tragenden Kosten vollständig gegenüber der Gesellschaft liquidieren kann.

29 **16.** Im Gegensatz zu arbeitsgerichtlichen Urteilen sind erstinstanzliche Urteile vor dem Landgericht nicht **vorläufig vollstreckbar.** Daher kann eine Zwangsvollstreckung aus einem erstinstanzlichen Urteil nur erfolgen, wenn der Geschäftsführer zuvor Sicherheit leistet. Diese kann zum einen durch **Hinterlegung** einer entsprechenden Summe bei Gericht gestellt werden. Üblich

ist jedoch eine **Bankbürgschaft**. Um zügig einen wegen der Geldforderungen vollstreckbaren Titel ohne Sicherheitsleistung zu erlangen, kommt unter Umständen eine Klage im Urkundsverfahren in Betracht (vgl. hierzu noch Formulare Y.I.5 bis 8 – Y Rdn. 88 ff.).

17. Wegen der Kosten, die auf Grund der oben dargelegten Streitwertberechnung hoch sein können, kommt ein **Vollstreckungsschutzantrag** gemäß § 712 ZPO in Betracht. Voraussetzung ist, dass dargelegt werden kann, dass die Vollstreckung dem Schuldner einen nicht zu ersetzenden Nachteil bringt. Dies ist glaubhaft zu machen. Gemäß § 714 Abs. 1 ZPO muss ferner ein entsprechender Antrag bis zum Schluss der mündlichen Verhandlung gestellt werden. Es ist streitig, ob dieser Antrag – wenn er in erster Instanz versäumt wurde – auch noch in der Berufungsinstanz nachgeholt werden kann. Daher sollte dieser Antrag bereits in der ersten Instanz gestellt werden (zum Streitstand vgl. MüKo-ZPO/*Götz* § 714 Rn. 2 f.). Wird Vollstreckungsschutz gewährt, hat dies zur Folge, dass eine Vollstreckung selbst dann nicht möglich ist, wenn der Gläubiger Sicherheit leistet. Voraussetzung ist jedoch, dass der Schuldner, also hier der klagende Geschäftsführer, seinerseits eine Sicherheit leistet.

18. Gemäß § 278 Abs. 2 ZPO hat der mündlichen Verhandlung eine Güteverhandlung zum Zwecke der gütlichen Beilegung des Rechtsstreits vorauszugehen. Dies gilt sowohl im Falle eines frühen ersten Termins (§§ 272 Abs. 2, 275 ZPO) als auch im Falle des schriftlichen Vorverfahrens (§§ 272 Abs. 1, 276 ZPO). Zu dieser **Güteverhandlung** werden in der Regel die Parteien persönlich geladen. Im Falle des Scheiterns der Güteverhandlung kann die Verhandlung unmittelbar mit der streitigen mündlichen Verhandlung fortgesetzt werden. Ist von vornherein klar, dass eine gütliche Einigung nicht in Betracht kommt, kann von einer Güteverhandlung abgesehen werden (§ 278 Abs. 2 S. 1 ZPO). Die Parteien können sich hierbei auf einen **erfolglosen Einigungsversuch** vor einer außergerichtlichen Gütestelle oder aber auch auf freiwillige außergerichtliche Einigungsversuche, etwa bei Schlichtungsstellen von Verbänden oder Kammern, etc. beziehen. Auf Grund des direkten Übergangs der Güteverhandlung in die streitige mündliche Verhandlung hat letztlich diese Regelung, vergleicht man sie mit der Güteverhandlung vor Arbeitsgerichten, kaum praktische Relevanz. Die **Ladung der Parteien** zu den Verhandlungsterminen war im Falle der Kündigung von Geschäftsführern auch bislang eher die Regel als die Ausnahme, so dass auch im Falle des Absehens von einer Güteverhandlung wohl meist die Parteien zum Termin persönlich geladen werden.

19. Gemäß § 272 Abs. 2 ZPO hat das Gericht im freien Ermessen zu entscheiden, ob es einen **frühen ersten Termin** anberaumt oder das **schriftliche Vorverfahren** anordnet. Aus Sicht des Klägers ist ein früher erster Termin empfehlenswert, wenn die berechtigte Hoffnung besteht, dass sich der Rechtsstreit durch einen Vergleich im ersten Termin bzw. der Güteverhandlung erledigt. Im Falle eines **schriftlichen Vorverfahrens** kann es oft Monate dauern, bis überhaupt ein Termin anberaumt wird. In Anbetracht der Tatsache, dass vor allem im Falle einer fristlosen Kündigung der Geschäftsführer kein Gehalt bezieht, ist es in seinem Interesse, das Verfahren gegebenenfalls durch Vergleich möglichst kurzfristig zu beenden.

20. Anders als im arbeitsgerichtlichen Verfahren kommt der **Erlass eines Versäumnisurteils** bereits im schriftlichen Vorverfahren in Betracht. Da dieses nur auf Antrag ergeht, sollte ein entsprechender Antrag für den Fall, dass die Verteidigungsbereitschaft nicht innerhalb der Notfrist des § 276 Abs. 1 ZPO angezeigt wird, bereits mit der Klageschrift gestellt werden. Wird die Verteidigungsbereitschaft erst nach Ablauf von zwei Wochen angezeigt, so kann dennoch kein Versäumnisurteil ergehen, wenn die Verteidigungsanzeige (siehe Formular Y Rdn. 57) noch eingeht, bevor das vom Richter unterzeichnete Versäumnisurteil der **Geschäftsstelle** übergeben wird.

21. Gemäß § 253 Abs. 3 ZPO soll in der Klageschrift bereits angegeben werden, ob eine Entscheidung der Sache durch den Einzelrichter Gründe entgegenstehen. Ist die Sache vor der Kammer für Handelssachen anhängig, kann ausschließlich der Vorsitzende, als einziger **Berufsrichter** der Kammer, als **Einzelrichter** tätig werden (Zöller/*Lückemann* § 105 GVG Rn. 3). Bei entsprechenden Erklärungen dazu, dass einer Übertragung auf den Einzelrichter Gründe entgegenstehen, gilt zu bedenken, dass ein Haupttermin vor dem Einzelrichter meist schneller zu erreichen ist, als vor der Kammer. Auch Termine, etwa zur Beweisaufnahme, zur Fortsetzung von Beweisaufnahmen, etc. können sich im Falle einer Verhandlung vor der Kammer erheblich mehr verzögern, als dies bei einer Verhandlung vor dem Vorsitzenden der Fall wäre.

35 Auf der anderen Seite zeigt die Praxis immer wieder, dass der wirtschaftliche Sachverstand der **Handelsrichter** bei der Erfassung der tatsächlichen Entscheidungsgrundlagen durch das Gericht oft ausgesprochen sachdienlich ist.

36 **22.** Der Urkundenbeweis wird durch **Vorlage der Originalunterlagen** im Termin angetreten. Üblicherweise werden die Dokumente jedoch bereits den Schriftsätzen beigefügt und der Vorlage der Originale bedarf es nur, wenn tatsächlich auch die Echtheit oder Existenz bestritten wird. Bei wichtigen Dokumenten, bei denen dies zu befürchten ist, sollten die Unterlagen daher stets im Original zum Termin mitgebracht werden. Zu den Besonderheiten hinsichtlich des Zeugenbeweises bei Rechtsstreitigkeiten von Gesellschaften mit ihren Organmitgliedern siehe Y Rdn. 81.

37 **23.** Zu den formalen Anforderungen der Kündigung eines Geschäftsführerdienstvertrages siehe Y Rdn. 77 sowie M Rdn. 104 ff.

38 **24.** Zur Zurückweisung der Kündigung nach § 174 BGB siehe noch Y Rdn. 78.

39 **25.** In materieller Hinsicht ist eine außerordentliche Kündigung eines Geschäftsführerdienstvertrages, wie im Falle eines Arbeitsvertrages, an den Regelungen des § 626 BGB zu messen. Ob die Fortsetzung eines Geschäftsführerdienstvertrages für die Gesellschaft unzumutbar ist, ist unter Berücksichtigung der konkreten vertraglichen und gesellschaftsrechtlichen Pflichten eines Geschäftsführers zu beurteilen. Neben strafbarem Verhalten kommt als wichtiger Grund jede **Pflichtverletzung**, die unter Abwägung einerseits ihrer Schwere und ihrer Folgen für die Gesellschaft und andererseits der Dauer der Tätigkeit des Geschäftsführers und seiner Verdienste für die Gesellschaft sowie die Folgen der Kündigung für den betroffenen Geschäftsführer, besonders schwer wiegen muss. In Betracht kommt beispielsweise die Verletzung der Berichtspflicht gegenüber den Gesellschaftern (OLG Frankfurt, Urt. v. 24.11.1992 – 5 U 67/90, DB 1993, 2324), die ständige Widersetzlichkeit gegen Weisungen der Gesellschafter, das Nichtnachgehen von Bewertungsdivergenzen in den von Mitarbeitern vorbereiteten Jahresabschluss (OLG Bremen, Urt. v. 20.03.1997 – 2 U 110/96, NJW-RR 1998, 468) sowie jedweder **schwere Vertrauensbruch** oder ein **Verstoß gegen die Treuepflicht** (vgl. Roth/Altmeppen/*Altmeppen* GmbHG § 6 Rn. 135 ff.).

40 Ein bloßes geschäftliches Versagen vermag nur ausnahmsweise eine außerordentliche Kündigung zu rechtfertigen (BGH, Urt. v. 29.01.1976 – II ZR 3/74, DB 1976, 859; MünchHdbGesR III/ *Marsch-Barner/Diekmann* § 43 Rn. 84).

41 **26.** Die Zweiwochenfrist des § 626 Abs. 2 BGB gilt auch hier. Ab wann von einer Kenntnis i.S.d. § 626 Abs. 2 BGB gesprochen werden kann, ist unter Y Rdn. 87 erläutert.

42 **27.** Selbst wenn ein Bonusplan oder eine Tantiemenvereinbarung besteht, aus der sich die variable Vergütung konkret errechnen lässt, wird ein konkret bezifferbarer Antrag in der Regel daran scheitern, dass dem Geschäftsführer Informationen fehlen, die er zur Berechnung seiner Tantieme benötigt. Daher wird in aller Regel hier eine Stufenklage zu erheben sein. Zur Antragsstellung im Rahmen einer Stufenklage im arbeitsgerichtlichen Verfahren vgl. Formular X Rdn. 350).

43 **28.** Zur Unterschrift des Rechtsanwalts vgl. X Rdn. 144.

2. Klage auf Feststellung der Unwirksamkeit der Kündigung eines Vorstandsanstellungsvertrages

Vorbemerkung

44 In der Sache ergeben sich nur wenige Unterschiede zwischen der Kündigung von Vorstandsmitgliedern und der Kündigung von Geschäftsführern. Vorstandsmitglieder haben allerdings in aller

Regel befristete Anstellungsverträge mit einer Höchstdauer von fünf Jahren, so dass Kündigungen in der Regel nur in Form von außerordentlichen Kündigungen in Betracht kommen.

▶ **Muster – Klage auf Feststellung der Unwirksamkeit der Kündigung eines Vorstandsanstellungsvertrages**

An das
Landgericht ____[Ort]____
– Kammer für Handelssachen –
[Anschrift des Gerichts]

45

_____[Ort]____, den _____[Datum]_____ 1

KLAGE

des Herrn [Name und private Anschrift des Vorstandsmitglieds]

Kläger

Prozessbevollmächtigte: Rechtsanwälte [Kanzleiname und -anschrift]

gegen

die ____[Name]____ AG, vertreten durch ihren Aufsichtsrat 2, Herrn ____[Name]____ (Vorsitzender), Herrn ____[Name]____, Frau ____[Name]____

wegen Feststellung und Leistung

vorläufiger Streitwert: ____[Betrag]____ €

Namens und in Vollmacht 3 des Klägers erheben wir Klage und beantragen

1. festzustellen, dass das Anstellungsverhältnis zwischen den Parteien nicht durch die außerordentliche Kündigung der Beklagten vom ____[Datum]____ beendet wurde, sondern darüber hinaus fortbesteht;
2. die Beklagte zu verurteilen, an den Kläger [restliche Bruttomonatsvergütung für den Kündigungsmonat] € nebst Zinsen in Höhe von 9 % 4 Punkten über dem Basiszinssatz seit dem ____[Datum]____ 5 zu zahlen;
3. die Beklagte zu verurteilen, an den Kläger [Bruttomonatsvergütung] € nebst Zinsen in Höhe von 9 % Punkten über dem Basiszinssatz seit dem ____[Datum]____ zu zahlen;
4. die Kosten des Rechtsstreits der Beklagten aufzuerlegen;
5. das Urteil, notfalls gegen Sicherheitsleistung, für vorläufig vollstreckbar zu erklären.

Sofern das Gericht das schriftliche Vorverfahren anordnet, wird für den Fall der Fristversäumnis oder des Anerkenntnisses beantragt, die Beklagte durch Versäumnisurteil ohne mündliche Verhandlung zu verurteilen.

Mit einer Entscheidung der Sache durch den Vorsitzenden ist die Beklagte einverstanden.

BEGRÜNDUNG:

Der Kläger ist seit dem ____[Datum]____ als Vorstand der Beklagten aufgrund Vorstandsdienstvertrages vom ____[Datum]____ angestellt. Es ist eine in zwölf gleichen Monatsraten zu zahlende Jahresvergütung von ____[Betrag]____ € vertraglich vereinbart.

Beweis: Anstellungsvertrag vom ____[Datum]____, in Kopie beigefügt als

– Anlage K1 –.

Y. Verfahren vor anderen Gerichten

Der Beklagte erhielt am ____[Datum]____ per Boten die beigefügte außerordentliche Kündigungserklärung.

Beweis: Kündigungserklärung vom ____[Datum]____ in Kopie beigefügt als

– Anlage K2 –.

Die Kündigung ist bereits aus formalen Gründen unwirksam, da die Beklagte bei Ausspruch der Kündigung nicht ordnungsgemäß vertreten war.

Die Kündigung wurde durch das Aufsichtsratsmitglied ____[Name]____ unterzeichnet. Ein Beschluss des Aufsichtsrats oder eine Vollmacht wurden der Kündigung nicht beigefügt. [6]

Der Beklagte hat daraufhin durch Anwaltsschreiben vom ____[Datum]____ die Kündigung wegen mangelnder Vollmachtsvorlage gemäß § 174 BGB zurückgewiesen.

Beweis: Anwaltsschreiben des Klägers vom ____[Datum]____, in Kopie beigefügt als

– Anlage K3 –.

Gründe, die eine außerordentliche Kündigung gemäß § 626 BGB rechtfertigen können, liegen nicht vor, zudem ist die Zweiwochenfrist des § 626 Abs. 2 S. 2 BGB nicht gewahrt. [7]

Die Beklagte hat das Anstellungsverhältnis zum ____[Datum]____ abgerechnet. Daher steht dem Kläger aus diesem Monat noch eine Restvergütung in Höhe von ____[Betrag]____ € zu. Die Erweiterung der Klage um die laufend fällig werdenden Beträge sowie die Tantieme [8] für das laufende Kalenderjahr bleibt vorbehalten.

_____
(Unterschrift Rechtsanwalt)

Erläuterungen

Schrifttum

Bauer/von Medem Spielregeln und Usancen bei der Beendigung von Vorstandsverträgen, NZA 2014, 238; *Gehlhaar* Die Rechtsprechung zu (ruhenden) Arbeitsverhältnissen von Organen juristischer Personen, NZA-RR 2009, 569; *Grobys* Das Anstellungsverhältnis von Vorständen und Geschäftsführern, NJW-Spezial 2005, 513; *Reiserer/Peters* Die anwaltliche Vertretung von Geschäftsführern und Vorständen bei Abberufung und Kündigung, DB 2008, 167; vgl. im Übrigen die Literaturhinweise zu Formular Y Rdn. 6; *Werner* Koppelungsklauseln in Geschäftsführerdienstverträgen und ihre rechtlichen Rahmenbedingungen, NZA 2015, 1234.

46 1. Eine besondere **Klagefrist** ist bei Klagen auf Feststellung der Unwirksamkeit der Kündigung eines Vorstandsanstellungsvertrages, wie bei Dienstverträgen, nicht zu beachten. Hinsichtlich der **Verwirkung** gilt das oben Y Rdn. 14 Ausgeführte entsprechend.

47 2. Der Aufsichtsrat einer Aktiengesellschaft ist gemäß § 84 Abs. 1 S. 1 AktG das für die Bestellung und Abberufung eines Vorstandsmitglieds zuständige Organ. Aus der sogenannten **Annexkompetenz** folgt des Weiteren, dass ihm auch die Anstellung der Vorstandsmitglieder obliegt. Damit vertritt der Aufsichtsrat die Gesellschaft im Verfahren gegen die Vorstandsmitglieder. Entsprechend sind die Vertretungsverhältnisse im Passivrubrum anzugeben.

48 3. Vgl. zur Prozessvollmacht oben Formular X Rdn. 120.

49 4. Wie bereits im Fall des GmbH-Geschäftsführers oben Y Rdn. 24 ausgeführt, stellt sich auch hier die Frage, ob **Verzugszinsen** gemäß § 288 Abs. 1 BGB oder § 288 Abs. 2 BGB zu berechnen sind. Insbesondere im Sozialversicherungsrecht werden Vorstandsmitglieder von abhängig Beschäftigten unterschieden, da sie keinen Weisungen unterliegen (BSG, Urt. v. 14.12.1999 – B 2 U 38/98 R, DB 2000, 329). Daher liegt es nahe, **Vorstandsmitglieder** abweichend vom Arbeitnehmer und GmbH-Geschäftsführer nicht als Verbraucher einzustufen, mit der Folge, dass sich der Zinsanspruch nach § 288 Abs. 2 BGB richtet und 9 Prozentpunkte über dem Basiszinssatz verlangt werden könnten. Das OLG Hamm hat auch Vorstandsmitglieder einer Aktiengesellschaft

gleichwohl als Verbraucher nach § 13 BGB eingestuft und sich dabei vor allem auf die Rechtsprechung des BGH zur Verbrauchereigenschaft von GmbH-Geschäftsführern bezogen (OLG Hamm, Beschl. v. 18.07.2007 – 8 Sch 2/07; vgl. auch Bamberger/Roth/*Schmidt-Räntsch* § 14 BGB Rn. 9). Rechtsprechung des BGH zu dieser Frage ist nicht ersichtlich, allerdings deutet das Urteil des OLG Hamm an, dass auch für Vorstandsmitglieder einer Aktiengesellschaft lediglich der niedrigere Verzugszins nach § 288 Abs. 1 BGB in Höhe von 5 Prozentpunkten über dem **Basiszinssatz** anzusetzen ist.

5. Zum Beginn des Zinslaufes vgl. Y Rdn. 25. Zwar ist im hiesigen Beispiel die Vergütung als Jahresvergütung ausgewiesen, jedoch ist, wie dies in solchen Fällen im Zweifel immer der Fall ist, eine monatliche Zahlweise vereinbart, so dass sich hinsichtlich der Fälligkeit das gleiche ergibt, als sei die Vergütung in Monatsabschnitten vereinbart.

6. Zu den **formalen Anforderungen** der Kündigung eines Vorstandsvertrages s. M Rdn. 317 ff.

7. An sich gelten für die Kündigung von Vorstandsanstellungsverträgen die gleichen Regeln, wie sie sonst auch für Dienstverträge gelten. Allerdings ist hier die Besonderheit zu berücksichtigen, dass gemäß § 84 Abs. 3 S. 1 AktG der Aufsichtsrat die Bestellung eines Vorstandsmitglieds nur widerrufen kann, wenn hierfür ein **wichtiger Grund** vorliegt. Ein solcher wichtiger Grund ist in § 84 Abs. 3 S. 2 AktG näher definiert: Ein wichtiger Grund ist »namentlich grobe Pflichtverletzung, Unfähigkeit zur ordnungsgemäßen Geschäftsführung oder Vertrauensentzug durch die Hauptversammlung«. Der **wichtige Grund** gemäß § 626 Abs. 1 BGB ist demgegenüber selbständig abzuwägen. Zunächst einmal muss nicht jeder wichtige Grund i.S.d. § 84 Abs. 3 AktG einen wichtigen Grund i.S.d. § 626 Abs. 1 BGB darstellen und hinzu kommt, dass aufgrund der sozialen Folgen, die die fristlose Kündigung eines Anstellungsvertrages hat, im Falle des § 626 Abs. 1 BGB in jedem Fall auch eine Abwägung der Interessen beider Vertragsteile notwendig ist (vgl. *Bauer/von Medem* NZA 2014, 238). Insbesondere der **Vertrauensentzug** durch die Hauptversammlung ist für sich genommen noch kein Kündigungsgrund, sondern es bedarf einer Prüfung der Gründe für den Vertrauensentzug am Maßstab des § 626 Abs. 1 BGB (vgl. MüKo-AktG/*Spindler* § 84 Rn. 154 ff.).

Möglich ist allerdings, im Rahmen der Regelungen im Anstellungsvertrag, die Beendigung desselben als automatische Folge des Bestellungswiderrufs zu vereinbaren. In diesem Falle ist der Widerruf als auflösende Vertragsbedingung zu beurteilen, mit der Folge, dass das Anstellungsverhältnis mit Ablauf der aus § 622 Abs. 1 S. 2 BGB folgenden Frist endet.

Die **Kündigungserklärungsfrist** gemäß § 626 Abs. 2 BGB von zwei Wochen gilt auch im Falle der Beendigung durch außerordentliche Kündigung aus wichtigem Grund (vgl. MüKo-AktG/*Spindler* § 84 Rn. 149 ff.). Diese Frist beginnt mit Kenntnis des Kündigungsberechtigten vom Vorliegen der Tatsachen, die für eine Kündigung maßgeblich sind. Weil die Gesellschaft durch den Aufsichtsrat als Kollegialorgan vertreten wird, stellt sich die Frage, ob die **Kenntnis** aller **Mitglieder des Aufsichtsrats** erforderlich ist oder ob die Kenntnis eines Mitglieds bzw. jedenfalls die Kenntnis des **Aufsichtsratsvorsitzenden** ausreichend ist. Hierzu werden unterschiedliche Auffassungen vertreten. Die jüngere BGH-Rechtsprechung (BGH, Urt. v. 09.04.2013 – II ZR 273/11, WM 2013, 931; BGH, Urt. v. 10.09.2001 – II ZR 14/00, WM 2001, 2118) und wohl auch die herrschende Meinung in der Literatur (vgl. MüKo-AktG/*Spindler* § 84 Rn. 160; *Hüffer* § 84 AktG, Rn. 42) geht im Hinblick auf die Aktiengesellschaft genauso wie im Hinblick auf die GmbH (vgl. Y Rdn. 87) davon aus, dass alle Mitglieder Kenntnis haben müssen. Diskutiert wird auch noch, ob die Frist bereits ausgelöst wird, wenn jedes individuelle Aufsichtsratsmitglied für sich genommen die Kenntnis erlangt hat oder ob es auf die **Kenntnis des Gremiums** an sich ankommt. Letztere Auffassung ist vorzugswürdig (so auch BGH, Urt. v. 09.04.2013 – II ZR 273/11, WM 2013, 931), so dass man davon ausgehen muss, dass die Frist ab dem Tag läuft, an dem die Aufsichtsratssitzung beginnt, in deren Verlauf die Aufsichtsratsmitglieder von dem Sachverhalt, auf den die Kündigung gestützt wird, Kenntnis erlangen (so auch MüKo-AktG/*Spindler* § 84 Rn. 160). Dies selbstverständlich nur, wenn die Sitzung mit **zumutbarer Beschleunigung** einberufen wurde. Somit muss der Aufsichtsratsvorsitzende unter Wahrung der Ladungsfrist und nach Ausschöpfung eines kurzen Zeitraums für die Einberufungsentscheidung eine außerordentliche Aufsichtsratssitzung einberufen. Wegen der verschiedenen Unwägbarkeiten ist hier allerhöchste Eile geboten (BGH, Urt. v. 15.06.1998 – II ZR 318/96, NJW 1998, 3274; OLG München, Urt. v. 14.07.2005 – 6 U 5444/04, WM 2006, 526; Kölner Kommentar/*Mertens/Cahn* § 84 AktG Rn. 175 ff.). Versäumt es der Aufsichtsratsvorsitzende unverzüglich eine Gesellschafterversammlung einzuberufen, so wird die Kenntnis des Gremiums zu dem Zeitpunkt unterstellt, zu dem eine Sitzung unter gewöhnlichen Umständen stattgefunden hätte (so auch MüKo-AktG/*Spindler* § 84 Rn. 160).

55 **8.** S.o. Y Rdn. 42 sowie zur Stufenklage im arbeitsgerichtlichen Verfahren vgl. X Rdn. 350.

3. Vertretungs- und Verteidigungsanzeige mit Verweisung an die Kammer für Handelssachen

Vorbemerkung

56 Hat das Gericht das schriftliche Vorverfahren angeordnet, ist zunächst eine Vertretungs- und Verteidigungsanzeige erforderlich. Hier ist diese mit der Verweisung an die Kammer für Handelssachen verknüpft. Diese muss zwar nicht zwingend bereits mit der Vertretungsanzeige verbunden werden, jedoch zwingend vor »**Verhandeln zur Sache**« erfolgen.

▶ **Muster – Vertretungs- und Verteidigungsanzeige mit Verweisung an die Kammer für Handelssachen**

57 An das

Landgericht ____[Ort]____

– 3. Zivilkammer – [1]

[Anschrift des Gerichts]

____[Ort]____, den ____[Datum]____ [2]

In dem Rechtsstreit

des Herrn ____[Name]____

gegen

die ____[Name]____ GmbH, [3]

[Aktenzeichen]

zeigen wir an, dass wir die Beklagte vertreten [4].

Die Beklagte will sich gegen die Klage verteidigen [5] und beantragt bereits jetzt,

die Sache gemäß § 98 Abs. 1 GVG an die Kammer für Handelssachen zu verweisen, da eine Handelssache gemäß § 95 Abs. 1 Nr. 4a GVG [6] vorliegt.

Namens und in Vollmacht der Beklagten beantragen [7] wir ferner

1. die Klage abzuweisen;
2. die Kosten des Rechtsstreits dem Kläger aufzuerlegen;
3. das Urteil, notfalls gegen Sicherheitsleistung, für vorläufig vollstreckbar zu erklären.

Die Begründung für den Klageabweisungsantrag bleibt einem gesonderten Schriftsatz vorbehalten.⁸

(Unterschrift Rechtsanwalt)

Erläuterungen

1. Hier ist die Kammer anzugeben, die zunächst mit der Angelegenheit befasst war. 58

2. Gemäß § 276 ZPO wird im Falle des **schriftlichen Vorverfahrens** die Beklagte mit Zustellung 59 der Klage aufgefordert, binnen einer **Notfrist** von 2 Wochen nach Zustellung der Klageschrift dem Gericht schriftlich anzuzeigen, dass sie beabsichtigt, sich gegen die Klage zu verteidigen. Wird die Verteidigungsbereitschaft nicht innerhalb der Notfrist angezeigt, so kann bei Zulässigkeit und Schlüssigkeit der Klage auf Antrag des Klägers gemäß § 331 Abs. 3 ZPO ein **Versäumnisurteil** ergehen.

3. Ein Kurzrubrum ist ausreichend. 60

4. Da vor dem Landgericht gemäß § 78 ZPO ausschließlich Rechtsanwälte **postulationsfähig** 61 sind, muss zwingend ein Rechtsanwalt die Vertretung und die Verteidigungsabsicht der beklagten Gesellschaft anzeigen. Zu den Einzelheiten siehe Y Rdn. 15.

5. Wirksam ist die Verteidigungsanzeige nur, wenn sie durch einen Rechtsanwalt erfolgt; würde 62 etwa die Partei selbst die Verteidigung anzeigen, so wären die Voraussetzungen eines Versäumnisurteils ebenfalls gegeben. Ist die Klage unzulässig oder unschlüssig oder fehlt es an einem – bereits in der Klageschrift gestellten – Antrag auf ein Versäumnisurteil, so ist unverzüglich ein Termin zur mündlichen Verhandlung zu bestimmen. Vgl. hierzu im Übrigen auch Y Rdn. 33.

6. Sollte die Klage bei der **Zivilkammer** eingereicht worden sein, und will der Beklagte sie vor 63 die Kammer für Handelssachen bringen, so sollte der **Verweisungsantrag** bereits jetzt gestellt werden. Ein zunächst vom Kläger vor einer Zivilkammer erhobener Rechtsstreit wird gemäß § 98 GVG nämlich nur dann vor der Kammer für Handelssachen verhandelt, wenn diese Verweisung gemäß § 101 GVG vom Beklagten »vor Verhandeln zur Sache« beantragt wird. In den Fällen des schriftlichen Vorverfahrens gemäß § 101 Abs. 1 S. 2 GVG ist der Antrag innerhalb der Frist zur Klageerwiderung zu stellen. Ein »**Verhandeln zur Sache**« liegt anders als ein »Verhandeln zur Hauptsache« schon dann vor, wenn Fragen der Zulässigkeit der Klage erörtert werden (Zöller/*Lückemann* § 101 GVG Rn. 1; BLAH § 101 GVG Rn. 2). Selbst das Verhandeln zur geschäftsplanmäßigen Abgrenzung bei mehreren Kammern für Handelssachen sowie Verhandlungen zur Richterablehnung (die die Zuständigkeit des Richters notwendig voraussetzt) soll bereits ein Verhandeln zur Sache darstellen (Zöller/*Lückemann* § 101 GVG Rn. 1; Thomas/Putzo/*Hüßtege* § 101 GVG Rn. 2). Ein Vertagungsantrag ist allerdings noch kein Verhandeln zur Sache (Zöller/*Lückemann* § 101 GVG Rn. 1). Aus dem Vorstehenden ergibt sich, dass der Antrag auf Verweisung möglichst unverzüglich vor jeder anderen schriftlichen oder mündlichen Äußerung, idealerweise wie hier bereits mit dem Bestellungsschreiben, erfolgen sollte. Aus Sicht des Klägers ist es demgegenüber sinnvoll, die Klage direkt vor der Kammer für Handelssachen anhängig zu machen, um jedwede **Verzögerungen** des Rechtsstreits durch eine entsprechende Verweisung zu vermeiden.

7. Es ist nicht zwingend notwendig, im Rahmen der Verteidigungsanzeige bereits konkrete Anträge zu stellen, dies kann auch innerhalb der Begründungsfrist erfolgen. Eine sofortige Antragsstellung sollte unterbleiben, wenn ein **sofortiges Anerkenntnis** erwogen wird. Gemäß § 93 ZPO 64 fallen die Kosten dem Beklagten nicht zur Last, wenn er durch sein Verhalten keinen Anlass zur Klageerhebung gegeben hat und er den Anspruch sofort anerkennt. Sofortig kann im Falle eines **schriftlichen Vorverfahrens** ein Anerkenntnis dann sein, wenn zwar eine Verteidigungsanzeige er-

folgt ist, jedoch zunächst keine Anträge gestellt werden. In diesem Fall ist ein Anerkenntnis noch »sofortig« i.S.d. § 93 ZPO (Zöller/*Herget* § 93 ZPO Rn. 4; MüKo-ZPO/*Schulz* § 93 Rn. 15).

65 In den hier diskutierten Fallkonstellationen, in denen der Klage eine Kündigungserklärung vorausgegangen ist, wird es jedoch an der weiteren Voraussetzung für ein sofortiges Anerkenntnis fehlen: In der Regel hat die beklagte Gesellschaft durch die Erklärung der Kündigung vorprozessual **Anlass zur Klageerhebung** gegeben. Denkbar sind dennoch entsprechende Fallkonstellationen: Beispielsweise könnte die Kündigung offensichtlich durch ein unzuständiges Organ erklärt worden sein und bereits etwa im Rahmen der dann in der Regel erfolgenden Zurückweisung der Kündigung gemäß § 174 BGB gegenüber der Gesellschaft wäre deutlich geworden, dass das zuständige Organ die Kündigung nicht mitgetragen hat. In diesem Fall könnte, um die Möglichkeit des sofortigen Anerkenntnisses innerhalb der Klageerwiderungsfrist zu wahren, wie folgt formuliert werden:

Alternative:

[In dem Rechtsstreit

_____

zeigen wir an, dass wir die Beklagte vertreten.

Die Beklagte will sich gegen die Klage verteidigen. Anträge und Begründung bleiben einem gesonderten Schriftsatz vorbehalten.]

66 Es sollte hier insbesondere nicht von einem Klageabweisungsantrag gesprochen werden, sondern nur allgemein von Anträgen – im Falle des sofortigen Anerkenntnisses wäre dies ausschließlich ein Kostenantrag.

67 In der oben geschilderten Fallkonstellation wäre es jedoch sinnvoll, bereits jetzt die Klage anzuerkennen und die Umstände darzulegen, aufgrund welcher die Beklagte davon ausgeht, dass sie keinen Anlass zur Klageerhebung gegeben hat. Dies könnte wie folgt lauten:

Alternative:

[In dem Rechtsstreit

_____

zeigen wir an, dass wir die Beklagte vertreten.

Die Beklagte erkennt den geltend gemachten Anspruch unter Protest gegen die Kosten an.

BEGRÜNDUNG:

Die Beklagte hat zur Klageerhebung keinen Anlass gegeben. Die angefochtene Kündigung des Anstellungsverhältnisses des Klägers erfolgte durch ein unzuständiges Organ, nämlich den Vorsitzenden der Geschäftsführung, der nicht rechtlich befugt ist, das Anstellungsverhältnis seines Kollegen für die Beklagte zu beenden.

Die Gesellschafterin hat von der Kündigung überhaupt erst am ___[Datum]___ erfahren und sich unverzüglich mit dem Kläger in Verbindung gesetzt und sich von der Kündigungserklärung distanziert. Sie hat ebenfalls den Vorsitzenden der Geschäftsführung angewiesen, die laufenden Gehälter des Beklagten unverzüglich zu zahlen. Die entsprechende Abrechnung hat der Kläger inzwischen erhalten.]

68 Ob unter **Protest gegen die Kosten** anerkannt werden sollte, ist vorher wohl zu überlegen, da sich nach herrschender Meinung in diesem Falle die Gerichtskosten nicht von drei auf eine Gebühr reduzieren (Zöller/*Vollkommer* § 307 ZPO Rn. 12).

69 **8.** Eine **vorläufige Vollstreckbarkeit** zugunsten des Beklagten kommt hier wegen der Kosten in Betracht.

4. Materielle Klageerwiderung (materielle Begründung der Kündigung)

Vorbemerkung

Ähnlich wie im arbeitsgerichtlichen Verfahren wird erst im Rahmen der Klageerwiderung deutlich, worum es in dem Rechtsstreit inhaltlich geht. Um etwaigen **Verspätungsfolgen** vorzubeugen, muss hier sehr umfassend und detailliert zu den Kündigungsgründen Stellung genommen werden. Gewissermaßen muss die Kündigung »**schlüssig**« gemacht werden. Das nachstehende Muster knüpft an das Formular Y Rdn. 6 an. Es wird hier auf die Klage auf Feststellung der Unwirksamkeit der Kündigung eines Geschäftsführerdienstvertrages erwidert.

70

▶ **Muster – Materielle Klageerwiderung (materielle Begründung der Kündigung)**

An das

Landgericht ____[Ort]____

– Kammer für Handelssachen –

[Anschrift des Gerichts]

_____[Ort]_____, den ____[Datum]____ 1

In dem Rechtsstreit

des Herrn ____[Name]____

gegen

die ____[Name]____ GmbH,

[Aktenzeichen]

begründen wir den bereits gestellten Klageabweisungsantrag [2] wie folgt:

Die Klage ist abzuweisen, da die Kündigung des Geschäftsführerdienstvertrages vom ____[Datum]____ formell, wie materiell wirksam ist.

71

BEGRÜNDUNG:

1. Formelle Wirksamkeit

Die Kündigung war in formeller Hinsicht wirksam. Zwar ist richtig, dass das von dem Kläger als Kündigung bezeichnete Anschreiben (nur) durch den Vorsitzenden der Geschäftsführung der Hauptgesellschafterin unterzeichnet wurde. Dies erfolgte jedoch namens und in Vollmacht der Gesellschafterversammlung. Diese hat am ____[Datum]____ unter Verzicht auf Form und Frist eine Gesellschafterversammlung abgehalten und sowohl die Abberufung des Klägers als Geschäftsführer, als auch die Kündigung seines Anstellungsvertrages beschlossen. Dies wurde in einem Protokoll, welches von Vertretern aller Gesellschafter unterzeichnet wurde, festgehalten. Gemäß § ____[Paragraf]____ des Anstellungsvertrages des Klägers vom ____[Datum]____ gilt die Abberufung des Geschäftsführers als Kündigung des Anstellungsvertrages. Der Vertrag sieht weiterhin vor, dass die Kündigung des Anstellungsvertrages durch Bekanntgabe des Gesellschafterbeschlusses erfolgt. [3]

Der Vorsitzende der Geschäftsführung der Hauptgesellschafterin hat die Kündigung dem Kläger mit Anschreiben vom ____[Datum]____ bekannt gegeben. Die Kündigungserklärung liegt nicht im Anschreiben des Vorsitzenden der Geschäftsführung der Hauptgesellschafterin, sondern im Protokoll, welches dem Kläger im Original zugegangen ist. Die bloße Mitteilung stellt keine Willens-, sondern lediglich eine Wissenserklärung dar, die der Zurückweisung gemäß § 174 BGB [4] nicht zugänglich ist.

Beweis: Vorlage des Gesellschafterbeschlusses vom ____[Datum]____ in Kopie beigefügt als

– Anlage B1 –.

Y. Verfahren vor anderen Gerichten

Das Schreiben vom ___[Datum]___ mit dem beigefügten Originalgesellschafterbeschluss wurde dem Kläger im Beisein des nunmehrigen Geschäftsführers der Beklagten, Herrn ___[Name]___, übergeben.

Beweis: Zeugnis des Geschäftsführers [5] der Beklagten, Herrn ___[Name]___, zu laden über diese.

Damit geht die Zurückweisung der Kündigung gemäß § 174 BGB ins Leere. Ein Vertreterhandeln lag nicht vor.

Die Kündigung ist formell wirksam.

2. Materielle Wirksamkeit

Die Kündigung ist darüber hinaus auch in materieller Hinsicht wirksam. Sie beruht auf einem wichtigen Grund i.S.d. § 626 BGB. Darüber hinaus ist die 2-Wochenfrist des § 626 Abs. 2 S. 2 BGB gewahrt.

Der Kläger unternahm am ___[Datum]___ eine Dienstreise nach München. Ausweislich der Reisekostenabrechnung unternahm der Kläger diese Reise mit dem Flugzeug.

Beweis: Vorlage der Reisekostenabrechnung des Klägers, in Kopie beigefügt als

– Anlage B2 –.

Die Auswertung der Tankkartenabrechnungen zeigt jedoch, dass diese am ___[Datum]___ um ___[Zeit]___ Uhr auf einer Autobahnraststätte bei Hamburg für die Betankung eines Fahrzeuges eingesetzt wurde. Es erfolgte hierbei eine Betankung mit Dieselkraftstoff, obschon das Dienstfahrzeug des Klägers mit einem Benzinmotor ausgestattet ist. Die Tankkarte darf jedoch nach den Dienstwagenbedingungen, die auch für das Anstellungsverhältnis des Klägers gelten, ausschließlich für die Betankung des Dienstfahrzeuges eingesetzt werden.

Der Kläger hat ferner eine Parkquittung für ein Parkhaus in Düsseldorf zur Abrechnung und Erstattung vorgelegt, die als Ausfahrzeit einen Zeitpunkt ca. eine halbe Stunde vor dem ebenfalls zur Abrechnung gebrachten Betankungsvorgang in der Nähe von Hamburg vorsah.

Dem Kläger wurde durch die Buchhaltung die Tankkartenabrechnung wie jeden Monat zur Prüfung vorgelegt.

Beweis: Zeugnis des Herrn ___[Name]___, Leiter der Buchhaltung der Beklagten, zu laden über diese.

Der Leiter der Buchhaltung entdeckte diesen Vorgang am ___[Datum]___ und vertraute sich dem Vorsitzenden der Geschäftsführung der Hauptgesellschafterin bei dessen Besuch am ___[Datum]___ an. Dieser bat den Leiter der Buchhaltung, einen schriftlichen Bericht hierüber zu verfassen und ihm vertraulich vorzulegen. Gleichzeitig berief er unverzüglich eine außerordentliche Gesellschafterversammlung ein.

Im Vorfeld der Gesellschafterversammlung leitete er den übrigen Mitgliedern der Gesellschafterversammlung den Bericht des Leiters der Buchhaltung zu. Der Kläger wurde noch vor der Gesellschafterversammlung zu den Vorwürfen angehört. Diese Anhörung fand durch den Vorsitzenden der Geschäftsführung der Hauptgesellschafterin am ___[Datum]___ statt. Der Kläger wurde zu Beginn der Anhörung darauf hingewiesen, dass die demnächst stattfindende außerordentliche Gesellschafterversammlung über diesen Sachverhalt befinden werde und dass, in Abhängigkeit vom Ergebnis der Anhörung, über das weitere Vorgehen entschieden werde. Aufgrund des derzeit bekannten Sachverhaltes jedoch sei es nicht ausgeschlossen, dass am Ende der Beratung der Gesellschafterversammlung über eine außerordentliche Kündigung des Anstellungsvertrages beschlossen werde. Dem Kläger wurde freigestellt, ggf. einen Rechtsanwalt hinzuzuziehen [6].

Der Kläger erklärte, er ziehe es vor, sich schriftlich durch einen Rechtsanwalt zu äußern und bat um Aushändigung der oben in Bezug genommenen Unterlagen. Diese wurden ihm in Kopie ausgehändigt.

Beweis für das Vorstehende: Zeugnis des Herrn ___[Name]___, b.b.

Der Kläger äußerte sich mit Anwaltsschreiben vom ___[Datum]___ . Er wies hierbei jedoch die Vorwürfe pauschal zurück, ohne sich inhaltlich zur Sache einzulassen.

Beweis: Anwaltsschreiben vom ___[Datum]___ , in Kopie beigefügt als

– Anlage B3 –.

Dieses Anwaltsschreiben ging noch unmittelbar vor der Gesellschafterversammlung bei der Beklagten ein, die Gesellschafterversammlung diskutierte sowohl den Bericht der Buchhaltung, als auch die Stellungnahme des Klägers, die nach Überzeugung der Gesellschafterversammlung den Kläger im Ergebnis nicht von den Vorwürfen entlaste.

Die Gesellschafterversammlung kam zu der Überzeugung, dass es der Beklagten nicht zuzumuten ist, den Kläger auch nur bis zum Ablauf der ordentlichen Kündigungsfrist/bis zum Ablauf der Befristung [7], also bis zum ___[Datum]___ , weiter zu beschäftigen.

Die 2-Wochenfrist des § 626 Abs. 2 S. 1 BGB ist gewahrt.

Abzustellen ist hier darauf, wann die Gesellschafterversammlung, als das zur Kündigung berechtigte Organ, von den Vorwürfen Kenntnis erlangte [8]. Der Vorsitzende der Geschäftsführung der Hauptgesellschafterin, Herr ___[Name]___ , erhielt zwar bereits am ___[Datum]___ Anhaltspunkte für die Kündigungsvorwürfe, das zur Kündigung berechtigte Organ – die Gesellschafterversammlung erhielt jedoch erst mit der unverzüglich einberufenen Gesellschafterversammlung Kenntnis von den entsprechenden Tatsachen.

Zu bedenken ist auch, dass eine gesicherte Kenntnis aller Umstände voraussetzt, dass auch das Ergebnis der Anhörung des Klägers bekannt ist. Selbst wenn also bereits die Kenntnis aller einzelnen Mitglieder der Gesellschafterversammlung die Kündigungserklärungsfrist auslösen würde, so wäre jedoch nicht bereits auf den Zeitpunkt abzustellen, zu dem den Mitgliedern der Gesellschafterversammlung der Bericht des Leiters der Buchhaltung zugeleitet wurde, sondern erst zu dem Zeitpunkt, an dem diesen auch die Stellungnahme des Klägers zugeleitet wurde. Diese datiert vom ___[Datum]___ wurde somit nicht einmal eine Woche vor Zugang der Kündigung bei dem Kläger erstellt und konnte folgerichtig vor diesem Datum weder der Gesellschafterversammlung noch einzelnen Mitgliedern der Gesellschafterversammlung vor diesem Datum zur Kenntnis gelangt sein.

Somit ist die außerordentliche Kündigung in formeller, wie in materieller Hinsicht wirksam und das Anstellungsverhältnis wurde mit Zugang der außerordentlichen Kündigung aufgelöst. Zu diesem Datum hat die Beklagte das Anstellungsverhältnis auch ordnungsgemäß abgerechnet. Darüber hinausgehende Zahlungsansprüche bestehen nicht.

Die außerordentliche Kündigung ist mithin auch in materieller Hinsicht wirksam. Dies gilt auch für die ordentliche Kündigung, die ohnehin keines Kündigungsgrundes bedarf.

(Unterschrift Rechtsanwalt)

Erläuterungen

Schrifttum

Bauer/Arnold Kein Kündigungsschutz für »Arbeitnehmer-Geschäftsführer« – oder doch?, DB 2008, 350; *Lunk* Der EuGH und die deutschen GmbH-Fremdgeschäftsführer – Auf dem Weg zum Arbeitnehmerstatus?, NZA 2015, 917; *Gehlhaar* Die Rechtsprechung zu (ruhenden) Arbeitsverhältnissen von Organen juristischer Personen, NZA-RR 2009, 569; *Grobys* Das Anstellungsverhältnis von Vorständen und Geschäftsführern, NJW-Spezial 2005, 513; *Oberthür* Unionsrechtliche Impulse für den Kündigungsschutz von Organvertretern und Arbeitnehmerbegriff, NZA 2011, 253; *Reiserer/Peters* Die anwaltliche Vertretung von Geschäftsführern und Vorständen bei Abberufung und Kündigung, DB 2008, 167; *Sasse/Schnitger* Das ruhende Arbeitsverhältnis des GmbH-Geschäftsführers, BB 2007, 154; *Stenslik* Der Fremd-Geschäftsführer als Arbeitnehmer im Sinne des Unionsrechts, DStR 2015, 2334.

1. Die **materielle Klagebegründung** hat innerhalb einer durch das Gericht gesetzten Frist zu erfolgen. Gemäß § 276 Abs. 1 S. 2 ZPO hat diese Frist mindestens weitere zwei Wochen nach Ablauf der Frist zur Verteidigungsanzeige zu betragen. Mithin beträgt die **Klageerwiderungsfrist** mindestens vier Wochen ab Zustellung der Klage. Wird nicht innerhalb der Klageerwiderungsfrist bzw. innerhalb einer ggf. verlängerten Frist erwidert, so kann entsprechender Sachvortrag nur noch vom Gericht zugelassen werden, wenn durch diese Zulassung nach der **freien Überzeugung** des Gerichts die Erledigung des Rechtsstreits nicht verzögert würde oder wenn die Partei die Verspätung genügend entschuldigt (§ 296 Abs. 1 ZPO). Aus diesem Grunde ist die Klageerwiderungsfrist in jedem Falle zwingend einzuhalten. Da im Falle von komplexeren Rechtsstreitigkeiten die Frist von vier Wochen regelmäßig nicht ausreicht, um den Sachverhalt detailliert zu ermitteln und darzulegen, wird in aller Regel bereits mit der Verteidigungsanzeige ein **Fristverlängerungsantrag** gestellt (vgl. hierzu X Rdn. 177).

73 **2.** Die Vertretungs- und Verteidigungsanzeige (s.o. Formular Y Rdn. 57) muss nicht zwingend **Anträge** enthalten, diese müssen jedoch spätestens jetzt konkret gestellt werden. Wurden die Anträge in der Verteidigungsanzeige noch nicht gestellt, so ist dies spätestens jetzt nachzuholen.

74 Sehr häufig wird im Rahmen des Rechtsstreits um den Bestand des Anstellungsverhältnisses auch **Widerklage** erhoben. Dies bietet sich allein schon deshalb an, da der Sachverhalt, auf den sich die außerordentliche Kündigung stützt, häufig auch Grundlage für einen Schadenersatzanspruch bildet:

»In dem Rechtsstreit
___[Rubrum]___

erheben wir
WIDERKLAGE
mit dem Antrag, den Kläger zu verurteilen,
an den Beklagten ___[Betrag]___ € zuzüglich Zinsen in Höhe von 5 Prozentpunkten über dem Basiszinssatz seit Zustellung dieses Schriftsatzes zu zahlen.

Widerklage sowie den bereits mit der Verteidigungsanzeige gestellten Klageabweisungsantrag begründen wir wie folgt: _____ «

75 Häufig wird eine solche Widerklage nur erhoben, um die **Vergleichsbereitschaft** des Geschäftsführers zu erhöhen: Dem Geschäftsführer wird häufig das Angebot unterbreitet, dass auf eine weitere Verfolgung der Schadenersatzansprüche verzichtet werde, wenn er seinerseits die Kündigung akzeptiert. Wird allerdings nicht erwartet, dass der Kläger hierauf eingeht, so ist es oft sinnvoller, die beiden Prozesse getrennt zu führen, da – etwa im Falle einer **Verdachtskündigung** – die Prüfungstiefe im Bestandsstreit in der Regel eine andere ist, als bei der Schadenersatzklage. Auch spielen Fragen wie etwa die exakte Schadenshöhe bei der Frage der Wirksamkeit einer Kündigung oft keine große Rolle. Ist der Gesellschaft daran gelegen, möglichst bald Klarheit über die Wirksamkeit der Kündigung zu erlangen und wird nicht mit einer vergleichsweisen Erledigung der Sache gerechnet, so ist von einer Widerklage eher abzuraten. Sie würde den Rechtsstreit im Zweifel eher verzögern.

76 Dies ist möglicherweise anders zu beurteilen, wenn Beweisaufnahmen erforderlich werden, da nicht zwingend das Protokoll der Beweisaufnahme im Rahmen der Überprüfung der Kündigung auch im Rahmen der Schadenersatzklage zu Lasten des Geschäftsführers verwandt werden kann. Der im ersten Prozess unterliegende Geschäftsführer wird sich in aller Regel dagegen verwahren und auf eine neuerliche Zeugenvernehmung bestehen, was die Durchsetzung der Schadenersatzansprüche erheblich verzögert.

77 **3.** Häufig sehen Anstellungsverträge von Geschäftsführern vor, dass die Abberufung als Kündigung gilt, so dass die Bekanntgabe des entsprechenden **Gesellschafterbeschlusses** im Grundsatz ausreichend ist. Aus anwaltlicher Vorsicht empfiehlt sich jedoch stets die Kündigung ausdrücklich durch einen ordnungsgemäß Bevollmächtigten erklären zu lassen. Die Bevollmächtigung erfolgt

dann in der Regel im Rahmen der Gesellschafterversammlung, weshalb der Gesellschafterbeschluss immer im Original beizufügen ist. Andernfalls kann die Kündigung gemäß § 174 BGB zurückgewiesen werden.

4. Eine **Zurückweisung der Kündigung** gemäß § 174 BGB kann, wenn sie zu Recht erfolgt, die Kündigung bereits zu Fall bringen. 78

Zurückgewiesen werden kann eine Kündigung immer dann, wenn nicht der zur Kündigung Berechtigte (siehe Y Rdn. 16 für den Geschäftsführer sowie Y Rdn. 47 für das Vorstandsmitglied) die Kündigung ausgesprochen hat, sondern er sich hierbei vertreten lassen hat. Dies kommt häufig in Betracht, wenn nicht eine Einzelperson, sondern ein kollektives Organ, wie beispielsweise die Gesellschafterversammlung oder der Beirat, zur Kündigung berechtigt ist. In solchen Fallgestaltungen muss auch die **Bevollmächtigung** durch einen entsprechenden Beschluss erfolgen. Die gesellschaftsrechtlichen Anforderungen an diesen Beschluss sind die gleichen, die an einen Beschluss über Abberufung und Kündigung zu stellen sind, so dass es sich anbietet, in den Beschluss zur Abberufung und Kündigung auch einen Beschluss über eine Bevollmächtigung aufzunehmen, die besagt, dass beispielsweise der Beiratsvorsitzende bevollmächtigt sei, die Kündigung auszusprechen. In diesem Falle muss auf jeden Fall der Beschluss über die Bevollmächtigung im Original vorgelegt werden. Die Vorlage einer beglaubigten Abschrift oder einer beglaubigten Kopie dieses Beschlusses reicht nicht aus, um das Zurückweisungsrecht auszuschließen (AR/*Löwisch* § 174 BGB Rn. 1; BAG 10.02.1994 – IX ZR 109/93, NJW 1994, 1472). Die **Zurückweisung der Kündigung** gemäß § 174 BGB ist nur bei rechtsgeschäftlicher Vertretungsmacht möglich. Im Falle von gesetzlicher Vertretungsmacht ergibt sich die Kündigungsvollmacht aus Gesetz und es bedarf nicht der Vorlage einer Vollmacht. Gibt es etwa eine Alleingesellschafterin, so kann die Kündigung durch den alleinvertretungsberechtigten Geschäftsführer dieser Alleingesellschafterin nicht zurückgewiesen werden. Ist Gesamtvertretungsberechtigung gegeben, so müsste allerdings entweder eine Bevollmächtigung vorliegen oder die Kündigung durch beide Geschäftsführer unterschrieben werden. Gemäß § 174 S. 2 BGB ist die Zurückweisung der Kündigung ausgeschlossen, wenn der zur Kündigung Berechtigte zuvor den Gekündigten von der Bevollmächtigung in Kenntnis gesetzt hatte. Dies etwa dann, wenn er zuvor schriftlich darüber informiert wurde, dass etwa eine bestimmte Person für alle im Zusammenhang mit dem Anstellungsverhältnis stehenden Erklärungen generell **Vollmacht** hat. Dies könnte beispielsweise dem Geschäftsführer im Rahmen des Abschlusses des Anstellungsvertrages mitgeteilt worden sein. Dieser Mitteilung steht es gleich, wenn die Eintragung der **Prokura** ins Handelsregister erfolgt ist (AR/*Löwisch* § 174 BGB Rn. 4; BAG, Urt. v. 11.07.1991 – 2 AZR 107/91, EzA § 174 BGB, Nr. 9). Hier ist allerdings im konkreten Falle darauf zu achten, dass es sich um eine Prokura handeln muss, die den Betreffenden berechtigt, für die Gesellschafterin zu handeln. Eine Prokura, die bei der Gesellschaft besteht, reicht nicht. 79

Unverzüglich ist eine Zurückweisung, wenn sie alsbald nach Zugang der Kündigung erfolgt. Nach dem Bundesarbeitsgericht ist eine Zurückweisung nach drei Wochen nicht mehr unverzüglich (BAG, Urt. v. 11.03.1999 – 2 AZR 427/98, EzA § 626 BGB n.F. Nr. 177). Auch bei einer Zurückweisung nach zwei Wochen dürfte bereits eine unverzügliche Zurückweisung nicht mehr vorliegen. Allerdings ist dies nach den **Umständen des Einzelfalles** zu entscheiden. So wurde für den Fall, dass der Gekündigte erst nach einer Urlaubsrückkehr von der inzwischen zugegangenen Kündigung Kenntnis erhielt, entschieden, dass er dann noch unverzüglich handele, wenn er die Kündigung alsbald nach der Urlaubsrückkehr zurückweise (OLG München, Urt. v. 04.08.1995 – 21 U 5934/94, NJW-RR 1997, 904). Wichtig ist auch, dass die Zurückweisung ihrerseits ein einseitiges Rechtsgeschäft ist. Soll sie also durch einen Anwalt erfolgen, so sollte der Anwalt **Originalvollmacht** vorlegen, andernfalls wird die Zurückweisung der Zurückweisung riskiert. 80

5. Die Stellung als Partei schließt eine Vernehmung des Betreffenden als **Zeugen** aus. In diesen Fällen kommt nur eine Parteivernehmung nach § 445 ff. ZPO in Betracht (Zöller/*Greger* § 373 ZPO Rn. 4). Normalerweise bedeutet dies, dass der **Geschäftsführer** einer GmbH als deren gesetzlicher Vertreter nur als Partei, nicht aber als Zeuge in Betracht kommt. Im Verfahren gegen 81 den Geschäftsführer ist jedoch die Gesellschafterversammlung gesetzlicher Vertreter. Der Geschäftsführer kann in diesem konkreten Fall nicht Vertreter der Gesellschaft sein und ist daher nicht Partei sondern Zeuge (BLAH, Übersicht zu § 373 ZPO Rn. 23 – dort ausdrücklich für das Vorstandsmitglied nach § 112 AktG). Als Partei und nicht als Zeuge zu vernehmen ist demgegenüber konsequenterweise der Gesellschafter (§ 445 ZPO).

82 **6.** Teilweise wird in der arbeitsrechtlichen Instanzrechtsprechung sowie von einigen wenigen Literaturstimmen verlangt, dass dem Mitarbeiter nicht nur die **Verdachtsmomente** eröffnet werden, sondern dass ihm auch eröffnet wird, dass der Arbeitgeber eine Kündigung auf diesen Verdacht zu stützen beabsichtige und ihm Gelegenheit gegeben werde, entweder einen Rechtsanwalt hinzuzuziehen oder sich über einen Rechtsanwalt innerhalb einer bestimmten Frist schriftlich zu äußern. Dies wird als »Wirksamkeitsvoraussetzung« bezeichnet (so LAG Berlin-Brandenburg, Urt. v. 06.11.2009 – 6 Sa 1121/09, AuR 2010, 78). Das Gericht bezieht sich hier auf eine Entscheidung des BAG vom 13.03.2008 – 2 AZR 961/06, NZA 2008, 809. Dies ist in dieser Entscheidung allerdings nicht zu lesen. Das BAG hält in dieser Entscheidung lediglich fest, dass der Arbeitnehmer die Möglichkeit haben müsse, bestimmte zeitlich und räumlich eingegrenzte **Tatsachen** zu bestreiten oder entlastende Umstände vorzubringen. Dem Arbeitnehmer muss also nur der Tatvorwurf konkret eröffnet werden. Mehr aber auch nicht. Die Anhörung dient letztlich der Ermittlung des Sachverhaltes.

83 Hier muss nicht wie etwa bei einer strafrechtlichen Vernehmung der »Schuldvorwurf« eröffnet werden, sondern es reicht, die Tatsachen darzulegen. Die Anforderung, die das LAG Berlin-Brandenburg hier in einem obiter dictum aufgestellt hat, ist in der Sache auch kontraproduktiv. Will der Arbeitgeber tatsächlich eine in alle Richtungen offene **Sachverhaltsaufklärung** betreiben, die auch die Möglichkeit offen lässt, das beschädigte Vertrauen durch ein offenes Gespräch wiederherzustellen, so wird diese Möglichkeit verbaut, wenn der Arbeitgeber dem Mitarbeiter gleich zu Beginn des Gespräches eröffnet, dass er aufgrund der Verdachtsmomente, zu denen jetzt angehört wäre, eine außerordentliche Kündigung aussprechen werde, wenn er diese Verdachtsmomente nicht entkräften könne. Eine vertrauensvolle Zusammenarbeit wird sodann nicht mehr möglich sein.

84 Im Ergebnis ist es daher für den Arbeitgeber bzw. den Dienstgeber eine schwierige Abwägung, ob er neben den Tatsachen auch, wie es das LAG Berlin-Brandenburg ausdrücklich als »Wirksamkeitserfordernis« fordert, schon die Kündigung in Aussicht stellt (und damit die Fortsetzung des Anstellungsverhältnisses de facto unmöglich macht) oder aber es dabei belässt, nur die Tatsachen so offen und umfassend wie möglich darzulegen und den Geschäftsführer zur Stellungnahme hierzu aufzufordern. Letztlich wird eine Gesellschafterin, die insgeheim den Kündigungsentschluss schon gefasst hat und nur der Form halber die Anhörung durchführen will, diesen sichereren Weg gehen, während eine Gesellschafterversammlung, die dem Dienstverhältnis mit dem Geschäftsführer noch eine Chance geben will, eher das Risiko eingehen wird, dass ein Gericht ihr genau diese ergebnisoffene Herangehensweise aus vermeintlichen formalen Gründen entgegenhält. Richtigerweise wird man weiterhin davon ausgehen müssen, dass es für eine wirksame Anhörung ausreicht, dass der Arbeitnehmer mit den Tatsachen, die den Verdacht begründen in einer Art und Weise konfrontiert wird, die es ihm ermöglicht, auf diese einzugehen.

85 Das Bundesarbeitsgericht hat hierzu im Urteil vom 13.03.2008 (– 2 AZR 961/06, Rn. 15) unter Verweis auf seine ständige Rechtsprechung dargelegt, dass dem Arbeitnehmer die Möglichkeit eingeräumt werden müsse, bestimmte, zeitlich und räumlich eingegrenzte **Tatsachen** zu bestreiten oder die den Verdacht entkräftende Tatsachen zu bezeichnen und so zur Aufhellung der für den Arbeitgeber im Dunkeln liegenden Geschehnisse beizutragen. Allein um dieser Aufklärung willen werde dem Arbeitgeber die Anhörung abverlangt. Eine (richtigerweise) so verstandene Anhörung zum Zwecke der Sachverhaltsaufklärung bedarf weder einer bestimmten Form, noch ist es zu ihrer *Wirksamkeit* erforderlich dem Geschäftsführer mit einer Kündigung zu drohen.

7. Eine außerordentliche Kündigung ist gerechtfertigt, wenn auf Grund eines wichtigen Grundes die Beschäftigung bis zum Ablauf der Kündigungsfrist **unzumutbar** ist. Abzustellen ist auf den Ablauf der Kündigungsfrist, nicht unbedingt auf den Ablauf der Beschäftigungspflicht. Eine außerordentliche Kündigung des Geschäftsführers ist auch dann möglich, wenn er bereits abberufen und von seiner Verpflichtung zur Dienstleistung freigestellt ist, denn genauso wenig wie die Freistellung ein milderes Mittel ist, dass eine Kündigung als ungerechtfertigt erscheinen ließe (BAG, Urt. v. 05.04.2001 – 2 AZR 217/00, NJW 2001, 3068), ist die Aufrechterhaltung der Freistellung kein milderes Mittel.

8. Die Kündigung kann gemäß § 626 Abs. 2 BGB nur innerhalb von zwei Wochen ausgesprochen werden. Abzustellen ist hierbei auf die sichere und umfassende Kenntnis des zur Kündigung Berechtigten von den maßgeblichen Umständen. Damit beginnt die Frist erst mit Kenntnis des für die Kündigung zuständigen **Organs**, die Kenntnis eines einzelnen Mitglieds des Organs reicht – abgesehen vom Fall des Alleingesellschafters – nicht aus (BGH, Urt. v. 10.09.2001 – II ZR 14/00, DB 2001, 2438; *Reiserer/Peters* DB 2008, 167). Erlangt allerdings ein Mitglied des zuständigen Organs Kenntnis von den entsprechenden Umständen, so hat er darauf hinzuwirken, dass eine Gesellschafterversammlung einberufen wird. Unterlässt er dies, so wird für den Lauf der Zweiwochenfrist auf den Zeitpunkt abgestellt, an dem eine Gesellschafterversammlung bei unverzüglicher Einberufung stattgefunden hätte (BGH, Urt. v. 17.03.1980 – II ZR 178/79, DB 1980, 1686; vgl. oben Y Rdn. 54). Im Falle einer Alleingesellschafterin, die jederzeit unter Verzicht auf Formen und Fristen eine **Gesellschafterversammlung** abhalten kann, ist im Zweifel auf den Zeitpunkt der **Kenntnis** der gesetzlichen Vertreter der Alleingesellschafterin abzustellen. Liegen Anhaltspunkte vor, die die Annahme rechtfertigen, dass eine schwerwiegende Pflichtverletzung gegeben ist, so ist der Sachverhalt zügig und gründlich zu ermitteln. Bleibt es lediglich bei dem Verdacht einer schwerwiegenden Pflichtverletzung, so gilt wie bei der Verdachtskündigung eines Arbeitnehmers, dass Teil der Aufklärung die ordnungsgemäße Anhörung des Geschäftsführers ist.

5. Klage im Urkundenprozess

Vorbemerkung

Für Geldansprüche, deren anspruchsbegründende Tatsachen sich aus einer in den Händen des Klägers befindlichen (Original-)Urkunde ergeben, ist der Weg der Urkundenklage gemäß § 593 ZPO eröffnet. Diese Verfahrensart führt im Allgemeinen zu einer **Beschleunigung** des Verfahrens und vor allen Dingen zu einem **ohne Sicherheitsleistung** vorläufig vollstreckbaren Urteil. Ferner liegt der Entscheidung, Ansprüche im Wege der Urkundenklage zu erheben, vielfach die Hoffnung zu Grunde, dass die beklagte Gesellschaft möglicherweise nicht in der Lage sein werde, sich gegen eine Urkundenklage angemessen zu verteidigen, da sie die Kündigungsgründe in der Regel mit den im Urkundenprozess **statthaften Beweismitteln** nicht wird belegen können. Statthafte Beweismittel sind lediglich Urkunden (§ 695 Abs. 1 ZPO) sowie mit Blick auf die Echtheit einer Urkunde zusätzlich die Parteivernehmung (§ 695 Abs. 2 ZPO). Die materiellen Voraussetzungen einer außerordentlichen Kündigung lassen sich selten durch Urkunden beweisen. Selbst wenn dies im Einzelfall möglich sein sollte, so wird es häufig sehr schwierig, die Voraussetzungen der Frist des § 626 Abs. 2 BGB, der 2-wöchigen Kündigungserklärungsfrist zu beweisen. Allerdings birgt das Urkundenverfahren auch **Risiken für den Kläger**. Verliert er nämlich den Urkundenprozess in erster Instanz, so ist er in der Berufung ebenfalls an das Urkundenverfahren gebunden. Der Kläger kann nicht in die andere Verfahrensart wechseln. Zu beachten ist auch, dass die prozessuale Wahrheitspflicht letztlich auch dann zu wahren ist, wenn die Beklagte Tatsachen vorträgt, die sie nicht durch Urkunden beweisen kann. Bestreitet der Kläger in diesem Falle die entsprechenden Behauptungen der Beklagten, obwohl er es besser wissen müsste, so verstößt der Kläger gegen die prozessuale Wahrheitspflicht und setzt sich – zu Recht – dem Vorwurf des Prozessbetruges aus.

Y. Verfahren vor anderen Gerichten

89 In der letzten Zeit sind viele Landgerichte dazu übergegangen, Urkundenverfahren, die Geschäftsführer betreffen, sehr weiträumig zu terminieren, wohl um der sich verstetigenden Praxis, zunächst einmal die laufenden Gehälter einzuklagen ohne dass auf den Sachverhalt inhaltlich eingegangen wird, Einhalt zu gebieten. Diese langfristige Terminierung gibt den Parteien die Möglichkeit, den Rechtstreit wie auch in einem normalen Erkenntnisverfahren »auszuschreiben«. Von dieser Möglichkeit sollte insbesondere die Gesellschaft unbedingt Gebrauch machen, da hinsichtlich unstreitig bleibenden Fragen die Verfahrensart nicht relevant ist und sich im Gegenteil die **Beschränkung der Beweismittel** auch gegen den Geschäftsführer kehren kann, wenn Situationen entstehen, bei denen ihm die Darlegungs- und Beweislast vom Gericht zugesprochen wird. Versäumt er es dann rechtzeitig vom Urkundenverfahren Abstand zu nehmen (vgl. unten Formular Y Rdn. 116), muss er auch in zweiter Instanz mit den Beweismittelbeschränkungen des Urkundenverfahrens zurechtkommen, mit der Konsequenz, dass er hier das Verfahren möglicherweise doch gerade wegen der Beschränkung der Beweismittel, die ihm zum Vorteil gereichen sollte, verliert. Der Beklagte hat jederzeit die Möglichkeit, eine Ausführung seiner Rechte im Nachverfahren (vgl. unten Formular Y Rdn. 108) zu verlangen, dem Kläger steht diese Möglichkeit nicht zu Gebote.

▶ **Muster – Klage im Urkundenprozess**

90 An das

Landgericht ____[Ort]____

– Kammer für Handelssachen –

____[Anschrift]____

____[Ort]____, den ____[Datum]____

KLAGE IM URKUNDENPROZESS [1]

des ____[Name]____, ____[Anschrift]____

Prozessbevollmächtigte: Rechtsanwälte ____[Kanzleiname und Anschrift]____

Kläger

gegen

die ____[Name]____ GmbH, vertreten durch ihre Alleingesellschafterin, die ____[Name]____ Holding GmbH, diese vertreten durch ihre Geschäftsführer ____[Namen der Geschäftsführer]____, ____[Anschrift]____

Beklagte

Streitwert [2]: ____[Betrag]____ €

Namens und in Vollmacht des Klägers erhebe ich

Klage im Urkundenprozess

und beantrage,

1. die Beklagte zu verurteilen, an den Kläger ____[Betrag]____ € nebst Zinsen in Höhe von 5 Prozentpunkten über dem Basiszinssatz seit dem ____[Datum]____ aus ____[Betrag]____ € sowie seit dem ____[Datum]____ aus ____[Betrag]____ € zu zahlen;
2. der Beklagten die Kosten des Rechtsstreits aufzuerlegen;
3. das Urteil ohne Sicherheitsleistung für vorläufig vollstreckbar zu erklären.

Mit einer Übertragung der Sache auf den Vorsitzenden ist der Kläger einverstanden.

BEGRÜNDUNG: [3]

Der Kläger ist seit dem ____[Datum]____ als Geschäftsführer bei der Beklagten beschäftigt.

Beweis: Anstellungsvertrag vom ___[Datum]___ , in beglaubigter Kopie [4] beigefügt als

– Anlage K1 –.

Beweis für die Echtheit der Urkunde: Parteivernehmung [5].

Auf Grund des Anstellungsvertrages bezieht der Kläger ein monatliches Gehalt in Höhe von ___[Betrag]___ € brutto. Dieses Gehalt hat der Kläger bis einschließlich ___[Monat]___ bezogen. Die letzten beiden Monatsgehälter, welche am ___[Datum]___ fällig wurden, hat die Beklagte nicht mehr geleistet.

Die Beklagte wird möglicherweise einwenden [6], dass sie das Anstellungsverhältnis mit Schreiben vom ___[Datum]___ gekündigt habe. Diese Kündigung ist jedoch formell, wie materiell unwirksam. Die formelle Unwirksamkeit ergibt sich bereits daraus, dass gemäß § ___[Paragraf]___ der Satzung der Beklagten der Beirat für Bestellung und Abberufung und folglich aufgrund der Annexkompetenz auch für die Kündigung von Geschäftsführeranstellungsverhältnissen zuständig ist.

Ferner ist kein wichtiger Grund i.S.d. § 626 Abs. 1 BGB ersichtlich und die Kündigungserklärungsfrist des § 626 Abs. 2 BGB ist ebenfalls nicht gewahrt [7].

Die Kündigung ist somit bereits aus formalen Gründen unwirksam, das Anstellungsverhältnis besteht fort, so dass die Beklagte verpflichtet ist, den hier eingeklagten Betrag zu leisten.

Der Zinsanspruch ergibt sich aus §§ 284 Abs. 2, 288 BGB in Verbindung mit dem Anstellungsvertrag (Anlage K1), da in diesem die Zahlung der vereinbarten Jahresvergütung in zwölf gleichen Monatsraten vereinbart ist.

Beglaubigte und einfache Abschrift der Klage nebst Anlagen liegen bei.

Die Originale der beigefügten Dokumente wird der Kläger im Termin zur mündlichen Verhandlung vorlegen.

_____
(Unterschrift Rechtsanwalt)

Erläuterungen

Schrifttum
Fischer Geschäftsführerdienstverträge und Urkundenprozess, NJW 2003, 333; *Pesch* Der Urkundsprozess als prozesstaktisches Mittel bei der außerordentlichen Kündigung von Organmitgliedern, NZA 2002, 957; *Pröpper* Durchsetzung des Vergütungsanspruchs von Geschäftsführern und Vorständen nach fristloser Kündigung im Urkundenprozess, BB 2003, 202; *Tschöpe/Wortmann* Der wichtige Grund bei Abberufungen und außerordentlichen Kündigungen von geschäftsführenden Organvertretern, NZG 2009, 161.

1. Gemäß § 593 Abs. 1 ZPO hat die Klageschrift die Erklärung zu enthalten, dass im Urkundenprozess geklagt wird. Ein späteres Nachholen dieser Erklärung gilt als **Klageänderung**, ist jedoch in aller Regel nicht sachdienlich und somit unzulässig (Zöller/*Greger* § 593 ZPO Rn. 3). 91

2. Gemäß § 253 Abs. 3 Nr. 2 ZPO soll die Klageschrift die Angabe des Wertes des Streitgegenstandes enthalten, sofern der Streitgegenstand nicht in einer bestimmten Geldsumme besteht. Da sich eine Urkundenklage zwingend immer und ausschließlich auf eine Geldforderung richtet, ist hier die Angabe des Streitgegenstandes nicht zwingend erforderlich, gleichwohl erleichtert es der Geschäftsstelle die Arbeit, so dass dies auch im Falle einer Urkundenklage üblich ist. 92

3. In der Klagebegründung wird es in der Regel ausreichen, darzustellen, dass ein Anstellungsvertrag zwischen den Parteien besteht und dass und in welcher Höhe sich ein Zahlungsanspruch aus dem Anstellungsvertrag ergibt (*Tschöpe/Wortmann* NZG 2009, 161). Legt allerdings die Beklagte Tatsachen dar, aus denen sich ergibt, dass beispielsweise das Anstellungsverhältnis nicht mehr besteht, so hat sich der Kläger diesbezüglich bereits jetzt umfassend zu erklären. Dies gilt selbst dann, wenn der Beklagte die Tatsachen nicht durch Urkunden beweisen kann, da die nor- 93 malen Regeln über Darlegung und Bestreiten auch im Urkundenverfahren gelten. Relevant wird die besondere Verfahrensart also nur dort, wo ein Sachverhalt tatsächlich streitig ist.

94 Dass Rechtstreite aufgrund von Zeugenaussagen entschieden werden, ist eher die Ausnahme als die Regel. Ist die Urkundenklage in erster Instanz abgewiesen, so kann der Kläger die Verfahrensart nicht mehr wechseln, während der Beklagte, sollte in der Berufungsinstanz erstmals ein klagestattgebendes Urteil ergehen, erneut die Ausführung seiner Rechte im Nachverfahren verlangen kann. In jeder Phase des erstinstanzlichen Verfahrens sollte daher die Frage des Abstehens von dem Urkundenverfahren geprüft werden (siehe hierzu unten Formular Y Rdn. 116).

95 **4.** Die Urkunden, aus denen sich der Anspruch ergibt, müssen der Klageschrift entweder im Original oder in beglaubigter Abschrift beigefügt sein (§ 593 Abs. 2 ZPO). Sie können auch mit einem späteren Schriftsatz noch eingereicht werden, sofern dieser die Einlassungsfrist wahrt. Unbeglaubigte Kopien sind nicht ausreichend. Spätestens im Termin muss die Urkunde im Original vorgelegt werden, sonst ist der Urkundenprozess unstatthaft. Dies gilt nicht, wenn die klagebegründenden Tatsachen unstreitig oder zugestanden sind. Häufig wird die Beklagte nicht bestreiten, dass der Anstellungsvertrag zustande gekommen ist. Der Sachvortrag des Beklagten wird in aller Regel dahin gehen, dass das Anstellungsverhältnis auf Grund einer wirksamen Kündigung geendet hat, was sie, wenn sie sich auf eine außerordentliche Kündigung stützt in der Regel nicht durch Urkunden beweisen kann. Nach Auffassung des OLG München (NJOZ 2007, 2520) können jedoch Protokolle aus Strafverfahren über Zeugen- oder Beschuldigtenvernehmungen als öffentliche Urkunden gemäß § 435 ZPO in einem Urkundenprozess verwertet werden. Daher ist aus Sicht des klagenden Geschäftsführers bei der Wahl der Verfahrensart Urkundenprozess Vorsicht geboten, wenn ein Strafverfahren gegen ihn anhängig ist aus dem sich der Kündigungsvorwurf ergeben kann (hierzu *Tschöpe/Wortmann* NZG 2009, 161).

96 Anders als etwa im Falle des einstweiligen Verfügungsverfahrens kann die Beschränkung der Beweismittel auch nicht durch »präsente Zeugen« aufgehoben werden (siehe X Rdn. 720).

97 **5.** Als weiteres Beweismittel kommt im Urkundenprozess auch die Parteivernehmung in Betracht. Dies jedoch ausschließlich im Hinblick auf die Frage der Echtheit der Urkunde (§ 595 Abs. 2 ZPO). Der Beweis hierüber wird in der Regel mit Urkunden nicht zu führen sein. Im Übrigen wird das Gericht im Rahmen der freien Beweiswürdigung gemäß § 286 ZPO die Urkunde in Bezug auf ihre Echtheit würdigen (Zöller/*Greger* § 595 ZPO Rn. 7).

98 **6.** Um nicht mit Tatsachenvortrag im späteren Verfahren präkludiert zu sein, sollten etwaige formelle **Unwirksamkeitsgründe der Kündigung** bereits in der Klage geltend gemacht werden. Während materielle Unwirksamkeitsgründe in der Regel erst in der Replik geltend gemacht werden können, sollten jedenfalls formelle Unwirksamkeitsgründe bereits in der Klageschrift angesprochen werden.

99 **7.** Die Darlegung des Umstandes, dass die Kündigungserklärungsfrist gewahrt wurde, stellt in der Regel die größte Schwierigkeit bei der Verteidigung gegen eine Urkundenklage auf Leistung aus einem Geschäftsführeranstellungsverhältnis dar.

6. Klageerwiderung im Urkundenverfahren

Vorbemerkung

100 In der Klageerwiderung im Urkundenprozess ist der Beklagte im Hinblick auf die Beweismittel ebenfalls auf Urkunden beschränkt, gelingt es ihm nicht, den Anspruch bereits im Urkundenverfahren erfolgreich abzuwehren, so bleibt die Ausführung seiner Rechte dem Nachverfahren gemäß § 600 ZPO vorbehalten (vgl. Y Rdn. 108). Im Hinblick auf den Umstand, dass es in vielen Verfahren nie zu einer Beweisaufnahme kommt, sondern das Verfahren bereits daran entschieden wird, dass die Klage bereits unschlüssig ist oder dass entscheidungserhebliche Tatsachen nicht

oder nicht substantiiert bestritten werden, ist dringend zu empfehlen, auch im Urkundenprozess bereits all das vorzutragen, worauf der Beklagte auch in einem Verfahren außerhalb des Urkundenprozesses seine Rechtsposition stützen würde. Nicht jede Urkundenklage endet zwingend mit einem **Vorbehaltsurteil** zu Gunsten des Klägers, auch wenn zunächst der Anspruch grundsätzlich mit Urkunden begründet werden konnte. Da die prozessuale Wahrheitspflicht auch im Urkundenprozess gilt, kann der Kläger nicht einfach alles, was die Beklagte vorträgt, pauschal bestreiten in der Hoffnung, die Beklagte werde dies schon nicht durch Urkunden belegen können. Macht er dies wider besseres Wissen, so begeht er Prozessbetrug, was im Nachverfahren offenkundig werden würde.

▶ **Muster – Klageerwiderung im Urkundenverfahren**

An das

Landgericht ___[Ort]___

– Kammer für Handelssachen –

___[Anschrift]___

___[Ort]___, den ___[Datum]___

In dem Rechtsstreit

des ___[Name]___,

gegen

die ___[Name]___ GmbH,

___[Aktenzeichen]___

zeigen wir an, dass wir die Beklagte vertreten.

Wir beantragen,

1. die Klage abzuweisen;
2. die Kosten des Rechtsstreits dem Kläger aufzuerlegen;
3. das Urteil für vorläufig vollstreckbar ohne Sicherheitsleistung zu erklären.

– Hilfsweise wird beantragt,

der Beklagten die Ausführung ihrer Rechte im Nachverfahren vorzubehalten. [1]

BEGRÜNDUNG:

[Ausführungen zur Begründung] [2]

___[Name]___

_____

(Unterschrift Rechtsanwalt)

Erläuterungen

Schrifttum
Fischer Geschäftsführerdienstverträge und Urkundenprozess, NJW 2003, 333; *Pesch* Der Urkundsprozess als prozesstaktisches Mittel bei der außerordentlichen Kündigung von Organmitgliedern, NZA 2002, 957; *Pröpper* Durchsetzung des Vergütungsanspruchs von Geschäftsführern und Vorständen nach fristloser Kündigung im Urkundenprozess, BB 2003, 202.

Y. Verfahren vor anderen Gerichten

102 **1.** Eine Verurteilung der Beklagten im Urkundenverfahren kann nur im Wege des **Vorbehaltsurteils** gemäß § 599 ZPO erfolgen. Der Beklagten ist in diesem Urteil zwingend die Ausführung ihrer Rechte vorzubehalten (Zöller/*Greger* § 599 ZPO Rn. 2). Fehlt dieser Vorbehalt in der Urteilsformel oder wenigstens in den Gründen, dann muss die Beklagte eine Ergänzung des Urteils nach § 599 Abs. 2 i.V.m. § 321 ZPO beantragen. Voraussetzung für ein Vorbehaltsurteil ist allerdings, dass die Beklagte der vorbehaltslosen Verurteilung widersprochen hat. Der Vorbehalt muss, wenn über die Urkundenklage auf Grund mündlicher Verhandlung entschieden wird, in dieser erklärt werden. Es ist ausreichend, dass die Beklagte einen Antrag stellt, mit dem sie sich seiner vorbehaltslosen Verurteilung widersetzt. Eines ausdrücklichen Antrages auf den Vorbehalt bedarf es nicht.

103 **2.** Teilweise wird empfohlen (so *Büschel* Beck'sches Prozessformularbuch I.Q.2 Anm. 2), dass die Beklagte den Anspruch nur für den Urkundenprozess anerkennen soll und sich die Ausführung ihrer Rechte für das Nachverfahren vorbehalte. In diesem Fall soll (Zöller/*Greger* § 599 ZPO Rn. 8; offen gelassen in BGH, Urt. v. 24.10.1991 – IX ZR 18/91, NJW-RR 1992, 254) ein **Anerkenntnis-Vorbehaltsurteil** in der Hauptsache und im Kostenpunkt ergehen können. Der entscheidende Nachteil ist jedoch, dass das Vorbehaltsurteil ohne Sicherheitsleistung vollstreckbar ist. Sinnvoller ist es daher, dem Anspruch sogleich entgegenzutreten und nur die Beweismittel, die wegen der Eigentümlichkeiten des Urkundenverfahrens nicht vorgebracht werden können, dem Nachverfahren vorzubehalten. Allerdings ist die Beklagte nicht gehindert, sich zu Anspruchsvoraussetzungen, die im Vorbehaltsurteil noch keine Rolle spielen, zu äußern. Eine prozessuale Pflicht, sich gegen den Klageanspruch überhaupt zu verteidigen, besteht nicht. Er kann im **Nachverfahren** noch neue Angriffs- und Verteidigungsmittel vorbringen (BGH, Urt. v. 24.10.1991 – IX ZR 18/91, NJW-RR 1992, 254; BGH, Urt. v. 01.10.1987 – III ZR 134/86, NJW 1988, 1468).

104 Zu beachten ist jedoch, dass das Vorbehaltsurteil Bindungswirkung für ein im Nachverfahren ergehendes Urteil entfaltet. Wie weit diese Bindungswirkung tatsächlich geht, ist umstritten. Zum Teil wird gefolgert, dass in Fällen, in denen eine Tatsache, die bereits durch Urkundenbeweis als belegt angesehen wurde, nicht mehr im weiteren Verfahren anders beurteilt werden könne. Im Nachverfahren dürfe allerdings die Echtheit der Urkunde noch bestritten werden. Auch kann in einem weiteren Verfahren noch Zeugenbeweis angetreten werden – allerdings nur, wenn die Tatsache bereits im Urkundenverfahren überhaupt bestritten wurde.

105 Da, wie ausgeführt, das Vorbehaltsurteil bezüglich derjenigen Fragen des Streitverhältnisses, die entschieden werden mussten, damit das Vorbehaltsurteil überhaupt ergehen konnte, **Bindungswirkung** entfaltet (BGH, Urt. v. 10.02.2004 – XI ZR 36/03, NJW 2004, 1159), ist also jedenfalls die Beurteilung der Zulässigkeit der Klage im Urkundenprozess bindend (BGH, Urt. v. 17.01.1973 – VIII ZR 48/71, NJW 1973, 467). Dies gilt selbst dann, wenn das Gericht, welches das Vorbehaltsurteil erlassen hat, diese Frage fehlerhaft oder unvollständig geprüft hat (BGH, Urt. v. 24.11.1992 – XI ZR 86/92, NJW 1993, 668). Wegen dieser Bindungswirkung ist beispielsweise auch eine etwaige **Rüge der Rechtswegzuständigkeit** bereits im Urkundenverfahren zu erheben, da es unbeachtlich ist, wenn sich erst im Nachverfahren herausstellt, dass die Sache ihrer Natur nach vor die Arbeitsgerichtsbarkeit gehört (BGH, Beschl. v. 31.10.1975 – I ARZ 482/75, NJW 1976, 330), die ein Urkundenverfahren gar nicht kennt.

106 Im Ergebnis ist zu empfehlen, bereits im Urkundenverfahren alle prozessualen Rügen wie etwa die in Geschäftsführerangelegenheiten möglicherweise gegebene Rüge der Zulässigkeit des beschrittenen Rechtsweges zu erheben sowie zur Sache vorzutragen. Das Nachverfahren dient dann lediglich dazu, Beweismittel für etwaige streitige Tatsachen, für die der Beklagte keinen Urkundenbeweis antreten konnte, einzuführen. Wird absehbar, dass die Beklagte sich bereits in dieser Verfahrensart erfolgversprechend verteidigen kann, kommt für den Kläger das Abstehen vom Urkundenprozess, d.h. der Wechsel in das normale Klageverfahren, in Betracht (siehe Formular Y Rdn. 116). Hiermit sichert er sich die Möglichkeit, seinerseits alle Beweismittel, die zur Verfügung stehen, zu nutzen. Dieses Abstehen ist jedoch nur bis zum Schluss der mündlichen Verhandlungen ohne weiteres möglich. Der Wechsel in das ordentliche Verfahren kann in II. Instanz nur noch unter den Voraussetzungen einer Klageänderung erfolgen, d.h. es bedarf der Zustimmung des Beklagten oder aber die Abstandnahme muss sachdienlich sein (BGH, Urt. v. 13.04.2011 – XII ZR 110/09, MDR 2011, 936; Zöller/*Greger* § 596 ZPO Rn. 4). Es kommt allerdings noch eine Verurteilung im Wege des Vorbehaltsurteils auch in der Berufungsinstanz in Betracht. In diesem Fall kann der Beklagte wiederum ins Nachverfahren wechseln. Bis zum Schluss der mündlichen Verhandlung in I. Instanz hat es also der Kläger in der Hand, ob im Urkundenverfahren oder im normalen Klageverfahren über seinen Anspruch entschieden wird. Nimmt er den Wechsel nicht noch in der I. Instanz vor, hat es lediglich die Beklagte in der Hand, dann eine Geltendmachung der Rechte im Nachverfahren vorzunehmen, wenn entweder das erst- oder das zweitinstanzliche Urteil zu seinem Nachteil ergangen ist. Der Kläger schneidet sich somit, um den vermeintlichen Vorteil eines zügigen Verfahrens und eines sofort vollstreckbaren Urteils willen, das oft entscheidende Beweismittel der Zeugenvernehmung ab.

7. Ausführung der Rechte im Nachverfahren

Vorbemerkung

Im Falle der Verurteilung des Beklagten im Rahmen eines Vorbehaltsurteils hat der Beklagte zum einen die Möglichkeit, den Rechtsstreit im Nachverfahren weiter zu führen. Er kann auch gegen das Vorbehaltsurteil **Berufung** einlegen. Dies kann deshalb sinnvoll sein, weil die Feststellung des Vorbehaltsurteils Bindungswirkung für das Nachverfahren haben kann. In aller Regel wird allerdings eine Überprüfung des Vorbehaltsurteils im Nachverfahren noch in der I. Instanz der Weg sein, den die beklagte Gesellschaft beschreitet. Grundsätzlich ist es auch möglich sowohl Berufung einzulegen, als auch das Nachverfahren zu betreiben. Das Berufungsgericht darf hierbei das Nachverfahren nicht bis zu einer rechtskräftigen Entscheidung über die Berufung im Urkundenprozess aussetzen.

▶ **Muster – Ausführung der Rechte im Nachverfahren**

An das
Landgericht [1] _____[Ort]_____
– Kammer für Handelssachen –
_____[Anschrift]_____

_____[Ort]_____, den _____[Datum]_____

Im Rechtsstreit

des _____[Name]_____,

gegen

die _____[Name]_____ GmbH,

_____[Aktenzeichen]_____

ist dem Beklagten im Urteil vom _____[Datum]_____ die Ausführung seiner Rechte im Nachverfahren vorbehalten worden. Der Beklagte wird das

NACHVERFAHREN [2]

nunmehr durchführen. Namens und in Vollmacht des Beklagten beantragen wir

1. das Vorbehaltsurteil vom _____[Datum]_____ aufzuheben [3] und die Klage abzuweisen;
2. die Kosten des Rechtsstreits dem Kläger aufzuerlegen;[4]
3. das Urteil gegebenenfalls wegen der Kosten für vorläufig vollstreckbar zu erklären.

Y. Verfahren vor anderen Gerichten

— Außerdem wird beantragt,

> die Zwangsvollstreckung aus dem Vorbehaltsurteil vom ____[Datum]____, notfalls gegen Sicherheitsleistung, einzustellen. [5]

Es wird gebeten, einen möglichst nahen Termin zur mündlichen Verhandlung zu bestimmen. Mit einer Übertragung auf den Vorsitzenden ist der Beklagte einverstanden.

Der Beklagte nimmt zunächst sein gesamtes Vorbringen im Urkundenprozess in Bezug und macht dieses zum Gegenstand des Nachverfahrens und begründet seine Einwendungen darüber hinaus wie folgt:

[Umfassende Begründung, in deren Rahmen deutlich gemacht werden sollte, dass und an welcher Stelle, die entsprechenden Einwendungen bereits vorgebracht worden sind.] [6]

_____

(Unterschrift Rechtsanwalt)

Erläuterungen

109 **1.** Das Nachverfahren bleibt in der I. Instanz anhängig, so dass das bisherige Gericht, welches das Vorbehaltsurteil erlassen hat, für die Durchführung des Nachverfahrens zuständig ist. Wenn gegen das Vorbehaltsurteil ein Rechtsmittel eingelegt wird, kommt es zu einer Aufspaltung des Rechtsstreits in zwei Instanzen (Zöller/*Greger* § 600 ZPO Rn. 2). Dies kann dazu führen, dass Entscheidungskollisionen entstehen (vgl. hierzu Zöller/*Greger* § 600 ZPO Rn. 24 ff.).

110 **2.** Umstritten ist, ob das Nachverfahren **von Amts wegen** eingeleitet wird (so Zöller/*Greger* § 600 ZPO Rn. 8). Teilweise wird davon ausgegangen, dass das Gericht verpflichtet ist, unverzüglich nach Erlass des Vorbehaltsurteils einen Termin zur mündlichen Verhandlung zu bestimmen. Zumindest die Praxis der Gerichte ist die, dass es hierfür eines entsprechenden Antrages einer Partei bedarf (BGH, Urt. v. 19.01.1983 – VIII ZR 315/81, NJW 1983, 1111 – obiter dictum). Die Befugnis des Beklagten, seine Rechte im Nachverfahren auszuführen, soll sogar **verwirken** können (OLG Celle, Urt. v. 30.12.1992 – 21 U 26/92, NJW-RR 1993, 559; OLG Frankfurt, Urt. v. 10.10.1989 – 22 U 235/88, NJW-RR 1990, 574). Der entsprechende Antrag kann auch bereits im Termin zur mündlichen Verhandlung im Rahmen des Urkundenverfahrens gestellt werden. Auch der Kläger kann unter Umständen ein Interesse daran haben, dass das Nachverfahren zügig durchgeführt wird. Auch er kann einen entsprechenden Antrag stellen. Dieser lautet dann wie folgt:

»In dem Rechtsstreit

____[Rubrum]____

ist dem Beklagten durch Urteil vom ____[Datum]____ die Ausführung seiner Rechte im Nachverfahren vorbehalten worden. Der Beklagte hat das Nachverfahren bisher nicht betrieben. Daher bittet der Kläger nunmehr um Durchführung des Nachverfahrens, in welchem beantragt wird

1. das Vorbehaltsurteil vom ____[Datum]____ für vorbehaltslos zu erklären;
2. dem Beklagten auch die weiteren Kosten des Rechtsstreits aufzuerlegen;
3. das Urteil ohne Sicherheitsleistung für vorläufig vollstreckbar zu erklären.

— Es wird weiterhin beantragt,

> einen möglichst nahen Termin zur mündlichen Verhandlung anzuberaumen.«

111 **3.** Neben der Klageabweisung ist auf jeden Fall auch ausdrücklich die Aufhebung des Vorbehaltsurteils zu beantragen.

112 **4.** Es wird keine weitere Verfahrensgebühr des Gerichts erhoben, sondern das Nachverfahren bildet mit dem Urkundenprozess eine Gebühreninstanz (Musielak/*Voit* § 592 ZPO Rn. 17). Al-

lerdings können neue Anwaltsgebühren im Nachverfahren entstehen. Es wird jedoch die Verfahrensgebühr aus dem Urkundenprozess auf diejenige im Nachverfahren angerechnet.

5. Da auf Grund des Vorbehaltsurteils ein vorläufig vollstreckbarer Titel besteht, aus dem der Kläger möglicherweise bereits vollstreckt, sollte auf jeden Fall die Einstellung der Zwangsvollstreckung gemäß § 107 ZPO beantragt werden. In der Regel wird diese Einstellung allerdings nur gegen Sicherheitsleistung erfolgen.

6. Der Beklagten stehen jetzt sämtliche Beweismittel zur Begründung der Kündigung zur Verfügung. Sie könnte nunmehr beispielsweise auch **Widerklage** wegen etwaiger Schadenersatzansprüche, die auf Grund des pflichtwidrigen Handelns entstanden sind, erheben. Die Beklagte kann jetzt auch noch neue Tatsachen vortragen und neue Beweise antreten, die sie im Urkundenverfahren nicht bestritten bzw. nicht vorgetragen hat. Entsprechender Vortrag ist nicht verspätet (Zöller/*Greger* § 600 ZPO Rn. 18).

8. Abstehen vom Urkundenprozess

Vorbemerkung

Unter Umständen kann sich im Verlauf des Urkundenprozesses zeigen, dass etwa auf Grund von Sachvortrag, der zwar nicht durch Urkunden bewiesen ist, den jedoch der Kläger redlicherweise nicht wird bestreiten können, zunächst das Bestehen eines Kündigungsgrundes bewiesen werden kann, jedoch die Befürchtung besteht, dass bestimmte Rechtfertigungsgründe, die den Kündigungsgrund zerstören, nicht mehr in das Verfahren eingebracht werden könnten, wenn es bei dem Urkundenverfahren bleibt. In diesem Falle erginge kein Vorbehaltsurteil, sondern ein klageabweisendes (End-)Urteil.

▶ **Muster – Abstehen vom Urkundenprozess**

An das
Landgericht ___[Ort]___
– Kammer für Handelssachen –
___[Anschrift]___

___[Ort]___, den ___[Datum]___

Im Rechtsstreit
des ___[Name]___,
gegen
die ___[Name]___ GmbH,
___[Aktenzeichen]___

bezieht sich die Beklagte bezüglich der Tatsache, dass das Anstellungsverhältnis beendet wurde, auf einen Aufhebungsvertrag, den der Kläger angeblich unterzeichnet haben soll. Der Kläger sieht sich außerstande, die Unwirksamkeit dieses Aufhebungsvertrages mit im Urkundenprozess zulässigen Mitteln zu beweisen.

Der Kläger nimmt daher vom Urkundenprozess

ABSTAND. [1]

Die in der Klageschrift gestellten Anträge werden nun auch im ordentlichen Verfahren gestellt. [2]
Mit einer Entscheidung des Rechtsstreits durch den Vorsitzenden ist der Kläger einverstanden.

Der Aufhebungsvertrag ist vom Kläger zwar unterzeichnet worden, jedoch hat der Kläger den Aufhebungsvertrag inzwischen wirksam angefochten ___[Ausführen]___.

(Unterschrift Rechtsanwalt)

Erläuterungen

117 **1.** Es sind prozessuale Situationen denkbar, in denen es auch für einen Geschäftsführer nicht mehr sinnvoll ist, das Verfahren als Urkundenverfahren fortzuführen, da ihm möglicherweise auch selbst für die II. Instanz wichtige Beweismittel abgeschnitten sind. In diesen Situationen kann der Geschäftsführer gemäß § 596 ZPO Abstand vom Urkundenverfahren nehmen. Die Möglichkeit besteht bis zum **Schluss der mündlichen Verhandlung** und kann im ersten Rechtszug jederzeit unproblematisch erklärt werden (Zöller/*Greger* § 596 ZPO Rn. 4). Im zweiten Rechtszug ist sie nur unter den Voraussetzungen der Klageänderung möglich. Es bedarf somit der Zustimmung des Beklagten oder aber die Abstandnahme muss vom Gericht als sachdienlich betrachtet werden (BGH, Urt. v. 13.04.2011 – XII ZR 110/09, MDR 2011, 936; Zöller/*Greger* § 596 ZPO Rn. 4). Die Erklärung muss **eindeutig** sein, daher empfiehlt es sich, ausdrücklich die Formulierung »Abstehen« zu verwenden. Allein der Umstand, dass etwa Beweisangebote gebracht werden, die nur außerhalb des Urkundenprozesses zulässig sind, ist nicht ausreichend. Ferner muss die Abstandnahme unbedingt erfolgen. Selbst Rechtsbedingungen können hier Probleme aufwerfen, so wäre beispielsweise eine Abstandnahme nur für den Fall, dass die angebotenen Beweise nicht genügen sollten, unzulässig (RG, JW 1897, 532; Zöller/*Greger* § 596 ZPO Rn. 1). Eine Einwilligung der Gegenseite ist nicht erforderlich. Der Beklagte hat, wenn beispielsweise die Abstandnahme in einem Termin erfolgt, keinen Anspruch auf Vertagung. Er muss jederzeit mit der Abstandnahme des Prozessgegners rechnen. Ihm ist jedoch mindestens **Schriftsatznachlass** zu gewähren. Würde nunmehr das Vorbringen des Beklagten gemäß § 296 Abs. 2 ZPO zurückgewiesen, so würde sein Anspruch auf **rechtliches Gehör** verletzt (Zöller/*Greger* § 596 ZPO Rn. 9).

118 Ein typischer Fall für das Abstandnehmen ist unter anderem, dass die **Echtheit einer Unterschrift** unter einer Urkunde im Streit steht. In diesem Falle steht den Parteien lediglich die Parteivernehmung als Beweismittel zur Verfügung, die in der Regel als Beweismittel recht problematisch ist. Aus diesem Grund wird nicht selten Sachverständigenbeweis angeboten. Die Partei, die die Echtheit ihrer Unterschrift bestreitet, muss Schriftproben für den Sachverständigen zur Verfügung stellen.

119 **2.** Nunmehr ist grundsätzlich auch die Möglichkeit gegeben, im Rahmen der sonstigen Zulässigkeitsvoraussetzungen weitere Anträge zu stellen, die bislang im Urkundenverfahren nicht möglich waren. Relevant ist hier vor allem aber, dass die Beklagte nunmehr Gelegenheit hat, eine etwaige Widerklage zu erheben (vgl. Y Rdn. 74).

9. Schadenersatzklage gegen einen Geschäftsführer

Vorbemerkung

120 Ein Geschäftsführer haftet grundsätzlich für Schäden, die er der Gesellschaft aufgrund seines Handelns verursacht hat. Eine Haftung tritt nur dann nicht ein, wenn dem Geschäftsführer für die fraglichen Handlungen **Entlastung** erteilt wurde sowie ferner, wenn er seine Entscheidung mit der **Sorgfalt eines ordentlichen Geschäftsmannes** (§ 43 Abs. 1 GmbHG) getroffen hat, er insbesondere die Entscheidung ordnungsgemäß vorbereitet. Hierfür trägt der Geschäftsführer die umfassende Darlegungs- und Beweislast. Wie oben (Y Rdn. 74) bereits ausgeführt, kann die Schadenersatzklage statt in einem selbständigen Verfahren mit dem Bestandsrechtsstreit im Wege der Widerklage ver-

knüpft werden. Dies führt jedoch häufig dazu, dass der Bestandsrechtsstreit zusätzlich verzögert wird, da die Anforderung an die Begründung eines Schadenersatzanspruches meist höher sind als die Anforderungen an die Begründung eines Kündigungsgrundes, zumal, wenn es sich um eine Verdachtskündigung handelt.

▶ **Muster – Schadenersatzklage gegen einen Geschäftsführer**

An das

Landgericht ____[Ort]____

– Kammer für Handelssachen –

[Anschrift des Gerichts]

____[Ort]____, den ____[Datum]____

KLAGE

der ____[Name]____ GmbH, vertreten durch ihre Alleingesellschafterin [1], die ____[Name]____ Holding GmbH, diese vertreten durch ihre Geschäftsführer [Namen der Geschäftsführer], ____[Anschrift]____

Prozessbevollmächtigte: Rechtsanwälte ____[Kanzleiname und -anschrift]____

Klägerin

gegen

den Herrn ____[Name und private Anschrift des Geschäftsführers]____

Beklagter

wegen Schadenersatz

vorläufiger Streitwert: ____[Betrag]____ €

Namens und in Vollmacht [2] der Klägerin erheben wir Klage und werden beantragen,

1. den Beklagten zu verurteilen, an die Klägerin ____[Betrag]____ € [3] nebst Zinsen in Höhe von 5 Prozentpunkten über dem Basiszinssatz seit dem ____[Datum]____ zu zahlen;
2. dem Beklagten die Kosten des Rechtsstreits aufzuerlegen;
3. das Urteil, notfalls gegen Sicherheitsleistung, für vorläufig vollstreckbar zu erklären.

Sofern das Gericht das schriftliche Vorverfahren anordnet, wird für den Fall der Fristversäumnis oder des Anerkenntnisses beantragt, die Beklagte durch Versäumnisurteil ohne mündliche Verhandlung zu verurteilen.

Mit einer Entscheidung der Sache durch den Vorsitzenden ist die Klägerin einverstanden.

BEGRÜNDUNG:

Der Beklagte ist seit dem ____[Datum]____ bei der Beklagten als Geschäftsführer angestellt.

Beweis: Anstellungsvertrag vom ____[Datum]____, in Kopie beigefügt als

– Anlage K1 –.

Der Beklagte schloss am ____[Datum]____ einen Kaufvertrag über eine Rohstofflieferung über ____[Betrag]____ € mit der ____[Name]____ GmbH.

Beweis: Kaufvertrag vom ____[Datum]____ in Kopie beigefügt als

– Anlage K2 –.

Y. Verfahren vor anderen Gerichten

Der Beklagte veranlasste am ___[Datum]___, dass der Kaufpreis bereits überwiesen wurde. Die ___[Name]___ GmbH lieferte in der Folgezeit nicht. Noch bevor die Klägerin ihre Rechte aus dem Kaufvertrag geltend machen konnte, meldete die ___[Name]___ GmbH Insolvenz an.

Der Beklagte hat gegen die Pflichten eines ordentlichen Kaufmannes verstoßen, indem er veranlasste, dass die Klägerin gegenüber der _____ GmbH in Vorleistung ging. Für den der Klägerin hierdurch entstandenen Schaden, haftet der Beklagte der Klägerin.

_____
(Unterschrift Rechtsanwalt)

Erläuterungen

122 **1.** Auch für Schadenersatzklagen gegen den Geschäftsführer ist die Gesellschafterversammlung und nicht der neue Gesellschafter gesetzlicher Vertreter der Gesellschaft. Daher bedarf es als **materielle Prozessvoraussetzung** eines Gesellschafterbeschlusses (*Baumbach/Hueck* § 46 Rn. 61), der auch formlos gefasst werden kann (*Baumbach/Hueck* § 46 Rn. 62). Bestreitet der Beklagte das Vorliegen eines solchen Gesellschafterbeschlusses, ist dieser, ggf. substantiiert, darzulegen. Allerdings tritt die verjährungshemmende Wirkung auch dann schon mit Klageerhebung ein, wenn der Gesellschafterbeschluss erst später gefasst wird. Der Gesellschafterbeschluss kann in jedem Zeitpunkt des Verfahrens, auch noch in der Rechtsmittelinstanz, nachgeholt werden (BGH, Beschl. v. 26.11.2007 – II 161/06, DStR 2008, 158; BGH, Urt. v. 03.05.1999 – II ZR 119/98, BB 1999, 1345; OLG Düsseldorf, Beschl. v. 20.05.2011 – I – 14 U 36/11, DStR 2012, 1350). Sinnvoll ist es aber, einen entsprechenden Gesellschafterbeschluss frühzeitig zu dokumentieren und in den Termin zur mündlichen Verhandlung im Original mitzubringen, um nicht zu riskieren, dass etwa zu einem taktisch günstigen Zeitpunkt, indem möglicherweise nicht mehr rechtzeitig reagiert werden kann, ein solcher Gesellschafterbeschluss bestritten wird, was zur Folge haben könnte, dass eine an sich begründete Klage als unbegründet abgewiesen wird und Rechtsmittel nur eingelegt werden muss, um allein den Gesellschafterbeschluss noch nachzureichen zu können und die Klage nunmehr begründet zu machen.

123 Sehr häufig werden derartige Klagen im Wege der **Widerklage** im Rahmen des Streits um die Wirksamkeit einer außerordentlichen Kündigung erhoben, da der Sachverhalt, auf den sich die außerordentliche Kündigung stützt, häufig auch Grundlage für einen Schadensersatzanspruch darstellt. Zur Widerklage vgl. Y Rdn. 74.

124 **2.** Siehe X Rdn. 120. Naturgemäß muss die **Prozessvollmacht** durch die Gesellschafterversammlung und nicht durch den – neuen – Geschäftsführer erteilt werden.

125 **3.** In vielen Fällen wird es nicht möglich sein, bereits den **konkreten Schaden** zu beziffern. In diesen Fällen muss jedoch häufig bereits jetzt Schadensersatzklage erhoben werden, um zu verhindern, dass ein Anspruch verjährt. In diesem Falle bietet sich folgende – zusätzliche – Antragsstellung mit Blick auf den derzeit noch nicht bezifferbaren Schadensteil an:

[»*1. Es wird festgestellt, dass der Beklagte verpflichtet ist, Schäden, die aufgrund der im Kaufvertrag vom ___[Datum]___ vereinbarten Vorleistungspflicht, entstanden sind, der Klägerin zu erstatten.*«]

126 Bei reinen Vermögensschäden ist eine Feststellungsklage nur zulässig, wenn die **hinreichende Wahrscheinlichkeit** eines auf die Verletzungshandlung zurückzuführenden Schadenseintritts vorliegt (BGH, Urt. v. 24.01.2006 – XI ZR 384/03, WM 2006, 380). Andere Senate lassen auch die bloße Möglichkeit eingetretener oder künftiger Schäden genügen (BGH, Urt. v. 09.01.2007 – VI ZR 133/06, NJW-RR 2007, 601). Es empfiehlt sich vor diesem Hintergrund eine gewisse Wahrscheinlichkeit darzulegen, damit die Klage nicht wegen Fehlen eines Feststellungsinteresses nach § 256 Abs. 1 ZPO unzulässig ist. Insbesondere in Fällen, in denen der Schaden sich noch nicht beziffern lässt und Klageerhebung zur Vermeidung der Verjährung unerlässlich ist, genügt aber bereits die drohende Verjährung, um das Feststellungsinteresse zu begründen (BGH, Urt. v. 07.05.2003 – IV ZR 121/02, BB 2006, 681). Im Hinblick auf die **Bestimmtheit des Antrages**

nach § 253 Abs. 2 Nr. 2 ZPO ist vor allem zu beachten, dass die tatsächlichen Grundlagen, aus denen sich der Schadenersatzanspruch ergibt, angegeben werden müssen (BGH, Urt. v. 13.05.1974 – III ZR 35/72, NJW 1974, 1551). Im Beispielsfall ist also auf die Verletzung der kaufmännischen Sorgfaltspflichten, als der Geschäftsführer mit dem Kaufpreis in Vorleistung ging und in der Folgezeit der Verkäufer insolvent wurde und seinen vertraglichen Pflichten nicht nachkam abzustellen sowie dies darzulegen und zu beweisen. Eine ziffernmäßige Angabe des Schadens ist nicht zwingend nötig, allerdings muss zumindest eine Größenordnung oder eine Mindestforderung genannt werden (BLAH, § 253 ZPO Rn. 86; BGH, Urt. v. 13.10.1981 – VI ZR 162/80, NJW 1982, 340).

Unerlässlich ist die Feststellungsklage zur Verjährungshemmung im Zweifel dann nicht, wenn die Möglichkeit besteht, die Verjährungshemmung dadurch zu erreichen, dass im Rahmen eines rechtshängigen Rechtsstreits gegen einen Dritten, in unserem Beispiel gegen den säumigen Verkäufer, dem Geschäftsführer nach den §§ 72 ff. ZPO der Streit verkündet wird. Mit Zustellung der **Streitverkündung** an den Geschäftsführer (zur Form beachte § 73 ZPO) tritt nach § 204 Abs. 1 Nr. 6 BGB ebenfalls die **Hemmung der Verjährung** ein, sie endet gemäß § 204 Abs. 2 S. 1 BGB innerhalb von sechs Monaten nach Rechtskraft der Entscheidung oder sonstiger Prozessbeendigung. Für die Streitverkündung empfiehlt sich folgende Formulierung:

»In der Sache _____ ./. _____

Az.: _____

wird Herrn _____

der Streit verkündet.

Das Gericht wird gebeten,

    diesen Schriftsatz nebst anliegender beglaubigter Kopie der Klageschrift und der Klageerwiderung dem Streitverkündeten alsbald zuzustellen.

BEGRÜNDUNG:

[kurze Darstellung des Streitverhältnisses und der Begründung, warum sich im Falle des Unterliegens des Klägers ein Schadenersatzanspruch der Klägerin gegen den Geschäftsführer ergibt.]

Der Stand des Prozesses ergibt sich aus der anliegenden beglaubigten Ablichtung der Klageschrift sowie der Klageerwiderung.

[Darstellung des Verfahrensstandes; Hinweis auf Terminsbestimmungen etc.]«

10. Materielle Klageerwiderung (Verteidigung gegen Schadenersatzklage)

Vorbemerkung

Dieses Formular knüpft an das Formular Y Rdn. 121 an. Gegen eine Schadenersatzklage hat der Geschäftsführer im Wesentlichen drei Verteidigungslinien. Er kann sich auf **Verjährung** berufen, auf **Entlastung**, sowie darauf, dass er mit der **Sorgfalt eines ordentlichen Geschäftsmannes** gehandelt hat.

Y. Verfahren vor anderen Gerichten

▶ **Muster – Materielle Klageerwiderung (Verteidigung gegen Schadenersatzklage)**

129 An das
Landgericht ____[Ort]____
– Kammer für Handelssachen –
[Anschrift des Gerichts]

____[Ort]____, den ____[Datum]____

In dem Rechtsstreit

der ____[Name]____ GmbH

gegen

Herrn ____[Name]____,
[Aktenzeichen]

begründen wir den bereits gestellten Klageabweisungsantrag wie folgt:

Selbst wenn der hier behauptete Schadenersatzanspruch überhaupt dem Grunde nach bestünde, so wäre er verjährt [1]. Der hier streitgegenständliche Kaufvertrag wurde bereits am ____[Datum]____ geschlossen. Dies wäre das verjährungsauslösende Ereignis. Da die Klage erst am ____[Datum]____ anhängig gemacht wurde, wäre ein hierauf gestützter Anspruch verjährt.

Darüber hat die Gesellschafterversammlung der Klägerin dem Beklagten in der Gesellschafterversammlung vom ____[Datum]____ Entlastung [2] erteilt. Zu diesem Zeitpunkt war der Kaufvertrag vom ____[Datum]____, sowie dessen Inhalt, bereits bekannt.

Die Entlastungsentscheidung erstreckt sich mithin auch auf diesen Sachverhalt, auf diesen kann die Klägerin somit keine Schadenersatzansprüche mehr stützen.

Darüber hinaus hat der Beklagte mit der Sorgfalt eines ordentlichen Kaufmannes gehandelt, indem er alles getan hat, um die entsprechende Entscheidung mit der gebotenen Sorgfalt vorzubereiten [3].

Der Beklagte hatte mit verschiedenen Lieferanten verhandelt, die _____ GmbH lag hierbei mit ihren Preisen deutlich unter denjenigen der Konkurrenz und machte die Zusage, die dringend benötigenden Rohstoffe bereits bis zum ____[Datum]____ zu liefern. Sie bestand jedoch auf Vorkasse um ihrerseits die Rohstoffe auf den internationalen Märkten rechtzeitig einkaufen zu können.

Der Beklagte holte daraufhin zunächst eine Wirtschaftsauskunft über die Solvenz der ____[Name]____ GmbH ein. Nachdem diese positiv ausfiel, erklärte er sich zu den entsprechenden Bedingungen bereit.

Der Beklagte hat mithin alles getan, um die entsprechende Entscheidung vorzubereiten. Dass die ____[Name]____ GmbH noch vor Lieferung der Rohstoffe in Insolvenz ging, stellt letztlich die Verwirklichung eines allgemeinen Risikos im Geschäftsleben dar und kann dem Beklagten mithin nicht vorgeworfen werden.

_____
(Unterschrift Rechtsanwalt)

Erläuterungen

130 1. Die **Verjährungsfrist** für Schadenersatzansprüche aus der Geschäftsführerhaftung beträgt gemäß § 43 Abs. 4 GmbHG fünf Jahre vom Zeitpunkt der schadensauslösenden Handlung gerechnet. Es handelt sich nicht um eine **Ultimoverjährung**, die erst mit dem Ende des Jahres beginnt, *in dem das haftungsauslösende Ereignis eingetreten ist*, sondern die Verjährungsfrist beginnt mit dem Tag des Ereignisses, welches die Verjährung in Gang setzt (**Stichtagsverjährung**). Wäre also

in unserem Beispielsfall der Kaufvertrag am 15.05.2011 unterzeichnet worden, so träte Verjährung mit Ablauf des 16.05.2016 ein.

2. Wurde dem Geschäftsführer **Entlastung** erteilt, so beinhaltet die Beschlussfassung den Verzicht auf entsprechende Schadenersatzansprüche. Dies gilt allerdings nur für Umstände, die die Gesellschafterversammlung kannte oder kennen musste. Entscheidend ist also, worüber der Geschäftsführer die Gesellschafter tatsächlich unterrichtet hat. Dafür, dass bestimmte Umstände nicht bei der Entlastungsentscheidung berücksichtigt werden konnten, trägt indessen die Gesellschaft die Beweislast. 131

3. Der Beklagte haftet für alle Schäden, die aufgrund seiner Handlungen entstanden sind, es sei denn, er hat mit der Sorgfalt eines ordentlichen Kaufmanns gehandelt. Hierfür trägt er die Darlegungs- und Beweislast. Die **Sorgfalt eines ordentlichen Kaufmanns** gebietet es unter anderem, dass der Geschäftsführer seine Entscheidungen sorgfältig vorbereitet, das heißt Erkundigungen einzieht und, sofern es ihm an der Fachkompetenz fehlt, entsprechende Berater hinzuzieht. Ist dies der Fall, so haftet er auch dann nicht, wenn er ggf. fahrlässig gehandelt hat, jedenfalls nicht auf Grund seiner Geschäftsführerstellung. 132

II. Verfahren vor der ordentlichen Gerichtsbarkeit – Berufung

Anders als im Arbeitsgerichtsprozess ist die Berufungsinstanz an die **tatsächlichen Feststellungen** des erstinstanzlichen Gerichts im Grundsatz gebunden. Während nach § 67 ArbGG **nur Angriffs- und Verteidigungsmittel**, die im ersten Rechtszug zu Recht zurückgewiesen worden sind, ausgeschlossen bleiben (vgl. zu den Einzelheiten X Rdn. 417), werden nach der Zivilprozessordnung neue Angriffs- und Verteidigungsmittel nur unter den Voraussetzungen des § 531 Abs. 2 ZPO zugelassen. Demnach sind neue Angriffs- und Verteidigungsmittel nur zuzulassen, wenn sie einen Gesichtspunkt betreffen, der von dem Gericht des ersten Rechtszuges erkennbar übersehen oder für unerheblich gehalten wurde (Nr. 1), infolge eines Verfahrensmangels im ersten Rechtszug nicht geltend gemacht wurde (Nr. 2), oder es nicht auf einer Nachlässigkeit der Partei beruht, dass das Angriffs- oder Verteidigungsmittel im ersten Rechtszug nicht geltend gemacht wurde (Nr. 3). 133

Hierbei kann das Berufungsgericht gemäß § 531 S. 2 ZPO die Glaubhaftmachung der Tatsachen verlangen, aus denen sich die Zulässigkeit ergibt. 134

Ist die Berufung nicht statthaft, so kommt noch als notwendige verfassungsrechtliche Ergänzung die **Gehörsrüge** gemäß § 321a ZPO (auch »Anhörungsrüge« oder schlicht »Rüge«) in Betracht, um Abhilfe bei der Verletzung rechtlichen Gehörs zu schaffen. Voraussetzung ist, dass weder eine Berichtigung des Urteils nach §§ 319, 329 ZPO, eine Tatbestandsberichtigung nach § 320 ZPO, eine Ergänzung der Entscheidung nach §§ 321, 329 ZPO, noch eine Nichtzulassungsbeschwerde statthaft ist. Darüber hinaus darf auch kein anderes Rechtsmittel oder kein anderer Rechtsbehelf zulässig sein. Kommt einer dieser Rechtsbehelfe in Betracht, so fehlt das Rechtsschutzbedürfnis (Subsidiarität der Gehörsrüge). Zu den konkreten Voraussetzungen der Gehörsrüge vgl. im Einzelnen BLAH, § 321a ZPO Rn. 1 ff.; Zöller/*Vollkommer* § 321a ZPO Rn. 2 ff. 135

1. Berufungsschrift

Vorbemerkung

Durch das Gesetz zur **Reform des Zivilprozesses** vom 27.07.2001 wurde die Berufung mit Wirkung zum 01.01.2002 neu geregelt. Die Berufung kann ausschließlich darauf gestützt werden, dass die Entscheidung auf einer Rechtsverletzung gemäß §§ 520, 546 ZPO beruht (**Rechtskontrolle**) oder dass die gemäß §§ 520, 529 ZPO zugrunde zulegende Tatsachen eine andere Entscheidung rechtfertigen (**Tatsachenkontrolle**) oder dass nach § 531 ZPO zuzulassende **Angriffs- und Verteidigungsmittel** eine andere Entscheidung rechtfertigen. Mit Wirkung zum 27.10.2011 136

Y. | Verfahren vor anderen Gerichten

trat erneut eine Änderung des Berufungsrechts in Kraft, welche die Schwelle für eine Prozessbeendigung durch unanfechtbaren Beschluss, der mit der Reform zum 01.01.2002 in die die ZPO aufgenommen wurde, erheblich heraufsetzt. Gemäß § 522 Abs. 2 ZPO soll eine Berufung, sofern sie offensichtlich unzulässig oder offensichtlich ohne Aussicht auf Erfolg ist, nur dann durch Beschluss zurückgewiesen werden, wenn die dort genannten vier Voraussetzungen nicht vorliegen: Die Berufung darf offensichtlich keine Aussicht auf Erfolg haben, die Rechtssache darf keine grundsätzliche Bedeutung haben, die Fortbildung desRechts oder die Sicherung einer einheitlichen Rechtsprechung darf eine Entscheidung des Berufungsgerichts nicht erfordern und eine mündliche Verhandlung darf nicht geboten sein. Dies ist insbesondere dann der Fall, wenn das erstinstanzliche Urteil unzutreffend begründet oder die Angelegenheit für den Beschwerdeführer existenziell wichtig ist (*Meller-Hannich* NJW 2011, 3393). Mit dieser Änderung des § 522 ZPO, welche am 27.10.2011 in Kraft getreten ist, wurde die Möglichkeit einer gerichtlichen Zurückweisung durch Beschluss erheblich eingeschränkt (*Baumert* MDR 2011, 1145) und der Begründungsaufwand für das Berufungsgericht erheblich erhöht, so dass zumindest das Minimalziel des Eintritts in eine mündliche Verhandlung künftig leichter zu erreichen sein wird.

137 Auch ist der Beschluss nach § 522 Abs. 2 ZPO nicht mehr unanfechtbar. Er kann mit dem Rechtsmittel angegriffen werden, welches gegen eine Entscheidung durch Urteil zulässig wäre. Ob dies die Revision oder aber die Nichtzulassungsbeschwerde gegen die im Beschluss implizierte Nichtzulassung der Revision ist, ergibt sich aus der Gesetzesformulierung nicht eindeutig.

▶ Muster – Berufungsschrift

138 Per Telefax: ___[Faxnummer]___

An das

Oberlandesgericht [1] ___[Ort]___

– Zivilsenat –

[Anschrift des Gerichts]

___[Ort]___, den ___[Datum]___ [2]

BERUFUNG

In Sachen

des Herrn [Name und private Anschrift des Geschäftsführers]

Kläger und Berufungskläger

Prozessbevollmächtigte [3]: Rechtsanwälte ___[Kanzleiname und -anschrift]___

gegen

die ___[Name]___ GmbH, vertreten durch ihre Alleingesellschafterin, die ___[Name]___ GmbH, diese vertreten durch ihren Geschäftsführer Herrn ___[Name]___

Prozessbevollmächtigter I. Instanz: [4] Rechtsanwälte ___[Kanzleiname und -anschrift]___

Beklagte und Berufungsbeklagte

namens [5] und in Vollmacht [6] des Klägers legen wir gegen das am ___[Datum]___ verkündete und am ___[Datum]___ [7] zugestellte Urteil des Landgerichts ___[Ort]___ Az.: ___[Aktenzeichen]___ [8]

BERUFUNG [9]

ein. Anträge und Begründung bleiben einem gesonderten Schriftsatz vorbehalten [10].

Eine beglaubigte Abschrift der Urteilsausfertigung [11], sowie beglaubigte und einfache Abschrift der Berufungsschrift [12] sind beigefügt.

_____

(Unterschrift Rechtsanwalt) [13]

Erläuterungen

Schrifttum

Baumert Die Neufassung des § 522 Abs. 2, 3 ZPO, MDR 2011, 1145; *Fischer* Aktuelles Zivilprozessrecht JuS 2014, 224; *Greger* Zweifelsfragen und erste Entscheidungen zur neuen ZPO, NJW 2002, 3049; *Meller-Hannich* Die Neufassung von § 522 ZPO – Unbestimmte Rechtsbegriffe, Ermessen und ein neuartiges Rechtsmittel, NJW 2011, 3393; *Musielak* Neue Fragen im Zivilverfahrensrecht, JuS 2002, 1203; *Rimmelspacher* Die Berufungsgründe im reformierten Zivilprozess, NJW 2002, 1897; *Stackmann* Die erfolgversprechende Berufungsschrift in Zivilsachen, NJW 2003, 169; *Stackmann* Die Neugestaltung des Berufungs- und Beschwerdeverfahrens in Zivilsachen durch das Zivilprozessreformgesetz, NJW 2002, 781.

1. Gemäß § 511 ZPO ist die Statthaftigkeit der Berufung gegen Endurteile der ersten Instanz gegeben, wenn entweder der Wert des Beschwerdegegenstandes 600,– € übersteigt (§ 511 Abs. 2 Nr. 1 ZPO) oder die Berufung durch das Gericht des ersten Rechtszuges zugelassen wurde (§ 511 Abs. 2 Nr. 2 ZPO). Im Falle etwa der Kündigung eines Geschäftsführers wird man in aller Regel den Beschwerdewert von 600,– € erreichen, so dass hier in nahezu allen Fällen eine Berufung zulässig ist. 139

Gegen Entscheidungen der Landgerichte ist gemäß § 119 Abs. 1 Nr. 2 GVG das Oberlandesgericht für die Berufung zuständig. Sollte im Ausnahmefall in I. Instanz die Zuständigkeit des Amtsgerichts gegeben gewesen sein, so wäre gemäß § 72 Abs. 1 GVG der Weg zur Berufungskammer des Landgerichtes eröffnet. In diesem Falle wäre die Berufung wie folgt zu adressieren: 140

Alternative:

[An das

Landgericht _____[Ort]_____

– Berufungskammer –

[Anschrift des Gerichts]   ]

Eine fehlerhafte Adressierung der Rechtsmittelschrift würde zu einem Zugang und damit auch zur Einlegung beim unzuständigen Gericht führen (Musielak/*Ball* § 519 ZPO Rn. 19). Bei gemeinsamen Fristenkästen von Landgericht und Oberlandesgericht ist es empfehlenswert darauf zu achten, dass etwaig gleichzeitig bei Landgericht und Oberlandesgericht eingereichte Schriftsätze in gesonderten Briefumschlägen in den Fristenkasten eingeworfen werden, um sicherzustellen, dass die Berufungsschrift den Eingangsstempel der Geschäftsstelle des Oberlandesgerichtes erhält (LAG Düsseldorf, Urt. v. 30.11.1998 – 10 Sa 1425/98, NZA-RR 1999, 265). Wenn außerhalb des Oberlandesgerichts auswärtige Senate gebildet wurden, so ist die Berufung am Sitz des auswärtigen Senates des jeweiligen Oberlandesgerichtes einzulegen. Zur Fristwahrung reicht allerdings der Eingang der Berufungsschrift beim Stammgericht aus (Zöller/*Heßler* § 519 ZPO Rn. 7; BAG, Urt. v. 23.09.1981 – 5 AZR 603/79, NJW 1982, 1119). Auch der Einwurf in den Tagesbriefkasten des Berufungsgerichts am letzten Tage der Frist kann ausreichen, wenn den Umständen nach mit einer Leerung noch an diesem Tag zu rechnen war. Grundsätzlich empfiehlt sich entweder die persönliche Abgabe bei der Geschäftsstelle (gegen Empfangsquittung) oder der Einwurf in den Fristenkasten. 141

Zur Berufungseinlegung per Telegramm, Telex oder Telefax etc. vgl. Musielak/*Ball* § 529 ZPO Rn. 21 ff.; MüKo/*Rimmelspacher* § 519 ZPO Rn. 6. 142

143 **2.** Die Frist zur Einlegung der Berufung beträgt gemäß § 517 ZPO einen Monat ab Zustellung des in vollständiger Form abgefassten Urteils. Es handelt sich um eine Notfrist, bei deren Versäumnis Wiedereinsetzung in den vorigen Stand in Betracht kommen kann (vgl. Formular X Rdn. 204). Der Fristlauf beginnt mit der ordnungsgemäßen Zustellung des Urteils gemäß § 317 Abs. 1 ZPO. Die Zustellung ist gegenüber dem Prozessbevollmächtigten vorzunehmen (Zöller/*Vollkommer* § 317 ZPO Rn. 1). Vollständig abgefasst ist das Urteil, wenn es die vollständigen Entscheidungsgründe enthält. Wenn allerdings etwa einige Worte unleserlich sind, so ist das Urteil dennoch vollständig in diesem Sinne (BGH, Beschl. v. 13.04.2000 – V ZB 48/99, NJW-RR 2000, 1665). Fehlt danach aber etwa in der zugestellten Ausfertigung eine Seite, so ist dies nicht anders zu behandeln als wenn nur eine leere Hülle zugestellt worden wäre (BGH, Beschl. v. 10.03.1998 – X ZB 31/97, NJW 1998, 1959). Kleinere Fehler schaden nicht, wenn der Zustellungsempfänger aus der Ausfertigung den Inhalt der Urschrift und insbesondere den Umfang seiner Beschwer erkennen kann (BGH, Beschl. v. 13.04.2000 – V ZB 48/99, NJW-RR 2000, 1665). Bei der Unleserlichkeit einzelner Zeilen hängt es davon ab, ob das Gesamtverständnis hierdurch beeinträchtigt wird. Wenn etwa das Fehlen von einzelnen Buchstaben und einzelnen Wörtern das Verständnis des Tatbestandes und der Entscheidungsgründe zwar stellenweise erschweren, jedoch nicht vereiteln, so hemmt dies ebenfalls nicht den Lauf der Berufungsfrist (BGH, Beschl. v. 04.05.2005 – I ZB 38/04, NJW-RR 2005, 1658).

144 Die Monatsfrist wird gemäß §§ 222 ZPO, 187 Abs. 1, 188 Abs. 2, 3 BGB berechnet. Sie endet also mit dem Ablauf des Tages des auf die Zustellung folgenden Monats, der seiner Zahl nach dem Zustellungstag entspricht. Die Urteilszustellung am 03. Mai führt also zum Ende der Berufungsfrist am 03. Juni. Im Falle einer Urteilszustellung beispielsweise am 31. Januar endet allerdings die Monatsfrist bereits am 28. Februar (bzw. ggf. 29. Februar). Besondere Aufmerksamkeit ist zu richten auf etwaige Fristverlängerungen wegen Feiertagen. Hier ist auf das jeweilige Landesrecht am Ort des Berufungsgerichtes zu achten. Läuft etwa eine Berufungsfrist am Fronleichnam aus, so hat etwa auch ein hessischer Rechtsanwalt daran zu denken, dass dies bei der Einlegung einer Berufung in Thüringen nicht zu einer Fristverlängerung führt, da Fronleichnam in Thüringen kein gesetzlicher Feiertag ist. Urteilsberichtigungen und Ergänzungen wirken sich wie folgt aus: Wird ein Urteil innerhalb der Berufungsfrist durch eine nachträgliche Entscheidung i.S.d. § 221 ZPO ergänzt, so beginnt mit der Zustellung der nachträglichen Entscheidung der Lauf der Berufungsfrist auch für die Berufung gegen das zunächst ergangene Urteil von Neuem. Wird gegen beide Urteile von derselben Partei Berufung eingelegt, so sind beide Berufungen miteinander zu verbinden. Kommt es jedoch lediglich zur Berichtigung des Tatbestandes gemäß § 320 ZPO, so verlängert sich hierdurch die Frist nicht, da sich hierdurch keine Änderung der Beschwer ergibt (Zöller/*Heßler* § 517 ZPO Rn. 6). Berichtigungen gemäß § 319 ZPO (Schreibfehler, Rechnungsfehler und ähnliche offenbare Unrichtigkeiten) wirken auf den Entscheidungszeitpunkt zurück, so dass die berichtigte Entscheidung als verkündet fingiert wird. Etwas anderes gilt nur dann, wenn erst aus der berichtigten Fassung die Beschwer einer Partei zweifelsfrei erkennbar wurde (Zöller/*Heßler* § 517 ZPO Rn. 6; MüKo/*Rimmelspacher* § 517 ZPO Rn. 15; OLG Celle, Urt. v. 02.12.1998 – 9 U 90/98, MDR 1999, 499; vgl. hierzu auch BGH, Beschl. v. 24.06.2003 – VI ZB 10/03, NJW 2003, 2991).

145 **3.** Auch vor dem Oberlandesgericht herrscht gemäß § 78 ZPO Anwaltszwang. Die Notwendigkeit vor dem Oberlandesgericht besonders zugelassen zu sein, besteht nicht mehr. §§ 18 ff. BRAO, die eine solche spezielle Zulassung vorsahen, wurden durch das Gesetz zur Stärkung der Selbstverwaltung der Rechtsanwaltschaft vom 26.03.2007 (BGBl. I 2007, 358) ersatzlos gestrichen. Es kann also auch derjenige Rechtsanwalt, der das Verfahren in erster Instanz geführt hat, dieses in zweiter Instanz weiter führen, auch wenn er nicht ausdrücklich beim Oberlandesgericht zugelassen ist.

146 **4.** In der Berufungsschrift wird der Prozessbevollmächtigte erster Instanz angegeben, da dieser gemäß § 172 Abs. 2 ZPO weiter zustellungsbevollmächtigt ist.

5. In der Berufungsschrift ist klarzustellen, für wen und gegen wen die Berufung eingelegt wird. Die für eine wirksame Berufungseinlegung grundsätzlichen erforderlichen Angaben bedürfen der Schriftform (Musielak/*Ball* § 519 ZPO Rn. 6 ff.). Sind sie nicht in der Rechtsmittelschrift enthalten, genügt es, wenn sie sich aus anderen, dem Gericht vorliegenden Unterlagen innerhalb der Rechtsmittelfrist entnehmen lassen. Die Berufung ist auch bei Falschbezeichnung der beklagten Partei zulässig eingelegt, wenn sich anhand der weiteren Angaben in der Rechtsmittelschrift sowie des beigefügten Urteils ersehen lässt, wer Berufungsbeklagter sein soll (BGH, Beschl. v. 24.07.2013 – XII ZB 56/13; *Fischer* JuS 2014, 224). Grundsätzlich sind aber strenge Anforderungen an die Bezeichnung zu stellen (BGH, Beschl. v. 13.01.2004 – VI ZB 53/03, NJW-RR 2004, 572; MüKo/*Rimmelspacher* § 519 ZPO Rn. 12 ff.).   147

6. Wenn der die Berufung einlegende Rechtsanwalt erstmals tätig wird, so ist eine erneute Vertretungsanzeige erforderlich. Diese könnte etwa lauten: 148

[Zeigen wir an, dass wir den Kläger und Berufungskläger in zweiter Instanz vertreten und legen hiermit namens und in Vollmacht des Klägers _____]

7. Der Hinweis auf das **Datum der Urteilszustellung** ist nicht zwingend, da sich dieses im Zweifel bereits aus der Akte ergibt. Um dem Berufungsgericht die Möglichkeit zu geben, bereits aus der Berufungsschrift heraus deren Zulässigkeit zu beurteilen, hat sich indessen eingebürgert, das Datum zu nennen. Hinzu kommt, dass unter Umständen, wenn in den Akten ein Zustellungsnachweis fehlt, diese Angabe den Nachweis über den Tag der Zustellung ersetzen kann (vgl. BGH, Urt. v. 11.03.1987 – VIII ZR 160/86, NJW 1987, 2679).   149

8. Gemäß § 519 ZPO ist das Urteil, welches angegriffen wird, in der Berufungsschrift genau zu bezeichnen. Hier ist hohe Sorgfalt geboten, auch wenn unvollständige, ungenaue oder unrichtige Angaben der Wirksamkeit einer Berufung nicht entgegenstehen, soweit aufgrund anderer, innerhalb der Berufungsfrist erkennbarer Umstände für das Berufungsgericht und den Gegner die Identität des anzufechtenden Urteils zweifelsfrei festgestellt werden kann (BGH, Beschl. v. 11.01.2006, XII ZB 27/04, NJW 2006, 1003; BGH, Urt. v. 11.01.2001 – III ZR 113/00, NJW 2001, 1070; MüKo/*Rimmelspacher* § 519 ZPO Rn. 10; Musielak/*Ball* § 519 ZPO Rn. 4).   150

9. Gemäß § 519 Abs. 2 S. 2 ZPO ist es erforderlich, dass der Berufungskläger erklärt, dass er gegen das Urteil Berufung einlegt. Hierzu ist zwar nicht der Gebrauch des Wortes »Berufung« notwendig, wenn sich der Wille, dass gerade dieses Rechtsmittel eingelegt wird, auch aus anderen Umständen ergibt. Insoweit kommt es auf den Einzelfall an (MüKo/*Rimmelspacher* § 519 Rn. 11; BGH, Beschl. v. 17.07.2008 – V ZB 151/07, BeckRS 2008, 17807; MDR 2008, 1293). Im Ergebnis ist daher dringend zu empfehlen, dieses Wort zu verwenden, um Unklarheiten auszuschließen.   151

10. Die Berufung muss nicht in der Berufungsschrift begründet werden, die Berufungsbegründung kann vielmehr einem gesonderten Schriftsatz vorbehalten bleiben. Dies wird in der Praxis auch in der Regel so gehandhabt, da die **Berufungsbegründungsfrist** gemäß § 520 ZPO länger ist als die Berufungseinlegungsfrist gemäß § 517 ZPO. Die Frist für die Berufungsbegründung beträgt zwei Monate ebenfalls ab Beginn der Zustellung des in vollständiger Form abgefassten Urteils. Diese Frist kann auf Antrag durch den Vorsitzenden verlängert werden, gemäß § 520 Abs. 2 S. 3 ZPO jedoch ohne Einwilligung der Gegenseite nur maximal um bis zu einen Monat. Auch ist die **Fristverlängerung** nur möglich, wenn dies nach freier Überzeugung des Vorsitzenden den Rechtsstreit nicht verzögert oder wenn der Berufungskläger erhebliche Gründe darlegt. Dies gilt jedoch nur für die Berufungsbegründungsfrist, eine Verlängerung der Berufungsfrist selbst ist ausgeschlossen (MüKo/*Rimmelspacher* § 517 ZPO Rn. 3). Zu Fristverlängerungsanträgen siehe X Rdn. 177, 182 sowie 184.   152

11. Gemäß § 519 Abs. 3 ZPO soll der Berufungsschrift eine **Ausfertigung** oder eine beglaubigte Abschrift des angefochtenen Urteils beigefügt werden. Zwar handelt es sich hierbei um eine   153 bloße Ordnungsvorschrift, deren Verletzung nicht die Unzulässigkeit der Berufung nach sich zieht, dennoch ist zumindest die Beifügung einer **beglaubigten Abschrift** empfehlenswert, damit sich aus dem beigefügten Urteil ergebene Unklarheiten in der Berufungsschrift aufgeklärt werden können. Außer, dass unter Umständen die Geschäftsstelle auf Kosten des Berufungsklägers Mehrfertigungen erstellt, erwachsen aber keine weiteren Nachteile (MüKo/*Rimmelspacher* § 519 ZPO Rn. 17).

154 **12.** Anders als im arbeitsgerichtlichen Verfahren reicht es aus – sofern nicht mehrere Parteien an dem Prozess beteiligt sind – eine beglaubigte und eine einfache Abschrift des Schriftsatzes im Berufungsverfahren einzureichen. Für jeden weiteren Prozessbeteiligten sind eine weitere beglaubigte und eine weitere einfache Abschrift einzureichen.

155 **13.** Die Berufungsschrift muss von einem beim Berufungsgericht zugelassenen Rechtsanwalt handschriftlich eigenhändig unterschrieben werden (zum **Anwaltszwang** und zur Postulationsfähigkeit beim Oberlandesgericht vgl. Y Rdn. 145).

156 Die Rechtsprechung ist bei dem Erfordernis der **eigenhändigen Unterschrift** nach wie vor sehr streng. Die Unterschrift selbst muss nicht lesbar sein, jedoch muss mit weitgehender Sicherheit feststehen, wer die Verantwortung für den Schriftsatz trägt. Dazu gehört, dass das Schriftbild einen individuellen Charakter aufweist, der die Unterscheidungsmöglichkeit gegenüber anderen Unterschriften gewährleistet und eine Nachahmung durch einen beliebigen Dritten zumindest erschwert. Zur Unterschrift »nach Diktat verreist« siehe X Rdn. 145.

2. Berufungsbegründung

Vorbemerkung

157 Die Gründe, auf die eine Berufung gestützt werden kann, sind nach der mit Wirkung zum 01.01.2002 in Kraft getretenen ZPO Reform sehr eng und auf Grund der Tatsache, dass neue Angriffs- und Verteidigungsmittel nur noch sehr beschränkt zugelassen werden können, sehr stark davon abhängig, wie umfassend in erster Instanz bereits vorgetragen wurde. Es ist erforderlich, deutlich zu machen, welche **Rügen** konkret erhoben werden. Die Begründungen müssen sehr dezidiert vorgetragen werden, Formalbegründungen, wie die Feststellungen seien unrichtig oder das Vorbringen sei unrichtig gewürdigt worden, sind nicht ausreichend. Auch die Aussage, die Rechtsansichten seien verfehlt, reicht nicht. Insoweit wird hier der Grundsatz, dass die Parteien nur Tatsachen vortragen müssen und das Gericht die Rechtsanwendung vornimmt, durchbrochen. Fehlt die Angabe der Gründe und wird sie nicht ggf. innerhalb nachgelassener Frist nachgeholt, ist das Rechtsmittel **unzulässig**. Im Ergebnis kann die Berufung auf folgende Rügen gestützt werden: (1.) Die Verletzung materiellen Rechts (§ 520 Abs. 3 Nr. 2 ZPO), (2.) Zweifel an der Richtigkeit und Vollständigkeit der Tatsachenfeststellung (§ 520 Abs. 3 Nr. 3 ZPO) sowie (3.) das Einbringen neuer Angriffs- und Verteidigungsmittel (§ 520 Abs. 3 Nr. 4 ZPO). Die Anforderungen an die Darstellungen und Begründungen in einer Berufungsbegründung bei Verfahren vor den ordentlichen Gerichten sind sehr hoch und erfordern sehr präzises Arbeiten. Zur Berufung in arbeitsgerichtlichen Urteilsverfahren siehe oben X Rdn. 404 ff., zu der Beschwerde in Beschlussverfahren X Rdn. 641 ff.

▶ **Muster – Berufungsbegründung**

158 An das

Oberlandesgericht _____[Ort]_____

– Zivilsenat –

[Anschrift des Gerichts]

_____[Ort]_____, den _____[Datum]_____ 1

BERUFUNGSBEGRÜNDUNG [2]

In der Berufungssache

des Herrn ___[Name]___

gegen

die _____ GmbH,

Prozessbevollmächtigter I. Instanz: [3] Rechtsanwälte ___[Kanzleiname und Anschrift]___

Az.: ___[Aktenzeichen der Berufungsinstanz]___ [4]

begründen wir namens des Klägers die mit Schriftsatz vom ___[Datum]___ eingelegte Berufung gegen das Urteil des Landgerichts vom ___[Datum]___, Az.: _____, mit folgenden Anträgen: [5]

Unter Abänderung des am ___[Datum]___ verkündeten Urteils des Landgerichts, Az.: _____, beantragen wir,

1. festzustellen, dass das Dienstverhältnis zwischen den Parteien nicht durch die außerordentliche Kündigung der Beklagten vom ___[Datum]___ beendet wurde, sondern darüber hinaus fortbesteht;
2. die Beklagte zu verurteilen, an den Kläger ___[Betrag]___ € nebst Zinsen in Höhe von 5 % Punkten über dem Basiszinssatz seit dem ___[Datum]___ aus ___[Betrag]___ €, seit dem ___[Datum]___ aus weiteren ___[Betrag]___ € zu zahlen.

Hilfsweise für den Fall des Unterliegens,

die Revision zuzulassen. [6]

Gegen eine Entscheidung durch den Einzelrichter bestehen keine Bedenken. [7]

BEGRÜNDUNG:

Das angefochtene Urteil des Landgerichts vom ___[Datum]___ wurde dem Kläger am ___[Datum]___ zugestellt und mit Schriftsatz vom ___[Datum]___ begründet. Die Berufungsbegründungsfrist wurde mit Verfügung vom ___[Datum]___ bis einschließlich ___[Datum]___ verlängert.

Die statthafte Berufung ist mithin fristgerecht eingelegt und wird hiermit fristgerecht begründet.

I. Umfang der Anfechtung [8]

Das Landgericht hat zu Unrecht den auf Feststellung der Unwirksamkeit der außerordentlichen Kündigung gerichteten Antrag abgewiesen. Mit seiner Berufung verfolgt der Kläger seinen diesbezüglichen Feststellungsantrag sowie die Zahlungsanträge hinsichtlich der Klageanträge, soweit sie sich auf den Zeitraum vor Ablauf der ordentlichen Kündigungsfrist beziehen. Diese Anträge verfolgt der Kläger somit weiter und stellt das Urteil des Landgerichts insoweit zur Überprüfung durch das Oberlandesgericht.

Im konkreten Fall wird die Berufung auf folgende Rügen gestützt: [9]

II. Rügen

1. Rechtsverletzung gemäß § 520 Abs. 3 Nr. 2 ZPO [10]

Rechtsirrig ist das Landgericht davon ausgegangen, dass die von der Beklagten behaupteten Umstände eine außerordentliche Kündigung rechtfertigen. Insbesondere verkennt das Gericht hierbei, ___[detailliert auszuführen]___.

Bei richtiger Rechtsanwendung hätte das erkennende Gericht zu dem Schluss kommen müssen, dass ___[detailliert auszuführen]___. Das Berufungsgericht hätte der Klage aus diesem Grund stattgeben müssen.

Y. Verfahren vor anderen Gerichten

2. Falsche Tatsachenfeststellung gemäß § 520 Abs. 3 Nr. 3 ZPO [11]

Das Landgericht hat außer Acht gelassen [12], dass der Kläger mit Schriftsatz vom ___[Datum]___, Seite _____, die Gründe für sein Verhalten wie folgt dargelegt hat ___[Wortlautzitat des erstinstanzlichen Vorbringens ergänzen]___.

Hierauf beruht die Entscheidung [13], denn hätte das Gericht den Umstand berücksichtigt, dass ___[detailliert auszuführen]___, dann wäre es zu dem Schluss gekommen, dass eine Verletzung des Anstellungsvertrages, die eine außerordentliche Kündigung gerechtfertigt hätte, nicht gegeben war, denn ___[detailliert auszuführen]___, jedenfalls wäre es im Rahmen der Interessensabwägung zu dem Schluss gekommen, dass ___[detailliert auszuführen]___.

Darüber hinaus hat das Landgericht in seiner Beweiswürdigung [14] schlicht die Behauptungen des Herrn ___[Name]___ als zutreffend unterstellt, ohne sich damit auseinanderzusetzen, dass Frau ___[Name]___ das Gegenteil ausgesagt hat. Erkennbar hat sich das Gericht mit der Glaubwürdigkeit der Zeugen und Glaubhaftigkeit ihrer Aussagen nicht auseinandergesetzt und somit die Grenzen der freien richterlichen Beweiswürdigung überschritten.

Auf dieser fehlenden Beweiswürdigung beruht die Entscheidung, denn ___[detailliert auszuführen]___.

Das Landgericht hat zu Unrecht den Beweisantrag als vermeintlichen Ausforschungsbeweis zurückgewiesen, ___[detailliert auszuführen]___.

Bei richtiger Anwendung der Verfahrensregeln hätte das erkennende Gericht den Beweis zulassen müssen und in diesem Falle wäre zu erwarten gewesen, dass sich der Sachvortrag des Klägers hinsichtlich ___[auszuführen]___ bestätigt hätte und das Gericht der Feststellungsklage jedenfalls, soweit sie sich gegen die außerordentliche Kündigung richtete, hätte stattgeben müssen ___[detailliert auszuführen]___.

Das Berufungsgericht hätte der Klage aus diesem Grund stattgeben müssen.

Weiterhin hat das Gericht die Behauptung, die der Kläger auf Seite _____ oben, detailliert bestritten hatte, unstreitig gestellt. Da die Beklagte für ihre Behauptung die Darlegungs- und Beweislast trifft, sie jedoch keinen Beweis angeboten hat, hätte das Gericht unterstellen müssen, dass ___[ausführen]___ und wäre somit zu dem Ergebnis gekommen, dass ein Kündigungsgrund nicht besteht.

Darüber hinaus hat es seine rechtliche Hinweispflicht [15] verletzt, indem es nicht darauf hingewiesen hat, dass ___[detailliert auszuführen]___.

Hätte das erkennende Gericht diesen Hinweis gegeben, so hätte der Kläger seinen Sachvortrag dahingehend ergänzt, dass ___[detailliert auszuführen]___.

In diesem Falle wäre unstreitig gewesen, dass ___[detailliert auszuführen]___ und dies hätte dazu geführt, dass das Gericht die außerordentliche Kündigung als unwirksam angesehen hätte. Der Klage wäre in diesem Falle stattzugeben gewesen.

III. Neue Angriffs- und Verteidigungsmittel gemäß § 250 Abs. 3 Nr. 4 ZPO [16]

Der Kläger trägt ergänzend noch den folgenden Sachverhalt vor, von dem er erst jetzt Kenntnis erhalten hat, nachdem er ___[auszuführen]___.

Im Übrigen wird auf den gesamten erstinstanzlichen Vortrag, insbesondere in den Schriftsätzen vom ___[Datum]___, einschließlich der dortigen Beweisantritte, Bezug genommen und dieser zum Gegenstand des hiesigen Vortrags gemacht. [17]

Sollte das Berufungsgericht eine Ergänzung für erforderlich halten, so wird um richterlichen Hinweis gebeten. [18]

_____
(Unterschrift Rechtsanwalt)

Erläuterungen

Schrifttum

Greger Zweifelsfragen und erste Entscheidungen zur neuen ZPO, NJW 2002, 3049; *Musielak* Neue Fragen im Zivilverfahrensrecht, JuS 2002, 1203; *Rimmelspacher* Die Berufungsgründe im reformierten Zivilprozess, NJW 2002, 1897; *Stackmann* Die erfolgversprechende Berufungsschrift in Zivilsachen, NJW 2003, 169; *Stackmann* Die Neugestaltung des Berufungs- und Beschwerdeverfahrens in Zivilsachen durch das Zivilprozessreformgesetz, NJW 2002, 781.

1. Die Frist zur **Berufungsbegründung** beträgt zwei Monate ab Zustellung des in vollständiger Form abgefassten Urteils, spätestens mit Ablauf von fünf Monaten nach Verkündung (§ 520 Abs. 2 S. 1 ZPO). Zum Beginn des Fristlaufes vgl. Y Rdn. 144. Eine **Fristverlängerung** ist grundsätzlich möglich, jedoch muss diese innerhalb der laufenden Begründungsfrist beantragt werden. Wenn keine Begründung für die Fristverlängerung vorgetragen wird, so kann der Anwalt nicht zwingend (auch nicht bei einem ersten Antrag) die Verlängerung der Berufungsbegründungsfrist erwarten. Eine erste Fristverlängerung ohne **Einwilligung des Gegners** ist maximal für einen Zeitraum von einem Monat möglich (§ 520 Abs. 2 S. 3 ZPO). Voraussetzung ist, dass eine Verzögerung nicht zu befürchten ist oder erhebliche Gründe glaubhaft gemacht werden, die die Fristverlängerung rechtfertigen, obwohl hierdurch eine Verzögerung zu befürchten ist. Eine weitere Verlängerung oder eine Verlängerung über einen Monat hinaus ist nur zulässig, wenn der Gegner zustimmt (§ 520 Abs. 2 S. 2 ZPO). Dies gilt auch in den Fällen, in denen eine Verzögerung nicht zu erwarten ist. Die Einwilligung des Berufungsbeklagten in die Verlängerung der Berufungsbegründungsfrist bedarf nicht der Schriftform, sie kann auch vom Bevollmächtigten des Berufungsklägers anwaltlich versichert werden. Der Antrag auf Verlängerung der Berufungsbegründungsfrist bedarf der **Schriftform** und unterliegt dem Anwaltszwang (zu vorstehendem insgesamt Zöller/*Heßler* § 520 ZPO Rn. 16 f.). Eine rein telefonische Fristverlängerung ist also nicht möglich. Die Gründe für die Fristverlängerung sind glaubhaft zu machen.

2. Diese Überschrift ist empfehlenswert, um damit zweifelsfrei deutlich zu machen, dass es sich hierbei um die Berufungsbegründungsschrift gemäß § 520 ZPO handelt.

3. In aller Regel wird sich – allein schon wegen der Kostenfolge – ein Vertreter für die zweite Instanz formell bestellt haben. Zwingend ist dies jedoch nicht, insbesondere nicht in den Fällen, in denen kollegialiter darum gebeten wurde, einen Zurückweisungsantrag nicht zu stellen, um ohne Kostenfolge eine entsprechende Fristverlängerung noch zu erreichen.

4. Für gewöhnlich wird mit Eingang der Berufungsschrift das Aktenzeichen von der Geschäftsstelle mitgeteilt. Sollte dies unterbleiben, ist es sinnvoll, sich hinsichtlich des Aktenzeichens bei der Geschäftsstelle zu erkundigen.

5. Die Berufungsbegründungsschrift muss gem. § 520 Abs. 3 Nr. 1 ZPO die Berufungsanträge enthalten, damit deutlich wird, inwieweit das Urteil angefochten und welche Abänderung des Urteils beantragt wird. Es wird also zunächst die Abänderung des erstinstanzlichen Urteils und dann die entsprechende alternative Entscheidung beantragt (Zöller/*Heßler* § 520 Rn. 28, 32).

Dieser Antrag kann, muss aber nicht, den vollständigen erstinstanzlichen Antrag beinhalten, die Berufung kann auch auf einen Teil der erstinstanzlichen Anträge beschränkt werden (Zöller/*Heßler* § 520 ZPO Rn. 28, 32). Klageerweiterungen sind nur bei Sachdienlichkeit sowie bei Einwilligung des Gegners zulässig. Hat der Kläger in erster Instanz obsiegt und legt nunmehr die Beklagte als Berufungsklägerin die Berufung ein, so wird diese beantragen:

Alternative:

[Unter Abänderung des erstinstanzlichen Urteils, die Klage insgesamt abzuweisen.

Hilfsweise der Beklagten die Befugnis einzuräumen, die Zwangsvollstreckung gegen Sicherheitsleistung abzuwenden und ihr nachzulassen, eine nach § 711 ZPO zu erbringende Sicherheitsleistung auch durch eine selbstschuldnerische Bankbürgschaft einer EU-Bank zu erbringen.]

165 Nach der Rechtsprechung des BGH ist es unschädlich, dass ein ausdrücklicher Sachantrag fehlt, wenn deutlich wird, dass das ursprüngliche Begehren weiterverfolgt wird (BGH, Beschl. v. 02.02.2012 – V ZB 184/11, NJW-RR 2012, 397; BGH, Versäumnisurteil vom 22.03.2006 – VIII ZR 212/04, NJW 2006, 2705). Dies kann sich beispielsweise auch aus der Abschlussfloskel, dass

»auf das gesamte erstinstanzliche Vorbringen Bezug genommen«

wird, ergeben (BGH, Versäumnisurteil vom 22.03.2006 – VIII ZR 212/04, NJW 2006, 2705). Die Anforderungen an den Berufungsantrag, so der BGH, dürfen nicht mit den inhaltlichen Anforderungen an die Begründung einer Berufung verknüpft werden.

166 **6.** Da die **Revision** nur statthaft ist, wenn sie entweder ausdrücklich durch das Berufungsgericht zugelassen wurde oder das Revisionsgericht sie auf eine Nichtzulassungsbeschwerde hin zugelassen hat (§ 543 ZPO), ist ein solcher Antrag auf Revisionszulassung als Anregung für das Gericht sinnvoll, notwendig ist er nicht, da die Entscheidung über die Zulassung der Revision von Amts wegen zu erfolgen hat (Zöller/*Heßler* § 543 ZPO Rn. 16).

167 **7.** Gemäß § 520 Abs. 4 Nr. 2 ZPO soll die **Berufungsbegründungsschrift** eine Äußerung dazu enthalten, ob einer Entscheidung der Sache durch den Einzelrichter Gründe entgegenstehen. Hierbei ist beim Oberlandesgericht kein der Kammer für Handelssachen vergleichbarer Senat gebildet, der Einzelrichter, auf den übertragen wird, kann hier also, anders als im Falle der Kammer für Handelssachen, auch ein Berichterstatter sein (vgl. auch Y Rdn. 34).

168 **8.** An dieser Stelle können die **Berufungsanträge** noch vor der Darlegung der Berufungsgründe unter Umständen näher erläutert werden. Dies empfiehlt sich insbesondere dann, wenn mit der Berufung das erstinstanzliche Urteil nur teilweise angefochten werden soll, im hiesigen Beispiel, welches auf das Formular Y Rdn. 6 Bezug nimmt, wird nur die außerordentliche, nicht aber die hilfsweise ordentliche Kündigung, angegriffen.

169 Soll das Berufungsurteil vollständig angegriffen werden, so ist es ausreichend zu formulieren:

Alternative:
[Das Urteil wird daher in vollem Umfang zur Überprüfung des Senats gestellt.]

170 **9.** Es ist sinnvoll, die Berufungsbegründungsschrift dahingehend aufzubauen, dass die einzelnen **Rügen** konkret abgearbeitet werden. Dies erleichtert dem Berufungsgericht die Feststellung, dass die Anforderungen an die Berufung in dieser Hinsicht gewahrt sind. Es ist nicht empfehlenswert, dem Senat zuzumuten, die konkreten Rügen in der Berufungsschrift selbständig aufzuspüren. Die Berufungsbegründung bedarf ferner einer aus sich heraus verständlichen Angabe, welche konkreten Punkte des angefochtenen Urteils angegriffen werden, die über rein formelhafte Bezugnahmen auf bisherigen Vortrag hinausgeht (BGH, Beschl. v. 27.01.2015 – VI ZB 40/14; BGH, Beschl. v. 03.03.2015 – VI ZB 6/14).

171 **10.** Angegriffen werden kann hier jede **Verletzung von Rechtsnormen**, gleich aus welcher **Rechtsquelle** diese geschöpft werden (*Stackmann* NJW 2003, 169). Es reicht hierbei nicht aus, einzelne Vorschriften zu zitieren oder apodiktisch zu behaupten, eine Vorschrift sei falsch angewandt worden (Zöller/*Heßler* § 520 ZPO Rn. 36; BLAH, § 520 ZPO Rn. 26; *Stackmann* NJW 2003, 169). Es muss detailliert dargelegt werden, dass und warum die Entscheidung auf dieser **fehlerhaften Rechtsanwendung** beruht. Unterbleibt dies, so kann das Berufungsgericht das Rechtsmittel gemäß § 522 Abs. 2 Nr. 1, 4 ZPO durch Beschluss zurückweisen, wenn es im **Ergebnis** offensichtlich keine Erfolgsaussicht hat und eine mündliche Verhandlung nicht geboten ist. Hinzu kommt, dass wenn das erstinstanzliche Gericht seine Entscheidung auf mehrere voneinander **unabhängige, rechtliche Erwägungen** gestützt hat, die das gefundene Ergebnis unabhängig voneinander tragen, der Rechtsmittelführer sich mit jeder einzelnen dieser Erwägungen auseinander setzen und begründen muss, warum sie nach seiner Auffassung die angegriffene Entscheidung

im Ergebnis nicht tragen (Zöller/*Heßler* § 520 ZPO Rn. 37; *Stackmann* NJW 2003, 169). Macht er dies nicht, ist das Rechtsmittel unzulässig (BGH, Beschl. v. 25.01.1990 – IX ZB 89/89, NJW 1990, 1184). Auf die Schlüssigkeit oder Vertretbarkeit der Rüge kommt es hierbei nicht an (BGH, Urt. v. 08.06.2005 – XII ZR 75/04, NJW 2006, 142; BLAH, § 520 ZPO Rn. 32).

11. Konkrete Anhaltspunkte, die **Zweifel** an der **Richtigkeit und Vollständigkeit** der **Tatsachenfeststellung** begründen, können vorliegen, wenn das Gericht in erster Instanz einen Verfahrensverstoß begangen hat. In erster Linie geht es hier um Verletzungen der Normen der ZPO, aber auch um verfassungsrechtliche Verfahrensmaximen aller Art. In aller Regel geht es hier darum, ob tatsächliches Vorbringen übergangen wurde oder nicht vorgetragene Tatsachen verwertet wurden, unstreitige oder zugestandene Tatbestandsbehauptungen als streitig, streitiges Vorbringen als unstreitig, angebotene Beweise nicht oder fehlerhaft gewürdigt, oder offenkundige bzw. gerichtsbekannte Tatsachen nicht berücksichtigt wurden (*Stackmann* NJW 2003, 169). 172

12. Soll gerügt werden, dass das Gericht erster Instanz wesentliches Vorbringen übergangen hat, empfiehlt es sich, unbedingt dieses Vorbringen im **Wortlaut** zu wiederholen und die **konkrete Fundstelle** in den Akten zu zitieren (*Stackmann* NJW 2003, 169). 173

13. Eine genaue Darlegung des **Beruhens** auf dem Verfahrensfehler ist immer vorzunehmen (s.o. Y Rdn. 136, 171). Es ist hier genau darzulegen, welche Entscheidung bei Hinwegdenken des Fehlers getroffen worden wäre (*Stackmann* NJW 2003, 169). 174

14. Die Rüge der fehlerhaften Tatsachenfeststellung wird sehr häufig eine erneute, intensive und sehr konkrete Auseinandersetzung mit der **Beweiswürdigung** des Gerichts erfordern (BLAH, § 520 Rn. 34). Vielfach ergibt sich hier allerdings schon die Schwierigkeit, dass das Gericht nicht hinreichend darlegt, wie es zu seiner Überzeugung gelangt ist, worin ein Verfahrensfehler nach § 286 Abs. 1 S. 2 ZPO liegt, der konkret zu rügen ist. Insgesamt muss die Auseinandersetzung mit der Beweiswürdigung des Gerichts sehr konkret sein. Beim Zeugenbeweis führt die erfolgreiche Rüge dazu, dass im Zweifel die Beweisaufnahme wiederholt werden muss und die Zeugen zu dem jeweiligen Beweisthema erneut vernommen werden müssen. 175

15. Zur Problematik dieser Rüge instruktiv *Stackmann* NJW 2003, 169, wobei man fragen muss, ob hierin nicht eher ein Fall des § 520 Abs. 3 Nr. 4 ZPO zu sehen ist. Die richterliche Hinweispflicht ergibt sich aus § 139 ZPO. 176

16. Neue **Angriffs- und Verteidigungsmittel** können nur nach Maßgabe der §§ 529 ff. ZPO vorgetragen werden. Denkbar ist etwa, dass auf Grund eines unterbliebenen richterlichen Hinweises auch sachdienlicher Vortrag unterblieben ist oder aber, dass eine bestimmte Tatsache erst nach Schluss der mündlichen Verhandlung bekannt wurde. Er muss außerdem darlegen, woraus sich die Zulässigkeit dieses Vorbringens nach § 531 Abs. 2 ZPO ergibt (BLAH, § 520 ZPO Rn. 39). 177

17. Dies sollte nur ergänzend vorgebracht werden und ersetzt keinesfalls die Rügen im Einzelnen. (Zur Bedeutung dieser Formulierung im Falle, dass eine förmliche Antragstellung unterblieben ist siehe Y Rdn. 165). 178

18. Auch das Berufungsgericht hat von der Hinweispflicht Gebrauch zu machen. 179

3. Anschlussberufung

Vorbemerkung

Sind beide Parteien durch ein erstinstanzliches Urteil beschwert, so kann auch jede Partei unabhängig von der anderen bis zum Ablauf der Berufungsfrist gem. § 517 ZPO Berufung einlegen. Häufig wird jedoch zunächst nur eine Partei Berufung einlegen, wodurch sich die andere Partei, die das Urteil zunächst auf sich beruhen lassen wollte, veranlasst sieht, nun auch Berufung einzulegen. Wenn der Berufungsbeklagte Kenntnis von der Berufung erlangt, ist allerdings seine eige- 180

Y. Verfahren vor anderen Gerichten

ne Berufungsfrist in der Regel verstrichen. In diesem Fall kann er sich jedoch der Berufung anschließen. Diese Anschlussberufung unterliegt einigen Besonderheiten. Sie ist bis zum Ablauf der der beklagten Partei gesetzten Frist zur Berufungserwiderung gem. § 524 Abs. 2 ZPO zulässig und muss dann allerdings in der **Anschlussschrift** direkt begründet werden. Einlegungs- und Begründungsfrist fallen hier also zusammen. Die Anschließung ist akzessorisch zur Berufung. Wenn die Berufung zurückgenommen, verworfen oder durch Beschluss zurückgewiesen wird, verliert die Anschließung ihre Wirkung. Sie steht und fällt also mit der Berufung. Daher sollte stets klar gemacht werden, ob eine Berufung eine eigenständige ist oder eine Anschlussberufung.

181 In den hier diskutierten Fallgestaltungen der Kündigung von Geschäftsführern und etwaiger Widerklagen kommen Anschlussberufungen insbesondere in Betracht, wenn die Gesellschaft im Hinblick auf die außerordentliche Kündigung ihres Geschäftsführers obsiegt, jedoch wegen des auf dem gleichen Sachverhalt gestützten **Schadenersatzantrags** unterliegt. In diesen Fällen wird die Gesellschaft die Sache zumeist auf sich beruhen lassen, wenn es ihr erfolgreich gelungen ist, ihre außerordentliche Kündigung zu verteidigen. Wenn nun die Verteidigung der Kündigung durch die Berufung in Frage gestellt wird, so hat die Gesellschaft die Option, durch eine Anschlussberufung sich auch in der Berufungsinstanz eine möglichst optimale Verhandlungsposition zu sichern.

▶ **Muster – Anschlussberufung**

182 An das

Oberlandesgericht ____[Ort]____

– Zivilsenat –

[Anschrift des Gerichts]

____[Ort]____, den ____[Datum]____ 1

ANSCHLUSSBERUFGUNG [2]

In der Berufungssache

des ____[Name]____

gegen

die ____[Name]____ GmbH,

Az.: ____[Aktenzeichen]____

bestellen wir uns für die Beklagte und Berufungsbeklagte auch für die zweite Instanz und legen namens und in Vollmacht der Beklagten gegen das am ____[Datum]____ verkündete und am ____[Datum]____ zugestellte Urteil des Landgerichts ____[Ort]____ Az.: ____[Aktenzeichen]____ [3]

ANSCHLUSSBERUFUNG

ein und beantragen, [4]

das angefochtene Urteil abzuändern und die Klage insgesamt abzuweisen;

hilfsweise

die Revision zuzulassen

und

der Beklagten die Befugnis einzuräumen, bezüglich der der Revision unterliegenden Gegenständen, die Zwangsvollstreckung gegen Sicherheitsleistungen abzuwenden.

I. Umfang der Anfechtung

Die Beklagte legt insoweit Berufung gegen das erstinstanzliche Urteil des Landgerichts ein, soweit es zu einer Verurteilung der Beklagten geführt hat. Die Beklagte wendet sich mit dieser Anschlussberufung in vollem Umfang gegen die Verurteilung.

II. Begründung [5]

[detailliert auszuführen]

_____

(Unterschrift Rechtsanwalt)

Erläuterungen

Schrifttum

Gerken Probleme der Anschlussberufung nach § 524 ZPO, NJW 2002, 1095; *Greger* Zweifelsfragen und erste Entscheidungen zur neuen ZPO, NJW 2002, 3049; *Musielak* Neue Fragen im Zivilverfahrensrecht, JuS 2002, 1203; *Rimmelspacher* Die Berufungsgründe im reformierten Zivilprozess, NJW 2002, 1897; *Stackmann* Die erfolgversprechende Berufungsschrift in Zivilsachen, NJW 2003, 169; *Stackmann* Die Neugestaltung des Berufungs- und Beschwerdeverfahrens in Zivilsachen durch das Zivilprozessreformgesetz, NJW 2002, 781.

1. Die Anschlussberufung ist gemäß § 523 Abs. 2 S. 2, Abs. 3 ZPO innerhalb der dem Berufungskläger gesetzten **Berufungsbegründungsfrist** einzulegen und auch zu begründen. 183

2. Die Anschlussberufung sollte zur Klarstellung als solche klar bezeichnet werden, da sie sich von der Berufung insoweit unterscheidet, als dass sie **akzessorisch** ist. Zwingend notwendig ist es jedoch nicht, die Anschlussberufung als solche zu bezeichnen. Es genügt vielmehr jede Erklärung, die ihrem Sinn nach eine dem Erklärenden vorteilhafte – über die bloße Abwehr der Berufung hinausgehende – Entscheidung des Berufungsgerichts erstrebt und nicht als selbständige Berufung gekennzeichnet ist (Zöller/*Heßler* § 524 Rn. 6). An eine Mindestbeschwer ist die Anschlussberufung nicht gekoppelt. 184

3. Die Anforderungen an die Bezeichnung des Urteils etc. sind die gleichen wie bei der Berufung (vgl. insoweit Y Rdn. 150 f.). Auch hinsichtlich der Form kann insgesamt auf die Berufung verwiesen werden (vgl. Formular Y Rdn. 138). Es ergeben sich hier keine wesentlichen Unterschiede (BLAH, § 524 Rn. 21). 185

4. Hinsichtlich der Anträge gilt das oben (Y Rdn. 163 f.) Gesagte. Im hier gewählten Beispiel hat der Kläger teilweise obsiegt und der Beklagte will nunmehr im Wege der Anschlussberufung aus der teilweisen Klageabweisung eine vollständige machen. Im umgekehrten Fall wäre zu formulieren: 186

Alternative:

[Es wird beantragt, das angefochtene Urteil abzuändern und die Beklagte zu verurteilen, an den Kläger weitere _____[Betrag]_____ € zu zahlen.]

5. Die Anforderung an die Begründung einer Anschlussberufung sind die gleichen wie diejenigen an eine Berufung (siehe hierzu Y Rdn. 171). 187

4. Berufungserwiderung

Vorbemerkung

Mit der Berufungserwiderung setzt sich der Berufungsbeklagte inhaltlich mit der Berufung auseinander. Er kann allerdings auch bereits mit einer Vertretungsanzeige einen Antrag auf Zurückweisung der Berufung stellen und später die Begründung nachreichen. Zuweilen wird hierauf aber 188

Y. Verfahren vor anderen Gerichten

auf Bitten des Berufungsklägers wegen der Kostenfolge verzichtet bzw. wird der Berufungsabweisungsantrag erst gestellt, wenn zumindest die Berufungsbegründung vorliegt.

▶ Muster – Berufungserwiderung

189 An das

Oberlandesgericht ___[Ort]___

– Zivilsenat –

[Anschrift des Gerichts]

___[Ort]___, den ___[Datum]___ 1

BERUFUNGSERWIDERUNG

In der Berufungssache

des ___[Name]___

gegen

die ___[Name]___ GmbH,

Az.: ___[Aktenzeichen]___

bestellen wir uns für den Beklagten und Berufungsbeklagten als Prozessbevollmächtigte auch in der zweiten Instanz und beantragen

1. die Berufung zurückzuweisen;
2. hilfsweise dem Beklagten nachzulassen, die Zwangsvollstreckung gemäß § 712 ZPO gegen Sicherheitsleistung, die auch durch eine Bürgschaft einer Bank eines EU Staates gestellt werden kann, abzuwenden;
3. vorsorglich für den Fall des Unterliegens, die Revision zuzulassen.

BEGRÜNDUNG 2

[auszuführen]

_____

(Unterschrift Rechtsanwalt)

Erläuterungen

Schrifttum

Greger Zweifelsfragen und erste Entscheidungen zur neuen ZPO, NJW 2002, 3049; *Musielak* Neue Fragen im Zivilverfahrensrecht, JuS 2002, 1203; *Rimmelspacher* Die Berufungsgründe im reformierten Zivilprozess, NJW 2002, 1897; *Stackmann* Die erfolgversprechende Berufungsschrift in Zivilsachen, NJW 2003, 169; *Stackmann* Die Neugestaltung des Berufungs- und Beschwerdeverfahrens in Zivilsachen durch das Zivilprozessreformgesetz, NJW 2002, 781.

190 **1.** Im Gegensatz zu § 66 Abs. 1 S. 3 ArbGG sieht § 521 Abs. 2 S. 1 ZPO keine zwingende **Frist** für die schriftliche Berufungserwiderung vor. Diese wird dem Berufungsbeklagten ausdrücklich gesetzt. In der Regel erfolgt dies mit **Zustellung der Berufungsbegründung**. Zuweilen unterbleibt dies zunächst, wenn etwa das Gericht erst prüfen möchte, ob bereits nach Eingang der Berufungsschrift eine Zurückweisung der Berufung durch Beschluss gem. § 522 ZPO als offensichtlich unbegründet in Betracht kommt.

191 **2.** Die Berufungserwiderung ist das **Gegenstück zu Berufungsbegründung**. Man wird sich hier dann auch detailliert mit dem Vortrag des Berufungsklägers auseinander setzen müssen. Der Be-

rufungsbeklagte darf sich jedoch darauf beschränken, die zu seinen Gunsten ergangene Entscheidung zu verteidigen ist und (anders als der Berufungskläger gemäß § 519 Abs. 3 ZPO) nicht verpflichtet, sein erstinstanzliches Vorbringen zu wiederholen oder in Bezug zu nehmen (BVerfG, Beschl. v. 23.06.1999 – 2 BvR 762/98, NJW 2000, 131).

III. Verfahren vor den Verwaltungsgerichten

Arbeitsrechtliche und dienstvertragsrechtliche Sachverhalte werden vor nahezu allen Gerichtszweigen verhandelt. Neben der **Arbeitsgerichtsbarkeit** (siehe Abschnitt W) und der **ordentlichen** Gerichtsbarkeit (siehe Abschnitt Y.I. – Y Rdn. 1 ff. – und Y.II. – Y Rdn. 133 ff.), spielt die **Verwaltungsgerichtsbarkeit** für arbeitsrechtliche Sachverhalte eine besondere Rolle. Dies ist zum einen in den behördlichen **Genehmigungsverfahren** begründet, die für den Ausspruch von Kündigungen gegenüber Schwerbehinderten, Schwangeren oder Mitarbeitern in Elternzeit erforderlich sind. Für Schwerbehinderte (§ 2 SGB IX) ergibt sich dieses Erfordernis aus § 85 SGB IX für ordentliche, und aus §§ 91 Abs. 1, 85 SGB IX für außerordentliche Kündigungen. Das Erfordernis behördlicher Zustimmungen dient vor allem dazu, Wettbewerbsnachteile dieser Personengruppe auf dem Arbeitsmarkt zu verringern und deren überproportional vorhandener Arbeitslosigkeit entgegenzuwirken (*Griebeling* NZA 2005, 494). Für schwangere Arbeitnehmerinnen normiert § 9 Abs. 3 S. 1 MuSchG, dass die oberste Landesbehörde ausnahmsweise die Kündigung für zulässig erklären kann. Ferner sind auch Streitigkeiten des **Personalvertretungsrechts** sowie solche des Betriebsverfassungsrechts des öffentlichen Dienstes der Verwaltungsgerichtsbarkeit zugewiesen. Zu dem Verwaltungsverfahren im Einzelnen siehe oben Abschnitt K Rdn. 202 ff. 192

Auch bei der Kündigung von Fremdgeschäftsführern können diese Zustimmungserfordernisse möglicherweise bestehen, nachdem der Europäische Gerichtshof in der Sache Danosa (Rs C-232/09, NJW 2011, 2343) entschieden hat, dass auch Organe von Kapitalgesellschaften in den Anwendungsbereich arbeitsrechtlicher Schutzvorschriften fallen können. Welche Schutzvorschriften dies konkret sind, wird derzeit in der arbeitsrechtlichen Literatur intensiv diskutiert (*Bauer/Arnold* DB 2008, 350; *Fischer* NJW 2011, 2329; *Junker* NZA 2011, 950; *Reufels/Molle* NZA-RR 2011, 281; *Oberthür* NZA 2011, 253; *Stagat* NZA-RR 2011, 617; *von Alvensleben/Haug/Schnabel* BB 2012, 774; *von Steinau-Steinrück/Mosch* NJW-Spezial 2011, 178; *Stagat*, NZA-RR 2011, 617). 193

Für den Fall, dass die Zustimmung zu einer Kündigung – ggf. im Widerspruchsverfahren – erteilt wird, kann der betroffene Arbeitnehmer **Anfechtungsklage** gegen den Widerspruchsbescheid einlegen (siehe Formular Y.III.1 – Y Rdn. 199); im umgekehrten Fall wird der Arbeitgeber nach entsprechender Ablehnung der behördlichen Zustimmung **Verpflichtungsklage** erheben (siehe Formular Y.III.2 – Y Rdn. 208). In beiden – eben genannten – Fällen muss vorher in der Regel ein erfolgloses Vorverfahren gemäß § 68 VwGO von dem Betroffenen durchgeführt worden sein (zu den Ausnahmen siehe Y Rdn. 207, 212). 194

Bleibt eine Behörde, der gegenüber ein Antrag auf Zustimmung zur Kündigung eines Arbeitnehmers gestellt wurde, mehr als drei Monate untätig und erteilt sie weder die Zustimmung noch verweigert sie diese, so kommt grundsätzlich eine **Untätigkeitsklage** gemäß § 75 VwGO in Betracht. Voraussetzung für die Erhebung dieser Klage ist zunächst, dass der Kläger zuvor bei der Behörde einen Antrag auf Vornahme eines Verwaltungsakts gestellt oder dort Widerspruch eingelegt hat. Des Weiteren darf die Behörde hierüber noch nicht sachlich entschieden haben. Eine Sachentscheidung ist auch gegeben, falls die Behörde den Widerspruch als unzulässig verwirft oder den Antrag aus formalen Gründen zurückweist. Ein weiteres Erfordernis ist, dass ein zureichender Grund für das Untätigbleiben der Behörde fehlt. Ein zureichender Grund kann sich aus der Schwierigkeit des Sachverhalts in tatsächlicher oder rechtlicher Hinsicht ergeben, nicht aber aus Personalengpässen oder hoher Arbeitsbelastung. Grundsätzlich ist die Untätigkeitsklage an die Dreimonatsfrist gemäß § 75 S. 2 VwGO gebunden, d.h. der Antragsteller muss grundsätzlich drei Monate abwarten, bevor er Klage erheben kann. Wegen dieser Dreimonatsfrist wird die Untätig- 195 keitsklage in der Regel nur bei einem Antrag auf Zulässigkeitserklärung in der Elternzeit in Betracht kommen. Eine kürzere Frist ist aber wegen besonderer Umstände des Einzelfalls möglich.

1. Anfechtung eines Bescheides wegen Zustimmung zur Kündigung eines Schwerbehinderten

Vorbemerkung

196 Die vorherige, erforderliche Zustimmung des Integrationsamtes bei Kündigungen von schwerbehinderten Arbeitnehmern und diesen gleichgestellten Menschen ergibt sich aus § 85 SGB IX bei ordentlichen Kündigungen bzw. aus der Verweisung des § 91 Abs. 1 SGB IX bei einer außerordentlichen Kündigung. Zu den Einzelheiten siehe oben Formular K Rdn. 204.

197 Der Arbeitnehmer kann die Zustimmungsentscheidung der Behörde zuerst mit Widerspruch (§§ 118, 119 SGB IX) und anschließend, bei **Nichtabhilfe des Widerspruchs**, mit einer verwaltungsgerichtlichen Klage anfechten, da beide Bescheide der Behörde einen Verwaltungsakt i.S.d. § 35 VwVfG darstellen. Zu berücksichtigen ist, dass Widerspruch und Anfechtungsklage gegen die Zustimmung gemäß § 88 Abs. 4 SGB IX grundsätzlich **keine aufschiebende Wirkung** entfalten. Der Arbeitgeber kann somit die Kündigung im Regelfall unverzüglich aussprechen. Der Arbeitnehmer kann jedoch nach §§ 80 Abs. 4 und 5, § 80a Abs. 1 Nr. 1, Abs. 3 VwGO beantragen, die aufschiebende Wirkung wiederherzustellen. Diese hat jedoch in diesem Fall keine unmittelbare Wirkung auf eine bereits ausgesprochene Kündigung, denn die Kündigung bleibt auch dann »schwebend wirksam«, wenn die Aussetzung der Vollziehung angeordnet wird (BAG, Urt. v. 17.06.2003 – 2 AZR 254/02, NJW 2004, 796). Ob damit einem Antrag auf Anordnung der aufschiebenden Wirkung das Rechtsschutzbedürfnis fehlt und damit der Antrag unzulässig wird, wenn die Kündigung bereits ausgesprochen wurde (so VG München, Beschl. v. 07.10.2009 – M 15 SN 09.4536, 15 SN 09.4536) ist instanzgerichtlich umstritten (vgl. zum Meinungsstand VGH Baden-Württemberg, Beschl. v. 10.01.2012 – 12 S 3214/11, NJW 2012, 2603).

198 Aufgrund der jeweiligen Fristen muss der schwerbehinderte Arbeitnehmer, der sich gegen die Kündigung verteidigen will, beide Verfahren gleichzeitig anhängig machen. Es stellt sich dann die Frage, ob das Arbeitsgericht den Kündigungsschutzprozess gemäß § 148 ZPO aussetzen muss, bis über die Zustimmung beim Verwaltungsgericht entschieden wurde. Durch die Vorgreiflichkeit des öffentlich-rechtlichen Kündigungsschutzes ist das arbeitsgerichtliche Urteil grundsätzlich vom Ergebnis des Verwaltungsrechtsstreits abhängig. Das Arbeitsgericht wird das Kündigungsschutzverfahren in der Regel nicht aussetzen, wenn es die Kündigung bereits aus arbeitsrechtlichen Gründen für unwirksam hält. Hält das Arbeitsgericht hingegen die Kündigung für wirksam, wird es in der Regel den Kündigungsrechtsstreit aussetzen, bis über die Rechtswirksamkeit der erteilten behördlichen Zustimmung entschieden ist (vgl. AR/*Dornbusch/Link* § 85 SGB IX Rn. 13). Dies ist jedoch nicht zwingend. Grundsätzlich steht die Aussetzungsentscheidung nach der Rechtsprechung des BAG im **Ermessen der Arbeitsgerichte** (vgl. BAG, Urt. v. 26.09.1991 – 2 AZR 132/91). Nach Abwägung zwischen dem Zweck der Aussetzung, Verhinderung divergierender gerichtlicher Entscheidungen und der Gefahr langer Verfahrensdauer bei den Verwaltungsgerichten im Hinblick auf den arbeitsrechtlichen Beschleunigungsgrundsatz, wäre ohne Aussetzung zumindest Klarheit in arbeitsrechtlicher Hinsicht erreicht. Dem Arbeitnehmer steht in dem Fall, dass die Verwaltungsgerichte rechtskräftig die Entscheidung der Behörde, die Zustimmung zu erteilen, aufheben, die **Restitutionsklage** gemäß § 580 Nr. 6 ZPO zur Verfügung, um das arbeitsrechtliche Urteil abändern und die Kündigung für unzulässig erklären zu lassen (BAG, Urt. v. 25.11.1980 – 6 AZR 210/80, NJW 1981, 2023).

▶ **Muster – Anfechtung eines Bescheides wegen Zustimmung zur Kündigung eines Schwerbehinderten**

An das
Verwaltungsgericht ____[Ort]____
__[Anschrift]__

____[Ort]____, den ____[Datum]____ 1

KLAGE

des __[Name des Arbeitnehmers]__

Prozessbevollmächtigter: Rechtsanwalt ____[Name]____

Kläger

gegen

das Regierungspräsidium __[Bezeichnung des Rechtsträgers/der Behörde]__ 2

Beklagte

beizuladen ____[Name]____ GmbH [Arbeitgeber] 3

wegen: Zustimmung zur Kündigung eines Arbeitsverhältnisses

Streitwert: ____[Betrag]____ €

Namens und in Vollmacht des Klägers erhebe ich Klage und beantrage,

1. den Bescheid der Beklagten vom ____[Datum]____ in der Form des Widerspruchsbescheids vom ____[Datum]____ aufzuheben;
2. der Beklagten die Kosten des Verfahrens aufzuerlegen;
3. die Zuziehung des Prozessbevollmächtigten des Klägers im Vorverfahren für notwendig zu erklären.

BEGRÜNDUNG:

Der Kläger ist schwerbehindert mit einem Grad der Behinderung von ____[60 %]____.

Am ____[Datum]____ beantragte die Arbeitgeberin beim Integrationsamt die Zustimmung des Integrationsamtes zur außerordentlichen Kündigung des Klägers gemäß §§ 91 SGB IX 4. Diese Zustimmung hat das Integrationsamt erteilt. Dem hiergegen gerichteten Widerspruch des Klägers hat das Regierungspräsidium nicht abgeholfen.

Unverzüglich nachdem der Bescheid des Integrationsamtes dem Beigeladenen zugegangen war, hat der Beigeladene das Anstellungsverhältnis ____[Datum]____ gekündigt.

Die Klage ist zulässig, da die Zustimmung zur Kündigung im Verhältnis zum kündigenden Arbeitnehmer einen belastenden Verwaltungsakt darstellt, für dessen Anfechtung der Verwaltungsrechtsweg gegeben ist.

Die Klage ist auch begründet. Das Integrationsamt hat im Rahmen seiner Prüfung nicht berücksichtigt, dass die Kündigung im Zusammenhang mit der Schwerbehinderung des Klägers steht. 5

Dies ergibt sich aus folgenden Umständen __[detaillierte Begründung]__.

(Unterschrift Rechtsanwalt)

Y. Verfahren vor anderen Gerichten

Erläuterungen

Schrifttum

Griebeling Neues im Sonderkündigungsschutz schwerbehinderter Menschen, NZA 2005, 494; *Hohmann* Vereinheitlichung des Rechtsschutzes bei der Kündigung schwerbehinderter Menschen, ZRP 2005, 159; *Schrader/Klagges* Arbeitsrecht und schwerbehinderte Menschen, NZA-RR 2009, 169.

200 **1.** Die Klagefrist beträgt gemäß § 74 Abs. 1 VwGO einen Monat ab Zustellung des Widerspruchsbescheids. Bei fehlender Rechtsmittelbelehrung verlängert sich diese Frist gemäß § 58 Abs. 2 VwGO auf ein Jahr.

201 **2.** Klagegegner ist je nach landesrechtlicher Regelung entweder die handelnde Behörde gemäß § 78 Abs. 1 Nr. 2 VwGO oder der Rechtsträger der handelnden Behörde (Bund, Land, Körperschaft) gemäß § 78 Abs. 1 Nr. 1 VwGO. In den Bundesländern Brandenburg, Mecklenburg-Vorpommern, Nordrhein-Westfalen und Saarland sind generell die handelnden Behörden zu verklagen. In Niedersachsen, Sachsen-Anhalt und Schleswig-Holstein gilt dies für die Landesbehörden. In den anderen Bundesländern ist der Rechtsträger zu verklagen.

202 **3.** Die Beiladung des Arbeitgebers in einem derartigen Prozess ist eine **notwendige Beiladung** gemäß § 65 Abs. 2 VwGO. Bei einer Anfechtungsklage wird eine solche angenommen, wenn der beizuladende Adressat des angefochtenen Bescheids ist. Der Bescheid ist die Zustimmung der Behörde zur Kündigung, welche gemäß § 88 Abs. 2 S. 1 SGB IX auch dem Arbeitgeber zugestellt wird. Die Drittbetroffenheit des Arbeitgebers ergibt sich zudem aus dem Aspekt, dass bei stattgebendem Urteil die Wirksamkeit der Zustimmung auch gegenüber ihm entfällt und er eine Kündigung dann nicht mehr aussprechen kann. Bei unterbliebener notwendiger Beiladung ist das ergangene Urteil wegen Verstoßes gegen einen **wesentlichen Verfahrensfehler** absolut unwirksam, wenn es sich hierbei um ein Gestaltungsurteil handelt (Schoch/Schmidt-Aßmann/Pietzner/*Bier* VwGO § 65 Rn. 40). Der Antrag auf Beiladung sollte daher auf jeden Fall aufgenommen werden.

203 **4.** Im Falle einer ordentlichen Kündigung richtet sich die Entscheidung der Behörde nur nach § 85 SGB IX. Siehe hierzu auch oben Y Rdn. 196.

204 **5.** Zu den Anforderungen an die Zustimmung zur Kündigung siehe Y Rdn. 196.

2. Verpflichtungsklage auf Zulässigerklärung der Kündigung einer schwangeren Arbeitnehmerin

Vorbemerkung

205 Die Unzulässigkeit einer Kündigung von Schwangeren bis einschließlich zum Ablauf von vier Monaten nach der Geburt gemäß § 9 Abs. 1 MuSchG soll der Existenzangst der werdenden Mütter entgegenwirken und damit einhergehende psychische Belastungen vermeiden. Eine dennoch ausgesprochene Kündigung ist unheilbar nichtig. Voraussetzung für das Kündigungsverbot ist, dass die Schwangerschaft zum Zeitpunkt des Zugangs der Kündigung bestand (AR/*Vossen* § 9 MuSchG Rn. 5) und der Arbeitgeber positive Kenntnis von der Schwangerschaft oder der Entbindung hat (AR/*Vossen* § 9 MuSchG Rn. 9). Selbst bei grob fahrlässiger Unkenntnis von der Schwangerschaft greift der Kündigungsschutz nicht (AR/*Vossen* § 9 MuSchG Rn. 9; KR/*Gallner* § 9 MuSchG Rn. 41). Hatte der Arbeitgeber bei Zugang der Kündigung keine Kenntnis, so kann die Arbeitnehmerin den Kündigungsschutz jedoch noch dadurch in Anspruch nehmen, dass sie den Arbeitgeber innerhalb von zwei Wochen nach Zugang der Kündigung davon in Kenntnis setzt, dass zum Zeitpunkt des Zugangs der Kündigungserklärung eine Schwangerschaft bestand (§ 9 Abs. 1 S. 1 1. Halbs. MuSchG). Diese Frist kann auch überschritten werden, sofern die Versäumnis seitens der Mutter unverschuldet war und die Mitteilung unverzüglich nachgeholt wird (*Buchner/Becker* Elternzeitgesetz/Mutterschutzgesetz, § 9 MuSchG Rn. 132 ff.)

Gemäß § 9 Abs. 3 S. 1 MuSchG kann die oberste Landesbehörde oder eine von dieser delegierten Behörde (meist die zuständige Aufsichtsbehörde für Arbeitsschutz) ausnahmsweise eine Kündigung einer Schwangeren für zulässig erklären, falls die Kündigung nicht mit der Schwangerschaft oder daraus resultierenden Umständen zusammenhängt. Die Entscheidung der Behörde ist ein Verwaltungsakt und vor der Kündigung einzuholen (vgl. Rancke/*Schöllmann* § 9 MuSchG Rn. 81). Die Behörde hat der zu kündigenden Arbeitnehmerin vor ihrer Entscheidung die Gelegenheit zu geben, sich schriftlich oder mündlich zu äußern (vgl. § 28 Abs. 1 VwVfG; vgl. im Übrigen oben Formular K Rdn. 233 ff.). 206

Grundsätzlich ist vor einer verwaltungsgerichtlichen Klage ein **Widerspruchsverfahren** durchzuführen; diese Voraussetzung entfällt, wenn die oberste Landesbehörde (§ 68 Abs. 1 Nr. 1 VwGO) den Antrag des Arbeitgebers auf Erteilung der Erklärung über die Zulässigkeit abgelehnt hat. Somit muss geprüft werden, ob die oberste Landesbehörde, welche gemäß § 9 Abs. 3 S. 1 MuSchG grundsätzlich für die Erteilung zuständig ist, den Antrag abgelehnt hat oder eine niedrigere Behörde. Die Entbehrlichkeit eines Widerspruchsverfahrens kann sich zudem aus den jeweiligen landesrechtlichen verfahrensrechtlichen Bestimmungen ergeben (eine Auflistung findet sich bei APS/*Rolfs* MuSchG § 9 Rn. 70). 207

▶ **Muster – Verpflichtungsklage auf Zulässigerklärung der Kündigung einer schwangeren Arbeitnehmerin**

An das
Verwaltungsgericht ___[Ort]___
___[Anschrift]___

___[Ort]___, den ___[Datum]___ 1

KLAGE

Der ___[Arbeitgeber]___ GmbH, vertreten durch ihren Geschäftsführer, Herrn ___[Name]___
Prozessbevollmächtigte: Rechtsanwälte ___[Name]___

Klägerin

gegen

___[Bezeichnung des Rechtsträgers/der Behörde]___ 2

Beklagte

beizuladen ___[Arbeitnehmerin]___

wegen: Zulassung der Kündigung eines Arbeitsverhältnisses 3

Namens und in Vollmacht der Klägerin erhebe ich Klage und beantrage,

1. unter Aufhebung des Bescheides der Beklagten vom ___[Datum]___ in der Fassung des Widerspruchsbescheides 4 vom ___[Datum]___ die Beklagte zu verurteilen, der Klägerin die Zulässigerklärung zur Kündigung der Beigeladenen zu erteilen;5

2. der Beklagten die Kosten des Verfahrens aufzuerlegen;

3. die Zuziehung des Prozessbevollmächtigten des Klägers im Vorverfahren für notwendig zu erklären.

208

Y. Verfahren vor anderen Gerichten

Begründung:

[ausführen]

(Unterschrift Rechtsanwalt)

Erläuterungen

Schrifttum

Kittner § 9 MuschG, § 18 BEEG – Prüfungsumfang und Entscheidung bei betrieblich veranlassten Kündigungen, NZA 2010, 198; *von Steinau-Steinrück/Mosch* Schwangere Geschäftsführerin: Managerin oder Arbeitnehmerin?, NJW-Spezial 2011, 178; *Wiebauer* Die Rechtsprechung zum besonderen Fall nach § 9 MuSchG und § 18 BEEG, BB 2013, 1784.

209   1.   Auch hier gilt wieder die einmonatige Klagefrist gemäß § 74 Abs. 2 VwGO.

210   2.   Vgl. hierzu Y Rdn. 201.

211   3.   Grundsätzlich ist eine Kündigung gemäß § 9 Abs. 1 MuSchG »unzulässig«. Die behördliche Zulässigerklärung beseitigt die **Kündigungssperre** gemäß § 9 Abs. 1 MuSchG. Bei dem Verbot des § 9 Abs. 1 MuSchG handelt es sich um ein absolutes Kündigungsverbot mit Erlaubnisvorbehalt gemäß § 9 Abs. 3 MuSchG. Die behördliche Erlaubnis (Zulässigerklärung) beseitigt mithin die Sperre des Kündigungsrechts und schafft zudem erst die Voraussetzung für seine zulässige Ausübung.

212   4.   War kein Widerspruchsverfahren durchzuführen (vgl. Y Rdn. 207) so ist zu formulieren:

Alternative:

[Es wird beantragt,

1. die Beklagte zu verurteilen, der Klägerin unter Aufhebung des Bescheides vom _____[Datum]_____ die Zulässigerklärung zur Kündigung der Beigeladenen zu erteilen;

2. der Beklagten die Kosten des Verfahrens aufzuerlegen.]

213   Eines Antrages auf Aufhebung der Ablehnungsentscheidung bedarf es in diesem Fall zwar ebenso wenig, wie einer Aufhebung des ablehnenden Bescheides durch das der Klage stattgebende Gericht. In der Praxis wird ein solcher Antrag jedoch häufig gestellt.

214   5.   Die Zulässigerklärung kann nicht durch das Gericht ersetzt werden, da es sich hierbei um eine Entscheidung der Verwaltung handelt und eine Ersetzung der Entscheidung mit den Grundsätzen der Gewaltenteilung nicht zu vereinbaren wäre. Daher hat der Antrag darauf zu lauten, dass die Behörde die Zulässigkeit zu erklären hat.

3. Antrag des Personalrats auf Feststellung der Mitbestimmungswidrigkeit des Einsatzes von Leiharbeitnehmern

Vorbemerkung

215   Wegen der langen Verfahrensdauer vor den Verwaltungsgerichten wird in personalvertretungsrechtlichen Angelegenheiten in der Regel nur ein Eilverfahren geeignet sein, Rechtspositionen des Personalrats durchzusetzen. Gemäß § 83 Abs. 2 BPersVG sowie den entsprechenden Landespersonalvertretungsgesetzen i.V.m. § 85 Abs. 2 S. 1 ArbGG ist der Erlass einer einstweiligen Verfügung auch in personalvertretungsrechtlichen Angelegenheiten zulässig, wenngleich ein Teil der Rechtsprechung einstweilige Verfügungen in personalvertretungsrechtlichen Angelegenheiten grundsätzlich für unzulässig hält (siehe hierzu Y Rdn. 221).

Antrag des Personalrats auf Feststellung der Mitbestimmungswidrigkeit Y.III.3.

Wegen der Einbeziehung von § 14 Abs. 3 AÜG im Rahmen von § 14 Abs. 4 AÜG hat der Personalrat des Entleiherbetriebes nach § 75 Abs. 1 Nr. 1 BPersVG bei der Einstellung von Leiharbeitnehmern mitzubestimmen. Bestreitet die Dienststelle das **Mitbestimmungsrecht des Personalrates** beim Einsatz von Leiharbeitnehmern, hat der Personalrat das Recht, ein Verfahren auf Feststellung des Mitbestimmungsrechts einzuleiten. Jedoch regelt § 75 Abs. 1 Nr. 1 BPersVG nur die Einstellung für im Dienste des Bundes stehende Personen. Auf Landesebene obliegt diese Regelung den Landesgesetzgebern. Nicht alle Bundesländer haben von der Möglichkeit, eine Regelung gemäß § 14 Abs. 3 und 4 AÜG zu erlassen, Gebrauch gemacht.

216

▶ Muster – Antrag des Personalrats auf Feststellung der Mitbestimmungswidrigkeit des Einsatzes von Leiharbeitnehmern

An das
Verwaltungsgericht _____[Ort]_____
_____[Anschrift]_____

217

_____[Ort]_____, den _____[Datum]_____

ANTRAG AUF ERLASS EINER EINSTWEILIGEN ANORDNUNG
Antrag
des Personalrates der _____[Bezeichnung der Behörde]_____, vertreten durch seinen Vorsitzenden, Herrn _____[Name]_____

Prozessbevollmächtigter: Rechtsanwälte _____[Name]_____

– Antragsteller und Beteiligter zu 1) –
gegen
den Leiter der Dienststelle [1] _____[Bezeichnung der Behörde]_____, vertreten durch _____[Angabe des Vertretungsverhältnisses entsprechend des jeweiligen Landesrechtes und Name]_____

– Antragsgegnerin und Beteiligte zu 2) –
wegen: Feststellung der Mitbestimmungswidrigkeit von Einstellungen
Streitwert: _____[Betrag]_____ €

Namens und in Vollmacht des Antragstellers und Beteiligten zu 1) werden wir beantragen – wegen Dringlichkeit ohne mündliche Verhandlung – im Wege der einstweiligen Anordnung festzustellen, dass

die Einstellung von Leiharbeitnehmern durch die Antragsgegnerin der Mitbestimmung des Antragsstellers unterliegt, auch wenn diese Leiharbeitnehmer nur für einen kurzfristigen Einsatz vorgesehen sind.

BEGRÜNDUNG:
I. Sachverhalt
In der Dienststelle der Antragsgegnerin ist ein Personalrat, der Antragsteller, gebildet.
Mit Schreiben vom _____[Datum]_____ teilte die Antragsgegnerin dem Antragsteller mit, dass sie aufgrund eines Rahmenvertrages zwischen dem Bund als Entleiher und dem Personaldienstleistungsunternehmen _____[Name]_____ GmbH beabsichtige, bei entsprechendem Arbeitskräftemangel, wegen Urlaub oder Krankheit, Leiharbeitnehmer einzusetzen. Es handele sich jeweils um kurzfristige Maßnahmen, so dass ein Beteiligungsrecht des Personalrates nicht gegeben sei, da eine Eingliederung der Arbeitnehmer nicht erfolge.

Geck 1945

Y. Verfahren vor anderen Gerichten

Glaubhaftmachung [2]: Schreiben der Antragsgegnerin vom ___[Datum]___, in Kopie beigefügt als

– Anlage ASt 1 –

Die Antragstellerin hat daraufhin die Antragsgegnerin aufgefordert, unverzüglich ein Mitbestimmungsverfahren nach § 75 Abs. 1 BPersVG einzuleiten.

Glaubhaftmachung: Schreiben der Antragstellerin vom ___[Datum]___, in Kopie beigefügt als

– Anlage ASt 2 –

Hierauf hat die Antragsgegnerin nicht reagiert, sondern setzt seither Leiharbeitnehmer regelmäßig kurzfristig ein.

Glaubhaftmachung: Eidesstattliche Versicherung des Vorsitzenden der Antragstellerin, beigefügt als

– Anlage ASt 3 –

II. Rechtslage

1. Zulässigkeit [3]

Gemäß § 83 Abs. 2 BPersVG i.V.m. § 85 Abs. 2 ArbGG ist der Erlass einstweiliger Verfügungen zulässig.

2. Verfügungsanspruch

Die Einstellung von Leiharbeitnehmern unterliegt der Mitbestimmung des Personalrates. Dies ergibt sich bereits daraus, dass gemäß § 14 Abs. 4 AÜG die Regelung des § 14 Abs. 3 AÜG, wonach die Übernahme von Leiharbeitnehmern Beteiligungsrechte gemäß § 99 BetrVG auslöst, im Bereich des Bundespersonalvertretungsrechts entsprechend gilt. An die Stelle des § 99 Abs. 1 BetrVG tritt hier somit § 75 Abs. 1 Nr. 1 BPersVG, einschließlich der hierbei anzuwendenden Bestimmungen, insbesondere § 77 Abs. 2 BPersVG. [4]

Dass die Tätigkeit des Leiharbeitnehmers im Entleiherbetrieb nur von kurzer Dauer ist, ist für die Arbeitnehmerüberlassung typisch. Es verbietet sich somit, Einsätze im Entleiherbetrieb unterhalb einer bestimmten Dauer von der Mitbestimmung auszunehmen. Mitbestimmungspflichtig ist bereits jeder tatsächliche Einsatz von Leiharbeitnehmern in der Dienststelle. Erfasst ist jede, noch so kurze, tatsächliche Beschäftigung. Bei mehreren aufeinanderfolgenden, befristeten Einsätzen löst jeder von ihnen die Mitbestimmung aus. [5]

Damit verletzt die Antragsgegnerin die Mitbestimmungsrechte der Antragstellerin laufend, ein Verfügungsanspruch ist mithin gegeben.

3. Verfügungsgrund

Die dringliche vorläufige Klärung eines personalvertretungsrechtlichen Beteiligungsrechtes ist immer dann geboten, wenn der Personalrat im Rahmen des geltend gemachten Beteiligungsrechtes bedeutsame Belange des von ihm vertretenen Personals wahrnehmen will und wahrnehmen darf, und wenn er durch die Verweisung auf das Hauptsacheverfahren ganz davon abgehalten oder zumindest in nicht mehr hinnehmbarer Weise daran gehindert werden würde, diesen Belangen wirksam Geltung zu verschaffen. [6]

Gerade auch bei kurzfristigen Einsätzen von Zeitarbeitskräften können sich bedeutsame Belange für die Belegschaft ergeben. Damit diese Belange der Belegschaft durch die Antragstellerin wahrgenommen werden können, bedarf es der Beteiligung des Personalrates.

Ein Verfügungsgrund ist somit gegeben.

_____
(Unterschrift Rechtsanwalt)

Erläuterungen

Schrifttum
Finkelnburg/Dombert/Külpmann Vorläufiger Rechtsschutz im Verwaltungsstreitverfahren, 6. Aufl. 2011; *Urban* Eingeschränkte Verwerfungskompetenz der Verwaltungsgerichte im Eilverfahren gem. § 123 VwGO, NVwZ 1989, 433.

1. Zu richten ist der Antrag gegen den **Dienststellenleiter** der jeweiligen Stufe, der die Beteiligung einzuleiten hätte. Der Begriff der Dienststelle ergibt sich aus § 6 Abs. 1 BPersVG. Zu den Dienststellen gemäß § 6 Abs. 1 BPersVG gehören einzelne Behörden, Verwaltungsstellen und Betriebe der in § 1 BPersVG genannten Verwaltungen sowie Gerichte. 218

2. Zu den Anforderungen an die Glaubhaftmachung siehe X Rdn. 720. 219

3. Soweit es um die Verletzung von Rechten aus den **Landespersonalvertretungsgesetzen** geht, ergibt sich die Zulässigkeit einer einstweiligen Verfügung aus den jeweiligen landesrechtlichen Vorschriften (BVerwG, Beschl. v. 20.05.1992 – 6 P 4/90, NVwZ-RR 1993, 566). Hierbei ist zu prüfen, ob die Aufnahme des Leiharbeitnehmers eines privaten Unternehmens in die Dienststelle des öffentlichen Dienstes nach den landesgesetzlichen Vorschriften als eine Einstellung zu qualifizieren ist, die dann der Mitbestimmung des Personalrates unterliegt. Dies ist meist dann anzunehmen, wenn die einzustellende Person nach Umfang und Inhalt ihrer Tätigkeit in der Dienststelle als **Beschäftigter** i.S.d. Personalvertretungsrechts anzusehen ist. Es muss somit eine tatsächliche Eingliederung in die Dienststelle erfolgen sowie ein arbeitsrechtliches Band zu dem öffentlichen Träger der Dienststelle bestehen. 220

Einstweilige Verfügungen wurden im Bereich des Personalvertretungsrechts teilweise für unzulässig erklärt, weil der Charakter einer personalvertretungsrechtlichen Maßnahme nur Innenrecht betrifft und dieser Innenbereich durch Dienstaufsicht und das Disziplinarrecht ausreichend gesichert sei (OVG Thüringen, Beschl. v. 17.09.1996 – 5 PO 119/96, PersR 1997, 123; OVG Saarlouis, Beschl. v. 12.07.1989 – 4 W 1/89, PersR 1990, 15). Diese Auffassung steht bereits nicht im Einklang mit dem eindeutigen Wortlaut des § 83 Abs. 2 BPersVG i.V.m. § 85 Abs. 2 ArbGG, der einstweilige Verfügungen zulässt. Zudem hat das BVerwG in verschiedenen Entscheidungen klargestellt, dass einstweilige Verfügungen auch zulässig seien, wenn es um die Durchsetzung von Mitbestimmungsrechten der Personalvertretungen geht (BVerwG, Beschl. v. 27.07.1990 – 6 PB 12.89 – obiter dictum, ZBR 1990, 354; BVerwG, Beschl. v. 18.05.1994 – 6 P 27/92, PersV 1995, 30; BVerwG, Beschl. v. 20.01.1993 – 6 P 18.90, PersR 1993, 307; BVerwG, Beschl. v. 16.09.1994 – 6 P 32/92, NVwZ 1996, 188). Dem sind die Verwaltungsgerichtshöfe/Oberverwaltungsgerichte der Länder zum Teil gefolgt (vgl. VGH Kassel, Beschl. v. 27.02.1992 – HPV TL 2246/91, CR 1993, 773; OVG Hamburg, Beschl. v. 22.05.2000 – 8 Bs 118/00.PVL, PersV 2001, 140; OVG Weimar, Beschl. v. 06.03.1996 – 5 PO 718/94, PersR 1996, 396). 221

4. Ob § 14 Abs. 4 AÜG eigene **Beteiligungsrechte** auslöst, ist unklar. An der Rechtsprechung, dass § 14 Abs. 4 AÜG lediglich deklaratorische Bedeutung habe (BVerwG, Beschl. v. 20.05.1992 – 6 P 4/90, NVwZ-RR 1993, 566) hält das BVerwG »nicht mehr uneingeschränkt fest« (BVerwG, Beschl. v. 07.04.2010 – 6 P 6/09, NZA-RR 2010, 389), so dass tendenziell auch für die Länder ein Mitbestimmungsrecht unabhängig von der konkreten landesrechtlichen Regelung bestehen dürfte (anders noch AR/*Reineke* § 14 AÜG Rn. 23). Der Personalrat ist bei der **Einstellung von Leiharbeitnehmern** zu beteiligen und kann die Zustimmung nur wegen der in § 77 Abs. 2 BPersVG, die wesentlich den Zustimmungsverweigerungsgründen des § 99 Abs. 2 Nr. 1–4 BetrVG entsprechen, normierten Gründe verweigern. 222

5. BVerwG, Beschl. v. 07.04.2010 – 6 P 6/09, NZA-RR 2010, 389. 223

6. So OVG Bremen Beschl. v. 31.07.1991 – PV-B 4/91, PersV 1993, 91; VG Hamburg, Beschl. v. 17.11.1995 – 1 VG FL 11/95, PersR 1996, 162. Teilweise wird vertreten, dass wegen der langen Verfahrensdauer dem **Verfügungsgrund** keine große Bedeutung mehr zugemessen werden 224

Y. Verfahren vor anderen Gerichten

könne, teilweise, dass der Gesichtspunkt des Verfügungsgrundes wegen seiner Verknüpfung zum Verfügungsanspruch »faktisch weitgehend seine eigenständige Bedeutung« verloren habe (*Finkelnburg/Dombert/Külpmann* Rn. 165). Die erste Auffassung, dass allein die Dauer des Hauptsacheverfahrens und die daraus resultierende, mögliche längere Missachtung des Mitbestimmungsrechts ausreichend sei, wird jedoch nicht durchgängig geteilt, sondern teilweise »**unabweisliche Dringlichkeit**« verlangt (OVG Lüneburg, Beschl. v. 20.08.1991 –17 M 8357/91, PersR 1992, 25; OVG Bremen, Beschl. v. 28.05.1991 – PV-B 3/91, PersR 1991, 472; HessVGH, Beschl. v. 01.06.1994 – TL 864/94, BB 1994, 1711; VG Göttingen, Beschl. v. 26.02.2007 – 6 B 2/07, BeckRS 2007, 21683).

Z. Mediationsverfahren

Inhaltsübersicht

	Rdn.
I. Formen der Einleitung eines Mediationsverfahrens	1
1. Unverbindliche Mediationsklausel	1
Vorbemerkung	1
Muster: Unverbindliche Mediationsklausel	10
Erläuterungen	11
2. Verbindliche Mediationsklausel	16
Vorbemerkung	16
Muster: Verbindliche Mediationsklausel	19
Erläuterungen	20
3. Informationsschreiben als Anlage zum Arbeitsvertrag	34
Vorbemerkung	34
Muster: Informationsschreiben Mediation als Anlage zum Arbeitsvertrag	37
Erläuterungen	38
4. Betriebsvereinbarung Mediation	49
Vorbemerkung	49
Muster: Betriebsvereinbarung Mediation	51
Erläuterungen	
5. Aufforderungsschreiben	70
Vorbemerkung	70
Muster: Aufforderungsschreiben	73
Erläuterungen	74
II. Durchführung des Mediationsverfahrens	84
1. Mediationsvereinbarung (ausführlich)	84
Vorbemerkung	84
Muster: Mediationsvereinbarung (ausführlich)	86
Erläuterungen	87
2. Mediationsvereinbarung (kurz)	112
Vorbemerkung	112
Muster: Mediationsvereinbarung (kurz)	113
Erläuterungen	114
3. Mediatorenvertrag	126
Vorbemerkung	126
Muster: Mediatorenvertrag	128
Erläuterungen	129

I. Formen der Einleitung eines Mediationsverfahrens

1. Unverbindliche Mediationsklausel

Vorbemerkung

Konflikte im Bereich der Arbeitswelt kosten alle Beteiligten Kraft und Motivation, binden Arbeitszeit, erhöhen Krankheitszeiten und stellen damit nicht zuletzt einen hohen Kostenfaktor für die Unternehmen dar (siehe hierzu auch die Studie der KPMG »Konfliktkostenstudie – die Kosten von Reibungsverlusten in Industrieunternehmen« http://www.kpmg.de/waswirtun/9249.htm; Konfliktkostenstudie I). »Solche nicht produktiv lösbaren Konflikte führen zu Konfliktkosten, die in hohem Ausmaß durch verlorene Arbeitszeit entstehen.« So lautet ein Fazit der »Konfliktkostenstudie II – Best Practice Konflikt(kosten)-Management – Der wahre Wert der Mediation«, welche die KPMG gemeinsam mit der Unternehmerschaft Düsseldorf und Umgebung e.V. durchgeführt hat. Dabei müssen Konflikte nicht als negativ gewertet werden, vielmehr können sie auch dazu beitragen, das Unternehmen und deren Mitarbeiter positiv voran zu bringen und neue Ideen und

Lösungsmöglichkeiten zu entwickeln. Für die Entwicklung solcher Lösungen eignet sich besonders das Verfahren der Mediation.

2   Eine Mediation folgt einem vorgegebenen Verfahren, das klassischerweise fünf Phasen durchläuft. Dieser klar gegliederte Ablauf ermöglicht es, strukturiert und fallgenau das Konfliktthema, die dahinter liegenden Motivationen und Hintergründe (Interessen) aufzuklären und den Konflikt einer gemeinsamen und von allen Seiten getragenen Lösung zuzuführen. Jede Phase hat eine bestimmte Zielsetzung und endet mit einem bestimmten Ergebnis. Der Unterschied der Herangehensweise bei einer Mediation und einem gerichtlichen Verfahren lässt sich am besten an dem klassischen Mediationsbeispiel, dem immer wieder bemühten aber anschaulichen »Orangen-Beispiel« erläutern:

3   A und B streiten um eine Orange und versuchen, die Orange vor Gericht zugesprochen zu bekommen. »Ich will die Orange.« Jeder für sich verlangt also die Durchsetzung seines eigenen Ziels, womit gleichzeitig ein Erfolg des anderen ausgeschlossen wird. Ein mit diesem Konflikt befasstes Gericht klärt weder die Hintergründe auf, noch analysiert es die eigentlichen Interessen der Parteien. Es untersucht vielmehr allein rechtlich, wer von den beiden einen Anspruch auf die Orange hat (Wer-will-was-von-wem-woraus). Am Ende spricht es einer der Parteien den vollen Erfolg zu und versagt diesen der anderen. Damit gewinnt entweder A oder B. Alternativ ist lediglich ein Vergleich denkbar, bei dem beide Seiten von ihrem Ziel abrücken und sich in der Mitte treffen müssen. Im Vergleichsfall erhält jeder eine halbe Orange. Aufgabe der Mediation ist es hingegen, das Bedürfnis der beiden Parteien »Ich will die Orange« zu hinterfragen und aufzuklären, warum die Beteiligten jeweils ihre Forderung erheben (Wieso-weshalb-warum). Häufig stellt sich heraus, dass beide Interessen miteinander vereinbar sind. Ist im Beispielsfall etwa A nur an der Schale interessiert, B dagegen am Fruchtfleisch, so kann beiden Seiten zum vollen Erfolg verholfen werden. Damit wird deutlich: während es vor Gericht nur einen Gewinner geben kann, ermöglicht die »interessenbasierte Herangehensweise« der Mediation im günstigsten Fall beiden Seiten den vollen Erfolg.

4   Dieses sehr vereinfachte Beispiel lässt sich jedoch in alle Bereiche des Arbeitslebens übertragen. Nimmt man z.B. ein familiengeführtes Unternehmen XY. Einer der Familien-Gesellschafter, der gleichzeitig auch Geschäftsführer ist, möchte eine Unternehmensangehörige zur zweiten Geschäftsführerin, zu »seiner rechten Hand«, machen. Diese lehnt die Übernahme der Geschäftsführertätigkeit aus Sicht des Geschäftsführers vollkommen überraschend ab. Aufgrund dieses Verlaufs kündigt der Geschäftsführer der Mitarbeiterin das Arbeitsverhältnis. Das Gericht kann nun lediglich entscheiden, ob die Kündigung rechtmäßig oder rechtswidrig war. Anzunehmen ist, dass bei der vorliegenden Konstellation das Arbeitsverhältnis fortgesetzt werden muss. Die Problematik zwischen den Beteiligten ist jedoch durch die gerichtliche Entscheidung nicht gelöst, da das gerichtliche Verfahren weder die zeitliche, noch die rechtliche Möglichkeit dazu hat, die Hintergründe und tatsächlichen Motivationen der Beteiligten zu erörtern und fallgenaue Lösungen zu erarbeiten. Beide Seiten nehmen die durch den Konflikt entstandenen Motivationslagen (Enttäuschung, Frustration, Wut, Unsicherheit etc.) ungelöst mit in das – nach dem Gerichtsurteil weiterhin bestehende – Arbeitsverhältnis. Im Gegensatz zum gerichtlichen Verfahren ist das Verfahren der Mediation in der Lage, diese Hintergründe im Vorfeld der Kündigung aufzuarbeiten und zu benennen. Durch die unmittelbare, aktive Beteiligung der Betroffenen (Geschäftsführer/Arbeitnehmerin) können deren Motivationslagen geklärt und der Umgang mit der Situation in Zukunft einer auf sie zugeschnittenen Lösung zugeführt werden.

5   »Mit der Verabschiedung des Mediationsgesetzes und der Ergänzung in § 253 Abs. III Nr. 1 ZPO hat Mediation endgültig den Bereich des Exotischen verlassen und gilt als anerkannte Methode der Konfliktbearbeitung, über die Anwälte zu informieren haben (§ BO § 1 BORA)« formuliert *Pilartz* in ArbRAktuell 2013, 201. Dennoch kann hinsichtlich der Verbreitung der Mediation noch nicht von einer reinen Erfolgsgeschichte gesprochen werden. Zwar wird das Verfahren der Mediation als Möglichkeit zur Konfliktlösung zunehmend bekannter und in vielen Lebensbereichen – insbesondere im Familienrecht – bereits als selbstverständliches Werkzeug angewandt.

Dennoch ist dieses Verfahren derzeit noch davon entfernt, im Bereich des Arbeitsrechts eine selbstverständliche Rolle zu spielen oder betriebliche Wirklichkeit zu sein. Dieser Umstand scheint sich jedoch zum einen durch das Mediationsgesetz (MediationsG) vom 21.12.2012 (Umsetzung der europäischen Mediationsrichtlinie, RL 2008/52/EG) zu ändern, zum anderen steht zu vermuten, dass die Unternehmen selbst das Verfahren der Mediation vermehrt einsetzen und damit »von innen heraus« stärker in das Wirtschaftsleben tragen. Zwar sah die Richtlinie RL 2008/52/EG lediglich eine Umsetzung der Mediationsvorschriften bis zum 20.05.2011 für grenzüberschreitende Streitigkeiten in Zivil- und Handelssachen vor (Art. 1, Art. 12 EGRL 52/2008), diese Umsetzungserforderlichkeit hat jedoch dazu geführt, dass die Regelungen zur Mediation insgesamt einheitlich gesetzlich geregelt wurden. Das Gesetz stellt mit Art. 4 und den damit veränderten Regelungen des ArbGG auch für den Bereich des Arbeitsrechts die alternative Konfliktlösung und die Mediation auf eine rechtliche Grundlage (das MediationsG ist unter *www.jurion.de* abrufbar). Der Umstand, dass Mediation als externes Konfliktlösungsinstrument beispielsweise für Business to Business (B2B)-Konflikte oder Business to Customer (B2C)-Konflikte in der Wirtschaft angekommen ist, lässt sich aus der Initiative namhafter großer deutscher Unternehmen erkennen, die den runden Tisch der Wirtschaft gegründet haben (mehr zum runden Tisch der Wirtschaft unter: www.rtmkm.de). Nicht zuletzt wird dem Verfahren der Mediation auch durch die verstärkte Thematisierung in der arbeitsgerichtlichen Rechtsprechung, bspw. als milderes Mittel im Rahmen der Verhältnismäßigkeit einer Kündigung oder Versetzung (vgl. LAG Mecklenburg-Vorpommern, Urt. v. 08.10.2013 – 5 Sa 11/13, BeckRS 2014, 65900; LAG Hamm, Urt. v. 16.10.2015 – 17 Sa 696/15, BeckRS 2015, 73265; VGH München, Beschl. v. 27.05.2013 – 3 CE 13.947; OVG Saarlouis, Beschl. v. 09.12.2013 – 1 B 411/13, BeckRS 2014, 45491) Vorschub geleistet werden.

Um zu verstehen, was »Mediation im Arbeitsrecht« eigentlich bedeutet, ist zunächst zwischen Mediation im Zusammenhang mit Unternehmen und deren internen Konflikten (innerbetriebliche Mediation) und einer reinen Wirtschaftsmediation zu unterscheiden. Mit *Risse* (*Risse* Wirtschaftsmediation § 1 Rn. 71 ff.) ist die Trennlinie danach zu ziehen, vor welchem Gericht der Konflikt zu behandeln wäre. Der Begriff Wirtschaftsmediation bezeichnet ein Mediationsverfahren, in dem die Parteien über einen Konflikt verhandeln, den ansonsten ein Zivilrichter zu entscheiden hätte. Wo zur Lösung von Konflikten die Arbeitsgerichte tätig würden, sollte man das Mediationsverfahren als innerbetriebliche Mediation bezeichnen. Wichtig ist die Grenzziehung deshalb, weil innerbetriebliche Konflikte zumeist ihre Grundlage in einem gestörten Kommunikationsverhalten, in einer gestörten Arbeitsbeziehung der Streitparteien oder – im Falle von Streitigkeiten zwischen Arbeitgeber und Betriebsrat – einer Störung der vertrauensvollen Zusammenarbeit haben (*Hlawaty* in *Lukas/Dahl* Konfliktlösung im Arbeitsleben Kap. 1 Rn. 11). Der innerbetriebliche Konflikt ist damit zumeist beziehungsbetont, rechtliche Gesichtspunkte spielen manchmal eine untergeordnete Rolle (*Ponschab/Denndorfer* Handbuch Mediation § 24 Rn. 3). Der Konflikt, der einer innerbetrieblichen Mediation zu Grunde liegt, zeichnet sich zumeist dadurch aus, dass es sich um eine Dauerbeziehung der Konfliktparteien handelt und neben den Sach- und Rechtspositionen vor allem emotionale Verwerfungen bearbeitet werden müssen. Vor diesem Hintergrund ist auch verständlich, dass die Themen wie Verjährung und Vollstreckung für die innerbetriebliche Mediation nur von untergeordneter Bedeutung sind.

Die nachfolgenden Muster befassen sich ausschließlich mit der Regelung von Sachverhalten im Zusammenhang mit innerbetrieblicher Mediation. Hier sind vor allem Konflikte zwischen Arbeitnehmern, zwischen Vorgesetzten und Mitarbeitern, zwischen Arbeitgeber und Arbeitnehmer oder zwischen Betriebsrat und Arbeitgeber oder dem Betriebsrat untereinander gemeint. Diese stellen die Hauptanwendungsfelder der innerbetrieblichen Mediation dar.

Mit einer Mediationsklausel wird das Instrument der Mediation bereits zu Beginn des Arbeitsverhältnisses, also noch losgelöst von einem konkreten Konflikt, in den Arbeitsvertrag aufgenommen. Damit vereinbaren die Parteien für den Streitfall die Durchführung einer Mediation. Eine solche Vereinbarung kann mit zwingendem oder unverbindlichem Charakter ausgestaltet werden. Die in diesem Zusammenhang häufig gestellte Frage, ob unverbindliche Mediationsklauseln im

Arbeitsvertrag wirklich sinnvoll seien, da diese eine gerichtliche Auseinandersetzung nicht verhindern können, ist aus der Erfahrung in der Praxis eindeutig zu bejahen. Die Aufnahme einer unverbindlichen Mediationsklausel im Arbeitsvertrag ist schon deshalb sinnvoll, weil dies der mediationswilligen Partei die Einleitung des Verfahrens mit dem Hinweis auf eine vertragliche Bestimmung erleichtert. So besteht zum Zeitpunkt der Vertragsunterzeichnung zwischen den Vertragsparteien in der Regel noch kein Konflikt, so dass sich hier eine alternative Konfliktlösung zumeist ohne Schwierigkeiten vereinbaren lässt (*Duve/Eidenmüller/Hacke* Mediation in der Wirtschaft, S. 332 f.). Ist der Konflikt hingegen im Verlauf des Arbeitsverhältnisses erst einmal entstanden, so ist es für eine Konfliktpartei ungleich schwerer, ein Verfahren durchzuführen, welches von einer der Konfliktparteien vorgeschlagen wird. In dieser Phase sind die Parteien regelmäßig nicht mehr bereit, sich über die Chancen und Risiken eines von der Gegenseite vorgeschlagenen Mediationsverfahrens informieren zu lassen. Vielmehr stehen in der Regel die Konfliktpunkte im Mittelpunkt der Auseinandersetzung.

9 Vor diesem Hintergrund ist zur Sicherung eines Mediationsverfahrens im Konfliktfall auch der Abschluss einer unverbindlichen Mediationsklausel im Arbeitsvertrag durchaus sinnvoll. Die unverbindlichen Mediationsklauseln erweisen sich in der Praxis als überraschend effektiv.

▶ **Muster – Unverbindliche Mediationsklausel**

10 Für den Fall von Streitigkeiten im Zusammenhang mit dem Arbeitsverhältnis vereinbaren die Arbeitsvertragsparteien, zum Versuch einer gütlichen Beilegung von Streitigkeiten, ein Mediationsverfahren durchzuführen. [1]

Für die Dauer des Mediationsverfahrens sollen die Parteien auf die Erhebung einer Klage verzichten. Sofern die Klageerhebung zur Wahrung von Ausschlussfristen oder gesetzlichen Klagefristen erforderlich ist, werden die Arbeitsvertragsparteien das Ruhen des Verfahrens herbeiführen. [2]

Während der Dauer des Mediationsverfahrens ist die Verjährung der zwischen den Parteien bestehenden Ansprüche, die Gegenstand des Mediationsverfahrens sind, gehemmt. [3]

Die Zulässigkeit einer sofortigen Klageerhebung und das Recht der Parteien zum Ausspruch einer Kündigung werden durch diese Mediationsvereinbarung nicht berührt. Ebenso kann keine Partei Schadensersatzansprüche daraus ableiten, dass ein Mediationsverfahren nicht durchgeführt oder fruchtlos abgebrochen worden ist. [4]

Erläuterungen

Schrifttum

Duve/Eidenmüller/Hacke Mediation in der Wirtschaft, 2. Aufl. 2011, S. 332 f.; *Eidenmüller* Vertrags- und Verfahrensrecht der Wirtschaftsmediation, 2000; *Friedrich* Regelungsgegenstände der Mediationsvereinbarung, MDR 2004, 481; *Greger/Unberath* Mediationsgesetz, Recht der alternativen Konfliktlösung, Kommentar, 2012; *Klose* Der Lauf der Verjährung bei Mediation und sonstigen außergerichtlichen Streitlösungsmodellen, NJ 2010, 100; *Koch* Vertragsgestaltung in der Mediation, in: *Henssler/Koch* Mediation in der Anwaltspraxis § 8, 2004; *Lembke* Mediation im Arbeitsrecht, 2001; *Lukas/Dahl* Konfliktlösung im Arbeitsleben, 2013; *Mückenberger* Innerbetriebliche Mediation – Ein Gewinn für Mitarbeiter und Unternehmen, AuA 2010, 284; *Pilartz* Mediation im Arbeitsrecht, 2013; *Ponschab/Dendorfer* in Haft/Schlieffen, Handbuch Mediation, 3. Aufl. 2016; *Risse* Wirtschaftsmediation, 2003; *Schwartz/Thomas* Vereinbarungen zur Einleitung und Durchführung einer Mediation, DStR 2009, 2338.

11 **1.** An dieser Stelle der Mediationsklausel können Einzelheiten zum Mediationsverfahren geregelt werden. So kann ein Verweis auf eine bestimmte Verfahrensordnung, die im Mediationsfall Anwendung finden soll, aufgenommen werden, z.B.:

Alternative:

[Das Mediationsverfahren soll stets nach der jeweils gültigen Mediationsordnung [Name der Mediationsordnung] durchgeführt werden.]

Alternativ können die Parteien auch regeln, dass die Einzelheiten einer späteren Vereinbarung vorbehalten bleiben sollen. Zudem kann sich bereits im Rahmen einer Mediationsklausel auf die Person des Mediators geeinigt oder geregelt werden, auf welche Weise dieser bestimmt werden soll (dazu *Greger* in *Greger/Unberath* Mediationsgesetz, § 1 Rn. 139, § 2 Rn. 3 ff.). Eine einseitige Festlegung auf die Person des Mediators durch den Arbeitgeber ist allerdings nicht möglich (vgl. LG Frankfurt, Urt. v. 07.05.2014 – 2-06 O 271/13, BeckRS 2014, 12642).

2. Wie dieser Absatz klarstellt, ist die hier geregelte Mediationsklausel gerade nicht obligatorisch, sondern nur fakultativ ausgestaltet. Eine solche Regelung hat keine Auswirkungen auf die Zulässigkeit einer Klage (vgl. BAG, Urt. v. 18.05.1999 – 9 AZR 682/98, NZA 1999, 1350). Ebenso berührt die Einleitung eines Mediationsverfahrens nicht die Dauer von gesetzlichen (z.B. § 4 KSchG) oder tariflichen Ausschlussfristen. Daher sollten die Parteien Klarheit über die Zulässigkeit und Notwendigkeit einer Klageerhebung erzielen und für diesen Fall vereinbaren, dass sie nach Möglichkeit das gerichtliche Verfahren im Falle einer Mediation nach §§ 46 Abs. 2 ArbGG, 251 ZPO zum Ruhen bringen wollen. Mit der Anordnung des Ruhens endet die Verjährungshemmung nach § 204 Abs. 1 Nr. 1 BGB noch nicht. Insoweit gilt § 204 Abs. 2 S. 2 und 3 BGB.

3. Dieser Satz dient nur der Klarstellung, da sich die Hemmung der Verjährung aus § 203 BGB ergibt. Mediationsverhandlungen sind Verhandlungen i.S.d. § 203 BGB, fordert eine Partei die Durchführung der Mediation gemäß der Vertragsklausel, so beginnt der Verjährungsschutz (vgl. *Pilartz* Mediation im Arbeitsrecht Rn. 140 ff.). Die Aufnahme des Satzes wird dennoch befürwortet, um rechtliche Unklarheiten im Zusammenhang mit den gesetzlichen Bestimmungen auszuräumen (vgl. *Friedrich* MDR 2004, 481, 483 sowie *Klose* NJW 2010, 100). Vor dem Hintergrund des § 203 BGB nimmt das MediationsG auch keine gesonderten Regelungen zur Verjährung auf (dazu *Greger* in *Greger/Unberath* MediationsG, § 1 Rn. 145, 175; *Dahl* in Klowait/Gläßer MediationsG, §§ 54, 54a ArbGG Rn. 28).

4. Diese Klausel dient dem Schutz beider Seiten und stellt klar, dass eine ohne Durchführung des Mediationsverfahrens eingeleitete gerichtliche Auseinandersetzung und der Ausspruch einer Kündigung keine Sanktionen nach sich ziehen.

2. Verbindliche Mediationsklausel

Vorbemerkung

Die Aufnahme einer Mediationsklausel in den Arbeitsvertrag ist zweckmäßig, weil so bereits zu einem Zeitpunkt, indem das Arbeitsverhältnis noch nicht mit einem Konflikt belastet ist, eine Regelung getroffen werden kann, die später die Einleitung und Durchführung einer Mediation erleichtert. So besteht zum Zeitpunkt der Vertragsunterzeichnung zwischen den Vertragsparteien in der Regel noch kein Konflikt, so dass sich hier eine alternative Konfliktlösung ohne Schwierigkeiten vereinbaren lässt. Ist der Konflikt hingegen im Verlauf des Arbeitsverhältnisses entstanden, so ist es für eine Konfliktpartei ungleich schwerer, ein Verfahren einzubringen, welches von einer der jetzt zerstrittenen Parteien vorgeschlagen wird. In dieser Phase sind die Konfliktparteien regelmäßig nicht mehr bereit, sich über die Chancen und Risiken eines von der Gegenseite vorgeschlagenen Mediationsverfahrens informieren zu lassen.

Anders als das Muster zur unverbindlichen Mediationsklausel (s. Muster Z Rdn. 10) sieht das folgende Muster eine verbindliche Mediationsklausel vor. Die Verbindlichkeit der Klausel bewirkt ein vorübergehendes Prozesshindernis (siehe hierzu aber LG Heilbronn, Urt. v. 10.09.2010 – 4 O 259/09 mit Anm. *Wagner* ZKM 2011, 29, *Unberath* eucon news, 2010, 6).

Hinsichtlich des Kündigungsrechts der Arbeitsvertragsparteien sieht das Muster vor, dass das Kündigungsrecht durch die verbindliche Mediationsklausel nicht berührt wird. Das Recht der Parteien zur außerordentlichen Kündigung wäre ohnehin nicht ausschließbar. Zudem könnte die zwingende Vorschaltung eines Mediationsverfahrens vor Ausspruch einer ordentlichen Kündigung für beide Arbeitsvertragsparteien – gleich aus welchem Grund – als eine unzulässige Kündigungserschwernis angesehen werden. Daher wird diesbezüglich eine ausdrückliche Regelung eingefügt. Insgesamt sollte die Aufnahme einer verbindlichen Mediationsklausel im Vorfeld überlegt sein, da sie eine Einschränkung des Handlungsspielraums darstellen kann. Flexibler erscheint daher die Verwendung einer unverbindlichen Klausel wie im Muster Z Rdn. 10 dargestellt. Auch dieses führt in der Praxis bereits dazu, dass die Vertragsparteien/Konfliktparteien der Durchführung eines Mediationsverfahrens offener gegenüber stehen.

▶ Muster – Verbindliche Mediationsklausel

19 § _____ Verbindliche Mediationsklausel

(1) Die Arbeitsvertragsparteien verpflichten sich, zum Versuch einer gütlichen Beilegung von Streitigkeiten im Zusammenhang mit dem Arbeitsverhältnis ein Mediationsverfahren durchzuführen. [1] Dazu hat jede Partei das Recht, von der anderen Partei die Einleitung eines Mediationsverfahrens zu verlangen. Reagiert diese auf eine schriftliche Aufforderung zur Einleitung des Mediationsverfahrens nicht innerhalb einer Frist von einem Monat, [2] so gilt das Mediationsverfahren als gescheitert.

(2) Die Pflicht zur Durchführung eines Mediationsverfahrens gilt nicht für diejenigen Fälle, in denen die Durchführung eines außergerichtlichen Schlichtungsverfahrens gesetzlich angeordnet ist. [3]

(3) Für die Dauer des Mediationsverfahrens verzichten die Parteien auf die Erhebung einer Klage. Eine Klage bleibt aber zulässig, um Ausschlussfristen, insbesondere nach § _____ dieses Arbeitsvertrags oder des einschlägigen Tarifvertrags [4] oder gesetzliche Klagefristen zu wahren. Die Parteien verpflichten sich jedoch dazu, das Ruhen des Verfahrens herbeizuführen, soweit dies nach dem jeweils anzuwenden Prozessrecht zulässig ist. [5]

(4) Während der Dauer des Mediationsverfahrens ist die Verjährung der zwischen den Parteien bestehenden Ansprüche, die Gegenstand des Mediationsverfahrens sind, gehemmt. [6]

(5) Die Kosten des Mediationsverfahrens trägt der Arbeitgeber. Hiervon nicht erfasst sind Kosten des eigenen Rechtsanwaltes oder eines sonstigen Beistands. [7]

(6) Das Recht der Parteien zum Ausspruch einer Kündigung wird durch diese Mediationsklausel nicht berührt, d.h. beiden Seiten bleiben zum Ausspruch einer außerordentlichen oder ordentlichen Kündigung – auch ohne vorheriges Mediationsverfahren – berechtigt. [8]

(7) Keine Partei kann Schadensersatzansprüche daraus ableiten, dass ein Mediationsverfahren fruchtlos abgebrochen wurde oder nach Absatz 1 gescheitert ist. [9]

Erläuterungen

Schrifttum

Greger/Unberath Mediationsgesetz, Recht der alternativen Konfliktlösung, Kommentar, 2012; LG Heilbronn Urt. v. 10.09.2010 – 4 O 259/09 mit Anm. *Wagner* ZKM 2011, 29; *Unberath* eucon news, 2010, 6; *Friedrich* Regelungsgegenstände der Mediationsvereinbarung, MDR 2004, 481; *Klose* Der Lauf der Verjährung bei Mediation und sonstigen außergerichtlichen Streitlösungsmodellen, NJ 2010, 100; *Pilartz* Mediation im Arbeitsrecht, 2013; *Risse* Wirtschaftsmediation 2003; *Schwartz/Thomas* Vereinbarungen zur Einleitung und Durchführung einer Mediation, DStR 2009, 2338; *Wank* Münchner Handbuch zum Arbeitsrecht, 3. Aufl. 2009.

20 **1.** An dieser Stelle der Mediationsklausel können Einzelheiten zum Mediationsverfahren geregelt werden. So kann ein Verweis auf eine bestimmte Verfahrensordnung, die im Mediationsfall Anwendung finden soll, aufgenommen werden, z.B.:

Alternative:

[Das Mediationsverfahren soll stets nach der jeweils gültigen Mediationsordnung [Name der Mediationsordnung] durchgeführt werden.]

Alternativ können die Parteien auch regeln, dass die Einzelheiten einer späteren Vereinbarung vorbehalten bleiben sollen, z.B.:

Alternative:

[Die Einzelheiten des Verfahrens werden die Parteien für den jeweiligen Anwendungsfall in einer gesonderten Vereinbarung regeln.]

Zudem kann sich bereits im Rahmen einer Mediationsklausel auf die Person des Mediators geeinigt oder geregelt werden, auf welche Weise dieser bestimmt werden soll (dazu *Greger* in Greger/Unberath Mediationsgesetz, § 1 Rn. 139, § 2 Rn. 3 ff.). Eine einseitige Festlegung auf die Person des Mediators durch den Arbeitgeber ist allerdings nicht möglich (vgl. LG Frankfurt, Urt. v. 07.05.2014 – 2-06 O 271/13, BeckRS 2014, 12642)

2. Diese Regelung ist notwendig, um trotz einer verbindlichen Mediationsklausel nicht auf unbestimmte Zeit von der Möglichkeit der Klageerhebung ausgeschlossen zu sein.

3. Das Arbeitsrecht sieht in einigen Fällen (z.B. §§ 28 ff. ArbNErfG) ein obligatorisches Schlichtungsverfahren vor, auf das die Parteien regelmäßig nicht verzichten können. Dementsprechend macht die Einschaltung eines weiteren Verfahrens in diesen Fällen wenig Sinn. Außerdem dürfte ein zeitlicher Aufschub für diese Verfahren unzulässig und die Mediationsklausel daher unwirksam sein, wenn diese nicht die gesetzlich vorgesehenen Schlichtungsverfahren von der Anwendung der Mediationsklausel ausnimmt (dazu *Lembke* Mediation im Arbeitsrecht, S. 166).

4. Zur Klarstellung sollte an dieser Stelle ausdrücklich Bezug auf die jeweilige Ausschlussfrist, also etwa einer bestimmten Regelung des Arbeitsvertrags oder auch einer Bestimmung des einschlägigen Tarifvertrags genommen werden.

5. Dieser Absatz enthält einen sog. dilatorischen Klageverzicht, also eine prozesshindernde Einrede, die die Erhebung einer Klage vor Durchführung eines Mediationsverfahrens ausschließt. Die entgegen dieser Regelung erhobene Klage ist als unzulässig abzuweisen (BGH, Urt. v. 18.11.1998 – VIII ZR 344/97, NJW 1999, 647; aus dem Schrifttum z.B. *Wagner* Prozessverträge, S. 411 ff., LG Heilbronn, Urt. v. 10.09.2010 – 4 O 259/09 mit Anm. *Wagner* ZKM 2011, 29; *Unberath* eucon news, 2010, 6), sofern sich die andere Partei darauf beruft (vgl. *Friedrich* MDR 2004, 481, 484).

Nach der Rechtsprechung des Bundesarbeitsgerichts ist bei der Formulierung einer solchen Klausel Vorsicht geboten (BAG, Urt. v. 18.05.1999 – 9 AZR 682/98, NZA 1999, 1350). Aus ihr muss sich eindeutig ergeben, dass die staatliche Gerichtsbarkeit vorläufig ausgeschlossen sein soll. Andernfalls handelt es sich nur um eine fakultative Regelung, die keine Auswirkungen auf die Zulässigkeit einer Klage hat (BAG, Urt. v. 18.05.1999 – 9 AZR 682/98, NZA 1999, 1350; *Friedrich* MDR 2004, 481, 484).

Dabei ist Rücksicht darauf zu nehmen, dass die Einleitung eines Mediationsverfahrens in der Regel nicht die Dauer von gesetzlichen (z.B. § 4 KSchG) oder tariflichen Ausschlussfristen berührt. Daher sollten die Parteien Klarheit über die Zulässigkeit und Notwendigkeit einer Klageerhebung erzielen und für diesen Fall vereinbaren, dass sie nach Möglichkeit das gerichtliche Verfahren im Falle einer Mediation nach §§ 46 Abs. 2 S. 1 ArbGG, 495, 251 ZPO zum Ruhen bringen (wie Muster Z Rdn. 10).

6. Dieser Satz dient nur der Klarstellung, da sich die Hemmung der Verjährung aus § 203 BGB ergibt. Mediationsverhandlungen sind Verhandlungen i.S.d. § 203 BGB; fordert eine Partei die Durchführung der Mediation gemäß der Vertragsklausel, so beginnt der Verjährungsschutz (vgl. *Pilartz* Mediation im Arbeitsrecht Rn. 140 ff.). Die Aufnahme des Satzes wird dennoch befürwor-

tet, um rechtliche Unklarheiten im Zusammenhang mit den gesetzlichen Bestimmungen auszuräumen (vgl. *Friedrich* MDR 2004, 481, 483 sowie *Klose* NJW 2010, 100). Vor dem Hintergrund des § 203 BGB nimmt das MediationsG auch keine gesonderten Regelungen zur Verjährung auf (dazu *Greger* in Greger/Unberath Mediationsgesetz, § 1 Rn. 145, 175).

Seine Aufnahme wird dennoch befürwortet, um rechtliche Unklarheiten im Zusammenhang mit den gesetzlichen Bestimmungen auszuräumen (vgl. *Friedrich* MDR 2004, 481, 483 sowie *Klose* NJ 2010, 100).

29 7. Es ist im Arbeitsverhältnis zweckmäßig, die Kosten des Mediationsverfahrens dem Arbeitgeber aufzuerlegen, da dies die Akzeptanz des Verfahrens bei den Konfliktparteien erhöht und die gütliche und nachhaltige Regelung von Streitigkeiten vor allem auch im Arbeitgeberinteresse liegt. Will man die Kostenregelung vollständig entfernen oder im Einzelfall gesondert regeln, ist darauf zu achten, dass die getroffene Regelung den Geboten der Billigkeit und Transparenz (§ 307 BGB) entsprechen muss. Zwar dürfte die Beteiligung des Arbeitnehmers an einem Konfliktlösungsverfahren nicht schlechthin unzulässig sein. Die Übernahme hoher außergerichtlicher Verfahrenskosten dürfte ihm jedoch nicht zumutbar sein und seine Rechtsverfolgung auch zu sehr belasten. Die Kostentragungspflicht des Arbeitgebers bezieht sich selbstverständlich nicht auf diejenigen Kosten, die den anderen Beteiligten durch die Einschaltung eines Rechtsanwalts oder Beistandes entstehen. Dies sollte deutlich gemacht werden. Nimmt auf der Seite des Arbeitgebers allerdings ein Rechtsanwalt an dem Mediationsverfahren teil (nach den Regelungen von § 2 Abs. 4 MediationsG), so ist zu überlegen, ob die Kosten eines Rechtsanwalts des Arbeitnehmers im Sinne einer gütlichen Konfliktlösung und der »Waffengleichheit« nicht auch durch den Arbeitgeber übernommen werden sollten.

30 Eine Einschränkung ergibt sich natürlich im Falle der Mediation, an der ein Betriebsrat beteiligt ist. Da dieser grundsätzlich nicht vermögensfähig aber gleichwohl zur Einschaltung eines Rechtsanwalts berechtigt ist, trägt der Arbeitgeber auch diese Kosten. Insoweit sollte bei Mediationsverfahren unter Beteiligung des Betriebsrats hier ergänzt werden:

Alternative:

[Das Honorar des Rechtsanwalts des Betriebsrats trägt der Arbeitgeber, soweit sich dieses nach den Regelungen des RVG richtet und eine vorherige schriftliche Vereinbarung über die Kostentragung getroffen wurde.]

31 8. Die Regelung ist erforderlich, um die Möglichkeit zum Ausspruch einer Kündigung auch ohne die Durchführung eines Mediationsverfahrens zu gewährleisten. Dabei wäre ein Verzicht auf das Recht zur außerordentlichen Kündigung ohnehin unwirksam (vgl. *Wank* in Münchener Handbuch zum Arbeitsrecht § 98 Rn. 35 m.w.N.). Die verbindliche Regelung eines Mediationsverfahrens kann aber – zumindest für den Arbeitgeber – Auswirkungen auf das Recht zur ordentlichen Kündigung haben. Daher sollte die hier vorgeschlagene Regelung aufgenommen werden, um beiden Seiten das Kündigungsrecht vollumfänglich zu erhalten.

32 Alternativ kann auch ein Ausschluss der ordentlichen Kündigung vorgesehen werden, wenn die Parteien nicht zuvor ein Mediationsverfahren versucht haben und die andere Seite Anlass zur Kündigung (verhaltensbedingte Kündigung) gegeben hat, z.B.:

Alternative:

[Will eine Partei aufgrund eines bestimmten Verhaltens der anderen Partei das Arbeitsverhältnis ordentlich kündigen, so ist die Kündigung unwirksam, solange die Parteien keine gütliche Einigung im Wege eines Mediationsverfahrens versucht haben.]

33 9. Diese Klausel dient dem Schutz beider Seiten und stellt klar, dass der Abbruch des Mediationsverfahrens keine Sanktionen in Form von Schadensersatzansprüchen nach sich zieht.

3. Informationsschreiben als Anlage zum Arbeitsvertrag

Vorbemerkung

Mediationsverfahren zur Streitbeilegung werden insbesondere im Arbeitsrecht noch selten genutzt. Die Einführung eines solchen Verfahrens kann bei dem nicht hinreichend informierten Arbeitnehmer auf Misstrauen stoßen. Ist beispielsweise ein Konflikt zwischen Arbeitnehmer und Arbeitgeber erst einmal entstanden und beruft sich der Arbeitgeber auf die Möglichkeit und Notwendigkeit eines Mediationsverfahrens, dessen Kosten er auch noch zu übernehmen bereit ist, so kann auf Seiten des Arbeitnehmers leicht der Eindruck entstehen, dass der Arbeitgeber unter dem Deckmantel der Mediation seine Position durchzusetzen versucht.

Dem Arbeitgeber ist daher zu raten, möglichst frühzeitig über die Einrichtung solcher Konfliktlösungsmodelle sowie über Sinn und Zweck eines Mediationsverfahrens zu informieren. Der Arbeitnehmer, der bereits zu Beginn des Arbeitsverhältnisses über die Allparteilichkeit des Mediators und die Vertraulichkeit des Verfahrens sowie die Möglichkeit von sinnvollen, im beiderseitigen Interesse liegenden Lösungen informiert wurde, wird auch im Konfliktfall eher bereit sein, sich auf die Durchführung solcher Verfahren einzulassen. Wird er dagegen erst nach Entstehung eines Konflikts auf ein Mediationsverfahren verwiesen, wird er verstärkt misstrauisch reagieren.

Daher empfiehlt es sich, bereits bei Abschluss des Arbeitsvertrags eine Mediationsklausel aufzunehmen (s. Muster Z Rdn. 10 und Z Rdn. 19) und Arbeitnehmer über den Ablauf solcher Verfahren schriftlich zu informieren. Das folgende Muster-Anschreiben dient der Information des Arbeitnehmers.

▶ **Muster – Informationsschreiben Mediation als Anlage zum Arbeitsvertrag** [1]

Sehr geehrte/r Frau/Herr [Name des Mitarbeiters],

Ihr Arbeitsvertrag sieht für den Fall einer Streitigkeit im Zusammenhang mit dem Arbeitsverhältnis die Durchführung eines sogenannten Mediationsverfahrens vor. In unserem Unternehmen möchten wir bei Konfliktsituationen den Versuch unternehmen, eine gütliche Einigung zu erzielen und etwaige Streitigkeiten gemeinsam beizulegen. Alle Unternehmensmitglieder, d.h. Sie, der Arbeitgeber oder auch ein sonstiger am Konflikt Beteiligter, können die Einleitung einer Mediation beantragen. [2]

Bei der Mediation handelt es sich um ein freiwilliges Streitbeilegungsverfahren, das von einem Mediator unterstützt wird. Der Mediator ist ein unbeteiligter Dritter, der eine Beilegung der jeweiligen Streitigkeit fördert und gemeinsam mit den Beteiligten nach Lösungen für einen Konflikt sucht. Dabei lenkt der Mediator das Verfahren, ohne auf einer Seite zu stehen. [3] Er ist weder ein Interessensvertreter des Arbeitgebers noch des Arbeitnehmers oder eines anderen Beteiligten. Darüber hinaus ist der Mediator zur absoluten Verschwiegenheit verpflichtet. [4]

Die Kosten für eine Mediation trägt Ihr Arbeitgeber, weil dieser ein Interesse daran hat, Streitigkeiten konstruktiv und nachhaltig zu lösen und nicht eskalieren zu lassen. Hiervon nicht erfasst sind die Kosten eines eigenen Rechtsanwaltes oder sonstigen Beistands. [5]

Jede Seite hat zu jeder Zeit das Recht, eine Mediation abzubrechen und bei Bedarf gerichtliche Schritte einzuleiten.

Ablauf des Mediationsverfahrens: [6]

1. Organisationsphase/Wer, was und wie?

Die Organisationsphase dient dazu, den bisherigen Stand der Streitigkeit zu ermitteln und gemeinsame Verfahrensgrundsätze und das weitere Vorgehen zusammen mit dem Mediator festzulegen. Der Mediator wird außerdem die verschiedenen Formen der Beendigung des Mediationsverfahrens ansprechen und alle Beteiligten über ihre Möglichkeiten und Befugnisse während des Verfahrens informieren.

2. Themensammlung/Worum geht es?

Die zweite Phase dient der Konfliktanalyse. Die Beteiligten erhalten Gelegenheit, ausführlich ihre Sicht der Dinge darzustellen. Der Mediator wird in dieser Phase Sorge dafür tragen, dass beide Seiten gleichermaßen ihre Position und eigene Sichtweise darstellen können.

3. Interessenklärung/Was ist den Beteiligten wichtig und warum?

In der dritten Phase sollen die Parteien mit Unterstützung des Mediators die auf ihrer Seite bestehenden wirtschaftlichen, ideellen und sonstigen Hintergründe und Motive des Konflikts darstellen. Diese Phase ist besonders wichtig, um eine zielführende, beiden Seiten gerecht werdende Lösung zu erarbeiten.

4. Lösungsphase/Wie lösen wir es?

Sind die Interessen, Ziele und Wünsche der Beteiligten aufgeklärt, werden in der vierten Phase Ideen zur Konfliktlösung gesammelt. Dabei sollen Lösungswege gesucht und gefunden werden, die möglichst beiden Seiten gerecht werden. Idealerweise lassen sich die Interessen der Beteiligten hierbei in einer gemeinsamen Lösung vereinbaren, sodass beide Seiten ihre ursprünglich als widerstreitend empfundenen Interessen realisieren können.

5. Umsetzungsphase

Die letzte Phase dient dazu, das Ergebnis und dessen Umsetzung festzuhalten. Dies geschieht in der Regel durch eine schriftliche Vereinbarung. Teilweise wird in dieser Phase vereinbart, das vereinbarte Ergebnis nach Ablauf eines bestimmten Zeitraums zu überprüfen. [7]

Ein Mediationsverfahren basiert grundsätzlich auf den Prinzipien der Freiwilligkeit, Vertraulichkeit und Selbstverantwortung. [8] Das bedeutet, dass der Mediator keine Möglichkeit hat, einem oder beiden Beteiligten ein bestimmtes Ergebnis aufzuzwingen. Vielmehr leitet er lediglich die Streitbeilegung und vermittelt zwischen den Beteiligten. Diese selbst tragen bis zum Schluss die alleinige Verantwortung für Erfolg oder Misserfolg einer Mediation.

Für den Fall, dass in Ihrem Arbeitsverhältnis eine Streitigkeit entstehen sollte, werden wir versuchen, nach den vorstehenden Prinzipien eine Lösung zu suchen und gemeinsam eine Einigung zu erzielen. Im Einzelfall wird dann eine gesonderte Vereinbarung geschlossen, die die Einzelheiten der gegenseitigen Rechte und Pflichten genau regelt. [9]

Der Arbeitgeber sichert Ihnen aber schon heute zu, dass auch der Abbruch einer Mediation keinerlei negative Folgen für Sie haben wird. [10]

Wenn Sie Fragen zu dem Mediationsverfahren haben, können Sie sich jederzeit an [die Personalabteilung/Name des Mediators] wenden.

Mit freundlichen Grüßen

(Unterschrift des Unternehmens)

Erläuterungen

Schrifttum

Kurzweil Akteneinsichtsrecht in »Mediationsakten«?, ZZP 123 (2010), 77; *Mückenberger* Innerbetriebliche Mediation – Ein Gewinn für Mitarbeiter und Unternehmen, AuA 2010, 284; *Pilartz* Grundzüge der Mediation im Arbeitsrecht, ArbRAktuell 2013, 177, 201; *Risse* Wirtschaftsmediation, 2003.

1. In der Praxis wird regelmäßig dazu geraten, das Informationsschreiben als Anlage zum Arbeitsvertrag auszugestalten, da die hierzu enthaltenen Ausführungen dazu dienen, dem Arbeitnehmer das Mediationsverfahren näher zu erläutern. Neben den in der Vorbemerkung zu diesem *Muster* dargestellten Vorteilen dient dies auch der Dokumentation einer umfassenden Kenntnisnahme durch den Arbeitnehmer.

2. Die Einleitung eines Mediationsverfahrens kann grundsätzlich von allen Beteiligten beantragt werden. Sofern der Arbeitgeber sich zur Einleitung eines Mediationsverfahren entschließt, sollte er im Einzelfall noch einmal auf Sinn und Zweck der Mediation eingehen und die Grundsätze solcher Verfahren darlegen (s. dazu das Muster Z Rdn. 5).

3. Der Mediator ist der unbeteiligte Dritte, der den Beteiligten den Weg zu einer von diesen zu beschreitenden Lösung weisen soll. Diese Aufgabe und insbesondere die damit notwendig verbundene Neutralität des Mediators ist dem Arbeitnehmer bereits in einem solchen Informationsschreiben zu vermitteln. Zur Stellung des Mediators als Lenker des Verfahrens und den Anforderungen an diesen vgl. ausführlich *Risse*, Wirtschaftsmediation, S. 446 ff. Hier kann auch ein Verweis auf die §§ 1–4 des Mediationsgesetzes erfolgen.

4. Der Mediator ist in Bezug auf die ihm anvertrauten Tatsachen zur absoluten Verschwiegenheit verpflichtet. Siehe hierzu auch § 4 des Mediationsgesetzes. Regelmäßig vereinbaren die Parteien deshalb im Rahmen der Mediationsvereinbarung (vgl. Muster Z Rdn. 86 und Z Rdn. 113, sowie *Schwartz/Thomas* DStR 2009, 2338), dass der Mediator auch nicht vor Gericht als Zeuge oder Sachverständiger aussagen darf, sondern die nach Berufsrecht bestehenden Zeugnisverweigerungsrechte in Anspruch zu nehmen hat (dazu *Groth/v. Bubnoff* NJW 2001, 338, 339 f.). Zudem wird regelmäßig auch vereinbart, dass der Mediator die Mediation abbrechen kann, ohne den Parteien die Gründe hierfür zu nennen (vgl. *Risse*, Wirtschaftsmediation, S. 188 ff.). Andernfalls droht ein etwaiger, bis dahin nicht bekannt gewordener, Verhandlungsvorbehalt eines Beteiligten dem anderen bekannt gemacht werden zu müssen. Dies ist zu vermeiden, da der Vertraulichkeitsgrundsatz zu den entscheidenden Prinzipien einer erfolgreichen Mediation gehört (vgl. *Risse* Wirtschaftsmediation, S. 188 ff.). Die Beteiligten sollen nämlich offen und ohne Vorbehalte miteinander verhandeln können. Dies ist nur dann gewährleistet, wenn beide Seiten vorbehaltlos ihre Wünsche, Vorstellungen und Empfindungen darlegen können. Zur Problematik der Akteneinsicht in gerichtliche Mediationsakten vgl. *Kurzweil* ZZP 123 (2010), 77 ff.

5. Es ist im Arbeitsverhältnis zweckmäßig, die Kosten des Mediationsverfahrens dem Arbeitgeber aufzuerlegen und dies bereits frühzeitig zu kommunizieren. Dies erhöht erfahrungsgemäß die Akzeptanz des Verfahrens; zudem liegt eine gütliche und nachhaltige Regelung von Streitigkeiten vor allem auch im Arbeitgeberinteresse. Dementsprechend enthalten die übrigen Muster eine entsprechende Kostenregelung (vgl. Muster Z Rdn. 19). Will man die Kostenregelung vollständig entfernen oder im Einzelfall gesondert regeln, ist darauf zu achten, dass die getroffene Regelung den Geboten der Billigkeit und Transparenz (§ 307 BGB) entsprechen muss. Zwar dürfte die Beteiligung des Arbeitnehmers an einem Konfliktlösungsverfahren nicht schlechthin unzulässig sein. Die Übernahme hoher außergerichtlicher Verfahrenskosten dürfte ihm jedoch nicht zumutbar sein und seine Rechtsverfolgung auch zu sehr belasten. Die Kostentragungspflicht des Arbeitgebers bezieht sich selbstverständlich nicht auf diejenigen Kosten, die den anderen Beteiligten durch die Einschaltung eines Rechtsanwalts oder Beistands entstehen. Dies sollte hier deutlich gemacht werden.

Eine Einschränkung ergibt sich natürlich im Falle der Mediation, an der ein Betriebsrat beteiligt ist. Da dieser grundsätzlich nicht vermögensfähig aber gleichwohl auch zur Einschaltung eines Rechtsanwalts berechtigt ist, trägt der Arbeitgeber auch diese Kosten nach den rechtlichen Bestimmungen. Insoweit sollte bei Mediationsverfahren unter Beteiligung des Betriebsrats hier ergänzt werden:

Alternative:

[Das Honorar des Rechtsanwalts des Betriebsrats trägt der Arbeitgeber, soweit sich dieses nach den Regelungen des RVG richtet.]

6. Vgl. dazu und den einzelnen Phasen *Pilartz* ArbRAktuell 2013, 177, 201; *Mückenberger* AuA 2010, 284 ff.

45 **7.** Die Überprüfung der gefundenen Regelung nach Ablauf eines bestimmten Zeitraums ist für bestimmte Streitigkeiten sehr zweckmäßig. Während Vereinbarungen zur Vollstreckung, Vertragsstrafen o.ä. im Rahmen der innerbetrieblichen Mediation häufig weder sinnvoll noch durchsetzbar sind – etwa weil zwischenmenschliche Probleme einen Konflikt auslösen und die dazu erforderlichen Lösungen einer Vollstreckung schon aus der Natur der Sache nicht zu erzwingen sind, vgl. dazu die Regelung in Muster Z Rdn. 86 – führt ein bereits angesetzter Evaluationstermin oft dazu, dass die getroffenen Regelungen von den ehemaligen Konfliktparteien konsequenter eingehalten werden. Zudem ermöglicht es ein späterer Evaluationstermin auch, die getroffenen Regelungen auf ihre Tauglichkeit im Arbeitsalltag hin zu überprüfen und ggf. Justierungen vorzunehmen. Im Sinne der Nachhaltigkeit der Konfliktlösung sollte über einen solchen Zusatztermin daher stets nachgedacht und ein solcher den Streitparteien auch bereits vor Beginn des Mediationsverfahrens in Aussicht gestellt werden.

46 **8.** Die Grundprinzipien der Mediation sollten bereits in allgemeinen Informationen zum Verfahren erläutert werden. Zum Prinzip der Vertraulichkeit vgl. Anm. 4 (Z Rdn. 41); der Grundsatz der Selbstverantwortung bedeutet, dass ein möglicher Erfolg der Mediation in der alleinigen Verantwortung der Beteiligten liegt. Diese müssen dazu im eigenen Interesse offen und fair miteinander verhandeln und – lediglich mit der Unterstützung des Mediators – den Erfolg erzielen. Der Mediator kann ein bestimmtes Ergebnis weder herbeiführen noch erzwingen. Das Prinzip der Freiwilligkeit erfährt im Arbeitsrecht eine Einschränkung. Der Arbeitgeber ist im Rahmen seines Direktionsrechts nach § 106 GewO durchaus befugt, die Teilnahme an einer ersten (Informations-!)Mediationssitzung während der Arbeitszeit einseitig anzuordnen (vgl. *Budde* Mediation und Arbeitsrecht, S. 196 f.). Allerdings kann niemand zur Durchführung des Mediationsverfahrens oder zum Abschluss einer Vereinbarung verpflichtet werden (*Henkel* AuA 2008, 459 ff.; LAG Nürnberg, Beschl. v. 27.08.2013 – 5 TaBV 22/12; LAG Hamm, Urt. v. 16.10.2015 – 17 Sa 696/15, BeckRS 2015, 73265). Insoweit findet sich im Schrifttum auch die Unterscheidung zwischen der »absoluten« und der »relativen« Freiwilligkeit des Mediationsverfahrens (vgl. *Budde* Mediation und Arbeitsrecht, S. 196 f.). Die »relative Freiwilligkeit« beschreibt die Entscheidungsfreiheit des Arbeitnehmers hinsichtlich seiner ersten Teilnahme an der Mediationsinformation; die »absolute« die Freiwilligkeit hinsichtlich der Durchführung der Mediation und des Abschlusses einer Abschlussvereinbarung (vgl. *Budde* Mediation und Arbeitsrecht, S. 196 f.).

47 **9.** Zu der im Einzelfall abzuschließenden Vereinbarung vgl. die Muster Z Rdn. 86 und Z Rdn. 113.

48 **10.** Der Abbruch von Mediationsverhandlungen kann niemals zu einer Schadensersatzpflicht führen. Dies folgt schon aus dem Prinzip der Freiwilligkeit (s. Anm. 8 – Z Rdn. 46). Selbst die Aufnahme einer verbindlichen Mediationsklausel in den Arbeitsvertrag (etwa Muster Z Rdn. 19) bewirkt gerade keine Schadensersatzpflicht, sondern »nur« ein vorübergehendes Prozesshindernis. Damit werden die Parteien zwar gezwungen, ein Mediationsverfahren durchzuführen, bevor sie gerichtlichen Rechtsschutz in Anspruch nehmen. Der Abbruch einer Mediation bleibt gleichwohl ohne Folgen.

4. Betriebsvereinbarung Mediation

Vorbemerkung

49 Die Vereinbarung von Streitbeilegungsverfahren kann auch in Regelungsinstrumenten des kollektiven Arbeitsrechts wie einer Betriebsvereinbarung eingeführt werden. Dies bietet gegenüber der Möglichkeit, die Durchführung von Mediationsverfahren individualrechtlich zu vereinbaren, weitere Chancen. Zusammen mit dem Betriebsrat lässt sich eine höhere Akzeptanz in der Belegschaft für die Nutzung von alternativen Konfliktlösungen und deren Methoden erreichen.

Das folgende Muster sieht eine freiwillige Betriebsvereinbarung zur Nutzung von Mediationsverfahren für alle denkbaren Fälle innerbetrieblicher Konflikte vor. So können sowohl Streitigkeiten zwischen Arbeitgeber und Betriebsrat als auch zwischen dem Arbeitgeber und einzelnen Arbeitnehmern oder von Arbeitnehmern untereinander einem Mediationsverfahren zugeführt werden. Auch in Fällen des erzwingbaren Mitbestimmungsrechts die die Anrufung einer Einigungsstelle vorsehen, ist die Durchführung eines Mediationsverfahrens möglich, da die Einigungsstelle (z.B. bei § 87 BetrVG) erst in Betracht kommt, wenn zwischen den Betriebsparteien keine Einigung erzielt werden konnte (vgl. *Lukas* in Klowait/Gläßer Mediationsgesetz, 1. Aufl., § 3 Rn. 32 ff.).

▶ **Muster – Betriebsvereinbarung Mediation**

Betriebsvereinbarung
zur Einführung und Regelung von innerbetrieblichen Mediationen
zwischen
[Name]
– nachfolgend Arbeitgeber –
und dem
Betriebsrat des _____ [Name]
– nachfolgend Betriebsrat –
– zusammen als »Betriebspartner« bezeichnet –

In der Absicht, innerbetriebliche Konflikte nicht eskalieren zu lassen und die Chancen gütlicher Lösungsmodelle besser zu nutzen, haben Arbeitgeber und Betriebsrat die nachfolgende Betriebsvereinbarung geschlossen.

§ 1 Geltungsbereich

Diese Betriebsvereinbarung gilt für den Betrieb des Arbeitgebers in _____ [Ort] _____ und richtet sich an alle Arbeitnehmer dieses Betriebs, einschließlich der Auszubildenden und etwaig dort eingesetzter Leiharbeitnehmer. [1]

§ 2 Einführung von Mediationsverfahren

Die Betriebspartner vereinbaren, Konflikte zwischen den Betriebspartnern, einem Betriebspartner und einzelnen Arbeitnehmern, zwischen mehreren Arbeitnehmern oder anderen, dem Geltungsbereich unterfallenden Personen (Konfliktparteien), nach Maßgabe dieser Betriebsvereinbarung zu behandeln.

Zur Vermeidung gerichtlicher Auseinandersetzungen und zum Versuch einer gütlichen Einigung soll im Falle von Konflikten stets ein Mediationsverfahren durchgeführt werden. Dabei handelt es sich um ein außergerichtliches Streitbeilegungsverfahren, welches mit Unterstützung eines neutralen Dritten (Mediators) durchgeführt wird und bei dem die Konfliktparteien selbstverantwortlich eine gütliche Lösung eines bestehenden Konflikts suchen. Die Einzelheiten des Verfahrens werden die Konfliktparteien in Absprache mit dem Mediator festlegen. [2]

Ziel eines jeden Mediationsverfahrens ist der Abschluss einer schriftlichen Vereinbarung (Abschlussvereinbarung), in der die gefundene Konfliktlösung niedergelegt ist. Sie ist für die Konfliktparteien verbindlich. [3] Wenn die Abschlussvereinbarung in der Form einer Betriebsvereinbarung abgefasst wird, sind die einschlägigen rechtlichen Vorgaben des BetrVG zu berücksichtigen. [3.1]

§ 3 Auswahl und Rolle des Mediators

Für jeden Konflikt ist vom Arbeitgeber im Einvernehmen mit den Konfliktparteien ein Mediator zu bestellen. [3.2] Dabei können sowohl externe, dem Unternehmen nicht angehörende, Personen (externer Mediator) als auch Mitarbeiter des Unternehmens (interner Mediator) zum Mediator bestimmt werden. [4]

Aufgabe des Mediators ist es, die Konfliktparteien bei einer Verhandlung über die Lösung des Konfliktes zu unterstützen und zu beraten. Er hat die Beilegung des Konfliktes zu fördern. Eine verbindliche Entscheidungsbefugnis über den Konflikt insgesamt oder über einzelne Aspekte des Konflikts steht ihm nicht zu. [5]

Der Mediator ist zu strikter Unparteilichkeit und Neutralität verpflichtet. Er wird keinen verbindlichen Rechtsrat erteilen. [6]

In einem gesondert mit dem jeweiligen Mediator abzuschließenden Vertrag [7] wird der Mediator gem. § 3 MediationsG versichern, dass er keine der Konfliktparteien in dieser Angelegenheit vor Beginn des Mediationsverfahrens vertreten oder beraten hat. Sollten während des Mediationsverfahrens Umstände eintreten, die die Unparteilichkeit des Mediators beeinträchtigen könnten, so wird er diese den Konfliktparteien offenlegen oder sein Amt niederlegen. Er ist dazu zu verpflichten, auch nach Abschluss der Mediation keine der Konfliktparteien in der jeweiligen Angelegenheit zu beraten und auch nach Abschluss Stillschweigen über alle im Zusammenhang mit dem Mediationsverfahren stehenden Tatsachen zu bewahren. [8]

§ 4 Einleitung des Verfahrens

Der Betriebsrat und jeder einzelne Arbeitnehmer können in einer sie selbst betreffenden Angelegenheit die Durchführung eines Mediationsverfahrens beim Arbeitgeber beantragen. Stimmt der Arbeitgeber der Durchführung eines Mediationsverfahrens schriftlich zu, so übernimmt er auch für dieses die Kosten gemäß § 7 dieser Betriebsvereinbarung. Im Falle der Zustimmung kann die Mediation im Rahmen der Arbeitszeit durchgeführt werden. Stimmt der Arbeitgeber der Durchführung eines Mediationsverfahrens nicht zu, so bleibt es den Konfliktparteien unbenommen, ein Mediationsverfahren auf eigene Kosten und außerhalb der Arbeitszeit durchzuführen.

Nach Zustimmung durch den Arbeitgeber wird dieser die Konfliktparteien schriftlich zur Durchführung einer Mediation auffordern (Aufforderungsschreiben). Ist der Arbeitgeber selbst Konfliktpartei, so richtet sich das Aufforderungsschreiben nur an die andere Konfliktpartei. [9]

Reagiert ein Adressat in einer Frist von _____ [Anzahl] _____ Tagen nach Zugang des Aufforderungsschreibens nicht oder lehnt er das Mediationsverfahren ab, so gilt es als gescheitert. Ebenso kann jede Konfliktpartei und der Mediator das Mediationsverfahren jederzeit durch Erklärung gegenüber den anderen Beteiligten abbrechen. Einer Angabe von Gründen bedarf es nicht. [10]

Der Mediator bestimmt im Einvernehmen mit den Konfliktparteien Zeitpunkt und Ort der Mediationssitzung. Sollte nach dem ersten Mediationstermin ein weiterer Termin erforderlich sein, werden die Parteien diesen im Termin verbindlich festlegen.

Die Mediationssitzungen finden unter Ausschluss der Öffentlichkeit statt.

§ 5 Beistand und Kostentragung

Jede Konfliktpartei kann auf ihre Kosten zu jedem Zeitpunkt des Mediationsverfahrens einen Rechtsanwalt, Berater oder Beistand hinzuziehen, sofern sich dieser schriftlich zur Geheimhaltung über alle im Rahmen der Mediation erlangten Kenntnisse verpflichtet. [11] Sofern es sich bei einer Konfliktpartei um den Betriebsrat handelt und für diesen die Beiziehung eines Rechtsanwalts notwendig ist, so trägt der Arbeitgeber die daraus resultierenden Kosten, soweit sich diese nach den Regelungen des RVG richten und eine vorherige schriftliche Vereinbarung über die Kostentragung getroffen wurde.

§ 6 Grundsätze des Verfahrens

Die Konfliktparteien werden sich um eine beschleunigte Durchführung des Verfahrens bemühen.

Alle am Verfahren Beteiligten haben über die im Laufe des Verfahrens erworbenen Kenntnisse absolutes Stillschweigen zu bewahren. Für Mitglieder des Betriebsrates, die in das Verfahren als Beteiligte einbezogen sind, gelten zusätzlich die gesetzlichen Geheimhaltungsvorschriften der §§ 79, 80 Abs. 4, 120 BetrVG.

Die Konfliktparteien verpflichten sich, den Mediator und die Beistände nach § 5 in einem anschließenden Gerichts- oder Einigungsstellenverfahren nicht als Zeugen für Tatsachen zu benennen, die diesen Personen während des Mediationsverfahrens offenbart worden sind. Der Mediator ist darauf zu verpflichten, in einem gerichtlichen Verfahren bestehende Zeugnisverweigerungsrechte in Anspruch zu nehmen. Hiervon kann er nur auf Grund einer von allen Konfliktparteien gemeinsam schriftlich abgegebenen Erklärung entbunden werden. [12]

Niemand darf auf Grund der Einleitung, Durchführung oder des Abbruchs eines Mediationsverfahrens benachteiligt oder begünstigt werden. [13]

§ 7 Kosten und Mittel der Mediation [14]

Der Arbeitgeber wird die für die Durchführung von Informations- und Mediationssitzungen notwendigen materiellen und räumlichen Mittel zur Verfügung stellen. Er trägt darüber hinaus die Kosten für die Beauftragung des Mediators. Diese Regelungen gelten nur für solche Mediationsverfahren, in denen der Arbeitgeber selbst Konfliktpartei ist oder die der Arbeitgeber selbst vorgeschlagen oder denen er schriftlich nach Beantragung zugestimmt hat.

Sofern ein interner Mediator eingesetzt wird, gilt die von diesem aufgewendete Zeit als vergütungspflichtige Arbeitszeit. Diese wird nach den Regeln des jeweiligen Arbeitsverhältnisses und ggf. unter Gewährung von Zulagen vergütet.

§ 8 Stillhaltevereinbarung

Für die Dauer eines Mediationsverfahrens werden die Konfliktparteien auf die Einleitung eines Gerichtsverfahrens – mit identischem Inhalt – verzichten. Davon ausgenommen ist jede Klageerhebung, die zur Sicherung von zwingenden Klage- und Ausschlussfristen sowie im Falle von Eilmaßnahmen vorgenommen wird. In solchen Fällen werden die Konfliktparteien das Ruhen des eingeleiteten Verfahrens nach den einschlägigen prozessualen Vorschriften herbeiführen. [15]

§ 9 Kein Kündigungsverbot; weitergehende Rechte

Das Recht zum Ausspruch von Kündigungen bleibt von dieser Betriebsvereinbarung unberührt. Das Beschwerderecht der Arbeitnehmer aus §§ 84, 85 BetrVG bleibt ebenfalls unberührt.

§ 10 Inkrafttreten, Kündigung, Nachwirkung

Diese Betriebsvereinbarung tritt mit ihrer Unterzeichnung in Kraft und kann mit einer Frist von drei Monaten zum Monatsende gekündigt werden. Eine Nachwirkung ist ausgeschlossen.

§ 11 Salvatorische Klausel

Sollten einzelne Bestimmungen dieser Vereinbarung unwirksam oder nicht durchsetzbar sein, so bleiben die übrigen Bestimmungen unverändert bestehen. Eine unwirksame oder nicht durchsetzbare Bestimmung ist durch eine Regelung zu ersetzen, die der vereinbarten Bestimmung am nächsten kommt.

_____[Ort]_____, am _____[Datum]_____

_____
(Unterschrift des Arbeitgebers)

_____
(Unterschrift des Betriebsrats)

Erläuterungen

Schrifttum

Duve/Eidenmüller/Hacke Mediation in der Wirtschaft, S. 332 f., 2011; *Fitting* Betriebsverfassungsgesetz, 27. Aufl. 2014; *Friedrich* Regelungsgegenstände der Mediationsvereinbarung, MDR 2004, 481; *Groth/v. Bubnoff* Gibt es »gerichtsfeste« Vertraulichkeit bei der Mediation?, NJW 2001, 338; *Haft* Verhandlung und Mediation, 2000; *Henkel* Coaching und Mediation, AuA 2008, 459; *Hutner* Die Mediationsvereinbarung – Regelungsgegenstände und vertragsrechtliche Qualifizierung, SchiedsVZ 2003, 226; *Klowait/Gläßer* Media-

Z. Mediationsverfahren

tionsgesetz, 2014; *Kurzweil* Akteneinsichtsrecht in »Mediationsakten«?, ZZP 123 (2010), 77; *Lembke* Mediation im Arbeitsrecht, 2001; *Moll* Münchener Anwaltshandbuch, 2012; *Mückenberger* Innerbetriebliche Mediation – Ein Gewinn für Mitarbeiter und Unternehmen, AuA 2010, 284; *Pilartz* Mediation im Arbeitsrecht, 2013; *Risse* Wirtschaftsmediation, 2003; *Schwartz/Thomas* Vereinbarungen zur Einleitung und Durchführung einer Mediation, DStR 2009, 2338; *Wagner* Sicherung der Vertraulichkeit von Mediationsverfahren durch Vertrag, NJW 2001, 1398.

52 1. Der Betriebsrat des Entleiher-Betriebs ist immer dann auch für Leiharbeitnehmer zuständig, wenn der Entleiher Maßnahmen anhand des ihm zustehenden Direktionsrechts anordnen kann, die mitbestimmungspflichtig sind (vgl. *Fitting* § 5 BetrVG Rn. 276; BAG, Urt. v. 13.03.2013 – 7 ABR 69/11 – NZA 2013, 789).

53 2. Bereits hier kann die Geltung eines bestimmten Verfahrens, etwa nach einer der verschiedenen Mediationsordnungen vereinbart werden. Die Klausel könnte dann lauten:

Alternative:

[Die Einzelheiten des Verfahrens richten sich nach der Mediationsordnung _____ *[Name der Mediationsordnung]* *.]*

54 Ob dies sinnvoll ist, sollte im Einzelfall entschieden werden. Die Festlegung auf eine bestimmte Verfahrensordnung bringt zwar eine gewisse Konstanz in ein betriebliches Konfliktmanagement-System. Sie birgt aber auch das Risiko, nicht mehr im Einzelfall auf die jeweilige Konfliktsituation reagieren zu können.

55 3. Im Zusammenhang mit schriftlichen Abschlussvereinbarungen sind Arbeitgeber gelegentlich bestrebt, nicht nur verbindliche, sondern vollstreckbare Vereinbarungen zu erzielen. Dieser aus dem Recht der Wirtschaftsmediation bekannte und dort sehr sinnvolle Ansatz der vollstreckbaren Vereinbarung lässt sich indes nicht ohne weiteres auf innerbetriebliche Konflikte übertragen. Denn gerade im Arbeitsleben werden Konflikte häufig durch zwischenmenschliche Probleme ausgelöst, deren Auflösung einer Regelung bedarf, die schon aus der Natur der Sache nicht zu erzwingen ist. Daher wird hier von einer Regelung zur Vollstreckbarkeit abgeraten. Stattdessen erweist sich oft die Vereinbarung einer späteren Evaluation, also der Überprüfung der gefundenen Regelung nach Ablauf eines bestimmten Zeitraums, als sinnvoll und zweckmäßig. So führt ein bereits angesetzter Evaluationstermin oft dazu, dass die getroffenen Regelungen von den ehemaligen Konfliktparteien konsequenter eingehalten werden. Zudem ermöglicht es ein späterer Evaluationstermin auch, die getroffenen Regelungen auf ihre Tauglichkeit im Arbeitsalltag hin zu überprüfen und ggf. noch Justierungen vorzunehmen. Im Sinne der Nachhaltigkeit der Konfliktlösung sollte über einen solchen Zusatztermin daher stets nachgedacht und den Streitparteien auch bereits vor Beginn des Mediationsverfahrens in Aussicht gestellt werden. Eine entsprechende Regelung könnte lauten:

Alternative:

[Die Konfliktparteien werden nach einem Zeitraum von _____ *[Anzahl]* *Monaten ab Regelung einer Abschlussvereinbarung deren Inhalt und Durchführung im Rahmen eines vom Mediator geleiteten Evaluationstermins überprüfen.]*

55.1 3.1. Im Falle von Streitigkeiten, die in eine Betriebsvereinbarung münden, muss zu Beginn der Mediation auch die Frage der Vertraulichkeit besprochen werden. In einem solchen Fall sind zwar die Inhalte des Mediationsverfahrens vertraulich, die Betriebsvereinbarung selbst ist dies natürlich nicht.

55.2 3.2. Eine einseitige Festlegung auf die Person des Mediators durch den Arbeitgeber ist allerdings nicht möglich (vgl. LG Frankfurt, Urt. v. 07.05.2014 – 2-06 O 271/13, BeckRS 2014, 12642).

4. Im vorliegenden Muster wird die Möglichkeit vorgesehen, sowohl einen Mitarbeiter des jeweiligen Betriebs als auch einen außenstehenden Dritten zum Mediator zu bestellen. In den meisten Fällen erweist sich die Einschaltung eines Dritten, der keine zwischenmenschlichen Erfahrungen mit den Konfliktparteien und dem Unternehmen/Betrieb hat, als neutraler. Im jeweiligen Einzelfall kann es aber auch sinnvoll sein, einen Mitarbeiter des Betriebs, der die Arbeitsabläufe und Hintergründe besser kennt, einzusetzen. Dies sollte im konkreten Konfliktfall entschieden werden, sodass die Betriebsvereinbarung beide Möglichkeiten vorsieht. Zu weiteren Überlegungen hinsichtlich der einzusetzenden Person vgl. Moll/*Dendorfer/Ponschab* MAH Arbeitsrecht § 78 Rn. 175 ff.

5. Die Klausel legt die Aufgabe des Mediators fest. Er ist als unbeteiligter Dritter zur Neutralität (Allparteilichkeit) und Vertraulichkeit verpflichtet. Weiterhin gehört zu seinen Pflichten eine besondere Zurückhaltung in der Sache (*Haft* Verhandlung und Mediation, S. 249). Insbesondere steht ihm eine Entscheidungsbefugnis über den Streitstoff nicht zu.

6. Der Mediator leistet – auch wenn in vielen Fällen Rechtsanwälte als Mediatoren eingesetzt werden – keine Rechtsberatung (*Schwartz/Thomas* DStR 2009, 2338). Zwar ist damit nicht ausgeschlossen, dass der Mediator in der einen oder andern Frage auch eine rechtliche Würdigung vornimmt. Er ist dabei aber nicht in gleicher Weise verantwortlich wie der beratende Rechtsanwalt (vgl. AG Lübeck, Urt. v. 29.09.2006 – 24 C 1853/06, NJW 2007, 3789 = JurionRS 2006, 32881).

7. Siehe hierzu Muster Z Rdn. 86 und Z Rdn. 113.

8. Der Mediator ist in Bezug auf die ihm anvertrauten Tatsachen zur absoluten Verschwiegenheit verpflichtet, siehe hierzu auch § 4 des Mediationsgesetzes. Regelmäßig vereinbaren die Parteien deshalb im Rahmen der Mediationsvereinbarung (vgl. Muster Z Rdn. 86 und Z Rdn. 113, sowie *Schwartz/Thomas* DStR 2009, 2338), dass der Mediator auch nicht als Zeuge oder Sachverständiger vor Gericht benannt werden darf, sondern die ihm zustehenden Zeugnisverweigerungsrechte in Anspruch (dazu *Groth/v. Bubnoff* NJW 2001, 338, 339 f.) zu nehmen hat.

Zudem wird regelmäßig auch vereinbart, dass der Mediator die Mediation abbrechen kann, ohne den Parteien die Gründe hierfür zu nennen (vgl. *Risse* Wirtschaftsmediation, S. 188 ff.). Andernfalls droht ein etwaiger, bis dahin nicht bekannt gewordener, Verhandlungsvorbehalt eines Beteiligten dem anderen bekannt zu werden. Dies ist zu vermeiden, da der Vertraulichkeitsgrundsatz zu den entscheidenden Prinzipien einer erfolgreichen Mediation gehört (vgl. *Risse* Wirtschaftsmediation, S. 188 ff.). Die Beteiligten sollen offen und ohne Vorbehalte miteinander verhandeln können. Dies ist nur dann gewährleistet, wenn beide Seiten vorbehaltlos ihre Wünsche, Vorstellungen und Empfindungen darlegen können. Deshalb muss die Vertraulichkeit auch über das Ende des Verfahrens hinaus gewährleistet sein. Davon zu unterscheiden ist im kollektivrechtlichen Bereich die ggf. als Betriebsvereinbarung geschlossene Vereinbarung, die naturgemäß nicht vertraulich sein kann. Dies ist zu Beginn der Mediation mit den Medianten klarzustellen.

9. Siehe hierzu Muster Z Rdn. 73.

10. Die Mediation beruht auf dem Grundsatz der Freiwilligkeit. Deshalb kann niemand dazu verpflichtet sein, das Verfahren bis zum »bitteren Ende« durchzuführen oder gar mit einer Vereinbarung abzuschließen (vgl. *Budde* Mediation und Arbeitsrecht, S. 196 f.). Vielmehr sind alle Beteiligten – und auch der Mediator – dazu berechtigt, das Verfahren abzubrechen, wenn sie erkennen, dass eine sinnvolle Lösung nicht (mehr) möglich ist.

Eine solche Regelung sollte auch zugunsten des Mediators aufgenommen werden. Da dieser auf Grund eines Dienstvertrages tätig wird, schuldet er naturgemäß keinen bestimmten Erfolg, sondern die Vornahme der Diensthandlung. Verletzt er diese Pflicht, so ist er den Beteiligten ggf. zum Schadensersatz verpflichtet (zur Haftung des Mediators siehe *Gläßer* in Klowait/Gläßer, MediationsG, § 2 Rn. 26 ff.). Aus diesem Grund wird mit Recht dazu geraten, in Mediationsklauseln eine Ausstiegsoption aufzunehmen, wenn der Mediator das Verfahren als gescheitert ansieht (dazu *Risse* Wirtschaftsmediation, S. 188 ff.). Zur Wahrung der Vertraulichkeit muss dabei unbedingt auch eine Regelung erfolgen, nach der der Mediator nicht zur Preisgabe seiner Gründe verpflichtet ist. Andernfalls droht ein etwaiger, bis dahin nicht bekannt gewordener, Verhandlungsvorbehalt eines Beteiligten dem anderen bekannt zu werden. Dem ist durch eine entsprechende Klausel bereits in der Betriebsvereinbarung vorzubeugen (vgl. *Risse* Wirtschaftsmediation, S. 188 ff.).

65 **11.** Beiden Seiten sollte auch im Rahmen eines Mediationsverfahrens die Möglichkeit gegeben werden, einen Beistand, etwa einen außenstehenden Rechtsanwalt, hinzuziehen. Dies erhöht oft die Bereitschaft, an einem solchen Verfahren teilzunehmen. Bei der Auswahl der Beistände sollte beachtet werden, dass der hinzugezogene Beistand seine Aufgabe nur dann sinnvoll wahrnehmen kann, wenn er mit dem Ablauf und den Hintergründen des Verfahrens (interessenbasierte Herangehensweise) vertraut ist und nicht allein auf rechtlichen Positionen verharrt (zur Rolle des Anwalts in der Mediation vgl. *Duve/Eidenmüller/Hacke* Mediation in der Wirtschaft, S. 323 f. und *Pilartz* Mediation im Arbeitsrechts, Rn. 288 ff.).

66 **12.** Die Klausel dient der Sicherstellung der Vertraulichkeit des Verfahrens. Die Beteiligten sollen offen und ohne Vorbehalte miteinander verhandeln können. Dies ist nur dann gewährleistet, wenn beide Seiten ohne (taktische) Rücksichtnahme auf ein etwaiges Gerichts- oder Einigungsstellenverfahren verhandeln können. Dafür muss vereinbart werden, dass der Mediator nicht als Zeuge in einem solchen Verfahren benannt werden darf. Der als Rechtsanwalt oder Steuerberater tätige Mediator hat zwar regelmäßig schon auf Grund seiner beruflichen Stellung ein Zeugnisverweigerungsrecht (*Groth/v. Bubnoff* NJW 2001, 338, 339 f.). Die Beteiligten und der Mediator sollten gleichwohl darauf achten, dass seine Inanspruchnahme als Zeuge in der Mediationsvereinbarung (s. Muster Z Rdn. 86 und Z Rdn. 113) vertraglich ausgeschlossen wird (*Schwartz/Thomas* DStR 2009, 2338). Auf diese Weise kann einer Zeugenbenennung der Arglisteinwand entgegengehalten werden (vgl. *Groth/v. Bubnoff* NJW 2001, 340 f.; *Reinelt/Strahl* in Mes, Prozessformularhandbuch, I. A. 14; *Wagner* NJW 2001, 1398); zur Problematik der Akteneinsicht in gerichtliche Mediationsakten vgl. *Kurzweil* ZZP 123 (2010), 77 ff.

67 **13.** Die Klausel ist Ausfluss des Maßregelungsverbots aus § 612a BGB. Sie sollte hier aufgenommen werden, um etwaige Vorbehalte wegen möglicher negativer Folgen von Mediationshandlungen zu zerstreuen. Zu möglichen Konflikten während eines Mediationsverfahrens vgl. *Moll/Dendorfer/Ponschab* MAH Arbeitsrecht § 78 Rn. 231 ff.

68 **14.** Es ist im Arbeitsverhältnis zweckmäßig, die Kosten des Mediationsverfahrens dem Arbeitgeber aufzuerlegen und dies entsprechend in einer Betriebsvereinbarung zu regeln (*Moll/Dendorfer/Ponschab* MAH Arbeitsrecht § 78 Rn. 226). Die Kostentragung durch den Arbeitgeber erhöht erfahrungsgemäß die Akzeptanz des Verfahrens. Zudem liegt eine gütliche und nachhaltige Regelung von Streitigkeiten vor allem auch im Arbeitgeberinteresse. Dementsprechend enthalten auch die übrigen Muster eine entsprechende Kostenregelung (vgl. Muster Z Rdn. 19, Abs. 5). Will man die Kostenregelung vollständig entfernen oder im Einzelfall gesondert regeln, ist darauf zu achten, dass die getroffene Regelung den Geboten der Billigkeit und Transparenz entsprechen muss. Zwar dürfte die Beteiligung des Arbeitnehmers an den Kosten eines Konfliktlösungsverfahrens nicht schlechthin unzulässig sein. Die Übernahme hoher außergerichtlicher Verfahrenskosten dürfte ihm jedoch nicht zumutbar sein. Eine Kostentragung durch den Betriebsrat kommt ohnehin nicht in Betracht, da dieser grundsätzlich nicht vermögensfähig ist, vgl. BAG, Urt. v. 24.04.1986 – 6 AZR 607/83, AP Nr. 7 zu § 87 BetrVG 1972; GK-BetrVG/*Franzen* § 1 Rn. 71.

69 **15.** Diese Regelung enthält einen sog. dilatorischen Klageverzicht, also eine prozesshindernde Einrede, die die Erhebung einer Klage vor Durchführung eines Mediationsverfahrens ausschließt. Eine solche Klausel ist im Arbeitsvertrag nach h.M. zulässig. Sie bewirkt, dass eine entgegen dieser Regelung erhobene Klage als unzulässig abzuweisen ist (BGH, Urt. v. 18.11.1998 – VIII ZR 344/97, NJW 1999, 647; aus dem Schrifttum z.B. *Wagner* Prozessverträge, S. 411 ff., LG Heilbronn, Urt. v. 10.09.2010 – 4 O 259/09 mit Anmerkung *Wagner* ZKM 2011, 29; *Unberath* eu-

con news, 2010, 6), sofern sich die andere Partei darauf beruft (vgl. *Friedrich* MDR 2004, 481, 484). Ob eine solche Vereinbarung allerdings auch im Rahmen einer Betriebsvereinbarung zulässig ist, ist höchstrichterlich noch nicht entschieden. Der Umstand, dass die Parteien selbst jederzeit das Mediationsverfahren abbrechen können und daher die Zulässigkeit ihrer Klage in der Hand haben, spricht allerdings für die Zulässigkeit einer solchen Klausel (im Ergebnis so auch Moll/*Dendorfer/Ponschab* MAH Arbeitsrecht § 78 Anh. 2).

5. Aufforderungsschreiben

Vorbemerkung

Haben die Parteien im Arbeitsvertrag (s. Muster Z Rdn. 10 und Z Rdn. 19) oder auf Grund einer Betriebsvereinbarung die Durchführung von Mediationsverfahren für den Konfliktfall vereinbart, so bedarf die Einleitung eines solchen Verfahrens im Einzelfall einer entsprechenden Aufforderung durch einen der Beteiligten. Die Aufforderung hat zum einen die Funktion, das Mediationsverfahren in Gang zu setzen, sie soll zum anderen aber auch den Beteiligten ihre Rechte und Pflichten während eines Mediationsverfahren bewusst machen (vgl. *Risse* Wirtschaftsmediation, S. 126). 70

Zudem muss – zumindest im Falle einer verbindlichen Mediationsklausel (vgl. Z Rdn. 19) – eine Aufforderung stattfinden, um nach Ablauf einer bestimmten, darin gesetzten Frist, zum gerichtlichen Klageverfahren übergehen zu können. Regelmäßig sehen diese Klauseln eine Regelung vor, dass erst mit Ablauf einer entsprechenden Frist das Verfahren als gescheitert gilt, sodass ein ohne die Mediation durchgeführtes Klageverfahren gehindert ist. Daher empfiehlt es sich, im Einzelfall solche Aufforderungsschreiben durch einen Boten oder zumindest per Einschreiben mit Zugangsnachweis zuzustellen. 71

Inhaltlich empfiehlt es sich, Aufforderungsschreiben nicht mit Vorwürfen, Unterstellungen oder längeren Ausführungen zum Streitstand zu belasten. Erforderlich und ausreichend ist eine kurze und prägnante, vor allem aber sachlich neutrale Benennung des Streitgegenstandes (vgl. auch *Risse* Wirtschaftsmediation, S. 128 f.). 72

▶ **Muster – Aufforderungsschreiben**

Sehr geehrte/r Frau/Herr _____[Name]_____ , 73

aufgrund der bestehenden Meinungsverschiedenheit zu __[Beschreibung des Gegenstandes der Meinungsverschiedenheit]__ [1] möchten wir Sie bitten, an einem Mediationsverfahren zur Lösung dieses Konflikts teilzunehmen. [2]

Bei einer Mediation handelt es sich um ein freiwilliges Streitbeilegungsverfahren, das von einem Mediator unterstützt wird. Mediatoren sind unbeteiligte Dritte, die eine Beilegung der jeweiligen Streitigkeit fördern und gemeinsam mit den Parteien nach Lösungen für den Konflikt suchen. Dabei handelt es sich um unabhängige, besonders ausgebildete Personen, die weder auf der Seite des Arbeitgebers noch auf der Seite des Arbeitnehmers stehen und zur absoluten Verschwiegenheit verpflichtet sind. [3]

Das Mediationsverfahren basiert auf den Prinzipien der Freiwilligkeit und Selbstverantwortung der Beteiligten. Der Mediator hat keine Möglichkeit, den am Konflikt beteiligten Personen ein bestimmtes Ergebnis aufzuzwingen. Vielmehr soll er lediglich die Streitbeilegung moderieren und zwischen den Beteiligten vermitteln. Diese tragen bis zum Schluss die alleinige Verantwortung für den Erfolg oder Misserfolg einer Mediation. [4]

Selbstverständlich haben beide Seiten jederzeit das Recht, eine Mediation abzubrechen oder ihre Interessen gerichtlich durchzusetzen. Der Arbeitgeber sichert Ihnen zu, dass Ihnen auch durch den Abbruch der Mediation keinerlei Nachteile entstehen.

Die Kosten des Mediationsverfahrens trägt der Arbeitgeber. [5]

Sie können sich während des Mediationsverfahrens durch einen Rechtsanwalt oder eine andere Person ihres Vertrauens begleiten lassen. [6] Es wird jedoch ausdrücklich darauf hingewiesen, dass die oben aufgeführte Kostentragung des Arbeitgebers nicht die Kosten für Ihren Rechtsanwalt oder Beistand umfasst. [7]

Da wir davon ausgehen, dass auch Sie an einer für alle Seiten sinnvollen und dauerhaften Lösung interessiert sind, möchten wir Sie bitten, innerhalb einer Frist von ____[Anzahl]____ Tagen,

spätestens also bis zum ____[Datum]____

schriftlich gegenüber ____[Name]____ zu erklären, ob sie mit der Einleitung eines Mediationsverfahrens einverstanden sind. [8]

Wir schlagen vor, Herrn/Frau ____[Name]____ zum Mediator zu bestimmen.

Zudem fordern wir Sie auf, ebenfalls innerhalb der oben genannten Frist von ____[Anzahl]____ Tagen,

d.h. bis spätestens zum ____[Datum]____

schriftlich gegenüber ____[Name]____ zu erklären, ob sie mit der Person des Mediators einverstanden sind. [9]

Wenn die Einleitung der Mediation und der Mediator Ihre Zustimmung findet, werden wir Herrn/Frau ____[Name]____ hiervon in Kenntnis setzen und mit der Einleitung des Verfahrens beauftragen. In diesem Fall wird der Mediator auf Sie und auf uns zukommen, um eine gesonderte Vereinbarung mit allen Beteiligten abzuschließen, aus der sich die Regeln des Mediationsverfahrens ergeben. [10]

Wenn Sie Fragen zu dem Mediationsverfahren haben, können Sie sich jederzeit an Ihre Geschäftsleitung wenden.

Wir würden uns sehr freuen, wenn unser Vorschlag für ein Mediationsverfahren Ihre Zustimmung findet.

Mit freundlichen Grüßen

_____
(Unterschrift des Unternehmens)

Erläuterungen

Schrifttum

Budde Mediation und Arbeitsrecht, 2003; *Groth/v. Bubnoff* Gibt es »gerichtsfeste« Vertraulichkeit bei der Mediation?, NJW 2001, 338; *Henkel/Göhler* Mediation im Betrieb, AuA 2014, 703; *Hunold* Mitbestimmung bei unwirksamer Arbeitgeberweisung, AuA 2015, 216; *Haft* Verhandlung und Mediation, 2000; *Kurzweil* Akteneinsichtsrecht in »Mediationsakten«?, ZZP 123 (2010), 77; *Risse* Wirtschaftsmediation, 2003; *Schwartz/Thomas* Vereinbarungen zur Einleitung und Durchführung einer Mediation, DStR 2009, 2338.

74 **1.** Die Parteien müssen Klarheit über den Gegenstand des Verfahrens haben. Dieser sollte daher möglichst genau, aber kurz und prägnant und vor allem neutral formuliert sein (dazu *Schwartz/Thomas* DStR 2009, 2338). Unbrauchbar sind Beschreibungen des Verfahrensgegenstandes, die von einer Seite als Vorwurf oder Schuldzuweisung o.ä. verstanden werden. Die Beschreibung des Gegenstandes dient zudem der Konzentration der Beteiligten auf das jeweilige Verfahrensthema. Bei der innerbetrieblichen Mediation dient die genaue Bezeichnung des Konflikts auch dazu, zu umgrenzen, für welchen Konflikt der Arbeitgeber die Kosten übernimmt.

75 **2.** Sofern der Arbeitsvertrag oder eine Betriebsvereinbarung die Durchführung von Mediationsverfahren vorsieht, kann an dieser Stelle darauf verwiesen werden. Dies ist häufig sinnvoll, um dem Arbeitnehmer vor Augen zu führen, dass die angestrebte Mediation von Anfang an für den *Streitfall* angedacht war. Satz 1 dieses Anschreibens könnte dann z.B. lauten:

Alternative:

[Aufgrund der bestehenden Meinungsverschiedenheit zu [Gegenstand der Meinungsverschiedenheit] möchten wir Sie entsprechend unserer Vereinbarung in § [Paragraf] des Arbeitsvertrags bitten, an einem Mediationsverfahren zur Lösung dieses Konflikts teilzunehmen.]

3. Der Mediator ist der unbeteiligte Dritte, der den Beteiligten den Weg zu einer von diesen zu beschreitenden Lösung weisen soll. Diese Aufgabe und insbesondere die damit notwendig verbundene Neutralität des Mediators ist dem Arbeitnehmer auch in einem solchen Aufforderungsschreiben zu vermitteln. Zu den Vertragspflichten des Mediators gehört insbesondere auch die besondere Zurückhaltung in der Sache (*Haft* Verhandlung und Mediation, S. 249). Zudem ist der Mediator in Bezug auf die ihm anvertrauten Tatsachen zu absolutem Stillschweigen verpflichtet. Regelmäßig vereinbaren die Parteien deshalb im Rahmen der Mediationsvereinbarung (vgl. Muster Z Rdn. 86 und Z Rdn. 113), dass der Mediator auch nicht vor Gericht als Zeuge oder Sachverständiger aussagen darf, sondern ein ihm eventuell nach Berufsrecht zustehendes Zeugnisverweigerungsrecht in Anspruch zu nehmen hat (dazu *Groth/v. Bubnoff* NJW 2001, 338, 339 f.). Zudem wird regelmäßig vereinbart, dass der Mediator die Mediation abbrechen kann, ohne den Parteien die Gründe hierfür zu nennen (vgl. *Risse* Wirtschaftsmediation, S. 188 ff.). Andernfalls droht ein etwaiger, bis dahin nicht bekannt gewordener, Verhandlungsvorbehalt eines Beteiligten dem anderen bekannt zu werden. Dies ist zu vermeiden, da der Vertraulichkeitsgrundsatz zu den entscheidenden Prinzipien einer erfolgreichen Mediation gehört. (vgl. *Risse* Wirtschaftsmediation, S. 188 ff.). Die Beteiligten sollen offen und ohne Vorbehalte miteinander verhandeln können. Dies ist nur dann gewährleistet, wenn beide Seiten vorbehaltlos ihre Wünsche, Vorstellungen und Empfindungen darlegen können (zur Problematik der Akteneinsicht in gerichtliche Mediationsakten vgl. *Kurzweil* ZZP 123 (2010), 77 ff.).

4. Die Mediation basiert u.a. auf den Grundprinzipen der Freiwilligkeit, Selbstverantwortung und Vertraulichkeit (dazu s. Anm. 3 – Muster Z Rdn. 76). Der Grundsatz der Selbstverantwortung bedeutet, dass ein möglicher Erfolg der Mediation in der alleinigen Verantwortung der Beteiligten liegt. Sie müssen dazu im eigenen Interesse offen und fair miteinander verhandeln und – lediglich mit der Unterstützung des Mediators – den Erfolg erzielen. Der Mediator kann ein Ergebnis weder herbeiführen noch erzwingen. Ebenso gilt, dass die Suche nach einer Einigung freiwillig zu erfolgen hat. Der Arbeitgeber kann zwar im Rahmen seines Direktionsrechts nach § 106 GewO die Teilnahme an einer ersten (Informations-)Mediationssitzung während der Arbeitszeit einseitig anordnen (vgl. *Budde* Mediation und Arbeitsrecht, S. 196 f.; LAG Hamm, Urt. v. 16.10.2015 – 17 Sa 696/15; *Henkel/Göhler* AuA 2014, 703; *Hunold* AuA 2015, 216 f.). Die Verpflichtung zur weiteren Durchführung des Mediationsverfahrens oder zum Abschluss einer Vereinbarung steht ihm jedoch nicht zu (*Henkel* AuA 2008, 459 ff.; LAG Nürnberg, Beschl. v. 27.08.2013 – 5 TaBV 22/12). Insoweit findet sich im Schrifttum auch die Unterscheidung zwischen der »absoluten« und der »relativen« Freiwilligkeit des Mediationsverfahrens (vgl. *Budde* Mediation und Arbeitsrecht, S. 196 f.). Die »relative Freiwilligkeit« beschreibt die Entscheidungsfreiheit des Arbeitnehmers hinsichtlich seiner ersten Teilnahme an der Mediationsinformation; die »absolute« die Freiheit hinsichtlich der Durchführung einer Mediation und des Abschlusses einer Vereinbarung (LAG Nürnberg, Beschl. v. 27.08.2013 – 5 TaBV 22/12). Ausgehend von dieser Unterscheidung ist im Arbeitsverhältnis regelmäßig nur eine »relative Freiwilligkeit« anzunehmen, weil sich die Teilnahme an der ersten Mediationssitzung auf Grund des Direktionsrechts durch den Arbeitgeber erzwingen lässt (vgl. *Budde* Mediation und Arbeitsrecht, S. 196 f.).

5. Es ist im Arbeitsverhältnis zweckmäßig, die Kosten des Mediationsverfahrens dem Arbeitgeber aufzuerlegen, da dies die Akzeptanz des Verfahrens bei den Konfliktparteien erhöht und die gütliche und nachhaltige Regelung von Streitigkeiten vor allem auch im Arbeitgeberinteresse liegt. Will man die Kostenregelung vollständig entfernen oder im Einzelfall gesondert regeln, ist darauf zu achten, dass die getroffene Regelung den Geboten der Billigkeit und Transparenz (§ 307 BGB) entsprechen muss. Zwar dürfte die Beteiligung des Arbeitnehmers an einem Konfliktlösungsver-

fahren nicht schlechthin unzulässig sein. Die Übernahme hoher außergerichtlicher Verfahrenskosten dürfte ihm jedoch nicht zumutbar sein und seine Rechtsverfolgung zu sehr belasten. Die Vergütung des Mediators wird häufig in einer gesonderten Honorarvereinbarung (vgl. Muster Z Rdn. 128) geregelt.

79 **6.** Beide Seiten sollten auch während eines Mediationsverfahrens die Möglichkeit haben, sich eines Beistands, etwa eines außenstehenden Rechtsanwalts, zu bedienen und sich von diesem beraten zu lassen. Dies erhöht oft die Akzeptanz, an einem solchen Verfahren teilzunehmen. Dabei sollte klargemacht werden, dass diesen Beiständen keine klassische Vertretungsfunktion im Mediationsverfahren zukommt. Zudem sollte bei der Auswahl des eigenen Beistands darauf geachtet – und der andere Beteiligte ggf. darauf hingewiesen – werden, dass der hinzugezogene Beistand seine Aufgabe nur dann sinnvoll wahrnehmen kann, wenn dieser mit dem Ablauf und den Hintergründen des Verfahrens (interessenbasierte Herangehensweise) vertraut ist und nicht allein auf rechtlichen Positionen beharrt. Andernfalls droht eine Mediation an dem rein konfrontativen Auftreten eines Beistands zu scheitern.

80 **7.** Die Kostentragungspflicht des Arbeitgebers (s. Anm. 5 – Muster Z Rdn. 78) bezieht sich selbstverständlich nicht auf diejenigen Kosten, die den anderen Beteiligten durch die Einschaltung eines Rechtsanwalts oder Beistandes entstehen. Dies sollte hier deutlich gemacht werden. Eine Einschränkung ergibt sich natürlich im Falle der Mediation, an der ein Betriebsrat beteiligt ist. Da dieser grundsätzlich nicht vermögensfähig aber gleichwohl auch zur Einschaltung eines Rechtsanwalts berechtigt ist, trägt der Arbeitgeber auch diese Kosten.

Insoweit sollte bei Mediationsverfahren unter Beteiligung des Betriebsrats hier ergänzt werden:

Alternative:

[Das Honorar des Rechtsanwalts des Betriebsrats trägt der Arbeitgeber, soweit sich dieses nach den Regelungen des RVG richtet und eine vorherige schriftliche Vereinbarung über die Kostentragung getroffen wurde.]

81 **8.** Insbesondere bei Verwendung einer verbindlichen Mediationsklausel im Arbeitsvertrag (vgl. Muster Z Rdn. 19) sollte eine Fristsetzung zur Erklärung über die Bereitschaft zur Teilnahme am Mediationsverfahren erfolgen. Mit fruchtlosem Ablauf der Frist endet dann das dilatorische Prozesshindernis einer verbindlichen Mediationsklausel.

82 **9.** Eine Frist zur Erklärung über die Person des Mediators sollte unmittelbar im Aufforderungsschreiben gesetzt werden. Gibt es bei einem der Beteiligten Vorbehalte gegen die Einschaltung eines bestimmten Mediators, so kann zügig darauf reagiert und ein in beiderseitigem Interesse liegender Mediator gefunden werden. Eine einseitige Festlegung auf die Person des Mediators durch den Arbeitgeber ist allerdings nicht möglich (vgl. LG Frankfurt, Urt. v. 07.05.2014 – 2-06 O 271/13, BeckRS 2014, 12642).

83 **10.** In jedem Fall müssen die Beteiligten mit dem Mediator eine Mediationsvereinbarung treffen (vgl. Muster Z Rdn. 86 und Z Rdn. 113), in der sie die Einzelheiten der Mediation regeln.

II. Durchführung des Mediationsverfahrens

1. Mediationsvereinbarung (ausführlich)

Vorbemerkung

84 Die Terminologie der Verträge im Zusammenhang mit Mediation ist sehr unterschiedlich. Teilweise *kommt es zu unterschiedlichen Bezeichnungen der verschiedenen Vertragswerke* und damit zu Missverständnissen über deren Inhalt. Die Begrifflichkeiten Mediationsvereinbarung, Mediationsvertrag, Mediatorvertrag, Verhandlungsvertrag und Mediatorenvertrag werden dabei häufig

in synonymer Weise für verschiedene Vertragsgegenstände benutzt. Nachfolgend werden die Begriffe Mediationsvereinbarung und Mediatorenvertrag verwandt, wobei beiden eine unterschiedliche Bedeutung zukommt. Die Mediationsvereinbarung stellt den im Konfliktfall zwischen den Streitparteien und dem Mediator abzuschließenden, drei- oder mehrseitigen Vertrag dar. Das hier als Mediatorenvertrag (Muster Z Rdn. 128) vorgeschlagene Muster stellt dagegen hauptsächlich eine Honorarvereinbarung dar. Häufig wird die Honorarvereinbarung bereits in die Mediationsvereinbarung aufgenommen (*Duve/Eichenmüller/Hacke* Mediation in der Wirtschaft, S. 317). Im Arbeitsrecht empfiehlt sich hingegen eine Trennung in zwei unterschiedliche Dokumente, da die Kosten der Mediation im Regelfall durch den Arbeitgeber getragen werden.

Das vorliegende Vertragsmuster, eine ausführliche Mediationsvereinbarung, schafft die rechtliche Grundlage für eine kooperative außergerichtliche Streitbeilegung im konkreten Einzelfall. Sie ist zwischen den beteiligten Konfliktparteien (d.h. bspw. Arbeitgeber und Arbeitnehmer, Arbeitnehmern untereinander, Arbeitgeber und Betriebsrat oder einem anderen Kollektivorgan) sowie dem von diesen Parteien unabhängigen Mediator abzuschließen. Das Muster stellt auf einen Zweiparteienkonflikt zwischen einem Arbeitgeber und einem Arbeitnehmer ab und sieht die Beteiligung von Rechtsanwälten am Mediationsverfahren vor. Es enthält alle notwendigen Klauseln ohne ausdrückliche Regelung der Mediatorenvergütung (vgl. Muster Z Rdn. 128) sowie verschiedene Bestimmungen zum Ablauf des Mediationsverfahrens. Weiterhin ist keine Regelung über die Vollstreckbarkeit des Mediationsergebnisses enthalten. Dabei ist zu beachten, dass dieses regelmäßig – selbst bei schriftlicher Vereinbarung – nicht von sich aus vollstreckbar ist. Es handelt sich vielmehr um einen Vergleichsvertrag i.S.d. § 779 BGB, der von sich aus noch nicht durchsetzbar ist. Dazu bedürfte es entweder einer Regelung, nach der sich die Parteien der sofortigen Zwangsvollstreckung unterwerfen oder einer sonstigen Sanktionsvereinbarung (z.B. in Form einer Vertragsstrafe). Will man eine Mediationsvereinbarung vollstreckungsfähig gestalten, so erfolgt dies nach den allgemeinen Regelungen der §§ 794 ff. ZPO. Da solche Zwangsregelungen aber dem Charakter der innerbetrieblichen Mediation eher fremd sind, wird im folgenden Muster darauf verzichtet.

▶ **Muster – Mediationsvereinbarung (ausführlich)**

Mediationsvereinbarung

zwischen

_____[Name]_____

– nachfolgend Arbeitgeber genannt – [1]

in Begleitung von RA __[Name]__ [2]

und

Herrn/Frau __[Name]__

– nachfolgend Arbeitnehmer genannt –

in Begleitung von RA __[Name]__

– gemeinsam nachfolgend als »Beteiligte« bezeichnet – [3]

sowie Herrn/Frau __[Name]__

– nachfolgend Mediator genannt – [4]

§ 1 Streitigkeit und Ziel der Mediation

Zwischen den Beteiligten besteht Streit über [Streitgegenstand]. [5]
Die Beteiligten beabsichtigen, in einer Mediation gemeinsam eine Lösung des vorgenannten Konflikts zu finden.

Z. Mediationsverfahren

§ 2 Teilnehmer der Mediation

An den Mediationsterminen nehmen jeweils die Beteiligten und deren Rechtsanwälte sowie der Mediator teil. Weitere Teilnehmer sind nur nach vorheriger Zustimmung der Beteiligten zugelassen. [6]

§ 3 Person und Aufgaben des Mediators

Die Beteiligten bestimmen einvernehmlich Herrn/Frau ____[Name]____ zum Mediator/zur Mediatorin, der diese Bestellung mit Unterzeichnung dieser Vereinbarung annimmt.

Aufgabe des Mediators ist es, die Beteiligten bei einer Verhandlung über die Lösung des Konfliktes zu unterstützen. Er hat die Beilegung des Konfliktes zu fördern. Eine verbindliche Entscheidungsbefugnis über den Konflikt insgesamt oder über einzelne Aspekte des Konflikts steht ihm nicht zu.

Der Mediator ist zu strikter Unparteilichkeit und Neutralität verpflichtet. Er versichert, dass er keinen der Beteiligten in dieser oder einer anderen Angelegenheit vor Beginn des Mediationsverfahrens vertreten oder beraten hat. Sollten während des Mediationsverfahrens Umstände eintreten, die seine Unparteilichkeit beeinträchtigen könnten, wird er diese den Beteiligten offenlegen oder sein Amt niederlegen. Nach Abschluss der Mediation darf er keinen der Beteiligten in dieser Angelegenheit beraten. [7]

Der Mediator weist ausdrücklich darauf hin, dass er in dieser Angelegenheit keinen verbindlichen Rechtsrat erteilen wird. Verbindliche Rechtsauskünfte sind ausschließlich durch die hinzugezogenen Rechtsanwälte oder einen externen Rechtsanwalt einzuholen. [8]

Der Mediator haftet nicht für rechtliche Einschätzungen und Beurteilungen der Beteiligten, auch wenn diese erkennbar deren Entscheidungen zugrunde gelegt werden. Ansonsten haftet der Mediator für einfache Fahrlässigkeit nur bis zu einer Höhe von EUR 250.000,00. [9]

§ 4 Ort und Zeit der Mediationstermine

Die einzelnen Mediationstermine werden an einem Ort durchgeführt, welcher von den Beteiligten und dem Mediator gemeinsam bestimmt wird.

Die Beteiligten und der Mediator werden sich um eine beschleunigte Durchführung des Verfahrens bemühen. Sollte nach dem ersten Mediationstermin ein weiterer Termin erforderlich sein, werden die Beteiligten und der Mediator diesen im Termin verbindlich festlegen.

§ 5 Durchführung der Mediation

Die Mediation ist eine mündliche Verhandlung über den Konflikt. Die Beteiligten bestimmen die einzelnen Verhandlungsinhalte unter Anleitung und Strukturierung durch den Mediator selbst. [10]

Im allseitigen Einverständnis kann der Mediator getrennte Gespräche mit den Beteiligten führen. Alle Informationen aus diesen Einzelgesprächen sind von dem Mediator vertraulich zu behandeln, sofern er von dem jeweiligen Beteiligten von dieser Pflicht nicht ausdrücklich ganz oder teilweise entbunden wird. [11]

§ 6 Vertraulichkeit der Mediation und Verwendung von Beweismitteln

Die Parteien verpflichten sich, den Inhalt dieses Mediationsverfahrens und alle damit zusammenhängenden Informationen gegenüber Dritten vertraulich zu behandeln. Diese Verpflichtung gilt über die Beendigung der Mediation hinaus. Alle Erklärungen, Unterlagen und Informationen, die während der Mediation schriftlich oder mündlich abgegeben, erstellt oder erteilt werden, dürfen von beiden Beteiligten ausschließlich für die Zwecke der Mediation benutzt werden. Eine Verwendung dieser Informationen außerhalb des Mediationsverfahrens, insbesondere in einem Einigungsstellen- oder Gerichtsverfahren, ist ohne Zustimmung des anderen Beteiligten unzulässig, es sein denn, die Informationen waren oder werden der Partei bereits außerhalb der Mediation bekannt.

Die Beteiligten verpflichten sich insbesondere, den Mediator und die begleitenden Rechtsanwälte nicht als Zeugen für Tatsachen zu benennen, welche diesen Personen erst während des Mediationsverfahrens offenbart worden sind. Der Mediator und die teilnehmenden Rechtsanwälte werden etwaig bestehende Zeugnisverweigerungsrechte in Anspruch nehmen; die Beteiligten können diese Personen nur einvernehmlich von dieser Pflicht entbinden. [12]

§ 7 Stillhaltevereinbarung

Die Beteiligten verpflichten sich, während der Dauer des Mediationsverfahrens keine rechtlichen Schritte gegeneinander einzuleiten. Sie verzichten insoweit auf das Recht zur Klageerhebung. Maßnahmen des einstweiligen Rechtsschutzes sowie zur Wahrung von Kündigungs- und Ausschlussfristen, die sich der Disposition der Beteiligten entziehen, bleiben zulässig. Für den Fall einer notwendigen Klageerhebung verpflichten sich die Beteiligten, das Verfahren für die Dauer des Mediationsverfahrens nach den einschlägigen gesetzlichen Regelungen zum Ruhen zu bringen. [13]

§ 8 Vorzeitige Beendigung der Mediation

Jeder Beteiligte hat das Recht, die Mediation jederzeit und ohne Angabe von Gründen durch einseitige Erklärung zu beenden. Die Erklärung hat schriftlich oder – im Rahmen einer Mediationssitzung – mündlich gegenüber dem anderen Beteiligten und dem Mediator zu erfolgen. Die Mediation gilt als beendet, sobald die Erklärung beiden Empfängern zugegangen ist. [14]

Der Mediator hat das Recht, die Mediation jederzeit durch Erklärung gegenüber beiden Beteiligten zu beenden, wenn er die Mediation als gescheitert ansieht oder eine Fortführung des Verfahrens aus sonstigen wichtigen Gründen ablehnt. Der Mediator ist nicht verpflichtet, die Gründe für seine Erklärung anzugeben. [15]

§ 9 Verbindlichkeit von Vereinbarungen

Ziel der Mediation ist eine schriftliche Vereinbarung zur Konfliktbeilegung, die von den Beteiligten unterzeichnet wird. Vereinbarungen über Teilaspekte des Konflikts sind nur verbindlich, wenn diese schriftlich niedergelegt und unabhängig vom Zustandekommen einer endgültigen Einigung als verbindlich erklärt werden. [16]

§ 10 Hemmungen der Verjährung und von Ausschlussfristen

Die Beteiligten vereinbaren, dass während des Mediationsverfahrens gesetzliche oder vertragliche Verjährungs- und/oder Ausschlussfristen in Bezug auf den Konfliktfall gehemmt sind, sofern diese rechtlich einer solchen Vereinbarung zugänglich sind. [17]

§ 11 Vergütung des Mediators und Kosten der Beteiligten

Der Mediator erhält für seine Tätigkeit in diesem Verfahren ein Honorar, das der Arbeitgeber trägt. Über die Höhe und die Einzelheiten schließen Arbeitgeber und Mediator eine gesonderte Vereinbarung. [18]

Die Beteiligten tragen ihre Kosten sowie die Kosten, die durch die eigenverantwortliche Einholung von Rechtsrat oder die Begleitung durch einen Rechtsanwalt oder einen anderen Beistand entstehen, selbst.

§ 12 Salvatorische Klausel

Sollte eine Bestimmung dieses Vertrages unwirksam sein, so berührt dies nicht die Wirksamkeit des Vertrages im Übrigen. Die unwirksame Bestimmung wird durch eine wirksame Bestimmung ersetzt, die der angestrebten am nächsten kommt.

_____[Ort]_____, den _____[Datum]_____

_____
(Unterschrift des Arbeitgebers)

_____
(Unterschrift des Arbeitnehmers)

_____
(Unterschrift des Mediators)

Erläuterungen

Schrifttum

Budde Mediation und Arbeitsrecht, 2003; *Duve/Eidenmüller/Hacke* Mediation in der Wirtschaft, S. 332 f., 2011; *Friedrich* Regelungsgegenstände der Mediationsvereinbarung, MDR 2004, 481; *Gläßer/Kublik* Einzelgespräche in der Mediation, ZKM 2011, 89; *Greger/Unberath* Mediationsgesetz, Recht der alternativen Konfliktlösung, Kommentar, 2012; *Groth/v. Bubnoff* Gibt es »gerichtsfeste« Vertraulichkeit bei der Mediation?, NJW 2001, 338; *Haft* Verhandlung und Mediation, 2000; *Henkel* Coaching und Mediation, AuA 2008, 459; *Risse* Wirtschaftsmediation, 2003; *Schwartz/Thomas* Vereinbarungen zur Einleitung und Durchführung einer Mediation, DStR 2009, 2338; *Unberath* eucon news, 2010, 6; *Wagner* Sicherung der Vertraulichkeit von Mediationsverfahren durch Vertrag, NJW 2001, 1398.

87 **1.** Denkbar ist durchaus auch, dass der Streit nicht zwischen Arbeitgeber und Arbeitnehmer, sondern ggf. auch zwischen zwei Arbeitnehmern, einem Vorgesetzen und seinem Mitarbeiter oder mit Kollektivorganen besteht. Darüber hinaus besteht in einer Vielzahl von Fällen der Konflikt nicht nur zwischen zwei Beteiligten, sondern mehrerer Personen. In diesen Fällen ist es notwendig, dass alle am Konflikt unmittelbar Beteiligten teilnehmen und in die Mediationsvereinbarung aufgenommen werden.

88 **2.** Beiden Seiten sollte auch im Rahmen eines Mediationsverfahrens die Möglichkeit gegeben werden, einen Beistand, etwa einen außenstehenden Rechtsanwalt, hinzuziehen. Dies erhöht oft die Akzeptanz, an einem solchen Verfahren teilzunehmen. Um klarzustellen, dass diesen Beiständen keine klassische Vertretungsfunktion im Mediationsverfahren zukommt, sollte aber eine entsprechende Bezeichnung (hier: »in Begleitung von RA …«) erfolgen. Bei der Auswahl der Beistände sollte darauf hingewiesen werden, dass der hinzugezogene Beistand seine Aufgabe nur dann sinnvoll wahrnehmen kann, wenn dieser mit dem Ablauf und den Hintergründen des Verfahrens (interessenbasierte Herangehensweise) vertraut ist und nicht allein auf rechtlichen Positionen beharrt. Zu den Kosten bezüglich dieser Begleitanwälte siehe Anm. 17 (Z Rdn. 109 ff.).

89 **3.** Die hier als Beteiligte bezeichneten Konfliktparteien werden im Rahmen der Mediation oft als »Medianten« oder auch »Medianden« bezeichnet. Im Rahmen der innerbetrieblichen Mediation wird die Bezeichnung als Beteiligte jedoch bevorzugt, da die Konfliktparteien sich mit dieser Bezeichnung eher identifizieren können. Zudem wird die Bezeichnung als »Konfliktparteien« bewusst vermieden, um den konstruktiven und schlichtenden Charakter der Mediation in den Vordergrund zu stellen.

90 **4.** In der Praxis kommt es immer wieder vor, dass in umfangreicheren Verfahren mehrere Mediatoren (sog. Co-Mediatoren) eingesetzt werden. Dies wäre dann auch hier entsprechend zu berücksichtigen.

91 **5.** Die Parteien müssen Klarheit über den Gegenstand des Verfahrens haben. Dieser sollte daher möglichst genau, aber kurz und prägnant und vor allem neutral formuliert sein (dazu *Schwartz/Thomas* DStR 2009, 2338). Unbrauchbar sind Beschreibungen des Verfahrensgegenstands, die von einer Seite als Vorwurf oder Schuldzuschreibung o.ä. verstanden werden. Die Beschreibung des Gegenstands dient zudem der Konzentration der Beteiligten auf das jeweilige Verfahrensthema und der Umgrenzung der in § 11 geregelten Kostentragungspflicht des Arbeitgebers.

92 **6.** Die Formulierung entspricht weitgehend der Regelung in § 2 Abs. 4 MediationsG, wobei das Muster bereits von einer Einigung über die Teilnahme von Rechtsanwälten ausgeht. Diese sind ebenfalls Dritte i.S.d. MediationsG (vgl. *Greger* in Greger/Unberath Mediationsgesetz, § 2 Rn. 132 ff.).

93 **7.** Der Mediator ist als unbeteiligter Dritter zur Neutralität (Allparteilichkeit) und Vertraulichkeit verpflichtet. Mit dieser Regelung werden wichtige Prinzipien der Mediation eingeführt. Zu den Vertragspflichten des Mediators gehört insbesondere auch die besondere Zurückhaltung in der Sache (*Haft* Verhandlung und Mediation, S. 249). Das Muster sieht keine Regelungen für den in einer Berufs- oder Bürogemeinschaft tätigen Mediator, wie in § 3 Abs. 3 geregelt, vor. Im

Falle einer solchen Konstellation müsste der Mediator die Beteiligten über die Situation aufklären und vor Durchführung der Mediation das Einverständnis der Beteiligten einholen. Es empfiehlt sich, dies in der Mediationsvereinbarung zu dokumentieren.

8. Die Klausel legt die Aufgabe des Mediators fest. Dieser wird auf Grund eines Dienstvertrags mit Geschäftsbesorgungscharakter tätig und leistet keine Rechtsberatung (*Schwartz/Thomas* DStR 2009, 2338). Zwar ist damit nicht ausgeschlossen, dass der Mediator in der einen oder anderen Frage auch eine rechtliche Würdigung vornimmt. Er ist dabei aber nicht in gleicher Weise verantwortlich wie der beratende Rechtsanwalt oder Steuerberater (vgl. AG Lübeck, Urt. v. 29.09.2006 – 24 C 1853/06, NJW 2007, 3789). Die Aufgaben des Mediators sind in § 2 des Mediationsgesetzes geregelt. 94

9. Die Klausel entspricht § 51a Abs. 1 Nr. 2 BRAO und zielt auf den Mediator ab, der zugleich Rechtsanwalt ist (im Falle eines Steuerberaters vgl. *Schwartz/Thomas* DStR 2009, 2338, 2339). Nach dieser Bestimmung ist ein Haftungsausschluss oder eine darüber hinausgehende Haftungsbeschränkung durch Verwendung vorformulierter Vertragsbestimmungen ausgeschlossen. Nach dem Grundsatz des Verbots der geltungserhaltenden Reduktion würde die Verwendung umfangreicherer Haftungsbeschränkungen zu einem vollständigen Wegfall der Haftungsklausel führen (BGH, Urt. v. 12.10.1995 – I ZR 172/93, NJW 1996, 1407 f.). Wegen der Einzelheiten ist das jeweilige Berufsrecht zu beachten. 95

10. Der mögliche Erfolg einer Mediation liegt in der Verantwortung der Beteiligten. Sie müssen im eigenen Interesse offen und fair miteinander verhandeln und – lediglich mit der Unterstützung des Mediators – den Erfolg erzielen. Ohne ihr entsprechendes Bemühen ist eine Einigung nicht möglich. 96

11. Das Einzelgespräch (oft als »Caucus« bezeichnet), ist in Mediatorenkreisen höchst umstritten (vgl. *Risse* Wirtschaftsmediation, S. 241 ff.; *Gläßer/Kublik* Einzelgespräche in der Mediation, ZKM 2001, 89 f.). Während dies von der einen Seite mit dem Argument strikt abgelehnt oder als Ausnahme angesehen wird, dass es die Offenheit und die Vertrauensbildung des Verfahrens gefährden würde, halten andere Mediatoren Einzelgespräche für das eigentliche Erfolgsgeheimnis der Mediation. Zutreffend ist, dass die Möglichkeit des Einzelgesprächs die Mediation von gerichtlichen Prozessen und Schiedsverfahren unterscheidet, wo solche Gespräche mit den Prozessordnungen unvereinbar sind und zur Befangenheit des Richters führen. Hingegen sind Einzelgespräche eines Anwaltsmediators nach § 18 BRAO i.V.m. §§ 43a IV BRAO, 356 StGB möglich (dazu *Risse* Wirtschaftsmediation, S. 241 ff.). Das MediationsG sieht in § 2 Abs. 3 S. 3 die Möglichkeit von Einzelgesprächen »im allseitigen Einverständnis« ausdrücklich vor, weshalb auch im Muster diese Formulierung verwendet wurde. Die Aufnahme der Einzelgespräche in die Mediationsvereinbarung empfiehlt sich, um sich die Möglichkeit dieser Methode für besondere Verfahrenssituationen offen zu halten, fallspezifisch anzuwenden und bereits bei Abschluss der Vereinbarung die Möglichkeit des Einzelgesprächs mit den Beteiligten erörtert zu haben. Zu Chancen und Risiken der Einzelgespräche vgl. *Risse* Wirtschaftsmediation, S. 241 ff.; *Gläßer/Kublik* Einzelgespräche in der Mediation, ZKM 2001, 89 f. 97

12. Die Klausel dient der Sicherstellung der Vertraulichkeit des Verfahrens. Die Beteiligten sollen offen und ohne Vorbehalte miteinander verhandeln können. Dies ist nur dann gewährleistet, wenn beide Seiten ohne (taktische) Rücksichtnahme auf ein etwaiges Gerichtsverfahren verhandeln können. Dafür muss vereinbart werden, dass der Mediator nicht als Zeuge in einem gerichtlichen Verfahren vernommen werden kann. Der als Rechtsanwalt tätige Mediator hat zwar regelmäßig schon auf Grund seiner beruflichen Stellung ein Zeugnisverweigerungsrecht (*Groth/v. Bubnoff* NJW 2001, 338, 339 f.). Die Beteiligten und der Mediator sollten gleichwohl darauf achten, dass seine Inanspruchnahme als Zeuge vertraglich ausgeschlossen wird (*Schwartz/Thomas* DStR 2009, 2338). Auf diese Weise kann einer Zeugenbenennung der Arglisteinwand entgegengehalten werden (vgl. *Groth/v. Bubnoff* NJW 2001, 340 f.; *Reinelt/Strahl* in Mes, Prozessformularhandbuch, I. 98

A. 14; *Wagner* NJW 2001, 1398); zur Problematik der Akteneinsicht in gerichtliche Mediationsakten vgl. *Kurzweil* ZZP 123 (2010), 77 ff.

99 **13.** Diese Regelung enthält einen sog. dilatorischen Klageverzicht, also eine prozesshindernde Einrede, die die Erhebung einer Klage vor Durchführung eines Mediationsverfahrens ausschließt. Die entgegen dieser Regelung erhobene Klage ist als unzulässig abzuweisen (BGH, Urt. v. 18.11.1998 – VIII ZR 344/97, NJW 1999, 647; aus dem Schrifttum z.B. *Wagner* Prozessverträge, S. 411 ff., LG Heilbronn, Urt. v. 10.09.2010 – 4 O 259/09 mit Anm. *Wagner* ZKM 2011, 29; *Unberath* eucon news, 2010, 6), sofern sich die andere Partei darauf beruft (vgl. *Friedrich* MDR 2004, 481, 484).

100 Nach der Rechtsprechung des Bundesarbeitsgerichts ist bei der Formulierung einer solchen Klausel Vorsicht geboten (BAG, Urt. v. 18.05.1999 – 9 AZR 682/98, NZA 1999, 1350). Aus ihr muss sich eindeutig ergeben, dass die staatliche Gerichtsbarkeit vorläufig ausgeschlossen sein soll. Andernfalls handelt es sich nur um eine fakultative Regelung, die keine Auswirkungen auf die Zulässigkeit einer Klage hat (BAG, Urt. v. 18.05.1999 – 9 AZR 682/98, NZA 1999, 1350; *Friedrich* MDR 2004, 481, 484).

101 Dabei ist Rücksicht darauf zu nehmen, dass die Einleitung eines Mediationsverfahrens in der Regel nicht die Dauer von gesetzlichen (z.B. § 4 KSchG) oder tariflichen Ausschlussfristen berührt. Daher sollten die Parteien Klarheit über die Zulässigkeit und Notwendigkeit einer Klageerhebung erzielen und für diesen Fall vereinbaren, dass sie nach Möglichkeit das gerichtliche Verfahren im Falle einer Mediation nach §§ 46 Abs. 2 S. 1 ArbGG, 495, 251 ZPO zum Ruhen bringen.

102 **14.** Diese Regelung basiert auf einem wesentlichen Grundprinzip der Mediation, dem Prinzip der Freiwilligkeit. Der Arbeitgeber ist zwar im Rahmen seines Direktionsrechts nach § 106 GewO befugt, die Teilnahme an einer ersten (Informations-)Mediationssitzung während der Arbeitszeit einseitig anzuordnen, hingegen kann niemand zur weiteren Durchführung des Mediationsverfahrens oder zum Abschluss einer Vereinbarung verpflichtet werden (siehe auch *Henkel* AuA 2008, 459 ff.). Insoweit findet sich im Schrifttum auch die Unterscheidung zwischen der »absoluten« und der »relativen« Freiwilligkeit des Mediationsverfahrens (vgl. *Budde* Mediation und Arbeitsrecht, S. 196 f.). Die »absolute Freiwilligkeit« beschreibt die Entscheidungsfreiheit des Arbeitnehmers hinsichtlich seiner ersten Teilnahme an der Mediation; die »relative« die Freiheit hinsichtlich des Abschlusses einer Abschlussvereinbarung (LAG Nürnberg, Beschl. v. 27.08.2013 – 5 TaBV 22/12). Ausgehend von dieser Unterscheidung ist im Hinblick auf den Arbeitnehmer regelmäßig nur eine »relative Freiwilligkeit« anzunehmen, weil sich die Teilnahme an der ersten Mediationssitzung auf Grund des Direktionsrechts durch den Arbeitgeber erzwingen lässt (vgl. *Budde* Mediation und Arbeitsrecht, S. 196 f.; LAG Hamm, Urt. v. 16.10.2015 – 17 Sa 696/15).

103 **15.** Der Mediator wird (s. oben Anm. 7 – Z Rdn. 94) auf Grund eines Dienstvertrags tätig. Damit schuldet er naturgemäß keinen bestimmten Erfolg, sondern die Vornahme der Diensthandlung. Verletzt er diese Pflicht, so ist er den Beteiligten ggf. zum Schadensersatz verpflichtet. Aus diesem Grund wird mit Recht dazu geraten, in Mediationsklauseln eine Ausstiegsoption aufzunehmen, wenn der Mediator das Verfahren als gescheitert ansieht (dazu *Risse* Wirtschaftsmediation, S. 188 ff.). Zur Wahrung der Vertraulichkeit muss dabei unbedingt auch eine Regelung erfolgen, nach der der Mediator nicht zur Preisgabe seiner Gründe verpflichtet ist. Andernfalls droht ein etwaiger, bis dahin nicht bekannt gewordener Verhandlungsvorbehalt eines Beteiligten dem anderen bekannt zu werden. Dem ist durch eine entsprechende Klausel vorzubeugen (vgl. *Risse* Wirtschaftsmediation, S. 188 ff.).

104 **16.** In diesem Zusammenhang kann eine Regelung dazu aufgenommen werden, dass die Parteien den Abschluss von vollstreckbaren Regelungen beabsichtigen. Diese könnte etwa lauten:

[»Die Beteiligten werden die Regelungen zur vollständigen oder teilweisen Konfliktbeilegung stets unmittelbar vollstreckbar ausgestalten, soweit die Regelung einer Vollstreckbarkeit nach §§ 794 ZPO zugänglich ist.«]

Solche Regelungen machen in der innerbetrieblichen Mediation wenig Sinn, da zumeist zwischenmenschliche Probleme einen Konflikt auslösen und die dazu erforderlichen Lösungen einer Vollstreckung schon aus der Natur der Sache nicht zugänglich sind.

Dagegen erscheint oft die Regelung über eine spätere Evaluation sinnvoll, z.B.:

Alternative:

[Die Parteien vereinbaren, jede Regelung zur Konfliktlösung nach einem Zeitraum von ____ [Anzahl] ____ Monaten auf ihren Erfolg zu überprüfen und ggf. erforderliche Anpassungen vorzunehmen.]

Auf diese Weise lässt sich zumeist eine nachhaltigere, weil flexiblere, Lösung finden als mit einer etwaigen Regelung zur Vollstreckbarkeit.

17. Dieser Satz dient nur der Klarstellung, da sich die Hemmung der Verjährung aus § 203 BGB ergibt. Im Schrifttum wird seine Aufnahme dennoch befürwortet, um rechtliche Unklarheiten im Zusammenhang mit den gesetzlichen Bestimmungen auszuräumen (vgl. *Friedrich* MDR 2004, 481, 483 sowie *Klose* NJW 2010, 100).

18. Die Vergütung des Mediators wird häufig in einer gesonderten Honorarvereinbarung (vgl. Muster Z Rdn. 128) geregelt. Alternativ kann auch hier eine Regelung erfolgen. Diese kann z.B. wie folgt lauten:

Alternative:

[Der Mediator erhält für seine Tätigkeit in diesem Verfahren (inklusive Vor- und Nachbereitung der Termine) vom Arbeitgeber ein nach Zeitaufwand zu bemessendes Honorar von EUR ____ [Betrag] ____ /Stunde zzgl. der gesetzlichen Mehrwertsteuer sowie Ersatz der nachgewiesenen Aufwendungen nach Maßgabe des RVG.]

Sind die Beteiligten während des Verfahrens durch eigene Rechtsanwälte begleitet, so sollte eine entsprechende Regelung zu den Kosten dieser Rechtsanwälte aufgenommen werden. Selbstverständlich ist auch die Übernahme der Kosten des Rechtsbeistands des Arbeitnehmers möglich und im Bereich der innerbetrieblichen Konflikte auch sinnvoll.

Im Falle eines Mediationsverfahrens zwischen Arbeitgeber und Betriebsrat sollte noch eine Vereinbarung über das Honorar des Rechtsbeistands des Betriebsrats getroffen werden. Diese könnte etwa lauten:

Alternative:

[Das Honorar des Rechtsanwalts des Betriebsrats trägt der Arbeitgeber, soweit sich dieses nach den Regelungen des RVG richtet und eine vorherige schriftliche Vereinbarung über die Kostentragung getroffen wurde.]

2. Mediationsvereinbarung (kurz)

Vorbemerkung

Die nachfolgende Mediationsvereinbarung schafft die rechtliche Grundlage für eine kooperative außergerichtliche Streitbeilegung im konkreten Einzelfall. Sie ist zwischen den beteiligten Konfliktparteien (d.h. bspw. Arbeitgeber und Arbeitnehmer, Arbeitnehmern untereinander, Arbeitgeber und Betriebsrat oder einem anderen Kollektivorgan) sowie dem von diesen Beteiligten unabhängigen Mediator abzuschließen. Das Muster stellt auf einen Zweiparteienkonflikt zwischen einem Arbeitgeber und einem Arbeitnehmer ohne eine Beteiligung von Rechtsanwälten ab. Es enthält alle notwendigen Klauseln ohne ausdrückliche Regelung der Mediatorenvergütung (dazu

s. Muster Z Rdn. 128). Weiterhin ist auch hier keine Regelung über die Vollstreckbarkeit des Mediationsergebnisses enthalten. Dabei ist zu beachten, dass dieses regelmäßig – selbst bei schriftlicher Vereinbarung – nicht ohne weiteres vollstreckbar ist. Es handelt sich vielmehr um einen Vergleichsvertrag i.S.d. § 779 BGB, der von sich aus noch nicht durchsetzbar ist. Dazu bedürfte es entweder einer Regelung, nach der sich die Parteien der sofortigen Zwangsvollstreckung unterwerfen oder einer sonstigen Sanktionsvereinbarung (z.B. in Form einer Vertragsstrafe). Will man eine Mediationsvereinbarung vollstreckungsfähig gestalten, so erfolgt dies nach den allgemeinen Regelungen der §§ 794 ff. ZPO. Da solche Zwangsregelungen aber die innerbetriebliche Mediation eher belasten und für die Beteiligten eine zusätzliche Hürde darstellen, wird im folgenden Muster darauf verzichtet.

▶ **Muster – Mediationsvereinbarung (kurz)**

113

Mediationsvereinbarung

zwischen

_____[Name]_____

– nachfolgend Arbeitgeber genannt –

und

Herrn _____[Name]_____

– nachfolgend Arbeitnehmer genannt –

– zusammen nachfolgend als »Beteiligte« bezeichnet – [1]

sowie Herrn _____[Name]_____

– nachfolgend Mediator genannt –

§ 1 Streitigkeit und Ziel der Mediation

Zwischen den Beteiligten besteht Streit über [Streitgegenstand] . [2]

Die Beteiligten beabsichtigen, in einer Mediation gemeinsam eine Lösung des vorgenannten Konflikts zu finden.

§ 2 Person und Aufgaben des Mediators

Zum Mediator bestimmen sie Herrn _____[Name]_____, der mit Unterzeichnung dieser Vereinbarung die Bestellung annimmt. Er wird die Beteiligten bei den Verhandlungen sowie der Festlegung auf ein gemeinsam erarbeitetes Ergebnis als neutraler Dritter professionell unterstützen. Eine verbindliche Entscheidungsbefugnis über den Konflikt insgesamt oder über einzelne Aspekte des Konflikts steht ihm nicht zu. Der Mediator schuldet keinen Rechtsrat und ist auch nicht für die Erzielung eines bestimmten Mediationserfolgs verantwortlich. [3]

Der Mediator verpflichtet sich zu uneingeschränkter Neutralität und Vertraulichkeit. Er wird keinen der Beteiligten in dieser Angelegenheit vor, während oder nach dem Mediationsverfahren beraten. [4]

§ 3 Verantwortlichkeit der Beteiligten

Die Beteiligten werden sich bemühen, in jedem Verfahrensstadium lösungsorientiert, fair und offen miteinander zu verhandeln. [5]

§ 4 Vertraulichkeit

Die Beteiligten verpflichten sich gegenseitig, sämtliche von der jeweils anderen Seite in dem Mediationsverfahren erlangte Kenntnisse vertraulich zu behandeln und für den Fall des Scheiterns der Verhandlungen nicht in einer streitigen Auseinandersetzung zu verwenden. Dies gilt auch für Schriftstücke, die im Zusammenhang mit diesem Mediationsverfahren erstellt werden. Keiner der

Beteiligten wird den Mediator als Zeugen oder Gutachter in einem Gerichts- oder Einigungsstellenverfahren benennen. [6]

§ 5 Abbruch der Mediation

Die Mediation kann jederzeit ohne Angabe von Gründen von einer der Parteien abgebrochen werden. Der Mediator hat das Recht, die Mediation jederzeit durch Erklärung gegenüber beiden Beteiligten zu beenden, wenn er die Mediation als gescheitert ansieht oder eine Fortführung des Verfahrens aus sonstigen wichtigen Gründen ablehnt. Der Mediator ist nicht verpflichtet, die Gründe für seine Erklärung anzugeben. [7]

§ 6 Vergütung des Mediators

Der Mediator erhält für seine Tätigkeit vom Arbeitgeber ein Honorar, das in einer gesonderten Vereinbarung geregelt wird. [8]

§ 7 Haftungsbegrenzung

Der Mediator haftet für die Verletzung seiner Pflichten aus diesem Vertrag in Fällen leichter Fahrlässigkeit bis zu einem Höchstbetrag von 250.000 EUR, im Übrigen unbeschränkt. [9]

_____[Ort]_____, den _____[Datum]_____

_____
(Name des Arbeitgebers)

_____
(Name des Arbeitnehmers)

_____
(Name des Mediators)

Erläuterungen

Schrifttum

Groth/v. Bubnoff Gibt es »gerichtsfeste« Vertraulichkeit bei der Mediation?, NJW 2001, 338; *Haft* Verhandlung und Mediation, 2000; *Henkel* Coaching und Mediation, AuA 2009, 459; *Kurzweil* Akteneinsichtsrecht in »Mediationsakten«?, ZZP 123 (2010), 77; *Mückenberger* Innerbetriebliche Mediation – Ein Gewinn für Mitarbeiter und Unternehmen, AuA 2010, 284; *Risse* Wirtschaftsmediation, 2003; *Schwartz/Thomas* Vereinbarungen zur Einleitung und Durchführung einer Mediation, DStR 2009, 2338; *Wagner* Sicherung der Vertraulichkeit von Mediationsverfahren durch Vertrag, NJW 2001, 1398.

1. Denkbar ist durchaus auch, dass der Streit nicht zwischen Arbeitgeber und Arbeitnehmer, sondern ggf. auch zwischen zwei Arbeitnehmern, zwischen Vorgesetztem und Mitarbeiter, mit dem Betriebsrat, einem anderen Kollektivorgan oder einer Gruppe von Beteiligten besteht. Auch in diesen Fällen bietet sich die Mediation als alternative Konfliktlösung an.

Beiden Seiten sollte die Möglichkeit gegeben werden, einen Beistand, etwa einen außenstehenden Rechtsanwalt, hinzuziehen. Dies erhöht oft die Akzeptanz, an einem solchen Verfahren teilzunehmen. Um klarzustellen, dass diesen Beiständen keine besondere Funktion im Mediationsverfahren zukommt, sollte aber eine entsprechende Bezeichnung (z.B. »in Begleitung von RA ...«) verwendet werden. Bei der Auswahl der Beistände sollte darauf hingewiesen werden, dass der hinzugezogene Beistand seine Aufgabe nur dann sinnvoll wahrnehmen kann, wenn dieser mit dem Ablauf und den Hintergründen des Verfahrens (interessenbasierte Herangehensweise) vertraut ist und nicht allein auf rechtlichen Positionen beharrt.

2. Die Parteien müssen Klarheit über den Gegenstand des Verfahrens haben. Dieser sollte daher möglichst genau, aber kurz und prägnant und vor allem neutral formuliert sein (dazu *Schwartz/Thomas* DStR 2009, 2338). Unbrauchbar sind Beschreibungen des Verfahrensgegenstands, die von einer Seite als Vorwurf oder Schuldzuschreibung o.ä. verstanden werden. Die Beschreibung des Gegenstands dient zudem der Konzentration der Beteiligten auf das jeweilige Verfahrensthema und der Umgrenzung der Kostentragungspflicht des Arbeitgebers.

117 3. Die Klausel legt die Aufgabe des Mediators fest. Dieser wird auf Grund eines Dienstvertrags mit Geschäftsbesorgungscharakter tätig und leistet keine Rechtsberatung (*Schwartz/Thomas* DStR 2009, 2338). Zwar ist damit nicht ausgeschlossen, dass der Mediator in der einen oder anderen Frage auch eine rechtliche Würdigung vornimmt. Er ist dabei aber nicht in gleicher Weise verantwortlich wie der beratende Rechtsanwalt oder Steuerberater (vgl. AG Lübeck, Urt. v. 29.09.2006 – 24 C 1853/06, NJW 2007, 3789). Alternativ könnte hinsichtlich des Verfahrens und der Aufgaben auch lediglich auf § 2 des MediationsG hingewiesen werden, i.S.d. Transparenzgebots erscheint eine ausführlicher Darstellung jedoch sinnvoller:

Alternative:

[Das Verfahren und die Aufgaben des Mediators ergeben sich aus § 2 MediationsG«.]

118 4. Der Mediator ist als unbeteiligter Dritter zur Neutralität (Allparteilichkeit) und Vertraulichkeit verpflichtet. Mit dieser Regelung werden die entsprechenden – an sich selbstverständlichen – Vertragspflichten eingeführt. Dazu gehören auch die Gleichbehandlung der Parteien und eine besondere Zurückhaltung in der Sache (*Haft* Verhandlung und Mediation, S. 249). Das Muster sieht keine Regelungen für den in einer Berufs- oder Bürogemeinschaft tätigen Mediator, wie in § 3 Abs. 3 geregelt, vor. Im Falle einer solchen Konstellation müsste der Mediator die Beteiligten über die Situation aufklären und vor Durchführung der Mediation das Einverständnis der Beteiligten einholen. Es empfiehlt sich, dies in der Mediationsvereinbarung zu dokumentieren.

119 5. Die Klausel ist rechtlich nicht durchsetzbar, weder ist ein solches Verhalten einklag- noch vollstreckbar. Die Klausel dient allein dazu, den Beteiligten die eigene Verantwortung für den Verlauf und das Ergebnis der Mediation deutlich zu machen. Der Erfolg einer Mediation liegt allein in den Händen der Beteiligten. Sie müssen im eigenen Interesse offen und fair mit einander verhandeln und – lediglich mit der Unterstützung des Mediators – den Erfolg erzielen. Ohne ihr entsprechendes Bemühen ist eine Einigung nicht möglich (vgl. *Mückenberger* AuA 2010, 284 ff. sowie *Henkel* AuA 2009, 459).

120 6. Die Klausel dient der Sicherstellung der Vertraulichkeit des Verfahrens. Die Beteiligten sollen offen und ohne Vorbehalte miteinander verhandeln können. Dies ist nur dann gewährleistet, wenn beide Seiten ohne (taktische) Rücksichtnahme auf ein etwaiges Gerichtsverfahren verhandeln können. Dafür muss vereinbart werden, dass der Mediator nicht als Zeuge in einem gerichtlichen Verfahren benannt werden darf. Der als Rechtsanwalt oder Steuerberater tätige Mediator hat zwar regelmäßig schon auf Grund seiner beruflichen Stellung ein Zeugnisverweigerungsrecht (*Groth/v. Bubnoff* NJW 2001, 338, 339 f.). Die Beteiligten und der Mediator sollten gleichwohl darauf achten, dass seine Inanspruchnahme als Zeuge vertraglich ausgeschlossen wird (*Schwartz/ Thomas* DStR 2009, 2338). Auf diese Weise kann einer Zeugenbenennung der Arglisteinwand entgegengehalten werden (*Groth/v. Bubnoff* NJW 2001, 340 f.; *Reinelt/Strahl* in Mes, Prozessformularhandbuch, I. A. 14; *Wagner* NJW 2001, 1398); zur Problematik der Akteneinsicht in gerichtliche Mediationsakten vgl. *Kurzweil* ZZP 123 (2010), 77 ff.

121 7. Der Mediator wird auf Grund eines Dienstvertrags tätig. Damit schuldet er naturgemäß keinen bestimmten Erfolg, sondern die Vornahme der Diensthandlung. Verletzt er diese Pflicht, so ist er den Beteiligten ggf. zum Schadensersatz verpflichtet. Aus diesem Grund wird mit Recht dazu geraten, in Mediationsklauseln eine Ausstiegsoption aufzunehmen, wenn der Mediator das Verfahren als gescheitert ansieht (dazu *Risse* Wirtschaftsmediation, S. 188 ff.). Zur Wahrung der Vertraulichkeit muss dabei unbedingt auch eine Regelung erfolgen, wonach der Mediator nicht zur Preisgabe seiner Gründe verpflichtet ist. Andernfalls droht ein etwaiger, bis dahin nicht bekannt gewordener Verhandlungsvorbehalt eines Beteiligten dem anderen bekannt zu werden.

Dem ist durch eine entsprechende Klausel vorzubeugen (vgl. *Risse* Wirtschaftsmediation, S. 188 ff.).

8. Die Vergütung des Mediators wird häufig in einer gesonderten Honorarvereinbarung (vgl. Muster Z Rdn. 128) geregelt. Alternativ kann auch hier eine Regelung erfolgen. Diese kann z.B. wie folgt lauten:

Alternative:

[Der Mediator erhält für seine Tätigkeit in diesem Verfahren (inklusive Vor- und Nachbereitung der Termine) vom Arbeitgeber ein nach Zeitaufwand zu bemessendes Honorar von EUR _____ [Betrag] /Stunde zzgl. der gesetzlichen Mehrwertsteuer sowie Ersatz der nachgewiesenen Aufwendungen nach Maßgabe des RVG.]

Sind die Beteiligten während des Verfahrens durch eigene Rechtsanwälte begleitet, so sollte eine entsprechende Regelung zu den Kosten dieser Rechtsanwälte aufgenommen werden, selbstverständlich ist auch die Übernahme der Kosten des Rechtsbeistands des Arbeitnehmers möglich und im Bereich der innerbetrieblichen Konflikte häufig sinnvoll.

Alternative:

[Die Beteiligten tragen ihre Kosten sowie die Kosten, die durch die eigenverantwortliche Einholung von Rechtsrat oder die Begleitung durch einen Rechtsanwalt oder einen anderen Beistand entstehen, selbst.

Oder:

Das Honorar des Rechtsanwalts des Arbeitnehmers trägt der Arbeitgeber, soweit sich dieses nach den Regelungen des RVG richtet und eine vorherige schriftliche Vereinbarung über die Kostentragung getroffen wurde.]

Im Falle eines Mediationsverfahrens zwischen Arbeitgeber und Betriebsrat sollte noch eine Vereinbarung über das Honorar des Rechtsbeistands des Betriebsrats getroffen werden. Diese könnte etwa lauten:

Alternative:

[Das Honorar des Rechtsanwalts des Betriebsrats trägt der Arbeitgeber, soweit sich dieses nach den Regelungen des RVG richtet und eine vorherige schriftliche Vereinbarung über die Kostentragung getroffen wurde.]

9. Die Klausel entspricht § 51a Abs. 1 Nr. 2 BRAO und zielt auf den Mediator ab, der zugleich Rechtsanwalt ist (im Falle eines Steuerberaters vgl. *Schwartz/Thomas* DStR 2009, 2338, 2339). Nach dieser Bestimmung ist ein Haftungsausschluss oder eine darüber hinausgehende Haftungsbeschränkung durch Verwendung vorformulierter Vertragsbestimmungen ausgeschlossen. Nach dem Grundsatz des Verbots der geltungserhaltenden Reduktion würde die Verwendung umfangreicherer Haftungsbeschränkungen zu einem vollständigen Wegfall der Haftungsklausel führen (BGH, Urt. v. 12.10.1995 – I ZR 172/93, NJW 1996, 1407 f.). Wegen der Einzelheiten ist das jeweilige Berufsrecht zu beachten.

3. Mediatorenvertrag

Vorbemerkung

Eine gesetzliche Gebührenordnung für die Mediation besteht nicht. Die Vergütung des Mediators ist weder streit- noch gegenstandswertabhängig. Der Mediator rechnet in der Regel nach einem Stundensatz ab, der in einer Honorarvereinbarung (Mediatorenvertrag) frei vereinbart wird. Wie im Arbeitsrecht oft üblich, insbesondere bei Einigungsstellenverfahren, werden in vielen Fällen auch Tagespauschalen vereinbart. Einige Mediatoren differenzieren bei der Höhe des Stundensatzes nach der Art des Konflikts, der Anzahl der eingesetzten Mediatoren und der Anzahl der Beteiligten. Zwingend ist dies jedoch nicht.

127 Das nachstehende Muster stellt die in Muster Z Rdn. 86 und Z Rdn. 113 genannte Honorarvereinbarung zwischen dem Arbeitgeber und dem Mediator dar. Das Muster geht von einer Kostentragung durch den Arbeitgeber aus, da bei einer innerbetrieblichen Mediation der Arbeitgeber üblicherweise die Verfahrenskosten trägt. Die Übernahme der Kosten durch den Arbeitgeber erfolgt unabhängig davon, ob der Arbeitgeber Beteiligter des Konflikts ist oder nicht. Die vollständige Übernahme der Kosten und die Durchführung der Mediation während der Arbeitszeit erhöhen in der Praxis die Akzeptanz des Verfahrens erheblich. Das Muster geht von einem einheitlichen Stundensatz für die Vorbereitungs- und Nachbereitungszeit und für die Stunden der Mediationssitzung aus und differenziert nicht nach der Anzahl der Beteiligten.

▶ **Muster – Mediatorenvertrag**

128

Mediatorenvertrag

zwischen

___[Name]___

– nachfolgend Arbeitgeber genannt –

und

___[Name]___

– nachfolgend Mediator genannt – [1]

§ 1 Gegenstand des Mediationsverfahrens

Zwischen den Beteiligten, ___[Name]___ und ___[Name]___, besteht Streit über ___[Gegenstand des Streits bezeichnen]___. [2]

Die Beteiligten beabsichtigen, in einer Mediation gemeinsam eine Lösung des vorgenannten Konflikts zu finden. Dazu haben sie den Mediator mit der Durchführung eines Mediationsverfahrens beauftragt.

§ 2 Leistung des Mediators

Die Leistung des Mediators besteht in einer unparteiischen Vermittlung und Förderung des Mediationsprozesses. Weder trifft der Mediator eine konfliktlösende Entscheidung, noch wird er rechtsberatend tätig. Der Mediator wird sich bemühen, die Beteiligten des Mediationsverfahrens zu einer einvernehmlichen Lösung des Konflikts zu führen bzw. sie hierbei zu unterstützen. Ein bestimmter Mediationserfolg ist nicht geschuldet.

§ 3 Rechte und Pflichten der Beteiligten und des Mediators

Die Rechte und Pflichten des Mediators sowie der am Konflikt Beteiligten richten sich im Einzelnen nach der zwischen diesen abzuschließenden Mediationsvereinbarung. [3]

§ 4 Vergütung des Mediators

Die Tätigkeit des Mediators wird nach Zeitaufwand abgerechnet, wobei folgender Stundensatz gilt:

___[Betrag]___ EUR (in Worten: ___[Betrag]___ Euro)

Zusätzlich zum Stundenhonorar wird die jeweils gültige gesetzliche Mehrwertsteuer abgerechnet.

Die Abrechnung erfolgt in Zeittakten von 30 Minuten.

Die Vor- und Nachbereitungszeiten und die Dauer der An- und Abreise werden mit gleichem Stundensatz vergütet. [4]

§ 5 Auslagen und Kosten

Zusätzlich zu der unter § 4 aufgeführten Vergütung erstattet der Arbeitgeber die dem Mediator entstandenen Reisekosten. Hierfür werden die Kosten einer Bahnfahrt zweiter Klasse abgerechnet. Sind die tatsächlich entstandenen Reisekosten höher, werden diese nach Aufwand erstattet, wobei für die Benutzung eines Pkw ___[Betrag]___ € je gefahrenem Kilometer abgerechnet werden.

Die sonstigen beim Mediator anfallenden Auslagen wie Telefon, Telefax und Fotokopien sind mit dem Stundenhonorar abgegolten. [5]

§ 6 Rechnungsstellung

Die Tätigkeit wird jeweils zum Ende eines Kalendermonats oder auf gesonderte Anforderung in Rechnung gestellt. Der Umfang der geleisteten Stunden kann jederzeit abgefragt werden.

___[Ort]___, den ___[Datum]___

_____
(Name des Arbeitgebers)

_____
(Name des Mediators)

Erläuterungen

Schrifttum
Schwartz/Thomas Vereinbarungen zur Einleitung und Durchführung einer Mediation, DStR 2009, 2338.

1. Das vorliegende Muster sieht eine zweiseitige Vereinbarung zwischen dem Arbeitgeber und dem Mediator vor, unabhängig davon, ob der Arbeitgeber unmittelbar Beteiligter des zu lösenden Konflikts ist. Dies ist ausreichend, da bei einer innerbetrieblichen Mediation der Arbeitgeber üblicherweise die Kosten des Verfahrens übernimmt. Jedoch ist auch eine drei(mehr-)seitige Vereinbarung zwischen Mediator, Arbeitgeber und den am Konflikt Beteiligten denkbar, welche die Beteiligten mit aufnimmt, die Kostentragungspflicht aber dennoch dem Arbeitgeber auferlegt. Eine solche Variante kann im Einzelfall zweckmäßig sein, etwa um den Konfliktparteien die Kosten des Verfahrens vor Augen zu führen und für vollumfängliche Transparenz zu sorgen.

Durchaus möglich ist – insbesondere bei umfangreicheren Streitigkeiten – auch die Einschaltung mehrerer Mediatoren. In diesem Fall, also der sog. Co-Mediation, ist der Co-Mediator ebenfalls in den Mediatorenvertrag aufzunehmen und das Verhältnis der Mediatoren untereinander und zum Arbeitgeber bzw. zu den Beteiligten zu regeln. Hinsichtlich des Vergütungsanspruchs können die Mediatoren sowohl als Teil- als auch als Gesamtgläubiger auftreten. Dabei sollte berücksichtigt werden, dass im Falle der Vereinbarung einer Gesamtgläubigerschaft beide die Vergütung in voller Höhe, aber insgesamt nur einmal verlangen können (§ 428 BGB). Insoweit tragen die Gesamtgläubiger also untereinander das Insolvenzrisiko und kommen nach § 429 Abs. 1 BGB auch gemeinsam in Verzug. Dafür müssen sie, sofern sie als Teilgläubiger auftreten, getrennt ihre Forderungen abrechnen und geltend machen. Eine Vergütungsregelung als Teilgläubiger könnte demnach unter § 4 wie folgt lauten:

Z. Mediationsverfahren

Alternative:

[§ 4 Vergütung der Mediatoren

Für ihre Tätigkeit erhalten die Mediatoren jeweils eine individuelle Vergütung, die nach ihrem jeweiligen Zeitaufwand abgerechnet wird. Dabei gelten folgende Stundensätze:

Mediator ____[Name]____ erhält je Stunde ____[Betrag]____ EUR (in Worten: ____[Betrag]____ EUR)
Mediator ____[Name]____ erhält je Stunde ____[Betrag]____ EUR (in Worten: ____[Betrag]____ EUR)

Die Abrechnung erfolgt in Zeittakten von 30 Minuten.

Zusätzlich zum Stundenhonorar wird die jeweils gültige gesetzliche Mehrwertsteuer abgerechnet.

Die Vor- und Nachbereitungszeiten und die Dauer der An- und Abreise beider Mediatoren werden mit dem oben jeweils für diesen angegebenen Stundensatz vergütet.]

131 Die Bestimmungen in den §§ 5 und 6 sind dann entsprechend anzupassen.

132 **2.** Die Parteien müssen Klarheit über den Gegenstand des Verfahrens haben. Dieser sollte auch im Zusammenhang mit dem Mediatorenvertrag möglichst genau formuliert sein (*Schwartz/Thomas* DStR 2009, 2338), um Klarheit über die Vergütungsleistungen zu erhalten. Sollten im Laufe des Mediationsverfahrens – was nicht unüblich ist – die Themenfelder erweitert werden, ist darauf zu achten, den Mediatorenvertrag entsprechend anzupassen.

133 **3.** Die Klausel soll die Aufgabe des Mediators nicht festlegen. Dafür haben die Parteien eine ausführliche Regelung in der Mediationsvereinbarung getroffen (vgl. Muster Z Rdn. 86 und Z Rdn. 113). Um die notwendige Transparenz herzustellen, sollte diese ausdrücklich genannt werden. Im Idealfall (bei bereits abgeschlossener Mediationsvereinbarung) kann auch noch das Datum der Mediationsvereinbarung genannt werden, in der Praxis erfolgt jedoch die Unterzeichnung des Mediatorenvertrags zeitlich meist vor der Unterzeichnung der Mediationsvereinbarung.

134 **4.** Im Rahmen der Vergütungsvereinbarung sollte eine ausdrückliche Regelung über die Vor- und Nachbereitungszeiten sowie die Kosten der An- und Abreise getroffen werden (vgl. *Schwartz/Thomas* DStR 2009, 2338, 2339).

135 **5.** Alternativ lässt sich auch eine sonstige Auslagenregelung treffen, z.B. durch Verweis auf das RVG:

Alternative:

[Im Übrigen finden für Auslagen und sonstige Nebenkosten die Bestimmungen des Rechtsanwaltsvergütungsgesetzes Anwendung.]

136 Ebenso ist die Vereinbarung einer pauschalierten Auslagenerstattung möglich.

Stichwortverzeichnis

Die fett gedruckten Buchstaben beziehen sich auf das Kapitel und die mageren Ziffern auf die dazugehörige Randnummer.

Abberufung
– Fachkraft für Arbeitssicherheit **O** 589 ff.
– Sicherheitsbeauftragter **O** 601

Abberufung, Aufsichtsratsbeschluss
– Aufsichtsratsmehrheiten **M** 285
– einstweilige Verfügung **M** 287
– einvernehmliche Trennung **M** 276
– Muster **M** 279
– Vertrauen **M** 283
– wichtiger Grund **M** 280 ff.

Abberufungsbeschluss
– Entlastungsbeschluss **M** 147
– Geschäftsführung **M** 88 ff.
– Muster, Gesellschafterbeschluss **M** 95
– offensichtlich unsachliche Gründe **M** 92
– Rechtsmittel **M** 103
– Wirkung **M** 99
– Zugang **M** 101
– zusammen mit Neubestellung **M** 97

Abfindung
– Abtretung der Rückdeckungsversicherung **L** 285
– Anrechnung **S** 201
– Anwachsung **V** 444
– Aufhebungsvereinbarung **M** 128 f.
– Aufhebungsvertrag **K** 163 ff.
– Aufhebungsvertrag, Höhe **K** 151
– Fälligkeit **K** 165
– Karenzentschädigung **C** 156
– Kündigung betriebliche Gründe, Höhe **K** 80
– Kündigungsschutzklage **X** 263
– Sperrzeit **K** 83
– Steuer/Sozialabgaben **S** 197
– Tarifsozialplan **S** 190 ff.
– Vererblichkeit **K** 164
– Vorstands-Dienstvertrag **M** 208

Abfindung, Rentner **L** 301 ff.
– Besonderheit Invaliditätsrenten **L** 304
– Besteuerung **L** 309
– einseitiges Abfindungsrecht **L** 305
– Erleben des Stichtags **L** 306
– Hinterbliebeneninformation **L** 307
– Muster **L** 303

Abfindung, Sozialplan
– Betriebszugehörigkeit **O** 878
– Gleichbehandlungsgrundsatz **O** 876
– Verzicht auf Kündigungsschutzklage **O** 897

Abfindungs-Cap **M** 209, 304

Abfindungsanspruch
– gesetzlicher **K** 69

Abfindungsklausel
– steuerliche Anerkennung **L** 158

Abfindungsschreiben an unverfallbar ausgeschiedene Arbeitnehmer **L** 292 ff.
– Abfindungshöhe **L** 299
– einseitiges Abfindungsrecht **L** 295
– Erleben des Stichtags **L** 297
– Hinterbliebeneninformation **L** 298

Abgeltungsklausel
– Mindestlohn **B** 25

Abgeltungsklauseln
– Überstunden **B** 25

Ablehnung
– Nebentätigkeit **C** 29 ff.
– Sabbatjahr **O** 434

Ablehnungsandrohung
– Nicht-Zahlung der Karenzentschädigung **C** 190 ff.

Abmahnung **J** 4 ff.
– Abschwächung der Warnfunktion **J** 27
– Berechtigte **J** 30
– Beteiligung **J** 31 f.
– Beweislast **J** 22
– Compliance Verstoß **T** 104 ff.
– Dokumentation **J** 28
– Erforderlichkeit, Einzelfall **J** 18
– Form **J** 12
– Frist **J** 14
– Handelsvertreter **N** 41
– Häufigkeit **J** 17
– Hinweispflicht **J** 24
– Inhaltsanforderungen **J** 20 ff.
– Kündigung bei Compliance Verstoß **T** 108
– Kündigungsverzicht **J** 26
– Muster **J** 6
– Personalakte, Entfernung **J** 21 f.
– Privatnutzung der betrieblichen Kommunikationseinrichtungen **O** 454
– verhaltensbedingte Kündigung **X** 311
– Verletzung der Verschwiegenheitpflicht **C** 20
– Verstoß bei Nebentätigkeit **C** 34
– Verwarnung **J** 37 ff.
– Voraussetzungen/Funktionen **J** 7 ff.
– Wirksamkeitsvoraussetzungen **J** 33 f.

Abordnung
– Arbeitnehmerwunsch **Q** 86
– Eingruppierung **Q** 90
– Frist, Zustimmungspflicht **Q** 81
– Grund **Q** 87
– Mitbestimmung, Personalrat **Q** 78 ff.
– Muster, Antrag auf Zustimmung **Q** 79
– Wechsel der Dienststelle **Q** 83

Stichwortverzeichnis

Abrechnung
- Aufhebungsvertrag K 161

Absage
- Auskunftsanspruch A 122
- Inhalt A 119
- Musterschreiben an Bewerber A 120
- Musterschreiben bei Schwerbehinderung A 128
- Nachfragen A 122
- schwerbehinderter Bewerber A 127 ff.
- Wunschformel A 126

Abschrift
- Arbeitsgerichtsverfahren X 146 f.

Absicherung
- Videoüberwachungsdateien O 548

Abspaltung
- Begriff V 283
- Folgen für Arbeitnehmer V 314
- gesamtschuldnerische Nachhaftung V 286
- Muster, Abspaltungs- und Übernahmevertrag V 284
- Widerspruchsrecht, Übergang des Arbeitsverhältnisses V 287, 355
- Zuleitung an Betriebsrat V 288

Absprache
- Protokoll des Bewerbungsgesprächs A 112

Abstimmungsverfahren
- Frist W 345

Abstimmungsverfahren über die Art der Wahl W 180 ff.
- Abstimmungsausschreiben W 196 ff.
- Bekanntmachung W 182 ff.
- Bekanntmachung Gesamtwahlergebnis W 234 ff.
- Bekanntmachung, Dauer des Aushangs W 193
- Bekanntmachung, Zeitpunkt W 189 ff.
- Briefwahl W 212 ff.
- Briefwahlunterlagen W 214 f.
- Muster, Abstimmungsausschreiben W 197
- Muster, Bekanntmachung W 183
- Muster, Bekanntmachung Gesamtwahlergebnis W 235
- Muster, Briefwahlunterlagen W 217
- Muster, Niederschrift Betriebswahlergebnis W 222
- Muster, Niederschrift Gesamtwahlergebnis W 226
- Muster, Stimmzettel W 209
- Niederschrift Betriebswahlergebnis W 220 ff.
- Niederschrift Gesamtwahlergebnis W 224 ff.
- Stimmzettel W 209 ff.

Abstimmungsverfahren Wahlvorschlag leitende Angestellte W 339 ff., 348 ff.
- Abstimmungsergebnis, Ermittlung W 440 ff.
- Abstimmungsvorschläge W 403 ff., 406 ff.
- Anzahl der Bewerber W 364
- Bekanntmachung W 346 ff.
- Bekanntmachung Abstimmungsergebnis W 443 ff., 447 ff.
- Bekanntmachung der Abstimmungsvorschläge W 410 ff., 412 ff.
- Briefwahl W 369 ff.
- Briefwahlunterlagen W 418 ff., 424 ff.
- Dauer W 345, 375 f.
- Fristen W 345
- Muster, Abstimmungsniederschrift W 436
- Muster, Abstimmungsvorschlag W 405
- Muster, Bekanntmachung Abstimmungsergebnis W 446
- Muster, Bekanntmachung Abstimmungsverfahren W 347
- Muster, Bekanntmachung über das Nichtstattfinden des Wahlgangs W 393
- Muster, Briefwahlunterlagen W 423
- Muster, Nachfrist zur Einreichung von Wahlvorschlägen W 380
- Nachfrist zur Einreichung von Abstimmungsvorschlägen W 379 ff.
- Nichtstattfinden eines Wahlgangs W 390 ff.
- Niederschrift Abstimmungsergebnis W 434 ff., 437 ff.
- Stimmzettel W 418 ff., 424 ff.
- Zweck W 342

Abwicklung
- des Arbeitsverhältnisses K 309 ff.

Abwicklungsvertrag *siehe auch Aufhebungsvertrag*
- Begriff K 140

Accretion *siehe Anwachsung*

AG-Vorstand
- Kündigung K 3
- Tantieme M 20

AGB
- Entsendung H 20

AGB-Kontrolle
- Änderungsvertrag J 102
- Arbeitsordnung O 139
- Arbeitsvertrag B 2 f.
- Aufhebungsvertrag K 143
- Ausgleichsquittung K 360, 368
- Gesamtzusage J 120
- Geschäftsführer-Anstellungsvertrag M 4
- Handelsvertretervertrag N 24
- Tarifbezug B 66
- Vergütung B 184
- Vorstands-Dienstvertrag M 155
- Wettbewerbsverbot C 122

Agentur für Arbeit
- Finanzierung der Transfergesellschaft O 927 f.
- Geschäftsanweisung zum konjunkturellen Kurzarbeitergeld bei Urlaub O 374, 377
- Kündigung K 13, 46
- Kurzarbeit S 240
- Massenentlassungsmuster K 272
- Transferkurzarbeitergeld O 914
- Transferleistungen O 905
- Vermittlung beim Interessenausgleich O 832
- Zweckerreichung E 51

Stichwortverzeichnis

Aktien
- Unterrichtungsschreiben, Unternehmenskauf V 130 f.

Aktiengesellschaft
- Statusverfahren W 20; *siehe auch dort*

Aktienoptionsplan
- Vorstands-Dienstvertrag M 181

Aktienoptionsprogramm
- Aktienoptionen von anderen Konzernunternehmen D 30
- Aktienoptionsvertrag D 12
- Anpassungen D 29
- Ausgabe von Bezugsrechten D 7
- Ausscheiden von Mitarbeitern D 25 ff.
- Ausübungspreis D 22 f.
- Ausübungszeiträume D 18
- Bad Leaver D 26
- Bedeutung D 3
- Begrenzung bei außerordentlicher Entwicklung D 24
- Benchmarking D 19 ff.
- Betriebsübergang D 28
- Bezugsberechtigte D 10
- Bezugsrechte D 9
- Erfolgsziele D 19 ff.
- Erwerbszeiträume D 14
- Festlegung des Ausgabetags D 15
- gestaffeltes Ausübbarwerden D 17
- Good Leaver D 27
- Kapitalerhöhung D 8
- Kritik D 2
- Muster D 6
- unentgeltliche Gewährung D 13
- Verbreitung, Ziele D 1
- Verfallklausel D 25 ff.
- Vergütung, variable D 4
- Wartezeit D 16
- Windfall-Profits D 2

Aktualisierung
- Anforderungsprofil A 44
- Stellenbeschreibung A 22

Alkohol
- Betriebsvereinbarung O 197 ff.

Allgemeines Gleichbehandlungsgesetz
- Wartezeiten bei Versorgungszusage L 49

Alter
- Abfindung in Sozialplan O 877
- auflösende Bedingung des Arbeitsvertrags S 100 ff.
- Auswahlrichtlinie O 753
- betriebsinterne Ausschreibung A 64
- Bewerberfragebogen A 144
- Entgelttarifvertrag S 20
- Entschädigungsklage bei Diskriminierung X 395
- Personalfragebogen A 181
- Wettbewerbsverbot C 125

Altersdifferenzklausel L 122

Altersdiskriminierung
- Ausschreibung A 79

Altersleistung L 32
- vorzeitige L 37 f.

Altersteilzeit
- Bonussystem O 652

Altersversorgung, betriebliche L 1 ff.
- Altersleistung L 32 ff.
- Anwachsung V 487
- Aufhebungsvertrag K 170
- Auszubildender L 20 f.
- Beendigung des Arbeitsverhältnisses L 50
- Betriebsübergang L 335 ff.
- Betriebsvereinbarung L 101
- Datenschutz L 87
- Eheklauseln L 56 f.
- Eintritt des Versorgungsfalls L 67
- Entgeltumwandlung L 221 ff., 386 f.; *siehe auch dort*
- EuGH L 65
- Geschäftsführer M 25
- Gestaltungsfreiheit L 29 f.
- Insolvenz L 82
- Invaliditätsleistung L 40
- Legaldefinition L 28
- Leistungsempfänger, Pflichten L 80 f.
- Mitnahmeanspruch *siehe dort*
- Rückdeckungsversicherung L 185 ff.
- Sozialabgaben L 77
- Steuern L 77
- Teilzeit L 24, 73
- Transformationstabelle L 64
- Unterrichtungsschreiben, Betriebsführungsvertrag V 663
- Unterrichtungsschreiben, Betriebspacht V 565
- Unterrichtungsschreiben, Spaltung V 347
- Unterrichtungsschreiben, Unternehmenskauf V 138 ff.
- Unterrichtungsschreiben, Verschmelzung V 257
- Unterrichtungstermin, jährlich L 68
- Unverfallbarkeit L 92 ff.
- Verpfändung, Entgeltumwandlung L 191
- versorgungsfähiger Arbeitsverdienst L 72
- Versorgungsversprechen L 28 ff.
- Versorgungswerk, geschlossenes L 342
- Waisenleistung L 46, 58
- Wartezeit L 47 ff.
- Widerruf L 88 ff.

Amnestie
- Angebot bei Compliance Verstoß T 70 ff.
- Ausgestaltung des Programms T 72
- Beurteilungsspielraum der Geschäftsleitung T 73 f.
- Interessenabwägung T 83
- Urheber/Profiteure T 79

Amnestievereinbarung
- Compliance Verstoß T 80 ff.
- datenschutzrechtliche Einwilligung T 86

1987

Stichwortverzeichnis

- Dauerschuldverhältnis T 95
- Geldbuße/-strafe T 92
- Kooperationspflicht der Mitarbeiter T 85
- Muster T 81
- Rechtsverteidigungskosten T 93
- Schadensersatz T 88 ff.
- Zweck T 82

Amtsniederlegung
- Ad-hoc-Mitteilung M 296
- Geschäftsführer M 125
- Geschäftsführerpflichten M 132 f.
- Muster, Vorstandsmitglied M 292
- Vorstand, einseitig M 294
- Vorstandsmitglied M 290 ff.

Anbahnung eines Arbeitsverhältnisses
- Anforderungsprofil A 26 ff.
- Ausschreibung A 45 ff.
- betriebsbedingte Kündigung A 3
- Bewerbungsverfahren A 83 ff.
- Einführung A 1 ff.
- Einwilligungen A 191 ff.
- Personalfragebogen A 138 ff.
- Stellenbeschreibung A 6 ff.
- vorbereitende Maßnahmen A 5 ff.

Änderungsangebot J 97
- Änderungskündigung K 130
- Annahmefrist K 138
- formfrei K 136
- Muster, Annahme unter Vorbehalt K 135

Änderungskündigung K 107 ff.
- Abgrenzungen K 110 ff.
- Ablehnung, Frist K 121
- Änderungsangebot K 130
- Änderungsschutzklage *siehe dort*
- Andeutungstheorie K 118
- Angebot der Änderung K 116 ff.
- Anhörung des Betriebsrats X 326 f.
- Annahme unter Vorbehalt K 122
- Ausgestaltung K 116
- betriebsbedingte Gründe K 129
- Dreiwochenfrist K 122
- gestuftes Vorgehen K 114
- Kündigungsfrist K 119
- Mitbestimmung K 127
- Muster K 108
- Muster für Versetzung durch - J 87
- Reaktionsmöglichkeiten des Arbeitnehmers K 120
- Schriftform K 109
- Schutzklage K 124
- Sonderkündigungsschutz K 126
- Sozialauswahl K 129
- stufenweise K 131; siehe auch Änderungsangebot
- Umdeutung K 113
- Versetzung J 79, 85 ff.
- Vorbehalt der sozialen Rechtfertigung X 324 f.
- Weiterbeschäftigungsanspruch K 123

Änderungsschutzklage
- Anwendungsbereich X 313 ff.
- Frist X 314
- Muster X 316
- Sozialauswahl X 320
- Zuständigkeit X 317

Änderungsvertrag J 98 ff.
- AGB-Kontrolle J 102
- Dokumentation J 106
- Mitbestimmung J 101
- Muster J 99
- Muster bei Arbeitszeitänderung E 128
- Transparenz J 105

Anerkennungstarifvertrag
- Anwendungsbereich S 110
- Bestimmtheit S 114 f.
- Laufzeit S 118
- Muster S 112
- Umfang der Tarifvertragsübernahme S 116

Anfechtung
- Arbeitsverhältnis A 2
- Arbeitsvertrag K 292 ff.
- arglistige Täuschung K 297 ff.
- Aufhebungs-/Abwicklungsvertrag K 186 ff.
- Drohung/Täuschung K 296 ff.
- Einigungsstellenspruch O 1015 f.
- Falschbeantwortung im Bewerberfragebogen A 177 f.
- Gewerkschaftsmitglied K 297, 301
- Grund K 302
- Irrtum K 301 ff.
- Krankheit K 301
- mündlich K 294
- Protokoll des Bewerbungsgesprächs A 109
- Rechtsfolge K 304 f.
- sachgrundlose Befristung E 28
- Schwangerschaft K 297, 301
- Schwerbehinderung K 297
- Ursächlichkeit der Täuschung K 299
- Vertretung K 307
- Vorstrafen K 297, 301
- widerrechtliche Drohung K 300
- Zugang K 308

Anforderungsprofil
- Abgrenzung zur Stellenbeschreibung A 26
- Aktualisierung A 44
- Änderung A 34
- Arbeitszeitverlängerung E 124
- Berufserfahrung A 36
- Bewerberfragebogen A 143
- Darlegungs- und Beweislast A 27
- Formulierung A 31
- Gestaltung A 31
- Mitbestimmung A 31
- Muster A 29
- öffentlicher Dienst A 27
- persönliche Anforderungen A 41 ff.
- Protokoll des Bewerbungsgesprächs A 102 f.

Stichwortverzeichnis

- Qualifikation A 31 f.
- Sozialauswahl A 32
- Sprachkenntnisse A 38 f.
- Zusatzqualifikation A 33

Angaben zur Person
- Bewerberfragebogen A 144 f.

Angehöriger
- Bewerberfragebogen A 153

Angelegenheiten, vertrauliche
- Verschwiegenheitspflicht C 9

Angestellte, leitende siehe Leitende Angestellte

Anhörung des Betriebsrats
- Änderungskündigung X 326 f.
- Angaben zum Arbeitnehmer O 781
- Form O 779
- Frist zur Stellungnahme O 780
- Interessenausgleich O 847 f.
- Klageerwiderung X 298
- Kündigung eines Betriebsratsmitglieds O 798
- Kündigungsgründe O 783 f.
- Kündigungsschutzklage X 273
- Wartezeit O 785

Anhörungsrüge Y 135

Anschlussberufung
- Abänderungsumfang X 453
- Antrag X 451
- Frist X 446, 448
- Muster X 447
- Zulässigkeit X 444 f.

Anschlussberufung, ordentliche Gerichtsbarkeit Y 180 ff.

Anschlussbeschwerde X 661 ff., 689 ff.

Anschlussrevision X 479 ff.

Anschlusstarifvertrag siehe Anerkennungstarifvertrag

Ansparphase
- Sabbatical O 399

Anteilseigner
- Formwechsel V 380
- Umwandlungsbeschluss V 384

Anteilskaufvertrag
- arbeitsrechtliche Verpflichtungen V 411
- Arbeitsverhältnisse V 403
- Beurkundung V 405
- Bezeichnung der Geschäftsanteile V 406
- Gewährleistung V 410 ff.
- kein Arbeitgeberwechsel V 417
- Muster, Unterrichtung des Wirtschaftsausschusses V 415
- Transition Period V 412
- Unternehmensübernahme V 403 ff.
- Vollzugsverbot V 407
- Vorbehalte V 409
- vorzunehmende Handlungen V 408
- Wettbewerbsverbot V 413

Antragsberechtigung
- Anfechtung der Betriebsratswahl O 100
- einstweilige Verfügung, Betriebsratswahl O 119
- Feststellungsantrag bei Betriebsratswahl O 77 ff.
- gerichtliche Bestellung des Wahlvorstands O 24 ff.

Anwachsung
- Abfindung V 444
- Anwendungsbereich V 438 ff.
- Arbeitgeberstellung V 442
- betriebliche Altersversorgung V 487
- Betriebsübergang V 446, 449, 457
- Freistellungsklausel V 445
- Gesamtrechtsnachfolge V 441
- Gewährleistung V 443
- KG auf Komplementär GmbH V 439 ff.
- Kündigung V 447
- Muster, Anwachsung einer KG auf eine Komplementär GmbH V 440
- Muster, Unterrichtung der Arbeitnehmer V 460
- Muster, Unterrichtung Wirtschaftsausschuss V 450
- rechtliche Folgen V 458
- Übergang der Arbeitsverhältnisse V 446
- Unterrichtung der Arbeitnehmer V 457 ff.
- Unterrichtung des Betriebsrats V 448
- Unterrichtung des Wirtschaftsausschusses V 449 ff.
- Vertragsparteien V 441
- Widerspruchsrecht V 447

Anzeigepflicht
- drohende Schäden O 182 f., 195
- Nebentätigkeit Q 101 ff.

Anzeigeverpflichtung
- geringfügige Beschäftigung B 119

Arbeit auf Abruf
- Ankündigungsfrist E 155
- Entgeltfortzahlung E 148
- Mindestarbeitszeit E 154
- Mitteilung der Arbeitszeit E 153
- Mustervereinbarung E 150
- Regelung der Arbeitszeit E 152 f.
- Umfang E 148
- Vergütung E 156
- Zulässigkeit E 149

Arbeitgeber
- Antragsrecht für Bestellung des Wahlvorstands O 25
- Arbeitsschutz O 566
- Auskunftsanspruch in Betriebsvereinbarung O 184
- Ausübungskontrolle, Versetzung J 66
- Beschwerdestelle Q 270
- Beweislast, Abmahnung J 22
- Bindung bei Gesamtzusage J 119
- Dienstanbieter O 457
- Einladung zur Betriebsversammlung O 3
- Finanzierung der Transfergesellschaft O 927 f.
- grober Verstoß X 528, 535
- Hinweis auf Betriebsgeheimnis O 819

1989

Stichwortverzeichnis

- Lösungserklärung von einem Wettbewerbsverbot C 171 ff.
- Rücktritt vom Wettbewerbsverbot C 196 ff.
- Stellung bei Anwachsung V 442
- Verpflichtungen nach BetrVG X 537
- Verzicht auf ein nachvertragliches Wettbewerbsverbot C 164 ff.
- Vorstand, -funktion M 154
- Zustimmungsersetzung bei Weigerung des Betriebsrats X 539 ff.

Arbeitgeberpflichten
- Arbeitnehmerüberlassung I 53

Arbeitgeberwechsel
- Mitnahmeanspruch Versorgungszusage L 310 ff.

Arbeitnehmer
- Ablehnungsandrohung bei Wettbewerbsverbot C 190 ff.
- Begriff für Aufsichtsratswahl W 26 ff.
- Entfernung bei Betriebsstörung X 615 ff.
- Erkundigungspflicht bei Unternehmenskauf V 152
- Finanzierung der Transfergesellschaft O 927
- Information zur Videoüberwachung O 555
- Koalitionsfreiheit S 206
- Lösungserklärung von einem Wettbewerbsverbot C 177 ff.
- Organmitglieder von Kapitalgesellschaften Y 4, 7
- Überleitung in Transfergesellschaft O 936 ff.
- Überwachung *siehe Videoüberwachung*
- Unterrichtung bei Anwachsung V 457 ff.
- Unterrichtung bei Aufspaltungs- und Übernahmevertrag V 278
- Unterrichtung bei Betriebsführungsvertrag V 638 ff.
- Unterrichtung bei Unternehmenskauf V 18 ff.
- Unterrichtung bei Unternehmenskaufvertrag V 47 ff.
- Unterrichtung bei Verschmelzung V 191, 223 ff.
- Vorschlagsrecht zum Arbeitsschutz O 571
- Vorteile bei Transfergesellschaft O 909
- Zuordnung beim Unternehmenskauf V 13 ff.

Arbeitnehmer-Sparzulage O 709

Arbeitnehmererfindung
- Änderungen des Werks C 84
- Arbeitsvertrag, Führungskraft B 153
- Begriff C 70
- Computerprogramme C 86
- freie Werke C 80
- geistige Schöpfung C 71 f.
- Geschäftsführererfindung M 14
- Meldung C 77
- Muster einer Zusatzvereinbarung über Arbeitnehmererfindungen und sonstige Arbeitsergebnisse C 75
- Nutzungsrechte C 81 ff.
- Rechtsgrundlagen C 71 ff.
- Vergütung C 72, 87 ff.
- Vorstand M 169

Arbeitnehmerschutz
- Kollektivvereinbarung S 211

Arbeitnehmerüberlassung
- Abgrenzung Dienst-/Werkvertrag I 22
- aktuelle Gesetzesvorhaben I 18.1
- Änderungsgesetz *siehe AÜG-ÄndG*
- Arbeitsschutzregelungen I 67
- Auskunftspflicht des Entleihers I 50
- ausländischer Leiharbeitnehmer I 42
- Austausch von Leiharbeitnehmern I 56
- Auswahlverschulden I 41
- Branchenzuschläge I 46 ff.
- Compliance T 32 ff.
- Deckelungsregelung I 50
- Einzelüberlassungsverträge I 20
- Entleiherpflichten I 18
- Erlaubnis I 23 f.
- Ersatzkraft I 91
- gewerbsmäßig I 82
- im Sinne des AÜG I 19
- Kündigung K 33
- Mindestvertragsinhalt I 21
- Muster I 25
- Rahmenvertrag I 20
- Sozialversicherungsrecht I 60 f.
- Stück-/Gattungsschuld I 54
- verdeckte ~ I 24
- Verhinderung von Missbrauch I 2
- vorübergehend I 4 ff.
- wirtschaftliche Tätigkeit I 3
- Zeitgrenze I 1
- Zugang zu Gemeinschaftseinrichtungen/-diensten I 68 ff.

Arbeitnehmerüberlassung, konzernintern I 81 ff.
- Befristung I 92
- Erstattung von Personalkosten/Vergütung I 93
- im selben Konzern I 83
- Muster I 87
- Personalkostensenkung I 85
- Privilegierung I 81
- Unfallverhütungsvorschriften I 94
- Vertragsinhalt I 88 f.
- Weisungsgebundenheit I 90

Arbeitnehmerüberlassungserlaubnis I 29 ff.
- Ausnahme I 29
- befristet I 32
- Rechtsfolge bei Fehlen I 33

Arbeitnehmerüberlassungsvertrag *siehe auch Einzelüberlassungsvertrag*
- Befristung I 73
- Drehtürklausel I 39 f.
- Erlaubnis I 28
- Haftung für Lohnsteuer und Sozialabgaben I 63
- Inhalt/Umsetzung I 26
- Innenverhältnis I 64
- Kündigungsfrist I 74

- Mindeststundenentgelte I 38
- Schlechterstellungsverbot I 37; *siehe auch* Equal Pay/Treatment
- Schriftform I 27
- Steuerrecht I 59
- Vergütungseinzelheiten I 58
- Vermittlungsprovision I 75 ff.

Arbeitnehmerunterrichtung, Anwachsung
- Arbeitsort V 477
- Auswirkungen auf Betriebsrat V 483
- betriebliche Altersversorgung V 487
- Betriebsvereinbarung V 485
- Empfangsbekenntnis V 496
- Ergänzung/Ersetzung V 465
- Firmentarifvertrag V 479 ff.
- Gesamt-/Konzernbetriebsvereinbarungen V 486
- Gestaltung V 475
- Grund des Betriebsübergangs V 469
- Haftungsverteilung V 462
- Identität des Rechtsträgers V 468
- Kündigung V 489
- Muster V 460
- Tarifverträge V 478
- Übergang der Leitungsmacht V 472 ff.
- Widerspruchsrecht V 491 ff.
- Zeitpunkt V 464

Arbeitnehmerunterrichtung, Betriebsführungsvertrag
- Arbeitsort V 655
- Auswirkungen auf Betriebsstruktur V 658
- Begründung V 648
- betriebliche Altersversorgung V 663
- Betriebsrat V 659
- Betriebsvereinbarungen V 661
- Empfangsbekenntnis V 670
- Ergänzung/Ersetzung V 644
- Gesamt-/Konzernbetriebsvereinbarung V 662
- Gestaltung V 653
- Grund des Betriebsübergangs V 647
- Haftungsverteilung V 664
- Kündigung V 665
- künftiger Arbeitgeber V 646
- Musterschreiben V 640
- Rückfragen V 669
- Tarifverträge V 656 f.
- Übergang der Leitungsmacht V 651 f.
- Verringerung der Haftungsmasse V 650
- Zeitpunkt V 643

Arbeitnehmerunterrichtung, Betriebspacht
- Arbeitsort V 557
- Auswirkungen auf Betriebsrat V 561
- betriebliche Altersversorgung V 565
- Betriebsvereinbarungen V 563
- betroffene Arbeitnehmergruppen V 546
- Empfangsbekenntnis V 572
- Ergänzung/Ersetzung V 546
- Gestaltung V 555
- Grund des Betriebsübergangs V 549

- Haftungsverteilung V 566
- Identität des künftigen Arbeitgebers V 548
- Kündigung V 567
- Muster V 542
- Tarifvertrag V 558
- Übergang der Leitungsmacht V 553
- Übertragung von mehreren Betrieben V 541
- Verringerung der Haftungsmasse V 552
- Zeitpunkt V 545

Arbeitnehmerunterrichtung, Spaltung
- Arbeitsort V 337
- außerordentliches Kündigungsrecht V 354
- Auswirkungen auf Betriebsrat V 343
- betriebliche Altersversorgung V 347
- Betriebsvereinbarungen V 345
- betroffene Arbeitnehmergruppen V 322
- Empfangsbekenntnis V 356 ff.
- Ergänzung/Ersetzung V 321
- Firmentarifverträge V 339
- geplanter Zeitpunkt V 333
- Gesamt-/Konzernbetriebsvereinbarung V 346
- Gestaltung V 335
- Grund des Betriebsübergangs V 325 f.
- Haftungsmasse V 328
- Haftungsverteilung V 317, 348 ff.
- in Aussicht genommene Maßnahmen V 352
- Kündigungen V 351
- Rechte/Pflichten Arbeitsverhältnisse V 336
- Tarifverträge V 338
- Übergang der Leitungsmacht V 329 ff.
- übernehmender Rechtsträger V 324
- Zeitpunkt der Unterrichtung V 319

Arbeitnehmerunterrichtung, Unternehmenskauf
- Aktien(-optionen) des derzeitigen Arbeitgebers V 130 f.
- ausländische Arbeitnehmer V 60
- Auswirkungen auf Betriebsräte/Arbeitnehmervertretungen V 109 ff.
- Auswirkungen auf die Betriebsstruktur V 108
- Auswirkungen auf Gesamt-/Konzernbetriebsrat V 116
- Berichtigung/Ergänzung V 58
- betriebliche Altersversorgung V 138 ff.
- Betriebsvereinbarungen V 117 ff.
- Boni/Tantiemen V 129
- Empfangsbestätigung V 154 ff.
- Firmenbezeichnung V 71
- Firmentarifvertrag V 101 ff.
- Gegenstand des Betriebsübergangs V 69
- Gesamtbetriebsvereinbarungen V 132 ff.
- Gesamtschuld V 52
- Gestaltungshinweise V 83 ff.
- Grund des Betriebsübergangs V 73
- Haftungsverteilung V 141
- Identität des künftigen Arbeitgebers V 70
- in Aussicht genommene Maßnahmen V 144 ff.
- Inhalt V 35 ff., 43
- Insolvenzverfahren V 78

Stichwortverzeichnis

- Kaufpreis V 74 ff.
- Kündigungsausschluss V 143
- Mitwirkung des Betriebsrats V 44
- nicht tarifgebundene Arbeitnehmer V 107
- Rechtzeitigkeit V 34, 42
- Tarifverträge V 90 ff.
- unternehmerische Erwägungen V 75
- Unterschrift V 157
- Widerspruchsrecht V 147
- Zeitpunkt V 56
- zu unterrichtender Personenkreis V 61 ff.

Arbeitnehmerunterrichtung, Verschmelzung
- Arbeitsort V 247
- Auswirkungen auf Betriebsrat V 253
- betriebliche Altersversorgung V 257
- Betriebsstruktur V 252
- Betriebsvereinbarungen V 255
- Empfangsbekenntnis V 267
- Entfallen der Unterrichtungspflicht V 263
- Ergänzung/Berichtigung V 232
- Firmentarifvertrag V 249 ff.
- Gesamt-/Konzernbetriebsvereinbarung V 256
- gesamtschuldnerische Haftung V 229
- Gestaltung V 245
- Grund des Betriebsübergangs V 236
- Kündigung V 259
- Muster V 227
- Übergang der Leitungsmacht V 240 ff.
- Verbandstarifverträge V 248
- Verringerung der Haftungsgrundlage V 239
- Wiedereinstellungsanspruch V 259
- Zeitpunkt V 231

Arbeitnehmervereinigung
- Koalitionsfreiheit S 207
- Kollektivvereinbarung S 204 ff.; *siehe auch dort*
- Muster, Kollektivvereinbarung S 205

Arbeitnehmervertreter W 362 f.
- Benachrichtigung der Gewählten W 602 ff., 763 f.
- im Ausland beschäftigte Arbeitnehmer W 152.1
- Inkompatibilität W 362 f.
- Muster, Benachrichtigung der Gewählten W 603
- Wahlrecht, passives W 154, 157, 159 ff., 359, 494 f.

Arbeitnehmervertretungsstrukturen
- Tarifvertrag über andere - P 52 ff.; *siehe auch Tarifvertrag, Arbeitnehmervertretung*

Arbeits-/Aufenthaltsgenehmigung
- Entsendungsvertrag H 9

Arbeitsassistenz
- Schwerbehinderung Q 213

Arbeitsbescheinigung K 370 ff.
- Formalien K 380
- Muster K 372
- Schadensersatzpflicht gegenüber Arbeitsagentur K 371
- Tätigkeitsbeschreibung K 374
- Vordruck K 373

Arbeitsentgelt *siehe Entgelt, Vergütung*

Arbeitsgenehmigung
- Ausländer T 31

Arbeitsgericht
- Aufbau X 3 f.
- Rechtsmittel X 4
- Rechtsweg, Leiharbeitnehmer I 11
- Zuständigkeit X 5 ff.

Arbeitsgerichtsverfahren
- Abgrenzung zur ordentlichen Gerichtsbarkeit Y 2 ff.
- Abgrenzung zur Verwaltungsgerichtsbarkeit Y 1
- Abschriften X 146 f.
- allgemeine Prozessvollmacht X 119 ff.
- Änderungsschutzklage X 313 ff.; *siehe auch dort*
- Antrag auf Wiedereinsetzung X 197 ff.
- Aussetzung des Verfahrens X 210 ff.
- Beiordnung eines Rechtsanwalts X 148 ff.
- Berufung *siehe dort*
- Beschlussverfahren 1. Instanz X 528 ff.
- Beschlussverfahren 2. Instanz X 630 ff.
- Beschlussverfahren 3. Instanz X 668 ff.
- Beschwerde gegen Vorabentscheidung über Rechtsweg X 234 f.
- Bestellungsschriftsatz mit Terminverlegungsantrag X 131 ff.
- Eingruppierungsklage X 377 ff.
- einstweiliger Rechtsschutz *siehe dort*
- Fristverlängerungsantrag X 175 ff.
- Gegenstandswertfestsetzung X 215 ff.
- Instanzenzug X 455 f.
- Klage auf Zustimmung zur Reduzierung der Arbeitszeit X 352 ff.
- Klage gegen die Wirksamkeit einer Befristung oder Bedingung des Arbeitsverhältnisses X 328 ff.
- Klageabweisungsantrag X 135 f.
- Kostenerstattung X 10
- Kündigungsschutzklage, außerordentliche und ggf. hilfsweise ordentliche Kündigung X 276 ff.
- Kündigungsschutzklage, ordentliche Kündigung X 247 ff.
- Ladung X 123
- Mahnverfahren X 198 f.
- Mandatierung X 8 ff.
- Mandatsniederlegung X 169 ff.
- Mustervorlagen X 120; *siehe Muster, Arbeitsgerichtsverfahren*
- ordentliche Gerichtsbarkeit Y 2 ff.; *siehe auch dort*
- persönliches Erscheinen X 137 f.
- Protokollberichtigung X 236 ff.
- Prozesskostenhilfe X 148 ff.
- prozessuales X 118 ff.
- Rechtswegverweisung X 231 ff.

Stichwortverzeichnis

- Revision *siehe dort*
- Stufenklage X 345 ff.
- Tatbestandsberichtigung X 241 ff.
- Überprüfung des Schlichtungsspruchs S 179
- Verfahrensvorschriften X 2
- Versäumnisurteil X 186 ff.
- Vertretung X 118
- Verwaltungsgerichtsverfahren Y 1; *siehe auch dort*
- Zeugnisberichtigung X 391
- Zeugniserteilung X 383 f.
- Zurückweisung des Prozessbevollmächtigten X 130
- Zuständigkeit bei Wettbewerbsunterlassungsansprüchen X 768

Arbeitskampf
- Leiharbeitnehmer I 43
- Tarifvertrag S 152 ff.

Arbeitslosengeld
- Arbeitsbescheinigung K 370
- Aufhebungsvertrag K 157

Arbeitsmittel
- Aufwendungsersatz bei Telearbeit O 306 ff.
- Handelsvertreter N 31
- Muster, Aufforderung zur Rückgabe C 205
- Privatnutzung bei Telearbeit O 313 f.
- Rückgabe nach Beendigung des Arbeitsverhältnisses C 203 ff.
- Telearbeit C 101 f., 117 f.
- Zurückbehaltungsrecht C 209

Arbeitsordnung
- Inhalt O 138
- Muster O 142

Arbeitsort
- Arbeitnehmerunterrichtung, Betriebsführungsvertrag V 655
- Arbeitnehmerunterrichtung, Betriebspacht V 557

Arbeitsplatz
- Besetzungsregelung S 213 ff.

Arbeitsplatz Wegfall
- stufenweise Änderung K 131

Arbeitsplatzteilung *siehe Job-Sharing*

Arbeitsrechtliches Mandat X 8 ff.; *siehe Mandat, arbeitsrechtliches*

Arbeitsschutz
- Anpassung O 570
- Arbeitnehmerüberlassung I 67
- Arbeitsschutzausschuss O 607
- Betriebsärzte O 572 f.
- Betriebsvereinbarung O 208, 559 ff.
- erforderliche Mittel O 569
- Fachkraft für Arbeitssicherheit O 581 ff.
- Gefährdungsbeurteilung O 615 ff.; *siehe auch dort*
- Kündigung der Betriebsvereinbarung O 638
- Mitbestimmung O 562
- Muster, Betriebsvereinbarung O 564
- Rechtsgrundlagen O 560
- Schutzgrundsätze O 568
- Sicherheitsbeauftragter O 598 ff.
- Telearbeit O 303 ff.
- Überprüfung O 570
- Unterweisung der Mitarbeiter O 634 ff.
- Vorschlagsrecht der Arbeitnehmer O 571
- Zuständigkeit des Betriebsrates O 565

Arbeitsschutzausschuss O 607 ff.

Arbeitsschutzrecht
- geringfügige Beschäftigung E 69
- Telearbeit C 95

Arbeitsstätte
- Zugangsrecht bei Telearbeit C 107 ff.

Arbeitsunfähigkeit
- Betriebsvereinbarung O 166 ff.
- Dienstwohnung B 269
- Sabbatical O 418 ff.
- Urlaub S 60
- Wiedereingliederung E 160

Arbeitsunfähigkeitsbescheinigung *siehe auch Erkrankung*
- Aussagekraft J 53.2
- verkürzte Frist bei vorzeitiger Vorlage J 48 f.
- Vorlage S 63, 276 f.
- vorzeitiges Anfordern J 46

Arbeitsverhältnis
- Abgrenzung zur freien Mitarbeit N 3 f.
- Ablauf des Befristungszeitraums E 41 ff.
- Abwicklung, Zeugnis K 309 ff.
- Anbahnung A 1 ff.
- Anfechtung A 2
- Anteilskaufvertrag V 403
- Anwachsung V 446
- Arbeit auf Abruf E 148 ff.
- auflösende Bedingung X 330 ff.
- Aufspaltungs- und Übernahmevertrag V 276
- Außendienstmitarbeitervertrag F 149 ff.
- Befristung E 1 ff.
- Berufsausbildungsvertrag F 1 ff.
- Dienstleistung E 1 f.
- doppelt befristeter Arbeitsvertrag E 52 ff.
- echter/unechter Betriebsführungsvertrag V 635 f.
- Einzelrechtsnachfolge V 2 ff.
- Folgen bei Beendigung K 45
- Garantie bei Unternehmenskauf V 29
- Gruppenarbeitsvertrag F 117 ff.; *siehe auch dort*
- Heimarbeit F 136 ff.
- Job-Sharing-Vertrag F 98 ff.
- laufendes J 1 ff.
- Mediation Z 6 ff.
- Praktikum F 43
- Probearbeitsverhältnis E 134 ff.
- Prozessarbeitsverhältnis E 59 ff.
- Rechte und Pflichten B 1
- Sabbatical-Vereinbarung E 164

1993

Stichwortverzeichnis

- Sachgrundbefristung E 9 f., 13 ff.
- Störungen J 2 ff.
- Teilzeitbeschäftigung E 69 ff.
- Übergangsformen V 1 ff.
- Veränderungen J 54 ff.
- Verschmelzung V 195
- Vertrauen, Abmahnung J 16
- Wiedereingliederung nach Krankheit E 157 ff.
- zeitbezogene Sonderformen E 1 ff.
- Zweckbefristung E 32 ff.

Arbeitsverhinderung
- Außendienstmitarbeiter F 162
- Betriebsvereinbarung O 165

Arbeitsvertrag
- AGB-Kontrolle B 2 f.
- Arbeitsort B 15
- Arbeitszeit B 22
- Ausschlussfrist B 50 ff.
- Ausschlussklausel, zweistufig B 54
- Beendigung B 19
- Bestandteile der Vergütung B 172 ff.
- Bonussystem O 667
- Daten, personenbezogene B 8, 171
- Einbeziehung der Stellenbeschreibung A 23
- Einstellungsuntersuchung B 8
- Freistellung B 41 ff.
- Günstigkeitsprinzip B 60
- Inhalt B 1
- Kollektivvereinbarung S 210
- Mindestlohn B 26.1 f.
- Muster B 4
- Muster, unverbindliche Mediationsklausel Z 10
- Muster, verbindliche Mediationsklausel Z 19
- Nebentätigkeit B 37
- Privatnutzung betrieblicher Kommunikationseinrichtungen O 447
- Probezeit B 17
- Risiko bei Formularverwendung B 6
- salvatorische Klausel B 59
- Schriftform B 55 f.; S 76
- Sonderurlaub B 297
- Spesen B 49
- Standardarbeitsvertrag B 1 ff.
- Stellenbeschreibung B 12
- stillschweigende Änderung B 58
- Telekommunikationsmittel B 36
- Überstunden B 25
- Umzugskosten B 276 ff.
- Unterzeichnung B 61
- Urlaub B 283 ff.
- Verbot der Altersdiskriminierung B 38
- Vergütung siehe dort
- Vergütungsabtretungsverbot B 44 f.
- Verhaltensanforderungen B 47 f.
- Verschwiegenheitspflicht B 33
- Versetzungsklausel B 14
- Vertragsstrafenabrede B 9 ff.

Arbeitsvertrag, Briefform B 96 ff.

- Annahmefrist B 104
- Grundvergütung B 100
- Klauselauswahl B 98
- Muster B 97
- Tätigkeitsbezeichnung B 99
- Urlaub B 102
- zweifache Ausfertigung B 104

Arbeitsvertrag, englisch
- Muster B 63

Arbeitsvertrag, Führungskraft B 130 ff.
- Berichtspflicht B 137
- Bonus-/Meilenpunkte B 149
- Erfindungen B 153
- Flexibilität B 138
- leitende Aufgabe B 141
- leitender Angestellter B 132
- Muster B 134
- Nutzungsrechte B 151
- Probezeit B 139
- Unfallversicherung B 146 f.
- Vergütung B 142 f.
- Versorgungszusage B 148
- Vorträge/Präsentationen B 156

Arbeitsvertrag, geringfügige Beschäftigung B 105 ff.

Arbeitsvertrag, Tarifbezug B 64 ff.
- AGB-Kontrolle B 66
- Arbeitszeit B 78
- Ausschlussfristen B 91
- Bezugnahmeklausel B 70
- Mindesturlaub B 83
- Muster B 68
- Tarifbindung B 65
- Verrechnungsvorbehalt B 81
- vertragliche Einbindung B 65

Arbeitsweg
- Gefährdungsbeurteilung O 621

Arbeitszeit
- Anrufung des Schlichtungsausschusses F 36
- Antrag auf Reduzierung E 87 ff.
- Arbeit auf Abruf E 152 ff.
- Außendienstmitarbeiter F 155
- Berufsausbildung F 18
- Compliance T 15.2 ff.
- Entsendung H 26
- Firmentarifvertrag S 87 ff.
- geringfügige Beschäftigung E 74
- Gruppenarbeitsvertrag F 123
- Job-Sharing F 105
- kapazitätsorientiert E 148 ff.
- Kurzarbeit O 347 f.
- Leiharbeitsverhältnis I 120
- Manteltarifvertrag S 43 ff.
- Mitbestimmung O 162 ff.
- Muster, Antrag auf Reduzierung E 88
- Öffnungsklausel im Tarifvertrag S 243
- Praktikum F 49

- Rahmenvereinbarung für befristetes Arbeitsverhältnis E 11
- Sabbatical-Vereinbarung E 164; *siehe auch dort*
- Teilzeitbeschäftigung E 77, 81
- Telearbeit C 96 ff.; O 296 f.
- Verlängerung E 114 ff.
- Verteilung S 244 f.
- Volontariatsvertrag F 77
- Werkstudentenvertrag F 61

Arbeitszeit, flexible
- Anordnung von Überstunden O 263 f.
- Aufzeichnung der Arbeitszeitmenge O 266 f.
- Betriebsvereinbarung O 229 ff.
- Freistellungstage O 261
- Kernarbeitszeit O 250
- Missbrauchsgefahr O 257
- Muster O 233
- Musterklausel, Kernarbeitszeit O 250
- Rufbereitschaft O 237, 252
- Ruhepausen O 251
- Sonn- und Feiertage O 245 f.
- Überstunden O 253 f.
- Überwachungspflicht des Betriebsrats O 258 ff.
- vergütungspflichtige Arbeitszeit O 236
- Wegezeiten O 239 f.
- werktägliche Arbeit O 243 f.
- Zeiterfassung O 256

Arbeitszeitkonto
- Insolvenz S 54
- Manteltarifvertrag S 51 ff.

Arbeitszeitreduzierung
- Ablehnung des Antrags E 102 ff.
- Änderungsvertrag E 127 ff.
- Angaben zur Arbeitszeitverteilung X 357, 365
- Anpassung des Urlaubsanspruchs E 132
- Antrag E 87 ff.
- Antrag bei einstweiliger Regelung X 762
- arbeitgeberseitig gestellter Antrag X 372
- Beantragungsfrist X 358, 367
- Bestimmtheit des Klageantrags X 366
- betrieblicher Grund X 359
- Darlegungs- und Beweislast X 368
- Dauer des Arbeitsverhältnisses X 355
- einstweiliger Rechtsschutz X 759 ff.
- erneuter Antrag E 129
- Erörterungsgespräch E 102, 105, 110
- Fristen für Ablehnung E 104
- Klage auf Feststellung X 360 ff.
- Klage auf Zustimmung X 352 ff.
- Klageerwiderung X 368
- Muster, Ablehnung E 103
- Muster, Änderungsvertrag E 128
- Muster, Antrag E 88
- Muster, Antrag auf einstweilige Verfügung X 761
- Muster, Klage auf Feststellung X 361
- Muster, Klage auf Zustimmung X 353
- Muster, Klageerwiderung X 369
- Muster, Mitteilung bei verspäteter Antragstellung E 88
- Muster, Stattgeben E 109
- Öffnungsklausel S 246
- Personalakte E 112
- Prüfungsstufen X 373
- Schriftform E 102
- Stattgeben E 108 ff.
- Verfügungsgrund bei einstweiligem Rechtsschutz X 765
- verspätete Antragstellung E 97 ff.

Arbeitszeitverlängerung
- Ablehnung E 119, 121 ff.
- Änderungsvertrag E 127 ff.
- Anforderungsprofil E 124
- Arbeitszeitrichtlinie S 247
- Ausgleich S 251 ff.
- Beförderung E 120
- Bereitschaftsdienst S 249
- Beurteilungsspielraum E 126
- freier Arbeitsplatz E 118 f., 123
- geringfügig Beschäftigte E 114
- Gesundheitsschutz S 249
- mehrere Arbeitnehmer E 119, 125
- Muster, Ablehnung E 122
- Muster, Änderungsvertrag E 128
- Muster, Antrag E 115
- Muster, Tarifvertragsklausel S 248
- Öffnungsklausel S 246
- schriftliche Einwilligung S 250

Arzt
- Arbeitsunfähigkeitsbescheinigung nach § 5 Abs. 1 EFZG J 53

Assessment-Center
- Einstellungsuntersuchung A 225

Attest
- Arbeitsunfähigkeitsbescheinigung *siehe dort; siehe Erkrankung*

Aufbewahrung
- Protokoll des Bewerbungsgesprächs A 118

Aufenthaltserlaubnis
- Bewerberfragebogen A 146

Aufgaben
- Stellenbeschreibung A 19

Aufhebung
- Betriebsvereinbarung O 221

Aufhebungs-/Abwicklungsvertrag
- Anfechtung K 186 ff.
- Anfechtung, arglistige Täuschung K 195
- Anfechtung, Beweislast K 201
- Anfechtung, Empfänger K 189
- Anfechtung, Schriftform K 188
- Anfechtung, widerrechtliche Drohung K 192 ff.
- Anfechtung, Zeitraum K 190
- Grund der Anfechtung K 198
- Irrtumsanfechtung K 191
- Muster K 141

Stichwortverzeichnis

- Schwangere K 197
- Widerruf K 199

Aufhebungsvereinbarung
- Abfindung M 128 f.
- Freistellung M 127
- Geschäftsführer-Anstellungsvertrag M 120 ff.
- Muster K 146; M 123
- Pensionsansprüche M 134
- Rückgabepflicht M 130
- Versorgungsansprüche M 134 ff.
- Vorstandmitglied M 297 ff.
- Zeugnisanspruch M 131

Aufhebungsvereinbarung, Vorstand
- Abfindung M 303
- Aktienoptionen M 309
- Amtsniederlegung M 301
- Bezüge M 302 f.
- einvernehmliche M 300
- nachvertragliches Wettbewerbsverbot M 305
- Pensionsansprüche M 322
- Rückgabepflichten M 310 ff.
- Vererblichkeit der Abfindung M 306

Aufhebungsvertrag
- Abfindungshöhe K 151
- Abrechnung K 161
- Abwicklungsvereinbarung K 144
- AGB-Kontrolle K 143
- Agentur für Arbeit K 179
- Agentur für Arbeit, Geschäftsanweisungen K 150
- Arbeitszeugnis K 172
- Aufklärungspflichten K 178
- Ausgleichsklausel K 180 f.
- Beendigungstermin K 156, 162
- Begriff K 139
- betriebliche Gründe K 151
- Dienstwagen K 168
- Direktversicherung K 171
- Einkommensteuer K 154
- Erledigungsklausel K 182
- Freistellung K 158
- Herausgabeverpflichtung K 175
- Klausel, salvatorische K 185
- Kündigungsfrist K 151, 157
- Lösungsrecht vom Wettbewerbsverbot C 173, 177
- mehrere Dienstverhältnisse K 145
- nachvertragliches Wettbewerbsverbot K 176
- Schriftform K 142
- Sozialplan O 870
- Sperrzeit K 148
- Überleitung in Transfergesellschaft O 939 ff.
- Urlaubsansprüche K 183
- Vererblichkeit der Abfindung K 164
- Vergütung K 160
- Verlängerung der Probezeit E 143 ff.
- Verschwiegenheit K 173 f.
- vorzeitige Beendigung K 166

Aufklärungspflicht
- Nutzung der betrieblichen Kommunikationseinrichtungen O 509

Auflösende Bedingung
- Klage gegen die Wirksamkeit X 328 ff.
- Musterantrag bei Unwirksamkeit X 338

Auflösung des Konzernverbundes
- Entsendung H 70

Auflösungsschaden
- Kündigung, außerordentliche K 27

Aufsichtsrat
- Geschäftsordnung, Vorstand M 337
- rechtswidrige Zusammensetzung W 16 ff.; *siehe auch Statusverfahren*
- Vorstandsvergütung M 176 ff.

Aufsichtsrat, Bestellung M 243 ff.
- Ausländer M 245
- Hindernisse M 244

Aufsichtsratsbeschluss
- Abberufung M 275 ff.
- Amtszeit der Vorstandsmitglieder M 254 ff.
- Arbeitsdirektor M 260
- Bestellung M 257 f.
- geheime Beschlussfassung M 252
- Kündigung, Vorstandsmitglied aus wichtigem Grund M 319 ff.
- Mitbestimmung M 250
- Muster M 246
- Personalkompetenz M 247
- Vorstandsmitglied M 248 f.
- Vorstandsvorsitz M 259

Aufsichtsratsvorsitzender
- Kündigungserklärung M 324 ff.

Aufsichtsratswahl
- Ablauf W 11 ff.
- Altersteilzeit W 29
- Anfechtungsfrist, Ingangsetzen W 607
- Anlass W 85 f.
- Anteilseignervertreter W 4
- Anwendungsbereich W 1 ff.
- Anzahl Arbeitnehmervertreter W 89 f.
- Arbeitgeber, Aufgaben W 9
- Arbeitnehmerbegriff W 25 ff.
- Aushänge W 81 ff.
- Beginn der Amtszeit W 80
- Bekanntmachung des Unternehmens W 77 ff., 79 ff., 610
- Bekanntmachung des Unternehmens, Übersendung W 96 ff.
- Bekanntmachung über Bildung der Wahlvorstände und Auslegung der Wählerliste W 165 ff.
- Bekanntmachungen, Form W 81 ff.
- Benachrichtigung der Gewählten W 602 ff., 763 f.
- Betriebswahlergebnis, Bekanntmachung W 560 ff., 563 ff.
- Betriebswahlergebnis, Niederschrift W 543 ff.

Stichwortverzeichnis

- Briefwahl W 212 ff., 372 ff., 482 ff., 510 f., 535 ff., 541, 705 ff.
- Bundesanzeiger, Bekanntmachung des Wahlergebnisses W 606 ff.
- Delegiertenwahl W 180 ff., 613 ff.
- Delegiertenwahl, Abgrenzung zur Unmittelbaren Wahl W 180 ff.
- Drittelbeteiligungsgesetz W 5 f.
- Einleitung W 75 ff.
- Einleitung, Begriff W 83
- Elternzeit W 29
- Ersatzmitglied W 274.1 ff., 314 ff., 378.1 ff., 579, 585
- freie Mitarbeiter W 30 ff.
- fremdsprachige Arbeitnehmer W 169
- Gemeinschaftsbetriebe W 32, 152
- Gesamtwahlergebnis, Bekanntmachung W 587 ff.
- Gesamtwahlergebnis, Bekanntmachung Delegiertenwahl W 761 f.
- Gesamtwahlergebnis, Niederschrift W 572 ff.
- Gesamtwahlergebnis, Niederschrift Delegiertenwahl W 759 f.
- Geschlechterquote W 7.1 ff.
  - Getrennterfüllung W 363.3 f., 481.3 f., 754.3 f.
- Gewerkschaft, im Unternehmen vertreten W 270
- Gewerkschaftsvertreter W 162
- im Ausland beschäftigte Arbeitnehmer W 34, 152.1
- in der Regel Beschäftigte W 33 ff.
- Intranet W 81, 170
- Konzern W 35 ff.
- Leiharbeitnehmer W 31, 33, 150, 155
- Leitende Angestellte W 15, 26, 89
- leitende Angestellte W 109 f.
- Leitende Angestellte W 117 f., 153, 159.1 f., 164, 177, 339 ff.
- Listenwahl W 460 f., 528 ff., 555 ff., 580 ff.
- Mitbestimmungsgesetz W 5 f.
- Muster, Bekanntmachung Betriebswahlergebnis W 562
- Muster, Bekanntmachung des Unternehmens W 78
- Muster, Bekanntmachung Gesamtwahlergebnis W 588
- Muster, Bekanntmachung über das Nichtstattfinden des Wahlgangs der Leitenden Angestellten W 393
- Muster, Briefwahlunterlagen W 540
- Muster, Bundesanzeiger, Bekanntmachung des Wahlergebnisses W 611
- Muster, Niederschrift Betriebswahlergebnis W 548, 573
- Muster, Wahlausschreiben nach dem DrittelbG W 489
- Muster, Wahlausschreiben nach dem MitbestG W 465
- Mustervorlagen *siehe Muster, Aufsichtsratswahl*
- Nichtstattfinden eines Wahlgangs W 295 ff., 390 ff.
- Persönlichkeitswahl W 460 f., 514 ff., 550 f., 557 f., 576 ff., 583 ff.
- Prokurist W 154, 159.1, 362, 496
- Rechtsgrundlagen W 5 ff.
- ruhendes Arbeitsverhältnis W 29
- Satzungsregelung zur Aufsichtsratsgröße W 90.1
- schriftliche Stimmabgabe für Betriebsteile und Kleinstbetriebe W 212, 372 ff., 482.1 ff., 510 f., 535, 705
- Schwarzes Brett W 81, 168
- Statusverfahren W 16 ff.
- Stimmauszählung W 481, 508
- Stimmzettel W 514 ff., 518 ff., 528 ff., 530 ff., 755 ff.
- Teilzeitbeschäftigte W 29
- Überblick W 11 ff.
- unmittelbare Wahl W 457 ff.; *siehe auch dort*
- Unmittelbare Wahl W 180 ff.
- unmittelbare Wahl W 457 ff.
- Unmittelbare Wahl, Abgrenzung zur Delegiertenwahl W 180 ff.
- Wahlausschreiben nach dem DrittelbG W 487 f.
- Wahlausschreiben nach dem MitbestG W 463, 466
- Wahlergebnis, Bekanntmachung im Bundesanzeiger W 606 ff.
- Wählerlisten W 138 ff., 143 ff., 166 f., 487 f.
- Wahlordnungen W 7, 11 ff.
- Wahlrecht, aktives W 25, 150 ff.
- Wahlrecht, passives W 25, 154 ff., 362 f.
- Wahltag, Datum und Uhrzeit W 478 ff., 504 ff.
- Wahlvorstände W 8, 103 ff.
- Zeitpunkt Beginn W 79, 85 f.
- Zeitpunkt Einleitung W 79

Aufsichtsratswahl, Wahlausschreiben nach dem MitbestG W 650 ff.

Aufsichtsratszusammensetzung
- Statusverfahren W 16 ff.; *siehe auch dort*

Aufspaltung
- Anteilsinhaber V 279
- Anwendungsbereich V 271
- Arbeitsverhältnisse V 276
- Betriebsrat V 276
- Betriebsvereinbarungen V 276
- Bezeichnung/Aufteilung des Vermögens V 275
- Firmentarifvertrag V 276
- Folgen für Arbeitnehmer V 313
- Haftungsverteilung V 277
- Muster, Aufspaltungs- und Übernahmevertrag V 272
- Spaltungsplan V 274
- Tarifvertrag V 276

Stichwortverzeichnis

- Unterrichtung der Mitarbeiter V 278
- Vertragszuleitung an Betriebsrat V 281
- Widerspruchsrecht der Arbeitnehmer V 278

Aufstockung
- Transferkurzarbeitergeld O 929

Aufstockungserklärung
- Wettbewerbsverbot C 184 ff.

Auftrag
- Betriebsführungsvertrag V 608

Auftragsdatenverarbeitung U 1 ff.
- Drittländer U 18
- Funktionsübertragung U 6
- Konzernprivileg U 3
- Schriftform U 7
- Standardvertragsklauseln U 18
- technische und organisatorische Sicherheitsmaßnahmen U 15
- Übermitteln U 9, 18, 26, 32
- Unterauftrag U 27 ff.
- Wartung U 29 f.
- Weisungen U 5, 20, 23

Aufwendungen
- Telearbeit O 306 ff.

Aufwendungsersatz
- freie Mitarbeit N 11
- Verteidigungskosten bei Compliance Verstoß T 77 f.

AÜG ÄndG I 10 ff.
- Bekämpfung der Schwarzarbeit I 17
- Drehtürklausel I 13
- Equal Pay/Treatment I 12
- Lohnuntergrenze I 15

Ausbildung siehe *Berufsausbildung*
- Beschäftigungssicherungstarifvertrag S 135
- Compliance T 29 f.
- Entgelttarifvertrag S 23
- Manteltarifvertrag S 56
- Weiterbeschäftigung nach Ausbildungsende S 217

Ausgleich
- Arbeitszeitverlängerung S 251 ff.

Ausgleichsanspruch
- Berechnung beim Handelsvertreter N 25
- Vorauszahlung beim Handelsvertreter N 44 ff.

Ausgleichsklausel
- Aufhebungsvertrag K 180 f.

Ausgleichsquittung
- Beendigung des Arbeitsverhältnisses K 360 ff.
- Inhalt K 369
- Muster K 361
- Rechtsnatur K 362
- Urlaub K 365
- Verzichtserklärung K 368

Ausgliederung
- Begriff V 289
- Folgen für Arbeitnehmer V 314
- gesamtschuldnerische Nachhaftung V 292
- Muster, Ausgliederungs- und Übernahmevertrag V 290
- Vertragszuleitung an Betriebsrat V 294
- Widerspruch, Übergang Arbeitsverhältnis V 293, 355

Aushang
- Betriebsvereinbarung O 214 ff.

Auskunftsanspruch
- Karenzentschädigung C 155 ff.
- Stufenklage X 346 ff.
- unterlegener Bewerber A 122

Auslagen
- Erstattung im arbeitsrechtlichen Mandat X 17
- Mediator Z 135 f.

Ausländer
- Arbeitsgenehmigung T 31
- Aufsichtsrat, Bestellung M 245
- Leiharbeitsvertrag I 105
- Unterrichtungsschreiben bei Unternehmenskauf V 60

Ausländisches Recht
- Hinweispflicht bei arbeitsrechtlichem Mandat X 13

Auslandsbezug
- Arbeitsverhältnis H 1 ff.
- Begriffe H 4
- einschlägige Gesetze H 2
- Expatriat H 5
- Rechtswahl H 2
- Sprache H 3
- Vertragsgestaltung H 2

Auslandsentsendung siehe *Entsendung*

Auslauffrist
- Zweckbefristung E 33

Aussagekraft
- Arbeitsunfähigkeitsbescheinigung J 53.2

Ausschlussfrist
- Arbeitsvertrag B 50 ff.
- Entgelttarifvertrag S 33 f.
- Kündigung des Ausbildungsverhältnisses F 31
- Manteltarifvertrag S 68 f.
- Mindestlohn B 51

Ausschreibung
- benachteiligungsfrei A 73
- Berufsanfänger A 79
- Berufserfahrung A 78
- Besetzungsregelung S 214 ff.
- Besetzungszeitpunkt A 70 ff.
- Bewerbungsfrist A 81 f.
- Diskriminierung A 46
- extern A 68 ff.
- extern/intern A 50
- Headhunter A 75
- Lichtbild A 80
- Mitbestimmung A 68
- Muster A 51, 69
- online A 67, 82
- Personalagentur A 75

Stichwortverzeichnis

- Schwerbehinderung A 74
- Teilzeittätigkeit A 77
- übliche Bewerbungsunterlagen A 80

Ausschreibung, betriebsintern
- Abgrenzung zur externen ~ A 50
- Berufserfahrung A 65
- Betriebsrat A 48
- Bewerbungsfrist A 67
- Diskriminierung A 62 ff.
- Gestaltung A 49
- Muster A 51
- Sprachkenntnisse A 66
- Stellenbeschreibung A 60 f.
- tarifliche Eingruppierung A 58 f.
- Teilzeitangaben A 56 f.
- Vorbemerkung A 48

Außendienstmitarbeiter
- Arbeitnehmer F 149
- Arbeitsverhinderung F 162
- Arbeitszeit F 155
- Aufgaben F 149
- Betriebsvereinbarung F 170
- Dienstwagen F 160
- flexible Arbeitszeit O 229 ff.
- Kündigung F 165
- Mustervertrag F 150
- Überstunden F 157 ff.
- Urlaub F 161
- Vergütung F 156 ff.
- Verkaufsgebiet F 152 f.
- Versetzung F 154
- Wettbewerbsverbot F 164

Außerdienstliches Verhalten
- Betriebsvereinbarung O 156

Aussetzung des Verfahrens
- Anwendungsbereich X 210 ff.
- internationales Verfahrensrecht X 213
- Musterantrag X 214

Auswahlentscheidung
- Kreuztabelle A 115
- Mitbestimmung A 116
- Muster, Auswahlrichtlinie für betriebsbedingte Kündigung O 747
- Richtlinien O 745 ff.
- schwerbehinderter Bewerber A 130

Auswahlrichtlinie
- Abwägung O 758
- Betriebszugehörigkeit O 755
- Generalisierung O 750
- Lebensalter O 753
- Schriftform O 749
- Schwerbehinderung O 757
- Unterhaltspflicht O 756

Auszubildende
- Integrationsvereinbarung Q 197 ff.

BAG
- betriebliches Eingliederungsmanagement Q 226

- doppelseitige Treuhand L 187
- Freistellungsvereinbarung B 43
- Freiwilligkeitsvorbehalt B 191
- Gleichstellungsabrede B 67
- Rückforderung von Umzugskosten B 281 f.
- Schadensersatz wegen entgangener Bonuszahlung B 202 ff., 221 f.
- Urlaubsverfall bei Krankheit B 284

Beendigung
- Arbeitsverhältnis, Wertguthaben Sabbatjahr O 441
- Betriebsvereinbarung O 220 ff.
- Entgelttarifvertrag S 36
- Kurzarbeit O 351
- Telearbeit O 326 ff.
- vorzeitige Beendigung des Sabbatjahres O 436

Beförderung
- Arbeitszeitverlängerungsantrag E 120

Befristung
- ältere Arbeitnehmer E 24
- Anschlussbeschäftigung E 1
- Anschlussbeschäftigungsverbot E 23, 28
- Anzahl der Verlängerungen S 283
- Arbeitnehmerüberlassung, konzernintern I 92
- Befristungsketten E 1
- Darlegungs- und Beweislast X 340
- Dauer des Arbeitsverhältnisses E 16, 26
- doppelt befristeter Arbeitsvertrag E 52
- Entsendung H 16
- Entsendung, Kündigung H 17
- Höchstbefristungsdauer E 27
- Kettenbefristung E 13
- Klage gegen die Wirksamkeit X 328 ff.
- Kündigung S 284
- Leiharbeitsverhältnis I 73, 124 ff.
- Manteltarifvertrag S 42
- Missbrauchskontrolle E 3, 13
- Mitbestimmung, Personalrat Q 6 ff.
- Mitteilung des Ablaufs E 41 ff.
- Muster einer Rahmenvereinbarung E 5
- Muster, Antrag auf Zustimmung Q 7
- Muster, befristeter Arbeitsvertrag mit Sachgrund E 15
- Muster, befristeter Arbeitsvertrag mit Zweckbefristung E 34
- Muster, befristeter Arbeitsvertrag ohne Sachgrund E 25
- Muster, doppelt befristeter Arbeitsvertrag E 53
- Muster, Klage X 332
- Muster, Mitteilung der Zweckerreichung E 47
- Muster, Mitteilung des Ablaufes des vereinbarten Befristungszeitraumes E 42
- Muster, Tarifvertragsklausel S 282
- Neueinstellung E 28
- neugegründete Unternehmen E 24
- öffentlicher Dienst S 283
- ohne Sachgrund E 22 ff.
- ordentliche Kündigung E 19

1999

Stichwortverzeichnis

- Probearbeitsverhältnis E 134 ff.; *siehe auch dort*
- Rahmenvereinbarung E 1 ff.; *siehe auch dort*
- Rechtsgrundlage E 22 f.
- Reduzierung der Arbeitszeit E 96
- relevante Vorschriften Q 11
- Rentnerbeschäftigung E 13
- Sachgrund E 9 f., 13 ff.
- Schriftform E 21, 31, 40, 58
- Tarifvertragsklausel S 281 ff.
- Telearbeit C 111
- Verlängerung X 341
- Verlängerungsmöglichkeit E 27
- Volontariatsvertrag F 73
- Weiterbeschäftigung E 17, 27, 37
- Werkstudentenvertrag F 57 f.
- Zeugnis K 310
- Zulässigkeit S 281; X 328
- Zuvor-Beschäftigung E 23, 28; X 342
- Zweckbefristung E 32 ff.

Begehungsrecht
- Telearbeit O 304

Behinderte Menschen *siehe Schwerbehinderte*

Behinderung *siehe Schwerbehinderung*

Beiladung
- Verwaltungsgerichtsverfahren Y 202

Beiordnung
- Rechtsanwalt X 148 ff.
- Rechtsschutzversicherung X 162
- Rückwirkung X 155, 168

Beistand
- Mediation Z 79 f., 88, 115

Beitragsbemessungsgrenze
- gespaltene Rentenformel L 63

Beitragsfreistellung
- Direktversicherung L 179

Beitragszusage mit Mindestleistung *siehe Direktversicherung*

Bekanntmachung
- Muster, Abstimmungsvorschlag der leitenden Angestellten W 411
- Wahlausschreiben O 49
- Wahlergebnis W 723

Benachteiligungsverbot T 13 f.

Beobachtungsbereich
- Videoüberwachung O 527 ff.

Beratervertrag
- doppelte Schriftformklausel N 21
- Muster N 17
- Scheinselbständigkeit N 18
- Vergütung N 19

Bereitschaftsdienst
- Tarifvertrag, Arbeitszeitverlängerung S 249

Beruf
- Anerkennung für Ausbildung F 7

Berufsanfänger
- Ausschreibung A 79

Berufsaufgabekündigung F 29

Berufsausbildung
- anerkannte Ausbildungsberufe F 7
- Arbeitszeit F 18
- Dauer F 8
- Form des Vertrages F 24
- Fortbildung F 82
- Güteverfahren F 32
- Interessenausgleich O 842
- Kündigung F 27
- Kündigung des Arbeitsverhältnisses K 6 ff., 37
- Kündigung, außerordentlich K 21, 58
- Minderjährige F 5
- Mindestangaben F 4
- Muster F 3
- Pflichten des Ausbildenden F 19
- Pflichten des Auszubildenden F 20
- Praktikum F 41; *siehe auch dort*
- Probezeit F 12
- Prüfung F 10 ff.
- Rechtsgrundlagen F 1 f.
- Urlaub F 21
- Vergütung F 15 f.
- Volontariatsvertrag F 70 ff.
- Werkstudentenvertrag F 54 ff.
- Zeugnis F 24
- Ziel der Ausbildung F 6

Berufserfahrung
- Anforderungsprofil A 36
- Ausschreibung A 73
- Ausschreibung, betriebsintern A 65
- Ausschreibung, extern A 78
- schwerbehinderter Bewerber A 133

Berufsgenossenschaft
- Betriebsarzt O 575

Berufsunfähigkeit *siehe Erwerbsminderung*

Berufsunfähigkeitsrente
- Kongruenz L 139

Berufsunfähigkeitsversicherung
- selbständige L 120

Berufung *siehe auch Ordentliche Gerichtsbarkeit, Berufung*
- Angriffs-/Verteidigungsmittel X 417, 431, 441
- Anschlussberufung *siehe dort*
- Aufbau der Beantwortung X 441
- Aufbau der Begründung X 428 f.
- Beanstandung der Tatsachenfeststellung X 430
- Beantwortung X 434 ff.
- Beantwortungsfrist X 434, 436
- Begründungsfrist X 406, 416, 419
- Einlegungsfrist X 406, 409
- Einwand gegen die Zulässigkeit X 440
- Entscheidung über einstweilige Verfügung X 803 ff.
- Fristen bei einstweiligem Rechtsschutz X 804
- Fristverlängerung X 179
- juristische Personen X 411
- Muster, Anschlussberufung X 447
- Muster, Beantwortung X 435

- Muster, Begründung X 418, 423 ff.
- Muster, Einlegung X 407
- ordentliche Gerichtsbarkeit *siehe Ordentliche Gerichtsbarkeit, Berufung*
- Postulationsfähigkeit X 415
- Rechtsverletzung X 432
- Unterschrift X 433
- Verfahrensvorschriften X 408
- Vorlage des angefochtenen Urteils X 413
- Zulassung X 404 f.

Beschäftigungsanspruch X 711 ff.; *siehe auch Weiterbeschäftigung*

Beschäftigungsdauer
- Kündigungsfrist S 260 f.

Beschäftigungssicherungstarifvertrag
- Anwendungsbereich S 120
- Arbeitszeitreduzierung S 125 ff.
- Ausbildungsplatz S 135
- Besetzungsregelung S 214 ff.
- Entgeltreduzierung S 125
- innerbetriebliche Ausschreibung S 216
- Investitionen S 136
- Krisensituation S 122
- Kündigungsausschluss S 132 ff.
- Lohnerhöhung S 130
- Muster S 121
- Nichtgewerkschaftsmitglied S 124
- rückwirkende Aussetzung von Lohnerhöhungen S 131
- Sonderzahlungen S 129
- Sperrwirkung S 123

Beschäftigungsverhältnis, geringfügig *siehe Geringfügiges Beschäftigungsverhältnis*

Beschlussfähigkeit
- Betriebsversammlung O 14
- Schlichtungsstelle S 157
- ständige Einigungsstelle O 997

Beschlussfassung
- Schlichtungsstelle S 174

Beschlussverfahren
- Einsetzung der Einigungsstelle, § 100 ArbGG X 564 ff.
- Güteverfahren X 538
- Instanz, dritte X 668 ff.; *siehe auch Rechtsbeschwerde*
- Instanz, zweite X 630 ff.; *siehe auch Beschwerde*
- Kostenerstattung des Arbeitgebers gegenüber Betriebsrat X 589 ff.
- Muster, Antrag auf Bestellung des Wahlvorstands O 20
- Muster, Einsetzung der Einigungsstelle X 567
- Muster, Entfernung eines betriebsstörenden Arbeitnehmers X 616
- Muster, Feststellung der Unwirksamkeit eines Einigungsstellenspruchs X 580
- Muster, Kostenerstattung gegenüber dem Betriebsrat X 591
- Muster, Unterlassungsantrag X 530
- Muster, Zustimmungsersetzungsantrag X 545
- Muster, Zustimmungsersetzungsverfahren X 605
- Unterlassungsanträge, § 23 Abs. 3 BetrVG X 528 ff.
- Unwirksamkeit eines Einigungsstellenspruchs X 578 ff.
- Zustimmungsersetzungsanträge, § 99 BetrVG X 539 ff.

Beschwer
- Berufung X 405
- Beschwerde X 630

Beschwerde *siehe auch Divergenzbeschwerde, Grundsatzbeschwerde, Nichtzulassungsbeschwerde*
- Abschrift der Vorentscheidung X 638
- Anschlussbeschwerde X 661 ff.
- Anwaltszwang X 640
- Anwendungsbereich X 633
- Beantwortung X 650 ff.
- Begründung X 641 ff.
- Begründungsfrist X 641, 643
- Beschwer X 630
- Einlegung X 630 ff.
- Einlegungsfrist X 631, 634
- Einsetzung der Einigungsstelle X 656 ff.
- Gegenstandswertfestsetzung X 223 ff.
- juristische Person X 636
- Muster, Anschlussbeschwerde X 662
- Muster, Beantwortung X 651
- Muster, Begründung X 642, 647
- Muster, Einlegung X 632
- Muster, gegen Entscheidung über Einsetzung der Einigungsstelle X 657
- neues Vorbringen X 648

Beschwerdemöglichkeit
- Bekanntmachung Q 286 f.

Beschwerdestelle
- Betriebsvereinbarung O 158 ff.

Beschwerdeverfahren Q 269 ff.
- Berechtigte Q 277
- Beschwerderecht Q 285
- Ergebnis Q 294 ff.
- Maßregelungsverbot Q 303
- Prüfpflicht Q 290 ff.
- Sachverhalt Q 288 f.
- Schlichtungsgespräch Q 299 ff.
- verbotene Benachteiligungen Q 282 ff.

Besetzung
- Einigungsstelle O 975, 988 ff.
- Schlichtungsstelle S 168

Besetzungsregelung
- Beschäftigungssicherung S 214 ff.
- Beschränkung bei Personalauswahl S 218
- innerbetriebliche Ausschreibung S 216
- Muster S 214
- qualitativ/quantitativ S 213
- Weiterbeschäftigung nach Ausbildungsende S 217

Stichwortverzeichnis

Besetzungszeitpunkt
- Ausschreibung A 70 ff.

Besitzstandsregelung
- Anwendungsbereich S 219
- Betriebsübergang S 221
- Entgelttarifvertrag S 30
- Fortwirkung des Tarifvertrags S 221 f.
- Muster S 220

Bestellung
- Fachkraft für Arbeitssicherheit O 589 ff.
- Geschäftsführer M 50 ff.
- Klageabweisung X 135 f.
- Schriftsatz mit Terminverlegungsantrag X 131 ff.
- Sicherheitsbeauftragter O 601
- Vollmachtvorlage X 134

Betreuungszuschuss O 728 ff.

Betrieb
- Betriebsratswahl O 85 ff.

Betriebliche Übung J 107 ff.
- Gesamtzusage J 115
- Privatnutzung der betrieblichen Kommunikationseinrichtungen O 456
- Privatnutzung von Internet und E-Mail C 60
- Vermeidung B 57

Betriebliches Eingliederungsmanagement Q 224 ff.
- abgeschlossen Q 252
- Dokumentation Q 244, 254
- Einleitungsgespräch Q 252
- Ende Q 260
- Kern Q 257
- krankheitsbedingte Kündigung Q 157 ff., 232 ff.
- Leitung des Integrationsteams Q 241
- Muster Q 227
- noch andauernde AU Q 248
- Personenkreis Q 231
- relevanter Zeitraum Q 245
- Sinn und Zweck Q 247
- Überprüfungszeiträume Q 263
- Vertrauenspersonen Q 238
- Verzögerungsvermeidung Q 259
- vorrübergehende Teilzeit Q 259

Betriebs- und Geschäftsgeheimnis
- Betriebsvereinbarung O 188 f.
- Bewerberfragebogen A 153
- Muster einer Zusatzvereinbarung C 5
- Muster, Vereinbarung zur nachvertraglichen Verschwiegenheitspflicht C 14 ff.
- Nebenpflicht C 1 ff.
- Preisgabe bei nachvertraglichem Wettbewerbsverbot C 196 ff.
- Umfang C 7 f.; O 818
- Unterrichtung des Wirtschaftsausschusses bei Anteilskaufvertrag V 422
- Unterrichtungspflicht bei Spaltung V 304
- Verschlüsselung, betriebliche Kommunikationseinrichtungen O 478

Betriebsänderung *siehe auch Unternehmenskaufvertrag*
- Ausgleich wirtschaftlicher Nachteile O 860 f.
- Betriebsspaltung V 41
- Information an Wirtschaftsausschuss O 808
- Interessenausgleich O 823 ff.
- Prämie bei Verzicht auf Kündigungsschutzklage O 964
- Schutzschrift gegen Unterlassungsverfügung X 782 ff.
- Teilverkauf V 39 ff.
- Transferkurzarbeitergeld O 913 ff.
- Unterlassungsantrag des Betriebsrats X 774 ff.
- Verfügungsgrund der Schutzschrift X 785

Betriebsarzt
- Arbeitsschutz O 572 f.
- Aufgaben O 579
- Bestellung/Abberufung O 578 f.
- Hierarchie O 582
- Wahlrecht des Arbeitgebers O 575
- Weisungen O 583

Betriebsbußenordnung
- Störung des Arbeitsverhältnisses J 3

Betriebsfrieden
- Betriebsvereinbarung O 152 f.

Betriebsführungsvertrag
- Anwendungsbereich V 594 f.
- Arbeitsverhältnis bei echtem Betriebsführungsvertrag V 636
- Arbeitsverhältnis bei unechtem Betriebsführungsvertrag V 635
- echter/unechter V 594 ff.
- Eigentumsverhältnisse V 600
- Entgelt V 608 f.
- Gegenstand V 601 ff.
- Geschäftsbesorgung/Auftrag V 608
- Geschäftsführung im eigenen/fremden Namen V 610 ff.
- Laufzeit V 607
- Muster V 599
- Muster, Unterrichtung der Arbeitnehmer V 640
- Muster, Unterrichtung Wirtschaftsausschuss V 624
- Muster, Verzicht auf Widerspruch V 687
- Muster, Widerspruch gegen Übergang des Arbeitsverhältnisses V 674
- Rückabwicklung V 621
- Unterrichtung der Arbeitnehmer V 638 ff.
- Unterrichtung des Wirtschaftsausschusses V 623 ff.
- Verzicht auf Widerspruchsrecht V 685 ff.
- Weisungsrecht V 606
- Widerspruch gegen den Übergang des Arbeitsverhältnisses V 673 ff.

Betriebsgröße
- Kündigung J 5

Betriebsgruppe *siehe Gruppenarbeitsvertrag*
Betriebsmittel
– Betriebsvereinbarung zum Nutzungsumfang O 206 f.
Betriebspacht
– Abgrenzung Betriebsführungsvertrag V 500
– Anwendungsbereich V 499
– Betriebsübergang V 501
Betriebspachtvertrag
– Änderung der Pachtsache V 513
– Dauerschuldverhältnis V 510
– Eintritt in laufende Verträge V 514 ff.
– Entgelt V 512
– Fortführung nach Pachtende V 526
– Gegenstand V 507 ff.
– kollektive Widersprüche V 525
– Muster V 505
– Muster, Unterrichtung der Arbeitnehmer V 542
– Muster, Unterrichtung Wirtschaftsausschuss V 530
– Muster, Verzicht auf Widerspruch V 589
– Muster, Widerspruch gegen Übergang des Arbeitsverhältnisses V 576
– Organmitglieder V 515
– Rechte und Pflichten V 502 f.
– Rechtsgrundlage V 506
– Übergang der Leitungsmacht V 511
– Unterrichtung der Arbeitnehmer V 540 ff.
– Unterrichtung Wirtschaftsausschuss V 529 ff.
– Unterrichtungspflichten der Vertragspartner V 522
– Versorgungszusagen V 520
– Verzicht auf Widerspruchsrecht V 523, 587 ff.
– Widerspruch gegen Übergang des Arbeitsverhältnisses V 575 ff.
Betriebsrat *siehe auch Anhörung des Betriebsrats, Zuleitung an Betriebsrat*
– abweichende Strukturen P 1 ff.
– Anhörung zu ordentlicher Kündigung O 777 ff.
– Antrag auf Feststellung der Mitbestimmungswidrigkeit Y 215 ff.
– Antragsgegner bei Wahlanfechtung O 101
– Anwachsung V 483
– Arbeits- und Gesundheitsschutz O 565
– Arbeitsschutzausschuss O 608
– Aufspaltungs- und Übernahmevertrag V 276
– Auswertung, Nutzungsdaten der betrieblichen Kommunikationseinrichtung O 506
– Auswirkungen bei Eingliederung V 122
– Auswirkungen bei Spaltungsvertrages V 343 f.
– Auswirkungen bei Verschmelzung V 189
– Beteiligung an Mediation Z 30, 43, 111, 124
– Beteiligungsrechte bei wirtschaftlichen Angelegenheiten O 801 ff.
– betriebsärztliche Versorgung O 576 ff.
– betriebsinterne Ausschreibung A 48
– Betriebsspaltung P 148

– einstweilige Verfügung gegen Durchführung der Wahl O 121
– Entfernungsverlangen bei störenden Arbeitnehmern X 615 ff.
– Fortbestand bei Unternehmenskauf V 109 ff.
– Geheimhaltungsverpflichtung O 815 ff.
– Gemeinschaftsbetrieb P 140
– Kostenerstattung gegenüber Arbeitgeber X 589 ff.
– Muster, Anhörung bei Kündigung O 778
– Muster, Antrag auf Unterlassung einer Betriebsänderung gemäß § 111 BetrVG X 779
– Muster, Schutzschrift bei Betriebsänderung X 782
– Muster, Unterlassungsanträge aus § 23 Abs. 3 BetrVG X 530
– Muster, Unterrichtung bei Unternehmenskauf V 40
– Pflicht bei Videoüberwachung O 554
– Schutzschrift gegen Unterlassungsverfügung wegen Betriebsänderung X 782
– Übergangsmandat bei Teilverkauf V 45
– Überwachungsaufgabe bei Arbeitszeit O 258 ff.
– Unterlassungsantrag bei Betriebsänderung X 774 ff.
– Unterrichtung bei Spaltung V 307 ff.
– Unterrichtung bei Unternehmenskauf V 39 ff.
– Unterrichtung bei Verschmelzung V 205, 218 ff.
– Weiterbeschäftigung nach Widerspruch O 789
– Wirtschaftsausschuss O 801
– Zuleitung des Verschmelzungsvertrags V 206 ff.
– Zuständigkeit bei Überwachungseinrichtung O 518
– Zustimmung zu personellen Maßnahmen O 766 ff.
– Zustimmungsverweigerung bei personellen Einzelmaßnahmen X 540 f., 557 ff.
– Zustimmungsverweigerung zu personellen Maßnahmen O 771 ff.
– Zuwiderhandlung des Arbeitgebers X 528 ff.
Betriebsratsmitglied
– außerordentliche Kündigung O 793 ff.; X 606 ff.
– Muster, Antrag auf Zustimmung zu außerordentlicher Kündigung O 794
– Schulungskosten X 593
– Verstoß gegen Amtspflicht X 613
– Zustimmungsersetzung bei außerordentlicher Kündigung/Versetzung X 602 ff.
Betriebsratsstruktur *siehe auch Tarifvertrag, Arbeitnehmervertretung; siehe auch Tarifvertrag, Arbeitsgemeinschaft; siehe auch Tarifvertrag, Spartenbetriebsräte; siehe auch Tarifvertrag, unternehmenseinheitlicher Betriebsrat; siehe auch Tarifvertrag, zusätzliche Vertretung*

Stichwortverzeichnis

- Abweichung von der gesetzlichen Regelung P 1 ff.

Betriebsratswahl
- Abbruch O 122, 125
- Anfechtung O 95 ff.
- Antragsberechtigung für Feststellungsantrag O 77 ff.
- Ausschluss der Anfechtung O 116
- Aussetzung O 124
- Berichtigungsfähigkeit von Verfahrensfehlern O 115
- Bestellung des Wahlvorstands O 19 ff.
- Betrieb O 85 ff.
- Compliance T 37
- Einladung zur Betriebsversammlung O 1 ff.
- Einleitung O 47
- einstweiliger Rechtsschutz O 94, 117 ff.
- Feststellungsantrag nach § 18 BetrVG O 74 ff.
- Kosten, einstweiliges Verfügungsverfahren O 132
- mehrere Unternehmen O 74 ff.
- Muster, Aussetzung des Wahlverfahrens O 124
- Muster, einstweilige Verfügung gegen die Durchführung O 118
- Muster, Feststellungsantrag O 75
- Muster, Feststellungsantrag einheitlicher Betrieb O 82
- Muster, Wahlanfechtung O 96
- Muster, Wahlausschreiben O 48
- nachträgliche Stimmabgabe O 70
- Nebenbetrieb O 74 ff.
- Nichtigkeit O 98, 103
- Sabbatical O 412
- Vorschlagslisten O 58 ff.
- Wahlausschreiben O 47 ff.
- Wahlfehler O 126 f.
- Zuständigkeit, Feststellungsantrag O 76

Betriebsrentengesetz
- Unverfallbarkeit L 92 ff.

Betriebsschließung O 823 ff.

Betriebsspaltung
- Aufhebung Gemeinschaftsbetrieb P 148

Betriebsübergang
- Aktienoptionen D 28
- Altersversorgung L 338 ff.; *siehe auch Entgeltumwandlungsanspruch*
- Altersversorgung, Mitarbeiterliste L 361
- Altersversorgung, Zusicherung der Vollständigkeit L 359 ff.
- Anwachsung V 446, 449, 457
- Befristung E 23
- Besitzstandsklausel S 221
- Betriebspacht V 501
- Betriebsvereinbarung über Versorgungszusage L 360 ff.
- Bonusbank-Plan D 89
- Entgeltumwandlung, Direktversicherung L 387, 391 f.
- Entsendung H 70
- Geschäftsführer, Versorgungszusage L 368
- kurzfristiger Bonusplan D 65
- langfristiger Bonusplan D 48
- leitende Angestellte, Versorgungszusage L 369
- Überleitung der Arbeitnehmer in Transfergesellschaft O 939
- Verlagerung ins Ausland V 12
- Versorgungszusage, Diskriminierungsverbot L 379 ff.
- Versorgungszusage, Einzelzusage L 367
- Versorgungszusage, Volumen L 370 ff.
- Wettbewerbsverbot C 150

Betriebsvereinbarung
- Alkohol O 197 ff.
- Antragsfrist bei Sabbatjahr O 432
- Anwachsung V 485
- Anzeige drohender Schäden O 182 f., 195
- Arbeitnehmerunterrichtung, Betriebsführungsvertrag V 661
- Arbeitnehmerunterrichtung, Betriebspacht V 563
- Arbeitnehmerunterrichtung, Spaltung V 345
- Arbeitnehmerunterrichtung, Unternehmenskauf V 117 ff.
- Arbeitnehmerunterrichtung, Verschmelzung V 255
- Arbeits- und Gesundheitsschutz O 208, 559 ff.
- Arbeitsordnung O 138 ff.
- Arbeitsunfähigkeit O 166 ff.
- Arbeitszeit O 162 ff.
- Arbeitszeit, flexible O 229 ff.
- Aufspaltungs- und Übernahmevertrag V 276
- Aushang O 214 ff.
- Auskunftsanspruch des Arbeitgebers O 184
- Außendienstmitarbeiter F 170
- außerdienstliches Verhalten O 156
- Beendigung bei Videoüberwachung O 556
- Beendigung der Vereinbarung O 220 ff.
- Beschwerdestelle O 158 ff.
- Betriebsfrieden O 152 f.
- Datenerfassung O 192
- Dienstkleidung O 194
- Diskriminierungsverbot O 157 f.
- Einführung des Compliance-Programms T 53 ff.
- Einführung von Kurzarbeit O 344 ff.
- Einrichtung einer ständigen Einigungsstelle O 984 ff.
- Fachkraft für Arbeitssicherheit O 583 ff.
- Gesamt-, Unternehmenskauf V 132 ff.
- Gleichstellung O 186
- Inkrafttreten O 217 ff.
- Interessenausgleich O 827 f.
- Konzern-, Unternehmenskauf V 137
- Kündigung L 103; O 187, 510
- Kündigungsausschluss T 56.1, 56.2
- Leistungsplananhang L 5

- leitende Angestellte O 148
- Mitbestimmung O 135 ff.
- Muster O 142
- Muster, Arbeits- und Gesundheitsschutz O 564
- Muster, Auswahlrichtlinie für betriebsbedingte Kündigung O 745
- Muster, betriebliche Altersversorgung L 100
- Muster, Bonussystem O 646
- Muster, flexible Arbeitszeit O 233
- Muster, freiwillige Sozialleistungen O 707
- Muster, Mediation Z 51
- Muster, Nutzungsvertrag von betrieblichen Kommunikationseinrichtungen O 450
- Muster, Turboprämie O 959
- Muster, Videoüberwachung O 517
- Nachwirkung O 224, 701, 743
- Namensliste für Kurzarbeit O 341
- Nebenpflichten O 154 f.
- Nebentätigkeit O 176 ff.
- Nutzungsumfang der Betriebsmittel O 206 f.
- Obhuts-/Verwahrungspflichten O 204
- Parkplatz O 209 ff.
- Personalfragebogen A 141, 179
- personelle Maßnahmen O 745 ff.
- persönlicher Anwendungsbereich O 147
- Privatnutzung betrieblicher Kommunikationseinrichtungen O 447
- Rauchverbot O 202 f.
- räumlicher Geltungsbereich O 146
- Regelungsbereich T 56
- Rücksichtnahmepflicht O 174 f.
- salvatorische Klausel O 226
- Sanktionen bei Verstoß O 213
- Schwerbehinderung O 186
- Sicherheitsbeauftragter O 598 ff.
- Sozialplan O 858
- Teilkündigung O 741 ff.
- Telearbeit O 270 ff.
- Turboprämie O 958 ff.
- Überstunden O 163 f.
- Überzahlungen O 175
- Verhaltenspflichten O 149 ff.
- Verschmelzung V 199
- Verschwiegenheitspflicht O 188 f.
- Videoüberwachung O 512 ff.
- Werkstudentenvertrag F 69
- Wettbewerbsverbot O 180 f.
- Zeichnungsberechtigung O 228
- Zutrittssystem O 190 f.

Betriebsverfassungsrecht
- Anhörung ordentliche Kündigung O 777 ff.
- Arbeits- und Gesundheitsschutz O 559 ff.
- Arbeitsordnung O 138 ff.
- Betriebsratswahl O 1 ff.
- Betriebsvereinbarung O 133 ff.
- Bonussystem O 640 ff.
- flexible Arbeitszeit O 229 ff.
- freiwillige Sozialleistungen O 704 ff.
- konjunkturelle Kurzarbeit O 333 ff.
- Nutzung von betrieblichen Kommunikationseinrichtungen O 445 ff.
- personelle Maßnahmen O 745 ff.
- Sabbatical O 385 ff.; *siehe auch dort*
- Telearbeit O 270 ff.
- Verweigerung der Zustimmung zu personellen Maßnahmen O 771 ff.
- Videoüberwachung O 512 ff.
- Zustimmung Einstellung/Eingruppierung O 759 ff.

Betriebsversammlung
- Beschlussfähigkeit O 14
- Einladung O 1 ff.
- Einladung per E-Mail O 18
- Einladungsberechtigung O 3 ff.
- Einladungsfrist O 5 f.
- Muster, Einladung O 2
- Teilnahmeberechtigung O 8
- vereinfachtes Wahlverfahren O 13, 16

Betriebswahlvorstand *siehe Wahlvorstand*
Betriebszugehörigkeit
- Abfindung in Sozialplan O 878
- Auswahlrichtlinie O 755
- Entsendung H 69

Beurkundung
- Anteilskaufvertrag V 405
- Umwandlungsbeschluss V 382
- Unternehmenskaufvertrag V 5
- Verschmelzungsvertrag V 183

Beurteilung *siehe Zeugnis, qualifiziertes*
Beweisaufnahme
- Prozesskostenhilfe X 165

Beweismittel
- Urkundenprozess Y 89

Bewerberbeurteilung
- Personalrat Q 51 ff.

Bewerberfragebogen
- Abgrenzung Einstellungsfragebogen A 138 ff.
- Angaben zur Person A 144 f.
- berufliche Qualifikation A 156 ff.
- Betriebs-Geschäftsgeheimnis A 153
- Ermittlungsverfahren A 170
- Falschbeantwortung A 177 f.
- gewerkschaftliche Betätigung A 174
- Konkurrenztätigkeit von Angehörigen A 153
- körper-/gesundheitsbezogene Fragen A 147 ff.
- Kündigung A 160
- Mobilität A 154
- Nebentätigkeit A 163 f.
- Parteimitgliedschaft A 173
- Recht zur Lüge A 139 f.
- Religionszugehörigkeit A 172
- Schichtdienst A 155
- Scientology-Mitgliedschaft A 176
- Sprachkenntnisse A 166 f.
- Stellenbezeichnung A 143
- Vermögensverhältnisse A 171

Stichwortverzeichnis

- Vorbeschäftigungsverbot A 162
- Vorstrafen A 169
- Wettbewerbsverbot A 161

Bewerbungsfrist
- Ausschreibung A 67, 81 f.

Bewerbungsgespräch
- Einladung mit Kostenübernahme A 86
- Einladung ohne Kostenübernahme A 92 ff.
- Inhalt der Einladung A 87
- Inhalt des Protokolls A 100
- Musterprotokoll A 99
- Protokoll A 96 ff.; *siehe auch Protokoll des Bewerbungsgesprächs*
- Recht zur Lüge A 109
- unzulässige Fragen A 111

Bewerbungsunterlagen
- Verfahrensende A 123
- Vorlage an Betriebsrat O 765

Bewerbungsverfahren
- Absage an Bewerber A 119 ff.
- Abschluss A 115
- Einwilligung in ärztliche Untersuchung A 206 ff.
- Einwilligung in Datenspeicherung A 193 ff.
- Einwilligung in psychologische Untersuchung A 218 ff.
- Muster, Einwilligung in ärztliche Untersuchung A 207
- Muster, Einwilligung in psychologische Untersuchung A 219
- Muster, Gesprächseinladung mit Kostenübernahme A 86
- Musterfragebogen A 142
- Schwerbehinderung A 129
- Teilnahme an einem Persönlichkeitstest A 227 ff.
- Telearbeit O 288 ff.
- Umfang A 83
- Vernichtung der Unterlagen A 193 ff.
- Verzicht auf Rücksendung der Unterlagen A 193 ff.
- zulässige Fragen A 139

Bezüge
- Geschäftsführer-Gehalt M 18 ff.

Bezugnahmeklausel
- Änderungsvertrag J 102
- große dynamische Verweisungsklausel B 70
- konstitutive Verweisungsklausel B 72
- Unterrichtung nicht tarifgebundener Arbeitnehmer V 107

Bezugsrecht
- Direktversicherung L 167, 176

BGH
- Equal Pay I 51
- Mannesmann-Urteil M 304
- *Vermittlungsprovision, AÜG* I 79
- Verpfändung einer Rückdeckungsversicherung L 186

- Vorstandsdoppelmandat M 151

Boni
- Arbeitnehmerunterrichtung, Unternehmenskauf V 129

Bonus
- Freiwilligkeitsvorbehalt J 110

Bonusbank-Plan
- Anpassung Erfolgsziele und Zielbonus D 78
- Ausscheiden von Mitarbeitern D 86 ff.
- Bad Leaver D 88
- Betriebsübergang D 89
- Cap D 80
- Ermittlung der Zielerreichung D 79
- Gleichbehandlung D 73
- kein pensionsfähiges Einkommen D 92
- Kürzung bei Fehlzeiten D 90 f.
- lineare Entwicklung bis Nulllinie D 81
- Lineare Tranchen-Auszahlung D 77
- Malus-Regelung D 82 f.
- Mitarbeiterziele als Bestandteil des kurzfristigen Bonuselements D 84
- Muster D 72
- Risikobeteiligung D 70
- Teilnahmeberechtigte D 73
- Überführung bestehender Bonussysteme D 71
- Verfallklausel D 86 ff.
- Verzinsung des langfristigen positiven Bonuselements D 76
- Widerrufsvorbehalt D 93
- Zielbonus überschreitender Bonusanteil als Bestandteil des langfristigen Bonuselements D 85
- Zielvereinbarung D 74 f.
- Zielvorgaben D 74 f.

Bonusplan
- kurzfristiger Bonusplan D 51 ff.; *siehe auch dort*
- langfristiger Bonusplan D 31 ff.; *siehe auch dort*

Bonussystem
- Angleichung verschiedener Regelungen O 702
- Anpassung der Zielvereinbarung O 686
- Berechnungsformel O 697
- entgangener, BAG B 202 ff.
- Entgeltfortzahlung O 668 f.
- Fälligkeit O 699
- Freistellung O 670
- Geltungsbereich O 651
- Gleichbehandlungsgrundsatz O 650
- individualvertragliche Regelung O 667
- Leistungsbestimmung O 672 ff.
- Letztentscheidungsbefugnis O 690 ff.
- Muster O 646
- Musterklausel, unterjährig ausscheidende Arbeitnehmer O 663 ff.
- Musterklausel, unterjährig eintretende Arbeitnehmer O 659 ff.
- Nachwirkungen einer Betriebsvereinbarung O 701

- Regelungsgegenstand O 640 ff., 700
- SMART-Formel bei Zielvorgaben O 689
- unterlassene Zielvereinbarungen O 681 ff.
- Vergütungshöhe O 653 ff., 698
- zeitanteilige Berechnung O 659 ff.
- Zielvereinbarung B 198

Börsennotierte Aktiengesellschaft
- Übernahme *siehe Übernahme börsennotierter Aktiengesellschaft*

Bote
- Zustellung einer Kündigung K 98

Branchenzuschläge
- Arbeitnehmerüberlassung I 46 ff.

Branchenzuschlagstarifverträge I 72.1

Briefverteilungszentrum
- Videoüberwachung O 536

Bundesdatenschutzgesetz
- Arbeitnehmerschutz B 167

Business Management Agreement *siehe Betriebsführungsvertrag*

BYOD (Bring your own device) U 37 ff.
- Datentrennung U 52, 55
- Mitbestimmung des Betriebsrats U 41
- Standardvertragsklauseln U 3

Change-of-Control-Klausel M 207, 212

Compliance
- Anwendungsbereich T 1 ff.
- Arbeitnehmerüberlassung T 32 ff.
- arbeitsrechtliche Checkliste T 7 ff.
- Arbeitszeit T 15.2 ff.
- Ausbildung T 29 f.
- Begriff T 1
- Benachteiligungsverbot T 13 f.
- Betriebsratswahl T 37
- Jugendarbeitsschutz T 26 ff.
- Mutterschutz T 19 ff.
- Nicht-EU-Ausländer T 31
- Pausen/Ruhezeiten T 17
- personenbezogene Daten T 36
- Persönlichkeitsschutz T 12 ff.
- Prävention T 6 ff.
- Risikosituation T 7
- Scheinselbständigkeit T 10 f.
- Schwerbehinderung T 23 ff.
- Sonn-/Feiertagsbeschäftigung T 18
- Umsetzung in Unternehmen B 47 f.
- Unternehmensleitung T 2
- Vier-Augen-Prinzip T 99

Compliance Committee
- Aufgaben T 46
- Berichtspflichten T 48
- Geschäftsordnung T 39 ff.
- konzernweite Umsetzung T 49
- Muster, Geschäftsordnung T 41
- Zusammensetzung T 39 f., 43 f.

Compliance Officer
- Aufgabenverteilung T 42
- Garantenpflicht T 50
- Haftung T 57
- Kosten T 39

Compliance Programm
- Ausgestaltung T 53
- Betriebsvereinbarung T 53 ff.
- Muster, Betriebsvereinbarung T 54

Compliance Verstoß
- Abmahnung T 104 ff.
- Amnestieangebot T 70 ff.
- Amnestievereinbarung T 80 ff.
- Aufklärung T 57 ff.
- außerordentliche Kündigung T 110 ff.
- Beispiele schwerer Pflichtverletzungen T 110
- Erinnerung T 98 ff.
- Ermahnung/Abmahnung T 104 ff.
- Ermessen bei Sachverhaltsaufklärung T 58
- externer Vertrauensanwalt T 52
- Freistellung von Geldbußen/-strafen T 76
- Freistellung von Schadensersatz T 75
- Kündigungserklärungsfrist T 113
- Muster, Amnestievereinbarung T 81
- Muster, außerordentliche Kündigung T 111
- Muster, Erinnerung T 99
- Muster, Ermahnung/Abmahnung T 105
- Muster, Information über Amnestieangebot T 71
- Muster, Übergabeprotokoll bei Kündigung T 116
- Muster, Weisung an Mitarbeiter betreffend des Vorgesetzten T 117
- Muster, Widerruf der Prokura T 111
- Personalakte T 109
- Sanktionen T 97 ff.
- Übergabeprotokoll für außerordentliche Kündigung T 115 f.
- Urheber/Profiteure T 79
- Verteidigungskosten T 77 f.
- Weisung an Mitarbeiter T 117 f.

Compliance-Checkliste T 8

Computerprogramm *siehe Software*

CTA, Contractual Trust Arrangement
- Verpfändung L 186

D'Hondtsches Höchstzahlverfahren W 580

Darlegungs- und Beweislast
- Anforderungsprofil A 27
- betriebsbedingte Kündigung bei Kurzarbeit O 380 f.
- Haftung bei Gruppenarbeitsvertrag F 125
- Kündigungsschutzklage X 269, 273
- Missbrauch der Privatnutzung der betrieblichen Kommunikationseinrichtung O 461
- Zielvereinbarung O 694

Darlegungslast
- Fortsetzungserkrankung J 53.3

Stichwortverzeichnis

Daten, personenbezogene *siehe auch Datenschutzerklärung*
- betriebliches Eingliederungsmanagement Q 251, 265
- Compliance T 36
- Einwilligung in Speicherung A 195 f.
- Kündigung, Personalrat Q 123
- Mitarbeiter B 167 ff.
- Privatnutzung der betrieblichen Kommunikationseinrichtungen O 465
- Verpflichtung auf das Datengeheimnis C 42 f.

Daten, persönliche
- Personalrat Q 12

Datenerfassung
- betriebliche Kommunikationseinrichtungen O 492 ff.
- Betriebsvereinbarung O 192

Datenerhebung
- zum Zweck des Beschäftigungsverhältnisses B 170 f.

Datengeheimnis
- Merkblatt für Mitarbeiter C 41
- Verletzung C 46 ff.
- Verpflichtung auf das - C 35 ff.
- Verschwiegenheitspflicht C 50

Datenlöschung
- Videoüberwachung O 550 ff.

Datennutzung
- Videoüberwachung O 526

Datenschutz
- Altersversorgung, betriebliche L 87
- Aufbewahrung des Bewerbungsprotokolls A 118
- Auftragsdatenverarbeitung *siehe dort*
- Beschäftigte A 193 f.
- BYOD (Bring your own device) *siehe dort*
- Erklärung, arbeitsrechtliches Mandat X 28
- Telearbeit O 315 ff.
- Vorstands-Dienstvertrag M 219

Datenschutz-Grundverordnung C 38

Datenschutzbeauftragter
- Nutzungskontrolle der betrieblichen Kommunikationseinrichtungen O 504
- Videoüberwachung O 542

Datenschutzerklärung
- Arbeitsvertragsbestandteil B 169
- Dokumentation des Einverständnisses B 171
- Muster B 168

Datensicherheit
- betriebliche Kommunikationseinrichtungen O 473 ff.
- Privatnutzung der betrieblichen Kommunikationseinrichtungen O 452 ff.
- Videoüberwachung O 515

Datenspeicherung
- betriebliche Kommunikationseinrichtungen O 500
- Privatnutzung der betrieblichen Kommunikationseinrichtungen O 470 ff.

Datenübermittlung
- Videoüberwachung O 540 f.

Datenverarbeitung
- Musterverpflichtung auf das Datengeheimnis C 39
- Personenkreis C 36
- Umfang C 43 ff.
- Verpflichtung auf das Datengeheimnis C 35 ff.
- Zweck der Datenverarbeitung U 75

Dauer
- Ausbildung F 8

Dauerschuldverhältnis
- Arbeitsverhältnis *siehe dort*

Deckungsanfrage
- außergerichtliche Tätigkeit X 94 f.
- Darstellung des Sachverhalts X 93
- Muster X 90
- Vollmacht des Mandanten X 92

Defined Benefits M 224
Defined Contributions M 224

Delegiertenversammlung
- Abgabe mehrerer Stimmen W 756
- Delegiertenliste W 735 f.
- Einladung W 743 ff.
- Einladung, Zeitpunkt W 749
- Muster, Einladung W 744
- Muster, Stimmzettel W 758
- Stimmzettel W 755 ff.
- Teilnahmeberechtigung W 736
- Zeitpunkt W 750 f.

Delegiertenwahl W 650 ff.; *siehe auch Wahl durch Delegierte*
- Ablauf W 615
- Anzahl der Delegierten W 624 f.
- Anzahl der Stimmen pro Delegiertem W 624
- Bekanntmachung Wahlergebnis W 722 ff.
- Benachrichtigung der Gewählten W 730 ff., 763 f.
- Briefwahl W 705 ff.
- Briefwahlunterlagen W 706 ff.
- Bundesanzeiger, Bekanntmachung des Wahlergebnisses W 765 f.
- Dauer W 635
- Delegiertenliste W 735 f., 738 ff.
- Delegiertenliste, Arbeitsfassung W 741
- Delegiertenliste, Einspruch W 753
- Delegiertenversammlung W 615; *siehe auch dort*
- Ermittlung der Gewählten W 717
- Ersatzdelegierte W 684
- Friedenswahl W 662, 696
- Geschlechterquote W 754.1 ff.
- Konzern W 638 ff.
- Listenwahl W 615
- Mitteilung über Stattfinden W 617 ff.
- Muster, Bekanntmachung Gesamtwahlergebnis W 762
- Muster, Bekanntmachung Wahlergebnis W 723

Stichwortverzeichnis

- Muster, Bekanntmachung Wahlvorschläge W 690
- Muster, Benachrichtigung der Gewählten W 731
- Muster, Briefwahlunterlagen W 709
- Muster, Bundesanzeiger, Bekanntmachung des Wahlergebnisses W 766
- Muster, Delegiertenliste W 737
- Muster, Mitteilung über Nichtstattfinden W 640
- Muster, Mitteilung über Stattfinden W 618
- Muster, Nachfrist zur Einreichung von Wahlvorschlägen W 668
- Muster, Nichtstattfinden eines Wahlgangs in einem Betrieb W 676
- Muster, Niederschrift Gesamtwahlergebnis W 760
- Muster, Niederschrift Wahlergebnis W 713
- Muster, Stimmzettel W 700
- Muster, Wahlausschreiben W 651
- Muster, Wahlvorschlag W 682
- Nichtstattfinden einer Wahl W 638 ff.
- Nichtstattfinden eines Wahlgangs in einem Betrieb W 675 ff.
- Niederschrift Wahlergebnis W 712 ff.
- Persönlichkeitswahl W 615
- Sachverhalt für Durchführung W 180 ff., 613 ff.
- Stimmzettel W 699 ff.
- Stimmzettel für Delegiertenversammlung W 755 ff.
- Überblick W 615
- Wahlausschreiben W 650 ff.
- Wahlergebnis, Bekanntmachung W 761 f.
- Wahlergebnis, Bekanntmachung im Bundesanzeiger W 765 f.
- Wahlergebnis, Niederschrift W 759 f.
- Wahlvorschläge W 661, 667 ff., 680 ff.
- Wahlvorschläge, Anzahl der Bewerber W 685
- Wahlvorschläge, Bekanntmachung W 689 ff.
- Wahlvorschläge, Formalien, Inhalt W 683 ff.
- Wahlvorschläge, Kennwort W 683
- Wahlvorschläge, Rücknahme W 688
- Wahlvorschläge, Stützunterschriften W 686
- Wahlvorschläge, Vorschlagsvertreter W 687
- Wahlvorschläge, Zustimmung der Bewerber W 688
- Zuordnung der Arbeitnehmer zu einem anderen Betrieb W 625

Deutscher Corporate Governance Kodex (DCGK) M 164, 336

Dienstanbieter
- Privatnutzung der betrieblichen Kommunikationseinrichtungen O 457, 464

Dienstkleidung
- Betriebsvereinbarung O 194

Dienstleistung
- Arbeitsverhältnis E 1 f.

Dienststellenwechsel
- Abordnung Q 83

Dienstvereinbarung
- Anwendbarkeit Q 171
- Bekanntmachung Q 168
- Mitbestimmung Q 167 ff.
- Muster, Beschwerdeverfahren § 13 Abs. 1 AGG Q 272
- rechtliche Überprüfbarkeit Q 170

Dienstverhältnis
- Kündigung Y 5 ff.

Dienstvertrag
- Arbeitnehmerüberlassungsvertrag I 22
- Unterschied Arbeitnehmerüberlassung I 131 ff.

Dienstvertrag, Fremdpersonaleinsatz
- Kündigung I 141
- Muster I 135
- Muster, Zusatzvereinbarung bei ~ I 146
- Schriftform I 142
- Unterschied Arbeitnehmerüberlassung I 131 ff.
- Vertragsstrafe bei Wettbewerbsverbot I 140
- Wettbewerbsverbot I 139 f.
- Zusatzvereinbarung I 143 ff.

Dienstwagen
- Aufhebungsvereinbarung M 310 ff.
- Aufhebungsvertrag K 168
- Außendienstmitarbeiter F 160
- Elternzeit B 250
- Entgeltanteil B 242
- Entzug, Sachgrund B 246 ff.
- Freistellungsphase B 251
- Geschäftsführer-Anstellungsvertrag M 20 ff.
- Krankheit B 253
- Leasingfahrzeug B 241
- Nutzungsumfang B 243 ff.
- private Nutzung B 234
- Rückgabeaufforderung K 356
- Rückgabepflicht M 130
- Vergütung B 183
- Vorstandmitglied M 189 f.

Dienstwagenvertrag
- Befristung B 254 ff.
- Muster und Dienstwagenklausel B 235
- Preishöchstgrenze B 236
- Übergabeprotokoll B 237
- Widerrufsklausel B 249
- ~sklausel B 234 ff.

Dienstwohnung B 266 ff.
- bestehendes Arbeitsverhältnis B 271
- Muster B 268
- Schönheitsreparatur B 272 ff.
- Steuerrecht B 270

Dienstzeit
- Geschäftsführer M 16

Dieselbe Krankheit
- Entgeltfortzahlung J 53.2

Differenzierungsklausel
- Begriff S 223

Stichwortverzeichnis

- Besserstellung Gewerkschaftsmitglied S 225
- einfache/qualifizierte S 226 ff.
- Muster S 224

Direktionsrecht
- Firmentarifvertrag S 94
- Job-Sharing F 106

Direktversicherung L 161 ff.
- Abgrenzung L 11
- Änderungsmöglichkeiten L 184
- arbeitgeberfinanziert L 180
- Aufhebungsvertrag K 171
- Beitragsfreistellung L 179
- Besteuerung L 182
- Bezugsrecht L 167, 176
- Entgeltumwandlung, Betriebsübergang L 387
- Hinterbliebene L 169
- Inhalt L 165
- Kapitalwahlrecht L 181
- keine Anpassung L 173
- Muster L 162
- Sozialversicherungspflicht L 183
- steuerfreie Beiträge L 177
- Unverfallbarkeit L 174 f.
- versicherte Person L 164
- Versicherungsnehmer L 163
- vorzeitige Altersleistung L 168

Diskriminierung *siehe auch Gleichbehandlung*
- betriebsinterne Ausschreibung A 59, 62 ff.
- Betriebsvereinbarung O 157 f.
- Klage auf Zahlung einer Entschädigung X 395 ff.

Diskriminierungsverbot B 46
- Versorgungszusage bei Betriebsübergang L 379 f.

Divergenzbeschwerde X 512 ff.

D&O-Versicherung
- Geschäftsführer M 24
- Organhaftung M 365
- Vorstands-Dienstvertrag M 192

Dokumentation
- Auswertung, Nutzungsdaten der betrieblichen Kommunikationseinrichtung O 507
- flexible Arbeitszeit O 266 f.
- Gefährdungsbeurteilung O 631 ff.
- Versetzung J 77

Doppelbefristung E 52 ff.
- Prüfungsmaßstab E 52

Drehtürklausel I 13, 39 f., 119

Dringlichkeit
- einstweiliger Rechtsschutz X 714 ff.

Drittelbeteiligungsgesetz
- Anwendungsbereich W 1 ff., 5
- Anzahl der zu wählenden Arbeitnehmervertreter W 90
- Delegiertenwahl W 616
- unmittelbare Wahl W 458
- Wählerlisten W 163
- Wahlgang W 251
- Wahlrecht, aktives W 150 ff.
- Wahlrecht, passives W 154 ff., 157 f., 494 f., 577

Dritter/Dritte
- Haftung bei Telearbeit O 324

Drogenscreening
- Einstellungsuntersuchung A 216

Durchführungsweg
- Wechsel L 394 ff.; *siehe auch Wechsel beim Durchführungsweg*

E-Mail
- Fernmeldegeheimnis bei Privatnutzung O 482 f.
- Kündigung K 3
- Trennung von Privat-/Betriebs-Mails O 483 f.
- Vorstands-Dienstvertrag M 220
- webbasierte Plattform O 485
- Weiterleitung O 479 f.

E-Mail-Nutzung *siehe auch Kommunikationseinrichtung, betriebliche*
- arbeitsrechtliches Mandat X 25
- betriebliche Übung C 60
- dienstlich veranlasste Privatnutzung C 62
- Kontrollmaßnahmen C 65 ff.
- Muster, Zusatzvereinbarung C 58
- Privatnutzung C 54 ff.
- Schadensersatz C 63 ff.

Eingangsbereich
- Videoüberwachung O 537

Eingliederung
- Auswirkungen auf Betriebsrat V 122

Eingruppierung
- betriebsinterne Ausschreibung A 58 f.
- Entgelttarifvertrag S 12 ff.
- Klage *siehe Eingruppierungsklage*
- Muster, Antrag an Betriebsrat O 760
- neu Q 27
- Personalrat Q 19 f., 35
- Rechtsfolgen Q 29
- Zustimmung des Betriebsrats O 759 ff.

Eingruppierungsklage
- Darlegungs- und Beweislast X 381 f.
- Feststellungsinteresse X 377
- Leistungsantrag X 380
- Muster X 378

Einigungsgebühr
- Abrechnung mit Rechtsschutzversicherung X 103

Einigungsstelle
- Amtszeit O 994
- Anfechtung der Entscheidung O 1015 f.
- Antrag auf Errichtung, erzwingbare Mitbestimmung O 982
- Antrag auf Errichtung, freiwilliges Verfahren O 969 ff.
- Anzahl der Beisitzer X 572, 575
- Arbeits- und Gesundheitsschutz O 635
- Beschlussfähigkeit O 997

- Beschwerde gegen Entscheidung nach § 100 ArbGG X 656 ff.
- Besetzung O 975, 988 ff.
- Betriebsvereinbarung über die Einrichtung einer ständigen ~ O 984 ff.
- Einsetzung X 564 ff.
- Ersetzung durch Schlichtungsstelle S 166
- Fachkraft für Arbeitssicherheit O 589
- Kontrolle der Entscheidungen O 1011 ff.
- Kosten O 974
- Muster, Antrag auf Errichtung O 970
- Muster, Beschwerde gegen Einsetzung X 657
- Muster, Betriebsvereinbarung O 985
- Muster, Einigungsstellenspruch O 1006
- Muster, Einsetzung nach § 100 ArbGG X 567
- Muster, Unwirksamkeit eines Einigungsstellenspruchs X 580
- Rechtsschutzinteresse für Einsetzung X 576
- Verbindlichkeit der Entscheidung O 1001
- Verfahren der Beschlussfassung O 1008
- Vergütung O 1003 f.
- Verhinderung von Verzögerungen O 993
- vorangegangene Verhandlungen O 973
- vorläufige Regelung O 1009
- Vorsitzender O 977 f.; X 572, 574
- Zuständigkeit O 987

Einigungsstellenspruch
- Ermessenskontrolle X 588
- Feststellung der Unwirksamkeit X 578 ff.
- Verstoß gegen Verfahrensvorschriften X 587

Einigungsstellenverfahren
- Anwendungsbereich O 968, 982
- Äußerungsfrist der Gegenseite O 980
- Einigungsstellenspruch O 1005 ff.
- Mediation O 981
- Verzögerung O 979

Einkünfte
- Wettbewerbsverbot und anderweitige ~ C 152 ff.

Einladung
- Betriebsversammlung O 1 ff.

Einladung zum Vorstellungsgespräch
- Muster mit Kostenübernahme A 86
- Muster zur Kostenbegrenzung A 91

Einmalzahlung S 26 ff.

Einsatzort
- Leiharbeitnehmer I 113

Einspruch
- Versäumnisurteil X 188 ff.
- Vollstreckungsbescheid X 202 ff.

Einstellung
- Auswahlrichtlinie O 745 ff.
- Besetzungsregelung S 214 ff.
- Kurzarbeit O 382
- Manteltarifvertrag S 40
- Muster, Antrag an Betriebsrat O 760
- Muster, Zustimmungsverweigerung des Betriebsrats O 772

- Unterrichtungspflicht des Betriebsrats O 762 ff.
- vorläufige Durchführung O 766 ff.
- Zustimmung des Betriebsrats O 759 ff.
- Zustimmungsersetzungsantrag X 550 ff.
- Zustimmungsfiktion O 774
- Zustimmungsverweigerung des Betriebsrats O 771 ff.

Einstellungsfragebogen
- Abgrenzung Bewerberfragebogen A 138 ff.

Einstellungsuntersuchung A 151, 206 ff.; B 8
- Daten, personenbezogene B 8
- Einwilligung im Bewerbungsverfahren A 206 ff.
- Kosten A 210
- Muster zur Einwilligung A 207
- Schweigepflicht A 217

Einstellungsuntersuchung, psychologische
- berechtigtes Interesse A 224
- Einwilligung im Bewerbungsverfahren A 218 ff.
- Muster zur Einwilligung A 219

Einstweiliger Rechtsschutz
- Anwendungsbereich X 704 ff.
- Arbeitsentgelt X 751 ff.
- Berufung X 803 ff.
- Bestellung des Wahlvorstands O 23
- Bestimmtheit des Antrags X 718 f.
- Betriebsratswahl O 94
- Dringlichkeit X 714 ff.
- gegen Durchführung der Betriebsratswahl O 117 ff.
- Glaubhaftmachung O 128; X 720 ff.
- Ladungsfrist X 717
- mündliche Verhandlung X 707, 716
- Muster, Antrag auf Arbeitszeitreduzierung X 761
- Muster, Antrag auf vertragsgemäße Beschäftigung X 713
- Muster, Antrag auf Weiterbeschäftigung X 727
- Muster, Antrag des Betriebsrats auf Unterlassung einer Betriebsänderung gemäß § 111 BetrVG X 779
- Muster, Antrag gegen Durchführung der Betriebsratswahl O 118
- Muster, Entbindung von der Verpflichtung zur Weiterbeschäftigung X 736
- Muster, Schutzschrift bei Betriebsänderung X 782
- Muster, Schutzschrift des Arbeitgebers gegen eine Beschäftigungsverfügung X 747
- Muster, Zahlung von Arbeitsentgelt X 752
- personalvertretungsrechtliche Angelegenheiten Y 215 ff.
- Rechtsbehelfe/-mittel X 786 ff.
- sofortige Beschwerde X 787; *siehe auch dort*
- Verfügungsanspruch/-grund X 708 f.
- Verringerung der Arbeitszeit X 759 ff.
- vertragsgemäße Beschäftigung X 711 ff.
- vorläufiger Weiterbeschäftigungsanspruch O 792

Stichwortverzeichnis

- Wettbewerbsunterlassung X 766 ff.
- Widerspruch X 788; *siehe auch dort*

Eintragungspflicht
- Bestellung des GmbH Geschäftsführers M 52

Einwilligung
- Anbahnung eines Arbeitsverhältnisses A 191 ff.
- Arbeitszeitverlängerung S 250
- Teilnahme an einem Persönlichkeitstest A 227 ff.

Einwilligung in ärztliche Untersuchung
- Bewerbungsverfahren A 206 ff.

Einwilligung in das Screening von Datenträgern U 83 ff.
- §§ 32, 28 BDSG U 90
- § 4 Abs. 1 BDSG U 88
- Abgrenzung BDSG zu TKG U 89
- Art der gewünschten Daten. U 97
- besondere personenbezogene Daten U 100
- Betriebsvereinbarung als »andere Rechtsvorschrift« U 94
- Datentransfer in Drittländer U 99
- Empfängerkreis U 98
- Freiwilligkeit U 101
- Hinweispflicht ff. U 95
- Interne Untersuchung U 83
- Möglichkeit zum Widerruf U 101
- Schriftform U 102
- Sperrwirkung des § 32 Abs. 1 S. 2 BDSG U 90
- TKG U 89
- Verweigerung der Einwilligung U 101
- Zufallsfunde U 96
- Zweck der Datenverarbeitung U 95

Einwilligung in Datenspeicherung
- Form A 203
- Freiwilligkeit A 205
- Konkretheit A 197
- Muster A 194
- personenbezogene Daten A 199

Einwilligung in die Datenverarbeitung U 63 ff.
- § 4a BDSG U 70
- Abhängigkeitsverhältnis U 71, 72
- Anwendungsbereich des BDSG U 63
- Art der Daten U 74
- besondere personenbezogene Daten U 74
- Datentransfer in Drittländer U 78
- Empfängerkreis U 76
- Folgen des Widerrufs U 81
- Form U 82
- Freiwilligkeit U 71, 72
- global agierende Unternehmen U 65
- Hinweispflicht ff. U 73
- Konzerngesellschaften U 77
- Möglichkeit zum Widerruf U 81
- qualifizierte Einwilligung U 80
- Räumlicher Anwendungsbereich des BDSG U 67, 68, 69
- Safe-Harbor-Abkommen U 78
- Schrems-Urteil des EuGH U 79
- Schriftform U 82
- Verantwortliche Stelle mit Sitz außerhalb des EWR U 69
- Verantwortliche Stelle mit Sitz im EWR-Inland U 68
- Verweigerung der Einwilligung U 73
- Zweck der Datenverarbeitung U 75

Einwilligung in psychologische Untersuchung
- Bewerbungsverfahren A 218 ff.

Einzelrechtsnachfolge
- Übergang des Arbeitsverhältnisses V 2 ff.
- Unternehmenskaufvertrag V 3 ff.
- Unterschiede zur Verschmelzung V 225

Einzelüberlassungsvertrag
- Kündigungsfrist I 57
- Muster I 34
- Muster, Alternative I 35
- Schriftform I 36

Einzelzusage
- Angestellte, leitende L 116 ff.
- Berufsunfähigkeit L 114, 119
- im Arbeitsvertrag L 112
- Invalidität L 113

Elternzeit
- Arbeitnehmerüberlassung I 8
- Dienstwagen B 250
- Doppelbefristung E 52 ff.
- Groß- K 245
- Kündigung K 10
- Sonderkündigungsschutz K 228 f., 245 ff.
- Sozialplan O 879 f.
- Zustimmungsantrag, Verwaltungsvorschriften K 256 f.
- Zustimmungsantrag, Voraussetzungen K 263

Empfängerhorizont
- Kündigung K 36 f.

Empfangsbekenntnis
- Arbeitnehmerunterrichtung, Anwachsung V 496
- Arbeitnehmerunterrichtung, Betriebsführungsvertrag V 670
- Arbeitnehmerunterrichtung, Betriebspacht V 572
- Arbeitnehmerunterrichtung, Spaltungs- und Übernahmevertrag V 356 ff.
- Arbeitnehmerunterrichtung, Verschmelzung V 267

Empfangsbestätigung
- Arbeitnehmerunterrichtung, Unternehmenskauf V 154 ff.

Engagement Letter
- Arbeitsvertrag, Briefform B 96 ff.

Entbindungsantrag X 735 ff.

Entgelt
- Betriebsführungsvertrag V 608 f.
- Betriebspachtvertrag V 512
- Dienstwagen B 242
- Überlassung einer Dienstwohnung B 269

Entgeltbuch
- Heimarbeit F 145 f.

Entgeltflexibilisierung
- Muster S 230
- Tarifvertragsklausel S 229 ff.
- Vertrauensschutz S 232
- Zielerreichung S 233 f.

Entgeltfortzahlung
- Arbeit auf Abruf E 148
- Arbeitsunfähigkeitsbescheinigung S 276 f.
- Betriebsvereinbarung O 165
- Bonussystem O 668 f.
- Dieselbe Krankheit J 53.2
- Entgelthöhe S 280
- Kurzarbeit O 270
- Manteltarifvertrag S 62
- Musterklausel S 274
- Sabbatical O 419 ff.
- Tarifvertragsklausel S 273 ff.
- Weigerung J 53.4

Entgeltgruppe
- Stellenbeschreibung A 12

Entgelttarifvertrag
- Anrechnung übertariflicher Leistung S 31
- Ausbildungszeit S 23
- Ausschlussfrist S 33 f.
- Beendigung S 36
- Beschäftigungszeiten S 21 f.
- Besitzstandsklausel S 30
- Eingruppierung/Entgeltgruppen S 11 ff.
- Einmalzahlung S 26 ff.
- Entgelttabelle S 15
- Geltungsbereich S 8 ff.
- Inhalt S 6
- Laufzeit S 35
- Lebensalter S 20
- Muster S 7
- Musterklausel, Zulagen S 18
- Öffnungsklausel S 32
- Sondervergütung S 24 ff.
- Vergütungsformen S 17 ff.

Entgeltumwandlung L 221 ff.
- Arbeitsverhältnis ruht L 241
- Direktversicherung L 230
- gesetzliche Rentenversicherung L 238
- künftige Bezügebestandteile L 228 f.
- Mindestumwandlung L 236
- Muster L 226
- opting out Modell L 249
- Riesterförderung L 223, 237
- Schattengehalt L 239
- Sonderzahlungen L 240
- steuerliche Behandlung L 231 ff.
- Unverfallbarkeitsregelung L 243, 245 ff.
- Verzicht auf Entgelt L 227
- zeitlich vor Versicherungsschluss L 244

Entgeltumwandlungsanspruch L 338 ff.
- Arbeitgebervorgaben L 350 ff.
- Betragsbeschränkung L 355
- freiwillig L 386 f.
- Gründe der Entstehung L 349
- Mitarbeiter L 347
- Muster, Information L 341
- Umwandlung L 348

Entlassung *siehe Kündigung*; *siehe Massenentlassungen*

Entlastung
- Geschäftsführer M 137 ff.
- Muster, Gesellschafterbeschluss M 142

Entlastungsanspruch
- Geschäftsführer M 140

Entleiherpflichten I 18

Entschädigung
- Unternehmenskaufvertrag V 28

Entsendebescheinigung H 28

Entsendevertrag H 1 ff.
- Englisch H 47 f.

Entsendung
- anwendbares Recht H 43 ff.
- Arbeitnehmerüberlassung H 7.1
- Arbeitsverhältnis im Ausland H 7
- Arbeitszeit, Höchstarbeitszeit H 26
- befristete -, Kündigung H 17
- Betriebszugehörigkeit H 69
- Einvertragsmodell H 1 ff.
- Gleichwertigkeit zugewiesener Tätigkeit H 20
- Günstigkeitsprinzip H 43
- Inhalt des Arbeitsverhältnisses H 18
- IPR H 43
- Kündigung, außerordentliche H 56
- mittelfristige - H 10
- Steuerkosten H 67 f.
- Steuern H 9
- Territorialitätsprinzips H 15
- Urlaub H 9
- Vereinbarung H 8
- Vergütung H 21 ff.
- vorzeitige Rücksendung, Vorbehalt H 9
- Wiedereingliederung H 35

Equal Pay/Treatment
- Arbeitnehmerüberlassung, konzernintern I 81
- BGH, Beweislast I 51
- Leiharbeitnehmer, Ausnahme I 115
- Leiharbeitsverhältnis I 95
- Leiharbeitsverhältnis, Verjährung I 129
- Risiko I 39
- Verstoß I 14

Erfindung *siehe Arbeitnehmererfindung*

Erfolgshonorar
- Angemessenheit des Risikozu-/-abschlags X 62 f.
- Anwendungsbereich X 55
- Bedürftigkeit X 60
- Erfolgsprognose X 59
- erfolgsunabhängige Vergütung X 61
- Gerichtskosten X 64
- Kosten anderer Beteiligter X 64

Stichwortverzeichnis

- Mustervereinbarung X 58
- Zulässigkeit X 31, 53 ff.

Erholung *siehe Urlaub*

Erinnerung
- Compliance Verstoß T 98 ff.

Erkrankung
- Arbeitnehmer, Anzeige J 41 ff.
- Arbeitsunfähigkeitsbescheinigung nach § 5 Abs. 1 EFZG J 50
- befristetes Arbeitsverhältnis E 4
- Bewerberfragebogen A 147 ff.
- Dauer, voraussichtliche J 45
- Erholungsurlaub J 129
- Form der Krankmeldung J 42
- freie Mitarbeit N 9
- Meldung, Adressat J 44
- Muster vorzeitige AU J 47
- Personalfragebogen A 188
- personenbedingte Kündigung X 302 ff.
- Versetzung J 67

Ermittlungsverfahren
- Bewerberfragebogen A 170

Ersatzkraft
- Arbeitnehmerüberlassung, konzernintern I 91

Ersatzmitglied
- Wahlvorstand O 31

Erstattung
- Reisekosten für Bewerbungsgespräch A 85 ff., 95

Erwerbsminderung
- zwei Stufen B 20 f.

Erwerbsminderungsrente
- Arbeitsvertrag B 20 f.

Erwerbsunfähigkeit
- Firmentarifvertrag S 104

Erwiderung
- Berufung X 434 ff.
- Berufung, ordentliche Gerichtsbarkeit Y 188 ff.
- Beschwerde X 650 ff.
- Rechtsbeschwerde X 685 ff.
- Revision X 477 f.

EU-Richtlinie
- Mediation Z 5

EuGH
- Albron Catering I 86
- Junk-Entscheidung K 270 f.
- längerfristige Arbeitnehmerüberlassung, Vorlage durch finnisches Arbeitsgericht I 6
- Lebensversicherung, private L 65
- wirtschaftliche Tätigkeit I 3

Europäische Massenentlassungsrichtlinie K 268

Expatriat H 5

Fachkraft für Arbeitssicherheit
- Abberufung O 589
- Aufgaben O 594
- Berichtspflicht O 581
- Bestellung O 584 ff.
- Fachkunde O 593
- Fortbildung O 597
- Mitbestimmung O 587 f.
- Weisungen O 583

Fahrlässigkeit
- Haftungsbegrenzung X 80 f.

Fahrtkosten
- Sozialplan O 885
- Telearbeit C 106; O 310 ff.
- Vorstellungsgespräch A 88, 95

Fahrtzeit
- Firmentarifvertrag S 88
- Telearbeit C 97

Fälligkeit
- Bonussystem O 699
- Vergütung X 45

Familienpflegezeit G 140 ff.
- Beendigung G 176
- Bescheinigung des Arbeitgebers G 172
- Inanspruchnahme G 144.4
- Kündigungsverbot K 250
- Muster, Antrag auf Pflegezeit G 144.6
- Muster, Antrag auf Verlängerung G 169
- Muster, Beendigung der Familienpflegezeit G 177
- Muster, Bescheinigung des Arbeitgebers G 173
- Muster, Vereinbarung über die Pflegezeit G 151
- Sonderkündigungsschutz K 231
- Vereinbarung G 150
- Verlängerung G 167
- Zustimmungsantrag, besonderer Fall K 259

Familienstand
- Bewerberfragebogen A 145
- Bewerbungsgespräch A 111
- Personalfragebogen A 182

Fax *siehe Telefax*

Feiertagsvergütung
- Arbeit auf Abruf E 148

Fernmeldegeheimnis
- E-Mail-Weiterleitung O 480
- Privatnutzung der betrieblichen Kommunikationseinrichtungen O 452, 466, 482 f.

Feststellungsantrag
- Begründung O 84
- Betriebsratswahl O 74 ff.

Firmengelände
- öffentlich zugänglicher Raum O 522
- Videoüberwachung O 536 ff.

Firmentarifvertrag
- Aufspaltungs- und Übernahmevertrag V 276

Firmentarifvertrag
- Anwachsung V 479 ff.
- Anwendungsbereich S 73
- Arbeitnehmerunterrichtung, Spaltungsvertrag V 339
- Arbeitnehmerunterrichtung, Unternehmenskauf V 101 ff.

– Arbeitnehmerunterrichtung, Verschmelzung V 249 ff.
– Arbeitszeit S 87 ff.
– ärztliche Untersuchung S 80
– Betriebsübergang S 221
– Direktionsrecht S 94
– Einsicht in Personalakte S 81
– Erwerbsunfähigkeit S 104
– Fahrtzeit S 88
– Geltungsbereich S 75
– Kündigungsfrist S 105
– Leistungsentgelt S 93
– Muster S 74
– Nebentätigkeit S 79
– Probezeit S 77
– Qualifizierungs-/Weiterbildungsmaßnahmen S 82 ff.
– Regelaltersgrenze S 100 ff.
– Rückzahlungsklausel S 85 f.
– Teilzeitbeschäftigung S 95
– Überstunden S 89 ff.
– Urlaub S 98
– Vergütung S 96 f.
– Verschmelzungsvertrag V 189
– Verschwiegenheitspflicht S 78

Flatrate
– Privatnutzung der betrieblichen Kommunikationseinrichtung O 490 f.

Form
– Antrag auf Arbeitszeitreduzierung E 102
– befristetes Arbeitsverhältnis E 21, 31
– Befristung E 58
– Berufsausbildungsvertrag F 24
– Einwilligung in Datenspeicherung A 203
– Fortbildungsvertrag mit Rückzahlungsverpflichtung F 97
– Probearbeitsverhältnisabrede E 139
– Prozessarbeitsverhältnis E 68
– Rahmenvereinbarung für befristetes Arbeitsverhältnis E 12
– Sabbatical-Vertrag O 435
– Vergütungsvereinbarung X 34
– Wahlausschreiben O 49
– Werkstudentenvertrag F 69
– Zweckbefristungsabrede E 40

Formulararbeitsvertrag
– Betriebsrat B 7
– Kündigung K 32

Formwechsel
– Anteilseigner V 380
– Anwendungsbereich V 378 f.
– Umwandlungsbeschluss V 380 ff.

Fortbildung
– ausbildungsadäquate Tätigkeit F 93
– Berufsausbildung F 1
– Bindungsdauer für Kostenrückzahlung F 91 f.
– Fachkraft für Arbeitssicherheit O 597
– Firmentarifvertrag S 82 ff.

– Kosten F 88 f.
– Mustervertrag mit Rückzahlungsklausel F 83
– nicht abgeschlossene Bildungsmaßnahme F 96
– Rechtsgrundlage F 82
– Rückzahlungsklausel F 82 ff.; *siehe auch Rückzahlungsverpflichtung*
– Schwerbehinderung Q 205 f.
– Sicherheitsbeauftragter O 606
– Tarifvertrag über gemeinsame Einrichtung S 147
– Vergütung F 87

Fortsetzungserkrankung
– Darlegungslast J 53.3

Fortsetzungszusammenhang
– Auskunftsverlangen J 53.1
– Beweislast J 53.1

Frauenquote *siehe Gleichstellung*

Freie Mitarbeit
– Aufwendungsersatz N 11
– gesetzliche Rentenversicherung N 10
– Krankheit N 9
– Kündigung K 3
– Kündigungsfrist N 13 f.
– Lohnsteuer N 8
– mehrere Arbeitgeber N 12
– Muster, Vertrag N 2
– Scheinselbständigkeit N 1 ff.
– Vergütung N 7
– Weisungsgebundenheit N 3

Freistellung
– Anrechnung von Urlaub K 159
– Anwachsung V 445
– Aufhebungsvereinbarung M 127
– Aufhebungsvertrag K 158
– Beschäftigungsanspruch X 711
– Bonussystem O 670
– Dienstwagen K 356
– Erholungsurlaub J 126
– Kündigung K 44
– Kündigung, Geschäftsführer M 31
– Rufbereitschaft O 261
– Sabbatical O 394 f., 410, 423 f.
– Unternehmenskaufvertrag V 28
– Urlaub im Sabbatjahr O 429
– Wettbewerb K 159

Freistellungsanspruch
– Organinnenhaftung M 373

Freistellungsklausel B 41 ff.
– Anrechnung anderweitigen Erwerbs B 43

Freistellungsphase
– Sabbatical-Vereinbarung E 164 f., 169

Freiwilligkeit
– Einwilligung in Datenspeicherung A 205
– Mediationsverfahren Z 77, 102

Freiwilligkeitsvorbehalt B 186 ff., 212.1; J 108
– Kenntnis J 112
– Muster J 108.1
– Statthaftigkeit J 110

2015

Stichwortverzeichnis

- Verbindlichkeit J 111
Freizeitausgleich
- Manteltarifvertrag S 50
Fremdorganschaft
- Geschäftsführerbestellung M 54
Fremdpersonaleinsatz I 1 ff., 95 ff., 131 ff.; *siehe auch Arbeitnehmerüberlassung; siehe auch Dienstvertrag; siehe auch Leiharbeitsvertrag*
Fremdsprachen *siehe Sprachkenntnisse*
Friedenspflicht S 152
Frist *siehe auch Nachfrist*
- Anfechtung der Betriebsratswahl O 97 f.
- Kündigungsschutzklage X 248, 254 ff.
- Wiedereinsetzung X 205
Fristverlängerung
- Antragsbegründung X 181
- Berufungsverfahren X 179, 184
- Ermessen X 176
- Musterantrag X 177
- wiederholte X 175
- Zustellung von Anwalt zu Anwalt X 185
Führungskraft *siehe auch leitende Angestellte; Arbeitsvertrag, Führungskraft*
- Arbeitsvertrag B 130 ff.
- Tantiemenvereinbarung B 229
Führungsvereinbarung
- Auflösung des Gemeinschaftsbetriebes P 149
- einvernehmliche Aufhebung P 147
- konkludent P 130
- Kündigung P 145 ff.
- Muster, Kündigung einer – P 146
- Voraussetzung gemeinsamer Betrieb P 129
Führungsvereinbarung, negative P 150 ff.
- Muster P 151
- Vermeidung eines Gemeinschaftsbetriebes P 154
Führungsverhalten
- Zeugnis, qualifiziertes K 334
Fürsorgepflicht
- Entsendekosten H 63 ff.
- Entsendung H 32
- Gesellschaft gegenüber Vorstandsmitglied M 198

Garantieanpassung
- Organpersonen, Rentenzusage L 160
Gebühren *siehe Kosten*
Gebührenunterschreitung X 30
Geburtsbeihilfe O 723
Geburtsdatum
- Geschäftsführer, Handelsregister M 70
Gefährdungsbeurteilung
- Arbeitsschutz O 615 ff.
- Arbeitsweg O 621
- Daueraufgabe O 622
- Dokumentation O 631 ff.
- externe Dienstleister O 629
- Hilfestellungen O 628
- inhaltliche Ausgestaltung O 620 ff.

- Leitlinie O 626
- Soll-Ist-Vergleich O 627
- Tätigkeitsgruppen O 623 ff.
Gegenstandsrückgabeaufforderung
- Muster K 355
Gegenstandswert
- Abrechnung mit Rechtsschutzversicherung X 103
- Antragsfrist für Festsetzung X 220
- Beschwerde gegen Festsetzung X 223 ff.
- Beschwerdeverfahren X 226 ff.
- Festsetzung X 215 ff.
- Hilfs-/Auffangwert X 216
- Muster, Antrag auf Festsetzung X 219
- Muster, Beschwerde gegen Festsetzung X 225
- ordentliche Gerichtsbarkeit Y 20
Gehalt *siehe Entgelt; Vergütung*
Geheimhaltungspflicht *siehe Verschwiegenheitspflicht*
Gehörsrüge Y 135
Gemeinsame Einrichtung S 139 ff.
Gemeinschaftsbetrieb
- Aufhebung P 148
- Aufsichtsratswahl W 32, 152
- BAG P 132
- Begriff P 126
- Beitrag zum – P 135
- Führungsvereinbarung P 126 ff.
- Führungsvereinbarung, negative P 152 ff.
- konkludente Führungsvereinbarung P 130
- Muster, Führungsvereinbarung P 128
- negative Vermutung P 131
- Vermeidung P 155
- Wirkungen P 143 ff.
Gemeinschaftsbetriebsrat *siehe Tarifvertrag, unternehmenseinheitlicher Betriebsrat*
Genomanalyse
- Einstellungsuntersuchung A 215
Gerichtsstand
- Vorstands-Dienstvertrag M 221
Gerichtsvollzieher
- Zustellung einer Kündigung K 100 ff.
Geringfügiges Beschäftigungsverhältnis
- 450-€-Grenze B 115
- Anzeigeverpflichtung B 119
- Arbeitsschutzrecht E 69
- Arbeitszeit B 114
- außerhalb des Privathaushalts E 73
- Betriebsrat B 110
- Mindestlohn B 105, 114 ff.
- Muster B 108
- Mustervertrag E 71
- Nebentätigkeit B 118
- Rechte und Pflichten B 106
- Sozialversicherungsrecht B 105
- Steuer- und Sozialversicherungsrecht E 69
- Urlaub B 116
- Verlängerung der Arbeitszeit E 114

- Versicherungspflicht B 129
- Wettbewerbsverbot B 118

Gesamtbetriebsrat
- Kurzarbeit O 338

Gesamtbetriebsvereinbarung
- Anwachsung V 486
- Arbeitnehmerunterrichtung, Betriebsführungsvertrag V 662
- Arbeitnehmerunterrichtung, Spaltung V 346
- Unternehmenskaufvertrag V 132 ff.

Gesamtrechtsnachfolge
- Anwachsung V 441
- Umwandlung (Spaltung) V 270 ff.
- Umwandlung (Verschmelzung) V 180 ff.

Gesamtwahlergebnis (Delegiertenwahl) W 760

Gesamtzusage J 114 ff.
- AGB-Kontrolle J 120
- Beschränkung J 121
- Bindungswirkung J 119
- Entstehung des Anspruchs J 118
- Kenntnis J 116
- Mitbestimmung J 117
- Muster J 117
- proratierlicher Anspruch J 119

Geschäftsbesorgung
- Betriebsführungsvertrag V 608

Geschäftsführer *siehe auch Geschäftsführer-Anstellungsvertrag*
- Abberufung, Wirkung M 99
- Abberufungsbeschluss M 59
- Amtsniederlegung M 125
- Arbeitnehmereigenschaft Y 7 ff.
- Aufhebungsvereinbarung M 120 ff.
- außerordentliche Kündigung Y 86 f.
- Bestellungsbeschluss M 50 ff.
- Bestellungsdauer M 55
- Betriebsübergang, Versorgungszusage L 368
- Entlastungsanspruch M 140
- Feststellungsinteresse bei Kündigung Y 22
- Fremdorganschaft M 54
- Haftung Y 130 ff.
- Muster, Gesellschafterbeschluss: Bestellung M 56
- Schadensersatz, Verstoß gegen Wettbewerbsverbot M 49
- Treuepflicht M 37
- Umwandlungsbeschluss V 386
- Verbraucher Y 24
- Voraussetzungen M 53
- Weisungsgebundenheit M 10
- Wettbewerbsverbot, nachvertragliches M 38
- Wettbewerbsverbot, vertragliches M 37
- Wirkung der Eintragung M 67
- Wirkung der Entlastung M 139
- Zeugen-/Parteivernehmung Y 81

Geschäftsführer-Anstellungsvertrag M 32 ff.; *siehe auch Service Agreement*
- AGB-Kontrolle M 4
- Altersversorgung M 25
- Aufhebungsvereinbarung M 120 ff.
- Bestellung zum Geschäftsführer M 9
- Bezüge M 18 ff.
- Dienstvertrag M 32 ff.
- Dienstzeit M 16
- D&O-Versicherung M 24
- Dokumentation Kündigung M 116
- Drittanstellung M 2
- Erfindungen M 14
- Freistellungsregelung M 31
- Geschäftsbesorgungsvertrag M 1 ff.
- Karenzentschädigung M 46
- Kollision M 3
- Kopplungsklausel M 99
- Krankheitsfall M 23
- Kündigung M 27 f., 104 ff.
- Kündigungswirkung M 118
- Muster M 7
- Muster, Kündigung M 109
- Nachschieben von Kündigungsgründen M 115
- Organbefugnis M 62
- private Nutzung des Dienstwagens M 22
- räumliches Wettbewerbsverbot M 45
- sachliches Wettbewerbsverbot M 44
- Schriftform M 6
- Sozialversicherung M 25
- Tätigkeitsbeschreibung M 11
- Urlaub M 17
- verdeckte Gewinnausschüttung M 20
- Versetzung M 15
- Vertretungsregelung M 12
- Vorbeschäftigung M 5
- Wettbewerbsverbot M 13, 37 ff.
- wichtiger Kündigungsgrund M 117
- Widerruf der Bestellung M 30
- zeitliches Wettbewerbsverbot M 43

Geschäftsführer-Dienstvertrag *siehe auch Service Agreement*
- Abberufung als Kündigung Y 77
- Abberufung/Kündigung Y 17
- Bestellung/Abberufung Y 16
- Bezifferbarkeit des Vergütungsanspruchs Y 42
- Fälligkeit der Vergütung Y 25
- Klagefrist bei Kündigung Y 14
- Rechtsweg Y 4
- Unwirksamkeit der Kündigung Y 5 ff.
- Unzumutbarkeit der Vertragsfortsetzung Y 39 f.
- Verzugszinsen Y 22

Geschäftsführung
- Gesamtentlastung M 144
- Geschäftsordnung M 77 ff.
- Mediation Z 52
- Unternehmenskauf V 26 f.

Geschäftsführungsbefugnis
- Gesamtverantwortung M 83
- Ressortbefugnis M 84
- Restbefugnis M 84

Stichwortverzeichnis

Geschäftsordnung
- Compliance Committee T 39 ff.

Geschäftsordnung, Geschäftsführung M 77 ff.
- Abberufungsbefugnis M 90
- Geschäftsführungsbefugnis M 83
- Gesellschafterversammlung M 78
- Inhalt M 80
- Muster M 81
- Weisungsrecht M 87
- weitergehende Befugnisse M 86

Geschäftsordnung, Vorstand
- Deutscher Corporate Governance Kodex (DCGK) M 336
- Erlasskompetenz M 337, 341
- Informations-/Berichtspflichten M 349 ff.
- Inhalt M 338
- Muster, DCGK M 339
- nach DCGK M 335 ff.
- Ressortaufteilung M 344
- Stichentscheid M 353
- Unternehmensinteresse M 342
- Verantwortung M 345 f.
- Vorsitz/Sprecher M 347
- Zustimmung des Aufsichtsrats M 356 ff.

Geschlechterquote, Aufsichtsratswahl W 7.1 ff., 267.1 ff., 363.1 ff., 481.1 ff., 578 ff., 581 ff., 584 ff., 754.1 ff.
- Anwendungsbereich W 7.2 ff.
- Bekanntmachung des Unternehmens W 90.2 ff.
- Ersatzmitglied W 274.1 ff., 378.1 ff., 605.1 f.
- Gesamterfüllung W 7.4
- Getrennterfüllung W 7.4
- »leerer Stuhl« W 7.4
- Rechtsfolge bei Nichterfüllung W 7.4

Gesellschafterbeschluss
- Abberufung M 88 ff.
- Abberufungsbeschluss M 59
- Bestellung des Geschäftsführers M 50 ff.
- einfache Mehrheit M 58
- Entlastungsbefugnis M 137
- Muster, Abberufung des Geschäftsführers M 95
- Muster, Bestellung des Geschäftsführers M 56
- Vertretung M 60

Gesellschafterversammlung
- Befugnis zur Abberufung M 89
- Geschäftsordnung M 78
- Kündigungsbefugnis M 106
- Tagesordnung, Bestellung eines Geschäftsführers M 57

Gesetzesvorhaben
- zur Arbeitnehmerüberlassung I 18.1

Gesetzliche Rentenversicherung
- Invaliditätsleistung L 40
- Regelaltersgrenze L 34
- Rente von Todes wegen L 45
- Rentenbescheid L 52
- vorzeitige Altersleistung L 39

Gesundheit siehe Erkrankung

Gesundheitsschutz siehe auch Arbeitsschutz
- Arbeitszeitverlängerung S 249
- Betriebsvereinbarung O 559 ff.
- Telearbeit O 303 ff.
- Unterweisung der Mitarbeiter O 634 ff.

Gesundheitsuntersuchung
- Firmentarifvertrag S 80

Gewährleistung
- Anteilskaufvertrag V 410 ff.
- Anwachsung V 443

Gewerkschaft
- Begriff S 206
- Finanzierung der gemeinsamen Einrichtung S 144
- Mitglied in den Wahlvorstand O 37 f.
- Wahlvorstand O 9

Gewerkschaftsmitglied
- Besserstellung S 225
- Ungleichbehandlung der Nichtmitglieder S 223

Gewerkschaftszugehörigkeit
- Bewerberfragebogen A 174
- Personalfragebogen A 189

Glaubhaftmachung
- eidesstattliche Versicherung X 720 ff.
- einstweiliges Verfügungsverfahren gegen Durchführung der Betriebsratswahl O 128

Gleichbehandlung
- angemessene Entschädigung X 402
- Ersatz des Vermögensschadens X 401
- Klage auf Zahlung einer Entschädigung X 395 ff.
- Klagefrist X 398
- Muster, Entschädigungsklage wegen Diskriminierung X 396
- Sabbatical O 392
- Versetzung J 68
- Zusammenfassung mehrerer Entschädigungsklagen X 397

Gleichstellung
- Betriebsvereinbarung O 186
- Compliance T 13 f.
- Stellenbezeichnung A 52 ff.
- Wahlausschreiben O 64

Gleichstellungsabrede B 70 ff.
- BAG B 67

GmbH
- Statusverfahren W 21

GmbH-Geschäftsführer
- Kündigung K 3

Grundsatz der Bestenauslese Q 50

Grundsatzbeschwerde X 504 ff.

Gruppenarbeitsvertrag
- Arbeitsaufgaben F 122
- Arbeitszeit F 123
- Haftung F 125
- Kündigung F 130
- Muster F 118
- Organisation der Betriebsgruppe F 121 ff.

Stichwortverzeichnis

– rechtliche Einordnung F 117
– Urlaub F 126
– Vergütung F 124
– Versetzung F 120

Günstigkeitsprinzip H 43

Güteverfahren
– Berufsausbildung F 32

Güteverhandlung
– Beschlussverfahren X 538
– Landgerichtsverfahren Y 31

Haftung
– Beschränkung der Arbeitnehmerhaftung C 48
– Geschäftsführer, D&O-Versicherung M 24
– Gruppenarbeitsvertrag F 125
– Telearbeit O 324 f.

Haftungsbegrenzung
– Fahrlässigkeit X 80 f.
– Höhe X 67
– Mindestversicherungssumme X 79
– Muster X 69
– Sozietät X 70

Haftungsbeschränkung
– Mediator Z 95, 125

Haftungskonzentration X 71 ff.

Haftungsverteilung
– Abspaltungs- und Übernahmevertrag V 286
– Anwachsung V 462
– Arbeitnehmerunterrichtung, Betriebsführungsvertrag V 664
– Arbeitnehmerunterrichtung, Betriebspacht V 566
– Arbeitnehmerunterrichtung, Spaltung V 317, 348 ff.
– Arbeitnehmerunterrichtung, Unternehmenskauf V 141
– Aufspaltungs- und Übernahmevertrag V 277
– Ausgliederung V 292
– Unternehmenskaufvertrag V 22

Handelsregister
– Zuleitung des Verschmelzungsvertrages V 211

Handelsregisteranmeldung
– Abberufung des Geschäftsführers M 72
– Angaben M 269
– Anmeldungspflicht M 63 ff., 265
– Bestellung/Ausscheiden M 262 ff.
– Eintragung des Geschäftsführers M 52
– Form M 69
– Inhalt M 70
– mehrere Geschäftsführer M 76
– Muster M 68, 264
– örtliche Zuständigkeit M 266
– unechte Gesamtvertretung M 267
– Urkunde M 273
– Versicherungspflicht des Geschäftsführers M 73 ff.
– Vertretungsregelung M 270
– Vollmacht M 268

– Wirkung M 263

Handelsvertretervertrag
– Abkürzung der Verjährungsfrist N 42
– AGB-Kontrolle N 24
– Arbeitsmittel N 31
– Ausgleichsanspruch N 25
– Berichtspflicht N 27
– doppelte Schriftformklausel N 43
– Kündigung N 40 f.
– Muster N 23
– Muster, Vorauszahlung auf Ausgleichsanspruch N 45
– Provision N 32 ff.
– Rückzahlung der Vorauszahlungen N 48
– Scheinselbständigkeit N 26
– Vorauszahlung auf Ausgleichsanspruch N 44 ff.
– Wettbewerbsverbot N 30

Handlungsvollmacht
– Stellenbeschreibung A 16

Härtefonds
– Sozialplan O 894
– Tarifsozialplan S 202

Hausgewerbetreibende
– Abgrenzung zur Heimarbeit F 138

Headhunter
– Pflichten bei Ausschreibung A 75

Heimarbeit
– Abgrenzung zu Hausgewerbetreibende F 138
– bindende Festsetzungen F 139
– Entgeltbuch F 145 f.
– Kündigung F 147
– Muster, Arbeitsvertrag F 137
– Probezeit F 140
– Rechtsgrundlage F 136
– Tätigkeit F 141
– Urlaub F 143
– Vergütung F 142

Heimreisenotfälle
– Entsendungsvertrag H 9

Heiratsbeihilfe O 724

Herausgabe
– Arbeitsmittel nach Beendigung des Arbeitsverhältnisses C 203 ff.

Herkunft
– betriebsinterne Ausschreibung A 64
– Bewerberfragebogen A 146
– Entschädigungsklage bei Diskriminierung X 395 ff.

Hierarchie
– Stellenbeschreibung A 11

Hinterbliebenenleistung L 42
– Altersdifferenz L 122
– Berechtigte L 44 f.

HIV-Infektion
– Bewerberfragebogen A 147 ff.

Höchstarbeitszeit O 244

Höhergruppierung
– höher zu bewertende Tätigkeit Q 42

2019

Stichwortverzeichnis

- Muster, Zustimmung zu einer korrigierenden, rückwirkenden - Q 30
- rückwirkend, Mitbestimmung Q 26 ff.
- Tarifänderungen 2014 Q 38
- Zeitpunkt, Personalrat Q 34

Höherwertige Tätigkeit
- Begriff Q 45
- Höhergruppierung Q 49

Home-Office siehe Telearbeit

Honorar siehe Zeithonorar; Erfolgshonorar; Vergütungsvereinbarung

Impatriat H 5

Informationsschreiben
- Mediationsverfahren Z 34 ff.

Inhaltskontrolle siehe AGB-Kontrolle

Inkrafttreten
- Betriebsvereinbarung O 217 ff.

Insolvenz
- Altersversorgung, betriebliche L 82
- Arbeitszeitkonto S 54
- des Arbeitgebers, Kündigung K 10
- vermögenswirksame Leistung O 714
- Verpfändung, Altersversorgung, betriebliche L 185
- Wertguthaben bei Sabbatical-Vereinbarung E 172
- Wertguthaben bei Sabbatjahr O 405 ff.

Insolvenzverfahren
- Unterrichtungsschreiben bei Unternehmenskauf V 79

Integrationsamt
- Ermessen K 218 ff.
- Zustimmungsantrag, SGB IX, Muster K 204
- Zustimmungsfiktion K 223

Integrationsvereinbarung Q 172 ff.
- Abschlussberechtigte Q 178 ff.
- anderer Arbeitsplatz Q 207 ff.
- Anwendungsbereich Q 183
- Arbeitsagentur/Integrationsamt Q 176
- Arbeitszeitregelung Q 218
- Auszubildende Q 197 ff.
- barrierefreie Einrichtung Q 219
- behindertengerechte Einrichtung Q 203, 211 ff.
- Beurteilung Q 217
- Bewerbungsverfahren Q 193 ff.
- Fortbildung Q 205 f.
- Fürsorge-/Förderungspflicht Q 201
- Initiativrecht Q 174
- Kündigung der Vereinbarung Q 222
- Muster Q 177
- Rechtsnatur Q 173
- Regelungsgegenstände Q 185 ff.
- Schlichtung Q 216
- Schwerbehinderteneigenschaft Q 184
- Sinn und Zweck Q 172
- Teilzeit Q 214 f.

Interessenausgleich
- Anhörung des Betriebsrats O 847 f.
- Ausbildungsverträge O 842
- Ausschluss O 825
- Betriebsänderung O 823 ff.
- Betriebsvereinbarung O 827 f.
- Geltungsbereich O 833
- Gründe für die Betriebsänderung O 830
- Konsultationsverfahren O 846
- Kündigungsfrist O 835
- Massenentlassungen K 281 f.
- Muster, Vereinbarung O 826
- Nachteilsausgleich bei Nichteinhaltung O 827
- Namensliste O 836, 848, 851
- Sozialauswahl O 839
- Sozialplan O 844
- Unternehmensteilverkauf V 45
- Vermittlung O 832
- Wechsel in Transfergesellschaft O 838
- Zuständigkeit O 829

Internet
- Arbeitgeber als Dienstanbieter O 457, 464

Internet-Nutzung siehe auch Kommunikationseinrichtung, betriebliche
- betriebliche Übung C 60
- dienstlich veranlasste Privatnutzung C 62
- Kontrollmaßnahmen C 65 ff.
- Muster, Zusatzvereinbarung C 58
- Privatnutzung C 54 ff.
- Schadensersatz C 63 ff.

Invaliditätsleistung
- Altersversorgung, betriebliche L 40
- Leistungsvoraussetzung L 53 f.

Invaliditätsrente
- Pensionsvereinbarungen M 230 f.

Invaliditätszusage
- Einzelfall L 113

Investitionen
- Beschäftigungssicherungstarifvertrag S 136

Irrtumsanfechtung
- Arbeitsvertrag K 301 ff.

Jahresbonus
- Vorstands-Dienstvertrag M 183

Jahresvergütung
- Vorstands-Dienstvertrag M 210

Job-Sharing
- Arbeitszeit F 105
- Direktionsrecht F 106
- Kündigung F 108
- Muster, Arbeitsvertrag F 99
- Tarifvertrag F 109
- Teilungsmodalitäten F 100
- Urlaub F 107
- Versetzung F 102
- Vertretung F 103

Job-Ticket O 733 ff.

Jubiläumszahlung
- Gleichbehandlungsgrundsatz O 720
- Mitbestimmung O 716 f.
- Unternehmenszugehörigkeit O 721
- Zweck O 718

Jugend- und Ausbildungsvertretung
- Zustimmungsersetzungsverfahren, § 103 BetrVG X 602 ff.

Jugendarbeitsschutz
- Compliance T 26 ff.

Juristische Person
- Berufung X 411
- Beschwerde X 636
- Kündigungsschutzklage X 258
- Nichtzulassungsbeschwerde X 499
- Vollmacht X 126

Kammer für Handelssachen
- Muster, Unwirksamkeit der Kündigung bei Geschäftsführer Y 6
- Muster, Unwirksamkeit der Kündigung bei Vorstandsmitglied Y 45
- Vertretungs-/Verteidigungsanzeige mit Verweisung Y 56 ff.
- Zuständigkeit Y 13

Kapitalleistung
- Versorgungsausgleich L 83 ff.

Kapitalzusage
- Altersleistung L 32 ff.
- Ausscheiden, vorzeitiges L 17 ff.
- Ausschüttung, ratierlich L 14
- Beendigung des Arbeitsverhältnisses L 50
- Besteuerung L 15
- geschlechtsneutrale Formulierung L 4
- Hinterbliebenenkapital L 43
- Kreis der Begünstigten L 18
- Langlebigkeitsrisiko L 13
- Leistungsplan L 5
- Muster L 2
- Ratenlösung L 76 ff.
- Stichtag L 75
- Versorgungsanwärter L 16
- Vor-/Nachteile L 13 ff.

Karenzentschädigung
- anrechenbare anderweitige Einkünfte C 155 ff.
- Anrechnung von Sozialleistungen C 157
- Auskunftsanspruch C 155 ff.
- erhöhte Karenzentschädigung C 184 ff.
- Höhe C 146
- Lösungsrecht des Arbeitgebers C 176
- Lösungsrecht des Arbeitnehmers C 180
- Muster, Ablehnungsandrohung bei Nicht-Zahlung C 192
- Muster, Zahlung einer 100 % erhöhten ~ C 187
- nachträgliches Wettbewerbsverbot, Geschäftsführer M 46
- Nebentätigkeit C 159
- Nicht-Zahlung C 190 ff.

Kaufgegenstand
- Unternehmenskaufvertrag V 6 ff.

Kettenumwandlung V 194

Kfz, dienstliche Nutzung B 258 ff.
- Ausschlussklausel B 265
- Kilometerpauschale B 262
- Muster, Vereinbarung B 260

Kfz-Überlassungsvertrag
- Rückgabe K 356

Kinderbetreuung
- Bewerbungsgespräch A 111

Kinderbetreuungskosten O 728 ff.

Klageabweisung
- Antrag X 135 f.

Klageerwiderung
- Anhörung des Betriebsrats X 298, 306
- Arbeitszeitreduzierung X 368 ff.
- betriebsbedingte Kündigung X 287 ff.
- personenbedingte Kündigung X 299 ff.
- Sozialauswahl X 296 f.
- Unternehmerentscheidung X 290 ff.
- verhaltensbedingte Kündigung X 307 ff.
- Weiterbeschäftigung X 291

Klageerwiderung, Landgericht
- Frist Y 72 f.
- Muster Y 71
- Muster, Erwiderung im Urkundenverfahren Y 101
- Muster, Schadensersatzklage gegen Geschäftsführer Y 129
- Urkundenprozess Y 100 ff.
- Widerklage Y 74 ff.; *siehe auch dort*
- Zurückweisung der Kündigung Y 78 ff.

Klageverfahren
- keine Arbeitsgerichtszuständigkeit *siehe Ordentliche Gerichtsbarkeit*

Klageverzicht
- Mediation Z 17, 69, 99 ff.

Klausel, salvatorische B 59

Kleinbetriebsklausel
- Teilzeitbeschäftigung E 89

Kollektivvereinbarung
- Abgrenzung Tarifvertrag S 208 f.
- Anwendungsbereich S 204
- Arbeitsvertrag S 210
- Inhalt S 211
- Muster S 205
- Wirkung S 209

Kommunikationseinrichtungen, betriebliche
- Aufklärungspflichten O 509
- auswertungsberechtigte Personen O 506
- betriebliche Übung bei Privatnutzung O 456
- Datenerfassung O 492 ff.
- Datensicherheit O 473 ff.
- Datensicherheit bei Privatnutzung O 452 ff.
- Datenspeicherung O 470 ff.
- Dienstanbieter O 457, 464
- dienstliche Nutzung O 458

2021

Stichwortverzeichnis

- Einschränkung der Privatnutzung O 457
- Fernmeldegeheimnis O 452, 466, 482 f.
- Flatrate O 490
- Freiwilligkeit der Nutzungsmöglichkeit O 459
- Gefahren der Privatnutzung O 446
- Internetnutzung O 454
- Kontrollsystem O 504
- Kostenbeteiligung bei Privatnutzung O 490
- Kündigung der Betriebsvereinbarung O 510
- Missbrauch der Privatnutzung O 461
- Mitbestimmung bei Privatnutzung O 448
- Muster, Betriebsvereinbarung zur Nutzung O 450
- Nutzung O 445 ff.
- Nutzung in Arbeitspausen O 462
- Nutzungskontrolle O 492 ff.
- Nutzungsumfang O 455, 463
- personenbezogene Daten O 465, 504
- Rücknahmemöglichkeit O 460
- Schriftform der Betriebsvereinbarung O 511
- Speicherzeitraum der erhobenen Daten O 500
- Telefonanlage O 486
- Verbot der Privatnutzung O 468
- Verschlüsselung O 478
- Zugriffsberechtigung O 502 f.

Konfliktkostenstudie Z 1
Konsultationsverfahren O 846
- Massenentlassungen K 279

Konzern
- Compliance T 49, 55

Konzernbetriebsvereinbarung
- Anwachsung V 486
- Arbeitnehmerunterrichtung, Betriebsführungsvertrag V 662
- Arbeitnehmerunterrichtung, Spaltung V 346
- Unternehmenskaufvertrag V 137

Konzernleihe
- Wettbewerbsverbot C 140

Konzernprivileg
- Auftragsdatenverarbeitung U 3

Kooperationsvereinbarung *siehe Amnestievereinbarung*

Kooperationsverpflichtung
- Unternehmenskaufvertrag V 18

Kooperationsvertrag *siehe Transferleistung*

Kopplungsklausel
- Kündigung, Geschäftsführer M 27
- Vorstands-Dienstvertrag M 206

Kosten
- arbeitsgerichtliches Verfahren X 113 ff.
- Arbeitsschutz O 569
- ärztliche Untersuchung A 210
- Begrenzung bei Vorstellungsgespräch A 91
- Einigungsstellenverfahren O 974
- einstweiliges Verfügungsverfahren gegen Durchführung der Betriebsratswahl O 132
- Erstattung bei Bewerbungsgespräch A 85
- Fortbildung F 88 f.

- Fortbildung, Fachkraft für Arbeitssicherheit O 595
- Fortbildung, Sicherheitsbeauftragter O 606
- Mediationsverfahren Z 29 ff., 42 f., 68, 78, 123 f.
- ordentliche Gerichtsbarkeit Y 28
- Privatnutzung der betrieblichen Kommunikationseinrichtung O 490 f.
- Rechtsverteidigung, Compliance T 93
- Schlichtungsverfahren bei Berufsausbildung F 40
- tarifliche Schlichtungsstelle S 178
- Telearbeitsplatz O 285

Kostenerstattung
- Arbeitgeber gegenüber dem Betriebsrat X 589 ff.
- erstinstanzliches Verfahren X 10, 18 ff.

Kreuztabelle
- Bewerbungsverfahren A 115

Kündigung K 1 ff.
- Abmahnung J 12
- Agentur für Arbeit K 13, 46
- Amnestie-/Kooperationsvereinbarung T 95
- Änderungskündigung K 5
- Änderungskündigung, Versetzung J 61
- Anhörung des Betriebsrats O 777 ff.; *siehe auch dort*
- Annahmeverzugslohnanspruch E 66
- Anwachsung V 447, 489
- Arbeitnehmerüberlassung K 33
- Aufhebungsvertrag K 156
- Ausbildungsverhältnis K 6
- Ausschluss durch Beschäftigungssicherungstarifvertrag S 132 ff.
- Ausschluss von Sozialplanleistungen O 868
- Ausschluss, Unterrichtungsschreiben bei Unternehmenskauf V 143
- Außendienstmitarbeiter F 165
- Auswahlrichtlinie O 745
- befristetes Arbeitsverhältnis E 19, 43; S 284
- Beschäftigungsdauer S 260 f.
- Beseitigung der Sperre Y 211
- Bestimmtheit K 8
- Beteiligung K 43
- Betriebsvereinbarung O 187
- Betriebsvereinbarung zur gesetzlichen Rentenversicherung L 101 ff.
- Beweisfunktion K 3
- Bewerberfragebogen A 160
- Doppelbefristung E 57
- durch Arbeitgeber K 29 ff.
- durch Bevollmächtigten K 47
- Elternzeit K 10
- Empfängerhorizont K 5
- Entsendung, befristete H 17
- Falschbeantwortung, Bewerberfragebogen A 178
- Freistellung K 44
- Frist K 9
- Geschäftsführer, Kopplungsklausel M 27

- Geschäftsführer-Anstellungsvertrag M 104 ff.
- Gruppenarbeitsvertrag F 130
- Heimarbeitsverhältnis F 147
- Inhalt K 36
- Insolvenz des Arbeitgebers K 10
- Job-Sharing F 108
- Kopie K 3
- krankheitsbedingt, Beeinträchtigungen Q 160
- krankheitsbedingt, Interessenabwägung Q 161
- Lösungsrecht vom Wettbewerbsverbot C 173
- Massenentlassungen K 270
- Mediationsklausel Z 18, 31 f.
- Minderjähriger, Zugang K 34
- Muster (durch Arbeitgeber) K 31
- Muster (durch Arbeitnehmer) K 2
- Muster, Anhörung des Betriebsrats O 778
- Muster, Geltendmachung eines vorläufigen Weiterbeschäftigungsanspruchs O 788
- Muster, Veränderung der Kündigungsfrist S 255
- Musterklausel für Wettbewerbsverbot C 124
- Privatnutzung der betrieblichen Kommunikationseinrichtungen O 454
- Probearbeitsverhältnis E 134, 138
- Prozessarbeitsverhältnis E 59 ff.; siehe auch dort
- Rückzahlungsverpflichtung bei Fortbildung F 90 ff.
- Sabbatical O 439 f.
- Schriftform K 3, 12, 32, 47
- Schriftsatzkündigung im Prozess X 121
- Schwangerschaft K 10; Y 205 ff.
- Schwerbehinderung siehe Schwerbehinderung; Sonderkündigungsschutz, SGB IX; Zustimmungsantrag
- Sonderkündigungsschutz, »SGB IX K 202 ff.
- Sozialplan O 901
- sozialversicherungsrechtliche Folgen K 13
- Spaltungs- und Übernahmevertrag V 351
- Teilkündigung der Betriebsvereinbarung O 741 ff.
- Telearbeit C 112 ff.
- unter auflösender Bedingung K 116 ff.
- Unternehmenskauf V 142 f.
- Unterrichtungsschreiben, Betriebsführungsvertrag V 665
- Unterrichtungsschreiben, Betriebspacht V 567
- Unterrichtungsschreiben, Verschmelzung V 259
- Unwirksamkeit bei Geschäftsführerdienstvertrag Y 5 ff.
- Unwirksamkeit bei Vorstandsanstellungsvertrag Y 44 ff.
- Verbot bei Verschmelzung V 201
- Verbundkündigung K 5
- Verdachts-, Personalrat Q 126
- Verletzung der Verschwiegenheitspflicht C 20
- Versetzung J 85 ff.
- Verstoß bei Nebentätigkeit C 34
- Verwarnung J 39
- Verwirkung J 26
- Vollmacht K 84, 92 f.
- Volontariatsvertrag F 76
- vor Arbeitsantritt K 11
- Voraussetzungen J 12
- vorläufiger Weiterbeschäftigungsanspruch O 787 ff.
- vorzeitige K 4, 35
- Weiterbeschäftigungsanspruch X 730
- Werkstudentenvertrag F 67
- Wirksamwerden K 14, 48
- Zurückweisung Y 78 ff.
- Zurückweisung, Grund K 94
- Zurückweisung, mangelnde Vollmacht K 88 ff.
- Zustellung durch Boten K 98 f.
- Zustimmungs- K 224
- Zweckbefristung E 38

Kündigung durch Bevollmächtigten K 84 ff.
- Ausschluss der Zurückweisung K 95 f.
- Grund für Zurückweisung K 94
- Zurückweisung durch Bevollmächtigten K 97

Kündigung, Ausbildungsverhältnis
- Angabe der Gründe F 33
- Ausschlussfrist F 31
- Berufsaufgabekündigung F 29
- Minderjährige F 30
- Muster F 28
- Muster, Anrufung des Schlichtungsausschusses F 35
- Probezeit F 27
- Schlichtungsausschuss F 34 ff.

Kündigung, außerordentliche K 15 ff.
- Abmahnung K 20
- Auflösungsschaden K 27
- Ausbildungsverhältnis K 21, 58
- Auslauffrist K 56
- Beispiele J 19
- Betriebsratsmitglied O 793 ff.; X 606 ff.
- Compliance Verstoß T 110 ff.
- Ende des Arbeitsverhältnisses K 62
- Erklärungsfrist K 18, 54
- Geschäftsführer Y 86 f.
- Geschäftsführer-Anstellungsvertrag M 107
- Geschäftsführer-Anstellungsvertrag, Nachschieben von Gründen M 115
- Handelsvertreter N 41
- häufige Kurzerkrankungen Q 147 ff.
- Kündigungskompetenz M 111
- Lösungserklärung vom Wettbewerbsverbot C 171 ff., 177
- Muster K 16
- Muster, Antrag auf Zustimmung bei Betriebsratsmitglied O 794
- Muster, Compliance-Verstoß T 111
- Muster, hilfsweise ordentliche K 49 ff.
- Muster, Übergabeprotokoll T 116
- Schadensersatz K 66

2023

Stichwortverzeichnis

- Sonderkündigungsschutz nach Spezialgesetzen K 227 ff.
- Umdeutung K 22, 59
- Voraussetzungen K 20
- Wettbewerbsverbot bei Unwirksamkeit X 772
- wichtiger Grund K 57
- Zustimmungsersetzung X 602 ff.
- Zustimmungskündigung K 225

Kündigung, betriebsbedingt K 69
- Abwendung des Lösungsrechts C 184 ff.
- Anbahnung des Arbeitsverhältnisses A 3
- Anforderungsprofil A 34
- Anhörung des Betriebsrats O 783 f.
- Beschäftigungssicherungstarifvertrag S 132 ff.
- betriebliche Erfordernisse K 78
- freier Arbeitsplatz X 294
- Gemeinschaftsbetrieb P 142
- Klageerwiderung X 287
- Kurzarbeit O 380 f.
- Lösungsrecht vom Wettbewerbsverbot C 178 ff.
- Muster K 70
- Muster, Auswahlrichtlinie O 747
- Muster, Erwiderung auf Kündigungsschutzklage X 289
- Schriftform K 71
- Stellenbeschreibung A 3
- Unternehmerentscheidung X 290 ff.

Kündigung, personenbedingt
- Abgrenzung zu verhaltensbedingt X 300
- betriebliches Eingliederungsmanagement Q 157 ff., 232 ff.
- Klageerwiderung X 299 ff.
- Muster, Erwiderung auf Kündigungsschutzklage X 301
- Personalratsbeteiligung Q 145
- Sozialplan O 871

Kündigung, verhaltensbedingt
- Abmahnung J 4 ff.; X 311
- Anhörung des Betriebsrats O 783 f.
- Anwendungsbereich X 307 f.
- Beteiligung des Personalrats Q 117 ff.
- Darlegungs- und Beweislast X 310
- Klageerwiderung X 307 ff.
- Muster, Erwiderung auf Kündigungsschutzklage X 309
- Sozialplan O 871
- Tarifsozialplan S 187
- Verdachts-, Personalrat Q 129 ff.
- Voraussetzung der Abmahnung J 15 ff.

Kündigung, verhaltensbedingt außerordentliche
- Abmahnung J 19

Kündigung, verhaltensbedingt ordentliche
- Abmahnung J 18

Kündigung, Vorstandsmitglied M 317 ff.
- Frist M 329 ff.
- Muster, aus wichtigem Grund M 318
- Schriftform M 328
- wichtiger Grund M 332

Kündigungsfrist K 39 ff.
- Arbeitnehmerüberlassungsvertrag I 74
- Compliance Verstoß T 113
- Dienstvertrag, Fremdpersonaleinsatz I 141
- Einzelüberlassungsvertrag I 57
- Firmentarifvertrag S 105
- freie Mitarbeit N 13 f.
- Geschäftsführer M 28
- Geschäftsführer-Anstellungsvertrag M 105
- Handelsvertreter N 40
- Interessenausgleich O 835
- Manteltarifvertrag S 64
- Probezeit S 256 ff.
- Schwerbehinderung K 217
- Veränderung durch Tarifvertrag S 254 ff.
- Verlängerung S 259 f.

Kündigungsgrund
- Kündigungsschutzklage X 271 f.

Kündigungsrecht
- Anwachsung V 492
- Spaltungs- und Übernahmevertrag V 354
- Verschmelzung V 262

Kündigungsschutz J 5
- Verschmelzungsvertrag V 189

Kündigungsschutzklage
- Abfindung X 263
- Abfindungsanspruch K 79
- Auflösungsantrag X 262 f.
- Berufsausbildung F 34 ff.
- betriebliche Voraussetzungen X 269 f.
- Betriebsratsanhörung X 273
- Bezeichnung der Parteien X 257 f.
- Darlegungs- und Beweislast X 269, 273
- Entbindungsantrag des Arbeitgebers X 741
- Feststellungsantrag X 262 ff.
- Frist X 248, 254 ff.
- Gehaltsanspruch X 268
- Geltendmachung weiterer Ansprüche X 251
- Klageerwiderung X 287 ff., 299 ff.
- Kündigung, außerordentliche und ggf. hilfsweise ordentliche X 276 ff.
- Kündigung, ordentliche X 247 ff.
- Kündigungsgründe X 271 f.
- Muster, außerordentliche und ggf. hilfsweise ordentliche Kündigung X 277
- Muster, ordentliche Kündigung X 252
- Prämie bei Verzicht O 958 ff.
- Prozessförderung X 260
- Schleppnetzantrag X 282
- Tarifsozialplan S 197
- Umdeutung X 284
- Unterschrift X 275
- Unwirksamkeitsgründe X 249
- Verzicht und Sozialplanabfindung O 897
- vorläufiger Weiterbeschäftigungsanspruch O 790
- Weiterbeschäftigungsanspruch X 267, 724
- Zuständigkeit X 253

Stichwortverzeichnis

– Zwischenzeugnis X 268
Kündigungsschutzverfahren
– Personalratsanhörung Q 143
Kündigungssperre
– Beseitigung Y 211
Kündigungsverbot K 241 ff.
– mit Erlaubnisvorbehalt K 203
Kurzarbeit B 23 f.
– Anforderungen in Betriebsvereinbarung O 344 ff.
– Beendigung O 351
– Betriebsänderung O 913 ff.
– Einführungsvoraussetzungen S 238
– Einstellungen O 382
– Erkrankung O 270
– erzwingbare Mitbestimmung S 240
– Förderung durch Agentur für Arbeit O 349 f.
– Gesamtbetriebsrat O 338
– Kündigung O 380
– leitende Angestellte O 342
– Mitbestimmung O 335 f.
– Muster O 337
– Muster, Alternativklausel zur Zahlung des Kurzarbeitergeldes O 268
– Muster, Klausel bei vollständigem Arbeitsausfall O 348
– Muster, Tarifvertragsklausel S 236
– Namensliste zur Betriebsvereinbarung O 341
– Null O 947 ff.
– Öffnungsklausel S 239
– Rechtsfolgen O 334
– Rechtsgrundlage S 235
– Sonderzahlungen O 372
– Tarifvertragsklausel S 235 ff.
– Transferkurzarbeitergeld O 906; *siehe auch dort*
– Überstunden O 378 f.
– Umfang O 333 f.
– Urlaub O 371 ff.
– Urlaub, Geschäftsanweisung der Agentur für Arbeit O 374, 377
– Voraussetzungen O 340
Kurzarbeitergeld
– Auszahlung O 367 f.
– Einstellung/Nichtgewährung O 359
– formelle Vorgaben S 241
– freiwillige Leistung O 362 f.
– Gewährungsverfahren O 353
– Mindestvoraussetzungen O 349
– Rückforderung/Widerruf O 359 f.
– Zuschuss O 364 f.
Kurzerkrankungen
– Personalrat, AU-Bescheinigungen Q 154
Kurzfristiger Bonusplan
– Anpassung Erfolgsziele und Zielbonus D 59
– Ausscheiden von Mitarbeitern D 63 f.
– Bad Leaver D 64
– Begrenzung der zeitlichen Geltung D 53

– Betriebsübergang D 65
– Cap D 61
– Ermittlung der Zielerreichung D 60
– Freiwilligkeitsvorbehalte, BAG D 53, 55
– Gleichbehandlung D 56
– kein pensionsfähiges Einkommen D 68
– Kombination mit langfristigem Bonusplan D 52
– Kürzung bei Fehlzeiten D 66 f.
– lineare Entwicklung bis Nulllinie D 62
– Muster D 54.1
– Short Term Incentive D 51 ff.
– Teilnahmeberechtigte D 56
– transparentes Bonussystem D 54
– Verfallklausel D 63 f.
– Vergütung, variable D 51
– Widerrufsvorbehalt D 69
– Zielvereinbarung D 57 f.
– Zielvorgaben D 57 f.

Ladungsfrist
– einstweiliger Rechtsschutz X 717
Landespersonalvertretungsgesetze Q 118
Landespersonalvertretungsrecht Q 3
Landeswährung
– Vergütung, Entsendung H 22 f.
Landgerichtsverfahren *siehe Ordentliche Gerichtsbarkeit*
Langfristiger Bonusplan
– Anlehnung an Deutscher Corporate Governance Kodex (DCGK) D 38
– Anlehnung an Wartezeit des § 193 AktG D 39
– Anpassungen D 45
– Ausscheiden von Mitarbeitern D 46 f.
– Bad Leaver D 47
– Begrenzung D 43
– Begrenzung der zeitlichen Geltung D 33
– Belohnung der absoluten Wertsteigerung D 40
– Betriebsübergang D 48
– Dividenden, sonstige Ausschüttungen D 44
– Freiwilligkeitsvorbehalte, BAG D 33, 36
– Gleichbehandlung D 37
– kein pensionsfähiges Einkommen D 49
– Kombination mit kurzfristigem Bonusplan D 32
– Long Term Incentive D 31 ff.
– Muster D 35
– Performance Shares D 31 ff.
– Teilnahmeberechtigte D 37
– transparentes Bonussystem D 34
– Verfallklausel D 46 f.
– Vergütung, variable D 31
– Wertermittlung D 41 f.
– Widerrufsvorbehalt D 50
Laufzeit
– Anerkennungstarifvertrag S 118
– Betriebsführungsvertrag V 607
– Entgelttarifvertrag S 35

2025

Stichwortverzeichnis

Lebensgefährte
- Hinterbliebenenleistung L 44

Lebensversicherung
- EuGH L 65

Lehrgang *siehe Fortbildung*

Leiharbeitnehmer *siehe auch Arbeitnehmerüberlassung*
- Arbeitgebererlaubnis I 29 ff.
- Arbeitskampf I 43
- Arbeitsplatzinformation beim Entleiher I 11
- Aufsichtsratswahl, Berücksichtigung Schwellenwert W 31
- Aufsichtsratswahl, Wahlrecht W 150, 155
- Aufsichtsratswahl W 33
- ausländischer – I 42
- Befristung des Arbeitsverhältnisses E 23
- Betriebsversammlung I 44
- Compliance T 32 ff.
- Geheimhaltungspflicht I 66
- Massenentlassungen K 269
- Wahlausschreiben O 51
- Weisungsgebundenheit I 52
- Wettbewerbsverbot C 139
- Zugang zu Gemeinschaftseinrichtungen/-diensten I 10, 68 ff.

Leiharbeitnehmer
- Unternehmenskauf V 16 f., 67 f.

Leiharbeitsrichtlinie I 1 f.

Leiharbeitsverhältnis
- Antrag des Personalrats auf Feststellung der Mitbestimmungswidrigkeit Y 215 ff.

Leiharbeitsvertrag I 95 ff.
- Arbeitszeit I 120
- Ausschlussfristenregelung I 128
- Befristung I 124 ff.
- Beginn I 106
- Bezugnahmeklauseln auf Tarifvertrag Zeitarbeit I 116
- Einsatzort I 113
- Equal Pay/Treatment I 115
- Geheimhaltung I 123
- Mitbestimmung I 107 ff.
- Muster I 99
- Nachweisgesetz I 96
- nichtdeutsche Leiharbeitnehmer I 105
- Qualifikationen I 111
- Schriftform I 100
- unzulässige Vereinbarungen I 98
- Urlaub I 122
- Verjährung, Equal Pay/Treatment I 129

Leistungsbeurteilung
- Zeugnis, qualifiziertes K 334

Leistungsorientierte Bezahlung *siehe Bonussystem*

Leistungsplan L 5

Leistungsträgerregelung
- Anforderungsprofil A 33

Leistungszusage
- Begünstigter L 121
- beitragsorientiert L 1 ff.
- beitragsorientiert, Durchführungsweg extern L 12
- beitragsorientiert, Versicherungsprinzip L 9 f.
- Berufsunfähigkeit L 119 ff.
- Muster, Rentenzusage bei Organpersonen L 154
- reine L 8
- Rentenzusage L 106 ff.
- Rentenzusage – Einzelzusage L 106 ff.
- Rentenzusage bei Organpersonen L 152 ff.; siehe auch dort

Leistungszusage, beitragsorientiert
- Unverfallbarkeit L 94

Leitende Angestellte *siehe auch Arbeitsvertrag, Führungskraft*
- Abstimmungsverfahren für Wahlvorschlag W 339 ff.
- Änderung der Gruppenzugehörigkeit bei Aufsichtsratswahl W 361
- Anhörung des Betriebsrats bei Kündigung O 782
- Anzahl im Aufsichtsrat W 341
- Arbeitsvertrag, Führungskraft B 132, 141
- Aussetzung von tariflichen Lohnerhöhungen S 130 f.
- Begriff für die Aufsichtsratswahl W 26, 360
- Betriebsvereinbarung O 148
- Betriebsvereinbarung über Versorgungszusage bei Betriebsübergang L 369
- Einzelzusage L 106 ff.
- Kurzarbeit O 342
- Persönlichkeitswahl W 557, 583
- Pflichtverletzung J 9
- Reduzierung der Arbeitszeit E 96
- Stellenbeschreibung A 16
- Tantiemenvereinbarung B 229
- Wählbarkeit als Arbeitnehmervertreter W 159.1 f., 362 f.
- Wählbarkeit als Aufsichtsratmitglied W 359
- Wahlrecht W 153
- Zeugnis, qualifiziertes K 334

Leitlinie Gefährdungsbeurteilung und Dokumentation O 626

Lichtbild
- Ausschreibung A 80

Listenvertreter
- Wahlausschreiben O 67

Listenwahl
- Muster, Stimmzettel W 529

Listenwahl, Aufsichtsratswahl
- Begriff W 460 f.
- Betriebswahlergebnis, Niederschrift W 555 ff.
- d'Hondtsches Höchstzahlverfahren W 580
- Gesamtwahlergebnis, Niederschrift W 580 ff.
- Stimmzettel W 528 ff., 530 ff.

Lohnausgleichskasse
- Tarifvertrag *siehe Tarifvertrag, gemeinsame Einrichtung*

Stichwortverzeichnis

Lohnfortzahlung siehe *Entgeltfortzahlung*
Lohnsteuerbescheinigung, elektronische
– Beendigung des Arbeitsverhältnisses K 363
Lohntarifvertrag siehe *Entgelttarifvertrag*
Lösungsrecht
– Adressat der Erklärung C 183
– Karenzentschädigung C 176
– Wettbewerbsverbot C 171 ff.
– Zugang der Erklärung C 175
Lüge, Recht zur
– Bewerberfragebogen A 139 f.
– Bewerbungsgespräch A 109

Mahnverfahren
– Arbeitsgerichtsverfahren X 198 f.
Maklervertrag
– Abgrenzung zum Handelsvertretervertrag N 49 ff.
– doppelte Schriftformklausel N 52
– Muster N 50
Mandantenschutz
– Musterklausel für Wettbewerbsverbot C 133 ff.
Mandantenschutzklausel
– Vorstands-Dienstvertrag M 216
Mandat, arbeitsrechtliches
– allgemeine Bedingungen X 10 ff.
– Anpassungsklausel X 85
– Auslagenerstattung X 17
– ausländisches Recht X 13
– Begrenzung der Verjährungsfrist X 83
– Begrenzung des Beratungsumfangs X 14
– Datenschutzerklärung X 28
– Gegenstand der Beratung X 12
– Haftungsbegrenzung X 66 ff.; *siehe auch dort*
– Hinweispflichten für Kostentragung X 20 ff.
– Kommunikationswege X 25
– Kostenerstattung X 18 ff.
– Mandatsniederlegung X 169 ff.
– Muster, allgemeine Mandatsbedingungen X 11
– Muster, Erfolgshonorarvereinbarung X 58
– Muster, Haftungsbegrenzung X 69
– Muster, Zeithonorarvereinbarung X 33
– Rechtsschutzversicherung X 86 ff.
– Umfang der Beratungspflichten X 12
– Vorschuss X 22 ff.
– Wertgebührenhinweis X 15
– Zeithonorar X 29 ff.
Mandatsniederlegung
– Muster X 170
Manteltarifvertrag
– Anwendungsbereich S 37
– Arbeitsunfähigkeitsbescheinigung S 63
– Arbeitszeit S 43 ff.
– Arbeitszeitkonten S 51 ff.
– Ausbildungszeit S 56
– Ausschlussfristen S 68 f.
– Befristung S 42
– Einstellungen S 40
– Entgeltfortzahlung S 62
– Geltungsbereich S 39
– Kündigungsfristen S 64
– Mehrarbeit S 47 ff.
– Muster S 38
– Nachwirkung S 71
– Nebentätigkeit S 41
– Urlaub S 55, 57 ff.
– Zeugnis S 66 f.
– Zuschläge S 46
Massenentlassung O 823 ff.
Massenentlassungen
– Abkürzung der Entlassungssperre K 289
– Anzeige K 267 ff.
– Anzeige, Muster K 273
– Arbeitnehmerbegriff K 283
– Auswahlkriterien K 287
– Beendigungswirkung K 275
– Begriff Entlassung K 270
– Betriebsbegriff K 267
– Entlassungsgründe K 286
– Europarecht K 268, 269
– Freifrist K 276
– gesetzlicher Schwellenwert K 269
– Interessenausgleich K 281 f.
– Junk-Entscheidung K 270 f., 276
– Konsultationsverfahren K 279
– Leiharbeitnehmer K 269
– Organmitglieder K 268
– Pflichtangaben K 278, 283 ff.
– Schriftform K 277
– Sperrfrist K 275
– Stellungnahme des Betriebsrats K 281
– Zuständigkeit der Bundesagentur für Arbeit K 274
Material Adverse Change V 409
Mediation
– Abbruch Z 33, 48
– Aufforderungsschreiben Z 70 ff.
– Begrifflichkeiten Z 84
– Beistand Z 65, 79 f., 115
– Beteiligte Z 114
– Beteiligung des Betriebsrats Z 30, 43
– Betriebsvereinbarung Z 49 ff.
– Einigungsstellenverfahren O 981
– Einzelgespräch Z 97
– Freiwilligkeit Z 46, 77
– im Arbeitsrecht Z 6 ff.
– Informationsschreiben zum Arbeitsvertrag Z 34 ff.
– Konfliktlösung Z 2 ff.
– Kosten des Verfahrens Z 29 f., 42 f., 68, 78, 123 f.
– Muster, Aufforderungsschreiben Z 73
– Muster, Betriebsvereinbarung Z 51
– Muster, Informationsschreiben zum Arbeitsvertrag Z 37
– Prozesshindernis Z 69

Stichwortverzeichnis

- Sanktionen Z 45
- Schlichtungsverfahren Z 23
- unverbindliche Mediationsklausel Z 1 ff.
- Verfahrensaufbau Z 2
- Verfahrensdurchführung Z 84 ff.; siehe auch Mediationsvereinbarung
- Verfahrenseinleitung Z 1 ff., 70 ff.
- Verfahrensgegenstand Z 74, 116
- Verfahrensordnung Z 53 f.
- Vertraulichkeit des Verfahrens Z 66, 120
- Vollstreckbarkeit Z 55, 119

Mediationsklausel
- Alternativen Z 11 f.
- Klageverzicht Z 13, 25 f.
- Kündigungsrecht Z 18, 31 f.
- Muster, verbindliche Mediationsklausel Z 19
- Prozesshindernis Z 17
- unverbindliche Z 1 ff.
- verbindliche Z 16 ff.
- Verjährungshemmung Z 13 f., 28

Mediationsvereinbarung
- Anpassungsklausel Z 106
- Beistand Z 88
- Beteiligte Z 85, 87
- Freiwilligkeit Z 102
- Mediator Z 93 ff.
- Muster Z 86, 113
- Prozesshindernis Z 99 ff.
- Verfahrensgegenstand Z 91
- Vertraulichkeit des Verfahrens Z 98
- Vollstreckbarkeit Z 104, 112

Mediator
- Abbruch der Mediation Z 60 ff.
- Auslagen Z 135 f.
- Betriebsmitarbeiter Z 56
- Dienstvertrag Z 94, 103, 117, 121
- Haftungsbeschränkung Z 95, 125
- Mediatorenvertrag Z 126 ff.
- Neutralität Z 40, 57, 76, 93, 118
- Vergütung Z 109, 122
- Verschwiegenheitspflicht Z 41, 60
- Wegezeiten Z 134
- Zeugnisverweigerungsrecht Z 76

Mediatorenvertrag
- Muster Z 128
- Muster, Vergütung mehrerer Mediatoren Z 130
- Verfahrensgegenstand Z 132
- Vergütung Z 126, 134 ff.
- Vertragsparteien Z 129

Mehrarbeit siehe Überstunden

Mehrheitswahlrecht
- Muster, Antrag bei Wahlanfechtung O 112 f.

Mehrvergleich X 115

Meilenprogramm
- Arbeitsvertrag, Führungskraft B 149

Mietwohnung
- Telearbeit C 93, 104, 107 ff.

Minderjährige
- Ausbildungsvertrag F 5
- Kündigung Ausbildungsverhältnis K 34
- Kündigung des Ausbildungsverhältnisses F 30

Mindestlohn B 172 ff., 177 ff.
- Compliance T 15
- geringfügige Beschäftigung B 105, 114

Mindestlohngesetz I 16

Missbrauch
- flexible Arbeitszeit O 257

Mitarbeiterausweis
- Betriebsvereinbarung O 191

Mitarbeiterbeteiligungsprogramm
- Aktienoptionen D 1 ff.
- Bonusbank-Plan D 70 ff.
- Bonusplan D 31 ff.
- Erfolgsbeteiligung D 31 ff.
- Kapitalbeteiligung D 1 ff.

Mitarbeiterrabatt O 736 ff.

Mitbestimmung
- Abmahnung J 31 f.
- Alkoholverbot O 197 ff.
- Änderungen bei Videoüberwachung O 532
- Änderungskündigung K 127
- Änderungsvertrag J 101
- Anforderungsprofil A 31
- Anordnung von Mehrarbeit S 48
- Antrag auf Errichtung einer Einigungsstelle O 982
- Anzeigepflicht bei Verstößen O 183
- Arbeits- und Gesundheitsschutz O 559, 562 f.
- Arbeits-/Ordnungsverhalten O 150
- Arbeitsschutzausschuss O 614
- Arbeitszeit O 162 ff.
- Aufsichtsratsbeschluss M 250
- Ausschreibung A 68
- Auswahlentscheidung A 116
- Beschäftigung einer Fachkraft für Arbeitssicherheit O 587 f.
- Beschäftigung, geringfügige B 110
- Beschwerdeverfahren Q 276
- betriebliches Eingliederungsmanagement Q 224 ff.
- Betriebsarzt O 576 ff.
- betriebsbedingte Kündigung bei Kurzarbeit O 381
- betriebsinterne Ausschreibung A 48
- Betriebsrat O 133 ff.
- Betriebsvereinbarung O 135 ff.
- Dauer der Arbeitszeit O 247
- Dienstvereinbarungen siehe Personalrat
- Dokumentation zur Gefährdungsbeurteilung O 633
- formlose Regelungsabrede O 135
- Formulararbeitsvertrag B 7
- freiwillige Sozialleistungen O 704 ff.
- Gemeinschaftsbetrieb P 140
- Gesamtzusage J 117

– Grundsatz der Zuständigkeitstrennung O 143
– Informationen über Versetzung J 81 ff.
– Interessenauswahl mit Namensliste K 129
– Jubiläumszahlung O 716 f.
– Kostenbeteiligung bei privater Telefonnutzung O 490
– Kündigung K 43
– Kündigung, Betriebsvereinbarung L 101 ff.
– Kurzarbeit O 335 f., 351; S 240
– Leiharbeitnehmer I 107 ff.
– Massenentlassungen K 279 ff.
– mitbestimmungswidrig gewonnene Aufnahme O 557
– Nutzung elektronischer Geräte O 204
– öffentlicher Dienst siehe Personalrat
– Parkplatz O 209 ff.
– Personalfragebogen A 141
– Privatnutzung betrieblicher Kommunikationseinrichtungen O 448
– Privatnutzung des betrieblichen E-Mail-Systems O 481
– Protokoll des Bewerbungsgesprächs A 107
– Rauchverbot O 202 f.
– Sabbatical O 390
– schwerbehinderter Bewerber A 136 f.
– Sonderkündigungsschutz K 260
– Stellenbeschreibung A 9
– Tarifrecht O 137
– Telearbeit O 275
– Umwandlungsbeschluss V 389
– Unterweisungspflichten zum Arbeits- und Gesundheitsschutz O 635
– Urlaub O 170 ff.
– Verschmelzung V 203
– Versetzung J 71 ff., 78 ff.
– Versetzungsänderungskündigung J 96
– Videoüberwachungssystem O 516
– Wiedereingliederung, Entsendung H 35
– Zustimmungskündigung »SGB IX, Integrationsamt K 221

Mitbestimmung des Betriebsrats
– BYOD (Bring your own device) U 41

Mitbestimmungsgesetz
– Anwendungsbereich W 1 ff., 5
– Anzahl der zu wählenden Arbeitnehmervertreter W 89
– Delegiertenwahl W 613 ff.
– unmittelbare Wahl W 457
– Wählerlisten W 163
– Wahlgänge W 248 ff.
– Wahlrecht, aktives W 150 ff.
– Wahlrecht, passives W 154 ff., 159 ff., 359

Mitnahmeanspruch L 310 ff.
– Auskunftsrechte L 314
– Frist L 312
– Haftung L 316
– Höhe des Übertragungswertes L 318
– Muster L 317

– Übertragungsabkommen L 321

Mitwirkung
– Personalrat, verhaltensbedingte Kündigung Q 117 ff.

Mitwirkungsverfahren
– Personalrat Q 140

Mobilität
– Bewerberfragebogen A 154

Mündliche Verhandlung
– einstweiliger Rechtsschutz X 707, 716

Muster
– Abfindung bei Rentnern L 303
– Abfindungsschreiben an unverfallbar ausgeschiedene Arbeitnehmer L 293
– Ablehnung Urlaubsantrag J 131 ff.
– Ablehnung/Untersagung einer Nebentätigkeit C 31
– Abmahnung J 6 ff.
– Abrechnung außergerichtliche Tätigkeit X 100
– Abrechnung gerichtliche Tätigkeit X 110
– Absage an Bewerber A 120
– Absage an schwerbehinderten Bewerber A 128
– Abspaltungs- und Übernahmevertrag nach § 126 UmwG V 284
– abweichende Urlaubszuweisung J 131 ff.
– Aktienoptionsprogramm D 6
– allgemeine Mandatsbedingungen X 11
– Amtsniederlegung M 292
– Änderungskündigung K 108
– Änderungsvertrag J 99
– Anfechtung, Arbeitsvertrag K 293
– Anfechtung, Aufhebungs-/Abwicklungsvertrag K 187
– Anforderungsprofil A 29
– Anhörung des Betriebsrats, ordentliche Kündigung O 778
– Anmeldung Handelsregister M 68
– Anmeldung Handelsregister Bestellung/Ausscheiden M 264
– Annahme des Änderungsangebots unter Vorbehalt K 135
– Anschlussberufung, ordentliche Gerichtsbarkeit Y 182
– Anteilskaufvertrag, Unterrichtung Wirtschaftsausschuss V 415
– Antrag auf Zustimmung zu außerordentlicher Kündigung eines Betriebsratsmitglieds O 794
– Antrag auf Zustimmung zu einer Abordnung Q 79
– Antrag auf Zustimmung zu einer korrigierenden, rückwirkenden Höhergruppierung Q 30
– Antrag auf Zustimmung zu einer Versetzung Q 64
– Antrag auf Zustimmung zur Befristung eines Arbeitsvertrages Q 7
– Antrag auf Zustimmung zur Einstellung/Eingruppierung O 760

Stichwortverzeichnis

- Antrag auf Zustimmung zur nachträglichen Untersagung einer Nebentätigkeit Q 95
- Antrag auf Zustimmung zur Übertragung einer höher zu bewertenden Tätigkeit Q 43
- Anwachsungsvertrag, KG auf eine Komplementär GmbH V 440
- Anwachsungsvertrag, Unterrichtung der Arbeitnehmer V 460
- Anwachsungsvertrag, Unterrichtung Wirtschaftsausschuss V 450
- Anzeige Massenentlassungen K 273
- Arbeit auf Abruf E 150
- Arbeitnehmererfindung, Zusatzvereinbarung C 75
- Arbeitnehmerüberlassung, konzernintern I 87
- Arbeitsmittel-Rückgabe C 205
- Arbeitsordnung O 142
- Arbeitsunfähigkeit, Anzeige einer Erkrankung durch den Arbeitnehmer J 43
- Arbeitsunfähigkeit, vorzeitige Anforderung einer Bescheinigung J 47
- Arbeitsunfähigkeitsbescheinigung nach § 5 Abs. 1 EFZG J 50
- Arbeitsvertrag für Führungspositionen B 134
- Arbeitsvertrag über eine geringfügige Beschäftigung B 108
- Arbeitsvertrag, Briefform B 97
- Arbeitszeit, flexible – Kernarbeitszeit O 250
- Arbeitszeitreduzierung, Ablehnung des Antrags E 103
- Arbeitszeitreduzierung, Antrag E 88
- Arbeitszeitreduzierung, Stattgeben des Antrags E 109
- Arbeitszeitreduzierung, vorläufige Mitteilung bei verspäteter Antragstellung E 98
- Aufforderung zur Rückgabe von Gegenständen nach Beendigung des Arbeitsverhältnisses K 355
- Aufhebungs-/Abwicklungsvertrag K 141
- Aufhebungsvereinbarung K 146; M 123, 298
- Aufsichtsratsbeschluss M 246
- Aufsichtsratsbeschluss Abberufung M 279
- Aufspaltungs- und Übernahmevertrag nach §§ 126, 136 UmwG V 272
- Ausbildungsvertrag F 3
- Ausgleichsquittung K 361
- Ausgliederungs- und Übernahmevertrag nach § 126 UmwG V 290
- Ausschreibung, betriebsintern A 51
- Ausschreibung, extern A 69
- Außendienstmitarbeitervertrag F 150
- befristeter Arbeitsvertrag mit Sachgrund E 15
- befristeter Arbeitsvertrag mit Zweckbefristung E 34
- befristeter Arbeitsvertrag ohne Sachgrund E 25
- Befristung, doppelt befristeter Arbeitsvertrag E 53
- Befristung, Mitteilung der Zweckerreichung E 47

- Befristung, Mitteilung des Ablaufs E 42
- Befristung, Rahmenvereinbarung E 5
- Beitragszusage mit Mindestleistung (Direktversicherung) L 162
- Beratervertrag N 17
- Berufung, ordentliche Gerichtsbarkeit Y 138
- Berufungsbegründung, ordentliche Gerichtsbarkeit Y 158
- Berufungserwiderung, ordentliche Gerichtsbarkeit Y 189
- Beschwerdeverfahren nach § 13 Abs. 1 AGG Q 272
- Beteiligung des Personalrats bei krankheitsbedingten Kündigungen Q 145
- Beteiligung des Personalrats bei verhaltensbedingter Kündigung Q 120
- betriebliche Altersversorgung, Betriebsvereinbarung L 100
- betriebliche Altersversorgung, Einzelzusage L 110 ff.
- betriebliche Altersversorgung, Entgeltumwandlung L 226
- betriebliche Altersversorgung, Information zum Anspruch auf Entgeltumwandlung L 341
- betriebliche Altersversorgung, Kapitalzusage L 2
- betriebliche Altersversorgung, Mitnahmeanspruch L 317
- betriebliche Altersversorgung, partieller Wechsel Durchführungsweg bei Versorgungsanwärtern L 408
- betriebliche Altersversorgung, Wechsel des Durchführungsweges beim Versorgungsempfänger L 400
- betriebliche Altersversorgung, Zusicherung der Vollständigkeit L 359
- betriebliches Eingliederungsmanagement Q 227
- Betriebs- und Geschäftsgeheimnis, nachvertragliche Verschwiegenheitspflicht C 14 ff.
- Betriebs- und Geschäftsgeheimnis, Zusatzvereinbarung zur Wahrung C 5
- Betriebsführungsvertrag V 599
- Betriebsführungsvertrag, Verzicht auf Widerspruch V 687
- Betriebsführungsvertrag, Widerspruch V 674
- Betriebspachtvertrag V 505
- Betriebspachtvertrag, Unterrichtung der Arbeitnehmer V 542
- Betriebspachtvertrag, Unterrichtung Wirtschaftsausschuss V 530
- Betriebspachtvertrag, Verzicht auf Widerspruch V 589
- Betriebspachtvertrag, Widerspruch V 576
- Betriebsratswahl, Anfechtung der Wahl O 96, 112 ff.
- Betriebsratswahl, einstweilige Verfügung gegen die Durchführung O 118
- Betriebsratswahl, Feststellungsantrag nach § 18 BetrVG O 75

Stichwortverzeichnis

- Betriebsratswahl, Wahlausschreiben O 48
- Betriebsvereinbarung O 142
- Betriebsvereinbarung »Turboprämie« O 959
- Betriebsvereinbarung, Arbeits- und Gesundheitsschutz O 564
- Betriebsvereinbarung, Auswahlrichtlinie für betriebsbedingte Kündigung O 747
- Betriebsvereinbarung, Bonussystem O 646
- Betriebsvereinbarung, flexible Arbeitszeit O 233
- Betriebsvereinbarung, freiwillige Sozialleistungen O 707
- Betriebsvereinbarung, konjunkturelle Kurzarbeit O 337
- Betriebsvereinbarung, Mediation Z 51
- Betriebsvereinbarung, Nutzung von betrieblichen Kommunikationseinrichtungen O 450
- Betriebsvereinbarung, Sabbatical O 391
- Betriebsvereinbarung, Telearbeit O 276
- Betriebsvereinbarung, Videoüberwachung O 517
- Bonusbank-Plan D 72
- Bonusplan, kurzfristiger (Short Term Incentive) D 54.1
- börsennotierte Aktiengesellschaft, Stellungnahme Vorstand V 433
- börsennotierte Aktiengesellschaft, Übernahmeangebot V 426
- Bundesagentur für Arbeit – Arbeitsbescheinigung K 372
- Compliance, Amnestievereinbarung T 81
- Compliance, arbeitsrechtliche Checkliste T 7
- Compliance, außerordentliche Kündigung T 111
- Compliance, Betriebsvereinbarung Einführung Compliance-Programm T 54
- Compliance, Erinnerung T 99
- Compliance, Ermahnung/Abmahnung T 105
- Compliance, Geschäftsordnung für das Committee T 41
- Compliance, Information über Amnestieangebot T 71
- Compliance, Übergabeprotokoll bei Kündigung T 116
- Compliance, Weisung an Mitarbeiter T 117
- Compliance, Widerruf der Prokura T 111
- Deckungsanfrage X 90
- Dienstwagenvertrag und Dienstwagenklausel B 235
- Dienstwohnung B 268
- E-Mail, Zusatzvereinbarung über die dienstliche Nutzung C 58
- einfaches Zeugnis K 316
- Einigungsstelle, Antrag auf Errichtung O 970
- Einigungsstelle, Betriebsvereinbarung O 985
- Einigungsstellenspruch O 1006
- Einladung zum Bewerbungsgespräch mit Kostenübernahme A 86
- Einladung zum Bewerbungsgespräch ohne Kostenübernahme A 93
- Einladung zur Betriebsversammlung O 2
- Einwilligung, ärztliche Untersuchung A 207
- Einwilligung, Datenspeicherung A 194
- Einwilligung, psychologische Untersuchung A 219
- Einwilligung, Teilnahme an einem Persönlichkeitstest A 228 ff.
- Einzelüberlassungsvertrag I 34
- Entsendevertrag (deutsche Fassung) H 9
- Entsendevertrag (englische Fassung) H 48
- Entsendung, Zweivertragsmodell (deutsche Fassung) H 51
- Erklärung des Mitarbeiters zur Speicherung und Verwendung seiner Daten B 168
- Feststellungklage, Unwirksamkeit der Kündigung bei Vorstandsanstellungsvertrag Y 45
- Feststellungklage, Unwirksamkeit einer Kündigung bei Geschäftsführerdienstvertrag Y 6
- Fortbildungsvertrag mit Rückzahlungsklausel F 83
- Fragebogen im Bewerbungsverfahren A 142
- Fragebogen nach Einstellung A 180
- freie Mitarbeit, Vertragsmuster N 2
- Fremdpersonaleinsatz, Dienstvertrag I 135
- Fremdpersonaleinsatz, Zusatzvereinbarung zum Dienstvertrag I 146
- Führungsvereinbarung P 128
- Führungsvereinbarung, Kündigung P 146
- Führungsvereinbarung, negative P 151
- Geheimhaltungsverpflichtung O 816
- geringfügig Beschäftige im Privathaushalt E 71
- Gesamtzusage J 117
- Geschäftsführer-Anstellungsvertrag M 7
- Geschäftsführer-Dienstvertrag M 34
- Geschäftsordnung für den Vorstand nach DCGK M 339
- Geschäftsordnung für die Geschäftsführung M 81
- Gesellschafterbeschluss: Abberufung M 95
- Gesellschafterbeschluss: Bestellung M 56
- Gesellschafterbeschluss: Entlastung M 142
- Grundvergütung B 175
- Gruppenarbeitsvertrag F 118
- Haftungsbegrenzung des Rechtsanwalts X 69
- Haftungskonzentration, Sozietät X 71
- Handelsvertretervertrag N 23
- Handelsvertretervertrag, Vorauszahlung auf Ausgleichsanspruch N 45
- Heimarbeit, Arbeitsvertrag F 137
- Information des Wirtschaftsausschusses O 802
- Integrationsvereinbarung Q 177
- Interessenausgleich O 826
- Internet, Zusatzvereinbarung über die dienstliche Nutzung C 58
- Job-Sharing-Vertrag F 99
- Klageerwiderung, Landgerichtsverfahren Y 71

Stichwortverzeichnis

- Klageerwiderung, Schadensersatzklage gegen Geschäftsführer Y 129
- Kollektivvereinbarung mit nicht tariffähiger Arbeitnehmervereinigung S 205
- Kündigung (durch Arbeitgeber) K 31
- Kündigung Berufsausbildungsverhältnis K 6
- Kündigung des Ausbildungsverhältnisses F 28
- Kündigung gemäß § 1a KSchG K 70
- Kündigung, außerordentliche (durch Arbeitnehmer) K 16
- Kündigung, außerordentliche hilfsweise ordentliche (durch den Arbeitgeber) K 50
- Kündigung, Dienstvertrag aus wichtigem Grund M 318
- Kündigung, Geschäftsführer-Anstellungsvertrag M 109
- Kündigung, ordentliche (durch Arbeitnehmer) K 2
- Kündigung, Übergabeprotokoll Zustellung durch Boten K 99
- Kündigung, Vollmacht zum Ausspruch K 85
- Kündigung, Zustellung durch Gerichtsvollzieher K 102
- Kündigungszurückweisung mangels Vollmacht K 89
- langfristiger Bonusplan (Performance Shares) D 35
- Leiharbeit, Rahmenvertrag Überlassung I 25
- Leiharbeit, Vertag I 99
- Leistungszusage als Rentenzusage bei Organpersonen L 154
- Makler-/Vermittlervertrag N 50
- Mediation, Aufforderungsschreiben Z 73
- Mediation, Informationsschreiben zum Arbeitsvertrag Z 37
- Mediation, Vereinbarung (ausführlich) Z 86
- Mediation, Vereinbarung (kurz) Z 113
- Mediationsklausel, unverbindliche Z 11
- Mediationsklausel, verbindliche Z 19
- Mediatorenvertrag Z 128
- nachvertragliches Wettbewerbsverbot C 121
- Nebentätigkeits-Anzeige C 25
- Nebentätigkeits-Anzeige, Genehmigungspflicht C 28
- Nebentätigkeitsgenehmigung mit Widerrufsvorbehalt C 32
- Pensionsvereinbarung M 227
- Praktikantenvertrag F 42
- Probearbeitsverhältnis, Befristung zur Erprobung E 135
- Probearbeitsverhältnis, Mitteilung des Bestehens der Probezeit E 141
- Probearbeitsverhältnis, Verlängerung der Probezeit E 144
- Protokoll des Bewerbungsgesprächs A 99
- Prozessarbeitsverhältnis, gerichtlich erzwungen E 62
- Prozessarbeitsverhältnis, vertragliches E 61
- Sabbatical-Vereinbarung E 165
- Schadensersatzklage gegen Geschäftsführer Y 121
- Sonderurlaub B 297
- Sozialplan O 857
- Spaltungs- und Übernahmevertrag, Unterrichtung der Arbeitnehmer V 316
- Spaltungs- und Übernahmevertrag, Unterrichtung des Betriebsrats V 308
- Spaltungs- und Übernahmevertrag, Unterrichtung des Wirtschaftsausschusses V 302
- Spaltungs- und Übernahmevertrag, Verzicht auf Widerspruchsrecht V 373
- Spaltungs- und Übernahmevertrag, Widerspruch gegen Übergang des Arbeitsverhältnisses V 361
- Spaltungs- und Übernahmevertrag, Zuleitung an den Betriebsrat V 296
- Standardarbeitsvertrag eines angestellten Arbeitnehmers (keine Tarifbindung) B 4
- Standardarbeitsvertrag eines angestellten Arbeitnehmers mit Tarifbezug B 68
- Standardarbeitsvertrag in englischer Fassung B 63
- Stellenbeschreibung A 7
- Tarifvertrag, andere Arbeitnehmervertretungsstrukturen P 53
- Tarifvertrag, Anerkennungstarifvertrag S 112
- Tarifvertrag, Arbeitszeitverlängerung S 248
- Tarifvertrag, befristete Arbeitsverhältnisse S 282
- Tarifvertrag, Beschäftigungssicherung S 121
- Tarifvertrag, Besetzungsregelung S 214
- Tarifvertrag, Besitzstandsklausel S 220
- Tarifvertrag, Bildung einer Arbeitsgemeinschaft P 85
- Tarifvertrag, Bildung einer zusätzlichen betriebsverfassungsrechtlichen Vertretung P 104
- Tarifvertrag, Bildung eines unternehmenseinheitlichen Betriebsrats P 4
- Tarifvertrag, Differenzierungs- und Spannensicherungsklausel S 224
- Tarifvertrag, Einführung von Kurzarbeit S 236
- Tarifvertrag, Einrichtung einer tariflichen Schlichtungsstelle S 165
- Tarifvertrag, Entgeltfortzahlung S 274
- Tarifvertrag, Entgelttarifvertrag S 7
- Tarifvertrag, Errichtung von Spartenbetriebsräten P 29
- Tarifvertrag, Firmentarifvertrag S 74
- Tarifvertrag, gemeinsame Einrichtung S 138
- Tarifvertrag, Manteltarifvertrag S 38
- Tarifvertrag, Öffnungsklausel S 243
- Tarifvertrag, Schlichtungsverfahren S 149
- Tarifvertrag, Sozialplan S 182
- Tarifvertrag, Urlaubsanspruch S 263
- Tarifvertrag, Variabilisierung von Entgeltbestandteilen S 230
- Tarifvertrag, Veränderung der Kündigungsfrist S 255

Stichwortverzeichnis

- Teilzeitbeschäftigung E 79
- Teilzeitbeschäftigung, Änderungsvertrag E 128
- Teilzeitbeschäftigung, Verlängerung der Arbeitszeit E 115
- Telearbeit, Aufwendungsersatz C 105
- Telearbeit, Befristung C 111
- Telearbeit, elektronische Zeiterfassung C 100
- Telearbeit, Zusatzvereinbarung C 92
- Transfergesellschaft, dreiseitiger Vertrag zur Überleitung eines Arbeitnehmers O 937
- Transferleistungsvertrag mit Transfergesellschaft O 910
- Umwandlungsbeschluss V 381
- Umwandlungsbeschluss, Unterrichtung des Wirtschaftsausschusses V 396
- Umwandlungsbeschluss, Zuleitung an den Betriebsrat V 392
- Umzugskosten B 279
- Unternehmenskauf, Mustervertrag V 4
- Unternehmenskauf, Unterrichtung Betriebsrat V 40
- Unternehmenskauf, Unterrichtung der Arbeitnehmer V 51
- Unternehmenskauf, Unterrichtung Wirtschaftsausschuss V 32
- Unternehmenskauf, Verzicht auf Widerspruch V 174
- Unternehmenskauf, Widerspruch V 160
- Unverfallbarkeitsmitteilung L 251
- Unverfallbarkeitsmitteilung bei einer beitragsorientierten Leistungszusage L 272
- Unverfallbarkeitsmitteilung bei einer Direktversicherung mit versicherungsförmiger Lösung L 278
- Unverfallbarkeitsmitteilung mit Besitzstandsregelung L 263
- Urkundenprozess Y 90
- Urkundenprozess, Abstandnehmen Y 116
- Urkundenprozess, Klageerwiderung Y 101
- Urkundenprozess, Nachverfahren Y 108
- Urlaubsanordnung J 131 ff.
- Urlaubsantrag J 124
- Urlaubsbewilligung J 128
- Urlaubsregelungen B 286
- Urlaubszuweisung J 131
- variable Vergütung – konkrete Zielfestlegung B 218
- variable Vergütung – Tantiemenvereinbarung B 227
- Vereinbarung eines Erfolgshonorars X 58
- Vereinbarung über die dienstliche Nutzung des privaten Kfz des Mitarbeiters B 260
- Vergleichsvereinbarung Haftungsansprüche M 366
- Vergütungsvereinbarung mit Zeithonorar X 33
- Verpfändungsvereinbarung für Rückdeckungsversicherung L 192
- Verpflichtung auf das Datengeheimnis C 39
- Verschmelzung, Unterrichtung Arbeitnehmer V 227
- Verschmelzung, Unterrichtung Wirtschaftsausschuss V 213
- Verschmelzungsvertrag V 182
- Verschmelzungsvertrag, Zuleitung an den Betriebsrat V 207
- Versetzung J 59
- Versetzung durch Änderungskündigung J 87
- Versetzung, Zustimmung des Betriebsrats J 80
- Versetzungsänderungskündigung J 90
- Versetzungsvertrag (englische Fassung) H 74
- Versorgungszusage, Übernahme L 327
- vertrauliche Angelegenheiten, Zusatzvereinbarung zur Wahrung C 5
- Vertretungs-/Verteidigungsanzeige mit Verweisung an die Kammer für Handelssachen Y 57
- Verwaltungsgerichtsverfahren, Anfechtung eines Bescheids wegen Zustimmung zur Kündigung Y 199
- Verwaltungsgerichtsverfahren, Antrag des Personalrats auf Feststellung der Mitbestimmungswidrigkeit Y 217
- Verwaltungsgerichtsverfahren, Verpflichtungsklage auf Zulässigerklärung der Kündigung bei Schwangerschaft Y 208
- Verwarnung J 36
- Verweigerung der Zustimmung zu personellen Maßnahmen O 772
- Volontariatsvertrag F 71
- Vorstands-Dienstvertrag M 152
- Wahlvorstand, Antrag auf Bestellung O 20
- Wahlvorstand, Antrag auf Ersetzung O 40
- Weiterbeschäftigungsanspruch, Geltendmachung O 788
- Werkstudentenvertrag F 55
- Wettbewerbsverbot, Ablehnungsandrohung des Arbeitnehmers C 192
- Wettbewerbsverbot, Aufforderung zur Mitteilung anderweitigen Erwerbs C 154
- Wettbewerbsverbot, Einhaltungsaufforderung nach Verstoß C 202
- Wettbewerbsverbot, Lösungserklärung des Arbeitgebers C 174
- Wettbewerbsverbot, Lösungserklärung des Arbeitnehmers C 181
- Wettbewerbsverbot, Rücktritt des Arbeitgebers C 199
- Wettbewerbsverbot, Vereinbarung M 39
- Wettbewerbsverbot, Verzicht des Arbeitgebers C 167
- Wettbewerbsverbot, Zahlung einer 100 % erhöhten Karenzentschädigung C 187
- Wiedereingliederung, Vergütungsklausel E 163
- Wiedereingliederungsvertrag nach längerer Krankheit E 159
- Zeugnis, qualifiziertes K 327
- Zielvereinbarung, Rahmenvereinbarung B 199

Stichwortverzeichnis

- Zustimmungsantrag MuSchG, BEEG, PflegeZG, FPfZG K 233
- Zustimmungsantrag »SGB IX K 204
- Zwischenzeugnis K 343

Muster, Arbeitsgerichtsverfahren
- allgemeine Prozessvollmacht X 120
- Änderungsschutzklage X 316
- Anschlussrechtsbeschwerde X 690
- Antrag auf Aussetzung des Verfahrens X 214
- Antrag auf Gegenstandswertfestsetzung X 219
- Antrag auf Protokollberichtigung X 237
- Antrag auf Prozesskostenhilfe X 151
- Antrag auf Verweisung an einen anderen Rechtsweg X 233
- Antrag auf Wiedereinsetzung bei Versäumung der Einspruchsfrist gegen Vollstreckungsbescheid X 204
- Anzeige der Mandatsniederlegung X 170
- Beiordnung eines Rechtsanwalts X 151
- Berufung, Anschlussberufung X 447
- Berufung, Beantwortung X 435
- Berufung, Begründung X 418
- Berufung, Einlegung X 407
- Beschwerde, Anschlussbeschwerde X 662
- Beschwerde, Beantwortung X 651
- Beschwerde, Begründung X 642
- Beschwerde, Einlegung X 632
- Beschwerde, Einsetzung der Einigungsstelle X 657
- Bestellungsschriftsatz mit Terminsverlegungsantrag X 132
- einfache fristgebundene Beschwerde gegen die Gegenstandswertfestsetzung X 225
- Eingruppierungsklage X 378
- Einsetzung der Einigungsstelle, § 100 ArbGG X 567
- Einspruch gegen Versäumnisurteil X 187
- Entfernung eines betriebsstörenden Arbeitnehmers X 616
- Feststellung der Unwirksamkeit eines Einigungsstellenspruchs X 580
- Fristverlängerungsantrag X 177
- Klage auf Feststellung einer Arbeitszeitreduzierung X 361
- Klage auf Zahlung einer Entschädigung wegen Diskriminierung X 396
- Klage auf Zeugniserteilung X 385
- Klage auf Zustimmung zur Arbeitszeitreduzierung X 353
- Klage eines Teilzeitbeschäftigten auf Gleichbehandlung X 375
- Klage gegen die Wirksamkeit einer Befristung oder Bedingung des Arbeitsverhältnisses X 332
- Klageerwiderung bei Arbeitszeitreduzierung X 369
- Klageerwiderung bei betriebsbedingter Kündigung X 289
- Klageerwiderung bei personenbedingter Kündigung X 301
- Klageerwiderung bei verhaltensbedingter Kündigung X 309
- Kostenerstattungspflicht des Arbeitgebers gegenüber Betriebsräten X 591
- Kündigungsschutzklage (außerordentliche und ggf. hilfsweise ordentliche Kündigung) X 277
- Kündigungsschutzklage (ordentliche Kündigung) X 252
- Nichtzulassungsbeschwerde, Divergenzbeschwerde X 513
- Nichtzulassungsbeschwerde, Einlegung X 497
- Nichtzulassungsbeschwerde, Grundsatzbeschwerde X 505
- Nichtzulassungsbeschwerde, Rechtsbeschwerde X 697
- Nichtzulassungsbeschwerde, Verfahrensbeschwerde X 521
- Rechtsbeschwerde, Beantwortung X 686
- Rechtsbeschwerde, Begründung X 676
- Rechtsbeschwerde, Einlegung X 671
- Revision, Anschlussrevision X 480
- Revision, Beantwortung X 478
- Revision, Begründung X 465
- Revision, Einlegung X 457
- Revision, Sprungrevision X 487
- sofortige Beschwerde gegen Vorabentscheidung über Rechtsweg X 235
- Stufenklage X 350
- Tatbestandsberichtigungsantrag X 244
- Terminsvollmacht X 124
- Unterlassungsanträge, § 23 Abs. 3 BetrVG X 530
- Zustimmungsersetzungsanträge nach § 99 BetrVG X 545
- Zustimmungsersetzungsverfahren, § 103 BetrVG X 605

Muster, Aufsichtsratswahl W 676
- Abstimmung (Art der Wahl), Bekanntmachung Gesamtwahlergebnis W 235
- Abstimmung (Art der Wahl), Briefwahlunterlagen W 217
- Abstimmung (Art der Wahl), Niederschrift Betriebswahlergebnis W 222
- Abstimmung (Art der Wahl), Niederschrift Gesamtwahlergebnis W 226
- Abstimmung (Art der Wahl), Stimmzettel W 209
- Abstimmungsausschreiben (Art der Wahl) W 197
- Abstimmungsniederschrift (für den Wahlvorschlag der leitenden Angestellten) W 436
- Abstimmungsvorschlag (für den Wahlvorschlag der leitenden Angestellten) W 405
- Beauftragung eines Betriebswahlvorstandes mit der Wahrnehmung der Aufgaben eines anderen Betriebswahlvorstandes W 132

Stichwortverzeichnis

- Bekanntmachung Abstimmungsergebnis (für den Wahlvorschlag der leitenden Angestellten) W 446
- Bekanntmachung Abstimmungsverfahren über die Art der Wahl W 183
- Bekanntmachung Betriebswahlergebnis W 562
- Bekanntmachung Bildung der Wahlvorstände und Auslegung der Wählerlisten W 171
- Bekanntmachung des Unternehmens W 78
- Bekanntmachung Gesamtwahlergebnis W 588
- Bekanntmachung Gesamtwahlergebnis (Delegiertenwahl) W 762
- Bekanntmachung über das Nichtstattfinden des Wahlgangs der leitenden Angestellten W 393
- Bekanntmachung über die Einreichung von Wahlvorschlägen W 257
- Bekanntmachung über Nichtstattfinden des Wahlganges W 296
- Bekanntmachung, Abstimmungsverfahren (Wahlvorschlag leitende Angestellten) W 347
- Bekanntmachung, Abstimmungsvorschläge W 411
- Bekanntmachung, Nachfrist zur Einreichung von Abstimmungsvorschlägen (für den Wahlvorschlag der leitenden Angestellten) W 380
- Bekanntmachung, Nachfrist zur Einreichung von Wahlvorschlägen W 276
- Bekanntmachung, Nachfrist zur Einreichung von Wahlvorschlägen (Wahl der Delegierten) W 668
- Bekanntmachung, Wahlvorschläge W 326
- Benachrichtigung der gewählten Arbeitnehmervertreter W 603, 764
- Beschluss zur Beauftragung eines Betriebswahlvorstandes mit der Wahrnehmung der Aufgaben eines anderen Betriebswahlvorstandes W 127
- Bildung der Wahlvorstände W 111
- Briefwahlunterlagen W 540
- Briefwahlunterlagen (Wahl der Delegierten) W 709
- Briefwahlunterlagen (für den Wahlvorschlag der leitenden Angestellten) W 423
- Bundesanzeiger, Bekanntmachung des Wahlergebnisses W 611
- Bundesanzeiger, Bekanntmachung des Wahlergebnisses (Delegiertenwahl) W 766
- Delegiertenliste W 737
- Delegiertenwahl (Wahl der Delegierten) W 723
- Delegiertenwahl (Wahl der Delegierten) Benachrichtigung der gewählten Delegierten W 731
- Delegiertenwahl (Wahl der Delegierten) Niederschrift Wahlergebnis W 713
- Einladung zur Delegiertenversammlung W 744
- Mitteilung über Nichtstattfinden einer Delegiertenwahl W 640
- Mitteilung über Stattfinden einer Delegiertenwahl W 618
- Muster, Bekanntmachung Wahlvorschläge (Wahl der Delegierten) W 690
- Niederschrift W 760
- Niederschrift Betriebswahlergebnis W 548
- Niederschrift, Gesamtwahlergebnis W 573
- Statusverfahren, Antrag auf gerichtliche Entscheidung W 46
- Statusverfahren, Bekanntmachung W 24
- Statusverfahren, Beschwerde gegen die Entscheidung des Gerichts W 66
- Stimmzettel (Delegiertenwahl) W 758
- Stimmzettel für die Wahl der Delegierten W 700
- Stimmzettel für Listenwahl W 529
- Stimmzettel für Persönlichkeitswahl W 517
- Wahlausschreiben nach dem DrittelbG W 489
- Wahlausschreiben nach dem MitbestG W 465
- Wahlausschreiben, Delegiertenwahl (Wahl der Delegierten) W 651
- Wählerliste/Arbeitsliste W 142
- Wahlvorschlag (Wahl der Delegierten) W 682
- Wahlvorschlag für Arbeitnehmervertreter W 310

Mutterschutz
- Compliance T 19 ff.
- Kündigungsverbot K 241 ff.
- Sozialplan O 879
- Zustimmungsantrag, Ermessen K 255
- Zustimmungsantrag, Voraussetzungen K 261 f.

Nachtarbeit
- Manteltarifvertrag S 46

Nachteilsausgleich O 827

Nachverfahren
- Angriffs- und Verteidigungsmittel Y 103
- Anwaltsgebühren Y 112
- Ausführung der Rechte Y 107
- Einleitung Y 110
- Klageantrag Y 110 f.
- Muster Y 108
- Widerklage Y 114

Nachwirkung
- Manteltarifvertrag S 71

Namensliste
- Arbeitnehmer beim Unternehmenskauf V 11
- Kurzarbeit O 341
- Transferkurzarbeitergeld O 836, 848, 851

Nebenbetrieb
- Feststellungsantrag, Betriebsratswahl O 74 ff.

Nebenpflicht, nachvertragliche
- Betriebs- und Geschäftsgeheimnis C 12
- Mitteilung anderweitigen Erwerbs C 152 ff.
- Rückgabe von Arbeitsmitteln C 203 ff.
- Wettbewerbsverbot C 119 ff.

Nebenpflicht, vertragliche
- Anzeige einer Nebentätigkeit C 22 ff.
- Arbeitnehmererfindungen C 70 ff.
- Betriebs- und Geschäftsgeheimnis C 1 ff.
- E-Mail-Nutzung C 52 ff.
- Internet-Nutzung C 52 ff.
- Verpflichtung auf das Datengeheimnis C 35 ff.

Stichwortverzeichnis

Nebenpflichten
- Betriebsvereinbarung O 154 f.

Nebentätigkeit
- Ablehnung/Untersagung C 29 ff.
- Änderungen Q 106
- Anzeige C 22 ff.
- Anzeigepflicht Q 101 ff.
- Arbeitsvertrag B 37
- Auflagen Q 104
- Beeinträchtigung Arbeitgeberinteressen Q 110
- Begriff Q 97
- Betriebsvereinbarung O 176 ff.
- Bewerberfragebogen A 163 f.
- Firmentarifvertrag S 79
- Genehmigungspflicht C 28
- Karenzentschädigung C 159
- Konkurrenzverbot Q 109
- Manteltarifvertrag S 41
- Muster einer Anzeige C 25
- Muster zur Ablehnung/Untersagung C 31
- Personalrat Q 94
- Sabbatjahr O 411
- Teilzeitbeschäftigung E 85
- Untersagung Q 107 ff.
- Versagungsantrag Q 94 ff.
- Verstoß gegen Anzeige oder Ablehnung C 34
- Widerrufsvorbehalt C 32

Neueinstellung E 28

Neutralität
- Mediator Z 40, 57, 76, 93, 118

Nichtgewerkschaftsmitglied
- Beschäftigungssicherungstarifvertrag S 124
- Bezugnahmeklausel S 109, 113
- Tarifsozialplan S 186
- Ungleichbehandlung mit Gewerkschaftsmitglied S 223

Nichtstattfinden eines Wahlgangs in einem Betrieb (Wahl der Delegierten) W 676

Nichtzulassungsbeschwerde
- absolute Revisionsgründe X 520
- Anwaltszwang X 503, 701
- Anwendungsbereich X 494 ff.
- Begründung X 700
- Begründung der Divergenzbeschwerde X 516
- Begründung der Grundsatzbeschwerde X 508 f.
- Begründung der Verfahrensbeschwerde X 524
- Begründung der Verletzung des rechtlichen Gehörs X 526
- Begründungsfrist X 502
- Divergenzbeschwerde X 512 ff.
- Form X 503
- Frist X 698
- Fristen bei Divergenzbeschwerde X 514
- Fristen bei Grundsatzbeschwerde X 506
- Fristen bei Verfahrensbeschwerde X 522
- Grundsatzbeschwerde X 504 ff.
- juristische Person X 499
- Klärungsbedürftigkeit der Rechtsfrage X 509 f.
- Muster, Divergenzbeschwerde X 513
- Muster, Einlegung X 497
- Muster, Grundsatzbeschwerde X 505
- Muster, Rechtsbeschwerde X 697
- Muster, Verfahrensbeschwerde X 521
- Notfrist X 496, 498
- Rechtsbeschwerde, § 92a ArbGG X 697
- Revisionsbegründungsfrist X 466
- Verfahrensbeschwerde X 520 ff.
- Verletzung des rechtlichen Gehörs X 520

Noten
- Zeugnis, qualifiziertes K 334

Notfrist
- Fristversäumnis X 197 ff.

Nutzungsrecht
- Arbeitnehmererfindung C 81 ff.

Obhutspflichten
- Betriebsvereinbarung O 204

Offenbarungspflicht
- Bewerbungsgespräch A 109

Öffentlicher Dienst
- Anforderungsprofil A 27; Q 50
- Bewerbungsgespräch bei Schwerbehinderung A 130
- Personalauswahl, dienstliche Beurteilung Q 58
- Protokoll des Bewerbungsgesprächs A 98
- Schwerbehinderte Q 55
- schwerbehinderte Bewerber A 74

Öffnungsklausel
- Arbeitszeit S 243
- Krisenzeit S 32
- Kurzarbeit S 239
- Muster S 243
- Tarifvertrag S 242 ff.
- Vergütung S 231
- Verschwiegenheitspflicht C 13
- Zweck S 242

Ombudsmann
- Compliance Verstoß T 52

Ordentliche Gerichtsbarkeit
- Abgrenzung zum Arbeitsgerichtsverfahren Y 2
- Anwendbarkeit von materiellem Arbeitsrecht Y 9
- Gerichtsstand Y 12
- Güteverhandlung Y 31
- Klage im Urkundenprozess Y 88 ff.
- Klageerwiderung Y 70 ff.
- Klagefrist Y 14
- Kosten Y 28
- Muster, Klage auf Feststellung der Unwirksamkeit der Kündigung eines Geschäftsführerdienstvertrages Y 6
- Muster, Klage auf Feststellung der Unwirksamkeit der Kündigung eines Vorstandsanstellungsvertrages Y 45
- Muster, Klage im Urkundenprozess Y 90

- Muster, Klageerwiderung und Begründung der Kündigung Y 71
- Muster, Vertretungs-Verteidigungsanzeige mit Verweisungsantrag Y 57
- nicht weisungsgebundene Organmitglieder Y 8
- Organmitglieder von Kapitalgesellschaften Y 4
- schriftliches Vorverfahren Y 32
- sofortiges Anerkenntnis Y 64 ff.
- Streitwert Y 20
- Urkundenbeweis Y 36
- Verfahren vor dem Landgericht, 1. Instanz Y 4 ff.
- Versäumnisurteil Y 33
- Vertretungs-/Verteidigungsanzeige mit Verweisung an die Kammer für Handelssachen Y 56 ff.
- Vollstreckungsschutzantrag Y 30
- vorläufige Vollstreckbarkeit Y 29
- Zuständigkeit des Landgerichts Y 11

Ordentliche Gerichtsbarkeit, Berufung
- Adressierung Y 140 f.
- Angriffs- und Verteidigungsmittel Y 133 ff., 177
- Anschlussberufung Y 180 ff.
- Anwaltszwang Y 145, 155
- Aufbau der Begründungsschrift Y 170 ff.
- Begründung Y 157 ff.
- Begründungsfrist Y 152, 159
- Berufungserwiderung Y 188 ff.
- Berufungsschrift Y 136 ff.
- Datum der Urteilszustellung Y 149
- Einlegungsfrist Y 143 f.
- erforderliche Angaben Y 147 f.
- Muster Y 138
- Muster, Begründung Y 158
- Muster, Erwiderung Y 189
- Revision Y 166
- Statthaftigkeit Y 139
- Umfang der Anfechtung Y 163 ff.
- Urteilsabschrift Y 153
- Zurückweisung Y 136

Ordnung, betriebliche
- Verstoß J 2

Ordnungsgeld
- Androhung bei Unterlassungsantrag X 534

Ordnungsverhalten
- Betriebsvereinbarung O 150

Organinnenhaftung M 361 ff.
- Ausgleichs-/Erledigungsklauseln M 364
- Außenhaftung M 375
- Deckungsvergleich M 367 ff.
- D&O-Versicherung M 365
- Freistellungsanspruch M 373
- Haftungsvergleich M 367 f.
- Innenregress M 374
- mehrere Vorstandsmitglieder M 377
- Muster, Vergleichsvereinbarung Haftungsansprüche M 366
- Schadensersatz M 362

Organmitglied
- Arbeitnehmereigenschaft Y 7
- Betriebspachtvertrag V 515
- Rechtsweg Y 4

Organpersonen
- Garantieanpassung L 160
- Leistungszusage L 152 ff.
- Rentenzusage, Abfindungsklausel L 158
- Rentenzusage, Berechnungsbeispiel bei Abweichen von gesetzlicher Regelung L 156

Organvertrag
- Geschäftsführer-Anstellungsvertrag M 1 ff.

Paralleltarifvertrag siehe Anerkennungstarifvertrag

Parkplatz
- Betriebsvereinbarung O 209 ff.

Parteimitgliedschaft
- Bewerberfragebogen A 173

Parteivernehmung
- Urkundenprozess Y 97

Pauschalhonorar X 38

Pauschalvergütung
- Nutzungsrechte, Führungsposition B 152

Pausen
- Arbeitszeit, flexible O 251

Pensionsanspruch
- Geschäftsführer, Aufhebungsvereinbarung M 134

Pensionsrückstellungen
- steuerliche Anerkennung L 158

Pensionsvereinbarung M 223 ff.
- Anwartschaft, unverfallbare M 233 f.
- Defined Benefits/Defined Contributions M 224
- Herabsetzung M 237
- Invalidität M 230 f.
- Muster M 227
- Renteneintrittsalter M 229
- Spätehe M 240
- Vergütung M 225 f.
- Waisenversorgung M 242
- Widerruf M 239
- Wiederheirat M 241

Personalakte
- Abmahnung, Entfernung J 21 f., 28 f.
- Arbeitszeitreduzierung E 112
- Compliance Verstoß T 109
- Einsichtsrecht Q 54; S 81

Personalarbeit
- Internationalisierung H 1 ff.

Personalärztlicher Dienst
- Gesundheitsprognose, Personalrat Q 156

Personalauswahl
- Anforderungsprofil Q 50
- Beschränkung S 218

Personalentscheidung
- vorläufige Durchführung X 541
- Zustimmungsersetzung X 539 ff.

2037

Stichwortverzeichnis

Personalfragebogen
- Alter **A** 181
- Anbahnung eines Arbeitsverhältnisses **A** 138 ff.
- Behinderung **A** 188
- Betriebsvereinbarung **A** 141, 179
- Bewerber-/Einstellungsfragebogen **A** 138 ff.
- Erkrankungen **A** 188
- Familienstand **A** 182
- Gewerkschaftszugehörigkeit **A** 189
- Mitbestimmung **A** 141
- Musterfragebogen **A** 180
- Musterfragebogen im Bewerbungsverfahren **A** 142
- nach Einstellung **A** 179 ff.
- Religionszugehörigkeit **A** 184
- Schwerbehinderteneigenschaft **A** 186 f.
- Vernichtungsanspruch **A** 123

Personalrabatt
- Unternehmenskaufvertrag **V** 126 f.

Personalrat
- Abordnung **Q** 78 ff.
- Anhörung, Kündigungsschutzverfahren **Q** 143
- Antrag auf Zustimmung zu einer Versetzung **Q** 63 ff.
- Auswahlentscheidung **Q** 18
- Befristung **Q** 6 ff.
- Beteiligung, Kündigung wegen Krankheit **Q** 142 ff.
- Bewertung des Bewerbers **Q** 51 ff.
- Dienstvereinbarung **Q** 167 ff.
- Eingruppierung **Q** 19 f.
- Erörterung beabsichtigter Kündigung **Q** 135 ff.
- Höhergruppierung, Zeitpunkt **Q** 34
- Integrationsvereinbarung **Q** 172 ff.
- Interessenvertretung **Q** 2
- Kontrollfunktion **Q** 16
- Landesrecht **Q** 3
- Mitbestimmung bei Eingruppierung **Q** 35
- Mitbestimmung, Zuweisung eines neuen Arbeitsplatzes **Q** 72 ff.
- Mitwirkungsverfahren, Vertretung **Q** 140
- Muster, Beteiligung bei krankheitsbedingter Kündigung **Q** 145
- Muster, korrigierende, rückwirkende Höhergruppierung **Q** 30
- Muster, Zustimmung zur Übertragung einer höherwertigen Tätigkeit **Q** 43
- Nebentätigkeit **Q** 94
- Neueinstellung, Befristung **Q** 9 f.
- Personalakte **Q** 54
- rechtliche Vorschriften **Q** 2
- rückwirkende Höhergruppierung **Q** 26 ff.
- Schwerbehinderung, Kündigung **Q** 151 f.
- Stellenausschreibung **Q** 47 f.
- Stellungnahme zu beabsichtigter Kündigung **Q** 137
- Unterrichtung **Q** 12, 21 ff.
- verhaltensbedingte Kündigung **Q** 117 ff.
- Versetzung **Q** 66 ff.
- Vertretung **Q** 8
- wirksame Beteiligung **Q** 5
- Zustimmung zur Übertragung einer höherwertigen Tätigkeit **Q** 42 ff.

Personalvermittlungsgesellschaften
- AÜG, Konzernprivileg **I** 84

Personalvertretungsrecht Q 1 ff.

Personenbezogene Daten *siehe Daten, personenbezogene*

Persönliche Anforderungen
- Anforderungsprofil **A** 41 ff.

Persönliches Erscheinen
- Arbeitsgerichtsverfahren **X** 137 f.

Persönlichkeitsschutz
- Compliance **T** 12 ff.

Persönlichkeitstest
- Mustereinwilligung zur Teilnahme im Bewerbungsverfahren **A** 228 ff.

Persönlichkeitswahl
- Stimmzettel **W** 517

Persönlichkeitswahl, Aufsichtsratswahl
- Begriff **W** 460 f.
- Betriebswahlergebnis, Niederschrift **W** 550 ff., 557 f.
- Gesamtwahlergebnis, Niederschrift **W** 576 ff., 583 f.
- Stimmzettel **W** 514 ff., 518 ff.

Pflege von Angehörigen
- Bewerbungsgespräch **A** 111

Pflegezeit
- akut auftretende Pflegesituation **G** 96
- Ankündigungsfrist **G** 116, 125
- Anspruch **K** 242
- Arbeitnehmerüberlassung **I** 8
- Aufstockungsbetrag **G** 143 ff.
- Aufteilung **G** 113
- betriebliche Voraussetzungen **G** 91, 107 f.
- Dauer **G** 119, 128
- Entgeltfortzahlung **G** 99 ff.
- Ersatzmitarbeiter **G** 92
- Familienpflegezeit **G** 140 ff.; *siehe auch dort*
- Freistellung **G** 89, 105 ff.
- häusliche Pflege **G** 111
- Kündigung **G** 92
- Kündigungsverbot **K** 249
- kurzzeitige Arbeitsverhinderung **G** 89 ff.
- Leistungsverweigerungsrecht **G** 94 ff.
- Muster, Antrag auf Pflegezeitverlängerung **G** 133
- Muster, Antrag auf teilweise Freistellung **G** 124
- Muster, Antrag auf vollständige Freistellung **G** 114
- Muster, Vereinbarung über die Inanspruchnahme von Pflegezeit **G** 137
- Nachweis der Pflegebedürftigkeit **G** 117
- naher Angehöriger **G** 95, 109
- Pflegebedürftigkeit **G** 97, 110

- Schriftform des Antrags G 121, 130
- Sonderkündigungsschutz K 230, 242
- teilweise Freistellung G 122 ff.
- Vereinbarung über teilweise Freistellung G 136 ff.
- Verlängerung G 131, 138
- Verlängerungsgrund G 135
- Verteilung der Arbeitszeit G 123, 129
- wiederholte Inanspruchnahme G 113
- Zeitpunkt des Verlängerungsantrags G 134
- zinsloses Darlehen G 3
- Zustimmungsantrag, besonderer Fall K 258 f.

Pflichten, kollektivrechtliche
- Verletzung J 9

Politische Betätigung
- Betriebsvereinbarung O 153

Präambel
- Betriebsvereinbarung O 145

Präklusionswirkung
- Entlassung M 139

Praktikum
- Abgrenzung Berufsausbildung/Arbeitsverhältnis F 43
- Arbeitszeit F 49
- Ausbildungszweck F 45
- Dauer F 44, 46
- Muster, Praktikantenvertrag F 42
- Probezeit F 47
- Rechtsgrundlage F 41
- Urlaub F 51
- Vergütung F 50

Prämie
- Erkennbarkeit des Wahlrechts O 966
- Frist O 965
- Höhe bei Betriebsänderung O 964
- Muster, Betriebsvereinbarung »Turboprämie« O 959
- Sachleistung O 967
- Stichtagsklausel J 120
- Tarifsozialplan S 197
- Verzicht auf Kündigungsschutzklage O 958, 960 ff.

Privatgegenstand
- Betriebsvereinbarung O 204

Privatnutzung
- Arbeitsmittel bei Telearbeit O 313 f.
- betriebliche Kommunikationseinrichtungen O 446
- Untersagung bei betrieblichen Kommunikationseinrichtungen O 468
- zeitliche Beschränkung O 487

Probearbeitsverhältnis
- Befristung zur Erprobung E 134 ff.
- Erreichen des Erprobungszwecks E 136
- Kündigung E 134, 138
- Mitteilung des Bestehens der Probezeit E 140 ff.
- Muster, Befristung zur Erprobung E 135
- Muster, Mitteilung des Bestehens der Probezeit E 141
- Muster, Verlängerung der Probezeit E 144
- Schriftform E 139
- Verlängerung der Probezeit E 134, 143 ff.
- Zeitpunkt für Verlängerung E 147

Probezeit
- Arbeitsvertrag, Führungskraft B 139
- Befristung B 17
- Berufsausbildung F 12
- Firmentarifvertrag S 77
- Heimarbeit F 140
- Kündigung J 5
- Kündigung des Ausbildungsverhältnisses F 27
- Kündigungsfrist S 256 ff.
- Praktikum F 47
- Volontariatsvertrag F 75
- Werkstudentenvertrag F 59

Profiling O 926, 946

Prokura
- Compliance Verstoß T 114
- Gesellschafterbeschluss M 60
- Stellenbeschreibung A 16
- Umwandlung V 387

Protokoll
- Berichtigungsverfahren X 238 ff.
- Beweiskraft X 236
- Muster, Berichtigungsantrag X 237

Protokoll des Bewerbungsgesprächs
- Absprachen A 112
- allgemeine Angaben A 100
- Anfechtung des Arbeitsvertrages A 109
- Anforderungsprofil A 102 f.
- Aufbewahrung A 118
- diskriminierungsfreie Entscheidung A 110
- erste Bewertung A 113
- Fragen/Antworten A 108
- Gesprächsverlauf A 105
- Mitbestimmung A 107
- Musterprotokoll A 99
- Qualifikationen A 104
- Rückmeldung A 112
- Stellenbezeichnung A 101
- Unterschrift A 117
- Zweck A 96 f.

Provision
- Außendienstmitarbeiter F 156 ff.
- Handelsvertreter N 32 ff.

Prozessarbeitsverhältnis
- auflösende Bedingung E 64
- freiwillige Weiterbeschäftigung E 59 ff.
- gerichtlich erzwungen E 59 ff.
- Muster zur Vermeidung der Zwangsvollstreckung E 62
- Muster, vertragliches ~ E 61
- Schriftform E 68
- Zweckbefristung E 65

Prozessbevollmächtigter siehe Rechtsanwalt

Stichwortverzeichnis

Prozessförderung
- Kündigungsschutzklage X 260

Prozesskostenhilfe
- Beweisaufnahme X 165
- Erfolgsaussichten X 148 ff.
- Erfolgshonorar X 60
- Erklärung über die persönlichen und wirtschaftlichen Verhältnisse X 158 ff.
- juristische Person X 161
- Musterantrag X 151
- Mutwilligkeit X 166

Prüfung
- Berufsausbildung F 10 ff.

Publikumsverkehr
- Videoüberwachung O 522

Qualifikation
- Anforderungsprofil A 31 f.
- Ausschreibung A 73
- Bewerberfragebogen A 156 ff.
- Protokoll des Bewerbungsgesprächs A 104

Quotierungsverfahren
- Unverfallbarkeitsmitteilung L 258 ff.
- Unverfallbarkeitsmitteilung Direktversicherung L 281 f.
- Unverfallbarkeitsmitteilung, Besitzstandsregelung L 271

Rabatt O 736 ff.

Rahmenvereinbarung, Befristung
- Arbeitszeit E 11
- Geltungsdauer E 9
- Gestaltungsmöglichkeiten E 1 ff.
- Mustervereinbarung E 5
- Parteibezeichnung E 6 f.
- Sachgrund E 9 f.
- Schriftform E 12

Rauchverbot
- Betriebsvereinbarung O 202 f.

Rechnungslegung
- Stufenklage X 346 ff.

Rechtliches Gehör
- Verfahrensbeschwerde X 520 ff.

Rechtsanwalt
- Beiordnung X 148
- Berufung X 415
- Beschwerde X 640
- Bestellungsschriftsatz X 131 ff.
- Mandatsniederlegung X 169 ff.
- Nichtzulassungsbeschwerde X 503
- Ombudsmann T 52
- Rechtsbeschwerde X 674
- Sprungrevision X 493
- Terminsvollmacht X 123 ff.
- verantwortlicher Sachbearbeiter X 144
- Zurückweisung X 130

Rechtsbeschwerde
- Anschlussrechtsbeschwerde X 689 ff.
- Anwaltszwang X 674, 684
- Beantwortung X 685 ff.
- Begründung X 675
- Begründung bei Anschließung X 694
- Begründungsfrist X 677
- Einlegung X 668 ff.
- Einlegungsfrist X 672
- Frist bei Anschließung X 691
- Gesetzesverstoß X 683
- Muster, Anschlussrechtsbeschwerde X 690
- Muster, Antragstellung X 679 ff.
- Muster, Beantwortung X 686
- Muster, Begründung X 676
- Muster, Einlegung X 671
- Muster, Nichtzulassungsbeschwerde X 697
- Nichtzulassungsbeschwerde X 697
- Sprungrechtsbeschwerde X 702 f.
- Statthaftigkeit X 668

Rechtsmittel
- Arbeitsgerichtsverfahren X 4
- einstweiliger Rechtsschutz X 786 ff.
- Gegenstandswertfestsetzung X 223 ff.
- Vorabentscheidung über Rechtsweg X 234 f.

Rechtsschutzversicherung *siehe auch Deckungsanfrage*
- Abrechnung außergerichtliche Tätigkeit X 99 ff.
- Abrechnung gerichtliche Tätigkeit X 109 ff.
- Einigungsgebühr X 103
- Gegenstandswert X 104 f.
- gerichtlicher Vergleich X 114 f.
- Geschäftsgebühr X 102, 107
- Muster, Abrechnung außergerichtliche Tätigkeit X 100
- Muster, Abrechnung gerichtliche Tätigkeit X 110
- Muster, Deckungsanfrage X 90
- Streitwert X 111 ff.
- Terminsgebühr X 117
- Verfahrensgebühr X 116
- Versicherungsschutz X 87 ff.
- Weiterbeschäftigung X 106.1
- Zwischenzeugnis X 106

Rechtsverletzung
- Berufung X 432

Rechtsweg
- Beschwerde gegen Vorabentscheidung X 234 f.
- Verweisungsantrag X 231 ff.

Rechtswidrige Versetzung
- Annahmeverzug J 68.1
- Arbeitsverweigerung J 68.1
- Duldungspflicht J 68.1

Regelaltersgrenze L 34

Regelungsabrede, Mitbestimmung O 135

Registeranmeldung *siehe Handelsregisteranmeldung*

Reisekosten *siehe auch Fahrtkosten*
- Kfz, dienstliche Nutzung B 261
- Vergütungsvereinbarung X 43 f.

Reisezeit
- Firmentarifvertrag S 88

Religionszugehörigkeit
- Bewerberfragebogen A 172
- Personalfragebogen A 184

Remanenzkosten O 928

Rente
- Ausschluss, Sozialplanleistungen O 867, 887
- Betriebsrentner bei Unternehmenskauf V 64
- Tarifsozialplan S 188
- Verschmelzung V 200

Rentenbescheid
- Leistungsvoraussetzung L 52

Rentenversicherung
- freie Mitarbeit N 10
- geringfügige Beschäftigung E 70, 75

Rentenzusage L 97 ff.
- als Leistungszusage L 106 ff.
- bei Organpersonen *siehe dort*
- Kürzungen L 134 ff.
- Wiederverheiratungsklausel L 140

Residenzpflicht
- Vorstands-Dienstvertrag M 171

Revision
- Anschlussrevision X 479 ff.
- Beantwortung X 477 f.
- Begründung X 464
- Begründungsfrist X 462, 466
- Einlegung X 455 ff.
- Einlegungsfrist X 458
- Form X 463
- Frist für Anschlussrevision X 481
- Instanzenzug X 455 f.
- materiell-rechtliche Rügen X 474 f.
- Muster, Anschlussrevision X 480
- Muster, Beantwortung X 478
- Muster, Begründung X 465, 470 ff.
- Muster, Divergenzbeschwerde X 513
- Muster, Einlegung X 457
- Muster, Grundsatzbeschwerde X 505
- Muster, Nichtzulassungsbeschwerde X 497
- Muster, Sprungrevision X 487
- Muster, Verfahrensbeschwerde X 521
- Nichtzulassungsbeschwerde *siehe dort*
- ordentliche Gerichtsbarkeit, Berufung Y 166
- Sprungrevision X 485 ff.
- Unterschrift X 463
- Verfahrensrügen X 474 f.
- Vorlage des angefochtenen Urteils X 461

Revisionsklausel S 116

Riester
- Entgeltumwandlung L 223, 237

Rom I-VO
- Entsendung H 43

Rückdeckung
- bei Rentenzusage L 201

Rückdeckungsversicherung L 142; *siehe auch Verpfändung; Verpfändungsversicherung*

- Betriebsvermögen L 202 ff.
- Verpfändung L 185 ff.
- Verpfändung, Alternative L 187
- Verpfändung, BGH L 186
- Verpfändung, Handelsbilanz L 189
- versicherte Person L 195
- Versicherungsnehmer L 195

Rückgabeaufforderung K 354 ff.
- schriftliche Fixierung K 359

Rückruf-/Kündigungsklausel
- Entsendung H 31 ff.

Rücksendung
- Bewerbungsunterlagen A 193 ff.

Rücksichtnahmepflicht
- Betriebsvereinbarung O 174 f.

Rücktritt
- Wettbewerbsverbot C 196 ff.

Rückzahlungsklausel
- Firmentarifvertrag S 85 f.

Rückzahlungsverpflichtung
- Bindungsdauer F 85, 91 f.
- Form F 97
- Fortbildung F 82 ff.
- Kosten F 88 ff.
- Kündigung F 90 ff.
- nicht abgeschlossene Bildungsmaßnahme F 96

Rufbereitschaft
- Arbeitszeit, flexible O 252
- Freistellungstage O 261
- Vergütung O 237 f.

Ruhensvereinbarung
- Entsendung H 52

Ruhezeit
- Compliance T 17

Sabbatical J 55
- Ablehnung O 434
- Ansparphase O 399
- Anspruch O 430
- Antragsfrist für Betriebsvereinbarung O 432
- Antragsverfahren O 431
- Arbeitsunfähigkeit O 418 ff.
- Betriebsratswahl O 412
- Betriebszugehörigkeit O 412
- Freistellung O 394 f., 410
- Kündigung O 439 f.
- Langzeiturlaub O 385
- Mitbestimmung O 390
- Muster O 391
- Muster, Alternativklausel bei Wertguthabenrendite O 409
- Nebentätigkeit O 411
- persönlicher Geltungsbereich O 392
- Sozialversicherung O 388 f., 401 f., 416
- Teilzeitbeschäftigung O 396 ff.
- Überstunden O 398
- Urlaub O 425 ff.
- Vertragsänderungen O 437

Stichwortverzeichnis

- Vertragsform O 435
- vorzeitige Beendigung O 436
- Wertguthaben O 401 ff.; *siehe auch dort*
- Wettbewerbsverbot O 411

Sabbatical-Vereinbarung
- Anspar-/Freistellungsphase E 164 f., 169 ff.
- Arbeitszeitmodell E 164
- Insolvenzschutz E 172
- Muster E 165
- Rechtsanspruch E 167
- Sozialversicherungspflicht E 168
- Vergütung E 164
- Verzinsung E 174

Sachbezüge
- Geschäftsführer M 19
- Job-Ticket O 735

Sachgrundbefristung E 9 f., 13 ff.
- Manteltarifvertrag S 42

Salvatorische Klausel
- Betriebsvereinbarung O 226

Sanktion
- Compliance Verstoß T 97 ff.
- Mediationsverfahren Z 45
- Nutzungsverstoß bei betrieblicher Kommunikationseinrichtung O 508
- Verstoß gegen die betriebliche Ordnung J 3

Schadensersatz
- Amnestieangebot, Compliance Verstoß T 75
- Amnestievereinbarung, Compliance Verstoß T 88 ff.
- Einigungsstellenvorsitzender O 1014
- Herausgabe von Arbeitsmitteln C 211
- Kündigung, außerordentliche K 27, 62
- Organmitglieder M 362
- Privatnutzung von Internet und E-Mail C 63 ff.
- unterbliebene Zielvereinbarung trotz Bonussystems O 681 ff.
- Unterrichtung nach Betriebsübergang V 56
- Verletzung der Verschwiegenheitspflicht C 19 ff.
- Verletzung des Datengeheimnisses C 48

Schadensersatzklage
- Anschlussberufung Y 181 f.
- Antrag Y 125 ff.
- Entlastung des Geschäftsführers Y 131
- gegen einen Geschäftsführer Y 120 ff.
- Klageerwiderung Y 128 ff.
- Muster, Klage gegen Geschäftsführer Y 121
- Streitverkündung Y 127
- Verjährungsfrist Y 130
- Verjährungshemmung Y 127
- Vertreter der Gesellschaft Y 122
- Widerklage Y 123

Schattengehalt
- Entsendung H 60 ff.

Scheinselbständigkeit
- Beratervertrag N 16 ff.
- Compliance T 10 f.
- freie Mitarbeit N 1 ff.
- Handelsvertreter N 26

Schichtdienst
- Bewerberfragebogen A 155

Schlechterstellungsverbot *siehe Equal Pay/Treatment*

Schleßmann K 325

Schlichtung
- Beschwerde Q 299 ff.
- Integrationsvereinbarung Q 216

Schlichtungsstelle
- Tarifvertrag S 164 ff.

Schlichtungsverfahren
- Besetzung des Ausschusses F 38
- Kosten F 40
- Kündigung des Ausbildungsverhältnisses F 34 ff.
- Mediationsverfahren Z 23
- Muster, Anrufung des Schlichtungsausschusses bei Berufsausbildung F 35
- Tarifvertrag S 148 ff.

Schlussformel
- Zeugnis, qualifiziertes K 339
- Zwischenzeugnis K 351

Schriftform
- Arbeitsvertrag S 76
- Auftragsdatenverarbeitung U 1–36
- BAG, doppelte Schriftformklausel H 42
- doppelte Schriftformklausel B 55 f.
- Klausel bei Beratervertrag N 21
- Klausel bei Handelsvertretervertrag N 43
- Klausel bei Maklervertrag N 52
- Kündigung (durch Arbeitnehmer) K 3
- Sozialplan O 903
- Versetzungsänderungskündigung J 88
- Wettbewerbsverbot C 151
- Wirksamkeit, doppelte Schriftformklausel H 71
- Zeugnis K 311

Schulung
- Vergütungsfortzahlung X 592

Schulungskosten
- Anspruchsberechtigter X 592
- Erforderlichkeit X 597 ff.
- Muster zur Kostenerstattung X 591

Schutzschrift
- Anwendungsbereich X 746
- Arbeitgeber gegen Beschäftigungsverfügung X 746 ff.
- Begründung X 749 f.
- örtliche Zuständigkeit X 748
- Unterlassungsverfügung wegen Betriebsänderung X 782 ff.

Schwangerschaft
- Anfechtung K 301
- Anfechtung des Arbeitsverhältnisses A 2
- Aufhebungs-/Abwicklungsvertrag K 197
- Beseitigung der Kündigungssperre Y 211
- Bewerbungsgespräch A 111
- Kündigung K 10, 37
- Sonderkündigungsschutz K 227

– Verpflichtungsklage auf Zulässigerklärung der Kündigung Y 205 ff.
Schweigepflicht
– Einstellungsuntersuchung A 217
Schweigepflichtentbindung J 53.3
Schwellenwert
– Massenentlassungen, Zeitpunkt der Überprüfung K 271
Schwerbehindertenvertretung
– Bewerbung, Integrationsvereinbarung Q 193 ff.
– Erörterungspflicht bei Absage A 136 f.
– Integrationsvereinbarung Q 172 ff.
– Zustimmungskündigung K 221
Schwerbehinderung
– Anfechtung des Arbeitsverhältnisses A 2
– Anfechtung des Bescheides wegen Zustimmung zur Kündigung Y 196 ff.
– Anfechtung, arglistige Täuschung K 297 ff.
– Arbeitnehmervertretung A 136 f.
– Arbeitsassistenz Q 213
– Aufhebungsvertrag K 153
– Ausschluss von Sozialplanleistungen O 867
– Ausschreibung A 74
– Auswahlrichtlinie O 757
– Berufserfahrung A 133
– Besonderheiten des Bewerbungsverfahrens A 129
– Betriebsvereinbarung O 186
– Bewerberfragebogen A 147 ff.
– Bewerbungsgespräch A 110
– Compliance T 23 ff.
– Erörterungspflicht mit Schwerbehindertenvertretung A 136 f.
– Gleichbehandlung X 400
– Integrationsvereinbarung Q 184
– krankheitsbedingte Kündigung, Interessenabwägung Q 161
– Kündigung K 202 ff.; *siehe auch Zustimmungsantrag*
– Kündigung, Personalrat Q 151 f.
– Kündigungsfrist K 217
– Muster eines Absageschreibens A 128
– Personalfragebogen A 186 f.
– Pflichtquote für Arbeitgeber K 215
– Regelungsoptionen Integrationsvereinbarung Q 185 ff.
– Rücksichtnahme im öffentlichen Dienst Q 55
– Sonderkündigungsschutz, »SGB IX K 202 ff.
– Sozialplan O 882
– Tarifsozialplan S 194
– Teilzeit Q 214 f.
– Telearbeit O 293
– Unterrichtspflichten bei Absage A 130 ff.
– Wiedereingliederung E 157
– Zustimmungsantrag »SGB IX K 204
Scientology-Mitgliedschaft
– Bewerberfragebogen A 176

Service Agreement
– Gerichtsstandvereinbarung M 36
– Geschäftsführer-Dienstvertrag, englische Fassung M 34
– Nationalität M 33
– Sprache M 32
Share Deal *siehe Unternehmensübernahme*
Sicherheitsbeauftragter
– Anzahl O 600
– Arbeits- und Gesundheitsschutz O 598 ff.
– Aufgaben O 603
– Bestellung O 601
– Fortbildung O 606
– Mindestbeschäftigtenzahl O 599
SMART-Formel O 689
SMS
– Kündigung K 3
Sofortige Beschwerde
– Anwendungsbereich X 234, 787, 795
– Beschwer X 793
– Frist X 792
– Muster gemäß §§ 567 ff. ZPO X 791
– Prüfungsumfang X 794
– Suspensiv-/Devolutiveffekt X 790
– Verfahren X 789
Sofortiges Anerkenntnis Y 64 ff.
Software
– Arbeitnehmererfindung C 86
Sonderkündigungsschutz
– Änderungskündigung K 126
– nach Spezialgesetzen K 227 ff.
– nach Spezialgesetzen, Form K 234 ff.
– nach Spezialgesetzen, Rechtsfolgen K 266
– nach Spezialgesetzen, Zuständigkeit K 237 ff.
– SGB IX K 202 ff.
– Voraussetzungen K 210 ff.
– Wartezeit K 216
Sonderurlaub B 293 ff.
– AGB-Kontrolle B 298
– Gratifikationen B 299
– Muster B 295
Sonderzahlungen *siehe auch Betriebliche Übung*
– Kurzarbeit O 372
Sonderzuwendung
– Mindestlohn B 185.1
Sonn- und Feiertage
– Arbeitszeit, flexible O 245 f.
– Beschäftigungsverbot T 18
Sozialauswahl
– Alter O 753
– Änderungskündigung K 129
– Änderungsschutzklage X 320
– Anforderungsprofil A 32
– Auswahlrichtlinie O 747
– Beschäftigungsdauer S 260 f.
– Betriebsvereinbarung O 748
– Betriebszugehörigkeit O 755
– grobe Fehlerhaftigkeit O 748

Stichwortverzeichnis

- Interessenausgleich O 839
- Klageerwiderung X 296 f.
- Schwerbehinderung O 757
- Unterhaltspflicht O 756

Soziale Mächtigkeit S 117

Sozialleistungen
- Anrechnung bei Karenzentschädigung C 157

Sozialleistungen, freiwillige
- Betreuungszuschuss O 728 ff.
- Geburtsbeihilfe O 723
- Heiratsbeihilfe O 724
- Job-Ticket O 733 ff.
- Jubiläumszahlung O 716 ff.; *siehe auch dort*
- Mitbestimmung O 704 ff.
- Muster O 707
- Nachwirkung der Betriebsvereinbarung O 743
- Sterbegeld O 725 ff.
- Überlassen von Wirtschaftsgütern O 736 ff.
- vermögenswirksame Leistungen O 709

Sozialplan
- Abfindung O 876 ff.
- Ablehnung einer Weiterbeschäftigung O 884
- Änderung O 900
- Anpassung O 856
- Anwendungsbereich O 864
- Arbeitnehmer mit Kindern O 881
- Aufhebungsvertrag O 870
- Ausnahmen vom personellen Geltungsbereich O 866 ff., 874 f.
- Begrenzung der Abfindungshöhe O 883
- Behinderung O 882
- Betriebsvereinbarung O 858
- Betriebszugehörigkeitsdauer O 878
- Entstehung/Fälligkeit der Ansprüche O 896
- erhöhte Fahrtkosten O 885
- Ermessen O 860
- Erzwingbarkeit O 852 ff.
- Härtefonds O 894
- Interessenausgleich O 844, 852
- Kündigung durch Arbeitnehmer O 868 f.
- Muster O 857
- Muster, Härtefonds O 894
- Mutterschutz-/Elternzeiten O 879 f.
- nach Insolvenzeröffnung O 855
- personen-/verhaltensbedingte Kündigungen O 871
- Plankündigung O 901
- Rente O 887
- Schriftform O 903
- Stichtagsklausel O 865
- Tarifvertrag S 180 ff.; *siehe auch Tarifsozialplan*
- Teilzeitbeschäftigte O 880
- Transfergesellschaft O 889 ff.
- Umzugskosten O 885
- Versetzung J 70
- Verzicht auf Kündigungsschutzklage O 961 ff.
- Wiedereinstellungszusagen O 899
- zumutbares Arbeitsplatzangebot O 872 f.
- zusätzliche Betriebsvereinbarung *siehe Prämie*
- Zuständigkeit O 859
- Zwischenzeugnis O 898

Sozialversicherung
- Altersversorgung, betriebliche L 77
- Arbeitnehmerüberlassung I 60
- Arbeitsverhältnis mit Auslandsbezug H 2
- Beiträge aus Wertguthaben O 416
- Beitragsverjährung bei Arbeitnehmerüberlassung I 61
- Direktversicherung L 183
- Entsendung H 16
- freie Mitarbeit N 8 f.
- Geburts-/Heiratsbeihilfe O 723 f.
- geringfügige Beschäftigung E 70
- Job-Ticket O 734
- Sabbatical O 388 f.
- Sabbatical-Vereinbarung E 168
- Territorialitätsprinzips H 27
- Transfergesellschaft O 943
- Transferkurzarbeitergeld O 930
- Werkstudentenvertrag F 61
- Wertguthaben bei Sabbatjahr O 401 f.

Sozietät
- Haftungsbegrenzung X 70
- Vergütungsvereinbarung X 40

Spaltungs- und Übernahmevertrag *siehe auch Aufspaltung; Abspaltung; Ausgliederung*
- Eingliederung eines Betriebs V 309
- Kündigungen V 351
- Muster, Unterrichtung der Arbeitnehmer V 316
- Muster, Unterrichtung des Betriebsrats V 308
- Muster, Unterrichtung Wirtschaftsausschuss V 302
- Muster, Verzicht auf Widerspruchsrecht V 373
- Muster, Widerspruch gegen Übergang des Arbeitsverhältnisses V 361
- Muster, Zuleitung an den Betriebsrat V 296
- Rechte/Pflichten Arbeitsverhältnisse V 312
- Rechtzeitigkeit der Betriebsrats-Unterrichtung V 310
- Spaltungsformen V 270 f.
- Unterrichtung der Arbeitnehmer V 312 ff.; *siehe auch Arbeitnehmerunterrichtung, Spaltung*
- Unterrichtung des Betriebsrats V 307 ff.
- Unterrichtung des Wirtschaftsausschusses V 301 ff.
- Widerspruchsrecht der Arbeitnehmer V 353
- Zuleitung an den Betriebsrat V 295

Spamfilter
- betriebliche Kommunikationseinrichtungen O 473 ff.

Spannensicherungsklausel
- Muster S 224, 227

Spartentarifvertrag *siehe Tarifvertrag, Spartenbetriebsräte*

Stichwortverzeichnis

Sperrzeit
- Abfindung K 83
- Aufhebungsvertrag K 148
- Kündigung K 13

Sprache
- Auslandsbezug H 3
- Zeugnis K 312

Sprachkenntnisse
- Anforderungsprofil A 38 f.
- betriebsinterne Ausschreibung A 66
- Bewerberfragebogen A 166 f.

Sprinterprämie O 933, 953

Sprungrechtsbeschwerde X 702 f.

Sprungrevision
- Anwaltszwang X 493
- Frist X 488
- Muster X 487
- Statthaftigkeit X 485
- Zulassungsbeschluss X 490
- Zustimmungserklärung des Gegners X 485 ff., 491

Staatsangehörigkeit
- Bewerberfragebogen A 146

Stabsmitarbeiter
- Zuordnung V 13 ff.

Standardarbeitsvertrag *siehe auch Arbeitsvertrag*
- Dienstwohnung B 266 ff.
- englische Fassung B 62 f.
- Führungsposition *siehe Arbeitsvertrag, Führungskraft*
- geringfügiges Beschäftigungsverhältnis *siehe dort*
- Grundvergütung B 172 ff.; *siehe auch Vergütung*
- Kfz, dienstliche Nutzung B 258 ff.
- Tantiemenvereinbarung B 228
- Tarifbezug *siehe Arbeitsvertrag, Tarifbezug*

Standardvertragsklauseln
- Auftragsdatenverarbeitung U 18
- BYOD (Bring your own device) U 32

Statusverfahren W 16 ff.
- Antrag auf gerichtliche Entscheidung W 42 ff.
- Antragsberechtigte W 49 ff.
- Anwaltszwang W 53, 71
- Begriff W 18
- Bekanntmachung W 22 ff.
- Beschwerde W 64 ff.
- Beschwerde, Beschluss W 72 ff.
- Beschwerde, zuständiges Gericht W 67
- Beschwerdebefugnis W 70
- Beschwerdefrist W 68
- Einleitung W 19
- Formwechsel V 400
- Frist für gerichtlichen Antrag W 61 ff.
- Muster, Antrag auf gerichtliche Entscheidung W 46
- Muster, Bekanntmachung W 24
- Muster, Beschwerde gegen die Entscheidung des Gerichts W 66

- Rechtsformen, betroffene W 20 f.
- Rechtsgrundlagen W 44 ff.
- Streitwert W 57
- Verfahren W 16 ff.
- zuständiges Gericht W 48
- Zuständiges Gericht W 67
- Zweck W 16 ff.

Stellenbeschreibung
- Abgrenzung zum Anforderungsprofil A 26
- Aktualisierung A 22
- Änderung A 25
- Anfertigungspflicht A 8
- Aufgaben A 19
- Ausschreibung A 61 f.
- Berechtigung/Vollmachten A 16
- betriebsbedingte Kündigung A 3
- Bewerberfragebogen A 143
- Einbeziehung in den Arbeitsvertrag A 23
- Erläuterungen A 8 ff.
- Führungsspanne A 15
- Hierarchieebene A 11
- Inhalt A 6
- Mitbestimmung A 9
- Muster A 7
- Stellenbezeichnung A 10
- tarifliche Beschäftigung A 8
- Tätigkeit A 20 ff.
- Übertragung von Unternehmerpflichten A 16
- Unterschrift A 23
- Verantwortlichkeiten A 19
- Vergütungs-/Entgeltgruppe A 12
- Vertretungsregelungen A 14
- Vorgesetzter A 13

Stellenbezeichnung
- Arbeitsvertrag A 10
- Bewerberfragebogen A 143
- Geschlechtsneutralität A 52 ff.
- Protokoll des Bewerbungsgesprächs A 101
- Veränderung A 10

Sterbegeld O 725 ff.

Steuerrecht
- Altersversorgung, betriebliche L 77
- Arbeitnehmerüberlassung I 59
- Arbeitsverhältnis mit Auslandsbezug H 2
- Aufhebungsvertrag K 154
- Auslagenersatz, Vorstandsmitglied M 194 f.
- Dienstwagen, Vorstandsmitglied M 189 f.
- Direktversicherung L 177 ff.
- Entsendung H 37 ff.
- Entsendungsvertrag H 9
- freie Mitarbeit N 8
- geringfügige Beschäftigung E 70
- Kapitalzusage L 15
- private Nutzung des Dienstwagens M 22
- Wertkonto bei Sabbatjahr O 415

Stichtag
- Unternehmenskaufvertrag V 9 ff.
- Verschmelzungsvertrag V 186

Stichwortverzeichnis

Stichtagsklausel O 865
– Sonderzahlungen B 181 f.
Stimmabgabe
– nachträgliche bei Betriebsratswahl O 70
Stimmauszählung
– Delegiertenwahl W 752
– Wahlausschreiben O 71 f.
Stock-Options
– Vorstands-Dienstvertrag M 181
Störung des Betriebsfriedens
– Entfernung des Arbeitnehmers X 615 ff.
– Erheblichkeit X 626 f.
– Fristen X 617
– Verhältnismäßigkeit des Entfernungsverlangens X 621, 627
Streitverkündung
– Schadensersatzklage gegen Geschäftsführer Y 127
Streitwert *siehe auch Gegenstandswert*
– gerichtliche Tätigkeit in Arbeitssachen X 111 ff.
Strohmann
– Wettbewerbsverbot C 139
Stufenklage
– Klageantrag X 345 f.
– Muster X 350
– Verjährung/Verfall von Ansprüchen X 347
Subjektive Determination Q 128

Take-over *siehe Übernahme börsennotierter Aktiengesellschaft*
Tantieme
– AG-Vorstand M 20
– Aufhebungsvereinbarung M 302
– Begriff B 226
– Freiwilligkeitsvorbehalt J 110
– Garantie- M 185
– Jahresüberschuss B 229 f.
– Unterrichtungsschreiben, Unternehmenskauf V 129
– Zielfestlegung M 184 f.
Tantiemenvereinbarung
– Mindesttantieme B 231
– Synallagma B 233
– variable Vergütung B 226 ff.
Tarifänderungen 2014 Q 38
Tarifbindung
– -bezug B 65
Tarifkonkurrenz S 106 ff.
Tarifrecht
– Mitbestimmung O 137
– Volontariatsvertrag F 70
Tarifsozialplan
– Abfindung S 190 ff.
– Altersdifferenzierungen S 196
– Anrechnung der Sozialplanabfindung S 201
– Anwendungsbereich S 180
– behinderte Menschen S 194
– Geltungsbereich S 185 f.

– Gestaltungsfreiheit S 181
– Härtefonds S 202
– Muster S 182
– Renteneintritt S 188
– salvatorische Klausel S 203
– Stichtag S 184
– Transfermaßnahmen S 198
– verhaltensbedingte Kündigung S 187
– Verzicht auf Kündigungsschutzklage S 197
– Weiterbeschäftigung S 189
– Zeugnis S 199 f.
– Zweck S 183
Tarifvertrag
– Abgrenzung Kollektivvereinbarung S 208 f.
– abweichende Regelungen S 123
– Anerkennungstarifvertrag S 110 ff.; *siehe auch dort*
– Anwachsung V 478
– Arbeitnehmerüberlassungsvertrag I 37
– Arbeitnehmerunterrichtung, Betriebsführungsvertrag V 656 f.
– Arbeitnehmerunterrichtung, Betriebspacht V 558
– Arbeitnehmerunterrichtung, Spaltungsvertrag V 338
– Arbeitnehmerunterrichtung, Unternehmenskauf V 90 ff.
– Arbeitnehmerunterrichtung, Verschmelzung V 248
– Arbeitskampf S 151 ff.
– Aufspaltungs- und Übernahmevertrag V 276
– Beschäftigungssicherungstarifvertrag S 120 ff.; *siehe auch dort*
– Eingruppierung durch Stellenbeschreibung A 8
– Entgelttarifvertrag S 6 ff.; *siehe auch dort*
– Firmentarifvertrag S 73 ff.; *siehe auch dort*
– Friedenspflicht während der Laufzeit S 152
– gemeinsame Einrichtung S 137 ff.; *siehe auch Tarifvertrag, gemeinsame Einrichtung*
– Inhalt S 2
– Inhaltskontrolle S 90
– Job-Sharing F 109
– Leiharbeitsverhältnis I 117 f.
– Manteltarifvertrag S 37 ff.; *siehe auch dort*
– Nichtgewerkschaftsmitglied S 109
– Parteien S 1
– Scheitern von Verhandlungen S 151
– Schlichtungsverfahren *siehe Tarifvertrag, Schlichtungsverfahren*
– soziale Mächtigkeit S 117
– Tariffähigkeit S 208
– Tarifkonkurrenz S 106 ff.
– Verbandstarifvertrag S 3
– Verschmelzung V 197
– Werkstudentenvertrag F 69
– Wirkung S 209
Tarifvertrag, Arbeitnehmervertretung
– Ausgestaltungsfreiheit P 58

Stichwortverzeichnis

- Freistellung P 72
- Geltungsbereich P 59
- Mitgliederzahl P 66 ff.
- Muster P 53
- Schwerbehinderten-/Jugend- u. Auszubildendenvertretung P 70
- Übergangsmandat P 76 ff.
- unternehmensübergreifend P 63 ff.
- Vertretungsgremium P 61
- Wahl P 74 ff.
- Zustandekommen P 54 ff.

Tarifvertrag, Arbeitsgemeinschaft
- Aufgaben P 97
- Budget P 98
- Funktion P 91
- Geltungsbereich P 90
- Geltungsdauer P 100
- Mitgliederzahl P 92 ff.
- Muster P 85
- Schriftform P 102
- Voraussetzung P 88 f.

Tarifvertrag, besondere Klauseln
- Arbeitszeitverlängerung S 247 ff.
- befristete Arbeitsverhältnisse S 281 ff.
- Besetzungsregelung S 213 ff.
- Besitzstandsklausel S 219 ff.
- Differenzierungsklausel S 223 ff.
- Einführung von Kurzarbeit S 235 ff.
- Entgeltfortzahlung S 273 ff.
- Mindestschutzniveau der Arbeitnehmer S 212
- Öffnungsklausel S 242 ff.
- Revisionsklausel S 116
- Spannensicherungsklausel S 223 ff.
- Urlaubsanspruch S 262 ff.
- Variabilisierung von Entgeltbestandteilen S 229 ff.
- Veränderung der Kündigungsfristen S 254 ff.

Tarifvertrag, Einrichtung einer tariflichen Schlichtungsstelle
- Anwendungsbereich S 164
- Beschlussfassung S 174
- Besetzung S 168
- Ersetzung der Einigungsstelle S 166
- erzwingbare Mitbestimmung S 171 ff.
- Gerichtskontrolle S 179
- Kosten S 178
- Muster S 165
- Schlichtungsspruch S 175 ff.
- Verfahrensregelungen S 171
- Vorsitzender S 170
- Zuständigkeit S 167

Tarifvertrag, gemeinsame Einrichtung
- Anwendungsbereich S 137
- Errichtungszweck S 141 f.
- Finanzierung der Einrichtung S 143 f.
- gemeinsame Einrichtung S 139 f.
- Muster S 138
- Qualifizierung der Arbeitnehmer S 147

- Wahrnehmung von Rechten und Pflichten S 146

Tarifvertrag, Schlichtungsverfahren
- Anwendungsbereich S 148, 150 f.
- Beschlussfähigkeit S 157
- Besetzung der Schlichtungsstelle S 156
- Friedenspflicht S 163
- Grad der Verbindlichkeit S 155
- Muster S 149
- nachträgliche Annahme des Schlichtungsspruchs S 161
- Schlichtungsspruch S 159
- Verfahrensdauer S 158
- Wirkungen S 155

Tarifvertrag, Spartenbetriebsräte
- Aufnahme weiterer Betriebe/-teile P 49
- Freistellung P 37
- Muster P 29
- neben Betriebsrat P 35 f.
- Schriftform P 51
- Schwerbehinderten-/Jugend- u. Auszubildendenvertretung P 39
- Übergangsmandat P 45 ff.
- unternehmensübergreifend P 40
- Unterschied Gesamtbetriebsrat P 30
- Voraussetzung P 32
- Wahl P 43 ff.
- Zuständigkeiten P 44

Tarifvertrag, unternehmenseinheitlicher Betriebsrat P 3 ff.
- Betriebsvereinbarung P 5
- Ersetzungsfunktion P 11
- Freistellung P 13
- Geltungsbereich P 10
- Mitgliederzahl P 12
- Muster P 4
- Schriftform P 27
- Schwerbehinderten-/Jugend- u. Auszubildendenvertretung P 15
- Tarifpartner P 6
- Übergangsmandat P 21 ff.
- Vorteile P 16 ff.
- Wahl P 19 ff.
- Zulässigkeit P 7

Tarifvertrag, zusätzliche Vertretung
- Aufgaben P 118 ff.
- Budget P 122
- Innenverhältnis zum Betriebsrat P 121
- Kündigungsschutz P 116
- Mitgliederzahl P 110 f.
- Muster P 104
- Schriftform P 125
- Voraussetzung eines Betriebsrats P 107
- Wahl P 113 f.
- Zuständigkeit P 112

Tarifvertragsreform
- öffentlicher Dienst Q 27

2047

Stichwortverzeichnis

Tatbestand
- Berichtigungsantrag X 241 ff.
- Berichtigungsverfahren X 245 f.

Tätigkeit
- Heimarbeit F 141
- Stellenbeschreibung A 20 ff.

Tätigkeit, wirtschaftliche
- AÜG I 3

Tätigkeitsbeschreibung
- Geschäftsführer-Anstellungsvertrag M 11

Tätigkeitsumfang
- Vorstandsmitglied M 168 f.

Tätigkeitsverbot
- Vorstandsmitglied M 165 f.

Teilzeit L 68.1

Teilzeit- und Befristungsgesetz
- Leiharbeitsverhältnis, EuGH I 126

Teilzeitbeschäftigung
- Ablehnung des Reduzierungsantrags E 102 ff.
- Ablehnung des Verlängerungsantrags E 121 ff.
- Altersversorgung, betriebliche L 24, 73
- Änderungsvertrag E 127 f.
- Antrag auf Arbeitszeitreduzierung E 87 ff.
- Antragsfrist E 90 f.
- Arbeitszeit E 77, 81
- Ausschreibung, extern A 77
- Begriff E 76
- betriebsinterne Ausschreibung A 56 f.
- entgegenstehende betriebliche Gründe E 95
- Firmentarifvertrag S 95
- geringfügige Beschäftigung E 69 ff.
- Gleichbehandlung E 78
- Klage auf Feststellung der Arbeitszeitreduzierung X 360 ff.
- Klage auf Gleichbehandlung X 374 ff.
- Klage auf Zustimmung zur Arbeitszeitreduzierung X 352 ff.
- Kleinbetriebsklausel E 89
- Mehrarbeit E 82
- Muster, Ablehnung Arbeitszeitverlängerung E 122
- Muster, Antrag auf Arbeitszeitreduzierung E 88
- Muster, Antrag auf Arbeitszeitverlängerung E 115
- Muster, Klage auf Gleichbehandlung X 375
- Muster, Mitteilung bei verspäteter Antragstellung E 98
- Mustervertrag E 79
- Nebentätigkeit E 85
- Rechtsgrundlage E 76
- Sabbatical O 396 ff.
- Sozialplan O 880
- Stattgeben des Arbeitszeitreduzierungsantrags E 108 ff.
- Urlaubstage E 84
- Verlängerung der Arbeitszeit E 114 ff.
- verspätete Antragstellung E 97
- vorrübergehende, betriebliches Eingliederungsmanagement Q 259
- Wiedereingliederung E 158

Telearbeit
- Anspruchsausschluss O 282
- Arbeits- und Gesundheitsschutz O 303 ff.
- Arbeitsmittel C 101 f., 117 f.
- Arbeitsschutzrecht C 95
- Arbeitszeit C 96 ff.
- Arbeitszeitrahmen O 296 f.
- Aufwendungsersatz O 306 ff.
- Beendigung O 326 ff.
- Beendigungsvorbehalt O 295
- Begriff C 90; O 271 f., 279
- Betriebsvereinbarung O 270 ff.
- Bewerbungsverfahren O 288 ff.
- Datenschutz O 315 ff.
- Ergänzung des Arbeitsvertrags O 280, 286
- fachliche/persönliche Voraussetzungen O 284
- Fahrtkosten C 106; O 310 ff.
- Fahrtzeit C 97
- Fahrzeiten O 299
- Geltungsbereich O 278
- Haftung O 322
- Kosten des Arbeitsplatzes O 285
- Kündigung C 112 ff.
- Mietwohnung C 93 f., 104
- Mitbestimmung O 275
- Muster O 276
- Muster einer Zusatzvereinbarung C 92
- Musterklausel bei Aufwendungsersatz C 105
- Musterklausel bei elektronischer Zeiterfassung C 100
- Musterklausel zur Befristung C 111
- Schwerbehinderung O 293
- Überstunden O 298
- Versetzung O 292
- Zeiterfassung C 99 ff.; O 300 ff.
- Zugangsrecht des Arbeitgebers C 107 ff.
- Zutrittsrecht O 319 ff.

Telefax
- arbeitsrechtliches Mandat X 25
- Kündigung K 3

Telefon
- Datenerfassung O 492 ff.
- Kennzeichnung der Privatnutzung O 488
- Kostenbeteiligung O 490
- Nutzung *siehe* Kommunikationseinrichtung, betriebliche
- Privatnutzung der betrieblichen Anlage O 486 ff.

Telekommunikation
- Telearbeit C 103

Termin
- Verlegungsantrag X 131 ff.
- Verlegungsbegründung X 140 ff.
- Vollmacht X 123 ff.

Stichwortverzeichnis

Territorialitätsprinzips
- Entsendung H 27

Transfergesellschaft
- Arbeitsbedingungen O 945
- Aufhebungsvertrag O 939 ff.
- Finanzierung O 927 f.
- Kurzarbeit Null O 947 ff.
- Laufzeit des Arbeitsvertrags O 952
- Profiling O 946
- Rechtsform O 912
- Sicherheitsleistung O 934
- Sozialabgaben O 943
- Sozialplan O 889 ff.
- Sprinterprämie O 933, 953
- Transferleistungsvertrag O 907
- Überleitung des Arbeitnehmers O 936 ff.
- Vorteile für Arbeitgeber/-nehmer O 908 f.
- Wechselprämie O 933, 955
- Zertifizierung O 925

Transferkurzarbeitergeld
- Anspruchsvoraussetzungen O 906
- Anzeigepflicht O 922 f.
- Aufstockung O 929
- Beratung durch Bundesagentur für Arbeit O 914
- Betriebsänderung O 913
- Bezugsdauer O 916 f.
- Informations-/Aufzeichnungspflicht O 924
- Maßnahmen zur Verbesserung der Eingliederungsaussichten O 919 f.
- Profiling O 926
- Sozialversicherungsbeitrag O 930
- Urlaub O 931 f.

Transferleistung
- Anwendungsbereich O 904
- betriebsorganisatorisch eigenständige Einheit O 912
- Kurzarbeitergeld O 906
- Muster, dreiseitiger Vertrag zur Überleitung eines Arbeitnehmers in Transfergesellschaft O 937
- Muster, Transferleistungsvertrag mit Transfergesellschaft O 910
- Qualifizierungsangebote O 919
- rechtliche Einordnung des Vertrages O 911
- Tarifsozialplan S 198
- Vertragsparteien O 907

Trennungstheorie M 99, 148

Treuepflicht
- nachvertragliches Wettbewerbsverbot C 119

Turboprämie O 958 ff.

Überbrückungsgeld
- Vorstands-Dienstvertrag M 211, 223

Übergabeprotokoll
- Kündigung bei Compliance Verstoß T 115 f.
- Zustellung einer Kündigung durch Boten, Muster K 98

Übergang des Arbeitsverhältnisses
- Arbeitnehmerunterrichtung *siehe dort*

Übergangsmandat
- Unternehmensteilverkauf V 45

Übernachtungskosten
- Vorstellungsgespräch A 88

Übernahme börsennotierter Aktiengesellschaft
- Muster, Stellungnahme Vorstand Zielgesellschaft V 433
- Muster, Übernahmeangebot V 426
- öffentliches Übernahmeangebot V 425 ff.
- Stellungnahme Vorstand Zielgesellschaft V 432 ff.
- Transparenz V 424

Übernahmeangebot
- Absichten, Arbeitnehmer V 429
- Absichten, Zielgesellschaft V 428
- Angaben der Bieterin V 427
- Angebotsunterlage V 425
- Arbeitgeberwechsel V 430
- Einschätzung des Vorstands V 435 ff.
- Muster V 426
- Stellungnahme des Vorstands V 435 ff.
- weitere Auswirkungen V 430
- Weiterleitung V 433

Übernahmevertrag
- Aufspaltung und Übernahme V 271 ff.

Überprüfung
- Arbeitsschutzmaßnahmen O 570

Überstunden
- Arbeitszeit, flexible O 253 ff.
- Außendienstmitarbeiter F 157 ff.
- Betriebsvereinbarung O 163 f.
- Firmentarifvertrag S 89 ff.
- Kurzarbeit O 378 f.
- Manteltarifvertrag S 47 ff.
- Mindestlohn B 25, 178
- Pauschalierungsabrede B 179
- Sabbatical O 398
- Telearbeit O 298
- Vergütung B 27, 142, 178
- Vergütung bei Anordnung O 263 f.
- Zeitausgleich O 264 f.

Übertrag
- Urlaubsanspruch J 130

Überzahlungen
- Betriebsvereinbarung O 175

Umgruppierung
- Auswahlrichtlinie O 745 ff.

Umschulung
- Berufsausbildung F 1

Umwandlung
- Muster, Umwandlungsbeschluss V 381
- Muster, Verschmelzungsvertrag V 181
- Personen- in Kapitalgesellschaft V 400
- Rechtsgrundlagen V 383
- Spaltung V 270 ff.; *siehe auch dort*
- Verschmelzung V 180 ff.; *siehe auch dort*

2049

Stichwortverzeichnis

Umwandlungsbeschluss
- Beurkundung V 382
- Folgen für Arbeitnehmer V 388
- Geschäftsführer V 386
- Inhalt V 385
- Mitbestimmungsstatut V 389
- Muster V 381
- Muster, Zuleitung an den Betriebsrat V 392
- Prokura V 387
- Unterrichtung des Wirtschaftsausschusses V 395 ff.
- Versammlung der Anteilseigner V 384
- Zuleitung an Betriebsrat V 391 ff.

Umzugskosten
- Muster B 279
- Rückforderung B 280
- Sozialplan O 885
- Standardarbeitsvertrag B 276 ff.

Unfallverhütungsvorschriften O 573 f.

Unterhaltspflicht
- Auswahlrichtlinie O 756

Unterlagen
- Rückgabe nach Beendigung des Arbeitsverhältnisses C 203 ff.

Unterlassen
- Abmahnung J 9

Unterlassungsanspruch
- Betriebsrat bei Betriebsänderung X 774 ff.
- Offenbarung/Verwertung von Betriebsgeheimnissen O 821

Unterlassungsantrag
- allgemeiner, § 87 BetrVG X 536
- Androhung eines Ordnungsgeldes X 534
- Bestimmtheit des Antrags X 533
- Erkenntnis-/Vollstreckungsverfahren X 528
- grober Verstoß X 535
- Muster, § 23 Abs. 3 BetrVG X 530
- Zuständigkeit X 531
- Zuwiderhandlung des Arbeitgebers X 528

Unterlassungsverfügung
- Schutzschrift bei Betriebsänderung X 782 ff.
- Verstoß X 780

Unterlegener Bewerber *siehe Absage*

Unternehmenskaufvertrag
- Änderung der Betriebsstruktur V 108
- Auswirkungen auf Betriebsrat V 109 ff.
- Betriebsrentner V 64
- Betriebsvereinbarungen V 117 ff.
- Beurkundung V 5
- Erkundigungspflicht des Arbeitnehmers V 152
- Fortgeltung von Gesamtbetriebsvereinbarungen V 132 ff.
- Freistellungs-/Entschädigungsregelung V 28
- Garantien für Arbeitsverhältnisse V 29
- gekündigte Arbeitnehmer V 63
- Gesamtschuld bei Arbeitnehmerunterrichtung V 52
- Geschäftsführung bis zum Stichtag V 26 f.
- Gewährung von Boni/Tantiemen V 129
- Haftung bei Widersprüchen V 24 f.
- Haftungsverteilung V 22, 141
- Informationsparität V 35
- Innenverhältnis V 23
- Käufer-/Verkäuferpflichten V 3 ff.
- Kaufgegenstand V 6 ff.
- Kündigung V 142 f.
- Leiharbeitnehmer V 16 f., 67 f.
- Muster V 4
- Muster, Betriebsänderung vor dem Stichtag V 27
- Muster, Unterrichtung der Arbeitnehmer V 51
- Muster, Unterrichtung des Betriebsrats V 40
- Muster, Unterrichtung Wirtschaftsausschuss V 32
- Muster, Verzicht auf Widerspruch V 174
- Muster, Widerspruch gegen Übergang des Arbeitsverhältnisses V 160
- Springer V 65
- Stichtag V 9 ff.
- Teilverkauf V 39 ff.
- Unterrichtung Betriebsrat, § 111 BetrVG V 39 ff.
- Unterrichtung der Arbeitnehmer V 18 ff., 47 ff.; *siehe auch Arbeitnehmerunterrichtung, Unternehmenskauf*
- Unterrichtung Wirtschaftsausschuss V 31 ff.
- Widerspruch des Arbeitnehmers V 20 f.
- wirtschaftliche Motivation V 36
- Zeitpunkt der Unterrichtung V 56
- Zuordnung von Arbeitnehmern V 13 ff.
- Zustimmung Arbeitnehmer V 19

Unternehmensleitung
- Compliance-Organisation T 2 ff.

Unternehmensstruktur
- projekt-/produktbezogen *siehe Tarifvertrag, Spartenbetriebsräte*

Unternehmensteilverkauf
- Interessenausgleich V 45
- Übergangsmandat V 45
- Unterrichtung Betriebsrat, § 111 BetrVG V 39 ff.

Unternehmensübernahme
- Anteilskaufvertrag V 403 ff.
- Rechte/Pflichten Arbeitsverhältnisse V 402

Unternehmenswahlvorstand *siehe Wahlvorstand*

Unternehmer
- Verletzung der Unterrichtungspflichten O 809

Unternehmerentscheidung
- Darlegungs- und Beweislast X 291 ff.

Unternehmerpflichten
- Stellenbeschreibung A 16

Unternehmerzusage
- Altersversorgung, betriebliche L 28

Unterrichtungspflicht
- Arbeitnehmer von Unternehmenskaufvertrag V 47 ff.

Stichwortverzeichnis

- Arbeitnehmer von Verschmelzung V 223 ff.
- Betriebspachtvertrag V 529 ff.
- Betriebsrat von Unternehmensteilverkauf V 39 ff.
- Betriebsrat von Verschmelzung V 218 ff.
- nichtbestehendes Widerspruchsrecht V 263
- schwerbehinderter Bewerber A 130 ff.
- Verschmelzung V 191, 205
- Wirtschaftsausschuss O 802 ff.
- Wirtschaftsausschuss von Anteilskaufvertrag V 415
- Wirtschaftsausschuss von Unternehmenskauf V 31 ff.
- Wirtschaftsausschuss von Verschmelzung V 212 ff.

Unterrichtungsschreiben
- Übergang des Arbeitsverhältnisses *siehe Arbeitnehmerunterrichtung*

Unterschrift
- Berufung X 415, 433
- Protokoll des Bewerbungsgesprächs A 117
- Revision X 463
- Stellenbeschreibung A 23
- Unterrichtungsschreiben, Unternehmenskauf V 157
- Widerspruch, Unternehmenskauf V 171

Unterstützungskasse
- Aufsichtsplicht L 12
- rückgedeckte ~, Verpfändung L 190

Unterweisungspflicht
- Arbeits- und Gesundheitsschutz O 634 ff.

Unverfallbarkeit
- Direktversicherung L 174

Unverfallbarkeitsmitteilung
- Altersleistung L 253
- feste Altersgrenze L 257
- Klassifizierung L 252
- Muster L 251
- Quotierung L 258 ff.
- Schadensersatzpflicht des Arbeitgebers L 255 f.
- vorzeitiger Versorgungsfall L 261

Unverfallbarkeitsmitteilung, beitragsorientierte Leistungszusage
- Alterskapital L 274
- gesetzliche Unverfallbarkeit L 273
- Muster L 272
- regelmäßige Mitteilung L 276

Unverfallbarkeitsmitteilung, Besitzstandsregelung
- Änderung aufgrund Betriebsvereinbarung L 267 ff.
- einvernehmliche Änderung L 266
- Muster L 263
- Quotierung L 271

Unverfallbarkeitsmitteilung, Direktversicherung mit versicherungsförmiger Lösung
- Arbeitnehmer ist Versicherungsnehmer L 284
- Besteuerung L 287
- Direktversicherung/Pensionskasse L 277 ff.
- eingeschränktes Abfindungsrecht L 290 f.
- Gruppenversicherung L 280
- Muster L 278
- Quotierungsverfahren L 281

Unverfallbarkeitsregelung
- Entgeltumwandlung L 245 ff.

Urheberrecht
- Arbeitnehmererfindung C 71 f.

Urkunde
- Handelsregisteranmeldung M 273

Urkundenbeweis
- Landgerichtsverfahren Y 36

Urkundenprozess
- Abstand nehmen Y 115 ff.
- Anerkenntnis-Vorbehaltsurteil Y 103
- Beweismittel Y 89, 95
- Klageänderung Y 91
- Klagebegründung Y 93
- Klageerwiderung Y 100 ff.
- Muster Y 90
- Muster, Abstand nehmen Y 116
- Muster, Klageerwiderung Y 101
- Muster, Nachverfahren Y 108
- Parteivernehmung Y 97
- präsente Zeugen Y 96
- Risiken Y 88
- Rügen Y 105 f.
- Unwirksamkeitsgründe der Kündigung Y 98
- Verfahrensbeschleunigung Y 88
- Vorbehaltsurteil Y 102

Urlaub J 122 ff.
- Anpassung bei Arbeitszeitveränderung E 132
- Anrechnung bei Kündigung K 44
- Antrag J 123
- Arbeitnehmerschutz S 262
- Arbeitnehmerwünsche J 125 f.
- Arbeitsunfähigkeit S 60
- Arbeitsvertrag, Tarifbezug B 83
- Außendienstmitarbeiter F 161
- Berufsausbildung F 21
- betriebliche Belange J 127
- Betriebsvereinbarung O 170 ff.
- dispositives Recht S 262
- Entsendungsvertrag H 9
- Erwerbstätigkeit O 173
- EuGH B 288
- Festlegung S 57
- finanzieller Abgeltungsanspruch S 270
- Firmentarifvertrag S 98
- Freistellung J 126
- geringfügige Beschäftigung B 116; E 74
- Geschäftsführer M 17
- gewährter, Ausgleichsquittung K 365
- Gruppenarbeitsvertrag F 126
- Heimarbeit F 143
- Job-Sharing F 107
- Krankheit J 129
- Kurzarbeit O 371 ff.

2051

Stichwortverzeichnis

- Langzeiturlaub *siehe Sabbatical*
- Manteltarifvertrag S 55, 57 ff.
- Mindest-/Mehr- B 288
- Mindestanspruch S 264
- Mindesturlaub J 130
- Mitbestimmung O 170 ff.
- Muster Antrag J 124
- Muster Bewilligung J 128
- Muster, Arbeitszeitänderung E 128
- Muster, Urlaubsanspruch S 263
- Praktikum F 51
- Sabbatical O 425 ff.; *siehe dort*
- Teilzeitbeschäftigung E 84
- Tilgungsbestimmung B 290 f.
- Transferkurzarbeitergeld O 931 f.
- Übertragungszeitraum J 130; S 267 f.
- unbezahlter B 293 ff.; *siehe auch Sonderurlaub*
- Urlaubsentgelt S 272
- Urlaubskasse, Tarifvertrag *siehe Tarifvertrag, gemeinsame Einrichtung*
- Verfall S 267 ff.
- Verfall bei Krankheit B 284
- Volontariatsvertrag F 79
- Wartezeit S 265
- Werkstudentenvertrag F 65
- Widerruf S 59
- Zeitpunkt S 266

Urlaubsgeld
- Kurzarbeit O 372

Verbraucher
- Geschäftsführer Y 24
- Vorstandsmitglied Y 49

Verbundene Unternehmen
- Wettbewerbsverbot C 144

Verbundkündigung K 5

Verdachtskündigung
- Anhörung des Betriebsrats O 783 f.
- Mitteilungspflichten Y 82 ff.
- Widerklage Y 75

Verdachtsmoment
- Videoüberwachung O 545

Vererbung
- Abfindungsanspruch K 164

Verfahrensbeschwerde X 520 ff.

Verfügungsgrund
- Begriff X 709
- Beschäftigungsanspruch X 724
- Schutzschrift bei Betriebsänderung X 785
- Weiterbeschäftigungsanspruch X 734

Vergleich
- Einstandspflicht der Rechtsschutzversicherung X 114 f.

Vergütung
- Abtretungsverbot B 44 f.
- Anrufung des Schlichtungsausschusses F 36
- Arbeitnehmererfindung C 72, 87 ff.
- Arbeitszeit, flexible O 236
- Aufhebungsvertrag K 160
- Außendienstmitarbeiter F 156 ff.
- Aussetzung von tariflichen Lohnerhöhungen S 130 f.
- Beisitzer/Vorsitzender der Einigungsstelle O 1003 f.
- Beratervertrag N 19
- Berufsausbildung F 15 f.
- Beschäftigungssicherungstarifvertrag S 125 ff.
- Bezifferbarkeit bei Geschäftsführergehalt Y 42
- Bezug von Sozialleistungen X 754
- Dienstwagen B 183
- Eingruppierungsklage X 377 ff.
- einstweiliger Rechtsschutz X 751 ff.
- Entgelttarifvertrag S 17 ff.
- Entsendung H 21 f.
- Entsendungsvertrag H 9
- Fehl-/Überzahlungen B 192
- fest/variabel B 174
- Firmentarifvertrag S 96 f.
- Flexibilisierung S 229 ff.
- Fortbildung F 87
- Fortzahlung bei Schulungsteilnahme X 592
- freie Mitarbeit N 7
- Freiwilligkeitsvorbehalt B 183 ff.
- geringfügige Beschäftigung E 74
- Grundvergütung B 173 ff.
- Gruppenarbeitsvertrag F 124
- Heimarbeit F 142
- Höhe bei einstweiligem Rechtsschutz X 754
- Höhe bei leistungsorientierter Bezahlung O 653 ff.
- Kündigung E 66
- Kündigungsschutzklage X 268
- Leistungsentgelt in Firmentarifvertrag S 93
- Mediator Z 109, 122, 126 ff., 134 ff.
- Mehrarbeit B 27
- Mindestlohn B 172 ff., 177
- monetäre Vergütung B 172 ff.
- Muster, Arbeitszeitänderung E 128
- Muster, einstweilige Verfügung auf Zahlung von Arbeitsentgelt X 752
- Muster, Grundvergütung B 175
- Öffnungsklausel S 231
- Praktikum F 50
- Provision des Handelsvertreters N 32 ff.
- Reisezeit O 241
- Sabbatical-Vereinbarung E 164
- Sondervergütung in Tarifvertrag S 24 ff.
- Sonderzuwendung B 181, 185.1
- Stellenbeschreibung A 12
- Stichtagsklausel B 182
- Überstundenregelung B 178
- Urlaub B 283 f.; S 272
- variable Bestandteile O 640 ff.; *siehe auch Bonussystem; Zielvereinbarung*
- vermögenswirksame Leistung B 180; O 712
- Verschwiegenheit B 193 f.

- Volontariatsvertrag F 78
- Vorstands-Dienstvertrag M 149
- Werkstudentenvertrag F 63
- Widerrufsvorbehalt B 183 ff.
- Wiedereingliederung E 162
- Zeitvergütung B 177

Vergütung, variable
- Aktienoptionsprogramm D 4
- kurzfristiger Bonusplan D 51 ff.
- Langfristiger Bonusplan D 31
- Sachbezug B 234 ff.
- Tantiemenvereinbarung B 226 ff.; *siehe auch dort*

Vergütungsberechnung
- Vorstandsmitglied M 186 ff.

Vergütungsstruktur
- börsennotierte Unternehmen M 179

Vergütungsvereinbarung
- Erfolgshonorar X 53 ff.; *siehe auch dort*
- Fälligkeit X 45
- Form X 34
- Höhe der Vergütung X 41
- Mindesthonorar X 39
- Muster, Erfolgshonorarvereinbarung X 33, 58
- Pauschalhonorar X 38
- Reisekosten X 43 f.
- Sozietät X 40
- Trennung von Vollmacht X 35 ff.
- Umsatzsteuer X 47
- Zeiteinheit X 42
- Zeithonorar X 29 ff.; *siehe auch dort*

Verhalten
- Zeugnis, qualifiziertes K 336 f.

Verhaltensbeurteilung
- Zeugnis, qualifiziertes K 336 f.

Verhaltenspflicht
- Betriebsvereinbarung O 149 ff.

Verhältniswahl *siehe Listenwahl*

Verhandeln zur Sache Y 63

Verjährung
- Handelsvertretervertrag N 42
- Hemmung bei Mediation Z 13 f., 28
- Schadensersatzklage gegen Geschäftsführer Y 127

Verjährungsfrist
- Begrenzung im arbeitsrechtlichen Mandat X 83

Verkaufsgebiet
- Außendienstmitarbeiter F 152 f.

Verleiher
- Auswahlverschulden I 41

Vermittlervertrag
- Abgrenzung zum Handelsvertretervertrag N 49 ff.
- Muster N 50

Vermittlung, Interessenausgleich O 832

Vermittlungsprovision
- Angemessenheit, AÜG I 76
- Arbeitnehmerüberlassungsvertrag I 75
- BGH, AÜG I 79
- Staffelung, AÜG I 77 ff.

Vermögensübertragung
- Verschmelzungsvertrag V 185

Vermögensverhältnisse
- Bewerberfragebogen A 171

Vermögenswirksame Leistung B 180
- Anlageform O 713
- Begriff O 709 ff.
- Insolvenzsicherung O 714
- Rechtsgrundlagen O 709 f.

Vernichtung
- Bewerbungsunterlagen A 193 ff.
- Personalfragebogen A 123
- Protokoll des Bewerbungsgesprächs A 118

Verpfändung
- CTA, Contractual Trust Arrangement L 186
- namentliche Nennung L 194
- Rückdeckungsversicherung L 185 ff.
- Versicherungsschein L 200
- Wertpapierdepot L 186

Verpfändungsvereinbarung
- Anzeige L 217
- Betriebsrentengesetz L 209 f.
- Ehegatte L 212 f.
- Einschränkung L 207 f.
- Hinterbliebene L 211
- Kinder L 214
- Muster L 192
- Rang L 206 ff.

Versagungskatalog
- Bewerber im öffentlichen Dienst Q 51 ff.

Versäumnisurteil
- Einspruch X 186 ff.
- Fehlen der Rechtsbehelfsbelehrung X 189
- Landgerichtsverfahren Y 33
- Muster, Einspruch X 187
- Notfrist X 189

Verschmelzung
- Arbeitsverhältnisse V 195
- außerordentliches Kündigungsrecht der Arbeitnehmer V 262
- Betriebsidentität V 198
- Betriebsvereinbarung V 199
- Haftung V 200, 225
- Kettenumwandlungen V 194
- Kündigungsverbot V 201
- Mitbestimmung V 203
- Muster, Unterrichtung der Arbeitnehmer V 227
- Rente V 200
- Tarifvertrag V 197
- Unterrichtung Betriebsrat V 218 ff.
- Unterrichtung Wirtschaftsausschuss V 212 ff.
- Unterschied zur Einzelrechtsnachfolge V 225
- vertragliche Arbeitsbedingungen V 196
- Widerspruchsrecht V 261
- Wirksamkeit V 193

Stichwortverzeichnis

Verschmelzungsvertrag
- Beurkundung V 183
- Muster, Gesamtrechtsnachfolge Umwandlung V 182
- Muster, Zuleitung an den Betriebsrat V 207
- Pflichtangaben V 188 f.
- Rechtsträger V 184
- Regelungsbereich V 181
- Stichtag V 186
- Unterrichtung der Arbeitnehmer V 191, 205
- Vermögensübertragung V 185
- Zuleitung an Betriebsrat V 190, 192, 206 ff.

Verschwiegenheitspflicht
- Abmahnung bei Verletzung C 20
- Aufhebungsvertrag K 173 f.
- Betriebsrat O 815
- Betriebsvereinbarung O 188 f.
- Datengeheimnis C 50
- Eingliederungsteam Q 266
- einzelne Betriebsgeheimnisse C 14 ff.
- einzelvertragliche Erweiterung C 4
- Firmentarifvertrag S 78
- Hinweis des Arbeitgebers O 819
- Konkurrenztätigkeit B 34
- Leiharbeitsverhältnis I 123
- Mediator Z 41, 60
- Muster einer Zusatzvereinbarung C 5
- Muster, Verpflichtung O 816
- Mustervereinbarung zur nachvertraglichen Verschwiegenheitspflicht C 14 ff.
- Nachwirkungen C 1 ff., 12
- Öffnungsklausel C 13
- Rechtsgrundlage C 1 ff.; O 817
- Schadensersatz bei Verletzung C 19 ff.
- Strafbarkeit bei Verletzung C 18
- Umfang O 820
- Verletzung O 821
- Vertragsstrafe H 41
- Werkstudentenvertrag F 65

Versetzung J 56 ff.
- Abordnung Q 78
- Änderungsangebot, Frist J 97
- Änderungskündigung J 61, 79, 85 ff.
- Arbeitgeberermessen J 67 ff.
- Arbeitsplatz eines Kranken J 74
- Ausschluss J 64
- Außendienstmitarbeiter F 154
- Auswahlrichtlinie O 745 ff.
- Begriff J 56 ff., 71; Q 63
- betriebliche Gründe Q 69
- Dokumentation J 77
- einseitig angeordnete - Q 71
- Gleichbehandlung J 68
- gleichwertige Tätigkeit J 68
- Grund J 62
- Gruppenarbeitsvertrag F 120
- höherwertige Tätigkeit J 69
- Informationen für Mitbestimmung J 81 ff.
- Job-Sharing F 102
- Mitbestimmung J 71 ff., 78 ff.
- Muster, Antrag auf Zustimmung zu einer - Q 64
- Muster, Zustimmung des Betriebsrats zur - J 80
- Muster, - durch Änderungskündigung J 87
- Recht auf - J 60
- Rechtmäßigkeit J 67
- Sozialplan J 70
- Telearbeit O 292
- Umzugskosten B 277
- Vorteile der Versetzungsklausel B 16
- Werkstudent F 56
- Wirksamkeit J 63
- Zustimmungsersetzung X 602 ff.
- Zustimmungsersetzungsantrag X 550 ff., 612

Versetzungsänderungskündigung
- Inhalt J 94
- Musterformulierung J 90

Versetzungsklausel
- Angestelltenvertrag J 63
- Vorstands-Dienstvertrag M 172

Versetzungsvertrag
- englische Fassung H 74

Versicherung
- Projektversicherung X 82

Versicherungsleistung
- geschlechtsspezifisch, EuGH L 65

Versicherungsnehmer
- Direktversicherung L 163
- Rückdeckungsversicherung L 195

Versicherungspflicht
- geringfügige Beschäftigung B 129

Versicherungsprinzip
- Leistungszulage L 9 f.

Versorgungsausgleich
- neu L 83 ff.

Versorgungsempfänger
- Wechsel beim Durchführungsweg L 400 ff.

Versorgungsvereinbarung *siehe Pensionsvereinbarung*

Versorgungsversprechen
- Betriebsvereinbarung L 7
- Versorgungszusage L 26

Versorgungswerk
- Ausschluss vorzeitige Altersleistung L 39
- besser Verdienende L 63
- betriebliche Altersversorgung L 342

Versorgungszusage
- Doppelversorgung L 26
- Erhöhung L 205
- Gesellschafter-Geschäftsführer L 151
- Leistungsberechnung L 60 ff.
- Mitnahmeanspruch *siehe dort*
- neue, Garantieanpassung L 143 ff.
- Versorgungsversprechen L 26

Versorgungszusage, Übernahme L 323 ff.
- Ausgleichszahlung L 332

- Muster L 327
- Praxis L 325
- Risiken L 326
- Steuerrecht L 330

Verteidigungsanzeige Y 56 ff.

Vertragsgestaltung
- Arbeitsverhältnis mit Auslandsbezug H 6

Vertragsstrafe
- Arbeitsvertrag B 9 ff.
- Verschwiegenheitsverpflichtung H 41
- Wettbewerbsverbot C 148 f.

Vertretung
- Ausbildungsvertrag F 5
- Doppelbefristung E 52 ff.
- Geschäftsführer-Anstellungsvertrag M 12
- Job-Sharing F 103
- Nachweis durch Stellenbeschreibung A 16
- Regelungen in Stellenbeschreibung A 14

Verwaltungsgerichtsverfahren
- Abgrenzung zum Arbeitsgerichtsverfahren Y 1
- Anfechtung eines Bescheides, Kündigung eines Schwerbehinderten Y 196 ff.
- Anwendungsbereich Y 192 ff.
- Beiladung Y 202
- Klagefrist Y 200
- Klagegegner Y 201
- Klagegegner, personalvertretungsrechtliche Angelegenheiten Y 218
- Muster, Anfechtungsklage wegen Zustimmung zur Kündigung Y 199
- Muster, Antrag des Personalrats auf Feststellung der Mitbestimmungswidrigkeit Y 217
- Muster, Verpflichtungsklage Y 208
- Muster, Verpflichtungsklage ohne Widerspruchsverfahren Y 212 f.
- Verpflichtungsklage auf Zulässigerklärung der Kündigung bei Schwangerschaft Y 205 ff.
- Widerspruch Y 197, 207

Verwarnung J 35 ff.
- Abmahnung J 37
- Entfernung aus Personalakte J 40
- Kündigung J 39

Verweisungsantrag X 231 ff.
- Verhandeln zur Sache Y 63

Verzeichnis der Berufsausbildungsverhältnisse F 4

Verzicht
- Wettbewerbsverbot C 164 ff.
- Widerspruch, Betriebsführungsvertrag V 685 ff.
- Widerspruch, Betriebspachtvertrag V 589
- Widerspruch, Spaltungs- und Übernahmevertrag V 373
- Widerspruch, Unternehmenskauf V 172 ff.

Verzichtserklärung
- AGB-Kontrolle K 368

Verzug
- Fälligkeit der Geschäftsführervergütung Y 25 ff.
- Zinshöhe bei Geschäftsführerklage Y 24
- Zinshöhe bei Vorstandsanstellungsvertrag Y 49

Videoüberwachung
- Absicherung O 548
- Änderungen O 532
- Arbeitnehmerkontrolle O 513
- Auswertung der Bilddateien O 546
- automatisierte Verarbeitung O 542
- Beendigung der Betriebsvereinbarung O 556
- Beobachtungsbereich O 527 ff.
- Datenauswertung O 526
- Datengrundsätze O 515
- Datenlöschung O 550 ff.
- Datenübermittlung O 540 f.
- Datenweitergabe O 543
- Dokumentation der technischen Beschreibung O 527 f.
- Geltungsbereich O 519
- heimliche Überwachung O 531, 539
- Kenntlichmachung O 538
- Mitarbeiterinformation O 555
- Mitbestimmung O 516
- Muster O 517
- Nutzung der Daten O 526
- öffentlich zugängliche Räume O 515
- Verdachtsmomente O 545
- verdachtsunabhängige Kontrolle O 524 f.
- Verhältnismäßigkeitsprüfung O 520
- Verwertbarkeit bei fehlender Mitbestimmung O 557
- zeitlicher Umfang O 533 ff.
- Zugriffsberechtigung O 547 ff.
- Zulässigkeit O 512 f.
- Zweck O 521

Virenfilter
- betriebliche Kommunikationseinrichtungen O 473 ff.

Vollmacht
- allgemeine Prozessvollmacht X 119 ff.
- informierter Vertreter X 128
- juristische Person X 126
- Kündigung K 84 ff.
- Muster, allgemeine Prozessvollmacht X 120
- Muster, Terminsvollmacht X 124
- Schriftsatzkündigung im Prozess X 121
- Terminsvollmacht X 123 ff.
- Trennung von Vergütungsvereinbarung X 35 f.
- Vorlage X 134

Vollstreckbarkeit
- Vereinbarung bei Mediation Z 55, 104, 112, 119

Vollstreckung
- Schutzantrag Y 30
- vorläufige Vollstreckbarkeit Y 29

Vollstreckungsbescheid
- Einspruch X 202 ff.
- Muster, Antrag auf Wiedereinsetzung X 204
- Wiedereinsetzung nach Versäumung der Einspruchsfrist X 197 ff.

Stichwortverzeichnis

Volontariatsvertrag
- Arbeitszeit F 77
- Befristung F 73
- Berufsausbildung F 70
- Kündigung F 76
- Muster F 71
- Probezeit F 75
- Tarifrecht F 70
- Urlaub F 79
- Vergütung F 78

Vorbehalt
- Anteilskaufvertrag V 409

Vorbehaltsurteil
- Urkundenprozess Y 102 ff.

Vorbeschäftigungsverbot
- Bewerberfragebogen A 162

Vorgesetzter
- Stellenbeschreibung A 13

Vorsatzanfechtung
- Arbeitsvertrag K 296 ff.

Vorschlagsliste
- Betriebsratswahl O 58
- Wahlberechtigung O 61

Vorschuss
- arbeitsrechtliches Mandat X 22 ff.

Vorsitzender
- Einigungsstelle O 977 f.
- Schlichtungsstelle S 170

Vorstand
- Abberufung *siehe dort*
- Abberufungsbeschluss M 275 ff.
- Amtszeit, Aufsichtsratsbeschluss M 254 ff.
- Aufhebungsvereinbarung M 297 ff.
- Aufhebungsvereinbarung, Muster M 298
- Geschäftsordnung *siehe Geschäftsordnung, Vorstand*
- Stellungnahme bei Übernahme börsennotierter Aktiengesellschaft V 432 ff.
- Trennungstheorie, Abberufung M 278

Vorstands-Anstellungsvertrag
- Klagefrist bei Kündigung Y 46
- Muster, Feststellungsklage bei Unwirksamkeit der Kündigung Y 45
- Unwirksamkeit der Kündigung Y 44 ff.
- Verzugszinsen Y 49
- wichtiger Kündigungsgrund Y 52 ff.

Vorstands-Dienstvertrag M 148 ff.
- Abfindung M 208
- Abfindung, Überbrückungsgeld M 211
- Abfindungs-Cap M 209
- allgemeiner Gerichtsstand M 221
- Anspruch auf Abschluss M 150
- Arbeitgeber M 154
- Aufsichtsrat M 157 f.
- Aufsichtsratsfunktion M 167
- Auskunftspflicht M 173
- Bestellungszeitraum M 159
- Betriebs-/Geschäftsgeheimnisse M 170
- Cap M 179
- Change-of-Control-Klausel M 207, 212
- Datenschutzklausel M 219
- Deutsche Corporate Governance Kodex (DCGK) M 164
- Dienstwagen M 189 f.
- D&O-Versicherung M 192
- Drittanstellungsvertrag M 151
- Erfolgsziel M 182
- erstattungsfähige Kosten M 194 f.
- Folgen bei Beendigung M 174
- Form M 156
- Gegenstand M 149
- Geschäftsbesorgungsvertrag M 153
- Gesundheit M 201
- Haftung M 192
- Inhaltskontrolle, AGB M 155
- Jahresbonus M 183
- Jahresvergütung M 210
- Kopplungsklausel M 206
- Krankheit M 197
- Mannesmannklausel M 191
- Muster M 152
- nachvertragliches Wettbewerbsverbot M 213 ff.
- Rentenzusage für Hinterbliebene M 200
- Residenzpflicht M 171
- Schiedsvereinbarung M 222
- Selbstbehalt bei Schadensersatz M 193
- Tantieme-Ziel M 184 f.
- Tätigkeits-/Wettbewerbsverbot M 165 f.
- Tätigkeitsumfang M 168 f.
- Trennungstheorie M 148
- Urlaub M 196
- Vergütung M 149
- Vergütung, nachhaltige Unternehmensverbesserung M 180
- Vergütungsanspruch M 176 ff.
- Verlängerungsmöglichkeit M 203
- Versetzungsklausel M 172
- Vertragsdauer M 202
- Vorsitz M 162
- Wiederbefassungsklausel M 204
- Zugriff auf E-Mail-Account M 220

Vorstandsdoppelmandat
- BGH M 151

Vorstandsmitglied
- Amtsniederlegung M 291
- Haftung M 361 ff.; *siehe auch Organinnenhaftung*
- Kündigung des Anstellungsvertrages Y 44 ff.
- Verbraucher Y 49

Vorstandsvergütung
- Angemessenheit, Gesetz M 176 ff.

Vorstandsvorsitz
- Aufsichtsratsbeschluss M 259

Vorstellungsgespräch *siehe Bewerbungsgespräch*
- Personalrat Q 56

Stichwortverzeichnis

Vorstrafen
- Bewerberfragebogen A 169

Vorvertrag
- bedingtes Wettbewerbsverbot C 126

Wahl *siehe Aufsichtsratswahl; Betriebsratswahl*

Wahl der Delegierten *siehe Delegiertenwahl*

Wahlanfechtung
- Antragsberechtigung O 100
- Antragsgegner O 101
- Arbeitgeber O 102
- Ausschluss O 116
- Berichtigungsfähigkeit von Verfahrensfehlern O 115
- einstweilige Verfügung gegen Durchführung der Betriebsratswahl O 117
- Frist O 97 f., 107
- Muster O 96
- Muster, Alternativantrag O 105 f.
- Muster, Antrag bei Mehrheitswahlrecht O 112 f.
- Rechtsfolgen O 104 ff.
- Rechtsgrundlage O 95
- Wahlfehler O 109 ff.
- Zuständigkeit O 99

Wahlausschreiben
- Auflistung der Bewerber O 65
- Bekanntmachung O 49
- Einleitung der Betriebsratswahl O 47
- Einspruch O 57
- Form O 49
- Frauenquote O 64
- Inhalt O 50
- Leiharbeitnehmer O 51
- Listenvertreter O 67
- Muster O 48
- Musterklausel für nachträgliche Stimmabgabe O 70
- Stimmauszählung O 71 f.
- Unterschrift O 73
- vereinfachtes Verfahren O 56

Wählerlisten, Aufsichtsratswahl
- Arbeitsliste ff. W 146
- Auslegung W 166 ff., 487 f.
- Begriff W 138 ff.
- Bekanntmachung bei Wahlen nach DrittelbG W 487 f.
- Bekanntmachung bei Wahlen nach MitbestG W 166 ff.
- Einsichtnahme W 166 ff., 487 f.
- Einteilung der Arbeitnehmer W 164, 177
- Inhalt W 143 ff.
- Muster, Bekanntmachung über die Bildung der Wahlvorstände und die Auslegung der Wählerliste W 171
- Muster, Wählerliste/Arbeitsliste W 142

Wahlgänge
- Begriff W 248 ff.
- Muster, Bekanntmachung über Nichtstattfinden eines Wahlgangs W 296
- Muster, Nichtstattfinden eines Wahlgangs in einem Betrieb (Delegiertenwahl) W 676
- Nichtstattfinden eines Wahlgangs W 295 ff., 390
- Nichtstattfinden eines Wahlgangs in einem Betrieb, Delegiertenwahl W 675
- Wahlgang der Arbeitnehmer gemäß § 3 Abs. 1 Ziff. 1 MitbestG W 159.1, 249 f.
- Wahlgang der Gewerkschaftsvertreter W 162, 249 f., 270 f.
- Wahlgang der leitenden Angestellten W 159.1 f., 249 f.

Wahlgänge, verschiedene W 248 ff.
- Stimmzettel W 518 ff., 531 ff.

Wahlvorschläge O 15
- Abstimmungsverfahren der leitenden Angestellten W 339 ff.
- Abstimmungsvorschlag der leitenden Angestellten W 403 ff., 406 ff.
- Bekanntmachung W 324 ff., 327 ff., 443 ff., 447 ff., 689 ff.
- Bekanntmachung über Einreichung W 255 ff., 487 ff.
- Bewerber, Anzahl W 273 f., 287 ff., 303 f., 312, 661, 673 ff., 685
- Delegierte, Wahl der W 661, 680 ff.
- Einreichungsfrist W 306, 680
- Einreichungsfrist, Ende W 268 f.
- Ersatzmitglied W 314 ff.
- Formalien, Inhalt W 273 f., 307 ff., 311 ff., 500 ff., 683 ff.
- Kennwort W 311, 683
- Mängel W 309
- Muster, Arbeitnehmervertreter gem. § 3 Abs. 1 Ziff. 1 MitbestG/§ 3 Abs. 1 DrittelbG W 310
- Muster, Bekanntmachung W 326
- Muster, Bekanntmachung (Wahl der Delegierten) W 690
- Muster, Bekanntmachung über die Einreichung W 257
- Muster, Bekanntmachung über Nachfrist zur Einreichung W 276
- Muster, Delegierte, Wahl der W 682
- Muster, Nachfrist zur Einreichung (Wahl der Delegierten) W 668
- Nachfrist zur Einreichung W 274, 275 ff., 667 ff.
- Prüfung durch Wahlvorstand W 309, 681
- Rücknahme W 323
- Stützunterschriften W 317 ff., 686
- Ungültigkeit W 309
- Vorschlagsrecht W 254
- Vorschlagsvertreter W 321, 687
- Wahlgang der Arbeitnehmer gemäß § 3 Abs. 1 Ziff. 1 MitbestG W 254, 306 ff.
- Wahlgang der Gewerkschaftsvertreter W 254

Stichwortverzeichnis

- Wahlgang der leitenden Angestellten W 253, 339 ff., 443 ff., 447 ff.
- Zustimmung der Bewerber W 322, 688

Wahlvorstand
- Antrag auf Bestellung O 19 ff.
- Antragsberechtigung für Wahl O 24 ff.
- Aufgaben O 47
- Bestellung durch das Arbeitsgericht O 19 ff.
- Beteiligte bei Ersetzung O 42
- Delegiertenwahl W 619 ff.
- Einladung zur Betriebsversammlung O 1 ff.
- einstweilige Verfügung für Bestellung O 23
- einstweilige Verfügung gegen Durchführung der Betriebsratswahl O 120
- Ersatzmitglieder O 31
- Ersetzung O 39 ff.
- Gewerkschaft O 9
- Muster, Antrag auf Bestellung O 20
- Muster, Antrag auf Ersetzung O 40
- Muster, Klausel für Arbeitnehmerantrag O 36
- Muster, Klausel für Gewerkschaftsmitglied in den Wahlvorstand O 38
- Prüfungspflichten O 60
- Verschulden O 45
- Vorschlag geeigneter Personen O 31
- Wahlberechtigte O 46

Wahlvorstände
- Muster, Bekanntmachung der Bestellung und Auslegung der Wählerlisten W 171

Wahlvorstände Aufsichtsratswahl
- Begriff W 8, 103
- Bekanntmachungen, Form W 81, 130, 168 f.
- Beschlussfassung W 130, 178
- Betriebswahlvorstand W 8, 103
- Bildung W 105–111 ff., 116 ff.
- Ersatzmitglieder W 125
- Hauptwahlvorstand W 8, 103
- Intranet W 81, 170
- Konflikt W 122 f.
- Mitglieder W 121 ff.
- Muster, Beauftragung eines Betriebswahlvorstands mit der Wahrnehmung der Aufgaben eines anderen Betriebswahlvorstandes W 132
- Muster, Beschluss Bildung W 111
- Muster, Beschluss zur Beauftragung eines Betriebswahlvorstands mit der Wahrnehmung der Aufgaben eines anderen Betriebswahlvorstands W 127
- Prüfung der Wahlvorschläge W 309
- Schwarzes Brett W 81, 168
- Unternehmenswahlvorstand W 8, 103
- Wahlrecht, passives W 156
- Zusammensetzung W 116 ff.
- Zuständigkeit eines Betriebswahlvorstandes für mehrere Betriebe W 126 ff., 131–132 ff.

Wahlvorstände, Aufsichtsratswahl
- Zusammensetzung W 106

Warnfunktion
- Abmahnung J 25
- Verwirkung bei Abmahnung J 14 f.

Wechsel beim Durchführungsweg L 394 ff.
- Arbeitgebervorteil L 402
- Auswirkungen beim Empfänger L 403 ff.
- Beschränkungen L 397 f.
- Betroffener L 395 f.
- Folgen L 399
- Gründe L 416
- Versorgungsanwärter L 408 ff.
- Versorgungsempfänger L 400 ff.

Wechselprämie O 933, 955

Wegezeiten
- Arbeitszeit, flexible O 239 f.
- Vergütung O 239 f.

Wegfall
- Arbeitsplatz, stufenweise Änderungskündigung K 131

Weihnachtsgeld
- Kurzarbeit O 372

Weisungsrecht
- Betriebsführungsvertrag V 606
- Standardarbeitsvertrag B 14

Weiterbeschäftigung
- Ablehnung und Sozialplan O 884
- befristetes Arbeitsverhältnis E 17, 27
- Darlegungs- und Beweislast X 295
- Entbindung von der Verpflichtung X 735 ff.
- Frist für Entbindungsantrag X 738
- Klageerwiderung X 291
- Kündigungsschutzklage X 267
- Kündigungsschutzverfahren X 726 ff.
- Muster, Antrag auf vertragsgemäße Beschäftigung X 713
- Muster, Antrag gemäß § 103 Abs. 5 BetrVG X 727
- Muster, Entbindung von der Verpflichtung X 736
- Muster, Schutzschrift des Arbeitgebers gegen eine Beschäftigungsverfügung X 747
- ordentliche Kündigung X 730
- Prozessarbeitsverhältnis E 59 ff.
- Rechtsschutzinteresse des Entbindungsantrags X 739
- Schutzschrift des Arbeitgebers X 746 ff.
- Tarifsozialplan S 189
- unzumutbare wirtschaftliche Belastung X 742
- Verfügungsanspruch X 723
- Verfügungsgrund X 724, 734
- Widerspruch des Betriebsrats gegen Kündigung X 731, 743 f.
- Zuständigkeit bei Entbindungsantrag X 737
- Zweckbefristung E 37, 49

Weiterbeschäftigungsanspruch
- einstweilige Verfügung O 792
- Frist O 791
- Kündigungsschutzklage O 790

- Muster, Geltendmachung O 788
- vorläufiger O 787 ff.
- Widerspruch des Betriebsrats O 789

Weiterleitung
- E-Mail O 479 f.

Werk, freies
- Arbeitnehmererfindung C 80

Werkstudentenvertag
- Schriftform F 69

Werkstudentenvertrag
- Abgrenzung Ausbildung/Arbeitsverhältnis F 54
- Arbeitszeit F 61
- Befristung ohne Sachgrund F 57 f.
- Betriebsvereinbarung F 69
- Kündigung F 67
- Muster F 55
- Probezeit F 59
- Tarifvertrag F 69
- Urlaub F 64
- Vergütung F 63
- Verschwiegenheitspflicht F 65
- Versetzungsklausel F 56
- Werkstudentenprivileg F 60 f.

Werkvertrag
- Arbeitnehmerüberlassungsvertrag I 22

Wertgebührenhinweis
- arbeitsrechtliches Mandat X 15

Wertguthaben, Sabbatical
- Aufbau O 402
- Beendigung des Arbeitsverhältnisses O 441
- Insolvenzsicherung O 405 ff.
- Lohnsteuer O 415
- Übertragung O 442

Wertpapierdepot
- Verpfändung L 186

Wettbewerbsverbot
- Ablehnungsandrohung des Arbeitnehmers C 190 ff.
- AGB-Kontrolle C 122
- Anrechnung von Bezügen M 47
- Anteilskaufvertrag V 413
- Anwendungsbereich X 766 ff.
- Außendienstmitarbeiter F 164
- bedingtes - C 126
- Bestimmtheit des Unterlassungsantrags X 769
- betriebsbedingte Kündigung C 179 f.
- Betriebsübergang C 150
- Betriebsvereinbarung O 180 f.
- Bewerberfragebogen A 161
- Bezug zum Arbeitsverhältnis C 122
- Dauer X 773
- erhöhte Karenzentschädigung C 184 ff.
- Form C 151
- Frist bei Verzicht C 166
- Geschäftsführer M 37 ff.
- Geschäftsführer während Anstellung M 13
- Handelsvertreter N 30
- Karenzentschädigung C 146
- Konzernleihe C 140
- Lösungserklärung des Arbeitgebers C 171 ff.
- Lösungserklärung des Arbeitnehmers C 177 ff.
- Mitteilung anderweitigen Erwerbs C 152 ff.
- Muster, Ablehnungsandrohung bei Nicht-Zahlung C 192
- Muster, Antrag auf einstweilige Verfügung auf Wettbewerbsunterlassung X 767
- Muster, Aufforderung zur Mitteilung anderweitigen Erwerbs C 154
- Muster, Einhaltung des Wettbewerbsverbots C 202
- Muster, Lösungserklärung des Arbeitgebers C 174
- Muster, Lösungserklärung des Arbeitnehmers C 181
- Muster, Rücktritt des Arbeitgebers bei Verstoß C 199
- Muster, Vereinbarung M 39
- Muster, Vereinbarung eines nachvertraglichen - C 121
- Muster, Verzicht des Arbeitgebers C 167
- Muster, Zahlung einer 100 % erhöhten Karenzentschädigung C 187
- Musterklausel für Mandantenschutz C 133 ff.
- Musterklausel für räumliche Eingrenzung C 142
- Musterklausel für tätigkeitsbezogenes Wettbewerbsverbot C 130
- Musterklausel, gekündigtes Arbeitsverhältnis C 124
- nachvertraglich C 12, 119 ff.
- nachvertragliches, Aufhebungsvereinbarung M 305
- nachvertragliches, Aufhebungsvertrag K 176
- nachvertragliches, BGH M 48
- nachvertragliches, Vorstands-Dienstvertrag M 213 ff.
- Preisgabe von Betriebs- und Geschäftsgeheimnis C 196 ff.
- räumlicher Geltungsbereich C 141 ff.
- Reduzierung des Verbotszeitraums C 168
- Rücktritt des Arbeitgebers C 196 ff.
- Sabbatical O 411
- Tätigkeit »in sonstiger Weise« C 139
- teilweiser Verzicht C 168
- unternehmens-/tätigkeitsbezogen C 127 ff.
- unwirksame außerordentliche Kündigung X 772
- Verstoß M 49
- Vertragsstrafe C 148 f.
- Verzicht des Arbeitgebers C 164 ff.
- Vorstandsmitglied M 165 f.
- zeitlicher Geltungsbereich C 138
- Zuständigkeit des Arbeitsgerichts X 768

Wichtiger Grund
- Kündigung Vorstands-Dienstvertrag Y 52 ff.

Widerklage
- Bestand des Anstellungsverhältnisses Y 74 ff.
- Muster, Antrag Y 74

- Nachverfahren bei Urkundenprozess Y 114
- Schadensersatzklage gegen Geschäftsführer Y 123
- Vergleichsbereitschaft Y 75

Widerruf
- Geschäftsführerbestellung M 30

Widerrufsrecht
- Telearbeit O 329

Widerspruch
- Anwendungsbereich X 788
- Begründung X 801 f.
- Fortsetzung des Arbeitsverhältnisses bei Befristung E 41 f.
- Frist X 799
- Frist im arbeitsgerichtlichen Mahnverfahren X 200 f.
- Muster gemäß §§ 924 ZPO X 797
- Verfahren X 796
- Zuständigkeit X 798

Widerspruch, Anwachsung V 491

Widerspruch, Betriebsführungsvertrag
- Ausübungszeitraum V 678
- Begründung V 683
- Fehler des Unterrichtungsschreibens V 681
- Frist V 680
- kollektiv erklärter Widerspruch V 679
- Muster V 674
- Muster, Verzicht auf Widerspruch V 687
- Rückwirkung V 682
- Unterschrift V 683
- Verzicht V 685 ff.

Widerspruch, Betriebspachtvertrag
- Begründung V 585
- Frist V 582
- Muster V 576
- Muster, Verzicht auf Widerspruch V 589
- Rückwirkung V 584
- Unterschrift V 586
- Verzicht V 587 ff.
- Widerruflichkeit V 579
- Zulässigkeit V 525

Widerspruch, Spaltung
- Abspaltung V 287, 355
- Adressat V 362
- Aufspaltung V 278
- Ausgliederung V 293, 355
- Begründung V 369
- Fehler des Unterrichtungsschreibens V 367
- Form V 363
- kollektiver Widerspruch V 365
- Muster V 361
- Rückwirkung V 368
- Spaltungs- und Übernahmevertrag V 353
- Verzicht V 371
- Widerruflichkeit V 364

Widerspruch, Unternehmenskauf
- Adressat V 150, 161
- Begründung V 169

- Erklärungsfrist V 166 f.
- fehlerhaftes Unterrichtungsschreiben V 168
- Frist V 159
- Haftungsaufteilung V 24 f.
- kollektiv V 21, 165
- Muster V 160
- Muster, Verzicht auf Widerspruch V 174
- Sozialplanabfindungen V 149
- Übergang des Arbeitsverhältnisses V 20 f.
- Unterrichtungsschreiben V 147
- Unterschrift V 171
- Verwirkung V 167
- Verzicht V 151, 172 ff.
- Widerruf V 163

Widerspruch, Verschmelzung V 261

Widerspruchsverfahren
- Bescheid wegen Zustimmung zur Kündigung eines Schwerbehinderten Y 197
- Entbehrlichkeit Y 207

Wiedereingliederung
- Arbeitsvertrag E 158
- ärztliche Bescheinigung E 160
- Muster, Wiedereingliederungsvertrag E 159
- Musterklausel zur Vergütung E 163
- Rechtsgrundlage E 157 f.
- Umfang der Tätigkeit E 161
- Vergütung E 162

Wiedereinsetzung
- Antragsbegründung X 206
- fehlendes Verschulden X 206 ff.
- Frist X 205
- Fristversäumnis X 197
- Muster, Antrag bei Versäumung der Einspruchsfrist gegen Vollstreckungsbescheid X 204

Wiedereinstellung
- Unternehmenskauf V 143
- Verschmelzung V 259

Wiederverheiratungsklausel
- Abfindung L 140
- Pensionsvereinbarungen M 241

Wirtschaftliche Angelegenheiten
- Beteiligungsrechte des Betriebsrats O 801 ff.
- Interessenausgleich O 823 ff.
- Sozialplan O 852
- Transferleistungsvertrag O 904 ff.

Wirtschaftsausschuss
- Betriebsstilllegung O 808
- Geheimhaltungsverpflichtung O 815
- Informationszeitpunkt O 807
- mündliche Erörterung O 813 f.
- Muster, Information O 802
- Unterlagen O 804
- verspätete Information O 809

Wirtschaftsausschuss, Anteilskaufvertrag
- Betriebs- und Geschäftsgeheimnisse V 422
- Kaufstruktur V 419
- kein Arbeitgeberwechsel V 423
- Kontrollerwerb V 418

- Muster, Unterrichtung V 415
- potentielle Erwerber V 417
- Rechtzeitigkeit der Unterrichtung V 420
- Umfang der Unterrichtung V 421
- Unterrichtung über Geschäftsanteile V 416

Wirtschaftsausschuss, Anwachsung
- arbeitsrechtliche Konsequenzen V 455
- Muster, Unterrichtung V 450
- organisatorische Folgen V 456
- Rechtzeitigkeit der Unterrichtung V 452
- Umfang der Unterrichtung V 453
- Unterrichtung V 449 ff.
- wirtschaftliche Motivation V 454

Wirtschaftsausschuss, Betriebsführungsvertrag
- Anlagen V 625
- Muster, Unterrichtung V 624
- Nennung der Gründe V 630 f.
- Rechtzeitigkeit der Unterrichtung V 626
- Vertragsüberlassung V 632

Wirtschaftsausschuss, Betriebspacht
- Angaben zu Wirtschaftsgütern V 534
- Anlagen des Unterrichtungsschreibens V 531
- arbeitsrechtliche Folgen V 539
- Begründung des Unterrichtungsschreibens V 535 ff.
- Muster, Unterrichtung V 530

Wirtschaftsausschuss, Formwechsel
- DrittelbG/MitbestG V 399 f.
- Muster, Unterrichtung V 396
- Statusverfahren V 400
- Unterrichtung V 395 ff.

Wirtschaftsausschuss, Spaltung
- Geschäftsgeheimnis V 304
- Muster, Unterrichtung V 302
- Rechtzeitigkeit der Unterrichtung V 304
- Unterrichtung V 301 ff.
- Unterrichtungsumfang V 305
- wirtschaftliche Angelegenheit V 303

Wirtschaftsausschuss, Unternehmenskaufvertrag
- Muster, Unterrichtung V 32
- Unterrichtung V 31 ff.

Wirtschaftsausschuss, Verschmelzung
- Muster, Unterrichtung V 213
- Rechtzeitigkeit der Unterrichtung V 215
- Unterrichtung durch die Rechtsträger V 212
- Unterrichtungsumfang V 217

Wunschformel
- unterlegener Bewerber A 126

Zeitarbeit
- Liberalisierung, Equal Pay/Treatment I 1

Zeitausgleich
- Überstunden O 264 f.

Zeitbefristung
- Doppelbefristung E 55

Zeiterfassung
- Arbeitszeit, flexible O 256
- Telearbeit C 99 ff.; O 300 ff.

Zeithonorar
- Anwendungsbereich X 29 ff.
- Beschränkungen X 29 f.
- Mustervereinbarung X 33

Zeugnis
- Abwicklung des Arbeitsverhältnisses K 309 ff.
- Anspruchsberechtigte K 309
- Aufhebungsvereinbarung M 131
- Aufhebungsvertrag K 172
- Ausscheidensgründe K 322
- Berichtigungsanspruch K 315; X 391
- Berufsausbildung F 24
- Bindungswirkung Zwischenzeugnis K 348 f.
- Darlegungs- und Beweislast X 390
- einfaches X 383
- Formalien K 317 ff.
- Holschuld K 313
- Inhalt K 320 ff.; X 394
- Manteltarifvertrag S 66
- Muster K 316
- Muster, Klage auf Berichtigung X 392
- Muster, Klage auf Erteilung X 385
- qualifiziertes X 383
- rechtzeitige Geltendmachung X 386
- Schriftform K 311
- Sozialplan O 898
- Sprache K 312
- Tarifsozialplan S 199 f.
- Zwischenzeugnis X 384; *siehe dort*

Zeugnis, qualifiziertes
- Beweislast für Leistungen K 335
- dienstliches Verhalten K 336
- Leistungsbeurteilung K 334
- Muster K 327
- Noten K 334
- Schlussformel K 339
- Unterschied zu Zeugnis K 325 ff.

Zeugnisanspruch
- Abdingbarkeit K 314
- Berichtigung K 315

Zeugnisverweigerungsrecht
- Mediator Z 41, 76

Zielvereinbarung *siehe auch Bonussystem*
- Anpassung O 686
- Anreiz B 207
- anteilige Kürzung B 209 f.
- Austritt B 211
- Bonussystem O 643 ff., 672 ff.
- branchenabhängig B 217
- Darlegungs- und Beweislast O 694
- Gegenstand B 196
- Informationspflichten des Arbeitgebers B 208.1
- langfristige Planung B 201
- Maximalbetrag, Ausgleichskonto B 208
- Mindestziel B 207
- Muster, Rahmenvereinbarung zur ~ B 199
- Muster, variable Vergütung – konkrete Zielfestlegung B 218

Stichwortverzeichnis

- Nachwirkung B 206
- Nichtzustandekommen, Schadensersatz B 221 f.
- Prämienhöhe B 207
- Rahmenvereinbarung B 195 ff.
- SMART-Formel O 689
- Stichtagsklausel B 211.1
- unterjährig eintretende Arbeitnehmer O 680
- Unterlassen der Vereinbarung O 681 ff.
- Widerrufsvorbehalt B 213 f.
- Zielfestlegung in Rahmenvereinbarung B 202 ff.
- Zielvereinbarungsbonus B 198
- Zielvorgabe B 196 f.
- -festlegung B 215 ff.

Zivilkammer
- Verweisung zur Kammer für Handelssachen Y 63

Zugang
- Kündigung K 48

Zugangsrecht
- Telearbeit C 107 ff.

Zulage
- Entgelttarifvertrag S 18

Zuleitung an Betriebsrat
- Abspaltungs- und Übernahmevertrag V 288
- Adressat V 299
- Adressat des Zuleitungsschreibens V 210
- Aufspaltungs- und Übernahmevertrag V 281
- Ausgliederungs- und Übernahmevertrag V 294
- Frist V 208 f., 298
- gesamter Vertragstext V 297
- Handelsregisternachweis V 211
- Nachweis V 300
- Spaltungs- und Übernahmevertrag V 295 ff.
- Transparenz, Verschmelzungsvertrag V 190
- Umfang V 208
- Umwandlungsbeschluss V 391 ff.

Zuleitung des Verschmelzungsvertrages V 206 ff.

Zurückbehaltungsrecht
- Arbeitsmittel C 209

Zusatzqualifikation
- Anforderungsprofil A 33

Zuschläge
- Manteltarifvertrag S 46

Zuschuss
- Kurzarbeitergeld O 364 f.

Zuständigkeit
- Anfechtung der Betriebsratswahl O 99
- Arbeitsgerichtsverfahren X 5 ff.
- Beschwerde gegen Vorabentscheidung über Rechtsweg X 234 f.
- Feststellungsantrag bei Betriebsratswahl O 76
- Muster, Verweisungsantrag X 233
- örtlicher Betriebsrat O 143 f.
- tarifliche Schlichtungsstelle S 167
- Unterlassungsanträge, § 23 Abs. 3 BetrVG X 531
- Verweisung an einen anderen Rechtsweg X 231 ff.

Zuständigkeitstrennung
- Mitbestimmung O 143

Zustellung
- Kündigung durch Boten K 98 f.
- Kündigung durch Gerichtsvollzieher K 100 ff.

Zustimmungsantrag
- Änderungskündigung K 208
- außerordentliche Kündigung eines Betriebsratsmitglieds O 793 ff.
- Betriebsgröße K 209
- Frist K 207
- Integrationsamt K 206
- Kündigung, außerordentliche K 225
- Kündigung, ordentliche K 224
- Schriftform K 205
- Zustimmungsfiktion K 223

Zustimmungsantrag nach Sondergesetzen K 227 ff.
- Entscheidungsgrundlage K 251 ff.

Zustimmungsersetzungsantrag
- Darlegungs- und Beweislast X 560
- Ein-/Umgruppierung X 550 ff.
- Fristen X 547
- Muster X 545
- personelle Einzelmaßnahmen X 539 ff.
- Versetzung X 550 ff.

Zustimmungsersetzungsverfahren
- außerordentliche Kündigung/Versetzung X 602 ff.
- betroffener Personenkreis X 604
- Muster, § 103 BetrVG X 605
- Rechtsmittel X 610

Zustimmungsfiktion
- Frist K 226
- Integrationsamt K 223

Zustimmungsverweigerung
- personelle Maßnahmen O 771 ff.

Zutritt
- Betriebsvereinbarung O 190 f.
- Telearbeit O 319 ff.

Zuvor-Beschäftigung E 23

Zweckbefristung
- befristetes Arbeitsverhältnis E 32 ff.
- Begründung X 329
- Doppelbefristung E 55 f.
- Meldepflicht des Arbeitnehmers E 50 f.
- Mitteilung der Zweckerreichung E 46 ff.
- Muster, Mitteilung der Zweckerreichung E 47
- Mustervertrag E 34
- Prozessarbeitsverhältnis E 65
- Weiterbeschäftigung E 49

Zweckübertragungstheorie
- Arbeitnehmererfindung C 83

Zweivertragsmodell H 49 ff.

Zwischenzeugnis
- Ausstellungsgrund K 350
- Fürsorgepflicht K 342 ff.
- Inhalt K 348

Stichwortverzeichnis

- Kündigungsschutzklage X 268
- Manteltarifvertrag S 67
- Muster K 343
- Rechtsschutzversicherung X 106
- Schlussformel K 351
- Tarifsozialplan S 199